Inhalt und Aufbau Englisch–Deutsch
Treatment of the English – German Entries

ana·log *n, adj* AM *see* **analogue**
ana·logue ['ænəlɒg] **I.** *n* Entsprechung *f* **II.** *adj* analog; ~ **computer** Analogrechner *m*

→ American spelling listed alphabetically with a cross-reference to the British spelling

mo·noga·my [məˈnɒgəmi] *n no pl* Monogamie *f*

→ Phonetics given in the International Phonetic Alphabet
→ Syllabification breaks shown for all headwords

leading¹ ['liːdɪŋ] **I.** *adj attr* führend **II.** *n no pl* (*guidance*) Führung *f*
leading² ['ledɪŋ] *n no pl* BRIT ❶ (*of roof*) Verbleiung *f* ❷ (*of windows*) Bleifassung *f*

→ Words with the same spelling but different meanings are marked with superscript numbers

clamp [klæmp] **I.** *n* Klammer *f*; (*screwable*) Klemme *f* **II.** *vt* ❶ (*fasten together*) ■ **to ~ sth to sth** etw an etw *dat* festklammern; ■ **to ~ sth together** etw [mittels einer Zwinge] zusammenpressen ❷ (*hold tightly*) fest halten; **he ~ed his hand over her mouth** er hielt ihr mit der Hand den Mund zu ❸ *esp* BRIT **to ~ a car** eine Wegfahrsperre an einem Auto anbringen ◆ **clamp down** *vi* ■ **to ~ down on sth** gegen etw *akk* scharf vorgehen

→ Grammatical structuring of entries with Roman numerals
→ Arabic numerals indicate the different meanings of the headword
→ Grammatical constructions are marked with a box
→ A swung dash substitutes headwords in examples

get <got, got *or* AM *usu* gotten>

→ Irregular inflection of nouns, verbs and adjectives are given in angle brackets

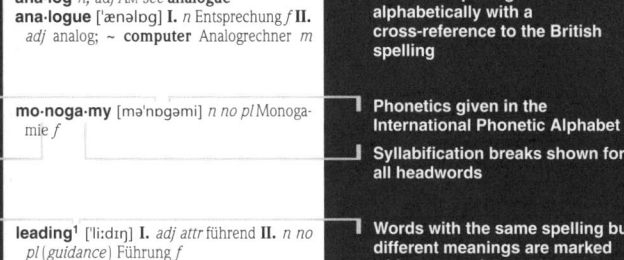

grave¹ [greɪv] *n* Grab *nt* ▸ **to dig** ... ~ sich *dat* sein eig... **have one foot in** ... Grab stehen; **as sil**... chenstill *fam*; (*gloo*... **one's ~** sich im Gra...

→ Separate ... section for ... ds are ... e of ...

win [wɪn] **I.** *vt* <w... rious*) gewinnen; ...
back ⇄ **sth** etw zu...... gewinnen ◆ **win over** *vt* (*persuade*) überzeugen; (*gain support*) für sich *akk* gewinnen ◆ **win round** *vt* BRIT überzeugen ◆ **win through** *vi* [letztlich] Erfolg haben

→ ...ch phrasal verb entry is marked with a diamond and written out in full.
→ The symbol ⇄ shows that the sequence of object and complement can be reversed

Universelles Wörterbuch

**Englisch – Deutsch
Deutsch – Englisch**

Neubearbeitung 2006

Ernst Klett Sprachen

Barcelona · Belgrad · Budapest
Ljubljana · London · Posen · Prag
Sofia · Stuttgart · Zagreb

PONS Universelles Wörterbuch
Englisch

Bearbeitet von: Evelyn Agbaria, Stephen Curtis

Neuentwicklung auf der Basis des
PONS Kompaktwörterbuchs Englisch 2006,
ISBN 978-3-12-517137-4

Warenzeichen
Wörter, die unseres Wissens eingetragene Warenzeichen darstellen,
sind als solche gekennzeichnet. Es ist jedoch zu beachten, dass weder
das Vorhandensein noch das Fehlen derartiger Kennzeichnungen
die Rechtslage hinsichtlich eingetragener Warenzeichen berührt.

1. Auflage 2007 (1,01)

© Ernst Klett Sprachen GmbH, Stuttgart 2007

Alle Rechte vorbehalten

Internet: www.pons.de
E-Mail: info@pons.de

Projektleitung: Helen Blocksidge

Sprachdatenverarbeitung: Andreas Lang, conTEXT AG
für Informatik und Kommunikation, Zürich

Einbandgestaltung: deutschewerbeagentur, Stuttgart
Logoentwurf: Erwin Poell, Heidelberg
Logoüberarbeitung: Sabine Redlin, Ludwigsburg
Satz: Dörr + Schiller GmbH, Stuttgart
Druck: Druckerei C.H. Beck, Nördlingen
Printed in Germany

ISBN 13: 978-3-12-517195-4

▶ INHALT

Benutzerhinweise	5
Englische und Deutsche Phonetik	19
Zeichen und Abkürzungen	21
Wörterbuch Englisch-Deutsch	**27–932**
Wörterbuch Deutsch-Englisch	**933–1728**
Englische unregelmäßige Verben	1729
Deutsche unregelmäßige Verben	1733

▶ CONTENTS

Using this Dictionary	5
English and German Phonetics	19
Symbols and Abbreviations	21
English-German Dictionary	**27–932**
German-English Dictionary	**933–1728**
Irregular English Verbs	1729
Irregular German Verbs	1733

Übersicht über die Infokästen mit englischen Formulierungshilfen
Info-Boxes with Useful English Phrases

affirming	38	interrupting	379
agreement	40	inviting	382
apologizing	52	letters	420
aversion	64	offering and responding	511
belief	77	giving opinions	520
calming down	109	permission	553
consenting	153	pleasure	569
contradicting	157	praise	584
criticizing	172	asking questions	618
deciding	186	requesting quiet	619
disdain	203	rebuking somebody	631
displeasure	206	refusing to answer	639
doubt	214	relief	645
fear	262	request	652
forbidding something	280	requiring and demanding	653
saying goodbye	309	responsibility	656
gratitude	313	sadness and disappointment	680
hesitating	336	suggestions	797
ignorance	352	understanding	869
intent	376		

Übersicht über die Infokästen mit deutschen Formulierungshilfen
Info-Boxes with Useful German Phrases

Abneigung ausdrücken	942	sich entscheiden	1147
Absicht ausdrücken	948	sich entschuldigen	1148
anbieten	967	erlauben	1155
Angst/Sorge ausdrücken	972	Erleichterung ausdrücken	1156
Antwort verweigern	982	fragen	1190
Ärger ausdrücken	987	Freude/Begeisterung ausdrücken	1193
auffordern	994	Geringschätzung ausdrücken	1220
beruhigen	1047	glauben	1231
bitten	1066	Kritik äußern	1339
Briefe	1078	loben	1365
sich bedanken	1093	Meinungen äußern	1381
einladen	1130	rückfragen	1486
einwilligen	1137	Um Ruhe bitten	1489

Traurigkeit/Enttäuschung/Bestürzung ausdrücken	1587
unterbrechen	1620
sich verabschieden	1630
verbieten	1632
sich vergewissern/versichern	1638
verstehen	1653
vorschlagen	1669
widersprechen, einwenden	1687
nicht wissen	1691
zögern	1708
zurechtweisen	1715
Zuständigkeit ausdrücken	1722
zustimmen	1723
zweifeln	1725

▶ BENUTZERHINWEISE

1. Die Stichwörter

Das Wörterbuch führt nicht nur Wörter, sondern auch einzelne Buchstaben und Abkürzungen als Stichwörter auf, ebenso Kurzwörter, Akronyme, Mehrwortausdrücke und Eigennamen.

A [a:], **a** <-, - *o* -s, -s> *nt* ❶ (*Buchstabe*) A, a; **ein großes A/ein kleines a** a capital A/a small a; **~ wie Anton** A for Andrew BRIT, A as in Abel AM ❷ MUS A, a; **A-Dur/ a-Moll** A major/A minor ▶ **wer ~ sagt, muss auch B sagen** (*prov*) if you make your bed, you've got to lie in it, BRIT *a.* in for a penny, in for a pound *prov;* **das ~ und [das] O** the be-all and end-all; **von ~ bis Z** from beginning to end
usw. *Abk von* **und so weiter** etc.
Abo <-s, -s> ['abo] *nt* MEDIA (*fam*) *kurz für* **Abonnement** subscription; (*Theater~*) season ticket [*or* AM tickets]
NA·TO, Na·to <-> ['na:to] *f kein pl Akr von* **North Atlantic Treaty Organization:** ■ **die ~** NATO
Fa·ta Mor·ga·na <- -, - Morganen *o* -s> ['fa:ta mɔr'ga:na, *pl* -'ga:nən] *f* ❶ (*Luftspiegelung*) mirage ❷ (*Wahnvorstellung*) fata morgana
Do·nau <-> ['do:nau] *f* ■ **die ~** the Danube

▶ USING THIS DICTIONARY

1. Headwords

In addition to words this dictionary lists letters of the alphabet, abbreviations, clippings, acronyms, multi-word units and proper nouns.

A <*pl* -'s *or* -s>, **a** <*pl* -'s> [eɪ] *n* ❶ (*letter*) A *nt,* a *nt;* **~ for Andrew** [*or* AM **as in Abel**] A wie Anton ❷ MUS A *nt,* a *nt;* **~ flat** As *nt,* as *nt;* **~ sharp** Ais *nt,* ais *nt;* **~ major** A-Dur *nt;* **~ minor** a-Moll *nt* ❸ (*school mark*) ≈ Eins *f;* **to get [an] ~** eine Eins schreiben ❹ (*blood type*) A ▶ **from ~ to Z** von A bis Z
BBC [ˌbiːbiːˈsiː] *n* BRIT *abbrev of* **British Broadcasting Corporation** BBC *f*
de·tox ['diːtɒks, AM -tɑːks] *n short for* **detoxification** Entzug *m;* ■ **to be in ~** auf Entzug sein
NATO, Nato ['neɪtəʊ] *n no pl, no art acr for* **North Atlantic Treaty Organisation** NATO *f*
old age 'pen·sion·er *n* AUS, BRIT Rentner(in) *m(f)*
Dan·ube ['dænjuːb] *n no pl* ■ **the ~** die Donau

2. Die alphabetische Anordnung

Da es kein einheitliches Alphabetisierungsprinzip gibt – Wörterbücher, Telefonbücher und Bibliothekskataloge sind alphabetisch unterschiedlich angeordnet –, ist es notwendig, das in diesem Wörterbuch gültige Alphabetisierungsprinzip zu erläutern:

Bindestriche, Schrägstriche, Punkte, Kommas und Wortzwischenräume zählen nicht als Buchstaben; sie werden bei der alphabetischen Einordnung ignoriert.

2. Organization of the Dictionary

Dictionaries, telephone directories and libraries follow differing systems for alphabetical organization. This dictionary uses the following principles:

Hyphens, slashes, full stops, commas and spaces between words are ignored in alphabetic organization.

Flut·wel·le f tidal wave
f-Moll <-s, -> ['ɛfmɔl] nt kein pl MUS F flat minor
focht ['fɔxt] imp von **fechten**

A·dop·tiv·kind nt adopted child
Adr. f Abk von **Adresse** addr.
Ad·re·na·lin <-s> [adrena'liːn] nt kein pl adrenalin no pl

in·o·pe·ra·bel ['ɪnʔopera:bl, ɪnʔope'raːbl] adj MED inoperable
in pet·to [ɪn 'pɛto] adv etw (**gegen jdn**) ~ **haben** (fam) to have sth up one's sleeve [for sb]
in punc·to [ɪn 'pʊŋkto] adv (fam) concerning
In·put <-s, -s> ['ɪnpʊt] m ❶ INFORM input ❷ (Anregung) stimulus; (Einsatz) commitment

able ['eɪbl] adj ❶ <more or better ~, most or best ~> (can do) ■ **to** [not] **be ~ to do sth** etw [nicht] tun können ❷ <abler or more ~, ablest or most ~> (clever) talentiert; mind fähig
able-bodied [ˌeɪblˈbɒdɪd] adj gesund; MIL [wehr]tauglich
ABM [eɪbi'em] n abbrev of **anti-ballistic missile** Antiraketenrakete f
ab·nor·mal [æb'nɔːməl] adj anormal; weather also ungewöhnlich

IBS [ˌaɪbiːˈes] n no pl MED abbrev of **irritable bowel syndrome** Reizdarm m
IC [ˌaɪˈsiː] n abbrev of **integrated circuit**
i/c abbrev of **in charge** [of] v. D.
ice [aɪs] **I.** n no pl Eis nt ■ **to break the ~** das Eis zum Schmelzen bringen; **sth cuts no ~ with sb** etw lässt jdn ziemlich kalt; **to put sth on ~** etw auf Eis legen **II.** vt glasieren

'stick in·sect n Gespenstheuschrecke f
'stick-in-the-mud I. n (fam) Muffel m, Spaßverderber(in) m(f) pej **II.** adj attr altmodisch, rückständig
stick·le·back ['stɪkl|bæk] n ZOOL Stichling m

Eingeklammerte Buchstaben werden bei der alphabetischen Einordnung berücksichtigt. Die Klammern zeigen an, dass das Wort auch in einer Variante ohne den betreffenden Buchstaben existiert.

Parentheses in headwords show that the word also occurs without the letters in parentheses. These headwords are organized as though the parentheses were not printed.

Gru·sel·ge·schich·te f horror story
gru·s(e)·lig ['gruːz(ə)lɪç] adj gruesome; **~ zumute werden** to have a creepy feeling
gru·seln ['gruːzln] **I.** vt, vi impers ...

fledged [fledʒd] adj fully ~ flügge a. fig
fledg(e)·ling ['fledʒlɪŋ] **I.** n Jungvogel m **II.** adj neu, jung
flee <fled, fled> [fliː] **I.** vi (run away) fliehen (**from** vor); ...

Zusammengesetzte Stichwörter, deren erster Wortteil gleich ist und die alphabetisch aufeinanderfolgen, werden in Gruppen zusammengefasst.

Compound headwords with the same first component are nested.

Kaf·fee·au·to·mat m coffee machine **Kaf·fee·boh·ne** f coffee bean **kaf·fee·braun** adj coffee-coloured **Kaf·fee·fil·ter** m ❶ (Vorrichtung) coffee filter ❷ (fam: Filterpapier) filter paper **Kaf·fee·haus** nt ÖSTERR coffee-house **Kaf·fee·kan·ne** f coffeepot **Kaf·fee·klatsch** m kein pl (fam) coffee morning BRIT, kaffeeklatsch AM

'cof·fee bar n Café nt **'cof·fee bean** n Kaffeebohne f **'cof·fee break** n Kaffeepause f; **to have a ~** eine Kaffeepause machen **'cof·fee cake** n ❶ BRIT, AUS (cake) Mokkakuchen m ❷ AM, AUS (sweet bread) Stuten m **'cof·fee cup** n Kaffeetasse f **'cof·fee-grind·er** n Kaffeemühle f **'cof·fee grounds** npl Kaffeesatz m kein pl **'cof·fee house** n Café nt

Verschiedene Schreibweisen eines Wortes werden an alphabetisch korrekter Stelle angegeben und erscheinen nur dann gemeinsam, wenn im Alphabet kein anderes Stichwort dazwischenkommt.	Spelling variants are generally given in correct alphabetical order. When there is no other form between them in the alphabet, they are listed on the same line and separated by a comma.

> **Mi·nu·ten·zei·ger** *m* minute hand
> **mi·nu·ti·ös, mi·nu·zi·ös** [minuˈtsi̯øːs] **I.** *adj* (*geh*) meticulously exact **II.** *adv* (*geh*) meticulously
> **Min·ze** <-, -n> [ˈmɪntsə] *f* BOT mint *no pl*

> **di·etet·ics** [ˌdaɪəˈtetɪks] *n* + *sing vb* Ernährungslehre *f*
> **di·eti·cian, di·eti·tian** [ˌdaɪəˈtɪʃn] *n* Diätassistent(in) *m(f)*
> **dif·fer** [ˈdɪfəʳ] *vi* ❶ (*be unlike*) sich unterscheiden ❷ (*not agree*) verschiedener Meinung sein

Andernfalls wird von der selteneren Variante auf die frequentere verwiesen.	Less common spelling variants are cross-referred to more common ones.

> **Wan·da·lis·mus** [vandaˈlɪsmʊs] *m s.* **Vandalismus**
> **Van·da·lis·mus** <-> [vandaˈlɪsmʊ] *m kein pl* vandalism

> **dike** *n see* **dyke**
> **dyke** [daɪk] *n* ❶ (*wall*) Deich *m* ❷ (*drainage channel*) [Abfluss]graben *m* ❸ (*pej! sl: lesbian*) Lesbe *f*

Amerikanische Schreibvarianten

American Spellings

Die amerikanische Schreibung wird an alphabetischer Stelle aufgeführt mit einem Verweis auf die britische Schreibung.	American spellings appear in their correct alphabetic position with a cross-reference to the main entry in British spelling.

> **aes·thet·ic** [iːsˈθetɪk] **I.** *adj* ästhetisch **II.** *n* Ästhetik *f*
> **es·thet·ic** *adj* AM *see* **aesthetic**

Phrasal Verbs

Phrasal Verbs

Feste Verbindungen von Verb und Adverb bzw. Präposition (sog. Phrasal Verbs) werden am Ende des Eintrags für das Grundverb in einer eigenen, in sich alphabetisch geordneten Kategorie zusammengefasst. Um ein Auffinden der jeweiligen Phrasal Verbs zu erleichtern, ist jeder Phrasal Verb Eintrag mit einer Raute markiert und gänzlich ausgeschrieben. In den Kontextangaben steht für das Verb eine Tilde (~), die Ergänzung wird wiederholt.	Phrasal verbs are listed in a block at the end of the entry for the base verb. For ease of consultation each phrasal verb entry is marked with a diamond and written out in full. Within a phrasal verb entry the swung dash (~) stands for the base verb.

> **ask** [ɑːsk] **I.** *vt* ❶ (*request information*) fragen; ... ◆ **ask after** *vi* ■ to ~ after sb sich nach jdm erkundigen ◆ **ask around** *vi* herumfragen *fam* ◆ **ask out** *vt* to ~ sb out for dinner jdn ins Restaurant einladen; **I'd like to** ~ **her out** ich würde gern mit ihr ausgehen ◆ **ask over**, BRIT *also* **ask round** *vt* (*fam*) ■ to ~ sb over [*or* round] jdn [zu sich *dat*] einladen

Bei Phrasal Verb Einträgen im englisch-deutschen Teil gibt das Symbol ↻ an, dass die Reihenfolge von Objekt und Ergänzung auch vertauscht werden kann.

The symbol ↻ in phrasal verb entries shows that the sequence of object and complement can be reversed.

◆ **lay off I.** *vt* ■ to ~ off ↻ sb jdm kündigen
...
◆ **win back** *vt* ■ **to ~ back** ↻ **sth** etw zurückgewinnen

3. Besondere Zeichen im Eintrag

3.1 Die Rechtschreibreform

Dieses Wörterbuch berücksichtigt die im August 2006 in Kraft getretene Neuregelung der deutschen Rechtschreibung mit den vom Rat für deutsche Rechtschreibung vorgeschlagenen Änderungen.

In seiner Eigenschaft als Nachschlagewerk gewährleistet das Wörterbuch dem Benutzer im deutsch-englischen Teil das Auffinden des gesuchten Wortes in der neuen oder der alten Schreibung.

Die Benutzer haben somit die Möglichkeit, die ihnen jeweils vorliegende Form eines Worts nachzuschlagen. Um zu vermeiden, dass sich das Wörterbuch durch diese notwendigen doppelten Nennungen zu sehr aufbläht, wurde ein umfassendes Verweissystem eingearbeitet, das die Benutzer von der alten zur neuen Schreibung führt (sofern alt und neu alphabetisch nicht unmittelbar aufeinander folgen). Bei der neuen Schreibung finden Sie dann die gesuchte Übersetzung.

Die alte Schreibung wird mit **ALT** gekennzeichnet, die neue durch das hochgestellte Zeichen **RR** für Rechtschreibreform.

3. Symbols and labels in the entry

3.1 The German Spelling Reform

This dictionary follows the rules set out by the German Spelling Council (Rat für deutsche Rechtschreibung) in the revision of the German spelling rules which took effect in August 2006.

German headwords are given in both their new and their old spellings, so that users can be sure to find the form they are looking for.

In order to save space, a cross-reference system refers you from the old to the new spelling (when old and new forms do not occur next to each other in the alphabet). Full headword treatment can be found under the new spelling.

Old spellings are labelled **ALT**, while new spellings are marked with a superscript **RR** symbol.

aufwändig[RR] **I.** *adj* ❶ (*teuer und luxuriös*) lavish; **~es Material** costly material[s *pl*] ❷ (*umfangreich*) costly, expensive **II.** *adv* lavishly

auf·wen·dig *adj, adv s.* **aufwändig**

Alte Schreibungen werden nur bei einfachen, nicht bei zusammengesetzten Wörtern (Komposita) gekennzeichnet. Die „alten" Komposita „Flußkrebs" und „Flußpferd" werden nicht mehr als Stichwörter aufgeführt, sondern nur die neuen Schreibungen „Flusskrebs" und „Flusspferd".

Wenn die Benutzer Schwierigkeiten haben, ein zusammengesetztes Wort in seiner neuen Schreibung aufzufinden, können sie auf das Grundwort in seiner alten Schreibung (also „Fluß") zurückgehen; dort finden sie den Verweis auf die neue Schreibung.

Fluss[RR] <-es, Flüsse> *m*, **Fluß**[ALT] <-sses, Flüsse> [flʊs, *pl* 'flʏsə] *m* ...

Old spellings are given only in simple entries, not in compounds. E.g. the old spelling "Fluß" is a headword. But "Flußkrebs" and "Flußpferd" are not headwords. Only "Flusskrebs" and "Flusspferd" appear as headwords.

If you cannot find a compound because of a spelling change, search for the old spelling of its first component, e.g. Fluß. There you will find a cross-reference to the new spelling.

In zahlreichen Fällen wird aus einem bisher zusammengeschriebenen Wort ein kleines Syntagma, d. h. eine Fügung aus mehreren Wörtern, die kein Stichwort mehr ist, sondern nun innerhalb des Eintrags steht. Das Auffinden solch einer Fügung wird dadurch erleichtert, dass bei dem Stichwort alter Schreibung ein präziser Verweis die genaue Position der Fügung angibt.

e·ben·so ['e:bn̩zo:] *adv* ❶ *(genauso)* just as; ~ **gern** [**wie**] just as well/much [as]; ~ **gut** [just] as well; ~ **lang**[**e**] just as long; ~ **oft** just as often; ~ **sehr** just as much; ~ **viel** just as much; ~ **wenig** just as little ❷ *(auch)* as well
e·ben·so·gern[ALT] *adv s.* ebenso 1 **e·ben·so·oft**[ALT] [-zo^ɂɔft] *adv s.* ebenso 1

In many cases a word that used to be written together is now written as two words. As a result, it loses its headword status and becomes a phrase within an entry. To simplify finding such elements a cross-reference system has been developed which directs you to the exact part of the entry in which the item is listed.

3.2 Silbentrennung und Betonungszeichen

Die Silbentrennung wird im Stichwort angegeben. Die Worttrennung wird jeweils durch einen Trennungspunkt markiert.

Dienst·leis·tung *f meist pl* services *npl*
Ka·ta·kom·be <-, -n> [kata'kɔmbə] *f* catacomb

3.2 Syllabification and Intonation

Syllabification is given where relevant. The small dots in headwords indicate the points at which the word may be separated by a hyphen.

lem·on·ade [ˌleməˈneɪd] *n* Zitronenlimonade *f*
poly·un·satu·rat·ed [ˌpɒliʌnˈsætʃ^əreɪtɪd] *adj* mehrfach ungesättigt

Bei Stichwörtern ohne Phonetikangabe wird die Betonung direkt im Stichwort durch das Zeichen ' markiert.

Where no phonetic code is given, the main spoken emphasis of the headword is indicated by a stress mark.

'hot dog *n* ...
multi-'cul·tur·al *adj* ...

Der tiefgestellte Strich kennzeichnet einen Diphthong (Zwielaut: ai, ei, eu, au, äu) oder einen langen Vokal (Selbstlaut), der tiefgestellte Punkt einen kurzen Vokal.

When a diphthong (ai, ei, eu, au, äu) or long vowel in a German headword is underlined it indicates stress. A dot indicates a stressed short vowel.

> **Eu·ro·mün·ze** f euro coin
> **ge·schla·fen** pp von **schlafen**
> **Koch·buch** nt cook|ery]book

Unregelmäßige Pluralformen, Verb- und Steigerungsformen werden in spitzen Klammern angegeben.

Irregular inflections of nouns, verbs and adjectives are given in angle brackets.

> **In·dex** <-[es], -e o |ndizes> ['ɪndɛks, pl 'ɪnditse:s] m index

> **get** <got, got or Am usu gotten> [gɛt] ...

3.3 Grammatische Zeichen

3.3 Grammatical Symbols

Der feine Strich kennzeichnet den ersten Teil bei trennbaren Verben.

A vertical line in German headwords shows where a separable verb can be separated.

> **durch|bli·cken** ['dʊrçblɪkn̩] vi ...

Das hochgestellte Sternchen (*) zeigt an, dass das Partizip Perfekt des Verbs ohne ge- gebildet wird.

A superscript star (*) shows that the German perfect participle is formed without *ge-*.

> **ver·ler·nen*** vt to forget; ...

Hochgestellte arabische Ziffern machen gleich geschriebene Wörter mit unterschiedlichen Bedeutungen (Homographen) kenntlich.

Words with the same spelling but with significantly different meanings are distinguished from each other by a superscript Arabic numeral.

> **Ka·pel·le¹** <-, -n> [ka'pɛlə] f chapel
> **Ka·pel·le²** <-, -n> [ka'pɛlə] f MUS orchestra

> **in·cense¹** ['ɪnsen(t)s] n no pl ❶ (*substance*) Räuchermittel nt; (*in church*) Weihrauch m; **stick of** ~ Räucherstäbchen nt ❷ (*smoke*) wohlriechender Rauch; (*in church*) Weihrauch m
> **in·cense²** [ɪn'sen(t)s] vt empören; **to be ~d by sb/sth** über jdn/etw erbost sein

Grammatische Konstruktionen sind mit einem Kästchensymbol markiert.

Grammatical constructions are marked with a grey box.

> **Uhr·zei·ger·sinn** m ▪im ~ clockwise; ▪entgegen dem ~ anticlockwise, counterclockwise Am

> **fond** [fɒnd] adj hope kühn; *memories* lieb; *smile* liebevoll; ▪**to be ~ of sb/sth** jdn/etw gerne mögen; ▪**to be ~ of doing sth** etw gerne machen

4. Aufbau der Einträge

4. Entry Structure

4.1. Römische Ziffern

4.1 Roman Numerals

Römische Ziffern untergliedern ein Stichwort in verschiedene Wortarten und Verben in transitiven, intransitiven und reflexiven Gebrauch.

Roman numerals subdivide an entry into different parts of speech and verbs into transitive, intransitive and reflexive usage.

wäh·rend ['vɛːrənt] **I.** *präp + gen* during **II.** *konj* ❶ (*zur selben Zeit*) while ❷ (*wohingegen*) whereas

ab̲·lar·bei·ten I. *vt* ❶ (*durch Arbeit tilgen*) to work off *sep* ❷ (*der Reihe nach erledigen*) to work through **II.** *vr* ■ **sich ~** (*fam*) to work like a madman

her [hɜːr, həʳ] **I.** *pron pers* sie *in akk,* ihr *in dat;* **it is/was ~** sie ist's/war's **II.** *adj poss* ihr(e, n); (*ship, country, boat, car*) sein(e, n); **what's ~ name?** wie heißt sie?; **the boat sank with all ~ crew** das Boot sank mit seiner ganzen Mannschaft **III.** *n* (*fam*) Sie *f;* **is it a him or a ~?** ist es ein Er oder eine Sie?

▸ **follow through I.** *vt* zu Ende verfolgen **II.** *vi* SPORTS durchschwingen

4.2. Arabische Ziffern

Die arabischen Ziffern kennzeichnen die unterschiedlichen Bedeutungen des Stichworts innerhalb einer Wortart. Die eingeklammerten Angaben in kursiver Schrift (oder – in anderen Fällen – die abgekürzten Sachgebietshinweise) erläutern, welche Bedeutung jeweils vorliegt.

Rol·le² <-, -n> ['rɔlə] *f* ❶ FILM, THEAT (*a. fig*) role, part; **eine ~ spielen** to play a part ❷ (*Beteiligung, Part*) role, part; **das spielt doch keine ~!** it's of no importance! ❸ SOCIOL role; **ein Ehe mit streng verteilten ~n** a marriage with strict allocation of roles ▸ **aus der ~ fallen** to behave badly; **sich in jds ~ versetzen** to put oneself in sb's place

4.2 Arabic Numerals

Arabic numerals indicate different meanings of the headword within a part of speech category. The elements in parentheses or subject labels show which sense is being dealt with in each category.

'state·room *n* ❶ (*in a hotel*) Empfangszimmer *nt;* (*in a palace*) Empfangssaal *m* ❷ NAUT Luxuskabine *f* ❸ RAIL Luxusabteil *nt*

4.3. Phraseologischer Block

Ein Dreieck leitet den Block der festen Wendungen ein. Dies sind in der Regel bildhafte Redewendungen, die sich nur schwer oder gar nicht auf die Grundbedeutung (oder -bedeutungen) des Stichworts zurückführen lassen. Die Unterstreichung dient der besseren Orientierung im Wendungsblock.

Mund <-[e]s, Münder> ['mʊnt, *pl* 'mʏndɐ] *m* mouth; **etw in den ~ nehmen** to put sth in one's mouth; **mit vollem ~e** with one's mouth full ▸ **den ~** [zu] **voll nehmen** to talk [too] big; **jdm über den ~ fahren** to cut sb short; [jd ist] **nicht auf den ~ gefallen** (*fam*) [sb is] never at a loss for words; **halt den ~!** shut up!; **jdm etw in den ~ legen** to put [the] words into sb's mouth; **jdm nach dem ~[e] reden** to say what sb wants to hear; **etw ist in aller ~e** sth is the talk of the town; **wie aus einem ~e** with one voice

4.3 Idiom Block

Idiom blocks are introduced by a triangle. They consist of set idioms that cannot be attributed to a particular sense of the headword. The underlined guide words help you find your way through the block.

ice [aɪs] **I.** *n no pl* Eis *nt* ▸ **to break the ~** das Eis zum Schmelzen bringen; **sth cuts no ~ with sb** etw lässt jdn ziemlich kalt; **to put sth on ~** etw auf Eis legen **II.** *vt* glasieren

5. Wegweiser zur richtigen Übersetzung

Übersetzungen, die, nur durch Kommas getrennt, nebeneinanderstehen, sind gleichbedeutend und somit austauschbar.

Ken·ner(in) <-s, -> ['kɛnɐ] *m(f)* expert, authority

5.1. Sachgebietsangaben

Sachgebietsangaben zeigen an, auf welchen Wissensbereich sich die vorliegende Wortbedeutung und ihre Übersetzung beziehen.

Klạm·mer·af·fe *m* ❶ ZOOL spider monkey ❷ INFORM at sign

5.2. Bedeutungshinweise

Bedeutungshinweise sind notwendig bei Stichwörtern, die mehr als eine Bedeutung – mit jeweils unterschiedlichen Übersetzungen – haben. Die Hinweise stehen hinter den arabischen Ziffern in runden Klammern. Sie geben an, für welche Bedeutung des Stichworts die Übersetzung gilt.

gän·gig ['gɛnɪç] *adj* ❶ (*üblich*) common ❷ (*gut verkäuflich*) in demand; **die ~ste Ausführung** the bestselling model ❸ (*im Umlauf befindlich*) current; **die ~e Währung** the local currency

5.3. Kursive Angaben

Mitunter ist es nicht möglich, für das Stichwort eine einzige, allgemein gültige Übersetzung anzugeben, weil es je nach Kontext anders übersetzt werden muss. In diesem Fall werden die verschiedenen Übersetzungen des Stichworts aufgeführt, wobei kursive Wörter den jeweiligen Kontext angeben, von dem die einzelne Übersetzung abhängt. Diese kursiven, nicht übersetzten Wörter nennt man Kollokatoren; darunter versteht man Wörter, die mit dem Stichwort eine enge, typische Verbindung eingehen und oft mit ihm zusammen vorkommen. Folgende Typen von Kollokatoren führen in diesem Werk zur richtigen Übersetzung.

5. How to find the Correct Translation

Equivalents that are separated from each other only by commas are interchangeable.

start [stɑːt] **I.** *n usu sing* ❶ (*beginning*) Anfang *m*, Beginn *m*; ...

5.1 Field Labels

Field labels indicate the field in which a particular usage is common.

'air brake *n* AUTO Druckluftbremse *f*; AVIAT Luftbremse *f*

5.2 Sense Glosses

When a headword has more than one sense, meaning discrimination is given. This information is given in parentheses and shows which sense of the headword is being treated.

as·sail [əˈseɪl] *vt* ❶ (*attack*) angreifen ❷ (*verbally*) anfeinden ❸ *usu passive* (*torment*) **to be ~ed by doubts** von Zweifeln geplagt werden ❹ (*overwhelm*) **to be ~ed with letters** massenweise Briefe bekommen *fam*

5.3 Elements in Italics

Context elements, also called collocates, are given in italics. The following examples show how different types of collocate guide you to the sense you are looking for.

In Verbeinträgen: Typische Subjekte des Verbs oder des verbalen Ausdrucks	**In verb entries:** typical subjects of the verb

sur·ren ['zʊrən] *vi Insekt* to buzz; *Motor* to hum; *Kamera* to whirr

fiz·zle ['fɪzl] *vi* zischen ◆**fizzle out** *vi fireworks, enthusiasm* verpuffen; *attack, campaign* im Sand verlaufen; *interest* stark nachlassen

In Verbeinträgen: Typische direkte Objekte des Verbs	**In verb entries:** typical objects of the verb

ab|hol·zen *vt* to chop down *sep*; *Baum* to fell; *Wald* to clear

ac·cept [ək'sept] *vt* ❶ (*take*) annehmen; *award* entgegennehmen; *bribe* sich bestechen lassen; ... ❸ (*acknowledge*) anerkennen; *blame* auf sich nehmen; *decision* akzeptieren; *fate* sich abfinden mit; *responsibility* übernehmen; ...

In Adjektiveinträgen: Substantive, die typischerweise zusammen mit dem Adjektiv vorkommen	**In adjective entries:** nouns that are typically modified by the adjective

strup·pig ['ʃtrʊpɪç] *adj Haare* tousled; *Fell* shaggy

soft [sɒft] *adj* ... ❷(*smooth*) weich; *cheeks, skin* zart; *leather* geschmeidig; *hair* seidig ... ❺(*not loud*) *music* gedämpft; *sound, voice* leise; *words* sanft ...

In Substantiveinträgen: Typische Genitivanschlüsse	**In noun entries:** typical "of" complements

Straff·heit <-> *f kein pl* ❶ *der Haut* firmness; *eines Seils* tautness ❷ (*fig*) *einer Ordnung* strictness

hum [hʌm] **I.** *vi* <-mm-> ❶ (*make sound*) brausen; *engine* brummen; *small machine* surren; *bee* summen; *crowd* murmeln ... **III.** *n* Brausen *nt*; *of machinery* Brummen *nt*; *of insects* Summen *nt*; *of a conversation* Gemurmel *nt*; *of a small machine* Surren *nt*

6. Beschreibende Angaben zu Quell- und Zielsprache

6. Source and Target Language Labels

6.1. Stilangaben

6.1 Usage Labels

Weicht ein Stichwort von der neutralen Standardsprache ab, so wird dies grundsätzlich angegeben. Stilangaben zu Beginn eines Eintrags oder einer Kategorie (d. h. eines römisch oder arabisch bezifferten Absatzes) beziehen sich auf den gesamten Eintrag oder auf den gesamten Absatz.

If a headword or a translation deviates from neutral style then it is marked. Usage labels given at the beginning of an entry or of a Roman or Arabic numeral section apply to the entire entry or section.

bezeichnet im Deutschen einen sehr saloppen Sprachgebrauch, der nur von meist jüngeren Sprechern untereinander verwendet wird. Dieser Stil wirkt leicht flapsig und kann daher Anstoß erregen, z. B. *Fresse, ankotzen*	*derb*	in German, designates very informal language that is generally only used by young people amongst themselves. This style may appear flippant and can cause offence, e.g. *Fresse, ankotzen*

bezeichnet umgangssprachlichen Sprachgebrauch, wie er zwischen Familienmitgliedern und Freunden in zwangloser Unterhaltung und in privaten Briefen verwendet wird, z.B: *anmotzen, hampeln, Limo*	*fam*	refers to informal language as it is used between family members and friends in a relaxed atmosphere and in private letters, e.g. *to shut up, to rip sb off*
bezeichnet im Englischen stark umgangssprachlichen, saloppen Sprachgebrauch, z. B. *to kick some ass*	*fam!*	designates English language that is very informal but not vulgar, e.g. *to kick some ass*
bezeichnet im Englischen gehobenen Sprachgebrauch, wie er bei gewählter Ausdrucksweise üblich ist, z. B. *to peruse, to befit;* bezeichnet im Deutschen förmlichen Sprachgebrauch, wie er im amtlichen Schriftverkehr, auf Formularen oder in formellen Ansprachen üblich ist, z. B. *Fernsprechamt, nötigenfalls, jdm obliegen.*	*form*	designates spoken and written formal English usage, e.g. to *peruse, to befit;* in German, designates official language as used in official correspondence, in forms or in official statements, e.g. *Fernsprechamt, nötigenfalls, jdm obliegen.*
bezeichnet im Deutschen gehobenen Sprachgebrauch, sowohl in der gesprochenen wie der geschriebenen Sprache, wie er bei gewählter Ausdrucksweise üblich ist, z. B. *Vermählung, wehmütig*	*geh*	designates spoken and written formal German language, e.g. *Vermählung, wehmütig*
bezeichnet literarischen Sprachgebrauch, wie er nur in Romanen zu finden ist, z. B. *bitternis, jdn dahinraffen*	*liter*	refers to literary language, e.g. *to beseech, capricious*
bezeichnet im Englischen poetischen Sprachgebrauch, wie er nur in der Lyrik vorkommt, z. B. *cavort, long flowing locks*	*poet*	indicates poetic usage, e.g. *cavort, long flowing locks*
bezeichnet im Englischen Slang oder Jargon, z. B. *sprog, on yer bike;* bezeichnet im Deutschen stark umgangssprachlichen, saloppen Sprachgebrauch oder die Ausdrucksweise bestimmter Gruppen, z. B. Jugendliche: *faxen machen, herumhängen*	*sl*	in English, designates slang or jargon, e.g. *sprog, on yer bike;* in German, designates usage that is very informal but not vulgar as well as language of certain social groups, e.g. young people: *faxen machen, herumhängen*
bezeichnet Wörter, die allgemein als vulgär gelten und daher tabu sind. Ihr Gebrauch erregt meist Anstoß.	*vulg*	designates taboo language that is generally considered vulgar and that causes offence.

6.2. Altersangaben

6.2 Age labels

Es wird in beiden Sprachen grundsätzlich angegeben, wenn ein Wort oder Ausdruck nicht mehr dem heutigen Sprachgebrauch entspricht.

When a word no longer belongs to contemporary language this is indicated in both languages.

bezeichnet im Englischen Wörter, die noch im Gebrauch sind, die aber etwas altmodisch klingen: *dearie, shop girl, smasher*	*dated*	in English, designates language that is still in use, but which sounds old-fashioned: *dearie, shop girl, smasher*
für Wörter, die gar nicht mehr im Gebrauch sind z. B. *Pfennig, Zonengrenze*	*hist*	for words that have completely disappeared from current usage e.g. *shilling, EC*

bezeichnet im Englischen ein Wort oder einen Ausdruck, der heutzutage nicht benutzt, aber durchaus noch verstanden wird, z. B. *privy*	*old*	in English, designates a word or expression that is no longer in current use, but which is still understood, e.g. *privy*
bezeichnet im Deutschen Wörter, die noch im Gebrauch sind, die aber etwas altmodisch klingen: *arbeitsam, famos*	*veraltend*	in German, designates language that is still in use, but which sounds somewhat old-fashioned: *arbeitsam, famos*
bezeichnet im Deutschen ein Wort oder einen Ausdruck, der heutzutage nicht benutzt, aber durchaus noch verstanden wird, e.g. *Barbier, Gaukler*	*veraltet*	in German, designates a word or expression that is no longer in current use, but which is still understood, e.g. *Barbier, Gaukler*

6.3. Rhetorische Angaben

6.3 Rhetoric Labels

Viele Wörter und Wendungen können in einer bestimmten Sprechabsicht verwendet werden. Dies wird durch folgende Abkürzungen vermerkt:

Many words and phrases carry a particular connotation. These are indicated by the following abbreviations:

bezeichnet aufwertende, bejahende Wörter und Ausdrücke, die zeigen, dass der Sprecher eine positive Einstellung gegenüber einer Person oder Sache hat, z. B. *immaculate, princely*	*approv*	designates words and expressions that are used in a positive way, showing that the speaker has a good opinion of somebody or something, e. g. *immaculate, princely*
bezeichnet emphatischen Sprachgebrauch, z. B. *niemals*	*emph*	designates emphatic usage, e. g. *herself, himself*
bezeichnet verhüllenden Sprachgebrauch; statt des eigentlichen Worts wird stellvertretend dieser beschönigende Ausdruck gebraucht, z. B. *jdn unschädlich machen, ein dringendes Bedürfnis*	*euph*	designates euphemistic usage, i.e. words or expressions that are used to describe a word that the speaker wishes to avoid, e.g. *to pass away*
bezeichnet übertragenen Sprachgebrauch. Das Wort oder die Wendung dient – im übertragenen Sinn- als Bild für das, was man ausdrücken will, z. B. *Zappelphillip, ein Kinderspiel sein*	*fig*	designates figurative usage, e.g. *pastures new*
bezeichnet scherzhaften Sprachgebrauch, z. B. *Kummerspeck, eine lange Leitung haben*	*hum*	designates humorous usage, e.g. *egghead, to quaff*
bezeichnet ironischen Sprachgebrauch. Der Sprecher meint eigentlich das Gegenteil dessen, was er sagt, z. B. *eine schöne Bescherung!*	*iron*	designates ironic usage; the speaker really means the opposite of what he/she is saying, e.g. *shock, horror!*
bezeichnet einen abwertenden Sprachgebrauch. Der Sprecher drückt damit seine abschätzige Haltung aus, z. B. *Gequassel*	*pej*	designates pejorative usage; the speaker expresses contempt or disapproval, e.g. *gasbag, priggish*
bezeichnet im Englischen einen beleidigenden Sprachgebrauch, z. B. *hun, nigger*	*pej!*	designates offensive usage, e.g. *hun, nigger*
bezeichnet ein Sprichwort, z. B. *was du heute kannst besorgen, das verschiebe nicht auf morgen – never put off till tomorrow what you can do today*	*prov*	designates a proverb, e.g. *a problem shared is a problem halved – geteiltes Leid ist halbes Leid*

6.4. Regionale Angaben

Die im Wörterbuch verwendete „Grundsprache" ist das Deutsch aus Deutschland bzw. das britische Englisch. Weitere Angaben werden zu beiden Sprachen gemacht, wenn der Gebrauch eines Wortes auf eine bestimmte Region beschränkt ist.

6.4 Regional Labels

The "base" languages used in this dictionary are German from Germany and British English. Further labels are used for both languages when the usage is restricted to a certain region.

6.4.1. Englisch-deutscher Teil

Amerikanisches Englisch wird berücksichtigt:

6.4.1 The English-German Part

American English is supplied:

> 'mail·box n Am Briefkasten m, Postkasten m bes NORDD
> malt [mɔːlt] **I.** n no pl ❶ (grain) Malz nt ❷ (whisky) Malzwhisky m ❸ Am (malted milk) Malzmilch f **II.** vt to ~ barley Gerste mälzen
> 'air·plane n Am see aeroplane

Australisches Englisch wird hauptsächlich auf der Wortschatzebene aufgeführt.

Australian English is treated mainly on a lexical level.

> tuck·er ['tʌkəʳ] (fam) **I.** n no pl Aus Essen nt **II.** vt Am fix und fertig machen

Die wichtigsten kanadischen Wörter wurden ebenfalls aufgenommen.

The most important Canadianisms have also been included.

> Con·fed·era·tion Day n Can Confederation Day m (der Nationalfeiertag Kanadas)

Besides German from Germany, German from Austria and Switzerland are shown in equivalents.

> to·ma·to <pl -es> [təˈmɑːtəʊ] n Tomate f, Paradeiser m ÖSTERR
> hos·pi·tal [ˈhɒspɪtəl] n Krankenhaus nt, Spital nt SCHWEIZ; **to have to go to ~** ins Krankenhaus müssen

6.4.2. Deutsch-englischer Teil

Außer dem Deutschen Deutschlands werden das Deutsche von Österreich und der Schweiz berücksichtigt.

6.4.2 The German-English Part

The German spoken in Austria and Switzerland is included.

Jän·ner <-s, -> [ˈjɛnɐ] m ÖSTERR January
Spül·trog m <-(e)s, -tröge> SCHWEIZ sink [unit]

Deutsche Wörter und Wendungen, die ausschließlich regional Verwendung finden, werden entsprechend markiert.

Expressions used exclusively in Northern or Southern Germany are also supplied.

Dös·kopp <-s, -köppe> [-kɔp] *m* NORDD (*fam*) dope
Ka·po <-s, -s> ['kapo] *m* SÜDD (*fam: Vorarbeiter*) gaffer

In der Zielsprache wird amerikanisches Englisch auch berücksichtigt.

American spellings, words and phrases are given in equivalents.

Dop·pel·haus *nt* two semi-detached houses *pl* BRIT, duplex house AM
Ge·päck·kon·trol·le *f* luggage [*or* AM *esp* baggage] check

6.4.3. Übersicht über die verwendeten regionalen Abkürzungen

6.4.3 Table of Regional Labels Used in the Dictionary

nur in USA gebrauchter Ausdruck	AM	item used only in the USA
nur in Australien gebrauchter Ausdruck	AUS	item used only in Australia
v. a. typisch bundesrepublikanische Phänomene	BRD	cultural item specific to Germany
nur in Großbritannien gebrauchter Ausdruck	BRIT	item used only in Great Britain
nur in Kanada gebrauchter Ausdruck	CAN	item used only in Canada
regional begrenzt gebrauchter Ausdruck	DIAL	regional item
Ausdruck aus dem Irischen	IRISH	item used only in Ireland
besonders im mitteldeutschen Raum gebrauchter Ausdruck	MITTELD	item used especially in Central Germany
nur in Nordengland gebrauchter Ausdruck	NBRIT	item used only in Northern England
nur im Norden Deutschlands gebrauchter Ausdruck	NORDD	item used only in Northern Germany
nur in Neuseeland gebrauchter Ausdruck	NZ	item used only in New Zealand
nur in Österreich gebrauchter Ausdruck	ÖSTERR	item used only in Austria
nur in Südafrika gebrauchter Ausdruck	SA	item used only in South Africa
Ausdruck, der nur in der Schweiz gebraucht wird	SCHWEIZ	item used only in Switzerland
nur im Schottischen gebrauchter Ausdruck	SCOT	item used only in Scottish English
nur im Süden Deutschlands gebrauchter Ausdruck	SÜDD	item used only in Southern Germany

6.5. Sonstige Angaben

Weitere Angaben werden zu beiden Sprachen gemacht, wenn der Gebrauch eines Wortes auf eine bestimmte Altersgruppe, Sprechsituation oder Zeit beschränkt ist.

6.5 Other Labels

Further markers are used in both languages to indicate restriction of an item to a certain age-group, situation or frequency of use.

bezeichnet einen von Laien nicht benutzten Fachausdruck. z.B. *atoxisch, Psychopharmakon*	*fachspr*	*spec*	designates specialist language that lay people would generally not use, e.g. *myopia, rubella*
bezeichnet einen Ausdruck, der nur im Gespräch mit kleinen Kindern benutzt wird, z.B. *Klapperstorch, Miezekatze*	*Kindersprache*	*childspeak*	designates a word or expression used mainly when speaking to children, e.g. *roly-poly, birdie*
bezeichnet selten gebrauchte Sprache, z.B. *malade*	*selten*	*rare*	designates language that is only rarely used, e.g. *pestiferous, veracious*

▶ ENGLISCHE UND DEUTSCHE PHONETIK

▶ ENGLISH AND GERMAN PHONETICS

Zur Bezeichnung der Aussprache wurden die phonetischen Zeichen des IPA (International Phonetic Alphabet) verwendet. Für die Umschrift der einzelnen Wörter haben wir für das Englische PONS Daniel Jones English Pronouncing Dictionary, 16th edition (2003) zugrunde gelegt.

Für das Deutsche diente Duden. Das Aussprachewörterbuch. 5. völlig neu bearb. und erw. Aufl. (2003) als Hilfsmittel.

Phonetics are given in IPA (International Phonetic Alphabet).

The reference used for English phonetics was PONS Daniel Jones English Pronouncing Dictionary, 16th edition (2003)

The reference used for German phonetics was Duden Aussprachewörterbuch, 5th fully revised and enlarged edition (2003).

Lautschriftzeichen

	Zeichen der Lautschrift	
cat	[æ]	
	[a]	hat
	[aː]	Bahn
father, card	[ɑː]	
pot, bottom	[ɒ] (BRIT)	
	[ɐ]	bitter
	[ɐ̯]	Uhr
	[ã]	Chanson
	[ãː]	Gourmand
croissant	[ɑ̃ː]	
	[aj]	heiß
ride, my	[aɪ]	
	[au̯]	Haus
house, about	[aʊ]	
big	[b]	Ball
	[ç]	ich
dad	[d]	dicht
edge, juice	[dʒ]	Gin, Job
pet, best	[e]	Etage
	[eː]	Beet, Mehl
	[ɛ]	Nest, Wäsche
	[ɛː]	wählen
bird, cur, berth	[ɜː]	
	[ɛ̃]	timbrieren

Phonetic Symbols

	Zeichen der Lautschrift	
	[o]	Oase
	[oː]	Boot, drohen
	[o̯]	loyal
	[ɔ]	Post
caught, ought	[ɔː]	
boat, rode	[əʊ] (BRIT)	
boat, rode	[oʊ] (AM)	
	[õ]	Fondue
	[õː]	Fonds
restaurant	[ɔ̃ː]	
	[ø]	Ökonomie
	[øː]	Öl
	[œ]	Götter
	[œ̃]	Lundist
	[œ̃ː]	Parfum
boy, noise	[ɔɪ]	
	[ɔy]	Mäuse
pat	[p]	Papst
right	[r]	Rad
bitter	[ʳ] (BRIT)	
bitter	[ɚ] (AM)	
soft	[s]	Rast, besser, heiß
shift	[ʃ]	Schaum, sprechen, Chef

fin de siècle	[ɛ:]	Teint	take	[t]	Test, treu
Africa, potato	[ə]	halte	better	[t̬] (AM)	
sudden	[ᵊ]				
bust, multi	[ʌ]		chip, patch	[tʃ]	Matsch, Tschüss
rate	[eɪ]		think, bath	[θ]	
there, hair	[eə] (BRIT)		father, bathe	[ð]	
fast	[f]	Fett, viel		[u]	zunächst
gold	[g]	Geld	moose, lose	[u:]	Hut
hello	[h]	Hut		[u̯]	aktuell
sit	[ɪ]	Bitte	book, put	[ʊ]	Mutter
abbey	[i]	Vitamin	allure	[ʊə] (BRIT)	
read, meet	[i:]	Bier	vitamin	[v]	wann
	[i̯]	Studie	wish	[w]	
here, beer	[ɪə] (BRIT)		loch	[x] (SCOT)	Schlauch
yellow	[j]	ja	fix	[ks]	Fix, Axt, Lachs
cat, king	[k]	Kohl, Computer		[y]	Mykene
	[kv]	Quadrat		[y:]	Typ
queen	[kw]			[y̆]	Hyäne
little	[l]	Last		[ʏ]	füllen
little	[l̩]	Nebel		[ɣ]	Gelderland
mom	[m]	Meister	zebra, jazz	[z]	Hase, sauer
	[m̩]	großem	pleasure	[ʒ]	Genie
nice	[n]	nett	glottal stop	ʔ	Knacklaut
	[n̩]	sprechen	primary stress	ˈ	Hauptbetonung
ring, rink, bingo	[ŋ]	Ring, blinken	secondary stress	ˌ	Nebenbetonung
	[ɲ]	Gascogne			

ZEICHEN UND ABKÜRZUNGEN
SYMBOLS AND ABBREVIATIONS

▶	phraseologischer Block	phrase block	
|	trennbares Verb	separable verb	
=	Kontraktion	contraction	
*	Partizip ohne *ge-*	German past participle formed without *ge-*	
≈	entspricht etwa	comparable to	
–	Sprecherwechsel in einem Dialog	change of speaker in a dialogue	
ALT	alte Schreibung	unreformed German spelling	
RR	reformierte Schreibung	reformed German spelling	
■	zeigt eine grammatische Konstruktion auf	grammatical construction	
○	zeigt variable Stellung des Objektes und der Ergänzung bei Phrasal Verbs auf	indicates the variable position of the object in phrasal verb sentences	
®	Warenzeichen	trade mark	
a.	auch	also	a.
Abk	Abkürzung	abbreviation	*abbrev*
	Akronym	acronym	*acr*
adj	Adjektiv	adjective	*adj*
ADMIN	Verwaltung	administration	ADMIN
adv	Adverb	adverb	*adv*
	Raum- und Luftfahrt	aerospace	AEROSP
AGR	Landwirtschaft	agriculture	AGR
akk	Akkusativ	accusative	*akk*
Akr	Akronym	acronym	
	amerikanisches Englisch	American English	AM
ANAT	Anatomie	anatomy	ANAT
	aufwertend	approving	*approv*
ARCHÄOL	Archäologie	archaeology	ARCHEOL
ARCHIT	Architektur	architecture	ARCHIT
	Kunst	art	ART
art	Artikel	article	*art*
ASTROL	Astrologie	astrology	ASTROL
ASTRON	Astronomie	astronomy	ASTRON
attr	attributiv	attributive	*attr*
	australisches Englisch	Australian English	AUS
AUTO	Auto	automobile	AUTO
aux	Hilfsverb	auxiliary	*aux*

	Luftfahrt	aviation	AVIAT
BAHN	Eisenbahnwesen	railway	
BAU	Bauwesen	construction	
BERGB	Bergbau	mining	
bes	besonders	especially	
BIOL	Biologie	biology	BIOL
BÖRSE	Börse	stock exchange	
BOT	Botanik	botany	BOT
BOXEN	Boxen	boxing	BOXING
BRD	Binnendeutsch	German of Germany	
	britisches Englisch	British English	BRIT
	kanadisches Englisch	Canadian English	CAN
	Karten	cards	CARDS
CHEM	Chemie	chemistry	CHEM
	Schach	chess	CHESS
	Kindersprache	language of children	*childspeak*
	Handel	commerce	COMM
comp	komparativ	comparative	*comp*
	Informatik	computing	COMPUT
conj	Konjunktion	conjunction	*conj*
dat	Dativ	dative	*dat*
	veraltend	dated	*dated*
def	bestimmter Artikel	definite	*def*
dekl	dekliniert	declined	
dem	demonstrativ	demonstrative	*dem*
derb	derb	coarse language	
	Bestimmungswort	determiner	*det*
DIAL	dialektal	dialect	DIAL
dim	Diminutiv	diminutive	
	Ökologie	ecology	ECOL
	Wirtschaft	economy	ECON
ELEK	Elektrizität	electricity	ELEC
emph	emphatisch	emphatic	*emph*
	besonders	especially	*esp*
etw	etwas	something	*etw*
EU	Europäische Union	European Union	EU
euph	euphemistisch	euphemistic	*euph*
f	feminine Form in der Zielsprache	feminine form	*f*
fachspr	fachsprachlich	specialist term	
fam	umgangssprachlich	informal	*fam*
fam!	stark umgangssprachlich	very informal	*fam!*

	Mode	fashion	FASHION
FBALL	Fußball	football	FBALL
	feminine Form in der Zielsprache	feminine form	*fem*
fig	bildlich	figurative	*fig*
FILM	Film, Kino	film, cinema	FILM
FIN	Finanzen	finance	FIN
	Kochkunst	food and cooking	FOOD
form	förmlicher Sprachgebrauch	formal	*form*
FORST	Forstwirtschaft	forestry	
FOTO	Fotografie	photography	
geh	gehobener Sprachgebrauch	formal	
gen	Genitiv	genitive	*gen*
GEOG	Geographie	geography	GEOG
GEOL	Geologie	geology	GEOL
HANDEL	Handel	commerce	
HIST	Geschichte	history	HIST
hist	historisch	historical	*hist*
HORT	Gartenbau	gardening	HORT
hum	scherzhaft	humorous	*hum*
	Jagd	hunting	HUNT
imp	Imperfekt	imperfect	
imper	Imperativ	imperative	*imper*
impers	unpersönliches Verb	impersonal use	*impers*
indef	unbestimmt	indefinite	indef
INET	Internet	internet	INET
infin	Infinitiv	infinitive	*infin*
INFORM	Informatik	computing	
interj	Interjektion	interjection	*interj*
interrog	fragend	interrogative	*interrog*
iron	ironisch	ironic	*iron*
irreg	unregelmäßig	irregular	*irreg*
JAGD	Jagd	hunting	
jd	jemand	somebody *(nominative)*	
jdm	jemandem	somebody *(dative)*	
jdn	jemanden	somebody *(accusative)*	
jds	jemandes	somebody's *(genitive)*	
JOURN	Journalismus	journalism	JOURN
JUR	Jura	law	
KARTEN	Karten	cards	
kindersprache	Kindersprache	language of children	

KOCHK	Kochkunst	food and cooking	
konj	Konjunktion	conjunction	
KUNST	Kunst	art	
	Jura	law	LAW
LING	Linguistik	linguistics	LING
LIT	Literatur	literature	LIT
liter	literarisch	literary	liter
LUFT	Luftfahrt	aviation	
m	Maskulinum	masculine	m
	maskuline Form in der Zielsprache	masculine form	masc
MATH	Mathematik	mathematics	MATH
	Mechanik	mechanics	MECH
MED	Medizin	medicine	MED
MEDIA	Medien	media	MEDIA
METEO	Meteorologie	meteorology	METEO
MIL	Militär	military	MIL
		mining	MIN
MITTELD	Mitteldeutsch	language of central Germany	
MODE	Mode	fashion	
MUS	Musik	music	MUS
MYTH	Mythologie	mythology	
n	Substantiv	noun	n
NATURMED	Naturheilverfahren	alternative medicine	
NAUT	Seefahrt	navigation	NAUT
	Nordenglisch	Northern English	NBRIT
	verneinend, Verneinung	negative, negation	neg
nomin	Nominativ	nominative	nomin
NORDD	Norddeutsch	Northern German	
nt	Neutrum	neuter	nt
NUKL	Kernphysik	nuclear science	NUCL
	Englisch aus Neuseeland	New Zealand English	NZ
o	oder	or	o
ÖKOL	Ökologie	ecology	
ÖKON	Wirtschaft	economics	
	veraltet	old	old
ORN	Vogelkunde	ornithology	ORN
ÖSTERR	österreichisches Deutsch	Austrian German	
part	Partizip	participle	
pej	abwertend	pejorative	pej
pej!	beleidigend	offensive	pej!
pers	Personal(pronomen)	personal pronoun	pers

pers.	Person	person	*pers.*
PHARM	Pharmazie	pharmacy	PHARM
PHILOS	Philosophie	philosophy	PHILOS
	Fotografie	photography	PHOT
PHYS	Physik	physics	PHYS
	Physiologie	physiology	PHYSIOL
pl	plural	plural	*pl*
poet	poetisch	poetic	*poet*
POL	Politik	politics	POL
poss	possessiv	possessive	*poss*
pp	Partizip Perfekt	past participle	*pp*
präd	Prädikativ	predicative	
präp	Präposition	preposition	
	Prädikativ	predicative	*pred*
	Präposition	preposition	*prep*
pres	Präsenz	present	*pres*
pron	Pronomen	pronoun	*pron*
prov	Sprichwort	proverb	*prov*
PSYCH	Psychologie	psychology	PSYCH
	erste Vergangenheit	past tense	*pt*
	Verlagswesen	publishing	PUBL
RADIO	Rundfunk	radio broadcasting	RADIO
	Eisenbahnwesen	railway	RAIL
	selten	rare	*rare*
RAUM	Raumfahrt	aerospace	
refl	reflexiv	reflexive	
reg	regulär	regular	
rel	relativ	relative	
REL	Religion	religion	REL
S.	Sache	thing	
	südafrikanisches Englisch	South African English	SA
	jemand/jemandem/jemanden	somebody	*sb*
	jemandes	somebody's	*sb's*
SCH	Schule	school	SCH
SCHACH	Schach	chess	
SCHWEIZ	schweizerisches Deutsch	Swiss German	
SCI	Naturwissenschaften	science	SCI
	schottisch	Scottish	SCOT
selten	selten	rare	
sep	trennbar	separable	*sep*
sing	Einzahl	singular	*sing*

SKI	Skifahren	skiing	SKI
sl	salopp	slang	*sl*
SOZIOL	Soziologie	sociology	SOCIOL
	fachsprachlich	specialist term	spec
SPORT	Sport	sports	SPORTS
	etwas	something	*sth*
	Börse	stock exchange	STOCKEX
SÜDD	Süddeutsch	Southern German	
superl	Superlativ	superlative	*superl*
TECH	Technik	technology	TECH
TELEK	Nachrichtentechnik	telecommunications	TELEC
TENNIS	Tennis	tennis	TENNIS
THEAT	Theater	theatre	THEAT
TOURIST	Tourismus	tourism	TOURIST
TRANSP	Transport und Verkehr	transportation	TRANSP
TV	Fernsehen	television	TV
TYPO	Buchdruck	typography	TYPO
UNIV	Universität	university	UNIV
usu	gewöhnlich	usually	*usu*
vb	Verb	verb	*vb*
veraltend	veraltend	dated	
veraltet	veraltet	old	
VERLAG	Verlagswesen	publishing	
vi	intransitives Verb	intransitive verb	*vi*
vr	reflexives Verb	reflexive verb	*vr*
vt	transitives Verb	transitive verb	*vt*
vulg	vulgär	vulgar	*vulg*
ZOOL	Zoologie	zoology	ZOOL

Aa

A <*pl* -'s *or* -s>, **a** <*pl* -'s> [eɪ] *n* ❶ (*letter*) A *nt*, a *nt*; ~ **for Andrew** [*or* AM **as in Abel**] A wie Anton ❷ MUS A *nt*, a *nt*; ~ **flat** As *nt*, as *nt*; ~ **sharp** Ais *nt*, ais *nt*; ~ **major** A-Dur *nt*; ~ **minor** a-Moll *nt* ❸ (*school mark*) ≈ Eins *f*; **to get** [**an**] ~ eine Eins schreiben ❹ (*blood type*) A ▸ **from** ~ **to Z** von A bis Z

a [eɪ, ə], *before vowel* **an** [æn, ᵃn] *art indef* ❶ (*undefined*) ein(e) ❷ *after neg* ∎ **not** ~ kein(e); **there was not** ~ **person to be seen** es war niemand zu sehen; **I haven't got** ~ **chance** ich habe nicht die geringste Chance ❸ (*one*) ein(e); **can I have** ~ **knife and fork please?** kann ich bitte Messer und Gabel haben?; **for half** ~ **mile** eine halbe Meile; **to count to** ~ **thousand** bis tausend zählen; **one and** ~ **half** eineinhalb ❹ *before profession, nationality* **she's** ~ **teacher** sie ist Lehrerin; **he's** ~ **n Englishman** er ist Engländer ❺ *introducing state* ein(e); ~ **17th-century cottage** ein Landhaus im Stil des 17. Jahrhunderts; **this is** ~ **very mild cheese** dieser Käse ist sehr mild ❻ (*per*) **he earns $100,000** ~ **year** er verdient im Jahr 100.000 Dollar; **three times** ~ **day** dreimal täglich; **twice** ~ **week** zweimal die Woche; **once** ~ **month** einmal im Monat

A *n* ❶ *abbrev of* **ampere** A ❷ *abbrev of* **answer** Antw.

AA [,eɪ'eɪ] *n* ❶ + *sing/pl vb abbrev of* **Alcoholics Anonymous** AA ❷ + *sing/pl vb* BRIT *abbrev of* **Automobile Association** ≈ ADAC *m*

AAA [,trɪpl'eɪ] *n* + *sing/pl vb* AM *abbrev of* **American Automobile Association** ≈ ADAC *m*

AB [eɪ'biː] *n* AM *abbrev of* **Artium Baccalaureus** Bakkalaureus *m* der philosophischen/naturwissenschaftlichen Fakultät

aback [ə'bæk] *adv* **to be taken** ~ erstaunt sein; (*sad*) betroffen sein

ab·a·cus <*pl* -es> ['æbəkəs] *n* MATH Abakus *m*

aban·don [ə'bændən] **I.** *vt* ❶ (*leave*) verlassen; *baby* aussetzen; **to** ~ **sb to his/her fate** jdn seinem Schicksal überlassen ❷ (*leave behind*) zurücklassen; *car* stehen lassen ❸ (*give up*) aufgeben; *attempt* abbrechen; *plan* fallen lassen; ∎ **to be** ~ **ed** *search* eingestellt werden ❹ SPORTS abbrechen **II.** *n no pl* **with** ~ mit Leib und Seele

aban·doned [ə'bændənd] *adj* ❶ (*discarded*) verlassen; *baby* ausgesetzt; *car* stehen gelassen ❷ (*empty*) *building* leer stehend; *property* herrenlos ❸ (*carefree*) unbekümmert

abashed [ə'bæʃt] *adj* verlegen

abate [ə'beɪt] *vi* *rain* nachlassen; *storm, anger* abflauen; *pain, fever* abklingen

abate·ment [ə'beɪtmənt] *n no pl* ❶ (*lessening*) Nachlassen *nt*; *of storm, anger also* Abflauen *nt* ❷ (*reducing*) Verminderung *f*; **noise** ~ Lärmbekämpfung *f*

ab·at·toir ['æbətwɑː'] *n* BRIT Schlachthof *m*

ab·bess <*pl* -es> ['æbes] *n* Äbtissin *f*

ab·bey ['æbi] *n* Abtei[kirche] *f*

ab·bot ['æbət] *n* Abt *m*

ab·bre·vi·ate [ə'briːvieɪt] *vt* abkürzen; **Susan is often** ~ **d to Sue** Susan wird oft mit Sue abgekürzt

ab·bre·vi·a·tion [ə,briːvi'eɪʃᵃn] *n* Abkürzung *f*

ABC[^1] [,eɪbiː'siː] *n* ❶ (*alphabet*) ABC *nt*; **as easy as** ~ kinderleicht ❷ (*rudiments*) ABC *nt*, Einmaleins *nt*

ABC[^2] [,eɪbiː'siː] *n* ❶ *abbrev of* **Australian Broadcasting Corporation** ABC *f* ❷ *abbrev of* **American Broadcasting Corporation** ABC *f*

ab·di·cate ['æbdɪkeɪt] **I.** *vi* *monarch* abdanken; *pope* zurücktreten **II.** *vt* ❶ (*resign*) **to** ~ **the throne** auf den Thron verzichten ❷ (*renounce*) *right* verzichten auf *akk*

ab·di·ca·tion [,æbdɪ'keɪʃᵃn] *n* ❶ *of a monarch* Abdankung *f*; ~ **of the throne** Verzicht *m* auf den Thron ❷ *no pl* (*renunciation*) Verzicht *m*

ab·do·men ['æbdəmən, æb'dəʊ-] *n* ❶ MED Unterleib *m* ❷ ZOOL Hinterleib *m*

ab·domi·nal [æb'dɒmɪnᵃl] *adj* Unterleibs-; ~ **wall** Bauchdecke *f*

ab·duct [əb'dʌkt] *vt* entführen

ab·duc·tion [əb'dʌkʃᵃn] *n* Entführung *f*

ab·er·ra·tion [,æbə'reɪʃᵃn] *n* ❶ (*deviation*) Abweichung *f* ❷ SCI Aberration *f*

abet <-tt-> [ə'bet] *vt* unterstützen; **to** ~ **a crime** Beihilfe zu einem Verbrechen leisten

abey·ance [ə'beɪən(t)s] *n no pl* **in** ~ [vorübergehend] außer Kraft [gesetzt]; *hostilities* eingestellt; *issue* auf Eis gelegt

ab·hor <-rr-> [əb'hɔː'] *vt* verabscheuen

ab·hor·rence [əb'hɒrᵃn(t)s] *n no pl* Abscheu *f* (**of** vor) **ab·hor·rent** [əb'hɒrᵃnt] *adj* abscheulich; **I find his cynicism** ~ sein Zynismus ist mir zuwider

abide [ə'baɪd] **I.** *vt usu neg* (*like*) ausstehen; (*endure*) ertragen **II.** *vi* (*continue*) fortbestehen ▸ **abide by** *vi* *rule* befolgen; **to** ~ **by a law** sich an ein Gesetz halten

abid·ing [ə'baɪdɪŋ] *adj* beständig; *love* immer während; *values* bleibend

[^1]:
[^2]:

abil·i·ty [əˈbɪləti] n ❶ (*capability*) Fähigkeit *f*; **to the best of my ~** so gut ich kann ❷ (*talent*) Talent *nt*; **someone of her ~** jemand mit ihrer Begabung; **a woman of ~** eine fähige Frau; **mixed abilities** SCH unterschiedliche Leistungsstufen

ab·ject [ˈæbdʒekt] *adj* ❶ (*extreme*) äußerste(r, s); *coward* elend; *failure* komplett; *poverty* bitter; **in ~ fear** in größter Angst ❷ (*degraded*) *conditions* erbärmlich ❸ (*humble*) unterwürfig; *apology also* demütig; *failure* kläglich

ablaze [əˈbleɪz] *adj* ❶ (*burning*) ■ **to be ~** in Flammen stehen; **to set ~** in Brand stecken ❷ (*bright*) **to be ~ with colour** von Farben leuchten; **to be ~ with lights** hell erleuchtet sein ❸ (*fig: impassioned*) **to be ~ with anger** vor Zorn glühen; **to be ~ with excitement** *eyes* vor Aufregung leuchten

able [ˈeɪbl] *adj* ❶ <more *or* better able, most *or* best able> (*can do*) ■ **to [not] be ~ to do sth** etw [nicht] tun können ❷ <abler *or* more ~, ablest *or* most ~> (*clever*) talentiert; *mind* fähig

able-bodied [ˌeɪblˈbɒdɪd] *adj* gesund; MIL [wehr]tauglich

ABM [eɪbiˈem] *n abbrev of* **anti-ballistic missile** Antiraketenrakete *f*

ab·nor·mal [æbˈnɔːm*ə*l] *adj* anormal; *weather also* ungewöhnlich

ab·nor·mal·i·ty [ˌæbnɔːˈmæləti] *n* ❶ MED (*anomaly*) Anomalie *f*; *fetal ~* fetale Missbildung ❷ *no pl* (*unusualness*) Abnormität *f*; *of a situation* Außergewöhnlichkeit *f*

aboard [əˈbɔːd] *adv, prep* (*on plane, ship*) an Bord; (*on train*) im Zug; **all ~!** (*on plane, ship*) alles einsteigen!; (*on plane, ship*) alle Mann an Bord!

abode [əˈbəʊd] *n* ❶ (*hum: home*) Wohnung *f* ❷ *no pl* (*residence*) Wohnsitz *m*; **of no fixed ~** ohne festen Wohnsitz

abol·ish [əˈbɒlɪʃ] *vt* abschaffen; *law* aufheben

abo·li·tion [ˌæbəˈlɪʃ*ə*n] *n no pl* Abschaffung *f*; LAW Abolition *f*; *of a law* Aufhebung *f*

abomi·nable [əˈbɒmɪnəbl] *adj* furchtbar; *noise* grässlich; *smell* widerwärtig; *weather* scheußlich; **to taste ~** abscheulich schmecken

abomi·nate [əˈbɒmɪneɪt] *vt* verabscheuen

abomi·na·tion [əˌbɒmɪˈneɪʃ*ə*n] *n* ❶ *no pl* (*loathing*) Abscheu *m* (**of** vor) ❷ (*detestable thing*) Abscheulichkeit *f*

Abo·rig·i·nal [ˌæbəˈrɪdʒ*ə*n*ə*l] *adj* der Aborigines *nach n*

Abo·rigi·ne [ˌæbəˈrɪdʒ*ə*ni] *n* [australischer] Ureinwohner *m*/[australische] Ureinwohnerin *f*

abort [əˈbɔːt] *vt* ❶ (*prevent birth*) *baby, fetus* abtreiben; *pregnancy* abbrechen ❷ (*stop*) abbrechen

abor·tion [əˈbɔːʃ*ə*n] *n* Schwangerschaftsabbruch *m*, Abtreibung *f*

abor·tive [əˈbɔːtɪv] *adj* ❶ (*not successful*) *attempt* gescheitert; *plan* misslungen ❷ MED abortiv *fachspr*, abtreibend

abound [əˈbaʊnd] *vi* [sehr] zahlreich sein; *rumours ~ that ...* zahlreiche Gerüchte kursieren, dass ...; **to ~ in** reich sein an *dat*

about [əˈbaʊt] **I.** *prep* ❶ (*on the subject of*) über; **what's that book ~?** worum geht es in dem Buch?; **the movie is ~ the American Civil War** der Film handelt vom Amerikanischen Bürgerkrieg; **it's all ~ having fun** es geht einfach nur darum, Spaß zu haben; **anxiety ~ the future** Angst *f* vor der Zukunft; **a phobia ~ spiders** eine Spinnenphobie; **to ask sb ~ sth/sb** jdn nach jdm/etw fragen ❷ (*affecting*) gegen; **to do something ~ sth** etw gegen etw *akk* machen; **to do nothing ~ a problem** ein Problem nicht anpacken ❸ (*surrounding*) um ❹ *after vb* (*expressing movement*) **to wander ~ the house** im Haus herumgehen; **to look ~ the room** sich im Zimmer umsehen ❺ (*expressing location*) **she must be ~ the place somewhere** sie muss hier irgendwo sein ❻ (*being a characteristic of*) an; **there's something strange ~ him** er hat etwas Merkwürdiges an sich ❼ BRIT (*fam: in the process of*) **while you're ~ it** wo Sie gerade dabei sind ▶ **how ~ sb/sth?** wie wäre es mit jdm/etw?; **to know what one is ~** (*fam*) wissen, was man tut; **what ~ it?** was ist damit? **II.** *adv* ❶ (*approximately*) ungefähr; **~ eight [o'clock]** [so] gegen acht [Uhr]; **~ two days ago** vor etwa zwei Tagen ❷ (*almost*) fast ❸ (*barely*) **we just ~ made it** wir haben es gerade noch [so] geschafft ❹ *esp* BRIT (*around*) herum; **there's a lot of flu ~ at the moment** im Moment geht die Grippe um; **up and ~** auf den Beinen ❺ *esp* BRIT (*in the area*) hier; **is Cathy ~?** ist Cathy hier irgendwo?; **there was nobody ~** es war keiner da ❻ (*intending*) **we're just ~ to have supper** wir wollen gerade zu Abend essen ▶ **that's ~ all** [*or* **it**] das wär's

about-'face AM, AUS, **about-'turn** BRIT **I.** *n* ❶ *esp* MIL Kehrtwendung *f* ❷ (*fig*) **they've done a complete ~** sie haben ihre Meinung um 180° geändert **II.** *vi* MIL **~!** kehrt!

above [əˈbʌv] **I.** *prep* ❶ (*over*) über; **~ the spectators** über den Zuschauern ❷ (*greater than*) über; **to be barely ~ freezing** kaum über dem Gefrierpunkt sein; **~ and beyond all expectation** weit über allen Erwartungen

❸ (*superior to*) **he thinks he's ~ everyone else** er hält sich für besser als alle anderen; **to be ~ criticism** über jede Kritik erhaben sein ❹ (*more importantly than*) **they value freedom ~ all else** für sie ist die Freiheit wichtiger als alles andere; **~ all** vor allem ❺ (*louder than*) **we could hardly hear each other speak ~ the music** wir konnten einander bei der Musik kaum verstehen ▸ **that's ~ me** das ist mir zu hoch **II.** *adv* ❶ (*on higher level*) oberhalb, darüber; **they live in the flat ~** sie wohnen in der Wohnung darüber; (*above oneself*) sie wohnen in der Wohnung über mir/uns ❷ (*overhead*) **from ~** von oben ❸ (*in the sky*) am Himmel; **he looked up to the stars ~** er blickte hinauf zu den Sternen ❹ (*in heaven*) im Himmel ❺ (*higher-ranking*) **from ~** von oben ❻ (*earlier in text*) oben; **the address given ~** die oben genannte Adresse **III.** *adj* obige(r, s); **the ~ address** die oben genannte Adresse **IV.** *n* ■ **the ~** (*thing*) das Obengenannte; (*person*) der/die Obengenannte

above 'board *adj* (*fam*) einwandfrei **above-'men·tioned** *adj* oben genannte(r, s)

Abra·ham·ic ['eɪbrəhæmɪk, 'eɪbrəhɑːmɪk] *adj* abrahamitisch

abra·sion [ə'breɪʒ³n] *n* (*injury*) Abschürfung *f*

abra·sive [ə'breɪsɪv] **I.** *adj* ❶ (*rubbing*) abreibend; **~ cleaner** Scheuermittel *nt* ❷ (*unpleasant*) aggressiv **II.** *n* MECH Schleifmittel *nt*

abreast [ə'brest] *adv* ❶ (*side by side*) nebeneinander ❷ (*alongside*) **to draw ~ of sb/sth** mit jdm/etw gleichziehen ❸ (*up to date*) **to keep ~ of sth** sich über etw *akk* auf dem Laufenden halten

abridge [ə'brɪdʒ] *vt* kürzen

abridg(e)·ment [ə'brɪdʒmənt] *n* gekürzte Ausgabe

abroad [ə'brɔːd] *adv* ❶ (*in foreign country*) im Ausland; **to go ~** ins Ausland fahren; **from ~** aus dem Ausland ❷ (*current*) ■ **to be ~ rumour** umgehen

ab·rupt [ə'brʌpt] *adj* ❶ (*sudden*) abrupt; *departure* plötzlich; **to come to an ~ end** ein jähes Ende finden ❷ (*brusque*) schroff ❸ (*steep*) steil

ABS [ˌeɪbiː'es] *n no pl abbrev of* **anti-lock braking system** ABS *nt*

ab·scess <*pl* -es> ['æbses] *n* Abszess *m*

ab·scond [əb'skɒnd] *vi* (*run away*) sich davonmachen; ■ **to ~ with sb** mit jdm durchbrennen *fam*

ab·seil ['æbseɪl] *vi* [sich] abseilen

ab·sence ['æbs³n(t)s] *n* ❶ *no pl* (*non-appearance*) Abwesenheit *f*; (*from school, work*) Fehlen *nt* ❷ *no pl* (*lack*) Fehlen *nt*; ■ **in the ~ of sth** in Ermangelung einer S. *gen* ▸ **~ makes the heart grow fonder** (*prov*) die Liebe wächst mit der Entfernung

ab·sent ['æbs³nt] **I.** *adj* ❶ (*not there*) abwesend; **to be ~ from school/work** in der Schule/auf der Arbeit fehlen ❷ (*lacking*) ■ **to be ~** fehlen ❸ (*distracted*) [geistes]abwesend **II.** *vt* (*absent*) **to ~ oneself** sich zurückziehen

ab·sen·tee [ˌæbs³n'tiː] *n* Abwesende(r) *f(m)*, Fehlende(r) *f(m)*

ab·sen·tee 'bal·lot *n* AM (*postal vote*) Briefwahl *f* **ab·sen·tee·ism** [ˌæbs³n'tiːɪzəm] *n no pl* häufiges Fernbleiben **ab·sen·tee 'land·lord** *n* nicht ortsansässiger Vermieter oder Verpächter **ab·sen·tee 'vot·ing** *n* AM Briefwahl *f*

absent-'minded *adj* (*momentarily*) geistesabwesend; (*habitually*) zerstreut

ab·so·lute [ˌæbsə'luːt] *adj* ❶ (*complete*) absolut, vollkommen ❷ *angel* wahr; *disaster, mess* einzig; *idiot* ausgemacht; *nonsense* komplett; *ruler* unumschränkt; **in ~ terms** absolut gesehen

ab·so·lute·ly [ˌæbsə'luːtli] *adv* absolut; **you're ~ right** Sie haben vollkommen Recht; **~ not!** nein, überhaupt nicht!; **~ no idea** überhaupt keine Ahnung; **~ delicious** einfach köstlich; **~ determined** fest entschlossen; **to trust sb ~** jdm bedingungslos vertrauen; **~ nothing** überhaupt nichts

ab·so·lu·tion [ˌæbsə'luːʃ³n] *n no pl* REL Absolution *f*

ab·so·lut·ism [ˌæbsə'luːtɪzəm] *n no pl* POL Absolutismus *m*

ab·solve [əb'zɒlv] *vt* (*from blame*) freisprechen; (*from sins*) lossprechen

ab·sorb [əb'zɔːb, -'sɔːb] *vt* ❶ (*soak up*) aufnehmen; *attention* in Anspruch nehmen ❷ (*reduce*) *blow* abfangen; *light* absorbieren; *noise* dämpfen ❸ ■ **to be ~ed in sth** in etw *akk* vertieft sein ❹ ■ **to be ~ed into sth** in etw *akk* integriert werden

ab·sorb·ent [əb'zɔːbənt, -'sɔː-] *adj* absorptionsfähig; *cotton, paper* saugfähig **ab·sorb·ing** [əb'zɔːbɪŋ, -'sɔː-] *adj* fesselnd; *problem* kniffelig

ab·sorp·tion [əb'zɔːpʃ³n] *n no pl* ❶ (*absorbing*) Aufnahme *f*; **power of ~** Absorptionsfähigkeit *f* ❷ *of a blow* Abfangen *nt* ❸ (*engrossment*) Vertieftsein *nt*

ab·stain [əb'steɪn] *vi* ❶ (*eschew*) ■ **to ~ [from sth]** sich [einer S. *gen*] enthalten; **to ~ from alcohol** keinen Alkohol trinken ❷ (*not vote*) sich der Stimme enthalten

ab·ste·mi·ous [əb'stiːmiəs] *adj* enthaltsam

ab·sten·tion [əb'sten(t)ʃ³n] *n* POL

[Stimm]enthaltung *f*
ab·sti·nence ['æbstɪnən(t)s] *n no pl* Abstinenz *f*
ab·stract I. *adj* ['æbstrækt] abstrakt; ~ **noun** Abstraktum *nt* **II.** *n* ❶ (*summary*) Zusammenfassung *f* ❷ (*generalized form*) ■ **the** ~ das Abstrakte; **in the** ~ abstrakt ❸ ART abstraktes Werk **III.** *vt* [æb'strækt] ❶ (*summarize*) zusammenfassen ❷ (*remove*) entnehmen
ab·stract·ed [æb'stræktɪd] *adj* gedankenverloren
ab·strac·tion [æb'strækʃ*ə*n] *n* ❶ (*generalization*) Abstraktion *f* ❷ *no pl* (*distraction*) [Geistes]abwesenheit *f* ❸ (*removal*) Entnahme *f*
ab·struse [əb'stru:s] *adj* abstrus
ab·surd [əb'zɜ:d, -'sɜ:d] *adj* absurd; **don't be** ~! sei nicht albern!; **to look** ~ lächerlich aussehen
ab·surd·ity [əb'zɜ:dəti, -'sɜ:-] *n* Absurdität *f*; **the** ~ **of the situation** das Absurde an der Situation
abun·dance [ə'bʌndən(t)s] *n no pl* Fülle *f*; **to have an** ~ **of sth** reich an etw *dat* sein; **in** ~ in Hülle und Fülle
abun·dant [ə'bʌndənt] *adj* reichlich; *harvest* reich; *vegetation* üppig; ~ **evidence** jede Menge Beweise
abuse I. *n* [ə'bju:s] ❶ *no pl* (*affront*) [verbal] ~ Beschimpfung[en] *f*[*pl*]; **a term of** ~ ein Schimpfwort *nt* ❷ *no pl* (*maltreatment*) Missbrauch *m*; **child** ~ Kindesmissbrauch *m*; **mental/physical** ~ psychische/körperliche Misshandlung ❸ *no pl* (*misuse*) Missbrauch *m*; **drug** ~ Drogenmissbrauch *m*; **be open to** ~ sich leicht missbrauchen lassen ❹ (*breach*) ~ **of human rights** Menschenrechtsverletzungen *pl* **II.** *vt* [ə'bju:z] ❶ (*verbally*) beschimpfen ❷ (*maltreat*) misshandeln; (*sexually*) missbrauchen ❸ (*exploit*) *authority, trust* missbrauchen; *kindness* ausnützen ❹ (*breach*) *rights* verletzen
abu·sive [ə'bju:sɪv] *adj* (*insulting*) beleidigend; ~ **language** Beleidigungen *pl* ❷ (*maltreating*) misshandelnd
abut <-tt-> [ə'bʌt] *vt, vi* ■ **to** ~ [**on**] sth an etw *akk* grenzen
abys·mal [ə'bɪzm*ə*l] *adj* entsetzlich
abyss [ə'bɪs] *n* (*also fig*) Abgrund *m*
AC [eɪ'si:] *n* ❶ Am *abbrev of* **air conditioning** ❷ *abbrev of* **alternating current** WS
a/c, Am *also* **A/C** *n abbrev of* **account** Kto.
aca·dem·ic [ækə'demɪk] **I.** *adj* ❶ (*university*) akademisch; ~ **year** Studienjahr *nt* ❷ (*not vocational*) wissenschaftlich ❸ (*theoretical*) akademisch **II.** *n* Lehrkraft *f* an der Universität

acad·emy [ə'kædəmi] *n* ❶ (*training*) Akademie *f*; **police** ~ Polizeischule *f* ❷ *esp* Am, Scot (*school*) [höhere] Schule
ACAS ['eɪˌkæs] *n abbrev of* **Advisory, Conciliation, and Arbitration Service** Schlichtungsstelle für Arbeitskonflikte
ac·cede [æk'si:d] *vi* ❶ (*agree*) ■ **to** ~ **to sth** etw *dat* zustimmen; **to** ~ **to a demand** einer Forderung nachgeben ❷ (*assume*) übernehmen; **to** ~ **to the throne** den Thron besteigen
ac·cel·er·ate [ək'seləreɪt] **I.** *vi* ❶ (*go faster*) beschleunigen; *driver* Gas geben *fam* ❷ (*increase*) zunehmen **II.** *vt* beschleunigen
ac·cel·era·tion [əkˌselə'reɪʃ*ə*n] *n no pl* Beschleunigung *f*
ac·cel·era·tor [ək'seləreɪtə*ʳ*] *n* ❶ (*in car*) Gas[pedal] *nt* ❷ PHYS [Teilchen]beschleuniger *m*
ac·cent ['æks*ə*nt] *n* ❶ LING Akzent *m* ❷ (*stress*) Betonung *f*; **to put the** ~ **on sth** etw in den Mittelpunkt stellen
ac·cen·tu·ate [ək'sentʃueɪt] *vt* ❶ (*highlight*) *aspect, feature* betonen ❷ MUS, LING akzentuieren
ac·cept [ək'sept] *vt* ❶ (*take*) annehmen; *award* entgegennehmen; *bribe* sich bestechen lassen; **do you** ~ **credit cards?** kann man bei Ihnen mit Kreditkarte zahlen?; **to** ~ **sb as a member** jdn als Mitglied aufnehmen ❷ (*believe*) glauben ❸ (*acknowledge*) anerkennen; *blame* auf sich nehmen; *decision* akzeptieren; *fate* sich abfinden mit; *responsibility* übernehmen; ■ **to** ~ [**that**] ... akzeptieren, dass ... ❹ (*include socially*) akzeptieren
ac·cept·able [ək'septəbl] *adj* ❶ (*satisfactory*) akzeptabel (**to** *dat*); **if these terms are** ~ **to you, ...** wenn Sie mit diesen Bedingungen einverstanden sind, ... ❷ (*welcome*) willkommen; **to make an** ~ **gift** als Mitbringsel gut ankommen **ac·cept·ance** [ək'septən(t)s] *n* ❶ *no pl* (*accepting*) Annahme *f*; (*of idea*) Zustimmung *f* zu +*dat* ❷ (*positive answer*) Zusage *f*; **letter of** ~ schriftliche Zusage ❸ *no pl* (*toleration*) Hinnahme *f* ❹ *no pl* (*recognition*) Anerkennung *f* **ac·cept·ed** [ək'septɪd] *adj* anerkannt
ac·cess ['ækses] **I.** *n no pl* Zugang *m*; (*to room, building*) Zutritt *m*; **the only** ~ **to the village is by boat** das Dorf ist nur mit dem Boot zu erreichen; **no** ~ **to the top floor** kein Durchgang zum obersten Stockwerk; Brit "~ **only**" „Anlieger frei"; ~ **to the children** LAW das Recht, die Kinder zu sehen; ~ **to information** Zugriff *m* auf Informationen **II.** *vt* COMPUT *data* zugreifen auf; *file* öffnen
ac·ces·si·bil·ity [əkˌsesə'bɪləti] *n no pl* Zu-

gänglichkeit f
ac·ces·sible [əkˈsesəbl] *adj* ❶ *(approachable)* [leicht] erreichbar ❷ *(obtainable)* [leicht] verfügbar; ▪ **to be ~ to sb** jdm zugänglich sein
ac·ces·sion [əkˈseʃən] *n no pl* Antritt *m*; **~ to the throne** Thronbesteigung *f*
ac·ces·so·ry [əkˈsesəri] *n* ❶ FASHION Accessoire *nt* ❷ *(equipment)* Zubehör *nt* ❸ *(tool)* Extra *nt* ❹ *(criminal)* Helfershelfer *m*; **he became an ~ to the crime** er machte sich am Verbrechen mitschuldig
ac·ci·dent [ˈæksɪdənt] *n* ❶ *(with injury)* Unfall *m*; ▪ **and emergency unit** Notaufnahme *f*; **plane/train ~** Flugzeug-/Zugunglück *nt*; **road ~** Verkehrsunfall *m* ❷ *(without intention)* **sorry, it was an ~** tut mir leid, es war keine Absicht; **by ~** aus Versehen ❸ *(chance)* Zufall *m*; **by ~** zufällig ❹ *(mishap)* Missgeschick *nt* ▸ **~s will happen** so was kommt vor
ac·ci·den·tal [ˌæksɪˈdentəl] *adj* ❶ *(unintentional)* unbeabsichtigt; **it was ~** es war ein Versehen ❷ TRANSP Unfall- ❸ *(chance)* zufällig
ac·claim [əˈkleɪm] **I.** *vt* ▪ **to be ~ed** gefeiert werden **II.** *n no pl* Anerkennung *f*
ac·cla·ma·tion [ˌækləˈmeɪʃən] *n no pl* Beifall *m*
ac·cli·mate [ˈækləmeɪt] *vt, vi* AM *see* **acclimatize**
ac·cli·ma·ti·za·tion [əˌklaɪmətaɪˈzeɪʃən] *n no pl* Akklimatisation *f*; **~ to a new environment** Eingewöhnung *f* in eine neue Umgebung
ac·cli·ma·tize [əˈklaɪmətaɪz] *vi, vt* sich akklimatisieren; *new conditions* sich gewöhnen an
ac·co·lade [ˈækəleɪd] *n* Anerkennung *f*
ac·com·mo·date [əˈkɒmədeɪt] *vt* ❶ *(have room for)* unterbringen; **the chalet ~s up to 6 people** die Hütte bietet Platz für bis zu 6 Personen ❷ *(help)* entgegenkommen
ac·com·mo·dat·ing [əˈkɒmədeɪtɪŋ] *adj* entgegenkommend
ac·com·mo·da·tion [əˌkɒməˈdeɪʃən] *n* ❶ *no pl* BRIT, AUS *(lodging)* Unterkunft *f*; **"~ wanted"** „Zimmer gesucht"; **to find ~** eine Unterkunft finden ❷ AM *(lodging)* ▪ **~s** *pl* Unterkunft *f* ❸ *no pl* *(space)* Platz *m* ❹ AM *(space)* ▪ **~s** *pl* [Sitz]plätze *pl* ❺ *(compromise)* Einigung *f*
ac·com·pa·ni·ment [əˈkʌmpənɪmənt] *n* Begleitung *f*; **to be the perfect ~ to ...** ideal passen zu ...; **to the ~ of** begleitet von
ac·com·pa·nist [əˈkʌmpənɪst] *n* Begleiter(in) *m(f)*
ac·com·pa·ny <-ie-> [əˈkʌmpəni] *vt* ❶ *(escort)* begleiten ❷ *(occur together)* ▪ **to be accompanied by sth** mit etw *dat* einhergehen ❸ MUS begleiten
ac·com·plice [əˈkʌmplɪs] *n* Komplize(in) *m(f)*
ac·com·plish [əˈkʌmplɪʃ] *vt* schaffen; *goal* erreichen; *task* erledigen
ac·com·plished [əˈkʌmplɪʃt] *adj* fähig; *actor* versiert; *performance* gelungen
ac·com·plish·ment [əˈkʌmplɪʃmənt] *n* ❶ *no pl* *(completion)* Vollendung *f*; *of an aim* Erreichen *nt*; *of a task* Erledigung *f* ❷ *usu pl* *(skill)* Fähigkeit *f* ❸ *(achievement)* Leistung *f*
ac·cord [əˈkɔːd] **I.** *n* ❶ *(treaty)* Vereinbarung *f* ❷ *no pl* *(agreement)* Übereinstimmung *f*; **with one ~** geschlossen ▸ **of one's/its own ~** *(voluntarily)* von sich *dat* aus; *(without external cause)* von alleine **II.** *vt* gewähren **III.** *vi* ▪ **to ~ with** übereinstimmen mit
ac·cord·ance [əˈkɔːdəns] *prep* **in ~ with** gemäß **ac·cord·ing·ly** [əˈkɔːdɪŋli] *adv* ❶ *(appropriately)* [dem]entsprechend ❷ *(thus)* folglich **ac·cord·ing to** [əˈkɔːdɪŋ] *prep* nach; **~ to season** der Jahreszeit entsprechend; **~ to the weather report** dem Wetterbericht zufolge
ac·cor·di·on [əˈkɔːdiən] *n* Akkordeon *nt*
ac·cost [əˈkɒst] *vt* ansprechen; *(more aggressively)* anpöbeln
ac·count [əˈkaʊnt] *n* ❶ *(description)* Bericht *m*; **by** [*or from*] **all ~s** nach allem, was man so hört; **by his own ~** [seinen] eigenen Aussagen zufolge ❷ *(bank service)* Konto *nt* *(with bei)* ❸ *(credit)* [Kunden]kredit *m*; **will that be cash or ~?** zahlen Sie bar oder geht das auf Rechnung? ❹ *(bill)* Rechnung *f* ❺ *(records)* ▪ **~s** *pl* [Geschäfts]bücher *pl*; **to keep the ~s** die Buchhaltung machen; **to keep an ~ of sth** über etw *akk* Buch führen ❻ *(customer)* Kunde(in) *m(f)* ❼ *no pl* *(consideration)* **to take into ~** berücksichtigen; **to take no ~** nicht berücksichtigen ❽ *(reason)* ▪ **on ~ of** aufgrund; **on my/her/his** meinet-/ihret-/seinetwegen; **on no ~** auf keinen Fall ❾ *no pl* *(importance)* **of little ~** von geringer Bedeutung; **to be of no ~** keinerlei Bedeutung haben ❿ *no pl* *(responsibility)* **on one's own ~** auf sein eigenes Risiko ▸ **to give a good ~ of oneself** sich wacker schlagen; **to be brought to ~** zur Rechenschaft gezogen werden; **to settle ~s with sb** mit jdm abrechnen
ac·count·abil·ity [əˌkaʊntəˈbɪləti] *n no pl* Verantwortlichkeit *f* *(to* gegenüber) **ac·count·able** [əˈkaʊntəbl] *adj* verantwortlich
ac·count·an·cy [əˈkaʊntənsi] *n no pl* Buchhaltung *f* **ac·count·ant** [əˈkaʊntənt] *n* [Bilanz]buchhalter(in) *m(f)*

account book—acquittal

ac·'count book *n* Kassenbuch *nt*

ac·cred·it [əˈkredɪt] *vt* ❶ (*approve*) ■ to have been ~ed *certificate* anerkannt worden sein ❷ (*authorize*) ■ to be ~ed to sb/sth *ambassador* bei jdm/etw akkreditiert sein

ac·crue [əˈkruː] *vi* ❶ FIN zuwachsen; *interest* auflaufen ❷ (*be due*) ■ to ~ to sb/sth jdm/etw zukommen

ac·cu·mu·late [əˈkjuːmjəleɪt] **I.** *vt* ansammeln **II.** *vi* sich ansammeln

ac·cu·mu·la·tion [əˌkjuːmjəˈleɪʃən] *n* (*quantity*) Ansammlung *f*; *of sand* Anhäufung *f*

ac·cu·mu·la·tor [əˈkjuːmjəleɪtər] *n* BRIT, AUS Akkumulator *m*, Akku *m fam*

ac·cu·ra·cy [ˈækjərəsi] *n no pl* Genauigkeit *f*

ac·cu·rate [ˈækjərət] *adj* ❶ (*precise*) genau ❷ (*correct*) richtig; *report* getreu

ac·cu·sa·tion [ˌækjʊˈzeɪʃən] *n* ❶ (*charge*) Anschuldigung *f*; LAW Anklage *f* (of wegen); to make an ~ against sb jdn beschuldigen ❷ *no pl* (*accusing*) Vorwurf *m*; with an air of ~ vorwurfsvoll

ac·cu·sa·tive [əˈkjuːzətɪv] *n no pl* Akkusativ *m*; ~ **case** Akkusativ *m*

ac·cu·sa·tory [əˈkjuːzət°ri] *adj look* anklagend; *tone* vorwurfsvoll

ac·cuse [əˈkjuːz] *vt* ❶ (*charge*) ■ to ~ sb [of sth] jdn [wegen einer S. *gen*] anklagen ❷ (*claim*) ■ to ~ sb of sth jdn einer S. *gen* beschuldigen; are you accusing me of lying? willst du damit sagen, dass ich lüge?; I'm often ~d of ... mir wird oft vorgeworfen, dass ...

ac·cused <*pl ->* [əˈkjuːzd] *n* ■ the ~ der/die Angeklagte

ac·cus·tom [əˈkʌstəm] *vt* ■ to ~ sb/oneself to sth jdn/sich an etw *akk* gewöhnen

ac·cus·tomed [əˈkʌstəmd] *adj* ■ to be ~ to sth etw gewohnt sein; to become ~ to sth sich an etw *akk* gewöhnen

AC/DC [ˌeɪsiːˈdiːsiː] **I.** *n abbrev of* **alternating current/direct current** WS/GS **II.** *adj* (*fam: bisexual*) bi *fam*

ace [eɪs] **I.** *n* (*all meanings*) Ass *nt*; ~ **of spades** Pikass *nt*; ~ **reporter** Starreporter(in) *m(f)* ▶ to hold **all** the ~s alle Trümpfe in der Hand halten **II.** *adj* (*fam*) klasse

ac·etate [ˈæsɪteɪt] *n no pl* CHEM Acetat *nt*

acetic 'acid *n no pl* Essigsäure *f*

acety·lene [əˈsetɪliːn] *n no pl* CHEM Acetylen *nt*

ache [eɪk] **I.** *n* Schmerz[en *m*[*pl*]; ~s and pains Wehwehchen *pl* **II.** *vi* ❶ (*cause pain*) schmerzen; I'm aching all over mir tut alles weh ❷ (*desire*) ■ to be aching to do sth sich danach sehnen, etw zu tun

achieve [əˈtʃiːv] *vt* erreichen; *fame* erlangen; *success* erzielen; *victory* erringen

achieve·ment [əˈtʃiːvmənt] *n* ❶ (*feat*) Leistung *f* ❷ *no pl* (*achieving*) Erreichen *nt*

acid [ˈæsɪd] **I.** *n* ❶ CHEM Säure *f* ❷ *no pl* (*sl: LSD*) Acid *nt* **II.** *adj* ❶ CHEM sauer; ~ **soil** saurer Boden; ~ **stomach** übersäuerter Magen ❷ (*sour*) *taste* sauer

'acid house *n no pl* Acid House *nt*

acid·ic [əˈsɪdɪk] *adj* ❶ CHEM säurehaltig ❷ (*sour*) sauer **acid·ify** <-ie-> [əˈsɪdɪfaɪ] **I.** *vt* übersäuern **II.** *vi water* sauer werden; *soil* versauern **acid·ity** [əˈsɪdəti] *n no pl* ❶ CHEM Säuregehalt *m* ❷ (*sourness*) Säure *f* **acid 'rain** *n no pl* saurer Regen **'acid test** *n* ❶ CHEM Säureprobe *f* ❷ (*fig*) Feuerprobe *f*

acid-'tongued *adj person* scharfzüngig, bissig

ac·knowl·edge [əkˈnɒlɪdʒ] *vt* ❶ (*admit*) zugeben ❷ (*respect*) anerkennen; he was generally ~d to be an expert er galt allgemein als Experte ❸ (*reply to*) *greeting* erwidern; *receipt* bestätigen ❹ (*notice*) wahrnehmen

ac·knowl·edg(e)·ment [əkˈnɒlɪdʒmənt] *n* ❶ *no pl* (*admission*) Bekenntnis *nt* (of zu); ~ of guilt Schuldeingeständnis *nt* ❷ *no pl* (*respect*) Anerkennung *f* ❸ *no pl* (*reply*) Erwiderung *f* ❹ (*confirmation*) [Empfangs]bestätigung *f* ❺ PUBL ■ ~s Danksagung *f*

acne [ˈækni] *n no pl* Akne *f*

acorn [ˈeɪkɔːn] *n* Eichel *f*

acous·tic [əˈkuːstɪk] *adj* akustisch
acous·tic 'coup·ler *n* Akustikkoppler *m*
acous·tic gui·tar *n* Akustikgitarre *f*
acous·tic 'nerve *n* [Gehörnerv *m*

ac·quaint [əˈkweɪnt] *vt* vertraut machen

ac·quaint·ance [əˈkweɪnt°n(t)s] *n* ❶ (*friend*) Bekannte(r) *f(m)* ❷ *no pl* (*relationship*) Bekanntschaft *f*

ac·qui·esce [ˌækwiˈes] *vi* ■ to ~ [to sth] [in etw *akk*] einwilligen

ac·qui·es·cence [ˌækwiˈes°n(t)s] *n no pl* Einwilligung *f* (to in)

ac·qui·es·cent [ˌækwiˈes°nt] *adj* fügsam

ac·quire [əˈkwaɪər] *vt* erwerben; *habit* annehmen; *knowledge* sich *dat* aneignen; *reputation* bekommen; to ~ a taste for sth Geschmack an etw *dat* finden; to be an ~d taste gewöhnungsbedürftig sein

ac·qui·si·tion [ˌækwɪˈzɪʃən] *n* ❶ (*purchase*) Anschaffung *f* ❷ *no pl* (*acquiring*) Erwerb *m*; *of firm* Übernahme *f*; *of habits* Annehmen *nt*; *of knowledge* Aneignung *f*

ac·quisi·tive [əˈkwɪzɪtɪv] *adj* (*pej*) habgierig

ac·quit <-tt-> [əˈkwɪt] *vt* ❶ (*free*) freisprechen ❷ (*perform*) to ~ oneself well seine Sache gut machen

ac·quit·tal [əˈkwɪt°l] *n* Freispruch *m* (on von)

acre ['eɪkə'] n ① (*unit*) ≈ Morgen m ② (*fig*) ~s **of space** jede Menge Platz

acre·age ['eɪkʰrɪdʒ] n no pl ≈ Morgen m

ac·rid ['ækrɪd] adj *smell* stechend; *smoke* beißend; *taste* bitter

ac·ri·mo·ni·ous [ˌækrɪˈməʊnɪəs] adj erbittert

ac·ri·mo·ny ['ækrɪmənɪ] n no pl Verbitterung f; *of row* Schärfe f

ac·ro·bat ['ækrəbæt] n Akrobat(in) m(f)

ac·ro·bat·ic [ˌækrəˈbætɪk] adj akrobatisch

ac·ro·nym ['ækrə(ʊ)nɪm] n Akronym nt

across [əˈkrɒs] I. prep ① (*on other side of*) über; ~ **town** am anderen Ende der Stadt; ~ **the street** auf der gegenüberliegenden Straßenseite ② (*from one side to other*) über; ~ **country** quer über Land ▸ ~ **the board** allgemein II. adv ① (*to other side*) hinüber; (*from other side*) herüber ② (*on other side*) drüben; ~ **from sb/sth** jdm/etw gegenüber ③ (*wide*) breit; *of circle* im Durchmesser ④ (*diagonal*) querdurch ⑤ (*crossword*) waagerecht ▸ **to get one's point** ~ sich verständlich machen

act [ækt] I. n ① (*deed*) Tat f; ~ **of aggression** Angriff m; ~ **of kindness** Akt m der Güte; ~ **of God** höhere Gewalt; ~ **of terrorism** Terrorakt m; **to catch sb in the** ~ jdn auf frischer Tat ertappen ② (*of a play*) Akt m; **one-~ play** Einakter m ③ no pl (*pretence*) Schau f; **to put on an** ~ Theater spielen ④ (*performance*) Nummer f ⑤ LAW Gesetz nt ▸ **to get in on the** ~ mitmischen; **to get one's ~ together** sich am Riemen reißen II. vi ① (*take action*) handeln; (*proceed*) vorgehen; **to** ~ **[up]on sb's advice** jds Rat befolgen ② (*function*) *person* fungieren; *thing* dienen ③ (*represent*) ■ **to** ~ **for** [*or* **on behalf of**] **sb** jdn vertreten ④ (*behave*) sich benehmen; ~ **your age!** benimm dich gefälligst deinem Alter entsprechend!; ■ **to** ~ **as if ...** so tun, als ob ... ⑤ (*play*) spielen; (*be an actor*) Schauspieler(in) m(f) sein ⑥ (*sham*) schauspielern ⑦ (*take effect*) ■ **to** ~ **[on sth]** [auf etw akk] wirken III. vt spielen ▸ **to** ~ **a part** (*pej*) schauspielern; **to** ~ **the part** überzeugend sein ◆ **act out** vt ① (*realize*) ausleben ② (*perform*) nachspielen ◆ **act up** vi (*fam*) ① *person* ein Theater machen ② *thing* Ärger machen

act·ing ['æktɪŋ] I. adj stellvertretend II. n no pl Schauspielerei f

ac·tion ['ækʃən] n ① no pl (*activeness*) Handeln nt; (*proceeding*) Vorgehen nt; (*measures*) Maßnahmen pl; **we need ~** wir brauchen Taten; **let's see some ~!** legt euch ins Zeug!; **course of ~** Vorgehensweise f; **a man of ~** ein Mann der Tat; **decisive ~** ein entschlossenes Vorgehen; **to put into ~** in die Tat umsetzen; **to spring into ~** in Aktion treten; **to take** ~ etwas unternehmen; **out of ~** außer Gefecht ② (*act*) Handlung f, Tat f ③ no pl FILM Action f ④ no pl (*combat*) Einsatz m; **to go into** ~ ins Gefecht ziehen; **to be killed in** ~ fallen; **to see** ~ im Einsatz sein ⑤ no pl ■ **the** ~ (*excitement*) das Geschehen; (*fun also*) die Action ⑥ (*movement*) Bewegung f ⑦ no pl (*function*) **in/out of** ~ in/außer Betrieb ⑧ LAW Klage f ⑨ no pl **to take [industrial]** ~ streiken ▸ ~**s speak louder than words** (*prov*) Taten sagen mehr als Worte; **to want a piece** [*or* **slice**] **of the** ~ eine Scheibe vom Kuchen abhaben wollen

'ac·tion-packed adj spannungsgeladen **ac·tion 're·play** n BRIT, AUS TV Wiederholung f

ac·ti·vate ['æktɪveɪt] vt aktivieren; *alarm* auslösen

ac·tive ['æktɪv] I. adj aktiv; *children* lebhaft II. n no pl LING ■ **|voice**| Aktiv nt; **in the** ~ im Aktiv

ac·tive·ly ['æktɪvlɪ] adv aktiv

ac·tiv·ist ['æktɪvɪst] n Aktivist(in) m(f)

ac·tiv·ity [ækˈtɪvətɪ] n ① (*activeness*) Aktivität f ② no pl (*liveliness*) Lebhaftigkeit f ③ usu pl (*pastime*) Aktivität f; **classroom activities** schulische Aktivitäten

ac·tor ['æktə'] n Schauspieler m

ac·tress <pl -es> ['æktrəs] n Schauspielerin f

ac·tual ['æktʃʊəl] adj ① (*real*) eigentlich; *facts* konkret; **in ~ fact** tatsächlich ② (*precise*) genau

ac·tu·al·ly ['æktʃʊəlɪ] adv ① (*in fact*) eigentlich ② (*really*) wirklich; **did you ~ say that?** hast du das tatsächlich gesagt?

ac·tu·ate ['æktʃʊeɪt] vt in Gang setzen

acu·men ['ækjʊmən] n no pl Scharfsinn m; **business ~** Geschäftssinn m; **political ~** politischer Weitblick

acu·punc·ture ['ækjʊpʌŋ(k)tʃə'] n no pl Akupunktur f

acute [əˈkjuːt] I. adj ① (*serious*) akut; *difficulties* ernst; *anxiety* ernsthaft; *pain* heftig ② (*keen*) *hearing* fein; *sense of smell* ausgeprägt ③ (*shrewd*) scharf[sinnig] ④ MATH *angle* spitz II. n LING Akut m

acute·ly [əˈkjuːtlɪ] adv ① (*extremely*) äußerst; **to be ~ aware of sth** sich dat einer S. gen sehr bewusst sein ② (*shrewdly*) scharfsinnig

ad [æd] n (*fam*) *short for* **advertisement** Anzeige f; (*on TV*) Werbespot m

AD [ˌeɪˈdiː] adj *abbrev of* **Anno Domini** n. Chr.

ad·age ['ædɪdʒ] n Sprichwort nt

ada·gio [əˈdɑː(d)ʒɪəʊ] MUS I. adv adagio II.

n Adagio *nt*

Adam ['ædəm] *n* Adam *m* ▶ **to not know sb from ~** jdn überhaupt nicht kennen

ada·mant ['ædəmənt] *adj* unnachgiebig; ■ **to be ~ about sth** auf etw *dat* beharren

Ad·am's 'ap·ple *n* Adamsapfel *m*

adapt [ə'dæpt] **I.** *vt* ❶ (*modify*) anpassen (**to** an); *machine* umstellen ❷ (*rewrite*) bearbeiten **II.** *vi* ■ **to ~** [**to sth**] sich [einer S. *dat*] anpassen

adapt·able [ə'dæptəbl] *adj* anpassungsfähig; *machine* vielseitig

ad·ap·ta·tion [ˌædæp'teɪʃən] *n* ❶ *no pl* (*adapting*) Anpassung *f* (**to** an) ❷ *no pl* (*modifying*) Umbau *m* (**to** +*gen*); *of a machine* Umstellung *f* (**to** auf) ❸ (*work*) Bearbeitung *f* ❹ BIOL Adaptation *f*

adapt·er *n*, **adap·tor** [ə'dæptə'] *n* Adapter *m*; (*with several*) Mehrfachsteckdose *f*

add [æd] *vt* ❶ hinzufügen ❷ MATH ■ **to ~** [**together**] addieren; ■ **to ~ sth to sth** etw zu etw *dat* [dazu]zählen ❸ (*contribute*) beitragen ◆ **add up I.** *vi* ❶ (*do sums*) addieren ❷ (*total*) ■ **to ~ up to sth** *bill* sich auf etw *akk* belaufen ❸ (*accumulate*) sich summieren ❹ (*fam: make sense*) **it doesn't ~ up es** macht keinen Sinn **II.** *vt* addieren

ad·den·dum <*pl* -da> [ə'dendəm, *pl* -də] *n* ❶ (*addition*) Nachtrag *m* ❷ (*in book*) ■ **addenda** *pl* Addenda *f*

ad·der ['ædə'] *n* Otter *f*

ad·dict ['ædɪkt] *n* Süchtige(r) *f|m*; **drug ~** Drogenabhängige(r) *f|m*; **to become an ~** süchtig werden

ad·dict·ed [ə'dɪktɪd] *adj* ■ **to be ~ to sth** nach etw *dat* süchtig sein; **~ to heroin** heroinsüchtig

ad·dic·tion [ə'dɪkʃən] *n no pl* Sucht *f* (**to** nach)

ad·dic·tive [ə'dɪktɪv] *adj* süchtig; **to be highly ~** schnell süchtig machen; **~ substance** Suchtmittel *nt*

ad·di·tion [ə'dɪʃən] *n* ❶ *no pl* (*adding*) Addition *f* ❷ *no pl* (*attaching*) Hinzufügen *nt* (**to** an); *of building* Anbau *m* (**to** an) ❸ (*extra*) Ergänzung *f*; **~ to the family** [Familien]zuwachs *m* ❹ ■ **in ~** außerdem; **in ~ to** zusätzlich zu

ad·di·tion·al [ə'dɪʃənəl] *adj* zusätzlich; **~ charge** Aufpreis *m* **ad·di·tion·al·ly** [ə'dɪʃənəli] *adv* außerdem

ad·di·tive ['ædɪtɪv] *n* Zusatz *m*

ad·dress I. *n* <*pl* -es> [ə'dres] ❶ (*abode*) Adresse *f*; **not known at this address** Empfänger unbekannt ❷ (*speech*) Rede *f* (**to** an) ❸ (*title*) **form of address** [Form *f* der] Anrede **II.** *vt* [ə'dres] ❶ (*write address*) adressieren (**to** an) ❷ (*direct*) *remark* richten (**to** an) ❸ (*speak to*) anreden

ad·dressee [ˌædres'iː] *n* Empfänger(in) *m(f)*

ad·enoids ['ædɪnɔɪdz] *npl* (*in throat*) Rachenmandelwucherungen *pl*; (*in nose*) Polypen *pl*

ad·eno·ma <*pl* -s *or* -ata> [ˌædɪ'nəʊmə, *pl* -mətə] *n* MED Adenom *nt*

adept [ə'dept] *adj* geschickt (**at** in)

ad·equa·cy ['ædɪkwəsi] *n no pl* ❶ (*sufficiency*) Angemessenheit *f* ❷ (*suitability*) Tauglichkeit *f*

ad·equate ['ædɪkwət] *adj* ❶ (*sufficient*) ausreichend ❷ (*suitable*) angemessen; *words* passend ❸ (*barely sufficient*) zulänglich

ad·here [əd'hɪə'] *vi* ❶ (*stick*) kleben (**to** an) ❷ (*follow*) ■ **to ~ to sth** sich an etw *akk* halten

ad·her·ence [əd'hɪərən(t)s] *n no pl* Festhalten *nt* (**to** an); (*of rule*) Befolgung *f* (**to** +*gen*)

ad·her·ent [əd'hɪərənt] *n* Anhänger(in) *m(f)*

ad·he·sive [əd'hiːsɪv] **I.** *adj* haftend; **~ plaster** Heftpflaster *nt* **II.** *n no pl* Klebstoff *m*

ad hoc [ˌæd'hɒk] *adv* ad hoc

adi·pose 'tis·sue *n no pl* MED Fettgewebe *nt*

ad·ja·cent [ə'dʒeɪsənt] *adj* angrenzend; **her room was ~ to mine** ihr Zimmer lag neben meinem

ad·jec·ti·val [ˌædʒɪk'taɪvəl] *adj* adjektivisch; **~ ending** Adjektivendung *f*

ad·jec·tive ['ædʒɪktɪv] *n* Adjektiv *nt*, Eigenschaftswort *nt*

ad·join [ə'dʒɔɪn] *vt* angrenzen an

ad·join·ing [ə'dʒɔɪnɪŋ] *adj* angrenzend; **~ room** Nebenzimmer *nt*

ad·journ [ə'dʒɜːn] **I.** *vt* (*interrupt*) unterbrechen; (*suspend*) verschieben; LAW vertagen **II.** *vi* (*stop temporarily*) eine Pause einlegen; (*end*) aufhören

ad·ju·di·cate [ə'dʒuːdɪkeɪt] *vi, vt* ■ **to ~** [**on**] **sth** über etw *akk* entscheiden; LAW über etw *akk* ein Urteil fällen

ad·just [ə'dʒʌst] **I.** *vt* ❶ (*set*) [richtig] einstellen; *lever* verstellen ❷ (*rearrange*) *clothing* in Ordnung bringen ❸ (*tailor*) umändern **II.** *vi* (*adapt*) ■ **to ~ to sth** sich an etw *akk* anpassen; (*feel comfortable with*) sich an etw *akk* gewöhnen

ad·just·able [ə'dʒʌstəbl] *adj* verstellbar **ad·just·able 'span·ner** *n* Engländer *m* **ad·just·ment** [ə'dʒʌstmənt] *n* ❶ (*mental*) Anpassung *f*; **to make an ~ to sth** sich auf etw *akk* umstellen ❷ (*mechanical*) Einstellung *f* ❸ (*alteration*) *of a knob* Verstellung *f*; *of clothing* Änderung *f*

ad·ju·tant ['ædjʊtənt] *n* Adjutant *m*

ad-lib <-bb-> [ˌæd'lɪb] *vi, vt* improvisieren

'ad·man n Werbefachmann m
ad·min·is·ter [əd'mɪnɪstəʳ] vt ❶ (manage) verwalten ❷ (dispense) geben; (issue) ausgeben; medicine verabreichen; oath abnehmen; to ~ first aid [to sb] [jdm] erste Hilfe leisten
ad·min·is·tra·tion [əd͵mɪnɪ'streɪʃ⁽ə⁾n] n ❶ no pl Verwaltung f ❷ esp AM (term in office) Amtszeit f ❸ (government) Regierung f ❹ no pl (dispensing) of a medicine Verabreichung f; ~ of an oath Vereidigung f
ad·min·is·tra·tive [əd'mɪnɪstreɪtɪv] adj administrativ, Verwaltungs-
ad·min·is·tra·tor [əd'mɪnɪstreɪtəʳ] n ❶ (person in charge) Leiter(in) m(f) ❷ (clerk) Verwaltungsbeamte(r), Verwaltungsbeamtin m, f ❸ LAW Verwalter(in) m(f)
ad·mi·ra·ble ['ædmⁱrəbl] adj bewundernswert; job hervorragend
ad·mi·ral ['ædmⁱrəl] n Admiral(in) m(f)
Ad·mi·ral·ty ['ædmⁱrəlti] n no pl BRIT Marineministerium nt
ad·mi·ra·tion [͵ædmə'reɪʃ⁽ə⁾n] n no pl ❶ (respect) Hochachtung f (for vor) ❷ (wonderment) Bewunderung f
ad·mire [əd'maɪəʳ] vt bewundern
ad·mir·er [əd'maɪərəʳ] n ❶ (with romantic interest) Verehrer(in) m(f) ❷ (supporter) Anhänger(in) m(f)
ad·mis·si·ble [əd'mɪsəbl] adj zulässig
ad·mis·sion [əd'mɪʃ⁽ə⁾n] n ❶ no pl (entering) Eintritt m; (acceptance) Zutritt m; (into university) Zulassung f; (into hospital) Einlieferung f ❷ (entrance fee) Eintritt[spreis] m ❸ (acknowledgment) Eingeständnis nt; by his/her own ~ nach eigenem Eingeständnis
ad·mit <-tt-> [əd'mɪt] I. vt ❶ (acknowledge) zugeben; defeat eingestehen ❷ (allow entrance) hineinlassen; (towards spectator) hereinlassen; this ticket ~s one person only diese Eintrittskarte ist nur für eine Person gültig; ■ to ~ sb to [AM the] hospital jdn ins Krankenhaus einliefern ❸ (allow) zulassen II. vi ■ to ~ to sth etw zugeben
ad·mit·tance [əd'mɪtən(t)s] n no pl (entrance) Zutritt m; (to club) Aufnahme f; "no ~" „Betreten verboten"
ad·mit·ted·ly [əd'mɪtɪdli] adv zugegebenermaßen
ad·mon·ish [əd'mɒnɪʃ] vt ermahnen
ad·mon·ish·ment [əd'mɒnɪʃmənt] n, ad·mo·ni·tion [͵ædmə'nɪʃ⁽ə⁾n] n Ermahnung f
ado [ə'du:] n no pl großer Aufwand; much ~ about nothing viel Lärm um nichts; without [further] ~ ohne [weitere] Umstände
ado·les·cence [͵ædə'les⁽ə⁾n(t)s] n no pl Jugend[zeit] f
ado·les·cent [͵ædə'les⁽ə⁾nt] I. adj ❶ (of teenagers) heranwachsend, jugendlich ❷ (pej: immature) pubertär II. n Jugendliche(r) f(m)
adopt [ə'dɒpt] vt ❶ (raise) adoptieren; to have one's child ~ed ein Kind zur Adoption freigeben ❷ (sponsor) die Patenschaft übernehmen ❸ (put into practice) annehmen; pose einnehmen; strategy verfolgen; to ~ a pragmatic approach pragmatisch herangehen ❹ (select) auswählen; to ~ sth as one's slogan etw zu seinem Slogan erklären
adop·tion [ə'dɒpʃ⁽ə⁾n] n ❶ no pl Adoption f ❷ no pl (taking on) Annahme f; of a technology Übernahme f; of a method Aneignung f ❸ no pl (choice) country of ~ Wahlheimat f
ador·able [ə'dɔ:rəbl] adj entzückend
ado·ra·tion [͵ædə'reɪʃ⁽ə⁾n] n no pl ❶ (respectful love) Verehrung f; (devotion) grenzenlose Liebe ❷ REL Anbetung f
adore [ə'dɔ:ʳ] vt ❶ (love) über alles lieben; (admire) aufrichtig bewundern ❷ (like very much) ■ to ~ sb für jdn schwärmen; to [absolutely] ~ sth etw [einfach] wunderbar finden; I ~ chocolate ich liebe Schokolade
ador·ing [ə'dɔ:rɪŋ] adj (loving) liebend; (devoted) hingebungsvoll; mother liebevoll
adorn [ə'dɔ:n] vt schmücken
adorn·ment [ə'dɔ:nmənt] n ❶ (ornament) Schmuck m ❷ no pl (act) Verschönerung f
adrena·lin(e) [ə'drenəlɪn] n no pl Adrenalin nt
a'drena·line sport n Adrenalinsport m
Adri·at·ic [͵eɪdri'ætɪk] n ■ the ~ [Sea] die Adria
adrift [ə'drɪft] I. adv to cut ~ losmachen II. adj to be ~ treiben
adroit [ə'drɔɪt] adj geschickt
adu·la·tion [͵ædjʊ'leɪʃ⁽ə⁾n] n no pl (admiration) Vergötterung f; (flattery) Schmeichelei f
adult ['ædʌlt, ə'dʌlt] I. n ❶ (grown-up) Erwachsene(r) f(m); ■ to be an ~ erwachsen sein ❷ (animal) ausgewachsenes Tier II. adj ❶ (grown-up) person erwachsen; animal ausgewachsen ❷ behaviour reif ❸ (sexually explicit) [nur] für Erwachsene
adult edu·ca·tion n no pl Erwachsenenbildung f; ~ institute ≈ Volkshochschule f
adul·ter·ate [ə'dʌltəreɪt] vt verfälschen; wine panschen
adul·ter·er [ə'dʌltərəʳ] n Ehebrecher m
adul·ter·ess <pl -es> [ə'dʌltərəs] n Ehebrecherin f
adul·ter·ous [ə'dʌltərəs] adj ehebrecherisch
adul·tery [ə'dʌltəri] n no pl Ehebruch m
adult·hood ['ædʌlthʊd, AM ʃev also ə'dʌlt-] n no pl (state) Erwachsensein nt; (period) Erwachsenenalter nt; to reach ~ erwachsen

werden

ad·vance [əd'vɑ:n(t)s] **I.** vi ① (*make progress*) Fortschritte pl machen ② (*be promoted*) aufsteigen ③ (*move forward*) sich vorwärtsbewegen; MIL vorrücken **II.** vt ① (*develop*) voranbringen; **to ~ one's career** seine Karriere vorantreiben ② (*make earlier*) vorverlegen; *money* vorschießen ③ (*postulate*) vorbringen **III.** n ① no pl (*forward movement*) Vorrücken nt ② (*progress*) Fortschritt m ③ (*ahead of time*) **in ~** im Voraus ④ (*payment*) Vorschuss m (**on** auf) ⑤ (*flirtation*) ■~s pl Annäherungsversuche pl **IV.** adj vorherig; **~ booking** Reservierung f; **~ copy** Vorausexemplar nt

ad·vanced [əd'vɑ:n(t)st] adj ① (*in skills*) fortgeschritten; **~ mathematics** höhere Mathematik ② (*in development*) fortschrittlich ③ (*in time*) fortgeschritten; **a person of ~ years** eine Person vorgerückten Alters

ad·vance·ment [əd'vɑ:n(t)smənt] n ① no pl (*improvement*) Verbesserung f; (*furtherance*) Förderung f ② no pl (*in career*) Aufstieg m **ad·vance 'notice** n no pl Vorankündigung f **ad·vance 'payment** n Vorauszahlung f

ad·van·tage [əd'vɑ:ntɪdʒ] n Vorteil m; **to have the ~ of sb** jdm gegenüber im Vorteil sein; **to take ~ of sb** (*pej*) jdn ausnutzen; **to take ~ of sth** (*approv*) etw nutzen

ad·van·ta·geous [ˌædvən'teɪdʒəs] adj günstig; ■**to be ~ to sb** für jdn vorteilhaft sein

ad·vent ['ædvent] n no pl ① (*coming*) Beginn m, Anfang m ② REL ■**A~** Advent m

ad·ven·ture [əd'ventʃəʳ] n Abenteuer nt; **to have an ~** ein Abenteuer erleben; **~ holiday** Abenteuerurlaub m

ad·ven·tur·er [əd'ventʃərəʳ] n Abenteurer(in) m(f)

ad·ven·tur·ous [əd'ventʃərəs] adj ① (*filled with adventures*) abenteuerlich ② (*daring*) abenteuerlustig

ad·verb ['ædvɜ:b] n Adverb nt

ad·ver·bial [əd'vɜ:bɪəl] adj adverbial

ad·ver·sary ['ædvəsəʳri] n Gegner(in) m(f)

ad·verse ['ædvɜ:s] adj ungünstig; *criticism, effect* negativ; *conditions* widrig

ad·ver·sity [əd'vɜ:səti] n no pl Not f; **in ~** in der Not

ad·vert ['ædvɜ:t] n BRIT (*fam*) short for **advertisement** (*in a newspaper*) Anzeige f; (*on a notice board*) Aushang m; (*on TV*) Werbespot m

ad·ver·tise ['ædvətaɪz] **I.** vt ① (*publicize*) Werbung machen für; (*in a newspaper*) inserieren; (*on a noticeboard*) in einem Aushang anbieten ② (*announce*) ankündigen **II.** vi ① (*publicize*) werben ② (*in a newspaper*) inserieren; (*on a noticeboard*) einen Aushang machen; ■**to ~ for sb/sth** jdn/etw per Inserat suchen

ad·ver·tise·ment [əd'vɜ:tɪsmənt] n Werbung f; (*in a newspaper*) Anzeige f; (*on a notice board*) Aushang m; TV **~** Werbespot m; (*fig*) Reklame f

ad·ver·tis·er ['ædvətaɪzəʳ] n Werbungtreibende(r) f(m); (*in a newspaper*) Inserent(in) m(f)

ad·ver·tis·ing ['ædvətaɪzɪŋ] n no pl Werbung f

'ad·ver·tis·ing agen·cy n Werbeagentur f
'ad·ver·tis·ing cam·paign n Werbekampagne f

ad·vice [əd'vaɪs] n ① no pl (*recommendation*) Rat m; **some ~** ein Rat[schlag] m; **to take legal ~** sich juristisch beraten lassen; **to take sb's ~** jds Rat[schlag] m befolgen; ■**on sb's ~** auf jds Rat m hin ② (*notification*) Bescheid m

ad·vis·able [əd'vaɪzəbl] adj ratsam

ad·vise [əd'vaɪz] **I.** vt ① (*give council*) beraten; **to ~ sb against sth** jdm von etw dat abraten; ■**to ~ sb to do sth** jdm [dazu] raten, etw zu tun ② (*inform*) informieren (**of** über) **II.** vi ① (*give council*) raten; ■**to ~ against sth** von etw dat abraten; ■**to ~ on sth** bei etw dat beraten; ■**to ~ with sb** AM sich mit jdm beraten

ad·vis·er [əd'vaɪzəʳ], **ad·vis·or** n Berater(in) m(f)

ad·vi·so·ry [əd'vaɪzəʳri] adj beratend; **~ committee** Beratungsausschuss m

ad·vo·cate **I.** vt ['ædvəkeɪt] befürworten **II.** n ['ædvəkət, -keɪt] ① POL Befürworter(in) m(f) ② LAW [Rechts]anwalt, [Rechts]anwältin m, f

AEC [ˌeɪiː'siː] n AM abbrev of **Atomic Energy Commission** Atomenergiekommission f

Aegean [iː'dʒiːən] n ■**the ~** [Sea] die Ägäis

aegis ['iːdʒɪs] n no pl Schirmherrschaft f

aer·ate [eə'reɪt] vt ① durchlüften; *soil* auflockern; *liquid* mit Kohlensäure versetzen; *blood* Sauerstoff zuführen

aer·ial ['eərɪəl] **I.** n Antenne f **II.** adj Luft-

aero·bat·ic [ˌeərə(ʊ)'bætɪk] adj Kunstflug-

aero·bat·ics [ˌeərə(ʊ)'bætɪks] npl ① (*manoeuvres*) Flugkunststücke pl ② + sing vb (*stunt flying*) Kunstflug m

aero·bics [eə'rəʊbɪks] n no pl ① (*exercise*) Aerobic nt ② (*class*) Aerobikkurs m

aero·drome ['eərədrəʊm] n Flugplatz m

aero·dy·nam·ic [ˌeərə(ʊ)daɪ'næmɪk] adj aerodynamisch

aero·dy·nam·ics [ˌeərə(ʊ)daɪ'næmɪks] n Aerodynamik f

aero·naut·ic [ˌeərə(ʊ)'nɔːtɪk] adj aeronau-

tisch; **~ engineering** Luftfahrttechnik f
aero·naut·ics [ˌeərə(ʊ)'nɔːtɪks] n + sing vb Luftfahrt[technik] f
aero·plane ['eərə(ʊ)pleɪn] n Flugzeug nt
aero·sol ['eərəsɒl] n ① (*mixture*) Aerosol nt; **~ deodorant** Deospray nt ② (*spray container*) Spraydose f
'aero·space in·dus·try n Raumfahrtindustrie f
aes·thet·ic [iːs'θetɪk] **I.** adj ästhetisch **II.** n Ästhetik f
aes·thet·ics [iːs'θetɪks] n no pl Ästhetik f
afar [ə'fɑːʳ] adv **from ~** aus der Ferne
af·fable ['æfəbl] adj freundlich
af·fair [ə'feəʳ] n ① (*matter, event*) Angelegenheit f; **that's my own ~** das ist ganz allein meine Sache; **he is an expert in South American ~s** er ist ein Südamerikakenner; **the state of ~s** der Stand der Dinge; **to handle sb's ~s** jds Geschäfte pl besorgen ② (*controversial situation, relationship*) Affäre f
af·fect [ə'fekt] vt ① (*have effect on*) ■**to ~ sb/sth** sich auf jdn/etw auswirken; (*negatively*) **to ~ one's health** seiner Gesundheit schaden; (*concern*) jdn/etw betreffen ② (*move*) ■**to be ~ed by sth** von etw dat bewegt sein ③ (*feign*) vortäuschen
af·fec·ta·tion [ˌæfek'teɪʃ⁰n] n Affektiertheit f
af·fect·ed [ə'fektɪd] adj ① (*insincere*) affektiert ② (*influenced*) betroffen
af·fec·tion [ə'fekʃ⁰n] n no pl Zuneigung f (**for** zu)
af·fec·tion·ate [ə'fekʃ⁰nət] adj liebevoll; **your ~ daughter** (*in a letter*) deine dich liebende Tochter
af·fi·da·vit [ˌæfɪ'deɪvɪt] n [schriftliche] eidesstattliche Erklärung
af·fili·ate I. vt [ə'fɪlieɪt] ■**to be ~d with sth** mit etw dat assoziiert sein; (*in subordinate position*) etw dat angeschlossen sein **II.** n [ə'fɪliət] Konzernunternehmen nt
af·filia·tion [əˌfɪli'eɪʃ⁰n] n Angliederung f; **political ~s** politische Zugehörigkeit
af·fin·ity [ə'fɪnəti] n ① (*solidarity*) Verbundenheit f; **to feel an ~ for sb** sich jdm verbunden fühlen ② (*similarity*) Gemeinsamkeit f
af·firm [ə'fɜːm] vt beteuern
af·fir·ma·tion [ˌæfə'meɪʃ⁰n] n ① (*positive assertion*) Bekräftigung f ② (*declaration*) Beteuerung f
af·firma·tive [ə'fɜːmətɪv] **I.** adj zustimmend; **answer** positiv **II.** n Bejahung f; **to answer in the ~** mit Ja antworten **III.** interj ■**~!** esp AM jawohl!
af·fix [ə'fɪks, 'æfɪks] vt (*attach*) befestigen; (*stick on*) ankleben; (*clip on*) anheften

af·flict [ə'flɪkt] vt plagen; **he is ~ed with severe rheumatism** er leidet an schwerem Rheumatismus
af·flic·tion [ə'flɪkʃ⁰n] n ① (*illness*) Leiden nt ② no pl (*distress*) Kummer m
af·flu·ence ['æfluən(t)s] n no pl Wohlstand m
af·flu·ent ['æfluənt] adj reich; **~ society** Wohlstandsgesellschaft f
af·ford [ə'fɔːd] vt ① (*have money, time for*) sich dat leisten; **you can't ~ to miss this once-in-a-lifetime opportunity** diese einmalige Gelegenheit darfst du dir nicht entgehen lassen ② (*provide*) ■**to ~ [sb] sth** [jdm] etw bieten
af·ford·able [ə'fɔːdəbl] adj erschwinglich
af·for·esta·tion [əˌfɒrɪ'steɪʃ⁰n] n no pl [Wieder]aufforstung f
af·front [ə'frʌnt] **I.** n Beleidigung f **II.** vt beleidigen
Af·ghan ['æfgæn] **I.** n ① (*person*) Afghane(in) m(f) ② (*dog*) Afghane m **II.** adj afghanisch
Af·ghani·stan [æf'gænɪstæn] n Afghanistan nt
afield [ə'fiːld] adv entfernt
afloat [ə'fləʊt] adj (*also fig*) über Wasser; ■**to be ~** schwimmen
afoot [ə'fʊt] **I.** adj im Gange **II.** adv AM zu Fuß
afore·men·tioned [ə'fɔː,men(t)ʃ⁰nd], **afore·said** [ə'fɔːsed] adj oben erwähnt
afraid [ə'freɪd] adj ① (*frightened*) verängstigt; **to** [**not**] **be ~** [**of sb/sth**] [keine] Angst [vor jdm/etw] haben; **to be ~ of heights** Höhenangst haben; **to be ~ that ...** befürchten, dass ...; **to make sb ~** jdm Angst machen ② (*expressing regret*) **I'm ~ not/so** leider nicht/ja; **I don't agree at all, I'm ~** da kann ich Ihnen leider nicht zustimmen
afresh [ə'freʃ] adv [noch einmal] von vorn
Af·rica ['æfrɪkə] n Afrika nt
Af·ri·can ['æfrɪkən] **I.** n Afrikaner(in) m(f) **II.** adj afrikanisch
Af·ri·can Ameri·can [ˌæfrɪkənə'merɪkən] n Afroamerikaner(in) m(f)
Af·ri·kaans [ˌæfrɪ'kɑːn(t)s] n no pl Afrikaans nt
Afro-Ameri·can [ˌæfrəʊə'merɪkən] **I.** n Afroamerikaner(in) m(f) **II.** adj afroamerikanisch
Afro-Car·ib·bean [ˌæfrəʊkærɪ'biːən] adj afrokaribisch
af·ter ['ɑːftəʳ] **I.** prep ① (*later time*) nach; **~ lunch** nach dem Mittagessen; [**a**] **quarter ~ six** AM [um] Viertel nach Sechs ② (*in pursuit of*) ■**to be ~ sb/sth** hinter jdm/etw her sein ③ (*following*) nach; **~ you!** nach Ihnen!

affirming

making sure | sich vergewissern

Everything OK?	Alles in Ordnung?
Have I done that right?	Habe ich das so richtig gemacht?
Did you enjoy the meal?	Hat es Ihnen geschmeckt?
Is that/this the bus for/to Frankfurt?	Ist das der Bus nach Frankfurt?
(*on the phone*): Is that the Jobcentre?	(*am Telefon*): Bin ich hier richtig beim Arbeitsamt?
Is that the film you were raving about? (*fam*)	Ist das der Film, von dem du so geschwärmt hast?
Are you sure you've got the right door number?	Bist du dir sicher, dass die Hausnummer stimmt?

assuring someone of something | jemandem etwas versichern, beteuern

The train **really was** late.	Der Zug hatte **wirklich** Verspätung.
Honestly! I didn't know anything about it.	**Ganz ehrlich**, ich habe davon nichts gewusst.
Believe it or not; they **really** have split up.	**Ob du's nun glaubst oder nicht**; sie haben sich **tatsächlich** getrennt.
I assure you the car will go on running for a good while yet.	**Ich kann Ihnen versichern, dass** das Auto noch einige Jahre fahren wird.
Believe/Trust me, the concert is going to be a huge success.	**Glaub mir**, das Konzert wird ein Riesenerfolg.
You can be sure/certain he didn't notice a thing.	**Du kannst ganz sicher sein**, er hat nichts gemerkt.
I guarantee (you) the majority will vote against (it).	**Ich garantiere Ihnen, dass** die Mehrheit dagegen stimmen wird.
I swear the takings have been properly declared.	Die Einnahmen sind ordnungsgemäß versteuert, **das kann ich beschwören**.

---

❹ (*behind*) **he shut the door ~ them** er machte die Tür hinter ihnen zu; **she stared ~ him in disbelief** sie starrte ihm ungläubig nach ❺ (*result of*) nach; **~ what he did to me, ...** nach dem, was er mir angetan hat, ... ❻ (*similar to*) nach; **a painting ~ Picasso** ein Gemälde im Stil von Picasso ▶ **~ all** (*in spite of*) trotz; **he rang and told me that he couldn't come ~ all** er hat angerufen und mir gesagt, dass er doch nicht kommen könne; (*giving reason*) schließlich; **you are my husband, ~ all** du bist schließlich mein Mann; **she promised it, ~ all** sie hat es immerhin versprochen **II.** *conj* nachdem **III.** *adv* danach; **shortly ~** kurz darauf
ˈafter·care *n no pl* Nachbehandlung *f* ˈafter·ef·fect *n* Nachwirkung *f* ˈafter-life *n no pl* Leben *nt* nach dem Tod ˈafter·math [-mɑːθ] *n no pl* Folgen *pl;* ▪ **in the ~ of** infolge
after·noon [ˌɑːftəˈnuːn] *n* Nachmittag *m;* **good ~!** guten Tag!; **on Friday ~s** freitagnachmittags; **on the ~ of May 23rd** am Nachmittag des 23. Mai; **on Wednesday ~** [am] Mittwochnachmittag; **~ nap** [Nach]mittagsschläfchen *nt;* **early/late ~** am frühen/späten Nachmittag; **mid-~** am Nachmittag; **this ~** heute Nachmittag; **at 4.00 in the ~** um vier Uhr Nachmittag; **in the ~** am Nachmittag, nachmittags
ˈafter-sales ˈser·vice *n no pl* Kundendienst *m*

'after·shave *n no pl* Aftershave *nt* **'after·taste** *n* Nachgeschmack *m* **'after·thought** *n* **as an ~** im Nachhinein; **sth was added as an ~** etw kam erst später hinzu

after·ward ['ɑːftəwəd], **after·wards** ['ɑːftəwədz] *adv* (*later*) später; (*after something*) danach; **shortly ~** kurz danach

again [əˈɡen, əˈɡeɪn] *adv* ❶ (*as a repetition*) wieder; (*one more time*) noch einmal; **~ and ~** immer wieder; **what's her name ~?** wie ist nochmal ihr Name?; **as much ~** noch [ein]mal so viel ❷ (*anew*) noch einmal

against [əˈɡen(t)st] **I.** *prep* gegen; **~ one's better judgement** wider besseres Wissen; **the dollar rose ~ the euro** der Dollar stieg gegenüber dem Euro **II.** *adv* gegen; **only 14 voted ~** es gab nur 14 Gegenstimmen

ag·ate [ˈæɡət] *n* Achat *m*

age [eɪdʒ] **I.** *n* ❶ (*length of existence*) Alter *nt*; **he's about your ~** er ist ungefähr so alt wie du; **the club takes children of all ~s** der Verein nimmt Kinder aller Altersstufen auf; **to be 45 years of ~** 45 [Jahre alt] sein; **wrinkled with ~** vom Alter runzlig; **to be under ~** minderjährig sein; **to come of ~** volljährig werden; **to feel one's ~** die Jahre spüren; **sb looks his/her age** man sieht jdm sein Alter an; **at the ~ of 80** mit achtzig [Jahren]; **at your ~** in deinem Alter ❷ (*era*) Zeitalter *nt*; **in this day and ~** heutzutage; **down the ~s** durch die Jahrhunderte ❸ (*long time*) ▪ **an ~**, ▪ **~s** eine Ewigkeit, Ewigkeiten *pl*; **the meeting took ~s** die Besprechung dauerte ewig [lang] **II.** *vi* ❶ (*become older*) altern ❷ FOOD reifen **III.** *vt* ❶ FOOD reifen lassen; *wine* ablagern lassen ❷ (*make look older*) älter machen; *strain, suffering* altern lassen

'age-band·ing *n no pl* Altersklasseneinteilung *f* **'age brack·et** *n* Altersgruppe *f*

aged[1] [ˈeɪdʒd] *adj* **a boy ~ 12** ein zwölfjähriger Junge; **children ~ 8 to 12** Kinder [im Alter] von 8 bis 12 Jahren

aged[2] [ˈeɪdʒɪd] **I.** *adj* (*old*) alt **II.** *n* **the ~** *pl* die alten Menschen

age group *n* Altersgruppe *f*

age·ing [ˈeɪdʒɪŋ] *adj person* alternd; *machinery* veraltend **age·less** [ˈeɪdʒləs] *adj* zeitlos **'age lim·it** *n* Altersgrenze *f*

agen·cy [ˈeɪdʒ³n(t)si] *n* ❶ (*private business*) Agentur *f* ❷ (*of government*) Behörde *f*

agen·da [əˈdʒendə] *n* ❶ (*for a meeting*) Tagesordnung *f* ❷ (*for action*) Programm *nt*; **to have a hidden ~** geheime Pläne haben

agent [ˈeɪdʒ³nt] *n* ❶ (*representative*) [Stell]vertreter(in) *m(f)*; (*for artists*) Agent(in) *m(f)* ❷ (*of a secret service*) Agent(in) *m(f)* ❸ (*substance*) Mittel *nt*

'age spot *n* Altersfleck *m*

ag·glom·er·ate [əˈɡlɒmʳət], **ag·glom·era·tion** [əˌɡlɒməˈreɪʃ³n] *n* Anhäufung *f*

ag·gra·vate [ˈæɡreɪvət] *vt* ❶ (*worsen*) verschlechtern ❷ (*fam: annoy*) auf die Nerven gehen; ▪ **to get ~d** sich ärgern

ag·gra·vat·ing [ˈæɡreɪvətɪŋ] *adj* (*fam: annoying*) ärgerlich

ag·gra·va·tion [ˌæɡrəˈveɪʃ³n] *n no pl* ❶ (*worsening*) Verschlimmerung *f* ❷ (*fam: annoyance*) Ärger *m*

ag·gre·gate I. *n* [ˈæɡrɪɡət] ❶ (*totality*) Gesamtmenge *f* ❷ SPORTS Gesamtergebnis *nt* **II.** *adj* [ˈæɡrɪɡət] Gesamt-

ag·gres·sion [əˈɡreʃ³n] *n no pl* Aggression *f*; **act of ~** Angriffshandlung *f*

ag·gres·sive [əˈɡresɪv] *adj* aggressiv; *salesman* aufdringlich

ag·gres·sor [əˈɡresəʳ] *n* Angreifer(in) *m(f)*

ag·grieved [əˈɡriːvd] *adj* gekränkt (**at** wegen)

aghast [əˈɡɑːst] *adj* entsetzt (**at** über)

ag·ile [ˈædʒaɪl] *adj* geschickt; *fingers* flink; **to have an ~ mind** geistig beweglich sein

agil·ity [əˈdʒɪləti] *n no pl* Flinkheit *f*; **mental ~** geistige Beweglichkeit

ag·ing *adj* AM, AUS *see* ageing

agi·tate [ˈædʒɪteɪt] **I.** *vt* ❶ (*make nervous*) aufregen; ▪ **to get ~d** sich aufregen ❷ (*shake*) schütteln; (*stir*) [um]rühren **II.** *vi* ▪ **to ~ against/for sth** sich [öffentlich] gegen/für etw *akk* einsetzen

agi·ta·tion [ˌædʒɪˈteɪʃ³n] *n no pl* ❶ (*nervousness*) Aufregung *f* ❷ (*activism*) Agitation *f* ❸ (*of a liquid*) [Auf]rühren *nt*

agi·ta·tor [ˈædʒɪteɪtəʳ] *n* ❶ (*person*) Agitator(in) *m(f)* ❷ (*device*) Rührapparat *m*

AGM [ˌeɪdʒiːˈem] *n* BRIT, AUS *abbrev of* annual general meeting

ag·nos·tic [æɡˈnɒstɪk] **I.** *n* Agnostiker(in) *m(f)* **II.** *adj* agnostisch

ago [əˈɡəʊ] *adv* **how long ~ was that?** wie lange ist das her?; **a year ~** vor einem Jahr; **[not] long ~** vor [nicht] langer Zeit; **as long as 1924** schon 1924

agog [əˈɡɒɡ] *adj* gespannt; **to be ~ with curiosity** vor Neugierde fast platzen

ago·nize [ˈæɡənaɪz] *vi* ▪ **to ~ about** [*or* **over**] **sth** sich über etw *akk* den Kopf zermartern

ago·niz·ing [ˈæɡənaɪzɪŋ] *adj* qualvoll; *pain* unerträglich

ag·o·ny [ˈæɡəni] *n no pl* (*pain*) Todesqualen *pl*; ▪ **to be in ~** große Schmerzen leiden ❷ (*fig*) **oh, the ~ of defeat!** was für eine schmachvolle Niederlage!; **to be in an ~ of suspense** von qualvoller Ungewissheit geplagt werden ▶ **to pile on the ~** dick auftra-

agreement

expressing agreement | zustimmen

expressing agreement	zustimmen
Yes, I think so too.	Ja, das denke ich auch.
I completely agree with you there.	Da bin ich ganz Ihrer Meinung.
I endorse that. *(form)*	Dem schließe ich mich an. *(form)*
I absolutely agree with you.	Ich stimme Ihnen voll und ganz zu.
Yes, that's exactly what I think.	Ja, das denke ich auch.
That's exactly how I see it.	Das sehe ich ganz genauso.
You're absolutely right.	Du hast vollkommen Recht.
I can only agree with you there.	Da kann ich Ihnen nur Recht geben.
That's (just/exactly) what I said.	(Genau) das habe ich auch gesagt.
I think so too.	Finde ich auch.
Exactly!/(That's) right!	Genau!/Stimmt!

gen

ago·ny 'aunt *n* BRIT *(fam)* Briefkastentante *f*

agree [əˈgriː] **I.** *vi* ❶ *(have same opinion)* zustimmen; **I don't ~** ich bin anderer Meinung; **to be unable to ~** sich nicht einigen können; **we couldn't ~ more with them** wir stimmen mit ihnen absolut überein; ■ **to ~ on sth** über etw *akk* einer Meinung sein ❷ *(consent to)* zustimmen; **~d!** einverstanden!; **let's ~ to disagree** *[or* **differ]** ich fürchte, wir können uns nicht einigen ❸ *food* **to ~ with sb** jdm [gut] bekommen ❹ *(match up)* übereinstimmen **II.** *vt* ■ **to ~ sth** mit etw *dat* einverstanden sein; ■ **to ~ that ...** sich darauf einigen, dass ...

agree·able [əˈgriːəbl] *adj* ❶ *(pleasant)* angenehm; *weather* freundlich ❷ *(acceptable)* ■ **to be ~ to sb** für jdn akzeptabel sein ❸ *(consenting)* ■ **to be ~ to sth** mit etw *dat* einverstanden sein **agree·ment** [əˈgriːmənt] *n* ❶ *no pl (same opinion)* Übereinstimmung *f*; **to reach an ~** zu einer Einigung kommen; ■ **to be in ~ with sb** mit jdm übereinstimmen ❷ *(approval)* Zustimmung *f* ❸ *(arrangement)* Vereinbarung *f* ❹ *(contract)* Vertrag *m* ❺ LING Übereinstimmung *f*; **to be in ~** übereinstimmen

ag·ri·busi·ness [ˈægrɪˌbɪznɪs] *n no pl* Agroindustrie *f*

ag·ri·cul·tur·al [ˌægrɪˈkʌltʃərəl] *adj* landwirtschaftlich; **~ land** Agrarland *nt*

ag·ri·cul·ture [ˈægrɪˌkʌltʃər] *n no pl* Landwirtschaft *f*

ag·ro-ˈter·ror·ism *n no pl* Agroterrorismus *m*

ag·ro-ˈtour·ism *n no pl* Ferien *pl* auf dem Bauernhof

aground [əˈgraʊnd] **I.** *adv* **to run ~** auf Grund laufen **II.** *adj* auf Grund gelaufen

ah [ɑː] *interj (in realization)* ach so; *(in happiness)* ah; *(in sympathy)* oh; *(in pain)* au[tsch]

aha [ɑːˈhɑː] *interj (in understanding)* aha; *(in glee)* haha

AHA [ˌeɪeɪtʃˈeɪ] *n abbrev of* **alpha-hydroxy acid** AHA *f*

ahead [əˈhed] *adv* ❶ *(in front)* vorn; **the road ~** die Straße vor uns; **full speed ~** volle Kraft voraus; **to put sb ~** jdn nach vorne bringen ❷ *(more advanced)* **to be way ~ of sb** jdm um einiges voraus sein ❸ *(in the future)* **he has a lonely year ~** es liegt ein einsames Jahr vor ihm; **to look ~** nach vorne sehen ❹ *person* **to go** [on] **~** vor[aus]gehen ❺ *project* **to go ~** vorangehen

ahoy [əˈhɔɪ] *interj* ahoi

AI [ˌeɪˈaɪ] *n no pl* ❶ COMPUT *abbrev of* **artificial intelligence** ❷ SCI *abbrev of* **artificial insemination**

aid [eɪd] **I.** *n* ❶ *no pl (assistance)* Hilfe *f*; **to come to sb's ~** jdm zu Hilfe kommen; **in ~ of** zugunsten ❷ *(helpful tool)* [Hilfs]mittel *nt*; **hearing ~** Hörgerät *nt* ▶ **what's this in ~ of?** BRIT *(fam)* wofür soll das gut sein? **II.** *vt* helfen ▶ **to ~ and abet** LAW begünstigen

AID[1] [ˌeɪeɪˈdiː] *n abbrev of* **Agency for International Development** ≈ DSE

AID[2] [ˌeɪeɪˈdiː] *n abbrev of* **artificial insemination by donor** künstliche Befruchtung durch Spendersperma

'aid con·voy n Hilfskonvoi m
aide [eɪd] n Berater(in) m(f)
AIDS [eɪdz] n, **Aids** n no pl abbrev of acquired immune deficiency syndrome Aids nt
ail [eɪl] vt plagen; **what ~s you?** was fehlt dir?
ail·er·on ['eɪlərɒn] n AVIAT Querruder nt
ail·ing ['eɪlɪŋ] adj kränkelnd
ail·ment ['eɪlmənt] n Leiden nt; **minor ~s** leichte Beschwerden
aim [eɪm] I. vi ❶ (point) zielen (at auf) ❷ (try for a time) **to ~ for 7.30/next week** 7.30 Uhr/nächste Woche anpeilen ❸ (try to achieve) ■ **to ~ at** [or **for**] **sth** etw zum Ziel haben; ■ **to ~ at doing** [or **to do**] **sth** sich dat vornehmen, etw zu tun; **to ~ to please** gefallen wollen ~ **to ~ high** hoch hinaus wollen II. vt ❶ (point) ■ **to ~ sth at sb/sth** mit etw dat auf jdn/etw zielen; **to ~ a camera/ weapon at sb/sth** eine Kamera/Waffe auf jdn/etw richten; **to ~ a kick/punch at sb** nach jdm treten/schlagen ❷ (direct at) remark richten (at an) III. n ❶ (skill) Zielen nt; **her ~ is good/bad** sie kann gut/schlecht zielen; **to take ~** [at sb/sth] [auf jdn/etw] zielen ❷ (goal) Ziel nt; **~ in life** Lebensziel nt; ■ **with the ~ of doing sth** in der Absicht, etw zu tun
aim·less ['eɪmləs] adj ziellos
ain't [eɪnt] (sl) ❶ = has not, have not see have ❷ = am not, is not, are not see be
air [eə'] I. n ❶ no pl Luft f; **by ~** mit dem Flugzeug; **to send sth by ~** etw auf dem Luftweg versenden; **to be [up] in the ~** (fig) in der Schwebe sein ❷ no pl TV, RADIO Äther m; **to go off [the] ~** gesendet werden; **station** on the Sendebetrieb einstellen; **on [the] ~** auf Sendung ❸ no pl (facial expression) Miene f; (manner) Auftreten nt; **she has an ~ of confidence [about her]** sie strahlt eine gewisse Selbstsicherheit aus ❹ (affected manner) **to give oneself** [or **put on**] **~s** [and graces] (pej) vornehm tun ❺ MUS Melodie f II. vt ❶ (ventilate) lüften; clothes auslüften [lassen] ❷ (express) äußern; **to ~ one's frustration** seinem Frust Luft machen ❸ AM (broadcast) senden III. vi ❶ AM TV, RADIO gesendet werden ❷ (ventilate) auslüften
air 'am·bu·lance n Rettungshubschrauber m
'air bag n Airbag m **'air·base** n Luftwaffenstützpunkt m **'air·borne** adj ❶ (transported by air) in der Luft befindlich; disease durch die Luft übertragen; **~ troops** Luftlandetruppen pl ❷ (flying) ■ **to be ~ in der Luft** sein; **to get ~** plane abheben; bird losfliegen
'air brake n AUTO Druckluftbremse f; AVIAT Luftbremse f **'air·brushed** adj (fig) geschönt; **an ~ situation** eine beschönigt dargestellte Situation; **an ~ person** eine hochgestylte Person **'air bub·ble** n Luftblase f
air·con·'di·tioned adj klimatisiert
air con·'di·tion·er n Klimaanlage f
air con·'di·tion·ing n no pl ❶ (process) Klimatisierung f ❷ (plant) Klimaanlage f
'air-cooled adj luftgekühlt
air 'cor·ri·dor n Luftkorridor m
'air·craft <pl -> n Luftfahrzeug nt; **commercial ~** Verkehrsflugzeug nt
'air·craft car·ri·er n Flugzeugträger m **'air·craft in·dus·try** n no pl Flugzeugindustrie f
'air·crew n + sing/pl vb Crew f, Flugpersonal nt
'air cur·tain n Luftschleier m **'air cush·ion** n Luftkissen nt **air·drome** n AM see aerodrome **'air·field** n Flugplatz m **'air fil·ter** n Luftfilter m **'air force** n Luftwaffe f **'air freight** n no pl Luftfracht f **'air gun** n Luftgewehr nt
'air hole n Luftloch nt
'air·ing cup·board n BRIT [Wäsche]trockenschrank m
air·less ['eələs] adj stickig
'air·lift I. n Luftbrücke f II. vt (sth in) über eine Luftbrücke befördern; (sb out) per Flugzeug evakuieren **'air·line** n Fluggesellschaft f **'air·lin·er** n Verkehrsflugzeug nt **'air·mail** I. n no pl Luftpost f II. vt per Luftpost schicken **'air·man** n MIL Flieger m **'air·plane** n AM see aeroplane **'air pol·lut·ant** n Luftschadstoff m **'air pol·lu·tion** n Luftverschmutzung f **'air·port** n Flughafen m; **~ bus** Flughafenbus m; **~ tax** Flughafengebühr f
'air qual·ity n Luftqualität f
'air rage n no pl (fam) Randale f im Flugzeug; **flight attendants are concerned about passengers'~** Flugbegleiter sind beunruhigt über randalierende Passagiere **'air raid** n Luftangriff m **'air·sick** adj luftkrank **'air·space** n no pl Luftraum m **'air stew·ard** n, **air stew·ard·ess** n Flugbegleiter(in) m(f) **'air·strip** n Start- und Landebahn f **'air ter·mi·nal** n Terminal nt o m **'air tick·et** n Flugschein m **'air·tight** adj luftdicht; (fig) hieb- und stichfest
air traf·fic n no pl Flugverkehr m; **high volume of ~** hohes Flugaufkommen
air traf·fic con·'trol n no pl ❶ (job) Flugsicherung f ❷ (facility) Flugleitung f **air traf·fic con·'trol·ler** n Fluglotse(in) m(f)
'air·way n ❶ ANAT Luftröhre f ❷ (airline company) Fluggesellschaft f **'air·worthy** adj flugtüchtig
air·y ['eəri] adj ❶ ARCHIT luftig ❷ (lacking sub-

stance) leichtfertig

airy-fairy [ˌeəriˈfeəri] *adj* (*fam*) wirklichkeitsfremd

aisle [aɪl] *n* Gang *m*; *of church* Seitenschiff *nt* ▶ **to have sb rolling in the ~s** jdn dazu bringen, sich vor Lachen zu kugeln; **to take sb <u>down</u> the ~** jdn zum Traualtar führen

ajar [əˈdʒɑːʳ] *adj* einen Spalt offen

aka [ˌeɪkeɪˈeɪ] *abbrev of* **also known as** alias

akim·bo [əˈkɪmbəʊ] *adj* [**with**] **arms ~** die Arme in die Hüften gestemmt

akin [əˈkɪn] *adj* ähnlich

à la carte [ˌæləˈkɑːt] *adj* à la carte

alac·rity [əˈlækrəti] *n no pl* (*speed*) Schnelligkeit *f*; (*eagerness*) Eilfertigkeit *f*; **with ~** (*speedily*) schnell; (*eagerly*) bereitwillig

alarm [əˈlɑːm] **I.** *n* ❶ *no pl* (*worry*) Angst *f*; **to give sb cause for ~** jdm einen Grund zur Sorge geben ❷ (*signal*) Alarm *m* ❸ (*device*) Alarmanlage *f* ❹ (*alarm clock*) Wecker *m* **II.** *vt* ❶ (*worry*) beunruhigen; (*frighten*) erschrecken ❷ (*warn of danger*) alarmieren

ˈ**alarm clock** *n* Wecker *m*

alarm·ing [əˈlɑːmɪŋ] *adj* (*worrying*) beunruhigend; (*frightening*) erschreckend **alarmist** [əˈlɑːmɪst] (*pej*) **I.** *adj* schwarzseherisch **II.** *n* Schwarzseher(in) *m(f)*

Albania [ælˈbeɪniə] *n* Albanien *nt*

Al·ba·nian [ælˈbeɪniən] **I.** *n* ❶ (*person*) Albaner(in) *m(f)* ❷ (*language*) Albanisch *nt* **II.** *adj* albanisch

al·ba·tross <*pl* -es> [ˈælbətrɒs] *n* Albatros *m*

al·be·it [ɔːlˈbiːɪt] *conj* wenn auch

al·bi·no [ælˈbiːnəʊ] **I.** *adj* Albino- **II.** *n* Albino *m*

al·bum [ˈælbəm] *n* Album *nt*

al·co·hol [ˈælkəhɒl] *n no pl* Alkohol *m*; **I could smell the ~ on his breath** ich konnte seine Fahne riechen

al·co·hol-free [ˌælkəhɒlˈfriː] *adj* alkoholfrei

al·co·hol·ic [ˌælkəˈhɒlɪk] **I.** *n* Alkoholiker(in) *m(f)* **II.** *adj person* alkoholsüchtig; *drink* alkoholisch **al·co·hol·ism** [ˈælkəhɒlɪzəm] *n no pl* Alkoholismus *m*

al·cove [ˈælkəʊv] *n* (*niche*) Nische *f*; (*for sleeping*) Alkoven *m*

al·der [ˈɔːldəʳ] *n* Erle *f*

al·der·man [ˈɔːldəmən] *n* Alderman *m*

ale [eɪl] *n* Ale *nt*

alert [əˈlɜːt] **I.** *adj* ❶ (*mentally*) aufgeweckt ❷ (*watchful*) wachsam; (*attentive*) aufmerksam; (*conscious*) bewusst; ■ **to be ~ to sb/sth** von jdm/etw auf der Hut sein **II.** *n* ❶ (*alarm*) Alarmsignal *nt*; **red ~** höchste Alarmstufe ❷ *no pl* (*period of watchfulness*) Alarmbereitschaft *f*; **on full ~** army in Gefechtsbereitschaft; ■ **to be on the ~** [**for sth**] [vor etw *dat*] auf der Hut sein **III.** *vt* ■ **to ~ sb to sth** ❶ (*notify*) jdn auf etw *akk* aufmerksam machen ❷ (*warn*) jdn vor etw *dat* warnen

A lev·el [ˈeɪlevəl] *n* BRIT ≈ Abitur *nt*; **to take one's ~s** das Abitur machen

alga <*pl* -e> [ˈælgə, *pl* -dʒiː, -dʒaɪ] *n* Alge *f*

al·gal bloom [ˌælgəlˈbluːm] *n* ECOL Algenbefall *m*

al·ge·bra [ˈældʒɪbrə] *n no pl* Algebra *f*

al·ge·bra·ic [ˌældʒɪˈbreɪɪk] *adj* algebraisch

Al·ge·ria [ælˈdʒɪəriə] *n* Algerien *nt*

Al·ge·rian [ælˈdʒɪəriən] **I.** *n* Algerier(in) *m(f)* **II.** *adj* algerisch

Al·giers [ælˈdʒɪəz] *n* Algier *nt*

ali·as [ˈeɪliəs] **I.** *n* Deckname *m* **II.** *adv* alias

ali·bi [ˈælɪbaɪ] *n* Alibi *nt*

al·ien [ˈeɪliən] **I.** *adj* ❶ (*foreign*) ausländisch ❷ (*strange*) fremd **II.** *n* ❶ (*foreigner*) Ausländer(in) *m(f)* ❷ (*from space*) Außerirdische(r) *f(m)*

al·ien·ate [ˈeɪliəneɪt] *vt* befremden; ■ **to feel ~d** sich entfremdet fühlen (**from** +*dat*)

al·iena·tion [ˌeɪliəˈneɪʃən] *n no pl* Entfremdung *f*

alight[1] [əˈlaɪt] *adj* ❶ (*on fire*) **to be ~** brennen; **to set ~** in Brand stecken; (*fig*) begeistern ❷ (*shining brightly*) ■ **to be ~** strahlen

alight[2] [əˈlaɪt] *vi* ❶ (*from train, bus etc.*) aussteigen (**from** aus) ❷ *bird, butterfly* landen; (*fig*) **her eyes ~ed upon the painting** ihr Blick fiel auf das Gemälde ◆**alight on** *vi* ■ **to ~ on sth** auf etw *akk* stoßen

align [əˈlaɪn] *vt* ❶ (*move into line*) ■ **to ~ sth** [**with sth**] etw [auf etw *akk*] ausrichten ❷ ARCHIT fluchten ❸ (*fig: support*) ■ **to ~ oneself with sb/sth** sich hinter jdn/etw stellen

align·ment [əˈlaɪnmənt] *n* Ausrichten *nt*; **the wheels are out of ~** die Räder sind nicht in der Spur

alike [əˈlaɪk] **I.** *adj* ❶ (*identical*) gleich ❷ (*similar*) ähnlich **II.** *adv* ❶ (*similarly*) gleich; **to look ~** sich *dat* ähnlich sehen; **to think ~** gleicher Ansicht sein ❷ (*both*) gleichermaßen

ali·mony [ˈælɪməni] *n no pl* Unterhalt *m*

aline *vt* AM *see* **align**

A-lister [ˈeɪlɪstəʳ] *n* Promi *m fam*, Publikumsliebling *m*; **they get ~s for the series** für die Serie nehmen sie nur erste Garnitur

alive [əˈlaɪv] *adj* ❶ (*not dead*) lebendig, lebend; ■ **to be ~** leben, am Leben sein; **to keep sb ~** jdn am Leben erhalten; **to be eaten ~** lebendigen Leibes aufgefressen werden; **to make sth come ~** *story* etw lebendig werden lassen ❷ (*aware*) ■ **to be ~ to sth** sich *dat* einer S. *gen* bewusst sein ❸ (*swarming*) **to be ~ with sth** von etw *dat* wimmeln

al·ka·li <*pl* -s *or* -es> ['ælkəlaɪ] *n* Alkali *nt*

al·ka·line ['ælkəlaɪn] *adj* alkalisch

all [ɔːl] **I.** *adj* ❶ + *pl* (*every one of*) alle; **are those ~ the strawberries you can find?** sind das alle Erdbeeren, die du finden kannst?; **of ~ the stupid things to do!** das ist ja wohl zu blöd!; **why her, of ~ people?** warum ausgerechnet sie?; **~ her children** alle ihre Kinder; **~ the people** alle [Leute]; **~ the others** alle anderen; **on ~ fours** auf allen Vieren ❷ + *sing n* (*the whole (amount) of*) der/die/das ganze; **~ her life** ihr ganzes Leben; **~ the time** die ganze Zeit; **~ week** die ganze Woche; **for ~ her money** trotz ihres ganzen Geldes ❸ + *sing n* (*every type of*) jede(r, s); **people of ~ ages** Menschen jeden Alters ❹ (*the greatest possible*) all; **she denied ~ knowledge of him** sie stritt ab, irgendetwas über ihn zu wissen; **beyond ~ doubt** jenseits allen Zweifels; **in ~ honesty** ganz ehrlich; **in ~ probability** aller Wahrscheinlichkeit nach; **with ~ due respect** bei allem Respekt **II.** *pron* ❶ (*every one*) alle; **we saw ~ of them** wir haben [sie] alle gesehen; **~ but one of the pupils took part** bis auf einen Schüler nahmen alle teil; **the best of ~** der Beste von allen ❷ (*everything*) alles; **above ~** vor allem; **tell me ~ about it** erzähl mir alles darüber; **~ I want is to be left alone** ich will nur in Ruhe gelassen werden; **~ it takes is a bit of luck** man braucht nur etwas Glück; **that's ~ I need right now** das hat mir jetzt gerade noch gefehlt; **for ~ I care, ...** von mir aus ...; **for ~ I know, ...** soviel ich weiß ...; **first of ~** zuerst; **most of ~** am meisten; **most of ~, I'd like to be ...** aber am liebsten wäre ich ...; **to give one's ~** alles geben; **and ~** (*fam*) und all dem; **what with the fog and ~** bei dem Nebel und so; **~ in one** alles in einem ❸ (*for emphasis*) **at ~** überhaupt; **not at ~, it was a pleasure** keine Ursache, es war mir ein Vergnügen; **nothing at ~** überhaupt nichts ▶ **and ~** (*sl: as well*) auch; **get one for me and ~** bring mir auch einen; **~ in ~** alles in allem; **~ told** insgesamt; **~'s well that ends well** (*prov*) Ende gut, alles gut **III.** *adv* ❶ (*entirely*) ganz; **it's ~ about money these days** heutzutage geht es nur ums Geld; **she's been ~ over the world** sie war schon überall auf der Welt; **a good performance ~ round** eine rundum gelungene Vorstellung; **he bought drinks ~ round** er gab eine Runde Getränke aus; **he's ~ talk** er ist nur ein Schwätzer; **to be ~ ears** ganz Ohr sein; **to be ~ for doing sth** ganz dafür sein, etw zu tun; **~ along** die ganze Zeit; **to be ~** **over** aus und vorbei sein ❷ ▪ **~ the ... umso ...; ~ the better!** umso besser!; **not ~ that ...** (*not really*) nicht gerade ...; **he's not ~ that important** so wichtig ist er nun auch wieder nicht; **~ but** fast ❸ (*for emphasis*) **now don't get ~ upset about it** nun reg dich doch nicht so [furchtbar] darüber auf; **that's ~ very well, but ...** das ist ja schön und gut, aber ...; **~ too ...** nur zu ... ❹ SPORTS (*to both sides*) **it's three ~** es steht drei zu drei; **15 ~ 15** beide ▶ **to go ~ out for sth** alles für etw akk tun; **~ in** (*exhausted*) völlig erledigt; BRIT (*including everything*) alles inklusive; **all over** typisch; **that's Bill ~ over!** typisch Bill!; **to be ~ over sb** sich [geradezu] auf jdn stürzen; **not ~ there** (*fam*) nicht ganz richtig [im Kopf]

Allah ['ælə] *n* Allah

'all-a·round *adj* AM *see* **all-round**

al·lay [ə'leɪ] *vt* beschwichtigen; *suspicions* zerstreuen

all-'clear *n* Entwarnung *f*; **to give** [*or* **sound**] **the ~** Entwarnung geben

al·le·ga·tion [ælə'geɪʃən] *n* Behauptung *f*; **to make an ~ against sb** jdn beschuldigen

al·lege [ə'ledʒ] *vt* behaupten

al·leged [ə'ledʒd] *adj* angeblich

al·leg·ed·ly [ə'ledʒɪdli] *adv* angeblich

al·le·giance [ə'liːdʒ°n(t)s] *n* Loyalität *f*; **oath of ~** Fahneneid *m*; **to pledge ~ to sb** jdm Treue schwören

al·le·gor·i·cal [ælə'gɒrɪkəl] *adj* allegorisch

al·le·go·ry ['ælɪgəri] *n* Allegorie *f*

al·le·lu·ia [ælɪ'luːjə] **I.** *interj* halleluja **II.** *n* Halleluja *nt*

al·ler·gen ['ælədʒen] *n* Allergen *nt*

al·ler·gen·ic [ælə'dʒenɪk] *adj* allergen

al·ler·gic [ə'lɜːdʒɪk] *adj* allergisch (**to** gegen)

al·ler·gy ['ælədʒi] *n* Allergie *f* (**to** gegen)

al·le·vi·ate [ə'liːvieɪt] *vt fears* abbauen; *pain* lindern; *stress* verringern

al·ley ['æli] *n* ❶ (*between buildings*) Gasse *f*; **blind ~** (*also fig*) Sackgasse *f* ❷ (*in park*) Allee *f* ▶ **this is right up my ~** AM, AUS das ist ganz mein Fall

All 'Fools' Day *n* der erste April

al·li·ance [ə'laɪən(t)s] *n* Allianz *f*; **to form an ~** ein Bündnis schließen

al·lied ['ælaɪd] *adj* ❶ (*united*) verbündet; MIL alliiert ❷ (*related*) verwandt ❸ (*together with*) ▪ **~ with** gepaart mit

al·li·ga·tor ['ælɪgeɪtə'] *n* Alligator *m*

all-'in *adj* alles inbegriffen; **~ rate** Inklusivpreis *m*

al·lo·cate ['æləkeɪt] *vt* zuteilen; *funds* bereitstellen

al·lo·ca·tion [ælə'keɪʃ°n] *n usu sing* (*assignment*) Zuteilung *f*; (*distribution*) Verteilung *f*;

of funds Bereitstellung *f*
al·lot <-tt-> [əˈlɒt] *vt* zuteilen; *time* vorsehen
al·lot·ment [əˈlɒtmənt] *n* ❶ (*assignment*) Zuteilung *f*; (*distribution*) Verteilung *f* ❷ BRIT (*plot of land*) Schrebergarten *m*
all-'out *adj* umfassend; ~ **attack** Großangriff *m*
al·low [əˈlaʊ] **I.** *vt* ❶ (*permit*) erlauben; *access* gewähren; *goal* anerkennen; ~ **me** erlauben Sie; **she isn't ~ed any sweets** sie darf keine Süßigkeiten essen; ■ **to** ~ **oneself sth** sich *dat* etw gönnen ❷ (*allocate*) einplanen ❸ (*concede*) zugeben ▶ **to** ~ **sb a free hand** jdm freie Hand lassen **II.** *vi* **if time** ~ **s** wenn die Zeit es zulässt ◆ **allow for** *vi* berücksichtigen; *error, delay* einkalkulieren
al·low·able [əˈlaʊəbl] *adj* zulässig
al·low·ance [əˈlaʊən(t)s] *n* ❶ (*permitted amount*) Zuteilung *f*; **entertainment** ~ Aufwandsentschädigung *f* ❷ *no pl* (*for student*) Ausbildungsbeihilfe *f*; *esp* AM (*pocket money*) Taschengeld *nt* ❸ (*prepare for*) **to make** ~ **s for sth** etw berücksichtigen; **to make** ~ **s for sb** mit jdm nachsichtig sein
al·loy [ˈælɔɪ] *n* Legierung *f*; ~ **wheels** Alufelgen *pl*
all-'pur·pose *adj* Allzweck-
all right I. *adj* ❶ (*OK*) in Ordnung; **that's** ~ (*apologetically*) das macht nichts; (*you're welcome*) keine Ursache; **it was** ~, **nothing special** na ja, es war nichts Besonderes; **would it be** ~ **if ...?** wäre es dir recht, wenn ...?; **it'll be** ~ **to leave your car here** du kannst deinen Wagen ruhig hier lassen; **to be a bit of** ~ BRIT (*fam*) nicht schlecht aussehen; ■ **to be** ~ **with sb** jdm recht sein ❷ (*healthy*) gesund; (*safe*) gut; **to get home** ~ gut nach Hause kommen **II.** *interj* ❶ (*in agreement*) o.k., in Ordnung ❷ (*approv fam*) bravo ❸ BRIT (*fam: greeting*) ~ **?** wie geht's? **III.** *adv* ❶ (*doubtless*) auf jeden Fall ❷ (*quite well*) ganz gut **all-'round** *adj* Allround- **all-round·er** [-ˈraʊndəʳ] *n* BRIT, AUS Multitalent *nt*; SPORTS Allroundsportler(in) *m(f)* **All 'Saints' Day** *n* Allerheiligen *nt* **All 'Souls' Day** *n* Allerseelen *nt* **'all-time** *adj attr* Rekord-, unübertroffen; ~ **high/low** Höchststand *m*/Tiefststand *m* **'all-too-brief** *adj* allzu [*o* viel zu] kurz
al·lude [əˈluːd] *vi* ■ **to** ~ **to sth** auf etw *akk* anspielen
al·lure [əˈljʊəʳ] *n no pl* (*attractiveness*) Anziehungskraft *f*, Reiz *m*; (*enticing charm*) Verführungskraft *f*
al·lur·ing [əˈljʊəˀrɪŋ] *adj* (*attractive*) anziehend; (*enticing*) verführerisch
al·lu·sion [əˈluːʒən] *n* Anspielung *f* (**to** auf)
'all-weath·er *adj* Allwetter-

ally [ˈælaɪ] **I.** *n* Verbündete(r) *f(m)*; HIST Alliierte(r) *m* **II.** *vt* <-ie-> ■ **to** ~ **oneself with** sich verbünden mit +*dat*
al·ma·nac(k) [ˈɔːlmənæk, ˈæl-] *n* Almanach *m*
al·mighty [ɔːlˈmaɪti] *adj* ❶ REL allmächtig ❷ (*fam: huge*) Riesen-
al·mond [ˈɑːmənd] *n* (*nut*) Mandel *f*; (*tree*) Mandelbaum *m*
al·most [ˈɔːlməʊst] *adv* fast, beinahe; **we're** ~ **there** wir sind gleich da; **they'll** ~ **certainly forget** es ist so gut wie sicher, dass sie vergessen werden
alms [ɑːmz] *npl* Almosen *pl*
aloe vera [ˌæləʊˈvɪərə] *n* Aloe vera *f*
alone [əˈləʊn] *adj, adv* allein; **am I** ~ **in thinking that ...** bin ich als Einzige der Meinung, dass ...; **to leave sb** ~ jdn in Ruhe lassen; **let** ~ ganz zu schweigen von ▶ **to go it** ~ sich selbständig machen; (*act independently*) etw im Alleingang machen
along [əˈlɒŋ] **I.** *prep* entlang; *before n + dat*; **the trees** ~ **the river** die Bäume entlang dem Fluss; *after n + akk*; ~ **Highway 1** den Highway 1 entlang; ~ **the way** unterwegs, auf dem Weg **II.** *adv* **go on ahead — I'll be** ~ **in a minute** geh du vor – ich komme gleich nach; **to bring** ~ mitbringen; **all** ~ die ganze Zeit; ■ ~ **with** [zusammen] mit
along·side [əˌlɒŋˈsaɪd] **I.** *prep* neben; NAUT längsseits **II.** *adv* daneben; **the lorry pulled up** ~ der Laster fuhr heran; **a tanker with a tugboat** ~ ein Tanker und ein Schleppboot Bord an Bord
aloof [əˈluːf] **I.** *adj* zurückhaltend **II.** *adv* **to remain** ~ [**from sth**] sich [von etw *dat*] fernhalten
aloud [əˈlaʊd] *adv* laut
al·pha [ˈælfə] *n* ❶ (*Greek letter*) Alpha *nt* ❷ BRIT UNIV (*mark*) Eins *f*
al·pha·bet [ˈælfəbet] *n* Alphabet *nt* **al·pha·beti·cal** [ˌælfəˈbetɪkəl] *adj* alphabetisch
alpha-hy·droxy acid [ˌælfəhaɪˌdrɒksiˈæsɪd] *n* CHEM AHA-Fruchtsäure *f*
al·pha·nu·mer·ic [ˌælfənjuːˈmerɪk] *adj* alphanumerisch **'al·pha par·ti·cle** *n* PHYS Alphateilchen *nt*
al·pine [ˈælpaɪn] **I.** *adj* alpin; ~ **scene** [Hoch]gebirgslandschaft *f* **II.** *n* [Hoch]gebirgspflanze *f*
Alps [ælps] *npl* ■ **the** ~ die Alpen
al Qae·da, Al-Qai·da [ælˈkaɪdə, ˌalkɑːˈiːdə] *n no pl, no art* al Qaida *kein art*
al·ready [ɔːlˈredi] *adv* ❶ (*before now*) schon, bereits ❷ AM (*fam: indicating impatience*) endlich
al·right [ɔːlˈraɪt] *adj, adv, interj see* **all right**
Al·sace [ælˈsæs] *n* Elsass *nt*

Al·sa·tian [æl'seɪʃ*ə*n] **I.** *n (dog)* [deutscher] Schäferhund **II.** *adj* elsässisch

also ['ɔːlsəʊ] *adv* ❶ *(too)* auch ❷ *(furthermore)* außerdem

al·tar ['ɔːltə*ʳ*] *n* Altar *m*

'al·tar boy *n* Ministrant *m*

al·ter ['ɔːltə*ʳ*] **I.** *vt* ändern; **that doesn't ~ the fact that ...** das ändert nichts an der Tatsache, dass ... **II.** *vi* sich ändern

al·ter·able ['ɔːltə*r*əbl] *adj* veränderbar

al·ter·a·tion [ˌɔːltə'reɪʃ*ə*n] *n* Änderung *f*; *(to house)* Umbau *m*

al·ter·ca·tion [ˌɔːltə'keɪʃ*ə*n] *n* heftige Auseinandersetzung

al·ter·nate I. *vi* ['ɔːltəneɪt] abwechseln **II.** *vt* **he ~d working in the office with working at home** abwechselnd arbeitete er mal im Büro und mal zu Hause **III.** *adj* [ɔːl'tɜːnət] ❶ *(by turns)* abwechselnd; **on ~ days** jeden zweiten Tag ❷ *(alternative)* alternativ

al·ter·nat·ing ['ɔːltəneɪtɪŋ] *adj* alternierend

al·ter·na·tive [ɔːl'tɜːnətɪv] **I.** *n* Alternative *f* (**to** zu) **II.** *adj* alternativ; **~ date** Ausweichtermin *m*

al·ter·na·tive·ly [ɔːl'tɜːnətɪvli] *adv* statt dessen

al·ter·na·tor ['ɔːltəneɪtə*ʳ*] *n* [Drehstrom]generator *m*

al·though [ɔːl'ðəʊ] *conj* obwohl

al·tim·e·ter ['æltɪmiːtə*ʳ*] *n* Höhenmesser *m*

al·ti·tude ['æltɪtjuːd] *n* Höhe *f*; **at high/low ~** in großer/niedriger Höhe

al·to ['æltəʊ] **I.** *n* ❶ *(singer)* Altist(in) *m(f)* ❷ *(vocal range)* Altstimme *f*; **to sing ~** Alt singen **II.** *adj* Alt-

al·to·geth·er [ˌɔːltə'geðə*ʳ*] *adv* ❶ *(completely)* völlig, ganz ❷ *(in total)* insgesamt

al·tru·ism ['æltruːɪz*ə*m] *n no pl* Altruismus *m*

al·tru·ist ['æltruːɪst] *n* Altruist(in) *m(f)*

al·tru·is·tic [ˌæltruː'ɪstɪk] *adj* altruistisch

alu·min·ium [ˌæljə'mɪniəm, -jʊ'mɪnjəm] *n no pl* Aluminium *nt*

alu·min·ium 'foil *n* Alufolie *f* **alu·min·ium 'ox·ide** *n* Aluminiumoxid *nt*

alu·mi·num *n no pl* AM *see* **aluminium**

al·ways ['ɔːlweɪz] *adv* ❶ *(at all times)* immer ❷ *(as last resort)* immer noch

am [æm, əm] *vi first pers sing of* **be**

a.m. [ˌeɪ'em] *abbrev of* **ante meridiam**: **at 6 ~** um sechs Uhr morgens

amal·gam [ə'mælgəm] *n* Mischung *f* (**of** aus)

amal·gam·ate [ə'mælgəmeɪt] **I.** *vt companies* fusionieren; *departments* zusammenlegen **II.** *vi* sich zusammenschließen

amal·gama·tion [əˌmælgə'meɪʃ*ə*n] *n* Vereinigung *f*

amass [ə'mæs] *vt* anhäufen

ama·teur ['æmətə*ʳ*] **I.** *n* Amateur(in) *m(f)*; *(pej)* Dilettant(in) *m(f)* **II.** *adj* Hobby-; SPORTS Amateur-; **~ dramatics** Laienspiel *nt*

ama·teur·ish [ˈæmət*ə*rɪʃ] *adj (pej)* dilettantisch

amaze [ə'meɪz] *vt* erstaunen; **it never ceases to ~ me that ...** es wundert mich immer wieder, dass ...; ■ **to be ~d by sth** über etw *akk* verblüfft sein

amaze·ment [ə'meɪzmənt] *n no pl* Verwunderung *f*; **to shake one's head in ~** erstaunt den Kopf schütteln

amaz·ing [ə'meɪzɪŋ] *adj* ❶ *(very surprising)* erstaunlich ❷ *(fam: excellent)* toll

Ama·zon ['æməz*ə*n] *n* ❶ *(female warrior)* Amazone *f* ❷ *(in South America)* ■ **the** [**River**] **~** der Amazonas

am·bas·sa·dor [æm'bæsədə*ʳ*] *n* ❶ *(of a country)* Botschafter(in) *m(f)* (**to** in) ❷ *(authorized messenger)* Gesandte(r) *f(m)*

am·ber ['æmbə*ʳ*] *n no pl* ❶ *(fossil)* Bernstein *m* ❷ *(colour)* Bernsteingelb *nt*; BRIT *(traffic light)* Gelb *nt*

am·bi·dex·trous [ˌæmbɪ'dekstrəs] *adj* beidhändig

am·bi·gu·ity [ˌæmbɪ'gjuːəti] *n* Zweideutigkeit *f*

am·big·u·ous [æm'bɪgjuːəs] *adj* zweideutig, mehrdeutig; *feelings* gemischt

am·bi·tion [æm'bɪʃ*ə*n] *n* ❶ *no pl (wish to succeed)* Ehrgeiz *m* ❷ *(aim)* Ambition[en] *f[pl]*; **burning ~** brennender Wunsch

am·bi·tious [æm'bɪʃəs] *adj* ehrgeizig; *target* hochgesteckt

am·biv·a·lent [æm'bɪvələnt] *adj* zwiespältig; *attitude* ambivalent; *feelings* gemischt

am·ble ['æmbl] **I.** *vi* schlendern **II.** *n no pl* ❶ *(stroll)* Schlendern *nt* ❷ *(of a horse)* Passgang *m*

am·bu·lance ['æmbjələn(t)s] *n* Krankenwagen *m*; **~ crew/service** Rettungsmannschaft *f*/-dienst *m*; **~ siren** Krankenwagensirene *f*

am·bush ['æmbʊʃ] **I.** *vt* ■ **to be ~ed** aus dem Hinterhalt überfallen werden **II.** *n* Überfall *m* aus dem Hinterhalt; **to lie in ~ for sb** jdm auflauern

'am·bush mar·ket·ing *n no pl* Ambush-Marketing *nt*, Schmarotzermarketing *nt (unlizensiertes Sponsoring, vor allem bei Sportveranstaltungen)*

ame·ba <*pl* -s *or* -bae> *n* AM *see* **amoeba**

ame·bic *adj* AM *see* **amoebic**

ame·lio·rate [ə'miːli*ə*reɪt] *vt* verbessern; *symptoms* lindern

ame·lio·ra·tion [əˌmiːli*ə*'reɪʃ*ə*n] *n* Verbesserung *f*

amen [ɑː'men, ˌeɪ-] *interj* Amen; **~ to that!**

Gott sei's gedankt!

ame·nable [ə'mi:nəbl] *adj* aufgeschlossen (**to** gegenüber)

amend [ə'mend] *vt* [ab]ändern

amend·ment [ə'men(d)mənt] *n* Änderung *f*; **the fifth ~** Am der Fünfte Zusatzartikel [zur Verfassung]

amends [ə'mendz] *npl* **to make ~ for sth** etw wieder gutmachen

amen·ity [ə'mi:nəti] *n* (*facilities*) ■ **amenities** *pl* Freizeiteinrichtungen *pl*; **accommodation with basic amenities** Unterkunft *f* mit einfachstem Komfort; **public amenities** öffentliche Einrichtungen

Ameri·ca [ə'merɪkə] *n* Amerika *nt*; ■ **the ~s** Nord-, Süd- und Mittelamerika *nt*

Ameri·can [ə'merɪkən] **I.** *adj* amerikanisch **II.** *n* Amerikaner(in) *m(f)*

Ameri·can 'foot·ball *n* American Football *m* **Ameri·can 'In·dian** *n* Indianer(in) *m(f)* **Ameri·can·ism** [ə'merɪkənɪzᵊm] *n* Amerikanismus *m*

Ameri·ca·nize [ə'merɪkənaɪz] *vt* amerikanisieren

am·ethyst ['æməθɪst] **I.** *n* Amethyst *m* **II.** *adj* amethystfarben

ami·abil·ity [ˌeɪmiə'bɪləti] *n* Freundlichkeit *f*

ami·able ['eɪmiəbl] *adj* freundlich

ami·cable ['æmɪkəbl] *adj* freundlich; *divorce* einvernehmlich; *settlement* gütlich

amid [ə'mɪd] *prep*, **amidst** [ə'mɪdst] *prep* inmitten

ami·no acid [ˌəˌmi:nəʊ'-] *n* Aminosäure *f*

amiss [ə'mɪs] **I.** *adj* **there's something ~** etwas stimmt nicht **II.** *adv* **a word of apology would not go ~** eine Entschuldigung könnte nicht schaden; **to take sth ~** etw übelnehmen

am·meter ['æmɪtə'] *n* Amperemeter *nt*

am·mo·nia [ə'məʊniə] *n* ❶ (*gas*) Ammoniak *nt* ❷ (*liquid*) Salmiakgeist *m*

am·mu·ni·tion [ˌæmjə'nɪʃᵊn] *n no pl* Munition *f*

am·ne·sia [æm'ni:zɪə] *n* Amnesie *f*

am·nes·ty ['æmnəsti] *n* Amnestie *f*

amoe·ba <*pl* -s *or* -bae> [ə'mi:bə, *pl* -bi:] *n* Amöbe *f*

amoe·bic [ə'mi:bɪk] *adj* Amöben-

amok [ə'mɒk] *adv* **to run ~** Amok laufen

among [ə'mʌŋ] *prep*, **amongst** [ə'mʌŋst] *prep* ❶ (*between*) unter; **they wanted to discuss it ~ themselves** sie wollten es untereinander besprechen; **~ her talents are ...** zu ihren Talenten zählen ...; [**just**] **one ~ many** [nur] eine(r, s) von vielen; **~ other things** unter anderem ❷ (*in midst of*) inmitten

amor·al [ˌeɪ'mɒrəl] *adj* amoralisch

amo·rous ['æmᵊrəs] *adj* amourös; *look* verliebt; **~ advances** Annäherungsversuche *pl*

amor·phous [ə'mɔ:fəs] *adj* amorph, formlos

amor·ti·za·tion [əˌmɔ:tɪ'zeɪʃᵊn] *n* Amortisation *f*

amor·tize [ə'mɔ:taɪz] *vt* amortisieren

amount [ə'maʊnt] **I.** *n* ❶ (*quantity*) Menge *f*; **a certain ~ of difficulty** gewisse Schwierigkeiten ❷ *of land* Fläche *f* ❸ *of money* Betrag *m* **II.** *vi* ❶ (*add up to*) ■ **to ~ to sth** sich auf etw *akk* belaufen; (*fig*) etw *dat* gleichkommen ❷ (*be successful*) **he'll never ~ to much** er wird es nie zu etwas bringen

amp [æmp] ❶ *short for* **ampere** Ampere *nt* ❷ *short for* **amplifier** Verstärker *m*

am·pere ['æmpeə'] *n* Ampere *nt*

am·pheta·mine [æm'fetəmi:n] *n* Amphetamin *nt*

am·phib·ian [æm'fɪbiən] *n* ❶ (*animal*) Amphibie *f* ❷ (*vehicle*) Amphibienfahrzeug *nt*

am·phibi·ous [æm'fɪbiəs] *adj* amphibisch; **~ vehicle** Amphibienfahrzeug *nt*

am·phi·thea·tre [-fɪˌθɪətə'] *n* Brit, Aus Amphitheater *nt*

am·ple <-r, -st> ['æmpl] *adj* ❶ (*plentiful*) reichlich; (*enough*) genügend ❷ (*large*) groß

am·pli·fi·ca·tion [ˌæmplɪfɪ'keɪʃᵊn] *n* ❶ (*making loud*) Verstärkung *f* ❷ (*detail*) **it needs no further ~** es braucht nicht weiter ausgeführt zu werden

am·pli·fi·er ['æmplɪfaɪə'] *n* Verstärker *m*

am·pli·fy <-ie-> ['æmplɪfaɪ] *vt* ❶ (*make louder*) verstärken ❷ (*enlarge upon*) weiter ausführen

am·pli·tude ['æmplɪtju:d] *n* (*breadth*) Weite *f*; (*range*) Umfang *m*

am·poule ['æmpu:l] *n*, Am **am·pul(e)** *n* Ampulle *f*

am·pu·tate ['æmpjəteɪt] *vt*, *vi* amputieren

am·pu·ta·tion [ˌæmpjə'teɪʃᵊn] *n* Amputation *f*

am·pu·tee [ˌæmpjə'ti:] *n* Amputierte(r) *f(m)*

amuck *adv see* **amok**

amu·let ['æmjʊlət] *n* Amulett *nt*

amuse [ə'mju:z] **I.** *vt* amüsieren; ■ **to be ~d by sth** sich über etw *akk* amüsieren **II.** *vi* unterhalten

amuse·ment [ə'mju:zmənt] *n* Belustigung *f*; **she smiled in ~** sie lächelte vergnügt; **what do you do for ~?** was machst du so in deiner Freizeit?; [**much**] **to her ~** [sehr] zu ihrem Vergnügen

a'muse·ment ar·cade *n* Brit Spielhalle *f*
a'muse·ment park *n* Freizeitpark *m*

amus·ing [ə'mju:zɪŋ] *adj* amüsant; **that's** [**not**] **very ~** das ist [nicht] sehr witzig

an [æn, ᵊn] *art indef* ein(e) (*unbestimmter Artikel vor Vokalen oder stimmlosem h*); *see*

also **a**
ana·bol·ic ster·oid [ˌænəbɒlɪk'-] *n* anaboles Steroid
anach·ron·ism [ə'nækrənɪzᵊm] *n* Anachronismus *m*
anach·ro·nis·tic [əˌnækrə'nɪstɪk] *adj* anachronistisch
ana·con·da [ˌænə'kɒndə] *n* Anakonda *f*
anaemia [ə'niːmiə] *n* Anämie *f*
anaemic [ə'niːmɪk] *adj* anämisch; (*fig*) saft- und kraftlos
an·aes·the·sia [ˌænəs'θiːziə] *n* Anästhesie *f*
an·aes·thet·ic [ˌænəs'θetɪk] **I.** *n* Betäubungsmittel *nt*; **under ~ in** Narkose **II.** *adj* betäubend
anaes·the·tist [ə'niːsθətɪst] *n* Anästhesist(in) *m(f)*
anaes·the·tize [ə'niːsθətaɪz] *vt* betäuben
ana·gram [ænəgræm] *n* Anagramm *nt*
anal ['eɪnᵊl] *adj* ❶ ANAT anal ❷ (*fam*) hyperordentlich
an·alge·sic [ˌænᵊl'dʒiːzɪk] **I.** *adj* schmerzlindernd **II.** *n* Analgetikum *nt*
ana·log *n*, *adj* AM *see* **analogue**
ana·log com·put·er *n* COMPUT Analogcomputer *m*
analo·gous [ə'næləgəs] *adj* analog; ■ **to be ~ to sth** etw *dat* entsprechen
ana·logue ['ænəlɒg] **I.** *n* Entsprechung *f* **II.** *adj* analog; **~ computer** Analogrechner *m*
anal·ogy [ə'nælədʒi] *n* (*similarity*) Analogie *f*; **to draw an ~** eine Parallele ziehen; **by ~ in** Analogie (**with** zu)
ana·lyse ['ænᵊlaɪz] *vt* analysieren
analy·sis <*pl* -ses> [ə'næləsɪs, *pl* -siːz] *n* ❶ (*examination*) Analyse *f*; (*conclusions*) Beurteilung *f* ❷ PSYCH [Psycho]analyse *f*; ■ **to be in ~** AM in psychiatrischer Behandlung sein ▶ **in the final ~** letzten Endes
ana·lyst ['ænəlɪst] *n* ❶ Analytiker(in) *m(f)*; FIN Analyst(in) *m(f)*; (*psychoanalyst*) Psychoanalytiker(in) *m(f)*
ana·lyti·cal [ˌænə'lɪtɪkᵊl] *adj* analytisch
ana·lyze *vt* AM *see* **analyse**
an·aph·ro·dis·i·ac [ˌænæfrə(ʊ)'dɪziæk] *adj* antiaphrodisisch
an·ar·chic(al) [æn'ɑːkɪk(ᵊl)] *adj* anarchisch
an·ar·chism ['ænəkɪzᵊm] *n* Anarchismus *m*
an·ar·chist ['ænəkɪst] **I.** *n* Anarchist(in) *m(f)* **II.** *adj* anarchistisch
an·ar·chis·tic [ˌænə'kɪstɪk] *adj* anarchistisch
an·ar·chy ['ænəki] *n* Anarchie *f*
anath·ema [ə'næθəmə] *n* Gräuel *m*
ana·tomi·cal [ˌænə'tɒmɪkᵊl] *adj* anatomisch
anato·my [ə'nætəmi] *n* Anatomie *f*
an·ces·tor ['ænsestə'] *n* Vorfahr[e](in) *m(f)*
an·ces·tral [æn'sestrᵊl] *adj* Ahnen-; *rights* angestammt; **~ home** Stammsitz *m*
an·ces·try ['ænsestri] *n* Abstammung *f*
an·chor ['æŋkə'] **I.** *n* ❶ NAUT Anker *m*; **to be at ~** vor Anker liegen ❷ (*fig*) **she was my ~ when things were difficult for me** sie war mein Halt, als ich in Schwierigkeiten war **II.** *vt* ❶ NAUT verankern ❷ *radio/TV program* moderieren **III.** *vi* vor Anker gehen
an·chor·age ['æŋkərɪdʒ] *n* Ankerplatz *m*
'an·chor·man *n* Moderator *m* **'an·chor·woman** *n* Moderatorin *f*
an·cho·vy ['æntʃəvi] *n* An[s]chovis *f*, Sardelle *f*
an·cient ['eɪn(t)ʃᵊnt] *adj* alt; (*fam: very old*) uralt; **~ Rome** das antike Rom ▶ **to be ~ history** ein alter Hut sein
an·cil·lary [æn'sɪlᵊri] *adj* (*additional*) zusätzlich; (*of secondary importance*) zweitrangig; **~ staff** Hilfspersonal *nt*
and [ænd, ənd] *conj* und; **let's wait ~ see** warten wir mal ab; **come ~ see me tomorrow** komm mich morgen besuchen; **try ~ remember** versuche dich zu erinnern; **I tried ~ tried** ich versuchte es immer wieder; **nice ~ hot** schön heiß; **four hundred ~ twelve** vierhundert[und]zwölf; **more ~ more** immer mehr; **~ so on** und so weiter
An·des ['ændiːz] *npl* **the ~** die Anden
An·dor·ra [æn'dɔːrə] *n* Andorra *nt*
an·drogy·nous [æn'drɒdʒɪnəs] *adj* androgyn
an·droid ['ændrɔɪd] *n* Androide *m*
an·ec·do·tal [ˌænɪk'dəʊtᵊl] *adj* anekdotisch
an·ec·dote ['ænɪkdəʊt] *n* Anekdote *f*
anemia *n* AM *see* **anaemia**
anemic *adj* AM *see* **anaemic**
anemo·ne [ə'neməni] *n* Anemone *f*
an·es·thesia *n* AM *see* **anaesthesia**
an·es·thet·ic *n* AM *see* **anaesthetic**
an·es·the·tist *n* AM *see* **anaesthetist**
an·es·the·tize *vt* AM *see* **anaesthetize**
anew [ə'njuː] *adv* aufs Neue
an·gel ['eɪndʒᵊl] *n* Engel *m*; **be an ~ and help me with this** sei so lieb und hilf mir dabei
an·gel·ic [æn'dʒelɪk] *adj* engelhaft
an·ger ['æŋgə'] **I.** *n* no *pl* Ärger *m* (**at** über); (*fury*) Wut *f* (**at** auf); (*wrath*) Zorn *m* **II.** *vt* ärgern; (*more violently*) wütend machen; ■ **to be ~ed by sth** sich über etw *akk* ärgern; (*more violently*) über etw *akk* wütend sein
an·gi·na *n*, **an·gi·na pec·to·ris** [æn'dʒaɪnə'pektərɪs] *n* MED Angina pectoris *f*
an·gle ['æŋgl] *n* ❶ (*between two lines*) Winkel *m*; **to hang at an ~** schief hängen; **at an ~ of 20°** in einem Winkel von 20° ❷ (*perspective*) Blickwinkel *m*; **from all ~s** von allen Seiten ❸ (*opinion*) Standpunkt *m*
an·gler ['æŋglə'] *n* Angler(in) *m(f)*

An·gli·can ['æŋglɪkən] **I.** *adj* anglikanisch; ~ **Church** anglikanische Kirche **II.** *n* Anglikaner(in) *m(f)* **An·gli·can·ism** ['æŋglɪkənɪzᵊm] *n* Anglikanismus *m*

An·gli·cism ['æŋglɪsɪzᵊm] *n* Anglizismus *m*

an·gli·cize ['æŋglɪsaɪz] *vt* anglisieren

an·gling ['æŋglɪŋ] *n* Angeln *nt*

Anglo-A'mer·i·can I. *n* Angloamerikaner(in) *m(f)* **II.** *adj* angloamerikanisch

An·glo·phile ['æŋglə(ʊ)faɪl] **I.** *n* Englandliebhaber(in) *m(f)* **II.** *adj* anglophil

An·glo·phobe ['æŋglə(ʊ)fəʊb] **I.** *n* Englandhasser(in) *m(f)* **II.** *adj* anglophob

Anglo-'Sax·on I. *n* ❶ (*person*) Angelsachse, Angelsächsin *m, f* ❷ (*language*) Angelsächsisch *nt* **II.** *adj* angelsächsisch

An·go·la [æŋ'gəʊlə] *n* Angola *nt*

an·go·ra [æŋ'gɔːrə] *n* Angorawolle *f*

an·gry ['æŋgri] *adj* ❶ (*annoyed*) verärgert; (*stronger*) zornig; (*enraged*) wütend; **I'm not ~ at you** ich bin dir nicht böse; **to make sb ~** jdn verärgern; (*stronger*) jdn wütend machen ❷ (*fig*) *sky* bedrohlich; *wound* schlimm

angst [æŋ(k)st] *n* [neurotische] Angst

an·guish ['æŋgwɪʃ] *n no pl* Qual *f*; **to cause sb ~** jdm Leid zufügen

an·gu·lar ['æŋgjʊlə'] *adj* kantig; (*bony*) knochig

ani·mal ['ænɪmᵊl] *n* Tier *nt*; ~ **fat** tierisches Fett

animal 'hus·band·ry *n* Viehzucht *f* **animal 'king·dom** *n* Tierreich *nt* **animal 'rights** *npl* das Recht der Tiere auf Leben und artgerechte Haltung; ~ **activist** Tierschützer(in) *m(f)* **animal trainer** *n* Dompteur, Dompteuse *m, f* **animal welfare** *n* ≈ Tierschutz *m*

ani·mate I. *adj* ['ænɪmət] belebt **II.** *vt* ['ænɪmeɪt] beleben

ani·mat·ed ['ænɪmeɪtɪd] *adj* ❶ *discussion* lebhaft ❷ FILM ~ **cartoon** [Zeichen]trickfilm *m*

ani·ma·tion [ænɪ'meɪʃᵊn] *n* ❶ (*energy*) Lebhaftigkeit *f* ❷ FILM Animation *f*

ani·ma·tor ['ænɪmeɪtə'] *n* Trickfilmzeichner(in) *m(f)*

ani·mos·i·ty [ænɪ'mɒsəti] *n* Feindseligkeit *f* (*towards* gegenüber)

an·ise ['ænɪs] *n* Anis *m*

ani·seed ['ænɪsiːd] *n* Anis[samen] *m*

an·kle ['æŋkl] *n* [Fuß]knöchel *m*

'an·kle bone *n* Sprungbein *nt* **'an·kle-deep** *adj* knöcheltief **'an·kle sock** *n* BRIT Söckchen *nt*

an·klet ['æŋklət] *n* ❶ (*chain*) Fußkettchen *nt* ❷ AM (*sock*) Söckchen *nt*

an·nals ['ænᵊlz] *npl* Annalen *pl*

an·nex ['æneks] **I.** *vt* annektieren **II.** *n* <*pl* -es> AM *see* annexe

an·nex·a·tion [ænek'seɪʃᵊn] *n* Annektierung *f*

an·nexe ['æneks] *n* Anbau *m*

an·ni·hi·late [ə'naɪɪleɪt] *vt* vernichten

an·ni·hi·la·tion [ənaɪɪ'leɪʃᵊn] *n* Vernichtung *f*

an·ni·ver·sa·ry [ænɪ'vɜːsᵊri] *n* Jahrestag *m*; ~ **party** Jubiläumsparty *f*

an·no·tate ['ænə(ʊ)teɪt] *vt* kommentieren

an·no·ta·tion [ænə(ʊ)'teɪʃᵊn] *n* ❶ *no pl* (*act*) Kommentierung *f* ❷ (*note*) Kommentar *m*

an·no·ta·tor ['ænə(ʊ)teɪtə'] *n* Kommentator(in) *m(f)*

an·nounce [ə'naʊn(t)s] *vt* bekannt geben; *result* verkünden

an·nounce·ment [ə'naʊn(t)smənt] *n* Bekanntmachung *f*; (*on train, at airport*) Durchsage *f*; (*on radio*) Ansage *f*; (*in newspaper*) Anzeige *f*; **to make an ~ about sth** etw mitteilen

an·nounc·er [ə'naʊn(t)sə'] *n* [Radio-/Fernseh]sprecher(in) *m(f)*

an·noy [ə'nɔɪ] *vt* ärgern

an·noy·ance [ə'nɔɪən(t)s] *n* ❶ (*anger*) Ärger *m*; (*weaker*) Verärgerung *f* ❷ (*pest*) Ärgernis *nt* **an·noy·ing** [ə'nɔɪɪŋ] *adj* ärgerlich; *habit* lästig

an·nual ['ænjuəl] **I.** *adj* jährlich; *event* alljährlich; ~ **income** Jahreseinkommen *nt*; ~ **rainfall** Niederschlagsmenge *f* pro Jahr **II.** *n* ❶ (*publication*) Jahrbuch *nt* ❷ (*plant*) einjährige Pflanze

an·nual ge·ne·ral 'meet·ing *n* BRIT, AUS Jahreshauptversammlung *f*

an·nu·al·ly ['ænjuəli] *adv* [all]jährlich

an·nu·ity [ə'njuːəti] *n* Jahresrente *f*

an·nul <-ll-> [ə'nʌl] *vt* annullieren; *contract* auflösen

an·nul·ment [ə'nʌlmənt] *n* Annullierung *f*; *of a contract* Auflösung *f*

An·nun·ci·a·tion [ənʌn(t)si'eɪʃᵊn] *n* REL ■ **the ~** ❶ (*event*) die Verkündigung ❷ (*church festival*) Mariä Verkündigung

an·ode ['ænəʊd] *n* Anode *f*

ano·dyne ['ænə(ʊ)daɪn] *adj* einlullend; *music* unauffällig; *approach* neutral

anoint [ə'nɔɪnt] *vt* ❶ (*with oil*) einölen ❷ REL ■ **to ~ sb** [**king**] jdn [zum König] salben; **~ed successor** auserwählter Nachfolger

a'noint·ing *n* Salbung *f*

anoma·lous [ə'nɒmələs] *adj* anomal

anoma·ly [ə'nɒməli] *n* ❶ (*irregularity*) Anomalie *f* ❷ (*state*) Absonderlichkeit *f*

ano·nym·ity [ænə'nɪməti] *n* Anonymität *f*

anony·mous [ə'nɒnɪməs] *adj* anonym

ano·rak ['ænəræk] *n* ❶ *(jacket)* Anorak *m* ❷ BRIT *(fam)* Einzelgänger, der sich einem speziellen Hobby obsessiv hingibt

ano·rexia [ˌænəˈreksɪə] *n*, **ano·rexia ner·vo·sa** [-nɜːˈvəʊzə] *n no pl* Magersucht *f*

ano·rex·ic [ˌænəˈreksɪk] **I.** *adj* magersüchtig **II.** *n* Magersüchtige(r) *f(m)*

an·other [əˈnʌðəʳ] **I.** *adj* ❶ *(one more)* noch eine(r,s); **~ piece of cake** noch ein Stück Kuchen ❷ *(similar to)* ein zweiter/ein zweites/eine zweite; **the Gulf War could have been ~ Vietnam** der Golfkrieg hätte ein zweites Vietnam sein können ❸ *(not the same)* ein anderer/ein anderes/eine andere; **that's ~ story** das ist eine andere Geschichte; **to be in ~ world** ganz woanders sein **II.** *pron no pl* ❶ *(different one)* ein anderer/eine andere/ein anderes; **one way or ~** irgendwie ❷ *(additional one)* noch eine(r, s); **one piece after ~** ein Stück nach dem anderen; **yet ~** noch eine(r, s) ❸ *(each other)* **one ~** einander

an·swer [ˈɑːn(t)səʳ] **I.** *n* ❶ *(reply)* Antwort *f* (**to** auf); *(reaction also)* Reaktion *f;* **there was no ~** *(telephone)* es ist keiner rangegangen; *(doorbell)* es hat keiner aufgemacht; **in ~ to your letter ...** in Beantwortung Ihres Schreibens ... ❷ MATH Ergebnis *nt;* **~ to a problem** Lösung *f* eines Problems **II.** *vt* beantworten, antworten auf; *door* öffnen; **to ~ the telephone** ans Telefon gehen; ■**to ~ sb** jdm antworten; **that ~ed our prayers** das war wie ein Geschenk des Himmels; LAW **to ~ charges** sich wegen einer Klage verantworten **III.** *vi* antworten; **nobody ~ed** *(telephone)* es ist keiner rangegangen; *(doorbell)* es hat keiner aufgemacht ◆**answer back** *vi* widersprechen; **don't ~ back!** keine Widerrede! ◆**answer for** *vi* Verantwortung tragen für; **to have a lot to ~ for** vieles zu verantworten haben ◆**answer to** *vi* ❶ *(take orders)* ■**to ~ to sb** jdm Rede und Antwort stehen ❷ *(description)* entsprechen ❸ *(hum: respond to)* **to ~ to the name of ...** auf den Namen ... hören

an·swer·able [ˈɑːn(t)sərəbl] *adj* ❶ *(responsible)* verantwortlich ❷ *(accountable)* haftbar; ■**to be ~ to sb** jdm gegenüber zur Rechenschaft verpflichtet sein

'an·swer·ing ma·chine *n* Anrufbeantworter *m* **'an·swer·ing ser·vice** *n* Fernsprechauftragsdienst *m*

ant [ænt] *n* Ameise *f;* **to have ~s in one's pants** Hummeln im Hintern haben

an·tago·nism [ænˈtæɡənɪzmə] *n* Feindseligkeit *f* (**towards** gegenüber)

an·tago·nis·tic [ænˌtæɡəˈnɪstɪk] *adj* ■**to be ~ toward[s] sb** jdm gegenüber feindselig eingestellt sein

an·tago·nize [ænˈtæɡənaɪz] *vt* ■**to ~ sb** sich jdn zum Feind machen

Ant·arc·tic [ænˈtɑːktɪk] **I.** *n* ■**the ~** die Antarktis **II.** *adj* antarktisch; *expedition, explorer* Antarktis-; **~ Circle** südlicher Polarkreis; **~ Ocean** südliches Eismeer

Ant·arc·ti·ca [ænˈtɑːktɪkə] *n* die Antarktis

ante [ˈænti] *n* **to up the ~** den Einsatz erhöhen

ant·eater [ˈæntˌiːtəʳ] *n* Ameisenbär *m*

ante·ced·ent [ˌæntɪˈsiːdənt] *n (forerunner)* Vorläufer(in) *m(f);* ■**~ s** *pl (past history)* Vorgeschichte *f kein pl; of a person* Vorleben *nt*

ante·cham·ber [ˈæntɪˌtʃeɪmbəʳ] *n* Vorzimmer *nt*

ante·di·lu·vian [ˌæntɪdɪˈluːvɪən] *adj* vorsintflutlich

ante·lope <*pl* -s *or* -> [ˈæntɪləʊp] *n* Antilope *f*

ante·na·tal [ˌæntɪˈneɪtəl] **I.** *adj* pränatal; **~ class** Geburtsvorbereitungskurs *m;* **~ clinic** Klinik *f* für Schwangere **II.** *n* Schwangerschaftsvorsorgeuntersuchung *f*

an·ten·na [ænˈtenə] *n* ❶ <*pl* -nae> *of an insect* Fühler *m;* **pair of ~e** Fühlerpaar *nt* ❷ <*pl* -s> *(aerial)* Antenne *f*

ante·ri·or [ænˈtɪərɪəʳ] *adj* vordere(r, s)

ante·room [ˈæntɪruːm] *n* Vorzimmer *nt*

an·them [ˈæn(t)θəm] *n* Hymne *f*

ant·hill [ˈænthɪl] *n* Ameisenhaufen *m*

an·thol·ogy [ænˈθɒlədʒi] *n* Anthologie *f*

an·thra·cite [ˈæn(t)θrəsaɪt] *n* Anthrazit *m*

an·thrax [ˈæn(t)θræks] *n no pl* MED Milzbrand *m, fachspr* Anthrax *m*

'an·thrax at·tack *n* Milzbrandattentat *nt*

an·thro·poid [ˈæn(t)θrə(ʊ)pɔɪd] *n* Anthropoid[e] *m;* **~ ape** Menschenaffe *m*

an·thro·po·logi·cal [ˌæn(t)θrəpəˈlɒdʒɪkəl] *adj* anthropologisch

an·thro·polo·gist [ˌæn(t)θrəˈpɒlədʒɪst] *n* Anthropologe, Anthropologin *m, f*

an·thro·pol·ogy [ˌæn(t)θrəˈpɒlədʒi] *n* Anthropologie *f*

anti [ˈænti] **I.** *n* Gegner(in) *m(f)* **II.** *adj* ■**to be ~** dagegen sein **III.** *prep* gegen

anti-a·bor·tion·ist *n* Abtreibungsgegner(in) *m(f)* **anti-'air·craft** *adj* Flugabwehr- *f;* **~ gun** Flak *f* **anti-A'meri·can·ism** *n no pl* Anti-Amerikanismus *m* **anti·bi·ot·ic** [-baɪˈɒtɪk] **I.** *n* Antibiotikum *nt* **II.** *adj* antibiotisch **'anti·body** *n* Antikörper *m* **anti·'cak·ing agent** *n* Antiklumpmittel *nt* **'Anti·christ** *n* Antichrist *m*

an·tici·pate [ænˈtɪsɪpeɪt] *vt* ❶ *(expect)* erwarten; *(foresee)* vorhersehen ❷ *(act in advance)* vorgreifen

an·tici·pa·tion [ænˌtɪsɪˈpeɪʃən] *n no pl*

❶ *(expecting)* Erwartung *f*; *(pleasure in advance)* Vorfreude *f*; **thank you in ~** vielen Dank im Voraus ❷ *(being first)* Vorwegnahme *f*

an·tic·i·pa·tory [æn͵tɪsɪˈpeɪtᵊri] *adj* vorwegnehmend

anti-ˈcleri·cal *adj* kirchenfeindlich **anti-ˈcli·ˈmac·tic** *adj* enttäuschend **anti-ˈcli·max** *n* Enttäuschung *f*; LIT Antiklimax *m* **anti-ˈclock·wise** *adv* BRIT, AUS gegen den Uhrzeigersinn **anti·co·ag·u·lant** [-kəʊˈægjʊlənt] **I.** *n* Antikoagulans *nt* **II.** *adj* [blut]gerinnungshemmend **anti-corˈro·sive** *adj* Korrosionsschutz-

an·tics [ˈæntɪks] *npl* Kapriolen *pl*

anti-ˈcy·clone *n* Hochdruckgebiet *nt* **anti-ˈdazzle** *adj* blendfrei **anti-deˈpres·sant** *n* Antidepressivum *nt* **anti-dote** [ˈæntɪdəʊt] *n* Gegenmittel *nt* **ˈanti-freeze** *n* Frostschutzmittel *nt* **anti-gen** [ˈæntɪdʒən] *n* Antigen *nt* **ˈanti-hero** *n* Antiheld *m* **antiˈhis·ta·mine** *n* Antihistamin *nt* **ˈanti-knock** *n* Antiklopfmittel *nt* **anti-lock ˈbrak·ing sys·tem** *n* Antiblockiersystem *nt* **ˈanti·mat·ter** *n* Antimaterie *f* **ˈanti-mine** *adj attr* Anti-Minen- **anti-ˈmis·sile** *adj* Antiraketen- **anti-ˈoxi·dant** *n* Antioxidationsmittel *nt*

an·tip·a·thy [ænˈtɪpəθi] *n* Antipathie *f*

anti·per·spi·rant [͵æntrˈpəːspərənt] *n* Antitranspirant *nt*

An·tipo·dean [æn͵tɪpə(ʊ)ˈdiːən] **I.** *adj* BRIT ❶ australisch ❷ neuseeländisch **II.** *n* ❶ Australier(in) *m(f)* ❷ Neuseeländer(in) *m(f)*

An·tipo·des [ænˈtɪpədiːz] *npl* BRIT ■ **the ~** Australien *nt* und Neuseeland *nt*

anti·quar·ian [͵æntɪˈkweəriən] **I.** *n* *(collector)* Antiquitätensammler(in) *m(f)*; *(trader)* Antiquitätenhändler(in) *m(f)* **II.** *adj* antiquarisch

anti·quar·ian ˈbook·shop *n* Antiquariat *nt* **anti·quat·ed** [ˈæntɪkweɪtɪd] *adj* antiquiert

an·tique [ænˈtiːk] **I.** *n* ❶ *(collectable object)* Antiquität *f*; **~ dealer** Antiquitätenhändler(in) *m(f)* ❷ *(iron)* Antiquität *f* **II.** *adj* antik

an·tiq·uity [ænˈtɪkwəti] *n* ❶ *no pl (ancient times)* Altertum *nt* ❷ *no pl (great age)* hohes Alter ❸ *(relics)* ■ **antiquities** *pl* Altertümer *pl*

ˈanti-rust *adj* Rostschutz- **anti-ˈSe·mite** *n* Antisemit(in) *m(f)* **anti-ˈSe·mit·ic** *adj* antisemitisch **anti-ˈSe·mi·tism** *n* Antisemitismus *m* **anti-ˈsep·tic I.** *n* Antiseptikum *nt* **II.** *adj* antiseptisch; *(fig)* steril **ˈanti-shat·ter** *adj attr glass, windows* mit Splitterschutz nach *h*; *coating* splitterfest **anti-ˈso·cial** *adj* ❶ *(harmful)* unsozial; *(alienated)* asozial ❷ *(not sociable)* ungesellig **anti-ˈspam** [͵æntrˈspæm] *adj attr* COMPUT, INET anti-Spam-

anti-ˈstat·ic *adj* antistatisch **anti-ˈtank** *adj* Panzerabwehr-

an·tith·e·sis <*pl* -ses> [ænˈtɪθəsɪs, *pl* -siːz] *n* Gegenteil *nt*

anti-thet·ic(al) [͵æntrˈθetɪk(ᵊl)] *adj* gegensätzlich

anti-ˈtox·in *n* Gegengift *nt* **anti-ˈvi·rus** *adj* COMPUT **~ programme** Virenschutzprogramm *nt* **anti-ˈwar** *adj march, speech* Antikriegs- **anti-ˈwrin·kle cream** *n* Faltencreme *f*

ant·ler [ˈæntləʳ] *n* Geweihstange *f*; **pair of ~s** Geweih *nt*

an·to·nym [ˈæntənɪm] *n* Antonym *nt*

anus [ˈeɪnəs] *n* Anus *m*

an·vil [ˈænvɪl] *n* Amboss *m*

anxi·ety [æŋˈzaɪəti] *n* ❶ *no pl (feeling of concern)* Sorge *f* ❷ *(concern)* Angst *f* ❸ *no pl (desire)* Verlangen *nt*

anx·ious [ˈæŋ(k)ʃəs] *adj* ❶ *(concerned)* besorgt ❷ *(eager)* bestrebt; ■ **to be ~ for sth** ungeduldig auf etw *akk* warten

any [eni, əni] **I.** *adj* ❶ *(in questions, conditional)* [irgend]ein(e); *(with uncountables)* etwas; **do you have ~ brothers and sisters?** haben Sie Geschwister?; **do you have ~ problems?** haben Sie [irgendwelche] Probleme?; **if I had ~ money ...** wenn ich [etwas] Geld hätte, ...; **if it's of ~ help [at all]** wenn das irgendwie hilft ❷ *(with negative)* **I haven't [got] ~ money** ich habe kein Geld ❸ *(every)* jede(r, s); **in ~ case** *(whatever happens)* auf jeden Fall; *(anyway)* außerdem; **~ minute** jeden Augenblick; **~ time** jederzeit; **~ time now** jederzeit ❹ *(whichever you like)* jede(r, s) [beliebige]; *(with uncountables, pl n)* alle; *(not important which)* irgendein(e); *(with pl n)* irgendwelche; **~ number** beliebig viele; **~ old** jede(r, s) x-beliebige **II.** *pron* ❶ *(some of many)* welche; *(one of many)* eine(r, s); **do you have ~ [at all]**? haben Sie [überhaupt] welche?; **did ~ of you hear anything?** hat jemand von euch etwas gehört? ❷ *(some of a quantity)* welche(r, s); **is there ~ left?** ist noch etwas übrig?; **~ at all** überhaupt welche(r, s); **hardly ~** kaum etwas ❸ *(with negative)* **I haven't seen ~ of his films** ich habe keinen seiner Filme gesehen; **don't you have ~ at all** haben Sie denn überhaupt keine? ❹ *(each)* jede(r, s); **~ of the cars** jedes der Autos ❺ *(not important which)* irgendeine(r, s); *(replacing pl n)* irgendwelche; **~ will do** egal welche **III.** *adv* ❶ *(emphasizing)* noch; *(a little)* etwas; *(at all)* überhaupt; **if I have to stay here ~ longer, ...** wenn ich noch länger hierbleiben muss, ...; **none of us is getting ~ younger** wir werden alle nicht jünger; **are you feeling ~ better?** fühlst du dich [denn] etwas besser?; **I don't feel ~ better** mir geht es überhaupt nicht besser; **~ more** noch mehr ❷ *(expressing termination)* **not ~ longer** [*or* **more**] nicht mehr

any·body ['eni,bɒdi] *pron*, **any·one** *pron* ❶ *(each person)* jede(r, s) ❷ *(someone)* jemand; **~ else for coffee?** möchte noch jemand Kaffee? ❸ *(no one)* ■**not ~** niemand ❹ *(unimportant person)* **he's not just ~** er ist nicht irgendeiner **any·how** ['enihaʊ] *adv* ❶ *(in any case)* sowieso ❷ *(in a disorderly way)* irgendwie **any·one** ['eniwʌn] *pron see* **anybody any·place** ['enipleɪs] *adv* AM irgendwo **any·thing** ['eniθɪŋ] *pron* ❶ *(each thing)* alles ❷ *(something)* **is there ~ I can do to help?** kann ich irgendwie helfen?; *(in shop)* **~ else?** darf es noch etwas sein?; **does it look ~ like an eagle?** sieht das einem Adler irgendwie ähnlich?; **hardly ~** kaum etwas ❸ *(nothing)* **you don't have to sing or ~** du musst weder singen noch sonst was; **not ~** nichts; **not ~ like ...** nicht annähernd ... ~ [as] ... **as ~** ausgesprochen ...; **not for ~** [**in the world**] um nichts in der Welt; **like ~** wie verrückt **any·time** ['enitaɪm] *adv* jederzeit **any·way** ['eniweɪ], AM *also* **any·ways** *adv (fam)* ❶ *(in any case)* sowieso; **what's he doing there ~?** was macht er dort überhaupt? ❷ *(well)* jedenfalls; **~!** na ja! **any·where** ['eni(h)weə^r] *adv* ❶ *(in any place)* überall; **~ else** irgendwo anders; **not ~ else** nirgendwo anders ❷ *(some place)* irgendwo; **I'm not getting ~** ich komme einfach nicht weiter; **are we ~ near finishing yet?** kommen wir jetzt irgendwie zum Ende?; **miles from ~** am Ende der Welt; **to go ~** irgendwohin gehen; **~ between 9 and 10** irgendwann zwischen 9 und 10 Uhr

AOB [eɪəʊ'biː] *n no pl* BRIT *abbrev of* **any other business** Diverses

aor·ta [eɪ'ɔːtə] *n* Aorta *f*

apart [ə'pɑːt] *adv* ❶ *(not together)* auseinander; **to live ~** getrennt leben ❷ *after n (to one side)* **joking ~** Spaß beiseite; **a breed ~** eine besondere Sorte ❸ *(except for)* **~ from** abgesehen von

apart·heid [ə'pɑːteɪt] *n no pl* Apartheid *f*

apart·ment [ə'pɑːtmənt] *n* Wohnung *f*; *(smaller)* Ap[p]art[e]ment *nt*

a'part·ment build·ing *n* AM, **a'part·ment house** *n* AM Wohnhaus *nt*; *(with smaller flats)* Ap[p]art[e]menthaus *nt*

apa·thet·ic [ˌæpə'θetɪk] *adj* apathisch

apa·thy ['æpəθi] *n no pl* Apathie *f*

ape [eɪp] **I.** *n* [Menschen]affe *m* ▸ **to go ~** [*or* **~ shit**] *(sl)* ausflippen **II.** *vt* nachahmen

ape·ri·tif [əˌperə'tiːf] *n* Aperitif *m*

ap·er·ture ['æpətʃə^r] *n* [kleine] Öffnung; PHOT Blende *f*

apex <*pl* -es *or* apices> ['eɪpeks, *pl* 'eɪpɪsiːz] *n* Spitze *f*

aph·id ['eɪfɪd] *n* Blattlaus *f*

apho·rism ['æfərɪzəm] *n* Aphorismus *m*

aph·ro·di·si·ac [ˌæfrə(ʊ)'dɪziæk] *n* Aphrodisiakum *nt*

apia·rist ['eɪpiərɪst] *n* Imker(in) *m(f)*

api·ary ['eɪpiəri] *n* Bienenhaus *nt*

api·cul·ture ['eɪpɪkʌltʃə^r] *n* Bienenzucht *f*

apiece [ə'piːs] *adv* das Stück; **give them five ~** gib jedem fünf

aplenty [ə'plenti] *adj* in [Hülle und] Fülle

aplomb [ə'plɒm] *n* Aplomb *m*

apoca·lypse [ə'pɒkəlɪps] *n* Apokalypse *f*

apoca·lyp·tic [əˌpɒkə'lɪptɪk] *adj* apokalyptisch

apo·gee ['æpə(ʊ)dʒiː] *n no pl* Apogäum *nt*

apo·lo·get·ic [əˌpɒlə'dʒetɪk] *adj* ❶ *(showing regret)* entschuldigend; ■**to be ~ about** sich entschuldigen für ❷ *(diffident)* bescheiden

apo·lo·geti·cal·ly [əˌpɒlə'dʒetɪkli] *adv* entschuldigend; **to smile ~** zaghaft lächeln

apolo·gize [ə'pɒlədʒaɪz] *vi* sich entschuldigen **(to** bei)

apo·logy [ə'pɒlədʒi] *n* ❶ *(statement of regret)* Entschuldigung *f*; **please accept our apologies** wir bitten vielmals um Entschuldigung; **you owe him an ~** du musst dich bei ihm entschuldigen; **to make an ~** um Entschuldigung bitten; **to send one's apologies** sich entschuldigen lassen ❷ *(esp hum pej)* **what an ~ for a buffet!** was soll denn das für ein armseliges Büfett sein!

apo·plec·tic [ˌæpə'plektɪk] *adj* ❶ MED apoplektisch ❷ *(fig)* **to be ~ with rage** vor Wut schäumen

apos·tle [ə'pɒsl] *n* Apostel *m*

ap·os·tol·ic [ˌæpə'stɒlɪk] *adj* apostolisch

apos·tro·phe [ə'pɒstrəfi] *n* Apostroph *m*

ap·pal <-ll-> [ə'pɔːl] *vt* entsetzen; ■**to be ~led at** [*or* **by**] **sth** über etw *akk* entsetzt sein

ap·pall *vt* AM *see* **appal**

ap·pal·ling [ə'pɔːlɪŋ] *adj* entsetzlich

ap·pa·ra·tus [ˌæpə'reɪtəs] *n* ❶ *no pl (equipment)* |**piece of**| **~** Gerät *nt* ❷ *(system)* Apparat *m*

ap·par·el [ə'pærəl] *n no pl* Kleidung *f*

ap·par·ent [ə'pærənt] *adj* ❶ *(obvious)* offensichtlich; **for no ~ reason** aus keinem ersichtlichen Grund ❷ *(seeming)* scheinbar

ap·pa·ri·tion [ˌæpə^r'rɪʃən] *n* *(ghost)* Erscheinung *f*

ap·peal [ə'piːl] **I.** *vi* ❶ *(attract)* ■**to ~ to sb/sth** jdn/etw reizen; *(aim to please)* jdn/etw ansprechen ❷ *(protest formally)* Einspruch einlegen **(against** gegen) ❸ *(plead)* bitten; **to**

apologizing

admitting, confessing

It's my fault.

Yes, it was my mistake.

I've really messed that/things up. (*fam*)

I admit I acted too hastily.

You are right; I should have given the matter more consideration.

zugeben, eingestehen

Es ist meine Schuld.

Ja, es war mein Fehler.

Da hab' ich Mist gebaut. (*fam*)

Ich gebe es ja zu: Ich habe da zu vorschnell gehandelt.

Sie haben Recht, ich hätte mir die Sache gründlicher überlegen sollen.

apologizing

(Oh,) I didn't mean to do that! – I'm sorry!

Excuse me!/Sorry!/I beg your pardon!

Please excuse me!/I'm sorry!

I didn't mean it.

That wasn't my intention. (*form*)

I really must apologize for that.

sich entschuldigen

(Oh,) das hab ich nicht gewollt! – Es tut mir leid!

Entschuldigung!/Verzeihung!/Pardon!

Entschuldigen Sie bitte!

Das habe ich nicht gewollt.

Das war nicht meine Absicht. (*form*)

Dafür muss ich mich wirklich entschuldigen.

accepting apologies

That's okay! (*fam*)

It doesn't matter at all!

That's all right!/Never mind!/ Not a problem!

Don't worry about it.

Don't lose any sleep over it. (*fam*)

auf Entschuldigungen reagieren

Schon okay!/Nichts passiert! (*fam*)

Das macht doch nichts!

Keine Ursache!/Macht nichts!/ Kein Problem!

Mach' dir deshalb keine Sorgen.

Lass' dir da mal keine grauen Haare wachsen. (*fam*)

~ to sb's conscience an jds Gewissen appellieren **II.** *n* ❶ (*attraction*) Reiz *m* ❷ (*formal protest*) Einspruch *m* (**against** gegen); **court of** ~ Berufungsgericht *nt* ❸ (*request*) Appell *m;* ~ **for donations** Spendenaufruf *m;* **to make an** ~ appellieren (**to** an)

ap·peal·ing [əˈpiːlɪŋ] *adj* ❶ (*attractive*) attraktiv; *idea* verlockend; ■ **to be** ~ [**to sb**] [für jdn] verlockend sein ❷ (*beseeching*) flehend

ap·peal·ing·ly [əˈpiːlɪŋli] *adv* ❶ (*attractively*) reizvoll ❷ (*beseechingly*) flehend

ap·pear [əˈpɪəʳ] *vi* ❶ (*become visible*) erscheinen; (*be seen also*) sich *dat* zeigen; (*arrive also*) auftauchen; (*come out also*) herauskommen ❷ (*come out*) *film* anlaufen; *newspaper* erscheinen; (*perform*) auftreten ❸ (*seem*) scheinen; **to** ~ [**to be**] **calm** ruhig erscheinen; **so it** ~**s** sieht ganz so aus; **it** ~**s not** sieht nicht so aus

ap·pear·ance [əˈpɪərᵊn(t)s] *n* ❶ (*instance of appearing*) Erscheinen *nt;* (*on TV, theatre*) Auftritt *m;* **to make an** ~ auftreten ❷ *no pl* (*looks*) Aussehen *nt;* **neat** ~ gepflegtes Äußeres ❸ (*outward aspect*) ■ ~**s** *pl* äußerer [An]schein ▶ **to** [*or* AM **from**] **all** ~**s** allem Anschein nach; ~**s can be** <u>deceptive</u> (*saying*) der Schein trügt; **to keep up** ~**s** den Schein wahren

ap·pease [əˈpiːz] *vt* besänftigen

ap·pease·ment [əˈpiːzmənt] *n* Besänftigung *f*

ap·pel·la·tion [ˌæpəˈleɪʃᵊn] *n* Bezeichnung *f*

ap·pend [əˈpend] *vt* hinzufügen
ap·pend·age [əˈpendɪdʒ] *n* Anhang *m*
ap·pen·di·ci·tis [əˌpendɪˈsaɪtɪs] *n* Blinddarmentzündung *f*
ap·pen·dix [əˈpendɪks, *pl* -dɪsiːz] *n* ❶ <*pl* -es> (*body part*) Blinddarm *m* ❷ <*pl* -dices *or* -es> (*in book*) Anhang *m*
ap·per·tain [ˌæpəˈteɪn] *vi no passive* ■ to ~ to sth (*form*) zu etw *dat* gehören
ap·pe·tite [ˈæpɪtaɪt] *n* Appetit *m*; **to give sb an ~** jdn hungrig machen
ap·pe·tiz·er [ˈæpɪtaɪzə] *n* ❶ (*before meal*) Appetithappen *m* ❷ *esp* AM (*first course*) Vorspeise *f*
ap·pe·tiz·ing [ˈæpɪtaɪzɪŋ] *adj* (*enticing*) appetitlich; (*fig: attractive*) reizvoll
ap·plaud [əˈplɔːd] **I.** *vi* applaudieren, Beifall klatschen **II.** *vt* ❶ (*clap*) ■ to ~ sb jdm applaudieren ❷ (*praise*) loben; *decision* begrüßen
ap·plause [əˈplɔːz] *n no pl* [a round of] ~ Applaus *m*; **loud ~** tosender Beifall
ap·ple [ˈæpl] *n* Apfel *m*
'ap·ple juice *n* Apfelsaft *m* **ap·ple 'pie** *n* FOOD gedeckter Apfelkuchen ▶ ■ as **American as ~** durch und durch amerikanisch; **apple-pie order** schönste Ordnung **ap·ple 'sauce** *n* Apfelmus *nt* **ap·ple 'tart** *n* (ungedeckter) Apfelkuchen **'ap·ple tree** *n* Apfelbaum *m*
ap·pli·ance [əˈplaɪən(t)s] *n* ❶ (*for household*) Gerät *nt* ❷ MED Instrument *nt*; **surgical ~** Stützapparate *pl* ❸ (*fire engine*) [Feuer]löschfahrzeug *nt*
ap·pli·cable [əˈplɪkəbl] *adj* anwendbar (**to** auf); (*on application form*) **not ~** nicht zutreffend
ap·pli·cant [ˈæplɪkənt] *n* Bewerber(in) *m(f)* (**for** für)
ap·pli·ca·tion [ˌæplɪˈkeɪʃən] *n* ❶ (*for a job*) Bewerbung *f* (**for** um); (*for a permit*) Antrag *m* (**for** auf); (*for a patent*) Anmeldung *f* (**for** +gen) ❷ *no pl* (*process of requesting*) Anfordern *nt*; **on ~ to** auf Anfrage bei ❸ (*implementation*) Anwendung *f* ❹ (*coating*) Anstrich *m*; *of ointment* Auftragen *nt* ❺ (*diligence*) Eifer *m* ❻ COMPUT Anwendung *f*
ap·pli·'ca·tion form *n* (*for job*) Bewerbungsformular *nt*; (*for permit*) Antragsformular *nt*; (*for patent*) Anmeldungsformular *nt*
ap·plied [əˈplaɪd] *adj* angewandt
ap·pli·qué [æpˈliːkeɪ] *n no pl* FASHION Applikation *f*
ap·ply <-ie-> [əˈplaɪ] **I.** *vi* ❶ (*formally request*) ■ to ~ [to sb] [for sth] (*for a job*) sich [bei jdm] [um etw *akk*] bewerben; (*for permission, passport*) etw [bei jdm] beantragen ❷ (*pertain*) gelten; ■ to ~ to betreffen **II.** *vt* ❶ (*put on*) anwenden (**to** auf); *cream* auftragen; *make-up* auflegen ❷ (*use*) gebrauchen; *force* anwenden; *sanctions* verhängen; **to ~ the brakes** bremsen; **to ~ common sense** sich des gesunden Menschenverstands bedienen; **to ~ pressure to sth** auf etw *akk* drücken ❸ (*persevere*) ■ to ~ oneself sich anstrengen
ap·point [əˈpɔɪnt] *vt* ■ to ~ sb [to do sth] jdn [dazu] berufen[, etw zu tun]; ■ to ~ sb [as] sth jdn zu etw *dat* ernennen; **to ~ sb as heir** jdn als Erben einsetzen
ap·point·ed [əˈpɔɪntɪd] *adj* ❶ (*selected*) ernannt ❷ (*designated*) vereinbart ❸ (*furnished*) eingerichtet
ap·poin·tee [əˌpɔɪnˈtiː] *n* Ernannte(r) *f(m)*
ap·point·ment [əˈpɔɪntmənt] *n* ❶ *no pl* (*being selected*) Ernennung *f* (**as** zu) ❷ (*selection*) Einstellung *f* ❸ (*official meeting*) Verabredung *f*; **dental ~** Zahnarzttermin *m*; **by ~ only** nur nach Absprache ▶ **by ~ to sb** auf jds Geheiß; **Carter's Ltd, confectioners by ~ to the Queen** Carter's Ltd, königliche Hofkonditorei
ap·'point·ment book *n* Terminbuch *nt*
ap·por·tion [əˈpɔːʃən] *vt* aufteilen; *blame* zuweisen
ap·po·site [ˈæpəzɪt] *adj* passend; *remark* treffend
ap·po·si·tion [ˌæpəˈzɪʃən] *n* Apposition *f*
ap·prai·sal [əˈpreɪzəl] *n* ❶ (*evaluation*) Bewertung *f*, Beurteilung *f* ❷ (*estimation*) [Ab]schätzung *f*
ap·praise [əˈpreɪz] *vt* ❶ (*evaluate*) bewerten; *situation* einschätzen ❷ (*estimate*) schätzen
ap·pre·cia·ble [əˈpriːʃəbl] *adj* beträchtlich; *difference* nennenswert
ap·pre·ci·ate [əˈpriːʃieɪt] **I.** *vt* ❶ (*value*) schätzen; (*be grateful for*) zu schätzen wissen; **I'd ~ it if ...** könnten Sie ... ❷ (*understand*) Verständnis haben für; **to ~ the danger** sich *dat* der Gefahr bewusst sein; ■ to ~ that ... verstehen, dass ... **II.** *vi* **to ~ in value** im Wert steigen
ap·pre·cia·tion [əˌpriːʃiˈeɪʃən] *n no pl* ❶ (*gratitude*) Anerkennung *f*; **a token of ~** ein Zeichen *nt* der Dankbarkeit ❷ (*understanding*) Verständnis *nt* (**of** für) ❸ (*increase in value*) [Wert]steigerung *f*
ap·pre·cia·tive [əˈpriːʃiətɪv] *adj* ❶ (*grateful*) dankbar (**of** für) ❷ (*showing appreciation*) anerkennend; *audience* dankbar
ap·pre·hend [ˌæprɪˈhend] *vt* festnehmen
ap·pre·hen·sion [ˌæprɪˈhen(t)ʃən] *n no pl* ❶ (*arrest*) Festnahme *f* ❷ (*anxiety*) Besorgnis *f*; **in a state of ~** voller Befürchtungen
ap·pre·hen·sive [ˌæprɪˈhen(t)sɪv] *adj* be-

ap·pren·tice–ar·bi·trary

sorgt; (*scared*) ängstlich; ■ **to be ~ about sth** vor etw *dat* Angst haben

ap·pren·tice [ə'prentɪs] I. *n* Auszubildende(r) *f(m)*; ~ **carpenter** Tischlerlehrling *m* II. *vt* ■ **to be ~d to sb** bei jdm in die Lehre gehen

ap·pren·tice·ship [ə'prentɪʃɪp] *n* ❶ (*training*) Ausbildung *f*; **to do an ~** eine Lehre machen ❷ (*period of training*) Lehrzeit *f*

ap·proach [ə'prəʊtʃ] I. *vt* ❶ (*come closer*) ■ **to ~ sb/sth** sich jdm/etw nähern; (*come towards*) auf jdn/etw zukommen; **he is ~ing 80** er wird bald 80; **it's ~ing lunchtime** es geht auf Mittag zu ❷ (*ask*) ■ **to ~ sb for sth** jdn um etw *akk* bitten ❸ (*handle*) angehen II. *vi* sich nähern III. *n* ❶ (*coming*) Nähern *nt*; **at the ~ of winter** ... wenn der Winter naht, ... ❷ (*preparation to land*) [Lande]anflug *m* ❸ (*access*) Zugang *m*; **~ road** Zufahrtsstraße *f* ❹ (*appeal*) Herantreten *nt*; **to make an ~ to sb** an jdn herantreten ❺ (*proposal*) Vorstoß *m*; **to make an ~ to sb** sich an jdn wenden ❻ (*sexual advance*) Annäherungsversuch *m* ❼ (*methodology*) Ansatz *m*

ap·proach·able [ə'prəʊtʃəbl] *adj person* umgänglich; *place* zugänglich

ap·pro·ba·tion [ˌæprə(ʊ)'beɪʃən] *n* Zustimmung *f*

ap·pro·pri·ate I. *adj* [ə'prəʊprɪət] ❶ (*suitable*) angemessen, angebracht; *words* richtig ❷ (*relevant*) entsprechend II. *vt* [ə'prəʊprɪeɪt] sich *dat* aneignen

ap·pro·pri·a·tion [əˌprəʊprɪ'eɪʃən] *n* Aneignung *f*

ap·prov·al [ə'pruːvəl] *n* ❶ (*praise*) Anerkennung *f* ❷ (*consent*) Zustimmung *f*; **a nod of ~** ein zustimmendes Nicken ▶ **on ~** ECON zur Ansicht; (*to try*) zur Probe

ap·prove [ə'pruːv] I. *vi* ❶ (*agree with*) ■ **to ~ of sth** etw *dat* zustimmen ❷ (*like*) ■ **to ~/ not ~ of sb** etwas/nichts von jdm halten; ■ **to ~ of sth** etw gutheißen II. *vt* (*permit*) genehmigen; (*consent*) billigen; *minutes* annehmen; *expenses* übernehmen

ap·proved [ə'pruːvd] *adj* ❶ (*agreed*) bewährt ❷ (*sanctioned*) [offiziell] anerkannt

ap·prov·ing [ə'pruːvɪŋ] *adj* zustimmend

ap·prov·ing·ly [ə'pruːvɪŋli] *adv* anerkennend, zustimmend

approx *adv abbrev of* **approximately** ca.

ap·proxi·mate I. *adj* [ə'prɒksɪmət] ungefähr; **~ number** [An]näherungswert *m* II. *vt* [ə'prɒksɪmeɪt] sich nähern III. *vi* [ə'prɒksɪmeɪt] ■ **to ~ to sth** etw *dat* annähernd gleichkommen

ap·proxi·mate·ly [ə'prɒksɪmətli] *adv* ungefähr, ca.

ap·proxi·ma·tion [əˌprɒksɪ'meɪʃən] *n* Annäherung *f*; **could you give me a rough ~ of** ... können Sie mir ungefähr sagen, ...; **that's only an ~** das ist nur eine grobe Schätzung

APR [ˌeɪpiː'ɑːʳ] *n* FIN *abbrev of* **annual percentage rate** Jahreszinssatz *m*

apri·cot ['eɪprɪkɒt] I. *n* (*fruit*) Aprikose *f*, Marille *f* ÖSTERR II. *adj* apricotfarben

April ['eɪprəl] *n* April *m*; *see also* **February**

April 'Fools' Day *n* der erste April

apron ['eɪprən] *n* ❶ (*clothing*) Schürze *f* ❷ AVIAT ~ [**area**] Vorfeld *nt* ❸ THEAT Vorbühne *f*

ap·ro·pos ['æprə'pəʊ] I. *adj* passend II. *adv, prep* apropos

apse [æps] *n* Apsis *f*

apt [æpt] *adj* ❶ (*appropriate*) passend; *description, remark* treffend; *moment* geeignet ❷ (*talented*) begabt ❸ (*likely*) ■ **to be ~ to do sth** dazu neigen, etw zu tun

APT [ˌeɪpiː'tiː] *n abbrev of* **advanced passenger train** Hochgeschwindigkeitszug *m*

ap·ti·tude ['æptɪtjuːd] *n* Begabung *f*

'**ap·ti·tude test** *n* Eignungstest *m*

aqua·cul·ture [ˌækwə'kʌltʃəʳ] *n* Aquakultur *f*

aqua jog·ging ['ækwədʒɒɡɪŋ] *n no pl* Aquajogging *nt*

aqua·lung [ˌækwə'lʌŋ] *n* Tauchgerät *nt*

aqua·marine [ˌækwəmə'riːn] *n no pl* ❶ (*stone*) Aquamarin *m* ❷ (*colour*) Aquamarinblau *nt*

aqua·plan·ing *n* ❶ SPORTS Skurfen *nt* ❷ AUTO Aquaplaning *nt*

Aquar·ian [ə'kweərɪən] *n* Wassermann *m*

aquar·ium <*pl* -s *or* -ria> [ə'kweərɪəm] *n* Aquarium *nt*

Aquar·ius [ə'kweərɪəs] *n* Wassermann *m*

aqua·ro·bics [ˌækwə'rəʊbɪks] *npl* Aquarobic *nt*

aquat·ic [ə'kwætɪk] *adj* Wasser-

aque·duct ['ækwɪdʌkt] *n* Aquädukt *m or nt*

aqui·fer ['ækwɪfəʳ] *n* GEOG Aquifer *m*, Grundwasserleiter *m*

aqui·line ['ækwɪlaɪn] *adj* adlerähnlich

Arab ['ærəb] I. *n* Araber(in) *m(f)* II. *adj* arabisch

ara·besque [ˌærə'besk] *n* Arabeske *f*

Ara·bian [ə'reɪbɪən] *adj* arabisch

Ara·bic ['ærəbɪk] I. *n* Arabisch *nt* II. *adj* arabisch

ar·able ['ærəbl] *adj* anbaufähig; **~ land** Ackerland *nt*; **~ area** landwirtschaftliche Nutzfläche

arach·nid [ə'ræknɪd] *n* Spinnentier *nt*

ar·bi·ter ['ɑːbɪtəʳ] *n* Vermittler(in) *m(f)*

ar·bi·trage [ˌɑːbɪ'trɑːʒ] *n* FIN Arbitrage *f*

ar·bi·trari·ness ['ɑːbɪtrərɪnəs] *n* Willkür *f*

ar·bi·trary ['ɑːbɪtrəri] *adj* willkürlich

ar·bi·trate ['ɑːbɪtreɪt] **I.** *vt* schlichten **II.** *vi* vermitteln

ar·bi·tra·tion [ˌɑːbɪ'treɪʃᵊn] *n no pl* Schlichtung *f;* **to go to ~** einen Schlichter anrufen

ar·bi·tra·tor ['ɑːbɪtreɪtəʳ] *n* Schlichter(in) *m(f)*

ar·bor *n* AM, AUS *see* **arbour**

ar·bori·cul·ture ['ɑːbᵊrɪˌkʌltʃəʳ] *n* Baumzucht *f*

ar·bour ['ɑːbəʳ] *n* Laube *f*

arc [ɑːk] **I.** *n* Bogen *m* **II.** *vi* einen Bogen beschreiben

ar·cade [ɑː'keɪd] *n* Arkade *f;* **[shopping]** ~ [Einkaufs]Passage *f*

arch¹ [ɑːtʃ] **I.** *n* Bogen *m;* **~ of the foot** Fußgewölbe *nt* **II.** *vi* sich wölben **III.** *vt* back krümmen; *eyebrows* heben

arch² [ɑːtʃ] *adj* verschmitzt

ar·chaeo·logi·cal [ˌɑːkɪə'lɒdʒɪkᵊl] *adj* archäologisch; **~ dig** [Aus]grabungsort *m*

ar·chae·olo·gist [ˌɑːkɪ'ɒlədʒɪst] *n* Archäologe, Archäologin *m, f*

ar·chae·ol·ogy [ˌɑːkɪ'ɒlədʒɪ] *n* Archäologie *f*

ar·cha·ic [ɑː'keɪɪk] *adj* veraltet

arch·angel ['ɑːkeɪndʒᵊl] *n* Erzengel *m*

arch·'bishop *n* Erzbischof *m* **arch·'deacon** *n* Erzdiakon *m* **arch·'dio·cese** *n* Erzdiözese *f* **arch·'en·emy** *n* Erzfeind(in) *m(f)*

archeological *adj* AM *see* **archaeological**

ar·che·olo·gist *n* AM *see* **archaeologist**

ar·che·ol·ogy *n* AM *see* **archaeology**

arch·er ['ɑːtʃəʳ] *n* Bogenschütze, -schützin *m, f*

ar·chery ['ɑːtʃᵊri] *n* Bogenschießen *nt*

ar·che·type ['ɑːkɪtaɪp] *n* Archetyp *m*

archi·pela·go <*pl* -s *or* -es> [ˌɑːkɪ'peləgəʊ] *n* Archipel *m*

archi·tect ['ɑːkɪtekt] *n* Architekt(in) *m(f)*

archi·tec·ture ['ɑːkɪtektʃəʳ] *n* Architektur *f*

ar·chive ['ɑːkaɪv] *n* Archiv *nt*

ar·chi·vist ['ɑːkɪvɪst] *n* Archivar(in) *m(f)*

'arch·way *n* Torbogen *m*

'arc lamp, 'arc light *n* Bogenlampe *f*

Arc·tic ['ɑːktɪk] *n* ■ **the ~** die Arktis

Arc·tic 'Circle *n* nördlicher Polarkreis **Arc·tic 'Ocean** *n* nördliches Eismeer

arc 'weld·ing *n no pl* Lichtbogenschweißung *f*

ar·dent ['ɑːdᵊnt] *adj* leidenschaftlich; *admirer* glühend

ar·dour ['ɑːdəʳ] *n,* AM, AUS **ar·dor** *n* Leidenschaft *f*

ar·du·ous ['ɑːdjuːəs] *adj* anstrengend

are [ɑːʳ] *vi, vt see* **be**

area ['eərɪə] *n* ❶ (*region*) Gebiet *nt;* **~ of the brain** Hirnregion *f;* **danger ~** Gefahrenzone *f* ❷ (*surface measure*) Fläche *f;* **~ of a circle** Kreisfläche *f* ❸ FBALL Strafraum *m* ❹ (*approximately*) ■ **in the ~ of ...** ungefähr ...

area 'code *n* AM, AUS Vorwahl *f*

arena [ə'riːnə] *n* Arena *f*

Ar·gen·ti·na [ˌɑːdʒᵊn'tiːnə] *n* Argentinien *nt*

Ar·gen·tine ['ɑːdʒᵊntaɪn], **Ar·gen·tin·ian** [ˌɑːdʒᵊn'tɪnɪən] **I.** *adj* argentinisch **II.** *n* Argentinier(in) *m(f)*

ar·gu·able ['ɑːgjuəbl] *adj* fragwürdig

ar·gu·ably ['ɑːgjuəbli] *adv* wohl; **he is ~ one of the best** er dürfte zu den Besten gehören

ar·gue ['ɑːgjuː] **I.** *vi* ❶ (*disagree*) [sich] streiten ❷ (*reason*) argumentieren; ■ **to ~ against/for sth** sich gegen/für etw *akk* aussprechen **II.** *vt* erörtern; ■ **to ~ that ...** dafür sprechen, dass ...

ar·gu·ment ['ɑːgjəmənt] *n* ❶ (*heated discussion*) Auseinandersetzung *f;* **to get into an ~ [with sb]** [mit jdm] streiten ❷ (*case*) Argument *nt*

ar·gu·men·ta·tive [ˌɑːgjə'mentətɪv] *adj* streitsüchtig

aria ['ɑːrɪə] *n* Arie *f*

arid ['ærɪd] *adj* dürr; **~ climate** Trockenklima *nt*

Aries ['eəriːz] *n* ASTROL Widder *m*

arise <arose, arisen> [ə'raɪz] *vi* ❶ (*come about*) sich ergeben; **should the need ~,** ... sollte es notwendig werden, ... ❷ (*liter: rise*) sich erheben

arisen [ə'rɪzᵊn] *pp of* **arise**

ar·is·to·cra·cy [ˌærɪ'stɒkrəsɪ] *n* + *sing/pl vb* Aristokratie *f*

aris·to·crat ['ærɪstəkræt] *n* Aristokrat(in) *m(f)*

aris·to·crat·ic [ˌærɪstə'krætɪk] *adj* aristokratisch

arith·me·tic I. *n* [ə'rɪθmətɪk] Arithmetik *f* **II.** *adj* [ˌærɪθ'metɪk] arithmetisch

arith·meti·cal [ˌærɪθ'metɪkᵊl] *adj* Rechen-

ark [ɑːk] *n* (*boat*) Arche *f;* **Noah's ~** die Arche Noah

arm¹ [ɑːm] *n* ❶ ANAT, GEOG Arm *m;* **on one's ~** am Arm ❷ (*sleeve*) Ärmel *m* ❸ (*armrest*) Armlehne *f* ❹ (*division*) Abteilung *f* ▶ **to cost an ~ and a leg** Unsummen kosten; **to keep sb at ~'s length** jdn auf Distanz halten

arm² [ɑːm] **I.** *vt* ❶ (*supply with weapons*) bewaffnen; ■ **to ~ oneself** (*fig*) sich wappnen ❷ (*prime*) *bomb* scharfmachen **II.** *n* ■ **~s** *pl* ❶ (*weapons*) Waffen *pl;* **to take up ~s** den Kampf aufnehmen; **under ~s** kampfbereit ❷ (*heraldic insignia*) Wappen *nt;* **the King's A~s** Zum König (*auf Wirtshaustafeln*) ▶ **to be up in ~s about sth** über etw *akk* in Streit geraten

'ar·ma·ments pro·gramme *n* Rüstungs-

'arm·band *n* ❶ *(on sleeve)* Armbinde *f* ❷ *(swimming aid)* Schwimmflügel *m* **'arm can·dy** *n (fam)* vorzeigbare(r) Begleiter(in) bei gesellschaftlichen Anlässen **'arm·chair** *n* Sessel *m*; **~ politician** Stammtischpolitiker(in) *m(f)*
armed [ɑːmd] *adj* bewaffnet
armed 'forces *npl* Streitkräfte *pl*
Ar·me·nia [ɑːˈmiːniə] *n* Armenien *nt*
Ar·me·ni·an [ɑːˈmiːniən] **I.** *adj* armenisch; **she is ~** sie ist Armenierin **II.** *n* ❶ *(person)* Armenier(in) *m(f)* ❷ *(language)* Armenisch *nt*
arm·ful *n* Arm *m* voll
arm·hole *n* Armloch *nt*
ar·mi·stice [ˈɑːmɪstɪs] *n* Waffenstillstand *m*
ar·mor *n no pl* AM *see* **armour**
ar·mored *adj* AM, AUS *see* **armoured**
ar·mour [ˈɑːmə] *n no pl* ❶ HIST Rüstung *f*; **suit of ~** Panzerkleid *nt* ❷ MIL *(tanks)* Panzerfahrzeuge *pl*; **~ plate** Panzerplatte *f*
ar·moured [ˈɑːməd] *adj* gepanzert; **~ car** Panzer[späh]wagen *m* **ar·mour-'plat·ed** *adj* gepanzert
'arm·pit *n* Achselhöhle *f* **'arm·rest** *n* Armlehne *f*
'arms con·trol, arms 'lim·i·ta·tion *n* Abrüstung *f* **'arms race** *n* Wettrüsten *nt* **'arms re·duc·tion** *n* Rüstungsabbau *m*
army [ˈɑːmi] *n* ❶ MIL Armee *f*; ▪ **the ~** das Heer *nt*; **in the ~** beim Militär; **to join the ~** zum Militär gehen ❷ *(fig)* Heer *nt*
aro·ma [əˈrəʊmə] *n* Duft *m*
aro·ma·'ther·a·py [əˌrəʊməˈθerəpi] *n* Aromatherapie *f*
aro·mat·ic [ˌærəʊˈmætɪk] *adj* aromatisch
arose [əˈrəʊz] *pt of* **arise**
around [əˈraʊnd] **I.** *adv* ❶ *(round)* herum; **to get ~ to doing sth** endlich dazu kommen, etw zu tun; **to show sb ~** jdn herumführen ❷ *(round about)* rundum; **from miles ~** von weither; **to [have a] look ~** sich umsehen ❸ *(in circumference)* im Durchmesser ❹ *(in different directions)* umher; **to get ~** herumkommen; **to walk ~** umhergehen; **to wave one's arms ~** mit den Armen [herum]fuchteln ❺ *(nearby)* in der Nähe; **will you be ~ next week?** bist du nächste Woche da?; **there's a lot of flu ~ at the moment** die Grippe grasiert im Augenblick; **mobile phones have been ~ for quite a while** Handys sind bereits seit längerem auf dem Markt ▸ **see you ~** bis demnächst mal **II.** *prep un* ❶ *(round)* um; **all ~ the house** ums ganze Haus herum; **~ the table** um den Tisch herum; **from all ~ the world** aus aller Welt; **to stand ~** herumstehen; *(before number)* un-

gefähr; **~ 12:15** gegen 12.15 Uhr
arouse [əˈraʊz] *vt* ❶ *(stir)* erwecken; *suspicion* erregen ❷ *(sexually excite)* erregen
arr. I. *n abbrev of* **arrival** Ank. **II.** *adj* MUS *abbrev of* **arranged** arr.
ar·range [əˈreɪndʒ] **I.** *vt* ❶ *(organize)* arrangieren; *date* vereinbaren; *marriage* in die Wege leiten, arrangieren; *matters* regeln ❷ *(put in order)* ordnen; *flowers* arrangieren; **to ~ according to height** der Größe nach aufstellen ❸ MUS *(music)* arrangieren **II.** *vi* festlegen; ▪ **to ~ to do sth** etw vereinbaren; ▪ **to ~ for sb to do/have sth** etw für jdn organisieren
ar·range·ment [əˈreɪndʒmənt] *n* ❶ *(preparations)* ▪ **~s** *pl* Vorbereitungen *pl* ❷ *(agreement)* Abmachung *f*; **to come to an ~** zu einer Übereinkunft kommen; **by [prior] ~** nach vorheriger Absprache ❸ *(ordering, also music)* Arrangement *nt*; **an ~ of dried flowers** ein Gesteck *nt* von Trockenblumen
ar·ray [əˈreɪ] **I.** *n* stattliche Reihe **II.** *vt* ❶ *(display)* aufreihen ❷ *(deploy)* aufstellen
ar·rears [əˈrɪəz] *npl* Rückstände *pl*; **in ~** in Verzug; **to be paid in ~** nachträglich beglichen werden
ar·rest [əˈrest] **I.** *vt* ❶ *(apprehend)* verhaften ❷ *(stop)* zum Stillstand bringen **II.** *n* Verhaftung *f*; **to place under ~** in Haft nehmen
ar·rest·ing [əˈrestɪŋ] *adj* ❶ *(striking)* faszinierend; *account* fesselnd; *performance* eindrucksvoll ❷ LAW **~ officer** festnehmender Polizeibeamter/festnehmende Polizeibeamtin
ar·riv·al [əˈraɪvəl] *n* ❶ *(at a destination)* Ankunft *f*; *of a baby* Geburt *f* ❷ *(person)* Ankommende(r) *f(m)*; **new ~** Baby *nt*
ar·rive [əˈraɪv] *vi* ❶ *bus etc.* ankommen; *baby, mail, season* kommen; **to ~ at a compromise** einen Kompromiss erzielen; **to ~ at a conclusion** zu einem Schluss gelangen; **to ~ at a town** in einer Stadt eintreffen ❷ *(establish one's reputation)* es schaffen
ar·ri·viste [ˌæriːˈviːst] *n* Emporkömmling *m*
ar·ro·gance [ˈærəgən(t)s] *n* Arroganz *f*
ar·ro·gant [ˈærəgənt] *adj* arrogant
ar·row [ˈærəʊ] *n* Pfeil *m*
'arrow·head *n* Pfeilspitze *f*
arse [ɑːs] BRIT, AUS **I.** *n* *(vulg)* Arsch *m* ▸ **move your ~!** *(get moving)* beweg dich!; *(make room)* rutsch rüber!; **to work one's ~ off** sich den Arsch aufreißen **II.** *vi* *(vulg)* ▪ **to ~ about** herumblödeln
ar·sen·ic [ˈɑːsənɪk] *n* Arsen *nt*
ar·son [ˈɑːsən] *n* Brandstiftung *f*
art [ɑːt] *n* Kunst *f*; **~s and crafts** Kunsthandwerk *nt*; ▪ **the ~s** die Kunst; UNIV Geisteswissenschaften *pl*

ar·te·fact ['ɑːtɪfækt] *n* Artefakt *nt*
ar·te·rial [ɑːˈtɪəriəl] *adj* ❶ ANAT arteriell ❷ TRANSP Haupt-
ar·te·rio·scle·ro·sis [ɑːˌtɪəriəʊskləˈrəʊsɪs] *n* Arterienverkalkung *f*
ar·tery ['ɑːtᵊri] *n* ❶ ANAT Arterie *f* ❷ TRANSP Hauptverkehrsader *f*
art·ful ['ɑːtfᵊl] *adj* geschickt; **~ dodger** durchtriebenes Bürschchen
'art gal·lery *n* Kunsthalle *f*
ar·thrit·ic [ɑːˈθrɪtɪk] *adj* arthritisch
ar·thri·tis [ɑːˈθraɪtɪs] *n* Gelenkentzündung *f*
ar·ti·choke ['ɑːtɪtʃəʊk] *n* Artischocke *f*
ar·ti·cle ['ɑːtɪkl] *n* ❶ (*writing*) Artikel *m* ❷ (*object*) Gegenstand *m*, Artikel *m*; **~ of clothing/furniture** Kleidungs-/Möbelstück *nt*; **~ of value** Wertgegenstand *m* ❸ LAW Paragraph *m*
ar·ticu·late **I.** *adj* [ɑːˈtɪkjələt] ❶ *person* redegewandt ❷ *speech* verständlich **II.** *vt* [ɑːˈtɪkjələɪt] ❶ (*express*) aussprechen; *idea* äußern ❷ (*pronounce*) artikulieren; *sound* bilden
ar·ticu·lat·ed lor·ry *n* Sattelschlepper *m*
ar·ticu·la·tion [ɑːˌtɪkjəˈleɪʃᵊn] *n* ❶ (*expression*) deutliche Formulierung ❷ (*pronunciation*) Artikulation *f*
ar·ti·fact ['ɑːtɪfækt] *n* AM Artefakt *nt*
ar·ti·fice ['ɑːtɪfɪs] *n* List *f*
ar·ti·fi·cial [ˌɑːtɪˈfɪʃᵊl] *adj* ❶ (*not natural*) künstlich; **~ colour|ing** Farbstoff *m*; **~ flavouring** Geschmacksverstärker *m*; **~ leg** Beinprothese *f*; **~ sweetener** Süßstoff *m*; **~ turf** Kunstrasen *m* ❷ (*pej: not genuine*) unecht; *smile* aufgesetzt
ar·ti·fi·cial in·semi·'na·tion *n* künstliche Befruchtung **ar·ti·fi·cial in·'tel·li·gence** *n* künstliche Intelligenz
ar·til·lery [ɑːˈtɪlᵊri] *n* Artillerie *f*
ar·'til·lery·man *n* Artillerist *m*
ar·ti·san ['ɑːtɪzæn] *n* Handwerker(in) *m(f)*
art·ist ['ɑːtɪst] *n* Künstler(in) *m(f)*
ar·tiste [ɑːˈtiːst] *n* THEAT, TV Artist(in) *m(f)*
ar·tis·tic [ɑːˈtɪstɪk] *adj* künstlerisch; *arrangement* kunstvoll
art·ist·ry [ɑːˈtɪstri] *n* Kunstfertigkeit *f*
art·less ['ɑːtləs] *adj* ungekünstelt
artsy *adj* AM *see* **arty**
'art·work *n no pl* Illustrationen *pl*
arty ['ɑːti] *adj* gewollt bohemienhaft
Aryan ['eəriən] **I.** *n* Arier(in) *m(f)* **II.** *adj* arisch
as [æz, əz] **I.** *conj* ❶ (*while*) während ❷ (*in the way that, like*) wie; **do ~ I say!** mach, was ich sage!; **~ it is** (*already*) sowieso schon; **~ it were** sozusagen; **~ it happens** rein zufällig; **~ if** [*or* **though**] als ob; **~ if!** wohl kaum!; **~ you do** du weißt schon ❸ (*because*) weil ❹ (*though*) **sweet ~ he is, ...** so süß er auch ist, ... ▶ **~ for ...** was ... betrifft; **~ from** [*or* **of**] ab; **~ to** ... was ... angeht; **~ and when** sobald **II.** *prep* als; **speaking ~ a mother, ...** als Mutter ...; **the news came ~ no surprise** die Nachricht war keine Überraschung; **such big names ~ ...** so große Namen wie ...; **I always thought of her ~ a good mother** ich habe sie immer für eine gute Mutter gehalten; **~ a child** als Kind; **dressed ~ a banana** als Banane verkleidet; **~ a matter of principle** aus Prinzip **III.** *adv* ❶ (*in comparisons*) wie; ▪**just**| **~ ... ~ ...** [genau]so ... wie ...; **if you play ~ well that, ...** wenn du so gut spielst, ... ❷ (*indicating an extreme*) **~ tall ~ 8 ft** bis zu 8 Fuß hoch; **~ many/much ~** immerhin; (*even*) sogar; **~ little ~** nur

asap [ˌeɪeseɪˈpiː, 'eɪsæp] *adv abbrev of* **as soon as possible** baldmöglichst
as·bes·tos [æsˈbestɒs] *n* Asbest *m*
as·bes·to·sis [ˌæsbesˈtəʊsɪs] *n* Asbestose *f*
ASBO, asbo ['æzbəʊ] *n acr for* **antisocial behaviour order** gerichtliche Verfügung wegen Erregung öffentlichen Ärgernisses
as·cend [əˈsend] **I.** *vt* hinaufsteigen; (*fig*) *throne* besteigen **II.** *vi* ❶ (*move upwards*) aufsteigen; *lift* hinauffahren; **Christ ~ed into heaven** Christus ist in den Himmel aufgefahren; **in ~ing order of importance** nach zunehmender Wichtigkeit ❷ (*lead up*) *path* hinaufführen
as·cend·ancy *n*, **as·cend·ency** [əˈsendən(t)si] *n* Vormachtstellung *f* **as·cend·ant, as·cend·ent** [əˈsendənt] *n* ❶ (*form*) **to be in the ~** (*be gaining influence*) im Kommen sein; (*have supremacy*) beherrschenden Einfluss haben ❷ ASTROL Aszendent *m*
as·cen·sion [əˈsen(t)ʃᵊn] *n* ❶ (*going up*) Aufstieg *m* ❷ REL ▪**the A~** Christi Himmelfahrt
As·'cen·sion Day *n* Himmelfahrtstag *m*
as·cent [əˈsent] *n* ❶ (*upward movement*) Aufstieg *m*; *of a mountain* Besteigung *f* ❷ (*slope*) Anstieg *m*
as·cer·tain [ˌæsəˈteɪn] *vt* feststellen
as·cet·ic [əˈsetɪk] **I.** *n* Asket(in) *m(f)* **II.** *adj* asketisch
as·ceti·cism [əˈsetɪsɪzᵊm] *n* Askese *f*
ASCII ['æskiː] *n acr for* **American Standard Code for Information Interchange** ASCII *m*
as·cribe [əˈskraɪb] *vt* zurückführen (**to** auf); **to ~ a play to sb** jdm ein Bühnenstück zuschreiben
as·crip·tion [əˈskrɪpʃᵊn] *n* Zuschreibung *f*
asexu·al [ˌeɪˈseksjʊəl] *adj* asexuell; *reproduc-*

ash–assert

tion ungeschlechtlich

ash¹ [æʃ] *n* Asche *f*; ■ **~es** *pl* Asche *f kein pl*; **to reduce to ~es** völlig niederbrennen; **~es to ~es** Erde zu Erde

ash² [æʃ] *n* (*tree*) Esche *f*; (*wood*) Eschenholz *nt*

ashamed [əˈʃeɪmd] *adj* ■ **to be ~** (**of sb/sth**) sich [für jdn/etw] schämen; **that's nothing to be ~ of!** deswegen brauchst du dich [doch] nicht zu schämen!; ■ **to be ~ of oneself** sich schämen

ashore [əˈʃɔːr] *adv* an Land; **to swim ~** ans Ufer schwimmen

'ash·tray *n* Aschenbecher *m*

Ash 'Wednes·day *n* Aschermittwoch *m*

Asia [ˈeɪʃə] *n* Asien *nt*

Asia 'Mi·nor *n* Kleinasien *nt*

Asian [ˈeɪʃən] **I.** *n* Asiate(in) *m(f)*; BRIT Abkömmling des indischen Subkontinents **II.** *adj* asiatisch

Asi·at·ic [ˌeɪʃiˈætɪk] (*esp pej*) **I.** *n* Asiate, Asiatin *m, f* **II.** *adj* asiatisch

aside [əˈsaɪd] **I.** *adv* zur Seite; [all] joking **~** Spaß beiseite; **to leave sth ~** etw [weg]lassen; **to put ~ some money** etwas Geld beiseitelegen; **to take sb ~** jdn beiseitenehmen **II.** *n* ⓘ (*incidental*) Nebenbemerkung *f* ⓘ THEAT Aparte *f*

aside from *prep* abgesehen von

ask [ɑːsk] **I.** *vt* ⓘ (*request information*) fragen; **to ~ a question** [**about sth**] [zu etw *dat*] eine Frage stellen; **may I ~ you a question?** darf ich Sie etwas fragen? ⓘ (*request*) *favour* bitten [um]; **she ~ed me for help** sie bat mich, ihr zu helfen ⓘ (*invite*) einladen ⓘ (*demand a price*) verlangen; **how much are they ~ing for the car?** was wollen sie für das Auto haben? ⓘ (*expect*) **that's ~ing a lot!** Sie verlangen eine ganze Menge! **II.** *vi* ⓘ (*request information*) fragen; **you may well ~** gute Frage; **I was only ~ing!** war ja nur 'ne Frage!; ■ **to ~ about sb** nach jdm fragen ⓘ (*request*) bitten ⓘ (*wish*) ■ **to ~ for sth** sich *dat* etw wünschen ⓘ (*fig: take a risk*) ■ **to be ~ing for sth** etw geradezu herausfordern; **you're ~ing for trouble** du willst wohl Ärger haben! ◆ **ask after** *vi* ■ **to ~ after sb** sich nach jdm erkundigen ◆ **ask around** *vi* herumfragen ◆ **ask out** *vt* **to ~ sb out for dinner** jdn ins Restaurant einladen; **I'd like to ~ her out** ich würde gern mit ihr ausgehen ◆ **ask over**, BRIT **ask round** *vt* (*fam*) ■ **to ~ sb over** [*or* **round**] jdn [zu sich *dat*] einladen

askance [əˈskæn(t)s] *adv* misstrauisch

askew [əˈskjuː] **I.** *adj* schief **II.** *adv* ⓘ (*not level*) schief ⓘ (*wrong*) **to go ~** schieflaufen

ask·ing [ˈɑːskɪŋ] *n* **it's yours for the ~** du

58

kannst es gerne haben

asleep [eˈsliːp] *adj* ⓘ (*sleeping*) ■ **to be ~** schlafen; ■ **to pretend to be ~** sich schlafend stellen; **to fall ~** einschlafen ⓘ (*numb*) eingeschlafen

as·par·a·gus [əˈspærəɡəs] *n* Spargel *m*

ASPCA [ˌeɪespiːsiːˈeɪ] *n abbrev of* **American Society for the Prevention of Cruelty to Animals** ≈ Tierschutzverein *m*

as·pect [ˈæspekt] *n* ⓘ (*point of view*) Aspekt *m*, Gesichtspunkt *m* ⓘ (*outlook*) Lage *f*; **the dining room has a southern ~** das Esszimmer liegt nach Süden

as·pen [ˈæspən] *n* Espe *f*

as·per·sion [əˈspɜːʃən] *n* **to cast ~s on sb** jdn verleumden

as·phalt [ˈæsfælt] **I.** *n* Asphalt *m* **II.** *vt* asphaltieren

as·phyx·ia [əsˈfɪksiə] *n* Asphyxie *f*

as·phyx·i·ate [əsˈfɪksieɪt] *vi, vt* ersticken

as·phyx·ia·tion [əsˌfɪksiˈeɪʃən] *n* Erstickung *f*; **to die from ~** ersticken

as·pir·ant [ˈæspɪrənt] *n* Aspirant(in) *m(f)*

as·pi·ra·tion [ˌæspəˈreɪʃən] *n* Ambition *f*

as·pire [əˈspaɪər] *vi* anstreben; **to ~ to be president** danach trachten, Präsident zu werden

as·pi·rin [ˈæspərɪn] *n* Aspirin® *nt*

as·pir·ing [əˈspaɪrɪŋ] *adj* aufstrebend

ass <*pl* -es> [æs] *n* ⓘ (*donkey*) Esel *m*; **to make an ~ of oneself** sich lächerlich machen ⓘ AM (*fam!: arse*) Arsch *m* ◆ **ass about** *vi* AM herumblödeln

as·sail [əˈseɪl] *vt* ⓘ (*attack*) angreifen ⓘ (*verbally*) anfeinden ⓘ *usu passive* (*torment*) **to be ~ed by doubts** von Zweifeln geplagt werden ⓘ (*overwhelm*) **to be ~ed with letters** massenweise Briefe bekommen *fam*

as·sail·ant [əˈseɪlənt] *n* Angreifer(in) *m(f)*

as·sas·sin [əˈsæsɪn] *n* Mörder(in) *m(f)*; (*esp political*) Attentäter(in) *m(f)*

as·sas·si·nate [əˈsæsɪneɪt] *vt* ■ **to ~ sb** ein Attentat auf jdn verüben

as·sas·si·na·tion [əˌsæsɪˈneɪʃən] *n* Attentat *nt* (**of** auf)

as·sault [əˈsɔːlt] **I.** *n* Angriff *m* **II.** *vt* angreifen

as·'sault course *n* MIL Übungsgelände *nt*

as·sem·ble [əˈsembl] **I.** *vi* sich versammeln **II.** *vt* zusammenbauen

as·sem·bly [əˈsembli] *n* ⓘ (*gathering*) Versammlung *f*; AM Unterhaus *nt* ⓘ SCH Schülerversammlung *f* ⓘ TECH Montage *f*; **~ line** Fließband *nt*

as·sent [əˈsent] *n* Zustimmung *f*; **royal ~** königliche Genehmigung

as·sert [əˈsɜːt] *vt* ⓘ (*state firmly*) beteuern

❷ *(demand)* geltend machen; *independence behaupten* ❸ *(act confidently)* ■ to ~ oneself sich durchsetzen

as·ser·tion [əˈsɜːʃən] *n* ❶ *(claim)* Behauptung *f*; *of innocence* Beteuerung *f* ❷ *no pl of authority* Geltendmachung *f*

as·ser·tive [əˈsɜːtɪv] *adj* ■ to be ~ Durchsetzungsvermögen zeigen

as·ser·tive·ness [əˈsɜːtɪvnəs] *n* Durchsetzungsvermögen *nt*

as·sess [əˈses] *vt* ❶ *(evaluate)* einschätzen; *cost* veranschlagen; *damage* schätzen (**at** auf) ❷ *(tax)* ■ to be ~ed *person* veranlagt werden; *property* steuerlich geschätzt werden

as·sess·ment [əˈsesmənt] *n* ❶ *of damage* Schätzung *f* ❷ *(tax) person* Veranlagung *f*; *amount* Festsetzung *f* ❸ *(evaluation)* Beurteilung *f* ❹ SCH, UNIV Einstufung *f*

as·ses·sor [əˈsesə^r] *n* Taxator(in) *m(f)*, Schätzer(in) *m(f)*

as·set [ˈæset] *n* ❶ *(good quality)* Pluspunkt *m* ❷ *(valuable person)* Bereicherung *f*; *(useful thing)* Vorteil *m* ❸ COMM ■ ~s *pl* Vermögenswerte *pl*

as·sid·u·ous [əˈsɪdjuəs] *adj* gewissenhaft, eifrig

as·sign [əˈsaɪn] *vt* zuweisen; *task* zuteilen; ■ to ~ sb to do sth jdn damit betrauen, etw zu tun

as·sign·ment [əˈsaɪnmənt] *n (task)* Aufgabe *f*; *(job)* Auftrag *m*; **homework ~** Hausaufgabe *f*

as·simi·late [əˈsɪmɪleɪt] **I.** *vt* integrieren; *information* aufnehmen **II.** *vi* sich eingliedern

as·simi·la·tion [əˌsɪmɪˈleɪʃən] *n* ❶ *(integration)* Eingliederung *f* ❷ *(understanding)* Aneignung *f*

as·sist [əˈsɪst] **I.** *vt*, *vi* helfen (**with** bei) **II.** *n* SPORTS Vorlage *f*

as·sis·tance [əˈsɪstəns] *n* Hilfe *f*; **can I be of any ~?** kann ich Ihnen irgendwie behilflich sein?

as·sis·tant [əˈsɪstənt] **I.** *n* Assistent(in) *m(f)*; *(in shop)* Verkäufer(in) *m(f)*; [**foreign language**] ~ SCH muttersprachliche Hilfskraft im fremdsprachl. Unterricht **II.** *adj* stellvertretend

as·so·ci·ate I. *n* [əˈsəʊʃiət] *(friend)* Gefährte(in) *m(f)*; *(colleague)* Kollege(in) *m(f)*; *(of criminals)* Komplize(in) *m(f)*; **business ~** Geschäftspartner(in) *m(f)* **II.** *vt* [əˈsəʊʃieɪt] in Verbindung bringen; ■ to be ~d with sth in Zusammenhang mit etw *dat* stehen **III.** *vi* verkehren

as·so·ci·ate pro·ˈfes·sor *n* AM außerordentlicher Professor

as·so·cia·tion [əˌsəʊʃiˈeɪʃən] *n* ❶ *(organization)* Vereinigung *f*; *(corporation)* Verband *m* ❷ *no pl (involvement)* Verbundenheit *f*; **in ~ with** in Verbindung mit ❸ *(mental connection)* Assoziation *f*

as·sort·ed [əˈsɔːtɪd] *adj* gemischt; *colours* verschieden

as·sort·ment [əˈsɔːtmənt] *n* Sortiment *nt*

as·suage [əˈsweɪdʒ] *vt grief* besänftigen; *pain* lindern; *thirst* stillen

as·sume [əˈsjuːm] *vt* ❶ *(regard as true)* annehmen; ■ to ~ sb's guilt jdn für schuldig halten ❷ *(adopt)* annehmen; *role* übernehmen ❸ *(take on) power* ergreifen; *responsibility* übernehmen; ■ to ~ office sein Amt antreten

as·sumed [əˈsjuːmd] *adj* **under an ~ name** unter einem Decknamen

as·sump·tion [əˈsʌm(p)ʃən] *n* ❶ *(supposition)* Annahme *f*; *(presupposition)* Voraussetzung *f*; **on the ~ that ...** wenn man davon ausgeht, dass ... ❷ *no pl (taking over)* Übernahme *f*

as·sur·ance [əˈʃʊərən(t)s] *n* ❶ *(self-confidence)* Selbstsicherheit *f* ❷ *(promise)* Zusicherung *f* ❸ BRIT *(insurance)* [Lebens]versicherung *f*

as·sure [əˈʃʊə^r] *vt* ❶ *(confirm certainty)* zusichern; ■ to ~ oneself of sth sich *dat* etw sichern ❷ *(promise)* ■ to ~ sb of sth jdm etw zusichern ❸ BRIT ■ to ~ one's life eine Lebensversicherung abschließen

as·sured [əˈʃʊəd] **I.** *n* BRIT Versicherte(r) *f(m)* **II.** *adj* ❶ *(confident)* selbstsicher ❷ *(certain)* sicher

as·sur·ed·ly [əˈʃʊərɪdli] *adv* ❶ *(confidently)* selbstsicher ❷ *(certainly)* sicher[lich]

as·ter·isk [ˈæstərɪsk] **I.** *n* Sternchen *nt* **II.** *vt* mit einem Sternchen versehen

astern [əˈstɜːn] *adv* ❶ NAUT achtern; **to go ~** achteraus fahren ❷ *(behind)* hinter

as·ter·oid [ˈæstərɔɪd] *n* Asteroid *m*

asth·ma [ˈæsmə] *n* Asthma *nt*; **asthma attack** Asthmaanfall *m*

asth·mat·ic [æsˈmætɪk] **I.** *n* Asthmatiker(in) *m(f)* **II.** *adj* asthmatisch

aston·ish [əˈstɒnɪʃ] *vt* erstaunen

aston·ish·ing [əˈstɒnɪʃɪŋ] *adj* erstaunlich

aston·ish·ment [əˈstɒnɪʃmənt] *n* Erstaunen *nt*; **to stare in ~** verblüfft starren

astound [əˈstaʊnd] *vt* verblüffen

astound·ing [əˈstaʊndɪŋ] *adj* erstaunlich; *fact* verblüffend

astray [əˈstreɪ] *adv* verloren; **to lead sb ~** *(fig)* jdn auf Abwege bringen

astride [əˈstraɪd] *prep* rittlings auf +*dat*

as·trolo·ger [əˈstrɒlədʒə^r] *n* Astrologe, Astrologin *m, f*

as·tro·logi·cal [ˌæstrəˈlɒdʒɪkəl] *adj* astrologisch

as·trol·ogy [əˈstrɒlədʒi] *n* Astrologie *f*

as·tro·naut ['æstrənɔːt] *n* Astronaut(in) *m(f)*
as·tron·o·mer [ə'strɒnəmə'] *n* Astronom(in) *m(f)*
as·tro·nom·i·cal [ˌæstrə'nɒmɪkəl] *adj* (*also fig*) astronomisch
as·tron·o·my [ə'strɒnəmi] *n* Astronomie *f*
as·tute [ə'stjuːt] *adj* scharfsinnig
as·tute·ness [ə'stjuːtnəs] *n* Scharfsinn *m*
asy·lum [ə'saɪləm] *n* ❶ (*protection*) Asyl *nt*; **asylum seeker** Asylbewerber(in) *m(f)* ❷ (*dated: institution*) Anstalt *f*
asym·met·ric(al) [ˌeɪsɪ'metrɪk(əl)] *adj* asymmetrisch
at [æt, ət] *prep* ❶ (*in location of*) an +*dat*; **at the baker's** beim Bäcker; ~ **home** zu Hause; ~ **the museum** im Museum; **the man ~ number twelve** der Mann in Nummer zwölf; **my number ~ the office is ...** meine Nummer im Büro lautet ...; **the party** auf der Party; ~ **school** in der Schule; ~ **work** bei der Arbeit ❷ (*during time of*) ~ **the age of 60** im Alter von 60; ~ **Christmas** an Weihnachten; ~ **the election** bei der Wahl; ~ **lunchtime** in der Mittagspause; ~ **the moment** im Moment; ~ **night** in der Nacht, nachts; ~ **this stage** bei diesem Stand; ~ **the weekend** am Wochenende; ~ **10:00** um 10:00 Uhr; ~ **a/the time** zu diesem Zeitpunkt; **several things** ~ **a time** mehrere Sachen auf einmal; ~ **the same time** (*simultaneously*) zur gleichen Zeit; (*on the other hand*) auf der anderen Seite; ~ **no time** [*or* **point**] nie[mals] ❸ (*to amount of*) ~ **a distance of 50 metres** auf eine Entfernung von 50 Metern; ~ **a gallop** im Galopp; ~ **a rough guess** grob geschätzt; ~ **regular intervals** in regelmäßigen Abständen; ~ **50 kilometres per hour** mit 50 km/h; ~ **that price** für diesen Preis ❹ (*in state of*) ~ **a disadvantage** im Nachteil; ~ **fault** im Unrecht; ~ **play** beim Spielen; ~ **war** im Krieg; + *superl*; ~ **his happiest** am glücklichsten ❺ *after adj* (*in reaction to*) über +*akk*; ~ **the thought of** bei dem Gedanken an +*akk* ❻ (*in response to*) ~ **your invitation** auf Ihre Einladung hin; ~ **that** daraufhin ❼ (*in ability to*) bei; **bad/good ~ maths** schlecht/gut in Mathematik; **he is bad ~ giving instructions** er kann keine guten Anweisungen geben ❽ *after vb* (*repeatedly do*) an +*dat*; **to be ~ sth** mit etw *dat* beschäftigt sein ▶ ~ **all** überhaupt; **I haven't been ~ all well** mir ging es gar nicht gut; **did she suffer ~ all?** hat sie denn gelitten?; **not ~ all** (*polite response*) gern geschehen; (*definitely not*) keineswegs; ~ **that** noch dazu; **where it's ~** wo etwas los ist
ata·vis·tic [ˌætə'vɪstɪk] *adj* atavistisch
ATC [ˌeɪtiː'siː] *n* BRIT *abbrev of* **Air Training Corps** Fliegerische Ausbildung der Royal Air Force
ate [et, eɪt] *pt of* **eat**
athe·ism ['eɪθiɪzəm] *n* Atheismus *m*
athe·ist ['eɪθiɪst] **I.** *n* Atheist(in) *m(f)* **II.** *adj* atheistisch
athe·is·tic(al) [ˌeɪθi'ɪstɪk(əl)] *adj* atheistisch
Ath·ens ['æθənz] *n* Athen *nt*
ath·lete ['æθliːt] *n* Athlet(in) *m(f)*
ath·let·ic [æθ'letɪk] *adj* athletisch, sportlich; ~ **club** Sportclub *m*; ~ **shorts** kurze Sporthose
ath·let·ics [æθ'letɪks] *n no pl* Leichtathletik *f*
At·lan·tic [ət'læntɪk] *n* ■ **the** ~ [Ocean] der Atlantik
at·las <*pl* -es> ['ætləs] *n* Atlas *m*
ATM [ˌeɪtiː'em] *n abbrev of* **automated teller machine** Geldautomat *m*, Bankomat *m* bes SCHWEIZ
at·mos·phere ['ætməsfɪə'] *n* Atmosphäre *f a. fig*
at·mos·pher·ic [ˌætməs'ferɪk] *adj* ❶ PHYS atmosphärisch ❷ (*fig*) stimmungsvoll
at·oll ['ætɒl] *n* Atoll *nt*
atom ['ætəm] *n* PHYS Atom *nt*; (*fig*) Bisschen *nt*
'atom bomb *n* Atombombe *f* **atom·ic** [ə'tɒmɪk] *adj* Atom-, atomar
at·om·ize ['ætəmaɪz] *vt* zerstäuben
at·om·iz·er ['ætəmaɪzə'] *n* Zerstäuber *m*
atone [ə'təʊn] *vi* ■ **to** ~ **for sth** etw wieder gutmachen; **to** ~ **one's sins** für seine Sünden büßen
atone·ment [ə'təʊnmənt] *n no pl* Buße *f*
atro·cious [ə'trəʊʃəs] *adj* grässlich; *weather, food* scheußlich; *conditions* grauenhaft
atroc·i·ty [ə'trɒsəti] *n* Gräueltat *f*
at·ro·phy ['ætrəfi] **I.** *n* Atrophie *f* **II.** *vi* <-ie-> atrophieren
at·tach [ə'tætʃ] **I.** *vt* ❶ (*fix*) befestigen (**to** an); *label* anbringen ❷ (*connect*) verbinden (**to** mit) ❸ (*send as enclosure*) ■ **to** ~ **sth** [**to sth**] etw [etw *dat*] beilegen ❹ (*join*) ■ **to** ~ **oneself to sb** sich jdm anschließen ❺ (*assign*) ■ **to be** ~**ed to sth** etw *dat* zugeteilt sein ❻ (*attribute*) *value* legen (**to** auf); **to** ~ **significance to sth** etw *dat* Bedeutung beimessen ❼ (*associate*) *conditions* knüpfen (**to** an); **to** ~ **no blame** ~**es to you** dich trifft keine Schuld **II.** *vi* **no blame** ~**es to you** dich trifft keine Schuld
at·ta·ché [ə'tæʃeɪ] *n* Attaché *m*
at·'ta·ché case *n* Aktenkoffer *m*
at·tach·ment [ə'tætʃmənt] *n* ❶ (*fondness*) Sympathie *f*; **to form an ~ to sb** sich mit jdm anfreunden ❷ *no pl* (*support*) Unterstützung *f* ❸ *no pl* (*assignment*) **he is on ~ to the War Office** er ist dem Kriegsministerium unterstellt ❹ (*for appliances*) Zusatzgerät *nt*

⑥ COMPUT Anhang *m*
at·tack [əˈtæk] **I.** *n* ❶ (*assault*) Angriff *m*; **to come under ~** angegriffen werden ❷ (*bout*) Anfall *m* **II.** *vt* ❶ (*physically, verbally*) angreifen; *by criminal* überfallen; *by dog* anfallen ❷ (*fig*) *problem* anpacken **III.** *vi* angreifen
at·tack·er [əˈtækə^r] *n* Angreifer(in) *m(f)*
at·tain [əˈteɪn] *vt* erreichen; *independence* erlangen
at·tain·able [əˈteɪnəbl] *adj* erreichbar
at·tain·ment [əˈteɪnmənt] *n* ❶ *no pl* (*achievement*) Leistung *f* ❷ *no pl* (*achieving*) Erreichen *nt* ❸ (*accomplishments*) Fertigkeiten *pl*
at·tempt [əˈtem(p)t] **I.** *n* Versuch *m*; **make an ~** versuchen; **make an ~ on sb's life** einen Mordanschlag auf jdn verüben **II.** *vt* versuchen
at·tend [əˈtend] **I.** *vt* ❶ (*be present at*) besuchen; **to ~ a funeral/wedding** zu einer Beerdigung/Hochzeit gehen ❷ (*care for*) [ärztlich] behandeln **II.** *vi* ❶ (*be present*) teilnehmen ❷ (*listen carefully*) aufpassen
at·tend·ance [əˈtendən(t)s] *n* ❶ (*being present*) Anwesenheit *f*; **in ~** anwesend ❷ (*number of people present*) Besucherzahl *f* **at·tend·ant** [əˈtendənt] *n* Aufseher(in) *m(f)*; (*in swimming pool*) Bademeister(in) *m(f)*; **car park ~** Parkwächter(in) *m(f)*; **flight ~** Flugbegleiter(in) *m(f)*; **museum ~** Museumswärter(in) *m(f)*; **petrol** [*or* **gas**] **station ~** Tankwart(in) *m(f)*
at·ten·tion [əˈten(t)ʃ^ən] *n* ❶ (*notice*) Aufmerksamkeit *f*; **~!** Achtung!; **may I have your ~, please?** dürfte ich um Ihre Aufmerksamkeit bitten?; **to pay ~ to sb** jdm Aufmerksamkeit schenken; **to pay ~ to sth** auf etw *akk* achten ❷ (*care*) Pflege *f*; MED Behandlung *f* ❸ (*in letters*) **for the ~ of** zu Händen von ❹ MIL Stillstand *m*; **~!** stillgestanden!; **to stand at ~** stillstehen ❺ (*interests*) **~s** *pl* Aufmerksamkeit *f kein pl*
at·ten·tion span *n* Konzentrationsvermögen *f*; **to have a short ~** sich nur kurz auf etwas konzentrieren können
at·ten·tive [əˈtentɪv] *adj* ❶ (*caring*) fürsorglich ❷ (*listening*) aufmerksam
at·test [əˈtest] **I.** *vt* ❶ (*demonstrate*) *support, excellence* beweisen ❷ LAW bestätigen **II.** *vi* ■ **to** ~ **to sth** *competence, fact* etw beweisen
at·tic [ˈætɪk] *n* Dachboden *m*; **in the ~** auf dem Dachboden
at·tire [əˈtaɪə^r] *n* Kleidung *f*
at·ti·tude [ˈætɪtjuːd] *n* ❶ (*way of thinking*) Haltung *f*; **~ problem** eine falsche Einstellung; **to take the ~ that ...** die Meinung vertreten, dass ... ❷ (*body position*) Stellung *f*
at·tor·ney [əˈtɜːrni] *n* AM Anwalt, Anwältin *m, f*
at·tract [əˈtrækt] *vt* anziehen; *attention* erregen; *criticism* stoßen auf +*akk*
at·trac·tion [əˈtrækʃ^ən] *n* ❶ *no pl* PHYS Anziehungskraft *f* ❷ *no pl* (*between people*) Anziehung *f*; **she felt an ~ to him** sie fühlte sich zu ihm hingezogen ❸ (*entertainment*) Attraktion *f* ❹ (*appeal*) Reiz *m*; **I don't understand the ~ of ...** ich weiß nicht, was so toll daran sein soll, ...
at·trac·tive [əˈtræktɪv] *adj* attraktiv
at·tri·bute I. *vt* [əˈtrɪbjuːt] ❶ (*ascribe*) zurückführen (**to** *auf*) ❷ (*give credit for*) zuschreiben (**to** +*dat*) **II.** *n* [ˈætrɪbjuːt] Eigenschaft *f*
at·tri·bu·tive [əˈtrɪbjətɪv] *adj* attributiv
at·tri·tion [əˈtrɪʃ^ən] *n* ❶ (*wearing down*) Abrieb *m* ❷ (*gradual weakening*) Zermürbung *f* ❸ AM, AUS Personalabbau durch Einstellungsstopp
auber·gine [ˈəʊbəʒiːn] *n* Aubergine *f*
auburn [ˈɔːbən] *adj* rotbraun
auc·tion [ˈɔːkʃ^ən] **I.** *n* Auktion *f*, Versteigerung *f*; **to put sth up for ~** etw zur Versteigerung anbieten; **to be sold at ~** versteigert werden **II.** *vt* ■ **to ~ to ...** [*or* **off**] versteigern
auc·tion·eer [ˌɔːkʃ^ənˈɪə^r] *n* Auktionator(in) *m(f)*
auda·cious [ɔːˈdeɪʃəs] *adj* ❶ (*bold*) kühn ❷ (*impudent*) dreist
auda·cious·ness [ɔːˈdeɪʃəsnəs] *n*, **audac·ity** [ɔːˈdæsəti] *n* ❶ (*boldness*) Kühnheit *f* ❷ (*impudence*) Dreistigkeit *f*
audible [ˈɔːdəbl] *adj* hörbar
audi·ence [ˈɔːdiən(t)s] *n* ❶ + *sing/pl vb* (*at performance*) Publikum *nt*; THEAT *also* Besucher *pl*; TV Zuschauer *pl*; RADIO [Zu]hörer *pl* ❷ (*formal interview*) Audienz *f* (**with bei**)
audio [ˈɔːdɪəʊ] *adj* Audio-; **~ book** Hörbuch *nt*; **~ cassette** [Hör]kassette *f*; **~ frequency** Tonfrequenz *f*; **~ tape** Tonband *nt*
audit [ˈɔːdɪt] **I.** *n* FIN Rechnungsprüfung *f*; **general ~** ordentliche Buchprüfung **II.** *vt* ❶ FIN [amtlich] prüfen ❷ AM, AUS UNIV *class* [nur] als Gasthörer besuchen
audi·tion [ɔːˈdɪʃ^ən] **I.** *n* (*for actor*) Vorsprechen *nt*; (*for singer*) Vorsingen *nt*; (*for dancer*) Vortanzen *nt*; (*for instrumentalist*) Vorspielen *nt* **II.** *vi* vorsprechen, vorsingen, vorspielen, vortanzen **III.** *vt* vorsprechen/vorsingen/vortanzen/vorspielen lassen
audi·tor [ˈɔːdɪtə^r] *n* Rechnungsprüfer(in) *m(f)*
audi·to·rium <*pl* -s *or* -ria> [ˌɔːdɪˈtɔːriəm] *n* THEAT Zuschauerraum *m*; (*hall*) Zuhörersaal *m*; (*for concerts*) Konzerthalle *f*
aug·ment [ɔːɡˈment] *vt* vergrößern; *income* verbessern

augur ['ɔːgəʳ] **I.** *vi* **to ~ ill/well** ein schlechtes/gutes Zeichen sein **II.** *vt* verheißen

august [ɔːˈgʌst] *adj* (*liter*) erhaben, hoheitsvoll

August ['ɔːgəst] *n* August *m*; *see also* **February**

aunt [ɑːnt] *n* Tante *f*

au pair [ˌəʊˈpeəʳ] *n* Aupair *nt*

aura ['ɔːrə] *n* Aura *f*

aural ['ɔːrəl] *adj* akustisch; MED aural; **~ material** Tonmaterial *nt*

auri·cle ['ɔːrɪkl] *n* ❶ (*of heart*) Herzohr *nt* ❷ (*of ear*) Ohrmuschel *f*

auricu·lar [ɔːˈrɪkjʊləʳ] *adj* aurikulär

auro·ra [ɔːˈrɔːrə] *n* Polarlicht *nt*

aus·pices ['ɔːspɪsɪz] *npl* Schirmherrschaft *f*

aus·pi·cious [ɔːˈspɪʃəs] *adj* viel versprechend

Aus·sie ['ɒzi] (*fam*) **I.** *n* Australier(in) *m/f* **II.** *adj* australisch

aus·tere [ɒsˈtɪəʳ] *adj* ❶ (*without comfort*) karg; (*severely plain*) nüchtern; **room** schmucklos; (*ascetic*) asketisch ❷ (*joyless and strict*) streng

aus·ter·ity [ɒsˈterəti] *n* ❶ *no pl* (*absence of comfort*) Rauheit *f* ❷ *no pl* (*sparseness*) Kargheit *f*; (*asceticism*) Askese *f*; **~ measures** Sparmaßnahmen *pl* ❸ *no pl* (*strictness*) Strenge *f* ❹ ■ **austerities** *pl* Entbehrungen *pl*

Aus·tra·lia [ɒsˈtreɪliə] *n* Australien *nt*

Aus·tral·ian [ɒsˈtreɪliən] **I.** *n* ❶ (*person*) Australier(in) *m/f* ❷ (*language*) australisches Englisch *nt* **II.** *adj* australisch

Aus·tria ['ɒstriə] *n* Österreich *nt*

Aus·trian ['ɒstriən] **I.** *n* ❶ (*person*) Österreicher(in) *m/f* ❷ (*language*) Österreichisch *nt* **II.** *adj* österreichisch

AUT [ˌeɪjuːˈtiː] *n* BRIT *abbrev of* **Association of University Teachers** ≈ Verband *m* der Hochschullehrer

authen·tic [ɔːˈθentɪk] *adj* authentisch

authen·ti·cate [ɔːˈθentɪkeɪt] *vt* [die Echtheit einer S. *gen*] bestätigen; LAW beglaubigen

authen·ti·ca·tion [ɔːˌθentɪˈkeɪʃən] *n* Bestätigung *f* [der Echtheit]; LAW Beglaubigung *f*

au·then·tic·ity [ˌɔːθenˈtɪsəti] *n* Echtheit *f*

author ['ɔːθəʳ] *n* (*profession*) Schriftsteller(in) *m/f*; *of particular book* Autor(in) *m/f*

author·ess <*pl* -es> ['ɔːθəʳres] *n* Autorin *f*

authori·tar·ian [ɔːˌθɒrɪˈteəriən] **I.** *adj* autoritär **II.** *n* ■ **to be an ~** autoritär sein

authori·ta·tive [ɔːˈθɒrɪtətɪv] *adj* ❶ (*definitive*) maßgebend ❷ (*commanding*) Respekt einflößend

author·ity [ɔːˈθɒrəti] *n* ❶ *no pl* (*right of control*) Autorität *f*; **in ~** verantwortlich ❷ *no pl* (*permission*) Befugnis *f*; (*to act on sb's behalf*) Vollmacht *f*; **on whose ~?** wer hat das genehmigt?; **to have the ~ to do sth** befugt [*o* bevollmächtigt] sein, etw zu tun; **without ~** unbefugt ❸ *no pl* (*knowledge*) **to speak with ~ on sth** sich [sehr] kompetent zu etw *dat* äußern ❹ (*expert*) **an ~ on microbiology** eine Autorität auf dem Gebiet der Mikrobiologie ❺ (*organization*) Behörde *f*; **education ~** Schulamt *nt*; ■ **the authorities** *pl* die Behörden ❻ *no pl* (*source*) **to have sth on good ~** etw aus zuverlässiger Quelle wissen

authori·za·tion [ˌɔːθəraɪˈzeɪʃən] *n* (*approval*) Genehmigung *f*; (*delegation of power*) Bevollmächtigung *f*

author·ize ['ɔːθəraɪz] *vt* genehmigen; ■ **to ~ sb** jdn bevollmächtigen

author·ship ['ɔːθəʃɪp] *n* Autorschaft *f*

autis·tic [ɔːˈtɪstɪk] *adj* autistisch

auto ['ɔːtəʊ] **I.** *n* Auto *nt* **II.** *adj* (*concerning cars*) Auto-; (*automatic*) automatisch; **~ restart** COMPUT Selbstanlauf *m*

auto·bio·gra·phi·cal [ˌɔːtəˌbaɪə(ʊ)ˈgræfɪkəl] *adj* autobiografisch

auto·bi·og·ra·phy [ˌɔːtəbaɪˈɒgrəfi] *n* Autobiografie *f*

autoc·ra·cy [ɔːˈtɒkrəsi] *n* Autokratie *f*

auto·crat ['ɔːtəkræt] *n* Autokrat(in) *m/f*

auto·crat·ic [ˌɔːtəˈkrætɪk] *adj* autokratisch

auto·cue® ['ɔːtə(ʊ)kjuː] *n* BRIT TV Teleprompter *m*

auto·graph ['ɔːtəgrɑːf] **I.** *n* Autogramm *nt* **II.** *vt* signieren

auto·mate ['ɔːtəmeɪt] *vt* automatisieren

auto·mat·ed 'tell·er ma·chine *n* AM Geldautomat *m*

auto·mat·ic [ˌɔːtəˈmætɪk] **I.** *adj* automatisch; **~ rifle** Selbstladegewehr *nt*; **~ washing machine** Waschautomat *m* **II.** *n* ❶ (*non-manual machine*) Automat *m* ❷ (*car*) Automatikwagen *m* ❸ (*rifle*) Selbstladegewehr *nt*

auto·mat·ic ·pi·lot *n* Autopilot *m*

auto·ma·tion [ˌɔːtəˈmeɪʃən] *n* Automatisierung *f*

automa·ton <*pl* -mata *or* -s> [ɔːˈtɒmətən] *n* Automat *m*

auto·mo·bile ['ɔːtəmə(ʊ)biːl] *n esp* AM Auto *nt*

auto·mo·tive [ˌɔːtəˈməʊtɪv] *adj* Auto-

autono·mous [ɔːˈtɒnəməs] *adj* autonom

auton·o·my [ɔːˈtɒnəmi] *n* Autonomie *f*

autop·sy ['ɔːtɒpsi] *n* Autopsie *f*

'auto·tune *n* Autotuner-System *nt* (*bei* [*Auto*]*radios*)

autumn ['ɔːtəm] *n* Herbst *m*; **in** [**the**] **~** im Herbst; [**in**] **late ~** [im] Spätherbst; **~ term** Wintersemester *nt*

au·tum·nal [ɔːˈtʌmnəl] *adj* herbstlich; ~ **colours** Herbstfarben *pl*

aux·il·ia·ry [ɔːgˈzɪliəri] **I.** *n* ❶ (*assistant*) Hilfskraft *f*; (*soldier*) Soldat(in) *m(f)* der Hilfstruppen; (*nurse*) Hilfsschwester *f* ❷ LING Hilfsverb *nt* **II.** *adj* Hilfs-; (*additional*) Zusatz-

AV *adj* AM *abbrev of* **audio-visual** audiovisuell

Av. AM *abbrev of* **avenue** Ave.

avail [əˈveɪl] **I.** *n* Nutzen *m*; **to no ~** vergeblich **II.** *vt* **to ~ oneself of the opportunity ...** die Gelegenheit nutzen ...

avail·able [əˈveɪləbl] *adj* ❶ (*free for use*) verfügbar; **in the time ~** in der vorhandenen Zeit; **to make ~** zur Verfügung stellen ❷ (*not busy*) abkömmlich ❸ ECON erhältlich; (*in stock*) lieferbar; *size* vorrätig ❹ (*romantically unattached*) frei

av·a·lanche [ˈævəlɑːn(t)ʃ] *n* Lawine *f*

avant-garde [ˌævɑː(ŋ)ˈgɑːd] **I.** *n* Avantgarde *f* **II.** *adj* avantgardistisch

av·a·rice [ˈævərɪs] *n* Habgier *f*

av·a·ri·cious [ˌævəˈrɪʃəs] *adj* habgierig

Ave. *n abbrev of* **Avenue**

avenge [əˈvendʒ] *vt* rächen; ■ **to ~ oneself on sb** sich an jdm rächen

av·e·nue [ˈævənjuː] *n* ❶ (*broad street*) Avenue *f*; **~ of lime trees** Lindenallee *f* ❷ (*fig: possibility*) Weg *m*

av·er·age [ˈævərɪdʒ] **I.** *n* Durchschnitt *m*; **on ~** im Durchschnitt; [**to be**] **well**] **above/ below ~** [weit] über-/unter dem Durchschnitt [liegen]; **law of ~s** Gesetz *nt* der Serie **II.** *adj* durchschnittlich; **~ income** Durchschnittseinkommen *nt*; **~ man** Otto Normalverbraucher *m* **III.** *vt* im Durchschnitt betragen; **to ~ 40 hours a week** durchschnittlich 40 Stunden pro Woche arbeiten; **to ~ £18,000 per year** durchschnittlich 18.000 Pfund im Jahr verdienen

averse [əˈvɜːs] *adj* ■ **to be ~ to sth** etw *dat* abgeneigt sein

aver·sion [əˈvɜːʃən] *n* ❶ (*intense dislike*) Abneigung *f* ❷ (*hated thing*) Gräuel *m*

avert [əˈvɜːt] *vt* ❶ (*turn away*) abwenden ❷ (*prevent*) verhindern

avian *adj* Vogel-; **~ flu** Vogelgrippe *f*

aviary [ˈeɪviəri] *n* Vogelhaus *nt*

avi·a·tion [ˌeɪviˈeɪʃən] *n* Luftfahrt *f*; **aviation industry** Flugzeugindustrie *f*

avid [ˈævɪd] *adj* eifrig, begeistert

avo·ca·do <*pl* **-s** *or* **-es**> [ˌævəˈkɑːdəʊ] *n* Avocado *f*

avoid [əˈvɔɪd] *vt* ❶ (*stay away from*) meiden ❷ (*prevent sth happening*) vermeiden; **to narrowly ~ sth** etw *dat* knapp entgehen ❸ (*not hit*) ausweichen

avoid·able [əˈvɔɪdəbl] *adj* vermeidbar

avoid·ance [əˈvɔɪdən(t)s] *n* Vermeidung *f*; **~ of taxes** Umgehung *f*

avow [əˈvaʊ] *vt* bekennen

AWACS [ˈeɪwæks] *n acr for* **airborne warning and control system** AWACS *nt*

await [əˈweɪt] *vt* erwarten; **long ~ed** lang ersehnt

awake [əˈweɪk] **I.** *vi* <**awoke** *or* AM *also* **awaked, awoken**> ❶ (*stop sleeping*) erwachen ❷ (*fig*) ■ **to ~ to sth** sich *dat* einer S. *gen* bewusst werden **II.** *vt* <**awoke** *or* AM *also* **awaked, awoken** *or* AM *also* **awaked**> ❶ (*from sleep*) [auf]wecken ❷ (*fig: rekindle*) wiedererwecken **III.** *adj* ❶ (*not asleep*) wach ❷ (*fig*) ■ **to be ~ to sth** sich *dat* einer S. *gen* bewusst sein

awak·en [əˈweɪkən] **I.** *vt* ❶ (*wake up*) ■ **to be ~ed** geweckt werden ❷ (*fig: start*) [er]wecken ❸ (*fig: make aware*) bewusst machen **II.** *vi* erwachen

awak·en·ing [əˈweɪkənɪŋ] *n* **rude ~** böses Erwachen

award [əˈwɔːd] **I.** *vt damages* zusprechen; *grant* gewähren; *prize* verleihen **II.** *n* ❶ (*prize*) Auszeichnung *f* ❷ (*compensation*) Entschädigung *f* ❸ LAW Zuerkennung *f*

aware [əˈweər] *adj* ❶ (*knowing*) ■ **to be ~ of sth** sich *dat* einer S. *gen* bewusst sein; **as far as I'm ~** soviel ich weiß; **not that I'm ~** nicht, dass ich wüsste ❷ (*physically sensing*) ■ **to be ~ of sb/sth** jdn/etw bemerken ❸ (*well informed*) informiert; **environmentally ~** umweltbewusst

aware·ness [əˈweərnəs] *n* Bewusstsein *n*

awash [əˈwɒʃ] *adj* ❶ (*with water*) unter Wasser, überflutet ❷ (*fig*) ■ **to be ~ with sth** voll von etw *dat* sein; **to be ~ with money** im Geld schwimmen

away [əˈweɪ] **I.** *adv* ❶ (*distant*) weg; **to be ~ on business** geschäftlich unterwegs sein; **five miles ~** fünf Meilen [von hier] entfernt; **~ from each other** voneinander entfernt; **two days ~** in zwei Tagen; **summer still seems a long time ~** der Sommer scheint noch weit entfernt ❷ (*all the time*) **we danced the night ~** wir tanzten die ganze Nacht durch; **you're dreaming your life ~** du verträumst noch dein ganzes Leben; **to be laughing ~** ständig am Lachen sein; **to write ~** drauflosschreiben ❸ SPORTS auswärts **II.** *adj* SPORTS auswärts; **~ game** Auswärtsspiel *nt*; **~ team** Gastmannschaft *f*

awe [ɔː] **I.** *n* Ehrfurcht *f*; **to hold sb in ~** großen Respekt vor jdm haben **II.** *vt* <BRIT **aweing** *or* AM **awing**> einschüchtern

awe-in·spir·ing *adj* Ehrfurcht gebietend

awe·some [ˈɔːsəm] *adj* ❶ (*impressive*) be-

aversion

expressing antipathy | Antipathie ausdrücken

I don't like him (very much).	Ich mag ihn nicht (besonders).
I think that bloke is just impossible.	Ich finde diesen Typ unmöglich.
He's an (a real) arsehole. (sl)/She's a (real) bitch. (sl)	Das ist ein (richtiges) Arschloch. (sl)
I can't stand/bear him.	Ich kann ihn nicht ausstehen.
That woman gets on my nerves/drives me mad. (fam)	Diese Frau geht mir auf den Geist/Wecker/Keks. (fam)

expressing boredom | Langeweile ausdrücken

How boring!/Talk about boring!	Wie langweilig!/So was von langweilig!
I'll fall asleep/nod off in a minute!	Ich schlaf gleich ein!
It's enough to send you to sleep!	Das ist ja zum Einschlafen!
The film is (just) one big yawn.	Der Film ist ja eine Schlaftablette.
This nightclub is dead boring. (sl)	Diese Disco ist total öde. (sl)

expressing disgust | Abscheu ausdrücken

Yuk!	Igitt!
You make me sick!	Du widerst mich an!
That is absolutely revolting!	Das ist geradezu widerlich!
That is (quite) disgusting!	Das ist (ja) ekelhaft!
That disgusts me!	Das ekelt mich an!
That makes me (want to) puke! (sl)	Ich find' das zum Kotzen! (sl)

---

eindruckend ❷(*intimidating*) beängstigend ❸ Am (*sl: very good*) spitze **awe-strick-en** ['ɔːˌstrɪkən] *adj*, **awe-struck** ['ɔːstrʌk] *adj* [von Ehrfurcht] ergriffen; *expression* erfurchtsvoll

aw-ful ['ɔːfəl] *adj* ❶ (*extremely bad*) furchtbar; **what an ~ thing to say!** das war aber gemein von dir!; **you're really ~** du bist wirklich schlimm!; **to look ~** schrecklich aussehen; **to smell ~** fürchterlich stinken ❷ (*great*) außerordentlich; **an ~ lot** eine riesige Menge

aw-ful-ly ['ɔːfli] *adv* furchtbar; **not ~ good** nicht besonders gut; **an ~ long way** ein schrecklich weiter Weg

awhile [ə'(h)waɪl] *adv* eine Weile

awk-ward ['ɔːkwəd] *adj* ❶ (*difficult*) schwierig ❷ (*embarrassing*) peinlich; **to feel ~** sich unbehaglich fühlen ❸ (*inconvenient*) ungünstig ❹ (*clumsy*) unbeholfen

awn-ing ['ɔːnɪŋ] *n* (*on house*) Markise *f*; (*on caravan*) Vorzelt *nt*; (*on wagon*) Plane *f*; (*on ship*) Sonnensegel *nt*

awoke [ə'wəʊk] *pt of* **awake**

awok-en [ə'wəʊkən] *pp of* **awake**

AWOL ['eɪwɒl] *adj acr for* **absent without leave: to go ~** MIL sich unentschuldigt von der Truppe entfernen; (*fig*) verschwinden

awry [ə'raɪ] *adj* schief

axe [æks], AM **ax** I. *n* Axt *f* ▶ **to get the ~ workers** entlassen werden; *projects* gestrichen werden II. *vt things* streichen; *people* entlassen

axi-om ['æksɪəm] *n* Axiom *nt*

axis <*pl* axes> ['æksɪs, *pl* -siːz] *n* Achse *f*

axle ['æksl] *n* Achse *f*

aya-tol-lah [ˌaɪə'tɒlə] *n* Ayatollah *m*

aye [aɪ] I. *interj* ❶ Scot, NBrit (*yes*) ja ❷ Naut **~, ~, sir!** zu Befehl, Herr Kapitän! II. *n* POL Jastimme *f*; **the ~s have it** die Mehr-

heit ist dafür
azalea [əˈzeɪlɪə] *n* Azalee *f*
Azer·bai·jan *n* [ˌæzəbarˈdʒɑːn] Aserbaidschan *nt*
Az·tec [ˈæztek] **I.** *n* Azteke(in) *m(f)* **II.** *adj* aztekisch; **~ language** Aztekisch *nt*
az·ure [ˈæʒəʳ] **I.** *n* Azur|blau| *nt* **II.** *adj* azur|blau|

B b

B <*pl* -'s *or* -s>, **b** <*pl* -'s> [biː] *n* ① (*letter*) B *nt*, b *nt*; *see also* **A 1** ② MUS H *nt*, h *nt*; **~ flat** B *nt*, b *nt*; **~ sharp** His *nt*, his *nt* ③ (*school mark*) ≈ Zwei *f*, ≈ gut
BA [ˌbiːˈeɪ] *n* ① *abbrev of* **Bachelor of Arts** B. ② *abbrev of* **British Airways** BA *f*
bab·ble [ˈbæbl] **I.** *n* ① (*confused speech*) Geplapper *nt* ② *of water* Plätschern *nt* **II.** *vi* ① (*talk incoherently*) plappern; *baby* babbeln ② *water* plätschern **III.** *vt* (*incoherently*) stammeln
babe [beɪb] *n* ① (*baby*) Kindlein *nt* ② (*fam: form of address*) Schatz *m* ③ (*fam: attractive person*) Süße(r) *f(m)*
ba·boon [bəˈbuːn] *n* Pavian *m*
baby [ˈbeɪbɪ] **I.** *n* ① (*child*) Baby *nt*; **to have a ~** ein Baby bekommen ② (*youngest person*) Jüngste(r) *f(m)*; **the ~ of the family** das Nesthäkchen ③ (*childish person*) Kindskopf *m* ④ (*fam: affectionate address*) Baby *nt* ▸ **to throw the ~ out with the bath water** das Kind mit dem Bade ausschütten **II.** *adj* klein; **~ carrots** Babymöhren *pl*; **~ clothes** Babywäsche *f* **III.** *vt* <-ie-> **to ~ sb** jdn wie ein kleines Kind behandeln
ˈbaby car·riage *n* AM Kinderwagen *m*
ˈbaby food *n* Babynahrung *f* **ba·by·hood** [ˈbeɪbɪhʊd] *n* Säuglingsalter *nt* **ba·by·ish** [ˈbeɪbɪʃ] *adj* kindisch **ˈbaby sign·ing** *n no pl, no art* SOCIOL, PSYCH Gebärdensprache *f* für Kleinkinder **ˈbaby·sit·ter** *n* Babysitter(in) *m(f)*
bach·elor [ˈbætʃələʳ] *n* ① (*unmarried man*) Junggeselle *m* ② UNIV B**~ of Arts/Science** Bakkalaureus *m* der philosophischen/naturwissenschaftlichen Fakultät (*unterster akademischer Grad in englischsprachigen Ländern*)
ba·cil·lus <*pl* bacilli> [bəˈsɪləs, *pl* bəˈsɪlaɪ] *n* Bazillus *m*
back [bæk] **I.** *n* ① (*of body*) Rücken *m*; to

put one's **~** out sich verheben; **~ to** Rücken an Rücken ② (*not front*) *of building, page* Rückseite *f*; *of car* Heck *nt*; *of chair* Lehne *f*; (*in car*) Rücksitz|e| *m[pl]*; **Ted is round the** **~** [*or* AM out **~**] Ted ist draußen hinterm Haus; **at** [*or* **in**] **the** **~** |**of the bus/book**| hinten |im Bus/Buch|; **at the ~ of the theatre** hinten im Theater; **~ to front** verkehrt herum; **~ of the hand/head/leg** Handrücken *m*/Hinterkopf *m*/Wade *f* ③ FBALL Verteidiger(in) *m(f)* ▸ **to get off sb's ~** jdn in Ruhe lassen; **to get sb's ~ up** jdn wütend machen; **to know sth like the ~ of one's hand** etw in- und auswendig kennen; **in** [*or* **at**] **the ~ of one's mind** im Hinterkopf; **to put one's ~ into sth** sich in etw *akk* hineinknien **II.** *adj* ① <*backmost*> (*rear*) Hinter-; **~ pocket** Gesäßtasche *f*; **~ seat** Rücksitz *m*; **~ tooth** Backenzahn *m* ② (*of body*) Rücken- ③ (*old*) alt; **~ issue** alte Ausgabe **III.** *adv* ① (*to previous place*) |wieder| zurück; **there and ~** hin und zurück; **~ and forth** hin und her; **I'll be ~** ich komme wieder ② (*to past*) **as far ~ as I can remember** so weit ich zurückdenken kann; **that was ~ in 1950** das war [schon] 1950; **two months ~** vor zwei Monaten **IV.** *vt* ① (*support*) unterstützen; **to ~ a horse** auf ein Pferd setzen ② (*drive*) **she ~ed the car into the garage** sie fuhr rückwärts die Garage ③ (*accompany*) begleiten **V.** *vi car* zurücksetzen ◆ **back away** *vi* ■ **to ~ away** zurückweichen (**from** vor) ◆ **back down** *vi* nachgeben ◆ **back into** *vi* ■ **to ~ into sb** *person* mit jdm zusammenstoßen; ■ **to ~ into sth** *vehicle* rückwärts gegen [*o* in] etw *akk* fahren ◆ **back off** *vi* sich zurückziehen; **~ off!** lass mich in Ruhe! ◆ **back onto** *vi* ■ **to ~ onto sth** hinten an etw *akk* [an]grenzen ◆ **back out** *vi* einen Rückzieher machen ◆ **back up I.** *vi* sich stauen **II.** *vt* ① (*support*) unterstützen ② (*confirm*) bestätigen ② COMPUT sichern ③ (*reverse*) zurücksetzen

back·ˈbench·er *n* BRIT POL Hinterbänkler(in) *m(f)*
ˈback·bit·ing *n* Lästern *nt* **ˈback·bone** *n* Rückgrat *nt a. fig* **ˈback·chat** *n* Widerrede *f* **ˈback·cloth** *n* THEAT Prospekt *m*
back ˈdoor *n* Hintertür *f*
ˈback·drop *n* Hintergrund *m a. fig*
back·er [ˈbækəʳ] *n* Förderer(in) *m(f)*; **financial ~s** Geldgeber *pl*
ˈback·fire *vi* ① AUTO frühzünden ② (*go wrong*) fehlschlagen
back·ground [ˈbækgraʊnd] *n* ① Hintergrund *m*; THEAT Kulisse *f* ② SOCIAL Herkunft *f*; **to come from a poor ~** aus armen Verhältnissen stammen; **to do a ~ check on sb** jdn

polizeilich überprüfen ❸ (*experience*) **with a ~ in sth** mit Erfahrung in etw *dat*
'**back·hand** *n* Rückhand *f*
'**back·hand·er** *n* BRIT (*fam*) Schmiergeld *nt*
back·ing ['bækɪŋ] *n* ❶ (*support*) Unterstützung *f* ❷ (*stiffener*) Verstärkung *f* ❸ MUS Begleitung *f*
'**back·lash** *n* Gegenreaktion *f* '**back·log** *n usu sing* Rückstand *m*
back 'num·ber *n* alte Ausgabe
'**back·pack I.** *n* Rucksack *m* **II.** *vi* mit dem Rucksack reisen '**back·pack·er** *n* Rucksackreisende(r) *f(m)* '**back pay** *n* (*wages*) Lohnnachzahlung *f*; (*salaries*) Gehaltsnachzahlung *f* '**back seat** *n* ❶ (*in car*) Rücksitz *m* ❷ (*fig*) **to take a ~ in** den Hintergrund treten '**back·side** *n* (*fam*) Hintern *m* ▶ **to get off one's ~** seinen Hintern in Bewegung setzen '**back·slash** *n* Backslash *m* '**back·space** *n,* '**back·space key** *n* Backspace-Taste *f* '**back·stage I.** *n* Garderobe *f* **II.** *adj, adv* hinter der Bühne '**back·stroke** *n* Rückenschwimmen *nt*; **to swim ~** rückenschwimmen '**back talk** *n* AM (*fam*) Widerrede *f* **back-to-'school** *adj shopping, merchandise* zum Schulbeginn *nach n* '**back·track** *vi* ❶ (*go back*) wieder zurückgehen ❷ (*change opinion*) einlenken '**back·up** ['bækʌp] *n* ❶ (*support*) Unterstützung *f*; **~ generator** Notstromaggregat *nt*; **~ staff** Reservepersonal *nt* ❷ COMPUT Sicherung *f*, Backup *nt*
back·ward ['bækwəd] **I.** *adj* ❶ (*facing rear*) rückwärts gewandt; (*reversed*) Rück|wärts|-; **a ~ step** ein Schritt nach hinten ❷ (*slow in learning*) zurückgeblieben ❸ (*underdeveloped*) rückständig **II.** *adv see* **backwards**
back·wards ['bækwədz] *adv* ❶ (*towards the back*) nach hinten; **to walk ~ and forwards** hin- und hergehen ❷ (*in reverse*) rückwärts; **to know sth ~** etw in- und auswendig kennen ❸ (*into past*) zurück
'**back·water** *n* ❶ (*of river*) stehendes Gewässer ❷ (*pej: isolated place*) toter Fleck '**back·woods** *npl* hinterste Provinz '**back·woodsman** *n* Hinterwäldler(in) *m(f)*
back·'yard *n* ❶ BRIT (*courtyard*) Hinterhof *m* ❷ AM (*back garden*) Garten *m* hinter dem Haus ▶ **in one's own ~** vor der eigenen Haustür
ba·con ['beɪkən] *n* [Schinken]speck *m*; **~ and eggs** Eier *pl* mit Speck
bac·te·ria [bæk'tɪəriə] *n pl of* **bacterium** Bakterien *pl*
bac·te·ri·olo·gist [bæk,tɪəri'ɒlədʒɪst] *n* Bakteriologe, Bakteriologin *m, f*
bac·te·ri·um <*pl* -ria> [bæk'tɪəriəm] *n* Bakterie *f*

bad <worse, worst> [bæd] **I.** *adj* schlecht; *dream* böse; *smell* übel; *cold* schlimm; *debt* uneinbringlich; *storm* heftig; **things are going from ~ to worse** es wird immer schlimmer; **too ~** zu schade; **~ blood** böses Blut; **to fall in with a ~ crowd** in eine üble Bande geraten; **~ language** Kraftausdrücke *pl*; **~ luck** Pech *nt*; **~ at maths** schlecht in Mathe; **to have a ~ temper** jähzornig sein; **nowhere near as ~ as ...** nicht halb so schlimm wie ... **II.** *adv* (*fam*) sehr **III.** *n no pl* **to take the ~ with the good** auch das Schlechte in Kauf nehmen
badge [bædʒ] *n* Abzeichen *nt*; (*made of metal*) Button *m*; (*on car*) Plakette *f*; **police ~** Polizeimarke *f*
badg·er ['bædʒə^r] **I.** *n* Dachs *m* **II.** *vt* bedrängen
bad·ly <worse, worst> ['bædli] *adv* schlecht; **to be ~ in need of sth** etw dringend benötigen; **~ hurt** schwer verletzt
bad·min·ton ['bædmɪntən] *n* Badminton *nt*, Federball *m*
bad-'tem·pered *adj* (*easily irritated*) leicht aufbrausend; (*in a bad mood*) schlecht gelaunt
baf·fle ['bæfl] *vt* verwirren
baf·fling ['bæflɪŋ] *adj* (*confusing*) verwirrend; (*mysterious*) rätselhaft
bag [bæg] **I.** *n* ❶ (*container*) Tasche *f*; (*drawstring bag*) Beutel *m*; (*sack*) Sack *m*; **paper/plastic ~** Papier-/Plastiktüte *f*; **a ~ of sweets** eine Tüte Bonbons ❷ (*handbag*) Handtasche *f*; (*travelling bag*) Reisetasche *f*; **to pack one's ~s** die Koffer packen ❸ (*skin*) **to have ~s under one's eyes** Ringe *pl* unter den Augen haben ❹ BRIT, AUS (*fam*) **~s of ...** jede Menge ... ❺ (*pej*) **old ~** alte Schachtel **II.** *vt* <-gg-> eintüten
ba·gel ['beɪgəl] *n* Bagel *m*
bag·gage ['bægɪdʒ] *n no pl* (*luggage*) Gepäck *nt*; **pieces of ~** Gepäckstücke *pl*; **excess ~** Übergepäck *nt*
'**bag·gage al·low·ance** *n* Freigepäck *nt*
'**bag·gage car** *n* AM, AUS Gepäckwagen *m*
'**bag·gage check** *n* Gepäckkontrolle *f*
'**bag·gage claim** *n* Gepäckausgabe *f*
bag·gy ['bægi] *adj* [weit] geschnitten
'**bag lady** *n* Obdachlose *f* '**bag·pip·er** *n* Dudelsackspieler(in) *m(f)* '**bag·pipes** *npl* Dudelsack *m*
Ba·ha·mas [bə'hɑːməz] *npl* ▪ **the ~** die Bahamas
Ba·ha·mian [bə'heɪmiən] **I.** *n* Baham[a]er(in) *m(f)* **II.** *adj* baham[a]isch
Bah·rain [bɑː'reɪn] *n* ▪ *no pl* Bahrain *nt*
bail [beɪl] **I.** *n* (*money*) Kaution *f*; **to grant ~** die Freilassung gegen Kaution gewähren; **to**

jump ~ die Kaution verfallen lassen und fliehen; **to stand** ~ **for sb** für jdn [die] Kaution stellen **II.** *vi* [Wasser] [aus]schöpfen **III.** *vt* ❶ (*remove*) [aus]schöpfen ❷ (*release*) ■ **to** ~ **sb** jdn gegen Kaution freilassen ◆ **bail out I.** *vt* ❶ (*pay to release*) ■ **to** ~ **out** ⟳ **sb** für jdn [die] Kaution stellen ❷ (*help*) ■ **to** ~ **sb out** jdm aus der Klemme helfen **II.** *vi* ❶ (*jump out*) [mit dem Fallschirm] abspringen ❷ (*fig*) aussteigen

bail·iff ['beɪlɪf] *n* ❶ BRIT Verwalter(in) *m(f)* ❷ AM (*court official*) Justizwachtmeister(in) *m(f)*

bait [beɪt] **I.** *n* Köder *m a. fig*; **to take the ~** anbeißen **II.** *vt* ❶ (*put bait on*) mit einem Köder versehen ❷ (*harass*) *person* schikanieren; *animal* mit Hunden hetzen

bake [beɪk] **I.** *vi* ❶ (*cook*) backen ❷ (*fam*) **it's baking outside** draußen ist es wie im Backofen; **I'm baking** ich komme fast um vor Hitze **II.** *vt* ❶ (*cook*) [im Ofen] backen ❷ (*pottery*) brennen **III.** *n* ❶ FOOD Auflauf *m* ❷ AM gesellige Zusammenkunft (*mit bestimmten Speisen*)

bak·er ['beɪkə'] *n* Bäcker(in) *m(f)*
bak·ery ['beɪkri] *n* Bäckerei *f*
'bak·ing pow·der *n no pl* Backpulver *nt*

bal·ance ['bælən(t)s] **I.** *n* ❶ *no pl* Gleichgewicht *nt a. fig*; **the ~ of opinion is that ...** es herrscht die Meinung vor, dass ...; **to hang** [*or* **be**] **in the ~** (*fig*) in der Schwebe sein; **to strike a ~** den goldenen Mittelweg finden; **on ~** alles in allem ❷ FIN Kontostand *m*; [annual] ~ **sheet** [Jahres]bilanz *f*; (*amount left to pay*) Rest[betrag] *m*; ~ **of payments** Zahlungsbilanz *f*; ~ **of trade** Handelsbilanz *f* ❸ (*scales*) Waage *f* ❹ (*harmony*) Ausgeglichenheit *f* ❺ MUS, NAUT Balance *f* **II.** *vt* ❶ (*compare*) abwägen ❷ (*keep steady*) balancieren ❸ (*achieve equilibrium*) ■ **to** ~ **sth against sth** etw gegen etw *akk* abwägen ❹ FIN account ausgleichen; *books* abschließen ❺ TECH *wheels* auswuchten **III.** *vi* ❶ (*also fig: keep steady*) das Gleichgewicht halten; **she ~d on one foot** sie balancierte auf einem Fuß ❷ FIN ausgeglichen sein ◆ **balance out I.** *vt* aufwiegen **II.** *vi* sich aufwiegen

bal·anced ['bælən(t)st] *adj* ausgewogen; *personality* ausgeglichen

'bal·ance sheet *n* Bilanz *f*
bal·co·ny ['bælkəni] *n* Balkon *m*
bald [bɔːld] *adj* ❶ (*lacking hair*) glatzköpfig; ~ **spot** [*or* **patch**] kahle Stelle; **to go ~** eine Glatze bekommen ❷ *tyre* abgefahren ❸ *statement* unverblümt

bald·ly ['bɔːldli] *adv* unumwunden
bald·ness ['bɔːldnəs] *n* ❶ (*lacking hair*) Kahlheit *f* ❷ (*bluntness*) Unverblümtheit *f*

bale [beɪl] **I.** *n* Ballen *m* **II.** *vt* bündeln
Bal·e·ar·ic Is·lands *n* ■ **the** ~ die Balearen *pl*
bale·ful ['beɪlfəl] *adj* böse
balk [bɔːk, BRIT *also* bɔːlk] *vi* ❶ (*stop short*) *horse* scheuen ❷ (*be unwilling*) ■ **to ~ at sth** vor etw *dat* zurückschrecken
Bal·kans ['bɔːlkənz] *npl* ■ **the** ~ der Balkan
Bal·kan States [ˌbɔːlkən'steɪts] *npl* Balkanstaaten *pl*
ball [bɔːl] *n* ❶ Ball *m* ❷ (*ball-shaped*) *of wool* Knäuel *m o nt; of dough* Kugel *f*; **to crush paper into a ~** Papier zusammenknüllen; **to curl** [**oneself**] **into a ~** sich [zu einem Knäuel] zusammenrollen ❸ (*body part*) Ballen *m*; ~ **of the foot** Fußballen *m* ❹ (*dance*) Ball *m* ❺ (*root ball*) [Wurzel]ballen *m* ❻ *pl* (*fam!*) ■ **~s** (*testicles*) *see* **balls** ▶ **to be on the ~** auf Zack sein; **to start the ~ rolling** eine Sache in Gang bringen; **to have a ~** Spaß haben; **to play ~** mitmachen
bal·lad ['bæləd] *n* Ballade *f*
bal·lad·eer [ˌbælə'dɪə'] *n* Liedermacher(in) *m(f)*
bal·last ['bæləst] *n* ❶ *no pl* (*for ship, balloon*) Ballast *m* ❷ RAIL Schotter *m*
ball 'bear·ing *n* (*bearing*) Kugellager *nt*; (*ball*) Kugellagerkugel *f*
'ball-break·er *n* (*fam: sexually demanding woman who destroys men's self-confidence*) Femme Fatale *f*
bal·le·ri·na [ˌbæləˈriːnə] *n* Ballerina *f*
bal·let ['bæleɪ] *n no pl* Ballett *nt*
'bal·let danc·er *n* Balletttänzer(in) *m(f)*
'ball game *n* AM Baseballspiel *nt* ▶ **that's a whole new** ~ das ist eine ganz andere Sache
bal·lis·tic [bə'lɪstɪk] *adj* ballistisch ▶ **to go ~** ausflippen
bal·loon [bə'luːn] **I.** *n* Ballon *m* **II.** *vi* ■ **to ~ out** sich aufblähen
bal·loon·ist [bə'luːnɪst] *n* Ballonfahrer(in) *m(f)*
bal·lot ['bælət] **I.** *n* [geheime] Abstimmung; (*election*) Geheimwahl *f*; **first/second ~** erster/zweiter Wahlgang; **to hold a ~** abstimmen; (*elect*) wählen **II.** *vi* abstimmen **III.** *vt* ■ **to ~ sb** [**on sth**] jdn [über etw *akk*] abstimmen lassen
'bal·lot box *n* Wahlurne *f* **'bal·lot pa·per** *n* Stimmzettel *m*
'ball·park *n* AM Baseballstadion *nt* **'ball play·er** *n* AM Baseballspieler(in) *m(f)* **'ballpoint** *n*, **ball·point 'pen** *n* Kugelschreiber *m*
'ball·room *n* Ballsaal *m*
ball·room 'danc·ing *n no pl* Gesellschaftstanz *m*
balls ['bɔːlz] *n pl* (*fam!*) Eier *pl derb*

balls-up *n* BRIT (*fam!*) Scheiß *m;* (*confusion*) Durcheinander *nt*
balm [bɑːm] *n* Balsam *m*
balmy ['bɑːmi] *adj* mild
Bal·tic ['bɔːltɪk] **I.** *adj* baltisch; **the ~ Sea** die Ostsee **II.** *n* ■ **the ~** die Ostsee
bam·boo [bæm'buː] *n* Bambus *m*
bam·boo·zle [bæm'buːzl] *vt* ❶ (*confuse*) verwirren ❷ (*trick*) übers Ohr hauen
ban [bæn] **I.** *n* Verbot *nt;* **~ on smoking** Rauchverbot *nt;* **to put a ~ on sth** etw verbieten **II.** *vt* <-nn-> ■ **to ~ sth** etw verbieten; ■ **to ~ sb** jdn ausschließen; **she was ~ned from driving for two years** sie erhielt zwei Jahre Fahrverbot
ba·nal [bə'nɑːl] *adj* banal
ba·nal·ity [bə'næləti] *n* Banalität *f*
ba·na·na [bə'nɑːnə] *n* Banane *f*
ba·na·na re·pub·lic *n* Bananenrepublik *f*
ba·'na·na tree *n* Bananenstaude *f*
band [bænd] **I.** *n* ❶ *of metal, cloth* Band *nt* ❷ *of colour* Streifen *m;* (*section also*) Abschnitt *m* ❸ (*range*) Bereich *m;* **age ~** Altersgruppe *f;* **tax ~** Steuerklasse *f* ❹ MUS (*modern*) Band *f;* (*traditional*) Kapelle *f* ❺ *of robbers* Bande *f* **II.** *vt* BRIT SCH einstufen ◆ **band together** *vi* sich vereinigen
band·age ['bændɪdʒ] **I.** *n* Verband *m;* (*of cloth*) Binde *f;* (*for support*) Bandage *f* **II.** *vt limb* bandagieren; *wound* verbinden
'Band-Aid® *n* Hansaplast® *nt*
B and B [ˌbiːən(d)'biː] *n* BRIT *abbrev of* **bed and breakfast**
bandit ['bændɪt] *n* ❶ (*robber, murderer*) Bandit(in) *m(f)* ❷ (*swindler*) Gauner(in) *m(f)*
'band mem·ber, 'bands·man *n* (*modern music*) Bandmitglied *nt;* (*traditional music*) Mitglied *nt* einer Kapelle **'band·stand** *n* Musikpavillon *m* **'band·wagon** *n* ▶ **to jump on the ~** auf den fahrenden Zug aufspringen **band·width** ['bændwɪtθ] *n* Bandbreite *f*
ban·dy ['bændi] **I.** *adj* ~ **legs** O-Beine *pl* **II.** *vt* **to be bandied about** verbreitet werden
bang [bæŋ] **I.** *n* ❶ (*loud sound*) Knall *m* ❷ (*blow*) Schlag *m* ❸ *pl* (*fringe*) ■ **~s** AM [kurzer] Pony ▶ **to go** [AM **over**] **with a ~** ein echter Knaller sein **II.** *adv* ❶ (*precisely*) genau; **~ in the middle of the road** mitten auf der Straße; **~ on** BRIT (*fam*) genau richtig; **~ up-to-date** topaktuell ❷ (*make loud noise*) **to go ~** [mit einem lauten Knall] explodieren ▶ **~ goes sth** etw geht dahin; **~ goes my pay rise** das war's dann wohl mit meiner Gehaltserhöhung *fam* **III.** *interj* ■ **~!** Peng! **IV.** *vi* Krach machen; *door* knallen; **to ~ at the door** an die Tür hämmern **V.** *vt* ❶ (*hit*) door zuschlagen; **to ~ one's fist on the table** mit der Faust auf den Tisch hauen; **to ~ one's head on sth** sich den Kopf an etw *akk* anschlagen; **to ~ the phone down on sb** jdm den Hörer auf die Gabel knallen ❷ AM **to ~ one's hair** sich *dat* einen Pony schneiden ◆ **bang away** *vi* herumhämmern
bang·er ['bæŋə'] *n* ❶ BRIT (*old car*) Klapperkiste *f* ❷ (*firework*) Knaller *m* ❸ BRIT (*fam: sausage*) [Brat]wurst *f;* **~s and mash** Würstchen *pl* mit Kartoffelbrei
Bang·la·desh [ˌbæŋglə'deʃ] *n* Bangladesh *nt*
Ban·gla·desh·i [ˌbæŋglə'deʃi] **I.** *n* Bangale(in) *m(f)* **II.** *adj* bangalisch
ban·gle ['bæŋgl] *n* (*for arm*) Armreif[en] *m;* (*for ankle*) Fußreif *m*
ban·ish ['bænɪʃ] *vt* verbannen (**from** aus); *from a country* ausweisen
ban·ish·ment ['bænɪʃmənt] *n* Verbannung *f*
ban·is·ter ['bænɪstə'] *n usu pl* [Treppen]geländer *nt*
ban·jo ['bændʒəʊ] *n* <*pl* -s *or* -es> Banjo *nt*
bank[1] [bæŋk] **I.** *n* ❶ *of a river* Ufer *nt;* (*elevated area*) Abhang *m;* **grassy ~s** grüne Hänge ❷ (*row of objects*) Reihe *f* **II.** *vi* AVIAT in die Querlage gehen **III.** *vt* ❶ AVIAT in die Querlage bringen ❷ (*confine*) *water* eindämmen
bank[2] [bæŋk] **I.** *n* ❶ (*financial institution*) Bank *f;* **to break the ~** die Bank sprengen; **in the ~** auf der Bank ❷ (*storage place*) Bank *f* **II.** *vi* ■ **to ~ with sb** bei jdm ein Konto haben **III.** *vt* [auf der Bank] einzahlen ◆ **bank on** *vi* ■ **to ~ on sth** (*rely on*) auf etw *akk* zählen; (*expect*) mit etw *dat* rechnen
'bank ac·count *n* Bankkonto *nt* **'bank bal·ance** *n* Kontostand *m* **'bank book** *n* Sparbuch *nt* **'bank charges** *npl* Bankgebühren *pl* **'bank clerk** *n* Bankangestellte(r) *f(m)*
bank·er ['bæŋkə'] *n* ❶ (*in bank*) Banker(in) *m(f)* ❷ (*in gambling*) Bankhalter(in) *m(f)*
bank 'holi·day *n* ❶ BRIT öffentlicher Feiertag ❷ AM Bankfeiertag *m*
bank·ing ['bæŋkɪŋ] *n* Bankwesen *nt;* **to be in ~** bei einer Bank arbeiten
'bank·ing hours *npl* Schalterstunden *pl*
bank 'man·ag·er *n* Filialleiter(in) *m(f)* einer Bank **'bank·note** *n* Banknote *f* **'bank rate** *n* Diskontsatz *m* **'bank rob·ber** *n* Bankräuber(in) *m(f)*
bank·rupt ['bæŋkrʌpt] **I.** *adj* (*insolvent*) bankrott; **to go ~** in Konkurs gehen ❷ (*deficient*) arm; **morally ~** moralisch verarmt **II.** *vt* [finanziell] ruinieren **III.** *n* Konkursschuldner(in) *m(f)*
bank·rupt·cy ['bæŋkrʌp(t)si] *n* ❶ *no pl* (*insolvency*) Konkurs *m* ❷ (*individual case*)

Konkursfall *m* ❸ *no pl* (*fig*) **moral ~** moralische Verarmung
'bank state·ment *n* Kontoauszug *m* **'bank trans·fer** *n* Überweisung *f*
ban·ner ['bænə'] *n* ❶ (*sign*) Transparent *nt* ❷ (*flag*) Banner *nt*
ban·ner 'ad·ver·tis·ing *n* INET Bannerwerbung *f*
banns [bænz] *npl* **to publish the ~** das Aufgebot verkünden
ban·quet ['bæŋkwɪt] **I.** *n* Bankett *nt* **II.** *vi* festlich speisen
ban·tam ['bæntəm] *n* Bantamhuhn *nt*
ban·ter ['bæntə'] **I.** *n* scherzhaftes Gerede **II.** *vi* herumscherzen
bap·tism ['bæptɪzᵊm] *n* Taufe *f*; **~ of fire** (*fig*) Feuertaufe *f*
bap·tis·mal [bæp'tɪzmᵊl] *adj* Tauf-
Bap·tist ['bæptɪst] *n* Baptist(in) *m(f)*; **the ~ Church** die Baptistengemeinde
bap·tize [bæp'taɪz] *vt* taufen
bar [baː'] **I.** *n* ❶ (*long rigid object*) Stange *f; of a cage* Gitterstab *m;* **to be behind ~s** hinter Schloss und Riegel sein ❷ (*in shape of bar*) *of chocolate* Riegel *m; of soap* Stück *nt;* **a ~ of gold** ein Goldbarren *m* ❸ (*band of colour*) Streifen *m* ❹ (*heating element*) Heizelement *nt* in künstlichen Kaminen ❺ (*obstacle*) Hemmnis *nt* ❻ (*for drinking*) Lokal *nt*, Bar *f;* (*counter*) Bar *f*, Theke *f* ❼ MUS Takt *m* **II.** *vt* <-rr-> ❶ (*fasten*) verriegeln ❷ (*obstruct*) blockieren ❸ (*prohibit*) *something* verbieten; *somebody* ausschließen **III.** *prep* außer; **~ none** [alle] ohne Ausnahme
Bar [baː'] *n* LAW **to be called to the ~** als Anwalt/Anwältin [vor Gericht] zugelassen werden
barb [baːb] *n* ❶ *of hook, arrow* Widerhaken *m* ❷ (*insult*) Gehässigkeit *f*
Bar·ba·dos [baː'beɪdɒs] *n* Barbados *nt*
bar·bar·ian [baː'beərɪən] *n* Barbar(in) *m(f)*
bar·bar·ic [baː'bærɪk] *adj* barbarisch
bar·bar·ity [baː'bærəti] *n* Barbarei *f*
bar·ba·rous ['baːbᵊrəs] *adj* grausam
bar·be·cue ['baːbɪkjuː] **I.** *n* (*utensil*) Grill *m;* (*event*) Grillparty *f;* **to have a ~** grillen **II.** *vt* grillen
barbed [baːbd] *adj* ❶ *hook, arrow* mit Widerhaken ❷ (*fig: hurtful*) bissig
barbed 'wire *n* Stacheldraht *m*
bar·ber ['baːbə'] *n* [Herren]friseur *m*
'bar·ber·shop *n* AM Friseurgeschäft *nt*
bar·bi·tu·rate [baː'bɪtʃᵊrət] *n* Barbiturat *nt*
'bar chart *n* Histogramm *nt*
'bar code *n* Strichcode *m*
bard [baːd] *n* (*liter*) Barde *m;* **the B~ of Avon** Shakespeare
bare [beə'] **I.** *adj* ❶ (*unclothed*) nackt; **in ~ feet** barfuß; **with one's ~ hands** (*fig*) mit bloßen Händen ❷ (*uncovered*) *branch* kahl; *landscape* karg ❸ (*empty*) leer ❹ (*unadorned*) nackt; *room* karg ❺ (*basic*) **the ~ essentials** das Allernötigste; **the ~ minimum** das absolute Minimum **II.** *vt* entblößen; **to ~ one's heart** [*or* **soul**] **to sb** jdm sein Herz ausschütten; **to ~ one's teeth** die Zähne zeigen
'bare·back *adj*, *adv* ohne Sattel **'bare·faced** *adj* unverschämt **'bare·foot**, **bare·'foot·ed** *adj*, *adv* barfuß
bare·ly ['beəli] *adv* ❶ (*hardly*) kaum ❷ (*scantily*) karg
barf [baːf] *vi* AM (*fam!*) kotzen
bar·gain ['baːgɪn] **I.** *n* ❶ (*agreement*) Handel *m;* **to drive a hard ~** hart verhandeln ❷ (*good buy*) guter Kauf; **a real ~** ein echtes Schnäppchen; **~ counter** Sonderangebotstisch *m* ▶ **into the ~** darüber hinaus **II.** *vi* (*negotiate*) [ver]handeln; (*haggle*) feilschen (**for** um) ♦ **bargain for** *vi* (*reckon with*) rechnen mit +*dat;* **to get more than one ~ed for** eine unangenehme Überraschung erleben ♦ **bargain on** *vi* zählen auf +*akk*
bar·gain 'base·ment *n* AM Untergeschoss *nt* mit Sonderangeboten **'bar·gain price** *n* Sonderpreis *m* **'bar·gain-priced** *adj* stark reduziert, zum Schleuderpreis *nach n* **'bar·gain sale** *n* Ausverkauf *m*
barge [baːdʒ] **I.** *n* (*for cargo*) Lastkahn *m;* (*for pleasure*) Prunkschiff *nt* **II.** *vi* ▶ **to ~ into sb** jdn anrempeln **III.** *vt* **to ~ one's way through sth** sich *dat* seinen Weg durch etw *akk* bahnen; **to ~ one's way to the front** sich nach vorne drängeln ♦ **barge in** *vi* (*enter*) hinein-/hereinplatzen; (*interrupt*) sich einmischen
bari·tone ['bærɪtəʊn] *n* Bariton *m*
bark¹ [baːk] *n no pl* (*part of tree*) [Baum]rinde *f*
bark² [baːk] **I.** *n* (*animal cry*) Bellen *nt;* (*fig*) Anblaffen *nt* ▶ **his ~ is worse than his bite** Hunde, die bellen, beißen nicht **II.** *vi* bellen ▶ **to ~ up the wrong tree** auf dem Holzweg sein ♦ **bark out** *vt* [barsch] bellen
'bar·keep·er *n* ❶ (*owner*) Barbesitzer(in) *m(f)* ❷ (*server of drinks*) Barkeeper *m*
bar·ley ['baːli] *n no pl* Gerste *f*
'bar·maid *n* Bardame *f*
'bar·man *n* Barmann *m*
bar·my ['baːmi] *adj esp* BRIT (*fam*) bekloppt
barn [baːn] *n* Scheune *f*
bar·na·cle ['baːnəkl] *n* Rankenfußkrebs *m*
bar·net ['baːnɪt] *n* BRIT (*rhyming sl: a person's hair*) Haare *pl*
'barn·yard *n esp* AM [Bauern]hof *m*
ba·rom·eter [bə'rɒmɪtə'] *n* Barometer *nt*
bar·on ['bærən] *n* Baron *m*, Freiherr *m;*

press ~ Pressezar *m*
bar·on·ess ['bærənəs] *n* Baronin *f*
ba·ro·nial [bə'rəʊnɪəl] *adj* ❶ (*great*) fürstlich ❷ (*of a baron*) Barons-
ba·roque [bə'rɒk] **I.** *adj* barock **II.** *n no pl* ▪ **the ~** der [*o* das] Barock
bar·rack ['bærək] *vt* BRIT ausbuhen
bar·racks ['bærəks] *npl* + *sing/pl vb* Kaserne *f*
bar·rage ['bærɑː(d)ʒ] *n* ❶ MIL Sperrfeuer *nt* ❷ (*fig*) Hagel *m;* **they received a ~ of criticism** es hagelte nur so an Kritik; **a ~ of questions** ein Schwall *m* von Fragen ❸ BRIT (*barrier*) Wehr *nt*
bar·rel ['bærəl] *n* ❶ (*container*) Fass *nt* ❷ (*measure*) Barrel *nt* ❸ *of a gun* Lauf *m;* *of a cannon* Rohr *nt* ▶ **a ~ of <u>laughs</u>** eine Stimmungskanone
'bar·rel or·gan *n* Drehorgel *f*
bar·ren ['bærən] *adj* ❶ *man, animal, plant* unfruchtbar; *landscape* karg ❷ (*fig*) unproduktiv; *years* mager
bar·ri·cade [ˌbærɪkeɪd, ˌbærə'keɪd] **I.** *n* Barrikade *f.* **II.** *vt* verbarrikadieren
bar·ri·er ['bærɪə'] *n* Barriere *f;* (*man-made*) Absperrung *f;* (*at railway station*) Schranke *f*
bar·ring ['bɑːrɪŋ] *prep* ausgenommen; **~ any unexpected delays** wenn es keine unerwarteten Verspätungen gibt
bar·ris·ter ['bærɪstə'] *n* BRIT, AUS Rechtsanwalt, -anwältin *m, f* [bei höheren Gerichten]
bar·row ['bærəʊ] *n* ❶ (*wheelbarrow*) Schubkarren *m* ❷ (*cart*) Karren *m*
bar·tend·er ['bɑːˌtendə'] *n* Barkeeper *m*
bar·ter ['bɑːtə'] **I.** *n* Tausch[handel] *m* **II.** *vi* Tauschhandel [be]treiben; **to ~ for sth** um etw *akk* handeln **III.** *vt* [ein]tauschen (**for** gegen)
base[1] [beɪs] **I.** *n* ❶ (*bottom*) Fuß *m;* *of spine* Basis *f* ❷ (*main location*) Hauptsitz *m;* MIL Basis *f* ❸ (*main ingredient*) Hauptbestandteil *m* ❹ (*first ingredient used*) Grundlage *f;* (*for painting*) Grundierung *f* ❺ CHEM Base *f* ❻ MATH Basis *f* ❼ SPORTS Base *f* ▶ **to touch ~** sich mit jdm in Verbindung setzen **II.** *vt* ❶ ▪ **to be ~d** *firm* seinen/ihren Sitz haben; *soldier* stationiert sein ❷ (*taken from*) ▪ **to be ~d on sth** auf etw *dat* basieren
base[2] *adj* ❶ (*immoral*) niederträchtig ❷ (*menial*) niedrig
'base·ball *n* Baseball *m o nt* **'base camp** *n* Basislager *nt*
Ba·sel ['bɑːzəl] *n* Basel *nt*
'base·less *adj* unbegründet
base·ment ['beɪsmənt] *n* (*living area*) Untergeschoss *nt;* (*cellar*) Keller *m*
'base rate *n* FIN Leitzins *m*
bash [bæʃ] **I.** *n* <*pl* -es> ❶ (*blow*) [heftiger] Schlag ❷ BRIT (*sl*) Versuch *m;* **to have a ~ at sth** etw [einmal] probieren ❸ (*sl: party*) Fete *f* **II.** *vi* ▪ **to ~ into** zusammenstoßen mit +*dat* **III.** *vt* (*fam: hit hard*) ▪ **to ~ sb** jdn verhauen; **to ~ one's knee on sth** mit dem Knie gegen etw *akk* knallen
'bash·ful ['bæʃfəl] *adj* schüchtern
ba·sic ['beɪsɪk] *adj* ❶ (*fundamental*) grundlegend; **to have a ~ command of sth** [nur] Grundkenntnisse in etw *dat* besitzen; **~ requirements** Grundvoraussetzungen *pl;* **~ vocabulary** Grundwortschatz *m;* ▪ **the ~s** *pl* die Grundlagen; **to go back to** [**the**] **~s** zum Wesentlichen zurückkehren ❷ (*very simple*) [sehr] einfach
ba·si·cal·ly ['beɪsɪkəli] *adv* im Grunde
ba·sic 'pay *n* Grundlohn *m* **ba·sic 'sa·la·ry** *n* Grundgehalt *nt*
bas·il ['bæzəl] *n* Basilikum *nt*
ba·sil·i·ca [bə'zɪlɪkə] *n* ARCHIT Basilika *f*
ba·sin ['beɪsən] *n* ❶ (*for cooking, washing-up*) Schüssel *f;* (*washbasin*) Waschbecken *nt* ❷ GEOG Becken *nt*
ba·sis <*pl* bases> ['beɪsɪs, *pl* -siːz] *n* Basis *f;* ▪ **to be the ~ for sth** als Grundlage für etw *akk* dienen; **on a regular ~** regelmäßig; **on a voluntary ~** auf freiwilliger Basis
bask [bɑːsk] *vi* ❶ (*sun oneself*) **to ~ in the sun** sich in der Sonne aalen ❷ (*fig*) ▪ **to ~ in sth** *success* sich in etw *dat* sonnen
bas·ket ['bɑːskɪt] *n* Korb *m*
'bas·ket·ball *n* Basketball *m* **'bas·ket case** *n* (*fam*) hoffnungsloser Fall
bask·ing shark ['bɑːskɪŋˌʃɑːk] *n* Riesenhai *m*
Basque [bæsk] **I.** *n* ❶ (*person*) Baske, Baskin *m, f* ❷ (*language*) Baskisch *nt* **II.** *adj* baskisch
bass[1] [beɪs] *n* MUS Bass *m;* **~ clef** Bassschlüssel *m*
bass[2] [bæs] *n* (*fish*) Barsch *m*
bas·soon [bə'suːn] *n* Fagott *nt*
bas·tard ['bɑːstəd] *n* (*fam!*) ❶ (*pej*) Dreckskerl *m;* **lucky ~** (*hum*) verdammter Glückspilz ❷ (*pej old: illegitimate child*) uneheliches Kind
baste [beɪst] *vt* ❶ FOOD mit [Braten]saft beträufeln ❷ AM (*tack*) [an]heften
bas·ti·on ['bæstɪən] *n* Bollwerk *nt a. fig*
bat[1] [bæt] *n* ❶ (*animal*) Fledermaus *f* ❷ (*pej fam*) **an old ~** eine alte Schrulle ▶ **to have ~s in the <u>belfry</u>** eine Meise haben; [**as**] **<u>blind</u> as a ~** blind wie ein Maulwurf
bat[2] [bæt] *vt* **to ~ one's eyelashes** mit den Wimpern klimpern; **to ~ one's eyelashes at sb** jdm zuzwinkern; **to not ~ an eyelid** (*fig*) nicht mal mit der Wimper zucken
bat[3] [bæt] **I.** *n* SPORTS Schläger *m* ▶ [**right**] **off**

the ~ Am prompt; **to do sth off one's own ~** Brit etw auf eigene Faust tun **II.** *vi, vt* <-tt-> sports schlagen

batch [bætʃ] *n* <*pl* -es> Stapel *m*; *of bread* Schub *m*

'batch file *n* comput Batchdatei *f*

bat·ed ['beɪtɪd] *adj* **with ~ breath** mit angehaltenem Atem

bath [bɑːθ] **I.** *n* ❶ (*tub*) [Bade]wanne *f* ❷ (*water*) Bad[ewasser] *nt*; **~ essence** Badezusatz *m*; **to run** [sb] **a ~** [jdm] ein Bad einlassen ❸ (*washing*) Bad *nt*; **to give sb a ~** jdn baden; **to have** [*or esp* Am **take**] **a ~** ein Bad nehmen, baden **II.** *vi, vt* [sich] baden

bathe [beɪð] **I.** *vi* ❶ Brit (*swim*) schwimmen ❷ Am (*bath*) ein Bad nehmen **II.** *vt* ❶ med baden; **to ~ one's eyes** ein Augenbad machen; **to ~ one's feet** ein Fußbad nehmen ❷ Am (*bath*) baden ❸ (*fig: cover*) tauchen; **to be ~d in sweat** schweißgebadet sein **III.** *n no pl* Bad *nt*

bath·er ['beɪðəʳ] *n* Badende(r) *f(m)*

bath·ing ['beɪðɪŋ] *n no pl* Baden *nt*; **to go ~** baden gehen

'bath·ing cap *n* Badekappe *f* **'bath·ing cos·tume** *n* Brit, Aus (*dated*), Am **'bath·ing suit** *n* Badeanzug *m* **'bath·ing trunks** *npl* Badehose *f*

'bath·robe *n* Bademantel *m* **'bath·room** *n* Bad[ezimmer] *nt*; **to go to the ~** Am, Aus auf die Toilette gehen **'bath tow·el** *n* Bade[hand]tuch *nt* **'bath·tub** *n esp* Am Badewanne *f*

ba·ton ['bætᵊn] *n* ❶ (*in conducting*) Taktstock *m* ❷ (*majorette*) [Kommando]stab *m* ❸ (*in relay races*) Staffelholz *nt*; **~ change** Stabwechsel *m* ❹ (*truncheon*) Schlagstock *m*

bats·man *n* Schlagmann *m*

bat·tal·ion [bəˈtælɪən] *n* Bataillon *nt*

bat·ten ['bætᵊn] *n* Latte *f* ◆ **batten down** *vt* mit Latten befestigen; **to ~ down the hatches** (*fig*) sich auf etwas gefasst machen

bat·ter¹ ['bætəʳ] food **I.** *n* [Back]teig *m* **II.** *vt* panieren

bat·ter² ['bætəʳ] **I.** *n* sports Schlagmann *m* **II.** *vt* ■ **to ~ sb** jdn verprügeln, ■ **to ~ sth** auf etw *akk* einschlagen. *vi* schlagen; (*with fists*) hämmern

bat·tered ['bætəd] *adj* ❶ (*beaten*) misshandelt ❷ (*damaged*) böse zugerichtet; *car* verbeult; *equipment* schadhaft; *furniture, image* ramponiert; *hat* zerbeult; *toys* beschädigt ❸ (*covered in batter*) paniert

bat·ter·ing ['bætərɪŋ] *n* ❶ (*attack*) Prügel *pl*; **to give sb a ~** jdn verprügeln ❷ (*fam: defeat*) Niederlage *f*

'bat·ter·ing ram *n* Rammbock *m*; (*hist*) Sturmbock *m*

bat·tery ['bætəri] *n* ❶ (*power*) Batterie *f*; **~-operated** [*or* **-powered**] batteriebetrieben ❷ (*large number*) Unmenge *f* ❸ mil Batterie *f* ❹ *no pl* law Körperverletzung *f*

'bat·tery charg·er *n* [Batterie]ladegerät *nt*

'bat·tery hen *n* Brit, Aus Batteriehuhn *nt*

bat·tle ['bætl] **I.** *n* Kampf *m*; **~ of wills** Machtkampf *m*; **to do ~** kämpfen; **in ~** im Kampf ▸ **that is half the ~** damit ist die Sache schon halb gewonnen; **to fight a losing ~** auf verlorenem Posten kämpfen **II.** *vi* kämpfen *a. fig* **III.** *vt* Am ■ **to ~ sth** gegen etw *akk* [an]kämpfen

'bat·tle-axe *n* ❶ (*hist*) Streitaxt *f* ❷ (*pej sl: woman*) Schreckschraube *f* **'bat·tle cry** *n* Schlachtruf *m* **'bat·tle·dress** *n no pl* Kampfanzug *m* **'bat·tle·field** *n*, **'bat·tle·ground** *n* ❶ (*site*) Schlachtfeld *n* ❷ (*fig*) Reizthema *nt* **bat·tle·ments** ['bætlmənts] *npl* Zinnen *pl* **'bat·tle·ship** *n* Schlachtschiff *nt*

baulk [bɔːk] *vi see* **balk**

baux·ite ['bɔːksaɪt] *n* Bauxit *m*

Ba·va·ria [bəˈveəriə] *n no pl* geog Bayern *nt*

Ba·var·ian [bəˈveəriən] **I.** *adj* bay[e]risch **II.** *n* Bayer(in) *m(f)*

bawdy ['bɔːdi] *adj* schlüpfrig, zweideutig

bawl [bɔːl] **I.** *vi* ❶ (*bellow*) brüllen, schreien; ■ **to ~ at sb** jdn anbrüllen ❷ (*weep*) heulen **II.** *vt* ❶ (*bellow*) brüllen, schreien; *song* grölen ❷ (*weep*) **to ~ one's eyes out** sich die Augen ausweinen

bay [beɪ] **I.** *n* ❶ geog Bucht *f*; **the B~ of Biscay** der Golf von Biskaya ❷ (*for parking*) Parkbucht *f*; (*for unloading*) Ladeplatz *m* ❸ (*tree*) Lorbeer[baum] *m*; **~ leaf** Lorbeerblatt *nt* ❹ (*horse*) Braune(r) *m* ▸ **at ~** in die Enge getrieben; **to keep sb at ~** sich *dat* jdn vom Leib halten; **to keep one's fears at ~** seine Ängste unter Kontrolle halten **II.** *vi* bellen; hunt melden; **to ~ for blood** (*fig*) nach Blut lechzen

bay·o·net ['beɪənət] **I.** *n* Bajonett *nt* **II.** *vt* mit dem Bajonett aufspießen

bay 'win·dow *n* Erkerfenster *nt*

ba·zaar [bəˈzɑːʳ] *n* Basar *m*

ba·zil·lion [bəˈzɪljən] *n* Am (*fam*) jede Menge

BBC [ˌbiːbiːˈsiː] *n* Brit *abbrev of* **British Broadcasting Corporation** BBC *f*

BC [biːˈsiː] *adv abbrev of* **before Christ** v. Chr.

be <was, been> [biː, bi] *vi + n or adj* ❶ (*describes*) sein; **what is that?** was ist das?; **she's a doctor** sie ist Ärztin; **what do you want to ~ when you grow up?** was willst du einmal werden, wenn du erwachsen bist?; **to ~ from a country** aus einem Land kommen; **to ~ [all] for sth** [ganz] für etw *akk* sein ❷ *(calculation)* **two and two is four** zwei und zwei ist vier; **these books are 50p each** diese Bücher kosten jeweils 50p; **how much is that?** wie viel macht das? ❸ *(timing)* **to ~ late/[right] on time** zu spät/[genau] rechtzeitig kommen ❹ *(location)* **liegen; the keys are in that box** die Schlüssel befinden sich in der Schachtel; **the food was on the table** das Essen stand auf dem Tisch; **to ~ in a fix** in der Klemme stecken ❺ *pp (visit)* sein; **the postman hasn't been yet** der Briefträger war noch nicht da; **I've never been to Kenya** ich bin noch nie in Kenia gewesen ❻ *(take place)* stattfinden; **the meeting is next Tuesday** die Konferenz findet am nächsten Montag statt ❼ *(do)* **to ~ on benefit** [*or* AM **welfare**] Sozialhilfe bekommen; **to ~ on a diet** auf Diät sein; **to ~ on the pill** die Pille nehmen; ■ **to ~ up to sth** etw im Schild[e] führen ❽ *(exist)* **to ~ or not to ~, that is the question** Sein oder Nichtsein, das ist die Frage; **there is/are ...** es gibt ... ❾ *(expresses future)* **we are [going] to visit Australia in the spring** im Frühling reisen wir nach Australien; *(expresses future in past)* **she was never to see her brother again** sie sollte ihren Bruder nie mehr wiedersehen; **what are we to do?** was sollen wir tun?; *(in conditionals)* **if I were you, I'd ...** an deiner Stelle würde ich ...; **if he was to work harder, he'd get better grades** wenn er härter arbeiten würde, bekäme er bessere Noten; **were I to refuse, they'd be very annoyed** würde ich mich weigern, wären sie äußerst verärgert ❿ *(impersonal use)* **what's it to ~?** *(what are you drinking)* was möchten Sie trinken?; *(please decide now)* was soll es denn [nun] sein?; **is it true that ...?** stimmt es, dass ...?; **it's not that I don't like her** — **it's just that we rarely agree on anything** es ist nicht so, dass ich sie nicht mag — wir sind nur selten einer Meinung; **as it were** sozusagen ⓫ *(expresses imperatives)* **~ quiet or I'll ...!** sei still oder ich ...!; **~ seated!** setzen Sie sich!; **~ yourself!** sei du selbst! ⓬ *(expresses continuation)* **she's studying to be a lawyer** sie studiert, um Rechtsanwältin zu werden; **it's raining** es regnet; **you're always complaining** du beklagst dich dauernd; **while I'm eating** während ich beim Essen bin ⓭ *(expresses passive)* **to ~ asked** gefragt werden; **to ~ left speechless** sprachlos sein; **what is to ~ done?** was kann getan werden?; **the exhibition is currently to ~ seen at the City Gallery** die Ausstellung ist zurzeit in der Stadtgalerie zu besichtigen ▶ **the ~-all and end-all** das Ein und Alles; **~ that as it may** wie dem auch sei; **so ~ it** so sei es; **far ~ it from me to ...** nichts liegt mir ferner, als ...; **to ~ off** *(go away)* weggehen; *(begin spoiling)* schlecht sein; **~ off with you! go away!** geh! hau ab!; **let her ~!** lass sie in Ruhe!

beach [bi:tʃ] **I.** *n <pl* **-es>** Strand *m;* **on the ~** am Strand **II.** *vt* auf [den] Strand setzen; **~ed whale** gestrandeter Wal

'**beach ball** *n* Wasserball *m* '**beach·wear** *n* Strandkleidung *f*

bea·con ['bi:kən] *n* ❶ *(signal)* Leuchtfeuer *nt* ❷ *(fig: inspiration)* Leitstern *m*

bead [bi:d] *n* ❶ *(for jewellery)* Perle *f* ❷ *(fig: droplet)* Tropfen *m;* **~s of perspiration** Schweißtropfen *pl* ❸ REL **~s** *pl* Rosenkranz *m;* **to count one's ~s** den Rosenkranz beten

bead·ing ['bi:dɪŋ] *n* Perlstab *m*

bead·y ['bi:di] *adj* **~ eyes** [glänzende] Knopfaugen; **to have one's ~ eye on** *(fig)* ein wachsames Auge haben auf +*akk*

beak [bi:k] *n* Schnabel *m*

beak·er ['bi:kə'] *n* ❶ *(mug)* Becher *m* ❷ SCI Becherglas *nt*

beam [bi:m] **I.** *n* ❶ *(light)* [Licht]strahl *m;* **full ~** Fernlicht *nt* ❷ *(baulk)* Balken *m* ❸ SPORTS Schwebebalken *m* **II.** *vt (transmit)* ausstrahlen **III.** *vi* strahlen; ■ **to ~ at sb** jdn anstrahlen

beam·ing ['bi:mɪŋ] *adj* strahlend

bean [bi:n] *n (seed)* Bohne *f; (pod)* [Bohnen]hülse *f;* **baked ~s** Baked Beans *pl* ▶ **full of ~s** putzmunter; **~ feast** BRIT, AUS Riesenfete *f*

beanie ['bi:ni] *n* [Beanie-]Mütze *f*

'**bean sprouts** *npl* Sojabohnensprossen *pl*

bear[1] [beə'] *n* ❶ *(animal)* Bär *m;* **she ~** Bärin *f;* **to be like a ~ with a sore head** *(fig)* ein richtiger Brummbär sein ❷ FIN Baissier *m*

bear[2] <bore, borne *or* AM *also* born> [beə'] **I.** *vt* ❶ *(carry)* tragen; *gifts* mitbringen; *(liter tidings)* überbringen; **to ~ the blame** die Schuld auf sich *akk* nehmen; **to ~ the cost** die Kosten tragen ❷ *(endure)* ertragen; **it doesn't ~ thinking about** man darf gar nicht daran denken; ■ **to not be able to ~ the suspense** die Spannung nicht aushalten; ■ **to not be able to ~ criticism** Kritik nicht vertragen ❸ *(harbour)* **to ~ sb a grudge** einen Groll gegen jdn hegen; **to ~ no ill-will** keine Feindschaft empfinden ❹ *(display)* **to ~ a likeness to sb** Ähnlichkeit mit jdm haben; **to ~ the scars** *(fig)* gezeichnet sein ❺ *(keep)* **I'll ~ that in mind** ich werde das berücksichtigen ❻ *(give birth to)* gebären; **his wife bore him a son** seine Frau schenkte ihm einen Sohn ❼ BOT **to ~ fruit**

bear off – beauty

Früchte tragen *a. fig* ⓕ FIN **to ~ interest at 8 %** 8 % Zinsen bringen ⓖ (*testify*) **to ~ witness** Zeugnis ablegen (**to** von) **II.** *vi* ⓐ (*tend*) **to ~ right** nicht halten ⓑ (*be patient*) ■ **to ~ with sb** mit jdm Geduld haben ⓒ (*approach*) ■ **to ~ down on** zusteuern auf +*akk* ⓓ (*be relevant*) **to ~** betreffen; (*have affect on*) beeinflussen ⓔ (*put pressure on*) **bring pressure to ~ on** Druck ausüben auf +*akk* ◆ **bear off** *vt* (*defend against*) abwehren ⓑ (*carry away*) wegtragen ◆ **bear up** *vi* standhalten; **she's ~ing up** sie lässt sich nicht unterkriegen

bear·able ['beərəbl] *adj* erträglich

beard [bɪəd] *n* Bart *m*; **to have a ~** einen Bart tragen [*o* haben]

beard·ed ['bɪədɪd] *adj* bärtig **beard·less** ['bɪədləs] *adj* bartlos; ■ **to be ~** keinen Bart haben

bear·er ['beərə'] *n* ⓐ (*messenger*) Überbringer(in) *m(f)* ⓑ (*pallbearer*) Sargträger *m*

bear·ing ['beəˈrɪŋ] *n* ⓐ NAUT Peilung *f*; **to take a ~ on** etw anpeilen; ■ **~ s** *pl* (*position*) Lage *f* kein *pl*; (*direction*) Kurs *m* kein *pl*; **to get** [*or* **find**] **one's ~ s** (*fig*) sich zurechtfinden; **to lose one's ~ s** die Orientierung verlieren ⓑ *no pl* (*deportment*) Benehmen *nt*; (*posture*) Haltung *f* ⓒ TECH Lager *nt* ⓓ (*relevance*) **to have no ~ on sth** für etw *akk* belanglos sein

'**bear·skin** *n* ⓐ (*bear fur*) Bärenfell *nt* ⓑ (*military hat*) Bärenfellmütze *f*

beast [biːst] *n* ⓐ (*animal*) Tier *nt*; **~ of burden** Lasttier *nt* ⓑ (*fam: nasty person*) Biest *nt*; (*cruel person*) Bestie *f*; **to be a ~ to sb** zu jdm biestig sein; **a ~ of a day** BRIT ein scheußlicher Tag

beast·ly ['biːs(t)li] *adj* (*fam*) ⓐ (*disappointing, nasty*) scheußlich, garstig, ekelhaft ⓑ (*unfair, unpleasant*) gemein, fies

beat [biːt] **I.** *n* ⓐ (*throb*) Schlag *m* ⓑ *no pl* (*act*) Schlagen *nt*; *of the heart* Klopfen *nt*; **her heart skipped a ~** ihr stockte das Herz ⓒ *no pl* MUS Takt *m* ⓓ *usu sing* (*police patrol*) Runde *f* **II.** *adj* (*fam*) fix und fertig; **dead ~** total geschafft **III.** *vt* <beat, beaten *or fam* beat> ⓐ (*hit*) schlagen; ■ **to ~ sth gegen** [*o* **auf**] **etw** *akk* **schlagen**; *carpet* [aus]klopfen; **to ~ a drum** trommeln; **to ~ time** den Takt schlagen; **to ~ sb to death** jdn totschlagen; **to ~ sb black and blue** jdn grün und blau schlagen ⓑ FOOD schlagen ⓒ (*force*) **to ~ a path through sth** sich *dat* einen Weg durch etw *akk* bahnen ⓓ (*defeat*) schlagen, besiegen; (*score better*) übertreffen; **you can't ~ a cool beer on a hot day** es geht [doch] nichts über ein kühles Bier an einem heißen Tag; **you simply can't ~ their prices** ihre Preise sind schlichtweg nicht zu unterbieten; **it ~ s me** (*fam*) das ist mir zu hoch; ■ **to ~ sb to sth** jdm bei etw *dat* zuvorkommen; **it ~ s me** [*or* **what ~ s me is**] **how/why ...** es ist mir ein Rätsel, wie/warum ... ⓔ (*avoid*) umgehen ▶ **if you can't ~ 'em, join 'em** (*saying*) verbünde dich mit ihnen, wenn du sie nicht besiegen kannst; **that ~ s everything** das schlägt dem Fass den Boden aus; **~ it!** hau ab!; **to ~ a** [hasty] **retreat** [schnell] einen Rückzieher machen **IV.** *vi* <beat, beaten *or fam* beat> ⓐ (*throb,*) schlagen; *heart also* klopfen, pochen; *drum* dröhnen ⓑ (*strike*) ■ **to ~ against** [*or* **on**] **sth** gegen etw *akk* schlagen; (*continuously*) gegen etw *akk* hämmern ⓒ (*fig*) *rain* prasseln; *sun* [nieder]brennen; *waves* schlagen ⓓ AM (*hurt*) ■ **to ~ on sb** auf jdn einschlagen ▶ **to ~ about** [*or* AM **around**] **the bush** um den heißen Brei herumreden ◆ **beat back** *vt* abwehren; MIL zurückschlagen ◆ **beat down I.** *vi rain* [her]niederprasseln; *sun* [her]niederbrennen **II.** *vt* ⓐ (*haggle*) herunterhandeln (**to** auf) ◆ **beat off** *vt* abwehren; MIL zurückschlagen ◆ **beat out** *vt* ⓐ (*extinguish*) ausschlagen ⓑ (*drum*) schlagen ⓒ (*flatten*) aushämmern ▶ **to ~ sb's brains out** jdm den Schädel einschlagen ◆ **beat up I.** *vt* verprügeln, zusammenschlagen **II.** *vi* AM ■ **to ~ up on** verprügeln

beat·en ['biːtən] *adj* geschlagen; *metal* gehämmert ▶ **off the ~ track** abgelegen

beat·er ['biːtə'] *n* ⓐ (*for cookery*) Rührbesen *m*; (*for carpets*) [Teppich]klopfer *m* ⓑ HUNT Treiber(in) *m(f)*

be·at·i·fi·ca·tion [bɪˌætɪfɪˈkeɪʃ'n] *n* Seligsprechung *f*

be·at·i·fy [bɪˈætɪfaɪ] *vt* selig sprechen

beat·ing ['biːtɪŋ] *n* ⓐ (*smacking*) Prügel *pl* ⓑ (*defeat*) Niederlage *f* ⓒ (*hard to better*) **her time will take some ~** ihre Zeit ist kaum zu übertreffen

Be·at·i·tudes [bɪˈætɪtjuːdz] *npl* **the ~** die Seligpreisungen

beau·ti·cian [bjuːˈtɪʃ'n] *n* Kosmetiker(in) *m(f)*

beau·ti·ful ['bjuːtɪfl] *adj* ⓐ (*very attractive*) schön; **extremely ~** wunderschön ⓑ (*uplifting*) herrlich, großartig

beau·ti·fy ['bjuːtɪfaɪ] *vt* verschönern; (*hum*) **to ~ oneself** sich schön machen

beau·ty ['bjuːti] *n* ⓐ *no pl* (*attractiveness*) Schönheit *f* ⓑ (*very attractive woman*) Schönheit *f* ⓒ (*fam: outstanding specimen*) Prachtstück *nt* ⓓ *no pl* (*attraction*) **the ~ of our plan ...** das Schöne an unserem Plan ... ▶ **~ is in the eye of the beholder** (*prov*) über Geschmack lässt sich [bekanntlich] strei-

ten
'beau·ty con·test *n*, **'beau·ty pag·eant** *n* Schönheitswettbewerb *m* **'beau·ty spot** *n* ① *(in countryside)* schönes Fleckchen [Erde] ② *(on face)* Schönheitsfleck *m*
bea·ver ['biːvəʳ] **I.** *n* ① ZOOL Biber *m* ② *(fig)* Arbeitstier *nt* **II.** *vi (fam)* **to ~ away** schuften
be·calmed [bɪˈkɑːmd] *adj* in eine Flaute geraten
be·came [bɪˈkeɪm] *pt of* **become**
be·cause [bɪˈkɒz] **I.** *conj* ① *(for reason that)* weil, da; **that's ~ ...** es liegt daran, dass ... ② *(fam: for)* denn ▸ **just ~!** (einfach) nur so! **II.** *prep* ▪ **~ of** wegen
beck [bek] *n* BRIT [Wild]bach *m* ▸ **to be at sb's ~ and call** nach jds Pfeife tanzen
beck·on ['bekən] **I.** *vt* ▪ **to ~ sb** jdm ein Zeichen geben; ▪ **to ~ sb over** jdn herüberwinken **II.** *vi* winken *a. fig*
be·come <became, become> [bɪˈkʌm] **I.** *vi* werden; **this species almost became extinct** diese Art wäre fast ausgestorben; **what became of ...?** was ist aus ... geworden?; **to ~ interested in sb/sth** anfangen, sich für jdn/etw zu interessieren **II.** *vt* ① *(change into)* werden; **she wants to ~ an actress** sie will Schauspielerin werden ② *(look good)* ▪ **sth ~ s sb** etw steht jdm ③ *(befit)* ▪ **to ~ sb** sich für jdn schicken
be·com·ing [bɪˈkʌmɪŋ] *adj* ① *(attractive)* vorteilhaft; **that dress is very ~** das Kleid steht dir sehr gut ② *(appropriate)* schicklich
bed [bed] *n* ① *(furniture)* Bett *nt*; **to get out of ~** aufstehen; **to go to ~** zu [*or* ins] Bett gehen; **to put sb to ~** jdn ins Bett bringen; **in ~** im Bett ② *(flower patch)* Beet *nt* ③ *(foundation substratum)* Unterlage *f*; **~ of sand** Sandschicht *f*; **sea ~** Meeresgrund *m* ④ FOOD Beilage *f*; **served on a ~ of rice** auf Reis serviert ▸ **to get out of the wrong side of the ~** mit dem linken Fuß [zuerst] aufstehen; **as you make your ~ so you must lie on it** *(prov)* wie man sich bettet, so liegt man ♦ **bed down** *vi* ① *(sleep)* **to ~ down on the couch** auf dem Sofa kampieren ② *(reach state of normality)* sich legen
BEd [biːˈed] *n* BRIT *abbrev of* **Bachelor of Education** Bakkalaureus *m* der Erziehungswissenschaften
bed and 'break·fast *n* Übernachtung *f* mit Frühstück; **~ place** Frühstückspension *f*
'bed·bug *n* [Bett]wanze *f* **'bed·clothes** *npl* Bettzeug *nt kein pl* **bed·ding** ['bedɪŋ] **I.** *n no pl* Bettzeug *nt* **II.** *adj attr* Freiland-, Beet-; **~ plant** Gartenpflanze *f*
be·dev·il <BRIT -ll- *or* AM *usu* -l-> [bɪˈdevəl] *vt* ▪ **to be ~ed by sth** von etw *dat* geplagt werden
'bed·fel·low *n (fig)* Verbündete(r) *f(m)*; **the priest and the politician made strange ~s** der Pfarrer und der Politiker gaben ein merkwürdiges Gespann ab
bed·lam ['bedləm] *n* Chaos *nt*
'bed lin·en *n* Bettwäsche *f*
be·drag·gled [bɪˈdrægld] *adj* durchnässt [und verdreckt]
'bed·rid·den *adj* bettlägerig **'bed·rock** *n* Grundgestein *nt*; *(fig)* Fundament *nt* **'bed·room** *n* Schlafzimmer *nt*
'bed·side *n no pl* Seite *f* des Bettes; **to be at sb's ~** an jds Bett sitzen
'bed·side 'lamp *n* Nachttischlampe *f* **bed·side 'rug** *n* Bettvorleger *m* **bed·side 'table** *n* Nachttisch *m*
'bed·sit *n* BRIT *short for* **bedsitter** Einzimmerappartement *nt*
bed·'sit·ter *n, form* **bed·'sit·ting room** *n esp* BRIT Einzimmerappartement *nt* **'bed sore** *n* wund gelegene Stelle **'bed·spread** *n* Tagesdecke *f* **'bed·stead** *n* Bettgestell *nt* **'bed·time** *n* Schlafenszeit *f*; **it's ~** Zeit fürs Bett!; **it's long past your ~** du solltest schon längst im Bett sein; **at ~** vor dem Schlafengehen

bee [biː] *n* ① *(insect)* Biene *f* ② AM, AUS *(meet)* Treffen *nt*; **sewing ~** Nähkränzchen *nt* ③ *(competition)* Wettbewerb *m* ▸ **to have a ~ in one's bonnet** einen Tick haben; **he thinks he's the ~s' knees** er hält sich für den Größten; **to be a busy** [*or* **(as) busy as a**] **~** fleißig wie eine Biene sein
beech [biːtʃ] *n* Buche *f*
'beech·nut *n* Buchecker *f*
beef [biːf] **I.** *n* ① *(meat)* Rindfleisch *nt*; **minced** [*or* AM **ground**] **~** Rinderhack[fleisch] *nt* ② *(complaint)* Beschwerde *f* **II.** *vi* sich beschweren (**about** über)
'beef·bur·ger *n* Beefburger *m* **'beef·cake** *n* (*sl*) Muskelpaket *nt* **'beef·steak** *n* Beefsteak *nt*
beefy ['biːfi] *adj (fam)* ① *(muscular)* muskulös ② *(high-powered)* leistungsstark ③ *(like beef)* Rindfleisch-
'bee·hive *n* ① *(of bees)* Bienenstock *m*; *(rounded)* Bienenkorb *m* ② *(hairstyle)* toupierte Hochfrisur
'bee·keep·er *n* Imker(in) *m(f)* **'bee·line** *n no pl* **to make a ~ for sb/sth** schnurstracks auf jdn/etw zugehen
been [biːn] *pp of* **be**
beep [biːp] **I.** *vt* ① *(make brief noise)* **to ~ one's horn** hupen ② *(fam: on pager)* ▪ **to ~ sb** jdn anpiepen **II.** *vi* piepen; *(in car)* hupen; ▪ **to ~ at sb** jdn anhupen **III.** *n* Piep[s]ton *m*; *of a car* Hupen *nt*

beep·er ['biːpəʳ] *n* (*fam*) Piepser *m*
beer [bɪəʳ] *n* Bier *nt*
'beer gar·den *n* Biergarten *m* **'beer mat** *n* Bierdeckel *m*
'bees·wax *n no pl* Bienenwachs *nt*
beet [biːt] *n* ❶ (*edible plant root*) [Runkel]rübe *f* ❷ AM (*beetroot*) Rote Bete
bee·tle ['biːtl̩] **I.** *n* Käfer *m* **II.** *adj* ~ **brows** buschige Augenbrauen **III.** *vi* BRIT (*fam*) ▪ **to ~ along** entlangpesen; **to ~ off** abschwirren
beet·root ['biːtruːt] *n* BRIT Rote Bete; **to go as red as a ~** rot werden wie eine Tomate
be·fit <-tt-> [bɪ'fɪt] *vt* (*form*) **as ~s a princess** wie es einer Prinzessin geziemt
be·fore [bɪ'fɔː'] **I.** *prep* ❶ (*earlier*) vor +*dat*; **the day ~ yesterday** vorgestern; **the year ~ last** vorletztes Jahr; **~ everything else** zuallererst; **~ long** in Kürze; **~ now** schon früher ❷ (*in front of*) vor +*dat*; *with verbs of motion* vor +*akk*; **the letter K comes ~ L** der Buchstabe K kommt vor dem L; **he was brought ~ the judge** er wurde vor den Richter gebracht; **the task ~ us** die Aufgabe, vor der wir stehen; **I'd go to prison ~ asking her for money** ich würde eher ins Gefängnis gehen, als sie um Geld zu bitten **II.** *conj* ❶ (*at previous time*) bevor; **but ~ I knew it, she was gone** doch ehe ich mich versah, war sie schon verschwunden; **just ~ ...** kurz bevor ... ❷ (*rather than*) bevor, ehe ❸ (*until*) bis; ▪ **not ~** erst wenn ❹ (*so that*) damit **III.** *adv* (*earlier*) zuvor, vorher; **I have never seen that ~** das habe ich noch nie gesehen; **have you been to Cologne ~?** waren Sie schon einmal in Köln?; **she has seen it all ~** sie kennt das alles schon; **to be as ~** wie früher sein; **life went on as ~** das Leben ging wieder seinen gewohnten Gang; **the year ~** das Jahr davor und danach **IV.** *adj after n* zuvor; **the day ~, it had rained** tags zuvor hatte es geregnet; **read this line and the one ~** lies diese Zeile und die vorhergehende [*o* davor]
before·hand [bɪ'fɔːhænd] *adv* vorher
be·friend [bɪ'frend] *vt* ❶ (*become friends with*) sich anfreunden mit +*dat* ❷ (*look after*) sich annehmen
beg <-gg-> [beg] **I.** *vt* ❶ (*request*) bitten; **to ~ sb's forgiveness** jdn um Verzeihung bitten; **I ~ your pardon** entschuldigen Sie bitte ❷ (*leave unresolved*) **to ~ the question** keine Antwort auf die [eigentliche] Frage geben ▶ **to go ~ging** noch zu haben sein **II.** *vi* ❶ (*seek charity*) betteln (**for** um) ❷ (*request*) **I ~ to inform you that ...** (*form*) ich möchte Ihnen mitteilen, dass...; **I ~ to differ** (*form*) ich erlaube mir, anderer Meinung zu sein; **to ~ for mercy** um Gnade flehen; ▪ **to**

~ of sb jdn anflehen ❸ *dog* Männchen machen
be·gan [bɪ'gæn] *pt of* **begin**
beg·gar ['begəʳ] **I.** *n* ❶ (*poor person*) Bettler(in) *m(f)* ❷ + *adj esp* BRIT **little ~** kleiner Schlingel; **lucky ~** Glückspilz *m* ▶ **~s can't be choosers** (*prov*) in der Not frisst der Teufel Fliegen **II.** *vt* ▶ **to ~ belief** [einfach] unglaublich sein
be·gin <-nn-> [bɪ'gɪn] *vt*, *vi* ❶ (*commence*) anfangen, beginnen; **I began this book two months ago** ich habe mit diesem Buch vor zwei Monaten angefangen; **she began acting at fifteen** sie fing mit fünfzehn mit der Schauspielerei an; **I began to think he'd never come** ich dachte schon, er würde nie kommen; **he didn't even ~ to answer my questions** er hat keinerlei Anstalten gemacht, meine Fragen zu beantworten; **it doesn't ~ to do him justice** es wird ihm nicht [einmal] annähernd gerecht; **she was ~ning to get angry** sie wurde allmählich wütend; **I'll ~ by welcoming our guests** zuerst werde ich unsere Gäste begrüßen; **I don't know where to ~** ich weiß nicht, wo ich anfangen soll!; **the play ~s with the sisters in the kitchen** am Anfang des Stücks sitzen die Schwestern in der Küche; **he began by saying ...** zunächst einmal sagte er ...; **to ~ school** in die Schule kommen; **to ~ work** mit der Arbeit beginnen; **to ~ to roll/stutter** ins Rollen/Stottern kommen; **to ~ again** neu anfangen; ▪ **to ~ with** (*before anything*) **to ~ with, I want to ...** zunächst einmal möchte ich ...; **there were six of us to ~ with** anfangs waren wir zu sechst; **to ~ with, the room is too small, then ...** erstens ist das Zimmer zu klein, [und] dann ...; **before school ~s** vor Schulanfang; **~ning from September 1** ab dem ersten September
be·gin·ner [bɪ'gɪnəʳ] *n* Anfänger(in) *m(f)*; **~'s luck** Anfängerglück *nt* **be·gin·ning** [bɪ'gɪnɪŋ] *n* ❶ (*starting point*) Anfang *m*; (*in time*) Beginn *m*; **at** [*or* **in**] **the ~** am Anfang, zu Beginn; **the ~ of the end** am Anfang vom Ende; **from ~ to end** (*place*) von vorn bis hinten; (*temporal*) von Anfang bis Ende ❷ (*origin*) ▪ **~s** *pl* Anfänge *pl* ❸ *pl* (*start*) ▪ **~s** erste Anzeichen; **I've got the ~s of a headache** ich glaube, ich bekomme Kopfschmerzen
be·grudge [bɪ'grʌdʒ] *vt* ▪ **to ~ sb sth** jdm etw missgönnen; **I don't ~ him his freedom** ich gönne ihm seine Freiheit
be·gun [bɪ'gʌn] *pp of* **begin**
be·half [bɪ'hɑːf] *n no pl* **on ~ of sb** [*or* **on sb's ~**] (*speaking for*) im Namen einer Per-

son *gen*; (*as authorized by*) im Auftrag einer Person *gen*

be·have [bɪˈheɪv] **I.** *vi* ❶ *people* sich verhalten; **to ~ badly/well** sich schlecht/gut benehmen; **~!** benimm dich! ❷ *object, substance* sich verhalten **II.** *vt* ▪ **to ~ oneself** sich [anständig] benehmen

be·ˈhav·ior *n* AM *see* **behaviour**

be·hav·ior·al *adj* AM *see* **behavioural**

be·hav·ior·ism *n no pl* AM *see* **behaviourism**

be·hav·iour [bɪˈheɪvjəʳ] *n* ❶ *of a person* Benehmen *nt*, Verhalten *nt*; **to be on one's best ~** sich von seiner besten Seite zeigen; **behaviour pattern** Verhaltensmuster *nt* ❷ *of a car* [Fahr]verhalten *nt* **be·hav·iour·al** [bɪˈheɪvjərəl] *adj* Verhaltens- **be·hav·iour·ism** [bɪˈheɪvjərɪzəm] *n no pl* PSYCH Behaviorismus *m*

be·head [bɪˈhed] *vt* köpfen

be·hind [bɪˈhaɪnd] **I.** *prep* ❶ hinter +*dat*; *with verbs of motion* hinter +*akk*; **to be ~ schedule** in Verzug sein; **~ the wheel** hinterm Lenkrad; **to fall ~ sb** hinter jdn zurückfallen ❷ (*fig*) **I'm ~ you all the way** ich stehe voll hinter dir; **who's ~ [all] this?** wer steckt dahinter? ▶ **to go ~ sb's back** jdn hintergehen; **~ the times** hinter der Zeit zurück[geblieben] **II.** *adv* hinten; **to walk ~ [sb]** hinter [jdm] hergehen **III.** *adj* ❶ (*in arrears*) im Rückstand ❷ (*slow*) **to be [a long way] ~** [weit] zurück sein; **to be ~ in a subject** in einem Fach hinterherhinken **IV.** *n* (*fam*) Hintern *m*

be·hind·hand [bɪˈhaɪndhænd] *adj* im Rückstand

be·hold <beheld, beheld> [bɪˈhəʊld] *vt* (*liter*) erblicken

beige [beɪʒ] *adj* beige[farben]

be·ing [ˈbiːɪŋ] **I.** *n* ❶ (*creature*) Wesen *nt* ❷ (*existence*) Dasein *nt*; **to come into ~** entstehen **II.** *adj* **for the time ~** vorerst **III.** *see* **be**

Be·la·rus *n* [belaˈruːs] Weißrussland *nt*

be·lat·ed [bɪˈleɪtɪd] *adj* verspätet; **~ birthday greetings** nachträgliche Geburtstagsgrüße

belch [beltʃ] **I.** *n* <*pl* -es> Rülpser *m* **II.** *vi* rülpsen **III.** *vt* ausstoßen; *volcano* ausspeien

bel·fry [ˈbelfri:] *n* Glockenturm *m* ▶ **to have bats in the ~** einen Vogel haben

Bel·gian [ˈbeldʒən] **I.** *n* Belgier(in) *m(f)* **II.** *adj* belgisch

Bel·gium [ˈbeldʒəm] *n* Belgien *nt*

be·lief [bɪˈli:f] *n* Glaube *m* kein *pl* (**in** an); **religious ~s** religiöse Überzeugungen; **to be beyond ~** [einfach] unglaublich sein ❷ (*view*) Überzeugung *f*; **it is my firm ~ that …** ich bin der festen Überzeugung, dass …; **to the best of my ~** nach bestem Wissen und Gewissen; **contrary to popular ~** entgegen der allgemeinen Auffassung

be·liev·able [bɪˈli:vəbl] *adj* glaubwürdig

be·lieve [bɪˈli:v] **I.** *vt* ❶ (*presume true*) glauben; **~ [you] me!** du kannst mir glauben!; **would you ~ it?** kannst du dir das vorstellen?; **she couldn't ~ her eyes** sie traute ihren Augen nicht; **I couldn't ~ my luck** ich konnte mein Glück [gar] nicht fassen; **I can't ~ how …** ich kann gar nicht verstehen, wie …; **~ it or not** ob du es glaubst oder nicht; ▪ **to ~ sb to be sth** jdn für etw *akk* halten ❷ (*pretend*) **to make ~ [that] …** so tun, als ob … ▶ **seeing is believing** was ich sehe, glaube ich **II.** *vi* ❶ (*be certain of*) glauben (**in** an) ❷ (*have confidence*) ▪ **to ~ in sb/sth** auf jdn/etw vertrauen ❸ (*support sincerely*) ▪ **to ~ in sth** viel von etw *dat* halten ❹ (*think*) glauben; **the robbers are ~d to …** man nimmt an, dass die Räuber …; **we have [every] reason to ~ that …** wir haben [allen] Grund zu der Annahme, dass …; **I ~ so** ich glaube schon

be·liev·er [bɪˈli:vəʳ] *n* ❶ REL Gläubige(r) *f(m)* ❷ (*enthusiast*) [überzeugter] Anhänger/[überzeugte] Anhängerin; **to be a [great] ~ in sth** [sehr] viel von etw *dat* halten

be·lit·tle [bɪˈlɪtl] *vt* herabsetzen; *success* schmälern

Be·lize [bəˈli:z] *n* Belize *nt*

Be·li·zean [bəˈli:ziən] **I.** *adj* belizisch **II.** *n* Belizer(in) *m(f)*

bell [bel] *n* ❶ (*for ringing*) Glocke *f*; (*small one*) Glöckchen *nt*; **bicycle/door ~** Fahrrad-/Türklingel *f* ❷ (*signal*) Läuten *nt* kein *pl*, Klingeln *nt* kein *pl*; **there's the ~ for lunch** es läutet zur Mittagspause; **to give sb a ~** BRIT (*fam*) jdn anrufen ▶ [**as**] **clear as a ~** (*pure*) glasklar; (*obvious*) völlig klar; **sth rings a ~** [**with sb**] etw kommt jdm bekannt vor

'bell·boy *n* [Hotel]page *m*

bel·li·cose [ˈbekɪkəʊs] *adj* kriegerisch

bel·lig·er·ent [bəˈlɪdʒərənt] *adj* kampflustig

'bell jar *n* Glasglocke *f*

bel·low [ˈbeləʊ] **I.** *vt, vi* brüllen **II.** *n* Gebrüll *nt*; **to give a ~ of rage** voller Wut schreien

bel·lows [ˈbeləʊz] *npl* [**a pair of**] **~s** [ein] Blasebalg *m*

'bell-push *n* BRIT Klingel *f*

bel·ly [ˈbeli] *n* (*fam*) Bauch *m* ▶ **his eyes are bigger than his ~** bei ihm sind die Augen größer als der Magen; **to go ~ up** pleitegehen

'bel·ly·ache I. *n* (*fam*) Bauchschmerzen *pl*,

belief

expressing belief | glauben

I **think** she will pass the exam.	Ich **glaube, dass** sie die Prüfung bestehen wird.
Our team **will definitely** win.	Unsere Mannschaft **wird hundertprozentig** gewinnen.
I **reckon** this story is true.	Ich **denke schon, dass** diese Geschichte wahr ist.
I **believe** this story **to be** true. (*form*)	Ich **halte** diese Geschichte **für** wahr. (*form*)

expressing assumption | Vermutungen ausdrücken

I **don't think** she will come.	Ich **glaube nicht, dass** sie kommt.
I **assume/suppose** he's happy with/in his new job.	Ich **nehme an, dass** ihm seine neue Arbeit gefällt..
I **consider it to be a distinct possibility** that the stock market will crash in the near future. (*form*)	Ich **halte** einen Börsenkrach in der nächsten Zeit **für durchaus denkbar**. (*form*)
I've **got a feeling** about it.	Ich habe da so eine Ahnung.
I **get the feeling** he's keeping something from us.	Ich habe so den Eindruck, dass er uns etwas verheimlicht.
I **suspect** she might have made a mistake with the final bill.	Es kommt mir so vor, als ob sie bei der Abrechnung einen Fehler gemacht hat.
I **have an inkling** she won't put up with it much longer.	Ich habe das Gefühl, dass sie das nicht mehr lange mitmacht.

Bauchweh *nt kein pl* **II.** *vi* (*fam*) jammern '**bel·ly bar** *n* Nabelstecker *m* '**bel·ly but·ton** *n* (*fam*) [Bauch]nabel *m* '**bel·ly-danc·er** *n* Bauchtänzerin *f* '**bel·ly flop I.** *n* Bauchklatscher *m* **II.** *vi* <-pp-> einen Bauchklatscher machen

be·long [bɪˈlɒŋ] *vi* ❶ (*be property of*) gehören; **who does this ~ to?** wem gehört das?; (*be in right place*) hingehören; **where do these spoons ~?** wohin gehören diese Löffel? ❷ (*should be*) **he ~s in jail** er gehört ins Gefängnis; **you don't ~ here** Sie haben hier nichts zu suchen ❸ (*fit in*) [dazu]gehören; **she doesn't really ~ here** sie passt eigentlich nicht hierher

be·long·ings [bɪˈlɒŋɪŋz] *npl* Hab und Gut *nt kein pl;* **personal ~** persönliche Sachen

Be·lo·rus·sian [ˌbelə(ʊ)ˈrʌʃən] **I.** *adj* weißrussisch **II.** *n* ❶ (*person*) Weißrusse, -russin *m, f* ❷ *no pl* LING Weißrussisch *nt*

be·loved [bɪˈlʌvɪd] **I.** *n no pl* Geliebte(r) *f(m)* **II.** *adj* geliebt; **dearly ~, ...** REL liebe Brüder und Schwestern im Herrn, ...

be·low [bɪˈləʊ] **I.** *adv* ❶ (*lower*) unten, darunter; **down ~** NAUT unter Deck ❷ (*on page*) unten; **the information ~** die nachstehenden Hinweise; **see ~** siehe unten ❸ (*in temperature*) unter Null, minus **II.** *prep* ❶ unter +*dat;* **with verbs of motion** unter +*akk;* **~ average** unter dem Durchschnitt ❷ (*south of*) unterhalb +*gen*

belt [belt] **I.** *n* ❶ (*for waist*) Gürtel *m;* **below the ~** unter der Gürtellinie ❷ (*in martial arts*) **she's a black ~** sie hat den schwarzen Gürtel ❸ (*conveyor*) Band *nt* ❹ (*area*) Gebiet *nt;* **commuter ~** Einzugsbereich *m* [einer Großstadt]; **green ~** Grüngürtel *m* ❺ (*fam: a punch*) Schlag *m;* (*drink from bottle*) Schluck *m* ▶ **to tighten one's ~** den Gürtel enger schnallen **II.** *vt* (*fam: hit*) hauen; *ball* knallen **III.** *vi* (*fam*) **to ~ along** [*or* **down**] entlanggrasen ◆**belt out** *vt* (*fam*) *song* schmettern ◆**belt up** *vi* ❶ *esp* BRIT, AUS (*sl: be quiet*) die Klappe halten ❷ AUTO sich anschnallen

be·moan [bɪˈməʊn] *vt* (*form*) beklagen

be·mused [bɪˈmjuːzd] *adj* verwirrt

bench <*pl* -es> [bentʃ] *n* Bank *f*; ■**the** ~ LAW die [Richter]bank; (*people*) die Richter; BRIT POL die Regierungsbank; **the opposition** ~**es** die Oppositionsbank

ˈbench·mark *n usu sing* ❶ (*in surveying*) Höhenmarke *f* ❷ (*standard*) Maßstab *m*

bend [bend] **I.** *n* ❶ (*in a road*) Kurve *f*; (*in a pipe*) Krümmung *f*; (*in a river*) Biegung *f*; **to take a** ~ in die Kurve fahren ❷ *pl* MED **the** ~**s** die Caissonkrankheit *kein pl* ▶ **to go round the** ~ durchdrehen; **to drive sb round the** ~ jdn zum Wahnsinn treiben **II.** *vi* <bent, bent> ❶ (*turn*) road biegen; **to** ~ **forwards** sich vorbeugen; **to be bent double** sich krümmen ❷ (*be flexible*) sich biegen; *tree* sich neigen; **be careful, that wire ~s easily** Vorsicht, der Draht verbiegt sich leicht; (*fig*) **to ~ to sb's will** sich jdm fügen **III.** *vt* biegen; (*deform*) verbiegen; **to ~ one's knees** seine Knie beugen; **to ~ the rules** (*fig*) sich nicht ganz an die Regeln halten ◆**bend back I.** *vt* zurückbiegen; **to ~ sth back into shape** etw wieder in [die ursprüngliche] Form bringen **II.** *vi* sich nach hinten beugen ◆**bend down** *vi* sich niederbeugen ◆**bend over, bend forward** *vi* sich vorbeugen ▶ **to ~ over backwards** sich *dat* die allergrößte Mühe geben

bend·ed [ˈbendɪd] *adj* (*form*) **on ~ knee[s]** auf Knien *a. fig*

be·neath [bɪˈniːθ] **I.** *prep* unter +*dat*; *with verbs of motion* unter +*akk*; **to be ~ sb** (*lower rank than*) unter jdm stehen; (*lower standard than*) unter jds Würde sein; ~ **contempt** verachtenswert **II.** *adv* unten, darunter

ben·e·dic·tion [ˌbenɪˈdɪkʃən] *n* (*form*) Segnung *f*

ben·e·fac·tor [ˈbenɪfæktəʳ] *n* (*philanthropist*) Wohltäter *m*; (*patron*) Gönner *m*

ben·e·fac·tress <*pl* -es> [ˈbenɪfæktrəs] *n* (*philanthropist*) Wohltäterin *f*; (*patroness*) Gönnerin *f*

be·nef·i·cent [bɪˈnefɪsənt] *adj* (*form: kindly*) gütig; (*charitable*) wohltätig

ben·e·fi·cial [ˌbenɪˈfɪʃəl] *adj* (*approv*) nützlich; ~ **effect** positive Auswirkung, Nutzen *m*

bene·fi·ci·ary [ˌbenɪˈfɪʃəri] *n* Nutznießer(in) *m(f)*

ben·e·fit [ˈbenɪfɪt] **I.** *n* ❶ (*advantage*) Vorteil *m*; (*profit*) Nutzen *m*; **for the ~ of those who weren't listening, ...** für all diejenigen, die nicht zugehört haben, ...; **to give sb the ~ of the doubt** im Zweifelsfall zu jds Gunsten entscheiden; **to derive** [*or* **get**] [**much**] ~ **from sth** [großen] Nutzen aus etw *dat* ziehen; **with the ~ of hindsight** im Nachhinein ❷ BRIT (*welfare payment*) Beihilfe *f*; **housing** ~ Wohngeld *nt*; **unemployment** ~ Arbeitslosengeld *nt*; **to be on** ~ Sozialhilfe bekommen **II.** *vi* <-t- *or* -tt-> **to** ~ **from sth** von etw *dat* profitieren, aus etw *dat* Nutzen ziehen **III.** *vt* <-t- *or* -tt-> ■**to** ~ **sb/sth** jdm/etw nützen

be·nign [bɪˈnaɪn] *adj* ❶ (*approv: kind*) gütig ❷ MED ~ **polyp/tumour** gutartiger Polyp/Tumor

Be·nin [benˈiːn] *n* Benin *nt*

Be·ni·nese [ˌbeniˈniːz] **I.** *adj* beninisch **II.** *n* Beniner(in) *m(f)*

bent [bent] **I.** *pt, pp of* bend **II.** *n* (*inclination*) Neigung *f*; ■**a** [**natural**] ~ **for sth** einen [natürlichen] Hang zu etw *dat* **III.** *adj* ❶ (*curved*) umgebogen; *wire* verbogen; *person* gekrümmt ❷ (*determined*) ■**to be** [**hell**] ~ **on** [**doing**] **sth** zu etw *dat* [wild] entschlossen sein ❸ *esp* BRIT (*sl: corrupt*) korrupt

ben·zene [ˈbenziːn] *n* Benzol *nt*

ben·zine [ˈbenziːn] *n* Benzin *nt*

be·queath [bɪˈkwiːð] *vt* hinterlassen

be·quest [bɪˈkwest] *n* Vermächtnis *nt*

be·reaved [bɪˈriːvd] **I.** *adj* trauernd **II.** *n* ■**the** ~ *pl* die Hinterbliebenen

be·reave·ment [bɪˈriːvmənt] *n* (*death*) Trauerfall *m*; (*loss*) schmerzlicher Verlust

be·ret [ˈbereɪ] *n* Baskenmütze *f*; MIL Barett *nt*

Ber·mu·da [bəˈmjuːdə] *n* Bermudas *pl*

Ber·mu·da shorts [bəˌmjuːdəˈʃɔːts] *npl* Bermudas *pl*

ber·ry [ˈberi] *n* Beere *f*

ber·serk [bəˈzɜːk] *adj* außer sich +*dat*; **to go** ~ [fuchsteufels]wild werden

berth [bɜːθ] **I.** *n* ❶ (*bed*) NAUT [Schlaf]koje *f*; RAIL Schlafwagenbett *nt* ❷ (*for ship*) Liegeplatz *m* ❸ NAUT (*distance*) Seeraum *m*; **to give sb a wide** ~ (*fig*) um jdn einen großen Bogen machen **II.** *vt, vi* festmachen

be·seech <beseeched *or* besought, beseeched *or* besought> [bɪˈsiːtʃ] *vt* (*liter*) anflehen

be·seech·ing [bɪˈsiːtʃɪŋ] *adj* flehentlich

be·set <-tt-, beset, beset> [bɪˈset] *vt usu passive* ■**to be** ~ **by sth** von etw *dat* bedrängt werden; **by worries** geplagt

be·side [bɪˈsaɪd] *prep* ❶ (*next to*) neben +*dat*; *with verbs of motion* neben +*akk*; **right** ~ **sb** genau neben jdm; ~ **the sea** am Meer ❷ (*overwhelmed by*) **she was** ~ **herself with joy** sie war außer sich vor Freude ❸ (*irrelevant to*) ~ **the point** nebensächlich

be·sides [bɪˈsaɪdz] **I.** *adv* außerdem; **many more** ~ noch viele mehr **II.** *prep* ❶ (*in addition to*) außer ❷ (*except for*) abgesehen von +*dat*

be·siege [bɪˈsiːdʒ] *vt* ❶ MIL (*surround*) bela-

gern ❷ (*overwhelm*) überschütten
be·sot·ted [bɪˈsɒtɪd] *adj* ■ ~ **with sb** in jdn völlig vernarrt; ~ **with sth** von etw *dat* besessen
be·sought [bɪˈsɔːt] *pt, pp of* **beseech**
best [best] **I.** *adj superl of* **good** ❶ (*finest*) beste(r, s); **what subject are you ~ at?** in welchem Fach bist du am besten?; **~ regards** [*or* **wishes**] viele [*o* herzliche] Grüße; **give my ~ wishes to your wife** richten Sie Ihrer Frau herzliche Grüße von mir aus; ■ **the ~ ...** der/die/das beste ...; **to be on one's ~ behaviour** sich von seiner besten Seite zeigen; **the ~ days of my life** die schönste Zeit meines Lebens ❷ (*most favourable*) **he is acting in her ~ interests** er handelt nur zu ihrem Besten; **the ~ thing she can do is forget him** am besten vergisst sie ihn möglichst schnell!; **what's the ~ way to the station?** wie komme ich am besten zum Bahnhof?; ■ **to be ~** am besten sein ❸ (*most*) **the ~ part of sth** der Großteil einer S. *gen;* **it took the ~ part of an hour** es dauerte fast eine Stunde; **the ~ part of the summer** der Großteil des Sommers; **for the ~ part of two decades** fast zwei Jahrzehnte lang ▶ **sb's ~ bet** (*fam*) **your ~ bet would be to take a taxi** am besten nehmen Sie ein Taxi; **the ~ thing since sliced bread** das [absolute] Nonplusultra **II.** *adv superl of* **well** am besten; **try as ~ you can** versuch es so gut du kannst; **to do as one thinks ~** tun, was man für richtig hält; **~ of all** am allerbesten; **to like sth ~** [*of* all] etw am [aller]liebsten mögen **III.** *n no pl* ❶ (*finest person, thing*) ■ **the ~** der/die/das Beste; **to the ~ of your ability** so gut Sie können; **the ~ of friends** die besten Freunde; **in the ~ of health** bei bester Gesundheit; **to the ~ of my knowledge** meines Wissens; **at it's ~** vom Feinsten; **at one's ~** (*performance*) in Höchstform; (*condition*) in bester Verfassung; **and ~ of all** und allen voran; *people* und allen voran ❷ (*most favourable*) **all the ~!** (*fam*) alles Gute!; **~ of luck!** viel Glück!; **please give her my ~** bitte richten Sie ihr meine Grüße aus; **to send one's ~** seine besten [Glück]wünsche senden; **it's for the ~** es ist besser so; **at ~** bestenfalls ❸ SPORTS **to play the ~ of three/five** spielen, bis eine Seite zweimal/dreimal gewonnen hat ▶ **to get the ~ of the bargain** [*or* it] am besten dabei wegkommen; **to <u>make</u> the ~ of things** [*or* it] das Beste daraus machen; **to <u>wear</u> one's Sunday ~** seine Sonntagskleider tragen; **the ~ of both <u>worlds</u>** das Beste von beidem
bes·tial [ˈbestɪəl] *adj* bestialisch
bes·ti·al·i·ty [ˌbestɪˈælətɪ] *n* Bestialität *f*

best 'man *n* Trauzeuge *m* (*des Bräutigams*)
be·stow [bɪˈstəʊ] *vt* (*form*) ■ **to ~ sth** [**up**]**on sb** jdm etw verleihen
best-'sell·er *n* Bestseller *m*
bet [bet] **I.** *n* ❶ (*gamble*) Wette *f*; **to lay** [*or* **make**] [*or* place] **a ~ on sth** auf etw *akk* wetten; **to make a ~ with sb** mit jdm wetten ❷ (*fig: guess*) Tipp *m*; **all ~s are off** alles ist möglich; **it's a safe ~ that ...** ich könnte wetten, dass ... **II.** *vt, vi* <-tt-, bet *or* -ted, bet *or* -ted> wetten; **I ~ you £25 that ...** ich wette mit dir um 25 Pfund, dass ...; **I'll ~ him anything he likes** ich gehe jede Wette mit ihm [darauf] ein; **to ~ heavily** hoch wetten ▶ **you ~!** (*fam*) das kannst du mir aber glauben!; **<u>I'll</u> ~!** und ob!
beta [ˈbiːtə] *n* Beta *nt;* BRIT SCH gut
'beta-block·er *n* Betablocker *m* **'beta test·ing** *n* COMPUT Beta-Testing *nt* **'beta ver·sion** *n* COMPUT Betaversion *f*
be·tray [bɪˈtreɪ] *vt* ❶ (*be disloyal*) verraten; *trust* missbrauchen; ■ **to ~ sb** (*be unfaithful*) jdm untreu sein; (*deceive*) jdn betrügen ❷ (*reveal feelings*) zeigen; *ignorance* verraten
be·tray·al [bɪˈtreɪəl] *n* (*treachery*) Verrat *m;* *of trust* Enttäuschung *f*
bet·ter¹ [ˈbetəʳ] **I.** *adj comp of* **good** ❶ (*superior*) besser; **~ luck next time** vielleicht klappt's ja beim nächsten Mal; **it's ~ that way** es ist besser so; **she is much ~ at tennis than I am** sie spielt viel besser Tennis als ich ❷ (*healthier*) besser; **I'm much ~ now** mir geht's schon viel besser; **to get ~** sich erholen ❸ (*most*) **the ~ part** der größte Teil; **the ~ part of an hour** fast eine Stunde [lang] ▶ **to go one ~** noch einen draufsetzen **II.** *adv comp of* **well** ❶ (*in superior manner*) besser; **or ~ still ...** oder noch besser ... ❷ (*to a greater degree*) mehr; *like* lieber; **she is much ~-looking** sie sieht viel besser aus; **you had ~ go home now** es wäre besser, wenn Sie jetzt nach Hause gingen; **to think ~ of sth** sich *dat* etw anders überlegen **III.** *n no pl* ❶ (*improvement*) **I have not seen ~** ich habe nichts Besseres gesehen; **to change for the ~** sich zum Guten wenden; **to expect ~ of sb** was Besseres von jdm erwarten; **all** [*or* **so much**] **the ~** umso besser ❷ *pl* (*hum old*) ■ **one's ~s** Leute, die über einem stehen ▶ **to <u>get</u> the ~ of sb** über jdn die Oberhand gewinnen; **for ~ or [for] <u>worse</u>** was immer daraus werden wird **IV.** *vt* verbessern; ■ **to ~ oneself** (*improve social position*) sich verbessern; (*further one's knowledge*) sich weiterbilden
bet·ter² [ˈbetəʳ] *n*, **bet·tor** [ˈbetəʳ] *n esp* AM jd, der eine Wette abschließt

bet·ting ['betɪŋ] **I.** *n no pl* Wetten *nt*; **what's the ~ that ... ?** (*fig fam*) um was wetten wir, dass ... ? **II.** *adj* Wett-; **if I were a ~ person, ...** wenn ich darum wetten müsste, ...

'bet·ting of·fice *n*, **'bet·ting shop** *n* BRIT Wettbüro *nt*

be·tween [bɪ'twiːn] **I.** *prep* zwischen +*dat*; *with verbs of motion* zwischen +*akk*; **~ you and me** unter uns gesagt; **you shouldn't eat ~ meals** du sollst nicht zwischen den Mahlzeiten essen; **halfway ~ Rome and Florence** auf halbem Weg zwischen Rom und Florenz; **~ times** in der Zwischenzeit **II.** *adv* ■ [in-]~ dazwischen; ~-**meal snack** Zwischenmahlzeit *f*

bev·er·age ['bevərɪdʒ] *n* Getränk *nt*

bevy ['bevi] *n* Schar *f*

be·ware [bɪ'weər] *vi, vt* sich in Acht nehmen (**of** vor); ~! Vorsicht!; **"~ of pickpockets!"** „vor Taschendieben wird gewarnt!"; **"~ of the dog"** „Vorsicht, bissiger Hund!"; ■ **to ~ of doing sth** sich davor hüten, etw zu tun

be·wil·der [bɪ'wɪldər] *vt* verwirren

be·wil·der·ment [bɪ'wɪldəmənt] *n* Verwirrung *f*

be·witch [bɪ'wɪtʃ] *vt* ① (*put under spell*) verzaubern ② (*enchant*) bezaubern

be·witch·ing [bɪ'wɪtʃɪŋ] *adj* bezaubernd

be·yond [bɪ'ɒnd] **I.** *prep* ① (*on the other side of*) über +*akk*, jenseits +*gen* ② (*after*) nach +*dat* ③ (*further than*) über +*akk*; **to go ~ a joke** über einen Witz hinaus gehen; **to be ~ the reach of sb** außerhalb jds Reichweite sein; **to see ~ sth** über etw *akk* hinaus sehen ④ (*too difficult for*) **this is ~ my comprehension** das geht über meinen Verstand; **that's way ~ me** das ist mir viel zu hoch ⑤ (*except for*) außer ⑥ (*surpassing*) **sb is ~ help** jdm ist nicht mehr zu helfen; **to be ~ question** außer Frage stehen; **damaged ~ repair** irreparabel beschädigt **II.** *adv* (*in space*) jenseits; (*in time*) darüber hinaus; **with the mountains ~** mit den Bergen dahinter; **to go ~** hinausgehen über; **to go far ~ sth** etw bei weitem übersteigen **III.** *n* ■ **the ~** das Jenseits ▶ **at the back of ~** *esp* BRIT am Ende der Welt

bi·an·nual [baɪ'ænjuəl] *adj* halbjährlich; ~ **report** Halbjahresbericht *m*

bias ['baɪəs] **I.** *n usu sing* ① (*prejudice*) Vorurteil *nt* ② *no pl* (*one-sidedness*) Befangenheit *f* (**against** gegenüber) ③ (*predisposition*) Neigung *f* (**towards** für) ④ *no pl* FASHION ~-**cut** schräg geschnitten **II.** *vt* <BRIT -ss- *or* AM *usu* -s-> ① **to ~ sth** etw einseitig darstellen; ■ **to ~ sb** jdn beeinflussen; ■ **to ~ sb against sth** jdn gegen etw *akk* einnehmen

bi·ased ['baɪəst] *adj*, BRIT *esp* **bi·assed** *adj* voreingenommen

bib [bɪb] *n* Lätzchen *nt*

Bi·ble ['baɪbl] *n* Bibel *f*

bib·li·cal ['bɪblɪkəl] *adj* biblisch

bib·li·og·ra·pher [ˌbɪbliˈɒgrəfər] *n* Bibliograf(in) *m(f)*

bib·li·o·graph·ic [ˌbɪbliə(ʊ)ˈgræfɪk], **bib·lio·graphi·cal** [ˌbɪbliə(ʊ)ˈgræfɪkəl] *adj* bibliografisch

bib·li·og·ra·phy [ˌbɪbliˈɒgrəfi] *n* Bibliografie *f*

bib·lio·phile ['bɪbliə(ʊ)faɪl] *n* Bibliophile(r) *f(m)*

bi·car·bo·nate [ˌbaɪˈkɑːbəˈnət] *n*, **bi·car·bo·nate of 'so·da** *n* Natriumbikarbonat *nt*; (*in cookery*) Natron *nt*

bi·cen·te·na·ry [ˌbaɪsenˈtiːnəri], AM **bi·cen·ten·ni·al** *n* zweihundertjähriges Jubiläum; **the ~ of Goethe's death** Goethes zweihundertster Todestag

bi·ceps ['baɪseps] <*pl* -> ['baɪseps] *n* Bizeps *m*

bick·er ['bɪkər] *vi* sich zanken

bick·er·ing ['bɪkərɪŋ] *n no pl* Gezänk *nt*

bi·cy·cle ['baɪsɪkl] *n* Fahrrad *nt*; **by ~** mit dem Fahrrad; ~ **clip** Hosenklammer *f*

'bi·cy·cle lane *n* Fahrradweg *m*

bid[1] <-dd-, bid *or* bade, bid *or* bidden> [bɪd] *vt* (*form*) ① (*greet*) **to ~ sb farewell** jdm Lebewohl sagen; **to ~ sb good morning** jdm einen guten Morgen wünschen; **to ~ sb welcome** jdn willkommen heißen ② (*old: command*) ■ **to ~ sb** [**to**] **do sth** jdn etw tun heißen

bid[2] [bɪd] **I.** *n* ① (*offer*) Angebot *nt*; (*at an auction*) Gebot *nt* ② (*attempt*) Versuch *m*; **to make a ~ for power** nach der Macht greifen ③ CARDS Ansage *f* **II.** *vi* <-dd-, bid, bid> ① (*offer money*) bieten ② (*tender*) ein Angebot unterbreiten; **to ~ for a contract** sich um einen Auftrag bewerben ③ CARDS reizen **III.** *vt* <-dd-, bid, bid> bieten

bid·der ['bɪdər] *n* Bieter(in) *m(f)*; **highest ~** Meistbietende(r) *f(m)* **bid·ding** ['bɪdɪŋ] *n no pl* (*making of bids*) Bieten *nt*; (*at an auction*) Steigern *nt*; **to open** [*or* **start**] **the ~** das erste Gebot machen ② (*form: command*) Geheiß *nt*; **to do sb's ~** tun, was einem gesagt wird ③ CARDS Reizen *nt*

bide [baɪd] *vt* **to ~ one's time** den rechten Augenblick abwarten

bi·det ['biːdeɪ] *n* Bidet *nt*

bi·en·na·le [biːˈnɑːleɪ] *n* Biennale *f*

bi·en·ni·al [baɪˈeniəl] **I.** *adj* zweijährlich **II.** *n* zweijährige Pflanze

bier [bɪər] *n* Bahre *f*

bi·fo·cal [baɪˈfəʊkəl] *adj* Bifokal-

bi·fo·cals [baɪˈfəʊkəlz] *npl* Bifokalbrille *f*

big <-gg-> [bɪg] *adj* ① (*of size, amount*)

groß; *meal* üppig; *tip* großzügig; **a ~ drop in prices** ein starker Preisrückgang; **the ~ger the better** je größer desto besser ❷ (*significant*) bedeutend; *decision* schwerwiegend; **when's the ~ day?** wann ist der große Tag?; **he fell for her in a ~ way** er verliebte sich bis über beide Ohren in sie ❸ (*iron: generous*) nobel ▶ **a ~ fish in a small pond** der Hecht im Karpfenteich; **the ~ger they are, the harder they fall** (*prov*) wer hoch steigt, fällt tief; **to make it ~** großen Erfolg haben ◆**big up** *vt* (*sl*) ■**to ~ up** ○ **sb/sth** jdn/etw groß herausbringen

biga·mist ['bɪɡəmɪst] *n* Bigamist(in) *m(f)*
biga·my ['bɪɡəmi] *n* Bigamie *f*
Big 'Ap·ple *n* (*fam*) ■**the ~** New York
big 'bang *n* Urknall *m* **'big-bucks** *adj* AM (*fam*) teuer **big 'busi·ness** *n no pl* ■**to be ~** ein lukratives Geschäft sein **Big 'Easy** *n* ■**the ~** New Orleans *nt* **big 'game** *n no pl* Großwild *nt*
'big-hit·ter *n* (*fam*) Schwergewicht *nt* fig, hohes Tier *fam*; **some ~s are demonstrating faith** einige der Einflussreichsten zeigen Vertrauen
big·ot ['bɪɡət] *n* Eiferer *m*
big·ot·ed ['bɪɡətɪd] *adj* (*pej*) fanatisch **big·ot·ry** ['bɪɡətri] *n* (*pej*) Fanatismus *m*
'big shot *n* (*fam*) hohes Tier **big 'top** *n* großes Zirkuszelt **big 'wheel** *n* BRIT Riesenrad *nt* **'big·wig** *n* (*fam*) hohes Tier
bike [baɪk] **I.** *n* ❶ (*fam: bicycle*) [Fahr]rad *nt*; **by ~** mit dem [Fahr]rad ❷ (*motorcycle*) Motorrad *nt* ▶ **on yer ~!** BRIT (*sl*) hau ab! **II.** *vi* mit dem Fahrrad fahren
bik·er ['baɪkə'] *n* (*fam*) Motorradfahrer(in) *m(f)*; (*in gang*) Rocker(in) *m(f)*
bi·ki·ni [bɪˈkiːni] *n* Bikini *m*; **~ bottoms** Bikinihose *f*; **~ top** Bikinioberteil *nt*
bi·lat·er·al [barˈlætərəl] *adj* bilateral
bil·berry ['bɪlbəri] *n* Heidelbeere *f*
bile [baɪl] *n* ❶ ANAT Galle *f*; **~ duct** Gallengang *m meist pl* ❷ (*fig*) Bitterkeit *f*
bil·har·zia [bɪlˈhɑːziə] *n* Bilharziose *f*
bi·lin·gual [barˈlɪŋɡwəl] *adj* zweisprachig; **~ secretary** Fremdsprachensekretär(in) *m(f)*
bili·ous ['bɪliəs] *adj* ❶ MED Gallen-; **~ attack** Gallenkolik *f* ❷ (*fig: bad-tempered*) übellaunig
bill[1] [bɪl] **I.** *n* ❶ (*invoice*) Rechnung *f*; **could we have the ~, please?** zahlen bitte! ❷ AM (*bank note*) Geldschein *m*; **[one-]dollar ~** Dollarschein *m* ❸ (*proposed law*) Gesetzentwurf *m* ❹ (*placard*) Plakat *nt*; **"stick no ~s"** „Plakate ankleben verboten" ❺ (*list of celebrities*) Besetzungsliste *f*; **to top the ~** der Star des Abends sein ▶ **to fit the ~** der/die/das Richtige sein **II.** *vt* ❶ (*invoice*) ■**to ~ sb** jdm eine Rechnung ausstellen; ■**to ~ sb for sth** jdm etw in Rechnung stellen ❷ *usu passive* (*listed*) ■**to be ~ed** angekündigt werden
bill[2] [bɪl] *n of bird* Schnabel *m*
'bill·board *n* Reklamefläche *f*
bil·let ['bɪlɪt] MIL **I.** *n* Quartier *nt* **II.** *vt usu passive* ■**to be ~ed** einquartiert werden
'bill·fold *n* AM Brieftasche *f*
bil·liards ['bɪliədz] *n no pl* Billard *nt*; **billiard ball** Billardkugel *f*
bill·ing ['bɪlɪŋ] *n no pl* ❶ (*list*) Programm *nt*; **to get top ~** an oberster Stelle auf dem Programm stehen ❷ (*publicity*) **advance ~** Reklame *f*
bil·lion ['bɪliən] *n* Milliarde *f*
bil·low ['bɪləʊ] **I.** *vi* ❶ (*bulge*) *cloth* sich blähen; *smoke* in Schwaden aufsteigen; *skirt* sich bauschen **II.** *n usu pl* Schwaden *pl*
'bill post·er *n* Plakat[an]kleber(in) *m(f)*; **"~s will be prosecuted"** „das Ankleben von Plakaten wird strafrechtlich verfolgt"
'bill post·ing *n no pl* Plakatkleben *nt* **'bill stick·er** *n* Plakat[an]kleber(in) *m(f)*
'bil·ly·can *n* BRIT, AUS Kochgeschirr *nt* (*zum Campen*)
'bil·ly goat *n* Ziegenbock *m*
bim·bo <*pl* -es *or* -s> ['bɪmbəʊ] *n* (*pej sl*) Puppe *f*
bi·month·ly *adj, adv* ❶ (*twice a month*) zweimal im Monat ❷ (*every two months*) zweimonatlich
bin [bɪn] **I.** *n* ❶ BRIT, AUS (*for waste*) Mülleimer *m*; BRIT Mülltonne *f* ❷ (*for storage*) Behälter *m*; **bread ~** Brotkasten *m* **II.** *vt* BRIT (*fam*) wegwerfen
bi·na·ry ['baɪnəri] *adj* binär
bind [baɪnd] **I.** *n* (*fam: obligation*) Verpflichtung *f*; (*burden*) Belastung *f*; **to be [a bit of] a ~** [ziemlich] lästig sein **II.** *vi* <bound, bound> binden **III.** *vt* <bound, bound> ❶ (*fasten*) ■**to ~ sb** jdn fesseln (**to** an); **to be bound hand and foot** an Händen und Füßen gefesselt sein; ■**to ~ sth** etw festbinden (**to** an); *feet* einbinden ❷ (*commit*) **to ~ sb to secrecy** jdn zum Stillschweigen verpflichten ❸ FOOD, TYPO binden
bind·er ['baɪndə'] *n* Einband *m* **bind·ing** ['baɪndɪŋ] **I.** *n no pl* ❶ (*covering*) Einband *m* ❷ (*act*) Binden *nt* ❸ (*textile strip*) [Naht]band *nt* ❹ (*on ski*) Bindung *f* **II.** *adj* verbindlich **bind·weed** ['baɪndwiːd] *n no pl* BOT Winde *f*
binge [bɪndʒ] (*fam*) **I.** *n* Gelage *nt*; **shopping ~** Kaufrausch *m* **II.** *vi* ■**to ~ on sth** sich mit etw *dat* vollstopfen
'binge drink·ing *n* häufiger, exzessiver Alkoholgenuss
bing·er ['bɪndʒə'] *n* jd, der etw bis zum Ex-

zess tut

bin·go ['bɪŋgəʊ] **I.** n Bingo nt **II.** interj (fam) ■ ~! bingo!

bin·oc·u·lars [bɪ'nɒkjələz] npl [a pair of] ~ [ein] Fernglas nt

'bio-attack n Bioangriff m

'bio-bub·ble n geschlossene Biosphäre (abgekapseltes Umfeld, das dem Leben auf der Erde gleicht, zur Durchführung von Experimenten)

'bio-chem adj short for **biological-chemical** biochemisch

bio·'chemi·cal adj biochemisch
bio·'chem·ist n Biochemiker(in) m(f)
bio·'chem·is·try n no pl Biochemie f
'bio·de·fence, AM **biodefense** n Verteidigung f gegen Biowaffen
bio·de'grad·able adj biologisch abbaubar
bio·de'grade vi sich zersetzen
bio·di·'ver·sity n Artenvielfalt f
bio·en·gi·'neered adj genmanipuliert
bio·en·gi·'neer·ing n Biotechnik f
bio·'feed·back n Biofeedback nt
'bio·fuel n no pl Biotreibstoff m
'bio·gas n Biogas nt
bi·og·raph·er [baɪ'ɒgrəfə'] n Biograf(in) m(f)
bio·graphi·cal [ˌbaɪəʊ'græfɪkᵊl] adj biografisch
bi·og·ra·phy [baɪ'ɒgrəfi] n Biografie f
bio·logi·cal [ˌbaɪə'lɒdʒɪkᵊl] adj biologisch
bio·logi·cal 'in·di·ca·tor n biologischer Indikator
bi·olo·gist [baɪ'ɒlədʒɪst] n Biologe(in) m(f)
bi·ol·ogy [baɪ'ɒlədʒi] n Biologie f
'bio·mass [ˌbaɪəʊ'mæs] n Biomasse f
bio·met·ric [baɪə(ʊ)metrɪk] **I.** n ■ ~s + sing vb Biometrie f **II.** adj biometrisch
bi·op·sy ['baɪɒpsi] n Biopsie f
'bio·rhythm n Biorhythmus m
bio·se·'cu·rity n no pl Sicherheitsvorkehrung[en] f[pl] gegen Biowaffen
'bio·sphere n no pl Biosphäre f
bio·tech·'nol·ogy n Biotechnologie f
bio·'ter·ror·ist n Bioterrorist(in) m(f)
'bio·tope ['baɪə(ʊ)təʊp] n Biotop m o nt
bio·'vil·lage n Biovillage nt, sanfte Entwicklungshilfe (Kombination von neuester biologischer Technologie mit traditionellen Methoden für die Landbevölkerung)
bi·par·ti·san [ˌbaɪpɑːtɪ'zæn] adj von zwei Parteien getragen
bi·ped ['baɪped] n Zweifüß[l]er m
bi·plane [baɪpleɪn] n Doppeldecker m
bi·po·lar [baɪ'pəʊlə'] adj bipolar
birch [bɜːtʃ] n <pl -es> ❶ (tree) Birke f ❷ no pl (hist: type of punishment) ■ **the** ~ Züchtigung mit der Rute

bird [bɜːd] n ❶ (creature) Vogel m; ~ **life** Vogelwelt f; ~ **sanctuary** Vogelschutzgebiet nt ❷ (fam: young female) Biene f; **game old** ~ BRIT, AUS (approv) flotte Alte ▶ **to know about the** ~**s and bees** (euph) aufgeklärt sein; ~ **s of a feather flock together** (prov) Gleich und Gleich gesellt sich gern; **a** ~ **in the hand is worth two in the bush** (prov) besser ein Spatz in der Hand als eine Taube auf dem Dach; **to kill two** ~**s with one stone** zwei Fliegen mit einer Klappe schlagen; **the early** ~ **catches the worm** (prov) Morgenstund' hat Gold im Mund; [**strictly**] **for the** ~**s** AM, AUS für die Katz
'bird·cage n Vogelkäfig m **'bird flu** n no pl Vogelgrippe f
birdie ['bɜːdi] **I.** n ❶ (esp childspeak: small bird) Piepmatz m ❷ (golf) Birdie nt ▶ **watch the** ~ PHOT gleich kommt's Vögelchen **II.** vt (in golf) einen Schlag unter Par spielen
bird of 'para·dise <pl birds of paradise> n Paradiesvogel m **'bird·seed** n no pl Vogelfutter nt **bird's-eye 'view** n Vogelperspektive f **'bird ta·ble** n BRIT Futterplatz m (für Vögel) **'bird·watch·ing** n Beobachten nt von Vögeln
biro® ['baɪ(ə)rəʊ] n BRIT Kuli m
birth [bɜːθ] n ❶ (event of being born) Geburt f; **from** ~ von Geburt an; **date of** ~ Geburtsdatum nt; **place of** ~ Geburtsort m; **to give** ~ **to a child** ein Kind zur Welt bringen ❷ no pl (family) Abstammung f; **English by** ~ gebürtiger Engländer/gebürtige Engländerin
'birth cer·tifi·cate n Geburtsurkunde f
'birth con·trol n Geburtenkontrolle f; ~ **pill** Antibabypille f
birth·day ['bɜːθdeɪ] n Geburtstag m; **happy** ~ [**to you**]! alles Gute zum Geburtstag!
'birth·day cake n Geburtstagstorte f **'birth·day card** n Geburtstagskarte f **'birth·day par·ty** n Geburtstagsparty f **'birth·day pres·ent** n Geburtstagsgeschenk nt **'birth·day suit** n **to be in one's** ~ (fam) im Adamskostüm
'birth·mark n Muttermal nt
'birth·place n Geburtsort m **'birth rate** n Geburtenrate f **'birth·right** n Geburtsrecht nt
Bis·cay ['bɪskeɪ] n Biskaya f
bis·cuit ['bɪskɪt] n ❶ BRIT, AUS Keks m; **dog** ~ Hundekuchen m ❷ AM (bread type) Brötchen nt ▶ **that** [**really**] **takes the** ~ BRIT das schlägt dem Fass den Boden aus
bi·sect [baɪ'sekt] vt zweiteilen
bi·sex·ual [baɪ'sekʃʊəl] **I.** n Bisexuelle(r) f(m) **II.** adj bisexuell
bish·op ['bɪʃəp] n ❶ REL Bischof m ❷ CHESS Läufer m

bish·op·ric ['bɪʃəprɪk] n ❶ (*term*) Amtszeit *f* (*eines Bischofs*) ❷ (*diocese*) Bistum *nt*

bi·son <*pl* -s *or* -> ['baɪsᵊn, -zᵊn] n (*American*) Bison *m*; (*European*) Wisent *m*

bit¹ [bɪt] n (*fam*) ❶ (*piece*) Stück *nt*; (*fig: some*) **a ~ of advice** ein Rat *m*; **a ~ of news** eine Neuigkeit; **~s of glass** Glasscherben *pl*; **little ~s** [**of metal**] [Metall]stückchen *pl*; **~s of paper** Papierfetzen *pl*; **to blow sth to ~s** etw zerfetzen; **to fall to ~s** kaputtgehen; **to smash sth to ~s** etw zerschmettern ❷ (*part*) Teil *m*; *of a story, film* Stelle *f*; **to do one's ~** seinen Teil beitragen; **~ by ~** Stück für Stück ❸ (*a little*) ■ **a ~** ein bisschen; **just a ~** ein kleines bisschen ❹ (*rather*) ■ **a ~** ziemlich; **he's put on a ~ of weight** er hat ziemlich zugenommen; **he's a ~ of a bore** er ist ein ziemlicher Langweiler; **that was a ~ much** das war ein starkes Stück; **that was a ~ too much of a coincidence** das konnte kein Zufall mehr sein; **he's a good ~ older than his wife** er ist um einiges älter als seine Frau; **to be a ~ of an artist** künstlerisch ziemlich begabt sein; [**quite**] **a ~ of money** ziemlich viel Geld; **to be a ~ of a nuisance** ziemlich lästig sein ❺ (*short time*) **I'm just going out for a ~** ich gehe mal kurz raus; **I'll come along in a ~** ich komme gleich nach; **hold on** [*or* **wait**] **a ~** warte mal [kurz] ❻ (*in negations*) ■ **not a ~** kein bisschen; **not the least** [*or* **slightest**] **~** kein bisschen; **but not a ~ of it!** BRIT aber nicht die Spur! ❼ *pl* BRIT **~s and pieces** [*or* **bobs**] Krimskrams *m* ▸ **a ~ of all right** BRIT (*sl*) große Klasse; **~ on the side** heimliche Geliebte; **thrilled to ~s** ganz aus dem Häuschen

bit² [bɪt] *vt*, *vi pt of* **bite**

bit³ [bɪt] n (*for horses*) Trense *f* ▸ **to get the ~ between one's teeth** sich an die Arbeit machen

bit⁴ [bɪt] n (*drill*) Bohrer[einsatz] *m*

bit⁵ [bɪt] n COMPUT Bit *nt*

bitch [bɪtʃ] **I.** n <*pl* -es> ❶ (*female dog*) Hündin *f* ❷ (*fam: complaint*) **to have a good ~** mal richtig lästern ❸ (*fam!: mean woman*) Miststück *nt* ❹ (*sl: bad situation*) **what a ~!** so ein Mist!; **life's a ~** das Leben ist ungerecht; **a ~ of a job** ein Scheißjob *m* **II.** *vi* (*fam*) lästern (**about**) über

bitchy ['bɪtʃi] *adj* (*fam!*) gehässig

bite [baɪt] **I.** n ❶ (*using teeth*) Biss *m*; *of an insect* Bisswunde *f*; *of a snake* Biss *m*; **to have a ~ to eat** (*fam*) eine Kleinigkeit essen; **to take a ~ of a pizza** von einer Pizza abbeißen ❷ (*fig: sharpness*) Biss *m* ❸ (*fish*) at last I've got a ~ endlich hat etwas angebissen ❹ *no pl* (*pungency*) Schärfe *f* **II.** *vt* <bit, bitten> (*cut with teeth*) beißen; *insect* ste- chen; **to ~ one's nails** an den Fingern kauen; **to ~ one's tongue** sich *dat* auf die Zunge beißen *a. fig*; **what's biting you?** (*fig*) was ist mit dir los? **III.** *vi* <bit, bitten> ❶ (*with teeth*) dog, snake beißen; *insect* stechen ❷ (*also fig: take bait*) anbeißen ❸ (*affect*) einschneidende Wirkung haben ▸ **once bitten, twice shy** (*prov*) ein gebranntes Kind scheut das Feuer

bit·ing ['baɪtɪŋ] *adj* beißend *a. fig*

bit·ten ['bɪtᵊn] *vt*, *vi pp of* **bite**

bit·ter ['bɪtəʳ] **I.** *adj* <-er, -est> ❶ (*sour*) *taste* bitter; **~ chocolate** BRIT Zartbitterschokolade *f* ❷ (*fig: painful*) bitter ❸ (*resentful*) verbittert **II.** *n* BRIT, AUS **a glass of ~** ein Glas *nt* Bitter; **half a ~** ein kleines Bitter

bit·ter·ly ['bɪtəli] *adv* bitter; **~ cold** bitterkalt; **~ contested** heftig umstritten; **~ disappointed** schwer enttäuscht; **~ jealous** krankhaft eifersüchtig **bit·ter·ness** ['bɪtənəs] *n* *no pl* ❶ (*rancour*) Verbitterung *f* (**towards** gegenüber) ❷ FOOD Bitterkeit *f*

bi·tu·men ['bɪtʃəmɪn] *n no pl* Bitumen *nt*

bi·tu·mi·nous [bɪ'tʃuːmɪnəs] *adj* bituminös

bi·valve ['baɪvælv] *n* zweischalige Muschel

bi·vou·ac ['bɪvuæk] **I.** *n* Biwak *nt* **II.** *vi* <-ck-> biwakieren

bi·week·ly [baɪ'wiːkli] *adj*, *adv* ❶ (*every two weeks*) zweiwöchentlich ❷ (*twice a week*) zweimal wöchentlich

bi·zarre [bɪ'zɑːʳ] *adj* bizarr; *behaviour* seltsam

blab <-bb-> [blæb] (*fam*) **I.** *vt* ausplaudern **II.** *vi* plaudern; ■ **to ~ to sb** jdm gegenüber nicht dichthalten

black [blæk] **I.** *adj* (*colour*) schwarz *a. fig*; **~ despair** tiefste Verzweiflung; **to beat sb ~ and blue** jdn grün und blau schlagen **II.** *n* ❶ (*person*) Schwarze(r) *f*/*m*; ❷ (*colour*) Schwarz *nt* ❸ (*not in debt*) **to be in the ~** in den schwarzen Zahlen sein **III.** *vt* ❶ (*darken*) schwarz färben ❷ BRIT (*boycott*) boykottieren ◆ **black out I.** *vi* (*kurz*) das Bewusstsein verlieren **II.** *vt* ❶ (*not show light*) verdunkeln ❷ (*fig: censure*) unterschlagen

black and 'white I. *adj* ❶ (*documented*) [**down**] **in ~** schwarz auf weiß ❷ (*not in colour*) schwarzweiß ❸ (*clear-cut*) sehr einfach [*o* klar] **II.** *n* ❶ (*in film, photography*) Schwarzweißtechnik *f* ❷ (*oversimplified view*) Vereinfachung *f*

'black·ball *vt* ■ **to ~ sb** (*vote against*) gegen jdn stimmen; (*reject*) jdn ausschließen

black·berry ['blækbᵊri] *n* Brombeere *f* **'black·bird** *n* Amsel *f* **'black·board** *n* Tafel *f* **'black book** *n* (*fig*) schwarze Liste; **to be in sb's ~** bei jdm schlecht angeschrieben sein **black 'box** *n* AEROSP Flugschreiber *m*

black·cur·rant [ˌblækˈkʌrənt] *n* schwarze Johannisbeere

black·en [ˈblækən] **I.** *vt* ① (*make black*) schwärzen ② (*malign*) anschwärzen; **to ~ sb's name** dem Ruf einer Person *gen* schaden **II.** *vi* schwarz werden

black 'eye *n* blaues Auge **black·guard** [ˈblæɡɑːd] *n* Bösewicht *m* **'black·head** *n* Mitesser *m* **black 'hole** *n* schwarzes Loch *a. fig* **black 'ice** *n* Glatteis *nt* **black·ish** [ˈblækɪʃ] *adj* schwärzlich **black·jack** [ˈblækdʒæk] *n* ① CARDS Siebzehnundvier *nt* ② AM (*cosh*) Totschläger *m* **'black·leg** *n* BRIT (*pej*) Streikbrecher(in) *m(f)* **'black·list I.** *vt* auf die schwarze Liste setzen **II.** *n* schwarze Liste

'black·mail I. *n* Erpressung *f*; **open to ~** erpressbar **II.** *vt* erpressen

'black·mail·er *n* Erpresser(in) *m(f)*

black 'mark *n* Tadel *m*; SCH Verweis *m* **black 'mar·ket** *n* Schwarzmarkt *m*; **there was a thriving ~ in cigarettes during the war** während des Krieges blühte der Schwarzhandel mit Zigaretten **black mar·ke·'teer** *n* Schwarzhändler(in) *m(f)*

black·ness [ˈblæknəs] *n no pl* Schwärze *f*

black·out [ˈblækaʊt] *n* ① (*unconsciousness*) Ohnmachtsanfall *m* ② ELEC [Strom]ausfall *m* ③ (*censor*) Sperre *f*; **news ~** Nachrichtensperre *f* ④ (*covering of lights*) Verdunkelung *f*

black 'pud·ding *n* BRIT Blutwurst *f* **Black 'Sea** *n* ▪ **the ~** das Schwarze Meer **black 'sheep** *n* (*fig*) schwarzes Schaf

'black·smith *n* [Huf]schmied *m*

blad·der [ˈblædə'] *n* [Harn]blase *f*

blade [bleɪd] **I.** *n* (*flat part*) Klinge *f*; **~ of grass** Grashalm *m*; **~ of an oar** Ruderblatt *nt* **II.** *vi* SPORTS (*fam*) bladen

blame [bleɪm] **I.** *vt* ▪ **to ~ sb/sth for sth** [*or* **sth on sb/sth**] jdm/etw die Schuld an etw *dat* geben; **he has only himself to ~** er hat es sich selbst zuzuschreiben; ▪ **to ~ sb for doing sth** jdn beschuldigen, etw getan zu haben; **to not ~ sb for sth** jdm etw nicht verübeln **II.** *n no pl* ① (*guilt*) Schuld *f*; **where does the ~ lie?** wer hat Schuld?; **to lay the ~ on sb/sth for sth** jdm/etw die Schuld an etw *dat* zuschieben; **to take the ~** die Schuld auf sich nehmen ② (*censure*) Tadel *m*

blame·less [ˈbleɪmləs] *adj* schuldlos; *life* untadelig

blanch [blɑːn(t)ʃ] **I.** *vi* erblassen **II.** *vt* ① (*cause to whiten*) bleichen ② (*parboil*) blanchieren

blanc·mange [bləˈmɒn(d)ʒ] *n no pl* Pudding *m*

bland [blænd] *adj* fade, (*fig*) vage; **~ diet** Schonkost *f*

blan·dish·ments [ˈblændɪʃmənts] *npl* Schmeicheleien *pl*

blank [blæŋk] **I.** *adj* ① (*empty*) leer; **~ space** Leerraum *m*; **~ tape** Leerband *nt*; **my mind went ~** ich hatte ein Brett vor dem Kopf; **the screen went ~** das Bild fiel aus ② (*without emotion*) ausdruckslos; (*without comprehension*) verständnislos ③ (*complete*) **~ refusal** glatte Ablehnung **II.** *n* ① (*empty space*) Leerstelle *f*, Lücke *f* ② (*mental void*) Gedächtnislücke *f*; **my mind is a complete ~** ich habe eine totale Mattscheibe ③ (*non-lethal cartridge*) Platzpatrone *f* ▸ **to draw a ~** kein Glück haben **III.** *vt* ▪ **to ~ out** ausstreichen

blan·ket [ˈblæŋkɪt] **I.** *n* [Bett]decke *f*; (*fig*) Decke *f*; **~ of snow** Schneedecke *f* **II.** *vt* bedecken **III.** *adj* umfassend; *coverage* ausführlich

blank·ly [ˈblæŋklɪ] *adv* (*without expression*) ausdruckslos; (*without comprehension*) verständnislos

blare [bleə'] **I.** *n no pl* Geplärr *nt*; **~ of trumpets** Trompetengeschmetter *nt* **II.** *vi radio* plärren; *music* dröhnen; *trumpets* schmettern

blas·pheme [ˌblæsˈfiːm] *vi* [Gott] lästern

blas·phem·er [ˌblæsˈfiːmə'] *n* Gotteslästerer, -lästerin *m, f*

blas·phe·mous [ˈblæsfəməs] *adj* blasphemisch

blas·phe·my [ˈblæsfəmi] *n no pl* Blasphemie *f*

blast [blɑːst] **I.** *n* ① (*explosion*) Explosion *f* ② (*air*) **~ of air** Luftstoß *m* ③ (*noise*) **a ~ of music** ein Schwall *m* Musik; **a ~ from the past** (*hum*) eine Begegnung mit der Vergangenheit; **~ of a trumpet** Trompetenstoß *m*; **~ of a whistle** Pfeifton *m*; **at full ~** *radio* in voller Lautstärke ④ AM (*fam: lot of fun*) tolle Zeit ⑤ *interj* (*fam!*) verdammt! **III.** *vt* ① (*explode*) sprengen ② (*fig*) heftig angreifen

blast·ed [ˈblɑːstɪd] *adj* (*fam!*) verdammt **'blast fur·nace** *n* Hochofen *m* **blast-off** [ˈblɑːstɒf] *n* [Raketen]start *m* **'blast wave** *n* Detonationswelle *f*

bla·tant [ˈbleɪtənt] *adj* offensichtlich; *lie* unverfroren; *racism* unverhohlen

blaze [bleɪz] **I.** *n* ① (*fire*) Brand *m* ② (*light*) Glanz *m*; (*fig*) **~ of colour** [*or* AM **color**] Farbenpracht *f*; **in a ~ of glory** mit Glanz und Gloria ③ (*sudden attack*) **~ of anger** Wutanfall *m* **II.** *vi* glühen; *eyes* glänzen; *fire* [hell] lodern; *sun* brennen **III.** *vt* ▪ **to ~ a trail** einen Weg markieren ◆ **blaze away** *vi* ① (*shine*) [nicht aufhören zu] strahlen ② (*shoot*) drauflosfeuern ◆ **blaze up** *vi* aufflammen

blaz·er [ˈbleɪzə'] *n* Blazer *m*; **school ~** Jacke

f der Schuluniform

blaz·ing ['bleɪzɪŋ] *adj fire* lodernd; *inferno* flammend; *row* heftig; *sun* grell; **~ hot** glühend heiß

bleach [bliːtʃ] **I.** *vt* bleichen **II.** *n* <*pl* -es> (*chemical*) Bleichmittel *nt*; (*for hair*) Blondierungsmittel *nt*

bleach·ers ['bliːtʃɚz] *npl* AM unüberdachte [Zuschauer]tribüne

bleak [bliːk] *adj* kahl, öde; (*fig*) trostlos, düster

bleary ['blɪəri] *adj* ① (*sleepy*) verschlafen; **~ eyes** müde Augen ② (*blurred*) verschwommen

bleary-'eyed *adj* mit müden Augen; **to look ~** verschlafen aussehen

bleat [bliːt] **I.** *vi sheep* blöken; *goat* meckern; (*fig, pej*) *person* jammern **II.** *n of sheep* Blöken *nt*; *of goat* Meckern *nt*

bled [bled] *pt, pp of* **bleed**

bleed [bliːd] **I.** *vi* <bled, bled> bluten ▸ **my heart ~s** (*iron*) mir blutet das Herz **II.** *vt* <bled, bled> ① (*hist: take blood*) jdn zur Ader lassen; **to ~ sb dry** (*fig*) jdn [finanziell] bluten lassen ② *brakes, radiator* entlüften

bleed·er ['bliːdɚ] *n* BRIT *little ~s* kleine Biester *pl*; **you lucky ~!** du Glückspilz!

bleed·ing ['bliːdɪŋ] *adj* BRIT (*fam!*) verdammt

bleep [bliːp] BRIT **I.** *n* TECH Piepton *m* **II.** *vi* piepsen **III.** *vt* **to ~ sb** jdn über einen Piepser rufen

bleep·er ['bliːpɚ] *n* BRIT Piepser *m*

blem·ish ['blemɪʃ] *n* <*pl* -es> Makel *m*; **without ~** makellos; (*fig*) untadelig

blench [blen(t)ʃ] *vi* bleich werden; (*fig*) **to ~ at a thought** vor einem Gedanken zurückschrecken

blend [blend] **I.** *n* Mischung *f*; *of wine* Verschnitt *m* **II.** *vt* [miteinander] vermischen **III.** *vi* ① (*match*) **to ~ with sb/sth** zu jdm/etw passen; MUS mit jdm/etw harmonisieren ② (*not be noticeable*) **to ~ into sth** mit etw *dat* verschmelzen

blend·er ['blendɚ] *n* Mixer *m*

bless <-ed *or liter* blest, -ed> [bles] *vt* segnen ▸ **~ him/her!** der/die Gute!; **~ you!** (*after a sneeze*) Gesundheit!; (*as thanks*) das ist lieb von dir!

bless·ed ['blesɪd] *adj* gesegnet, selig; **not a ~ soul** keine Menschenseele ▸ **~ are the meek ...** (*prov*) selig sind die Sanftmütigen, ... **bless·ing** ['blesɪŋ] *n* Segen *m* ▸ **to be a ~ in disguise** sich im Nachhinein als Segen erweisen; **to count one's ~s** für das dankbar sein, was man hat

blew [bluː] *pt of* **blow**

blight [blaɪt] **I.** *vt* vernichten; (*fig*) zunichtemachen **II.** *n* Pflanzenkrankheit *f*; **potato ~** Kartoffelfäule *f*; (*fig*) Plage *f*

blight·er ['blaɪtɚ] *n* BRIT (*fam*) Luder *nt*, Lümmel *m*

bli·mey ['blaɪmi] *interj* BRIT (*fam*) [ach] du liebe Zeit!

blind [blaɪnd] **I.** *n* ① (*for window*) Jalousie *f*; **roller ~** Rollo *nt* ② (*people*) ■ **the ~** *pl* die Blinden; **for the ~** für Blinde **II.** *vt* ① (*permanently*) blind machen; (*temporarily*) blenden; **~ed by tears** blind vor Tränen ② (*fig: impress*) **to ~ sb with science** jdn mit seinem Wissen beeindrucken **III.** *adj* ① (*sightless*) blind; **to go ~** blind werden; **~ in one eye** auf einem Auge blind ② (*fig: unable to perceive*) blind; ■ **to be ~ to sth** etw nicht bemerken ③ (*fig: unprepared*) unvorbereitet ④ *esp* BRIT (*fig: without reserve*) rückhaltlos; **he swore – that ...** er versicherte hoch und heilig, dass ... ⑤ (*fig: lack judgement*) blind; *acceptance* bedingungslos ⑥ (*concealed*) *bend* schwer einsehbar ⑦ BRIT (*fam: any*) **to not take a ~** [*or* **the ~est**] **bit of notice of sth** etw überhaupt nicht beachten ▸ **as ~ as a bat** so blind wie ein Maulwurf; **to turn a ~ eye to sth** vor etw *dat* die Augen verschließen; **love is ~** Liebe macht blind **IV.** *adv* blind; **~ drunk** stockbetrunken

blind 'al·ley *n* Sackgasse *f a. fig* **blind·er** ['blaɪndɚ] *n* (*fam*) ① BRIT SPORTS **to play a ~** ein Superspiel hinlegen; **a ~ of a goal** ein Traumtor *nt* ② AM (*blinkers*) ■ **~s** *pl* Scheuklappen *pl* **blind·fold** ['blaɪn(d)fəʊld] **I.** *n* Augenbinde *f* **II.** *vt* **to ~ sb** jdm die Augen verbinden **III.** *adv* ① (*eyes covered*) mit verbundenen Augen ② (*without thinking*) ■ **to be able to do sth ~** etw im Schlaf tun können **blind·ing** ['blaɪndɪŋ] *adj flash* blendend; *light also* grell; *headache* rasend ▸ **to come to sb in a ~ flash** jdm blitzartig klarwerden **blind man's** *n esp* AM, **blind man's 'buff** *n* Blindekuh *kein art* **blind·ness** ['blaɪndnəs] *n no pl* Blindheit *f* **'blind spot** *n* ① MED blinder Fleck ② TRANSP toter Winkel *m* ③ (*weakness*) Schwachpunkt *m*

bling [blɪŋ] (*fam*) **I.** *n* Klunker *m*, Brillies *pl* **II.** *adj pred look* glamourös; *person* goldbehängt **III.** *vt* ■ **to ~ out** ○ **sth** etw schmücken

blink [blɪŋk] **I.** *vt* **to ~ one's eyes** mit den Augen zwinkern; **without ~ing an eye** ohne mit der Wimper zu zucken; **to ~ back tears** die Tränen zurückhalten **II.** *vi* ① (*as protective reflex*) blinzeln; (*intentionally*) zwinkern ② (*of a light*) blinken; **to ~ left/right** links/rechts anzeigen **III.** *n* (*eye reflex*) Blinzeln *nt*; (*intentionally*) Zwinkern

blinker–bloody 86

nt; in the ~ of an eye (*fig*) blitzschnell ▸ to be **on** the ~ (*fam*) kaputt sein

blink·er ['blɪŋkə'] *n* ❶ AUTO Blinker *m* esp BRIT ■ ~s *pl* Scheuklappen *pl* a. *fig* **blink·ered** ['blɪŋkəd] *adj* esp BRIT ■to be ~ Scheuklappen tragen *a. fig* **blink·ing** ['blɪŋkɪŋ] *adj* esp BRIT (*fam*) verflixt

bliss [blɪs] *n no pl* [Glück]seligkeit *f;* **what ~!** herrlich!; **wedded ~** Eheglück *nt*

bliss·ful ['blɪsfəl] *adj* glückselig; *couple* glücklich; *smile* selig

blis·ter ['blɪstə'] **I.** *n* Blase *f* **II.** *vt* Blasen hervorrufen auf +*dat* **III.** *vi paint* Blasen werfen; *skin* Blasen bekommen

blis·ter·ing ['blɪstərɪŋ] *adj* Wahnsinns-; *attack* massiv; *heat* brütend; *pace* mörderisch

blith·er·ing ['blɪðərɪŋ] *adj* ~ **idiot** [Voll]idiot(in) *m(f)*

blitz [blɪts] **I.** *n no pl* ❶ (*air attack*) [plötzlicher] Luftangriff; ■the **B~** *deutsche Luftangriffe auf britische Städte im Zweiten Weltkrieg* ❷ (*fig*) to have a ~ on sth etw in Angriff nehmen **II.** *vt* ❶ (*attack*) to ~ a city Luftangriffe *pl* auf eine Stadt fliegen ❷ (*fig*) in Angriff nehmen

bliz·zard ['blɪzəd] *n* Schneesturm *m*

bloat·ed ['bləʊtɪd] *adj* ❶ (*swollen*) aufgedunsen ❷ (*overindulgence*) vollgestopft ❸ (*fig: excessive*) aufgebläht

blob [blɒb] *n* ❶ (*spot*) Klecks *m;* ~ **of paint** Farbfleck *m* ❷ (*vague mass*) Klümpchen *nt*

bloc [blɒk] *n* POL Block *m*

block [blɒk] **I.** *n* ❶ (*solid lump*) Block *m;* ~ **of wood** Holzklotz *m* ❷ (*toy*) **building** ~ Bauklötzchen *nt* ❸ (*for executions*) Richtblock *m;* **to be sent to the** ~ hingerichtet werden ❹ SPORTS Startblock *m* ❺ BRIT (*building*) Hochhaus *nt;* ~ **of flats** Wohnblock *m;* **tower** ~ Bürohochhaus *nt* ❻ esp AM, AUS (*part of neighbourhood*) [Häuser]Block *m* ❼ *usu sing* (*obstruction*) Verstopfung *f* ❽ (*impediment*) Sperre *f* ❾ (*pulley*) Block *m* **II.** *adj* **to make** ~ **bookings** blockweise reservieren **III.** *vt* blockieren; *artery, pipeline* verstopfen; *exit, passage* versperren; *progress* aufhalten; *account* sperren; *ball* abblocken ◆ **block off** *vt* [ver]sperren ◆ **block out** *vt* ❶ (*ignore*) *emotions, thoughts* verdrängen; *noise, pain* ausschalten ❷ (*obscure*) to ~ out the light das Licht nicht durchlassen [*o* abhalten] ❸ (*suppress*) etw unterdrücken ◆ **block up** *vt* ❶ (*obstruct*) blockieren; (*clog*) verstopfen; **my nose is all** ~ed up meine Nase ist total zu ❷ (*fill in*) zumauern

block·ade [blɒk'eɪd] **I.** *n* Blockade *f* **II.** *vt* abriegeln

block·age ['blɒkɪdʒ] *n* Verstopfung *f*

block 'capi·tals *npl* Blockbuchstaben *pl;* **in** ~ in Blockschrift

'block·house *n* Blockhaus *nt*

blog [blɒg] *n* COMPUT, INET Blog *nt,* Internettagebuch *nt*

blog·ging ['blɒgɪŋ] *n no pl, no art* COMPUT, INET Blogging *nt* (*das Schreiben von Internet-Tagebüchern*) **blogo·sphere** ['blɒgə(ʊ)sfɪə'] *n* COMPUT, INET Blogwelt *f*

bloke [bləʊk] *n* BRIT (*fam*) Typ *m*, Kerl *m*

blond(e) [blɒnd] **I.** *adj* blond **II.** *n* (*person*) Blonde(r) *f(m);* (*woman*) Blondine *f*

blood [blʌd] *n no pl* Blut *nt* ▸ ~ **is thicker than water** (*prov*) Blut ist dicker als Wasser; **bad** ~ böses Blut; **to make sb's** ~ **run cold** jdm das Blut in den Adern gefrieren lassen; **in cold** ~ kaltblütig; **to be after sb's** ~ es jdm heimzahlen wollen; **it makes my** ~ **boil** es macht mich rasend **II.** *vt* [neu] einführen

'blood bank *n* Blutbank *f* **'blood·bath** *n* Blutbad *nt* **'blood clot** *n* Blutgerinnsel *nt* **'blood·curdling** *adj* markerschütternd **'blood do·nor** *n* Blutspender(in) *m(f)* **'blood group** *n* Blutgruppe *f* **'blood·hound** *n* Bluthund *m*

bloodless ['blʌdləs] *adj* ❶ (*without violence*) unblutig ❷ (*pale*) blutleer

'blood poi·soning *n no pl* Blutvergiftung *f* **'blood pres·sure** *n no pl* Blutdruck *m* **'blood prod·uct** *n* MED Blutprodukt *nt*

blood re·la·tion *n* Blutsverwandte(r) *f(m)* **'blood·shed** *n no pl* Blutvergießen *nt* **'blood·shot** *adj* blutunterlaufen **'blood sport** *n usu pl* Sportarten, bei denen Tiere getötet werden, z.B. Hetzjagden und Hahnenkämpfe **'blood·stained** *adj* blutbefleckt **'blood·stock** *n* + *sing/pl vb* Vollblutpferde *pl* **'blood·stream** *n* Blutkreislauf *m* **'blood·suck·er** *n* Blutsauger *m* a. *fig* **'blood sug·ar** *n* Blutzucker *m* **'blood test** *n* Bluttest *m* **'blood·thirsty** *adj* blutrünstig **'blood transfusion** *n* [Blut]transfusion *f* **'blood type** *n* Blutgruppe *f* **'blood ves·sel** *n* Blutgefäß *nt;* **to burst a** ~ (*fig*) ausflippen

bloody ['blʌdi] **I.** *adj* ❶ (*with blood*) blutig; **to give sb a** ~ **nose** jdm die Nase blutig schlagen ❷ BRIT, AUS (*fam!: emphasis*) verdammt; **you're a** ~ **genius!** du bist [mir] vielleicht ein Genie!; ~ **hell!** (*in surprise*) Wahnsinn!; (*in anger*) verdammt [nochmal]; **not a** ~ **thing** überhaupt nichts **II.** *adv* BRIT, AUS (*fam!*) total, verdammt; **I'll do what I** ~ **well like!** verdammt noch mal, ich mache was ich will!; **not** ~ **likely!** kommt nicht in Frage!; ~ **marvellous** großartig *a. iron;* **to be** ~ **useless** zu gar nichts taugen

bloody-'mind·ed *adj* stur
bloom [bluːm] **I.** *n no pl* Blüte *f*; **to come into ~** aufblühen **II.** *vi* ❶ (*produce flowers*) blühen ❷ (*fig: flourish*) seinen Höhepunkt erreichen
bloom·er ['bluːmə'] *n* BRIT (*fam*) Fehler *m* **bloom·ing¹** ['bluːmɪŋ] *adj* blühend **bloom·ing²** ['bluːmɪŋ], **bloomin'** ['bluːmɪŋ] *adj* BRIT (*fam*) verdammt
blos·som ['blɒsəm] **I.** *n no pl* [Baum]blüte *f* **II.** *vi* blühen *a. fig*
blot [blɒt] *n* ❶ (*mark*) Klecks *m*; **ink ~** Tintenklecks *m* ❷ (*ugly feature*) **a ~ on the landscape** ein Schandfleck *m* in der Landschaft
blotch [blɒtʃ] *n* <*pl* -es> Fleck *m*
blotchy ['blɒtʃi] *adj* fleckig
blot·ter ['blɒtə'] *n* [Tinten]löscher *m*
'blot·ting pa·per *n no pl* Löschpapier *nt*
blot·to ['blɒtəʊ] *adj* (*sl*) stinkbesoffen
blouse [blaʊz] *n* Bluse *f*
blow¹ [bləʊ] **I.** *vi* <blew, blown> ❶ *wind* wehen; **an icy wind began to ~** ein eisiger Wind kam auf; **the window blew open/shut** das Fenster wurde auf-/zugeweht ❷ (*exhale*) blasen, pusten ❸ *esp* BRIT (*pant*) keuchen ❹ *whale* spritzen; **there she ~s!** Wal in Sicht! ❺ (*break*) *fuse* durchbrennen; *gasket* undicht werden; *tyre* platzen ❻ (*fam: leave*) abhauen **II.** *vt* <blew, blown> ❶ (*propel*) blasen; *wind* wehen ❷ (*send*) **to ~ sb a kiss** jdm ein Küsschen zuwerfen ❸ (*play*) blasen; **to ~ the trumpet** Trompete spielen; **to ~ the whistle** (*start a match*) [das Spiel] anpfeifen, (*stop, end a match*) [das Spiel] abpfeifen ❹ (*clear*) **to ~ one's nose** sich *dat* die Nase putzen ❺ (*create*) **to ~ bubbles** [Seifen]blasen machen; **to ~ smoke rings** [Rauch]ringe *pl* [in die Luft] blasen ❻ (*destroy*) **we blew a tyre** uns ist ein Reifen geplatzt; **I've ~n a fuse** mir ist eine Sicherung durchgebrannt; **to be ~n to pieces** in die Luft gesprengt werden; *person* zerfetzt werden; **to ~ a safe [open]** einen Safe [auf]sprengen ❼ (*fam: squander*) verpulvern ❽ (*fam: expose*) auffliegen lassen; ■ **to be ~n** auffliegen ❾ <blowed, blowed> BRIT (*fam: damn*) **~ [it]!** verflixt!; **I'll be ~ed!** ich glaub, mich tritt ein Pferd!; **I'm ~ed if ...!** das wollen wir doch mal sehen, ob ...! ❿ (*fam: bungle*) vermasseln **III.** *n no pl* **to have a [good] ~** sich *dat* [gründlich] die Nase putzen ◆ **blow about, blow around** *vi* herumgewirbelt werden ◆ **blow away** *vt* ❶ *wind* wegwehen ❷ (*fam: kill*) wegpusten ◆ **blow back** *vi, vt* zurückwehen ◆ **blow down I.** *vi* umgeweht werden **II.** *vt* umwehen ◆ **blow in I.** *vi* ❶ *window* eingedrückt werden ❷ *sand* hineinwehen **II.** *vt window* eindrücken ◆ **blow off I.** *vt* ❶ (*remove*) wegblasen; *wind* wegwehen ❷ (*rip off*) wegreißen **II.** *vi* (*blow away*) weggeweht werden ◆ **blow out I.** *vt* ❶ (*extinguish*) ausblasen ❷ (*stop*) **the storm had ~n itself out** der Sturm hatte sich ausgetobt ❸ (*kill*) **to ~ out** ○ **one's brains** sich eine Kugel durch den Kopf jagen ❹ (*fill*) *cheeks* aufblasen **II.** *vi* ❶ *candle* verlöschen ❷ *tyre* platzen ◆ **blow over I.** *vi* ❶ (*fall*) umstürzen ❷ (*stop*) *storm* sich legen **II.** *vt* umwerfen ◆ **blow up I.** *vi* ❶ (*come up*) *storm* [her]aufziehen ❷ (*explode*) explodieren; (*fig fam: become angry*) an die Decke gehen **II.** *vt* ❶ (*inflate*) aufblasen ❷ (*fig: exaggerate*) hochspielen ❸ (*enlarge*) vergrößern ❹ (*destroy*) [in die Luft] sprengen
blow² [bləʊ] *n* ❶ (*hit*) Schlag *m*; **to come to ~s over sth** sich wegen *einer* S. *gen* prügeln ❷ (*misfortune*) [Schicksals]schlag *m* (**to/for** für)
blow-by-'blow *adj* detailgenau; **to give sb a ~ account** jdm haarklein Bericht erstatten
'blow-dry I. *vt* <-ie-> fönen **II.** *n* Fönen *nt*
blow·er ['bləʊə'] *n* BRIT, AUS (*fam*) Telefon *nt*
'blow·fly *n* Schmeißfliege *f* **'blow·hole** *n* Atemloch *nt* **'blow·lamp** *n* Lötlampe *f*
blown [bləʊn] *vt, vi pp of* blow
blow·out ['bləʊaʊt] *n* BRIT (*fam: huge meal*) Schlemmerei *f* ❷ AM (*party*) Fete *f* ❸ (*eruption*) Eruption *f* ❹ (*of tyre*) Platzen *nt* [eines Reifens]
'blow·pipe *n* (*weapon*) Blasrohr *nt* **'blow·torch** *n* Lötlampe *f* **'blow-up I.** *n* ❶ PHOT Vergrößerung *f* ❷ (*fam: quarrel*) Krach *m* **II.** *adj* aufblasbar
blub <-bb-> [blʌb] *vi* BRIT (*fam*) plärren
blub·ber¹ ['blʌbə'] *vi* flennen
blub·ber² ['blʌbə'] *n no pl* Speck *m a. fig*
bludg·eon ['blʌdʒ*ə*n] *vt* verprügeln; **to ~ sb to death** jdn zu Tode prügeln
blue [bluː] **I.** *adj* <-r, -st> ❶ (*colour*) blau; **~ with cold** blaugefroren; **to go ~** blau anlaufen ❷ (*depressed*) traurig ❸ (*fam*) **~ movie** Pornofilm *m* ▶ **once in a ~ moon** alle Jubeljahre einmal **II.** *n* Blau *nt*; **the boys in ~** (*hum fam*) die Gesetzeshüter ▶ **out of the ~** aus heiterem Himmel
'blue·bell *n* [blaue Wiesen]glockenblume **'blue·ber·ry** ['bluːb*ə*ri] *n* Heidelbeere *f* **'blue·bot·tle** *n* Schmeißfliege *f* **'blue chip** *n* FIN Blue Chip *m* **blue-'col·lar** *adj* **~ worker** Arbeiter(in) *m(f)* **'blue·print** *n* Blaupause *f*; (*fig*) Plan *m* **blue-rinse bri·gade** [ˌbluːˈrɪn(t)sbrɪgeɪd] *n* (*fam or pej: elderly and conservative women*) Omis *pl*
blues [bluːz] *npl* ❶ (*fam*) **to have the ~** me-

lancholisch gestimmt sein ❷ (*music*) Blues *m*
'blue-sky *adj* ~ **thinking** zukunftsorientiertes Denken
Blue·tooth-com·'pat·ible *adj* Bluetooth-kompatibel
blue 'whale *n* Blauwal *m*
bluff¹ [blʌf] **I.** *vi* bluffen **II.** *vt* täuschen; **to ~ one's way into/out of sth** sich in etw *akk* hinein-/aus etw *dat* herausmogeln **III.** *n* (*pretence*) Bluff *m*; **to call sb's ~** jdn bloßstellen
bluff² [blʌf] **I.** *n* (*steep bank*) Steilhang *m*; (*shore*) Steilküste *f* **II.** *adj manner* direkt
bluff·er ['blʌfə] *n* Bluffer(in) *m(f)* **bluff·er's guide** [blʌfəzˈgaɪd] *n* Ratgeber *m* für Bluffer
blu·ish [ˈbluːɪʃ] *adj* bläulich
blun·der [ˈblʌndə] **I.** *n* schwer|wiegend|er Fehler **II.** *vi* ❶ (*make a bad mistake*) einen groben Fehler machen ❷ (*act clumsily*) ▪ **to ~ |about** [*or* **around**]**|** [herum]tappen; ▪ **to ~ into sth** in etw *akk* hineinplatzen
blunt [blʌnt] **I.** *adj* ❶ (*not sharp*) stumpf ❷ (*outspoken*) direkt **II.** *vt* ❶ (*make less sharp*) stumpf machen ❷ (*fig*) *enthusiasm, interest* dämpfen
blunt·ly [ˈblʌntli] *adv* direkt **blunt·ness** [ˈblʌntnəs] *n* Direktheit *f*
blur [blɜː] **I.** *vi* <-rr-> verschwimmen **II.** *vt* <-rr-> verschwimmen lassen **III.** *n no pl* undeutliches Bild; ▪ **to be a ~** verschwimmen; (*fig*) **it's all just a ~ to me now** ich erinnere mich nur noch vage daran
blurb [blɜːb] *n* (*fam*) Klappentext *m*
blurred [blɜːd] *adj* ❶ (*vague*) verschwommen; *picture* unscharf ❷ (*not clearly separated*) nicht klar voneinander getrennt
blush [blʌʃ] **I.** *vi* erröten **II.** *n* ❶ (*red face*) Erröten *nt kein pl*; **to spare sb's ~es** jdn nicht verlegen machen ❷ AM (*blusher*) Rouge *nt*
blush·er [ˈblʌʃə] *n* Rouge *nt* **blush·ing** [ˈblʌʃɪŋ] *adj* errötend
blus·ter [ˈblʌstə] **I.** *vi* ❶ (*speak angrily*) poltern ❷ *wind* toben **II.** *n no pl* Theater *nt*
BNP [ˌbiːenˈpiː] *n* POL *abbrev of* **British National Party**
BO [ˌbiːˈəʊ] *n no pl abbrev of* **body odour** Körpergeruch *m*
boa [ˈbəʊə] *n* Boa *f*
boar [bɔː] *n* (*pig*) Eber *m*; **wild ~** Wildschwein *nt*; (*male*) Keiler *m*
board [bɔːd] **I.** *n* ❶ (*plank*) Brett *nt*; (*blackboard*) Tafel *f*; (*notice board*) Schwarzes Brett; (*floorboard*) Diele *f* ❷ + *sing/pl vb* ADMIN Behörde *f*; **~ of directors** Vorstand *m*; **B~ of Education** AM Bildungsausschuss *m*; **~ of governors** Kuratorium *nt*; **supervis-**

ory ~ Aufsichtsrat *m*; **Tourist B~** Fremdenverkehrsamt *nt*; **B~ of Trade** BRIT Handelsministerium *nt*; AM Handelskammer *f* ❸ *no pl* (*in a hotel*) Verpflegung; **to lodging** BRIT, **room and ~** AM Kost und Logis; **full ~** Vollpension *f*; **half ~** Halbpension *f* ❹ TRANSP **on ~** an Bord *a. fig* ▸ **to let sth go by the ~** etw unter den Tisch fallen lassen; **to sweep the ~** alles gewinnen; **to take on ~** bedenken; **across the ~** rundum **II.** *vt* ❶ (*cover with wood*) ▪ **to ~ up** mit Brettern vernageln ❷ *plane, ship* besteigen; *bus, train* einsteigen ❸ (*uninvited*) *ship* entern **III.** *vi* ❶ TOURIST wohnen (*als Pensionsgast*) ❷ SCH im Internat wohnen ❸ AVIAT **flight BA345 is now ~ing at Gate 2** die Passagiere für Flug BA345 können jetzt über Gate 2 zusteigen
board·er [ˈbɔːdə] *n* ❶ SCH Internatsschüler(in) *m(f)* ❷ (*lodger*) Pensionsgast *m*
'board game *n* Brettspiel *nt*
board·ing [ˈbɔːdɪŋ] *n* Unterbringung *f* in einem Internat
'board·ing card *n* BRIT Bordkarte *f* **'board·ing house** *n* Pension *f* **'board·ing pass** *n* AM Bordkarte *f* **'board·ing school** *n* Internat *nt*
'board meet·ing *n of executives* Vorstandssitzung *f*; *of owners' representatives* Aufsichtsratssitzung *f*
'board·room *n* Sitzungssaal *m*
'board·walk *n* AM Uferpromenade *f* (*aus Holz*)
boast [bəʊst] **I.** *vi* (*pej*) prahlen; ▪ **to ~ about** [*or* **of**] **sth** mit etw *dat* angeben **II.** *vt* (*possess*) sich einer S. *gen* rühmen **III.** *n* (*pej*) großspurige Behauptung
boast·ful [ˈbəʊstfəl] *adj* (*pej*) großspurig; ▪ **to be ~** prahlen
boat [bəʊt] *n* Boot *nt*; (*large*) Schiff *nt*; **to travel by ~** mit dem Schiff fahren ▸ **to be in the same ~** im selben Boot sitzen; **to miss the ~** den Anschluss verpassen; **to push the ~ out** BRIT ganz groß feiern
'boat hook *n* Bootshaken *m* **'boat house** *n* Bootshaus *nt*
boating [ˈbəʊtɪŋ] *n no pl* Bootfahren *nt*; **~ lake** See *m* mit Wassersportmöglichkeiten
'boat·man *n* Bootsführer *m* **'boat race** *n* Bootsrennen *nt*; ▪ **the B~ R~** BRIT die Oxford-Cambridge-Regatta **boat·swain** [ˈbəʊsən, ˈbəʊtsweɪn] *n* NAUT [Hoch]bootsmann *m* **'boat train** *n* Zug *m* mit Fährenanschluss **'boat trip** *n* Bootsfahrt *f*
bob¹ [bɒb] *n* Bubikopf *m*
bob² [bɒb] *n abbrev of* **bobsleigh** Bob *m*
bob³ [bɒb] *n* BRIT (*hist: shilling*) fünf Pence
bob⁴ <-bb-> [bɒb] **I.** *vi* ❶ (*move*) ▪ **to ~ |up and down|** sich auf und ab bewegen; ▪ **to ~**

[up] [plötzlich] auftauchen *a. fig* ❷ (*curtsy*) knicksen **II.** *n* (*curtsy*) [angedeuteter] Knicks
bob·bin ['bɒbɪn] *n* Spule *f*
'**bob·ble hat** *n* BRIT Pudelmütze *f*
bob·by ['bɒbi] *n* BRIT (*dated fam*) Polizist(in) *m(f)*
'**bob·sled** *n* Bob[schlitten] *m*
'**bob·sleigh** *n* Bob[sleigh] *m*
'**bob·tail** *n* kupierter Schwanz
bode [bəʊd] *vi, vt* **to ~ ill/well** etwas Schlechtes/Gutes bedeuten
bod·ice ['bɒdɪs] *n* (*of dress*) Oberteil *nt*
bodi·ly ['bɒdɪli] **I.** *adj* körperlich; [grievous] ~ **harm** [schwere] Körperverletzung **II.** *adv* ❶ (*with force*) gewaltsam ❷ (*as a whole*) als Ganzes
body ['bɒdi] *n* ❶ (*physical structure*) Körper *m*; **the ~ of Christ** der Leib Christi; ~ **and soul** mit Leib und Seele ❷ + *sing/pl vb* (*organized group*) Gruppe *f*; **advisory ~** beratendes Gremium; **governing ~** Leitung *f*; **legislative ~** gesetzgebendes Organ; **student ~** Studentenschaft *f* ❸ (*central part*) Hauptteil *m*; *of a church* Hauptschiff *nt*; *of a plane, ship* Rumpf *m* ❹ AUTO Karosserie *f* ❺ (*corpse*) Leiche *f*; *of an animal* Kadaver *m*; SCI **celestial ~** Himmelskörper *m*; **foreign ~** Fremdkörper *m* ❻ (*substance*) *of hair* Fülle *f*; *of wine* Gehalt *m* ❼ FASHION Body *m* ▶ **over my dead ~** nur über meine Leiche
'**body bag** *n* Leichensack *m* '**body-build·ing** *n no pl* Bodybuilding *nt* '**body·guard** *n* ❶ (*person*) Bodyguard *m* ❷ + *sing/pl vb* (*group*) Leibwache *f* '**body im·age** *n* Körperwahrnehmung *f* '**body jew·el·lery** *n* Körperschmuck *m* '**body lan·guage** *n no pl* Körpersprache *f* '**body lo·tion** *n* Körperlotion *f* '**body sculpt·ing** [-skʌlptɪŋ] *n no pl* Bodysculpting *nt* '**body search** *n* Leibesvisitation *f* '**body·suit** *n* FASHION Body[suit] *m* '**body·work** *n no pl* AUTO Karosserie *f*
bog [bɒg] *n* ❶ (*wet ground*) Sumpf *m* ❷ BRIT, AUS (*sl*) Klo *nt* ◆ **bog down** *vt* ■ **to be ~ged down** stecken bleiben; **to get ~ged down** sich verheddern *a. fig*
bo·gey ['bəʊgi] *n* ❶ (*fear*) Schreckgespenst *nt* ❷ BRIT (*sl: snot*) Popel *m* ❸ (*golf score*) Bogey *nt*
bog·gle ['bɒgl] **I.** *vi* sprachlos sein; **the mind ~s** man fasst sich an den Kopf **II.** *vt* **~ the mind** unglaublich sein
bog·gy ['bɒgi] *adj* morastig
bo·gie *n* AM *see* **bogey**
bo·gus ['bəʊgəs] *adj* unecht; *documents, name* falsch; **~ company** Scheinfirma *f*
bogy *n see* **bogey**
bo·he·mian [bə(ʊ)'hi:miən] **I.** *n* Bohemien *m* **II.** *adj* **~ life** Künstlerleben *nt*

boil [bɔɪl] **I.** *n* ❶ *no pl* FOOD kochen; **to let sth come to the** [*or* AM **a**] **~** etw aufkochen lassen ❷ MED Furunkel *m o nt* ▶ **to go off the ~** BRIT das Interesse verlieren **II.** *vi* ❶ FOOD kochen; **to ~ dry** verkochen ❷ CHEM den Siedepunkt erreichen ❸ (*fig*) *sea* brodeln ❹ (*fig: angry*) **to ~ with rage** vor Wut kochen ❺ (*fig fam: hot*) **I'm ~ing** ich schwitze mich zu Tode **III.** *vt* ❶ (*heat*) kochen; **~ the water before you drink it** koch das Wasser ab, bevor du es trinkst ❷ (*bring to boil*) zum Kochen bringen; **the kettle's ~ed!** das Wasser hat gekocht! ❸ *laundry* [aus]kochen ◆ **boil away** *vi* verkochen ◆ **boil down I.** *vi* (*reduce*) *sauce* einkochen ▶ **it all ~s down to ...** es läuft auf ... hinaus **II.** *vt* ❶ FOOD (*reduce*) einkochen ❷ (*fig: condense*) zusammenfassen ◆ **boil over** *vi* ❶ (*flow over*) überkochen ❷ (*fig*) *situation* außer Kontrolle geraten; *person* ausrasten
boiled-down ['bɔɪlddaʊn] *adj* gekürzt
boil·er ['bɔɪlə] *n* Boiler *m*
'**boil·er·house** *n* Kesselhaus *nt* '**boil·er room** *n* Kesselraum *m* '**boil·er suit** *n* BRIT, AUS Overall *m*
boil·ing ['bɔɪlɪŋ] *adj* ❶ (*100 °C*) kochend ❷ (*extremely hot*) sehr heiß; **I'm ~** ich komme um vor Hitze; **~** [**hot**] **weather** unerträgliche Hitze
'**boil·ing point** *n* Siedepunkt *m a. fig*
bois·ter·ous ['bɔɪstərəs] *adj* ❶ (*rough*) wild; (*noisy*) laut ❷ (*exuberant*) übermütig; **in ~ spirits** in ausgelassener Stimmung
bold [bəʊld] *adj* ❶ (*brave*) mutig; **to take a ~ step** ein Wagnis eingehen ❷ *colour* kräftig; *pattern* auffällig; *handwriting* schwungvoll; **~ brush strokes** kühne Pinselstriche; **printed in ~ type** fett gedruckt ▶ **as ~ as brass** frech wie Oskar
bold·ness ['bəʊldnəs] *n* Mut *m*
bo·lero ['bɒlərəʊ] *n* Bolero *m*
Bo·liv·ia [bə'lɪviə] *n* Bolivien *nt*
bol·lard ['bɒlɑ:d] *n* Poller *m*
Bol·ly·wood [bɒliwʊd] *n* (*fam*) Bollywood *nt* (*in Bombay angesiedelte Unterhaltungsfilmindustrie*)
bol·ster ['bəʊlstə] **I.** *n* Nackenrolle *f* **II.** *vt* ❶ (*prop up*) stützen ❷ (*encourage*) unterstützen ❸ (*increase*) erhöhen
bolt [bəʊlt] **I.** *vi* ❶ (*move quickly*) rasen ❷ (*run away*) ausreißen; *horse* durchgehen **II.** *vt* ❶ (*gulp down*) ■ **to ~ sth** ↻ [**down**] etw hinunterschlingen ❷ (*lock*) verriegeln ❸ (*fix*) ■ **to ~ sth on**[**to**] **sth** etw mit etw *dat* verbolzen **III.** *n* ❶ (*lightning*) **~ of lightning** Blitz[schlag] *m* ❷ (*on a door*) Riegel *m* ❸ (*screw*) Schraubenbolzen *m* ❹ (*of a crossbow*) Bolzen *m* ❺ (*of a gun*) Schlagbolzen *m*

bolt-hole – bookbinding

❻ (*roll of cloth*) [Stoff]ballen *m* ▸ **to be a ~ from the blue** aus heiterem Himmel kommen

'bolt-hole *n* BRIT, AUS Unterschlupf *m*

bomb [bɒm] **I.** *n* ❶ (*explosive*) Bombe *f*; **unexploded ~** Blindgänger *m*; **to put a ~ under sb** (*fig fam*) jdn völlig umkrempeln ❷ AM (*fam*) Flop *m* ❸ BRIT (*fig fam: success*) **to go [like] a ~** ein Bombenerfolg sein **II.** *vt* bombardieren **III.** *vi* (*fam*) [völlig] danebengehen

bom·bard [bɒmˈbɑːd] *vt* bombardieren a. *fig*

bom·bard·ment [bɒmˈbɑːdmənt] *n* Bombardierung *f*

bom·bast [ˈbɒmbæst] *n no pl* Schwulst *m*

bom·bas·tic [bɒmˈbæstɪk] *adj* bombastisch

'bomb cra·ter *n* Bombentrichter *m* **'bomb dis·pos·al unit** *n* BRIT Bombenräumkommando *nt*

bombed [bɒmd] *adj* AM (*fam: on drugs*) total zu; (*on alcohol*) voll

bomb·er [ˈbɒmə^r] *n* ❶ (*plane*) Bombenflugzeug *nt* ❷ (*person*) Bombenleger(in) *m(f)*

bomb·ing [ˈbɒmɪŋ] *n* MIL Bombardierung *f*; (*terrorist attack*) Bombenanschlag *m*

'bomb·proof *adj* bombensicher **'bomb·shell** *n* Bombe *f* a. *fig*; **to come as a ~** (*fig*) wie eine Bombe einschlagen; **to drop a ~** (*fig*) die Bombe platzen lassen

bona fide [ˌbəʊnəˈfaɪdɪ] *adj* echt; *offer* seriös

bo·nan·za [bəˈnænzə] *n* Goldgrube *f*; **a fashion ~** ein Modetreff *m*

bond [bɒnd] **I.** *n* ❶ (*emotional connection*) Bindung *f*; **~[s] of friendship** Bande *pl* der Freundschaft ❷ FIN Schuldschein *m*; **government ~** Staatsanleihe *f*; **savings ~** festverzinsliches Wertpapier ❸ LAW schriftliche Verpflichtung ❹ CHEM Bindung *f* **II.** *vt* ❶ (*unite emotionally*) verbinden ❷ (*stick together*) ■**to ~ together** zusammenfügen **III.** *vi* haften

bond·age [ˈbɒndɪdʒ] *n no pl* ❶ (*liter: slavery*) Sklaverei *f* ❷ (*sexual act*) Fesseln *nt*

bond·ed [ˈbɒndɪd] *adj* **a ~ travel agent/tour operator** BRIT Reisebüro/Reiseunternehmen, das sich im Interesse seiner Kunden gegen den eigenen Bankrott versichert hat

bone [bəʊn] **I.** *n* ❶ ANAT Knochen *m*; *of fish* Gräte *f*; FOOD **off the ~** *fish* entgrätet; *meat* entbeint ❷ *no pl* (*material*) Bein *nt*; **made of ~** aus Bein ▸ **to be a bag of ~s** nur noch Haut und Knochen sein; **to work one's fingers to the ~** sich abrackern; **to be close to the ~** unter die Haut gehen; **to feel sth in one's ~s** etw instinktiv fühlen; **to make no ~s about sth** kein Geheimnis aus etw *dat* machen; **to have a ~ to pick with sb** mit jdm ein Hühnchen zu rupfen haben **II.** *vt fish* entgräten; *meat* ausbeinen

'bone den·si·ty *n* MED Knochendichte *f* **'bone·head** *n* (*pej sl*) Holzkopf *m* **'bone idle** *adj*, **bone lazy** *adj* (*pej*) stinkfaul

'bone mar·row *n no pl* Knochenmark *nt*

'bone-shak·er *n* BRIT (*hum fam*) Klapperkiste *f*

bon·fire [ˈbɒnfaɪə^r] *n* Freudenfeuer *nt*

bonk·ers [ˈbɒŋkəz] *adj* (*fam*) verrückt

bon·net [ˈbɒnɪt] *n* ❶ (*hat*) Mütze *f*; (*dated*) Haube *f* ❷ BRIT, AUS AUTO Motorhaube *f*

bon·ny [ˈbɒni] *adj* BRIT strahlend gesund; *baby* prächtig; *lass* hübsch

bo·nus [ˈbəʊnəs] *n* ❶ FIN Prämie *f*; **Christmas ~** Weihnachtsgratifikation *f*; **productivity ~** Ertragszulage *f*; **~ share** Gratisaktie *f* ❷ (*fig: sth extra*) Bonus *m*

bony [ˈbəʊni] *adj* ❶ (*with prominent bones*) knochig ❷ (*full of bones*) *fish* voller Gräten; *meat* knochig

boo [buː] **I.** *interj* (*fam*) ❶ (*to surprise*) huh ❷ (*to show disapproval*) buh **II.** *vi* buhen **III.** *vt* ausbuhen; **to ~ sb off the stage** jdn von der Bühne buhen **IV.** *n* Buhruf *m*

boob [buːb] **I.** *n* ❶ *usu pl* (*sl: breast*) **big ~s** große Titten ❷ (*fam: blunder*) Schnitzer *m* ❸ AM (*person*) Trottel *m* **II.** *vi* (*fam*) einen Schnitzer machen

boo·by [ˈbuːbi] *n* Trottel *m*

'boo·by prize *n* Trostpreis *m* **'boo·by trap** *n* getarnte Bombe

book [bʊk] **I.** *n* ❶ (*for reading*) Buch *nt*; **to be in the ~** im Telefonbuch stehen ❷ (*set*) **~ of stamps/tickets** Briefmarken-/Fahrkartenheftchen *nt* ❸ *pl* FIN ■**the ~s** die [Geschäfts]bücher; **on the ~s** eingetragen ▸ **to be in sb's good/bad ~s** bei jdm gut/schlecht angeschrieben sein; **to do sth by the ~** etw nach Vorschrift machen; **to throw the ~ at sb** jdm gehörig den Kopf waschen; **in my ~** meiner Meinung nach **II.** *vt* ❶ (*reserve*) buchen; ■**to ~ sth for sb** etw für jdn reservieren ❷ (*by policeman*) verwarnen; **to be ~ed for speeding** eine Verwarnung wegen erhöhter Geschwindigkeit bekommen **III.** *vi* buchen, reservieren; **to ~ into a hotel** in ein Hotel einchecken; **to be fully ~ed** ausgebucht sein ◆ **book in I.** *vi esp* BRIT einchecken **II.** *vt* ■**to ~ sb ⊃ in** für jdn ein Hotel buchen ◆ **book up** *vi* buchen; ■**to be ~ed up** ausgebucht sein

book·able [ˈbʊkəbl] *adj* ❶ (*able to be reserved*) erhältlich ❷ SPORTS **a ~ offence** ein zu ahndender Regelverstoß

'book·bind·er *n* Buchbinder(in) *m(f)*

'book·bind·ing *n no pl* Buchbinderhand-

bookcase – borne

werk *nt* **'book·case** *n* Bücherschrank *m* **'book club** *n* Buchklub *m* **'book·end** *n* Buchstütze *f*

book·ie ['bʊki] *n (fam) short for* **bookmaker** Buchmacher(in) *m(f)*

book·ing ['bʊkɪŋ] *n* ❶ *(reservation)* Reservierung *f*; **advance ~s** Vorreservierung[en] *f[pl]*; **block ~** Gruppenreservierung *f*; **to make a ~** etw buchen ❷ SPORTS Verwarnung *f* **'book·ing clerk** *n* Schalterbeamte(r), -beamtin *m, f* **'book·ing of·fice** *n* Theaterkasse *f*

book·ish ['bʊkɪʃ] *adj* ❶ *(studious)* streberhaft ❷ *(unworldly)* weltfremd

'book·keep·er *n* Buchhalter(in) *m(f)* **'book·keep·ing** *n no pl* Buchhaltung *f*

book·let ['bʊklət] *n* Broschüre *f*

'book·mak·er *n* Buchmacher(in) *m(f)* **'book·mark** *n* Lesezeichen *nt* **'book re·view** *n* Buchbesprechung *f* **'book re·view·er** *n* Buchkritiker(in) *m(f)* **'book·sell·er** *n* Buchhändler(in) *m(f)* **'book·shelf** *n* Bücherregal *nt* **'book·shop** *n* Buchgeschäft *nt* **'book·stall** *n* Bücherstand *m* **'book·store** *n* AM Buchgeschäft *nt* **'book to·ken** *n* Büchergutschein *m* **'book·worm** *n* Bücherwurm *m*

boom[1] [buːm] ECON **I.** *vi* florieren **II.** *n* Boom *m*, Aufschwung *m* **III.** *adj* florierend; **town** aufstrebend

boom[2] [buːm] **I.** *n* Dröhnen *nt kein pl* **II.** *vi* ■ **to ~ [out]** dröhnen **III.** *vt* ■ **to ~ [out] sth** etw mit dröhnender Stimme befehlen

boom[3] [buːm] *n* ❶ *(floating barrier)* Baum *m* ❷ NAUT Baum *m* ❸ FILM, TV Galgen *m*

boom·er·ang ['buːmˀræŋ] **I.** *n* Bumerang *m* **II.** *vi (fig)* ■ **to ~ on sb** *plan* sich für jdn als Bumerang erweisen

boon [buːn] *n usu sing* Segen *m fig*

boor [bɔːˀ] *n (pej)* Rüpel *m*

boor·ish ['bɔːrɪʃ] *adj (pej)* rüpelhaft

boost [buːst] **I.** *n* Auftrieb *m* **II.** *vt* ansteigen lassen; *morale* heben; ELEC verstärken

boost·er ['buːstəˀ] *n* ❶ *(improvement)* Verbesserung *f*; **to be a confidence ~** das Selbstvertrauen heben ❷ MED **a ~ vaccination** [*or fam* **shot**] eine Auffrischungsimpfung

'boost·er rock·et *n* Trägerrakete *f* **'boost·er seat** *n* AUTO Kindersitz *m*

boot[1] [buːt] **I.** *n* ❶ *(footwear)* Stiefel *m* ❷ *(fam: kick)* Stoß *m*; **to get the ~** *(fig)* hinausfliegen; **to give sb the ~** *(fig)* jdn hinauswerfen; **to put the ~ in** BRIT jdn mit Fußtritten fertigmachen; *(fig)* einer Sache die Krone aufsetzen ❸ BRIT AUTO Kofferraum *m*; AM Wegfahrsperre *f* ❹ BRIT *(fam: woman)* **old ~** Schreckschraube *f* ▸ **the ~'s on the other foot** die Lage sieht anders aus; **to be/ get too big for one's ~s** hochnäsig sein/

werden **II.** *vt (fam)* einen Tritt versetzen; ■ **to be ~ed off sth** achtkantig aus etw *dat* fliegen ◆ **boot out** *vt (fam)* rausschmeißen

boo·tee ['buːti] *n* gestrickter Babyschuh

booth [buːð, *auch:* buːθ] *n* ❶ *(cubicle)* Kabine *f*; *(in a restaurant)* Sitzecke *f* ❷ *(at a fair)* Stand *m*

'boot·lace *n* Schnürsenkel *m* **'boot·leg** *adj* ❶ *(sold illegally)* geschmuggelt ❷ *(illegally made)* illegal hergestellt; **~ alcohol** schwarz gebrannter Alkohol; **~ CDs** Raubpressungen *pl*; **~ tapes** Raubkopien *pl* **'boot·lick·er** *n (pej)* Kriecher(in) *m(f)* **'boot·mak·er** *n* Schuhmacher(in) *m(f)*

boo·ty ['buːti] *n* Beutegut *nt*

'booty call *n* AM *(sl)* überraschender Besuch bei jdm mit sexuellen Absichten

booze [buːz] **I.** *n (fam)* ❶ *no pl (alcohol)* Alk *m*; **to be off the ~** nicht mehr trinken ❷ *(activity)* **to go out on the ~** auf Sauftour gehen **II.** *vi (fam)* saufen; **to have been boozing all night** die ganze Nacht durchgezecht haben

booz·er ['buːzəˀ] *n (fam)* ❶ BRIT *(pub)* Kneipe *f* ❷ *(person)* Säufer(in) *m(f)*

boozy ['buːzi] *adj (fam)* versoffen; **~ breath** Fahne *f*

bor·der ['bɔːdəˀ] **I.** *n* ❶ *(frontier)* Grenze *f*; **~ dispute** Grenzstreit *m* ❷ *(edge)* Begrenzung *f*; *of picture* Umrahmung *f* ❸ *(in garden)* Rabatte *f* ❹ FASHION Borte *f* **II.** *vt* ❶ *(be or act as frontier)* grenzen an ❷ *(bound)* begrenzen ◆ **border on** *vi* grenzen an *a. fig*

bor·der·ing ['bɔːdˀrɪŋ] *adj* angrenzend **bor·der·land** ['bɔːdˀlænd] *n* ❶ GEOG Grenzgebiet *nt* ❷ *(fig)* Grenzbereich *m* **bor·der·line** ['bɔːdˀlaɪn] **I.** *n usu sing* Grenze *f* **II.** *adj* Grenz-

bore[1] [bɔːˀ] *n* Flutwelle *f*

bore[2] [bɔːˀ] *pt of* **bear**

bore[3] [bɔːˀ] **I.** *n* ❶ *(thing)* langweilige Sache; **what a ~** wie langweilig ❷ *(person)* Langweiler(in) *m(f)* **II.** *vt* langweilen

bore[4] [bɔːˀ] **I.** *n* ❶ *(of pipe)* Innendurchmesser *m* ❷ *(of gun)* Kaliber *nt* **II.** *vt* bohren **III.** *vi* ■ **to ~ through** durchbohren

bored [bɔːd] *adj* gelangweilt; **~ stiff** *(fig)* zu Tode gelangweilt

bore·dom ['bɔːdəm] *n no pl* Langeweile *f*

bor·ing ['bɔːrɪŋ] *adj* langweilig

born [bɔːn] *adj* geboren; **she's a Dubliner ~ and bred** sie ist eine waschechte Dublinerin; *(fig) idea* entstanden; **English-~** in England geboren ▸ **I wasn't ~ yesterday** ich bin schließlich nicht von gestern

'born-again *adj* überzeugt

borne [bɔːn] *vi pt of* **bear**

bor·ough ['bʌrə] *n* Verwaltungsbezirk *m*; **the London ~ of Westminster** die Londoner Stadtgemeinde Westminster

bor·row ['bɒrəʊ] **I.** *vt* ❶ (*take temporarily*) leihen; (*from a library*) ausleihen ❷ LING entlehnen ❸ MATH borgen **II.** *vi* Geld leihen

bor·row·er ['bɒrəʊə'] *n* ❶ (*from a bank*) Kreditnehmer(in) *m(f)* ❷ (*from a library*) Entleiher(in) *m(f)* **bor·row·ing** ['bɒrəʊɪŋ] *n* ❶ (*take temporarily*) Ausleihen *nt* ❷ LING Entlehnen *nt* ❸ FIN **public ~** Staatsverschuldung *f*; ■ **~s** *pl* (*debts*) Darlehenssumme[n] *f[pl]*

Bos·nia ['bɒznɪə] *n* Bosnien *nt*

Bos·nia-Her·ze·'go·vi·na *n* Bosnien-Herzegowina *nt*

Bos·nian ['bɒznɪən] **I.** *adj* bosnisch **II.** *n* Bosnier(in) *m(f)*

bos·om ['bʊzəm] *n usu sing* ❶ (*breasts*) Busen *m* ❷ (*fig*) **in the ~ of one's family** im Schoß der Familie

bos·om 'bud·dy *n* AM, **'bos·om friend** *n* Busenfreund(in) *m(f)*

boss [bɒs] **I.** *n* Chef(in) *m(f)*; **to be one's own ~** sein eigener Herr sein **II.** *vt* (*fam*) ■ **to ~ sb** [**about** *or* **around**] jdn herumkommandieren **III.** *adj* AM (*fam*) spitzenmäßig

bossy ['bɒsi] *adj* (*pej*) herrschsüchtig

bot [bɒt] *n* COMPUT, INET *short for* **robot** Bot *nt*

bo·tani·cal [bə'tænɪkəl] *adj* botanisch

bota·nist ['bɒtənɪst] *n* Botaniker(in) *m(f)*

bota·ny ['bɒtəni] *n* Botanik *f*

botch [bɒtʃ] **I.** *n* Pfusch *m*; **to make a ~ of sth** etw verpfuschen **II.** *vt* ■ **to ~ sth** [**up**] etw verpfuschen

botch-up ['bɒtʃʌp] *n* Pfusch *m*

both [bəʊθ] **I.** *adj*, *pron* beide; **~ sexes** Männer und Frauen; **would you like milk or sugar or ~?** möchtest du Milch oder Zucker oder beides?; **a picture of ~ of us** ein Bild von uns beiden; **I've got two children, ~ of whom are good at maths** ich habe zwei Kinder, die beide gut in Mathe sind **II.** *adv* **I felt ~ happy and sad at the same time** ich war glücklich und traurig zugleich; **to be competitive in terms of ~ quality and price** sowohl bei der Qualität als auch beim Preis wettbewerbsfähig sein; **~ men and women** sowohl Männer als auch Frauen

both·er ['bɒðə'] **I.** *n no pl* ❶ (*effort*) Mühe *f*; (*work*) Aufwand *m*; **it is no ~** [**at all**]! [überhaupt] kein Problem!; **I don't want to put you to any ~** ich will dir keine Umstände machen; **to not be worth the ~** kaum der Mühe wert sein; **to go to** [**all**] **the ~ of doing sth** sich die Mühe machen, etw zu tun ❷ (*trouble*) Ärger *m*; (*difficulties*) Schwierigkeiten *pl*; (*problem*) Problem[e] *nt[pl]*; **to get oneself into a spot of ~** sich in Schwierigkeiten bringen ❸ BRIT (*nuisance*) **to be a ~** lästig sein **II.** *interj esp* BRIT [**oh**] **~!** [so ein] Mist! *fam* **III.** *vi* **don't ~!** lass nur!; **shall I wait? — no, don't ~** soll ich warten? – nein, nicht nötig; **why ~?** warum sich die Mühe machen?; **you needn't have ~ed** du hättest dir die Mühe sparen können; **don't ~ about** [**doing**] **the laundry** um die Wäsche brauchst du dich nicht zu kümmern; **he hasn't even ~ed to write** er hat sich nicht mal die Mühe gemacht zu schreiben; **why ~ asking if you're not really interested?** warum fragst du überhaupt, wenn es dich nicht wirklich interessiert?; **she didn't even ~ to let me know** sie hat es nicht einmal für nötig gehalten, es mir zu sagen; **do they ~ about punctuality in your job?** wird bei deiner Arbeit Wert auf Pünktlichkeit gelegt? **IV.** *vt* ❶ (*worry*) beunruhigen; **it ~ed me that I hadn't done anything** es ließ mir keine Ruhe, dass ich nichts getan hatte; **what's ~ing you?** was hast du?; **you shouldn't let that ~ you** du solltest dir darüber keine Gedanken machen ❷ (*concern*) **it doesn't ~ me** das macht mir nichts aus; **it doesn't ~ me if he doesn't turn up** es schert mich wenig, wenn er nicht kommt; **I'm not ~ed about what he thinks** es ist mir egal, was er denkt ❸ (*disturb*) stören; **don't ~ me** [**with that**]! verschone mich damit!; **stop ~ing me when I'm working** stör mich doch nicht immer, wenn ich arbeite; **I'm sorry to ~ you, but ...** entschuldigen Sie bitte [die Störung], aber ... ❹ (*annoy*) belästigen; **quit ~ing me!** lass mich in Ruhe!; **my tooth is ~ing me** mein Zahn macht mir zu schaffen ❺ *usu passive* (*not make the effort*) **I just couldn't be ~ed to answer the phone** ich hatte einfach keine Lust, ans Telefon zu gehen

both·er·some ['bɒðəsəm] *adj* lästig

Bo·tox® ['bəʊtɒks] *n* Botox *nt*

Bo·toxed ['bəʊtɒkst] *adj* Botox-gespritzt

Bot·swa·na [bɒt'swɑːnə] *n* Botsuana *nt*

Bot·swa·nan [bɒt'swɑːnən] **I.** *adj* botsuanisch **II.** *n* Botsuaner(in) *m(f)*

bot·tle ['bɒtl] **I.** *n* ❶ (*container*) Flasche *f*; **baby's ~** Fläschchen *nt*; **a ~ of milk** eine Flasche Milch ❷ (*fam: alcohol*) **to hit the ~** saufen *derb* ❸ BRIT (*sl: courage*) Mumm *m* **II.** *vt* ❶ BRIT (*preserve in jars*) einmachen ❷ (*put into bottles*) abfüllen

'bot·tle bank *n* BRIT Altglascontainer *m* **'bot·tle brush** *n* Flaschenbürste *f*

bot·tled ['bɒtld] *adj* ❶ (*sold in bottles*) in Flaschen abgefüllt; **~ beer** Flaschenbier *nt*

❷ BRIT (*preserved in jars or bottles*) eingemacht

'bot·tle-fed *adj* mit der Flasche gefüttert; **a ~ baby** ein Flaschenkind *nt* **'bot·tle-feed** *vt* mit der Flasche füttern **'bot·tle-feeding** *n no pl* Fütterung *f* mit der Flasche **'bot·tle-green** *adj* flaschengrün **'bot·tle-neck** *n* Engpass *m* a. *fig* **'bot·tle open·er** *n* Flaschenöffner *m*

bot·tom ['bɒtəm] **I.** *n* ❶ (*lowest part*) Boden *m*; (*on chair*) Sitz *m*; (*in valley*) Talsohle *f*; **at the ~ of the page** am Seitenende; **pyjama ~s** Pyjamahose *f*; **rock ~** (*fig*) Tiefststand *m*; **the ~ of the sea** der Meeresgrund; **at the ~ of the stairs** am Fuß der Treppe; **from top to ~** von oben bis unten; **to sink to the ~** auf den Grund sinken; **to start at the ~** ganz unten anfangen ❷ (*end*) **at the ~ of the garden** im hinteren Teil des Gartens; **at the ~ of the street** am Ende der Straße ❸ ANAT Hinterteil *nt* ▪ **from the ~ of one's heart** aus tiefster Seele; **to get to the ~ of sth** einer Sache auf den Grund gehen; **~s up!** (*fam*) ex! **II.** *adj* untere(r, s); **in ~ gear** BRIT im ersten Gang; **the ~ shelf** das unterste Regal **III.** *vi* ECON ▪ **to ~ out** seinen Tiefstand erreichen

bot·tom·less ['bɒtəmləs] *adj* ❶ (*without limit*) unerschöpflich ❷ (*fig: very deep*) unendlich; **a ~ pit** ein Fass *nt* ohne Boden **bot·tom 'line** *n usu sing* ❶ FIN Bilanz *f* ❷ (*fig: main point*) Wahrheit *f*

botu·lism ['bɒtjʊlɪzᵊm] *n no pl* MED Nahrungsmittelvergiftung *f*

bough [baʊ] *n* (*liter*) Ast *m*

bought [bɔːt] *vt pt of* **buy**

boul·der ['bəʊldə^r] *n* Felsbrocken *m*

boule·vard ['buːləvɑːd] *n* Boulevard *m*

bounce ['baʊn(t)s] **I.** *n* ❶ *ball* Aufprall *m* ❷ *no pl* (*spring*) Sprungkraft *f*; *of hair* Elastizität *f* ❸ (*fig: vitality*) Schwung *m* ❹ AM (*fam: eject, sack*) **to give sb the ~** jdn hinauswerfen **II.** *vi* ❶ *ball* aufspringen ❷ (*move up and down*) hüpfen ❸ FIN (*fam*) *cheque* platzen **III.** *vt* aufspringen lassen; *baby* schaukeln ✦ **bounce back** *vi* ❶ (*rebound*) zurückspringen ❷ (*fig: recover*) wieder auf die Beine kommen

bounc·er ['baʊn(t)sə^r] *n* Rausschmeißer *m*

bounc·ing ['baʊn(t)sɪŋ] *adj* lebhaft; **a ~ baby boy** ein strammer Junge

bouncy ['baʊn(t)si] *adj* ❶ *mattress* federnd; **a ~ ball** ein Ball, der gut springt; **~ castle** Hüpfburg *f* ❷ (*lively*) frisch und munter

bound¹ [baʊnd] **I.** *n* (*leap*) springen; *kangaroo* hüpfen **II.** *n* (*leap*) Sprung *m*

bound² [baʊnd] **I.** *vt usu passive* (*border*) ▪ **to be ~ed by sth** von etw *dat* begrenzt werden **II.** *n* ▪ **~s** *pl* Grenze *f*; **to be out of ~s** *ball* im Aus sein; *area* Sperrgebiet sein

bound³ [baʊnd] *adj* ▪ **to be ~ for X** unterwegs nach X sein

bound⁴ [baʊnd] **I.** *pt, pp of* **bind II.** *adj* ❶ (*certain*) **she's ~ to come** sie kommt ganz bestimmt; **to be ~ to happen** zwangsläufig geschehen; **it was ~ to happen** das musste so kommen ❷ (*obliged*) verpflichtet

bounda·ry ['baʊndᵊri] *n* Grenze *f*

bound·less ['baʊndləs] *adj* grenzenlos

boun·ty ['baʊnti] *n* ❶ (*reward*) Belohnung *f*; (*for capturing sb*) Kopfgeld *nt* ❷ *no pl* (*liter: generosity*) Freigebigkeit *f*

bou·quet [bʊˈkeɪ] *n* Bukett *nt*

bour·bon ['bɜːbən] *n* Bourbon *m*

bour·geois ['bɔːʒwɑː] *adj* bürgerlich, (*pej*) spießbürgerlich

bout [baʊt] *n* ❶ (*short attack*) Anfall *m*; **a ~ of coughing** ein Hustenanfall *m*; **drinking ~** Trinkgelage *nt* ❷ (*in boxing*) Boxkampf *m*; (*in wrestling*) Ringkampf *m*

bou·tique [buːˈtiːk] *n* Boutique *f*

bou·tique ho·tel *n* Boutique-Hotel *nt*

bo·vine ['bəʊvaɪn] *adj* (*of cows*) Rinder-

bow¹ [bəʊ] *n* ❶ (*weapon*) Bogen *m*; **~ and arrow** Pfeil und Bogen ❷ (*for an instrument*) Bogen *m* ❸ (*knot*) Schleife *f*

bow² [baʊ] **I.** *vi* sich verbeugen (**to** vor); **to ~ to public pressure** (*fig*) sich öffentlichem Druck beugen **II.** *vt* **to ~ one's head** den Kopf senken **III.** *n* ❶ (*bending over*) Verbeugung *f*; **to take a ~** sich [unter Applaus] verbeugen ❷ NAUT Bug *m* ✦ **bow down** *vi* ❶ (*to show reverence*) sich verbeugen ❷ (*obey sb*) ▪ **to ~ down to sb** sich jdm fügen ✦ **bow out** *vi* sich verabschieden

bow·el ['baʊəl] *n* ❶ *usu pl* MED (*intestine*) Darm *m* ❷ (*liter: depths*) ▪ **~s** *pl* Innere(s) *nt kein pl*

'bow·el move·ment *n* Stuhl|gang *m*

bowl¹ [bəʊl] *n* ❶ (*dish*) Schüssel *f*; (*shallower*) Schale *f*; **a ~ of soup** eine Tasse Suppe ❷ AM ▪ **the B~** das Stadion

bowl² [bəʊl] SPORTS **I.** *vi* ❶ (*in cricket*) werfen ❷ (*tenpins*) bowlen, Bowling spielen; (*skittles*) kegeln; (*bowls*) Bowls spielen **II.** *vt* SPORTS ❶ (*bowling, cricket*) werfen; (*bowls*) rollen ❷ (*cricket: dismiss*) ▪ **to ~ sb** jdn ausschlagen **III.** *n* Kugel *f*; BRIT ▪ **~s** + *sing vb* Bowls *kein art* ✦ **bowl out** *vt* (*in cricket*) ausschlagen ✦ **bowl over** *vt* umwerfen a. *fig*

bow-leg·ged [bəʊˈlegɪd] *adj* O-beinig

bowl·er ['bəʊlə^r] *n* ❶ (*cricket*) Werfer(in) *m(f)* ❷ (*bowls*) Bowlsspieler(in) *m(f)*; (*bowling*) Bowlingspieler(in) *m(f)* ❸ (*hat*) Bowler *m*, Melone *f*

bowl·ing ['bəʊlɪŋ] *n no pl* ❶ (*tenpins*) Bowling *nt*; (*skittles*) Kegeln *nt* ❷ (*in cricket*) Werfen *nt*; **to open the ~** den ersten Wurf machen

'bowl·ing al·ley *n* (*tenpins*) Bowlingbahn *f*; (*skittles*) Kegelbahn *f* **'bowl·ing green** *n* Rasenfläche *f* für Bowls

bow·man ['bəʊmən] *n* Bogenschütze *m*

'bow·string *n* Bogensehne *f*

bow 'tie *n* FASHION Fliege *f*

bow 'win·dow *n* Erkerfenster *nt*

box[1] [bɒks] **I.** *vi* boxen **II.** *vt* ❶ (*in match*) ■ **to ~ sb** gegen jdn boxen ❷ (*slap*) **to ~ sb's ears** jdn ohrfeigen **III.** *n* **to give sb a ~ on the ears** jdm eine Ohrfeige geben

box[2] [bɒks] **I.** *n* ❶ (*container*) Kiste *f*; *out of cardboard* Karton *m*; *of chocolates, cigars, matches* Schachtel *f* ❷ (*rectangular space*) Kästchen *nt*; FBALL (*fam*) Strafraum *m* ❸ (*in theatre*) Loge *f* ❹ BRIT, AUS SPORTS (*protective equipment*) Suspensorium *nt* ❺ (*fam: television*) ■ **the ~** die [Flimmer]kiste **II.** *vt* ■ **to ~ sth [up]** etw [in einen Karton *o* eine Schachtel] verpacken

box[3] [bɒks] *n* (*tree*) Buchsbaum *m* ◆ **box in** *vt car* einparken; **to feel ~ed in** (*fig*) sich eingeengt fühlen ◆ **box up** *vt* [in Kartons] einpacken

box·er ['bɒksə^r] *n* ❶ (*dog*) Boxer *m* ❷ (*person*) Boxer(in) *m(f)*

box·er·cise® ['bɒksəsaɪz] *n no pl* Boxercise *nt* (*Kombination aus Aerobic und Kampfsport*)

box·ers ['bɒksəz] *npl*, **'box·er shorts** *npl* Boxershorts *pl*

box·ing ['bɒksɪŋ] *n no pl* Boxen *nt*

'Box·ing Day *n* BRIT, CAN zweiter Weihnachtsfeiertag, der 26. Dezember

'box·ing gloves *npl* Boxhandschuhe *pl* **'box·ing match** *n* Boxkampf *m* **'box·ing ring** *n* Boxring *m*

'box num·ber *n* Chiffre[nummer] *f* **'box of·fice** *n* Kasse *f* (*im Theater*)

boy [bɔɪ] **I.** *n* ❶ (*child*) Junge *m* ❷ (*friends*) ■ **the ~s** die Kumpel ▶ **the big ~s** die Großen; **the ~s in blue** die Polizei *kein pl*; **~s will be ~s** Jungs sind nun mal so **II.** *interj* [oh] **~!** Junge, Junge!

boy·cott ['bɔɪkɒt] **I.** *vt* boykottieren **II.** *n* Boykott *m*

'boy·friend *n* Freund *m*

boy·hood ['bɔɪhʊd] *n no pl* Kindheit *f* **boy·ish** ['bɔɪɪʃ] *adj* jungenhaft **boy 'scout** *n* Pfadfinder *m*

BP [ˌbiːˈpiː] *n* MED *abbrev of* **blood pressure** Blutdruck *m*

Bq *abbrev of* **becquerel** Bq

bra [brɑː] *n* BH *m*

brace [breɪs] **I.** *n* ❶ MED (*for teeth*) Zahnspange *f*; (*for back*) Stützapparat *m* ❷ BRIT, AUS (*for trousers*) ■ **~s** *pl* Hosenträger *pl* ❸ *esp* AM (*callipers*) ■ **~s** *pl* Stützapparat *m* **II.** *vt* ❶ (*prepare for*) ■ **to ~ oneself for sth** sich auf etw *akk* vorbereiten ❷ (*support*) [ab]stützen; (*horizontally*) verstreben

brace·let ['breɪslət] *n* Armband *nt*

brack·en ['brækən] *n no pl* Adlerfarn *m*

brack·et ['brækɪt] **I.** *n* ❶ *usu pl* (*in writing*) **in [angle/round/square] ~s** in [spitzen/runden/eckigen] Klammern ❷ (*category*) **age ~** Altersgruppe *f*; **income ~** Einkommensstufe *f*; **tax ~** Steuerklasse *f* ❸ (*L-shaped support*) [Winkel]stütze *f* **II.** *vt* ❶ (*put into brackets*) in Klammern setzen ❷ (*include in one group*) in einen Topf werfen

brack·ish ['brækɪʃ] *adj* brackig

brag <-gg-> [bræg] *vi*, *vt* ■ **to ~** [about sth] [mit etw *dat*] prahlen

braid [breɪd] **I.** *n* ❶ *no pl* (*on cloth*) Borte *f*; (*on uniform*) Litze *f*; (*with metal threads*) Tresse[n] *f*, *pl*, ❷ *esp* AM (*plait*) Zopf *m* **II.** *vt*, *vi esp* AM flechten

Braille [breɪl] *n no pl* Blindenschrift *f*

brain [breɪn] **I.** *n* ❶ (*organ*) Gehirn *nt*; ■ **~s** *pl* [Ge]hirn *nt* ❷ (*intelligence*) Verstand *m*; ■ **~s** *pl* Intelligenz *f kein pl*; **to have ~s** Grips haben ❸ (*fam: intelligent person*) heller Kopf; **the best ~s** die fähigsten Köpfe ▶ **to have sth on the ~** immer nur an etw *akk* denken **II.** *vt* (*fam*) ■ **to ~ sb** jdm den Schädel einschlagen

'brain buck·et *n* AM (*sl*) Helm *m* **'brain·child** *n* genialer Einfall **'brain dam·age** *n* [Ge]hirnschaden *m* **'brain dead** *adj* [ge]hirntot **'brain death** *n* [Ge]hirntod *m* **'brain drain** *n* Braindrain *m* **'brain-drain·ing** *adj* (*fig: mentally exhausting*) nervig, stressig

brain·less ['breɪnləs] *adj* hirnlos

'brain·pan *n* (*fam*) Schädel *m* **'brain scan** *n* Computertomographie *f* des Schädels **'brain·storm I.** *vi* ein Brainstorming machen **II.** *n* ❶ BRIT (*fam: brain shutdown*) Anfall *m* geistiger Umnachtung ❷ AM (*brainwave*) Geistesblitz *m* **'brain·storm·ing** *n no pl* Brainstorming *nt* **'brain tu·mour** *n* [Ge]hirntumor *m* **'brain·wash** *vt* (*pej*) ■ **to ~ sb** jdn einer Gehirnwäsche unterziehen **'brain·wash·ing** *n* Gehirnwäsche *f* **'brain·wave** *n* Geistesblitz *m* **'brain·work** *n no pl* Kopfarbeit *f*

brainy ['breɪni] *adj* gescheit

braise [breɪz] *vt* FOOD schmoren

brake [breɪk] **I.** *n* Bremse *f* **II.** *vi* bremsen; **to ~ hard** scharf bremsen

'brake fluid *n* Bremsflüssigkeit *f* **'brake shoe** *n* Bremsklotz *f*

brak·ing ['breɪkɪŋ] *n no pl* Bremsen *nt*
'brak·ing dis·tance *n* Bremsweg *m*
bram·ble ['bræmbl] *n* ❶ (*bush*) Brombeerstrauch *m* ❷ *esp* AM Dornenstrauch *m*
bran [bræn] *n no pl* Kleie *f*
branch [brɑːn(t)ʃ] **I.** *n* ❶ *of a bough* Zweig *m*; *of a trunk* Ast *m* ❷ *esp* AM **of a river** Flussarm *m* ❸ (*local office*) Zweigstelle *f*, Filiale *f* **II.** *vi* ❶ (*form branches*) Zweige treiben ❷ (*fig: fork*) sich gabeln ◆ **branch off I.** *vi* sich verzweigen **II.** *vt* to ~ off a subject vom Thema abkommen ◆ **branch out** *vi* ❶ (*enter a new field*) seine Aktivitäten ausdehnen; to ~ out on one's own sich selbständig machen ❷ (*get active*) to ~ socially gesellschaftlich mehr unternehmen
'branch line *n* Nebenstrecke *f* **'branch office** *n* Filiale *f*
brand [brænd] **I.** *n* ❶ (*product*) Marke *f*; own [*or* AM **store**] [*or* AUS **generic**] ~ Hausmarke *f* ❷ (*fig: type*) Art *f* ❸ (*mark*) Brandzeichen *nt* **II.** *vt* ❶ (*fig, pej: label*) ■ **to be ~ed [as] sth** als etw gebrandmarkt sein ❷ *animal* mit einem Brandzeichen versehen
bran·dish ['brændɪʃ] *vt* [drohend] schwingen
'brand name *n* Markenname *m*
brand new *adj* [funkel]nagelneu
brand 're·in·force·ment *n* Markenpflege *f*
bran·dy ['brændi] *n* Weinbrand *m*
'bran·dy snap *n* dünnes, oft mit Schlagsahne gefülltes Ingwertegröllchen
brash [bræʃ] *adj* (*pej*) ❶ (*cocky*) dreist ❷ (*gaudy*) grell
brass [brɑːs] *n* ❶ (*metal*) Messing *nt* ❷ (*engraving*) Gedenktafel *f* (*aus Messing*) ❸ + *sing/pl vb* MUS ■ **the ~** die Blechinstrumente *pl*
brass 'band *n* Blaskapelle *f*
brassi·ness ['brɑːsɪnəs] *n no pl* kitschiger Glamour; *of a person* aufgetakeltes Aussehen, Aufgemotztheit *f fam*
brass 'plate *n* Messingschild *nt* **'brass·ware** *n pl* Messinggegenstände *pl*
brassy ['brɑːsi] *adj* ❶ (*like brass*) messingartig ❷ *sound* blechern
brat [bræt] *n* (*pej fam*) Balg *m o nt*
brat·tish·ness ['brætɪʃnəs] *n no pl* kindisches Getue
bra·va·do [brəˈvɑːdəʊ] *n no pl* Draufgängertum *nt*
brave [breɪv] **I.** *adj* ❶ (*fearless*) mutig ❷ (*stoical*) tapfer ▶ **to put on a ~ face** sich *dat* nichts anmerken lassen **II.** *vt* trotzen
brav·ery ['breɪvəri] *n no pl* Tapferkeit *f*, Mut *m*
brawl [brɔːl] **I.** *n* [lautstarke] Schlägerei **II.** *vi* sich [lautstark] schlagen
brawn [brɔːn] *n no pl* ❶ (*strength*) Muskelkraft *f* ❷ BRIT, AUS FOOD Schweinskopfsülze *f*
brawny ['brɔːni] *adj* muskulös
bray [breɪ] **I.** *vi donkey* schreien; *person* kreischen **II.** *n* [Esels]schrei *m*
bra·zen ['breɪzən] **I.** *adj* unverschämt; ~ **hussy** frecher Fratz *hum* **II.** *vt* ■ **to ~ it out** ❶ (*pretend there is no problem*) es aussitzen ❷ (*show no remorse*) eisern auf seiner Meinung beharren
bra·zi·er ['breɪzɪə'] *n* ❶ (*heater*) [große, flache] Kohlenpfanne ❷ AM (*barbecue*) [Grill]rost *m*
Bra·zil [brəˈzɪl] *n* Brasilien *nt*
Bra·zil·ian [brəˈzɪliən] **I.** *n* Brasilianer(in) *m(f)* **II.** *adj* brasilianisch
Bra'zil nut *n* Paranuss *f*
breach [briːtʃ] **I.** *n* ❶ (*infringement*) Verletzung *f*; ~ **of confidence** Vertrauensbruch *m*; ~ **of contract** Vertragsbruch *m*; ~ **of the law** Gesetzesübertretung *f*; ~ **of the peace** öffentliche Ruhestörung; ~ **of promise** Wortbruch *m*; **security** ~ Verstoß *m* gegen die Sicherheitsbestimmungen ❷ (*estrangement*) Bruch *m* ❸ (*gap*) Bresche *f* **II.** *vt* ❶ (*break*) verletzen; *contract* brechen ❷ *defence* durchbrechen **III.** *vi whale* auftauchen
bread [bred] *n no pl* Brot *nt* ▶ **to know which side one's ~ is** <u>buttered</u> seinen Vorteil kennen; **the best thing since** sliced ~ die beste Sache seit Menschengedenken
bread and 'but·ter *n* ❶ (*food*) Butterbrot *nt*; ~ **pudding** Brotauflauf *m* ❷ (*fig: income*) Lebensunterhalt *m*; (*job*) Broterwerb *m*; **this is my** ~ damit verdiene ich mir meinen Lebensunterhalt **'bread bas·ket** *n* ❶ (*container*) Brotkorb *m* ❷ (*region*) Kornkammer *f* **'bread bin** *n* BRIT, AUS Brotkasten *m* **'bread·crumb** *n* Brotkrume *f*; ■ **~s** *pl* (*for coating food*) Paniermehl *nt kein pl*; **to coat with ~s** panieren **'bread·mak·er** *n* Brotbackautomat *m*
breadth [bretθ, bredθ] *n no pl* ❶ (*broadness*) Breite *f*; (*width*) Weite *f* ❷ (*fig*) Ausdehnung *f*
'bread·win·ner *n* Ernährer(in) *m(f)*
break [breɪk] **I.** *n* ❶ (*fracture*) Bruch *m* ❷ (*gap*) Lücke *f*; (*in line*) Unterbrechung *f* ❸ (*escape*) Ausbruch *m*; **to make a ~ prisoner** ausbrechen ❹ (*interruption*) Unterbrechung *f*; *esp* BRIT SCH Pause *f*; TV Werbung *f*; **coffee/lunch ~** Kaffee-/Mittagspause *f*; **Easter/Christmas ~** Oster-/Weihnachtsferien *pl*; **a short ~ in Paris** ein Kurzurlaub in Paris; **a ~ in the weather** ein Wetterumschwung *m*; **to have [or take] a ~** eine Pause machen; **to need a ~ from sth** eine Pause von etw *dat* brauchen ❻ (*end of relationship*) **to make a clean/complete ~** einen

break away – break-up

sauberen/endgültigen Schlussstrich ziehen ❻ (*opportunity*) Chance *f* ❼ SPORTS Break *m* ▸ **give me a ~**! hör auf [damit]! **II.** *vt* <broke, broken> ❶ (*shatter*) zerbrechen; (*in two pieces*) entzweibrechen; (*damage*) kaputtmachen; (*fracture*) brechen; **to ~ one's arm** sich *dat* den Arm brechen; **to ~ sb's heart** (*fig*) jdm das Herz brechen; **to ~ a nail/tooth** sich *dat* einen Nagel/Zahn abbrechen; **to ~ a window** ein Fenster einschlagen ❷ (*momentarily interrupt*) unterbrechen; (*put an end to*) beenden; *fall* abfangen ❸ (*put an end to*) beenden; *habit* aufgeben; **to ~ the back of sth** BRIT, AUS das Schlimmste einer S. *gen* hinter sich bringen; **to ~ camp** das Lager abbrechen; **to ~ a deadlock** einen toten Punkt überwinden; **to ~ sb's spirit** jdn mutlos machen ❹ TENNIS ein Break erzielen ❺ (*violate*) *agreement* verletzen; *law* übertreten; *promise* brechen; **to ~ a treaty** gegen einen Vertrag verstoßen ❻ *code* entschlüsseln ❼ (*tell*) *news* ▪ **to ~ sth to sb** jdm etw mitteilen ❽ MIL **to ~ cover** aus der Deckung hervorbrechen; **to ~ formation** MIL aus der Aufstellung heraustreten **III.** *vi* <broke, broken> ❶ (*stop working*) kaputtgehen; (*collapse*) zusammenbrechen; (*fall apart*) auseinanderbrechen; (*shatter*) zerbrechen ❷ (*interrupt*) **shall we ~ [off] for lunch?** machen wir Mittagspause? ❸ *wave* sich brechen ❹ (*change in voice*) **her voice broke with emotion** vor Rührung versagte ihr die Stimme; **the boy's voice is ~ing** der Junge ist [gerade] im Stimmbruch ❺ METEO *weather* umschlagen; *dawn, day* anbrechen; *storm* losbrechen ❻ *news* bekannt werden ❼ SPORTS *player* anstoßen; (*boxing*) sich trennen ❽ (*move out of formation*) MIL, SPORTS sich auflösen ❾ MED [auf]platzen; **the waters have broken** die Fruchtblase ist geplatzt ▸ **to ~ even** kostendeckend arbeiten; **to ~ free** ausbrechen; **to ~ loose** sich losreißen ◆ **break a·way** *vi* ❶ (*move away forcibly*) sich losreißen ❷ (*split off*) sich absetzen ◆ **break down I.** *vi* ❶ (*stop working*) stehen bleiben; *engine* versagen ❷ (*dissolve*) sich auflösen; *marriage* scheitern ❸ (*emotionally*) zusammenbrechen **II.** *vt* ❶ (*force open*) aufbrechen; (*with foot*) eintreten ❷ (*overcome*) niederreißen ❸ CHEM aufspalten ❹ (*separate into parts*) aufgliedern; *figures* aufschlüsseln ◆ **break in I.** *vi* ❶ (*enter by force*) einbrechen ❷ (*interrupt*) unterbrechen; ▪ **to ~ in on sth** in etw *akk* hineinplatzen **II.** *vt* ❶ (*condition*) *shoes* einlaufen ❷ (*tame*) zähmen; (*train*) abrichten; *horse* zureiten ◆ **break into** *vi* ❶ (*forcefully enter*) einbrechen in; *car* aufbrechen ❷ (*start doing sth*) **to ~ into applause/tears** in Beifall/Tränen ausbrechen; **to ~ into a run** [plötzlich] zu laufen anfangen ◆ **break off I.** *vt* ❶ (*separate forcefully*) abbrechen ❷ (*terminate*) beenden; *engagement* lösen; *talks* abbrechen **II.** *vi* abbrechen ◆ **break out** *vi* ❶ (*escape*) ausbrechen ❷ (*begin*) ausbrechen; *storm* losbrechen; **to ~ out laughing** in Gelächter ausbrechen ❸ (*become covered with*) **to ~ out in a rash** einen Ausschlag bekommen; **to ~ out in a sweat** ins Schwitzen kommen; **I broke out in a cold sweat** mir brach der kalte Schweiß aus ◆ **break through** *vi* ❶ (*make one's way*) sich durchdrängen; **the sun broke through the clouds** die Sonne brach durch die Wolken ❷ (*be successful*) einschlagen ◆ **break up I.** *vt* ❶ (*end*) beenden; *marriage* zerstören; (*dissolve*) auflösen (*split up*) aufspalten; *gang, monopoly* zerschlagen; *coalition* auflösen; *collection, family* auseinanderreißen; **~ it up, you two!** auseinander, ihr beiden! **II.** *vi* ❶ (*end relationship*) sich trennen ❷ (*come to an end*) enden; *meeting* sich auflösen; *marriage* scheitern ❸ (*fall apart*) auseinandergehen; *coalition* auseinanderbrechen; *aircraft, ship* zerschellen; (*in air*) zerbersten ❹ SCH **when do you ~ up?** wann beginnen bei euch die Ferien? ❺ (*laugh*) loslachen; *esp* AM (*be upset*) zusammenbrechen

break·able ['breɪkəbl] *adj* zerbrechlich
break·age ['breɪkɪdʒ] *n* Bruch *m*; ~s **must be paid for** zerbrochene Ware muss bezahlt werden
'**break·a·way I.** *n* ❶ Lossagung *f*; (*splitting off*) Absplitterung *f* ❷ FBALL Konter *m* **II.** *adj* Splitter-
'**break·down** *n* ❶ (*collapse*) Zusammenbruch *m*; (*failure*) Scheitern *nt* ❷ AUTO Panne *f* ❸ (*list*) Aufgliederung *f*, Aufschlüsselung *f* ❹ (*decomposition*) Zersetzung *f* ❺ PSYCH [Nerven]zusammenbruch *m*
'**break·down lor·ry** *n* BRIT Abschleppwagen *m* '**break·down ser·vice** *n* Abschleppdienst *m*
break·er ['breɪkəʳ] *n* (*wave*) Brecher *m*
break·fast ['brekfəst] **I.** *n* Frühstück *nt*; **to have ~** frühstücken **II.** *vi* (*form*) frühstücken
'**break·fast bar** *n* Frühstückstheke *f*
'**break-in** *n* Einbruch *m*
'**break·ing point** *n* Belastungsgrenze *f*; (*fig*) **her nerves were at ~** sie war nervlich völlig am Ende '**break·neck** *adj* **at ~ speed** mit halsbrecherischer Geschwindigkeit '**break·out** *n* Ausbruch *m* '**break·through** *n* Durchbruch *m* (**in** bei) '**break-up** *n* Auseinanderbrechen *nt*; Zerschellen *nt*; (*in air*) Zerbersten *nt*; (*of a marriage*) Scheitern *nt*; (*of a group*) Auflösung *f*

'break·wa·ter n Wellenbrecher m
breast [brest] n ❶ (mammary gland) Brust f; (bust) Busen m ❷ (of bird) Brust f ▶ **to make a <u>clean</u> ~ of sth** etw gestehen
'breast·bone n Brustbein nt **'breast can·cer** n Brustkrebs m **'breast-feed** <-fed, -fed> vi, vt stillen **'breast-feed·ing** n Stillen nt **breast 'pock·et** n Brusttasche f **'breast·stroke** n no pl Brustschwimmen nt; **to do [the] ~** brustschwimmen
breath [breθ] n ❶ (air) Atem m; (act of breathing in) Atemzug m; **bad ~** Mundgeruch m; **to catch one's ~** [or **get one's ~ back**] verschnaufen; **to draw ~** Luft holen; **to save one's ~** sich dat die Worte sparen; **to take a deep ~** tief Luft holen; **to take sb's ~ away** jdm den Atem rauben; **to waste one's ~** in den Wind reden; **out of ~** außer Atem; **under one's ~** leise vor sich akk hin ❷ no pl (wind) **a ~ of air** ein Hauch m; **she's like a ~ of fresh air** sie ist so erfrischend; **to go out for a ~ of fresh air** frische Luft schnappen gehen
breatha·lyse ['breθəlaɪz] vt, **breathalyze** vt AM blasen lassen
Breatha·lys·er® ['breθəlaɪzə^r] n, **Breatha·lyz·er®** n AM Alcotest® m, Alkoholtestgerät nt
breathe [bri:ð] I. vi atmen; **to ~ again** [or **more easily**] (fig) [erleichtert] aufatmen ▶ **to ~ down sb's <u>neck</u>** jdm im Nacken sitzen II. vt ❶ (exhale) [aus]atmen; **to ~ a sigh of relief** erleichtert aufatmen ❷ (whisper) flüstern ▶ **to ~ [new] <u>life</u> into sth** [neues] Leben in etw akk bringen; **to not ~ a <u>word</u>** kein Sterbenswörtchen sagen
breath·er ['bri:ðə^r] n [Verschnauf]pause f
breath·ing ['bri:ðɪŋ] n no pl Atmung f
'breath·ing ap·pa·ra·tus n Sauerstoffgerät nt **'breath·ing room** n, **'breath·ing space** n (fig) Bewegungsfreiheit f
breath·less ['breθləs] adj atemlos
'breath·tak·ing adj atemberaubend **'breath test** n Alkoholtest m
bred [bred] pt, pp of **breed**
breech [bri:tʃ] n ❶ (of gun) Verschluss m ❷ MED **~ birth** Steißgeburt f
breeches ['brɪtʃɪz, 'bri:-] npl Kniehose f; **rid·ing ~** Reithose f
breed [bri:d] I. vt <bred, bred> züchten; (fig) crime hervorbringen; resentment hervorrufen II. vi <bred, bred> sich fortpflanzen; birds brüten; rabbits sich vermehren III. n ❶ (of animal) Rasse f; (of plant) Sorte f ❷ (fam: of person) Sorte f; **to be a dying ~** einer aussterbenden Gattung angehören
breed·er ['bri:də^r] n Züchter(in) m(f)
breed·ing ['bri:dɪŋ] n no pl ❶ (of animals) Zucht f ❷ (of people) Erziehung f **'breed·ing ground** n Brutstätte f a. fig
breeze [bri:z] I. n ❶ (light wind) Brise f ❷ (fam: sth very easy) Kinderspiel nt II. vi ▶ **to ~ through site** einen schaffen
'breeze block n Bimsstein m
breezy ['bri:zi] adj ❶ (pleasantly windy) windig ❷ (jovial) unbeschwert
brev·ity ['brevəti] n no pl Kürze f
brew [bru:] I. n Gebräu nt; (fig) Mischung f II. vi ❶ tea ziehen ❷ (fig) trouble sich zusammenbrauen III. vt brauen ◆ **brew up** vi BRIT (fam) sich dat einen Tee machen
brew·er ['bru:ə^r] n [Bier]brauer(in) m(f)
brew·ery ['bru:əri] n Brauerei f
bri·ar ['braɪə^r] n Dornbusch m
bribe [braɪb] I. vt bestechen II. n Bestechung f; **to take a ~** sich bestechen lassen
brib·ery ['braɪbəri] n no pl Bestechung f
bric-a-brac ['brɪkə,bræk] n no pl Nippes pl
brick [brɪk] n (building block) Ziegel[stein] m, Backstein m ◆ **brick in** vt einmauern ◆ **brick up** vt zumauern
brickie ['brɪki] n esp BRIT, AUS (fam), **'brick·lay·er** n Maurer(in) m(f)
brick 'wall n [Ziegelstein]mauer f, [Backstein]mauer f ▶ **to come up against a ~** gegen eine Mauer rennen; **to be talking to a ~** gegen eine Wand reden
'brick·work n no pl Mauerwerk nt **'brick·works** n + sing/pl vb, **'brick·yard** n Ziegelei f
brid·al ['braɪdəl] adj (of a wedding) Hochzeits-; (of the bride) Braut-
bride [braɪd] n Braut f
bride·groom ['braɪdgrʊm, -gru:m] n Bräutigam m **'brides·maid** n Brautjungfer f
bridge [brɪdʒ] I. n ❶ (over gap) Brücke f; (fig) Überbrückung f ❷ (for teeth) [Zahn]brücke f ❸ (of nose) Nasenrücken m ❹ (of glasses) Brillensteg m ❺ (of instrument) Steg m ❻ (on ship) Kommandobrücke f ❼ no pl (card game) Bridge nt ▶ **to be <u>water</u> under the ~** der Vergangenheit angehören II. vt ■ **to ~ sth** über etw akk eine Brücke schlagen; (fig) **to ~ a gap** eine Kluft überwinden
'bridg·ing loan n BRIT, AUS Überbrückungskredit m
bri·dle ['braɪdl] I. n Zaumzeug nt II. vt aufzäumen III. vi ■ **to ~ at sth** sich über etw akk entrüsten
'bri·dle path n, **'bri·dle·way** n Reitweg m
brief [bri:f] I. adj kurz; **to be ~** sich kurzfassen; **in ~** kurz gesagt II. n ❶ BRIT, AUS (instructions) Anweisungen pl ❷ BRIT (fam: lawyer) Anwalt m, Anwältin f ❸ pl ■-**s** (underpants) Slip m III. vt informieren
brief·case ['bri:fkeɪs] n Aktentasche f

brief·ing ['bri:fɪŋ] *n* ❶ (*meeting*) [Einsatz]besprechung *f* ❷ (*information*) Anweisung[en] *f[pl]* **brief·ly** ['bri:fli] *adv* kurz **brief·ness** ['bri:fnəs] *n no pl* Kürze *f*
bri·gade [brɪˈgeɪd] *n* Brigade *f*
bri·ga·dier ˈge·ne·ral *n* MIL Brigadegeneral *m*
bright [braɪt] **I.** *adj* ❶ (*shining*) *light* hell; (*blinding*) grell; *star* leuchtend; *sunshine* strahlend ❷ (*vivid*) ~ **blue** strahlend blau; ~ **red** leuchtend rot; **a ~ red face** ein knallrotes Gesicht ❸ (*full of light*) hell ❹ (*intelligent*) intelligent; *child* aufgeweckt; *idea* glänzend *a. iron* ❺ (*cheerful*) fröhlich; **the one ~ spot** der einzige Lichtblick ❻ (*promising*) viel versprechend ▸ **to look on the ~ side** [of sth] etw positiv sehen; **~ and early** in aller Frühe **II.** *n* AM AUTO ■**~s** *pl* Fernlicht *nt*
bright·en ['braɪtən] **I.** *vt* ❶ (*make brighter*) heller machen ❷ (*make more cheerful*) auflockern; **to ~ up sb's life** Freude in jds Leben *nt* bringen **II.** *vi* ■ **to ~** [**up**] ❶ (*become cheerful*) fröhlicher werden; *eyes* aufleuchten ❷ METEO sich aufklären **bright·ness** ['braɪtnəs] *n no pl* ❶ *of light* Helligkeit *f*; *of the sun* Strahlen *nt*; *of eyes* Leuchten *nt* ❷ TV Helligkeit *f*
brill [brɪl] *adj* BRIT, AUS (*fam*) toll
bril·liance ['brɪliən(t)s] *n no pl* ❶ (*great ability*) Brillanz *f*; (*cleverness*) Scharfsinn *m*; *of an idea* Genialität *f* ❷ (*brightness*) *of the sun* Strahlen *nt*; *of stars, eyes* Funkeln *nt*; *of snow* Glitzern *nt*
bril·liant ['brɪliənt] **I.** *adj* ❶ (*brightly shining*) *colour, eyes* leuchtend; *smile, sun(shine)* strahlend; ~ **white** strahlend weiß ❷ (*clever*) *person* hoch begabt; *plan* brillant; *idea* glänzend ❸ BRIT (*fam: excellent*) hervorragend **II.** *interj* BRIT (*fam*) toll!
brim [brɪm] **I.** *n* ❶ *of hat* (*top*) Rand *m*; filled [*or* full] **to the ~** randvoll **II.** *vi* <-mm-> **her eyes ~med with tears** ihr standen die Tränen in den Augen; **to be ~ming with confidence** vor Selbstbewusstsein nur so strotzen; **to ~ with ideas** vor Ideen übersprudeln
brim·ful ['brɪmfʊl] *adj* **~ of ideas** voller Ideen
brine [braɪn] *n* [Salz]lake *f*
bring <brought, brought> [brɪŋ] *vt* ❶ (*convey*) mitbringen; **I didn't ~ my keys with me** ich habe meine Schlüssel nicht mitgenommen; **to ~ sth to sb's attention** jdn auf etw *akk* aufmerksam machen; **to ~ news** Nachrichten überbringen ❷ (*cause to come/happen*) bringen; **so what ~s you here to London?** was hat dich hier nach London verschlagen?; **the walk brought us to a river** der Spaziergang führte uns an einen Fluss; **her screams brought everyone running** durch ihre Schreie kamen alle zu ihr gerannt; **this ~s me to the second part of my talk** damit komme ich zum zweiten Teil meiner Rede; **to ~ sb luck** jdm Glück bringen ❸ LAW **to ~ charges against sb** Anklage gegen jdn erheben ❹ (*force*) ■ **to ~ oneself to do sth** sich [dazu] durchringen, etw zu tun ◆ **bring about** *vt* ❶ (*cause*) verursachen ❷ (*achieve*) ■ **to have been brought about by sth** durch etw *akk* zustande gekommen sein ◆ **bring along** *vt* mitbringen ◆ **bring back** *vt* ❶ (*return*) zurückbringen ❷ (*reintroduce*) wieder einführen ❸ (*call to mind*) *memories* wecken ◆ **bring down** *vt* ❶ (*fetch down*) herunterbringen ❷ (*make fall over*) zu Fall bringen ❸ (*shoot down*) abschießen ❹ (*depose*) stürzen ❺ (*reduce*) senken ❻ (*make depressed*) deprimieren ▸ **to ~ the house down** einen Beifallssturm auslösen ◆ **bring forth** *vt* (*form*) hervorbringen ◆ **bring forward** *vt* (*reschedule*) vorverlegen ◆ **bring in** *vt* ❶ (*fetch in*) hereinbringen; *harvest* einbringen ❷ (*introduce*) einführen ❸ (*ask to participate*) einschalten ❹ (*earn*) [ein]bringen ◆ **bring off** *vt* (*fam*) zustande bringen ◆ **bring on** *vt* (*cause to occur*) herbeiführen; MED verursachen; **she brought disgrace on the whole family** sie brachte Schande über die ganze Familie; **you brought it on yourself** du bist selbst schuld ◆ **bring out** *vt* ❶ (*fetch out*) herausbringen ❷ BRIT, AUS (*encourage*) ■ **to ~ sb out** jdm die Hemmungen nehmen ❸ COMM (*introduce to market*) herausbringen ❹ (*reveal*) zum Vorschein bringen; *seafood* **~s me out in a rash** von Meeresfrüchten bekomme ich einen Ausschlag ◆ **bring over** *vt* ❶ (*fetch over*) herbeibringen ❷ (*persuade*) **to ~ sb over to one's side** jdn auf seine Seite bringen ◆ **bring round** *vt esp* BRIT ❶ (*fetch round*) mitbringen ❷ (*bring back to consciousness*) wieder zu Bewusstsein bringen ❸ (*persuade*) überreden ◆ **bring to** *vt* wieder zu Bewusstsein bringen ◆ **bring up** *vt* ❶ (*carry up*) heraufbringen ❷ (*rear*) großziehen; **a well brought-up child** ein gut erzogenes Kind ❸ (*mention*) zur Sprache bringen; **don't ~ up that old subject again** fang nicht wieder mit diesem alten Thema an; **to ~ sth up for discussion** etw zur Diskussion stellen ❹ (*fam: vomit*) ausspucken ❺ COMPUT aufrufen ▸ **to ~ up the rear** das Schlusslicht bilden; **to ~ sb up short** jdn plötzlich zum Anhalten bringen
brink [brɪŋk] *n no pl* Rand *m a. fig*
briny ['braɪni] *adj* salzig

bri·quet(te) [brɪˈket] *n* Brikett *nt*
brisk [brɪsk] *adj* ❶ (*quick*) zügig; *walk* stramm ❷ (*busy*) lebhaft ❸ *wind* frisch
brisk·ness [ˈbrɪsknəs] *n no pl of a pace* Zügigkeit *f*; *of trade* Lebhaftigkeit *f*
bris·tle [ˈbrɪsl] **I.** *n* Borste *f*; (*on a face*) [Bart]stoppel *f meist pl* **II.** *vi* ❶ *fur* sich sträuben ❷ (*fig*) sich empören (**at** über)
brist·ly [ˈbrɪsli] *adj* borstig; *chin* stoppelig
Brit [brɪt] *n* (*fam: person*) Brite(in) *m(f)*
Brit·ain [ˈbrɪtən] *n* Großbritannien *nt*
Brit·ish [ˈbrɪtɪʃ] **I.** *adj* britisch **II.** *npl* ■ the ~ die Briten *pl*
Brit·ish Co·lum·bia *n* Britisch Kolumbien *nt* **Brit·ish 'Isles** *npl* the ~ die Britischen Inseln **Brit·ish 'Na·tion·al Par·ty** *n*, BNP *n* POL Britische Nationalpartei (*rechtsradikale Partei*) **Brit·on** [ˈbrɪtən] *n* Brite(in) *m(f)*
Brit·ta·ny [ˈbrɪtəni] *n* die Bretagne
brit·tle [ˈbrɪtl] *adj* ❶ (*fragile*) zerbrechlich; *bones* brüchig ❷ (*fig*) *laugh* schrill
broach [brəʊtʃ] **I.** *vt subject* anschneiden **II.** *n* <*pl* -es> AM (*brooch*) Brosche *f*
broad [brɔːd] *adj* ❶ (*wide*) breit; *expanse* weit ❷ (*obvious*) **a ~ hint** ein Wink *m* mit dem Zaunpfahl ❸ (*general*) allgemein; **to be in ~ agreement** weitgehend übereinstimmen; *generalization* grob ❹ (*wide-ranging*) weitreichend; *interests* vielseitig ❺ (*liberal*) tolerant ❻ (*strong*) *accent/grin* breit ▸ **in ~ daylight** am hellichten Tag[e]; **~ in the ~** Tussi *f*
'broad bean *n* dicke Bohne
broad·cast [ˈbrɔːdkɑːst] **I.** *n* Übertragung *f*; (*programme*) Sendung *f* **II.** *vi, vt* <broadcast *or* AM broadcasted, broadcast *or* AM broadcasted> senden; *match* übertragen; *rumour* [überall] verbreiten; **to be ~ live** live ausgestrahlt werden
broad·cast·er [ˈbrɔːdkɑːstəʳ] *n* (*announcer*) Sprecher(in) *m(f)*; (*presenter*) Moderator(in) *m(f)* **broad·cast·ing** [ˈbrɔːdkɑːstɪŋ] *n no pl* (*radio*) Rundfunk *m*; (*TV*) Fernsehen *nt* **'broad·cast·ing sta·tion** *f* Rundfunkstation *f*
broad·en [ˈbrɔːdən] **I.** *vi* breiter werden **II.** *vt* ❶ (*make wider*) verbreitern ❷ (*fig*) vergrößern; **to ~ one's mind** seinen Horizont erweitern; **to ~ the scope of a discussion** eine Diskussion ausweiten
broad·ly [ˈbrɔːdli] *adv* ❶ (*widely*) breit ❷ (*generally*) allgemein; **I ~ agree with you** ich stimme weitgehend mit dir überein; **~ speaking, ...** ganz allgemein gesehen, ...
broad·'mind·ed *adj* tolerant **'broad·sheet** *n* BRIT, AUS großformatige [seriöse] Zeitung **'broad·side** *n* Breitseite *f a. fig*
bro·cade [brə(ʊ)ˈkeɪd] *n no pl* Brokat *m*

broc·co·li [ˈbrɒkəli] *n no pl* Brokkoli *m*
bro·chure [ˈbrəʊʃə¹] *n* Broschüre *f*
brogue¹ [brəʊɡ] *n usu sing* LING irischer oder schottischer Akzent
brogue² [brəʊɡ] *n* (*shoe*) Brogue *m*
broil [brɔɪl] *vt* AM grillen
broil·er [ˈbrɔɪlə¹] *n* ❶ (*chicken*) [Brat]hähnchen *nt* ❷ AM (*grill*) Grill[rost] *m*
broke [brəʊk] **I.** *pt of* **break II.** *adj* (*fam*) pleite
bro·ken [ˈbrəʊkən] **I.** *pp of* **break II.** *adj* ❶ *arm* gebrochen; *bottle* zerbrochen; *watch* kaputt; **~ glass** Glasscherben *pl* ❷ (*not fluent*) **~ English** in gebrochenem Englisch ❸ (*dotted*) gestrichelt
bro·ken-'backed *adj* (*fig*) geschwächt, funktionsunfähig; *policy, measure* ineffektiv **'bro·ken-down** *adj* ❶ (*not working*) kaputt ❷ (*dilapidated*) verfallen **bro·ken-'heart·ed** *adj* untröstlich
bro·ker [ˈbrəʊkə¹] **I.** *n* ❶ ECON [Börsen]makler(in) *m(f)* ❷ (*negotiator*) Vermittler(in) *m(f)* **II.** *vt* aushandeln
bro·ker·age [ˈbrəʊkərɪdʒ] *n no pl* ECON ❶ (*activity*) Maklergeschäft *nt* ❷ (*fee*) Maklergebühr *f*
brol·ly [ˈbrɒli] *n* BRIT, AUS (*fam*) Schirm *m*
bro·mide [ˈbrəʊmaɪd] *n* CHEM Bromid *nt*
bro·mine [ˈbrəʊmiːn] *n no pl* CHEM Brom *nt*
bron·chi [ˈbrɒŋkiː] *n pl of* **bronchus**
bron·chial [ˈbrɒŋkɪəl] *adj* Bronchial-
bron·chi·tis [brɒŋˈkaɪtɪs] *n no pl* Bronchitis *f*
bron·chus <*pl* -chi> [ˈbrɒŋkəs *pl* kiː] *n* MED Bronchus *m fachspr*
bronze [brɒnz] *n* Bronze *f*
'Bronze Age *n no pl* ■ the ~ die Bronzezeit **bronze 'med·al** *n* Bronzemedaille *f*
brooch <*pl* -es> [brəʊtʃ] *n* Brosche *f*
brood [bruːd] **I.** *n* Brut *f a. fig* **II.** *vi* ■ **to ~ on** [*or* **over**] **sth** über etw *dat* brüten
broody [ˈbruːdi] *adj* ❶ ZOOL brütig ❷ (*fam*) **to feel ~** den Wunsch nach einem Kind haben ❸ (*mopey*) grüblerisch
brook¹ [brʊk] *n* Bach *m*
brook² [brʊk] *vt* (*form: tolerate*) dulden
broom [bruːm, brʊm] *n* ❶ (*brush*) Besen *m* ❷ *no pl* BOT Ginster *m*
'broom han·dle, **'broom·stick** [ˈbruːmstɪk, ˈbrʊm-] *n* Besenstiel *m*
broth [brɒθ] *n no pl* Brühe *f*
brotha [ˈbrʌðə] *n* AM (*sl*) Digger *m* (*hauptsächlich von Schwarzafrikanern gebrauchte Anrede für einen Mann*)
broth·el [ˈbrɒθəl] *n* Bordell *nt*
broth·er [ˈbrʌðə¹] **I.** *n* ❶ Bruder *m*; **~s and sisters** Geschwister *pl*; **~s in arms** Waffenbrüder *pl* ❷ *esp* AM (*fam*) Kumpel *m*

II. *interj* (*fam*) Mann!
broth·er·hood ['brʌðəhʊd] *n* ❶ + *sing/pl vb* (*group*) Bruderschaft *f* ❷ *no pl* (*feeling*) Brüderlichkeit *f* **'broth·er-in-law** <*pl* brothers-in-law> *n* Schwager *m* **broth·er·ly** ['brʌðəli] *adj* brüderlich
brought [brɔːt] *pp, pt of* **bring**
brow [braʊ] *n* ❶ (*forehead*) Stirn *f*; **to wrinkle one's ~** die Stirn runzeln ❷ *usu sing* (*fig*) **~ of a hill** Bergkuppe *f*
brow·beat <-beat, -beaten> ['braʊbiːt] *vt* einschüchtern; ▪**to ~ sb into doing sth** jdn so unter Druck setzen, dass er etw tut
brown [braʊn] **I.** *n* Braun *nt* **II.** *adj* braun **III.** *vt* FOOD **onion** [an]bräunen; **meat** anbraten ◆ **brown off** *vt* BRIT, AUS (*fam*) ▪**to be ~ed off with sth** etw satthaben
brown 'bread *n no pl* locker gebackenes Brot aus dunklerem Mehl, etwa wie Mischbrot **'brown·field** *adj* **~ site** aus gewerblichen Brachflächen hervorgegangenes Bauland
brownie *n esp* AM kleiner Schokoladenkuchen mit Nüssen
brown·ish ['braʊnɪʃ] *adj* bräunlich
brown 'pa·per *n no pl* Packpapier *nt*
brown 'rice *n no pl* ungeschälter Reis **'brown·stone** *n* AM ❶ *no pl* (*stone*) rötlich brauner Sandstein ❷ (*house*) [rotbrauner] Sandsteinhaus
browse [braʊz] **I.** *vi* ❶ (*look through*) **to ~ through a magazine** eine Zeitschrift durchblättern ❷ (*look around*) **to ~** [**around a shop**] sich [in einem Geschäft] umsehen ❸ INET browsen, surfen ❹ (*graze*) grasen **II.** *vt* COMPUT **to ~ the Internet/the World Wide Web** im Internet/World Wide Web surfen **III.** *n no pl* ❶ (*look-around*) **to have a ~ around** sich umsehen ❷ (*look-through*) **to have a ~ through a magazine** eine Zeitschrift durchblättern
brows·er ['braʊzə^r] *n* ❶ (*in shop*) jd, der in einem Geschäft [herum]stöbert ❷ COMPUT Browser *m*
bruise [bruːz] **I.** *n* ❶ MED blauer Fleck, Bluterguss *m* ❷ (*on fruit*) Druckstelle *f* **II.** *vt* ❶ (*injure*) **to ~ one's arm** sich am Arm stoßen ❷ (*fig*) **ego, pride** verletzen **III.** *vi* einen blauen Fleck bekommen; **fruit** Druckstellen bekommen
bruis·er ['bruːzə^r] *n* (*fam*) Schläger[typ] *m*
brunch <*pl* -es> [brʌntʃ] *n* Brunch *m*
Bru·nei [bruːˈnaɪ] *n* Brunei *nt*
bru·nette [bruːˈnet] **I.** *n* Brünette *f* **II.** *adj* brünett
brunt [brʌnt] *n no pl* **to bear the ~ of sth** etw am stärksten zu spüren bekommen
brush [brʌʃ] **I.** *n* <*pl* -es> ❶ (*for hair, clean-*

ing) Bürste *f*; (*broom*) Besen *m*; (*for painting*) Pinsel *m* ❷ *no pl* (*act*) Bürsten *nt*; **to give sth a ~** etw abbürsten; **to give one's teeth a ~** sich *dat* die Zähne putzen ❸ *usu sing* (*stroke*) Strich *m* ❹ (*encounter*) Zusammenstoß *m*; **to have a ~ with the law** mit dem Gesetz in Konflikt geraten ❺ *no pl* AM, AUS (*brushwood*) Unterholz *nt* ❻ (*fox's tail*) Fuchsschwanz *m* **II.** ❶ (*clean*) abbürsten; **to ~ one's hair** sich *dat* die Haare bürsten; **to ~ the hair out of her eyes** sie strich sich die Haare aus dem Gesicht; **to ~ one's teeth** sich *dat* die Zähne putzen ❷ (*touch lightly*) leicht berühren ❸ (*apply a substance*) bestreichen **III.** *vi* (*touch lightly*) ▪**to ~ against** streifen; ▪**to ~ by** vorbeieilen an ◆ **brush aside** *vt* ❶ (*move aside*) wegschieben ❷ (*dismiss*) **thing** abtun; **person** ignorieren ◆ **brush away** *vt* ❶ (*wipe*) wegwischen; **fly** verscheuchen; **tears** sich *dat* abwischen ❷ (*dismiss*) [aus seinen Gedanken] verbannen ◆ **brush off** *vt* ❶ (*remove with brush*) abbürsten ❷ (*ignore*) **person** abblitzen lassen; **thing** zurückweisen ◆ **brush up I.** *vi* ▪**to ~ up on sth** etw auffrischen **II.** *vt* auffrischen
'brush-off *n no pl* **to get the ~ from sb** von jdm einen Korb bekommen; **to give sb the ~** jdm eine Abfuhr erteilen
'brush·wood *n no pl* Reisig *nt*
brusque [bruːsk] *adj* schroff
brusque·ness ['bruːsknəs] *n no pl* Schroffheit *f*
Brus·sels ['brʌsəlz] *n no pl* Brüssel *nt*
Brus·sel(s) 'sprout *n* **~s** *pl* Rosenkohl *m* kein *pl*
bru·tal ['bruːt^əl] *adj* brutal *a. fig*; **honesty** schonungslos; **truth** ungeschminkt
bru·tal·ity [bruːˈtæləti] *n no pl* Brutalität *f*
bru·tal·ize ['bruːt^əlaɪz] *vt* ❶ (*treat cruelly*) brutal behandeln ❷ (*make brutal*) brutalisieren
brute [bruːt] **I.** *n* ❶ (*savage*) Bestie *f* ❷ (*brutal person*) brutaler Kerl ❸ (*animal*) Vieh *nt* **II.** *adj* **~ force** rohe Gewalt
brut·ish ['bruːtɪʃ] *adj* brutal
BSc *n abbrev of* **Bachelor of Science** Bakkalaureus *m* der Naturwissenschaften
BSE *n no pl* BRIT *abbrev of* **bovine spongiform encephalopathy** BSE *f*
BST *n no pl abbrev of* **British Summer Time** britische Sommerzeit
bub·ble ['bʌbl] **I.** *n* Blase *f*; **to blow a ~** eine Seifenblase machen **II.** *vi* kochen *a. fig*; **coffee, stew** brodeln; **boiling water, fountain** sprudeln; **champagne** perlen; (*make bubbling sound*) blubbern ◆ **bubble over** *vi* ▪**to ~ over with sth** vor etw *dat* [über]sprudeln

'bub·ble bath n Schaumbad nt **'bub·ble·gum** I. n Bubble Gum® nt II. adj (pej) music Bubblegum- pej, seicht, oberflächlich **bub·ble-jet 'print·er** [ˌbʌblˈdʒetˈprɪntəʳ] n Bubblejet-Drucker m

bub·bly ['bʌbli] I. n no pl (fam) Schampus m II. adj ① drink sprudelnd; melted cheese Blasen werfend ② person temperamentvoll

bu·bon·ic plague [bjuːˌbɒnɪkˈpleɪg] n no pl Beulenpest f

buc·ca·neer [ˌbʌkəˈnɪəʳ] n Seeräuber(in) m(f)

buck[1] [bʌk] n AM, AUS (fam) Dollar m

buck[2] [bʌk] n <pl - or -s> (male deer) Bock m; (male rabbit) Rammler m; (antelope) Antilope f II. vi bocken III. vt **to ~ the trend** sich dem Trend widersetzen

buck[3] [bʌk] n no pl (fam) **the ~ stops here!** auf meine Verantwortung!; **to pass the ~** [to sb] die Verantwortung [auf jdn] abwälzen ♦ **buck up** I. vi (fam) ① (cheer up) [wieder] Mut fassen; **~ up!** Kopf hoch! ② (hurry up) sich beeilen II. vt aufmuntern ▶ **to ~ one's ideas up** sich zusammenreißen

buck·et ['bʌkɪt] I. n ① (pail) Eimer m; **champagne ~** Sektkübel m ② (fam: large amounts) **~s** pl Unmengen pl; **in ~s** eimerweise ▶ **to kick the ~** (sl) ins Gras beißen II. vi BRIT, AUS (fam) **to ~ down** wie aus Eimern gießen

'buck·et·ful <pl -s or bucketsful> n Eimer m **'buck·et hat** n Bucket-Hat m (weicher Hut, der die Form eines flachen, umgestülpten Eimers hat)

buck·le ['bʌkl] I. n Schnalle f II. vt ① belt [zu]schnallen ② (bend) verbiegen III. vi sich verbiegen; **my knees began to ~** ich bekam weiche Knie ♦ **buckle down** vi sich dahinterklemmen fam ♦ **buckle in** vt anschnallen

Buck's Fizz [ˌbʌksˈfɪz] n Orangensaft m mit Sekt [o Champagner]

'buck·shot n no pl grobkörniger Schrot
buck·skin ['bʌkskɪn] n no pl Wildleder nt
'buck·wheat n no pl Buchweizen m
bud [bʌd] I. n Knospe f; **to be in ~** Knospen haben II. vi <-dd-> knospen

Bud·dhism ['bʊdɪzəm] n no pl Buddhismus m

Bud·dhist ['bʊdɪst] I. n Buddhist(in) m(f) II. adj buddhistisch

bud·ding ['bʌdɪŋ] adj (fig) angehend
bud·dy ['bʌdi] n AM (fam) Kumpel m
budge [bʌdʒ] I. vi ① (move) sich [vom Fleck] rühren ② (change mind) nachgeben; **to ~ from sth** von etw dat abrücken II. vt ① (move) [von der Stelle] bewegen ② (cause to change mind) umstimmen

budg·eri·gar ['bʌdʒərɪgaːʳ] n Wellensittich m

budg·et ['bʌdʒɪt] I. n Budget nt; **the B~** der öffentliche Haushalt[splan] II. vi **to ~ for sth** etw [im Budget] vorsehen III. adj preiswert; **~ travel** Billigreisen pl; **~ prices** Tiefpreise pl

'bud·get defi·cit n Haushaltsdefizit nt
budgie ['bʌdʒi] n (fam) Wellensittich m
buff [bʌf] I. n (fam) Fan m ▶ **in the ~** nackt II. adj gelbbraun III. vt **to ~ [up]** polieren
buf·fa·lo <pl - or -es> ['bʌfələʊ] n Büffel m
buff·er ['bʌfəʳ] n Puffer m; (railway) Prellbock m

'buff·er zone n Pufferzone f
buf·fet[1] ['bʊfeɪ, 'bʌ-] n ① (food) Büfett nt ② BRIT (restaurant) [Bahnhofs]imbiss m
buf·fet[2] ['bʌfɪt] vt [heftig] hin und her bewegen

'buf·fet car n esp BRIT ≈ Speisewagen m
buf·foon [bəˈfuːn] n Clown m
bug [bʌg] I. n ① (insect) ■ **~s** pl Ungeziefer nt kein pl; **bed ~** Bettwanze f ② MED Bazillus m ③ COMPUT (fault) Bug m ④ (listening device) Wanze f ⑤ (fam) **enthusiasm** Fieber nt; **to catch the travel ~** vom Reisefieber gepackt werden II. vt <-gg-> ① (install bugs) verwanzen ② (eavesdrop on) abhören ③ (fam: annoy) **to ~ sb [about sth]** jdm [mit etw dat] auf die Nerven gehen; **stop ~ging me!** hör auf zu nerven! ④ (fam: worry) **to ~ sb** jdm Sorgen bereiten

'bug·bear n Ärgernis nt
bug·ger ['bʌgəʳ] I. n ① BRIT, AUS (vulg) Scheißkerl m; **poor ~** (sl) armes Schwein; **you lucky ~!** (sl) du hast vielleicht ein Schwein! ▶ **it's got ~ all to do with you!** BRIT, AUS (vulg) das geht dich einen Dreck an!; **he knows ~ all about computers** BRIT, AUS (sl) er hat keinen blassen Schimmer von Computern II. interj BRIT, AUS (vulg) **~!** Scheiße! III. vt ① BRIT, AUS (sl: ruin) ruinieren ② (vulg) **to ~ sb** jdn in den Arsch ficken ♦ **bugger off** vi (sl) abhauen ♦ **bugger up** vt (sl) versauen

bug·gery ['bʌgəri] n no pl Analverkehr m
bug·gy ['bʌgi] n ① BRIT (pushchair) Buggy m ② AM (pram) Kinderwagen m ③ (small vehicle) Buggy m ④ (carriage) Kutsche f

bu·gle ['bjuːgl] n Horn nt
bu·gler ['bjuːgləʳ] n Hornist(in) m(f)
build [bɪld] I. n no pl Körperbau m II. vt <built, built> ① (construct) bauen; building also errichten; fire machen; wall ziehen ② (fig) aufbauen III. vi <built, built> ① (construct) bauen ② (increase) zunehmen; tension steigen ♦ **build in** vt einbauen ♦ **build on** vi ① (take advantage of) bauen auf +akk ② (add extension) anbauen ♦ **build up** I. vt

aufbauen; *lead* ausbauen; *speed* erhöhen **II.** *vi* (*increase*) zunehmen; *traffic* sich verdichten; *backlog* größer werden; *pressure* sich erhöhen

build·er ['bɪldə'] *n* (*worker*) Bauarbeiter(in) *m(f)*; (*contractor*) Bauherr(in) *m(f)*

build·ing ['bɪldɪŋ] *n* Gebäude *nt* **'build·ing con·trac·tor** *n* Bauunternehmer(in) *m(f)* **'build·ing regu·la·tions** *npl* Baugesetze *pl* **'build·ing site** *n* Baustelle *f* **'build·ing so·ci·ety** *n* BRIT, AUS Bausparkasse *f*

'build qual·ity *n no pl of car, computer* Verarbeitungsqualität *f*

'build-up *n* ❶ (*increase*) Zunahme *f*; ~ **of pressure** Druckanstieg *m*; ~ **of traffic** Verkehrsverdichtung *f*; ~ **of troops** Truppenaufmarsch *m* ❷ (*hype*) Werbung *f* ❸ (*preparations*) Vorbereitung *f*

built [bɪlt] *pp*, *pt of* **build**

built-in ['bɪltɪn] *adj* eingebaut; ~ **cupboard** Einbauschrank *m* **built-up** ['bɪltʌp] *adj* ❶ *area* verbaut ❷ *shoes* erhöht

bulb [bʌlb] *n* ❶ BOT Zwiebel *f* ❷ ELEC [Glüh]birne *f*

bulb·ous ['bʌlbəs] *adj* knollig; ~ **nose** Knollennase *f*

Bul·gar·ia [bʌlˈgeərɪə] *n* Bulgarien *nt*

Bul·gar·ian [bʌlˈgeərɪən] **I.** *adj* bulgarisch **II.** *n* ❶ (*person*) Bulgare(in) *m(f)* ❷ (*language*) Bulgarisch *nt*

bulge [bʌldʒ] **I.** *n* (*protrusion*) Wölbung *f*; (*in tyre*) Wulst *m* **II.** *vi* sich runden; *eyes* hervortreten

bulg·ing ['bʌldʒɪŋ] *adj* ❶ (*full*) *container* zum Bersten voll; *stomach, wallet* prall gefüllt ❷ (*protruding*) *eyes* hervorquellend

bu·limia [buˈlɪmɪə] *n*, **bu·limia ner·vo·sa** [buˌlɪmɪənɜːˈvəʊsə] *n no pl* Bulimie *f*

bulk [bʌlk] *n* ❶ *no pl* (*mass*) Masse *f* ❷ (*size*) Ausmaß *nt* ❸ (*quantity*) **in** ~ in großen Mengen ❹ (*large body*) massiger Körper ❺ *no pl* (*largest part*) Großteil *m*; **the** ~ **of the work** die meiste Arbeit

bulk 'buy·ing *n no pl* Großeinkauf *m* **'bulk·head** *n* Schott *nt*

bulky ['bʌlki] *adj* ❶ *person* massig ❷ *luggage* sperrig

bull [bʊl] *n* ❶ (*male bovine*) Stier *m*, Bulle *m* ❷ (*male elephant, walrus*) Bulle *m*; ~ **elephant** Elephantenbulle *m* ❸ (*fig*) Bulle *m* ❹ *no pl* (*fam: nonsense*) Quatsch *m* ❺ STOCKEX Haussier *m* ▶ **like a ~ in a china shop** wie ein Elefant im Porzellanladen; **to take the ~ by the horns** den Stier bei den Hörnern packen; **to be [like] a red rag to a ~** [wie] ein rotes Tuch sein

'bull·dog *n* Bulldogge *f*

bull·doze ['bʊldəʊz] *vt* ❶ (*level off*) einebnen; (*clear*) räumen; (*tear down*) abreißen ❷ (*fig*) **to ~ sth through** etw durchboxen

bull·doz·er ['bʊldəʊzə'] *n* Bulldozer *m*

bul·let ['bʊlɪt] *n* ❶ MIL Kugel *f*; ~ **hole** Einschussloch *nt*; ~ **wound** Schusswunde *f* ❷ TYPO großer Punkt ▶ **to bite the ~** in den sauren Apfel beißen; **to give sb the ~** jdn feuern

bul·letin ['bʊlətɪn] *n* Bulletin *nt*; (*update*) [kurzer] Lagebericht; [**news**] ~ [Kurz]nachrichten *pl*

'bul·letin board *n* schwarzes Brett

'bul·let-proof *adj* kugelsicher

'bull·fight *n* Stierkampf *m*

'bull·fight·er *n* Stierkämpfer(in) *m(f)*

'bull·finch *n* Dompfaff *m*

bul·lion ['bʊlɪən] *n no pl* **gold ~** Goldbarren *pl*

bul·lock ['bʊlək] *n* Ochse *m*

'bull·ring *n* Stierkampfarena *f* **'bull's eye** *n* Zentrum *nt* der Zielscheibe; **to hit the ~** einen Volltreffer landen *a. fig* **'bull·shit** (*fam!*) **I.** *n no pl* Scheiß *m*; **don't give me that ~** komm mir nicht mit so 'nem Scheiß **II.** *adj excuse* windig **III.** *vt* <-tt-> verscheißern **IV.** *vi* <-tt-> Scheiß erzählen

bul·ly ['bʊli] **I.** *n* Rabauke *m*; **you're a big ~** du bist ein ganz gemeiner Kerl **II.** *vt* <-ie-> tyrannisieren; ■ **to ~ sb into doing sth** jdn soweit einschüchtern, dass er etw tut **III.** *adj* ▶ **~ for you** (*esp iron*) gratuliere!

bul·rush <*pl* -es> ['bʊlrʌʃ] *n* [große] Binse

bul·wark ['bʊlwək] *n* Bollwerk *nt*

bum [bʌm] **I.** *n* ❶ (*pej: good-for-nothing*) Penner *m* ❷ *esp* BRIT, AUS (*fam: bottom*) Hintern *m*; **to give sb a kick up the ~** jdn in den Hintern treten ▶ **to give sb the ~'s rush** AM (*fam*) jdn rausschmeißen **II.** *adj* (*pej fam*) mies; ~ **rap** AM ungerechte Behandlung; ~ **steer** AM, AUS Verschaukelung *f* **III.** *vt* <-mm-> (*fam*) ■ **to ~ sth off sb** etw von jdm schnorren

bum·ble ['bʌmbl] *vi* ■ **to ~ through sth** sich durch etw *akk* wursteln

bum·ble·bee ['bʌmblbiː] *n* Hummel *f*

bum·bling ['bʌmblɪŋ] *adj* tollpatschig; ~ **idiot** ausgemachter Volltrottel

bumf [bʌm(p)f] *n no pl esp* BRIT, AUS (*fam*) Papierkram *m*

bump [bʌmp] **I.** *n* ❶ (*on head*) Beule *f*; (*in road*) Unebenheit *f*; **speed ~** Bodenschwelle *f* ❷ (*fam: light blow*) leichter Stoß ❸ (*thud*) Bums *m*; **to go ~** rumsen ❹ BRIT (*hum*) dicker Bauch **II.** *vt* ❶ (*have accident*) AUTO zusammenstoßen mit; ■ **to ~ oneself** sich [an]stoßen ❷ *usu passive* AM (*fam*) **to get ~ed from a flight** von der Passagierliste gestrichen werden **III.** *vi* ■ **to ~ along** entlangrumpeln ◆ **bump into** *vi* ■ **to ~ into sb** ❶ *(knock against)* mit jdm zusammenstoßen; ■ **to ~ into sth** gegen etw *akk* stoßen ❷ *(fig: meet by chance)* jdm [zufällig] in die Arme laufen ◆ **bump off** *vt* *(sl)* umlegen

bump·er ['bʌmpə'] *n* Stoßstange *f*

'**bump·er car** *n* [Auto]skooter *m* '**bump·er stick·er** *n* Autoaufkleber *m*

bumper-to-'bumper *adv attr* Haube an Haube

bumph [bʌm(p)f] *n no pl see* bumf

bump·kin ['bʌmpkɪn] *n (pej fam)* **country ~** Bauerntölpel *m*

bump·tious ['bʌmpʃəs] *adj* überheblich

bumpy ['bʌmpi] *adj* holp[e]rig; *flight, ride* unruhig

bun [bʌn] *n* ❶ *(pastry)* [rundes] Gebäckstück ❷ *esp* Am *(bread roll)* Brötchen *nt* ❸ *(hair style)* [Haar]knoten *m* ► **she has a ~ in the oven** sie kriegt ein Kind

bunch <*pl* -es> [bʌn(t)ʃ] **I.** *n* ❶ *(group)* of bananas Büschel *nt; of carrots, parsley* Bund *m; of files* Bündel *m; of flowers* Strauß *m; of people* Haufen *m;* **~ of grapes** Weintraube *f;* **~ of keys** Schlüsselbund *m;* **thanks a ~!** tausend Dank!; **a whole ~ of problems** jede Menge Probleme ❷ *(wad)* **in a ~** aufgebauscht ❸ *pl* Brit **to wear one's hair in ~es** Zöpfe tragen ► **to be the best** [*or* **pick**] **of the ~** der/die/das Beste von allen sein **II.** *vt* bündeln **III.** *vi* sich bauschen

bun·dle ['bʌndl] **I.** *n* Bündel *nt;* **a ~ of nerves** *(fig)* ein Nervenbündel *nt* **II.** *vt* **to ~ sb into the car** jdn ins Auto verfrachten ◆ **bundle up** *vt* bündeln

bung [bʌŋ] *n* ❶ *esp* Brit Pfropfen *m* ❷ *(fam: underhand payment)* Schmiergeld *nt* **II.** *vt* *esp* Brit ■ **to be ~ed up** verstopft sein, Am, Aus *(fam: throw)* schmeißen

bun·ga·low ['bʌŋɡələʊ] *n* Bungalow *m*

'**bun·gee jump·ing** *n no pl* Bungeespringen *nt*

bun·gle ['bʌŋɡl] **I.** *vt* verpfuschen **II.** *vi* Mist bauen **III.** *n* **to make a ~ of sth** etw verpfuschen

bun·gler ['bʌŋɡlə'] *n (pej)* Pfuscher(in) *m(f)*

bun·gling ['bʌŋɡlɪŋ] **I.** *n no pl* Stümperei *f* **II.** *adj* ungeschickt; **~ idiot** ausgemachter Trottel

bunk [bʌŋk] **I.** *n* ❶ *(in boat)* Koje *f* ❷ *(part of bed)* **bottom/top ~** unteres/oberes Bett *(eines Etagenbetts)* ► **to do a ~** Brit, Aus [heimlich] abhauen **II.** *vi (fam)* ■ **to ~ [down]** sich aufs Ohr legen; **to ~ together** Am *sth dat* ein Bude teilen

bunk 'bed *n* Etagenbett *nt*

bun·ker ['bʌŋkə'] *n* Bunker *m*

bun·ny ['bʌni] *n* Häschen *nt*

Bun·sen burn·er ['bʌn(t)sən,bɜ:nə'] *n* Bunsenbrenner *m*

bunt·ing ['bʌntɪŋ] *n no pl* Schmücken *nt* mit Fähnchen

buoy [bɔɪ] **I.** *n* Boje *f* **II.** *vt (encourage)* ■ **to ~ sb up** jdm Auftrieb geben

buoy·an·cy ['bɔɪən(t)si] *n no pl* Schwimmfähigkeit *f* **buoy·ant** ['bɔɪənt] *adj* ❶ *(able to float)* schwimmfähig ❷ *(cheerful)* **to be in a ~ mood** in bester Stimmung sein ❸ Econ lebhaft

bur·ble ['bɜ:bl] **I.** *vi (of water)* plätschern ❷ *(pej: babble)* plappern **II.** *vt (pej)* brabbeln

bur·den ['bɜ:dən] **I.** *n* ❶ *(load)* Last *f* ❷ *(fig)* Belastung *f;* **to place a ~ on sb** jdn einer Belastung aussetzen **II.** *vt* ❶ *(load)* beladen ❷ *(bother)* belasten

bur·den·some ['bɜ:dənsəm] *adj (form)* belastend

bu·reau <*pl* -x *or* Am, Aus *usu* -s> ['bjʊərəʊ] *n* ❶ *(government department)* Amt *nt,* Behörde *f* ❷ Am *(office)* [Informations]büro *nt* ❸ Brit *(desk)* Sekretär *m* ❹ Am *(chest of drawers)* Kommode *f*

bu·reau·cra·cy [bjʊəˈrɒkrəsi] *n* Bürokratie *f* **bu·reau·crat** ['bjʊərə(ʊ)kræt] *n* Bürokrat(in) *m(f)* **bu·reau·crat·ic** [ˌbjʊərə(ʊ)ˈkrætɪk] *adj* bürokratisch

bur·geon·ing ['bɜ:dʒnɪŋ] *adj* rasch wachsend

bur·ger ['bɜ:ɡə'] *n (fam) short for* hamburger [Ham]burger *m*

bur·glar ['bɜ:ɡlə'] *n* Einbrecher(in) *m(f)*

'**bur·glar alarm** *n* Alarmanlage *f* **bur·glar·ize** ['bɜ:ɡləraɪz] *vt* Am einbrechen in +*akk*

bur·gla·ry ['bɜ:ɡlə'i] *n* Einbruch[diebstahl] *m*

bur·gle ['bɜ:ɡl] *vt* Brit, Aus einbrechen in +*akk;* **they were ~d** bei ihnen wurde eingebrochen

bur·ial ['beriəl] *n* Beerdigung *f;* **~ at sea** Seebestattung *f*

'**bur·ial ground** *n* Friedhof *m;* Hist Begräbnisstätte *f* '**bur·ial ser·vice** *n* Trauerfeier *f*

Bur·ki·na Fa·so [bɜ:ˌki:nəˈfæsəʊ] *n* Burkina Faso *nt*

bur·lesque [bɜ:ˈlesk] *n* ❶ *(written)* Parodie *f* ❷ *no pl (genre)* Burleske *f* ❸ Am *(variety show)* Varietévorstellung *f; (comedy)* Klamaukseendung *f*

bur·ly ['bɜ:li] *adj* kräftig [gebaut]

burn[1] [bɜ:n] *n* Scot Bächlein *nt*

burn[2] [bɜ:n] **I.** *n* ❶ *(injury)* Verbrennung *f,* Brandwunde *f; (sunburn)* Sonnenbrand *m* ❷ *(damage)* Brandfleck *m;* **cigarette ~** Brandloch *nt* **II.** *vi* <burnt *or* Am *usu* burned, burnt *or* Am *usu* burned> ❶ *(be in flames)* brennen; *house* in Flammen stehen;

burn away – business

to ~ to death verbrennen ❷ FOOD anbrennen ❸ (*sunburn*) einen Sonnenbrand bekommen ❹ (*acid*) ätzen **III.** *vt* <burnt *or* AM *usu* burned, burnt *or* AM *usu* burned> ❶ (*damage with heat*) verbrennen; *village* niederbrennen; **to ~ one's fingers** (*also fig*) sich *dat* die Finger verbrennen ❷ FOOD anbrennen lassen ❸ (*sunburn*) ■ **to ~t** einen Sonnenbrand haben ❹ (*acid*) verätzen ❺ (*use up*) *calories* verbrennen; *oil* verbrauchen ❻ COMPUT brennen ◆**burn away I.** *vi* herunterbrennen; (*continuously*) vor sich hinbrennen **II.** *vt* abbrennen ◆**burn down I.** *vt* abbrennen **II.** *vi building* niederbrennen; *forest* abbrennen; *candle, fire* herunterbrennen ◆**burn out I.** *vi* ❶ *fire, candle* herunterbrennen ❷ *rocket* ausbrennen ❸ AM (*fam: reach saturation*) ■ **to ~ out on sth** etw schnell überhaben ❹ *bulb* durchbrennen; (*slowly*) durchschmoren **II.** *vt* ❶ (*stop burning*) **the candle ~t itself out** die Kerze brannte herunter ❷ (*lose*) **to be ~t out of house and home** durch einen Brand Haus und Hof verlieren ❸ (*person*) ■ **to ~ oneself out** sich völlig verausgaben ◆**burn up I.** *vi* ❶ verbrennen ❷ (*fig: be feverish*) glühen ❸ AEROSP *rocket, satellite* verglühen **II.** *vt* verbrauchen; *calories* verbrennen

burn·er ['bɜːnə'] *n* Brenner *m*; AM *also* Kochplatte *f*

burn·ing ['bɜːnɪŋ] **I.** *adj* ❶ (*on fire*) brennend; *face* glühend ❷ (*fig: intense*) brennend ❸ (*controversial*) *issue* heiß diskutiert; *question* brennend ❹ (*stinging*) brennend **II.** *n no pl* **there's a smell of ~** es riecht verbrannt

burnt [bɜːnt] **I.** *vt, vi pt, pp of* **burn II.** *adj* (*completely*) verbrannt; (*partly*) *food* angebrannt; (*from sun*) verbrannt; **there's a ~ smell** es riecht verbrannt

burp [bɜːp] **I.** *n* Rülpser *m*; *of a baby* Bäuerchen *nt* **II.** *vi* aufstoßen, rülpsen *fam*; *baby* ein Bäuerchen machen **III.** *vt baby* aufstoßen lassen

burr [bɜː'] *n* ❶ BOT Klette *f* ❷ LING **to speak with a ~** ein gerolltes Zäpfchen-R sprechen (*im Westen Englands und in Schottland*)

bur·row ['bʌrəʊ] **I.** *n* Bau *m* **II.** *vt* graben **III.** *vi* (*dig*) einen Bau graben; ■ **to ~ through** sich [hin]durchgraben durch +*akk*

bur·sar ['bɜːsə'] *n* Finanzverwalter(in) *m(f)*

bur·sa·ry ['bɜːs'ri] *n esp* BRIT Stipendium *nt*

burst [bɜːst] **I.** *n* ~ **of activity** plötzliche Geschäftigkeit; ~ **of applause** Beifallssturm *m*; ~ **of laughter** Lachsalve *f*; ~ **of speed** Spurt *m* **II.** *vi* <burst *or* AM *also* bursted, burst *or* AM *also* bursted> ❶ (*explode*) platzen *a. fig*; *bubble* zerplatzen; *dam* bersten ❷ (*fig*) ■ **to be ~ing to do sth** darauf brennen, etw zu tun ❸ (*fam*) **I'm ~ing to go to the loo!** ich muss ganz dringend aufs Klo! ❹ (*be full*) *suitcase* zum Bersten voll sein; **to be ~ing with curiosity/pride** vor Neugier/Stolz platzen; **to be ~ing with energy** vor Kraft [nur so] strotzen; **to be ~ing with happiness** vor Glück ganz außer sich sein **III.** *vt* <burst *or* AM *also* bursted, burst *or* AM *also* bursted> zum Platzen bringen; *balloon* platzen lassen; **the river ~ its banks** der Fluss trat über die Ufer; **she ~ a blood vessel** ihr ist eine Ader geplatzt ◆**burst in** *vi* hineinstürzen; (*towards spectator*) hereinstürzen; ■ **to ~ in on sb** bei jdm hereinplatzen; **to ~ in on a meeting** in eine Versammlung hineinplatzen ◆**burst out** *vi* ❶ (*hurry out*) herausstürzen ❷ (*speak*) losplatzen ❸ (*commence*) ■ **to ~ out crying/laughing** in Tränen/Gelächter ausbrechen ❹ (*appear*) hervorbrechen ◆**burst through** *vi* durchbrechen

Bu·run·di [bʊ'rʊndi] *n* Burundi *nt*

bury <-ie-> ['beri] *vt person* begraben; *thing* vergraben *a. fig*; ■ **to ~ oneself in one's book** sich in sein Buch versenken

bus [bʌs] **I.** *n* <*pl* -es *or* AM *also* -ses> [Omni]bus *m* ► **to go by ~** mit dem Bus fahren **II.** *vt* <-ss- *or* AM *usu* -s-> mit dem Bus befördern **III.** *vi* <-ss- *or* AM *usu* -s-> mit dem Bus fahren

'**bus driv·er** *n* Busfahrer(in) *m(f)*

bush <*pl* -es> [bʊʃ] *n* ❶ (*plant*) Busch *m* ❷ (*thicket*) Gebüsch *nt* ❸ (*fig*) ~ **of hair** [dichtes] Haarbüschel ❹ *no pl* (*in Africa, Australia*) Busch *m* ► **to beat about the ~** um den heißen Brei herumreden

'**Bush baby** *n* AM (*fam*) jd, der sich wie Präsident G.W. Bush ausdrückt: mitfühlend und konservativ

bush·el [bʊʃ'l] *n* Bushel *m* ► **to hide one's light under a ~** sein Licht unter den Scheffel stellen

bushy ['bʊʃi] *adj* buschig

busi·ly ['bɪzɪli] *adv* eifrig; ~ **engaged on sth** intensiv mit etw *dat* beschäftigt

busi·ness <*pl* -es> ['bɪznɪs] *n* ❶ *no pl* (*commerce*) Handel *m*; **to combine ~ with pleasure** das Angenehme mit dem Nützlichen verbinden; **to do ~ with sb** mit jdm Geschäfte machen; **to go out of ~** das Geschäft aufgeben; **to talk ~** zur Sache kommen; **on ~** beruflich, dienstlich, geschäftlich ❷ *no pl* (*sales volume*) Geschäft *nt*; **how's ~?** was machen die Geschäfte? ❸ (*profession*) Branche *f*; **what line of ~ are you in?** in welcher Branche sind Sie tätig? ❹ (*company*) Unternehmen *nt* ❺ *no pl* (*matter*) Angelegenheit *f*; **that's none of your ~** das geht

dich nichts an; **to have no ~ doing sth** nicht das Recht haben, etw zu tun; **to make sth one's ~** sich *dat* etw zur Aufgabe machen ❻ *no pl* **to mean ~** es [wirklich] ernst meinen ▸ **before pleasure** (*prov*) erst die Arbeit, dann das Vergnügen; **to be ~ as usual** (*prov*) den gewohnten Gang gehen; **to get down to ~** zur Sache kommen; **to be the ~** BRIT (*sl*) spitze sein; **like nobody's ~** (*fam*) ganz toll
'busi·ness ad·dress *n* Geschäftsadresse *f* **'busi·ness card** *n* Visitenkarte *f* **'busi·ness class** *n no pl* Businessclass *f* **'busi·ness hours** *npl* Geschäftszeiten *pl* **'busi·ness let·ter** *n* Geschäftsbrief *m* **'busi·ness·like** *adj* geschäftsmäßig **'busi·ness·man** *n* Geschäftsmann *m* **'busi·ness park** *n* Industriepark *m* **'busi·ness trip** *n* Dienstreise *f*, Geschäftsreise *f* **'busi·ness·wom·an** *n* Geschäftsfrau *f*
busk [bʌsk] *vi* BRIT, AUS Straßenmusik machen **'busk·er** ['bʌskə'] *n* Straßenmusikant(in) *m(f)*
'bus·load *n* Busladung *f*
'bus ser·vice *n* Busverbindung *f* **'bus sta·tion** *n* Busbahnhof *m* **'bus stop** *n* Bushaltestelle *f*
bust¹ [bʌst] *n* ❶ (*statue*) Büste *f* ❷ (*breasts*) Büste *f*; (*circumference*) Oberweite *f*
bust² [bʌst] **I.** *n* ❶ (*recession*) [wirtschaftlicher] Niedergang ❷ (*sl*) Razzia *f* **II.** *adj* (*fam*) ❶ (*broken*) kaputt ❷ (*bankrupt*) to go ~ Pleite machen **III.** *vt* <-ie-> *or* AM *usu* busted, busted *or* AM *usu* busted> (*fam*) ❶ (*break*) kaputtmachen ❷ AM (*arrest*) festnehmen ❸ AM SCH erwischen ◆ **bust out** *vt* ■ to ~ **sb out** [**from prison**] jdm helfen auszubrechen
bus·tle ['bʌsl] **I.** *n no pl* Getriebe *nt* **II.** *vi* **the street ~d with activity** auf der Straße herrschte reger Betrieb; ■ **to ~ about** herumwuseln; ■ **to ~ in/out** geschäftig hinein-/hinauseilen
'bus·tling ['bʌslɪŋ] *adj place* belebt
bust-up ['bʌstʌp] *n* BRIT, AUS (*fam*) Krach *m*
busy ['bɪzi] **I.** *adj* ❶ (*occupied*) beschäftigt; **I'm very ~ this week** ich habe diese Woche viel zu tun; **to keep oneself ~** sich beschäftigen; **to keep sb ~** jdn in Atem halten ❷ (*active*) *day* arbeitsreich; *life* bewegt; *street* verkehrsreich; **I've had a ~ day** ich habe heute viel zu tun; **the busiest time of year** die Jahreszeit, in der am meisten los ist ❸ TELEC besetzt **II.** *vt* <-ie-> ■ **to ~ oneself with sth** sich mit etw *dat* beschäftigen
'busy·body *n* (*pej fam*) Wichtigtuer(in) *m(f)*
but [bʌt, bət] **I.** *conj* ❶ (*although, however*) aber; **~ then I'm no expert** ich bin allerdings keine Expertin ❷ (*except*) als ❸ (*rather*) sondern; **not only ... ~ also ...** [too] nicht nur[,] ... sondern auch ... **II.** *prep* außer; **last ~ one** vorletzte(r, s); **anything ~** alles außer; **nothing ~ trouble** nichts als Ärger **III.** *n* **no ~s, go clean your room!** keine Widerrede, räum jetzt dein Zimmer auf!; **no [ifs and] ~s about it** da gibt es kein Wenn und Aber **IV.** *adv* ❶ (*form: only*) nur ❷ (*really*) aber auch ▸ **~ for** bis auf; **~ for the storm, ...** wäre der Sturm nicht gewesen, ...; **~ then** [**again**] (*on the other hand*) andererseits; (*after all*) schließlich
bu·tane ['bju:teɪn] *n no pl* Butan[gas] *nt*
butch [bʊtʃ] *adj* maskulin
butch·er ['bʊtʃə'] **I.** *n* Metzger(in) *m(f)* **II.** *vt* ❶ (*slaughter*) schlachten ❷ (*murder*) niedermetzeln
butch·ery ['bʊtʃ*ə*ri] *n no pl* (*murder*) Abschlachten *nt*
but·ler ['bʌtlə'] *n* Butler *m*
but'n'ben [ˌbʌtn'ben] *n* SCOT kleines [*o* armseliges] Häuschen
butt [bʌt] **I.** *n* ❶ *of rifle* Kolben *m*; *of cigarette* Stummel *m* ❷ AM (*sl*) Hintern *m*; **to get off one's ~** seinen Hintern in Bewegung setzen ❸ (*hit with head*) Stoß *m* [mit dem Kopf] ❹ (*usu fig: target*) Zielscheibe *f* ❺ (*barrel*) Tonne *f* **II.** *vt* ■ **to ~ sb/sth** jdm/etw einen Stoß mit dem Kopf versetzen **III.** *vi person* mit dem Kopf stoßen; *goat* mit den Hörnern stoßen
but·ter ['bʌtə'] **I.** *n no pl* Butter *f* ▸ **she looks as if ~ wouldn't melt in her mouth** sie sieht aus, als könnte sie kein Wässerchen trüben **II.** *vt* mit Butter bestreichen ◆ **butter up** *vt* ■ **to ~ sb up** jdm Honig um den Bart schmieren
'but·ter·cup *n* Butterblume *f* **'but·ter·dish** *n* Butterdose *f* **'but·ter·fin·gers** <*pl* -> *n* (*hum*) Tollpatsch *m*
but·ter·fly ['bʌtəflaɪ] *n* ❶ Schmetterling *m* ❷ (*in swimming*) Butterfly *m* ▸ **to have butterflies** [**in one's stomach**] ein flaues Gefühl [im Magen] haben
'but·ter·milk *n no pl* Buttermilch *f*
but·tery ['bʌtəri] *adj* butt[e]rig
but·tock ['bʌtək] *n* [Hinter]backe *f*; ■ **~s** *pl* Gesäß *nt*
but·ton ['bʌtʰn] **I.** *n* ❶ (*fastening device*) Knopf *m* ❷ TECH Knopf *m*; **to push a ~** auf einen Knopf drücken ❸ AM (*badge*) Button *m* ▸ **at the push of a ~** auf Knopfdruck; **to be right on the ~** den Nagel auf den Kopf treffen **II.** *vt* zuknöpfen ▸ **to ~ it** [*or* **one's lip**] den Mund halten **III.** *vi* **to ~ down the front/at** [*or* AM **in**] **the back** sich vorne/hinten knöpfen lassen ◆ **button up** *vt* zuknöpfen

'but·ton·hole I. *n* ① (*on clothing*) Knopfloch *nt* ② BRIT *also* Blume *f* im Knopfloch **II.** *vt* zu fassen kriegen

but·tress ['bʌtrəs] *n* <*pl* -es> ARCHIT Strebepfeiler *m*

bux·om ['bʌksəm] *adj* vollbusig

buy [baɪ] **I.** *n* Kauf *m* **II.** *vt* <bought, bought> ① (*purchase*) ■ **to ~ sb sth** [*or* **sth for sb**] jdm etw kaufen; ■ **to ~ sth from** [*or fam* **off**] **sb** jdm etw abkaufen; **silence** erkaufen; **time gewinnen** ② (*fam: believe*) abkaufen ③ (*agree to*) zustimmen ◆ **buy off** *vt* kaufen ◆ **buy out** *vt* **company** aufkaufen; *person* auszahlen ◆ **buy up** *vt* aufkaufen

buy·er ['baɪə^r] *n* Käufer(in) *m(f)*; (*as job*) Einkäufer(in) *m(f)*

'buy·out ['baɪaʊt] *n* Übernahme *f*

buzz [bʌz] **I.** *vi* bee, buzzer summen; *fly* brummen; *ears* dröhnen; **my head was ~ing** mir schwirrten alle möglichen Gedanken durch den Kopf; **the room was ~ing with conversation** das Zimmer war von Stimmengewirr erfüllt **II.** *vt* ① (*telephone*) anrufen ② AVIAT im Tiefflug über etw *akk* hinwegsausen **III.** *n* <*pl* -es> ① *of a bee, buzzer* Summen *nt*; *of a fly* Brummen *nt*; **~ of conversation** Stimmengewirr *nt* ② (*call*) **to give sb a ~** jdn anrufen ③ (*fam: high feeling*) Kick *m*; (*from alcohol*) Rausch *m* ◆ **buzz off** *vi* (*fam!*) abziehen

buz·zard ['bʌzəd] *n* ① BRIT (*hawk*) Bussard *m* ② AM (*turkey vulture*) Truthahngeier *m*

'buzz cut *n* Stoppelhaare *pl*, kurz geschorene Haare

buzz·er ['bʌzə^r] *n* Summer *m*

'buzz word *n* Schlagwort *nt*

buzzy ['bʌzi] *adj* (*fam*) **club, pub, resort** voller Leben *nach n*; *atmosphere* lebhaft; **there are ~ cafés on the square** in den Cafés am Platz ist viel los

by [baɪ] **I.** *prep* ① (*beside*) bei, an; **come and sit ~ me** komm und setz dich zu mir ② (*part of sb/sth*) bei; **~ the arm/hair** am Arm/Schopf; **the hand** bei der Hand ③ (*not later than*) bis; **~ 14 February** [spätestens] bis zum 14.02.; **~ now** [*or* **this time**] inzwischen; **by the time** [that] **this letter reaches you ...** wenn dieser Brief dich erreicht, ... ④ (*during*) bei; **~ candlelight** bei Kerzenlicht; **~ day/night** tagsüber/nachts ⑤ (*happening progressively*) **bit ~ bit** nach und nach; **day ~ day** Tag für Tag; **minute ~ minute** Minute um Minute; **~ the minute** von Minute zu Minute; **two ~ two** in Zweiergruppen ⑥ (*agent*) von; **a painting ~ Picasso** ein Gemälde von Picasso; **I swear ~ Almighty God that ...** ich schwöre bei dem allmächtigen Gott, dass ... ⑦ (*by means of*) durch, mit; **you switch it on ~ pressing this button** man schaltet es ein, indem man auf diesen Knopf drückt; **~ boat/bus/car/train** mit dem Schiff/Bus/Auto/Zug; **~ chance** durch Zufall; **~ cheque** mit Scheck; **~ contrast** im Gegensatz; **caused ~ fire** durch einen Brand verursacht; **~ her last name** mit ihrem Nachnamen; **to travel ~ road** über Land fahren; **to travel ~ sea** auf dem Seeweg reisen ⑧ (*according to*) nach, von; **he could tell ~ the look on her face that ...** er konnte an ihrem Gesichtsausdruck ablesen, dass ...; **that's all right ~ me** ich bin damit einverstanden; **what is meant ~ 'cool'?** was bedeutet ‚cool'?; **~ birth** von Geburt; **~ law** dem Gesetz nach; **~ profession** von Beruf; **~ my watch** nach meiner Uhr ⑨ (*quantity*) **~ the day** tageweise; **~ the hour** stundenweise; **~ the metre** am Meter; **~ the thousand** zu Tausenden ⑩ (*margin*) um; **it would be better ~ far to ...** es wäre weitaus besser, ...; **to go up ~ 20%** um 20 % steigen ⑪ MATH **8 divided ~ 4 equals 2** 8 geteilt durch 4 ist 2; **8 multiplied ~ 3 equals 24** 8 mal 3 macht 24; **he multiplied it ~ 20** er hat es mit 20 multipliziert; **5 metres ~ 8 metres** 5 mal 8 Meter **II.** *adv* ① (*past*) vorbei; **excuse me, I can't get ~** Entschuldigung, ich komme nicht vorbei; **time goes ~ so quickly** die Zeit vergeht so schnell ② (*near*) **close ~** ganz in der Nähe ► **~ and large** im Großen und Ganzen; **~ oneself** (*alone*) allein; (*itself*) selbst

bye [baɪ] *interj* (*fam*) tschüs

bye-bye [,baɪ'baɪ] *interj* (*fam*) tschüs

'by-e·lec·tion *n* BRIT, CAN Nachwahl *f*

'by·gone I. *adj* vergangen **II.** *n* ► **to let ~s be ~s** die Vergangenheit ruhen lassen

'by·law *n* Gemeindeverordnung *f*

'by·pass I. *n* ① TRANSP Umgehungsstraße *f* ② MED Bypass *m* **II.** *vt* ① (*detour*) umfahren ② (*not consult*) übergehen

'by·play *n no pl* Nebenhandlung *f* **'by·prod·uct** *n* Nebenprodukt *nt*; (*fig*) Begleiterscheinung *f* **'by·road** *n* Nebenstraße *f* **'by·stand·er** *n* Zuschauer(in) *m(f)*

byte [baɪt] *n* COMPUT Byte *nt*

'by·way *n* Seitenweg *m* **'by·word** *n* Musterbeispiel *nt*

C c

C <*pl* -'s *or* -s>, **c** <*pl* -'s> [siː] *n* ❶ (*letter*) C *nt*, c *nt*; *see also* **A 1** ❷ MUS C *nt*, c *nt*; **~ flat** ces *nt*, Ces *nt*; **~ sharp** Cis *nt*, cis *nt* ❸ (*school mark*) ≈ Drei *f*, ≈ befriedigend

C[1] <*pl* -'s *or* -s> [siː] *n* (*symbol for 100*) ~-**note** AM Hundertdollarschein *m*

C[2] ❶ *after n abbrev of* **Celsius** C ❷ *abbrev of* **cancer: the Big ~** (*fam*) Krebs *m*

c *abbrev of* **circa** ca.

cab [kæb] *n* ❶ (*of a truck*) Führerhaus *nt* ❷ (*taxi*) Taxi *nt*

ca·ba·ret ['kæbəreɪ] *n* (*performance*) Varietee *nt*; (*satirical*) Kabarett *nt*

cab·bage ['kæbɪdʒ] *n* ❶ Kohl *m kein pl*, Kraut *nt kein pl bes* SÜDD; (*head*) Kohlkopf *m*

cab·by ['kæbi] *n*, *esp* AM **'cab·driv·er** *n* Taxifahrer(in) *m(f)*

cab·in ['kæbɪn] *n* ❶ (*on ship*) Kabine *f*; (*on plane*) Fahrgastraum *m* ❷ (*wooden house*) [Block]hütte *f*; (*for holidays*) Ferienhütte *f*

'cab·in class *n* zweite Klasse **'cab·in cruis·er** *n* Kajütboot *nt*

cabi·net ['kæbɪnət] *n* ❶ (*storage place*) Schrank *m* ❷ + *sing/pl vb* POL Kabinett *nt*

ca·ble ['keɪbl] I. *n* ❶ *no pl* NAUT Tau *nt* ❷ ELEC [Leitungs]kabel *nt*, Leitung *f* ❸ *no pl* TV Kabelfernsehen *nt* ❹ TELEC Kabelnetz *nt* ❺ (*message*) Telegramm *nt* II. *vt* ❶ (*send telegram*) ein Telegramm schicken ❷ TV ▪ **to be ~d** verkabelt sein

'ca·ble car *n* (*on mountain*) Seilbahn *f*; (*cabin*) [Seilbahn]kabine *f*; (*on street*) Kabelbahn *f*; (*car*) [Kabelbahn]wagen *m* **'ca·ble net·work** *n* TV Kabelnetz *nt* **ca·ble 'rail·way** *n* Kabelbahn *f* **'ca·ble stitch** *n* Zopfmuster *nt* **ca·ble 'tel·e·vi·sion** *n no pl*, **ca·ble T'V** *n no pl* Kabelfernsehen *nt*

'cab rank, **'cab stand** *n* Taxistand *m*

cab·ri·o·let [ˌkæbriə(ʊ)leɪ] *n* Kabrio[lett] *nt*

ca·cao [kæ'kaʊ] *n no pl* Kakaobaum *m*

cache [kæʃ] *n* ❶ (*hiding place*) Versteck *nt*; **~ of weapons** geheimes Waffenlager *nt* ❷ COMPUT Cache *m*

ca·chet ['kæʃeɪ] *n no pl* Ansehen *nt*

cack·le ['kækl] I. *vi* gackern II. *n* (*chicken noise*) Gackern *nt kein pl* ❷ (*laughter*) Gegacker *nt*

ca·coph·o·ny [kəˈkɒfəni] *n no pl* (*form*) Missklang *m*

cac·tus <*pl* -es *or* cacti> ['kæktəs, -taɪ] *n* Kaktus *m*

CAD [kæd] *n no pl abbrev of* **Computer-Aided Design** CAD *nt*

ca·dav·er [kəˈdɑːvəʳ] *n* (*form*) *of humans* Leiche *f*; *of an animal* Kadaver *m*

cad·die ['kædi], **cad·dy** ['kædi] I. *n* Caddie *m* II. *vi* ▪ **to ~ for sb** jds Caddie sein

ca·dence ['keɪdən(t)s] *n* ❶ (*intonation*) Tonfall *m*; (*rhythm*) Rhythmus *m* ❷ MUS Kadenz *f*

ca·det [kə'det] *n* MIL Kadett *m*

cadge [kædʒ] *vt*, *vi* (*fam*) schnorren (**from/off** von)

cadg·er ['kædʒəʳ] *n* (*pej*) Schnorrer(in) *m(f)*

Cae·sar·ean [sɪ'zeərɪən] MED I. *adj* **~ delivery** [*or* **birth**] Geburt *f* durch Kaiserschnitt; **~ section** Kaiserschnitt *m* II. *n* Kaiserschnitt *m*

café *n*, **cafe** ['kæfeɪ] *n* Café *nt*

caf·eteria [ˌkæfə'tɪərɪə] *n* Cafeteria *f*

caf·fein(e) ['kæfiːn] *n no pl* Koffein *nt*

cage [keɪdʒ] *n* Käfig *m*; **like a ~d animal** wie ein Tier im Käfig

cag·ey ['keɪdʒi] *adj* (*fam*) ❶ (*secretive*) verschlossen ❷ (*sneaky*) durchtrieben

ca·goul(e) [kə'guːl] *n* BRIT Regenjacke *f* [mit Kapuze]

cairn [keən] *n* Steinhaufen *m*

Cai·ro *n* ['kaɪ(ə)rəʊ] Kairo *nt*

ca·jole [kə'dʒəʊl] *vt* beschwatzen

cake [keɪk] I. *n* ❶ (*in baking*) Kuchen *m*; (*layered*) Torte *f* ❷ (*patty*) Küchlein *nt*; **fish ~** Fischfrikadelle *f*; **potato ~** Kartoffelpuffer *m* ▶ **a piece of ~** ein Klacks *m*; **to have one's ~ and eat it** [*too*] beides gleichzeitig wollen II. *vt* **~d with mud** dreckverkrustet

cal. *n abbrev of* **calorie** cal

ca·lam·i·ty [kəˈlæməti] *n* Katastrophe *f*

cal·ci·fy ['kælsɪfaɪ] *vt*, *vi* verkalken

cal·cium ['kælsɪəm] *n no pl* Kalzium *nt*

cal·cu·lable ['kælkjələbl] *adj* ❶ MATH kalkulierbar ❷ AM (*reliable*) verlässlich

cal·cu·late ['kælkjəleɪt] I. *vt* berechnen; (*estimate*) veranschlagen II. *vi* ▪ **to ~** [*on sth*] [mit etw *dat*] rechnen

cal·cu·lat·ed ['kælkjəleɪtɪd] *adj* beabsichtigt; **risk** kalkuliert

cal·cu·lat·ing ['kælkjəleɪtɪŋ] *adj* berechnend

cal·cu·la·tion [ˌkælkjə'leɪʃ(ə)n] *n* ❶ MATH Berechnung *f*; (*estimate*) Schätzung *f* ❷ *no pl* (*in math*) Rechnen *nt*; **it took some ~** es bedurfte einiger Rechnerei ❸ *no pl* (*pej: selfish planning*) Berechnung *f*

cal·cu·la·tor ['kælkjəleɪtəʳ] *n* Rechner *m*

cal·cu·lus ['kælkjələs] *n no pl* MATH Differenzialrechnung *f*

cal·en·dar ['kæləndəʳ] *n* Kalender *m*

cal·en·dar 'month *n* Kalendermonat *m*

calf <*pl* calves> [kɑːf, *pl* kɑːvz] *n* ❶ (*animal*) Kalb *nt*; **in ~** trächtig ❷ ANAT Wade *f*

cali·ber *n no pl* AM *see* **calibre**

cal·i·brate ['kælɪbreɪt] *vt* eichen
cal·i·bre ['kælɪbər] *n* ① *no pl* (*quality*) Niveau *nt* ② *no pl* (*diameter*) Kaliber *nt*
Cal·i·for·nia [ˌkælɪˈfɔːnɪə] *n* Kalifornien *nt*
call [kɔːl] **I.** *n* ① (*on the telephone*) [Telefon]anruf *m*, [Telefon]gespräch *nt*; **were there any ~s for me?** hat jemand für mich angerufen?; **to give sb a ~** jdn anrufen; **to make a ~** telefonieren; **to return sb's ~** jdn zurückrufen; **to take a ~** ein Gespräch annehmen ② (*visit*) Besuch *m*; *of a doctor, nurse* Hausbesuch *m* ③ (*request to come*) **to be on ~** Bereitschaftsdienst haben ④ (*shout*) Ruf *m*; **a ~ for help** ein Hilferuf *m*; **to give sb a ~** jdn rufen ⑤ *no pl* (*appeal*) **the ~ of the sea** der Ruf der See; **to answer the ~ of nature** (*euph*) mal kurz verschwinden ⑥ (*request*) Forderung *f* (**for** nach) ⑦ *no pl* ECON (*demand*) Nachfrage *f* (**for** nach); **there's not much ~ for fur coats these days** Pelzmäntel sind zur Zeit nicht sehr gefragt; **to have many ~s on one's time** zeitlich sehr beansprucht sein ⑧ *no pl* (*form: need*) Grund *m*; **there was no ~ to shout** es war nicht nötig zu schreien ⑨ (*summoning*) Aufruf *m* (**for** zu) ⑩ STOCKEX **~ [option]** Kaufoption *f* ⑪ (*decision*) Entscheidung *f* **II.** *vt* ① (*on the telephone*) anrufen ② (*by radio*) rufen ③ (*name*) nennen; **what's that actor ~ed again?** wie heißt dieser Schauspieler nochmal?; **what's that ~ed in Spanish?** wie heißt [*o* nennt man] das auf Spanisch?; **to ~ sb names** jdn beschimpfen ④ (*shout*) rufen; ■ **to ~ sth at** [*or* **to**] **sb** jdm etw zurufen ⑤ (*read aloud*) SCH *roll* durchgehen ⑥ (*summon*) rufen; **please wait over there until I ~ you** warten Sie bitte dort drüben, bis ich Sie aufrufe; **to ~ a doctor/a taxi** einen Arzt/ein Taxi kommen lassen; **to ~ sb to order** jdn um Ruhe bitten; **to ~ sb into a room** jdn in ein Zimmer bitten ⑦ (*bring*) **to ~ sb's attention to sth** jds Aufmerksamkeit auf etw *akk* lenken; **to ~ attention to oneself** auf sich *akk* aufmerksam machen; **to ~ sth to mind** (*recall*) sich *dat* etw ins Gedächtnis zurückrufen; (*remember*) sich an etw *akk* erinnern; **to ~ into question** in Frage stellen ⑧ (*summon to office*) berufen ⑨ (*wake*) wecken ⑩ (*give orders for*) *meeting* einberufen; *strike* ausrufen; **to ~ an election** Wahlen ansetzen; **to ~ a halt to the fighting** kämpferischen Auseinandersetzungen Einhalt gebieten ⑪ SPORTS geben ⑫ LAW **to ~ sb to the bar** BRIT jdn als Anwalt zulassen; *witness* aufrufen; **to ~ sb as a witness** jdn als Zeugen benennen **III.** *vi* ① (*telephone*) anrufen; **who's ~ing, please?** wer ist am Apparat? ② (*drop by*) vorbeischauen ③ (*shout*) rufen; *animal* schreien; ■ **to ~ to sb** jdm zurufen ④ (*summon*) ■ **to ~ to sb** nach jdm rufen ◆ **call after I.** *vi* ■ **to ~ after sb** jdm nachrufen **II.** *vt* **he's ~ed after his grandfather** er ist nach seinem Großvater benannt ◆ **call at** *vi* ① (*visit*) ■ **to ~ at sth** bei etw *dat* vorbeigehen ② NAUT anlaufen; TRANSP **to ~ at a town/station** in einer Stadt/an einem Bahnhof halten ◆ **call away** *vt* wegrufen ◆ **call back I.** *vt* zurückrufen **II.** *vi* ① (*phone*) zurückrufen ② (*return*) wiederkommen ◆ **call by** *vi* vorbeischauen ◆ **call for** *vi* ① (*collect*) abholen ② (*shout*) ■ **to ~ for sb** nach jdm rufen; **to ~ for help** um Hilfe rufen ③ (*demand*) ■ **to ~ for sth** nach etw *dat* verlangen; **this ~s for a celebration** das muss gefeiert werden ◆ **call forth** *vt* (*form*) hervorrufen ◆ **call in I.** *vt* ① (*ask to come*) [herein]rufen ② (*consult*) hinzuziehen ③ (*ask for the return of*) zurückfordern **II.** *vi* ① RADIO anrufen ② (*drop by*) ■ **to ~ in on sb** bei jdm vorbeischauen; **to ~ in at the butcher's** beim Metzger vorbeigehen ◆ **call off** *vt* ① (*cancel*) absagen; (*stop*) abbrechen ② (*order back*) zurückrufen ◆ **call on** *vi* ① (*appeal to*) ■ **to ~ on sb to do sth** jdn dazu auffordern, etw zu tun; **I now ~ on everyone to raise a glass to the happy couple** und nun bitte ich Sie alle, Ihr Glas auf das glückliche Paar zu erheben ② (*visit*) ■ **to ~ on sb** bei jdm vorbeischauen ③ (*use*) zusammennehmen ◆ **call out I.** *vt* ① (*shout*) rufen; **to ~ out ○ sth to sb** jdm etw zurufen; ■ **to ~ out ○ sb's name** jdn [*o* jds Namen] aufrufen ② (*summon*) ~ **out the fire brigade** die Feuerwehr alarmieren ③ (*order*) **to ~ out on strike** zum Streik aufrufen **II.** *vi* (*shout*) rufen; (*yell*) aufschreien ◆ **call over** *vt* ■ **to ~ sb over** jdn zu sich *dat* hinüberrufen; (*towards oneself*) jdn zu sich *dat* herüberrufen ◆ **call round** *vi* BRIT vorbeischauen ◆ **call up** *vt* ① *esp* AM (*telephone*) anrufen ② COMPUT aufrufen ③ MIL einberufen ④ (*conjure up*) wachrufen ◆ **call upon** *vi* ① (*appeal to*) **to ~ upon sb** sich an jdn wenden; ■ **to ~ upon sb to do sth** jdn dazu auffordern, etw zu tun; ■ **to ~ upon sth** an etw *akk* appellieren ② (*use*) in Anspruch nehmen; *courage* zusammennehmen

'call box *n* BRIT Telefonzelle *f*
call·er ['kɔːlə'] *n* ① (*on telephone*) Anrufer(in) *m(f)* ② (*visitor*) Besucher(in) *m(f)*
cal·lig·ra·phy [kəˈlɪɡrəfi] *n no pl* Kalligraphie *f*
call-in ['kɔːlɪn] *n* Anruf *m*
call·ing ['kɔːlɪŋ] *n* ① (*profession*) Beruf *m* ② (*inner impulse*) Berufung *f*
'call·ing card *n* ① AM (*for telephone*) Telefon[kredit]karte *f* ② *esp* AM (*personal*) Visi-

calming down	
calming down	**beruhigen**
Don't panic!	Nur keine Panik!
Don't you worry about a thing.	Machen Sie sich da keine Sorgen.
Don't worry; we'll manage it **all right**.	Keine **Angst**, das werden wir **schon** hinkriegen.
We'll just have to wait and see (what happens).	Abwarten und Tee trinken!
It'll be all right.	Es wird schon werden.
It's not as bad as all that.	Alles halb so schlimm.
Stay calm!/Relax!/Keep cool!	Immer mit der Ruhe!

tenkarte f, Visitkarte f ÖSTERR

cal·lous ['kæləs] *adj* hartherzig

'call sign *n*, **'call sig·nal** *n* [Funk]rufzeichen *nt* **'call-up** *nt* MIL Einberufung *f*

calm [kɑːm] **I.** *adj* ruhig **II.** *n* ❶ (*calmness*) Ruhe *f* ❷ METEO Windstille *f*; **the ~ before the storm** die Ruhe vor dem Sturm *a. fig*; **dead ~** Flaute *f* **III.** *vt* beruhigen ◆ **calm down** *vi*, *vt* beruhigen

calm·ness ['kɑːmnəs] *n no pl* Ruhe *f*

calo·rie ['kælᵊri] *n* Kalorie *f*; **high/low in ~s** kalorienreich/-arm; **~-controlled diet** Kaloriendiät *f*; **~-reduced** brennwertvermindert

calo·rif·ic [ˌkælə'rɪfɪk] *adj* ❶ PHYS kalorisch; **~ value** Heizwert *m*; FOOD Brennwert *m* ❷ (*fam: high-calorie*) kalorienreich

cal·um·ny ['kæləmni] *n* (*form*) *no pl* Verleumdung *f*

calve [kɑːv] *vi* kalben

Cal·vin·ism ['kælvɪnɪzᵊm] *n no pl* REL Kalvinismus *m*

Cal·vin·ist ['kælvɪnɪst] REL **I.** *n* Kalvinist(in) *m(f)* **II.** *adj* kalvinistisch

CAM [kæm] *n abbrev of* **computer assisted manufacture** CAM

ca·ma·ra·derie [ˌkæməˈrɑːdᵊri] *n no pl* Kameradschaft *f*

cam·ber ['kæmbə'] *n* [Straßen]wölbung *f*

Cam·bo·dia [ˌkæmˈbəʊdiə] *n no pl* Kambodscha *nt*

cam·cord·er ['kæmˌkɔːdə'] *n* Camcorder *m*

came [keɪm] *vi pt of* **come**

cam·el ['kæmᵊl] *n* Kamel *nt*; **~ hair** Kamelhaar *nt*

cameo <*pl* -os> ['kæmiəʊ] *n* ❶ (*stone*) Kamee *f* ❷ FILM Miniaturrolle *f*

cam·era ['kæmᵊrə] *n* Kamera *f*; **to be on ~** vor der Kamera stehen

'cam·era an·gle *n* Aufnahmewinkel *m*

'cam·era dock *n* PHOT, COMPUT Kameradock *nt* **'cam·era·man** *n* Kameramann *m* **cam·era·phone** ['kæmᵊrəfəʊn] *n* Kameraphon *nt* (*Mobiltelefon mit eingebauter Digital-Kamera*) **'cam·era-shy** *adj* kamerascheu **'cam·era·wom·an** *n* Kamerafrau *f*

Cam·eroon [ˌkæməˈruːn] *n* Kamerun *nt*

Cam·eroon·ian [ˌkæməˈruːniən] **I.** *adj* kamerunisch **II.** *n* Kameruner(in) *m(f)*

cami ['kæmi] *n short for* **camisole** Mieder *nt*

camo·mile ['kæmə(ʊ)maɪl] *n* Kamille *f*; **~ tea** Kamillentee *m*

camou·flage ['kæməflɑːʒ] **I.** *n no pl* Tarnung *f a. fig*; **~ paint** Tarnfarbe *f* **II.** *vt* tarnen

camp¹ [kæmp] **I.** *n* ❶ (*encampment*) [Zelt]lager *nt*; **summer ~** Sommerlager *nt*; **to pitch/break ~** ein Lager [*o* die Zelte] aufschlagen/abbrechen ❷ MIL [Feld]lager *nt*; **prison/refugee ~** Gefangenen-/Flüchtlingslager *nt* ❸ (*fig*) Lager *nt*; **the pro-abortion ~** die Abtreibungsbefürworter *pl* **II.** *vi* ■ **to ~** [**out**] zelten; **to go ~ing** campen gehen

camp² [kæmp] **I.** *n no pl* Manieriertheit *f* **II.** *adj* ❶ (*pej: theatrical*) manieriert ❷ (*effeminate*) tuntenhaft *sl* **III.** ■ **to ~ sth ⊃ up** bei etw *dat* zu dick auftragen

cam·paign [kæm'peɪn] **I.** *n* ❶ (*action*) Kampagne *f* (**for** für, **against** gegen); **advertising ~** Werbekampagne *f*; **~ of violence** Gewaltaktion *f* ❷ (*for election*) [election] **~** Wahlkampf *m*; **~ pledge** Wahlversprechen *nt* ❸ MIL Feldzug *m* **II.** *vi* kämpfen, sich engagieren

cam·paign·er [kæm'peɪnə'] *n* ❶ (*in election*) Wahlwerber(in) *m(f)* ❷ (*advocate*) Kämpfer(in) *m(f)*; **environmental ~** Umweltschützer(in) *m(f)* ❸ MIL Kämpfer *m*

camp 'bed n Campingliege f; MIL Feldbett nt
camp·er ['kæmpəʳ] n ❶ (person) Camper(in) m(f) ❷ (vehicle) Wohnmobil nt **'camp·fire** n Lagerfeuer nt
cam·phor ['kæm(p)fəʳ] n no pl Kampfer m
camp·ing ['kæmpɪŋ] n no pl Camping nt; **to go ~** zelten gehen
'camp·ing ground n, **'camp·ing site** n Campingplatz m **'camp·ing van** n Wohnmobil nt
'camp·site n Campingplatz m
cam·pus ['kæmpəs] n Campus m; **on ~** auf dem Campus
cam·shaft ['kæmʃɑːft] n AUTO Nockenwelle f
can[1] [kæn] **I.** n ❶ (container) Dose f, Büchse f; **petrol ~** Benzinkanister m ❷ AM (fam: prison) Knast m ❸ AM (fam: toilet) Klo nt ❹ (fam: headphones) ■ **~s** pl Kopfhörer pl ▶ **to have to carry the ~** BRIT die Sache ausbaden müssen; **in the ~** FILM im Kasten; **a ~ of worms** eine verzwickte Angelegenheit **II.** vt ❶ (package) eindosen ❷ AM (fam: stop) **~ it!** hör auf damit! ❸ AM (fam: fire) rausschmeißen
can[2] <could, could> [kæn, kən] aux vb (be able to) können; (be allowed to) dürfen; (less formal) können; **~ you hear me?** kannst du mich hören?, hörst du mich?; **you ~'t park here** hier dürfen [o können] Sie nicht parken; **could I borrow your car? you** könntest du mir dein Auto leihen?; **you could [always] try** du könntest es ja mal versuchen; **you ~'t** [or **cannot**] **be serious!** das ist nicht dein Ernst!; **how on earth could you do that!** wie konntest du nur so etwas tun!; **you could have told me before!** das hättest du mir auch schon vorher sagen können!; **the car could do with a clean** der Wagen müsste mal wieder gewaschen werden; **who ~ blame her?** wer will es ihr verdenken?; **~ do** kein Problem; **no ~ do** tut mir leid
Can·a·da ['kænədə] n no pl Kanada nt
Ca·na·dian [kə'neɪdiən] **I.** n Kanadier(in) m(f) **II.** adj kanadisch
ca·nal [kə'næl] n Kanal m
cana·li·za·tion [ˌkænəlaɪ'zeɪʃən] n no pl Kanalisierung f
ca·nary [kə'neəri] n Kanarienvogel m; **~ yellow** kanariengelb
Ca·'nary Is·lands npl Kanarische Inseln
can·cel <BRIT -ll- or AM usu -l-> ['kæn(t)səl] **I.** vt ❶ (call off) absagen ❷ (remove from schedule) streichen ❸ (undo) cheque, reservation stornieren ❹ (annul) annullieren; ticket entwerten; (revoke) widerrufen ❺ (discontinue) beenden; subscription kündigen, COMPUT abbrechen ❻ MATH [weg]kürzen; **to ~ each other out** sich gegenseitig aufheben **II.** vi absagen
can·cel·la·tion [ˌkæn(t)sə'leɪʃən] n ❶ (calling off) Absage f ❷ (from schedule) Streichung f ❸ (undoing) Stornierung f ❹ (annulling) Annullierung f; of a ticket Entwertung f; (revocation) Widerruf m; of a debt Erlass m ❺ (discontinuation) Kündigung f; of a subscription Abbestellung f ❻ FIN Stornierung f
can·cer ['kæn(t)səʳ] n ❶ no pl (disease) Krebs m; **~ check-up** Krebsvorsorgeuntersuchung f; **~ clinic** Krebsklinik f; **~ research** Krebsforschung f; **~ of the stomach/throat** Magen-/Kehlkopfkrebs m ❷ (growth) Krebsgeschwulst f
Can·cer ['kæn(t)səʳ] n no art, no pl Krebs m
can·cer·ous ['kæn(t)sərəs] adj krebsartig
can·de·la·bra <pl - or -s> [ˌkændə'lɑːbrə] n Leuchter m
can·did ['kændɪd] adj offen; **~ camera** versteckte Kamera
can·di·da·cy ['kændɪdəsi] n no pl Kandidatur f
can·di·date ['kændɪdət] n ❶ POL, SCH Kandidat(in) m(f) ❷ ECON Bewerber(in) m(f) ❸ (possible choice) [möglicher] Kandidat
can·di·da·ture ['kændɪdətʃəʳ] n no pl Kandidatur f
can·died ['kændid] adj kandiert
can·dle ['kændl] n Kerze f; **~ bulb** Kerzen[birne] f; **scented ~** Duftkerze f ▶ **to burn the ~ at both ends** Raubbau mit seiner Gesundheit treiben
'can·dle·light n no pl Kerzenlicht nt; **~** [or **candlelit**] **dinner** Abendessen nt bei Kerzenschein **'can·dle·stick** n Kerzenständer m
can·dour ['kændəʳ], AM **can·dor** n no pl Offenheit f
can·dy ['kændi] n ❶ no pl (sugar) Kandiszucker m ❷ AM (sweets) Süßigkeiten pl; (piece of candy) Bonbon m o nt; (chocolate) Praline f ▶ **like taking ~ from a baby** ein Kinderspiel nt
'can·dy·floss n no pl BRIT Zuckerwatte f **'can·dy store** n AM Süßwarenladen m
cane [keɪn] **I.** n ❶ (of plant) Rohr nt; **~ basket** Weidenkorb m; **~ furniture** Rattanmöbel pl; **~ sugar** Rohrzucker m ❷ (stick) Stock m ❸ no pl (punishment) **to get the ~** [eine Tracht] Prügel bekommen **II.** vt [mit einem Stock] züchtigen
ca·nine [ˈkeɪnaɪn] adj Hunde-
can·is·ter ['kænɪstəʳ] n Behälter m; (for fluids) Kanister m; **metal ~** Blechbüchse f; **plastic ~** Plastikbehälter m
can·na·bis ['kænəbɪs] n no pl Cannabis m
canned [kænd] adj ❶ FOOD Dosen- ❷ MEDIA ~

music Musik f aus der Konserve ❸ (*fam: drunk*) blau ❹ Am (*fam: fired*) entlassen
can·nery ['kænəri] n Konservenfabrik f
can·ni·bal ['kænɪbəl] n Kannibale, Kannibalin m, f
can·ni·bal·ism ['kænɪbəlɪzm] n no pl Kannibalismus m **can·ni·bal·ize** ['kænɪbəlaɪz] vt car ausschlachten
can·ning ['kænɪŋ] n no pl Konservierung f; ~ **factory** Konservenfabrik f
can·non ['kænən] **I.** n ❶ MIL Kanone f ❷ (*in billiards*) Karambolage f ▸ **a loose** ~ ein unberechenbarer Faktor **II.** vi ❶ (*collide*) ■ **to** ~ **into sb/sth** mit jdm/etw zusammenprallen ❷ (*in billiards*) karambolieren
'**can·non ball** n Kanonenkugel f '**can·non fod·der** n Kanonenfutter nt
can·not ['kænɒt] aux vb see **can not**: **we ~ but succeed** wir können nur gewinnen
can·ny ['kæni] adj ❶ (*clever*) schlau ❷ NBRIT, SCOT (*approv: nice*) nett ❸ (*cautious*) vorsichtig
ca·noe [kəˈnuː] n Kanu nt
ca·noe·ing [kəˈnuːɪŋ] n no pl Paddeln nt; SPORTS Kanufahren nt **ca·noe·ist** [kəˈnuːɪst] n Kanufahrer(in) m(f)
can·on ['kænən] n ❶ REL Kanoniker m ❷ MUS Kanon m
can·on·i·za·tion [ˌkænənaɪˈzeɪʃən] n Heiligsprechung f
can·on·ize ['kænənaɪz] vt heiligsprechen
'**can open·er** n Dosenöffner m
can·o·py ['kænəpi] n ❶ (*awning*) Überdachung f; (*over throne, bed*) Baldachin m ❷ (*sunshade*) Sonnendach nt ❸ (*on parachute*) Fallschirmkappe f ❹ (*treetops*) Blätterdach nt
cant [kænt] n no pl Scheinheiligkeit f
can't [kɑːnt] (*fam*) = **cannot**
can·tan·ker·ous [ˌkænˈtæŋkərəs] adj streitsüchtig
can·ta·ta [kænˈtɑːtə] n Kantate f
can·teen [kænˈtiːn] n ❶ (*restaurant*) Kantine f; UNIV Mensa f ❷ MIL Feldflasche f
can·ter ['kæntə] **I.** n ❶ (*gait*) Handgalopp m ❷ (*ride*) [Aus]ritt m **II.** vi leicht galoppieren
can·ti·lev·er ['kæntɪliːvə] n ~ **bridge** Auslegerbrücke f
can·vas ['kænvəs] n <pl -es> ❶ no pl (*cloth*) Segeltuch nt; (*for painting*) Leinwand f; **under** ~ im Zelt ❷ (*painting*) [Öl]gemälde nt
can·vass ['kænvəs] **I.** vt ❶ (*gather opinion*) befragen ❷ POL werben **II.** vi POL um Stimmen werben
can·vass·er ['kænvəsə] n POL Wahlhelfer(in) m(f) **can·vass·ing** ['kænvəsɪŋ] n POL Wahlwerbung f

can·yon ['kænjən] n Schlucht f
CAP [ˌsiːerˈpiː] n EU abbrev of **Common Agricultural Policy** GAP f
cap [kæp] **I.** n ❶ (*hat*) Mütze f; **peaked** ~ Schirmmütze f ❷ esp BRIT SPORTS (*fig*) Ziermütze als Zeichen der Aufstellung für die Nationalmannschaft ❸ (*top*) Verschlusskappe f; (*on tooth*) Schutzkappe f; **lens** ~ PHOT Objektivdeckel m ❹ GEOL Deckschicht f ❺ (*limit*) Obergrenze f ❻ BRIT (*contraceptive*) Pessar nt ❼ (*for toy gun*) Zündplättchen nt ▸ **to go** ~ **in hand** kleinlaut auftreten; **to put on one's thinking** ~ scharf nachdenken; **if the** ~ **fits, wear it** (*prov*) wem der Schuh passt, der soll ihn sich anziehen **II.** vt <-pp-> ❶ (*limit*) begrenzen ❷ esp BRIT SPORTS für die Nationalmannschaft aufstellen ❸ (*cover*) bedecken; **teeth** überkronen ❹ (*outdo*) überbieten; **and to ~ it all ...** und um allem die Krone aufzusetzen ...
ca·pa·bil·i·ty [ˌkeɪpəˈbɪləti] n ❶ no pl (*ability*) Fähigkeit f ❷ MIL Potenzial nt
ca·pa·ble ['keɪpəbəl] adj ❶ (*competent*) fähig; **worker** tüchtig; **to leave sth in sb's ~ hands** (*also hum*) etw vertrauensvoll in jds Hände legen ❷ (*able*) fähig; ■ **to be ~ of doing sth** in der Lage sein, etw zu tun
ca·pac·i·ty [kəˈpæsəti] n ❶ (*available space*) Fassungsvermögen nt; **to have a seating ~ of 50,000** 50.000 Sitzplätze haben ❷ no pl (*ability*) Fähigkeit f; **mental ~** geistige Fähigkeiten pl ❸ no pl (*maximum*) Kapazität f; **full to** ~ absolut voll; **below/at full ~** nicht ganz/voll ausgelastet; **a ~ crowd** ein volles Haus ❹ (*position*) Funktion f; (*role*) Eigenschaft f
cape¹ [keɪp] n Kap nt; **the C~ of Good Hope** das Kap der guten Hoffnung; **C~ Horn** Kap Hoorn; **C~ Town** Kapstadt
cape² [keɪp] n Umhang m, Cape nt
ca·per ['keɪpə] **I.** n ❶ usu pl FOOD Kaper f ❷ (*dubious activity*) krumme Sache **II.** vi Luftsprünge machen
Cape Town n Kapstadt f
Cape Verde [ˌkeɪpˈvɜːd] n Kap Verde nt
ca·pil·lary [kəˈpɪləri] n Kapillare f
cap·i·tal ['kæpɪtəl] n ❶ (*city*) Hauptstadt f ❷ (*letter*) Großbuchstabe m ❸ ARCHIT Kapitell nt ❹ no pl FIN Kapital nt
cap·i·tal 'as·sets npl FIN Kapitalvermögen nt kein pl **cap·i·tal 'crime** n Kapitalverbrechen nt '**cap·i·tal flight** n no pl Kapitalflucht f **cap·i·tal 'gains tax** n no pl Kapitalgewinnsteuer f **cap·i·tal in·'vest·ment** n FIN Kapitalanlage f
cap·i·tal·ism ['kæpɪtəlɪzm] n no pl Kapitalismus m
cap·i·tal·ist ['kæpɪtəlɪst] **I.** n Kapitalist(in) m(f)

II. *adj* kapitalistisch **cap·i·tal·ist·ic** [ˌkæpɪ-tᵊl'ɪstɪk] *adj* kapitalistisch

cap·i·tali·za·tion [ˌkæpɪtᵊlaɪ'zeɪʃᵊn] *n no pl* ① LING Großschreibung *f* ② FIN Kapitalisierung *f*

cap·i·tal·ize ['kæpɪtᵊlaɪz] **I.** *vt* ① LING großschreiben ② FIN kapitalisieren **II.** *vi* (*fig*) ▪ to ~ on sth aus etw *dat* Kapital schlagen

cap·i·tal 'let·ter *n* Großbuchstabe *m*

cap·i·tal 'pun·ish·ment *n no pl* Todesstrafe *f*

Cap·i·tol ['kæpətᵊl] *n* AM ① (*hill*) ▪ on ~ Hill im amerikanischen Kongress ② (*building*) ▪ State ~ Parlamentsgebäude *nt*, Kapitol *nt*

ca·pit·u·late [kə'pɪtjʊleɪt] *vi* kapitulieren (to vor)

ca·pit·u·la·tion [kəˌpɪtjʊ'leɪʃᵊn] *n* Kapitulation *f* (to vor)

cap·puc·ci·no <*pl* -s> [ˌkæpʊ'tʃiːnəʊ] *n* Cappuccino *m*

ca·pri·cious [kə'priːʃəs] *adj* (*liter*) person launisch; *weather* wechselhaft

Cap·ri·corn ['kæprɪkɔːn] *n no art, no pl* ASTROL Steinbock *m*

cap·size [kæp'saɪz] NAUT **I.** *vi* kentern **II.** *vt* zum Kentern bringen

cap·stan ['kæpstən] *n* NAUT [Anker]winde *f*

cap·sule ['kæpsjuːl] *n* Kapsel *f*

cap·sule 'ward·robe *n* Grundgarderobe *f*

cap·tain ['kæptɪn] **I.** *n* ① NAUT, AVIAT Kapitän(in) *m(f)*; SPORTS [Mannschafts]kapitän(in) *m(f)*; (*in army*) Hauptmann *m* ② ECON ▪ ~ **of industry** Großindustrielle(r) *f/m* **II.** *vt* anführen; MIL befehligen; ▪ to ~ a team Mannschaftskapitän(in) sein

cap·tain·cy ['kæptɪnsi] *n* Führung *f*

cap·tion ['kæpʃᵊn] *n* ① (*heading*) Überschrift *f* ② (*under illustration*) Bildunterschrift *f*

cap·ti·vate ['kæptɪveɪt] *vt* faszinieren

cap·tive ['kæptɪv] **I.** *n* Gefangene(r) *f/m*) **II.** *adj* gefangen; *animal* in Gefangenschaft; ~ **audience** unfreiwilliges Publikum

cap·tiv·i·ty [kæp'tɪvəti] *n no pl* Gefangenschaft *f*

cap·ture ['kæptʃəʳ] **I.** *vt* ① (*take prisoner*) gefangen nehmen; *police* festnehmen ② (*take possession*) *city* einnehmen; *ship* kapern ③ (*fig: gain*) erringen ④ (*depict accurately*) einfangen ⑤ COMPUT erfassen **II.** *n of a person* Gefangennahme *f*; (*by police*) Festnahme *f*; *of a city* Einnahme *f*; *of a ship* Kapern *nt*

car [kɑːʳ] *n* ① (*vehicle*) Auto *nt*, Wagen *m*; ~ **factory** Automobilfabrik *f*; ~ **rental service** Autovermietung *f*, Autoverleih *m*; ~ **tax** Kfz-Steuer *f*; **by** ~ mit dem Auto ② RAIL Waggon *m*, Wagen *m* ③ (*in airship, balloon*) Gondel *f*

car ac·ces·so·ry *n* Autozubehörteil *nt* **car 'aer·i·al** *n* BRIT, **car an·'ten·na** *n* AM Autoantenne *f*

ca·rafe [kə'ræf] *n* Karaffe *f*

cara·mel ['kærəmᵊl] *n* Karamell *m*; (*sweet*) Karamellbonbon *m*

car·at ['kærət] *n* <*pl* -s *or* -> Karat *nt*; **24-~ gold** 24-karätiges Gold

cara·van ['kærəvæn] *n* ① BRIT (*vehicle*) Wohnwagen[anhänger] *m* ② + *sing/pl vb* (*group of travellers*) Karawane *f*

cara·way ['kærəweɪ] *n no pl* Kümmel *m*

'carb-con·trol·led *adj attr short for* **carbohydrate-controlled** *diet* kohlenhydratarm

car·bine ['kɑːbaɪn] *n* MIL Karabiner *m*

'car body *n* Karosserie *f*

car·bo·hy·drate [ˌkɑːbə(ʊ)'haɪdreɪt] *n* Kohle[n]hydrat *nt*; **to be high/low in ~s** viele/wenig Kohle[n]hydrate enthalten

car·bol·ic [kɑː'bɒlɪk] *adj* Karbol-

'car bomb *n* Autobombe *f*

car·bon ['kɑːbᵊn] *n no pl* CHEM Kohlenstoff *m*

'car·bon copy *n* Durchschlag *m*; (*fig*) Ebenbild *nt* **car·bon 'dat·ing** *n no pl* Radiokarbonmethode *f* **car·bon di·'ox·ide** *n no pl* Kohlendioxid *nt* **car·bon·ize** ['kɑːbᵊnaɪz] *vt, vi* verkohlen **car·bon mon·'ox·ide** *n no pl* Kohlenmonoxid *nt* **'car·bon pa·per** *n no pl* (*dated*) Kohlepapier *nt*

car-'boot sale *n* BRIT *privater Flohmarkt, bei dem der Kofferraum als Verkaufsfläche dient*

car·bun·cle [kɑː'bʌŋkl] *n* ① MED Karbunkel *m* ② (*gem*) Karfunkel *m*

car·bu·ret·tor [ˌkɑːbjə'retəʳ], AM **car·bu·retor** *n* AUTO Vergaser *m*

car·cass <*pl* -es> ['kɑːkəs] *n* ① *of an animal* Tierleiche *f*; *of a meat animal* Rumpf *m*; *of poultry* Gerippe *nt* ② (*of a vehicle*) [Auto]wrack *nt*

car·cino·gen [kɑː'sɪnədʒᵊn] *n* Krebserreger *m*

car·cino·gen·ic [ˌkɑːsɪnə(ʊ)'dʒenɪk] *adj* Krebs erregend

card [kɑːd] **I.** *n* ① *no pl* (*paper*) Pappe *f*, Karton *m* ② (*piece of paper*) Karte *f*; (*with a message*) [Glückwunsch]karte *f*; **birthday ~** Geburtstagskarte *f*; (*postcard*) [Post]karte *f*, Ansichtskarte *f* ③ (*game*) [Spiel]karte *f*; **[game of] ~s** *pl* Kartenspiel *nt* ④ (*for paying*) Karte *f*; **credit/phone ~** Kredit-/Telefonkarte *f* ⑤ (*official document*) **identy** [*or* **ID**] ~ Personalausweis *m*; **membership ~** Mitgliedskarte *f* ▶ **to have a ~ up one's sleeve** noch etwas in petto haben; **to put one's ~s on the table** seine Karten auf den Tisch legen; **to play one's ~s right** geschickt vorgehen; **on** [*or* AM **in**] **the ~s** zu erwarten **II.** *vt* AM ▪ **to be ~ed** seinen Ausweis vorzeigen müssen

'card·board *n no pl* Pappe *f*, [Papp]karton *m*;

~ **box** [Papp]karton *m*
car·di·ac ['kɑ:diæk] *adj* Herz-
car·di·gan ['kɑ:dɪgən] *n* Strickjacke *f*
car·di·nal ['kɑ:dɪnᵊl] **I.** *n* Kardinal *m* **II.** *adj* ~ **error** Kardinalfehler *m;* ~ **number** Kardinalzahl *f;* ~ **point** Himmelsrichtung *f;* ~ **rule** Grundregel *f;* ~ **sin** Todsünde *f*
'**card in·dex** *n* Kartei *f*
car·dio ['kɑ:dioʊ] *n* Am (*fam*) *short for* **cardiovascular** Kardio-
card-key ID [,kɑ:dki:aɪˈdi:] *n no pl* Schlüsselkarte *f*
'**card·phone** *n* Kartentelefon *nt* '**card read·er** *n* Kartenleser *m*
care [keəʳ] **I.** *n* ❶ *no pl* (*attention*) **take ~ you don't fall!** pass auf, dass du nicht hinfällst!; **to do sth with ~** etw sorgfältig machen; **to drive with ~** umsichtig fahren; **driving without due ~ and attention** Brit law fahrlässiges Verhalten im Straßenverkehr; **to handle sth with ~** mit etw *dat* vorsichtig umgehen; '**handle with ~**' ,Vorsicht, zerbrechlich!'; **to take ~ with sth** bei etw *dat* sorgfältig sein; **you need to take a bit more ~ with your spelling** du musst dir mit deiner Rechtschreibung mehr Mühe geben; ~ **of ...** c/o ..., zu Händen von ... ❷ *no pl* (*looking after*) Betreuung *f;* (*of children, the elderly*) Pflege *f;* (*in hospital*) Versorgung *f;* **hair** ~ Haarpflege *f;* **to take** [**good**] ~ **of sb** sich [gut] um jdn kümmern; **to take good ~ of sth** etw schonen; **take ~** [**of yourself**]! pass auf dich auf!; **let me take ~ of it** lass mich das übernehmen; **all the travel arrangements have been taken ~ of** sämtliche Reisevorbereitungen wurden getroffen; **in ~** in Pflege; **to be put/taken into ~** in Pflege gegeben/genommen werden ❸ (*worry*) Sorge *f;* **to not have a ~ in the world** keinerlei Sorgen haben **II.** *vi* ❶ (*be concerned*) betroffen sein; **I think he ~s quite a lot** ich glaube, es macht ihm eine ganze Menge aus; **I couldn't ~ less** das ist mir völlig egal; **as if I ~d** als ob mir das etwas ausmachen würde; **for all I ~** meinetwegen; **who ~s?** (*it's not important*) wen interessiert das schon?; (*so what*) was soll's?; **I didn't know you ~d!** ich wusste ja gar nicht, dass du über etwas aus mir machst ❷ (*want*) ■**to** ~ **for sth** etw mögen ❸ (*look after*) ■**to** ~ **for sb/sth** sich um jdn/etw kümmern **III.** *vt* ■**sb does not** ~ **what/who/whether ...** jdm ist es egal, was/wer/ob ...
CARE [keəʳ] *n abbrev of* **Cooperative for American Relief Everywhere** Amerikanische Internationale Hilfsorganisation
ca·reer [kəˈrɪəʳ] **I.** *n* ❶ (*profession*) Beruf *m;* ~**s office** Brit Berufsberatung *f;* ~ **politician**

Berufspolitiker(in) *m(f)* ❷ (*working life*) Karriere *f,* Laufbahn *f* **II.** *vi* rasen; **to ~ out of control** außer Kontrolle geraten
ca·reer·ist [kəˈrɪərɪst] *n* (*usu pej*) Karrierist(in) *m(f)*
'**care·free** *adj* sorgenfrei
care·ful ['keəfᵊl] *adj* ❶ (*cautious*) vorsichtig; *driver* umsichtig; **to be ~ with sth** mit etw *dat* vorsichtig umgehen; ■**to be ~** [**that**] ... darauf achten, dass ...; ■**to be ~ where/what/who/how ...** darauf achten, was/wer/wie ... ❷ (*meticulous*) sorgfältig; *analysis* umfassend; *consideration* reiflich; *examination* gründlich; *worker* gewissenhaft; **to pay ~ attention to sth** auf etw *akk* genau achten
care·ful·ness ['keəfᵊlnəs] *n no pl* ❶ (*caution*) Vorsicht *f* ❷ (*meticulousness*) Sorgfalt *f*
care·less ['keələs] *adj* ❶ (*lacking attention*) unvorsichtig; *driver* leichtsinnig ❷ (*unthinking*) *remark* unbedacht; *talk* gedankenlos ❸ (*not painstaking*) nachlässig ❹ (*carefree*) unbekümmert
care·less·ness ['keələsnəs] *n no pl* ❶ (*lack of care*) Nachlässigkeit *f* ❷ (*thoughtlessness*) Gedankenlosigkeit *f* ❸ (*lack of carefulness*) Unvorsichtigkeit *f*
car·er ['keərəʳ] *n* Brit Betreuer(in) *m(f)*
ca·ress [kəˈres] **I.** *n* <*pl* -es> Streicheln *nt;* ■~ **es** *pl* Zärtlichkeiten *pl* **II.** *vt* streicheln **III.** *vi* Zärtlichkeiten austauschen
'**care·tak·er** **I.** *n* Brit Hausmeister(in) *m(f);* Am Hausverwalter(in) *m(f)* **II.** *adj* ~ **government** Übergangsregierung *f*
'**care·worn** *n* vergrämt
'**car fer·ry** *n* Autofähre *f*
car·go ['kɑ:gəʊ] *n* <*pl* -s *or* -es> ❶ *no pl* (*goods*) Fracht *f;* ~ **plane** Transportflugzeug *nt* ❷ (*load*) Ladung *f*
'**car hire** *n no pl esp* Brit Autovermietung *f;* ~ **company** Autoverleih *m*
Car·ib·be·an [,kærɪˈbi:ən, kəˈrɪbi-] **I.** *n no pl* ■**the** ~ die Karibik **II.** *adj* karibisch; **the** ~ **Islands** die Karibischen Inseln
cari·ca·ture ['kærɪkətʃʊəʳ] **I.** *n* Karikatur *f* **II.** *vt* (*draw*) karikieren; (*parody*) parodieren
cari·ca·tur·ist ['kærɪkətʃʊərɪst] *n* Karikaturist(in) *m(f)*
car·ing ['keərɪŋ] *adj* warmherzig; *person* fürsorglich; *society* sozial
'**car in·sur·ance** *n no pl* Kfz-Versicherung *f* '**car·jack·ing** *n* Autoentführung *f* '**car li·cence** *n* Brit Kfz-Zulassung *f*
car·nage ['kɑ:nɪdʒ] *n no pl* Gemetzel *nt*
car·nal ['kɑ:nᵊl] *adj* sinnlich
car·na·tion [kɑ:ˈneɪʃᵊn] *n* Nelke *f;* ~ **pink** zartrosa
car·ni·val ['kɑ:nɪvᵊl] **I.** *n* ❶ (*festival*) Volks-

fest *nt*; AM *(funfair)* Jahrmarkt *m* ❷ *(pre-Lent)* Karneval *m*, Fasching *m bes* SÜDD, ÖSTERR **II.** *adj* Fest-, Karnevals-; ▸ **atmosphere** ausgelassene Stimmung

car·ni·vore ['kɑːnɪvɔːʳ] *n* Fleischfresser *m*

car·niv·o·rous [kɑːˈnɪvªrəs] *adj* Fleisch fressend

car·ol ['kærªl] *n* [**Christmas**] ~ Weihnachtslied *nt*; ~ **concert** Weihnachtssingen *nt*; **to go ~ling** als Sternsinger von Haus zu Haus ziehen

'**car·ol sing·er** *n* Sternsinger(in) *m(f)*

caro·tene ['kærətiːn] *n no pl* Karotin *nt*

carou·sel [ˌkærəˈsel] *n* ❶ AM *(merry-go-round)* Karussell *nt* ❷ AVIAT [Gepäck]ausgabeband *nt* ❸ PHOT Rundmagazin *nt*

'**car own·er** *n* Autobesitzer(in) *m(f)*

carp <*pl - or -s*> [kɑːp] **I.** *n* Karpfen *m* **II.** *vi* meckern

'**car park** *n* BRIT, AUS Parkplatz *m*; *(multi-storey)* Parkhaus *nt*; *(underground)* Tiefgarage *f*

car·pen·ter ['kɑːpªntəʳ] *n (making wooden parts of buildings)* Zimmermann *m*; *(making furniture)* Schreiner(in) *m(f)*, Tischler(in) *m(f)*

car·pen·try ['kɑːpªntri] *n no pl* ❶ *(activity)* Schreinerhandwerk *nt*, Tischlerhandwerk *nt*; *(in buildings)* Zimmerhandwerk *nt* ❷ *(item)* [**piece of**] ~ Schreinerarbeit *f*, Tischlerarbeit *f*; *(in buildings)* Zimmermannsarbeit *f*

car·pet ['kɑːpɪt] **I.** *n* Teppich *m a. fig*; *(fitted)* Teppichboden *m* ▸ **to sweep sth under the** ~ etw unter den Teppich kehren **II.** *vt* [mit einem Teppich] auslegen; **to** ~ **the stairs** einen Läufer auf die Treppenstufen legen

'**car·pet·bag·ger** *n esp* AM *(pej)* politischer Abenteurer *(insbesondere Politiker aus dem Norden der USA, der nach dem Amerikanischen Bürgerkrieg in den Südstaaten Karriere machen wollte)* **car·pet·ing** ['kɑːpɪtɪŋ] *n no pl* Teppich[boden] *m* '**car·pet sweep·er** *n* Teppichkehrer *m*

'**car·pool** *n* Fahrgemeinschaft *f*

car·riage ['kærɪdʒ] *n* ❶ *(horse-drawn)* Kutsche *f* ❷ *(train wagon)* Personenwagen *m* ❸ *(posture)* Körperhaltung *f* ❹ *no pl* BRIT *(transport costs)* Transportkosten *pl*

'**car·riage re·turn** *n* Wagenrücklauftaste *f*

'**car·riage·way** *n* BRIT Fahrbahn *f*

car·ri·er ['kærɪəʳ] *n* ❶ *(person)* Träger(in) *m(f)* ❷ MIL *(vehicle)* Transporter *m*; *(aircraft)* ~ Flugzeugträger *m* ❸ *(transport company)* of *people* Personenbeförderungsunternehmen *nt*, *of goods* Transportunternehmen *nt*, Spedition *f*; *(by air)* Fluggesellschaft *f*; *(person)* Frachtunternehmer(in) *m(f)*, Spediteur(in) *m(f)* ❹ MED [Über]träger(in) *m(f)*

'**car·ri·er bag** *n* BRIT Tragetasche *f*; *(of plastic)* [Plastik]tüte *f*; *(of paper)* [Papier]tüte *f*

car·ri·on ['kærɪən] *n no pl* Aas *nt*

'**car·ri·on crow** *n* Rabenkrähe *f*

car·rot ['kærət] **I.** *n* ❶ *(vegetable)* Möhre *f*, Karotte *f*, Mohrrübe *f* NORDD, gelbe Rübe SÜDD, Rüebli *nt* SCHWEIZ ❷ *(fam: reward)* Belohnung *f*; **the ~ and** [**the**] **stick** Zuckerbrot und Peitsche **II.** *adj* Karotten-, Möhren-

car·roty ['kærəti] *adj* karottenrot; ~ **hair** feuerrotes Haar

car·ry <-ie-> ['kæri] **I.** *vt* ❶ *(bear)* tragen *a. fig*; ▪ **to** ~ **sth around** etw mit sich *dat* herumtragen; **to be carried downstream** flussabwärts treiben ❷ *(transport)* transportieren ❸ *(have, incur)* **murder used to** ~ **the death penalty** auf Mord stand früher die Todesstrafe; **all cigarette packets** ~ **a warning** auf allen Zigarettenpäckchen steht eine Warnung; **to** ~ **conviction** überzeugend sein; **to** ~ **a penalty** eine [Geld]strafe nach sich *dat* ziehen; **to** ~ **sail** Segel gesetzt haben; **to** ~ **weight with sb** Einfluss auf jdn haben ❹ *(transmit)* MED übertragen; *electricity, oil* leiten ❺ *(posture)* **to** ~ **oneself well** sich gut halten ❻ *(sell)* führen ❼ *(win)* **to** ~ **the day** den Sieg davontragen; **the Conservatives will surely** ~ **the day at the next election** die Konservativen werden die nächsten Wahlen bestimmt für sich entscheiden ❽ *usu passive (approve) motion* annehmen ❾ JOURN bringen ❿ *(develop)* **to** ~ **sth too far** mit etw zu weit gehen ⓫ MATH *(on paper) number* übertragen; *(in one's head)* behalten **II.** *vi (reach) sound* zu hören sein; *ball* nicht zu früh den Boden berühren ◆ **carry along** *vt* mitnehmen; *water, food* bei sich *dat* haben ◆ **carry away** *vt* ❶ *(take away)* wegtragen; *current* wegtreiben, *(stronger)* [mit sich *dat*] fortreißen ❷ *usu passive* ▪ **to be carried away** *(be overcome)* sich mitreißen lassen; *(be enchanted)* hingerissen sein; **to get carried away** es übertreiben ◆ **carry forward** *vt* FIN übertragen ◆ **carry off** *vt* ❶ *(take away)* wegtragen; SPORTS vom Spielfeld tragen ❷ *(succeed)* hinbekommen ❸ *(win)* gewinnen ◆ **carry on I.** *vt* ❶ *(continue)* fortführen; ~ **on the good work!** weiter so!; **we'll** ~ **on this conversation later** wir reden später weiter; **to** ~ **on reading** weiterlesen; **we carried on talking till way past midnight** wir setzten unser Gespräch bis weit nach Mitternacht fort ❷ *(conduct)* führen; **to** ~ **on one's work** arbeiten **II.** *vi* ❶ *(continue)* weitermachen; ❷ *(fam: behave uncontrolledly)* sich danebenbenehmen; *(make a fuss)* ein [furchtbares] Theater machen; *(talk incess-*

antly) pausenlos reden ◆ **carry out** vt ❶ (move) hinaustragen; (towards speaker) heraustragen; (by current) hinaustreiben ❷ (perform) durchführen; order, plan ausführen; threat wahr machen ◆ **carry over** vt ❶ (postpone) verschieben; holiday ins neue Jahr herübernehmen ❷ FIN vortragen ◆ **carry through** vt ❶ (sustain) durchbringen ❷ (complete) durchführen

'**car·ry·all** n AM ❶ (travel bag) Reisetasche f ❷ TRANSP (horse-drawn vehicle) einspänniges, vierrädriges Fuhrwerk; (motorized) Kombiwagen m '**car·ry·cot** n BRIT Babytragetasche f

'**car·ry·ing ca·pac·i·ty** n Nutzlast f

'**car·ry·ing-'on** <pl carryings-on> n (fam) Machenschaft[en] f[pl]

'**car·ry·on** n no pl BRIT (fam: fuss) Aufregung f; **what a ~!** was für ein Getue!

'**car·ry-on 'lug·gage** n no pl Handgepäck nt

cart [kɑːt] **I.** n ❶ (pulled vehicle) Wagen m, Karren m ❷ AM (supermarket trolley) Einkaufswagen m ▶ **to put the ~ before the horse** das Pferd von hinten aufzäumen **II.** vt (fam) schleppen

carte blanche [ˌkɑːtˈblɑ̃(nt)ʃ] n no pl **to give sb ~** jdm freie Hand geben

car·tel [kɑːˈtel] n Kartell nt

cart·horse [ˈkɑːthɔːs] n Zugpferd nt

car·ti·lage [ˈkɑːtɪlɪdʒ] n no pl MED Knorpel m

car·tog·ra·pher [kɑːˈtɒɡrəfəʳ] n Kartograph(in) m(f)

car·tog·ra·phy [kɑːˈtɒɡrəfi] n no pl Kartographie f

car·ton [ˈkɑːtən] n Karton m; (small) Schachtel f; **milk ~** Milchtüte f

car·toon [kɑːˈtuːn] n ❶ (drawing) Cartoon n o nt ❷ FILM Zeichentrickfilm m

car·toon·ist [kɑːˈtuːnɪst] n ❶ ART Karikaturist(in) m(f) ❷ FILM Trickzeichner(in) m(f)

car·tridge [ˈkɑːtrɪdʒ] n ❶ (for ink, ammunition) Patrone f ❷ (for film) Kassette f ❸ (pick-up head) Tonabnehmer m

'**car·tridge case** n Patronenhülse f '**car·tridge pa·per** n Zeichenpapier nt

'**cart·wheel I.** n ❶ (wheel) Wagenrad nt ❷ SPORTS Rad nt; **to do a ~** ein Rad schlagen **II.** vi Rad schlagen

carve [kɑːv] **I.** vt ❶ (cut a figure) schnitzen; (with a chisel) meißeln; (cut a pattern) [ein]ritzen ❷ FOOD tranchieren ❸ (fig) niche finden **II.** vi tranchieren

carv·er [ˈkɑːvəʳ] n ❶ (person) Bildhauer(in) m(f); wood Holzschnitzer(in) m(f); (at the table) Vorschneider(in) m(f) ❷ (knife) Tranchiermesser nt

car·very [ˈkɑːvəri] n BRIT offene Fleischzubereitung in einem Restaurant

carv·ing [ˈkɑːvɪŋ] n ART ❶ no pl (art of cutting) Bildhauerei f; of wood Schnitzen nt ❷ (ornamental figure) in Stein gemeißelte Figur; (of wood) Schnitzerei f

'**carv·ing knife** n Tranchiermesser nt

'**car wash** n Autowaschanlage f

cas·cade [kæsˈkeɪd] **I.** n (natural) Wasserfall m; (artificial) Kaskade f a. fig **II.** vi sich ergießen; (fig) hair in Wellen herabfallen

case¹ [keɪs] n ❶ (situation, instance) Fall m; **it's not a ~ of wanting to but of having to** mit Wollen hat das nichts zu tun, eher mit Müssen; **in ~ of an emergency** im Notfall; **a ~ in point** ein [zu]treffendes Beispiel; **in most ~s** meistens; **as** [or **whatever**] **the ~ may be** wie auch immer; **in ~ ...** falls ...; **just in ~** für alle Fälle; **in any ~** (besides) sowieso; (at least) zumindest; (regardless) jedenfalls ❷ LAW [Rechts]fall m; (suit) Verfahren nt; **there was no ~ against her** es lag nichts gegen sie vor; **murder ~** Mordfall m ❸ MED Fall m ❹ usu sing (arguments) **to make out a good ~** gute Argumente vorbringen; **is there a good ~ for reinstating him?** was spricht dafür, ihn wieder einzusetzen? ❺ (fig: person) Fall m ❻ no pl (fam: nerves) **get off my ~!** hör auf, mich zu nerven! ❼ LING Fall m, Kasus m; **to be in the accusative ~** im Akkusativ stehen

case² [keɪs] n ❶ (suitcase) Koffer m ❷ (for display) Vitrine f ❸ (packaging plus contents) Kiste f; (for instruments) Kasten m ❹ (small container) Schatulle f; (for hat) Schachtel f; (for spectacles) Etui nt; (for musical instrument) Kasten m; (for CD, umbrella) Hülle f ❺ TYPO **written in lower/upper ~** kleingeschrieben/großgeschrieben

case³ [keɪs] vt (fam) **to ~ the joint** sich dat den Laden mal ansehen

'**case study** n Fallstudie f

cash [kæʃ] **I.** n no pl Bargeld nt; **to pay by** [or **in**] **~** bar bezahlen **II.** vt ▪ **to ~** [or **in**] ⟳ **sth** etw einlösen; chips etw eintauschen ◆ **cash in** vi ▪ **to ~ in on sth** von etw dat profitieren

cash and 'car·ry I. n Discountladen m **II.** adj Discount-

'**cash box** n Geldkassette f '**cash card** n esp BRIT Geldautomatenkarte f '**cash crop** n ausschließlich zum Verkauf bestimmte Agrarprodukte '**cash dis·pens·er** n BRIT Geldautomat m **cash 'down** adv COMM **to pay ~** bar bezahlen

cash·ew [ˈkæʃuː] n, '**cash·ew nut** n Cashewnuss f

'**cash flow** n Cashflow m

cash·ier [kæˈʃɪəʳ] n Kassierer(in) m(f) '**cash ma·chine** n esp BRIT Geldautomat m

cash·mere [ˈkæʃmɪəʳ] n FASHION Kaschmir m

cash 'over(s) n AM FIN Kassenüberschuss m
'cash pay·ment n Barzahlung f **'cash·point** n BRIT Geldautomat m **'cash reg·is·ter** n Registrierkasse f
cas·ing ['keɪsɪŋ] n Hülle f; of a machine Verkleidung f
ca·si·no <pl -os> [kəˈsiːnəʊ] n [Spiel]kasino nt
cask [kɑːsk] n Fass nt
cas·ket ['kɑːskɪt] n ❶ (box) Kästchen nt ❷ AM (coffin) Sarg m
Cas·pian Sea [ˌkæspɪənˈsiː] n ■ the ~ das Kaspische Meer
cas·se·role ['kæsərəʊl] n ❶ (pot) Schmortopf m ❷ (stew) ≈ Eintopf m
cas·sette [kəˈset] n Kassette f
cas·'sette deck n Kassettendeck nt **cas·'sette play·er** n, **cas·'sette re·cord·er** n Kassettenrecorder m
cast [kɑːst] I. n ❶ + sing/pl THEAT, FILM Besetzung f ❷ (moulded object) [Ab]guss m ❸ (plaster) Gips[verband] m II. vt <cast, cast> ❶ (throw) werfen a. fig; fishing line auswerfen; **to ~ doubt on sth** etw zweifelhaft erscheinen lassen ❷ (allocate roles) **to ~ sb in a role** jdm eine Rolle geben ❸ (give) vote abgeben ❹ (make in a mould) gießen ◆**cast about** vi, **cast around** vi auf der Suche sein ◆**cast aside** vt sich befreien von + dat ◆**cast away** vt ❶ (discard) wegwerfen ❷ NAUT ■ **to be ~ away somewhere** irgendwo stranden ❸ see cast aside ◆**cast off** NAUT I. vt losmachen II. vi ablegen ◆**cast out** vt vertreiben
cas·ta·nets [ˌkæstəˈnets] npl Kastagnetten pl
cast·a·way ['kɑːstəweɪ] n Schiffbrüchige(r) f(m)
caste [kɑːst] n Kaste f
cast·er ['kɑːstə'] n see castor
cast·ing ['kɑːstɪŋ] n ❶ (mould) Guss m; no pl (moulding) Gießen nt ❷ THEAT Casting nt ❸ (fishing) Auswerfen nt
'cast·ing vote n entscheidende Stimme
cast 'iron I. n no pl Gusseisen nt II. adj ❶ cooking pot, nail aus Gusseisen ❷ (fig) alibi wasserdicht; guarantee sicher
cas·tle ['kɑːsl] I. n ❶ (fortress) Burg f; (mansion) Schloss nt ❷ CHESS (fam) Turm m II. vi CHESS rochieren
'cast-off I. n ■ ~ s pl abgelegte Kleidung II. adj (second-hand) gebraucht; (discarded) abgelegt
cas·tor ['kɑːstə'] n (wheel) Laufrolle f
'cas·tor stand n AM [Silber]gestell für Salz, Pfeffer und Öl oder Pickles **'cas·tor sug·ar** n Streuzucker m
cas·trate [kæsˈtreɪt] vt kastrieren
cas·u·al ['kæʒjʊəl] adj ❶ (not planned) zufällig; acquaintance, glance flüchtig ❷ (irregular) gelegentlich; **~ sex** Gelegenheitssex m; **~ work** Gelegenheitsarbeit f ❸ (careless) gleichgültig; (offhand) beiläufig ❹ (informal) lässig, salopp; clothes leger; **~ shirt** Freizeithemd nt
cas·u·al·ly ['kæʒjʊəli] adv ❶ (accidentally) zufällig ❷ (informally) lässig, leger; **~ dressed** salopp gekleidet ❸ (without seriousness) beiläufig
cas·u·al·ty ['kæʒjʊəlti] n ❶ (accident victim) [Unfall]opfer nt; (injured person) Verletzte(r) f(m); (dead person) Todesfall m ❷ (fig) Opfer nt ❸ no pl BRIT (hospital department) Unfallstation f
cat¹ [kæt] n Katze f ▶ **to let the ~ out of the bag** die Katze aus dem Sack lassen; **to look like the ~ that got the cream** esp BRIT sich freuen wie ein Schneekönig; **to rain ~s and dogs** wie aus Eimern schütten; **a ~ in hell's chance** BRIT nicht die Spur einer Chance; **to look like something the ~ brought in** wie gerädert aussehen; **while the ~'s away the mice will play** (prov) wenn die Katze nicht zuhause ist, tanzen die Mäuse auf dem Tisch; **to put the ~ among the pigeons** BRIT für die Katze im Taubenschlag sorgen; **there's no room to swing a ~** BRIT man kann sich vor lauter Enge kaum um die eigene Achse drehen
cat² [kæt] n AUTO (fam) short for catalytic converter Kat m
CAT [kæt] n no pl MED abbrev of **computerized axial tomography** Computertomographie f
cata·clys·mic [ˌkætəˈklɪzmɪk] adj (liter) verheerend
cata·comb ['kætəku:m, -kəʊm] n usu pl Katakombe f
cata·logue ['kætəlɒg], AM **cata·log** I. n Katalog m; **a ~ of mistakes** (fig) eine [ganze] Reihe von Fehlern II. vt katalogisieren
ca·tal·y·sis [kəˈtæləsɪs] n no pl CHEM Katalyse f
cata·lyst ['kætəlɪst] n ❶ CHEM Katalysator m ❷ (fig) Auslöser m
cata·lyt·ic [ˌkætəˈlɪtɪk] adj katalytisch; **~ con·verter** Katalysator m
cata·ma·ran [ˌkætəməˈræn] n Katamaran m
cata·pult ['kætəpʌlt] I. n Katapult nt II. vt katapultieren
cata·ract¹ ['kætərækt] n MED grauer Star
cata·ract² ['kætərækt] n GEOG Katarakt m
ca·tarrh [kəˈtɑː'] n no pl Schleimhautentzündung f
ca·tas·tro·phe [kəˈtæstrəfi] n Katastrophe f
cata·stroph·ic [ˌkætəˈstrɒfɪk] adj katastrophal

'cat·call I. n Hinterherpfeifen nt II. vi pfeifen
catch [kætʃ] I. n <pl -es> ❶ (ball) Fang m; good ~! gut gefangen!; **to miss a** ~ den Ball nicht fangen ❷ (fish) Fang m kein pl ❸ (fastener) Verschluss m; (bolt) Riegel m; (hook) Haken m; **window** ~ Fensterverriegelung f ❹ no pl (fam: partner) [guter] Fang m ❺ no pl (trick) Haken m; **what's the** ~? wo ist der Haken? ❻ no pl (game) Fangen nt II. vt <caught, caught> ❶ (intercept) fangen; light einfangen; person auffangen ❷ (grab) ergreifen ❸ (capture) person ergreifen; (arrest) festnehmen; animal fangen; escaped animal einfangen; (fig) **the virus was caught in time** das Virus wurde rechtzeitig erkannt ❹ (surprise, get hold of) erwischen; **have I caught you at a bad time?** komme ich ungelegen?; **you won't ~ me in that shop!** in dem Laden wirst du mich niemals finden; **to ~ sb in the act** jdn auf frischer Tat ertappen; **to be caught in a thunderstorm** von einem Gewitter überrascht werden; ■**to ~ sb/oneself doing sth** jdn/sich bei etw dat ertappen ❺ (meet) treffen; **I'll ~ you later** bis später ❻ MED ■**to ~ sth [from sb]** sich [bei jdm] mit etw dat anstecken; **you've caught the sun** du hast einen [leichten] Sonnenbrand bekommen; **to ~ a cold** sich erkälten ❼ SPORTS ■**to ~ sb** jdn durch Abfangen des Balls ausscheiden lassen ❽ ■**to ~ sth in sth** (trap) etw in etw akk einklemmen; (entangle) mit etw dat in etw dat hängen bleiben; ■**to get caught [in sth]** sich [in etw dat] verfangen; ■**to get caught on sth** an etw dat hängen bleiben ❾ (fig: become involved) ■**to get caught in sth** etw in akk verwickelt werden; **to be caught in the crossfire** ins Kreuzfeuer geraten ❿ (take) bus, train nehmen; (be in time for) kriegen; **to ~ the post** rechtzeitig zur Post kommen ⓬ (collect) liquid auffangen ⓭ (depict) festhalten ⓮ (attract) attention erregen; imagination anregen ⓯ (notice) bemerken; **I didn't quite ~ what you said** ich habe nicht ganz mitbekommen, was du gesagt hast; **to ~ sight [or a glimpse] of sb/sth** jdn/etw [kurz] sehen; (by chance) jdn/etw zufällig sehen ⓰ (hit) **she caught her head on the mantelpiece** sie schlug mit dem Kopf auf den Kaminsims auf; **his head caught the edge of the table** er schlug mit dem Kopf auf die Tischkante auf; **to ~ sb on the arm** jdn am Arm treffen ⓱ (press, or light) Feuer fangen ▸ **to ~ it** (fam) Ärger kriegen III. vi <caught, caught> ❶ BRIT, AUS (grab) ■**to ~ at sth** nach etw dat greifen ❷ (entangle) sich in etw dat verfangen; ■**to ~ on sth** an etw dat hängen bleiben ❸ (ignite) Feuer fangen; engine zünden ◆**catch on** vi (fam) ❶ (become popular) sich durchsetzen ❷ (understand) kapieren ◆**catch out** vt BRIT ❶ (detect) ertappen ❷ (trick) hereinlegen ❸ (cause difficulty) [unangenehm] überraschen ◆**catch up** I. vi ❶ (reach) ■**to ~ up with** einholen a. fig; **she's ~ing up!** sie holt auf! ❷ (fig: complete) ■**to ~ up with** [or on] **sth** etw aufarbeiten; **to ~ up on one's sleep** versäumten Schlaf nachholen II. vt ❶ (reach) ■**to ~ sb up** jdn einholen ❷ usu passive **to get caught up in sth** sich in etw dat verfangen; (fig) in etw akk verwickelt werden

catch·er ['kætʃə'] n Fänger(in) m(f)

catch·ing ['kætʃɪŋ] adj ansteckend

'catch·ment area n Einzugsgebiet nt

'catch·phrase n Slogan m **'catch question** n Fangfrage f **catch·up** ['kætʃʌp, 'ketʃ-] n FOOD see ketchup **'catch·word** n Schlagwort m

catchy ['kætʃi] adj eingängig; ~ **tune** Ohrwurm m

cat·egor·i·cal [ˌkætəˈɡɒrɪkəl] adj kategorisch

cat·ego·rize ['kætəɡəraɪz] vt kategorisieren

cat·ego·ry ['kætəɡəri] n Kategorie f

ca·ter ['keɪtə'] vi ❶ (serve food, drink) für Speise und Getränke sorgen; firm Speisen und Getränke liefern ❷ (provide for) kümmern (**for** um)

ca·ter·er ['keɪtərə'] n (company) Cateringservice m; (for parties) Partyservice m **ca·ter·ing** ['keɪtərɪŋ] n no pl Versorgung f mit Speisen und Getränken, Catering nt; (service) Partyservice m

cat·er·pil·lar ['kætəpɪlə'] n Raupe f

cat·er·pil·lar trac·tor n Raupenfahrzeug nt

'cat·gut n no pl MUS [Darm]saite f; MED Katgut nt

ca·thar·tic [kəˈθɑːtɪk] adj kathartisch

ca·the·dral [kəˈθiːdrəl] n Kathedrale f, Dom m, Münster nt; **Cologne** ~ der Kölner Dom; **Freiburg** ~ das Freiburger Münster

Cath·erine wheel ['kæθərɪn,(h)wiːl] n Feuerrad nt

cath·ode ['kæθəʊd] n Kat[h]ode f

catho·lic ['kæθəlɪk] I. ■C~ ❶ (Roman Catholic) m(f) II. adj ❶ (Roman Catholic) ■C~ katholisch ❷ (form: varied) [all]umfassend

Ca·tholi·cism [kəˈθɒlɪsɪzəm] n no pl Katholizismus m

'cat·kin n BOT Kätzchen nt

'cat lit·ter n no pl Katzenstreu f

'cat·nap (fam) I. n **to have a** ~ ein Nickerchen machen II. vi <-pp-> kurz schlafen

cat·sup ['kætsəp, 'ketʃəp] n AM Ketchup m o nt

cat·tle ['kætl] npl Rinder pl; **200 head of** ~ 200 Stück Vieh; **"~ crossing"** „Vorsicht

Viehbetrieb"
'cat·tle breed·er n Rinderzüchter(in) m/f)
'cat·tle thief n Viehdieb(in) m/f)
cat·ty ['kæti] adj gehässig; remark bissig
'cat·walk n FASHION Laufsteg m
Cau·ca·sian [kɔːˈkeɪʒən] I. n (white person) Weiße(r) f(m) II. adj ❶ (white-skinned) weiß ❷ (of Caucasus) kaukasisch
caught [kɔːt] pt, pp of catch
caul·dron [ˈkɔːldrən] n ❶ (pot) [großer] Kessel ❷ (fig) brodelnder Hexenkessel
cau·li·flow·er [ˈkɒlɪflaʊəʳ] n Blumenkohl m, Karfiol m SÜDD, ÖSTERR
caus·al [ˈkɔːzəl] adj (form) kausal
cau·sal·i·ty [kɔːˈzæləti] n (form) Kausalität f
cau·sa·tive [ˈkɔːzətɪv] adj (form) kausativ
cause [kɔːz] I. n ❶ (of effect) Ursache f; ~ of death Todesursache f ❷ no pl (reason) Grund m; to have good ~ for complaint allen Grund haben, sich zu beschweren; ~ for concern Anlass m zur Sorge; a just ~ ein triftiger Grund; ▪ to be the ~ of sth der Grund für etw akk sein ❸ (object of support) Sache f; a rebel without a ~ jd, der sich gegen jegliche Autorität widersetzt; a good ~ ein guter Zweck; a lost ~ eine verlorene Sache II. vt verursachen; to ~ trouble Unruhe stiften; ▪ to ~ sb to do sth jdn veranlassen, etw zu tun; the bright light ~d her to blink das helle Licht ließ sie blinzeln
cause·way [ˈkɔːzweɪ] n (road) Damm m; (path) Knüppeldamm m
caus·tic [ˈkɔːstɪk] adj ätzend a. fig; humour beißend; ~ soda Ätznatron nt
cau·tion [ˈkɔːʃən] I. n ❶ no pl (carefulness) Vorsicht f; with [great] ~ [sehr] umsichtig; to treat sth with ~ etw mit Vorbehalt aufnehmen ❷ BRIT (legal warning) Verwarnung f ▸ to throw ~ to the winds Bedenken pl in den Wind schlagen II. vt (form) ❶ (warn) ▪ to ~ sb [against sth] jdn [vor etw dat] warnen ❷ esp BRIT, AUS (warn officially) verwarnen
cau·tion·ary [ˈkɔːʃənəri] adj warnend; ~ tale Geschichte f mit einer Moral
cau·tious [ˈkɔːʃəs] adj (careful) vorsichtig; (prudent) umsichtig; optimism verhalten
cav·al·cade [ˌkævəlˈkeɪd] n Kavalkade f
cava·lier [ˌkævəˈlɪəʳ] I. n Kavalier m II. adj unbekümmert
cav·al·ry [ˈkævəlri] n no pl, usu + pl vb ▪ the ~ die Kavallerie
cav·al·ry·man n Kavallerist m
cave [keɪv] I. n Höhle f II. vi BRIT, AUS Höhlen erforschen ◆ cave in vi ❶ (collapse) einstürzen ❷ (give in) kapitulieren; ▪ to ~ in to sth sich etw dat beugen
'cave art n HIST Höhlenmalereien pl

ca·veat [ˈkæviæt] n (form) Vorbehalt m; ~ emptor Ausschluss m der Gewährleistung
'cave-in n Einsturz m 'cave·man n Höhlenmensch m 'cave paint·ing n Höhlenmalerei f
'cav·er [ˈkeɪvəʳ] n BRIT, AUS Höhlensportler(in) m/f)
cav·ern [ˈkævən] n Höhle f
cav·ern·ous [ˈkævənəs] adj ❶ (cave-like) höhlenartig ❷ (fig) cheeks hohl; eyes tief liegend
cavi·ar(e) [ˈkæviɑː] n no pl Kaviar m
cav·ity [ˈkævəti] n (hole) Loch nt; (hollow space) Hohlraum m
ca·vort [kəˈvɔːt] vi (hum euph fam: have sex) herumspielen
caw [kɔː] I. n Krächzen nt II. vi krächzen
cay·enne [keɪˈen] n no pl, cay·enne 'pep·per n no pl Cayennepfeffer m
Cay·man Is·lands [ˈkeɪmən] npl ▪ the ~ die Cayman-Inseln
CB [ˌsiːˈbiː] n no pl abbrev of Citizen's Band CB-Funk m
CBI [ˌsiːbiːˈaɪ] n BRIT abbrev of Confederation of British Industry britischer Unternehmerverband
CBT [ˌsiːbiːˈtiː] abbrev of Computer Based Training computergestütztes Lernen
CBW [ˌsiːbiːˈdʌblju:] n abbrev of chemical and biological warfare chemische und biologische Kriegführung
cc < pl - or -s> [ˌsiːˈsiː] n abbrev of cubic centimetre cm³
CCL [ˌsiːsiːˈel] n BRIT abbrev of climate change levy Klimaschutzabgabe f
CCTV [ˌsiːsiːtiːˈviː] n abbrev of closed-circuit television Überwachungskamera f
ccw. adv abbrev of counterclockwise gegen den Uhrzeigersinn
CD [ˌsiːˈdiː] n abbrev of compact disc CD f
CDC [ˌsiːdiːˈsiː] n no pl abbrev of Centers for Disease Control and Prevention Amerikanische Gesundheitsbehörde
CDI [ˌsiːdiːˈaɪ] n COMPUT abbrev of compact disk interactive CDI f
C'D play·er n CD-Spieler m
CD-R [ˌsiːdiːˈɑːʳ] n abbrev of Compact Disc Recordable Rohling m CD-ROM [ˌsiːdiːˈrɒm] n abbrev of compact disc read-only memory CD-ROM f II. adj player CD-ROM-Spieler m; writer CD-ROM-Brenner m; drive CD-ROM-Laufwerk nt CD-RW [ˌsiːdiːˈdʌblju:] n abbrev of Compact Disc-Rewritable CD-RW f
cease [siːs] (form) I. vi aufhören II. vt beenden; fire einstellen; it never ~s to amaze me es überrascht [mich] doch immer wieder
'cease·fire n Waffenruhe f cease·less

['si:sləs] *adj* endlos; *noise* ständig
ce·dar ['si:də'] *n* Zeder *f*
ceil·ing ['si:lɪŋ] *n* |Zimmer|decke *f*; (*fig*) Obergrenze *f* ▶ **to hit the ~** an die Decke gehen
cel·e·brate ['seləbreɪt] *vi, vt* feiern
cel·e·brat·ed [seləbreɪtɪd] *adj* berühmt
cel·e·bra·tion [ˌseləˈbreɪʃⁿn] *n* Feier *f*; **this calls for a ~!** das muss gefeiert werden!; **cause for ~** Grund *m* zum Feiern; ■ **in ~** zur Feier
cel·e·bra·to·ry [ˌseləˈbreɪtʳri] *adj* Fest-
ce·leb·ri·ty [səˈlebrəti] *n* ❶ (*person*) Prominente(r) *f(m)* ❷ *no pl* (*fame*) Ruhm *m*
cel·e·ri·ac [səˈleriæk] *n no pl* |Knollen|sellerie *m* ÖSTERR *a. f*
cel·ery ['seləri] *n no pl* |Stangen|sellerie *m of*
ce·les·tial [səˈlestiəl] *adj* ❶ ASTRON Himmels- ❷ REL himmlisch
cel·i·ba·cy ['seləbəsi] *n no pl* Zölibat *m o nt*
cel·i·bate ['seləbət] **I.** *n* Zölibatär *m* **II.** *adj* zölibatär
cell [sel] *n* Zelle *f*
cel·lar ['selə'] *n* Keller *m*
cel·list ['tʃelɪst] *n* Cellist(in) *m(f)*
cel·lo <*pl* -s> ['tʃeləʊ] *n* Cello *nt*
cel·lo·phane® ['seləfeɪn] *n no pl* Cellophan® *nt*; ~ **wrapper** |Klarsicht|folie *f*
'cell phone *n* Mobiltelefon *nt*
cel·lu·lar ['seljələ'] *adj* zellular
cel·lu·lar 'phone *n* Mobiltelefon *nt*
cel·lu·lite ['seljəlaɪt] *n no pl* Zellulitis *f*
cel·lu·loid ['seljələɪd] *n no pl* Zelluloid *nt*
cel·lu·lose ['seljələʊs] *n no pl* Zellulose *f*
Celsius ['selsiəs] *n* Celsius
Celt [kelt, selt] *n* Kelte, Keltin *m, f*
Celt·ic ['keltɪk, 'sel-] *adj* keltisch
ce·ment [sɪˈment] **I.** *n no pl* Zement *m* **II.** *vt* ❶ (*with concrete*) betonieren; (*with cement*) zementieren; ■ **to ~ up** zumauern ❷ (*also fig: bind*) festigen
ce·'ment mix·er *n* Betonmischmaschine *f*
cem·etery ['semətri] *n* Friedhof *m*
cen·ser ['sen(t)sə'] *n* Räuchergefäß *nt*
cen·sor ['sen(t)sə'] **I.** *n* Zensor(in) *m(f)* **II.** *vt* zensieren
cen·so·ri·ous [sen(t)ˈsɔːriəs] *adj* übertrieben| kritisch
cen·sor·ship ['sen(t)səʃɪp] *n no pl* Zensur *f*
cen·sure ['sen(t)sjə'] **I.** *n no pl* Tadel *m* **II.** *vt* tadeln
cen·sus ['sen(t)səs] *n* Zählung *f*
cent [sent] *n* Cent *m*; **to not be worth a ~** keinen Pfifferling wert sein
cen·te·nar·i·an [ˌsentɪˈneəriən] *n* Hundertjährige(r) *f(m)*
cen·te·nary [senˈtiːnʳri] *n*, AM **cen·ten·nial** [senˈteniəl] *n* Hundertjahrfeier *f*; **the or-**chestra celebrated its ~ das Orchester feierte sein hundertjähriges Bestehen; ~ **celebrations** Feierlichkeiten *pl* zum hundertsten Jahrestag
'cen·ter *n, vt* AM *see* **centre**
cen·ti·grade ['sentɪgreɪd] *n no pl* Celsius
cen·ti·gram, *esp* BRIT **cen·ti·gramme** ['sentɪgræm] *n* Zentigramm *nt*
cen·ti·me·tre ['sentɪmiːtə'] *n*, AM **cen·ti·me·ter** Zentimeter *m*
cen·ti·pede ['sentɪpiːd] *n* Tausendfüßler *m*
cen·tral ['sentrʳl] *adj* ❶ (*in the middle*) zentral ❷ (*paramount*) wesentlich ❸ (*national*) ~ **bank** Zentralbank *f*
cen·tra·li·za·tion [ˌsentrʳlaɪˈzeɪʃⁿn] *n no pl* Zentralisierung *f*
cen·tral·ize ['sentrʳlaɪz] *vt* zentralisieren
cen·tre ['sentə'] **I.** *n* ❶ (*middle*) Zentrum *nt*, Mitte *f*; *of chocolates* Füllung *f*; **to be the ~ of attention** im Mittelpunkt der Aufmerksamkeit stehen ❷ POL Mitte *f*; **left/right of ~** Mitte links/rechts ❸ SPORTS Mittelfeldspieler(in) *m(f)*; (*basketball*) Center *m*; (*ice hockey*) Sturmspitze *f* **II.** *vt* ❶ (*put in middle*) zentrieren ❷ (*focus*) **to ~ one's attention on sth** seine Aufmerksamkeit auf etw *akk* richten ❸ (*spiritually, emotionally*) ■ **to be ~d** ausgeglichen sein
'cen·tre ground *n no pl* politische Mitte
'cen·trepiece *n* ❶ (*on table*) Tafelaufsatz *m* ❷ (*central feature*) Kernstück *nt*
cen·tri·fu·gal [ˌsentrɪˈfjuːɡʳl] *adj* zentrifugal
cen·trip·e·tal [senˈtrɪpɪtʳl] *adj* zentripetal
cen·tu·ry ['sen(t)ʃʳri] *n* ❶ (*period*) Jahrhundert *nt*; **turn of the ~** Jahrhundertwende *f* ❷ (*in cricket*) 100 Läufe *pl*
CEO [ˌsiːiːˈəʊ] *n abbrev of* **chief executive officer** Generaldirektor(in) *m(f)*
ce·ram·ic [səˈræmɪk] *adj* keramisch
ce·ram·ics [səˈræmɪks] *n* + *sing vb* Keramik *f*
ce·real ['sɪəriəl] *n* ❶ (*grain*) Getreide *nt* ❷ (*for breakfast*) Frühstückszerealien *pl* (*Cornflakes, Müsli etc.*)
'ce·real bar *n* Müsliriegel *m*
cer·ebel·lum <*pl* -s *or* -la> [ˌserɪˈbeləm, *pl* -lə] *n* ANAT Kleinhirn *nt*
cer·ebral ['serəbrʳl, səˈriː-] *adj* ❶ ANAT Gehirn- ❷ (*intellectual*) hochgeistig; **it was all too ~ for me** es war mir alles zu hoch
cer·ebrum <*pl* -s *or* -bra> [səˈriːbrəm, *pl* -brə] *n* ANAT Großhirn *nt*
cer·emo·ni·al [ˌserɪˈməʊniəl] **I.** *adj* zeremoniell **II.** *n* (*form*) Zeremoniell *nt*
cer·emo·ni·ous [ˌserɪˈməʊniəs] *adj* förmlich
cer·emo·ny ['serɪməni] *n* Zeremonie *f*, Feier *f*; **without ~** ohne viel Aufhebens; **to stand**

on ~ förmlich sein

cert [sɜːt] *n usu sing* BRIT (*fam*) *short for* **certainty**; ■ **to be a dead ~** eine todsichere Sache sein

cer·tain ['sɜːt°n] **I.** *adj* ❶ (*sure*) sicher; (*unavoidable*) bestimmt; **to mean ~ death** den sicheren Tod bedeuten; **to feel ~** sicher sein; **to make ~ [that ...]** darauf achten[, dass ...]; **to make ~ of sth** sich einer S. *gen* vergewissern; ■ **for ~** ganz sicher; **I don't know yet for ~** ich weiß noch nicht genau ❷ (*limited*) gewiss; **to a ~ extent** in gewissem Maße ❸ (*particular*) **at a ~ age** in einem bestimmten Alter; **in ~ circumstances** unter gewissen Umständen **II.** *pron* (*form*) einige

cer·tain·ly ['sɜːt°nli] *adv* ❶ (*surely*) sicher[lich]; (*without a doubt*) bestimmt, gewiss ❷ (*gladly*) gern[e]; (*of course*) [aber] selbstverständlich; **~ not** auf [gar] keinen Fall; **I ~ will not!** ich denke gar nicht dran!

cer·tain·ty ['sɜːt°nti] *n* Gewissheit *f*; **with ~** mit Sicherheit; **he'll arrive late, that's a [virtual] ~** er wird zu spät kommen, darauf kannst du wetten!

cer·ti·fi·able [ˌsɜːtɪ'faɪəbl] *adj* ❶ (*officially admissible*) nachweisbar ❷ (*psychologically ill*) unzurechnungsfähig

cer·tifi·cate [sə'tɪfɪkət] *n* ❶ (*official document*) Urkunde *f*; (*attestation*) Bescheinigung *f*; **~ of achievement** Leistungsnachweis *m*; **~ of baptism** Taufschein *m*; **doctor's [or medical] ~** ärztliches Attest; **examination ~** Prüfungszeugnis *nt*; **marriage ~** Trauschein *m* ❷ FILM **an 18 ~** [Film]freigabe *f* ab 18 Jahren

cer·ti·fi·ca·tion [ˌsɜːtɪfɪ'keɪʃ°n] *n no pl* ❶ (*state*) Qualifikation *f*; (*process*) Qualifizierung *f* ❷ (*document*) Zertifikat *nt*; (*attestation*) Beglaubigung *f*

cer·ti·fy <-ie-> ['sɜːtɪfaɪ] *vt* ❶ (*declare as true*) bescheinigen [*o* bestätigen]; LAW beglaubigen; **to ~ sb [as] dead** jdn für tot erklären ❷ (*declare mentally ill*) für unzurechnungsfähig erklären

cer·ti·tude ['sɜːtɪtjuːd] *n no pl* (*form*) Sicherheit *f*

cer·vi·cal ['sɜːvɪk°l] *adj* ANAT ❶ (*of neck*) zervikal; **~ vertebra** Halswirbel *m* ❷ (*of cervix*) Gebärmutterhals-

cer·vix <*pl* -es *or* -vices> ['sɜːvɪks, *pl* -vɪsiːz] *n* ANAT Gebärmutterhals *m*

ces·sa·tion [se'seɪʃ°n] *n no pl* (*form: end*) Ende *nt*; (*process*) Beendigung *f*; **~ of hostilities** Einstellung *f*

cess·pit ['sespɪt] *n*, **cess·pool** ['sespuːl] *n* Jauchegrube *f*; (*fig, pej*) Sumpf *m*

CET [ˌsiːiː'tiː] *n abbrev of* **Central European Time** MEZ *f*

cf ['siːef] *vt* (*form*) *abbrev of* **compare** vgl.

CFC [ˌsiːef'siː] *n abbrev of* **chlorofluorocarbon** FCKW *nt*

CGI [ˌsiːgiː'aɪ] *n* FILM *abbrev of* **computer-generated image/imaging** CGI

c/h *n abbrev of* **central heating** ZH *f*

Chad·ian ['tʃædiən] **I.** *adj* tschadisch **II.** *n* Tschader(in) *m(f)*

chafe [tʃeɪf] **I.** *vi* ❶ (*make sore*) sich [wund]scheuern; *hands* wund werden ❷ (*fig: become irritated*) sich ärgern ❸ (*fig: be impatient*) ■ **to ~ to do sth** erpicht darauf sein, etw zu tun RR. **II.** *vt* ❶ (*rub sore*) [wund]scheuern ❷ (*rub warm*) warm reiben

chaff [tʃæf, BRIT *also* tʃɑːf] *n no pl* Spreu *f* ▶ **to separate the <u>wheat</u> from the ~** die Spreu vom Weizen trennen

chaf·finch <*pl* -es> ['tʃæfɪn(t)ʃ] *n* Buchfink *m*

cha·grin ['ʃægrɪn] *n no pl* (*form*) ❶ (*sorrow*) Kummer *m* ❷ (*annoyance*) Verdruss *m*

chain [tʃeɪn] **I.** *n* ❶ (*series of links*) Kette *f* ❷ (*fig: oppression*) ■ **~s** *pl* Fesseln *pl* ❸ (*jewellery*) [Hals]kette *f* ❹ (*fig: series*) Reihe *f*; **~ of mishaps** Verkettung *f*; **~ of command** Hierarchie *f*; MIL Befehlskette *f*; **fast food ~** [Schnell]imbisskette *f*; **~ of shops** Ladenkette *f* **II.** *vt* ■ **to ~ [up] [an]ketten (to** an); **to be ~ed to a desk** (*fig*) an den Schreibtisch gefesselt sein

'chain let·ter *n* Kettenbrief *m* **'chain mail** *n no pl* Kettenhemd *nt* **chain re·ac·tion** *n* Kettenreaktion *f* **'chain saw** *n* Kettensäge *f* **'chain-smok·er** *n* Kettenraucher(in) *m(f)* **'chain store** *n* Kettenladen *m*

chair [tʃeə^r] **I.** *n* ❶ (*seat*) Stuhl *m*; **easy ~** Sessel *m* ❷ UNIV Lehrstuhl *m*; **to be ~** den Lehrstuhl innehaben ❸ (*head*) Vorsitzende(r) *f(m)* ❹ (*position*) **to take the ~** den Vorsitz übernehmen ❺ AM (*electric chair*) ■ **the ~** der elektrische Stuhl **II.** *vt* ❶ (*be leader*) ■ **to ~ sth** bei etw *dat* den Vorsitz führen ❷ (*carry*) tragen

'chair lift *n* Sessellift *m*
'chair·man *n* Vorsitzende(r) *m*
'chair·man·ship *n* Vorsitz *m* **'chair·per·son** *n* Vorsitzende(r) *f(m)* **'chair·wom·an** *n* Vorsitzende *f*

cha·let ['ʃæleɪ] *n* Chalet *nt*

chalk [tʃɔːk] **I.** *n no pl* ❶ (*type of stone*) Kalkstein *m* ❷ (*for writing*) Kreide *f* ▶ [as different as] **~ and <u>cheese</u>** [so verschieden wie] Tag und Nacht; **as alike as ~ and cheese** grundverschieden; [not] **by a long ~** BRIT bei weitem [nicht]; **as <u>white</u> as ~** kreidebleich **II.** *vt* (*write*) mit Kreide schreiben; (*draw*) mit Kreide zeichnen; (*in billiards*) mit Kreide einreiben ◆ **chalk out** *vt design* entwerfen; *strategy* planen ◆ **chalk up** *vt* ❶ (*write*) [mit

'chalk·board n AM, AUS (*blackboard*) Tafel f
chalk·y ['tʃɔːki] *adj* ❶ (*of chalk*) kalk[halt]ig ❷ (*dusty*) **to be all ~** voll[er] Kreide sein ❸ (*chalk-like*) kreideartig ❹ (*pale*) kreidebleich
chal·lenge ['tʃælɪndʒ] **I.** *n* ❶ (*hard task*) Herausforderung f; **to find sth a ~** etw schwierig finden; **to issue a ~ to sb** jdn herausfordern ❷ MIL Werdaruf m (*militärischer Befehl, sich auszuweisen*) **II.** *vt* ❶ (*ask to compete*) herausfordern ❷ (*call into question*) in Frage stellen ❸ MIL anrufen
chal·lenged ['tʃælǝndʒd] *adj* (*euph or iron*) **physically ~** behindert; **vertically ~** kurz geraten
chal·leng·er ['tʃælǝndʒǝʳ] *n* Herausforderer, -forderin m, f; **~ for a title** Titelanwärter(in) m(f)
chal·leng·ing ['tʃælɪndʒɪŋ] *adj* [heraus]fordernd
cham·ber ['tʃeɪmbǝʳ] *n* ❶ (*old: room*) [Schlaf]gemach *nt* ❷ (*meeting hall*) Sitzungssaal m; **Lower/Upper ~** Zweite/Erste Kammer (*des britischen Abgeordnetenhauses*) ❸ (*lawyer's offices*) ■ **~s** *pl* Anwaltsbüro *nt*, Kanzlei f; (*private room of a judge*) Richterzimmer *nt* ❹ MED Kammer f; **~ of the heart** Herzkammer f
cham·ber·lain ['tʃeɪmbǝlɪn] *n* HIST Kammerherr m **'cham·ber·maid** *n* Zimmermädchen *nt* **'cham·ber mu·sic** *n no pl* Kammermusik f **'cham·ber pot** *n* Nachttopf m
cha·me·le·on [kǝˈmiːliǝn] *n* Chamäleon *nt* a. *fig*
cham·ois¹ <*pl* -> [ˈʃæmwɑː] *n* Gämse f
cham·ois² [ˈʃæmi] *n*, **cham·ois 'leath·er** *n* Fensterleder *nt*
champ [tʃæmp] **I.** *n* short for **champion** Champion *m* **II.** *vi*, *vt* [geräuschvoll] kauen ▸ **to ~ at the bit** vor Ungeduld fiebern
cham·pagne [ʃæmˈpeɪn] *n* Champagner m; **~ brunch** Sektfrühstück *nt*
cham·pi·on ['tʃæmpiǝn] **I.** *n* ❶ SPORTS Champion m; **world ~** Weltmeister(in) m(f); **defending ~** Titelverteidiger(in) m(f); **Olympic ~** Olympiasieger(in) m(f); **reigning ~** amtierender Meister/amtierende Meisterin ❷ (*supporter*) Verfechter(in) m(f) (**of** +*gen*) **II.** *vt* verfechten; **to ~ a cause** für eine Sache eintreten **III.** *adj* BRIT (*fam*) klasse; **~ boxer** Boxchampion m; **~ dog** preisgekrönter Hund; **~ racehorse** Turfsieger(in) m(f) **IV.** *adv* BRIT (*fam*) super
cham·pi·on·ship ['tʃæmpiǝnʃɪp] *n* ❶ SPORTS Meisterschaft f ❷ *no pl* (*for a cause*) Einsatz *m* (**of** für)

chance [tʃɑːn(t)s] **I.** *n* ❶ *no pl* Zufall m; **to leave nothing to ~** nichts dem Zufall überlassen; **by ~** zufällig ❷ (*prospect*) Chance f; [**the**] **~s are ...** aller Wahrscheinlichkeit nach ...; **given half a ~, I'd ...** wenn ich nur könnte, würde ich ...; **no ~!** BRIT (*fam*) niemals!; **the ~ of a lifetime** eine einmalige Chance; **~s of survival** Überlebenschancen *pl*; **to be in with** [*or* **stand**] **a ~** eine Chance haben; **to do sth on the off ~** etw auf gut Glück tun ❸ (*risk*) Risiko *nt*; **~ of injury** Verletzungsrisiko *nt*; **to take ~s** [*or* **a ~**] etwas riskieren; **to take no ~s** kein Risiko eingehen ▸ **~ would be a fine thing** BRIT schön wär's **II.** *vt* (*fam*) riskieren; **to ~ one's arm** es riskieren; **to ~ one's luck** sein Glück versuchen ♦**chance on** *vi*, **chance upon** *vi* ■ **to ~ on sb** jdn zufällig treffen; ■ **to ~** [**up**]**on sth** zufällig auf etw akk stoßen
chan·cel·lor ['tʃɑːn(t)sǝlǝʳ] *n* Kanzler(in) m(f); *of federal state* [Bundes]kanzler(in) m(f)
chan·cy ['tʃɑːn(t)si] *adj* riskant
chan·de·lier [ʃændǝˈlɪǝʳ] *n* Kronleuchter m
change [tʃeɪndʒ] **I.** *n* ❶ (*alteration*) [Ver]änderung f; **~ of direction** Richtungsänderung f a. *fig*; **~ of heart** Sinneswandel m; **~ of pace** Tempowechsel m a. *fig*; **~ in the weather** Wetterumschwung m; **to be a ~ for the better/worse** eine Verbesserung/Verschlechterung darstellen ❷ *no pl* (*substitution*) Wechsel m; **a ~ of clothes** Kleidung f zum Wechseln; **~ of government** Regierungswechsel m; **~ of scene** THEAT Szenenwechsel m; (*fig*) Tapetenwechsel m ❸ *no pl* (*variety*) Abwechslung f; **it'll make a ~** das wäre mal was anderes; **for a ~** zur Abwechslung ❹ *no pl* (*coins*) Kleingeld *nt*; (*money returned*) Wechselgeld *nt*, Retourgeld *nt* SCHWEIZ; **could you give me ~ for 50 dollars?** (*return all*) könnten Sie mir 50 Dollar wechseln?; (*return balance*) könnten Sie mir auf 50 Dollar herausgeben?; **keep the ~** der Rest ist für Sie; **to have the correct ~** es passend haben; **to give the wrong ~** falsch herausgeben ❺ TRANSP **to have to make several ~s** mehrmals umsteigen müssen **II.** *vi* ❶ (*alter*) sich [ver]ändern; **traffic light** umspringen; **weather** umschlagen; **wind** sich drehen; **nothing** [**ever**] **~s** alles bleibt beim Alten; **to ~ for the better/worse** sich verbessern/verschlechtern; **to ~ into sth** sich in etw akk verwandeln ❷ (*substitute, move*) ■ **to ~** [**over**] **to sth** zu etw *dat* wechseln; **to ~ to** [**driving**] **an automatic** [**car**] auf ein Auto mit Automatik umsteigen; **to ~** [**over**] **from gas heating to electric** die Heizung

von Gas auf Strom umstellen ❸ TRANSP umsteigen; **all ~!** alle aussteigen; ❹ (*dress*) sich umziehen; **to ~ into** anziehen; **to ~ out of** ausziehen ❺ AUTO schalten ❻ TV umschalten **III.** *vt* ❶ (*make different*) [ver]ändern; (*transform*) verwandeln; **to ~ one's mind** seine Meinung ändern; **to ~ around** umstellen ❷ (*exchange, move*) wechseln; (*in a shop*) umtauschen (**for** gegen); (*replace*) auswechseln; **to ~ hands** den Besitzer wechseln; **to ~ places with sb** mit jdm den Platz tauschen; (*fig*) mit jdm tauschen ❸ (*make fresh*) *bed* neu beziehen; *baby* [frisch] wickeln; **the baby needs changing** das Baby braucht eine frische Windel; **to ~ one's clothes** sich umziehen; **to ~ one's shirt** ein anderes Hemd anziehen ❹ (*money*) wechseln; **could you ~ a £20 note?** könnten Sie mir 20 Pfund wechseln?; (*return balance*) könnten Sie mir auf 20 Pfund herausgeben?; **to ~ £100 into euros** 100 Pfund in Euro umtauschen ❺ TRANSP **to ~ planes** das Flugzeug wechseln; **to ~ buses** [*or* **trains**] umsteigen ❻ AUTO **to ~ gear[s]** schalten
- **change down** *vi* AUTO herunterschalten
- **change up** *vi* AUTO hochschalten

change·a·ble ['tʃeɪndʒəbl] *adj* unbeständig; *moods* wechselnd; *weather* wechselhaft

'**change·o·ver** *n usu sing* Umstellung *f* (**to** auf)

chang·ing ['tʃeɪndʒɪŋ] *adj* wechselnd

chan·nel ['tʃænl] **I.** *n* ❶ RADIO, TV Programm *nt*; **on ~ five** im fünften Programm; **cable ~** Kabelkanal *m*; **commercial ~** kommerzieller Sender; **pay ~** Pay-TV *nt*; **to change ~s** umschalten; **to turn to ~ two** ins zweite Programm umschalten ❷ (*waterway*) [Fluss]bett *nt*; (*artificial*) Kanal *m*; **navigable ~** schiffbare Fahrrinne; **the [English] C~** der Ärmelkanal ❸ (*in airport or port*) **the red/green ~** der rot/grün gekennzeichnete Ausgang ❹ (*means*) Weg *m*; **to go through the official ~s** den Dienstweg gehen; **through the usual ~s** auf dem üblichen Weg **II.** *vt* <BRIT -ll- *or* AM *usu* -l-> (*direct*) leiten; **to ~ one's energies/money into sth** seine Energien/sein Geld in etw *akk* stecken

'**chan·nel con·trol·ler** *n* Intendant(in) *m(f)* eines Fernsehsenders

Channel Islands *n* ▪ **the ~** die Kanalinseln *pl*

Chan·nel 'Tun·nel *n no pl* ▪ **the ~** der [Ärmel]kanaltunnel

chant [tʃɑːnt] **I.** *n* ❶ REL [Sprech]gesang *m* ❷ SPORTS *of fans* Sprechchor *m* **II.** *vi* ❶ REL einen Sprechgesang anstimmen ❷ (*crowd*) im Sprechchor rufen **III.** *vt* ❶ REL skandieren; (*sing*) singen ❷ *crowd* im Sprechchor rufen

chan·te·relle [ˌʃɑː(n)təˈrel] *n* Pfifferling *m*

cha·os ['keɪɒs] *n no pl* Chaos *nt*, Durcheinander *nt*

cha·ot·ic [keɪˈɒtɪk] *adj* chaotisch

chap[1] [tʃæp] *n* BRIT (*fam*) Typ *m*; **well, ~s, anyone for a pint?** na Jungs, hat jemand Lust auf ein Bier?

chap[2] <-pp-> [tʃæp] *vi skin* aufspringen

chap[3] *n abbrev of* **chapter** Kap.

chap·el ['tʃæpl] *n* ❶ (*for worship*) Kapelle *f* ❷ SCH (*service*) Andacht *f*

chap·er·on(e) ['ʃæpəraʊn] **I.** *n* ❶ (*dated*) Anstandsdame *f* ❷ AM (*adult supervisor*) Aufsichtsperson *f* **II.** *vt* ❶ (*dated: accompany*) begleiten ❷ AM (*supervise*) beaufsichtigen

chap·lain ['tʃæplɪn] *n* Kaplan *m*

chap·ter ['tʃæptə'] *n* ❶ (*of book*) Kapitel *nt*; **to quote ~ and verse** den genauen Wortlaut wiedergeben ❷ (*of time*) Abschnitt *m*, Kapitel *nt*; **a tragic ~ in the country's history** ein tragisches Kapitel in der Geschichte des Landes ❸ *esp* AM (*of organization*) Zweig *m*

'**chap·ter house** *n* Kapitelsaal *m*

char[1] [tʃɑː'] *n* BRIT (*dated*) ❶ (*maid*) **~ [woman]** Putzfrau *f* ❷ (*tea*) Tee *m*

char[2] <-rr-> [tʃɑː'] *vi, vt* verkohlen

char·ac·ter ['kærəktə'] *n* ❶ *no pl* Charakter *m*; **to be similar in ~** sich *dat* im Wesen ähnlich sein; **out of ~** ungewöhnlich ❷ (*unique person*) Original *nt* ❸ LIT (*representation*) [Roman]figur *f* ❹ TYPO Zeichen *nt*

'**char·ac·ter ac·tor** *n* Charakterdarsteller *m*

char·ac·ter·is·tic [ˌkærəktəˈrɪstɪk] **I.** *n* charakteristisches Merkmal **II.** *adj* charakteristisch; ▪ **to be ~ of sth** typisch für etw *akk* sein **char·ac·ter·is·ti·cal·ly** [ˌkærəktəˈrɪstɪkli] *adv* typisch

char·ac·teri·za·tion [ˌkærəktəraɪˈzeɪʃən] *n no pl* ❶ LIT [Personen]beschreibung *f*; FILM Darstellung *f* ❷ (*description*) Charakterisierung *f*

char·ac·ter·ize ['kærəktəraɪz] *vt* kennzeichnen

cha·rade [ʃəˈrɑːd] *n* ❶ *usu pl* (*game*) Scharade *f* ❷ (*lie*) Farce *f*

char·coal ['tʃɑːkəʊl] *n no pl* ❶ (*fuel*) Holzkohle *f*; **charcoal burner** [Holz]kohle[n]ofen *m* ❷ (*for drawing*) Kohle *f*

charge [tʃɑːdʒ] **I.** *n* ❶ (*cost*) Gebühr *f*; **is there a ~ for children?** kosten Kinder [auch] etwas?; **what's the ~ for this?** was kostet das?; **for an extra ~** gegen Aufpreis; **free of ~** kostenlos ❷ LAW (*accusation*) Anklage *f* (**of** wegen); ▪ **~s** *pl* Anklagepunkte *pl*; (*in civil cases*) Ansprüche *pl*; **to answer ~s** sich [wegen eines Vorwurfs] verantworten; **to bring ~s against sb** Anklage gegen jdn erheben; **to drop ~s [against sb]** die Anklage gegen jdn zurückziehen; **to press ~s against sb** gegen jdn Anzeige erstatten ❸ *no pl* (*responsibility*) Verantwortung *f*; (*care*) Obhut *f*; **to be in ~** die Verantwortung tragen; **who's in ~ here?** wer ist hier zuständig?; **she's in ~ of the department** sie leitet die Abteilung; **you're in ~ until I get back** Sie haben bis zu meiner Rückkehr die Verantwortung; **in ~ of a motor vehicle** (*form*) als Führer eines Kraftfahrzeuges; **to leave sb in ~ of sth** jdm für etw *akk* die Verantwortung übertragen ❹ *no pl* ELEC Ladung *f*; **to put on ~** BRIT aufladen ❺ (*attack*) Angriff *m* ❻ (*dated: person*) Schützling *m* **II.** *vi* ❶ FIN eine Gebühr verlangen; **to ~ for admission** Eintritt verlangen ❷ ELEC laden ❸ (*attack*) [vorwärts]stürmen; **~!** vorwärts!; ■ **to ~ at sb** auf jdn losgehen; MIL jdn angreifen ❹ (*move quickly*) stürmen; **to come charging into a room** in ein Zimmer stürmen **III.** *vt* ❶ FIN berechnen; **how much do you ~ for a wash and cut?** was [*o* wie viel] kostet bei Ihnen Waschen und Schneiden?; **to ~ sth to sb's account** etw auf jds Rechnung setzen; ■ **to ~ sth to sb** jdm etw in Rechnung stellen; **we were not ~d [for it]** wir mussten nichts [dafür] bezahlen ❷ LAW (*accuse*) ■ **to ~ sb [with sth]** jdn (wegen einer S. *gen*) anklagen; **to ~ sb with murder** jdn des Mordes anklagen; **to ~ sb with doing sth** jdn beschuldigen, etw getan zu haben ❸ ELEC aufladen ❹ *usu passive* (*fill with emotion*) **a highly ~d atmosphere** eine hochgradig geladene Atmosphäre ❺ BRIT (*form: fill*) füllen; **please ~ your glasses** lasst uns unsere Gläser füllen ❻ (*attack*) angreifen

'charge ac·count *n* Kreditkonto *nt*
'charge card *n* [Kunden]kreditkarte *f*
charged *adj* geladen
'charg·er plate *n* Unterteller *m*
chari·ot ['tʃæriət] *n* Streitwagen *m*
cha·ris·ma [kəˈrɪzmə] *n no pl* Charisma *nt*
chari·ta·ble ['tʃærɪtəbl] *adj* ❶ (*generous with money*) großzügig; (*uncritical*) gütig ❷ (*of charity*) wohltätig, karitativ; **~ donations** Spenden *pl* für einen wohltätigen Zweck; **~ organization** Wohltätigkeitsorganisation *f*
char·ity ['tʃærɪti] *n* ❶ *no pl* (*generosity*) Barmherzigkeit *f*; **human ~** Nächstenliebe *f* ❷ *no pl* (*assistance*) **the proceeds go to ~** die Erträge sind für wohltätige Zwecke bestimmt; **~ work** ehrenamtliche Arbeit [für einen wohltätigen Zweck]; **to accept ~** Almosen annehmen; **to depend on ~** auf Sozialhilfe angewiesen sein; **to donate sth to ~** etw für wohltätige Zwecke spenden ❸ (*organization*) Wohltätigkeitsorganisation *f*
'char·ity or·gani·za·tion *n* Hilfsorganisation *f* **'char·ity shop** *n* BRIT Laden, in dem gespendete, meist gebrauchte Waren verkauft werden, um Geld für wohltätige Zwecke zu sammeln
char·la·tan ['ʃɑːlətən] *n* Scharlatan *m*
charm [tʃɑːm] **I.** *n* ❶ *no pl* (*attractive quality*) Charme *m*; **to turn on the ~** seinen [ganzen] Charme spielen lassen ❷ (*jewellery*) Anhänger *m*; **lucky ~** Glücksbringer *m* **II.** *vt* bezaubern
charmed [tʃɑːmd] *adj* ❶ (*delighted*) bezaubert ❷ (*fortunate*) vom Glück gesegnet; **to lead a ~ life** ein [richtiges] Glückskind sein
charm·er ['tʃɑːmə] *n* ❶ (*likeable person*) Liebling *m* aller ❷ (*pej: smooth talker*) Schmeichler(in) *m(f)*; (*man*) Charmeur *m*
charm·ing ['tʃɑːmɪŋ] *adj* (*approv*) bezaubernd, reizend, charmant; (*pej*) reizend *iron*
charred [tʃɑːd] *adj* verkohlt
chart [tʃɑːt] **I.** *n* ❶ (*visual*) Diagramm *nt*; NAUT Karte *f*; **medical ~** Krankenblatt *nt*; **weather ~** Wetterkarte *f* ❷ *pl* **the ~s** die Charts; **to top the ~s** ein Nummer eins Hit *m* sein **II.** *vt* (*plot*) aufzeichnen; (*register*) erfassen
char·ter ['tʃɑːtə] **I.** *n* ❶ (*constitution*) Charta *f*; **of society** Satzung *f* ❷ (*exclusive right*) Freibrief *m* ❸ *no pl* (*renting*) **they went to a place that had boats for ~** sie gingen zu einem Bootsverleih ❹ TRANSP Charter *m* **II.** *vt* chartern
'char·ter com·pa·ny *n* Chartergesellschaft *f*
char·tered ['tʃɑːtəd] *adj* ❶ (*rented out*) gechartert; **~ plane** Chartermaschine *f* ❷ BRIT, AUS (*officially qualified*) staatlich geprüft
char·ter·er ['tʃɑːtərə] *n* (*company*) Verleih *m*; (*person*) Verleiher(in) *m(f)* **'char·ter flight** *n* Charterflug *m*
chase [tʃeɪs] **I.** *n* ❶ (*pursuit*) Verfolgungsjagd *f*; **to give ~ to sb** jdm hinterherrennen ❷ HUNT Jagd *f* **II.** *vi* ■ **to ~ after sb** hinter jdm herlaufen; ■ **to ~ around** herumhetzen **III.** *vt* ❶ (*pursue*) verfolgen ❷ (*scare away*) ■ **to ~ away** vertreiben; ■ **to ~ off** verscheuchen ❸ BRIT (*fam: put under pressure*) ■ **to ~ sb [up]** jdm Dampf machen
chasm ['kæzəm] *n* Kluft *f a. fig*
chas·sis <*pl* -> ['ʃæsi] *pl n* Fahrgestell *nt*
chaste [tʃeɪst] *adj* (*form*) keusch
chas·ten ['tʃeɪsən] *vt* ■ **to be ~ed by sth** durch etw *akk* zur Einsicht gelangen
chas·tise [tʃæsˈtaɪz] *vt* (*form*) züchtigen
chas·tity ['tʃæstəti] *n no pl* Keuschheit *f*; **vow of ~** Keuschheitsgelübde *nt*
chat [tʃæt] **I.** *n* ❶ (*informal conversation*) Unterhaltung *f*; **to have a ~** plaudern ❷ (*euph: admonition*) **to have a little ~ with sb** mit jdm ein Wörtchen reden ❸ *no pl*

(*gossip*) Gerede *nt* **II.** *vi* <-tt-> ❶ (*talk informally*) plaudern; (*gossip*) schwätzen ❷ COMPUT chatten

'**chat room** *n* COMPUT Chatroom *m* '**chat show** *n* Talkshow *f* **chat·ter** ['tʃætəʳ] **I.** *n* Geschwätz *nt* **II.** *vi* ❶ (*converse*) plaudern; ■**to ~ away** endlos schwätzen; ■**to ~ on** unentwegt reden ❷ (*make clacking noises*) *teeth* klappern; *machines* knattern; *birds* zwitschern ▸ **the ~ting classes** BRIT (*pej*) das Bildungsbürgertum **chat·ty** ['tʃæti] *adj* (*fam: person*) gesprächig; (*pej*) geschwätzig; **a very ~ letter** ein äußerst unterhaltsamer Brief

chauf·feur ['ʃəʊfəʳ] **I.** *n* Chauffeur(in) *m(f)* **II.** *vt* ■**to ~ sb around** jdn herumfahren

chau·vin·ism ['ʃəʊvɪnɪzᵊm] *n no pl* Chauvinismus *m*

chau·vin·ist ['ʃəʊvɪnɪst] *n* Chauvinist(in) *m(f)*

chau·vin·is·tic [ˌʃəʊvɪˈnɪstɪk] *adj* (*pej*) chauvinistisch

chav [tʃæv], **chav·ster** ['tʃævstəʳ] *n* (*pej sl*) Proll *m*

cheap [tʃiːp] *adj* billig a. *fig;* (*reduced*) ermäßigt ▸ **~ at half the price** BRIT, AUS äußerst günstig; **a ~ shot** ein Schuss *m* unter die Gürtellinie; **~ and cheerful** BRIT, AUS gut und preiswert; **~ and nasty** BRIT, AUS billig und schäbig; **to get sth on the ~** etw für 'nen Appel und 'n Ei bekommen

cheap·en ['tʃiːpᵊn] *vt* herabsetzen **cheap·ly** ['tʃiːpli] *adv* billig **cheap·ness** ['tʃiːpnəs] *n no pl* ❶ (*low price*) Billigkeit *f* ❷ (*fam: miserliness*) Geiz *m* '**cheap·skate I.** *n* (*pej fam*) Geizkragen *m* **II.** *adj* (*pej fam*) knick[e]rig

cheat [tʃiːt] **I.** *n* ❶ (*person*) Betrüger(in) *m(f);* (*in game*) Mogler(in) *m(f);* (*in school*) Schummler(in) *m(f)* ❷ (*fraud*) Täuschung *f* **II.** *vi* betrügen; (*in exam, game*) mogeln (**at/in** bei); ■**to ~ on sb** jdn betrügen **III.** *vt* ❶ (*treat dishonestly*) täuschen; (*financially*) betrügen (**out of** um) ❷ (*liter*) **to ~ death** dem Tod entkommen

check¹ [tʃek] **I.** *n* ❶ (*inspection*) Kontrolle *f* ❷ (*look*) **to take a quick ~** schnell nachsehen [*o bes* SÜDD, ÖSTERR, SCHWEIZ nachschauen] ❸ (*search for information*) Suchlauf *m* ❹ *no pl* (*restraint*) Kontrolle *f;* **to keep in ~** unter Kontrolle halten ❺ AM (*ticket*) Garderobenmarke *f* ❻ (*pattern*) Karo[muster] *nt* ❼ CHESS Schach *nt;* **to be in ~** im Schach stehen ❽ AM (*tick*) Haken *m* **II.** *adj* Karo- **III.** *vt* ❶ (*inspect*) überprüfen ❷ (*prevent*) *attack* aufhalten ❸ *esp* AM (*temporarily deposit*) zur Aufbewahrung geben; AVIAT einchecken ❹ CHESS Schach bieten ❺ AM (*make a mark*) abhaken **IV.** *vi* ❶ (*examine*) nachsehen, nachschauen *bes* SÜDD, ÖSTERR, SCHWEIZ; ■**to ~ on sth** nach etw *dat* sehen ❷ (*consult*) ■**to ~ with sb** bei jdm nachfragen ❸ *esp* AM (*be in accordance*) übereinstimmen ◆ **check in I.** *vi* (*at airport*) einchecken; (*at hotel*) sich [an der Rezeption] anmelden **II.** *vt* (*at airport*) *person* abfertigen; (*at hotel*) anmelden; *luggage* einchecken ◆ **check off** *vt* abhaken ◆ **check out I.** *vi* sich abmelden; **to ~ out of a room** ein [Hotel]zimmer räumen **II.** *vt* ❶ (*investigate*) untersuchen ❷ (*sl: observe*) **~ it out!** schau dir bloß mal das an! ◆ **check up** *vt* ■**to ~ up on** ❶ (*monitor*) überprüfen [*o* kontrollieren] ❷ (*research*) Nachforschungen anstellen über +*akk*

check² *n* ❶ AM *see* **cheque** ❷ AM, SCOT (*bill*) Rechnung *f*

checked [tʃekt] *adj* kariert

'**check·er·board** *n* AM Damebrett *nt*

check·ered *adj* AM *see* **chequered**

'**check-in** ['tʃekɪn] *n* ❶ (*registration for flight*) Einchecken *nt*, Abfertigung *f* ❷ (*place in airport*) Abfertigungsschalter *m;* (*in hotel*) Rezeption *f*

'**check-in count·er** *n*, '**check-in desk** *n* Abfertigungsschalter *m*

'**check·ing ac·count** *n* AM Girokonto *nt*

'**check-in time** *n* Eincheckzeit *f*

'**check·list** *n* Checkliste *f* '**check·mate I.** *n* *no pl* ❶ CHESS Schachmatt *nt* ❷ (*fig*) das Aus **II.** *vt* ❶ CHESS schachmatt setzen ❷ (*fig*) mattsetzen '**check·out** *n* Kasse *f* '**check·out count·er** *n* [Supermarkt]kasse *f* '**check·point** *n* Kontrollpunkt *m* '**check room** *n* AM ❶ (*for coats*) Garderobe *f* ❷ (*for luggage*) Gepäckaufbewahrung *f* '**check-up** *n* [Kontroll]untersuchung *f;* **to go for a ~** einen Check-up machen lassen

ched·dar ['tʃedəʳ] *n no pl* Cheddar[käse] *m*

cheek [tʃiːk] *n* ❶ *of face* Backe *f;* **to dance ~ to ~** Wange an Wange tanzen ❷ *no pl* (*impertinence*) Frechheit *f;* **to give sb ~** frech zu jdm sein; **to have the ~ to do sth** die Stirn haben, etw zu tun ▸ **to turn the other ~** die andere ~ [auch] hinhalten

'**cheek·bone** *n usu pl* Backenknochen *m*

cheeky ['tʃiːki] *adj* frech

cheep [tʃiːp] **I.** *n* ❶ *of bird* Piepser *m;* (*act*) Piepen *nt* ❷ (*any small noise*) Pieps *m* **II.** *vi* piep[s]en

cheer [tʃɪəʳ] **I.** *n* ❶ (*shout*) Beifallsruf *m;* (*cheering*) Jubel *m;* **three ~s for the champion!** ein dreifaches Hoch auf den Sieger!; **to give a ~** Hurra rufen ❷ *no pl* (*joy*) Freude *f;* **to be of good ~** (*liter*) guten Mutes sein **II.** *vi* ■**to ~ for sb** jdn anfeuern ◆ **cheer on** *vt* anfeuern ◆ **cheer up I.** *vi* bessere Laune bekommen; **~ up!** Kopf hoch! **II.** *vt* aufmuntern

cheer·ful ['tʃɪəfəl] *adj* ❶ (*happy*) fröhlich; (*positive*) heiter; **in a ~ mood** gut gelaunt ❷ (*bright*) heiter; *colour, tune* fröhlich
cheer·ful·ly ['tʃɪəfli] *adv* vergnügt; (*willingly*) [bereit]willig **cheer·ful·ness** ['tʃɪəfəlnəs] *n no pl* Fröhlichkeit *f* **'cheer·ing I.** *n no pl* Jubel *m* **II.** *adj* jubelnd
cheerio [ˌtʃɪərɪ'əʊ] *interj* BRIT (*fam*) tschüs[s]
'cheer·lead·er *n* Cheerleader *m*
cheers [tʃɪəz] *interj* BRIT (*fam*) ❶ (*good health*) prost ❷ (*thanks*) danke [schön] ❸ (*goodbye*) tschüs[s]
cheery ['tʃɪəri] *adj* fröhlich
cheese [tʃi:z] *n no pl* Käse *m*; **~ sandwich** Käsebrot *nt* ▶ **hard** [*or* AUS **tough**] **~** (*fam*) Künstlerpech! *hum;* **say ~** bitte [schön] lächeln!
'cheese·burg·er *n* Cheeseburger *m* **'cheese·cake** *n* Käsekuchen *m* **'cheese·cloth** *n no pl* indische Baumwolle
cheesed off [ˌtʃi:zd'ɒf] *adj* BRIT, AUS (*fam*) angeödet; ■ **to be ~ with sb** auf jdn sauer sein
cheesy ['tʃi:zi] *adj* ❶ (*with cheese flavour*) käsig ❷ (*fam: smelly*) übel riechend; **~ feet** Käsefüße *pl* ❸ (*fam: not genuine*) **~ grin** Zahnpastalächeln *nt* ❹ AM (*fam: corny*) abgedroschen
chee·tah ['tʃi:tə] *n* Gepard *m*
chef [ʃef] *n* Koch, Köchin *m, f*
chem·bio [ˌkem'baɪəʊ] *adj short for* chemical-biological bio-chemisch
chemi·cal ['kemɪkəl] **I.** *n* (*substance*) Chemikalie *f*; (*additive*) chemischer Zusatz **II.** *adj* chemisch; **~ industry** Chemieindustrie *f*
chem·ist ['kemɪst] *n* ❶ (*student of chemistry*) Chemiker(in) *m(f)* ❷ BRIT, AUS (*pharmacist*) Drogist(in) *m(f)*, Apotheker(in) *m(f)* ❸ BRIT, AUS (*shop*) **~'s** Drogerie, in der man auch Medikamente erhält
chem·is·try ['kemɪstri] *n no pl* ❶ (*study*) Chemie *f* ❷ CHEM (*make-up*) chemische Zusammensetzung ❸ (*fig: attraction*) **the ~ is right between them** die Chemie stimmt zwischen den beiden
chemo·pre·ven·ta·tive [ˌkeməʊprɪ'ventətɪv] *adj* MED, CHEM chemopräventiv
chemo·thera·peu·tic [ˌki:məʊθerə'pju:tɪk] *adj* MED, CHEM chemotherapeutisch
chemo·thera·py [ˌki:mə(ʊ)'θerəpi] *n no pl* Chemotherapie *f*
cheque [tʃek] *n* Scheck *m* (**for** über)
'cheque ac·count *nt* Girokonto *nt* **'cheque·book** *n* Scheckheft *nt*
cheq·uered ['tʃekəd] *adj* ❶ (*patterned*) kariert ❷ (*inconsistent*) bewegt
cher·ish ['tʃerɪʃ] *vt person* liebevoll umsorgen; *hope* hegen; *sb's memory* in Ehren halten; **although I ~ my children, ...** auch wenn mir meine Kinder lieb und teuer sind, ...

cher·ry ['tʃeri] *n* ❶ (*fruit*) Kirsche *f* ❷ (*tree*) Kirschbaum *m*
'cher·ry blos·som *n* Kirschblüte *f* **cher·ry 'bran·dy** *n no pl* Kirschlikör *m*
cher·ub <*pl* -s *or* -im> ['tʃerəb, *pl* -bɪm] *n* ART Putte *f*, Putto *m*
cher·vil ['tʃɜ:vɪl] *n no pl* Kerbel *m*
chess [tʃes] *n no pl* Schach[spiel] *nt*
'chess·board *n* Schachbrett *nt* **'chess·man** *n*, **'chess piece** *n* Schachfigur *f*
chest [tʃest] *n* ❶ (*torso*) Brust *f* ❷ (*trunk*) Truhe *f*; (*box*) Kiste *f* ▶ **to get sth off one's ~** sich *dat* etw von der Seele reden
'chest·nut *n* ❶ (*nut*) Kastanie *f*; **hot ~** heiße [Ess]kastanie [*o* Marone]; **~ hair** kastanienbraunes Haar ❷ (*tree*) **horse ~** Rosskastanie *f*; **sweet ~** Edelkastanie *f* ❸ (*horse*) Fuchs *m*
chesty ['tʃesti] *adj* erkältet; **~ cough** tief sitzender Husten
chew [tʃu:] **I.** *n* **to have a ~ on sth** auf etw *dat* herumkauen **II.** *vt, vi* kauen; **to ~ one's fingernails/lips** an den Nägeln kauen/auf den Lippen herumbeißen ▶ **to bite off more than one can ~** sich zu viel zumuten
'chew·ing gum *n no pl* Kaugummi *m o nt*
chewy ['tʃu:i] *adj meat* zäh; *toffee* weich
chic [ʃi:k] **I.** *n* Schick *m* **II.** *adj* schick
chi·cane [ʃɪ'keɪn] *n* SPORTS Schikane *f*
chick [tʃɪk] *n* ❶ (*baby chicken*) Küken *nt*; (*young bird*) [Vogel]junge(s) *nt* ❷ (*sl: young female*) Mieze *f*
chick·en ['tʃɪkɪn] **I.** *n* ❶ (*farm bird*) Huhn *n* ❷ *no pl* (*meat*) Hähnchen *n*; **fried** [*or* **roasted**] **~** Brathähnchen *nt*; **grilled ~** Grillhähnchen *nt* ❸ (*pej sl: coward*) Angsthase *m*; **to play ~** eine Mutprobe machen ▶ **don't count your ~s before they're hatched** (*prov*) man soll den Tag nicht vor dem Abend loben **II.** *adj* (*pej sl*) feige
chick·en 'broth *n no pl* Hühnerbrühe *f* **'chick·en farm** *n* Hühnerfarm *f* **'chick·en·feed** *n no pl* ❶ (*fodder*) Hühnerfutter *nt* ❷ (*of money*) nur ein paar Groschen **'chick·en·pox** *n* Windpocken *pl* **'chick·en run** *n* [Hühner]auslauf *m*
'chick lit *n* (*fam*) Chick Lit *f* (*Frauenromane für trendy, erfolgreiche Mittzwanziger- bis Mitdreißigerinnen*)
chick·mag·net *n* AM (*sl*) Teenie-Idol *nt*
chick·pea ['tʃɪkpi:] *n* Kichererbse *f*
chic·ory ['tʃɪkəri] *n no pl* ❶ (*vegetable*) Chicorée *m o f* ❷ (*in drink*) Zichorie *f*
chief [tʃi:f] **I.** *n* ❶ (*head of organization*) Chef(in) *m(f)* ❷ (*leader of people*) Führer(in) *m(f)*; (*head of clan*) Oberhaupt *nt*;

(*head of tribe*) Häuptling *m* **II.** *adj* ❶ (*main*) Haupt- ❷ (*head*) ~ **administrator** Verwaltungschef(in) *m(f)*; ~ **minister** Ministerpräsident(in) *m(f)*

chief ex·'ec·u·tive *n* ❶ Am (*head of state*) Präsident(in) *m(f)* ❷ (*head of organization*) ~ |**officer**| Generaldirektor(in) *m(f)* **chief 'jus·tice** *n* Oberrichter(in) *m(f)*

chief·ly ['tʃiːfli] *adv* hauptsächlich

chief·tain ['tʃiːftən] *n* of a tribe Häuptling *m*; of a clan Oberhaupt *nt*

chif·fon ['ʃɪfɒn] *n* ❶ *no pl* Chiffon *m* ❷ Am **lemon** ~ **pie** Zitronensahne|torte| *f*

chil·blain ['tʃɪlbleɪn] *n* Frostbeule *f*

child <*pl* -dren> [tʃaɪld, *pl* tʃɪldrən] *n* Kind *nt*

'child abuse *n no pl* Kindesmisshandlung *f*; (*sexually*) Kindesmissbrauch *m* **'child·bear·ing I.** *n no pl* |Kinder|gebären *nt* **II.** *adj* of ~ **age** im gebärfähigen Alter **child 'ben·e·fit** *n* Brit Kindergeld *nt* **'child·birth** *n no pl* Geburt *f* **'child·care** *n no pl* Kinderpflege *f*; (*social services department*) Kinderfürsorge *f*; (*for children*) Jugendfürsorge *f* **child·hood** ['tʃaɪldhʊd] *n no pl* Kindheit *f*; ~ **friend** Freund(in) *m(f)* aus Kindheitstagen **child·ish** ['tʃaɪldɪʃ] *adj* (*pej*) kindisch **child·less** ['tʃaɪldləs] *adj* kinderlos **'child·like** *adj* kindlich **'child·mind·er** *n* Tagesmutter *f* **'child·proof** *adj* kindersicher

chil·dren ['tʃɪldrən] *n pl of* **child**

'child's play *n* **to be** ~ ein Kinderspiel sein **child sup·'port** *n* Unterhalt *m*

Chile ['tʃɪli] *n* Chile *nt*

chili <*pl* -es> ['tʃɪli] *n esp* Am *see* **chilli**

chill [tʃɪl] **I.** *n* ❶ *no pl* (*coldness*) Kühle *f*; (*feeling of coldness*) Kältegefühl *nt*; **to take the** ~ **off** leicht erwärmen ❷ (*cold*) Erkältung *f*; **to catch a** ~ sich erkälten **II.** *adj* (*liter: cold*) kalt ▶ **to take a** ~ **pill** Am (*sl*) sich abregen **III.** *vi* ❶ (*grow cold*) abkühlen; ~**ed to the bone** ganz durchgefroren ❷ *esp* Am (*fam*) ~ |**out**| chillen *sl* **IV.** *vt* [ab]kühlen [lassen]

chil·li <*pl* -es> ['tʃɪli] *n* Chili *m*

chill·ing ['tʃɪlɪŋ] *adj* ❶ (*making cold*) eisig ❷ (*causing fear*) abschreckend ❸ (*damaging*) ernüchternd

'chill-out ['tʃɪlaʊt] *adj attr* **room**, **area** Ruhe-

chill·ly ['tʃɪli] *adj* kühl *a. fig*; **to feel** ~ frösteln

chime [tʃaɪm] **I.** *n* (*bell tones*) Geläute *nt*; (*single one*) Glockenschlag *m*; of doorbell Läuten *nt* **II.** *vi* klingen; *church bells* läuten **III.** *vt* **the clock** ~**d eleven** die Uhr schlug elf

chim·ney ['tʃɪmni] *n* Schornstein *m*; of factory Schlot *m*; of stove Rauchfang *m*; **to smoke like a** ~ (*fig*) wie ein Schlot rauchen

'chim·ney·pot *n* Schornsteinaufsatz *m* **'chim·ney·stack** *n* Brit Schornstein *m*; of factory Schlot *m* **'chim·ney·sweep** *n* Schornsteinfeger(in) *m(f)*

chim·pan·zee [ˌtʃɪmpæn'ziː] *n* Schimpanse *m*

chin [tʃɪn] *n* Kinn *nt* ▶ **to keep one's** ~ **up** sich nicht unterkriegen lassen; **keep your** ~ **up!** Kopf hoch!; **to take it on the** ~ etw mit |großer| Fassung |er|tragen

chi·na ['tʃaɪnə] *n* ❶ *no pl* (*porcelain*) Porzellan *nt* ❷ (*tableware*) Geschirr *nt*

Chi·na ['tʃaɪnə] *n no pl* China *nt*

Chi·nese <*pl* -> [tʃaɪ'niːz] **I.** *n* ❶ (*person*) Chinese, Chinesin *m, f*; ▪ **the** ~ *pl* die Chinesen *pl* ❷ *no pl* (*language*) Chinesisch *nt* ❸ *no pl* (*food*) chinesisches Essen **II.** *adj* chinesisch

Chi·nese 'cab·bage *n* Chinakohl *m* **Chi·nese 'lan·tern** *n* Lampion *m* **Chi·nese 'res·tau·rant** *n* Chinarestaurant *nt*

chink [tʃɪŋk] **I.** *n* ❶ (*opening*) Spalt *m*; **a** ~ **in sb's armour** (*fig*) jds Schwachstelle ❷ (*noise*) Klirren *nt*; of coins, keys Klimpern *nt* **II.** *vi* klirren; (*with coins, keys*) klimpern

chintz [tʃɪnts] *n no pl* Chintz *m*

chin·wag ['tʃɪnwæg] *n* (*dated fam*) Schwatz *m*; **to have a good** ~ **with sb** mit jdm ein nettes Schwätzchen halten

chip [tʃɪp] **I.** *n* ❶ (*broken-off piece*) Splitter *m*; of wood Span *m* ❷ (*crack*) ausgebrochene Ecke; (*on blade*) Scharte *f*; **this cup has got a** ~ **in it** diese Tasse ist angeschlagen ❸ Brit (*fried potato*) ▪~**s** *pl* Pommes frites *pl*; **fish and** ~**s** Fisch und Chips ❹ Am (*crisps*) ▪~**s** *pl* Chips *pl* ❺ comput Chip *m* ❻ (*for gambling*) Chip *m* ▶ **to be a** ~ **off the old block** ganz der Vater/die Mutter sein; **to have a** ~ **on one's shoulder** einen Komplex haben [und daher sehr empfindlich sein]; **when the** ~**s are down** wenn es drauf ankommt **II.** *vt* <-pp-> ❶ (*damage*) abschlagen; (*break off*) abbrechen ❷ sports chippen **III.** *vi* <-pp-> [leicht] abbrechen ◆**chip away** *vi* ▪ **to** ~ **away at sth** an etw *dat* nagen ◆**chip in** *vi* (*fam*) ❶ (*pay*) beisteuern ❷ (*help*) mithelfen ❸ Brit (*interrupt*) dazwischenreden

'chip-bas·ket *n* Brit Frittiersieb *nt*

chip-en·'hanced *adj* mit einem Mikrochip ausgestattet; ~ **online security** Online-Sicherheit durch eingepflanzten Mikrochip

chip·munk ['tʃɪpmʌŋk] *n* Backenhörnchen *nt*

'chip pan *n* Brit Fritteuse *f*

chipped [tʃɪpt] *adj* abgeschlagen; *blade* schartig; *plate* angeschlagen; *tooth* abgebrochen

chip·ping ['tʃɪpɪŋ] *n usu pl* BRIT Schotter *m*
chip·py ['tʃɪpi] *n* ❶ BRIT (*fam: food outlet*) Frittenbude *f* ❷ AM (*pej! sl: female prostitute*) [billiges] Flittchen ❸ BRIT (*fam: carpenter*) Schreiner(in) *m(f)*
chi·ro·po·dist [kɪ'rɒpədɪst, ʃɪ-] *n* Fußpfleger(in) *m(f)*
chi·ro·po·dy [kɪ'rɒpədi, ʃɪ-] *n no pl* Fußpflege *f*
chi·ro·prac·tic ['kaɪ(ə)rə(ʊ)præktɪk] *n no pl* Chiropraktik *f*
chi·ro·prac·tor ['kaɪ(ə)rə(ʊ),præktə^r] *n* Chiropraktiker(in) *m(f)*
chirpy ['tʃɜːpi] *adj* aufgekratzt
chir·rup ['tʃɪrəp], **chirp** [tʃɜːp] **I.** *n* Zwitschern *nt* **II.** *vi, vt* <-pp-> zwitschern
chis·el ['tʃɪzᵊl] **I.** *n* Meißel *m*; (*for wood*) Beitel *m* **II.** *vt* <BRIT -ll- *or* AM *usu* -l-> meißeln; *wood* hauen
chit [tʃɪt] *n* BRIT Bescheinigung *f*; (*from doctor*) Krankmeldung *f*
chit-chat ['tʃɪtʃæt] *n no pl* (*fam*) Geplauder *nt*; **idle ~** leeres Gerede
chiv·al·rous ['ʃɪvᵊlrəs] *adj* ritterlich
chiv·al·ry ['ʃɪvᵊlri] *n no pl* Ritterlichkeit *f*
chive [tʃaɪv] *n* ■ **~s** *pl* Schnittlauch *m kein pl*
chlo·ride ['klɔːraɪd] *n no pl* Chlorid *nt*
chlo·rin·ate ['klɔːrɪneɪt] *vt* chloren
chlo·rine ['klɔːriːn] *n no pl* Chlor *nt*
chloro·fluoro·car·bon [,klɔːrə(ʊ)flʊərə(ʊ)'kɑːbᵊn] *n* Fluorchlorkohlenwasserstoff *m*
chlo·ro·form ['klɔːrəfɔːm] **I.** *n no pl* Chloroform *nt* **II.** *vt* chloroformieren
chlo·ro·phyll ['klɔːrəfɪl] *n no pl* Chlorophyll *nt*
choc-ice ['tʃɒkaɪs] *n* BRIT Eis[riegel] *mit Schokoladenüberzug*
chock [tʃɒk] *n* Bremsklotz *m*
chock-a-block [,tʃɒkə'blɒk] *adj* (*fam*) vollgestopft **chock-'full** *adj* (*fam*) ❶ (*full*) proppenvoll ❷ (*fig*) **~ of vitamins** vitaminreich
choco·late ['tʃɒkᵊlət] *n* ❶ *no pl* (*substance*) Schokolade *f*; **~ biscuit** Schokoladenkeks *m*; **~ mousse** Mousse *f* au Chocolat; **baking ~** Blockschokolade *f*; **dark ~** [*or* BRIT *also* **bitter**] [*or* AM *also* **bittersweet**] Zartbitterschokolade *f* ❷ (*sweet*) Praline *f*
choice [tʃɔɪs] **I.** *n* ❶ *no pl* (*selection*) Wahl *f*; **it's your choice!** du hast die Wahl!; **to make a ~** eine Wahl treffen; **by ~** freiwillig ❷ *no pl* (*variety*) **a wide ~ of sth** eine reiche Auswahl an etw *dat* ▸ **to be spoilt for ~** die Qual der Wahl haben **II.** *adj* ❶ (*top quality*) erstklassig ❷ (*iron: abusive*) *language* deftig; *words* beißend
choir [kwaɪə^r] *n* Chor *m*
'choir·mas·ter *n* Chorleiter(in) *m(f)* **'choir**

stalls *npl* Chorgestühl *nt*
choke [tʃəʊk] **I.** *n no pl* AUTO Choke *m* **II.** *vt* ❶ (*strangle*) erwürgen; (*suffocate*) ersticken ❷ *usu passive* (*fam: overwhelm emotionally*) überwältigen ❸ (*blocked*) ■ **to be ~d** verstopft sein **III.** *vi* ❶ (*have problems breathing*) keine Luft bekommen; **to ~ to death** ersticken; **to ~ on sth** sich an etw *dat* verschlucken ❷ SPORTS (*sl*) versagen ◆ **choke back** *vt* unterdrücken ◆ **choke down** *vt* hinunterschlucken ◆ **choke off** *vt* drosseln ◆ **choke up** *vt* überwältigen
chok·er ['tʃəʊkə^r] *n* ❶ (*necklace*) eng anliegende Halskette; (*ribbon*) Halsband *nt* ❷ AM (*fam: person*) Versager(in) *m(f)*
chol·era ['kɒlᵊrə] *n no pl* Cholera *f*
cho·les·ter·ol [kə'lestərɒl] *n no pl* Cholesterin *nt*; **high-~ foods** Nahrungsmittel *pl* mit hohem Cholesteringehalt; **~ level** Cholesterinspiegel *m*
choose <chose, chosen> [tʃuːz] **I.** *vt* [aus]wählen; **they chose her to lead the project** sie haben sie zur Projektleiterin gewählt **II.** *vi* (*select*) wählen; (*decide*) sich entscheiden; **you can ~ from these prizes** Sie können sich etwas unter diesen Preisen aussuchen; **to ~ to do sth** es vorziehen, etw zu tun ▸ **there is little to ~ between them** sie unterscheiden sich kaum
choos(e)y ['tʃuːzi] *adj* (*fam*) ■ **to be ~ [about sth]** [bei etw *dat*] wählerisch sein
chop [tʃɒp] **I.** *vt* <-pp-> ❶ (*cut*) ■ **to ~ sth** ◯ [**up**] etw klein schneiden; *wood* etw hacken ❷ (*reduce*) kürzen **II.** *vi* <-pp-> hacken ▸ **to ~ and change** BRIT, AUS (*of opinion*) ständig die Meinung ändern; (*of action*) häufig wechseln **III.** *n* ❶ (*meat*) Kotelett *nt* ❷ (*hit*) Schlag *m* ❸ *no pl* (*of water*) Wellengang *m* ❹ *esp* BRIT, AUS (*fam*) **to get the ~** gefeuert werden ◆ **chop away** *vt* abschlagen; (*fig*) kürzen ◆ **chop down** *vt* fällen ◆ **chop off** *vt* abhacken
chop-chop [,tʃɒp'tʃɒp] *interj* (*fam*) hopphopp
chop·per ['tʃɒpə^r] *n* ❶ (*sl: helicopter*) Hubschrauber *m* ❷ (*for meat*) Hackbeil *nt*; (*for wood*) Hackmesser *nt* ❸ (*sl: motorcycle*) Chopper *m*
'chop·ping block *n* Hackklotz *m*
'chop·ping board *n* Hackbrett *nt*
chop·py ['tʃɒpi] *adj* NAUT bewegt
'chop·stick *n usu pl* [Ess]stäbchen *nt*
chop suey [,tʃɒp'suːi] *n* Chopsuey *nt*
cho·ral ['kɔːrᵊl] *adj* Chor-; **~ society** Gesangverein *m*
chord [kɔːd] *n* Akkord *m* ▸ **to strike a ~ with sb** jdn berühren
chore [tʃɔː^r] *n* ❶ (*routine task*) Routinearbeit *f*;

to do the ~s die Hausarbeit erledigen ❷ (*tedious task*) lästige Aufgabe

cho·reo·graph ['kɒriəgrɑːf] *vt* **to ~ a ballet** ein Ballett choreografieren

cho·reo·gra·pher [ˌkɒri'ɒgrəfə^r] *n* Choreograf(in) *m(f)*

cho·reog·ra·phy [ˌkɒri'ɒgrəfi] *n no pl* Choreografie *f*

chor·is·ter ['kɒrɪstə^r] *n* Chormitglied *nt*; (*in cathedral choir*) Kirchenchorsänger(in) *m(f)*

cho·rus ['kɔːrəs] **I.** *n* <*pl* -es> ❶ (*refrain*) Refrain *m*; **they burst into a ~ of Happy Birthday** sie stimmten ein Happy Birthday an ❷ + *sing/pl vb* (*group of singers*) Chor *m* **II.** *vi* im Chor sprechen

chose [tʃəʊz] *pt of* **choose**

cho·sen [tʃəʊzəⁿ] *pp of* **choose**

chow [tʃaʊ] *n* AM (*sl: food*) Futter *nt*

chow·der ['tʃaʊdə^r] *n no pl* AM sämige Suppe mit Fisch, Muscheln etc.

Christ [kraɪst] **I.** *n* Christus *m* **II.** *interj* (*sl*) **~ almighty!** Herrgott noch mal!

chris·ten [krɪsəⁿ] *vt* ❶ (*give name to*) taufen; (*give nickname to*) einen Spitznamen geben ❷ (*use for first time*) einweihen

chris·ten·ing ['krɪsəⁿɪŋ] *n*, **'chris·ten·ing cer·emo·ny** *n* Taufe *f*

Chris·tian ['krɪstʃən] **I.** *n* Christ(in) *m(f)* **II.** *adj* christlich *a. fig;* (*decent*) anständig

Chris·ti·an·ity [ˌkrɪsti'ænɪti] *n no pl* Christentum *nt*

'Chris·tian name *n esp* BRIT Vorname *m*

Christ·mas <*pl* -es *or* -ses> ['krɪs(t)məs] *n* Weihnachten *nt*; **Happy** [*or* **Merry**] **~!** Frohe [*o* Fröhliche] Weihnachten!; **at ~** [an] Weihnachten

'Christ·mas card *n* Weihnachtskarte *f* **'Christ·mas carol** *n* Weihnachtslied *nt* **Christ·mas 'crack·er** *n* BRIT Knallbonbon *nt* **Christ·mas 'Day** *n* erster Weihnachtsfeiertag **Christ·mas 'Eve** *n* Heiligabend *m*; **on ~** Heiligabend **Christ·mas 'pud·ding** *n* BRIT Plumpudding *m* **'Christ·mas tree** *n* Weihnachtsbaum *m*

chrome [krəʊm], **chro·mium** ['krəʊmiəm] *n no pl* Chrom *nt*; **~ bumper** verchromte Stoßstange; **--plated** verchromt

chro·mo·some ['krəʊməsəʊm] *n* Chromosom *nt*

chron·ic ['krɒnɪk] *adj* ❶ (*continual*) chronisch; *liar* notorisch ❷ BRIT, AUS (*fam: extremely bad*) furchtbar

chroni·cle ['krɒnɪkl] **I.** *vt* aufzeichnen **II.** *n* Chronik *f*

chrono·logi·cal [ˌkrɒnə'lɒdʒɪkəl] *adj* chronologisch

chro·nol·ogy [krɒn'ɒlədʒi] *n no pl* Chronologie *f*

chrysa·lis <*pl* -es> ['krɪsəlɪs] *n* BIOL Puppe *f*

chub·by ['tʃʌbi] *adj* pummelig; *face* pausbackig; **~ child** Pummelchen *nt*; **~ fingers** Wurstfinger *pl*

chuck [tʃʌk] **I.** *n* N BRIT (*fam*) Schnucki *nt* **II.** *vt* (*fam*) ❶ (*throw*) schmeißen ❷ (*end a relationship*) ■ **to ~ sb** mit jdm Schluss machen ❸ (*fam: give up*) [hin]schmeißen ◆ **chuck away** *vt* (*fam*) wegschmeißen ◆ **chuck out** *vt* (*fam*) ❶ (*throw away*) wegschmeißen ❷ (*force to leave*) an die [frische] Luft setzen ◆ **chuck up** (*fam*) **I.** *vt* hinschmeißen **II.** *vi* kotzen *derb*

chuck·er·'out <*pl* chuckers-out> *n* BRIT (*fam*) Rausschmeißer *m*

chuck·ing-out time [ˌtʃʌkɪŋ'aʊtaɪm] *n* (*fam*) *of pub* Polizeistunde *f*

chuck·le [tʃʌkl] **I.** *n* Gekicher *nt kein pl* **II.** *vi* in sich *akk* hineinlachen

chug [tʃʌg] **I.** *vi* <-gg-> tuckern **II.** *n* Tuckern *nt*

chum [tʃʌm] *n* (*fam*) Freund(in) *m(f)*

chum·my ['tʃʌmi] *adj* (*fam*) freundlich; **to get ~ with sb** sich mit jdm anfreunden

chump [tʃʌmp] *n* (*fam*) Trottel *m* ▶ **to be off one's ~** seinen Verstand verloren haben

chunk [tʃʌŋk] *n* ❶ (*thick lump*) Brocken *m*; **~ of bread/cheese** [großes] Stück Brot/Käse; **~s of meat** Fleischbrocken *pl*; **pineapple ~s** Ananasstücke *pl* ❷ (*fig fam: large part of sth*) großer Batzen

chunky ['tʃʌŋki] *adj garment* grob; *jewellery* klobig; *person* stämmig

Chun·nel ['tʃʌnəl] *n* (*fam*) ■ **the ~** der Kanaltunnel

church [tʃɜːtʃ] *n* <*pl* -es> Kirche *f*; **to go to** [*or* **attend**] **~** in die [*o* zur] Kirche gehen; **the Catholic C~** die Katholische Kirche; **~ elder** Kirchenälteste(r) *m(f)*; **~ fête** *esp* BRIT Kirchenbasar *m*; **~ wedding** kirchliche Trauung

'church·goer *n* Kirchgänger(in) *m(f)* **Church of 'Eng·land** *n* BRIT Kirche *f* von England **church·'ward·en** *n* BRIT (*in Anglican Church*) Gemeindevorsteher(in) *m(f)*; AM (*administrator*) Vermögensverwalter(in) *m(f)* einer Kirche **'church·yard** *n* Friedhof *m*

churl·ish ['tʃɜːlɪʃ] *adj* ungehobelt

churn [tʃɜːn] **I.** *n* Butterfass *nt*; **milk ~** Milchkanne *f* **II.** *vt ground, sea* aufwühlen; *milk* quirlen **III.** *vi* (*fig*) sich heftig drehen

chute¹ [ʃuːt] *n* Rutsche *f*; **laundry ~** Wäscheschacht *m*; **rubbish** [*or* AM **garbage**] **~** Müllschlucker *m*

chute² [ʃuːt] *n short for* **parachute** Fallschirm *m*

chut·ney ['tʃʌtni] *n* Chutney *nt*

CIA [ˌsiː·aɪ'eɪ] *n* AM *abbrev of* **Central Intelli-**

gence Agency CIA *m o f*

CID [ˌsiːɑːˈdiː] *n* BRIT *abbrev of* **Criminal Investigation Department** Oberste Kriminalpolizeibehörde, ≈ Kripo *f*

ci·der [ˈsaɪdəʳ] *n no pl* Apfelwein *m*, Apfelmost *m*; ~ **apples** Preßäpfel *pl*

ci·gar [sɪˈɡɑːʳ] *n* Zigarre *f*

ci·'gar box *n* Zigarrenkiste *f* **ci·'gar case** *n* Zigarrenetui *nt* **ci·'gar-cut·ter** *n* Zigarrenabschneider *m*

ciga·rette [ˌsɪɡəˈret] *n* Zigarette *f*

ciga·'rette case *n* Zigarettenetui *nt* **ciga·'rette hold·er** *n* Zigarettenspitze *f* **ciga·'rette pa·per** *n* Zigarettenpapier *nt*

ciga·ril·lo [ˌsɪɡəˈrɪləʊ] *n* Zigarillo *m o nt, fam a. f*

ci·lan·tro [sɪˈlæntroʊ] *n* AM *no pl* frischer Koriander

cinch <*pl* -es> [sɪntʃ] *n usu sing* ■ **a** – (*easy task*) ein Kinderspiel *nt*; (*a certainty*) eine todsichere Sache

cin·der [ˈsɪndəʳ] *n* Zinder *m*; **burnt to a** ~ verkohlt; ■ ~**s** *pl* Asche *f kein pl*; ~ **track** Aschenbahn *f*

Cinderella [ˌsɪndəˈrelə] *n* Aschenputtel *nt*

'cine-cam·era *n* Filmkamera *f*

'cine-film *n* Schmalfilm *m*

cin·ema [ˈsɪnəmə] *n* Kino *nt*; **to go to the** ~ ins Kino gehen

'cin·ema-goer *n* Kinogänger(in) *m(f)*

cin·emat·ic [ˌsɪnɪˈmætɪk] *adj* Film-

'cine-pro·jec·tor *n* Filmprojektor *m*

cin·na·mon [ˈsɪnəmən] *n no pl* Zimt *m*

ci·pher [ˈsaɪfəʳ] *n* ❶ (*secret code*) [Geheim]code *m*; (*sign*) Chiffre *f* ❷ AM (*zero*) Null *f*

cir·ca [ˈsɜːkə] *prep* (*form*) circa

cir·cle [ˈsɜːkl] I. *n* ❶ (*round shape*) Kreis *m*; **to have** ~**s under one's eyes** Ringe unter den Augen haben; **to go round in** ~**s** sich im Kreis drehen *a. fig* ❷ (*group of people*) Kreis *m*, Runde *f*; ~ **of friends** Freundeskreis *m* ❸ *no pl* (*in theatre*) Rang *m* ▶ **a vicious** ~ ein Teufelskreis II. *vt* ❶ (*draw*) umkringeln ❷ (*walk*) umkreisen III. *vi* kreisen

cir·cuit [ˈsɜːkɪt] *n* ❶ ELEC Schaltsystem *m* ❷ SPORTS Rennstrecke *f*; **to do a** ~ eine Runde drehen ❸ (*circular route*) Rundgang *m* (**of** um/durch) ❹ (*sequence of events*) Runde *f*; **lecture** ~ Vortragsreihe *f*; **tennis** ~ Tennis(turnier)runde *f* ❺ LAW Gerichtsbezirk *m*; ~ **court** Bezirksgericht *m*

'cir·cuit board *n* Schaltbrett *n* **'cir·cuit break·er** *n* Schutzschalter *m*

cir·cu·itous [səˈkjuːɪtəs] *adj* umständlich; ~ **route** Umweg *m*

cir·cu·lar [ˈsɜːkjələʳ] I. *adj* [kreis]rund II. *n* Rundschreiben *nt*; (*advertisement*) Wurfsendung *f*

cir·cu·lar 'let·ter *n* Rundschreiben *nt* **cir·cu·lar 'saw** *n* Kreissäge *f* **cir·cu·lar 'tour** *n*, **cir·cu·lar 'trip** *n* Rundreise *f*, Rundfahrt *f*

cir·cu·late [ˈsɜːkjəleɪt] I. *vt news* in Umlauf bringen; *petition* herumgehen lassen II. *vi* zirkulieren; *rumours* kursieren; ~ **among your guests!** mach mal eine Runde!

cir·cu·la·tion [ˌsɜːkjəˈleɪʃən] *n no pl* ❶ MED [Blut]kreislauf *m*, Durchblutung *f*; **poor** ~ Durchblutungsstörungen *pl* ❷ (*copies sold*) Auflage *f* ❸ (*seen in public*) **to be/be taken out of** ~ aus dem Verkehr gezogen sein/werden *a. fig*; **to be back in** ~ wieder mitmischen

cir·cum·cise [ˈsɜːkəmsaɪz] *vt* beschneiden

cir·cum·ci·sion [ˌsɜːkəmˈsɪʒən] *n* Beschneidung *f*

cir·cum·fer·ence [səˈkʌm(p)fərən(t)s] *n* Umfang *m*

cir·cum·navi·gate [ˌsɜːkəmˈnævɪɡeɪt] *vt* umfahren; (*by sailing boat*) umsegeln

cir·cum·navi·ga·tion [ˌsɜːkəmnævɪˈɡeɪʃən] *n* Umschiffung *f*; (*by sailing boat*) Umseg[e]lung *f*

cir·cum·spect [ˈsɜːkəmspekt] *adj* umsichtig

cir·cum·stance [ˈsɜːkəmstæn(t)s] *n* Umstände *pl*; **to be a victim of** ~[s] ein Opfer der Verhältnisse sein; **in reduced** ~**s** in bescheidenen Verhältnissen; **in** [*or* **under**] **no/these** ~**s** unter keinen/diesen Umständen

cir·cum·stan·tial [ˌsɜːkəmˈstæn(t)ʃəl] *adj* indirekt; ~ **evidence** Indizienbeweis *m*

cir·cum·vent [ˌsɜːkəmˈvent] *vt* umgehen

cir·cus [ˈsɜːkəs] *n* ❶ (*show*) Zirkus *m* ❷ BRIT (*in city*) [runder] Platz; **Piccadilly C**~ Piccadilly Circus *m*

cir·rus <*pl* -ri> [ˈsɪrəs, *pl* -riː] *n* METEO Zirrus *m*

cis·tern [ˈsɪstən] *n* (*of toilet*) Spülkasten *m*; (*in roof*) Wasserspeicher *m*

cita·del [ˈsɪtədəl] *n* Zitadelle *f*

ci·ta·tion [saɪˈteɪʃən] *n* ❶ (*quotation*) Zitat *nt* ❷ AM (*commendation*) lobende Erwähnung

cite [saɪt] *vt* ❶ (*mention*) anführen ❷ (*quote*) zitieren ❸ AM (*officially commend*) ■ **to be** ~**d** lobend erwähnt werden

citi·zen [ˈsɪtɪzən] *n* [Staats]bürger(in) *m(f)*

Citi·zens' Band 'ra·dio *n* CB-Funk *m*

citi·zen·ship [ˈsɪtɪzənʃɪp] *n no pl* ❶ (*national status*) Staatsbürgerschaft *f* ❷ (*behaviour*) Nachbarschaft *f*

cit·ric [ˈsɪtrɪk] *adj* Zitrus-; ~ **acid** Zitronensäure *f*

cit·rus [ˈsɪtrəs] *n* <*pl* - *or* -es> Zitrusgewächs *nt*; ~ **fruit** Zitrusfrucht *f*

city [ˈsɪti] *n* ❶ (*large town*) [Groß]stadt *f*

city hall – claptrap

❷ Brit ■ **the C~** *das Londoner Banken- und Börsenviertel* **city 'hall** *n* Am Rathaus *nt;* ■ **C~** Stadtverwaltung *f*

civ·ic ['sɪvɪk] *adj* städtisch; *(of citizenship)* bürgerlich; **~ authorities** Stadtverwaltung *f*; **~ centre** Brit Verwaltungszentrum *nt*

civ·il ['sɪvəl] *adj* ❶ *(non-military)* zivil; *(of ordinary citizens)* bürgerlich ❷ *(courteous)* höflich; **to keep a ~ tongue in one's head** seine Zunge im Zaum halten

civ·il 'court *n* Zivilgericht *nt* **civ·il de·'fence** *n no pl* Zivilschutz *m* **civ·il dis·o'bedi·ence** *n no pl* ziviler Ungehorsam *m* **civ·il en·gi·'neer** *n* Bauingenieur(in) *m(f)* **ci·vil·ian** [sɪˈvɪliən] **I.** *n* Zivilist(in) *m(f)* **II.** *adj* Zivil- **ci·vil·ity** [sɪˈvɪlətiz] *n* ❶ *no pl (politeness)* Höflichkeit *f* ❷ *(remarks)* ■ **civil·ities** *pl* Höflichkeitsfloskeln *pl*

civi·li·za·tion [ˌsɪvəlaɪˈzeɪʃən] *n* Zivilisation *f*

civi·lize ['sɪvəlaɪz] *vt* zivilisieren

civ·il 'law *n* Zivilrecht *nt* **civ·il 'lib·er·ties** *npl* [bürgerliche] Freiheitsrechte **civ·il 'rights** *npl* Bürgerrechte *pl* **civ·il 'serv·ant** *n* [Staats]beamte(r), -beamtin *m, f* **civ·il 'ser·vice** *n* öffentlicher Dienst **civ·il 'war** *n* Bürgerkrieg *m*

civ·vies ['sɪviz] *npl esp* Brit *(dated fam)* Zivil *nt kein pl*

ckw. *adv abbrev of* **clockwise** im Uhrzeigersinn

clack [klæk] *vi* klappern

clad [klæd] *adj* gekleidet; **ivy-~** efeubewachsen

claim [kleɪm] **I.** *n* ❶ *(assertion)* Behauptung *f* ❷ *(demand for money)* Forderung *f* ❸ *(right)* Anspruch *m* (to auf); **legal ~** Rechtsanspruch *m* ❹ *(insurance)* Versicherungsanspruch *m* ❺ LAW Klage *f;* **small ~s court** Gericht, das für Geldansprüche bis zu einer bestimmten Höhe zuständig ist ❻ MIN Claim *nt* **II.** *vt* ❶ *(assert)* behaupten; *responsibility* übernehmen; *victory* für sich *akk* in Anspruch nehmen ❷ *(declare ownership)* Anspruch erheben auf +*akk; luggage* abholen; *throne* beanspruchen; *diplomatic immunity* sich berufen auf +*akk* ❸ *(require)* ■ **to ~** *(demand in writing)* beantragen; *damages, a refund* fordern; **to ~ one's money back** sein Geld zurückverlangen ❺ *(cause death)* fordern **III.** *vi* seine Ansprüche geltend machen; ■ **to ~ for sth** etw fordern; **to ~ on the insurance** Schadenersatz bei der Versicherung beantragen ◆ **claim back** *vt* zurückfordern

claim·ant [ˈkleɪmənt] *n* Anspruchsteller(in) *m(f);* *(for benefits)* Antragsteller(in) *m(f);* LAW Kläger(in) *m(f);* **~ to a throne** Thronanwärter(in) *m(f)*

clair·voy·ance [ˌkleəˈvɔɪən(t)s] *n no pl* Hellsehen *nt*

clair·voy·ant [ˌkleəˈvɔɪənt] **I.** *n* Hellseher(in) *m(f)* **II.** *adj* hellseherisch; ■ **to be ~** hellsehen können

clam [klæm] **I.** *n* Venusmuschel *f* **II.** *vi* <-mm-> ■ **to ~ up** keinen Piep[s] mehr sagen

clam·ber [ˈklæmbər] **I.** *vi* klettern **II.** *n usu sing* Kletterei *f*

clam 'chow·der *n* [sämige] Muschelsuppe

clam·my [ˈklæmi] *adj* feuchtkalt

cla·mor *n,* vi AM *see* **clamour**

cla·mour [ˈklæmər] **I.** *vi (demand)* schreien (**for** nach); *(protest)* protestieren **II.** *n* ❶ *(popular outcry)* Aufschrei *m;* *(demand)* lautstarke Forderung ❷ *(loud noise)* Lärm *m*

clamp [klæmp] **I.** *n* Klammer *f;* *(screwable)* Klemme *f* **II.** *vt* ❶ *(fasten together)* ■ **to ~ sth to sth** etw an etw *dat* festklammern; ■ **to ~ sth together** etw [mittels einer Zwinge] zusammenpressen ❷ *(hold tightly)* fest halten; **he ~ed his hand over her mouth** er hielt ihr mit der Hand den Mund zu ❸ *esp* Brit **to ~ a car** eine Wegfahrsperre an einem Auto anbringen ◆ **clamp down** *vi* ■ **to ~ down on sth** gegen etw *akk* scharf vorgehen

'clam·shell *n* TELEC Klapp-Handy *nt*

clan [klæn] *n* + *sing/pl vb* Scot Clan *m;* *(hum fam: family)* Sippschaft *f*

clan·des·tine [klænˈdestɪn] *adj* heimlich

clang [klæŋ] **I.** *vi* scheppern; *bell* [laut] läuten **II.** *n usu sing* Scheppern *nt; bell* [lautes] Läuten

clang·er [ˈklæŋər] *n* Brit *(fam)* Fauxpas *m*

clank [klæŋk] **I.** *vi* klirren; *chain* rasseln **II.** *vt* klirren mit +*dat* **III.** *n usu sing* Klirren *nt*

clap [klæp] **I.** *n* ❶ *(act)* Klatschen *nt;* **to give sb a ~** jdm applaudieren ❷ *(noise)* Krachen *nt;* **~ of thunder** Donner[schlag] *m* **II.** *vt* <-pp-> ❶ *(slap palms together)* ■ **to ~ one's hands [together]** in die Hände klatschen; ■ **to ~ sb** jdm Beifall klatschen ❷ *(place quickly)* **she ~ped her hand over her mouth** sie hielt sich schnell den Mund zu; **to ~ sb on the back** jdm auf die Schulter klopfen; **to ~ sb in chains** jdn in Ketten legen; **to ~ handcuffs on sb** jdm Handschellen anlegen ▶ **to ~ eyes on** [erstmals] zu sehen bekommen **III.** *vi* <-pp-> [Beifall] klatschen; **to ~ along** mitklatschen

'clap doc·tor *n (sl)* Facharzt, -ärztin *m, f* für Geschlechtskrankheiten

clapped-out [ˈklæptaʊt] *adj* Brit, Aus *(fam)* klapprig

clap·per [ˈklæpər] *n* Klöppel *m* ▶ **like the ~s** Brit *(fam)* mit einem Affenzahn

clap·trap [ˈklæptræp] *n no pl (pej fam)* Unsinn *m*

clar·et ['klærət] *n* ❶ (*wine*) roter Bordeaux ❷ (*colour*) Weinrot *nt*

clari·fi·ca·tion [ˌklærɪfɪ'keɪʃən] *n* Klarstellung *f*

clari·fy <-ie-> ['klærɪfaɪ] *vt* klarstellen

clari·net [ˌklærɪ'net] *n* Klarinette *f*

clar·ity ['klærəti] *n no pl* Klarheit *f*

clash [klæʃ] **I.** *vi* ❶ (*come into conflict*) zusammenstoßen ❷ (*compete against*) aufeinandertreffen ❸ (*contradict*) im Widerspruch stehen ❹ (*be discordant*) nicht harmonieren; *colours* sich beißen ❺ *esp* BRIT, AUS (*coincide inconveniently*) sich überschneiden **II.** *vt cymbals* gegeneinanderschlagen **III.** *n* <*pl* -es> ❶ (*hostile encounter*) Zusammenstoß *m* ❷ (*contest*) Aufeinandertreffen *nt* ❸ (*conflict*) Konflikt *m* ❹ (*incompatibility*) Unvereinbarkeit *f* ❺ *esp* BRIT, AUS (*coincidence*) unglückliches Zusammentreffen

clasp [klɑːsp] **I.** *n* ❶ (*firm grip*) Griff *m* ❷ (*fastening device*) Verschluss *m* **II.** *vt* umklammern; **to ~ one's hands** die Hände ringen

'clasp knife *n* Klappmesser *nt*

class [klɑːs] **I.** *n* <*pl* -es> ❶ + *sing/pl vb* (*pupils*) [Schul]klasse *f* (*lesson*) [Unterrichts]stunde *f;* SPORTS Kurs[us] *m;* ~ **es have been cancelled today** heute fällt der Unterricht aus ❷ + *sing/pl vb* AM (*graduates*) Jahrgang *m* ❹ + *sing/pl vb* (*stratum*) Klasse *f*, Schicht *f* ❺ (*category, quality*) Klasse *f* **II.** *adj* erstklassig **III.** *vt* einstufen

class·'con·scious *adj* klassenbewusst

clas·sic ['klæsɪk] **I.** *adj* klassisch **II.** *n* Klassiker *m*

clas·si·cal ['klæsɪkəl] *adj* klassisch

Clas·si·cism ['klæsɪsɪzəm] *n no pl* Klassizismus *m*

clas·si·cist ['klæsɪsɪst] *n* Altphilologe, -philologin *m, f*

clas·sics ['klæsɪks] *n* + *sing vb* Altphilologie *f*

clas·si·fi·ca·tion [ˌklæsɪfɪ'keɪʃən] *n no pl* Klassifikation *f*

clas·si·fied ['klæsɪfaɪd] *adj* geheim; ■**to be ~** unter Verschluss stehen

clas·si·fy <-ie-> ['klæsɪfaɪ] *vt* klassifizieren

class·less ['klɑːsləs] *adj* klassenlos

'class·mate *n* Klassenkamerad(in) *m(f)*

class re·'un·ion *n* Klassentreffen *nt*

'class·room *n* Klassenzimmer *nt*

classy ['klɑːsi] *adj* erstklassig

clat·ter ['klætə*r*] **I.** *vt* klappern mit + *dat* **II.** *vi* ❶ (*rattle*) klappern ❷ *hooves* trappeln **III.** *n no pl* Klappern *nt*; *hooves* Getrappel *nt*

clause [klɔːz] *n* ❶ (*part of sentence*) Satzglied *nt* ❷ (*in a contract*) Klausel *f*

claus·tro·pho·bia [ˌklɔːstrə'fəʊbɪə] *n no pl* Klaustrophobie *f*

claus·tro·pho·bic [ˌklɔːstrə'fəʊbɪk] **I.** *adj person* klaustrophobisch; **my room's a bit ~** in meinem Zimmer kriegt man fast Platzangst **II.** *n jd, der unter Klaustrophobie leidet*

claw [klɔː] **I.** *n* Kralle *f*; *of birds of prey, big cats* Klaue *f*; *of sea creatures* Schere *f* **II.** *vt* [zer]kratzen

claw-foot bath [ˌklɔːfʊt'bɑːθ] *n* freistehende Badewanne auf Krallenfüßen

clay [kleɪ] *n no pl* ❶ (*earth*) Lehm *m*; (*for pottery*) Ton *m*; **modelling ~** Modelliermasse *f* ❷ TENNIS Sand *m*

clay 'pig·eon *n* Tontaube *f*

clean [kliːn] **I.** *adj* ❶ (*not dirty*) sauber; *sheet* frisch ❷ LAW *driving licence* Führerschein *m* ohne Strafpunkte; **to have a ~ record** nicht vorbestraft sein ❸ *joke* anständig; *living* makellos ❹ *lines* klar ❺ (*complete, entire*) gründlich; **to make a ~ break from sth** unter etw *dat* einen Schlussstrich ziehen ❻ MED **to give sb a ~ bill of health** jdn für gesund erklären ▶ **to come ~** reinen Tisch machen **II.** *adv* total, glatt; **the thief got ~ away** der Dieb ist spurlos verschwunden; **~ bowled** BRIT (*cricket*) sauber geschlagen **III.** *vt* ❶ (*remove dirt*) sauber machen; *car* waschen; *floor* wischen; *furniture* reinigen; *shoes, windows* putzen; *wound* reinigen; **to ~ the house** putzen; **to ~ one's teeth** sich *dat* die Zähne putzen; ■**to ~ sth off** etw abwischen ❷ FOOD *chicken, fish* ausnehmen; *vegetables* putzen **IV.** *vi* sich reinigen lassen **V.** *n* **to give sth a [good] ~** etw [gründlich] putzen; *shoes, window, teeth, room* [gründlich] putzen; *furniture, carpet* [gründlich] reinigen ◆ **clean out** *vt* ❶ (*clean thoroughly*) [gründlich] sauber machen; (*with water*) auswaschen; *stables* ausmisten; (*throw away*) entrümpeln ❷ (*fam: take all resources*) *person* [wie eine Weihnachtsgans] ausnehmen; *bank, store* ausräumen *fam*; (*in games*) sprengen; **to be completely ~ed out** völlig blank sein ◆ **clean up I.** *vt* ❶ (*make clean*) sauber machen; *building* reinigen; *room* aufräumen; **to ~ up the mess** aufräumen ❷ (*fig*) säubern **II.** *vi* ❶ (*make clean*) aufräumen; (*freshen oneself*) sich frisch machen; ■**to ~ up after sb** jdm hinterherräumen ❷ (*sl: make profit*) absahnen

'clean-cut *adj* klar umrissen

clean·er ['kliːnə*r*] *n* ❶ (*person*) Reinigungskraft *f*, Putzfrau *f* ❷ *no pl* (*substance*) Reiniger *m*

clean·ing ['kliːnɪŋ] *n no pl* Reinigung *f*; **to do the ~** sauber machen

'clean·ing lady *n*, **'clean·ing wom·an** *n*

Putzfrau *f*
clean·li·ness ['klenlɪnəs] *n no pl* Sauberkeit *f*
clean·ly ['kli:nli] *adv* sauber
'clean room *n* Reinraum *m*
cleanse [klenz] *vt* reinigen
cleans·er ['klenzə^r] *n* Reiniger *m*; (*for skin*) Reinigungscreme *f*
clean-'shav·en *adj* glatt rasiert
'cleans·ing cream *n* Reinigungscreme *f*
'cleans·ing tis·sue *n* Kosmetiktuch *nt*
'clean·skin *n* Nichtvorbestrafte(r) *f*/*m*; **the suspects were ~s** die Verdächtigen waren den Sicherheitsdiensten nicht bekannt
'clean-up *n* Reinigung *f*
clear [klɪə^r] **I.** *adj* ❶ (*understandable*) klar; (*definite*) eindeutig; *signs* deutlich; *picture* scharf; **to make oneself ~** sich deutlich ausdrücken; **as ~ as a bell** glockenhell; [as] **~ as day** eindeutig ❷ (*obvious*) klar; **he's got a ~ lead** er führt eindeutig; **as ~ as day** sonnenklar; **to make one's position ~** seine Haltung deutlich machen; **to make oneself ~** sich verständlich machen; ■**to be ~ about sth** sich *dat* über etw *akk* im Klaren sein ❸ (*guilt-free*) *conscience* rein ❹ (*unobstructed*) frei ❺ (*transparent*) *glass* durchsichtig; *liquid* klar ❻ (*pure*) rein; *sound* klar ❼ (*of weather*) klar ❽ (*net*) rein; **~ profit** Reingewinn *m* ❾ (*away from*) **to keep ~** sich fernhalten ► **all ~** die Luft ist rein **II.** *n* ■**to be in the ~** außer Verdacht sein **III.** *adv* ❶ (*away from*) **stand ~ of the doors** (*in underground*) bitte zurückbleiben; (*at train station*) Türen schließen selbsttätig – Vorsicht bei der Abfahrt; **to be thrown ~ of sth** aus etw *dat* herausgeschleudert werden ❷ (*distinctly*) **loud and ~** klar und deutlich **IV.** *vt* ❶ (*remove doubts*) klären ❷ (*remove confusion*) **to ~ one's head** einen klaren Kopf bekommen ❸ (*remove obstruction*) [weg]räumen; **to ~ one's throat** sich räuspern ❹ (*remove blemish*) reinigen ❺ (*empty*) ausräumen; *building* räumen; *table* abräumen ❻ (*acquit*) freisprechen; *name* reinwaschen ❼ (*complete*) erledigen ❽ FIN *debts* begleichen ❾ (*jump*) springen über +*akk* ❿ (*get approval*) klären ⓫ (*give permission*) genehmigen; **to ~ a plane for take-off** ein Flugzeug zum Start freigeben ⓬ SPORTS **to ~ [the ball]** klären ► **to ~ the decks** klar Schiff machen **V.** *vi* ❶ (*become understandable*) sich klären ❷ (*become transparent*) sich klären ❸ (*become free of blemish*) sich reinigen ❹ (*weather*) sich [auf]klären; *fog* sich auflösen ◆**clear away I.** *vt* wegräumen **II.** *vi* abräumen ◆**clear off** *vi* (*fam*) verschwinden ◆**clear out I.** *vt* ausräumen; *attic* entrümpeln **II.** *vi* (*fam*) verschwinden ◆**clear up I.** *vt* ❶ (*explain*) klären; *mystery* aufklären ❷ (*clean*) aufräumen **II.** *vi* ❶ (*tidy*) aufräumen; ■**to ~ up after sb** hinter jdm herräumen ❷ (*become cured*) verschwinden, sich legen ❸ (*stop raining*) aufhören zu regnen; (*brighten up*) sich aufklären
clear·ance ['klɪər^ən(t)s] *n no pl* ❶ (*act of clearing*) Beseitigung *f*; **slum ~ programme** Slumsanierungsprogramm *nt* ❷ (*space*) Spielraum *m*; *of a door* lichte Höhe ❸ FIN *of a debt* Tilgung *f* ❹ (*official permission*) Genehmigung *f*; (*for take-off*) Starterlaubnis *f*; (*for landing*) Landeerlaubnis *f*; **security ~** Unbedenklichkeitsbescheinigung *f*
'clear·ance sale *n* Räumungsverkauf *m*
'clear-cut I. *adj* ❶ (*sharply outlined*) scharf geschnitten; *features* markant ❷ (*definite*) klar; *case* eindeutig **II.** *vt* abholzen **clear-'head·ed** *adj* ■**to be ~** einen klaren Kopf haben
'clear·ing ['klɪərɪŋ] *n* Lichtung *f*
'clear·ing of·fice *n* BRIT Abrechnungsstelle *f*
clear·ly ['klɪəli] *adv* ❶ (*distinctly*) klar, deutlich ❷ (*obviously*) offensichtlich; (*unambiguously*) eindeutig; (*undoubtedly*) zweifellos
clear·ness ['klɪənəs] *n no pl* Klarheit *f*; (*unambiguousness*) Eindeutigkeit *f*
clear-'sight·ed *adj* scharfsichtig
cleav·age ['kli:vɪdʒ] *n no pl* Dekolletee *nt*
cleav·er ['kli:və^r] *n* Hackbeil *nt*
clef [klef] *n* [Noten]schlüssel *m*
cleft [kleft] **I.** *adj* gespalten; **~ palate** Gaumenspalte *f* **II.** *n* Spalt *m*
clema·tis <*pl* -> ['klemətɪs] *n* Klematis *f*
clem·en·cy ['klemən(t)si] *n no pl* Milde *f*; **appeal for ~** Gnadengesuch *nt*
clench [klen(t)ʃ] *vt* (*fest*) umklammern; *fist* ballen; *teeth* fest zusammenbeißen; **to ~ sth between one's teeth** sich *dat* etw zwischen die Zähne klemmen
cler·gy ['klɜ:dʒi] *n* + *pl vb* ■**the ~** die Geistlichkeit; **to join the ~** Geistliche(r) werden
'cler·gy·man *n* Geistliche(r) *m* **'cler·gy·wom·an** *n* Geistliche *f*
cler·ic ['klerɪk] *n* Kleriker(in) *m*(*f*)
cler·i·cal ['klerɪk^əl] *adj* ❶ (*of the clergy*) geistlich ❷ (*of offices*) Büro-; **~ error** Versehen *nt*
'cler·i·cal staff *n sing*/*pl vb* Büropersonal *nt* **'cler·i·cal work** *n no pl* Büroarbeit *f*
clerk [klɑ:k] **I.** *n* Büroangestellte(r) *f*/*m*; AM (*hotel receptionist*) Empfangschef, -dame *m*, *f*; **sales ~** AM Verkäufer(in) *m*(*f*) **II.** *vi* **to ~ in an office** in einem Büro beschäftigt sein
clev·er ['klevə^r] *adj* ❶ (*intelligent*) klug; **to be ~ at a subject** in einem Fach sehr gut sein ❷ (*skilful*) geschickt (**at** in); (*showing intelligence*) clever *a. pej*; *trick* raffiniert

'clev·er clogs <*pl* -> *n* BRIT, **'clev·er dick** *n* BRIT (*pej*) Klugscheißer *m sl* **clev·er·ness** ['klevənəs] *n no pl* ❶ (*quick-wittedness*) Schlauheit *f* ❷ (*skill*) Geschick *nt*

cliché ['kli:ʃeɪ] *n* Klischee *nt*

click [klɪk] **I.** *n* ❶ (*short, sharp sound*) Klicken *nt; of fingers* Knipsen *nt; of heels* Zusammenklappen *nt; of lock* Einschnappen *nt; of tongue* Schnalzen *nt* ❷ COMPUT Klick *m* ❸ AM (*sl*) Kilometer *m* **II.** *vi* ❶ (*short, sharp sound*) klicken; *lock* einschnappen; ~ *on sth* etw anklicken; *lock: become friendly*) sich auf Anhieb verstehen ❸ (*fam: become understandable*) [plötzlich] klar werden ❹ COMPUT klicken; ▪ **to ~ on sth** etw anklicken **III.** *vt* ❶ (*make sound*) **to ~ one's fingers** [mit den Fingern] schnippen; *heels* zusammenklappen; **to ~ one's tongue** mit der Zunge schnalzen ❷ COMPUT anklicken

'click fraud *n no pl* Betrug, bei dem jd unzählige Male Pop-up-Werbung anklickt, damit dem Werber Kosten entstehen, ohne jedoch an dem Produkt interessiert zu sein

cli·ent ['klaɪənt] *n* Kunde, Kundin *m, f;* LAW Klient(in) *m(f)*

cli·en·tele [ˌkli:ɑ̃(n)'tel] *n* + *sing/pl vb* Kundschaft *f*

cliff [klɪf] *n* Klippe *f*

'cliff·hang·er *n* Thriller *m*

cli·mac·tic [klaɪˈmæktɪk] *adj* sich steigernd

cli·mate ['klaɪmət] *n* Klima *nt a. fig;* **change of ~** Klimawechsel *m;* **the ~ of opinion** die allgemeine Meinung; **to move to a warmer ~** in wärmere Gegenden ziehen

'cli·mate change *n no pl* Klimaveränderung *f* **'cli·mate change levy** *n* BRIT Klimaschutzabgabe *f* (*Abgabe auf den Stromverbrauch im nicht-privaten Sektor*) **'cli·mate-neu·tral** *adj attr event, process* klimaneutral

cli·mat·ic [klaɪˈmætɪk] *adj* klimatisch; ~ **changes** Klimaveränderungen *pl*

cli·ma·tolo·gist [ˌklaɪməˈtɒlədʒɪst] *n* Klimatologe, Klimatologin *m, f*

cli·ma·tol·ogy [ˌklaɪməˈtɒlədʒi] *n no pl* Klimatologie *f*

cli·max ['klaɪmæks] **I.** *n* Höhepunkt *m* **II.** *vi* ❶ (*reach a high point*) einen Höhepunkt erreichen; ▪ **to ~ in sth** in etw *dat* gipfeln ❷ (*achieve orgasm*) einen Orgasmus haben

climb [klaɪm] **I.** *n* ❶ (*ascent*) Aufstieg *m a. fig* AVIAT Steigflug *m* ❷ (*increase*) Anstieg *m* (**in** +*gen*) **II.** *vt* ❶ (*ascend*) **to ~** [**up**] **a hill** auf einen Hügel [hinauf]steigen; **to ~** [**up**] **a ladder** eine Leiter hinaufklettern; **to ~** [**up**] **the stairs** die Treppe hochgehen; **to ~** [**up**] **a tree** auf einen Baum [hoch]klettern ❷ (*conquer*) ersteigen **III.** *vi* ❶ (*ascend*) [auf]steigen *a. fig;* **to ~ up** *path* sich hochschlängeln; *plant* hochklettern ❷ (*increase rapidly*) [an]steigen ❸ (*get into*) hineinklettern (**into** in); **he ~ed into his suit** er stieg in seinen Anzug ❹ (*get out*) herausklettern (**out of** aus) ▪ **climb down** *vi* ❶ (*descend*) heruntersteigen; (*from summit*) absteigen; **to ~ down** [**from**] **a tree** von einem Baum herunterklettern ❷ BRIT, AUS (*give in*) klein beigeben

'climb-down *n* BRIT [Ein]geständnis *nt*

climb·er ['klaɪməʳ] *n* ❶ (*mountaineer*) Bergsteiger(in) *m(f);* of rock faces Kletterer, Kletterin *m, f* ❷ (*climbing plant*) Kletterpflanze *f* ❸ (*striver for higher status*) Aufsteiger(in) *m(f)* ❹ AM (*climbing frame*) Klettergerüst *nt* **climb·ing** ['klaɪmɪŋ] **I.** *n no pl of mountains* Bergsteigen *nt; of rock faces* Klettern *nt* **II.** *adj* Kletter-; ~ **irons** Steigeisen *pl*

clinch [klɪn(t)ʃ] **I.** *n* <*pl* -es> ❶ (*embrace*) Umschlingung *f* ❷ BOXING Clinch *m* **II.** *vt* entscheiden; *deal* perfekt machen **III.** *vi* BOXING clinchen

clinch·er [klɪn(t)ʃəʳ] *n* (*fam*) entscheidender Faktor

cling <clung, clung> [klɪŋ] *vi* ❶ (*hold tightly*) [sich] klammern (**to** an); ~ **on** halt dich fest ❷ (*stick*) kleben; *smell* hängen bleiben

'cling film *n no pl* BRIT Frischhaltefolie *f*

cling·ing ['klɪŋɪŋ] *adj* ❶ (*close-fitting*) eng anliegend ❷ (*emotionally*) klammernd

clingy ['klɪŋi] *adj* klammernd

clin·ic ['klɪnɪk] *n* (*building*) Klinik *f;* BRIT (*medical advice*) Sprechstunde *f*

clin·i·cal ['klɪnɪkəl] *adj attr* ❶ klinisch ❷ *rooms, clothes* steril, kalt ❸ (*emotionless*) distanziert

cli·ni·cian [klɪˈnɪʃən] *n* Kliniker(in) *m(f)*

clink [klɪŋk] **I.** *vi* klirren; *esp metal* klimpern *dat* **II.** *vt* klirren mit +*dat; esp metal* klimpern mit +*dat;* **to ~ glasses** die Gläser klingen lassen **III.** *n* ❶ *no pl* Klirren *nt* ❷ (*fam*) Knast *m*

clip¹ [klɪp] **I.** *n* ❶ (*fastener*) Klipp *m;* (*for wires*) Klemme *f;* **bicycle ~** [Fahrrad]klammer *f;* **hair ~** [Haar]spange *f;* **paper ~** Büroklammer *f* ❷ (*for gun*) Ladestreifen *m* ❸ (*jewellery*) Klipp *m* **II.** *vt* <-pp-> ▪ **to ~ together** zusammenklammern

clip² [klɪp] **I.** *n* ❶ (*trim*) Schneiden *nt* ❷ FILM Ausschnitt *m* ❸ (*sharp blow*) Schlag *m;* **to get a ~ round the ear** eins hinter die Ohren bekommen **II.** *vt* <-pp-> ❶ (*trim*) *dog* trimmen; *hedge* stutzen; *sheep* scheren; **to ~ one's nails** sich *dat* die Nägel schneiden ❷ BRIT *ticket* entwerten ❸ (*fig: reduce*) verkürzen ❹ (*attach*) anheften ❺ (*touch*) streifen; **to ~ sb's ear** jdm eins hinter die Ohren geben ▸ **to ~ sb's wings**

clipboard – closeness

(*fig*) jdm die Flügel stutzen
'clip·board *n* Klemmbrett *nt*
clipped [klɪpt] *adj* ❶ (*trimmed*) gestutzt ❷ (*cut short*) *way of speaking* abgehackt
clip·ping ['klɪpɪŋ] *n* **grass ~s** das gemähte Gras; **nail ~s** abgeschnittene Nägel; **newspaper ~** Zeitungsausschnitt *m*
clique [kliːk] *n* + *sing/pl vb* (*pej*) Clique *f*
cli·quish ['kliːkɪʃ] *adj*, **cli·quey** ['kliːki] *adj* (*pej*) cliquenhaft
clito·ris ['klɪtərɪs] *n* Klitoris *f*, Kitzler *m*
cloak [kləʊk] **I.** *n* ❶ (*garment*) Umhang *m* ❷ (*fig*) Deckmantel *m* **II.** *vt* verhüllen; **to be ~ed in secrecy** geheim gehalten werden
'cloak·room *n* ❶ (*for coats*) Garderobe *f* ❷ BRIT (*public toilet*) Toilette *f*
clob·ber ['klɒbə^r] (*fam*) **I.** *vt* ❶ (*strike*) verprügeln ❷ (*fig: punish*) bestrafen ❸ (*defeat*) vernichtend schlagen **II.** *n no pl* BRIT, AUS Zeug *nt*
clock [klɒk] **I.** *n* ❶ (*for time*) Uhr *f*; **to run against the ~** auf Zeit laufen; **to work against the ~** gegen die Zeit arbeiten; **round the ~** rund um die Uhr ❷ (*speedometer*) Tacho[meter] *m o nt* **II.** *vt* ❶ (*measure speed*) **the police ~ed him doing 90 mph** die Polizei blitzte ihn mit 145 km/h; **to be ~ed at** [*or* **to**] **10 seconds in** [*or* **for**] **the 100 metres** die 100 Meter in 10 Sekunden laufen ❷ (*fam: strike*) **to ~ sb** [**one**] jdm eine kleben ◆ **clock in** *vi* stechen **'clock face** *n* Zifferblatt *nt* ◆ **clock out** *vi* stechen **clock·'ra·dio** *m* Radiowecker *m* **'clock-watch·er** *n* (*pej*) jd, der ständig auf die Uhr sieht **clock·wise** ['klɒkwaɪz] *adj*, *adv* im Uhrzeigersinn **'clock·work** *n no pl* Uhrwerk *nt*; **everything is going like ~** alles läuft wie am Schnürchen; **~ toy** Spielzeug *nt* zum Aufziehen; **regular as ~** pünktlich wie ein Uhrwerk
clod [klɒd] *n* Klumpen *m*
clog [klɒɡ] **I.** *n* Holzschuh *m*; (*modern*) Clog *m* **II.** *vi*, *vt* <-gg-> **to ~** [**up**] verstopfen
clois·ter ['klɔɪstə^r] *n usu pl* Kreuzgang *m*
clone [kləʊn] **I.** *n* Klon *m* **II.** *vt* klonen
clon·ing ['kləʊnɪŋ] *n no pl* Klonen *nt*
close¹ [kləʊs] *adj* ❶ (*near*) nah[e]; **it's ~ to Christmas** Weihnachten steht vor der Tür; **~ combat** Nahkampf *m*; **the ~st pub** das nächste Pub; ■ **to be ~ to sth** in der Nähe einer S. *gen* liegen; **to be ~ to tears** den Tränen nahe sein ❷ (*intimate*) eng; **~ relatives** nahe Verwandte; **~ secret** großes Geheimnis; ■ **to be ~ to sb** jdm [sehr] nahestehen ❸ (*almost equal*) knapp; **the election was too ~ to call** der Ausgang der Wahl war völlig offen; **~ race** Kopf-an-Kopf-Rennen *nt* ❹ (*exact*) genau; **to pay ~ attention to sb** jdm gut zuhören; **to pay ~ attention to sth** genau auf etw *akk* achten; **to keep a ~ eye on sth** etw gut im Auge behalten ❺ (*airless*) schwül; (*in room*) stickig ❻ (*almost*) **~ to** [*or* **on**] **...** nahezu ...; **~ to midnight** kurz vor Mitternacht ▶ **that was a ~ call!** das war knapp! **II.** *adv* (*near*) nahe; **please come ~r** kommen Sie doch näher!; **the election is getting ~** die Wahlen stehen unmittelbar vor der Tür; **she came ~ to getting that job** fast hätte sie die Stelle bekommen; **the child stood ~ to his mother** das Kind stand dicht bei seiner Mutter; **to come ~ to tears** den Tränen nahe kommen; **to get ~ to sb/sth** jdm/etw nahekommen; **to hold sb ~** jdn fest an sich *akk* drücken; ■ **~ by** in der Nähe; ■ **from ~ up** aus der Nähe; ■ **~ together** dicht beieinander; **please stand ~r together** können Sie vielleicht noch ein bisschen aufrücken? **III.** *n* BRIT Hof *m*; (*in street names*) Straßenname für Sackgassen
close² [kləʊz] **I.** *vt* ❶ (*shut*) schließen; *book, door, mouth* zumachen; *curtains* zuziehen; *road* sperren ❷ (*end*) abschließen; *bank account* auflösen; *meeting* beenden **II.** *vi* ❶ (*shut*) *wound* sich schließen; *door, lid* zugehen; *shop* schließen; *eyes* zufallen ❷ (*shut down*) *shop* schließen ❸ (*end*) zu Ende gehen; *factory also* stilllegen ❸ (*end*) zu Ende gehen; *meeting* schließen; **the pound ~d at $1.62** das Pfund schloss mit 1,62 Dollar ❹ (*approach*) sich nähern **III.** *n no pl* Ende *nt*, Schluss *m*; **at the ~ of business** bei Geschäftsschluss; **to bring** [*or* **draw**] **sth to a ~** etw beenden; **to come to a ~** zu Ende gehen, enden ◆ **close down I.** *vi business* schließen, zumachen; *factory* stillgelegt werden **II.** *vt* schließen; *factory* stilllegen ◆ **close in** *vi darkness* hereinbrechen; *days* kürzer werden; (*surround*) einkreisen; ■ **to ~ in on sb/sth** sich jdm/etw umzingeln ◆ **close off** *vt* absperren ◆ **close up I.** *vi* ❶ (*shut*) *flower, oyster, wound* sich schließen ❷ (*get nearer*) *people* zusammenrücken; *troops* aufrücken ❸ (*lock up*) abschließen **II.** *vt* [ab]schließen
closed [kləʊzd] *adj* geschlossen, zu; **behind ~ doors** (*fig*) hinter verschlossenen Türen
closed-'door *adj* geheim; **~ meeting** Besprechung *f* hinter verschlossenen Türen
'close-down *n* [Geschäfts]schließung *f*; *of a factory* Stilllegung *f* **'close-knit** *adj* eng verbunden
close·ly ['kləʊsli] *adv* ❶ (*near*) dicht ❷ (*intimately*) eng ❸ (*carefully*) sorgfältig ❹ (*almost equally*) **~ fought** hart umkämpft ❺ (*exactly*) genau
close·ness ['kləʊsnəs] *n* ❶ *no pl* (*nearness*) Nähe *f* ❷ *no pl* (*intimacy*) Vertrautheit *f*

❸ BRIT (*airlessness*) Schwüle *f*; (*stuffiness*) Stickigkeit *f*
'close sea·son *n* Schonzeit *f*
clos·et ['klɒzɪt] **I.** *n esp* AM (*cupboard*) [Wand]schrank *m* ▶ **to come out of the ~** seine Homosexualität bekennen **II.** *vt* **to be ~ed with sb** mit jdm hinter verschlossenen Türen tagen
'close-up *n* Nahaufnahme *f*
clos·ing ['kləʊzɪŋ] **I.** *adj* abschließend; **~ phase** Endphase *f*; **~ speech** Schlussrede *f* **II.** *n* ❶ (*bringing to an end*) Beenden *nt kein pl*; (*action of closing*) Schließung *f* ❷ (*end of business hours*) Geschäftsschluss *m*
'clos·ing date *n* Schlusstermin *m*; (*for competition*) Einsendeschluss *m*; (*for work due*) Abgabetermin *m* **clos·ing 'down** *n* Schließung *f* **clos·ing-'down sale** *n* Räumungsverkauf *m* **'clos·ing price** *n* Schlussnotierung *f* **'clos·ing time** *n* (*for shop*) Ladenschluss *m*; (*for staff*) Feierabend *m*; (*of pub*) Sperrstunde *f*
clo·sure ['kləʊʒə^r] *n* ❶ *of institution* Schließung *f*; *of street* Sperrung *f*; *of pit* Stilllegung *f* ❷ (*end*) **to have ~ of sth** etw abgeschlossen haben
clot [klɒt] **I.** *n* ❶ MED (*blood*) ~ [Blut]gerinnsel *nt* ❷ BRIT (*fam: stupid person*) Trottel *m* **II.** *vi* <-tt-> gerinnen
cloth [klɒθ] *n* ❶ *no pl* (*material*) Tuch *nt*, Stoff *m* ❷ (*for cleaning*) Lappen *m* ❸ (*clergy*) Geistlichkeit *f*; **a man of the ~** ein Geistlicher *m*
clothe [kləʊð] *vt* [be]kleiden *a. fig*
clothes [kləʊ(ð)z] *npl* Kleider *pl*; (*collectively*) Kleidung *f kein pl*
'clothes-hang·er *n* Kleiderbügel *m* **'clothes horse** *n* Wäscheständer *m* **'clothes line** *n* Wäscheleine *f* **'clothes-moth** *n* [Kleider]motte *f*; (*for shape*) **'clothes peg** *n* BRIT, **'clothes pin** *n* AM Wäscheklammer *f*
cloth·ing ['kləʊðɪŋ] *n no pl* Kleidung *f*
cloud [klaʊd] **I.** *n* Wolke *f*; *of insects* Schwarm *m* ▶ **every ~ has a silver lining** (*prov*) jedes Unglück hat auch sein Gutes; **to be under a ~** keinen guten Ruf haben **II.** *vt issue* verschleiern ◆ **cloud over** *vi sky* sich bewölken; **it always ~s over like this in the afternoon** es zieht sich am Nachmittag immer so zu ❷ (*fig*) *face* sich verfinstern
'cloud bank *n* Wolkenbank *f* **'cloud·burst** *n* Wolkenbruch *m* **'cloud-capped** *adj* wolkenverhangen **cloud 'cuckoo land** *n* (*pej*) Wolkenkuckucksheim *nt* **cloud·ed** ['klaʊdɪd] *adj* ❶ (*cloudy*) bewölkt, bedeckt ❷ *liquid* trüb ❸ *mind* vernebelt, getrübt **cloud·less** ['klaʊdləs] *adj* wolkenlos
cloudy ['klaʊdi] *adj* ❶ (*overcast*) bewölkt, bedeckt ❷ *liquid* trüb
clout [klaʊt] (*fam*) **I.** *n* ❶ (*hit*) Schlag *m*; **to get a ~ round the ears** eins hinter die Ohren kriegen; **to give sb a ~** jdm eine runterhauen; **to give sb a ~** etw *akk* schlagen ❷ *no pl* (*power*) Schlagkraft *f* **II.** *vt* ■ **to ~ sb** jdm eine schmieren; ■ **to ~ sth** auf etw *akk* schlagen
clove [kləʊv] *n* ❶ (*spice*) Gewürznelke *f* ❷ (*section*) **~ of garlic** Knoblauchzehe *f*
clo·ven ['kləʊv^ən] *adj* Spalt-
clo·ver ['kləʊvə^r] *n no pl* Klee *m* ▶ **to live in ~** wie Gott in Frankreich leben
clown [klaʊn] **I.** *n* ❶ (*entertainer*) Clown *m* ❷ (*funny person*) Kasper *m*; (*pej*) Trottel *m* **II.** *vi* ■ **to ~ around** [*or* **about**] herumalbern
clown·ish ['klaʊnɪʃ] *adj* albern
club [klʌb] **I.** *n* ❶ (*group*) Klub *m*, Verein *m* ❷ SPORTS (*implement*) Schläger *m* ❸ (*weapon*) Knüppel *m* ❹ CARDS Kreuz *nt*; **queen of ~s** Kreuzdame *f* ❺ (*disco*) Klub *m* **II.** *vt* <-bb-> einknüppeln auf +*akk*; **to ~ death** erschlagen; **to ~ sb to the ground** jdn niederknüppeln ◆ **club together** *vi* sich zusammentun
club·ber ['klʌbə^r] *n* Discobesucher(in) *m(f)*; **~s** Nachtschwärmer *pl*
club·bing ['klʌbɪŋ] *n no pl* **to go ~** in die Disko gehen
'club car *n* AM Zugrestaurant *nt*
club 'foot *n* MED Klumpfuß *m*
'club·house *n* Klubhaus *nt* **club 'mem·ber** *n* Klubmitglied *nt* **club 'sand·wich** *n* Klubsandwich *nt* **club 'soda** *n* AM Sodawasser *nt*
cluck [klʌk] *vi* gackern
clue [klu:] *n* ❶ (*evidence*) Hinweis *m*; (*hint*) Tipp *m*; (*in criminal investigation*) Spur *f* ❷ (*idea*) Ahnung *f*; **I haven't a ~!** [ich hab'] keine Ahnung! ◆ **clue up** *vt* ■ **to ~ sb up** [**on sth**] jdn [über etw *akk*] informieren
clue·less ['klu:ləs] *adj* (*fam*) ahnungslos; ■ **to be ~ about sth** von etw *dat* keine Ahnung haben
clump [klʌmp] **I.** *n* ❶ (*group*) Gruppe *f*; **~ of bushes** Gebüsch *nt*; **~ of trees** Baumgruppe *f* ❷ (*lump*) Klumpen *m* ❸ *no pl* (*sound*) Sta[m]pfen *nt* **II.** *vi* ■ **to ~ around** herumtrampeln
clum·si·ness ['klʌmzɪnəs] *n* Ungeschicktheit *f*
clum·sy ['klʌmzi] *adj* ❶ (*bungling*) ungeschickt, unbeholfen; *attempt* plump; **~ idiot** Tollpatsch *m* ❷ (*ungainly*) klobig
clung [klʌŋ] *pp, pt of* **cling**
clunk [klʌŋk] *n* dumpfes Geräusch
clus·ter ['klʌstə^r] **I.** *n* Bündel *nt*; *of people* Traube *f*; *of gems* Büschel *nt*; *of eggs* Gelege *nt*;

of islands Gruppe *f*; **~ of stars** Sternhaufen *m* **II.** *vi* ▪**to ~ around sth** sich um etw *akk* scharen

'clus·ter bomb *n* Splitterbombe *f*

clutch [klʌtʃ] **I.** *vi* sich klammern (**at** an) **II.** *vt* umklammern **III.** *n* ❶ *usu sing* AUTO Kupplung *f*; **to let the ~ in/out** ein-/auskuppeln ❷ [*of eggs*] Gelege *nt*; (*fig*) Schar *f* ❸ (*control*) **to fall into the ~es of sb** jdm in die Klauen fallen

'clutch bag *n* Unterarmtasche *f* **'clutch hit·ter** *n* AM *sehr zuverlässiger Schläger im Baseball*

clut·ter [ˈklʌtə] **I.** *n no pl* ❶ (*mess*) Durcheinander *nt* ❷ (*unorganized stuff*) Kram *m fam* **II.** *vt* durcheinanderbringen ◆ **clutter up** *vt* ▪**to be ~ed up** vollgestopft sein, übersät sein

cm <*pl* -> *n abbrev of* **centimetre** cm

c'mon [kəˈmɒn] (*fam*) *see* **come on**

CO [ˌsiːˈəʊ] *n* MIL *abbrev of* **Commanding Officer** Befehlshaber(in) *m(f)*

Co [kəʊ] *n abbrev of* **company**

c/o [ˈkeəˈɒv] *abbrev of* **care of** c/o, bei

coach [kəʊtʃ] **I.** *n* ❶ BRIT (*private bus*) Reisebus *m*; **by ~** mit dem Bus ❷ (*horse-drawn carriage*) Kutsche *f* ❸ (*railway carriage*) [Eisenbahn]wagen *m* ❹ (*teacher*) Nachhilfelehrer(in) *m(f)*; SPORTS Trainer(in) *m(f)* **II.** *vt* ❶ SPORTS trainieren ❷ (*help to learn*) Nachhilfe geben

coach·ing [ˈkəʊtʃɪŋ] *n no pl* ❶ SPORTS Training *nt* ❷ (*teaching*) Nachhilfe *f*

'coach·ing staff *n* SPORTS Trainingspersonal *nt*

'coach·man *n* Kutscher *m* **'coach sta·tion** *n* BRIT Busbahnhof *m*

co·agu·late [kəʊˈægjəleɪt] **I.** *vi* gerinnen **II.** *vt* gerinnen lassen

co·agu·la·tion [kəʊˌægjəˈleɪʃən] *n no pl* Gerinnung *f*

coal [kəʊl] *n* Kohle *f* ▸ **to carry ~s to Newcastle** Eulen nach Athen tragen; **to haul sb over the ~s** jdm die Leviten lesen

'coal-black *adj* kohlrabenschwarz **'coal bun·ker** *n* Kohlenbunker *m*

coa·lesce [kəʊəˈles] *vi* (*form*) sich verbinden

coa·les·cence [kəʊəˈlesən(t)s] *n no pl* (*form*) Vereinigung *f*

'coal-fired *adj* kohlebeheizt

coa·li·tion [ˌkəʊəˈlɪʃən] *n* Koalition *f*

'coal mine *n* Kohlenbergwerk *nt* **'coal min·er** *n* Bergmann *m* **'coal min·ing** *n* Kohle[n]bergbau *m* **'coal scut·tle** *n* Kohleneimer *m*

coarse [kɔːs] *adj* ❶ (*rough*) grob ❷ (*vulgar*) derb

coarse·ly [ˈkɔːsli] *adv* derb

coars·en [ˈkɔːsən] **I.** *vt* rau machen **II.** *vi* rau werden

coarse·ness [ˈkɔːsnəs] *n no pl* Grobheit *f*

coast [kəʊst] **I.** *n* Küste *f*; **on the west** ~ an der Westküste; **off the** ~ vor der Küste ▸ **the ~ is** <u>clear</u> die Luft ist rein **II.** *vi* dahinrollen; **to ~** [**along**] mühelos vorankommen

coast·al [ˈkəʊstəl] *adj* Küsten-

coast·er [ˈkəʊstə] *n* ❶ (*boat*) Küstenmotorschiff *nt* ❷ (*table mat*) Untersetzer *m*

'coast·guard *n* Küstenwache *f* **'coast·line** *n no pl* Küste[nlinie] *f* **coast-to-'coast** *adj* von Küste zu Küste

coat [kəʊt] **I.** *n* ❶ (*outer garment*) Mantel *m* ❷ (*animal's fur*) Fell *nt* ❸ (*layer*) Schicht *f*; *of paint* Anstrich *m* **II.** *vt* überziehen; **to ~ with breadcrumbs** panieren

coat·ed [ˈkəʊtɪd] *adj* überzogen; *tongue* belegt; *textiles* imprägniert; *glass* getönt; *wire* isoliert **'coat hang·er** *n* Kleiderbügel *m* **'coat hook** *n* Kleiderhaken *m* **coat·ing** [ˈkəʊtɪŋ] *n* Schicht *f*, Überzug *m*; *of paint* Anstrich *m* **coat of 'arms** *n* Wappen *nt* **'coat peg** *n* BRIT Kleiderhaken *m* **'coat·tails** *npl* Frackschöße *pl* ▸ **to hang onto sb's ~** auf der Erfolgswelle eines anderen mitschwimmen

co-author [kəʊˈɔːθə] **I.** *n* Mitautor(in) *m(f)* **II.** *vt* gemeinsam verfassen

coax [kəʊks] *vt* ▪**to ~ sb into doing sth** jdn dazu bringen, etw zu tun; **to ~ a smile out of sb** jdm ein Lächeln entlocken

coax·ing [ˈkəʊksɪŋ] **I.** *n no pl* Zuspruch *m* **II.** *adj* schmeichelnd **coax·ing·ly** [ˈkəʊksɪŋli] *adv* schmeichelnd

cob¹ [kɒb] *n short for* **corncob** Kolben *m*

cob² [kɒb] *n* BRIT (*bread*) Laib *m*

cob·ble [ˈkɒbl] *n* Kopfstein *m* ◆ **cobble together** *vt* zusammenschustern

cob·bled [ˈkɒbld] *adj* ~ **streets** Straßen *pl* mit Kopfsteinpflaster

cob·bler [ˈkɒblə] *n* [Flick]schuster *m*

'cob·ble·stone *n* Kopfstein *m*

'cob·nut *n* Haselnuss *f*

co·bra [ˈkəʊbrə] *n* Kobra *f*

cob·web [ˈkɒbweb] *n* (*web*) Spinnennetz *nt*; (*single thread*) Spinn[en]webe *f*

co·caine [kə(ʊ)ˈkeɪn] *n no pl* Kokain *nt*

co-citi·zen [kəʊˈsɪtɪzən] *n* verantwortungsbewusster Mitbürger/verantwortungsbewusste Mitbürgerin

cock [kɒk] **I.** *n* ❶ (*male chicken*) Hahn *m* ❷ (*vulg: penis*) Schwanz *m* **II.** *adj* ORN männlich **III.** *vt* ❶ *ears* spitzen; *head* auf die Seite legen ❷ (*ready gun*) **to ~ a gun** den Hahn spannen

cock-a-doodle-doo [ˌkɒkəduːdlˈduː] *n* Ki-

keriki nt **cock-and-bull 'sto·ry** n Lügenmärchen nt
cocka·tiel [ˌkɒkəˈtiːl] n Nymphensittich m
cocka·too <pl -s or -> [ˌkɒkəˈtuː] n Kakadu m
cock·chafer [ˈkɒkˌtʃeɪfər] n Maikäfer m
cocked [kɒkt] adj hat aufgestülpt
cock·er·el [ˈkɒkərəl] n junger Hahn
cock·eyed [ˈkɒkaɪd] adj ① (not straight) schief ② (ridiculous) verrückt
'cock fight n Hahnenkampf m
cocki·ness [ˈkɒkɪnəs] n Großspurigkeit f
cock·le [ˈkɒkl] n Herzmuschel f
cock·pit [ˈkɒkpɪt] n Cockpit nt
cock·roach [ˈkɒkrəʊtʃ] n Küchenschabe f
cock·tail [ˈkɒkteɪl] n Cocktail m; **~ of gases** Gasgemisch nt
'cock·tail cabi·net n Hausbar f **'cock·tail dress** n Cocktailkleid nt **'cock·tail lounge** n Cocktailbar f **'cock·tail stick** n Spießchen nt
cock-up [ˈkɒkʌp] n (sl) Schlamassel m; **what a ~!** so ein Mist!; **to make a ~ of sth** bei etw dat Scheiße bauen
cocky [ˈkɒki] adj (fam) großspurig
co·coa [ˈkəʊkəʊ] n no pl Kakao m
coco·nut [ˈkəʊkənʌt] n Kokosnuss f; **grated ~** Kokosraspel pl, Kokosette nt ÖSTERR
coco·nut 'but·ter n Kokosfett nt **coco·nut 'mat·ting** n Kokosmatte f **coco·nut 'milk** n Kokosmilch f **coco·nut 'oil** n Kokosöl nt **coco·nut 'palm** n Kokospalme f **'coco·nut shy** n BRIT Wurfbude f
co·coon [kəˈkuːn] I. n Kokon m II. vt (fig) abschirmen
cod <pl -or -s> [kɒd] n Kabeljau m; (in Baltic) Dorsch m
coda [ˈkəʊdə] n MUS Koda f
cod·dle [ˈkɒdl] vt ① (cook gently) langsam köcheln lassen; **eggs** pochieren ② (treat tenderly) verhätscheln
code [kəʊd] I. n ① (ciphered language) Kode m; **to write sth in ~** etw verschlüsseln ② LAW Kodex m; **~ of honour** Ehrenkodex m II. vt chiffrieren
co·deine [ˈkəʊdiːn] n Kodein nt
'code name n Deckname m **'code num·ber** n Kodenummer f; ADMIN Kennziffer f **code of 'con·duct** n Verwaltungsvorschrift[en] f[pl] **code of 'prac·tice** n Verhaltensregeln pl
co·de·pend·en·cy [ˌkəʊdɪˈpendənsi] n no pl Koabhängigkeit f
co·de·ter·mi·na·tion [ˌkəʊdɪtɜːmɪˈneɪʃən] n Mitbestimmung f
'code word n Kennwort nt
codg·er [ˈkɒdʒər] n [alter] Knacker
co·di·cil [ˈkəʊdɪsɪl] n Kodizill nt

cod liv·er 'oil n Lebertran m
cod·piece [ˈkɒdpiːs] n (hist) Hosenbeutel m
cods·wal·lop [ˈkɒdzˌwɒləp] n no pl BRIT, AUS (fam) Quatsch m
co-ed [ˌkəʊˈed] adj SCH (fam) gemischt
co·edu·ca·tion [ˌkəʊedʒuːˈkeɪʃən] n no pl Koedukation f **co·edu·ca·tion·al** [ˌkəʊedʒuːˈkeɪʃənəl] adj koedukativ
co·ef·fi·cient [ˌkəʊɪˈfɪʃənt] n Koeffizient m
co·erce [kəʊˈɜːs] vt (form) ■ **to ~ sb into doing sth** jdn dazu zwingen, etw zu tun
co·er·cion [kəʊˈɜːʃən] n no pl (form) Zwang m
co·er·cive [kəʊˈɜːsɪv] adj Zwangs-
co·ex·ist [ˌkəʊɪɡˈzɪst] vi nebeneinander bestehen
co·ex·ist·ence [ˌkəʊɪɡˈzɪstən(t)s] n no pl Koexistenz f **co·ex·ist·ent** [ˌkəʊɪɡˈzɪstənt] adj koexistent
C of E [ˈsiːəviː] n abbrev of Church of England
cof·fee [ˈkɒfiː] n Kaffee m
'cof·fee bar n Café nt **'cof·fee bean** n Kaffeebohne f **'cof·fee break** n Kaffeepause f; **to have a ~** eine Kaffeepause machen **'cof·fee cake** n ① BRIT, AUS (cake) Mokkakuchen m ② AM, AUS (sweet bread) Stuten m **'cof·fee cup** n Kaffeetasse f **'cof·fee-grind·er** n Kaffeemühle f **'cof·fee grounds** npl Kaffeesatz m kein pl **'cof·fee house** n Café nt **'cof·fee ma·chine** n Kaffeemaschine f **'cof·fee mill** n Kaffeemühle f **'cof·fee morn·ing** n BRIT Morgenkaffee m (Wohltätigkeitsveranstaltung) **'cof·fee pot** n Kaffeekanne f **'cof·fee shop** n (for drinking) Café nt; (for selling) Kaffeegeschäft nt **'cof·fee ta·ble** n Couchtisch m **'cof·fee-ta·ble book** n Bildband m
cof·fer [ˈkɒfər] n ① (box) Truhe f ② pl (money reserves) Rücklagen pl; **of the state** Staatssäckel nt
cof·fin [ˈkɒfɪn] n Sarg m
cog [kɒɡ] n ① (part of wheel) Zahn m ② (wheel) Zahnrad m ③ (fig) Rädchen nt
co·gency [ˈkəʊdʒən(t)si] n no pl (form) Stichhaltigkeit f
co·gent [ˈkəʊdʒənt] adj (form) stichhaltig
co·gent·ly [ˈkəʊdʒəntli] adv (form) stichhaltig
cog·nac [ˈkɒnjæk] n Cognac m
cog·ni·tive [ˈkɒɡnətɪv] adj (form) kognitiv; **~ therapy** Kognitionstherapie f
co·gno·scen·ti [ˌkɒnjə(ʊ)ˈʃenti] npl (form) Kenner(innen) mpl(fpl)
cog·wheel [ˈkɒɡwiːl] n Zahnrad nt
co·hab·it [kəʊˈhæbɪt] vi (form) zusammenleben; LAW in eheähnlicher Gemeinschaft leben
co·hab·it·ant [kəʊˈhæbɪtənt] n (form) Le-

bensgefährte, -gefährtin *m, f*
co·hab·i·ta·tion [kəʊˌhæbɪ'teɪʃən] *n no pl* Zusammenleben *nt*; LAW eheähnliche Gemeinschaft
co·hab·itee [kəʊhæbɪ'ti:] *n (form)* Lebensgefährte, -gefährtin *m, f*
co·here [kə(ʊ)'hɪər] *vi (form)* zusammenhängen
co·her·ence [kə(ʊ)'hɪərən(t)s] *n no pl* Zusammenhang *m*
co·her·ent [kə(ʊ)'hɪərənt] *adj* zusammenhängend
co·her·ent·ly [kə(ʊ)'hɪərəntli] *adv* zusammenhängend; **to speak ~** verständlich sprechen
co·he·sion [kə(ʊ)'hi:ʒən] *n no pl* Zusammenhalt *m*
co·he·sive [kə(ʊ)'hi:sɪv] *adj* geschlossen
co·he·sive·ness [kə(ʊ)'hi:sɪvnəs] *n no pl (in physics)* Kohäsionskraft *f*; *(in group)* Zusammenhalt *m*
co·hort ['kəʊhɔ:t] *n* ❶ *(subgroup)* [Personen]gruppe *f* ❷ *esp* AM *(pej: crony)* ■ **~ s** *pl* Konsorten *pl*
COI [ˌsi:əʊ'aɪ] *n* BRIT *abbrev of* **Central Office of Information** Offizieller Britischer Informationsdienst
coil [kɔɪl] **I.** *n* ❶ *(wound spiral)* Rolle *f*; ELEC Spule *f* ❷ *(contraceptive)* Spirale *f* **II.** *vi* sich winden **III.** *vt* aufwickeln; ■ **to ~ oneself around sth** sich um etw *akk* winden
coiled [kɔɪld] *adj* gewunden; **~ spring** Sprungfeder *f*
coin [kɔɪn] **I.** *n* Münze *f* **II.** *vt* **to ~ it** [in] BRIT, **to ~ money** AM *(fam)* Geld scheffeln; **to ~ a phrase ...** ich will mal so sagen ...
coin·age ['kɔɪnɪdʒ] *n no pl (set of coins)* Münzen *pl*; *(act)* Prägung *f* **coin-box 'telephone** *n* Münzfernsprecher *m*
co·in·cide [ˌkəʊɪn'saɪd] *vi subjects* übereinstimmen; *events* zusammenfallen; **our views ~ on a range of subjects** wir sind in vielen Dingen einer Meinung
co·in·ci·dence [kəʊ'ɪn(t)sɪdən(t)s] *n* ❶ *(instance)* Zufall *m*; **by ~** durch Zufall ❷ *(agreement)* Übereinstimmung *f*; *of events* Zusammenfallen *nt*
co·in·ci·dent·al [kəʊˌɪn(t)sɪ'dəntəl] *adj* zufällig
co·in·ci·dent·al·ly [kəʊˌɪn(t)sɪ'dəntəli] *adv* zufällig[erweise]
coke [kəʊk] *n no pl* Koks *m*
Coke® [kəʊk] *n short for* **Coca Cola** Coke *f*
col *n abbrev of* **column** Sp.
COL [ˌsi:əʊ'el] *n abbrev of* **computer-oriented language** COL *f*
Col *n abbrev of* **colonel**
col·an·der ['kʌləndər, 'kɒ-] *n* Sieb *nt*

col·can·non [kəl'kænən] *n* FOOD *irisches und schottisches Gericht: gekochter Kohl und gekochte Kartoffeln werden zerstampft und vermischt*
cold [kəʊld] **I.** *adj* kalt; **as ~ as ice** eiskalt; **to be** [*or feel*] **~** frieren; **I'm ~** mir ist kalt; **don't get ~** pass auf, dass du nicht frierst; **to go ~** kalt werden ▸ **to get ~ feet** kalte Füße bekommen; **to pour ~ water on sth** etw *dat* einen Dämpfer versetzen **II.** *n* ❶ *(low temperature)* Kälte *f*; **with ~** vor Kälte ❷ MED Erkältung *f*, Schnupfen *m*; **to catch** [*or get*] **a ~** sich erkälten; **to have a ~** erkältet sein
'cold bag *n* BRIT Kühltasche *f* **cold-'blood·ed** [ˌkəʊld'blʌdɪd] *adj* kaltblütig **'cold call** *n* unangemeldeter Vertreterbesuch **cold 'com·fort** *n* schwacher Trost **'cold cream** *n* Cold Cream *f (halbfette Feuchtigkeitscreme)* **'cold cuts** *npl* Aufschnitt *m kein pl* **'cold-eyed** *adj* **she gave him a ~ stare** sie blickte ihn kalt an **'cold frame** *n* Frühbeet *nt* **'cold front** *n* Kaltfront *f* **cold-'heart·ed** *adj* kaltherzig
cold·ish ['kəʊldɪʃ] *adj* kühl
cold·ness ['kəʊldnəs] *n no pl* Kälte *f*
cold shoul·der *n (fig)* **to give sb the ~** jdn schneiden **'cold snap** *n* kurze Kälteperiode **'cold sore** *n* Bläschenausschlag *m* **cold 'start** *n* Kaltstart *m* **cold 'stor·age** *n* **to put in ~** kühl lagern; *(fig)* auf Eis legen **'cold store** *n* Kühlhalle *f* **cold 'sweat** *n* kalter Schweiß **cold 'truth** *n* nackte Wahrheit **cold 'tur·key** *n (sl)* kalter Entzug **'cold war** *n* kalter Krieg
cole·slaw ['kəʊlslɔ:] *n no pl* Krautsalat *m*
col·ey <-(s)> ['kəʊli] *n* BRIT Seelachs *m*
col·ic ['kɒlɪk] *n no pl* Kolik *f*
col·labo·rate [kə'læbəreɪt] *vi* ❶ *(work together)* zusammenarbeiten (**on** an) ❷ *(with enemy)* kollaborieren
col·labo·ra·tion [kəˌlæbə'reɪʃən] *n* ❶ *(working with sb)* Zusammenarbeit *f* ❷ *no pl (with enemy)* Kollaboration *f*
col·labo·ra·tive [kə'læbərətɪv] *adj effort* gemeinsam
col·labo·ra·tor [kə'læbəreɪtər] *n* ❶ *(colleague)* Mitarbeiter(in) *m(f)* ❷ *(pej: traitor)* Kollaborateur(in) *m(f)*
col·lage ['kɒlɑ:ʒ] *n* Collage *f*
col·lapse [kə'læps] **I.** *vi* ❶ *(fall down) things, buildings* zusammenbrechen, einstürzen; *people* zusammenbrechen; **to ~ with laughter** [at a joke] *(fig)* sich [über einen Witz] kaputtlachen ❷ *(fail)* zusammenbrechen; *enterprise* zugrunde gehen; *government* stürzen; *hopes* sich zerschlagen; *prices* einbrechen; *society* zerfallen; *talks* scheitern **II.** *n* ❶ *(act of falling down)* Einsturz *m*, Zu-

sammenbruch m ❷(failure) Zusammenbruch m; of marriage Scheitern nt; ~ of prices Preissturz m ❸ MED Kollaps m
col·laps·ible [kəˈlæpsɪbl] adj zusammenklappbar; ~ **chair** Klappstuhl m
col·lar [ˈkɒlə'] **I.** n Kragen m; (for animals) Halsband nt **II.** vt (fam) ■**to** ~ **sb** jdn schnappen
'col·lar·bone n Schlüsselbein nt
col·late [kəˈleɪt] vt ❶(analyse) vergleichen ❷(arrange) zusammenstellen
col·lat·er·al [kəˈlætə'rə'l] n FIN [zusätzliche] Sicherheit
col·lat·er·al ˈdam·age n Kollateralschaden m
col·league [ˈkɒliːg] n [Arbeits]kollege, -kollegin m, f
col·lect [kəˈlekt] **I.** adj AM TELEC - **call** R-Gespräch nt **II.** adv AM TELEC **to call** ~ ein R-Gespräch führen **III.** vi (gather) sich versammeln; (accumulate) sich ansammeln **IV.** vt ❶(gather) einsammeln; money, stamps sammeln ❷(pick up) abholen ❸(form: regain control) ■**to** ~ **oneself** sich sammeln; **to** ~ **one's thoughts** seine Gedanken ordnen
◆**collect up** vt belongings zusammenpacken; empties aufsammeln; tickets einsammeln
col·lect·able [kəˈlektəbl] **I.** adj sammelbar **II.** n Sammlerstück nt
col·lect call n AM R-Gespräch nt; **to make a** ~ ein R-Gespräch anmelden **col·lect·ed** [kəˈlektɪd] adj (calm) beherrscht **col·lect·ible** [kəˈlektəbl] adj n see collectable
col·lec·tion [kəˈlekʃə'n] n ❶of money, objects Sammlung f; (in church) Kollekte f ❷of people Ansammlung f; (fig: large number) Auswahl f ❹ FASHION Kollektion f ❺(act of collecting) Abholung f; **rubbish** ~ Müllabfuhr f; BRIT (from letterbox) [Briefkasten]leerung f
col·lec·tive [kəˈlektɪv] **I.** adj gemeinsam; leadership kollektiv; ~ **interests** Gesamtinteressen pl; ~ **opinion** Mehrheitsmeinung f **II.** n Gemeinschaft f; POL Kollektiv nt; ECON Genossenschaftsbetrieb m
col·lec·tive ˈbar·gain·ing n Tarifverhandlungen pl **col·lec·tive ˈfarm** n landwirtschaftliche Produktionsgenossenschaft **col·lec·tive** ˈnoun n LING Sammelbegriff m
col·lec·tor [kəˈlektə'] n Sammler(in) m(f); **tax** ~ Steuereintreiber(in) m(f)
col·ˈlec·tor's item n, **col·ˈlec·tor's piece** n Sammlerstück nt
col·leen [ˈkɒliːn, kɒˈliːn] n IRISH [junges] Mädchen
col·lege [ˈkɒlɪdʒ] n ❶(school) Gymnasium nt; (privately funded) Kolleg nt ❷(university) Universität f, Hochschule f; (privately funded) College nt; **art** ~ Kunstakademie f; **to go to** ~ auf die Universität gehen, studieren ❸ BRIT (division of university) College nt ❹ AM (university faculty) Fakultät f
col·lege ˈgradu·ate n AM Hochschulabsolvent(in) m(f)
col·le·gi·ate [kəˈliːdʒɪət] adj **Cambridge is a** ~ **university** die Universität von Cambridge ist in mehrere Colleges untergliedert; ~ **sports** Hochschulsport m
col·lide [kəˈlaɪd] vi zusammenstoßen
col·lie [ˈkɒli] n Collie m
col·li·er [ˈkɒlɪə'] n (form) ❶(man) Kohlenarbeiter m ❷(ship) Kohlenschiff nt
col·li·ery [ˈkɒljəri] n Bergwerk nt
col·li·sion [kəˈlɪʒə'n] n Zusammenstoß m
col·lo·cate [ˈkɒləkeɪt] vi LING kollokieren
col·lo·ca·tion [ˌkɒləˈkeɪʃə'n] n LING Kollokation f
col·lo·quial [kəˈləʊkwɪəl] adj umgangssprachlich; ~ **language** Umgangssprache f
col·lo·qui·al·ism [kəˈləʊkwɪəlɪzə'm] n umgangssprachlicher Ausdruck
col·lude [kəˈluːd] vi unter einer Decke stecken
col·lu·sion [kəˈluːʒə'n] n no pl geheime Absprache; **to act in** ~ **with sb** mit jdm gemeinsame Sache machen
col·ly·wob·bles [ˈkɒliwɒblz] npl (hum fam) Muffensausen pl
co·logne [kəˈləʊn] n no pl Kölnischwasser nt
Co·lom·bia [kəˈlɒmbɪə, -ˈlʌm-] n Kolumbien nt
Co·lom·bian [kəˈlɒmbɪən, -ˈlʌm-] **I.** adj kolumbisch **II.** n Kolumbier(in) m(f)
co·lon [ˈkəʊlən] n ❶ ANAT Dickdarm m ❷ LING Doppelpunkt m
colo·nel [ˈkɜːnə'l] n Oberst m
co·lo·ni·al [kəˈləʊnɪəl] **I.** adj Kolonial- **II.** n Kolonist(in) m(f)
co·lo·ni·al·ism [kəˈləʊnɪəlɪzə'm] n no pl Kolonialismus m **co·lo·ni·al·ist** [kəˈləʊnɪəlɪst] **I.** n Kolonialist(in) m(f) **II.** adj kolonialistisch
colo·nist [ˈkɒlənɪst] n Kolonist(in) m(f)
colo·ni·za·tion [ˌkɒlənaɪˈzeɪʃə'n] n no pl esp AM Kolonisation f
colo·nize [ˈkɒlənaɪz] vt kolonisieren
colo·niz·er [ˈkɒlənaɪzə'] n Kolonisator m
colo·ny [ˈkɒləni] n Kolonie f
col·or n, adj, vi, vt AM see colour
col·or·a·tion [ˌkʌləˈreɪʃə'n] n no pl Färbung f
col·ored adj AM see coloured
col·or·ful adj AM see colourful
col·or·ing n no pl AM see colouring
col·or·less adj AM see colourless
co·los·sal [kəˈlɒsə'l] adj ungeheuer, riesig

co·los·sus [kəˈlɒsəs, *pl* -aɪ] *n* ❶ (*statue*) Koloss *m* ❷ (*person*) Gigant(in) *m(f)*

col·our [ˈkʌləʳ] **I.** *n* ❶ Farbe *f;* **what ~ is her hair?** was hat sie für eine Haarfarbe?; **~ photos** Farbfotos *pl;* **to give ~ to sth** etw *dat* [mehr] Farbe verleihen ❷ *of complexion* Gesichtsfarbe *f;* **to have ~ in one's cheeks** gerötete Wangen haben ❸ (*skin colour*) Hautfarbe *f* ◼ SCH, UNIV ◼ **~ s** *pl* Sportabzeichen *nt* ❺ (*flag*) Fahne *f* ▶ **to pass with flying ~s** glänzend abschneiden; **to show one's true ~s** sein wahres Gesicht zeigen **II.** *vt* ❶ (*change colour of*) färben ❷ (*distort*) beeinflussen **III.** *vi* face rot werden; *leaves* sich verfärben

'col·our bar *n* Rassenschranke *f* **'col·our blind** *adj* farbenblind **'col·our blind·ness** *n no pl* Farbenblindheit *f*

col·oured [ˈkʌləd] *adj* ❶ (*having colour*) farbig; **~ pencil** [*or* **crayon**] Buntstift *m* ❷ (*often pej: dark-skinned*) farbig ❸ SA *of mixed race*) gemischtrassig

'col·our-fast *adj* farbecht **'col·our fil·ter** *n* Farbfilter *m or nt* **col·our·ful** [ˈkʌləfəl] *adj* ❶ (*full of colour*) *paintings* farbenfroh; *clothing* bunt ❷ (*vivid*) lebendig; *description* anschaulich ❸ (*interesting*) [bunt] schillernd; *past* bewegt ❹ (*euph: vulgar*) *language* schlüpfrig **col·our·ing** [ˈkʌlərɪŋ] *n no pl* ❶ (*complexion*) Gesichtsfarbe *f* ❷ (*chemical*) Farbstoff *m* **col·our·less** [ˈkʌlələs] *adj* farblos

col·our·safe [ˈkʌləseɪf] *adj detergent, bleach* mit Farbschutz *nach n;* **~ detergents** Colorwaschmittel *nt* **'col·our scheme** *n* Farbzusammenstellung *f* **'col·our slide** *n* Farbdia *nt* **col·our 'tele·vi·sion** *n* Farbfernseher *m*

'colour-themed *adj table-setting, window display* farblich aufeinander abgestimmt

colt [kəʊlt] *n* [Hengst]fohlen *nt*

Co·lum·bia [kəˈlʌmbɪə] *n* **the District of ~** der District of Columbia (*Bundesdistrikt der USA um Washington*)

col·umn [ˈkɒləm] *n* ❶ (*pillar*) Säule *f* ❷ MIL Kolonne *f* ❸ (*article*) Kolumne *f*, Spalte *f* ❹ (*vertical row*) Kolonne *f*, Reihe *f*

col·umn·ist [ˈkɒləmnɪst] *n* Kolumnist(in) *m(f)*

coma [ˈkəʊmə] *n* MED Koma *nt;* **to be in a ~** im Koma liegen

co·ma·tose [ˈkəʊmətəʊs] *adj* ❶ MED komatös ❷ (*fig*) apathisch

comb [kəʊm] **I.** *n* Kamm *m* **II.** *vt* ❶ *hair* kämmen ❷ (*search thoroughly*) durchkämmen

com·bat I. *n* [ˈkɒmbæt] *no pl* Kampf *m* **II.** *vt* <-tt- *or* -t-> [ˈkɒmbæt] bekämpfen

com·bat·ant [ˈkɒmbətənt] *n* Kämpfer(in) *m(f)* **com·bat·ive** [ˈkɒmbətɪv] *adj* angriffslustig

com·bi·na·tion [ˌkɒmbɪˈneɪʃən] *n* Kombination *f* (**of** aus)

com·bine [kəmˈbaɪn] **I.** *vt* verbinden; **to ~ family life with a career** Familie und Karriere unter einen Hut bringen **II.** *vi* ❶ (*mix together*) sich verbinden ❷ (*work together*) sich verbünden

com·bined [kəmˈbaɪnd] *adj* vereint; **~ total** Gesamtsumme *f*

com·bine 'har·ves·ter *n* Mähdrescher *m*

com·bus·tible [kəmˈbʌstəbl] *adj* (*form*) ❶ (*highly flammable*) brennbar, entflammbar ❷ (*fig*) reizbar

com·bus·tion [kəmˈbʌstʃən] *n no pl* Verbrennung *f*

come [kʌm] *vi* <came, come> ❶ (*move towards*) kommen; **~ here a moment** kommst du mal einen Moment [her]?; **my sister came rushing out of the room** meine Schwester stürmte aus dem Zimmer; **coming!** ich komme!; **have you ~ straight from the airport?** kommen Sie direkt vom Flughafen?; **~ to sunny Bridlington for your holidays!** machen Sie Urlaub im sonnigen Bridlington!; ◼ **to ~ towards sb** auf jdn zugehen ❷ (*arrive*) ankommen; **has she ~ yet?** ist sie schon da?; **Christmas is coming** bald ist Weihnachten; **~ Monday morning you'll regret ...** Montagmorgen wirst du es bereuen, dass ...; **~ March, I will have been married for two years** im März bin ich zwei Jahre verheiratet; **I think the time has ~ to ...** ich denke, es ist an der Zeit, zu ...; **how's your headache? — it ~s and goes** was machen deine Kopfschmerzen? – mal besser, mal schlechter; **I've ~ to read the gas meter** ich soll den Gaszähler ablesen; **the year to ~** das kommende Jahr; **in years to ~** in der Zukunft; ◼ **to ~ for sb/sth** jdn/etw abholen ❸ (*accompany someone*) mitkommen; **do you want to ~ to the pub with us?** kommst du mit einen trinken? ❹ (*originate from*) stammen; **where is that awful smell coming from?** wo kommt dieser schreckliche Gestank her? ❺ (*in sequence*) **Monday ~s before Tuesday** Montag kommt vor Dienstag; **the article ~s before the noun** der Artikel steht vor dem Substantiv ❻ (*in competition*) **to ~ first/second** Erste(r)/Zweite(r) werden; **to ~ from behind** aufholen ❼ (*have priority*) **to ~ before sth** wichtiger als etw sein; **to ~ first** [bei jdm] an erster Stelle stehen ❽ (*happen*) geschehen; **how exactly did**

you ~ to be naked in the first place? wie genau kam es dazu, dass Sie nackt waren?; ~ to think of it ... wenn ich es mir recht überlege, ...; ~ what may komme, was wolle; you could see it coming das war ja zu erwarten; how ~? wieso?; how ~ you missed the train? wie kommt's, dass du den Zug verpasst hast? ❷ (*be, become*) **all my dreams came true** all meine Träume haben sich erfüllt; **everything will ~ right in the end** am Ende wird alles gut werden; **nothing came of it** daraus ist nichts geworden; **his hair ~s [down] to his shoulders** seine Haare reichen ihm bis auf die Schultern; **your shoelaces have ~ undone** deine Schnürsenkel sind aufgegangen; **to ~ into money** zu Geld kommen; **to ~ under pressure** unter Druck geraten; **to ~ loose** sich [ab]lösen; **to ~ open** sich öffnen; *door* aufgehen ❿ (*be available*) erhältlich sein; (*exist*) vorkommen ▶ ~ **again?** [wie] bitte?; **to be as stupid as they ~** dumm wie Stroh sein; **he/she had it coming** das hat er/sie sich selbst zu verdanken; **I don't know whether I'm coming or going** ich weiß nicht, wo mir der Kopf steht; **don't ~ it with me!** komm mir jetzt bloß nicht so! ✦**come about** *vi* ❶ (*happen*) passieren ❷ NAUT wenden ✦**come across I.** *vi* ❶ (*be evident*) *feelings* zum Ausdruck kommen ❷ (*create an impression*) ~ **across** wirken; **she ~s across really well on television** sie macht sich im Fernsehen wirklich gut; **how did her explanation ~ across?** wie ist ihre Erklärung angekommen? **II.** *vt* ❶ (*by chance*) ■**to ~ across sb** jdm [zufällig] begegnen; ■**to ~ across sth** [zufällig] auf etw *akk* stoßen ❷ (*encounter*) **have you ever ~ across anything like this before?** ist dir so etwas schon einmal begegnet? ✦**come along** *vi* ❶ (*hurry*) ~ **along!** jetzt komm [endlich]! ❷ (*go too*) mitgehen, mitkommen; **I'll ~ along later** ich komme später nach ❸ (*arrive*) ankommen; *job* sich bieten ❹ (*progress*) Fortschritte machen; *person* sich gut machen; **how is the project coming along?** wie geht's mit dem Projekt voran? ✦**come apart** *vi* auseinanderfallen ✦**come around** *vi* see **come round** ✦**come at** *vi* ■**to ~ at sb** jdn losgehen; **the ball was coming straight at me** der Ball kam genau auf mich zu ✦**come away** *vi* ❶ (*leave*) weggehen ❷ (*become detached*) sich lösen ❸ (*be left*) **to ~ away with the feeling that ...** mit dem Gefühl gehen, dass ... ✦**come back** *vi* ❶ (*return*) zurückkommen ❷ (*be remembered*) *name* wieder einfallen ❸ (*return to fashion*) wieder in Mode kommen; *artist* ein Come-back haben ❹ SPORTS aufholen ✦**come by** *vi* ❶ (*visit*) vorbeikommen ❷ (*obtain*) kriegen; **how did you ~ by that black eye?** wie bist du denn zu dem blauen Auge gekommen? ✦**come down** *vi* ❶ (*fall*) fallen; *trousers* rutschen; *plane* [not]landen; (*crash*) abstürzen ❷ (*collapse*) einstürzen; **the building will have to ~ down** das Gebäude muss abgerissen werden ❸ (*move down*) herunterkommen ❹ (*visit south*) runterkommen ❺ (*become less*) sinken ❻ (*depend on*) ankommen (**to** auf) ❼ (*amount to*) hinauslaufen (**to** auf) ❽ (*reach decision*) **to ~ down on the side of sb/sth** sich für jdn/etw entscheiden ❾ BRIT UNIV [von der Universität] abgehen ❿ (*be taken ill*) ■**to ~ down with sth** sich *dat* etw eingefangen haben ⓫ (*rebuke*) ■**to ~ down on sb [for doing sth]** jdn [wegen einer S. *gen*] rankriegen ⓬ (*be removed*) **those pictures will have to ~ down** diese Bilder müssen runter ✦**come forward** *vi* sich melden ✦**come in** *vi* ❶ (*enter*) hereinkommen; **do ~ in** komm doch rein; ~ **in!** herein! ❷ (*arrive*) ankommen, eintreffen; *ship* einlaufen; *train* einfahren; *plane* landen; *fruit, vegetables* geerntet werden; *supplies* eintreffen; *tide* kommen; *money* reinkommen; *news* hereinkommen; **reports are just coming in of a major oil spillage** soeben erreichen uns Berichte von einer großen Ölpest ❸ (*become fashionable*) in Mode kommen ❹ + *adj* (*be*) **to ~ in handy** gelegen kommen; **to ~ in useful** sich als nützlich erweisen ❺ (*play a part*) **where do I ~ in?** welche Rolle spiele ich dabei?; **and that's where you ~ in** und hier kommst du dann ins Spiel; **and here's where experience ~s in** und hier ist es dann wichtig, dass man eine gewisse Erfahrung hat ❻ (*begin to participate*) sich einschalten; ■**to ~ in on sth** sich an etw *dat* beteiligen ❼ (*be positioned*) **to ~ in first/second** Erste(r)/Zweite(r) werden ❽ (*radio communication*) ~ **in, bravo four** Bravo Four, bitte melden! ❾ (*be subjected to*) ■**to ~ in for sth** etw erregen; **to ~ in for criticism** Kritik hervorrufen ✦**come into** *vi* ❶ (*inherit*) erben ❷ (*be involved*) **love doesn't ~ into it** in Liebe spielt dabei keine Rolle; **where do I ~ into it?** was habe ich damit zu tun? ✦**come off** *vi* ❶ (*fam: succeed*) klappen ❷ (*take place*) stattfinden ❸ (*end up*) abschneiden; **to always ~ off worse** immer den Kürzeren ziehen ❹ (*become detached*) abgehen ❺ (*removable*) *stain* rausgehen ❻ (*fall off*) [he]runterfallen ❼ (*stop taking*) ■**to ~ off sth** mit etw *dat* aufhören ▶ ~ **off it!** jetzt mach aber mal halblang! ✦**come on** *vi* **❶** ~ **on!** (*impatient*) komm jetzt!; (*encouraging*) komm schon!; (*annoyed*) jetzt hör aber auf! **❷** (*improve*) vorankommen; **how's your English coming on?** wie geht's mit deinem Englisch voran? **❸** (*express interest*) ■ **to ~ on to sb** jdn anmachen **❹** (*appear*) *actor* auftreten **❺** (*begin*) *film* anfangen; (*start to work*) *heating* angehen; **I've a cold coming on** ich kriege eine Erkältung **❻** (*see accidentally*) [zufällig] stoßen auf +*akk*

♦ **come out** *vi* **❶** (*go outside*) herauskommen; (*go out socially*) ausgehen **❷** (*be released*) *book* herauskommen; (*onto the market*) auf den Markt kommen; *results* bekannt gegeben werden; *film* anlaufen; **to ~ out of prison** aus dem Gefängnis kommen **❸** (*become known*) bekannt werden **❹** (*reveal homosexuality*) sich outen **❺** (*end up*) herauskommen; **these figures have ~ out wrong** diese Zahlen haben sich als falsch herausgestellt; **your painting has ~ out really well** Ihr Gemälde ist wirklich gut geworden; **she came out of the divorce settlement a rich woman** sie ging aus der Scheidung als reiche Frau hervor **❻** PHOT [gut] herauskommen; **damn, the photo hasn't ~ out right**, das Foto ist nichts geworden! **❼** (*express opinion*) **to ~ out in favour of/against sth** sich für/gegen etw *akk* aussprechen **❽** (*tell*) ■ **to ~ out with sth** *truth* mit etw *dat* herausrücken; **to ~ out with a remark** eine Bemerkung loslassen **❾** (*appear*) herauskommen; *stars* zu sehen sein **❿** (*in contest*) **to ~ out top/the winner** Beste(r)/Sieger(in) werden **⓫** BRIT (*strike*) **to ~ [on strike]** in Streik treten **⓬** (*remove*) *tooth* herauskommen **⓭** (*fade*) *stain* herausgehen **⓮** (*break out*) ausbrechen; **to ~ out in a rash/spots** einen Ausschlag/Pickel bekommen ♦ **come over** *vi* **❶** (*to a place*) [her]überkommen; (*to sb's home*) vorbeischauen **❷** + *adj* BRIT, AUS (*feel*) **to ~ over dizzy** sich [plötzlich ganz] benommen fühlen; **I don't know what came over me** ich weiß wirklich nicht, was in mich gefahren ist **❸** (*change point of view*) überwechseln **❹** (*create impression*) wirken ♦ **come round** *vi esp* BRIT, AUS **❶** (*visit sb's home*) vorbeikommen **❷** (*regain consciousness*) [wieder] zu sich *dat* kommen **❸** (*change one's mind*) seine Meinung ändern; **to ~ round to sb's point of view** sich jds Standpunkt anschließen **❹** (*recur, arrive*) kommen ♦ **come through** *vi* **❶** (*survive*) durchkommen **❷** BRIT, AUS (*arrive*) *results, visa* eintreffen; *call* eingehen; **my divorce still hasn't ~ through** meine Scheidung ist noch nicht durch ♦ **come to** *vi* **❶** (*regain consciousness*) [wieder] zu sich *dat* kommen **❷** (*amount to*) sich belaufen auf +*akk*; **that ~s to £25** das macht 25 Pfund **❸** (*reach*) **what is the world coming to?** wo soll das alles nur hinführen?; **writing ~s naturally to me** Schreiben fiel mir noch nie schwer; **it'll ~ to me later** es wird mir schon noch einfallen; **he won't ~ to any harm** ihm wird nichts passieren; **he will never ~ to much** er wird es nie zu viel bringen; **it ~s to the same thing** das läuft auf dasselbe hinaus; **to ~ to the conclusion ...** zu dem Schluss kommen, dass ...; **to have ~ to a decision** eine Entscheidung getroffen haben; **to ~ to an end** zu Ende gehen; **to ~ to nothing** zu nichts führen; **to ~ to the point** zum Punkt kommen; **to ~ to rest** zum Stehen kommen **❹** (*concern*) **when it ~s to travelling ...** wenn's ums Reisen geht, ... ♦ **come under** *vi* **❶** (*be listed under*) stehen unter; **soups ~ under 'starters'** Suppen sind als Vorspeisen aufgeführt **❷** (*subject to*) **to ~ under fire/ sb's influence** unter Beschuss/jds Einfluss geraten ♦ **come up** *vi* **❶** (*to higher place*) hochkommen; *sun, moon* aufgehen; **do you ~ up to Edinburgh often?** kommen Sie oft nach Edinburgh? **❷** (*be mentioned*) aufkommen; *topic* angeschnitten werden; *name* erwähnt werden **❸** LAW *case* verhandelt werden **❹** (*happen*) passieren **❺** (*present itself*) **to ~ up for sale** zum Verkauf stehen **❻** (*become vacant*) *job* frei werden **❼** (*on TV*) **coming up next on BBC 2 ...** und auf BBC 2 sehen Sie als Nächstes ... **❽** (*of plants*) herauskommen ♦ **come upon** *vi* **❶** ~ **upon sth** [zufällig] auf etw *akk* stoßen; ■ **to ~ upon sb** [zufällig] jdm begegnen

come-back ['kʌmbæk] *n* **❶** (*return*) Comeback *nt* **❷** (*retort*) Reaktion *f*

co-me-di-an [kə'miːdiən] *n* **❶** (*professional*) Komiker(in) *m(f)* **❷** (*amateur*) Clown *m*

co-me-di-enne [kə,miːdi'en] *n* **❶** (*professional*) Komikerin *f* **❷** (*amateur*) Clown *m*

come-down ['kʌmdaʊn] *n no pl* (*fam*) Abstieg *m*

com-edy ['kɒmədi] *n* Komödie *f*

come-on ['kʌmɒn] *n* (*fam*) Anmache *f*

com-et ['kɒmɪt] *n* Komet *m*

come-up-pance [kʌm'ʌpən(t)s] *n no pl* **to get one's ~** die Quittung kriegen *fam*

com-fort ['kʌm(p)fət] **I.** *n* **❶** *no pl* (*comfortable feeling*) Bequemlichkeit *f*; **the deadline is getting too close for ~** der Termin rückt bedrohlich näher **❷** *no pl* (*consolation*) Trost *m*; **to take ~ from the fact that ...** sich damit trösten, dass ... **❸** (*pleasurable things in life*) ■ **~s** Komfort *m kein pl* **II.** *vt* trösten

com-fort-able ['kʌm(p)ftəbl] *adj* **❶** (*offering comfort*) bequem; *house, room* komfortabel; *income* ausreichend; *temperature* angenehm ❷ (*at ease*) **to be** [*or* **feel**] **~** sich wohl fühlen; **are you ~?** sitzt du bequem?; **to feel ~ with sth** mit etw *dat* zufrieden sein; **to make oneself ~** es sich *dat* bequem machen ❸ MED wohlauf ❹ SPORTS (*substantial*) deutlich **com·fort·ably** ['kʌm(p)ftəbli] *adv* ❶ (*in a comfortable manner*) bequem ❷ (*easily*) leicht ❸ (*in financially stable manner*) **they are ~ off** es geht ihnen [finanziell] gut; **to live ~** sorgenfrei leben ❹ (*substantially*) deutlich **com·fort·er** ['kʌm(p)fətəʳ] *n* AM (*duvet*) Oberbett *nt* **com·fort·ing** ['kʌm(p)fətɪŋ] *adj* (*thought*) beruhigend; *word* tröstend **com·fort·less** ['kʌm(p)fətləs] *adj* (*form*) trostlos **'com·fort sta·tion** *n* AM öffentliche Toilette

com·fy ['kʌm(p)fi] *adj* (*fam*) bequem

com·ic ['kɒmɪk] **I.** *n* ❶ (*magazine*) Comicheft *nt* ❷ (*amateur comedian*) Clown *m* ❸ (*professional comedian*) Komiker(in) *m(f)* **II.** *adj* komisch

comi·cal ['kɒmɪkəl] *adj* komisch

'com·ic book *n* AM Comicbuch *nt* **'com·ic strip** *n* Comic *m* (*in einer Zeitung*)

com·ing ['kʌmɪŋ] **I.** *adj* (*next*) kommend; (*approaching*) herannahend; *elections* anstehend; **this ~ Friday** nächsten Freitag **II.** *n* ❶ *no pl* (*arrival*) Ankunft *f* ❷ (*approaching*) **~s and goings** ein Kommen und Gehen *nt*

com·ing 'out <*pl* comings out> *n* Outing *nt*, Coming-out *nt*

com·ma [ˌkɒmə] *n* Komma *nt*

com·mand [kəˈmɑːnd] **I.** *vt* ❶ (*order*) ▪ **to ~ sb** jdm einen Befehl geben ❷ MIL ▪ **to ~ sth** den Oberbefehl über etw *akk* haben; *company* etw *akk* führen; *ship* etw befehligen ❸ (*form: inspire*) gebieten; **to ~ sb's respect** jdm Respekt einflößen **II.** *vi* Befehle erteilen **III.** *n* ❶ (*order*) Befehl *m* ❷ *no pl* (*authority*) Kommando *nt*; **to be in ~ of** befehligen; ▪ **to be at sb's ~** (*hum*) jdm zur Verfügung stehen ❸ *no pl* (*control*) Kontrolle *f* ❹ *no pl* (*knowledge*) Beherrschung *f*

com·man·dant ['kɒməndænt] *n* Kommandant(in) *m(f)*

com·'mand chain *n* Befehlskette *f*, Befehlshierarchie *f*

com·man·deer [ˌkɒmənˈdɪəʳ] *vt* beschlagnahmen

com·mand·er [kəˈmɑːndəʳ] *n* ❶ MIL Kommandant(in) *m(f)* ❷ BRIT NAUT Fregattenkapitän(in) *m(f)*

com·mand·ing [kəˈmɑːndɪŋ] *adj* ❶ (*authoritative*) gebieterisch ❷ (*dominant*) *position* beherrschend ❸ (*considerable*) beachtlich **com·'mand key** *n* COMPUT Befehlstaste *f* **com·'mand·ment** [kəˈmɑː(n)d(ə)mənt] *n* REL **the Ten C~s** die Zehn Gebote *pl* **com·'mand mod·ule** *n* Kommandokapsel *f*

com·man·do <*pl* -s *or* -es> [kəˈmɑːndəʊ] *n* MIL ❶ + *sing/pl vb* (*group*) Kommando *nt* ❷ (*member*) Angehörige(r) *f/m/* eines Kommandotrupps

com·'mand post *n* MIL Kommandoposten *m* **com·'mand prompt** *n* COMPUT Befehlsaufforderung *f*

com·mem·o·rate [kəˈmeməreɪt] *vt* gedenken +*gen*

com·mem·o·ra·tion [kəˌmeməˈreɪʃən] *n* *no pl* **in ~ of sb** zum Gedenken an jdn; **in ~ of sth** zur Erinnerung an etw *akk*

com·mem·o·ra·tive [kəˈmemərətɪv] *adj* **~ issue** Gedächtnisausgabe *f*; **~ plaque** Gedenktafel *f*

com·mence [kəˈmen(t)s] *vi* (*form*) beginnen, anfangen

com·mence·ment [kəˈmen(t)smənt] *n* (*form*) ❶ (*beginning*) Beginn *m*, Anfang *m*; **~ of a flight** Abflug *m* ❷ AM UNIV Abschlussfeier *f*

com·mend [kəˈmend] *vt* ❶ (*praise*) loben ❷ (*recommend*) empfehlen; **'highly ~ed'** ,sehr empfehlenswert'

com·mend·able [kəˈmendəbl] *adj* lobenswert

com·men·da·tion [ˌkɒmenˈdeɪʃən] *n* ❶ *no pl, no indef art* (*praise*) Belobigung *f* ❷ (*honour*) Auszeichnung *f*

com·ment ['kɒment] **I.** *n* Kommentar *m* **II.** *vi* einen Kommentar abgeben; ▪ **to ~ on sth** sich zu etw *dat* äußern; ▪ **to ~ that ...** bemerken, dass ...

com·men·tary ['kɒmentəri] *n* Kommentar *m* (**on** über)

com·men·tate ['kɒmənteɪt] *vi* TV, RADIO ▪ **to ~ on sth** etw kommentieren

com·men·ta·tor ['kɒmənteɪtəʳ] *n* Kommentator(in) *m(f)*, Reporter(in) *m(f)*

com·merce ['kɒmɜːs] *n* Handel *m*

com·mer·cial [kəˈmɜːʃəl] **I.** *adj* ❶ (*relating to commerce*) kaufmännisch, Handels- ❷ (*profit-orientated*) kommerziell **II.** *n* Werbespot *m*

com·mer·cial·ism [kəˈmɜːʃəlɪzəm] *n* *no pl* Kommerzialisierung *f*

com·mer·ciali·za·tion [kəˌmɜːʃəlaɪˈzeɪʃən] *n* *no pl* Kommerzialisierung *f*

com·mer·cial·ize [kəˈmɜːʃəlaɪz] *vt* kommerzialisieren

com·mis·er·ate [kəˈmɪzəreɪt] *vi* mitfühlen **com·mis·er·a·tion** [kəˌmɪzəˈreɪʃən] *n* ❶ *no pl* (*sympathy*) Mitgefühl *nt* ❷ (*expression of sympathy*) ▪ **~s** *pl* Beileid *nt kein pl*

com·mis·sion [kəˈmɪʃən] **I.** *vt* ❶ (*order*)

■ **to ~ sth** etw in Auftrag geben; ■ **to ~ sb [to do sth]** jdn beauftragen[, etw zu tun] ❷ MIL ■ **to be ~ed as sth** zu etw *dat* ernannt werden **II.** *n* ❶ (*order*) Auftrag *m* ❷ (*system of payment*) Provision *f* ❸ + *sing/pl vb* (*investigative body*) Kommission *f* ❹ MIL **to get a** [*or* **one's**] **~** zum Offizier ernannt werden; **to resign one's ~** aus dem Offiziersdienst ausscheiden ❺ *no pl* **in/out of ~** *machine* in/außer Betrieb; *battleship* in/außer Dienst; (*fig*) **to put sb out of ~** jdn außer Gefecht setzen

com·mis·sion·aire [kə‚mɪʃ^ən'eə^r] *n esp* BRIT Portier(in) *m(f)*

com·mis·sioned 'of·fic·er *n* Offizier(in) *m(f)*

com·mis·sion·er [kə'mɪʃ^ənə^r] *n* Beauftragte(r) *f(m)*; **police ~** Polizeipräsident(in) *m(f)*

com·mit <-tt-> [kə'mɪt] **I.** *vt* ❶ (*carry out*) begehen ❷ (*bind*) *money* bereitstellen; *soldiers* entsenden; ■ **to ~ oneself to sth** sich etw *dat* voll und ganz widmen; **to ~ oneself to a relationship** sich auf eine Beziehung einlassen; **to ~ oneself to doing sth** sich verpflichten, etw zu tun ❸ (*institutionalize*) einweisen (**to** in) ❹ (*entrust*) **to ~ sth to memory** sich *dat* etw einprägen; **to ~ sth to paper** etw zu Papier bringen **II.** *vi* (*bind oneself*) ■ **to ~ to sth** sich auf etw *akk* festlegen

com·mit·ment [kə'mɪtmənt] *n* ❶ *no pl* (*dedication*) Engagement *nt* ❷ (*obligation*) Verpflichtung *f* (**to** gegenüber); **with absolutely no ~ to buy!** es besteht keinerlei Kaufzwang! ❸ (*sending to hospital*) Einweisung *f*; (*sending to prison*) Einlieferung *f*

com·mit·ted [kə'mɪtɪd] *adj* ❶ (*obliged*) verpflichtet; ■ **to be ~ to sth** auf etw *akk* festgelegt sein ❷ (*dedicated*) engagiert; *Christian* überzeugt; ■ **to be ~ to sth** sich für etw *akk* engagieren

com·mit·tee [kə'mɪti] *n* + *sing/pl vb* Ausschuss *m*, Komitee *nt*

com·mode [kə'məʊd] *n* ❶ (*chair with toilet*) Nachtstuhl *m* ❷ (*chest of drawers*) [dekorative] Kommode

com·mod·ity [kə'mɒdəti] *n* (*product*) Ware *f*; (*raw material*) Rohstoff *m*

com·mo·dore ['kɒmədɔː^r] *n* ❶ (*in navy*) Kommodore *m* ❷ (*of yacht club*) Präsident(in) *m(f)*

com·mon ['kɒmən] **I.** *adj* <-er, -est *or* more ~, most ~> ❶ (*often encountered*) üblich, gewöhnlich; *disease* weit verbreitet; ein gängig ❷ (*normal*) normal; **it is ~ knowledge/practice ...** es ist allgemein bekannt/üblich ...; **~ courtesy** ein Gebot der Höflichkeit ❸ (*shared*) gemeinsam; **by ~ consent** mit allgemeiner Einwilligung; **for the ~ good** für das Gemeinwohl; **in ~** gemeinsam ❹ ZOOL, BOT gemein ❺ <-er, -est> (*pej: vulgar*) vulgär ❻ (*ordinary*) einfach; *criminal* gewöhnlich; *thief* gemein **II.** *n* Gemeindeland *nt*

com·mon de·'nom·i·na·tor *n* gemeinsamer Nenner **com·mon·er** ['kɒmənə^r] *n* Bürgerliche(r) *f(m)* **com·mon 'land** *n* Gemeindeland *nt* **com·mon 'law** *no pl* [ungeschriebenes englisches] Gewohnheitsrecht **'com·mon-law** *adj* eheähnliche Gemeinschaft, Konsensehe *f*; **~ husband/wife** Lebensgefährte *m*/Lebensgefährtin *f* **com·mon·ly** ['kɒmənli] *adv* ❶ (*often*) häufig; (*usually*) gewöhnlich; **a ~ held belief** eine weit verbreitete Annahme; **~ known as ...** oft auch ... genannt ❷ (*pej: vulgarly*) gewöhnlich **com·mon-or-'gar·den** *adj* BRIT (*fam*) stinknormal **'com·mon·place I.** *adj* ❶ (*normal*) alltäglich ❷ (*pej: trite*) banal **II.** *n* Gemeinplatz *m* **'com·mon room** *n* BRIT SCH Gemeinschaftsraum *m*

Com·mons ['kɒmənz] *n* + *sing/pl vb* POL ■ **the ~** das Unterhaus

com·mon 'sense *n no pl* gesunder Menschenverstand; **a ~ approach** ein praktischer Ansatz **com·mon 'stocks** *npl* AM STOCKEX Stammaktien *pl*

Com·mon·wealth ['kɒmənwelθ] *n* ■ **the ~** das Commonwealth

com·mo·tion [kə'məʊʃ^ən] *n usu no pl* ❶ (*fuss*) Theater *nt* (**over** um) ❷ (*noisy confusion*) Spektakel *m*

com·mu·nal ['kɒmjʊn^əl, kə‚mju:-] *adj* ❶ (*shared*) gemeinsam; **~ bathroom** Gemeinschaftsbad *nt* ❷ (*of racial communities*) Rassen- ❸ (*of religious communities*) Gemeinde- ❹ (*of a commune*) Kommunen-

com·mune ['kɒmju:n] *n* + *sing/pl vb* Kommune *f*

com·mu·ni·cable [kə'mju:nɪkəbl] *adj* vermittelbar; *disease* übertragbar

com·mu·ni·cate [kə'mju:nɪkeɪt] **I.** *vt* ❶ (*pass on*) mitteilen; *knowledge* vermitteln ❷ *disease* übertragen auf +*akk* **II.** *vi* ❶ (*give information*) kommunizieren; **to ~ with one's hands** sich mit den Händen verständigen ❷ (*be in touch*) in Verbindung stehen; (*socially*) sich verstehen

com·mu·ni·ca·tion [kə‚mju:nɪ'keɪʃ^ən] *n no pl* ❶ (*being in touch*) Kommunikation *f*; **~ gap** Informationslücke *f* ❷ (*passing on*) *of ideas* Vermittlung *f*; *of information* Übermittlung *f*; *of emotions* Ausdruck *m* ❸ (*form: thing communicated*) Mitteilung *f* ❹ MED *of a disease* Übertragung *f* (**to** auf) ❺ (*connection*) Verbindung *f*

com·mu·ni·ca·tive [kə'mju:nɪkətɪv] *adj esp*

gesprächig; ~ **skills** kommunikatives Talent

Com·mun·ion [kəˈmjuːnɪən] *n no pl* ■ [**Holy**] ~ (*Protestant*) das [heilige] Abendmahl; (*Catholic*) die [heilige] Kommunion

com·mu·ni·qué [kəˈmjuːniːkeɪ] *n* Kommuniqué *nt*

com·mun·ism [ˈkɒmjənɪzᵊm] *n no pl* Kommunismus *m*

com·mun·ist [ˈkɒmjənɪst] **I.** *n* Kommunist(in) *m(f)* **II.** *adj* kommunistisch

com·mu·ni·tarian [kəmjuːnəˈteərɪən] *adj policy, ideology* kommunitärisch; **a ~ party that aims at the strengthening of society** eine auf den Gemeinsinn bedachte Partei, die die Gesellschaft stärken will

com·mu·nity [kəˈmjuːnəti] *n* ❶ ADMIN Gemeinde *f*; ~ **hospital** Kommunalkrankenhaus *nt* ❷ (*group*) **the business ~** die Geschäftswelt; **the scientific ~** die Wissenschaftler *pl* ❸ *no pl* (*togetherness*) **sense of ~** Gemeinschaftsgefühl *nt* ❹ *no pl* (*public*) ■ **the ~** die Allgemeinheit

com·mu·nity 'home *n* Fürsorgeanstalt *f*
com·mu·nity 'ser·vice *n no pl* gemeinnützige Arbeit **com·ˈmu·nity work·er** *n* Sozialarbeiter(in) *m(f)*

com·muˈta·tion tick·et *n* AM RAIL Zeitkarte *f*

com·mute [kəˈmjuːt] **I.** *n* (*fam*) Pendelstrecke *f* **II.** *vi* pendeln **III.** *vt* (*form*) umwandeln

com·mut·er [kəˈmjuːtəʳ] *n* Pendler(in) *m(f)*
com·ˈmut·er belt *n* städtischer Einzugsbereich **com·ˈmut·er traf·fic** *n* Pendelverkehr *m* **com·ˈmut·er train** *n* Pendlerzug *m*

Com·o·ran [ˈkɒməran] **I.** *adj* komorisch **II.** *n* Komorer(in) *m(f)*

Com·o·ros [ˈkɒmərəʊz] *npl* ■ **the ~** die Komoren *pl*

com·pact **I.** *adj* [kəmˈpækt] kompakt; *snow* fest; *style* knapp **II.** *vt* [kəmˈpækt] (*form: by a person*) feststreten; (*by a vehicle*) festfahren **III.** *n* [ˈkɒmpækt] ❶ (*cosmetics*) Puderdose *f* ❷ AM, AUS AUTO Kompaktwagen *m* ❸ (*formal agreement*) Übereinkunft *f*

com·pact 'disc, AM *also* **com·pact 'disk** *n* Compactdisc *f* **com·pact·ness** [kəmˈpæktnəs] *n no pl* Kompaktheit *f*; *of style* Knappheit *f*

com·pan·ion [kəmˈpænjən] *n* (*person accompanying sb*) Begleiter(in) *m(f)*; (*associate*) Gefährte, Gefährtin *m, f*; **travelling ~** Reisebegleiter(in) *m(f)*

com·pan·ion·able [kəmˈpænjənəbl] *adj* angenehm **com·pan·ion·ship** [kəmˈpænjənʃɪp] *n no pl* (*company*) Gesellschaft *f*; (*friendship*) Kameradschaft *f*

com·pany [ˈkʌmpəni] *n* ❶ COMM Firma *f*, Unternehmen *nt*; **Adams and C~** Adams & Co.; **shipping ~** Reederei *f*; **~ policy** Firmenpolitik *f* ❷ *no pl* (*companionship*) Gesellschaft *f*; **present ~ excepted** die Anwesenden ausgenommen; **to keep sb ~** jdm Gesellschaft leisten ❸ *no pl* (*visitors*) Besuch *m* **kein pl**, Gäste *pl* ❹ THEAT Schauspieltruppe *f* ❺ MIL Kompanie *f*

com·pa·rable [ˈkɒmpᵊrəbl] *adj* vergleichbar (**to/with** mit)

com·para·tive [kəmˈpærətɪv] **I.** *n* Komparativ *m* **II.** *adj* ❶ (*involving comparison*) vergleichend ❷ (*relative*) relativ

com·para·tive·ly [kəmˈpærətɪvli] *adv* ❶ (*relatively*) verhältnismäßig ❷ (*by comparison*) im Vergleich

com·pare [kəmˈpeəʳ] **I.** *vt* vergleichen (**to/with** mit) ▶ **to ~ notes on sth** Meinungen über etw *akk* austauschen **II.** *vi* vergleichbar sein; **to ~ favourably** vergleichsweise gut abschneiden **III.** *n no pl* (*liter*) **beyond ~** unvergleichlich

com·pari·son [kəmˈpærɪsᵊn] *n* Vergleich *m*; **there's no ~!** das ist gar kein Vergleich!; **there's no ~ between them** man kann sie nicht vergleichen; **to bear** [*or* **stand**] **~** einem Vergleich gewachsen sein; **to draw** [*or* **make**] **a ~** einen Vergleich anstellen; **by ~ with** verglichen mit + *dat*

com·part·ment [kəmˈpɑːtmənt] *n* ❶ RAIL [Zug]abteil *nt*, Coupé *nt* ÖSTERR ❷ (*section*) Fach *nt*

com·pass <*pl* -es> [ˈkʌmpəs] *n* ❶ (*for showing direction*) Kompass *m*; **they took a ~ reading** sie lasen den Kompass ab ❷ (*for drawing circles*) Zirkel *m* ❸ *no pl* (*liter: range*) Umfang *m*

com·pas·sion [kəmˈpæʃᵊn] *n no pl* **to feel** [*or* **have**] **~ for** [*or* **towards**] **sb** Mitleid mit jdm haben; **to show ~ for** [*or* **towards**] **sb** Mitgefühl für jdn zeigen; **with ~** voller Mitgefühl

com·pas·sion·ate [kəmˈpæʃᵊnət] *adj* mitfühlend

com·pat·ibil·ity [kəmˌpætəˈbɪləti] *n no pl* Vereinbarkeit *f*; COMPUT, MED Kompatibilität *f*

com·pat·ible [kəmˈpætɪbl] *adj* ❶ **to be ~** zusammenpassen ❷ COMPUT, MED kompatibel ❸ (*consistent*) vereinbar

com·pat·ri·ot [kəmˈpætrɪət] *n* (*form*) Landsmann, -männin *m, f*

com·pel <-ll-> [kəmˈpel] *vt* ■ **to ~ sb to do sth** jdn [dazu] zwingen, etw zu tun; **to feel ~led** [**to do sth**] sich gezwungen sehen[, etw zu tun]

com·pel·ling [kəmˈpelɪŋ] *adj reason* zwingend; *performance* fesselnd

com·pen·sate [ˈkɒmpənseɪt] **I.** *vt* [finanzi-

com·pen·sa·tion [ˌkɒmpənˈseɪʃən] n no pl Entschädigung[sleistung] f; Schadenersatz m

com·père [ˈkɒmpeəʳ] Brit I. n Showmaster(in) m(f) II. vt konferieren

com·pete [kəmˈpiːt] vi ■ to ~ [with sb] [gegen jdn] kämpfen (for um); ~ in a race an einem Rennen teilnehmen

com·pe·tence [ˈkɒmpɪtəns], **com·pe·ten·cy** [ˈkɒmpɪtənsi] n no pl ① (ability) Fähigkeiten pl, Kompetenz f; **he reached a reasonable level of ~ in English** sein Englisch erreichte ein recht gutes Niveau ② law Zuständigkeit f

com·pe·tent [ˈkɒmpɪtənt] adj ① (capable) fähig; (qualified) kompetent ② (adequate) **he speaks quite ~ German** er spricht recht gutes Deutsch ③ law zuständig

com·pe·ti·tion [ˌkɒmpəˈtɪʃən] n ① no pl (state of competing) Konkurrenz f, Wettbewerb m; ■ **to be in ~ with sb** mit jdm konkurrieren ② comm Konkurrenz f ③ (contest) Wettbewerb m

com·pet·i·tive [kəmˈpetɪtɪv] adj ① (characterized by competition) konkurrierend; (eager to compete) kampfbereit; **acting is very ~** in der Schauspielerei herrscht harte Konkurrenz; **~ spirit** Wettkampfgeist m; **~ sports** Leistungssport m ② comm konkurrenzfähig, wettbewerbsfähig; **~ edge** Wettbewerbsvorteil m

com·pet·i·tive·ness [kəmˈpetɪtɪvnəs] n no pl ① (ambition) Konkurrenzdenken nt ② comm Wettbewerbsfähigkeit f

com·pet·i·tor [kəmˈpetɪtəʳ] n ① (one who competes) [Wettkampf]gegner(in) m(f); (participant) [Wettbewerbs]teilnehmer(in) m(f) ② comm Konkurrent(in) m(f)

com·pi·la·tion [ˌkɒmpɪˈleɪʃən] n ① no pl (act of compiling) Zusammenstellung f ② (collection) Sammlung f

com·pile [kəmˈpaɪl] vt ① (put together) list erstellen ② (gather) facts zusammentragen ③ comput kompilieren

com·pil·er [kəmˈpaɪləʳ] n ① (one who compiles) Sammler(in) m(f) ② comput Compiler m fachspr

com·pla·cence [kəmˈpleɪsəns], **com·pla·cen·cy** [kəmˈpleɪsənsi] n no pl (pej) Selbstzufriedenheit f

com·pla·cent [kəmˈpleɪsənt] adj (pej) selbstzufrieden

com·plain [kəmˈpleɪn] vi klagen, sich beklagen (about/of über); **stop ~ing!** hör auf zu jammern!

com·plaint [kəmˈpleɪnt] n ① (expression of displeasure) Beschwerde f, Klage f ② law Klageschrift f; **to lodge** [or **make**] **a ~ against sb** jdn verklagen; Am gegen jdn Anzeige erstatten ③ comm Mängelrüge f ④ (illness) Leiden nt

com·ple·ment [ˈkɒmplɪmənt] I. vt ergänzen; **to ~ each other** sich [gegenseitig] ergänzen II. n ① (accompaniment) Ergänzung f ② no pl **a full ~ of staff** eine komplette Ersatzmannschaft

com·ple·men·tary [ˌkɒmplɪˈmentəri] adj [einander] ergänzend

com·plete [kəmˈpliːt] I. vt ① (add what is missing) vervollständigen; form [vollständig] ausfüllen ② (finish) fertig stellen; course absolvieren; studies zu Ende bringen II. adj ① (with nothing missing) vollständig, komplett; **the ~ works of Shakespeare** Shakespeares gesammelte Werke ② (including) ~ **with** inklusive ③ (total) absolut; breakdown total; darkness, stranger, surprise völlig; **a ~ fool** ein Vollidiot m; **~ and utter** total

com·plete·ly [kəmˈpliːtli] adv völlig; **~ certain** absolut sicher; **to be ~ convinced** von der vollen Überzeugung sein **com·plete·ness** [kəmˈpliːtnəs] n no pl Vollständigkeit f

com·ple·tion [kəmˈpliːʃən] n no pl Fertigstellung f; **on ~ of the project** nach Abschluss des Projekts

com·plex I. adj [ˈkɒmpleks] komplex; (complicated) kompliziert; issue, personality vielschichtig; plot verwickelt II. n <pl -es> [ˈkɒmpleks] ① archit Komplex m; **sports and leisure ~** Sport- und Freizeitzentrum nt; **shopping ~** Einkaufszentrum nt ② psych Komplex m (about wegen); **to give sb a ~** bei jdm Komplexe verursachen

com·plex·ion [kəmˈplekʃən] n Teint m; **clear/spotty ~** reine/unreine Haut; **healthy ~** gesunde Gesichtsfarbe ▶ **to put a different ~ on sth** etw in einem anderen Licht erscheinen lassen **com·plex·i·ty** [kəmˈpleksəti] n no pl (intricacy) Komplexität f ② (complication) Kompliziertheit f

com·pli·ance [kəmˈplaɪəns] n no pl (form) ① (conformity) Übereinstimmung f; **in ~ with sb's order** gemäß jds Befehl; **in ~ with the regulations** unter Einhaltung der Bestimmungen ② (pej: obedience) Willfährigkeit f

com·pli·ant [kəmˈplaɪənt] adj (form) gefügig

com·pli·cate [ˈkɒmplɪkeɪt] vt [noch] komplizierter machen

com·pli·cat·ed [ˈkɒmplɪkeɪtɪd] adj kompliziert

com·pli·ca·tion [ˌkɒmplɪˈkeɪʃən] n Komplikation f

com·plic·i·ty [kəmˈplɪsəti] n no pl (form)

Mittäterschaft f
com·pli·ment ['kɒmplɪmənt] **I.** n Kompliment nt; **my ~s to the chef!** mein Kompliment an die Köchin!; **to pay sb a ~** jdm ein Kompliment machen ▶ **~s of the season** frohes Fest; **to be fishing for ~s** auf Komplimente aus sein **II.** vt ■ **to ~ sb** jdm ein Kompliment machen
com·pli·men·tary [ˌkɒmplɪ'mentəri] adj ❶ (expressing a compliment) schmeichelhaft ❷ (free) tickets, books Frei-
com·ply [kəm'plaɪ] vi sich fügen; **to ~ with the regulations** die Bestimmungen erfüllen
com·po·nent [kəm'pəʊnənt] n [Bestand-]teil m
com·po·nent 'parts npl Einzelteile pl
com·pose [kəm'pəʊz] **I.** vi komponieren **II.** vt ❶ MUS komponieren ❷ LIT verfassen; letter aufsetzen ❸ (comprise) ■ **to be ~d of sth** aus etw dat bestehen ❹ (calm) ordnen; ■ **to ~ oneself** sich beruhigen ❺ TYPO setzen
com·posed [kəm'pəʊzd] adj gefasst
com·pos·er [kəm'pəʊzə'] n Komponist(in) m(f)
com·po·site ['kɒmpəzɪt] **I.** n Gemisch nt **II.** adj zusammengesetzt
com·po·si·tion [ˌkɒmpə'zɪʃən] n ❶ no pl (in music) Komponieren nt; (in literature) Verfassen nt ❷ (piece) Komposition f ❸ (arrangement) Gestaltung f; of painting Komposition f ❹ (short essay) Aufsatz m (on über) ❺ no pl (make-up) Zusammenstellung f; CHEM Zusammensetzung f ❻ no pl TYPO Satz m
com·post ['kɒmpɒst] **I.** n no pl Kompost m **II.** vt kompostieren
com·po·sure [kəm'pəʊʒə'] n no pl Fassung f
com·pound¹ [kəm'paʊnd] vt verschlimmern
com·pound² ['kɒmpaʊnd] **I.** n ❶ (combination) Mischung f ❷ CHEM Verbindung f ❸ MIL Truppenlager nt; **embassy ~** Botschaftsgelände nt; **prison ~** Gefängnishof m **II.** adj zusammengesetzt
com·pound 'frac·ture n MED komplizierter Bruch **com·pound 'in·ter·est** n FIN Zinseszins m meist pl
com·pre·hend [ˌkɒmprɪ'hend] vi, vt begreifen, verstehen
com·pre·hen·si·ble [ˌkɒmprɪ'hen(t)səbl] adj verständlich (**to** für)
com·pre·hen·sion [ˌkɒmprɪ'hen(t)ʃən] n no pl Verständnis nt; **to be beyond sb's ~** jdm unbegreiflich [o unverständlich] sein; **listening/reading ~** [test] Hör-/Leseverständnistest m
com·pre·hen·sive [ˌkɒmprɪ'hen(t)sɪv] **I.** adj umfassend; answer ausführlich; list vollständig; **~ insurance** BRIT Vollkaskoversicherung f **II.** n BRIT Gesamtschule f
com·pre·hen·sive·ly [ˌkɒmprɪ'hen(t)sɪvli] adv umfassend; **~ defeated** deutlich geschlagen
com·pre·hen·sive 'school n BRIT Gesamtschule f
com·press¹ [kəm'pres] vt ❶ (squeeze together) zusammendrücken ❷ (condense) zusammenfassen
com·press² <pl -es> ['kɒmpres] n MED Kompresse f
com·pressed [kəm'prest] adj komprimiert
com·pres·sion [kəm'preʃən] n no pl Kompression f
com·pres·sor [kəm'presə'] n Kompressor m, Verdichter m
com·prise [kəm'praɪz] vt (form) ■ **to ~ sth** aus etw dat bestehen
com·pro·mise ['kɒmprəmaɪz] **I.** n Kompromiss m; **to reach** [or **arrive at**] **a ~** zu einem Kompromiss gelangen **II.** vi Kompromisse eingehen **III.** vt etw dat schaden; ■ **to ~ oneself** sich kompromittieren
com·pro·mis·ing ['kɒmprəmaɪzɪŋ] adj kompromittierend
com·pul·sion [kəm'pʌlʃən] n no pl Zwang m
com·pul·sive [kəm'pʌlsɪv] adj ❶ (obsessive) zwanghaft; liar notorisch; **~ eating disorder** krankhafte Essstörung ❷ (captivating) fesselnd; **her latest book is a ~ read** ihr letztes Buch muss man einfach gelesen haben; **~ viewing** TV Pflichttermin m; **utterly ~ viewing** überaus faszinierend
com·pul·so·ry [kəm'pʌlsəri] adj obligatorisch; **~ retirement** Zwangspensionierung f; **~ military service** [allgemeine] Wehrpflicht; **~ subject** Pflichtfach nt
com·punc·tion [kəm'pʌŋ(k)ʃən] n no pl Schuldgefühle pl; ■ **to have no ~ about sth** keine Skrupel wegen einer S. gen haben
com·pu·ta·tion [ˌkɒmpjə'teɪʃən] n Berechnung f
com·pute [kəm'pju:t] vt ❶ berechnen ❷ AM **that doesn't ~** das ergibt keinen Sinn
com·put·er [kəm'pju:tə'] n Computer m
com·put·er-'an·i·mat·ed adj computeranimiert **com·'put·er game** n Computerspiel nt **com·put·er 'graph·ics** n + sing/pl vb Computergrafik f
com·put·er·i·za·tion [kəmˌpju:tərɪ'zeɪʃən] n no pl ❶ (computer storage) Computerisierung f ❷ (equipping with computers) Ausrüstung f mit Computern
com·put·er·ize [kəm'pju:təraɪz] **I.** vt ❶ (store on computer) [im Computer] speichern ❸ (equip with computers) computerisieren **II.** vi auf EDV umstellen

com·put·er 'net·work n Rechnernetz nt
com·put·er 'pro·gram·mer n Programmierer(in) m(f) **com·put·er 'sci·ence** n no pl Informatik f **com·put·er 'sci·en·tist** n Informatiker(in) m(f) **com·'put·er search** n Recherche f am Computer **com·put·er 'vi·rus** n Virus m

com·put·ing [kəmˈpjuːtɪŋ] n no pl ❶ (calculating) Berechnen nt ❷ COMPUT EDV f

com·rade [ˈkɒmreɪd] n ❶ (friend) Kamerad(in) m(f) ❷ POL Genosse, Genossin m, f

com·rade·ship [ˈkɒmreɪdʃɪp] n no pl Kameradschaft f

COMSAT [ˈkɑːmsæt] n AM abbrev of communications satellite Nachrichtensatellit m

con[1] [kɒn] (fam) **I.** vt <-nn-> to ~ one's way into a building sich in ein Gebäude einschleichen; ■ **to ~ sb** jdn reinlegen; ■ **to ~ sb into doing sth** jdn [mit Tricks] dazu bringen, etw zu tun; **to ~ sb into believing** [or **thinking**] **that ...** jdm weismachen wollen, dass ...; ■ **to ~ sb out of sth** [or **sth out of sb**] jdm etw abluchsen **II.** n ❶ (trick) Schwindel m kein pl ❷ (convict) Knacki m

con[2] [kɒn] n usu pl (fam) **the pros and ~s** das Pro und Kontra

'con art·ist n Schwindler(in) m(f)

con·cave [ˈkɒnkeɪv] adj konkav

con·ceal [kənˈsiːl] vt verbergen (**from** vor)

con·ceal·ment [kənˈsiːlmənt] n no pl ❶ Verheimlichung f; of feelings Verbergen nt; **place of ~** Versteck nt

con·cede [kənˈsiːd] **I.** vt ❶ (acknowledge) zugeben; **to ~ defeat** sich geschlagen geben ❷ (surrender) aufgeben ❸ (grant) einräumen ❹ SPORTS goal kassieren; point, match abgeben **II.** vi sich geschlagen geben

con·ceit [kənˈsiːt] n no pl Einbildung f

con·ceit·ed [kənˈsiːtɪd] adj eingebildet

con·ceiv·able [kənˈsiːvəbl] adj vorstellbar; **by every ~ means** mit allen [nur] erdenklichen Mitteln

con·ceive [kənˈsiːv] **I.** vt ❶ (conceptualize) kommen auf +akk ❷ (create) entwerfen ❸ (imagine) sich dat vorstellen ❹ (become pregnant with) empfangen **II.** vi ❶ (imagine) ■ **to ~ of sth** sich dat etw vorstellen ❷ (become pregnant) empfangen

con·cen·trate [ˈkɒn(t)səntreɪt] **I.** vi ❶ (focus one's thoughts) sich konzentrieren ❷ (come together) sich sammeln **II.** vt konzentrieren; **to ~ one's mind on sth** sich auf etw akk konzentrieren; **most of the country's population is ~d in the north** der Großteil der Bevölkerung ballt sich im Norden **III.** n Konzentrat nt

con·cen·trat·ed [ˈkɒn(t)səntreɪtɪd] adj konzentriert; attack geballt; effort gezielt

con·cen·tra·tion [ˌkɒn(t)sənˈtreɪʃən] n ❶ no pl (mental focus) Konzentration f (**on** auf); **to lose [one's] ~** sich nicht mehr konzentrieren können ❷ (accumulation) Konzentrierung f; of troops Zusammenziehung f ❸ CHEM Konzentration f

con·cen'tra·tion camp n Konzentrationslager nt

con·cen·tric [kənˈsentrɪk] adj konzentrisch

con·cept [ˈkɒnsept] n ❶ (abstract idea) Vorstellung f ❷ (plan) Entwurf m, Konzept nt (**of** für)

con·cep·tion [kənˈsepʃən] n ❶ (basic understanding) Vorstellung f ❷ (idea) Idee f, Konzept nt; (creation) Konzeption f ❸ no pl BIOL Empfängnis f

con·cep·tual [kənˈseptʃuəl] adj begrifflich

con·cep·tu·al·ize [kənˈseptʃuəlaɪz] **I.** vi [begrifflich] denken **II.** vt begrifflich erfassen

con·cern [kənˈsɜːn] **I.** n ❶ (interest) Anliegen nt; (preoccupation) Sorge f; **the company's sole ~ is to ensure the safety of its employees** das Unternehmen ist einzig und allein um die Gewährleistung der Sicherheit seiner Mitarbeiter besorgt ❷ (worry) Sorge f, Besorgnis f (**about** um); **~ for the safety of the two missing teenagers is growing** die Sorge um die beiden vermissten Teenager wächst beständig; **my ~ is that ...** ich mache mir Sorgen, dass ...; **there's no cause for ~** es besteht kein Grund zur Sorge; **to give rise to ~** besorgniserregend sein ❸ (business) Angelegenheit f; **it's no ~ of mine!** das ist nicht meine Angelegenheit!; **that's none of your ~** das geht dich nichts an ❹ COMM Unternehmen nt; **industrial ~** Industriekonzern m **II.** vt ❶ (apply to) angehen; (affect) betreffen; **as far as I'm ~ed** was mich betrifft ❷ (be sb's business) angehen; **to whom it may ~** (in a letter) sehr geehrte Damen und Herren ❸ (take an interest in) ■ **to ~ oneself with sth** sich mit etw dat befassen ❹ (be about) handeln von +dat ❺ (worry) beunruhigen; ■ **to ~ oneself** sich dat Sorgen machen

con·cern·ing [kənˈsɜːnɪŋ] prep bezüglich +gen

con·cert [ˈkɒnsət] n MUS Konzert nt; **in ~** live ❷ (form) **in ~** gemeinsam; **to act in ~** zusammenarbeiten

con·cert·ed [kənˈsɜːtɪd] adj ❶ (joint) gemeinsam ❷ (resolute) entschlossen **con·cert 'grand** n Konzertflügel m

con·cer·ti·na [ˌkɒn(t)səˈtiːnə] **I.** n Ziehharmonika f **II.** vi BRIT, AUS sich [ziehharmonikaförmig] zusammenschieben

'con·cert·mas·ter n AM Konzertmeister(in) m(f)

con·cer·to <*pl* -s *or* -ti> [kən'tʃeətəʊ, *pl* -ti] *n* Konzert *nt*

con·ces·sion [kən'seʃən] *n* ❶ (*compensation*) Zugeständnis *nt*; **as a ~** als Ausgleich; **to make no ~ to sth** auf etw *akk* keine Rücksicht nehmen ❷ (*admission of defeat*) Eingeständnis *nt* [einer Niederlage] ❸ ECON Konzession *f*

con·cili·ate [kən'sɪlieɪt] I. *vi* schlichten II. *vt* (*placate*) besänftigen

con·cili·ation [kənˌsɪli'eɪʃən] *n no pl* (*form*) ❶ (*reconciliation*) Besänftigung *f* ❷ (*mediation*) Schlichtung *f*

con·cili·'ation board *n* Schlichtungskommission *f*

con·cilia·tory [kən'sɪliətəri] *adj* versöhnlich; (*mediating*) beschwichtigend

con·cise [kən'saɪs] *adj* präzise; *answer* kurz und bündig; *style also* knapp

con·cise·ness [kən'saɪsnəs] *n*, **con·ci·sion** [kən'sɪʒən] *n no pl* Prägnanz *f*

con·clude [kən'klu:d] I. *vi* enden, schließen; **"that's all I have to say," he ~d** "mehr habe ich nicht zu sagen", meinte er abschließend II. *vt* ❶ (*finish*) [ab]schließen ❷ (*determine*) beschließen ❸ (*infer*) ■ **to ~ [from sth] that ...** [aus etw *dat*] schließen, dass ...

con·clud·ing [kən'klu:dɪŋ] *adj* abschließend; **~ remark** Schlussbemerkung *f*

con·clu·sion [kən'klu:ʒən] *n* ❶ (*end*) Abschluss *m*; *of a story* Schluss *m*; **in ~** zum Abschluss, abschließend ❷ (*decision*) **to come to a ~** einen Beschluss fassen; **to reach a ~** zu einem Entschluss gelangen ❸ (*inference*) Schluss *m*, Schlussfolgerung *f*; **to come to/ draw [or reach] the ~ that ...** zu dem Schluss kommen/gelangen, dass ...

con·clu·sive [kən'klu:sɪv] *adj* ❶ (*convincing*) schlüssig ❷ (*decisive*) eindeutig; *evidence* stichhaltig

con·coct [kən'kɒkt] *vt dish* zusammenstellen; *drink* mixen; *excuse* sich *dat* zurechtbasteln; *plan* aushecken; *story* sich *dat* ausdenken

con·coc·tion [kən'kɒkʃən] *n* (*dish*) Kreation *f*; (*drink*) Gebräu *nt*

con·course ['kɒnkɔ:s] *n* Halle *f*

con·crete ['kɒnkri:t] I. *n no pl* Beton *m* II. *adj* ❶ *path* betoniert ❷ *proof* eindeutig ❸ *suggestion* konkret III. *vt* betonieren; ■ **to ~ over** zubetonieren

'con·crete mix·er *n* Betonmischmaschine *f*

con·cu·bine ['kɒŋkjʊbaɪn] *n* Konkubine *f*

con·cur <-rr-> [kən'kɜ:ʳ] *vi* übereinstimmen; **to ~ with sb's opinion** jds Meinung zustimmen; ■ **to ~ with sb [in [or on] sth]** jdm [in etw *dat*] beipflichten

con·cur·rent [kən'kʌrənt] *adj* gleichzeitig

con·cuss [kən'kʌs] *vt* ■ **to be ~ed** eine Gehirnerschütterung erleiden

con·cus·sion [kən'kʌʃən] *n no pl* Gehirnerschütterung *f*

con·demn [kən'dem] *vt* ❶ (*reprove*) verurteilen ❷ LAW verurteilen; **to be ~ed to death** zum Tode verurteilt werden ❸ (*declare unsafe*) für unbrauchbar erklären; *food* für den Verzehr als ungeeignet erklären; *building* für unbewohnbar erklären

con·dem·na·tion [ˌkɒndem'neɪʃən] *n* ❶ (*reproof*) Verurteilung *f*; (*fig*) Verdammung *f* ❷ (*legal act*) Verurteilung *f* ❸ (*declaration as unsafe*) Untauglichkeitserklärung *f*

con·den·sa·tion [ˌkɒnden'seɪʃən] *n* ❶ *no pl* (*process*) Kondensation *f* ❷ *no pl* (*droplets*) Kondenswasser *nt*

con·dense [kən'den(t)s] I. *vt* ❶ (*concentrate*) *gas* komprimieren; *liquid* eindicken; **~d milk** Kondensmilch *f* ❷ (*form droplets from*) kondensieren ❸ (*shorten*) zusammenfassen II. *vi* kondensieren

con·dens·er [kən'den(t)səʳ] *n* CHEM Kondensator *m*

con·de·scend [ˌkɒndɪ'send] *vi* ■ **to ~ to do sth** sich herablassen, etw zu tun

con·de·scend·ing [ˌkɒndɪ'sendɪŋ] *adj* herablassend

con·de·scen·sion [ˌkɒndɪ'senʃən] *n no pl* herablassende Haltung

con·di·ment ['kɒndɪmənt] *n* Gewürz *nt*

con·di·tion [kən'dɪʃən] I. *n* ❶ (*state*) Zustand *m*; *person* Verfassung *f* ❷ MED Leiden *nt*; **he's got a heart ~** er ist herzkrank ❸ (*circumstances*) ■ **~s** *pl* Bedingungen *pl* ❹ (*stipulation*) Bedingung *f*; **on the ~ that ...** unter der Bedingung, dass ... II. *vt* ❶ (*train*) konditionieren ❷ (*accustom*) gewöhnen (**to** an) ❸ *hair* eine Pflegespülung machen

con·di·tion·al [kən'dɪʃənəl] I. *adj* bedingt; ■ **to be ~ [up]on sth** von etw *dat* abhängen II. *n* LING ■ **the ~** der Konditional **con·di·tion·al·ly** [kən'dɪʃənəli] *adv* unter Vorbehalt

con·di·tion·er [kən'dɪʃənəʳ] *n no pl* ❶ (*for hair*) Pflegespülung *f* ❷ (*for clothes*) Weichspüler *m*

con·do ['kɑ:ndoʊ] *n* AM (*fam*) *short for* **condominium** Eigentumswohnung *f*

con·do·lence [kən'dəʊlən(t)s] *n* ■ **~s** Beileid *nt kein pl*; **letter of ~** Beileidsschreiben *nt*

con·dom ['kɒndɒm] *n* Kondom *nt*

con·do·min·ium [ˌkɒndə'mɪniəm] *n* AM (*owned apartment*) Eigentumswohnung *f*; (*apartment building*) Wohnblock *m* [mit Eigentumswohnungen]

con·done [kən'dəʊn] *vt* [stillschweigend]

dulden
con·du·cive [kənˈdjuːsɪv] *adj* förderlich
con·duct I. *vt* [kənˈdʌkt] ❶ (*carry out*) durchführen; *negotiations* führen; *service* abhalten ❷ (*direct*) leiten; *orchestra* dirigieren; *traffic* [um]leiten ❸ (*guide*) führen; ~ed tour Führung *f* ❹ ELEC leiten ❺ (*form: behave*) ■ **to ~ oneself** sich benehmen **II.** *vi* [kənˈdʌkt] MUS dirigieren **III.** *n* [ˈkɒndʌkt] *no pl* ❶ (*behaviour*) Benehmen *nt*, Verhalten *nt* ❷ (*form: management*) Führung *f*, Leitung *f*
con·duc·tive [kənˈdʌktɪv] *adj* ELEC leitfähig
con·duc·tor [kənˈdʌktəʳ] *n* ❶ MUS Dirigent(in) *m(f)* ❷ PHYS Leiter *m* ❸ BRIT (*on bus*) Schaffner(in) *m(f)*; AM (*on train*) Zugführer(in) *m(f)*
con·duc·tress [kənˈdʌktrəs] *n* BRIT Schaffnerin *f*
con·duit [ˈkɒndjuɪt] *n* (*pipe*) [Rohr]leitung *f*; (*channel*) Kanal *m*
cone [kəʊn] *n* ❶ MATH Kegel *m*; ~ of light Lichtkegel *m*; **traffic ~** Leitkegel *m* ❷ FOOD **ice cream ~** Eistüte *f* ❸ BOT Zapfen *m*
con·fec·tion·er [kənˈfekʃənəʳ] *n* Süßwarenhändler(in) *m(f)*; **~'s [shop]** Süßwarengeschäft *nt*
con·fec·tion·ery [kənˈfekʃənəri] *n no pl* (*sweets*) Süßwaren *pl*; (*chocolate*) Konfekt *nt*
con·fed·era·cy [kənˈfedərəsi] *n + sing/pl vb* Konföderation *f*; ■ **the C~** AM HIST die Konföderierten Staaten *pl* von Amerika
con·fed·er·ate [kənˈfedərət] **I.** *n* Komplize, Komplizin *m, f* **II.** *adj* AM HIST **C~** Südstaaten-
con·fed·era·tion [kən,fedəreɪʃən] *n + sing/pl vb* ❶ POL Bund *m* ❷ ECON Verband *m*; **C~ of British Industry** *britischer Unternehmerverband*
Con·fed·era·tion Day *n* CAN Confederation Day *m* (*der Nationalfeiertag Kanadas*)
con·fer <-rr-> [kənˈfɜː^r] **I.** *vt* ■ **to ~ sth [up]on sb** jdm etw verleihen; *rights* jdm etw übertragen **II.** *vi* ■ **to ~ with sb** sich mit jdm beraten
con·fer·ence [ˈkɒnfərəns] *n* Konferenz *f*, Tagung *f* (**on** über); **in ~** in einer Besprechung
con·fess [kənˈfes] *vi, vt* ❶ (*admit*) zugeben; ■ **to ~ to sth** etw gestehen ❷ REL beichten
con·fes·sion [kənˈfeʃən] *n* ❶ (*admission*) Geständnis *nt*; **to have a ~ to make** etw gestehen müssen ❷ REL Beichte *f*
con·fes·sion·al [kənˈfeʃənəl] *n* Beichtstuhl *m*
con·fes·sor [kənˈfesəʳ] *n* Beichtvater *m*
con·fet·ti [kənˈfeti] *n no pl* Konfetti *nt*

con·fi·dant [ˈkɒnfɪdænt] *n* Vertraute(r) *m*
con·fi·dante [ˈkɒnfɪdænt] *n* Vertraute *f*
con·fide [kənˈfaɪd] **I.** *vt* gestehen; ■ **to ~ [to sb] that ...** jdm anvertrauen, dass ... **II.** *vi* ■ **to ~ in sb** sich jdm anvertrauen
con·fi·dence [ˈkɒnfɪdəns] *n* ❶ *no pl* (*trust*) Vertrauen *nt*; **to take sb into one's ~** jdn ins Vertrauen ziehen; **to have every/no ~ in sb** volles/kein Vertrauen zu jdm haben; **in ~** im Vertrauen ❷ (*secrets*) ■ **~s** *pl* Vertraulichkeiten *pl* ❸ *no pl* (*self-assurance*) Selbstvertrauen *nt*; **to lack ~** kein Selbstvertrauen haben
con·fi·dent [ˈkɒnfɪdənt] *adj* ❶ (*certain*) zuversichtlich; ■ **to be ~ of sth** von etw *dat* überzeugt sein ❷ (*self-assured*) selbstbewusst
con·fi·den·tial [,kɒnfɪˈden(t)ʃəl] *adj* vertraulich; **to keep sth ~** etw für sich *akk* behalten
con·fi·den·tial·ly [,kɒnfɪˈden(t)ʃəli] *adv* vertraulich
con·fid·ing [kənˈfaɪdɪŋ] *adj* vertrauensvoll
con·figu·ra·tion [kən,fɪgəˈreɪʃən] *n* Konfiguration *f*
con·fig·ure [kənˈfɪgəʳ] *vt* konfigurieren
con·fine I. *vt* [kənˈfaɪn] ❶ (*restrict*) beschränken (**to** auf) ❷ (*shut in*) einsperren; **he was ~d to the house** er war ans Haus gefesselt; **to be ~d to quarters** MIL Ausgangssperre haben **II.** *n* [ˈkɒnfaɪn] ■ **the ~s** *pl* die Grenzen *pl*
con·fine·ment [kənˈfaɪnmənt] *n* ❶ *no pl* Einsperrung *f*; **solitary ~** Einzelhaft *f*; (*restriction*) Gebundenheit *f*; **~ to quarters** Ausgangssperre *f* ❷ MED Niederkunft *f*
con·firm [kənˈfɜːm] **I.** *vt* ❶ (*verify*) bestätigen ❷ (*strengthen*) **to ~ sb's faith** jdn in seinem Glauben bestärken ❸ REL ■ **to be ~ed** (*Catholic*) gefirmt werden; (*Protestant*) konfirmiert werden **II.** *vt* bestätigen
con·fir·ma·tion [,kɒnfəˈmeɪʃən] *n* ❶ (*verification*) Bestätigung *f* ❷ REL (*Catholic*) Firmung *f*; (*Protestant*) Konfirmation *f*
con·firmed [kənˈfɜːmd] *adj* erklärt; *atheist* überzeugt; *bachelor* eingefleischt
con·fis·cate [ˈkɒnfɪskeɪt] *vt* beschlagnahmen
con·flict I. *n* [ˈkɒnflɪkt] ❶ (*clash*) Konflikt *m*; **~ of interests** Interessenkonflikt *m*; **to be in ~ with sb** mit jdm im Streit liegen ❷ (*battle*) Kampf *m* **II.** *vi* [kənˈflɪkt] ■ **to ~ with sth** im Widerspruch zu etw *dat* stehen
con·flict·ing [kənˈflɪktɪŋ] *adj* widersprüchlich; *claims* entgegengesetzt
con·flu·ence [ˈkɒnfluəns] *n* Zusammenfluss *m*
con·form [kənˈfɔːm] *vi* sich einfügen; (*agree*) übereinstimmen; ■ **to ~ to** [*or* **with**]

con·form·ist [kənˈfɔːmɪst] **I.** n Konformist(in) m(f) **II.** adj konformistisch **con·form·ity** [kənˈfɔːməti] n no pl ❶ (uniformity) Konformismus m ❷ (form: compliance) Übereinstimmung f; **in ~ with the law** in Einklang mit dem Gesetz

con·found [kənˈfaʊnd] **I.** vt ❶ (astonish) verblüffen ❷ (confuse) verwirren **II.** interj **~ it!** verflixt nochmal!

con·found·ed [kənˈfaʊndɪd] adj (fam) verflixt

con·front [kənˈfrʌnt] vt ❶ (face) ■ **to ~ sb/sth** sich jdm/etw stellen; danger etw dat ins Auge sehen; enemy jdm entgegentreten; **when I was ~ed by the TV camera, ...** als ich der Fernsehkamera gegenüberstand, ... ❷ (compel to deal with) konfrontieren

con·fron·ta·tion [ˌkɒnfrʌnˈteɪʃən] n Konfrontation f; (during inquiry) Gegenüberstellung f

con·fron·ta·tion·al [ˌkɒnfrʌnˈteɪʃənəl] adj herausfordernd

con·fuse [kənˈfjuːz] vt ❶ (perplex) verwirren [o durcheinanderbringen] ❷ (complicate) [noch] verworrener machen ❸ (misidentify) verwechseln

con·fused [kənˈfjuːzd] adj ❶ people verwirrt, durcheinander ❷ situation verworren, konfus

con·fus·ing [kənˈfjuːzɪŋ] adj verwirrend

con·fu·sion [kənˈfjuːʒən] n no pl ❶ (perplexity) Verwirrung f ❷ (mix-up) Verwechslung f ❸ (disorder) Durcheinander nt; **he threw everything into ~** er brachte alles durcheinander; ■ **to be in ~** durcheinander sein

con·geal [kənˈdʒiːl] vi fat fest werden

con·gen·ial [kənˈdʒiːniəl] adj angenehm; people sympathisch

con·gen·i·tal [kənˈdʒenɪtəl] adj angeboren; **~ defect** Geburtsfehler m; **~ liar** Gewohnheitslügner(in) m(f)

con·gest·ed [kənˈdʒestɪd] adj ❶ (overcrowded) überfüllt; road verstopft ❷ MED verstopft

con·ges·tion [kənˈdʒestʃən] n no pl (overcrowding) Überfüllung f; (on roads) Stau m; **nasal ~** verstopfte Nase

con·ˈges·tion charge n City-Maut f, Innenstadtmaut f

con·glom·er·ate [kənˈɡlɒmərɪt] n Konglomerat nt

con·glom·er·a·tion [kənˌɡlɒmərˈeɪʃən] n Ansammlung f

con·grat·u·late [kənˈɡrætʃʊleɪt] vt ■ **to ~ sb [on sth]** (wish well) jdm [zu etw dat] gratulieren; ■ **to ~ oneself for** [or **on**] **sth** sich zu etw dat beglückwünschen

con·grat·u·la·tion [kənˌɡrætʃʊˈleɪʃən] n no pl Gratulation f, Glückwunsch m; **~s!** herzlichen Glückwunsch!

con·gre·gate [ˈkɒŋɡrɪɡeɪt] vi sich [ver]sammeln

con·gre·ga·tion [ˌkɒŋɡrɪˈɡeɪʃən] n + sing/pl vb REL [Kirchen]gemeinde f

con·gress [ˈkɒŋɡres] n Kongress m; **C~** AM POL der Kongress

con·gres·sion·al [kənˈɡreʃənəl] adj **~ committee** Ausschuss m des US-Kongresses; **~ elections** Wahlen pl zum US-Kongress

ˈcon·gress·man n [Kongress]abgeordneter m **ˈcon·gress·wom·an** n [Kongress]abgeordnete f

con·gru·ence [ˈkɒŋɡruːən(t)s] n no pl MATH Kongruenz f

con·gru·ent [ˈkɒŋɡruːənt] adj MATH kongruent

coni·cal [ˈkɒnɪkəl] adj konisch, kegelförmig; **~ section** Kegelschnitt m

co·ni·fer [ˈkɒnɪfə] n Nadelbaum m

co·nif·er·ous [kə(ʊ)ˈnɪfərəs] adj Nadel-

con·jec·ture [kənˈdʒektʃə] **I.** n Vermutung f **II.** vt, vi vermuten

con·ju·gal [ˈkɒndʒʊɡəl] adj (form) ehelich; **~ bed** Ehebett nt

con·ju·gate [ˈkɒndʒʊɡeɪt] LING **I.** vi konjugiert werden **II.** vt konjugieren

con·ju·ga·tion [ˌkɒndʒʊˈɡeɪʃən] n LING Konjugation f

con·junc·tion [kənˈdʒʌŋkʃən] n ❶ LING Bindewort nt ❷ (combination) ■ **in ~ with sth** in Verbindung mit etw dat; ■ **in ~ with sb** zusammen mit jdm

con·junc·ti·vi·tis [kənˌdʒʌŋ(k)tɪˈvaɪtɪs] n no pl Bindehautentzündung f

con·jure [ˈkʌndʒə] **I.** vi zaubern **II.** vt hervorzaubern ◆ **conjure up** vt ❶ (call upon) beschwören ❷ (fig: produce) hervorzaubern; meal zaubern

con·jur·er [ˈkʌndʒərə] n Zauberkünstler(in) m(f)

con·jur·ing [ˈkʌndʒərɪŋ] n no pl Zaubern nt, Zauberei f; **~ trick** Zaubertrick m

con·juror n see conjurer

conk [kɒŋk] **I.** n BRIT, AUS (hum sl: nose) Zinken m **II.** vt (hum fam) hauen ◆ **conk out** vi (fam) den Geist aufgeben

conk·er [ˈkɒŋkə] n BRIT Rosskastanie f

ˈcon man n Schwindler m

con·nect [kəˈnekt] **I.** vi ❶ (plug in) ■ **to ~ [up] to sth** an etw akk angeschlossen sein ❷ (form network) ■ **to ~ with sth** Anschluss an etw akk haben ❸ (feel affinity) ■ **to ~ with sb** sich auf Anhieb gut mit jdm verstehen ❹ (fam: hit) treffen ❺ (join) miteinander verbunden sein **II.** vt ❶ ELEC (join) verbinden

con·nect·ing – consequently

(to/with mit); (*plug in*) anschließen (to/with an) ❷ (*make accessible*) ■ to ~ sth eine Verbindung zu etw *dat* herstellen ❸ (*associate*) in Verbindung bringen; ■ to be ~ed with sth mit etw *dat* zusammenhängen ❹ TELEC (*put through*) verbinden

con·nect·ing [kəˈnektɪŋ] *adj* ~ door Verbindungstür *f*; ~ flight Anschlussflug *m*; ~ link Bindeglied *nt*

con·nec·tion [kəˈnekʃən] *n* ❶ *no pl* (*joining, link*) Verbindung *f* (to/with mit); ELEC Anschluss *m* (to an); there was no ~ between the two phenomena die beiden Phänomene hingen nicht zusammen; ... but I never made the ~ that they were sisters ...aber ich habe nie daraus geschlossen, dass sie Schwestern sein könnten; to get a ~ TELEC durchkommen ❷ TRANSP (*link*) Verbindung *f*; (*connecting train, flight*) Anschluss *m* ❸ (*contacts*) ■ ~s *pl* Beziehungen *pl* (with zu) ❹ (*personal association*) Beziehung *f* ❺ (*reference*) in that [*or* this] ~ in diesem Zusammenhang

con·nec·tiv·ity [ˌkɒnekˈtɪvəti] *n* COMPUT Netzwerkfähigkeit *f*

con·nec·tor [kəˈnektər] *n* ELEC Verbindungselement *nt*

con·niv·ance [kəˈnaɪvəns] *n no pl* stillschweigende Billigung

con·nive [kəˈnaɪv] *vi* sich verschwören; (*condone*) ■ to ~ at sth etw [stillschweigend] dulden, vor etw *dat* die Augen verschließen; to ~ at a crime einem Verbrechen Vorschub leisten; ■ to ~ in doing sth sich verschwören, etw zu tun

con·niv·ing [kəˈnaɪvɪŋ] *adj* hinterhältig

con·nois·seur [ˌkɒnəˈsɜːr] *n* Kenner(in) *m(f)*

con·no·ta·tion [ˌkɒnə(ʊ)ˈteɪʃən] *n* Konnotation *f*

con·quer [ˈkɒŋkər] *vt* ■ to ~ sb jdn besiegen; ■ to ~ sth etw erobern a. *fig*; mountain bezwingen; *disease* besiegen ▶ I came, I saw, I ~ed (*saying*) ich kam, sah und siegte

con·quer·or [ˈkɒŋkərər] *n* ❶ (*of sth*) Eroberer, Eroberin *m, f*; (*of sb*) Sieger(in) *m(f)* (of über); William the C~ Wilhelm der Eroberer ❷ (*climber*) Bezwinger(in) *m(f)*

con·quest [ˈkɒŋkwest] *n* ❶ *no pl of a thing* Eroberung *f*; *of a person* Sieg *m* (over über) ❷ *no pl* (*climbing*) Bezwingung *f*

con·science [ˈkɒn(t)ʃəns] *n* Gewissen *nt*; in all ~ guten Gewissens; to do sth with a clear ~ ruhigen Gewissens etw tun

con·sci·en·tious [ˌkɒn(t)ʃiˈen(t)ʃəs] *adj* ❶ (*thorough*) gewissenhaft; (*with sense of duty*) pflichtbewusst; work gründlich ❷ (*moral*) on ~ grounds aus Gewissensgründen; ~ objector Kriegsdienstverweigerer, -verweigerin *m, f*

con·sci·en·tious·ness [ˌkɒn(t)ʃiːˈen(t)ʃəsnəs] *n no pl* (*thoroughness*) Gewissenhaftigkeit *f*; (*sense of duty*) Pflichtbewusstsein *nt*

con·scious [ˈkɒn(t)ʃəs] *adj* ❶ MED (*sentient*) ■ to be [fully] ~ bei [vollem] Bewusstsein sein ❷ (*hum: awake*) wach ❸ (*deliberate*) bewusst ❹ (*aware*) bewusst; fashion ~ modebewusst; sb is/becomes ~ that ... jdm ist/wird bewusst, dass ...

con·scious·ness [ˈkɒn(t)ʃəsnəs] *n no pl* Bewusstsein *nt* a. *fig*; to lose/regain ~ das Bewusstsein verlieren/wiedererlangen

con·script I. *n* [ˈkɒnskrɪpt] Wehrpflichtige(r) *m* **II.** *adj* [ˈkɒnskrɪpt] eingezogen; ~ army Armee *f* von Wehrpflichtigen **III.** *vt* [kənˈskrɪpt] einziehen; to be ~ed into the army [zum Wehrdienst] einberufen werden

con·scrip·tion [kənˈskrɪpʃən] *n no pl* MIL Wehrpflicht *f*; (*act of conscripting*) Einberufung *f*

con·se·crate [ˈkɒn(t)sɪkreɪt] *vt* weihen

con·se·cra·tion [ˌkɒn(t)sɪˈkreɪʃən] *n no pl* Weihe *f*

con·sec·u·tive [kənˈsekjʊtɪv] *adj* ❶ (*following*) days, months aufeinanderfolgend; *numbers* fortlaufend; this is the fifth ~ night that I haven't slept ich habe jetzt schon fünf Nächte hintereinander nicht geschlafen ❷ LING Konsekutiv-

con·sec·u·tive·ly [kənˈsekjʊtɪvli] *adv* hintereinander; ~ numbered fortlaufend nummeriert

con·sen·sus [kənˈsen(t)səs] *n no pl* Übereinstimmung *f*; the general ~ die allgemeine Meinung; there is a ~ that ... es besteht Einigkeit darüber, dass ...; to reach a ~ on sth sich in etw *dat* einigen

con·sent [kənˈsent] (*form*) **I.** *n no pl* Zustimmung *f*; age of ~ Ehemündigkeitsalter *nt*; by common ~ nach allgemeiner Auffassung; informed ~ erklärtes Einverständnis; by mutual ~ im gegenseitigen Einverständnis **II.** *vi* ■ to ~ to sth etw *dat* zustimmen; ■ to ~ to do sth einwilligen, etw zu tun

con·se·quence [ˈkɒn(t)sɪkwən(t)s] *n* ❶ (*result*) Folge *f*; as a ~ folglich; as a ~ of sth als Folge einer S. *gen*; in ~ folglich; in ~ of sth infolge einer S. *gen* ❷ *no pl* (*significance*) Bedeutung *f*; of no/some ~ unwichtig/wichtig; nothing of [any] ~ nichts Besonderes

con·se·quent [ˈkɒn(t)sɪkwənt] *adj*, **con·se·quen·tial** [ˌkɒn(t)sɪˈkwənʃəl] *adj* daraus folgend

con·se·quent·ly [ˈkɒn(t)sɪkwəntli] *adv* folg-

consenting	
consenting	**einwilligen**
Agreed!/Okay!	Einverstanden!/Okay!
It's a deal!	Abgemacht!
No problem!	Kein Problem!
That's all right!/fine!	Geht in Ordnung!
I'll do that!	Mach ich!
Will do! (fam)	Wird gemacht! (fam)

lich
con·ser·va·tion [ˌkɒn(t)sə'veɪʃ°n] n no pl (protection) Schutz m; (preservation) Erhaltung f; ~ **area** Naturschutzgebiet nt
con·ser·va·tion·ist [ˌkɒn(t)sə'veɪʃ°nɪst] n Naturschützer(in) m(f); ~ **groups** Umweltschutzgruppen pl
con·ser·va·tism [kənˈsɜːvətɪzəm] n no pl ❶ (conservative attitude) konservative Einstellung f ❷ POL ■C~ Konservatismus m
con·ser·va·tive [kənˈsɜːvətɪv] **I.** adj ❶ (in dress, opinion) konservativ ❷ (low) estimate vorsichtig ❸ POL ■C~ konservativ; **did you vote C~?** haben Sie die Konservativen gewählt? **II.** n POL ■C~ Konservative(r) f/m
con·ser·va·toire [kənˈsɜːvətwɑːʳ] n MUS Konservatorium nt
con·ser·va·tory [kənˈsɜːvətri] n ❶ (for plants) Wintergarten m ❷ MUS Konservatorium nt
con·serve I. vt [kənˈsɜːv] ❶ (save) sparen; strength schonen ❷ (maintain) erhalten **II.** n [ˈkɒnsɜːv] Eingemachte(s) nt kein pl
con·sid·er [kənˈsɪdəʳ] vt ❶ (contemplate) sich dat überlegen; **to be ~ed for a job** für eine Stelle in Erwägung gezogen werden; ■**to ~ doing sth** daran denken, etw zu tun ❷ (look at) betrachten; (think of) denken an +akk; (take into account) bedenken; **all things ~ed** alles in allem ❸ (regard as) ■**to ~ sb/sth** [as [or to be]] **sth** jdn/etw für etw akk halten; **~ yourself sacked!** betrachten Sie sich als entlassen!; **~ it done!** schon erledigt!; ■**to be ~ed** [to be] **sth** als etw gelten; ■**to ~ that ...** denken, dass ...
con·sid·er·able [kənˈsɪdərəbl] adj erheblich, beträchtlich **con·sid·er·ate** [kənˈsɪdərət] adj rücksichtsvoll
con·sid·er·a·tion [kənˌsɪdəˈreɪʃ°n] n no pl ❶ (thought) Überlegung f; **after careful ~** nach reiflicher Überlegung; **to give sth one's ~** etw in Erwägung ziehen; ■**to be under ~** geprüft werden ❷ no pl (account) **to take into ~** berücksichtigen ❸ (factor) Gesichtspunkt m ❹ no pl (regard) Rücksicht f (**for** auf) ❺ (payment) Entgelt nt
con·sid·ered [kənˈsɪdəd] adj opinion wohl überlegt
con·sid·er·ing [kənˈsɪdərɪŋ] **I.** prep ■~ **how/what ...** wenn man bedenkt, wie/was ... **II.** conj ■~ **that ...** dafür, dass ... **III.** adv (all in all) alles in allem; (really) eigentlich
con·sign [kənˈsaɪn] vt (form) senden; goods, articles verschicken
con·sign·ment [kənˈsaɪnmənt] n Warensendung f
con·sist [kənˈsɪst] vi ❶ (comprise) ■**to ~ of sth** aus etw dat bestehen ❷ (form: derive from) ■**to ~ in sth** in etw dat bestehen
con·sist·en·cy [kənˈsɪst°n(t)si] n no pl ❶ (firmness) Konsistenz f ❷ no pl (constancy) Beständigkeit f ❸ no pl (in principles) Konsequenz f **con·sist·ent** [kənˈsɪst°nt] adj ❶ (compatible) vereinbar ❷ (steady) beständig; way of doing sth gleich bleibend; improvement ständig ❸ (in agreement with principles) konsequent
con·so·la·tion [ˌkɒnsəˈleɪʃ°n] n no pl Trost m; **that's not much ~!** das ist ein schwacher Trost!; **if it's** [of] **any ~, ...** wenn es ein Trost für dich ist, ...
con·so·'la·tion prize n Trostpreis m
con·sola·tory [kənˈsɒlətri] adj tröstend
con·sole [kənˈsəʊl] **I.** vt trösten **II.** n ❶ (control desk) Schaltpult m ❷ COMPUT Konsole f
con·soli·date [kənˈsɒlɪdeɪt] **I.** vi ❶ (improve) sich festigen ❷ (unite) sich vereinigen **II.** vt festigen
con·soli·dated [kənˈsɒlɪdeɪtɪd] adj vereint
con·soli·da·tion [kənˌsɒlɪˈdeɪʃ°n] n no pl ❶ (improvement) Festigung f ❷ (merging) Fusion f
con·som·mé [kənˈsɒmeɪ] n no pl Kraft-

brühe *f*

con·so·nant ['kɒn(t)sənənt] *n* Konsonant *m*

con·sort I. *vi* [kən'sɔːt] verkehren **II.** *n* ['kɒnsɔːt] Gemahl(in) *m(f)*

con·sor·tium <*pl* -s *or* -tia> [kən,sɔːtiəm, *pl* -tiə] *n* Konsortium *nt*

con·spic·u·ous [kən'spɪkjuːəs] *adj* (*noticeable*) auffallend; (*clearly visible*) unübersehbar; *behaviour, clothes* auffällig; **to look ~** auffallen

con·spir·a·cy [kən'spɪrəsi] *n* Verschwörung *f*

con·spir·a·tor [kən'spɪrətəʳ] *n* Verschwörer(in) *m(f)*

con·spire [kən'spaɪəʳ] *vi* (*also fig*) sich verschwören; ▪**to ~ [together] to do sth** heimlich planen, etw zu tun

con·sta·ble ['kʌn(t)stəbl] *n* BRIT Polizist(in) *m(f)*

con·stab·u·lary [kən'stæbjʊləri] *n* + *sing/pl vb* BRIT Polizei *f kein pl*

con·stan·cy ['kɒn(t)stən(t)si] *n no pl* (*form*) Beständigkeit *f*

con·stant ['kɒn(t)stənt] **I.** *n* MATH Konstante *f* **II.** *adj* ❶ (*continuous*) ständig ❷ (*unchanging*) gleich bleibend; MATH konstant ❸ (*loyal*) treu

con·stant·ly ['kɒn(t)stəntli] *adv* ständig

con·stel·la·tion [,kɒn(t)stə'leɪʃən] *n* Sternbild *nt*

con·ster·na·tion [,kɒn(t)stə'neɪʃən] *n no pl* Bestürzung *f;* **a look of ~ crossed his face** er machte ein bestürztes Gesicht; **in ~** bestürzt

con·sti·pate ['kɒn(t)stɪpeɪt] *vt* MED zu Verstopfung führen bei +*dat*

con·sti·pat·ed ['kɒn(t)stɪpeɪtɪd] *adj* verstopft; **to be/become** [*or get*] **~** [eine] Verstopfung haben/bekommen

con·sti·pa·tion [,kɒn(t)strɪ'peɪʃən] *n no pl* Verstopfung *f*

con·stit·u·en·cy [kən'stɪtjuən(t)si] *n* POL (*area*) Wahlkreis *m;* (*voters also*) Wählerschaft *f* eines Wahlkreises

con·stit·u·ent [kən'stɪtjuənt] **I.** *n* ❶ (*voter*) Wähler(in) *m(f)* ❷ (*part*) Bestandteil *m* **II.** *adj* ❶ (*component*) einzeln; **~ part** Bestandteil *m* ❷ POL konstituierend

con·sti·tute ['kɒn(t)stɪtjuːt] *vt* ❶ (*make up*) bilden ❷ (*form: be*) sein ❸ (*establish*) einrichten

con·sti·tu·tion [,kɒn(t)strɪ'tjuːʃən] *n* ❶ (*structure*) Zusammensetzung *f* ❷ POL Verfassung *f* ❸ (*health*) Konstitution *f* ❹ *no pl* (*establishment*) Einrichtung *f*

con·sti·tu·tion·al [,kɒn(t)strɪ'tjuːʃənəl] **I.** *adj* konstitutionell; **~ amendment** Verfassungsänderung *f;* **~ right** Grundrecht *nt* **II.** *n* (*hum*) [regelmäßiger] Spaziergang *m*

con·strain [kən'streɪn] *vt* ❶ (*restrict*) einschränken ❷ (*compel*) zwingen

con·straint [kən'streɪnt] *n* ❶ (*compulsion*) Zwang *m* ❷ (*restriction*) Beschränkung *f*

con·strict [kən'strɪkt] **I.** *vt* ❶ (*narrow*) verengen; (*squeeze*) einschnüren ❷ (*hinder*) behindern **II.** *vi* sich zusammenziehen

con·stric·tion [kən'strɪkʃən] *n* ❶ *no pl* (*narrowing*) Verengung *f;* (*squeezing*) Einschnüren *nt* ❷ (*hindrance*) Behinderung *f*

con·struct [kən'strʌkt] *vt* ❶ (*build*) bauen; *dam* errichten ❷ (*develop*) *theory* entwickeln ❸ LING konstruieren

con·struc·tion [kən'strʌkʃən] *n* ❶ *no pl* (*act of building*) Bau *m;* **the ~ industry** die Bauindustrie; **~ site** Baustelle *f;* **under ~** im Bau ❷ (*how sth is built*) Bauweise *f* ❸ (*object*) Konstruktion *f;* (*architectural feature*) Bau *m*, Bauwerk *nt;* (*building*) Gebäude *nt* ❹ LING Konstruktion *f*

con·struc·tive [kən'strʌktɪv] *adj* konstruktiv

con·struc·tor [kən'strʌktəʳ] *n* (*tech*) Konstrukteur(in) *m(f);* ARCHIT Erbauer(in) *m(f)*

con·strue [kən'struː] *vt* (*form*) auffassen

con·sul ['kɒn(t)səl] *n* Konsul(in) *m(f)*

con·su·lar ['kɒn(t)sjuləʳ] *adj* konsularisch; **~ office** Konsulatsbüro *nt*

con·su·late ['kɒn(t)sjulət] *n* ❶ (*building*) Konsulat *nt* ❷ + *sing/pl vb* (*staff*) Konsulatsbelegschaft *f*

'con·sul gen·er·al <*pl* consuls-> *n* Generalkonsul(in) *m(f)*

con·sult [kən'sʌlt] **I.** *vi* sich beraten **II.** *vt* ❶ (*ask*) ▪**to ~ sb** [**about** [*or on*] **sth**] jdn [bezüglich einer S. *gen*] um Rat fragen; *doctor, lawyer, specialist* jdn konsultieren [*o* zu Rate ziehen] ❷ (*look at*) *dictionary* nachschlagen in +*dat; diary, list* nachsehen in +*dat; map* nachsehen auf +*dat; oracle* befragen

con·sul·tan·cy [kən'sʌltən(t)si] *n* ❶ *no pl* (*advice*) Beratung *f* ❷ (*firm*) Beratungsdienst *m*

con·sul·tant [kən'sʌltənt] *n* ❶ (*adviser*) Berater(in) *m(f)* ❷ BRIT MED Facharzt, -ärztin *m, f*

con·sul·ta·tion [,kɒnsəl'teɪʃən] *n* ❶ *no pl* Beratung *f* (**on** über); (*with lawyer, accountant*) Rücksprache *f;* **to be in ~** [**with sb**] sich [mit jdm.] beraten; **in ~ with** in Absprache mit +*dat* ❷ MED Konsultation *f;* **to have a ~ with sb** jdn konsultieren

con·sul·ta·tive [kən'sʌltətɪv] *adj* beratend, Beratungs-; **~ committee** Beratungsgremium *nt*

con·sult·ing [kən'sʌltɪŋ] *adj* beratend

con·sume [kən'sjuːm] *vt* ❶ (*eat, drink*) konsumieren; *food also* verzehren ❷ *fire* zerstören

con·sum·er [kənˈsjuːmə^r] *n* Verbraucher(in) *m(f)*

con·sum·er·ism [kənˈsjuːmərɪz^əm] *n no pl* Konsumdenken *nt*

con·sum·mate I. *adj* [ˈkɒn(t)səmət, kənˈsʌmət] *(form)* vollendet; *liar* ausgebufft; ~ *with* Spitzensportler(in) *m(f)* **II.** *vt* [ˈkɒn(t)səmeɪt] *(form)* vollenden; *marriage* vollziehen

con·sum·ma·tion [ˌkɒn(t)səˈmeɪʃ^ən] *n no pl (form)* ❶ *(completion)* Erfüllung *f*; *of a career* Höhepunkt *m* ❷ *of a marriage* Vollzug *m*

con·sump·tion [kənˈsʌm(p)ʃ^ən] *n no pl* ❶ *(using up)* Verbrauch *m*; *(using)* Konsum *m* ❷ *(eating, drinking)* Konsum *m*; *of food also* Verzehr *m*; **unfit for human ~** nicht für den menschlichen Verzehr geeignet ❸ *(fig: use)* **for internal ~** zur internen Nutzung ❹ *no pl* MED *(hist)* Schwindsucht *f*

con·sump·tive [kənˈsʌm(p)tɪv] **I.** *n* MED *(hist)* Schwindsüchtige(r) *f(m)* **II.** *adj* MED *(hist)* schwindsüchtig

con·tact [ˈkɒntækt] **I.** *n* ❶ *no pl (communication)* Kontakt *m*, Verbindung *f*; **I'll get in ~ with him** ich melde mich bei ihm; **to be in ~ [with sb]** [mit jdm] in Verbindung stehen; **to keep in ~ with sb** den Kontakt zu jdm aufrechterhalten; **to lose ~ with sb** den Kontakt zu jdm verlieren; **to make ~ with sb** sich mit jdm in Verbindung setzen ❷ *(person)* **I've got a ~ in a printing firm** ich kenne da jemanden in einer Druckerei; **business ~s** Geschäftskontakte *pl*; **to have ~s** Beziehungen haben ❸ *no pl (touch)* Kontakt *m*; **have you come into ~ with anyone with chickenpox?** hatten Sie Kontakt mit jemandem, der Windpocken hat?; **to come into ~ with sb** mit etw *dat* in Berührung kommen *a. fig*; **on ~** bei Berührung ❹ ELEC Kontakt *m* **II.** *vt* ■ **to ~ sb** sich mit jdm in Verbindung setzen; *(by phone)* jdn [telefonisch] erreichen; **you can ~ me on** [*or* AM **at**] **123 456** sie erreichen mich unter der Nummer 123 456

ˈ**con·tact-break·er** *n* ELEC Unterbrecher *m*
con·tact ˈlens *n* Kontaktlinse *f* ˈ**con·tact man** *n* Kontaktperson *f*

con·ta·gion [kənˈteɪdʒ^ən] *n no pl* Ansteckung *f*; **risk of ~** Ansteckungsgefahr *f*

con·ta·gious [kənˈteɪdʒəs] *adj* ansteckend *a. fig*

con·tain [kənˈteɪn] *vt* ❶ *(hold, include)* enthalten ❷ *(limit)* in Grenzen halten; *(hold back)* aufhalten ❸ *(suppress)* zurückhalten; **she could barely ~ herself** sie konnte kaum an sich *akk* halten

con·tain·er [kənˈteɪnə^r] *n* ❶ *(receptacle)* Behälter *m*, Gefäß *nt* ❷ TRANSP Container *m*; **~ ship** Containerschiff *nt* **con·tain·er·ize** [kənˈteɪnəˌraɪz] *vt* in Container verpacken

con·tain·ment [kənˈteɪnmənt] *n no pl* ❶ *(limit)* Eindämmung *f* ❷ POL, MIL In-Schach-Halten *nt*

con·tami·nate [kənˈtæmɪneɪt] *vt* verunreinigen; *(with radioactivity, also food)* verseuchen

con·tami·na·tion [kənˌtæmɪˈneɪʃ^ən] *n no pl* Verunreinigung *f*; *(by radioactivity, also of food)* Verseuchung *f*

con·tem·plate [ˈkɒntəmpleɪt] **I.** *vi* nachdenken **II.** *vt* ❶ *(gaze at)* betrachten ❷ *(consider)* in Erwägung ziehen; *(reflect upon)* über etw *akk* nachdenken; *suicide* denken an +*akk*; ■ **to ~ doing sth** daran denken, etw zu tun

con·tem·pla·tion [ˌkɒntəmˈpleɪʃ^ən] *n no pl* ❶ *(gazing)* Betrachtung *f* ❷ *(thought)* Nachdenken *nt* **(of** über) ❸ REL Kontemplation *f*

con·tem·pla·tive [kənˈtempləˌtɪv] *adj* ❶ *(reflective)* mood nachdenklich ❷ REL besinnlich; *life* beschaulich

con·tem·po·rary [kənˈtempərəri] **I.** *n* ❶ *(from same period)* Zeitgenosse, -genossin *m*, *f* ❷ *(of same age)* Altersgenosse, -genossin *m*, *f* **II.** *adj* zeitgenössisch

con·tempt [kənˈtem(p)t] *n no pl* ❶ *(scorn)* Verachtung *f*; *(disregard)* Geringschätzung *f* (**for** +*gen*); **to hold sb/sth in ~** jdn/etw verachten; **to treat sb/sth with ~** jdn/etw mit Verachtung strafen; **beneath ~** unter aller Kritik ❷ LAW **~ [of court]** Missachtung *f* [des Gerichts]

con·tempt·ible [kənˈtem(p)təbl] *adj* verachtenswert

con·temp·tu·ous [kənˈtem(p)tʃuəs] *adj* verächtlich; *look, remark also* geringschätzig; **to give sb a ~ look** jdn verächtlich anschauen

con·tend [kənˈtend] **I.** *vi* ❶ *(compete)* kämpfen **(for** um) ❷ *(cope)* ■ **to ~ with sth** mit etw *dat* fertigwerden müssen **II.** *vt* ■ **to ~ that ...** behaupten, dass ...

con·tend·er [kənˈtendə^r] *n* Bewerber(in) *m(f)* **(for** für), Anwärter(in) *m(f)* **(for** auf)

con·tent[1] [ˈkɒntent] *n* ❶ *(what is inside)* Inhalt *m* ❷ *(amount contained)* Gehalt **(of** an); **to have a high/low fat ~** einen hohen/ niedrigen Fettgehalt aufweisen ❸ *no pl (substance, meaning)* Gehalt *m*

con·tent[2] [kənˈtent] **I.** *adj* zufrieden; ■ **to be [not] ~ to do sth** etw [nicht] gerne tun **II.** *vt*

to be easily ~ed leicht zufrieden zu stellen sein; ■**to ~ oneself with sth** sich mit etw *dat* zufriedengeben **III.** *n no pl* **to one's heart's** ~ nach Herzenslust

con·tent·ed [kənˈtɛntɪd] *adj* zufrieden

con·ten·tion [kənˈtɛn(t)ʃən] *n* ❶ *no pl* (*dispute*) Streit *m* ❷ (*opinion*) Behauptung *f* ❸ *no pl* SPORTS **in/out of** ~ **for sth** [noch] im/ aus dem Rennen um etw *akk* ▸ **bone of** ~ Zankapfel *m*

con·ten·tious [kənˈtɛn(t)ʃəs] *adj* umstritten

con·tent·ment [kənˈtɛntmənt] *n no pl* Zufriedenheit *f*; **with** ~ zufrieden

con·tents [ˈkɒntɛnts] *npl* Inhalt *m*; [**table of**] ~ Inhaltsverzeichnis *nt*

con·test I. *n* [ˈkɒntɛst] ❶ (*event*) Wettbewerb *m*; SPORTS Wettkampf *m*; **dance** ~ Tanzturnier *nt* ❷ *also* POL Wettstreit *m* (**for** um) ❸ (*dispute*) Streit *m*; (*fight*) Kampf *m* (**for** um) ▸ **no** ~ ungleicher Kampf **II.** *vt* [kənˈtɛst] ❶ (*compete for*) kämpfen um +*akk* ❷ POL kandidieren für; **to** ~ **a seat** um einen Wahlkreis kämpfen ❸ (*dispute*) bestreiten; *decision* in Frage stellen ❹ LAW anfechten

con·test·ant [kənˈtɛstənt] *n* ❶ (*in a competition*) Wettbewerbsteilnehmer(in) *m(f)*; SPORTS Wettkampfteilnehmer(in) *m(f)*; (*in a quiz*) Kandidat(in) *m(f)* ❷ POL Kandidat(in) *m(f)*

con·text [ˈkɒntɛkst] *n* Kontext *m*; **to use** [*or* **quote**] [*or* **take**] **sth out of** ~ etw aus dem Zusammenhang reißen

con·ti·nent [ˈkɒntɪnənt] **I.** *n* ❶ (*land*) Kontinent *m*, Erdteil *m* ❷ *no pl* ■**the C~** Kontinentaleuropa *nt*; **on the C~** in Europa, auf dem Kontinent **II.** *adj med* ■**to be** ~ seine Blase und Darmtätigkeit kontrollieren können

con·ti·nent·al [ˌkɒntɪˈnɛntəl] **I.** *adj* GEOG kontinental; ~ **land** Festland *nt* ❷ (*European*) europäisch **II.** *n* Europäer(in) *m(f)*

con·tin·gen·cy [kənˈtɪndʒən(t)si] *n* (*form*) Eventualität *f*

con·tin·gent [kənˈtɪndʒənt] **I.** *n* ❶ (*group*) Gruppe *f* ❷ MIL [Truppen]kontingent *nt* **II.** *adj* ■**to be** ~ [**up**]**on sth** von etw *dat* abhängig sein

con·tin·ual [kənˈtɪnjuəl] *adj* ständig, andauernd

con·tin·ual·ly [kənˈtɪnjuəli] *adv* ständig, [an]dauernd

con·tin·u·ation [kənˌtɪnjuˈeɪʃən] *n no pl* Fortsetzung *f*

con·tin·ue [kənˈtɪnju] **I.** *vi* ❶ (*persist*) andauern; (*go on*) weitergehen; *rain* anhalten; (*in an activity*) weitermachen; ■**to ~ doing** [*or* **to do**] **sth** weiter[hin] etw tun; **to ~ talking** [*or* **to talk**] weiterreden; ■**to ~ with sth** mit

etw *dat* weitermachen; ~ **with the medicine** nehmen Sie das Medikament weiter ❷ (*remain*) bleiben; **to ~ in office** weiter[hin] im Amt bleiben; **he ~s to be an important member of the team** er ist nach wie vor ein wichtiges Mitglied der Mannschaft; ■**to ~ as sth** weiter als etw tätig sein ❸ (*resume*) weitergehen; *an activity* weitermachen; *speaking* fortfahren; ~ **overleaf** Fortsetzung umseitig; **to ~ on one's way** seinen Weg fortsetzen; ■**to ~ doing sth** weiter etw tun; **to ~ eating** weiteressen; ■**to ~ with sth** mit etw *dat* weitermachen ❹ (*not end*) *path* weitergehen; (*travel*) *person*; **to ~ northwards** in Richtung Norden weiterreisen ❺ (*with direct speech*) fortfahren **II.** *vt* ❶ (*keep up, carry on*) fortführen; *career* weiterverfolgen; *education* fortsetzen; *an action* weitermachen mit +*dat* ❷ (*resume*) fortsetzen; **to be ~d on the next page** auf der nächsten Seite weitergehen

con·tinued [kənˈtɪnjuːd] *adj* fortwährend; ~ **existence** Weiterbestehen *nt*

con·ti·nu·ity [ˌkɒntɪnˈjuːəti] *n no pl* ❶ (*consistency*) Kontinuität *f* ❷ FILM Drehbuch *nt*; ~ **boy/girl** Scriptboy *m/*-girl *nt*

con·tin·u·ous [kənˈtɪnjuəs] *adj* ❶ (*permanent*) ununterbrochen; (*steady*) stetig; (*unbroken*) durchgehend; *line also* durchgezogen; *pain* anhaltend ❷ LING ~ **form** Verlaufsform *f*

con·tort [kənˈtɔːt] **I.** *vi* (*in pain*) sich verzerren; (*in displeasure*) sich verziehen **II.** *vt* **to ~ one's body** sich verrenken

con·tor·tion [kənˈtɔːʃən] *n* Verrenkung *f*

con·tor·tion·ist [kənˈtɔːʃənɪst] *n* Schlangenmensch *m*

con·tour [ˈkɒntʊər] *n* ❶ (*outline*) Kontur *f* *meist pl* ❷ GEOG ~ [**line**] Höhenlinie *f*

contra·band [ˈkɒntrəbænd] **I.** *n no pl* Schmuggelware *f* **II.** *adj* geschmuggelt

contra·cep·tion [ˌkɒntrəˈsɛpʃən] *n no pl* [Empfängnis]verhütung *f*

contra·cep·tive [ˌkɒntrəˈsɛptɪv] **I.** *n* Verhütungsmittel *nt* **II.** *adj* empfängnisverhütend; ~ **pill** [Antibaby]pille *f*

con·tract¹ [ˈkɒntrækt] **I.** *n* Vertrag *m*; **to be under** ~ [**to** *or* **with**] **sb**] [bei jdm] unter Vertrag stehen; **to be under ~ to do sth** vertraglich verpflichtet sein, etw zu tun **II.** *vi* ■**to ~ to do sth** sich vertraglich verpflichten, etw zu tun **III.** *vt* vertraglich vereinbaren; ■**to ~ sb to do sth** jdn vertraglich dazu verpflichten, etw zu tun ◆ **contract in** *vi* (*opt for involvement*) sich anschließen ◆ **contract out** *vt* vergeben (**to** an)

con·tract² [kənˈtrækt] **I.** *vi* ❶ (*shrink*) sich zusammenziehen; *pupils* sich verengen

contradicting

contradicting | widersprechen

That's not right!/true at all!	Das stimmt doch gar nicht!
Stuff and nonsense! (*fam*)	Ach was!/Unsinn!/Blödsinn! (*fam*)
(What a load of) rubbish! (*fam*)	(So ein) Quatsch! (*fam*)
I see things differently.	Das sehe ich anders.
No, I don't think so.	Nein, das finde ich nicht.
I have to contradict you there.	Da muss ich Ihnen aber widersprechen.
That doesn't fit the facts.	Das entspricht nicht den Tatsachen.
You can't look at it like that.	So kann man das nicht sehen.
There can be no question of that.	Davon kann gar nicht die Rede sein.

objecting | einwenden

Yes, but …	Ja, aber …
You have forgotten that …	Du hast vergessen, dass …
You're completely wrong about that.	Das siehst du aber völlig falsch.
You may well be right, but don't forget …	Sie haben schon Recht, aber vergessen Sie nicht, dass …
That's all well and good but …	Das ist ja alles schön und gut, aber …
I've got several objections to that.	Ich habe dagegen einiges einzuwenden.
That's rather far-fetched.	Das ist aber weit hergeholt.

❷ LING ■ **to ~ to sth** zu etw *dat* verkürzt werden **II.** *vt* ❶ (*tense*) zusammenziehen ❷ LING verkürzen ❸ MED bekommen; *pneumonia* sich *dat* zuziehen

con·trac·tion [kənˈtrækʃən] *n* ❶ *no pl* (*shrinkage*) Zusammenziehen *nt*; *of pupils* Verengung *f* ❷ *no pl of a muscle* Kontraktion *f* ❸ *of the uterus* Wehe *f*; **she began having ~s** bei ihr setzten die Wehen ein ❹ LING Kontraktion *f*

con·trac·tor [kənˈtræktər] *n* (*person*) Auftragnehmer(in) *m(f)*; (*firm*) beauftragte Firma; *building* ~ Bauunternehmer *m*

con·trac·tual [kənˈtræktʃuəl] *adj* vertraglich

contra·dict [ˌkɒntrəˈdɪkt] *vt* **to ~ sb/sth** jdm/etw widersprechen; ■ **to ~ oneself** sich *dat* [selbst] widersprechen

contra·dic·tion [ˌkɒntrəˈdɪkʃən] *n* Widerspruch *m* (**of** gegen); **isn't that a bit of a ~?** widerspricht sich das nicht irgendwie?; **a ~ in terms** ein Widerspruch in sich

contra·dic·tory [ˌkɒntrəˈdɪktəri] *adj* widersprüchlich; ■ **to be ~ to sth** etw *dat* widersprechen

con·tral·to <*pl* -s *or* -ti> [kənˈtræltəʊ, *pl* -ti] *n* ❶ (*singer*) Altist(in) *m(f)* ❷ (*voice*) Alt *m*

con·trap·tion [kənˈtræpʃən] *n* Apparat *m*; (*vehicle*) Vehikel *nt*

con·tra·ry¹ [ˈkɒntrəri] **I.** *n no pl* **the ~** das Gegenteil; **if I don't hear to the ~ …** wenn ich nichts anderes [*o* Gegenteiliges] höre …; **proof to the ~** Gegenbeweis *m*; **on the ~** ganz im Gegenteil. *adj* ❶ (*opposite*) entgegengesetzt; **~ to my advice** entgegen meinem Rat; **~ to [all] expectations** wider Erwarten; **~ to popular opinion** im Gegensatz zur allgemeinen Meinung; **to put forward the ~ point of view** die gegenteilige Ansicht vertreten ❷ (*contradictory*) widersprüchlich

con·tra·ry² [kənˈtreəri] *adj* (*argumentative*) widerspenstig

con·trast I. *n* [ˈkɒntrɑːst] ❶ (*difference*) Gegensatz *m*, Kontrast *m* (**to/with** zu); **to be in stark ~ to sth** in krassem Gegensatz zu etw *dat* stehen; **by** [*or* **in**] **~** im Gegensatz ❷ TV Kontrast *m* **II.** *vt* [kənˈtrɑːst] ■ **to ~ sth with sth** etw etw *dat* gegenüberstellen **III.** *vi* [kənˈtrɑːst] kontrastieren

'con·trast con·trol n TV Kontrastregler m

con·trast·ing [kənˈtrɑːstɪŋ] adj gegensätzlich; *colours, flavours* konträr; *techniques* unterschiedlich

contra·vene [ˌkɒntrəˈviːn] vt *(form)* ■ to ~ sth gegen etw *akk* verstoßen

contra·ven·tion [ˌkɒntrəˈvenʃən] n *(form)* Verstoß m (**of** gegen)

con·trib·ute [kənˈtrɪbjuːt, BRIT *also* ˈkɒntrɪbjuːt] **I.** vt *money, food, equipment* beisteuern (**towards** zu); *ideas* beitragen; *article* schreiben (**to** für) **II.** vi ❶ *(give)* etwas beisteuern (**towards** zu) ❷ *(pay in)* einen Beitrag leisten, zuzahlen

con·tri·bu·tion [ˌkɒntrɪˈbjuːʃən] n Beitrag m (**to**[**wards**] zu); *(to charity)* Spende f (**to**[**wards**] für)

con·tribu·tor [kənˈtrɪbjuːtər] n ❶ *(donor)* Spender(in) m(f) ❷ *(writer)* Mitarbeiter(in) m(f) (**to** bei)

con·tribu·tory [kənˈtrɪbjuːtəri] adj ❶ *(joint)* **~ pension scheme** [*or* AM **plan**] beitragspflichtige Rentenversorgung ❷ *(causing)* **to be a ~ factor to sth** ein Faktor sein, der zu etw *dat* beiträgt

con·trite [kənˈtraɪt] adj *(form)* zerknirscht; *apology* reuevoll

con·tri·tion [kənˈtrɪʃən] n no pl *(form)* Reue f; **act of ~** Buße f

con·trive [kənˈtraɪv] **I.** vt ❶ *(devise)* sich *dat* ausdenken ❷ *(arrange)* arrangieren ❸ *(make)* fabrizieren **II.** vi ■ **to ~ to do sth** es schaffen, etw zu tun

con·trived [kənˈtraɪvd] adj *(pej: artificial)* gestellt, gekünstelt; **his excuse sounded a bit ~** seine Entschuldigung klang ein bisschen zu konstruiert

con·trol [kənˈtrəʊl] **I.** n ❶ *no pl* Kontrolle f; *of a country* Gewalt f; *of a company* Leitung f; **he's got no ~ over that child of his** er hat sein Kind überhaupt nicht im Griff; **everything is under ~!** wir haben alles im Griff!; **arms ~** Rüstungsbegrenzung f; **ball ~** Ballführung f; **birth ~** Geburtenkontrolle f; **passport ~** Passkontrolle f; **price ~s** Preiskontrollen pl; **to be in ~ of sth** etw unter Kontrolle haben; *a territory* etw in seiner Gewalt haben; **to be out of ~** außer Kontrolle sein; **to get** [*or* **go**] **out of ~** außer Kontrolle geraten ❷ TECH Schalter m, Regler m; **~ desk** Schaltpult nt; **~ panel** Schalttafel f; **volume ~** Lautstärkeregler m ❸ *(steering)* **to take over the ~s** die Steuerung übernehmen; **~ column** Steuerknüppel m ❹ *(person)* Kontrollperson f; **~** [**group**] Kontrollgruppe f ❺ COMPUT Steuerung f ❻ *(base)* ~ [**room**] Zentrale f; **~ tower** AVIAT Kontrollturm m **II.** vt <-ll-> ❶ *(direct)* kontrollieren; *car* steuern; *company* leiten ❷ *(limit)* regulieren; *inflation* eindämmen; *pain* in Schach halten ❸ *emotions* beherrschen; *temper* zügeln ❹ TECH regulieren; **this knob ~s the volume** dieser Knopf regelt die Lautstärke; **the traffic lights are ~led by a computer** die Ampeln werden von einem Computer gesteuert

con·trol·lable [kənˈtrəʊləbl] adj kontrollierbar, steuerbar

con·trolled [kənˈtrəʊld] adj ❶ *(mastered)* kontrolliert; *voice* beherrscht ❷ MED *drugs* verschreibungspflichtig

con'trolled-carb adj attr kohlenhydratarm

con·trol·ler [kənˈtrəʊlər] n ❶ *(director)* Leiter(in) m(f); *of a radio station* Intendant(in) m(f); *(supervisor)* Aufseher(in) m(f) ❷ AVIAT **air-traffic** [*or* **flight**] **~** Fluglotse, -lotsin m, f ❸ FIN Controller(in) m(f)

con·'trol or·der n BRIT gerichtliche Verfügung zur Einschränkung der Bewegungs- und Kommunikationsfreiheit

con·'trol point n Kontrollpunkt m

con·tro·ver·sial [ˌkɒntrəˈvɜːʃəl] adj umstritten

con·tro·ver·sy [kənˈtrɒvəsi, ˈkɒntrəvɜːsi] n Kontroverse f; **to cause bitter ~** zu erbitterten Auseinandersetzungen führen

con·tu·sion [kənˈtjuːʒən] n Quetschung f, Prellung f

co·nun·drum [kəˈnʌndrəm] n ❶ *(puzzle)* Rätsel nt ❷ *(problem)* Problem nt

con·ur·ba·tion [ˌkɒnɜːˈbeɪʃən] n *(form)* Ballungsgebiet nt

con·va·lesce [ˌkɒnvəˈles] vi genesen

con·va·les·cence [ˌkɒnvəˈlesən(t)s] n ❶ *(recovery)* Genesung f ❷ *(time)* Genesungszeit f

con·va·les·cent [ˌkɒnvəˈlesənt] **I.** n Genesende(r) f(m) **II.** adj ❶ *person* genesend ❷ **for convalescents** Genesungs-

con·vec·tion [kənˈvekʃən] n no pl Konvektion f

con'vec·tion oven n Heißluftherd m

con·vec·tor [kənˈvektər] n, **con·'vec·tor heat·er** n Heizlüfter m

con·vene [kənˈviːn] *(form)* **I.** vi sich versammeln; *committee* zusammentreten **II.** vt ■ **to ~ sb** jdn zusammenrufen; ■ **to ~ sth** etw einberufen

con·veni·ence [kənˈviːniən(t)s] n ❶ *no pl (comfort)* Annehmlichkeit f; **at your ~** wenn es Ihnen passt; **at your earliest ~** baldmöglichst ❷ *(device)* Annehmlichkeit f; **with all modern ~s** mit allem Komfort

con·'veni·ence store n AM Laden m an der Ecke

con·veni·ent [kənˈviːniənt] adj ❶ *(useful)*

zweckmäßig; (*suitable*) günstig; (*comfortable*) bequem; *excuse* passend; ■ **it is** [**very**] **~ that ...** es ist [sehr] praktisch, dass ... ❷ *date, time* passend, günstig; **if it's ~ for you** wenn es Ihnen passt ❸ (*accessible*) günstig gelegen; **the flat is ~ for ...** die Wohnung liegt günstig für ... ❹ (*beneficial*) **to be ~ for sb** jdm gelegen kommen

con·vent [ˈkɒnvənt] *n* [Nonnen]kloster *nt*

con·ven·tion [kənˈven(t)ʃən] *n* ❶ (*custom*) Brauch *m*; (*social code*) Konvention *f*; ■ **dictates that ...** es ist Brauch, dass ... ❷ (*agreement*) Abkommen *nt*; *of human rights* Konvention *f* ❸ (*assembly*) [Mitglieder]versammlung *f*; **annual ~** Jahrestreffen *nt* ❹ (*conference*) Konferenz *f*; **~ centre** Tagungszentrum *nt*

con·ven·tion·al [kənˈven(t)ʃənəl] *adj* konventionell; **~ medicine** Schulmedizin *f*

con·verge [kənˈvɜːdʒ] *vi* ❶ *lines* zusammenlaufen ❷ *people* **to ~ on a city** scharenweise in eine Stadt kommen ❸ (*resemble*) sich einander annähern ❹ MATH konvergieren

con·ver·gence [kənˈvɜːdʒən(t)s] *n no pl* ❶ (*resemblance*) Annäherung *f* ❷ *of lines* Zusammenlaufen *nt*; **point of ~** Schnittpunkt *m* ❸ MATH Konvergenz *f*

con·ver·gent [kənˈvɜːdʒənt] *adj* ❶ *lines* konvergent ❷ (*similar*) ähnlich; *opinions* konvergierend ❸ MATH konvergierend

con·ver·sant [kənˈvɜːsənt] *adj* ■ **to be ~ with sth** mit etw *dat* vertraut sein

con·ver·sa·tion [ˌkɒnvəˈseɪʃən] *n* Gespräch *nt*, Unterhaltung *f*; **telephone ~** Telefongespräch *nt*; **to be in** [*or* **have a**] **~** [**with sb**] sich [mit jdm] unterhalten; **to be deep in ~** ins Gespräch vertieft sein; **to carry on** [*or* **hold**] **a ~** sich unterhalten, ein Gespräch führen; **to get into ~ with sb** mit jdm ins Gespräch kommen; **to make ~** (*small talk*) Konversation machen

con·ver·sa·tion·al [ˌkɒnvəˈseɪʃənəl] *adj* Gesprächs-, Unterhaltungs-; **~ tone** Plauderton *m* **con·ver·sa·tion·al·ly** [ˌkɒnvəˈseɪʃənəli] *adv* im Plauderton

con·verse¹ [kənˈvɜːs] *vi* (*form*) sich unterhalten

con·verse² [ˈkɒnvɜːs] (*form*) **I.** *n* ■ **the ~** das Gegenteil **II.** *adj* gegenteilig

con·verse·ly [kənˈvɜːsli] *adv* umgekehrt

con·ver·sion [kənˈvɜːʃən] *n* ❶ *no pl* (*change of form or function*) Umwandlung *f* (**into** in); ARCHIT Umbau *m* (**into** zu); TECH Umrüstung *f* (**into** zu) ❷ REL Konversion *f*, Übertritt *m*, Bekehrung *f* ❸ (*changing beliefs or opinions*) Wandel *m* ❹ *no pl* MATH Umrechnung *f* ❺ SPORTS Verwandlung *f*

con·vert I. *n* [ˈkɒnvɜːt] REL Bekehrte(r) *f(m)*, Konvertit(in) *m(f)*; **to be a ~ to Buddhism** zum Buddhismus übergetreten sein; **a ~ to Catholicism** ein zum Katholizismus Übergetretener/eine zum Katholizismus Übergetretene; **to become a ~ to Islam** zum Islam übertreten **II.** *vi* [kənˈvɜːt] ❶ REL übertreten; **he ~ed to his wife's religion** er nahm die Religion seiner Frau an ❷ (*change in function*) sich verwandeln lassen **III.** *vt* [kənˈvɜːt] ❶ REL (*also fig*) bekehren ❷ (*change in form or function*) ■ **to ~ sth** [**into**] etw umwandeln [in +*akk*]; ARCHIT etw umbauen [zu +*dat*]; *attic* etw ausbauen [zu +*dat*]; TECH etw umrüsten [zu +*dat*] ❸ (*calculate*) umrechnen; (*exchange*) umtauschen ❹ SPORTS verwandeln ❺ (*to a different fuel*) umstellen (**to** auf)

con·vert·er [kənˈvɜːtə] *n* ❶ ELEC Umwandler *m* ❷ AUTO Katalysator *m* **con·vert·ible** [kənˈvɜːtɪbl] **I.** *n* Kabrio[lett] *nt*, Kabriole *nt* ÖSTERR **II.** *adj* ❶ (*changeable*) verwandelbar ❷ FIN konvertierbar

con·vex [ˈkɒnveks] *adj* konvex; **~ lens** Konvexlinse *f*

con·vey [kənˈveɪ] *vt* ❶ (*transport*) befördern ❷ (*transmit*) überbringen; (*impart*) vermitteln; (*make clear*) deutlich machen; **please ~ my regards to your father** (*form*) grüßen Sie bitte Ihren Vater von mir

con·vey·ance [kənˈveɪən(t)s] *n* ❶ *no pl* (*form: transport*) Beförderung *f* ❷ (*form: vehicle*) Verkehrsmittel *nt* ❸ *no pl* (*form: communication*) Übermittlung *f* ❹ *no pl* LAW (*transfer*) Eigentumsübertragung *f* **con·vey·anc·ing** [kənˈveɪən(t)sɪŋ] *n no pl* LAW Eigentumsübertragung *f* **con·vey·or**, **con·vey·er** [kənˈveɪə] *n* ❶ (*bearer*) Überbringer(in) *m(f)* ❷ TECH **~** [**belt**] Förderband *nt*; (*in factory*) Fließband *nt*

con·vict I. *n* [ˈkɒnvɪkt] Strafgefangene(r) *f(m)* **II.** *vi* [kənˈvɪkt] auf schuldig erkennen **III.** *vt* [kənˈvɪkt] verurteilen

con·vic·tion [kənˈvɪkʃən] *n* ❶ (*judgement*) Verurteilung *f* (**for** wegen); **it was her first ~ for stealing** sie wurde zum ersten Mal wegen Diebstahls verurteilt; **previous ~s** Vorstrafen *pl*; **to have no/two previous ~s** nicht/zweifach vorbestraft sein ❷ (*belief*) Überzeugung *f*; **he's a socialist by ~** er ist ein überzeugter Sozialist; **to have a deep ~ that ...** der festen Überzeugung sein, dass ...; **sb/sth carries ~** jd/etw ist [*o* klingt] überzeugend

con·vince [kənˈvɪn(t)s] *vt* überzeugen (**of** von)

con·vinc·ing [kənˈvɪn(t)sɪŋ] *adj* überzeugend

con·vo·lut·ed [ˌkɒnvəˈluːtɪd] *adj* (*form*)

con·voy ['kɒnvɔɪ] **I.** n Konvoi m; **~ of trucks** Lkw-Konvoi m; **in ~** im Konvoi; **shall we drive to the party in ~?** sollen wir gemeinsam zur Party fahren? **II.** vt eskortieren

con·vulse [kən'vʌls] **I.** vi **to ~ with laughter** sich vor Lachen biegen; **to ~ with pain** sich vor Schmerzen winden **II.** vt erschüttern; **to be ~d with laughter** sich vor Lachen biegen

con·vul·sion [kən'vʌlʃ°n] n usu pl Krampf m; **to go into ~s** Krämpfe bekommen

coo [kuː] **I.** vi gurren **II.** n no pl Gurren nt

cook [kʊk] **I.** n Koch, Köchin m, f ▸ **too many ~s spoil the broth** (prov) viele Köche verderben den Brei **II.** vi ① (make meals) kochen; ② (in water) kochen; fish, meat garen; (fry, roast) braten; pie backen ③ AM (fam: do well) in Höchstform sein; (be successful) so richtig gut einschlagen; (be ready to go) loslegen können; **now we're ~in'!** jetzt kann es losgehen! ▸ **what's ~ing?** (sl) was ist los? **III.** vt ① (make) kochen; **how do you ~ this fish?** wie wird dieser Fisch zubereitet? ② (heat) kochen; fish, meat garen; (fry, roast) braten ③ (fam: falsify) frisieren

'**cook·book** n Kochbuch nt

cooked-to-'or·der adj nach Wunsch gekocht

cook·er ['kʊkə'] n BRIT ① (stove) Herd m ② (fam: cooking apple) Kochapfel m

cook·ery ['kʊkəri] **I.** n no pl (cooking) Kochen nt **II.** adj Koch-

cook·ie ['kʊki] n esp AM ① (biscuit) Keks m, Plätzchen nt ② AM (fam: person) Typ m ③ COMPUT Cookie nt ▸ **tough ~s!** AM Pech gehabt!; **that's the way the ~ crumbles** (saying) so ist das nun mal im Leben

cookie 'sand·wich n AM Sandwich aus Keksen mit süßem Belag, meist Eis

cook·ing ['kʊkɪŋ] **I.** n no pl ① (act) Kochen nt; **to do the ~** kochen ② (style) **French ~** die französische Küche **II.** adj Koch-; **~ foil** BRIT Alufolie f

cool [kuːl] **I.** adj ① (pleasantly cold) kühl; (unpleasantly cold) kalt ② (clothing, material) luftig ③ colour kühl ④ (calm) ruhig, cool sl; level-headed) besonnen; **to keep a ~ head** einen kühlen Kopf bewahren; **~, calm and collected** kühl, ruhig und besonnen ⑤ (unfriendly) kühl; **to give sb a ~ reception** jdn kühl empfangen ⑥ (unfeeling) kühl; (not showing interest) abweisend ⑦ (fam: trendy, great) cool sl, geil sl **II.** interj (sl) cool sl, geil sl **III.** n no pl ① (cold) Kühle f; **in the ~ of the evening** in der Abendkühle; **to stay in the ~** im Kühlen bleiben ② (calm) Ruhe f **IV.** vi ① (lose heat) abkühlen (**to** auf) ② (die down) nachlassen **V.** vt ① (make cold) kühlen; (cool down) abkühlen ② (sl: calm down) |just| **~ it!** reg dich ab!; **~ it everyone!** ganz cool bleiben!

cool·er ['kuːlə'] n Kühlbox f; for wine bottle Kühler m ▸ **cool.'head·ed** adj besonnen **cool·ing** ['kuːlɪŋ] adj [ab]kühlend '**cool·ing tow·er** n Kühlturm m **cool·ly** ['kuːlli] adv (coldly) kühl, distanziert; (in a relaxed manner) cool sl, gelassen **cool·ness** ['kuːlnəs] n no pl ① (low temperature) Kühle f ② (unfriendliness) Kühle f, Distanziertheit f ③ (relaxed manner) coole Art sl

coop [kuːp] **I.** n Hühnerstall m **II.** vt ▪ **to ~ up** einsperren

co-op ['kəʊɒp] n ① abbrev of **cooperative I** ② BRIT (fam) Konsum[laden] m

coop·er ['kuːpə'] n Böttcher m, Küfer m

co·op·er·ate [kəʊ'ɒp°reɪt] vi ① (help) kooperieren; (comply also) mitmachen ② (act jointly) kooperieren, zusammenarbeiten (**in** bei)

co·op·er·a·tion [ˌkəʊɒpə'reɪʃ°n] n no pl ① (assistance) Kooperation f, Mitarbeit f (**in** bei) ② (joint work) Zusammenarbeit f, Kooperation f (**in** bei)

co·op·er·a·tive [kəʊ'ɒp°rətɪv] **I.** n Genossenschaft f, Kooperative f **II.** adj ① ECON genossenschaftlich, kooperativ; **~ farm** landwirtschaftliche Genossenschaft; **~ society** Konsumgenossenschaft f; **~ store** Konsum[laden] m ② (willing) kooperativ

co-opt [kəʊ'ɒpt] vt kooptieren; ▪ **to ~ sb on to sth** jdn durch Kooptation in etw akk wählen

co·or·di·nate I. n [kəʊ'ɔːdɪnət] ① usu pl MATH Koordinate f ② FASHION ▪ **~s** pl Ensembles pl **II.** vi [kəʊ'ɔːdɪneɪt] |gut| zusammenarbeiten **III.** vt [kəʊ'ɔːdɪneɪt] koordinieren

co·or·di·na·tion [kəʊˌɔːdɪ'neɪʃ°n] n no pl ① (coordinating) Koordination f ② (cooperation) Zusammenarbeit f ③ (dexterity) Sinn m für Koordination; **to not have much ~** kein gutes Koordinationsgefühl besitzen

co·or·di·na·tor [kəʊ'ɔːdɪneɪtə'] n Koordinator(in) m(f)

coot [kuːt] n ① (bird) Bläßhuhn nt ② AM (fam: stupid person) **old ~** alter Esel ▸ **as bald as a ~** völlig kahl

cop [kɒp] **I.** n ① (fam: police officer) Bulle m; **to play ~s and robbers** Räuber und Gendarm spielen ② no pl BRIT (sl) **to not be much ~** nicht besonders gut sein **II.** vt <-pp-> ① BRIT, AUS (sl) **to ~ it** (be in trouble) dran sein; (get killed) gekillt werden ② (sl: receive) bekommen ③ (sl: grab) **to ~ hold**

of sth bei etw *dat* mit anpacken; ~ **hold of that** pack mal mit an; **to ~ a [quick] look at sth** einen [kurzen] Blick auf etw *akk* werfen ④ LAW **to ~ a plea** *sich schuldig bekennen und dafür eine mildere Strafe aushandeln* ▸ **~ a load of that!** kuck dir das mal an!

cope [kəʊp] *vi* ① (*mentally*) zurechtkommen; **to ~ with a problem** ein Problem bewältigen ② (*physically*) ▪ **to ~ with sb/sth** jdm/etw gewachsen sein

Co·pen·ha·gen [ˌkəʊpənˈheɪgən, -ˈhɑː-] *n* Kopenhagen *nt*

copi·er [ˈkɒpɪəʳ] *n* ① (*machine*) Kopiergerät *nt* ② (*cheater*) Abgucker(in) *m(f)*

co·pi·lot [ˌkəʊˈpaɪlət] *n* Kopilot(in) *m(f)*

co·pi·ous [ˈkəʊpɪəs] *adj* zahlreich; **~ amounts** of Unmengen von +*dat*

cop·per [ˈkɒpəʳ] *n* ① *no pl* (*metal*) Kupfer *nt* ② (*fam: police officer*) Bulle *m* ③ BRIT (*sl: coins*) ▪ **~s** *pl* Kleingeld *nt* kein *pl*

cop·per ˈbeech *n* Blutbuche *f* **ˈcop·per·plate** *n* (*engraving*) Kupferstichplatte *f*; (*print*) Kupferstechen *nt* **ˈcop·per·smith** *n* Kupferschmied(in) *m(f)*

cop·pice [ˈkɒpɪs] I. *n* zurückgeschnittenes Waldstück II. *vt* trees stutzen

ˈcop show *n* Polizeiserie *f*

copu·late [ˈkɒpjəleɪt] *vi* kopulieren

copu·la·tion [ˌkɒpjəˈleɪʃən] *n no pl* Kopulation *f*

copy [ˈkɒpi] I. *n* ① (*duplicate*) Kopie *f*; *of a document* Abschrift *f*; *of a photo* Abzug *m*; **a true ~** eine originalgetreue Kopie ② (*issue*) Exemplar *nt*; **have you got a ~ of the latest Vogue?** hast du die neueste Vogue?; **hard ~** COMPUT [Computer]ausdruck *m* ③ *no pl* PUBL Manuskript *nt*; (*in advertising*) Werbetext *m*; **disasters make good ~ for newspapers** Katastrophen sind guter Stoff für Zeitungen; **clean ~** Reinschrift *f* II. *vt* <-ie-> ① (*duplicate*) kopieren; **~ [down]** (*from text*) abschreiben; (*from words*) niederschreiben ② (*imitate*) person nachmachen; *style* nachahmen; *picture* abmalen ③ (*plagiarize*) abschreiben III. *vi* <-ie-> ① (*imitate*) nachahmen ② (*in school*) abschreiben ◆ **copy down** *vt text* abschreiben; *spoken words* niederschreiben

ˈcopy·book I. *adj* beispielhaft; **~ manoeuvre** [*or* AM **maneuver**] Bilderbuchmanöver *nt* II. *n* ▸ **to blot one's ~** BRIT seinen Ruf ruinieren **ˈcopy·cat** I. *n* (*pej fam*) Nachmacher(in) *m(f)*; *of written work* Abschreiber(in) *m(f)* II. *adj* imitiert **ˈcopy·desk** *n* AM JOURN Redaktionstisch *m* **ˈcopy edi·tor** *n* Manuskriptbearbeiter(in) *m(f)*; (*press*) Redakteur(in) *m(f)*; (*publishing house*) Lektor(in) *m(f)* **ˈcopy·ing ink** *n no pl*

Kopiertinte *f* **ˈcopy·ing pa·per** *n* Kopierpapier *nt* **copy pro·ˈtec·tion** *n no pl* COMPUT Kopierschutz *m* **ˈcopy·right** [ˈkɒpɪraɪt] I. *n* Copyright *nt*, Urheberrecht *nt*; **out of ~** nicht [mehr] urheberrechtlich geschützt II. *vt* urheberrechtlich schützen **ˈcopy·writ·er** *n* [Werbe]texter(in) *m(f)*

cor·al [ˈkɒrəl] *n no pl* Koralle *f*

cor·al ˈreef *n* Korallenriff *nt*

cord [kɔːd] I. *n* ① (*for parcel*) Schnur *f*; (*for curtain*) Kordel *f*; AM, AUS (*electrical cord*) Kabel *nt* ② ANAT (*umbilical cord*) Nabelschnur *f*; (*spinal cord*) Rückenmark *nt* ③ (*trousers*) ▪ **~s** *pl* Cordhose *f* II. *adj* Cord-

cor·dial [ˈkɔːdɪəl] I. *adj* ① (*friendly*) freundlich, herzlich; *relations* freundschaftlich ② (*form: strong*) heftig; *dislike* tief II. *n* BRIT, AUS (*drink*) Sirup *m*; AM Likör *m*

cord·less [ˈkɔːdləs] *adj* schnurlos

cor·don [ˈkɔːdən] I. *n* Kordon *m* II. *vt* ▪ **to ~ off** ○ *sth* etw absperren

cor·du·roy [ˈkɔːdjərɔɪ] *n* ① *no pl* (*material*) Cordsamt *m*; **~ jacket** Cordjacke *f* ② (*trousers*) ▪ **~s** *pl* Cordhose *f*

core [kɔːʳ] *n* ① (*centre*) *of apple* Kerngehäuse *nt*; *of rock* Innere(s) *nt*; *of planet* Mittelpunkt *m*; (*of reactor*) [Reaktor]kern *m*; **rotten to the ~** völlig verfault ② (*fig*) Kern *m*; **conservative to the ~** durch und durch konservativ; **rotten/shocked to the ~** bis ins Mark verdorben/erschüttert ③ GEOL **~ [sample]** Bohrprobe *f* ④ ELEC *of cable* Leiter *m* II. *adj* zentral III. *vt* entkernen

CORE [kɔːr] *n* AM *abbrev of* **Congress of Racial Equality** = Vereinigung *f* zur Bekämpfung von Rassendiskriminierung

core ˈsub·ject *n* SCH Hauptfach *nt*

co·ri·an·der [ˌkɒriˈændəʳ] *n no pl* Koriander *m*

cork [kɔːk] I. *n* ① *no pl* (*material*) Kork *m* ② (*stopper*) Korken *m* II. *vt* ① (*seal bottle*) zukorken ② AM (*fig fam*) **~ it!** halt die Klappe!

cork·age [ˈkɔːkɪdʒ] *n no pl*, **ˈcork charge** *n* AM Korkengeld *nt*

corked [kɔːkt] *adj* korkig

ˈcork·screw *n* Korkenzieher *m*

corn[1] [kɔːn] *n* ① *no pl* BRIT (*cereal in general*) Getreide *nt*, Korn *nt*; **field of ~** Kornfeld *nt* ② *no pl* AM, AUS (*maize*) Mais *m*; **~ on the cob** Maiskolben *m* ③ BRIT (*single grain*) [Getreide]korn *nt*

corn[2] [kɔːn] *n* MED Hühnerauge *nt*

ˈcorn·cob *n* Maiskolben *m*

cor·nea [ˈkɔːnɪə] *n* (*in eye*) Hornhaut *f*

cor·ner [ˈkɔːnəʳ] I. *n* ① Ecke *f*; *of table* Kante *f*; **the holidays are just around the ~** (*fig*) die Ferien stehen vor der Tür; **a remote ~ of the earth** ein entlegener Winkel der Erde; **out of the ~ of one's eye** aus den Augenwinkel; **~ of one's mouth** Mundwinkel *m*; **to fold the ~ of a page** ein Eselsohr machen; **on the ~ of the street** an der Straßenecke; **the four ~s of the world** alle vier Himmelsrichtungen; **to cut a ~** eine Kurve schneiden; **at every ~** (*fig*) überall ❷ SPORTS (*in hockey, football*) Ecke *f*, Eckball *m*; BOXING Ecke *f* ▸ **to be in a tight ~** in der Klemme stecken; **to cut ~s** (*financially*) Kosten sparen; (*in procedure*) das Verfahren abkürzen; **to force sb into a [tight] ~** jdn in die Enge treiben; **to have turned the ~** über den Berg sein **II.** *adj* Eck- **III.** *vt* ❶ (*trap*) in die Enge treiben ❷ COMM monopolisieren; **market beherrschen IV.** *vi* vehicle eine Kurve [*o* Kurven] nehmen; **to ~ well** gut in der Kurve liegen

'**cor·nered** *adj attr* in die Enge getriebene(r, s)
'**cor·ner house** *n* Eckhaus *nt* '**cor·ner seat** *n* Eckplatz *m* '**cor·ner shop** *n* BRIT Tante-Emma-Laden *m fam* '**cor·ner·stone** *n* ARCHIT (*also fig*) Eckstein *m*

cor·net ['kɔːnɪt] *n* ❶ MUS Kornett *nt* ❷ BRIT FOOD Waffeltüte *f*; **ice cream ~** Eistüte *f*

'**corn·flakes** *npl* Cornflakes *pl* '**corn·flour** *n no pl* BRIT, AUS Maisstärke *f* '**corn·flow·er** *n* Kornblume *f*

cor·nice ['kɔːnɪs] *n* ARCHIT [Kranz]gesims *nt*
Cor·nish ['kɔːnɪʃ] **I.** *adj* aus Cornwall **II.** *n* ▪ **the ~** *pl* die Bewohner *pl* von Cornwall
Corn·wall ['kɔːnwɔːl] *n* Cornwall *nt*
corny ['kɔːni] *adj* (*fam: sentimental*) kitschig; (*dopey*) blöd
coro·nary ['kɒrənəri] **I.** *n* Herzinfarkt *m* **II.** *adj* koronar, Herzkranz-
coro·na·tion [ˌkɒrə'neɪʃən] *n* Krönung[szeremonie] *f*
coro·ner ['kɒrənə] *n* Coroner *m* (*Beamter, der unter verdächtigen Umständen eingetretene Todesfälle untersucht*)
Corp [kɔːp] *n* ❶ *short for* **corporation** ❷ *short for* **corporal**
cor·po·ral ['kɔːpərəl] *n* Unteroffizier *m*
cor·po·rate ['kɔːpərət] *adj* ❶ (*shared*) gemeinsam ❷ (*of corporation*) körperschaftlich; **~ identity** Corporate Identity *f*; **~ policy** Firmenpolitik *f*
cor·po·ra·tion [ˌkɔːpə'reɪʃən] *n* ❶ BRIT COMM öffentlich-rechtliche Körperschaft; AM [Kapital]gesellschaft *f*; **public ~** BRIT wirtschaftliche Unternehmung der öffentlichen Hand ❷ BRIT (*local council*) Stadtverwaltung *f*; **municipal ~** kommunale Körperschaft
cor·po·ra·tion tax *n* Körperschaftssteuer *f*
corps <*pl* -> [kɔː] *n* + *sing/pl vb* Korps *nt*;

medical ~ Sanitätstruppe *f*; **the diplomatic ~** das Diplomatische Korps
corps de bal·let <*pl* -> [ˌkɔːdə'bæleɪ] *n* + *sing/pl vb* Ballettkorps *nt*
corpse [kɔːps] *n* Leiche *f*
cor·pus <*pl* -pora *or* -es> ['kɔːpəs, *pl* -pərə] *n* Korpus *nt*
Cor·pus Chris·ti [-'krɪsti] *n* Fronleichnam *m*
cor·pus·cle ['kɔːpʌsl] *n* Blutkörperchen *nt*
cor·ral [kəˈræl] AM **I.** *n* [Fang]gehege *nt* **II.** *vt* <-ll-> animals in den Korral treiben; ▪ **to ~ sth off** etw absperren
cor·rect [kəˈrekt] **I.** *vt* korrigieren; **I stand ~ed** ich nehme alles zurück **II.** *adj* ❶ (*accurate*) richtig, korrekt; **that is ~** das stimmt ❷ (*proper*) korrekt
cor·rec·tion [kə'rekʃən] *n* ❶ (*change*) Korrektur *f*; **subject to ~** ohne Gewähr ❷ *no pl* (*improvement*) Verbesserung *f*, Berichtigung *f*
cor·rec·tion flu·id *n no pl* Korrekturflüssigkeit *f*
cor·rec·tive [kə'rektɪv] **I.** *adj* ❶ (*counteractive*) korrigierend; **~ surgery** Korrekturoperation *f* ❷ (*improving behaviour*) Besserungs- **II.** *n* Korrektiv *nt*
cor·rect·ly [kə'rektli] *adv* korrekt, richtig
cor·rect·ness [kə'rektnəs] *n no pl* Korrektheit *f*, Richtigkeit *f*
cor·re·late ['kɒrəleɪt] **I.** *vt* in Beziehung setzen **II.** *vi* sich *dat* entsprechen
cor·re·la·tion [ˌkɒrə'leɪʃən] *n* ❶ (*cause, result*) [Wechsel]beziehung *f*, Zusammenhang *m*; **there's little ~ between wealth and happiness** Reichtum und Glück haben wenig miteinander zu tun ❷ (*in statistics*) Korrelation *f*
cor·re·spond [ˌkɒrɪ'spɒnd] *vi* ❶ (*be equivalent of*) entsprechen (**to** +*dat*); (*be same as*) übereinstimmen (**with** mit) ❷ (*write*) korrespondieren
cor·re·spond·ence [ˌkɒrɪ'spɒndən(t)s] *n no pl* (*letter-writing*) Korrespondenz *f*; **to be in ~ with sb** mit jdm in Briefwechsel stehen
cor·re·spond·ent [ˌkɒrɪ'spɒndənt] *n* ❶ (*of letters*) Briefschreiber(in) *m(f)* ❷ (*journalist*) Berichterstatter(in) *m(f)*, Korrespondent(in) *m(f)*
cor·re·spond·ing [ˌkɒrɪ'spɒndɪŋ] *adj* ❶ (*same*) entsprechend ❷ (*accompanying*) dazugehörig
cor·ri·dor ['kɒrɪdɔː] *n* ❶ (*inside*) Flur *m*, Gang *m*, Korridor *m*; (*fig*) **the ~s of power** die Schalthebel *pl* der Macht ❷ (*strip of land, air space*) Korridor *m*
cor·robo·rate [kə'rɒbəreɪt] *vt* bestätigen
cor·robo·ra·tion [kəˌrɒbə'reɪʃən] *n* Bestätigung *f*; **in ~ of** zur Bestätigung +*gen*
cor·robo·ra·tive [kə'rɒbərətɪv] *adj* bestäti-

gend
cor·rode [kəˈrəʊd] **I.** vi korrodieren **II.** vt etw korrodieren [o zerfressen]; (fig) zerstören
cor·ro·sion [kəˈrəʊʒᵊn] n no pl ❶ of metal, stone Korrosion f ❷ (fig: deterioration) Verfall m
cor·ro·sive [kəˈrəʊsɪv] **I.** adj ❶ (destructive) korrosiv; acid ätzend ❷ (fig) zerstörerisch **II.** n korrodierender Stoff
cor·ru·gat·ed [ˈkɒrəgeɪtɪd] adj ❶ iron, cardboard gewellt ❷ BRIT road zerfurcht
cor·rupt [kəˈrʌpt] **I.** adj ❶ (dishonest) korrupt; (bribable) bestechlich; ~ morals verdorbener Charakter ❷ (ruined) text unlesbar; disk kaputt **II.** vt ❶ (debase ethically) korrumpieren; (morally) [moralisch] verderben ❷ (change) entstellen; text verfälschen ❸ (influence by bribes) bestechen ❹ COMPUT file ruinieren; **-ed file** fehlerhafte Datei
cor·rup·tion [kəˈrʌpʃᵊn] n ❶ no pl (action) of moral standards Korruption f; of a text Entstellung f; of computer file Zerstörung f ❷ no pl (dishonesty) Unehrenhaftigkeit f; (bribery) Korruption f ❸ LING (changed form) korrumpierte Form ❹ (decay) Zersetzung f
cor·set [ˈkɔːsɪt] n (undergarment) Korsett nt; MED Stützkorsett nt
Cor·si·ca [ˈkɔːsɪkə] n Korsika nt
Cor·si·can [ˈkɔːsɪkən] **I.** adj korsisch **II.** n ❶ (person) Korse, Korsin m, f ❷ no pl (language) Korsisch nt
cos¹ n MATH abbrev of cosine cos
cos² [kəz, kɒz] conj BRIT (fam) abbrev of because
cos³ [kɒs, kɒz] n BRIT, AUS Romagnasalat m
co·sec [ˈkəʊsek] MATH abbrev of cosecant cosec
co·sig·na·tory [ˌkəʊˈsɪgnətᵊri] n Mitunterzeichner(in) m(f)
co·sine [ˈkəʊsaɪn] n MATH Kosinus m
co·si·ness [ˈkəʊzɪnəs] n no pl Gemütlichkeit f
cos·met·ic [kɒzˈmetɪk] **I.** n Kosmetik f; ~s pl Kosmetika pl **II.** adj kosmetisch a. fig
cos·me·ti·cian [ˌkɒzməˈtɪʃᵊn] n Kosmetiker(in) m(f)
cos·mic [ˈkɒzmɪk] adj kosmisch a. fig
cos·mol·ogy [ˌkɒzˈmɒlədʒi] n no pl Kosmologie f
cos·mo·naut [ˈkɒzmənɔːt] n Kosmonaut(in) m(f)
cos·mo·poli·tan [ˌkɒzməˈpɒlɪtᵊn] **I.** adj kosmopolitisch **II.** n Kosmopolit(in) m(f)
cos·mos [ˈkɒzmɒs] n no pl Kosmos m
cost [kɒst] **I.** vt ❶ <cost, cost> kosten; **drinking and driving ~s lives** Trunkenheit am Steuer fordert Menschenleben ❷ <-ed,

-ed> FIN ■ to ~ [out] |(durch)kalkulieren **II.** n ❶ (price) Preis m, Kosten pl (of für); **at no ~ to** ohne Kosten für +akk; **at no extra ~** ohne Aufpreis; **at huge ~** für Unsummen; **at ~** zum Selbstkostenpreis ❷ (fig) Aufwand m kein pl; **at no ~ to the environment** ohne Beeinträchtigung für die Umwelt; **at the ~ of one's health** auf Kosten der Gesundheit; **to learn sth to one's ~** etw am eigenen Leib erfahren; **at all ~s** [or **at any ~**] um jeden Preis; **at great personal ~** unter großen persönlichen Opfern ❸ pl ■-s Kosten pl (of für); LAW Prozesskosten pl
co-star [ˈkəʊstɑː^r] **I.** n einer der Hauptdarsteller; **to be sb's ~** neben jdm die Hauptrolle spielen **II.** vt, vi <-rr-> ■ to ~ [with] sb neben jdm die Hauptrolle spielen
Cos·ta Rica [ˌkɒstəˈriːkə] n Costa Rica nt
Cos·ta Ri·can [ˌkɒstəˈriːkən] **I.** adj costa-ricanisch **II.** n Costa-Ricaner(in) m(f)
cost·ly [ˈkɒstli] adj kostspielig a. fig; **to prove ~** sich als kostspielig herausstellen
'cost price n Selbstkostenpreis m
cos·tume [ˈkɒstjuːm] n ❶ (national dress) Tracht f; **historical ~** historisches Kostüm; **national ~** Landestracht f ❷ (decorative dress) Kostüm nt; **to wear a witch'[s] ~** als Hexe verkleidet sein
cosy [ˈkəʊzi] **I.** adj ❶ (pleasant, comfortable) gemütlich, behaglich; (nice and warm) mollig warm; atmosphere heimelig; relationship traut ❷ (pej) bequem; **~ deal** Kuhhandel m **II.** n egg/tea ~ Eier-/Teewärmer m **III.** vi <-ie-> ■ to ~ up to sb/sth ❶ (snuggle up to) sich an jdn/etw anschmiegen ❷ (make deal with) mit jdm/etw einen Kuhhandel machen
cot¹ n MATH abbrev of cotangent cot
cot² [kɒt] n ❶ BRIT (baby's cot) Kinderbett nt ❷ AM (camp bed) Feldbett nt; (fold-out bed) Klappbett nt
co·tan·gent [ˌkəʊˈtændʒənt] n MATH Kotangens m
'cot death n BRIT plötzlicher Kindstod
cot·tage [ˈkɒtɪdʒ] n Cottage nt; **thatched ~** Landhaus nt mit Strohdach [o Reetdach]
cottage 'cheese n no pl Hüttenkäse m
cot·tage 'in·dus·try n BRIT Heimindustrie f
cot·ton [ˈkɒtᵊn] **I.** n ❶ (material, plant) Baumwolle f ❷ (thread) Garn nt **II.** adj Baumwoll- **III.** vi ❶ (fam: understand) ■ to ~ on [to sth] [etw] kapieren ❷ (fam: like) ■ to ~ to sb/sth mit jdm/etw sympathisieren
'cotton bud n BRIT Wattestäbchen nt **'cotton-grow·er** n Baumwollpflanzer(in) m(f) **'cotton mill** n Baumwollspinnerei f **'cotton seed** n Baumwollsamen m **cotton 'wool** n no pl ❶ BRIT Watte f ❷ AM

[Roh]baumwolle *f* ▶ **to wrap sb in ~** BRIT jdn in Watte packen

couch [kaʊtʃ] **I.** *n* <*pl* -es> Couch *f* **II.** *vt* formulieren

cou·chette [kuːˈʃet] *n* BRIT RAIL Liege *f* (*in einem Schlafwagen*)

couch po·ta·to *n* (*fam*) Couchpotato *f*, Fernsehglotzer(in) *m(f)*

cough [kɒf] **I.** *n* Husten *m*; **to give a ~** (*as warning*) hüsteln **II.** *vi* ❶ *person* husten ❷ *motor* stottern ❸ BRIT (*fam: reveal information*) singen **III.** *vt blood* husten ◆ **cough up I.** *vt* ❶ *blood, phlegm* husten ❷ (*fam: pay*) herausrücken **II.** *vi* (*fam*) herausrücken

'cough drop *n*, **'cough sweet** *n* Hustenbonbon *nt* **'cough medi·cine** *n no pl*, **'cough mix·ture** *n* BRIT Hustensaft *m*

could [kʊd, kəd] *pt, subjunctive of* **can**

coun·cil [ˈkaʊn(t)səl] *n* + *sing/pl* GB Rat *m*; **local/town ~** Gemeinde-/Stadtrat *m*

coun·cil es·ˈtate *n* BRIT Siedlung *f* mit Sozialwohnungen **coun·cil ˈflat** *n* BRIT, **ˈcoun·cil house** *n* BRIT Sozialwohnung *f* **coun·cil ˈhous·ing** *n no pl* BRIT sozialer Wohnungsbau **coun·cil·lor** [ˈkaʊn(t)sələʳ] *n* Ratsmitglied *nt*; **town ~** Stadtrat, -rätin *m, f* **Coun·cil of ˈEu·rope** *n* Europarat *m* **Coun·cil of ˈMin·is·ters** *n* Ministerrat *m* **Coun·cil of the Eu·ro·pean ˈUn·ion** *n* Rat *m* der Europäischen Union

coun·ci·lor *n* AM *see* **councillor**

'coun·cil tax *n no pl* BRIT Gemeindesteuer *f*

coun·sel [ˈkaʊn(t)səl] **I.** *vt* <BRIT -II- *or* AM *usu* -l-> empfehlen; ■ **to ~ sb about** [*or* **on**] **sth** jdn bei etw *dat* beraten; ■ **to ~ sb against sth** jdm von etw *dat* abraten **II.** *n* ❶ *no pl* (*form: advice*) Rat[schlag] *m* ❷ (*lawyer*) Anwalt, Anwältin *m, f*; **~ for the deˈfence** Verteidiger(in) *m(f)* ▶ **to keep one's own ~** seine Meinung für sich *akk* behalten

coun·sel·ling [ˈkaʊn(t)səlɪŋ] *n*, AM **coun·sel·ing I.** *n no pl* psychologische Betreuung; **to be in ~** in Therapie sein **II.** *adj* Beratungs- **coun·sel·lor** [ˈkaʊn(t)sələʳ], AM **coun·se·lor** *n* ❶ (*advisor*) Berater(in) *m(f)* ❷ AM (*lawyer*) Anwalt, Anwältin *m, f*

count[1] [kaʊnt] *n* Graf *m*

count[2] [kaʊnt] **I.** *n* ❶ (*totalling up*) Zählung *f*; POL Auszählung *f*; **to keep ~ of sth** etw genau zählen; **to lose ~** beim Zählen durcheinanderkommen; **on the ~ of three** bei drei ❷ (*measured amount*) [An]zahl *f*, Ergebnis *nt*; SPORTS Punktestand *m*; **final ~** Endstand *m* ❸ LAW Anklagepunkt *m*; **on all ~s in allen** [Anklage]punkten ❹ (*point*) Punkt *m*; **on all ~s** in allen Punkten ▶ **to be out for the ~** BOXING ausgezählt werden; (*fig*) k.o. sein **II.** *vt* ❶ (*number*) zählen; *change* nachzählen; **there'll be eight for dinner ~ing ourselves** uns mitgerechnet sind wir acht zum Abendessen; **~** [**off**] abzählen ❷ (*consider*) zählen; **to ~ sb as a friend/among one's friends** jdn als Freund betrachten/zu seinen Freunden zählen; **to ~ sth a success** etw als Erfolg verbuchen; **to ~ oneself lucky** sich glücklich schätzen; ■ **to ~ sth against sb** jdm etw verübeln ▶ **to ~ the cost** [**of sth**] [etw] bereuen **III.** *vi* zählen; **that's what ~s** darauf kommt es an; **this essay will count towards your final mark** dieser Aufsatz geht in die Berechnung Ihrer Endnote ein; ■ **to ~ against sb** gegen jdn sprechen; ■ **to be ~ed as sth** als etw gelten ◆ **count down** *vi* rückwärts bis Null zählen; AEROSP den Countdown durchführen ◆ **count out I.** *vi* ❶ BRIT (*number off aloud*) abzählen ❷ BOXING auszählen **II.** *vt* (*fam*) ■ **to ~ sb out** jdn nicht einplanen; **~ me out!** ohne mich!; **who wants to come swimming tomorrow? — ~ me out** wer hat Lust, morgen mit schwimmen zu gehen? – ich nicht

count·able ˈnoun *n* zählbares Substantiv

count·down [ˈkaʊntdaʊn] *n* Countdown *m* (**to** für)

coun·te·nance [ˈkaʊntənən(t)s] **I.** *n* ❶ (*liter: face*) Antlitz *nt*; **to be of noble ~** edle Gesichtszüge haben ❷ (*approval*) Unterstützung *f* ❸ *no pl* (*composure*) Haltung *f* **II.** *vt* (*form*) gutheißen; ■ **to not ~** nicht dulden

count·er [ˈkaʊntəʳ] **I.** *n* ❶ (*service point*) Theke *f*; (*in bank, post office*) Schalter *m*; [**kitchen**] **~** AM [Küchen]arbeitsplatte *f*; **over the ~** rezeptfrei; **under the ~** (*fig*) unterm Ladentisch ❷ (*person*) Zähler(in) *m(f)*; (*machine*) Zählwerk *nt* ❸ (*disc*) Spielmarke *f* **II.** *vt* ausgleichen; *arguments* widersprechen; *orders* aufheben **III.** *vi* kontern **IV.** *adv* entgegen; **to act/run ~ to sth** etw *dat* zuwiderhandeln/zuwiderlaufen

coun·ter·ˈact *vt* ■ **to ~ sth** etw *dat* entgegenwirken; *poison* etw neutralisieren **coun·ter·ˈac·tive** *adj* ❶ (*working against*) entgegenwirkend ❷ (*neutralizing*) neutralisierend **ˈcoun·ter·at·tack I.** *n* Gegenangriff *m* **II.** *vt* im Gegenzug angreifen **III.** *vi* zurückschlagen; SPORTS kontern **coun·ter·ˈbal·ance I.** *n* [ˈkaʊntəˌbælən(t)s] Gegengewicht *nt*; (*fig*) **to be a ~** ausgleichend wirken **II.** *vt* [ˌkaʊntəˈbælən(t)s] ausgleichen; (*fig*) ein Gegengewicht darstellen zu + *dat* **ˈcoun·ter·charge** *n* LAW Gegenklage *f* **ˈcoun·ter·check I.** *n* ❶ (*restraint*) Hemmnis *nt* ❷ (*second check*) Gegenprüfung *f* **II.** *vt* gegenprüfen **coun·ter·ˈclock·wise** *adj* AM gegen den Uhrzeigersinn

'count·er·dem·on·stra·tion n Gegendemonstration f **coun·ter·'es·pio·nage** n no pl Spionageabwehr f; **~ service** Spionageabwehrdienst m

coun·ter·feit ['kaʊntəfɪt] **I.** adj gefälscht; **~ money** Falschgeld nt **II.** vt fälschen **III.** n Fälschung f

'count·er·foil n BRIT FIN [Kontroll]abschnitt m **coun·ter·in·'tel·li·gence** n Spionageabwehr f

coun·ter·mand [ˌkaʊntə'mɑːnd] vt rückgängig machen; order widerrufen **'coun·ter·meas·ure** n Gegenmaßnahme f **'coun·ter·part** n Gegenstück nt, Pendant nt; Amtskollege, -kollegin m, f **'coun·ter·point** n MUS Kontrapunkt m **'coun·ter·poise** n (form) Gegengewicht nt **coun·ter·pro·'duc·tive** adj kontraproduktiv **'coun·ter·re·cruit·er** n (Armee-)Rekrutierungsgegner(in) m(f) **'coun·ter·re·cruit·ing** n no pl Behinderung f von (Armee-)Rekrutierung **coun·ter·revo·'lu·tion** n Gegenrevolution f **'coun·ter·sign** vt gegenzeichnen **'coun·ter·sink** <-sank, -sunk> vt screw versenken **'coun·ter·sue** vi Gegenklage f erheben **'coun·ter·'ter·ror·ism** n no pl Terrorismusbekämpfung f

coun·tess <pl -es> ['kaʊntɪs] n Gräfin f

count·less ['kaʊntləs] adj zahllos

coun·try ['kʌntri] n ① (nation) Land nt; **~ of destination** Bestimmungsland nt; **~ of origin** Herkunftsland nt; native **~** Heimat f, Heimatland nt; **to die for one's ~** fürs Vaterland sterben ② no pl (population) ■**the ~** das Volk; **the whole ~** das ganze Land; **to go to the ~** Neuwahlen ausschreiben ③ no pl (rural areas) ■**the ~** das Land; **town and ~** Stadt und Land; ■**in the ~** auf dem Land ④ no pl (land) Land nt, Gebiet nt; **open ~** freies Land; **rough ~** urwüchsige Landschaft; **across ~** (not on roads) querfeldein; (avoiding towns) über Land ⑤ no pl (music) Countrymusik f **II.** adj ① (rural) cottage, lane Land-; customs ländlich; **~ life** Landleben nt ② MUS volkstümlich; **~ music** Countrymusik f

coun·try 'bump·kin n (pej) Bauerntölpel m; (woman) Bauerntrampel m **'coun·try club** n Country Club m **coun·try 'dance** n BRIT [englischer] Volkstanz **'coun·try folk** npl Landbevölkerung f **coun·try 'house** n Landhaus m **'coun·try·man** n ① (of same nationality) [fellow] **~** Landsmann m; **countrymen and women** Landsleute pl ② (from rural area) Landbewohner m **coun·try 'road** n Landstraße f **'coun·try·side** n no pl Land nt; (scenery) Landschaft f **'coun·try·wide** **I.** adj landesweit **II.** adv im ganzen Land **'coun·try·wom·an** n ① (of same nationality) [fellow] **~** Landsmännin f ② (from rural area) Landbewohnerin f

coun·ty ['kaʊnti] n ① BRIT Grafschaft f; **C~ Antrim** die Grafschaft Antrim ② AM [Verwaltungs]bezirk m

coun·ty 'coun·cil n + sing/pl vb BRIT Grafschaftsrat m **coun·ty 'court** n + sing/pl vb ≈ Amtsgericht nt **coun·ty 'seat** n AM Bezirkshauptstadt f **coun·ty 'town** n BRIT Hauptstadt f einer Grafschaft

coup [kuː] n ① (unexpected achievement) Coup m ② POL Staatsstreich m

coup de grâce <pl coups de grâce> [ˌkuːdə'grɑːs] n Gnadenstoß m **coup d'état** <pl coups d'état> [ˌkuːdeɪ'tɑː] n Staatsstreich m

cou·pé ['kuːpeɪ] n Coupé nt

cou·ple ['kʌpl] **I.** n ① no pl (a few) ■**a ~ of ...** einige ..., ein paar ...; **I've only had a ~ of drinks** ich habe nur wenig getrunken; **every ~ of days** alle paar Tage; **for the last ~ of days** in den letzten Tagen; **in a ~ more minutes** in wenigen Minuten; **the next ~ of minutes** die nächsten Minuten; **the first ~ of weeks** die ersten Wochen; **another ~ of ...** noch ein paar ... ② + sing/pl vb (two people) Paar nt; **courting** [or AM **dating**] **~** Liebespaar nt; **to make a lovely ~** ein hübsches Paar abgeben **II.** vt ① RAIL (join) koppeln (**to** an) ② usu passive (put together) ■**to be ~d with sth** mit etw dat verbunden sein

cou·plet ['kʌplət] n Verspaar nt; rhyming **~** Reimpaar nt

cou·pling ['kʌplɪŋ] n ① RAIL (device) Kupplung f ② (linking) Verknüpfung f

cou·pon ['kuːpɒn] n ① (voucher) Coupon m, Gutschein m ② BRIT football [or pools] **~** Totoschein m

cour·age ['kʌrɪdʒ] n no pl Mut m, Tapferkeit f; **to lack the ~ of one's convictions** keine Zivilcourage haben; **to lose courage** den Mut verlieren; **to pluck up courage** sich ein Herz fassen

cou·ra·geous [kə'reɪdʒəs] adj mutig

cour·gette [kɔː'ʒet] n esp BRIT Zucchino m

cou·ri·er ['kʊriə] n ① (delivery person) Kurier(in) m(f); **motorcycle ~** Motorradbote, -botin m, f ② (tour guide) Reiseführer(in) m(f)

course [kɔːs] **I.** n ① of aircraft, ship Kurs m; **to change ~** den Kurs ändern; **to set [a] ~ for Singapore** auf Singapur zusteuern; **off ~** nicht auf Kurs; (fig) aus der Bahn geraten; **to be driven off ~** [vom Kurs] abgetrieben werden; (fig) von seinen Plänen abgebracht werden; **on ~** auf Kurs; (fig) auf dem [richtigen]

Weg; **we're on ~ to finish by the end of the week** wenn alles so weiterläuft, sind wir bis Ende der Woche fertig ❷ *of road* Verlauf *m*; *of river, history, justice* Lauf *m*; **to follow a winding ~** kurvig verlaufen; **to change ~** einen anderen Verlauf nehmen ❸ (*way of acting*) [of action] Vorgehen *nt*; **the best/wisest ~** das Beste/Vernünftigste ❹ (*during*) **in the ~ of sth** im Verlauf einer S. *gen*; **in the ~ of time** im Lauf[e] der Zeit ❺ (*development*) Verlauf *m*; **to change the ~ of history** den Lauf der Geschichte ändern ❻ (*certainly*) **of ~** natürlich; **of ~ not** natürlich nicht ❼ (*series of classes*) Kurs *m*; **to go on a ~** BRIT einen Kurs besuchen ❽ MED **~ [of treatment]** Behandlung *f*; **~ of iron tablets** Eisenkur *f*; **to put sb on a ~ of sth** jdn mit etw *dat* behandeln ❾ SPORTS Bahn *f*, Strecke *f*; [golf] ~ Golfplatz *m* ❿ (*part of meal*) Gang *m* ⓫ (*layer*) Schicht *f* ▶ **to be par for the ~** normal sein; **in due ~** zu gegebener Zeit; **to stay the ~** [bis zum Ende] durchhalten; **to take** [*or* **run**] **its ~** seinen Weg gehen; **to let nature take its ~** nicht in die Natur eingreifen **II.** *vi* ❶ (*flow*) strömen ❷ HUNT an einer Hetzjagd teilnehmen

'course book *n esp* BRIT SCH Lehrbuch *nt*

'course·ware *n no pl* COMPUT Kursmaterial *nt*, [webbasierte] Courseware

court [kɔːt] **I.** *n* ❶ (*judicial body*) Gericht *nt*; **in a ~ of law** vor Gericht; **by order of the ~** durch Gerichtsbeschluss; **to go to ~** vor Gericht gehen; **to take sb to ~** jdn vor Gericht bringen; **out of ~** außergerichtlich ❷ (*room*) Gerichtssaal *m*; **to appear in ~** vor Gericht erscheinen ❸ (*playing area*) [Spiel]platz *m*; **badminton/squash ~** Badminton-/Squashcourt *m*; **grass ~** Rasenplatz *m* ❹ (*of king, queen*) Hof *m*; **at ~** bei Hof ❺ (*yard*) Hof *m*; ▪ **in the ~** auf dem Hof ❻ (*as street, building name*) **Meadow C~** Meadow Court **II.** *vt* ❶ (*dated: woo*) umwerben ❷ (*ingratiate oneself*) hofieren ❸ (*fig: try to gain*) suchen ❹ (*fig: risk*) herausfordern **III.** *vi* ein Liebespaar sein

cour·teous ['kɜːtɪəs] *adj* höflich

cour·tesy ['kɜːtəsi] *n* ❶ *no pl* (*politeness*) Höflichkeit *f*; **to have the** [**common**] **~ to do sth** so höflich sein, etw zu tun ❷ (*courteous gesture*) Höflichkeit *f* ▶ [**by**] **~ of sb/sth** (*with the permission of*) mit freundlicher Genehmigung einer Person/einer S. *gen*; (*thanks to*) dank einer Person/einer S. *gen*

'courtesy bus *n* BRIT kostenfreier Bus *m*

'courtesy light *n* AUTO Innenleuchte *f*

'courtesy ti·tle *n* Ehrentitel *m*

'court hear·ing *n* [Gerichts]verhandlung *f*

'court·house *n* AM Gerichtsgebäude *nt*

cour·ti·er ['kɔːtɪər] *n* Höfling *m*

court 'mar·tial I. *n* <*pl* -s *or form* courts martial> Kriegsgericht *nt* **II.** *vt* <BRIT -ll- *or* AM *usu* -l-> ▪ **to ~ sb** jdn vor ein Kriegsgericht stellen

Court of 'Audi·tors *n* Europäischer Rechnungshof **Court of 'Jus·tice** *n* Gericht *nt*

'court·room *n* Gerichtssaal *m*

'court·ship ['kɔːtʃɪp] *n no pl* Werben *nt* (**of** um); **~ dance** ZOOL Balztanz *m*

'court·yard *n* Hof *m*; (*walled-in*) Innenhof *m*; ▪ **in the ~** auf dem Hof

cous·in ['kʌzən] *n* Vetter *m*, Cousin, Cousine *m, f*

cove [kəʊv] *n* kleine Bucht

cov·en·ant ['kʌvənənt] **I.** *n* ❶ (*legal agreement*) vertragliches Abkommen; **restrictive ~** restriktive Vertragsklausel ❷ REL Bündnis *nt* **II.** *vt* vertraglich vereinbaren **III.** *vi* eine vertragliche Vereinbarung treffen

Cov·en·try ['kɒvəntri] *n no pl* ▶ **to send sb to ~** BRIT jdn schneiden

cov·er ['kʌvə'] **I.** *n* ❶ (*covering*) Abdeckung *f*; (*of flexible plastic*) Plane *f*; (*for smaller objects*) Hülle *f*; (*for clothes*) Kleiderhülle *f*; (*protective top*) Deckel *m*; (*for bed*) [Bett]decke *f*; (*for furniture*) [Schon]bezug *m*; **quilt** [*or* **duvet**] **~** Bettdeckenbezug *m* ❷ (*sheets*) ▪ **the ~s** *pl* das Bettzeug ❸ (*of a book*) Einband *m*; *of a magazine* Titelseite *f*, Front *nt*; **to read sth from ~ to ~** etw vom Anfang bis zum Ende [*o* in einem] durchlesen ❹ (*envelope*) **under plain ~** in neutralem Umschlag; **under separate ~** mit getrennter Post ❺ *no pl* (*shelter*) Schutz *m*; **under ~** überdacht; (*concealed*) in Deckung; **under ~ of darkness** im Schutz der Dunkelheit; **to take ~** (*from rain*) sich unterstellen; (*from danger*) sich verstecken ❻ *no pl* (*for animals to hide*) Dickicht *nt*; **to break ~** aus dem [schützenden] Unterholz hervorbrechen ❼ (*concealing true identity*) Tarnung *f*; **under ~** getarnt; **to blow sb's ~** jdn enttarnen ❽ *no pl* MIL Deckung *f*; (*from bombs, bullets*) Feuerschutz *m* ❾ *no pl esp* BRIT (*insurance*) Versicherungsschutz *m* ❿ (*substitute*) Vertretung *f*; **to provide ~ for sb** jdn vertreten; **to provide emergency ~** einen Notdienst aufrechterhalten ⓫ MUS Coverversion *f* ▶ **never judge a book by its ~** man sollte niemals nur nach dem Äußeren urteilen **II.** *vt* ❶ (*put over*) bedecken; (*against dust also*) überziehen; **to be ~ed** [**in** *or* **with**] **sth** [mit etw *dat*] bedeckt sein; **~ed with blood** voll Blut; **~ed in ink/mud** voller Tinte/Schlamm ❷ (*to protect*) abdecken; **they ~ed him with a blanket** sie deckten ihn mit einer Decke zu; **to ~ one's eyes**

with one's hands die Augen mit den Händen bedecken ❸ *(to hide)* verdecken; *(fig)* one's confusion überspielen ❹ *(extend over)* sich erstrecken über +*akk;* *(fig)* zuständig sein ❺ *(travel)* fahren; **to ~ a lot of ground** eine große Strecke zurücklegen; *(make progress)* gut vorankommen a. *fig;* *(be wide-ranging)* sehr umfassend sein ❻ *(deal with)* sich befassen mit +*dat* ❼ *(be enough for)* decken; **will that ~ it?** wird das reichen? ❽ *(report on)* berichten über +*akk* ❾ *(insure)* versichern (**against** gegen) ❿ *(protect)* ■ **to ~ oneself** sich absichern; **she tried to ~ herself by saying that ...** sie versuchte sich damit herauszureden, dass ... ⓫ MIL decken; *(give covering fire)* Feuerschutz geben; **~ me!** gib mir Deckung! ⓬ *(aim weapon at)* seine Waffe richten auf +*akk;* **I've got you ~ed!** meine Waffe ist auf Sie gerichtet! ⓭ *(watch)* bewachen ⓮ *(do sb's job)* übernehmen ⓯ MUS covern ▸ **to ~ one's back** sich absichern; **to ~ one's tracks** seine Spuren verwischen **III.** *vi* **to ~ well/badly paint** gut/schlecht decken ◆**cover up I.** *vt* ❶ *(protect)* ■ **to ~ [oneself] up** sich bedecken ❷ *(hide)* verdecken; *spot* abdecken ❸ *(keep secret)* vertuschen **II.** *vi* alles vertuschen; ■ **to ~ up for sb** jdn decken

cov·er·age ['kʌvªrɪdʒ] *n no pl* ❶ *(reporting)* Berichterstattung *f* (**of** über); **a lot of media ~** ein großes Medienecho ❷ *(dealing with)* Behandlung *f;* **to give comprehensive ~ of sth** etw ausführlich behandeln ❸ AM *(insurance)* Versicherungsschutz *m*

'**cov·er·alls** *npl* AM Overall *m*

'**cov·er charge** *n (in a restaurant)* Kosten *pl* für das Gedeck; *(in a nightclub)* Eintritt *m*

cov·ered ['kʌvəd] *adj* ❶ *(roofed over)* überdacht; **~ wagon** Planwagen *m* ❷ *(insured)* versichert

'**cov·er girl** *n* Covergirl *nt*

cov·er·ing ['kʌvªrɪŋ] *n* Bedeckung *f;* **floor ~** Bodenbelag *m;* **a light ~ of snow** eine dünne Schneeschicht; **to put a fresh ~ on a wound** eine frische Wunde frisch verbinden **cov·er·ing 'let·ter** *n* BRIT Begleitbrief *m*

'**cov·er note** *n* AM, AUS Begleitschreiben *nt;* BRIT *(insurance)* Deckungskarte *f* '**cov·er sto·ry** *n* Coverstory *f,* Titelgeschichte *f*

cov·ert I. *adj* ['kʌvət] verdeckt, geheim; *glance* verstohlen **II.** *n* ['kʌvət] Dickicht *nt* kein *pl*

'**cov·er-up** *n* Vertuschung *f*

cov·et ['kʌvɪt] *vt* begehren

cow[1] [kaʊ] *n* ❶ ZOOL Kuh *f;* **herd of ~s** Kuhherde *f;* **elephant/whale ~** Elefanten-/Walkuh *f* ❷ *(pej sl)* **stupid ~** dumme Kuh ❸ AUS *(fam: unpleasant thing)* **a ~ of a job** ein Mistjob *m* ▸ **until** [*or* **till**] **the ~s come home** bis in alle Ewigkeit

cow[2] [kaʊ] *vt* einschüchtern

cow·ard ['kaʊəd] *n* Feigling *m;* **moral ~** Duckmäuser *m*

cow·ard·ice ['kaʊədɪs] *n no pl,* **cow·ard·li·ness** ['kaʊədlɪnəs] *n no pl* Feigheit *f;* **moral ~** Duckmäuserei *f* **cow·ard·ly** ['kaʊədli] *adj* feige

'**cow·boy** *n* ❶ *(cattle hand)* Cowboy *m;* **to play ~s and Indians** ≈ Räuber und Gendarm spielen ❷ *(fam: dishonest tradesperson)* Pfuscher(in) *m(f)*

cow·er ['kaʊə'] *vi* kauern; **to ~ behind sb/sth** sich hinter jdn/etw ducken

'**cow·hand** *n,* '**cow·herd** *n* Kuhhirt(in) *m(f)*

'**cow·hide** *n no pl* Rindsleder *nt*

cowl [kaʊl] *n* ❶ *(hood)* Kapuze *f* ❷ *(on chimney)* Schornsteinkappe *f*

cowl·ing ['kaʊlɪŋ] *n* AVIAT Motorhaube *f*

'**cow·man** *n* ❶ *(cowherd)* Rinderhirt *m* ❷ AUS *(farm manager)* Rinderfarmer *m*

co-work·er [ˌkəʊ'wɜːkə'] *n* Mitarbeiter(in) *m(f)*

'**cow·shed** *n* Kuhstall *m*

'**cow·slip** *n* ❶ BRIT Schlüsselblume *f* ❷ AM Sumpfdotterblume *f*

cox [kɒks] **I.** *n* Steuermann *m* *(beim Rudern)* **II.** *vt* steuern **III.** *vi* für Ruderboot] steuern

cox·swain ['kɒksən] *n* Steuermann *m*

coy [kɔɪ] *adj* ❶ *(secretive)* geheimnistuerisch; ■ **to be ~ about sth** aus etw *dat* ein Geheimnis machen ❷ *(pretending to be shy)* geziert; *glance* [gespielt] unschuldig; **come on, don't be so ~** komm, zier dich nicht so

coy·ote [kɔɪ'əʊti] *n* ❶ *(animal)* Kojote *m* ❷ AM *(fam: in illegal immigration)* Schlepper *m*

cozy *adj* AM *see* **cosy**

CP [ˌsiː'piː] *n abbrev of* **Communist Party** KP *f*

CPU [ˌsiːpiː'juː] *n* COMPUT *abbrev of* **central processing unit** CPU *f*

crab [kræb] **I.** *n* Krebs *m* **II.** *vi* <-bb-> *(fam)* nörgeln

'**crab ap·ple** *n (fruit)* Holzapfel *m;* *(tree)* Holzapfelbaum *m*

crab·bed [kræbd] *adj* ❶ *handwriting* eng ❷ *(bad-tempered)* mürrisch

crab·by ['kræbi] *adj (fam)* nörglerisch

crack [kræk] **I.** *n* ❶ *(fissure)* Riss *m;* *(fig)* Sprung *m;* **there was a ~ in the teacup** die Teetasse hatte einen Sprung ❷ *(narrow space)* Ritze *f;* **to open sth [just] a ~** etw [nur] einen Spalt öffnen ❸ *(sharp noise)* **of a breaking branch** Knacken *nt;* **of breaking ice** Krachen *nt;* **of a rifle** Knall *m;* **~ of thunder** Donnerkrachen *nt* ❹ *(sharp blow)* Schlag *m;*

to give sb a ~ over the head jdm eins überziehen ❺ *no pl* (*illegal drug*) Crack *nt* ⓞ ❻ (*joke*) a cheap ~ ein schlechter Witz ❼ (*fam: attempt*) Versuch *m*; **to have a ~ at sth** [*or* **to give sth a ~**] etw [aus]probieren ▶ **at the ~ of dawn** im Morgengrauen; **to get/have a <u>fair</u> ~ of the whip** BRIT eine [echte] Chance bekommen/haben **II.** *adj* erstklassig; **~ shot** Meisterschütze, -schützin *m, f*; **~ regiment** Eliteregiment *nt* **III.** *vt* ❶ (*break*) **to ~ sth** einen Sprung in etw *akk* machen ❷ (*open*) *egg* aufschlagen; ■ **to ~ sth** ⌾ [open] *nut* knacken; *bottle* etw aufmachen; *nuts, safe, code* etw knacken; **to ~ an egg into a bowl** ein Ei in eine Schüssel schlagen ❸ (*solve*) knacken; **I've ~ed it!** ich hab's! ❹ (*hit*) **to ~ sb on/over the head** jdm eins auf/über den Schädel geben; **to ~ one's head on sth** *sich dat* den Kopf an etw *dat* anschlagen ❺ (*make noise*) **to ~ one's knuckles** mit den Fingern knacken; **to ~ a whip** mit einer Peitsche knallen ▶ **to ~ a <u>joke</u>** einen Witz reißen; **to ~ the <u>whip</u>** ein strengeres Regiment aufziehen **IV.** *vi* ❶ (*break*) [zer]brechen, zerspringen; *lips, paintwork* aufspringen, rissig werden ❷ (*break down*) zusammenbrechen; *relationship* zerbrechen; *facade* abbröckeln; *voice* versagen ❸ (*make noise*) *ice, thunder* krachen; *branch* knacken; *shot, whip* knallen ▶ **to <u>get</u> ~ing** (*fam*) loslegen ⬥ **crack down** *n* scharfes Vorgehen (on gegen) ⬥ **crack up I.** *vi* (*fam*) ❶ (*find sth hilarious*) lachen müssen ❷ (*have nervous breakdown*) zusammenbrechen; (*go crazy*) durchdrehen **II.** *vt* ❶ (*assert*) ■ **to ~ sth up to be sth** etw als etw darstellen; **it's not all it's ~ed up to be** es hält nicht alles, was es verspricht ❷ (*fam: amuse*) zum Lachen bringen; **it ~s me up** ich könnte mich kaputtlachen

crack·ber·ry ['krækbəri] *n* COMPUT (*fam*) Crackberry *m* (*Spitzname für einen Blackberry®-Handheldcomputer, der auf das Suchtpotenzial dieses Geräts anspielt*)

'crack·down *n* scharfes Vorgehen (on gegen)

cracked [krækt] *adj* ❶ (*having cracks*) rissig; *cup, glass* gesprungen; *lips* aufgesprungen ❷ (*fam: crazy*) verrückt

crack·er ['krækə^r] *n* ❶ (*biscuit*) Kräcker *m* ❷ (*firework*) Kracher *m* ❸ (*at Christmas*) Knallbonbon *nt* ❹ (*fam: excellent thing*) Knüller *m*; **that was a ~ of a race** das war ein Superrennen ❺ BRIT (*fam: attractive person*) **he/she's a real ~** er/sie ist einfach umwerfend

crack·ers ['krækəz] *adj* (*fam*) verrückt

crack·le ['krækl] **I.** *vi* knistern *a. fig;* *telephone line* knacken **II.** *vt* ■ **to ~ sth** mit etw *dat* knistern **III.** *n* (*on a telephone line, radio*) Knacken *nt;* *of paper* Knistern *nt;* *of fire also* Prasseln *nt*

crack·ling ['kræklɪŋ] *n* ❶ *no pl* *of paper* Knistern *nt;* *of fire also* Prasseln *nt;* (*on the radio*) Knacken *nt* ❷ (*pork skin*) [Bratenkruste *f*

'crack·pot I. *n* (*fam*) Spinner(in) *m(f)* **II.** *adj* (*fam*) bescheuert

'crack-up *n* (*fam*) Zusammenbruch *m*

cra·dle ['kreɪdl] **I.** *n* ❶ (*baby's bed*) Wiege *f a. fig;* **from the ~ to the grave** von der Wiege bis zur Bahre ❷ (*framework*) Gerüst *nt* (*für Reparaturarbeiten*) ❸ BRIT (*hanging platform*) Hängebühne *f* ❹ (*part of telephone*) Gabel *f* **II.** *vt* |sanft| halten; *sb's head* betten

craft [krɑːft] **I.** *n* ❶ <*pl* -> (*ship*) Schiff *nt;* (*boat*) Boot *nt;* (*plane*) Flugzeug *nt* ❷ (*trade*) Handwerk *nt kein pl* ❸ *no pl* (*skill*) Kunst *f* ❹ (*handmade objects*) ■ **~s** *pl* Kunsthandwerk *nt kein pl* ❺ *no pl* (*guile*) Heimtücke *f* **II.** *vt* kunstvoll fertigen; **a cleverly ~ed poem** ein geschickt verfasstes Gedicht

crafti·ness ['krɑːftɪnəs] *n no pl* Gerissenheit *f*

craft shop *n* Kunstgewerbeladen *m*

'crafts·man *n* gelernter Handwerker; **master ~** Handwerksmeister *m*

crafty ['krɑːfti] *adj* schlau, gerissen

crag [kræg] *n* Felsmassiv *nt*

crag·gy ['krægi] *adj* zerklüftet; *features* markant

cram <-mm-> [kræm] **I.** *vt* stopfen; **six children were ~med into the back of the car** sechs Kinder saßen gedrängt auf dem Rücksitz des Autos; **we've got an awful lot to ~ into the next half hour** wir müssen in die nächste halbe Stunde einiges hineinpacken **II.** *vi* büffeln, pauken

'cram-full *adj* vollgestopft   **cram·mer** ['kræmə^r] *n* BRIT (*fam: book*) Paukbuch *nt;* (*school*) Paukschule *f*   **cram·ming** ['kræmɪŋ] *n* Büffeln *nt fam*

cramp [kræmp] **I.** *n* [Muskel]krampf *m;* **I have ~** [*or* AM **a ~**] **in my foot** ich habe einen Krampf im Fuß; **to get ~** [*or* AM **~s**] einen Krampf bekommen **II.** *vt* einengen ▶ **to ~ sb's <u>style</u>** jdn nicht zum Zug kommen lassen

cramped [kræmpt] *adj* beengt; **to be** [*rather*] **~ for space** [ziemlich] wenig Platz haben

cram·pon ['kræmpɒn] *n* Steigeisen *nt*

cran·ber·ry ['krænbəri] *n* Preiselbeere *f*

crane [kreɪn] *n* ❶ (*device*) Kran *m* ❷ (*bird*) Kranich *m* **II.** *vt* **to ~ one's neck** den Hals recken **III.** *vi* ■ **to ~ forward** sich vorbeugen; **she ~d over the heads of the**

crowd sie streckte ihren Kopf über die Menge
'crane fly *n* [Erd]schnake *f*
cra·ni·um <*pl* -s *or* -nia> ['kreɪnɪəm, *pl* -nɪə] *n* Schädel *m*
crank [kræŋk] **I.** *n* (*fam*) ❶ (*eccentric*) Spinner(in) *m(f)*; **health-food ~** Gesundheitsapostel *m;* **~ call** Juxanruf *m* ❷ Am (*bad-tempered person*) Griesgram *m* ❸ MECH Kurbel *f* **II.** *vt* ankurbeln
'crank·case *n* Kurbelgehäuse *nt* **'crank·shaft** *n* Kurbelwelle *f*
cranky ['kræŋki] *adj* (*fam*) ❶ (*eccentric*) verschroben ❷ Am, Aus (*bad-tempered*) mürrisch
cran·ny ['kræni] *n* Ritze *f*
crap [kræp] **I.** *vi* <-pp-> (*fam!*) kacken **II.** *n usu sing* (*vulg*) Scheiße *f a. fig;* **to have** [*or* Am take] **a ~** kacken **III.** *adj* (*fam!*) mies
crape *n see* crêpe
crap·py ['kræpi] *adj* (*fam!*) Scheiß-
crash [kræʃ] **I.** *n* <*pl* -es> ❶ (*accident*) Unfall *m; of plane* Absturz *m* ❷ (*noise*) Krach *m kein pl;* **with a ~** mit Getöse ❸ COMM Zusammenbruch *m;* **stock market ~** Börsenkrach *m* ❹ COMPUT Absturz *m* **II.** *vi* ❶ (*have an accident*) *driver, car* verunglücken; *plane* abstürzen ❷ (*hit*) ▪ **to ~ into sth** auf etw *akk* aufprallen ❸ (*collide with*) ▪ **to ~ into sb/sth** mit jdm/etw zusammenstoßen ❹ (*make loud noise*) *cymbals, thunder* donnern; *door* knallen; (*move noisily*) poltern; **the dog came ~ing through the bushes** der Hund preschte durch die Büsche; **the car ~ed through the roadblock** das Auto krachte durch die Straßensperre; **to come ~ing to the ground** auf den Boden knallen; ▪ **to ~ against sth** gegen etw *akk* knallen; *waves* gegen etw *akk* schlagen ❺ COMM *stockmarket* zusammenbrechen; *company* Pleite machen ❻ COMPUT abstürzen ❼ (*sl: sleep*) ▪ **to ~ [out]** wegtreten **III.** *vt* ❶ (*damage in accident*) *car* zu Bruch fahren; *plane* eine Bruchlandung machen; (*deliberately*) einen Absturz absichtlich verursachen; **to ~ a car into sth** mit einem Auto gegen etw *akk* fahren; **to ~ a plane into sth** ein Flugzeug in etw *akk* fliegen ❷ (*make noise*) knallen ❸ (*fam: gatecrash*) **to ~ a party** uneingeladen zu einer Party kommen
'crash bar·ri·er *n* BRIT, AUS Leitplanke *f*
'crash course *n* Intensivkurs *m*, Crashkurs *m* **'crash diet** *n* radikale Abmagerungskur, Crashdiät *f* **'crash hel·met** *n* Sturzhelm *m* **crash·ing** ['kræʃɪŋ] *adj* (*fam*) total **crash-'land** *vi* bruchlanden **crash-'land·ing** *n* Bruchlandung *f* **'crash-test** *vt* ▪ **to ~ sth** etw einem Crashtest unterziehen

crass [kræs] *adj* krass, grob; *behaviour* derb; *ignorance* haarsträubend
crate [kreɪt] **I.** *n* ❶ (*open box*) Kiste *f;* (*for bottles*) [Getränke]kasten *m* ❷ (*fam: old car, plane*) Kiste *f* **II.** *vt* ▪ **to ~** [**up**] in eine Kiste einpacken
cra·ter ['kreɪtə'] *n* Krater *m;* of bomb Trichter *m*
cra·vat [krə'væt] *n* Halstuch *nt*
crave [kreɪv] **I.** *vt* begehren; **to ~ attention** sich nach Aufmerksamkeit sehnen **II.** *vi* ▪ **to ~ for sth** sich nach etw *dat* sehnen
crav·ing ['kreɪvɪŋ] *n* heftiges Verlangen (**for** nach)
craw·fish ['krɔ:fɪʃ] *n* Languste *f*
crawl [krɔ:l] **I.** *vi* ❶ (*go on all fours*) krabbeln ❷ (*move slowly*) kriechen ❸ (*fam or pej: be obsequious*) kriechen ❹ (*fam: be overrun*) ▪ **to be ~ing with** wimmeln von + *dat* **II.** *n no pl* ❶ (*slow pace*) **to move at a ~** im Schneckentempo fahren ❷ (*style of swimming*) Kraulen *nt;* **to do the ~** kraulen
crawl·er ['krɔ:lə'] *n* ❶ (*very young child*) Krabbelkind *nt;* **to be a ~** im Krabbelalter sein ❷ (*pej fam: obsequious person*) Kriecher(in) *m(f)*
'crawl·er lane *n* (*fam*) Kriechspur *f*
cray·fish ['kreɪfɪʃ] *n* Flusskrebs *m*
cray·on ['kreɪɒn] **I.** *n* Buntstift *m;* **wax ~s** Malkreiden *pl* **II.** *vt* ▪ **to ~ [in]** ○ **sth** etw [mit Buntstift] ausmalen **III.** *vi* [mit Buntstift] malen
craze [kreɪz] *n* Mode[erscheinung] *f*, Fimmel *m pej;* ▪ **~ for sth** Begeisterung *f* für etw *akk;* **that's the latest ~** das ist der letzte Schrei
crazed [kreɪzd] *adj* wahnsinnig
crazi·ness ['kreɪzɪnəs] *n no pl* Verrücktheit *f*
crazy ['kreɪzi] **I.** *adj* verrückt (**about** nach); **to drive sb ~** jdn zum Wahnsinn treiben; **to go ~** verrückt werden **II.** *n* Am (*sl*) Verrückte(r) *f(m)*
creak [kri:k] **I.** *vi furniture* knarren; *door* quietschen; *bones* knirschen **II.** *n of furniture* Knarren *nt; of a door* Quietschen *nt; of bones* Knirschen *nt*
cream [kri:m] **I.** *n* ❶ *no pl* FOOD Sahne *f*, Obers *nt* ÖSTERR; **strawberries and ~** Erdbeeren mit Sahne; **~ cake** Sahnetorte *f;* **~ of asparagus soup** Spargelcremesuppe *f* ❷ (*cosmetic*) Creme *f* ❸ *no pl* (*colour*) Creme *nt* ❹ (*fig: the best*) Creme *f*, Elite *f* **II.** *adj* cremefarben **III.** *vt* ❶ (*beat*) **~ed potatoes** Kartoffelpüree *nt* ❷ (*apply lotion*) eincremen ❸ Am (*fam: defeat*) schlagen
cream 'cheese *n* [Doppelrahm]frischkäse *m*
cream·ery ['kri:m^əri] *n* Molkerei *f*

creamy ['kri:mi] *adj* ❶ (*smooth*) cremig, sahnig ❷ (*off-white*) cremefarben
crease [kri:s] **I.** *n* ❶ (*fold*) [Bügel]falte *f*; *of a hat* Kniff *m* ❷ (*in cricket*) Spielfeldlinie *f* **II.** *vt* zerknittern **III.** *vi* knittern
cre·ate [kri'eɪt] **I.** *vt* ❶ (*make*) erschaffen ❷ (*cause*) erzeugen; *confusion* stiften; *impression* erwecken; *precedent* schaffen; *sensation* erregen **II.** *vi* BRIT, AUS (*fam*) eine Szene machen
cre·a·tion [kri'eɪʃən] *n* ❶ *no pl* (*making*) [Er]schaffung *f*; (*founding*) Gründung *f* ❷ (*product*) Produkt *nt*, Erzeugnis *nt*; FASHION Kreation *f*; (*of arts also*) Werk *nt* ❸ *no pl* REL Schöpfung *f*
cre·a·tive [kri'eɪtɪv] *adj* kreativ, schöpferisch; **~ ability** [*or* **talent**] Kreativität *f*
creative e'cono·my *n* ▪the ~ Teil der Wirtschaft, der auf geistigem Eigentum beruht
cre·a·tor [kri'eɪtər] *n* Schöpfer(in) *m(f)*
crea·ture [kri:tʃər] *n* ❶ (*being*) Kreatur *f*, Wesen *nt*; *living* ~ Lebewesen *nt* ❷ (*person*) Kreatur *f*, Geschöpf *nt*; **~ of habit** Gewohnheitstier *nt*
creature 'com·forts *npl* (*fam*) leibliches Wohl
crèche [kreʃ] *n* ❶ BRIT, AUS Kinderkrippe *f* ❷ AM Kinderheim *nt*
cre·dence ['kri:dⁿn(t)s] *n no pl* (*form*) Glaube *m*; **to add** [*or* **lend**] **~ to sth** etw glaubwürdig machen; **to give** [*or* **attach**] **~ to sth** etw *dat* Glauben schenken
cre·den·tials [krɪ'den(t)ʃⁿlz] *npl* ❶ (*letter of introduction*) Empfehlungsschreiben *nt* ❷ (*documents*) Zeugnisse *pl*
cred·i·bil·i·ty [ˌkredə'bɪləti] *n no pl* Glaubwürdigkeit *f*
cred·i·ble ['kredəbl] *adj* glaubwürdig
cred·it ['kredɪt] **I.** *n* ❶ *no pl* (*recognition, praise*) Anerkennung *f*; (*respect*) Achtung *f*; (*honour*) Ehre *f*; (*standing*) Ansehen *nt*; **all ~ to her for not telling on us** alle Achtung, dass sie uns nicht verraten hat!; **to be a ~ to sb/sth** [*or* **to do sb/sth ~**] jdm/etw Ehre machen; **it is to sb's ~ that ...** es ist jds Verdienst, dass ... ❷ *no pl* (*reliance*) Glaube[n] *m*; **to give sb ~ for sth** jdm etw zutrauen ❸ *no pl* COMM Kredit *m*; **on ~** auf Kredit ❹ FIN (*money in the bank*) Haben *nt*; **in ~** im Plus ❺ SCH Auszeichnung *f* ❻ (*contributors*) ▪ **~ s** *pl* FILM, TV Abspann *m*; LIT Mitarbeiterverzeichnis *nt* ▸ [**give**] **~ where ~'s due** (*saying*) Ehre, wem Ehre gebührt **II.** *vt* ❶ (*attribute*) zuschreiben; **I ~ed her with more determination** ich hatte ihr mehr Entschlossenheit zugetraut ❷ (*believe*) glauben; **would you ~ it?!** ist das zu glauben?! ❸ FIN gutschreiben
cred·it·able ['kredɪtəbl] *adj* ehrenwert; *result* verdient
'credit card *n* Kreditkarte *f* **'cred·it col·umn** *n* Habenseite *f* **'cred·it en·try** *n* Gutschrift *f* **'cred·it lim·it** *n* Kredit[höchst]grenze *f* **'cred·it note** *n* BRIT, AUS Gutschrift *f*
cred·i·tor ['kredɪtər] *n* Gläubiger(in) *m(f)*
'credit rat·ing *n* Kreditwürdigkeit *f kein pl* **'cred·it-shy** *adj* **to be ~** zurückhaltend im Kreditkartengebrauch sein **'cred·it side** *n* Habenseite *f* **'cred·it terms** *npl* Kreditbedingungen *pl* **'cred·it·wor·thy** *adj* kreditwürdig
cre·du·li·ty [krə'dju:ləti] *n no pl* (*form*) Leichtgläubigkeit *f*
credu·lous ['kredjʊləs] *adj* (*form*) leichtgläubig
creed [kri:d] *n* Glaubensbekenntnis *nt*
creek [kri:k] *n* ❶ BRIT (*coastal inlet*) kleine Bucht; (*narrow waterway*) Wasserlauf *m* ❷ AM, AUS (*stream*) Bach *m*; (*tributary*) Nebenfluss *m* ▸ **to be up the ~** [**without a paddle**] in der Patsche sitzen
creep [kri:p] **I.** *n* (*fam*) ❶ (*unpleasant person*) Mistkerl *m* ❷ (*unpleasant feeling*) ▪**the ~s** *pl* das Gruseln *kein pl*; **I get the ~s when ...** es gruselt mich immer, wenn ...; **that gives me the ~s** das ist mir nicht ganz geheuer **II.** *vi* <crept, crept> ❶ (*move*) kriechen; *water* steigen; **the traffic was ~ing along at a snail's pace** der Verkehr bewegte sich im Schneckentempo voran ❷ (*fig*) **doubts began to ~ into people's minds** den Menschen kamen langsam Zweifel; **tiredness crept over her** die Müdigkeit überkam sie ◆ **creep up** *vi* ❶ (*increase steadily*) [an]steigen ❷ (*sneak up on*) sich anschleichen *a. fig* (**behind/on** an)
creep·er ['kri:pər] *n* BOT (*along ground*) Kriechgewächs *nt*; (*up a wall*) Kletterpflanze *f*
creep·ing ['kri:pɪŋ] *adj* schleichend
creep·oid ['kri:pɔɪd] *n* AM (*fam*) Miststück *nt fam*
creepy ['kri:pi] *adj* (*fam*) grus[e]lig, schaurig
creepy 'crawlie [-'krɔ:li] *n* AUS Bodenabsauggerät *nt* (*für den Swimmingpool*)
creepy-'crawly *n* (*fam*) Krabbeltier *nt*
cre·mate [krɪ'meɪt] *vt* verbrennen [*o* einäschern]
cre·ma·tion [krɪ'meɪʃⁿn] *n* Einäscherung *f*
crema·to·ri·um <*pl* -s *or* -ria> [ˌkreməˈtɔ:riəm, *pl* -ria] *n*, **crema·tory** ['kremətə:ri] *n* AM Krematorium *nt*
crêpe [kreɪp] *n* ❶ FOOD Crêpe *f* ❷ (*fabric*) Krepp *m* ❸ (*rubber*) Kreppgummi *m*
crept [krept] *pp, pt of* **creep**

cre·scen·do [krɪˈʃendəʊ] n ❶ MUS Crescendo nt ❷ (fig) Anstieg m; **to reach a ~** einen Höhepunkt erreichen

cres·cent [ˈkresᵊnt] **I.** n ❶ (moon) Mondsichel f ❷ (street) mondsichelförmige Straße oder Häuserreihe; **they live at number 15, Park ~** sie wohnen in der Park Crescent [Nr.] 15 **II.** adj sichelförmig; **~ moon** Mondsichel f

cress [kres] n no pl Kresse f

crest [krest] **I.** n ❶ (peak) Kamm m; **~ of a hill** Hügelkuppe f; **~ of a mountain** Bergrücken m; **~ of a roof** Dachfirst m; **~ of a wave** Wellenkamm m ❷ ZOOL **~ of a cock** Kamm m; **of a bird** Schopf m; **~ed tit** Haubenmeise f ❸ (helmet plume) Federbusch m ❹ (insignia) Emblem nt, family **~** Familienwappen n **II.** vt hill erklimmen

ˈcrest·fall·en adj niedergeschlagen

Crete [kriːt] n Kreta nt

cret·in [ˈkretɪn] n (pej fam) Schwachkopf m

Creutzfeldt-Jakob dis·ease [ˌkrɔɪtsfeltˈjækɔb-] n Creutzfeldt-Jakob-Syndrom nt

cre·vasse [krəˈvæs] n Gletscherspalte f

crev·ice [ˈkrevɪs] n Spalte f

crew [kruː] **I.** n + sing/pl vb ❶ AVIAT, NAUT Crew f, Besatzung f; **of ambulance, lifeboat** Rettungsmannschaft f; **camera/film ~** Kamera-/Filmteam nt; **ground ~** Bodenpersonal nt; **train ~** Zugpersonal nt ❷ (fam: gang) Bande f **II.** vt ■to **~ sth** zur Besatzung einer S. gen gehören **III.** vi Mannschaftsmitglied sein; ■to **~ for sb** zu jds Mannschaft gehören

ˈcrew cut n Bürstenschnitt m **ˈcrew·man** n, **ˈcrew·mem·ber** n Besatzungsmitglied nt

crib [krɪb] **I.** n ❶ AM (cot) Gitterbett nt; REL Krippe f ❷ (fam: plagiarized work) Plagiat nt ❸ (fam: crib sheet) Spickzettel m, Schummler m ÖSTERR **II.** vt, vi <-bb-> (pej fam) abschreiben

crick [krɪk] **I.** n ■to get a **~ in one's neck** einen steifen Hals bekommen **II.** vt ■to **~ one's neck** einen steifen Hals bekommen

crick·et¹ [ˈkrɪkɪt] n ZOOL Grille f

crick·et² [ˈkrɪkɪt] n no pl SPORTS Kricket nt

ˈcrick·et bat n Kricketschläger m **crick·et·er** [ˈkrɪkɪtəʳ] n Kricketspieler(in) m(f) **ˈcrick·et field** n, **ˈcrick·et ground** n Kricketplatz m **ˈcrick·et pitch** n Kricket|spiel|feld nt

cri·er [ˈkraɪəʳ] n Ausrufer(in) m(f)

cri·key [ˈkraɪki] interj BRIT (fam) [ach] du liebe Zeit!

crime [kraɪm] n ❶ (illegal act) Verbrechen nt ❷ no act, no pl (criminality) Kriminalität f; **to lead a life of ~** das Leben eines/einer Kriminellen führen ❸ (fig) Schande f

crime pre·ˈven·tion n no pl Verbrechensverhütung f **ˈcrime-rid·den** adj mit einer besonders hohen Kriminalitätsrate **ˈcrime wave** n Welle f der Kriminalität

crimi·nal [ˈkrɪmɪnəl] **I.** n Verbrecher(in) m(f) **II.** adj ❶ (illegal) verbrecherisch; **behaviour** kriminell; **offence** strafbar; **~ act** Straftat f; **~ code** Strafgesetzbuch nt; **~ court** Strafgericht nt ❷ (fig) schändlich; **it's ~ to charge so much** es ist eine Sünde, so viel Geld zu verlangen

crimi·nal·ity [ˌkrɪmɪˈnæləti] n no pl Kriminalität f

crimi·nolo·gist [ˌkrɪmɪˈnɒlədʒɪst] n Kriminologe, Kriminologin m, f

crimi·nol·ogy [ˌkrɪmɪˈnɒlədʒi] n no pl Kriminologie f

crimp [krɪmp] vt ❶ (press) kräuseln ❷ (make curls) **to ~ one's hair** sich dat das Haar wellen

crim·son [ˈkrɪmzᵊn] **I.** n no pl Purpur[rot] nt **II.** adj purpurrot

cringe [krɪndʒ] vi ❶ (cower) sich ducken ❷ (shiver) schaudern; (feel uncomfortable) **we all ~d with embarrassment** das war uns allen furchtbar peinlich

crin·kle [ˈkrɪŋkl] **I.** vt [zer]knittern **II.** vi **dress, paper** knittern; **face, skin** [Lach]fältchen bekommen **III.** n [Knitter]falte f; (in hair) Krause f

crin·kly adj ❶ (full of wrinkles) **paper** zerknittert; **skin** knittrig ❷ (wavy and curly) gekräuselt

crip·ple **I.** n Krüppel m **II.** vt ■to **~ sb** jdn zum Krüppel machen; ■to **~ sth** etw gefechtsunfähig machen; (fig) etw lahmlegen

crip·pling adj debts erdrückend; pain lähmend

cri·sis <pl -ses> [ˈkraɪsɪs, pl -siːz] n Krise f; **to be in ~** in einer Krise stecken; **~ of confidence** Vertrauenskrise f; **energy ~** Energiekrise f; **a ~ situation** eine Krisensituation

cri·sis ˈman·age·ment n no pl Krisenmanagement nt

crisp [krɪsp] **I.** adj ❶ (hard and brittle) knusprig; **snow** knirschend ❷ (firm and fresh) **apple, lettuce** knackig ❸ (stiff and smooth) **paper, tablecloth** steif; **banknote** druckfrisch ❹ (bracing) **air, morning** frisch ❺ (sharply defined) **image** gestochen scharf ❻ (quick and precise) **manner, style** präzise; **answer, reply** knapp **II.** n ❶ BRIT (potato crisp) Chip m; **burnt to a ~** verkohlt ❷ AM (crumble) Obstdessert nt (mit Streuseln überbacken); **cherry ~s** Kirschtörtchen pl

ˈcrisp·bread n Knäckebrot nt

crispy [ˈkrɪspi] adj (approv) knusprig

ˈcriss-cross I. vt durchqueren **II.** vi sich

criticizing

criticizing, evaluating negatively

I don't like this at all.
It doesn't look good.
That could have been done better.

Several things can be said about that.
I have my doubts about that.

kritisieren, negativ bewerten

Das gefällt mir gar nicht.
Das sieht aber nicht gut aus.
Das hätte man aber besser machen können.

Dagegen lässt sich einiges sagen.
Da habe ich so meine Bedenken.

disapproving

I don't approve of that.
That wasn't very nice of you (at all).
I'm completely opposed to it.

missbilligen

Das kann ich nicht gutheißen.
Das war aber (gar) nicht nett von dir.
Da bin ich absolut dagegen.

---

kreuzen
cri·teri·on <pl -ria> [kraɪˈtɪərɪən, pl -rɪə] n Kriterium nt
crit·ic [ˈkrɪtɪk] n Kritiker(in) m(f)
criti·cal [ˈkrɪtɪkəl] adj ❶ (judgmental) kritisch; ~ success Erfolg m bei der Kritik; ■ to be ~ of sb an jdm etwas auszusetzen haben; to be highly ~ of sb/sth jdm/etw [äußerst] kritisch gegenüberstehen ❷ (crucial) entscheidend ❸ MED kritisch; to be on the ~ list ein Todeskandidat/eine Todeskandidatin sein
criti·cism [ˈkrɪtɪsɪzəm] n Kritik f
criti·cize [ˈkrɪtɪsaɪz] I. vt kritisch beurteilen; ■ to ~ sb/sth for sth jdn/etw wegen einer S. gen kritisieren II. vi kritisieren
cri·tique [krɪˈtiːk] n Kritik f
croak [krəʊk] I. vi ❶ crow, person krächzen; frog quaken ❷ (sl: die) abkratzen II. vt krächzen III. n of a crow, person Krächzen nt; of a frog Quaken nt
Croa·tia [krəʊˈeɪʃə] n Kroatien nt
cro·chet [ˈkrəʊʃeɪ] I. n no pl Häkelarbeit f II. vi, vt häkeln
ˈcro·chet hook n, **ˈcro·chet nee·dle** n Häkelnadel f
crock [krɒk] n ❶ (clay container) [Ton]topf m ❷ (hum) old ~ kauziger Alter/kauzige Alte ❸ no pl AM (fam: nonsense) ■ a ~ ein absoluter Schwachsinn
crock·ery [ˈkrɒkəri] n no pl Geschirr nt
croco·dile <pl - or -s> [ˈkrɒkədaɪl] n ❶ ZOOL Krokodil nt; ~ **skin** Krokodilleder nt ❷ BRIT (fam) Zweierreihe f (von Schulkindern)
croco·dile ˈtears n pl Krokodilstränen pl
cro·cus [ˈkrəʊkəs] n Krokus m

croft [krɒft] n esp SCOT kleiner [gepachteter] Bauernhof
crois·sant [ˈkrwæsɑ̃(ŋ)] n Croissant nt
cro·ny [ˈkrəʊni] adj (esp pej fam) Spießgeselle m, Haberer m ÖSTERR
crook [krʊk] I. n ❶ (fam: rogue) Gauner m ❷ usu sing (curve) Beuge f ❸ of a shepherd Hirtenstab m; of a bishop Bischofsstab m II. adj AUS (fam) ❶ (ill) krank; **to be ~ with a cold** erkältet sein ❷ (annoyed) **to be ~ on sb** auf jdn wütend sein; **to go ~ at sb** auf jdn wütend werden ❸ (unsatisfactory) place, situation schlecht, mies; (out of order) kaputt ❹ (illegal) krumm III. vt arm beugen; finger krümmen
crook·ed [ˈkrʊkɪd] adj ❶ (fam: dishonest) unehrlich; police officer, politician korrupt; salesman betrügerisch ❷ (not straight) krumm; grin, teeth schief; **the picture's ~** das Bild hängt schief
croon [kruːn] vt mit schmachtender Stimme singen
croon·er [ˈkruːnər] n Schnulzensänger(in) m(f)
crop [krɒp] I. n ❶ (plant) Feldfrucht f; (harvest) Ernte f ❷ (group) Gruppe f ❸ (short hair cut) Kurzhaarschnitt m ❹ (whip) Reitgerte f II. vt <-pp-> ❶ AM (plant) bestellen; **the land here has been over-~ped** auf diesen Feldern wurde Raubbau getrieben ❷ (shorten) abschneiden; **to have one's hair ~ped** sich dat das Haar kurz schneiden lassen III. vi wachsen **crop up** vi (fam) auftauchen; **something's ~ped up** es ist etwas dazwischengekommen

crop·per ['krɒpəʳ] n AGR Nutzpflanze f ▶ **to come a ~** (fail miserably) auf die Nase fallen
'crop ro·'ta·tion n Fruchtfolge f
cro·quet ['krəʊkeɪ] n no pl Krocket[spiel] nt
cross [krɒs] I. n ① Kreuz nt; **to mark sth with a [red] ~** etw [rot] ankreuzen; **to put a ~ next to sth** neben etw ein Kreuz machen ② REL sign of the ~ Kreuzzeichen nt; **to die on the ~** am Kreuz sterben ③ (hybrid) Kreuzung f; (fig) Mittelding nt (between zwischen); (person) Mischung f (between aus) ④ FBALL Flanke f; BOXING Cross m II. adj verärgert; ▪ **to be ~ with sb** auf jdn böse [o sauer] sein; **to get ~ with sb** sich über jdn ärgern III. vt ① (cross over) überqueren; (also on foot) bridge, road gehen über +akk; border passieren; threshold überschreiten; (traverse) durchqueren; **the bridge ~es the estuary** die Brücke geht [o führt] über die Flussmündung; **the railway ~es the desert** die Bahnstrecke führt durch die Wüste ② FBALL flanken ③ (place crosswise) [über]kreuzen; arms verschränken; legs übereinanderschlagen ④ BRIT, AUS cheque zur Verrechnung ausstellen; **~ed cheque** Verrechnungsscheck m ⑤ REL **to ~ oneself** sich bekreuz[ig]en ⑥ (form: oppose) verärgern ⑦ (breed) kreuzen ⑧ TELEC da ist jemand in der Leitung ▶ **to keep [or have] one's fingers ~ed [for sb] [jdm] die Daumen drücken; ▪ my heart and hope to die** großes Ehrenwort; **to ~ one's mind** jdm einfallen; **to ~ swords with sb** mit jdm die Klinge kreuzen IV. vi ① (intersect) sich kreuzen ② (traverse a road) die Straße überqueren; (on foot) über die Straße gehen; (travel by ferry) übersetzen; (traverse a border) **to ~ into a country** die Grenze in ein Land passieren ③ (meet) **our paths have ~ed several times** wir sind uns schon mehrmals über den Weg gelaufen ④ (pass) letters sich kreuzen ◆ **cross off** vt streichen; ▪ **to ~ sth off sth** etw von etw dat streichen ◆ **cross out** vt ausstreichen ◆ **cross over** I. vi hinübergehen; (on boat) übersetzen; (fig) überwechseln; **don't ~ over on a red light** geh nicht bei Rot über die Straße II. vt überqueren

'cross·bar n Querlatte f; of goal Torlatte f; of bicycle [Quer]stange f **'cross·beam** n Querbalken m **'cross·bow** n Armbrust f **'cross·breed** I. n ZOOL Kreuzung f; (half-breed) Mischling m II. vt kreuzen **'cross-channel** adj ferry Kanal- **'cross·check** I. n Gegenprobe f II. vt nachprüfen **cross-'coun·try** I. adj Querfeldein-; **~ race** Geländerennen nt; **~ skiing** Langlauf m; **~ skiing course** Loipe f II. adv ① (across a country) quer durchs Land ② (across countryside) querfeldein **'cross-cur·rent** n Gegenströmung f **cross-ex·ami·'na·tion** n Kreuzverhör nt; **under ~** im Kreuzverhör **cross-ex·'am·ine** vt ▪ **to ~ sb** jdn ins Kreuzverhör nehmen a. fig
'cross-eyed adj schielend; ▪ **to be ~** schielen **cross-fer·ti·li·'za·tion** n no pl BOT Kreuzbefruchtung f **'cross·fire** n no pl Kreuzfeuer nt; **to be caught in the ~** ins Kreuzfeuer geraten a. fig **cross-gen·era·tion·al** [ˌkrɒsdʒenəˈreɪʃənəl] adj appeal, interest, event für alle Altersgruppen; **will it have ~ appeal?** wird es alle Altersgruppen ansprechen?; **a ~ event** eine Veranstaltung für Jung und Alt

cross·ing ['krɒsɪŋ] n ① (place to cross) Übergang m; (crossroads) [Straßen]kreuzung f; **pedestrian ~** Zebrastreifen m ② (journey) Überfahrt f; **the ~ of the Alps** die Überquerung der Alpen

cross-'legged [ˌkrɒsˈlegd, -ˈlegɪd] I. adj **in a ~ position** mit gekreuzten Beinen II. adv **to sit ~** im Schneidersitz [da]sitzen **cross·pro-'mote** vt ECON ▪ **to ~ sth** für etw akk im Einzel-, Versand- und Internethandel werben
cross-'pur·poses npl ▶ **to be talking at ~** aneinander vorbeireden **cross-'ref·er·ence** n Querverweis m (**to** auf)
'cross·roads <pl -> n Kreuzung f; (fig) Wendepunkt m; ▪ **at a [or the] ~** am Scheideweg

cross-'sec·tion n ① (cut) Querschnitt m (of durch) ② (sample) repräsentative Auswahl **cross-'shop·ping** n no pl anbieterübergreifender Einkauf (Einkauf bei Einzelhändlern, Versand und über das Internet) **'cross·walk** n AM Fußgängerübergang m **'cross·ways** adv **'cross·wind** n Seitenwind m **'cross·wise** I. adj Quer- II. adv quer **'cross·word** n, **'cross·word puz·zle** n Kreuzworträtsel nt

crotch [krɒtʃ] n Unterleib m; of trousers Schritt m
crotch·et ['krɒtʃɪt] n MUS Viertelnote f
crotch·ety ['krɒtʃɪti] adj (fam) quengelig
crouch [kraʊtʃ] I. n usu sing Hocke f II. vi sich kauern
croup [kruːp] n no pl MED Krupp m
crou·pi·er ['kruːpɪəʳ] n Croupier m
crow [krəʊ] I. n Krähe f ▶ **as the ~ flies** [in der] Luftlinie II. vi <crowed, crowed> ① (cry) baby, cock krähen ② (express happiness) jauchzen; (gloatingly) triumphieren
'crow·bar n Brecheisen nt
crowd [kraʊd] I. n + sing/pl vb ① (throng) [Menschen]menge f; SPORTS, MUS Zuschauermenge f ② (fam: clique) Clique f; **a bad ~** ein

crowd out–crush

über Haufen ❸ no pl (fig) ■the ~ die [breite] Masse; **to follow the ~** mit der Masse gehen **II.** vt ❶ (fill) stadium füllen; streets bevölkern ❷ (fam: pressure) ■**to ~ sb** jdn [be]drängen ❸ (force) ■**to ~ sb into sth** jdn in etw akk hineinzwängen **III.** vi ■**to ~ into sth** sich in etw akk hineindrängen ◆**crowd out** vt herausdrängen

crowd·ed ['kraʊdɪd] adj überfüllt; timetable übervoll; ■ ~ **out** (fam) gerammelt voll; **to feel ~** (fam) sich bedrängt fühlen

'**crowd-pleas·er** n Publikumsrenner m; person Publikumsliebling m '**crowd-pleas·ing** adj attr product Massen-; policy populär; performance gefällig '**crowd-pull·er** n Massenattraktion f

crown [kraʊn] **I.** n ❶ of a monarch Krone f; ~ **of thorns** Dornenkrone f ❷ (top) of head Scheitel m; of hill Kuppe f; of roof [Dach]first m; of tooth, tree, hat Krone f ❸ (coin) Krone f **II.** vt krönen; teeth überkronen ▸ **to ~ it all** BRIT, AUS (iron) zur Krönung des Ganzen

crown 'colo·ny n Kronkolonie f **crown 'court** n BRIT höheres Gericht für Strafsachen **crown·ing** ['kraʊnɪŋ] adj krönend; **the ~ achievement** die Krönung **crown 'jew·els** npl Kronjuwelen pl **crown 'prince** n Kronprinz m

'**crow's feet** npl (wrinkles) Krähenfüße pl '**crow's nest** n NAUT Krähennest nt

cru·cial ['kruːʃəl] adj (decisive) entscheidend (**to** für); (critical) kritisch; (very important) äußerst wichtig

cru·ci·ble ['kruːsɪbl] n TECH Schmelztiegel m

cru·ci·fix ['kruːsɪfɪks] n Kruzifix nt

cru·ci·fix·ion [ˌkruːsəˈfɪkʃən] n Kreuzigung f

cru·ci·fy ['kruːsɪfaɪ] vt kreuzigen; (fig fam) verreißen

cru·ci·ver·bal·ist [ˌkruːsəˈvɜːbəlɪst] n Kreuzworträtselfan m, Kreuzworträtselspezialist(in) m(f)

crud·dy ['krʌdi] adj (fam) mies

crude [kruːd] **I.** adj ❶ (rudimentary) primitiv ❷ (unsophisticated) plump; letter umständlich ❸ (vulgar) derb; manners rau ❹ (unprocessed) roh; ~ **oil** Rohöl nt **II.** n Rohöl nt

cru·el ⟨BRIT -ll- or AM usu -l-⟩ ['kruːəl] adj ❶ (deliberately mean) grausam; remark gemein ❷ (harsh) hart; disappointment schrecklich ▸ **to be ~ to be kind** (saying) jdm beinhart die Wahrheit sagen

cru·el·ty ['kruːəlti] n Grausamkeit f (**to** gegen); **an act of ~** eine grausame Tat; **~ to animals** Tierquälerei f; **~ to children** Kindesmisshandlung f

cruise [kruːz] **I.** n Kreuzfahrt f; **to go on a ~** eine Kreuzfahrt machen **II.** vi ❶ (take a cruise) eine Kreuzfahrt machen; ship kreuzen; **to ~ along the Danube** die Donau entlangschippern ❷ (travel at constant speed) aeroplane [mit Reisegeschwindigkeit] fliegen; car [konstante Geschwindigkeit] fahren ❸ (fam: drive around aimlessly) herumfahren **III.** vt (sl) **to ~ the bars** in den Bars aufreißen gehen

cruise 'mis·sile n Marschflugkörper m **cruis·er** ['kruːzəʳ] n ❶ (warship) Kreuzer m ❷ (pleasure boat) Motoryacht f '**cruise ship** n Kreuzfahrtschiff nt

crumb [krʌm] **I.** n ❶ of biscuit, cake Krümel m, Brösel m ÖSTERR a. nt; of bread also Krume f ❷ (fig) **a small ~ of comfort** ein kleiner Trost; **a ~ of hope** ein Funke[n] m Hoffnung **II.** interj BRIT, AUS ■**~s!** ach du meine Güte! **III.** vt AM panieren

crum·ble ['krʌmbl] **I.** vt zerkrümeln; (break into bits) zerbröckeln **II.** vi ❶ (disintegrate) zerbröckeln ❷ (fig) empire zerfallen; opposition [allmählich] zerbrechen; resistance schwinden; support abbröckeln **III.** n BRIT mit Streuseln überbackenes Obstdessert

crum·bly ['krʌmbli] adj food krümelig; stone bröckelig

crum·my ['krʌmi] adj (fam) mies; house schäbig; idea blöd

crum·pet ['krʌmpɪt] n ❶ BRIT flaches rundes Hefeküchlein zum Auftoasten ❷ no pl BRIT (sl) Mieze f

crum·ple ['krʌmpl] **I.** vt zerknittern; paper zerknüllen **II.** vi ❶ (become dented) eingedrückt werden ❷ (become wrinkled) sich verziehen ❸ (collapse) zusammenbrechen

crunch [krʌntʃ] **I.** n ❶ usu sing (noise) Knirschen nt kein pl ❷ no pl (fam: difficult situation) Krise f ▸ **when it comes to the ~** wenn es darauf ankommt **II.** vt FOOD geräuschvoll verzehren **III.** vi ❶ gravel, snow knirschen ❷ FOOD ■**to ~ on sth** geräuschvoll in etw akk beißen

crunchy ['krʌntʃi] adj apple knackig; cereal, toast knusprig; peanut butter mit Erdnussstückchen; snow verharscht

cru·sade [kruːˈseɪd] **I.** n Kreuzzug m; **a moral ~** ein moralischer Kampf; ■**the C~s** pl HIST die Kreuzzüge pl **II.** vi ■**to ~ for/against sth** einen Kreuzzug für/gegen etw akk führen

cru·sad·er [kruːˈseɪdəʳ] n ❶ (campaigner) ■**to be a ~ against sth** gegen etw akk zu Felde ziehen ❷ HIST Kreuzritter m

crush [krʌʃ] **I.** vt ❶ (compress) zusammendrücken; (causing serious damage) zerquetschen; MED sich dat etw quetschen ❷ FOOD zerdrücken; grapes zerstampfen; ice zerstoßen ❸ (shock) [stark] erschüttern ❹ (defeat) vernichten; *hopes* zunichtemachen; *opponent* [vernichtend] schlagen; *rebellion* niederschlagen; *resistance* zerschlagen **II.** *n* ❶ *no pl* (*crowd*) Gedränge *nt* ❷ (*fam: temporary infatuation*) **to have a ~ on sb** in jdn verknallt sein ❸ *no pl* (*drink*) Fruchtsaft *m* mit zerstoßenem Eis ◆ **crush up** *vt* zusammenquetschen; *herbs, spices* zerstoßen

'**crush bar·ri·er** *n* BRIT Absperrung *f*

crush·ing ['krʌʃɪŋ] *adj* schrecklich; *blow* hart; *defeat* vernichtend

crust [krʌst] *n* Kruste *f*

crus·ta·cean [krʌs'teɪʃən] *n* Krustentier *nt*

crusty ['krʌsti] **I.** *adj* ❶ *bread* knusprig ❷ (*grumpy*) grantig **II.** BRIT (*fam*) alternative Person, oft mit Dreadlocks

crutch [krʌtʃ] *n* ❶ MED Krücke *f* ❷ *no pl* (*fig*) Stütze *f*, Halt *m* ❸ ANAT, FASHION Unterleib *m*; *of trousers* Schritt *m*

crux [krʌks] *n* Kernfrage *f*; **the ~ of the matter** der springende Punkt

cry <-ie-> [kraɪ] **I.** *n* ❶ *no pl* (*act of shedding tears*) Weinen *nt*; **to have a ~** sich ausweinen ❷ (*loud emotional utterance*) Schrei *m*; (*shout also*) Ruf *m*; **a ~ of pain** ein Schmerzensschrei ❸ (*appeal*) Ruf *m* (**for** nach); **~ for help** Hilferuf *m* ❹ (*slogan*) Parole *f* ❺ ZOOL, ORN Schreien *nt kein pl*, Geschrei *nt kein pl* ▸ **to be in full ~** in voller Jagd sein **II.** *vi* weinen (**for** nach); *baby* schreien **III.** *vt* ❶ (*shed tears*) weinen; **to ~ oneself to sleep** sich in den Schlaf weinen ❷ (*exclaim*) rufen ▸ **to ~ one's eyes** [*or* **heart**] **out** *vi dat* die Augen ausweinen ◆ **cry off** *vi* (*fam*) einen Rückzieher machen ◆ **cry out I.** *vi* ❶ (*shout*) aufschreien ❷ (*protest*) [lautstark] protestieren ❸ (*need*) schreien (**for** nach) ▸ **for ~ing out loud** (*fam*) verdammt nochmal! **II.** *vt* rufen; (*scream*) schreien

cry·ing ['kraɪɪŋ] **I.** *n no pl* Weinen *nt*; (*screaming*) Schreien *nt* **II.** *adj* dringend ▸ **it's a ~ shame that ...** es ist jammerschade, dass ...

crypt [krɪpt] *n* Krypta *f*

cryp·tic ['krɪptɪk] *adj* rätselhaft; *message also* geheimnisvoll; *look* unergründlich; **~ crossword** Kreuzworträtsel, bei dem man um die Ecke denken muss; ■ **to be ~ about sth** sich nur sehr vage zu etw *dat* äußern

crys·tal ['krɪstəl] *n* ❶ CHEM Kristall *m* ❷ *no pl* (*glass*) Kristallglas *nt* ❸ AM (*on a watch, clock*) [Uhr]glas *nt* **II.** *adj* ❶ CHEM kristallin ❷ (*made of crystal*) Kristall-

crys·tal 'ball *n* Kristallkugel *f*; **I haven't got a ~** ich bin (doch) kein Hellseher **crys·tal 'clear** *adj* ❶ (*transparent*) *water* kristallklar ❷ (*obvious*) glasklar; **she made it ~ that ...** sie stellte unmissverständlich klar, dass ...

crys·tal·line ['krɪstəlaɪn] *adj* CHEM kristallin ❷ (*liter: crystal clear*) kristallklar **crys·tal·li·za·tion** [krɪstəlaɪ'zeɪʃən] *n no pl* CHEM Kristallisation *f* **crys·tal·lize** ['krɪstəlaɪz] **I.** *vi* CHEM kristallisieren; (*fig*) *feelings* fassbar werden **II.** *vt* (*fig*) herausbilden

ct. *abbrev of* **cent** ct

CTC [ˌsiːtiːˈsiː] *n* BRIT *abbrev of* **city technology college** ≈ technische Fachschule

cub [kʌb] *n* ❶ ZOOL Junge(s) *nt* ❷ (*cub scout*) Wölfling *m*

Cuba ['kjuːbə] *n* Kuba *nt*

cubby·hole ['kʌbihəʊl] *n* Kämmerchen *nt*

cube [kjuːb] **I.** *n* ❶ (*shape*) Würfel *m* ❷ MATH Kubikzahl *f* **II.** *vt* ❶ FOOD in Würfel schneiden ❷ MATH hoch drei nehmen; **2 ~d equals 8** 2 hoch 3 ist 8

cub·ic ['kjuːbɪk] *adj* ❶ MATH Kubik- ❷ (*cube-shaped*) würfelförmig

cu·bi·cle ['kjuːbɪkl] *n* ❶ (*for changing*) [Umkleide]kabine *f* ❷ (*for sleeping*) Schlafzelle *f*

cuckoo ['kʊkuː] **I.** *n* ORN Kuckuck *m* **II.** *adj* (*fam*) übergeschnappt

'**cuckoo clock** *n* Kuckucksuhr *f*

cu·cum·ber ['kjuːkʌmbəʳ] *n* [Salat]gurke *f* ▸ **to be [as] cool as a ~** immer einen kühlen Kopf behalten

cud·dle ['kʌdl] **I.** *n* [liebevolle] Umarmung; **to give sb a ~** jdn umarmen **II.** *vt* liebkosen **III.** *vi* kuscheln

cud·dly ['kʌdli] *adj* knuddelig

cud·gel ['kʌdʒəl] **I.** *n* Knüppel *m* **II.** *vt* <BRIT -ll- *or* AM *usu* -l-> niederknüppeln

cue [kjuː] **I.** *n* ❶ THEAT Stichwort *nt*; (*fig also*) Zeichen *nt*; **to take one's ~ from sb** sich bei jdm Beispiel folgen ❷ (*billiards*) Queue *nt* ÖSTERR *a. m*, Billardstock *m* ▸ [**right**] **on ~** wie gerufen **II.** *vt* ■ **to ~ in** ⟳ **sb** jdm das Stichwort geben

cuff [kʌf] **I.** *n* ❶ *of sleeve* Manschette *f* ❷ AM, AUS *of trouser leg* [Hosen]aufschlag *m* ❸ (*blow*) Klaps *m* ❹ (*fam*) **~s** *pl* Handschellen *pl* ▸ **off the ~** aus dem Stegreif **II.** *vt* ■ **to ~ sb** ❶ (*strike*) jdm einen Klaps geben ❷ (*fam: handcuff*) jdm Handschellen anlegen

'**cuff link** *n* Manschettenknopf *m*

cui·sine [kwɪˈziːn] *n no pl* Küche *f*

cul-de-sac ['kʌldəsæk] *n* Sackgasse *f a. fig*

cu·li·nary ['kʌlɪnəri] *adj* kulinarisch; **~ equipment** Küchengeräte *pl*; **~ skills** Kochkünste *pl*

cull [kʌl] **I.** *vt* ❶ (*kill*) erlegen (*um den Bestand zu reduzieren*) ❷ (*select*) herausfiltern **II.** *n* Abschlachten *nt kein pl*; (*fig*) Abschuss *m kein pl*

cul·mi·nate ['kʌlmɪneɪt] *vi* gipfeln (**in** in)

cul·mi·na·tion [ˌkʌlmɪ'neɪʃən] *n no pl* Höhe-

punkt *m*
cu·lottes [kjuːˈlɒts] *npl* Hosenrock *m*
cul·pa·ble [ˈkʌlpəbl] *adj* (*form*) schuldig; **to hold sb ~ for sth** jdm die Schuld an etw *dat* geben
cul·prit [ˈkʌlprɪt] *n* Schuldige(r) *f(m)*; (*hum*) Missetäter(in) *m(f)*
cult [kʌlt] *n* Kult *m*
'cult fig·ure *n* Kultfigur *f*
cul·ti·vate [ˈkʌltɪveɪt] *vt* ❶ AGR (*grow*) anbauen; (*till*) *land* bestellen ❷ (*fig form*) entwickeln; *accent, contacts* pflegen; *sb's talent* fördern
cul·ti·vat·ed [ˈkʌltɪveɪtɪd] *adj* ❶ AGR *field* bestellt; *land, soil also* kultiviert, bebaut ❷ (*fig*) kultiviert
cul·ti·va·tion [ˌkʌltɪˈveɪʃən] *n no pl* AGR *of crops, vegetables* Anbau *m*; *of land* Bebauung *m*, Bestellung *m*
cul·ti·va·tor [ˈkʌltɪveɪtə*r*] *n* Grubber *m*
cul·tur·al [ˈkʌltʃərəl] *adj* kulturell; **~ attaché** Kulturattaché *m*; **~ backwater** Kulturwüste *f*; **~ exchange** Kulturaustausch *m*; **~ revolution** Kulturrevolution *f*
cul·ture [ˈkʌltʃə*r*] **I.** *n* Kultur *f*; **person of ~** kultivierter Mann/kultivierte Frau **II.** *vt* BIOL züchten
cul·tured [ˈkʌltʃəd] *adj* kultiviert
'cul·ture vul·ture *n* BRIT (*pej fam*) [Kunstund] Kulturfreak *m*
cum·ber·some [ˈkʌmbəsəm] *adj luggage* unhandlich; *clothing* unbequem; *style of writing* schwerfällig
cum·in [ˈkʌmɪn, ˈkjuː-] *n no pl* Kreuzkümmel *m*
cu·mu·la·tive [ˈkjuːmjələtɪv] *adj* kumulativ; **~ total** Gesamtbetrag *m*
cu·mu·lus <*pl* -li> [ˈkjuːmjələs, *pl* liː] *n* Kumulus *m*
cun·ning [ˈkʌnɪŋ] **I.** *adj* ❶ (*ingenious*) *idea* clever, raffiniert; *person also* schlau, gerissen; *device* ausgeklügelt; *look* listig ❷ AM (*cute*) niedlich **II.** *n no pl* (*ingenuity*) Cleverness *f*, Gerissenheit *f*
cunt [kʌnt] *n* (*vulg*) Fotze *f*
cup [kʌp] **I.** *n* ❶ (*container*) Tasse *f*; *of paper, plastic* Becher *m*; **a cup of coffee** eine Tasse Kaffee *m* ❷ SPORTS Pokal *m*; **the World C~** der Weltcup ❸ (*part of bra*) Körbchen *nt*; (*size*) Körbchengröße *f* ❹ AM SPORTS Suspensorium *nt* ❺ *no pl* (*drink*) Punsch *m* ▶ **that's [just]/not my ~ of tea** das ist genau/nicht gerade mein Fall **II.** *vt* <-pp-> **to ~ one's hands** mit den Händen eine Schale bilden; **she ~ped her hands around her mug** sie legte die Hände um den Becher; **she ~ped her chin in her hands** sie stützte das Kinn in die Hände

cup·board [ˈkʌbəd] *n* Schrank *m*, Kasten *m* ÖSTERR
cup 'fi·nal *n* Pokalendspiel *nt*, Cupfinale *nt*
cup·ful <*pl* -s *or esp* AM cupsful> [ˈkʌpfʊl] *n* Tasse *f*
cu·po·la [ˈkjuːpələ] *n* Kuppel *f*
cup·pa [ˈkʌpə] *n* BRIT (*fam*) Tasse *f* Tee
'cup tie *n* Pokalspiel *nt*
'cup win·ner *n* SPORTS Pokalsieger(in) *m(f)*
cur [kɜː*r*] *n* (*pej liter*) ❶ (*dog*) [gefährlicher] Köter ❷ (*person*) fieser Hund *fam*
cur·able [ˈkjʊərəbl] *adj* heilbar
cu·rate [ˈkjʊərət] *n* REL Kurat *m*
cu·ra·tor [kjʊəˈreɪtə*r*] *n* Konservator(in) *m(f)*
curb [kɜːb] **I.** *vt* zügeln; **to ~ one's dog** AM seinen Hund an der Leine führen; *expenditure* senken; *inflation* bremsen **II.** *n* ❶ (*control*) Beschränkung *f*; **to keep a ~ on sth** etw im Zaum halten; **to put a ~ on sth** etw zügeln ❷ (*of harness*) Kandare *f* ❸ AM (*kerb*) Randstein *m*
'curb bit *n* Kandare *f* **'curb·stone** *n* AM Randstein *m*
curd *n* **~ cheese** Weißkäse *m*
cur·dle [kɜːdl] **I.** *vi* gerinnen ▶ **to make sb's blood ~** jdm das Blut in den Adern gerinnen lassen **II.** *vt* gerinnen lassen
cure [kjʊə*r*] **I.** *vt* ❶ (*heal*) heilen *a. fig* (*of* von); *cancer* besiegen ❷ FOOD haltbar machen; (*by smoking*) räuchern; (*by salting*) pökeln; (*by drying*) trocknen; (*using vinegar*) in Essig einlegen **II.** *n* ❶ (*remedy*) [Heil]mittel *nt* (**for** gegen) ❷ *no pl* (*recovery*) Heilung *f*; (*fig: solution*) Lösung *f*; **she was beyond ~** ihr war nicht mehr zu helfen
'cure-all *n* Allheilmittel *nt* (**for** gegen)
cur·few [ˈkɜːfjuː] *n* Ausgangssperre *f*; **what time is the ~?** wann ist Sperrstunde?
cu·ri·os·i·ty [ˌkjʊərɪˈɒsəti] *n* ❶ *no pl* (*desire to know*) Neugier[de] *f* ❷ (*object*) Kuriosität *f* ▶ **~ killed the cat** (*prov*) wer wird denn so neugierig sein?
cu·ri·ous [ˈkjʊərɪəs] *adj* ❶ (*inquisitive*) neugierig; **to be ~ to see sb/sth** neugierig darauf sein, jdn/etw zu sehen; ■ **to be ~ as to** [*or* **about**] **sth** neugierig auf etw *akk* sein ❷ (*peculiar*) seltsam, merkwürdig; **a ~ thing happened to me yesterday** gestern ist mir etwas ganz Komisches passiert
curl [kɜːl] **I.** *n* ❶ (*loop of hair*) Locke *f* ❷ (*spiral*) Kringel *m*; **~s of smoke** Rauchkringel *pl* ❸ SPORTS Hantelübung *f* **II.** *vi* ❶ *hair* sich locken; **does your hair ~ naturally?** hast du Naturlocken? ❷ *leaf* sich einrollen **III.** *vt* ❶ (*contract*) **to ~ oneself into a ball** sich zusammenrollen; **to ~ one's hair** sich *dat* Locken drehen; **to ~ one's lip** [verächtlich] die Lippen schürzen; **to ~ one's toes** die

Zehen einziehen ❷ (*wrap*) ■ **to ~ sth** [round sth] etw [um etw *akk*] herumwickeln
curl·er ['kɜːlə^r] *n* Lockenwickler *m*
cur·lew ['kɜːljuː] *n* ORN Brachvogel *m*
curl·ing ['kɜːlɪŋ] *n no pl* SPORTS Curling *nt*, Eisstockschießen *nt*; **~ stone** Puck *m*
'curl·ing iron *n*, **'curl·ing tongs** *npl* Lockenstab *m*
curly ['kɜːli] *adj leaves* gewellt, gekräuselt; *hair also* lockig
cur·rant ['kʌrənt] *n* ❶ (*dried grape*) Korinthe *f*; **~ bun** Korinthenbrötchen *nt* ❷ (*berry*) Johannisbeere *f*, Ribisel *f* ÖSTERR
cur·ren·cy ['kʌrən(t)si] *n* ❶ (*money*) Währung *f*; [**foreign**] **~** Devisen *pl* ❷ *no pl* (*acceptance*) [weite] Verbreitung *f*; **to gain ~** sich verbreiten
cur·rent ['kʌrənt] **I.** *adj* gegenwärtig; *issue* aktuell; **in ~ use** gebräuchlich **II.** *n* ❶ *of air, water* Strömung *f*; **~ of air** Luftströmung *f*; **to swim against/with the ~** gegen/mit dem Strom schwimmen *a. fig* ❷ ELEC Strom *m*
cur·rent ac·'count *n* BRIT Girokonto *nt*
cur·rent af·'fairs *n*, **cur·rent e'vents** *npl* POL Zeitgeschehen *nt kein pl* **cur·rent·ly** ['kʌrəntli] *adv zur Zeit* **cur·rent o'pin·ion** *n* aktuelle öffentliche Meinung **cur·rent 'rate** *n* aktueller Kurs
cur·ric·u·lum vi·tae <*pl* -s *or* curricula vitae> [-'viːtaɪ] *n* Lebenslauf *m*
cur·ry[1] ['kʌri] FOOD **I.** *n* Curry *nt o m*; **~ paste** Currypaste *f*; **hot/medium/mild ~** scharfes/mittelscharfes/mildes Curry *nt* **II.** *vt* <-ie-> als Curry zubereiten
cur·ry[2] <-ie-> ['kʌri] *vt* (*groom horse*) striegeln ▶ **to ~ favour** [with sb] sich [bei jdm] einschmeicheln [wollen]
curse [kɜːs] **I.** *vi* fluchen **II.** *vt* ❶ (*swear at*) verfluchen ❷ (*put a magic spell on*) verwünschen **III.** *n* Fluch *m*; **to put a ~ on sb** jdn verwünschen; **with a ~** fluchend
curs·ed[1] ['kɜːsɪd] *adj* (*annoying*) verflucht
curs·ed[2] [kɜːst] *adj* ❶ (*under a curse*) verhext ❷ (*fig: afflicted*) ■ **to be ~ with sth** mit etw *dat* geschlagen sein
cur·sor ['kɜːsə^r] *n* COMPUT Cursor *m*
cur·so·ry ['kɜːsəri] *adj glance* flüchtig; *examination* oberflächlich
curt [kɜːt] *adj* (*pej*) schroff, barsch; ■ **to be ~ with sb** zu jdm kurz angebunden sein
cur·tail [kɜːˈteɪl] *vt* ❶ (*reduce*) kürzen ❷ (*shorten*) verkürzen; *holiday* frühzeitig abbrechen
cur·tain ['kɜːt^ən] *n* ❶ (*across a window*) Vorhang *m*; [net] **~** Gardine *f*; **the final ~** die letzte Vorstellung *f* ❷ (*fig*) Schleier *m*, Vorhang *m*; **~ of rain/smoke** Regen-/Rauchwand *f*

'cur·tain call *n* THEAT Vorhang *m*; **to take a ~** einen Vorhang bekommen **'cur·tain rais·er** *n* THEAT [kurzes] Vorspiel
curt·sey, curt·sy [ˈkɜːtsi] **I.** *vi* knicksen (**to** vor) **II.** *n* [Hof]knicks *m*; **to make a ~ to sb** einen [Hof]knicks vor jdm machen
cur·va·ture [ˈkɜːvətʃə^r] *n no pl* Krümmung *f*; **~ of the spine** Rückgratkrümmung *f*
curve [kɜːv] **I.** *n* ❶ (*bending line*) *of a figure, vase* Rundung *f*, Wölbung *f*; *of a road* Kurve *f*; *of a river* Bogen *m* ❷ MATH Kurve *f* **II.** *vi river, road* eine Kurve machen; *line* eine Kurve beschreiben; **to ~ through the air** in einem hohen Bogen durch die Luft fliegen **III.** *vt* biegen
cush·ion [ˈkʊʃ^ən] **I.** *n* ❶ (*pillow*) Kissen *nt*, Polster *m* ÖSTERR ❷ (*fig: buffer*) Polster *nt o* ÖSTERR *a. m*; **~ of air** Luftkissen *nt* **II.** *vt* dämpfen *a. fig*
cushy [ˈkʊʃi] *adj* (*pej fam*) bequem; *job* ruhig; **to have a ~ time** sich *dat* kein Bein ausreißen ▶ **to be on to a ~ number** BRIT eine ruhige Kugel schieben
cuss [kʌs] *vi* (*fam*) fluchen
cus·tard [ˈkʌstəd] *n no pl* FOOD (*sauce*) ≈ Vanillesoße *f*; (*set*) ≈ Vanillepudding *m*
cus·to·dial [kʌsˈtəʊdɪəl] *adj* Wach-; **~ sentence** Freiheitsstrafe *f*
cus·to·dian [kʌsˈtəʊdɪən] *n* ❶ (*keeper*) Aufseher(in) *m(f)*; *of museum* Wärter(in) *m(f)*; *of valuables* Hüter(in) *m(f)* ❷ AM (*caretaker*) Hausmeister(in) *m(f)*
cus·to·dy [ˈkʌstədi] *n no pl* ❶ (*guardianship*) Obhut *f*; LAW Sorgerecht *nt* (**of** für) ❷ (*detention*) Haft *f*; **to hold sb in ~** jdn in Gewahrsam halten; **to remand sb in ~** jdn in die Untersuchungshaft zurücksenden; **to take sb into ~** jdn verhaften; **to take sb into protective ~** jdn in Schutzhaft nehmen
cus·tom [ˈkʌstəm] *n* ❶ (*tradition*) Brauch *m*, Sitte *f* ❷ *no pl* (*usual behaviour*) Gewohnheit *f* ❸ *no pl* (*patronage*) Kundschaft *f*; **to withdraw one's ~** [*or* take one's **~** elsewhere] anderswohin gehen
cus·tom·ary [ˈkʌstəm^əri] *adj* üblich **'cus·tom-built** *adj* spezialangefertigt **cus·tom 'clothes** *npl* AM maßgeschneiderte Kleidung
cus·tom·er [ˈkʌstəmə^r] *n* ❶ (*buyer, patron*) Kunde, Kundin *m, f*; **regular ~** Stammkunde, -kundin *m, f* ❷ (*fam: person*) Typ *m*
'cus·tom·er num·ber *n* Kundennummer *f*
cus·tom·ize [ˈkʌstəmaɪz] *vt* nach Kundenwünschen anfertigen
cus·tom-'made *adj* auf den Kunden zugeschnitten; *shirt* maßgeschneidert; *shoes* maßgefertigt; **a ~ slipcover** ein Schonbezug *m* in Sonderanfertigung; **~ suit** Maßanzug *m*

cus·toms ['kʌstəmz] *npl* Zoll *m* **'cus·toms clear·ance** *n* Zollabfertigung *f*; **to get ~ for sth** etw verzollt bekommen **'cus·toms dec·la·ra·tion** *n* Zollerklärung *f* **'cus·toms dues** *npl*, **'cus·toms duties** *npl* Zollabgaben *pl* **'cus·toms ex·ami·na·tion** *n* Zollkontrolle *f* **'cus·tom(s) house** *n* Zollamt *nt* **'cus·toms of·fi·cer** *n*, **'cus·toms of·fi·cial** *n* Zollbeamte(r), -beamtin *m*, *f* **'cus·toms un·ion** *n* Zollunion *f*

cut [kʌt] **I.** *n* ❶ *(act)* Schnitt *m*; **my hair needs a ~** mein Haar muss geschnitten werden; **to make a ~ [in sth]** [in etw *akk*] einen Einschnitt machen ❷ *(piece of meat)* Stück *nt*; **cold ~s** Aufschnitt *m* ❸ *(fit)* [Zu]schnitt *m*; **of shirt, trousers** Schnitt *m* ❹ *(wound)* Schnittwunde *f*; **to get a ~** sich schneiden ❺ *(fam: due)* [An]teil *m* ❻ *(decrease)* Senkung *f*; **~ in emissions** Abgasreduzierung *f*; **~ in interest rates** Zinssenkung *f*; **~ in production** Produktionseinschränkung *f*; **~ in staff** Personalabbau *m*; **to take a ~** eine Kürzung hinnehmen; **many people have had to take a ~ in their living standards** viele Menschen mussten sich mit einer Einschränkung ihres Lebensstandards abfinden ▶ **~s** *pl* Kürzungen *pl* ❼ *in film* Schnitt *m*; *in book* Streichung *f* ❽ AM *(truancy)* Schwänzen *nt kein pl* ▶ **the ~ and thrust of sth** das Spannungsfeld einer S. *gen*; **to be a ~ above sb/sth** jdm/etw um einiges überlegen sein **II.** *adj* ❶ *(removed)* abgeschnitten; *(sliced)* bread [auf]geschnitten; **~ flowers** Schnittblumen *pl* ❷ *(fitted) glass*, *jewel* geschliffen **III.** *interj* FILM **~!** Schnitt! **IV.** *vt* <-tt-, cut, cut> ❶ *(slice)* schneiden (in in); *bread* aufschneiden; *slice of bread* abschneiden; **to ~ sth to pieces** [*or* **shreds**] etw zerstückeln; **to ~ sth in[to] several pieces** etw in mehrere Teile zerschneiden; **to ~ free/loose** losschneiden; **to ~ open** aufschneiden ❷ *(sever)* durchschneiden ❸ *(trim)* [ab]schneiden; **to ~ one's fingernails** sich *dat* die Fingernägel schneiden; **to ~ the grass** den Rasen mähen; **to ~ sb's hair** jdm die Haare schneiden; **to have** [*or* **get**] **one's hair ~** sich *dat* die Haare schneiden lassen ❹ *(clear)* **they're planning to ~ a road right through the forest** sie planen, eine Straße mitten durch den Wald zu schlagen ❺ *(decrease) costs* senken; *prices* herabsetzen; *overtime* reduzieren; *wages* kürzen **(by** um); **to ~ one's losses** weitere Verluste vermeiden ❻ *film* kürzen; *scene* herausschneiden; **to ~ short** abbrechen; **to ~ sb short** jdn unterbrechen ❼ *(miss) class*, *school* schwänzen ❽ *(turn off) engine* abstellen ❾ *(shape) diamond* schleifen ❿ AUTO *corner* schneiden ⓫ *tooth* bekommen ⓬ CARDS abheben ⓭ MUS *CD* aufnehmen ⓮ COMPUT ausschneiden ⓯ SPORTS *ball* [an]schneiden ▶ **to ~ sb dead** jdn schneiden; **to ~ it** [a bit] **fine** [ein bisschen] knapp kalkulieren; **to ~ sb to the quick** jdn ins Mark treffen **V.** *vi* <-tt-, cut, cut> ❶ *(slice) knife* schneiden *(slice easily) material* sich schneiden lassen ❸ *(take short cut)* eine Abkürzung nehmen ❹ CARDS abheben; **to ~ for dealer** den Geber auslosen ❺ AM *(fam: push in)* **no ~ting!** nicht drängeln!; **to ~ [in line]** sich vordrängeln; **to ~ in front of sb** sich vor jdn drängeln ❻ *(withdraw)* **to ~ loose** sich trennen **(from** von); *(fig)* alle Hemmungen verlieren ▶ **to ~ to the chase** AM *(fam)* auf den Punkt kommen; **to ~ both** [*or* **two**] **ways** eine zweischneidige Sache sein; **to ~ and run** Reißaus nehmen ◆**cut across** *vi* ❶ *(to other side)* hinüberfahren ❷ *(take short cut)* durchqueren; **to ~ across country** querfeldein fahren; **to ~ across a field** quer über ein Feld gehen ❸ *(fig: affect)* quer durch ◆ **cut away** *vt* wegschneiden ◆**cut back I.** *vt* ❶ HORT zurückschneiden ❷ FIN kürzen; *production* zurückschrauben **II.** *vi* ❶ *(return)* zurückgehen ❷ *(reduce)* ■ **to ~ back on sth** etw kürzen; **to ~ back on spending** die Ausgaben reduzieren ◆**cut down I.** *vt* ❶ *(fell) tree* umhauen ❷ *(reduce)* einschränken; *labour force* abbauen; *production* zurückfahren; **to ~ down wastage** weniger Abfall produzieren ❸ *(abridge)* kürzen ❹ FASHION kürzen ▶ **to ~ sb down to size** jdn in seine Schranken verweisen **II.** *vi* ■ **to ~ down on sth** etw einschränken; **to ~ down on smoking** das Rauchen einschränken ◆**cut in I.** *vi* ❶ *(interrupt)* unterbrechen ❷ *(activate)* sich einschalten ❹ AUTO einscheren; ■ **to ~ in in front of sb** jdn schneiden ❹ *(take over during a dance)* ■ **to ~ in on sb** jdn ablösen ❺ *(jump queue)* sich vordrängeln; ■ **to ~ in on** [*or* **in front of**] **sb** sich vor jdn drängeln **II.** *vt* ■ **to ~ sb in** ❶ *(share with)* jdn [am Gewinn] beteiligen ❷ *(include)* jdn teilnehmen lassen; *(in a game)* jdn mitspielen lassen; **shall we ~ you in?** willst du mitmachen? ◆**cut into** *vi* ❶ *(slice)* anschneiden ❷ *(decrease)* verkürzen ❸ *(interrupt)* unterbrechen ◆**cut off** *vt* ❶ *(remove)* abschneiden; ■ **to ~ sth off sth** etw von etw *dat* abschneiden ❷ *(silence)* unterbrechen; **to ~ sb off in mid-sentence** [*or* **mid-flow**] jdm den Satz abschneiden ❸ *(disconnect)* unterbinden; *electricity* abstellen; *escape route* abschneiden; *gas supply* abdrehen; *phone conversation* unterbrechen ❹ *(isolate)* abschneiden; ■ **to ~ oneself off**

sich zurückziehen ❺ AM (*refuse drink*) ▪ to ~ **off** ⌕ **sb** jdm nichts mehr zu trinken geben ❻ AM AUTO (*pull in front of*) schneiden ◆ **cut out I.** *vt* ❶ (*excise*) herausschneiden ❷ (*from paper*) ausschneiden ❸ (*abridge*) streichen ❹ (*eschew*) weglassen ❺ (*fam: desist*) aufhören mit +*dat*; ~ **it out!** hör auf damit! ❻ (*block*) *light* abschirmen; **it's a beautiful tree, but it ~s out most of the light** es ist ein schöner Baum, aber er nimmt uns das meiste Licht ❼ (*exclude*) ausschließen; [**you can**] ~ **me out!** ohne mich! ❽ (*disinherit*) **to** ~ **sb out of one's will** jdn aus seinem Testament streichen ❾ (*fam: have one's work* ~ **out**) alle Hände voll zu tun haben; **to be** ~ **out for sth** für etw *akk* geeignet sein **II.** *vi* ❶ (*stop operating*) sich ausschalten; *plane's engine* aussetzen ❷ AM AUTO ausscheren; **to** ~ **out of traffic** plötzlich die Spur wechseln ❸ AM (*depart*) sich davonmachen; **he** ~ **out after dinner** nach dem Essen schwirrte er ab *fam* ◆ **cut up I.** *vt* ❶ (*slice*) zerschneiden; *food for a child* klein schneiden ❷ (*injure*) **to** ~ **up** ⌕ **sb** jdm Schnittwunden zufügen ❸ (*fig: sadden*) schwer treffen; **the divorce really** ~ **him up** die Scheidung war ein schwerer Schlag für ihn; ▪ **to be** ~ **up** [**about sth**] [über etw *akk*] zutiefst betroffen sein ❹ BRIT AUTO (*pull in front of*) schneiden **II.** *vi* AM sich danebenbenehmen ▪ **to** ~ **up rough** BRIT grob werden
cut-and-'dried *adj* ❶ (*fixed*) abgemacht; *decision* klar ❷ (*simple*) eindeutig; ~ **solution** Patentlösung *f*
cut-and-'paste [ˌkʌtənd'peɪst] *adj* Textumstellungs-; ~ **plagiarism** durch Textumstellung hergestellte Plagiate
cut·back ['kʌtbæk] *n* Kürzung *f*
cute <-r, -st> [kju:t] *adj* ❶ (*sweet*) süß, niedlich ❷ (*clever*) schlau
cutey AM (*fam*) *see* **cutie**
cu·ti·cle ['kju:tɪkl] *n* Nagelhaut *f*
cutie ['kju:ti] *n* AM (*fam*), **cutie-pie** ['kju:tipaɪ] *n* AM (*fam: woman*) dufte Biene; (*man*) irrer Typ; **hi there,** ~**!** hallo, Süße!
cut·lass <*pl* -es> ['kʌtləs] *n* Entermesser *nt*
cut·lery ['kʌtləri] *n no pl* Besteck *nt*
cut·let ['kʌtlət] *n* ❶ (*meat*) Kotelett *nt* ❷ (*patty*) Frikadelle *f*
cut·off ['kʌtɒf] *n* ❶ (*limit*) Obergrenze *f* ❷ (*stop*) Beendigung *f*; ~ **date** Endtermin *m*
cut·out ['kʌtaʊt] **I.** *n* ❶ (*shape*) Ausschneidefigur *f* ❷ (*stereotype*) **cardboard** ~ (*Reklame*)*puppe f* ❸ (*switch*) Unterbrecher *m* **II.** *adj* ausgeschnitten **'cut-price I.** *adj product, store* Billig-; *clothes* herabgesetzt; *ticket* ermäßigt **II.** *adv* zu Schleuderpreisen
cut·ter ['kʌtə'] *n* ❶ (*tool*) Schneider *m* ❷ (*person*) [Zu]schneider(in) *m(f)*; FILM Cutter(in) *m(f)* ❸ NAUT Kutter *m*
'cut·throat *adj* mörderisch
cut·ting ['kʌtɪŋ] **I.** *n* ❶ JOURN Ausschnitt *m*; **press** ~ Zeitungsausschnitt *m* ❷ HORT Ableger *m* **II.** *adj comment* scharf; *remark* beißend
cut·ting 'edge *n* ❶ (*blade*) Schneide *f* ❷ *no pl* (*latest stage*) ▪ **to be at the** ~ an vorderster Front stehen
cutting-'edge *adj* supermodern, Hightech-, Spitzen-
cut·tle·fish <*pl* - *or* -es> *n* Tintenfisch *m*
cuz [kəz] *conj* AM (*sl*) *short for* **because** weil
CV [ˌsiː'viː] *n abbrev of* **curriculum vitae**
cwt <*pl* - *or* -s> *abbrev of* **hundredweight**
cya·nide ['saɪənaɪd] *n no pl* Zyanid *nt*
cy·ber- ['saɪbə] *in compounds* Cyber-, Internet-
'cy·ber·beg·ging *n no pl, no art* COMPUT, INET Betteln *nt* im Internet **cy·ber·cafe** ['saɪbəkæfeɪ] *n* Cybercafe *nt* **'cy·ber·en·tre·pre·neur** *n* Cyber-Unternehmer(in) *m(f)* **cy·ber·net·ics** [ˌsaɪbə'netɪks] *n* + *sing vb* Kybernetik *f* **cy·ber·re·'sponse** *n* COMPUT, INET Internet-Nachfrage *f*, Internet-Response *f* **cy·ber·space** ['saɪbəspeɪs] *n* Cyberspace *m* **'cy·ber·ver·sion** *n* COMPUT, INET Internet-Version *f*
cy·cle[1] ['saɪkl] *n short for* **bicycle I.** *n* [Fahr]rad *nt* **II.** *vi* Rad fahren
cy·cle[2] ['saɪkl] *n* Zyklus *m*; *of washing machine* Arbeitsgang *m*; ~ **of life** Lebenskreislauf *m*
cyc·li·cal ['saɪklɪkəl, 'sɪk-] *adj* zyklisch
cy·cling ['saɪklɪŋ] *n no pl* Radfahren *nt*; SPORTS Radrennsport *m*
cy·clist ['saɪklɪst] *n* Radfahrer(in) *m(f)*
cy·clone ['saɪkləʊn] *n* ❶ METEO Zyklon *m* ❷ AM, AUS **C~®** **fence** Maschendrahtzaun *m*
cyg·net ['sɪgnət] *n* junger Schwan
cyl·in·der ['sɪlɪndə'] *n* ❶ AUTO, MATH Zylinder *m* ❷ TECH (*roller*) Walze *f* ❸ (*vessel*) Flasche *f*
'cyl·in·der block *n* TECH Zylinderblock *m*
cy·lin·dri·cal [sə'lɪndrɪkəl] *adj* zylindrisch
cym·bal ['sɪmbəl] *n usu pl* Beckenteller *m*; ▪ ~**s** Becken *nt*; **clash** [*or* **crash**] **of** ~**s** Beckenschlag *m*
cyn·ic ['sɪnɪk] *n* Zyniker(in) *m(f)*
cyni·cal ['sɪnɪkəl] *adj* zynisch
cyni·cism ['sɪnɪsɪzəm] *n no pl* Zynismus *m*
cy·pher *n see* **cipher**
cy·press ['saɪprəs] *n* Zypresse *f*
Cy·prus ['saɪprəs] *n no pl* Zypern *nt*
cyst [sɪst] *n* MED Zyste *f*
cys·ti·tis [sɪ'staɪtɪs] *n no pl* Blasenentzündung *f*

czar *n esp* AM *see* **tsar**
cza·ri·na *n esp* AM *see* **tsarina**
Czech [ˌtʃek] **I.** *n* ❶ (*person*) Tscheche, Tschechin *m, f* ❷ *no pl* (*language*) Tschechisch *nt* **II.** *adj* tschechisch
Czecho·slo·va·kia [ˌtʃekə(ʊ)slə(ʊ)ˈvækɪə] *n no pl* (*hist*) die Tschechoslowakei
Czech Re·ˈpub·lic *n no pl* ■ **the ~** die Tschechische Republik

D d

D <*pl* -'s *or* -s>, **d** <*pl* -'s> [diː] *n* ❶ (*letter*) D *nt*, d *nt*; *see also* **A** ❶ ❷ MUS D *nt*, d *nt*; **~ flat** Des *nt*, des *nt*; **~ sharp** Dis *nt*, dis *nt* ❸ (*school mark*) ≈ Vier *f*, ≈ ausreichend
d. *abbrev of* **died** gest.
DA [ˌdiːˈeɪ] *n* AM LAW *abbrev of* **district attorney**
dab [dæb] **I.** *vt* <-bb-> betupfen; **to ~ one's eyes** sich *dat* die Augen [trocken] tupfen **II.** *vi* <-bb-> ■ **to ~ at sth** etw betupfen
DAB [ˌdiːəˈbiː] *n abbrev of* **digital audio broadcasting** digitale Rundfunkübertragung
dab·ble [ˈdæbl] **I.** *vi* dilettieren; ■ **to ~ in** [*or* **with**] **sth** sich nebenbei mit etw *dat* beschäftigen **II.** *vt* ■ **to ~ one's feet in the water** mit den Füßen im Wasser planschen **III.** *n no pl* Zwischenspiel *nt*; **after a brief ~ in politics,** ... nach einem kurzen Abstecher in die Politik ...
dad [dæd] *n* (*fam*) Papa *m*
dad·dy [ˈdædi] *n* (*fam*) Vati *m*, Papi *m*
dad·dy·ˈlong·legs *n* (*pl* -> ❶ (*crane fly*) Schnake *f* ❷ AM (*harvestman*) Weberknecht *m*
daf·fo·dil [ˈdæfədɪl] *n* Osterglocke *f*
daft [dɑːft] *adj* (*fam*) doof
dag·ger [ˈdægə^r] *n* Dolch *m* ▶ **to look ~s at sb** jdn mit Blicken durchbohren
dai·ly [ˈdeɪli] **I.** *adj, adv* täglich; **on a ~ basis** täglich; **~ routine** Alltagsroutine *f* **II.** *n* Tageszeitung *f*
dain·ty [ˈdeɪnti] *adj* fein
dairy [ˈdeəri] *n* ❶ (*company*) Molkerei *f*; **~ products** Molkereiprodukte *pl* ❷ AM (*farm*) Milchbetrieb *m*; **~ farmer** Milchbauer, Milchbäuerin *m, f*; **~ herd** Herde *f* Milchkühe
ˈdairy cat·tle *npl* Milchvieh *nt*
dais [ˈdeɪɪs] *n* Podium *nt*
dai·sy [ˈdeɪzi] *n* Gänseblümchen *nt* ▶ **as fresh as a ~** putzmunter
ˈdaisy-cut·ter *n* ❶ (*in cricket*) Daisycutter *m* (*am Boden entlang rollender Ball*) ❷ MIL Flächenbombe *f*
dal·ly <-ie-> [ˈdæli] *vi* [herum]trödeln
dam [dæm] **I.** *n* [Stau]damm *m* **II.** *vt* <-mm-> stauen
dam·age [ˈdæmɪdʒ] **I.** *vt* ■ **to ~ sth** ❶ (*wreck*) etw [be]schädigen ❷ (*blemish*) etw *dat* schaden **II.** *n no pl* Schaden *m* (**to** an); **to suffer brain ~** einen Gehirnschaden erleiden ▶ **the ~ is done** es ist nun einmal passiert; **what's the ~?** (*fam*) was kostet der Spaß?
ˈdam·age limi·ta·tion *n no pl* ❶ POL Schadensbegrenzung *f* ❷ MIL Vermeidung *f* von Verlusten
Da·mas·cus [dəˈmæskəs] *n* Damaskus *nt*
dame [deɪm] *n* ❶ AM (*dated sl: woman*) Dame *f* ❷ BRIT (*title*) Freifrau *f*
damn [dæm] **I.** *interj* (*sl*) ■ **~** [**it**]! verdammt! **II.** *adj* (*sl*) ❶ (*cursed*) Scheiß-; **~ fool** Vollidiot *m* ❷ (*emph*) verdammt; **to be a ~ sight better** entschieden besser sein ▶ **~ all** BRIT nicht die Bohne; **to know ~ all about sth** von etw *dat* überhaupt keine Ahnung haben **III.** *vt* ❶ (*sl: curse*) verfluchen; **~ you!** hol dich der Teufel! ❷ (*condemn*) verurteilen ❸ (*punish*) verdammen ▶ **as near as ~ it** (*fam*) so gut wie; **I'm ~ed if I'm going to invite her** es fällt mir nicht im Traum ein, sie einzuladen; **well I'm** [*or* **I'll be**] **~ed!** (*fam!*) mich tritt ein Pferd! **IV.** *adv* (*fam!*) verdammt **V.** *n no pl* (*fam!*) **sb does not give** [*or* **care**] **a ~ about sb/sth** jdm ist jd/etw scheißegal
dam·na·tion [dæmˈneɪʃ^ən] *n no pl* Verdammnis *f*
damned [dæmd] **I.** *adj* (*fam!*) ❶ (*cursed*) Scheiß- ❷ (*emph: extreme*) verdammt **II.** *adv* (*fam!*) verdammt **III.** *n* ■ **the ~** *pl* die Verdammten
damn·ing [ˈdæmɪŋ] *adj* **comment** vernichtend; **evidence** erdrückend; **report** belastend
damp [dæmp] **I.** *adj* feucht **II.** *n no pl* BRIT, AUS Feuchtigkeit *f*; **patch of ~** feuchter Fleck **III.** *vt* befeuchten
ˈdamp course *n* [Feuchtigkeits]dämmschicht *f* **damp·en** [ˈdæmpən] *vt* ❶ (*wet*) befeuchten [*o* anfeuchten] ❷ (*suppress*) dämpfen **damp·ness** [ˈdæmpnəs] *n no pl* Feuchtigkeit *f*
dance [dɑːn(t)s] **I.** *vi, vt* tanzen *a. fig* **II.** *n* Tanz *m*; **to have a ~ with sb** mit jdm tanzen; **end-of-term dinner ~** Semesterabschlussball *m*
ˈdance band *n* Tanzkapelle *f* **ˈdance mu·sic** *n no pl* Tanzmusik *f*
danc·er [ˈdɑːn(t)sə^r] *n* Tänzer(in) *m(f)*

danc·ing ['dɑ:n(t)sɪŋ] *n no pl* Tanzen *nt*
'danc·ing mas·ter *n* Tanzlehrer(in) *m/f*
'danc·ing part·ner *n* Tanzpartner(in) *m/f*
'danc·ing shoes *npl* Tanzschuhe *pl*
dan·de·lion ['dændɪlaɪən] *n* Löwenzahn *m*
dan·druff ['dændrʌf] *n no pl* [Kopf]schuppen *pl*
Dane [deɪn] *n* Däne(in) *m/f*
dan·ger ['deɪndʒə*r*] *n* Gefahr *f*; **~ ! keep out!** Zutritt verboten! Lebensgefahr!; **there is no ~ of that!** diese Gefahr besteht nicht; ■ **to be a ~ to sb/sth** eine Gefahr für jdn/etw sein; **to be in ~ of extinction** vom Aussterben bedroht sein; **to be in ~ of doing sth** Gefahr laufen, etw zu tun
'dan·ger area *n* Gefahrenzone *f* **'dan·ger mon·ey** *n no pl* BRIT, AUS Gefahrenzulage *f*
dan·ger·ous ['deɪndʒ*ə*rəs] *adj* gefährlich; **~ to health** gesundheitsgefährdend
dan·gle [dæŋgl] **I.** *vi* herabhängen; *earrings* baumeln (**from** an) ▶ ■ **to keep sb dangling** jdn zappeln lassen **II.** *vt* ❶ (*swing*) **to ~ one's feet** mit den Füßen baumeln ❷ (*tempt with*) ■ **to ~ sth before** [*or* **in front of**] **sb** jdm etw [verlockend] in Aussicht stellen
Dan·ish ['deɪnɪʃ] **I.** *n* <*pl* -es> ❶ *no pl* (*language*) Dänisch *nt* ❷ (*people*) ■ **the ~** die Dänen ❸ AM (*cake*) *see* **Danish pastry II.** *adj* dänisch
Dan·ish 'pas·try *n* Blätterteiggebäck *nt*
dank [dæŋk] *adj* nasskalt
Dan·ube ['dænjuːb] *n no pl* ■ **the ~** die Donau
dap·per <-er, -est> ['dæpə*r*] *adj* adrett
dap·pled ['dæpld] *adj horse* scheckig; *light* gesprenkelt; **~ shade** Halbschatten *m*
dare [deə*r*] **I.** *vt* herausfordern; **I ~ you!** trau dich!; **I ~ you to ask him to dance** ich wette, dass du dich nicht traust, ihn zum Tanzen aufzufordern **II.** *vi* sich trauen; ■ **to ~** [*to*] **do sth** es wagen, etw zu tun ▶ **~ I say** [**it**] ... ich wage zu behaupten, ...; *who* **~s wins** (*prov*) wer wagt, gewinnt; [**just** [*or* **don't**]] **you ~!** untersteh dich!; **how ~ you!** was fällt Ihnen ein!; **how ~ sb do sth** wie kann er jd wagen, etw zu tun; **I ~ say** (*supposing*) ich nehme an; (*confirming*) das glaube ich gern **III.** *n* Mutprobe *f*; **it's a ~!** sei kein Frosch!
'dare·dev·il (*fam*) **I.** *n* Draufgänger(in) *m/f* **II.** *adj* tollkühn; *stunt* halsbrecherisch
dar·ing ['deərɪŋ] **I.** *adj* ❶ (*brave*) *person* kühn, wagemutig; *crime* dreist; *rescue operation* waghalsig ❷ (*provocative*) verwegen; *film* gewagt ❸ (*revealing*) *dress* gewagt **II.** *n no pl* Kühnheit *f*
dark [dɑːk] **I.** *adj* ❶ (*unlit*) dunkel, finster; (*gloomy*) düster ❷ (*in colour*) dunkel; **~ blue** dunkelblau ❸ (*fig*) *chapter* dunkel; *look* finster; **to look on the ~ side of things** schwarzsehen; **in ~est Peru** im tiefsten Peru **II.** *n no pl* ■ **the ~** die Dunkelheit; **to see/sit in the ~** im Dunkeln sehen/sitzen; **before/after ~** vor/nach Einbruch der Dunkelheit ▶ **to keep sb in the ~** jdn im Dunkeln lassen; **to be** [**completely**] **in the ~** keine Ahnung haben
'Dark Ages *npl* ❶ HIST ■ **the ~** das frühe Mittelalter ❷ (*fig*) ■ **the d~ a~** die schlimmen Zeiten
dark·en ['dɑːk*ə*n] **I.** *vi* ❶ *sky* dunkel werden ❷ *face, mood* sich verdüstern **II.** *vt* verdunkeln; *room* abdunkeln ▶ **never ~ these doors again!** lass dich hier bloß nicht wieder blicken!
dark 'horse *n* ❶ BRIT, AUS (*talent*) unbekannte Größe ❷ AM (*victor*) erfolgreicher Außenseiter **dark·ly** ['dɑːkli] *adv* ❶ (*dimly*) dunkel, finster ❷ (*sadly*) traurig ❸ (*ominously*) böse **dark·ness** ['dɑːknəs] *n no pl* ❶ (*no light*) Dunkelheit *f*; **the room was in complete ~** der Raum war völlig dunkel ❷ (*night*) Finsternis *f* ❸ *of colour* Dunkelheit *f* ❹ (*fig: sadness*) Düsterkeit *f* ❺ (*fig: evil*) Finsternis *f* **'dark·room** *n* Dunkelkammer *f* **'dark-skinned** <darker-, darkest-> *adj* dunkelhäutig
dar·ling ['dɑːlɪŋ] **I.** *n* Liebling *m*, Schatz *m*, Schätzchen *nt*; ■ **to be sb's ~** jds Liebling sein; ■ **be a ~ and ...** sei so lieb und ..., sei ein Schatz und ...; **here's your change, ~** hier ist Ihr Wechselgeld, Schätzchen **II.** *adj* entzückend
darn¹ [dɑːn] **I.** *vt* stopfen **II.** *n* gestopfte Stelle
darn² [dɑːn] (*fam*) **I.** *interj* **~ it!** verflixt noch mal! **II.** *adj* **a ~ sight younger** ein ganzes Stück jünger
darn·ing ['dɑːnɪŋ] *n no pl* Stopfen *nt* **'darn·ing nee·dle** *n* Stopfnadel *f*
dart [dɑːt] **I.** *n* ❶ (*weapon*) Pfeil *m* ❷ SPORT Wurfpfeil *m*; **~s** + *sing vb* (*game*) Darts *nt* ❸ *usu sing* (*dash*) Satz *m* **II.** *vi* flitzen **III.** *vt glance* zuwerfen; **the lizard ~ed its tongue out** die Eidechse ließ ihre Zunge herausschnellen
'dart·board *n* Dartscheibe *f*
dash [dæʃ] **I.** *n* <*pl* -es> ❶ (*rush*) Hetze *f*; **to make a ~ for the door** zur Tür stürzen ❷ AM SPORTS Kurzstreckenlauf *m* ❸ (*little bit*) ■ **a ~** [**of**] ein wenig; *spice* eine Messerspitze; *of salt* eine Prise; *of originality* ein Hauch *m* von; *alcohol* ein Schuss *m*; **a ~ of yellow** ein Stich *m* ins Gelbe; **to add a ~ of colour to a dish** einem Gericht einen Farbtupfer hinzufügen ❹ (*punctuation*) Gedankenstrich *m* ❺ (*flair*) Schwung *m* ❻ (*Morse signal*)

dashboard–daylight

[Morse]strich *m* ❷ AUTO (*fam*) Armaturenbrett *nt* **II.** *vi* ❶ (*hurry*) sausen; **I've got to ~** ich muss fort; **we ~ed along the platform** wir hasteten die Plattform entlang; **to ~ into the house** ins Haus flitzen; **to ~ out of the room** aus dem Zimmer stürmen; ■ **to ~ about** herumrennen; ■ **to ~ off** davonjagen ❷ (*strike forcefully*) schmettern **III.** *vt* ❶ (*strike forcefully*) schleudern; **to ~ to pieces** zerschmettern ❷ (*destroy*) hopes zunichtemachen; ■ **to be ~ed** zerstört werden

'dash·board *n* Armaturenbrett *nt*

dash·ing ['dæʃɪŋ] *adj* schneidig

data ['deɪtə] *npl* + *sing/pl vb* Daten *pl*

'data·bank *n* Datenbank *f* **'data·base** *n* Datenbestand *m* **'data file** *n* Datei *f* **'data log·ger** *n* ELEC, TECH Datalogger *m*, Datenspeichergerät *nt* **'data min·ing** *n no pl* COMPUT Extrahieren *nt* von Informationen aus großen Datenbeständen **data 'pro·cess·ing** *n no pl* Datenverarbeitung *f* **data pro·'tec·tion** *n no pl* BRIT Datenschutz *m*

date¹ [deɪt] **I.** *n* ❶ (*calendar day*) Datum *nt*; **what's the ~ today?** welches Datum haben wir heute?; **out of ~** überholt; **to be out of ~ food** das Verfallsdatum überschritten haben; **to ~** bis heute; **up to ~** *technology* auf dem neuesten Stand; *style* zeitgemäß ❷ (*on coins*) Jahreszahl *f* ❸ (*business appointment*) Termin *m*; **it's a ~!** abgemacht!; **to make a ~** sich verabreden ❹ (*booked performance*) Aufführungstermin *m* ❺ (*social appointment*) Verabredung *f*; (*romantic appointment*) Date *nt*; **to go out on a ~** ausgehen ❻ (*person*) Date *nt* **II.** *vt* ❶ (*have relationship*) ■ **to ~ sb** mit jdm gehen ❷ (*establish the age of*) datieren; **that sure ~s you!** daran merkt man, wie alt du bist!; **in reply to your letter ~d November 2nd, ...** unter Bezugnahme auf Ihren Brief vom 2. November ... **III.** *vi* ❶ (*have a relationship*) miteinander gehen ❷ (*go back to*) ■ **to ~ from** [*or* **back to**] **sth** auf etw *akk* zurückgehen; *tradition* aus etw *dat* stammen

date² [deɪt] *n* FOOD Dattel *f*

dat·ed ['deɪtɪd] *adj* überholt

'date·line *n* JOURN Datumszeile *f*

'date-stamp *n* Datumsstempel *m*

da·tive ['deɪtɪv] **I.** *n no pl* LING ■ **the ~** der Dativ; **to be the ~** im Dativ stehen; **to take the ~** den Dativ nach sich ziehen **II.** *adj* **the ~ case** der Dativ

daub [dɔːb] **I.** *vt* beschmieren **II.** *n* Spritzer *m*; **~ of paint** Farbklecks *m*

daugh·ter ['dɔːtə] *n* Tochter *f a. fig*

'daugh·ter-in-law <*pl* daughters-> *n* Schwiegertochter *f*

daunt [dɔːnt] *vt usu passive* entmutigen

daunt·ing ['dɔːntɪŋ] *adj* entmutigend

daw·dle ['dɔːdl] *vi* trödeln

daw·dler ['dɔːdlə] *n* Trödler(in) *m(f)*

dawn [dɔːn] **I.** *n* ❶ *no pl* (*daybreak*) [Morgen]dämmerung *f*; **at** [**the break of**] **~** bei Tagesanbruch, im Morgengrauen; [**from**] **~ to dusk** von morgens bis abends ❷ (*fig*) Anfang *m* **II.** *vi* ❶ (*start*) anbrechen *a. fig* ❷ (*become apparent*) bewusst werden; **it ~ed on me that ...** es dämmerte mir, dass ... *fam*

day [deɪ] *n* Tag *m*; **those were the ~s** das waren noch Zeiten; **he works three ~s on, two ~s off** er arbeitet drei Tage und hat dann zwei Tage frei; **until her dying ~** bis an ihr Lebensende; **today of all ~s** ausgerechnet heute; **the ~ after tomorrow** übermorgen; **the ~ before yesterday** vorgestern; **~ by ~** Tag für Tag; **from ~ to ~** von Tag zu Tag; **from this ~ forth** von heute an; **from that ~ on**[**wards**] von dem Tag an; **from one ~ to the next** (*suddenly*) von heute auf morgen; (*in advance*) im Voraus; **~ in, ~ out** tagaus, tagein; **in sb's younger/student ~s** als jd noch jung/Student war; **in this ~ and age** heutzutage; **in the good old ~s** in der guten alten Zeit; **in the ~s before/when ...** in der Zeit vor/als ...; **in the ~s of ...** zur Zeit des/der ...; **in those ~s** damals; **of the ~** Tages-; **to the ~** auf den Tag genau; **to this ~** bis heute; **all ~** [**long**] den ganzen Tag [über]; **any ~** [**now**] jeden Tag; **one ~** eines Tages; **one of these ~s** eines Tages; (*soon*) demnächst [einmal]; (*some time or other*) irgendwann [einmal]; **one of those ~s** einer dieser unglückseligen Tage; **the other ~** neulich; **some ~** irgendwann [einmal]; **ten ~s from now** heute in zehn Tagen; **these ~s** (*recently*) in letzter Zeit; (*nowadays*) heutzutage; (*at the moment*) zur Zeit ■ **any ~** jederzeit; **to call it a ~** Schluss machen [für heute]; **to** <u>carry</u> [*or* **win**] **the ~** den Sieg davontragen; **at the** <u>end</u> **of the ~** (*in the final analysis*) letzten Endes; (*eventually*) schließlich; **to** <u>make</u> **sb's ~** jds Tag retten; **to** <u>name</u> **the ~** den Hochzeitstermin festsetzen; **to** <u>pass</u> **the time of ~** plaudern, plauschen SÜDD, ÖSTERR; <u>that</u> **will be the ~!** das möchte ich zu gern[e] einmal erleben!; **to be all in a ~'s** <u>work</u> zum Alltag gehören

'day·break *n no pl* **at ~** bei Tagesanbruch

'day care *n no pl* **of pre-schoolers** Vorschulkinderbetreuung *f*; **of the elderly** Altenbetreuung *f*; **~ centre** (*for pre-schoolers*) Kindertagesstätte *f*; (*for the elderly*) Altentagesstätte *f* **'day·dream I.** *n* Tagtraum *m* **II.** *vi* vor sich *akk* hinträumen **II.** *n* Tagtraum *m* **'day·light** *n no pl* Tageslicht *nt*; **in broad ~** am helllichten Tag[e] ■ **to beat the** <u>living</u> **~s out of**

sb jdn windelweich schlagen; **to scare the** <u>living</u> **~s out of sb** jdn zu Tode erschrecken; **to** <u>see</u> **~** [allmählich] klarsehen **'day nurse·ry** n Kindertagesstätte f **'day re·turn** n BRIT Tagesrückfahrkarte f **'day shift** n Tagschicht f **'day·time I.** n no pl Tag m; **in** [or **during**] **the ~** tagsüber **II.** adj Tages- **day-to-'day** adj (daily) [tag]täglich; (normal) alltäglich; **on a ~ basis** tageweise **'day trip** n Tagesausflug m

daze [deɪz] **I.** n no pl Betäubung f; **in a ~** ganz benommen **II.** vt ■ **to be ~d** wie betäubt sein

daz·zle ['dæzl] **I.** vt blenden **II.** n no pl ❶ (brilliance) Glanz m ❷ (sudden brightness) blendendes Licht

'daz·zled adj geblendet a. fig, überwältigt fig

DC [ˌdiːˈsiː] n no pl ❶ ELEC abbrev of **direct current** Gleichstrom m ❷ abbrev of **District of Columbia** D.C.

DD [ˌdiːˈdiː] n abbrev of **Doctor of Divinity** Dr. theol.

'D-Day n no art ❶ HIST 6. Juni 1944, Tag der Landung der Alliierten in der Normandie ❷ (fig) der Tag X

deacon ['diːkən] n Diakon(in) m(f)

dea·con·ess [ˌdiːkəˈnes] n Diakonisse f

dead [ded] **I.** adj ❶ (not alive) tot; **~ body** Leiche f; **to drop ~** tot umfallen; **to shoot sb ~** jdn erschießen ❷ (not active) custom ausgestorben; feelings erloschen; fire, match, volcano erloschen; language tot; **are these glasses ~?** brauchen Sie diese Gläser noch? ❸ (numb) limbs taub; **my legs have gone ~** meine Beine sind eingeschlafen ❹ (with no emotion) voice kalt, (flat) sound dumpf ❺ (not bright) colour matt ❻ (boring, deserted) city tot, [wie] ausgestorben; party öde; season tot ❼ (fig fam: exhausted) **to be ~ on one's feet** zum Umfallen müde sein ❽ (not functioning) phone tot; **and then the phone went ~** und dann war die Leitung tot ❾ (fig: used up) verbraucht; battery leer ❿ (totally) völlig; **~ calm** METEO Windstille f; **~ silence** Totenstille f ⓫ (asleep) **~ to the world** fest eingeschlafen ⓬ FIN, SPORTS tot ▸ **you'll be ~** <u>meat</u> **if you ever do that again** ich kill dich, wenn du das noch einmal machst!; **~** <u>men</u> **tell no tales** (prov) Tote reden nicht; **I wouldn't be** <u>seen</u> **~ in that dress** so ein Kleid würde ich nie im Leben anziehen **II.** adv ❶ (fam: totally) absolut; **you're ~ right** du hast vollkommen Recht!; **"~ slow"** „Schritt fahren"; **~ certain** todsicher; **~ drunk** stockbetrunken; **~ easy** kinderleicht; **~ good** BRIT (fam) super; **to have been ~ lucky** Schwein gehabt haben; **~ silent** totenstill; **~ still** regungslos; **~ tired** todmüde; **to be ~ set against sth** absolut gegen etw akk sein; **to be ~ set on sth** etw felsenfest vorhaben ❷ (exactly) genau; **the town hall is ~ ahead** die Stadthalle liegt direkt da vorne; **~ on five o'clock** Punkt fünf; **~ on target** genau im Ziel; **~ on time** auf die Minute genau ▸ **to stop ~** in one's **tracks** auf der Stelle stehen bleiben; **to stop sth ~ in its** <u>tracks</u> etw völlig zum Stillstand bringen **III.** n ❶ (people) ■ **the ~** pl die Toten ❷ (in the middle) **in the ~ of night** mitten in der Nacht; **in the ~ of winter** im tiefsten Winter

'dead·beat (fam) **I.** n esp AM, AUS (lazy person) Faulpelz m; (chronic debtor) Schnorrer(in) m(f); (feckless person) Gammler(in) m(f) **II.** adj säumig

dead 'cen·tre n, AM **dead 'cen·ter** n genaue Mitte

dead·en ['dedən] vt ❶ (numb) pain abtöten a. fig ❷ (diminish) dämpfen

dead-'end I. n Sackgasse f a. fig **II.** adj **~ street** Sackgasse f; (fig) aussichtslos **dead 'heat** n totes Rennen; **the race ended in a ~** das Rennen ging unentschieden aus **'dead·line** n letzter Termin, Deadline f **dead·lock** ['dedlɒk] n no pl toter Punkt; **to end in ~** an einem toten Punkt enden **dead·ly** ['dedli] **I.** adj ❶ (capable of killing) tödlich ❷ (total) **~ enemies** Todfeinde pl; **in ~ earnest** todernst ❸ (pej fam: very boring) todlangweilig ▸ **the seven ~** <u>sins</u> die sieben Todsünden **II.** adv **~** dull/serious todlangweilig/-ernst **'dead·pan I.** adj ausdruckslos; humour trocken **II.** vt trocken sagen

Dead 'Sea n ■ **the ~** das Tote Meer

dead 'wood n no pl ❶ BOT totes Holz ❷ (fig) Ballast m

deaf [def] **I.** adj (unable to hear) taub; (hard of hearing) schwerhörig; **~ in one ear** auf einem Ohr taub; **to go ~** taub werden; ■ **to be ~ to sth** (fig) taube Ohren für etw akk haben ▸ [as] **~ as a** <u>post</u> stocktaub **II.** n ■ **the ~** pl die Tauben

deaf·en ['defən] vt taub machen; (fig) betäuben **'deaf·en·ing** ['defənɪŋ] adj ohrenbetäubend **deaf-'mute** n Taubstumme(r) f(m) **deaf·ness** ['defnəs] n no pl (complete) Taubheit f; (partial) Schwerhörigkeit f

deal[1] [diːl] n no pl Menge f; **a great** [or **good**] **~** eine Menge; **to be under a great ~ of pressure** unter sehr großem Druck stehen

deal[2] <-t, -t> [diːl] **I.** n ❶ (in business) Geschäft nt, Deal m sl; **we got a good ~ on that computer** mit dem Rechner haben wir ein gutes Geschäft gemacht; **I never make ~s** ich lasse mich nie auf Geschäfte ein; **to do** [or **make**] **a ~ with sb** mit jdm ein Geschäft abschließen; **to make sb a ~** jdm ein Angebot machen ❷ *(general agreement)* Abmachung *f;* **it's a ~** abgemacht; **to make** [*or* **do**] **a ~** [**with sb**] eine Vereinbarung [mit jdm] treffen ❸ *(treatment)* **a fair/raw** [*or* **rough**] **~** eine faire/ungerechte Behandlung ❹ CARDS Geben *nt;* **it's your ~** du gibst ▶ **big ~!**, **what's the big ~?** *(fam)* was soll's?, na und?; **what's the ~** [**with sth**]? AM *(fam)* worum geht's eigentlich [bei etw *dat*]?, was ist los [mit etw *dat*]? ❺ ▶ CARDS geben; **whose turn is it to ~?** wer gibt? ❻ *(sl: sell drugs)* dealen **III.** *vt* ❶ *(give)* ■ **to ~** [*or* **out**] verteilen; **to ~ sb a blow** jdm einen Schlag versetzen *a. fig;* CARDS **to ~** [**out**] ⌒ cards geben ❷ *esp* AM *(sell)* ■ **to ~ sth** mit etw *dat* handeln ◆ **deal with** *vi* ❶ *(handle)* sich befassen mit, sich kümmern um ❷ *(treat)* handeln von ❸ *(do business)* Geschäfte machen mit

deal·er ['diːlə'] *n* ❶ COMM Händler(in) *m(f); of drugs* Dealer(in) *m(f)* ❷ CARDS [Karten]geber(in) *m(f)* **deal·er·ship** ['diːləʃɪp] *n* Verkaufsstelle *f* **deal·ing** ['diːlɪŋ] *n* ❶ *pl* ■ **~s** *(transactions)* Geschäfte *pl; (contact)* Umgang *m kein pl* ❷ *no pl (way of behaving)* Verhalten *nt; (in business)* Geschäftsgebaren *nt* ❸ BRIT STOCKEX Effektenhandel *m* ❹ CARDS Geben *nt*

dealt [delt] *pt, pp of* **deal**

dean [diːn] *n* Dekan(in) *m(f)*

dear [dɪə'] **I.** *adj* ❶ *(much loved)* lieb; *(lovely)* baby, kitten süß; *thing also* entzückend; **for ~ life** als ob es ums Leben ginge ❷ *(in letters)* **D~ Mr Jones** Sehr geehrter Herr Jones; **D~ Jane** Liebe Jane ❸ *(form: costly)* teuer **II.** *adv* **to cost sb ~** jdn teuer zu stehen kommen **III.** *interj* **~ me!** du liebe Zeit!; **oh ~!** du meine Güte! **IV.** *n* ❶ *(nice person)* Schatz *m;* **be a ~** sei so lieb ❷ *(term of endearment)* **my ~**[**est**] [mein] Liebling ▶

dearie ['dɪəri] **I.** *n (dated fam)* Schätzchen *nt* **II.** *interj* **~ me!** ach du meine Güte!

dear·ly ['dɪəli] *adv* von ganzem Herzen; **~ beloved** REL liebe Gemeinde; **to pay ~** *(fig)* teuer bezahlen

dearth [dɜːθ] *n no pl (form)* Mangel *m* (**of** an)

deary *n see* **dearie**

death [deθ] *n* Tod *m;* **to be bored to ~** sich zu Tode langweilen; **to die a natural ~** eines natürlichen Todes sterben; **to be put to ~** getötet werden ▶ **to be at ~'s door** an der Schwelle des Todes stehen; **to be the ~ of sb** jdn das Leben kosten; **to catch one's ~** [**of cold**] sich *dat* den Tod holen; **to look like ~ warmed up** [*or* AM **over**] wie eine Leiche auf Urlaub aussehen; **to be in at the ~** BRIT das Ende miterleben

'death·bed *n* Sterbebett *nt* **'death blow** *n* Todesstoß *m* **'death cer·ti·fi·cate** *n* Sterbeurkunde *f* **'death duties** *npl* Erbschaftssteuern *pl* **death·ly** ['deθli] *adj, adv* tödlich; **~ hush** [*or* **silence**] Totenstille *f;* **~ pale** totenbleich **'death pen·al·ty** *n* Todesstrafe *f;* **to receive the ~** zum Tode verurteilt werden **'death rate** *n* Sterblichkeitsrate *f* **death 'row** *n* AM Todestrakt *m;* **to be on ~** im Todestrakt sitzen **'death sen·tence** *n* Todesurteil *nt* **'death squad** *n* Todesschwadron *f* **'death trap** *n* Todesfalle *f*

de·ba·cle [deɪ'bɑːkl] *n* Debakel *nt*

de·bar <-rr-> [ˌdiː'bɑː'] *vt* ausschließen

de·base [dɪ'beɪs] *vt* ❶ *thing* herabsetzen; *currency* im Wert mindern ❷ *person* entwürdigen

de·bat·able [dɪ'beɪtəbl] *adj* umstritten; ■ **it's ~ whether ...** es ist fraglich, ob ...

de·bate [dɪ'beɪt] **I.** *n* Debatte *f;* **to be open to ~** sich [erst] noch erweisen müssen **II.** *vt, vi* debattieren

de·bauch [dɪ'bɔːtʃ] *vt* [sittlich] verderben

de·bauch·ery [dɪ'bɔːtʃəriː] *n no pl* Ausschweifungen *pl*

de·bili·tate [dɪ'bɪlɪteɪt] *vt* schwächen

de·bili·tat·ing [dɪ'bɪlɪteɪtɪŋ] *adj* schwächend

de·bil·ity [dɪ'bɪləti] *n no pl* Schwäche *f*

deb·it ['debɪt] **I.** *n* Debet *nt,* Soll *nt;* **to be in ~** im Minus sein **II.** *vt* abbuchen

'deb·it card *n* Kundenkarte *f*

de·bris ['debriː, 'deɪ-] *n no pl* Trümmer *pl*

debt [det] *n* Schuld *f;* **out of ~** schuldenfrei; **to be** [**heavily**] **in ~ to sb** [große] Schulden bei jdm haben; **to be in sb's ~** *(fig)* in jds Schuld stehen

'debt col·lec·tor *n* Schuldeneintreiber(in) *m(f)*

debt·or ['detə'] *n* Schuldner(in) *m(f)* **'debt·or coun·try** *n,* **'debt·or na·tion** *n* Schuldnerstaat *m*

'debt re·lief *n* Schuldenerlass *m*

de·bug <-gg-> [ˌdiː'bʌg] *vt* ■ **to ~ sth** ❶ COMPUT bei etw *dat* die Fehler beseitigen; **to ~ a program** ein Programm auf Viren hin absuchen ❷ *(remove hidden microphones)* etw entwanzen ❸ AM *(remove insects)* etw gründlich [von Insekten] säubern

de·but ['deɪbjuː] **I.** *n of a performer* Debüt *nt;* **to make one's ~** sein Debüt geben, debütieren; **~ album** Debütalbum *nt* **II.** *vi* debütieren

debu·tante ['debjutɑːnt] *n* Debütantin *f a. fig*

dec·ade ['dekeɪd, dɪ'keɪd] *n* Jahrzehnt *nt*

deca·dence ['dekədᵊn(t)s] *n no pl* Dekadenz *f*

deca·dent ['dekəd°nt] *adj* dekadent; (*hum*) üppig

de·caf ['di:kæf] (*fam*) **I.** *adj abbrev of* **decaffeinated** entkoffeiniert, koffeinfrei **II.** *n abbrev of* **decaffeinated coffee** entkoffeinierter Kaffee

de·caf·fein·at·ed [dɪ'kæfɪneɪtɪd] *adj* entkoffeiniert, koffeinfrei

de·cant [dɪ'kænt] *vt* umfüllen

de·cant·er [dɪ'kæntəʳ] *n* Karaffe *f*

de·capi·tate [dɪ'kæpɪteɪt] *vt* köpfen

de·capi·ta·tion [dɪˌkæpɪ'teɪʃ°n] *n no pl* Enthauptung *f*

de·cath·lete [dɪ'kæθli:t] *n* Zehnkämpfer(in) *m(f)*

de·cath·lon [dɪ'kæθlɒn] *n* Zehnkampf *m*

de·cay [dɪ'keɪ] **I.** *n no pl* ❶ (*deterioration*) Verfall *m*; **death and ~** Tod und Untergang; **urban ~** Verfall *m* der Städte; **to fall into ~** verfallen ❷ BIOL Verwesung *f*; BOT Fäulnis *f*; PHYS Zerfall *m*; **dental** [*or* **tooth**] **~** Zahnfäule *f* **II.** *vi* ❶ (*deteriorate*) verfallen ❷ BIOL verwesen, [ver]faulen; BOT verblühen; PHYS zerfallen

de·ceased [dɪ'si:st] (*form*) **I.** *n* <*pl* -> ■**the ~** der/die Verstorbene, die Verstorbenen *pl* **II.** *adj* verstorben

de·ceit [dɪ'si:t] *n* ❶ *no pl* Betrug *m* ❷ (*act of deception*) Täuschungsmanöver *nt*

de·ceit·ful [dɪ'si:tf°l] *adj* [be]trügerisch

de·ceive [dɪ'si:v] *vt* ■**to ~ sb** jdn betrügen; **she thought her eyes were deceiving her** sie traute ihren [eigenen] Augen nicht; ■**to ~ oneself** sich [selbst] täuschen; ■**to be ~d by sth** von etw *dat* getäuscht werden

de·ceiv·er [dɪ'si:vəʳ] *n* Betrüger(in) *m(f)*

de·cel·er·ate [ˌdi:'seləreɪt] **I.** *vi* sich verlangsamen; *vehicle, driver* langsamer fahren **II.** *vt* verlangsamen

De·cem·ber [dɪ'sembəʳ] *n* Dezember *m*; *see also* **February**

de·cen·cy [dɪ'si:n(t)si] *n* ❶ *no pl* (*respectability*) Anstand *m*; (*goodness*) Anständigkeit *f* ❷ (*approved behaviour*) ■**decencies** *pl* Anstandsformen *pl* ❸ AM (*basic comforts*) ■**decencies** *pl* Annehmlichkeiten *pl*

de·cent ['di:s°nt] *adj* ❶ (*socially acceptable*) anständig ❷ (*good*) nett ❸ (*appropriate*) angemessen; **to do the ~ thing** das [einzig] Richtige tun ❹ (*good-sized*) anständig; *helping* ordentlich ❺ (*acceptable*) annehmbar

de·cen·trali·za·tion [di:ˌsentrəlaɪ'zeɪʃ°n] *n no pl* Dezentralisierung *f*

de·cen·tral·ize [ˌdi:'sentrəlaɪz] *vt* dezentralisieren

de·cep·tion [dɪ'sepʃ°n] *n no pl* Täuschung *f*

de·cep·tive [dɪ'septɪv] *adj* täuschend

deci·bel ['desɪbel] *n* Dezibel *nt*

de·cide [dɪ'saɪd] **I.** *vi* sich entscheiden (**on** für); ■**to ~ for oneself** für sich selbst entscheiden; ■**to ~ to do sth** beschließen [*o* sich entschließen], etw zu tun **II.** *vt* entscheiden, bestimmen; **he ~d that he liked her** er kam zu der Überzeugung, dass er sie mochte

de·cid·ed [dɪ'saɪdɪd] *adj* (*definite*) entschieden; **he walks with a ~ limp** er humpelt auffällig; *dislike* ausgesprochen

de·cidu·ous [dɪ'sɪdjuəs] *adj* **oak trees are ~** Eichenbäume werfen alljährlich ihr Laub ab; **~ tree** Laubbaum *m*

deci·mal ['desɪm°l] *n* Dezimalzahl *f*, Dezimale *f*; **~ place** Dezimalstelle *f*; **~ point** Komma *nt*

deci·mate ['desɪmeɪt] *vt* dezimieren

de·ci·pher [dɪ'saɪfəʳ] *vt* entziffern; *code* entschlüsseln

de·ci·sion [dɪ'sɪʒ°n] *n* Entscheidung *f* (**about/on** über), Entschluss *m*; **to come to** [*or* **reach**] **a ~** zu einer Entscheidung gelangen; **to make a ~** eine Entscheidung fällen [*o* treffen]

de·ci·sion-mak·ing *n no pl* Entscheidungsfindung *f*

de·ci·sive [dɪ'saɪsɪv] *adj* ❶ (*determining*) bestimmend; *battle* entscheidend; *part* maßgeblich ❷ (*firm*) *measure* entschlossen; **"no," was his ~ reply** „nein", antwortete er mit Bestimmtheit

deck [dek] **I.** *n* ❶ (*on a ship, bus*) Deck *nt*; **below ~s** unter Deck; **on ~** an Deck ❷ *esp* AM, AUS (*raised porch*) Veranda *f* ❸ CARDS **~ of cards** Spiel *nt* Karten; **to shuffle the ~** die Karten *pl* mischen ❹ MUS **tape ~** Tapedeck *nt* ▸ **to have all hands on ~** jede erdenkliche Unterstützung haben; **to clear the ~s** klar Schiff machen; **to hit the ~** sich auf den Boden werfen **II.** *vt* ❶ (*adorn*) ■**to ~ sth** [**out**] etw [aus]schmücken; **to be ~ed** [**out**] **in one's best** herausgeputzt sein ❷ (*sl: knock down*) ■**to ~ sb** jdm eine verpassen

'deck·chair *n* Liegestuhl *m*; (*on ship*) Deckchair *m*

de·claim [dɪ'kleɪm] *vt*, *vi* (*form*) deklamieren

dec·la·ra·tion [ˌdeklə'reɪʃ°n] *n* Erklärung *f*; **~ of war** Kriegserklärung *f*; **to make a ~** eine Erklärung abgeben

de·clare [dɪ'kleəʳ] **I.** *vt* ❶ (*make known*) verkünden; *intention* kundtun; *support* zusagen; **to ~ one's love for sb** jdm eine Liebeserklärung machen ❷ (*state*) erklären; **to ~ war on sb** jdm den Krieg erklären; **to ~ oneself** [**to be**] **bankrupt** sich für bankrott erklären ❸ ECON (*for customs, tax*) deklarieren; **have you anything to ~?** haben Sie etwas zu verzollen? **II.** *vi* sich aussprechen

de·cline [dɪ'klaɪn] **I.** *n* ❶ (*decrease*) Rück-

deciding

asking about strength of opinion

Are you sure that's what you want?

Have you considered it carefully?

Wouldn't you rather have this model?

nach Entschlossenheit fragen

Sind Sie sicher, dass Sie das wollen?

Haben Sie sich das gut überlegt?

Wollen Sie nicht lieber dieses Modell?

expressing determination

I have decided to give the celebration a miss.

I have made up my mind to tell her everything.

We are (absolutely) determined to emigrate to Australia.

Nothing/Nobody is going to stop me doing it.

On no account shall I hand in my notice.

Entschlossenheit ausdrücken

Ich habe mich nun entschieden und werde an der Feier nicht teilnehmen.

Ich habe mich dazu durchgerungen, ihr alles zu sagen.

Wir haben uns (endgültig) entschlossen, nach Australien auszuwandern.

Ich lasse mich von nichts/niemandem davon abbringen, es zu tun.

Ich werde auf keinen Fall kündigen.

expressing indecision

I don't know what I should do.

I cannot decide whether or not to take the flat.

I haven't decided yet.

I haven't reached a decision about it yet.

We are still unsure about what we are going to do.

Unentschlossenheit ausdrücken

Ich weiß nicht was ich tun soll.

Ich bin mir noch unschlüssig, ob ich die Wohnung nehmen soll oder nicht.

Ich habe mich noch nicht entschieden.

Ich bin noch zu keinem Entschluss darüber gekommen.

Wir sind uns noch nicht im Klaren darüber, was wir tun werden.

---

gang *m* ❷ (*deterioration*) Verschlechterung *f*; **industrial** ~ Niedergang *m* der Industrie **II.** *vi* ❶ (*diminish*) *interest, popularity* sinken, nachlassen, zurückgehen; *health* sich verschlechtern; *strength* abnehmen ❷ (*sink in position*) abfallen ❸ (*refuse*) ablehnen; **to ~ to comment on sth** jeden Kommentar zu etw *dat* verweigern **III.** *vt* ❶ (*refuse*) ablehnen ❷ LING deklinieren [*o* beugen]

de·code· [diˈkəʊd] *vt* entschlüsseln

de·cod·er [diˈkəʊdə^r] *n* Decoder *m*

de·com·pose [ˌdiːkəmˈpəʊz] *vi* sich zersetzen

de·com·po·si·tion [ˌdiːkɒmpəˈzɪʃ^ən] *n no pl* Zersetzung *f*

de·com·press [ˌdiːkəmˈpres] *vt, vi* dekomprimieren

de·com·pres·sion [ˌdiːkəmˈpreʃ^ən] *n no pl* Dekompression *f*; COMPUT Entpacken *nt*

de·con·tami·nate [ˌdiːkənˈtæmɪneɪt] *vt* entseuchen

de·con·tami·na·tion [ˌdiːkəntæmɪˈneɪʃ^ən] *n no pl* Entseuchung *f*

de·cor [ˈdeɪkɔː^r] *n no pl* Ausstattung *f*; THEAT Dekor *m o nt*

deco·rate [ˈdekəreɪt] **I.** *vt* ❶ (*adorn*) schmücken; *cake, shop window* dekorieren ❷ (*paint*) streichen; (*wallpaper*) tapezieren; (*paint and wallpaper*) renovieren ❸ (*award a medal*) ■to be ~d ausgezeichnet werden **II.** *vi* (*paint*) streichen; (*wallpaper*) tapezieren

deco·ra·tion [ˌdekəˈreɪʃ^ən] *n* ❶ (*for party*) Dekoration *f*; (*for Christmas tree*) Schmuck *m kein pl* ❷ *no pl* (*process*) Dekorieren *nt*, Schmücken *nt*; (*with paint*) Streichen *nt*; (*with wallpaper*) Tapezieren *nt* ❸ (*medal*) Auszeichnung *f*

deco·ra·tive [ˈdek^ərətɪv] *adj* dekorativ

de·co·ra·tor ['dekərertər] n BRIT Maler(in) m(f)
de·co·rum [dɪ'kɔːrəm] n no pl (form) Schicklichkeit f
de·coy ['diːkɔɪ] n Lockvogel m; **to act as a ~** den Lockvogel spielen
de·crease I. vi [dɪ'kriːs, 'diːkriːs] abnehmen, zurückgehen II. vt [dɪ'kriːs, 'diːkriːs] reduzieren; *production* drosseln III. n ['diːkriːs] Abnahme f; *numbers* Rückgang m; ▪ **on the ~** rückläufig
de·cree [dɪ'kriː] I. n (form) Erlass m II. vt verfügen
de·cree 'ab·so·lute <pl decrees absolute> n BRIT LAW endgültiges Scheidungsurteil
de·crep·it [dɪ'krepɪt] adj klapprig
de·crim·i·nal·ize [diː'krɪmɪnəlaɪz] vt legalisieren
ded·i·cate ['dedɪkeɪt] vt ▪ **to ~ sth to sb** jdm etw widmen; ▪ **to ~ oneself to sth** sich etw dat widmen
ded·i·cat·ed ['dedɪkeɪtɪd] adj ❶ (hard-working) engagiert; ▪ **to be ~ to sth** etw dat verschrieben sein ❷ COMPUT ausschließlich zugeordnet, dediziert
ded·i·ca·tion [,dedɪ'keɪʃən] n ❶ (hard work) Engagement nt (**to** für) ❷ (in book) Widmung f ❸ REL Einweihung f
de·duce [dɪ'djuːs] vt folgern; ▪ **to ~ whether ...** folgern, ob ...
de·duct [dɪ'dʌkt] vt abziehen
de·duct·ible [dɪ'dʌktəbl] adj absetzbar
de·duc·tion [dɪ'dʌkʃən] n ❶ (inference) Schlussfolgerung f; **to make a ~** eine Schlussfolgerung ziehen ❷ (subtraction) Abzug m
deed [diːd] n ❶ (action) Tat f; **to do a good ~** eine gute Tat vollbringen; **to do an evil ~** eine Untat begehen ❷ usu pl LAW Urkunde f
deem [diːm] vt (form) ▪ **to be ~ed sth** als etw gelten
deep [diːp] I. adj, adv ❶ (in dimension) tief; **the snow was 1 m ~** der Schnee lag einen Meter hoch; **they were standing four ~** sie standen zu viert hintereinander; **~ space** äußerer Weltraum ❷ (very much) tief; **~ in debt** hoch verschuldet; **to be ~ in conversation/thought** in ein Gespräch/in Gedanken vertieft sein; **to be in ~ trouble** in großen Schwierigkeiten stecken; **~ blue** tiefblau; **~ red** dunkelrot ❸ (emotional) tief; **you have my ~est sympathy** herzliches Beileid; **to take a ~ breath** tief Luft holen; **in ~ despair** total verzweifelt; **a ~ disappointment to sb** eine schwere Enttäuschung für jdn; **with ~ regret** mit großem Bedauern; **to let out a ~ sigh** tief seufzen; **~-down** tief im Innersten ❹ (difficult) schwer verständlich; **quantum physics is a bit ~ for me** die Quantenphysik ist mir etwas zu hoch II. n (liter) ▪ **the ~** die Tiefe
deep-con'di·tion·ing adj mit pflegender Tiefenwirkung *nach* n **deep·en** ['diːpən] I. vt ❶ (make deeper) tiefer machen ❷ (intensify) vertiefen II. vi ❶ (intensify) sich vertiefen; *crisis* sich verschärfen ❷ (become darker) intensiver werden **'deep-freeze** n Tiefkühlschrank m; (chest) Tiefkühltruhe f **deep-'froz·en** adj tiefgefroren **deep-'fry** vt frittieren **deep·ly** ['diːpli] adv ❶ (very) äußerst; **to be ~ appreciative of sth** etw sehr schätzen; **to be ~ insulted** zutiefst getroffen sein; **to ~ regret sth** etw sehr bereuen ❷ (far down) tief **deep-'pocketed** adj wohlhabend **deep-sea 'ani·mal** n Tiefseetier nt **deep-'seat·ed** adj tief sitzend
deer <pl -> [dɪər] n Hirsch m; (roe deer) Reh nt
de·face [dɪ'feɪs] vt verunstalten; *building* verschandeln
def·a·ma·tion [,defə'meɪʃən] n no pl (form) Diffamierung f
de·fam·a·to·ry [dɪ'fæmətəri] adj diffamierend; **~ speech** Schmährede f
de·fame [dɪ'feɪm] vt (form) diffamieren
de·fault [dɪ'fɔːlt] I. vi ❶ FIN (failure to pay) in Verzug geraten (**on** mit) ❷ COMPUT ▪ **to ~ to sth** standardmäßig eingestellt sein II. n ❶ of contract Nichterfüllung f; (failure to pay debt) Versäumnis nt; **in ~ of payment** Zahlungsverzug ... ❷ no pl ▪ **by ~** automatisch III. adj Standard-
de·feat [dɪ'fiːt] I. vt ❶ (win over) besiegen; (at games, sport) schlagen; *hopes* zerschlagen; *proposal* ablehnen; **that ~s the purpose of this meeting** dadurch verliert dieses Treffen seinen Sinn ❷ POL *bill* ablehnen II. n Niederlage f
de·feat·ism [dɪ'fiːtɪzəm] n no pl (pej) Defätismus m, Defaitismus m SCHWEIZ **de·feat·ist** [dɪ'fiːtɪst] I. adj defätistisch, defaitistisch SCHWEIZ II. n Defätist(in) m(f), Defaitist(in) m(f) SCHWEIZ
def·e·cate ['defəkeɪt] vi (form) den Darm entleeren
def·e·ca·tion [,defəkeɪʃən] n no pl (form) Stuhlentleerung f
de·fect[1] ['diːfekt] n Fehler m; TECH Defekt m (**in** an)
de·fect[2] [dɪ'fekt] vi POL überlaufen (**to** zu)
de·fec·tion [dɪ'fekʃən] n Flucht f; POL Überlaufen nt
de·fec·tive [dɪ'fektɪv] adj fehlerhaft; TECH defekt
de·fence [dɪ'fen(t)s] n ❶ of person Schutz

m; of country Verteidigung *f;* **in my ~** zu meiner Verteidigung; **ministry of ~** Verteidigungsministerium *nt* ❷ LAW Verteidigung *f;* **witness for the ~** Zeuge(in) *m(f)* der Verteidigung ❸ SPORTS Abwehr *f;* **to play in** [*or* AM **on**] **~** Abwehrspieler/Abwehrspielerin sein ■ MED ■ **~ s** *pl* Abwehrkräfte *pl*

de·fence·less [dɪˈfen(t)sləs] *adj* wehrlos

De·ˈfence Min·is·ter *n* Verteidigungsminister(in) *m(f)*

de·fend [dɪˈfend] *vt, vi* verteidigen; *(fight off)* ■ **to ~ oneself** sich wehren

de·fend·ant [dɪˈfendənt] *n* LAW Angeklagte(r) *f(m)*

de·fend·er [dɪˈfendə] *n* ❶ *(protector)* Beschützer(in) *m(f);* (*supporter)* Verfechter(in) *m(f)* ❷ SPORTS Verteidiger(in) *m(f)*

de·fense *n esp* AM *see* **defence**

de·fen·sible [dɪˈfen(t)səbl] *adj* ❶ *(capable of being defended)* wehrhaft ❷ *(supportable)* vertretbar

de·fen·sive [dɪˈfen(t)sɪv] **I.** *adj* defensiv **II.** *n* Defensive *f;* **to be on the ~** in der Defensive sein; **to go on the ~** in die Defensive gehen

de·fer <-rr-> [dɪˈfɜː] **I.** *vi (form)* ■ **to ~ to sb/sth** sich jdm/etw beugen; **to ~ to sb's judgement** sich jds Urteil fügen **II.** *vt* verschieben; FIN, LAW aufschieben; *decision* vertagen

def·er·ence [ˈdefərən(t)s] *n no pl (form)* Respekt *m;* **in ~ of** aus Respekt (**to** vor)

def·er·en·tial [ˌdefəˈren(t)ʃəl] *adj* respektvoll

de·fi·ance [dɪˈfaɪən(t)s] *n no pl* Aufsässigkeit *f;* ■ **in ~ of sb/sth** jdm/etw zum Trotz

de·fi·ant [dɪˈfaɪənt] *adj* aufsässig

de·fi·cien·cy [dɪˈfɪʃən(t)si] *n* Mangel *m* (**in** an)

de·fi·cient [dɪˈfɪʃənt] *adj* unzureichend; ■ **sb/sth is ~ in sth** es mangelt jdm/etw an etw *dat*

defi·cit [ˈdefɪsɪt] *n* Defizit *nt* (**in** in)

de·file [dɪˈfaɪl] **I.** *vt (form)* beschmutzen; *tomb* schänden **II.** *n* Hohlweg *m*

de·fine [dɪˈfaɪn] *vt* ❶ *(give definition)* definieren (**by** über); ■ **to be ~d against sth** (*outlined*) sich [deutlich] gegen etw *akk* abzeichnen ❷ *(specify)* festlegen

defi·nite [ˈdefɪnət] **I.** *adj* sicher; *answer* klar; *decision* definitiv; *improvement, increase* eindeutig; *place, shape, tendency, time limit* bestimmt; **there's nothing ~ yet** es steht noch nichts fest; **to have ~ opinions** feste Vorstellungen haben; ■ **to be ~ about sth** sich *dat* einer S. *gen* sicher sein **II.** *n (fam)* **she's a ~ for the Olympic team** sie wird auf jeden Fall in der Olympiamannschaft dabei sein

defi·nite ˈar·ti·cle *n* LING bestimmter Artikel **defi·nite·ly** [ˈdefɪnətli] *adv* eindeutig; **we're ~ going by car** wir fahren auf jeden Fall mit dem Auto; **to decide sth ~** etw endgültig beschließen

defi·ni·tion [ˌdefɪˈnɪʃən] *n* ❶ *(meaning)* Definition *f* ❷ *no pl (distinctness)* Schärfe *f;* **to lack ~** unscharf sein

de·fini·tive [dɪˈfɪnətɪv] *adj* ❶ *(conclusive)* endgültig; *proof* eindeutig ❷ *(most authoritative)* ultimativ

de·flate [dɪˈfleɪt] **I.** *vt* ❶ *balloon, ball* Luft ablassen aus +*dat* ❷ *(fig) hopes* zunichtemachen; ■ **to be ~d** einen Dämpfer bekommen haben ❸ ECON deflationieren **II.** *vi* Luft verlieren

de·fla·tion [dɪˈfleɪʃən] *n no pl* ECON Deflation *f*

de·fla·tion·ary [dɪˈfleɪʃənəri] *adj* deflationär

de·flect [dɪˈflekt] **I.** *vt* ■ **to ~ sb from doing sth** jdn davon abbringen, etw zu tun; ■ **to ~ sth** etw ablenken; *ball* abfälschen; *blow* abwehren; PHYS *light* beugen **II.** *vi* ■ **to ~ off sth** *ball* von etw *dat* abprallen

de·flec·tion [dɪˈflekʃən] *n* Ablenkung *f;* SPORTS Abpraller *m;* **the ball took a ~ off a defender's leg** der Ball prallte am Bein eines Verteidigers ab

de·for·est [diːˈfɒrɪst] *vt* abholzen

de·for·esta·tion [diːˌfɒrɪˈsteɪʃən] *n no pl* Abholzung *f,* Entwaldung *f*

de·form [dɪˈfɔːm] **I.** *vt* deformieren **II.** *vi* sich verformen

de·for·ma·tion [ˌdiːfɔːˈmeɪʃən, 'defə-] *n no pl* Deformation *f,* Verformung *f;* **~ of one's bones** Knochenmissbildung *f*

de·formed [dɪˈfɔːmd] *adj* verformt; *face* entstellt; **to be born ~** missgebildet zur Welt kommen

de·form·ity [dɪˈfɔːməti] *n* Missbildung *f*

de·fraud [dɪˈfrɔːd] *vt* betrügen (**of** um)

de·fray [dɪˈfreɪ] *vt (form) costs* tragen

de·frost [diːˈfrɒst] **I.** *vt* auftauen; *fridge* abtauen **II.** *vi* auftauen; *fridge* abtauen

deft [deft] *adj* geschickt; ■ **to be ~ at sth** Geschick für etw *akk* haben

de·funct [dɪˈfʌŋ(k)t] *adj (form)* gestorben; *(hum)* hinüber *fam; institution* ausgedient; *process* überholt

de·fuse [diːˈfjuːz] *vt* entschärfen *a. fig*

defy <-ie-> [dɪˈfaɪ] *vt* ❶ *(disobey)* ■ **to ~ sb/sth** jdm/etw widersetzen; *(fig: resist, withstand)* sich etw *dat* entziehen; **to ~ description** jeder Beschreibung spotten ❷ *(challenge)* auffordern

deg. *n abbrev of* **degree**

de·gen·er·ate I. *vi* [dɪˈdʒenəreɪt] degenerieren; ■ **to ~ into sth** zu etw *dat* entarten

II. *adj* [dɪˈdʒenərət] degeneriert **III.** *n* [dɪˈdʒenərət] verkommenes Subjekt

de·gen·er·a·tion [dɪˌdʒenəˈreɪʃən] *n no pl* Degeneration *f*

de·grade [dɪˈgreɪd] **I.** *vt* ❶ *person* erniedrigen ❷ *environment* angreifen ❸ CHEM abbauen **II.** *vi* ❶ ELEC beeinträchtigt werden ❷ CHEM ■ **to ~ into sth** zu etw *dat* abgebaut werden

de·gree [dɪˈgriː] *n* ❶ (*amount*) Maß *nt*; (*extent*) Grad *m*; **to different ~s** in unterschiedlichem Maße; **a high ~ of skill** ein hohes Maß an Können; **to the last ~** in höchstem Grad; **by ~s** nach und nach; **to some ~** bis zu einem gewissen Grad ❷ MATH, METEO Grad *m* ❸ UNIV Abschluss *m*; **to do a ~ in sth** etw studieren

de·'gree course *n* Studiengang, der mit einem ‚bachelor's degree' abschließt **de·'gree day** *n* Wert-Tag *m*, Grad-Tag-Faktor *m* (*Einheit für die Zu- oder Abnahme der Tages-Durchschnittstemperaturen über einen ganzen Tag*)

de·hu·man·ize [ˌdiːˈhjuːmənaɪz] *vt* entmenschlichen

de·hy·drate [ˌdiːhɑrˈdreɪt] **I.** *vt* ■ **to ~ sth** etw *dat* das Wasser entziehen; **to become ~d** austrocknen **II.** *vi* MED dehydrieren

de·hy·drat·ed [ˌdiːhɑrˈdreɪtɪd] *adj food* getrocknet; *skin* ausgetrocknet; **~ food** Trockennahrung *f*

de·hy·dra·tion [ˌdiːhɑrˈdreɪʃən] *n no pl* MED Dehydration *f*

de-ice [ˌdiːˈaɪs] *vt* enteisen

deign [deɪn] *vi* ■ **to ~ to do sth** sich [dazu] herablassen, etw zu tun

de·ity [ˈdeɪɪti] *n* Gottheit *f*

de·ject·ed [dɪˈdʒektɪd] *adj* niedergeschlagen

de·jec·tion [dɪˈdʒekʃən] *n no pl* Niedergeschlagenheit *f*

de·lay [dɪˈleɪ] **I.** *vt* ❶ (*postpone*) verschieben ❷ (*hold up*) **to be ~ed** [**by 10 minutes**] [zehn Minuten] Verspätung haben; **I was ~ed** ich wurde aufgehalten **II.** *vi* verschieben **III.** *n* Verzögerung *f*; TRANSP Verspätung *f*; ■ **without ~** unverzüglich

de·layed-'ac·tion *adj* **~ fuse** Zeitzünder *m*; **~ drug** Medikament *nt* mit Depotwirkung

de·lay·ing [dɪˈleɪɪŋ] *adj* verzögernd; **~ tactics** Verzögerungstaktik *f*

de·lec·ta·ble [dɪˈlektəbl] *adj food, drink* köstlich; (*esp hum*) *person* bezaubernd

de·lec·ta·tion [ˌdiːlekˈteɪʃən] *n no pl* (*form of hum*) Vergnügen *nt*

del·e·gate I. *n* [ˈdelɪgət] Delegierte(r) *f(m)* **II.** *vt* [ˈdelɪgeɪt] ❶ (*appoint*) ■ **to ~ sb** jdn als Vertreter/Vertreterin [aus]wählen; ■ **to ~ sb to do sth** jdn dazu bestimmen, etw zu tun ❷ (*assign*) ■ **to ~ sth to sb** jdm etw übertragen; ■ **to ~ sb to do sth** jdn dazu ermächtigen, etw zu tun **III.** *vi* [ˈdelɪgeɪt] delegieren

del·e·ga·tion [ˌdelɪˈgeɪʃən] *n* Delegation *f*

de·lete [dɪˈliːt] **I.** *vt* ❶ (*in writing*) streichen (**from** aus) ❷ COMPUT löschen **II.** *vi* löschen; **please ~ as appropriate** Nichtzutreffendes bitte streichen

de·le·tion [dɪˈliːʃən] *n* ❶ (*act, item removed*) Löschung *f*; *of a file* Löschen *nt* ❷ (*item crossed out*) Streichung *f*; **to make a ~** etwas streichen

deli [ˈdeli] *n* (*fam*) *short for* **delicatessen** Feinkostgeschäft *nt*

de·lib·er·ate I. *adj* [dɪˈlɪbərət] ❶ (*intentional*) absichtlich; *decision, lie* bewusst ❷ (*careful*) vorsichtig **II.** *vi* [dɪˈlɪbəreɪt] (*form*) [gründlich] nachdenken (**on** über) **III.** *vt* [dɪˈlɪbəreɪt] (*form*) ❶ (*discuss*) beraten ❷ (*consider*) ■ **to ~ whether ...** überlegen, ob ...

de·lib·er·ate·ly [dɪˈlɪbərətli] *adv* absichtlich

de·lib·er·a·tion [dɪˌlɪbəˈreɪʃən] *n* ❶ *no pl* (*carefulness*) Bedächtigkeit *f* ❷ (*form: consideration*) Überlegung *f*; **after much ~, ...** nach reiflicher Überlegung, ...

del·i·ca·cy [ˈdelɪkəsi] *n* ❶ FOOD Delikatesse *f* ❷ *no pl* (*discretion*) Feingefühl *nt*; **that is a matter of some ~** das ist eine ziemlich heikle Angelegenheit ❸ *no pl* (*fineness*) Feinheit *f*; *of features* Zartheit *f* ❹ *no pl of health* Zerbrechlichkeit *f*

del·i·cate [ˈdelɪkət] *adj* ❶ (*sensitive*) empfindlich; *china* zerbrechlich ❷ (*tricky*) heikel ❸ (*fine*) fein; *aroma, colour* zart; **~ cycle** Feinwaschgang *m* ❹ (*prone to illness*) *person* anfällig, empfindlich; *health* zart

del·i·ca·tes·sen [ˌdelɪkəˈtesən] *n* Feinkostgeschäft *nt*

de·li·cious [dɪˈlɪʃəs] *adj* köstlich, lecker

de·light [dɪˈlaɪt] **I.** *n* Freude *f*; **the ~s of being retired** die Annehmlichkeiten des Ruhestandes; **in ~** vor Freude **II.** *vt* erfreuen **III.** *vi* ■ **to ~ in sth** Vergnügen bei etw *dat* empfinden; ■ **to ~ in doing sth** es lieben, etw zu tun

de·light·ed [dɪˈlaɪtɪd] *adj* hocherfreut; *smile* vergnügt; ■ **to be ~ at** [*or* **by**] [*or* **with**] **sth** von etw *dat* begeistert sein; ■ **to be ~ to do sth** etw mit [großem] Vergnügen tun; **I was ~ to meet you** es hat mich sehr gefreut, Sie kennen zu lernen **de·light·ful** [dɪˈlaɪtfəl] *adj* wunderbar; *evening, village* reizend; *smile, person* charmant

de·lin·quen·cy [dɪˈlɪŋkwən(t)si] *n no pl* Straffälligkeit *f*

de·lin·quent [dɪˈlɪŋkwənt] **I.** *n* Delinquent(in) *m(f)* **II.** *adj* straffällig

de·lir·i·ous [dɪˈlɪriəs] *adj* ❶ MED im Delirium ❷ (*extremely happy*) *crowd* taumelnd; ~ **with joy** außer sich *dat* vor Freude

de·lir·i·ous·ly [dɪˈlɪriəsli] *adv* ❶ (*incoherently*) im Delirium ❷ (*extremely*) wahnsinnig

de·lir·i·um [dɪˈlɪriəm] *n no pl* MED Delirium *nt*

de·liv·er [dɪˈlɪvəʳ] **I.** *vt* ❶ (*bring*) liefern; (*by post*) zustellen; *newspapers* austragen; (*by car*) ausfahren; **to ~ a message to sb** jdm eine Nachricht überbringen ❷ (*recite*) *speech* halten; LAW (*pronounce*) *verdict* verkünden ❸ (*direct*) *blow* geben; *rebuke* halten ❹ SPORTS *ball* werfen; *punch* landen ❺ (*give birth*) zur Welt bringen; (*aid in giving birth*) entbinden ❻ (*form: liberate*) erlösen; **~ from evil** REL bewahre uns vor dem Bösen ❼ (*produce*) *promise* einlösen ❽ (*hand over*) ausliefern **II.** *vi* ❶ (*supply*) liefern ❷ (*fulfil*) **to ~ on sth** etw einhalten

de·liv·er·ance [dɪˈlɪvᵊrᵊn(t)s] *n no pl* (*form*) Erlösung *f* **de·liv·er·er** [dɪˈlɪvᵊrəʳ] *n* (*form*) Erlöser *m*

de·liv·ery [dɪˈlɪvᵊri] *n* ❶ (*of goods*) Lieferung *f*; (*of mail*) Zustellung *f*; **~ time** Lieferzeit *f*; **to take ~ of sth** etw erhalten; **on ~** bei Lieferung ❷ (*manner of speaking*) Vortragsweise *f* ❸ SPORTS Wurf *m* ❹ (*birth*) Entbindung *f*

de·liv·ery room *n*, **de·liv·ery suite** *n*, **de·liv·ery unit** *n* Kreißsaal *m* **de·liv·ery ser·vice** *n* Zustelldienst *m* **de·liv·ery van** *n* Lieferwagen *m*

del·ta [ˈdeltə] *n* Delta *nt*

de·lude [dɪˈluːd] *vt* täuschen; ■ **to ~ oneself** sich *dat* etwas vormachen

del·uge [ˈdeljuːdʒ] **I.** *n* ❶ (*downpour*) Regenguss *m*; (*flood*) Flut *f* ❷ (*fig*) Flut *f* **II.** *vt* ■ **to be ~d** überflutet werden; (*fig*) überschüttet werden

de·lu·sion [dɪˈluːʒᵊn] *n* Täuschung *f*; **to suffer from** [*or* **be under**] **the ~ that ...** sich *dat* einbilden, dass ...; **to suffer from ~s** unter Wahnvorstellungen leiden; **~s of grandeur** Größenwahn *m*

de luxe [dɪˈlʌks] *adj* Luxus-

delve [delv] *vi* suchen (**for** nach); **to ~ in one's pocket** in seiner Tasche kramen; **to ~ into sb's past** in jds Vergangenheit nachforschen

dema·gog *n* AM *see* **demagogue**

dema·gogue [ˈdeməgɒg] *n* (*pej*) Demagoge, Demagogin *m, f*

de·mand [dɪˈmɑːnd] **I.** *vt* ❶ (*insist upon*) verlangen ❷ (*need*) erfordern **II.** *n* ❶ (*insistent request*) Forderung *f* (**for** nach); **on ~** auf Verlangen ❷ (*requirement*) Bedarf *m*; COMM Nachfrage *f*; **in ~** gefragt ❸ BRIT (*for payment*) Mahnung *f* ❹ (*expectations*) **to make ~s on sb** Anforderungen *pl* an jdn stellen; **she's got many ~s on her time** sie ist zeitlich sehr beansprucht

de·mand·ing [dɪˈmɑːndɪŋ] *adj child, journey, work* anstrengend; *job, person, test* anspruchsvoll

de·mar·ca·tion [ˌdiːmɑːˈkeɪʃᵊn], AM *also* **de·mar·ka·tion** *n* Abgrenzung *f*; **~ line** Demarkationslinie *f*

de·mean [dɪˈmiːn] *vt* erniedrigen

de·mean·ing [dɪˈmiːnɪŋ] *adj* erniedrigend

de·mean·our [dɪˈmiːnəʳ], AM **de·mean·or** *n no pl* (*form: behaviour*) Verhalten *nt*; (*bearing*) Erscheinungsbild *nt*

de·ment·ed [dɪˈmentɪd] *adj* verrückt

de·mer·it [ˌdiːˈmerɪt] *n* ❶ (*fault*) Schwäche *f* ❷ AM SCH (*black mark*) Minuspunkt *m*

demi·god [ˈdemigɒd] *n* Halbgott *m a. fig*

demi·li·ta·rize [diːˈmɪlɪtᵊraɪz] *vt* entmilitarisieren

de·mise [dɪˈmaɪz] *n no pl* (*form*) Ableben *nt*; (*fig*) Niedergang *m*

de·mist [dɪˈmɪst] *vt* BRIT *windscreen* frei machen

de·mist·er [dɪˈmɪstəʳ] *n* BRIT AUTO Gebläse *nt*

demo [ˈdeməʊ] (*fam*) **I.** *n* Demo *f*; **to go on a ~** auf eine [*o* zu einer] Demo gehen **II.** *adj* Demo- **III.** *vt* <-ˈd, -ˈd> (*demonstrate*) ■ **to ~ sth** etw demonstrieren

de·mo·bi·lize [diːˈməʊbəlaɪz] **I.** *vt people* aus dem Kriegsdienst entlassen; *things* demobilisieren **II.** *vi* demobilisieren

de·moc·ra·cy [dɪˈmɒkrəsi] *n* Demokratie *f*

demo·crat [ˈdeməkræt] *n* Demokrat(in) *m(f)*

demo·crat·ic [ˌdeməˈkrætɪk] *adj* demokratisch

de·moc·ra·ti·za·tion [dɪˌmɒkrətaɪˈzeɪʃᵊn] *n no pl* Demokratisierung *f*

de·moc·ra·tize [dɪˈmɒkrətaɪz] *vt* demokratisieren

de·mol·ish [dɪˈmɒlɪʃ] *vt* ❶ (*destroy*) *building* abreißen; *wall* einreißen; *car in accident* demolieren; (*in scrapyard*) verschrotten ❷ (*refute, defeat*) zunichtemachen; *argument* widerlegen ❸ (*fam: eat up*) verdrücken

demo·li·tion [ˌdeməlɪʃᵊn] *n* Abriss *m*; (*fig*) Widerlegung *f*

de·mon [ˈdiːmən] **I.** *n* ❶ (*evil spirit*) Dämon *m*; (*fig: wicked person*) Fiesling *m sl* **II.** *adj* (*fam*) höllisch [gut]

de·mon·ic [dɪˈmɒnɪk] *adj* ❶ (*devilish*) dämonisch ❷ (*evil*) bösartig

de·mon·stra·ble [dɪˈmɒn(t)strəbl] *adj* nachweislich

dem·on·strate [ˈdemənstreɪt] **I.** *vt* ❶ (*show*) zeigen; *operation* vorführen;

authority, knowledge demonstrieren; *loyalty* beweisen ❷ (*prove*) nachweisen **II.** *vi* demonstrieren

dem·on·stra·tion [ˌdemənˈstreɪʃən] *n* ❶ (*act of showing*) Demonstration *f*, Vorführung *f*; ~ **model** Vorführmodell *nt* ❷ (*open expression*) Ausdruck *m* ❸ (*protest march*) Demonstration *f*

de·mon·stra·tive [dɪˈmɒn(t)strətɪv] *adj* ❶ (*form: illustrative*) anschaulich; ■ **to be ~ of sth** etw veranschaulichen ❷ (*expressing feelings*) ■ **to be ~** seine Gefühle offen zeigen

dem·on·stra·tor [ˈdemənstreɪtəʳ] *n* ❶ (*of a product*) Vorführer(in) *m(f)* ❷ (*protester*) Demonstrant(in) *m(f)*

de·mor·al·ize [dɪˈmɒrəlaɪz] *vt* demoralisieren

de·mote [dɪˈməʊt] *vt* zurückstufen; MIL degradieren

de·mure [dɪˈmjʊəʳ] *adj* ❶ (*shy*) [sehr] schüchtern ❷ (*composed and reserved*) gesetzt

den [den] *n* ❶ (*lair*) Bau *m* ❷ (*children's playhouse*) Hütte *f* ❸ (*study*) Arbeitszimmer *nt*; (*private room*) Bude *f*; Hobbyraum *m* ❹ (*hum*) ~ **of thieves** Räuberhöhle *f*

de·na·tion·al·ize [ˌdiːˈnæʃənəlaɪz] *vt* privatisieren

de·natu·ral·ize [diːˈnætʃərəlaɪz] *vt* ■ **to ~ sb** jdn entstaatlichen, jdm die Staatsbürgerschaft entziehen

de·ni·al [dɪˈnaɪəl] *n* ❶ (*statement*) Dementi *nt*; (*action*) Leugnen *nt kein pl* ❷ *no pl* (*refusal*) Ablehnung *f*; ~ **of equal opportunities** Verweigerung *f* von Chancengleichheit ❸ PSYCH **to be in ~** sich der Realität verschließen

deni·grate [ˈdenɪgreɪt] *vt* verunglimpfen

den·im [ˈdenɪm] **I.** *n* ❶ *no pl* (*material*) Denim® *m* ❷ (*fam*) ■ **~s** *pl* Jeans *f[pl]* **II.** *adj* Jeans-

Den·mark [ˈdenmɑːk] *n* Dänemark *nt*

de·nomi·na·tion [dɪˌnɒmɪˈneɪʃən] *n* ❶ (*religious group*) Konfessionsgemeinschaft *f* ❷ (*unit of value*) Währungseinheit *f*

de·nomi·na·tion·al [dɪˌnɒmɪˈneɪʃənəl] *adj* Konfessions-

de·nomi·na·tor [dɪˈnɒmɪneɪtəʳ] *n* MATH Nenner *m*

de·note [dɪˈnəʊt] *vt* bedeuten

de·noue·ment [dəʳˈnuːmɑ̃] *n* (*form*) Ende *nt*; *film* Ausgang *m*

de·nounce [dɪˈnaʊn(t)s] *vt* ❶ (*criticize*) anprangern ❷ (*accuse*) entlarven; ■ **to ~ sb to sb** jdn bei jdm denunzieren

dense <-r, -st> [den(t)s] *adj* ❶ (*thick*) dicht ❷ (*fig fam: stupid*) dumm

dense·ly [ˈden(t)sli] *adv* dicht

den·sity [ˈden(t)sɪti] *n* Dichte *f*

dent [dent] **I.** *n* ❶ (*hollow*) Beule *f*, Delle *f* ❷ (*fig*) Loch *nt* **II.** *vt* ❶ (*put a dent in*) einbeulen ❷ (*fig*) **to ~ sb's confidence** jds Selbstbewusstsein *nt* anknacksen

den·tal [ˈdentəl] *adj* Zahn-

den·tal prac·ti·tion·er *n*, **'den·tal sur·geon** *n* Zahnarzt, Zahnärztin *m, f*

den·tist [ˈdentɪst] *n* Zahnarzt, Zahnärztin *m, f*

den·tis·try [ˈdentɪstri] *n no pl* Zahnmedizin *f*

den·tures [ˈden(t)ʃəz] *npl* [Zahn]prothese *f*

de·nude [dɪˈnjuːd] *vt* kahl werden lassen [*o* kahl machen]

de·nun·cia·tion [dɪˌnʌn(t)siˈeɪʃən] *n* ❶ (*condemnation*) Anprangerung *f* ❷ (*denouncing*) Denunziation *f*

deny <-ie-> [dɪˈnaɪ] *vt* ❶ (*declare untrue*) abstreiten; *accusation* zurückweisen; **there's no ~ing that ...** es lässt sich nicht bestreiten, dass ... ❷ (*refuse to grant*) ■ **to ~ sth to sb** [*or* **sb sth**] jdm etw verweigern; *request* ablehnen ❸ (*do without*) ■ **to ~ oneself sth** sich *dat* etw versagen ❹ (*form: disown*) verleugnen

de·odor·ant [diˈəʊdərənt] *n* Deo[dorant] *nt*

dep. *n abbrev* of **departure** Abf. *f*; *aircraft* Abfl. *m*

de·part [dɪˈpɑːt] **I.** *vi* ❶ (*leave*) fortgehen; *plane* abfliegen, starten; *train* abfahren; *ship* ablegen, abfahren ❷ (*differ*) abweichen **II.** *vt* **to ~ this life** aus diesem Leben scheiden

de·part·ed [dɪˈpɑːtɪd] (*form*) **I.** *adj* verstorben **II.** *n pl* ■ **the ~** die Verstorbenen

de·part·ment [dɪˈpɑːtmənt] *n* ❶ UNIV Institut *nt* ❷ COMM Abteilung *f* ❸ POL Ministerium *nt* ❹ ADMIN Amt *nt* ❺ (*fig fam: field of expertise*) Zuständigkeitsbereich *m*

de·part·men·tal [ˌdiːpɑːtˈmentəl] *adj* ❶ UNIV Instituts- ❷ COMM Abteilungs- ❸ POL Ministerial- ❹ ADMIN Amts-

de·'part·ment store *n* Kaufhaus *nt*

de·par·ture [dɪˈpɑːtʃəʳ] *n* ❶ (*on a journey*) Abreise *f*, Abfahrt *f*; *plane* Abflug *m*; *ship* Ablegen *nt*, Abfahrt *f* ❷ (*act of leaving*) Abschied *m*; **~ from politics** Abschied *m* aus der Politik ❸ (*deviation*) Abweichung *f*; *from policy* Abkehr *f*

de·'par·ture gate *n* Flugsteig *m* **de·'par·ture lounge** *n* Abfahrthalle *f*; AVIAT Abflughalle *f* **de·'par·ture time** *n* Abfahrtzeit *f*; AVIAT Abflugzeit *f*

de·pend [dɪˈpend] *vi* (*rely on circumstance*) ■ **to ~ on sth** von etw *dat* abhängen; **that ~s** kommt darauf an; **that ~s on the weather** das hängt vom Wetter ab; **~ing on the weather** je nachdem, wie das Wetter ist

de·pend·a·bil·i·ty [dɪˌpendə'brləti] n no pl Zuverlässigkeit f, Verlässlichkeit f **de·pend·able** [dɪ'pendəbl] adj zuverlässig, verlässlich **de·pend·ant** [dɪ'pendənt] n [finanziell] abhängige(r) Angehörige(r) f(m) **de·pend·ence** [dɪ'pendən(t)s] n no pl Abhängigkeit f **de·pend·en·cy** [dɪ'pendən(t)si] n ① no pl Abhängigkeit f ② (dependent state) Territorium nt **de·pend·ent** [dɪ'pendənt] **I.** adj ① (conditional) ■ to be ~ [up]on sth von etw dat abhängen ② (relying on) ■ to be ~ on sth von etw dat abhängig sein; help, goodwill auf etw akk angewiesen sein **II.** n Am see **dependant**

de·pict [dɪ'pɪkt] vt (form) darstellen
de·pic·tion [dɪ'pɪkʃən] n Darstellung f
de·pi·la·to·ry [dɪ'pɪlətəri] n Enthaarungsmittel nt; ~ cream Enthaarungscreme f
de·plete [dɪ'pli:t] vt vermindern
de·plet·ed [dɪ'pli:tɪd] adj verbraucht
de·ple·tion [dɪ'pli:ʃən] n Abbau m; of resources, capital Erschöpfung f
de·plor·able [dɪ'plɔːrəbl] adj beklagenswert; conditions erbärmlich
de·plore [dɪ'plɔːʳ] vt ① (disapprove) verurteilen ② (regret) beklagen
de·ploy [dɪ'plɔɪ] vt einsetzen
de·ploy·ment [dɪ'plɔɪmənt] n no pl Einsatz m
de·pop·u·late [ˌdiː'pɒpjəleɪt] vt entvölkern
de·port [dɪ'pɔːt] vt ausweisen; prisoner deportieren; **to ~ sb back to his home country** jdn in sein Heimatland abschieben
de·por·ta·tion [ˌdiːpɔː'teɪʃən] n Ausweisung f, Abschiebung f; of prisoner Deportation f
de·por·tee [ˌdiːpɔː'tiː] n (waiting to be deported) Abzuschiebende(r) f(m); (already deported) Abgeschobene(r) f(m)
de·port·ment [dɪ'pɔːtmənt] n no pl (form) Benehmen nt
de·pose [dɪ'pəʊz] vt absetzen; monarch entthronen
de·pos·it [dɪ'pɒzɪt] **I.** vt ① (leave) ■ to ~ sb jdn absetzen; ■ to ~ sth etw abstellen; eggs etw ablegen; GEOL ablagern ② (safekeeping) luggage deponieren ③ (pay into account) einzahlen; (pay as first instalment) anzahlen; **to ~ money in one's account** Geld auf sein Konto einzahlen ④ (leave as security) als Sicherheit hinterlegen **II.** n ① (sediment) Bodensatz m; (layer) Ablagerung f; (underground layer) Vorkommen nt ② FIN (first instalment) Anzahlung f; (security) Kaution f; (on a bottle) Pfand nt

de·'pos·it ac·count n BRIT Sparkonto nt
dep·o·si·tion [ˌdepə'zɪʃən] n ① no pl (form: removal from power) Absetzung f; of dictator Sturz m ② (written statement) Aussage f
de·pos·i·tor [dɪ'pɒzɪtəʳ] n Anleger(in) m(f)
de·pot ['depəʊ] n Depot nt
de·praved [dɪ'preɪvd] adj [moralisch] verdorben
de·prav·i·ty [dɪ'prævəti] n no pl Verdorbenheit f
dep·re·cate ['deprəkeɪt] vt (form) ① (show disapproval of) missbilligen ② (disparage) schlechtmachen
dep·re·cat·ing ['deprəkeɪtɪŋ] adj (form) ① (strongly disapproving) missbilligend; stare strafend ② (disparaging) herablassend; (apologetic) entschuldigend
de·pre·ci·ate ['dɪpriː'ʃɪeɪt] **I.** vi an Wert verlieren **II.** vt entwerten
de·pre·ci·a·tion [dɪpriːʃɪ'eɪʃən] n no pl Wertminderung f; of currencies Entwertung f
de·press [dɪ'pres] vt ① (deject) deprimieren ② (reduce) drücken ③ (form: press down) [nieder]drücken; **to ~ a pedal** auf ein Pedal treten
de·press·ant [dɪ'presənt] **I.** n Beruhigungsmittel nt **II.** adj beruhigend
de·pressed [dɪ'prest] adj ① (dejected) deprimiert (at/over wegen); **to feel ~** sich niedergeschlagen fühlen ② ECON heruntergekommen ③ MED **~ fracture of the skull** Schädelfraktur f mit Impression
de·press·ing [dɪ'presɪŋ] adj deprimierend
de·pres·sion [dɪ'preʃən] n ① no pl (sadness) Depression f; **to suffer from ~** unter Depressionen leiden ② ECON Wirtschaftskrise f ③ METEO Tiefdruckgebiet nt ④ (hollow) Vertiefung f
de·pres·sive [dɪ'presɪv] **I.** n Depressive(r) f(m) **II.** adj depressiv
dep·ri·va·tion [ˌdepri'veɪʃən] n Entbehrung f
de·prive [dɪ'praɪv] vt ■ **to ~ sb of sth** jdm etw entziehen [o vorenthalten]
de·prived [dɪ'praɪvd] adj sozial benachteiligt
dept. n abbrev of **department** Abt.
depth [depθ] n Tiefe f a. fig; **he has hidden ~s** er hat verborgene Talente; **in the ~s of despair** zutiefst verzweifelt; **in the ~s of the forest** mitten im Wald; **the ~s of the ocean** die Tiefen des Ozeans; **in the ~ of winter** mitten im tiefsten Winter; **in ~** gründlich ▸ **to be out of one's ~** für jdn zu hoch sein; **to get out of one's ~** den Boden unter den Füßen verlieren
'depth charge n Wasserbombe f
dep·u·ta·tion [ˌdepjə'teɪʃən] n + sing/pl vb Abordnung f

depu·tize ['depjətaɪz] *vi* ■ **to ~ for sb** für jdn einspringen, jdn vertreten

depu·ty ['depjəti:] **I.** *n* Stellvertreter(in) *m/f* **II.** *adj* stellvertretend

de·rail [dɪ'reɪl] *vt* entgleisen lassen; (*fig*) *negotiations* zum Scheitern bringen; ■ **to be ~ed** entgleisen

de·rail·ment [dɪ'reɪlmənt] *n* Entgleisung *f*; (*fig*) *of negotiation* Scheitern *nt*

de·ranged [dɪ'reɪndʒd] *adj* geistesgestört

der·by ['dɑ:bi] *n* ❶ SPORTS Derby *nt* ❷ AM (*bowler hat*) Melone *f*

de·regu·la·tion [di:,regjʊ'leɪʃᵊn] *n no pl* Deregulierung *f*

der·elict ['derəlɪkt] **I.** *adj* verlassen; **to lie ~** brach liegen **II.** *n* (*form*) Obdachlose(r) *f(m)*

der·elic·tion [,derə'lɪkʃᵊn] *n no pl* ❶ (*dilapidation*) Verwahrlosung *f* ❷ (*negligence*) **~ of duty** Pflichtvernachlässigung *f*

de·ride [dɪ'raɪd] *vt* (*form*) verspotten

de·ri·sion [dɪ'rɪʒᵊn] *n no pl* Spott *m*; **to treat sth with ~** etw verhöhnen

de·ri·sive [dɪ'raɪsɪv] *adj* spöttisch

de·ri·sory [dɪ'raɪsᵊri] *adj* ❶ (*derisive*) spöttisch ❷ (*ridiculously small*) lächerlich

der·i·va·tion [,derɪ'veɪʃᵊn] *n* ❶ (*origin*) Ursprung *m* ❷ (*process of evolving*) Ableitung *f*

de·riva·tive [dɪ'rɪvətɪv] **I.** *adj* (*pej*) nachgemacht **II.** *n* Ableitung *f*, Derivat *nt*

de·rive [dɪ'raɪv] **I.** *vt* gewinnen; **sb ~s pleasure from doing sth** etw bereitet jdm Vergnügen **II.** *vi* ■ **to ~ from sth** sich von etw *dat* ableiten [lassen]

der·ma·ti·tis [,dɜ:mə'taɪtɪs] *n no pl* Hautreizung *f*, Dermatitis *f*

der·ma·tolo·gist [,dɜ:mə'tɒlədʒɪst] *n* Dermatologe(in) *m(f)*, Hautarzt, Hautärztin *m, f*

der·ma·tol·ogy [,dɜ:mə'tɒlədʒi] *n no pl* Dermatologie *f*

de·roga·tory [dɪ'rɒgətᵊri] *adj* abfällig

der·rick ['derɪk] *n* ❶ (*crane*) Lastkran *m* ❷ (*over oil well*) Bohrturm *m*

DES [,di:i:'es] *n* BRIT *abbrev of* **Department of Education and Science** Bildungs- und Wissenschaftsministerium *nt*

de·sali·nate [di:'sælɪneɪt] *vt* entsalzen

de·sali·na·tion [di:,sælɪ'neɪʃᵊn] *n no pl* Entsalzung *f*

de·scale [di:'skeɪl] *vt* entkalken

des·cant ['deskænt] *n* Diskant *m*

de·scend [dɪ'send] **I.** *vi* ❶ (*go down*) *path* hinunterführen; *person* hinabsteigen, hinuntergehen ❷ (*fall*) herabsinken ❸ (*fig: deteriorate*) ■ **to ~ into sth** in etw *akk* umschlagen ❹ (*fig: lower oneself*) sich erniedrigen ❺ (*fig: originate*) abstammen **II.** *vt* hinuntersteigen

de·scend·ant [dɪ'sendənt] *n* Nachkomme *m*

de·scent [dɪ'sent] *n* ❶ (*landing approach*) [Lande]anflug *m* ❷ (*way down*) Abstieg *m kein pl* ❸ (*fig: decline*) Abrutsch *m* ❹ *no pl* (*fig: ancestry*) Abstammung *f*

de·scribe [dɪ'skraɪb] *vt* beschreiben; *experience* schildern; **to ~ sb as stupid** jdn als dumm bezeichnen

de·scrip·tion [dɪ'skrɪpʃᵊn] *n* Beschreibung *f*; **of every ~** jeglicher Art; **to write a ~ of sb/sth** jdn/etw schriftlich schildern

de·scrip·tive [dɪ'skrɪptɪv] *adj* beschreibend; *statistics* deskriptiv; **this passage is very ~** dieser Abschnitt enthält eine ausführliche Beschreibung

des·ecrate ['desɪkreɪt] *vt* schänden

des·ecra·tion [,desɪ'kreɪʃᵊn] *n no pl* Schändung *f*

de·seg·re·ga·tion [di:,segrɪgeɪʃᵊn] *n no pl* Aufhebung *f* der Rassentrennung

de·sen·si·tize [di:'sen(t)sɪtaɪz] *vt* ❶ (*make less sensitive to*) abstumpfen ❷ MED desensibilisieren

de·sert[1] [dɪ'zɜ:t] **I.** *vi* MIL desertieren **II.** *vt* verlassen; **my courage ~ed me** mein Mut ließ mich im Stich

de·sert[2] ['dezət] *n* Wüste *f a. fig*; **~ island** verlassene Insel; **~ plant** Wüstenpflanze *f*

de·sert·ed [dɪ'zɜ:tɪd] *adj* verlassen; *of town* ausgestorben **de·sert·er** [dɪ'zɜ:tə*r*] *n* Deserteur(in) *m(f)*

de·ser·ti·fi·ca·tion [dɪ,zɜ:tɪfɪ'keɪʃᵊn] *n no pl* Desertifikation *f*

de·ser·tion [dɪ'zɜ:ʃᵊn] *n* Verlassen *nt*; MIL Desertion *f*

de·serts [dɪ'zɜ:ts] *npl* ■ **to get one's [just] ~** seine Quittung bekommen

de·serve [dɪ'zɜ:v] *vt* (*merit*) verdienen; **what have I done to ~ [all] this?** womit habe ich das verdient?

de·serv·ed·ly [dɪ'zɜ:vɪdli] *adv* verdientermaßen; **~ so** zu Recht

de·serv·ing [dɪ'zɜ:vɪŋ] *adj* verdienstvoll; **a ~ cause** eine gute Sache

de·sign [dɪ'zaɪn] **I.** *vt* ❶ (*plan*) entwerfen; *books* gestalten; *cars* konstruieren ❷ (*intend*) ■ **to be ~ed for sb** für jdn konzipiert sein; **these measures are ~ed to reduce pollution** diese Maßnahmen sollen die Luftverschmutzung verringern **II.** *n* ❶ (*plan or drawing*) Entwurf *m* ❷ *no pl* (*art*) Design *nt*; *of building* Bauart *f*; *of machine* Konstruktion *f*; (*pattern*) Muster *nt* ❸ *no pl* (*intention*) Absicht *f* ❹ (*fam: dishonest intentions*) ■ **~s** *pl* Absichten *pl* **III.** *adj* Konstruktions-

des·ig·nate ['dezɪgneɪt] **I.** *vt* ■ **to ~ sb** ernennen (**as** zu); ■ **to ~ sb to do sth** jdn mit etw *dat* beauftragen; ■ **to ~ sth** etw erklären (**as** zu); ■ **to ~ sth for sb** etw für jdn konzi-

pieren **II.** *adj after n* designiert
des·ig·na·tion [ˌdesɪgˈneɪʃən] *n* ❶ (*title*) Bezeichnung *f* ❷ (*act of designating*) Festlegung *f*
de·sign·er [dɪˈzaɪnəʳ] *n* Designer(in) *m(f)*; ~ **jeans** Designerjeans *pl*
de·sign·ing [dɪˈzaɪnɪŋ] *n* Design *nt*
de·sir·able [dɪˈzaɪərəbl] *adj* ❶ (*worth having*) erstrebenswert; (*popular*) begehrt; **computer literacy is ~ for this job** für diesen Job sind Computerkenntnisse erwünscht ❷ (*sexually attractive*) begehrenswert
de·sire [dɪˈzaɪəʳ] **I.** *vt* ❶ (*want*) wünschen ❷ (*be sexually attracted to*) begehren **II.** *n* ❶ (*strong wish*) Verlangen *nt*; (*stronger*) Sehnsucht *f*; (*request*) Wunsch *m* ❷ (*sexual need*) Begierde *f*
de·'sired *adj* erwünscht
de·sist [dɪzɪst] *vi* (*form*) einhalten; ■ **to ~ from doing sth** davon absehen, etw zu tun
desk [desk] *n* ❶ (*table for writing*) Schreibtisch *m* ❷ (*service counter*) Schalter *m* ❸ (*newspaper section*) Redaktion *f*
'desk lamp *n* Schreibtischlampe *f* **'desk·top** *n* Desktop *m*; ~ **publishing** Desktoppublishing *nt*
deso·late [ˈdesəlɪt] **I.** *adj* ❶ (*barren*) trostlos ❷ (*unhappy*) niedergeschlagen **II.** *vt* ❶ *country* verwüsten ❷ *person* **she was ~d** sie war untröstlich
deso·la·tion [ˌdesəˈleɪʃən] *n no pl* ❶ (*barrenness*) Trostlosigkeit *f* ❷ (*sadness*) Verzweiflung *f*
des·pair [dɪˈspeəʳ] **I.** *n no pl* (*feeling of hopelessness*) Verzweiflung *f*; **in ~** verzweifelt; **filled with ~** voller Verzweiflung **II.** *vi* verzweifeln (**at/of** an); **to ~ of doing sth** die Hoffnung aufgeben, etw zu tun
des·pair·ing [dɪˈspeərɪŋ] *adj* verzweifelt
des·patch [dɪˈspætʃ] *n, vt see* **dispatch**
des·per·ate [ˈdespərət] *adj* verzweifelt; (*great*) dringend; **I'm in a ~ hurry** ich hab's wahnsinnig eilig; **to be in ~ need of help** dringend Hilfe brauchen; **to be in ~ straits** in extremen Schwierigkeiten stecken; ■ **to be ~ for sth** etw dringend brauchen
des·pera·tion [ˌdespəˈreɪʃən] *n no pl* Verzweiflung *f*; **out of ~** aus Verzweiflung
des·pic·able [dɪˈspɪkəbl] *adj* abscheulich
des·pise [dɪˈspaɪz] *vt* verachten
de·spite [dɪˈspaɪt] *prep* ■ ~ **sth** trotz einer S. *gen*
de·spond·ent [dɪˈspɒndənt] *adj* niedergeschlagen
des·sert [dɪˈzɜːt] *n* Nachtisch *m*, Dessert *nt*
des·'sert·spoon *n* (*small*) Dessertlöffel *m*; (*larger*) Esslöffel *m*

de·sta·bi·li·za·tion [diːˌsteɪbəlaɪˈzeɪʃən] *n no pl* Destabilisierung *f*
de·sta·bi·lize [diːˈsteɪbəlaɪz] *vt* destabilisieren
des·ti·na·tion [ˌdestɪˈneɪʃən] *n* Ziel *nt*; *of journey* Reiseziel *nt*; *of letter* Bestimmungsort *m*
des·ti·ny [ˈdestɪniː] *n* Schicksal *nt*
des·ti·tute [ˈdestɪtjuːt] **I.** *adj* mittellos **II.** *n* ■ **the ~** *pl* die Bedürftigen
des·ti·tu·tion [ˌdestɪˈtjuːʃən] *n no pl* Armut *f*
de·stress [ˌdiːˈstres] *vi* Stress abbauen
de·stroy [dɪˈstrɔɪ] *vt* ❶ (*demolish*) zerstören ❷ (*do away with*) vernichten ❸ (*kill*) auslöschen; *herd* abschlachten; *pet* einschläfern ❹ (*ruin*) zunichtemachen; *reputation* ruinieren ❺ (*fig: crush*) fertigmachen
de·stroy·er [dɪˈstrɔɪəʳ] *n* ❶ MIL Zerstörer *m* ❷ (*fig*) Vernichter(in) *m(f)*
de·struct·ible [dɪˈstrʌktəbl] *adj* zerstörbar
de·struc·tion [dɪˈstrʌkʃən] *n no pl* Zerstörung *f*; **mass ~** Massenvernichtung *f*; **to leave a trail of ~** eine Spur der Verwüstung hinterlassen
de·struc·tive [dɪˈstrʌktɪv] *adj* zerstörerisch; *influence, person* destruktiv
de·struc·tive·ness [dɪˈstrʌktɪvnəs] *n no pl* *of person* Zerstörungswut *f*; *of explosive* Sprengkraft *f*
des·ul·tory [ˈdesəltəri] *adj* halbherzig
Det *n abbrev of* **Detective** Kriminalbeamte(r), -beamtin *m, f*
de·tach [dɪˈtætʃ] *vt* abnehmen; (*without reattaching*) abtrennen
de·tach·able [dɪˈtætʃəbl] *adj* abnehmbar
de·tached [dɪˈtætʃt] *adj* ❶ (*separated*) abgelöst; **to become ~** sich ablösen ❷ (*aloof*) distanziert
de·tach·ment [dɪˈtætʃmənt] *n* ❶ *no pl* (*aloofness*) Distanziertheit *f* ❷ (*of soldiers*) Einsatztruppe *f*
de·tail [ˈdiːteɪl] **I.** *n* ❶ (*item of information*) Detail *nt*, Einzelheit *f*; **further ~s** nähere Informationen; **to provide ~s about sth** nähere Angaben zu etw *dat* machen; **to go into ~** ins Detail gehen, auf die Einzelheiten eingehen; **in ~** im Detail ❷ (*unimportant item*) Kleinigkeit *f* ❸ *pl* **~s** (*vital statistics*) Personalien *pl* ❹ MIL Sonderkommando *nt* **II.** *vt* ❶ (*explain*) ausführlich erläutern ❷ (*specify*) einzeln aufführen ❸ MIL ■ **to ~ sb to do sth** jdn dazu abkommandieren, etw zu tun
de·tailed [ˈdiːteɪld] *adj* detailliert; *description, report* ausführlich; *study* eingehend
de·tain [dɪˈteɪn] *vt* ❶ LAW in Haft nehmen ❷ (*form: delay*) aufhalten
de·tainee [ˌdiːteɪˈniː] *n* Häftling *m*
de·tect [dɪˈtekt] *vt* ❶ (*catch in act*) ertappen

de·tect·able [dɪˈtektəbl] *adj* feststellbar; *change* wahrnehmbar

de·tec·tion [dɪˈtekʃ°n] *n no pl* ❶ (*act of discovering*) Entdeckung *f*; *of cancer* Feststellung *f* ❷ (*by detective*) Ermittlungsarbeit *f*

de·tec·tive [dɪˈtektɪv] *n* ❶ (*in police*) Kriminalbeamte(r), -beamtin *m, f*; (*form of address*) D~ **Sergeant Lewis** Kriminalobermeister(in) *m(f)* Lewis ❷ (*private*) [Privat]detektiv(in) *m(f)*

de·tec·tive in·ˈspect·or *n* BRIT Polizeiinspektor(in) *m(f)* **de·ˈtec·tive nov·el** *n* Kriminalroman *m*, Krimi *m fam* **de·tec·tive su·per·in·ˈtend·ent** *n* BRIT Kriminalkommissar(in) *m(f)*

de·tec·tor [dɪˈtektəʳ] *n* Detektor *m*

de·ten·tion [dɪˈten(t)ʃ°n] *n* ❶ *no pl* (*state*) Haft *f* ❷ (*act*) Festnahme *f* ❸ *no pl* MIL Arrest *m* ❹ SCH Nachsitzen *nt kein pl*; **to get** [*or* **have**] ~ nachsitzen müssen

de·ˈten·tion cen·tre *n* BRIT, **de·ˈten·tion home** *n* AM Jugendstrafanstalt *f*

de·ter <-rr-> [dɪˈtɜːʳ] *vt* verhindern; ■ **to** ~ **sb** jdn abschrecken [*o* abhalten]

de·ter·gent [dɪˈtɜːdʒ°nt] *n* Reinigungsmittel *nt*

de·te·rio·rate [dɪˈtɪərɪəreɪt] *vi* ❶ (*become worse*) sich verschlechtern; *sales* zurückgehen; *morals* verfallen ❷ (*disintegrate*) verfallen; *leather, wood* sich zersetzen

de·te·rio·ra·tion [dɪˌtɪərɪəˈreɪʃ°n] *n no pl* ❶ (*worsening*) Verschlechterung *f*; *of morals* Zerfall *m* ❷ ECON, TECH Qualitätsverlust *m* ❸ (*disintegration*) Verfall *m*; *of metal, wood* Zersetzung *f*

de·ter·mi·na·tion [dɪˌtɜːmɪˈneɪʃ°n] *n no pl* ❶ (*resolve*) Entschlossenheit *f* ❷ (*determining*) Bestimmung *f*

de·ter·mine [dɪˈtɜːmɪn] *vt* ❶ (*decide*) entscheiden; ■ **to** ~ **that** ... beschließen, dass ... ❷ (*find out*) ermitteln; ■ **to** ~ **that** ... feststellen, dass ...; ■ **to** ~ **when/where/who/why** ... herausfinden, wann/wo/wer/warum ... ❸ (*influence*) bestimmen; **genetically** ~**d** genetisch festgelegt

de·ter·mined [dɪˈtɜːmɪnd] *adj* entschlossen; **she is** ~ **that** ... sie hat es sich in den Kopf gesetzt, dass ...

de·ter·rence [dɪˈter°n(t)s] *n no pl* Abschreckung *f*

de·ter·rent [dɪˈter°nt] **I.** *n* Abschreckung *f*, Abschreckungsmittel *nt*; ■ **to be a** ~ abschrecken **II.** *adj* abschreckend

de·test [dɪˈtest] *vt* verabscheuen; **I** ~ **having to get up early in the morning** ich hasse es, frühmorgens aufstehen zu müssen

de·test·able [dɪˈtestəbl] *adj* abscheulich

de·throne [diːˈθrəʊn] *vt* entthronen

deto·nate [ˈdet°neɪt] *vi, vt* detonieren

deto·na·tion [ˌdet°nˈeɪʃ°n] *n* Detonation *f*

deto·na·tor [ˈdet°neɪtəʳ] *n* [Spreng]zünder *m*

de·tour [ˈdiːtʊəʳ] *n* Umweg *m*

de·tox [ˈdiːtɒks] *n short for* **detoxification** Entzug *m*; ■ **to be in** ~ auf Entzug sein

de·toxi·fi·ca·tion [diːˌtɒksɪfɪˈkeɪʃ°n] *n no pl* ❶ (*remove poison*) Entgiftung *f* ❷ (*treatment for addiction*) Entzug *m fam*

de·toxi·fy <-ie-> [ˌdiːˈtɒksɪfaɪ] *vt* entgiften; *addict* einer Entziehungskur unterziehen

de·tract [dɪˈtrækt] *vi* ■ **to** ~ **from sth** etw beeinträchtigen; **to** ~ **from sb's achievements** jds Leistungen *pl* schmälern

de·trac·tor [dɪˈtræktəʳ] *n* Kritiker(in) *m(f)*

det·ri·ment [ˈdetrɪmənt] *n no pl* Nachteil *m*; **without** ~ ohne Schaden (**to** für)

det·ri·men·tal [ˌdetrɪˈment°l] *adj* schädlich

deuce [djuːs] *n* ❶ AM (*cards, dice*) Zwei *f* ❷ TENNIS Einstand *m*

de·valu·a·tion [ˌdiːvæljuˈeɪʃ°n] *n no pl* Abwertung *f*

de·value [ˌdiːˈvæljuː] *vt* abwerten

dev·as·tate [ˈdevəsteɪt] *vt* vernichten; *region* verwüsten; (*fam*) umhauen; **to be utterly** ~**d** völlig am Boden zerstört sein

dev·as·tat·ing [ˈdevəsteɪtɪŋ] *adj* ❶ (*destructive*) verheerend, vernichtend *a. fig* ❷ (*fig fam: positively overwhelming*) umwerfend; *smile* unwiderstehlich; (*negatively*) niederschmetternd

dev·as·ta·tion [ˌdevəˈsteɪʃ°n] *n no pl* ❶ (*destruction*) Verwüstung *f* ❷ (*of person*) Verzweiflung *f*

de·vel·op [dɪˈveləp] **I.** *vi* sich entwickeln (**into** zu); *abilities* sich entfalten **II.** *vt* ❶ entwickeln; *habit* annehmen; *plan* ausarbeiten; *skills* weiterentwickeln ❷ ARCHIT erschließen [und bebauen] ❸ PHOT entwickeln

de·vel·oped [dɪˈveləpt] *adj* ❶ (*advanced*) entwickelt ❷ ARCHIT *land* erschlossen

de·vel·op·er [dɪˈveləpəʳ] *n* ❶ PSYCH **late** ~ Spätentwickler(in) *m(f)* ❷ (*person*) Bauunternehmer(in) *m(f)*; (*company*) Baufirma *f*, Bauunternehmen *nt* ❸ PHOT Entwickler *m* **de·vel·op·ing** [dɪˈveləpɪŋ] *adj* sich entwickelnd **de·vel·op·ment** [dɪˈveləpmənt] *n* ❶ *no pl* (*act, event, process*) Entwicklung *f*; **have there been any new** ~**s?** hat sich etwas Neues ergeben? ❷ *no pl* ARCHIT (*work*) Bau *m*; (*area*) Baugebiet *nt*; **new** ~ Neubaugebiet *nt*

de·vi·ant ['di:viənt] SOCIOL **I.** *n* to be a [sexual] ~ [im sexuellen Verhalten] von der Norm abweichen **II.** *adj behaviour* abweichend

de·vi·ate ['di:vieɪt] *vi* abweichen; *from route* sich entfernen

de·vi·a·tion [ˌdi:vi'eɪʃən] *n* Abweichung *f*

de·vice [dɪ'vaɪs] *n* ❶ (*machine*) Gerät *nt*, Vorrichtung *f* ❷ (*method*) Verfahren *nt*; **linguistic/stylistic ~** Sprach-/Stilmittel *nt*; **literary/rhetorical ~** literarischer/rhetorischer Kunstgriff; **marketing ~** absatzförderndes Mittel ❸ (*bomb*) **explosive/incendiary ~** Spreng-/Brandsatz *m;* **nuclear ~** atomarer Sprengkörper ▶ **to leave sb to their own ~s** jdn sich *dat* selbst überlassen

dev·il ['devəl] *n* ❶ *no pl* Teufel *m;* ■ **the D~** der Teufel ❷ (*fig*) Teufel(in) *m(f)* ❸ (*fam: sly person*) alter Fuchs; (*daring person*) Teufelskerl *m;* [**go on,**] **be a ~!** nur zu, sei kein Frosch! ❹ (*fam: affectionately*) **cheeky ~** Frechdachs *m;* **little ~** kleiner Schlingel; **lucky ~** Glückspilz *m;* **poor ~** armer Teufel ❺ (*emphasizing*) **a ~ of a job** eine Heidenarbeit; **to have the ~ of a job** [*or* **time**] **doing sth** es verdammt schwer haben, etw zu tun; **how/what/where/who/why the ~ ...?** wie/was/wo/wer/warum zum Teufel ...? ▶ **~ take the hindmost** den Letzten beißen die Hunde; **needs must when the ~ drives** (*prov*) ob du willst oder nicht; **to be between the ~ and the deep blue sea** sich in einer Zwickmühle befinden; **go to the ~!** geh zum Teufel!; **speak of the ~ ...** wenn man vom Teufel spricht ...; **like the ~** wie besessen

dev·il·ish ['devəlɪʃ] *adj* teuflisch; *situation* verteufelt; **~ job** Heidenarbeit *f* **'dev·il-may-care** *adj attr* sorglos-leichtsinnig

de·vi·ous ['di:viəs] *adj* ❶ (*dishonest*) *person* verschlagen; *scheme* krumm ❷ (*roundabout*) gewunden; **to take a ~ route** einen Umweg fahren

de·vise [dɪ'vaɪz] *vt* erdenken; *scheme* aushecken

de·void [dɪ'vɔɪd] *adj* ■ **to be ~ of sth** ohne etw sein

de·vo·lu·tion [ˌdi:və'lu:ʃən] *n no pl* POL Dezentralisierung *f*

de·volve [dɪ'vɒlv] (*form*) **I.** *vi* übergehen (**on** auf) **II.** *vt* übertragen (**on** auf)

de·vote [dɪ'vəʊt] *vt* widmen; *one's time* opfern; **to ~ oneself to God** sein Leben Gott weihen

de·vot·ed [dɪ'vəʊtɪd] *adj admirer* begeistert; *dog* anhänglich; *follower, friend* treu; *friendship* aufrichtig; *husband, mother* hingebungsvoll; *servant* ergeben; ■ **to be ~ to sb/sth** jdm/etw treu ergeben sein; **she is ~ to**

her job sie geht völlig in ihrer Arbeit auf

devo·tee [ˌdevə(ʊ)'ti:] *n of an artist* Verehrer(in) *m(f); of a leader* Anhänger(in) *m(f); of a cause* Verfechter(in) *m(f); of music* Liebhaber(in) *m(f); of a sport* Fan *m*

de·vo·tion [dɪ'vəʊʃən] *n no pl* ❶ (*loyalty*) Ergebenheit *f* ❷ (*dedication*) Hingabe *f* (**to** an) ❸ (*affection*) *of husband, wife* Liebe *f; of children* Anhänglichkeit *f; of an admirer* Verehrung *f* ❹ REL Andacht *f*

de·vo·tion·al [dɪ'vəʊʃənəl] *adj* Andachts-, andächtig

de·vour [dɪ'vaʊər] *vt* verschlingen *a. fig*

de·vour·ing [dɪ'vaʊərɪŋ] *adj* verzehrend

de·vout [dɪ'vaʊt] *adj* REL fromm; (*fig*) [sehr] engagiert; *hope, wish* sehnlich

dew [dju:] *n no pl* Tau *m*

dew·drop *n* Tautropfen *m*

dex·ter·i·ty [dek'sterəti] *n no pl* ❶ (*of hands*) Geschicklichkeit *f* ❷ (*cleverness*) Gewandtheit *f; of speech* Redegewandtheit *f*

dex·ter·ous ['dekstərəs] *adj* gewandt; *fingers* geschickt

dex·trose ['dekstrəʊs] *n no pl* Traubenzucker *m*

dex·trous ['dekstrəs] *adj see* **dexterous**

DHS [ˌdi:eɪtʃ'es] *n no pl* *abbrev of* **Department of Homeland Security** Ministerium *nt* für innere Sicherheit

dia·be·tes [ˌdaɪə'bi:ti:z] *n no pl* Zuckerkrankheit *f*

dia·bet·ic [ˌdaɪə'betɪk] **I.** *n* Diabetiker(in) *m(f)* **II.** *adj* ❶ (*having diabetes*) zuckerkrank ❷ (*for diabetics*) Diabetiker-

dia·bol·ic [ˌdaɪə'bɒlɪk] *adj* ❶ (*of Devil*) Teufels- ❷ (*evil*) teuflisch

dia·dem ['daɪədem] *n* Diadem *nt*

di·ag·nose ['daɪəɡnəʊz] *vt* ❶ MED diagnostizieren; **she was ~d as having diabetes** man hat bei ihr Diabetes festgestellt ❷ (*discover*) erkennen; *fault* feststellen

di·ag·no·sis <*pl* -ses> [ˌdaɪəɡ'nəʊsɪs, *pl* -si:z] *n* ❶ *of a disease* Diagnose *f;* **to make a ~** eine Diagnose stellen ❷ *of a problem* Beurteilung *f*

di·ag·nos·tic [ˌdaɪəɡ'nɒstɪk] *adj* diagnostisch

di·ago·nal [daɪ'æɡənəl] **I.** *adj line* diagonal, schräg **II.** *n* Diagonale *f*

dia·gram ['daɪəɡræm] *n* schematische Darstellung *f;* MATH Diagramm *nt*

dial [daɪəl] **I.** *n of clock* Zifferblatt *nt; of instrument, radio* Skala *f; of telephone* Wählscheibe *f* **II.** *vi, vt* <BRIT -ll- *or* AM *usu* -l-> wählen; **to ~ direct** durchwählen; **to ~ the wrong number** sich verwählen

dia·lect ['daɪəlekt] *n* Dialekt *m*

dial·ling ['daɪəlɪŋ] *n no pl* Wählen *nt*

'dial·ling code n BRIT Vorwahl f
dia·logue ['daɪəlɒg] n, AM **dia·log** n Dialog m
di·aly·sis [daɪ'ælɪsɪs] n no pl Dialyse f
di·am·eter [daɪ'æmɪtə'] n Durchmesser m
dia·met·ri·cal·ly [ˌdaɪə'metrɪkəli] adv ~ opposed völlig entgegengesetzt
dia·mond ['daɪəmənd] n ① (stone) Diamant m ② MATH Raute f, Rhombus m ③ CARDS Karo nt; ace of ~s Karoass nt ④ (in baseball) Spielfeld nt; (infield) Innenfeld m
dia·mond 'wed·ding n diamantene Hochzeit
dia·per ['daɪəpə'] n AM Windel f
di·aph·a·nous [daɪ'æfənəs] adj (liter) durchscheinend
dia·phragm ['daɪəfræm] n Diaphragma nt
dia·rist ['daɪərɪst] n Tagebuchschreiber(in) m(f)
di·ar·rhoea [ˌdaɪə'rɪə] n, esp AM **di·ar·rhea** n no pl Durchfall m
di·ary ['daɪəri] n ① (book) Tagebuch nt ② (schedule) [Termin]kalender m
dia·ton·ic [ˌdaɪə'tɒnɪk] adj MUS diatonisch
dia·tribe ['daɪətraɪb] n (form: verbal) Schmährede f; (written) Schmähschrift f
dice [daɪs] I. n <pl -> ① (object) Würfel m; (game) Würfelspiel nt; **to play** ~ würfeln; **to roll** [or **throw**] **the** ~ würfeln ▶ **no** ~! AM (fam) kommt [überhaupt] nicht in Frage! II. vi würfeln ▶ **to** ~ **with death** mit seinem Leben spielen III. vt FOOD würfeln
dicey ['daɪsi] adj (fam) riskant
dick [dɪk] n ① (pej!: stupid man) Idiot m ② AM (pej sl: detective) Schnüffler m ③ (vulg: penis) Schwanz m ④ AM, CAN (sl) ~ **all** überhaupt nichts
dick·ens ['dɪkɪnz] n (fam) **what the** ~ ...? was zum Teufel ...?
dicky ['dɪki] adj BRIT, AUS (sl) heart schwach
Dic·ta·phone® ['dɪktəfəʊn] n Diktaphon nt
dic·tate [dɪk'teɪt] I. vt ① (command) befehlen ② a letter, memo diktieren II. vi ■ **to** ~ **to sb** jdm Vorschriften machen; **to** ~ **into a machine** in ein Gerät diktieren
dic·ta·tion [dɪk'teɪʃən] n Diktat nt
dic·ta·tor [dɪk'teɪtə'] n ① POL (also fig) Diktator m ② (of text) Diktierende(r) f(m)
dic·ta·tor·ial [ˌdɪktə'tɔːriəl] adj diktatorisch
dic·ta·tor·ship [dɪk'teɪtəʃɪp] n Diktatur f
dic·tion ['dɪkʃən] n no pl Ausdrucksweise f
dic·tion·ary ['dɪkʃənəri] n Wörterbuch nt
did [dɪd] pt of do
di·dac·tic [daɪ'dæktɪk] adj didaktisch
did·dle ['dɪdl] (fam) I. vt ① (cheat) übers Ohr hauen; ■ **to** ~ **sb out of sth** jdm etw abgaunern II. vi AM (tinker) ■ **to** ~ [**around**] **with sth an etw** dat [he]rumzumachen
didn't ['dɪdənt] = **did not** see **do**
die[1] [daɪ] n <pl **dice**> (for games) Würfel m ▶ **as straight as a** ~ grundehrlich; **the** ~ **is cast** die Würfel sind gefallen
die[2] <-y-> [daɪ] I. vi ① (cease to live) sterben, umkommen (of vor); **to** ~ **of** [or **from**] **cancer** an Krebs sterben; **to almost** ~ **of boredom/embarrassment** (fam) vor Langeweile/Scham fast sterben; **we almost** ~**d laughing** wir hätten uns fast totgelacht; **to** ~ **of hunger** verhungern; **to** ~ **in one's sleep** [sanft] entschlafen; **to** ~ **by one's own hand** (liter) Hand an sich akk legen ② (fig: end) vergehen; love sterben ③ (fam: stop functioning) kaputtgehen; engine stehen bleiben; battery leer werden; flames, lights [v]erlöschen ▶ **to** ~ **hard** nicht totzukriegen sein; **never say** ~ nur nicht aufgeben; **do or** ~ kämpfen oder untergehen; **to be dying to do sth** darauf brennen, etw zu tun; **I'm dying to hear the news** ich bin wahnsinnig gespannt, die Neuigkeiten zu erfahren; **to be dying for sth** großes Verlangen nach etw dat haben; **I'm dying for a cup of tea** ich hätte jetzt so gern eine Tasse Tee; **something to** ~ **for** unwiderstehlich gut II. vt sterben ♦**die away** vi schwinden; sobs nachlassen; anger, enthusiasm, wind sich allmählich legen; sound verhallen ♦**die back** vi absterben ♦**die down** vi noise leiser werden; rain, wind schwächer werden; storm sich legen; excitement abklingen ♦**die off** vi aussterben; BOT absterben ♦**die out** vi aussterben
'die·back n [Ab]sterben nt [von Bäumen oder Ästen] **'die·hard** I. n (pej) Dickschädel m II. adj unermüdlich; reactionary Erz-
die·sel ['diːzəl] n no pl ① (fuel) Diesel[kraftstoff] m; **to run on** ~ mit Diesel fahren ② (vehicle) Dieselfahrzeug nt, Diesel m
'die·sel en·gine n Dieselmotor m **'die·sel oil** n Dieselöl m
diet [daɪət] I. n ① (food and drink) Nahrung f; **they exist on a** ~ **of ...** sie ernähren sich ausschließlich von ...; **balanced** ~ ausgewogene Kost ② MED Diät f, Schonkost f; **on a** ~ auf Diät ③ (scheme for losing weight) Diät f, Schlankheitskur f; **to go on a** ~ eine Diät machen II. vi Diät halten III. adj Diät-
di·etary ['daɪətəri] adj ① (of usual food) Ernährungs-, Ess- ② (of medical diet) Diät-
di·etary 'fi·bre n no pl Ballaststoffe pl
di·etet·ics [ˌdaɪə'tetɪks] n + sing vb Ernährungslehre f
di·eti·cian, di·eti·tian [ˌdaɪə'tɪʃən] n Diätassistent(in) m(f)
dif·fer ['dɪfə'] vi ① (be unlike) sich unterscheiden ② (not agree) verschiedener Mei-

dif·fer·ence ['dɪfᵊrᵊn(t)s] *n* **①** (*state*) Unterschied *m*; ~ **in quality** Qualitätsunterschied *m* **②** (*distinction*) Verschiedenheit *f*; **to make a ~ to sth** etw verändern; **to make all the ~** die Sache völlig ändern; **for all the ~ it will make** auch wenn sich dadurch nichts ändert; **to make all the ~ in the world** [*or* **a world of ~**] einen himmelweiten Unterschied machen **③** FIN Differenz *f*; MATH (*after subtraction*) Rest *m* **④** (*disagreement*) ~ **[of opinion]** Meinungsverschiedenheit *f*

dif·fer·ent ['dɪfᵊrᵊnt] *adj* **①** (*not the same*) anders *präd*, andere(r, s) *attr*; **something ~** etwas anderes **②** (*distinct*) unterschiedlich, verschieden; ■ **to be ~ from sb/sth** sich von jdm/etw unterscheiden; **entirely ~ from** ganz anders als; **the two brothers are very ~ from each other** die beiden Brüder sind sehr verschieden; **opinions** unterschiedliche Meinungen **③** (*unusual*) ungewöhnlich; **to do something ~** etwas Außergewöhnliches tun

dif·fer·en·tial [ˌdɪfᵊ'ren(t)ʃᵊl] **I.** *n* **①** (*difference*) Unterschied *m*; ECON Gefälle *nt* **②** MATH Differenzial *nt* **③** MECH Differenzial[getriebe] *nt* **II.** *adj* **①** (*different*) unterschiedlich; ~ **treatment** Ungleichbehandlung *f* **②** ECON gestaffelt; ~ **tariff** Staffeltarif *m* **③** MATH, MECH Differenzial- **dif·fer·en·ti·ate** [ˌdɪfᵊ'ren(t)ʃɪeɪt] *vi*, *vt* unterscheiden **dif·fer·en·ti·a·tion** [ˌdɪfᵊren(t)ʃi'eɪʃᵊn] *n* Differenzierung *f*

dif·fi·cult ['dɪfɪkᵊlt] *adj examination, language, task* schwierig, schwer; *case, problem, situation* schwierig; *choice, decision* schwer; *age, position* schwierig; *life, time* schwer; *job, trip* beschwerlich; *person, book, concept* schwierig; **to find it ~ to do sth** es schwer finden, etw zu tun

dif·fi·cul·ty ['dɪfɪkᵊlti] *n* **①** *no pl* (*effort*) **with ~** mit Mühe **②** *no pl* (*problematic nature*) **of a task** Schwierigkeit *f* **③** (*trouble*) Problem *nt*, Schwierigkeit *f*; **to be in difficulties** in Schwierigkeiten sein; **to have ~ doing sth** Schwierigkeiten dabei haben, etw zu tun

dif·fi·dent ['dɪfɪdᵊnt] *adj* **①** (*shy*) zaghaft **②** (*modest*) zurückhaltend

dif·fract [dɪ'frækt] *vt* PHYS beugen

dif·fu·sion [dɪ'fju:ʒᵊn] *n no pl* Verbreitung *f*; SOCIOL Ausbreitung *f*; CHEM, PHYS Diffusion *f*

dif·'fu·sion line *n* Prêt-à-porter-Kollektion *f*

dig [dɪg] **I.** *n* **①** ARCHEOL Ausgrabung *f* **②** (*thrust*) Stoß *m*; ~ **in the ribs** Rippenstoß *m*; (*fig: cutting remark*) Seitenhieb *m* (**at** auf); **to have** [*or* **take**] **a ~ at sb** gegen jdn sticheln **③** *esp* BRIT (*fam*) ■ **~s** *pl* [Studenten]bude *f* **II.** *vi* <-gg-, dug, dug> graben (**for** nach); ■ **to ~ through sth** durch etw *akk* graben; **her nails dug into his palm** ihre Nägel gruben sich in seine Hand; **the stone in my shoe is ~ging into my foot** der Stein in meinem Schuh bohrt sich in meinen Fuß; **to ~ in one's pocket** in der Tasche kramen **III.** *vt* <-gg-, dug, dug> **①** (*with a shovel*) graben; *ditch* ausheben **②** ARCHEOL ausgraben **③** (*thrust*) **to ~ sb in the ribs** jdn [mit dem Ellenbogen] anstoßen **④** (*sl: like*) stehen auf +*akk* **⑤** (*sl: understand*) schnallen ◆ **dig in I.** *vi* **①** (*fam: begin eating*) zulangen **②** MIL sich eingraben **II.** *vt fertilizer* untergraben ◆ **dig out** *vt* ausgraben *a. fig* ◆ **dig up** *vt* **①** (*turn over*) umgraben **②** (*remove*) ausgraben; ARCHEOL freilegen **③** (*fig: find out*) herausfinden

di·gest I. *vt* [daɪ'dʒest] **①** (*in stomach*) verdauen **②** CHEM auflösen **II.** *n* ['daɪdʒest] Auswahl *f* (**of** aus)

di·gest·ible [dɪ'dʒestəbl] *adj* verdaulich

di·ges·tion [dɪ'dʒestʃᵊn] *n* Verdauung *f*

di·ges·tive [daɪ'dʒestɪv] *adj* Verdauungs-

dig·ger ['dɪgəʳ] *n* **①** (*machine*) Bagger *m* **②** (*sb who digs*) Gräber(in) *m(f)*; ARCHEOL Ausgräber(in) *m(f)* **③** AUS (*fam: buddy*) Kumpel *m*

dig·it ['dɪdʒɪt] *n* **①** MATH Ziffer *f*; **three-~ number** dreistellige Zahl **②** (*finger*) Finger *m*; (*toe*) Zehe *f*

dig·i·tal ['dɪdʒɪtᵊl] *adj* digital, Digital-

dig·i·tal·ize ['dɪdʒɪtᵊlaɪz] *vt* digitalisieren

digi·tal 'pen *n* COMPUT Digital-Pen *f* **digi·tal 'ra·dio** *n no pl* Digitalradio *nt*

dig·i·tiz·er ['dɪdʒɪtaɪzəʳ] *n* COMPUT Digitalisierer *m*

dig·ni·fied ['dɪgnɪfaɪd] *adj* würdig, würdevoll; *silence* ehrfürchtig

dig·ni·fy <-ie-> ['dɪgnɪfaɪ] *vt* Würde verleihen

dig·ni·tary ['dɪgnɪtᵊri] *n* Würdenträger(in) *m(f)*

dig·ni·ty ['dɪgnɪti] *n no pl* Würde *f*; **human ~** Menschenwürde *f*

di·gress [daɪ'gres] *vi* abschweifen

dike *n see* **dyke**

di·lap·i·dat·ed [dɪ'læpɪdeɪtɪd] *adj house* verfallen; *estate* heruntergekommen; *car* klapprig

di·late [daɪ'leɪt] **I.** *vi* sich weiten **II.** *vt* erweitern

di·la·tion [daɪ'leɪʃᵊn] *n no pl* Erweiterung *f*

di·lem·ma [dɪ'lemə] *n* Dilemma *nt*; **to be faced with a ~** vor einem Dilemma stehen

dil·et·tante [ˌdɪlɪ'tænti] **I.** *n* <*pl* -s *or* -ti> Dilettant(in) *m(f)* **II.** *adj* dilettantisch

dili·gence ['dɪlɪdʒᵊn(t)s] *n* **①** (*effort*) Eifer *m* **②** (*industriousness*) Fleiß *m*

dili·gent ['dɪlɪdʒ³nt] *adj* ❶ (*hard-working*) fleißig, eifrig ❷ (*painstaking*) sorgfältig
dill [dɪl] *n no pl* Dill *m*
di·lute [daɪ'lu:t] **I.** *vt* ❶ (*mix*) verdünnen ❷ (*fig*) abschwächen **II.** *adj* verdünnt
di·lu·tion [daɪ'lu:ʃ³n] *n* ❶ *no pl* (*act*) Verdünnen *nt* ❷ (*liquid*) Verdünnung *f* ❸ *no pl* (*fig*) Abschwächung *f*
dim <-mm-> [dɪm] **I.** *adj* ❶ (*not bright*) schwach, trüb; (*poorly lit*) schumm[e]rig ❷ (*indistinct*) undeutlich; *recollection, shape* verschwommen ❸ (*dull*) *colour* matt ❹ (*slow to understand*) schwer von Begriff ❺ (*fig: unfavourable*) ungünstig; ~ prospects trübe Aussichten; **to take a ~ view of sth** von etw *dat* nichts halten **II.** *vt* abdunkeln; **to ~ the lights** das Licht dämpfen **III.** *vi lights* dunkler werden; *hopes* schwächer werden
dime [daɪm] *n* Am Dime *m*, Zehncentstück *nt* ▶ **a ~ a dozen** spottbillig ◆ **dime out** *vt* Am (*fam*) ■ **to ~ out sb** jdn gegen eine Belohnung verpfeifen lassen
di·men·sion [daɪ'men(t)ʃ³n] *n* Dimension *f*
-di·men·sion·al [daɪ'men(t)ʃ³n³l] *in compounds* (*1-, 2-, 3-*) -dimensional
di·min·ish [dɪ'mɪnɪʃ] **I.** *vt* vermindern **II.** *vi* sich vermindern; *pain* nachlassen; *influence, value* abnehmen
dimi·nu·tion [ˌdɪmɪ'nju:ʃ³n] *n* Verringerung *f*
di·minu·tive [dɪ'mɪnjətɪv] **I.** *adj* ❶ (*small*) winzig ❷ LING diminutiv **II.** *n* LING Verkleinerungsform *f*
dim·mer ['dɪmə'] *n*, **'dim·mer switch** *n* Dimmer *m*, Helligkeitsregler *m*
dim·ness ['dɪmnəs] *n no pl* ❶ (*lack of light*) Trübheit *f*; *of a lamp* Mattheit *f*; *of a memory* Undeutlichkeit *f*; *of an outline* Unschärfe *f*; *of a room* Düsterkeit *f* ❷ (*lack of intelligence*) Beschränktheit *f*
dim·ple ['dɪmpl] **I.** *n* (*in cheeks, chin*) Grübchen *nt*; (*on golf ball*) kleine Delle **II.** *adj* **~d** mit Grübchen *nach n*
din [dɪn] **I.** *n no pl* Lärm *m*; **the ~ of the traffic** der Verkehrslärm; **terrible ~** Höllenlärm *m*; **to make a ~** Krach machen **II.** *vt* ■ **to ~ sth into sb** jdm etw einbläuen
dine [daɪn] *vi* (*form*) speisen
din·er ['daɪnə'] *n* ❶ (*person*) Speisende(r) *f(m)*; (*in restaurant*) Gast *m* ❷ RAIL Speisewagen *m* ❸ Am *Restaurant am Straßenrand mit Theke und Tischen*
din·ghy ['dɪŋgi] *n* Dingi *nt*
din·gy ['dɪndʒi] *adj* düster, schmuddelig; *colour* trüb
din·ing car ['daɪnɪŋˌ-] *n* RAIL Speisewagen *m*
'din·ing room *n* (*in house*) Esszimmer *nt*; (*in hotel*) Speisesaal *m*
dinky ['dɪŋki] *adj* ❶ BRIT, AUS (*approv*) niedlich ❷ AM (*pej*) klein
din·ner ['dɪnə'] *n* ❶ (*evening meal*) Abendessen *nt*; (*warm lunch*) Mittagessen *nt*; **we've been invited to ~** wir sind zum Essen eingeladen; **~'s ready!** das Essen ist fertig!; **to go out for ~** essen gehen; **to have ~** zu Abend essen; (*lunch*) zu Mittag essen; **to make ~** das Essen zubereiten; **for ~** zum Essen ❷ (*formal meal*) Diner *nt*, Festessen *nt*
'din·ner jack·et *n* Smoking *m* **'din·ner par·ty** *n* Abendgesellschaft *f* [mit Essen] **'din·ner ser·vice** *n*, **'din·ner set** *n* Tafelservice *nt* **'din·ner ta·ble** *n* (*in house*) Esstisch *m*; (*at formal event*) Tafel *f* **'din·ner·time** *n no pl* Essenszeit *f*
di·no·saur ['daɪnəsɔ:'] *n* Dinosaurier *m* a. fig
dio·cese ['daɪəsɪs, -sɪz] *n* Diözese *f*
di·ox·ide [daɪ'ɒksaɪd] *n no pl* Dioxyd *nt*
di·ox·in [daɪ'ɒksɪn] *n* Dioxin *nt*
dip [dɪp] **I.** *n* ❶ (*dipping*) [kurzes] Eintauchen *kein pl* ❷ FOOD Dip *m* ❸ (*brief swim*) kurzes Bad; **to go for a ~** kurz reinspringen ❹ (*cleansing liquid*) [Desinfektions]lösung *f* ❺ (*brief study*) Ausflug *m* ❻ (*downward slope*) Gefälle *nt kein pl*; (*in the road*) Vertiefung *f*; (*drop*) Sinken *nt kein pl*; (*in skyline*) Abfallen *nt kein pl*; **a sudden ~ in the temperature** ein plötzlicher Temperatureinbruch **II.** *vi* <-pp-> ❶ (*go down*) [ver]sinken; (*lower*) sich senken ❷ (*decline*) fallen; *profits* zurückgehen ❸ (*slope down*) abfallen ❹ (*go under water*) eintauchen **III.** *vt* <-pp-> ❶ (*immerse*) [ein]tauchen; FOOD [ein]tunken ❷ (*put into*) [hinein]stecken; **to ~ [one's hand] into sth** [mit der Hand] in etw *akk* hineingreifen ❸ (*lower*) senken; *flag* dippen ❹ BRIT, AUS (*dim*) *headlights* abblenden ❺ (*dye*) färben ❻ AGR *sheep* dippen ◆ **dip into** *vi* ❶ (*study casually*) ■ **to ~ into sth** einen kurzen Blick auf etw *akk* werfen; **to ~ into a book** kurz in ein Buch hineinschauen ❷ *savings* angreifen; **to ~ into one's pocket** [*or* **wallet**] tief in die Tasche greifen
diph·theria [dɪfθɪəriə] *n no pl* MED Diphtherie *f*
diph·thong [dɪfθɒŋ] *n* LING Doppellaut *m*
di·plo·ma [dɪ'pləʊmə] *n* ❶ SCH, UNIV Diplom *nt* ❷ (*honorary document*) [Ehren]urkunde *f*
di·plo·ma·cy [dɪ'pləʊməsi] *n no pl* Diplomatie *f* a. fig
dip·lo·mat ['dɪpləmæt] *n* Diplomat(in) *m(f)* a. fig
dip·lo·mat·ic [ˌdɪplə'mætɪk] *adj* diplomatisch a. fig
'dip·stick *n* ❶ AUTO [Öl]messstab *m* ❷ (*fam: idiot*) Idiot(in) *m(f)*

'dip switch *n* BRIT AUTO Abblendschalter *m*

dire ['daɪəʳ] *adj* ❶ *(dreadful)* entsetzlich, furchtbar; *poverty* äußerst; *situation* aussichtslos; **in ~ straits** in einer ernsten Notlage ❷ *(ominous) warning* unheilvoll ❸ *(fam: very bad)* grässlich ❹ *(urgent)* dringend; **to be in ~ need of help** ganz dringend Hilfe brauchen

di·rect [dɪ'rekt] **I.** *adj* direkt; ~ *flight* Direktflug *m;* ~ *route* kürzester Weg; **she is a ~ descendant of ...** sie stammt in direkter Linie von ... ab; **the ~ opposite** das genaue Gegenteil **II.** *adv* direkt; **to dial ~** durchwählen **III.** *vt* ❶ *(control)* leiten [*o* führen]; *traffic* regeln ❷ *(order)* anweisen ❸ *(aim) remark, letter* richten (**at/to** an); *attention* lenken (**at/to** auf); **to ~ a blow at sb** nach jdm schlagen ❹ *(give directions)* ▪ **to ~ sb to sth** jdm den Weg zu etw *dat* zeigen ❺ THEAT, FILM Regie führen bei; MUS dirigieren **IV.** *vi* THEAT, FILM Regie führen; MUS dirigieren

di·rect 'cur·rent *n no pl* ELEC Gleichstrom *m*

di·rect 'deb·it *n no pl* BRIT, CAN Einzugsermächtigung *f;* **I pay my electricity bill by ~** ich lasse meine Stromrechnung abbuchen **di·rect 'dial·ling** *n no pl* Direktwahl *f,* Durchwahl *f* **di·rect 'hit** *n* Volltreffer *m*

di·rec·tion [dɪ'rekʃ°n] *n* ❶ *(course taken)* Richtung *f;* **in the ~ of the bedroom** in Richtung Schlafzimmer; **sense of ~** Orientierungssinn *m;* **to lack ~** orientierungslos sein; **in opposite ~s** in entgegengesetzter Richtung; **to give sb ~s** jdm den Weg beschreiben ❷ *no pl (supervision)* Leitung *f,* Führung *f* ❸ *no pl* FILM, TV, THEAT Regie *f* ❹ *(instructions)* ▪ **~s** *pl* Anweisungen *pl*

di·rec·tion·al [dɪ'rekʃ°n°l] *adj* RADIO Richt-

di·rec·tive [dɪ'rektɪv] *n* [An]weisung *f*

di·rect·ly [dɪ'rektli] **I.** *adv* direkt; **I'll be with you ~** ich bin gleich bei Ihnen; **~ after/before sth** unmittelbar nach/vor etw *dat* **II.** *conj* sobald

di·rect 'ob·ject *n* direktes Objekt

di·rec·tor [dɪ'rektəʳ] *n* ❶ *of company* Direktor(in) *m(f);* *of information centre* Leiter(in) *m(f)* ❷ *(member of board)* Mitglied *nt* des Verwaltungsrats ❸ FILM, THEAT Regisseur(in) *m(f); of orchestra* Dirigent(in) *m(f); of choir* Chorleiter(in) *m(f)*

di·rec·to·rate [dɪ'rekt°rət] *n + sing/pl vb* ❶ ADMIN Direktorat *nt* ❷ *(board)* Direktorium *nt*

di·rec·tor·ship [dɪ'rektəʃɪp] *n* Direktorenstelle *f*

di·rec·to·ry [dɪ'rekt°ri] *n* Telefonbuch *nt; (list)* Verzeichnis *nt;* **business ~** Branchenverzeichnis *nt*

di·rec·to·ry en·'quir·ies *npl* BRIT, AM, AUS **di-**

rec·to·ry as·'sis·tance *n no pl* [Telefon]auskunft *f kein pl*

dirt [dɜːt] *n no pl* ❶ *(filth)* Schmutz *m,* Dreck *m;* **covered in ~** ganz schmutzig ❷ *(soil)* Erde *f* ❸ *(scandal)* **to dig for ~** nach Skandalen suchen ❹ *(fam: excrement)* Dreck *m* ▶ **to eat ~** sich widerspruchslos demütigen lassen; **to treat sb like ~** jdn wie [den letzten] Dreck behandeln

dirt 'cheap I. *adj (fam)* spottbillig **II.** *adv* **to sell sth ~** etw verschleudern **'dirt road** *n* Schotterstraße *f*

dirty [ˈdɜːti] **I.** *adj* ❶ *(unclean)* dreckig, schmutzig; *needle* benutzt ❷ *(fam: nasty)* gemein; *liar* dreckig; *rascal* gerissen ❸ BRIT **~ weather** Sauwetter *nt* derb ❹ *(fam: lewd)* schmutzig; *language* vulgär ❺ *(unfriendly)* **to give sb a ~ look** jdm einen bösen Blick zuwerfen ▶ **to get one's hands ~** sich *dat* die Hände schmutzig machen **II.** *adv* ❶ BRIT, AUS *(sl)* **~ great** riesig ❷ *(dishonestly)* **to play ~** unfair spielen ❸ *(obscenely)* **to talk ~** sich vulgär ausdrücken **III.** *vt* beschmutzen **IV.** *n no pl* BRIT, AUS *(fam)* ▶ **to do the ~ on sb** jdn [he]reinlegen

'dirty bomb *n* schmutzige Bombe **'dirty bomb·er** *n* Bombenattentäter(in) *m(f)* mit einer schmutzigen Bombe

dis·abil·ity [ˌdɪsə'bɪləti] *n* Behinderung *f;* **mental/physical ~** geistige Behinderung/ Körperbehinderung *f;* **~ benefit** Erwerbsunfähigkeitsrente *f*

dis·able [dɪ'seɪbl] *vt* ▪ **to ~ sb** jdn arbeitsunfähig machen; ▪ **to ~ sth** etw funktionsunfähig machen

dis·abled [dɪ'seɪbld] **I.** *adj* behindert; **mentally/severely ~** geistig/schwer behindert; **physically ~** körperbehindert **II.** *n* ▪ **the ~** *pl* die Behinderten

dis·ad·van·tage [ˌdɪsəd'vɑːntɪdʒ] **I.** *n* Nachteil *m; (state)* Benachteiligung *f;* **at a ~** im Nachteil; **to put sb at a ~** jdn benachteiligen **II.** *vt* benachteiligen

dis·ad·van·taged [ˌdɪsəd'vɑːntɪdʒd] **I.** *adj* benachteiligt **II.** *n* ▪ **the ~** *pl* die Benachteiligten

dis·ad·van·ta·geous [ˌdɪsˌædvən'teɪdʒəs] *adj* nachteilig

dis·af·fect·ed [ˌdɪsə'fektɪd] *adj (dissatisfied)* unzufrieden; *(estranged)* entfremdet

dis·af·fec·tion [ˌdɪsə'fekʃ°n] *n no pl (dissatisfaction)* Unzufriedenheit *f* (**with** mit); *(estrangement)* Entfremdung *f* (**with** von)

dis·agree [ˌdɪsə'griː] *vi* ❶ *(dissent)* nicht übereinstimmen; *(with plan, decision)* nicht einverstanden sein; *(with sb else)* uneinig [*o* anderer Meinung] sein; **I strongly ~ with the decision** ich kann mich der Entscheidung in keiner Weise anschließen ❷ (*quarrel*) eine Auseinandersetzung haben ❸ (*not correspond*) nicht übereinstimmen ❹ FOOD **I must have eaten something that ~d with me** ich muss etwas gegessen haben, das mir nicht bekommt

dis·agree·able [ˌdɪsəˈgriːəbl] *adj* ❶ (*unpleasant*) unangenehm ❷ (*unfriendly*) unsympathisch **dis·agree·ment** [ˌdɪsəˈgriːmənt] *n* ❶ *no pl* (*lack of agreement*) Uneinigkeit *f*; **to be in ~ about sth** sich *dat* über etw *akk* nicht einig sein ❷ (*argument*) Meinungsverschiedenheit *f* (**over** um, **about** über) ❸ *no pl* (*discrepancy*) Diskrepanz *f*

dis·al·low [ˌdɪsəˈlaʊ] *vt* ❶ (*rule out*) nicht erlauben; SPORTS nicht anerkennen; *goal* annullieren ❷ LAW abweisen

dis·ap·pear [ˌdɪsəˈpɪər] *vi* ❶ (*vanish*) verschwinden; **to ~ into thin air** sich in Luft auflösen ❷ (*become extinct*) aussterben

dis·ap·pear·ance [ˌdɪsəˈpɪərən(t)s] *n no pl* ❶ (*vanishing*) Verschwinden *nt* ❷ (*becoming extinct*) Aussterben *nt*

dis·ap·point [ˌdɪsəˈpɔɪnt] *vt* enttäuschen

dis·ap·point·ed [ˌdɪsəˈpɔɪntɪd] *adj* enttäuscht (**at/about** über, **in/with** mit); **I was ~ to learn that ...** ich war enttäuscht, als ich erfuhr, dass ... **dis·ap·point·ing** [ˌdɪsəˈpɔɪntɪŋ] *adj* enttäuschend; **how ~!** so eine Enttäuschung! **dis·ap·point·ment** [ˌdɪsəˈpɔɪntmənt] *n* Enttäuschung *f* (**in** über); ▪**to be a ~ to sb** für jdn eine Enttäuschung sein

dis·ap·prov·al [ˌdɪsəˈpruːvəl] *n no pl* Missbilligung *f*; **a hint of ~** ein leichtes Missfallen

dis·ap·prove [ˌdɪsəˈpruːv] *vi* dagegen sein; ▪**to ~ of sth** etw missbilligen; **to ~ of sb's behaviour** jds Verhalten *nt* kritisieren; ▪**to ~ of sb** jdn ablehnen

dis·arm [dɪsˈɑːm] **I.** *vt person* entwaffnen *a. fig*; *bomb* entschärfen **II.** *vi* abrüsten

dis·ar·ma·ment [dɪsˈɑːməmənt] *n no pl* Abrüstung *f*

dis·arm·ing [dɪsˈɑːmɪŋ] *adj* entwaffnend

dis·ar·ray [ˌdɪsəˈreɪ] *n no pl* ❶ (*disorder*) Unordnung *f*; **her hair was in ~** ihr Haar war [ganz] zerzaust ❷ (*confusion*) Verwirrung *f*

dis·as·ter [dɪˈzɑːstə^r] *n* Katastrophe *f a. fig*; **the evening was a complete ~** der Abend war der totale Reinfall; **as a teacher, he was a ~** als Lehrer war er absolut unfähig

dis·as·trous [dɪˈzɑːstrəs] *adj* katastrophal; *decision, impact* verhängnisvoll

dis·band [dɪsˈbænd] **I.** *vi* sich auflösen **II.** *vt* ▪**to ~ sth** etw auflösen

dis·be·lief [ˌdɪsbɪˈliːf] *n no pl* Unglaube *m*; **in ~** ungläubig

dis·be·lieve [ˌdɪsbɪˈliːv] (*form*) **I.** *vt* ▪**to ~**

sb jdm nicht glauben; ▪**to ~ sth** etw bezweifeln **II.** *vi* ▪**to ~ in sth** an etw *akk* nicht glauben

dis·be·liev·er [ˌdɪsbɪˈliːvə^r] *n* Ungläubige(r) *f(m)*

dis·burse [dɪsˈbɜːs] *vt* auszahlen

disc [dɪsk] *n* ❶ (*shape, object*) Scheibe *f*; MED Bandscheibe *f* ❷ MUS [Schall]platte *f*; (*CD*) CD *f* ❸ COMPUT Diskette *f*

dis·card I. *vt* [dɪˈskɑːd] ❶ (*throw away*) wegwerfen; (*throw down*) *coat* ablegen; (*fig*) *idea* fallen lassen ❷ CARDS abwerfen **II.** *n* [ˈdɪskɑːd] ❶ CARDS abgeworfene Karte ❷ (*reject*) Ausschuss *m kein pl*

'**disc brake** *n* Scheibenbremse *f*

dis·cern [dɪˈsɜːn] *vt* (*form*) wahrnehmen

dis·cern·ible [dɪˈsɜːnəbl] *adj* wahrnehmbar, erkennbar **dis·cern·ing** [dɪˈsɜːnɪŋ] *adj* urteilsfähig; *palate* fein; *reader* kritisch **dis·cern·ment** [dɪˈsɜːnmənt] *n no pl* ❶ (*good judgement*) Urteilskraft *f* ❷ (*act of discerning*) Wahrnehmung *f*

dis·charge I. *vt* [dɪsˈtʃɑːdʒ] ❶ (*release*) entlassen (**from** aus); *accused* freisprechen; *soldier* verabschieden ❷ (*form: fire*) *weapon* abfeuern ❸ (*emit*) absondern; *sewage* ablassen ❹ (*pay off*) *debt* begleichen ❺ (*perform*) *duty* erfüllen; *responsibility* nachkommen ❻ PHYS entladen **II.** *vi* [dɪsˈtʃɑːdʒ] sich ergießen; *wound* eitern **III.** *n* [ˈdɪstʃɑːdʒ] ❶ *no pl of person* Entlassung *f* ❷ (*firing of gun*) Abfeuern *nt kein pl* ❸ (*discharging of liquid*) Ausströmen *nt kein pl*; (*liquid emitted*) Ausfluss *m kein pl*; *from wound* Absonderung *f* ❹ *of debt* Begleichung *f* ❺ *of duty* Erfüllung *f* ❻ PHYS Entladung *f*

dis·ci·ple [dɪˈsaɪpl] *n* Anhänger(in) *m(f)*; (*of Jesus*) Jünger *m*

dis·ci·pli·nary [ˌdɪsəˈplɪnəri] *adj* disziplinar-; **~ problems** Disziplinprobleme *pl*

dis·ci·pline [ˈdɪsəplɪn] **I.** *n* Disziplin *f* **II.** *vt* ❶ (*have self-control*) ▪**to ~ oneself** sich disziplinieren ❷ (*punish*) bestrafen

'**disc jock·ey** *n* Diskjockey *m*

dis·claim [dɪsˈkleɪm] *vt* abstreiten; *responsibility* ablehnen

dis·claim·er [dɪsˈkleɪmə^r] *n* Verzichtserklärung *f*

dis·close [dɪsˈkləʊz] *vt* ❶ (*reveal*) bekannt geben ❷ (*uncover*) enthüllen

dis·clo·sure [dɪsˈkləʊʒə^r] *n* (*form*) ❶ *no pl* (*act of disclosing*) *of information* Bekanntgabe *f* ❷ (*revelation*) Enthüllung *f*

dis·co [ˈdɪskəʊ] *n short for* **discotheque** Disco *f*, Disko *f*; **to go to the ~** in die Disko gehen

dis·col·our [dɪsˈkʌlə^r], **dis·col·or I.** *vi* sich verfärben **II.** *vt* verfärben

dis·com·fit [dɪˈskʌm(p)fɪt] *vt* (*form*) ■ **to ~ sb** jdm Unbehagen bereiten

dis·com·fi·ture [dɪˈskʌm(p)fɪtʃər] *n no pl* (*form*) Unbehagen *nt*

dis·com·fort [dɪˈskʌm(p)fət] *n* ❶ *no pl* (*slight pain*) Beschwerden *pl* (**in** mit) ❷ *no pl* (*mental uneasiness*) Unbehagen *nt* ❸ (*inconvenience*) Unannehmlichkeit *f*

dis·con·cert [ˌdɪskənˈsɜːt] *vt* beunruhigen

dis·con·nect [ˌdɪskəˈnekt] *vt* ■ **to ~ sth** etw trennen; *electricity, gas, phone* abstellen; TELEC **we suddenly got ~ed** die Verbindung wurde plötzlich unterbrochen; ■ **to ~ sb** jdn nicht mehr versorgen

dis·con·nect·ed [ˌdɪskəˈnektɪd] *adj* ❶ (*turned off*) [ab]getrennt; (*left without supply*) abgestellt ❷ (*incoherent*) zusammenhang[s]los

dis·con·so·late [dɪˈskɒn(t)sələt] *adj* (*dejected*) niedergeschlagen; (*inconsolable*) untröstlich

dis·con·tent [dɪskənˈtent] *n no pl* Unzufriedenheit *f*

dis·con·tent·ed [dɪskənˈtentɪd] *adj* unzufrieden (**with/about** mit) **dis·con·tent·ment** [dɪskənˈtentmənt] *n no pl see* **discontent**

dis·con·tin·ue [ˌdɪskənˈtɪnjuː] *vt* abbrechen; *product* auslaufen lassen; *service* einstellen; *subscription* kündigen; *visits* aufgeben

dis·con·ti·nu·i·ty [ˌdɪsˌkɒntɪˈnjuːəti] *n* (*form*) Diskontinuität *f*

dis·cord [ˈdɪskɔːd] *n no pl* (*form*) Uneinigkeit *f*, Zwietracht *f*; **the letter caused ~** der Brief führte zu Missklängen; **note of ~** Misston *m*

dis·cord·ant [dɪˈskɔːdənt] *adj* ❶ (*disagreeing*) entgegengesetzt; *views* gegensätzlich; **to strike a ~ note** einen Misston anschlagen ❷ MUS disharmonisch

dis·co·theque [ˈdɪskətek] *n* Diskothek *f*

dis·count I. *n* [ˈdɪskaʊnt] Rabatt *m*; **~ for cash** Skonto *nt o m*; **at a ~** mit Rabatt **II.** *vt* [dɪˈskaʊnt] ❶ (*disregard*) unberücksichtigt lassen; *possibility* nicht berücksichtigen; *testimony* nicht einbeziehen ❷ (*reduce*) *article* herabsetzen; *price* reduzieren

ˈdis·count store *n* Discountladen *m*

dis·cour·age [dɪˈskʌrɪdʒ] *vt* ❶ (*dishearten*) entmutigen ❷ (*dissuade*) ■ **to ~ sth** von etw *dat* abraten, etw zu tun ❸ (*stop*) abhalten; ■ **to ~ sb from doing sth** jdn davon abhalten, etw zu tun

dis·cour·age·ment [dɪˈskʌrɪdʒmənt] *n* ❶ *no pl* (*action*) Entmutigung *f*; (*feeling*) Mutlosigkeit *f* ❷ (*discouraging thing*) Hindernis *nt* ❸ *no pl* (*deterrence*) Abschreckung *f*; (*dissuasion*) Abraten *nt*

dis·cour·ag·ing [dɪˈskʌrɪdʒɪŋ] *adj* entmutigend

dis·cour·teous [dɪˈskɜːtiəs] *adj* (*form*) unhöflich

dis·cour·tesy [dɪˈskɜːtəsi] *n* (*form*) Unhöflichkeit *f*

dis·cov·er [dɪˈskʌvər] *vt* ❶ (*find out*) herausfinden ❷ (*find first*) entdecken *a. fig* ❸ (*find*) finden

dis·cov·er·er [dɪˈskʌvərər] *n* Entdecker(in) *m(f)*

dis·cov·ery [dɪˈskʌvəri] *n* Entdeckung *f a. fig*

Disˈcov·ery Day *n* CAN *no pl* Feiertag in Neufundland und Labrador

dis·cred·it [dɪˈskredɪt] **I.** *vt* ❶ (*disgrace*) in Verruf bringen, diskreditieren ❷ (*cause to appear false*) unglaubwürdig machen **II.** *n no pl* Misskredit *m*; **to be to sb's ~** jdm keine Ehre machen

dis·creet [dɪˈskriːt] *adj* ❶ (*unobtrusive*) diskret; *colour, pattern* dezent ❷ (*tactful*) taktvoll

dis·crep·an·cy [dɪˈskrepən(t)si] *n* (*form*) Diskrepanz *f*

dis·crete [dɪˈskriːt] *adj* eigenständig

dis·cre·tion [dɪˈskreʃən] *n no pl* ❶ (*behaviour*) Diskretion *f* ❷ (*good judgement*) **to leave sth to sb's ~** etw in jds Ermessen *nt* stellen; **to use one's ~** nach eigenem Ermessen handeln; **at sb's ~** nach jds Ermessen *nt* ▶ **~ is the better part of valour** (*prov*) Vorsicht ist die Mutter der Porzellankiste

dis·crim·i·nate [dɪˈskrɪmɪneɪt] **I.** *vi* ❶ (*differentiate*) unterscheiden ❷ (*be prejudiced*) diskriminieren; **to ~ in favour of sb** jdn bevorzugen; ■ **to ~ against sb** jdn diskriminieren **II.** *vt* unterscheiden

dis·crim·i·nat·ing [dɪˈskrɪmɪneɪtɪŋ] *adj* (*approv*) kritisch; *palate* fein

dis·crim·i·na·tion [dɪˌskrɪmɪˈneɪʃən] *n no pl* ❶ (*prejudice*) Diskriminierung *f* ❷ (*taste*) [kritisches] Urteilsvermögen ❸ (*ability to differentiate*) Unterscheidung *f*

dis·crim·i·na·tory [dɪˈskrɪmɪnətəri] *adj* diskriminierend

dis·cus <*pl* -es> [ˈdɪskəs] *n* SPORTS Diskus *m*; (*event*) Diskuswerfen *nt*

dis·cuss [dɪˈskʌs] *vt* ❶ (*talk about*) besprechen; **this booklet ~es how to ...** in dieser Broschüre wird beschrieben, wie man ... ❷ (*debate*) erörtern, diskutieren

dis·cus·sion [dɪˈskʌʃən] *n* Diskussion *f*; **to be open to** [*or* **under**] **~** zur Diskussion stehen; **~ group** Diskussionsrunde *f*

disˈcus·sion board *n* COMPUT, INET Diskussionsforum *nt*

dis·dain [dɪsˈdeɪn] **I.** *n no pl* Verachtung *f*

disdain

expressing disdain/displeasure	Geringschätzung/Missfallen ausdrücken
I don't think much of that theory.	Ich halte nicht viel von dieser Theorie.
I don't think much of that at all.	Davon halte ich gar nicht viel.
I'm not in the least impressed by that.	Davon halte ich überhaupt nichts.
Don't give me any of that psychology nonsense!	Komm mir bloß nicht mit Psychologie daher!
(I'm sorry but) I've got no time for people like that.	(Es tut mir Leid, aber) ich habe für diese Typen nichts übrig.
Modern art doesn't do a thing for me./is not my cup of tea.	Ich kann mit moderner Kunst nichts anfangen.

II. vt (*despise*) verachten; (*reject*) verschmähen; **to ~ to do sth** zu stolz sein, etw zu tun
dis·dain·ful [dɪsˈdeɪnfəl] *adj* (*form*) verächtlich
dis·ease [dɪˈziːz] *n* Krankheit *f* a. *fig*
dis·eased [dɪˈziːzd] *adj* krank; *plant* befallen
dis·em·bark [ˌdɪsɪmˈbɑːk] *vi* von Bord gehen
dis·em·bar·ka·tion [ˌdɪsɪmbɑːˈkeɪʃən] *n of boat* Ausschiffung *f*; *of passengers* Aussteigen *nt kein pl*
dis·em·bod·ied [ˌdɪsɪmˈbɒdɪd] *adj* körperlos; *voice* geisterhaft
dis·en·chant [ˌdɪsɪnˈtʃɑːnt] *vt* ernüchtern
dis·en·fran·chise [ˌdɪsɪnˈfræn(t)ʃaɪz] *vt* ■ **to ~ sb** jdm das Wahlrecht entziehen
dis·en·gage [ˌdɪsɪnˈgeɪdʒ] **I.** *vt* ❶ (*extricate*) ■ **to ~ oneself** sich lösen (**from** von) ❷ MECH entkuppeln; **to ~ the clutch** auskuppeln ❸ MIL *troops* abziehen **II.** *vi* ❶ (*become detached*) sich lösen ❷ MIL sich zurückziehen
dis·en·gage·ment [ˌdɪsɪnˈgeɪdʒmənt] *n no pl* ❶ MECH Lösung *f*; *of a clutch* Auskupplung *nt* ❷ MIL Absetzen *nt*
dis·en·tan·gle [ˌdɪsɪnˈtæŋgl̩] *vt* ❶ (*untangle*) herauslösen (**from** aus) ❷ (*fig*) herauslösen ❸ (*get away*) ■ **to ~ oneself** sich befreien (**from** von)
dis·fa·vour [ˌdɪsˈfeɪvəʳ], AM **dis·fa·vor** *n no pl* Missfallen *nt;* **to be in/fall into ~ with sb** bei jdm in Ungnade stehen/fallen
dis·fig·ure [dɪsˈfɪgəʳ] *vt* entstellen
dis·fig·ure·ment [dɪsˈfɪgəmənt] *n* Entstellung *f*
dis·fran·chise [ˌdɪsˈfræn(t)ʃaɪz] *vt see* disenfranchise
dis·gorge [dɪsˈgɔːdʒ] *vt* ausspucken *a. fig*
dis·grace [dɪsˈgreɪs] **I.** *n no pl* Schande *f*; **to bring ~ on sb/sth** Schande über jdn/etw bringen **II.** *vt* ■ **to ~ sb** Schande über jdn bringen; **he has been ~d** er ist in Ungnade gefallen
dis·graced [dɪsˈgreɪst] *adj* beschämt; ■ **to be ~** blamiert sein
dis·grace·ful [dɪsˈgreɪsfəl] *adj* schändlich; *behaviour* skandalös
dis·grun·tled [dɪsˈgrʌntld] *adj* verstimmt (**with** über)
dis·guise [dɪsˈgaɪz] **I.** *vt* ■ **to ~ oneself** sich verkleiden; ■ **to ~ sth** etw verbergen; *voice* verstellen **II.** *n* (*for body*) Verkleidung *f*; (*for face*) Maske *f*; **to put on a ~** sich verkleiden; **to wear a ~** verkleidet sein; **in ~** verkleidet
dis·gust [dɪsˈgʌst] **I.** *n no pl* ❶ (*revulsion*) Ekel *m;* **to be filled with ~ at sth** von etw *dat* angewidert sein; **sth fills sb with ~** etw ekelt jdn an ❷ (*indignation*) Empörung *f* (**at** über); [**much**] **to sb's ~** [sehr] zu jds Entrüstung; **in ~** entrüstet, empört **II.** *vt* ❶ (*sicken*) anwidern [*o* anekeln] ❷ (*appal*) entrüsten [*o* empören]
dis·gust·ed [dɪsˈgʌstɪd] *adj* ❶ (*sickened*) angeekelt, angewidert (**at/by** von) ❷ (*indignant*) empört, entrüstet (**at/with** über) **dis·gust·ing** [dɪsˈgʌstɪŋ] *adj* ❶ (*unacceptable*) empörend ❷ (*repulsive*) widerlich
dish [dɪʃ] *n* <*pl* -**es**> ❶ (*for serving*) Schale *f;* AM (*plate*) Teller *m* ❷ (*crockery*) ■ **the ~es** *pl* das Geschirr *kein pl;* **to do** [*or* **wash**] **the ~es** [ab]spülen ❸ (*meal*) Gericht *nt;* **side ~** Beilage *f* ❹ TELEC Schüssel *f* ❺ (*approv sl: man*) toller Typ; (*woman*) klasse Frau ◆ **dish out** *vt* ❶ (*give freely*) großzügig verteilen (**to** an); **to ~ out punishment** [be]strafen; **to ~ it out** austeilen ❷ (*serve*) servieren ◆ **dish up** (*fam*) **I.** *vt* auftischen **II.** *vi* anrichten

dis·har·mo·ny [dɪs'hɑːməni] *n no pl* (*form*) Disharmonie *f*
'dish·cloth *n* Geschirrtuch *nt*
dis·heart·en [dɪs'hɑːtᵊn] *vt* entmutigen
di·shev·eled [dɪ'ʃevᵊld], AM *usu* **di·shev·elled** *adj* unordentlich; *hair* zerzaust
dis·hon·est [dɪs'ɒnɪst] *adj* unehrlich
dis·hon·es·ty [dɪs'ɒnɪsti] *n* ❶ *no pl* (*deceitfulness*) Unehrlichkeit *f* ❷ (*deceitful act*) Unredlichkeit *f*
dis·hon·or *vt, n* AM *see* **dishonour**
dis·hon·or·able *adj* AM *see* **dishonourable**
dis·hon·our [dɪ'sɒnəʳ] (*form*) **I.** *n no pl* Schande *f* (to für); **to bring ~ on sb** jdm Schande bereiten **II.** *vt* ❶ (*disgrace*) ▪ **to ~ sb/sth** dem Ansehen einer Person/einer S. schaden ❷ (*not respect*) *agreement* verletzen; *promise* nicht einlösen
dis·hon·our·able [dɪ'sɒnərəbl] *adj* unehrenhaft
'dish tow·el *n* AM Geschirrtuch *nt*
'dish·wash·er *n* ❶ (*machine*) Geschirrspülmaschine *f* ❷ (*person*) Tellerwäscher(in) *m(f)* **'dish·wa·ter** *n no pl* Spülwasser *nt a. fig*
dis·il·lu·sion [dɪsɪ'luːʒᵊn] **I.** *vt* desillusionieren **II.** *n no pl* Ernüchterung *f*
dis·il·lu·sioned [dɪsɪ'luːʒᵊnd] *adj* desillusioniert
dis·il·lu·sion·ment [dɪsɪ'luːʒᵊnmənt] *n no pl* Ernüchterung *f* (with über)
dis·in·cli·na·tion [dɪsɪnklɪ'neɪʃᵊn] *n no pl* Abneigung *f*
dis·in·clined [ˌdɪsɪn'klaɪnd] *adj* abgeneigt
dis·in·fect [ˌdɪsɪn'fekt] *vt* desinfizieren
dis·in·fect·ant [ˌdɪsɪn'fektənt] *n* Desinfektionsmittel *nt*
dis·in·gen·u·ous [ˌdɪsɪn'dʒenjuəs] *adj* (*form*) unaufrichtig; *manner, smile* verlogen
dis·in·her·it [ˌdɪsɪn'herɪt] *vt* enterben
dis·in·te·grate [dɪ'sɪntɪgreɪt] *vi* zerfallen; (*fig*) *marriage* zerbrechen
dis·in·te·gra·tion [dɪˌsɪntɪ'greɪʃᵊn] *n no pl* Zerfall *m*
dis·in·ter·est·ed [dɪˌsɪntrəstɪd, -trɪst-] *adj* ❶ (*impartial*) unparteiisch; **~ party** Unbeteiligte(r) *f(m)* ❷ (*uninterested*) desinteressiert
dis·joint·ed [dɪs'dʒɔɪntɪd] *adj* zusammenhanglos
disk [dɪsk] *n* ❶ COMPUT Diskette *f*; **~ drive** Laufwerk *nt* ❷ AM *see* **disc**
disk·ette [dɪ'sket] *n* Diskette *f*
'disk jock·ey *n* Diskjockey *m*
dis·like [dɪs'laɪk] **I.** *vt* nicht mögen; ▪ **to ~ doing sth** etw nicht gern tun **II.** *n* Abneigung *f* (of/for gegen); **to take a[n instant] ~ to sb/sth** jdn/etw [spontan] unsympathisch finden

dis·lo·cate ['dɪslə(ʊ)keɪt] *vt* ▪ **to ~ sth** sich *dat* etw ausrenken; **to ~ one's shoulder** sich *dat* die Schulter auskugeln
dis·lo·ca·tion [ˌdɪslə(ʊ)'keɪʃᵊn] *n* Verrenkung *f*; *of shoulder* Auskugeln *nt kein pl*
dis·lodge [dɪs'lɒdʒ] *vt thing* lösen; *person* verdrängen
dis·loy·al [dɪ'slɔɪəl] *adj* illoyal (**to** gegenüber)
dis·mal ['dɪzməl] *adj* ❶ (*gloomy*) düster ❷ (*dreary*) trostlos; *outlook, weather* trüb ❸ (*fam: pitiful*) kläglich
dis·man·tle [dɪs'mæntl] *vt* zerlegen; (*fig*) demontieren
dis·may [dɪs'meɪ] **I.** *n no pl* Bestürzung *f* (at/with über) **II.** *vt* schockieren
dis·mayed [dɪs'meɪd] *adj* bestürzt; *expression* betroffen (at/with über)
dis·mem·ber [dɪs'membəʳ] *vt* zerstückeln; (*fig*) *country* zersplittern
dis·miss [dɪs'mɪs] *vt* ❶ (*ignore*) abtun; *idea* aufgeben; **to ~ a thought [from one's mind]** sich *dat* einen Gedanken aus dem Kopf schlagen ❷ (*send away*) wegschicken; *class* gehen lassen; MIL **~ed!** wegtreten! ❸ (*sack*) entlassen ❹ LAW *case* einstellen; *charge* abweisen
dis·miss·al [dɪs'mɪsᵊl] *n* ❶ *no pl* (*disregard*) Abtun *nt* ❷ (*the sack*) Entlassung *f* (from aus) ❸ *of an assembly* Auflösung *f* ❹ LAW *of a case* Abweisung *f*; *of the accused* Entlassung *f*
dis·mis·sive [dɪs'mɪsɪv] *adj* geringschätzig; ▪ **to be ~ of sth** etw geringschätzig abtun
dis·mount [dɪs'maʊnt] *vi* absteigen
dis·obe·di·ence [ˌdɪsə(ʊ)'biːdiən(t)s] *n no pl* Ungehorsam *m* (**to** gegenüber)
dis·obe·di·ent [ˌdɪsə(ʊ)'biːdiənt] *adj* ungehorsam; ▪ **to be ~ to[wards] sb** jdm nicht gehorchen
dis·obey [ˌdɪsə(ʊ)'beɪ] **I.** *vt* ▪ **to ~ sb** jdm nicht gehorchen; *orders* nicht befolgen; *rules* sich nicht halten an +*akk* **II.** *vi* ungehorsam sein
dis·or·der [dɪ'sɔːdəʳ] *n* ❶ *no pl* (*disarray*) Unordnung *f*; **to retreat in ~** sich ungeordnet zurückziehen; **to throw into ~** in Unordnung bringen ❷ MED [Funktions]störung *f*; **brain ~** Störung *f* der Gehirnfunktion; **kidney ~** Nierenleiden *nt*; **personality ~** Persönlichkeitsstörung *f*; **skin ~** Hautirritation *f* ❸ *no pl* (*riot*) Aufruhr *m*; **civil ~** Landfriedensbruch *m*; **public ~** öffentliche Unruhen
dis·or·der·ly [dɪ'sɔːdəli] *adj* ❶ (*untidy*) unordentlich ❷ (*unruly*) aufrührerisch
dis·or·gan·ized [dɪ'sɔːgənaɪzd] *adj* schlecht organisiert
dis·ori·en·tate [dɪ'sɔːrɪənteɪt] *vt usu passive* ❶ (*lose bearings*) **to be/get** [*or* **become**]

|totally| ~**d** [völlig] die Orientierung verloren haben/verlieren ❷ (*be confused*) ■ **to be ~d** orientierungslos sein

dis·'ori·ent·ed *adj* desorientiert

dis·own [dɪˈsəʊn] *vt* verleugnen; (*hum also*) nicht mehr kennen

dis·par·age [dɪˈspærɪdʒ] *vt* diskreditieren

dis·par·ag·ing [dɪˈspærɪdʒɪŋ] *adj* geringschätzig

dis·par·ate [dɪˈspɑrət] *adj* (*form*) [grund]verschieden

dis·par·ity [dɪˈspærəti] *n* Ungleichheit *f*

dis·pas·sion·ate [dɪˈspæʃənət] *adj* objektiv

dis·patch [dɪˈspætʃ] **I.** *n* <*pl* -es> ❶ (*something sent*) Sendung *f* ❷ *no pl* (*sending*) Verschicken *nt*; *of a person* Entsendung *f* ❸ (*press report*) [Auslands]bericht *m*; MIL [Kriegs]bericht *m*; **to be mentioned in ~es** rühmend erwähnt werden **II.** *vt* ❶ (*send*) *thing* senden; *person* entsenden ❷ (*hum: eat*) verputzen ❸ (*kill*) töten

dis·pel <-ll-> [dɪˈspel] *vt* zerstreuen

dis·pen·sable [dɪˈspen(t)səbl] *adj* entbehrlich

dis·pen·sa·ry [dɪˈspen(t)səri] *n* (*room*) [Krankenhaus]apotheke *f* ❷ (*clinic*) Dispensarium *nt*

dis·pen·sa·tion [ˌdɪspenˈseɪʃən] *n* (*form*) Befreiung *f*; REL Dispens *f*; **papal ~** päpstlicher Erlass; **special ~** Sondergenehmigung *f*

dis·pense [dɪˈspens] **I.** *vt* austeilen (**to** an); *advice* erteilen; *medicine* ausgeben **II.** *vi* ■ **to ~ with** auf etw *akk* verzichten

dis·pens·er [dɪˈspensər] *n* Automat *m*

dis·per·sal [dɪˈspɜːsəl] *n no pl* ❶ (*scattering*) Zerstreuung *f*; *of a crowd* Auflösung *f*; (*migration*) Vertreibung *f* ❷ (*break-up*) Auseinandergehen *nt kein pl* ❸ (*spread*) Verstreutheit *f*

dis·perse [dɪˈspɜːs] **I.** *vt* ❶ (*dispel*) auflösen; *crowd* zerstreuen ❷ (*distribute*) verteilen ❸ PHYS *light* streuen **II.** *vi crowd* auseinandergehen; *mist* sich auflösen

dis·per·sion [dɪˈspɜːʃən] *n no pl* ❶ (*form: distribution*) Verteilung *f* ❷ (*spread*) Verbreitung *f* ❸ PHYS Streuung *f*

dis·pir·it·ed [dɪˈspɪrɪtɪd] *adj* entmutigt

dis·place [dɪsˈpleɪs] *vt* ❶ (*force out*) ■ **to ~ sb** jdn vertreiben ❷ (*replace*) ersetzen ❸ PHYS verdrängen

dis·place·ment [dɪsˈpleɪsmənt] *n no pl* ❶ (*expulsion*) Vertreibung *f* ❷ (*relocation*) Umsiedlung *f* ❸ (*replacement*) Ablösung *f* ❹ PHYS Verdrängung *f*

dis·play [dɪˈspleɪ] **I.** *vt* ❶ (*on a noticeboard*) aushängen; (*in a shop window*) auslegen ❷ (*demonstrate*) zeigen ❸ (*flaunt*) zur Schau stellen **II.** *n* ❶ (*in a museum, shop*) Auslage *f*; **to be/go on ~** ausgestellt sein/werden ❷ (*performance*) Vorführung *f*; **firework|s| ~** Feuerwerk *nt* ❸ (*demonstration*) Demonstration *f*; **~ of anger** Wutausbruch *m* ❹ COMPUT Display *nt*

dis·'play case *n*, **dis·'play cabi·net** *n* Vitrine *f* **dis·'play window** *n* Schaufenster *nt*

dis·please [dɪsˈpliːz] *vt* ■ **to ~ sb** jdm missfallen; **greatly ~d** sehr verärgert (**at/by** über)

dis·pleas·ing [dɪsˈpliːzɪŋ] *adj* ärgerlich

dis·pleas·ure [dɪsˈpleʒər] *n no pl* Missfallen *nt* (**at** über)

dis·pos·able [dɪˈspəʊzəbl] **I.** *adj* ❶ *articles* Wegwerf-; **~ razor** Einwegrasierer *m*; **~ towel** Einmalhandtuch *nt* ❷ FIN verfügbar **II.** *n* **~s** *pl* Wegwerfartikel *pl*

dis·pos·al [dɪˈspəʊzəl] *n no pl* ❶ Beseitigung *f*; *of waste* Entsorgung *f* ❷ AM Müllschlucker *m* ❸ (*control*) Verfügung *f*; ■ **to be at sb's ~** zu jds Verfügung stehen

dis·pose [dɪˈspəʊz] *vt* (*form*) ■ **to ~ sb to[wards] sth** jdn zu etw *dat* bewegen ✦ **dispose of** *vt* ❶ (*get rid of*) beseitigen; (*sell*) veräußern ❷ (*deal with*) erledigen

dis·posed [dɪˈspəʊzd] *adj* (*form*) ■ **to be** [*or* feel] **~ to do sth** geneigt sein, etw zu tun; **to be** [*or* feel] **well ~ towards sb/sth** jdm/etw wohlgesonnen sein

dis·po·si·tion [ˌdɪspəˈzɪʃən] *n* ❶ (*nature*) Art *f* ❷ (*tendency*) Veranlagung *f*

dis·pos·sess [ˌdɪspəˈzes] *vt* enteignen

dis·pro·por·tion·ate [ˌdɪsprəˈpɔːʃənət] *adj* unangemessen

dis·prove [dɪˈspruːv] *vt* widerlegen

dis·put·able [dɪˈspjuːtəbl] *adj* strittig

dis·pute I. *vt* [dɪˈspjuːt] ❶ (*argue*) ■ **to ~ sth** sich über etw *akk* streiten ❷ (*oppose*) bestreiten ❸ SPORTS **to ~ the lead** um die Führungsposition kämpfen **II.** *vi* streiten **III.** *n* [dɪˈspjuːt, ˈdɪspjuːt] (*argument*) Streit *m* (**over** über); **that is open to ~** darüber lässt sich streiten; **pay ~** Lohnverhandlung *f*; ■ **to be in ~ over sth** über etw *akk* streiten; **to be beyond ~** außer Frage stehen

dis·quali·fi·ca·tion [dɪˌskwɒlɪfɪˈkeɪʃən] *n* Ausschluss *m*; SPORTS Disqualifikation *f*

dis·quali·fy <-ie-> [dɪˈskwɒlɪfaɪ] *vt* ❶ (*expel*) ausschließen; SPORTS disqualifizieren ❷ LAW **to ~ sb from driving** jdm den Führerschein entziehen

dis·qui·et [dɪˈskwaɪət] (*form*) **I.** *n no pl* Besorgnis *f* (**about** um, **over** über) **II.** *vt* beunruhigen

dis·qui·et·ing [dɪˈskwaɪətɪŋ] *adj* (*form*) beunruhigend

dis·re·gard [ˌdɪsrɪˈgɑːd] **I.** *vt* ignorieren **II.** *n no pl* Gleichgültigkeit *f* (**for** gegenüber);

displeasure

expressing dissatisfaction	Unzufriedenheit ausdrücken
That doesn't come up to my expectations.	Das entspricht nicht meinen Erwartungen.
I would have expected you to take more trouble.	Ich hätte erwartet, dass Sie sich nun mehr Mühe geben.
That's not what we agreed.	So hatten wir es nicht vereinbart.

expressing annoyance	Verärgerung ausdrücken
That's an outrage!	Das ist ja unerhört!
That's outrageous!	Eine Unverschämtheit ist das!
What a cheek!	So eine Frechheit!
That's the limit!	Das ist doch wohl die Höhe!
That can't be true!	Das darf doch wohl nicht wahr sein!
I can't take/stand it anymore!	Das ist ja nicht mehr zum Aushalten!
It's a pain in the neck. (*fam*)	Das nervt! (*fam*)

(*for a rule, the law*) Missachtung *f* (*for/of* +*gen*)

dis·re·pair [ˌdɪsrɪˈpeər] *n no pl* Baufälligkeit *f*; **to fall into ~** verfallen

dis·rep·u·table [dɪsˈrepjətəbl] *adj* verrufen

dis·re·pute [ˌdɪsrɪˈpjuːt] *n* Verruf *m kein pl*

dis·re·spect [ˌdɪsrɪˈspekt] **I.** *n no pl* Respektlosigkeit *f* (**for** gegenüber); **no ~ to your boss, but ...** ohne deinem Chef zu nahetreten zu wollen, aber ...; **to intend no ~** nicht respektlos sein wollen **II.** *vt* AM (*fam*) beleidigen

dis·re·spect·ful [ˌdɪsrɪˈspektfəl] *adj* respektlos

dis·rupt [dɪsˈrʌpt] *vt* ❶ (*disturb*) stören ❷ (*form: destroy*) zerstören

dis·rup·tion [dɪsˈrʌpʃən] *n* ❶ (*interruption*) Unterbrechung *f* ❷ *no pl* (*disrupting*) Störung *f*; **~ of traffic** Verkehrsbehinderung *f*

dis·rup·tive [dɪsˈrʌptɪv] *adj* störend; **~ influence** Störelement *nt*; (*person*) Unruhestifter *m*

dis·sat·is·fac·tion [dɪsˌsætɪsˈfækʃən] *n no pl* Unzufriedenheit *f*

dis·sat·is·fied [dɪsˈsætɪsfaɪd] *adj* unzufrieden

dis·sect [dɪˈsekt, daɪ-] *vt* ❶ (*cut open*) sezieren ❷ (*fig*) analysieren

dis·sec·tion [dɪˈsekʃən, daɪ-] *n* ❶ *no pl* (*dissecting*) Sezieren *nt* ❷ (*instance*) Sektion *f* ❸ (*fig*) Analyse *f*

dis·sem·ble [dɪˈsembl] *vi* sich verstellen

dis·sem·i·nate [dɪˈsemɪneɪt] *vt* (*form*) verbreiten

dis·sem·i·na·tion [dɪˌsemɪˈneɪʃən] *n no pl* (*form*) Verbreitung *f*

dis·sen·sion [dɪˈsen(t)ʃən] *n* (*form*) Meinungsverschiedenheit[en] *f*[*pl*]

dis·sent [dɪˈsent] **I.** *n no pl* ❶ (*disagreement*) Meinungsverschiedenheit *f* ❷ (*protest*) Widerspruch *m*; **voice of ~** Gegenstimme *f* **II.** *vi* dagegen stimmen; (*disagree*) anderer Meinung sein

dis·sent·er [dɪˈsentər] *n* Andersdenkende(r) *f(m)*; POL Dissident(in) *m(f)*

dis·ser·ta·tion [ˌdɪsəˈteɪʃən] *n* Dissertation *f* (**on** über)

dis·ser·vice [dɪsˈsɜːvɪs] *n no pl* **to do oneself/sb a ~** sich/jdm einen schlechten Dienst erweisen

dis·si·dent [ˈdɪsɪdənt] **I.** *n* Dissident(in) *m(f)*; **political ~** Regimekritiker(in) *m(f)* **II.** *adj* regimekritisch

dis·sim·i·lar [dɪsˈsɪmɪlər] *adj* unterschiedlich

dis·si·mi·lar·i·ty [dɪsˌsɪmɪˈlærəti] *n* Unterschied *m*

dis·si·pate [ˈdɪsɪpeɪt] **I.** *vi* allmählich verschwinden; *crowd, mist* sich auflösen **II.** *vt* ❶ (*disperse*) auflösen ❷ (*squander*) verschwenden

dis·si·pat·ed [ˈdɪsɪpeɪtɪd] *adj* (*liter*) ausschweifend

dis·si·pa·tion [ˌdɪsɪˈpeɪʃᵊn] n (form) ❶ (squandering) Verschwendung f ❷ (indulgence) Maßlosigkeit f; **a life of ~** ein ausschweifendes Leben

dis·so·ci·ate [dɪˈsəʊsɪeɪt] vt getrennt betrachten; ■ **to ~ oneself from sb/sth** sich von jdm/etw distanzieren

dis·so·lute [ˈdɪsəluːt] adj (liter) life ausschweifend; person zügellos

dis·so·lu·tion [ˌdɪsəˈluːʃᵊn] n ❶ no pl (annulment) Auflösung f ❷ (liter: debauchery) Ausschweifung f; **a life of ~** ein ausschweifendes Leben

dis·solve [dɪˈzɒlv] I. vi ❶ (be absorbed) sich auflösen ❷ (subside) **to ~ in[to] giggles** loskichern; **to ~ in[to] tears** in Tränen ausbrechen ❸ (dissipate) verschwinden; tension sich lösen ❹ FILM (fade out) ■ **to ~ into sth** auf etw akk überblenden II. vt ❶ (liquefy) [auf]lösen ❷ (annul) auflösen; marriage scheiden

dis·suade [dɪˈsweɪd] vt abbringen

dis·tance [ˈdɪstᵊn(t)s] I. n ❶ (route) Strecke f; **to close [up] the ~ [to sth]** den Abstand [zu etw dat] verringern ❷ (linear measure) Entfernung f; **within driving/walking ~** mit dem Auto/zu Fuß erreichbar; **within shouting ~** in Rufweite ❸ no pl (remoteness) Ferne f; **they sped off into the ~** sie brausten davon; **from [or at] a distance** von weitem ❹ (fig: aloofness) Distanz f kein pl; **to keep one's ~** auf Distanz bleiben; **to keep one's ~ from sb/sth** sich von jdm/etw fernhalten II. vt ■ **to ~ oneself** sich distanzieren

dis·tant [ˈdɪstᵊnt] adj ❶ (far away) fern; relative entfernt; (fig) look abwesend; **in the not-too-~ future** in nicht allzu ferner Zukunft; **from the dim and ~ past** aus der fernen Vergangenheit; **at some ~ point in the future** irgendwann einmal ❷ (aloof) unnahbar; ■ **to be ~ with sb** jdm gegenüber distanziert sein

dis·tant·ly [ˈdɪstᵊntli] adv ❶ (far away) in der Ferne ❷ (loftily) distanziert ❸ (absently) abwesend ❹ (not closely) **to be ~ related** entfernt [miteinander] verwandt sein

dis·taste [dɪˈsteɪst] n no pl Widerwille m (**for** gegen); **with ~** mit Widerwillen

dis·taste·ful [dɪˈsteɪstfᵊl] adj abscheulich

dis·tend [dɪˈstend] MED I. vt ■ **to be ~ed** aufgebläht sein II. vi sich [auf]blähen

dis·ten·sion [dɪˈstenʃᵊn] n no pl MED [Auf]blähung f

dis·til <-ll-> [dɪˈstɪl], AM, AUS **dis·till** vt ❶ CHEM destillieren ❷ (fig) zusammenfassen

dis·til·la·tion [ˌdɪstɪˈleɪʃᵊn] n ❶ no pl CHEM Destillation f ❷ (fig) Quintessenz f

dis·till·er [dɪˈstɪləʳ] n ❶ (company) Destillerie f ❷ (person) Destillateur m

dis·till·ery [dɪˈstɪlᵊri] n Brennerei f

dis·tinct [dɪˈstɪŋ(k)t] adj ❶ (different) verschieden; ■ **to be ~ from sth** sich von etw dat unterscheiden; **as ~ from sth** im Unterschied zu etw dat ❷ (clear) deutlich

dis·tinc·tion [dɪˈstɪŋ(k)ʃᵊn] n ❶ (difference) Unterschied m ❷ no pl (eminence) **of [great] ~** von hohem Rang ❸ no pl (honour) Ehre f ❹ UNIV Auszeichnung f; **to pass with ~** mit Auszeichnung bestehen

dis·tinc·tive [dɪˈstɪŋ(k)tɪv] adj charakteristisch

dis·tin·guish [dɪˈstɪŋgwɪʃ] I. vi unterscheiden II. vt ❶ (tell apart) unterscheiden; (positively) abheben ❷ (discern) ausmachen [können] ❸ (excel) ■ **to ~ oneself in sth** sich in etw dat hervortun

dis·tin·guish·able [dɪˈstɪŋgwɪʃəbl] adj unterscheidbar; **to be clearly ~** leicht zu unterscheiden sein

dis·tin·guished [dɪˈstɪŋgwɪʃt] adj ❶ (eminent) career hervorragend; person von hohem Rang; ■ **to be ~ for sth** sich durch etw akk auszeichnen ❷ (stylish) distinguiert

dis·tort [dɪˈstɔːt] vt ❶ (out of shape) verzerren; face entstellen ❷ (fig) verdrehen; history, a result verfälschen

dis·tor·tion [dɪˈstɔːʃᵊn] n ❶ (twisting) Verzerrung f; **of a face** Entstellung f ❷ MUS Klirrfaktor m ❸ (fig) Verdrehung f

dis·tract [dɪˈstrækt] vt ablenken

dis·tract·ed [dɪˈstræktɪd] adj verwirrt; (worried) besorgt

dis·trac·tion [dɪˈstrækʃᵊn] n ❶ (disturbance) Störung f; **sb finds sth a ~** etw stört jdn ❷ (diversion) Ablenkung f ❸ (entertainment) Zerstreuung f ❹ no pl (confusion) Aufregung f ▶ **to drive sb to ~** jdn zum Wahnsinn treiben; **to love sb to ~** jdn wahnsinnig lieben

dis·traught [dɪˈstrɔːt] adj verzweifelt, außer sich dat

dis·tress [dɪˈstres] I. n no pl ❶ (pain) Leid nt; (anguish) Kummer m, Sorge f (**at** über) ❷ (despair) Verzweiflung f ❸ (exhaustion) Erschöpfung f ❹ (emergency) Not f; **vessels in ~** Schiffe pl in Seenot II. vt quälen; ■ **to ~ oneself** sich dat Sorgen machen

dis·tressed [dɪˈstrest] adj ❶ (unhappy) bekümmert ❷ (shocked) erschüttert (**at** über) ❸ (in difficulties) ■ **to be ~** in Not sein

dis·tress·ing [dɪˈstresɪŋ] adj, AM **dis·tress·ful** [dɪˈstresfᵊl] adj ❶ (worrying) erschreckend ❷ (painful) schmerzlich

dis·trib·ute [dɪˈstrɪbjuːt, BRIT also ˈdɪstrɪ-] vt verteilen; goods vertreiben; **widely ~d** weit verbreitet

dis·tri·bu·tion [ˌdɪstrɪˈbjuːʃ°n] *n no pl* ❶ (*sharing*) Verteilung *f* ❷ (*scattering*) Verbreitung *f* ❸ ECON Vertrieb *m*

dis·tri·ˈbu·tion chain *n* Vertriebsnetz *nt*

dis·tribu·tor [dɪˈstrɪbjətəʳ] *n* ❶ COMM Vertriebsgesellschaft *f* ❷ AUTO Verteiler *m*

dis·trict [ˈdɪstrɪkt] *n* (*area*) Gebiet *nt*; (*within a town/country*) Bezirk *m*

dis·trict at·ˈtor·ney *n* AM Staatsanwalt, Staatsanwältin *m*, *f* **dis·trict ˈcoun·cil** *n* BRIT Bezirksamt *nt* **dis·trict ˈcourt** *n* AM [Bundes]bezirksgericht *nt*

dis·trust [dɪsˈtrʌst] **I.** *vt* misstrauen +*dat* **II.** *n no pl* Misstrauen *nt* (**of** gegen)

dis·trust·ful [dɪsˈtrʌstf°l] *adj* misstrauisch (**of** gegen)

dis·turb [dɪˈstɜːb] **I.** *vt* ❶ (*interrupt*) stören ❷ (*worry*) beunruhigen ❸ (*disarrange*) durcheinanderbringen **II.** *vi* stören; "**do not ~**" „bitte nicht stören"

dis·turb·ance [dɪˈstɜːb°n(t)s] *n* ❶ *no pl* (*annoyance*) Belästigung *f* ❷ (*distraction*) Störung *f* ❸ (*riot*) Unruhe stiften

dis·turbed [dɪˈstɜːbd] *adj* ❶ (*worried*) beunruhigt ❷ PSYCH [geistig] verwirrt; **~ behaviour** gestörtes Verhalten; **emotionally/mentally ~** emotional/psychisch gestört

dis·turb·ing [dɪˈstɜːbɪŋ] *adj* beunruhigend

dis·unity [dɪsˈjuːnɪti] *n no pl* **to cause a ~** Uneinigkeit *f*

dis·use [dɪsˈjuːs] *n no pl* Nichtgebrauch *m*; **to fall into ~** nicht mehr benutzt werden

dis·used [dɪsˈjuːzd] *adj* ungenutzt; *building* leer stehend; *warehouse* stillgelegt

ditch [dɪtʃ] **I.** *n* <*pl* -es> Graben *m* **II.** *vt* (*fam*) ❶ (*discard*) wegwerfen; *getaway car* stehen lassen; *proposal* aufgeben ❷ (*sack*) feuern ❸ (*end relationship*) ■ **to ~ sb** jdm den Laufpass geben ❹ *plane* im Bach landen **III.** *vi* AVIAT auf dem Wasser landen

dith·er [ˈdɪðəʳ] **I.** *n no pl* **in** [*or* **all of**] **a ~** ganz aufgeregt **II.** *vi* schwanken; **she's still ~ing over whether to ...** sie ist sich immer noch nicht schlüssig darüber, ob ...

dit·to [ˈdɪtəʊ] **I.** *adv* (*likewise*) dito; (*me too*) ich auch **II.** *n* LING Wiederholungszeichen *nt*

dit·ty [ˈdɪti] *n* banales Liedchen

di·ur·nal [ˌdaɪˈɜːnəl] *adj* SCI ❶ (*daily*) Tages- ❷ (*opp: nocturnal*) tagaktiv

di·van [dɪˈvæn] *n* Diwan *m*

dive [daɪv] **I.** *n* ❶ (*into water*) [Kopf]sprung *m* ❷ *of a plane* Sturzflug *m* ❸ (*sudden movement*) ■ **to make a ~ for sth** einen [Hecht]sprung nach etw *dat* machen; **to make a ~ at sb** auf jdn zuspringen ❹ (*drop in price*) [Preis]sturz *m*; **to take a ~** fallen; *profits sinken* ❺ (*setback*) **to take a ~** einen Schlag erleiden ❻ (*fam: dingy place*) Spelunke *f* ❼ FBALL Schwalbe *f*; BOXING **to take a ~** ein K.O. vortäuschen **II.** *vi* <dived *or* AM dove, dived *or* AM dove> ❶ (*into water*) einen Kopfsprung ins Wasser machen; (*underwater*) tauchen; ■ **to ~ off sth** von etw *dat* [herunter]springen ❷ *plane, bird* einen Sturzflug machen ❸ (*move quickly*) ■ **to ~ for sth** nach etw *dat* hechten; ■ **to ~ after sb/sth** jdm/etw nachstürzen; **to ~ for cover** schnell in Deckung gehen ❹ *prices, shares* fallen

div·er [ˈdaɪvəʳ] *n* ❶ (*in ocean, lake*) Taucher(in) *m(f)*; SPORTS Turmspringer(in) *m(f)* ❷ (*bird*) Taucher *m*

di·verge [daɪˈvɜːdʒ] *vi* auseinandergehen; ■ **to ~ from sth** von etw *dat* abweichen

di·ver·gence [daɪˈvɜːdʒən(t)s] *n* ❶ (*difference*) Divergenz *f* ❷ (*deviation*) Abweichung *f*

di·ver·gent [daɪˈvɜːdʒənt] *adj* ❶ (*differing*) abweichend; **to hold widely ~ opinions** weit auseinandergehende Meinungen haben ❷ MATH divergent

di·verse [daɪˈvɜːs] *adj* ❶ (*varied*) vielfältig ❷ (*not alike*) unterschiedlich

di·ver·si·fi·ca·tion [daɪˌvɜːsɪfɪˈkeɪʃ°n] *n no pl* Diversifikation *f*

di·ver·si·fy [daɪˈvɜːsɪfaɪ] <-ie-> **I.** *vi* vielfältiger werden **II.** *vt* umfangreicher machen

di·ver·sion [daɪˈvɜːʃ°n] *n* ❶ *no pl* (*rerouting*) Verlegung *f*; *traffic* ~ Umleitung *f* ❷ (*distraction*) Ablenkung *f*; (*entertainment*) Unterhaltung *f*; **to create a ~** ein Ablenkungsmanöver inszenieren

di·ver·sity [daɪˈvɜːsəti] *n no pl* Vielfalt *f*

di·vert [daɪˈvɜːt] *vt* ❶ (*reroute*) verlegen; *traffic* umleiten ❷ (*reallocate*) anders einsetzen ❸ (*distract*) ablenken ❹ (*amuse*) unterhalten

di·vert·ing [daɪˈvɜːtɪŋ] *adj* unterhaltsam

di·vest [daɪˈvest] *vt* ❶ (*deprive*) berauben ❷ (*sell*) verkaufen ❸ ■ **to ~ oneself of sth** (*take off*) etw ablegen [*o* ausziehen]; (*rid*) etw aufgeben

di·vide [dɪˈvaɪd] **I.** *n* ❶ (*gulf*) Kluft *f* ❷ (*boundary*) Grenze *f* ❸ AM (*watershed*) Wasserscheide *f* **II.** *vt* ❶ (*split*) teilen ❷ (*share*) aufteilen ❸ MATH teilen (**by** durch) ❹ (*separate*) trennen ❺ (*allocate*) zuteilen; **she ~s her time between ... and ...** sie verbringt ihre Zeit abwechselnd in ... und ... ❻ (*disunite*) spalten; ■ **to be ~ d over** [*or* **on**] **sth** über etw *akk* verschiedene Ansichten haben **III.** *vi* ❶ (*split*) sich teilen; **to ~ equally** [*or* **evenly**] in gleiche Teile zerfallen ❷ MATH dividieren ❸ (*separate*) sich trennen ◆ **di·vide off** *vt* [ab]teilen ◆ **divide up I.** *vt* aufteilen **II.** *vi* sich teilen

di·vid·ed [dɪˈvaɪdɪd] *adj* uneinig

divi·dend [ˈdɪvɪdend] *n* FIN Dividende *f*; (*fig*)

to pay ~s sich bezahlt machen
di·vid·ers [dɪˈvaɪdəz] *npl* [a pair of] ~ [ein] Zirkel *m*
di·ˈvid·ing line *n* Trennlinie *f*
di·vine [dɪˈvaɪn] **I.** *adj* ❶ (*of God*) göttlich; ~ **intervention** Gottes Hilfe *f*; ~ **right** heiliges Recht; **the ~ right of kings** (*hist*) Gottesgnadentum *nt* ❷ (*splendid*) himmlisch; *voice* göttlich **II.** *vt* erraten; *future* vorhersehen; ■ **to ~ from sb/sth that ...** jdm/etw ansehen, dass ... **III.** *vi* ■ **to ~ for sth** mit einer Wünschelrute nach etw *dat* suchen
div·ing [ˈdaɪvɪŋ] *n no pl* ❶ (*into water*) Tauchen *nt*; SPORTS Turmspringen *nt* ❷ (*underwater*) Tauchen *nt*; **to go ~** tauchen gehen
ˈdiv·ing bell *n* Taucherglocke *f* **ˈdiv·ing board** *n* Sprungbrett *nt* **ˈdiv·ing suit** *n* Taucheranzug *m*
di·ˈvin·ing rod *n* Wünschelrute *f*
di·vin·ity [dɪˈvɪnəti] *n* ❶ *no pl* (*godliness*) Göttlichkeit *f* ❷ (*god*) Gottheit *f*
di·vis·ible [dɪˈvɪzəbl] *adj* teilbar (**by** durch)
di·vi·sion [dɪˈvɪʒən] *n* ❶ *no pl* (*sharing*) Verteilung *f* ❷ *no pl* (*break-up*) Teilung *f* ❸ (*section*) Teil *m* ❹ (*disagreement*) Meinungsverschiedenheit *f* ❺ (*difference*) Kluft *f* ❻ (*border*) Grenze *f* ❼ *no pl* MATH Division *f*; **to do ~** dividieren ❽ MIL Division *f* ❾ (*department*) Abteilung *f* ❿ (*league*) Liga *f* ⓫ BRIT POL Abstimmung *f* durch Hammelsprung
di·vi·sive [dɪˈvaɪsɪv] *adj* entzweiend; ~ **issue** Streitfrage *f*
di·vorce [dɪˈvɔːs] **I.** *n* ❶ LAW Scheidung *f*; ~ **proceedings** Scheidungsprozess *m*; ~ **settlement** Beilegung *f* der Scheidung ❷ *no pl* (*fig*) Trennung *f* **II.** *vt* ❶ (*annul marriage*) **to ~ sb** [*or* **get ~d from sb**] sich von jdm scheiden lassen ❷ (*distance*) ■ **to ~ oneself from sth** sich selbst von etw *dat* trennen **III.** *vi* sich scheiden lassen
di·vorced [dɪˈvɔːst] *adj* ❶ (*ceased to be married*) geschieden ❷ (*out of touch*) ■ **to be ~ from sth** keinen Bezug zu etw *dat* haben
di·vor·cee [dɪˈvɔːsiː] *n* Geschiedene(r) *f(m)*
di·vulge [daɪˈvʌldʒ] *vt* enthüllen; *information* weitergeben
DIY [ˌdiːaɪˈwaɪ] *n no pl* BRIT, AUS *abbrev of* **do-it-yourself** Heimwerken *nt*
diz·zi·ness [ˈdɪzɪnəs] *n no pl* Schwindel *m*
diz·zy [ˈdɪzi] *adj* ❶ (*unsteady*) schwindlig; ~ **spells** Schwindelanfälle *pl* ❷ (*vertiginous*) Schwindel erregend ❸ (*rapid*) atemberaubend ❹ (*fam: silly*) einfältig
DJ [ˌdiːˈdʒeɪ] *n* ❶ *abbrev of* **disc jockey** DJ *m* ❷ BRIT *abbrev of* **dinner jacket**
DNA [ˌdiːenˈeɪ] *n no pl abbrev of* **deoxyribonucleic acid** DNS *f*
do [duː] **I.** *aux vb* <does, did, done> ❶ (*negating verb*) Frida ~**esn't** like olives Frida mag keine Oliven; **I ~n't want to go yet!** ich will noch nicht gehen!; **I ~n't smoke** ich rauche nicht; **it ~esn't matter** das macht nichts; ~**n't** [**you**] **speak to me like that!** sprich nicht so mit mir!; ~**n't be silly** sei nicht albern!; BRIT, AUS ~**n't let's argue about it** lasst uns deswegen nicht streiten ❷ (*forming question*) ~ **you like children?** magst du Kinder?; **did he see you?** hat er dich gesehen?; **what did you say?** was hast du gesagt?; ~ **you/~es he/she indeed** [*or* **now**]**?** tatsächlich?; ~ **I like cheese? — I love cheese!** ob ich Käse mag? – ich liebe Käse! ❸ (*for emphasis*) ~ **come to our party** ach komm doch zu unserer Party; **can I come? — please — I ~!** kann ich mitkommen? – aber bitte!; **boy, did he yell!** der hat vielleicht geschrien!; **so you ~ like beer after all** du magst also doch Bier; **you ~ look tired** du siehst wirklich müde aus; ~ **shut up, Sarah** halte bloß deinen Mund, Sarah; ~ **tell me!** sag's mir doch!; ~ **I/~es he/she ever!** und ob! ❹ (*inverting verb*) **not only did I speak to her, I even ...** ich habe nicht nur mit ihr gesprochen, sondern auch ...; **little ~es she know** sie ahnt noch nichts *fam*; (*not yet*) sie ahnt noch nichts ❺ (*replacing verb*) **she runs much faster than he ~es** sie läuft viel schneller als er; ~ **you like Chopin? — yes, I ~/no, I ~n't** mögen Sie Chopin? – ja/nein; **who ate the cake? — I did!/didn't!** wer hat den Kuchen gegessen? – ich!/ich nicht!; **I don't like Chinese food — nor** [*or* **neither**] ~ **I/I ~** ich esse nicht gerne Chinesisch – ich auch nicht/ich schon; **... so ~ I ...** ich auch; **so you don't like her — I ~!** du magst sie also nicht – doch! ❻ (*requesting affirmation*) **you don't understand the question,** ~ **you?** Sie verstehen die Frage nicht, stimmt's?; **you do understand what I mean,** ~**n't you?** du verstehst [doch], was ich meine, oder? ❼ (*expressing surprise*) **so they really got married, did they?** dann haben sie also wirklich geheiratet! **II.** *vt* <does, did, done> ❶ (*perform, undertake*) tun, machen; **just ~ it!** mach's einfach!; **let me ~ the talking** überlass mir das Reden; **what's the front door ~ing open?** warum steht die Haustür offen?; **that was a stupid thing to ~** das war dumm!; **what have you done with my coat?** wo hast du meinen Mantel hingetan?; **what am I going to ~ with myself?** was soll ich nur die ganze Zeit machen?; **these pills have done nothing for me** diese Pillen haben mir überhaupt nicht geholfen; **what are you going to ~ with that**

do away – do with

hammer? was hast du mit dem Hammer vor?; **what ~es your father ~?** was macht dein Vater beruflich?; **~n't just stand there, ~ something!** stehen Sie doch nicht nur so rum, tun Sie was!; **today we're going to ~ Chapter 4** heute beschäftigen wir uns mit Kapitel 4; **I found someone to ~ the garden wall** ich habe jemanden gefunden, der die Gartenmauer bauen wird; **can you ~ me 20 photocopies of this report?** kannst du mir diesen Bericht 20 mal abziehen?; **to ~ a bow tie** eine Schleife binden; **to ~ the cooking/shopping** kochen/einkaufen; **to ~ the dishes** das Geschirr abspülen; **to ~ the flowers** die Blumen arrangieren; **to ~ one's nails** sich *dat* die Nägel lackieren; **to ~ one's teeth** sich *dat* die Zähne putzen; ■ **to get sth done** etw machen lassen; **where ~ you get your hair done?** zu welchem Friseur gehst du?; ❷ *(study)* studieren; **Diane did History at London University** Diane hat an der Londoner University Geschichte [im Hauptfach] studiert ❸ *(solve)* lösen; **can you ~ this sum for me?** kannst du das für mich zusammenrechnen? ❹ *(fam: finish)* **are you done?** bist du jetzt fertig? ❺ *(travel)* fahren ❻ *(suffice)* ■ **to ~ sb** jdm genügen; **that'll ~ me nicely, thank you** das reicht mir dicke, danke! *fam*; **I only have diet cola — will that ~ you?** ich habe nur Diätcola — trinkst du die auch? ❼ *(provide)* **~ you ~ travel insurance as well?** bieten Sie auch Reiseversicherungen an?; **sorry, we ~n't ~ hot meals** tut mir leid, bei uns gibt es nur kalte Küche ❽ *esp* Brit *(serve)* drannehmen ❾ *(put on) play* aufführen ❿ *(impersonate)* nachmachen; *(fig)* **I hope she won't ~ a Helen and ...** ich hoffe, sie macht es nicht wie Helen und ... ⓫ *(fam: cheat)* übers Ohr hauen ⓬ *(fam: spend [time] in jail)* sitzen ⓭ *esp* Brit *(fam: punish)* fertigmachen; **to get done for sth** *(by the police)* wegen einer S. *gen* von der Polizei angehalten werden; *(by a court)* für etw *akk* verurteilt werden ⓮ *(fam: take)* **to ~ heroin** Heroin nehmen ⓯ *(fam: impress)* **Bach has never done anything for me** Bach hat mich noch nie sonderlich vom Hocker gerissen; **that film really did something to me** dieser Film hat mich wirklich beeindruckt ⓰ *(euph fam: have sex)* ■ **to ~ it with sb** mit jdm schlafen ▸ **what's done is done** *(saying)* was passiert ist, ist passiert; **that ~es it!** so, das war's jetzt!; **that's done it!** jetzt haben wir die Bescherung! **III.** *vi* <does, did, done> ❶ *(behave)* tun; **~ as I ~** mach's wie ich; **~ as you're told** tu, was man dir sagt; **to ~ well to do sth** gut daran tun, etw zu tun ❷ *(fare)* **sb is ~ing badly/fine** jdm geht es schlecht/gut; **mother and baby are ~ing well** Mutter und Kind sind wohlauf; **George has done well for himself** George hat es für seine Verhältnisse weit gebracht; **our daughter is ~ing well at school** unsere Tochter ist gut in der Schule; **to be ~ing well out of sth** erfolgreich mit etw *dat* sein ❸ *(fam: finish)* **have you done?** bist du fertig?; **I haven't done with you yet** ich bin noch nicht fertig mit dir ❹ *(be acceptable, suffice)* **that'll ~** das ist o.k. so; **will £10 ~?** reichen 10 Pfund?; **this kind of behaviour just won't ~!** so ein Verhalten geht einfach nicht an!; **do you think this will ~ for a blanket?** glaubst du, das können wir als Decke nehmen?; **that'll ~ as a cushion** das geht [erstmal] als Kissen; **this will ~ just fine as a table** das wird einen guten Tisch abgeben; **this will have to ~ for a meal** das muss als Essen genügen; **will this room ~?** ist dieses Zimmer o.k. für Sie?; **we'll make ~ with $100** 100 Dollar müssen reichen; **that will never ~** das geht einfach nicht ▸ **it isn't done** Brit es ist nicht üblich; **that will ~** jetzt reicht's aber!; **how ~ you ~?** *(form: as introduction)* angenehm; **what's ~ing?** *(fam)* was ist los? **IV.** *n* ❶ *esp* Brit, Aus *(fam: party)* Fete *f* ❷ Brit *(treatment)* **fair ~s** gleiches Recht für alle ❸ *no pl (droppings)* **dog ~** Hundehäufchen *nt* ❹ *(allowed, not allowed)* **the ~s and ~n'ts** was man tun und was man nicht tun sollte ◆**do away** *vi* ❶ *(discard)* ■ **to ~ away with sth** etw loswerden ❷ *(fam: kill)* ■ **to ~ away with sb** jdn um die Ecke bringen *fam* ◆**do down** *vt* schlechtmachen ◆**do in** *vt (sl)* ❶ *(kill)* kaltmachen; ■ **to ~ oneself in** sich umbringen ❷ *(tire)* schaffen ◆**do out** *vt* dekorieren ◆**do over** *vt (fam)* ❶ Brit, Aus *(beat up)* zusammenschlagen ❷ Brit *(rob)* ausrauben ❸ Am *(redo)* noch einmal machen ◆**do up I.** *vt* ❶ *(close)* zumachen; *shoes* zubinden; *zip* zuziehen ❷ *(adorn)* herrichten; *house* renovieren ❸ *(dress)* ■ **to ~ oneself up** sich zurecht machen ❹ *(hair)* **to ~ up one's hair** sich *dat* die Haare hochstecken ❺ *(wrap)* einpacken **II.** *vi dress* zugehen ◆**do with** *vi* ❶ Brit *(fam: bear)* ■ **sb can't [or cannot] ~ [or be ~ing] with sth** jd kann etw nicht ertragen ❷ Brit *(fam: need)* brauchen; **I could ~ with a sleep** ich könnte jetzt etwas Schlaf gebrauchen ❸ *(be related to)* um etw *akk* gehen; **to be [or have] nothing to ~ with sth** mit etw *dat* nichts zu tun haben; **what's that got to ~ with it?** was hat das damit zu tun? ❹ *(deal with)* ■ **to be [or have] to ~ with sth** von etw *dat* handeln ❺ *(refuse contact)* **to not have any-**

thing [more] **to ~ with sb** nichts [mehr] mit jdm zu tun haben ❸ (*not concern*) **sth has nothing to ~ with sb** etw geht jdn nichts an
◆**do without** *vi* ❶ (*not have*) auskommen ohne ❷ (*prefer not to have*) verzichten auf +*akk*

DOA [ˌdiːəʊˈeɪ] *abbrev of* **dead on arrival** DOA (*beim Eintreffen des Krankenwagens bereits tot*)

doc [dɒk] *n* (*fam*) *short for* **doctor** Arzt, Ärztin *m, f*

doc·ile [ˈdəʊsaɪl] *adj* sanftmütig

dock[1] [dɒk] **I.** *n* ❶ (*wharf*) Dock *nt;* ▸ **the ~ s** *pl* die Hafenanlagen; **to be in ~** im Hafen liegen; **dry-/floating ~** Trocken-/Schwimmdock *nt* ❷ AM (*pier*) Kai *m* **II.** *vi* ❶ NAUT anlegen ❷ AEROSP andocken (**with** an) **III.** *vt* ▸ **to ~ sth** eindocken, etw aneinanderkoppeln

dock[2] [dɒk] *n no pl* BRIT LAW **to be in the ~** auf der Anklagebank sitzen

dock[3] [dɒk] *vt* ❶ (*reduce*) kürzen (**by** um); (*deduct*) abziehen ❷ (*cut off*) [den Schwanz] kupieren

dock[4] [dɒk] *n no pl* BOT Ampfer *m*

dock·er [ˈdɒkə^r] *n* Hafenarbeiter(in) *m(f)*

dock·et [ˈdɒkɪt] *n* ❶ BRIT, AUS (*delivery note*) Lieferschein *m* ❷ AM LAW Terminplan *m* ❸ AM (*agenda*) Tagesordnung *f*

'dock·yard *n* Werft *f*

Doc Martens [ˌdɒkˈmɑːtɪnz] *npl*, **DMs** *n* (*fam*) Doc Martens *pl*

doc·tor [ˈdɒktə^r] **I.** *n* ❶ (*medic*) Arzt, Ärztin *m, f;* **good morning, D~ Smith** guten Morgen, Herr/Frau Doktor Smith; **at the ~ 's** beim Arzt/bei der Ärztin ❷ (*academic*) Doktor *m* ▸ **to be just what the ~ ordered** genau das Richtige sein **II.** *vt* ❶ (*falsify*) fälschen ❷ (*poison*) vergiften ❸ AM (*add alcohol to*) mit Alkohol versetzen ❹ BRIT, AUS (*fam: neuter*) sterilisieren

doc·tor·ate [ˈdɒktərət] *n* Doktor[titel] *m*

doc·tor·re·com·'mend·ed *adj* ärztlich empfohlen

doc·tri·naire [ˌdɒktrɪˈneər] *adj* (*form*) doktrinär

doc·trine [ˈdɒktrɪn] *n* ❶ *no pl* (*set of beliefs*) Doktrin *f* ❷ (*belief*) Grundsatz *m*

docu·ment [ˈdɒkjəmənt] **I.** *n* Dokument *nt;* **travel ~ s** Reisepapiere *pl* **II.** *vt* dokumentieren

docu·men·tary [ˌdɒkjəˈmentəri] **I.** *n* Dokumentation *f,* Dokumentarfilm *m* (**on** über) **II.** *adj* ❶ (*factual*) dokumentarisch, Dokumentar- ❷ (*official*) urkundlich, Urkunden-

docu·men·ta·tion [ˌdɒkjəmenˈteɪʃ^ən] *n no pl* ❶ (*proof*) [dokumentarischer] Nachweis *m* ❷ (*manual*) Informationsmaterial *nt*

❸ (*papers*) Ausweispapiere *pl*

docu·soap [ˈdɒkjuːsəʊp] *n* Doku-Soap *f*

DOD [ˌdiːəʊˈdiː] *n* AM *abbrev of* **Department of Defense** Verteidigungsministerium *nt*

dod·der·ing [ˈdɒdərɪŋ] *adj*, **dod·dery** [ˈdɒdəri] *adj* (*fam*) tattrig; **~ old man** Tattergreis *m*

dodge [dɒdʒ] **I.** *vt* ❶ (*duck*) ausweichen +*dat* ❷ (*evade*) sich entziehen; *military service* sich drücken vor +*dat; question* ausweichend beantworten; ▸ **to ~ doing sth** um etw *akk* herumkommen **II.** *vi* ausweichen **III.** *n* (*fam*) Trick *m*

Dodg·em® [ˈdɒdʒəm] *n*, **Dodg·em car**® *n* Autoscooter *m*

dodg·er [ˈdɒdʒə^r] *n* (*pej*) Drückeberger(in) *m(f);* **to be a draft ~** sich vor dem Militärdienst drücken; **fare ~** Trittbrettfahrer(in) *m(f);* **tax ~** Steuerhinterzieher(in) *m(f)*

dodgy [ˈdɒdʒi] *adj* BRIT, AUS (*fam*) ❶ (*unreliable*) zweifelhaft; *weather* unbeständig ❷ (*dishonest*) unehrlich ❸ (*risky*) riskant

dodo <*pl* -s *or* -es> [ˈdəʊdəʊ] *n* (*hist*) Dodo *m* ▸ **to be as dead as a ~** völlig überholt sein

doe [dəʊ] *n* ❶ (*deer*) Hirschkuh *f,* [Reh]geiß *f* ❷ (*hare or rabbit*) Häsin *f*

DoE [ˌdiːəʊˈiː] *n* BRIT *abbrev of* **Department of the Environment** Umweltministerium *nt*

doer [ˈduːə^r] *n* (*approv*) Macher *m*

does [dʌz, dəz] *vt, vi, aux vb 3rd pers sing of* **do**

doesn't [ˈdʌz^ənt] = **does not** *see* **do I, II**

dog [dɒɡ] **I.** *n* ❶ (*canine*) Hund *m;* **good ~!** braver Hund!; **~ food** Hundefutter *nt* ❷ *pl* (*fam: dog races*) ▪ **the ~ s** das Hunderennen ❸ (*pej: nasty man*) Hund *m;* (*sl: ugly woman*) Vogelscheuche *f;* **the** [dirty] **~!** der [gemeine] Hund! ❹ (*sl: failure*) Flop *m* ▸ **a ~ 's breakfast** BRIT, AUS Pfusch *m;* **to make a ~ 's breakfast of sth** etw verpfuschen; **every ~ has its day** (*prov*) auch ein blindes Huhn findet mal ein Korn; **to be done up like a ~ 's dinner** BRIT wie ein Papagei angezogen sein; **a ~ 's life** ein Hundeleben; **~ eat ~** jeder gegen jeden; **to go to the ~ s** vor die Hunde gehen; **to put on the ~** AM, AUS sich aufspielen; **to turn ~ on sb** AUS jdn verpfeifen **II.** *vt* <-gg-> ❶ (*follow*) ständig verfolgen ❷ (*beset*) begleiten

'dog bis·cuit *n* Hundekuchen *m* **'dog col·lar** *n* ❶ (*of a dog*) Hundehalsband *nt* ❷ (*fam: of a vicar*) Halskragen *m* [eines Geistlichen]

'dog-eared *adj* mit Eselsohren

dog·ged [ˈdɒɡɪd] *adj* verbissen, zäh

dog·ger·el [ˈdɒɡərəl] *n no pl* Knittelvers *m*

'dog·house *n* AM Hundehütte *f* ▸ **to be in the ~** in Ungnade gefallen sein

dog·ma ['dɒgmə] *n* Dogma *nt*

dog·mat·ic [dɒg'mætɪk] *adj* dogmatisch (about in)

'dogs·body *n* BRIT, AUS (*fam*) Kuli *m*; **general ~** Mädchen *nt* für alles **dog-'tired** *adj* (*fam*) hundemüde **'dog walk·er** *n* Hundeausführer(in) *m(f)*

do·ing ['du:ɪŋ] *n* ❶ *no pl* (*sb's work*) to be sb's ~ jds Werk sein; **that's all your ~** daran bist du allein du schuld; **to take some** [*or* a lot of] **~** ganz schön anstrengend sein ❷ *pl* (*activities*) ■ **~s** Tätigkeiten *pl*

do-it-your·self [ˌduːɪtjɔːˈself] *n no pl see* DIY

dol·drums ['dɒldrəmz] *npl* (*old*) Kalmenzone *f* ▸ **to be in the ~** (*be in low spirits*) deprimiert [*o* niedergeschlagen] sein

dole [dəʊl] I. *n* ■ **the ~** das Arbeitslosengeld, die Arbeitslosenunterstützung, die Stütze *fam*; **to go on the ~** stempeln gehen II. *vt* ■ **to ~ out** sparsam austeilen II.

dole·ful ['dəʊlfəl] *adj* traurig

doll [dɒl] I. *n* ❶ (*toy*) Puppe *f* ❷ (*fam: attractive woman*) Puppe *f* ❸ AM (*approv fam: kind person*) **be a ~ and ...** sei [doch bitte] so lieb und ... II. *vt* ■ **to ~ oneself up** sich herausputzen

dol·lar ['dɒlə^r] *n* Dollar *m*

'dol·lar store *n* AM Ramschladen *m*

dol·lop ['dɒləp] *n* Klacks *m kein pl*

dol·ly ['dɒli] *n* ❶ (*doll*) Püppchen *nt* ❷ FILM Dolly *m*

dol·phin ['dɒlfɪn] *n* Delphin *m*

dolt [dəʊlt] *n* (*pej*) Tollpatsch *m*

do·main [də(ʊ)'meɪn] *n* ❶ (*area*) Reich *nt*, Gebiet *nt* ❷ COMPUT Domäne *f*; TELEC Domain *f*

dome [dəʊm] *n* Kuppel *f*; **~ roof** Kuppeldach *nt*

do·mes·tic [də'mestɪk] *adj* ❶ (*household*) häuslich; **~ appliance** [elektrisches] Haushaltsgerät; **to be in ~ service** als Hausangestellte(r) *f/m* arbeiten; **~ violence** Gewalt *f* in der Familie; **~ work** Hausarbeit *f* ❷ ECON, POL inländisch; **~ airline** Inlandsfluggesellschaft *f*; **~ considerations** innenpolitische Erwägungen; **~ market** Binnenmarkt *m*; **~ policy** Innenpolitik *f*; **~ product** einheimisches Produkt; **gross ~ product** Bruttoinlandsprodukt *nt*; **~ trade** Binnenhandel *m*

do·mes·ti·cate [də'mestɪkeɪt] *vt* ❶ (*tame*) zähmen ❷ (*accustom to home life*) häuslich machen

do·mes·ti·city [ˌdəʊmes'tɪsəti] *n no pl* Häuslichkeit *f*, häusliches Leben

do·mes·tic 'sci·ence *n* Hauswirtschaftslehre *f*

do·mes·tic 'vio·lence *n* Gewalt *f* in der Familie, häusliche Gewalt

dom·i·cile ['dɒmɪsaɪl] (*form*) I. *n* Wohnsitz *m* II. *vi* **to be ~d in ...** in ... ansässig sein

dom·i·nance ['dɒmɪnən(t)s] *n no pl* ❶ (*superior position*) Vormacht[stellung] *f* ❷ (*being dominant*) Dominanz *f*, Vorherrschaft *f* (**over** über)

dom·i·nant ['dɒmɪnənt] *adj* ❶ (*controlling*) *colour, culture* vorherrschend; *issue, position* beherrschend; *personality* dominierend; **~ male** männliches Leittier ❷ BIOL, MUS dominant

dom·i·nate ['dɒmɪneɪt] I. *vt* ❶ (*have control*) beherrschen; **they ~d the rest of the match** sie gingen für den Rest des Spieles in Führung; **to be ~d by ambition** vom Ehrgeiz beherrscht sein ❷ PSYCH dominieren II. *vi* dominieren

dom·i·na·tion [ˌdɒmɪ'neɪʃ^{ə}n] *n no pl* ❶ (*state of dominating*) [Vor]herrschaft *f*; **world ~** Weltherrschaft *f* ❷ (*controlling position*) Vormachtstellung *f*

dom·i·neer·ing [ˌdɒmɪ'nɪərɪŋ] *adj* herrschsüchtig, herrisch

Do·mi·ni·ca [ˌdɒmɪ'niːkə] *n* Dominica *nt*

Do·min·i·can [də'mɪnɪkən] I. *adj* ❶ REL Dominikaner- ❷ (*relating to Dominican Republic*) dominikanisch II. *n* Dominikaner(in) *m(f)*

Do·min·i·can Re·'pub·lic *n* Dominikanische Republik

do·min·ion [də'mɪnjən] *n* ❶ *no pl* (*form: sovereignty*) Herrschaft *f* (**over** über) ❷ (*realm*) Herrschaftsgebiet *nt* ❸ POL, HIST ■ **D~** Dominion *nt*

dom·i·no <*pl* -es> ['dɒmɪnəʊ] *n* ❶ (*piece*) Dominostein *m* ❷ (*game*) ■ **~es** + *sing vb*, *no art* Domino[spiel] *nt*

don[1] [dɒn] *n* ❶ BRIT (*university teacher, esp at Oxford or Cambridge*) [Universitäts]dozent(in) *m(f)* ❷ AM (*sl: mafia boss*) Mafiaboss *m*

don[2] <-nn-> [dɒn] *vt* (*liter*) anziehen; *hat* aufsetzen

do·nate [də(ʊ)'neɪt] *vt*, *vi* spenden (**to** für)

do·na·tion [də(ʊ)'neɪʃ^{ə}n] *n* ❶ (*contribution*) [Geld]spende *f*; (*endowment*) Stiftung *f*; LAW Schenkung *f*; **~s to political parties** Parteispenden *pl*; **charitable ~s** Spenden *pl* für wohltätige Zwecke ❷ *no pl* (*act of donating*) Spenden *nt*

done [dʌn] *pp of* **do**

don·key ['dɒŋki] *n* Esel *m a. fig*

'don·key jack·et *n* BRIT gefütterte, wasserdichte Jacke **'don·key work** *n no pl* (*fam*) Dreck[s]arbeit *f*

do·nor ['dəʊnə^r] *n* Spender(in) *m(f)*; (*for large sums*) Stifter(in) *m(f)*; LAW Schenker(in)

don't [dəʊnt] *see* **do not** *see* **do I, II**
do·nut *n* AM, AUS *see* **doughnut**
doo·dle ['du:dl] **I.** *vi* vor sich *akk* hinkritzeln **II.** *n* Gekritzel *nt kein pl*
doom [du:m] **I.** *n* ① (*grim destiny*) Verhängnis *nt kein pl,* [schlimmes] Schicksal ② (*disaster*) Unheil *nt* **II.** *vt* verdammen
doomed [du:md] *adj* ① (*destined to end badly*) verdammt ② (*condemned*) verurteilt
dooms·day ['du:mzdeɪ] *n no pl* der Jüngste Tag
door [dɔ:ʳ] *n* ① (*entrance*) Tür *f;* **to be on the ~** Türsteher sein; **at the ~** an der Tür; **out of ~s** im Freien, draußen ② (*house*) **two ~s away** zwei Häuser weiter; **two ~s down/up** zwei Häuser die Straße runter/rauf; **next ~** nebenan; **~ to ~** von Tür zu Tür ③ (*room*) **two ~s down/up** zwei Zimmer den Gang hinunter/hinauf ④ (*fig*) **to close the ~ on sth** etw ausschließen; **to leave the ~ open to sth** die Tür für etw *akk* offen lassen; **to open the ~ to sth** etw ermöglichen; ▶ **to shut the stable ~ after the horse has bolted** (*prov*) den Brunnen zudecken, wenn das Kind schon hineingefallen ist
'door·frame *n* Türklingel *f* **'door·frame** *n* Türrahmen *m* **'door·keep·er** *n* Portier *m* **'door·knob** *n* Türknauf *m* **'door·man** *n* Portier *m* **'door·mat** *n* ① (*thing*) Fußmatte *f*, Fußabstreifer *m bes* SÜDD ② (*fig, pej: person*) Waschlappen *m* **'door·nail** *n* **as dead as a ~** mausetot **'door pol·i·cy** *n of a club, bar etc* Einlasskriterien *pl* **'door·step I.** *n* ① (*step outside a house door*) Türstufe *f;* **don't keep her on the ~, invite her in** lass sie nicht an der Tür stehen, bitte sie herein; **right on the ~** (*fig*) direkt vor der Haustür ② BRIT (*sl: thick slice of bread*) dicke Scheibe Brot **II.** *vt* <-pp-> BRIT JOURN (*fam*) **to ~ sb** jdm [vor der Haustür] auflauern **door-to-'door** *adj* von Haus zu Haus **'door·way** *n* [Tür]eingang *m;* **to stand in the ~** in der Tür stehen
dope [dəʊp] **I.** *n* ① *no pl* (*fam: illegal drug*) Rauschgift *nt,* Stoff *m sl* ② (*sl: stupid person*) Trottel *m* **II.** *adj* AM (*sl: Black English: good*) cool **III.** *vt* dopen
dop·ey ['dəʊpi] *adj* ① (*drowsy*) benebelt ② (*pej: silly*) blöd
dor·mant ['dɔ:mənt] *adj* ① (*inactive*) volcano untätig; *talents* brach liegend ② BOT, BIOL ■ **to be ~** ruhen; **to lie ~** schlafen; *seeds* ruhen
dor·mer ['dɔ:məʳ] *n,* **dor·mer 'win·dow** *n* Mansardenfenster *nt*
dor·mi·to·ry ['dɔ:mɪtᵊri] *n* ① (*sleeping quarters*) Schlafsaal *m* ② AM (*student hostel*) Studentenwohnheim *nt*
Dor·mo·bile® ['dɔ:məbi:l] *n* Campingbus *m,* Wohnmobil *nt*
dor·mouse ['dɔ:maʊs] *n* Haselmaus *f*
dor·sal ['dɔ:sᵊl] *adj* Rücken-
DOS [dɒs] *n no pl, no art acr for* **disk operating system** DOS *nt*
dos·age ['dəʊsɪdʒ] *n* (*size of dose*) Dosis *f;* (*giving of medicine*) Dosierung *f*
dose [dəʊs] **I.** *n* (*dosage*) Dosis *f a. fig;* **in small ~s** (*fig*) in kleinen Mengen; **she's nice, but only in small ~s** sie ist nett, wenn man sich zu viel mit ihr zu tun hat; **like a ~ of salts** (*fig*) in null Komma nichts **II.** *vt* [medizinisch] behandeln
dosh [dɒʃ] *n no pl* BRIT, AUS (*sl: money*) Kohle *f*
doss [dɒs] *vi* BRIT, AUS (*fam*) pennen
doss·er ['dɒsəʳ] *n* BRIT (*pej sl*) ① (*homeless person*) Penner(in) *m(f)* ② (*idle person*) Faulenzer(in) *m(f)* **'doss·house** *n* BRIT (*sl*) Penne *f*
dos·si·er ['dɒsieɪ] *n* Dossier *nt*
dot [dɒt] **I.** *n* Punkt *m;* (*on material*) Tupfen *m;* **at two o'clock on the ~** [*or* **on the ~ of two o'clock**] Punkt zwei Uhr **II.** *vt* <-tt-> ① (*make a dot*) mit einem Punkt versehen; **to ~ one's** [*or* **the**] **i's and cross one's** [*or* **the**] **t's** (*fig*) sehr penibel sein ② *usu passive* (*scatter*) ■ **to be ~ted with sth** mit etw *dat* übersät sein
dote [dəʊt] *vi* ■ **to ~ on sb** in jdn [ganz] vernarrt sein
dot·ing ['dəʊtɪŋ] *adj* vernarrt
dot-'ma·trix print·er *n* Matrixdrucker *m*
dot·ty ['dɒti] *adj* verschroben, schrullig
dou·ble ['dʌbl] **I.** *adj* ① (*twice, two*) doppelt; **'cool' has a ~ o in the middle** ,cool' wird mit zwei o in der Mitte geschrieben; **my telephone number is ~ three, one, five** meine Telefonnummer ist zweimal die drei, eins, fünf; **his salary is ~ what I get** sein Gehalt ist doppelt so hoch wie meines; **~ the price** doppelt so teuer ② (*of two equal parts, layers*) Doppel-; *pneumonia* doppelseitig; **~ door[s]** (*with two parts*) Flügeltür *f;* (*twofold*) Doppeltür *f;* **~ life** Doppelleben *nt;* **to have a ~ meaning** doppeldeutig sein **II.** *adv* ① (*twice as much*) doppelt so viel; **to charge sb ~** jdm das Doppelte berechnen ② (*two times*) **to see ~** doppelt sehen ③ (*in the middle*) **to be bent ~** sich niederbeugen; (*with laughter, pain*) sich krümmen; **bent ~** in gebückter Haltung **III.** *n* ① *no pl* (*double quantity*) ■ **the ~** das Doppelte [*o* Zweifache] ② (*whisky, gin*) Doppelte(r) *m* ③ (*duplicate person*) Doppelgänger(in) *m(f)* ④ FILM Double *nt* ⑤ SPORTS ■ **~s** *pl* Doppel *nt;* (*baseball*)

doubt

expressing doubt	Zweifel ausdrücken
I'm not so sure about that.	Da bin ich mir nicht so sicher.
I find that hard to believe.	Es fällt mir schwer, das zu glauben.
I cannot really believe that.	So ganz kann ich das nicht glauben.
I don't quite buy his story.	Das kaufe ich ihm nicht ganz ab.
I don't really know.	Ich weiß nicht so recht.
I have my doubts as to whether he really was serious about it/that.	Ich hab da so meine Zweifel, ob er es wirklich ernst gemeint hat.
I very much doubt (that) we will finish this week.	Ich glaube kaum, dass wir noch diese Woche damit fertig werden.
It is nowhere near certain that the campaign will achieve the desired aims.	Ob die Kampagne die gewünschten Ziele erreichen wird, ist noch zweifelhaft.

Double *nt*; men's/women's ~s Herren-/Damendoppel *nt*; mixed ~s gemischtes Doppel ❻ *(in games of dice)* Pasch *m*; ~ four Viererpasch *m* ~ **or quits** doppelt oder nichts; **on** [*or* **at**] **the** ~ im Eiltempo; MIL im Laufschritt **IV.** *vt* verdoppeln **V.** *vi* ❶ *(increase twofold)* sich verdoppeln ❷ *(serve a second purpose)* eine Doppelfunktion haben; *(play)* FILM, THEAT eine Doppelrolle spielen; **the kitchen table ~s as my desk** der Küchentisch dient auch als mein Schreibtisch ◆ **double back** *vi* kehrtmachen ◆ **double over** *vi* sich krümmen (**in/with** vor) ◆ **double up** *vi* ❶ *(bend over)* sich krümmen (**in/with** vor) ❷ *(share a room)* sich *dat* ein Zimmer teilen

dou·ble·'bar·relled *adj*, AM **dou·ble·'bar·reled** *adj* ❶ *(having two barrels)* doppelläufig ❷ AM, AUS *(having two purposes)* zweideutig ❸ *esp* BRIT *(hyphenated)* ~ **name** Doppelname *m*

dou·ble 'bass *n* Kontrabass *m* **dou·ble 'bed** *n* Doppelbett *nt* **dou·ble·'breast·ed** *adj* zweireihig; ~ **suit** Zweireiher *m* **dou·ble·'check** *vt* *(verify again)* noch einmal überprüfen; *(verify in two ways)* zweifach überprüfen [*o* kontrollieren] **dou·ble 'chin** *n* Doppelkinn *nt* **dou·ble·'click** COMPUT **I.** *vt* doppelt anklicken **II.** *vi* doppelklicken **dou·ble·'cross I.** *vt* **to ~ sb** mit jdm ein falsches Spiel treiben **II.** *n* <*pl* -es> Doppelspiel *nt* **dou·ble·'deal·ing** *(pej)* **I.** *n no pl* Betrügerei *f* **II.** *adj* betrügerisch **dou·ble·'deck·er** *n* Doppeldecker *m* **dou·ble 'Dutch** *n no pl* ❶ *(fam: incomprehensible words)* Kauderwelsch *nt*; **it sounds like ~ to me** ich verstehe nur Bahnhof ❷ AM *(jump rope style)* Seilhüpfen *nt* mit zwei Seilen **dou·ble·'edged** *adj* zweischneidig *a. fig* **dou·ble 'fea·ture** *n* FILM Doppelprogramm *nt* **dou·ble·'glaze** *vt* doppelt verglasen **dou·ble·'glaz·ing** *n no pl* Doppelverglasung *f* **dou·ble·'joint·ed** *adj* äußerst gelenkig **dou·ble·'park** *vt, vi* in der zweiten Reihe parken **dou·ble·'quick I.** *adv* sehr schnell **II.** *adj* sofortig; **in ~ time** in null Komma nichts **dou·ble 'stand·ard** *n* Doppelmoral *f kein pl*; **to apply ~s** mit zweierlei Maß messen **dou·ble 'take** *n* verzögerte Reaktion; ■ **to do a ~** zweimal hinschauen **dou·ble 'time** *n no pl* *(double pay)* doppelter Stundenlohn; **to be paid ~** den doppelten Stundenlohn erhalten ❷ MIL Laufschritt *m*

dou·bly ['dʌbli] *adv* doppelt

doubt [daʊt] **I.** *n* ❶ *no pl (lack of certainty)* Zweifel *m* (**about** an); ■ **to be in ~** ungewiss sein; ■ **to be in ~ about sth** über etw *akk* im Zweifel sein; **no ~** zweifellos; **open to ~** fraglich, unsicher; **beyond reasonable ~** LAW jeden Zweifel ausschließend; **without a ~** ohne jeden Zweifel; **to cast ~ on sth** etw in Zweifel ziehen ❷ *(feeling of uncertainty)* Ungewissheit *f*, Bedenken *pl*; **I never had any ~ [that] you would win** ich habe nie im Geringsten daran gezweifelt, dass du gewinnen würdest **II.** *vt* ❶ *(be unwilling to believe)* ■ **to ~ sb** jdm misstrauen; ■ **to ~ sth** Zweifel an etw *dat* haben ❷ *(call in question)* ■ **to ~ sb** jdm nicht glauben; ■ **to ~ sth** etw anzweifeln; **to ~ sb's abilities** an jds Fähigkeiten zweifeln ❸ *(feel uncertain)* ■ **to ~ that ...** bezweifeln, dass ...; ▪to ~ whether [or if] ... zweifeln, ob ...

doubt·ful ['daʊtfᵊl] *adj* ❶ *(expressing doubt)* zweifelnd; **the expression on her face was ~** sie blickte skeptisch ❷ *(uncertain, undecided)* unsicher, unschlüssig; ▪**to be ~ about sth** über etw *akk* im Zweifel sein ❸ *(unlikely)* fraglich, ungewiss; ▪**to be ~ whether** [or **if**] ... zweifelhaft sein, ob ... ❹ *(questionable)* fragwürdig, zweifelhaft

doubt·less ['daʊtləs] *adv* sicherlich

dough [dəʊ] *n* ❶ *(for baking)* Teig *m* ❷ *no pl esp* AM *(sl: money)* Knete *f*

dough·nut *n* Donut *m*

doughy ['dəʊi] *adj* teigig *a. fig*

dour [dʊəʳ, 'daʊəʳ] *adj person* mürrisch; *face* düster; *expression* finster; *struggle* hart [näckig]

douse [daʊs] *vt* ❶ *(drench)* übergießen ❷ *(extinguish)* ausmachen; *fire* löschen

dove[1] [dʌv] *n* Taube *f a. fig*

dove[2] [dəʊv] *vi* AM *pt of* **dive**

dove·cot(**e**) ['dʌvkɒt] *n* Taubenschlag *m*

Do·ver ['dəʊvəʳ] *n* Dover *nt*

'**dove·tail** I. *vi* übereinstimmen II. *vt* TECH *(in wood)* verschwalben; *(in metal)* verzinken III. *n (wood)* Schwalbenschwanz *m*; *(metal)* Zinken *m*

dow·a·ger ['daʊədʒəʳ] *n* [adlige] Witwe; **~ queen** [*or* **queen ~**] Königinwitwe *f*

dow·dy ['daʊdi] *adj (pej)* ohne jeden Schick

down[1] [daʊn] I. *adv* ❶ *(movement to a lower position)* hinunter; *(towards the speaker)* herunter; **"~!"** *(to a dog)* „Platz!" ❷ *(downwards)* nach unten; **head ~** mit dem Kopf nach unten ❸ *(in a lower position)* unten; **~ here/there** hier/dort unten ❹ *(in the south)* im Süden, unten *fam*; *(towards the south)* in den Süden, runter *fam*; **things are much more expensive ~ south** unten im Süden ist alles viel teurer; **how often do you come ~ to Cornwall?** wie oft kommen Sie nach Cornwall runter? *fam* ❺ *(away from the centre)* außerhalb; **he has a house ~ by the harbour** er hat ein Haus draußen am Hafen ❻ *(fam: badly off)* unten; **to be ~ on one's luck** eine Pechsträhne haben; **to kick sb when he's ~** jdn treten, wenn er schon am Boden liegt ❼ *(have only)* **she was ~ to her last bar of chocolate** sie hatte nur noch einen Riegel Schokolade ❽ *(ill)* **to be ~ with sth** an etw *dat* erkrankt sein; **she's ~ with flu** sie liegt mit einer Grippe im Bett; **to come ~ with sth** etw kriegen ❾ SPORTS im Rückstand ❿ *(at/to a lower amount)* **he was only $50 ~** er hatte erst 50 Dollar verloren; **to get the price ~** den Preis drücken ⓫ *(including)* **from the mayor ~** angefangen beim Bürgermeister; **from the director ~ to the secretaries** vom Direktor angefangen bis hin zu den Sekretärinnen ⓬ *(on paper)* **to have sth ~ in writing** [*or* **on paper**] etw schriftlich haben; **to get** [*or* **put**] **sb ~ for sth** jdn für etw *akk* vormerken ⓭ *(already finished)* **two lectures ~, eight to go** zwei Vorlesungen haben wir schon besucht, es bleiben also noch acht ⓮ *(as initial payment)* **to pay** [*or* **put**] **£100 ~** 100 Pfund anzahlen ⓯ *(attributable)* ▪**to be ~ to sth** auf etw *akk* zurückzuführen sein; **to be ~ to sb** jds Sache sein; **it's all ~ to you now** nun ist es an Ihnen ⓰ *(in crossword puzzles)* senkrecht ▶ **~ to the ground** völlig; **that suits me ~ to the ground** das ist genau das Richtige für mich II. *prep* ❶ *(in a downward/downhill direction)* hinunter; *(towards the speaker)* herunter; **up and ~ the stairs** die Treppe rauf und runter; **she poured the milk ~ the sink** sie schüttete die Milch in den Abfluss ❷ *(downhill)* hinunter; **to come/go ~ the mountain** den Berg herunter-/hinuntersteigen ❸ *(along)* entlang; **go ~ the street** gehen Sie die Straße entlang; **her office is ~ the corridor on the right** ihr Büro ist weiter den Gang entlang auf der rechten Seite; **we drove ~ the motorway as far as Bristol** wir fuhren auf der Schnellstraße bis Bristol; **I ran my finger ~ the list of ingredients** ich ging mit dem Finger die Zutatenliste durch; **her hair reached most of the way ~ her back** ihre Haare reichten fast ihren ganzen Rücken hinunter; **~ the river** flussabwärts ❹ *(through time)* **~ the centuries** die Jahrhunderte hindurch; **~ the generations** über Generationen hinweg ❺ BRIT, AUS *(fam: to)* **we went ~ the pub** wir gingen in die Kneipe; **to go ~ the shops** einkaufen gehen ❻ *(inside)* **you'll feel better once you've got some hot soup ~ you** du wirst dich besser fühlen, sobald du ein bisschen heiße Suppe im Magen hast III. *adj* <more down, most down> ❶ *(moving downward)* abwärtsführend; **the ~ escalator** die Rolltreppe nach unten ❷ *(fam: unhappy)* niedergeschlagen, down *fam* ❸ *(fam: disapprove of)* ▪**to be ~ on sb** jdn auf dem Kieker haben ❹ *(not functioning)* außer Betrieb; **telephone lines** tot ❺ *(sunk to a low level)* **the river is ~** der Fluss hat Niedrigwasser IV. *vt* ❶ *(knock down)* ▪**to ~ sb** jdn zu Fall bringen; BOXING jdn niederschlagen ❷ *(shoot down)* ▪**to ~ sth** etw abschießen ❸ *(down tools)* **~ tools** die Arbeit niederlegen ❹ AM, AUS SPORTS *(beat)* schlagen ❺ *(drink quickly)* hinunterkippen V. *n* ❶ *(bad fortune)* **we've had our ups**

and ~s wir haben schon Höhen und Tiefen durchgemacht ❷ *no pl (fam: dislike)* ■ **to have a ~ on sb** jdn auf dem Kieker haben ❸ AM FBALL Versuch *m* **VI.** *interj* ~ **with taxes!** weg mit den Steuern!; ~ **with the dictator!** nieder mit dem Diktator!

down² [daʊn] *n no pl (soft feathers)* Daunen *pl*; ~ **quilt** Daunendecke *f*

down³ [daʊn] *n esp* BRIT [baumloser] Höhenzug; ■ **the ~s** *pl* die Downs *(an der Südküste Englands)*

down-and-'out I. *adj* heruntergekommen **II.** *n (pej)* Penner(in) *m(f)*

'down·cast *adj* ❶ *(sad)* niedergeschlagen ❷ *(looking down)* gesenkt **'down·fall** *n* ❶ *(ruin)* Untergang *m*, Fall *m fig; of government* Sturz *m* ❷ *(cause of ruin)* Ruin *m*; **drinking was his ~** das Trinken hat ihn ruiniert **'down·grade I.** *vt* ■ **to ~ sb** jdn degradieren; ■ **to ~ sth** etw herunterstufen **II.** *n* ❶ *(case of demotion)* Degradierung *f* ❷ AM *(downward slope)* Gefälle *nt* **down-'heart·ed** *adj* niedergeschlagen **'down·hill I.** *adv (downwards)* bergab, abwärts; **to go ~ *person*** heruntergehen; *vehicle* herunterfahren; *road, path* bergab führen; *(fig) person* bergab gehen; *situation* sich verschlechtern **II.** *adj* **it's all ~ from here** von hier geht es nur noch bergab; **to be ~** [**all the way**] leichter werden **'down·load** *vt* COMPUT herunterladen **(to** auf) **'down·mar·ket I.** *adj* weniger anspruchsvoll, für den Massenmarkt; ~ **product** Billigprodukt *nt* **II.** *adv* auf den Massenmarkt ausgerichtet **down 'pay·ment** *n* Anzahlung *f*; **to make** [*or* **put**] **a ~ on sth** eine Anzahlung für etw *akk* leisten **down-'play** *vt* herunterspielen **'down·pour** *n* Regenguss *m*, Platzregen *m*

'down·right I. *adj* völlig; *disgrace* ausgesprochen; *lie* glatt; *nonsense* komplett **II.** *adv (completely)* ausgesprochen; ~ **dangerous** schlichtweg gefährlich

'down·side *n no pl* Kehrseite *f* **'down·size** *vi* ECON Personal abbauen **'down·stairs I.** *adv* treppab, die Treppe hinunter, nach unten; **there's a man ~** unten steht ein Mann **II.** *adj* ❶ *(one floor down)* im unteren Stockwerk; **there's a ~ bathroom** unten gibt es ein Badezimmer ❷ *(on the ground floor)* im Erdgeschoss **III.** *n no pl* Erdgeschoss *nt* **'down·stream I.** *adv* stromabwärts **II.** *adj* stromabwärts gelegen **'down·time** *n no pl* MECH Ausfallzeit *f*

down-to-'earth *adj* nüchtern

'down·town AM **I.** *n no pl, no art* Innenstadt *f* **II.** *adj, adv* in der Innenstadt; *(towards)* in die Innenstadt

'down·trod·den *adj* unterdrückt **'down-**

turn *n* ECON Rückgang *m*; **economic ~** Konjunkturabschwung *m*

down·ward ['daʊnwəd] **I.** *adj* nach unten [gerichtet]; **to be on a ~ trend** sich im Abwärtstrend befinden **II.** *adv esp* AM *see* **downwards**

down·wards ['daʊnwədz] *adv* ❶ *(in/toward a lower position)* abwärts, nach unten, hinunter ❷ *(to a lower number)* nach unten

dow·ry ['daʊri] *n* Mitgift *f*

dowse¹ [daʊz] *vi* mit einer Wünschelrute suchen

dowse² [daʊz] *vt see* **douse**

dows·er ['daʊzəʳ] *n* [Wünschel]rutengänger(in) *m(f)*

dows·ing ['daʊzɪŋ] *n no pl* Wünschelrutengehen *nt*; ~ **rod** Wünschelrute *f*

doy·en ['dɔɪən] *n* Altmeister *m*

doy·enne [dɔɪ'en] *n* Altmeisterin *f*

doz. *abbrev of* **dozen** Dtzd.

doze [dəʊz] **I.** *n* Nickerchen *nt*; **to have a ~** ein Nickerchen machen **II.** *vi* dösen

doz·en ['dʌzⁿn] *n* Dutzend *nt*; **half a ~** ein halbes Dutzend; **two ~ people** zwei Dutzend Leute; ~**s of times** x-mal; **by the ~** zu Dutzenden ▶ **to talk nineteen to the ~** reden wie ein Wasserfall

dozy ['dəʊzi] *adj* ❶ *(drowsy)* schläfrig ❷ BRIT *(fam: stupid)* dumm; ~ **idiot** Trottel *m*

Dr *n abbrev of* **doctor** Dr.

drab <-bb-> [dræb] *adj* trist; *colours* trüb; *person* farblos; *surroundings* trostlos

dra·co·ni·an [drə'kəʊniən] *adj* drakonisch

draft¹ [drɑːft] **I.** *n* ❶ *(preliminary version)* Entwurf *m*; **preliminary ~** Vorentwurf *m*; **rough ~** Rohentwurf *m* ❷ MIL Einberufung *f*; ~ **card** Einberufungsbescheid *m*; ~ **order** Einberufungsbefehl *m* **II.** *adj* ❶ *(preliminary)* Entwurfs-; ~ **contract** Vertragsentwurf *m* ❷ *(relating to military conscription)* Einberufungs-; ~ **board** Wehrersatzbehörde *f*; ~ **exemption** Befreiung *f* vom Wehrdienst **III.** *vt* ❶ *(prepare)* entwerfen; *bill* verfassen; *contract* aufsetzen; *proposal* ausarbeiten ❷ MIL **to ~ sb into the army** jdn zum Wehrdienst einberufen

draft² *n, adj* AM *see* **draught**

'draft dodg·er *n (conscientious objector)* Wehrdienstverweigerer(in) *m(f)*; *(shirker)* Drückeberger(in) *m(f)*

draftee [ˌdrɑːf'tiː] *n* Wehrpflichtige(r) *f(m)*

drafts·man *n* AM *see* **draughtsman**

drafty *adj* AM *see* **draughty**

drag [dræɡ] **I.** *n* ❶ *no pl* PHYS Widerstand *m*; AVIAT Luftwiderstand *m*; NAUT Wasserwiderstand *m* ❷ *no pl (fig: impediment)* Hemmschuh *m*; ■ **to be a ~ on sb** ein Klotz an jds Bein sein ❸ *no pl (fam: bore)* langweilige Sache; **what a ~!** so'n Mist! *sl* ❹ *no pl* (*fam: cross dress*) Fummel *m;* **~ artist** Künstler, der in Frauenkleidern auftritt ❺ (*fam: inhalation*) Zug *m* ▶ **the main** ➝ AM (*fam*) die Hauptstraße **II.** *vt* <-gg-> ❶ (*pull along the ground*) ziehen; **to ~ one's heels** [*or* **feet**] schlurfen; (*fig*) sich *dat* Zeit lassen; **to ~ sth behind one** etw hinter sich *dat* herziehen; **to ~ oneself somewhere** sich irgendwohin schleppen ❷ (*take sb somewhere unwillingly*) schleifen; **I don't want to ~ you away** ich will dich hier nicht wegreißen ❸ (*involve*) **to ~ sb into sth** jdn in etw *akk* hineinziehen ❹ (*force*) **to ~ sth out of sb** etw aus jdm herausbringen; **I always have to ~ it out of you** ich muss dir immer alles aus der Nase ziehen; **to ~ the truth out of sb** jdm die Wahrheit entlocken ❺ (*search*) *lake* absuchen **III.** *vi* <-gg-> ❶ (*trail along*) schleifen ❷ (*pej: proceed tediously*) sich [da]hinziehen; **this meeting is really starting to ~** dieses Treffen zieht sich allmählich ziemlich in die Länge; **to ~ to a close** schleppend zu Ende gehen ◆ **drag along** *vi thing* wegschleppen; *person* mitschleppen; **to ~ oneself along** sich dahinschleppen ◆ **drag down** *vt* ❶ **to ~ sb down** ❶ (*force sb to a lower level*) jdn herunterziehen; ❷ **to ~ sb down with oneself** jdn mit sich *dat* reißen ❷ (*make sb depressed*) jdn zermürben ◆ **drag in** *vt person* hineinziehen; *thing* aufs Tapet bringen *fam* ◆ **drag on** *vi* (*pej*) sich [da]hinziehen ◆ **drag out** *vt* in die Länge ziehen ◆ **drag up** *vt* (*fig: mention*) wieder ausgraben

'**drag lift** *n* Schlepplift *m*

drag·on ['dræɡən] *n* ❶ (*mythical creature*) Drache *m* ❷ (*woman*) Drachen *m* ❸ AUS (*lizard*) Eidechse *f*

'**drag·on·fly** *n* Libelle *f*

dra·goon [drəˈɡuːn] **I.** *n* (*hist*) Dragoner *m* **II.** *vt* zwingen

'**drag queen** *n* Transvestit *m*, Tunte *f pej sl*

drain [dreɪn] **I.** *n* ❶ (*pipe*) Rohr *nt;* (*under sink*) Abflussrohr *nt;* (*at roadside*) Gully *m;* **to be down the ~** (*fig*) für immer verloren sein; **to go down the ~** (*fig*) vor die Hunde gehen; **to throw sth down the ~** (*fig*) zum Fenster hinauswerfen ❷ (*plumbing system*) ▪ **~s** *pl* Kanalisation *f* ❸ (*constant outflow*) Belastung *f;* ▪ **to be a ~ on sth** eine Belastung für etw *akk* darstellen **II.** *vt* ❶ (*remove liquid*) entwässern; *liquid* ablaufen lassen; *vegetables* abgießen; *noodles, rice* abtropfen lassen; *pond* ablassen; *abscess* drainieren ❷ (*form: empty*) austrinken ❸ (*exhaust*) [völlig] auslaugen ❹ (*deplete*) ▪ **to ~ sth of sb** jdn einer S. *gen* berauben **III.** *vi* ❶ (*flow away*) ablaufen ❷ (*become dry*) *food, washing-up* abtropfen ❸ (*vanish gradually*) **the colour ~ed from her face** die Farbe wich aus ihrem Gesicht ◆ **drain away** *vi liquid* ablaufen; (*fig*) [dahin]schwinden ◆ **drain off** *vt water* abgießen; *noodles/rice* abtropfen lassen

drain·age ['dreɪnɪdʒ] **I.** *n no pl* ❶ (*water removal*) Entwässerung *f* ❷ (*for land*) Entwässerungssystem *nt;* (*for houses*) Kanalisation *f* **II.** *adj* Entwässerungs-

drain·ing board ['dreɪnɪŋ-] *n* Abtropfbrett *nt*

'**drain·pipe** *n* (*for rainwater*) Regenrohr *nt;* (*for sewage*) Abflussrohr *nt*

drain·pipe 'trou·sers *npl* Röhrenhose *f*

drake [dreɪk] *n* Enterich *m*, Erpel *m*

dram [dræm] *n* SCOT Schluck *m*

dra·ma ['drɑːmə] **I.** *n* ❶ *no pl* (*theatre art*) Schauspielkunst *f* ❷ *no pl* (*dramatic literature*) Drama *nt* ❸ (*play, dramatic event*) Drama *nt a. fig;* **television ~** Fernsehspiel *nt;* **historical ~** historisches Stück ❹ *no pl* (*dramatic quality*) Dramatik *f* **II.** *adj* **~ critic** Theaterkritiker(in) *m(f);* **~ school** Schauspielschule *f;* **~ teacher** Schauspiellehrer(in) *m(f)*

dra·mat·ic [drəˈmætɪk] *adj* ❶ (*action-filled*) dramatisch ❷ (*pej: theatrical*) theatralisch ❸ (*in theatre*) **~ irony** tragische Ironie; **~ poetry** dramatische Dichtung; **~ work** [Theater]stück *nt* ❹ (*very noticeable*) spektakulär; (*serious*) gravierend

dra·mat·ics [drəˈmætɪks] *npl* ❶ + *sing vb* (*art of acting*) Dramaturgie *f;* **amateur ~** Laientheater *nt* ❷ (*usu pej: behaviour*) theatralisches Getue

drama·tist ['dræmətɪst] *n* Dramatiker(in) *m(f)*

drama·ti·za·tion [ˌdræmətərˈzeɪʃən] *n* ❶ (*dramatizing of a work*) Dramatisierung *f;* THEAT Bühnenbearbeitung *f;* FILM Kinobearbeitung *f;* TV Fernsehbearbeitung *f* ❷ *no pl* (*usu pej: exaggeration*) Dramatisieren *nt*

drama·tize ['dræmətaɪz] *vt* ❶ (*adapt*) bearbeiten ❷ (*usu pej: exaggerate*) dramatisieren

drank [dræŋk] *pt of* **drink**

drape [dreɪp] **I.** *vt* ❶ (*cover loosely*) bedecken (**in/with** mit) ❷ (*place on*) drapieren, legen **II.** *n* ▪ **~s** *pl* Vorhänge *pl*

drap·er ['dreɪpə^r] *n* BRIT **~'s shop** Textilgeschäft *nt*

dras·tic ['dræstɪk] *adj* drastisch; *change* radikal

drat [dræt] *interj* (*fam*) verflixt!

draught [drɑːft] **I.** *n* ❶ (*air current*) [Luft]zug *m kein pl;* **there's a ~** es zieht; **to sit in a ~** im Zug sitzen ❷ *no pl* **on ~** vom

draught board–drawn

Fass ③ (*of ship*) Tiefgang *m* ④ BRIT, AUS (*game*) ■ ~s *pl* Damespiel *nt;* **to play ~s** Dame spielen **II.** *adj* ① (*in cask*) vom Fass; **~ beer** Fassbier *nt* ② (*for pulling loads*) Zug-; **~ animal** Zugtier *nt*

'**draught board** *n* BRIT, AUS Damebrett *nt*

'**draughts·man** *n* [technischer] Zeichner

draughty ['drɑːfti] *adj* zugig

draw [drɔː] **I.** *n* ① (*celebrity*) Publikumsmagnet *m;* (*popular film, play, etc.*) Kassenschlager *m* ② (*drawn contest*) Unentschieden *nt;* **to end in a ~** unentschieden enden [*o* ausgehen] ③ (*drawing lots*) Verlosung *f* ④ (*drawing gun*) Ziehen *nt;* **to be quick on the ~** schnell ziehen können; (*fig*) schlagfertig sein ⑤ (*inhalation*) Zug *m* **II.** *vt* <drew, drawn> ① (*make a picture*) zeichnen; *line* ziehen; **I ~ the line there** (*fig*) da ist bei mir Schluss ② (*depict*) darstellen ③ (*pull*) ziehen; (*close*) *curtains* zuziehen; (*open*) aufziehen; **to ~ sb aside** jdn beiseitenehmen; **to ~ sb into** [*an*] **ambush** jdn in einen Hinterhalt locken ④ (*attract*) ■ **to ~ sth** etw auf sich *akk* ziehen; **to ~ [sb's] attention** [**to sb/sth**] [jds] Aufmerksamkeit *f* [auf jdn/etw] lenken; **she waved at him to ~ his attention** sie winkte ihm zu, um ihn auf sich aufmerksam zu machen; **to ~ attention to oneself** Aufmerksamkeit erregen; ■ **to feel ~n to** [*or* toward[s]] **sb** sich zu jdm hingezogen fühlen ⑤ (*involve in*) ■ **to ~ sb into sth** jdn in etw *akk* hineinziehen ⑥ (*elicit*) hervorrufen; ■ **to ~ sth from sb** jdn zu etw *dat* veranlassen; **to ~ a confession from sb** jdm ein Geständnis entlocken ⑦ (*formulate*) *comparison* anstellen; *conclusion, parallel* ziehen ⑧ (*pull out*) ziehen ⑨ (*extract*) ziehen; **has it drawn blood?** blutet es?; **to ~ first blood** (*fig*) den ersten Treffer erzielen ⑩ CARDS ziehen ⑪ (*earn, get from source*) beziehen ⑫ (*select by chance*) ziehen [*o* auslosen]; **Real Madrid has ~n** [*or* been ~n **against**] **Juventus** als Gegner von Real Madrid wurde Juventus Turin ausgelost; **to ~ lots for sth** um etw *akk* losen ⑬ *water* holen; *bath* einlassen ⑭ FIN *money* abheben; *cheque* ausstellen ⑮ (*inhale*) **to ~ a** [**deep**] **breath** [tief] Luft holen; **to ~ breath** (*fig*) verschnaufen ⑯ NAUT **the ship ~s 20 feet of water** das Schiff hat sechs Meter Tiefgang ⑰ SPORTS *bow* spannen ⑱ HIST **~n and quartered** gestreckt und geviertelt **III.** *vi* <drew, drawn> ① (*make pictures*) zeichnen ② (*proceed*) sich bewegen; *vehicle, ship* fahren; **to ~ alongside** [*or* level **with**] **sth** mit etw *dat* gleichziehen; **to ~ apart** sich voneinander trennen; **to ~ away** wegfahren ③ (*approach* [*in time*]) **to ~ to a close** zu Ende gehen; **to ~ near**[**er**] näher rücken ④ (*make use of*) ■ **to ~ on sb** auf jdn zurückkommen; ■ **to ~ on sth** auf etw *akk* zurückgreifen; **she ~s on personal experience in her work** sie schöpft bei ihrer Arbeit aus persönlichen Erfahrungen ⑤ (*draw lots*) losen (**for** um) ⑥ SPORTS unentschieden spielen; **they drew 1–1** sie trennten sich 1:1 unentschieden ◆ **draw aside** *vt* ■ **to ~ sb aside** jdn beiseitenehmen; ■ **to ~ sth aside** etw zur Seite ziehen ◆ **draw in I.** *vi* ① (*arrive and stop*) *train* einfahren; *car* anhalten ② (*shorten*) *days* kürzer werden **II.** *vt* ① (*involve*) hineinziehen ② (*inhale*) **to ~ in a** [**deep**] **breath** [tief] Luft holen ◆ **draw off** *vt* ① *liquid* ablassen ② *gloves* ausziehen ◆ **draw on I.** *vt* anziehen **II.** *vi* ① (*pass slowly*) *evening, summer* vergehen; **as the evening drew on, ...** im Verlauf des Abends ...; **as time drew on, ...** mit der Zeit ... ② (*form: approach* [*in time*]) **winter ~s on** der Winter naht ◆ **draw out I.** *vt* ① (*prolong*) in die Länge ziehen; *vowels* dehnen ② (*pull out sth*) herausziehen ③ FIN (*withdraw*) abheben ④ (*persuade to talk*) aus der Reserve locken **II.** *vi* ① (*depart*) *train* ausfahren; *car, bus* herausfahren ② (*lengthen*) *days* länger werden ◆ **draw together I.** *vt* ■ **to ~ sb together** jdn zusammenbringen; ■ **to ~ sth together** etw zusammenziehen **II.** *vi* zusammenrücken ◆ **draw up I.** *vt* ① (*draft*) aufsetzen; *agenda, list, syllabus* aufstellen; *guidelines* festlegen; *plan* entwerfen; *proposal, questionnaire* ausarbeiten; *report* erstellen; *will* errichten ② (*pull toward one*) heranziehen; **~ up a chair!** hol dir doch einen Stuhl!; **he drew the blanket up to his chin** er zog sich die Bettdecke bis ans Kinn ③ (*stand up*) **to ~ oneself up** [**to one's full height**] sich [zu seiner vollen Größe] aufrichten **II.** *vi car* vorfahren; *train* einfahren

'**draw·back** *n* Nachteil *m*

'**draw·bridge** *n* Zugbrücke *f*

draw·er[1] ['drɔːr] *n* Schublade *f;* **chest of ~s** Kommode *f*

draw·er[2] ['drɔːə'] *n* ① (*of a cheque*) Aussteller(in) *m(f)* ② (*sb who draws*) Zeichner(in) *m(f)*

draw·ing ['drɔːɪŋ] *n* ① *no pl* (*art*) Zeichnen *nt* ② (*picture*) Zeichnung *f*

'**draw·ing board** *n* Zeichenbrett *nt;* **to go back to the ~** (*fig*) noch einmal von vorn anfangen '**draw·ing pin** *n* BRIT, AUS Reißzwecke *f* '**draw·ing room** *n* (*form*) Wohnzimmer *nt*

drawl [drɔːl] **I.** *n* schleppende Sprache; **Texas ~** breites Texanisch **II.** *vi* schleppend sprechen **III.** *vt* dehnen

drawn [drɔːn] **I.** *pp* of **draw II.** *adj*

❶ (*showing tiredness and strain*) abgespannt ❷ SPORTS unentschieden; ~ **game** [*or* **match**] Unentschieden *nt*

dread [dred] **I.** *vt* ■ **to** ~ **sth** sich vor etw *dat* [sehr] fürchten; ■ **to** ~ **doing sth** [große] Angst haben, etw zu tun; **I** ~ **to think what would happen if ...** ich wage gar nicht daran zu denken, was geschehen würde, wenn ... **II.** *n no pl* Furcht *f*; **to live in** ~ **of sth** in [ständiger] Angst vor etw *dat* leben; **to fill sb with** ~ jdn mit Angst und Schrecken erfüllen **III.** *adj* (*liter*) fürchterlich

dread·ful ['dredfəl] *adj* ❶ (*awful*) schrecklich, furchtbar; **I feel** ~ (*unwell*) ich fühle mich scheußlich; (*embarrassed*) es ist mir furchtbar peinlich ❷ (*of very bad quality*) miserabel, furchtbar **dread·ful·ly** ['dredfəli] *adv* ❶ (*in a terrible manner*) schrecklich, entsetzlich ❷ (*very poorly*) mies, grauenhaft ❸ (*extremely*) schrecklich, furchtbar; **he was** ~ **upset** er hat sich furchtbar aufgeregt; **I'm** ~ **sorry** es tut mir schrecklich leid

dream [dri:m] **I.** *n* Traum *m* a. *fig*; ■ **to have a** ~ [**about sth**] [von etw *dat*] träumen; ■ **to be in a** ~ vor sich *akk* hinträumen; **to work like a** ~ wie eine Eins funktionieren; **in your** ~**s!** du träumst wohl! **II.** *adj* Traum- **III.** *vi*, *vt* <dreamt *or* dreamed, dreamt *or* dreamed> träumen *a. fig*; ~ **on!** (*iron*) träum [nur schön] weiter!; ■ **to not** ~ **of sth** nicht [einmal] im Traum an etw *akk* denken; **I wouldn't** ~ **of asking him for money!** es würde mir nicht im Traum einfallen, ihn um Geld zu bitten ◆ **dream up** *vt* sich *dat* ausdenken

dream·er ['dri:məʳ] *n* Träumer(in) *m(f)* a. *fig* **dream·less** ['dri:mləs] *adj* traumlos **'dream·like** *adj* traumhaft

dreamt [drem(p)t] *pt*, *pp of* **dream**

dreamy ['dri:mi] *adj* ❶ (*gorgeous*) zum Träumen ❷ (*daydreaming*) verträumt ❸ (*approv sl: wonderful*) traumhaft

dreary ['drɪəri] *adj* ❶ (*depressing*) trostlos; **day** trüb ❷ (*monotonous*) eintönig

dredge [dredʒ] **I.** *n* [Schwimm]bagger *m* **II.** *vt* ❶ (*dig out*) **river** ausbaggern ❷ FOOD bestreuen

dredg·er ['dredʒəʳ] *n* ❶ (*digger*) [Schwimm]bagger *m* ❷ FOOD Streuer *m*

dregs [dregz] *npl* ❶ (*drink sediment*) [Boden]satz *m* *kein pl* ❷ (*fig*) Abschaum *m* *kein pl*

drench [dren(t)ʃ] *vt* durchnässen; **to get** ~**ed to the skin** nass bis auf die Haut werden; ~**ed in sweat** schweißgebadet

dress [dres] **I.** *n* ❶ *pl* -es (*woman's garment*) Kleid *nt* ❷ *no pl* (*clothing*) Kleidung *f* **II.** *vi* ❶ (*put on clothing*) ■ **to** ~ [*or* **get** ~**ed**] sich anziehen ❷ (*wear clothing*) sich kleiden; **he always** ~**es fairly casually** er ist immer ziemlich leger angezogen **III.** *vt* ❶ (*put on clothing*) ■ **to** ~ **sb/oneself** jdn/sich anziehen ❷ FOOD **salad** anmachen ❸ (*treat*) **wound** verbinden ❹ (*decorate*) dekorieren ◆ **dress down I.** *vi* sich leger anziehen **II.** *vt* zurechtweisen ◆ **dress up I.** *vi* ❶ (*wear nice clothes*) sich fein anziehen ❷ (*disguise oneself*) sich verkleiden **II.** *vt* ❶ (*in a costume*) verkleiden ❷ (*improve*) verschönern

dress 'cir·cle *n* THEAT erster Rang

dress 'coat *n* Frack *m*

dress·er ['dresəʳ] *n* ❶ (*person*) **he's a snappy** ~ er kleidet sich flott ❷ THEAT (*actor's assistant*) Garderobier(e) *m(f)* ❸ (*sideboard*) Anrichte *f* ❹ AM, CAN (*chest of drawers*) [Frisier]kommode *f*

dress·ing ['dresɪŋ] *n* ❶ *no pl* (*of clothes*) Anziehen *nt* ❷ (*for salad*) Dressing *nt* ❸ (*for injury*) Verband *m*

dress·ing-'down *n* (*fam*) Standpauke *f*; **to get a** ~ zurechtgewiesen werden **'dress·ing gown** *n* Bademantel *m* **'dress·ing room** *n* (*in theatre*) [Künstler]garderobe *f*; SPORTS Umkleidekabine *f* **'dress·ing ta·ble** *n* Frisierkommode *f*

'dress·mak·er *n* [Damen]schneider(in) *m(f)* **'dress·mak·ing** *n no pl* Schneidern *nt*

dress re·'hears·al *n* THEAT Generalprobe *f* **dress 'shirt** *n* Smokinghemd *nt* **dress 'suit** *n* Abendanzug *m* **dress 'uni·form** *n* Galauniform *f*

dressy ['dresi] *adj* (*fam*) ❶ (*stylish*) elegant ❷ (*requiring formal clothes*) vornehm

drew [dru:] *pt of* **draw**

drib·ble ['drɪbl] **I.** *vi* ❶ **baby** sabbern ❷ (*trickle*) tropfen ❸ SPORTS dribbeln **II.** *vt* SPORTS dribbeln mit + *dat* **III.** *n* ❶ *no pl* (*saliva*) Sabber *m* ❷ SPORTS Dribbling *nt* *kein pl*

dribs [drɪbz] *npl* **in** ~ **and drabs** kleckerweise

dried [draɪd] **I.** *pt*, *pp of* **dry II.** *adj* getrocknet; ~ **flowers** Trockenblumen *pl*; ~ **fruit** Dörrobst *nt*

dried up *adj pred*, **dried-up** *adj attr* ausgetrocknet

drift [drɪft] **I.** *vi* treiben; **balloon** schweben; **mist, fog, clouds** ziehen; **snow** angeweht werden; **to** ~ **into crime** in die Kriminalität abdriften; **to** ~ **out to sea** aufs offene Meer hinaustreiben; **to** ~ **into a situation** in eine Situation hineingeraten; **to** ~ **into unconsciousness** in Bewusstlosigkeit versinken; **to** ~ **with the tide** mit dem Strom schwimmen *fig*; **to** ~ **along** (*fig*) sich treiben lassen; **to** ~ **away people** davonschlendern; **fog** verwehen **II.** *n* ❶ *(slow movement)* Strömen *nt;* **~ from the land** Landflucht *f* ❷ *(slow trend)* Trend *m* ❸ *of snow* Verwehung *f* ❹ *(meaning)* **to catch** [*or* **get**] **sb's ~** verstehen, was jd sagen will ◆ **drift apart** *vi* einander fremd werden ◆ **drift off** *vi* einschlummern

drift·er ['drɪftə'] *n* Gammler(in) *m(f)*

'**drift ice** *n no pl* Treibeis *nt* '**drift·wood** *n no pl* Treibholz *nt*

drill¹ [drɪl] **I.** *n* Bohrer *m* **II.** *vt, vi* bohren; ■ **to ~ through sth** etw durchbohren **III.** *adj* Bohr-

drill² [drɪl] **I.** *n* ❶ *(exercise)* Übung *f;* MIL Drill *m* ❷ *(fam: routine procedure)* **what's the ~?** wie wird das gemacht?; **to know the ~** wissen, wie es geht **II.** *vt* MIL, SCH drillen **III.** *vi* MIL exerzieren **IV.** *adj* MIL Drill-; **~ ground** Exerzierplatz *m*

'**drill·ing rig** *n* (*on land*) Bohrturm *m;* (*offshore*) Bohrinsel *f*

drink [drɪŋk] **I.** *n* ❶ *(liquid nourishment)* Getränk *nt;* **can I get you a ~?** kann ich Ihnen etwas zu trinken bringen?; **a ~ of juice** ein Schluck *m* Saft; **to have a ~** etw trinken ❷ *(alcoholic drink)* Drink *m;* ■ **~ s** *pl* Getränke *pl;* **whose turn is it to buy the ~s?** wer gibt die nächste Runde aus? ❸ *no pl (alcohol)* Alkohol *m;* **smelling of ~** mit einer [Alkohol]fahne; **to drive sb to ~** jdn zum Trinker/zur Trinkerin machen **II.** *vi, vt* <drank, drunk> trinken; **to ~ and drive** unter Alkoholeinfluss fahren; **I'll ~ to that** darauf trinke ich; *(fig)* **he ~s like a fish** er säuft wie ein Loch *derb* ◆ **drink in** *vt* [begierig] in sich *akk* aufnehmen

drink·able ['drɪŋkəbl] *adj* trinkbar

drink-'driv·ing *n no pl* BRIT, AUS Trunkenheit *f* am Steuer

drink·er ['drɪŋkə'] *n* Trinker(in) *m(f)*

drink·ing ['drɪŋkɪŋ] **I.** *n no pl* Trinken *nt;* **this water is not for ~** das ist kein Trinkwasser; **~ and driving is dangerous** Alkohol am Steuer ist gefährlich **II.** *adj* Trink-; **~ bout** Sauftour *f derb*

'**drink·ing foun·tain** *n* Trinkwasserbrunnen *m* '**drink·ing song** *n* Trinklied *nt* '**drink·ing straw** *n* Trinkhalm *m* '**drink·ing wa·ter** *n no pl* Trinkwasser *nt*

drip [drɪp] **I.** *vi* <-pp-> ❶ *(continually)* tropfen; *(in individual drops)* tröpfeln **II.** *vt* <-pp-> [herunter]tropfen lassen; **to ~ blood** Blut verlieren **III.** *n* ❶ *no pl (act of dripping)* Tropfen *nt;* of rain Tröpfeln *nt* ❷ *(drop)* Tropfen *m* ❸ MED Tropf *m;* **to be on a ~** am Tropf hängen ❹ *(pej sl: foolish person)* Flasche *f*

drip-·dry I. *vt* <-ie-> tropfnass aufhängen **II.** *adj* bügelfrei

drip·ping ['drɪpɪŋ] **I.** *adj* ❶ *(dropping drips)* tropfend; ■ **to be ~** tropfen ❷ *(extremely wet)* klatschnass ❸ *(hum, iron: be covered with sth)* ■ **to be ~ with sth** über und über mit etw *dat* behängt sein **II.** *adv* **~ wet** klatschnass **III.** *n* FOOD Schmalz *m*

drive [draɪv] **I.** *n* ❶ *(trip)* Fahrt *f;* **to go for a ~** eine Spazierfahrt machen; **it is a 20-mile/20-minute ~ to the airport** zum Flughafen sind es [mit dem Auto] 30 Kilometer/20 Minuten; **a day's ~** eine Tagesfahrt; **an hour's ~ away** eine Autostunde entfernt ❷ *(to small building)* Einfahrt *f;* (*to larger building*) Auffahrt *f;* (*approach road*) Zufahrt *f* ❸ *no pl* TECH Antrieb *m* ❹ *no pl* AUTO (*steering*) **left-/right-hand ~** Links-/Rechtssteuerung *f* ❺ *no pl (energy)* Tatkraft *f;* (*élan, vigour*) Schwung *m,* Élan *m,* Drive *m;* (*motivation*) Tatendrang *m* ❻ *no pl* PSYCH Trieb *m;* **sex ~** Geschlechtstrieb *m* ❼ *(campaign)* Aktion *f;* **economy ~** Sparmaßnahmen *pl;* **recruitment ~** Anwerbungskampagne *f* ❽ SPORTS Treibschlag *m,* Drive *m* ❾ COMPUT Laufwerk *nt;* **hard ~** Festplatte *f* ❿ AGR (*of animals*) Treiben *nt kein ak;* **cattle ~** Viehtrieb *m* **II.** *vt* <drove, driven> ❶ *(steer)* fahren; **to ~ a bus** einen Bus lenken; (*as a job*) Busfahrer(in) *m(f)* sein ❷ *(force onwards)* antreiben; **the wind drove the snow into my face** der Wind wehte mir den Schnee ins Gesicht; **he was ~n by greed** Gier bestimmte sein Handeln; **to ~ sb to suicide** jdn in den Selbstmord treiben; **to ~ sb mad** jdn wahnsinnig machen; **to ~ oneself too hard** sich *dat* zu viel zumuten; **to ~ sb from** [*or* **out of**] **sth** jdn aus etw *dat* vertreiben; **the scandal drove the minister out of office** der Skandal zwang den Minister zur Amtsniederlegung ❸ *(power) engine* antreiben; COMPUT treiben ❹ *(in golf)* treiben **III.** *vi* <drove, driven> ❶ *(steer vehicle)* fahren; **who was driving at the time of the accident?** wer saß zur Zeit des Unfalls am Steuer?; **to learn to ~** den Führerschein machen; **are you going by train? — no, I'm driving** fahren Sie mit dem Zug? – nein, mit dem Auto ❷ *(rain, snow)* peitschen; *(clouds)* jagen ◆ **drive at** *vi* **what are you driving at?** worauf wollen Sie [eigentlich] hinaus? ◆ **drive away I.** *vt* ❶ *(transport)* wegfahren ❷ *(expel)* vertreiben ❸ *(fig: dispel)* zerstreuen **II.** *vi* wegfahren ◆ **drive back I.** *vt* ❶ *(in a vehicle)* zurückfahren ❷ *(force back)* zurückdrängen; *animals* zurücktreiben; *enemy* zurückschlagen **II.** *vi* zurückfahren ◆ **drive off I.** *vt* ❶ *(expel)* vertreiben ❷ *(repel)* zurückschlagen **II.** *vi* wegfahren ◆ **drive out I.** *vt* hinausjagen; *(fig)* austreiben **II.** *vi* hinausfahren; *(come out)* herausfahren

♦ **drive up** I. vt price hochtreiben II. vi vorfahren; ■ to ~ **up to a ramp** an eine Rampe heranfahren

'**drive-in** esp AM, AUS I. adj Drive-in- II. n ❶ (restaurant) Drive-in nt ❷ (cinema/movie) Autokino nt **drive-in 'bank** n esp AM, AUS Bank f mit Autoschalter

driv·el ['drɪvªl] n no pl (pej) Gefasel nt

driv·en ['drɪvªn] I. pp of **drive** II. adj ❶ (very ambitious) ehrgeizig ❷ (powered) angetrieben ► **as pure as the ~ snow** so unschuldig wie ein Engel

drive off n AM (fam) Tankbetrug m (von einer Tankstelle wegfahren, ohne für sein Benzin zu bezahlen)

driv·er ['draɪvə'] n ❶ (of vehicle) Fahrer(in) m(f); of locomotive Führer(in) m(f) ❷ (golf club) Driver m

'**driv·er's li·cense** n AM Führerschein m

'**drive·time** ['draɪvtaɪm] n Hauptverkehrszeit f für Autopendler; (programme) Rush-Hour f

'**drive·way** n ❶ (to small building) Einfahrt f; (to larger building) Auffahrt f ❷ (approach road) Zufahrt[sstraße] f

driv·ing ['draɪvɪŋ] I. n (of vehicle) Fahren nt; **drunk ~** Trunkenheit f am Steuer II. adj ❶ (on road) Fahr-; **~ conditions** Straßenverhältnisse pl ❷ (lashing) rain peitschend; **~ snow** Schneetreiben nt ❸ (powerfully motivating) treibend; ambition stark

'**driv·ing ban** n Fahrverbot nt '**driv·ing force** n no pl treibende Kraft '**driv·ing in·struc·tor** n Fahrlehrer(in) m(f) '**driv·ing les·son** n Fahrstunde f; ■ **~s** pl Fahrunterricht m kein pl; **to take ~s** den Führerschein machen '**driv·ing li·cence** n BRIT Führerschein m '**driv·ing pool** n Fuhrpark m '**driv·ing school** n Fahrschule f '**driv·ing test** n Fahrprüfung f

driz·zle ['drɪzl] I. n no pl ❶ (light rain) Nieselregen m ❷ (small amount of liquid) ein paar Spritzer II. vi nieseln III. vt FOOD träufeln

driz·zly ['drɪzli] adj Niesel-; **it was a ~ afternoon** es hat den ganzen Nachmittag genieselt

droll [drəʊl] adj drollig

drom·edary [droməd°ri] n Dromedar nt

drone [drəʊn] I. n ❶ (sound) of a machine Brummen nt; of insects Summen nt; (pej) of a person Geleier nt ❷ (male bee) Drohne f II. vi ❶ (make sound) summen; engine brummen ❷ (speak monotonously) leiern

drool [druːl] I. vi ❶ (dribble) sabbern ❷ (fig) ■ **to ~ over sb/sth** von jdm/etw hingerissen sein II. n no pl Sabber m

droop [druːp] I. vi ❶ (hang down) schlaff he-runterhängen; flowers die Köpfe hängen lassen; eyelids zufallen ❷ (lack energy) schlapp sein II. n Herunterhängen nt; of body Gebeugtsein nt; of eyelids Schwere f

drop [drɒp] I. n ❶ (vertical distance) Gefälle nt; (difference in level) Höhenunterschied m ❷ (decrease) Rückgang m; **~ in temperature** Temperaturrückgang m ❸ (by aircraft) Abwurf m; food/letter ~ Futter-/Postabwurf m ❹ of liquid Tropfen m; **~ of rain** Regentropfen m; **~ of paint** Farbspritzer m; **~ by ~** tropfenweise; ■ **~s** pl MED Tropfen pl ❺ (fam: drink) Schluck m; **to have had a ~ too much** [**to drink**] ein Glas über den Durst getrunken haben ❻ (boiled sweet) **fruit ~** Fruchtbonbon nt ❼ (collection point) [Geheim]versteck nt ► **at the ~ of a hat** im Handumdrehen; **a ~ in the ocean** ein Tropfen m auf den heißen Stein II. vt <-pp-> ❶ (cause to fall) fallen lassen; anchor [aus]werfen; bomb, leaflets abwerfen; **to ~ a bombshell** (fig) eine Bombe platzen lassen ❷ (lower) senken ❸ (fam: send) **to ~ sb a line** jdm ein paar Zeilen schreiben ❹ (dismiss) entlassen ❺ (give up) aufgeben; **let's ~ the subject** lassen wir das Thema; charges fallen lassen; demand abgehen von; **to ~ everything** alles stehen und liegen lassen ❻ (abandon) ■ **to ~ sb** (fig) jdn fallen lassen; (end a relationship) mit jdm Schluss machen ❼ SPORTS ausschließen (**from** aus) ❽ (leave out) weglassen; **to ~ one's aitches** [or h's] BRIT, AUS den Buchstaben ,h' [im Anlaut] verschlucken ❾ (fam: tell indirectly) **to ~** [**sb**] **a hint** [jdm gegenüber] eine Anspielung machen ► **to ~ sb right in it** jdn ganz schön reinreiten; **to let it ~ that ...** beiläufig erwähnen, dass ... III. vi <-pp-> ❶ (descend) [herunter]fallen; jaw herunterklappen; **the curtain ~ped** der Vorhang ist gefallen a. fig ❷ (become lower) land sinken; prices, temperatures, water level fallen ❸ (fam: become exhausted) umfallen; **to be fit** [or **ready**] **to ~** zum Umfallen müde sein; **to ~** [**down**] **dead** tot umfallen; **~ dead!** (fam) scher dich zum Teufel! ♦ **drop behind** vi zurückfallen ♦ **drop in** vi (fam) vorbeischauen (**on** bei) ♦ **drop off** I. vt (fam) ■ **to ~ sth** ⟲ **off** etw abliefern; ■ **to ~ sb** ⟲ **off** jdn absetzen II. vi ❶ (fall off) abfallen ❷ (decrease) zurückgehen; support, interest nachlassen ❸ (fam: fall asleep) einschlafen ♦ **drop out** vi ❶ (give up membership) ausscheiden; **to ~ out of a course/school/university** einen Kurs/die Schule/das Studium abbrechen ❷ of society aussteigen

drop-down 'menu n COMPUT Pull-down-Menü nt

drop·let ['drɒplət] n Tröpfchen nt
'drop-out n ① (from university) [Studien]abbrecher(in) m(f); (from school) Schulabgänger(in) m(f) ② (from conventional lifestyle) Aussteiger(in) m(f)
'dropped call n Gesprächsunterbrechung f
drop·per ['drɒpə'] n Tropfer m
drop·pings ['drɒpɪŋz] npl of bird Vogeldreck m; of horse Pferdeäpfel pl; of rodents, sheep Köttel pl
'drop shot n TENNIS Stopp[ball] m
dross [drɒs] n no pl Schrott m a. fig
drought [draʊt] n Dürre[periode] f
drove[1] [drəʊv] n ① of animals Herde f ② (many) ■~s pl (fam) of people Scharen pl (of von)
drove[2] [drəʊv] pt of **drive**
drov·er ['drəʊvə'] n Viehtreiber(in) m(f)
drown [draʊn] I. vt ① (kill) ertränken; ■to be ~ed ertrinken ② (cover) überfluten; **he ~s his food in ketchup** er tränkt sein Essen in Ketchup ③ (make inaudible) übertönen ▶ **to ~ one's sorrows** seinen Kummer ertränken II. vi ertrinken a. fig
'drown·ing n Ertrinken nt
drowse [draʊz] vi dösen
drow·sy ['draʊzi] adj schläfrig; (after waking up) verschlafen
drudge [drʌdʒ] n (person) Kuli m
drudg·ery ['drʌdʒəri] n no pl Schufterei f
drug [drʌɡ] I. n ① (medicine) Medikament nt ② (narcotic) Droge f, Rauschgift nt; **to be on ~s** Drogen nehmen ③ (fig) Droge f II. vt <-gg-> ① MED (sedate) ■**to ~ sb** jdm Beruhigungsmittel verabreichen ② (secretly) ■**to ~ sb** jdn unter Drogen setzen
'drug abuse n Drogenmissbrauch m **'drug ad·dict** n Drogensüchtige(r) f(m) **'drug ad·dic·tion** n no pl Drogenabhängigkeit f **'drug deal·er** n Drogenhändler(in) m(f), Dealer(in) m(f) **'drug manu·fac·tur·er** n Arzneimittelhersteller m **'drug rape** n Vergewaltigung f mit Hilfe von K.-o.-Tropfen **'drug(s) squad** n Drogenfahndung f **'drug·store** n AM Drogerie f **'drug tak·ing** n no pl Einnahme f von Drogen **'drug traf·fick·er** n Drogenhändler(in) m(f) **'drug traf·fick·ing** n no pl Drogenhandel m
dru·id ['druːɪd] n Druide m
drum [drʌm] I. n ① MUS Trommel f; ■~s pl (drum kit) Schlagzeug nt ② (sound) ~ **of hooves** Pferdegetrappel nt ③ (for storage) Trommel f; **oil ~** Ölfass nt ④ (machine part) Trommel f II. vi <-mm-> ① MUS trommeln; (on a drum kit) Schlagzeug spielen ② (strike repeatedly) ■**to ~ on sth** auf etw akk trommeln III. vt <-mm-> (fam) ① (make noise)

to ~ one's fingers [on the table] [mit den Fingern] auf den Tisch trommeln ② (repeat) ■**to ~ sth into sb** jdm etw einhämmern
'drum·beat n Trommelschlag m **drum·mer** ['drʌmə'] n MUS Trommler(in) m(f); (playing a drum kit) Schlagzeuger(in) m(f) **'drum·stick** n ① MUS Trommelstock m ② FOOD Keule f, Schlegel m SÜDD, ÖSTERR
drunk [drʌŋk] I. adj ① (inebriated) betrunken; **he was charged with being ~ and disorderly** er wurde wegen Erregung öffentlichen Ärgernisses durch Trunkenheit angeklagt; ~ **driving** Trunkenheit f am Steuer; ~ **as a skunk** (fam) total blau; **blind** [or **dead**] ~ stockbetrunken; **to get ~** sich betrinken; **to be/get ~ on sth** von etw dat betrunken sein/werden ② (fig: overcome) trunken II. n (pej) Betrunkene(r) f(m) III. vt, vi pp of **drink**
drunk·ard ['drʌŋkəd] n (pej) Trinker(in) m(f) **drunk·en** ['drʌŋkən] adj (pej) ① person betrunken ② (involving alcohol) brawl Streit m zwischen Betrunkenen; ~ **driving** AM Trunkenheit f am Steuer; **in a ~ stupor** im Vollrausch **drunk·en·ness** ['drʌŋkənnəs] n no pl Betrunkenheit f
dry [draɪ] I. adj <-ier, -iest or -er, -est> ① (not wet) trocken; **the kettle has boiled ~** das ganze Wasser im Kessel ist verdampft; **as ~ as a bone** knochentrocken; **to go ~** austrocknen ② (without alcohol) alkoholfrei ▶ **to run ~** unproduktiv werden II. vt <-ie-> trocknen; fruit, meat dörren; (dry out) austrocknen; (dry up) abtrocknen; ~ **your eyes!** wisch dir die Tränen ab!; **to ~ one's hands** sich dat die Hände abtrocknen; **to ~ oneself** sich abtrocknen; vi <-ie-> ① (lose moisture) trocknen ② (dry up) abtrocknen ③ THEAT (fam: forget one's lines) stecken bleiben ◆ **dry up I.** vi ① (become dry) austrocknen; spring, well versiegen ② (dry the dishes) abtrocknen ③ (evaporate) liquid trocknen ④ (fig: stop talking) den Faden verlieren; (on stage) stecken bleiben ⑤ (fig: run out) funds schrumpfen; source versiegen; supply ausbleiben; conversation versiegen II. vt ① (after washing-up) abtrocknen ② (dry out) austrocknen III. interj (fam!: shut up!) halt die Klappe!
'dry-clean vt chemisch reinigen **dry 'clean·er's** n Reinigung f **dry 'clean·ing** n no pl [chemische] Reinigung **'dry dock** n Trockendock nt **dry·er** ['draɪə'] n ① (for laundry) [Wäsche]trockner m ② (for hair) Fön m; (overhead) Trockenhaube f **dry 'ice** n no pl Trockeneis nt **dry 'land** n no pl Festland nt; **to be back on ~** wieder festen Boden unter den Füßen haben **dry·ness** ['draɪnəs] n no

pl Trockenheit *f* **dry 'rot** *n no pl* ❶ (*in timber*) Hausschwamm *m* ❷ (*in plants*) Trockenfäule *f*

dry·stone 'wall *n* BRIT Trockensteinmauer *f*

DS [,di:'es] *n abbrev of* **Detective Sergeant** Kriminalmeister(in) *m(f)*

DSL [,di:es'el] *n* INET, COMPUT, TELEC *acr for* **digital subscriber line** DSL *kein art*

DTP [,di:ti:'pi:] *n abbrev of* **desktop publishing** DTP *nt*

dual ['dju:əl] *adj* (*double*) doppelt; (*two different*) zweierlei; ~ **ownership** Miteigentümerschaft *f*; ~ **role** Doppelrolle *f*

dual 'car·riage·way *n* BRIT ≈ Schnellstraße *f*

'dual-earn·ing *adj attr* Doppelverdiener-, mit Doppelverdienst *nach n*

dub <-bb-> [dʌb] *vt* ❶ (*confer knighthood*) **to ~ sb a knight** jdn zum Ritter schlagen ❷ (*fig: give sb a name*) nennen ❸ FILM synchronisieren; **to ~ into English** ins Englische übersetzen

dub·bing ['dʌbɪŋ] *n* FILM Synchronisation *f*

du·bi·ous ['dju:biəs] *adj* ❶ (*questionable*) zweifelhaft, fragwürdig ❷ (*unsure*) unsicher; **to be/feel ~ about** [*or* as to] **whether ...** bezweifeln, ob ...

Dub·lin·er ['dʌblɪnə*r*] *n* Dubliner(in) *m(f)*

duch·ess <*pl* -es> ['dʌtʃɪs] *n* Herzogin *f*

duchy ['dʌtʃi] *n* Herzogtum *nt*

duck[1] [dʌk] *n* ❶ ZOOL Ente *f* ❷ *no pl* BRIT (*fam*) Schätzchen *nt* ▪ **to take to sth like a ~ to water** bei etw *dat* gleich in seinem Element sein; **he took to fatherhood like a ~ to water** er war der geborene Vater

duck[2] [dʌk] **I.** *vi* ❶ (*lower head*) **to ~** [**down**] sich ducken ❷ (*plunge*) **to ~ under water** [unter]tauchen ❸ (*hide quickly*) **to ~ out of sight** sich verstecken **II.** *vt* ❶ (*lower quickly*) **to ~ one's head** den Kopf einziehen; **to ~ one's head under water** den Kopf unter Wasser tauchen ❷ (*avoid*) ▪ **to ~ sth** etw *dat* ausweichen *a. fig*

'duck·boards *npl* Lattenrost *m*

duck·ling ['dʌklɪŋ] *n* ❶ (*animal*) Entenküken *nt*, Entchen *nt* ❷ (*meat*) junge Ente

duct [dʌkt] *n* ❶ (*pipe*) [Rohr]leitung *f*; **air ~** Luftkanal *m* ❷ ANAT **ear ~** Gehörgang *m*; **tear ~** Tränenkanal *m*

dud [dʌd] (*fam*) **I.** *n* ❶ (*bomb*) Blindgänger *m* ❷ (*useless thing*) **this pen is a ~** dieser Füller taugt nichts ❸ (*failure*) Reinfall *m* ❹ (*person*) Niete *f* ❺ (*clothes*) ▪ **~s** *pl* (*fam*) Klamotten *pl* **II.** *adj* ❶ (*useless*) mies ❷ (*forged*) gefälscht

dude [du:d] *n esp* AM (*fam*) ❶ (*smartly dressed urbanite*) feiner Pinkel *m* ❷ (*fellow*) Typ *m*, Kerl *m*; **hey, ~, how's it going?** na, wie geht's, Mann?

due [dju:] **I.** *adj* ❶ (*payable*) fällig; **~ date** Fälligkeitstermin *m*; **to fall ~** fällig werden ❷ (*entitled to*) ▪ **sb is ~ sth** jdm steht etw zu ❸ (*appropriate*) gebührend; **with ~ care** mit der nötigen Sorgfalt; **without ~ care and attention** fahrlässig; **after ~ consideration** nach reiflicher Überlegung; **with** [**all**] **~ respect** bei allem [gebotenen] Respekt; **to treat sb with the respect ~ to him/her** jdn mit dem nötigen Respekt behandeln ❹ (*expected*) **what time is the next bus ~ to arrive/leave**? wann kommt/fährt der nächste Bus?; **their baby is ~ in January** sie erwarten ihr Baby im Januar; **when are you ~?** wann ist es denn so weit?; **in ~ course** zu gegebener Zeit ❺ (*because of*) ▪ **~ to sth** wegen [*o* auf Grund] einer S. *gen*; **to be ~ to sb/sth** jdm/etw zuzuschreiben sein **II.** *n* ❶ (*fair treatment*) **she feels that is simply her ~** sie hält das einfach nur für gerecht; **to give sb his/her ~** jdm Gerechtigkeit widerfahren lassen ❷ (*fees*) ▪ **~s** *pl* Gebühren *pl* ❸ (*debts*) ▪ **~s** *pl* Schulden *pl*; (*obligations*) Verpflichtungen *pl* **III.** *adv* **~ north** genau nach Norden

duel ['dju:əl] **I.** *n* Duell *nt*; **to fight a ~** ein Duell austragen **II.** *vi* <BRIT -ll- *or* AM *usu* -l-> sich duellieren

duet [dju'et] *n* (*for instruments*) Duo *nt*; (*for voices*) Duett *nt*

duf·fel bag ['dʌfəl,-] *n* Matchbeutel *m*; NAUT Seesack *m*

'duf·fel coat *n* Dufflecoat *m*

dug [dʌg] *pt, pp of* **dig**

'dug·out *n* ❶ MIL Schützengraben *m* ❷ SPORTS (*in football*) überdachte Trainerbank; AM (*in baseball*) überdachte Spielerbank ❸ AM, AUS (*canoe*) Einbaum *m*

duke [dju:k] *n* Herzog *m*

dull [dʌl] **I.** *adj* ❶ (*pej: boring*) langweilig, eintönig; **as ~ as ditchwater** stinklangweilig; **deadly** [*or* **terribly**] **~** todlangweilig ❷ (*not bright*) *animal's coat* glanzlos; *weather* trüb; *colour* matt; *light* schwach, trübe ❸ (*indistinct*) dumpf ❹ AM (*not sharp*) stumpf **II.** *vt* (*lessen*) schwächen; *pain* betäuben

dull·ness ['dʌlnəs] *n no pl* Langweiligkeit *f*, Eintönigkeit *f*

duly ['dju:li] *adv* ❶ (*appropriately*) gebührend ❷ (*at the expected time*) wie erwartet

dumb [dʌm] *adj* ❶ (*mute*) stumm; **she was struck ~ with amazement** es verschlug ihr vor Staunen die Sprache ❷ (*pej fam: stupid*) dumm

'dumb·bell *n* ❶ SPORTS Hantel *f* ❷ AM (*pej fam: dummy*) Dummkopf *m*

dumb·'found *vt* verblüffen

dumb·'found·ed *adj* sprachlos
'dumb·show *n no pl* (*fam*) Zeichensprache *f*
'dumb·struck *adj* sprachlos
dumb 'wait·er *n* Speiseaufzug *m*, stummer Diener
dum·found [dʌmˈfaʊnd] *vt see* **dumbfound**
dum·my [ˈdʌmi] **I.** *n* ❶ (*mannequin*) Schaufensterpuppe *f*; (*crash test dummy*) Dummy *m*; (*doll*) [ventriloquist's] ~ [Bauchredner]puppe *f*; **to stand there like a stuffed ~** (*fam*) wie ein Ölgötze dastehen ❷ (*substitute*) Attrappe *f* ❸ BRIT, AUS (*for baby*) Schnuller *m* ❹ (*pej: fool*) Dummkopf *m* ❺ CARDS (*in bridge*) Strohmann *m* **II.** *adj* (*duplicate*) nachgemacht; (*false*) falsch; **~ run** Probelauf *m* **III.** *vi* AM (*fam*) ■ **to ~ up** dichthalten

dump [dʌmp] **I.** *n* ❶ (*for rubbish*) Müll[ablade]platz *m*; (*fig, pej: messy place*) Dreckloch *nt*; (*badly run place*) Saustall *m derb* ❷ (*storage place*) Lager *n* ❸ COMPUT Speicherabzug *m* **II.** *vt* ❶ (*offload*) abladen; **toxic chemicals continue to be ~ed in the North Sea** es werden nach wie vor giftige Chemikalien in die Nordsee gekippt ❷ (*put down carelessly*) hinknallen; **where can I ~ my coat?** wo kann ich meinen Mantel lassen? ❸ (*fam: abandon*) *plan* fallen lassen; *sth unwanted* loswerden; **the criminals ~ed the car and fled on foot** die Verbrecher ließen das Auto stehen und flüchteten zu Fuß ❹ (*fam: leave sb*) ■ **to ~ sb** jdm den Laufpass geben ❺ COMPUT ausgeben ❻ ECON ■ **to ~ sth on sb** etw an jdn verschleudern **III.** *vi* AM (*fam: treat unfairly*) ■ **to ~ on sb** jdn fertigmachen
dump·er [ˈdʌmpəʳ] *n* ❶ AUS (*in surfing*) Brecher *m* ❷ BRIT (*truck*) Kipper *m* **'dump·ing ground** *n* Müll[ablade]platz *m*
dump·ling [ˈdʌmplɪŋ] *n* Knödel *m*, Kloß *m*
dumpy [ˈdʌmpi] *adj* pummelig
dunce [dʌns] *n* (*pej: poor pupil*) schlechter Schüler, schlechte Schülerin *m, f*; (*stupid person*) Dummkopf *m*; **to be a ~ at sth** schlecht in etw *dat* sein
dune [djuːn] *n* Düne *f*
dung [dʌŋ] *n no pl* Dung *m*
dun·ga·rees [ˌdʌŋgəˈriːz] *npl* BRIT Latzhose *f*; AM Jeans[hose] *f*
dun·geon [ˈdʌndʒən] *n* Verlies *nt*, Kerker *m*
'dung·hill *n* Misthaufen *m*
dunk [dʌŋk] *vt* [ein]tunken
duo [ˈdjuːə(ʊ)] *n* Duo *nt*
duo·denum <*pl* -na *or* -s> [ˌdjuːəˈ(ʊ)diːnəm, *pl* -nə] *n* Zwölffingerdarm *m*
dup. *n abbrev of* **duplicate** Duplikat *nt*
dupe [djuːp] **I.** *n* Betrogene(r) *f(m)* **II.** *vt* ■ **to be ~d** betrogen werden
du·plex [ˈdjuːpleks] **I.** *n* <*pl* -es> ❶ AM, AUS Doppelhaus *nt* ❷ AM (*flat having two floors*) Maisonette[wohnung] *f* **II.** *adj* Doppel-
du·pli·cate I. *vt* [ˈdjuːplɪkeɪt] ■ **to ~ sth** eine zweite Anfertigung von etw *dat* machen; (*repeat an activity*) etw noch einmal machen **II.** *adj* [ˈdjuːplɪkət] Zweit-; **~ key** Nachschlüssel *m* **III.** *n* [ˈdjuːplɪkət] Duplikat *nt*; *of a document* Zweitschrift *f*; **in ~** in zweifacher Ausfertigung
du·plic·ity [djuːˈplɪsəti] *n no pl* (*pej: speech*) Doppelzüngigkeit *f*; (*action*) Doppelspiel *nt*
du·rabil·ity [ˌdjʊərəˈbɪləti] *n no pl* ❶ (*endurance*) Dauerhaftigkeit *f* ❷ *of a product* Haltbarkeit *f*; *of a machine* Lebensdauer *f*
du·rable [ˈdjʊərəbl] *adj* ❶ (*hard-wearing*) strapazierfähig ❷ (*long-lasting*) dauerhaft; *goods* langlebig
du·ra·tion [ˌdjʊə(ə)ˈreɪʃən] *n no pl* Dauer *f*; *of a film* Länge *f*; **for the ~** bis zum Ende
du·ress [djʊˈres] *n no pl* (*form*) Zwang *m*
dur·ing [ˈdjʊərɪŋ] *prep* während +*gen*; **~ World War Two** während des Zweiten Weltkriegs
dusk [dʌsk] *n no pl* [Abend]dämmerung *f*; **~ is falling** es dämmert; **after/at ~** nach/bei Einbruch der Dunkelheit
dusky [ˈdʌski] *adj* dunkel
dust [dʌst] **I.** *n no pl* Staub *m*; **covered in ~** (*outside*) staubbedeckt; (*inside*) völlig verstaubt ▶ **to let the ~ settle** [ab]warten, bis sich die Wogen wieder geglättet haben; **to bite the ~** ins Gras beißen; **to eat sb's ~** AM von jdm abgehängt werden; **to turn to ~** (*liter*) zu Staub werden **II.** *vt* ❶ (*clean*) *objects* abstauben; *rooms* Staub wischen in ❷ (*spread over finely*) bestäuben; (*using grated material*) bestreuen **III.** *vi* Staub wischen
'dust·bin *n* BRIT Mülltonne *f* **'dust·cart** *n* BRIT Müllwagen *m* **'dust·coat** *n* Kittel *m* **'dust cov·er** *n* (*for furniture*) Schonbezug *m*; (*for devices*) Abdeckhaube *f*; (*on a book*) Schutzumschlag *m*; (*for clothes*) Staubschutz *m kein pl*
dust·er [ˈdʌstəʳ] *n* Staubtuch *nt*; **feather ~** Staubwedel *m*
'dust jack·et *n* Schutzumschlag *m* **'dust·man** *n* BRIT Müllmann *m* **'dust mite** *n* Hausmilbe *f* **'dust·pan** *n* Schaufel *f*; **~ and brush** Schaufel *f* und Besen *m* **'dust storm** *n* Staubsturm *m* **'dust-up** *n* (*fam*) ❶ (*fight*) Schlägerei *f* ❷ (*dispute*) Krach *m*
dusty [ˈdʌsti] *adj* staubig; *objects* verstaubt
Dutch [dʌtʃ] **I.** *adj* holländisch, niederländisch **II.** *n* ❶ *no pl* (*language*) Holländisch *nt*, Niederländisch *nt* ❷ (*people*) ■ **the ~** *pl*

die Holländer **III.** *adv* to go – getrennte Kasse machen

'Dutch·man *n* Holländer *m* ▶ **if ... [then] I'm a** – BRIT wenn ... , [dann] bin ich der Kaiser von China **'Dutch·wom·an** *n* Holländerin *f*

du·ti·able ['dju:tiəbl] *adj* zollpflichtig

du·ti·ful ['dju:tɪfl] *adj* ❶ *person* pflichtbewusst; (*obedient*) gehorsam ❷ *act* pflichtschuldig

duty ['dju:ti] **I.** *n* ❶ *no pl* (*obligation*) Pflicht *f*; to do sth out of ~ etw aus Pflichtbewusstsein tun ❷ (*task, function*) Aufgabe *f*, Pflicht *f* ❸ *no pl* (*work*) Dienst *m*; to do ~ for sb jdn vertreten; on/off ~ im/nicht im Dienst; to be off ~ [dienst]frei haben; to be on ~ Dienst haben; to come [*or* go] on ~ seinen Dienst antreten ❹ (*revenue*) Zoll *m* (on auf); customs duties Zollabgaben *pl*; to be free of ~ zollfrei sein; to pay ~ on sth etw verzollen **II.** *adj* nurse, officer Dienst habend

'duty call *n* Pflichtbesuch *m* **duty-'free I.** *adj* zollfrei **II.** *n* ■ ~s *pl* zollfreie Waren **'duty ros·ter** *n* Dienstplan *m*

du·vet ['dju:veɪ, 'du:-] *n* Steppdecke *f*, Daunendecke *f*

DVD [,di:vi:'di:] *n abbrev of* **digital video disk** DVD *f*

DVR [,di:vi:'ɑ:r] *n abbrev of* **digital video recorder** digitaler Videorecorder

DVT [,di:vi:'ti:] *n no pl* MED *abbrev of* **deep vein thrombosis** tiefe Venenthrombose

dwarf [dwɔ:f] **I.** *n* <*pl* -s *or* dwarves> Zwerg(in) *m(f)* **II.** *adj* Zwerg- **III.** *vt* überragen; (*fig*) in den Schatten stellen

dwell <dwelt *or* -ed, dwelt *or* -ed> [dwel] *vi* (*form*) wohnen

dwell·er ['dwelə^r] *n* (*form*) Bewohner(in) *m(f)* **dwell·ing** ['dwelɪŋ] *n* (*form*) Wohnung *f*

dwelt [dwelt] *pp, pt of* **dwell**

dwin·dle ['dwɪndl] *vi* abnehmen; numbers zurückgehen; money, supplies schrumpfen

dye [daɪ] **I.** *vt* färben **II.** *n* Färbemittel *nt*

dyed-in-the-'wool *adj* Erz-

'dye-works *n* Färberei *f*

dy·ing ['daɪɪŋ] *adj* sterbend; (*fig*) aussterbend

dyke [daɪk] *n* ❶ (*wall*) Deich *m* ❷ (*drainage channel*) [Abfluss]graben *m* ❸ (*pej! sl:* lesbian) Lesbe *f*

dy·nam·ic [daɪ'næmɪk] *adj* dynamisch

dy·nam·ics [daɪ'næmɪks] *n* Dynamik *f*

dy·na·mite ['daɪnəmaɪt] **I.** *n no pl* Dynamit *nt a. fig* **II.** *vt* mit Dynamit sprengen

dy·na·mo ['daɪnəməʊ] *n* ❶ BRIT (*generator*) Dynamo *m*; of a car Lichtmaschine *f* ❷ (*fig: person*) Energiebündel *nt*

dyn·as·ty ['dɪnəsti] *n* Dynastie *f*

dys·en·tery ['dɪsəntəri] *n no pl* Ruhr *f*

dys·func·tion·al [dɪs'fʌŋ(k)ʃənəl] *adj* SOCIOL gestört

dys·lex·ia [dɪ'sleksiə] *n no pl* Legasthenie *f*

dys·lex·ic [dɪ'sleksɪk] *adj* legasthenisch

E e

E <*pl* -'s *or* -s>, **e** <*pl* -'s> [i:] *n* ❶ (*letter*) E *nt*, e *nt*; *see also* **A 1** ❷ MUS E *nt*, e *nt*; **~ flat** Es *nt*, es *nt*; **~ sharp** Eis *nt*, eis *nt* ❸ (*school mark*) ≈ Fünf *f*, ≈ mangelhaft

E *n* ❶ *no pl abbrev of* **east** O ❷ (*fam: drug*) *abbrev of* **ecstasy** Ecstasy *f*

each [i:tʃ] *adj, pron* jede(r, s); **500 miles ~ way** 500 Meilen in alle Richtung; **~ and every one of us** jede(r) Einzelne von uns; **~ one of the books** jedes einzelne Buch; **give the kids one piece ~** gib jedem Kind ein Stück; **they ~ have their own personality** jeder von ihnen hat seine eigene Persönlichkeit; **there are five leaflets – please take one of ~** hier sind fünf Broschüren – nehmen Sie bitte von jeder eine; **that's about £10 ~** das sind für jeden ungefähr 10 Pfund; **these cost $3.50 ~** diese kosten 3,50 Dollar das Stück ▶ **~ to his** [*or* her] [*or* their] **own** BRIT jedem das Seine

each 'oth·er *pron after vb* einander; **they're always wearing ~'s clothes** sie tauschen immer die Kleidung, **why are you arguing with ~?** warum streitet ihr euch?; **to be made for ~** füreinander bestimmt sein

eager <-er, -est *or* more ~, most ~> *adj* ❶ (*hungry*) begierig (for auf) ❷ (*enthusiastic*) eifrig; ■ **to be ~ to do sth** etw unbedingt tun wollen; **~ to learn** lernbegierig ❸ (*expectant*) face erwartungsvoll; anticipation gespannt

eager·ness ['i:gənəs] *n no pl* Eifer *m*; **~ to learn** Lerneifer *m*

eagle ['i:gl] *n* Adler *m* **eagle-'eyed** *adj* scharfsichtig; ■ **to be ~** Adleraugen haben

ear[1] [ɪə^r] *n* ANAT Ohr *nt*; **~, nose and throat specialist** Hals-Nasen-Ohren-Arzt, -Ärztin *m, f*; **from ~ to ~** von einem Ohr zum anderen ▶ **to be up to one's ~s in** <u>debt</u>/ <u>work</u> bis über die Ohren in Schulden/Arbeit stecken; **to have** [*or* keep] **an ~ to the** <u>ground</u> auf dem Laufenden bleiben [*o* sein]; **to be** <u>all</u> **~s** ganz Ohr sein; **to go in** <u>one</u> **~**

and out the other zum einen Ohr hinein- und zum anderen wieder hinausgehen; **to keep one's ~s open** die Ohren offen halten; **to be out on one's ~** rausgeflogen sein; [**to**] **give sb**] **a thick ~** *esp* BRIT jdm ein paar hinter die Ohren geben; **sb's ~s are burning** jdm klingen die Ohren; **to close one's ~s to sth** etw ignorieren; **sb's ~s are flapping** jd spitzt die Ohren; **to have an ~ for sth** für etw *akk* ein Gehör haben; **sb has sth coming out of their ~s** etw hängt jdm zum Hals[e] [he]raus; **to have the ~ of sb** Vertrauen of haben

ear² [ɪəʳ] *n* AGR Ähre *f*

'ear·ache *n no pl* Ohrenschmerzen *pl* **'ear·drum** *n* Trommelfell *nt* **'ear in·fec·tion** *n* Ohrenentzündung *f*

earl [ɜːl] *n* Graf *m*

'ear·lobe *n* Ohrläppchen *nt*

ear·ly <-ier, -iest *or* more ~, most ~> ['ɜːli] **I.** *adj* ❶ (*in the day*) früh; **she usually has an ~ breakfast** sie frühstückt meistens zeitig; **~ edition** Morgenausgabe *f*; **the ~ hours** die frühen Morgenstunden; **in the ~ morning** am frühen Morgen; **~ morning call** Weckruf *m*; **~ riser** Frühaufsteher(in) *m(f)* ❷ (*of a period*) früh, Früh-; **she is in her ~ thirties** sie ist Anfang dreißig; **in the ~ afternoon** am frühen Nachmittag; **at an ~ age** in jungen Jahren; **from an ~ age** von klein auf; **in the ~ 15th century** Anfang des 15. Jahrhunderts ❸ (*prompt*) schnell; **~ payment appreciated** um baldige Zahlung wird gebeten ❹ (*ahead of expected time*) vorzeitig; (*comparatively early*) [früh]zeitig; **I took an earlier train** ich habe einen früheren Zug genommen; **to have an ~ lunch** früh zu Mittag essen; **to have an ~ night** früh schlafen gehen; **to take ~ retirement** vorzeitig in den Ruhestand gehen ❺ (*first*) **the ~ Christians** die ersten Christen **II.** *adv* ❶ (*in the day*) früh ❷ (*ahead of expected time*) vorzeitig; (*prematurely*) zu früh; (*comparatively early*) [früh]zeitig; **the plane landed 20 minutes ~** das Flugzeug landete 20 Minuten früher [als geplant] ❸ (*of a period*) früh; **~ next week** Anfang nächster Woche

'ear·mark *vt* ❶ (*mark*) kennzeichnen ❷ (*allocate*) vorsehen; *money* bereitstellen **'ear·muffs** *npl* Ohrenschützer *pl*

earn [ɜːn] *vt* ❶ *money, a living* verdienen ❷ FIN einbringen ❸ (*deserve*) verdienen; *criticism* einbringen; *respect* gewinnen

earned au·to·no·my *n* BRIT durch Verdienste erzielte Autonomie *f* (*gut geführten Schulen, Stadtbezirken und Trusts des NHS wird auf bestimmten Gebieten größere Entscheidungsfreiheit gewährt*)

earned in·come [ɜːnd'-] *n* FIN Arbeitseinkommen *nt*

earn·er ['ɜːnəʳ] *n* ❶ (*person*) Verdiener(in) *m(f)* ❷ (*fam: income source*) Einnahmequelle *f*; **to be a nice little ~** ganz schön was einbringen

ear·nest ['ɜːnɪst] **I.** *adj* ernst[haft] **II.** *n no pl* Ernst *m*; **to be in** [**deadly**] **~** es [tod]ernst meinen

ear·nest·ly ['ɜːnɪstli] *adv* ernsthaft

earn·ings ['ɜːnɪŋz] *npl* Einkommen *nt*; *of a business* Ertrag *m*

'ear·phone *n* Kopfhörer *m* **'ear·piece** *n* Hörer *m* **'ear·plug** *n usu pl* Ohrenstöpsel *nt* **'ear·ring** *n* Ohrring *m* **'ear·shot** *n no pl* [**with**]**in**/**out of ~** in/außer Hörweite

earth [ɜːθ] **I.** *n* ❶ *no pl* (*planet*) Erde *f*; **nothing on ~ would make me sell my house** um nichts in der Welt würde ich mein Haus verkaufen; **how/what/who/where/why on earth ...** wie/was/wer/wo/warum um alles in der Welt ... ❷ *no pl* (*soil*) Erde *f*, Boden *m* ❸ *no pl* BRIT, AUS ELEC Erdung *f* ❹ (*of fox*) Bau *m* ▸ **to bring sb back** [**down**] **to ~** jdn wieder auf den Boden der Tatsachen zurückholen; **to be down to ~** ein natürlicher und umgänglicher Mensch sein; **to charge/cost/pay the ~** BRIT ein Vermögen verlangen/kosten/bezahlen **II.** *vt* BRIT erden

earth·en·ware I. *n no pl* Tonwaren *pl* **II.** *adj* Ton-

earth·ly ['ɜːθli] **I.** *adj* ❶ (*on Earth*) irdisch ❷ (*fam: possible*) möglich; **there is no ~ reason why ...** es gibt nicht den geringsten Grund, warum ...; **to be of no ~ use to sb** jdm nicht im Geringsten nützen **II.** *n* BRIT (*fam*) **to not have an ~ chance** [**of doing sth**] nicht die geringste Chance haben[, etw zu tun]

'earth·quake *n* Erdbeben *nt* **'earth·shak·ing** *adj*, **'earth·shat·ter·ing** *adj* welterschütternd **'earth·work** *n* Erdwall *m* **'earth·worm** *n* Regenwurm *m*

'ear·wax *n no pl* Ohrenschmalz *m* **'ear·wig** *n* Ohrwurm *m*

ease [iːz] **I.** *n no pl* ❶ (*effortlessness*) Leichtigkeit *f* ❷ (*comfort*) **to be** [*or* **feel**] **at ~** sich wohl fühlen; [**stand**] **at ~!** MIL rührt euch!; **to put sb at** [**their**] **~** jdm die Befangenheit nehmen **II.** *vt* ❶ (*relieve*) *pain* lindern; *strain* mindern; **to ~ the tension** die Anspannung lösen; (*fig*) die Lage entspannen ❷ (*move*) **she ~d the lid off** sie löste den Deckel behutsam ab **III.** *vi* lockern; *situation* sich entspannen ◆ **ease off** *vi* ❶ (*decrease*) nachlassen ❷ (*work less*) **to ~ off** [**at work**] [auf der Arbeit] kürzertreten ◆ **ease up** *vi*

❶ (*abate*) nachlassen ❷ (*relax*) sich entspannen ❸ (*be less severe*) ■ **to ~ up on sb** zu jdm weniger streng sein; **to ~ up on the accelerator** vom Gas gehen
easel ['iːzəl] n Staffelei f
eas·i·ly ['iːzɪli] adv ❶ (*without difficulty*) leicht; (*effortlessly*) mühelos; **to win ~** spielend gewinnen; **to tan ~** schnell bräunen [o braun werden] ❷ (*by far*) ■ **to be ~ the ...** + *superl* bei weitem der/die/das ... sein ❸ (*probably*) [sehr] leicht ❹ (*at least*) locker *sl*
eas·i·ness ['iːzɪnəs] n no pl Leichtigkeit f; (*effortlessness also*) Mühelosigkeit f; *of a question* Einfachheit f
east [iːst] I. n no pl ❶ (*compass point*) Osten m; **to the ~ of sth** östlich einer S. *gen*; **from/to the ~** von/nach Osten ❷ (*part of a region, town*) ■ **the E~** der Osten; '**Birmingham E~**' ,Birmingham-Ost'; **the Near/Middle/Far ~** der Nahe/Mittlere/Ferne Osten II. adj östlich, Ost-; **E~ Berlin** Ostberlin *nt*; **~ wind** Ostwind *m* III. adv ostwärts, nach Osten; **~ of Heidelberg/the town centre** [*or* AM **downtown**] östlich von Heidelberg/der Innenstadt; **to face ~** nach Osten liegen
'**east·bound** adj nach Osten; **~ train** Zug *m* in Richtung Osten
Eas·ter ['iːstə^r] n no art Ostern *nt*; **at ~** an Ostern
East·er 'Day n, **East·er 'Sun·day** n Ostersonntag *m* **East·er egg** n Osterei *nt* **East·er 'holi·days** npl Osterferien pl
east·er·ly ['iːstəli] I. adj östlich, Ost- II. n Ostwind *m*
East·er 'Mon·day n Ostermontag *m*
east·ern ['iːstən] adj ❶ *location* östlich, Ost-; **the ~ seaboard** AM die Ostküste ❷ (*Asian*) orientalisch
east·ern·er ['iːstənə^r] n AM Oststaatler(in) m(f) **east·ern·most** ['iːstənməʊst] adj ■ **the ~ ...** der/die/das östlichste ...
East 'Ger·ma·ny n no pl HIST Ostdeutschland *nt*
east·ward ['iːstwəd] I. adj ostwärts, nach Osten II. adv ostwärts, nach Osten **east·wards** ['iːstwədz] adv ostwärts, nach Osten
easy <-ier, -iest *or* more ~, most ~> ['iːzi] I. adj ❶ (*simple*) leicht, einfach; **he is ~ to get on with** mit ihm kann man gut auskommen; **it's ~ for you to laugh** du hast gut lachen; **as ~ as anything** kinderleicht; **~ money** leicht verdientes Geld; **within ~ reach** leicht erreichbar; **easier said than done** leichter gesagt als getan ❷ (*effortless*) leicht, mühelos; *walk* bequem ❸ (*trouble-free*) angenehm; (*comfortable*) bequem; *life*

sorglos ❹ (*not worried*) *conscience* ruhig; **to not feel ~ about sth** sich bei etw *dat* nicht wohl fühlen ❺ (*fam: indifferent*) **I'm ~** mir ist es egal ❻ (*pleasing*) **~ on the ear/eye** angenehm für das Ohr/Auge ❼ (*pej: simplistic*) [zu] einfach II. adv ❶ (*cautiously*) vorsichtig; **~ does it** immer langsam; **to go ~ on** [*or* **with**] **sth** sich bei etw *dat* zurückhalten; **go ~ on the cream** nimm nicht so viel Sahne; **to go ~ on sb** nicht zu hart mit jdm umgehen ❷ (*in a relaxed manner*) **take it ~!** nur keine Aufregung!, immer mit der Ruhe!; **to take things** [*or* **it**] **~** (*fam: for one's health*) sich schonen; (*rest*) sich *dat* keinen Stress machen ▶ **~ come, ~ go** wie gewonnen, so zerronnen III. *interj* (*fam*) locker
'**easy-care** adj pflegeleicht '**easy chair** n Sessel *m* **easy-'go·ing** adj (*approv: straightforward*) unkompliziert; (*relaxed*) gelassen
eat <ate, eaten> [iːt] I. vt essen; *animal* fressen; **don't be afraid of the boss, he won't ~ you** hab keine Angst vor dem Chef, er wird dich schon nicht [auf]fressen; **to ~ breakfast** frühstücken; **to ~ lunch/supper** zu Mittag/Abend essen ▶ **to ~ sb for breakfast** jdn zum Frühstück verspeisen; **I'll ~ my hat if ...** ich fresse einen Besen, wenn ...; **~ your heart out** platze ruhig vor Neid; **to ~ one's heart out** sich [vor Kummer] verzehren; **to ~ like a horse** wie ein Scheunendrescher essen; **to ~ sb out of house and home** jdm die Haare vom Kopf fressen; **to ~ one's words** seine Worte zurücknehmen; **what's ~ing you?** was bedrückt dich? II. vi essen ▶ **she has them ~ing out of her hand** sie fressen ihr aus der Hand; **you are what you ~** (*prov*) der Mensch ist, was er isst ◆ **eat into** vi ■ **to ~ into sth** ❶ (*dig into*) sich in etw *akk* hineinfressen ❷ (*corrode*) etw angreifen ❸ (*use up*) *savings* etw angreifen ◆ **eat out** vi auswärts essen, essen gehen ◆ **eat up** I. vt ❶ (*finish*) aufessen; *animal* auffressen ❷ (*plague*) ■ **to be ~en up by** [*or* **with**] **sth** von etw *dat* verzehrt werden ❸ (*consume*) *money, resources* verschlingen II. vi aufessen; *animals* auffressen
eat·able ['iːtəbl] adj essbar, genießbar
'**eat·ables** npl Lebensmittel pl meist pl **eat·en** ['iːtən] pp of **eat eat·er** ['iːtə^r] n ❶ (*person*) Esser(in) m(f) ❷ BRIT (*fam: apple*) Speiseapfel *m* **eat·ery** ['iːtəri] n AM Esslokal *nt* **eat·ing** ['iːtɪŋ] I. n Essen nt II. adj Ess- '**eat·ing ap·ple** n Speiseapfel *m* '**eat·ing dis·or·der** n Essstörung f
eau de co·logne [ˌəʊdəkə'ləʊn] n no pl Kölnischwasser *nt*
eaves [iːvz] npl Dachvorsprung *m*

eaves·drop <-pp-> ['i:vzdrɒp] vi [heimlich] lauschen; ■ to ~ on sb/sth jdn/etw belauschen

eaves·drop·per ['i:vz'drɒpə'] n Lauscher(in) m(f)

ebb [eb] **I.** n no pl ❶ (of the sea) Ebbe f; on the ~ bei Ebbe ❷ (fig) the ~ and flow of sth das Auf und Ab einer S. gen; to be at a low ~ auf einem Tiefstand sein; funds knapp bei Kasse sein **II.** vi ❶ tide zurückgehen ❷ (fig: lessen) schwinden

eb·ony ['ebəni] n no pl Ebenholz nt

EC [ˌiːˈsiː] n no pl HIST abbrev of **European Community** EG f

e-car ['iːkɑːʳ] n short for **electric car** Elektroauto nt

ec·cen·tric [ɪkˈsentrɪk] **I.** n Exzentriker(in) m(f) **II.** adj exzentrisch; clothes ausgefallen

ec·cen·tri·city [ˌeksenˈtrɪsəti] n Exzentrizität f

ec·cle·si·as·tic [ɪˌkliːziˈæstɪk] (form) **I.** n Geistliche(r) m **II.** adj kirchlich, geistlich

ec·cle·si·as·ti·cal [ɪˌkliːziˈæstɪkəl] adj see **ecclesiastic II**

ECG [ˌiːsiːˈdʒiː] n abbrev of **electrocardiogram** EKG nt

eche·lon ['eʃəlɒn] n ❶ (level) Rang m ❷ MIL (formation) Staffel[formation] f

echo ['ekəʊ] **I.** n <pl -es> ❶ (reverberation) Echo nt ❷ (fig) Anklang m (of an) **II.** vi ❶ (resound) sound, place [wider]hallen ❷ (fig: repeat) wiederholen **III.** vt ❶ (copy) wiedergeben; (reflect) widerspiegeln ❷ (resemble) ähneln ❸ (repeat sb's words) wiederholen

'echo cham·ber n Hallraum m **'echo sound·er** n Echolot nt

ec·lec·tic [ekˈlektɪk] adj eklektisch

eclipse [ɪˈklɪps] **I.** n ❶ ASTRON Finsternis f; ~ of the moon/sun Mond-/Sonnenfinsternis f ❷ no pl (fig: decline) Niedergang m **II.** vt ❶ (obscure) verfinstern ❷ (fig: overshadow) in den Schatten stellen

'eco-con·scious adj umweltbewusst

'eco-doom n no pl Öko-Pessimismus m

'eco-drive adj attr mit Eco-Drive-Antrieb nach a

ECOFIN ['iːkəʊfɪn] n abbrev of **Economic and Finance Ministers Council** ECOFIN

eco·logi·cal [ˌiːkəˈlɒdʒɪkəl] adj ökologisch; ~ **catastrophe** [or **disaster**] Umweltkatastrophe f

eco·logi·cal·ly [ˌiːkəˈlɒdʒɪkəli] adv ökologisch; ~ **friendly** umweltfreundlich; ~ **harmful** umweltschädlich; ~ **sound** umweltverträglich

ecolo·gist [iːˈkɒlədʒɪst] n ❶ (expert) Ökologe(in) m(f) ❷ POL Umweltbeauftragte(r) f(m)

ecol·ogy [iːˈkɒlədʒi] n no pl Ökologie f

e'col·ogy move·ment n Umweltbewegung f **e'col·ogy par·ty** n Umweltpartei f, Öko-Partei f

e-com·merce [ˌiːˈkɒmɜːs] n no pl short for **electronic commerce** E-Commerce m

eco·nom·ic [ˌiːkəˈnɒmɪk] adj ❶ POL, ECON ökonomisch, wirtschaftlich; ~ **aid** [or **assistance**] Wirtschaftshilfe f; ~ **downturn** Konjunkturabschwächung f; ~ **forecast** Wirtschaftsprognose f; ~ **system** Wirtschaftssystem nt; ~ **upturn** Konjunkturaufschwung m ❷ (profitable) rentabel

eco·nomi·cal [ˌiːkəˈnɒmɪkəl] adj ❶ (cost-effective) wirtschaftlich, ökonomisch; car sparsam ❷ (thrifty) sparsam; **to be** ~ **with the truth** mit der Wahrheit hinter dem Berg halten

Eco·nom·ic and Mon·etary 'Unit n Wirtschafts- und Währungseinheit f

eco·nom·ics [ˌiːkəˈnɒmɪks] npl ❶ + sing vb (science) Wirtschaftswissenschaft[en] f[pl]; (management studies) Betriebswirtschaft f ❷ (economic aspects) wirtschaftlicher Aspekt

econo·mist [ɪˈkɒnəmɪst] n Wirtschaftswissenschaftler(in) m(f); (in industrial management) Betriebswirtschaftler(in) m(f)

econo·mize [ɪˈkɒnəmaɪz] vi sparen (**on** an)

econo·my [ɪˈkɒnəmi] n ❶ (system) Wirtschaft f ❷ (thriftiness) Sparsamkeit f kein pl; **to make economies** Einsparungen machen ❸ no pl (sparing use of sth) Ökonomie f; ~ **of language** prägnante Ausdrucksweise

e'cono·my class n Touristenklasse f **e'cono·my drive** n to be on an ~ auf dem Spartrip sein **e'cono·my pack** n, **e'cono·my size** n Sparpackung f

'ecoroof, **'green roof**, **'liv·ing roof** n begrüntes Dach

eco·sys·tem ['iːkə(ʊ)-] n Ökosystem nt

'eco-tour·ism n Ökotourismus m

'eco-tour·ist n Ökotourist(in) m(f)

'eco-war·ri·or n militanter Umweltschützer/militante Umweltschützerin

ec·sta·sy ['ekstəsi] n ❶ (bliss) Ekstase f ❷ no pl (sl: drug) ■ E~ Ecstasy f

ec·stat·ic [ɪkˈstætɪk] adj ekstatisch

ecu·meni·cal [ˌiːkjʊˈmenɪkəl] adj ökumenisch

ec·ze·ma ['eksɪmə] n no pl Ekzem nt

ed. ❶ abbrev of **edition** Aufl. ❷ abbrev of **edited** ediert

eddy ['edi] **I.** vi <-ie-> wirbeln; water strudeln **II.** n Wirbel m; of water Strudel m

edge [edʒ] **I.** n ❶ (boundary) Rand m a. fig; of a lake Ufer nt; **at the** ~ **of the road** am Straßenrand; **the** ~ **of the table** die Tischkante ❷ (*blade*) Schneide *f*; (*sharp side*) Kante *f* ❸ *no pl* (*sharpness*) Schärfe *f*; **his apology took the ~ off her anger** seine Entschuldigung besänftigte ihren Ärger; **there's an ~ to her voice** sie schlägt einen scharfen Ton an; **to take the ~ off sb's appetite** jdm den Appetit nehmen ❹ (*nervousness*) **to be on ~** nervös sein; **to set sb's teeth on ~** jdm auf die Nerven gehen ❺ (*superiority*) ■ **the ~** Überlegenheit *f*; **to have the ~ over sb** jdm überlegen sein ▶ **to live on the ~** ein extremes Leben führen **II.** *vt* **to ~ one's way forward** sich langsam vorwärtsbewegen **III.** *vi* **to ~ forward** langsam voranrücken

edge·ways ['edʒweɪz] *adv*, **edge·wise** ['edʒwaɪz] *adv* **to not get a word in ~** nicht zu Wort kommen

edgy ['edʒi] *adj* (*fam*) ❶ (*anxious*) nervös ❷ *artist* ernsthaft

ed·ible ['edɪbl] *adj* essbar, genießbar; **~ mushroom** Speisepilz *m*

edi·fi·ca·tion [ˌedɪfɪ'keɪʃən] *n no pl* (*form*) **for sb's ~** zu jds Erbauung *f*

edi·fice ['edɪfɪs] *n* Gebäude *nt*

edi·fy·ing ['edɪfaɪɪŋ] *adj* erbaulich

Ed·in·burgh ['edɪnbərə] *n* Edinburg[h] *nt*

edit ['edɪt] *vt* redigieren; COMPUT editieren; FILM, TV, RADIO cutten ◆ **edit out** *vt* PUBL [heraus|streichen; FILM, TV, RADIO herausschneiden

edi·tion [ɪ'dɪʃən] *n* ❶ (*issue*) Ausgabe *f* ❷ (*broadcast*) Folge *f* ❸ PUBL Auflage *f*

edi·tor ['edɪtə'] *n* ❶ (*of a book, newspaper*) Herausgeber(in) *m(f)* ❷ (*of a press or publishing department*) Redakteur(in) *m(f)*; **sports ~** Sportredakteur(in) *m(f)* ❸ FILM Cutter(in) *m(f)*

edi·tor-at-'large <*pl* editors-at-large> *n* [oft *früherer*] Chefredakteur zur besonderen Verwendung, der nicht für das Tagesgeschäft verantwortlich ist, aber an Redaktionssitzungen teilnimmt

edi·to·rial [ˌedɪ'tɔːriəl] **I.** *n* Leitartikel *m* **II.** *adj* Redaktions-, redaktionell; **~ staff** + *sing/pl vb* Redaktion *f*

edi·tor-in-chief [ˌedɪtərɪn'tʃiːf] *n* (*at newspaper*) Chefredakteur(in) *m(f)*; (*at publishing house*) Herausgeber(in) *m(f)*

EDP [ˌiːdiː'piː] *n no pl abbrev of* **electronic data processing** EDV *f*

EDR [ˌiːdiː'ɑː'] *n abbrev of* **event data recorder** UDS, Unfalldaten-Schreiber *m*

edu·cate ['edʒʊkeɪt] *vt* ❶ (*teach*) unterrichten; (*train*) ausbilden ❷ (*enlighten*) aufklären

edu·cat·ed ['edʒʊkeɪtɪd] *adj* gebildet; **to be Cambridge-/Harvard-~** in Cambridge/Harvard studiert haben; **to make an ~ guess** eine fundierte Vermutung äußern

edu·ca·tion [ˌedʒʊ'keɪʃən] *n no pl* ❶ (*teaching, knowledge*) Bildung *f*; (*training*) Ausbildung *f* ❷ (*system*) Erziehungswesen *nt* ❸ (*study of teaching*) Pädagogik *f*

edu·ca·tion·al [ˌedʒʊ'keɪʃənəl] *adj* ❶ SCH, UNIV Bildungs-, pädagogisch; **~ background** schulischer Werdegang; **~ film** Lehrfilm *m*; **~ psychology** Schulpsychologie *f*; **~ qualifications** schulische Qualifikationen *pl* ❷ (*enlightening*) lehrreich **edu·ca·tion·al·ist** [ˌedʒʊ'keɪʃənəlɪst] *n* Erziehungswissenschaftler(in) *m(f)*

edu·ca·tor ['edʒʊkeɪtə'] *n* Erzieher(in) *m(f)*

Ed·ward·ian [ed'wɔːdiən] *adj* aus der Zeit Edwards VII. (*1901-1910*)

eel [iːl] *n* Aal *m*

eerie <-r, -st> ['ɪəri] *adj* unheimlich

ef·fect [ɪ'fekt] **I.** *n* ❶ (*consequence*) Auswirkung *f* ([up|on auf), Folge *f* ([up|on für) ❷ *no pl* (*influence*) Einfluss *m* (**on** auf) ❸ *no pl* (*force*) **to come into** [*or* **take**] **~** in Kraft treten; **with ~ from 1st January** (*form*) mit Wirkung vom 1. Januar ❹ (*result*) Wirkung *f*; (*success*) Erfolg *m*; **to good ~** mit Erfolg; **to take ~** *medicine* wirken ❺ *no pl* (*esp pej: attention-seeking*) **for ~** aus Effekthascherei ❻ (*essentially*) **in ~** eigentlich ❼ (*summarizing*) **to say something to the effect that ...** sinngemäß sagen, dass ...; **or words to that ~** oder etwas in der Art; **I received a letter to the ~ that ...** ich erhielt einen Brief des Inhalts, dass ... ❽ (*sounds, lighting*) ■ **~s** *pl* Effekte *pl* **II.** *vt* bewirken

ef·fec·tive [ɪ'fektɪv] *adj* ❶ (*competent*) fähig ❷ (*achieving the desired effect*) wirksam, effektiv; (*successful*) erfolgreich ❸ (*real*) tatsächlich, wirklich ❹ (*operative*) gültig; *law* [rechts]wirksam ❺ (*striking*) effektvoll, wirkungsvoll

ef·fec·tive·ly [ɪ'fektɪvli] *adv* ❶ (*efficiently*) wirksam, effektiv; (*successfully*) erfolgreich ❷ (*essentially*) eigentlich **ef·fec·tive·ness** [ɪ'fektɪvnəs] *n no pl* Wirksamkeit *f*, Effektivität *f*

ef·fem·i·nate [ɪ'femɪnət] *adj* unmännlich

ef·fer·ves·cence [ˌefə'vesən(t)s] *n no pl* Sprudeln *nt*

ef·fer·ves·cent [ˌefə'vesənt] *adj* sprudelnd *a. fig*

ef·fi·cien·cy [ɪ'fɪʃən(t)si] *n no pl* Leistungsfähigkeit *f*; *of a person* Tüchtigkeit *f*; *of a machine* Wirkungsgrad *m*

ef·fi·cient [ɪ'fɪʃənt] *adj* ❶ (*productive*) leistungsfähig; *person* fähig, tüchtig ❷ (*economical*) wirtschaftlich

ef·fi·gy ['efɪdʒi] *n* Bild[nis] *nt*; **to burn sb**

in ~ jdn symbolisch verbrennen

ef·flu·ent ['efluənt] *n* Abwasser *nt*

ef·fort ['efət] *n* Mühe *f*, Anstrengung *f*; **to make an ~** (*physically*) sich anstrengen; (*mentally*) sich bemühen; **despite all my ~s** trotz all meiner Bemühungen; **a poor ~** eine schwache Leistung

ef·fort·less ['efətləs] *adj* mühelos; *grace* natürlich

ef·fu·sive [ɪ'fju:sɪv] *adj* (*form*) überschwänglich

EFL [ˌi:ef'el] *n no pl abbrev of* **English as a Foreign Language** Englisch *nt* als Fremdsprache

EFT [ˌi:ef'ti:] *n abbrev of* **electronic funds transfer** elektronischer Geldtransfer

e.g. [ˌi:'dʒi:] *abbrev of* **exempli gratia** (*Latin: for example*), z. B.

egali·tar·ian [ɪˌgælɪ'teərɪən] **I.** *n* Verfechter(in) *m/f* des Egalitarismus **II.** *adj* egalitär

e·gen·era·tion ['i:dʒenəreɪʃ°n] *n* Internetgeneration *f*

egg [eg] **I.** *n* ① (*food*) Ei *nt*; **[half] a dozen ~s** ein [halbes] Dutzend Eier ② (*cell*) Eizelle *f* ▶ **to put all one's ~s in one basket** alles auf eine Karte setzen; **to be left with ~ on one's face** dumm dastehen; **a bad ~** ein Gauner *m* **II.** *vt* **~ to ~ sb ○ on** jdn anstacheln

'egg cell *n* Eizelle *f* **'egg cup** *n* Eierbecher *m* **'egg·head** *n* (*hum fam*) Eierkopf *m* **'egg·plant** *n* AM, AUS Aubergine *f* **'egg·shell** *n* Eierschale *f* **'egg spoon** *n* Eierlöffel *m* **'egg tim·er** *n* Eieruhr *f* **'egg yolk** *n* Eigelb *nt*

e-gift ['i:gɪft] *n* INET, COMPUT Internet-Geschenk *nt*

ego ['i:gəʊ] *n* Ego *nt*

ego·cen·tric [ˌi:gə(ʊ)'sentrɪk] *adj* egozentrisch **ego·ism** ['i:gəʊɪzəm] *n no pl* Egoismus *m* **ego·ist** ['i:gəʊɪst] *n* (*pej*) Egoist *m* **ego·is·tic** [ˌi:gəʊ'ɪstɪk] *adj* (*pej*) egoistisch **'ego surf** *vi* INET, COMPUT ego-surfen (*im Internet den eigenen Namen eingeben*) **'ego surf·ing** *n no pl, no art* INET, COMPUT Ego-Surfen *nt* (*Eingabe des eigenen Namens im Internet*) **ego·tism** ['i:gəʊtɪzəm] *n no pl* Egotismus *m* **ego·tist** ['i:gəʊtɪst] *n* (*pej*) Egotist(in) *m/f* **ego·tis·tic** [ˌi:gəʊ'tɪstɪk] *adj* (*pej*) egotistisch **'ego trip** *n* Egotrip *m*

Egypt ['i:dʒɪpt] *n no pl* Ägypten *nt*

Egyp·tian [ɪ'dʒɪpʃ°n] **I.** *n* Ägypter(in) *m/f* **II.** *adj* ägyptisch

eh [eɪ] *interj* (*fam*) ▪ **~?** (*expressing confusion*) was?, hä?; (*expressing surprise also*) wie bitte?; (*asking for repetition*) wie bitte?, was?; (*inviting response to statement*) nicht [wahr]?

eider·down ['aɪdədaʊn] *n* ① (*feathers*) [Eider]daunen *pl* ② (*quilt*) Daunenbett *nt*

Eiffel Tow·er [ˌaɪf°l'taʊəʳ] *n* ▪ **the ~** der Eiffelturm

eight [eɪt] **I.** *adj* acht; **~ times three is 24** acht mal drei ist 24; **the score is ~ three** es steht acht zu drei; **there are ~ of us** wir sind [zu] acht; **in packets of ~** in einer Achterpackung; **~ times** achtmal; **a family of ~** eine achtköpfige Familie; **~ and a quarter/ half** achteinviertel/achteinhalb; **one in ~ [people]** jeder Achte; **a boy of ~** ein achtjähriger Junge; **at the age of ~** [*or* **at ~ [years old]** [*or* **aged ~**] mit acht Jahren; **at ~ [o'clock]** um acht [Uhr]; **[at] about** [*or* **around**] **~ [o'clock]** gegen acht [Uhr]; **half past ~** [*or* BRIT *fam* **half ~**] halb neun; **at ~ thirty** um halb neun, um acht Uhr dreißig; **at ~ twenty/forty-five** um zwanzig nach acht [*o* acht Uhr zwanzig]/Viertel vor neun [*o* bes SÜDD drei viertel neun] **II.** *n* ① (*number, symbol*) Acht *f* ② SPORTS (*boat*) Achter *m*; (*crew also*) Achtermannschaft *f*; **a figure of ~** eine Acht ③ CARDS Acht *f*; **~ of clubs** Kreuz-Acht *f* ④ (*public transport*) ▪ **the ~** die Acht

eight·een [eɪ'ti:n] **I.** *adj* (*number, age*) achtzehn; *see also* **eight II.** *n* ① (*number, symbol*) Achtzehn *f*; **in the ~ twenties** in den zwanziger Jahren des neunzehnten Jahrhunderts; *see also* **eight** ② BRIT FILM ▪ **certificate** [Alters]freigabe *f* ab 18 Jahren

eight·eenth [eɪ'ti:nθ] **I.** *adj* achtzehnte(r, s) **II.** *n* ▪ **the ~** der/die/das Achtzehnte

'eight·fold *adj* achtfach

eighth [eɪtθ] **I.** *adj* achte(r, s); **the ~ person** der/die Achte; **every ~ person** jeder Achte; **in ~ place** an achter Stelle; **the ~ largest ...** der/die/das achtgrößte ... **II.** *n no pl* ① (*order*) ▪ **the ~** der/die/das Achte; **~ [in line]** als Achter an der Reihe; **to be/finish ~ [in a race]** [bei einem Rennen] Achter sein/ werden ② (*date*) ▪ **the ~** [**of the month**] *spoken* der Achte [des Monats]; ▪ **the 8th** [**of the month**] *written* der 8. [des Monats]; **on the ~ of February** am achten Februar ③ (*in titles*) **Henry the E~** *spoken* Heinrich der Achte; **Henry VIII** *written* Heinrich VIII. ④ (*fraction*) Achtel *nt*

'eight-hour *adj* achtstündig; **~ day** Achtstundentag *m*

eighti·eth ['eɪtiəθ] **I.** *adj* achtzigste(r, s); *see also* **eighth II.** *n* ① (*order*) ▪ **the ~** der/die/ das Achtzigste; *see also* **eighth** ② (*fraction*) Achtzigstel *nt*

eighty ['eɪti] **I.** *adj* achtzig; *see also* **eight II.** *n* ① (*number*) Achtzig *f* ② (*age*) **in one's eighties** in den Achtzigern; **to be in one's early/mid/late eighties** Anfang/Mitte/En-

Eire – electrocute

de achtzig sein ❸ (*decade*) ■**the eighties** *pl* die achtziger [*o* 80er] Jahre ❹ (*temperature*) **in the eighties** um die 30 Grad Celsius warm ❺ (*fam: speed*) **to do** [*or* **drive**] ~ achtzig fahren

Eire ['eərə] *n* Eire *nt*, Irland *nt*

EIS[1] [ˌiːaɪˈes] *n* COMPUT *abbrev of* **executive information system** Informationssystem *nt* für Entscheidungsträger in Unternehmen

EIS[2] [ˌiːaɪˈes] *n abbrev of* **Educational Institute of Scotland** *Schottische Lehrergewerkschaft*

either ['aɪðəʳ, 'iː-] **I.** *conj* ~ ... or ... entweder ... oder ... **II.** *adv* ❶ + *neg* (*indicating similarity*) auch nicht; **she doesn't** ~ sie auch nicht ❷ + *neg* (*moreover*) **it's really good and not very expensive** ~ es ist wirklich gut – und nicht einmal sehr teuer **III.** *adj* ❶ (*each of two*) beide; **on** ~ **side** auf beiden Seiten ❷ (*one of two*) eine(r, s) [von beiden]; ~ **person** jede(r) der beiden; ~ **way** so oder so **IV.** *pron no pl* (*any one of two*) beide(s); **you can have** ~ **of the two** such dir einen davon aus; ~ **of you** eine(r) von euch beiden

ejacu·late [ɪˈdʒækjəlet] *vi, vt* ejakulieren

ejacu·la·tion [ɪˌdʒækjəˈleɪʃən] *n* Ejakulation *f*

eject [ɪˈdʒekt] **I.** *vt* ❶ ■**to** ~ **sb** jdn hinauswerfen (**from** aus) ❷ TECH ■**to** ~ **sth** etw auswerfen **II.** *vi* AVIAT den Schleudersitz betätigen

e'jec·tor seat *n* Schleudersitz *m*

elabo·rate I. *adj* [ɪˈlæbərət] *design* kompliziert; *decorations* kunstvoll [gearbeitet]; *style of writing* ausgefeilt; *banquet* üppig; *plan* ausgeklügelt **II.** *vi* [ɪˈlæbəreɪt] ins Detail gehen; ■**to** ~ **on sth** etw näher ausführen

elabo·ra·tion [ɪˌlæbəˈreɪʃən] *n* ❶ *no pl of style* Ausfeilung *f*; *of plan* Ausarbeitung *f* ❷ (*explanation*) [nähere] Ausführung

elapse [ɪˈlæps] *vi time* vergehen

elas·tic [ɪˈlæstɪk] **I.** *adj* elastisch **II.** *n* elastisches Material, Gummi *m*

elas·tic 'band *n* Gummiband *nt*

elas·tici·ty [ˌɪlæsˈtɪsəti] *n no pl* Elastizität *f a. fig*

elat·ed [ɪˈleɪtɪd] *adj* **to be** ~ **at** [*or* **by**] **sth** über etw *akk* hocherfreut sein

ela·tion [ɪˈleɪʃən] *n no pl* Hochstimmung *f*

Elba ['elbə] *n* Elba *nt*

el·bow ['elbəʊ] **I.** *n* ANAT Ell[en]bogen *m* ❷ (*fig: in a pipe, river*) Knie *nt*; (*in a road, river*) Biegung *f* ▶ **to give sb the** ~ jdm den Laufpass geben **II.** *vt* ■**to** ~ **sb** jdm mit dem Ellbogen einen Stoß versetzen; **to** ~ **sb out** jdn hinausdrängen; **she** ~**ed him in the ribs** sie stieß ihm den Ellbogen in die Rippen

'el·bow grease *n* Muskelkraft *f* **'el·bow room** *n* ❶ (*space to move*) Ellbogenfreiheit *f* ❷ (*fig*) Bewegungsfreiheit *f*

el·der[1] ['eldəʳ] **I.** *n* Ältere(r) *f(m);* **church/village** ~ Kirchen-/Dorfälteste(r) *f(m)* **II.** *adj* ältere(r, s); *states*|*wo*|*man* erfahren(e)

el·der[2] ['eldəʳ] *n* BOT Holunder *m*

el·der·ber·ry ['eldəˌberi] *n* ❶ (*berry*) Holunderbeere *f* ❷ (*tree*) Holunder|strauch| *m*

el·der·ly ['eldəli] **I.** *adj* ältere(r, s) *attr*, ältlich **II.** *n* ■**the** ~ *pl* ältere Menschen

eld·est ['eldɪst] **I.** *adj* älteste(r, s) **II.** *n no pl* ■**the** ~ der/die Älteste

elect [ɪˈlekt] *vt* ❶ (*choose by vote*) wählen (**to** in); **to** ~ **sb as chairman/a representative** jdn zum Vorsitzenden/Stellvertreter wählen; **the president** ~ der designierte Präsident ❷ (*opt for*) ■**to** ~ **to do sth** sich [dafür] entscheiden, etw zu tun

elec·tion [ɪˈlekʃən] *n* Wahl *f*

e'lec·tion ad·dress *n* Wahlrede *f* **e'lec·tion booth** *n* Wahlkabine *f* **e'lec·tion cam·paign** *n* Wahlkampf *m* **e'lec·tion day** *n* Wahltag *m* **e'lec·tion de·feat** *n* Wahlniederlage *f* **e'lec·tion·eer** [ɪˌlekʃəˈnɪəʳ] *n* Wahlhelfer(in) *m(f)* **elec·tion·eer·ing** [ɪˌlekʃəˈnɪərɪŋ] *n no pl* (*pej*) Wahlpropaganda **e'lec·tion mani·fes·to** *n* Wahlprogramm *nt* **e'lec·tion meet·ing** *n* Wahlversammlung *f* **e'lec·tion post·er** *n* Wahlplakat *nt* **e'lec·tion re·sult** *n usu pl* Wahlergebnis *nt meist pl* **e'lec·tion re·turns** *npl* Wahlergebnisse *pl* **e'lec·tion speech** *n* Wahlrede *f*

elec·tive [ɪˈlektɪv] *adj* Wahl-

elec·tor [ɪˈlektəʳ] *n* Wähler(in) *m(f)*

elec·tor·al [ɪˈlektərəl] *adj* Wahl- **elec·tor·ate** [ɪˈlektərət] *n* Wählerschaft *f*

elec·tric [ɪˈlektrɪk] *adj* ❶ (*powered by electricity*) elektrisch; ~ **blanket** Heizdecke *f*; ~ **guitar** E-Gitarre *f*; ~ **motor** Elektromotor *m* ❷ (*involving or conveying electricity*) Strom- ❸ (*fig: exciting*) elektrisierend; *atmosphere* spannungsgeladen; *performance* mitreißend

elec·tri·cal [ɪˈlektrɪkəl] *adj* elektrisch; ~ **de·vice** Elektrogerät *nt*

electric 'commuter car *n*, **e-com car** ['iːkɒm-] *n* brennstoffangetriebenes Auto

elec·tri·cian [ɪˌlɪkˈtrɪʃən, ˌiːlek-] *n* Elektriker(in) *m(f)*

elec·tric·ity [ɪˌlɪkˈtrɪsəti, ˌiːlek-] *n no pl* Elektrizität *f*, [elektrischer] Strom; **heated/powered by** ~ elektrisch beheizt/angetrieben

elec·'tric·ity board *n* BRIT Stromanbieter *m*

elec·tri·fy [ɪˈlektrɪfaɪ] *vt* ❶ TECH elektrifizieren ❷ (*fig*) elektrisieren

elec·tro·cute [ɪˈlektrəkjuːt] *vt* ❶ (*unintentionally*) durch einen Stromschlag töten

❷ *(intentionally)* auf dem elektrischen Stuhl hinrichten
elec·tro·cu·tion [ɪˌlektrəˈkjuːʃən] *n* ❶ *(by chance)* Tötung *f* durch Stromschlag ❷ LAW Hinrichtung *f* durch den elektrischen Stuhl
elec·trode [ɪˈlektrəʊd] *n* Elektrode *f*
elec·troly·sis [ˌelɪkˈtrɒləsɪs, ˌiːlek-] *n no pl* Elektrolyse *f*
elec·tro-ˈmag·net *n* Elektromagnet *m*
elec·tro-magˈnet·ic *adj* elektromagnetisch
elec·tron [ɪˈlektrɒn] *n* Elektron *nt*; ~ **microscope** Elektronenmikroskop *nt*
elec·tron·ic [ˌelekˈtrɒnɪk, ˌiːlek-] *adj* elektronisch; ~ **calculator** Elektronenrechner *m*
elec·tron·ics [ˌelekˈtrɒnɪks, ˌiːlek-] *n + sing/pl vb* Elektronik *f*
elec·tro·plate [ɪˈlektrə(ʊ)pleɪt] *vt* galvanisieren; ~**d cutlery** versilbertes Besteck
el·egance [ˈelɪɡən(t)s] *n no pl* Eleganz *f*
el·egant [ˈelɪɡənt] *adj* elegant
el·egy [ˈelɪdʒɪ] *n* Elegie *f*
el·ement [ˈelɪmənt] *n* Element *nt*
el·ement·al [ˌelɪˈmentəl] *adj (liter)* elementar
el·emen·ta·ry [ˌelɪˈmentəri] *adj* elementar; *mistake* grob; ~ **course** Grundkurs *m*; ~ **education** AM Elementarunterricht *m*
el·ephant [ˈelɪfənt] *n* Elefant *m*
el·ephan·tine [ˌelɪˈfæntaɪn] *adj* massig
el·evate [ˈelɪveɪt] *vt* ❶ *(lift)* [empor]heben; *(raise)* erhöhen ❷ *(fig)* erheben
el·evat·ed [ˈelɪveɪtɪd] *adj* ❶ *(raised)* erhöht, höher liegend; ~ **road** Hochstraße *f* ❷ *(important)* gehoben
el·eva·tion [ˌelɪˈveɪʃən] *n (form)* ❶ *(height)* Höhe *f* ❷ *(raised area)* [Boden]erhebung *f* ❸ *(promotion)* Beförderung *f*; *(to peerage)* Erhebung *f*
el·eva·tor [ˈelɪveɪtə] *n* AM Aufzug *m*, Lift *m*
elev·en [ɪˈlevən] **I.** *adj* elf; *see also* **eight** **II.** *n* Elf *f*; *see also* **eight**
elev·en·ses [ɪˈlevənzɪz] *npl* BRIT *(fam)* zweites Frühstück
elev·enth [ɪˈlevənθ] **I.** *adj* elfte(r, s); *see also* **eighth** **II.** *n* ❶ *(order, date)* **the** ~ der/die/das Elfte; *see also* **eighth** ❷ *(fraction)* Elftel *nt*; *see also* **eighth**
elf <*pl* **elves**> [elf] *n* Elf *m*, Elfe *f*
elic·it [ɪˈlɪsɪt] *vt* ❶ *(obtain)* ■ **to** ~ **sth from sb** jdm etw entlocken ❷ *(provoke)* hervorrufen
eli·gibil·ity [ˌelɪdʒəˈbɪləti] *n no pl* ❶ *(for a job)* Eignung *f*; *(fitness)* Qualifikation *f* ❷ *(entitlement)* Berechtigung *f*
eli·gible [ˈelɪdʒəbl] *adj* ❶ *(qualified)* ■ **to be** ~ **in** Frage kommen; ■ **to be** ~ **for** [*or to*] **sth** für etw *akk* qualifiziert sein ❷ *(entitled)* zu etw *dat* berechtigt sein; ~ **to vote** wahlberechtigt ❸ *(desirable)* **bachelor** begehrt
elimi·nate [ɪˈlɪmɪneɪt] *vt* ❶ *(eradicate)* beseitigen ❷ *(exclude from consideration)* ausschließen ❸ SPORTS ■ **to be** ~**d** ausscheiden ❹ *(euph sl: murder)* eliminieren
elimi·na·tion [ɪˌlɪmɪˈneɪʃən] *n no pl* Beseitigung *f*; **process of** ~ Ausleseverfahren *nt*
elimiˈna·tion con·test *n* Wettbewerb *m* durch Ausscheidung **elimiˈna·tion tour·na·ment** *n* AM Ausscheidungswettkampf *m*
elite [ɪˈliːt] **I.** *n* Elite *f* **II.** *adj* Elite-
elit·ism [ɪˈliːtɪzəm] *n no pl* Elitedenken *nt*
elit·ist [ɪˈliːtɪst] *adj* elitär
elk <*pl -* or *-s*> [elk] *n* Elch *m*
el·lipse [ɪˈlɪps] *n* Ellipse *f*
el·lip·tic(al) [ɪˈlɪptɪk(əl)] *adj* elliptisch
elm [elm] *n* Ulme *f*
elo·cu·tion [ˌeləˈkjuːʃən] *n no pl* Sprechtechnik *f*
elon·gate [ˈiːlɒŋɡeɪt] **I.** *vt* strecken **II.** *vi* länger werden
elope [ɪˈləʊp] *vi* weglaufen
elope·ment [ɪˈləʊpmənt] *n* Weglaufen *nt*
elo·quent [ˈeləkwənt] *adj* sprachgewandt
El Sal·va·dor [ˌelˈsælvədɔː] *n* El Salvador *nt*
else [els] *adv* ❶ *(other, different)* **I didn't tell anybody** ~ ich habe es niemand anderem erzählt; **anyone** ~ **would have left** jeder andere wäre gegangen; **anything** ~ **would be fine** alles andere wäre toll; **anywhere** ~ irgendwo anders; **she doesn't want to live anywhere** ~ sie will nirgendwo anders leben; **everybody** ~ alle anderen; **everything** ~ alles andere; **everywhere** ~ überall sonst; **nobody/someone** ~ niemand/jemand ander[e]s; **this is someone** ~**'s** das gehört jemand anderem; **nothing/something** ~ nichts/etwas anderes; **somewhere** ~ woanders; **how/what/where/who/why** ~ **...?** wie/was/wo/wer/warum sonst ...?; **who** ~ **but her** wer außer ihr; **why** ~ **would he come?** warum sollte er denn sonst kommen?; **if all** ~ **fails ...** wenn alle Stricke reißen ... ❷ *(additional)* sonst noch; **I don't want anyone** ~ **but you to come** ich will, dass niemand außer dir kommt; **the police could not find out anything** ~ die Polizei konnte nichts weiter herausfinden; **anything** ~**,** darf es sonst noch etwas sein?; **no, thank you, nothing** ~ nein danke, das ist alles; **there's nothing** ~ **for me to do here** es gibt hier nichts mehr für mich zu tun; **nobody/nothing** ~ sonst niemand/nichts; **there's not much** ~ **you can do** viel mehr kannst du nicht machen; **someone/something** ~ sonst noch jemand/etwas; **somewhere** ~ woanders ❸ *(otherwise)* sonst; **or** ~ **!** *(fam)*

sonst gibt's was!
else·where ['els(h)weəʳ] *adv* woanders
elu·ci·date [ɪ'luːsɪdeɪt] *vt (form)* erklären
elude [ɪ'luːd] *vt* ❶ *(escape)* ■ **to ~ sb** jdm entkommen; **to ~ capture** der Gefangennahme entgehen ❷ *(fig)* ■ **to ~ sb/sth** sich jdm/ etw entziehen
elu·sive [ɪ'luːsɪv] *adj* ❶ *(evasive)* ausweichend ❷ *(difficult to obtain)* schwer fassbar ❸ *(avoiding pursuit)* schwer zu fassen
elves [elvz] *n pl* of **elf**
ema·ci·at·ed [ɪ'meɪsieɪtɪd, -ʃieɪ-] *adj* [stark] abgemagert
e-mail ['iːmeɪl] **I.** *n abbrev of* **electronic mail** E-Mail *f* **II.** *vt* ■ **to ~ sb sth** jdm etw [e-]mailen
'e-mail ad·dress *n* E-Mail-Adresse *f*
ema·nate ['eməneɪt] **I.** *vi (form: originate) heat, light* ausstrahlen; *odour* ausgehen; *documents* stammen **II.** *vt* ausstrahlen; *confidence* verströmen
eman·ci·pat·ed [ɪ'mæn(t)sɪpeɪtɪd] *adj* ❶ SOCIOL emanzipiert ❷ POL befreit
eman·ci·pa·tion [ɪˌmæn(t)sɪ'peɪʃən] *n no pl* ❶ SOCIOL Emanzipation *f* ❷ POL Befreiung *f*
em·balm [ɪm'bɑːm, em'-] *vt* [ein]balsamieren
em·bank·ment [ɪm'bæŋkmənt, em'-] *n* Damm *m*; *of a road* [Straßen]damm *m*, Böschung *f*; *of a river* Uferdamm *m*
em·bar·go [ɪm'bɑːgəʊ, em'-] **I.** *n <pl -es>* Embargo *nt*; **to lay** [*or* **place**] **an ~ on sth** ein Embargo über etw *akk* verhängen; **to lift an ~ from sth** ein Embargo für etw *akk* aufheben **II.** *vt* ■ **to ~ sth** über etw *akk* ein Embargo verhängen
em·bark [ɪm'bɑːk, em'-] *vi* ❶ *(board)* sich einschiffen ❷ *(begin)* ■ **to ~ [up]on sth** etw in Angriff nehmen
em·bar·ka·tion [ˌembɑː'keɪʃən] *n* Einschiffung *f*
em·bar·rass [ɪm'bærəs] *vt* in Verlegenheit bringen
em·bar·rassed [ɪm'bærəst] *adj* verlegen; **to feel ~** verlegen sein; **I feel so ~** [**about it**] das ist mir so peinlich; **to make sb feel ~** jdn verlegen machen
em·bar·rass·ing [ɪm'bærəsɪŋ] *adj* peinlich; *generosity* beschämend
em·bar·rass·ment [ɪm'bærəsmənt] *n* ❶ *(instance)* Peinlichkeit *f*; *(feeling)* Verlegenheit *f*; **she blushed with ~** sie wurde rot vor Verlegenheit; ■ **to be an ~** [**to sb**] [jdm] peinlich sein; **he is an ~ to his family** er blamiert seine Familie; **to cause sb ~** jdn verlegen machen; **to cause ~ to sb** jdn in Verlegenheit bringen
em·bassy ['embəsi] *n* Botschaft *f*
em·bed <-dd-> [ɪm'bed, em'-] *vt* einlassen;

(fig) verankern
embedded *adj* MIL, TV *journalist* eingebettet
em·bed·ding [em'bedɪŋ] *n no pl* MIL, TV **~ of journalists** Einbettung *f* von Journalisten
em·bel·lish [ɪm'belɪʃ, em'-] *vt* ❶ *(decorate)* schmücken ❷ *(fig) story* ausschmücken; *truth* beschönigen
em·bers ['embəz] *npl* Glut *f*
em·bez·zle [ɪm'bezl, em'-] *vt* unterschlagen
em·bez·zle·ment [ɪm'bezlmənt, em'-] *n no pl* Unterschlagung *f*
em·bez·zler [ɪm'bezləʳ, em'-] *n* Veruntreuer(in) *m(f)*
em·bit·ter [ɪm'bɪtəʳ, em'-] *vt* verbittern
em·blem ['embləm] *n* Emblem *nt*
em·bodi·ment [ɪm'bɒdɪmənt, em'-] *n no pl* ❶ *(incarnation)* Verkörperung *f*; **she is the ~ of virtue** sie ist die Tugend selbst ❷ *(incorporation)* Eingliederung *f*
em·body [ɪm'bɒdi, em'-] *vt* ❶ *(show)* zum Ausdruck bringen ❷ *(be incarnation of)* verkörpern ❸ *(incorporate)* aufnehmen
em·boss [ɪm'bɒs, em'-] *vt* prägen
em·brace [ɪm'breɪs, em'-] **I.** *vt* ❶ *(hug, clasp)* umarmen ❷ *(fig)* [bereitwillig] übernehmen; *idea* aufgreifen **II.** *n* Umarmung *f*
em·bro·ca·tion [ˌembrə(ʊ)'keɪʃən] *n* Einreibemittel *nt*
em·broi·der [ɪm'brɔɪdəʳ, em'-] **I.** *vi* sticken **II.** *vt* ❶ *cloth* sticken ❷ *(fig)* ausschmücken
em·broi·dery [ɪm'brɔɪdəri] *n* ❶ *(craft)* Stickerei *f* ❷ *no pl (fig)* Ausschmückungen *pl*
em·broil [ɪm'brɔɪl, em'-] *vt* verwickeln
em·bryo ['embriəʊ] *n* Embryo *m o* ÖSTERR *nt*
em·bry·on·ic [ˌembri'ɒnɪk] *adj* embryonal; *(fig)* unentwickelt
em·cee [ˌem'siː] *n* AM Conférencier *m*; TV Showmaster *m*
emend [ɪ'mend, iː-] *vt* berichtigen
em·er·ald ['emərəld] *n* Smaragd *m*
emerge [ɪ'mɜːdʒ, iː-] *vi* ❶ *(come out)* herauskommen *(from* aus*)*; ■ **to ~ from behind/beneath** [*or* **under**] **sth** hinter/unter etw *dat* hervorkommen ❷ *(from liquid)* auftauchen *(from* aus*)* ❸ *(fig: become known)* sich herausstellen; *truth* an den Tag kommen ❹ *(fig: become famous)* in Erscheinung treten ❺ *(be started)* entstehen
emer·gence [ɪ'mɜːdʒən(t)s, iː-] *n no pl* Auftauchen *nt (from* aus*)*; *of a book* Erscheinen *nt*; *of circumstances* Auftreten *nt*; *of a country* Entstehung *f*; *of facts* Bekanntwerden *nt*; *of ideas, trends* Aufkommen *nt*
emer·gen·cy [ɪ'mɜːdʒən(t)si, iː-] **I.** *n* ❶ *(extreme situation)* Notfall *m*; **in case of ~** im Notfall; POL Notstand *m*; **state of ~** Ausnahmezustand *m* ❷ AM *(emergency room)* Not-

emergent–enable 234

aufnahme *f* **II.** *adj* Not-; **~ measures** POL Notstandsmaßnahmen *pl*

emer·gent [ɪˈmɜːdʒənt] *adj* aufstrebend

eˈmerg·ing *adj* ❶ *(become known) problems* auftauchend ❷ *(developing) markets* aufstrebend

ˈem·ery board *n* Nagelfeile *f*

ˈem·ery pa·per *n* Schmirgelpapier *nt*

emet·ic [ɪˈmetɪk] *n* Brechmittel *nt*

emi·grant [ˈemɪgrənt] *n* Auswanderer(in) *m(f)*; *(esp for political reasons)* Emigrant(in) *m(f)*

emi·grate [ˈemɪgreɪt] *vi* auswandern; *(esp for political reasons)* emigrieren

emi·gra·tion [ˌemɪˈgreɪʃən] *n* Auswanderung *f*; *(esp for political reasons)* Emigration *f*

emi·nence [ˈemɪnən(t)s] *n no pl* hohes Ansehen

emi·nent [ˈemɪnənt] *adj* [hoch] angesehen

emi·nent·ly [ˈemɪnəntli] *adv* überaus

em·is·sary [ˈemɪsəri] *n* Emissär(in) *m(f)*

emis·sion [ɪˈmɪʃən, iː-] *n* Emission *f*, Abgabe *f*; *of gas, liquid, odour* Ausströmen *nt*; *of heat, light* Ausstrahlen *nt*; *of sparks* Versprühen *nt*; *of steam* Ablassen *nt*

emit <-tt-> [ɪˈmɪt, iː-] *vt* abgeben; *fumes, smoke, cry* ausstoßen; *gas, odour* verströmen; *heat, radiation, a sound* abgeben; *liquid* absondern; *rays* aussenden; *sparks* [ver]sprühen; *steam* ablassen

emolu·ment [ɪˈmɒljʊmənt] *n (form)* Vergütung *f*

emo·ti·con [ɪˈməʊtɪkɒn] *n* INET Emoticon *nt*

emo·tion [ɪˈməʊʃən] *n* Gefühl *nt*

emo·tion·al [ɪˈməʊʃənəl] *adj* ❶ *(involving emotion)* emotional; *decision* gefühlsmäßig; *experience* erregend; *reception* herzlich; *speech* gefühlsbetont; *voice* gefühlvoll ❷ PSYCH *development* seelisch; *blackmail* psychologisch; *person* leicht erregbar **emo·tion·less** [ɪˈməʊʃənləs] *adj* emotionslos; *face* ausdruckslos; *voice* gleichgültig

emo·tive [ɪˈməʊtɪv] *adj* emotional; **~ term** Reizwort *nt*

em·pa·thy [ˈempəθi] *n no pl* Empathie *f*

em·per·or [ˈempərə*r*] *n* Kaiser *m*

em·pha·sis <*pl* -ses> [ˈem(p)fəsɪs] *n* Betonung *f*; **to place [great] ~ on sth** etw [sehr] betonen

em·pha·size [ˈem(p)fəsaɪz] *vt* betonen

em·phat·ic [ɪmˈfætɪk, em'-] *adj* nachdrücklich; *denial* entschieden; *victory* deutlich

em·phati·cal·ly [ɪmˈfætɪkəli, em'-] *adv* nachdrücklich; *reject* entschieden

em·pire [ˈempaɪə*r*] *n* Imperium *nt a. fig*

em·piri·cal [ɪmˈpɪrɪkəl, -em'-] *adj* erfahrungsmäßig

em·ploy [ɪmˈplɔɪ] *vt* ❶ *(pay to do work)* beschäftigen; *(take into service)* einstellen; **to be ~ed with a company** bei einer Firma arbeiten; ■ **to ~ sb to do sth** jdn beauftragen, etw zu tun ❷ *(fig: put to use)* einsetzen; *(use)* anwenden

em·ploy·ee [ɪmˈplɔɪiː] *n* Angestellte(r) *f(m)*; *(vs employer)* Arbeitnehmer(in) *m(f)*; ■ **~s** *pl (in company)* Belegschaft *f*; *(vs employers)* Arbeitnehmer *pl*; **to be an ~ of the bank** bei der Bank angestellt sein

em·ploy·er [ɪmˈplɔɪə*r*] *n* Arbeitgeber(in) *m(f)*; **~s' federation** [*or* **association**] Arbeitgeberverband *m*

em·ploy·ment [ɪmˈplɔɪmənt] *n no pl* ❶ *(having work)* Beschäftigung *f*; *(taking on)* Anstellung *f*; **to take up ~ with a company** bei einer Firma eine Stelle annehmen; **level of ~** Beschäftigungsgrad *m*; **in ~** erwerbstätig; **out of ~** erwerbslos ❷ *(profession)* Beruf *m* ❸ *(fig: use) of skill* Anwendung *f*; *of means* Einsatz *m*; *of a concept* Verwendung *f*

emˈploy·ment bu·reau *n* Stellenvermittlung *f*

em·po·rium <*pl* -s *or* -ia> [emˈpɔːriəm, *pl* -riə] *n (shop)* Kaufhaus *nt*; *(market)* Handelszentrum *nt*

em·pow·er [ɪmˈpaʊə*r*] *vt* ❶ *(make mentally stronger)* [mental] stärken ❷ *(enable)* befähigen; *(authorize)* ermächtigen

em·pow·er·ment [ɪmˈpaʊəmənt] *n no pl* Bevollmächtigung *f*; *of minorities, the underprivileged* Stärkung *f*

em·press <*pl* -es> [ˈemprəs] *n* Kaiserin *f*

emp·ti·ness [ˈem(p)tɪnəs] *n no pl* Leere *f*

emp·ty [ˈem(p)ti] **I.** *adj leer a. fig; house* leer stehend; *castle* unbewohnt; *seat* frei; *stomach* nüchtern; **~ of people** menschenleer; **into ~ space** ins Leere **II.** *vt* <-ie-> [ent]leeren; *(pour)* ausschütten; *bottle* ausleeren **III.** *vi* <-ie-> sich leeren **IV.** *n* ■ **empties** *pl* Leergut *nt* ◆ **empty out I.** *vt* ausleeren **II.** *vi* sich leeren

emp·ty-ˈhand·ed *adj* mit leeren Händen

emp·ty-ˈhead·ed *adj* hohl[köpfig] **ˈemp·ty ˈweight** *n* Leergewicht *nt*

emu <*pl* - *or* -s> [ˈiːmjuː] *n* Emu *m*

EMU [ˌiːemˈjuː] *n no pl* ECON *abbrev of* **European Monetary Union** EWU *f*

emu·late [ˈemjəleɪt] *vt* nacheifern +*dat*

emu·la·tion [ˌemjəˈleɪʃən] *n no pl* Nacheifern *nt*; COMPUT Emulation *f*

emul·si·fier [ɪˈmʌlsɪfaɪə*r*] *n* Emulgator *m*

emul·sion [ɪˈmʌlʃən] *n* ❶ *(mixture)* Emulsion *f* ❷ BRIT *(paint)* Dispersionsfarbe *f*

en·able [ɪˈneɪbl] *vt* ❶ *(give the ability)* ■ **to ~ sb to do sth** es jdm ermöglichen, etw zu tun ❷ COMPUT aktivieren

en·act [ɪˈnækt] vt ❶ LAW erlassen ❷ (carry out) ausführen ❸ THEAT part spielen; play aufführen ❹ (fig) ■ to be ~ed scene sich abspielen

enam·el [ɪˈnæməl] I. n ❶ (substance) Email nt ❷ (part of tooth) Zahnschmelz m ❸ (paint) Emaillelack m II. vt <BRIT -ll- or AM usu -l-> emaillieren

en·am·ored adj AM see enamoured

en·am·oured [ɪˈnæməʳd] adj begeistert (of/with von)

enc. see encl.

en·camp [ɪnˈkæmp] vt ■ to be ~ed das Lager aufgeschlagen haben

en·camp·ment [ɪnˈkæmpmənt] n Lager nt

en·cap·su·late [ɪnˈkæpsjəleɪt] vt ummanteln; **the nuclear waste was ~d in concrete** der Atommüll wurde in Beton eingeschlossen

en·case [ɪnˈkeɪs] vt ■ to be ~d ummantelt sein; waste eingeschlossen sein; ~d in plaster eingegipst

en·cepha·li·tis [ˌenkefəˈlaɪtɪs] n Gehirnentzündung f

en·chant [ɪnˈtʃɑːnt] vt (delight) entzücken; (bewitch) verzaubern; ~ed forest Zauberwald m

en·chant·ing [ɪnˈtʃɑːntɪŋ] adj bezaubernd, entzückend **en·chant·ment** [ɪnˈtʃɑːntmənt] n (delight) Entzücken nt; (charm) Zauber m **en·chant·ress** <pl -es> [ɪnˈtʃɑːntrɪs] n Zauberin f

en·ci·pher [ɪnˈsaɪfəʳ] vt chiffrieren

en·cir·cle [ɪnˈsɜːkl] vt umgeben; MIL einkesseln, umzingeln; **the M25 ~s London** die M25 führt ringförmig um London herum

encl. I. adj abbrev of **enclosed** Anl. II. n abbrev of **enclosure** Anl.

en·close [ɪnˈkləʊz] vt ❶ (surround) umgeben; (shut in) einschließen; **in ~d spaces** in geschlossenen Räumen ❷ (include in same envelope) beilegen; **please find ~d ...** beiliegend erhalten Sie ...

en·clo·sure [ɪnˈkləʊʒəʳ] n ❶ (enclosed area) eingezäuntes Grundstück; (for keeping animals) Gehege nt; (act of enclosing) Einfriedung f; (with fence) Einzäunung f ❷ BRIT SPORTS Zuschauerbereich m ❸ (enclosed item) Anlage f

en·code [ɪnˈkəʊd] vt kodieren

en·com·pass [ɪnˈkʌmpəs] vt umfassen

en·core [ˈɒŋkɔːʳ] n Zugabe f; **for an ~** als Zugabe; (fig) obendrein

en·coun·ter [ɪnˈkaʊntəʳ] I. vt ❶ (experience) ■ to ~ sth auf etw akk stoßen ❷ (unexpectedly meet) treffen II. n Begegnung f; MIL Zusammenstoß m

en·cour·age [ɪnˈkʌrɪdʒ] vt ❶ (give courage) zusprechen +dat; (give confidence) ermutigen; (give hope) unterstützen ❷ ■ to ~ sb to do sth (urge) jdn [dazu] ermuntern, etw zu tun; (advise) jdm [dazu] raten, etw zu tun ❸ (support) unterstützen; SPORTS anfeuern ❹ (make more likely) fördern

en·cour·age·ment [ɪnˈkʌrɪdʒmənt] n no pl (incitement) Ermutigung f; (urging) Ermunterung f; SPORTS Anfeuerung f; (support) Unterstützung f; **to be a great ~ to sb** jdm großen Auftrieb geben; **to give sb ~** jdn ermutigen

en·cour·ag·ing [ɪnˈkʌrɪdʒɪŋ] adj ermutigend

en·croach [ɪnˈkrəʊtʃ] vi ■ to ~ [up]on sb zu jdm vordringen; ■ to ~ [up]on sth in etw akk eindringen; to ~ [up]on sb's rights in jds Rechte eingreifen; to ~ on sb's time jds Zeit f [über Gebühr] in Anspruch nehmen

en·croach·ment [ɪnˈkrəʊtʃmənt] n Übergriff m (on auf); (interference) Eingriff m (on in); (intrusion) Eindringen nt (on in)

en·cryp·tion [ɪnˈkrɪpʃn] n no pl Verschlüsselung f

en·cum·ber [ɪnˈkʌmbəʳ] vt ■ to be ~ed with sth (burdened) mit etw dat belastet sein; (impeded) durch etw akk behindert sein

en·cy·clo·p(a)e·dia [ɪnˌsaɪkləˈpiːdiə] n Lexikon nt

en·cyc·lo·p(a)e·dic [ɪnˌsaɪkləˈpiːdɪk] adj universal

end [end] I. n ❶ Ende nt; (completion) Schluss m; **for hours on ~** stundenlang; **at the ~ of one's patience** mit seiner Geduld am Ende; **no ~ of trouble** reichlich Ärger; **to come to an ~** zu Ende gehen; **to put an ~ to sth** etw dat ein Ende setzen; **to read to the ~** zu Ende lesen; **the ~ of next week** Ende nächster Woche; **at the ~ of six months** nach Ablauf von sechs Monaten; **without ~** unaufhörlich; **~ to ~** der Länge nach; **on ~: he stood ~ on to the table** er stand vor der kurzen Tischkante; **on ~** hochkant; **my hair stood on ~** mir standen die Haare zu Berge ❷ usu pl (aims) Ziel nt; (purpose) Zweck m ❸ SPORTS [Spielfeld]hälfte f ▶ **all ~s up** völlig; **to become an ~ in itself** [zum] Selbstzweck werden; **to come to a bad** [or BRIT **sticky**] **~** ein schlimmes Ende nehmen; **at the ~ of the day** [or **in the ~**] (when everything is considered) letzten Endes; (finally) schließlich; **to go off the deep ~** hochgehen; **to hold** [or **keep**] **one's ~ up** sich nicht unterkriegen lassen; **the ~ justifies the means** (prov) der Zweck heiligt die Mittel; **to make ~s meet** mit seinem Geld zurechtkommen; **no ~** außerordentlich;

to put an ~ to oneself [*or* **it all**] Selbstmord begehen; **to reach the ~ of the line** [*or* **road**] am Ende sein; **~ of story** [und] Schluss; **to throw sb in at the deep ~** jdn ins kalte Wasser werfen; **it's not the ~ of the world** davon geht die Welt nicht unter **II.** *vt* beenden ♦ **to ~ it all** Selbstmord begehen **III.** *vi* enden; **to ~ in divorce** mit der Scheidung enden; **to ~ in a draw** unentschieden ausgehen ♦ **end up** *vi* enden; **to ~ up teaching** schließlich Lehrer(in) werden; **to ~ up a prostitute/rich woman** als Prostituierte enden/eine reiche Frau werden; **to ~ up homeless/in prison** [schließlich] auf der Straße/im Gefängnis landen

en·dan·ger [ɪnˈdeɪndʒəʳ] *vt* gefährden; **an ~ed species** eine vom Aussterben bedrohte Art

en·dear [ɪnˈdɪəʳ] *vt* ■ **to ~ oneself to sb** sich bei jdm beliebt machen

en·dear·ing [ɪnˈdɪərɪŋ] *adj* lieb[enswert]; *smile* gewinnend **en·dear·ment** [ɪnˈdɪəʳmənt] *n* Zärtlichkeit *f*; **term of ~** Kosename *m*

en·deav·our [ɪnˈdevəʳ], *AM* **en·deav·or I.** *vi* sich bemühen **II.** *n* Bemühung *f*; **to make every ~ to do sth** alle Anstrengungen unternehmen, [um] etw zu tun

en·dem·ic [enˈdemɪk] *adj* endemisch

end·ing [ˈendɪŋ] *n* ❶ (*last part*) Ende *nt*, Schluss *m*; *of a day* Abschluss *m*; *of a story, book* Ausgang *m*; **happy ~** Happyend *nt* ❷ LING Endung *f*

en·dive [ˈendaɪv, -dɪv] *n* ❶ BOT Endivie *f* BRD, ÖSTERR ❷ AM (*chicory*) Chicorée *m*

end·less [ˈendləs] *adj* (*without end*) endlos; (*innumerable*) unzählig

en·dor·phin [enˈdɔːfɪn] *n* Endorphin *nt*; **~ rush** Endorphinausschüttung *f*

en·dorse [ɪnˈdɔːs] *vt* ❶ FIN indossieren ❷ (*approve*) billigen; (*promote*) unterstützen

en·dorse·ment [ɪnˈdɔːsmənt] *n* ❶ (*support*) Billigung *f*, COMM Befürwortung *f* ❷ FIN Indossament *nt* ❸ BRIT LAW Strafvermerk *m* (*im Führerschein*)

en·dow [ɪnˈdaʊ] *vt* ❶ (*give income to*) über eine Stiftung finanzieren; *prize* stiften ❷ (*give feature*) ■ **to be ~ed with sth** mit etw *dat* ausgestattet sein

en·dow·ment [ɪnˈdaʊmənt] *n* FIN Stiftung *f*

end ˈprod·uct *n* Endprodukt *nt*; (*fig*) Resultat *nt*

en·dur·able [ɪnˈdjʊərəbl] *adj* erträglich

en·dur·ance [ɪnˈdjʊərənts)] *n no pl* Ausdauer *f*, Durchhaltevermögen *nt*

en·dure [ɪnˈdjʊəʳ] **I.** *vt* (*tolerate*) ertragen; (*suffer*) erleiden **II.** *vi* fortdauern

en·dur·ing [ɪnˈdjʊərɪŋ] *adj* dauerhaft

ENE *abbrev of* **east-north-east** ONO

en·ema <*pl* -s *or* -ta> [ˈenɪmə, *pl* ɪˈnemətə] *n* MED Einlauf *m*

en·emy [ˈenəmi] **I.** *n* Feind(in) *m(f)* **II.** *adj* feindlich; **~ action** Feindeinwirkung *f*

en·er·get·ic [ˌenəˈdʒetɪk] *adj* ❶ (*full of energy*) voller Energie *nach n*, energiegeladen, schwungvoll; (*resolute*) energisch ❷ (*euph: overactive*) anstrengend

en·er·gize [ˈenədʒaɪz] *vt* ❶ ELEC unter Strom setzen ❷ (*fig*) ■ **to ~ sb** jdm neue Energie geben

en·er·gy [ˈenədʒi] *n* ❶ *no pl* (*vigour*) Energie *f*, Kraft *f*; **to be full of ~** voller Energie stecken ❷ SCI Energie *f*; **~ crisis** Energiekrise *f*; **sources of ~** Energiequellen *pl*

ˈen·er·gy re·ˌsourc·es *npl* Energieressourcen *pl*

en·force [ɪnˈfɔːs] *vt* durchsetzen, erzwingen; **to ~ the law** dem Gesetz Geltung verschaffen

en·force·able [ɪnˈfɔːsəbl] *adj* durchsetzbar

en·force·ment [ɪnˈfɔːsmənt] *n no pl* Erzwingung *f*; *of a regulation* Durchsetzung *f*; *of a law* Vollstreckung *f*

en·fran·chise [ɪnˈfræn(t)ʃaɪz] *vt* (*form*) ■ **to ~ sb** jdm das Wahlrecht verleihen

en·gage [ɪnˈgeɪdʒ] **I.** *vt* ❶ (*employ*) anstellen; *actor* engagieren; **to ~ a lawyer** sich *dat* einen Anwalt nehmen ❷ (*involve*) **to ~ sb in a conversation** jdn in ein Gespräch verwickeln ❸ (*put into use*) einschalten; **to ~ the clutch** einkuppeln; **to ~ a gear** einen Gang einlegen ❹ MIL angreifen ❺ TECH greifen **II.** *vi* ❶ (*involve self with*) ■ **to ~ in sth** sich an etw *dat* beteiligen; **to ~ in conversation** sich unterhalten; **to ~ in espionage** Spionage betreiben; **to ~ in politics** sich politisch engagieren ❷ MIL angreifen ❸ TECH eingreifen

en·gaged [ɪnˈgeɪdʒd] *adj* ❶ (*busy*) beschäftigt; *toilet* besetzt; **the line is ~** es ist besetzt ❷ (*to be married*) verlobt; **to get** [*or* **become**] **~** [**to sb**] sich [mit jdm] verloben; **the ~ couple** die Verlobten *pl*

en·gage·ment [ɪnˈgeɪdʒmənt] *n* ❶ (*appointment*) Verabredung *f* ❷ MIL Kampfhandlung *f* ❸ (*to marry*) Verlobung *f* (**to** mit)

enˈgage·ment book *n*, **enˈgage·ment di·a·ry** *n* Terminkalender *m* **enˈgage·ment ring** *n* Verlobungsring *m*

en·gag·ing [ɪnˈgeɪdʒɪŋ] *adj* bezaubernd; *manner* einnehmend; *smile* gewinnend

en·gine [ˈendʒɪn] *n* Motor *m*; AVIAT Triebwerk *nt*; RAIL Lok[omotive] *f*

en·gi·neer [ˌendʒɪˈnɪəʳ] **I.** *n* Ingenieur(in) *m(f)*; MIL Pionier *m*; **civil/electrical/mechanical ~** Bau-/Elektro-/Maschinenbauingenieur(in) *m(f)* **II.** *vt* ❶ (*construct*) konstru-

en·gi·neer·ing [ˌendʒɪˈnɪərɪŋ] *n no pl* Technik *f*, Ingenieurwissenschaft *f*; *(mechanical engineering)* Maschinenbau *m*

Eng·land [ˈɪŋglənd] *n* England *nt*

Eng·lish [ˈɪŋglɪʃ] **I.** *n* ① *no pl (language)* Englisch *nt*; **the King's** [*or* **Queen's**] ~ die englische Hochsprache ② *(people)* ■ **the ~ pl** die Engländer **II.** *adj* englisch; **~ department** UNIV Institut *nt* für Anglistik

Eng·lish 'break·fast *n typisches englisches Frühstück mit Frühstückszerealien, Spiegeleiern, gebratenen Tomaten, Pilzen, Speck, Würstchen sowie Toast und Marmelade*

Eng·lish 'Chan·nel *n* ■ **the ~** der Ärmelkanal **'Eng·lish·man** *n* Engländer *m* ▶ **an ~ 's home is his castle** BRIT *(prov)* für den Engländer ist sein Haus wie eine Burg **'Eng·lish-speaker** *n* Englischsprachige(r) *f(m)* **English-'speaking** *adj* englischsprachig **'Eng·lish·wom·an** *n* Engländerin *f*

en·grave [ɪnˈgreɪv] *vt* [ein]gravieren; *(on stone)* einmeißeln; *(on wood)* einschnitzen; *(fig)* sich dat einprägen

en·grav·er [ɪnˈgreɪvəʳ] *n* Graveur(in) *m(f)*; *(of stone)* Steinhauer(in) *m(f)*; *(of wood)* Holzschneider(in) *m(f)*

en·grav·ing [ɪnˈgreɪvɪŋ] *n* ① *(print)* Stich *m*; *(from wood)* Holzschnitt *m* ② *(design)* Gravierung *f*, Gravur *f no pl (act)* Gravieren *nt*; *(art)* Gravierkunst *f*

en·gross [ɪnˈgrəʊs] *vt* fesseln; **to be ~ed in sth** in etw *akk* vertieft sein

en·gulf [ɪnˈgʌlf] *vt* verschlingen

en·hance [ɪnˈhɑːn(t)s] *vt (improve)* verbessern; *(intensify)* hervorheben

enig·ma [ɪˈnɪgmə] *n* Rätsel *nt*

en·ig·mat·ic(al) [ˌɪnɪgˈmætɪk(əl)] *adj* rätselhaft

en·joy [ɪnˈdʒɔɪ] *vt* genießen; **he ~ed his meal** ihm hat das Essen sehr gut geschmeckt; **did you ~ the film?** hat dir der Film gefallen?; ■ **to ~ doing sth** etw gern[e] tun; **I really ~ed talking to you** es war wirklich nett, sich mit dir zu unterhalten; **to ~ good health** sich guter Gesundheit erfreuen; **to ~ oneself** sich amüsieren; ▶ **yourself!** viel Spaß!

en·joy·able [ɪnˈdʒɔɪəbl] *adj* angenehm, nett; *film, book, play* unterhaltsam **en·joy·ment** [ɪnˈdʒɔɪmənt] *n no pl* Vergnügen *nt*, Spaß *m* (of an); **to get real ~ out of doing sth** großen Spaß daran finden, etw zu tun; **I got a lot of ~ from this book** ich habe dieses Buch sehr genossen

en·large [ɪnˈlɑːdʒ] **I.** *vt* vergrößern; *(expand)* erweitern **II.** *vi* ① *(expatiate)* ■ **to ~ [up]on sth** sich zu etw *dat* ausführlich äußern ② *(get bigger)* sich vergrößern

en·large·ment [ɪnˈlɑːdʒmənt] *n* Vergrößerung *f*; *(expanding)* Erweiterung *f*

en·light·en [ɪnˈlaɪtən] *vt* aufklären; **let me ~ you on this** lass mich es dir erklären

en·light·ened [ɪnˈlaɪtənd] *adj (approv)* aufgeklärt

en·light·en·ment [ɪnˈlaɪtənmənt] *n no pl* ① REL Erleuchtung *f* ② PHILOS ■ **the E~** die Aufklärung ③ *(information)* aufklärende Information

en·list [ɪnˈlɪst] **I.** *vi* MIL sich melden; **to ~ in the army** in die Armee eintreten **II.** *vt person* anwerben; *support* gewinnen

en·liv·en [ɪnˈlaɪvən] *vt* beleben

en masse [ã(m)ˈmæs] *adv* alle zusammen; **to resign ~** geschlossen zurücktreten

en·mesh [ɪnˈmeʃ] *vt* ■ **to be/become ~ed in sth** sich in etw *akk* verfangen haben/verfangen; *(fig)* in etw *akk* verwickelt sein/werden

en·mi·ty [ˈenməti] *n* Feindschaft *f*

enor·mi·ty [ɪˈnɔːməti] *n* ungeheures Ausmaß; *of a task* ungeheure Größe; *of a crime* Ungeheuerlichkeit *f*

enor·mous [ɪˈnɔːməs] *adj* enorm; *size* riesig; *mountain* gewaltig; *difficulties* ungeheuer

enough [ɪˈnʌf] **I.** *adj* genug, genügend; **that should be ~** das dürfte reichen; **just ~ room** gerade Platz genug; **I've got problems ~ of my own** ich habe selbst genug Probleme **II.** *adv* ① *(adequately)* genug; **are you warm ~?** ist es dir warm genug?; **be kind ~ to do sth** so freundlich sein, etw zu tun; **to be experienced ~** genügend Erfahrung haben ② *(quite)* ziemlich; **he seems nice ~** er scheint so weit recht nett zu sein; **curiously ~** seltsamerweise **III.** *interj* **~!** jetzt reicht es aber! **IV.** *pron no pl (sufficient quantity)* genug; **there's ~ for everybody** es ist für alle genug da; **there's not quite ~** es reicht nicht ganz ② *(too much)* **that is quite ~** das ist mehr als genug; **I've had ~ of your excuses!** ich habe die Nase voll von deinen Entschuldigungen!; **I've had ~ — I'm going home** mir reicht's – ich gehe nach Hause; **that's ~!** jetzt reicht es!; **~ of this** [AM **already**]! genug davon! ▶ **~ said** *(don't mention it further)* es ist alles gesagt; *(I understand)* ich verstehe schon

en·quire [ɪnˈkwaɪəʳ] *vi* sich erkundigen (about/after nach); **'~ within'** ‚Näheres im Geschäft'; ■ **to ~ into sth** etw untersuchen

en·quiry [ɪnˈkwaɪəri] *n* ① *(question)* Anfrage *f*, Erkundigung *f*; **on ~** auf Anfrage ② *(investigation)* Untersuchung *f*; **to make enquiries** Nachforschungen anstellen

en·rage [ɪnˈreɪdʒ] *vt* wütend machen

en·raged [ɪnˈreɪdʒd] *adj* wütend
en·rich [ɪnˈrɪtʃ] *vt* ① *(improve quality)* bereichern ② *(make richer)* reich machen; ■ **to ~ oneself** sich bereichern ③ PHYS anreichern
en·rol <-ll-> [ɪnˈrəʊl], AM **en·roll I.** *vi* sich einschreiben; *(for a course)* sich anmelden **II.** *vt* aufnehmen
en·rol·ment [ɪnˈrəʊl-] *n*, AM **en·roll·ment** *n* ① *(act)* Einschreibung *f*; *(for a course)* Anmeldung *f* ② AM *(number of students)* Studentenzahl *f*
en route [ˌɑ̃:(n)ˈru:t] *adv* unterwegs; **~ from London to Tokyo** auf dem Weg von London nach Tokio
en·sem·ble [ɑ̃:(n)ˈsɑ̃:(m)bəl] *n* Ensemble *nt*
en·sign [ˈensaɪn] *n* ① *(flag)* Schiffsflagge *f* ② MIL Fähnrich *m* zur See
en·slave [ɪnˈsleɪv] *vt* zum Sklaven machen
en·snare [ɪnˈsneə¹] *vt* *(liter)* fangen
en·sue [ɪnˈsju:] *vi* folgen
en·su·ing [ɪnˈsju:ɪŋ] *adj* [darauf] folgend
en suite ˈbath·room *n* angeschlossenes Badezimmer
en·sure [ɪnˈʃɔ:¹] *vt* sicherstellen; *(guarantee)* garantieren
en·tail [ɪnˈteɪl] *vt* mit sich bringen
en·tan·gle [ɪnˈtæŋgl] *vt* **to get** [*or* **become**] **~d in sth** sich in etw *dat* verfangen; *(fig)* sich in etw *akk* verstricken; **his legs got ~d in the ropes** er verhedderte sich mit den Beinen in den Seilen
en·tan·gle·ment [ɪnˈtæŋglmənt] *n* Verfangen *nt*; *(fig)* Verwicklung *f*
en·ter [ˈentə¹] **I.** *vt* ① *(go into)* hineingehen in +*akk*; *building, room* betreten; *phase* eintreten in +*akk*; *(penetrate)* eindringen in +*akk*; **alcohol ~s the bloodstream through the stomach wall** Alkohol gelangt durch die Magenwand in den Blutkreislauf ② *(insert) data* eingeben; *(in a register)* eintragen ③ *(join)* beitreten +*dat*; ■ **to ~ sb for sth** jdn für etw *akk* anmelden; **to ~ the priesthood** Priester werden ④ *(make known)* einreichen; *bid* abgeben; *protest* einlegen **II.** *vi* ① THEAT auftreten ② *(register)* ■ **to ~ for sth** sich für etw *akk* [an]melden ③ *(bind oneself to)* **to ~ into an alliance** ein Bündnis schließen; **to ~ into conversation with sb** mit jdm ein Gespräch anknüpfen; **to ~ into discussion** sich an einer Diskussion beteiligen; **to ~ into negotiations** in Verhandlungen eintreten ④ *(begin)* ■ **to ~ [up]on sth** etw beginnen
ˈen·ter key *n* COMPUT Eingabetaste *f*
en·ter·prise [ˈentəpraɪz] *n* ① COMM Unternehmen *nt*; **private ~** Privatwirtschaft *f* ② *no pl (initiative)* Unternehmungsgeist *m*
en·ter·pris·ing [ˈentəpraɪzɪŋ] *adj (adventur-*

ous) unternehmungslustig; *(ingenious)* einfallsreich; *businessman* rührig; *idea* kühn
en·ter·tain [ˌentəˈteɪn] **I.** *vt* ① *(amuse)* unterhalten ② *(invite)* zu sich einladen; *(give meal)* bewirten ③ *(have)* haben; *doubts* hegen **II.** *vi* Gäste haben
en·ter·tain·er [ˌentəˈteɪnə¹] *n* Entertainer(in) *m(f)*
en·ter·tain·ing [ˌentəˈteɪnɪŋ] **I.** *adj* unterhaltsam **II.** *n no pl* **to do a lot of ~** häufig jdn bewirten **en·ter·tain·ment** [ˌentəˈteɪnmənt] *n* Unterhaltung *f*
en·thral <-ll-> [ɪnˈθrɔ:l], AM *usu* **en·thrall** *vt* packen
en·thuse [ɪnˈθju:z] **I.** *vi* schwärmen (**about/over** von) **II.** *vt* begeistern (**with** für)
en·thu·si·asm [ɪnˈθju:zɪæzəm] *n* Begeisterung *f*; **to not work up any ~** sich einfach nicht begeistern können
en·thu·si·ast [ɪnˈθju:zɪæst] *n* Enthusiast(in) *m(f)*
en·thu·si·as·tic [ɪnˈθju:zɪæstɪk] *adj* enthusiastisch, begeistert (**about** von); ■ **to become ~ about sth** sich für etw begeistern
en·tice [ɪnˈtaɪs] *vt* ■ **to ~ sb** [**away from sth**] jdn [von etw *dat* weg]locken; ■ **to ~ sb to do sth** jdn dazu verleiten, etw zu tun
en·tice·ment [ɪnˈtaɪsmənt] *n* *(allurement)* Verlockung *f*; *(lure)* Lockmittel *nt*
en·tic·ing [ɪnˈtaɪsɪŋ] *adj* verlockend
en·tire [ɪnˈtaɪə¹] *adj* *(whole)* ganz; *(complete)* vollständig
en·tire·ly [ɪnˈtaɪə¹li] *adv* ganz; **to agree ~** völlig übereinstimmen
en·tire·ty [ɪnˈtaɪə(ə)rəti] *n no pl* Gesamtheit *f*
en·ti·tle [ɪnˈtaɪtl] *vt* ■ **to be ~d to do sth** [dazu] berechtigt sein, etw zu tun; **~d to vote** stimmberechtigt
en·ti·tle·ment [ɪnˈtaɪtlmənt] *n no pl (right)* Berechtigung *f* (**to** zu); *(claim)* Anspruch *m* (**to** auf)
en·ti·ty [ˈentɪti] *n* ① *(independently existing thing)* Einheit *f* ② LAW Rechtspersönlichkeit *f* ③ PHILOS Wesen *nt*, Existenz *f*
ento·mol·ogy [ˌentəˈmɒlədʒi] *n no pl* Insektenkunde *f*
en·tou·rage [ˈɒntʊrɑ:ʒ] *n* Gefolge *nt*
en·trails [ˈentreɪlz] *npl* Eingeweide *pl*
en·trance[1] [ˈentrən(t)s] *n* ① *(door)* Eingang *m*; *(for vehicle)* Einfahrt *f* ② *(act of entering)* Eintritt *m*; THEAT Auftritt *m*; **to make one's ~** THEAT auftreten; *(fig)* **she likes to make an ~** sie setzt sich gerne in Szene ③ *(right to enter)* Eintritt *m*; *(right to admission)* Aufnahme *f*; **to refuse ~ to sb** jdm den Zutritt verweigern
en·trance[2] [ɪnˈtrɑ:n(t)s] *vt* *(delight)* entzücken
ˈen·trance ex·ami·na·tion *n* Aufnahme-

prüfung f **'en·trance fee** n (for admittance) Eintritt m, ÖSTERR a. Entree nt; (for competition entry) Teilnahmegebühr f; (for membership) Aufnahmegebühr f **'en·trance form** n Antragsformular nt; (for competition) Teilnahmeformular nt **'en·trance hall** n Eingangshalle f **'en·trance re·quire·ment** n Aufnahmebedingung f

en·trant ['entrənt] n Teilnehmer(in) m(f)

en·treat [ɪn'triːt] vt anflehen

en·trenched [ɪn'tren(t)ʃt] adj verwurzelt; *prejudice* alt; *behaviour* eingebürgert; **firmly ~** fest verankert

en·tre·pre·neur [ˌɒntrəprə'nɜː^r] n Unternehmer(in) m(f)

en·tre·pre·neur·ial [ˌɒntrəprə'nɜːriəl] adj unternehmerisch **en·tre·pre·neur·ial 'spir·it** n no pl Unternehmergeist m

en·trust [ɪn'trʌst] vt ■**to ~ sth to sb** [or **sb with sth**] jdm etw anvertrauen; **to ~ a task to sb** jdn mit einer Aufgabe betrauen

en·try ['entri] n ❶ (*act of entering*) Eintritt m; (*by car*) Einfahrt f; (*into a country*) Einreise f; (*into an organization or activity*) Aufnahme f; THEAT Auftritt m; **'no ~'** ‚Zutritt verboten' ❷ (*entrance*) Eingang m; (*to car park etc.*) Einfahrt f ❸ (*right of entry*) Zugang m, Zutritt m (**into** zu) ❹ (*written item*) Eintrag m ❺ (*item for competition*) Einsendung f; (*solution*) Lösung f; (*number*) Teilnehmerzahl f **'en·try fee** n (for admittance) Eintritt m, ÖSTERR a. Entree nt; (for competition entry) Teilnahmegebühr f; (for membership) Aufnahmegebühr f **'en·try form** n Antragsformular nt; (for competition) Teilnahmeformular nt **'en·try per·mit** n (permit to pass) Passierschein m; (into a country) Einreiseerlaubnis f, Einreisegenehmigung f **'en·try·phone** n BRIT [Tür]sprechanlage f **'en·try test** n Zulassungstest m

en·twine [ɪn'twaɪn] vt [miteinander] verflechten

enu·mer·ate [ɪ'njuːmə^reɪt] vt aufzählen

enun·ci·ate [ɪ'nʌn(t)sieɪt] **I.** vi sich artikulieren; **to ~ clearly** deutlich sprechen **II.** vt aussprechen

en·vel·op [ɪn'veləp] vt einhüllen

en·velope ['envələʊp] n Briefumschlag m

en·vi·able ['enviəbl] adj beneidenswert

en·vi·ous ['enviəs] adj neidisch (**of** auf)

en·vi·ron·ment [ɪn'vaɪ(ə)r^ənmənt] n ❶ *no pl* ECOL ■**the ~** die Umwelt ❷ (*surroundings*) Umgebung f ❸ (*social surroundings*) Milieu nt; **working ~** Arbeitsumfeld nt

en·vi·ron·men·tal [ɪn_ˌvaɪ(ə)r^ən'ment^əl] adj Umwelt-; **negative ~ impact** Umweltbelastung f

en·vi·ron·men·tal·ist [ɪn_ˌvaɪ(ə)r^ən'ment^əlɪst] n Umweltschützer(in) m(f) **en·vi·ron·men·tal·ly** [ɪn_ˌvaɪ(ə)r^ən'ment^əli] adv **~ damaging** umweltschädlich; **~ sound** [or **friendly**] umweltfreundlich

en·vi·ron·ment-'friend·ly adj umweltfreundlich

en·vi·rons [ɪn'vaɪ(ə)r^ənz] npl (form) Umgebung f kein pl

en·vis·age [ɪn'vɪzɪdʒ, en'-] vt, **en·vi·sion** [ɪn'vɪʒ^ən] vt AM sich dat vorstellen; **it's hard to ~ how ...** es ist schwer vorstellbar, wie ...; ■**to ~ that ...** hoffen, dass ...; ■**to ~ doing sth** vorhaben, etw zu tun

en·voy ['envɔɪ] n Gesandte(r) f(m); **special ~** Sonderbeauftragte(r) f(m)

envy ['envi] **I.** n no pl Neid m (**of** auf); **to feel ~ towards sb** auf jdn neidisch sein; **he's the ~ of the school with his new car** die ganze Schule beneidet ihn um sein neues Auto ▶ **to be green with ~** grün vor Neid sein **II.** vt <-ie-> ■**to ~ sb sth** [or **sb for sth**] jdn um etw akk beneiden

en·zyme ['enzaɪm] n Enzym nt

EOF [ˌiːəʊ'ef] n COMPUT abbrev of **end of file** Dateiende nt

ephem·er·al [ɪ'fem^ər^əl] adj kurzlebig

epic ['epɪk] **I.** n Epos nt **II.** adj ❶ episch; *poem* erzählend; **~ poet** Epiker(in) m(f); **~ poetry** Epik f ❷ (*fig*) schwierig und abenteuerlich; *struggle* heroisch; **~ achievement** Heldentat f

epi·cen·tre n, AM **epi·cen·ter** n Epizentrum nt

epi·dem·ic [ˌepɪ'demɪk] **I.** n Epidemie f **II.** adj epidemisch a. fig

epi·gram ['epɪɡræm] n Epigramm nt

epi·lep·sy ['epɪlepsi] n no pl Epilepsie f

epi·lep·tic [ˌepɪ'leptɪk] **I.** n Epileptiker(in) m(f) **II.** adj epileptisch

epi·logue ['epɪlɒɡ] n, AM **epi·log** n Epilog m

Epiph·a·ny [ɪ'pɪf^əni] n Dreikönigsfest nt

epi·sode ['epɪsəʊd] n ❶ (*event*) Episode f; **unfortunate ~** bedauerlicher Vorfall ❷ (*part of story*) Folge f

epi·sod·ic [ˌepɪ'sɒdɪk] adj episodisch

epis·tle [ɪ'pɪsl] n Epistel f

epi·taph ['epɪtɑːf] n Grabinschrift f

epit·o·me [ɪ'pɪtəmi] n Inbegriff m; **the ~ of elegance** die Eleganz selbst

epit·o·mize [ɪ'pɪtəmaɪz] vt verkörpern

epoch ['iːpɒk] n Epoche f

'epoch-mak·ing adj Epoche machend

epon·y·mous [ɪ'pɒnɪməs] adj namengebend

eq·ua·ble ['ekwəbl] adj *person, temperament* ausgeglichen

equal ['iːkwəl] **I.** adj ❶ (*the same*) gleich; **of ~ size** gleich groß; **~ in volume** vom Um-

equality–errand boy

fang her gleich; **one litre is ~ to 1.76 imperial pints** ein Liter entspricht 1,76 ips.; **~ status** Gleichstellung *f*; **~ treatment** Gleichbehandlung *f* ❷ *(able to do)* **to be ~ to a task** einer Aufgabe gewachsen sein ▶ **all things being ~** unter ansonsten gleichen Bedingungen **II.** *n* Gleichgestellte(r) *f(m)*; **she was the ~ of any opera singer** sie konnte sich mit jeder Opernsängerin messen; **to have no ~** unübertroffen sein **III.** *vt* <BRIT -ll- *or* AM *usu* -l-> ❶ MATH ergeben; **three plus four ~s seven** drei plus vier ist gleich [*o fam* macht] sieben ❷ *(match)* herankommen an +*akk*; *record* erreichen

equal·i·ty [ɪˈkwɒləti] *n no pl* Gleichberechtigung *f*; **racial ~** Rassengleichheit *f*

equal·i·za·tion [ˌiːkwəlaɪˈzeɪʃən] *n* Gleichmachung *f*

equal·ize [ˈiːkwəlaɪz] **I.** *vt* gleichmachen; *pressure* ausgleichen; *standards* einander angleichen **II.** *vi* BRIT, AUS SPORTS den Ausgleich erzielen **equal·iz·er** [ˈiːkwəlaɪzə^r] *n* BRIT, AUS Ausgleichstor *nt*, Ausgleichstreffer *m*

equal·ly [ˈiːkwəli] *adv* ebenso; **~ good** gleich gut; **to contribute ~** gleichermaßen beitragen; **to divide** [*or* **share**] **sth ~** etw gleichmäßig aufteilen **equal op·por·tu·ni·ties** *npl* BRIT, **equal op·por·tu·ni·ty** *n* AM Chancengleichheit *f*

'equal(s) sign *n* MATH Gleichheitszeichen *nt*

equa·nim·i·ty [ˌekwəˈnɪməti] *n no pl* Gleichmut *m*; **to receive sth with ~** etw gelassen aufnehmen

equate [ɪˈkweɪt] **I.** *vt* gleichsetzen **II.** *vi* ▪ **to ~ to sth** etw *dat* entsprechen

equa·tion [ɪˈkweɪʒən] *n* MATH Gleichung *f* ▶ **the other side of the ~** die Kehrseite der Medaille

equa·tor [ɪˈkweɪtə^r] *n no pl* [**on the**] **~** [am] Äquator *m*

equa·to·ri·al [ˌekwəˈtɔːriəl] *adj* äquatorial

Equa·to·ri·al 'Guinea *n* Äquatorialguinea *nt*

eques·tri·an [ɪˈkwestriən] **I.** *adj* Reit[er]- **II.** *n* Reiter(in) *m(f)*

equi·dis·tant [ˌiːkwɪˈdɪstənt] *adj* gleich weit entfernt

equi·lat·er·al [ˌiːkwɪˈlætərəl] *adj* MATH gleichseitig

equi·lib·ri·um [ˌiːkwɪˈlɪbriəm] *n no pl* Gleichgewicht *nt*

equi·nox <*pl* -es> [ˈiːkwɪnɒks, ˈek-] *n* Tagundnachtgleiche *f*

equip <-pp-> [ɪˈkwɪp] *vt* ❶ *(provide)* ausstatten; *(with special equipment)* ausrüsten ❷ *(fig)* rüsten

equip·ment [ɪˈkwɪpmənt] *n no pl* Ausrüstung *f*, Ausstattung *f*

equi·ta·ble [ˈekwɪtəbl] *adj* gerecht

eq·ui·ty [ˈekwɪti] *n no pl* ❶ *(fairness)* Gerechtigkeit *f* ❷ FIN Eigenkapital *nt*; ■ **equities** *pl* [Stamm]aktien *pl*

eq(uiv.) *abbrev of* **equivalent** äquivalent

equiva·lence [ɪˈkwɪvələn(t)s] *n no pl* Äquivalenz *f*

equiva·lent [ɪˈkwɪvələnt] **I.** *adj* äquivalent, entsprechend; ■ **to be ~ to sth** etw *dat* entsprechen **II.** *n* Äquivalent *nt* (**for**/**of** für), Entsprechung *f*

equivo·cal [ɪˈkwɪvəkəl] *adj* ❶ *(ambiguous)* zweideutig ❷ *(questionable)* zweifelhaft

equivo·cate [ɪˈkwɪvəkeɪt] *vi (form)* doppeldeutige Aussagen machen

equivo·ca·tion [ɪˌkwɪvəˈkeɪʃən] *n no pl* doppeldeutige Aussage

ER [ˌiːˈɑː^r] *n* ❶ *abbrev of* **Elizabeth Regina** ER ❷ AM *abbrev of* **emergency room** Notaufnahme *f*

era [ˈɪərə] *n* Ära *f*

eradi·cate [ɪˈrædɪkeɪt] *vt* ausrotten

erase [ɪˈreɪz] *vt* ❶ *(remove completely)* entfernen; *file* löschen; *memories* auslöschen ❷ *(rub out)* ausradieren

eras·er [ɪˈreɪzə^r] *n esp* AM Radiergummi *m*

eras·ure [ɪˈreɪʒə^r] *n esp* AM Löschung *f*

ere [eə^r] *prep, conj (old liter)* ehe; **~ long** binnen kurzem

erect [ɪˈrekt] **I.** *adj* ❶ *(upright)* aufrecht ❷ ANAT erigiert **II.** *vt* ❶ *(construct)* errichten ❷ *(put up)* aufstellen

erec·tion [ɪˈrekʃən] *n* ❶ *no pl (construction)* Errichtung *f* ❷ ANAT Erektion *f*

er·go·nom·ic [ˌɜːgəˈnɒmɪk] *adj* ergonomisch

er·go·nom·ics [ˌɜːgəˈnɒmɪks] *n no pl* Ergonomie *f*

er·mine [ˈɜːmɪn] *n* Hermelin *nt*

erode [ɪˈrəʊd] **I.** *vt* ❶ GEOL auswaschen ❷ CHEM zerfressen ❸ *(fig)* untergraben **II.** *vi* ❶ GEOL erodieren; *soil* abtragen ❷ *(fig)* abnehmen

erog·enous [ɪˈrɒdʒɪnəs] *adj* erogen

ero·sion [ɪˈrəʊʒən] *n no pl* ❶ GEOL Erosion *f*; **~ by water** Auswaschung *f* ❷ *(fig)* [Dahin]schwinden *nt*; **~ of confidence** Vertrauensverlust *m*

erot·ic [ɪˈrɒtɪk] *adj* erotisch

eroti·cism [ɪˈrɒtɪsɪzəm] *n no pl* Eroti[zi]smus *m*

err [ɜː^r] *vi (form)* sich irren; **to ~ on the side of caution** übervorsichtig sein ▶ **to ~ is human** [**to forgive divine**] *(prov)* Irren ist menschlich[, Vergeben göttlich]

er·rand [ˈerənd] *n* Besorgung *f*; *(with a message)* Botengang *m*; **to run an ~** etwas erledigen; **~ of mercy** Rettungsaktion *f*

'er·rand boy *n* Laufbursche *m*

er·rant ['erənt] *adj* auf Abwegen *nach n*
er·rat·ic [er'ætɪk] *adj* ❶ (*inconsistent*) sprunghaft ❷ (*irregular*) unregelmäßig
er·ra·tum <*pl* -ta> [er'ɑːtəm, ɪr'-, *pl* -tə] *n* (*spec*) Druckfehler *m*
er·ro·neous [ɪ'rəʊnɪəs] *adj* falsch; *assumption* irrig
er·ror ['erər] *n* Fehler *m*, Irrtum *m*; **~ of judgment** Fehleinschätzung *f*; **in ~** aus Versehen ▶ **to see the ~ of one's ways** seine Fehler einsehen; **to show sb the ~ of his ways** jdn auf seine Fehler hinweisen
'er·ror mes·sage *n* COMPUT Fehlermeldung *f*
'er·ror-prone *adj* fehleranfällig
er·u·dite ['erʊdaɪt] *adj* gelehrt
er·u·di·tion [ˌerʊ'dɪʃ*ə*n] *n no pl* Gelehrsamkeit *f*
erupt [ɪ'rʌpt] *vi* ausbrechen; (*fig*) *person* explodieren; **to ~ into violence** gewalttätig werden
erup·tion [ɪ'rʌpʃ*ə*n] *n* Ausbruch *m a. fig*
es·ca·late ['eskəleɪt] **I.** *vi* eskalieren, sich ausweiten; *incidents* stark zunehmen **II.** *vt* ausweiten
es·ca·la·tion [ˌeskə'leɪʃ*ə*n] *n* Eskalation *f*, Steigerung *f*; **~ of fighting** Ausweitung *f* der Kämpfe; **~ in tension** Verschärfung *f* der Spannung
es·ca·la·tor ['eskəleɪtər] *n* Rolltreppe *f*
es·ca·lope ['eskəlɒp] *n* Schnitzel *nt*
e-scam ['iːskæm] *n* INET, COMPUT Internet-Betrügerei *f*
es·ca·pade [ˌeskə'peɪd] *n* Eskapade *f*
es·cape [ɪ'skeɪp, es'-] **I.** *vi* ❶ (*get away*) fliehen; (*successfully*) entkommen; (*from a cage, prison*) ausbrechen; *dog, cat* entlaufen; *bird* entfliegen; ■ **to ~ from sb** vor jdm fliehen; (*successfully*) jdm entkommen; ■ **to ~ from somewhere** aus etw *dat* fliehen; (*successfully*) aus etw *dat* entkommen; **to ~ from prison** aus dem Gefängnis ausbrechen ❷ (*avoid harm*) [mit dem Leben] davonkommen; **to ~ unhurt** unverletzt bleiben ❸ (*leak*) entweichen, austreten ❹ COMPUT **to ~ from a program** ein Programm verlassen **II.** *vt* ❶ (*get away from*) ■ **to ~ sth** *a place* aus etw *dat* fliehen; (*successfully*) aus etw *dat* entkommen; (*fig*) **to ~ [from]** entfliehen +*dat*; **to ~ the danger/fire** der Gefahr/dem Feuer entkommen; ■ **to ~ sb** vor jdm fliehen; (*successfully*) jdm entkommen ❷ (*avoid*) entgehen +*dat*; **she was lucky to ~ serious injury** sie hatte Glück, dass sie nicht ernsthaft verletzt wurde; **there's no escaping the fact that ...** es lässt sich nicht leugnen, dass ... ❸ (*not be remembered or observed*) **his address ~s me** seine Adresse ist mir entfallen; **to ~ sb's attention** [*or* **notice**] jds Aufmerksamkeit entgehen ❹ (*be emitted*) ■ **to ~ sb** jdm entfahren **III.** *n* ❶ (*act of escaping*) Flucht *f a. fig* (**from** aus); *from a prison* Ausbruch *m*; **~ route** Fluchtweg *m*; **to make [good] one's ~ from sth** aus etw *dat* fliehen [*o* ausbrechen] *m* ❷ *no pl* (*avoidance*) Entkommen *nt*; **that was a lucky ~!** da haben wir wirklich noch einmal Glück gehabt!; **there's no ~** daran führt kein Weg vorbei; **to have a narrow ~** gerade noch einmal davonkommen ❸ (*leakage*) Austreten *nt kein pl*, Entweichen *nt kein pl*
e'scape clause *n* Rücktrittsklausel *f*
es·cap·ee [ɪˌskeɪ'piː, eˌs-] *n* Entflohene(r) *f(m)*
e'scape key *n* COMPUT ESC-Taste *f*
es·cap·ism [ɪ'skeɪpɪz*ə*m, es'-] *n no pl* Realitätsflucht *f*
es·cap·ist [ɪ'skeɪpɪst, es'-] **I.** *n* Eskapist(in) *m(f)* **II.** *adj* eskapistisch
es·cort I. *vt* [ɪ'skɔːt, es'-] eskortieren; MIL Geleitschutz geben +*dat*; **to ~ sb to safety** jdn in Sicherheit bringen **II.** *n* ['eskɔːt] ❶ (*companion*) Begleiter(in) *m(f)*, Begleitung *f* ❷ *no pl* (*guard*) Eskorte *f*, Begleitschutz *m*; **police ~** Polizeieskorte *f*; **under police ~** unter Polizeischutz
ESE *n abbrev of* **east-south-east** OSO
esoph·a·gus *n* AM *see* **oesophagus**
eso·ter·ic [ˌesə(ʊ)'terɪk] *adj* esoterisch
esp *adv abbrev of* **Esquire**
es·pe·cial·ly [ɪ'speʃəli, es'-] *adv* besonders; **I chose this ~ for you** ich habe das extra für dich ausgesucht
es·pi·o·nage ['espɪənɑːʒ] *n no pl* Spionage *f*
es·pres·so [es'presəʊ] *n* Espresso *m*
Esq. *n abbrev of* **Esquire**
Es·quire [ɪ'skwaɪər, es'-] *n* (*form: on envelope*) **Richard Smith, Esq.** Herrn Richard Smith
es·say ['eseɪ] *n* Essay *m o nt* (**on** über)
es·say·ist ['eseɪɪst] *n* Essayist(in) *m(f)*
es·sence ['es*ə*n(t)s] *n* ❶ PHILOS Wesen *nt* ❷ (*gist*) Wesentliche(s) *nt*; *of problem* Kern *m*; **time is of the ~ here** die Zeit ist hier entscheidend ❸ (*epitome*) **the** [**very**] **~ of stupidity** der Inbegriff der Dummheit ❹ FOOD Essenz *f*, Extrakt *m*
es·sen·tial [ɪ'sen(t)ʃ*ə*l] **I.** *adj* ❶ (*indispensable*) unbedingt erforderlich; *vitamins* lebenswichtig ❷ (*fundamental*) essenziell; *element* wesentlich; *difference* grundlegend; **~ component** Grundbestandteil *m* **II.** *n* ■ **the ~s** *pl* das Wesentliche *kein pl*; **the ~s of Spanish** die Grundzüge des Spanischen; **the bare ~s** das [Aller]nötigste
es·sen·tial·ly [ɪ'sen(t)ʃəli] *adv* im Grunde [genommen]
est *adj* ❶ *abbrev of* **estimated** ❷ *abbrev of*

established gegr.

es·tab·lish [ɪˈstæblɪʃ, esˈ-] **I.** vt ① (*found, set up*) gründen; *contact* aufnehmen; *dictatorship, monopoly* errichten; *precedent* schaffen; *priorities* setzen; *record* aufstellen; *relationship* aufbauen; *relations, rule of law* herstellen; *rule* aufstellen ② (*secure*) **to ~ one's authority over sb** sich *dat* Autorität gegenüber jdm verschaffen; **to ~ order** für Ordnung sorgen ③ (*demonstrate*) **to ~ one's superiority** sich als überlegen erweisen; **her latest book has ~ed her as one of our leading novelists** ihr jüngstes Buch zeigt, dass sie eine unserer führenden Romanautorinnen ist ④ (*prove*) feststellen; *claim* nachweisen **II.** vi gedeihen

es·tab·lished [ɪˈstæblɪʃt, esˈ-] *adj* ① (*standard*) fest; **it is ~ practice ...** es ist üblich, ... ② (*proven*) nachgewiesen; *fact* gesichert ③ (*accepted*) anerkannt ④ (*founded*) gegründet

es·tab·lish·ment [ɪˈstæblɪʃmənt, esˈ-] *n* ① (*institution*) Unternehmen *nt*; **educational ~** Bildungseinrichtung *f* ② *no pl* (*ruling group*) ■ **the ~** das Establishment ③ (*act of setting up*) Gründung *f*

es·tate [ɪˈsteɪt, esˈ-] *n* ① (*landed property*) Gut *nt*; **country ~** Landgut *nt* ② LAW (*personal property*) [Privat]vermögen *nt*; *of deceased person* Erbmasse *f* ③ BRIT (*group of buildings*) Siedlung *f*; **housing ~** [Wohn]siedlung *f*; **industrial/trading ~** Industrie-/Gewerbegebiet *nt* ④ BRIT (*car*) Kombi[wagen] *m*

e's·tate agent *n* BRIT Immobilienmakler(in) *m(f)* **e's·tate car** *n* BRIT Kombi[wagen] *m*

es·teem [ɪˈstiːm, esˈ-] **I.** *n no pl* Ansehen *nt*; **to hold sb in high/low ~** jdn hoch/gering schätzen **II.** *vt* [hoch] schätzen

es·thet·ic *adj* AM *see* **aesthetic**

es·thet·ics *n* AM *see* **aesthetics**

es·ti·mate I. *vt* [ˈestɪmeɪt] [ein]schätzen **II.** *n* [ˈestɪmət] Schätzung *f*; ECON Kostenanschlag *m*; **conservative ~** vorsichtige Einschätzung *f*; **at a rough ~** grob geschätzt

es·ti·mat·ed [ˈestɪmeɪtɪd] *adj* geschätzt; **~ figure** Schätzung *f*; **time of arrival/departure** voraussichtlich

es·ti·ma·tion [ˌestɪˈmeɪʃən] *n no pl* ① (*opinion*) Einschätzung *f*; **in my ~** meiner Ansicht nach ② (*esteem*) Achtung *f*

Es·to·nia [esˈtəʊniə] *n* Estland *nt*

Es·to·nian [esˈtəʊniən] **I.** *adj* estnisch **II.** *n* ① (*person*) Este, Estin *m*, *f* ② LING Estnisch *nt*

es·tranged [ɪˈstreɪndʒd, esˈ-] *adj* ① (*alienated*) entfremdet ② (*living apart*) ■ **to be ~** getrennt leben

es·tro·gen *n no pl* AM *see* **oestrogen**

es·tu·ary [ˈestjʊəri] *n* Flussmündung *f*

ETA [ˌiːtiːˈeɪ] *n abbrev of* **Estimated Time of Arrival** voraussichtliche Ankunft

e-tail [ˈiːteɪl] *n* INET, COMPUT Internet-Handel *m*

etc. *adv abbrev of* **et cetera** usw., etc.

etch [etʃ] *vt* ätzen; (*in copper*) kupferstechen; (*in other metals*) radieren; **to be ~ed on sb's memory** in jds Gedächtnis eingebrannt sein

etch·ing [ˈetʃɪŋ] *n* Ätzung *f*; (*artwork*) Radierung *f*; (*in copper*) Kupferstich *m*

ETD [ˌiːtiːˈdiː] *abbrev of* **estimated time of departure** RAIL voraussichtliche Abfahrtszeit; AVIAT voraussichtliche Abflugzeit

eter·nal [ɪˈtɜːnəl] *adj* ewig *a. fig*; *complaints* endlos; **~ flame** ewiges Licht

eter·nal·ly [ɪˈtɜːnəli] *adv* ewig; (*pej*) unaufhörlich

eter·nity [ɪˈtɜːnəti] *n no pl* Ewigkeit *f a. fig*; **for all ~** bis in alle Ewigkeit

eth·ic [ˈeθɪk] *n* Moral *f*, Ethos *nt*; **work ~** Arbeitsethos *nt*

ethi·cal [ˈeθɪkəl] *adj* ethisch

eth·ics [ˈeθɪks] *n* Ethik *f*

eth·nic [ˈeθnɪk] *adj* ethnisch; **the ~ Chinese** die Volkschinesen; **~ costume** Landestracht *f*

eth·no·na·tion·al·ist [ˌeθnəʊˈnæʃənəlɪst] *adj* ethnonationalistisch

eti·quette [ˈetɪket] *n no pl* Etikette *f*

ety·mol·ogy [ˌetɪˈmɒlədʒi] *n* Etymologie *f*

EU [ˌiːˈjuː] *n abbrev of* **European Union** EU *f*

eulogy [ˈjuːlədʒi] *n* ① AM (*funeral oration*) Grabrede *f* ② (*speech of praise*) Lobrede *f*

eunuch [ˈjuːnək] *n* Eunuch *m*

euphemism [ˈjuːfəmɪzəm] *n* Euphemismus *m*

euphemis·tic [ˌjuːfəˈmɪstɪk] *adj* euphemistisch

eupho·ria [juːˈfɔːriə] *n no pl* Euphorie *f*

euphor·ic [juːˈfɒrɪk] *adj* euphorisch

EUR *n see* **Euro** EUR

euro [ˈjʊərəʊ] *n* Euro *m* **'Euro·cheque** *n* Euroscheck *m*

eurochic [ˈjʊərəʊʃiːk] *adj* (*stylish in a European way*) schick mit Stil

'euro coins *npl* Euromünzen *pl* **Euro·crat** [ˈjʊərə(ʊ)kræt] *n* Eurokrat(in) *m(f)*

Europe [ˈjʊərəp] *n no pl* Europa *nt*

Euro·pean [ˌjʊərəˈpiən] **I.** *adj* europäisch **II.** *n* Europäer(in) *m(f)*

European Mone·tary 'Union *n* Europäische Währungsunion *f* **Euro·pean 'Par·lia·ment** *n no pl* Europaparlament *nt* **Euro·pean 'Un·ion** *n no pl* Europäische Union *f*

eutha·na·sia [ˌjuːθəˈneɪziə] *n no pl* Sterbehilfe *f*

evacu·ate [ɪˈvækjueɪt] *vt* evakuieren; *area, building* räumen

evacu·ation [ɪˌvækju'eɪʃ°n] *n* Evakuierung *f*; (*of area, building*) Räumung *f*

evac·uee [ɪˌvækju'iː] *n* Evakuierte(r) *f(m)*

evade [ɪ'veɪd] *vt* ausweichen +*dat*; *draft, responsibility* sich entziehen +*dat*; *police* entgehen +*dat*; *tax* hinterziehen

evalu·ate [ɪ'væljueɪt] *vt* bewerten; *results* auswerten; *person* beurteilen

evalu·ation [ɪˌvælju'eɪʃ°n] *n* Schätzung *f*; *of damages* Festsetzung *f*; *of an experience* Einschätzung *f*; *of a treatment* Beurteilung *f*; *of a book* Bewertung *f*

evan·geli·cal [ˌiːvæn'dʒelɪk°l] *adj* evangelisch

evan·gelist [ɪ'vændʒəlɪst] *n* Wanderprediger(in) *m(f)*

evapo·rate [ɪ'væp°reɪt] **I.** *vt* verdampfen lassen **II.** *vi* verdunsten; (*fig*) sich in Luft auflösen; **~d milk** Kondensmilch *f*

evapo·ra·tion [ɪˌvæpə'reɪʃ°n] *n no pl* Verdunstung *f*

eva·sion [ɪ'veɪʒ°n] *n* ① (*prevarication*) Ausweichen *nt* ② *no pl* (*avoidance*) Umgehung *f*; **fare ~** Schwarzfahren *nt*; **tax ~** Steuerhinterziehung *f*

eva·sive [ɪ'veɪsɪv] *adj* ausweichend; **to take ~ action** ein Ausweichmanöver machen; ■ **to be ~** ausweichen

eve [iːv] *n no pl* Vorabend *m*

Eve [iːv] *n no art* Eva *f*

even ['iːv°n] **I.** *adv* ① (*unexpectedly*) selbst; **~ Chris was there** selbst Chris war da ② (*indeed*) sogar; **not ~** [noch] nicht einmal; **did he ~ read the letter?** hat er den Brief überhaupt gelesen? ③ (*despite*) **~ if ...** selbst wenn ...; **~ so ...** trotzdem ...; **~ then ...** trotzdem ...; **~ though ...** selbst wenn ...; **~ though he left school at 16, ...** obwohl er mit sechzehn bereits von der Schule abging, ... ④ + *comp* noch; **~ colder** noch kälter **II.** *adj* ① (*level*) eben; *row* gerade; **two surfaces** *of* **gleicher Höhe**; (*fig*) ausgeglichen ② (*equal*) gleich [groß]; *contestant* ebenbürtig; *distribution* gleichmäßig; *game* ausgeglichen; **to be/get ~ with sb** mit jdm quitt sein/jdm etw heimzahlen ③ (*regular*) gleichmäßig; **to walk at an ~ pace** in gleichmäßigem Tempo gehen; **to have an ~ temper** ausgeglichen sein ④ MATH gerade **III.** *vt* ebenen ◆ **even out I.** *vt* ausgleichen **II.** *vi* sich ausgleichen; *prices* sich einpendeln ◆ **even up** *vt* ausgleichen

eve·ning ['iːvnɪŋ] **I.** *n* Abend *m*; **have a nice ~** schönen Abend!; **all ~** den ganzen Abend; **on Friday ~** am Freitagabend; **on Friday ~s** freitagabends; **this ~** heute Abend; **in the ~** am Abend; **in the ~s** abends **II.** *adj* Abend-

'eve·ning class *n* Abendkurs *m* **eve·ning 'dress** *n* ① (*dress*) Abendkleid *nt* ② *no pl* (*outfit*) **to wear ~** Abendkleidung tragen **eve·ning per·'for·mance** *n* Abendvorstellung *f* **eve·ning 'prayer** *n* Abendgebet *nt* **eve·ning 'ser·vice** *n* Abendgottesdienst *m*

even·ly ['iːv°nli] *adv* ① (*placidly*) gelassen ② (*equally*) gleichmäßig; **to be ~ matched** einander ebenbürtig sein

even·ness ['iːv°nnəs] *n no pl* Ebenheit *f*

evens ['iːv°nz] *adj* BRIT **the chances are ~** die Chancen stehen fünfzig zu fünfzig

event [ɪ'vent] *n* ① (*occurrence*) Ereignis *nt*; **series of ~s** Reihe *f* von Vorfällen; **sporting ~** Sportveranstaltung *f* ② (*case*) Fall *m*; **in the ~ that ... falls ...; in the ~ of sb's death** im Falle des Todes einer Person *gen*; **in any ~** auf jeden Fall; **to be wise after the ~** es im Nachhinein besser wissen ③ SPORTS Wettkampf *m*

even-'tem·pered *adj* ausgeglichen

event·ful [ɪ'vent°l] *adj* ereignisreich

even·tual [ɪ'ventʃuəl] *adj* ① (*final*) schließlich; *cost* letztendlich ② (*possible*) etwaig

even·tu·al·ity [ɪˌventʃu'æləti] *n* Eventualität *f*; **in that ~** in diesem Fall

even·tu·al·ly [ɪ'ventʃuəli] *adv* ① (*finally*) schließlich, endlich ② (*some day*) irgendwann

ever ['evə'] *adv* ① (*at any time*) je[mals]; **nothing ~ happens here** hier ist nie was los; **have you ~ been to London?** bist du schon einmal in London gewesen?; **nobody has ~ heard of this book** keiner hat je etwas von diesem Buch gehört; **a brilliant performance if ~ there was one** eine wahrhaft ausgezeichnete Darbietung; **rarely, if ~** kaum, wenn überhaupt je; **hardly ~** kaum; **to hardly ~ do sth** etw so gut wie nie tun; **as good as ~** so gut wie eh und je; **worse than ~** schlimmer als je zuvor ② (*always*) **happily ~ after** glücklich bis ans Ende ihrer Tage; **as ~** wie gewöhnlich; **~ since ...** seitdem ... ③ (*of all time*) **the biggest trade fair ~** die größte Handelsmesse, die es je gab; **the first performance ~** die allererste Darbietung ④ (*as intensifier*) **how ~ could anyone ...?** wie kann jemand nur ...?; **what ~ have you done?** was hast du bloß angetan?; **when ~ are we going to get this finished?** wann sind wir endlich damit fertig?; **where ~ have I ...?** wohin habe ich nur ...?; **am I ~!** und wie! ⑤ (*fam: exceedingly*) **thank you so much** tausend Dank

'ever·glade *n* Sumpfgebiet *nt*; ■ **the E~s** *pl* die Everglades *pl* **'ever·green I.** *n* (*plant, shrub*) immergrüne Pflanze; (*tree*) immergrüner Baum **II.** *adj* immergrün; (*fig*) immer

ever·last·ing [ˌevəˈlɑːstɪŋ] *adj* ❶ (*undying*) immerwährend; *gratitude* ewig; *happiness* dauerhaft ❷ (*pej: unceasing*) endlos ■ **'ever·more** *adv* (*liter*) **for ~** für alle Ewigkeit

every [ˈevrɪ] *adj* ❶ (*each*) jede(r, s) ❷ (*as emphasis*) ganz und gar; **~ bit as ... as ...** genauso ... wie ...; **to have ~ chance** die besten Chancen haben; **~ inch a gentleman** von Kopf bis Fuß ein Gentleman; **to have ~ reason to do sth** allen Grund haben, etw zu tun; **~ which way** AM in alle Richtungen ■ **every·body** [ˈevrɪˌbɒdɪ] *pron indef*, + *sing vb* (*all people*) jede(r); **~ in favour?** alle, die dafür sind?; **goodbye, ~** auf Wiedersehen alle miteinander; **~ but Jane** alle außer Jane; **~ else** alle anderen ■ **'every·day** *adj* alltäglich; **~ language** Alltagssprache *f;* **~ life** Alltagsleben *nt;* **a word in ~ use** ein umgangssprachlich verwendetes Wort ■ **every·one** [ˈevrɪwʌn] *pron see* **everybody** ■ **every·thing** [ˈevrɪθɪŋ] *pron indef* alles; **to blame ~ on sb/sth** [*or* **sb/sth for ~**] jdm/jdn die ganze Schuld geben; **money isn't ~** Geld ist nicht alles; **how's ~?** wie steht's?; **despite** [*or* **in spite of**] **~** trotz allem; **and ~** mit allem Drum und Dran ■ **every·where** [ˈevrɪ(h)weə] *adv* überall; **~ else** überall sonst; **to travel ~** überallhin reisen

evict [ɪˈvɪkt] *vt* **to ~ sb** (*from their home*) jdm kündigen; (*forcefully*) jdn zur Räumung seiner Wohnung zwingen; (*from a pub*) jdn rausschmeißen *fam*

evic·tion [ɪˈvɪkʃən] *n* Zwangsräumung *f;* **~ notice/order** Räumungsbescheid *m*/-befehl *m*

evi·dence [ˈevɪdən(t)s] **I.** *n no pl* ❶ (*proof*) Beweis[e] *m[pl]*; **to believe the ~ of one's own eyes** seinen eigenen Augen trauen; **to find no ~ of sth** keinen Anhaltspunkt für etw *akk* haben; **all the ~** alle Anhaltspunkte; ■ **on the ~ of** im Hinblick auf +*akk* ❷ LAW Beweisstück *nt*; **to turn Queen's** [*or* **King's**] **~** BRIT als Kronzeuge auftreten; **written ~** schriftliches Beweismaterial; **to give ~** aussagen (**on** über, **against** gegen) ❸ (*be present*) ■ **to be** [**much**] **in ~** [deutlich] sichtbar sein; **few police were in ~** nur ein geringes Polizeiaufgebot war zu erkennen **II.** *vt* ■ **to be ~d by sth** sich in etw *dat* ausdrücken

evi·dence-based [ˈevɪdən(t)sbeɪst] *adj research, report, results* belegbar, belegt, nachgewiesen

evi·dent [ˈevɪdənt] *adj* offensichtlich; ■ **to be ~ to sb** jdm klar sein; **it only became ~ the following morning** es war erst am nächsten Morgen zu erkennen; ■ **to be ~ in sth** in etw *dat* zu erkennen sein

evi·dent·ly [ˈevɪdəntlɪ] *adv* offensichtlich

evil [ˈiːvəl] **I.** *adj* böse **II.** *n* Übel *nt;* LIT das Böse; **good and ~** Gut und Böse; **the lesser of two ~s** das kleinere von zwei Übeln

evoca·tive [ɪˈvɒkətɪv] *adj* evokativ

evoke [ɪˈvəʊk] *vt* hervorrufen; *mental image* an etw *akk* erinnern; *memory* wachrufen; *suspicion* erregen

evo·lu·tion [ˌiːvəˈluːʃən] *n no pl* Evolution *f*; (*fig*) Entwicklung *f*

evolve [ɪˈvɒlv] **I.** *vi* sich entwickeln **II.** *vt* entwickeln

ewe [juː] *n* Mutterschaf *nt;* **~'s milk** Schafsmilch *f*

ex <*pl* -es> *n* (*fam: lover*) Ex-Freund(in) *m(f);* (*spouse*) Exmann, Exfrau *m, f*

ex·ac·er·bate [ɪɡˈzæsəbeɪt] *vt* verschlimmern; *crisis* verschärfen

ex·act [ɪɡˈzækt] **I.** *adj* genau; **to be the ~ equivalent of sth** etw *dat* genau entsprechen; **to have the ~ fare ready** das Fahrgeld genau abgezählt bereithalten; **the ~ opposite** ganz im Gegenteil; **an ~ science** eine exakte Wissenschaft **II.** *vt* fordern; *revenge* üben (**on** an)

ex·act·ing [ɪɡˈzæktɪŋ] *adj* anstrengend; *demand, standards* hoch

ex·ac·ti·tude [ɪɡˈzæktɪtjuːd] *n no pl* (*form*) Genauigkeit *f*

ex·act·ly [ɪɡˈzæktlɪ] *adv* ❶ (*precisely*) genau; **~!** ganz genau!; **~ the same** genau dasselbe ❷ (*hardly*) ■ **not ~** eigentlich nicht, nicht gerade

ex·act·ness [ɪɡˈzæktnəs] *n* Genauigkeit *f*

ex·ag·ger·ate [ɪɡˈzædʒəreɪt] *vt, vi* übertreiben; *effect* verstärken

ex·ag·ger·at·ed [ɪɡˈzædʒəreɪtɪd] *adj* übertrieben

ex·ag·gera·tion [ɪɡˌzædʒəˈreɪʃən] *n* Übertreibung *f;* **it's not an ~ to say that ...** es ist nicht übertrieben, wenn man behauptet, dass ...; **a bit of an ~** ein bisschen übertrieben

ex·alt [ɪɡˈzɔːlt] *vt* ❶ (*praise*) preisen ❷ (*promote to higher rank*) erheben

ex·al·ta·tion [ˌeɡzɔːlˈteɪʃən] *n no pl* Begeisterung *f*

ex·alt·ed [ɪɡˈzɔːltɪd] *adj* hoch

exam [ɪɡˈzæm] *n* Prüfung *f*

ex·ami·na·tion [ɪɡˌzæmɪˈneɪʃən] *n* ❶ (*test*) Prüfung *f;* UNIV Examen *nt;* **~ results** Prüfungsergebnisse *pl* ❷ (*investigation*) Untersuchung *f; of evidence* Überprüfung *f;* **to be under ~** untersucht werden ❸ MED Untersuchung *f;* **to undergo a medical ~** sich ärztlich untersuchen lassen

ex·am·ine [ɪɡˈzæmɪn] *vt* ❶ (*test*) prüfen ❷ (*scrutinize*) untersuchen ❸ LAW verhören ❹ MED untersuchen

ex·am·i·nee [ɪgˌzæmɪˈniː] n Examenskandidat(in) m(f)

ex·am·in·er [ɪgˈzæmɪnəʳ] n ❶ SCH, UNIV Prüfer(in) m(f) ❷ MED **medical ~** Gerichtsmediziner(in) m(f)

ex·ˈam·in·ing board n Prüfungsausschuss m

ex·am·ple [ɪgˈzɑːmpl] n Beispiel nt; **for ~** zum Beispiel; **to set sb a good ~** jdm ein gutes Beispiel geben; **to follow sb's ~** [in doing sth] sich dat an jdm ein Beispiel nehmen [und etw tun]; **to make an ~ of sb** jdm ein Exempel statuieren

ex·as·per·ate [ɪgˈzɑːspəreɪt] vt (infuriate) zur Verzweiflung bringen; (irritate) verärgern

ex·as·per·at·ing [ɪgˈzɑːspəreɪtɪŋ] adj ärgerlich

ex·as·per·a·tion [ɪgˌzɑːspəˈreɪʃən] n no pl Verzweiflung f (at über); **in ~** verärgert, verzweifelt

ex·ca·vate [ˈekskəveɪt] I. vt ❶ ARCHEOL ausgraben ❷ (dig) ausheben II. vi Ausgrabungen machen

ex·ca·va·tion [ˌekskəˈveɪʃən] n ARCHEOL Ausgrabung f; (digging) Ausheben nt

ex·ca·va·tor [ˈekskəveɪtəʳ] n Bagger m

ex·ceed [ɪkˈsiːd] vt (outshine) übersteigen; (outshine) übertreffen; speed limit überschreiten

ex·ceed·ing·ly [ɪkˈsiːdɪŋli] adv äußerst

ex·cel <-ll-> [ɪkˈsel] I. vi sich auszeichnen; ■ **to ~ at** [or **in**] **sth** sich bei etw dat hervortun II. vt ■ **to ~ oneself** sich selbst übertreffen

ex·cel·lence [ˈeksələn(t)s] n no pl Vorzüglichkeit f; **of a performance** hervorragende Qualität; **academic ~** (of a university) ausgezeichnetes akademisches Niveau **Ex·cel·len·cy** [ˈeksələn(t)si] n [**Your**] **~** [Eure] Exzellenz **ex·cel·lent** [ˈeksələnt] adj ausgezeichnet; performance, quality, reputation hervorragend; **to have ~ taste** einen erlesenen Geschmack besitzen

ex·cept [ɪkˈsept] I. prep ■ **~** [**for**] außer +dat II. conj ❶ (only, however) doch, nur ❷ (besides) außer III. vt (form) ausschließen; **present company ~ed** Anwesende ausgenommen

ex·cept·ing [ɪkˈseptɪŋ] prep außer +dat; **not ~** nicht ausgenommen; **always ~** natürlich mit Ausnahme

ex·cep·tion [ɪkˈsepʃən] n Ausnahme f; **without ~** ausnahmslos; **to take ~ to sth**] Anstoß m [an etw dat] nehmen; **with the ~ of ...** mit Ausnahme von ... ▸ **the ~ proves the rule** (prov) die Ausnahme bestätigt die Regel

ex·cep·tion·al [ɪkˈsepʃənəl] adj außergewöhnlich **ex·cep·tion·al·ly** [ɪkˈsepʃənəli] adv außergewöhnlich; **~ clever** ungewöhnlich intelligent

ex·cerpt n [ˈeksɜːpt] Auszug m (**from** aus)

ex·cess [ɪkˈses, ek-] I. n <pl -es> ❶ no pl (overindulgence) Übermaß nt (**of** an) ❷ (surplus) Überschuss m (**of** an); ■ **to do sth to ~** bei etw dat übertreiben; **in ~ of ...** mehr als ... II. adj Über-; **~ amount** Mehrbetrag m; **~ baggage/luggage** Übergepäck nt; **~ charge** Zusatzgebühr f; **~ fare** Zuschlag m; **~ fat** überschüssiges Fett

ex·cess ex·ˈpen·di·ture n Mehrausgabe f

ex·ces·sive [ɪkˈsesɪv, ek-] adj übermäßig; claim übertrieben

ex·change [ɪksˈtʃeɪndʒ, eks-] I. vt austauschen; (in a shop) umtauschen (**for** gegen); **to ~ words** einen Wortwechsel haben; looks wechseln II. n ❶ (trade) Tausch m; **in ~ for** dafür; **~ of letters** Briefwechsel m ❷ FIN Währung f; **foreign ~** Devisen pl; **rate of ~** Wechselkurs m ❸ (interchange) Wortwechsel m; **~ of blows** Schlagabtausch m; **~ of fire** Schusswechsel m

ex·change·able [ɪksˈtʃeɪndʒəbl, eks-] adj austauschbar; goods umtauschbar; token einlösbar **ex·ˈchange rate** n Wechselkurs m **ex·change regu·ˈla·tions** npl ECON, FIN Devisenbestimmungen pl **ex·ˈchange re·stric·tions** npl Devisenbeschränkungen pl **ex·ˈchange stu·dent** n SCH Austauschschüler(in) m(f); UNIV Austauschstudent(in) m(f)

ex·cheq·uer [ɪksˈtʃekəʳ, eks-] n no pl BRIT Finanzministerium nt

ex·cise¹ [ˈeksaɪz] n FIN **~ duty** Verbrauchssteuer f (**on** für)

ex·cise² [ekˈsaɪz] vt entfernen

ex·cit·able [ɪkˈsaɪtəbl, ek-] adj erregbar

ex·cite [ɪkˈsaɪt, ek-] vt ❶ (stimulate) erregen; (make enthusiastic) begeistern ❷ (awaken) hervorrufen; curiosity wecken; imagination anregen

ex·cit·ed [ɪkˈsaɪtɪd, ek-] adj aufgeregt; (enthusiastic) begeistert; **to be ~ about sth** (in present) von etw dat begeistert sein; (in near future) sich auf etw akk freuen; **nothing to get ~ about** nichts Weltbewegendes

ex·cite·ment [ɪkˈsaɪtmənt, ek-] n Aufregung f; **in a state of ~** in heller Aufregung; **what ~!** wie aufgeregt!

ex·cit·ing [ɪkˈsaɪtɪŋ, ek-] adj aufregend; development, match, story spannend; (stimulating) anregend

excl. adj, prep abbrev of **exclusive, excluding** exkl.

ex·claim [ɪksˈkleɪm, eks-] I. vi **to ~ in delight** in ein Freudengeschrei ausbrechen II. vt ausrufen

ex·cla·ma·tion [ˌekskləˈmeɪʃən] n Ausruf m;

~s of happiness Freudengeschrei nt
ex·cla·'ma·tion mark n, **ex·cla·'ma·tion point** n Am Ausrufezeichen nt
ex·clude [ɪksˈkluːd, eks-] vt ausschließen; **the price ~s local taxes** im Preis sind die Kommunalsteuern nicht inbegriffen
ex·clud·ing [ɪksˈkluːdɪŋ, eks-] prep ausgenommen +gen
ex·clu·sion [ɪksˈkluːʒən, eks-] n Ausschluss m (**from** von); **to concentrate on revision to the ~ of all else** sich ausschließlich auf Prüfungsvorbereitungen konzentrieren
ex·clu·sive [ɪksˈkluːsɪv, eks-] **I.** adj ① (excluding) ausschließlich ② (limited to, select) exklusiv; **for the ~ use of ...** nur für ... bestimmt; **~ interview** MEDIA Exklusivinterview nt ③ (sole) einzig **II.** n MEDIA Exklusivbericht m
ex·clu·sive·ly [ɪksˈkluːsɪvli, eks-] adv ausschließlich, exklusiv
ex·com·mu·ni·cate [ˌekskəˈmjuːnɪkeɪt] vt exkommunizieren
ex·com·mu·ni·ca·tion [ˌekskəˌmjuːnɪˈkeɪʃən] n Exkommunikation f
ex·cre·ment [ˈekskrəmənt] n (form) Kot m, Exkremente pl
ex·crete [ɪkˈskriːt, ek-] **I.** vt ausscheiden **II.** vi Exkremente ausscheiden
ex·cru·ci·at·ing [ɪkˈskruːʃieɪtɪŋ, ek-] adj ① (painful) schmerzhaft; **an ~ pain** fürchterliche Schmerzen; **suffering** entsetzlich ② (fig) qualvoll
ex·cur·sion [ɪkˈskɜːʃən, eks-] n Ausflug m; **to go on an ~** einen Ausflug machen
ex·ˈcur·sion tick·et n verbilligte Fahrkarte
ex·ˈcur·sion train n Am Sonderzug m
ex·cus·able [ɪkˈskjuːzəbl, ek-] adj verzeihlich, entschuldbar
ex·cuse I. vt [ɪkˈskjuːz, ek-] ① (forgive) entschuldigen; (make an exception) hinwegsehen über +akk; **I cannot ~ his behaviour** ich kann sein Verhalten nicht rechtfertigen; ■ **to ~ sb [for] sth** jdm etw nachsehen; ■ **to ~ sb from sth** jdn von etw dat befreien; **may I be ~d from cricket practice?** dürfte ich dem Cricket-Training fernbleiben? ② (attract attention) **~ me!** entschuldigen Sie bitte!, Entschuldigung!; (beg pardon) [ich bitte vielmals um] Entschuldigung; **~ me?** wie bitte?; (on leaving) [**if you'll**] **~ me** wenn Sie mich jetzt entschuldigen würden **II.** n [ɪkˈskjuːs, eks-] ① (explanation) Entschuldigung f; **please make my ~s at Thursday's meeting** entschuldige mich bitte bei der Sitzung am Donnerstag ② (justification) Ausrede f; (with reason) Rechtfertigung f; **there is no ~ for their behaviour** ihr Verhalten ist durch nichts zu rechtfertigen; **to make an ~** sich entschuldigen ③ (fam: poor example) ■ **an ~ for sth** ein armseliges Beispiel einer S. gen

ex·di·rec·tory [ˌeksdəˈrektəri] adj BRIT, AUS **~ number** Geheimnummer f; ■ **to be ~** nicht im Telefonbuch stehen
ex·ecute [ˈeksɪkjuːt] vt ① (form: carry out) durchführen; manoeuvre, order, plan ausführen ② (kill) hinrichten
ex·e·cu·tion [ˌeksɪˈkjuːʃən] n ① no pl (carrying out) Durchführung f; **to put a plan into ~** einen Plan ausführen ② (killing) Hinrichtung f
ex·e·cu·tion·er [ˌeksɪˈkjuːʃənər] n Scharfrichter m
ex·ec·u·tive [ɪgˈzekjətɪv, eg-] **I.** n ① (manager) leitender Angestellter/leitende Angestellte; **advertising ~** Werbemanager(in) m(f); **junior/senior ~** untere/höhere Führungskraft ② + sing/pl vb (body) Exekutive f; (committee) Vorstand m **II.** adj Exekutiv-; **~ car** Vorstandswagen m; **~ committee** [geschäftsführender] Vorstand; **~ council** Ministerrat m; **~ decisions** Führungsentscheidungen pl; **~ editor** Chefredakteur(in) m(f); **~ producer** leitender Produzent/leitende Produzentin; **~ secretary** Direktionssekretär(in) m(f); **~ skills** Führungsqualitäten pl; **~ suite** Vorstandsetage f; (in a hotel) Chefsuite f
ex·ec·u·tor [ɪgˈzekjətər, eg-] n LAW Testamentsvollstrecker(in) m(f)
ex·em·pla·ry [ɪgˈzempləri, eg-] adj vorbildlich; punishment exemplarisch
ex·em·pli·fy <-ie-> [ɪgˈzemplɪfaɪ, eg-] vt person erläutern; thing veranschaulichen
ex·empt [ɪgˈzempt, eg-] **I.** vt befreien; from military service freistellen **II.** adj befreit; **~ from duty** [or **tax**] gebührenfrei
ex·emp·tion [ɪgˈzempʃən, eg-] n no pl Befreiung f; from military service Freistellung f; **~ from taxes** Steuerfreiheit f
ex·er·cise [ˈeksəsaɪz] **I.** vt ① (physically) trainieren; dog spazieren führen; horse bewegen ② (form: use) üben; authority, control ausüben; caution walten lassen; right geltend machen; veto einlegen; **to ~ tact** mit Takt vorgehen **II.** vi trainieren **III.** n ① (physical exertion) Bewegung f; (training) Übung f; **breathing ~** Atemübung f; **outdoor ~** Bewegung f im Freien; **to do ~s** Gymnastik machen; **to do leg ~s** Beinübungen machen; **to take ~** sich bewegen ② (practice) Übung f; SCH, UNIV Aufgabe f ③ MIL Übung f ④ usu sing (act) Aufgabe f ⑤ Am ■ **~ in** ein Paradebeispiel für ⑥ Am ■ **~s** pl Feierlichkeiten pl **IV.** adj Trainings-; **~ class** Fitnessklasse f; **~ video** Übungsvideo nt
ˈex·er·cise bike n Heimfahrrad nt **ˈex·er·cise book** n Heft nt

ex·er·cis·er ['eksəsaɪzə'] *n* Trainingsgerät *nt*
ex·ert [ɪɡ'zɜ:t, eɡ-] *vt* ❶ (*utilize*) *control* ausüben; *influence* geltend machen ❷ (*labour*) ▪ to ~ oneself sich anstrengen
exer-'tain·ment *n no pl* (*fam*) Exertainment *nt*
ex·er·tion [ɪɡ'zɜ:ʃən, eɡ-] *n* ❶ *no pl* (*utilization*) Ausübung *f* ❷ (*strain*) Anstrengung *f*
ex·'fo·li·at·ing cream *n* Rubbelcreme *f*, Peeling *nt*
ex·ha·la·tion [ˌeks(h)ə'leɪʃən] *n* Ausatmen *nt*
ex·hale [eks'heɪl] *vt, vi* ausatmen
ex·haust [ɪɡ'zɔ:st, eɡ-] **I.** *vt* ❶ (*tire*) ermüden; ▪ to ~ oneself sich strapazieren ❷ (*use up*) erschöpfen **II.** *n* ❶ *no pl* (*gas*) Abgase *pl* ❷ (*tailpipe*) Auspuff *m* **III.** *adj* ~ **fumes** Abgase *pl*
ex·haust·ed [ɪɡ'zɔ:stɪd, eɡ-] *adj* (*very tired*) erschöpft; (*used up also*) aufgebraucht **ex·haust·ing** [ɪɡ'zɔ:stɪŋ, eɡ-] *adj* anstrengend **ex·haus·tion** [ɪɡ'zɔ:stʃən, eɡ-] *n no pl* Erschöpfung *f* **ex·haus·tive** [ɪɡ'zɔ:stɪv, eɡ-] *adj* erschöpfend; *inquiry* eingehend; *list* vollständig; *report* ausgiebig; *research* tief greifend
ex·'haust pipe *n* Auspuffrohr *nt*
ex·hib·it [ɪɡ'zɪbɪt, eɡ-] **I.** *n* ❶ (*display*) Ausstellungsstück *nt* ❷ LAW (*evidence*) Beweisstück *nt* **II.** *vt* ❶ (*display*) ausstellen ❷ (*manifest*) zeigen **III.** *vi* ausstellen
ex·hi·bi·tion [ˌeksɪ'bɪʃən] *n* (*display*) Ausstellung *f* (*about sth*) (*performance*) Vorführung *f*; **an ~ of skill** ein Beispiel an Geschicklichkeit ▶ **to make an ~ of oneself** sich zum Gespött machen
ex·hi·bi·tion·ism [ˌeksɪ'bɪʃənɪzəm] *n no pl* Exhibitionismus *m* **ex·hi·bi·tion·ist** [ˌeksɪ'bɪʃənɪst] *n* Exhibitionist(in) *m(f)*
ex·hib·i·tor [ɪɡ'zɪbɪtə', eɡ-] *n* Aussteller(in) *m(f)*
ex·hila·rat·ing [ɪɡ'zɪlə'reɪtɪŋ, eɡ'-] *adj* ❶ (*thrilling*) berauschend; (*exciting*) aufregend ❷ (*energizing*) belebend
ex·hila·ra·tion [ɪɡˌzɪlə'reɪʃən, eɡˌ-] *n no pl* Hochgefühl *nt*
ex·hort [ɪɡ'zɔ:t, eɡ'-] *vt* (*form*) ermahnen
ex·hor·ta·tion [ˌeɡzɔ:'teɪʃən] *n* Ermahnung *f*
ex·hu·ma·tion [ˌeks(h)ju:'meɪʃən] *n no pl* Exhumierung *f*
ex·hume [eks'(h)ju:m] *vt* exhumieren
ex·'husband *n* Exmann *m*
ex·ile ['eksaɪl] **I.** *n* ❶ *no pl* (*banishment*) Exil *nt*, Verbannung *f* (**from** aus); **to be in ~** im Exil leben; **to go into ~** ins Exil gehen ❷ (*person*) Verbannte(r) *f(m)*; **tax ~** Steuerflüchtling *m* **II.** *vt* verbannen
ex·ist [ɪɡ'zɪst, eɡ'-] *vi* ❶ (*be*) existieren, bestehen; **if such a thing ~s** wenn es so etwas gibt ❷ (*live*) leben, existieren; (*survive*) überleben; ▪ to ~ on sth von etw *dat* leben
ex·ist·ence [ɪɡ'zɪstⁿ(t)s, eɡ-] *n* ❶ *no pl* (*state*) Existenz *f*, Bestehen *nt*; **the only one in ~** das einzige Exemplar, das es [davon] gibt; **to be in ~** existieren, bestehen; **to come into ~** entstehen; **to go out of ~** verschwinden ❷ (*life*) Leben *nt*, Existenz *f*; **means of ~** Lebensgrundlage *f* **ex·ist·ent** [ɪɡ'zɪstⁿnt, eɡ-] **ex·ist·ing** [ɪɡ'zɪstɪŋ, eɡ-] *adj* existierend, bestehend; *rules* gegenwärtig
exit ['eksɪt, 'eɡz-] **I.** *n* ❶ (*way out*) Ausgang *m* ❷ (*departure*) Weggehen *nt kein pl*, Abgang *m*; (*from room*) Hinausgehen *nt kein pl*; **to make an ~** weggehen; *from room* hinausgehen ❸ (*road off*) Ausfahrt *f*, Abfahrt *f* ❹ THEAT Abgang *m*; **to make one's ~** abgehen **II.** *vt* verlassen **III.** *vi* ❶ (*leave*) hinausgehen ❷ (*leave road*) eine Ausfahrt nehmen ❸ (*leave the stage*) abgehen; **~ Ophelia** Ophelia [tritt] ab
'exit visa *n* Ausreisevisum *nt*
exo·dus ['eksədəs] *n* <*pl* -es> ❶ (*mass departure*) Auszug *m*; *general* ~ allgemeiner Aufbruch ❷ REL **E~** Zweites Buch Mose
ex·on·er·ate [ɪɡ'zɒnⁿreɪt, eɡ-] *vt* freisprechen; (*partially*) entlasten
ex·or·bi·tant [ɪɡ'zɔ:bɪtⁿnt, eɡ-] *adj* überhöht
ex·or·cism ['eksɔ:sɪzəm] *n* Exorzismus *m*
ex·or·cist ['eksɔ:sɪst] *n* Exorzist(in) *m(f)*
ex·or·cize ['eksɔ:saɪz] *vt* exorzieren
ex·ot·ic [ɪɡ'zɒtɪk, eɡ-] *adj* exotisch; (*fig*) fremdländisch
ex·pand [ɪk'spænd, ek-] **I.** *vi* ❶ (*increase*) zunehmen, expandieren; *population, trade* wachsen; *horizon, knowledge* sich erweitern ❷ ECON expandieren ❸ PHYS sich ausdehnen **II.** *vt* ❶ (*make larger*) erweitern ❷ PHYS ausdehnen ❸ (*elaborate*) weiter ausführen
ex·pand·able [ɪk'spændəbl, ek-] *adj materi·al* dehnbar; *business, project* entwicklungsfähig; *installation, system* ausbaufähig; **~ bag** elastische Tasche
ex·panse [ɪk'spæn(t)s, ek-] *n* ❶ *no pl* weite Fläche, Weite *f*; ~ **of grass/lawn** ausgedehnte Grün-/Rasenfläche
ex·pan·sion [ɪk'spæn(t)ʃən, ek-] *n* ❶ *no pl* (*increase*) *of knowledge* Erweiterung *f*; *of territory, rule* Expansion *f*; *of population, trade* Wachstum *nt*, Zunahme *f* ❷ *no pl* ECON Expansion *f*, Erweiterung *f* ❸ *no pl* PHYS Ausdehnung *f* ❹ (*elaboration*) Erweiterung *f*
ex·pan·sion·ism [ɪk'spæn(t)ʃənɪzəm, ek-] *n no pl* Expansionspolitik *f*
ex·pan·sive [ɪk'spæn(t)sɪv, ek-] *adj* ❶ (*approv: sociable*) umgänglich; (*effusive*)

überschwänglich; *personality* aufgeschlossen ❷ (*elaborated*) ausführlich

ex·pat·ri·ate (*form*) **I.** *n* [ɪk'spætriət, ek'-] [ständig] im Ausland Lebende(r) *f(m)*; **German ~** im Ausland lebende(r) Deutsche(r); **~ community** Ausländergemeinde *f* **II.** *vt* [ɪk'spætrieɪt, ek'-] ausbürgern

ex·pect [ɪk'spekt, ek-] *vt* ❶ (*anticipate*) erwarten; **that was to be ~ed** das war zu erwarten; **I ~ed as much** damit habe ich gerechnet; **to half ~ sth** fast mit etw *dat* rechnen; ▪**to ~ to do sth** damit rechnen, etw zu tun; ▪**to ~ sb to do sth** erwarten, dass jd etw tut ❷ (*fam: suppose*) glauben; **I ~ so/not** ich denke schon/nicht; **I ~ that it is somewhere in your bedroom** ich schätze, es ist irgendwo in deinem Schlafzimmer; **I ~ you'd like a rest** Sie möchten sich sicher ausruhen; **is someone ~ing you?** werden Sie erwartet? ▶ **~ me when you see me** wenn ich komme, bin ich da

ex·pec·tan·cy [ɪk'spekt³n(t)si, ek-] *n no pl* Erwartung *f*; **air of ~** erwartungsvolle Atmosphäre

ex·pec·tant [ɪk'spekt³nt, ek-] *adj* erwartungsvoll; *mother* werdend

ex·pec·ta·tion [ˌekspek'teɪʃ³n, ek-] *n* Erwartung *f*; **to have great ~s for sb/sth** große Erwartungen in jdn/etw setzen

ex·pec·to·rate [ɪk'spekt³reɪt, ek-] *vi* (*form*) [Schleim] abhusten

ex·pe·di·ence [ɪk'spi:diən(t)s, ek-] *n*, **ex·pe·di·en·cy** [ɪk'spi:diən(t)si, ek-] *n no pl* ❶ (*suitability*) Zweckmäßigkeit *f* ❷ (*pej: personal advantage*) Eigennutz *m*

ex·pe·di·ent [ɪk'spi:diənt, ek-] *adj* ❶ (*useful*) zweckmäßig; (*advisable*) ratsam ❷ (*pej: advantageous*) eigennützig

ex·pe·dite ['ekspɪdaɪt] *vt* ❶ (*hasten*) beschleunigen ❷ (*carry out*) schnell erledigen

ex·pe·di·tion [ˌekspɪ'dɪʃ³n] *n* ❶ (*journey*) Expedition *f* ❷ MIL Feldzug *m*; **shopping ~** Einkaufstour *f* ❷ *no pl* (*form: swiftness*) Schnelligkeit *f*

ex·pe·di·tious [ˌekspɪ'dɪʃəs] *adj* (*form*) schnell

ex·pel <-ll-> [ɪk'spel, ek-] *vt* ❶ (*force to leave*) ausschließen (**from** aus); *from a country* ausweisen (**from** aus); *from school/university* verweisen (**from** von) ❷ (*force out*) vertreiben (**from** aus) ❸ (*eject*) *breath* ausstoßen; *liquid* austreiben

ex·pend [ɪk'spend, ek-] *vt* ❶ (*spend*) *time, effort* aufwenden (**on** für) ❷ (*use up*) aufbrauchen

ex·pen·di·ture [ɪk'spendɪtʃəʳ, ek-] *n* ❶ *no pl* (*spending*) *of money* Ausgabe *f*; (*using*) *of energy, resources* Aufwand *m* (**of** an); **~ of** *time* Zeitaufwand *m* ❷ (*sum spent*) Ausgaben *pl*, Aufwendungen *pl* (**on** für)

ex·pense [ɪk'spen(t)s, ek-] *n* ❶ *no pl* [Un]kosten *pl*, Ausgaben *pl*; **at great ~** mit großen Kosten; **to go to great ~** sich in Unkosten stürzen; **at one's own ~** auf eigene Kosten; **to put sb to the ~ of sth** jdm die Kosten für etw *akk* zumuten ❷ (*reimbursed money*) ▪**~s** *pl* Spesen *pl*; **please detail any ~s incurred** bitte führen Sie alle entstandenen Auslagen auf; **to put sth on ~s** etw auf die Spesenrechnung setzen ❸ (*fig*) **at sb's ~** auf jds Kosten *pl*; **at the ~ of sth** auf Kosten einer S. *gen* ▶ **all ~s paid** ohne Unkosten; **no ~ spared** [die] Kosten spielen keine Rolle

ex·'pense ac·count *n* Spesenrechnung *f*

ex·pen·sive [ɪk'spen(t)sɪv, ek-] *adj* teuer; *hobby* kostspielig; **to be an ~ mistake for sb** jdn teuer zu stehen kommen

ex·pe·ri·ence [ɪk'spɪəriən(t)s, ek-] **I.** *n* ❶ *no pl* (*practical knowledge*) Erfahrung *f*; **~ of life** Lebenserfahrung *f*; **driving ~** Fahrpraxis *f*; **to gain ~** Erfahrungen sammeln; **to learn by** [*or* from] **~** durch Erfahrung lernen; **from my own ~** aus eigener Erfahrung; ▪**to have ~ in** [*or* of] **sth** Erfahrung in etw *dat* haben ❷ (*particular instance*) Erfahrung *f*, Erlebnis *nt*; **to have an ~** eine Erfahrung machen ▶ **to put sth down to ~** etw als Erfahrung abbuchen **II.** *vt* ❶ (*undergo*) erleben; (*endure*) kennen lernen, erfahren; *difficulties* stoßen auf *+akk* ❷ (*feel*) empfinden

ex·pe·ri·enced [ɪk'spɪəriən(t)st, ek-] *adj* erfahren; *eye* geschult; **more ~** mit mehr Erfahrung *nach n*; **to be ~ at** [*or* **in**] **sth** Erfahrung in etw *dat* haben

ex·pe·ri·ment I. *n* [ɪk'sperɪmənt, ek-] Experiment *nt*, Versuch *m* (**on** an); **by ~** durch Ausprobieren **II.** *vi* [ɪk'sperɪment] experimentieren; ▪**to ~ on sb/sth** an jdm/etw Versuche machen

ex·pe·ri·men·tal [ɪkˌsperɪ'ment³l, ek-] *adj* ❶ (*for experiment*) Versuchs- ❷ (*using experiments*) experimentell ❸ (*fig: provisional*) vorläufig; **on an ~ basis** versuchsweise

ex·pe·ri·men·ta·tion [ɪkˌsperɪmen'teɪʃ³n, ek-] *n no pl* Experimentieren *nt*

ex·pert ['ekspɜ:t] **I.** *n* Experte/in *m(f)*, Fachmann, Fachfrau *m, f*; LAW Sachverständige(r) *f(m)*; **gardening ~** Fachmann, Fachfrau *m, f* für Gartenbau; **an ~ at doing sth** ein Experte *m*/eine Expertin in etw *dat*; **an ~ on** [*or* **in**] **sth** Experte/Expertin für etw *akk*; **he is an ~ on that subject** er ist ein Fachmann auf diesem Gebiet **II.** *adj* ❶ (*specialist*) fachmännisch; (*skilled*) erfahren; (*clever*) geschickt; *analysis* fachkundig ❷ (*excellent*) ausgezeichnet; *liar* perfekt; ■ **to be ~ at sth** sehr gut in etw *dat* sein

ex·per·tise [ˌekspɜːˈtiːz] *n no pl* (*knowledge*) Fachkenntnis *f*, Sachverstand *m* (**in** in); (*skill*) Können *nt*

ex·pert 'knowl·edge *n no pl* Fachkenntnis *f* **ex·pert o'pin·ion** *n* Expertenmeinung *f*; LAW Sachverständigengutachten *nt* **ex·pert 'wit·ness** *n* LAW Sachverständige(r) *f(m)*

ex·pi·ra·tion [ˌekspɪˈreɪʃən] *n no pl* ① (*exhalation*) Ausatmung *f* ② (*running out*) Ablauf *m*

ex·pire [ɪkˈspaɪər] **I.** *vi* ① (*become invalid*) ablaufen; *contract* auslaufen; *coupon, ticket* verfallen ② (*form: die*) verscheiden **II.** *vt* (*exhale*) ausatmen

ex·pi·ry [ɪkˈspaɪ(ə)ri] *n no pl* Ablauf *m*; **~ date** [*or* **date of ~**] *of drugs, food* Verfallsdatum *nt*; *of credit card, passport* Ablaufdatum *nt*; ■ **before-/on the ~ of sth** vor-/nach Ablauf einer S. *gen*

ex·plain [ɪkˈspleɪn, ek-] **I.** *vt* erklären; *reason, motive* erläutern; ■ **to ~ oneself** (*make clear*) sich [deutlich] ausdrücken; (*justify*) **you'd better ~ yourself** du solltest mir das erklären **II.** *vi* eine Erklärung geben; **I just can't ~** ich kann es mir einfach nicht erklären; **let me ~** lassen Sie es mich erklären
◆ **explain away** *vt* eine [einleuchtende] Erklärung für etw *akk* haben

ex·pla·na·tion [ˌeksplaˈneɪʃən, ek-] *n* Erklärung *f*; *of reason, motive* Erläuterung *f*; **to give [sb] an ~ for** [*or* **of**] **sth** [jdm] etw erklären [*o* erläutern]; **in ~** [**of sth**] [*or* **by way of ~**] [**for sth**] als Erklärung [für etw *akk*]

ex·plana·tory [ɪkˈplænətəri, ek-] *adj* erklärend; *footnotes, statement* erläuternd; **~ diagram** Schaubild *nt* zur Erläuterung

ex·ple·tive [ˈekspliːtɪv, ek-] *n* ① (*form: swear word*) Kraftausdruck *m* ② LING Füllwort *nt*

ex·pli·cable [ɪkˈsplɪkəbl, ek-] *adj* erklärbar

ex·plic·it [ɪkˈsplɪsɪt, ek-] *adj* ① (*precise*) klar, deutlich; *agreement, order* ausdrücklich; **could you please be more ~?** könnten Sie bitte etwas deutlicher werden? ② (*detailed*) eindeutig, unverhüllt

ex·plode [ɪkˈspləʊd, ek-] **I.** *vi* explodieren *a. fig*; *tyre* platzen; **to ~ in** [*or* **with**] **anger** vor Wut platzen **II.** *vt bomb* zünden; *container* sprengen; *ball* zum Platzen bringen; (*fig*) widerlegen

ex·ploit I. *n* [ˈeksplɔɪt] Heldentat *f* **II.** *vt* [ɪkˈsplɔɪt, ek-] ① (*pej: take advantage*) *worker* ausbeuten; *friend, thing* ausnutzen ② (*utilize*) nutzen

ex·ploi·ta·tion [ˌeksplɔɪˈteɪʃən] *n no pl* ① (*pej: taking unfair advantage*) *of workforce* Ausbeutung *f*; *of person, thing* Ausnutzung *f* ② (*profitable use*) Nutzung *f*

ex·plo·ra·tion [ˌekspləˈreɪʃən] *n* ① (*journey*) Erforschung *f*; *of enclosed space* Erkundung *f*; **voyage of ~** Entdeckungsreise *f* ② (*examination*) Untersuchung *f* (**of** von)

ex·plora·tory [ɪkˈsplɒrətəri, ek-] *adj* Forschungs-, Erkundungs-; *drilling, well* Probe-; *operation* explorativ; **~ talks** Sondierungsgespräche *pl*

ex·plore [ɪkˈsplɔːr, ek-] **I.** *vt* ① (*investigate*) erforschen, erkunden ② (*examine*) untersuchen **II.** *vi* sich umschauen; **to go exploring** auf Erkundung[stour] gehen

ex·plor·er [ɪkˈsplɔːrər, ek-] *n* Forscher(in) *m(f)*

ex·plo·sion [ɪkˈspləʊʒən, ek-] *n* Explosion *f a. fig*; **~ of anger** Wutausbruch *m*

ex·plo·sive [ɪkˈspləʊsɪv, ek-] **I.** *adj* explosiv *a. fig*; *issue, situation* [hoch] brisant; **~ force** Sprengkraft *f*; **~ substance** Explosivstoff *m*; **to have an ~ temper** zu Wutausbrüchen neigen **II.** *n* Sprengstoff *m*

ex·po·nent [ɪkˈspəʊnənt, ek-] *n* (*representative*) Vertreter(in) *m(f)*, Exponent(in) *m(f)*; (*advocate*) Verfechter(in) *m(f)*

ex·port [ɪkˈspɔːt] **I.** *vt, vi* exportieren **II.** *n* ① *no pl* (*selling abroad*) Export *m*, Ausfuhr *f*; **for ~** für den Export ② (*product*) Exportartikel *m*

ex·port·able [ɪkˈspɔːtəbl, ek-] *adj* exportfähig

ex·por·ta·tion [ˌekspɔːˈteɪʃən] *n no pl* Export *m*, Ausfuhr *f*

'ex·port busi·ness *n* Exportgeschäft *nt* **ex·port·er** [ɪkˈspɔːtər] *n* Exporteur *m*; (*person also*) Exporthändler(in) *m(f)*; (*company also*) Exportfirma *f*; (*country*) Exportland *nt*, Ausfuhrland *nt* **'ex·port goods** *npl* Exportgüter *pl* **'ex·port li·cence** *n* Ausfuhrgenehmigung *f*, Exportlizenz *f* **'ex·port regu·la·tions** *npl* Ausfuhrbestimmungen *pl* **'ex·port trade** *n no pl* Exporthandel *m*, Außenhandel *m*

ex·pose [ɪkˈspəʊz, ek-] *vt* ① (*lay bare*) freilegen; *nerves* bloßlegen ② (*leave vulnerable to*) aussetzen (**to** +*dat*); **to ~ sb to danger** jdn einer Gefahr aussetzen; **to ~ sb to ridicule** jdn dem Spott preisgeben; ■ **to be ~d to sth** etw *dat* ausgesetzt sein ③ (*reveal*) offenbaren; *scandal, plot* aufdecken; ■ **to ~ sb** jdn entlarven; ■ **to ~ oneself** [**to sb**] sich [vor jdm] entblößen ④ PHOT belichten

ex·posed [ɪkˈspəʊzd, ek-] *adj* ① (*unprotected*) ungeschützt; *position* exponiert; **to be ~ to rain** dem Regen ausgesetzt sein ② (*bare*) freigelegt; *part of body* unbedeckt ③ PHOT belichtet

ex·po·si·tion [ˌekspə(ʊ)ˈzɪʃən] *n* ① (*form: explanation*) Darlegung *f* ② *esp* AM (*public*

show) Ausstellung *f* ⑤ LIT, MUS Exposition *f*
ex·po·sure [ɪkˈspəʊʒəʳ, ek'-] *n* ❶ (*being unprotected*) Aussetzung *f*; **~ to radiation** Bestrahlung *f* ❷ *no pl* (*contact*) Kontakt *m* (**to** mit) ❸ *no pl* (*contact with elements*) Ausgesetztsein *nt*; **to die of/suffer from ~** an Unterkühlung sterben/leiden ❹ *no pl* (*revelation*) *of a person* Entlarvung *f*; *of a plot* Aufdeckung *f*; *of an affair* Enthüllung *f* ❺ *no pl* (*media coverage*) Berichterstattung *f* [in den Medien], Publicity *f* ❻ PHOT (*contact with light*) Belichtung[szeit] *f*; (*shot*) Aufnahme *f*
ex·ˈpo·sure me·ter *n* PHOT Belichtungsmesser *m*
ex·pound [ɪkˈspaʊnd, ek'-] **I.** *vt* (*form*) ❶ (*explain*) darlegen ❷ (*interpret*) erläutern **II.** *vi* ■ **to ~ on sth** etw darlegen
ex·press [ɪkˈspres, ek'-] **I.** *vt* ❶ (*communicate*) ausdrücken; (*say*) aussprechen; **there are no words to ~ that** das lässt sich nicht in Worte fassen; **to ~ one's thanks** seinen Dank zum Ausdruck bringen; ■ **to ~ oneself** sich ausdrücken ❷ MATH darstellen ❸ (*squeeze out*) ausdrücken ❹ AM (*send quickly*) per Express schicken **II.** *adj* ❶ (*rapid*) express; **by ~ delivery** per Eilzustellung ❷ (*precise*); (*explicit*) ausdrücklich; **for the ~ purpose** eigens zu dem Zweck **III.** *adv* per Express **IV.** *n* ❶ (*train*) Express[zug] *m*, Schnellzug *m*, D-Zug *m* ❷ *no pl* (*messenger*) **by ~** per Eilboten; (*delivery*) per Express ❸ AM (*company*) Spedition *f*
ex·pres·sion [ɪkˈspreʃən, ek'-] *n* Ausdruck *m*, Äußerung *f*; **to find ~ in sth** in etw *dat* seinen Ausdruck finden; **to give ~ to sth** etw zum Ausdruck bringen; **an ~ of gratitude** ein Ausdruck *m* der Dankbarkeit; **freedom of ~** Freiheit *f* der Meinungsäußerung; (*facial look*) [Gesichts]ausdruck *m*; **to have a glum ~** ein mürrisches Gesicht machen; **without ~** ausdruckslos; **with great ~** sehr ausdrucksvoll
Ex·pres·sion·ism [ɪkˈspreʃənɪzəm, ek'-] *n no pl* Expressionismus *m* **Ex·pres·sion·ist** [ɪkˈspreʃənɪst, ek'-] **I.** *n* Expressionist(in) *m(f)* **II.** *adj* expressionistisch **ex·pres·sion·less** [ɪkˈspreʃənləs, ek'-] *adj* ausdruckslos
ex·pres·sive [ɪkˈspresɪv, ek'-] *adj* ausdrucksvoll; *voice* ausdrucksstark; ■ **to be ~ of sth** etw ausdrücken
ex·pres·sly [ɪkˈspresli, ek'-] *adv* ❶ (*explicitly*) ausdrücklich ❷ (*particularly*) extra
ex·ˈpress·way *n* AM, AUS Schnellstraße *f*
ex-ˈprisoner *n* ehemaliger Häftling
ex·pro·pri·ate [ɪkˈsprəʊprieɪt, ek'-] *vt* ❶ (*dispossess*) enteignen ❷ (*appropriate*) sich *dat* [widerrechtlich] aneignen; *funds* veruntreuen

ex·pro·pri·a·tion [ɪkˌsprəʊpriˈeɪʃən, ek'-] *n* ❶ (*dispossessing*) Enteignung *f* ❷ (*appropriation*) [widerrechtliche] Aneignung; *of funds* Veruntreuung *f*
ex·pul·sion [ɪkˈspʌlʃən, ek'-] *n no pl from a club* Ausschluss *m* (**from** aus); *from a country* Ausweisung *f* (**from** aus); *from home* Vertreibung *f* (**from** aus); *from school/university* Verweisung *f* (**from** von)
ex·quis·ite [ɪkˈskwɪzɪt, ek'-] *adj* erlesen, exquisit; **to have ~ taste** einen exquisiten Geschmack haben; **~ timing** ausgeprägtes Zeitgefühl
ex-ˈser·vice·man *n* ehemaliger Militärangehöriger
ex·tant [ekˈstænt] *adj* (*form*) [noch] vorhanden
ex·tem·po·ra·neous [ɪkˌstempəˈreɪniəs, ek'-] *adj* improvisiert; **an ~ speech** eine Rede aus dem Stegreif
ex·tem·po·re [ɪkˈstempəri, ek'-] *adj, adv* unvorbereitet, aus dem Stegreif
ex·tem·po·rize [ɪkˈstempəraɪz, ek'-] *vi* improvisieren
ex·tend [ɪkˈstend, ek'-] **I.** *vt* ❶ (*stretch out*) ausstrecken; *rope* spannen ❷ (*prolong*) *credit, visa* verlängern ❸ (*pull out*) verlängern; *ladder, table* ausziehen; *landing gear* ausfahren; *sofa* ausklappen ❹ (*expand*) erweitern; *influence, business* ausdehnen ❺ (*increase*) vergrößern ❻ (*build*) ausbauen ❼ (*offer*) erweisen; *credit* gewähren; **to ~ a welcome to sb** jdn willkommen heißen **II.** *vi* sich erstrecken; *over period of time* sich hinziehen; ■ **to ~ beyond sth** über etw *akk* hinausgehen; ■ **to ~ for miles** sich meilenweit hinziehen; ■ **to ~ to sb/sth** für jdn/etw gelten
ex·tend·ed [ɪkˈstendɪd, ek'-] *adj* verlängert; *news bulletin* umfassend
ex·ten·sion [ɪkˈsten(t)ʃən, ek'-] **I.** *n* ❶ *no pl* (*stretching out*) *of extremities* Ausstrecken *nt*; *of muscles* Dehnung *f* ❷ (*lengthening*) Verlängerung *f*; **~ table** Ausziehtisch *m* ❸ *no pl* (*expansion*) Erweiterung *f*, Vergrößerung *f*; *of influence, power* Ausdehnung *f*; **the ~ of police powers** die Verstärkung von Polizeikräften; **by ~** im weiteren Sinne ❹ (*prolongation*) *of credit, time, visa* Verlängerung *f* ❺ (*added piece*) Anbau *m*; *of a building* Erweiterungsbau *m* (**to** an); **we're building an ~ to our house** wir bauen gerade an ❻ (*phone line*) Nebenanschluss *m*; (*number*) [Haus]apparat *m* ❼ *no pl* (*offering*) Bekundung *f* **II.** *adj* AM, AUS UNIV Fern-
ex-ˈten·sion cord *n* AM, AUS Verlängerungskabel *nt* **ex-ˈten·sion lad·der** *n* Ausziehleiter *f* **ex-ˈten·sion lead** *n* BRIT Verlänge-

rungskabel *nt*

ex·ten·sive [ɪkˈsten(t)sɪv, ekˈ-] *adj* ❶ (*large*) ausgedehnt; *grounds* weitläufig ❷ (*far-reaching*) weitreichend ❸ (*large-scale*) *bombing* schwer; *damage* beträchtlich; *knowledge* breit; *repairs* umfangreich; **the royal wedding received ~ coverage in the newspapers** über die königliche Hochzeit wurde in den Zeitungen ausführlich berichtet; **to make ~ use of sth** von etw *dat* ausgiebig[en] Gebrauch machen ❹ AGR extensiv

ex·ten·sive·ly [ɪkˈsten(t)sɪvli, ekˈ-] *adv* ❶ (*for the most part*) weitgehend ❷ (*considerably*) beträchtlich; **~ damaged** erheblich beschädigt ❸ (*thoroughly*) gründlich; (*in detail*) ausführlich; **to use sth ~** von etw *dat* ausgiebig Gebrauch machen

ex·tent [ɪkˈstent, ekˈ-] *n* ❶ *no pl* (*size*) Größe *f*, Ausdehnung *f* ❷ *no pl* (*length*) Länge *f* ❷ *no pl* (*range*) Umfang *m* ❸ *no pl* (*amount*) Ausmaß *nt*; *of a sum* Höhe *f* ❹ (*degree*) Grad *m* *kein pl*, Maß *nt* *kein pl*; **to a certain ~** in gewissem Maße; **to a great** [*or* **large**] **~** in hohem Maße, weitgehend; **to the same ~ as ...** in gleichem Maße wie ...; **to some ~** bis zu einem gewissen Grad; **to go to the ~ of doing sth** so weit gehen, etw zu tun; **to such an ~** dermaßen; **to that ~** in diesem Punkt, insofern; **to what ~** in welchem Maße, inwieweit

ex·ten·u·at·ing [ɪkˈstenjueɪtɪŋ, ekˈ-] *adj* (*form*) mildernd

ex·te·ri·or [ɪkˈstɪəriəʳ, ekˈ-] **I.** *n* ❶ (*outside surface*) Außenseite *f*; *of a building* Außenfront *f* ❷ (*outward appearance*) Äußere(s) *nt* ❸ FILM Außenaufnahme *f* **II.** *adj* Außen-

ex·ter·mi·nate [ɪkˈstɜːmɪneɪt, ekˈ-] *vt* ausrotten, vernichten; *vermin, weeds* vertilgen

ex·ter·mi·na·tion [ɪkˌstɜːmɪˈneɪʃən, ekˈ-] *n no pl* Ausrottung *f*, Vernichtung *f*; *of vermin, weeds* Vertilgung *f*

ex·ter·nal [ɪkˈstɜːnəl, ekˈ-] *adj* ❶ (*exterior*) äußerlich; *angle, pressure, world* Außen-; **~ appearance** Aussehen *nt* ❷ (*from the outside*) äußere(r, s) ❸ (*on body surface*) äußerlich; **for ~ use only** nur zur äußerlichen Anwendung ❹ (*foreign*) auswärtig; **~ affairs** Außenpolitik *f* ❺ UNIV extern ❻ ECON außerbetrieblich

ex·ter·nal·ize [ɪkˈstɜːnəlaɪz, ekˈ-] *vt* nach außen verlagern

ex·tinct [ɪkˈstɪŋkt, ekˈ-] *adj* ❶ (*died out*) ausgestorben; *custom, empire, people* untergegangen; *language* tot; **to become ~** aussterben ❷ (*no longer active*) erloschen; **to become ~** erlöschen

ex·tinc·tion [ɪkˈstɪŋkʃən, ekˈ-] *n no pl* ❶ (*dying out*) Aussterben *nt*; *of a custom, an empire, a people* Untergang *m*; (*deliberate act*) Ausrottung *f*; **to be in danger of** [*or* **threatened with**] **~** vom Aussterben bedroht sein ❷ (*becoming inactive*) Erlöschen *nt*

ex·tin·guish [ɪkˈstɪŋgwɪʃ, ekˈ-] *vt* [aus]löschen; *candle, light also* ausmachen

ex·tin·guish·er [ɪkˈstɪŋgwɪʃəʳ, ekˈ-] *n* Feuerlöscher *m*

ex·tol <-ll-> [ɪkˈstəʊl, ekˈ-] *vt* (*form*) rühmen; **to ~ the virtues of sth** die Vorzüge einer S. *gen* preisen

ex·tort [ɪkˈstɔːt, ekˈ-] *vt* erzwingen; *money* erpressen

ex·tor·tion [ɪkˈstɔːʃən, ekˈ-] *n no pl* Erzwingung *f*; *of money* Erpressung *f*; **that's sheer ~!** das ist ja Wucher!

ex·tor·tion·ate [ɪkˈstɔːʃənət, ekˈ-] *adj* (*pej*) ❶ (*exorbitant*) übermäßig; **that's ~!** das ist ja Wucher!; **~ prices** Wucherpreise *pl* ❷ (*using force*) erpresserisch

ex·tra [ˈekstrə] **I.** *adj* zusätzlich; **we have an ~ bed** wir haben noch ein Bett frei; **some ~ money/time** etwas mehr Geld/Zeit; **to take ~ care** besonders vorsichtig sein; **~ charge** Aufschlag *m*; **to make an ~ effort** sich besonders anstrengen; **to work ~ hours** Überstunden machen; **packing is ~** die Verpackung geht extra **II.** *adv* ❶ (*more*) mehr; **to charge/pay ~** einen Aufpreis verlangen/bezahlen; **to cost ~** gesondert berechnet werden; **postage and packing ~** zuzüglich Porto und Versand ❷ (*especially*) besonders; **I'll try ~ hard** ich werde mich ganz besonders anstrengen **III.** *n* ❶ ECON (*perk*) Zusatzleistung *f*; AUTO Extra *nt* ❷ (*charge*) Aufschlag *m* ❸ (*actor*) Statist(in) *m/f*

ex·tract I. *vt* [ɪkˈstrækt, ekˈ-] ❶ (*remove*) [heraus]ziehen (**from** aus); *bullet* entfernen; *tooth* ziehen (**from** aus); ❷ (*obtain*) gewinnen (**from** aus); *oil* fördern; **to ~ a confession from sb** jdm ein Geständnis abringen; **to ~ information from sb** Informationen aus jdm herausquetschen ❸ (*select*) **to ~ sth from a text** etw aus einem Text [heraus]ziehen ❹ MATH *root* ziehen (**from** aus) **II.** *n* [ˈekstrækt] ❶ (*excerpt*) Auszug *m* (**from** aus) ❷ *no pl* (*concentrate*) Extrakt *m*

ex·trac·tion [ɪkˈstrækʃən, ekˈ-] *n no pl* ❶ (*removal*) Herausziehen *nt*; *of bullet* Entfernen *nt* ❷ (*obtainment*) Gewinnung *f*; *of oil* Förderung *f*; *of confession* Abringen *nt* ❸ (*tooth removal*) Ziehen *nt* ❹ *no pl* (*family origin*) Herkunft *f*

extra·cur·ric·u·lar [ˌekstrəkəˈrɪkjələʳ] *adj* ❶ SCH, UNIV außerhalb des Stundenplans *nach n* ❷ (*fig*) außerplanmäßig

extra·dite [ˈekstrədaɪt] *vt* ausliefern (**from** von, **to** an)

ex·tra·di·tion [ˌekstrə'dɪʃən] *n no pl* Auslieferung *f*

ex·tra·mari·tal [ˌekstrə'mærɪtᵊl] *adj* außerehelich

ex·tra·mu·ral [ˌekstrə'mjʊərᵊl] *adj* außerhalb der Universität *nach n*; ~ **courses** Fern[studien]kurse *pl*

ex·tra·neous [ɪk'streɪniəs] *adj* ❶ (*external*) von außen *nach n*; ~ **substance** Fremdstoff *m* ❷ (*form: unrelated*) sachfremd

extraor·di·nary [ɪk'strɔːdᵊnᵊri] *adj* außerordentlich, außergewöhnlich; *achievement* herausragend; *coincidence* merkwürdig; *success* erstaunlich

ex·tra 'pay *n no pl* Zulage *f*

ex·trapo·late [ɪk'stræpəleɪt] *vt* extrapolieren

extra·sen·so·ry [ˌekstrə'sen(t)sᵊri] *adj* übersinnlich

ex·ter·res·trial [ˌekstrətə'restriəl] **I.** *adj* außerirdisch **II.** *n* außerirdisches [Lebe]wesen

ex·tra 'time *n no pl* BRIT, AUS SPORTS [Spiel]verlängerung *f*; **they had to play ~** sie mussten nachspielen

ex·trava·gance [ɪk'strævəgən(t)s] *n* ❶ *no pl* Verschwendungssucht *f* ❷ *no pl* (*excessive expenditure*) Verschwendung *f* ❸ (*unnecessary treat*) Luxus *m* ❷ *pl*

ex·trava·gant [ɪk'strævəgənt] *adj* ❶ (*flamboyant*) extravagant ❷ (*luxurious*) üppig; *lifestyle* aufwendig; **to have ~ tastes** einen teuren Geschmack haben ❸ (*wasteful*) verschwenderisch ❹ (*excessively expensive*) extravagant ❺ (*exaggerated*) übertrieben

ex·trava·gan·za [ɪkˌstrævə'gænzə] *n* opulente Veranstaltung; *musical* ~ aufwendige Musicalproduktion

ex·treme [ɪk'striːm] **I.** *adj* ❶ (*utmost*) äußerste(r, s); *cold, difficulties, weather* extrem; *relief* außerordentlich; **in the ~ north** im äußersten Norden ❷ (*radical*) radikal, extrem **II.** *n* Extrem *nt*; **to go from one ~ to the other** von einem Extrem ins andere fallen; **to drive sb to ~s** jdn zum Äußersten treiben; **in the ~** äußerst

ex·treme·ly [ɪk'striːmli] *adv* äußerst; ~ **unpleasant** höchst unangenehm; **I'm ~ sorry** es tut mir außerordentlich leid

ex·trem·ism [ɪk'striːmɪzᵊm] *n no pl* Extremismus *m*

ex·trem·ist [ɪk'striːmɪst] **I.** *n* Extremist(in) *m(f)* **II.** *adj* radikal

ex·trem·ity [ɪk'stremɪti] *n* ❶ (*furthest end*) äußerstes Ende *nt* ❷ (*fingers and toes*) ■ **extremities** *pl* Extremitäten *pl*

ex·tri·cate ['ekstrɪkeɪt] *vt* (*form*) befreien (**from** aus)

extro·vert ['ekstrəvɜːt] **I.** *n* extrovertierter Mensch; **to be an ~** extrovertiert sein **II.** *adj* extrovertiert

ex·trude [ɪk'struːd] *vt* herauspressen

exu·ber·ance [ɪg'zjuːbᵊrᵊn(t)s] *n no pl of a person* Überschwänglichkeit *f*; *of feelings* Überschwang *m*

exu·ber·ant [ɪg'zjuːbᵊrᵊnt] *adj person* überschwänglich, ausgelassen; *dancing* schwungvoll; *mood* überschwänglich

ex·ude [ɪg'zjuːd] *vt* ausscheiden; *aroma* verströmen; *pus, resin* absondern; (*fig*) *confidence* ausstrahlen

ex·ult [ɪg'zʌlt] *vi* (*often pej*) frohlocken (**in/over** über)

ex·ult·ant [ɪg'zʌltᵊnt] *adj* jubelnd; *laugh* triumphierend

ex·ul·ta·tion [ɪgˌzʌl'teɪʃᵊn] *n no pl* Jubel *m* (**at** über)

ex·urb ['eksɜːb] *n* AM Trabantensiedlung *f* (*neuentstandene Stadt über die Vororte hinaus*)

eye [aɪ] **I.** *n* ❶ ANAT Auge *nt*; **to give sb a black ~** jdm ein blaues Auge verpassen; **as far as the ~ can see** so weit das Auge reicht; **to roll one's ~s** mit den Augen rollen; **to rub one's ~s** [**in amazement/disbelief**] sich *dat* [erstaunt/ungläubig] die Augen reiben ❷ (*needle hole*) Öhr *nt*; ~ **of a needle** Nadelöhr *nt* ❸ (*eyelet*) Öse *f* ❹ BOT, METEO Auge *nt* ▶ **his ~s were too big for his stomach** (*hum*) seine Augen waren größer als sein Magen; **to cry one's ~s out** sich *dat* die Augen ausheulen; **to get/have one's ~ in** BRIT Ballgefühl bekommen/haben; **to have one's ~ on sb/sth** jdn/etw im Auge behalten, ein [wachsames] Auge auf jdn/etw haben; **to have a good ~ for sth** ein Auge für etw *akk* haben; **she has ~s in the back of her head** sie hat ihre Augen überall; **to keep an** [*or* **one's**] ~ **on sb/sth** ein [wachsames] Auge auf jdn/etw haben; **to keep an ~ out for sb/sth** nach jdm/etw Ausschau halten; **to keep one's ~s open** [*or* **peeled**] die Augen offen halten; **to make ~s at sb** jdm [schöne] Augen machen; **there's more to her/it than meets the ~** in ihr/dahinter steckt mehr, als es zunächst den Anschein hat; **to be one in the ~ for sb** BRIT ein Schlag ins Kontor für jdn sein; **to open sb's ~s** [**to sth**] jdm die Augen [für etw *akk*] öffnen; **to see ~ to ~ with sb on sth** mit jdm einer Meinung über etw *akk* sein; **with one's ~s shut** mit geschlossenen Augen; **to go around with one's ~s shut** blind durch die Gegend laufen; **to not take one's ~s off sb/sth** (*admire*) kein Auge von jdm/etw abwenden; (*guard*) jdn/etw keine Minute aus den

Augen lassen; **to sb's ~s** in jds Augen; **an ~ for an ~, a tooth for a tooth** (*prov*) Auge um Auge, Zahn um Zahn; **to turn a blind ~ [to sth]** [bei etw *dat*] Augen zudrücken; **[right] before** [*or* **under**] **sb's very ~s** [direkt] vor [*o* unter] jds Augen; **to be up to one's ~s in work** bis über beide Ohren in Arbeit stecken **II.** *adj* Augen-; **~ specialist** Augenarzt, -ärztin *m, f* **III.** *vt* <-d, -d, -ing *or* eying> beäugen ▸ **eye up** *vt* ❶ (*carefully*) beäugen ❷ (*with desire*) mit begehrlichen Blicken betrachten

'eye·ball I. *n* Augapfel *m* ▸ **to be drugged to the ~s** völlig zu sein; **[to be] ~ to ~ [with sb]** [jdm] Auge in Auge [gegenüberstehen]; **to be up to one's ~s in work** bis über beide Ohren in Arbeit stecken **II.** *vt* (*fam*) ❶ (*watch intently*) mit einem durchdringenden Blick ansehen ❷ AM (*measure approximately*) nach Augenmaß einschätzen **'eye·brow** *n* Augenbraue *f* **'eye·brow pen·cil** *n* Augenbrauenstift *m* **'eye-catching** *adj* auffallend **'eye con·tact** *n* to make ~ **[with sb]** Blickkontakt [mit jdm] aufnehmen **'eye·drops** *n pl* Augentropfen *pl* **'eye·ful** *n* **to get an ~ of dust** Staub ins Auge bekommen ▸ **to be an ~** etw fürs Auge sein; **to get an ~ of sth** einen Blick auf etw *akk* werfen **'eye·lash** *n* Wimper *f* **eye·let** ['aɪlət] *n* Öse *f* **'eye·lid** *n* Augenlid *nt* **'eye·lin·er** *n no pl* Eyeliner *m* **'eye·open·er** *n* (*fig*) ▪ **to be an ~ for sb** (*enlightening*) jdm die Augen öffnen; (*startling*) alarmierend für jdn sein **'eye·piece** *n* Okular *nt* **'eye·pop·ping** *adj* (*fig*) spektakulär **'eye shad·ow** *n no pl* Lidschatten *m* **'eye·sight** *n no pl* Sehvermögen *nt*, Sehkraft *f*; **bad/good ~** schlechte/gute Augen; **failing ~** nachlassende Sehkraft; **to have poor ~** schlecht sehen **'eye·sore** *n* (*fig*) Schandfleck *m* **'eye·strain** *n no pl* Überanstrengung *f* der Augen **'eye tooth** *n* (*tooth*) Augenzahn *m*; (*fig*) **I'd give my eye teeth for that** ich würde alles darum geben ▸ **to cut one's eye teeth** AM erwachsen werden **'eye·wash** *n* ❶ *no pl* PHARM Augenwasser *nt* ❷ *no pl* (*fam: silly nonsense*) Blödsinn *m* **'eye·wear** *n no pl* Brillen [und Kontaktlinsen] *pl* **eye·'witness** *n* Augenzeuge(in) *m(f)*

ey·rie ['ɪəri] *n* ORN Horst *m*

e-zine ['i:zi:n] *n* E-Zine *nt*, Internet-Magazin *nt*

F f

F <*pl* -'s *or* -s>, **f** <*pl* -'s> [ef] *n* ❶ (*letter*) N *nt*, f *nt*; *see also* **A 1** ❷ MUS F *nt*, f *nt*; **~ flat** Fes *nt*, fes *nt*; **~ sharp** Fis *nt*, fis *nt* ❸ (*school mark*) ≈ Sechs *f*, ≈ ungenügend

FA [,eɪ'eɪ] *n no pl abbrev of* **Football Association** = DFB *m*

fa·ble ['feɪbl] *n* Fabel *f*

fa·bled ['feɪbld] *adj* legendär

fab·ric ['fæbrɪk] *n* ❶ *no pl* (*textile*) Stoff *m* ❷ *of building* Bausubstanz *f* ❸ (*fig*) **the ~ of society** die Gesellschaftsstruktur

fab·ri·cate ['fæbrɪkeɪt] *vt* ❶ (*make*) herstellen ❷ (*pej: make up*) erfinden ❸ (*forge*) fälschen

fabu·lous ['fæbjələs] *adj* ❶ (*terrific*) fabelhaft, sagenhaft, toll *fam* ❷ (*mythical*) Fabel-

fa·çade [fə'sɑ:d] *n* Fassade *f a. fig*

face [feɪs] **I.** *n* ❶ (*part of body*) Gesicht *nt*; **I don't want to see your ~ here again!** (*fam*) ich will dich hier nie wiedersehen!; **to have a puzzled expression on one's ~** ein ratloses Gesicht machen; **to have a smile on one's ~** lächeln; **with a ~ like thunder** mit finsterer Miene; **with a happy/smiling ~** mit strahlender Miene; **~ down/up** mit dem Gesicht nach unten/oben; **to do one's ~** (*fam*) sich schminken; **to look sb in the ~** jdm in die Augen schauen; **to make** [*or* **pull**] **~s** Grimassen schneiden; **to shut the door in sb's ~** jdm die Tür vor der Nase zuschlagen; **to tell sth to sb's ~** jdm etw ins Gesicht sagen; **~ to ~** von Angesicht zu Angesicht ❷ *of building* Fassade *f*; *of a cliff, mountain* Wand *f*; *of a clock, watch* Zifferblatt *nt*; **face the cards ~ down/up on the table** legen Sie die Karten mit der Bildseite nach unten/oben auf den Tisch; **north ~** *of a building* Nordseite *f*; *of a mountain* Nordwand *f* ❸ *no pl* (*reputation*) **to lose/save ~** das Gesicht verlieren/wahren ❹ *no pl* ▪ **in the ~ of sth** (*in view of*) angesichts einer S. *gen*; (*despite*) trotz einer S. *gen* ❺ *no pl* (*fam: cheek*) Unverfrorenheit *f* ❻ MIN Abbaustoß *m* ▸ **to disappear** [*or* **be wiped**] **off the ~ of the earth** wie vom Erdboden verschluckt sein; **sb's ~ drops** [*or* **falls**] jd ist sichtlich enttäuscht; **to be in sb's ~** AM (*sl: impede*) jdm in die Quere kommen; (*bother*) jdm auf den Geist gehen; **on the ~ of it** auf den ersten Blick; **to put on a brave ~** gute Miene zum bösen Spiel machen; **to show one's ~** sich blicken lassen; **to struggle to keep a straight ~** sich *dat* nur mit Mühe das Lachen verkneifen können **II.** *vt* ❶ (*look towards*) *person* ■ to ~ **sb/sth** sich jdm/etw zuwenden; ■ to ~ [*or* **sit/stand facing**] **sb** jdm gegenübersitzen/ -stehen; ■ to ~ [*or* **sit/stand facing**] **sth** mit dem Gesicht zu etw *dat* sitzen/stehen; **to sit facing the engine** [*or* **the front**] in Fahrtrichtung sitzen ❷ ■ to ~ **sth** (*point towards*) *object* zu etw *dat* [hin] zeigen; *room, window* auf etw *akk* [hinaus]gehen; (*be situated opposite*) gegenüber etw *dat* liegen ❸ (*be confronted with*) ■ **to ~ sth** sich etw *dat* gegenübersehen; **to ~ a charge of theft** sich wegen Diebstahls vor Gericht verantworten müssen; **to ~ criticism** Kritik ausgesetzt sein; **to ~ a difficult situation** mit einer schwierigen Situation konfrontiert sein; ■ **to be ~d by sth** vor etw *dat* stehen; ■ **to be ~d with sth** mit etw *dat* konfrontiert werden; **they are ~d with financial penalties** sie müssen mit Geldstrafen rechnen ❹ (*deal with*) *criticism, fears* sich stellen +*dat*; **let's ~ it** machen wir uns doch nichts vor ❺ (*bear*) ertragen; **he can't ~ work today** er ist heute nicht imstande zu arbeiten; **I can't ~ telling him the truth** ich bringe es einfach nicht über mich, ihm die Wahrheit zu sagen ▶ **to ~ the music** für die Folgen geradestehen **III.** *vi* ❶ (*point*) **to ~ backwards/ downwards/east/forwards** nach hinten/ unten/Osten/vorne zeigen; **a seat facing forwards** TRANSP ein Sitz in Fahrtrichtung ❷ (*look onto*) **to ~ south/west** *room, window* nach Süden/Westen [hinaus]gehen; *house, garden* nach Süden/Westen liegen ❸ (*look*) *person* blicken; **~ right!** MIL Abteilung rechts[um]!; **to sit/stand facing away from sb/sth** mit dem Rücken zu jdm/etw sitzen/stehen; **facing forwards/left** mit dem Gesicht nach vorne/links; **to ~** [*or* **sit facing**] **backwards/forwards** TRANSP entgegen der/in Fahrtrichtung sitzen ◆**face about** *vi* MIL kehrtmachen ◆**face down I.** *vt* ■ **to ~ down ⊃ sb/sth** jdm/etw [energisch] entgegentreten **II.** *vi* nach unten zeigen ◆**face out I.** *vt* ■ **to ~ out ⊃ sth** etw durchstehen **II.** *vi* nach außen zeigen ◆**face up I.** *vi* ■ **to ~ up to sth** etw *dat* ins Auge sehen; **to ~ up to one's problems** sich seinen Problemen stellen; **to ~ up to sth** etw nicht wahrhaben wollen **II.** *vi* nach oben zeigen

'**face-cloth** *n* Waschlappen *m* '**face cream** *n no pl* Gesichtscreme *f* '**face-lift** *n* [Face]lifting *nt*; (*fig*) Renovierung *f*; **to have a ~** sich liften lassen '**face map·ping** *n no pl* Face-Mapping *nt* (*automatische Gesichtserkennung*) '**face pack** *n* Gesichtsmaske *f* '**face pow·der** *n no pl* Gesichtspuder *m*

fac·et ['fæsɪt] *n* Facette *f a. fig*

fa·ce·tious [fəˈsiːʃəs] *adj* (*usu pej*) [gewollt] witzig

face-to-'face *adv* persönlich; **to come ~ with sth** direkt mit etw *dat* konfrontiert werden

face 'value *n* Nennwert *m*; **to take sth at ~** etw für bare Münze nehmen

fa·cial ['feɪʃəl] **I.** *adj* Gesichts- **II.** *n* [kosmetische] Gesichtsbehandlung

fac·ile <-r, -st *or* more ~, most ~> ['fæsaɪl] *adj* ❶ *person* oberflächlich ❷ (*pej: superficially easy*) [allzu] einfach

fa·cili·tate [fəˈsɪlɪteɪt] *vt* erleichtern

fa·cili·ta·tor [fəˈsɪlɪteɪtər] *n* Vermittler(in) *m(f)*

fa·cil·ity [fəˈsɪlɪti] *n* ❶ *no pl* (*ease*) Leichtigkeit *f* ❷ (*natural ability*) Begabung *f* (**for** für); **~ for languages** Sprachbegabung *f* ❸ (*extra feature*) **memory ~** TELEC Speicherfunktion *f*; **overdraft ~** Überziehungsmöglichkeit *f* ❹ *esp* AM (*building and equipment*) Einrichtung *f*, Anlage *f*; **toilet facilities** Toiletten *pl*

fac·sim·ile [fækˈsɪmɪli] *n* Faksimile *nt*

fac·'sim·i·le ma·chine *n* Faxgerät *nt*

fact [fækt] *n* ❶ *no pl* (*truth*) Wirklichkeit *f* ❷ (*single truth*) Tatsache *f*; **the ~ of the matter is that ...** Tatsache ist, dass ... ▶ **~ s and figures** Fakten und Zahlen *pl*; **to be a ~ of life** die harte Wahrheit sein; **to tell a child the ~s of life** ein Kind sexuell aufklären; **in ~** [*or* **as a matter of ~**] [*or* **in point of ~**] genau genommen

'**fact-find·ing** *adj* Untersuchungs-; **~ mission** Erkundungsmission *f*; **~ tour** Informationsreise *f*

fac·tion [ˈfækʃən] *n* POL ❶ (*dissenting group*) [Splitter]gruppe *f* ❷ (*party within parliament*) Fraktion *f*

fac·tor ['fæktər] *n* Faktor *m*; **to be a contributing ~ in sth** zu etw *dat* beitragen; **two is a ~ of six** sechs ist durch zwei teilbar; **by a ~ of four** um das Vierfache; **a ~ 20 sunscreen** eine Sonnencreme mit Schutzfaktor 20

fac·to·ry ['fæktəri] *n* Fabrik *f*; (*plant*) Werk *nt*

'**fac·to·ry-farmed** *adj* BRIT, AUS aus Massentierhaltung *nach n*; **~ eggs** Eier *pl* aus Legebatterien '**fac·tory farm·ing** *n no pl* BRIT, AUS [voll] automatisierte Viehhaltung

fac·tual ['fæktʃuəl] *adj* sachlich; **~ account** Tatsachenbericht *m*; **~ error** Sachfehler *m*

fa·cul·ty ['fækəlti] *n* ❶ (*university department*) **the F- ~ of Arts/Law/Science** die philosophische/juristische/naturwissenschaftliche Fakultät ❷ *no pl* AM SCH, UNIV Lehrkörper *m* ❸ (*natural ability*) Fähigkeit *f*; (*skill*) Talent *nt*; **to have [all] one's faculties**

im [Voll]besitz seiner [geistigen] Kräfte sein
fad [fæd] *n* Modeerscheinung *f*; **brown rice was the food ~ of the 70s** Naturreis war das Modenahrungsmittel in den siebziger Jahren; **the latest ~** der letzte Schrei
fad·dy ['fædi] *adj* wählerisch
fade [feɪd] **I.** *vi* ❶ *(lose colour)* ausbleichen, verblassen ❷ *(lose intensity)* nachlassen; *light* schwächer werden; *(at end of day)* dunkel werden; *sound* verklingen; *smile* vergehen; *suntan* verbleichen ❸ *(disappear)* verschwinden; FILM, TV ausgeblendet werden; **day slowly ~d into night** der Tag ging langsam in die Nacht über; **to ~ from view** aus dem Blickfeld verschwinden ❹ *(fig)* schwinden; *memories* verblassen; **to ~ fast** dahinwelken ◆ *(fam: to lose vitality)* abschlaffen **II.** *vt* ausbleichen ◆**fade away** *vi* ❶ *(disappear gradually)* *courage, hope* schwinden; *memories* verblassen; *dreams, plans* zerrinnen; *beauty* verblühen ❷ *(liter: weaken and die)* dahinwelken ◆**fade in** FILM, TV **I.** *vi* eingeblendet werden **II.** *vt* einblenden ◆**fade out I.** *vi* ausgeblendet werden **II.** *vt* ausblenden
fae·ces ['fiːsiːz] *npl (form)* Fäkalien *pl*
fag [fæg] *n* ❶ BRIT, AUS *(fam: cigarette)* Kippe *f*, Glimmstängel *m* ❷ *esp* AM *(pej sl: homosexual)* Schwule(r) *m*
'fag end *n* ❶ BRIT, AUS *(cigarette butt)* Kippe *f* ❷ *(fig)* letzter Rest
fag·got ['fægət] *n* ❶ *usu pl* BRIT *(meatball)* Leberknödel *m* ❷ *esp* AM *(pej sl)* Schwule(r) *m*
fag·ot *n* AM *see* **faggot**
fail [feɪl] **I.** *vi* ❶ *(not succeed)* *person* versagen; *attempt, plan* scheitern, fehlschlagen; **he ~ed to convince the jury** es gelang ihm nicht, die Jury zu überzeugen; **if all else ~s** zur Not ❷ *(not do)* ▪ **to ~ to do sth** versäumen, etw zu tun; **they surely can't ~ to notice that ...** es kann ihnen nicht entgangen sein, dass ...; **to ~ in one's duty [to sb]** seiner Pflicht [jdm gegenüber] nicht nachkommen; **I ~ to see what/why/how ...** ich verstehe nicht, was/warum/wie ... ❸ SCH, UNIV durchfallen ❹ TECH *brakes* versagen; *generator* ausfallen ❺ *(become weaker)* nachlassen; *health* schwächer werden; *heart, voice* versagen; **my courage ~ed me** der Mut verließ mich; **to be ~ing fast** im Sterben liegen ❻ *(go bankrupt)* bankrottgehen ❼ AGR *harvest* ausfallen **II.** *vt* ❶ *(not pass)* durchfallen bei +*dat*; *course, subject* nicht bestehen; ▪ **to ~ sb** jdn durchfallen lassen ❷ *(let down)* im Stich lassen; **my courage ~ed me** mich verließ der Mut; **words ~ me** mir fehlen die Worte **III.** *n* **is this one a pass or a ~?** hat dieser Kandidat bestanden oder ist er durchgefallen? ▸ **without ~** auf jeden Fall
fail·ing ['feɪlɪŋ] **I.** *adj* ▸ **eyesight** Sehschwäche *f*; **to be in ~ health** eine angeschlagene Gesundheit haben; **in the ~ light** in der Dämmerung **II.** *n* Schwäche *f* **III.** *prep* mangels +*gen*; ▪ **~ that** ansonsten
'fail-safe *adj* abgesichert; **~ mechanism** Sicherheitsmechanismus *m* **fail·ure** ['feɪljəʳ] *n* ❶ *no pl (lack of success)* Scheitern *nt*, Versagen *nt*; **~ rate** Durchfallquote *f*; **to end in ~** scheitern ❷ *(unsuccessful thing)* Misserfolg *m*; **an utter ~** ein totaler Reinfall; *person* Versager(in) *m(f)* ❸ *no pl (omission)* Unterlassung *f* ❹ MED, TECH Versagen *nt kein pl*; *of an engine* Ausfall *m* ❺ ECON **bank-/business ~** Bank-/Firmenpleite *f* ❻ AGR **crop ~** Missernte *f*
faint [feɪnt] **I.** *adj* ❶ *(slight)* *light, colour, smile, voice* matt; *sound, suspicion, hope* leise; *scent, pattern* zart; *smell, memory* schwach; *chance* gering; **there was a ~ taste of vanilla in the pudding** der Pudding schmeckte schwach nach Vanille; **to bear a ~ resemblance to sb** jdm ein wenig ähnlich sehen; **to not have the ~est [idea]** nicht die geringste Ahnung haben ❷ *(unclear)* *line* undeutlich ❸ *(physically weak)* schwach; **he was ~ with hunger** er fiel fast um vor Hunger **II.** *vi* ohnmächtig werden **III.** *n* **in a [dead] ~** ohnmächtig
faint-'heart·ed *adj* zaghaft; **to not be for the ~** nichts für schwache Nerven sein **faint·ly** ['feɪntli] *adv* ❶ *(weakly)* leicht, schwach ❷ *(not clearly)* schwach; **to be ~ visible** schwach zu sehen sein ❸ *(slightly)* leicht, etwas; **even ~ informative** auch nur annähernd informativ; **to ~ resemble sth** entfernt an etw *akk* erinnern
fair[1] [feəʳ] **I.** *adj* ❶ *(reasonable)* fair; *wage* angemessen; *(legitimate)* berechtigt; **you're not being ~** das ist unfair; **to be ~, he didn't have much time** zugegeben, er hatte nicht viel Zeit; **[that's] ~ enough!** *(fam: approved)* na schön!; *(agreed)* dagegen ist nichts einzuwenden!; **~ contest** fairer Wettbewerb; **it's only ~ that/to ...** es ist nur recht und billig, dass/zu ...; **it's ~ to say that ...** man kann [wohl] sagen, dass ...; ▪ **to be ~ with sb** sich jdm gegenüber fair verhalten; ▪ **to not be ~ on sb** jdm gegenüber nicht fair sein ❷ *(just, impartial)* berechtigt, fair; **to get one's ~ share** seinen Anteil bekommen; ▪ **to be ~ to[wards] sb** jdm gegenüber gerecht sein ❸ *(large)* ziemlich; **we've had a ~ amount of rain** es hat ziemlich viel geregnet; **there's still a ~ bit of work to do** es gibt noch einiges zu tun; **a ~ number of**

people ziemlich viele Leute ④ (*good*) ziemlich gut; **she's got a ~ chance of winning** ihre Gewinnchancen stehen ziemlich gut; **to have a ~ idea of sth** sich *dat* etw [recht gut] vorstellen können; **to have a ~ idea that ...** sich *dat* ziemlich sicher sein, dass ... ⑤ (*average*) mittelmäßig; **~ to middling** so lala ⑥ (*pale*) **skin** hell; **person** hellhäutig; **to have ~ hair** blond sein ⑦ (*favourable*) **weather** schön; **wind** günstig ⑧ (*beautiful*) schön **II.** *adv* fair ▸ **~ old ...** ganz schön; **~ and square** (*clearly*) [ganz] klar; BRIT, AUS (*accurately*) voll

fair² [feəʳ] *n* ① (*funfair*) Jahrmarkt *m*, Rummel[platz] *m bes* NORDD ② (*trade, industry*) Messe *f*; (*agriculture*) [Vieh]markt *m*; **craft ~** Kunsthandwerkmarkt *m*; **the Frankfurt Book F~** die Frankfurter Buchmesse

fair 'copy *n* Reinschrift *f* **fair 'game** *n no pl* (*fig*) Freiwild *nt*

'fair·ground *n* Rummelplatz *m*

fair-'haired <fairer-, fairest- *or* more ~, most ~> *adj* blond

fair·ly ['feəli] *adv* ① (*quite*) ziemlich; **~ recently** vor kurzem ② (*justly*) fair, gerecht ③ (*liter: actually*) geradezu; **the dog ~ flew out of the door** der Hund flog nahezu durch die Tür ▸ **~ and squarely** einzig und allein

fair-'mind·ed <fairer-, fairest- *or* more ~, most ~> *adj* unvoreingenommen **fair·ness** ['feənəs] *n no pl* ① (*justice*) Fairness *f*, Gerechtigkeit *f*; **sense of ~** Gerechtigkeitsempfinden *nt*; **in [all] ~** fairerweise ② *of hair, skin* Helligkeit *f* **fair 'play** *n no pl* Fairplay *nt*

fairy ['feəri] *n* ① (*creature*) Fee ② (*pej*! *sl*: *homosexual*) Tunte *f*

'fairy lights *npl* BRIT, AUS [bunte] Lichterkette *u.a. für den Weihnachtsbaum* **'fairy story, 'fairy tale** *n* Märchen *nt a. fig* **'fairy·tale** *adj* Märchen-

faith [feɪθ] *n* ① *no pl* (*trust*) Vertrauen *nt* (**in** zu); **to put one's ~ in sb/sth** auf jdn/etw vertrauen ② REL Glaube *m* (**in** an) ③ *no pl* (*promise*) **to keep ~ with sb/sth** jdm/etw gegenüber Wort halten; (*continue to support*) jdn/etw weiterhin unterstützen ④ (*sincerity*) **to act in good/bad ~** in gutem/ bösem Glauben handeln

faith·ful ['feɪfəl] **I.** *adj* ① (*loyal*) treu ② REL gläubig ③ (*accurate*) originalgetreu; *account* detailliert; ▪ **to be ~ to sth** einer S. *dat* gerecht werden **II.** *n* ▪ **the ~** *pl* die Gläubigen *pl*; **the party ~** die Parteifreunde *pl* **faith·ful·ly** ['feɪθfəli] *adv* ① (*loyally*) treu; **to promise ~** hoch und heilig versprechen; **to serve sb ~** jdm treue Dienste leisten; **Yours f~** BRIT, AUS mit freundlichen Grüßen ② (*exactly*) genau; *reproduce* originalgetreu

'faith heal·er *n* Gesundbeter(in) *m(f)*

fake [feɪk] **I.** *n* ① (*counterfeit object*) Fälschung *f*; (*of a gun*) Attrappe *f* ② (*impostor*) Hochstapler(in) *m(f)* **II.** *adj* Kunst-; *antique* falsch; *jewel* imitiert; *passport* gefälscht; **~ blood** blutrote Flüssigkeit; **~ tan** Solariumsbräune *f* **III.** *vt* ① (*make a copy*) fälschen ② (*pretend*) vortäuschen; *illness* simulieren **IV.** *vi* (*pretend*) markieren, so tun als ob **fak·er** ['feɪkəʳ] *n* Vortäuscher(in) *m(f)*

fal·con ['fɔːlkən] *n* Falke *m*

fall [fɔːl] **I.** *n* ① (*tumble, drop*) Fall *m*; (*harder*) Sturz *m*; **she broke her leg in the ~** sie brach sich bei dem Sturz das Bein; **to have** [*or* **take**] **a nasty ~** schwer stürzen ② *no pl* (*descent*) Fallen *nt*; **the rise and ~ of the tide** Ebbe und Flut ③ METEO, GEOG [*heavy*] **~s of rain/snow** [heftige] Regen-/ Schneefälle; **~ of rock** Steinschlag *m* ④ SPORTS (*in wrestling*) Schultersieg *m* ⑤ *no pl* (*decrease*) Rückgang *m* (**in** +*gen*); **in support** Nachlassen *nt* (**in** +*gen*); *in a level also* Sinken *nt* (**in** +*gen*); **~ in temperature** Temperaturrückgang *m*; **sudden ~ in price** Preissturz *m*; **~ in pressure** Druckabfall *m*; **~ in value** Wertverlust *m* ⑥ *no pl* (*defeat*) *of a city* Einnahme *f*; *of a dictator, regime* Sturz *m*; **the ~ of the Roman Empire** der Untergang des Römischen Reiches; **~ from power** Entmachtung *f* ⑦ AM (*autumn*) Herbst *m* ⑧ (*waterfall*) ▪ **~s** *pl* Wasserfall *m*; [**the**] **Niagara F~s** die Niagarafälle *pl* ▸ **to take a** [*or* **the**] **~ for sb/sth** für jdn/etw die Schuld auf sich *akk* nehmen **II.** *adj* AM Herbst- **III.** *vi* <fell, fallen> ① (*drop, tumble*) fallen; (*harder*) stürzen; *person* hinfallen; (*harder*) stürzen; *tree, post, pillar* umfallen; (*harder*) umstürzen; **to ~ into sb's/each other's arms** jdm/sich in die Arme fallen; **to ~ under a bus** unter einen Bus geraten; **to ~ to one's death** in den Tod stürzen; **to ~ flat on one's face** auf die Nase fallen; **to ~ on the floor** [*or* **to the ground**] auf den Boden fallen; **to ~ to one's knees** auf die Knie fallen; **to ~ down dead** tot umfallen ② (*hang*) fallen; **his hair fell around his shoulders** sein Haar fiel ihm auf die Schulter; **her hair fell to her waist** ihr Haar reichte ihr bis zur Taille ③ (*descend*) fallen; *darkness* hereinbrechen; *silence* eintreten ④ (*slope*) [steil] abfallen ⑤ (*decrease*) sinken, fallen; **church attendance has ~en dramatically** die Anzahl der Kirchenbesucher ist drastisch zurückgegangen ⑥ (*be defeated*) gestürzt werden; *empire* untergehen; *city, town* fallen; ▪ **to ~ to sb** jdm in die Hände fallen ⑦ (*be*) **Easter ~s early this year** Ostern ist dieses Jahr früh; **this year, my birthday ~s on a**

Monday dieses Jahr fällt mein Geburtstag auf einen Montag; **the accent ~s on the second syllable** der Akzent liegt auf der zweiten Silbe ⑤ *(become)* **to ~ asleep** einschlafen; **to ~ due** fällig sein; **to ~ ill** krank werden; **to ~ open** aufklappen; **to ~ silent** verstummen; **to ~ vacant** frei werden ⑥ *(enter a particular state)* **to ~ into debt** sich verschulden; **to ~ into disuse** nicht mehr benutzt werden; **to ~ out of favour [with sb]** [bei jdm] nicht mehr gefragt sein; **to ~ into the habit of doing sth** sich *dat* angewöhnen, etw zu tun; **to ~ under the influence of sb/sth** unter den Einfluss einer Person/einer S. *gen* geraten; **to ~ in love [with sb/sth]** sich [in jdn/etw] verlieben; **to have ~en under the spell of sb/sth** von jdm/etw verzaubert sein ◆**fall about** *vi* BRIT, AUS *(fam)* ▪**to ~ about [laughing]** sich vor Lachen schütteln ◆**fall apart** *vi* ❶ *(disintegrate)* auseinanderfallen; *clothing* sich auflösen ❷ *(fig: fail)* auseinanderfallen; *system* zusammenbrechen; *organization* sich auflösen ❸ *(fig: not cope) marriage* auseinandergehen; *person* zusammenbrechen ◆**fall away** *vi* ❶ *(detach)* abfallen ❷ *(slope)* abfallen ❸ *(decrease)* sinken, zurückgehen ◆**fall back** *vi* ❶ *(move back)* zurückweichen; MIL sich zurückziehen; SPORTS *leader* zurückfallen ❷ *(resort to)* ▪**to ~ back [up]on sb** auf jdn zurückkommen; ▪**to ~ back [up]on sth** auf etw *akk* zurückgreifen ◆**fall behind** *vi* ❶ *(slow)* zurückfallen; ▪**to ~ behind sb/sth** hinter jdn/etw zurückfallen ❷ *(achieve less)* zurückbleiben; *(at school)* hinterherhinken; ▪**to ~ behind sb/sth** hinter jdm/etw zurückbleiben; ▪**to ~ behind with sth** mit etw *dat* in Verzug geraten ❸ SPORTS *(lose lead)* zurückfallen ◆**fall down** *vi* ❶ *(drop, tumble)* hinunterfallen; *(topple) person* hinfallen; *(harder)* stürzen; *object* umfallen; *(harder)* umfallen; ▪**to ~ down dead** tot umfallen; ▪**to ~ down sth** etw hinunterfallen; *hole, well* hineinfallen in +*akk* ❷ *(collapse)* einstürzen; *tent* zusammenfallen; ▪**to be ~ing down** abbruchreif sein ❸ *(fail)* ▪**to ~ down on sth** mit etw *dat* scheitern ◆**fall for** *vt* ❶ *(love)* ▪**to ~ for sb** sich in jdn verlieben ❷ *(be deceived by)* ▪**to ~ for sth** auf etw *akk* hereinfallen ◆**fall in** *vi* ❶ *(drop)* hineinfallen ❷ *(collapse)* einstürzen ❸ MIL *(line up)* antreten ❹ *(join)* ▪**to ~ in behind sb** hinter jdm herlaufen; ▪**to ~ in with sb** sich jdm anschließen ◆**fall off** *vi* ❶ *(drop)* ▪**to ~ off sth** von etw *dat* fallen ❷ *(decrease)* zurückgehen, sinken ❸ *(decline)* abfallen ❹ *(detach)* abfallen, herunterfallen; *wallpaper* sich lösen ◆**fall on** *vi* ❶ *(attack)* ▪**to**

~ **on sb** über jdn herfallen ❷ *(liter: embrace)* **they fell on each other** sie fielen sich in die Arme ❸ *(be assigned to)* ▪**to ~ on sb** jdm zufallen ❹ *(be directed at)* ▪**to ~ on sb** treffen; *suspicion* auf jdn fallen ❺ *(light on) gaze* ▪**to ~ on sb/sth** auf jdn/etw fallen ◆**fall out** *vi* ❶ *(drop)* herausfallen; *teeth, hair* ausfallen ❷ *(quarrel)* ▪**to ~ out [with sb]** sich [mit jdm] [zer]streiten ❸ MIL *(break line)* wegtreten ◆**fall over** *vi* ❶ *(topple) person* hinfallen; *(harder)* stürzen; *object* umfallen; *(harder)* umstürzen ❷ *(trip)* ▪**to ~ over sth** über etw *akk* fallen ❸ *(fam: be keen)* ▪**to ~ [AM all] over oneself to do sth** sich darum reißen, etw zu tun ◆**fall through** *vi* scheitern; *plan* ins Wasser fallen ◆**fall to** *vi* ❶ *(liter: start)* ▪**to ~ to doing sth** beginnen, etw zu tun ❷ *(be assigned to)* ▪**to ~ to sb** jdm zufallen

fal·la·cious [fəˈleɪʃəs] *adj (form)* abwegig

fal·la·cy [ˈfæləsɪ] *n* Irrtum *m*

fall·en [ˈfɔːlən] **I.** *adj* ❶ *(on the ground) apple* abgefallen; *leaf* heruntergefallen; *tree* umgestürzt; **~ arches** MED Senkfüße *pl*; **~ leaves** Laub *nt* ❷ *(overthrown) dictator* gestürzt; *(disgraced) idol* einstig; *angel* gefallen **II.** *n (liter)* **the ~ pl** die Gefallenen *pl*

'fall guy *n (sl)* Prügelknabe *m*

fal·li·ble [ˈfæləbl] *adj person* fehlbar; *thing* fehleranfällig

'fall-off *n no pl* Rückgang *m* **(in** +*gen*)

fal·lo·pian tube [fəˌləʊpɪən'-] *n* ANAT Eileiter *m*

'fall·out *n no pl* ❶ NUCL radioaktive Strahlung; **~ shelter** Atombunker *m* ❷ *(consequences)* ▪**the ~** die Konsequenzen *pl (*from +*gen)*

fal·low [ˈfæləʊ] *adj* ❶ AGR *(not planted)* brach liegend; **to lie ~** brach liegen ❷ *(unproductive)* ruhig

fal·low 'deer *n* Damwild *nt kein pl*

false [fɔːls] *adj* falsch; *bottom* doppelt; *imprisonment* unrechtmäßig; *optimism* trügerisch; **~ start** Fehlstart *m a. fig*; ▪**to be ~ to sb/sth** jdm/etw untreu werden

false·hood [ˈfɔːls(h)ʊd] *n* Unwahrheit *f*

false·ness [ˈfɔːlsnəs] *n no pl* ❶ *(inaccuracy)* Unkorrektheit *f* ❷ *(insincerity)* Falschheit *f*

fal·set·to [fɒlˈsetəʊ] *n* Kopfstimme *f*; **to speak in a high ~** im Falsett sprechen; **to sing ~** Falsettstimme singen

fal·si·fi·ca·tion [ˌfɔːlsɪfɪˈkeɪʃ(ə)n] *n no pl* Fälschung *f*

fal·si·fy <-ie-> [ˈfɔːlsɪfaɪ] *vt* fälschen

fal·si·ty [ˈfɔːlsətɪ] *n no pl* ❶ *(incorrectness)* Unkorrektheit *f* ❷ *(insincerity)* Falschheit *f*

fal·ter [ˈfɔːltə] *vi* ❶ *speaker, voice* stocken ❷ *(fig)* nachlassen; **without ~ing** ohne zu

faltering–fantasize

zögern ❸ (*move unsteadily*) schwanken
fal·ter·ing [ˈfɔːltərɪŋ] *adj* zögerlich; *economy* stagnierend; *step* stockend; **in a ~ voice** mit stockender Stimme
fame [feɪm] *n no pl* Ruhm *m*
famed [feɪmd] *adj* berühmt
fa·mil·iar [fəˈmɪliə] *adj* ❶ (*well-known*) vertraut; *faces* bekannt; **this looks ~ to me** das kommt mir irgendwie bekannt vor ❷ (*acquainted*) ■ **to be ~ with sb/sth** jdn/etw kennen; **yours is not a name I'm ~ with** Ihr Name kommt mir nicht bekannt vor; **to become** [*or* **get**] **~ with sb/sth** mit jdm/etw vertraut werden ❸ (*informal*) vertraulich; **to be on ~ terms [with sb]** [mit jdm] befreundet sein; **the ~ form** LING die Du-Form; **~ form of address** vertrauliche Anrede ❹ (*too friendly*) allzu vertraulich
fa·mili·ar·ity [fəˌmɪliˈærəti] *n no pl* ❶ (*well-known*) Vertrautheit *f* ❷ (*knowledge*) Kenntnis *f* (**with** in) ❸ (*overfriendly*) Vertraulichkeit *f* ▶ **~ breeds contempt** (*prov*) allzu große Vertrautheit erzeugt Verachtung
fa·mil·iar·ize [fəˈmɪliəraɪz] *vt* ■ **to ~ oneself/sb with sth** sich/jdn mit etw *dat* vertraut machen; **with work** sich einarbeiten (**with** in)
fami·ly [ˈfæmli] **I.** *n* Familie *f*; **we've got ~ coming to visit** wir bekommen Familienbesuch; **a ~ of squirrels** eine Eichhörnchenfamilie; **a ~ of four** vierköpfige Familie; **to keep sth in the ~** etw in Familienbesitz behalten; *secret* etw für sich *akk* behalten; **to be [like] one of the ~** [praktisch] zur Familie gehören **II.** *adj* Familien-
fami·ly ˈdoc·tor *n* Hausarzt, -ärztin *m, f*
fam·ine [ˈfæmɪn] *n* Hungersnot *f*
fam·ished [ˈfæmɪʃt] *adj* (*fam*) ausgehungert
fa·mous [ˈfeɪməs] *adj* berühmt ▶ **~ last words** wer's glaubt wird selig!
fa·mous·ly [ˈfeɪməsli] *adv* ❶ (*well-known*) bekanntermaßen ❷ (*fam*) **to get on ~** sich blendend verstehen
fan[1] [fæn] *n* (*enthusiast*) Fan *m*; (*admirer*) Bewunderer, Bewunderin *m, f*; **I'm a great ~ of your work** ich schätze Ihre Arbeit sehr
fan[2] [fæn] **I.** *n* ❶ (*hand-held*) Fächer *m* ❷ (*electrical*) Ventilator *m* **II.** *vt* <-nn-> ■ **to ~ sb/oneself** jdm/sich Luft zufächeln; *flames* anfachen; (*fig*) schüren
fa·nat·ic [fəˈnætɪk] **I.** *n* ❶ (*pej: obsessed*) Fanatiker(in) *m(f)* ❷ (*enthusiast*) **fellow ~** Mitbegeisterte(r) *f(m)*; **fitness ~** ein Fitnessfan *m* **II.** *adj* fanatisch
fa·nati·cal [fəˈnætɪkəl] *adj* ❶ (*obsessed*) besessen (**about** von); *support* bedingungslos ❷ (*enthusiastic*) total begeistert (**about** von)
fa·nati·cism [fəˈnætɪsɪzəm] *n no pl* (*pej*) Fa-

natismus *m*
'fan belt *n* AUTO Keilriemen *m*
fan·cied [ˈfæn(t)sid] *adj* favorisiert
fan·ci·er [ˈfæn(t)siə] *n* Züchter(in) *m(f)*
fan·ci·ful [ˈfæn(t)sɪfl] *adj* ❶ (*unrealistic*) unrealistisch ❷ *person* überspannt
'fan club *n* + *sing/pl vb* Fanclub *m*
fan·cy [ˈfæn(t)si] **I.** *vt* <-ie-> ❶ *esp* BRIT (*want*) wollen; (*would like to have*) gerne haben wollen; (*feel like*) Lust haben auf +*akk*; (*like*) ■ **sb fancies sth** jdm gefällt etw; **she fancied an after-lunch nap** sie hätte gern ein Mittagsschläfchen gehalten; **do you ~ a drink this evening?** hast du Lust, heute Abend was trinken zu gehen? ❷ *esp* BRIT ■ **to ~ sb** (*find attractive*) jdn attraktiv finden; (*be sexually attracted by*) etw von jdm wollen ❸ (*be full of*) ■ **to ~ oneself** BRIT (*pej*) sich *dat* toll vorkommen ❹ (*imagine as winner*) favorisieren; **who do you ~ to win the Cup?** wer, glaubst du, wird den Pokal gewinnen? ❺ (*believe*) **to ~ one's chances** [**of doing sth**] sich *dat* Chancen ausrechnen [etw zu tun]; **to not ~ sb's chances** jdm keine großen Chancen geben ❻ *esp* BRIT (*imagine, think*) ■ **to ~ [that]** ... denken, dass ...; **she fancies herself a rebel** sie hält sich für eine Rebellin; **Dick fancies himself as a singer** Dick bildet sich ein, ein großer Sänger zu sein; ~ [**that**]! stell dir das [mal] vor!; **~ seeing you here!** na, so was! du hier!; **~ saying that to you of all people!** [unglaublich,] dass man das ausgerechnet zu dir gesagt hat! **II.** *n* ❶ *no pl* (*liking*) Vorliebe *f*; **to catch** [*or* **take**] **sb's ~** jdm gefallen; **to take a ~ to sb/sth** Gefallen an jdm/etw finden ❷ *no pl* (*whim*) Laune *f*; **when the ~ takes him** wenn ihm gerade danach ist ❸ (*idea*) Vorstellung *f*; **flight of ~** Fantasterei *f* **III.** *adj* ❶ (*elaborate*) decoration aufwändig; *pattern* ausgefallen; *hairdo* kunstvoll; *car* schick; (*fig*) talk geschwollen; **~ footwork** gute Beinarbeit; **nothing ~** nichts Ausgefallenes ❷ (*whimsical*) versponnen; **don't you go filling his head with ~ ideas** setz ihm keinen Floh ins Ohr ❸ (*fam: expensive*) Nobel-; **~ foods** Delikatessen *pl*
fan·cy ˈdress *n no pl esp* BRIT, AUS Kostüm *nt*; **to come/go to a party in ~** verkleidet zu einer Party kommen/gehen; **to wear ~** verkleidet sein **fan·cy-ˈfree** *adj* sorglos
fan·fare [ˈfænfeə] *n* Fanfare *f*
fang [fæŋ] *n* Fang[zahn] *m*; *of a snake* Giftzahn *m*
'fan·light *n* Oberlicht *nt*
'fan mail *n no pl* Fanpost *f*
fan·ta·size [ˈfæntəsaɪz] **I.** *vi* fantasieren **II.** *vt* ■ **to ~ that** ... davon träumen, dass ...

fan·tas·tic ['fæn'tæstɪk] *adj* ❶ (*fam: wonderful*) fantastisch, toll; **a ~ idea** eine Superidee; **to look ~** *person* umwerfend aussehen ❷ (*fam: extremely large*) enorm, unwahrscheinlich viel ❸ (*not real*) Fantasie- ❹ (*unbelievable*) unwahrscheinlich; (*unreasonable*) unsinnig

fan·ta·sy ['fæntəsi] *n* Fantasie *f*; LIT Fantasy *f*; ■ **to have fantasies about sth** von etw *dat* träumen

fan·zine ['fænziːn] *n* Fanmagazin *nt*

FAO [,efer'əʊ] *n abbrev of* **Food and Agricultural Organization** Organisation *f* für Ernährung und Landwirtschaft der Vereinten Nationen

far <farther *or* further, farthest *or* furthest> [faːʳ] **I.** *adv* ❶ (*in place*) weit; **how much further is it?** wie weit ist es denn noch?; **have you come very ~?** kommen Sie von weit her?; **do you have ~ to travel to work?** haben Sie es weit zu Ihrer Arbeitsstelle?; **~ away in the distance** in weiter Ferne; **~ from home** fern der Heimat; **to be ~ down the list** weit unten auf der Liste stehen; **~ and wide** weit und breit; **from ~ and wide** [*or near*] aus Nah und Fern ❷ (*in time*) weit; **some time ~ in the future** irgendwann in ferner Zukunft; **your birthday's not ~ away** bis zu deinem Geburtstag ist es nicht mehr lang; **lunch isn't ~ off** wir essen bald zu Mittag; **he's not ~ off seventy** er geht auf die siebzig zu; **~ into the night** bis spät in die Nacht hinein; **to plan further ahead** weiter voraus planen; **as ~ back as 1977** bereits 1977; **as ~ back as I can remember** ... so weit ich zurückdenken kann ... ❸ (*in progress*) weit; **to not get very ~ with [doing] sth** mit etw *dat* nicht besonders weit kommen; **to not get very ~ with sb** bei jdm nicht viel erreichen ❹ (*much*) weit, viel; **~ better/nicer** viel besser/netter; **~ more difficult** viel schwieriger; **~ too expensive** viel zu teuer; **by ~** bei weitem; **to be not ~ wrong** nicht so unrecht haben ▸ **as ~ as** (*in place*) bis; **as ~ as the eye can see** so weit das Auge reicht; (*in degree*) **as ~ as I can see** soweit es mir möglich ist; **as ~ as possible** so oft wie möglich; **as ~ as I can see** ... so wie ich es beurteilen kann, ...; **as ~ as I know** soweit ich weiß; **as ~ as I'm concerned** ... wenn es nach mir geht ...; **that's as ~ as it goes** das ist auch alles; **~ and away** mit Abstand; **I'd ~ rather** ... ich würde viel lieber ...; **she'd ~ sooner** ... sie würde viel lieber ...; **we're ~ from happy** wir sind alles andere als zufrieden; **~ from it!** weit gefehlt; **~ be it from me** ... es liegt mir fern ...; **to go too ~** zu weit gehen; **to [not] go ~ enough** [nicht] weit genug gehen; **sb will go ~** jd wird es zu etwas bringen; **sth won't go very ~** etw wird nicht lange vorhalten; **a hundred pounds won't go very ~** mit hundert Pfund kommt man nicht weit; **~ gone** beschädigt; **so ~ so good** so weit, so gut; **so ~** (*until now*) bisher; **any problems?** — **not so ~** Probleme? – bis jetzt nicht; (*to a limited extent*) **only so ~** nur bedingt **II.** *adj* ❶ (*further away*) **at the ~ end** am anderen Ende; **on the ~ bank** am gegenüberliegenden Ufer ❷ (*extreme*) extrem ❸ (*distant*) fern; **in the ~ distance** in weiter Ferne ▸ **to be a ~ cry from sb/sth** mit jdm/etw nicht zu vergleichen sein

far·away [,fɑːrə'weɪ] *adj* ❶ (*distant*) fern; *sound* weit entfernt ❷ (*dreamy*) *look* verträumt

farce [fɑːs] *n* Farce *f*

far·ci·cal ['fɑːsɪkəl] *adj* absurd

fare [feəʳ] **I.** *n* ❶ (*money*) Fahrpreis *m* ❷ (*traveller in a taxi*) Taxifahrgast *m* ❸ *no pl* (*food*) Kost *f* **II.** *vi* (*form: get on*) **sb ~s badly/well** jdm [er]geht es schlecht/gut; **how did you ~?** wie ist es dir ergangen?

Far 'East *n no pl* ■ **the ~** der Ferne Osten

fare·well [,feə'wel] **I.** *interj* (*form*) leb wohl; **to bid** [*or say*] **~ to sb/sth** sich von jdm/etw verabschieden **II.** *n* Abschied *m* **III.** *adj* Abschied[s]-

far-'fetched *adj* weit hergeholt

far-'flung *adj* ❶ (*widely spread*) weitläufig ❷ (*remote*) abgelegen

farm [fɑːm] **I.** *n* Bauernhof *m;* **chicken ~** Hühnerfarm *f;* **health ~** Schönheitsfarm *f;* **trout ~** Forellenzucht *f* **II.** *vt* bebauen **III.** *vi* Land bebauen; **the family still ~s in Somerset** die Familie hat immer noch Farmland in Somerset ■ **farm out** *vt work* abgeben (**to** an); *children* anvertrauen + *dat*

farm·er ['fɑːməʳ] *n* Bauer, Bäuerin *m, f*

farm·ers' 'mar·ket *n* Bauernmarkt *m*

'farm·hand *n* Landarbeiter(in) *m(f)* **'farm·house** *n* Bauernhaus *nt;* **~ cheese** Bauernkäse *m* **'farm·land** *no pl* Ackerland *nt* **farm·stead** ['fɑːmsted] *n* AM Farm *f* **'farm·yard** *n* Hof *m*

'far-off *adj* ❶ (*distant*) fern; (*remote*) [weit] entfernt ❷ (*time*) fern

far-'reach·ing *adj* weitreichend **far-'sight·ed** *adj* ❶ (*shrewd*) *decision* weitsichtig; *person* vorausschauend ❷ AM, AUS (*long-sighted*) weitsichtig

fart [fɑːt] **I.** *n* ❶ (*fam!*) Furz *m;* **to do** [*or let off*] **a ~** furzen ❷ (*pej: person*) Sack *m* **II.** *vi* (*fam!*) furzen

far·ther ['fɑːðəʳ] **I.** *adv comp of* **far** ❶ (*at, to a greater distance*) weiter entfernt; **how**

much ~ is it to the airport? wie weit ist es noch zum Flughafen?; **~ down/up [sth]** weiter unten/oben ❷ (*additional*) weitere(r, s) **II.** *adj comp of* **far** weiter; **at the ~ end** am anderen Ende

far·thest ['fɑːðɪst] **I.** *adv superl of* **far** am weitesten; **the ~ east** am weitesten östlich **II.** *adj superl of* **far** am weitesten; **the ~ place** der am weitesten entfernte Ort

fas·ci·nate ['fæsɪneɪt] *vt* faszinieren

fas·ci·nat·ing ['fæsɪneɪtɪŋ] *adj* faszinierend

fas·ci·na·tion [ˌfæsɪ'neɪʃən] *n no pl* Faszination *f*; **to watch in ~** fasziniert zusehen; **to hold** [*or* **have**] **a ~ for sb** jdn faszinieren

fas·cism *n no pl* Faschismus *m*

fas·cist I. *n* Faschist(in) *m(f)* **II.** *adj* faschistisch

fash·ion ['fæʃən] **I.** *n* ❶ (*style*) Mode *f*; **in the latest ~** nach der neuesten Mode; **in ~** in Mode; **to go out of ~** aus der Mode kommen ❷ (*clothes*) ■ **~ pl** Mode *f* ❸ *no pl* (*industry*) Modebranche *f*; **the world of ~** die Modewelt *f* ❹ (*manner*) Art [und Weise] *f*; **after a ~** einigermaßen **II.** *vt* ausarbeiten

fash·ion·able ['fæʃənəbl] *adj* modisch, schick; ■ **to be ~ [in]** Mode sein; **to become ~** [zur] Mode werden; **~ restaurant** Schickerialokal *nt fam* **'fash·ion de·sign·er** *n* Modedesigner(in) *m(f)* **'fash·ion-for·ward** *adj* modebewusst **'fash·ion pa·rade** *n*, **'fash·ion show** *n* Modenschau *f*

fast¹ [fɑːst] **I.** *adj* ❶ (*quick*) schnell; **to be a ~ reader/runner** schnell lesen/laufen ❷ PHOT *film* lichtempfindlich ❸ *clock, watch* ■ **to be ~** vorgehen ❹ (*firm*) fest; **to make ~ [to sth]** NAUT [an etw *dat*] anlegen; **to make sth ~ [to sth]** etw [an etw *dat*] festmachen ❺ (*permanent*) *colour* waschecht **II.** *adv* ❶ (*at speed*) schnell ❷ (*firmly*) fest; **to be ~ asleep** tief schlafen

fast² [fɑːst] **I.** *vi* fasten **II.** *n* Fastenzeit *f*; **to break one's ~** das Fasten brechen

fas·ten ['fɑːsən] **I.** *vt* ❶ (*close*) schließen; *coat* zumachen; **to ~ one's seat belt** sich anschnallen ❷ (*secure*) befestigen (**on/to** an); (*with glue*) festkleben; (*with rope*) festbinden ▸ **to ~ one's eyes** [*or* **gaze**] **on sb/sth** den Blick auf jdn/etw heften **II.** *vi* ❶ (*close*) sich schließen lassen; **this dress ~s at the back** dieses Kleid wird hinten zugemacht ❷ (*focus*) ■ **to ~ [up]on sth** sich auf etw *akk* konzentrieren ◆ **fasten down** *vt* befestigen ◆ **fasten on** *vt* befestigen ◆ **fasten up I.** *vt* zumachen; *buttons* zuknöpfen **II.** *vi* zugemacht werden

fas·ten·er ['fɑːsənə] *n* Verschluss *m*; **snap ~** Druckknopf *m*; **zip ~** Reißverschluss *m*

fast 'food *n no pl* Fast Food *nt*

fast-'for·ward *vt, vi* vorspulen

fas·tid·i·ous [fæs'tɪdɪəs] *adj* ❶ (*correct*) wählerisch; *taste* anspruchsvoll; **to be very ~ about doing sth** sehr sorgsam darauf bedacht sein, etw zu tun ❷ (*pej*) pingelig

fat [fæt] **I.** *adj* <-tt-> ❶ (*fleshy*) dick, fett *pej*; *animal* fett ❷ (*thick*) dick ❸ (*substantial*) *profits* fett ❹ (*fam: little*) **~ chance we've got** da haben wir ja Mordschancen *iron*; **a ~ lot he cares** er schert sich einen Dreck *sl*; **a ~ lot of use you are!** du bist mir eine schöne Hilfe! **II.** *n* Fett *nt*; **layer of ~** Fettschicht *f* ▸ **the ~ is in the fire** der Teufel ist los

fa·tal ['feɪtəl] *adj* ❶ (*lethal*) tödlich; **~ blow** Todesstoß *m* ❷ (*disastrous*) fatal

fa·tal·ism ['feɪtəlɪzəm] *n no pl* Fatalismus *m* **fa·tal·ist** ['feɪtəlɪst] *n* Fatalist(in) *m(f)* **fa·tal·ity** [fə'tæləti] *n* Todesopfer *nt* **fa·tal·ly** ['feɪtəli] *adv* ❶ (*mortally*) tödlich; **~ ill** sterbenskrank ❷ (*disastrously*) hoffnungslos; **his reputation was ~ damaged** sein Ansehen war für immer geschädigt

'fat-burning *adj attr* fettverbrennend

'fat cat *n* (*fam*) Bonze *m*

fate [feɪt] *n* Schicksal *nt*; **to leave sb to his/her ~** jdn seinem Schicksal überlassen ▸ **a ~ worse than death** äußerst unerfreulich

fat·ed ['feɪtɪd] *adj* vom Schicksal bestimmt

fate·ful ['feɪtfəl] *adj* schicksalhaft; *decision* verhängnisvoll

'fat-free *adj* fettfrei

'fat·head *n* (*fam*) Schafskopf *m*

fa·ther ['fɑːðə] **I.** *n* Vater *m*; **on one's ~'s side** väterlicherseits; **like ~, like son** wie der Vater, so der Sohn; **from ~ to son** vom Vater auf den Sohn **II.** *vt* **to ~ a child** ein Kind zeugen

Fa·ther 'Christ·mas *n esp* BRIT der Weihnachtsmann **fa·ther·hood** ['fɑːðəhʊd] *n no pl* Vaterschaft *f* **'fa·ther-in-law** <*pl* fathers-*or* BRIT *also* -s> *n* Schwiegervater *m* **'fa·ther·land** *n* Vaterland *nt* **fa·ther·less** ['fɑːðələs] *adj* vaterlos **fa·ther·ly** ['fɑːðəli] *adj* väterlich **'Fa·ther's Day** *n no pl* Vatertag *m*

fath·om ['fæðəm] **I.** *n* Faden *m* (= *ca. 1,8 m*) **II.** *vt* begreifen

fath·om·less ['fæðəmləs] *adj* unergründlich

fa·tigue [fə'tiːg] **I.** *n* ❶ *no pl* Ermüdung *f*; **donor ~** Nachlassen *nt* der Spendenfreudigkeit; **metal ~** Metallermüdung *f* ❷ MIL ■ **~s** *pl* (*uniform*) Arbeitskleidung *f kein pl* **II.** *vt, vi* ermüden

fat·ten ['fætən] *vt animal* mästen; ■ **to ~ sb up** jdn herausfüttern

fat·ten·ing ['fætənɪŋ] *adj* **to be ~** dick machen

'fat trans·fer *n* MED Fettunterspritzung *f*, Li-

fat·ty ['fæti] **I.** *adj* ❶ (*containing fat*) *food* fetthaltig, fett ❷ (*consisting of fat*) Fett-; **~ tissue** Fettgewebe *nt* **II.** *n* (*pej fam*) Dickerchen *nt*

fat·u·ous ['fætjuəs] *adj* (*form*) albern

fau·cet ['fɔːsɪt] *n* AM (*tap*) Wasserhahn *m*

fault [fɔːlt] **I.** *n* ❶ *no pl* (*responsibility*) Schuld *f*; **it's all your ~** das ist ganz allein deine Schuld; **it's your own ~** du bist selbst schuld daran; **to find ~ with sb/sth** etw an jdm/etw auszusetzen haben; **the ~ lies with sb/sth** die Schuld liegt bei jdm/etw; **to be at ~** schuld sein; **through no ~ of his own** ohne sein eigenes Verschulden ❷ (*weakness*) Fehler *m*; **she was generous to a ~** sie war zu großzügig; **his/her main ~** seine/ihre größte Schwäche ❸ (*defect*) Fehler *m*, Defekt *m*; **a ~ on the line** eine Störung in der Leitung ❹ GEOL Verwerfung *f* ❺ TENNIS Fehler *m*; **to call a ~** einen Fehler anzeigen **II.** *vt* ▪ **to ~ sb/sth** [einen] Fehler an jdm/etw finden; **you can't ~** [**him on**] **his logic** an seiner Logik ist nichts auszusetzen

'fault-find·ing *n no pl* ❶ (*criticism*) Nörgelei *f* ❷ ELEC Fehlersuche *f* **fault·less** ['fɔːltləs] *adj* fehlerfrei; *performance also* fehlerlos

faul·ty ['fɔːlti] *adj* ❶ (*unsound*) fehlerhaft ❷ (*defect*) defekt

fau·na ['fɔːnə] *n no pl*, + *sing/pl vb* Fauna *f*

faux [fəʊ] *adj fur* Web-; *leather* Kunst-; *gemstones* unecht, -Imitate; *pearls* falsch

fa·vor *n*, *vt* AM *see* **favour**

fa·vor·able *adj* AM *see* **favourable**

fa·vored *adj* AM *see* **favoured**

fa·vor·ite *adj*, *n* AM *see* **favourite**

fa·vor·it·ism *n* AM *see* **favouritism**

fa·vour ['feɪvəʳ] **I.** *n* ❶ *no pl* (*approval*) **he's trying to get back into ~** er versucht, sich wieder beliebt zu machen; **to be/fall out of ~** in Ungnade sein/fallen; **to find ~ with sb** bei jdm Gefallen finden; **to gain** [*or* **win**] **sb's ~** [*or* **~ with sb**] jds Gunst erlangen; **to show ~ to sb** jdn bevorzugen; ▪ **to be in ~** dafür sein; **all those in ~, ...** alle, die dafür sind, ...; **in ~ of** für ❷ *no pl* (*advantage*) ▪ **to be in sb's ~** zu jds Gunsten sein; **there are so many things in your ~** so viele Dinge sprechen für dich; **the wind was in our ~** der Wind war günstig für uns; **to have sth in one's ~** etw als Vorteil haben; **to rule in sb's ~** SPORTS für jdn entscheiden; **in ~ of** für; **to reject sb/sth in ~ of sb/sth** jdm/etw gegenüber jdm/etw den Vorzug geben ❸ (*kind act*) Gefallen *m kein pl*; **I'm not asking for ~s** ich bitte nicht um Gefälligkeiten; **do it as a ~ to me** tu es mir zuliebe; **to do sb a ~** [*or* **a ~ for sb**] jdm einen Gefallen tun; **to not do**

sb/oneself any ~s jdm/sich keinen Gefallen tun ❹ AM (*present*) kleines Geschenk ▸ **do me a ~!** BRIT (*fam*) tu mir einen Gefallen! **II.** *vt* ❶ (*prefer*) vorziehen ❷ (*approve*) gutheißen; ▪ **to ~ doing sth** es gutheißen, etw zu tun ❸ (*benefit*) begünstigen ❹ (*be partial*) bevorzugen; SPORTS favorisieren

fa·vour·able ['feɪvᵊrəbl] *adj* ❶ (*approving*) positiv, zustimmend; *impression* sympathisch; **to view sth in a ~ light** etw mit Wohlwollen betrachten ❷ (*advantageous*) ▪ **to sb/sth** für jdn/etw günstig

fa·voured ['feɪvəd] *adj* ❶ (*preferred*) bevorzugt ❷ (*privileged*) begünstigt

fa·vour·ite ['feɪvᵊrɪt] **I.** *adj* Lieblings- **II.** *n* ❶ (*best-liked*) *person* Liebling *m*; **Johnny Depp's a ~ of mine** Johnny Depp ist einer meiner Lieblingsstars; *thing*; **which one's your ~?** welches magst du am liebsten?; ▪ **to be a ~ with sb** bei jdm sehr beliebt sein ❷ (*contestant*) Favorit(in) *m(f)* ❸ (*privileged person*) Liebling *m*

fa·vour·it·ism ['feɪvᵊrɪtɪzᵊm] *n no pl* (*pej*) Begünstigung *f*

fawn¹ [fɔːn] **I.** *n* ❶ (*deer*) Rehkitz *nt* ❷ (*brown*) Rehbraun *nt* **II.** *adj* rehbraun

fawn² [fɔːn] *vi* (*pej*) ▪ **to ~** [**up**]**on sb** vor jdm katzbuckeln; ▪ **to ~ over sb/sth** um jdn/etw ein Getue machen

fawn·ing ['fɔːnɪŋ] *adj* (*pej*) kriecherisch; *review* schmeichelhaft

fax [fæks] **I.** *n* Fax *nt* **II.** *vt* faxen; ▪ **to ~ sth through** [*or* **over**] durchfaxen

'fax ma·chine *n* Fax[gerät] *nt*

FBI [ˌefbiːˈaɪ] *n no pl abbrev of* **Federal Bureau of Investigation** FBI *nt*

FCO [ˌefsiːˈəʊ] *n* BRIT POL *abbrev of* **Foreign and Commonwealth Office** britisches Außen- und Commonwealthministerium

fear [fɪəʳ] **I.** *n* ❶ (*dread*) Angst *f*, Furcht *f*; **~ of heights** Höhenangst *f*; **in ~ of one's life** in Todesangst; **to have a ~ of sth** vor etw *dat* Angst haben; **to put the ~ of God into sb** jdm einen heiligen Schrecken einjagen; ▪ **for ~ of doing sth** aus Angst, etw zu tun; ▪ **for ~ that ...** aus Angst, dass ... ❷ (*worry*) **~s for sb's safety** Sorge *f* um jds Sicherheit; **sb's worst ~s** jds schlimmste Befürchtungen ▸ **no ~!** BRIT, AUS bestimmt nicht!; **there's no** [*or* **isn't any**] **~ of that!** das ist nicht zu befürchten! **II.** *vt* ❶ (*dread*) fürchten; **what do you ~ most?** wovor hast du am meisten Angst?; **nothing to ~** nichts zu befürchten ❷ (*form: regret*) ▪ **to ~** [**that**] ... befürchten, dass ... **III.** *vi* ▪ **to ~ for sb/sth** sich *dat* um jdn/etw Sorgen machen; **to ~ for sb's life** um jds Leben fürchten; **never ~** keine Angst

fear

expressing fear/anxiety | Befürchtungen/Angst ausdrücken

I've got a bad feeling (about this).	Ich habe (da) ein ungutes Gefühl.
It doesn't look good.	Es sieht nicht gut aus.
I'm expecting the worst.	Ich rechne mit dem Schlimmsten.
I'm scared/afraid you will hurt yourself.	Ich habe Angst, dass du dich verletzen könntest.
I'm scared/afraid of the dentist.	Ich habe Angst vorm Zahnarzt.
I'm worried to death about the exam. (*fam*)	Ich habe Bammel/Schiss vor der Prüfung. (*fam*)
These crowds **terrify** me.	Diese Menschenmengen **machen mir Angst**.
This thoughtlessness **frightens** me.	Diese Rücksichtslosigkeit **beängstigt mich**.

expressing concern | Sorge ausdrücken

I am very **worried** about his health.	Sein Gesundheitszustand **macht mir große Sorgen**.
I am **worried** about you.	Ich **mache mir Sorgen um** dich.
I'm (deeply) **concerned** about the rising unemployment figures.	Die steigenden Arbeitslosenzahlen **beunruhigen mich**.
I'm **having sleepless nights** worrying about him.	Die Sorge um ihn **bereitet mir schlaflose Nächte**.

---

fear·ful ['fɪəfəl] *adj* ❶ (*anxious*) ängstlich; she was ~ of what he might say sie hatte Angst davor, was er sagen würde; ~ of causing a scene, ... aus Angst, eine Szene auszulösen, ... ❷ (*terrible*) schrecklich **fear·less** ['fɪələs] *adj* furchtlos **fear·some** ['fɪəsəm] *adj* Furcht einflößend

fea·si·bil·ity [ˌfiːzə'bɪləti] *n* no pl Machbarkeit *f*; **of plan** Durchführbarkeit *f*

fea·sible ['fiːzəbl] *adj* ❶ (*practicable*) durchführbar; **financially/politically** ~ finanziell/politisch möglich; **technically** ~ technisch machbar ❷ (*possible*) möglich ❸ (*fam: plausible*) glaubhaft

feast [fiːst] **I.** *n* Festessen *nt*; ~ **for the ear/eye** Ohrenschmaus *m*/Augenweide *f*; ~ **day** REL [kirchlicher] Festtag **II.** *vi* schlemmen; ■ **to** ~ **on sth** sich an etw *dat* gütlich tun ▶ **to** ~ **one's eyes on sth** sich am Anblick einer S. *gen* weiden

feat [fiːt] *n* ❶ (*brave deed*) Heldentat *f* ❷ (*skill*) [Meister]leistung *f*; ~ **of engineering** technische Großtat *f*; ~ **of organization** organisatorische Meisterleistung; **no mean** ~ keine schlechte Leistung

feath·er ['feðər] *n* Feder *f* ▶ **a** ~ **in sb's cap** etwas, worauf jd stolz sein kann; **as light as a** ~ federleicht; **you could have knocked me down with a** ~ ich war total platt; **to** ~ **one's [own] nest** seine Schäfchen ins Trockene bringen

'feath·er·weight *n* Federgewicht *nt*

feath·ery ['feðəri] *adj* (*covered with feathers*) gefiedert; (*like a feather*) fed[e]rig

fea·ture ['fiːtʃər] **I.** *n* ❶ (*aspect*) Merkmal *nt*, Kennzeichen *nt*; **the best** ~ das Beste (**of** an); **special** ~ Besonderheit *f*; **to make a** ~ **of sth** (*in room*) etw zu einem Blickfang machen ❷ (*of face*) ■ ~**s** *pl* Gesichtszüge *pl* ❸ (*report*) Sonderbeitrag *m* (**on** über) ❹ (*film*) Spielfilm *m*; **double** ~ zwei Spielfilme in einem; **main** ~ Hauptfilm *m* **II.** *vt* ❶ (*show*) aufweisen ❷ (*star*) featuring sb mit jdm in der Hauptrolle ❸ (*exhibit*) groß herausbringen ❹ (*report*) ■ **to** ~ **sth** über etw *akk* groß berichten **III.** *vi* ❶ (*appear*) vorkommen; **to** ~ **high on the list** ganz oben auf der Liste stehen ❷ (*act in a film*) [mit]spielen

fea·ture·less ['fiːtʃələs] *adj* ohne Besonderheiten **'fea·ture sto·ry** *n* Sonderbericht *m*

fea·tur·ette [ˌfiːtʃərˈet] n Extras pl, Dokumentation f zu den Dreharbeiten (auf DVDs)

Feb·ru·ary [ˈfebruri] n Februar m, Feber m ÖSTERR; **at the beginning of** [or **in early**] ~ Anfang Februar; **at the end of** [or **in late**] ~ Ende Februar; **in the middle of** ~ Mitte Februar; **in the first/second half of** ~ in der ersten/zweiten Februarhälfte; **for the whole of** ~ den ganzen Februar über; **last/next/this** ~ vergangenen [o letzten]/kommenden [o nächsten]/diesen Februar; **to be in** ~ in den Februar fallen; **in/during** ~ im Februar; **on** ~ **14** [or **14th** BRIT — **14th**] am 14. Februar; **on Friday,** ~ **14** am Freitag, dem [o den] 14. Februar; **Hamburg,** ~ **14, 2005** Hamburg, den 14. Februar 2005

fe·ces npl AM see **faeces**

feck·less [ˈfekləs] adj (form) nutzlos; person nichtsnutzig

Fed [fed] n AM (fam) ① (police) FBI-Agent(in) m(f) ② (bank) Zentralbankrat m

fed·er·al [ˈfedərəl] adj föderativ; ~ **republic** Bundesrepublik f; **at** ~ **level** auf Bundesebene

fed·er·al·ism [ˈfedərəlɪzəm] n no pl Föderalismus m **fed·er·al·ist** [ˈfedərəlɪst] **I.** n Föderalist(in) m(f) **II.** adj föderalistisch

fed·era·tion [ˌfedəˈreɪʃən] n Föderation f

'fed up adj (fam) ■ **to be** ~ up die Nase voll haben; **to be** ~ **up to the** [**back**] **teeth with sb/sth** jdn/etw gründlich satthaben; **I'm** ~ **up with being treated as a child** ich habe es satt, wie ein Kind behandelt zu werden

fee [fiː] n Gebühr f; lawyer's ~ Rechtsanwaltshonorar nt; legal ~**s** Rechtskosten pl; membership ~ Mitgliedsbeitrag m; school ~**s** Schulgeld nt

fee·ble <-r, -st> [ˈfiːbl] adj schwach; attempt müde; joke, excuse lahm

fee·ble·mind·ed adj schwachsinnig **fee·ble·ness** [ˈfiːblnəs] n no pl Schwäche f

feed [fiːd] **I.** n ① no pl (fodder) Futter nt ② (for baby) Mahlzeit f; (for animals) Fütterung f; **the baby had a** ~ **an hour ago** das Baby ist vor einer Stunde gefüttert worden ③ TECH (supply) Zufuhr f **II.** vt <fed, fed> ① (give food to) animal, invalid füttern; baby füttern; (breast-feed) stillen; (with bottle) die Flasche geben; plant düngen; **to** ~ **sb/oneself** jdm zu essen geben/allein essen; ■ **to** ~ **an animal** [**on**] **sth** einem Tier etw zu fressen geben; ■ **to** ~ **sth to an animal** etw an ein Tier verfüttern ② (provide food for) ernähren; **that's not going to** ~ **ten people** das reicht nicht für zehn Personen ③ (supply) data eingeben; **the river is fed by several smaller streams** der Fluss wird von einigen kleineren Flüssen gespeist ④ (thread) führen; rope fädeln ⑤ (stoke) schüren ⑥ (fam) parking meter Münzen einwerfen in +akk ⑦ (give) versorgen; information geben **III.** vt <fed, fed> ① (eat) animal weiden; baby gefüttert werden ② (enter) ■ **to** ~ **into sth** river in etw akk münden ◆**feed in** vt COMPUT eingeben ◆**feed off** vi, **feed on** vi ① (eat) sich ernähren von +dat ② (fig: increase) genährt werden von +dat ◆**feed up** vt animal mästen; person aufpäppeln

'feed·back n no pl ① (opinion) Feedback nt ② ELEC Rückkopplung f

feed·er [ˈfiːdə^r] n ① (eater) Esser(in) m(f); **to be a fussy/messy/noisy** ~ beim Essen heikel sein/kleckern/schmatzen ② (device) Zuführapparat m

'feed·ing bot·tle n Fläschchen nt

feel [fiːl] **I.** vt <felt, felt> ① (sense, touch) fühlen; one's age spüren; **I had to** ~ **my way along the wall** ich musste mich die Wand entlangtasten; **to** ~ **the cold/heat** unter der Kälte/Hitze leiden; **to** ~ **an idiot** sich dat wie ein Idiot vorkommen; **you made me** ~ **a real idiot** du hast mir das Gefühl gegeben, ein richtiger Idiot zu sein; **to** ~ **one's old self** [**again**] [wieder] ganz der/die Alte sein; **to** ~ **nothing for sb** für jdn nichts empfinden; **do you** ~ **anything for Robert?** hast du etwas für Robert übrig? ② (think) halten; **how do you** ~ **about it?** was hältst du davon?; ■ **to** ~ **that ...** der Meinung sein, dass ... **II.** vi <felt, felt> ① + adj (sense) **my mouth** ~**s dry** mein Mund fühlt sich trocken an; **my eyes** ~ **sore** meine Augen brennen; **it** ~**s awful to tell you this** ich fühle mich ganz schrecklich, wenn ich dir das sage; **how do you** ~ **about it?** was sagst du dazu?; **how does it** ~ **to be world champion?** wie fühlt man sich als Weltmeister?; **what does it** ~ **like?** was für ein Gefühl ist das?; **to** ~ **angry** wütend sein; **to** ~ **better/ill** sich besser/krank fühlen; **to** ~ **certain** [or **sure**] sich dat sicher sein; **to** ~ **foolish** sich dat dumm vorkommen; **to** ~ **free to do sth** etw ruhig tun; ~ **free to visit any time you like** du kannst uns gerne jederzeit besuchen; **sb** ~**s hot/cold** jdm ist heiß/kalt; **sb** ~**s hungry/thirsty** jd ist hungrig/durstig [o hat Hunger/Durst]; **to** ~ **safe** sich sicher fühlen; ■ **to** ~ **as if one were doing sth** das Gefühl haben, etw zu tun; ■ **to** ~ **for sb** mit jdm fühlen ② + adj (seem) scheinen ③ (search) tasten (**for** nach); ■ **to** ~ **along sth** etw abtasten ④ (want) ■ **to** ~ **like sth** zu etw dat Lust haben; ■ **to** ~ **like doing sth** Lust haben, etw zu tun **III.** n no pl ① (texture) **the** ~ **of wool** das Gefühl von Wolle; **the material has a**

nice ~ to it das Material fühlt sich gut an; **to recognize sth by the ~ of it** etw beim Anfassen erkennen ❷ (*touch*) Berühren *nt*; (*by holding*) Anfassen *nt* ❸ (*talent*) Gespür *nt*
◆ **feel up** I. *vt* (*fam*) begrapschen II. *vi* ■ **to ~ up to sth** sich etw *dat* gewachsen fühlen
feel·er ['fiːlə'] *n usu pl* Fühler *m* ▶ **to put out ~s** seine Fühler ausstrecken **feel·ing** ['fiːlɪŋ] *n* ❶ Gefühl *nt* (**of** +*gen*/von); **no hard ~s!** nichts für ungut!; ❷ (*opinion*) Ansicht *f* (**about/on** über); **what are your ~s about ...?** wie denken Sie über ...?
feet [fiːt] *n pl of* **foot**
feign [feɪn] *vt* vortäuschen
feint [feɪnt] SPORTS I. *vi, vt* antäuschen II. *n* Finte *f*
fe·line ['fiːlaɪn] *adj* (*of cats*) Katzen-; (*catlike*) katzenartig
fell[1] [fel] *pt of* **fall**
fell[2] [fel] I. *vt* ❶ (*cut down*) fällen ❷ (*knock down*) ■ **to ~ sb** jdn niederstrecken II. *n* Hochmoor *nt* (*in Nordengland und Schottland*) III. *adj* ▶ **at** [*or* **in**] [*or* **with**] **one ~ swoop** auf einen Streich
fel·low ['feləʊ] I. *n* ❶ (*fam: man*) Kerl *m* ❷ BRIT (*scholar*) Fellow *m* II. *adj* ~ **citizen** Mitbürger(in) *m(f)*; ~ **countrymen** Landsleute *pl*; ~ **student** Kommilitone, Kommilitonin *m, f*; ~ **sufferer** Leidensgenosse, -genossin *m, f*
fel·low 'mem·ber *n* POL Parteigenosse, -genossin *m, f*; *of a club* Klubkamerad(in) *m(f)*
fel·low 'pas·sen·ger *n* Mitreisende(r) *f(m)*
fel·low·ship ['feləʊʃɪp] *n* ❶ (*group*) Gesellschaft *f* ❷ (*studentship*) Fellowship *f* ❸ (*award*) Stipendium *nt* **fel·low 'trav·el·ler** *n* ❶ (*traveller*) Mitreisende(r) *f(m)* ❷ (*supporter*) Mitläufer(in) *m(f)*
fel·on ['felən] *n* LAW [Schwer]verbrecher(in) *m(f)*
fel·o·ny ['feləni] *n* [Schwer]verbrechen *nt*
felt[1] [felt] *pt, pp of* **feel**
felt[2] [felt] *n no pl* Filz *m*
'felt-tip *n*, **felt-tip 'pen** *n* Filzstift *m*
fe·male ['fiːmeɪl] I. *adj* ❶ (*sex*) weiblich ❷ TECH *valve* Innen- II. *n* ❶ (*animal*) Weibchen *nt* ❷ (*woman*) Frau *f*
fem·i·nine ['femɪnɪn] I. *adj* feminin, weiblich II. *n* LING Femininum *nt*
fem·i·nin·i·ty [ˌfemɪˈnɪnəti] *n no pl* Weiblichkeit *f*
fem·i·nism ['femɪnɪzəm] *n no pl* Feminismus *m*
fem·i·nist ['femɪnɪst] I. *n* Feminist(in) *m(f)* II. *adj* feministisch
fen [fen] *n* BRIT Sumpfland *nt*; **the F~s** die Niederungen in East Anglia
fence [fen(t)s] I. *n* ❶ (*barrier*) Zaun *m* ❷ (*in horse race*) Hindernis *nt* ❸ (*sl: criminal*) Hehler(in) *m(f)* ▶ **to sit on the ~** neutral bleiben II. *vi* fechten III. *vt* einzäunen
fenc·er ['fen(t)sə'] *n* Fechter(in) *m(f)*
fenc·ing ['fen(t)sɪŋ] *n no pl* ❶ SPORTS Fechten *nt* ❷ (*barrier*) Einzäunung *f* ❸ (*materials*) Einzäunungsmaterial *nt*
fend [fend] I. *vi* (*care*) ■ **to ~ for oneself** für sich *akk* selbst sorgen II. *vt* (*defend*) ■ **to ~ off** abwehren; *criticism* zurückweisen
fend·er ['fendə'] *n* ❶ (*around fireplace*) Kamingitter *nt* ❷ AM AUTO Kotflügel *m* ❸ NAUT Fender *m*
fen·nel ['fenəl] *n no pl* Fenchel *m*
fer·ment I. *vt* [fə'ment] ❶ (*change*) fermentieren ❷ (*form: rouse*) schüren II. *vi* [fə'ment] gären III. *n* ['fɜːment] *no pl* (*form*) Unruhe *f*
fer·men·ta·tion [ˌfɜːmenˈteɪʃən] *n no pl* Gärung *f*
fern [fɜːn] *n* Farn *m*
fe·ro·cious [fəˈrəʊʃəs] *adj* wild; *fighting* heftig; *heat* brütend
fe·ro·cious·ness [fəˈrəʊʃəsnəs] *n*, **fe·roc·i·ty** [fəˈrɒsəti] *n no pl* Wildheit *f*; *of attack, storm* Heftigkeit *f*
fer·ret ['ferɪt] I. *n* Frettchen *nt* II. *vi* (*fam*) ❶ (*search*) wühlen; ■ **to ~ [around] [for sth]** [nach etw *dat*] wühlen ❷ (*hunt*) ■ **to go ~ing** mit Frettchen auf die Jagd gehen
Fer·ris wheel ['ferɪs,-] *n esp* AM, AUS Riesenrad *nt*
fer·rous ['ferəs] *adj* CHEM Eisen-
fer·ry ['feri] I. *n* Fähre *f*; **by ~** mit der Fähre II. *vt* <-ie-> ❶ (*across water*) **to ~ across** [*or* **over**] übersetzen ❷ (*transport*) befördern; **to ~ sb about** jdn herumfahren
'fer·ry boat *n* Fährschiff *nt* **'fer·ry·man** *n* Fährmann *m*
fer·tile ['fɜːtaɪl] *adj* fruchtbar; (*fig*) *imagination* lebhaft
fer·til·i·ty [fəˈtɪləti] *n no pl* Fruchtbarkeit *f*
fer·ti·li·za·tion [ˌfɜːtɪlaɪˈzeɪʃən] *n no pl* Befruchtung *f*
fer·ti·lize ['fɜːtɪlaɪz] *vt* ❶ AGR düngen ❷ BIOL befruchten
fer·ti·liz·er ['fɜːtɪlaɪzə'] *n* Dünger *m*
fer·vent ['fɜːvənt] *adj* (*form*) ❶ *hope* inbrünstig ❷ *supporter* glühend
fer·vour ['fɜːvə'], AM **fer·vor** *n no pl* (*form*) Leidenschaft *f*
fes·ter ['festə'] *vi* ❶ MED eitern ❷ (*fig*) gären
fes·ti·val ['festɪvəl] *n* ❶ (*holy day*) Fest *nt* ❷ (*event*) Festival *nt*; **the Salzburg F~** die

Salzburger Festspiele

fes·tive ['fɛstɪv] *adj* festlich; ~ **mood** Feststimmung *f*

fes·tiv·i·ty [fɛs'tɪvəti] *n* ❶ (*celebrations*) ■**festivities** *pl* Feierlichkeiten *pl* ❷ *no pl* (*festiveness*) Feststimmung *f*

fes·toon [fɛs'tuːn] **I.** *n* Girlande *f* **II.** *vt* [mit Girlanden] schmücken

fe·tal *adj* AM *see* **foetal**

fetch [fɛtʃ] **I.** *vt* ❶ (*get*) **to ~ sb from the station** jdn vom Bahnhof abholen; ■**to ~ sth** etw holen ❷ (*be sold for*) erzielen **II.** *vi* **~!** bring [es] her!; **to ~ and carry [for sb]** [jds] Handlanger sein

fetch·ing ['fɛtʃɪŋ] *adj* schick

fête [fɛɪt] **I.** *n* BRIT, AUS Fest *nt* **II.** *vt* feiern

fet·id ['fɛtɪd] *adj* übel riechend

fet·ish ['fɛtɪʃ] *n* Fetisch *m*

fet·ish·ist ['fɛtɪʃɪst] *n* Fetischist(in) *m(f)*

fet·ter ['fɛtə] *vt* ❶ (*chain*) fesseln; *horse* anbinden ❷ (*fig: restrict*) einschränken

fet·tle ['fɛtl] *n no pl* (*fam*) **in fine ~** in guter Verfassung

fe·tus AM *see* **foetus**

feud [fjuːd] **I.** *n* Fehde *f* (**over** wegen) **II.** *vi* in Fehde liegen

feu·dal ['fjuːd*ə*l] *adj* Feudal-

fe·ver ['fiːvə] *n* ❶ (*temperature*) Fieber *nt kein pl*; **to have a ~** Fieber haben ❷ (*excitement*) Aufregung *f*; **election/football ~** Wahl-/Fußballfieber *nt*; **a ~ of excitement** fieberhafte Erregung; **at ~ pitch** fieberhaft

fe·ver·ish ['fiːvərɪʃ] *adj* ❶ (*ill*) fiebrig ❷ (*frantic*) fieberhaft

few [fjuː] **I.** *adj* ❶ (*some*) **a ~** ein paar, einige; **can I have a ~ words with you?** kann ich mit dir mal kurz sprechen?; **every ~ days** alle paar Tage; **quite a ~** ziemlich viele ❷ (*not many*) wenige; **he's a man of ~ words** er sagt nie viel; **~ things in this world** nur weniges auf der Welt; **~er people** weniger Menschen; **not a ~ readers** nicht wenige Leser; **no ~er than five times** schon mindestens fünf Mal; **as ~ as …** nur …; ▸ **to be ~ and far between** dünn gesät sein **II.** *pron* ❶ (*some*) **a ~ of these apples** ein paar von diesen Äpfeln; **a ~ of us** einige von uns; **a good ~** BRIT ziemlich viele; **quite a ~** eine ganze Menge ❷ (*not many*) wenige; **~ can do that** nur wenige können das; **the ~ who came …** die paar, die kamen, …; **~ of the houses/of us** nur wenige Häuser/von uns; **there were too ~ of us** wir waren nicht genug; **not a ~** nicht wenige ▸ **to have had a ~ too many** etwas zu viel getrunken haben **III.** *n* ❶ (*elite*) ■**the ~** *pl* die Auserwählten ❷ (*minority*) ■**the ~** *pl* die Minderheit; **I was one of the lucky ~ who …** ich gehörte zu den wenigen Glücklichen, die …

FFV [ˌɛfɛfˈviː] *n abbrev of* **flexible-fuel vehicle** FFV-

fi·an·cé [fiˈɑː(n)seɪ] *n* Verlobte(r) *m*

fi·an·cée [fiˈɑː(n)seɪ] *n* Verlobte *f*

fi·as·co <*pl* -s *or esp* AM -es> [fiˈæskəʊ] *n* Fiasko *nt*

fib [fɪb] (*fam*) **I.** *vi* <-bb-> schwindeln; ■**to ~ to sb** jdn anschwindeln **II.** *n* Schwindelei *f*; **to tell a ~** schwindeln

fib·ber ['fɪbə] *n* (*fam*) Schwindler(in) *m(f)*

fi·ber AM *see* **fibre**

fi·bre ['faɪbə] *n* ❶ (*thread*) Faden *m*; (*for cloth*) Faser *f* ❷ ANAT Faser *f* ❸ *no pl* (*fig: strength*) **moral ~** Rückgrat *nt* ❹ *no pl* FOOD Ballaststoffe *pl*

'fi·bre·glass *n no pl* ❶ (*plastic*) glasfaserverstärkter Kunststoff ❷ (*fabric*) Glasfaser *f* **fi·bre op·tic 'ca·ble** *n* Glasfaserkabel *nt* **fi·bre 'op·tics** *n* + *sing vb* TELEC, COMPUT Glasfasertechnik *f*; MED, PHYS [Glas]faseroptik *f*

fi·brin ['faɪbrɪn] *n* Fibrin *nt fachspr*

fi·brino·gen [faɪ'brɪnə(ʊ)dʒ*ə*n] *n* MED Fibrinogen *nt*

fibu·la <*pl* -s *or* -lae> ['fɪbjələ, *pl* -liː] *n* Wadenbein *nt*

fick·le ['fɪkl] *adj* (*pej*) ❶ (*vacillating*) wankelmütig ❷ METEO unbeständig ❸ (*not loyal*) untreu

fic·tion ['fɪkʃ*ə*n] *n* ❶ *no pl* LIT Erzählliteratur *f*; **~ writer** Prosaschriftsteller(in) *m(f)* ❷ (*fabrication*) Erfindung *f*

fic·tion·al ['fɪkʃ*ə*n*ə*l] *adj* erfunden; *character* fiktiv

fic·ti·tious [fɪk'tɪʃəs] *adj* ❶ (*false*) falsch ❷ (*imaginary*) [frei] erfunden; *character* fiktiv

fid·dle ['fɪdl] **I.** *n* (*fam*) ❶ MUS Fidel *f* ❷ BRIT (*fraud*) Betrug *m kein pl*; **to be on the ~** krumme Dinger drehen ❸ BRIT (*tricky task*) knifl[e]lige Angelegenheit ▸ **[as] fit as a ~** kerngesund; **to play second ~ to sb** in jds Schatten *m* stehen **II.** *vt* (*fam*) ❶ (*falsify*) *accounts, finances* frisieren ❷ (*obtain fraudulently*) [sich *dat*] ergaunern **III.** *vi* ❶ (*finger*) herumspielen; ■**to ~ with sth** an etw *dat* herumfummeln ❷ (*tinker*) ■**to ~ [about] with sth** an etw *dat* herumbasteln ❸ MUS (*fam*) fiedeln

fid·dler ['fɪdlə] *n* (*fam*) Geiger(in) *m(f)*

fid·dling ['fɪdlɪŋ] *adj* belanglos

fid·dly <-ier, -iest *or* more ~, most ~> ['fɪdli] *adj* BRIT (*fam*) knifl[e]lig

fi·del·i·ty [fɪ'dɛləti] *n no pl* Treue *f* (**to** gegenüber)

fidg·et ['fɪdʒɪt] **I.** *n* ❶ (*person*) Zappelphilipp *m* ❷ (*condition*) ■**to have/get the ~s** *pl* zappl[e]lig sein/werden **II.** *vi* zappeln; **stop ~ing!** hör auf, so rumzuzappeln!

fidg·ety ['fɪdʒəti] *adj* zapp[e]lig

fief·dom ['fi:fdəm] *n* HIST Lehnsgut *nt*

field [fi:ld] **I.** *n* ❶ (*meadow*) Wiese *f*; (*pasture*) Weide *f*; (*for crops*) Feld *nt*, Acker *m* ❷ SPORTS (*place*) Spielfeld *nt*, Platz *m*; (*contestants*) [Teilnehmer]feld *nt*; **to take the ~** einlaufen ❸ (*expanse*) Gasfeld *nt*, **gas ~** Gasfeld *nt*, **snow ~** Schneefläche *f* ❹ (*area of knowledge*) Gebiet *nt* ❺ MATH, PHYS Feld *nt* ▶ **to leave the ~ clear for sb** jdm das Feld überlassen **II.** *vi* SPORTS als Fänger spielen **III.** *vt* ❶ (*stop*) ball fangen ❷ (*have playing*) team aufs Feld schicken ❸ (*handle*) questions parieren; *phone calls* abweisen

'**field day** *n* ❶ AM, AUS [Schul]sportfest *nt* ❷ (*fig*) saw ~ seinen großen Tag haben **field·er** ['fi:ldər] *n* SPORTS Feldspieler(in) *m(f)* '**field events** *npl* SPORTS Sprung- und Wurfdisziplinen *pl* '**field glasses** *npl* Feldstecher *m* '**field mouse** *n* Feldmaus *f* '**field sports** *npl* Sport *m* im Freien (*bes Jagen und Fischen*) '**field·work** *n no pl* Feldforschung *f*

fiend [fi:nd] *n* Teufel *m*

fiend·ish ['fi:ndɪʃ] *adj* teuflisch

fierce [fɪəs] *adj* ❶ *animal* wild ❷ *attack, competition* scharf; *debate* hitzig; *fighting* erbittert; *opposition* entschlossen; *winds* tobend ❸ AM (*fam: difficult*) schwer

fierce·ness ['fɪəsnəs] *n no pl* ❶ (*hostility*) Wildheit *f* ❷ (*intensity*) Intensität *f* ❸ (*destructiveness*) Heftigkeit *f*

fiery ['faɪ(ə)ri] *adj* ❶ (*consisting of fire*) glühend ❷ (*spicy*) feurig ❸ (*bright*) feuerrot ❹ (*passionate*) leidenschaftlich ❺ (*angry*) hitzig; **he has a ~ temper** er ist ein Hitzkopf

fif·teen [fɪfˈtiːn] **I.** *adj* fünfzehn; *see also* **eight II.** *n* Fünfzehn *f*; **to be given a ~ certificate** ab 15 [Jahren] freigegeben sein; *see also* **eight**

fif·teenth [fɪfˈtiːnθ] **I.** *adj* fünfzehnte(r, s) **II.** *n* ❶ (*order*) ■ **the ~** der/die/das Fünfzehnte ❷ (*date*) ■ **the ~** der Fünfzehnte ❸ (*fraction*) Fünfzehntel *nt*

fifth [fɪfθ] **I.** *adj* fünfte(r, s); **every ~ person** jeder Fünfte; *see also* **eighth II.** *n* ❶ (*order*) ■ **the ~** der/die/das Fünfte; *see also* **eighth** ❷ (*date*) **the ~** der Fünfte; *see also* **eighth** ❸ (*fraction*) Fünftel *nt*; *see also* **eighth** ❹ (*gear*) fünfter Gang ❺ MUS Quinte *f* **III.** *adv* fünftens; *see also* **eighth**

fif·ti·eth ['fɪftiəθ] **I.** *adj* fünfzigste(r, s) **II.** *n* ❶ (*order*) ■ **the ~** der/die/das Fünfzigste; *see also* **eighth** ❷ (*fraction*) Fünfzigstel *nt*; *see also* **eighth III.** *adv* fünfzigstens; *see also* **eighth**

fif·ty ['fɪfti] **I.** *adj* fünfzig; *see also* **eight II.** *n* ❶ (*number*) Fünfzig *f*; *see also* **eight** ❷ (*banknote*) Fünfziger *m*

fig¹ [fɪg] *n* FOOD Feige *f* ▶ **to be not worth a ~** keinen Pfifferling wert sein; **to not care a ~ about** [*or* **for**] **sb/sth** sich keinen Deut um jdn/etw scheren

fig² [fɪg] **I.** *n abbrev of* **figure** Abb. *f* **II.** *adj abbrev of* **figurative** fig.

fight [faɪt] **I.** *n* ❶ (*combat*) Kampf *m* (**against** gegen, **for** um); (*brawl*) Rauferei *f*; (*involving fists*) Schlägerei *f*; **to give up without a ~** kampflos aufgeben; **to have a ~ on one's hands** Ärger am Hals haben; **to put up a ~** sich wehren ❷ BOXING Kampf *m*, Fight *m* ❸ MIL Gefecht *nt* ❹ *no pl* (*spirit*) Kampfgeist *m* **II.** *vi* <fought, fought> ❶ (*combat*) kämpfen; *children* sich raufen; ■ **to ~ with sb** (*against*) gegen jdn kämpfen; (*on same side*) an jds Seite kämpfen; **to ~ for breath/one's life** nach Luft ringen/um sein Leben kämpfen ❷ (*quarrel*) sich streiten (**about/over** um) ❸ BOXING boxen **III.** *vt* <fought, fought> ❶ (*to be engaged in*) battle schlagen; *duel* austragen; **to ~ an election** bei einer Wahl kandidieren; **to ~ one's way through the crowd** sich *dat* einen Weg durch die Menge bahnen; **to ~ one's way to the top** sich an die Spitze kämpfen ❷ (*use force against*) kämpfen gegen +*akk*; *crime, fire* bekämpfen; *disease* ankämpfen gegen +*akk* ❸ (*in boxing*) ■ **to ~ sb** gegen jdn boxen ◆**fight back I.** *vi* zurückschlagen; (*defend oneself*) sich zur Wehr setzen **II.** *vt tears* unterdrücken ◆**fight off** *vt* ■ **to ~ off** ↻ **sb** jdn abwehren; *reporter* jdn abwimmeln; ■ **to ~ off** ↻ **sth** etw bekämpfen

fight·er ['faɪtər] *n* ❶ (*person*) Kämpfer(in) *m(f)*; (*boxer*) Boxer(in) *m(f)* ❷ (*plane*) Kampfflugzeug *nt* **fight·ing** ['faɪtɪŋ] **I.** *n no pl* ❶ (*hostilities*) Kämpfe *pl* ❷ (*fist fights*) Schlägereien *pl* **II.** *adj* kämpferisch

fig·ment ['fɪgmənt] *n* **a ~ of sb's imagination** reine Einbildung

fig·ura·tive ['fɪgjərətɪv] *adj* ❶ (*metaphorical*) bildlich; LING figurativ; *sense* übertragen ❷ ART gegenständlich

fig·ura·tive·ly ['fɪgjərətɪvli] *adv* bildlich, figurativ; **~ speaking** bildlich gesprochen

fig·ure ['fɪgər] **I.** *n* ❶ (*shape*) Figur *f* ❷ (*person*) Gestalt *f*; (*personality*) Persönlichkeit *f*; **~ of fun** [*or* **ridicule**] Spottfigur *f* ❸ MATH (*digit*) Ziffer *f*; (*numeral*) Zahl *f*; **he is good at ~s** er ist ein guter Rechner; **column of ~s** Zahlenreihe *f*; **double/single ~s** zweistellige/einstellige Zahlen; **in four ~s** vierstellig; **in round ~s** rund [gerechnet] ❹ (*amount of money*) Betrag *m* ❺ (*illustration*) Abbildung *f* **II.** *vt* AM ❶ (*envisage*) voraussehen; (*predict*) voraussagen; (*estimate*) schätzen

❷ (*comprehend*) verstehen **III.** *vi* ❶ (*feature*) eine Rolle spielen ❷ AM (*count on*) ■ **to ~ on sth** mit etw *dat* rechnen ❸ (*make sense*) **that ~s** das hätte ich mir denken können ◆ **figure out** *vt* ❶ (*work out*) herausfinden; MATH ausrechnen ❷ (*understand*) begreifen

'fig·ure·head *n* Galionsfigur *f a. fig* **'fig·ure·skat·er** *n* Eiskunstläufer(in) *m(f)* **'fig·ure·skat·ing** *n no pl* Eiskunstlauf *m*

Fi·ji ['fiːdʒiː] *n* ■ **the ~ Islands** die Fidschiinseln *pl*

fil·a·ment ['fɪləmənt] *n* ❶ (*fibre*) Faden *m* ❷ ELEC Glühfaden *m* ❸ BOT Filament *nt*

filch [fɪltʃ] *vt* (*fam*) mitgehen lassen, mopsen

file¹ [faɪl] **I.** *n* ❶ (*folder*) [Akten]hefter *m*; (*hardback*) [Akten]ordner *m*; (*loose-leaf*) [Akten]mappe *f* ❷ (*database*) Akte *f* (**on** über); **to keep a ~ on sb/sth** eine Akte über jdn/etw führen; **to keep sth on ~** etw aufbewahren ❸ COMPUT Datei *f* **II.** *vt* ❶ (*put in folder*) ablegen, abheften; (*in order*) einordnen ❷ (*submit*) abgeben; JOURN einsenden; LAW einreichen **III.** *vi* LAW ■ **to ~ for sth** auf etw *akk* klagen; **to ~ for bankruptcy** einen Konkursantrag stellen; **to ~ for divorce** die Scheidung beantragen ◆ **file away** *vt* ■ **to ~ away** ⟳ **sth** etw zu den Akten legen

file² [faɪl] **I.** *n* (*line*) Reihe *f*; **in single ~** im Gänsemarsch **II.** *vi* nacheinander gehen ◆ **file in** *vi* **they ~ed in** nach und nach kamen sie herein ◆ **file out** *vi* **the guests began to ~ out** ein Gast nach dem anderen ging

file³ [faɪl] **I.** *n* (*tool*) Feile *f* **II.** *vt* (*smooth*) feilen; **to ~ one's nails** sich *dat* die Nägel feilen; ■ **to ~ down** abfeilen

fil·ial ['fɪliəl] *adj* (*form*) Kindes-; *respect* kindlich

fil·ing ['faɪlɪŋ] *n* ❶ *no pl* (*archiving*) Ablage *f* ❷ (*registration*) Einreichung *f* ❸ *no pl* COMPUT Archivierung *f*

'fil·ing cabi·net *n* Aktenschrank *m*

fill [fɪl] **I.** *n* ■ **to drink/eat one's ~** seinen Durst stillen/sich satt essen; **to have one's ~ of sth** genug von etw *dat* haben **II.** *vt* ❶ (*make full, seal*) füllen; *pipe* stopfen; *tooth* plombieren; *vacuum, gap in the market* schließen ❷ (*pervade, cause to feel*) erfüllen ❸ NAUT *sail* aufblähen ❹ (*appoint*) *vacancy* besetzen ❺ (*utilize*) ausfüllen; **to ~ the time [by] watching television** sich die Zeit mit Fernsehen verbringen **III.** *vi* sich füllen; **their eyes ~ed with tears** sie hatten Tränen in den Augen, ihnen traten [die] Tränen in die Augen ◆ **fill in I.** *vt* ❶ (*inform*) informieren (**on** über) ❷ (*seal*) [aus]füllen; *cracks* zuspachteln ❸ ART ausmalen ❹ (*complete*) *form* ausfüllen; *name and address* eintragen ❺ (*occupy*) *time* ausfüllen **II.** *vi* ■ **to ~ in [for sb]** [für jdn] einspringen ◆ **fill out I.** *vt* ausfüllen **II.** *vi* (*expand*) sich ausdehnen; (*gain weight*) fülliger werden ◆ **fill up I.** *vt* ❶ (*make full*) voll füllen ❷ (*occupy entire space*) ausfüllen ❸ AUTO voll tanken ❹ FOOD ■ **to ~ up** ⟳ **sb** jdn satt bekommen; ■ **to ~ oneself up** sich vollstopfen **II.** *vi* ❶ (*become full*) sich füllen ❷ AUTO [voll] tanken

fill·er ['fɪlə] *n no pl* (*for cracks*) Spachtelmasse *f*; *wood ~* Porenfüller *m* ❷ (*for adding bulk*) Füllmaterial *nt* ❸ JOURN, TV, RADIO Lückenfüller *m*

'fill·er cap *n* Tankverschluss *m*

fil·let ['fɪlɪt] **I.** *n* FOOD Filet *nt* **II.** *vt* ❶ (*remove bones*) *fish* entgräten; *meat* entbeinen ❷ (*cut into pieces*) filetieren

'fil·let steak *n* Filetsteak *nt*

fill·ing ['fɪlɪŋ] *n* ❶ (*material*) Füllmasse *f* ❷ (*for teeth*) Füllung *f* ❸ FOOD Füllung *f*; (*in a sandwich*) Belag *m* **II.** *adj* sättigend

'fill·ing sta·tion *n* Tankstelle *f*

fil·lip ['fɪlɪp] *n* ■ **to give sb a ~** jdn anspornen

film [fɪlm] **I.** *n* ❶ FILM, PHOT Film *m*; **to get into ~s** zum Film gehen ❷ (*layer*) Schicht *f*; *~ of oil* Ölfilm *m* **II.** *adj* Film- **III.** *vt* (*record*) *book* verfilmen; *scene* drehen **IV.** *vi* filmen, drehen

fil·ter ['fɪltə] **I.** *n* Filter *m* **II.** *vt* (*process, purify*) filtern ❷ (*fig*) selektieren **III.** *vi* ❶ BRIT AUTO **to ~ left/right** sich links/rechts einordnen ❷ (*light, sound*) dringen (**into** in) ◆ **filter out I.** *vi* ❶ (*leak*) durchsickern ❷ (*leave*) nacheinander herausgehen [*o* herauskommen] **II.** *vt* herausfiltern (**from** aus) ◆ **filter through** *vi light* durchscheinen; *liquid* durchsickern; *sound* durchdringen; (*fig*) *reports* durchsickern

'fil·ter lane *n* BRIT Abbiegespur *f* **'fil·ter pa·per** *n* Filterpapier *nt*

filth [fɪlθ] *n no pl* ❶ (*dirt*) Dreck *m*, Schmutz *m* ❷ (*pej: obscenity*) Schmutz *m*, Obszönitäten *pl*

filthy ['fɪlθi] **I.** *adj* ❶ (*dirty*) schmutzig, dreckig *fam*, verdreckt *pej fam* ❷ (*bad-tempered*) *look* vernichtend; *temper* aufbrausend; **he was in a ~ mood** er hatte furchtbare Laune ❸ BRIT METEO scheußlich; **~ weather** Schmuddelwetter *nt* ❹ (*pej fam: obscene*) schmutzig; *language* obszön; *habit* widerlich **II.** *adv* (*fam*) furchtbar; **~ rich** stinkreich

fil·tra·tion [fɪl'treɪʃᵊn] *n no pl* Filterung *f*

fin [fɪn] *n* Flosse *f*

fi·nal ['faɪnᵊl] *adj* ❶ (*last*) letzte(r, s); **in the ~ analysis** letzten Endes; **~ chapter** Schlusskapitel *nt*; **~ payment** Abschlusszahlung *f*; **~ result** Endergebnis *nt*; **in the ~ stages** in der Schlussphase ❷ (*decisive*) endgültig; **to have the ~ say [on sth]** [bei etw *dat*] das letzte Wort haben; **that's ~!** und damit basta! **II.** *n* ❶ (*concluding match*) Endspiel *nt*, Finale *nt* ❷ (*final stages*) ■ **~s** *pl* Finale *nt* ❸ BRIT UNIV ■ **~s** *pl* [Schluss]examen *nt;* **to take one's ~s** Examen machen ❹ AM SCH Abschlussprüfung *f*

fi·na·le [fɪˈnɑːli] *n* Finale *nt;* (*fig*) (*krönender*) Abschluss

fi·nal·ist [ˈfaɪnᵊlɪst] *n* Finalist(in) *m(f)* **fi·nal·ity** [fɪˈnæləti] *n* ❶ *no pl* (*irreversibility*) Endgültigkeit *f* ❷ *no pl* (*determination*) Entschiedenheit *f* **fi·nal·ize** [ˈfaɪnᵊlaɪz] *vt* ❶ (*complete*) zum Abschluss bringen ❷ (*agree on*) endgültig festlegen **fi·nal·ly** [ˈfaɪnᵊli] *adv* ❶ (*at long last*) schließlich; ❷ (*expressing relief*) endlich ❸ (*in conclusion*) abschließend, zum Schluss ❸ (*conclusively*) endgültig; (*decisively*) bestimmt

fi·nance [ˈfaɪnæn(t)s] **I.** *n* ❶ *no pl* (*money management*) Finanzwirtschaft *f* ❷ (*money*) Geldmittel *pl;* **~s** Finanzen *pl* **II.** *vt* finanzieren

'fi·nance com·pa·ny *n*, **'fi·nance house** *n* Finanzierungsgesellschaft *f;* BRIT Kundenkreditbank *f*

fi·nan·cial [faɪˈnæn(t)ʃᵊl] *adj* finanziell, Finanz-; **~ resources** Geldmittel *pl*

finch <*pl* **-es**> [fɪn(t)ʃ] *n* Fink *m*

find [faɪnd] **I.** *n* (*thing*) Fund *m;* (*person*) Entdeckung *f* **II.** *vt* <found, found> finden; **she was found unconscious** sie wurde bewusstlos aufgefunden; **she found her boyfriend a job** sie besorgte ihrem Freund eine Stelle; **when we woke up we found ourselves in Calais** als wir aufwachten, fanden wir uns in Calais; ■ **to ~ oneself** zu sich *dat* selbst finden; **to ~ oneself alone or at one time** auf einmal alleine sein; ■ **to ~ sb/sth [to be sth]** jdn/etw [als etw] empfinden; **Linda found living in London a fascinating experience** für Linda war es eine faszinierende Erfahrung, in London zu leben; **to ~ sb guilty** jdn für schuldig erklären; ■ **to ~ that ...** feststellen, dass ...; (*come to realize*) sehen, dass ...; ■ **to ~ what/where/who ...** herausfinden, was/wo/wer ... **III.** *vi* <found, found> entscheiden (**for** zu Gunsten, **against** gegen) ◆ **find out I.** *vt* ❶ (*detect*) erwischen ❷ (*discover*) herausfinden **II.** *vi* dahinter kommen; ■ **to ~ out about sth/sb** (*get information*) sich über jdn/etw informieren; (*learn*) über jdn/etw etwas erfahren

find·er [ˈfaɪndər] *n of sth lost* Finder(in) *m(f);* *of sth unknown* Entdecker(in) *m(f)* ► **~s keepers[, losers weepers]** wer's findet, dem gehört's **find·ing** [ˈfaɪndɪŋ] *n* ❶ (*discovery*) Entdeckung *f* ❷ (*result of inquiry*) [Urteils]spruch *m; usu pl* (*result of investigation*) Ergebnis *nt*

fine¹ [faɪn] **I.** *adj* ❶ (*acceptable*) in Ordnung; **seven's ~ by me** sieben [Uhr] passt mir gut ❷ (*excellent*) glänzend; **food** ausgezeichnet; **the ~st pianist** der beste Pianist/die beste Pianistin; **the ~st wines** die erlesensten Weine ❸ (*iron*) schön ❹ (*slender, cut small*) fein; **slice** dünn ❺ METEO schön ❻ (*noble*) edel; **manners** fein; **house** vornehm ❼ (*understated*) fein; **there's a ~ line between genius and madness** Genie und Wahnsinn liegen oft nah beieinander; **~r points** Feinheiten *pl;* **not to put too ~ a point on it ...** um ganz offen zu sein ... **II.** *adv* ❶ (*all right*) fein, [sehr] gut ❷ (*thinly*) fein

fine² [faɪn] **I.** *n* (*punishment*) Geldstrafe *f;* **heavy/small ~** hohe/niedrige Geldstrafe; (*for minor offences*) Bußgeld *nt* **II.** *vt* ■ **to ~ sb** jdn zu einer Geldstrafe verurteilen; (*for minor offences*) gegen jdn ein Bußgeld verhängen

fine 'art *n no pl,* **fine 'arts** *npl* schöne Künste; **to have sth off to a ~** (*fig*) etw zu einer wahren Kunst entwickeln

fine·ness [ˈfaɪnnəs] *n no pl* Feinheit *f*

fin·ery [ˈfaɪnᵊri] *n no pl* Staat *m*

fi·nes·se [fɪˈnes] *n no pl* ❶ (*delicacy*) Feinheit *f* ❷ (*skill*) Geschick *nt* ❸ CARDS Schneiden *nt*

fine-tooth 'comb *n*, **fine-toothed 'comb** *n* fein gezahnter Kamm ► **to examine sth with a ~** etw sorgfältig unter die Lupe nehmen

fin·ger [ˈfɪŋgər] **I.** *n* Finger *m;* **they could be counted on the ~s of one hand** man konnte sie an einer Hand abzählen ► **to have a ~ in every pie** überall die Finger drin haben; **the ~ of suspicion** die Verdachtsmomente *pl;* **to be all ~s and thumbs** BRIT, AUS zwei linke Hände haben; **to catch sb with their ~s in the till** jdn beim Griff in die Kasse ertappen; **to twist sb around one's little ~** jdn um den [kleinen] Finger wickeln; **to keep one's ~s crossed [for sb]** [jdm] die Daumen drücken; **to get [*or* pull] one's ~ out** BRIT, AUS sich ranhalten; **to give sb the ~** AM jdm den Stinkefinger zeigen; **to lay a ~ on sb** jdm ein Haar krümmen; **to not lift [*or* raise] a ~** keinen Finger rühren; **to put one's ~ on sth** etw genau ausmachen; **to put the ~ on sb** jdn verpfeifen **II.** *vt* ❶ (*touch*) anfassen; (*play with*) befingern; **to ~ the strings** in die Saiten greifen ❷ (*fam: inform on*) verpfeifen (**to** bei) ❸ AM (*choose*) aussuchen

fin·ger·ing [ˈfɪŋgərɪŋ] *n* MUS ❶ *no pl* (*tech-*

nique) Fingertechnik *f* ❷ (*marking*) Fingersatz *m*

'fin·ger·mark *n* Fingerabdruck *m* **'fin·ger·nail** *n* Fingernagel *m* **'fin·ger·print I.** *n* Fingerabdruck *m* **II.** *vt* ■ **to ~ sb** jdm die Fingerabdrücke abnehmen **'fin·ger·tip** *n* Fingerspitze *f* ♦ **to have sth at one's ~s** etw perfekt beherrschen

fin·ish ['fɪnɪʃ] **I.** *n* ❶ (*final stage*) Ende *nt*; *of race* Endspurt *m*, Finish *nt*; (*finishing line*) Ziel *nt*; *close* ~ Kopf-an-Kopf-Rennen *nt*; **to be in at the ~** in der Endrunde sein ❷ (*final treatment*) letzter Schliff; (*sealing, varnishing*) Finish *nt* ▸ **a fight to the ~** ein Kampf *m* bis zur Entscheidung **II.** *vi* enden, aufhören; (*conclude*) schließen; **have you quite ~ed?** (*iron*) bist du endlich fertig?; **to ~ first/second** als Erster/Zweiter fertig sein; SPORTS Erster/Zweiter werden; ■ **to have ~ed with sth** etw nicht mehr brauchen **III.** *vt* ❶ (*bring to end*) beenden; *book* zu Ende lesen; *sentence* zu Ende sprechen; ■ **to have ~ed doing sth** mit etw *dat* fertig sein ❷ SCH abschließen ❸ (*bring to completion*) **to ~ sth** etw fertig stellen; (*give final treatment*) etw *dat* den letzten Schliff geben ❹ (*stop*) ■ **to ~ sth** mit etw *dat* aufhören; **I ~ work at 5 p.m.** ich mache um 5 Uhr Feierabend ❺ FOOD aufessen; *drink* austrinken ♦ **finish off I.** *vt* ❶ (*get done*) fertig stellen ❷ (*make nice*) den letzten Schliff geben ❸ FOOD aufessen; *drink* austrinken ❹ (*beat*) bezwingen; (*tire out*) schaffen; AM (*sl: murder*) erledigen **II.** *vi* ❶ (*end*) abschließen ❷ (*get work done*) fertig werden ♦ **finish up I.** *vi* ❶ (*get work done*) fertig werden ❷ (*end up*) enden; **to ~ up drunk** am Ende betrunken sein; **to ~ up in hospital** im Krankenhaus landen **II.** *vt* food aufessen; *drink* austrinken

fin·ished ['fɪnɪʃt] *adj pred* fertig; ■ **to be ~ with sth** mit etw *dat* fertig sein; **the ~ product** das Endprodukt ❷ (*of workmanship*) **beautifully ~** wunderbar bearbeitet ❸ (*used up*) verbraucht; **the juice is ~ and so are the cookies** der Saft ist leer und Plätzchen sind auch keine mehr da ❹ (*worn out*) erschöpft, fix und fertig *fam* ❺ (*ruined*) erledigt; *career* zu Ende

'fin·ish·ing line *n*, **'fin·ish·ing post** *n* SPORTS Ziellinie *f*

fi·nite ['faɪnaɪt] *adj* begrenzt; MATH endlich

Fin·land ['fɪnlənd] *n* Finnland *nt*

Finn [fɪn] *n* Finne(in) *m(f)*

Finn·ish ['fɪnɪʃ] **I.** *n* Finnisch *nt* **II.** *adj* finnisch; **the ~ people** die Finnen

fiord [fjɔːd] *n* Fjord *m*

fir [fɜːʳ] *n* Tanne *f*

'fir-cone *n* BRIT Tannenzapfen *m*

fire ['faɪə] **I.** *n* ❶ *no pl* Feuer *nt*; **electric ~** Elektroofen *m*; **gas ~** Gasofen *m*; **open ~** offener Kamin; (*outside*) Lagerfeuer *nt*; **to play with ~** mit dem Feuer spielen *a. fig* ❷ *no pl* (*destructive burning*) Brand *m*; **~!** Feuer!; **~ control** [*or* **prevention**] Brandschutz *m*; **~ damage** Brandschaden *m*; **forest ~** Waldbrand *m*; **~ risk** Brandrisiko *nt*, Feuergefahr *f*; **to be on ~** brennen, in Flammen stehen; **to catch ~** Feuer fangen, in Brand geraten; **destroyed by ~** völlig abgebrannt; **to set sth on ~** [*or* **~ to sth**] etw in Brand stecken ❸ *no pl* MIL Feuer *nt*, Beschuss *m*; **in the line of ~** in der Schusslinie; **covering ~** Feuerschutz *m*; ■ **to be under ~** beschossen werden; ■ **to come under ~** unter Beschuss geraten *a. fig*; **to open/cease/return ~** das Feuer eröffnen/einstellen/erwidern ❹ *no pl* (*fervour*) Feuer *nt* ▸ **to set the world on ~** die Welt erschüttern; **to hang ~** auf sich *akk* warten lassen **II.** *vt* ❶ (*bake in kiln*) brennen ❷ (*shoot*) abfeuern; *shot* abgeben; **to ~ a gun at sb/sth** auf jdn/etw schießen (*fig*) **to ~ questions at sb** jdn mit Fragen bombardieren; **to ~ a salute** Salut schießen ❸ (*dismiss*) feuern ❹ (*excite*) *person* begeistern, anregen; *imagination* beflügeln **III.** *vi* ❶ (*shoot*) feuern, schießen (**at** auf) ❷ (*start up*) zünden; (*be operating*) funktionieren ♦ **fire away** *vi* losschießen *a. fig* ♦ **fire off** *vt* abfeuern

'fire alarm *n* ❶ (*instrument*) Feuermelder *m* ❷ (*sound*) Feueralarm *m* **'fire·arm** *n* Schusswaffe *f* **'fire·ball** *n* Feuerball *m*; AS-TRON Feuerkugel *f* **'fire·brand** *n* Brandfackel *f*; (*fig*) Aufwiegler(in) *m(f)* **'fire·break** *n* Brandschneise *f* **'fire·brick** *n* Schamottestein *m* **'fire bri·gade** *n* BRIT Feuerwehr *f* **'fire·crack·er** *n* Kracher *m* **'fire de·part·ment** *n* AM Feuerwehr *f* **'fire-eat·er** *n* Feuerschlucker(in) *m(f)* **'fire en·gine** *n* Feuerwehrauto *nt* **'fire es·cape** *n* (*staircase*) Feuertreppe *f*; (*ladder*) Feuerleiter *f* **'fire exit** *n* Notausgang *m* **'fire ex·tin·guish·er** *n* Feuerlöscher *m* **'fire·fight·er** *n* Feuerwehrmann, -frau *m, f* **'fire·fly** *n* Leuchtkäfer *m* **'fire·guard** *n* Kamingitter *nt* **'fire house** *n* AM Feuerwache *f* **'fire in·sur·ance** *n* Feuerversicherung *f* **'fire-irons** *npl* Kaminbesteck *nt* **'fire·man** *n* Feuerwehrmann *m* **'fire·place** *n* Kamin *m* **'fire·proof I.** *adj* feuerfest **II.** *vt* feuerfest machen **'fire·rais·er** *n* BRIT Brandstifter(in) *m(f)* **'fire·side** *n* (*offener*) Kamin **'fire sta·tion** *n* Feuerwache *f* **'fire wall** *n* ❶ ARCHIT Brandmauer *f* ❷ COMPUT Firewall *f* **'fire·wa·ter** *n no pl* (*fam*) Feuerwasser *nt* **'fire·wom·an** *n*

Feuerwehrfrau f **'fire·wood** n no pl Brennholz nt **'fire·work** n ❶ (explosive) Feuerwerkskörper m ❷ (display) ■ ~s pl Feuerwerk nt; (fig) [Riesen]krach m kein pl

fir·ing ['faɪərɪŋ] n ❶ no pl (shooting) Abfeuern nt; of a rocket Abschießen nt; ~ practice Schießübung f ❷ no pl (in a kiln) Brennen nt ❸ (dismissal) Rauswurf m

'fir·ing line n Schusslinie f a. fig **'fir·ing squad** n Exekutionskommando nt

firm¹ [fɜːm] n Firma f, Unternehmen nt

firm² [fɜːm] I. adj fest; COMM stabil; basis sicher; offer verbindlich; undertaking definitiv; ■ to be ~ with sb jdm gegenüber bestimmt auftreten; to be a ~ believer in sth fest an etw akk glauben II. adv fest; to hold [or stand] ~ standhaft bleiben III. vi sich stabilisieren

firm·ness ['fɜːmnəs] n no pl ❶ (solidity) Festigkeit f ❷ (resoluteness) Entschlossenheit f

first [fɜːst] I. adj erste(r, s); ■ ~ thing tomorrow morgen als Allererstes; the ~ thing that came into my head das Erstbeste, das mir einfiel; **the ~ ever** (fam) der/die/das Allererste; **the ~ ever radio broadcast** die allererste Rundfunksendung; ~ option [or refusal] Vorkaufsrecht nt ▶ ~ among equals Primus inter pares; in the place (at beginning) zunächst [einmal]; (from the beginning) von vornherein; (most importantly) in erster Linie; to not know the ~ thing about sth von etw dat keinen blassen Schimmer haben; ~ things eins nach dem anderen II. adv ❶ (before doing something else) zuerst; ■ ~ of all zu[aller]erst; ■ ~ off (fam) erst [einmal] ❷ (before other things, people) als Erste(r, s); head ~ mit dem Kopf voraus ❸ (rather) lieber ▶ ~ come ~ served (prov) wer zuerst kommt, mahlt zuerst; ~ and **foremost** vor allem; ~ **and last** in erster Linie III. n ❶ (that before others) ■ the ~ der/die/das Erste; **to be the ~ to do sth** etw als Erster/Erste tun ❷ (start) ■ at ~ anfangs; from the [very] ~ von Anfang an ❸ (top-quality product) Spitzenerzeugnis nt; (achievement) Errungenschaft f ❹ BRIT UNIV Eins f ❺ AUTO der erste Gang

first 'aid n erste Hilfe; **to give sb** ~ jdm erste Hilfe leisten; ~ **box** Verbandskasten m; ~ **certificate** Erste-Hilfe-Schein m **'first·born** I. adj erstgeboren II. n Erstgeborene(r) f(m) **'first-class** I. adj ❶ (best quality) Erste[r]-Klasse-; ~ **mail** bevorzugt beförderte Post ❷ (approv: wonderful) erstklassig II. adv erster Klasse **first 'cous·in** n Cousin, Cousine m, f ersten Grades **first 'floor** n BRIT erster Stock; AM Erdgeschoss nt **'first-hand** adj, adv aus erster Hand

first·ly ['fɜːs(t)li] adv erstens

'first name n Vorname m **first 'night** n THEAT Premiere f **first of·'fend·er** n Ersttäter(in) m(f) **first 'per·son** n LING die erste Person **'first-rate** adj erstklassig **first 'strike** n MIL Erstschlag m

firth [fɜːθ] n SCOT Förde f

fis·cal ['fɪskəl] adj fiskalisch; ~ **policy** Finanzpolitik f

fish [fɪʃ] I. n <pl -es or -> Fisch m ▶ **to be a small ~ in a big pond** nur einer von vielen sein; **there are** [plenty] **more ~ in the sea** es gibt noch andere Möglichkeiten auf der Welt; **like a ~ out of water** wie ein Fisch auf dem Trockenen; **to have bigger ~ to fry** Wichtigeres zu tun haben; **to drink like a ~** wie ein Loch saufen derb II. vi ❶ (catch fish) fischen; (with rod) angeln (for auf) ❷ (look for) herumsuchen; ■ to ~ for sth (fig) nach etw dat suchen; to ~ for compliments sich dat gerne Komplimente machen lassen III. vt befischen

'fish·bone n [Fisch]gräte f **'fish·cake** n Fischfrikadelle f **'fish·er·man** n (professional) Fischer m; (for hobby) Angler m **fish·ery** ['fɪʃəri] n Fischfanggebiet nt **fish 'fin·ger** n Fischstäbchen nt **'fish·hook** n Angelhaken m

fish·ing ['fɪʃɪŋ] n no pl ❶ (catching fish) Fischen nt; (with rod) Angeln nt ❷ (looking for) **to be ~ for compliments** Komplimente hören wollen; ~ **for information** Informationssuche f

'fish·ing grounds npl Fischgründe pl **'fish·ing line** n Angelleine f, Angelschnur f **'fish·ing rod** n Angel[rute] f **'fish·ing-tack·le** n no pl (for industry) Fischereigeräte pl; (for sport) Angelgeräte pl

'fish·mon·ger n BRIT Fischhändler(in) m(f) **'fish·pond** n Fischteich m **'fish·tail** adj skirt, hemline Fishtail-, im Fishtailschnitt nach n (oben eng, ab dem Knie ausgestellt und mit einem oder zwei Zipfeln)

fishy ['fɪʃi] adj ❶ (tasting of fish) fischig; (like fish) fischartig; ~ **smell** Fischgeruch m ❷ (pej fam: dubious) verdächtig; **there is something ~ about that** daran ist irgendetwas faul

fis·sion ['fɪʃən] n no pl PHYS [Kern]spaltung f; BIOL [Zell]teilung f

fis·sure ['fɪʃə'] n ❶ (crack) Spalte f ❷ (fig) Spaltung f

fist [fɪst] n Faust f

fit¹ [fɪt] n Anfall m; **in a ~ of generosity** in einer Anwandlung von Großzügigkeit; **to be in ~s of laughter** sich kaputtlachen ▶ **by** [or **in**] ~s **and starts** sporadisch

fit² [fɪt] I. adj <-tt-> ❶ (suitable) geeignet; **that's all he's ~ for** das ist alles, wozu er taugt; **~ for human consumption** [*or to eat*] zum Verzehr geeignet; **~ for human habitation** bewohnbar ❷(*up to*) fähig; **~ to travel** reisetauglich; **~ to work** arbeitsfähig ❸(*appropriate*) angebracht; **do what you think ~** tun Sie, was Sie für richtig halten ❹(*worthy*) würdig; **to be not ~ to be seen** sich nicht sehen lassen können ❺(*ready*) bereit; **to be ~ to drop** zum Umfallen müde sein ❻(*healthy*) fit; **to keep ~** sich fit halten ❼BRIT (*sl: attractive*) geil **II.** *n no pl* ❶FASHION Sitz *m*; **these shoes are a good ~** diese Schuhe passen gut ❷TECH Passung *f* **III.** *vt* <BRIT -tt- *or* AM *usu* -t-> ❶(*be appropriate*) **~ to ~ sb/sth** sich für jdn/etw eignen ❷(*correspond with*) ■ **to ~ sth** etw *dat* entsprechen; **the punishment should always ~ the crime** die Strafe sollte immer dem Vergehen angemessen sein; **the key ~s the lock** der Schlüssel passt ins Schloss; **the description ~ted the criminal** die Beschreibung passte auf den Täter ❸(*make correspond*) ■ **to ~ sth to sth** etw etw *dat* anpassen ❹FASHION ■ **to ~ sb** jdm passen ❺(*mount*) montieren ❻(*shape as required*) anpassen ❼(*position as required*) einpassen ❽(*supply*) ■ **to ~ sth with sth** etw mit etw *dat* versehen **IV.** *vi* <BRIT -tt- *or* AM *usu* -t-> ❶(*be correct size*) passen; FASHION sitzen; ■ **to ~ into sth** in etw *akk* hineinpassen ❷(*agree*) **facts** übereinstimmen ❸(*fig*) **how do you ~ into all this?** was für eine Rolle spielen Sie in dem Ganzen? ◆**fit in I.** *vi* ❶(*get on well*) sich einfügen ❷(*conform*) dazupassen; **this doesn't ~ in with my plans** das passt mir nicht in den Plan **II.** *vt* einschieben ◆**fit out** *vt* ausstatten; (*for a purpose*) ausrüsten ◆**fit together** *vi* zusammenpassen ◆**fit up** *vt* ❶(*equip*) ausstatten ❷BRIT (*sl: frame*) anschwärzen

fit·ful ['fɪtfəl] *adj* unbeständig; **sleep** unruhig

fit·ment ['fɪtmənt] *n* Einrichtungsgegenstand *m*

fit·ness ['fɪtnəs] *n no pl* ❶(*competence*) Eignung *f* ❷(*health*) Fitness *f*

fit·ted ['fɪtɪd] *adj* ❶(*adapted*) geeignet; (*tailor-made*) maßgeschneidert; **~ carpet** BRIT Teppichboden *m*

fit·ter ['fɪtə'] *n* ❶FASHION Zuschneider(in) *m(f)* ❷TECH [Maschinen]schlosser(in) *m(f)*; (*of engines*) Monteur(in) *m(f)*; (*of pipes*) Installateur(in) *m(f)*

fit·ting ['fɪtɪŋ] **I.** *n* ❶(*fixtures*) ■ **~s** *pl* Ausstattung *f*, Einrichtungsgegenstände *pl*; **bathroom ~s** Badezimmereinrichtung *f* ❷(*of clothes*) Anprobe *f* **II.** *adj* passend; **it is ~ that ...** es schickt sich, dass ...

five [faɪv] **I.** *adj* fünf; *see also* **eight II.** *n* ❶(*number, symbol*) Fünf *f*; **~ o'clock shadow** nachmittägiger Stoppelbart; *see also* **eight** ❷(*fingers*) **gimme ~!** (*fam*) Aufforderung zur Begrüßung mit einem Erfolg die Hand hochzuheben, so dass man mit der eigenen Hand dagegenschlagen kann ❸(*minutes*) **to take ~** (*fam*) sich *dat* eine kurze Pause genehmigen ❹BRIT FIN Fünfpfundnote *f*; AM Fünfdollarschein *m*

'five·fold *adj* fünffach

fiv·er ['faɪvə'] *n* BRIT (*fam*) Fünfpfundnote *f*; AM Fünfdollarschein *m*

fix [fɪks] **I.** *n* ❶(*fam: dilemma*) Klemme *f*; **to be in a ~** in der Klemme sitzen ❷(*sl: drugs*) Schuss *m*, Fix *m* ❸NAUT, AVIAT (*position*) Position *f*; **to take a ~ on sth** etw orten **II.** *vt* ❶(*fasten*) befestigen, festmachen; ■ **to ~ sth to sth** etw an etw *dat* anbringen; **to ~ a picture to a wall** ein Bild an eine Wand hängen; (*fig*) ■ **to ~ sth in one's mind** sich *dat* etw einprägen ❷(*decide*) festlegen; **rent** festsetzen ❸(*arrange*) arrangieren ❹(*repair*) reparieren, in Ordnung bringen ❺(*fam: prepare*) **shall I ~ you sth?** soll ich dir was zu essen machen?; **to ~ one's hair** sich frisieren ❻(*fam: manipulate*) manipulieren ❼(*sl: take revenge on*) ■ **to ~ sb** es jdm heimzahlen ❽ART, PHOT fixieren ❾(*concentrate*) richten (**on** auf) ❿(*stare at*) fixieren ⓫MIL **bayonet** aufpflanzen ⓬(*fam: sterilize*) sterilisieren **III.** *vi* (*sl*) **drugs** fixen ◆**fix on** *vt* ■ **to ~** [up]**on sth** sich auf sth *akk* festlegen ◆**fix up** *vt* ❶(*supply*) ■ **to ~ sb ⌐ up** jdn versorgen; (*with a date*) jdm eine Verabredung arrangieren ❷(*arrange*) ■ **to ~ up sth** etw arrangieren; **time to meet** etw vereinbaren ❸(*fam: mend*) in Ordnung bringen; **house** renovieren

fixa·tion [fɪk'seɪʃən] *n* PSYCH Fixierung *f* (**with** auf)

fixed [fɪkst] *adj* fest; **gaze** starr; **idea** fix; **how are you ~ for Saturday evening?** hast du am Samstagabend schon etwas vor?; **how are you ~ for cash?** wie steht's bei dir mit Geld?; **~ charges** Fixkosten *pl*

fix·ed·ly ['fɪksɪdli] *adv* starr

fix·er ['fɪksə'] *n* ❶(*fam: person*) Schieber(in) *m(f)* ❷CHEM Fixiermittel *nt*

fix·ture ['fɪkstʃə'] *n* ❶(*immovable object*) eingebautes Teil; **bath ~s** Badezimmerarmaturen *pl*; **~s and fittings** bewegliches und unbewegliches Inventar; **to be a permanent ~** (*fig, hum*) zum [lebenden] Inventar gehören ❷BRIT, AUS SPORTS [Sport]veranstaltung *f*; **~ list** Spielplan *m*

fizz [fɪz] **I.** *vi* ❶(*bubble*) sprudeln ❷(*make sound*) zischen **II.** *n no pl* ❶(*bubbles*) Sprudeln *nt*; **the tonic water has lost its ~** in dem Tonic Water ist keine Kohlensäure mehr ❷ *(fam: champagne)* Schampus *m;* *(fizzy drink)* Sprudel *m*

fiz·zle ['fɪzl] *vi* zischen ◆**fizzle out** *vi fireworks, enthusiasm* verpuffen; *attack, campaign* im Sand verlaufen; *interest* stark nachlassen

fizzy ['fɪzi] *adj* sprudelnd; ~ **drink** Getränk *nt* mit Kohlensäure; **to be** ~ sprudeln

fjord [fjɔːd] *n* Fjord *m*

flab·ber·gast ['flæbəgɑːst] *vt* ■**to be** ~**ed** völlig platt sein

flab·by ['flæbi] *adj* schwabbelig; *(fig)* schlapp

flag[1] [flæg] *n (flagstone)* [Stein]platte *f*

flag[2] [flæg] **I.** *n* ❶ *(pennant)* Fahne *f;* *(national)* Flagge *f* ❷ *(marker)* Markierung *f* ▸ **to** **fly** [*or* **show**] [*or* **wave**] **the** ~ Flagge zeigen **II.** *vt* <-gg-> ❶ *(mark)* markieren ❷ *(signal to)* **to** ~ [**down**] anhalten **III.** *vi* <-gg-> *enthusiasm* nachlassen; *person* ermüden; *vigour* erlahmen

'flag day *n* BRIT Tag, an dem für wohltätige Zwecke gesammelt wird

flag·el·late ['flædʒəleɪt] *vt (form)* geißeln

flag·on ['flægən] *n (hist)* Kanne *f*

'flag·pole *n* Fahnenmast *m,* Flaggenmast *m*

fla·grant ['fleɪgrənt] *adj* offenkundig

'flag·ship *n* Flaggschiff *nt a. fig;* ~ **model** Topmodell *nt;* ~ **store** Hauptgeschäft *nt*

'flag·staff *n* Fahnenmast *m,* Flaggenmast *m*

flail [fleɪl] **I.** *n* Dreschflegel *m* **II.** *vi* heftig um sich *akk* schlagen; ■**to** ~ **about** herumfuchteln; **to** ~ **away** at wild einschlagen auf +*akk* **III.** *vt* **to** ~ **one's arms** wild mit den Armen fuchteln

flair [fleə'] *n no pl (talent)* Talent *nt;* **to have a** ~ **for languages** sprachbegabt sein; **to have a** ~ **for music** musikalisch veranlagt sein ❷ *(style)* Stil *m*

flak [flæk] *n no pl* ❶ *(shooting)* Flakfeuer *nt* ❷ *(fig)* scharfe Kritik

flake [fleɪk] **I.** *n* ❶ *of chocolate* Raspel *f; of metal* Span *m; of pastry* Krümel *m; of wallpaper* Fetzen *m;* ~ **s of skin** [Haut]schuppen *pl;* ~ **of snow** Schneeflocke *f;* **soap** ~ Seifenflocke *f* ❷ AM *(fam: odd person)* Spinner(in) *m(f)* **II.** *vi* ❶ *skin* sich schuppen; *paint* abblättern; *plaster* abbröckeln ❷ AM *(fam: forget)* nicht dran denken ◆**flake out** *vi (fam)* ❶ BRIT *(be exhausted)* zusammenklappen ❷ AM *(forget)* nicht dran denken

flaky ['fleɪki] *adj* ❶ *(with layers)* flockig; *pastry* blättrig; *paint* bröcklig; *skin* schuppig ❷ AM *(fam: odd)* verdreht ❸ COMPUT unberechenbar

flaky 'pas·try *n no pl* Blätterteig *m*

flam·boy·ant [flæm'bɔɪənt] *adj* extravagant; *colours* prächtig

flame [fleɪm] **I.** *n* ❶ *(fire)* Flamme *f a. fig;* ■**to be/go up in** ~ **s** in Flammen stehen/ aufgehen; **to burst into** ~ in Brand geraten ❷ INET beleidigende E-Mail **II.** *vi (blaze)* brennen; *(fig)* glühen **III.** *vt* COMPUT *(sl)* per E-Mail beleidigen

flam·ing ['fleɪmɪŋ] **I.** *adj* ❶ *(fig: angry)* **to be in a** ~ **temper** vor Wut kochen ❷ *colour* flammend ❸ BRIT *(fam!: intensifier)* verdammt **II.** *n no pl* INET heftiges Beleidigen beim Chatten im Internet

fla·min·go <*pl* -s *or* -es> [fləˈmɪŋgəʊ] *n* Flamingo *m*

flam·mable *adj* leicht entflammbar; **highly** ~ feuergefährlich

flan [flæn] *n* ❶ *(with fruit)* Obsttorte *f;* *(savoury)* Pastete mit Käse oder Schinken ❷ AM Kuchen mit einer Füllung aus Vanillepudding

Flan·ders ['flɑːndəz] *n* Flandern *nt*

flange [flændʒ] *n* Flansch *m*

flank [flæŋk] **I.** *n* Flanke *f* **II.** *vt* flankieren

flan·nel ['flænəl] *n* ❶ *no pl (material)* Flanell *m* ❷ BRIT *(facecloth)* Waschlappen *m* ❸ *(trousers)* ~ **s** *pl* Flanellhose *f;* AM Flanellunterwäsche *f kein pl*

flap [flæp] **I.** *vt* <-pp-> **to** ~ **one's wings** mit den Flügeln schlagen; *(in short intervals)* flattern mit +*dat* **II.** *vi* <-pp-> ❶ *(flutter)* flattern; *wings* schlagen ❷ BRIT *(fam: fuss)* sich aufregen; ■**to** ~ **about** nervös auf und ablaufen **III.** *n* ❶ *(flutter)* Flattern *nt* ❷ *(overlapping part) of cloth* Futter *nt;* **pocket** ~ Taschenklappe *f;* ~ **of skin** Hautlappen *m* ❸ AVIAT Landeklappe *f* ❹ *(fam: commotion)* helle Aufregung; ■**to be in a** ~ schrecklich aufgeregt sein

flap·jack ['flæpdʒæk] *n* ❶ BRIT, AUS Haferkeks *m* ❷ AM Pfannkuchen *m*

flare [fleə'] **I.** *n* ❶ *(signal)* Leuchtkugel *f* ❷ *(of trousers)* Schlag *m;* ■ ~ **s** *pl* Schlaghose *f* **II.** *vi* ❶ *(burn up)* aufflammen ❷ FASHION aufweiten ❸ *nostrils* sich blähen **III.** *vt* **to** ~ **one's nostrils** die Nasenflügel aufblähen ◆**flare up** *vi* ❶ *(also fig)* auflodern; *person* aufbrausen ❷ MED sich bemerkbar machen

'flare-up *n* ❶ MIL Auflodern *nt a. fig* ❷ MED [erneuter] Ausbruch

flash [flæʃ] **I.** *n* <*pl* -es> ❶ *(light)* [Licht]blitz *m; of jewellery, metal* [Auf]blitzen *nt kein pl; of an explosion* Stichflamme *f;* ~ **of lightning** Blitz *m;* **to give sb a** ~ AUTO jdm ein Zeichen mit der Lichthupe geben ❷ *(fig)* ~ **of anger/ temper** Wut-/Temperamentsausbruch *m;* ~ **of inspiration** Geistesblitz *m* ❸ *(moment)* Augenblick *m* ❹ AM *(fam: flashlight)* Taschenlampe *f* ❺ PHOT Blitzlicht *nt;* **to use** |**a**| ~ mit Blitzlicht fotografieren ▸ **a** ~ **in the pan** ein Strohfeuer *nt;* **like a** ~ blitzartig; **quick as**

a ~ blitzschnell; **in a ~** im Nu; **to be back in a ~** sofort wieder da sein **II.** *adj* (*pej fam*) protzig **III.** *vt* ① (*signal*) *light* aufleuchten lassen; *message* blinken; **to ~ sb** (*in a car*) jdm ein Zeichen mit der Lichthupe geben; (*with a torch*) jdn anleuchten ② (*look*) zuwerfen ③ (*communicate*) übermitteln ④ (*pej fam*) ■ **to ~ sth about** mit etw *dat* protzen **IV.** *vi* ① (*shine*) blitzen; AUTO Lichthupe machen; **the lightning ~ed** es blitzte ② (*fig: appear*) kurz auftauchen; *smile* huschen; *thought* schießen; **my whole life ~ed before me** mein ganzes Leben lief im Zeitraffer vor mir ab ③ (*move*) ■ **to ~ by** [*or past*] vorbeirasen ④ (*fam: expose genitals*) ■ **to ~** [**at**] [**sb**] (*dat*) [*sb*] sich [jdm] exhibitionistisch zeigen ▶ **flash back** *vi* ■ **to ~ back to sth** sich plötzlich [wieder] an etw *akk* erinnern

'flash·back *n* ① FILM Rückblende *f* ② CHEM [Flammen]rückschlag *m* 'flash·bulb *n* PHOT Blitz[licht]lampe *f* 'flash·er ['flæʃəʳ] *n* ① AUTO Lichthupe *f* ② (*fam: exhibitionist*) Exhibitionist *m* 'flash·gun *n* PHOT Blitzlicht *nt* 'flash·light *n* ① PHOT Blitzlicht *nt* ② AM (*torch*) Taschenlampe *f* 'flash·point *n* ① CHEM Flammpunkt *m* ② (*fig: stage*) Siedepunkt *m*; (*trouble spot*) Unruheherd *m*

flashy ['flæʃi] *adj* protzig

flask [flɑːsk] *n* ① (*bottle*) [bauchige] Flasche; (*for wine*) Ballonflasche *f*; (*for spirits*) Flachmann *m*; (*for travelling*) Reiseflasche *f* ② CHEM [Glas]kolben *m*

flat¹ [flæt] **I.** *adj* <-tt-> ① (*horizontal*) flach; *path, surface* eben; *face, nose* platt ② (*not fizzy*) *drinks* schal ③ BRIT, AUS (*empty*) *battery* leer ④ (*deflated*) *tyre* platt; *person* niedergeschlagen ⑤ COMM, ECON (*slack*) *market* flau; (*fixed*) *rate* Einheits-, Pauschal- ⑥ MUS *key* mit B-Vorzeichen *nach n*; *note* [um einen Halbton] erniedrigt; (*unintentionally*) zu tief [gestimmt]; **E ~ major** Es-Dur ⑦ (*fig: absolute*) *refusal* glatt ⑧ (*fig, pej: dull*) lahm; *voice* ausdruckslos ⑨ AM (*fam: without funds*) pleite ▶ **and that's ~** und dabei bleibt es **II.** *adv* <-tt-> ① (*horizontally*) flach; **to fall ~ on one's face** der Länge nach hinfallen ② (*levelly*) platt ③ (*fam: absolutely*) rundheraus, glattweg ④ (*fam: completely*) total ⑤ (*fam: exactly*) genau ⑥ MUS zu tief ▶ **in no time ~** in Sekundenschnelle; **to fall ~** (*fail*) *attempt* scheitern; *performance* nicht ankommen; *joke* nicht ankommen **III.** *n* ① (*level surface*) flache Seite; **~ of the hand** Handfläche *f* ② (*level ground*) Ebene *f*; *mud* **~s** *pl* Sumpfebene *f*; *salt* **~s** *pl* Salzwüste *f* ③ MUS (*sign*) Erniedrigungszeichen *nt*; (*tone*) [um einen halben Ton] erniedrigter Ton ④ THEAT Schiebewand *f* ⑤ BRIT, AUS (*tyre*) Platte(r) *m*

flat² [flæt] *n* BRIT, AUS [Etagen]wohnung *f*; ■ **~s** *pl* Wohnblock *m*

flat 'feet *npl* Plattfüße *pl* flat·'foot·ed *adj* plattfüßig; **to be ~** Plattfüße haben ▶ **to catch sb ~** jdn [völlig] umhauen **flat·ly** ['flætli] *adv* ① (*dully*) ausdruckslos ② (*absolutely*) glatt[weg]

'flat·mate *n* BRIT Mitbewohner(in) *m(f)*

flat·ness ['flætnəs] *n no pl* Flachheit *f*; (*of ground, track* Ebenheit *f* **'flat-pack** *adj attr furniture* zur Selbstmontage *nach n*, im Flachkarton *nach n* **'flat screen** *n* Flachbildschirm *m* **flat·ten** ['flætᵊn] *vt* ① (*level*) flach machen; *ground, path* eben machen; *dent* ausbeulen; ■ **to ~ oneself against sth** sich platt gegen etw *akk* drücken ② (*knock down*) *thing* einebnen; *tree* umlegen; *person* niederstrecken ③ MUS [um einen Halbton] erniedrigen

flat·ter¹ ['flætəʳ] *vt* ■ **to ~ sb** jdm schmeicheln; **don't ~ yourself!** bilde dir ja nichts ein!

flat·ter² ['flætəʳ] *adj comp of* flat

flat·ter·er ['flætəʳəʳ] *n* Schmeichler(in) *m(f)*

flat·ter·ing ['flætəʳɪŋ] *adj* (*approv*) schmeichelhaft; (*pej*) schmeichlerisch

flat·tery ['flætᵊri] *n no pl* Schmeicheleien *pl* ▶ **~ will get you nowhere** mit Schmeicheleien erreicht man nichts

flatu·lence ['flætjələn(t)s] *n no pl* (*form*) Blähung[en] *f*[*pl*]

flaunt [flɔːnt] *vt* (*esp pej*) zur Schau stellen

flaut·ist ['flɔːtɪst] *n* Flötist(in) *m(f)*

fla·vo·noid ['fleɪvənɔɪd] *n* CHEM Flavonoid *nt*

fla·vor *n*, *vt* AM *see* flavour

fla·vor·ing *n* AM *see* flavouring

fla·vour ['fleɪvəʳ] **I.** *n* ① (*taste*) [Wohl]geschmack *m*, Aroma *nt*; (*particular taste*) Geschmacksrichtung *f*, Sorte *f*; **to add ~ to sth** etw *dat* Geschmack verleihen ② (*fig*) Anflug *m*; **a city with a cosmopolitan ~** eine Stadt mit weltmännischer Atmosphäre **II.** *vt* würzen

fla·vour·ing ['fleɪvᵊrɪŋ] *n* Aroma *nt*, Geschmacksstoff *m*

flaw [flɔː] **I.** *n* Fehler *m*, Mangel *m*; TECH Defekt *m*; **~ in one's character** Charakterfehler *m* **II.** *vt usu passive* beeinträchtigen

flaw·less ['flɔːləs] *adj* fehlerlos; *beauty* makellos; *behaviour* einwandfrei; *diamond* lupenrein; *performance* vollendet

flax [flæks] *n no pl* Flachs *m*

flax·en ['flæksᵊn] *adj* flachsfarben; **~-haired** flachsblond

flay [fleɪ] *vt* ① *animal* [ab]häuten ② (*fig*) *person* auspeitschen

flea [fliː] *n* Floh *m* ▶ **to send sb away** [*or off*] **with a ~ in their ear** jdm eine Abfuhr

erteilen
'flea·bite n Flohstich m **'flea-bit·ten** adj (bitten) voller Flohbisse präd **'flea mar·ket** n Flohmarkt m
fleck [flek] **I.** n Fleck[en] m **II.** vt sprenkeln
fled [fled] vi, vt pp, pt of **flee**
fledged [fledʒd] adj fully - flügge a. fig
fledg(e)·ling ['fledʒlɪŋ] **I.** n Jungvogel m **II.** adj neu, Jung-
flee <fled, fled> [fli:] **I.** vi (run away) fliehen (from vor); (seek safety) flüchten; **she fled from the room in tears** sie rannte weinend aus dem Zimmer; **to ~ abroad** [sich] ins Ausland flüchten **II.** vt country fliehen aus; danger fliehen [o flüchten] vor
fleece [fli:s] **I.** n ❶ of sheep Schaffell nt, Vlies nt ❷ no pl (fabric) Flausch m, weicher Wollstoff ❸ BRIT (clothing) Vliesjacke f **II.** vt ❶ sheep scheren ❷ (fig fam: cheat) schröpfen
fleet[1] [fli:t] **I.** n + sing/pl vb ❶ NAUT Flotte f; ■ **the F-** die Marine ❷ AVIAT Staffel f ❸ (group of vehicles) Fuhrpark m; **~ of cars** Wagenpark m
fleet[2] [fli:t] adj (liter) flink; **~ of foot** schnell zu Fuß
fleet·ing ['fli:tɪŋ] adj flüchtig; beauty vergänglich; opportunity kurzfristig; **~ visit** Kurzbesuch m
Flem·ish ['flemɪʃ] **I.** adj flämisch **II.** n no pl Flämisch nt
flesh [fleʃ] n no pl Fleisch nt; of fruit [Frucht]fleisch nt ▶ **to be [only] ~ and blood** auch [nur] ein Mensch sein; **one's own ~ and blood** sein eigen[es] Fleisch und Blut; **to have one's pound of ~** seinen vollen Anteil bekommen; **to make one's crawl** eine Gänsehaut bekommen; **to press the ~** AM POL [Wähler]hände schütteln; **in the ~** in Person ◆ **flesh out** vt weiterentwickeln
'flesh-col·oured adj, **'flesh-col·ored** adj AM fleischfarben **'flesh·pot** n (fig) **the ~s** pl das Vergnügungsviertel **'flesh wound** n Fleischwunde f
flew [flu:] vi pp, pt of **fly**
flex [fleks] **I.** vt beugen; muscles [an]spannen; **to ~ one's muscles** (fig) seine Muskeln spielen lassen **II.** vi sich beugen; muscles sich [an]spannen **III.** n [Anschluss]kabel nt
flex·ibil·ity [ˌfleksɪˈbɪləti] n no pl ❶ (pliability) Biegsamkeit f; of material Elastizität f; of body Gelenkigkeit f ❷ (fig) Flexibilität f
flex·ible ['fleksɪbl] adj ❶ (pliable) biegsam; body gelenkig ❷ (fig) flexibel; **~ working hours** gleitende Arbeitszeit
flex·ible-'fuel ve·hi·cle n ethanoltaugliches Fahrzeug
flexi·time ['fleksitaɪm] n no pl Gleitzeit f; **to work** [or **be on**] **~** gleitende Arbeitszeit haben
flick [flɪk] **I.** n ❶ (blow) [kurzer] Schlag ❷ (movement) kurze Bewegung; of switch Klicken nt; of whip Schnalzen nt; of wrist kurze Drehung ❸ BRIT (fam) ■ **the ~s** pl das Kino nt **II.** vt (strike) ■ **to ~ sb/sth** jdm/etw einen [leichten] Schlag versetzen; **horses ~ their tails** Pferde schlagen mit dem Schweif ❷ (move) ■ **to ~ sth** etw mit einer schnellen Bewegung ausführen; whip schnalzen mit + dat; **to ~ channels** (fam) durch die Kanäle zappen; **to ~ a knife open** ein Messer aufschnappen lassen; **to ~ the light switch on/off** das Licht an-/ausknipsen; **by ~ing one's wrist** mit einer schnellen Drehung des Handgelenks ❸ (remove) wegwedeln; with fingers wegschnippen ◆ **flick through** vi (fam) ■ **to ~ through sth** book, pages, report etw [schnell] durchblättern
flick·er ['flɪkə'] **I.** vi ❶ (shine unsteadily) flackern; TV flimmern; eyelids zucken; tongue züngeln ❷ (fig) aufkommen; hope aufflackern **II.** n ❶ (movement) Flackern nt kein pl; of TV pictures Flimmern nt kein pl; of eyelids Zucken nt kein pl ❷ (fig) Anflug m; **a ~ of hope** ein Hoffnungsschimmer m
'flick knife n BRIT, AUS Klappmesser nt
fli·er ['flaɪə'] n ❶ AVIAT Flieger(in) m(f); **frequent ~** Vielflieger(in) m(f) ❷ (fig fam: fast horse) Renner m; (fast vehicle) Flitzer m ❸ (leaflet) Flugblatt nt; **of police** Steckbrief m
flight[1] [flaɪt] n ❶ (flying) Flug m; **to take ~** auffliegen; **in ~** im Flug ❷ + sing/pl vb (group) of birds, insects Schwarm m; of migrating birds [Vogel]zug m; of aircraft [Flieger]staffel f; **to be in the top ~** (fig) zur ersten Garnitur gehören ❸ (series) **a ~** [of stairs] eine Treppe; **we live three ~s up** wir wohnen drei Treppen hoch; **a ~ of hurdles** eine Hürdenreihe ❹ (fig: whim) **a ~ of fancy** ein geistiger Höhenflug ❺ in darts Befiederung f
flight[2] [flaɪt] n (fleeing) Flucht f; **to put sb to ~** jdn in die Flucht schlagen
'flight at·tend·ant n Flugbegleiter(in) m(f)
'flight con·trol·ler n Fluglotse, -lotsin m, f
'flight deck n ❶ (on ship) Flugdeck nt ❷ (on plane) Cockpit nt
flight·less ['flaɪtləs] adj flugunfähig
'flight num·ber n Flugnummer f **'flight path** n of an aircraft Flugweg m; of an object Flugbahn f **'flight risk** n potenzieller Überläufer/potenzielle Überläuferin
flighty ['flaɪti] adj (usu pej) flatterhaft
flim·si·ness ['flɪmzɪnəs] n no pl ❶ of material mangelnde Festigkeit; of a structure

mangelnde Stabilität ❷ *of a fabric, paper* Dünnheit *f* ❸ *(fig) of an excuse* Fadenscheinigkeit *f*

flim·sy ['flɪmzi] *adj* ❶ *construction* instabil, unsolide ❷ *(avoid)* ■ **to** ~ **[away] from sth** vor etw *dat* zurückschrecken

fling [flɪŋ] **I.** *n* ❶ *(throw)* [mit Schwung ausgeführter] Wurf ❷ *(fig: good time)* ausgelassene Zeit; **to have a ~** ausgelassen feiern; *(relationship)* **to have a ~ with sb** mit jdm etw haben **II.** *vt* <flung, flung> werfen; **to ~ one's arms round sb's neck** jdm die Arme um den Hals werfen; **they flung their arms [a]round each other** sie fielen sich um den Hals; **to ~ one's head back** den Kopf in den Nacken werfen; ■ **to ~ oneself at sb/sth** sich auf jdn/etw stürzen; *(fig)* sich jdm an den Hals werfen; ■ **to ~ oneself into sth** *(fig)* sich in etw *akk* stürzen; **to ~ open** aufreißen ◆ **fling away** *vt* wegwerfen ◆ **fling off** *vt clothing* abwerfen *a. fig; blanket* wegstoßen ◆ **fling on** *vt (fam)* sich *dat* überwerfen ◆ **fling out** *vt (fam) thing* ausrangieren; *person* rausschmeißen

flint [flɪnt] *n* Feuerstein *m*

flip [flɪp] **I.** *vt* <-pp-> ❶ *(turn on/off)* switch drücken ❷ *(turn over)* umdrehen; *coin* werfen; *pancake* wenden ▶ **to ~ one's lid** ausflippen **II.** *vi* <-pp-> ❶ ■ **to ~ [over]** sich [schnell] [um]drehen; *vehicle* sich überschlagen ❷ *(fig sl)* ausflippen **III.** *n* ❶ *(throw)* Werfen *nt* ❷ *(movement)* Ruck *m*; **to have a [quick] ~ through sth** etw im Schnellverfahren tun ❸ SPORTS Salto *m*

'**flip chart** *n* Flipchart *m o nt* '**flip-flop** *n* ❶ *(shoe)* Badelatsche *f* ❷ AM SPORTS Flic[k]flac[k] *m* **flip-fold seat** [ˌflɪpfəʊld'siːt] *n* umklappbarer [*o* hochfaltbarer] Sitz

flip·pan·cy ['flɪpənt)si] *n no pl* Leichtfertigkeit *f*

flip·pant ['flɪpənt] *adj* leichtfertig

flip·per ['flɪpəʳ] *n* [Schwimm]flosse *f*

flip·ping ['flɪpɪŋ] *adj, adv (sl)* echt, verflixt; **you'll do as you're ~ well told!** du tust gefälligst, das, was man dir sagt!

'**flip side** *n* ❶ *(back) of a record* B-Seite *f* ❷ *(effect) of an activity, policy* Kehrseite *f*

flirt [flɜːt] **I.** *vi* flirten **II.** *n* [gern] flirtender Mann/[gern] flirtende Frau; **she's a dreadful ~** sie kann das Flirten nicht lassen

flir·ta·tion [flɜːˈteɪʃən] *n* Flirt *m*

flir·ta·tious [flɜːˈteɪʃəs] *adj* kokett; **to be ~ with sb** mit jdm [herum]flirten

flit <-tt-> [flɪt] **I.** *vi* ❶ *(also fig: move)* huschen; *(fly)* flattern ❷ *(fig)* sich stürzen; **to ~ through one's mind** einem durch den Kopf schießen ❸ N BRIT, SCOT *(move house)* umziehen **II.** *n* BRIT **to do a moonlight ~** sich bei Nacht und Nebel davonmachen

float [fləʊt] **I.** *n* ❶ *(for fishing)* [Kork]schwimmer *m* ❷ *(for swimming)* Schwimmkork *m* ❸ TECH Schwimmer *m* ❹ *(vehicle)* Festzugswagen *m*; **milk ~** Milch[auslieferwagen *m* ❺ BRIT, AUS FIN Spesenvorschuss *m*; *(in a till)* Wechselgeld *nt* **II.** *vi* ❶ *(be buoyant)* schwimmen, oben bleiben ❷ *(move in liquid or gas) objects* treiben; *people* sich treiben lassen ❸ *(fig: move casually)* schweben; **to ~ through one's mind** jdm in den Sinn kommen ❹ *(move in air) clouds* ziehen; *leaves* segeln; *sound* dringen ❺ ECON floaten **III.** *vt* ❶ ECON *business* gründen; *currency* freigeben ❷ *(on water)* treiben lassen; *logs* flößen; *ship* zu Wasser lassen ❸ *(fig) idea* zur Diskussion stellen ◆ **float about, float around** *vi (fig) rumour* in Umlauf sein; *objects* [he]rum[f]liegen *fam; person* sich herumtreiben ◆ **float off** *vi (on water)* wegtreiben; *(in air)* davonschweben

floata·tion *n see* flotation

float·ing ['fləʊtɪŋ] *adj* ❶ *(in water)* schwimmend, treibend; *crane, dock* Schwimm- ❷ *(fluctuating) population* mobil; **~ voter** Wechselwähler(in) *m(f)* ❸ FIN *debt* schwebend ❹ MED *Wander-*

flock [flɒk] **I.** *n* + *sing/pl vb* ❶ *of animals* Herde *f; of birds* Schar *f*, Schwarm *m* ❷ *of people* Schar *f;* REL Herde *f* **II.** *vi* sich scharen; ■ **to ~ to sth** zu etw *dat* in Scharen kommen

floe [fləʊ] *n* Eisscholle *f*

flog <-gg-> [flɒg] *vt* ❶ *(whip)* auspeitschen **(for** wegen) ❷ BRIT *(fam: sell)* verscheuern ▶ **to ~ sth/oneself to death** etw am hundertsten Mal durchkauen, sich zu Tode rackern

flog·ging ['flɒgɪŋ] *n* Auspeitschen *nt kein pl*

flo·ka·ti rug [fləˈkɑːtɪrʌg] *n* Flokati *m*

flood [flʌd] **I.** *n* ❶ *(excess water)* Überschwemmung *f*, Hochwasser *nt kein pl;* **the F~** REL die Sintflut ❷ *(fig)* Flut *f;* **to be in ~s of tears** von Tränen überströmt sein ❸ *(tide)* ~ **[tide]** Flut *f;* **on the ~** [oder] der] Flut **II.** *vt* ❶ *(overflow)* überschwemmen *a. fig; room* unter Wasser setzen ❷ AUTO absaufen lassen ❸ *(intentionally fill with water)* fluten **III.** *vi* ❶ *place* überschwemmt werden, unter Wasser stehen; *river* über die Ufer treten ❷ *(fig)* strömen

'**flood·gate** *n* Schleusentor *nt;* **to open the ~s to sth** *(fig)* etw *dat* Tür und Tor öffnen

'**flood·light** *n (lamp)* Scheinwerfer *m;* *(light)* Scheinwerferlicht *nt*, Flutlicht *nt;*

floor – fluffy

under ~s bei Flutlicht

floor [flɔːʳ] **I.** *n* ❶ *(ground)* [Fuß]boden *m*; GEOG Boden *m*; **to drop through the ~** *(fig)* ins Bodenlose fallen ❷ *(storey)* Stock *m*, Stockwerk *nt*, Etage *f*; **first ~** BRIT erster Stock; AM Erdgeschoss *nt*; **on the third ~** im dritten Stock ❸ *(room)* Sitzungssaal *m* ❹ *(area)* Bereich *m*; **factory ~** Fabrikhalle *f*; **on the shop ~** im Betrieb ▶ **to have/take the ~** das Wort haben/ergreifen **II.** *vt* ❶ *(cover)* room, space mit einem [Fuß]boden auslegen ❷ *(fig)* umhauen

'**floor·board** *n* Diele *f*, Boden[belag] *m* '**no pl** Boden[belag] *m* '**floor lamp** *n* AM Stehlampe *f* '**floor pol·ish** *n* no pl Bohnerwachs *nt* '**floor show** *n* Varieteevorstellung *f*

flop [flɒp] **I.** *vi* <-pp-> ❶ *(move)* sich fallen [*o* plumpsen] lassen ❷ *(fail)* ein Flop sein; performance durchfallen **II.** *n* ❶ *no pl* *(movement)* Plumps *m* ❷ *(failure)* thing Flop *m*; person Niete *f*

flop·py [ˈflɒpi] **I.** *adj* schlaff; hair [immer wieder] herabfallend; **~ ears** Schlappohren *pl*; **~ hat** Schlapphut *m* **II.** *n* COMPUT *(fam)* Floppy [Disk] *f*

flop·py 'disk *n* COMPUT Floppy Disk *f*
flo·ra [ˈflɔːrə] *n no pl* Flora *f*
flo·ral [ˈflɔːrᵊl] *adj* Blumen-
flor·id [ˈflɒrɪd] *adj* ❶ *(form: ruddy)* kräftig rot ❷ *(fig, usu pej: overornate)* überladen; style blumig; prose, rhetoric schwülstig
Flori·da [ˈflɒrɪdə] *n* Florida *nt*
flo·rist [ˈflɒrɪst] *n* Florist(in) *m(f)*; ■ **~ 's** Blumengeschäft *nt*
flo·ta·tion [fləʊˈteɪʃᵊn] *n* ❶ ECON *(of a business)* Gründung *f*; **stock-market ~** Börsengang *m* ❷ *no pl* TECH **– chamber** Schwimmkammer *f*
flo·til·la [fləʊˈtɪlə] *n + sing/pl vb* Flottille *f*
flounce [flaʊn(t)s] *vi* rauschen
floun·der[1] *<pl - or -s>* [ˈflaʊndəʳ] *n (flatfish)* Flunder *f*
floun·der[2] [ˈflaʊndəʳ] *vi* ❶ *(move with difficulty)* stolpern; *(in mud, snow)* waten; *(in water)* [herum]rudern ❷ *(fig: be in difficulty)* sich abmühen; *(be confused)* nicht weiterwissen; ■ **to be ~ing** organization auf der Kippe stehen; person ins Schwimmen kommen
flour [ˈflaʊəʳ] *n no pl* Mehl *nt*
flour·ish [ˈflʌrɪʃ] **I.** *vi* blühen; COMM blühen, florieren **II.** *vt* ■ **to ~** sth mit etw *dat* herumfuchteln, etw schwingen **III.** *n* ❶ *(movement)* schwungvolle Bewegung, *(gesture)* überschwängliche Geste; **the team produced a late ~** die Mannschaft brachte gegen Ende noch einmal Bewegung ins Spiel ❷ *(decoration)* Schnörkel *m*
flour·ish·ing [ˈflʌrɪʃɪŋ] *adj (also fig)* plants prächtig; business, market blühend, florierend
'**flour mill** *n* Getreidemühle *f*
floury [ˈflaʊəri] *adj* mehlig
flout [flaʊt] *vt* [offen] missachten
flow [fləʊ] **I.** *vi* fließen *a. fig*; air; light, warmth strömen; **many rivers ~ into the Pacific Ocean** viele Flüsse münden in den Pazifischen Ozean; **the beer was ~ing** das Bier floss in Strömen; **the conversation began to ~** die Unterhaltung kam in Gang; **her hair ~ed down over her shoulders** ihr Haar wallte über ihre Schultern **II.** *n usu sing* Fluss *m a. fig*; *(volume)* Durchflussmenge *f*; **~ of goods** Güterverkehr *m*; **~ of ideas/information** Ideen-/Informationsfluss *m*; **~ of traffic** Verkehrsfluss *m*; **~ of visitors** Besucherstrom *m*; **to stop the ~ of blood** das Blut stillen ▶ **in full ~** voll in Fahrt; **to go against/with the ~** gegen den/ mit dem Strom schwimmen
'**flow·chart** *n*, '**flow dia·gram** *n* Flussdiagramm *nt*
flow·er [ˈflaʊəʳ] **I.** *n* ❶ BOT *(plant)* Blume *f*; *(blossom)* Blüte *f*; **to be in ~** blühen ❷ *(fig)* Blüte *f* **II.** *vi* blühen *a. fig*
'**flow·er ar·range·ment** *n* Blumengesteck *nt* '**flow·er·bed** *n* Blumenbeet *nt* '**flow·er·pot** *n* Blumentopf *m*
flow·ery [ˈflaʊəri] *adj* ❶ material geblümt ❷ *(fig)* language blumig
flow·ing [ˈfləʊɪŋ] *adj* flüssig; clothing, movement fließend; hair wallend
flown [fləʊn] *vi, vt pp of* **fly**
flu [fluː] *n no pl short for* **influenza** Grippe *f*; **~ shot** [*or* **vaccination**] Grippeimpfung *f*
fluc·tu·ate [ˈflʌktʃʊeɪt] *vi* schwanken; ECON fluktuieren
fluc·tu·a·tion [ˌflʌktʃʊˈeɪʃᵊn] *n* Schwankung *f*; ECON Fluktuation *f*; **~ in temperature** Temperaturschwankung[en] *f*[*pl*]
flue [fluː] *n* Abzugsrohr *nt*; *(in chimney)* Rauchabzug *m*; *(for boiler)* Flammrohr *nt*
flu·en·cy [ˈfluːən(t)si] *n no pl* Fluss *m*; of style Flüssigkeit *f*; of articulation Gewandtheit *f*; of foreign language Beherrschung *f*
flu·ent [ˈfluːənt] *adj* foreign language fließend; style flüssig; rhetoric gewandt; movements flüssig; **to be ~ in a language** eine Sprache fließend beherrschen [*o* sprechen]
fluff [flʌf] **I.** *n no pl* ❶ *(particle)* Fussel[n] *pl* ❷ ORN, ZOOL Flaum *m* ❸ AM *(fig, pej fam: nonsense)* Blödsinn *m* **II.** *vt* *(pej fam)* verpatzen; exam verhauen
fluffy [ˈflʌfi] *adj* ❶ *(soft)* feathers flaumig; pillows flaumig weich; towels flauschig; animal

kuschelig [weich]; **~ toy** Kuscheltier *nt* ❷ (*light*) clouds aufgelockert; *food, hair* locker; *egg white* schaumig

flu·id ['flu:ɪd] **I.** *n* Flüssigkeit *f*; **bodily ~s** Körpersäfte *pl* **II.** *adj* ❶ (*liquid*) flüssig ❷ (*fig: changeable*) veränderlich

flu·id 'ounce *n* BRIT 28,41 cm³; AM 29,57 cm³

flung [flʌŋ] *pp, pt of* **fling**

flunk [flʌŋk] *vt* (*fam*) durchfallen in +*dat*

fluo·res·cence [flɔːˈresᵊn(t)s] *n no pl* Fluoreszenz *f*

fluo·res·cent [flɔːˈresᵊnt] *adj* fluoreszierend; **~ light** Neonlicht *nt*

fluo·ride ['flɔːraɪd] *n no pl* Fluorid *nt*

flur·ry ['flʌri] *n* ❶ (*swirl*) Schauer *m*; **~ of snow** Schneeschauer *m* ❷ (*excitement*) Unruhe *f*; **~ of excitement** große Aufregung

flush¹ [flʌʃ] *adj* ❶ (*flat*) eben; **~ with sth** mit etw *dat* auf gleicher Ebene ❷ (*fam: rich*) reich; **~ with cash** gut bei Kasse

flush² [flʌʃ] *n* (*in cards*) Flush *m*

flush³ [flʌʃ] *n.* *vi* (*blush*) erröten (**with** vor) ❷ (*empty*) spülen; **the toilet won't ~** die [Toiletten]spülung geht nicht **II.** *vt* spülen; **to ~ [sth down] the toilet** etw die Toilette hinunter[spülen **III.** *n* ❶ *usu sing* (*blush*) Röte *f* kein *pl* ❷ (*emptying*) Spülen *nt* kein *pl*
◆ **flush out** *vt* ❶ (*cleanse*) ausspülen ❷ (*drive out*) hinaustreiben

flushed [flʌʃt] *adj* rot im Gesicht; **~ with success** triumphierend

flus·ter ['flʌstə^r] **I.** *vt* nervös machen **II.** *n no pl* ▪ **to be/get in a ~** nervös sein/werden

flute [fluːt] *n* Flöte *f*

flut·ist ['flʊːtɪst] *n* AM Flötist(in) *m(f)*

flut·ter ['flʌtə^r] **I.** *vi* flattern **II.** *vt* flattern lassen; **the bird ~ed its wings** der Vogel schlug mit den Flügeln; **to ~ one's eyelashes/eyelids** (*hum*) mit den Wimpern/Augendeckeln klimpern *fam* **III.** *n* ❶ BRIT, AUS (*fam: bet*) kleine Wette ❷ (*flapping*) Flattern *nt* kein *pl* ❸ (*nervousness*) Aufregung *f*; **all of a ~** völlig aus dem Häuschen

flux [flʌks] *n no pl* **in a state of ~** im Fluss

fly¹ [flaɪ] *I.* *vi* <flew, flown> ❶ (*through the air*) fliegen; **we're ~ing at 9000 metres** wir fliegen in 9000 Meter Höhe; **he flew across the Atlantic** er überflog den Atlantik; **we flew from Heathrow** wir flogen von Heathrow ab ❷ (*in the air*) *flag* wehen ❸ (*speed*) sausen; **I must ~** ich muss mich sputen; **the door flew open** die Tür flog auf **II.** *vt* <flew, flown> ❶ (*pilot, transport*) fliegen ❷ (*raise*) wehen lassen; *kite* steigen lassen; **the ship was ~ing the Spanish flag** das Schiff fuhr unter spanischer Flagge ◆ **fly away** *vi* ❶ AVIAT abfliegen ❷ *bird, insect* wegfliegen ◆ **fly in** *vi, vt* einfliegen; **she's ~ing in from New York tonight** sie kommt heute Abend mit dem Flugzeug aus New York ◆ **fly off** *vi* ❶ *bird, insect, hat* wegfliegen ❷ AVIAT abfliegen; **she flew off to India** sie flog nach Indien

fly² [flaɪ] *n* Fliege *f* ▶ **the ~ in the ointment** das Haar in der Suppe; **to be a ~ on the wall** Mäuschen sein; **he wouldn't hurt a ~** er würde keiner Fliege etwas zuleide tun; **there are no flies on him** ihn legt man nicht so leicht rein

'fly-by-night *adj* (*pej fam*) zweifelhaft

fly·er *n see* **flier**

fly·ing ['flaɪɪŋ] **I.** *n no pl* Fliegen *nt*; **to be scared of ~** Angst vorm Fliegen haben **II.** *adj* fliegend; **~ boat** Flugboot *nt*; **~ fox** Flughund *m*; **~ saucer** fliegende Untertasse; **~ squad** Überfallkommando *nt* (*der Polizei*); **~ time** Flugzeit *f*; **~ visit** Stippvisite *f*

'fly·leaf *n* Vorsatzblatt *nt* **'fly·over** *n* ❶ BRIT (*bridge*) Überführung *f* ❷ AM (*flight*) Luftparade *f* **'fly·pa·per** *n* Fliegenpapier *nt* **'fly·past** *n* Luftparade *f* **'fly·sheet** *n* BRIT Überzelt *nt* **'fly·weight** *n* BOXING Fliegengewicht *nt* **'fly·wheel** *n* TECH Schwungrad *nt*

FM [ˌefˈem] *n no pl abbrev of* **frequency modulation** FM

foal [fəʊl] **I.** *n* Fohlen *nt*; ▪ **in** [*or* **with**] **~** trächtig **II.** *vi* fohlen

foam [fəʊm] **I.** *n no pl* ❶ (*bubbles*) Schaum *m* ❷ (*plastic*) Schaumstoff *m* **II.** *vi* schäumen ▶ **to be ~ing at the mouth** vor Wut schäumen

foam 'rub·ber *n no pl* Schaumgummi *m*

fob [fɒb] **I.** *n* ❶ (*for watch*) Uhrkette *f* ❷ (*for keys*) Schlüsselanhänger *m* **II.** *vt* <-bb-> ▪ **to ~ sb off with sth** jdn mit etw *dat* abspeisen; ▪ **to ~ sth off on sb** jdm etw andrehen

fo·cal ['fəʊkᵊl] *adj* im Brennpunkt stehend

fo·cus <*pl* -es *or form* -ci> ['fəʊkəs, *pl* -saɪ] **I.** *n* ❶ (*centre*) Mittelpunkt *m*, Brennpunkt *m*; **to be the ~ of attention** im Mittelpunkt stehen ❷ PHOT *of a lens* Fokus *m*; **in/out of ~** scharf/nicht scharf eingestellt **II.** *vi* <-s- *or* -ss-> ❶ (*concentrate*) sich konzentrieren ([up]on auf) ❷ PHYS fokussieren (**on** auf) **III.** *vt* <-s- *or* -ss-> ❶ (*concentrate*) konzentrieren (**on** auf) ❷ (*direct*) *camera, telescope* scharf einstellen (**on** auf); *eyes* richten (**on** auf)

fod·der ['fɒdə^r] *n no pl* Futter *nt*; **~ crop** Futterpflanze *f*

foe [fəʊ] *n* (*liter*) Feind *m*

foe·tal ['fiːtᵊl] *adj* fetal

foe·tus ['fiːtəs] *n* Fetus *m*

fog [fɒg] *n* Nebel *m*

'fog·bound *adj* *airport* wegen Nebels ge-

schlossen; *plane* durch Nebel festgehalten
fo·gey ['fəʊgi] *n* (*fam*) Mensch *m* mit verstaubten Ansichten
fog·gy ['fɒgi] *adj* neblig ▸ **to not have the foggiest [idea]** keine blasse Ahnung haben
'fog·horn *n* Nebelhorn *nt;* **a voice like a ~** eine dröhnende Stimme ◾ **'fog lamp** *n*, **'fog light** *n* Nebelscheinwerfer *m*
fogy *n see* **fogey**
foi·ble ['fɔɪbl] *n usu pl* Eigenart *f kein pl*
foil[1] [fɔɪl] *n* ❶ (*sheet*) Folie *f* ❷ (*contrast*) Gegenstück *nt* ❸ (*sword*) Florett *nt*
foil[2] [fɔɪl] *vt* ❶ **to ~ sth** etw verhindern; *coup* vereiteln; *plan* durchkreuzen; ◾ **to ~ sb** jds Vorhaben vereiteln; **~ed again!** (*hum*) wieder mal alles umsonst!
foist [fɔɪst] *vt* ❶ **to ~ sth [up|on sb** jdm etw aufzwingen
fold [fəʊld] **I.** *n* ❶ (*crease*) Falte *f* ❷ (*fig: home*) Zuhause *nt;* **to return to the ~** nach Hause zurückkehren **II.** *vt* ❶ (*bend*) falten (**into** zu); *letter* zusammenfalten; *umbrella* zusammenklappen; *arms, hands* verschränken ❷ (*wrap*) einwickeln ❸ FOOD (*mix*) heben (**into** unter) **III.** *vi* ❶ (*bend*) zusammenklappen; **the chairs ~ flat** die Stühle lassen sich flach zusammenklappen ❷ (*fail*) eingehen *fam* ◆ **fold up I.** *vt* zusammenfalten **II.** *vi* sich zusammenfalten lassen
fold·er ['fəʊldəʳ] *n* ❶ (*holder*) Mappe *f*, Ordner *m* ❷ COMPUT Ordner *m*
fold·ing ['fəʊldɪŋ] *adj* **~ bed** Klappbett *nt;* **~ door** Falttür *f*
fo·li·age ['fəʊliɪdʒ] *n no pl* Laub *nt*
folk [fəʊk] **I.** *n* ❶ (*people*) Leute *pl* ❷ (*music*) Folk *m* **II.** *adj* ❶ (*traditional*) Volks- ❷ (*connected with folk music*) Folk-
'folk dance *n* Volkstanz *m* **'folk·lore** *n no pl* Folklore *f* **'folk mu·sic** *n no pl* Folk *m* **'folk song** *n* Volkslied *nt* **'folk tale** *n* Volkssage *f*
fol·low ['fɒləʊ] **I.** *vt* ❶ (*take same route as*) folgen +*dat* ❷ (*pursue*) verfolgen ❸ (*happen next*) ◾ **to ~ sth** auf etw *akk* folgen ❹ (*succeed*) ◾ **to ~ sb** jdm nachfolgen ❺ (*imitate*) ◾ **to ~ sb** es jdm gleichtun; ◾ **to ~ sth** etw nachmachen; **~ that!** mach mir das erst mal nach! ❻ (*obey*) befolgen; (*go along with*) folgen +*dat;* *guidelines* sich halten an +*akk; conscience* gehorchen +*dat* ❼ (*support*) ◾ **to ~ a team** Anhänger(in) *m(f)* einer Mannschaft sein ❽ (*understand*) folgen +*dat* ❾ (*have an interest in*) verfolgen **II.** *vi* ❶ (*take the same route, happen next*) folgen; **letter to ~** Brief folgt; **in the hours that ~ed ...** in den darauf folgenden Stunden ... ❷ (*result*) sich ergeben (**from** aus); (*be the consequence*) die Folge sein ◆ **follow on** *vi*
❶ *person* nachkommen ❷ *fact* sich [aus etw *dat*] ergeben ◆ **follow through I.** *vt* zu Ende verfolgen **II.** *vi* SPORTS durchschwingen ◆ **follow up I.** *vt* ❶ (*investigate*) weiterverfolgen; *rumour* nachgehen +*dat* ❷ (*do next*) ◾ **to ~ up ◯ sth by** [*or* **with**] **sth** etw *dat* etw folgen lassen ❸ MED nachuntersuchen **II.** *vi* ◾ **to ~ up with sth** etw folgen lassen
fol·low·er ['fɒləʊəʳ] *n* Anhänger(in) *m(f)*
fol·low·ing ['fɒləʊɪŋ] **I.** *adj* folgende(r, s); **we didn't arrive until the ~ day** wir kamen erst am nächsten Tag an **II.** *n* ❶ + *pl vb* (*listed*) ◾ **the ~ persons** folgende Personen; *objects* Folgendes ❷ *usu sing,* + *sing/pl vb* (*fans*) Anhänger *pl* **III.** *prep* nach
'fol·low-up I. *n* Fortsetzung *f* (**to** von) **II.** *adj visit, interviews* Folge-; **~ treatment** Nachbehandlung *f*
fol·ly ['fɒli] *n* ❶ (*stupidity*) Dummheit *f* ❷ BRIT (*building*) [verschwenderischer] Prachtbau
fond [fɒnd] *adj hope* kühn; *memories* lieb; *smile* liebevoll; ◾ **to be ~ of sb/sth** jdn/etw gerne mögen; ◾ **to be ~ of doing sth** etw gerne machen
fon·dle ['fɒndl] *vt* streicheln
fond·ness ['fɒndnəs] *n no pl* Vorliebe *f*
font [fɒnt] *n* ❶ (*basin*) Taufbecken *nt* ❷ (*type*) Schriftart *f*
food [fuːd] *n no pl* (*nutrition*) Essen *nt*, Nahrung *f;* **baby ~** Babynahrung *f;* **cat ~** Katzenfutter *nt;* **to be off one's ~** keinen Appetit haben ❷ (*foodstuff*) Nahrungsmittel *pl* ▸ **~ for thought** Stoff *m* zum Nachdenken
'food chain *n* Nahrungskette *f* **food in·'tol·er·ance** *n* Lebensmittelunverträglichkeit *f* **'food poi·son·ing** *n no pl* Lebensmittelvergiftung *f* **'food pro·ces·sor** *n* Küchenmaschine *f* **'food sci·en·tist** *n* Lebensmittelwissenschaftler(in) *m(f)* **'food·stuff** *n* Nahrungsmittel *pl*
fool [fuːl] **I.** *n* ❶ (*idiot*) Dummkopf *m;* **to play the ~** herumalbern; **to make a ~ of sb/oneself** jdn/sich lächerlich machen; **to be nobody's ~** nicht blöd sein; **he's no ~** er ist nicht blöd ❷ (*jester*) [Hof]narr *m* ❸ (*dessert*) *cremiges Fruchtdessert* ▸ **~s rush in where angels fear to tread** (*prov*) blinder Eifer schadet nur; **a ~ and his money are soon parted** (*prov*) Dummheit und Geld lassen sich nicht vereinen; **there's no ~ like an old ~** (*prov*) Alter schützt vor Torheit nicht; **more ~ you** BRIT selber schuld **II.** *adj* AM blöd **III.** *vt* täuschen; **we weren't ~ed by his promises** wir sind auf seine Versprechungen nicht hereingefallen; ◾ **to ~ sb into doing sth** jdn [durch einen Trick] dazu bringen, etw zu tun ▸ **you could have ~ed me**

das kannst du mir nicht weismachen **IV.** *vi* einen Scherz machen ◆**fool about, fool around** *vi* ❶ (*carelessly*) herumspielen ❷ (*amusingly*) herumblödeln ❸ *esp* AM (*sexually*) ■ **to ~ around with sb** es mit jdm treiben

fool·hardy ['fuːlˌhɑːdi] *adj* verwegen; *attempt* tollkühn **fool·ish** ['fuːlɪʃ] *adj* töricht; **she was afraid that she would look ~** sie hatte Angst, sich zu blamieren **'fool·proof** *adj* idiotensicher

fools·cap ['fuːlzkæp] *n no pl* britisches Papierformat (330 x 200 mm)

foot [fʊt] **I.** *n* <*pl* feet> [*pl* fiːt] ❶ (*limb*) Fuß *m*; **what size are your feet?** welche Schuhgröße haben Sie?; **to be [back/quick] on one's feet** [wieder/schnell] auf den Beinen sein; **he can barely put one ~ in front of the other** er hat Schwierigkeiten beim Laufen; **to leap to one's feet** aufspringen; **to put one's feet up** die Füße hochlegen; **to set ~ in sth** einen Fuß in etw *akk* setzen; **at sb's feet** zu jds Füßen; **on ~** zu Fuß ❷ <*pl* foot *or* feet> (*length*) Fuß *m* (= 0,348 m) ❸ <*pl* feet> (*base*) Fuß *m*; **at the ~ of the bed** am Fußende des Betts; **at the ~ of the page** am Seitenende ❹ <*pl* feet> LIT Versfuß *m* ▸ **to have a ~ in both camps** auf beiden Seiten beteiligt sein; **to have one ~ in the grave** mit einem Bein im Grab stehen; **to have both feet on the ground** mit beiden Beinen fest auf der Erde stehen; **to have the world at one's feet** die Welt in seiner Macht haben; **to put one's best ~ forward** sich anstrengen; **to get off on the right/wrong foot** einen guten/schlechten Start haben; **to never put a ~ wrong** nie einen Fehler machen; **to drag one's feet** herumtrödeln; **to land on one's feet** Glück haben; **to put one's ~ down** (*insist*) ein Machtwort sprechen; BRIT (*accelerate*) Gas geben; **to put one's ~ in it** [*or* **one's mouth**] ins Fettnäpfchen treten; **to rush sb off his/her feet** jdn beschäftigen; **to think on one's feet** eine schnelle Entscheidung treffen; **to be under sb's feet** zwischen jds Füßen herumlaufen; **my ~** so ein Quatsch! **II.** *vt* (*fam*) *bill* bezahlen

foot·age ['fʊtɪdʒ] *n no pl* Filmmaterial *nt*

foot-and-'mouth dis·ease *n* Maul- und Klauenseuche *f*

foot·ball ['fʊtbɔːl] *n* ❶ *no pl* (*soccer*) Fußball *m* ❷ *no pl* AM (*American football*) Football *m* ❸ (*ball*) Fußball *m*; (*American football*) Football *m*

'foot·ball hoo·li·gan *n* Fußballrowdy *m*
'foot·board *n* Trittbrett *nt*
'foot·bridge *n* Fußgängerbrücke *f*

foot·er ['fʊtər] *n* TYPO Fußzeile *f*
'foot·hills *npl* Vorgebirge *nt* **'foot·hold** *n* Halt *m* [für die Füße] ▸ **to gain a ~** Fuß fassen **foot·ing** ['fʊtɪŋ] *n no pl* ❶ (*foothold*) Halt *m* ❷ (*basis*) **on an equal ~** auf gleicher Basis; **on a war ~** im Kriegszustand **'foot·lights** *npl* Rampenlicht *nt* **'foot·loose** *adj* ungebunden **'foot·man** *n* Lakai *m* **'foot·note** *n* Fußnote *f* **'foot·path** *n* Fußweg *m* **'foot·print** *n* Fußabdruck *m* **'foot·rest** *n* Fußstütze *f* **'foot·step** *n* Schritt *m* ▸ **to follow in sb's ~** in jds Fußstapfen treten **'foot·stool** *n* Fußbank *f*, Schemel *m* SÜDD, ÖSTERR **'foot·wear** *n no pl* Schuhe *pl* **'foot·work** *n no pl* Beinarbeit *f*

for [fɔːʳ, fəʳ] **I.** *conj* denn **II.** *prep* ❶ für; **that's too strong ~ me** das ist mir zu stark; **luckily ~ me** zu meinem Glück; **say hi ~ me** grüß ihn/sie von mir; **follow the signs ~ the town centre** folgen Sie den Schildern in die Innenstadt; **what's the Spanish ~ 'vegetarian'?** was heißt ‚Vegetarier' auf Spanisch?; **how are you doing ~ money?** wie sieht es bei dir mit dem Geld aus?; **it's not ~ me to tell her what to do** es ist nicht meine Aufgabe, ihr vorzuschreiben, was sie tun soll; **I ~ one ...** ich für meinen Teil ...; **that's children ~ you!** so sind Kinder eben!; **there's gratitude ~ you!** und so was nennt sich Dankbarkeit!; **demand ~ money** Bedarf *m* an Geld; **to have a need ~ sth** etw brauchen; **a cheque ~ £100** ein Scheck über 100 Pfund; **for rent/sale** zu vermieten/verkaufen; **to make it easy ~ sb** es jdm einfach machen; **to apply ~ a job** sich um eine Stelle bewerben; **to ask ~ sth** um etw *akk* bitten; **to be [all] ~ sth** [ganz] für etw *akk* sein; **to be** [*or* **stand**] **~ sth** für etw *akk* stehen; **to be concerned ~ sb/sth** um jdn/etw besorgt sein; **to feel ~ sb** mit jdm fühlen; **I feel sorry ~ her** sie tut mir leid; **to go ~ sb** auf jdn losgehen; **to head ~ home** auf dem Heimweg sein; (*start off*) sich auf den Heimweg machen; **to look ~ a way to do sth** nach einer Möglichkeit suchen, etw zu tun; **to prepare ~ sth** sich auf etw *akk* vorbereiten; **to run ~ the bus** laufen, um den Bus zu kriegen; **to send ~ the doctor** den Arzt holen; **to trade sth ~ sth** etw gegen etw *akk* [ein]tauschen; **to wait ~ sb/sth** auf jdn/etw warten; **to wait ~ sb to do sth** darauf warten, dass jd etw tut; **to work ~ sb/sth** bei jdm/etw arbeiten; **~ all I know** möglicherweise; **as ~ me** was mich betrifft; **to do sth ~ nothing** etw umsonst machen ❷ (*with time, distance*) **he was jailed ~ twelve years** er musste für zwölf Jahre ins Gefängnis; **my father has been smoking ~ 10**

forbidding something

forbidding	verbieten
You're not allowed to watch TV today.	Du darfst heute nicht fernsehen.
That's (completely) out of the question.	Das kommt gar nicht in Frage.
Hands off/Don't go near my computer!	Finger weg von meinem Computer!
Keep out of/Don't touch my diary!	Lass die Finger von meinem Tagebuch!
I can't allow that.	Das kann ich nicht zulassen.
Don't you dare use that tone (of voice) with me!	Ich verbiete mir diesen Ton!
Please refrain from smoking. (*form*)	Bitte unterlassen Sie das (Rauchen). (*form*)

years mein Vater raucht seit 10 Jahren; **~ the next two days** in den beiden nächsten Tagen; **~ a bit/while** ein bisschen/eine Weile; **I'm just going out ~ a bit** ich gehe mal kurz raus; **~ Christmas** zu Weihnachten; **~ dinner** zum Abendessen; **~ eternity** [*or* **ever**] bis in alle Ewigkeit; **to practise ~ half an hour** eine halbe Stunde üben; **~ the moment** im Augenblick; **~ a time** eine Zeit lang; **~ the time being** für den Augenblick; **~ the first time** zum ersten Mal; **~ the second time running** zweimal hintereinander; **~ a long time** seit langem; **I hadn't seen him ~ such a long time** ich hatte ihn schon so lange nicht mehr gesehen; **~ some time** seit längerem; **~ a kilometre** einen Kilometer ❸ (*purpose*) **what's that ~?** wofür ist das?; **what did you do that ~?** wozu hast du das getan?; **what do you use these ~?** wozu brauchst du diese?; **that's useful ~ removing rust** damit kann man gut Rost entfernen; **that's not ~ eating** das ist nicht zum Essen; **~ your information** zu Ihrer Information ❹ (*reason*) **he apologized ~ being late** er entschuldigte sich wegen seiner Verspätung; **all the better ~ seeing you!** jetzt wo ich dich sehe, gleich noch viel besser!; **if it hadn't been ~ him, ...** ohne ihn ...; **he's only in it ~ the money** er tut es nur wegen des Geldes; **not ~ a million dollars** um nichts in der Welt; **~ fear of** aus Angst vor +*dat*; **~ lack of** aus Mangel an +*dat*; **to be arrested ~ murder** wegen Mordes verhaftet werden; **~ various reasons** aus verschiedenen Gründen ❺ (*despite*) trotz; **~ all his effort** trotz all seiner Anstrengungen; **~ all that** trotz alledem ▸ **to be [in] ~ it** dran sein
for·bade [fəˈbæd] *pt of* **forbid**
for·bid <-dd-, forbade, forbidden> [fəˈbɪd]

vt ▪ **to ~ sb sth** jdm etw verbieten; ▪ **to ~ sb from doing** [*or to do*] **sth** jdm verbieten, etw zu tun ▸ **God** [*or* **heaven**] **~** [**that ...**] Gott behüte mich [davor, dass ..]
for·bid·den [fəˈbɪdᵊn] I. *adj* verboten II. *pp of* forbid **for·bid·ding** [fəˈbɪdɪŋ] *adj* abschreckend

force [fɔːs] I. *n* ❶ *no pl* (*power*) Kraft *f*; (*intensity*) Stärke *f*; **of a blow** Wucht *f*; **from ~ of habit** aus reiner Gewohnheit ❷ *no pl* (*violence*) Gewalt *f*; **by ~** mit Gewalt; **the ~s of evil** die Mächte *pl* des Bösen; **the ~s of nature** die Naturgewalten *pl*; **to be in/come into ~** in Kraft sein/treten ❸ (*group*) Truppe *f*; **police ~** Polizei *f*; **Air F~** Luftwaffe *f*; **labour ~** Arbeitskräfte *pl*; **armed ~s** Streitkräfte *pl* ▸ **to join ~s** zusammenhelfen; **by sheer ~ of numbers** aufgrund zahlenmäßiger Überlegenheit II. *vt* (*compel*) zwingen; *confession* erzwingen; *door, lock* aufbrechen; **to ~ an entry** sich mit Gewalt Zutritt verschaffen; **to ~ a smile** gezwungen lächeln; **to ~ one's way** sich *dat* seinen Weg bahnen; ▪ **to ~ sth on sb** jdm etw aufzwingen; ▪ **to ~ sth into sth** etw in etw *akk* [hinein]zwängen ◆ **force back** *vt* ❶ (*repel*) zurückdrängen; (*fig*) *tears* unterdrücken ❷ (*push back*) zurückdrücken ◆ **force down** *vt* ❶ *plane* zur Landung zwingen ❷ *food* hinunterwürgen ❸ (*push*) nach unten drücken ◆ **force open** *vt* mit Gewalt öffnen; *door, window* aufbrechen ◆ **force upon** *vt* ▪ **to ~ sth upon sb** jdm etw aufzwingen

forced [fɔːst] *adj* ❶ (*imposed*) erzwungen; **~ labour** Zwangsarbeit *f*; **~ landing** Notlandung; **~ march** Gewaltmarsch *m* ❷ *smile* gezwungen
ˈforced mar·riage *n* Zwangsehe *f*

'force-feed vt zwangsernähren
force·ful ['fɔ:sfəl] adj attack kraftvoll; personality stark
for·ceps ['fɔ:seps] npl [a pair of] ~ [eine] Zange; ~ **delivery** Zangengeburt f
for·ci·ble ['fɔ:səbl] adj gewaltsam
for·ci·bly ['fɔ:səbli] adv gewaltsam
ford [fɔ:d] **I.** n Furt f **II.** vt durchqueren; (on foot) durchwaten
fore [fɔ:ʳ] **I.** adj vordere(r, s) **II.** n no pl Vordergrund m; of ship Bug m; ■ **to be/come to the ~** im Vordergrund stehen/in den Vordergrund treten **III.** interj (golfer's warning) Achtung!
fore·arm[1] ['fɔ:rɑ:m] n Unterarm m
fore·arm[2] ['fɔ:rɑ:m] vt ■ **to ~ oneself** sich wappnen **fore·bears** ['fɔ:ʳbeəʳs] npl (form) Vorfahren pl **fore·bod·ing** ['fɔ:ʳbəʊdɪŋ] n (liter) [düstere] Vorahnung **fore·cast** ['fɔ:ʳkɑ:st] **I.** n ❶(prediction) Prognose f ❷ of weather [Wetter]vorhersage f **II.** vt <-cast or -casted, -cast or -casted> METEO vorhersagen; ECON prognostizieren; ■ **to ~ that/what/who ...** prophezeien, dass/was/wer ... **fore·cast·er** ['fɔ:ʳkɑ:stəʳ] n ECON Prognostiker(in) m(f); [weather] ~ Meteorologe, Meteorologin m, f
'fore·court n ❶(of building) Vorhof m ❷(in tennis) Halfcourt m
'fore·fa·thers npl (liter) Vorfahren pl **'fore·fin·ger** n Zeigefinger m **'fore·front** n ■ **at the ~** an der Spitze
fore·go <-went, -gone> vt see forgo
fore·go·ing [fɔ:ʳˈgəʊɪŋ] adj (form) vorhergehend
fore·gone con·ˈclu·sion n ausgemachte Sache
'fore·ground n Vordergrund m **'fore·hand** n Vorhand f; **on the ~** mit der Vorhand **fore·head** ['fɒrɪd] n Stirn f
for·eign ['fɒrɪn] adj ❶(from another country) ausländisch, fremd; ~ **countries** Ausland nt kein pl; ~ **currency** Fremdwährung f; ❷(involving other countries) ~ **policy** Außenpolitik f; ~ **travel** Auslandsreise f ❸(not belonging) fremd; ~ **body** Fremdkörper m
for·eign ˈaffairs npl Außenpolitik f kein pl **for·eign corˈreˈspondˈent** n Auslandskorrespondent(in) m(f) **for·eign·er** ['fɒrɪnəʳ] n Ausländer(in) m(f) **for·eign exˈchange** n no pl Devisen pl **for·eign ˈminˈisˈter** n Außenminister(in) m(f) **'Forˈeign Ofˈfice** n no pl BRIT Außenministerium nt **Forˈeign ˈSecˈreˈtary** n BRIT Außenminister(in) m(f)
'foreˈman n ❶(workman) Vorarbeiter m ❷ LAW Sprecher m (der Geschworenen)

'foreˈmost ['fɔ:məʊst] adj führend; **first and ~** zuallererst
fo·renˈsic [fəˈren(t)sɪk] adj forensisch
'foreˈplay n no pl Vorspiel nt **'foreˈrunˈner** n ❶(predecessor) Vorläufer(in) m(f) ❷(sign) Vorzeichen nt **'foreˈsail** n Focksegel nt **foreˈsee** <-saw, -seen> [fɔ:ˈsi:] vt vorhersehen **foreˈseeˈable** [fɔ:ˈsi:əbl] adj absehbar; **in the ~ future** in absehbarer Zeit
foreˈˈshadˈow vt <-ed angedeutet werden (by durch) **'foreˈsight** n no pl Weitblick m; ■ **to have the ~ to do sth** so vorausschauend sein, etw zu tun **'foreˈskin** n Vorhaut f
forˈest ['fɒrɪst] n Wald m a. fig; **the Black F~** der Schwarzwald
foreˈstall [fɔ:ˈstɔ:l] vt zuvorkommen +dat
forˈestˈer ['fɒrɪstəʳ] n Förster(in) m(f) **forˈest ˈfire** n Waldbrand m **forˈest ˈrangˈer** n AM Förster(in) m(f) **forˈestˈry** ['fɒrɪstri] n no pl Forstwirtschaft f
foreˈtaste ['fɔ:teɪst] n usu sing Vorgeschmack m **foreˈtell** <-told, -told> [fɔ:ˈtel] vt vorhersagen
forˈever [fəˈrevəʳ] adv ❶(for all time) ewig a. fig ❷(fam: continually) ständig; ■ **to be ~ doing sth** etw ständig machen
foreˈwarn [fɔ:ˈwɔ:n] vt vorwarnen ▸ **~ed is forearmed** (prov) bist du gewarnt, bist du gewappnet **'foreˈword** n Vorwort nt
forˈfeit ['fɔ:fɪt] **I.** vt einbüßen; **right** verwirken **II.** n ❶(in a game) Pfand nt ❷ LAW Strafe f **III.** adj (form) **be ~** verfallen
forˈgave [fəˈgeɪv] n pt of forgive
forge [fɔ:dʒ] **I.** n ❶(furnace) Glühofen m ❷(smithy) Schmiede f **II.** vt ❶(copy) fälschen ❷(heat and shape) schmieden ❸(fig) mühsam schaffen **III.** vi **to ~ into the lead** die Führung übernehmen ◆ **forge ahead** vi ❶(progress) [rasch] Fortschritte machen ❷(take lead) die Führung übernehmen
forgˈer ['fɔ:dʒəʳ] n Fälscher(in) m(f)
forgˈery ['fɔ:dʒəri] n ❶(copy) Fälschung f ❷ no pl (crime) Fälschen nt
forˈget <-got, -gotten or AM also -got> [fəˈget] vt, vi vergessen; **some things are best forgotten** manche Dinge vergisst man besser; **and don't you ~ it!** lass dir das gesagt sein!; ■ **to ~ oneself** sich vergessen; **to ~ the past** die Vergangenheit ruhen lassen; ■ **to ~ about sb/sth** jdn/etw vergessen; ■ **to ~ about doing sth** sich dat etw aus dem Kopf schlagen; **not ~ting** nicht zu vergessen
forˈgetˈful [fəˈgetfəl] adj vergesslich
forˈgetˈmeˈnot n BOT Vergissmeinnicht nt
forˈgive <-gave, -given> [fəˈgɪv] vt ■ **to ~ sb [for] sth** jdm etw verzeihen; sin jdm etw vergeben; **~ me, but ...** Entschuldigung, aber

forgiven–forthcoming

...; ■to ~ sb for doing sth jdm verzeihen, dass er/sie etw getan hat; **please ~ me for asking** verzeihen Sie bitte, dass ich frage; **to ~ and forget** vergeben und vergessen

for·giv·en [fəˈɡɪvᵊn] *pp of* forgive

for·give·ness [fəˈɡɪvnəs] *n no pl* ❶ (*pardon*) Vergebung *f* ❷ (*forgiving quality*) Versöhnlichkeit *f*

for·giv·ing [fəˈɡɪvɪŋ] *adj* versöhnlich

for·go <-went, -gone> [fɔːˈɡəʊ] *vt* ■to ~ sth auf etw *akk* verzichten

for·got [fəˈɡɒt] *pt of* forget

for·got·ten [fəˈɡɒtᵊn] **I.** *pp of* forget **II.** *adj* vergessen

fork [fɔːk] **I.** *n* ❶ (*tool*) Gabel *f* ❷ (*division*) Gabelung *f*; *of tree* Astgabel *f*; **take the left ~** nehmen Sie die linke Abzweigung ❸ *of bicycle* ■~s *pl* [Rad]gabel *f* **II.** *vi* ❶ (*divide*) sich gabeln ❷ (*go*) **to ~ left** nach links abzweigen

forked [fɔːkt] *adj* gegabelt; *tongue* gespalten; **~ lightning** Linienblitz *m*

ˈfork-lift *n*, **fork-lift ˈtruck** *n* Gabelstapler *m*

for·lorn [fəˈlɔːn] *adj person* einsam; *place* verlassen; *hope* schwach

form [fɔːm] **I.** *n* ❶ (*type, variety*) Form *f*, Art *f*; *of a disease* Erscheinungsbild *nt*; **art ~** Kunstform *f*; **~ of exercise** Sportart *f*; **~ of government** Regierungsform *f*; **life ~** Lebensform *f*; **~ of transport** Transportart *f*; **~s of worship** Formen *pl* der Gottesverehrung ❷ *no pl* (*particular way*) Form *f*, Gestalt *f*; **support in the ~ of money** Unterstützung in Form von Geld; **the training programme takes the ~ of a series of workshops** die Schulung wird in Form einer Serie von Workshops abgehalten; **in any [shape or] ~** in jeglicher Form; **in some ~ or other** auf die eine oder andere Art ❸ (*document*) Formular *nt*, Bewerbungsbogen *m*; **entry ~** Anmeldeformular *nt*; **order ~** Bestellschein *m*; **printed ~** Vordruck *m* ❹ (*shape*) Form *f*, *of a person* Gestalt *f* ❺ *no pl* ART, LIT, MUS Form *f* ❻ *no pl* (*physical/mental condition*) Form *f*, Kondition *f*; **to be in good ~** [gut] in Form sein; **to be out of ~** nicht in Form sein ❼ *no pl* (*past performance*) Form *f*; **true to ~** wie zu erwarten ❽ *no pl* BRIT (*procedure*) Formsache *f*; **a matter of ~** eine Formsache; **for ~['s sake]** aus Formgründen ❾ BRIT SCH (*class*) Klasse *f*; (*year group*) Jahrgangsstufe *f* ❿ LING Form *f* ⓫ *no pl* BRIT (*sl: criminal record*) **to have ~** vorbestraft sein **II.** *vt* ❶ (*shape*) formen *a. fig* (**into** zu); GEOG **to be ~ed from** entstehen aus +*dat* ❷ (*arrange, constitute*) bilden; **they ~ed themselves into three lines** sie stellten sich in drei Reihen auf ❸ (*set up*) gründen; *committee, government* bilden; *friendships* schließen; *relationship* eingehen; **to ~ an alliance with sb** sich mit jdm verbünden; **to ~ an opinion about sth** sich *dat* eine Meinung über etw *akk* bilden ❹ LING bilden **III.** *vi* sich bilden; *idea* Gestalt annehmen; ■**to ~ into sth** sich zu etw *dat* formen ◆**form up** *vi* sich formieren; ■**to ~ up in sth** sich zu etw *dat* formieren

for·mal [ˈfɔːmᵊl] *adj* ❶ (*ceremonious*) formell; **~ dress** Gesellschaftskleidung *f* ❷ (*serious*) förmlich ❸ (*official*) offiziell; *education* ordentlich ❹ *garden* sorgfältig angelegt ❺ (*nominal*) formal

for·mal·ity [fɔːˈmæləti] *n no pl* (*ceremoniousness*) Förmlichkeit *f* ❷ (*for form's sake*) Formalität *f*; **to be [just] a ~** [eine] reine Formsache sein **for·mal·ize** [ˈfɔːməlaɪz] *vt* ❶ (*make official*) *agreement* formell bekräftigen ❷ (*give shape to*) *thoughts* ordnen **for·mal·ly** [ˈfɔːməli] *adv* ❶ (*ceremoniously*) formell ❷ (*officially*) offiziell ❸ (*for form's sake*) formal

for·mat [ˈfɔːmæt] **I.** *n* Format *nt* **II.** *vt* <-tt-> formatieren

for·ma·tion [fɔːˈmeɪʃᵊn] *n no pl* (*creation*) Bildung *f* ❷ GEOL, MIL Formation *f*

for·ma·tive [ˈfɔːmətɪv] *adj* prägend

ˈfor·mat·ting *n* COMPUT Formatierung *f*

for·mer [ˈfɔːmə⁽ʳ⁾] **I.** *adj* ❶ (*previous*) ehemalig, früher ❷ (*first of two*) erstere(r, s) **II.** *n* ■**the ~** der/die/das Erstere

for·mer·ly [ˈfɔːməli] *adv* früher

for·mi·dable [ˈfɔːmɪdəbl] *adj* ❶ (*difficult*) schwierig; (*tremendous*) kolossal; *obstacle* ernstlich; *person* Furcht erregend ❷ (*powerful*) eindrucksvoll

for·mu·la <*pl* -s *or* -e> [ˈfɔːmjələ, *pl* -liː] *n* ❶ MATH Formel *f* ❷ (*plan*) **~ for success** Erfolgsrezept *nt* ❸ FOOD Babymilchpulver *nt*

for·mu·late [ˈfɔːmjəleɪt] *vt* ❶ (*draw up*) ausarbeiten; *law* formulieren; *theory* entwickeln ❷ (*articulate*) formulieren

for·mu·la·tion [ˌfɔːmjəˈleɪʃᵊn] *n* ❶ *no pl* (*drawing up*) Entwicklung *f*; *of law* Fassung *f* ❷ (*articulation*) Formulierung *f*

fort [fɔːt] *n* Fort *nt* ▶ **to hold the ~** die Stellung halten

forte [ˈfɔːteɪ] **I.** *n usu sing* Stärke *f* **II.** *adv* MUS forte

forth [fɔːθ] *adv* **back and ~** vor und zurück; **to pace back and ~** auf und ab gehen; **to set ~** ausziehen; **from that day ~** von jenem Tag an ▶ **[and so on] and so ~** und so weiter [und so fort]

forth·com·ing [ˌfɔːθˈkʌmɪŋ] *adj* ❶ (*planned*) bevorstehend ❷ (*coming out soon*) in Kürze erscheinend; *film* in Kürze anlaufend ❸ (*made available*) verfügbar; **to be ~** *money* zur Verfügung gestellt werden; *reply* erfolgen ❹ (*informative*) mitteilsam

forth·right ['fɔːθraɪt] *adj* direkt **forth·with** [ˌfɔːθ'wɪθ] *adv* (*form*) unverzüglich

for·ti·eth ['fɔːtɪəθ] **I.** *adj* vierzigste(r, s); *see also* **eighth II.** *n* ❶ (*order*) ■ **the ~** der/die/das Vierzigste; *see also* **eighth** ❷ (*fraction*) Vierzigstel *nt*; *see also* **eighth**

for·ti·fi·ca·tion [ˌfɔːtɪfɪ'keɪʃən] *n* ❶ *no pl* (*reinforcing*) Befestigung *f* ❷ (*reinforcement*) ■ **~s** *pl* Befestigungsanlagen *pl*

for·ti·fy <-ie-> ['fɔːtɪfaɪ] *vt* ❶ MIL befestigen ❷ (*strengthen*) ■ **to ~ oneself** sich stärken ❸ FOOD anreichern

for·ti·tude ['fɔːtɪtjuːd] *n no pl* (*form*) [innere] Stärke

fort·night ['fɔːtnaɪt] *n* BRIT, AUS zwei Wochen, vierzehn Tage; **a ~'s holiday** ein zweiwöchiger [*o* vierzehntägiger] Urlaub; **a ~ on Monday** Montag in zwei Wochen [*o* vierzehn Tagen]; **in a ~['s time]** in zwei Wochen

fort·night·ly ['fɔːtnaɪtli] **I.** *adj* vierzehntägig **II.** *adv* alle zwei Wochen

for·tress <*pl* -es> ['fɔːtrəs] *n* Festung *f*

for·tu·itous [fɔː'tjuːɪtəs] *adj* (*form*) zufällig

for·tu·nate [fɔː'tʃʊnət] *adj* glücklich; **to be ~** Glück haben; ■ **it is ~ [for sb] that ...** es ist [jds] Glück, dass ...

for·tu·nate·ly [fɔː'tʃʊnətli] *adv* zum Glück; **~ for him** zu seinem Glück

for·tune ['fɔːtʃuːn] *n* ❶ (*money*) Vermögen *nt* ❷ *no pl* (*fate*) Schicksal *nt*; **a stroke of good ~** ein Glücksfall *m*; **good ~** Glück *nt*; **ill ~** Pech *nt*; **to tell sb's ~** jds Schicksal vorhersagen; **to seek one's ~** sein Glück suchen; **~ seems to be smiling on him** Fortuna scheint ihm gewogen zu sein; **the ~s of war** die Wechselfälle des Krieges ▶ **~ favours the brave** (*prov*) das Glück ist mit den Tüchtigen

'for·tune hunt·er *n* (*pej*) Mitgiftjäger *m*
'for·tune tell·er *n* Wahrsager(in) *m(f)*

for·ty ['fɔːti] **I.** *adj* vierzig; *see also* **eight II.** *n* Vierzig *f*; *see also* **eight**

fo·rum ['fɔːrəm] *n* Forum *nt*

for·ward ['fɔːwəd] **I.** *adv* (*towards front*) nach vorn[e]; (*onwards*) vorwärts; **to lean ~** sich vorlehnen; **to be [no] further ~** (*fig*) [nicht] weiter sein; ■ **to be ~ of sth** vor etw *dat* liegen; **from that day ~** von jenem Tag an **II.** *adj* ❶ (*towards front*) Vorwärts-; **~ pass** SPORTS Vorpass *m* ❷ (*near front*) vordere(r, s) ❸ (*of future*) planning Voraus-; **~ buying** Terminkauf *m* ❹ (*bold*) vorlaut **III.** *n* SPORTS Stürmer(in) *m(f)* **IV.** *vt* weiterleiten (**to** an); **"please ~"** „bitte nachsenden"

'for·ward·ing ad·dress *n* Nachsendeadresse *f* **'for·ward-look·ing** *adj* vorausschauend

for·wards ['fɔːwədz] *adv see* **forward**

for·went [fɔː'went] *pt of* **forgo**

fos·sil ['fɒsəl] *n* Fossil *nt*; **~ fuel** fossiler Brennstoff

fos·sil·ized ['fɒsəlaɪzd] *adj* versteinert

fos·ter ['fɒstə'] **I.** *vt* ❶ *child* aufziehen, in Pflege nehmen ❷ (*encourage*) fördern **II.** *vi* ein Kind in Pflege nehmen **III.** *adj* Pflege-
'fos·ter broth·er *n* Pflegebruder *m* **'fos·ter child** *n* Pflegekind *nt* **'fos·ter fa·ther** *n* Pflegevater *m* **'fos·ter home** *n* Pflegefamilie *f* **'fos·ter moth·er** *n* Pflegemutter *f* **'fos·ter sis·ter** *n* Pflegeschwester *f*

fought [fɔːt] *pt, pp of* **fight**

foul [faʊl] **I.** *adj* ❶ (*polluted*) verpestet; *air* stinkend; *water* schmutzig ❷ (*disgusting*) abscheulich; *smell* faul; *taste* schlecht ❸ (*unpleasant*) *mood* fürchterlich; ■ **to be ~ to sb** fies zu jdm sein ❹ (*morally objectionable*) unanständig; *language* anstößig **II.** *n* SPORTS Foul *nt* (**on** an) **III.** *vt* ❶ (*pollute*) verschmutzen ❷ BRIT (*defecate on*) beschmutzen ❸ SPORTS foulen

foul-'mouthed *adj* unflätig **foul 'play** *n no pl* ❶ (*criminal activity*) Verbrechen *nt* ❷ SPORTS Foulspiel *nt*

found¹ [faʊnd] *pt, pp of* **find**
found² [faʊnd] *vt* gründen

foun·da·tion [faʊn'deɪʃən] *n* ❶ (*basis*) Fundament *nt a. fig* (**of/for** zu); **to shake sth to its ~s** etw in seinem Fundament erschüttern; **to be without ~** (*fig*) der Grundlage entbehren ❷ *no pl* (*establishing*) Gründung *f* ❸ (*organization*) Stiftung *f* ❹ *no pl* (*of make-up*) **~ cream** Grundierung *f*

foun·'da·tion stone *n* Grundstein *m*

found·er ['faʊndə'] **I.** *n* Gründer(in) *m(f)* **II.** *vi* ❶ (*sink*) sinken ❷ (*fig: fail*) scheitern

Found·ing 'Fa·thers *npl* AM Gründerväter *pl*

found·ry ['faʊndri] *n* Gießerei *f*

fount [faʊnt] *n* Quelle *f*

foun·tain ['faʊntɪn] *n* ❶ (*water feature*) Brunnen *m*; **drinking ~** Trinkbrunnen *m* ❷ (*fig: spray*) Schwall *m*; **~ of water** Wasserstrahl *m*

'foun·tain pen *n* Füllfederhalter *m*, Füllfeder *f bes* ÖSTERR, SÜDD, SCHWEIZ

four [fɔː'] **I.** *adj* vier; *see also* **eight II.** *n* ❶ (*number, symbol*) Vier *f*; *see also* **eight** ❷ SPORTS (*in rowing*) Vierer *m*; (*in cricket*) vier Punkte; **to hit a ~** vier Punkte erzielen ❸ (*hands and knees*) **on all ~s** auf allen Vieren

'four-by-four *n* AUTO allrad-/vierradangetriebenes Auto **four-door 'car** *n* viertüriges

Auto **'four-fold** adj vierfach **four-'foot·ed** adj vierfüßig **four-'hand·ed** adj ❶ (for four people) für vier Personen ❷ (for two pianists) vierhändig **four-leaf 'clo·ver** n, **four-leaved 'clo·ver** n vierblättriges Kleeblatt **four-let·ter 'word** n Schimpfwort nt **'four·some** n Vierergruppe f; (golf) Vierer m **four·teen** [ˌfɔːˈtiːn] **I.** adj vierzehn; see also **eight II.** n Vierzehn f; see also **eight** **four·teenth** [ˌfɔːˈtiːnθ] **I.** adj vierzehnte(r, s) **II.** n ❶ (fraction) Vierzehntel nt ❷ (date) ■the ~ der Vierzehnte ❸ (order) ■the ~ der/die/das Vierzehnte

fourth [fɔːθ] **I.** adj vierte(r, s); see also **eighth II.** n ❶ (order) the ~ der/die/das Vierte; see also **eighth** ❷ (date) the ~ der Vierte; see also **eighth** ❸ (fraction) Viertel nt; see also **eighth** ❹ AUTO vierter Gang ❺ MUS Quart[e] f **III.** adv viertens; see also **eighth**

Fourth of July n AM Unabhängigkeitstag m der USA

four-wheel 'drive I. n Allradantrieb m, Vierradantrieb m **II.** adj mit Allradantrieb [o Vierradantrieb]

fowl <pl - or -s> [faʊl] n Geflügel nt kein pl

fox [fɒks] **I.** n Fuchs m a. fig; (fur) Fuchspelz m **II.** vt ❶ (mystify) verblüffen ❷ (trick) täuschen

'fox·glove n BOT Fingerhut m **'fox·hunt** n Fuchsjagd f **'fox·trot I.** n Foxtrott m **II.** vi <-tt-> Foxtrott tanzen

foxy ['fɒksi] adj ❶ (like fox) fuchsig ❷ (crafty) gerissen ❸ (fam: sexy) sexy

foy·er ['fɔɪeɪ] n ❶ (of public building) Foyer nt ❷ AM (of house) Diele f

fra·cas <pl - or AM -es> ['fræka:, pl -kɑːz] n lautstarke Auseinandersetzung

frac·tion ['frækʃən] n ❶ (number) Bruchzahl f, Bruch m ❷ (proportion) Bruchteil m; (fig) a ~ of an inch eine Spur; by a ~ um Haaresbreite ❸ (a bit) a ~ ein bisschen ❹ CHEM Fraktion f

frac·tion·al ['frækʃənəl] adj minimal

frac·tious ['frækʃəs] adj reizbar, grantig SÜDD, ÖSTERR; child quengelig

frac·ture ['frækʧə] **I.** vt, vi brechen; to ~ one's leg sich dat das Bein brechen **II.** n Bruch m

frag·ile ['frædʒaɪl] adj ❶ (breakable) zerbrechlich ❷ (unstable) brüchig; agreement, peace unsicher ❸ (in health) schwach; (fam: after overindulgence) angeschlagen

fra·gil·i·ty [frəˈdʒɪləti] n no pl ❶ (delicacy) Zerbrechlichkeit f ❷ (weakness) Brüchigkeit f; of an agreement Unsicherheit f

frag·ment I. n ['frægmənt] ❶ (broken piece) Splitter m ❷ (incomplete piece) Brocken m ❸ LIT, MUS Fragment nt **II.** vi [frægˈment] zerbrechen a. fig; (burst) zerbersten

frag·men·tary ['frægməntəri] adj bruchstückhaft

fra·grance ['freɪgrən(t)s] n Duft m

fra·grant ['freɪgrənt] adj duftend

frail [freɪl] adj person gebrechlich; thing schwach

frail·ty ['freɪlti] n ❶ no pl of a person Gebrechlichkeit f ❷ no pl of a thing Zerbrechlichkeit f ❸ (moral weakness) Schwäche f

frame [freɪm] **I.** n ❶ (of picture) Bilderrahmen m; ■ **to be in the ~** (fig) unter Verdacht stehen ❷ (of door, window) Rahmen m ❸ (of spectacles) ■ **~s** pl Brillengestell nt ❹ (support) Rahmen m a. fig ❺ (body) Körper m ❻ (of film strip) Bild nt ❼ (for plants) Frühbeet nt; **cold ~** Frühbeetkasten m ❽ (for snooker balls) [dreieckiger] Rahmen ❾ (of snooker match) Spiel nt **II.** vt ❶ (put in surround) einrahmen ❷ (act as surround) umrahmen ❸ (put into words) formulieren ❹ (fam: falsely incriminate) verleumden

'frame-up n (fam) abgekartetes Spiel

'frame·work n ❶ (support) Gerüst nt, Gestell nt ❷ (fig) Rahmen m

franc [fræŋk] n Franc m; [Swiss] ~ [Schweizer] Franken m

France [frɑːn(t)s] n no pl Frankreich nt

fran·chise ['frænʧaɪz] n Franchise nt

Fran·cis·can [frænˈsɪskən] n REL Franziskaner(in) m(f); ~ **friar** Franziskanermönch m

Fran·co- ['fræŋkəʊ] in compounds französisch-; **~-German** deutsch-französisch

frank[1] [fræŋk] adj ❶ aufrichtig; ■ **to be ~** [with sb] ehrlich [zu jdm] sein; **to be ~** [with you] ehrlich gesagt; **~ to be ~ with sb about sth** jdm seine ehrliche Meinung über etw akk sagen

frank[2] [fræŋk] vt ❶ (stamp) frankieren ❷ (cancel stamp) freistempeln

frank·in·cense ['fræŋkɪnsen(t)s] n no pl Weihrauch m

frank·ly ['fræŋkli] adv offen

fran·tic ['fræntɪk] adj ❶ (distracted) verrückt (**with** vor) ❷ (hurried) hektisch

frat-boy ['frætbɔɪ] n AM UNIV (pej fam) Mitglied einer Studentenverbindung, der viel trinkt und sich vor allem für Mädchen interessiert

fra·ter·nal [frəˈtɜːnəl] adj brüderlich

fra·ter·ni·ty [frəˈtɜːnəti] n ❶ no pl (feeling) Brüderlichkeit f ❷ + sing/pl vb (group) Vereinigung f; **the criminal/legal/medical ~** die Kriminellen f/Juristen pl/Ärzteschaft f ❸ + sing/pl vb AM UNIV Burschenschaft f

frat·er·nize ['frætənaɪz] vi sich verbrüdern

frat·ri·cide ['frætrɪsaɪd] n Brudermord m
fraud [frɔ:d] n ❶ no pl (deceit) Betrug m ❷ LAW [arglistige] Täuschung ❸ (trick) Schwindel m ❹ (deceiver) Betrüger(in) m(f)
fraudu·lence ['frɔ:djələn(t)s] n no pl Betrügerei f
fraudu·lent ['frɔ:djələnt] adj betrügerisch
fraught [frɔ:t] adj ❶ (full) **to be ~ with difficulties** voller Schwierigkeiten stecken ❷ (tense) [an]gespannt; situation stressig fam; person gestresst fam
fray [freɪ] I. vi ❶ (come apart) ausfransen ❷ (become strained) anspannen II. n Auseinandersetzung f; **to enter** [or **join**] **the ~** sich einmischen
freak [fri:k] I. n ❶ (abnormal thing) etwas Außergewöhnliches; **~ accident** außergewöhnliches Missgeschick; **a ~ of nature** eine Laune der Natur ❷ (abnormal person) Missgeburt f (fanatic) Freak m II. vi (fam) ausflippen ◆ **freak out** (fam) I. vi ausflippen II. vt ausflippen lassen
freck·le ['frekl] n usu pl Sommersprosse f
freck·led ['frekld] adj sommersprossig
free [fri:] I. adj frei; **feel ~ to interrupt me** unterbrechen Sie mich ruhig; **~ of charge** kostenlos; **~ copy/ticket** Freiexemplar nt/ Freikarte f; **~ of pain/tax** schmerz-/steuerfrei; **~ play** MECH Spielraum m; **~ speech** Redefreiheit f; **~ time** Freizeit f; ■ **to be ~ of sb/sth** jdn/etw los sein; ■ **to be ~** [**to do sth**] Zeit haben[, etw zu tun]; **you are ~ to come and go as you please** Sie können kommen und gehen, wann Sie wollen; **to break ~** [**of** [or **from**] **sth**] sich [aus etw dat] befreien a. fig; **to break ~** [**of** [or **from**] **sb**] sich [von jdm] losreißen a. fig; **to make ~ with sth** mit etw dat großzügig umgehen; **to run ~** frei herumlaufen; **to set ~** freilassen a. fig; **to walk ~** straffrei ausgehen; **to work** [**oneself/sth**] **~** [sich/etw] lösen ▶ **~ and easy** locker; **there's no such thing as a ~ lunch** nichts ist umsonst II. adv frei, gratis; **~ of charge** kostenlos; **for ~** gratis, umsonst III. vt freilassen; hands frei machen; ■ **to ~ sb/an animal** jdn/ein Tier befreien (**from** von) ◆ **free up** vt freimachen
free·bie ['fri:bi] n (fam) Werbegeschenk nt
'free div·er n Freitaucher(in) m(f) **free·dom** ['fri:dəm] n Freiheit f; **~ of choice** Wahlfreiheit f; **~ of the city** Ehrenbürgerschaft f; **~ of information** freier Informationszugang; **~ of movement** Bewegungsfreiheit f; **~ from persecution** Schutz m vor [politischer] Verfolgung; **~ of speech** Redefreiheit f **'free fall** n no pl freier Fall; **to go into ~** (fig) ins Bodenlose fallen **'free-for-all** n allgemeines Gerangel **'free·hold** I. n Eigentumsrecht nt (an Grundbesitz) II. adj Eigentums- **'free·hold·er** n Eigentümer(in) m(f)
free kick n SPORTS Freistoß m **free·lance** ['fri:lɑ:n(t)s] I. n Freiberufler(in) m(f) II. adj, adv freiberuflich III. vi frei[beruflich] arbeiten **'free·load** vi (pej) schnorren (**off** bei) **'free·load·er** vi (pej) Schnorrer(in) m(f)
free·ly ['fri:li] adv ❶ (unrestrictedly) frei ❷ (without obstruction) ungehindert ❸ (frankly) offen ❹ (generously) großzügig ❺ (willingly) freiwillig
'free·man n ❶ (hist: not slave) freier Mann ❷ (honorary citizen) Ehrenbürger m **'Free·ma·son** n Freimaurer m **'Free·phone** BRIT I. n no pl gebührenfreie Telefonnummer II. adj gebührenfrei **free 'port** n Freihafen m **'free-range** adj Freiland-; **~ eggs** Eier pl aus Freilandhaltung **'free-run·ning** n no pl Freerunning nt **free 'speech** n no pl Redefreiheit f **free-'stand·ing** adj frei stehend **'free·style** n no pl Freistil m **free 'trade** n no pl Freihandel m **'free·ware** n no pl Gratissoftware f, Freeware f **'free·way** n AM, AUS Autobahn f **'free·wheel** vi **to ~** [**downhill**] im Freilauf [den Hügel hinunter]fahren **free 'will** n no pl freier Wille; **to do sth of one's own ~** etw aus freien Stücken tun
freeze [fri:z] I. n ❶ METEO Frost m; **big ~** harter Frost ❷ ECON Einfrieren nt II. vi <froze, frozen> ❶ (become solid) water gefrieren; pipes einfrieren; lake zufrieren; **to ~ solid** festfrieren ❷ (also fig: get very cold) [sehr] frieren; **to ~ to death** erfrieren ❸ impers (be below freezing point) ■ **it's freezing** es friert ❹ (turn to ice) einfrieren ❺ (be still) erstarren III. vt <froze, frozen> ❶ (turn to ice) gefrieren lassen ❷ (preserve) einfrieren ❸ image festhalten; film anhalten ❹ ECON einfrieren ❺ MED vereisen ◆ **freeze up** vi einfrieren
freez·er ['fri:zə^r] n Gefrierschrank m; **chest/upright ~** Gefriertruhe f/Gefrierschrank m
freez·ing ['fri:zɪŋ] I. adj frostig; **it's ~** es ist eiskalt; **I'm ~** mir ist eiskalt II. n no pl ❶ (0°C) Gefrierpunkt m; **above ~** über dem Gefrierpunkt ❷ (preserving) Einfrieren nt
'freez·ing point n Gefrierpunkt m
freight [freɪt] I. n no pl ❶ (goods) Frachtgut nt ❷ (transportation) Fracht f; **to send sth [by] ~** etw als Fracht senden ❸ (charge) Frachtgebühr f II. adv als Fracht III. vt als Frachtgut befördern
'freight car n AM Güterwagen m **freight·er** ['freɪtə^r] n ❶ (ship) Frachter m ❷ (plane) Frachtflugzeug nt **'freight train** n Güterzug m
French [fren(t)ʃ] I. adj französisch; **~ people** Franzosen pl II. n ❶ no pl (lan-

guage) Französisch *nt*; ~ **lesson** Französischstunde *f* ❷ (*people*) ■ **the** ~ **pl** die Franzosen
French 'bean ['frenzɪd] *adj* fieberhafte Buschbohne *f*, Gartenbohne *f* **French 'chalk** *n no pl* Schneiderkreide *f* **French 'doors** *npl* Verandatür *f* **French 'dress·ing** *n no pl* Vinaigrette *f* **French fried po'ta·toes** *npl*, **French 'fries** *npl* Pommes frites *pl* **French 'horn** *n* Waldhorn *nt* **French 'let·ter** *n* BRIT, AUS (*fam*) Pariser *m sl* **'French·man** *n* Franzose *m* **'French·wom·an** *n* Französin *f*
fre·net·ic [frəˈnetɪk] *adj* hektisch
fren·zied ['frenzɪd] *adj* fieberhaft; *attack, barking* wild; *crowd* aufgebracht
fren·zy ['frenzi] *n no pl* Raserei *f*; ~ **of ac·tiv·ity** fieberhafte Aktivität; *media* ~ Medienspektakel *nt*
fre·quen·cy ['friːkwən(t)si] *n* ❶ *no pl* Häufigkeit *f*; **with increasing** ~ immer öfter ❷ RADIO Frequenz *f*
fre·quent **I.** *adj* ['friːkwənt] (*often*) häufig; (*regular*) regelmäßig; ~ **flyer** Vielflieger(in) *m(f)* **II.** *vt* [frɪˈkwent] häufig besuchen
fre·quent·ly ['friːkwəntli] *adv* häufig
fres·co <*pl* -s *or* -es> ['freskəʊ] *n* Fresko *nt*
fresh [freʃ] *adj* ❶ *attr* (*new*) frisch a. *fig*; ~ **snow** Neuschnee *m*; ~ **start** Neuanfang *m*; ~ **water** Süßwasser *nt*; ~ **from the oven** ofenfrisch; ~ **off the presses** druckfrisch; **like a breath of** ~ **air** (*fig*) erfrischend [anders]; **to get a breath of** ~ **air** frische Luft schnappen ❷ (*fam: cheeky*) frech; (*forward*) zudringlich ❸ AM (*sl*) megacool
fresh·en ['freʃən] **I.** *vt drink* auffüllen; *make-up* auffrischen; *room* durchlüften **II.** *vi* frischer werden; *wind* auffrischen ◆ **fresh·man** *n* Studienanfänger *m* **fresh·ness** ['freʃnəs] *n no pl* Frische *f* **'fresh·wa·ter** *adj* Süßwasser-
fret[1] [fret] *vi* <-tt-> sich Sorgen machen; **to get into a** ~ sich aufregen
fret[2] [fret] *n* MUS Bund *m*
fret·saw ['fretsɔː] *n* Laubsäge *f*
fri·ar ['fraɪəʳ] *n* Mönch *m*
fric·tion ['frɪkʃən] *n no pl* ❶ (*force*) Reibung *f* ❷ (*disagreement*) Reiberei[en] *f*[*pl*]
Fri·day ['fraɪdeɪ] *n* Freitag *m*; *see also* **Tues·day**
fridge [frɪdʒ] *n* (*fam*) Kühlschrank *m*
fried [fraɪd] *adj* ❶ (*of food*) gebraten; ~ **chicken** Brathähnchen *nt*; ~ **potatoes** Bratkartoffeln *pl* ❷ AM (*fam*) ■ ~ **gerädert**
fried 'egg *n* Spiegelei *nt*
friend [frend] *n* Freund(in) *m(f)*; **a** ~ **of mine** ein Freund/eine Freundin von mir; ■ **to be** ~ **s** [**with sb**] [mit jdm] befreundet sein; **to make** ~ **s** [**with sb**] sich [mit jdm] anfreunden

friend·less ['frendləs] *adj* ohne Freund[e]
friend·ly ['frendli] **I.** *adj* ❶ (*showing friendship*) freundlich; **to be on** ~ **terms with sb** mit jdm auf freundschaftlichem Fuß stehen; ■ **to be** ~ **with sb** mit jdm befreundet sein ❷ (*of place, atmosphere*) angenehm ❸ (*not competitive*) freundschaftlich; ~ **match** Freundschaftsspiel *nt* ❹ (*allied*) freundlich gesinnt; *country* befreundet **II.** *n* BRIT SPORTS Freundschaftsspiel *nt* **friend·ship** ['fren(d)ʃɪp] *n* Freundschaft *f*
fries [fraɪz] *npl* AM Pommes frites *pl*
frig·ate ['frɪgət] *n* Fregatte *f*
fright [fraɪt] *n* ❶ *no pl* (*feeling*) Angst *f*; **to take** ~ [**at sth**] [vor etw *dat*] Angst bekommen ❷ *usu sing* (*experience*) Schrecken *m*; **to get a** ~ erschrecken; **to give sb a** ~ erschrecken; **to have the** ~ **of one's life** den Schock seines Lebens bekommen
fright·en ['fraɪtən] **I.** *vt* ■ **to** ~ **sb** jdm Angst machen; **to** ~ **sb to death** jdn zu Tode erschrecken; **to** ~ **the life** [*or* **the** [**living**] **day·lights**] **out of sb** jdn furchtbar erschrecken; ■ **to** ~ **sb out of doing sth** jdn von etw *dat* abschrecken **II.** *vi* erschrecken ◆ **frighten away** *vt* abschrecken
fright·ened ['fraɪtənd] *adj* verängstigt; ■ **to be** ~ [**that**] … Angst haben, [dass] …; **to be** ~ **to death** zu Tode erschrecken; ■ **to be** ~ **of sb/sth** sich vor jdm/etw fürchten; ■ **to be** ~ **of doing** [*or* **to do**] **sth** Angst [davor] haben, etw zu tun **fright·en·ing** ['fraɪtənɪŋ] *adj* Furcht erregend **fright·ful** ['fraɪtfəl] *adj* ❶ (*bad*) entsetzlich ❷ (*extreme*) schrecklich, furchtbar; **to get into** ~ **trouble** furchtbaren Ärger bekommen
frig·id ['frɪdʒɪd] *adj* ❶ (*sexually*) frigid[e] ❷ (*of manner*) frostig ❸ (*of temperature*) eisig
fri·gid·i·ty [frɪˈdʒɪdəti] *n no pl* ❶ (*of sexuality*) Frigidität *f* ❷ (*of manner, temperature*) Kälte *f*
frill [frɪl] *n* ❶ (*cloth*) Rüsche *f* ❷ (*fig fam: extras*) ■ ~ **s** *pl* Schnickschnack *m*
frilly ['frɪli] *adj* mit Rüschen, Rüschen-
fringe [frɪndʒ] **I.** *n* ❶ (*edging*) Franse *f* ❷ BRIT, AUS (*hair*) Pony *m* ❸ (*of area*) Rand *m* a. *fig* ❹ BRIT ART ■ **the** ~ die Alternativszene **II.** *vt usu passive* umgeben; *cloth* umsäumen **III.** *adj* ~ **benefits** zusätzliche Leistungen; ~ **character** Nebenrolle *f*; ~ **medicine/theatre** BRIT Alternativmedizin *f*/Alternativtheater *nt*
'fringe group *n* Randgruppe *f*
frisk [frɪsk] **I.** *vi* ■ **to** ~ [**about**] herumtollen **II.** *vt* abtasten (**for** nach)
frisky ['frɪski] *adj* ausgelassen; *horse* lebhaft
frit·ter ['frɪtəʳ] **I.** *n* Fettgebackenes *nt* (*mit*

Obst-/Gemüsefüllung **II.** *vt* ■ **to ~ away** ⟳ **sth** etw vergeuden; *money* verschleudern; *time* vertrödeln

fri·vol·ity [frɪˈvɒləti] *n* ❶ *no pl* (*lack of seriousness*) Frivolität *f* ❷ (*activities*) ■ **frivolities** *pl* Banalitäten *pl*

frivo·lous [ˈfrɪvələs] *adj* ❶ (*pej*) *person* leichtfertig ❷ (*pej: unimportant*) belanglos ❸ (*not serious*) frivol

friz·zy [ˈfrɪzi] *adj* gekräuselt

fro [frəʊ] *adv* **to and ~** hin und her

frock [frɒk] *n* Kleid *nt*; **posh ~** BRIT (*hum*) Ausgehkleid *nt*

frog [frɒg] *n* Frosch *m* ▸ **to have a ~ in one's throat** einen Frosch im Hals haben

ˈfrog·march *vt* gewaltsam abführen **ˈfrog·spawn** *n no pl* Froschlaich *m*

frol·ic [ˈfrɒlɪk] *vi* <-ck-> herumtollen

from [frɒm, frəm] *prep* ❶ (*off*) von; (*out of*) aus ❷ (*as seen from*) ■ **here** von hier [aus]; **~ her own experience** aus eigener Erfahrung; **~ my point of view** aus meiner Sicht ❸ (*as starting location*) von; **~ the north** von Norden; **~ room to room** von einem Raum in den anderen; **~ Washington to Florida** von Washington nach Florida ❹ (*as starting time*) von, ab; **~ day to day** von Tag zu Tag; **~ that day on[wards]** seitdem; **~ start to finish** vom Anfang bis zum Ende; **~ time to time** ab und zu; **~ tomorrow** ab morgen; **~ 10 a.m. to 2 p.m.** von 10.00 Uhr bis 14.00 Uhr; **~ now/then on** seither; **as ~ 1 January** ab dem 1. Januar ❺ (*as starting condition*) bei; **prices start ~ £2.99** die Preise beginnen bei £2,99; **things went ~ bad to worse** die Situation wurde noch schlimmer; **~ the Latin** aus dem Lateinischen; **~ 25 to 200** von 25 auf 200 ❻ (*at distance to*) von; **a mile ~ home** eine Meile von zu Hause entfernt ❼ (*originating in*) aus; **I'm ~ New York** ich komme aus New York ❽ (*in temporary location*) von, aus; **he hasn't returned ~ work yet** er ist noch nicht von der Arbeit zurück; **she called him ~ the hotel** sie rief ihn aus dem Hotel an; **his return ~ the army** seine Rückkehr aus der Armee; **fresh ~ the States** gerade aus den USA ❾ (*as source*) von; **who is the card ~?** von wem ist die Karte?; **a present ~ me to you** ein Geschenk von mir für dich ❿ (*made of*) aus ⓫ (*removed from*) aus; **three ~ sixteen is thirteen** sechzehn minus drei ist dreizehn ⓬ (*considering*) aufgrund, wegen; **~ looking at the clouds ...** wenn du mir die Wolken so ansehe ...; **the evidence** aufgrund des Beweismaterials ⓭ (*caused by*) an; **he died ~ his injuries** er starb an seinen Verletzungen; **she suffers ~ arthritis** sie leidet unter Arthritis; **he did it ~ jealousy** er hat es aus Eifersucht getan; **she made her fortune ~ investing in property** sie hat ihr Vermögen durch Investitionen in Grundstücke gemacht; **the risk ~ radiation** das Risiko einer Verstrahlung ⓮ (*indicating protection*) vor; **they insulated their house ~ the cold** sie dämmten ihr Haus gegen die Kälte; **shelter ~ the storm** Schutz vor dem Sturm; **to guard sb ~ sth** jdn vor etw *dat* schützen ⓯ (*indicating prevention*) vor; **the truth was kept ~ the public** die Wahrheit wurde vor der Öffentlichkeit geheim gehalten; **he has been banned ~ driving for six months** er darf sechs Monate lang nicht Auto fahren; **to prevent sb ~ doing sth** jdn davon abhalten, etw zu tun ⓰ (*indicating distinction*) von; **his opinion is different ~ mine** er hat eine andere Meinung als ich

front [frʌnt] **I.** *n* ❶ *usu sing* (*forward-facing part*) Vorderseite *f*; *of building* Front *f*; *of pullover* Vorderteil *m*; **please turn round and face the ~** bitte drehen Sie sich um und schauen Sie nach vorn; **to lie on one's ~** auf dem Bauch liegen; **to put sth on back to ~** etw verkehrt herum anziehen; **from the ~** von vorne ❷ (*front area*) ■ **the ~** der vordere Bereich; **to sit as near the ~ as possible** möglichst weit vorne sitzen; ■ **at the ~** vorn[e]; **right at the ~** in der vordersten Reihe ❸ (*ahead of*) ■ **in ~** vorn[e]; ■ **in ~ of sb/sth** vor jdm/etw; **in the row in ~** in der Reihe davor; ■ **to be in ~** SPORTS in Führung liegen; **to lead from the ~** die Spitze anführen ❹ (*book cover*) [vorderer] Buchdeckel; (*first pages*) Anfang *m* ❺ THEAT ■ **out ~** im Publikum; **to go out ~** vor den Vorhang treten ❻ (*in advance*) ■ **up ~** im Voraus ❼ (*fig: deception*) Fassade *f*; **to put on a bold ~** kühn auftreten ❽ MIL, METEO, POL Front *f* ❾ (*area of activity*) Front *f*; **on the domestic ~** an der Heimatfront; **on the employment ~** im Beschäftigungsbereich ❿ *usu sing* (*beside sea*) [Strand]promenade *f*; **the lake/river ~** die Uferpromenade ⓫ *no pl* (*fam: impudence*) Unverschämtheit *f* **II.** *adj* ❶ (*at the front*) vorder[st]e(r, s); **~ garden** Vorgarten *m*; **~ leg/wheel** Vorderbein *nt*/Vorderrad *nt*; **~ teeth** Schneidezähne *pl* ❷ (*concealing*) Deck- **III.** *vt* ❶ (*be head of*) vorstehen +*dat* ❷ TV moderieren

front·age [ˈfrʌntɪdʒ] *n* [Vorder]front *f*; **a garden with river ~** ein Garten, der zum Fluss hin liegt **front·al** [ˈfrʌntəl] *adj* Frontal-; **~ view** Voransicht *f* **front 'bench** *n* BRIT POL vordere Sitzreihe (*für führende Regierungs- und Oppositionspolitiker*) **front ˈdoor** *n* Vordertür *f*; *of a house* Haustür *f*

fron·tier [frʌnˈtɪəʳ] n ① (*between countries*) Grenze f ② AM (*outlying areas*) ■**the ~** das Grenzland ③ (*of knowledge*) Neuland nt kein pl

'fron·tier sta·tion n Grenzstation f

front 'line n ① MIL Frontlinie f ② (*fig*) vorderste Front **front 'page** n Titelseite f; **to make the ~** auf die Titelseite kommen **'front-page** adj auf der Titelseite *nach n*; **~ story** Titelgeschichte f **'front-run·ner** n Spitzenreiter(in) m(f) a. fig **front-wheel 'drive I.** n Vorderradantrieb m **II.** adj mit Vorderradantrieb *nach n* **front 'yard** n BRIT Vorhof m; AM Vorgarten m

frost [frɒst] **I.** n Frost m; **12 degrees of ~** 12 Grad minus **II.** vt AM FOOD glasieren

'frost·bite n no pl Erfrierung f **'frost·bit·ten** adj erfroren **frost·ed** ['frɒstɪd] adj ① AM FOOD glasiert ② (*opaque*) **~ glass** Milchglas nt **frost·ing** ['frɒstɪŋ] n no pl AM FOOD Glasur f

frosty ['frɒsti] adj ① (*very cold*) frostig ② (*covered with frost*) vereist ③ (*unfriendly*) frostig; *atmosphere* kühl

froth [frɒθ] **I.** n no pl ① (*small bubbles*) Schaum m ② (*fig, pej*) seichte Unterhaltung **II.** vi schäumen; **to ~ at the mouth** Schaum vor dem Mund haben; (*fig*) vor Wut schäumen **III.** vt **to ~** [**up**] aufschäumen **frothy** ['frɒθi] adj schaumig

frown [fraʊn] **I.** vi (*showing displeasure*) die Stirn runzeln; **to ~ at sb/sth** jdn/etw missbilligend ansehen; **to ~** [**up**]**on sth** etw missbilligen ② (*in thought*) nachdenklich die Stirn runzeln **II.** n Stirnrunzeln nt kein pl; **~ of disapproval** missbilligender Blick

froze [frəʊz] pt of **freeze**

froz·en ['frəʊzən] **I.** pp of **freeze II.** adj ① (*of water*) gefroren ② FOOD (*tief*)gefroren; **~ food** Tiefkühlkost f ③ (*fig: of person*) erfroren ④ ECON (*fig*) eingefroren

fru·gal ['fruːgəl] adj ① (*economical*) sparsam; *lifestyle* genügsam ② *meal* karg, frugal

fruit [fruːt] **I.** n Frucht f a. fig; (*collectively*) Obst nt; **to bear ~** Früchte tragen a. fig **II.** n [Früchte] tragen

'fruit·cake n ① no pl Früchtebrot nt ② (*fam!: eccentric*) Spinner(in) m(f) **fruit·ful** ['fruːtfəl] adj fruchtbar a. fig

fru·i·tion [fruːˈɪʃən] n no pl Verwirklichung f; **to come to** [or **reach**] **~** verwirklicht werden **'fruit knife** n Obstmesser nt **fruit·less** ['fruːtləs] adj fruchtlos **fruit 'sal·ad** n no pl Obstsalat m

fruity ['fruːti] adj ① (*of taste*) fruchtig ② (*fam: risqué*) anzüglich

frump·ish ['frʌmpɪʃ] adj, **frumpy** ['frʌmpi] adj altmodisch

frus·trate [frʌsˈtreɪt] vt ① (*annoy*) frustrieren ② (*prevent*) efforts, plans vereiteln

frus·trat·ed [frʌsˈtreɪtɪd] adj frustriert

frus·trat·ing [frʌsˈtreɪtɪŋ] adj frustrierend

frus·tra·tion [frʌsˈtreɪʃən] n Frustration f; **to work off one's ~** seinen Frust abreagieren *fam*

fry [fraɪ] **I.** npl junger Fisch ► **small ~** kleine Fische; (*person*) kleiner Fisch **II.** vt <-ie-> braten **III.** vi <-ie-> ① (*cook*) braten ② (*fig fam: get sunburnt*) schmoren

'fry·ing pan ['fraɪɪŋ-] n Bratpfanne f ► **out of the ~ into the fire** vom Regen in die Traufe **'fry-up** n BRIT (*fam*) Pfannengericht nt

ft n abbrev of **feet**, **foot** ft

F2F adv abbrev of **face-to-face** persönlich

fuck [fʌk] (*vulg*) **I.** n ① (*act*) Fick m ② no pl (*used as expletive*) **who gives a ~?** wen interessiert es schon?; **shut the ~ up!** halt verdammt noch mal das Maul!; **for ~'s sake!** zum Teufel!; ■**what/who/why/where the ~ ...** was/wer/warum/wo zum Teufel ... **II.** *interj* Scheiße! **III.** vt ① (*have sex with*) vögeln; **go ~ yourself!** verpiss dich!, schleich dich! *bes* SÜDD, ÖSTERR ② (*damn*) **~ that idea** scheiß auf diese Idee; [**oh**] **~ it!** verdammte Scheiße!; **~ me!** ich glaub, ich spinne; **~ you!** leck mich am Arsch! **IV.** vi ① (*have sex*) ficken ② (*play mind-games*) ■**to ~ with sb** jdn verscheißern ◆ **fuck off** vi (*vulg*) sich verpissen

fuck·er ['fʌkəʳ] n (*vulg*) ① (*person*) Arsch m ② (*thing*) Scheiß m **fuck·ing** ['fʌkɪŋ] adj (*vulg*) verdammt, Scheiß-

fudge [fʌdʒ] **I.** n ① no pl (*sweet*) Fondant m o nt ② (*pej: compromise*) [fauler] Kompromiss **II.** vt, vi (*evade*) ausweichen +dat

fuel ['fjuːəl] **I.** n Brennstoff m; (*for engines*) Kraftstoff m, Treibstoff m **II.** vt <BRIT -ll- *or* AM *usu* -l-> ① *usu passive* **to be ~led** [**by sth**] [mit etw *dat*] betrieben werden ② (*fig*) nähren; *resentment* schüren; *speculation* anheizen

'fuel cell n Brennstoffzelle f **'fuel-cell car** n AUTO brennstoffzellenangetriebenes Auto **'fuel con·sump·tion** n no pl Brennstoffverbrauch m; TRANSP Treibstoffverbrauch m **fuel-ef'fi·cient** adj Benzin sparend **'fuel gauge** n, AM **'fuel gage** n Tankanzeige f **fuel-in·jec·tion 'en·gine** n Einspritzmotor m **fuel 'pov·er·ty** n no pl Situation, in der Personen mit niedrigem Einkommen einen Großteil ihres Einkommens für Heizkosten u.ä. ausgeben müssen **'fuel pump** n Kraftstoffpumpe f **'fuel rod** n NUCL Brennstab m

fug [fʌg] n no pl BRIT Mief m

fug·gy ['fʌgi] adj BRIT stickig

fu·gi·tive ['fjuːdʒətɪv] **I.** n Flüchtige(r) f/m/

fugue – fundamental

II. *adj* flüchtig

fugue [fju:g] *n* MUS Fuge *f*

ful·fil <-ll-> [fʊlˈfɪl], AM, AUS **ful·fill** *vt* ❶ (*satisfy*) erfüllen; *ambition* erreichen; *potential* ausschöpfen ❷ (*carry out*) nachkommen +*dat*; *contract, promise* erfüllen; *function* einnehmen; *prophecy* erfüllen

ful·fil·ment [fʊlˈfɪlmənt], AM, AUS **ful·fill·ment** *n no pl* Erfüllung *f*

full [fʊl] I. *adj* voll; (*complete*) *explanation* vollständig; *life* ausgefüllt; *skirt* weit; *theatre* ausverkauft; *wine* vollmundig; (*after eating*) satt; **his headlights were on ~** seine Scheinwerfer waren voll aufgeblendet; |at| **~ blast** [*or* **volume**] mit voller Lautstärke; **~ employment** Vollbeschäftigung *f*; **for the ~er figure** FASHION für die vollschlanke Figur; **a look ~ of hatred** ein hasserfüllter Blick; **~ member** Vollmitglied *nt*; **with one's mouth ~** mit vollem Mund; **to give one's ~ name and address** den Vor- und Zunamen und die volle Adresse angeben; **suspended on ~ pay** bei vollen Bezügen freigestellt; **to be under ~ sail** mit vollen Segeln fahren; |at| **~ speed** mit voller Geschwindigkeit; **~ steam ahead** Volldampf voraus; **on a ~ stomach** mit vollem Magen; **at ~ stretch** völlig durchgestreckt; (*fig*) mit vollen Kräften; **~ of surprises/tears** voller Überraschungen/Tränen; **in ~ swing** voll im Gang; **in ~ view of sb** direkt vor den Augen einer Person *gen*; ▪ **to be ~ of sth** (*enthusiastic*) von etw *dat* ganz begeistert sein; **to be ~ of oneself** eingebildet sein; **to be ~ to bursting** zum Brechen voll sein II. *adv* ❶ (*completely*) voll ❷ (*directly*) direkt ❸ (*very*) sehr; **to know ~ well** [**that** ...] sehr gut wissen, |dass ...| III. *n* **in ~** zur Gänze; **to the ~** bis zum Äußersten

'full·back *n* SPORTS Außenverteidiger(in) *m(f)*

full-'blood·ed *adj* ❶ (*vigorous*) kraftvoll ❷ *animal* reinrassig **full-'blown** *adj* *disease* voll ausgebrochen; *scandal* ausgewachsen **full 'board** *n no pl* BRIT Vollpension *f* **full-'bodied** *adj food* voll; *wine* vollmundig **full-cream 'milk** *n no pl* BRIT Vollmilch *f* **full-'frontal** *adj* völlig nackt **full-'grown** *adj* ausgewachsen **full-'length** I. *adj film* abendfüllend; *gown* bodenlang; *mirror* groß II. *adv* **to lie/throw oneself ~ on the floor** sich der Länge nach auf den Boden legen/werfen **full 'moon** *n* Vollmond *m*

full·ness [ˈfʊlnəs] *n no pl* ❶ (*being full*) Völle *f* ❷ (*roundness*) Fülle *f* a. fig ❸ FASHION *of a dress* weiter Schnitt; *of hair* Volumen *n* ❹ *of wine* Vollmundigkeit *f*

'full-page *adj* ganzseitig **'full-scale** *adj* ❶ (*original size*) in Originalgröße *nach n* ❷ (*all-out*) umfassend; *war* ausgewachsen **full 'stop** *n* ❶ BRIT, AUS (*punctuation mark*) Punkt *m* ❷ (*complete halt*) **to come to a ~** zum Stillstand kommen ❸ BRIT **I'm not going, ~** ich gehe nicht und damit Schluss **full 'time** *n* SPORTS Spielende *nt* **'full-time I.** *adj* ❶ (*not part-time*) Ganztags-; **~ job** Vollzeitbeschäftigung *f* ❷ SPORTS End-; **~ score** Endstand *m* II. *adv* ganztags

ful·ly [ˈfʊli] *adv* ❶ (*completely*) völlig; **~ booked** ausgebucht; **~ intending to return** mit der festen Absicht zurückzukommen ❷ (*in detail*) detailliert ❸ (*of time, amount*) voll; **~ two-thirds of the students** ganze zwei Drittel der Studenten

ful·ly-'fledged *adj* BRIT, AUS ❶ *bird* flügge ❷ *person* ausgebildet

fum·ble [ˈfʌmbl] I. *vi* ❶ **~ to** |around [*or* about]| **with sth** an etw *dat* |herum|fingern; ▪ **to ~ for sth** nach etw *dat* tasten; **~ around** [*or* **about**] **in the dark** im Dunkeln |umher|tappen ❷ SPORTS den Ball fallen lassen II. *vt ball* fallen lassen III. *n* SPORTS (*Ballannahme*)fehler *m*

fume [fju:m] *vi* vor Wut schäumen

fumes [fju:mz] *n pl* Dämpfe *pl*; *of car* Abgase *pl*

fu·mi·gate [ˈfju:mɪgeɪt] *vt* ausräuchern

fun [fʌn] I. *n no pl* Spaß *m*; **it was good ~** es hat viel Spaß gemacht; **that sounds like ~** das klingt gut; **what ~!** super!; **have ~!** viel Spaß!; **to be full of ~** immer unternehmungslustig sein; **to get a lot of ~ out of** [*or* **from**] **sth** viel Spaß an etw *dat* haben; **to have ~ at sb's expense** sich auf jds Kosten amüsieren; **to make ~ of sb** sich über jdn lustig machen; **to spoil sb's ~** jdm den Spaß verderben; **for ~** [*or* **the ~ of it**] nur |so| zum Spaß; **in ~** im Spaß ▸ **~ and games** das reine Vergnügen II. *adj* (*fam*) lustig

func·tion [ˈfʌŋ(k)ʃən] I. *n* ❶ (*task*) *of a person* Aufgabe *f*; *of a thing* Funktion *f* ❷ MATH Funktion *f* ❸ (*ceremony*) Feier *f*; (*social event*) Veranstaltung *f* II. *vi* funktionieren; ▪ **to ~ as sth** *thing* als etw dienen; *person* als etw fungieren

func·tion·al [ˈfʌŋ(k)ʃənəl] *adj* ❶ (*with purpose*) funktional ❷ (*operational*) funktionstüchtig; ▪ **to be ~** funktionieren ❸ MED Funktions- **func·tion·ary** [ˈfʌŋ(k)ʃənəri] *n* Funktionär(in) *m(f)* **'func·tion key** *n* COMPUT Funktionstaste *f*

fund [fʌnd] I. *n* ❶ (*stock of money*) Fonds *m*; **disaster ~** Notfonds *m* ❷ (*money*) ▪ **~s** *pl* |finanzielle| Mittel *pl*; **short of ~s** knapp bei Kasse; **to allocate ~s** Gelder bewilligen ❸ (*fig: source*) Vorrat *m* (**of** an) II. *vt* finanzieren; **privately ~ed** frei finanziert

fun·da·men·tal [ˌfʌndəˈmentəl] *adj* grundlegend (**to** für); *difference* wesentlich; *question* entscheidend; **~ right** Grundrecht *nt*; **to be of ~ importance to sth** für etw *akk* von zentraler Bedeutung sein

fun·da·men·tal·ism [ˌfʌndəˈmentəlɪzəm] *n no pl* Fundamentalismus *m* **fun·da·men·tal·ist** [ˌfʌndəˈmentəlɪst] **I.** *n* Fundamentalist(in) *m(f)* **II.** *adj* fundamentalistisch **fun·da·men·tal·ly** [ˌfʌndəˈmentəli] *adv* ❶ (*basically*) im Grunde ❷ (*in all important aspects*) grundsätzlich

fund·ing [ˈfʌndɪŋ] *n no pl* Finanzierung *f*

'fund-rais·er *n* ❶ (*person*) Spendenbeschaffer(in) *m(f)* ❷ (*event*) Wohltätigkeitsveranstaltung *f*

'fund-rais·ing **I.** *adj* Wohltätigkeits-; **~ campaign** Spendenaktion *f* **II.** *n no pl* Geldbeschaffung *f*

fu·ner·al [ˈfjuːnərəl] *n* Beerdigung *f*, Begräbnis *nt* ▶ **that's his ~** [das ist] sein Pech

'fun·er·al march *n* MUS Trauermarsch *m*

'fun·er·al par·lour *n*, AM **'fun·er·al par·lor** *n* Bestattungsunternehmen *nt* **'fun·er·al pyre** *n* Scheiterhaufen *m*

fu·nereal [fjuːˈnɪəriəl] *adj* gedrückt; *music* getragen; **at a ~ pace** im Schneckentempo

'fun·fair *n* BRIT (*amusement park*) Vergnügungspark *m*; (*fair*) Jahrmarkt *m*, Rummelplatz *m*, Kir[ch]tag *m* ÖSTERR

fun·gi·cide [ˈfʌŋɡɪsaɪd] *n* Fungizid *nt*

fun·gus <*pl* -es *or* -gi> [ˈfʌŋɡəs, *pl* -gaɪ] *n* Pilz *m*

funk [fʌŋk] *n no pl* ❶ AM, AUS (*fam: depression*) **to be in a ~** deprimiert ❷ BRIT (*fam: panic*) **to be in a blue ~** riesigen Schiss haben ❸ MUS Funk *m*

funky [ˈfʌŋki] *adj* (*sl*) ❶ (*hip*) flippig ❷ MUS funkig

'fun-lov·ing *adj* lebenslustig

fun·nel [ˈfʌnəl] **I.** *n* ❶ (*tool*) Trichter *m* ❷ (*on ship*) Schornstein *m* **II.** *vt* <BRIT -ll- *or* AM *usu* -l-> ❶ (*pour*) [mit einem Trichter] einfüllen ❷ (*fig: direct*) zuleiten **III.** *vi* **people** drängen; *liquids* fließen; *gases* strömen

fun·nies [ˈfʌniz] *npl* AM **the ~** der Witzteil (*einer Zeitung*)

fun·ny [ˈfʌni] **I.** *adj* ❶ (*amusing*) lustig, witzig, komisch; **breaking your leg isn't ~** es ist nicht lustig, sich das Bein zu brechen; **there's a ~ side to everything** alles hat auch seine komischen Seiten; **don't you try to be ~ with me!** komm mir nicht auf diese Tour! ❷ (*strange*) komisch, merkwürdig, seltsam; **a ~ thing happened to me** mir ist etwas Komisches passiert; **to have a ~ feeling that ...** so eine Ahnung haben, dass ... ❸ (*dishonest*) verdächtig; **there's something ~ going on here** hier ist doch was faul; **~ business** krumme Sachen *pl* ▶ **~ ha-ha or ~ peculiar?** lustig oder merkwürdig? **II.** *adv* (*fam*) komisch, merkwürdig

'fun·ny bone *n* (*fam*) Musikantenknochen *m*

fur [fɜːʳ] **I.** *n* ❶ *no pl* (*on animal*) Fell *nt* ❷ FASHION Pelz *m* ▶ **the ~ flies** die Fetzen fliegen **II.** *vi* <-rr-> ■ **to ~ up** *kettle* verkalken

fur 'coat *n* Pelzmantel *m*

fu·ri·ous [ˈfjʊəriəs] *adj* ❶ (*angry*) *person* [sehr] wütend; *argument* heftig; ■ **to be ~ with sb/about** [*or* **at**] **sth** wütend auf jdn/ über etw *akk* sein ❷ (*intense*) *storm* heftig; **at a ~ pace** in rasender Geschwindigkeit; **fast and ~** rasant; **the questions came fast and ~** die Fragen kamen Schlag auf Schlag

furl [fɜːl] *vt* einrollen

fur·long [ˈfɜːlɒŋ] *n* Achtelmeile *f*

fur·nace [ˈfɜːnɪs] *n* ❶ (*industrial*) Hochofen *m*, Schmelzofen *m* ❷ (*domestic*) [Haupt]heizung *f* ❸ (*fig*) Backofen *m*

fur·nish [ˈfɜːnɪʃ] *vt* ❶ (*provide furniture*) einrichten ❷ (*supply*) liefern; ■ **to ~ sb with sth** jdn mit etw *dat* versorgen

fur·nished [ˈfɜːnɪʃt] *adj house* eingerichtet; *apartment, room* möbliert

fur·nish·ings [ˈfɜːnɪʃɪŋz] *npl* Einrichtung *f*

fur·ni·ture [ˈfɜːnɪtʃəʳ] *n no pl* Möbel *pl*; **piece** [*or* **item**] **of ~** Möbelstück *nt*; **to be part of the ~** (*fig*) zum Inventar gehören

'fur·ni·ture van *n* Möbelwagen *m*

fu·ro·re [fjʊ(ə)ˈrɔːri], AM **fu·ror** *n no pl* ❶ (*excitement*) Wirbel *m* (**over** um); **to cause a ~** für Wirbel sorgen ❷ (*uproar*) Aufruhr *m*

fur·row [ˈfʌrəʊ] *n* ❶ (*groove*) Furche *f* ❷ (*wrinkle*) Falte *f*

fur·ry [ˈfɜːri] *adj* (*short fur*) pelzig; (*long fur*) wollig; *tongue* belegt; **soft and ~** kuschelig weich

fur·ther [ˈfɜːðəʳ] **I.** *adj comp of* **far** ❶ (*more distant*) weiter [entfernt] ❷ (*additional*) weiter; **I've no ~ use for it** ich kann es nicht mehr gebrauchen; **until ~ notice** bis auf weiteres **II.** *adv comp of* **far** ❶ (*more distant*) weiter; **nothing could be ~ from my mind** nichts liegt mir ferner; **~ back** (*in place*) weiter zurück; (*in time*) früher; **a bit ~ on** [noch] etwas weiter ❷ (*to a greater degree*) weiter; **I wouldn't go any ~ than that** mehr möchte ich nicht sagen; **to take sth ~** mit etw *dat* weitermachen; (*pursue*) *matter* etw weiterverfolgen; **~ and ~** [immer] weiter ❸ (*more*) [noch] weiter; **I have nothing ~ to say** ich habe nichts mehr zu sagen; **~ to your letter,**

... BRIT, AUS (form) bezugnehmend auf Ihren Brief, ...; **to not go any ~** nicht weitergehen; **to make sth go ~** food etw strecken **III.** vt fördern; **to ~ sb's interests** jds Interessen förderlich sein

fur·ther·more [ˌfɜːðəˈmɔːʳ] adv außerdem

fur·ther·most [ˈfɜːðəməʊst] adj äußerste(r, s)

fur·thest [ˈfɜːðɪst] **I.** adj superl of far ① (most distant) am weitesten entfernte(r, s) ② (fig) extremste(r, s) **II.** adv superl of far am weitesten; **that's the ~ I can see** weiter [entfernt] erkenne ich nichts mehr

fur·tive [ˈfɜːtɪv] adj glance verstohlen; action heimlich; manner verschlagen; **to have a ~ air** heimlichtuerisch wirken

fury [ˈfjʊəri] n no pl ① (rage) Wut f; **like ~** wie verrückt; **in a ~** wütend ② (intensity) Ungestüm nt; of a storm Heftigkeit f

fuse [fjuːz] **I.** n ① (in a house) Sicherung f ② (device) of a bomb Zündvorrichtung f; (string) Zündschnur f ▶ **sb has a short ~** jd wird schnell wütend **II.** vi ① BRIT **the lights have ~d** die Sicherungen der Lampen sind durchgebrannt ② (join together) sich vereinigen; **to ~ together** miteinander verschmelzen **III.** vt ① BRIT ELEC die Sicherung einer S. gen zum Durchbrennen bringen ② (join together) verbinden; (with heat) verschmelzen

'fuse box n Sicherungskasten m

fu·selage [ˈfjuːzəlɑːʒ] n (Flugzeug)rumpf m

fu·sion [ˈfjuːʒən] n Verschmelzung f kein pl a. fig; nuclear ~ Kernfusion f

'fu·sion food n no pl Fusion Food f (Kombination von Zutaten und Zubereitungsarten aus den Küchen der Welt)

fuss [fʌs] **I.** n ① (excitement) [übertriebene] Aufregung ② (attention) [übertriebener] Aufwand, Getue nt pej; **it's a lot of ~ about nothing** das ist viel Lärm um nichts; **to make a ~** einen Aufstand machen fam; **to make a ~ of** [or AM **over**] **sb** für jdn einen großen Aufwand betreiben; **to make a ~ about sth** um etw akk viel Aufhebens machen **II.** vi (be nervously active) [sehr] aufgeregt sein; **please, stop ~ing** hör bitte auf, so einen Wirbel zu machen; ▪ **to ~ over sb/sth** (treat with excessive attention) viel Wirbel um jdn/etw machen; (overly worry) sich dat übertriebene Sorgen um jdn/etw machen; ▪ **to ~ with sth** [hektisch] an etw dat herumhantieren **III.** vt ▪ **to ~ sb** jdm auf die Nerven gehen; **stop ~ing me!** lass mich doch in Ruhe!

'fuss·pot n (fam) **to be a ~** penibel sein

fussy [ˈfʌsi] adj ① (pej: about things) pingelig; (about food) mäkelig; (about people) [zu] wählerisch; **we're not ~** (not demanding) wir sind nicht wählerisch; BRIT (indifferent) uns ist es egal ② (pej: overly-decorated) [zu] verspielt, überladen

fus·ty [ˈfʌsti] adj ① (musty) muffig ② (fig: old-fashioned) verstaubt

fu·tile [ˈfjuːtaɪl] adj sinnlos; (pointless) nutzlos; attempt vergeblich; **to prove ~** vergebens sein

fu·til·ity [ˌfjuːˈtɪləti] n no pl Sinnlosigkeit f

fu·ture [ˈfjuːtʃəʳ] **I.** n ① (in time) Zukunft f; **plans for the ~** Zukunftspläne pl; **at some point in the ~** irgendwann einmal; ▪ **in** [AM usu **in**] **the ~** in Zukunft; **in the near ~** in naher Zukunft; **to not have much of a ~** keine [guten] Zukunftsaussichten haben ② LING **~ tense** Futur nt; **to be in the ~ tense** im Futur stehen **II.** adj zukünftig; generations kommend; **for ~ reference** zur späteren Verwendung

fu·ture 'per·fect n no pl vollendetes Futur, Futur II

'fu·tures mar·ket n ECON Terminbörse f

fu·tur·is·tic [ˌfjuːtʃəˈrɪstɪk] adj futuristisch

fuze n, vt AM see **fuse**

fuzz [fʌz] n no pl ① (fluff) Fussel[n] pl ② (fluffy hair) Flaum m ③ (sl: police) ▪ **the ~** die Bullen pl

fuzzy [ˈfʌzi] adj ① (fluffy) flaumig ② (frizzy) wuschelig ③ (distorted) verschwommen; **my head is so ~** ich bin ganz benommen

Gg

G <pl **-'s** or **-s**>, **g** <pl **-'s**> [dʒiː] n ① (letter) G nt, g nt; see also **A 1** ② MUS G nt, g nt; **~ flat** Ges nt, ges nt; **~ sharp** Gis nt, gis nt

gab [gæb] **I.** vi <-bb-> (pej fam) quatschen **II.** n **to have the gift of the ~** überzeugend reden können

gab·ble [ˈgæbl] **I.** vi quasseln; goose schnattern; **to ~ away at sb** jdn voll quasseln **II.** vt herunterrasseln **III.** n no pl Gequassel nt; of geese Geschnatter nt

ga·ble [ˈgeɪbl] n Giebel m

Ga·bon [gæbˈɒn] n Gabun nt

Gabo·nese [ˌgæbəˈniːz] **I.** adj gabunisch **II.** n Gabuner(in) m/f

gadg·et [ˈgædʒɪt] n [praktisches] Gerät

Gael·ic [ˈgeɪlɪk, ˈgæl-] **I.** n Gälisch nt **II.** adj gälisch

gaffe [gæf] n Fauxpas m

gaff·er [ˈgæfəʳ] n ① BRIT (fam: foreman) Vor-

arbeiter *m*; (*fig*) Boss *m* ❷ FILM, TV ≈ Filmtechniker *m*
gag [gæg] **I.** *n* ❶ (*cloth*) Knebel *m* ❷ (*joke*) Gag *m* **II.** *vt* <-gg-> ▪ **to ~ sb** jdn knebeln; (*fig*) jdm einen Maulkorb verpassen
gaga ['gɑːgɑː] *adj* (*fam*) vertrottelt
gage *n*, *vt* AM *see* **gauge**
gag·ging ['gægɪŋ] *pers part* **gag III:** ▪ **to be ~ for sth** (*sl: be desperate for a drink, a cigarette etc.*) etw dringend brauchen, nach etw *dat* gieren *fam*
gag·ging or·der ['gægɪŋ-] *n* (*fam*) Nachrichtensperre *f*
gag·gle ['gægl] *n* (*people*) Schar *f*; **~ of geese** Gänseherde *f*
gai·ety ['geɪəti] *n no pl* Fröhlichkeit *f*
gai·ly ['geɪli] *adv* ❶ (*happily*) fröhlich ❷ (*brightly*) freundlich; **~ coloured** farbenfroh
gain [geɪn] **I.** *n* ❶ *no pl* (*increase*) Zunahme *f kein pl*; (*in speed*) Erhöhung *f kein pl*; **~ in weight** Gewichtszunahme *f* ❷ ECON Gewinn *m* ❸ *no pl* (*advantage*) Vorteil *m* **II.** *vt* ❶ (*obtain*) gewinnen; *access, entry* sich *dat* verschaffen; *experience* sammeln; *independence* erlangen; *insight* bekommen; *recognition* finden; *victory* erringen; **to ~ acceptance** akzeptiert werden; **to ~ control of sth** etw unter [seine] Kontrolle bekommen ❷ (*increase*) ▪ **to ~ sth** an etw *dat* gewinnen; *self-confidence* entwickeln; **to ~ speed/strength** schneller/kräftiger werden; **to ~ weight** zunehmen **III.** *vi* ❶ (*increase*) zunehmen; *prices, numbers* [an]steigen; *clock, watch* vorgehen ❷ (*profit*) profitieren ▪ **to ~ by doing sth** durch etw *akk* profitieren ❸ (*catch up*) ▪ **to ~ on sb** jdn mehr und mehr einholen
gain·ful ['geɪnfʊl] *adj* **~ employment** Erwerbstätigkeit *f*
gait [geɪt] *n* Gang *m kein pl*; *of a horse* Gangart *f*
gala ['gɑːlə] *n* ❶ (*social event*) Gala *f* ❷ BRIT (*competition*) Sportfest *nt*
ga·lac·tic [gəˈlæktɪk] *adj* galaktisch
gal·axy ['gæləksi] *n* ❶ (*star system*) Galaxie *f* ❷ (*fig: group*) erlesene Gesellschaft
gale [geɪl] *n* Sturm *m*; **~-force wind** Wind *m* mit Sturmstärke; **~ warning** Sturmwarnung *f*
gall [gɔːl] **I.** *n* ANAT Galle *f*; **~ bladder** Gallenblase *f* ▶ **to have the ~ to do sth** die Frechheit besitzen, etw zu tun **II.** *vt* ▪ **sth ~s sb** etw ist bitter für jdn
gal·lant ['gælənt] *adj* ❶ (*chivalrous*) charmant ❷ (*brave*) tapfer
gal·leon ['gæliən] *n* Galeone *f*
gal·lery ['gæləri] *n* Galerie *f*

gal·ley ['gæli] *n* ❶ (*kitchen*) *of a ship* Kombüse *f*; AVIAT Bordküche *f* ❷ (*hist: ship*) Galeere *f*
gal·ley 'kitch·en *n* Küchenzeile *f*
gal·li·vant ['gælɪvænt] *vi* (*fam*) ▪ **to ~ about** [*or* **around**] sich herumtreiben
gal·lon ['gælən] *n* Gallone *f*; **imperial/US ~** britische/amerikanische Gallone; ▪ **~s** (*fig*) Unmengen *pl*
gal·lop ['gæləp] **I.** *vi* galoppieren **II.** *n usu sing* Galopp *m*; **to break into a ~** in Galopp verfallen
gal·lows ['gæləʊz] *n + sing vb* Galgen *m*; **to send sb to the ~** jdn an den Galgen bringen
'gall·stone *n* Gallenstein *m*
Gal·lup poll® ['gæləp,-] *n* Meinungsumfrage *f*
ga·lore [gəˈlɔːr] *adj after n* im Überfluss
gal·va·nize ['gælvənaɪz] *vt* ❶ TECH galvanisieren ❷ (*fig*) **to ~ sb into action** jdm Beine machen
gam·bit ['gæmbɪt] *n* ❶ (*in chess*) Gambit *nt* ❷ (*fig: tactic, remark*) Schachzug *m*; **opening ~** Satz, mit dem man ein Gespräch anfängt
gam·ble ['gæmbl] **I.** *n usu sing* Risiko *nt*; **to take a ~** ein Risiko eingehen **II.** *vi* ❶ (*bet*) [um Geld] spielen; **to ~ on dogs/horses** auf Hunde/Pferde wetten; **to ~ on the stock market** an der Börse spekulieren ❷ (*take a risk*) ▪ **to ~ that ...** sich darauf verlassen, dass ...; ▪ **to ~ on sb/sth doing sth** sich darauf verlassen, dass jd/etw etw tut; ▪ **to ~ with sth** etw aufs Spiel setzen **III.** *vt* aufs Spiel setzen
gam·bler ['gæmblər] *n* Spieler(in) *m(f)*
gam·bling ['gæmblɪŋ] *n no pl* Glücksspiel *nt*
gam·bol <BRIT -ll- *or* AM *usu* -l-> ['gæmbəl] *vi* (*liter*) herumspringen
game[1] [geɪm] **I.** *n* Spiel *nt*; ▪ **~s** *pl* BRIT SCH [Schul]sport *m kein pl*; **let's have a ~ of tennis** lass uns Tennis spielen; **what's your ~?** (*fig fam*) was soll das?; **a ~ of chess** eine Partie Schach; **to be on/off one's ~** gut/nicht in Form sein; **to play ~s with sb** (*fig*) mit jdm spielen ▶ **to beat sb at their own ~** jdn mit seinen eigenen Waffen schlagen; **to give the ~ away** alles verraten; **to be on the ~** BRIT (*fam*) auf den Strich gehen; AM seine Finger in unsauberen Geschäften haben; **two can play at that ~** was du kannst, kann ich schon lange; **the ~'s up** das Spiel ist aus **II.** *adj* bereit
game[2] [geɪm] *n no pl* (*animal*) Wild *nt*; **big ~** Großwild *nt*
'game·keep·er *n* Wildhüter(in) *m(f)*
gam·elan ['gæmeəlæn] *n* MUS Gamelan *nt*
'game·pad *n* Spiel-Pad *nt*, Game-Pad *nt*

gamer ['geɪməʳ] *n* Gamer(in) *m(f)*, Computerspieler(in) *m(f)*

'game show *n* Spielshow *f*; (*quiz show*) Quizsendung *f*

gam·ing ['geɪmɪŋ] *n no pl* Spielen *nt*

'gam·ing table *n* Spieltisch *m*

gam·mon ['gæmən] *n no pl* BRIT leicht geräucherter Schinken

gam·my ['gæmi] *adj* BRIT (*fam*) leg lahm

ga·nache [gæˈnæʃ] *n no pl* Ganache *f* (*Mischung aus Schokolade, Sahne oder Butter, oft aromatisiert, für Torten oder Trüffel*)

gan·der ['gændəʳ] *n* ❶ (*goose*) Gänserich *m* ❷ (*fam: look*) **to have** [*or* **take**] **a ~ at sth** einen kurzen Blick auf etw *akk* werfen

gang [gæŋ] **I.** *n of people* Gruppe *f*; *of criminals* Bande *f*; *of youths* Gang *f*; *of friends* Clique *f*; *of workers, prisoners* Kolonne *f* **II.** *vi* ■ **to ~ up** sich zusammentun; ■ **to ~ up against** [*or on*] **sb** sich gegen jdn verbünden

gan·gling ['gæŋglɪŋ] *adj* schlaksig

gan·gly <-ier, -iest> ['gæŋgli] *adj* schlaksig

'gang·plank *n* Landungssteg *m*

gan·grene ['gæŋgriːn] *n no pl* MED Brand *m*

gang·ster ['gæŋ(k)stəʳ] *n* Gangster(in) *m(f)*

gang 'war·fare *n no pl* Bandenkrieg *m*

'gang·way **I.** *n* ❶ NAUT Gangway *f* ❷ (*gangplank*) Landungsbrücke *f*; (*ladder*) Fallreep *nt* ❸ BRIT (*aisle*) [Durch]gang *m* **II.** *interj* (*fam*) ~! Platz da!

gan·try ['gæntri] *n* Gerüst *nt*; (*for crane*) Portal *nt*; (*for rocket*) Abschussrampe *f*

gaol [dʒeɪl] *n* BRIT (*dated*) *see* **jail**

gap [gæp] *n* ❶ (*empty space*) Lücke *f a. fig* ❷ (*in time*) Pause *f* ❸ (*difference*) Unterschied *m*; (*in attitude*) Kluft *f*; **age ~** Altersunterschied *m*

gape [geɪp] *vi* glotzen; ■ **to ~ at sb/sth** jdn/etw [mit offenem Mund] anstarren

gap·ing ['geɪpɪŋ] *adj* weit geöffnet; *wound* klaffend; *hole* gähnend

gap·per ['gæpəʳ] *n* (*fam*) jd, der ein Jahr Auszeit nimmt, (*oft zwischen Schule und Studienantritt*)

'gap year *n* ein freies Jahr, oft zwischen Schule und Studienantritt

gar·age ['gærɑːʒ] **I.** *n* ❶ (*for cars*) Garage *f* ❷ BRIT, AUS (*petrol station*) Tankstelle *f* ❸ (*repair shop*) [Kfz-]Werkstatt *f* ❹ BRIT (*dealer*) Autohändler(in) *m(f)* **II.** *vt* in die Garage stellen

garb [gɑːb] *n no pl* (*liter*) Kleidung *f*

gar·bage ['gɑːbɪdʒ] *n no pl* ❶ AM, AUS (*rubbish*) Müll *m a. fig* ❷ (*pej: nonsense*) Blödsinn *m*

gar·ble ['gɑːbl] *vt* durcheinanderbringen; *message* verdrehen

gar·den ['gɑːdən] **I.** *n* Garten *m*; **back ~** Garten *m* hinter dem Haus; **front ~** Vorgarten *m*; ■ **~s** *pl* Gartenanlage *f*, Gärten *pl* ▶ **to lead sb up the ~ path** jdn an der Nase herumführen **II.** *vi* im Garten arbeiten

'gar·den cen·tre *n* BRIT, CAN Gartencenter *nt*

gar·den·er ['gɑːdənəʳ] *n* Gärtner(in) *m(f)*

gar·den·ing ['gɑːdənɪŋ] *n no pl* Gartenarbeit *f*; **a book on ~** ein Buch *nt* über Gartenpflege; **~ tools** Gartengeräte *pl*

'gar·den par·ty *n* [großes] Gartenfest

gar·gan·tuan [gɑːˈgæntjuən] *adj* riesig

gar·gle ['gɑːgl] **I.** *vi* gurgeln **II.** *n no pl* Gurgeln *nt*

gar·goyle ['gɑːgɔɪl] *n* Wasserspeier *m*

gar·ish ['geərɪʃ] *adj* (*pej*) knallbunt

gar·land ['gɑːlənd] **I.** *n* Kranz *m*; *for a Christmas tree* Girlande *f*; **~ of roses** Rosenkranz *m* **II.** *vt* bekränzen

gar·lic ['gɑːlɪk] *n no pl* Knoblauch *m*

gar·ment ['gɑːmənt] *n* Kleidungsstück *nt*

gar·nish ['gɑːnɪʃ] **I.** *vt food* garnieren; (*fig*) ausschmücken **II.** *n* <*pl* -es> Garnierung *f*

gar·ret ['gærət] *n* Dachkammer *f*

gar·ri·son ['gærɪsən] **I.** *n* Garnison *f* **II.** *vt* ■ **to be ~ed** in Garnison liegen

gar·ru·lous ['gærʊləs] *adj* schwatzhaft

gar·ter ['gɑːtəʳ] *n* (*band*) Strumpfband *nt*; AM Strumpfhalter *m* ■ BRIT **the Order of the G~** BRIT der Hosenbandorden

gas [gæs] **I.** *n* <*pl* -es *or* -sses> ❶ (*vapour*) Gas *nt*; **natural ~** Erdgas *nt* ❷ *no pl* AM (*fam: petrol*) Benzin *nt*; **to get ~** tanken; **to step on the ~** (*fig*) Gas geben ❸ *no pl* AM (*fam: flatulence*) Blähungen *pl* ❹ *esp* AM (*fam: laugh*) **to be a ~** zum Brüllen sein **II.** *vt* <-ss-> vergasen **III.** *vi* <-ss-> (*fam*) quatschen

'gas·bag *n* (*pej sl*) Quasselstrippe *f* **'gas cham·ber** *n* Gaskammer *f* **'gas cook·er** *n* BRIT Gasherd *m*; (*small device*) Gaskocher *m*

gas·eous ['gæsiəs] *adj* gasförmig

'gas field *n* [Erd]gasfeld *nt* **'gas fire** *n* BRIT Gaskaminofen *m* **'gas fit·ter** *n* BRIT Gasinstallateur(in) *m(f)*

gash [gæʃ] **I.** *n* <*pl* -es> *on the body* [tiefe] Schnittwunde; *in cloth* [tiefer] Schlitz; *in the ground* [tiefer] Spalt; *in a tree* [tiefe] Kerbe **II.** *vt* aufschlitzen; ■ **to ~ sth open** *leg, arm* sich *dat* etw aufreißen; *head, knee, elbow* sich *dat* etw aufschlagen **'gas·hold·er** *n* Gascontainer *m*

gas·ket ['gæskɪt] *n* Dichtung *f*

'gas lamp *n* Gaslampe *f* **'gas light·er** *n* Gasanzünder *m*; (*for cigarettes*) Gasfeuerzeug *nt* **'gas mask** *n* Gasmaske *f* **'gas me·ter** *n* Gaszähler *m*

gaso·line ['gæsəliːn] *n* AM Benzin *nt*; **~ tax** Kraftstoffsteuer *f*

gas·om·eter [gæsˈɒmɪtəʳ] *n* [großer] Gasbehälter

'gas oven *n* Gasherd *m*

gasp [gɑːsp] **I.** *vi* ❶ (*pant*) keuchen; (*catch one's breath*) tief einatmen; ■ **sb ~s** (*in surprise, shock, pain*) jdm stockt der Atem; **to ~ for air** nach Luft schnappen ❷ (*speak*) nach Luft ringen ❸ BRIT (*fam*) ■ **to be ~ing** [**for sth**] großes Verlangen [nach etw *dat*] haben; **I'm ~ing!** ich verdurste! **II.** *vt* ■ **to ~ out** [atemlos] hervorstoßen **III.** *n* hörbares Lufteinziehen; **he gave a ~ of amazement** ihm blieb vor Überraschung die Luft weg ▶ **to the <u>last</u> ~** bis zum letzten Atemzug

'gas ped·al *n* AM Gaspedal *nt* **'gas pipe** *n* Gasleitung *f* **'gas pump** *n* AM Zapfsäule *f* **'gas sta·tion** *n* AM Tankstelle *f* **'gas stove** *n* Gasherd *m*; (*small device*) Gaskocher *m*

gas·sy [ˈgæsi] *adj* kohlensäurehaltig

gas·tric [ˈgæstrɪk] *adj* MED Magen-

gas·tro·en·teri·tis [ˌgæstrəʊˌentəˈraɪtɪs] *n no pl* MED Magen-Darm-Katarrh *m*

gas·tro·nom·ic [ˌgæstrəˈnɒmɪk] *adj* kulinarisch

gas·trono·my [gæsˈtrɒnəmi] *n no pl* Gastronomie *f*

gas·tro·pub [ˈgæstrəʊpʌb] *n* ein Bistro-ähnliches Lokal mit anspruchsvoller Küche

'gas·works *n* + *sing vb* Gaswerk *nt*

gate [geɪt] *n* ❶ (*at an entrance*) Tor *nt*; (*in an airport*) Flugsteig *m*, Gate *nt*; (*of an animal pen*) Gatter *nt*; (*to a garden, courtyard*) Pforte *f* ❷ SPORTS **starting ~** Startmaschine *f* ❸ (*spectators*) Zuschauerzahl *f* ❹ *no pl* (*money*) Einnahmen *pl*

'gate·crash *vt* (*fam*) reinplatzen in +*akk* **'gate·crash·er** *n* (*fam*) un[ein]geladener Gast **'gate·keep·er** *n* Pförtner(in) *m(f)* **'gate mon·ey** *n no pl* BRIT, AUS Einnahmen *pl* (*aus Eintrittskartenverkäufen*) **'gate·post** *n* Torpfosten *m* ▶ **between you, me, and the ~** unter uns [gesagt] **'gate·way** *n* ❶ (*entrance*) Eingangstor *nt* ❷ (*fig*) Tor *nt*; **the ~ to the North** das Tor zum Norden

'gate·way drug *n* Einstiegsdroge *f*

gath·er [ˈgæðəʳ] **I.** *vt* ❶ (*collect*) sammeln; **we ~ed our things together** wir suchten unsere Sachen zusammen; **to ~ intelligence** sich *dat* [geheime] Informationen beschaffen ❷ (*pull away*) **to ~ sb in one's arms** jdn in die Arme nehmen ❸ FASHION kräuseln ❹ (*increase*) **to ~ momentum** in Fahrt kommen; **to ~ speed** schneller werden ❺ (*understand*) verstehen; **Tony's not happy, I ~** wie ich höre, ist Tony nicht glücklich; ■ **to ~ from sth that ...** aus etw *dat* schließen, dass ...; ■ **to ~ from sb that ...** von jdm erfahren haben, dass ... **II.** *vi* ❶ (*come together*) sich sammeln; *people* sich versammeln; (*accumulate*) sich ansammeln; *clouds* sich zusammenziehen; *storm* heraufziehen ❷ FASHION gerafft sein

gath·er·ing [ˈgæðərɪŋ] **I.** *n* Versammlung *f*; **family ~** Familientreffen *nt* **II.** *adj clouds, storm* heraufziehend; *darkness* zunehmend

gauche [ɡəʊʃ] *adj* unbeholfen

gaudy [ˈɡɔːdi] *adj* knallig

gauge [ɡeɪdʒ] **I.** *n* ❶ (*device*) Messgerät *nt*; (*for tools*) [Mess]lehre *f*; (*for water level*) Pegel *m* ❷ (*thickness*) *of metal, plastic* Stärke *f*; *of a wire, tube* Dicke *f*; (*diameter*) *of a gun, bullet* Durchmesser *m*, Kaliber *nt* ❸ RAIL Spurweite *f*; **narrow ~** Schmalspur *f*; **standard ~** Normalspur *f* ❹ (*fig: measure*) Maßstab *m* (**of** für) **II.** *vt* ❶ (*measure*) messen ❷ (*judge*) beurteilen; (*estimate*) [ab]schätzen

gaunt [ɡɔːnt] *adj* hager; (*from illness*) ausgemergelt

gaunt·let [ˈɡɔːntlət] *n* [Stulpen]handschuh *m* ▶ **to <u>run</u> the ~** Spießruten laufen

gauze [ɡɔːz] *n no pl* ❶ (*fabric*) Gaze *f* ❷ CHEM (*wire gauze*) Gewebedraht *m*

gave [ɡeɪv] *pt of* **give**

gav·el [ˈɡævəl] *n* Hammer *m*

gawk [ɡɔːk] *vi*, **gawp** [ɡɔːp] *vi* (*fam*) glotzen; **don't stand there ~ing!** glotz nicht so blöd!; ■ **to ~ at sb/sth** jdn/etw anglotzen

gawky [ˈɡɔːki] *adj* schlaksig, linkisch, unbeholfen

gawp [ɡɔːp] *n* (*fam*) langer Blick; **have a ~ at sth** etw unverwandt anstarren

gay [ɡeɪ] **I.** *adj* ❶ (*homosexual*) schwul, gay; **~ bar** Schwulenlokal *nt*; **~ community** Schwulengemeinschaft *f*; **~ scene** Schwulenszene *f* ❷ (*cheerful*) fröhlich **II.** *n* Schwule(r) *m*, Gay *m*

gaze [ɡeɪz] **I.** *vi* starren; **to ~ into the distance/out of the window** ins Leere/aus dem Fenster starren; ■ **to ~ at sb/sth** jdn/etw anstarren **II.** *n* Blick *m*

ga·zelle [ɡəˈzel] *n* Gazelle *f*

ga·zette [ɡəˈzet] *n* Blatt *nt*, Anzeiger *m*

ga·zump [ɡəˈzʌmp] *vt* BRIT, AUS (*fam*) ■ **to ~ sb** jdn beim Hausverkauf übers Ohr hauen, indem man entgegen vorheriger Zusage an einen Höherbietenden verkauft

GB *n* <pl -> ❶ *abbrev of* **Great Britain** GB ❷ *abbrev of* **Gigabyte** GByte *nt*

GBH [ˌdʒiːbiːˈeɪtʃ] *n no pl* BRIT LAW *abbrev of* **grievous bodily harm** schwere Körperverletzung

GCHQ [ˌdʒiːsiːeɪtʃˈkjuː] *n* BRIT *abbrev of* **Government Communications Headquarters** Zentrale des britischen Nachrichtendienstes

GCSE [ˌdʒiːsiːesˈiː] n BRIT abbrev of **General Certificate of Secondary Education** ≈ Mittlere Reife (Abschluss der Sekundarstufe)

Gdns abbrev of **Gardens** bei Adressenangaben, z.B.: 25 Egerton Gdns

GDP [ˌdʒiːdiːˈpiː] n abbrev of **gross domestic product** BIP nt

gear [gɪəʳ] **I.** n ❶ TECH Gang m; **to change** [or AM **shift**] ~s schalten; ■~s pl (in a car) Getriebe nt; (on a bicycle) Gangschaltung f ❷ no pl (fig) **to step up a ~** einen Gang zulegen ❸ no pl (equipment) Ausrüstung f; (clothes) Kleidung f, Sachen pl fam; (trendy clothes) Klamotten pl fam ❹ (sl: heroin) Zeug nt **II.** vt ausrichten (**to** auf) **III.** vi ■**to ~ [oneself] up** sich einstellen (**for** auf)

'**gear·box** n Getriebe nt

'**gear·head** n (sl) Computerfreak m fam

'**gear·ing** [ˈgɪərɪŋ] n no pl ❶ TECH Getriebe nt ❷ ECON Verschuldungsgrad m

'**gear stick**, BRIT, AUS '**gear lev·er**, AM '**gear·shift** n Schalthebel m '**gear·wheel** n Zahnrad nt

gee [dʒiː] interj AM (fam) Mannomann

'**geek·fest** n (sl) Geektreffen nt

gee·zer [ˈgiːzəʳ] n (fam) [old] ~ Alte(r) m

gel [dʒel] **I.** n Gel nt **II.** vi <-ll-> ❶ (form a gel) gelieren ❷ (fig) Form annehmen

geld·ing [ˈgeldɪŋ] n kastriertes Tier; (horse) Wallach m

gem [dʒem] n ❶ (jewel) Edelstein m ❷ (person) Schatz m ❸ (very good thing) Juwel nt; **a ~ of a car/house** ein klasse Auto fam/ prunkvolles Haus

Gem·i·ni [ˈdʒemɪnaɪ, -niː] n ASTROL Zwillinge pl; **to be a ~** [ein] Zwilling sein

gen [dʒen] **I.** n no pl BRIT (sl) Informationen pl **II.** vi <-nn-> BRIT (sl) ■**to ~ up on sth** sich über etw akk informieren

gen·der [ˈdʒendəʳ] n Geschlecht nt

gender-bending [ˈdʒendəbendɪŋ] adj attr (fam) chemicals hormonell wirksam; ~ **hormones** sich auf die Geschlechtsmerkmale auswirkende Hormone

gen·dered [ˈdʒendəd] adj geschlechtsspezifisch

gen·der ste·reo·typ·ing [-ˈsterɪə(ʊ)taɪpɪŋ] n no pl geschlechtsspezifische Rollenverteilung; **why does this ~ still happen?** warum gibt es noch immer diese Klischeevorstellungen von Männern und Frauen?

gene [dʒiːn] n Gen nt

ge·nea·logi·cal [ˌdʒiːnɪəˈlɒdʒɪkəl] adj genealogisch; ~ **tree** Stammbaum m

ge·ne·alo·gist [ˌdʒiːniːˈælədʒɪst] n Genealoge, Genealogin m, f

ge·neal·ogy [ˌdʒiːniːˈælədʒi] n no pl Genealogie f

'**gene bank** n Genbank f

gen·er·al [ˈdʒenərəl] **I.** adj allgemein; ~ **idea** ungefähre Vorstellung; ~ **impression** Gesamteindruck m; ~ **meeting** Vollversammlung f; **it is ~ practice** es ist allgemein üblich; **in ~** [or **as a ~ rule**] im Allgemeinen; **to talk in ~ terms** [nur] allgemein reden; **for ~ use** für den allgemeinen Gebrauch; **to be in ~ use** allgemein benutzt werden; **Consul ~** Generalkonsul(in) m(f) **II.** n MIL General(in) m(f) **gen·er·al an·aes·thet·ic** n no pl Vollnarkose f **Gen·er·al As·sem·bly** n no pl (UNO-)Vollversammlung f **gen·er·al de·liv·ery** n no pl AM (poste restante) postlagernd **gen·er·al elec·tion** n Parlamentswahlen pl

gen·er·al·ity [ˌdʒenəˈrælɪti] n ❶ (general statement) **to talk in/of generalities** verallgemeinern, sich über Allgemeines unterhalten ❷ no pl (vagueness) Allgemeingültigkeit f ❸ no pl (form: majority) Mehrheit f

gen·er·ali·za·tion [ˌdʒenərəlaɪˈzeɪʃən] n ❶ (instance) Verallgemeinerung f ❷ no pl (technique) Generalisierung f **gen·er·al·ize** [ˈdʒenərəlaɪz] vi, vt ■**to ~** [about sth] [etw] verallgemeinern **gen·er·al·ly** [ˈdʒenərəli] adv ❶ (usually) normalerweise, im Allgemeinen ❷ (mostly) im Allgemeinen, im Großen und Ganzen ❸ (widely, not in detail) allgemein; **to be ~ available** der Allgemeinheit zugänglich sein; ~ **speaking** im Allgemeinen

Gen·er·al Post Of·fice n Hauptpost f **gen·er·al prac·ti·tion·er** n Arzt, Ärztin m, f für Allgemeinmedizin, praktische Arzt/praktische Ärztin **gen·er·al staff** n + sing/pl vb MIL Generalstab m **gen·er·al store** n AM Gemischtwarenladen m **gen·er·al strike** n Generalstreik m **gen·er·al view** n no pl ■**the ~** die vorherrschende Meinung

gen·er·ate [ˈdʒenəreɪt] vt ❶ (produce) controversy, enthusiasm hervorrufen; electricity erzeugen; income erzielen; jobs schaffen ❷ MATH, LING generieren

'**gen·er·at·ing sta·tion** n Elektrizitätswerk nt

gen·era·tion [ˌdʒenəˈreɪʃən] n ❶ (set) Generation f ❷ no pl (production) Erzeugung f

gen·era·tive [ˈdʒenərətɪv] adj (form) generativ

gen·era·tor [ˈdʒenəreɪtəʳ] n ❶ (dynamo) Generator m ❷ (producer) Erzeuger(in) m(f); ~ **of new ideas** Ideenlieferant(in) m(f)

ge·ner·ic [dʒəˈnerɪk] **I.** adj ❶ (general) generisch; ~ **term** Oberbegriff m; BIOL Gattungsbegriff m ❷ AM, AUS (not name-brand) markenlos **II.** n AUS No-Name-Produkt nt

gen·er·os·i·ty [ˌdʒenəˈrɒsəti] *n no pl* Großzügigkeit *f*

gen·er·ous [ˈdʒenərəs] *adj* großzügig

gen·e·sis <*pl* -ses> [ˈdʒenəsɪs, *pl* -siːz] *n usu sing* ❶ *(form: origin)* Ursprung *m* ❷ REL **G~** das erste Buch Mose

gene ˈthera·py *n usu sing* Gentherapie *f*

ge·net·ic [dʒəˈnetɪk] *adj* genetisch; **~ dis·ease** Erbkrankheit *f*

ge·net·i·cist [dʒəˈnetɪsɪst] *n* Genetiker(in) *m(f)*

ge·net·ics [dʒəˈnetɪks] *n no pl* Genetik *f*

Ge·ne·va [dʒəˈniːvə] *n* Genf *nt*

gen·ial [ˈdʒiːniəl] *adj* freundlich; *climate* angenehm

ge·nie <*pl* -nii *or* -s> [ˈdʒiːni, *pl* -niaɪ] *n* Geist *m* (*aus einer Flasche oder Lampe*)

geni·ta·lia [ˌdʒenɪˈteɪliə] *npl (form)*, **geni·tals** [ˈdʒenɪtᵊlz] *npl* Geschlechtsorgane *pl*

gen·i·tive [ˈdʒenɪtɪv] *n* Genitiv *m*; **to be in the ~** im Genitiv stehen; **~ case** Genitiv *m*

ge·ni·us <*pl* -es *or* -nii> [ˈdʒiːniəs, *pl* niaɪ] *n* ❶ *(person)* Genie *nt*; **to be a ~ with numbers** genial rechnen können ❷ *no pl (intelligence, talent)* Genialität *f*; **to have a ~ for sth** eine [besondere] Gabe für etw *akk* haben

geno·cide [ˈdʒenəsaɪd] *n no pl* Völkermord *m*

gen·re [ˈʒɑ̃:(n)rə] *n* Genre *nt*

gent [dʒent] *n (hum fam) short for* **gentleman** Gentleman *m*

gen·teel [dʒenˈtiːl] *adj* vornehm

gen·tian [ˈdʒentiən] *n* Enzian *m*

gen·tile [ˈdʒentaɪl] *n* Nichtjude, -jüdin *m, f*

gen·tle [ˈdʒentl̩] *adj* ❶ *(tender)* sanft; *hint* zart; ▪ **to be ~ with sb** behutsam mit jdm umgehen ❷ *(moderate) breeze, motion* sanfte; *slope* leicht; **~ exercise** leichte sportliche Betätigung ❸ *(liter)* **of ~ birth** von edler Herkunft

gen·tle·man [ˈdʒentlmən] *n* ❶ *(polite man)* Gentleman *m*; **a perfect ~** ein wahrer Gentleman *m* ❷ *(man)* Herr *m*; **~'s club** Herrenklub *m* ❸ *(to audience)* ▪ **gentlemen** *pl* meine Herren; **~ of the jury** meine Herren Geschworenen; **ladies and gentlemen** meine Damen und Herren **gen·tle·man·ly** [ˈdʒentlmənli] *adj* gentlemanlike **gen·tle·ness** [ˈdʒentlnəs] *n no pl* Sanftheit *f*

gen·try [ˈdʒentri] *n no pl* BRIT [landed] **~** niederer [Land]adel

Gents [dʒents] *n* BRIT Herrentoilette *f*; **'~'** ,Herren'

genu·ine [ˈdʒenjuɪn] *adj* ❶ *(not fake)* echt ❷ *(sincere)* ehrlich

ge·nus <*pl* -nera> [ˈdʒenəs, *pl* -ᵊrə] *n* BIOL Gattung *f*

ge·og·ra·pher [dʒiːˈɒgrəfə^r] *n* Geograph(in) *m(f)*

geo·graph·ic(al) [ˌdʒiːə(ʊ)ˈgræfɪk(ᵊl)] *adj* geographisch

ge·og·ra·phy [dʒiːˈɒgrəfi, ˈdʒɒg-] *n no pl* Geographie *f*; SCH Erdkunde *f*; **physical/political ~** Geophysik *f*/Geopolitik *f*

geo·logi·cal [ˌdʒiːə(ʊ)ˈlɒdʒɪkᵊl] *adj* geologisch

ge·ol·o·gist [dʒiːˈɒlədʒɪst] *n* Geologe, Geologin *m, f*

ge·ol·o·gy [dʒiːˈɒlədʒi] *n no pl* Geologie *f*; **historical ~** Geogeschichte *f*

geo·met·ric(al) [ˌdʒiːə(ʊ)ˈmetrɪk(ᵊl)] *adj* geometrisch

ge·om·e·try [dʒiːˈɒmɪtri] *n no pl* Geometrie *f*

geo·physi·cal [ˌdʒiːə(ʊ)ˈfɪzɪkᵊl] *adj* geophysikalisch

geo·phys·ics [ˌdʒiːə(ʊ)ˈfɪzɪks] *n no pl* Geophysik *f*

geo·pro·fil·er [ˌdʒiːəʊˈprəʊfaɪlə^r] *n short for* **geographic profiler** geographischer Fallanalyst/geographische Fallanalystin, Geo-Profiler(in) *m(f)*

geo·ther·mal [ˌdʒiːə(ʊ)ˈθɜːmᵊl] *adj* geothermisch

ge·ra·ni·um [dʒəˈreɪniəm] *n* Geranie *f*

geri·at·ric [ˌdʒeriˈætrɪk] **I.** *adj* geriatrisch; **~ nurse** Altenpfleger(in) *m(f)* **II.** *n* alter Mensch

geri·at·rics [ˌdʒeriˈætrɪks] *n + sing vb* Altersheilkunde *f*

germ [dʒɜːm] *n* ❶ MED, BIOL Keim *m*, Bakterie *f*; **to spread ~s** Keime verbreiten ❷ *(fig)* **a ~ of truth** ein Funken Wahrheit; **the ~ of an idea** der Ansatz einer Idee

Ger·man [ˈdʒɜːmən] **I.** *n* ❶ *(person)* Deutsche(r) *f(m)* ❷ *no pl (language)* Deutsch *nt* **II.** *adj* deutsch

ger·mane [dʒəˈmeɪn] *adj (form)* relevant (**to** für)

Ger·man·ic [dʒəˈmænɪk] *adj* [indo]germanisch

Ger·man ˈmea·sles *n + sing vb* Röteln *pl*
Ger·man ˈshep·herd *n (dog)* Schäferhund *m*

Ger·ma·ny [ˈdʒɜːməni] *n* Deutschland *nt*

ˈgerm-free *adj* keimfrei

ger·mi·cide [ˈdʒɜːmɪsaɪd] *n* keimtötendes Mittel

ger·mi·nate [ˈdʒɜːmɪneɪt] **I.** *vi* keimen **II.** *vt* zum Keimen bringen

ger·mi·na·tion [ˌdʒɜːmɪˈneɪʃᵊn] *n no pl* Keimen *nt*

germ ˈwar·fare *n* Bakterienkrieg *m*

ger·und [ˈdʒerᵊnd] *n* LING Gerundium *nt*

ges·ta·tion [dʒesˈteɪʃᵊn] *n no pl* ❶ *of humans* Schwangerschaft *f*; *of animals* Trächtig-

ges·tic·u·late [dʒes'tɪkjəleɪt] *vi* (*form*) gestikulieren

ges·tic·u·la·tion [dʒes,tɪkjə'leɪʃ°n] *n* (*form*) Gestik *f*

ges·ture ['dʒestʃə'] **I.** *n* Geste *f*; **a ~ of defiance** etw trotzige Geste **II.** *vi, vt* deuten

get <got, got *or* AM *usu* gotten> [get] **I.** *vt* ❶ (*obtain*) erhalten; **where did you ~ your mobile from?** woher hast du das Handy?; **to ~ a glimpse of sb/sth** einen Blick auf jdn/etw erhaschen; **to ~ time off** frei bekommen ❷ (*receive*) bekommen ❸ (*experience*) erleben; **we don't ~ much snow here** hier schneit es nicht sehr viel; **I got quite a surprise** ich war ganz schön überrascht; **she ~s a lot of pleasure from it** es bereitet ihr viel Freude ❹ (*deliver*) **to ~ sth to sb** jmd etw bringen ❺ MED (*fam: contract*) sich *dat* holen; **to ~ the flu** sich *dat* die Grippe einfangen; **to ~ food poisoning** sich *dat* eine Lebensmittelvergiftung zuziehen ❻ (*fetch*) **to ~ sb** [*or* **sth for sb**] jdm etw besorgen; **can I ~ you a drink?** möchtest du was trinken?; (*formal*) kann ich Ihnen was zu trinken anbieten?; **to ~ me a paper?** könntest du mir eine Zeitung mitbringen? ❼ TRANSP **to ~ a train** (*travel with*) einen Zug nehmen; (*catch*) einen Zug erwischen *fam* ❽ (*earn*) verdienen ❾ (*capture*) fangen ❿ (*fam: punish*) kriegen; **I'll ~ you for that!** ich kriege dich dafür! ⓫ (*fam: answer*) *door* aufmachen; **to ~ the telephone** ans Telefon gehen ⓬ (*fam: pay for*) bezahlen ⓭ + *pp* (*cause to be*) **to ~ sth confused** etw verwechseln; **to ~ sth delivered** sich *dat* etw liefern lassen; **to ~ sth finished** etw fertig machen ⓮ (*induce*) ▪**to ~ sb/sth doing sth** jdn/etw zu etw *dat* bringen; ▪**to ~ sb/sth to do sth** jdn/etw dazu bringen, etw zu tun ⓯ (*transfer*) ▪**to ~ sb/sth somewhere** jdn/etw irgendwohin bringen; **we'll never ~ it through the door** wir werden es niemals durch die Türe bekommen ⓰ (*hear, understand*) verstehen; **to ~ the message** [*or* **picture**] [es] kapieren *fam* ⓱ (*prepare*) *meal* zubereiten ⓲ (*hit*) erwischen **II.** *vi* ❶ (*become*) werden; **~ well soon!** gute Besserung!; **to ~ used to sth** sich an etw *akk* gewöhnen; **to ~ to be sth** etw werden; **to ~ like sth** etw langsam mögen; **this window seems to have got broken** jemand scheint dieses Fenster zerbrochen zu haben; **to ~ married** heiraten ❷ (*reach*) kommen; **to ~ home** nach Hause kommen ❸ (*progress*) **to ~ nowhere** es nicht weit bringen ❹ (*have opportunity*) ▪**to ~ to do sth** die Möglichkeit haben, etw zu tun; **to ~ to see sb** jdn zu Gesicht bekommen ❺ (*must*) ▪**to have got to do sth** etw machen müssen ❻ (*fam: start*) **to ~ going** gehen ❼ (*understand*) ▪**to ~ with it** sich informieren ◆**get about** *vi* herumkommen ◆**get across** *vt* verständlich machen ◆**get along** *vi* ❶ *see* **get on II** 1, 2 ❷ (*hurry*) weitermachen ◆**get around** *vi* ❶ *see* **get round I** ❷ *see* **get about** ◆**get at** *vi* ❶ (*fam: suggest*) ▪**to ~ at sth** auf etw *akk* hinauswollen ❷ BRIT, AUS (*fam: criticize*) kritisieren ❸ (*assault*) angreifen ❹ (*fam: bribe*) bestechen ❺ (*reach*) [he]rankommen an +*akk* ❻ (*discover*) aufdecken ◆**get away** *vi* ❶ (*leave*) fortkommen, wegkommen ❷ (*escape*) ▪**to ~ away** [**from sb/sth**] [vor jdm/etw] flüchten; (*successfully*) [jdm/etw] entkommen; ▪**to ~ away with sth** mit etw *dat* ungestraft davonkommen ❸ (*fam*) **~ away** [**with you**]! ach, hör auf! ❹ (*succeed*) ▪**to ~ away with sth** mit etw *dat* durchkommen ▶ **to ~ away with <u>murder</u>** sich *dat* alles erlauben können ◆**get back I.** *vt* (*actively*) zurückholen; *strength* zurückgewinnen; (*passively*) zurückbekommen **II.** *vi* ❶ (*return*) zurückkommen ❷ (*fam: have revenge*) ▪**~ own back on sb** sich an jdm rächen ❸ ▪**to ~ back into sth** wieder mit etw *dat* beginnen; ▪**to ~ back to** [**doing**] **sth** auf etw *akk* zurückkommen; **to ~ back to sleep** wieder einschlafen ❹ (*contact*) ▪**to ~ back to sb** sich wieder bei jdm melden ◆**get behind** *vi* ❶ (*support*) unterstützen ❷ (*be late*) in Rückstand geraten ◆**get by** *vi* ▪**to ~ by** [**on/with sth**] mit etw *dat* auskommen ◆**get down I.** *vt* ❶ (*remove*) runternehmen (**from/off** von) ❷ (*depress*) fertigmachen ❸ (*note*) niederschreiben ❹ (*swallow*) runterschlucken **II.** *vi* ❶ (*descend*) herunterkommen (**from/off** von); (*from the table*) aufstehen ❷ (*bend down*) sich runterbeugen; (*kneel down*) niederknien ❸ (*start*) ▪**to ~ down to** [**doing**] **sth** sich an etw *akk* machen ◆**get in I.** *vt* ❶ (*fam: find time for*) reinschieben ❷ (*say*) *word* einwerfen ❸ (*bring inside*) hereinholen ❹ (*purchase*) beschaffen; **whose turn is it to ~ the drinks in?** BRIT (*fam*) wer ist mit den Getränken an der Reihe? ❺ (*ask to come*) kommen lassen; *specialist* hinzuziehen ❻ (*submit*) *application* einreichen **II.** *vi* ❶ (*become elected*) an die Macht kommen ❷ (*enter*) hineingehen ❸ (*arrive*) ankommen ❹ (*return*) zurückkehren; **to ~ in from work** von der Arbeit heimkommen ❺ (*join*) ▪**to ~ in on sth** sich an etw *dat* beteiligen ❻ (*make friends with*) ▪**to ~ in with** auskommen mit +*dat* ◆**get into** *vi* ❶ (*enter*) [ein]steigen in +*akk* ❷ (*have interest for*) sich interessieren für +*akk* ③ (*affect*) **what's got into you? was ist in dich gefahren?** ④ (*become involved in*) **argument** verwickelt werden in +*akk* ◆ **get off I.** *vi* ① (*fall asleep*) **to ~ off [to sleep]** einschlafen ② (*evade punishment*) davonkommen ③ (*exit*) aussteigen ④ (*dismount*) absteigen ⑤ (*depart*) losfahren ⑥ (*fam: find pleasurable*) **to ~ off on sth** Vergnügen finden an etw *dat* **II.** *vt* ① (*send to sleep*) in den Schlaf wiegen ② LAW freibekommen ③ (*send*) versenden ④ (*remove*) nehmen von +*dat*; **to ~ sb off sth** *bus, train, plane* jdm aus etw *dat* heraushelfen; *box, roof* jdn von etw *dat* herunterholen ◆ **get on I.** *vt* (*put on*) anziehen; *hat* aufsetzen; *load* aufladen ▶ **to ~ it on with sb** (*sl*) etwas mit jdm haben **II.** *vi* ① (*be friends*) sich verstehen ② BRIT (*manage*) vorankommen ③ (*continue*) weitermachen ④ (*age*) alt werden; **to be ~ting on in years** an Jahren zunehmen ⑤ *time* spät werden ⑥ (*be nearly*) **~ting on for a hundred people** um die hundert Leute ⑦ (*criticize*) **to ~ on at sb** auf jdm herumhacken ⑧ (*arrive at*) *subject* kommen auf +*akk* ⑨ (*contact*) ■ **to ~ on to sb** sich mit jdm in Verbindung setzen ⑩ (*start work on*) sich heranmachen an +*akk* ◆ **get out I.** *vi* ① (*become known*) *news* herauskommen ② AM (*in disbelief*) **~ out [of here]!** ach komm! **II.** *vt* ① (*bring out*) rausbringen (*of* aus) ② (*remove*) herausbekommen; *money* abheben ③ (*issue*) herausbringen ◆ **get over I.** *vi* ① (*recover from*) ■ **to ~ over sth** über etw *akk* hinwegkommen; *illness* sich von etw *dat* erholen; **I can't ~ over the way he behaved** ich komme nicht darüber hinweg, wie er sich verhalten hat ② (*complete*) ■ **to ~ sth over [with]** etw hinter sich *akk* bringen ③ *vt idea* rüberbringen ◆ **get round I.** *vi* ① (*spread*) *news* sich verbreiten ② (*do*) ■ **to ~ round to [doing] sth** es schaffen, etw zu tun **II.** *vt* ① (*evade*) *the law* umgehen ② (*deal with*) *a problem* angehen ③ BRIT (*persuade*) ■ **to ~ round sb to do sth** jdn dazu bringen, etw zu tun ④ (*invite*) **to ~ sb round** jdn einladen; *specialist* jdn hinzuziehen ◆ **get through I.** *vi* ① (*make oneself understood*) ■ **to ~ through to sb that/how ...** jdm klarmachen, dass/wie ... ② (*contact*) ■ **to ~ through to sb** *on the phone* zu jdm durchkommen **II.** *vt* ① (*use up*) aufbrauchen ② (*finish*) *work* erledigen ③ (*survive*) *bad times* überstehen ④ (*pass*) *exam* bestehen ⑤ (*convey*) ■ **to ~ it through to sb that ...** jdm klarmachen, dass ... ◆ **get together I.** *vi* sich treffen **II.** *vt* **to ~ it together** es zu etwas bringen ◆ **get up I.** *vt* ① (*climb*) hinaufsteigen ② (*organize*) zusammenstellen ③ (*gather*) *courage* aufbringen; *speed* sich beschleunigen ④ (*fam: wake*) wecken **II.** *vi* BRIT *wind* auffrischen ② (*get out of bed*) aufstehen ③ (*stand up*) sich erheben ④ *pranks* ■ **to ~ up to sth** etw aushecken

get-'at-able *adj* (*fam*) zugänglich
'get·a·way *n* (*fam*) ① (*escape*) Flucht *f*; **to make a ~** entwischen ② (*holiday*) Trip *m*
'get-to·geth·er *n* (*fam*) Treffen *nt* **'get-up** *n* (*fam: outfit*) Kluft *f*
gey·ser ['gaɪzə'] *n* Geysir *m*
ghast·ly ['gɑːstli] *adj* ① (*fam: frightful*) *report* schrecklich; *experience* fürchterlich ② (*unpleasant, unwell*) grässlich, scheußlich
Ghent [gent] *n* Gent *nt*
gher·kin ['gɜːkɪn] *n* Essiggurke *f*
ghet·to ['getəʊ] *n* <*pl* -s *or* -es> G[h]etto *nt* **ghetto-fabulous** [ˌgetəʊˈfæbjələs] *adj jewellery* **~ rocks** Riesenklunker *m[pl]*
ghost [gəʊst] *n* Geist *m*; **the ~ of the past** das Gespenst der Vergangenheit ▶ **to give up the ~** den Geist aufgeben
ghost·ly ['gəʊstli] *adj* ① (*ghost-like*) geisterhaft ② (*eerie*) gespenstisch **'ghost town** *n* Geisterstadt *f* **'ghost train** *n* Geisterbahn *f* **'ghost-writ·er** *n* Ghostwriter *m*
ghoul [guːl] *n* Ghul *m*
gi·ant ['dʒaɪənt] **I.** *n* Riese *m a. fig*; **industrial ~** Industriegigant *m* **II.** *adj* riesig; **to make ~ strides** (*fig*) große Fortschritte machen
gi·ant·ess ['dʒaɪəntes] *n* Riesin *f*
gib·ber ['dʒɪbə'] *vi* stammeln
gib·ber·ish ['dʒɪbərɪʃ] *n no pl* (*pej*) ① (*spoken*) Gestammel *nt* ② (*written*) Quatsch *m*
gib·bet ['dʒɪbɪt] *n* Galgen *m*
gib·bon ['gɪbən] *n* ZOOL Gibbon *m*
gibe *n, iv see* **jibe**
gib·lets ['gɪbləts] *npl* Innereien *pl*
Gi·bral·tar [dʒɪˈbrɒltə'] *n* Gibraltar *nt*
gid·dy ['gɪdi] *adj* schwind[e]lig
gift [gɪft] *n* ① (*present*) Geschenk *nt a. fig* ② (*donation*) Spende *f* ③ (*giving*) Schenkung *f* ④ (*talent*) Talent *nt*; **to have a ~ for languages** sprachbegabt sein; **to have the ~ of the gab** (*fam*) ein großes Mundwerk haben
'gift card *n* Geschenkgutschein in Form einer Kreditkarte, von Kreditkartenanbietern oder Firmen angeboten **gift·ed** ['gɪftɪd] *adj* begabt; *musician* begnadet **'gift horse** *n* ▶ **never look a ~ in the mouth** (*prov*) einem geschenkten Gaul guckt man nicht ins Maul
'gift shop *n* Geschenkartikelladen *m* **'gift to·ken** *n*, **'gift vouch·er** *n* Geschenkgutschein *m*
gig [gɪg] **I.** *n* Gig *m* **II.** *vi* <-gg-> auftreten
gi·gan·tic [dʒaɪˈgæntɪk] *adj* gigantisch;

~ bite Riesenbissen *m*
gig·gle ['gɪgl] **I.** *vi* kichern (**at** über) **II.** *n* ❶ (*laugh*) Gekicher *nt kein pl;* **to get/have [a fit of] the ~s** einen Lachanfall bekommen/haben ❷ *no pl* BRIT, AUS (*fam: joke*) Spaß *m;* **to do sth for a ~** etw zum Spaß machen
gill [gɪl] *n usu pl* Kieme *f* ▶ **to look green about the ~s** grün im Gesicht sein; **to be the ~s** bis oben hin
gilt [gɪlt] **I.** *adj* vergoldet **II.** *n* Vergoldung *f*
gilt-'edged *adj* FIN mündelsicher
gim·let ['gɪmlət] *n* ❶ (*tool*) Schneckenbohrer *m* ❷ AM (*drink*) Cocktail aus Gin, Wodka und Limettensaft
gim·mick ['gɪmɪk] *n* (*esp pej*) ❶ (*trick*) Trick *m* ❷ (*attraction*) Attraktion *f*
gim·micky ['gɪmɪki] *adj* (*pej*) marktschreierisch
gin [dʒɪn] *n* ❶ (*drink*) Gin *m* ❷ (*trap*) Falle *f*
gin·ger ['dʒɪndʒəʳ] **I.** *n no pl* ❶ (*spice*) Ingwer *m* ❷ (*colour*) gelbliches Braun ❸ BRIT (*drink*) Gingerale *nt* **II.** *adj* gelblich braun
gin·ger 'ale *n* Gingerale *nt* **gin·ger 'beer** *n* Ingwerbier *nt* **'gin·ger·bread** *n no pl* Lebkuchen *m* **gin·ger-'haired** *adj* dunkelblond
gin·ger·ly ['dʒɪndʒəli] *adv* behutsam
gip·sy *n esp* BRIT *see* **gypsy**
gi·raffe <*pl* -s *or* -> [dʒɪˈrɑːf] *n* Giraffe *f*
gird·er ['gɜːdəʳ] *n* Träger *m*
gir·dle ['gɜːdl] *n* ❶ (*belt*) Gürtel *m* ❷ (*corset*) Korsett *nt*
girl [gɜːl] *n* Mädchen *nt;* (*girlfriend*) Freundin *f*
'girl·friend *n* Freundin *f*
girlie, girly ['gɜːli], **girl·ish** ['gɜːlɪʃ] *adj* mädchenhaft
giro ['dʒaɪ(ə)rəʊ] *n* ❶ *no pl* (*system*) Giro *nt* ❷ <*pl* -s> BRIT (*cheque*) Giroscheck *m*
'giro ac·count *n* Girokonto *nt* **'giro trans·fer** *n* Girorüberweisung *f*
girth [gɜːθ] *n* ❶ (*circumference*) Umfang *m;* **in ~** an Umfang ❷ (*hum: fatness*) Körperumfang *m* ❸ (*saddle strap*) Sattelgurt *m*
gist [dʒɪst] *n* ▪ **the ~** das Wesentliche *nt;* **to get the ~ of sth** den Sinn von etw *dat* verstehen
give [gɪv] **I.** *vt* <gave, given> ❶ ▪ **to ~ sb sth** jdm etw geben; (*as present*) jdm etw schenken; (*donate*) jdm etw spenden; **~n the choice** wenn ich die Wahl hätte; **I'll ~ you a day to think it over** ich lasse dir einen Tag Bedenkzeit; **what gave you that idea?** wie kommst du denn auf die Idee?; **he couldn't ~ me a reason why ...** er konnte mir auch nicht sagen, warum ...; **that will ~ you something to think about!** darüber kannst du ja mal nachdenken!; **don't ~ me that!** (*fig*) komm mir doch nicht damit!; **~ yourself time to get over it** lass' dir Zeit, um darüber hinwegzukommen; **I'll ~ you what for!** ich geb' dir gleich was!; **~ him my thanks** richten Sie ihm meinen Dank aus; **~ her my best wishes** grüß' sie schön von mir!; **to ~ sb a cold** jdn mit seiner Erkältung anstecken; **to ~ a decision** LAW ein Urteil fällen; **to ~ sb his/her due** jdm Ehre erweisen; **to ~ sb encouragement** jdn ermutigen; **to ~ a lecture/speech** einen Vortrag/eine Rede halten; **to ~ one's life to sth** etw *dat* sein Leben widmen; **to be ~n life imprisonment** lebenslang bekommen; **to ~ sb/sth a bad name** jdn/etw in Verruf bringen; **to ~ sb the news of sth** jdm etw mitteilen; **to ~ sb permission [to do sth]** jdm die Erlaubnis erteilen[, etw zu tun]; **to ~ one's best** sein Bestes geben ❷ (*emit*) **to ~ a bark** bellen; **to ~ a cry/groan** aufschreien/aufstöhnen ❸ (*produce*) *result, number* ergeben; *warmth* spenden ❹ (*do*) **to ~ sb a [dirty] look** jdm einen vernichtenden Blick zuwerfen; **to ~ a shrug** mit den Schultern zucken ❺ (*admit*) **I'll ~ you that** das muss man dir lassen ▪ (*inclined*) ▪ **to be ~n to sth** zu etw *dat* neigen ❼ (*fam*) **~ or take** mehr oder weniger; **he came at six o'clock, ~ or take a few minutes** er kam so gegen sechs **II.** *vi* <gave, given> ❶ (*donate*) spenden (**to** für); **to ~ and take** [gegenseitige] Kompromisse machen ❷ (*bend, yield*) nachgeben; *bed* federn; *knees* weich werden; *rope* reißen ❸ (*fam: what's happening*) **what ~s?** (*fam*) was gibt's Neues? ▶ **it is better to ~ than to receive** (*prov*) Geben ist seliger denn Nehmen; **to ~ as good as one gets** Gleiches mit Gleichem vergelten **III.** *n no pl* Nachgiebigkeit *f;* (*elasticity*) Elastizität *f; of bed* Federung *f;* **to [not] have much ~** [nicht] sehr nachgeben; (*elastic*) [nicht] sehr elastisch sein ◆ **give away** *vt* ❶ (*offer for free*) verschenken ❷ *bride* zum Altar führen ❸ (*fig: lose*) FBALL *penalty* verschenken ❹ (*reveal*) **to ~ the game away** (*fig*) alles verraten; ▪ **to ~ oneself away** sich verraten ◆ **give back** *vt* zurückgeben (**to** +*dat*) ◆ **give in I.** *vi* ❶ (*to pressure*) nachgeben (**to** +*dat*); **to ~ in to blackmail** auf Erpressung eingehen; **to ~ in to temptation** der Versuchung erliegen ❷ (*surrender*) aufgeben **II.** *vt* ❶ (*hand in*) abgeben; *document* einreichen ❷ BRIT SPORTS (*judge in play*) **to ~ the ball in** den Ball gut geben ◆ **give off** *vt* abgeben; *smell, smoke* verströmen ◆ **give out I.** *vi* ❶ (*run out*) ausgehen; *energy* zu Ende gehen; **then her patience gave out** dann war es mit ihrer Geduld vorbei ❷ (*stop working*) versagen **II.** *vt*

① (*distribute*) verteilen (**to** an); *pencils, books* austeilen **②** (*announce*) verkünden **③** (*emit*) von sich *dat* geben **④** BRIT SPORTS (*judge out of play*) **to ~ the ball out** Aus geben ◆ **give over** I. *vt* **①** (*set aside*) **to be given over to sth** für etw *akk* beansprucht werden; (*devoted*) etw *dat* gewidmet sein; ■ **to ~ oneself over to sth** sich etw *dat* ganz hingeben **②** (*hand over*) übergeben II. *vi* BRIT (*fam*) aufhören; (*disbelief*) **they've doubled your salary? ~ over!** sie haben wirklich dein Gehalt verdoppelt?! ◆ **give up** I. *vi* aufgeben II. *vt* **①** (*quit*) aufgeben; *habit* ablegen; ■ **to ~ up doing sth** mit etw *dat* aufhören **②** (*surrender*) überlassen; *territory* abtreten; **to ~ oneself up [to the police]** sich [der Polizei] stellen **③** (*devote*) **to ~ oneself up to sth** sich etw *dat* hingeben; **to ~ up one's life to** [*or doing*] **sth** sein Leben etw *dat* verschreiben **④** (*consider lost*) **to ~ sb up for dead** jdn für tot halten; **to ~ up sb/sth as lost** jdn/etw verloren glauben; **to ~ up sth as a bad job** etw abschreiben

give-and-'take *n no pl* **①** (*compromise*) Geben und Nehmen *nt* **②** AM (*debate*) Meinungsaustausch *m*

'**give-away** I. *n* **①** *no pl* (*fam: telltale*) **to be a dead ~** alles verraten **②** (*freebie*) Werbegeschenk *nt* II. *adj* **①** (*low*) **~ price** Schleuderpreis *m* **②** (*free*) kostenlos; **~ newspaper** Gratiszeitung *f*

giv·en ['gɪvən] I. *n* gegebene Tatsache; **to take sth as a ~** etw als gegeben annehmen II. *adj* **①** (*certain*) gegeben **②** (*specified*) festgelegt **③** (*tend*) ■ **to be ~ to sth** zu etw *dat* neigen; ■ **to be ~ to doing sth** gewöhnt sein, etw zu tun III. *pp of* **give** IV. *prep* **~ sth** angesichts einer S. *gen*

'**giv·en name** *n* Vorname *m*

giv·er ['gɪvəʳ] *n* Spender(in) *m(f)*

gla·cé ['glæseɪ], AM *also* **gla·céed** *adj* **~ fruit** kandierte Früchte

gla·cial ['gleɪsɪəl] *adj* **①** (*left by glacier*) glazial; **~ lake** Gletschersee *m* **②** (*freezing*) eisig *a. fig*

glaci·er ['glæsɪəʳ] *n* Gletscher *m*

glad <-dd-> [glæd] *adj* froh; **to be ~ about sth** sich über etw *akk* freuen; ■ **to be ~ for sb** sich für jdn freuen; ■ **to be ~ of sth** über etw *akk* froh sein; **I'd be [only too] ~ to help you** es freut mich, dass ich dir helfen kann

glad·den ['glædən] *vt* (*form*) erfreuen; **the news ~ed his heart** die Nachricht stimmte sein Herz froh

glade [gleɪd] *n* (*liter*) Lichtung *f*

gladia·tor ['glædɪeɪtəʳ] *n* Gladiator *m*

glad·ly ['glædli] *adv* gerne **glad·ness** ['glædnəs] *n no pl* Freude *f* '**glad rags** *npl* (*hum*) Festkleidung *f*

glam·or *n no pl* AM *see* **glamour**

glam·or·ize ['glæmərˌaɪz] *vt* verherrlichen

glam·or·ous ['glæmərəs] *adj* glamourös

glam·our ['glæməʳ] *n no pl* Glanz *m*

glance [glɑːn(t)s] I. *n* Blick *m*; **at first ~** auf den ersten Blick; **to see a ~** mit einem Blick erfassen II. *vi* ■ **to ~ at sth** auf etw *akk* schauen; ■ **to ~ up [from sth]** [von etw *dat*] aufblicken; **to ~ around a room** sich in einem Zimmer umschauen; **to ~ through a letter** einen Brief überfliegen ◆ **glance off** *vi* abprallen

gland [glænd] *n* Drüse *f*

glan·du·lar 'fe·ver *n no pl* Drüsenfieber *nt*

glare [gleəʳ] I. *n* **①** (*stare*) wütender Blick **②** *no pl* (*light*) grelles Licht; **~ of the sun** grelles Sonnenlicht II. *vi* **①** (*stare*) ■ **to ~ [at sb]** [jdn an]starren **②** (*shine*) blenden; **the sun is glaring in my eyes** die Sonne blendet mich III. *vt* **to ~ defiance [at sb/sth]** jdn/etw trotzig anstarren

glar·ing ['gleərɪŋ] *adj* **①** (*staring*) stechend **②** (*blinding*) blendend; *light* grell **③** (*obvious*) *mistake* eklatant; *weakness* krass; *injustice* himmelschreiend

glass [glɑːs] *n* **①** *no pl* (*material*) Glas *nt*; **pane of ~** Glasscheibe *f*; **broken ~** Glasscherben *pl* **②** (*receptacle*) **a ~ of water** ein Glas *nt* Wasser **③** (*spectacles*) **[a pair of] ~es** [eine] Brille *f*; **to wear ~es** eine Brille tragen

'**glass-blow·er** *n* Glasbläser(in) *m(f)*

'**glass-cut·ter** *n* Glasschneider *m* **glass 'fi·bre** *n* Glasfasern *pl* '**glass·ful** *n* **a ~ of juice** ein ganzes Glas Saft '**glass·house** *n* Gewächshaus *nt* '**glass·ware** *n no pl* Glaswaren *pl* '**glass·works** *n* + *sing/pl vb* Glasfabrik *f*

glassy ['glɑːsi] *adj* **①** *surface* spiegelglatt **②** *eyes* glasig

Glas·we·gian [glæzˈwiːdʒən] I. *n* **①** (*person*) Glasgower(in) *m(f)* **②** *no pl* (*accent*) Glasgower Dialekt *m* II. *adj* aus Glasgow nach *h*

glaze [gleɪz] I. *n* (*on food, pottery*) Glasur *f* II. *vt* **①** *food, pottery* glasieren **②** (*fit with glass*) verglasen III. *vi* ■ **to ~ [over]** *eyes* glasig werden

gla·zi·er ['gleɪzɪəʳ] *n* Glaser(in) *m(f)*

gleam [gliːm] I. *n* Schimmer *m* II. *vi* schimmern

gleam·ing ['gliːmɪŋ] I. *adj* glänzend II. *adv* strahlend

glean [gliːn] *vt* in Erfahrung bringen

glee [gliː] *n no pl* Entzücken *nt*; (*gloating joy*) Schadenfreude *f*

glee·ful ['gli:fᵊl] *adj* ausgelassen; (*gloating*) schadenfroh

glen [glen] *n* Schlucht *f*

glib <-bb-> [glɪb] *adj* ❶ (*hypocritical*) *person* heuchlerisch, aalglatt; *answer* unbedacht ❷ (*facile*) *person* zungenfertig

glide [glaɪd] I. *vi* ❶ (*move smoothly*) hingleiten ❷ (*fly*) gleiten II. *n* Gleiten *nt kein pl*

glid·er ['glaɪdər] *n* ❶ (*plane*) Segelflugzeug *nt;* ~ **pilot** Segelflieger(in) *m(f)* ❷ AM (*chair*) Hollywoodschaukel *f*

glid·ing ['glaɪdɪŋ] *n no pl* Segelfliegen *nt;* ~ **club** Segelflugverein *m;* **to take sb** ~ mit jdm Segelfliegen gehen

glim·mer ['glɪmər] I. *vi* schimmern II. *n* Schimmer *m kein pl;* ~ **of hope/light** Hoffnungs-/Lichtschimmer *m*

glimpse [glɪm(p)s] I. *vt* flüchtig sehen II. *n* [kurzer [*o* flüchtiger]] Blick

glint [glɪnt] I. *vi* glitzern II. *n* Glitzern *nt*

glis·ten ['glɪsᵊn] *vi* glitzern, glänzen

glitch [glɪtʃ] *n* ❶ (*fam: fault*) Fehler *m;* **computer** ~ Computerstörung *f* ❷ (*setback*) Verzögerung *f*

glit·ter ['glɪtər] I. *vi* glitzern; *eyes* funkeln ▶ **all that** ~ **is not gold** (*prov*) es ist nicht alles Gold, was glänzt II. *n no pl* ❶ (*sparkling*) Glitzern *nt;* ~ *of eyes* Funkeln *nt* ❷ (*fig*) Prunk *m* ❸ (*decoration*) Glitzerwerk *nt*

glit·ter·ing ['glɪtərɪŋ] *adj* ❶ (*sparkling*) glitzernd ❷ (*impressive*) *career* glanzvoll ❸ (*appealing*) prächtig

glitz [glɪts] *n no pl* Glanz *m*

glitzy ['glɪtsi] *adj* glanzvoll

gloat [gləʊt] I. *vi* sich hämisch freuen; ■ **to** ~ **over sth** sich an etw *dat* weiden II. *n* Schadenfreude *f*

glob·al ['gləʊbᵊl] *adj* ❶ (*worldwide*) global ❷ (*complete*) umfassend ▶ **to go** ~ (*fam*) auf den Weltmarkt vorstoßen

glob·al·i·za·tion [ˌgləʊbᵊlaɪ'zeɪʃᵊn] *n no pl* Globalisierung *f*

glob·al 'warm·ing *n no pl* Erwärmung *f* der Erdatmosphäre

globe [gləʊb] *n* ❶ (*Earth*) ■**the** ~ die Erde; **to circle the** ~ die Welt umreisen ❷ (*map*) Globus *m* ❸ (*sphere*) Kugel *f* ❹ AUS (*bulb*) Glühbirne *f*

'globe·trot·ter *n* Globetrotter(in) *m(f)*

glo·bo·cop ['gləʊbəʊkɒp] *n* Weltpolizist(in) *m(f)*

gloom [glu:m] *n no pl* ❶ (*depression*) Hoffnungslosigkeit *f* ❷ (*darkness*) Düsterheit *f;* **to emerge from the** ~ aus dem Dunkel auftauchen

gloomi·ness ['glu:mɪnəs] *n no pl* ❶ (*depression*) Hoffnungslosigkeit *f* ❷ (*darkness*) Düsterheit *f*

gloomy ['glu:mi] *adj* ❶ (*dismal*) trostlos; *thoughts* trübe; ■**to be** ~ **about** [*or* **over**] **sth** für etw *akk* schwarzsehen ❷ (*dark*) düster

gloopy ['glu:pi] *adj* (*pej fam*) *lipstick* schmierig

glo·ri·fi·ca·tion [ˌglɔ:rɪfɪ'keɪʃᵊn] *n no pl* ❶ (*honouring*) Lobpreisung *f* ❷ (*make more splendid*) Verherrlichung *f*

glo·ri·fy <-ie-> ['glɔ:rɪfaɪ] *vt* ❶ (*make seem better*) verherrlichen ❷ (*honour*) ehren; REL [lob]preisen

glo·ri·ous ['glɔ:riəs] *adj* ❶ (*illustrious*) *victory* glorreich; *person* ruhmvoll ❷ (*splendid*) prachtvoll; *weather* herrlich

glo·ry ['glɔ:ri] I. *n* ❶ *no pl* (*honour*) Ruhm *m;* ~ **days** Blütezeit *f* ❷ (*splendour*) Herrlichkeit *f*, Pracht *f* ❸ *no pl* REL (*praise*) Ehre *f;* ~ **to God in the highest** Ehre sei Gott in der Höhe ▶ ~ **be!** Gott sei Dank! II. *vi* <-ie-> ■ **to** ~ **in [doing] sth** etw genießen

'glo·ry hole *n* (*fam*) Rumpelkammer *f*

gloss [glɒs] I. *n* ❶ (*shine*) Glanz *m;* **in** ~ **or matt** glänzend oder matt; (*fig*) **to put a** ~ **on sth** etw [besonders] hervorheben ❷ (*paint*) Glanzlack *m* ❸ (*cosmetic*) **lip** ~ Lipgloss *nt* ❹ LIT [erklärender] Kommentar II. *adj* Glanz- ▶ **gloss over** *vt* schönfärben

glos·sa·ry ['glɒsᵊri] *n* Glossar *nt*

glossy ['glɒsi] I. *adj* glänzend; ~ **magazine/paper** Hochglanzmagazin/-papier *nt* II. *n* ❶ AM, AUS (*picture*) [Hoch]glanzabzug *m* ❷ (*magazine*) Hochglanzmagazin *nt*

glove [glʌv] I. *n usu sg* Handschuh *m;* **rubber/woollen** ~**s** Gummi-/Wollhandschuhe *pl;* **a pair of** ~**s** ein Paar *nt* Handschuhe; **to fit like a** ~ wie angegossen passen II. *vt* SPORTS (*baseball*) fangen; (*cricket*) abfälschen

'glove box *n* ❶ AUTO Handschuhfach *nt* ❷ TECH Handschuhkasten *m* **'glove com·part·ment** *n* Handschuhfach *nt*

glow [gləʊ] I. *n no pl* Leuchten *nt; of a lamp, the sun* Scheinen *nt; of a cigarette, the sunset* Glühen *nt; of fire* Schein *m;* ~ **of satisfaction** tiefe Befriedigung; **a healthy** ~ eine gesunde Farbe II. *vi* ❶ (*illuminate*) leuchten; *fire, light* scheinen ❷ (*be red and hot*) glühen; **the embers** ~**ed dimly in the grate** die Glut glomm im Kamin ❸ (*fig: look radiant*) strahlen; **to** ~ **with health** vor Gesundheit strotzen; **to** ~ **with pride** vor Stolz schwellen

glow·er ['glaʊər] I. *vi* verärgert aussehen; ■ **to** ~ **at sb** jdn zornig anstarren II. *n* finsterer Blick

glow·ing ['gləʊɪŋ] *adj* ❶ (*radiating light*) *candle* leuchtend; *sun* scheinend; *cigarette* glühend ❷ *(red and hot)* embers, cheeks glühend ❸ *(radiant)* leuchtend ❹ *(very positive)* begeistert; *review* überschwänglich; **to paint sth in ~ colours** *(fig)* etw in leuchtenden Farben beschreiben

'glow-worm *n* Glühwürmchen *nt*

glu·co·sa·mine [glu:ˈkɒsəmi:n] *n* Glucosamin *nt*

glu·cose [ˈglu:kəʊs] *n no pl* Traubenzucker *m*

glue [glu:] **I.** *n no pl* Klebstoff *m* **II.** *vt* ❶ *(stick)* kleben; ▪ **to ~ sth on** etw ankleben; ▪ **to ~ sth together** etw zusammenkleben ❷ *(fig)* **to be ~d to sth** an etw *dat* kleben; **to keep one's eyes ~d to sb/sth** seine Augen auf jdn/etw geheftet haben; **to be ~d to the spot** wie angewurzelt dastehen

'glue-sniff·ing *n no pl* Schnüffeln *nt* **'glue stick** *n* Klebestift *m*

glum <-mm-> [glʌm] *adj* niedergeschlagen; *expression* mürrisch; *face* bedrückt; *thoughts* schwarz

glut [glʌt] **I.** *n* Überangebot *nt*; **~ of graduates** Akademikerschwemme *f*; **an oil ~** eine Ölschwemme **II.** *vt* <-tt-> überschwemmen

glu·ten [ˈglu:tən] *n no pl* Gluten *nt*

glu·ti·nous [ˈglu:tɪnəs] *adj* klebrig

glut·ton [ˈglʌtən] *n* ❶ *(pej: overeater)* Vielfraß *m* ❷ *(fig: enthusiast)* Unersättliche(r) *f(m)*; **~ for punishment** Masochist(in) *m(f)*

glut·ton·ous [ˈglʌtənəs] *adj* gefräßig

glut·tony [ˈglʌtəni] *n no pl* Gefräßigkeit *f*; REL Völlerei *f*

GM[1] [ˌdʒi:ˈem] *adj* BRIT SCH *abbrev of* **grant-maintained** öffentlich bezuschusst

GM[2] [ˌdʒi:ˈem] *n* ECON *abbrev of* **general manager** Hauptgeschäftsführer(in) *m(f)*

GM[3] [ˌdʒi:ˈem] *n abbrev of* **genetically modified** *food* gentechnisch behandelt

GMO [ˌdʒi:em'əʊ] *n abbrev of* **genetically modified organism** gentechnisch veränderter Organismus

GMT [ˌdʒi:emˈti:] *n no pl abbrev of* **Greenwich Mean Time** WEZ

gnarled [nɑ:ld] *adj wood* knorrig; *finger* knotig

gnash [næʃ] *vt* **to ~ one's teeth** mit den Zähnen knirschen

gnash·ers [ˈnæʃəz] *npl* BRIT *(fam: teeth)* Kauwerkzeuge *pl*

gnat [næt] *n* [Stech]mücke *f*

gnaw [nɔ:] **I.** *vi* nagen **a.** *fig* **(on/at** an) **II.** *vt* ❶ *(chew)* ▪ **to ~ sth an** etw *dat* kauen ❷ *(fig)* **to be ~ed by guilt** von Schuld geplagt sein

gnaw·ing [ˈnɔ:ɪŋ] **I.** *adj* nagend **II.** *n no pl* Nagen *nt*

gnome [nəʊm] *n* Gnom *m*; **[garden] ~** Gartenzwerg *m*

GNP [ˌdʒi:en'pi] *n no pl abbrev of* **Gross National Product** BSP *nt*

go [gəʊ] **I.** *vi* <goes, went, gone> ❶ *(proceed)* gehen; *vehicle, train* fahren; *plane* fliegen; **you ~ first!** geh du zuerst!; **we have a long way to ~** wir haben noch einen weiten Weg vor uns; **to ~** *(fetch)* hol'!; **I'll just ~ and put my shoes on** ich ziehe mir nur schnell die Schuhe an; **to ~ home** nach Hause gehen; **to ~ to hospital/a party/prison/the toilet** ins Krankenhaus/auf eine Party/ins Gefängnis/auf die Toilette gehen; ▪ **to ~ towards sb/sth** auf jdn/etw zugehen ❷ *(travel)* reisen; **to ~ by bike** mit dem Fahrrad fahren; **to ~ by plane** fliegen; **to ~ on a cruise** eine Kreuzfahrt machen; **to ~ on [a] holiday** in Urlaub gehen; **to ~ to Italy** nach Italien fahren; **last year I went to Spain** letztes Jahr war ich in Spanien; **to ~ on a journey** [*or* **trip**] verreisen, eine Reise machen; **to ~ abroad** ins Ausland gehen ❸ *(disappear)* verschwinden; **where have my keys gone?** wo sind meine Schlüssel hin?; **my toothache's gone!** meine Zahnschmerzen sind weg!; **half of my salary ~es on rent** die Hälfte meines Gehaltes geht für die Miete drauf *fam*; **gone are the days when …** vorbei sind die Zeiten, wo …; **there ~es my free weekend** das war's dann mit meinem freien Wochenende; **there ~es another one!** und wieder eine/einer weniger!; **the president will have to ~** der Präsident wird seinen Hut nehmen müssen; **that cat will have to ~** die Katze muss verschwinden!; **all hope has gone** jegliche Hoffnung ist geschwunden; **to ~ missing** verschwinden ❹ *(leave)* gehen; **the bus has gone** der Bus ist schon weg; **let's ~!** los jetzt!; **to let ~ of sb/sth** jdn/etw loslassen ❺ *(do)* **to ~ biking/shopping/swimming** Rad fahren/einkaufen/schwimmen gehen; **to ~ looking for sb/sth** jdn/etw suchen gehen; **to ~ on a pilgrimage** auf Pilgerfahrt gehen ❻ *(attend)* **to ~ to church/a concert** in die Kirche/ins Konzert gehen; **to ~ to the doctor** zum Arzt gehen; **to ~ to school/university** in die Schule/auf die Universität gehen ❼ *(answer)* **I'll ~** *(phone)* ich geh' ran; *(door)* ich mach' auf ❽ + *adj (become)* werden; **the line has gone dead** die Leitung ist tot; **the milk's gone sour** die Milch ist sauer; **I went cold** mir wurde kalt; **he's gone all environmental** er macht jetzt voll auf Öko *fam*; **to ~ bankrupt** bankrottgehen; **to ~ haywire** *(out of control)* außer Kontrolle geraten; *(malfunction)* verrückt spielen; **to ~ public** an die Öffentlichkeit treten; STOCKEX an die Börse

go about–go about

gehen; **to ~ to sleep** einschlafen ⑨ + *adj* (*be*) sein; **to ~ hungry/thirsty** hungern/dursten; **to ~ unmentioned/unnoticed/unsolved** unerwähnt/unbemerkt/ungelöst bleiben ⑩ (*turn out*) gehen; **how did your party ~?** und, wie war deine Party?; **how's your thesis ~ing?** was macht deine Doktorarbeit?; **how are things ~ing?** und, wie läuft's?; **things have gone well** es ist gut gelaufen; **the way things are ~ing at the moment ...** so wie es im Moment aussieht ...; **to ~ according to plan** nach Plan laufen; **to ~ from bad to worse** vom Regen in die Traufe kommen; **to ~ wrong** schieflaufen ⑪ (*pass*) vergehen; **only two days to ~ ...** nur noch zwei Tage ...; ⑫ (*begin*) anfangen; **one, two, three, ~!** eins, zwei, drei, los!; **we really must get ~ing with these proposals** wir müssen uns jetzt echt an diese Konzepte setzen; **here ~es!** jetzt geht's los!; **there he ~es again!** jetzt fängt er schon wieder damit an! ⑬ (*fail*) kaputtgehen; **hearing, memory** nachlassen; **rope** reißen; **my jeans have gone at the knees** meine Jeans ist an den Knien durchgescheuert ⑭ (*die*) sterben ⑮ (*belong*) hingehören; **the cutlery ~es in this drawer** das Besteck gehört in diese Schublade; **where do you want that to ~?** wo soll das hin? ⑯ (*be awarded*) ■**to ~ to sb** an jdn gehen; *property* auf jdn übergehen ⑰ (*lead*) *path, road* führen ⑱ (*extend*) gehen; **the meadow ~es all the way down to the stream** die Weide erstreckt sich bis hinunter zum Bach ⑲ (*when buying*) gehen; **I'll ~ as high as £200** ich gehe bis zu 200 Pfund ⑳ (*function*) *watch* gehen; *machine, business* laufen; **to get sth ~ing** etw in Gang bringen; **come on! keep ~ing!** ja, weiter!; **to keep sth ~ing** etw in Gang halten; *factory* in Betrieb halten; **here's some food to keep you ~ing** hier hast du erst mal was zu essen; **to keep a conversation ~ing** eine Unterhaltung am Laufen halten; **to keep a fire ~ing** ein Feuer nicht ausgehen lassen ㉑ (*have recourse*) **to ~ to the police** zur Polizei gehen; **to ~ to war** in den Krieg ziehen ㉒ (*match, be in accordance*) ■**to ~ [with sth]** [zu etw *dat*] passen; **these two colours don't ~** diese beiden Farben beißen sich; **to ~ against sb's principles** gegen jds Prinzipien verstoßen ㉓ (*fit*) **five ~es into ten two times** fünf geht zweimal in zehn; **will that ~ into the suitcase?** wird das in den Koffer passen? ㉔ (*be sold*) weggehen; **~ing, ~ing, gone!** zum Ersten, zum Zweiten, [und] zum Dritten!; ■**to ~ to sb** an jdn gehen; **to be ~ing cheap** billig zu haben sein ㉕ (*sound*) machen; **there ~es the bell** es klingelt; *ducks* **~ 'quack'** Enten machen „quack"; **with sirens ~ing** mit heulender Sirene ㉖ (*accepted*) **anything ~es** alles ist erlaubt; **that ~es for all of us** das gilt für euch alle! ㉗ (*be told, sung*) gehen; *title, theory* lauten; **the story ~es that ...** es heißt, dass ... ㉘ (*compared to*) **as things ~** verglichen mit anderen Dingen ㉙ (*fam: use the toilet*) **I really have to ~** ich muss ganz dringend mal! ㉚ Am **I'd like a cheeseburger to ~, please** ich hätte gerne einen Cheeseburger zum Mitnehmen ㉛ (*available*) **is there any beer ~ing?** gibt es Bier?; **I'll have whatever is ~ing** ich nehme das, was gerade da ist ㉜ (*fam: treat*) **to ~ easy on sb** jdn schonend behandeln ㉝ (*fam: say*) **she ~es to me: I never want to see you again!** sie sagt zu mir: ich will dich nie wiedersehen! ▶ **there you ~!** bitte schön!; **that ~es without saying** das versteht sich von selbst **II.** *aux vb future tense* **to be ~ing to do sth** etw tun werden; **we are ~ing to have a party tomorrow** wir geben morgen eine Party; **isn't she ~ing to accept the job after all?** nimmt sie den Job nun doch nicht an? **III.** *vt* <goes, went, gone> ❶ Am (*travel*) *route* nehmen ❷ CARDS reizen ❸ BRIT (*like*) **to not ~ much on sth** sich *dat* nicht viel aus etw *dat* machen ❹ (*become*) **my mind went a complete blank** ich hatte voll ein Brett vorm Kopf! *fam* ▶ **sb will ~ a long way** jd wird es weit bringen **IV.** *n* <*pl* -es> ❶ (*turn*) **you've had your ~ already!** du warst schon dran!; **it's Stuart's ~ now** jetzt ist Stuart dran; **can I have a ~?** darf ich mal? ❷ (*attempt*) Versuch *m*; **have a ~!** versuch's doch einfach mal!; **at one ~** auf einen Schlag; (*drink*) in einem Zug; **to give sth a ~** etw versuchen; **to have a ~ at sb** (*criticize*) jdn runtermachen; (*attack*) über jdn herfallen; **his boss had a ~ at him about his appearance** sein Chef hat sich ihn wegen seines Äußeren vorgeknöpft ❸ *no pl* (*energy*) Antrieb *m*; **full of ~** voller Elan ❹ (*fam: lots of activity*) **it's all ~ here** hier ist immer was los; **I've got two projects on the ~** ich habe zwei Projekte gleichzeitig laufen; **I've been on the ~ all day long** ich war den ganzen Tag auf Trab ▶ **from the word ~** von Anfang an; **to make a ~ of sth** mit etw *dat* Erfolg haben; **it's no ~** da ist nichts zu machen **V.** *adj* [start]klar; **all systems [are] ~** alles klar ▶ **go about I.** *vi* ❶ (*walk around*) herumlaufen; (*with car*) herumfahren; **to ~ about in groups** in Gruppen herumziehen ❷ NAUT wenden ❸ (*be in circulation*) *see* **go around** 5 ❹ (*do repeatedly*) *see* **go around** 8 **II.** *vt* ❶ (*proceed with*) *problem* angehen ❷ (*occu-*

pied with) to ~ about one's business seinen Geschäften nachgehen ❸ *(spend time together)* see **go around 7** ◆ **go after** *vi* ■to ~ after sb ❶ *(in succession)* nach jdm gehen ❷ *(chase)* jdn verfolgen ◆ **go against** *vi* ❶ *(be negative for)* ■to ~ against sb zu jds Ungunsten *pl* ausgehen; **the jury's decision went against the defendant** die Entscheidung der Jury fiel gegen den Angeklagten aus ❷ *(contradict)* **that ~es against everything I believe in** das geht gegen all das, woran ich glaube ❸ *(disobey)* **to ~ against sb** sich jdm widersetzen; **he's always ~ing against his father's advice** er handelt immer entgegen den Ratschlägen seines Vaters ◆ **go ahead** *vi* ❶ *(go before)* vorgehen; *(in vehicle)* vorausfahren; *(in sports)* sich an die Spitze setzen ❷ *(proceed)* vorangehen; *event* stattfinden; — **of course, ~ ahead!** – natürlich, schieß los!; **~ ahead, try it!** komm, versuch's doch einfach!; ■to ~ ahead with sth etw durchführen ◆ **go along** *vi* ❶ *(on foot)* entlanggehen; *(in vehicle)* entlangfahren ❷ *(move onward)* weitergehen; *vehicle* weiterfahren ❸ *(at same time)* **a flexible approach allows us to make changes as we ~ along** ein flexibler Ansatz ermöglicht es uns, Änderungen direkt während des Vorgangs vorzunehmen ❹ *(accompany)* mitgehen [*o* mitkommen] ❺ *(agree)* ■to ~ along with sb/sth jdm/etw zustimmen; *(join in)* sich jdm/etw anschließen; **I'll ~ along with your joke as long as ...** ich mach bei deinem Streich mit, solange ... ◆ **go around** *vi* ❶ *(move around)* **they went around the room** sie liefen im Zimmer herum; **they went around Europe for two months** sie reisten zwei Monate lang durch Europa ❷ *(move in a curve)* herumgehen um +*akk*; *vehicle* herumfahren um +*akk*; *(circumnavigate)* umrunden; **to ~ around the block** um den Block laufen; **to ~ around the world** eine Weltreise machen ❸ *(visit)* **to ~ around and see sb** bei jdm vorbeischauen ❹ *(visit successively)* **we've been ~ing around the local schools trying to find out ...** wir haben die örtlichen Schulen abgeklappert, um herauszufinden, ... ❺ *(be in circulation)* rumour, illness herumgehen ❻ *(be enough)* **there won't be enough soup to ~ around** die Suppe wird nicht für alle reichen ❼ *(spend time together)* sich herumtreiben ❽ *(do repeatedly)* ■to ~ around doing sth etw ständig tun ▶ **what ~es around, comes around** *(saying)* alles rächt sich früher oder später ◆ **go at** *vi* ❶ *(attack)* ■to ~ at sb auf jdn losgehen; *(fig: eat ravenously)*

■to ~ at sth über etw *akk* herfallen ❷ *(work hard)* ■to ~ at sth sich an etw *akk* machen; **to ~ at it** loslegen ◆ **go away** *vi* ❶ *(travel)* weggehen; *(for holiday)* wegfahren ❷ *(leave)* [weg]gehen; **~ away!** geh' weg! ❸ *(disappear)* verschwinden ◆ **go back** *vi* ❶ *(return)* zurückgehen; **I want to ~ back there one day** da will ich irgendwann noch mal hin; **there's no ~ing back now** jetzt gibt es kein Zurück mehr; ■to ~ back to sb zu jdm zurückkehren; ■to ~ back to sth *former plan* auf etw *akk* zurückgreifen; **to ~ back to the beginning** noch mal von vorne anfangen; **to ~ back to one's old ways** wieder in seine alten Gewohnheiten verfallen; **to ~ back to normal** sich wieder normalisieren; ■to ~ back to doing sth wieder mit etw *dat* anfangen ❷ *(move backwards)* zurückgehen; *(from platform)* zurücktreten ❸ *(date back)* **our friendship ~es back to when we were at university together** wir sind befreundet, seit wir zusammen auf der Uni waren ❹ *clocks* zurückgestellt werden ❺ *(not fulfil)* **to ~ back on sth** von etw *dat* zurücktreten; **to ~ back on one's promise** sein Versprechen nicht halten ◆ **go beyond** *vi* ■to ~ beyond sth ❶ *(proceed past)* an etw *dat* vorübergehen ❷ *(exceed)* über etw *akk* hinausgehen; **to ~ beyond sb's wildest dreams** jds kühnste Träume übersteigen ◆ **go by** *vi* ❶ *(move past)* vorbeigehen; *vehicle* vorbeifahren ❷ *(of time)* vergehen; **in days gone by** *(form)* in früheren Tagen ❸ AM *(visit)* ■to ~ by sb bei jdm vorbeischauen ❹ *(be guided by [when deciding])* ■to ~ by sth nach etw *dat* gehen; **that's not much to ~ by** das hilft mir nicht wirklich weiter; **if this is anything to ~ by ...** wenn man danach gehen kann, ...; **to ~ by the book** sich an die Vorschriften halten ◆ **go down** *vi* ❶ *(move downward)* hinuntergehen; *sun, moon* untergehen; *ship also* sinken; *plane* abstürzen; *boxer* zu Boden gehen; *curtain* fallen; **the striker went down in the penalty area** der Stürmer kam im Strafraum zu Fall; **to ~ down on all fours** sich auf alle viere begeben; ■to ~ down sth hinuntergehen; *(climb down)* etw hinuntersteigen ❷ *(decrease)* attendance, wind nachlassen; *crime rate, fever, swelling, water level* zurückgehen; *prices, taxes, temperature* sinken; *currency* fallen; *tyre* Luft verlieren ❸ *(decrease in quality)* nachlassen; **to ~ down in sb's opinion** in jds Ansehen sinken ❹ *(break down)* computer ausfallen ❺ *(be defeated)* verlieren (**to** gegen); SPORTS *also* unterliegen; **to ~ down fighting/without a** fight kämpfend/kampflos untergehen ⑥ (*get ill*) **to ~ down with the flu** die Grippe bekommen ⑦ (*move along*) entlanggehen; *vehicle* entlangfahren; **she was ~ing down the road on her bike** sie fuhr auf ihrem Fahrrad die Straße entlang; **to ~ down to the beach** runter zum Strand gehen; **to ~ down a list** eine Liste [von oben nach unten] durchgehen ⑧ (*visit quickly*) vorbeigehen; **they went down [to] the pub for a quick drink** sie gingen noch schnell einen trinken ⑨ (*travel southward*) runterfahren ⑩ (*extend*) hinunterreichen; **the tree's roots ~ down three metres** die Wurzeln des Baumes reichen drei Meter in die Tiefe ⑪ (*be received*) **to ~ down badly/well [with sb]** [bei jdm] schlecht/gut ankommen ⑫ (*be recorded*) **to ~ down in history** in die Geschichte eingehen ⑬ (*fam*) *food, drink* runtergehen; **a cup of coffee would ~ down nicely now** eine Tasse Kaffee wäre jetzt genau das Richtige ⑭ (*sl: happen*) vorgehen ◆ **go for** *vi* ① (*fetch*) holen; *food etc.* besorgen ② (*try to achieve*) **~ for it!** nichts wie ran!; **if I were you I'd ~ for it** ich an deiner Stelle würde zugreifen ③ (*attack*) ■ **to ~ for sb** auf jdn losgehen ④ (*be true for*) **that ~es for me too** das gilt auch für mich ⑤ (*fam: like*) ■ **to ~ for sb/sth** auf jdn/etw stehen ⑥ (*believe*) glauben ⑦ (*have as advantage*) **to have sth ~ing for one** etw haben, was für einen spricht; **this film has absolutely nothing ~ing for it** an diesem Film gibt es absolut nichts Positives ⑧ (*do*) **to ~ for a drive** [ein bisschen] rausfahren; **to ~ for a newspaper** eine Zeitung holen gehen ◆ **go in** *vi* ① (*enter*) hineingehen ② (*fit*) hineinpassen ③ (*go to work*) arbeiten gehen ④ (*go behind cloud*) **as soon as the sun ~es in, ...** sobald es sich bewölkt, ... ⑤ (*fam: be understood*) in den Kopf gehen ⑥ (*work together*) ■ **to ~ in with sb** sich mit jdm zusammentun ⑦ (*fam: participate in*) teilnehmen (**for** an); **to ~ in for an exam** eine Prüfung machen ⑧ (*fam: enjoy*) mögen ⑨ (*fam: indulge in*) ■ **to ~ in for sth** auf etw *akk* abfahren ◆ **go into** *vi* ① gehen in +*akk*; **to ~ into action** in Aktion treten; **to ~ into a coma** ins Koma fallen; **to ~ into effect** in Kraft treten; **to ~ into hysterics/journalism** hysterisch/Journalist(in) *m(f)* werden; **to ~ into labour** [*or* AM **labor**] [die] Wehen bekommen; **to ~ into mourning** trauern; **to ~ into reverse** in den Rückwärtsgang schalten; **to ~ into a trance** [ver]fallen ② (*examine*) ■ **to ~ into sth** etw *akk* erörtern; **I don't want to ~ into that now** ich möchte jetzt nicht darauf eingehen; **to ~ into detail** ins Detail gehen ③ (*be invested in*) **a considerable amount of money has gone into this exhibition** in dieser Ausstellung steckt eine beträchtliche Menge [an] Geld ④ (*join*) ■ **to ~ into sth** etw *dat* beitreten; **to ~ into the army** zur Armee gehen; **to ~ into hospital/a nursing home** ins Krankenhaus/in ein Pflegeheim gehen ⑤ (*crash into*) hineinfahren in +*akk*; (*tree, wall*) fahren gegen +*akk* ⑥ MATH **seven won't ~ into three** sieben geht nicht in drei ◆ **go off** *vi* ① (*leave*) weggehen; THEAT abgehen ② (*stop working*) *light* ausgehen; *electricity* ausfallen; **to ~ off the air** den Sendebetrieb einstellen ③ (*ring*) *alarm* losgehen; *alarm clock* klingeln ④ (*detonate*) *bomb* hochgehen; *gun* losgehen ⑤ BRIT, AUS (*decrease in quality*) nachlassen; *food* schlecht werden; *milk* sauer werden; *butter* ranzig werden; *pain* nachlassen ⑥ (*happen*) verlaufen ⑦ (*fall asleep*) einschlafen ⑧ (*diverge*) abgehen; **the road that ~es off to Silver Springs** die Straße, die nach Silver Springs abzweigt; **to ~ off the subject** vom Thema abschweifen ⑨ (*stop liking*) nicht mehr mögen; **she went off skiing after she broke her leg** sie ist vom Skifahren abgekommen, nachdem sie sich das Bein gebrochen hatte ◆ **go on** *vi* ① (*go further*) weitergehen; *vehicle* weiterfahren; **to ~ on ahead** vorausgehen; *vehicle* vorausfahren ② (*extend*) sich erstrecken; *time* voranschreiten; **it got warmer as the day went on** im Laufe des Tages wurde es wärmer ③ (*continue*) weitermachen; *fights* anhalten; *negotiations* andauern; **I can't ~ on** ich kann nicht mehr; **to ~ on trying** es weiter versuchen; **to ~ on working** weiterarbeiten; **to ~ on and on** kein Ende nehmen [wollen] ④ (*continue speaking*) weiterreden; (*speak incessantly*) unaufhörlich reden; **sorry, please ~ on** Entschuldigung, bitte fahren Sie fort; **she went on to talk about her time in Africa** sie erzählte weiter von ihrer Zeit in Afrika; **he went on to say that ...** dann sagte er, dass ...; **to ~always ~ on [a] about sth]** andauernd [über etw *akk*] reden ⑤ (*criticize*) ■ **to ~ on at sb** an jdm herumnörgeln ⑥ (*happen*) passieren; **this has been ~ing on for months now** das geht jetzt schon Monate so!; **what's ~ing on here?** was geht denn hier vor? ⑦ (*move on, proceed*) **he went on to become a teacher** später wurde er Lehrer ⑧ (*start, embark on*) anfangen; **to ~ on a diet** auf Diät gehen; **to ~ on the dole** stempeln gehen; **to ~ on [a] holiday** in Urlaub gehen; **to ~ on the pill** die Pille nehmen; **to ~ on strike** in den Streik treten; **to ~ on tour** auf Tournee gehen ⑨ TECH *lights*

angehen ⑩ THEAT auftreten ⑪ SPORTS an der Reihe sein ⑫ (*base conclusions on*) ■ **to ~ on sth** sich auf etw *akk* stützen; **we haven't got anything to ~ on** wir haben keine Anhaltspunkte ⑬ (*fit*) **this shoe just won't ~ on** ich kriege diesen Schuh einfach nicht an ⑭ (*belong on*) gehören auf +*akk* ⑮ FIN (*be allocated to*) gehen auf +*akk* ⑯ (*as encouragement*) **~ on, have another drink** na komm, trink noch einen; **~ on!** los, mach schon!; **~ on, tell me!** jetzt sag' schon! ⑰ (*expressing disbelief*) **~ on, you must be kidding!** das ist nicht dein Ernst! ⑱ (*ride on*) **to ~ on the swings** auf die Schaukel gehen ⑲ (*approach*) **my granny is ~ing on [for] ninety** meine Oma geht auf die neunzig zu ◆ **go out** *vi* ① (*leave*) [hinaus]gehen; **to ~ out to work** arbeiten gehen; **to ~ out jogging/ shopping** joggen/einkaufen gehen; **to ~ out riding** ausreiten ② (*emigrate*) auswandern ③ (*enjoy social life*) ausgehen; **to ~ out for a meal** essen gehen ④ (*date*) ■ **to ~ out with sb** mit jdm gehen ⑤ (*be extinguished*) *fire* ausgehen; *light also* ausfallen; **the fire's gone out** das Feuer ist erloschen; **to ~ out like a light** (*fig*) sofort einschlafen ⑥ (*be sent out*) verschickt werden; MEDIA ausgestrahlt werden; (*be issued*) verteilt werden; **word has gone out that ...** es wurde bekannt, dass ... ⑦ (*sympathize*) **our thoughts ~ out to all the people who ...** unsere Gedanken sind bei all denen, die ...; **my heart ~es out to him** ich fühle mit ihm ⑧ (*recede*) *water* zurückgehen; **when the tide ~es out ...** bei Ebbe ... ⑨ AM (*be spent*) ausgegeben werden ⑩ (*become unfashionable*) aus der Mode kommen ⑪ (*strike*) streiken; **to ~ out on strike** in den Ausstand treten ⑫ BRIT SPORTS (*be eliminated*) ■ **to ~ out [to sb]** [gegen jdn] ausscheiden ⑬ (*in golf*) **he went out in 36** für die Hinrunde benötigte er 36 Schläge ⑭ (*end*) *month, year* zu Ende gehen ⑮ (*lose consciousness*) das Bewusstsein verlieren ▶ **to ~ all out** sich ins Zeug legen ◆ **go over** *vi* ① (*cross*) hinüber gehen; (*in vehicle*) hinüberfahren; *border, river, street* überqueren; **to ~ over the edge of a cliff** über eine Klippe stürzen ② (*visit*) ■ **to ~ over to sb** zu jdm rübergehen ③ (*fig: change*) ■ **to ~ over to sth** zu etw *dat* übergehen; POL zu etw *dat* überwechseln; REL zu etw *dat* übertreten; **to ~ over to the enemy** zum Feind überlaufen ④ (*be received*) ■ **to ~ over [badly/well]** [schlecht/gut] ankommen ⑤ (*examine*) durchgehen; *flat, car* durchsuchen; *problem* sich *dat* etw durch den Kopf gehen lassen; MED untersuchen ⑥ TV, RADIO umschalten ⑦ (*sl: attack brutally*) ■ **to ~ over sb with sth** jdn mit etw *dat* zusammenschlagen ⑧ (*exceed*) überschreiten; **to ~ over the time limit** überziehen ⑨ (*wash*) durchputzen ⑩ (*redraw*) nachzeichnen; *line* nachziehen ◆ **go round** *vi see* **go around**
◆ **go through** *vi* ① (*pass in and out of*) durchgehen; *vehicle* durchfahren ② (*experience*) durchmachen ③ (*review, discuss*) durchgehen ④ (*be approved*) *plan* durchgehen; *bill, divorce* durchkommen; *business deal* [erfolgreich] abgeschlossen werden ⑤ (*use up*) aufbrauchen; *money* ausgeben; *shoes* durchlaufen ⑥ (*wear through*) sich durchscheuern; *jeans* sich abwetzen ⑦ (*look through*) durchsehen ⑧ (*carry out*) ■ **to ~ through with sth** etw durchziehen; **he had to ~ through with it now** jetzt gab es kein Zurück mehr für ihn ◆ **go together** *vi* ① (*harmonize*) zusammenpassen ② (*date*) miteinander gehen ◆ **go under** *vi* ① (*sink*) untergehen ② (*fail*) *person* scheitern; *business* eingehen ③ (*be known by*) **he went under the name of Bluebeard** er war unter dem Namen Blaubart bekannt ④ (*move below*) ■ **to ~ under sth** unter etw *akk* gehen; **the road ~es under the railway bridge** die Straße führt unter der Eisenbahnbrücke durch ◆ **go up** *vi* ① (*move higher*) hinaufgehen; (*on a ladder*) hinaufsteigen; *curtain* hochgehen; *balloon* aufsteigen ② (*increase*) steigen; **everything is ~ing up!** alles wird teurer!; **to ~ up 2%** um 2 % steigen ③ (*approach*) ◆ **go up to sb/sth** auf jdn/ etw zugehen ④ (*move as far as*) ■ **to ~ up to sth** [bis] zu etw *dat* hingehen; (*in vehicle*) [bis] zu etw *dat* [hin]fahren ⑤ (*travel northwards*) **to ~ up to Edinburgh/Maine** hoch nach Edinburgh/Maine fahren ⑥ (*extend to*) hochreichen; (*of time*) bis zu einer bestimmten Zeit gehen ⑦ (*be built*) entstehen ⑧ (*burn up*) hochgehen; **to ~ up in flames** in Flammen aufgehen; **to ~ up in smoke** (*fig*) sich in Rauch auflösen ⑨ (*be heard*) ertönen; **a shout went up from the crowd** ein Schrei stieg von der Menge auf ▶ **to ~ against sb** sich jdm widersetzen; (*in a fight*) auf jdn losgehen ◆ **go with** *vt* ① (*accompany*) ■ **to ~ with sb** mit jdm mitgehen; ■ **to ~ with sth** zu etw *dat* gehören ② (*be associated with*) einhergehen mit +*dat* ③ (*harmonize*) passen zu +*dat* ④ (*follow*) **to ~ with the beat** mit dem Rhythmus mitgehen; **to ~ with the flow** (*fig*) mit dem Strom schwimmen; **to ~ with the majority** sich der Mehrheit anschließen ⑤ (*date*) ■ **to ~ with sb** mit jdm gehen ◆ **go without** *vi* ■ **to ~ without sth** ohne etw auskommen; **to ~ without breakfast/sleep** nicht frühstücken/schla-

fen; ■ **to ~ without doing sth** darauf verzichten, etw zu tun
goad [gəʊd] vt ❶ (spur) ■ **to ~ sb [to sth]** jdn [zu etw dat] antreiben ❷ (tease) ärgern; child hänseln ❸ (provoke) ■ **to ~ sb into [doing] sth** jdn dazu anstacheln, etw zu tun
go-ahead ['gəʊəhed] I. n no pl Erlaubnis f (for zu); **to get/give the ~** grünes Licht erhalten/geben II. adj BRIT, AUS fortschrittlich
goal [gəʊl] n ❶ (aim) Ziel nt ❷ SPORTS Tor nt; **~ area** Torraum m; **~ difference** Tordifferenz f; **to keep ~** das Tor hüten; **to play in ~** im Tor stehen
goalie ['gəʊli] n (fam), **'goal·keep·er** n Tormann, -frau m, f
'goal line n Torlinie f **'goal·post** n Torpfosten m
goat [gəʊt] n Ziege f; **~'s milk** Ziegenmilch f ▸ **to get sb's ~** jdn auf die Palme bringen
goatee [gəʊ'tiː] n Spitzbart m
gob·ble ['gɒbl] I. vi ❶ turkey kollern ❷ (fam: eat quickly) schlingen II. vt (fam) hinunterschlingen
gob·ble·de·gook n, **gob·ble·dy·gook** ['gɒbldɪguːk] n no pl (pej fam) Kauderwelsch nt
go-between ['gəʊbɪˌtwiːn] n Vermittler(in) m(f); (between lovers) Liebesbote(in) m(f)
gob·let ['gɒblət] n Kelch m
gob·lin ['gɒblɪn] n Kobold m
gob·smack·ing ['gɒbsmækɪŋ] adj BRIT (fam) umwerfend, einmalig
go-cart n AM see **go-kart**
god [gɒd] n Gott m; **~ of war** Kriegsgott m
god-'aw·ful adj (fam) beschissen sl **'god·child** n Patenkind nt **'god·damn**, esp AM **'god·dam** (fam!) I. adj gottverdammt II. interj verdammt **'god·daugh·ter** n Patentochter f **god·dess** <pl -es> ['gɒdes] n Göttin f; **screen ~** [Film]diva f **'god·fa·ther** n ❶ (male godparent) Patenonkel m, Pate m ❷ (Mafia leader) Pate m **'god-fear·ing** adj gottesfürchtig **'god-for·sak·en** adj (pej) gottverlassen **god·less** ['gɒdləs] adj gottlos **god·like** ['gɒdlaɪk] adj göttlich **god·ly** ['gɒdli] adj fromm **'god·moth·er** n Patentante f, Patin f; **fairy ~** gute Fee **'god·send** n (fam) Gottesgeschenk nt **'god·son** n Patensohn m
goer ['gəʊəʳ] n (fam) ❶ (person or thing that goes) Geher m; **that horse is a good ~** das Pferd läuft gut; **my car's not much of a ~** mein Auto ist nicht besonders schnell ❷ BRIT (fig: live-wire) Feger m ❸ (viable proposition) Erfolg m
goes [gəʊz] 3rd pers sing of **go**
go-get·ter n Tatmensch m
go-get·ting adj tatkräftig

gog·gle ['gɒgl] I. vi (fam) glotzen; ■ **to ~ at sb/sth** jdn/etw anglotzen II. n [a pair of] **~s** [eine] [Schutz]brille; **ski/swim[ming] ~s** Ski-/Schwimmbrille f
'gog·gle-box n BRIT (fam) Glotze f **'gog·gle-eyed** adj (fam) mit Kulleraugen
go·ing ['gəʊɪŋ] I. n ❶ (act of leaving) Gehen nt ❷ (departure) Weggang m; (from job) Ausscheiden nt ❸ (conditions) **easy/rough ~** günstige/ungünstige Bedingungen; **while the ~ is good** solange es gut läuft ❹ (of a racetrack) Bahn f ❺ (progress) **to be heavy ~** mühsam sein ▸ **when the ~ gets tough, the tough get ~** was uns nicht umbringt, macht uns nur noch härter II. adj ❶ (available) vorhanden; **do you know if there are any jobs ~ around here?** weißt du, ob es hier in der Gegend Arbeit gibt?; **he's the biggest crook ~** er ist der größte Gauner, den es gibt ❷ (in action) am Laufen; **to get/keep sth ~** etw in Gang bringen/halten ❸ (current) aktuell; **what's the ~ rate for babysitters nowadays?** wie viel zahlt man heutzutage üblicherweise für einen Babysitter? ❹ ECON gut gehend
'go·ing price n ❶ (market price) Marktwert m ❷ (current price) aktueller Preis
go·ings-'on npl Vorfälle pl
'go-kart n Gokart m
gold [gəʊld] n Gold nt ▸ **[as] good as ~** mustergültig
'gold brick AM I. n (pej fam) ❶ (sham) Mogelpackung f ❷ (lazy person) Faulenzer(in) m(f) II. vt betrügen III. vi faulenzen **'gold con·tent** n no pl Goldgehalt m **'gold dig·ger** n Goldgräber m; **she's a classic ~** (fig) sie ist nur auf Geld aus **'gold dust** n no pl Goldstaub m; **tickets are like ~** (fig) Eintrittskarten sind äußerst schwer zu bekommen **gold·en** ['gəʊldən] adj golden a. fig; **~ brown** goldbraun **'gold·fish** n Goldfisch m **'gold leaf** n no pl Blattgold nt **gold 'med·al** n Goldmedaille f **'gold·mine** n Goldmine f; (fig) Goldgrube f **gold 'plat·ing** n Vergoldung f **'gold·smith** n Goldschmied(in) m(f)
golf [gɒlf] I. n no pl Golf nt; **a round of ~** eine Runde Golf; **~ cart** Golfwagen m II. vi Golf spielen
'golf ball n Golfball m **'golf club** n ❶ (implement) Golfschläger m ❷ (association) Golfclub m **'golf course** n Golfplatz m **golf·er** ['gɒlfəʳ] n Golfer(in) m(f) **'golf links** npl AM Golfplatz m; BRIT Golfplatz m an der Küste
gol·ly ['gɒli] interj (fam) Donnerwetter
gon·do·la ['gɒndələ] n Gondel f
gon·do·lier [ˌgɒndə'lɪəʳ] n Gondoliere m

gone [gɒn] **I.** pp of **go II.** prep BRIT **it's just ~ ten o'clock** es ist kurz nach zehn Uhr **III.** adj ❶ (no longer there) weg; (used up) verbraucht ❷ (dead) tot; **to be pretty far ~** beinahe tot sein; **to be too far ~** dem Tode zu nah sein ❸ (fam: pregnant) **how far ~ is she?** im wievielten Monat ist sie?

gon·er ['gɒnəʳ] n (fam) **to be a ~** (be bound to die) es nicht mehr lange machen; (be irreparable) hoffnungslos kaputt sein

gong [gɒŋ] n ❶ (instrument) Gong m ❷ BRIT, AUS (fam: award) Auszeichnung f

gon·or·rhoea [ˌgɒnəˈriːə], AM **gon·or·rhea** n no pl Tripper m

goo [guː] n no pl (fam) Schmiere f

good [gʊd] **I.** adj <better, best> ❶ (approv) gut; weather schön; (healthy) appetite, fine gesund; **~ morning/evening** guten Morgen/Abend; **have a ~ day!** schönen Tag noch!; **it's ~ to see you again** schön, dich wiederzusehen; **there's a ~ chance [that]** ... die Chancen stehen gut, dass ...; **~ dog!** braver Hund!; **he's a ~ runner** er ist ein guter Läufer; **she speaks ~ Spanish** sie spricht gut Spanisch; **the G~ Book** die [heilige] Bibel; **to do a ~ job** gute Arbeit leisten; **it's a ~ job ...** zum Glück ...; **the ~ life** das süße Leben; **~ luck!** viel Glück!; **~ sense** Geistesgegenwart f; **to have a ~ time** [viel] Spaß haben; **in ~ time** rechtzeitig; **to be too much of a ~ thing** zu viel des Guten sein; **to be too ~ to be true** zu schön, um wahr zu sein; ■ **to be ~ at sth** gut in etw dat sein; **he's not very ~ at maths** [or AM **in math**] er ist nicht besonders gut in Mathe; **to be ~ for nothing** zu nichts taugen; **if she says so that's ~ enough for me** wenn sie es sagt, reicht mir das; **to be ~ with children/people** mit Kindern/Menschen gut umgehen können; **sb looks ~ in sth** etw steht jdm ❷ (kind, understanding) **it was very ~ of you to help us** es war sehr lieb von dir, uns zu helfen; **would you be ~ enough to ...** wären Sie bitte so nett und ... ❸ (thorough) gut; **the house needs a ~ clean** das Haus sollte mal gründlich geputzt werden; **to have a ~ cry** sich richtig ausweinen; **to have a ~ laugh** ordentlich lachen; **to have a ~ look at sth** sich dat etw genau ansehen; **a ~ talking to** eine Standpauke ❹ (substantial) beträchtlich; **we walked a ~ distance today** wir sind heute ein ordentliches Stück gelaufen; **it's a ~ half hour's walk** es ist eine gute halbe Stunde zu Fuß; **a ~ deal** jede Menge; **to make ~ money** gutes Geld verdienen ❺ (able to provide) **he is always ~ for a laugh** er ist immer gut für einen Witz ❻ (almost) ■ **as ~ as ...** so gut wie ...; **they as ~ as called me a liar** sie nannten mich praktisch eine Lügnerin; **to be as ~ as gold** sich ausgezeichnet benehmen; **to be [as] ~ as one's word** vertrauenswürdig sein ❼ (to emphasize) schön; **I need a ~ long holiday** ich brauche mal einen richtig schönen langen Urlaub!; **when I'm ~ and ready** wenn es mir [in meinem Kram] passt ❽ (in exclamations) **~ Lord** [or **heavens**]**!** gütiger Himmel!; **~ gracious!** ach du liebe Zeit!; **~ grief!** du meine Güte!; **~ old James!** der gute alte James! ▸ **it's as ~ as it gets** besser wird's nicht mehr; **to have [got] it ~** es gut haben; **to make ~** zu Geld kommen; **to make sth ⌒ ~** (repair) etw reparieren; mistake etw wiedergutmachen; (pay for) etw wettmachen; (do successfully) etw schaffen **II.** adv ❶ AM, DIAL (fam: well) gut ❷ (fam: thoroughly) gründlich; **to do sth ~ and proper** etw richtig gründlich tun **III.** n no pl ❶ (moral force) Gute(s) nt; **~ and evil** Gut und Böse; **to be up to no ~** nichts Gutes im Schilde führen; **to do ~** Gutes tun; ■ **the ~** pl die Guten pl ❷ (benefit) Wohl nt; **this will do you a world of ~** das wird Ihnen unglaublich gut tun; **that young man is no ~** dieser junge Mann ist ein Taugenichts; **a lot of ~ that'll do [you]!** das wird [dir] ja viel nützen!; **to do more harm than ~** mehr schaden als nützen; **for the ~ of his health** seiner Gesundheit zuliebe; **for the ~ of the nation** zum Wohle der Nation; **for one's own ~** zu seinem eigenen Besten ❸ (ability) ■ **to be no ~ at sth** etw nicht gut können ▸ **for ~ [and all]** für immer [und ewig]

good·bye, AM **good·by I.** interj [gʊ(d)ˈbaɪ] auf Wiedersehen; **to say ~ to sb/sth** sich von jdm/etw verabschieden; **to kiss sb ~** jdm einen Abschiedskuss geben; **to kiss sth ~** (fig) etw abschreiben; **to wave ~** zum Abschied winken **II.** n [ˈgʊdbaɪ] Abschied m; **to say one's ~s** sich verabschieden

'good-for-noth·ing I. n (pej) Taugenichts m **II.** adj (pej) nichtsnutzig

Good 'Fri·day n no art Karfreitag m

good-'hu·moured [ˌgʊdˈhjuːməd] adj, AM **good-'hu·mored** adj ❶ (cheerful) fröhlich ❷ (good-natured) gutmütig **good-'look·ing** adj <more good-looking, most good-looking or better-looking, best-looking> gut aussehend **good 'looks** npl gutes Aussehen **good-'na·tured** adj gutmütig **good·ness** ['gʊdnəs] **I.** n no pl ❶ (moral virtue) Tugendhaftigkeit f ❷ (kindness) Freundlichkeit f, Güte f ❸ FOOD Wertvolle(s) nt ❹ (for emphasis) **for ~' sake** du liebe Güte; **to hope to ~ that ...** bei Gott hoffen, dass ...; **~ knows** weiß der Himmel; **thank ~** Gott sei

saying goodbye	
saying goodbye	**sich verabschieden**
Goodbye!	Auf Wiedersehen!
Hope to see you again soon!	Auf ein baldiges Wiedersehen!
Bye! (*fam*)/Cheerio! (*fam*)	Tschüss! (*fam*)/Ciao! (*fam*)
See you!/Take care!/All the best!	Mach's gut! (*fam*)
(OK then,) see you soon/later!	(Also dann,) bis bald!
See you tomorrow!	Bis morgen!
See you around! (*fam*)	Man sieht sich! (*fam*)
Safe journey home!	Gute Heimfahrt!
Look after yourself!/Take care!	Pass auf dich auf! (*fam*)
Have a nice evening!	Einen schönen Abend noch!
saying goodbye on the phone	**sich am Telefon verabschieden**
Goodbye!	Auf Wiederhören! (*form*)
OK then, speak to you again soon!	Also dann, bis bald wieder!
Bye! (*fam*)/Cheerio! (*fam*)	Tschüss! (*fam*)/Ciao! (*fam*)

Dank **II.** *interj* [my] ~ [gracious] [me] [ach du] meine Güte

goods [gʊdz] **I.** *npl* Waren *pl*, Güter *pl*; **sports** ~ Sportartikel *pl*; **manufactured** ~ Fertigprodukte *pl*; **stolen** ~ Diebesgut *nt* ▶ **sb/sth comes up with the** ~ jd/etw hält, was er/es verspricht **II.** *adj* BRIT Güter-; ~ **vehicle** Nutzfahrzeug *nt*

'good-sized *adj* [recht] groß **good-'tempered** *adj* gutmütig **'good·will I.** *n no pl* ❶ (*friendly feeling*) guter Wille (**towards** gegenüber); **feeling/gesture of** ~ Atmosphäre *f*/Geste *f* des guten Willens ❷ ECON Goodwill *m* **II.** *adj* a ~ gesture eine Geste des guten Willens; ~ **mission** Goodwillreise *f*

goody [ˈgʊdi] **I.** *n* ❶ (*desirable object*) tolle Sache ❷ FOOD Leckerbissen *m* ❸ (*good person*) Gute(r) *f(m)* **II.** *interj* (*usu childspeak*) spitze

'goody bag *n* (*fam*) Goody-Bag *m fam*; (*at children's party*) Tüte *f* mit kleinen Geschenken; (*promotional gift*) Tüte *f* mit Gratisproben

goo·ey [ˈguːi] *adj* (*fam*) ❶ (*sticky*) klebrig ❷ (*fig, pej*) schmalzig

goof [guːf] **I.** *n esp* AM (*fam*) ❶ (*mistake*) Patzer *m* ❷ (*silly person*) Trottel *m* **II.** *vi esp* AM (*fam*) **to** ~ [**up**] Mist bauen ◆ **goof up I.** *vt* AM (*fam*) vermasseln **II.** *vi* AM (*fam*) Mist bauen

goofy [ˈguːfi] *adj esp* AM (*fam*) doof

goo-goo [ˈguːguː] *adj attr* (*fam*) **to make** ~ **eyes at sb** jdm schöne Augen machen Blödmann *m* ❷ *esp* AM (*thug*) Schläger *m*

goolies [ˈguːliz] *npl* BRIT (*fam*) Eier *pl*

goon [guːn] *n* (*fam*) ❶ (*pej: silly person*) Blödmann *m* ❷ *esp* AM (*thug*) Schläger *m*

goose [guːs] **I.** *n* <*pl* geese> Gans *f* ▶ **to kill the** ~ **that lays the golden eggs** den Ast absägen, auf dem man sitzt; **to cook sb's** ~ jdm die Suppe versalzen **II.** *vt* (*fam*) ❶ AM (*motivate*) antreiben ❷ AM (*increase*) **to** ~ **up profits** Gewinne steigern **III.** *adj* Gänse-; **a** ~ **egg** (*fig fam*) überhaupt nichts

goose·ber·ry [ˈgʊzbəri] *n* Stachelbeere *f* ▶ **to play** ~ BRIT das fünfte Rad am Wagen sein **'goose pim·ples** *npl*, **'goose·flesh** *n no pl*, *esp* AM **'goose bumps** *npl* Gänsehaut *f kein pl* **'goose-pim·ply** *adj* (*fam*) **to go all** ~ eine Gänsehaut kriegen **'goose·step I.** *vi* <-pp-> im Stechschritt marschieren **II.** *n no pl* Stechschritt *m;* **to do the** ~ im Stechschritt marschieren

goos(e)y [ˈguːsi] *adj* Aus **to go all** ~ eine Gänsehaut kriegen

gore [gɔːʳ] **I.** *n no pl* Blut *nt* **II.** *vt* aufspießen

gorge [gɔːdʒ] **I.** *n* Schlucht *f* **II.** *vi* sich vollessen *fam* **III.** *vt* ■ **to** ~ **oneself on sth** sich mit etw *dat* vollstopfen *fam*

gor·geous ['gɔːdʒəs] *adj* ❶ *(very beautiful)* herrlich, großartig; **the bride looked ~** die Braut sah zauberhaft aus; **hello, G~!** hallo, du Schöne!; **~ autumnal colours** prächtige Herbstfarben ❷ *(very pleasurable)* ausgezeichnet, fabelhaft; *meal* hervorragend

go·ril·la [gəˈrɪlə] *n* Gorilla *m a. fig*

gorm·less ['gɔːmləs] *adj* BRIT *(fam)* dämlich

gorse [gɔːs] *n no pl* Stechginster *m*

gory ['gɔːri] *adj* ❶ *(bloody)* blutig; *film* blutrünstig ❷ *(fig, hum: explicit)* peinlich; **come on, I want to know all the ~ details about your date** los, erzähl schon, ich will all die intimen Details deines Rendezvous erfahren

gosh [gɒʃ] *interj (fam)* Mensch

gos·ling ['gɒzlɪŋ] *n* Gänseküken *nt*

go-slow *n* BRIT Bummelstreik *m*

gos·pel ['gɒspəl] *n* ❶ *(New Testament)* ■ **the ~ das Evangelium; the G~ according to Saint Mark** [*or* **St Mark's Gospel**] das Evangelium nach Markus ❷ *(fig)* Grundsätze *pl*; **to take sth as ~** etw für bare Münze nehmen *no pl (music)* Gospel *m o nt*

gos·sa·mer ['gɒsəmə] **I.** *n no pl* Spinnfäden *pl* **II.** *adj* hauchdünn

gos·sip ['gɒsɪp] **I.** *n (usu pej)* ❶ *no pl (rumour)* Klatsch *m*; **idle ~** leeres Geschwätz; **the latest ~ about sb** der neueste Tratsch *fam*; **to have a ~ about sb** über jdn klatschen ❷ *(pej: person)* Tratschbase *f fam* ❸ *(conversation)* Schwatz *m* **II.** *vi (chatter)* schwatzen ❷ *(spread rumours)* tratschen *fam*

'gos·sip col·umn *n* Klatschspalte *f*

gos·sipy ['gɒsɪpi] *adj* schwatzhaft; **~ person** Klatschmaul *nt sl*

got [gɒt] *pt, pp of* **get**

Goth·ic ['gɒθɪk] *adj* ❶ ARCHIT, TYPO gotisch ❷ LIT Schauer-

got·ten ['gɒtən] AM, AUS *pp of* **got**

gouge [ɡaʊdʒ] **I.** *n* ❶ *(chisel)* Meißel *m* ❷ *(indentation)* Rille *f* **II.** *vt* ❶ *(cut out)* ■ **to ~ out** aushöhlen; *eye* ausstechen ❷ AM *(fam: overcharge)* betrügen

gou·lash ['guːlæʃ] *n no pl* Gulasch *nt*

gourd [ɡʊəd] *n* Kürbisflasche *f*

gour·mand ['gʊəmənd] *n* Schlemmer(in) *m(f)*

gour·met ['gʊəmeɪ] *n* Feinschmecker(in) *m(f)*

gout [ɡaʊt] *n no pl* Gicht *f*

Gov *n* ❶ *abbrev of* **government** ❷ AM *abbrev of* **governor**

gov·ern ['ɡʌvən] **I.** *vt* ❶ POL, LING regieren ❷ *(regulate)* regeln; ■ **to be ~ed by sth** durch etw *akk* bestimmt werden **II.** *vi* regieren; **fit/unfit to ~** regierungsfähig/-unfähig

gov·er·ness <*pl* -es> ['ɡʌvənəs] *n (hist)* Gouvernante *f*

gov·ern·ing ['ɡʌvnɪŋ] *adj* regierend; **~ body** Vorstand *m*; **self-~** autonom **gov·ern·ment** ['ɡʌvənmənt] *n* Regierung *f*; **~ agency** Behörde *f*; **~ department** Regierungsstelle *f*; **~ grant** staatlicher Zuschuss; **~ intervention** Eingreifen *nt* der Regierung; **~ policy** Regierungspolitik *f*; **~ property** Staatseigentum *nt*; **~ securities** staatliche Wertpapiere; **~ spending** Staatsausgaben *pl*; **~ subsidy** Subvention *f*; **~ support** staatliche Unterstützung; **local ~** Kommunalverwaltung *f*; **in ~** BRIT, AUS an der Regierung **gov·ern·men·tal** [ˌɡʌvənˈmentəl] *adj* Regierungs-; **~ publication** Veröffentlichung *f* der Regierung

gov·er·nor ['ɡʌvənə] *n* ❶ POL Gouverneur *m* ❷ BRIT ADMIN Direktor(in) *m(f)*; **the G~ of the Bank of England** der Präsident der Bank von England; **the school ~s** der Schulbeirat; **board of ~s** COMM Vorstand *m* ❸ BRIT *(fam: one's boss)* Chef(in) *m(f)* ❹ MECH Regler *m*

gown [ɡaʊn] *n* ❶ FASHION Kleid *nt* ❷ MED Kittel *m*; **surgical ~** Operationskittel *m* ❸ UNIV Talar *m*

GP [ˌdʒiːˈpiː] *n* MED *abbrev of* **general practitioner**

GPU [ˌdʒiːpiːˈjuː] *n* COMPUT *abbrev of* **graphics processing unit** GPU *f*

grab [ɡræb] **I.** *n* ❶ *(snatch)* Griff *m*; **to make a ~ at** [*or* **for**] **sth** nach etw *dat* greifen ❷ MECH Greifer *m* ▶ **to be up for ~s** zu haben sein **II.** *vt* <-bb-> ❶ *(snatch, take hold of)* [sich *dat*] schnappen; ■ **to ~ sth** [**away**] **from sb** jdm etw entreißen; ■ **to ~ sb by the arm** jdn am Arm packen; ■ **to ~ hold of sb/ sth** jdn/etw festhalten ❷ *(fig) attention* erregen; *opportunity* wahrnehmen; **can I just ~ you for a minute?** kann ich dich mal für 'ne Minute haben?; **to ~ a bite** [**to eat**] schnell einen Happen essen; **to ~ some sleep** [ein wenig] schlafen ❸ *(sl: impress)* beeindrucken; **how does that** [**idea**] **~ you?** was hältst du davon? **III.** *vi* <-bb-> ❶ *(snatch)* grapschen; ■ **to ~ at sb** jdn begrapschen; ■ **to ~ at sth** nach etw *dat* greifen ❷ MECH *brake* [ruckartig] greifen ❸ *(take advantage of)* **to ~ at an opportunity** eine Gelegenheit wahrnehmen

grab-and-'go *adj (fam) meal* zum Mitnehmen *nach n*

grace [ɡreɪs] *n* ❶ *no pl (of movement)* Grazie *f* ❷ *no pl (of appearance)* Anmut *f* ❸ *(of behaviour)* Anstand *m kein pl*; **to have the** [**good**] **~ to do sth** den Anstand besitzen, etw zu tun; **social ~s** gesellschaftliche Umgangsformen ❹ *no pl (mercy)* Gnade *f* ❺ *(favour)* Gnade *f*; **to fall from ~** in Ungnade fal-

grace·ful – grandchild

len ❻ (*prayer*) Tischgebet *nt*; **to say ~** ein Tischgebet sprechen ❼ *no pl* (*leeway*) Aufschub *m*; **a month's ~** ein Monat Aufschub ❽ (*title*) **Your ~** (*duke, duchess*) Eure Hoheit; (*archbishop*) Eure Exzellenz

grace·ful ['greɪsfʊl] *adj* ❶ (*in movement*) graziös, anmutig ❷ (*in appearance*) elegant ❸ (*in behaviour*) würdevoll **grace·less** ['greɪsləs] *adj* taktlos

gra·cious ['greɪʃəs] **I.** *adj* ❶ (*kind*) liebenswürdig ❷ (*dignified*) würdevoll ❸ (*elegant*) kultiviert ❹ (*merciful*) gnädig **II.** *interj* [**good** *or* **goodness**] ~ [**me**] (**du**) meine Güte

grade [greɪd] **I.** *n* ❶ (*rank*) Rang *m* ❷ (*of salary*) Gehaltsstufe *f* ❸ SCH (*mark*) Note *f* ❹ AM SCH (*class*) Klasse *f* ❺ (*of quality*) Qualität *f*; **a dozen ~ A eggs** ein Dutzend Eier Klasse A ❻ AM (*gradient*) Neigung *f*; [**gentle/steep**] **~** (*upwards*) [geringe/starke] Steigung; (*downwards*) [schwaches/starkes] Gefälle ▶ **to be on the down/up ~** AM schlechter/besser werden; **to make the ~** den Anforderungen gerecht werden **II.** *vt* ❶ SCH, UNIV benoten ❷ (*categorize*) einteilen ❸ AM TRANSP (*level*) einebnen

'grade cross·ing *n* AM schienengleicher Bahnübergang **'grade school** *n* AM Grundschule *f*

gra·di·ent ['greɪdiənt] *n* Neigung *f*; [**gentle/steep**] **~** (*upwards*) [leichte/starke] Steigung; (*downwards*) [schwaches/starkes] Gefälle; **the ~ of the road is 1 in 10** die Straße hat eine Steigung/ein Gefälle von 10 %

grad·ing *n* ❶ (*gradation*) Maßeinteilung *f* ❷ (*of colours etc.*) Abstufung *f* ❸ (*classification*) Klassifizierung *f*; SCH Benotung *f*

grad·ual ['grædʒuəl] *adj* ❶ (*not sudden*) allmählich ❷ (*not steep*) sanft

grad·ual·ly ['grædʒuəli] *adv* ❶ (*not suddenly*) allmählich ❷ (*not steeply*) sanft

gradu·ate I. *n* ['grædʒuət] ❶ UNIV Absolvent(in) *m(f)*; **he is a physics ~** er hat einen [Universitäts]abschluss in Physik; **~ student** Student(in) *m(f)* mit Universitätsabschluss; **~ unemployment** Akademikerarbeitslosigkeit *f*; **~ university** Hochschulabsolvent(in) *m(f)* ❷ AM SCH Schulabgänger(in) *m(f)* **II.** *vi* ['grædʒuət] ❶ UNIV einen akademischen Grad erwerben; **she ~d from the University of Birmingham** sie hat an der Universität von Birmingham ihren Abschluss gemacht; **to ~ with honours** seinen Abschluss mit Auszeichnung machen ❷ AM SCH die Abschlussprüfung bestehen; **to ~ from high school** das Abitur machen ❸ (*move up*) aufsteigen **III.** *vt* ['grædʒueɪt] ❶ (*calibrate*) einteilen ❷ AM (*award degree*) ▪**to ~ sb** jdn graduieren

gradu·at·ed ['grædʒueɪtɪd] *adj* FIN gestaffelt

gradu·a·tion [ˌgrædʒu'eɪʃən] *n* ❶ *no pl* SCH, UNIV (*completion of studies*) [Studien]abschluss *m* ❷ (*ceremony*) Abschlussfeier *f* ❸ (*calibration*) [Grad]einteilung *f*

graf·fi·ti [grə'fi:ti] *n no pl* Graffiti *nt*

graft [grɑ:ft] **I.** *n* ❶ MED Transplantat *nt* ❷ HORT (*shoot*) Pfropfreis *nt*; (*process*) Pfropfung *f*; (*place*) Pfropfstelle *f* ❸ *no pl* (*corruption*) Schiebung *f* ❹ BRIT (*sl: work*) [**hard**] **~** Schufterei *f* **II.** *vt* ❶ MED übertragen (**on**[**to**] auf) ❷ HORT aufpfropfen (**on**[**to**] auf) **III.** *vi* BRIT (*sl*) schuften

graft·er ['grɑ:ftəʳ] *n* BRIT (*sl*) Arbeitstier *nt*

Grail [greɪl] *n* [**Holy**] **~** Heiliger Gral

grain [greɪn] *n* ❶ (*particle*) Korn *nt*, Körnchen *nt*; **~ of sand/wheat** Sand-/Weizenkorn *nt* ❷ *no pl* (*cereal*) Getreide *nt* ❸ *no pl* (*texture*) *of wood, marble* Maserung *f* ❹ (*fig*) **a ~ of hope/truth** ein Fünkchen Hoffnung/ein Körnchen Wahrheit ▶ **to go against the ~ for sb** jdm gegen den Strich gehen

'grain ex·port *n* Getreideexport *m* **'grain mar·ket** *n* Getreidemarkt *m*

gram [græm] *n* Gramm *nt*

gram·mar ['græməʳ] *n* Grammatik *f*; **to be good/bad ~** grammatikalisch richtig/falsch sein

'gram·mar book *n* Grammatik *f* **gram·mar·ian** [grə'meəriən] *n* Grammatiker(in) *m(f)* **'gram·mar school** *n* ❶ AM (*elementary school*) Grundschule *f* ❷ BRIT (*upper level school*) ≈ Gymnasium *nt*

gram·mati·cal [grə'mætɪkəl] *adj* grammati[kali]sch

gramme *n* BRIT *see* **gram**

gran [græn] *n* (*fam*) *short for* **grandmother** Oma *f*, Omi *f*

gra·na·ry ['grænəri] *n* [Getreide]silo *m o nt*

'grana·ry bread *n no pl* BRIT, **'grana·ry loaf** *n* BRIT ≈ Mehrkornbrot *nt*

grand [grænd] **I.** *adj* ❶ (*splendid*) prächtig, großartig; **to make a ~ entrance** einen großen Auftritt haben ❷ (*fam: excellent*) großartig ❸ (*of age*) **he lived to the ~ old age of 97** er erreichte das gesegnete Alter von 97 Jahren ❹ (*important*) groß, bedeutend ❺ (*large, far-reaching*) **~ ambitions/ideas** große Pläne/Ideen; **on a ~ scale** in großem Rahmen ❻ (*overall*) **~ total** Gesamtsumme *f* **II.** *n* ❶ *<pl -*> (*fam: one thousand dollars/pounds*) Mille *f* ❷ *<pl -s>* (*grand piano*) Flügel *m*; **baby/concert ~** Stutz-/Konzertflügel *m*

gran·dad ['grændæd] *n* (*fam*) ❶ (*grandfather*) Opa *m*, Opi *m* ❷ (*pej: old man*) Opa *m*, Alter *m*

'grand·child *n* Enkelkind *nt*

'grand·daugh·ter n Enkeltochter f
gran·dee [græn'di:] n ❶ (nobleman) Grande m ❷ (fig) Größe f
gran·deur ['grændjə*r*] n no pl Größe f; of scenery, music Erhabenheit f; **faded ~** verblasster Glanz; **delusions of ~** Größenwahn m
'grand·fa·ther n Großvater m
gran·di·ose ['grændiəʊs] adj grandios
grand 'jury n AM Anklagejury f
grand·ly ['grændli] adv ❶ (splendidly) prachtvoll ❷ (pej: over-importantly) prahlerisch
'grand·ma n (fam) Oma f, Omi f **'grand·mas·ter** n Großmeister(in) m(f) **'grand·moth·er** n Großmutter f **'grand·pa** n (fam) Opa m, Opi f
grand pi'a·no n [Konzert]flügel m
'grand·son n Enkel[sohn] m
'grand·stand n [Haupt]tribüne f **II.** adj seat Tribünen-; **~ finish** Entscheidung f auf den letzten Metern **III.** vi (pej) sich inszenieren
'grand·stand·er n Großmaul nt, Wichtigtuer(in) m(f), Popularist(in) m(f)
grand 'sum n, **grand 'to·tal** n Gesamtsumme f
grange [greɪndʒ] n Gutshof m
gran·ite ['grænɪt] n no pl Granit m
gran·nie, **gran·ny** ['græni] n (fam) Oma f, Omi f
grant [grɑ:nt] **I.** n ❶ UNIV Stipendium nt; [government] ~ ≈ Bafög nt ❷ (from authority) Zuschuss m oft pl; (subsidy) Subvention f **II.** vt ❶ (allow) **~ to ~ sb sth** jdm etw gewähren; favour jdm etw erweisen; money jdm etw bewilligen; permission, visa jdm etw erteilen; **to ~ sb a request** jds Anliegen nt stattgeben ❷ (admit to) zugeben; **~ed, ...** zugegeben, ... ▶ **to take sth for ~ed** etw für selbstverständlich halten; (not appreciate) etw akk [allzu] selbstverständlich betrachten; **no one likes to be taken for ~ed** niemand mag es, dass seine Leistung als Selbstverständlichkeit hingenommen wird
granu·lar ['grænjələ*r*] **I.** adj körnig **II.** adv (sl) **to get ~ in** Einzelheiten gehen
granu·lat·ed ['grænjəleɪtɪd] adj granuliert; **~ sugar** Kristallzucker m
gran·ule ['grænju:l] n Körnchen nt; ▪ **~s** pl Granulat nt; **instant coffee ~s** Kaffeegranulat nt
grape [greɪp] **I.** n [Wein]traube f; **a bunch of ~s** eine [ganze] Traube f **II.** adj Trauben-
'grape·fruit <pl - or -s> ['greɪpfru:t] n Grapefruit f **'grape·vine** n Weinstock m ▶ **I heard on the ~ that ...** es ist mir zu Ohren gekommen, dass ...

graph [grɑ:f] n Diagramm nt, Graph m; **bar** [or **block**] **~** Säulendiagramm nt; **temperature ~** Temperaturkurve f; **~ paper** Millimeterpapier nt
graph·ic ['græfɪk] adj ❶ (diagrammatic) grafisch ❷ (vividly descriptive) anschaulich; **in ~ detail** haarklein ❸ ART Grafik-; **~ design** Grafikdesign nt **graph·ics** ['græfɪks] npl Grafik f; **~ card** Grafikkarte f **graph·ite** ['græfaɪt] n no pl Graphit m
grap·ple ['græpl] vi **~ to ~ with sb** mit jdm ringen; ▪ **to ~ for sth** um etw akk kämpfen; **to ~ with a problem** mit einem Problem zu kämpfen haben
grasp [grɑ:sp] **I.** n no pl ❶ (grip) Griff m ❷ (fig: attainability) Reichweite f; **to be within sb's ~** zum Greifen nahe sein ❸ (fig: understanding) Verständnis nt; **to have a good ~ of a subject** ein Fach gut beherrschen **II.** vt ❶ (take firm hold) fest [er]greifen; **to ~ sb by the arm/hand** jdn am Arm/ an der Hand fassen ❷ (fig: understand) begreifen **III.** vi ❶ (try to hold) ▪ **to ~ at sth** nach etw dat greifen ❷ (fig) **to ~ at the opportunity** die Gelegenheit beim Schopfe packen
grasp·ing ['grɑ:spɪŋ] adj (fig, pej) habgierig
grass <pl -es> [grɑ:s] **I.** n ❶ (lawn) Gras nt; (lawn) Rasen m; **to put cattle out to ~** [das] Vieh auf die Weide treiben; **to put sb/an animal out to ~** (fig) jdn in Rente schicken/einem Tier das Gnadenbrot geben ❷ BRIT (sl: informer) Spitzel m ▶ **to [not] let the ~ grow under one's feet** etw [nicht] auf die lange Bank schieben; **the ~ is [always] greener on the other side [of the fence]** (prov) die Kirschen in Nachbars Garten schmecken immer süßer **II.** adj Gras-; **~ court** Rasenplatz m; **~ verge** BRIT Grünstreifen m **III.** vt mit Gras bepflanzen **IV.** vi BRIT, AUS (sl) singen; ▪ **to ~ on sb** jdn verpfeifen
'grass·hop·per n Heuschrecke f **'grass·land** n Grasland nt **grass·'roots** npl (ordinary people) Volk nt kein pl; **of a party, organization** Basis f kein pl; **~ activity** Arbeit f an der Basis; **~ opinion** Volksmeinung f
'grass snake n AM Grasnatter f; BRIT Ringelnatter f
grassy ['grɑ:si] adj mit Gras bewachsen
grate[1] [greɪt] n ❶ (fireplace) Kamin m ❷ (grid) Rost m
grate[2] [greɪt] **I.** vi ❶ (annoy) noise in den Ohren wehtun; **to ~ on sb/'s nerves** jdm auf die Nerven gehen ❷ (rasp) kratzen **II.** vt (shred) cheese, nutmeg reiben; vegetables raspeln
grate·ful ['greɪtfəl] adj dankbar
grat·er ['greɪtə*r*] n Reibe f

gratitude

expressing gratitude | sich bedanken

expressing gratitude	sich bedanken
Thank you!/Thanks!	Danke!
Thank you very much!/Many thanks!	Danke schön!/Vielen Dank!
Thanks a million!	Tausend Dank!
Thanks, that's really kind of you!	Danke, das ist sehr lieb von dir/Ihnen!
Thank you very much indeed!	Vielen herzlichen Dank!
My sincere thanks. *(form)*	Ich bedanke mich recht herzlich!
I'm so grateful to you for looking after my grandmother.	Ich bin Ihnen so dankbar, dass Sie sich um meine Großmutter kümmern.

reacting to being thanked | auf Dank reagieren

reacting to being thanked	auf Dank reagieren
You're welcome!	Bitte (schön)!
My pleasure!	Gern geschehen!
Don't mention it!	Keine Ursache!/Nichts zu danken!
Please don't mention it!	Aber bitte, das ist doch nicht der Rede wert!
Not at all!	Bitte, bitte!
It was a pleasure!/The pleasure was mine!	Aber das war doch selbstverständlich!
I was happy to do it!	Das hab ich doch gern gemacht!

acknowledging gratefully | dankend anerkennen

acknowledging gratefully	dankend anerkennen
Many thanks, you've been a great help.	Vielen Dank, du hast mir sehr geholfen.
What would we do without you!	Wo wären wir ohne dich!
We wouldn't have managed it without your help.	Ohne deine Hilfe hätten wir es nicht geschafft.
You were a great help to us.	Sie waren uns eine große Hilfe.
I very much appreciate your commitment.	Ich weiß Ihr Engagement sehr zu schätzen.

grati·fi·ca·tion [ˌgrætɪfɪˈkeɪʃ(ə)n] *n* Genugtuung *f*; **sexual ~** sexuelle Befriedigung

grati·fy <-ie-> [ˈgrætɪfaɪ] *vt* ❶ *usu passive* (*please*) ▪ **to be gratified at** [*or* **by**] **sth** über etw *akk* [hoch] erfreut sein ❷ (*satisfy*) befriedigen

grati·fy·ing [ˈgrætɪfaɪɪŋ] *adj* erfreulich

grat·ing [ˈgreɪtɪŋ] **I.** *n* Gitter *nt* **II.** *adj* ❶ (*grinding*) knirschend; (*rasping*) kratzend ❷ (*annoying*) nervtötend

grati·tude [ˈgrætɪtjuːd] *n no pl* Dankbarkeit *f*

gra·tui·tous [grəˈtjuːɪtəs] *adj* (*uncalled-for*) grundlos; (*unnecessary*) überflüssig; **~ bad language** unnötige Kraftausdrücke

gra·tu·ity [grəˈtjuːəti] *n* ❶ (*tip*) Trinkgeld *nt* ❷ BRIT (*payment*) Sonderzuwendung *f* ❸ AM (*bribe*) **illegal ~** Bestechungsgeld *nt*

grave[1] [greɪv] *n* Grab *nt* ▶ **to dig one's own ~** sich *dat* sein eigenes Grab schaufeln; **to have one foot in the ~** mit einem Bein im Grab stehen; **as silent as the ~** mucksmäuschenstill *fam*; (*gloomy*) totenstill; **to turn in one's ~** sich im Grabe [her]umdrehen

grave[2] [grɑːv] *adj face, music* ernst; (*seriously bad*) *news* schlimm; (*worrying*) *conditions, symptoms* bedenklich; *crisis* schwer; *decision* schwerwiegend; *mistake* gravierend

'grave-dig·ger n Totengräber(in) m(f)
grav·el ['grævəl] n no pl Kies m; ~ **road** Schotterstraße f
grav·el·ly ['grævəli] adj ❶ soil kieshaltig ❷ (fig) voice rau **'grav·el-pit** n Kiesgrube f
grave·ly ['greɪvli] adv ernst; ~ **ill** schwer krank; **to be** ~ **mistaken** sich schwer irren
'grave rob·ber n Grabräuber(in) m(f)
'grave·stone n Grabstein m **'grave·yard** n Friedhof m
'grav·ing dock n Trockendock nt
gravi·tate ['græviteit] vi **to** ~ **to[wards] sb/sth** von jdm/etw angezogen werden
gravi·ta·tion [ˌgrævɪ'teɪʃən] n no pl ❶ (movement) ■ ~ **to[wards] sth** Bewegung f zu/etw dat hin ❷ (attracting force) Schwerkraft f
grav·ity ['grævəti] n no pl ❶ PHYS Schwerkraft f; **the force of** ~ die Schwerkraft; **the law of** ~ das Gesetz der Schwerkraft ❷ (seriousness) Ernst m; of speech Ernsthaftigkeit f
gra·vy ['greɪvi] n no pl ❶ FOOD [Braten]soße f ❷ esp AM (fig sl: easy money) leicht verdientes Geld
'gra·vy boat n Sauciere f, Soßenschüssel f **'gra·vy train** n (fig) **to get on the** ~ sich dat ein Stück vom Kuchen abschneiden
gray n, adj AM see **grey**
graze¹ [greɪz] **I.** n Schürfwunde f **II.** vt streifen; **to** ~ **one's elbow/knee** sich dat den Ellbogen/das Knie aufschürfen
graze² [greɪz] **I.** vi grasen, weiden **II.** vt animals weiden lassen; meadow abgrasen
grease [gri:s] **I.** n ❶ (fat) Fett nt; ~ **mark** Fettfleck m ❷ (lubricating oil) Schmierfett nt **II.** vt [ein]fetten; MECH schmieren ▶ **like** ~**d lightning** wie ein geölter Blitz
'grease gun n Fettspritze f **'grease·paint** n THEAT Fettschminke f **'grease·proof 'pa·per** n Pergamentpapier nt **'grease spot** n Fettfleck m
greasy ['gri:si] adj ❶ hair, skin fettig; fingers, objects also schmierig; food fett; (slippery) glitschig ❷ (fig, pej) schmierig
'greasy 'pole n (fig) mit Hindernissen gespickte Karriereleiter
great [greit] **I.** adj ❶ (very big) groß; **a** ~ **deal of money/time** eine Menge Geld/ Zeit; **to a** ~ **extent** im Großen und Ganzen; **the** ~ **majority of people** die überwiegende Mehrheit der Leute ❷ (famous) groß; (important) bedeutend; (outstanding) überragend ❸ (wonderful) großartig, hervorragend, toll; **we had a** ~ **time at the party** wir haben uns auf der Party großartig amüsiert; **it's** ~ **to be back home again** es ist richtig schön, wieder zu Hause zu sein; ~! (iron fam) na prima!; **the** ~ **thing about sb/sth is [that]** ... das Tolle an jdm/etw ist[, dass] ...; **to feel not all that** ~ sich gar nicht gut fühlen; ■ **to be** ~ **at doing sth** etw sehr gut können ❹ (for emphasis) ausgesprochen; ~ **fool** Volltrottel m; ~ **friends** dicke Freunde ❺ (enthusiastic) begeistert **II.** adv (extremely) sehr; ~ **big** riesengroß; ~ **long** ewig lang **III.** n (person) Größe f; (in titles) **Alexander/Catherine the G~** Alexander der Große/Katharina die Große; **one of the** ~**s** einer/eine der ganz Großen

'great-aunt n Großtante f
Great 'Bear n ASTRON Großer Bär
Great 'Brit·ain n Großbritannien nt
'great·coat n BRIT [schwerer] [Winter]mantel
Great De·'pres·sion n HIST Weltwirtschaftskrise (1929)
Great·er ['greɪtə'] (in cities) ~ **London** Groß-London nt; ~ **Manchester** Großraum m Manchester; (county) [Grafschaft f] Greater Manchester
great-'grand·child n Urenkel(in) m(f)
Great 'Lakes npl GEOG ■ **the** ~ die Großen Seen
great·ly ['greɪtli] adv sehr; ~ **impressed** tief beeindruckt; **to** ~ **regret** zutiefst bedauern
great·ness ['greɪtnəs] n no pl Bedeutsamkeit f
great-'un·cle n Großonkel m
Gre·cian ['gri:ʃən] adj griechisch
Greece [gri:s] n Griechenland nt
greed [gri:d] n no pl Gier f (**for** nach)
greedi·ness ['gri:dɪnəs] n no pl Gier f
greedy ['gri:di] adj gierig; (for money, things) habgierig; (fig) ■ **to be** ~ **for sth** gierig nach etw dat sein; ~**-guts** pl, AUS (fam) [kleiner] Vielfraß; ~ **pig** (pej) Vielfraß m
Greek [gri:k] **I.** n ❶ (person) Grieche, Griechin m, f ❷ no pl (language) Griechisch nt; **ancient/modern** ~ Alt-/Neugriechisch nt; **in** ~ auf Griechisch **II.** adj griechisch ▶ **it's all** ~ **to me** das sind alles böhmische Dörfer für mich
green [gri:n] **I.** n ❶ no pl (colour) Grün nt; **in** ~**s and blues** in Grün- und Blautönen ❷ FOOD ■ ~ **s** pl Blattgemüse nt kein pl ❸ POL ■ **G~** Grüne(r) f(m) ❹ no pl (area of grass) **bowling** ~ Rasenfläche zum Bowlen; [putting] ~ (golf) Grün nt; **village** ~ Dorfanger m **II.** adj grün; ~ **issues** Umweltschutzfragen pl; ~ **policies** umweltfreundliche [politische] Maßnahmen; ~ **with envy** grün vor Neid
'green belt n Grüngürtel m **green 'card** n ❶ BRIT [internationale] Grüne [Versicherungs]karte ❷ AM Aufenthaltserlaubnis f mit Arbeitsgenehmigung **green·ery** ['gri:nəri] n no pl Grün nt **'green-eyed** adj grünäugig; (fig) **the** ~ **monster** der blasse

Neid **'green·fly** <pl - or -flies> n BRIT Blattlaus f **'green·gage** n [grüne] Reneklode **'green·gro·cer** n BRIT Obst- und Gemüsehändler(in) m(f); **at the ~'s** im Obst- und Gemüseladen **'green·house** n Gewächshaus nt; **~ effect** Treibhauseffekt m **green·ish** ['gri:nɪʃ] adj grünlich **green·ness** ['gri:nnəs] n no pl Grün[e] nt **green 'pep·per** n grüne Paprikaschote **'green roof** n see ecoroof

greeny <-ier, -iest> [gri:ni] adj grünlich

greet [gri:t] vt ❶ (welcome) [be]grüßen; (receive) empfangen; **a scene of chaos ~ed us** ein chaotischer Anblick bot sich uns dar; **to ~ each other [by shaking hands]** sich [mit Handschlag] begrüßen ❷ (react) ■ **to ~ sth with sth** auf etw akk mit etw dat reagieren; **the unions have ~ed his decision with anger/delight** die Gewerkschaften haben seine Entscheidung mit Zorn aufgenommen/ sehr begrüßt

greet·ing ['gri:tɪŋ] n Begrüßung f; **she smiled at me in ~** sie begrüßte mich mit einem Lächeln; ■**~s** pl Grüße pl; **warm ~s to you all** herzliche Grüße an euch alle; **birthday ~s** Geburtstagsglückwünsche pl

gre·gar·i·ous [grɪˈɡeərɪəs] adj gesellig

Gre·na·da [grəˈneɪdə] n Grenada nt

gre·nade [grəˈneɪd] n Granate f

Gre·na·dian [grəˈneɪdən] I. adj grenadisch II. n Grenader(in) m(f)

grew [gru:] pt of grow

grey [greɪ] I. n ❶ no pl (colour) Grau nt; **in ~s and blues** in Grau- und Blautönen ❷ (white horse) Grauschimmel m II. adj grau a. fig; face [asch]grau; horse [weiß]grau **'grey·hound** n Windhund m **grey·ing** ['greɪɪŋ] adj ergrauend; **~ hair** leicht ergrautes Haar **grey·ish** ['greɪɪʃ] adj gräulich **'grey mat·ter** n no pl (fam) graue Zellen pl **grey 'pound** n BRIT Finanzkraft f der Senioren **'grey wa·ter** n no pl Grauwasser nt

grid [grɪd] n ❶ (grating) Gitter nt ❷ (pattern) Gitternetz nt ❸ (in motor races) Start[platz] m ❹ ELEC Netz nt

grid·dle [ˈgrɪdl] n Heizplatte f II. vt auf einer Heizplatte zubereiten **'grid·iron** [ˈgrɪdaɪən] n ❶ (metal grid) [Grill]rost m ❷ AM SPORTS Footballfeld nt **'grid·lock** [ˈgrɪdlɒk] n no pl Verkehrskollaps m; **to cause ~** den [gesamten] Verkehr lahmlegen **'grid square** n Planquadrat nt

grief [gri:f] n no pl ❶ (sadness) tiefe Trauer, Kummer m ❷ (trouble) **my parents gave me a lot of ~ about my bad marks** meine Eltern haben mir wegen meiner schlechten Noten ganz schön die Leviten gelesen; **to cause ~** für Ärger sorgen; **to come to ~** (fail) scheitern; (have an accident) zu Schaden kommen ▸ **good ~!** du liebe Zeit!

griev·ance [ˈgri:vᵊn(t)s] n ❶ (complaint) Beschwerde f ❷ (sense of injustice) Groll m kein pl

grieve [gri:v] I. vi bekümmert sein; ■ **to ~ for sb** um jdn trauern; ■ **to ~ over sth** über etw akk betrübt sein II. vt ■ **to ~ sb** (distress) jdm Kummer bereiten; (make sad) jdn traurig machen; (annoy) jdn ärgern

griev·ous [ˈgri:vəs] adj schwer; danger groß; **~ bodily harm** schwere Körperverletzung

grill [grɪl] I. n (in cooker) Grill m; (over charcoal) [Grill]rost m; (restaurant) Grillrestaurant nt II. vt ❶ (cook) grillen ❷ (fig fam: interrogate) ausquetschen

grille [grɪl] n Gitter nt

grill·ing [ˈgrɪlɪŋ] n (fig fam) strenges Verhör; **to give sb a [good] ~** jdn [ordentlich] in die Mangel nehmen

grim [grɪm] adj ❶ (forbidding) grimmig, verbissen ❷ (very unpleasant) flat, picture trostlos; landscape unwirtlich; news entsetzlich; outlook düster; reminder bitter; situation schlimm; **things were looking ~** die Lage sah düster aus; **to feel ~** sich miserabel fühlen

gri·mace [grɪˈmeɪs] I. n Grimasse f; **to make a ~** eine Grimasse schneiden II. vi **to ~ [with pain]** das Gesicht [vor Schmerz] verziehen

grime [graɪm] n no pl Schmutz m

grimy [ˈgraɪmi] adj schmutzig

grin [grɪn] I. n Grinsen nt kein pl II. vi grinsen ▸ **to ~ and bear it** gute Miene zum bösen Spiel machen

grind [graɪnd] I. n no pl (fam) **the daily ~** der tägliche Trott; **to be a real ~** sehr mühsam sein II. vt <ground, ground> ❶ (crush) mahlen; AM, AUS meat fein hacken; cigarette ausdrücken; (with foot) austreten; **to ~ sth [in]to a powder** etw fein zermahlen; **to ~ one's teeth** mit den Zähnen knirschen ❷ (sharpen) schleifen III. vi <ground, ground> **to ~ to a halt** machine [quietschend] zum Stehen kommen; production stocken; negotiations sich festfahren ◆ **grind down** vt ❶ (file) abschleifen; mill zerkleinern; **to ~ sth down to flour** etw zermahlen ❷ (wear) abtragen ❸ (mentally wear out) zermürben; (oppress) unterdrücken ◆ **grind out** vt ❶ (produce continuously) ununterbrochen produzieren ❷ (extinguish) ausdrücken; (with foot) austreten

grind·er [ˈgraɪndəʳ] n ❶ (mill) Mühle f ❷ (sharpener) Schleifmaschine f ❸ AM (mincer) Fleischwolf m ❹ AM (fam: sandwich) Jumbosandwich nt

grind·stone ['graɪn(d)stəʊn] n Schleifstein m ▶ **to keep one's nose to the ~** sich [bei der Arbeit] ranhalten

grip [grɪp] **I.** n Griff m kein pl a. fig; **to be in the ~ of sth** von etw dat betroffen sein; **to get to ~s with sth** etw in den Griff bekommen; **to get/keep a ~ on oneself** sich zusammenreißen/im Griff haben; **to keep a [firm] ~ on sth** etw festhalten; **to lose one's ~ on reality** den Bezug zur Realität verlieren **II.** vt <-pp-> ❶ (hold firmly) packen ❷ (fig) packen; (interest deeply) fesseln **III.** vi <-pp-> greifen

gripe [graɪp] (fam) **I.** n Nörgelei f; **if you've got any ~s, ...** wenn du etwas zu meckern hast, ... **II.** vi nörgeln

grip·ping ['grɪpɪŋ] adj packend, fesselnd

gris·ly ['grɪzli] adj grausig

gris·tle ['grɪsl] n no pl Knorpel m

grit [grɪt] **I.** n no pl ❶ (small stones) Splitt m; (for icy roads) Streusand m ❷ (fig: courage) Schneid m **II.** vt <-tt-> (scatter) streuen ❷ (press together) ▶ **to ~ one's teeth** die Zähne zusammenbeißen a. fig

grit·ty ['grɪti] adj ❶ (like grit) grob[körnig] ❷ (full of grit) sandig ❸ (brave) mutig

griz·zle ['grɪzl] vi BRIT (pej fam) ❶ (cry) quengeln ❷ (complain) meckern

griz·zled ['grɪzld] adj ergraut

griz·zly ['grɪzli] **I.** adj BRIT quengelig **II.** n Grizzlybär m

groan [grəʊn] **I.** n Stöhnen nt kein pl **II.** vi ❶ person [auf]stöhnen; **to ~ inwardly** einen inneren Seufzer ausstoßen; ■ **to ~ about sth** (fig) sich über etw akk beklagen ❷ thing ächzen

gro·cer ['grəʊsə'] n Lebensmittelhändler(in) m(f)

gro·cery ['grəʊs*ə*ri] n Lebensmittelgeschäft nt

grog·gy ['grɒgi] adj angeschlagen

groin [grɔɪn] n ❶ ANAT Leiste f ❷ AM (groyne) Buhne f

groom [gru:m] **I.** n ❶ (caring for horses) Pferdepfleger(in) m(f) ❷ (bridegroom) Bräutigam m **II.** vt (clean fur) das Fell pflegen; horse striegeln; **the apes were ~ing each other** die Affen lausten sich [gegenseitig]

grooming n INET internet ~ Kontaktaufnahme über das Internet zu Minderjährigen mit sexuellen Absichten

groove [gru:v] n Rille f

groovy ['gru:vi] adj (dated sl) doll

grope [grəʊp] **I.** n (fam) Befummeln nt kein pl **II.** vi ■ **to ~ for sth** nach etw dat tasten; (fig) nach etw dat suchen **III.** vt ❶ (search) **to ~ one's way** sich dat tastend seinen Weg suchen ❷ (fam) ■ **to ~ sb** jdn befummeln

grop·ing·ly ['grəʊpɪŋli] adv tastend

gross¹ <pl - or -es> [grəʊs] n (a group of 144) Gros nt; **by the ~** en gros

gross² [grəʊs] **I.** adj ❶ also LAW grob ❷ (very fat) fett; (big and ugly) abstoßend; (revolting) ekelhaft **II.** adj Brutto-; **~ domestic/national product** Bruttoinlands-/Bruttosozialprodukt nt **III.** vt FIN brutto einnehmen

gross·ly ['grəʊsli] adv extrem

gross-out ['grəʊsaʊt] adj (fam) derb, widerlich

gross 'ton·nage n Bruttotonnage f

gro·tesque [grə(ʊ)'tesk] **I.** n ART, LIT Groteske f **II.** adj grotesk

grot·to <pl -es or -s> ['grɒtəʊ] n Grotte f

grot·ty ['grɒti] adj BRIT (fam) clothing gammelig; place schäbig; souvenir billig; **to feel ~** sich mies fühlen

grouch [graʊtʃ] **I.** n <pl -es> ❶ (complaint) Beschwerde f ❷ (person) Nörgler(in) m(f) **II.** vi [herum]nörgeln (**about** an)

grouchy ['graʊtʃi] adj griesgrämig

ground¹ [graʊnd] **I.** n no pl ❶ (Earth's surface) [Erd]boden m, Erde f; **to be burnt [or AM burned] to the ~** vollständig niedergebrannt werden; **to fall to the ~** zu Boden fallen; **to get off the ~** plane abheben; (fig fam) project in Gang kommen; plan verwirklicht werden; **to get sth off the ~** (fig fam) etw realisieren; **to go to ~** animal in Deckung gehen; criminal untertauchen; **above/below ~** über/unter der Erde ❷ no pl (area of land) [ein Stück nt] Land; **level ~** flaches Gelände; **waste ~** brach liegendes Land; **to gain/lose ~** MIL Boden gewinnen/verlieren; (fig) an Boden gewinnen/verlieren; **to make up ~** SPORTS aufholen; **to stand one's ~** nicht von der Stelle weichen; (fig) nicht nachgeben ❸ (surrounding a building) ■**~s** pl Anlagen pl ❹ SPORTS Platz m, [Spiel]feld nt ❺ AM ELEC (earth) Erdung f ❻ no pl (fig: area of discussion, experience) Gebiet nt; **common ~** Gemeinsame(s) nt; **to be on familiar/safe ~** sich auf vertrautem/sicherem Boden bewegen; **to cover the ~ well** ein Thema umfassend behandeln; **to go over the same ~** sich wiederholen ❼ pl ■**~s** (reasons) Grund m; **~s for divorce** Scheidungsgrund m; **on medical ~s** aus medizinischen Gründen; **on the ~s that ...** mit der Begründung, dass ... ▶ **to break new ~** person Neuland betreten; achievement bahnbrechend sein; **to suit sb down to the ~** jdm prima passen; **to fall on stony ~** auf taube Ohren stoßen; **to shift one's ~** seinen Standpunkt ändern; **he wished the ~ would open up and swallow him** er wäre am liebsten im Erdboden versunken; **to work oneself into the ~** sich kaputtmachen **II.** vt ❶ **to be ~ed** (*unable to fly*) nicht starten können; (*forbidden to fly*) *plane* Startverbot haben; *pilot* Flugverbot haben; (*fig fam*) Hausarrest haben ❷ NAUT auf Grund setzen; ▪ **to be ~ed** auflaufen ❸ (*be based*) ▪ **to be ~ed** auf etw *dat* basieren; ▪ **to be ~ed in sth** (*have its origin*) von etw *dat* herrühren; **to be well ~ed** [wohl]begründet sein ❹ (*teach fundamentals*) **to be well ~ed in German** über gute Deutschkenntnisse verfügen ❺ AM ELEC erden **III.** vi ❶ (*in baseball*) einen Bodenball schlagen **II.** vi auflaufen

ground² [graʊnd] **I.** vt pt of **grind II.** adj gemahlen **III.** n ▸ **~s** pl [Boden]satz m kein pl

'**ground-break·ing** adj bahnbrechend '**ground con·trol** n AVIAT Bodenkontrolle f '**ground crew** n AVIAT Bodenpersonal nt kein pl **ground 'floor** n Erdgeschoss nt, Parterre nt; **to live on the ~** parterre [o im Erdgeschoss] wohnen ▸ **to get in on the ~ [of sth]** von Anfang an [bei etw *dat*] dabei sein '**ground frost** n Bodenfrost m

ground·ing ['graʊndɪŋ] n no pl Grundlagen pl

ground·less ['graʊndləs] adj grundlos

'**ground·nut** n Erdnuss[pflanze] f '**ground per·son·nel** n + pl vb AVIAT Bodenpersonal nt '**ground rules** npl Grundregeln pl '**ground·sheet** n BRIT Bodenplane f '**grounds·man** n, AM '**grounds·keep·er** n Platzwart m

'**ground staff** n no pl, + sing/pl vb ❶ SPORTS Wartungspersonal nt ❷ AVIAT Bodenpersonal nt '**ground·swell** n no pl (*fig*) Anschwellen nt

ground-to-air 'mis·sile n Boden-Luft-Rakete f

'**ground·wa·ter** n no pl Grundwasser nt '**ground wire** n AM Erdungsdraht m '**ground·work** n no pl Vorarbeit f

group [gruːp] **I.** n ❶ + sing/pl vb Gruppe f; **I'm meeting a ~ of friends for dinner** ich treffe mich mit ein paar Freunden zum Essen; **~s of four or five** Vierer- oder Fünfergruppen pl; **~ of trees** Baumgruppe f; **to get into ~s** sich in Gruppen zusammentun ❷ ECON Konzern m **II.** adj Gruppen- **III.** vt gruppieren; **to ~ sth according to subject matter** etw nach Themenbereichen ordnen; **I ~ed the children according to age** ich habe die Kinder dem Alter nach in Gruppen eingeteilt **IV.** vi sich gruppieren; **to ~ together** sich zusammentun; **to ~ together around sb** sich um jdn herumstellen

'**group cap·tain** n BRIT AVIAT Oberst m (*der Royal Air Force*) **group dy·'nam·ics** npl Gruppendynamik f kein pl

groupie ['gruːpi] n (*fam*) Groupie nt

group·ing ['gruːpɪŋ] n Gruppierung f

group 'prac·tice n Gemeinschaftspraxis f **group 'thera·py** n no pl Gruppentherapie f **group 'tick·et** n TRANSP Sammelfahrschein m; TOURIST Gruppenticket nt

grouse¹ [graʊs] n <pl -> Raufußhuhn nt; **black ~** Birkhuhn nt; **red ~** [Schottisches] Moorschneehuhn; **~ season** Jagdzeit f für Moorhühner; **~ shooting** Moorhuhnjagd f

grouse² [graʊs] (*fam*) **I.** n Meckerei f; **his biggest ~ is about ...** er meckert oft und gerne über ... **II.** vi meckern

grove [grəʊv] n Wäldchen nt; **olive ~** Olivenhain m

grov·el <BRIT -ll- or AM usu -l-> ['grɒvəl] vi ❶ (*behave obsequiously*) ▪ **to ~ [before sb]** [vor jdm] zu Kreuze kriechen, katzbuckeln; **~ling letter of apology** unterwürfiger Entschuldigungsbrief ❷ (*crawl*) kriechen; **to ~ about in the dirt** im Schmutz [herum]wühlen

grow <grew, grown> [grəʊ] **I.** vi wachsen; **to ~ taller/wiser** größer/weiser werden; **football's popularity continues to ~** Fußball wird immer populärer; **~ing old** Älterwerden nt; **to ~ to like sth** langsam beginnen, etw zu mögen **II.** vt ❶ (*cultivate*) anbauen; *flowers* züchten; **to ~ sth from seed** etw aus Samen ziehen ❷ (*let grow*) *hair* wachsen lassen; **the male deer ~s large antlers** dem Hirsch wächst ein mächtiges Geweih; **furry animals ~ a thicker coat in winter** Pelztiere bekommen im Winter ein dichteres Fell ◆ **grow away** vi **to ~ ~ from sb** sich jdm [allmählich] entfremden ◆ **grow into** vi hineinwachsen in +akk; (*fig*) sich eingewöhnen in +akk ◆ **grow out** vi ▪ **to ~ ~ out of sth** aus etw dat herauswachsen; **our daughter's ~n out of dolls** unsere Tochter ist aus dem Puppenalter heraus; **to ~ out of a habit** eine Angewohnheit ablegen ◆ **grow up** vi ❶ (*become adult*) erwachsen werden; **when I ~ up I'm going to ...** wenn ich erwachsen bin, werde ich ...; **for goodness' sake ~ up!** Menschenskind, wann wirst du endlich erwachsen? ❷ (*arise*) entstehen

grow·er ['grəʊə^r] n ❶ (*plant*) **a fast/slow ~** eine schnell/langsam wachsende Pflanze ❷ (*gardener*) **coffee/tobacco ~** Kaffee-/Tabakpflanzer(in) m(f); **flower ~** Blumenzüchter(in) m(f); **fruit/vegetable ~** Obst-/Gemüsebauer, -bäuerin m, f

grow·ing ['grəʊɪŋ] **I.** n no pl Anbau m **II.** adj ❶ *boy, girl* im Wachstumsalter; **~ pains** Wachstumsschmerzen pl; (*fig*) Anfangsschwierigkeiten pl ❷ (*increasing*) zu-

nehmend ECON wachsend

growl [graʊl] **I.** *n of animal* Knurren *nt kein pl; of machine* Brummen *nt kein pl* **II.** *vi* knurren; ■ **to ~ at sb** jdn anknurren; ■ **to ~ out sth** etw in einem knurrigen Ton sagen

grown [grəʊn] **I.** *adj* erwachsen; **fully ~** ausgewachsen **II.** *pp of* **grow**

grown-up ['grəʊnʌp] (*fam*) **I.** *n* Erwachsene(r) *f(m)* **II.** *adj* erwachsen

growth [grəʊθ] *n* **①** *no pl* Wachstum *nt*; **~ industry** Wachstumsindustrie *f* **②** BOT (*new shoots*) Triebe *pl* **③** MED Geschwulst *f*

groyne [grɔɪn] *n* Buhne *f*

grub [grʌb] **I.** *n* **①** (*larva*) Larve *f* **②** *no pl* (*fam: food*) Fressalien *pl*; **~ ['s] up!** Essen fassen!; **pub ~** Kneipenessen *nt* **II.** *vi* <-bb-> **to ~ about** [*or* **around**] [**for sth**] [nach etw *dat*] wühlen **III.** *vt* <-bb-> **①** ■ **to ~ up** [*or* **out**] ⟲ **sth** etw ausgraben; *tree stump* etw ausroden **②** AM (*fam: cadge*) schnorren (**off/ from** von)

grub·by ['grʌbɪ] *adj* (*fam*) schmudd[e]lig; *hands* schmutzig; (*fig*) schäbig

grudge [grʌdʒ] **I.** *n* Groll *m kein pl*; **to have** [*or* **hold**] [*or* **bear**] **a ~ against sb** einen Groll gegen jdn hegen **II.** *vt* ■ **to ~ sb sth** jdm etw missgönnen; **I don't ~ you your holiday** ich neide dir deinen Urlaub nicht

grudg·ing ['grʌdʒɪŋ] *adj* widerwillig

grudg·ing·ly ['grʌdʒɪŋlɪ] *adv* widerwillig

gru·el [grʊəl] *n no pl* Haferschleim *m*

gru·el·ing *adj* AM *see* **gruelling**

gru·el·ling ['grʊəlɪŋ] *adj time* aufreibend, zermürbend; *journey* strapaziös

grue·some ['gru:səm] *adj* grausig, schauerlich

gruff [grʌf] *adj* barsch

grum·ble ['grʌmbl] **I.** *n* Gemurre *nt kein pl* **II.** *vi* murren; **mustn't ~** ich kann nicht klagen; **grumbling appendix** Blinddarmreizung *f*; ■ **to ~ about sb/sth** über jdn/etw schimpfen

grumpy ['grʌmpɪ] *adj* (*fam*) mürrisch, brummig, grantig

grunt [grʌnt] **I.** *n* Grunzen *nt kein pl*; **to give a ~** grunzen **II.** *vi* grunzen

G-string ['dʒi:strɪŋ] *n* **①** MUS G-Saite *f* **②** (*clothing*) String-Tanga *m*

gua·rana [gwɑː'rɑːnə] *n* Guarana *nt*

guar·an·tee [ˌgærən'tiː] **I.** *n* Garantie *f*; **his name is a ~ of success** sein Name bürgt für Erfolg; **money-back ~** Rückerstattungsgarantie *f*; **two-year ~** Garantie *f* auf 2 Jahre; **to be** [**still**] **under ~** [noch] Garantie haben; **to give sb one's ~** jdm seine Garantie geben **II.** *vt* **①** (*promise*) garantieren; ■ **to ~ sb sth** jdm etw zusichern; ■ **to ~ that ...** gewährleisten, dass ... **②** COMM **to be ~d for three**

years drei Jahre Garantie haben **③** LAW bürgen für +*akk*

guar·an·tor [ˌgærən'tɔː^r] *n* Garant(in) *m(f)*; LAW Bürge(in) *m(f)*

guar·an·ty ['gærəntɪ] *n* LAW Bürgschaft *f*

guard [gɑːd] **I.** *n* **①** (*person*) Wache *f*; (*sentry*) Wach[t]posten *m*; **border ~** Grenzposten *m*; **prison ~** AM Gefängniswärter(in) *m(f)*; **security ~** Sicherheitsbeamte(r), -beamtin, *f*; **to be on ~** Wache halten; **to be under ~** unter Bewachung stehen **②** (*defensive stance*) Deckung *f*; **to be on one's ~** [**against sb/sth**] (*fig*) [vor jdm/etw] auf der Hut sein; **to be caught off one's ~** [von einem Schlag] unvorbereitet getroffen werden; (*fig*) auf etw *akk* nicht vorbereitet sein; **to drop one's ~** seine Deckung vernachlässigen; (*fig*) nicht [mehr] wachsam [genug] sein; **to let one's ~ slip** seine Deckung fallen lassen; (*fig*) alle Vorsicht außer Acht lassen **③** (*protective device*) Schutz *m* **④** BRIT RAIL Zugbegleiter(in) *m(f)* **⑤** BRIT MIL ■ **the G~s** *pl* die Garde **II.** *vt* **①** (*keep watch*) bewachen; (*protect*) [be]schützen (**against** vor); **heavily ~ed** scharf bewacht **②** (*keep secret*) für sich behalten; **closely ~ed secret** sorgsam gehütetes Geheimnis **III.** *vi* ■ **to ~ against sth** sich vor etw *dat* schützen

'guard dog *n* Wachhund *m* **'guard duty** *n* Wachdienst *m*; **to be on ~** Wachdienst haben

guard·ed ['gɑːdɪd] *adj* (*reserved*) zurückhaltend; (*cautious*) vorsichtig **'guard·house** *n* Wache *f*

guard·ian ['gɑːdɪən] *n* **①** LAW Vormund *m* **②** (*form: protector*) Hüter(in) *m(f)*

guard·ian 'an·gel *n* Schutzengel *m a. fig* **guard·ian·ship** ['gɑːdɪənʃɪp] *n no pl* **①** LAW Vormundschaft *f* **②** (*form: care*) Obhut *f*

'guard rail *n* [Schutz]geländer *nt* **'guard·room** *n* Wachstube *f*

'guards·man *n* Wach[t]posten *m*; BRIT MIL Gardesoldat *m*

Gua·te·ma·la [ˌgwɑːtə'mɑːlə] Guatemala *nt*

Gua·te·ma·la 'City *n* Guatemala City *kein art*

Guern·sey ['gɜːnzɪ] *n* [the island of] ~ Guernsey *nt*

gue(r)·ril·la [gə'rɪlə] *n* Guerillakämpfer(in) *m(f)*; **~ warfare** Guerillakrieg *m*

guess [ges] **I.** *n* <*pl* -es> Vermutung *f*; (*estimate*) Schätzung *f*; **you've got three ~es** dreimal darfst du raten; **lucky ~** Glückstreffer *m*; **to have a ~** raten; **to take a wild ~** einfach [wild] drauflosraten; **at a ~** grob geschätzt; ■ **sb's ~ is that ...** jd vermutet, dass ...; **your ~ is as good as mine** da kann ich

guessing game – gum up

auch nur raten ▸ **it's anyone's ~** weiß der Himmel **II.** *vi* ❶ *(conjecture)* [er]raten; **how did you ~?** wie bist du darauf gekommen?; **to keep sb ~ing** jdn auf die Folter spannen; ■ **to ~ at sth** etw raten; *(estimate)* etw schätzen ❷ *esp* AM *(suppose)* denken; *(suspect)* annehmen; **I ~ you're right** du wirst wohl recht haben **III.** *vt* raten; **~ where I'm calling from** rate mal, woher ich anrufe; **I bet you can't ~ how old she is** ich wette, du kommst nicht darauf, wie alt sie ist; **~ what?** stell dir vor!; **to keep sb ~ing** jdn im Ungewissen lassen; ■ **to ~ that ...** vermuten, dass ...

guess·ing game ['gesɪŋ-] *n* Ratespiel *nt a. fig*

guess·ti·mate, gues·ti·mate ['gestɪmət] **I.** *n (fam)* grobe Schätzung **II.** *vt* ■ **to ~ sth** etw grob schätzen

guess·work ['gesw3:k] *n no pl* Spekulation *f oft pl*

guest [gest] **I.** *n* Gast *m* ▸ **be my ~** nur zu! **II.** *vi* als Gaststar auftreten; **to ~ on an album** als Gaststar an einem Album mitwirken

'guest·house *n* Gästehaus *nt*, Pension *f*
'guest·room *n* Gästezimmer *nt*

guid·ance ['gaɪdᵊn(t)s] *n no pl* ❶ *(advice)* Beratung *f*; *(direction)* [An]leitung *f* ❷ *(steering system)* Steuerung *f*; **~ system** *of a rocket* Lenksystem *nt*; *of a missile* Leitstrahlsystem *nt*

guide [gaɪd] **I.** *n* ❶ *(person)* Führer(in) *m(f)*; TOURIST *also* Fremdenführer(in) *m(f)*; **mountain ~** Bergführer(in) *m(f)*; **tour ~** Reiseführer(in) *m(f)* ❷ *(book)* Reiseführer *m* ❸ *(principle)* Richtschnur *f* ❹ *(indication)* Anhaltspunkt *m* ❺ BRIT ■ **the G~s** *pl* die Pfadfinderinnen *pl* **II.** *vt* ❶ *(show)* **~ sb** jdn führen *a. fig*; *(show the way)* jdm den Weg zeigen ❷ *(instruct)* anleiten ❸ *(steer)* führen; **the plane was ~d in to land** das Flugzeug wurde zur Landung eingewiesen ❹ *(influence)* leiten; **to be ~d by one's emotions** sich von seinen Gefühlen leiten lassen

'guide·book *n* Reiseführer *m*
guid·ed ['gaɪdɪd] *adj* ❶ *(led by a guide)* geführt; **~ tour** Führung *f* ❷ *(automatically steered)* [fern]gelenkt; **~ missile** Lenkflugkörper *m*

'guide dog *n* Blindenhund *m* **'guide horse** *n* Pferd *nt*, das Blinde führt wie ein Blindenhund **'guide·line** *n usu pl* Richtlinie *f*
guid·ing hand [ˌgaɪdɪŋ'-] *n (fig)* leitende Hand
guid·ing 'prin·ci·ple *n* Richtschnur *f*
guild [gɪld] *n of merchants* Gilde *f*; *of craftsmen* Innung *f*, Zunft *f*; **Writers' ~** Schriftstellerverband *m*

guile [gaɪl] *n no pl* Arglist *f*
guil·lo·tine ['gɪləti:n] *n* ❶ HIST Guillotine *f*, Fallbeil *nt*; **to go to the ~** unter der Guillotine sterben ❷ BRIT, AUS *(paper cutter)* Papierschneidemaschine *f*

guilt [gɪlt] *n no pl* Schuld *f*; **feelings of ~** Schuldgefühle *pl*
guilt·less ['gɪltləs] *adj* schuldlos **'guilt-rid·den** *adj* von Schuldgefühlen geplagt
guilty ['gɪlti] *adj* schuldig; **he is ~ of theft** er hat sich des Diebstahls schuldig gemacht; **~ conscience** schlechtes Gewissen; **to feel ~ about sth** ein schlechtes Gewissen wegen einer S. *gen* haben; **to prove sb ~** jds Schuld beweisen; **until proven ~** bis die Schuld erwiesen ist

'guinea fowl *n* Perlhuhn *n*
Guin·ean ['gɪniən] **I.** *adj* guineisch **II.** *n* Guineer(in) *m(f)*
'guinea pig *n* Meerschweinchen *nt*; *(fig)* Versuchskaninchen *nt*

guise [gaɪz] *n no pl* ❶ *(appearance)* Gestalt *f*; **in the ~ of a monk** als Mönch verkleidet ❷ *(pretence)* Vorwand *m*; **under the ~ of friendship** unter dem Deckmantel der Freundschaft; **under the ~ of doing sth** unter dem Vorwand, etw zu tun

gui·tar [gɪ'tɑ:ʳ] *n* Gitarre *f*
gui·tar·ist [gɪ'tɑ:rɪst] *n* Gitarrist(in) *m(f)*
gulch [gʌl(t)ʃ] *n* AM Schlucht *f*
gulf [gʌlf] *n* ❶ GEOG Golf *m*; **the G~ of Mexico** der Golf von Mexiko; ■ **the G~** der [Persische] Golf; **the G~ states** die Golfstaaten *pl* ❷ *(huge difference)* [tiefe] Kluft

gull [gʌl] *n* Möwe *f*
gul·let ['gʌlɪt] *n* ANAT Speiseröhre *f* ▸ **sth sticks in sb's ~** etw geht jdm gegen den Strich
gul·lible ['gʌlɪbl] *adj* leichtgläubig
gul·ly ['gʌli] *n* [enge] Schlucht *f*; *(channel)* Rinne *f*

gulp [gʌlp] **I.** *n* [großer] Schluck; **to get a ~ of air** Luft holen; **in one** [*or* **at a**] **~** in einem Zug **II.** *vt* [hinunter]schlucken; *liquid* hinunterstürzen **III.** *vi* ❶ *(with emotion)* schlucken ❷ *(breathe)* tief Luft holen; **to ~ for air** nach Luft schnappen

gum¹ [gʌm] *n* ANAT *usu* ~**[s]** Zahnfleisch *nt kein pl*; **~ shield** Mundschutz *m*
gum² [gʌm] **I.** *n* ❶ *no pl (sticky substance)* Gummi *nt*; *(on stamps etc.)* Gummierung *f*; *(glue)* Klebstoff *m* ❷ *(sweet)* **chewing ~** Kaugummi *m o nt*; **fruit/wine ~** BRIT Frucht-/Weingummi *m o nt* ❸ *(tree)* Gummibaum *m* **II.** *vt* <-mm-> kleben; ■ **to ~ down** zukleben ♦ **gum up** *vt* verkleben ▸

to ~ up the works [den Ablauf] blockieren **gum·my** ['gʌmi] *adj* ❶ (*sticky*) klebrig; (*with glue on*) gummiert ❷ (*without teeth*) zahnlos

gump·tion ['gʌm(p)ʃən] *n no pl* (*fam*) Grips *m*

'gum·shoe *n* AM (*sl: detective*) Schnüffler(in) *m(f)*

'gum tree *n* [Australischer] Gummibaum ▸ to **be up a ~** BRIT in der Patsche sitzen

gun [gʌn] **I.** *n* ❶ (*weapon*) [Schuss]waffe *f*; (*cannon*) Geschütz *nt*; (*pistol*) Pistole *f*; (*revolver*) Revolver *m*; (*rifle*) Gewehr *nt*; **big ~** Kanone *f*; (*fig*) hohes Tier; **with all ~s blazing** aus allen Rohren feuernd; (*fig*) mit wilder Entschlossenheit ❷ SPORTS Startpistole *f*; **to jump the ~** einen Frühstart verursachen; (*fig*) voreilig handeln ❸ MECH Pistole *f* ❹ AM (*person*) Bewaffnete(r) *f(m)*; **hired ~** Auftragskiller(in) *m(f)* ▸ **to stick to one's ~s** auf seinem Standpunkt beharren **II.** *vt* <-nn-> AM (*fam*) *engine* hochjagen ◆ **gun down** *vt* niederschießen

'gun bar·rel *n of a rifle* Gewehrlauf *m*; *of a pistol* Pistolenlauf *m* **'gun·boat** *n* Kanonenboot *nt* **'gun·fight** *n* Schießerei *f* **'gun·fire** *n* Schießerei *f*; *of cannons* Geschützfeuer *nt* **'gun·li·cence**, AM **'gun·li·cense** *n* Waffenschein *m* **'gun·man** *n* Bewaffnete(r) *m*

gun·ner ['gʌnər] *n* Artillerist *m*

'gun·point *n no pl* **at ~** mit vorgehaltener Waffe; **to be held at ~** mit vorgehaltener Waffe bedroht werden **'gun·pow·der** *n no pl* Schießpulver *nt* **'gun·run·ner** *n* Waffenschmuggler(in) *m(f)* **'gun·run·ning** *n no pl* Waffenschmuggel *m* **'gun·shot** *n* ❶ (*shot*) Schuss *m*; **~ wound** Schusswunde *f* ❷ *no pl* (*firing*) [Gewehr]schüsse *pl* ❸ (*range*) Schussweite *f* ❹ (*hist*) Pistolenheld(in) *m(f)*

gur·gle ['gɜːgl] **I.** *n no pl* Glucksen *nt*; *of water* Gluckern *nt* **II.** *vi baby* glucksen; *water* gluckern

gush [gʌʃ] **I.** *n no pl* Schwall *m*; (*fig*) Erguss *m* **II.** *vi* ❶ (*flow out*) [hervor]strömen; (*at high speed*) [hervor]schießen ❷ (*praise*) [übertrieben] schwärmen; ■ **to ~ over sth** über etw *akk* ins Schwärmen geraten **III.** *vt* ausstoßen; (*fig*) schwärmerisch sagen; **her injured arm ~ed blood** aus ihrem verletzten Arm schoss Blut

gush·er ['gʌʃər] *n* [natürlich sprudelnde] Ölquelle **gush·ing** ['gʌʃɪŋ] *adj* schwärmerisch

gust [gʌst] **I.** *n* [Wind]stoß *m*, Böe *f* **II.** *vi* böig wehen

gus·to ['gʌstəʊ] *n no pl* **with ~** mit Begeisterung

gusty ['gʌsti] *adj* böig

gut [gʌt] **I.** *n* ❶ (*intestine*) Darm[kanal] *m* ❷ (*for instruments, rackets*) Darmsaite *f*; (*for fishing*) Angelsehne *f*; MED Katgut *nt kein pl* ❸ (*sl: abdomen*) Bauch *m*; **beer ~** Bierbauch *m* ❹ (*fam: bowels*) ■ **~s** *pl* Eingeweide *pl* ❺ (*fam: courage*) ■ **~s** *pl* Mumm *m kein pl* ▸ **to have sb's ~s for garters** BRIT (*hum*) Hackfleisch aus jdm machen; **to bust a ~** sich abrackern **II.** *vt* <-tt-> ❶ *animal* ausnehmen ❷ (*destroy by fire*) ■ **to be ~ted** [völlig] ausbrennen **III.** *adj* (*fam*) gefühlsmäßig; *feeling* instinktiv

'gut·buck·et ['gʌtbʌkɪt] *n* (*pej sl*) Fettsack *m* **gut·less** ['gʌtləs] *adj* (*fam*) feige **gut·sy** ['gʌtsi] *adj* mutig

gut·ter ['gʌtər] **I.** *n of road* Rinnstein *m*; *of roof* Dachrinne *f*; *of ship* Gosse *f* **II.** *vi flame* flackern; *candle* tropfen

gut·ter 'jour·nal·ism *n no pl* (*pej*) Sensationsjournalismus *m* **gut·ter 'press** *n no pl* BRIT (*pej*) Sensationspresse *f*

gut·tur·al ['gʌtərəl] *adj* kehlig; LING guttural; **~ sound** Kehllaut *m*

guy [gaɪ] *n* ❶ (*fam: man*) Kerl *m*, Typ *m* ❷ *pl* (*fam: people*) **hi ~s!** hallo Leute!; **are you ~s coming to lunch?** kommt ihr [mit] zum Essen? ❸ BRIT Guy Fawkes verkörpernde Puppe, die in der Guy Fawkes Night (*5. November*) auf einem Scheiterhaufen verbrannt wird ❹ (*rope*) ~ **rope** Spannseil *nt*; (*for tent*) Zeltschnur *f*

Guy·ana [gaɪˈænə] *n* Guyana *nt*

guz·zle ['gʌzl] (*fam*) **I.** *vt* (*drink*) in sich *akk* hineinkippen; (*eat*) in sich *akk* hineinstopfen **II.** *vi* schlingen

gym [dʒɪm] *n* ❶ *short for* **gymnastics** Turnen *nt kein pl* ❷ *short for* **gymnasium** Turnhalle *f* ❸ AM SCH [Schul]sport *m kein pl*

'gym·goer *n* AM (*fam*) Besucher(in) *m(f)* eines Fitnesscenters **gym·na·sium** <*pl* -s *or* -sia> [dʒɪmˈneɪziəm, *pl* -ziə] *n* Turnhalle *f* **gym·nast** ['dʒɪmnæst] *n* Turner(in) *m(f)* **gym·nas·tic** [dʒɪmˈnæstɪk] *adj* turnerisch, Turn- **gym·nas·tics** [dʒɪmˈnæstɪks] *npl* Turnen *nt kein pl*; (*fig*) **mental ~** Gehirnakrobatik *f* **'gym shoes** *npl* Turnschuhe *pl*

gy·nae·co·logi·cal [ˌɡaɪnəkəˈlɒdʒɪkəl] *adj*, AM, AUS **gy·ne·co·logi·cal** *adj* gynäkologisch

gy·nae·colo·gist [ˌɡaɪnəˈkɒlədʒɪst] *n*, AM, AUS **gy·ne·colo·gist** *n* Gynäkologe, Gynäkologin *m, f*, Frauenarzt, -ärztin *m, f*

gy·nae·col·ogy [ˌɡaɪnəˈkɒlədʒi], AM, AUS **gy·ne·col·ogy** *n no pl* Gynäkologie *f*

gyp [dʒɪp] *n no pl* BRIT, AUS (*fam*) **to give sb ~** jdm [arg] zu schaffen machen

gyp·sy ['dʒɪpsi] *n* Zigeuner(in) *m(f)*

gy·rate [dʒaɪ(ə)ˈreɪt] *vi* sich drehen; (*fig:*

dance) [aufreizend] tanzen
gy·ra·tion [dʒaɪ(ə)ˈreɪʃ(ə)n] *n* Drehung *f*
gyro·com·pass <*pl* -es>
[ˈdʒaɪ(ə)rəʊˌkʌmpəs] *n* Kreiselkompass *m*
gyro·scope [ˈdʒaɪ(ə)rəskəʊp] *n* NAUT, AVIAT Gyroskop *nt*

H h

H <*pl* -'s *or* -s>, **h** <*pl* -'s> [eɪtʃ] *n* H *nt*, h *nt*; *see also* A
hab·it [ˈhæbɪt] *n* ❶ (*repeated action*) Gewohnheit *f*; **from force of ~** aus [reiner] Gewohnheit; **a bad/good ~** eine schlechte/gute [An]gewohnheit; **to break a ~** sich *dat* etw abgewöhnen; **to get into/out of the ~ of sth** sich *dat* etw angewöhnen/abgewöhnen; **to make a ~ of sth** etw zur Gewohnheit werden lassen ❷ (*fam: drug addiction*) **to have a heroin ~** heroinsüchtig sein ❸ (*special clothing*) REL Habit *m o nt* ▶ **old ~s die hard** (*prov*) der Mensch ist ein Gewohnheitstier
hab·it·able [ˈhæbɪtəbl] *adj* bewohnbar
hab·i·tat [ˈhæbɪtæt] *n* Lebensraum *m*; BIOL Habitat *nt*
hab·i·ta·tion [ˌhæbɪˈteɪʃ(ə)n] *n* ❶ *no pl* (*living in a place*) [Be]wohnen *nt*; **to show signs of ~** bewohnt aussehen; **fit/unfit for human ~** menschenwürdig/-unwürdig ❷ (*form: home*) Wohnstätte *f*
ha·bit·u·al [həˈbɪtʃuəl] *adj* ❶ (*constant*) ständig ❷ (*usual*) gewohnt ❸ (*due to habit*) gewohnheitsmäßig; (*of bad habit*) notorisch; **~ smoker** Gewohnheitsraucher(in) *m(f)*
hack¹ [hæk] **I.** *vt* ❶ (*chop*) hacken; **to ~ sb/sth to pieces** jdn/etw zerstückeln ❷ (*kick*) ■ **to ~ sb** BRIT jdn [gegen das Schienbein] treten ❸ COMPUT ■ **to ~ sth in** etw *akk* eindringen ❹ AM, AUS (*sl: cope with*) aushalten; **he can't ~ it** er bringt's einfach nicht **II.** *vi* ❶ (*chop*) ■ **to ~ [away] at sth** auf etw *akk* einhacken ❷ COMPUT ■ **to ~ into sth** in etw *akk* eindringen
hack² [hæk] **I.** *n* ❶ (*horse-ride*) Ausritt *m* ❷ (*pej fam: writer*) Schreiberling *m* ❸ AM (*fam: taxi*) Taxi *nt*; (*taxi driver*) Taxifahrer(in) *m(f)* **II.** *vi* BRIT ausreiten
hack·er [ˈhækə] *n* COMPUT Hacker(in) *m(f)*
hack·les [ˈhæklz] *npl* [aufstellbare] Nackenhaare; **the dog's ~ were up** dem Hund sträubte sich das Fell

hack·neyed [ˈhæknɪd] *adj* (*pej*) abgedroschen *fam*
'hack·saw *n* Bügelsäge *f*
had [hæd, həd] **I.** *vt* ❶ *pt*, *pp of* **have** ❷ (*fam*) **to have ~ it** (*want to stop*) genug haben; (*to be broken*) kaputt sein; **to have ~ it [up to here] with sb/sth** von jdm/etw die Nase [gestrichen] voll haben **II.** *adj* (*fam*) ■ **to be ~** [he]reingelegt werden; **you've been ~!** die haben dich reingelegt!
had·dock <*pl* -> [ˈhædək] *n* Schellfisch *m*
hadn't [ˈhædn̩t] = had not *see* have
haemo·phili·ac [ˌhiːməˈfɪliæk] *n* MED Bluter(in) *m(f)*
haem·or·rhage [ˈhemərɪdʒ] **I.** *n* MED [starke] Blutung **II.** *vi* ❶ MED [stark] bluten ❷ (*fig*) einen großen Verlust erleiden
haem·or·rhoids [ˈhemərɔɪdz] *npl* MED Hämorrhoiden *pl*
hag [hæg] *n* (*pej: witch*) Hexe *f*; (*old woman*) hässliches altes Weib
hag·gard [ˈhægəd] *adj* ausgezehrt, verhärmt
hag·gis [ˈhægɪs] *n* *no pl* schottisches Gericht aus in einem Schafsmagen gekochten Schafsinnereien und Haferschrot
hag·gle [ˈhægl] **I.** *vi* ❶ (*bargain*) ■ **to ~ [over sth]** [um etw *akk*] feilschen ❷ (*argue*) ■ **to ~ over sth** [sich] über etw *akk* streiten **II.** *n* Gefeilsche *nt*
Hague [heɪg] *n* ■ **The ~** Den Haag *kein art*
hail¹ [heɪl] **I.** *vt* ❶ (*greet*) [be]grüßen ❷ (*form: call*) zurufen; **taxi** rufen ❸ (*acclaim*) zujubeln; ■ **to ~ sb/sth as sth** jdn/etw als etw bejubeln **II.** *vi* (*form*) stammen
hail² [heɪl] **I.** *n* *no pl* Hagel *m*; **a ~ of bullets/stones** ein Kugel-/Steinhagel *m*; **a ~ of insults** ein Schwall *m* von Beschimpfungen **II.** *vi* ■ **it's ~ing** *impers* es hagelt
'hail·stone *n* Hagelkorn *nt*
hair [heə] *n* ❶ (*single strand*) Haar *nt*; **to lose/win by a ~** (*fig*) ganz knapp verlieren/gewinnen ❷ *no pl* (*on head*) Haar *nt*, Haare *pl*; (*on body*) Behaarung *f*; **to have one's ~ cut** sich *dat* die Haare schneiden lassen ❸ (*hairstyle*) Frisur *f*; **to do sb's ~** jdn frisieren ▶ **that'll put ~s on your chest** das zieht dir die Schuhe aus; **the ~ of the dog** [ein Schluck *m*] Alkohol, um einen Kater zu vertreiben; **keep your ~ on!** BRIT, AUS immer mit der Ruhe!; **to let one's ~ down** sich gehen lassen; **to make sb's ~ stand on end** jdm die Haare zu Berge stehen lassen; **to not turn a ~** nicht mit der Wimper zucken
'hair·brush *n* Haarbürste *f* **'hair·care** *n* Haarpflege *f* **'hair curl·er** *n* Lockenwickler *m* **'hair·cut** *n* Haarschnitt *m*, Frisur *f*; **I need a ~** ich muss mal wieder zum Friseur; **to get** [*or* **have**] **a ~** sich *dat* die Haare

hairdo – hallmark

schneiden lassen **'hair·do** *n* [kunstvolle] Frisur **'hair·dress·er** *n* Friseur, Friseuse *m, f*; ■ the ~'s der Friseur[salon] **'hair·dress·ing** *n no pl* ① (*profession*) Friseurberuf *m* ② (*action*) Frisieren *nt* **'hair·dress·ing sa·lon** *n* Friseursalon *m* **'hair·dri·er** *n*, **'hair·dry·er** *n* Föhn *m*; (*with hood*) Trockenhaube *f* **'hair ex·ten·sion** *n usu pl* Haarverlängerung *f* **'hair·grip** *n* BRIT Haarklammer *f*
hair·less ['heələs] *adj* unbehaart; *person* glatzköpfig; *plant* haarlos
'hair·line *n* Haaransatz *m*
hair·line 'crack *n* Haarriss *m*
'hair·net *n* Haarnetz *nt* **'hair·piece** *n* Haarteil *nt*
'hair·pin *n* Haarnadel *f*
hair·pin 'bend *n* BRIT, AUS, **hair·pin 'curve** *n*, **hair·pin 'turn** *n* AM Haarnadelkurve *f*
'hair-rais·ing *adj* (*fam*) haarsträubend **'hair re·mov·er** *n* Enthaarungsmittel *nt* **'hair re·stor·er** *n* Haarwuchsmittel *nt* **'hair·slide** *n* BRIT, AUS Haarspange *f* **'hair·split·ting** (*pej*) **I.** *n* Haarspalterei *f* **II.** *adj* haarspalterisch **'hair·spray** *n* Haarspray *nt* **'hair·style** *n* Frisur *f*
hairy ['heəri] *adj* ① (*having much hair*) haarig ② (*made of hair*) aus Haar *nach* ③ (*fig fam: dangerous*) haarig; *situation* brenzlig
haka ['hɑːkə] *n* NZ *Kriegstanz der Maoris, der in abgewandelter Form von neuseeländischen Rugbymannschaften vor einem Spiel aufgeführt wird*
hale [heɪl] *adj* ~ **and hearty** gesund und munter
half [hɑːf] **I.** *n* <*pl* halves> ① (*fifty per cent*) Hälfte *f*; ~ **the amount** der halbe Betrag; ~ **an apple** ein halber Apfel; ~ **a dozen** ein halbes Dutzend; **a kilo and a** ~ eineinhalb [*o* DIAL anderthalb] Kilo; **to cut sth into halves** etw halbieren; **to cut in** ~ in der Mitte durchschneiden, halbieren; **to fold in** ~ zur Mitte falten; **by** ~ um die Hälfte; **to divide sth by** ~ etw durch zwei teilen; **to reduce sth by** ~ etw um die Hälfte reduzieren ② BRIT (*fam: half pint of beer*) kleines Bier (*entspricht ca. 1/4 Liter*) ③ BRIT (*child's ticket*) **two adults and three halves, please!** zwei Erwachsene und drei Kinder, bitte! ④ FBALL (*midfield player*) Läufer(in) *m(f)*; (*period*) Spielhälfte *f*, Halbzeit *f* ⑤ (*fam*) **you haven't heard the** ~ **of it yet!** das dicke Ende kommt ja noch!; **that's** ~ **the fun** [**of it**] **das ist doch gerade der Spaß daran;** ~ [**of**] **the time die meiste Zeit** ▸ **given** ~ **a chance** wenn man die Möglichkeit hätte; **to not do things by halves** keine halben Sachen machen; **a game/meal and a** ~ ein Bombenspiel *nt*/Bombenessen *nt fam*; **to go halves**

[on sth] (*fam*) sich *dat* die Kosten [für etw *akk*] teilen; **I'll go halves with you** ich mach mit dir halbe-halbe; **how the other** ~ **lives** (*prov*) wie andere Leute leben; ~ **a second** [*or* BRIT **tick**] einen Moment **II.** *adj* halbe(r, s); ~ [**a**] **per cent** ein halbes Prozent; **a** ~ **pint of lager** ein kleines Helles **III.** *adv* ① (*almost*) fast ② (*partially*) halb; **it wasn't** ~ **as good** das war bei weitem nicht so gut; ~ **asleep** halb wach; **to be** ~ **right** *person* zum Teil Recht haben; *thing* zur Hälfte richtig sein ③ (*time*) [**at**] ~ **past nine** [um] halb zehn; **at** ~ **past on the dot** um Punkt halb ④ (*by fifty percent*) **my little brother is** ~ **as tall as me** mein kleiner Bruder ist halb so groß wie ich; **he is** ~ **my weight** er wiegt halb so viel wie ich ⑤ (*intensifies negative statement*) **not** ~ BRIT (*fam*) unheimlich; **she didn't** ~ **shout at him** sie hat ihn vielleicht angebrüllt
'half·back *n* FBALL Läufer(in) *m(f)*; (*in rugby*) Halbspieler(in) *m(f)* **half-'baked** *adj* (*fig fam*) unausgereift **half·'board** *n* BRIT Halbpension *f* **'half-breed** *n* ① (*pej!: person*) Mischling *m* ② (*animal*) [Rassen]kreuzung *f*; (*horse*) Halbblut *nt* **'half-broth·er** *n* Halbbruder *m* **'half-doz·en** *n*, **half a 'doz·en** *n* ein halbes Dutzend **half-'emp·ty** *adj* halb leer **half-'full** *adj* halb voll **half-'heart·ed** *adj* halbherzig **half-'mast** *n* ■ **at** ~ auf halbmast **'half-moon** *adj* halbmond- **'half note** *n* AM MUS halbe Note **half-'price** *adj, adv* zum halben Preis **half-'sister** *n* Halbschwester *f* **half-'term** *n* Ferien nach ca. der Hälfte eines Trimesters; ■ **at** ~ in den Trimesterferien **half-'tim·bered** *adj* Fachwerk- **half-'time** SPORTS **I.** *n* Halbzeit *f*; (*break*) Halbzeitpause *f* **II.** *adj* Halbzeit-
half-'way I. *adj* halbwegs; **at the** ~ **point of the race** nach der Hälfte des Rennens **II.** *adv* in der Mitte; **York is** ~ **between Edinburgh and London** York liegt auf halber Strecke zwischen Edinburgh und London; ~ **through dinner** mitten beim Abendessen; ~ **decent** (*fig fam*) halbwegs anständig; **to meet sb** ~ (*fig*) jdm [auf halbem Weg] entgegenkommen; ~ **down** in der Mitte; ~ **down page 27** auf Seite 27 Mitte; ~ **up** auf halber Höhe; **we went** ~ **up the mountain** wir bestiegen den Berg zur Hälfte **'half-wit** *n* (*pej*) Dummkopf *m* **half-'year·ly** *adj, adv* halbjährlich
hall [hɔːl] *n* ① (*room by front door*) Korridor *m*, Diele *f*, Flur *m* ② (*large building*) Halle *f*; (*public room*) Saal *m*; **school** ~ Aula *f*; **town** [*or* AM **city**] ~ Rathaus *nt* ③ (*large country house*) Herrenhaus *nt* ④ (*student residence*) ~ [**of residence**] [Studenten]wohnheim *nt*
hall·mark ['hɔːlmɑːk] *n* ① BRIT Feingehalts-

stempel *m* ❷ (*fig*) Kennzeichen *nt*
hal·lowed ['hæləʊd] *adj* [als heilig] verehrt; *ground* geweiht; *traditions* geheiligt; **~ be Thy name** geheiligt werde Dein Name
Hal·low·een [ˌhæləʊ'wiːn] *n* Halloween *nt*
hal·lu·ci·nate [hə'luːsɪneɪt] *vi* halluzinieren
hal·lu·ci·na·tion [həˌluːsɪ'neɪʃ°n] *n* Halluzination *f*
hal·lu·cino·gen·ic [həˌluːsɪnə(ʊ)'dʒenɪk] *adj* halluzinogen
halo <*pl* -**s** *or* -**es**> ['heɪləʊ] *n* ❶ REL Heiligenschein *m* ❷ (*circle*) Ring *m*; **~ of light** Lichtkranz *m* ❸ ASTRON Hof *m*
halo·gen 'bulb *n* Halogenglühbirne *f*
halt [hɒlt] **I.** *n no pl* (*stoppage*) Stillstand *m*; **to bring sth to a ~** etw zum Stillstand bringen; **to call a ~** [to sth] [etw *dat*] ein Ende machen; **to come to a ~** zum Stehen kommen; **to grind to a ~** (*fig*) zum Erliegen kommen ❷ (*break*) Pause *f*; MIL Halt *m* **II.** *vt* zum Stillstand bringen; *fight* beenden **III.** *vi* ❶ (*stop*) zum Stillstand kommen ❷ (*break*) eine Pause machen; MIL Halt machen **IV.** *interj* halt
hal·ter ['hɒltəʳ] **I.** *n* ❶ (*for animals*) Halfter *nt* ❷ AM FASHION rückenfreies Oberteil (*mit Nackenverschluss*) **II.** *vt* halftern
'hal·ter·neck I. *n* BRIT rückenfreies Oberteil (*mit Nackenverschluss*) **II.** *adj* rückenfrei
halt·ing ['hɒltɪŋ] *adj* zögernd; *speech* stockend
halve [hɑːv] **I.** *vt* ❶ (*cut in two*) halbieren ❷ (*lessen by 50 per cent*) um die Hälfte reduzieren **II.** *vi* sich halbieren
ham [hæm] **I.** *n* ❶ *no pl* FOOD Schinken *m* ❷ THEAT (*pej*) Schmierenkomödiant(in) *m(f)* ❸ (*fam*) **radio ~** Amateurfunker(in) *m(f)* **II.** *adj* ❶ (*made with ham*) Schinken-; **~ sandwich** Schinkenbrot *nt* ❷ (*incompetently acting*) Schmieren-; **~ actor** Schmierenkomödiant(in) *m(f)* **III.** *vt* THEAT, FILM **to ~ it up** übertrieben agieren
ham·burg·er [ˈhæmˌbɜːɡəʳ] *n* FOOD ❶ (*cooked*) Hamburger *m* ❷ *no pl* AM (*raw*) Hackfleisch *nt*
ham·let ['hæmlət] *n* Weiler *m*
ham·mer ['hæməʳ] **I.** *n* ❶ (*tool*) Hammer *m* ❷ SPORTS [Wurf]hammer *m*; (*throwing*) **the ~** das Hammerwerfen **♦ to go at sth ~ and tongs** (*work hard*) sich [mächtig] ins Zeug legen; (*argue*) sich streiten, dass die Fetzen fliegen **II.** *vt* ❶ (*hit*) *nail* einschlagen; *ball* [kräftig] schlagen; **to ~ sth into sb** (*fig*) jdm etw einhämmern ❷ (*fam: defeat*) **France ~ed Italy 6-1** Frankreich war Italien mit 6:1 haushoch überlegen ❸ ECON (*fig*) *price* drücken; **to ~ business** dem Geschäft schaden ❹ (*criticize*) *film* niedermachen; **to be ~ed by sb** [**for sth**] von jdm [wegen einer S. *gen*] zur Schnecke gemacht werden ❺ (*become very drunk*) **to get ~ed** (*fam*) besoffen werden ▶ **to ~ sth home** etw *dat* Nachdruck verleihen; **to ~ it home to sb** es jdm einbläuen **III.** *vi* hämmern *a. fig*; ■ **to ~ at** [*or* **on**] **sth** gegen etw *akk* hämmern **♦ hammer in** *vt* ❶ (*hit*) *nail* einschlagen; (*fig*) *ball* hämmern ❷ (*fig*) ■ **to ~ sth into sb** *fact* jdm etw einbläuen **♦ hammer out** *vt* ❶ *dent* ausbeulen ❷ *solution* aushandeln; *difficulties* bereinigen; *plan* ausarbeiten ❸ (*fig: play loudly*) *tune* hämmern
ham·mock ['hæmək] *n* Hängematte *f*
ham·per[1] ['hæmpəʳ] *n* [Deckel]korb *m*; (*for presents*) Geschenkkorb *m*; (*for food*) Präsentkorb *m*; AM (*for dirty linen*) Wäschekorb *m*
ham·per[2] ['hæmpəʳ] *vt* behindern
ham·ster ['hæm(p)stəʳ] *n* Hamster *m*
ham·string ['hæmstrɪŋ] **I.** *n* ANAT Kniesehne *f*; **to pull a ~** sich *dat* eine Kniesehnenzerrung zuziehen **II.** *vt* <-strung, -strung> *usu passive* (*fig*) **to be hamstrung** lahmgelegt sein
hand [hænd] **I.** *n* ❶ ANAT Hand *f*; **get your ~s off!** Hände weg!; **~ up!** Hände hoch!; **~s up who wants to come!** Hand hoch, wer kommen will; **the pupil put up her ~** die Schülerin meldete sich; **to be good with one's ~s** geschickte Hände haben; **to get one's ~s dirty** (*also fig*) sich *dat* die Hände schmutzig machen; **to hold sb's ~** jdm die Hand halten; ■ **to take** [*or* **lead**] **sb by the ~** jdn an die Hand nehmen; **by ~** (*manually*) von Hand; (*by messenger*) durch einen Boten; ■ **in one's** [**left/right**] **~**, in der [linken/rechten] Hand; **~ in ~** Hand in Hand; **on ~s and knees** auf allen vieren ❷ (*control*) **to be in good/safe ~s** in guten/sicheren Händen sein; **to fall into the wrong ~s** in die falschen Hände geraten; **to have sth well in ~** etw gut im Griff haben; **to leave sth in sb's ~s** jdm etw überlassen; **to take sb/sth in ~** sich *dat* jdn/etw vornehmen; **to turn one's ~ to sth** sich an etw *akk* machen; ■ **at ~** (*current, needing attention*) vorliegend; (*close*) in Reichweite; ■ **on ~** zur Verfügung; **he's got a lot of time on his ~s** er hat viel Zeit zur Verfügung; ■ **to be out of sb's ~s** außerhalb jds Kontrolle sein; **to get out of ~** *situation* außer Kontrolle geraten; *children* nicht mehr zu bändigen sein ❸ (*assistance*) **would you like a ~?** soll ich Ihnen helfen?; **to give** [*or* **lend**] **sb a ~** jdm helfen ❹ (*manual worker*) Arbeiter(in) *m(f)*; (*sailor*) Matrose *m* ❺ (*skilful person*) **I'm an old ~ at ...** ich bin ein alter Hase was ... be-

trifft ⑥ (*on clock, watch*) Zeiger m ⑦ CARDS Blatt nt; **a ~ of poker** eine Runde Poker ⑧ (*horse measurement*) Handbreit f ⑨ (*handwriting*) Handschrift f ⑩ (*applause*) **to give sb a big ~** jdm einen großen Applaus spenden ▸ **to live from ~ to mouth** von der Hand in den Mund leben; **to only have one pair of ~s** auch nur zwei Hände haben; **many ~s make light work** (*prov*) viele Hände machen der Arbeit bald ein Ende; **to keep a firm ~ on sth** etw fest im Griff behalten; **to have one's ~s full** jede Menge zu tun haben; **on the one ~ ... on the other [~]** ... einerseits... andererseits; **sb's ~s are tied** jdm sind die Hände gebunden; **to ask for sb's ~ in marriage** (*form*) jdn um seine/ihre Hand bitten; **to get one's ~s on sb** jdn zu fassen kriegen; **to wait on sb ~ and foot** jdn von vorne bis hinten bedienen; **to win ~s down** spielend gewinnen **II.** vt ■**to ~ sb sth** jdm etw [über]geben ▸ **you've got to ~ it to sb** man muss es jdm lassen ◆**hand back** vt zurückgeben ◆**hand down** vt ①(*pass on*) weitergeben; (*tradition*) überliefern ②LAW verkünden ◆**hand in** vt einreichen; *homework* abgeben; *weapon* aushändigen ◆**hand on** vt ■**to ~ sth** ↻ **on [to sb]** etw [an jdn] weitergeben; (*through family*) [jdm] etw vererben ◆**hand out** vt ①(*distribute*) austeilen (**to** an); *homework, advice* geben (**to** +*dat*) ②LAW *sentence* verhängen ◆**hand over** vt ①(*pass*) herüberreichen; (*away from one*) hinüberreichen; (*present*) übergeben; *cheque* überreichen ②TV, RADIO weitergeben (**to** an) ③(*transfer authority*) ■**to ~ sb over [to sb]** jdn [jdm] übergeben; **to ~ oneself over to the police** sich der Polizei stellen ◆**hand round** vt BRIT herumreichen; *papers, test* austeilen

'**hand·bag** n Handtasche f

'**hand·ball** n ①(*kind of sport*) Handball m ②FBALL Handspiel nt '**hand·bill** n Handzettel m '**hand·book** n Handbuch n; **student ~** Vorlesungsverzeichnis nt '**hand·brake** n Handbremse f

H & C *abbrev of* **hot and cold** [*water*] heißes und kaltes Wasser

'**hand·cart** n Handkarren m '**hand·cuff** **I.** vt ■**to ~ sb** jdm Handschellen anlegen; ■**to ~ sb to sb/sth** jdn mit Handschellen an jdn/etw fesseln **II.** n ■**~s** pl Handschellen pl '**hand·ful** ['hænd(ə)fʊl] n ①(*quantity*) Handvoll f; **a ~ of hair** ein Büschel nt Haare; **a ~ of people** wenige Leute ② *no pl* (*person*) Nervensäge f '**hand gre·nade** n Handgranate f '**hand·gun** n Handfeuerwaffe f

handi·cap ['hændɪkæp] **I.** n ①SPORTS Handicap nt; (*race*) Vorgaberennen nt ②(*disadvantage*) Handicap nt ③(*dated: disability*) Behinderung f **II.** vt <-pp-> (*disadvantage*) benachteiligen

handi·capped ['hændɪkæpt] *adj* (*dated*) behindert; **~ people** Behinderte pl

handi·craft ['hændɪkrɑːft] **I.** n (Kunst)handwerk nt *kein pl* **II.** *adj* handwerklich; **~ class** Bastelkurs m

handi·work ['hændɪwɜːk] n *no pl* [Mach]werk nt; (*approv*) Meisterwerk nt

hand·ker·chief ['hæŋkətʃiːf] n Taschentuch nt

han·dle ['hændl] **I.** n ① (*handgrip*) Griff m; *of a pot, basket* Henkel m; *of a door* Klinke f; *of a handbag* Bügel m; *of a broom, comb* Stiel m; *of a pump* Schwengel m ② (*fam: nickname*) Beiname m ▸ **to fly off the ~** hochgehen; **to get a ~ on sth** einen Zugang zu etw *dat* finden **II.** vt ①(*grasp*) anfassen; "**~ with care**" „Vorsicht, zerbrechlich!" ②(*transport*) befördern ③(*work on*) bearbeiten; *luggage* abfertigen; (*be in charge of*) zuständig sein für +*akk*; **to ~ sb's affairs** sich um jds Angelegenheiten kümmern ④(*manage*) bewältigen; (*sort out*) regeln; **can you ~ it alone?** schaffst du das allein? ⑤(*deal with*) umgehen mit +*dat*, behandeln **III.** vi + adv sich handhaben lassen; **this car ~s really well** dieser Wagen fährt sich wirklich gut

han·dle·bar mous·'tache n Schnauzbart m '**han·dle·bars** npl Lenkstange f

han·dler ['hændlə'] n ①(*dog trainer*) Hundeführer(in) m/f ②AM (*counsellor*) Berater(in) m/f

hand·ling ['hændlɪŋ] n *no pl* ①(*act of touching*) Berühren nt ②(*treatment*) Handhabung f (**of** +*gen*); *of person* Behandlung f (**of** +*gen*), Umgang m (**of** mit); *of a theme* [literarische] Abhandlung ③(*settlement*) Erledigung f (**of** +*gen*) ④(*using a machine*) Umgang m (**of** mit), Handhabung f (**of** +*gen*); *of vehicle* Fahrverhalten n ⑤(*processing of material*) Verarbeitung f (**of** +*gen*); (*treating of material*) Bearbeitung f (**of** mit)

'**hand lug·gage** n *no pl* Handgepäck nt **hand-'made** *adj* handgearbeitet; *paper* handgeschöpft '**hand-me-down** n abgelegtes Kleidungsstück **hand-'op·er·at·ed** *adj* handbetrieben '**hand-out** n ①(*money*) Almosen nt; **government ~** staatliche Unterstützung ②(*leaflet*) Flugblatt nt; *for students* Arbeitsblatt nt; **press ~** Presseerklärung f **hand-'picked** *adj* handverlesen a. *fig* '**hand·rail** n *on stairs* Geländer nt; *on ship* Reling f '**hand saw** n Handsäge f

'hand·shake n Händedruck m
hand·some ['hæn(d)səm] adj ❶ (attractive) gut aussehend ❷ (approv: larger than expected) number beachtlich; **a ~ sum** eine stolze Summe ❸ (approv: generous) großzügig
hands-'on adj ❶ (non-delegating) interventionistisch ❷ (practical) praktisch
hands on 'con·test n Wettbewerb, bei dem derjenige gewinnt, der seine Hand am längsten auf dem Preis liegen lässt
'hand·spring n Handstandüberschlag m
'hand·stand n Handstand m kein pl **hand-to-'mouth** adv **to live [from]** ~ von der Hand in den Mund leben **'hand·work** n no pl Handarbeit f **'hand·writ·ing** n no pl Handschrift f **'hand·writ·ten** adj handgeschrieben
handy ['hændi] adj ❶ (user-friendly) praktisch, nützlich, geschickt SÜDD; (easy to handle) handlich ❷ (convenient) nützlich; excuse passend; **to come in ~ [for sb/sth]** [jdm/etw] gelegen kommen ❸ (conveniently close) thing griffbereit, greifbar; place in der Nähe, leicht erreichbar; ■ **to be ~** thing griffbereit sein; place günstig liegen ❹ (skilful) geschickt; ■ **to be ~ with sth** mit etw dat gut umgehen können
'handy·man n Heimwerker(in) m(f)
hang [hæŋ] **I.** n no pl ❶ of drapery Fall m; of clothes Sitz m ❷ (fig fam) **to get the ~ of sth** bei etw dat den [richtigen] Dreh herausbekommen **II.** vt <hung, hung> ❶ (mount) aufhängen (**on** an) ❷ (decorate) behängen ❸ <hung or -ed, hung or -ed> (execute) [auf]hängen; ■ **to ~ oneself** sich aufhängen; **to be hung** [or ~ **ed**]**, drawn and quartered** (hist) gehängt, gestreckt und geviertelt werden ❹ (let droop) **to ~ one's head** den Kopf hängen lassen; **to ~ one's head in shame** beschämt den Kopf senken ❺ (fig: postpone) **to ~ fire** [es] abwarten [können] ❻ FOOD abhängen [lassen] ▶ ~ **it [all]**! zum Henker damit! **III.** vi ❶ <hung, hung> (be suspended) hängen (**from** an); (fall) clothes fallen; **a gold necklace hung around her neck** eine Goldkette lag um ihren Hals; ■ **to ~ down** herunterhängen ❷ <hanged, hanged> (die by execution) hängen ❸ <hung, hung> (remain in air) mist, smell hängen ❹ <hung, hung> (rely on) ■ **to ~ [up]on sb/sth** von jdm/etw abhängen ❺ <hung, hung> (listen carefully) **to ~ on sb's [every] word** an jds Lippen hängen ❻ <hung, hung> (keep) ■ **to ~ onto sth etw behalten** ❼ <hung, hung> AM (fam) **sb can go ~**! zum Henker mit jdm! ❽ <hung, hung> AM (fam) **to ~ at a place** an einem Ort rumhängen ▶ **to ~ in**

there am Ball bleiben ◆ **hang about** vi ❶ (fam: waste time) herumtrödeln ❷ (wait) warten; BRIT ~ **about, ...** Moment mal, ...; **to keep sb ~ing about** jdn warten lassen ❸ BRIT (fam) ■ **to ~ about with sb** [ständig] mit jdm zusammenstecken ◆ **hang back** vi ❶ (be slow) sich zurückhalten; (hesitate) zögern ❷ (stay behind) zurückbleiben ◆ **hang behind** vi hinterhertrödeln ◆ **hang on** vi ❶ (fam: persevere) durchhalten ❷ (grasp) **to ~ on to sth** sich an etw dat festhalten; (stronger) sich an etw akk klammern; **to ~ on tight** sich gut festhalten; **to ~ on in there** (fam) am Ball bleiben ❸ (wait briefly) warten; (on the telephone) dranbleiben; ~ **on [a minute]** wart mal, einen Augenblick; ~ **on!** (annoyed) Moment! ◆ **hang out I.** vt heraushängen; washing aufhängen **II.** vi ❶ (project) heraushängen ❷ (sl: loiter) rumhängen; (live) hausen; **where does he ~ out these days?** wo treibt er sich zur Zeit herum? ▶ **to let it all ~ out** die Sau rauslassen fam ◆ **hang round** vi BRIT see **hang around** ◆ **hang together** vi argument schlüssig sein; alibi keine Widersprüche aufweisen ◆ **hang up I.** vi ❶ (dangle) hängen ❷ (finish phone call) auflegen **II.** vt ❶ (suspend) aufhängen; phone auflegen ❷ (fig fam: give up) an den Nagel hängen
hang·ar ['hæŋəʳ] n AVIAT Hangar m
hang·dog ['hæŋdɒg] adj **to have a ~ look on one's face** ein Gesicht wie vierzehn Tage Regenwetter machen
hang·er ['hæŋəʳ] n [Kleider]bügel m
hanger-'on <pl hangers-on> n (pej: follower) Trabant(in) m(f) pej; ■ **the hangers-on** pl das Gefolge
'hang-glid·er n (person) Drachenflieger(in) m(f); (device) Drachen m
'hang-glid·ing n no pl Drachenfliegen nt
hang·ing ['hæŋɪŋ] **I.** n ❶ (decorative fabric) Behang m; (curtain) Vorhang m; [**wall**] ~ **s** Wandbehänge pl ❷ (execution) Hinrichtung f durch den Strang **II.** adj hängend
'hang·man n (executioner) Henker m ❷ (game) Galgen m **'hang·nail** n MED Nietnagel m **'hang·out** n (fam) Stammlokal nt, Treff m **'hang·over** n ❶ (from drinking) Kater m ❷ (relic) Überbleibsel nt **'hang-up** n (fam) Komplex m (**about** wegen)
hank·er ['hæŋkəʳ] vi ■ **to ~ after/for sb/sth** sich nach jdm/etw sehnen
hankie ['hæŋki] n, **hanky** n (fam) short for **handkerchief** Taschentuch nt
hanky-panky [ˌhæŋki'pæŋki] n no pl (fam) ❶ (love affair) Techtelmechtel nt ❷ (kissing) Knutscherei f kein pl; (groping) Gefummel nt kein pl ❸ (fiddle) Mauschelei f

hap·haz·ard [ˌhæpˈhæzəd] **I.** *adj* ❶ *(disorganized)* unüberlegt ❷ *(arbitrary)* willkürlich **II.** *adv* willkürlich

hap·less [ˈhæpləs] *adj (liter)* unglückselig

hap·pen [ˈhæpən] **I.** *adv* NBRIT vielleicht; ~ it'll rain later es könnte später regnen **II.** *vi* ❶ *(occur)* geschehen, passieren; *event* stattfinden; *process* vor sich gehen; **these things ~** das kann vorkommen; **what's ~ing?** was geht?; **nothing ever ~s here** hier ist tote Hose; **it's all ~ing** *(fam)* es ist ganz schön was los ❷ *(by chance)* ▪ **to ~ to do sth** zufällig etw tun; **it just so ~s that ...** wie's der Zufall will, ...; **as it ~ed ...** wie es sich so traf, ... ❸ *(liter: come across)* ▪ **to ~ [up]on sb/sth** jdm/etw zufällig begegnen ❹ *(indicating contradiction)* **I ~ to think he's right** ich glaube trotzdem, dass er Recht hat ❺ *(actually)* **as it ~s** tatsächlich

hap·pen·ing [ˈhæpənɪŋ] **I.** *n usu pl* ❶ *(occurrence)* Ereignis *nt*; *(unplanned occurrence)* Vorfall *m*; *(process)* Vorgang *m* ❷ ART Happening ❸ (*sl*) angesagt

hap·pi·ly [ˈhæpɪli] *adv* ❶ *(contentedly)* glücklich; *(cheerfully)* fröhlich; **and they all lived ~ ever after** und sie lebten glücklich und zufrieden bis an ihr Lebensende; *(fairy-tale ending)* und wenn sie nicht gestorben sind, dann leben sie noch heute ❷ *(willingly)* gern ❸ *(luckily)* glücklicherweise

hap·pi·ness [ˈhæpɪnəs] *n no pl* Glück *nt*; *(contentment)* Zufriedenheit *f*; *(cheerfulness)* Fröhlichkeit *f*; **to wish sb every ~** *(form)* jdm alles Gute wünschen

hap·py [ˈhæpi] *adj* ❶ *(pleased)* glücklich; *(contented)* zufrieden; *(cheerful)* fröhlich; ▪ **to be ~ about** [*or* **with**] **sb/sth** mit jdm/etw zufrieden sein; ▪ **to be ~ to do sth** sich freuen, etw zu tun; **to be ~ that ...** froh [darüber] sein, dass ... ❷ *(willing)* ▪ **to be ~ to do sth** etw gerne tun; **I'd be ~ to!** aber gern! ❸ *(in greetings)* **to be ~!** aber gern! ❸ *(in greetings)* **to be ~ birthday** alles Gute zum Geburtstag; **~ Easter** frohe Ostern; **a ~ New Year** ein glückliches neues Jahr; **many ~ returns [of the day]** herzlichen Glückwunsch zum Geburtstag

hap·py-go-ˈlucky *adj* sorglos, unbekümmert **hap·py ˈme·dium** *n* goldene Mitte

har·ass [ˈhærəs] *vt* ❶ *(intimidate)* schikanieren; *(pester)* ständig belästigen ❷ MIL ständig angreifen

har·assed [ˈhærəst] *adj* abgespannt; **look** gequält

har·ass·ment [ˈhærəsmənt] *n no pl* ❶ *(intimidation)* Schikane *f*; *(pestering)* Belästigung *f* ❷ MIL [ständiger] Beschuss

har·bour [ˈhɑːbə*r*], AM **har·bor I.** *n* Hafen *m* **II.** *vt* ❶ *(keep in hiding)* ▪ **to ~ sb** jdm Unterschlupf gewähren ❷ *feelings* hegen; **to ~ a grudge** einen Groll hegen

hard [hɑːd] **I.** *adj* ❶ *(solid)* hart; [**as**] **~ as a rock** steinhart ❷ *(tough) person* zäh, hart; **he's a ~ one** er ist ein ganz Harter ❸ *(difficult)* schwierig; **she had a ~ time [of it]** es war eine schwere Zeit für sie; **to find sth ~ to believe** etw kaum glauben können; **to get ~er** schwerer werden; **it's ~ to say** es ist schwer zu sagen ❹ *(laborious)* anstrengend; **to be ~ work** harte Arbeit sein; *studies* anstrengend sein; *text* schwer zu lesen sein; **to be a ~ worker** fleißig sein ❺ *(severe)* hart; *voice* schroff; **~ luck!** [so ein] Pech!; [**as**] **~ as nails** knallhart; **to give sb a ~ time** jdm das Leben schwer machen ❻ *(harmful)* ▪ **to be ~ on sth** etw stark strapazieren ❼ *(unfortunate)* hart; ▪ **to be ~ on sb** hart für jdn sein ❽ *(extreme)* hart; **~ frost/winter** strenger Frost/Winter ❾ *(reliable)* sicher; **~ facts** *(verified)* gesicherte Fakten; *(blunt)* nackte Tatsachen ❿ *(potent)* stark; *drug* hart ⓫ *water* hart ⓬ *(scrutinizing)* **to take a [good] ~ look at sth** sich *dat* etw genau ansehen ⓭ *(printout)* **~ copy** Ausdruck *m* ▸ **to be ~ at it** ganz bei der Sache sein; **~ and fast** fest; *rule* verbindlich **II.** *adv* ❶ *(solid)* hart; **frozen ~** *liquid* hart gefroren; *plants* steif gefroren; **to set ~** *glue, varnish* hart werden; *concrete* fest werden ❷ *(vigorously)* fest[e], kräftig; **think ~!** denk mal genau nach!; **to fight ~ [for sth]** [um etw *akk*] hart kämpfen; **to rain ~** stark regnen; **to try ~** sich sehr bemühen; **to work ~** hart arbeiten ❸ *(severely)* schwer ❹ *(closely)* knapp ❺ *(fig: stubbornly)* **to die ~** [nur] langsam sterben ▸ **to be ~ done by** BRIT unfair behandelt werden

ˈhard·back I. *adj* gebunden **II.** *n* gebundenes Buch; ▪ **in ~** gebunden **hard-ˈbit·ten** *adj* abgebrüht **ˈhard·board** *n no pl* Hartfaserplatte *f* **hard-ˈboiled** *adj* ❶ *egg* hart gekocht ❷ *(fig)* hart gesotten **hard ˈcash** *n no pl* Bargeld *nt* **hard ˈcopy** *n* COMPUT Ausdruck *m* **ˈhard court** *n* TENNIS Hartplatz *m* **hard ˈcur·ren·cy** *n* harte Währung **ˈhard disk** *n* COMPUT Festplatte *f* **hard-ˈearned** *adj* ehrlich verdient; *pay* hart verdient

hard·en [ˈhɑːdən] **I.** *vt* ❶ *(make harder)* härten; *arteries* verhärten ❷ *(make tougher) attitude* verhärten; ▪ **to ~ sb [to sth]** jdn [gegen etw *akk*] abhärten **II.** *vi* ❶ *(become hard)* sich verfestigen, hart werden ❷ *(become tough)* sich verhärten; *face* sich versteinern ❸ ECON sich festigen

hard ˈfeel·ings *npl* **no ~?** alles klar? **hard-ˈfought** *adj* ❶ *battle, match* hart ❷ *victory* hart erkämpft **ˈhard hat** *n* ❶ *(helmet)* [Schutz]helm *m* ❷ *(fam: worker)* Bauarbei-

ter(in) *m(f)* **hard-ˈhead·ed** *adj* nüchtern **hard-ˈheart·ed** *adj* hartherzig **hard-ˈhit·ting** *adj* sehr kritisch **hard ˈla·bour**, AM **hard ˈla·bor** *n no pl* Zwangsarbeit *f* **hardˈlin·er** *n* POL Hardliner *m*

hard·ly [ˈhɑːdli] *adv* ❶ *(scarcely)* kaum; ~ **ever** so gut wie nie ❷ *(certainly not)* wohl kaum; *(as a reply)* bestimmt nicht; **it's** ~ **my fault!** ich kann ja wohl kaum was dafür!

hard·ness [ˈhɑːdnəs] *n no pl* Härte *f*

hard-ˈnosed *adj* nüchtern; *person* abgebrüht **hard-ˈpressed** *adj* bedrängt **hard ˈsell** *n* aggressive Verkaufsmethoden *pl*

hard·ship [ˈhɑːdʃɪp] *n* Not *f*; **if it's not too much of a ~ for you** wenn es dir nicht zu viele Umstände macht

hard ˈshoul·der *n* BRIT TRANSP befestigter Seitenstreifen **hard ˈtar·get** *n* MIL, POL hartes Ziel **ˈhard·ware** *n no pl* ❶ *(tools)* Eisenwaren *pl*; *(household items)* Haushaltswaren *pl* ❷ MIL Rüstungsmaterial *nt* ❸ COMPUT Hardware *f* **hard-ˈwear·ing** *adj* strapazierfähig **ˈhard·wood** *n* Hartholz *nt* **hard-ˈwork·ing** *adj* fleißig

har·dy [ˈhɑːdi] *adj* ❶ *(tough)* zäh; *(toughened)* abgehärtet ❷ BOT winterhart

hare [heə^r] *n* <*pl* -s *or* -> [Feld]hase *m*

ˈhare-brained *adj* verrückt

ˈhare·lip *n* MED Hasenscharte *f*

har·em [ˈhɑːriːm, ˈherəm] *n* Harem *m*

hark [hɑːk] *vi* (*liter*) horchen

harm [hɑːm] **I.** *n no pl* Schaden *m*; **there's no ~ in asking** Fragen kostet nichts; **there's no ~ in trying** ein Versuch kann nichts schaden; **to mean no harm** es nicht böse meinen; **to do more ~ than good** mehr schaden als nützen; **what's the ~ in that/it?** was macht das schon?; **to stay out of ~'s way** der Gefahr *dat* aus dem Weg gehen; [**grievous**] **bodily ~** [schwere] Körperverletzung; **to come to** [**no**] **~** [nicht] zu Schaden kommen **II.** *vt* ❶ *vt* sth etw *dat* Schaden zufügen; ■ **to ~ sb** jdm schaden; *(hurt)* jdn verletzen; ■ **to be ~ed** Schaden erleiden

harm·ful [ˈhɑːmfəl] *adj* schädlich; *words* verletzend **harm·less** [ˈhɑːmləs] *adj* harmlos

har·mon·ic [hɑːˈmɒnɪk] **I.** *adj* harmonisch **II.** *n* MUS Oberton *m*

har·mon·i·ca [hɑːˈmɒnɪkə] *n* Mundharmonika *f*

har·mo·ni·ous [hɑːˈməʊniəs] *adj* harmonisch *a. fig*

har·mo·ni·za·tion [ˌhɑːmənaɪˈzeɪʃən] *n no pl* Harmonisierung *f a. fig*

har·mo·nize [ˈhɑːmənaɪz] **I.** *vt* ❶ MUS harmonisieren ❷ *(fig)* aufeinander abstimmen **II.** *vi* harmonieren *a. fig*

har·mo·ny [ˈhɑːməni] *n* Harmonie *f a. fig*; **to**

live in ~ in Eintracht [miteinander] leben; **to sing in ~** mehrstimmig singen; **in ~ with nature** im Einklang mit der Natur

har·ness [ˈhɑːnɪs] **I.** *n* <*pl* -es> ❶ *(for animal)* Geschirr *nt*; *(for person)* Gurtzeug *nt*; *(for baby)* Laufgeschirr *nt* ❷ *(fig)* ■ **in ~** gemeinsam **II.** *vt* ❶ *animal* anschirren; *person* anschnallen ❷ *(fig)* nutzen

harp [hɑːp] **I.** *n* Harfe *f* **II.** *vi* *(pej fam)* ■ **to ~ on about sth** auf etw *dat* herumreiten

har·poon [ˌhɑːˈpuːn] **I.** *n* Harpune *f* **II.** *vt* harpunieren

harp·si·chord [ˈhɑːpsɪkɔːd] *n* Cembalo *nt*

har·row·ing [ˈhærəʊɪŋ] *adj* grauenvoll

harsh [hɑːʃ] *adj* ❶ rau; *winter* streng; *light* grell; *sound* schrill ❷ *(severe)* hart; *(critical)* scharf; ■ **to be ~ on sb** streng mit jdm sein ❸ *(brusque)* tone of voice barsch

hart [hɑːt] *n* Hirsch *m*

har·vest [ˈhɑːvɪst] **I.** *n* Ernte *f*; *of grapes* Lese *f*; *(season)* Erntezeit *f* **II.** *vt* ernten; *grapes* lesen; *shellfish* fangen; *timber* schlagen

har·vest ˈfes·ti·val *n* BRIT Erntedankfest *nt*

has [hæz, həz] *3rd pers sing of* **have**

has-been [ˈhæzbiːn] *n* (*pej fam*) ehemalige Größe

hash [hæʃ] **I.** *n* ❶ AM FOOD Haschee *nt* ❷ *no pl* *(fam: shambles)* **to make a ~ of sth** etw vermasseln ❸ *(fam: hashish)* Hasch *nt* **II.** *vt* *(fam)* ■ **to ~ up** vermasseln

hash ˈbrowns *npl* AM Kartoffelpuffer *pl*, ≈ Rösti *f* SÜDD, SCHWEIZ

hasn't [ˈhæzənt] = **has not** *see* **have**

has·sle [ˈhæsl] **I.** *n* *(fam)* Mühe *f kein pl*; **parking in town is such a ~** in der Stadt zu parken ist vielleicht ein Aufstand; **it is just too much ~** es ist einfach zu umständlich **II.** *vt* *(fam: pester)* schikanieren; *(harass)* bedrängen; **stop hassling me!** lass mich einfach in Ruhe!

haste [heɪst] *n no pl* Eile *f*; *(rush)* Hast *f*; **to make ~** sich beeilen; ■ **in ~** hastig ► **more ~ less speed** *(prov)* eile mit Weile

has·ten [ˈheɪsən] **I.** *vt* ■ **to ~ sb** jdn drängen; ■ **to ~ sth** etw beschleunigen **II.** *vi* sich beeilen

has·ty [ˈheɪsti] *adj* ❶ *(hurried)* eilig, hastig *pej*; **to beat a ~ retreat** *(fam)* sich schnell aus dem Staub machen ❷ *(rashly)* übereilt; *(badly thought out)* voreilig

hat [hæt] *n* Hut *m*; *(of fur, wool)* Mütze *f* ► ~**s off to sb/sth** Hut ab vor jdm/etw; **to pick sb out of the ~** jdn zufällig auswählen; **to eat one's ~ if ...** einen Besen fressen, wenn ...; **to pass the ~** [a]**round** den Hut herumgehen lassen

hatch[1] <*pl* -es> [hætʃ] *n* ❶ *(opening)* Durchreiche *f* ❷ NAUT Luke *f* ► **down the ~!**

runter damit!
hatch² [hætʃ] **I.** *vi* schlüpfen **II.** *vt* ausbrüten a. *fig*
hatch·back ['hætʃbæk] *n* ❶ (*door*) Heckklappe *f* ❷ (*vehicle*) Wagen *m* mit Heckklappe
hatch·et ['hætʃɪt] *n* Beil *nt* ▶ **to bury the ~** das Kriegsbeil begraben
'hatch·et man *n* (*pej fam*) Handlanger *m*; (*at work*) Sparkommissar *m*
hate [heɪt] **I.** *n* ❶ *no pl* (*emotion*) Hass *m*; **feelings of ~** Hassgefühle *pl*; **to give sb a look of ~** jdn hasserfüllt ansehen; **~ mail** hasserfüllte Briefe *pl* ❷ (*object of hatred*) **pet ~** Gräuel *nt*; **one of my pet ~s is ...** eines der Dinge, die ich am meisten verabscheue, ist ... **II.** *vt* hassen; **I ~ going to the dentist** ich hasse es, zum Zahnarzt zu gehen; **I'd ~ you to think that I was being critical** ich möchte auf keinen Fall, dass Sie denken, ich hätte Sie kritisiert; **I ~ to say it, but ...** es fällt mir äußerst schwer, das sagen zu müssen, aber ...; **to ~ sb's guts** (*fig*) jdn wie die Pest hassen; **to ~ the sight/sound/smell of sth** etw nicht sehen/hören/riechen können
ha·tred ['heɪtrɪd] *n no pl* Hass *m* (**of/for** auf)
'hat·stand *n* Garderobenständer *m*
hat·ter ['hætə'] *n* **to be as mad as a ~** total verrückt sein
'hat-trick *n* Hattrick *m*
haugh·ty ['hɔːti] *adj* (*pej*) überheblich
haul [hɔːl] **I.** *n* ❶ *usu sing* (*pull*) **to give a ~** [kräftig] ziehen ❷ (*quantity caught*) Ausbeute *f* (**of** von/an); (*fig*) Beute *f* ❸ (*distance covered*) Strecke *f*; **it was a long ~** (*fig*) es hat sich lange hingezogen **II.** *vt* ❶ (*pull*) ziehen; **sth heavy** schleppen; **to ~ oneself out of bed** sich aus dem Bett hieven ❷ (*transport*) befördern **III.** *vi* **to ~ on** zerren an +*dat* ◆**haul down** *vt* ❶ **~ down a flag/sail** eine Fahne/ein Segel einholen ◆**haul off** *vt* wegziehen; (*more brutally*) wegzerren; **to ~ sb off to jail** (*fig*) jdn ins Gefängnis werfen ◆**haul up** *vt* hochziehen; (*with more effort*) hoch schleppen; **to ~ sb up before a magistrate** (*fig*) jdn vor den Kadi bringen
haul·age ['hɔːlɪdʒ] *n no pl* ❶ (*transportation*) Transport *m*; **~ company** Transportunternehmen *nt*, Spedition[sfirma] *f* ❷ (*costs*) Transportkosten *pl*
haul·ier ['hɔːliə'] *n*, *Am* **haul·er** *n* ❶ (*firm*) Spedition *f* ❷ (*person*) Spediteur *m*
haunch <*pl* -es> [hɔːn(t)ʃ] *n* ❶ ANAT Hüfte *f*; **to sit on one's ~es** in der Hocke sitzen ❷ FOOD Keule *f*; **~ of venison** Rehkeule *f*
haunt [hɔːnt] **I.** *vt* ❶ *ghost* spuken in +*dat*; **to be ~ed by sb/sth** von jdm/etw heimgesucht werden ❷ *memories* heimsuchen **II.** *n* (*place*) Treffpunkt *m*; (*pub*) Stammlokal *nt*

haunt·ed ['hɔːntɪd] *adj* ❶ (*with ghosts*) **~ castle** Spukschloss *nt*; **~ house** Gespensterhaus *nt*; **this house is ~!** in diesem Haus spukt es! ❷ (*troubled*) *look* gehetzt **haunt·ing** ['hɔːntɪŋ] *adj* ❶ (*disturbing*) quälend ❷ (*stirring*) sehnsuchtsvoll

have [hæv, həv] **I.** *aux vb* <has, had, had> ❶ (*forming past tenses*) **he has never been to Scotland before** er war noch nie zuvor in Schottland; **we had been swimming** wir waren schwimmen gewesen; **I've heard that story before** ich habe diese Geschichte schon einmal gehört; **I've passed my test — ~ you? congratulations!** ich habe den Test bestanden — oh, wirklich? herzlichen Glückwunsch!; **they still hadn't had any news** sie hatten immer noch keine Neuigkeiten ❷ (*experience*) **she had her car stolen last week** man hat ihr letzte Woche das Auto gestohlen ❸ (*render*) ■ **to ~ sth done** etw tun lassen; **to ~ one's hair cut** sich *dat* die Haare schneiden lassen ❹ (*must*) ■ **to ~ to do sth** etw tun müssen; **what time ~ we got to be there?** wann müssen wir dort sein? ❺ (*form: if*) **had I/she/he etc. done sth, ...** hätte ich/sie/er etc. etw getan, ..., wenn ich/sie/er etc. etw getan hätte, ...; **if only I'd known this** wenn ich das nur gewusst hätte **II.** *vt* <has, had, had> ❶ (*possess*) ■ **to ~** [or BRIT, AUS **got**] **sth** etw haben; **he's got green eyes** er hat grüne Augen; **I don't have** [or **haven't got**] **a car** ich habe kein Auto; **we're having a wonderful time in Venice** wir verbringen eine wundervolle Zeit in Venedig; **~ a nice day!** viel Spaß!; (*to customers*) einen schönen Tag noch!; **to have one's back to sb** jdm den Rücken zugekehrt haben; **to ~ the decency to do sth** die Anständigkeit besitzen, etw zu tun; **to have** [or BRIT, AUS **got**] **the light/radio on** das Licht/Radio anhaben ❷ (*engage in*) *bath* nehmen; *nap, party, walk* machen; **to ~ a swim** schwimmen; **to ~ a talk with sb** mit jdm sprechen; **to ~ a try** es versuchen ❸ (*consume*) *food* essen; *cigarette* rauchen; **to ~ lunch/dinner** zu Mittag/Abend essen; **we're having sausages for lunch today** zum Mittagessen gibt es heute Würstchen; **~ a cigarette/some more coffee** nimm doch eine Zigarette/noch etwas Kaffee ❹ (*receive*) erhalten; **okay, let's ~ it!** okay, her damit!; **thanks for having us** danke für Ihre Gastfreundschaft; **to ~ sb back** (*resume relationship*) jdn wieder [bei sich *dat*] aufnehmen; **to let sb ~ sth back** jdm etw zurückgeben ❺ (*be obliged*) ■ **to ~** [or

BRIT, AUS ~ got] sth to do etw tun müssen ❻ (*give birth to*) **to ~ a baby** ein Baby bekommen; **my mother was 18 when she had me** meine Mutter war 18, als ich geboren wurde ❼ (*induce*) ■ **to ~ sb do sth** jdn [dazu] veranlassen, etw zu tun; ■ **to ~ sb/sth doing sth** jdn/etw dazu bringen, etw zu tun; **he'll ~ it working in no time** er wird es im Handumdrehen zum Laufen bringen ❽ (*hold*) **to ~** [*or* BRIT, AUS ~ got] **sb by the throat** jdn bei der Kehle gepackt haben ❾ (*fam: deceive*) **you've been had!** dich hat man ganz schön übern Tisch gezogen! ▶ **to not ~ any** [of it] nichts [von etw *dat*] wissen wollen; **to ~ had it** (*be broken*) hinüber sein; (*be tired*) fix und fertig sein; (*be in serious trouble*) dran sein; **to have had it with sb/sth** von jdm/etw die Nase voll haben; **to ~** [*or* BRIT, AUS ~ got] **nothing on sb** (*be less able*) gegen jdn nicht ankommen; (*lack evidence*) nichts gegen jdn in der Hand haben; **and what ~ you** und wer weiß was noch **III.** *n* (*fam*) ■ **the ~s** *pl* **the ~s and the ~-nots** die Besitzenden und die Besitzlosen ◆**have against** *vt* ~ **something/nothing against sb/sth** etwas/nichts gegen jdn/etw [einzuwenden] haben ◆**have around** *vt* zur Hand haben ◆**have away** *vt* BRIT (*sl*) *see* **have off 1** ◆**have back** *vt* zurückhaben ◆**have in** *vt* ❶ (*call to do sth*) ■ **to ~ in** ⟳ **sb** [to do sth] jdn kommen lassen[, um etw zu tun] ❷ (*show ability*) **to ~** [*or* BRIT, AUS ~ got] **it in one** das Zeug[s] zu etw *dat* haben ▶ **to ~ it in for sb** auf dem Kieker haben ◆**have off** *vt* ❶ BRIT, AUS (*vulg, sl: have sex*) ■ **to ~ it off** [**with sb**] [mit jdm] treiben ❷ (*take off*) *clothes* ausgezogen haben; *hat* abgenommen haben ❸ (*detach*) abmachen ◆**have on** *vt* ❶ (*wear*) *clothes* tragen ❷ (*carry*) ■ **to ~** [*or* BRIT, AUS ~ got] **sth on one** etw bei sich *dat* haben, etw mit sich *dat* führen ❸ (*know about*) ■ **to ~ sth on sb/sth** *evidence, facts* etw über jdn/etw [in der Hand] haben ❹ BRIT (*fam: trick*) ■ **to ~ sb on** jdn auf den Arm nehmen ❺ (*plan*) ■ **to ~** [*or* BRIT, AUS ~ got] **sth on** etw vorhaben ◆**have out** *vt* ❶ (*remove*) sich *dat* herausnehmen lassen; **he had his wisdom teeth out yesterday** ihm sind gestern die Weisheitszähne gezogen worden ❷ (*fam: argue*) ■ **to ~ it out** [**with sb**] es [mit jdm] ausdiskutieren ◆**have over** *vt* ■ **to ~ sb over** jdn zu sich *dat* einladen ◆**have up** *vt* ❶ BRIT LAW (*fam: indict*) ■ **to ~ sb up for sth** jdn wegen einer S. *gen* drankriegen ❷ (*hang*) aufgehängt haben

ha·ven ['heɪvən] *n* Zufluchtsort *m*

haven't ['hævənt] = **have not** *see* **have**

hav·oc ['hævək] *n no pl* Verwüstungen *pl*; **to play ~ with sth** (*fig*) etw völlig durcheinanderbringen

Ha·vre ['(h)ɑːvrə] *n* ■ **Le ~** Le Havre *nt*

hawk [hɔːk] **I.** *n* ❶ (*bird*) Habicht *m*; (*fig*) **to have eyes like a ~** Adleraugen haben; **to watch sb like a ~** jdn nicht aus den Augen lassen ❷ POL Falke *m* **II.** *vt* ■ **to ~ sth** etw auf der Straße verkaufen; (*door to door*) mit etw *dat* hausieren gehen

hawk·er ['hɔːkə'] *n* Hausierer(in) *m(f)*; (*in the street*) fliegender Händler **'hawk-eyed** *adj* ■ **to be ~** Adleraugen haben

haw·thorn ['hɔːθɔːn] *n no pl* Weißdorn *m*

hay [heɪ] *n no pl* Heu *nt* ▶ **to make ~ while the sun shines** (*prov*) das Eisen schmieden, solange es heiß ist; **to hit the ~** sich in die Falle hauen

'hay fe·ver *n no pl* Heuschnupfen *m* **'hay·rick** *n*, **'hay·stack** *n* Heuhaufen *m*

'hay·wire *adj* (*fam*) **to go ~** verrückt spielen

haz·ard ['hæzəd] **I.** *n* ❶ Gefahr *f*; **fire ~** Brandrisiko *nt*; **health ~** Gefährdung *f* der Gesundheit **II.** *vt* ❶ (*risk*) wagen ❷ (*endanger*) gefährden

'haz·ard lights *npl* AUTO Warnblinkanlage *f*

haz·ard·ous ['hæzədəs] *adj* (*dangerous*) gefährlich; (*risky*) riskant

haze [heɪz] **I.** *n* ❶ (*mist*) Dunst[schleier] *m*; **heat ~** Hitzeflimmern *nt* ❷ (*fig*) Benommenheit *f* **II.** *vt* AM schikanieren

ha·zel ['heɪzəl] **I.** *adj* haselnussbraun **II.** *n* Hasel[nuss]strauch *m*

'ha·zel·nut *n* Haselnuss *f*

ha·zy ['heɪzi] *adj* ❶ (*with haze*) dunstig, diesig ❷ (*confused, unclear*) unklar; (*indistinct*) verschwommen; ■ **to be ~ about sth** sich nur vage an etw *akk* erinnern [können]

he [hiː, hi] **I.** *pron pers* (*male person*) er; (*unspecified person*) er/sie/es **II.** *n* Er *m*

head [hed] **I.** *n* ❶ Kopf *m*; **she's got a good ~ for figures** sie kann gut mit Zahlen umgehen; **to use one's ~** seinen Verstand benutzen; **from ~ to foot** [*or* **toe**] von Kopf bis Fuß ❷ (*unit*) **a** [*or* **per**] **~** pro Kopf; **to be a ~ taller than sb** [um] einen Kopf größer sein als jd; **to win by a ~** mit einer Kopflänge Vorsprung gewinnen ❸ *no pl* (*top, front part*) of *bed, table* Kopfende *nt*; of *nail* Kopf *m*; of *queue* Anfang *m*; **~ of a match** Streichholzkopf *m* ❹ (*leader*) Chef(in) *m(f)*; of *a project, department* Leiter(in) *m(f)*; of *Church* Oberhaupt *nt*; **~ of the family** Familienoberhaupt *nt*; **~ of state** Staatsoberhaupt *nt* ❺ BRIT SCH Schulleiter(in) *m(f)*, Rektor(in) *m(f)* ❻ *usu pl* (*coin face*) **~s or tails?** Kopf oder Zahl? ❼ (*beer foam*) Blume *f* ❽ (*water source*) Quelle *f* ❾ (*accumulated amount*) ~

of steam Dampfdruck *m;* **to build up a ~ of steam** (*fig*) Dampf machen ⑯ (*of spot on skin*) Pfropf *m* ⑰ TECH *of a video recorder* Tonkopf *m* ▸ **to have one's ~ in the <u>clouds</u>** in höheren Regionen schweben; **to be ~ over <u>heels</u> in love** bis über beide Ohren verliebt sein; **to have a/no ~ for heights** BRIT schwindelfrei/nicht schwindelfrei sein; **to bury one's ~ in the <u>sand</u>** den Kopf in den Sand stecken; **to not be able to make ~ [n]or <u>tail</u> of sth** aus etw *dat* nicht schlau werden; **~s I win, <u>tails</u> you lose** (*saying*) ich gewinne auf jeden Fall; **to bang one's ~ against a brick <u>wall</u>** mit dem Kopf durch die Wand wollen; **to keep one's ~ above <u>water</u>** sich über Wasser halten; **to keep a <u>cool</u> ~** einen kühlen Kopf bewahren; **to <u>bite</u> sb's ~ off** jdm den Kopf abreißen; **to <u>come</u> to a ~** sich zuspitzen; **to go to sb's ~** jdm zu Kopf steigen; **to <u>laugh</u> one's ~ off** sich halb totlachen; **to <u>scream</u>** [*or* <u>shout</u>] **one's ~ off** sich *dat* die Lunge aus dem Leib schreien; **to have one's ~ <u>screwed</u> on** ein patenter Mensch sein; **to be <u>in</u> over one's ~** tief im Schlamassel stecken; **to be <u>off</u> one's ~** (*crazy*) übergeschnappt sein; (*stoned*) total zu[gedröhnt] sein **II.** *adj* leitend **III.** *vt* ① (*be at the front of*) anführen ② (*be in charge of*) *organization* leiten ③ PUBL (*have at the top*) überschreiben ④ FBALL köpfen **IV.** *vi* **he ~ed straight for the fridge** er steuerte direkt auf den Kühlschrank zu; **to ~ for disaster** auf eine Katastrophe zusteuern; **to ~ home** sich auf den Heimweg machen ◆ **head back** *vi* zurückgehen; *with transport* zurückfahren ◆ **head off I.** *vt* ① (*intercept*) abfangen ② (*fig: avoid*) abwenden **II.** *vi* ■ **to ~ to[wards]** sich zu etw *dat* begeben ◆ **head up** *vt* leiten

'head·ache *n* Kopfschmerzen *pl;* (*fig*) Problem *nt;* **that noise is giving me a ~** von diesem Krach bekomme ich Kopfschmerzen

'head·band *n* Stirnband *nt*

'head cold *n* Kopfgrippe *f* **'head·dress** <*pl* -es> *n* Kopfschmuck *m* **head·er** ['hedə*r*] *n* ① FBALL Kopfball *m* ② (*fam: dive*) Köpfer *m*

head 'first *adv* kopfüber; (*fig*) **to rush ~ into** [**doing**] **sth** sich Hals über Kopf in etw *akk* [hinein]stürzen

'head·hunt *vt* (*fam*) abwerben

'head·hunt·er *n* Headhunter(in) *m(f)*

head·ing ['hedɪŋ] *n* ① (*title*) Überschrift *f* ② (*division*) Kapitel *nt;* (*keyword*) Stichwort *nt*

'head·lamp *n* Scheinwerfer *m*

'head·land *n* Landspitze *f*

head·less ['hedləs] *adj* kopflos ▸ **to run around like a ~ <u>chicken</u>** wie ein aufgeregtes Huhn hin und her laufen

'head·light *n* Scheinwerfer *m* **'head·line I.** *n* Schlagzeile *f* **II.** *vt* ① (*provide with headline*) mit einer Schlagzeile versehen ② (*star*) anführen **'head·liner** *n* Hauptattraktion *f;* **the ~ is ...** der Star des Abends ist ... **'head·long I.** *adv* ① (*head first*) kopfüber ② (*recklessly*) überstürzt; **to rush ~ into sth** sich Hals über Kopf in etw *akk* stürzen **II.** *adj* überstürzt

head·'mas·ter *n* Schulleiter *m,* Rektor *m*

head·'mis·tress *n* Schulleiterin *f,* Rektorin *f* **head 'of·fice** *n* Zentrale *f*

head·'on I. *adj* Frontal- *m* **II.** *adv* frontal; (*fig*) direkt

'head·phones *npl* Kopfhörer *m*

head·'quar·ters *npl* + *sing/pl vb* MIL Hauptquartier *nt;* (*of companies*) Hauptsitz *m;* (*of the police*) Polizeidirektion *f*

'head·rest *n,* **'head re·straint** *n* Kopfstütze *f* **'head·room** *n no pl* lichte Höhe; *for ceiling* Kopfhöhe *f;* (*in cars*) Kopffreiheit *f* **'head·scarf** *n* Kopftuch *nt* **'head·set** *n* Kopfhörer *m*

head·ship ['hedʃɪp] *n* (*position*) Schulleiterposten *m;* (*period*) Amtszeit *f* als Schulleiter/Schulleiterin

'head·shrink·er *n* (*pej fam: psychiatrist*) Seelenklempner(in) *m(f)*

head 'start *n* Vorsprung *m;* **to give sb a ~** jdm einen Vorsprung lassen **'head·stone** *n* Grabstein *m*

'head·strong *adj* eigensinnig

head 'teach·er *n* BRIT Schulleiter(in) *m(f),* Rektor(in) *m(f)* **head 'wait·er** *n* Oberkellner *m*

'head·wa·ter *n pl* Quellgewässer *pl*

'head·way *n no pl* **to make ~** [gut] vorankommen (**in** bei, **with** mit) **'head·wind** *n* Gegenwind *m*

'head·word *n* LING Stichwort *nt*

heady ['hedi] *adj* berauschend

heal [hi:l] **I.** *vt* heilen; *differences* beilegen **II.** *vi* heilen *a. fig*

heal·ing ['hi:lɪŋ] **I.** *adj attr experience, process* heilsam; **~ properties** Heilwirkung *f;* (*stronger*) Heilkräfte *pl* **II.** *n no pl* Heilung *f;* (*of wounds*) Verheilen *nt*

health [helθ] *n no pl* Gesundheit *f;* **your ~!** Prosit!; **to be in good/poor ~** bei guter Gesundheit/gesundheitlich in keiner guten Verfassung sein; **to restore sb to ~** jdn gesundheitlich wiederherstellen

'health·care *n no pl* Gesundheitsfürsorge *f;* **~ worker** in der Gesundheitsfürsorge Beschäftigte(r) *f(m)*

'health cen·tre *n,* AM **'health cen·ter** *n* Ärztehaus *nt* **'health cer·ti·fi·cate** *n* Gesundheitszeugnis *nt* **'health club** *n* Fitnessclub *m* **'health farm** *n* Gesundheitsfarm *f* **'health food** *n* Reformkost *f* **'health food shop** *n* Naturkostladen *m,* Bioladen *m;* (*more formal*) Reformhaus *f* **'health hazard** *n* Gesundheitsrisiko *nt;* **smoking is a ~** Rauchen gefährdet die Gesundheit **'health in·sur·ance** *n no pl* Krankenversicherung *f;* **~ company** Krankenkasse *f* **'health re·sort** *n* AM [Bade]kurort *m,* Erholungsort *f* **'Health Ser·vice** *n* BRIT [staatlicher] Gesundheitsdienst **'health visi·tor** *n* BRIT Krankenpfleger, -pflegerin *m, f* der Sozialstation

healthy ['helθi] *adj* gesund *a. fig; profit* ordentlich; (*promoting good health*) gesundheitsfördernd

heap [hi:p] **I.** *n* ❶ (*pile*) Haufen *m a. fig;* **~ of clothes** Kleiderhaufen *m;* **to collapse in a ~** zu Boden sacken ❷ (*fam: large amount*) ■ **~s** jede Menge (**of** *+gen*) **II.** *vt* aufhäufen; (*fig*) **to ~ criticism on sb** massive Kritik an jdm üben; **to ~ praise on sb** jdn überschwänglich loben

hear <heard, heard> [hɪəʳ] **I.** *vt* ❶ (*perceive*) hören; **Jane ~d him go out** Jane hörte, wie er hinausging ❷ LAW *case* verhandeln ❸ REL *prayers* erhören ▶ **to be ~ing things** sich *dat* etwas einbilden; **I must be ~ing things!** ich hör' wohl nicht richtig!; **to be hardly able to ~ oneself think** sich nur schwer konzentrieren können **II.** *vi* hören (**about/of** von); **have you ~d about Jane getting married?** hast du schon gehört, dass Jane heiratet? ▶ **do you ~?** verstehst du/verstehen Sie?; **~, ~!** ja, genau!

heard [hɜ:d] *pt, pp of* **hear**

hear·ing ['hɪərɪŋ] *n* ❶ *no pl* (*ability to hear*) Gehör *nt;* **to have excellent ~** ein sehr gutes Gehör haben; **to be hard of ~** schwerhörig sein ❷ *no pl* (*range of ability*) [**with**|**in**] **sb's ~** in [jds] Hörweite *f* ❸ (*official examination*) Anhörung *f; disciplinary ~* Disziplinarverfahren *nt;* **to give sb a fair ~** jdn richtig anhören; LAW jdm einen fairen Prozess machen

'hear·ing aid *n* Hörgerät *nt*

hear·say ['hɪəseɪ] *n no pl* Gerüchte *pl*

hearse [hɜ:s] *n* Leichenwagen *m*

heart [hɑ:t] *n* ❶ ANAT Herz *nt* ❷ (*fig*) Herz *nt;* **my ~ goes out to her** mein Mitleid gilt ihr; **affairs of the ~** Herzensangelegenheiten *pl;* **from the bottom of one's ~** aus tiefstem Herzen; **to one's ~'s content** nach Herzenslust; **the ~ of the matter** der Kern der Sache; [**with**] **~ and soul** mit Leib und Seele; **to break sb's ~** jdm das Herz brechen; **it breaks my ~** es bricht mir das Herz; **to come from the ~** von Herzen kommen; **to not have the ~ to do sth** es nicht übers Herz bringen, etw zu tun; **to put one's ~ in**[**to**] **sth** sich voll für etw *akk* einsetzen; **to take sth to ~** sich *dat* etw zu Herzen nehmen; **to set one's ~ on sth** sein [ganzes] Herz an etw *akk* hängen; **with all one's ~** von ganzem Herzen; **sb's ~ is not in it** jd ist mit dem Herzen nicht dabei ❸ *no pl* (*courage*) Mut *m;* **to lose ~** den Mut verlieren; **sb's ~ sinks** jdm wird das Herz schwer; **to take ~** [**from sth**] [aus etw *dat*] neuen Mut schöpfen ❹ CARDS ■ **~s** *pl* Herz *nt kein pl;* **queen of ~s** Herzdame *f* ▶ **at ~** im Grunde seines/ihres Herzens; **my ~ bleeds for him!** der Ärmste, ich fang gleich an zu weinen!; **by ~** auswendig; **to have a change of ~** sich anders besinnen; **to have a ~ of gold/stone** ein herzensguter Mensch sein/ein Herz aus Stein haben; **sb's ~ misses** [*or* **skips**] **a beat** jdm stockt das Herz; **in my ~ of ~s** im Grunde meines Herzens; **to wear one's ~ on one's sleeve** sein Herz auf der Zunge tragen

'heart·ache *n no pl* Kummer *m* **'heart at·tack** *n* Herzinfarkt *m;* (*not fatal*) Herzanfall *m;* (*fatal*) Herzschlag *m a. fig* **'heart·beat** *n* Herzschlag *m* **'heart·break** *n* großer Kummer **'heart·break·ing** *adj* herzzerreißend **'heart·bro·ken** *adj* todunglücklich, untröstlich **'heart·burn** *n no pl* Sodbrennen *nt* **'heart dis·ease** *n* Herzkrankheit *f*

heart·en·ing ['hɑ:t(ə)nɪŋ] *adj* ermutigend

'heart fail·ure *n no pl* Herzversagen *nt*

'heart·felt *adj* (*strongly felt*) tief empfunden; (*sincere*) aufrichtig

hearth [hɑ:θ] *n* Kamin *m*

'heart-healthy *adj* **~ fats** Fette, die gut für das Herz sind

'hearth-rug *n* Kaminvorleger *m*

hearti·ly ['hɑ:tɪli] *adv* ❶ (*enthusiastically*) herzlich; **to applaud ~** begeistert applaudieren; **to eat ~** herzhaft zugreifen ❷ (*extremely*) von [ganzem] Herzen

heart·land ['hɑ:tlænd] *n of region* Kerngebiet *nt; of support* Hochburg *f*

heart·less ['hɑ:tləs] *adj* herzlos **'heart mur·mur** *n* Herzgeräusch[e] *nt*[*pl*] **'heart·rend·ing** *adj* herzzerreißend **'heart·search·ing** *n no pl* Gewissenserforschung *f* **'heart·strings** *npl* **to tug at sb's ~** jdm ans Herz gehen **'heart·throb** *n* (*fam*) Schwarm *m* **heart-to-'heart I.** *adj* [ganz] offen **II.** *n* **to have a ~** sich aussprechen **'heart trans·plant** *n* Herztransplantation *f* **'heart·warm·ing** *adj* herzerfreuend

hearty ['hɑ:ti] *adj* ❶ (*warm*) herzlich ❷ (*large*) *breakfast* herzhaft, kräftig; *appetite* gesund ❸ (*strong*) kräftig ❹ (*unreserved*) uneingeschränkt; **to have a ~ dislike for sb/sth** gegen jdn/etw eine tiefe Abneigung empfinden

heat [hi:t] **I.** *n* ❶ *no pl* (*warmth*) Wärme *f*; (*high temperature*) Hitze *f*; **to cook sth on a high/low ~** etw bei starker/schwacher Hitze kochen ❷ *no pl* PHYS [Körper]wärme *f* ❸ *no pl* (*fig*) **in the ~ of the moment** in der Hitze des Gefechts; **the ~ is on** es weht ein scharfer Wind ❹ SPORTS Vorlauf *m* ❺ *no pl* ZOOL Brunst *f*; *of deer* Brunft *f*; *of dogs, cats* Läufigkeit *f*; *of horses* Rossen *nt*; **~ on** [*or* AM **in**] ~ brünstig; *deer* brunftig; *cat* rollig; *dog* läufig; *horse* rossig ▶ **if you can't stand the ~, get out of the kitchen** (*prov*) wenn es dir zu viel wird, dann lass es lieber sein **II.** *vt* erhitzen [*o* heiß machen]; *food* aufwärmen; *house, room* heizen; *pool* beheizen **III.** *vi* warm werden ◆ **heat up I.** *vt* heiß machen; *food* aufwärmen; *house, room* [auf]heizen **II.** *vi room* warm werden; *engine* warm laufen; (*fig*) *discussion* sich erhitzen

heat·ed ['hi:tɪd] *adj* ❶ (*emotional*) hitzig; *discussion* heftig; **to get ~ about sth** sich über etw *akk* aufregen ❷ (*warm*) erhitzt; *room* geheizt; *pool, seats* beheizt

heat·ed·ly ['hi:tɪdli] *adv* hitzig; *discuss* heftig

heat·er ['hi:tə'] *n* [Heiz]ofen *m*, Heizgerät *nt*; (*in car*) Heizung *f*; *water* ~ Boiler *m*

'heat gauge *n* Temperaturanzeiger *m*

heath [hi:θ] *n* Heide *f*

hea·then ['hi:ðən] **I.** *n* Heide, Heidin *m, f* **II.** *adj* heidnisch

heath·er ['heðə'] *n* Heidekraut *nt*

heat·ing ['hi:tɪŋ] *n no pl* ❶ (*action*) Heizen *nt*; *of room, house* [Be]heizen *nt*; *of substances* Erwärmen *nt*; PHYS Erwärmung *f* ❷ (*appliance*) Heizung *f*; **~ engineer** Heizungsmonteur(in) *m(f)*

'heat pump *n* Wärmepumpe *f* **'heat rash** *n* Hitzeausschlag *m* **'heat-re·sist·ant** *adj*, **'heat-re·sist·ing** *adj* hitzebeständig; *ovenware* feuerfest **'heat-seek·ing** *adj* MIL wärmesuchend **'heat shield** *n* Hitzeschild *m* **'heat stroke** *n* Hitzschlag *m* **'heat treat·ment** *n* Wärmebehandlung *f* **'heat-wave** *n* Hitzewelle *f*

heave [hi:v] **I.** *n* Ruck *m* **II.** *vt* ❶ (*move*) [hoch]hieven ❷ (*utter*) *sigh* ausstoßen ❸ (*fam: throw*) werfen (**at** nach) **III.** *vi* ❶ (*pull*) hieven ❷ (*move*) sich heben und senken; *ship* schwanken; *sea, chest* wogen ❸ (*vomit*) würgen; *stomach* sich umdrehen ◆ **heave to** *vi* NAUT beidrehen

heav·en ['hevən] *n no pl* Himmel *m a. fig*; **it's ~!** (*fam*) es ist himmlisch!; **in seventh ~** im siebten Himmel; **to go to ~** in den Himmel kommen; **the ~s opened** der Himmel öffnete seine Schleusen ▶ **what/why in ~'s name …?** was/warum in Gottes Namen …?; **for ~'s sake!** um Himmels willen!; **good ~s!** du lieber Himmel!; **to stink to high ~** zum Himmel stinken; **~ forbid!** Gott bewahre!; **~ help us!** der Himmel steh uns bei!; **thank ~s!** Gott sei Dank!; **~s above!** du lieber Himmel!

heav·en·ly ['hevənli] *adj* himmlisch **'heaven-sent** *adj* vom Himmel gesandt

heavi·ly ['hevɪli] *adv* ❶ (*to great degree*) stark; **~ armed/guarded** schwer bewaffnet/bewacht; **~ populated** dicht besiedelt; **to gamble ~** leidenschaftlich spielen; **to invest ~** groß investieren; **to sleep ~** tief schlafen ❷ (*with weight*) schwer; *move* schwerfällig; **~ built** kräftig gebaut ❸ (*severely*) schwer; **to rain/snow ~** stark regnen/schneien ❹ (*with difficulty*) schwer

heavy ['hevi] **I.** *adj* ❶ (*weighty*) schwer *a. fig*; *fine* hoch; **~ with child** (*liter*) schwanger ❷ (*intense*) *accent, bleeding, frost, rain, snowfall* stark; **to be under ~ fire** MIL unter schwerem Beschuss stehen ❸ (*excessive*) *drinker, smoker* stark ❹ (*fig: oppressive*) drückend; *weather* schwül ❺ (*difficult*) schwierig; *breathing* schwer; **~ going** Schinderei *f*; **the book is rather ~ going** das Buch ist schwer zu lesen ❻ (*dense*) *beard* dicht; (*thick*) *coat* dick; *cloud[s]* schwer; *schedule* voll; *traffic* stark ❼ (*not delicate*) *features* grob ❽ (*strict*) streng ▶ **with a ~ heart** schweren Herzens; **to make a ~ weather of sth** etw unnötig kompliziert machen **II.** *n* ❶ (*sl: thug*) Schläger[typ] *m* ❷ THEAT Schurke, Schurkin *m, f*

heavy-'duty *adj* robust; *clothes* strapazierfähig **heavy 'go·ing** *n* ■ **to be ~** schwierig sein **heavy 'goods ve·hi·cle** *n* Lastkraftwagen *m* **heavy-'hand·ed** *adj* ungeschickt **heavy-'heart·ed** *adj* bedrückt **heavy-'hit·ting** *adj report, newspaper article* ernst zu nehmen, einflußreich; *role, play* stark **heavy 'in·dus·try** *n no pl* Schwerindustrie *f* **heavy 'met·al** *n* ❶ (*metal*) Schwermetall *nt* ❷ (*music*) Heavymetal *m* **'heavy·weight I.** *n* SPORTS Schwergewicht *nt a. fig* **II.** *adj* ❶ SPORTS im Schwergewicht nach *n* ❷ (*weighty*) schwer ❸ (*fig: important*) *person* prominent; *report* ernst zu nehmen

He·brew ['hi:bru:] **I.** *n* ❶ (*person*) Hebräer(in) *m(f)* ❷ *no pl* (*language*) Hebräisch *nt* **II.** *adj* hebräisch

Heb·ri·des ['hebrɪdi:z] *npl* ■ **the ~** die Hebriden *pl*

heck [hek] *interj* (*euph sl*) Mist!; **where the ~ have you been?** wo, zum Teufel, bist du gewesen?; **it's a ~ of a walk from here** es ist ein verdammt langer Weg von hier aus; **what the ~!** wen kümmert's!

heck·le ['hekl] **I.** vi dazwischenrufen **II.** vt ■ **to ~ sb** jdn durch Zwischenrufe stören
heck·ler ['heklə^r] n Zwischenrufer(in) m/f
hec·tare ['hekteə^r, -tɑː^r] n Hektar m o nt
hec·tic ['hektɪk] adj hektisch
he'd [hiːd] = **he had/he would** see **have I, II, would**
hedge [hedʒ] **I.** n ❶ BOT Hecke f ❷ (fig) Schutzwall m; FIN Absicherung f **II.** vt **to ~ one's bets** nicht alles auf eine Karte setzen **III.** vi ❶ (avoid) ausweichen ❷ FIN sich absichern
'hedge·hog n Igel m **'hedge·row** n Hecke f, Knick m NORDD
hee·bie-jee·bies [ˌhiːbiˈdʒiːbiz] npl **to get the ~** Zustände kriegen; **to give sb the ~** jdm eine Gänsehaut machen
heed [hiːd] (form) **I.** vt beachten **II.** n no pl Beachtung f; **to pay ~ to** [or **take ~ of**] **sth** auf etw akk achten
heed·ful ['hiːdfəl] adj (form) achtsam; ■ **to be ~ of sb/sth** jdn/etw beachten **heed·less** ['hiːdləs] adj (form) achtlos; ■ **to be ~ of sth** etw nicht beachten; **~ of dangers** ungeachtet der Gefahren
heel [hiːl] **I.** n ❶ ANAT Ferse f; **~ of the hand** Handballen m ❷ of shoe Absatz m; of sock Ferse f; **~·bar** Absatzschnelldienst m; **~·s** pl Stöckelschuhe pl; **to turn on one's ~** auf dem Absatz kehrtmachen ▸ **to be hard** [or **hot**] **on sb's ~s** jdm dicht auf den Fersen sein; **down at ~** heruntergekommen; **to dig one's ~s in** sich auf die Hinterbeine stellen; **to kick** [or **cool**] **one's ~s** (wait) sich dat die Beine in den Bauch stehen; (do nothing) Däumchen drehen **II.** interj ■ **~!** bei Fuß! **III.** vt ❶ a shoe einen neuen Absatz machen ❷ (in rugby) hakeln ▸ **well ~ed** gut betucht
hefty ['hefti] adj ❶ (strong) kräftig ❷ (large) mächtig; **~ workload** hohe Arbeitsbelastung ❸ (considerable) deutlich, saftig fam; **~ price rise** deutliche Preiserhöhung
heif·er ['hefə^r] n Färse f
height [haɪt] n ❶ (top to bottom) Höhe f; of a person [Körper]größe f; **at chest ~** in Brusthöhe; **to be 6 metres in ~** 6 Meter hoch sein ❷ (high places) ■ **~s** pl Höhen pl; **fear of ~s** Höhenangst f ❸ (fig) Höhepunkt m; **the ~ of bad manners** der Gipfel der Unverschämtheit; **at the ~ of one's power** auf dem Gipfel seiner Macht; **at the ~ of summer** im Hochsommer
height·en ['haɪtən] vt verstärken; tension steigern
heir [eə^r] n Erbe, Erbin m, f; **~ to the throne** Thronfolger(in) m/f
heir·ess <pl -es> ['eərəs] n Erbin f **heir·loom** ['eəluːm] n Erbstück nt

heist [haɪst] n AM (fam) Raub[überfall] m
held [held] vt, vi pt, pp of **hold**
heli·cop·ter ['helɪkɒptə^r] **I.** n Hubschrauber m **II.** vt mit dem Hubschrauber transportieren
heli·pad ['heli-] n Hubschrauberlandeplatz m
'heli·port n Heliport m, Hubschrauberlandeplatz m
he·lium ['hiːliəm] n no pl Helium nt
hell [hel] **I.** n no pl ❶ (not heaven) Hölle f; **to go to ~** in die Hölle kommen ❷ (fig fam) **to ~ with it!** ich hab's satt!; **to ~ with you!** du kannst mich mal!; **to make sb's life ~** jdm das Leben zur Hölle machen; **to not have a hope in ~** nicht die leiseste Hoffnung haben; **to beat the ~ out of sb** jdn windelweich prügeln; **to go through ~** durch die Hölle gehen; **to raise ~** einen Höllenlärm machen; **to scare the ~ out of sb** jdn zu Tode erschrecken ❸ (fam: for emphasis) **he's one ~ of a guy!** er ist echt total in Ordnung!; **they had a ~ of a time** (negative) es war die Hölle für sie; (positive) sie hatten einen Heidenspaß; **a ~ of a lot** verdammt viel; **a ~ of a performance** eine Superleistung; **as cold as ~** saukalt; **as hard as ~** verflucht hart; **as hot as ~** verdammt heiß ▸ **come ~ or high water** komme, was wolle; **all ~ breaks loose** die Hölle ist los; **to give sb ~** (scold) jdm die Hölle heiß machen; (make life unbearable) jdm das Leben zur Hölle machen; **go to ~!** scher dich zum Teufel!; **to have ~ to pay** jede Menge Ärger haben; **to do sth for the ~ of it** etw aus reinem Vergnügen machen; **like ~** wie verrückt **II.** interj **what the ~ are you doing?** was zum Teufel machst du da?; **get the ~ out of here, will you?** mach, dass du rauskommst!; **oh ~!** Scheiße! sl; **~ no!** bloß nicht! ▸ **like ~!** nie im Leben!; **~ you do!** AM einen Dreck tust du!; **what the ~!** was soll's!
he'll [hiːl] = **he will/he shall** see **will, shall**
'hell-bent adj fest entschlossen **'hell·fire** n no pl Höllenfeuer nt **hell·ish** ['helɪʃ] **I.** adj höllisch a. fig; cold, heat mörderisch; day grässlich; experience schrecklich **II.** adv BRIT (fam) verdammt **hell·ish·ly** ['helɪʃli] adv (fam) ❶ (dreadfully) höllisch ❷ (extremely) verdammt
hel·lo [heˈləʊ] **I.** n Hallo nt; **to say ~ to sb** jdn [be]grüßen **II.** interj hallo!
helm [helm] n Ruder nt a. fig
hel·met ['helmət] n Helm m
helms·man n Steuermann, -frau m, f
help [help] **I.** n no pl Hilfe f; (financial) Unterstützung f; **can I be of ~?** kann ich [Ihnen]

irgendwie helfen?; **a great ~ you are!** (*iron*) eine tolle Hilfe bist du!; **to cry for ~** nach Hilfe schreien; **sb/sth is beyond ~** jdm/etw ist nicht mehr zu helfen **II.** *interj* ■ **~!** Hilfe! **III.** *vi* helfen (**with** bei); **is there any way that I can ~?** kann ich Ihnen irgendwie behilflich sein? **IV.** *vt* ❶ (*assist*) ■ **to ~ sb** jdm helfen; **her local knowledge ~ed her** ihre Ortskenntnisse haben ihr genützt SÜDD [*o* NORDD genutzt]; **can I ~ you?** (*in shop*) kann ich Ihnen behilflich sein?; **nothing can ~ her now** ihr ist nicht mehr zu helfen; **so ~ me God** so wahr mir Gott helfe; **to ~ sb into a taxi** jdm in ein Taxi helfen; **to ~ sb through a difficult time** jdm eine schwierige Zeit hinweghelfen; ■ **to ~ sb with sth** jdm bei etw *dat* helfen ❷ (*improve*) verbessern; (*alleviate*) lindern ❸ (*contribute*) ■ **to ~ sth** zu etw *dat* beitragen ❹ (*prevent*) **I can't ~ it!** ich kann nichts dagegen machen!; **he can't ~ his looks** er kann nichts für sein Aussehen; **I can't ~ thinking that ...** ich denke einfach, dass ...; **she couldn't ~ wondering whether ...** sie musste sich wirklich fragen, ob ...; **not if I can ~ it** nicht, wenn es sich irgendwie verhindern lässt; ■ **sth can't be ~ed** etw ist nicht zu ändern ❺ (*take*) ■ **to ~ oneself** sich bedienen; ■ **to ~ oneself to sth** sich *dat* etw nehmen; *thief* sich an etw *dat* bedienen ❻ (*form: give*) ■ **to ~ sb to sth** jdm etw reichen ▶ **God ~s those who ~ themselves** (*prov*) hilf dir selbst, dann hilft dir Gott **V.** *adj* Hilfe- ◆ **help along** *vt* ■ **to ~ along** ⭕ **sb** jdm [auf die Sprünge] helfen; ■ **to ~ along** ⭕ **sth** etw vorantreiben ◆ **help off** *vt* ■ **to ~ sb off with sth** jdm helfen, etw auszuziehen; *coat* jdm aus etw *dat* helfen ◆ **help on** *vt* ■ **to ~ sb on with sth** jdm helfen, etw anzuziehen; *coat* jdm in etw *akk* helfen ◆ **help out I.** *vt* ■ **to ~ out** ⭕ **sb** jdm [aus]helfen **II.** *vi* aushelfen; ■ **to ~ out with sth** bei etw helfen ◆ **help up** *vt* ■ **to ~ up** ⭕ **sb** jdm aufhelfen

help·er ['helpəʳ] *n* Helfer(in) *m(f)*; (*assistant*) Gehilfe, Gehilfin *m, f* **help·ful** ['helpᵊl] *adj person* hilfsbereit; *tool, suggestion* hilfreich; **to be ~ [to sb]** [jdm] helfen; **I was only trying to be ~** ich wollte nur helfen **help·ing** ['helpɪŋ] **I.** *n of food* Portion *f*; **to take a second** [*or* another] **~** sich *dat* noch einmal nehmen **II.** *adj* hilfreich; **to give** [*or* lend] **sb a ~ hand** jdm helfen **help·less** ['helpləs] *adj* hilflos; (*powerless*) machtlos; **to be ~ with laughter** sich vor Lachen kaum noch halten können **'help·line** *n* Notruf *m*

helter-skelter [ˌheltəˈskeltəʳ] **I.** *adj* hektisch **II.** *adv* Hals über Kopf **III.** *n* BRIT (*at funfair*) spiralförmige Rutsche

hem [hem] **I.** *n* Saum *m*; **to let the ~ down** den Saum herauslassen; **to take the ~ up** den Saum aufnehmen **II.** *vt* <-mm-> säumen ◆ **hem in** *vt* ❶ (*surround*) umgeben ❷ (*fig*) einengen; **to feel ~med in** sich eingeengt fühlen

'he-man *n* (*fam*) Heman *m*
hemi·sphere ['hemɪsfɪəʳ] *n* ❶ GEOG, ASTRON [Erd]halbkugel *f* ❷ MED Gehirnhälfte *f*
hem·line ['hemlaɪn] *n* [Kleider]saum *m*; **~s are up/down** die Röcke sind kurz/lang
hemo·phili·ac *n*, *vi* AM *see* **haemophiliac**
hem·or·rhage *n, vi* AM *see* **haemorrhage**
hem·or·rhoids *n* AM *see* **haemorrhoids**
hemp [hemp] *n no pl* Hanf *m*
hen [hen] *n* ❶ ZOOL Henne *f*, Huhn *nt* ❷ SCOT (*fam: to a woman*) Hasi *nt*
hence [hen(t)s] *adv* ❶ *after n* (*from now*) von jetzt an; **four weeks ~** in vier Wochen ❷ (*therefore*) daher ❸ (*old: from here*) von hinnen; **get thee ~!** hinweg mit dir!
hence·forth [ˌhen(t)sˈfɔːθ] *adv*, **hence·for·ward** [ˌhen(t)sˈfɔːwəd] *adv* (*form*) von nun an
hench·man ['hen(t)ʃmən] *n* Handlanger *m*
'hen·coop *n*, **'hen·house** *n* Hühnerstall *m*
hen·na ['henə] **I.** *n* Henna *f o nt* **II.** *vt* **to ~ one's hair** sich *dat* die Haare mit Henna färben
'hen night *n* Party am Abend vor der Hochzeit für die Braut und ihre Freundinnen
'hen-pecked *adj* **~ husband** Pantoffelheld *m*; ■ **to be ~** unter dem Pantoffel stehen
hepa·ti·tis [ˌhepəˈtaɪtɪs] *n no pl* Leberentzündung *f*
hep·tath·lon [hepˈtæθlɒn] *n* Siebenkampf *m*
her [hɜːʳ, həʳ] **I.** *pron pers* sie *in akk*, ihr *in dat*; **it is/was ~** sie ist's/war's **II.** *adj poss* ihr(e, n); (*ship, country, boat, car*) sein(e, n); **what's ~ name?** wie heißt sie?; **the boat sank with all ~ crew** das Boot sank mit seiner ganzen Mannschaft **III.** *n* (*fam*) Sie *f*; **is it a him or a ~?** ist es ein Er oder eine Sie?
her·ald ['herəld] **I.** *n* (*messenger*) Bote, Botin *m, f*; (*newspaper*) Bote *m* **II.** *vt* (*form*) ankündigen; **much ~ed** viel gepriesen
her·al·dic [hɪˈrældɪk] *adj* Wappen-
her·ald·ry ['herᵊldri] *n no pl* Wappenkunde *f*
herb [hɜːb] *n* [Gewürz]kraut *nt meist pl*; (*for medicine*) [Heil]kraut *nt meist pl*; **~ garden** Kräutergarten *m*
herb·al ['hɜːbᵊl] *adj* Kräuter- **herb·al·ist** ['hɜːbᵊlɪst] *n* (*dealer*) Kräuterhändler(in) *m(f)*; (*healer*) Kräuterheilkundige(r) *f(m)*
herbi·cide ['hɜːbɪsaɪd] *n* Unkrautvertilgungsmittel *nt*
her·bivo·rous [hɜːˈbɪvᵊrəs] *adj* Pflanzen

fressend

Her·cu·lean [ˌhɜːkjəˈliːən] *adj* übermenschlich; ~ **task** Herkulesarbeit *f*

Hercules [ˈhɜːkjəliːz] *n* Herkules *m a. fig*

herd [hɜːd] **I.** *n* + *sing/pl vb* ❶ (*group of animals*) Herde *f*; *of wild animals* Rudel *nt*; **a ~ of cattle** eine Viehherde ❷ (*pej: group of people*) Herde *f*, Masse *f* **II.** *vt* treiben
▸ **herd together I.** *vt animals* zusammentreiben; *people* zusammenpferchen **II.** *vi* sich zusammendrängen

ˈherd in·stinct *n* Herdentrieb *m* **ˈherdsman** *n* Hirt[e] *m*

here [hɪə] **I.** *adv* hier; (*with movement*) hierher, hierhin; **come ~!** komm [hier]her!; **give it ~!** (*fam*) gib mal her!; **~ you are!** (*presenting*) bitte schön!; (*finding*) hier bist du!; **~ I am!** hier bin ich!; **~ they are!** da sind sie!; **Christmas is finally ~** endlich ist es Weihnachten; **~ comes the train** da kommt der Zug; **~ goes!** (*fam*) los geht's!; **~ we go!** jetzt geht's los!; **~ we go again!** jetzt geht das schon wieder los!; **~'s to the future!** auf die Zukunft!; **~'s to you!** auf Ihr/dein Wohl!; **~ and now** [jetzt] sofort; **from ~ on in** von jetzt an **II.** *interj* ■ ~! he!; **~, ...** na komm, ...

here·ˈaf·ter (*form*) **I.** *adv* im Folgenden **II.** *n* Jenseits *nt* **ˈhere·by** *adv* (*form*) hiermit

he·redi·tary [hɪˈredɪtᵊri] *adj* erblich; *disease* angeboren; *succession* gesetzlich; *title* vererbbar; **~ monarchy** Erbmonarchie *f*

he·red·ity [hɪˈredəti] *n no pl* (*transmission of characteristics*) Vererbung *f*; (*genetic make-up*) Erbgut *nt*

ˈhere·in *adv* (*form*) hierin **here·ˈof** *adv* (*form*) hiervon

her·esy [ˈherəsi] *n* Ketzerei *f*

her·etic [ˈherətɪk] *n* Ketzer(in) *m(f)*

he·ret·ical [həˈretɪkᵊl] *adj* ketzerisch

here·uˈpon *adv* (*form*) hierauf **here·ˈwith** *adv* (*form*) anbei, hiermit; **enclosed ~** beiliegend

her·it·age [ˈherɪtɪdʒ] *n no pl* Erbe *nt*

her·maph·ro·dite [hɜːˈmæfrədaɪt] *n* Zwitter *m*

her·met·ical·ly [hɜːˈmetɪkᵊli] *adv* hermetisch

her·mit [ˈhɜːmɪt] *n* Eremit(in) *m(f) a. fig*, Einsiedler(in) *m(f) a. fig*

her·mit·age [ˈhɜːmɪtɪdʒ] *n* Einsiedelei *f* **ˈher·mit crab** *n* Einsiedlerkrebs *m*

her·nia <*pl* -s *or* -niae> [ˈhɜːniə, *pl* -niːɪ] *n* MED Bruch *m*

hero <*pl* -es> [ˈhɪərəʊ] *n* Held *m*; **to die a ~'s death** den Heldentod sterben

he·ro·ic [hɪˈrəʊɪk] **I.** *adj* ❶ (*brave*) heldenhaft; *attempt* kühn; **~ deed** Heldentat *f* ❷ LIT heroisch **II.** *n* ■ **~s** *pl* Heldentaten *pl*

hero·in [ˈherəʊɪn] *n no pl* Heroin *nt*; **~ addict** Heroinsüchtige(r) *f(m)*

hero·ine [ˈherəʊɪn] *n* Heldin *f* **hero·ism** [ˈherəʊɪzᵊm] *n no pl* Heldentum *nt*; **act of ~** heldenhafte Tat

her·on <*pl* -s *or* -> [ˈherᵊn] *n* Reiher *m*

her·pes [ˈhɜːpiːz] *n no pl* MED Herpes *m*

her·ring <*pl* -s *or* -> [ˈherɪŋ] *n* Hering *m*; **~ gull** Silbermöwe *f*

ˈher·ring·bone *n no pl* ❶ (*pattern*) Fischgrätenmuster *nt* ❷ SKI Grätenschritt *m*

hers [hɜːz] *pron pers* (*of person's/animal's*) ihre(r, s); **that's a favourite game of ~** das ist eines ihrer Lieblingsspiele; **a good friend of ~** eine gute Freundin von ihr

her·self [həˈself] *pron reflexive* ❶ *after vb, prep* sich *in dat o akk* ❷ (*emph: personally*) selbst; **she told me ~** sie hat es mir selbst erzählt ❸ (*alone*) [**all**] **by ~** ganz alleine ❹ (*normal*) **to be ~** sie selbst sein

he's [hiːz] = **he is/he has** *see* **be, have I, II**

hesi·tant [ˈhezɪtᵊnt] *adj person* unschlüssig; *reaction, answer, smile* zögernd; *speech* stockend; ■ **to be ~ to do** [*or* **about doing**] **sth** zögern, etw zu tun

hesi·tant·ly [ˈhezɪtᵊntli] *adv act* unentschlossen; *smile* zögernd; *speak* stockend

hesi·tate [ˈhezɪteɪt] *vi* ❶ (*wait*) zögern; **he ~s at nothing** er schreckt vor nichts zurück; **don't ~ to call me** ruf mich einfach an ❷ (*falter*) stocken ▸ **he who ~s is lost** (*prov*) man muss das Glück beim Schopfe packen

hesi·ta·tion [ˌhezɪˈteɪʃᵊn] *n no pl* (*indecision*) Zögern *nt*, Unentschlossenheit *f*; (*reluctance*) Bedenken *pl*; **without** [**the slightest**] **~** (*indecision*) ohne [einen Augenblick] zu zögern; (*reluctance*) ohne [den geringsten] Zweifel

het·ero·ge·neous [ˌhetᵊrə(ʊ)ˈdʒiːniəs] *adj* uneinheitlich

het·ero·sex·ual [ˌhetᵊrə(ʊ)ˈsekʃuᵊl] **I.** *adj* heterosexuell **II.** *n* Heterosexuelle(r) *f(m)*

het up [ˌhetˈʌp] *adj* (*fam*) aufgeregt; ■ **to get ~ up about sth** sich über etw *akk* aufregen

hexa·gon [ˈheksəgən] *n* Sechseck *nt*

hex·ag·on·al [hekˈsægᵊnᵊl] *adj* sechseckig

hey [heɪ] *interj* (*fam*) he!

hey·day [ˈheɪdeɪ] *n usu sing* Glanzzeit *f*

hey ˈpres·to *interj* BRIT, AUS (*fam*) simsalabim!

HGV [ˌeɪtʃdʒiːˈviː] *n* BRIT *abbrev of* **heavy goods vehicle** LKW *m*

hi [haɪ] *interj* (*fam*) hallo!

hi·ber·nate [ˈhaɪbəneɪt] *vi* Winterschlaf halten

hi·ber·na·tion [ˌhaɪbəˈneɪʃᵊn] *n no pl* Winterschlaf *m*; **to go into ~** in den Winterschlaf

hesitating	
hesitating	**zögern**
I'm not sure.	Ich weiß nicht so recht.
It's still hard to say whether or not I can accept your offer.	Ich kann Ihnen noch nicht sagen, ob ich Ihr Angebot annehmen werde.
I still have to think about it.	Ich muss darüber noch nachdenken.
I'm sorry, I can't accept yet.	Ich kann Ihnen leider noch nicht zusagen.

verfallen

hic·cup ['hɪkʌp] **I.** n ❶ (*sound, attack*) Schluckauf m; **to give a ~** schlucksen; **to have the ~s** einen Schluckauf haben ❷ (*fig: setback*) Schwierigkeit f meist pl **II.** vi schlucksen

hid [hɪd] vt pt of **hide**

hid·den ['hɪdən] **I.** vt pp of **hide II.** adj versteckt; *agenda* heimlich; *reserves* still; *talent* verborgen

hide[1] [haɪd] n (*skin*) Haut f a. fig; (*with fur*) Fell nt; (*leather*) Leder nt ▶ **I've seen neither ~ nor hair of her** ich habe keine Spur von ihr gesehen

hide[2] [haɪd] **I.** n BRIT, AUS Versteck nt; HUNT Ansitz m **II.** vt <hid, hidden> ❶ (*keep out of sight*) verstecken (**from** vor); (*cover*) verhüllen ❷ (*keep secret*) *emotions* verbergen (**from** vor); *facts* verheimlichen (**from** vor) ❸ (*block*) verdecken; **to be hidden from view** nicht zu sehen sein **III.** vi <hid, hidden> sich verstecken (**from** vor) ♦ **hide away I.** vt verstecken **II.** vi sich verstecken ♦ **hide out, hide up** vi sich versteckt halten

'hide-and-seek n no pl Versteckspiel nt; **to play ~** Verstecken spielen **'hide·away** n (*fam*) Versteck nt a. fig

hide·ous ['hɪdɪəs] adj ❶ (*ugly*) grässlich, scheußlich ❷ (*terrible*) schrecklich, furchtbar

'hide-out n Versteck nt

hid·ing[1] ['haɪdɪŋ] n usu sing ❶ (*fam: beating*) Tracht f Prügel; **to give sb a good ~** jdm eine ordentliche Tracht Prügel verpassen ❷ (*fam: defeat*) Schlappe f; **to get a real ~** eine schwere Schlappe einstecken ▶ **to be on a ~ to nothing** BRIT kaum Aussicht auf Erfolg haben

hid·ing[2] ['haɪdɪŋ] n no pl (*concealment*) **to be in ~** sich versteckt halten; **to come out of ~** aus seinem Versteck hervorkommen; **to go into ~** untertauchen

hi·er·ar·chy ['haɪ(ə)rɑːki] n Hierarchie f

hi·ero·glyph ['haɪ(ə)rə(ʊ)glɪf] n Hieroglyphe f

hi·ero·glyph·ic [ˌhaɪ(ə)rə(ʊ)'glɪfɪk] n usu pl ■ **~s** Hieroglyphen pl

hi-fi [ˌhaɪ'faɪ] **I.** n short for **high fidelity** Hi-Fi-Anlage f **II.** adj short for **high-fidelity** Hi-Fi-

hig·gledy-pig·gle·dy [ˌhɪgldi'pɪgldi] adj, adv (*fam*) wie Kraut und Rüben

high [haɪ] **I.** adj ❶ hoch präd, hohe(r, s) attr; **to fly at a ~ altitude** in großer Höhe fliegen; **~ in calories** kalorienreich; **to be ~ in calcium** viel Kalzium enthalten; **a ~ level of concentration** hohe Konzentration; **to have ~ hopes** sich dat große Hoffnungen machen; **~ marks** gute Noten; **a ~-scoring match** ein Match nt mit vielen Treffern; **friends in ~ places** wichtige Freunde; **of ~ rank** hochrangig; **at ~ speed** mit hoher Geschwindigkeit; **~ wind** starker Wind; **~ and mighty** (*pej*) herablassend ❷ (*on drugs*) high ❸ FOOD *game* mit Hautgout ▶ **to leave sb ~ and dry** jdn auf dem Trockenen sitzen lassen; **~ time** höchste Zeit **II.** adv hoch; (*fig*) *feelings were running* ~ die Gemüter erhitzten sich ▶ **~ and low** überall **III.** n ❶ (*high[est] point*) Höchststand m ❷ METEO Hoch nt ❸ (*exhilaration*) **~s and lows** Höhen und Tiefen pl; **to be on a ~** high sein

high 'beams npl AM AUTO Fernlicht nt **'high·boy** n AM hohe Kommode **'high·brow** adj hochgeistig **'high chair** n Hochstuhl m **'high-class** adj erstklassig; *product* hochwertig **'high court** n oberstes Gericht

high 'den·si·ty adj ❶ COMPUT mit hoher Dichte; **~ disk** HD-Diskette f ❷ (*closely packed*) kompakt; **~ housing** dicht bebautes Wohngebiet

high·er edu·ca·tion n no pl (*training*) Hochschulbildung f; (*system*) Hochschulwesen nt

high·'fli·er n Überflieger(in) m(f) **high-'flown** adj hochtrabend **high 'fre·quen·cy** n Hochfrequenz f **high-'hand·ed** adj selbstherrlich **high-'hand·ed·ness** *n no pl* Selbstherrlichkeit *f* **high 'heels** *npl* ❶ *(shoes)* hochhackige Schuhe ❷ *(part of a shoe)* hohe Absätze **'high jinks** *npl* Ausgelassenheit *f kein pl* **'high jump** *n no pl* Hochsprung *m* ▸ **to be for the ~** BRIT in Teufels Küche kommen

High·land 'dress schottische Tracht

high·lands ['haɪləndz] *npl* Hochland *nt kein pl*

'high-lev·el *adj* auf höchster Ebene **nach** *n*

'high life *n* exklusives Leben; **to live the ~** in Saus und Braus leben **'high·light I.** *n* ❶ *(best part)* Höhepunkt *m* ❷ *(in hair)* ▪ **~s** *pl* Strähnchen *pl* **II.** *vt* ❶ *(draw attention to)* hervorheben, unterstreichen; *text* markieren ❷ *(dye)* **to have one's hair ~ed** sich *dat* Strähnchen machen lassen **'high·light·er** *n* ❶ *(pen)* Textmarker *m* ❷ *(cosmetics)* Highlighter *m*

high·ly ['haɪli] *adv* hoch-; **~ amusing** ausgesprochen amüsant; **~ contagious** hoch ansteckend; **~-educated** hoch gebildet; **~-skilled** hoch qualifiziert; **~-strung** nervös; **to speak ~ of someone** von jdm in den höchsten Tönen sprechen; **to think ~ of someone** eine hohe Meinung von jdm haben

High 'Mass *n* Hochamt *nt*

High·ness ['haɪnəs] *n* ▪ **Her/His/Your ~** Ihre/Seine/Eure Hoheit

high-per·'for·mance *adj* Hochleistungs-

high-'pitched *adj* ❶ *voice* hoch ❷ *roof* steil

'high point *n* Höhepunkt *m* **high-'pow·ered** *adj* ❶ *machine* Hochleistungs-; *car* stark; *computer* leistungsstark ❷ *(influential)* einflussreich; *delegation* hochrangig ❸ *(advanced)* anspruchsvoll **high-'pres·sure I.** *n no pl* METEO Hochdruck *m* **II.** *adj* ❶ TECH Hochdruck- ❷ ECON **~ sales techniques** aggressive Verkaufstechniken **III.** *vt* AM unter Druck setzen **high 'priest** *n* REL Hohe(r) Priester *m*; *(fig)* Doyen *m* **high 'pro·file I.** *n* **to have a ~** gerne im Rampenlicht stehen **II.** *adj* **she's a ~ politician** sie ist eine Politikerin, die im Rampenlicht steht **high-'protein** *adj* eiweißreich **high-'rank·ing** *adj* hochrangig **high-reso·'lu·tion** *adj* mit hoher Auflösung

'high-rise *n* Hochhaus *nt*

high-rise 'build·ing *n*, **high-rise 'flats** *npl* BRIT Hochhaus *nt*

high-'risk *adj* hochriskant; **to be in a ~ category** einer Risikokategorie angehören

'high school *n* Highschool *f* **high 'seas** *npl* hohe See; **on the ~** auf hoher See **high 'sea·son** *n* Hochsaison *f* **'high-sound·ing** *adj* hochtrabend **high-speed 'train** *n* Hochgeschwindigkeitszug *m* **high-'spir·it**-

ed *adj* ausgelassen; *horse* temperamentvoll **high 'spir·its** *npl* Hochstimmung *f kein pl* **'high spot** *n* Höhepunkt *m* **'high street** *n* BRIT Haupt[einkaufs]straße *f* **high 'sum·mer** *n no pl* Hochsommer *m*

'high-tail *vi, vt esp* AM *(fam)* **to ~ [it]** abhauen

high 'tea *n* BRIT frühes Abendessen bestehend aus einem gekochten Essen, Brot und Tee

high-'tech *adj* Hightech- **high tech·'nol·ogy** *n no pl* Hightech *nt*, Hochtechnologie *f* **high-'ten·sion** *adj* Hochspannungs- **high 'tide** *n no pl* Flut *f*; **at ~** bei Flut **high 'trea·son** *n no pl* Hochverrat *m* **high 'up I.** *adj* ▪ **to be ~** hoch oben in der Hierarchie stehen **II.** *n (fam)* hohes Tier **high 'wa·ter** *n no pl* Flut *f* **high-'wa·ter mark** *n* Hochwassermarke *f*

'high·way I. *n* AM, AUS Highway *m*; BRIT *(form)* Bundesstraße *f*; *coastal* **~** Küstenstraße *f* **II.** *adj* Straßen-; **~ fatalities** Verkehrstote *pl*; **~ restaurant** Autobahnrestaurant *nt*

High·way 'Code *n* BRIT Straßenverkehrsordnung *f* **'high·way·man** *n (hist)* Straßenräuber *m* **high·way 'rob·bery** *n (hist)* Straßenraub *m*

hi·jack ['haɪdʒæk] **I.** *vt* entführen; *(fig)* klauen *fam* **II.** *n* Entführung *f*

hi·jack·er ['haɪdʒækə'] *n* Entführer(in) *m(f)*

hi·jack·ing ['haɪdʒækɪŋ] *n no pl* Entführung *f*

hike [haɪk] **I.** *n* ❶ *(long walk)* Wanderung *f*; *(fam)* **that was quite a ~** das war ein ganz schöner Marsch [*o* ÖSTERR Hatscher]; **to go on a ~** wandern gehen; **to take a ~** AM *(fam)* abhauen ❷ AM *(fam: increase)* Erhöhung *f*; **~ in prices** Preiserhöhung *f* **II.** *vi* wandern **III.** *vt* AM *(fam)* erhöhen

hik·er ['haɪkə'] *n* Wanderer, Wanderin *m, f*

hik·ing ['haɪkɪŋ] *n no pl* Wandern *nt*; **to go ~** wandern gehen

hi·lar·i·ous [hɪ'leərɪəs] *adj* urkomisch, zum Brüllen

hi·lar·i·ty [hɪ'lærəti] *n no pl* Ausgelassenheit *f*; **to cause ~** Heiterkeit erregen

hill [hɪl] *n* ❶ *(small mountain)* Hügel *m*; *(higher)* Berg *m* ❷ *(slope)* Steigung *f* ▸ **as old as the ~s** steinalt; **to be over the ~** mit einem Fuß im Grab stehen

hill·bil·ly *n* AM Hinterwäldler(in) *m(f)*, Hillbilly *m* **hill·ock** ['hɪlək] *n* kleiner Hügel **'hill·side** *n* Hang *m* **'hill·top I.** *n* Hügelkuppe *f* **II.** *adj (farm)* auf einem Hügel gelegen **'hill-walk·ing** *n no pl* BRIT Bergwandern *nt*

hilly ['hɪli] *adj* hügelig

hilt [hɪlt] *n* ❶ *(handle)* Griff *m*; *of a dagger;*

sword Heft *nt* ❷ *(fig)* **|up| to the ~** hundertprozentig; **to be up to the ~ in debt** bis über beide Ohren in Schulden stecken

him [hɪm, ɪm] *pron object* ihm *in dat*, ihn *in akk;* **who? ~?** wer? der?; **I could never be as good as ~** ich könnte nie so gut sein wie er; **you have more than ~** du hast mehr als er; **that's ~ all right** das ist er in der Tat

Hi·ma·la·yas [ˌhɪməˈleɪjəz] *npl* Himalaya *m*

him·self [hɪmˈself] *pron reflexive* sich *in dat o akk;* (*emph: personally*) selbst; **the whole group, including ~** die ganze Gruppe, er eingeschlossen; **he talks to ~ when he works** er spricht bei der Arbeit mit sich [selbst]; **I told him to act naturally and be ~** ich sagte ihm, dass er natürlich bleiben und ganz er selbst sein sollte; **he finally looked ~ again** endlich sah er wieder wie er selbst aus; **|all| by ~** ganz alleine; **all to ~** ganz für sich

hind [haɪnd] **I.** *adj* hintere(r, s); **~ leg** Hinterbein *nt; of game* Hinterlauf *m* ▸ **|to be able| to talk the ~ legs off a donkey** mit Punkt und Komma reden [können] **II.** *n <pl -* or *-s>* Hirschkuh *f*

hin·der [ˈhɪndəʳ] *vt* behindern

Hin·di [ˈhɪndi] *n no pl* Hindi *nt*

ˈhind·quar·ters *npl* Hinterteil *nt; of a horse* Hinterband *f*

hin·drance [ˈhɪndrən(t)s] *n* Behinderung *f;* **I've never considered my disability a ~** ich habe meine Behinderung nie als Einschränkung empfunden; **sb is more of a ~ than a help** jd stört mehr, als dass er/sie hilft

ˈhind·sight *n no pl* **in** [*or* **with** [**the benefit of**]] **~** im Nachhinein

Hin·du [ˌhɪnˈduː] **I.** *n* Hindu *m o f* **II.** *adj* hinduistisch, Hindu-

Hin·du·ism [ˈhɪnduːɪzᵊm] *n no pl* Hinduismus *m*

hinge [hɪndʒ] **I.** *n* Angel *f; of a chest, gate* Scharnier *nt;* **to lift** [*or* **take**] **the door off its ~s** die Tür aus den Angeln heben **II.** *vi* ■ **to ~ |up|on sb/sth** von jdm/etw abhängen

hint [hɪnt] **I.** *n* ❶ *usu sing (trace)* Spur *f;* **he gave me no ~ that ...** er gab mir nicht den leisesten Wink, ob ...; **at the slightest ~ of trouble** beim leisesten Anzeichen von Ärger; **with a ~ of blue** mit einem Hauch von blau ❷ *(allusion)* Andeutung *f;* **OK, I can take a ~** OK, ich verstehe schon; **it's my birthday next week, ~, ~!** ich habe nächste Woche Geburtstag - so ein dezenter Hinweis ...; **to drop a ~** eine Andeutung machen ❸ *(advice)* Hinweis *m,* Tipp *m* **II.** *vt* ■ **to ~ that ...** andeuten, dass ... **III.** *vi* andeuten; ■ **to ~ at sth** auf etw *akk* anspielen

hip [hɪp] **I.** *n* ❶ ANAT Hüfte *f; of trousers* Hüft-

weite *f;* **she stood with her hands on her ~s** sie hatte die Arme in die Hüften gestemmt; **to dislocate a ~** sich *dat* die Hüfte ausrenken; **a 38-inch ~** mit einer Hüftweite von 96 cm ❷ BOT Hagebutte *f* **II.** *adj (fam)* hip

ˈhip·bone *n* ANAT Hüftknochen *m* **ˈhip flask** *n* Flachmann *m*

hip·pie [ˈhɪpi] *n* Hippie *m*

hip·po [ˈhɪpəʊ] *n (fam) short for* **hippopotamus**

hip·po·pot·a·mus *<pl* -es *or* -mi*>* [ˌhɪpəˈpɒtəməs] *n* Nilpferd *nt*

hip·py [ˈhɪpi] *n* Hippie *m*

hire [haɪəʳ] **I.** *n no pl* Mieten *nt;* **'for ~'** ‚zu vermieten'; **there are bikes for ~** man kann Fahrräder mieten; **car ~** [*or* **~ car**] **business** BRIT Autoverleih *m* **II.** *vt* ❶ *(rent)* mieten; *dress* ausleihen ❷ *(employ)* einstellen ◆ **hire out** *vt* vermieten; *bicycle, clothes* verleihen

hire ˈpur·chase *n* BRIT Ratenkauf *m;* **to buy something on ~** etw auf Raten kaufen

hire ˈpur·chase agree·ment *n* BRIT Teilzahlungsvertrag *m*

his [hɪz, ɪz] **I.** *pron pers* seine(r, s); **some friends of ~** einige seiner Freunde; **that dog of ~ is so annoying!** sein doofer Hund nervt total! *fam* **II.** *adj poss (of person)* sein(e); **what's ~ name?** wie heißt er?; **he got ~ very own computer** er hat seinen Computer ganz für sich alleine bekommen

His·pan·ic [hɪˈspænɪk] **I.** *adj* hispanisch **II.** *n* Hispano-Amerikaner(in) *m(f)*

hiss [hɪs] **I.** *vi* zischen; *(whisper angrily)* fauchen; ■ **to ~ at sb** jdn anfauchen **II.** *vt* ❶ *(utter)* fauchen ❷ *(disapprove of)* ■ **to ~ sb/sth** jdn/etw auszischen **III.** *n <pl* -es*>* Zischen *nt kein pl; (on tapes)* Rauschen *nt kein pl*

his·to·ri·an [hɪˈstɔːriən] *n* Historiker(in) *m(f)*

his·tor·ic [hɪˈstɒrɪk] *adj* historisch

his·tori·cal [hɪˈstɒrɪkᵊl] *adj* geschichtlich, historisch; **~ accuracy** Geschichtstreue *f*

his·tory [ˈhɪstᵊri] **I.** *n* ❶ *no pl (past events)* Geschichte *f;* **to go down in ~** in die Geschichte eingehen; **to make ~** Geschichte schreiben ❷ *(fig)* **that's all ~** das gehört alles der Vergangenheit an; ■ **sb is ~** jd ist fertig [*o* erledigt] [*o* nicht mehr im Bilde]; **ancient ~** kalter Kaffee ❸ *usu sing (background)* Vorgeschichte *f;* **her family has a ~ of heart problems** Herzprobleme liegen bei ihr in der Familie **II.** *adj book, class* Geschichts-

his·tri·on·ic [ˌhɪstriˈɒnɪk] *adj* theatralisch

hit [hɪt] **I.** *n* ❶ *(blow)* Schlag *m* ❷ *(shot)* Treffer *m;* **to suffer a direct ~** direkt getroffen werden ❸ *(success)* Hit *m;* **to be a |big| ~ with sb** bei jdm gut ankommen ❹ *(in base-*

ball) Hit *m*; **to score a ~** einen Punkt machen ❺ (*sl: of drug*) Schuss *m* ❻ *esp* AM (*fam: murder*) Mord *m* ❼ INET Besuch *m* einer Webseite ❽ COMPUT (*in database*) Treffer *m* ▸ **to take a** [**big**] **~** einen [großen] Verlust hinnehmen [müssen] **II.** *vt* <-tt-, hit, hit> ❶ (*strike*) schlagen; **to ~ sb below the belt** jdm einen Schlag unter die Gürtellinie versetzen *a. fig*; **to ~ sb where it hurts** (*fig*) jdn an einer empfindlichen Stelle treffen ❷ (*come in contact*) treffen; **the house was ~ by lightning** in das Haus schlug der Blitz ein ❸ (*press*) drücken; **key** drücken auf +*akk* ❹ (*crash into*) ▪ **to ~ sth** gegen etw *akk* stoßen; **their car ~ a tree** ihr Auto krachte gegen einen Baum; **she ~ her head on the edge of the table** sie schlug sich den Kopf an der Tischkante an; **the glass ~ the floor** das Glas schlug auf den Boden [auf] ❺ (*with missile*) ▪ **to be ~** getroffen werden; **I've been ~!** mich hat's erwischt! ❻ SPORTS treffen; (*score*) erzielen ❼ (*affect negatively*) ▪ **to be** [**badly**] **~ by sth** von etw *dat* [hart] getroffen werden ❽ (*fam: arrive at*) **we should ~ the main road soon** wir müssten bald auf die Hauptstraße stoßen; **my sister ~ forty last week** meine Schwester wurde letzte Woche 40; **to ~ the headlines/papers** in die Schlagzeilen/Zeitungen kommen; **to ~ rock bottom** einen historischen Tiefstand erreichen; **to ~ a web site** eine Webseite besuchen ❾ (*fam: go to*) **let's ~ the dance floor** lass uns tanzen! ❿ (*encounter*) stoßen auf +*akk*; **to ~ the rush hour/a traffic jam** in die Stoßzeit/einen Stau geraten; **to ~ trouble** in Schwierigkeiten geraten ⓫ (*occur to*) ▪ **to ~ sb** jdm auffallen; **it suddenly ~ me that ...** mir war plötzlich klar, dass ... ⓬ (*produce*) *note* treffen *a. fig* **III.** *vi* ❶ (*strike*) ▪ **to ~** [**at sb/sth**] [nach jdm/etw] schlagen; **to ~ hard** kräftig zuschlagen ❷ (*attack*) ▪ **to ~ at sb** jdn attackieren *a. fig* ❸ (*take effect*) wirken ◆ **hit back** *vi* zurückschlagen; ▪ **to ~ back at sb** jdm Kontra geben ◆ **hit off** *vt* ▪ **to ~ it off** [**with sb**] (*fam*) sich prächtig [mit jdm] verstehen ◆ **hit on** *vi* ❶ (*think of*) kommen auf +*akk* ❷ AM (*sl: make sexual advances*) ▪ **to ~ on sb** jdn anmachen ❸ AM (*fam: attempt to extract* [*money*]) ▪ **to ~ on sb** jdn anpumpen ◆ **hit out** *vi* ▪ **to ~ out** [**at sb**] [auf jdn] einschlagen; (*fig*) [jdn] scharf attackieren; **he was ~ting out in all directions** er schlug nach allen Seiten um sich ◆ **hit up** *vt* AM (*fam*) **to ~ up** ⟳ **sb** [for money] jdn [um Geld] anhauen ◆ **hit upon** *vi idea* kommen auf +*akk*
hit-and-'miss *adj* zufällig; **a ~ affair** [reine] Glückssache

hit-and-'run I. *n no pl* AUTO Fahrerflucht *f*; MIL Überraschungsüberfall *m* **II.** *adj* **driver** unfallflüchtig; **~ accident** Unfall *m* mit Fahrerflucht; **~ attack** MIL Blitzangriff *m*

hitch [hɪtʃ] **I.** *n* <*pl* -es> (*difficulty*) Haken *m*; **but there is a ~** aber die Sache hat einen Haken; **a technical ~** ein technisches Problem; **to go off without a ~** reibungslos ablaufen **II.** *vt* ❶ (*fasten*) festmachen (**to** an); *trailer* anhängen (**to** an); *animal* festbinden; **to ~ a horse to a cart** ein Pferd vor einen Wagen spannen ❷ (*fam: hitchhike*) **to ~ a lift** [*or* **ride**] trampen, per Anhalter fahren **III.** *vi* (*fam*) trampen ◆ **hitch up** *vt* ❶ (*fasten*) festmachen (**to** an); *trailer* anhängen (**to** an); **to ~ a horse up to a cart** ein Pferd vor einen Wagen spannen ❷ (*pull up*) *trousers* hochziehen

hitch·er ['hɪtʃər] *n* Anhalter(in) *m(f)*, Tramper(in) *m(f)*

'hitch·hike *vi* per Anhalter fahren, trampen **'hitch·hik·er** *n* Anhalter(in) *m(f)*, Tramper(in) *m(f)* **'hitch·hik·ing** *n no pl* Trampen *nt*

hi-tech *adj see* **high-tech**

hith·er ['hɪðər] *adv* (*liter*) **~ and thither** hierhin und dorthin

hith·er·to [ˌhɪðə'tu:] *adv* (*form*) bisher

'hit man *n* Killer *m*

hit-or-'miss *adj see* **hit-and-miss**

HIV [ˌeɪtʃaɪ'vi:] *n no pl abbrev of* **human immunodeficiency virus** HIV *nt*

hive [haɪv] *n* ❶ (*beehive*) Bienenstock *m* ❷ (*busy place*) Ameisenhaufen *m fig*; **the whole house was a ~ of activity** das ganze Haus glich einem Ameisenhaufen ◆ **hive off** *vt* BRIT, AUS ausgliedern

hl *abbrev of* **hectolitre** hl

HMS [ˌeɪtʃem'es] *n* BRIT *abbrev of* **Her/His Majesty's Ship** H.M.S.

HNC [ˌeɪtʃen'si:] *n* BRIT SCH *abbrev of* **Higher National Certificate** Fachhochschulzertifikat *nt*; **to do an ~ course** einen Fachhochschulkurs besuchen

HND [ˌeɪtʃen'di:] *n* BRIT SCH *abbrev of* **Higher National Diploma** Fachhochschuldiplom *nt*; **to do an ~ course** einen Diplomlehrgang an einer Fachhochschule besuchen

hoard [hɔːd] **I.** *n* ❶ (*of money, food*) Vorrat *m* (**of** an); (*treasure*) Schatz *m*; **~ of weapons** Waffenlager *nt* **II.** *vt* horten; *food also* hamstern **III.** *vi* Vorräte anlegen

hoard·ing ['hɔːdɪŋ] *n* ❶ BRIT, AUS [**advertising**] **~** Plakatwand *f* ❷ (*fence*) Bauzaun *m* ❸ (*storing*) Horten *nt*

'hoar frost *n no pl* [Rau]reif *m*

hoarse [hɔːs] *adj* heiser

hoarse·ness ['hɔːsnəs] *n no pl* Heiserkeit *f*

hoary ['hɔ:ri] *adj* (*fig liter*) uralt
hoax [həʊks] **I.** *n* (*deception*) Täuschung *f*; (*joke*) Streich *m*; (*false alarm*) blinder Alarm; **bomb ~** vorgetäuschte Bombendrohung **II.** *adj* vorgetäuscht; **~ caller** jd, der telefonisch falschen Alarm auslöst **III.** *vt* [he]reinlegen; **to ~ sb into believing** [*or* **thinking**] **sth** jdm etw weismachen
hoax·er ['həʊksər] *n* jd, der falschen Alarm auslöst
hob [hɒb] *n* BRIT Kochfeld *nt*
hob·ble ['hɒbl] **I.** *vi* hinken, humpeln; **to ~ around on crutches** mit Krücken herumlaufen **II.** *vt* **to ~ an animal** einem Tier die Beine zusammenbinden **III.** *n* ❶ (*for a horse*) Fußfessel *f* ❷ (*awkward walk*) Hinken *nt kein pl*, Humpeln *nt kein pl*; **by the end of the match he was reduced to a ~** am Ende des Spiels hinkte er nur noch
hob·by ['hɒbi] *n* Hobby *nt*
'hob·by-horse *n* Steckenpferd *nt*
hob·nailed boot [ˌhɒbneɪld'-] *n* Nagelschuh *m*
hob·nob <-bb-> ['hɒbnɒb] *vi* (*fam*) verkehren
hobo <*pl* -s *or* -es> ['həʊbəʊ] *n* AM, AUS ❶ (*tramp*) Penner(in) *m(f)*, Sandler(in) *m(f)* ÖSTERR ❷ (*itinerant worker*) Wanderarbeiter(in) *m(f)*
hock¹ [hɒk] *n* BRIT (*wine*) weißer Rheinwein
hock² [hɒk] *n* ZOOL Sprunggelenk *nt*; *of a horse* Fesselgelenk *nt*; (*meat*) Hachse *f*, Haxe *f* SÜDD, ÖSTERR
hock³ [hɒk] **I.** *n* (*fam*) ❶ (*in debt*) **to be in ~** in Schulden haben; **to be in ~ to sb** bei jdm in der Kreide stehen ❷ (*pawned*) **in ~** verpfändet **II.** *vt* verpfänden
hock·ey ['hɒki] *n no pl* Hockey *nt*; **~ stick** Hockeyschläger *m*
hodge·podge ['hɑ:dʒpɑ:dʒ] *n* AM see **hotchpotch**
hoe [həʊ] **I.** *n* Hacke *f* **II.** *vt*, *vi* hacken
hog [hɒg] **I.** *n* ❶ AM Schwein *nt*; BRIT Mastschwein *nt* ❷ (*fig, pej fam*) Gierschlund *m* ▶ **to go the whole ~** ganze Sache machen **II.** *vt* <-gg-> (*fam*) ▪ **to ~ sb/sth** [**all to oneself**] jdn/etw [ganz für sich *akk*] in Beschlag nehmen; **to ~ the bathroom** das Badezimmer mit Beschlag belegen; **to ~ the limelight** im Rampenlicht stehen; **to ~ the road** die ganze Straße [für sich *akk*] beanspruchen
Hog·ma·nay ['hɒgmənei] *n* SCOT traditionelles schottisches Neujahrsfest
hoist [hɔɪst] **I.** *vt* hochheben; *flag, sail* hissen; **he ~ed her onto his shoulders** er hievte sie auf seine Schultern **II.** *n* Winde *f*
hold [həʊld] **I.** *n* ❶ (*grasp*) Halt *m kein pl*; **to catch** [*or* **grab**] [*or* **get** [a]] [*or* **take** [a]] **~ of sb/sth** jdn/etw ergreifen; **grab ~ of my hand** nimm meine Hand; **to keep ~ of sth** etw festhalten; **sb loses ~ of sth** jdm entgleitet etw; **to take ~** (*fig*) *fire, epidemic* übergreifen ❷ SPORTS Griff *m* (**on** an) ❸ TELEC **to be on ~** in der Warteschleife sein; **to put sb on ~** jdn in die Warteschleife schalten ❹ (*delay*) **to be on ~** auf Eis liegen *fig*; **to put sth on ~** etw auf Eis legen *fig* ❺ (*control*) **get** [a] **~ of yourself!** reiß dich zusammen!; **to have a** [**strong**] **~ on** [*or* **over**] **sb** [starken] Einfluss auf jdn haben ❻ (*fig*) **no ~s barred** ohne jegliches Tabu; **to get ~ of sb/sth** jdn/etw auftreiben; *information* etw sammeln ❼ (*understand*) **to get ~ of sth** etw verstehen; **to get ~ of the wrong idea** etw falsch verstehen ❽ NAUT, AVIAT Frachtraum *m* **II.** *vt* <held, held> ❶ (*grasp*) ▪ **to ~ sb/sth** [**tight** [*or* **tightly**]] jdn/etw [fest]halten; **to ~ sb in one's arms** jdn in den Armen halten; **to ~ the door open for sb** jdm die Tür aufhalten; **to ~ one's nose** sich *dat* die Nase zuhalten; **to ~ sth in place** etw halten ❷ (*support*) [aus]halten ❸ (*keep*) halten; **to ~ sb's attention** [*or* **interest**] jdn fesseln; **to ~ sb** [**in custody**/**hostage**/**prisoner**] jdn in Haft/als Geisel/gefangen halten; **to be able to ~ one's drink** Alkohol vertragen; **to ~ sb to ransom** jdn bis zur Zahlung eines Lösegelds gefangen halten; **to ~ its value** seinen Wert behalten; **to ~ sb to his/her word** jdn beim Wort nehmen ❹ (*delay, stop*) zurückhalten; **~ it** [**right there**]! stopp!; **OK, ~ it!** PHOT gut, bleib so!; **to ~ one's breath** die Luft anhalten; **to ~ the front page** die erste Seite freihalten; **to ~ the line** am Apparat bleiben ❺ (*contain*) fassen; COMPUT speichern; **this room ~s 40 people** dieser Raum bietet 40 Personen Platz; **the CD rack ~s 100 CDs** in den CD-Ständer passen 100 CDs; **this hard disk ~s 13 gigabytes** diese Festplatte hat ein Speichervolumen von 13 Gigabyte ◆**hold against** *vt* ▪ **to ~ sth against sb** jdm etw vorwerfen ◆**hold back I.** *vt* (*stop*) aufhalten; (*impede development*) hindern; *information* geheim halten; **to ~ back tears** Tränen zurückhalten **II.** *vi* (*refrain*) ▪ **to ~ back from doing sth** etw unterlassen ◆**hold down** *vt* (*keep near the ground*) niederhalten; (*keep low*) *levels, prices* niedrig halten ◆**hold forth** *vi* ▪ **to ~ forth** [**about sth**] sich [über etw *akk*] auslassen ◆**hold in** *vt emotion* zurückhalten; **to ~ in one's fear** seine Angst unterdrücken; **to ~ one's stomach in** seinen Bauch einziehen ◆**hold off I.** *vt* ❶ MIL *enemy* abwehren ❷ (*postpone*) verschieben **II.** *vi* warten; **the rain held off all day** es hat den ganzen Tag

hold on vi ① (affix, attach) ■ **to be held on by** [or **with**] **sth** mit etw dat befestigt sein ② (manage to keep going) durchhalten ③ (wait) **hold on!** Moment bitte! ◆**hold onto** vt ① (grasp) festhalten ② (keep) behalten ◆**hold out I.** vt ausstrecken; ■ **to ~ out sth to sb** jdm etw hinhalten **II.** vi ① (manage to resist) durchhalten; **to ~ out for sth** auf etw dat bestehen ② (refuse to give information) **to ~ out on sb** jdm etw verheimlichen ◆**hold over** vt ① (defer) etw aufschieben ② Am (extend) etw verlängern ◆**hold to** vi **can I ~ you to that?** bleibst du bei deinem Wort? ◆**hold together** vi, vt zusammenhalten ◆**hold up I.** vt ① (raise) hochhalten; **to ~ up one's hand** die Hand heben; ■ **to be held up by sth** von etw dat gestützt werden ② (delay) aufhalten; **the letter was held up in the post** der Brief war bei der Post liegen geblieben **II.** n (violent robbery) Überfall m ◆**hold with** vt ■ **to ~ with sth** mit etw dat einverstanden sein

'**hold·all** n Brit Reisetasche f

hold·er ['həʊldə'] n ① (device) Halter m; **cigarette ~** Zigarettenspitze f ② (person) Besitzer(in) m(f); **account ~** Kontoinhaber(in) m(f); **passport ~** Passinhaber(in) m(f); **record ~** Rekordhalter(in) m(f)

hold·ing ['həʊldɪŋ] n ① (tenure) Pachtbesitz m ② FIN Beteiligung f; ■ **~s** pl Anteile pl; **~ company** Dachgesellschaft f

'**hold·up** n ① (crime) Raubüberfall m ② (delay) Verzögerung f

hole [həʊl] **I.** n ① (gap) Loch nt a. fig; of fox, rabbit Bau m; **to dig a ~** ein Loch graben; **an 18-~ course** ein Golfplatz mit 18 Löchern ② (fig: fault) Schwachstelle f; **to pick ~s [in sth]** [etw] kritisieren ③ (fig fam: difficulty) **to be in a [bit of a] ~** [ganz schön] in Schwierigkeiten stecken; **to get sb out of a ~** jdm aus der Patsche helfen **II.** vt ① MIL Löcher reißen in +akk ② (in golf) einlochen ◆**hole up** vi (fam) sich verkriechen

hol·i·day ['hɒlədeɪ] **I.** n ① Brit, Aus (vacation) Urlaub m, Ferien pl; **school ~s** Ferien pl; **to go on an adventure/a sailing/a skiing ~** Abenteuer-/Segel-/Skiurlaub machen; **to take three weeks' ~** drei Wochen Urlaub nehmen; **to be [away] on ~** in Urlaub sein ② (work-free day) Feiertag m **II.** vi Brit, Aus Urlaub machen

'**hol·i·day camp** n Brit, Aus Ferienlager nt '**hol·i·day en·ti·tle·ment** n Brit, Aus Urlaubsanspruch m '**hol·i·day flat** n Brit, Aus Ferienwohnung f '**hol·i·day home** n Brit, Aus Ferienhaus nt '**hol·i·day·mak·er** n Brit, Aus Urlauber(in) m(f) '**hol·i·day re·sort** n Brit, Aus Urlaubsort m

ho·li·ness ['həʊlɪnəs] n no pl Heiligkeit f

Hol·land ['hɒlənd] n no pl Holland nt

hol·ler ['hɒlə'] **I.** vi, vt Am (fam) brüllen **II.** n Am (fam) Schrei m

hol·low ['hɒləʊ] **I.** adj ① (empty, sunken) hohl; cheeks eingefallen ② (fig) wertlos; laughter ungläubig; promise leer; victory schal **II.** n ① (hole) Senke f ② Am (valley) Tal nt **III.** adv hohl **IV.** vt ■ **to ~ [out]** aushöhlen

hol·ly ['hɒli] n Stechpalme f

holo·caust ['hɒləkɔːst] n ① (destruction) Inferno nt ② (genocide) Massenvernichtung f; ■ **the H~** der Holocaust

holo·gram ['hɒləgræm] n Hologramm nt

hol·ster ['həʊlstə'] n [Pistolen]halfter nt o f

holy ['həʊli] adj heilig ▶ **~ cow** [or **smoke**] [or fam! **shit**]! du heilige Scheiße!

Holy Com·'mun·ion n ① (service) heilige Kommunion ② (bread and wine) heiliges Abendmahl **Holy 'Fa·ther** n **the ~** der Heilige Vater **Holy 'Scrip·ture** n die Heilige Schrift **Holy 'Spir·it** n **the ~** der Heilige Geist '**Holy Week** n Karwoche f

hom·age ['hɒmɪdʒ] n no pl Huldigung f (**to** +gen); **to pay ~** [**to sb**] [jdm] huldigen

home [həʊm] **I.** n ① (abode) Zuhause nt; **haven't you got a ~ to go to?** hast du [denn] kein Zuhause?; **to give sb/an animal a ~** jdm/einem Tier ein Zuhause geben; **a ~** [Am, Aus **away**] **from ~** ein zweites Zuhause; **to be away from ~** von zu Hause weg sein; **to leave ~** [von zu Hause] ausziehen; **to make oneself at ~** es sich dat gemütlich machen; **to work from ~** zu Hause arbeiten; **at ~** zu Hause, zuhause Österr, Schweiz ② (house) Haus nt; (flat) Wohnung f; **luxury ~** Luxusheim nt; **starter ~** erstes eigenes Heim ③ (family) Zuhause nt kein pl; **to come from a broken ~** aus zerrütteten Familienverhältnissen stammen ④ (institute) Heim nt; **old people's ~** Altersheim nt ⑤ (place of origin) Heimat f; of people also Zuhause nt kein pl; **England feels like ~ to me now** ich fühle mich inzwischen in England zu Hause ⑥ SPORTS **at ~** zu Hause; **away from ~** auswärts ⑦ no pl COMPUT (for the cursor) Ausgangsstellung f; (on the key) "**~**" „Pos. 1" ▶ **who's he when he's at ~?** wer, bitteschön, ist er [denn] überhaupt?; **to feel at ~ with sb** sich bei jdm wohl fühlen; **~ is where the heart is** (prov) Zuhause ist, wo das Herz zu Hause ist; **there's no place like ~** (prov) daheim ist's doch am schönsten; **~ sweet ~** (saying) trautes Heim, Glück allein **II.** adv ① (at one's abode) nach Hause, nachhause Österr, Schweiz, daheim bes südD, Österr, Schweiz; (to one's abode) nach Hause, nachhause Österr, Schweiz; **hello! I'm ~!** hallo! ich bin wieder da! ❷ (to one's origin) to go/return ~ in seine Heimat zurückgehen/zurückkehren ❸ (to sb's understanding) her remarks really hit ~ ihre Bemerkungen haben echt gesessen!; **to bring sth ~** [to sb] [jdm] etw klarmachen; **to drive it ~ that ...** unmissverständlich klarmachen, dass ... ❹ SPORTS (finish) **to get ~** das Ziel erreichen ▸ **to be ~ and dry** [or AUS **hosed**], **to be ~ free** seine Schäfchen ins Trockene gebracht haben **III.** vi ■ **to ~ in on sth** genau auf etw akk zusteuern; (fig) [sich dat] etw herausgreifen

'home ad·dress n Heimatadresse f, Privatanschrift f 'home ad·van·tage n Heimvorteil m 'home af·fairs n pl BRIT POL innere Angelegenheiten; ~ **correspondent** Korrespondent(in) m/f) für Innenpolitik **home·'baked** adj selbst gebacken **home 'banking** n no pl Homebanking nt **home 'brew** n selbst gebrautes Bier **'home·com·ing** n ❶ (return) Heimkehr f kein pl ❷ AM (reunion) Ehemaligentreffen nt; ~ **queen** Schönheitskönigin beim Ehemaligentreffen **home 'cook·ing** n no pl Hausmannskost f

Home 'Coun·ties npl BRIT an London angrenzende Grafschaften

home eco·'nom·ics n + sing vb Hauswirtschaft[slehre] f **'home game** n Heimspiel nt **'home ground** n eigener Platz **home-'grown** adj aus dem eigenen Garten, aus eigenem Anbau **home 'help** n BRIT Haushaltshilfe f **'home·land** n ❶ (origin) Heimat f, Heimatland nt ❷ (hist: in South Africa) Homeland nt **home·less** ['həʊmləs] **I.** adj heimatlos; **to be ~** obdachlos sein **II.** n **the ~** pl die Obdachlosen pl **'home loan** n Hypothek f **home·ly** ['həʊmli] adj ❶ BRIT, AUS (plain) schlicht, aber gemütlich ❷ AM, AUS (pej: ugly) unansehnlich **home-'made** adj hausgemacht; cake selbst gebacken; jam selbst gemacht **'home·mak·er** n ❶ Hausmann, -frau m, f; **to be the ~** den Haushalt führen

'Home Of·fice n + sing/pl vb BRIT Innenministerium nt

homeo·path ['həʊmɪə(ʊ)pæθ] n Homöopath(in) m/f)

homeo·path·ic ['həʊmɪə(ʊ)pæθɪk] adj homöopathisch

homeopa·thy [ˌhəʊmɪˈɒpəθi] n no pl Homöopathie f

'home·own·er n Hausbesitzer(in) m/f) **'home page** n COMPUT Homepage f **home 'plate** n AM (in baseball) Schlagmal nt **'home rec·ord** n Heimrekord m **home 'rule** n no pl [politische] Selbstverwaltung

Home 'Sec·re·tary n BRIT Innenminister(in) m/f)

'home·sick adj **to be** [or **feel**] ~ [for sth] [nach etw dat] Heimweh haben

'home·sick·ness n no pl Heimweh nt

home·stead ['həʊmsted] n AUS, NZ Wohnhaus auf einer Schaf- oder Rinderfarm; AM (old) Stück Land, das den Siedlern zugewiesen wurde

home 'straight n, **home 'stretch** n Zielgerade f a. fig **'home team** n Heimmannschaft f **home·'town** n AM Heimatstadt f **home 'truth** n bittere Wahrheit

home·ward ['həʊmwəd] **I.** adv heimwärts, nach Hause **II.** adj heimwärts; ~ **journey** Heimreise f

home·wards ['həʊmwədz] adv heimwärts **'home win** n SPORTS Heimsieg m **'home·work** n no pl Hausaufgaben pl a. fig **'home·work·er** n Heimarbeiter(in) m/f)

homey ['həʊmi] adj AM, AUS heimelig

homi·ci·dal [ˌhɒmɪˈsaɪdəl] adj AM, AUS gemeingefährlich

homi·cide ['hɒmɪsaɪd] n LAW ❶ no pl (murdering) Mord m ❷ (death) Mordfall m; ~ **rate** Mordrate f; ~ **squad** Mordkommission f

hom·ing ['həʊmɪŋ] adj ~ **instinct** Heimfindevermögen nt; ~ **device** Peilsender m; ~ **pigeon** Brieftaube f

ho·mog·e·nize [həˈmɒdʒənaɪz] vt homogenisieren

homo·sex·ual [ˌhəʊmə(ʊ)ˈsekʃʊəl] **I.** adj homosexuell **II.** n Homosexuelle(r) f(m)

homo·sex·u·al·i·ty [ˌhəʊmə(ʊ)ˌsekʃʊˈælətɪ] n no pl Homosexualität f

Hon [ɒn] adj abbrev of **Honourable** geehrt, ehrenhaft

Hon·du·ras [hɒnˈdjʊərəs] n Honduras nt

hon·est ['ɒnɪst] adj ❶ (truthful) ehrlich ❷ (trusty) redlich ❸ attr (correct) ehrlich, ordentlich; **to make an ~ living** ein geregeltes Einkommen haben

hon·est·ly ['ɒnɪstli] **I.** adv ehrlich **II.** interj ❶ (promising) [ganz] ehrlich! ❷ (disapproving) also ehrlich!

hon·es·ty ['ɒnɪsti] n no pl Ehrlichkeit f; **in all ~** ganz ehrlich ▸ ~ **is the best policy** (prov) ehrlich währt am längsten

hon·ey ['hʌni] n ❶ no pl (fluid) Honig m ❷ esp AM (fam: sweet person) Schatz m; (sl: attractive young woman) flotter Käfer

'hon·ey·bee n [Honig]biene f **'hon·ey·comb** n (wax) Bienenwabe f; (food) Honigwabe f; ~ **pattern** Wabenmuster nt

hon·ey·dew 'mel·on n Honigmelone f

'hon·ey·moon I. n ❶ (after marriage) Flitterwochen pl; ~ **couple** Flitterwöchner pl ❷ usu sing (fig) Schonfrist f **II.** vi **they are**

~ing in the Bahamas sie verbringen ihre Flitterwochen auf den Bahamas

honk [hɒŋk] **I.** n ❶ of goose Schrei m ❷ of horn Hupen nt **II.** vi ❶ (cry) goose schreien ❷ horn hupen **III.** vt (beep) **to ~ one's horn** auf die Hupe drücken

hon·or n, vt AM see **honour**

hon·or·able adj AM see **honourable**

hon·or·ary ['ɒnºrəri] adj ehrenamtlich

hon·our ['ɒnəʳ] **I.** n ❶ no pl Ehre f; **word of ~** Ehrenwort nt [or feel] **~ bound to do sth** es als seine Pflicht ansehen, etw zu tun; ▪**in ~ of sb/sth** zu Ehren einer Person/ einer S. gen; **to do sb the ~ of doing sth** jdm die Ehre erweisen, etw zu tun ❷ (award) Auszeichnung f ❸ (title) **Your H~** Euer Ehren ❹ (in golf) Recht, den Golfball vom ersten Abschlag zu spielen ▸ **there's ~ among thieves** (prov) es gibt auch so etwas wie Ganovenehre **II.** vt ❶ person ehren ❷ (fulfil) obligation erfüllen ❸ FIN akzeptieren

hon·our·able ['ɒnªrəbl] adj ❶ (worthy) ehrenhaft; agreement ehrenvoll; person ehrenwert ❷ BRIT (MP) **the ~ member for Bristol West** der Herr Abgeordnete für West-Bristol

'hon·our kill·ing n Ehrenmord m

'hon·ours de·gree n BRIT UNIV Examen nt mit Auszeichnung

hons n short for **honours** ≈ höherer akademischer Grad

hood¹ [hʊd] n ❶ (cap) Kapuze f ❷ (mask) Maske f ❸ (shield) Haube f; **cooker ~** Abzugshaube f; **pram** [or AM **stroller**] **~** Kinderwagenschutzdach f ❹ AM (bonnet) [Motor]haube f; BRIT (folding top) Verdeck nt

hood² n AM (gangster) Kriminelle(r) f(m)

hood³ [hʊd] n AM (sl) Nachbarschaft f

hoodie n ['hʊdi] Kapuzenjacke f

hood·lum ['huːdləm] n ❶ (gangster) Kriminelle(r) f(m) ❷ (thug) Rowdy m

hood·wink ['hʊdwɪŋk] vt hereinlegen

hoody n ['hʊdi] Kapuzenjacke f

hoof [huːf] **I.** n <pl **hooves** or -s> Huf m **II.** vt (fam) **to ~ it** laufen

hoof·er ['huːfəʳ] n (sl) Berufstänzer(in) m(f)

hoof·ing ['huːfɪŋ] n no pl (fam or hum) Berufstanz m

hoo-ha ['huːhɑː] n no pl (fam) Wirbel m

hook [hʊk] **I.** n Haken m; **to leave the phone off the ~** den Telefonhörer nicht auflegen ▸ **by ~ or by crook** auf Biegen und Brechen; **to fall for sth ~, line and sinker** voll auf etw akk hereinfallen; **to be off the ~** aus dem Schneider sein; **to get the ~** AM entlassen werden; **to let sb off the ~** jdn herauspauken; **to sling one's ~** BRIT die Hufe schwingen **II.** vt ❶ (fish) **to ~ a fish** einen Fisch an die Angel bekommen ❷ (fasten) ▪**to ~ sth to sth** etw an etw dat festhaken ❸ (fetch with hook) **she ~ed the shoe out of the water** sie angelte den Schuh aus dem Wasser ◆ **hook up I.** vt ❶ (hang) aufhängen ❷ (connect) anschließen (**to** an) ❸ (fasten) zumachen ❹ AM (fam: supply) ▪**to ~ sb up with sth** jdm etw besorgen **II.** vi ▪**to ~ up** [**to** with] sich jan etw akk anschließen

hooked [hʊkt] adj ❶ (curved) hakenförmig; **~ nose** Hakennase f ❷ (addicted) abhängig; **~ on drugs** drogenabhängig ❸ (interested) **to be ~** total begeistert sein; **to be ~ on sb** total verrückt nach jdm sein; ▪**to be ~ on sth** völlig besessen von etw dat sein

hook·er ['hʊkəʳ] n ❶ AM, AUS (fam) Nutte f sl ❷ (rugby) Hakler(in) m(f)

hooky ['hʊki] n no pl AM, AUS (fam) **to play ~** die Schule schwänzen

hoo·li·gan ['huːlɪgªn] n Hooligan m

hoo·li·gan·ism ['huːlɪgªnɪzªm] n no pl Rowdytum nt

hoop [huːp] n ❶ (ring) Reifen m ❷ (earring) ringförmiger Ohrring ❸ (semicircle) Tor nt

hoop·tie ['huːpti] n AM (sl: car) Kiste f fam

hoot [huːt] **I.** n ❶ (beep) Hupen nt kein pl ❷ (owl call) Schrei m ❸ (outburst) **to give a ~ of laughter** losprusten ▸ **to be a [real] ~** zum Brüllen sein; **to not give a ~** [about sth] sich keinen Deut [um etw akk] kümmern **II.** vi ❶ car hupen ❷ owl schreien ❸ (utter) **to ~ with laughter** in johlendes Gelächter ausbrechen **III.** vt **to ~ one's horn** auf die Hupe drücken; **to ~ one's horn at sb** jdn anhupen

hoot·er ['huːtəʳ] n ❶ (siren) Sirene f ❷ BRIT, AUS (fam: nose) Zinken m ❸ AM (fam!: breasts) ▪**~s** pl Titten pl derb

Hoo·ver® ['huːvəʳ] BRIT, AUS **I.** n Staubsauger m **II.** vt, vi [staub]saugen

hop [hɒp] **I.** vi <-pp-> ❶ (jump) hüpfen; hare hoppeln ❷ SPORTS springen **II.** vt <-pp-> ❶ (jump) springen über +akk ❷ AM (fam: board) steigen in +akk ❸ BRIT (fam) **to ~ it** abhauen **III.** n ❶ (jump) Hüpfer m ❷ (fam: dance) Tanz m ❸ (fam: trip) [short] **~** [Katzen]sprung m ❹ (fam: flight stage) Flugabschnitt m ❺ BOT Hopfen m ▸ **to catch sb on the ~** BRIT jdn überrumpeln

hope [həʊp] **I.** n Hoffnung f; **I don't hold out much ~ of ...** ich habe nicht sehr viel Hoffnung, dass ...; **there is little ~ that ...** es besteht wenig Hoffnung, dass ...; **to give up ~** die Hoffnung aufgeben; **to live in ~** hoffen; **to pin all one's ~s on sb/sth** seine ganze Hoffnung auf jdn/etw setzen; ▪**in the ~ of doing sth** in der Hoffnung, etw zu tun ▸ **to not have a ~ in hell** nicht die geringste

Chance haben; ~ **springs eternal** (*prov*) und die Hoffnung währet ewiglich **II.** *vi* hoffen (**for** auf); **it's good news, I** ~ hoffentlich gute Nachrichten; **to** ~ **for the best** das Beste hoffen; **to** ~ **against hope** [**that**] ... wider alle Vernunft hoffen, [dass] ...

hope·ful ['həʊpfəl] **I.** *adj* zuversichtlich; ■ **to be** ~ **of sth** auf etw *akk* hoffen **II.** *n usu pl* viel versprechende Personen; **young** ~**s** viel versprechende junge Talente **hope·ful·ly** ['həʊpfəli] *adv* ❶ (*in hope*) hoffnungsvoll ❷ (*it is hoped*) hoffentlich **hope·less** ['həʊpləs] *adj* hoffnungslos; *situation* aussichtslos; ■ **to be** ~ (*fam: incompetent*) ein hoffnungsloser Fall sein; **I'm** ~ **at cooking** wenn es um's Kochen geht, bin ich eine absolute Null **hope·less·ly** ['həʊpləsli] *adv* hoffnungslos; **he's** ~ **in love with her** er hat sich bis über beide Ohren in sie verliebt

hop·ping ['hɒpɪŋ] *adj* (*fam*) hundertachtzig; **to be** ~ **mad with sb** stinksauer auf jdn sein

hop·scotch ['hɒpskɒtʃ] *n no pl* Himmel und Hölle *nt*

horde [hɔːd] *n* Horde *f*; ~ **s of fans** eine riesige Fangemeinde

ho·ri·zon [həˈraɪzən] *n* Horizont *m*; **on the** ~ am Horizont; (*fig*) in Sicht; **to broaden one's** ~**s** (*fig*) seinen Horizont erweitern **ho·ri·zon·tal** [ˌhɒrɪˈzɒntəl] **I.** *adj* horizontal, waag[e]recht **II.** *n no pl* ■ **the** ~ die Horizontale

hor·mone ['hɔːməʊn] *n* Hormon *nt*

horn [hɔːn] **I.** *n* ❶ (*growth*) Horn ❷ MUS Horn ❸ *of vehicle* Hupe *f*; **to sound** [*or* **blow**] **one's** ~ auf die Hupe drücken **II.** *vi* AM ■ **to** ~ **in** sich einmischen; ■ **to** ~ **in on sth** bei etw *dat* mitmischen

hor·net ['hɔːnɪt] *n* Hornisse *f*

'horn-rimmed *adj* ~ **glasses** Hornbrille *f*

horny ['hɔːni] *adj* ❶ (*hard*) hornartig; (*of horn*) aus Horn nach ❷ (*fam: randy*) geil; **to feel** ~ spitz sein

horo·scope ['hɒrəskəʊp] *n* Horoskop *nt*

hor·ren·dous [hɒˈrendəs] *adj* schrecklich; *conditions* entsetzlich; *losses, prices* horrend

hor·ri·ble ['hɒrəbl] *adj* schrecklich; (*unkind*) gemein

hor·rid ['hɒrɪd] *adj* (*fam*) fürchterlich; (*unkind*) gemein

hor·ri·fic [hɒˈrɪfɪk] *adj* ❶ (*shocking*) entsetzlich, grausig ❷ (*fam: extreme*) *losses, prices* horrend

hor·ri·fy <-ie-> ['hɒrɪfaɪ] *vt* entsetzen

hor·ror ['hɒrə] *n* ❶ (*feeling*) Entsetzen *nt*, Grauen *nt* (**at** über); **to have a** ~ **of doing sth** einen Horror davor haben, etw zu tun; **in** ~ entsetzt ❷ (*fam: brat*) **that child is a**

little ~**!** dieses Kind ist der reinste Horror! **'hor·ror-strick·en** *adj*, **'hor·ror-struck** *adj* von Entsetzen gepackt; **to watch** ~ voller Entsetzen zusehen; ■ **to be** ~ **at sth** über etw *akk* entsetzt sein

hors d'oeuvre <*pl* - *or* -**s**> [ˌɔːˈdɜːv] *n* ❶ BRIT, AUS (*starter*) Hors d'oeuvre *nt* ❷ AM (*canapés*) Appetithäppchen *nt*

horse [hɔːs] *n* Pferd *nt*; ~ **and carriage** Pferdekutsche *f*; ~ **and cart** Pferdefuhrwerk *nt*; **coach and** ~**s** Postkutsche *f*; **to eat like a** ~ fressen wie ein Scheunendrescher ▸ **never look a gift** ~ **in the mouth** (*prov*) einem geschenkten Gaul schaut man nicht ins Maul; **to hear sth** [**straight**] **from the** ~**'s mouth** etw aus erster Hand haben; **you can lead a** ~ **to water, but you can't make him drink** (*prov*) man kann jdn nicht zu seinem Glück zwingen; **to be a dark** ~ BRIT sein Licht unter den Scheffel stellen; **to flog a dead** ~ sich *dat* die Mühe sparen können; **to get off one's high** ~ von seinem Hohen Ross heruntersteigen; **to back the wrong** ~ aufs falsche Pferd setzen; **to hold one's** ~**s** die Luft anhalten; **hey! hold your** ~**s! not so fast!** he, nun mal langsam, nicht so schnell!

'horse·back *n* **on** ~ zu Pferd **'horse·box** *n* BRIT, AM **'horse·car** *n* Pferdetransporter *m* **horse 'chest·nut** *n* Rosskastanie *f*

'horse-drawn *adj* von Pferden gezogen; ~ **carriage** Pferdekutsche *f*; ~ **vehicle** Pferdegespann *nt* **'horse·fly** *n* [Pferde]bremse *f* **'horse·hair** *n no pl* Rosshaar *nt* **'horse·man** *n* Reiter *m* **'horse·man·ship** *n no pl* Reitkunst *f* **'horse·play** *n no pl* wilde Ausgelassenheit **'horse·pow·er** *n* <*pl* -> Pferdestärke *f*; **a 10-**~ **engine** ein Motor *m* mit 10 PS **'horse race** *n* Pferderennen *nt* **'horse rac·ing** *n* Pferderennsport *m*; **to go** ~ zum Pferderennen gehen **'horse·rad·ish** *n no pl* Meerrettich *m* **'horse·shoe** *n* Hufeisen *nt* **'horse van** *n* AM *see* horse·box **'horse·whip I.** *n* Pferdepeitsche *f* **II.** *vt* <-pp-> [mit der Pferdepeitsche] auspeitschen **'horse·wom·an** *n* Reiterin *f*

hors(e)y ['hɔːsi] *adj* (*fam*) ❶ (*devoted*) pferdenärrisch ❷ (*pej: ugly*) pferdeähnlich

hor·ti·cul·tur·al [ˌhɔːtɪˈkʌltʃərəl] *adj* Gartenbau- **hor·ti·cul·ture** ['hɔːtɪkʌltʃə] *n no pl* Gartenbau *m*

hose [həʊz] *n* ❶ (*tube*) Schlauch *m* ❷ *no pl* FASHION Strumpfwaren *pl*

'hose·pipe *n* BRIT Schlauch *m*; ~ **ban** Spritzverbot *nt* (*durch Wasserknappheit bedingtes Verbot, Wasser zu verschwenden*)

ho·siery ['həʊziəri] *n no pl* Strumpfwaren *pl*

hos·pice ['hɒspɪs] *n* Hospiz *nt*

hos·pi·table [hɒsˈpɪtəbl] *adj* ❶ (*friendly*)

gastfreundlich; ■ **to be ~ to|wards| sb** jdn gastfreundlich aufnehmen ❷ *(pleasant)* angenehm

hos·pi·tal ['hɒspɪtᵊl] *n* Krankenhaus *nt*, Spital *nt* SCHWEIZ; **to have to go to ~** ins Krankenhaus müssen

hos·pi·tal·i·ty [ˌhɒspɪˈtæləti] I. *n no pl* ❶ *(welcome)* Gastfreundschaft *f* ❷ *(food)* Bewirtung *f* II. *adj* **~ coach** kostenloser Zubringerbus; **~ suite** Gästelounge *f*; **~ tent** Partyzelt *nt*

hos·pi·tal·i·za·tion [ˌhɒspɪtᵊlaɪˈzeɪʃᵊn] *n no pl* ❶ *(admittance)* Krankenhauseinweisung *f* ❷ *(treatment)* Krankenhausaufenthalt *m*

hos·pi·tal·ize ['hɒspɪtᵊlaɪz] *vt* ❶ *(admit)* ■ **to be ~d** ins Krankenhaus eingewiesen werden ❷ *(beat)* ■ **to ~ sb** jdn krankenhausreif schlagen

'hos·pi·tal ship *n* MIL Lazarettschiff *nt*

host¹ [həʊst] I. *n* ❶ *(party-giver)* Gastgeber(in) *m(f)* ❷ *(event-stager)* Veranstalter(in) *m(f)* ❸ *(compère)* Showmaster(in) *m(f)* ❹ BIOL Wirt *m* ❺ COMPUT Hauptrechner *m* II. *adj* **~ country** Gastland *nt*; **~ family** Gastfamilie *f* III. *vt* ❶ *(stage)* ausrichten ❷ *(be compère for)* präsentieren, moderieren

host² [həʊst] *n usu sing* ■ **a |whole| ~ of ...** jede Menge ...

hos·tage ['hɒstɪdʒ] *n* Geisel *f*; **to hold/take sb ~** jdn als Geisel festhalten/nehmen

'hos·tage-tak·er *n* Geiselnehmer(in) *m(f)*

'hos·tage-tak·ing *n no pl* Geiselnahme *f*

hos·tel ['hɒstᵊl] *n* ❶ Wohnheim *nt*, BRIT *(for homeless)* Obdachlosenheim *nt*; |youth| Jugendherberge *f*

host·ess [həʊstɪs] *n* ‹*pl* -es› *(at home, on TV)* Gastgeberin *f*; *(at restaurant)* Wirtin *f*; *(at hotel)* Empfangsdame *f*; *(in nightclub)* Animierdame *f*; *(at exhibition)* Hostess *f*; *(on aeroplane)* Stewardess *f*

hos·tile ['hɒstaɪl] *adj* ❶ *(unfriendly)* feindselig ❷ *(difficult)* hart, widrig; *climate* rau ❸ ECON, MIL feindlich

hos·til·i·ty [hɒsˈtɪləti] *n* ❶ *no pl* Feindseligkeit *f*; **to show ~ to|wards| sb** sich jdm gegenüber feindselig verhalten; **~ to foreigners/technology** Ausländer-/Technikfeindlichkeit *f* ❷ MIL ■ **hostilities** *pl* Feindseligkeiten *pl*

hot [hɒt] I. *adj* ‹-tt-› ❶ *(temperature)* heiß; **she was ~** ihr war heiß ❷ *(spicy) food* scharf ❸ *(close)* **you're getting ~** *(in guessing game)* wärmer; **to be on sb's heels** jdm dicht auf den Fersen sein; **in ~ pursuit** dicht auf den Fersen ❹ *(fam: good)* **my Spanish is not all that ~** mein Spanisch ist nicht gerade umwerfend; **he's Hollywood's ~test actor** er ist Hollywoods begehrtester Schauspieler; **to be ~ stuff** absolute Spitze sein; **~ tip** heißer Tipp ❺ *(fam: dangerous) situation* brenzlig; *stolen items* heiß; **to be too ~ to handle** ein heißes Eisen sein ❻ *(sl: sexy)* heiß ❼ *(new and exciting)* heiß; **~ gossip** das Allerneueste ▶ **to be all ~ and <u>bothered</u>** ganz aufgeregt sein II. *vt* ‹-tt-› ■ **to ~ up** *engine* frisieren III. *vi* ‹-tt-› ■ **to ~ up** *pace* sich steigern; *situation* sich verschärfen IV. *n* ■ **to <u>have</u> the ~s for sb** scharf auf jdn sein

hot-'air bal·loon *n* Heißluftballon *m* **'hot·bed** *n* *(fig)* **a ~ of crime** eine Brutstätte für Kriminalität **hot-'blood·ed** *adj* *(easy to anger)* hitzköpfig; *(passionate)* heißblütig

hotch·potch ['hɒtʃpɒtʃ] *n no pl* Mischmasch *m* (**of** aus)

'hot dog *n* *(sausage)* Wiener Würstchen *nt*; *(in a roll)* Hotdog *m*

ho·tel [həʊ(ʊ)'tel] *n* Hotel *nt*

ho·'tel bill *n* Hotelrechnung *f* **ho·tel 'in·dus·try** *n no pl* Hotelgewerbe *nt* **ho·tel 'staff** *n + sing/pl vb* Hotelpersonal *nt*

'hot·foot I. *adv* eilig II. *vt (fam)* **to ~ it home** schnell nach Hause rennen III. *vi* AM *(fam)* eilen **'hot·head** *n* Hitzkopf *m* **hot·'head·ed** *adj* hitzköpfig **'hot·house** I. *n* ❶ *(for plants)* Treibhaus *nt* ❷ *(fig: for development)* fruchtbarer Boden II. *vt (fam)* ■ **to ~ a child** ein Kind zu früh mit Lernstoff vollstopfen **'hot·line** *n* Hotline *f*; POL heißer Draht

hot·ly ['hɒtli] *adv* heftig; **~ contested** heiß umkämpft

'hot·plate *n* *(on stove)* Kochplatte *f*; *(plate-warmer)* Warmhalteplatte *f* **hot po·'ta·to** *n* POL *(fig)* heißes Eisen **'hot·rod** *n (fam)* hochfrisiertes Auto **'hot seat** *n* ❶ *(fig)* Schleudersitz *m*; **to be in the ~** *(in the spotlight)* im Rampenlicht stehen ❷ AM elektrischer Stuhl **'hot·shot** *n (fam)* Kanone *f* **'hot spot** *n* ❶ *(popular place)* heißer Schuppen ❷ *(area of conflict)* Krisenherd *m* **hot 'stuff** *n no pl* ❶ *(fam: skilful)* ■ **to be ~** ein Ass sein ❷ *(sl: sexy woman)* heiße Braut; *(sexy man)* heißer Typ **hot-'tem·pered** *adj* heißblütig

hot-'wa·ter bot·tle *n* Wärmflasche *f*

hound [haʊnd] I. *n* |Jagd|hund *m* II. *vt* jagen

hour [aʊəʳ] *n* Stunde *f*; **it's about 3 ~s' walk from here** von hier sind es etwa 3 Stunden zu Fuß; **the clock struck the ~** die Uhr schlug die volle Stunde; **24 ~s a day** 24 Stunden am Tag; **50 kilometres an** [*or* **per**] **~** 50 Kilometer pro Stunde; **£10 an ~** 10 Pfund die Stunde; **opening ~s** Öffnungszeiten *pl*; **to keep regular ~s** geregelte Zeiten einhalten; **to be paid by the ~** pro Stunde bezahlt werden; **to work long ~s** lange arbeiten; **~ after** [*or* **upon**] **~** Stunde um Stunde; **after ~s** nach der Polizeistunde; **at all ~s** zu jeder Tages- und Nachtzeit; **for ~s** stundenlang; **till all ~s** bis früh in den Morgen **'hour hand** *n* Stundenzeiger *m* **hour·ly** ['aʊəli] *adj, adv* stündlich; **~ rate** Stundensatz *m*

house I. *n* [haʊs] Haus *nt*; **Sam's playing at Mary's ~** Sam spielt bei Mary; **~ of cards** Kartenhaus *nt*; **the H~ of Windsor** das Haus Windsor; **to eat sb out of ~ and home** jdm die Haare vom Kopf fressen; **to play to a full ~** THEAT vor vollem Haus spielen; **in ~** im Hause; **on the ~** auf Kosten des Hauses ▸ **to get on like a ~ on fire** ausgezeichnet miteinander auskommen; **to go all around the ~s** umständlich vorgehen **II.** *adj* [haʊs] Haus-; **~ red/white** Rot-/Weißwein *m* der Hausmarke **III.** *vt* [haʊz] ▪ **to ~ sb** jdn unterbringen; *criminal* jdm Unterschlupf gewähren; ▪ **to ~ sth** etw beherbergen; (*encase*) etw verkleiden

'house ar·rest *n no pl* Hausarrest *m* **'house·boat** *n* Hausboot *nt* **'house·break·er** *n* Einbrecher(in) *m(f)* **'house·break·ing** *n no pl* Einbruch *m* **'house·coat** *n* Hausmantel *m* **'house·fly** *n* Stubenfliege *f* **'house·hold I.** *n* Haushalt *m* **II.** *adj appliance* Haushalts-; *expense, task, waste* häuslich; **~ goods** Hausrat *m* **'house·hold·er** *n* Hauseigentümer(in) *m(f)* **'house·hunt** *vi* von einem Haus suchen **'house hus·band** *n* Hausmann *m* **'house·keep·er** *n* Haushälter(in) *m(f)* **'house·keep·ing** *n no pl* ① (*act*) Haushalten *nt* ② (*money*) Haushaltsgeld *nt* **'house·man** *n* BRIT Assistenzarzt *m* **'house·plant** *n* Zimmerpflanze *f* **'house·proud** *adj* BRIT, AUS ▪ **to be ~** sich sehr um sein Zuhause kümmern, weil man großen Wert auf Heimeligkeit etc. legt **'house sur·geon** *n* BRIT Klinikchirurg(in) *m(f)*

house-to-'house *adj, adv* von Haus zu Haus **'house-train** *vt* stubenrein machen **'house-trained** *adj* BRIT, AUS stubenrein **'house-warm·ing** *n,* **'house-warm·ing par·ty** *n* Einweihungsparty *f* **'house·wife** *n* Hausfrau *f* **'house·work** *n no pl* Hausarbeit *f*

hous·ing ['haʊzɪŋ] *n* ① *no pl* (*living quarters*) Wohnungen *pl* ② (*casing*) Gehäuse *nt*

'hous·ing as·so·ci·a·tion *n* Wohnungsbaugesellschaft *f* **'hous·ing ben·e·fit** *n* BRIT Wohngeld *nt kein pl* **'hous·ing con·di·tions** *npl* Wohnbedingungen *pl* **'hous·ing es·tate** *n* BRIT, AM **'hous·ing de·vel·op·ment** *n* Wohnsiedlung *f* **'hous·ing mar·ket** *n* Wohnungsmarkt *m*

HOV [ˌeɪtʃoʊˈviː] *n* AM AUTO *abbrev of* **high occupancy vehicle** Fahrzeug *nt* mit mindestens zwei Insassen; **~ lane** Fahrspur *f* für Fahrzeuge mit mindestens zwei Insassen

hov·el ['hɒvəl] *n* armselige Hütte; (*fig*) Bruchbude *f*

hov·er ['hɒvəʳ] *vi* ① (*stay in air*) schweben; *hawk also* stehen ② (*fig: be near*) **the waiter ~ed over our table** der Kellner hing ständig an unserem Tisch herum; **to ~ in the background/near a door** sich im Hintergrund/ in der Nähe einer Tür herumdrücken; **to ~ on the brink of disaster** am Rande des Ruins stehen

'hov·er·craft <*pl - or -s*> *n* Luftkissenboot *nt* **'hov·er·port** *n* Anlegestelle *f* für Luftkissenboote

how [haʊ] **I.** *adv* wie; **~ are you?** wie geht es Ihnen?; **~ are things?** wie geht's [denn so]?; **~ is your mother doing?** wie geht's deiner Mutter?; **~'s work?** was macht die Arbeit?; **~'s that?** (*comfortable?*) wie ist das?; (*do you agree?*) passt das?; **~ do you do?** (*meeting sb*) Guten Tag [*o* Abend]!; **~ come?** wie das?; **~ come you're here?** wieso bist du da?; **~ do you know that?** woher weißt du das?; **just do it any old ~** mach's wie du willst; **~ about it?** was meinst du?; **~ about a movie?** wie wäre es mit Kino?; **and ~!** und ob [*o* wie]!; **~ about that!** was sagt man dazu!; **~'s that for an excuse!** ist das nicht eine klasse Ausrede!; **~ far/long/many** wie weit/lange/viele; **~ much** wie viel; **~ much is it?** wie viel [*o* was] kostet es? **II.** *n* the **~**[s] **and why**[s] das Wie und Warum

how·ev·er [haʊˈevəʳ] **I.** *adv* ① + *adj* (*to whatever degree*) egal wie ② (*showing contradiction*) jedoch; **I love ice cream — ~, I am trying to lose weight, so ...** ich liebe Eis – ich versuche jedoch gerade abzunehmen, daher ... ③ (*by what means*) wie auch immer ...; **~ did you manage to get so dirty?** wie hast du es bloß geschafft, so schmutzig zu werden? **II.** *conj* ① (*in any way*) wie auch immer; **you can do it ~ you like** du kannst es machen, wie du willst; **~ you do it, ...** wie auch immer du es machst, ... ② (*nevertheless*) jedoch; **there may, ~, be other reasons** es mag jedoch auch andere Gründe geben

howl [haʊl] **I.** *n of animal, wind* Heulen *nt kein pl*; *of person* Geschrei *nt kein pl*; **~ of pain** Schmerzensschrei *m*; **~s of protest** Protestgeschrei *nt* **II.** *vi* ① *animal, wind* heulen; *person* schreien ② (*fam: laugh*) brüllen
♦ **howl down** *vt* niederschreien

howl·er ['haʊləʳ] *n* (*mistake*) Schnitzer *m*

howl·ing ['haʊlɪŋ] I. *adj* ❶ *animal, wind* heulend; *person* schreiend ❷ (*fam: great*) riesig; ~ **success** Riesenerfolg *m* II. *n no pl of animal, wind* Heulen *nt*; *of person* Geschrei *nt*

hp *n abbrev of* **horsepower** PS; **a 4 ~ engine** ein Motor *m* mit 4 PS

HQ [ˌeɪtʃˈkjuː] *n abbrev of* **headquarters**

hr *n abbrev of* **hour** Std.

HRH [ˌeɪtʃɑːrˈeɪtʃ] *n abbrev of* **His/Her Royal Highness** S.M./I.M.

ht *n abbrev of* **height**

hub [hʌb] *n* ❶ TECH Nabe *f* ❷ (*of airline*) Basis *f* ❸ (*fig: centre*) Zentrum *nt*

hub·bub ['hʌbʌb] *n no pl* (*noise*) Lärm *m*; (*commotion*) Tumult *m*

hub·cap ['hʌbkæp] *n* Radkappe *f*

huck·le·ber·ry ['hʌk|beri] *n* AM amerikanische Heidelbeere

huck·ster ['hʌkstər] *n* AM (*fam*) Reklamefritze *m*

hud·dle ['hʌdl] I. *n* ❶ (*close group*) [wirrer] Haufen; *of people* Gruppe *f*; **to stand in a ~** dicht zusammengedrängt stehen ❷ AM (*in football*) **to make** [*or* **form**] **a ~** die Köpfe zusammenstecken II. *vi* sich [zusammen]drängen ◆**huddle down** *vi* sich niederkauern ◆**huddle together** *vi* sich zusammenkauern; **to ~ together for warmth** sich wärmesuchend aneinander schmiegen ◆**huddle up** *vi* sich zusammenkauern

hue [hjuː] *n* Farbe *f*; (*shade*) Schattierung *f*; (*complexion*) Gesichtsfarbe *f* ▸ **~ and cry** Gezeter *nt*

huff [hʌf] I. *vi* **to ~ and puff** schnaufen und keuchen II. *n* ❶ (*fam*) **to be in a ~** eingeschnappt sein; **to get into a ~** einschnappen; **to go off in a ~** beleidigt abziehen

huffy ['hʌfi] *adj* ❶ (*easily offended*) empfindlich ❷ (*in a huff*) beleidigt

hug [hʌɡ] I. *vt* <-gg-> ❶ (*with arms*) ▪ **to ~ sb** jdn umarmen; **to ~ one's knees** die Knie umklammern ❷ (*fig*) **the dress ~ged her body** das Kleid lag eng an ihrem Körper an; **to ~ the shore** sich dicht an der Küste halten II. *vi* <-gg-> sich umarmen III. *n* Umarmung *f*; **to give sb a ~** jdn umarmen

huge [hjuːdʒ] *adj* ❶ (*big*) riesig; **~ success** Riesenerfolg *m* ❷ (*impressive*) gewaltig; *costs* immens

huge·ly ['hjuːdʒli] *adv* ungeheuer

hulk [hʌlk] *n* ❶ (*ship*) [Schiffs]rumpf *m*; (*car*) Wrack *nt*; (*building*) Ruine *f* ❷ (*person*) Brocken *m*

hulk·ing ['hʌlkɪŋ] *adj* massig; (*clumsy*) ungeschlacht; **~ great** BRIT monströs

hull [hʌl] *n* [Schiffs]rumpf *m*

hul·lo [həˈləʊ] *interj* BRIT *see* **hello**

hum [hʌm] I. *vi* <-mm-> ❶ (*make sound*) brausen; *engine* brummen; *small machine* surren; *bee* summen; *crowd* murmeln ❷ (*fig*) voller Leben sein ❸ (*sing*) summen; **to ~ under one's breath** vor sich *akk* hinsummen ▸ **to ~ and haw** BRIT, AUS herumdrucksen II. *vt* <-mm-> summen III. *n* Brausen *nt*; *of machinery* Brummen *nt*; *of insects* Summen *nt*; *of a conversation* Gemurmel *nt*; *of a small machine* Surren *nt*

hu·man ['hjuːmən] I. *n* Mensch *m* II. *adj* menschlich; **~ chain** Menschenkette *f*; **~ relationships** die Beziehungen *pl* des Menschen

hu·mane [hjuːˈmeɪn] *adj* human

hu·mani·tar·ian [hjuːˌmænɪˈteəriən] I. *n* Menschenfreund(in) *m(f)* II. *adj* humanitär

hu·man·ities [hjuːˈmænətiːz] *npl* ▪ **the ~** die Geisteswissenschaften *pl* **hu·man·ity** [hjuːˈmænəti] *n no pl* ❶ (*people*) die Menschheit; **crimes against ~** Verbrechen *pl* gegen die Menschheit ❷ (*quality*) Menschlichkeit *f*; **to treat sb with ~** jdn human behandeln **hu·man·ize** ['hjuːmənaɪz] *vt* ❶ (*make acceptable*) humanisieren ❷ (*give human character*) vermenschlichen

hu·man·ly ['hjuːmənli] *adv* menschlich; **to do everything ~ possible** alles Menschenmögliche tun

hu·man 'na·ture *n no pl* die menschliche Natur **hu·man 'race** *n no pl* ▪ **the ~** die menschliche Rasse **hu·man re·'sources** *npl* ❶ + *sing vb* (*department*) Personalabteilung *f* ❷ (*staff*) Arbeitskräfte *pl* **hu·man 'rights** *npl* Menschenrechte *pl*

hum·ble ['hʌmbl] I. *adj* <-r, -st> ❶ (*modest*) bescheiden; **of ~ birth** von niedriger Geburt ❷ (*respectful*) demütig; **please accept our ~ apologies** wir bitten ergebenst um Verzeihung II. *vt* **to be ~d by sth** durch etw *akk* gedemütigt werden; ▪ **to be ~d by sb** SPORTS von jdm vernichtend geschlagen werden

hum·bug ['hʌmbʌɡ] *n* ❶ *no pl* (*nonsense*) Humbug *m* ❷ (*sweet*) Pfefferminzbonbon *nt o m*

hum·drum ['hʌmdrʌm] *adj* langweilig, fad[e]

hu·mid ['hjuːmɪd] *adj* feucht

hu·midi·fier [hjuːˈmɪdɪfaɪər] *n* Luftbefeuchter *m*

hu·midi·fy <-ie-> [hjuːˈmɪdɪfaɪ] *vt* befeuchten

hu·mid·ity [hjuːˈmɪdəti] *n no pl* [Luft]feuchtigkeit *f*

hu·mili·ate [hjuːˈmɪlieɪt] *vt* ❶ (*humble*) demütigen ❷ (*embarrass*) blamieren ❸ SPORTS vernichtend schlagen

hu·mili·at·ing [hjuːˈmɪliertɪŋ] *adj* erniedri-

hu·mil·i·a·tion [hjuːˌmɪliˈeɪʃən] *n* Demütigung *f*

hu·mil·i·ty [hjuːˈmɪləti] *n no pl* Demut *f*; (*modesty*) Bescheidenheit *f*

hum·mock [ˈhʌmək] *n* [kleiner] Hügel

hu·mor *n* AM *see* **humour**

hu·mor·ist [ˈhjuːməʳrɪst] *n* Humorist(in) *m(f)*

hu·mor·less *adj* AM *see* **humourless**

hu·mor·ous [ˈhjuːməʳrəs] *adj person* humorvoll; *book, programme, situation* lustig; *idea, thought* witzig

hu·mour [ˈhjuːməʳ] **I.** *n* ❶ *no pl* Humor *m*; **his speech was full of ~** seine Rede war voller Witz ❷ (*form: mood*) Laune *f* **II.** *vt* ■**to ~ sb** jdm seinen Willen lassen

hu·mour·less [ˈhjuːməʳləs] *adj* humorlos

hump [hʌmp] **I.** *n* ❶ (*hill*) kleiner Hügel; (*in street*) Buckel *m* ❷ (*on camel*) Höcker *m*; (*on a person*) Buckel *m* ▶ **sb has got the ~** jd ist sauer; **to be over the ~** über den Berg sein **II.** *vt* ❶ (*fam: carry*) schleppen ❷ (*vulg, sl: have sex with*) bumsen

'**hump·back** *n* ❶ (*person*) Buck[e]lige(r) *f(m)* ❷ (*back*) Buckel *m* ❸ (*whale*) Buckelwal *m*

'**hump·backed** *adj person* bucklig; *bridge* gewölbt

Hun [hʌn] *n* ❶ HIST Hunne, Hunnin *m, f* ❷ (*pej! hist: German*) Deutsche(r) *f(m)*

hunch [hʌntʃ] **I.** *n* <*pl* -es> ❶ (*protuberance*) Buckel *m* ❷ (*feeling*) Gefühl *nt*; **to act on a ~** nach Gefühl handeln; **to have a ~ that ...** das [leise] Gefühl haben, dass ... **II.** *vi* sich krümmen **III.** *vt* **to ~ one's back** einen Buckel machen; **to ~ one's shoulders** die Schultern hochziehen

'**hunch·back** *n* ❶ (*back*) Buckel *m* ❷ (*person*) Bucklige(r) *f(m)*

hun·dred [ˈhʌndrəd] **I.** *n* ❶ <*pl* -> (*number*) Hundert *f*; **~s of cars** Hunderte von Autos; **~s and ~s** Hunderte und aber Hunderte; **a ~ to one** hundert zu eins; **eight ~** achthundert; **by the ~s** zu Hunderten ❷ <*pl* -> (*miles/kilometres per hour*) **to drive a ~** hundert fahren ❸ <*pl* -> (*years old*) **to be/turn a ~** hundert Jahre alt sein/werden ❹ (*with centuries*) **the eighteen ~s** das achtzehnte Jahrhundert **II.** *adj* hundert; **a ~ miles** [ein]hundert Meilen; **a ~ per cent** hundertprozentig; **never in a ~ years** nie im Leben; **a ~ and five** [ein]hundert[und]fünf

'**hun·dred·fold** *adv* hundertfach; **sales have increased a ~** der Verkauf ist um das Hundertfache gestiegen

hun·dredth [ˈhʌndrədθ] **I.** *n* ❶ (*in line*) Hundertste(r) *f(m)* ❷ (*fraction*) Hundertstel *nt* **II.** *adj* ❶ (*in series*) hundertste(r, s); **for the ~ time** zum hundertsten Mal ❷ (*in fraction*) hundertstel

'**hun·dred·weight** <*pl* - *or* -**s**> *n* ≈ Zentner *m*

hung [hʌŋ] **I.** *pt, pp of* **hang II.** *adj* **~ jury** Jury, die zu keinem Mehrheitsurteil kommt; **~ parliament** Parlament *nt* ohne klare Mehrheitsverhältnisse

Hun·gar·i·an [hʌŋˈgeərɪən] **I.** *n* ❶ (*person*) Ungar(in) *m(f)* ❷ *no pl* (*language*) Ungarisch *nt* **II.** *adj* ungarisch

Hun·ga·ry [ˈhʌŋgəʳri] *n no pl* Ungarn *nt*

hun·ger [ˈhʌŋgəʳ] **I.** *n no pl* Hunger *m a. fig*; **to die of ~** verhungern **II.** *vi* ■**to ~ after** [*or* **for**] **sth** nach etw *dat* hungern

hun·gry [ˈhʌŋgri] *adj* hungrig *a. fig*; **to go ~** hungern; ■**to be ~** Hunger haben; ■**to be ~ for sth** hungrig nach etw *dat* sein; **~ for adventure/love/power** abenteuer-/liebes-/machthungrig; **~ for knowledge** wissensdurstig

hunk [hʌŋk] *n* ❶ (*piece*) Stück *nt* ❷ (*fam: man*) **a ~ of a man** ein Bild *nt* von einem Mann

hunky dory [-ˈdɔːri] *adj* prima

hunt [hʌnt] **I.** *n* ❶ (*chase*) Jagd *f*; **to go on a ~** auf die Jagd gehen ❷ (*search*) Suche *f*; **to be on the ~ for sb/sth** auf der Suche nach jdm/etw sein ❸ (*group of hunters*) Jagdgesellschaft *f* **II.** *vt* ❶ (*chase to kill*) jagen ❷ (*search for*) **to ~ sb/sth** Jagd auf jdn/etw machen; **the police are ~ing the terrorists** die Polizei fahndet nach den Terroristen **III.** *vi* ❶ (*chase to kill*) jagen ❷ (*search*) suchen; ■**to ~ through sth** etw durchsuchen

hunt·er [ˈhʌntəʳ] *n* ❶ (*person*) Jäger(in) *m(f)* ❷ (*horse*) Jagdpferd *nt* ❸ (*dog*) Jagdhund *m*

hunt·ing [ˈhʌntɪŋ] *n no pl* ❶ HUNT Jagen *nt*, Jagd *f*; **to go ~** auf die Jagd gehen ❷ (*search*) Suche *f*

'**hunt·ing ground** *n* Jagdrevier *nt* '**hunt·ing li·cence** *n* Jagdschein *m* '**hunt·ing sea·son** *n* Jagdzeit *f*

hunt·ress [ˈhʌntrɪs] *n* Jägerin *f*

'**hunts·man** *n* ❶ (*hunter*) Jäger *m* ❷ (*keeper of dogs*) Rüdemann *m* (*Hundebetreuer bei der Jagd*)

hur·dle [ˈhɜːdl] **I.** *n* Hürde *f a. fig*; **to fall at the first ~** [bereits] an der ersten Hürde scheitern; SPORTS ■**~s** *pl* (*for people*) Hürdenlauf *m*; (*horseracing*) Hürdenrennen *nt*; **the American won the 400 metres ~s** der Amerikaner siegte über 400 Meter Hürden **II.** *vt* überspringen

hur·dler [ˈhɜːdləʳ] *n* Hürdenläufer(in) *m(f)*

hurl [hɜːl] *vt* schleudern; **he ~ed the book across the room** er pfefferte das Buch quer durchs Zimmer; **to ~ abuse/insults at sb**

jdm Beschimpfungen/Beleidigungen an den Kopf werfen; **to ~ oneself at/into** sich stürzen auf +*akk*/in +*akk*

hurly-burly ['hɜːli,bɜːli] *n* Rummel *m*

hur·rah [hə'rɑː], **hur·ray** [hə'reɪ] **I.** *interj* hurra; **~ for the Queen!** ein Hoch der Königin! **II.** *n* last ~ Schwanengesang *m*

hur·ri·cane ['hʌrɪkən] *n* Orkan *m*; (*tropical*) Hurrikan *m*; **~ force wind** orkanartiger Wind **'hur·ri·cane lamp** *n* Sturmlaterne *f*

hur·ried ['hʌrɪd] *adj* hastig; *departure* überstürzt

hur·ry ['hʌri] **I.** *n no pl* Eile *f*; **what's [all] the ~?** wozu die Eile?; **he won't do that again in a ~** das wird er so schnell nicht mehr machen; **there's no [great] ~** es hat keine Eile [*o* eilt nicht]; **in my ~ to leave on time I ...** in der Hektik des Aufbruchs habe ich ...; **to leave in a ~** hastig aufbrechen; **to need sth in a ~** etw sofort brauchen **II.** *vi* <-ie-> sich beeilen; **there's no need to ~** lassen Sie sich ruhig Zeit **III.** *vt* <-ie-> ■ **to ~ sb** jdn hetzen; **I hate to ~ you, but ...** ich will ja nicht drängen, aber ...; **he was hurried to hospital** er wurde eilig ins Krankenhaus geschafft ◆ **hurry along I.** *vi* sich beeilen **II.** *vt person* [zur Eile] antreiben; *process* beschleunigen ◆ **hurry away, hurry off I.** *vi* schnell weggehen **II.** *vt* schnell wegbringen ◆ **hurry on** *vi* weitereilen ◆ **hurry out I.** *vi* hinauseilen **II.** *vt* schnell hinausbringen ◆ **hurry up I.** *vi* sich beeilen; **~ up!** beeil dich! **II.** *vt person* zur Eile antreiben; *process* beschleunigen

hurt [hɜːt] **I.** *vi* <hurt, hurt> ❶ (*be painful*) wehtun ❷ (*do harm*) schaden *a. fig* **II.** *vt* <hurt, hurt> (*also fig: cause pain*) ■ **to ~ sb** jdm wehtun; (*injure*) jdn verletzen; **his ear ~s him** sein Ohr tut ihm weh; **she was ~ by his refusal to apologize** dass er sich absolut nicht entschuldigen wollte, hat sie gekränkt; **to ~ oneself** sich verletzen; **to ~ one's leg** sich *dat* am Bein wehtun ❷ (*harm*) ■ **to ~ sb/sth** jdm/etw schaden; **it wouldn't ~ you to do the ironing for once** es würde dir nichts schaden, wenn du auch mal bügeln würdest; **to ~ sb's feelings/pride** jds Gefühle/Stolz verletzen **III.** *adj* ❶ (*in pain*) verletzt ❷ (*fig*) *feelings* verletzt; *look, voice* gekränkt **IV.** *n* (*pain*) Schmerz *m*; (*injury*) Verletzung *f*; (*fig*) Kränkung *f*

hurt·ful ['hɜːtfᵊl] *adj* verletzend

hur·tle ['hɜːtl] **I.** *vi* rasen; **the boy came hurtling round the corner** der Junge kam um die Ecke geschossen **II.** *vt* ■ **to ~ sb/sth against sth** jdn/etw gegen etw *akk* schleudern

hus·band ['hʌzbən(d)] *n* Ehemann *m*; **that's my ~** das ist mein Mann; **~ and wife** Mann und Frau

hush [hʌʃ] **I.** *n no pl* Stille *f*; **deathly ~** Totenstille *f*; **a bit of ~ now, please!** ein bisschen Ruhe jetzt, bitte! **II.** *interj* ■ **~!** pst! **III.** *vt* zum Schweigen bringen; (*soothe*) beruhigen ◆ **hush up** *vt* vertuschen

hush-'hush *adj* (*fam*) [streng] geheim

'hush mon·ey *n* (*fam*) Schweigegeld *n*

husk [hʌsk] **I.** *n* Schale *f*; Am *of maize* Hüllblatt *nt* **II.** *vt corn* schälen

husky¹ ['hʌski] *adj* ❶ *voice* rau ❷ *person* kräftig [gebaut]

husky² ['hʌski] *n* (*dog*) Husky *m*, Schlittenhund *m*

hus·sy ['hʌsi] *n* (*pej, hum*) Flittchen *nt*

hus·tings ['hʌstɪŋz] *npl* Wahlkampf *m*

hus·tle ['hʌsl] **I.** *vt* ❶ (*hurry*) ■ **to ~ sb somewhere** jdn irgendwohin treiben ❷ (*coerce*) ■ **to ~ sb into doing sth** jdn [be]drängen, etw zu tun; ■ **to ~ sth** Am (*fam*) etw [hartnäckig] erkämpfen **II.** *vi* ❶ (*work quickly*) unter Hochdruck arbeiten; **to ~ for business** sich fürs Geschäft abstrampeln *fam* ❷ Am (*fam*) auf den Strich gehen **III.** *n* Gedränge *nt*; **~ and bustle** geschäftiges Treiben

hus·tler ['hʌslə⁽ʳ⁾] *n* ❶ (*swindler*) Betrüger(in) *m(f)* ❷ Am (*prostitute*) Strichjunge *m*, Strichmädchen *nt*

'hus·tling *n no pl* (*prostitution*) [Straßen]prostitution *f*

hut [hʌt] *n* Hütte *f*

hutch [hʌtʃ] *n* Käfig *m*; (*for rabbits*) Stall *m*

hy·aena [haɪˈiːnə] *n* Hyäne *f*

hy·brid ['haɪbrɪd] *n* BOT, ZOOL Kreuzung *f*

hy·drau·lic [haɪˈdrɔːlɪk] *adj* hydraulisch

hy·drau·lics [haɪˈdrɔːlɪks] *n* + *sing vb* Hydraulik *f*

hydro·car·bon [ˌhaɪdrə(ʊ)ˈkɑːbən] *n* Kohlenwasserstoff *m*

hydro·chlo·ric acid [ˌhaɪdrə(ʊ)kləˈrɪkˈæsɪd] *n no pl* Salzsäure *f*

hydro·elec·tric [ˌhaɪdrəʊˈlektrɪk] *adj* hydroelektrisch; **~ power station** Wasserkraftwerk *nt*

hydro·foil ['haɪdrə(ʊ)fɔɪl] *n* Tragflächenboot *nt*

hy·dro·gen ['haɪdrədʒən] *n no pl* Wasserstoff *m*; **~ bomb** Wasserstoffbombe *f*

hydro·pho·bia [haɪdrə(ʊ)ˈfəʊbiə] *n no pl* krankhafte Wasserscheu

hydro·pon·ics [ˌhaɪdrə(ʊ)ˈpɒnɪks] *n* + *sing vb* BOT Hydrokultur *f*

hy·ena [haɪˈiːnə] *n* Hyäne *f*

hy·giene ['haɪdʒiːn] *n no pl* Hygiene *f*; **personal ~** Körperpflege *f*

hy·gien·ic [haɪˈdʒiːnɪk] *adj* hygienisch

hymn [hɪm] *n* ❶ REL Kirchenlied *nt* ❷ (*praise*) Hymne *f*

hym·nal ['hɪmnəl] *n*, **hymn·book** ['hɪmbʌk] *n* Gesangbuch *nt*
hype [haɪp] **I.** *n no pl* Reklameaufwand *m*; **media ~** Medienrummel *m*; *(deception)* Werbemasche *f* **II.** *vt* ■ **to ~ sth** etw [in den Medien] hochjubeln
hy·per ['haɪpər] *adj (fam)* aufgedreht, hyper *sl*
hyper·ac·tive [ˌhaɪpərˈæktɪv] *adj* hyperaktiv
hyper·bo·la [haɪˈpɜːbələ] *n* MATH Hyperbel *f* **hyper·bo·le** [haɪˈpɜːbəli] *n no pl* LIT Hyperbel *f* **'hyper·mar·ket** *n* Verbrauchermarkt *m* **hyper·sen·si·tive** [ˌhaɪpərˈsɛnsɪtɪv] *adj* überempfindlich; ■ **to be ~ to sth** auf etw *akk* überempfindlich reagieren
hy·phen ['haɪfən] *n (between words)* Bindestrich *m*; *(at end of line)* Trennstrich *m*
hy·phen·ate ['haɪfəneɪt] *vt* mit Bindestrich schreiben
hyp·no·sis [hɪpˈnəʊsɪs] *n no pl* Hypnose *f*; ■ **to be under ~** sich in Hypnose befinden
hyp·no·thera·py [ˌhɪpnəˈθerəpi] *n no pl* MED Hypnotherapie *f*
hyp·not·ic [hɪpˈnɒtɪk] *adj (causing hypnosis)* hypnotisierend; *(referring to hypnosis)* hypnotisch; **~ state** Zustand *m* der Hypnose
hyp·no·tist ['hɪpnətɪst] *n* Hypnotiseur(in) *m(f)*
hyp·no·tize ['hɪpnətaɪz] *vt* hypnotisieren *a. fig*
hypo·chon·dria [ˌhaɪpə(ʊ)ˈkɒndriə] *n no pl* Hypochondrie *f*
hypo·chon·dri·ac [ˌhaɪpə(ʊ)ˈkɒndriæk] *n* Hypochonder(in) *m(f)*
hy·poc·ri·sy [hɪˈpɒkrəsi] *n no pl* Heuchelei *f*, Scheinheiligkeit *f*
hypo·crite ['hɪpəkrɪt] *n* Heuchler(in) *m(f)*, Scheinheilige(r) *f(m)*
hypo·criti·cal [ˌhɪpəʊˈkrɪtɪkəl] *adj* heuchlerisch, scheinheilig
hypo·der·mic [ˌhaɪpə(ʊ)ˈdɜːmɪk] *adj* subkutan; **~ syringe** Injektionsspritze *f*
hy·pote·nuse [haɪˈpɒtənjuːz] *n* MATH Hypotenuse *f*
hypo·ther·mia [ˌhaɪpə(ʊ)ˈθɜːmiə] *n no pl* Unterkühlung *f*
hy·poth·esis <*pl* -ses> [haɪˈpɒθəsɪs] *n* Hypothese *f*
hypo·theti·cal [ˌhaɪpə(ʊ)ˈθetɪkəl] *adj* hypothetisch
hys·ter·ec·to·my [ˌhɪstəˈrektəmi] *n* MED Hysterektomie *f*
hys·te·ria [hɪˈstɪəriə] *n no pl* Hysterie *f*
hys·ter·ic [hɪˈsterɪk] *adj* hysterisch
hys·teri·cal [hɪˈsterɪkəl] *adj* ❶ *(emotional)* hysterisch ❷ *(fam: hilarious)* ausgelassen heiter

I

I <*pl* -'s *or* -s>, **i** <*pl* -'s> [aɪ] *n* ❶ *(letter)* I *nt*, i *nt; see also* **A 1** ❷ *(Roman numeral)* I *nt*, i *nt*
I [aɪ] **I.** *pron pers* ich; **~ for one ...** ich meinerseits ...; **accept me for what ~ am** nimm mich so, wie ich bin **II.** *n* PHILOS *(the ego)* ■ **the ~** das Ich
IAEA *n* [ˌaɪeɪiːˈeɪ] *abbrev of* **International Atomic Energy Agency** IAEO *f*
ibex <*pl* -es> ['aɪbeks] *n* Steinbock *m*
ibid [ˈɪbɪd] *adv,* **ibidem** [ˈɪbɪdem] *adv* LIT ib.
IBS [ˌaɪbiːˈes] *n no pl* MED *abbrev of* **irritable bowel syndrome** Reizdarm *m*
IC [ˌaɪˈsiː] *n abbrev of* **integrated circuit**
i/c *abbrev of* **in charge** [of] v. D.
ice [aɪs] **I.** *n no pl* Eis *nt* ▶ **to break the ~** das Eis zum Schmelzen bringen; **sth cuts no ~ with sb** etw lässt jdn ziemlich kalt; **to put sth on ~** etw auf Eis legen **II.** *vt* glasieren ◆ **ice over** *vi* ■ **to be ~d over** *road* vereist sein; *lake* zugefroren sein
'Ice Age *n* Eiszeit *f* **'ice-axe** *n* Eispickel *m*
'ice·berg *n* Eisberg *m* **'ice-bound** *adj ship* eingefroren; *harbour* zugefroren **'ice·box** *n* ❶ BRIT *(freezer)* Eisfach *nt* ❷ AM *(fridge)* Kühlschrank *m* **'ice-break·er** *n* ❶ *(ship)* Eisbrecher *m* ❷ *(to break tension)* Spiel zur Auflockerung der Atmosphäre **'ice cap** *n* Eiskappe *f (an den Polen)* **ice-'cold** *adj* eiskalt **ice 'cream** *n* Eiscreme *f* **ice-'cream mak·er** *n* Eismaschine *f* **ice-'cream par·lour** *n* Eisdiele *f* **'ice cube** *n* Eiswürfel *m*
iced [aɪst] *adj* ❶ *(frozen)* eisgekühlt ❷ *(covered with icing)* glasiert
'ice floe *n* Eisscholle *f* **'ice hock·ey** *n* Eishockey *nt*
Ice·land ['aɪslənd] *n* Island *nt*
Ice·land·er ['aɪsləndər] *n* Isländer(in) *m(f)*
Ice·land·ic [aɪsˈlændɪk] **I.** *n* Isländisch *nt* **II.** *adj* isländisch
ice 'lol·ly *n* BRIT Eis *nt* am Stiel **'ice pack** *n* ❶ *(for swelling)* Eisbeutel *m* ❷ *(sea ice)* Packeis *nt* **'ice rink** *n* Schlittschuhbahn *f*, Eisbahn *f* **'ice-skate** *vi* eislaufen **'ice-skat·ing** *n no pl* Schlittschuh laufen *nt*
I Ching [ˌiːˈtʃɪŋ] *n* I Ging *nt*
ici·cle ['aɪsɪkl] *n* Eiszapfen *m*
ic·ing ['aɪsɪŋ] *n* FOOD Zuckerguss *m* ▶ **to be the ~ on the cake** *(pej: unnecessary)* [bloß] schmückendes Beiwerk sein; *(approv: unexpected extra)* das Sahnehäubchen sein *fam*
'ic·ing sug·ar *n* Puderzucker *m*
icon ['aɪkɒn] *n* ❶ *(also fig: painting)* Ikone *f*

ico·no·clast [aɪˈkɒnə(ʊ)klæst] *n* ❶ *(form: critic of beliefs)* Bilderstürmer *m fig* ❷ REL *(hist)* Ikonoklast *m fachspr*
ico·no·clas·tic [aɪˌkɒnə(ʊ)ˈklæstɪk] *adj* ikonoklastisch *geh*
ICU [ˌaɪsiːˈjuː] *n abbrev of* **intensive care unit** Intensivstation *f*
icy [ˈaɪsi] *adj* ❶ *(full of ice)* road vereist; *(very cold)* eisig [kalt] ❷ *(unfriendly)* frostig
I.D. [ˌaɪˈdiː] *n no pl abbrev of* **identification** Ausweis *m*
I'd [aɪd] = I would, I had *see* have I, II, would
I.'D. card *n* [Personal]ausweis *m*
IDDD [ˌaɪdiːdiːˈdiː] AM *abbrev of* **international direct distance dialling** SWFD
idea [aɪˈdɪə, -ˈdiːə] *n* ❶ *(notion)* Vorstellung *f*; **whatever gave you that ~?** wie kommst du denn [bloß] darauf?; **the ~ never entered my head** der Gedanke ist mir nie in den Sinn gekommen; **to get ~s** *(fam)* auf dumme Gedanken kommen; **to give sb ~s** *(fam)* jdn auf dumme Gedanken bringen ❷ *(purpose)* ■ **the ~** der Zweck; **the ~ was to meet at the pub** eigentlich wollten wir uns in der Kneipe treffen ❸ *(suggestion)* Idee *f*; **that's an ~!** *(fam)* das ist eine gute Idee!; **to toy with the ~ of doing sth** mit der Idee spielen, etw zu tun ❹ *(knowledge)* Begriff *m*; **to have an ~ of sth** eine Vorstellung von etw *dat* haben; **have you any ~ of what you're asking me to do?** weißt du eigentlich, um was du mich da bittest?; **to have [got] no ~** *(fam)* keine Ahnung haben; **to not have the slightest ~** nicht die leiseste Ahnung ❺ *(conception)* Ansicht *f*; **this is not my ~ of fun** *(fam)* das verstehe ich nicht unter Spaß!
ideal [aɪˈdɪəl, -ˈdiːəl] I. *adj* ideal II. *n no pl* Ideal *nt*
ideal·ism [aɪˈdɪəlɪzᵊm] *n no pl also* PHILOS Idealismus *m* **ideal·ist** [aɪˈdɪəlɪst] *n* Idealist(in) *m(f)* **ideal·is·tic** [aɪˌdɪəˈlɪstɪk] *adj* idealistisch **ideal·ize** [aɪˈdɪəlaɪz] *vt* idealisieren **ideal·ly** [aɪˈdɪəli] *adv* ❶ *(best scenario)* idealerweise ❷ *(perfectly)* genau richtig
iden·ti·cal [aɪˈdentɪkᵊl] *adj* identisch **(to** mit)
iden·ti·fi·able [aɪˌdentɪˈfaɪəbᵊl] *adj* erkennbar; *substance* nachweisbar
iden·ti·fi·ca·tion [aɪˌdentɪfɪˈkeɪʃᵊn] *n no pl* ❶ *(determination of identity)* of a dead person, criminal Identifizierung *f*; of a problem, aims Identifikation *f*; *(of a virus, plant)* Bestimmung *f*; *(of papers)* Ausweispapiere *pl* ❸ *(sympathy)* Identifikation *f* **(with** mit) ❹ *(association)* Parteinahme *f*
iden·ti·fi·'ca·tion pa·pers *npl* Ausweispapiere *pl*
iden·ti·fy <-ie-> [aɪˈdentɪfaɪ] I. *vt* ❶ *(recognize)* identifizieren ❷ *(establish identity)* ■ **to ~ sb** jds Identität feststellen ❸ *(associate)* ■ **to ~ sb with sb/sth** jdn mit jdm/etw assoziieren; ■ **to ~ oneself with sth** sich mit etw *dat* identifizieren II. *vi* ■ **to ~ with sb** sich mit jdm identifizieren; ■ **to be identified with sth** mit etw *dat* in Verbindung gebracht werden
iden·ti·kit® [aɪˈdentɪkɪt] I. *n* BRIT, AUS Phantombild *nt* II. *adj* ❶ *(made with identikit)* Phantom- ❷ *(pej: copied)* unoriginell
iden·ti·ty [aɪˈdentɪti] *n* ❶ *(who sb is)* Identität *f* ❷ *(identicalness)* Übereinstimmung *f*
i'den·ti·ty card *n* [Personal]ausweis *m*
i'den·ti·ty fraud *n no pl* Identitätsbetrug *m*
i'den·ti·ty theft *n* SOCIOL Identitätsdiebstahl *m* **i'den·ti·ty thief** *n* SOCIOL Identitätsdieb(in) *m(f)*
ideo·logi·cal [ˌaɪdɪə(ʊ)ˈlɒdʒɪkᵊl] *adj* ideologisch
ideo·lo·gist [ˌaɪdɪˈɒlədʒɪst] *n* Ideologe, Ideologin *m, f*
ideol·ogy [ˌaɪdɪˈɒlədʒi] *n* Ideologie *f*
idio·cy [ˈɪdiəsi] *n* *(foolishness)* Schwachsinn *m*; *(act)* Dummheit *f*
idi·om [ˈɪdiəm] *n* LING ❶ *(phrase)* [idiomatische] Redewendung *f* ❷ *(language)* Idiom *nt*; *(dialect)* Dialekt *m*
idio·mat·ic [ˌɪdiə(ʊ)ˈmætɪk] *adj* idiomatisch
idio·syn·cra·sy [ˌɪdiə(ʊ)ˈsɪŋkrəsi] *n* Eigenart *f*
idio·syn·crat·ic [ˌɪdiə(ʊ)sɪŋˈkrætɪk] *adj* charakteristisch
idi·ot [ˈɪdiət] *n* *(pej)* Idiot *m*
idi·ot·ic [ˌɪdiˈɒtɪk] *adj* idiotisch; *idea* hirnverbrannt
idle [ˈaɪdᵊl] I. *adj* ❶ *(lazy)* faul ❷ *(not working) people* untätig; *moment* müßig; *machines* außer Betrieb präd; **the ~ rich** die reichen Müßiggänger ❸ *(pointless, unfounded) chatter* hohl; *fear* unbegründet; *rumours, speculation* rein; *threat* leer II. *vi* ❶ *(do nothing)* faulenzen ❷ *(engine)* leer laufen
idle·ness [ˈaɪdᵊlnəs] *n no pl* Müßiggang *m*; *(not doing anything)* Untätigkeit *f*
idler [ˈaɪdlər] *n* *(person)* Müßiggänger(in) *m(f)*
idol [ˈaɪdᵊl] *n* ❶ *(model)* Idol *nt* ❷ REL Götzenbild *nt*
idola·trous [aɪˈdɒlətrəs] *adj* REL Götzen-
idola·try [aɪˈdɒlətri] *n no pl* Götzenanbetung *f*; *(fig)* Vergötterung *f*
idol·ize [ˈaɪdᵊlaɪz] *vt* vergöttern
IDP¹ [ˌaɪdiːˈpiː] *abbrev of* **integrated data processing** integrierte Datenverarbeitung
IDP² [ˌaɪdiːˈpiː] *abbrev of* **International**

ignorance

expressing a lack of knowledge	Nichtwissen ausdrücken
I don't know (either).	Das weiß ich (auch) nicht.
Don't know./Dunno. (*fam*)	Weiß nicht. (*fam*)
No idea!	Keine Ahnung!
I haven't the foggiest (*fam*)/faintest (idea).	Hab keinen blassen Schimmer. (*fam*)
I'm afraid I don't know anything about that.	Ich kenne mich da leider nicht aus.
That I don't know.	Da kenne ich mich nicht aus.
You've got me there.	Da bin ich überfragt.
How should I know?	Woher soll ich das wissen?
That's new to me.	Darüber weiß ich nicht Bescheid.
I have no knowledge of the exact number.	Die genaue Anzahl **entzieht sich meiner Kenntnis.** (*form*)

Driving Permit Internationaler Führerschein
idyll ['ɪdᵊl] *n* ❶ (*blissful time*) Idyll *nt* ❷ LIT Idylle *f*
idyl·lic [ɪ'dɪlɪk] *adj* idyllisch
i.e. [ˌaɪ'iː] *n abbrev of* **id est** d.h.
if I. *conj* ❶ (*in case*) wenn, falls; **even ~ ...** selbst [dann], wenn ...; ▪ **~ ..., then ...** wenn ..., dann ... ❷ (*in exclamation*) **~ I had only known!** hätte ich es nur gewusst! ❸ (*whether*) ob ❹ (*although*) wenn auch ▶ **~ anyone/anything/anywhere** wenn überhaupt; **barely/hardly/rarely ... ~ at all** kaum ..., wenn überhaupt; **~ ever** wenn [überhaupt] je[mals]; **little/few ~ any** wenn [überhaupt], dann wenig/wenige; **... ~ not ...**, ..., wenn nicht [sogar] ...; **let's take a break, ~ only for a minute** machen wir eine Pause, und sei's auch nur für eine Minute **II.** *n* Wenn *nt;* **there's a big ~ hanging over the project** über diesem Projekt steht noch ein großes Fragezeichen ▶ **no ~s and buts** kein Wenn und Aber *fam*
if·fy ['ɪfi] *adj* (*fam*) ungewiss
ig·loo ['ɪgluː] *n* Iglu *m o nt*
ig·ne·ous ['ɪgnɪəs] *adj* vulkanisch
ig·nite [ɪg'naɪt] **I.** *vi* Feuer fangen; ELEC zünden **II.** *vt* (*form*) anzünden; (*set in motion*) entfachen
ig·ni·tion [ɪg'nɪʃᵊn] *n* AUTO Zündung *f*
ig·ni·tion coil *n* Zündspule *f* **ig·ni·tion key** *n* Zündschlüssel *m* **ig·ni·tion switch** <-es> *n* Zündschalter *m*

ig·no·ble [ɪg'nəʊbl] *adj* (*liter*) schändlich
ig·no·mini·ous [ˌɪgnə(ʊ)'mɪnɪəs] *adj* (*liter*) schmachvoll; (*humiliating*) entwürdigend; *behaviour* schändlich; *defeat* schmählich
ig·no·miny ['ɪgnəmɪni] *n no pl* Schande *f*
ig·no·ra·mus [ˌɪgnə'reɪməs] *n* (*form or hum*) Ignorant(in) *m(f)*
ig·no·rance ['ɪgnᵊrᵊn(t)s] *n no pl* Unwissenheit *f* (**about** über)
ig·no·rant ['ɪgnᵊrᵊnt] *adj* unwissend; ▪ **to be ~ about sth** sich in etw *dat* nicht auskennen; ▪ **to be ~ of sth** von etw *dat* keine Ahnung haben *fam*
ig·nore [ɪg'nɔːʳ] *vt* ignorieren
igua·na [ɪ'gwɑːnə] *n* Leguan *m*
ilk [ɪlk] *n no pl* (*pej liter*) **people of that ~** solche Leute
ill [ɪl] **I.** *adj* ❶ (*sick*) krank; **I feel ~** mir ist gar nicht gut; **to be critically ~** in Lebensgefahr schweben; **to fall ~** krank werden; **my sister is ~ with a cold** meine Schwester hat eine Erkältung ❷ (*bad*) schlecht; (*harmful*) schädlich; (*unfavourable*) unerfreulich; **he doesn't bear you any ~ will** er trägt dir nichts nach; **no ~ feeling!** Schwamm drüber!; **to suffer no ~ effects** keine negativen Auswirkungen verspüren; **~ fortune** Pech *nt;* **~ health** angegriffene Gesundheit ❸ AM (*sl*) megacool **II.** *adv* (*form: badly*) schlecht; **to bode ~** nichts Gutes verheißen; **to speak ~ of sb** schlecht über jdn sprechen **III.** *n* ❶ (*problems*) ▪ **~s** *pl* Übel *nt* ❷ (*people*) ▪ **the ~** *pl* Kranke *pl*

I'll [aɪl] = I will *see* will
ill-ad·'vised *adj* unklug **ill at 'ease** *adj* unbehaglich **ill-'bred** *adj* schlecht erzogen **ill-con·'ceived** *adj* schlecht durchdacht
il·legal [ɪˈliːgəl] **I.** *adj* illegal **II.** *n esp* AM (*fam*) Illegale(r) *f(m)*
il·legal 'im·mi·grant *n* illegaler Einwanderer/illegale Einwanderin **ill-le·gal·i·ty** [ˌɪliːˈgæləti] *n* Illegalität *f*; SPORTS Regelwidrigkeit *f*
il·leg·i·ble [ɪˈledʒəbl] *adj* unleserlich
il·le·git·i·mate [ˌɪlɪˈdʒɪtəmət] *adj* ❶(*child*) unehelich ❷(*unauthorized*) unrechtmäßig
ill-e'quipped *adj* schlecht ausgestattet; ■ **to be ~ to do sth** (*lack of equipment*) für etw *akk* nicht die nötigen Mittel haben; (*lack of ability*) nicht über die notwendigen Kenntnisse verfügen, um etw tun zu können **ill-'fat·ed** *adj* person vom Unglück verfolgt **ill-'fa·voured** *adj* unerfreulich **ill-'fit·ting** *adj clothes, shoes, dentures* schlecht sitzend *attr*
ill-'got·ten *attr* unrechtmäßig erworben
il·lib·er·al [ɪˈlɪbərəl] *adj* (*form*) ❶(*repressive*) illiberal ❷(*narrow-minded*) intolerant
il·lic·it [ɪˈlɪsɪt] *adj* (gesetzlich) verboten
il·lim·it·a·ble [ɪˈlɪmɪtəbl] *adj* grenzenlos; *sky* endlos; *ocean* unendlich
ill-in·'formed *adj* ❶(*wrongly informed*) falsch informiert ❷(*ignorant*) schlecht informiert
il·lit·er·a·cy [ɪˈlɪtərəsi] *n no pl* Analphabetismus *m*
il·lit·er·ate [ɪˈlɪtərət] **I.** *n* Analphabet(in) *m(f)* **II.** *adj* analphabetisch; (*fig, pej*) ungebildet
ill-'man·nered *adj* unhöflich; *child* ungezogen **ill-'na·tured** *adj* bosshaft
ill·ness [ˈɪlnəs] *n* Krankheit *f*
il·log·i·cal [ɪˈlɒdʒɪkəl] *adj* unlogisch
il·log·i·cal·i·ty [ɪˌlɒdʒɪˈkæləti] *n no pl* Mangel *m* an Logik
ill-'omened *adj* unheilvoll **ill-'starred** *adj* vom Pech verfolgt **ill-'tem·pered** *adj* (*at times*) schlecht gelaunt; (*by nature*) mürrisch **ill-'timed** *adj* ungelegen **ill-'treat** *vt* misshandeln **ill-'treat·ment** *n* Misshandlung *f*
il·lu·mi·nate [ɪˈluːmɪneɪt] *vt* erhellen; (*spotlight*) beleuchten; (*fig*) erläutern
il·lu·mi·nat·ing [ɪˈluːmɪneɪtɪŋ] *adj* (*form*) aufschlussreich
il·lu·mi·na·tion [ɪˌluːmɪˈneɪʃən] *n* ❶ *no pl* (*form: light*) Beleuchtung *f* ❷ *no pl* (*in books*) Buchmalerei *f* ❸ BRIT (*decorative lights*) ■ **~ s** *pl* Festbeleuchtung *f*
illus. ❶ *abbrev of* **illustrated** ill. ❷ *abbrev of* **illustration** Abb.
il·lu·sion [ɪˈluːʒən] *n* Illusion *f*; **to create the ~ of sth** die Illusion erwecken, dass ...; **to labour under the ~ that ...** sich der Illusion

hingeben, dass ...
il·lu·sion·ist [ɪˈluːʒənɪst] *n* Zauberkünstler(in) *m(f)*
il·lu·sive [ɪˈluːsɪv] *adj*, **il·lu·sory** [ɪˈluːsəri] *adj* (*deceptive*) illusorisch ❷(*imaginary*) imaginär
il·lus·trate [ˈɪləstreɪt] *vt* ❶(*add pictures to*) illustrieren ❷(*fig: show more clearly*) aufzeigen
il·lus·tra·tion [ˌɪləˈstreɪʃən] *n* ❶(*drawing*) Illustration *f* ❷(*fig: example*) Beispiel *nt*
il·lus·tra·tive [ˈɪləstrətɪv] *adj* (*form*) beispielhaft
il·lus·tra·tor [ˈɪləstreɪtər] *n* Illustrator(in) *m(f)*
il·lus·tri·ous [ɪˈlʌstriəs] *adj* (*form*) *person* berühmt; *deed* glanzvoll
ill-'will *n* Feindseligkeit *f*; **to bear sb ~** einen Groll auf jdn haben
ILS [ˌaɪelˈes] *n abbrev of* **instrument landing system** Instrumentelandesystem *nt*
I'm [aɪm] = **I am** *see* be
im·age [ˈɪmɪdʒ] *n* ❶(*likeness*) Ebenbild *nt* ❷(*picture*) Bild *nt*; (*sculpture*) Skulptur *f* ❸(*mental picture*) Vorstellung *f* ❹(*reputation*) Image *n* ❺ LIT Metapher *f* **II.** *vt* ■ **to ~ sth** *dat* etw vorstellen
im·age·ry [ˈɪmɪdʒəri] *n no pl* LIT Bildersprache *f*
im·ag·i·na·ble [ɪˈmædʒɪnəbl] *adj* erdenklich
im·ag·i·nary [ɪˈmædʒɪnəri] *adj* imaginär
im·ag·i·na·tion [ɪˌmædʒɪˈneɪʃən] *n* Fantasie *f*; **lack of ~** Fantasielosigkeit *f*; **not by any stretch of the ~** beim besten Willen nicht
im·ag·i·na·tive [ɪˈmædʒɪnətɪv] *adj* fantasievoll
im·ag·ine [ɪˈmædʒɪn] *vt* ❶(*form mental image*) ■ **to ~ sb/sth** sich *dat* jdn/etw vorstellen ❷(*suppose*) ■ **to ~ sth** sich *dat* etw denken; **I cannot ~ what you mean** ich weiß wirklich nicht, was du meinst ❸(*be under the illusion*) glauben ▶ **~ that!** stell dir das mal vor!
'im·ag·ing *n no pl* COMPUT digitale Bildverarbeitung
im·bal·ance [ɪmˈbælən(t)s] *n* Ungleichgewicht *nt*
im·be·cile [ˈɪmbəsiːl] **I.** *n* Idiot *m pej fam* **II.** *adj* schwachsinnig *pej fam*
im·bibe [ɪmˈbaɪb] **I.** *vt* ■ **to ~ sth** ❶(*form: drink*) etw [in sich hin]einschlürfen ❷(*fig: absorb*) etw übernehmen **II.** *vi* (*form or hum*) sich *dat* einen genehmigen *fam*
im·bro·glio [ɪmˈbrəʊliəʊ] *n* (*liter*) Hexenkessel *m*
im·bue [ɪmˈbjuː] *vt usu passive* ❶(*inspire*) erfüllen (**with** mit) ❷(*form: soak*) benetzen; (*dye*) [ein]färben

IMF [ˌaɪemˈef] *n no pl abbrev of* **International Monetary Fund**: ■**the** ~ der IWF
imi·tate [ˈɪmɪteɪt] *vt* imitieren; *style* kopieren
imi·ta·tion [ˌɪmɪˈteɪʃ⁰n] **I.** *n* ❶ *no pl* (*mimicry*) Imitation *f* ❷ (*act of imitating*) Imitieren *nt*; **to do an** ~ **of sb/sth** jdn/etw nachmachen ❸ (*copy*) Kopie *f* **II.** *adj leather, silk* Kunst-; *pearl, gold, silver* unecht
imi·ta·tive [ˈɪmɪtətɪv] *adj* ❶ (*esp pej: copying*) imitierend ❷ (*onomatopoeic*) lautmalerisch
imi·ta·tor [ˈɪmɪteɪtə'] *n* Nachahmer(in) *m(f)*; *of voices* Imitator(in) *m(f)*
im·macu·late [ɪˈmækjələt] *adj* (*approv: neat*) makellos; (*flawless*) perfekt; *garden* säuberlich gepflegt
im·ma·nence [ˈɪmənən(t)s] *n no pl* PHILOS Immanenz *f*
im·ma·nent [ˈɪmənənt] *adj* innewohnend; PHILOS immanent
im·ma·terial [ˌɪməˈtɪərɪəl] *adj* ❶ (*not important*) unwesentlich ❷ (*not physical*) immateriell
im·ma·ture [ˌɪməˈtjʊə',] *adj* ❶ (*pej: not mature*) unreif; (*childish*) kindisch *meist pej* ❷ (*not developed*) unreif; (*sexually*) nicht geschlechtsreif; *plan* unausgereift
im·ma·tur·ity [ˌɪməˈtjʊərəti] *n no pl* Unreife *f*
im·meas·ur·able [ɪˈmeʒ³rəbl] *adj* (*limitless*) grenzenlos; (*great*) *influence* riesig; *effect* gewaltig
im·media·cy [ɪˈmiːdɪəsi] *n no pl* Unmittelbarkeit *f*; *of a problem* Aktualität *f*; (*relevance*) Relevanz *f*; (*nearness*) Nähe *f*
im·medi·ate [ɪˈmiːdɪət] *adj* ❶ (*without delay*) umgehend; **to take** ~ **action/effect** augenblicklich handeln/wirken; *consequences* unmittelbar ❷ *attr* (*close*) unmittelbar; **sb's** ~ **family** jds nächste Angehörige; **sb's** ~ **friends** jds engste Freunde ❸ (*direct*) direkt; *cause* unmittelbar; *result* sofortig ❹ (*current*) unmittelbar; *concerns, problems, needs* dringend
im·medi·ate·ly [ɪˈmiːdɪətli] **I.** *adv* ❶ (*at once*) sofort, gleich ❷ (*closely*) direkt, unmittelbar **II.** *conj* BRIT sobald
im·memo·rial [ˌɪmɪˈmɔːrɪəl] *adj* (*liter*) uralt; **from time** ~ seit Urzeiten
im·mense [ɪˈmen(t)s] *adj* riesig, enorm; **to be of** ~ **importance** immens wichtig sein
im·mense·ly [ɪˈmen(t)sli] *adv* extrem, ungeheuer
im·men·sity [ɪˈmen(t)səti] *n* ❶ *no pl* (*largeness*) Größe *f* ❷ *usu pl* (*boundlessness*) Endlosigkeit *f kein pl*
im·merse [ɪˈmɜːs] *vt* ❶ (*dunk*) eintauchen ❷ (*become absorbed in*) ■**to** ~ **oneself in sth** sich in etw *akk* vertiefen ❸ (*baptize*) untertauchen (*als Taufhandlung*)
im·mer·sion [ɪˈmɜːʃ⁰n, -ʒ⁰n] *n* ❶ (*dunking*) Eintauchen *nt*, Untertauchen *nt*; (*baptizing*) Ganztaufe *f no pl* (*absorption*) Vertiefung *f fig* ❸ *no pl esp* AM (*teaching method*) Unterrichtsmethode, bei der ausschließlich die zu erlernende Sprache verwendet wird
im·ˈmer·sion heat·er *n* Tauchsieder *m*
im·mi·grant [ˈɪmɪgrənt] **I.** *n* Einwanderer(in) *m(f)*, Immigrant(in) *m(f)* **II.** *adj neighbourhood, worker* Immigranten-, Einwanderer-; **the** ~ **population** die Einwanderer *pl*
im·mi·grate [ˈɪmɪgreɪt] *vi* einwandern, immigrieren
im·mi·gra·tion [ˌɪmɪˈgreɪʃ⁰n] *n no pl* ❶ (*action*) Einwanderung *f*, Immigration *f* ❷ (*immigration control*) Grenzkontrolle *f* ❸ AM (*immigration control*) ■~**s** *pl* ≈ Grenzschutz *m* (*an Flughäfen*)
im·mi·ˈgra·tion coun·try *n* Einwanderungsland *nt*
im·mi·nence [ˈɪmɪnən(t)s] *n no pl* Bevorstehen *nt*
im·mi·nent [ˈɪmɪnənt] *adj* bevorstehend *attr*; *danger* drohend
im·mo·bile [ɪˈməʊbaɪl] *adj* ❶ (*motionless*) bewegungslos; (*sit*) regungslos; (*unable to move*) unbeweglich ❷ *pred* (*fig fam: not have transportation*) **to be** ~ nicht motorisiert sein; **to be rendered** ~ zum Stillstand gebracht werden
im·mo·bil·ity [ˌɪməʊˈbɪləti] *n no pl* (*motionlessness*) Bewegungslosigkeit *f*, Unbewegtheit *f*; (*of building, object*) Unbeweglichkeit *f*; (*because of damage*) Bewegungsunfähigkeit *f*
im·mo·bi·lize [ɪˈməʊbəlaɪz] *vt* ❶ (*prevent from functioning*) lahmlegen; *car, machine* betriebsuntauglich machen; (*render motionless*) *his indecision/fear* ~**d him** seine Unentschlossenheit/Angst lähmte ihn ❷ (*set in cast*) **my leg was** ~**d in a plaster cast** mein Bein wurde mit einem Gipsverband ruhig gestellt
im·mo·der·ate [ɪˈmɒd³rət] *adj* maßlos; *demands* übertreiben
im·mod·est [ɪˈmɒdɪst] *adj* (*pej*) ❶ (*conceited*) eingebildet ❷ (*indecent*) *clothing* unanständig
im·mo·late [ˈɪməʊleɪt] *vt* REL (*form: sacrifice*) *animal* [rituell] opfern
im·mor·al [ɪˈmɒrəl] *adj* unmoralisch
im·mor·tal [ɪˈmɔːt⁰l] **I.** *adj* ❶ (*undying*) *person, soul* unsterblich; *life* ewig ❷ (*unforgettable*) *of literature* unvergesslich **II.** *n* ❶ (*in myths*) Unsterbliche(r) *f(m)* ❷ (*famous per-*

im·mor·tal·i·ty [ˌɪmɔːˈtæləti] *n no pl* Unsterblichkeit *f* **im·mor·tal·ize** [ɪˈmɔːtᵊlaɪz] *vt* ■ **to ~ sb** (*in a film, book*) jdn verewigen; **to be ~d in history for sth** wegen einer S. *gen* in die Geschichte eingehen

im·mov·able [ɪˈmuːvəbl] **I.** *adj* ❶ (*stationary*) unbeweglich ❷ (*unchanging*) unerschütterlich; *belief, opinion* fest; *opposition* starr **II.** *n* LAW ■ **~s** Immobilien *pl*

im·mune [ɪˈmjuːn] *adj pred* ❶ MED, POL, LAW (*also fig*) immun (**to** gegen/für) ❷ (*fig: safe from*) sicher (**from** vor)

im·'mune sys·tem *n* Immunsystem *nt*

im·mu·ni·ty [ɪˈmjuːnəti] *n no pl* ❶ MED, LAW Immunität *f* ❷ (*fig: lack of vulnerability*) Unempfindlichkeit *f*

im·mu·nize [ˈɪmjənaɪz] *vt* immunisieren

im·mu·no·log·i·cal [ˌɪmjənə(ʊ)ˈlɒdʒɪkᵊl] *adj* immunologisch *fachspr*

im·mu·nol·o·gist [ˌɪmjəˈnɒlədʒɪst] *n* Immunologe(in) *m(f) fachspr*

im·mure [ɪˈmjʊər] *vt* (*liter, form*) ■ **to ~ sb** jdn einkerkern

im·mu·ta·ble [ɪˈmjuːtəbl] *adj* (*unchangeable*) unveränderlich; (*everlasting*) unvergänglich

imp [ɪmp] *n* Kobold *m*

im·pact I. *n* [ˈɪmpækt] *no pl* ❶ (*contact*) Aufprall *m*; **on ~** beim Aufprall; (*force*) Wucht *f*; (*of a bullet, meteor*) Einschlag *m*; **on ~** beim Einschlag ❷ (*fig: effect*) Auswirkung[en] *f[pl]*; **to have an ~ on sb** Eindruck *m* bei jdm machen **II.** *vt* [ɪmˈpækt] *esp* AM, AUS beeinflussen **III.** *vi* [ɪmˈpækt] ❶ (*hit ground*) aufschlagen ❷ AM, AUS (*have effect*) ■ **to ~ on sb/sth** jdn/etw beeinflussen

im·pact·ed [ɪmˈpæktɪd] *adj* ❶ *tooth, bone* eingeklemmt ❷ *esp* AM, AUS (*affected*) betroffen

im·pair [ɪmˈpeər] *vt* (*disrupt*) behindern; **to ~ sb's ability to concentrate/walk/work** jds Konzentrations-/Geh-/Arbeitsfähigkeit beeinträchtigen; (*damage*) etw *dat* schaden, etw schädigen

im·paired [ɪmˈpeəd] *adj* geschädigt; **~ hearing/vision** Hör-/Sehbehinderung *f*

im·pale [ɪmˈpeɪl] *vt usu passive* aufspießen (**on** auf); **to ~ sb** (*hist*) jdn pfählen

im·pal·pa·ble [ɪmˈpælpəbl] *adj* (*liter*) undeutlich; **an ~ change** eine kaum merkliche Veränderung

im·part [ɪmˈpɑːt] *vt* ■ **to ~ sth** [**to sb**] ❶ (*communicate*) *information, knowledge, wisdom* [jdm] etw vermitteln ❷ (*bestow*) [jdm] etw verleihen

im·par·tial [ɪmˈpɑːʃᵊl] *adj* unparteiisch

im·par·ti·al·i·ty [ɪmˌpɑːʃiˈæləti] *n no pl* Unvoreingenommenheit *f*

im·pass·able [ɪmˈpɑːsəbl] *adj* (*blocking vehicles*) unpassierbar; (*fig: blocking negotiations*) unüberwindlich

im·passe [ˈɪmpɑːs] *n* (*also fig: closed path*) Sackgasse *f*; **to reach an ~** sich festfahren *fig*

im·pas·sioned [ɪmˈpæʃᵊnd] *adj* leidenschaftlich

im·pas·sive [ɪmˈpæsɪv] *adj* (*not showing emotion*) ausdruckslos; (*not sympathizing*) gleichgültig

im·pa·tience [ɪmˈpeɪʃᵊn(t)s] *n no pl* ❶ (*eagerness for change*) Ungeduld *f* ❷ (*intolerance*) Unduldsamkeit *f*

im·pa·tient [ɪmˈpeɪʃᵊnt] *adj* ungeduldig (**with** gegenüber); (*intolerant*) intolerant (**of** gegenüber)

im·peach [ɪmˈpiːtʃ] *vt* ■ **to ~ sb for sth** jdn wegen einer S. *gen* anklagen; **to ~ an official/the president** einen Amtsträger/den Präsidenten wegen Amtsmissbrauchs anklagen

im·peach·ment [ɪmˈpiːtʃmənt] *n* Amtsenthebungsverfahren *nt*

im·pec·ca·ble [ɪmˈpekəbl] *adj* makellos; *manners* tadellos; *performance* perfekt; *reputation* untadelig; *taste* ausgesucht

im·pe·cu·ni·ous [ˌɪmpɪˈkjuːniəs] *adj* (*form*) mittellos

im·pede [ɪmˈpiːd] *vt movement, progress, person* behindern

im·pedi·ment [ɪmˈpedɪmənt] *n* ❶ (*hindrance*) Hindernis *nt* (**to** für) ❷ MED Behinderung *f*; **to have a speech ~** einen Sprachfehler haben

im·pel <-ll-> [ɪmˈpel] *vt* (*drive*) [an]treiben; (*force*) nötigen

im·pend·ing [ɪmˈpendɪŋ] *adj attr* (*imminent*) bevorstehend; (*menacing*) drohend

im·pen·e·tra·ble [ɪmˈpenɪtrəbl] *adj* ❶ (*blocking entrance*) unüberwindlich; (*dense*) undurchdringlich; (*exclusive*) exklusiv; *fog* dicht ❷ (*fig: incomprehensible*) unverständlich

im·peni·tent [ɪmˈpenɪtᵊnt] *adj* (*form*) uneinsichtig

im·pera·tive [ɪmˈperətɪv] **I.** *adj* ❶ (*essential*) unbedingt erforderlich ❷ (*commanding*) gebieterisch **II.** *n* ❶ (*necessity*) [Sach]zwang *m*; (*obligation*) Verpflichtung *f*; PHILOS Imperativ *m*; (*factor*) Erfordernis *f* ❷ *no pl* LING ■ **the ~** der Imperativ

im·per·cep·ti·ble [ˌɪmpəˈseptəbl] *adj* unmerklich

im·per·fect [ɪmˈpɜːfɪkt] **I.** *adj* (*flawed*) fehlerhaft; (*incomplete*) unvollkommen; (*not sufficient*) unzureichend **II.** *n no pl* LING ■ **the ~** das Imperfekt

im·per·fec·tion [ˌɪmpəˈfekʃən] n ❶ (flaw) Fehler m, Mangel m ❷ no pl (faultiness) Unvollkommenheit f, Fehlerhaftigkeit f

im·pe·ri·al [ɪmˈpɪərɪəl] adj ❶ (of an empire) Reichs-; (of an emperor) kaiserlich, Kaiser-; (imperialistic) imperialistisch oft pej ❷ (grand) prächtig ❸ (of British empire) Empire-, des Empires nach n ❹ (measure) britisch; ~ gallon britische Gallone (4,55 Liter); **the ~ system** das britische System der Maße und Gewichte

im·pe·ri·al·ism [ɪmˈpɪərɪəlɪzəm] n no pl Imperialismus m meist pej

im·pe·ri·al·ist [ɪmˈpɪərɪəlɪst] I. n (usu pej) Imperialist(in) m(f) meist pej II. adj imperialistisch

im·per·il <BRIT, AUS -ll- or AM usu -l-> [ɪmˈperəl] vt gefährden

im·pe·ri·ous [ɪmˈpɪərɪəs] adj herrisch

im·per·ish·able [ɪmˈperɪʃəbl] I. adj beauty unvergänglich; food haltbar II. n ■ ~s pl haltbare Lebensmittel pl

im·per·ma·nent [ɪmˈpɜːmənənt] adj (transitory) unbeständig; (temporary) zeitlich begrenzt

im·per·me·able [ɪmˈpɜːmiəbl] adj undurchlässig; ~ to water wasserundurchlässig

im·per·son·al [ɪmˈpɜːsənəl] adj (without warmth) also LING unpersönlich; (anonymous) anonym

im·per·son·ate [ɪmˈpɜːsəneɪt] vt ■ to ~ sb (take off) jdn imitieren; (pretend to be) sich als jdn ausgeben

im·per·son·a·tor [ɪmˈpɜːsəneɪtəʳ] n Imitator(in) m(f)

im·per·ti·nent [ɪmˈpɜːtɪnənt] adj ❶ (disrespectful) unverschämt ❷ (irrelevant) nebensächlich

im·per·turb·able [ˌɪmpəˈtɜːbəbl] adj (form) unerschütterlich, gelassen

im·per·vi·ous [ɪmˈpɜːvɪəs] adj ❶ (resistant) undurchlässig; ~ to fire/heat feuer-/hitzebeständig; ~ to water wasserdicht ❷ (fig: not affected) immun (to gegenüber)

im·pet·u·ous [ɪmˈpetʃʊəs] adj person impulsiv; nature hitzig; decision, remark unüberlegt

im·pe·tus [ˈɪmpɪtəs] n no pl ❶ (push) Anstoß m; (driving force) Antrieb m ❷ (momentum) Schwung m

im·pi·e·ty [ɪmˈpaɪətɪ] n no pl ❶ (irreverence) Pietätlosigkeit f; (blasphemy) Gotteslästerung f ❷ (act) Frevel m

im·pinge [ɪmˈpɪndʒ] vi (form) ■ to ~ on sb/sth (affect) sich [negativ] auf jdn/etw auswirken; (restrict) jdn/etw einschränken

im·pi·ous [ˈɪmpɪəs, ˈɪmˌpaɪəs] adj (irreverent) pietätlos; (blasphemous) gotteslästerlich

imp·ish [ˈɪmpɪʃ] adj (mischievous) child lausbubenhaft; look, grin verschmitzt; remark, trick frech

im·plac·a·ble [ɪmˈplækəbl] adj (irreconcilable) unversöhnlich; (relentless) unnachlässig; enemy, opponent unerbittlich

im·plac·a·bly [ɪmˈplækəblɪ] adv (without compromise) unnachgiebig; (relentlessly) unermüdlich

im·plant I. n [ˈɪmplɑːnt] Implantat nt II. vt [ɪmˈplɑːnt] ❶ (add surgically) einpflanzen ❷ (fig: put in mind) to ~ ideas/worries in sb jdm Ideen/Ängste einreden

im·plau·si·ble [ɪmˈplɔːzəbl] adj unglaubwürdig

im·ple·ment I. n [ˈɪmplɪmənt] (utensil) Gerät nt; (tool) Werkzeug nt II. vt [ˈɪmplɪment] einführen; **to ~ a plan** ein Vorhaben in die Tat umsetzen

im·ple·men·ta·tion [ˌɪmplɪmenˈteɪʃən] n no pl of measures, policies Einführung f

im·pli·cate [ˈɪmplɪkeɪt] vt ❶ (involve[d]) ■ **to ~ sb in sth** jdn mit etw dat in Verbindung bringen; **to be ~d in a crime/scandal** in ein Verbrechen/einen Skandal verwickelt sein ❷ (imply) andeuten ❸ (affect) ■ **to ~ sth** etw zur Folge haben

im·pli·ca·tion [ˌɪmplɪˈkeɪʃən] n ❶ (involvement) Verwicklung f ❷ no pl (hinting at) Implikation f geh ❸ usu pl (effect) Auswirkung[en] f|pl|

im·plic·it [ɪmˈplɪsɪt] adj ❶ (suggested) indirekt pred (connected) ■ **to be ~ in sth** mit etw dat verbunden sein ❷ attr (total) bedingungslos; confidence unbedingt

im·plied [ɪmˈplaɪd] adj indirekt

im·plode [ɪmˈpləʊd] vi (cave in) implodieren; (fig) zusammenbrechen

im·plore [ɪmˈplɔːʳ] vt anflehen

im·plor·ing [ɪmˈplɔːrɪŋ] adj flehend

im·plo·sion [ɪmˈpləʊʒən] n no pl Implosion f fachspr; (fig) Zusammenbruch m

im·ply <-ie-> [ɪmˈplaɪ] vt (suggest) andeuten; (as consequence) erfordern

im·po·lite [ˌɪmpəˈlaɪt] adj (without manners) unhöflich; (obnoxious) unverschämt

im·po·lite·ness [ˌɪmpəˈlaɪtnəs] n no pl (lack of manners) Unhöflichkeit f; (obnoxiousness) Unverschämtheit f

im·pol·i·tic [ɪmˈpɒlətɪk] adj undiplomatisch

im·pon·der·a·ble [ɪmˈpɒndərəbl] I. adj question, theory unergründbar; impact, effect nicht einschätzbar II. n usu pl Unwägbarkeit[en] f|pl|

im·port I. vt [ɪmˈpɔːt] ❶ (bring in) products importieren (from aus); ideas, customs übernehmen (from von) ❷ COMPUT importieren II. vi [ɪmˈpɔːt] importieren (from aus) III. n ['ɪmpɔːt] Import *m*

im·por·tance [ɪm'pɔːtən(t)s] *n no pl* Bedeutung *f*, Wichtigkeit *f*; **to be full of one's own ~** sich selbst für sehr wichtig halten

im·por·tant [ɪm'pɔːtənt] *adj* ① (*significant*) wichtig ② (*influential*) bedeutend

im·por·tant·ly [ɪm'pɔːtəntli] *adv* wichtig; (*pej: self-importantly*) wichtigtuerisch

im·por·ta·tion [ˌɪmpɔː'teɪʃən] *n no pl* Import *m*

'im·port duty *n* [Import]zoll *m*

im·por·tu·nate [ɪm'pɔːtjʊnət] *adj* (*form*) hartnäckig; (*annoyingly*) aufdringlich *pej*

im·por·tune [ˌɪmpə'tjuːn] *vt* (*form*) ■ **to ~ sb** ① (*request insistently*) jdn bedrängen ② (*proposition*) jdm Sex für Geld bieten

im·pose [ɪm'pəʊz] **I.** *vt* ① (*implement*) durchsetzen; (*order*) verhängen; *law* verfügen; **to ~ taxes on sb** jdm Steuern auferlegen; **to ~ taxes on sth** Steuern auf etw *akk* erheben **II.** *vi* ■ **to ~ on sb** sich jdm aufdrängen

im·pos·ing [ɪm'pəʊzɪŋ] *adj* beeindruckend; *person* stattlich

im·po·si·tion [ˌɪmpə'zɪʃən] *n* ① *no pl* (*implementation*) Einführung *f*; *of penalties, sanctions* Verhängen *nt* ② (*inconvenience*) Belastung *f*; (*annoyance*) Aufdringlichkeit *f*

im·pos·sibil·ity [ɪmˌpɒsə'bɪləti] *n* ① (*thing*) Ding *nt* der Unmöglichkeit ② *no pl* (*quality*) Unmöglichkeit *f*

im·pos·sible [ɪm'pɒsəbl] **I.** *adj* ① (*not possible*) unmöglich; **that's ~!** das ist unmöglich! ② (*not resolvable*) ausweglos ③ (*difficult*) *person* unerträglich **II.** *n* ■ **the ~ of** das Unmögliche; **to ask the ~** Unmögliches verlangen

im·pos·sibly [ɪm'pɒsəbli] *adv* unvorstellbar

im·post·er *n*, **im·post·or** [ɪm'pɒstə^r] *n* Hochstapler(in) *m*/*f*

im·pos·ture [ɪm'pɒstjə^r] *n* ① *no pl* (*activity*) Hochstapelei *f* ② (*instance*) Betrug *m*

im·po·tence ['ɪmpətən(t)s] *n no pl* ① (*powerlessness*) Machtlosigkeit *f* ② (*sexual*) Impotenz *f*

im·po·tent ['ɪmpətənt] *adj* ① (*powerless*) machtlos ② (*sexually*) impotent

im·pound [ɪm'paʊnd] *vt car, documents, goods* beschlagnahmen; *cat, dog* [von Amts wegen] einsperren

im·pov·er·ish [ɪm'pɒvərɪʃ] *vt* ① (*make poor*) ■ **to ~ sb** jdn arm machen ② (*fig: deplete*) **to ~ the soil** den Boden auslaugen

im·pov·er·ished [ɪm'pɒvərɪʃt] *adj* arm; (*fig*) verarmt

im·prac·ti·cable [ɪm'præktɪkəbl] *adj* (*unfeasible*) undurchführbar; (*inaccessible*) ungangbar

im·prac·ti·cal [ɪm'præktɪkəl] *adj* (*not practical*) unpraktisch; (*unfit*) untauglich; (*unrealistic*) nicht anwendbar

im·pre·ca·tion [ˌɪmprɪ'keɪʃən] *n* (*form*) Verwünschung *f*

im·pre·cise [ˌɪmprɪ'saɪs] *adj* ungenau

im·preg·nable [ɪm'pregnəbl] *adj* ① (*impossible to invade*) uneinnehmbar ② BRIT, AUS (*fig: impossible to defeat*) unschlagbar

im·preg·nate ['ɪmpregneɪt] *vt* ① *usu passive* (*saturate*) imprägnieren ② *usu passive* (*make pregnant, fertilize*) *an animal, egg* befruchten

im·pre·sa·rio [ˌɪmprɪ'sɑːriəʊ] *n* Impresario *m*; *for artists* Agent(in) *m*/*f*

im·press [ɪm'pres] **I.** *vt* ① (*evoke admiration*) beeindrucken; ■ **to be ~ed [by sb/sth]** [von jdm/etw] beeindruckt sein ② (*make realize*) ■ **to ~ sth on sb** jdn von etw *dat* überzeugen; **to ~ sth on one's memory** sich *dat* etw einprägen ③ (*stamp*) [auf]drucken **II.** *vi* Eindruck machen, imponieren; **to fail to ~** keinen [guten] Eindruck machen

im·pres·sion [ɪm'preʃən] *n* ① (*general opinion*) Eindruck *m*; **to be under the ~ that ...** den Eindruck haben, dass ...; **to have/get the ~ that ...** den Eindruck haben/bekommen, dass ... ② (*feeling*) Eindruck *m*; **to create a bad/good ~** einen schlechten/guten Eindruck machen; **to make an ~ on sb** auf jdn Eindruck machen ③ (*imitation*) Imitation *f*; **to do an ~ of sb/sth** jdn/etw imitieren ④ (*imprint*) Abdruck *m*; (*on skin*) Druckstelle *f*

im·pres·sion·able [ɪm'preʃənəbl] *adj* [leicht] beeinflussbar **im·pres·sion·ism** [ɪm'preʃənɪzəm] *n no pl* Impressionismus *m* **im·pres·sion·ist** [ɪm'preʃənɪst] **I.** *n* ① LIT, MUS, ART Impressionist(in) *m*/*f* ② (*imitator*) Imitator(in) *m*/*f* **II.** *adj* impressionistisch **im·pres·sion·is·tic** [ɪm'preʃənɪstɪk] *adj* impressionistisch

im·pres·sive [ɪm'presɪv] *adj* beeindruckend

im·print I. *vt* [ɪm'prɪnt] *usu passive* ① (*mark by pressing*) *coins, leather* prägen; **to ~ a seal on wax** ein Siegel auf Wachs drücken ② (*print*) drucken (on auf); **to ~ sth on sb's mind** (*fig*) jdm etw einprägen **II.** *n* ['ɪmprɪnt] ① (*mark*) Abdruck *m*; *coin, leather* Prägung *f*; *paper, cloth* [Auf]druck *m*; (*fig*) Spuren *pl* ② (*in publishing*) Impressum *nt*

im·pris·on [ɪm'prɪzən] *vt usu passive* (*put in prison*) inhaftieren; (*sentence to prison*) zu einer Gefängnisstrafe verurteilen

im·pris·on·ment [ɪm'prɪzənmənt] *n no pl* Haft *f*; *esp in war* Gefangenschaft *f*

im·prob·abil·ity [ɪmˌprɒbə'bɪləti] *n no pl* Unwahrscheinlichkeit *f*

im·prob·able [ɪm'prɒbəbl] *adj* unwahrscheinlich; *excuse, story* unglaublich; *name* kurios

im·promp·tu [ɪmˈprɒm(p)tjuː] *adj* spontan

im·prop·er [ɪmˈprɒpəʳ] *adj* ❶ *(not correct)* falsch; *(showing bad judgement)* fälschlich ❷ *(inappropriate) clothing, actions* unpassend; *(indecent)* unanständig; *conduct* unschicklich

im·pro·pri·e·ty [ˌɪmprəˈpraɪəti] *n* ❶ *usu pl (improper doings)* Betrug *m* kein *pl* ❷ *no pl (indecency)* Unanständigkeit *f*; *(wrong use)* falscher Gebrauch; *(unsuitableness)* Untauglichkeit *f*

im·prove [ɪmˈpruːv] **I.** *vt* verbessern **II.** *vi* besser werden, sich verbessern; **I hope the weather ~s** ich hoffe, es gibt besseres Wetter; ■ **to ~ on sth** etw [noch] verbessern; **you can't ~ on that!** da ist keine Steigerung mehr möglich!; **to ~ with age** mit dem Alter immer besser werden

im·prove·ment [ɪmˈpruːvmənt] *n* ❶ *(instance)* Verbesserung *f* ❷ *no pl (activity)* Verbesserung *f*; *of illness* Besserung *f*; **room for ~** Steigerungsmöglichkeiten *pl* ❸ *(repair or addition)* Verbesserungsmaßnahme *f*; [home] **~s** Renovierungsarbeiten *pl (Ausbau- und Modernisierungsarbeiten an/in Wohnung/Haus)*

im·pro·vi·dent [ɪmˈprɒvɪdənt] *adj (form: without foresight)* unbedacht; *(careless)* unvorsichtig

im·pro·vi·sa·tion [ˌɪmprəvaɪˈzeɪʃən] *n* Improvisation *f*

im·pro·vise [ˈɪmprəvaɪz] *vt, vi* improvisieren

im·pru·dent [ɪmˈpruːdənt] *adj* leichtsinnig

im·pu·dence [ˈɪmpjədən(t)s] *f no pl* Unverschämtheit *f*

im·pu·dent [ˈɪmpjədənt] *adj* unverschämt

im·pugn [ɪmˈpjuːn] *vt (form)* bestreiten; *testimony, motives* bezweifeln

im·pulse [ˈɪmpʌls] *n* ❶ *(urge) also* ELEC Impuls *m*; **to do sth on an ~** etw aus einem Impuls heraus tun; **to have a sudden ~ to do sth** plötzlich den Drang verspüren, etw zu tun ❷ *(motive)* Antrieb *m*

im·pul·sion [ɪmˈpʌlʃən] *n* ❶ *(urge)* Impuls *m*; *(compulsion)* Drang *m* ❷ *(motive)* Antrieb *m*

im·pul·sive [ɪmˈpʌlsɪv] *adj* impulsiv; *(spontaneous)* spontan

im·pu·ni·ty [ɪmˈpjuːnəti] *n no pl* Straflosigkeit *f*; LAW Straffreiheit *f*; **to do sth with ~** etw ungestraft tun

im·pure [ɪmˈpjʊəʳ] *adj* ❶ *(unclean)* unrein, unsauber; *(contaminated) drinking water* verunreinigt; *drugs* gestreckt; *medication* nicht rein ❷ *(liter: not chaste)* unrein

im·pu·ri·ty [ɪmˈpjʊərəti] *n* ❶ *no pl (quality)* Verunreinigung *f* ❷ *(element)* Verschmutzung *f* ❸ *no pl (liter: of thought)* Unreinheit *f* veraltet

im·pu·ta·tion [ˌɪmpjʊˈteɪʃən] *n (form)* Behauptung *f*

im·pute [ɪmˈpjuːt] *vt* ■ **to ~ sth to sb** jdm etw unterstellen

in [ɪn] **I.** *prep* ❶ *(position)* in +*dat*; **he is deaf ~ his left ear** er hört auf dem linken Ohr nichts; **~ a savings account** auf einem Sparkonto; **he read it ~ the paper** er hat es in der Zeitung gelesen; **to ride ~ a car** [im] Auto fahren; **to be ~ hospital** im Krankenhaus sein; **~ the street** auf der Straße ❷ *after vb (into)* in +*akk*; **slice the potatoes ~ two** schneiden Sie die Kartoffel einmal durch; **to get ~ the car** ins Auto steigen ❸ Am *(at)* auf +*dat*; **Boris is ~ college** Boris ist auf dem College ❹ *(as part of)* in +*dat*; **there are 31 days in March** der März hat 31 Tage; **get together ~ groups of four!** bildet Vierergruppen!; **you're with us ~ our thoughts** in Gedanken sind wir bei dir ❺ *(state, condition)* in +*dat or akk*; **he cried out ~ pain** er schrie vor Schmerzen; **he always drinks ~ excess** er trinkt immer zu viel; **~ anger** im Zorn; **difference ~ quality** Qualitätsunterschied *m*; **to be ~ [no] doubt** [nicht] zweifeln; **~ horror** voller Entsetzen; **~ all honesty** in aller Aufrichtigkeit; **to be ~ a hurry** es eilig haben; **to be ~ love [with sb]** [in jdn] verliebt sein; **to fall ~ love [with sb]** sich [in jdn] verlieben; **to be ~ a good mood** guter Laune sein; **~ secret** heimlich ❻ *(with)* mit, in +*dat*; **to pay ~ cash** [in] bar bezahlen; **~ writing** schriftlich ❼ *(language, music, voice)* Mozart's Piano Concerto ~ E flat Mozarts Klavierkonzert in E-Moll; **~ English/French/German** auf Englisch/Französisch/Deutsch; **to speak ~ a loud/small voice** mit lauter/leiser Stimme sprechen ❽ *(time: during)* am, in +*dat*; **she assisted the doctor ~ the operation** sie assistierte dem Arzt bei der Operation; **~ 1968** [im Jahre] 1968; **~ the end** am Ende; **~ March/May** im März/Mai; **~ the morning/afternoon/evening** morgens/nachmittags/abends ❾ *(time/distance: within)* in, nach +*dat*; **~ record time** in Rekordzeit; **~ a mile or so** nach ungefähr einer Meile ❿ *(time: for)* seit; **I haven't done that ~ a long time** ich habe das lange Zeit nicht mehr gemacht; **I haven't seen her ~ years** ich habe sie seit Jahren nicht gesehen ⓫ *(job, profession)* **he's ~ computers** er hat mit Computern zu tun; **she works ~ publishing** sie arbeitet bei einem Verlag ⓬ *(wearing)* in; **you look nice ~ green** Grün steht dir; **the woman ~ the**

hat die Frau mit dem Hut; **to ~ disguise** verkleidet sein; **~ the nude** nackt; **to ~ uniform** Uniform tragen ⑱(*result*) als; **~ conclusion** schließlich; **~ fact** tatsächlich ⑲ + *-ing* (*while doing*) **~ attempting to save the child, he nearly lost his own life** bei dem Versuch, das Kind zu retten, kam er beinahe selbst um; **~ refusing to work abroad, she missed a good job** weil sie sich weigerte, im Ausland zu arbeiten, entging ihr ein guter Job; **~ doing so** dabei, damit ⑳(*with quantities*) **temperatures tomorrow will be ~ the mid-twenties** die Temperaturen werden sich morgen um 25 Grad bewegen; **he's about six foot ~ height** er ist ca. zwei Meter groß; **people died ~ their thousands** die Menschen starben zu Tausenden; **to be equal ~ weight** gleich viel wiegen; **~ total** insgesamt ㉑(*comparing amounts*) pro; **she has a one ~ three chance** ihre Chancen stehen eins zu drei; **one ~ ten people** jeder zehnte ㉒ *after vb* (*concerning*) **to interfere ~ sb's business** sich in jds Angelegenheiten einmischen; **to be interested ~ sth** sich für etw *akk* interessieren ㉓ *after n* **she had no say ~ the decision** sie hatte keinen Einfluss auf die Entscheidung; **to have confidence ~ sb** jdm vertrauen ㉔(*in a person*) **we're losing a very good sales agent ~ Kim** mit Kim verlieren wir eine sehr gute Verkaufsassistentin; **to not have it ~ oneself to do sth** nicht in der Lage sein, etw zu tun ▶ **~ all** insgesamt; **all ~ all** alles in allem; **~ between** dazwischen **II.** *adv* ❶(*into sth*) herein; **come ~!** herein!; **he opened the door and went ~** er öffnete die Tür und ging hinein; **she was locked ~** sie war eingesperrt; **she didn't ask me ~** sie hat mich nicht hereingebeten ❷(*at arrival point*) **train, bus the train got ~ very late** der Zug ist sehr spät eingetroffen ❸(*towards land*) **is the tide coming ~ or going out?** kommt oder geht die Flut? ❹(*submitted*) **to hand sth ~** etw abgeben ▶ **day ~, day out** tagein, tagaus; **to let sb ~ on sth** jdn in etw *akk* einweihen **III.** *adj* ❶ *pred* (*there*) da; (*at home*) zu Hause; **to have a quiet evening ~** einen ruhigen Abend zu Hause verbringen ❷(*leading in*) einwärts; **door ~** Eingangstür *f* ❸(*in fashion*) in ❹ *pred* (*submitted*) **the application must be ~ by May 31** die Bewerbung muss bis zum 31. Mai eingegangen sein ▶ **to be ~ on sth** über etw *akk* Bescheid wissen **IV.** *n* (*connection*) Kontakt[e] *m*[*pl*] ▶ **to know the ~s and outs of sth** sich in einer S. ~ auskennen; **to understand the ~s and outs of sth** etw hundertprozentig verstehen

in·abil·ity [ˌɪnəˈbɪləti] *n no pl* Unfähigkeit *f*
in·ac·ces·sible [ˌɪnəkˈsesəbl] *adj* ❶(*hard to enter*) unzugänglich; (*hard to understand*) unverständlich ❷ *pred* (*hard to relate to*) unnahbar
in·ac·cu·ra·cy [ɪnˈækjərəsi] *n* ❶(*fact*) Ungenauigkeit *f*; **inaccuracies in bookkeeping** Fehler in der Buchführung ❷ *no pl* (*quality*) Ungenauigkeit *f*
in·ac·cu·rate [ɪnˈækjərət] *adj* (*inexact*) ungenau; (*wrong*) falsch
in·ac·tion [ɪnˈækʃən] *n no pl* Untätigkeit *f*
in·ac·tive [ɪnˈæktɪv] *adj* untätig, inaktiv
in·ac·tiv·ity [ˌɪnækˈtɪvəti] *n no pl* Untätigkeit *f*
in·ad·equa·cy [ɪnˈædɪkwəsi] *n* ❶(*trait*) Unzulänglichkeit[en] *f*[*pl*] ❷ *no pl* (*quality*) Unzulänglichkeit *f*; **feelings of ~** Minderwertigkeitsgefühle *pl*
in·ad·equate [ɪnˈædɪkwət] *adj* unangemessen; **woefully ~** völlig unzulänglich; **to feel ~** Minderwertigkeitsgefühle haben
in·ad·mis·sible [ˌɪnədˈmɪsəbl] *adj* unzulässig
in·ad·ver·tent [ˌɪnədˈvɜːtənt] *adj* (*careless*) unachtsam; (*erroneous*) versehentlich
in·ad·vis·able [ˌɪnədˈvaɪzəbl] *adj* nicht empfehlenswert
in·al·ien·able [ɪˈneɪliənəbl] *adj* (*form*) unveräußerlich
in·ane [ɪˈneɪn] *adj* (*pej*) *story, TV show* geistlos; *question, comment, remark* dämlich
in·ani·mate [ɪnˈænɪmət] *adj* (*not living*) leblos; (*not moving*) bewegungslos
in·an·ity [ɪˈnænəti] *n* (*pej*) ❶(*lack of substance*) Trivialität *f* ❷ *no pl* (*silliness*) Albernheit *f*
in·ap·pli·cable [ˌɪnəˈplɪkəbl] *adj* unanwendbar; *answer, question* unzutreffend
in·ap·pro·pri·ate [ˌɪnəˈprəʊpriət] *adj* (*not of use*) ungeeignet; (*inconvenient*) ungelegen; *time* unpassend; (*out of place*) unangebracht
in·apt [ɪˈnæpt] *adj* (*form*) ❶(*not suitable*) ungeeignet ❷(*not skilful*) ungeschickt
in·ap·ti·tude [ɪˈnæptɪtjuːd] *n no pl* (*form*) Unvermögen *f*
in·ar·ticu·late [ˌɪnɑːˈtɪkjələt] *adj* ❶(*unable to express oneself*) **she was ~ with rage/shame** die Wut/Scham verschlug ihr die Sprache ❷(*not expressed*) *fear, worry* unausgesprochen ❸(*unclear*) undeutlich; *speech* zusammenhangslos
in·ar·tis·tic [ˌɪnɑːˈtɪstɪk] *adj* amusisch
in·as·much as [ˌɪnəzˈmʌtʃəz] *conj* (*form*) ❶(*to the extent that*) insofern [als] ❷(*because*) da [ja], weil
in·at·ten·tion [ˌɪnəˈten(t)ʃən] *n no pl* (*distractedness*) Unaufmerksamkeit *f*; (*negli-*

gence) Achtlosigkeit *f*
in·at·ten·tive [,ɪnə'tentɪv] *adj* (*distracted*) unaufmerksam; (*careless*) achtlos
in·audible [ɪ'nɔːdəbl] *adj* unhörbar
in·augu·ral [ɪ'nɔːgjərəl] *adj attr* ① (*consecration*) Einweihungs-; (*opening*) Eröffnungs- ② *esp* AM POL (*at start of term*) Antritts-
in·augu·rate [ɪ'nɔːgjəreɪt] *vt* ① (*start*) **to ~ an era** eine neue Ära einläuten; **to ~ a policy** eine Politik [neu] einführen; (*open up*) *new building* [neu] eröffnen ② (*induct into office*) ■ **to ~ sb** jdn in sein Amt einführen
in·augu·ra·tion [ɪ,nɔːgjə'reɪʃən] *n* ① *no pl* (*starting*) *of museum, library* Eröffnung *f*; *of monument, stadium* Einweihung *f*; *of era, policy* Einführung *f* ② (*induction*) Amtseinführung *f*
in·aus·pi·cious [,ɪnɔː'spɪʃəs] *adj* (*sign*) ungünstig; **her cinematic debut was ~** ihr Kinodebüt stand unter einem schlechten Stern
in-be·tween I. *adj attr* Zwischen-, Übergangs- II. *n often form* Zwischending *nt*
in·board [,ɪn'bɔːd] I. *adj* (*towards inside*) einwärts, nach innen; (*inside*) innen, auf der Innenseite *nach n*; (*inside vehicle*) im Innenraum *nach n*; NAUT innenbords; **~ engine** Innenbordmotor *m* II. *adv* einwärts, [nach] innen; **an aerial was mounted ~** eine Antenne wurde innenseitig angebracht
in·born [,ɪn'bɔːn] *adj personality trait* angeboren; *physical trait* vererbt
'in-box *n* COMPUT Posteingangsordner *m*
in·bred [,ɪn'bred] *adj* ① (*from inbreeding*) durch Inzucht erzeugt ② (*inherent*) angeboren; *charm, talent* naturgegeben
in·breed·ing [,ɪn'briːdɪŋ] *n no pl* Inzucht *f*
in·built [,ɪn'bɪlt] *adj* BRIT eingebaut; *in people, animals* angeboren
Inc. *adj after n* ECON *abbrev of* **incorporated** [als Kapitalgesellschaft] eingetragen
in·cal·cu·lable [ɪn'kælkjʊləbl] *adj* ① (*very high*) unabsehbar; *costs* unüberschaubar ② (*inestimable*) nicht zu ermessen *präd*, unvorstellbar; **of ~ value** von unschätzbarem Wert ③ (*unpredictable*) *person* unberechenbar
in·can·des·cent [,ɪnkæn'desənt] *adj* ① (*lit up*) [weiß]glühend *attr*, leuchtend hell ② (*fig: aglow*) strahlend ③ (*brilliant*) glanzvoll; *performance* glänzend
in·can·ta·tion [,ɪnkæn'teɪʃən] *n* ① *no pl* (*activity*) Beschwörung *f* ② (*spell*) Zauberspruch *m*
in·ca·pabil·ity [ɪn,keɪpə'bɪləti] *n no pl* Unfähigkeit *f*
in·ca·pable [ɪn'keɪpəbl] *adj* unfähig; **he is ~ of such dishonesty** er ist zu einer solchen Unehrlichkeit gar nicht fähig
in·ca·paci·tate [,ɪnkə'pæsɪteɪt] *vt* **to ~ sb** jdn außer Gefecht setzen
in·ca·pac·ity [,ɪnkə'pæsəti] *n no pl* Unfähigkeit *f*
in·car·cer·ate [ɪn'kɑːsəreɪt] *vt* einkerkern
in·car·nate I. *adj* [ɪn'kɑːnət] *after n* personifiziert; **evil ~** das personifizierte Böse II. *vt* ['ɪnkɑːneɪt] (*form*) ① (*embody*) verkörpern ② (*make concrete*) wiedergeben ③ REL (*become human*) **God ~d Himself in the person of Jesus** Gott selber nahm in der Person Jesu Menschengestalt an
in·car·na·tion [,ɪnkɑː'neɪʃən] *n* ① *no pl* (*human form*) Verkörperung *f* ② (*lifetime*) Inkarnation *f* ③ (*realization*) Bearbeitung *f* ④ REL **the I~** die Inkarnation
in·cau·tious [ɪn'kɔːʃəs] *adj* unvorsichtig
in·cen·di·ary [ɪn'sendɪəri] I. *adj* ① *attr* (*causing fire*) Brand- ② (*fig: causing argument*) aufstachelnd *attr*, aufrührerisch ③ AM (*spicy*) sehr scharf II. *n* (*bomb*) Brandbombe *f*; (*device*) Brandmittel *nt*
in·cense[1] ['ɪnsen(t)s] *n no pl* ① (*substance*) Räuchermittel *nt*; (*in church*) Weihrauch *m*; **stick of ~** Räucherstäbchen *nt* ② (*smoke*) wohlriechender Rauch; (*in church*) Weihrauch *m*
in·cense[2] [ɪn'sen(t)s] *vt* empören; **to be ~d by sb/sth** über jdn/etw erbost sein
in·censed [ɪn'sen(t)st] *adj pred* empört
in·cen·tive [ɪn'sentɪv] I. *n* (*motivation*) Anreiz *m* II. *adj attr* Vorteile bringend; **~ discount** Treuerabatt *m*; **~ offer** Gratisangebot *nt*; **~ price** Kennenlernpreis *m*
in'cen·tive scheme *n* Prämiensystem *nt*
in·cen·tiv·iz·ing [ɪn'sentɪvaɪzɪŋ] *adj* motivierend, attraktiv
in·cep·tion [ɪn'sepʃən] *n no pl* Anfang *m*; (*of a company*) Gründung *f*
in·cer·ti·tude [ɪn'sɜːtɪtjuːd] *n* Unsicherheit *f*
in·ces·sant [ɪn'sesənt] *adj* ununterbrochen
in·cest ['ɪnsest] *n no pl* Inzest *m*
in·ces·tu·ous [ɪn'sestjʊəs] *adj* inzestuös
inch [ɪn(t)ʃ] I. *n* <*pl* -es> ① (*measurement*) Zoll *m* (2,54 cm) ② (*person's measurement*) ■ **-es** *pl* Körpergröße *f* ③ (*small distance*) Zollbreite *f*, Zentimeter *m fig*; **just an ~/just ~es apart** ganz knapp; **to avoid** [*or* **miss**] **sb/sth by ~es** jdn/etw [nur] um Haaresbreite verfehlen; **we won the game by an ~** wir haben das Spiel gerade mal eben gewonnen ④ (*all*) **every ~** jeder Zentimeter II. *vi* sich [ganz] langsam bewegen III. *vt* **to ~ sth across the room/towards the wall** etw [ganz] vorsichtig durch das Zimmer/gegen die Wand bewegen ◆ **inch forward** *vi* sich stückchenweise vorwärtsbewegen

in·ci·dence ['ɪn(t)sɪdᵃn(t)s] n Auftreten nt
in·ci·dent ['ɪn(t)sɪdᵃnt] n ❶ (occurrence) [Vor]fall m; **isolated ~** Einzelfall m; **minor ~** Bagatelle f ❷ (story) Begebenheit f
in·ci·den·tal [ˌɪn(t)sɪ'dentᵊl] adj ❶ (related) begleitend attr, verbunden; ■ **to be ~ to sth** mit etw dat einhergehen; (secondary) nebensächlich; **~ expenses** Nebenkosten pl ❷ (by chance) zufällig; (in passing) beiläufig
in·ci·den·tal·ly [ˌɪn(t)sɪ'dentᵊli] adv ❶ (by the way) übrigens ❷ (in passing) nebenbei; (accidentally) zufällig
in·cin·er·ate [ɪn'sɪnᵊreɪt] vt verbrennen
in·cin·er·a·tor [ɪn'sɪnᵊreɪtər] n Verbrennungsanlage f; (for waste) Müllverbrennungsanlage f; (for bodies) [Verbrennungs]ofen m
in·cip·i·ent [ɪn'sɪpiənt] adj (form) beginnend attr, im Entstehen begriffen präd; **at an ~ stage** im Anfangsstadium
in·cise [ɪn'saɪz] vt (form) einritzen; (into wood) einschnitzen; (into metal, stone) eingravieren; **wound** aufschneiden
in·ci·sion [ɪn'sɪʒᵊn] n MED [Ein]schnitt m
in·ci·sive [ɪn'saɪsɪv] adj (clear) description klar; (penetrating) remark schlüssig; (clear-thinking) person scharfsinnig; **mind** [messer]scharf
in·ci·sor [ɪn'saɪzər] n ANAT Schneidezahn m
in·cite [ɪn'saɪt] vt (pej) aufstacheln; **mutiny, revolt, riot** anzetteln
in·cite·ment [ɪn'saɪtmənt] n no pl Anstiftung f
in·ci·vil·i·ty [ˌɪnsɪ'vɪləti] n ❶ no pl (form: impoliteness) Unhöflichkeit f ❷ (disregard) Respektlosigkeit f
in·clem·ent [ɪn'klemənt] adj (form) weather rau; judge unnachsichtig
in·cli·na·tion [ˌɪŋklɪ'neɪʃᵊn] n ❶ (tendency) Neigung f, Hang m kein pl ❷ no pl (preference) [besondere] Neigung ❸ (slope) Neigung f; **a light/steep ~** ein sanfter/steiler Abhang; **of head** Neigen nt
in·cline I. vi [ɪn'klaɪn] ❶ (tend) tendieren (**towards** zu) ❷ (lean) sich neigen **II.** vt [ɪn'klaɪn] ❶ (form) **that ~s me to think that ...** das lässt mich vermuten, dass ... ❷ (bend) **to ~ one's head** seinen Kopf neigen **III.** n ['ɪnklaɪn] ❶ (slope) Neigung f; **of hill/mountain** [Ab]hang m
in·clined [ɪn'klaɪnd] adj ❶ pred (with tendency) bereit; **to be ~ to do sth** dazu neigen, etw zu tun; **to be ~ to agree/disagree** eher zustimmen/nicht zustimmen; **to be mathematically/politically ~** eine Anlage für Mathematik/Politik haben ❷ PHYS (not even) **plane** schief
in·close vt see **enclose**

in·clude [ɪn'klu:d] vt (contain) beinhalten; (add) beifügen; ■ **to be ~d in sth** in etw akk eingeschlossen sein; ■ **to ~ sb/sth in sth** jdn/etw in etw akk einbeziehen
in·clud·ing [ɪn'klu:dɪŋ] prep einschließlich
in·clu·sion [ɪn'klu:ʒᵊn] n no pl Einbeziehung f
in·clu·sive [ɪn'klu:sɪv] adj ❶ (containing) einschließlich; **all-~ rate** Pauschale f ❷ after n (including limits) [bis] einschließlich ❸ (involving all) [all]umfassend
in·cog·ni·to [ˌɪnkɒg'ni:təʊ] **I.** n Inkognito nt **II.** adv inkognito
in·co·her·ent [ˌɪnkə(ʊ)'hɪərᵊnt] adj zusammenhanglos; **sb is ~** jd redet wirr
in·come ['ɪŋkʌm] n Einkommen nt; **of a company** Einnahmen pl
'in·come group n Einkommensklasse f
'in·come sup·port n no pl BRIT ≈ Sozialhilfe f; **to be on ~** ≈ Sozialhilfe bekommen
'in·come tax n Einkommensteuer f
in·com·ing [ˌɪŋ'kʌmɪŋ] adj attr (in arrival) ankommend; **~ call** [eingehender] Anruf; **~ freshman** AM Studienanfänger an einer amerikanischen Hochschule; **~ tide** [ansteigende] Flut; (immigrating) zuwandernd; (recently elected) neu [gewählt]
in·com·ings [ˌɪŋ'kʌmɪŋz] npl Einkommen nt; **of a company** Einnahmen pl
in·com·men·su·rate [ˌɪnkə'men(t)ʃᵊrət] adj pred ❶ (out of proportion) unangemessen; ■ **to be ~ to sth** zu einer S. dat in keinem Verhältnis stehen ❷ (not compatible) unvergleichbar ❸ MATH inkommensurabel fachspr
in·com·mu·ni·ca·do [ˌɪnkəˌmju:nɪ'kɑ:dəʊ] **I.** adj pred (form) nicht erreichbar **II.** adv isoliert
in·com·pa·ra·ble [ɪn'kɒmpᵊrəbl] adj (different) unvergleichbar; (superior) unvergleichlich
in·com·pat·i·bil·i·ty [ˌɪnkəmˌpætə'bɪləti] n no pl Unvereinbarkeit f; **of computers** Inkompatibilität f fachspr
in·com·pat·i·ble [ˌɪnkəm'pætəbl] adj unvereinbar; ■ **to be ~** persons nicht zusammenpassen; ■ **to be ~ with sth** mit etw unvereinbar sein; **machinery** inkompatibel; **blood type** unverträglich; **colours** nicht kombinierbar
in·com·pe·tence [ɪn'kɒmpɪtᵊn(t)s], **in·com·pe·ten·cy** [ɪn'kɒmpɪtᵊn(t)si] n no pl Inkompetenz f
in·com·pe·tent [ɪn'kɒmpɪtᵊnt] **I.** adj ❶ (incapable) inkompetent; ■ **to be ~ for sth** für etw ungeeignet sein ❷ LAW unzuständig **II.** n (pej) Dilettant(in) m(f)
in·com·plete [ˌɪnkəm'pli:t] **I.** adj form, application, collection unvollständig; construction, project unfertig **II.** n AM SCH, UNIV **'in-**

in·com·pre·hen·si·ble [ɪnˌkɒmprɪˈhen(t)səbl] *adj* unverständlich; *act, event* unbegreiflich

complete' *Zeugnisvermerk, der besagt, dass ein Kurs noch nachträglich zu absolvieren ist*

in·con·ceiv·a·ble [ˌɪnkənˈsiːvəbl] *adj* undenkbar; ■ it is ~ that ... es ist unvorstellbar, dass ...

in·con·clu·sive [ˌɪnkənˈkluːsɪv] *adj argument* nicht überzeugend; *results, test* ergebnislos; *evidence* unzureichend

in·con·gru·ous [ɪnˈkɒŋgruəs] *adj* (*not appropriate*) unpassend; (*not consistent*) widersprüchlich

in·con·se·quent [ɪnˈkɒn(t)sɪkwənt] *adj* (*illogical*) unlogisch; (*irrelevant*) unwesentlich

in·con·se·quen·tial [ɪnˌkɒn(t)sɪˈkwen(t)ʃ(ə)l] *adj* (*illogical*) unlogisch; (*unimportant*) unbedeutend; (*irrelevant*) unwesentlich

in·con·sid·er·a·ble [ˌɪnkənˈsɪdərəbl] *adj* unbeträchtlich

in·con·sid·er·ate [ˌɪnkənˈsɪdərət] *adj* (*disregarding*) rücksichtslos (**towards** gegenüber); (*insensitive*) gedankenlos; *remark* taktlos

in·con·sis·ten·cy [ˌɪnkənˈsɪstən(t)si] *n* ① (*contradiction*) Unvereinbarkeit *f*; (*in a text*) Unstimmigkeit *f* ② *no pl* (*inconstancy*) Unbeständigkeit *f*

in·con·sis·tent [ˌɪnkənˈsɪstənt] *adj* ① (*lacking agreement*) widersprüchlich ② (*unsteady*) unbeständig

in·con·sol·a·ble [ˌɪnkənˈsəʊləbl] *adj* untröstlich

in·con·spic·u·ous [ˌɪnkənˈspɪkjuəs] *adj* unauffällig

in·con·stant [ɪnˈkɒn(t)stənt] *adj* ① (*changing*) unbeständig; (*unpredictably*) unberechenbar ② (*unfaithful*) treulos

in·con·test·a·ble [ˌɪnkənˈtestəbl] *adj* unbestreitbar; *evidence* unwiderlegbar; *fact* unumstößlich

in·con·ti·nent [ɪnˈkɒntɪnənt] *adj* ① MED inkontinent ② (*fig form: uncontrollable*) unbeherrscht

in·con·tro·vert·i·ble [ɪnˌkɒntrəˈvɜːtəbl] *adj* (*form*) unwiderlegbar

in·con·ven·ience [ˌɪnkənˈviːniən(t)s] **I.** *n* ① *no pl* (*trouble*) Unannehmlichkeit[en] *f*|*pl*| ② (*troublesome thing*) Unannehmlichkeit *f* **II.** *vt* ■ to ~ sb jdm Unannehmlichkeiten bereiten; **don't ~ yourself for us — we'll be fine** machen Sie sich keine Umstände – wir kommen zurecht

in·con·ven·ient [ˌɪnkənˈviːniənt] *adj time* ungelegen; *things, doings* lästig; *place* ungünstig [gelegen]

in·cor·po·rate [ɪnˈkɔːpəreɪt] *vt* ① (*integrate*) einfügen; *company, region* eingliedern; *food* [hin]zugeben ② (*contain*) enthalten

in·cor·po·ra·tion [ɪnˌkɔːpərˈeɪʃən] *n no pl* (*integration*) Eingliederung *f*; *region* Eingemeindung *f*; *food* Zugabe *f*

in·cor·po·re·al [ˌɪnkɔːˈpɔːriəl] *adj* körperlos; **an ~ being** ein übernatürliches Wesen

in·cor·rect [ɪnˈkᵊrekt] *adj* ① (*not true*) falsch; *calculation* fehlerhaft; *diagnosis* unkorrekt ② (*improper*) unkorrekt; *behaviour* unangebracht

in·cor·ri·gi·ble [ɪnˈkɒrɪdʒəbl] *adj* (*esp hum*) unverbesserlich

in·cor·rupt·i·ble [ˌɪnkəˈrʌptəbl] *adj* ① (*not corrupt*) unbestechlich; (*virtuous*) integer ② (*not breaking down*) haltbar

in·crease I. *vi* [ɪnˈkriːs] *prices, taxes, interest rates* [an]steigen; *pain, troubles, worries* zunehmen; *population, wealth* anwachsen; **to ~ tenfold/threefold** sich verzehnfachen/verdreifachen **II.** *vt* [ɪnˈkriːs] (*make more*) erhöhen; (*make stronger*) verstärken; (*make larger*) vergrößern **III.** *n* [ˈɪnkriːs] Anstieg *m*, Zunahme *f*; **an ~ in production** eine Steigerung der Produktion; **the ~ in violence** die zunehmende Gewalt; **price ~** Preisanstieg *m*; **to be on the ~** ansteigen; *in numbers* [mehr und] mehr werden; *in size* [immer] größer werden

in·creas·ing [ɪnˈkriːsɪŋ] *adj* steigend, zunehmend

in·creas·ing·ly [ɪnˈkriːsɪŋli] *adv* zunehmend; **she became ~ dismayed** sie wurde immer verzweifelter

in·cred·i·ble [ɪnˈkredɪbl] *adj* ① (*unbelievable*) unglaublich ② (*fam: very good*) fantastisch

in·cred·i·bly [ɪnˈkredɪbli] *adv* ① (*strangely*) erstaunlicherweise; (*surprisingly*) überraschenderweise ② + *adj, adv* (*very*) unglaublich

in·cre·du·li·ty [ˌɪnkrəˈdjuːləti] *n no pl* (*disbelief*) [ungläubiges] Staunen; (*bewilderment*) Fassungslosigkeit *f*

in·cred·u·lous [ɪnˈkredjələs] *adj* (*disbelieving*) ungläubig; (*bewildered*) fassungslos; *look* erstaunt; *smile* skeptisch

in·cre·ment [ˈɪnkrəmənt] *n* ① (*increase*) Anwachsen *nt; of earnings* Mehreinnahme[n] *f*|*pl*| ② (*division*) Stufe *f*; **by ~s** stufenweise; **on a scale** [Grad]einteilung *f*

in·cre·men·tal [ˌɪnkrəˈmentᵊl] *adj* stufenweise

in·crim·i·nate [ɪnˈkrɪmɪneɪt] *vt* beschuldigen

in·crim·i·nat·ing [ɪnˈkrɪmɪneɪtɪŋ] *adj* belastend

in·cu·bate [ˈɪŋkjʊbeɪt] **I.** *vt* ① (*brood*) *egg* [be]brüten; (*hatch*) ausbrüten; *bacteria, cells* heranzüchten ② (*fig: think up*) *idea, plan* ausbrüten ❸ *(fall ill) disease* entwickeln **II.** *vi (develop) egg* bebrütet werden; *idea, plan* reifen

in·cu·ba·tion [ˌɪŋkjʊ'beɪʃᵊn] *n no pl* ❶ ZOOL *(egg keeping)* [Be]brüten *nt; for hatching* Ausbrüten *nt* ❷ *(time period) for eggs* Brut[zeit] *f; for diseases* Inkubation[szeit] *f*

in·cu·ba·tion pe·ri·od *n (in egg)* Brut[zeit] *f; (for plan)* Planungsphase *f; (for disease)* Inkubationszeit *f*

in·cu·ba·tor <-rr-> [ˈɪŋkjʊbeɪtəʳ] *n (for eggs)* Brutapparat *m; (for babies)* Brutkasten *m*

in·cul·cate [ˈɪnkʌlkeɪt] *vt* ■ to ~ sth on sb jdm etw einschärfen; ■ to ~ sb with sth jdm etw beibringen

in·cum·bent [ɪnˈkʌmbənt] **I.** *adj* ❶ *attr (in office)* amtierend ❷ *pred (form: obligatory)* erforderlich **II.** *n* Amtsinhaber(in) *m(f)*

in·cur <-rr-> [ɪnˈkɜːʳ] *vt* ❶ FIN, ECON hinnehmen müssen; **to ~ costs** Kosten haben; *debt* machen; *losses* erleiden; **expenses ~red** entstandene Kosten ❷ *(bring upon oneself)* hervorrufen; **to ~ the anger of sb** jdn verärgern

in·cur·able [ɪnˈkjʊərəbl] *adj* unheilbar; **an ~ habit** eine nicht ablegbare Angewohnheit

in·cur·sion [ɪnˈkɜːʃᵊn] *n* [feindlicher] Einfall

'in-dash *adj* AUTO ins Armaturenbrett integriert

in·debt·ed [ɪnˈdetɪd] *adj pred* ❶ *(obliged)* [zu Dank] verpflichtet ❷ *(having debt)* verschuldet

in·debt·ed·ness [ɪnˈdetɪdnəs] *n no pl* ❶ *(personal)* Verpflichtung *f* ❷ *(financial)* Verschuldung *f*

in·de·cen·cy [ɪnˈdiːsᵊn(t)si] *n no pl* ❶ *(impropriety)* Ungehörigkeit *f* ❷ *(lewdness)* Anstößigkeit *f* ❸ *(sexual assault)* sexueller Übergriff (**against** auf)

in·de·cent [ɪnˈdiːsᵊnt] *adj* ❶ *(improper)* ungehörig; *(unseemly)* unschicklich; *(inappropriate)* unangemessen ❷ *(lewd)* unanständig; *proposal* unsittlich

in·de·ci·pher·able [ˌɪndɪˈsaɪfᵊrəbl] *adj (impossible to read)* unlesbar; *(of handwriting)* kaum zu entziffern; *(impossible to understand)* unverständlich

in·de·ci·sion [ˌɪndɪˈsɪʒᵊn] *n no pl* Unentschlossenheit *f*

in·de·ci·sive [ˌɪndɪˈsaɪsɪv] *adj* ❶ *(wishywashy)* unentschlossen; *person* nicht entscheidungsfreudig ❷ *(not conclusive)* unschlüssig ❸ *(not decisive)* nicht entscheidend

in·de·clin·able [ˌɪndɪˈklaɪnəbl] *adj* LING undeklinierbar

in·deco·rous [ɪnˈdekᵊrəs] *adj (form: improper)* unangemessen; *(undignified)* schamlos

in·deed [ɪnˈdiːd] **I.** *adv* ❶ *(for emphasis)* wirklich; *(actually)* tatsächlich; **thank you very much ~!** vielen herzlichen Dank! ❷ *(affirmation)* allerdings ❸ *(for strengthening)* ja **II.** *interj* [ja,] wirklich, ach, wirklich *oft iron;* **when will we get a pay rise? — when ~?** wann bekommen wir eine Gehaltserhöhung? – ja, wann wohl?

in·de·fati·gable [ˌɪndɪˈfætɪgəbl] *adj* unermüdlich

in·de·fen·sible [ˌɪndɪˈfen(t)səbl] *adj* ❶ *(not justifiable) actions* unentschuldbar; *(not convincing) opinions, arguments* unhaltbar; *(not acceptable) behaviour* unmöglich ❷ MIL nicht zu halten *präd*

in·de·fin·able [ˌɪndɪˈfaɪnəbl] *adj* undefinierbar

in·de·fi·nite [ɪnˈdefɪnət] *adj* ❶ *(unknown)* unbestimmt ❷ *(vague)* unklar; *answer* nicht eindeutig; *date, time* offen; *plans, ideas* vage

in·defi·nite 'ar·ti·cle *n* unbestimmter Artikel

in·defi·nite·ly [ɪnˈdefɪnətli] *adv* ❶ *(for unknown time)* auf unbestimmte Zeit ❷ *(vaguely)* vage

in·del·ible [ɪnˈdeləbl] *adj* ❶ *(staining) colours, stains* unlöslich ❷ *(fig: permanent)* unauslöschlich

in·dem·ni·fy <-ie-> [ɪnˈdemnɪfaɪ] *vt* ❶ *(insure)* versichern ❷ *(compensate)* entschädigen

in·dem·ni·ty [ɪnˈdemnəti] *n (form)* ❶ *no pl (insurance)* Versicherung *f* ❷ *(compensation in case of responsibility)* Schaden[s]ersatz *m; (compensation without sb responsible)* Entschädigung *f*

in·dent I. *vi* [ɪnˈdent] ❶ TYPO *(make a space)* einrücken ❷ BRIT, AUS ECON *(request goods)* anfordern **II.** *vt* [ɪnˈdent] ❶ TYPO *line, paragraph* einrücken ❷ *(make depression)* eindrücken; *metal* einbeulen **III.** *n* [ˈɪndent] ❶ TYPO Einzug *m* ❷ BRIT, AUS ECON Auftrag *m*

in·den·ta·tion [ˌɪndenˈteɪʃᵊn] *n* ❶ TYPO Einzug *m* ❷ *(depression)* Vertiefung *f; in cheek, head* Kerbe *f; in car, metal* Beule *f; in rock, coastline* Einbuchtung *f; (cut)* [Ein]schnitt *m*

in·de·pend·ence [ˌɪndɪˈpendən(t)s] *n no pl* ❶ *(autonomy)* Unabhängigkeit *f* ❷ *(without influence)* Unabhängigkeit *f; (impartiality)* Unparteilichkeit *f* ❸ *(self-reliance)* Selbständigkeit *f*

In·deˈpend·ence Day *n* AM amerikanischer Unabhängigkeitstag *(4.Juli)*

in·de·pend·ent [ˌɪndɪˈpendənt] **I.** *adj* ❶ *(autonomous, self-governing)* unabhängig (**from** von) ❷ *(uninfluenced)* unabhängig (**of**

von); (*impartial*) unparteiisch ③ (*unassisted*) selbständig ④ (*separate, unconnected*) unabhängig **II.** *n* POL Parteilose(r) *f(m)*

in-depth [,ɪnˈdepθ] *adj attr* gründlich; *investigation* eingehend; *report* detailliert

in·de·scrib·able [,ɪndɪˈskraɪbəbl] *adj* unbeschreiblich

in·de·struct·ible [,ɪndɪˈstrʌktəbl] *adj* unzerstörbar; *toy* unverwüstlich

in·de·ter·mi·nable [,ɪndɪˈtɜːmɪnəbl] *adj* ① (*unidentifiable, unascertainable*) unbestimmbar, undefinierbar ② (*irresolvable*) *dispute, issue* nicht zu klären *präd*

in·de·ter·mi·nate [,ɪndɪˈtɜːmɪnət] *adj* ① (*uncounted, immeasurable*) unbestimmt ② (*vague*) unklar; (*not distinct*) *colour* unbestimmbar; *noise* undefinierbar; *period of time* ungewiss

in·dex [ˈɪndeks, *pl* -disi:z] **I.** *n* ① <*pl* -es> (*alphabetical list*) *in book* Index *m*; *of sources* Quellenverzeichnis *nt*; *in library* Katalog *m*; *card* ~ Kartei *f* ② <*pl* -dices *or* -es> ECON Index *m fachspr* ③ <*pl* -dices *or* -es> (*indicator, measure*) Anzeichen *nt* (**of** für) ④ <*pl* -dices> MATH Index *m fachspr* **II.** *vt* ① (*create index*) ■ to ~ sth *in book* etw mit einem Verzeichnis versehen; *in library* etw katalogisieren ③ (*record in index*) ■ to ~ sth *in book* etw in ein Verzeichnis aufnehmen; *in library* etw in einen Katalog aufnehmen

in·dex·ation [,ɪndekˈseɪʃən] *n no pl* ECON Indexierung *f fachspr* **'in·dex card** *n* Karteikarte *f* **'in·dex fin·ger** *n* Zeigefinger *m* **in·dex-'linked** *adj* BRIT ECON indexgebunden *fachspr*

In·dia [ˈɪndɪə] *n no pl* Indien *nt*

In·dian [ˈɪndɪən] **I.** *adj* ① (*of Indian subcontinent*) indisch ② (*often pej: of native Americans*) indianisch, Indianer- **II.** *n* ① (*of Indian descent*) Inder(in) *m(f)* ② (*often pej: native American*) Indianer(in) *m(f)*

In·dian 'club *n* Keule *f* **In·dian 'corn** *n no pl* AM Mais *m* **In·dian 'file** *n esp* AM (*single file*) **in ~** im Gänsemarsch **In·dian 'ink** *n* Tusche *f* **In·dian 'Ocean** *n* ■ the ~ der Indische Ozean **In·dian 'sum·mer** *n* Altweibersommer *m*

in·di·cate [ˈɪndɪkeɪt] **I.** *vt* ① (*show*) zeigen; *apparatus, device, gauge* anzeigen ② (*strongly imply*) auf etw *akk* hindeuten ③ (*point to*) ■ to ~ **sb/sth** auf jdn/etw hindeuten ④ (*state briefly*) ■ to ~ [to sb] that ... [jdm] zu verstehen geben, dass ... **II.** *vi* BRIT blinken

in·di·ca·tion [,ɪndɪˈkeɪʃən] *n* ① (*evidence, sign*) [An]zeichen *nt* (**of** für), Hinweis *m* (**of** auf); **he hasn't given any ~ of his plans** er hat nichts von seinen Plänen verlauten lassen; **there is every/no ~ that ...** alles/nichts weist darauf hin, dass ...; **early ~s** erste Anzeichen ② (*reading*) *on gauge, meter* Anzeige *f*

in·dic·a·tive [ɪnˈdɪkətɪv] **I.** *adj* ① (*suggestive*) hinweisend *attr*; ■ to be ~ of sth etw erkennen lassen ② LING (*not subjunctive*) indikativisch *fachspr* **II.** *n* LING Indikativ *m fachspr*

in·di·ca·tor [ˈɪndɪkeɪtə[r]] *n* ① (*evidence*) Indikator *m fachspr*; *of fact, trend* deutlicher Hinweis ② BRIT (*turning light*) Blinker *m*, [Fahrt]richtungsanzeiger *m bes* SCHWEIZ ③ MECH (*gauge, meter*) Anzeiger *m*; (*needle*) Zeiger *m*; ~ **light** BRIT Kontrolllicht *nt* ④ BRIT (*information board*) *at airport, station* Anzeigetafel *f*

in·di·ces [ˈɪndɪsiːz] *n pl of* **index** 1 2,3,4

in·dict [ɪnˈdaɪt] *vt* anklagen

in·dict·ment [ɪnˈdaɪtmənt] *n* ① LAW (*statement of accusation*) Anklage[erhebung] *f*; (*bill*) Anklageschrift *f* ② (*fig: reason for blame*) Anzeichen *nt* (**of** für); **to be a damning ~ of sth** ein Armutszeugnis für etw sein

in·die [ˈɪndi] *adj short for* **independent** *film, industry, music* Indie-

In·dies [ˈɪndiːz] *npl* (*hist*) ■ the ~ der indische Subkontinent

in·dif·fer·ence [ɪnˈdɪfərən(t)s] *n no pl* Gleichgültigkeit *f* (**to[wards]** gegenüber)

in·dif·fer·ent [ɪnˈdɪfrənt] *adj* ① (*not interested*) gleichgültig (**to** gegenüber); (*unmoved*) ungerührt (**to** von) ② (*of poor quality*) [mittel]mäßig

in·dig·enous [ɪnˈdɪdʒɪnəs] *adj* [ein]heimisch; ~ **people** Einheimische *pl*; **to be ~ to Europe** *plants, animals* in Europa heimisch sein

in·di·gest·ible [,ɪndɪˈdʒestəbl] *adj* ① (*food*) schwer verdaulich; (*bad, off*) ungenießbar ② (*fig: information*) schwer verdaulich

in·di·ges·tion [,ɪndɪˈdʒestʃən] *n no pl* ① (*after meal*) Magenverstimmung *f* ② (*chronic disorder*) Verdauungsstörung[en] *f[pl]*

in·dig·nant [ɪnˈdɪgnənt] *adj* empört (**at/about** über); **to become ~** sich aufregen

in·dig·na·tion [,ɪndɪgˈneɪʃən] *n no pl* Empörung *f* (**at/about** über)

in·dig·nity [ɪnˈdɪgnəti] *n* Demütigung *f*; (*sth humiliating also*) Erniedrigung *f*

in·di·rect [,ɪndɪˈrekt] *adj* ① (*not straight*) indirekt ② (*not intended*) *benefits, consequences* mittelbar ③ (*not done directly*) **by ~ means** auf Umwegen *fig* ④ (*avoiding direct mention*) indirekt; ~ **attack/remark** Anspielung *f*

in·di·rect 'ob·ject *n* LING indirektes Objekt,

indirect tax – induction

Dativobjekt *nt* **in·di·rect 'tax** *n* FIN (*money*) indirekte Steuer; (*system of taxation*) indirekte Besteuerung

in·dis·cern·ible [ˌɪndɪˈsɜːnəbl] *adj* (*impossible to detect*) nicht wahrnehmbar; *change* unmerklich; (*not visible*) nicht erkennbar

in·dis·ci·pline [ɪnˈdɪsəplɪn] *n no pl* (*form*) Disziplinlosigkeit *f*

in·dis·creet [ˌɪndɪˈskriːt] *adj* (*careless*) indiskret; (*tactless*) taktlos (**about** in Bezug auf)

in·dis·cre·tion [ˌɪndɪˈskreʃən] *n* ① *no pl* (*carelessness*) Indiskretion *f*; (*tactlessness*) Taktlosigkeit *f* ② (*indiscreet act*) Indiskretion *f*; (*thoughtless act*) unüberlegte Handlung

in·dis·cri·mi·nate [ˌɪndɪˈskrɪmɪnət] *adj* ① (*unthinking*) unüberlegt; (*uncritical*) unkritisch ② (*random*) wahllos

in·dis·pen·sable [ˌɪndɪˈspen(t)səbl] *adj* unentbehrlich (**for/to** für)

in·dis·posed [ˌɪndɪˈspəʊzd] *adj pred* (*form*) ① (*slightly ill*) unpässlich; *artist, singer* indisponiert *geh* ② (*unwilling*) ■ **to be/feel ~ to do sth** nicht gewillt sein, etw zu tun

in·dis·po·si·tion [ˌɪndɪspəˈzɪʃən] *n* (*form*) ① *usu sing* (*also euph: illness*) Unpässlichkeit *f* ② *no pl* (*disinclination*) Widerwille *m*

in·dis·put·able [ˌɪndɪˈspjuːtəbl] *adj* unbestreitbar; *evidence* unanfechtbar; *skill, talent* unbestritten

in·dis·tinct [ˌɪndɪˈstɪŋ(k)t] *adj* ① (*poorly defined*) undeutlich; (*blurred*) verschwommen ② (*not clear*) unklar; *memory, recollection* verschwommen; *smell* undefinierbar

in·dis·tin·guish·able [ˌɪndɪˈstɪŋgwɪʃəbl] *adj* (*impossible to differentiate*) nicht unterscheidbar; (*not perceptible*) nicht wahrnehmbar

in·di·vid·ual [ˌɪndɪˈvɪdʒʊəl] **I.** *n* ① (*single person*) Einzelne(r) *f/m*; Individuum *nt geh* ② (*approv: distinctive person*) [selbstständige] Persönlichkeit **II.** *adj* ① *attr* (*separate*) einzeln ② (*particular*) individuell ③ (*distinctive, original*) eigen

in·di·vid·ual·ism [ˌɪndɪˈvɪdʒʊəlɪzəm] *n no pl* Individualismus *m* **in·di·vid·ual·ist** [ˌɪndɪˈvɪdʒʊəlɪst] *n* Individualist(in) *m(f)* **in·di·vid·ual·is·tic** [ˌɪndɪˌvɪdʒʊəlˈɪstɪk] *adj* individualistisch *geh* **in·di·vid·ual·ity** [ˌɪndɪˌvɪdʒʊˈælətɪ] *n* ① *no pl* (*distinctiveness, originality*) Individualität *f* ② *no pl* (*separate existence*) individuelle Existenz ③ *pl* (*characteristics, tastes*) Eigenarten *pl*; (*distinct tastes*) Geschmäcker *pl* **in·di·vid·ual·ize** [ˌɪndɪˈvɪdʒʊəlaɪz] *vt* ■ **to ~ sth** ① (*adapt*) etw nach individuellen Bedürfnissen ausrichten ② (*make distinctive*) etw individuell[er] gestalten **in·di·vid·ual·ly** [ˌɪndɪˈvɪdʒʊəli] *adv* ① (*as single entities*) einzeln ② (*in distinctive way*) individuell; (*distinctly*) eigen[tümlich]

in·di·vis·ible [ˌɪndɪˈvɪzəbl] *adj* unteilbar

Indo-chi·na [ˌɪndəʊˈtʃaɪnə] *n* (*hist*) Indochina *nt*

in·doc·tri·nate [ɪnˈdɒktrɪneɪt] *vt* indoktrinieren (**in/with** mit)

in·doc·tri·na·tion [ɪnˌdɒktrɪˈneɪʃən] *n no pl* (*instruction*) Indoktrination *f*; (*process*) Indoktrinierung *f*

in·do·lent [ˈɪndələnt] *adj* (*pej: lazy*) träge; (*without interest*) gleichgültig

in·domi·table [ɪnˈdɒmɪtəbl] *adj* (*approv*) unbezähmbar; *courage* unerschütterlich, *spirit* unbeugsam; *strength of character* unbezwingbar; *will* unbändig

In·do·nesia [ˌɪndə(ʊ)ˈniːʒə] *n* Indonesien *nt* **In·do·nesian** [ˌɪndə(ʊ)ˈniːʒən] **I.** *adj* indonesisch **II.** *n* ① (*person*) Indonesier(in) *m(f)* ② (*language*) Indonesisch *nt*

in·door [ɪnˈdɔː] *adj attr* ① (*situated inside*) Innen-; **~ plant** Zimmerpflanze *f*; **we'll have to do ~ activities with the children today** wir müssen mit den Kindern im Haus spielen; SPORTS Hallen- ② (*for use inside*) Haus-, für zu Hause *nach n*; SPORTS Hallen-, für die Halle *nach n*

in·doors [ɪnˈdɔːz] *adv* (*into a building*) herein, nach drinnen; (*within building, house*) drinnen; (*within house*) im Haus

in·'doors·man *n* Stubenhocker *m*

in·du·bi·table [ɪnˈdjuːbɪtəbl] *adj* (*form*) unzweifelhaft; *evidence* zweifelsfrei

in·du·bi·tably [ɪnˈdjuːbɪtəblɪ] *adv* (*form*) zweifellos

in·duce [ɪnˈdjuːs] *vt* ① (*persuade*) ■ **to ~ sb to do sth** jdn dazu bringen, etw zu tun ② (*cause*) hervorrufen ③ *abortion, birth, labour* einleiten ④ ELEC, PHYS induzieren *fachspr*

in·duce·ment [ɪnˈdjuːsmənt] *n* (*also euph*) Anreiz *m*; (*verbal*) Überredung *f*

in·duct [ɪnˈdʌkt] *vt usu passive* (*form*) ① (*install in office*) **to be ~ed into office** in ein Amt eingesetzt werden ② (*initiate*) ■ **to be ~ed into sth** in etw *akk* eingeführt werden ③ AM MIL **to be ~ed** [**into the army**] eingezogen werden

in·duc·tion [ɪnˈdʌkʃən] *n* ① (*into office, post*) [Amts]einführung *f*; (*into organization*) Aufnahme *f* (**into** in); **~ into the military** AM Einberufung *f* [zum Wehrdienst] ② (*initiation*) Einführung *f*; **~ course** Einführungskurs *m* ③ MED (*act of causing*) *of abortion, birth, labour* Einleitung *f*; *of sleep* Herbeiführen *nt* ④ *no pl* ELEC, PHYS, TECH Induktion *f*; TECH *also* Ansaugung *f*; **~ coil** Induktionsspule *f*

in·duc·tive [ɪn'dʌktɪv] *adj* ELEC, MATH induktiv *fachspr;* ~ **current** Induktionsstrom *m*

in·dulge [ɪn'dʌldʒ] **I.** *vt* ❶ *(allow pleasure)* nachgeben; **to ~ sb's every wish** jdm jeden Wunsch erfüllen ❷ *(spoil)* verwöhnen ❸ *(form: permit speech)* ■ **to ~ sb** jdn gewähren lassen **II.** *vi* ❶ *(euph: drink alcohol)* sich *dat* einen genehmigen; *(too much)* einen über den Durst trinken ❷ *(in undesirable activity)* ■ **to ~ in sth** in etw *dat* schwelgen; **to ~ in gossip** sich dem Tratsch hingeben

in·dul·gence [ɪn'dʌldʒən(t)s] *n* ❶ *(treat, pleasure)* Luxus *m; food, drink, activity* Genuss *m* ❷ *no pl (leniency)* Nachsichtigkeit *f* (**of** gegenüber); *(softness)* Nachgiebigkeit *f* (**of** gegenüber) ❸ *no pl (in food, drink, pleasure)* Frönen *nt; (in alcohol)* übermäßiger Alkoholgenuss *f;* **self-~** [ausschweifendes] Genießen

in·dul·gent [ɪn'dʌldʒənt] *adj* ❶ *(lenient)* nachgiebig (**towards** gegenüber) ❷ *(tolerant)* nachsichtig

in·dus·trial [ɪn'dʌstriəl] *adj* ❶ *(of production of goods)* industriell; ~ **output** Industrieproduktion *f; (of training, development)* betrieblich ❷ *(for use in manufacturing)* Industrie- ❸ *(having industry)* Industrie-; ~ **estate** BRIT, ~ **park** AM, AUS Industriegebiet *nt*

in·dus·tri·al·ism [ɪn'dʌstriəlɪzᵊm] *n no pl* Industrialismus *m* **in·dus·tri·al·ist** [ɪn'dʌstriəlɪst] *n* Industrielle(r) *f|m* **in·dus·tri·al·iza·tion** [ɪnˌdʌstriəlaɪ'zeɪʃᵊn] *n no pl* Industrialisierung *f* **in·dus·tri·al·ize** [ɪn'dʌstriəlaɪz] **I.** *vi country, state* zum Industriestaat werden; *area* Industrie ansiedeln; *business* industrielle Produktionsmethoden einführen **II.** *vt* industrialisieren; *area* Industrie ansiedeln; *business* industrielle Produktionsmethoden einführen

In·dus·trial Revo·'lu·tion *n* HIST ■ **the ~** die industrielle Revolution

in·dus·tri·ous [ɪn'dʌstriəs] *adj (hard-working)* fleißig; *(busy)* eifrig

in·dus·try ['ɪndəstri] *n* ❶ *no pl (manufacturing)* Industrie *f* ❷ *(type of trade)* Branche *f* ❸ *no pl (form: diligence)* Fleiß *m;* *(quality of being busy)* Emsigkeit *f*

in·ebri·ate *vt* [ɪ'niːbrieɪt] *(form)* ■ **to ~ sb** jdn betrunken machen **II.** *n* [ɪ'niːbriət] *(form)* Trinker(in) *m(f)*

in·ed·ible [ɪ'nedɪbl] *adj* ❶ *(unsuitable as food)* nicht essbar ❷ *(pej: extremely unpalatable)* ungenießbar

in·edu·cable [ɪ'nedjəkəbl] *adj* schwer erziehbar; *(due to a mental disability)* lernbehindert

in·ef·fable [ɪ'nefəbl] *adj (form)* unsäglich

in·ef·fec·tive [ˌɪnɪ'fektɪv] *adj measure* unwirksam; *person* untauglich

in·ef·fec·tual [ˌɪnɪ'fektʃuᵊl] *adj* ineffektiv *geh*

in·ef·fi·cien·cy [ˌɪnɪ'fɪʃᵊn(t)si] *n no pl of system, method* Ineffizienz *f geh; of person* Inkompetenz *f; of measure* Unwirksamkeit *f; of attempt* Erfolglosigkeit *f*

in·ef·fi·cient [ˌɪnɪ'fɪʃᵊnt] *adj* ❶ *(dissatisfactory) organization, person* unfähig; *system* ineffizient *f;* *(not productive)* unwirtschaftlich ❷ *(wasteful)* unrationell

in·el·egant [ɪ'nelɪgənt] *adj* ❶ *(unattractive)* unelegant; *surroundings, appearance* ohne [jeden] Schick *nach n; speech* holprig ❷ *(unrefined)* ungeschliffen; *gesture, movement* plump

in·eli·gible [ɪ'nelɪdʒəbl] *adj* ❶ *(for funds, benefits)* nicht berechtigt (**for** zu); *(for office)* nicht wählbar (**for** in) ❷ *(not fit)* ■ **to be ~ for sth** *in character* für etw *akk* nicht geeignet sein; *physically* für etw *akk* untauglich sein

in·ept [ɪ'nept] *adj (clumsy)* unbeholfen (**at** in); *(unskilled)* ungeschickt (**at** in); *comment* unangebracht; *leadership* unfähig; *performance* stümperhaft; *remark* unpassend; **to be socially ~** nicht [gut] mit anderen [Menschen] umgehen können

in·equal·ity [ˌɪnɪ'kwɒləti] *n* Ungleichheit *f*

in·equi·table [ɪ'nekwɪtəbl] *adj (form)* ungerecht

in·equi·ty [ɪ'nekwəti] *n (form)* Ungerechtigkeit *f*

in·eradi·cable [ˌɪnɪ'rædɪkəbl] *adj (form) disease, prejudice* unausrottbar; *impression* unauslöschlich; *mistake, state* unabänderlich

in·ert [ɪn'ɜːt] *adj* ❶ *(not moving)* unbeweglich ❷ *(fig, pej: sluggish, slow)* träge; *(lacking vigour)* kraftlos ❸ CHEM inert *fachspr*

in·er·tia [ɪ'nɜːʃə] *n no pl* ❶ *(inactivity)* Unbeweglichkeit *f* ❷ *(lack of will, vigour)* Trägheit *f* ❸ PHYS Trägheit *f*

in·er·tia reel 'seat belt *n* Automatikgurt *m*

in·es·cap·able [ˌɪnɪ'skeɪpəbl] *adj (unavoidable) fact* unvermeidlich; *fate* unentrinnbar; *(undeniable)* unleugbar; *truth* unbestreitbar

in·es·sen·tial [ˌɪnɪ'sen(t)ʃᵊl] **I.** *adj* nebensächlich **II.** *n usu pl* Nebensächlichkeit *f*

in·es·ti·mable [ɪ'nestɪməbl] *adj* unschätzbar

in·evi·table [ɪ'nevɪtəbl] **I.** *adj* ❶ *(certain to happen)* unvermeidlich; *conclusion, result* zwangsläufig ❷ *(pej: boringly predictable)* unvermeidlich **II.** *n no pl* ■ **the ~** das Unvermeidbare *a. iron*

in·ex·act [ˌɪnɪg'zækt] *adj* ungenau

in·ex·cus·able [ˌɪnɪk'skjuːzəbl] *adj* unverzeihlich

in·ex·haust·ible [ˌɪnɪg'zɔːstəbl] *adj* uner-

in·exo·rable [ɪˈneksərəbl] *adj (form)* ❶ *(cannot be stopped)* unaufhaltsam ❷ *(relentless) person* unerbittlich

in·ex·pe·di·ent [ˌɪnɪkˈspiːdiənt] *adj (form: not practical, suitable)* ungeeignet; *(not advisable)* unklug

in·ex·pen·sive [ˌɪnɪkˈspen(t)sɪv] *adj* ❶ *(reasonably priced)* preisgünstig ❷ *(euph: cheap)* billig

in·ex·pe·ri·ence [ˌɪnɪkˈspɪəriən(t)s] *n no pl* Unerfahrenheit *f*

in·ex·pe·ri·enced [ˌɪnɪkˈspɪəriən(t)st] *adj* unerfahren; ▪ **to be ~ in sth** mit etw *dat* nicht vertraut sein; *in skill* in etw *dat* nicht versiert sein; ▪ **to be ~ with sth** sich mit etw *dat* nicht auskennen

in·ex·pert [ɪˈnekspɜːt] *adj (unskilled)* laienhaft; *attempt* stümperhaft; *handling* unsachgemäß; *treatment* unfachmännisch

in·ex·pli·cable [ˌɪnɪkˈsplɪkəbl] **I.** *adj* unerklärlich **II.** *n no pl* **the ~** das Unerklärliche

in·ex·tri·cable [ˌɪnɪkˈstrɪkəbl] *adj* ❶ *(impossible to disentangle)* unentwirrbar; *(inseparable)* unlösbar ❷ *(inescapable) difficulty, situation* unentrinnbar

in·fal·lible [ɪnˈfæləbl] *adj* unfehlbar

in·fa·mous [ˈɪnfəməs] *adj* ❶ *(notorious) criminal* berüchtigt ❷ *(abominable) lie* infam; *person* niederträchtig; *act* schändlich *geh*

in·fa·my [ˈɪnfəmi] *n* ❶ *no pl (notoriety)* Verrufenheit *f* ❷ *(shocking act)* Niederträchtigkeit *f*

in·fan·cy [ˈɪnfən(t)si] *n* ❶ *(early childhood)* frühe[ste] Kindheit ❷ *(fig: early stage of development)* Anfangsphase *f*

in·fant [ˈɪnfənt] **I.** *n* ❶ *(baby)* Säugling *m* ❷ BRIT, AUS *(child between 4 and 7)* Kleinkind *nt* ❸ BRIT, AUS SCH **the I~s** die erste und zweite Grundschulklasse **II.** *adj* **~ daughter** kleines Töchterchen; **~ prodigy** Wunderkind *nt;* BRIT, AUS **~ class** SCH erste/zweite Grundschulklasse; **~ teacher** Grundschullehrer(in) *m(f)*

in·fan·ti·cide [ɪnˈfæntɪsaɪd] *n no pl* Kindestötung *f*

in·fan·tile [ˈɪnfəntaɪl] *adj (pej)* kindisch

in·fant mor·tal·ity *n no pl* Säuglingssterblichkeit *f*

in·fan·try [ˈɪnfəntri] **I.** *n no pl* **the ~** + *sing/pl vb* die Infanterie **II.** *adj (brigade, corps, regiment, unit)* Infanterie-

ˈin·fan·try·man *n* Infanterist *m*

in·fatu·at·ed [ɪnˈfætjueɪtɪd] *adj* vernarrt (**with** in), verknallt *fam* (**with** in)

in·fect [ɪnˈfekt] *vt* ❶ *(contaminate)* **with** *disease, virus* infizieren ❷ *(fig, pej)* infizieren; hysteria about AIDS **~ed the media** die Aidshysterie griff auf die Medien über ❸ *(fig, approv)* anstecken

in·fec·tion [ɪnˈfekʃ(ə)n] *n* ❶ *no pl, no art (contamination)* Infektion *f* ❷ *(instance)* Infektion *f;* **throat/ear ~** Hals-/Mittelohrentzündung *f*

in·fec·tious [ɪnˈfekʃəs] *adj (also fig)* ansteckend

in·fe·lici·tous [ˌɪnfəˈlɪsɪtəs] *adj (pej form: inappropriate)* unangebracht; *(hum: unfortunate)* unglücklich

in·fer <-rr-> [ɪnˈfɜː] *vt (come to conclusion)* schließen (**from** aus); *(imply)* andeuten

in·fer·ence [ˈɪnfᵊrən(t)s] *n (form)* ❶ *usu sing (conclusion)* Schluss *m* ❷ *no pl (process of inferring)* [Schluss]folgern *nt;* **by ~** folglich

in·fe·ri·or [ɪnˈfɪəriə*] **I.** *adj* ❶ *(of lesser quality) system, thing* minderwertig; *mind* unterlegen; ▪ **to be ~ to sth** *(in quality)* von minderer Qualität als etw sein ❷ *(lower) in rank* [rang]niedriger; *in status* untergeordnet **II.** *n* ▪ **~s** *pl in rank* Untergebene *pl*

in·fe·ri·or·ity [ɪnˌfɪəriˈɒrəti] *n no pl* ❶ *(lower quality)* Minderwertigkeit *f;* *of workmanship* schlechte Qualität ❷ *(lower status, rank)* Unterlegenheit *f*

in·fe·ri·or·ity com·plex *n* Minderwertigkeitskomplex *m*

in·fer·nal [ɪnˈfɜːn(ə)l] *adj* ❶ REL *(liter: of hell)* höllisch, Höllen- ❷ *(dreadful)* höllisch ❸ *attr (fam: annoying, detestable)* grässlich

in·fer·no [ɪnˈfɜːnəʊ] *n* ❶ *(fire)* flammendes Inferno ❷ *(liter: place like hell)* Inferno *nt*

in·fer·tile [ɪnˈfɜːtaɪl] **I.** *adj person, animal, land* unfruchtbar **II.** *n* ▪ **the ~** *pl* zeugungsunfähige Personen

in·fer·til·ity [ˌɪnfɜːˈtɪləti] *n no pl of person, animal, land* Unfruchtbarkeit *f*

in·fest [ɪnˈfest] *vt* befallen (**with** von); *(fig: haunt)* heimsuchen

in·fes·ta·tion [ˌɪnfesˈteɪʃ(ə)n] *n* ❶ *no pl (state)* Verseuchung *f* ❷ *(instance)* Befall *m* (**of** durch); **~ of rats** Rattenplage *f*

in·fi·del [ˈɪnfɪd(ə)l] *n no pl (pej hist)* Ungläubige(r) *f(m)*

in·fi·del·ity [ˌɪnfɪˈdeləti] *n* ❶ *no pl (unfaithfulness)* Verrat *m* (**to** gegenüber/an); *(sexual)* Untreue *f* (**to** an) ❷ *(sexual peccadillos)* ▪ **infidelities** *pl* Seitensprünge *pl*

in·fight·ing [ˈɪnfaɪtɪŋ] *n no pl* interne Machtkämpfe *pl;* **political ~** parteiinterner Machtkampf

in·fil·trate [ˈɪnfɪltreɪt] **I.** *vt* ❶ *(secretly penetrate) military units, organization* unterwandern; *building, enemy lines* eindringen (in); *agent, spy* einschleusen (**into** in) ❷ *(in-*

in·fil·tra·tion [ˌɪnfɪlˈtreɪʃᵊn] *n no pl* ① (*penetration by stealth*) Unterwanderung *f*; MIL Infiltration *f fachspr* ② (*influence on thinking*) starke Einflussnahme ③ CHEM, PHYS (*penetration*) Infiltration *f fachspr*; *of gas, liquid* Eindringen *nt*; *of liquid also* Einsickern *nt*

in·fil·tra·tor [ˈɪnfɪltreɪtə'] *n also* MIL Eindringling *m*

in·fi·nite [ˈɪnfɪnət] I. *adj* ① (*unlimited*) unendlich; *space* unbegrenzt ② (*very great*) grenzenlos; **to take ~ care** ungeheuer vorsichtig sein; **~ choice** unendlich große Auswahl; **~ pains/variety** ungeheure Schmerzen/Vielfalt ③ MATH (*unending*) unendlich II. *n* ① REL **the I~** Gott *m* ② (*space or quality*) ■ **the ~** die Unendlichkeit

in·fi·nite·ly [ˈɪnfɪnətli] *adv* ① (*extremely*) unendlich; **~ small** winzig klein ② (*very much*) unendlich viel

in·fin·i·tes·i·mal [ˌɪnfɪnɪˈtesɪmᵊl] *adj* (*form*) winzig; MATH infinitesimal *fachspr*

in·fin·i·tive [ɪnˈfɪnɪtɪv] I. *n* LING Infinitiv *m*; **to be in the ~** im Infinitiv stehen II. *adj attr* Infinitiv-; **~ form** Grundform *f*, Infinitiv *m*

in·fin·i·ty [ɪnˈfɪnəti] *n no pl* MATH ■ **~** (*unreachable point*) das Unendliche; ■ **to ~** [bis] ins Unendliche ② *no pl* (*state, sth immeasurable*) Unendlichkeit *f*; **into ~** [bis] in die Unendlichkeit ③ (*huge amount*) gewaltige Menge (**of** an); **an ~ of combinations/problems** unendlich viele Kombinationsmöglichkeiten/Probleme

in·firm [ɪnˈfɜːm] I. *adj* ① (*ill*) gebrechlich ② (*form: weak*) schwach II. *n* ■ **the ~** *pl* die Kranken und Pflegebedürftigen; **the mentally ~** die Geistesschwachen

in·fir·ma·ry [ɪnˈfɜːmᵊri] *n* ① (*dated: hospital*) Krankenhaus *nt* ② AM (*sick room*) Krankenzimmer *nt*; (*in prison*) Krankenstation *f*

in·fir·mi·ty [ɪnˈfɜːməti] *n no pl* ① (*form*) (*state*) Gebrechlichkeit *f* ② (*illness*) Gebrechen *nt geh*

in·flame [ɪnˈfleɪm] *vt* ① (*stir up*) entfachen ② (*make angry*) aufbringen; (*stronger*) erzürnen; **to ~ sb with anger** jdn in Wut versetzen; **to ~ sb with desire/passion** jdn mit Verlangen/Leidenschaft erfüllen

in·flam·ma·ble [ɪnˈflæməbl] *adj* ① (*burning easily*) [leicht] entzündbar ② (*fig: volatile*) *temperament* explosiv; **a highly ~ situation/topic** eine höchst brisante Situation/ein höchst brisantes Thema

in·flam·ma·tion [ˌɪnfləˈmeɪʃᵊn] *n* Entzündung *f*; **~ of the ear/eye** Ohren-/Augenentzündung *f*

in·flam·ma·to·ry [ɪnˈflæmətri] *adj* ① MED entzündlich, Entzündungs- ② (*provoking*) hetzerisch; POL aufrührerisch

in·flat·able [ɪnˈfleɪtəbl] I. *adj* aufblasbar; **~ boat** Schlauchboot *nt* II. *n esp* BRIT Schlauchboot *nt*

in·flate [ɪnˈfleɪt] I. *vt* ① (*fill with air*) aufblasen; (*with pump*) aufpumpen ② (*exaggerate*) aufblähen *fig, pej* ③ ECON (*make bigger*) *value, prices* in die Höhe treiben II. *vi hot air balloon* sich mit Luft füllen

in·flat·ed [ɪnˈfleɪtɪd] *adj* ① (*filled with air*) aufgeblasen ② (*fig, pej: exaggerated*) aufgebläht; **to have an ~ opinion of oneself** ein übersteigertes Selbstwertgefühl haben; **to have an ~ idea of sth** eine übertriebene Vorstellung von etw *dat* besitzen ③ ECON (*higher*) überhöht ④ (*pej form: bombastic*) schwülstig

in·fla·tion [ɪnˈfleɪʃᵊn] *n no pl* ① ECON Inflation *f* ② (*with air*) Aufblasen *nt*; (*with pump*) Aufpumpen *nt*

in·fla·tion·ary [ɪnˈfleɪʃᵊnᵊri] *adj* FIN inflationär, Inflations-

in·flect [ɪnˈflekt] *vt* ① LING beugen ② (*modulate*) modulieren

in·flec·tion [ɪnˈflekʃᵊn] *n* ① LING (*change in form*) Beugung *f* ② (*affixes*) Flexionsform *f fachspr* ③ (*modulation of tone*) Modulation *f fachspr*

in·flex·i·bil·i·ty [ɪnˌfleksəˈbɪləti] *n no pl* ① (*rigidity*) Inflexibilität *f geh* ② (*usu pej: stubbornness*) Sturheit *f* ③ (*stiffness*) Steifheit *f*

in·flex·i·ble [ɪnˈfleksəbl] *adj* (*usu pej*) ① (*fixed, unchanging*) starr ② (*not adaptable*) unbeugsam ③ (*stiff*) *limb* steif

in·flex·ion *n esp* BRIT LING *see* **inflection**

in·flict [ɪnˈflɪkt] *vt* ③ (*impose*) ■ **to ~ sth on sb** *harm, suffering torture, violence* jdm etw zufügen; **to ~ a fine/punishment on sb** jdm eine Bußstrafe/Bestrafung auferlegen; **to ~ one's opinion/views on sb** jdm seine Meinung/Ansichten aufzwingen ② (*usu hum*) **to ~ oneself/one's company on sb** sich jdm aufdrängen

in·flic·tion [ɪnˈflɪkʃᵊn] *n no pl of suffering* Zufügen *nt*; *of torture also* Quälen *nt*; *of punishment, sentence* Verhängen *nt*; *of fine* Auferlegen *nt*

in·flu·ence [ˈɪnfluən(t)s] I. *n* ① (*sth that affects*) Einfluss *m*; **to be an ~ on sb/sth** [einen] Einfluss auf jdn/etw ausüben; **to fall under the ~ of sb** (*usu pej*) unter jds Einfluss geraten; (*stronger*) in jds Bann geraten

❷ *no pl* (*power to affect*) Einfluss *m* (**on** auf); **to be/fall under sb's ~** (*usu pej*) unter jds Einfluss stehen/geraten; **to exert one's ~** seinen [ganzen] Einfluss geltend machen **II.** *vt* beeinflussen; **to be easily ~d** beeinflussbar sein

in·flu·en·tial [ˌɪnfluˈen(t)ʃəl] *adj* einflussreich

in·flu·en·za [ˌɪnfluˈenzə] *n no pl* (*form*) Grippe *f*

in·flux [ˈɪnflʌks] *n no pl of tourists* Zustrom *m* (**of** an); *of capital* Zufuhr *f* (**of** an)

in·form [ɪnˈfɔːm] **I.** *vt* ❶ (*give information*) informieren; **to ~ the police** die Polizei benachrichtigen; **why wasn't I ~ed about this earlier?** warum hat man mir das nicht früher mitgeteilt? ❷ *usu passive* (*guide*) ▪ **to be ~ed by sth** geprägt sein von etw *dat* **II.** *vi* ▪ **to ~ against/on sb** jdn anzeigen

in·for·mal [ɪnˈfɔːməl] *adj* ❶ (*not formal, casual*) informell; *atmosphere, party* zwanglos; *clothing, manner* leger ❷ (*not official*) *meeting* inoffiziell ❸ (*approachable, not stiff*) *person* ungezwungen

in·for·mal·ity [ˌɪnfɔːˈmæləti] *n no pl* ❶ (*casual quality*) Zwanglosigkeit *f* ❷ (*unofficial character*) inoffizieller Charakter ❸ (*approachability*) *of person* Ungezwungenheit *f*

in·form·ant [ɪnˈfɔːmənt] *n* Informant(in) *m(f)*

in·for·ma·tion [ˌɪnfəˈmeɪʃən] *n* ❶ *no pl* (*data*) Information *f*; **a piece of ~** eine Information; **a lot of/a little ~** viele/wenige Informationen; **for your ~** als Information; (*annoyed*) damit Sie es wissen ❷ (*enquiry desk*) Information *f* ❸ AM (*telephone operator*) Auskunft *f*

in·for·ˈma·tion con·tent *n no pl* COMPUT Informationsgehalt *m* **in·for·ˈma·tion re·ˈtriev·al** *n no pl* Wiederauffinden *nt* von Informationen; COMPUT Informationsabruf *m* **in·for·ˈma·tion sci·ence** *n usu sg* Informatik *f kein pl* **in·for·ˈma·tion ˈstor·age** *n no pl* COMPUT Datenspeicherung *f* **in·for·ˈma·tion ˈsuper·high·way** *n* ▪ **the ~** die Datenautobahn, das Internet **in·for·ˈma·tion ˈsys·tem** *n* Informationssystem *nt* **in·for·ˈma·tion tech·ˈnol·ogy** *n no pl* Informationstechnologie *f*

in·for·ma·tive [ɪnˈfɔːmətɪv] *adj* (*approv*) informativ

in·formed [ɪnˈfɔːmd] *adj* [gut] informiert; *opinion* fundiert; **to make an ~ guess** etw [aufgrund von Informationen] vermuten; **to keep sb ~** jdn auf dem Laufenden halten

in·form·er [ɪnˈfɔːmə^r] *n* Informant(in) *m(f)*

info·tain·ment [ˌɪnfə(ʊ)ˈteɪnmənt] *n no pl* Infotainment *nt*

in·frac·tion [ɪnˈfrækʃən] *n* LAW (*form*) Verstoß *m* (**of** gegen)

in·fra dig [ˌɪnfrəˈdɪɡ] *adj pred* ▪ **to be ~ [for sb]** unter jds Würde sein

in·fra·red [ˌɪnfrəˈred] *adj* infrarot

in·fra·struc·ture [ˈɪnfrəˌstrʌktʃə^r] *n* Infrastruktur *f*

in·fre·quent [ɪnˈfriːkwənt] *adj* selten

in·fringe [ɪnˈfrɪndʒ] **I.** *vt* verletzen; **to ~ a law** gegen ein Gesetz verstoßen **II.** *vi* ▪ **to ~ on/upon sth** *privacy, rights* etw verletzen; *area* in etw *akk* eindringen; *territory* auf etw *akk* übergreifen

in·fringe·ment [ɪnˈfrɪndʒmənt] *n* ❶ (*action*) Verstoß *m*; (*breach*) *of law* Gesetzesverstoß *m*; *of rules* Regelverletzung *f*; *esp* SPORTS Regelverstoß *m* ❷ *no pl* (*violation*) Übertretung *f*

in·fu·ri·ate [ɪnˈfjʊərieɪt] *vt* wütend machen

in·fuse [ɪnˈfjuːz] **I.** *vt* ❶ (*fill*) erfüllen; ▪ **to ~ sth into sb/sth** jdm/etw etw einflößen ❷ (*form: steep in liquid*) *tea, herbs* aufgießen **II.** *vi* ziehen

in·fu·sion [ɪnˈfjuːʒən] *n* ❶ (*input*) Einbringen *nt*; ECON Infusion *f fachspr* ❷ (*brew*) Aufguss *m*; **herbal ~** Kräutertee *m* ❸ *no pl* (*brewing*) Aufgießen *nt* ❹ MED Infusion *f*

in·gen·ious [ɪnˈdʒiːniəs] *adj person* ideenreich; *idea, method, plan* ausgeklügelt; *device, machine* raffiniert

in·ge·nu·ity [ˌɪndʒɪˈnjuːəti] *n no pl of a person* Einfallsreichtum *m*; *of an idea, plan, solution* Genialität *f*; *of a machine, device* Raffiniertheit *f*

in·genu·ous [ɪnˈdʒenjuəs] *adj* (*form*) ❶ (*naïve*) naiv ❷ (*openly honest*) offen

in·gest [ɪnˈdʒest] *vt* (*form*) ❶ MED einnehmen ❷ (*fig*) *facts, information* verschlingen

ingle·nook [ˈɪŋɡlnʊk] *n esp* BRIT ARCHIT Kaminecke *f*

in·glo·ri·ous [ɪnˈɡlɔːriəs] *adj* unrühmlich; *defeat* schmählich

in·go·ing [ˈɪnˌɡəʊɪŋ] *adj attr* eingehend; *occupant, office holder* neu

in·got [ˈɪŋɡət] *n* Ingot *m fachspr*; (*of gold, silver*) Barren *m*

in·grained [ɪnˈɡreɪnd] *adj* ❶ (*embedded*) fest sitzend *attr*; **to be ~ with dirt** stark verschmutzt sein ❷ (*fig: deep-seated*) tief sitzend *attr*, fest verankert

in·gra·ti·ate [ɪnˈɡreɪʃieɪt] *vt no passive* (*usu pej*) ▪ **to ~ oneself [with sb]** sich [bei jdm] einschmeicheln

in·grati·tude [ɪnˈɡrætɪtjuːd] *n no pl* Undankbarkeit *f*

in·gre·di·ent [ɪnˈɡriːdiənt] *n* ❶ (*in recipe*) Zutat *f* ❷ (*component*) Bestandteil *m*

ˈin-group *n* (*usu pej fam*) angesagte Clique

in·grow·ing [ɪnˈgrəʊɪŋ] *adj*, **in·grown** [ɪnˈgrəʊn] *adj usu attr* eingewachsen; **an ~ toe·nail** ein eingewachsener Fußnagel

in·hab·it [ɪnˈhæbɪt] *vt* bewohnen

in·hab·it·able [ɪnˈhæbɪtəbl] *adj* bewohnbar

in·hab·it·ant [ɪnˈhæbɪtᵊnt] *n of region* Einwohner(in) *m(f)*; *of building* Bewohner(in) *m(f)*

in·hale [ɪnˈheɪl] **I.** *vt* einatmen; *smoker* inhalieren **II.** *vi* einatmen; *smoker* inhalieren

in·hal·er [ɪnˈheɪləʳ] *n* Inhalationsapparat *m*

in·har·mo·ni·ous [ˌɪnhɑːˈməʊnɪəs] *adj* ❶ (*not friendly*) gespannt ❷ (*form: not blending well*) also MUS unharmonisch

in·her·ent [ɪnˈherᵊnt] *adj* innewohnend *attr*, PHILOS inhärent *geh*; ■ **to be ~ in sth** etw *dat* eigen sein

in·her·it [ɪnˈherɪt] **I.** *vt* erben (**from** von); (*fig*) übernehmen (**from** von) **II.** *vi* erben

in·her·it·able [ɪnˈherɪtəbl] *adj* ❶ (*transmissible*) vererbbar ❷ LAW (*able to inherit*) erbfähig   **in·her·it·ance** [ɪnˈherɪtən(t)s] *n* ❶ (*legacy*) Erbe *nt kein pl* (**from** von) ❷ *no pl* (*inheriting*) *of money, property* Erben *nt*; *of characteristics* Vererben *nt*

in·hib·it [ɪnˈhɪbɪt] *vt* ❶ (*restrict*) hindern ❷ (*deter*) hemmen; ■ **to ~ sb from doing sth** jdn daran hindern, etw zu tun

in·hi·bi·tion [ˌɪn(h)ɪˈbɪʃᵊn] *n* ❶ *usu pl* (*self-consciousness*) Hemmung *f* ❷ *no pl* (*inhibiting*) Einschränken *nt*; (*prevention*) Verhindern *nt*

in·hos·pi·table [ˌɪnhɒsˈpɪtəbl] *adj* ❶ (*unwelcoming*) ungastlich ❷ (*unpleasant*) unwirtlich

in-ˈhouse I. *adj attr* hauseigen **II.** *adv* intern, im Hause

in·hu·man [ɪnˈhjuːmən] *adj* ❶ (*pej: cruel*) unmenschlich ❷ (*non-human*) unmenschlich; (*superhuman*) übermenschlich

in·hu·mane [ˌɪnhjuːˈmeɪn] *adj* inhuman; (*barbaric*) barbarisch

in·hu·man·i·ty [ˌɪnhjuːˈmænəti] *n no pl* Grausamkeit *f*; (*barbaric cruelty*) Barbarei *f*

in·imi·cal [ɪˈnɪmɪkᵊl] *adj* (*form*) ❶ (*harmful*) nachteilig; ■ **to be ~ to sth** etw *dat* abträglich sein *geh* ❷ (*hostile*) feindselig; ■ **to be ~ to sth/sb** etw/jdm feindlich gesonnen sein

in·imi·table [ɪˈnɪmɪtəbl] *adj* unnachahmlich

in·iqui·tous [ɪˈnɪkwɪtəs] *adj* (*form*) ungeheuerlich

in·iqui·ty [ɪˈnɪkwɪti] *n* ❶ *no pl* (*wickedness*) Bosheit *f*; (*unfairness*) Ungerechtigkeit *f*; (*sinfulness*) Verderbtheit *f geh* ❷ (*wicked act*) Untat *f*; (*act of unfairness*) Ungerechtigkeit *f*; (*sin*) Sünde *f*

ini·tial [ɪˈnɪʃᵊl] **I.** *adj attr* anfänglich, erste(r, s) **II.** *n* Initiale *f* **III.** *vt* <BRIT -ll- *or* AM *usu* -l-> **to ~ sth** seine Initialen unter etw *akk* setzen

ini·tial·ize [ɪˈnɪʃəlaɪz] *vt* COMPUT initialisieren

ini·tial·ly [ɪˈnɪʃᵊli] *adv* anfangs, zunächst

ini·ti·ate I. *vt* [ɪˈnɪʃieɪt] ❶ (*start*) in die Wege leiten ❷ (*teach*) einweihen (**into** in) ❸ (*admit to group*) einführen (**into** in); (*make official member*) [feierlich] aufnehmen (**into** in) **II.** *n* [ɪˈnɪʃiət] (*in a club, organization*) neues Mitglied; (*in a spiritual community*) Eingeweihte(r) *f(m)*

ini·ti·a·tion [ɪˌnɪʃiˈeɪʃᵊn] *n* ❶ *no pl* (*start*) Einleitung *f* ❷ (*introduction*) Einführung *f* (**into** in); (*as a member*) Aufnahme *f* (**into** in); (*in tribal societies*) Initiation *f* (**into** in)

ini·tia·tive [ɪˈnɪʃətɪv] *n* ❶ *no pl* (*approv: enterprise*) [Eigen]initiative *f*; **to use one's ~** eigenständig handeln ❷ *no pl* (*power to act*) Initiative *f* ❸ (*action*) Initiative *f*

in·ject [ɪnˈdʒekt] *vt* ❶ MED spritzen (**into** in); ■ **to ~ sb against sth** BRIT, AUS jdn gegen etw *akk* impfen ❷ (*fig: introduce*) ■ **to ~ sth into sth** etw in etw *akk* [hinein]bringen; **to ~ cash into a project** einem Projekt Geld zuschießen *fam* ❸ TECH einspritzen ❹ AEROSP **to ~ a spacecraft into an orbit** ein Raumfahrzeug in eine Umlaufbahn schießen

in·jec·tion [ɪnˈdʒekʃᵊn] *n* ❶ MED Spritze *f* ❷ (*addition*) **an ~ of cash** eine Geldspritze *fam*; **an ~ of enthusiasm/new life/optimism** ein Schuss Enthusiasmus/neues Leben/Optimismus ❸ TECH Einspritzung *f*

in·ju·di·cious [ˌɪndʒuːˈdɪʃəs] *adj* (*form*) unklug; (*ill-considered*) unüberlegt

in·junc·tion [ɪnˈdʒʌŋ(k)ʃᵊn] *n* ❶ LAW [gerichtliche] Verfügung ❷ (*instruction*) Ermahnung *f*

in·jure [ˈɪndʒəʳ] *vt* ❶ (*wound*) verletzen; **to ~ one's back/leg** sich *dat* den Rücken/das Bein verletzen ❷ (*damage*) schaden

in·jured [ˈɪndʒəd] **I.** *adj* ❶ (*wounded*) verletzt ❷ (*offended*) verletzt ❸ LAW (*wronged*) **the ~ party** der/die Geschädigte **II.** *n* ■ **the ~ pl** die Verletzten *pl*

in·ju·ry [ˈɪndʒᵊri] *n* Verletzung *f*

in·jus·tice [ɪnˈdʒʌstɪs] *n* Ungerechtigkeit *f*

ink [ɪŋk] **I.** *n* ❶ *no pl* (*for writing*) Tinte *f*; ART Tusche *f*; (*for stamp-pad*) Farbe *f*; TYPO Druckfarbe *f*; (*for newspapers*) Druckerschwärze *f* ❷ (*from octopus*) Tinte *f* **II.** *vt* ❶ TYPO einfärben ❷ ECON unterschreiben

'ink bot·tle *n* Tintenfass *nt* **ink-jet 'print·er** *n* Tintenstrahldrucker *m*

ink·ling [ˈɪŋklɪŋ] *n* ❶ (*suspicion*) Ahnung *f*; **sb has an ~ of sth** jd ahnt etw ❷ (*hint*) Hinweis *m*

'ink-pad *n* Stempelkissen *nt*

inky [ˈɪŋki] *adj* ❶ (*covered with ink*) tintenbe-

fleckt ② (*very dark*) pechschwarz
in·laid [ɪnˈleɪd] **I.** *adj* mit Intarsien *nach n*; **~ work** Intarsienarbeit *f* **II.** *vt pt, pp of* **inlay**
in·land I. *adj* [ˈɪnlənd] *usu attr* ① (*not coastal*) *sea, shipping* Binnen-; *town, village* im Landesinneren *nach n* ② *esp* BRIT ADMIN, ECON (*domestic*) inländisch, Inland[s]-; **~ haulage/trade** Binnentransport *m* /-handel *m* **II.** *adv* [ˈɪnlænd] (*direction*) ins Landesinnere; (*place*) im Landesinneren
Inland ˈRev·e·nue *n* BRIT, NZ ■ **the ~** = das Finanzamt
in-laws [ˈɪnlɔːz] *npl* Schwiegereltern *pl*
in·lay I. *n* [ˈɪnleɪ] ① *no pl* (*embedded pattern*) Einlegearbeit[en] *f*[*pl*] ② MED (*for tooth*) Inlay *nt* **II.** *vt* <-laid, -laid> [ɪnˈleɪ] *usu passive* einlegen
in·let [ˈɪnlet] *n* ① GEOG [schmale] Bucht; (*of sea*) Meeresarm *m* ② TECH (*part of machine*) Einlass[kanal] *m*; (*pipe*) Zuleitung *f*
in·mate [ˈɪnmeɪt] *n* Insasse(in) *m(f)*; **prison ~** Gefängnisinsasse(in) *m(f)*
inn [ɪn] *n* Gasthaus *nt*
in·nards [ˈɪnədz] *npl* (*fam*) ① ANAT Eingeweide *pl*; FOOD Innereien *pl* ② (*of machine*) Innere *nt kein pl*
in·nate [ɪˈneɪt] *adj* natürlich, angeboren
in·ner [ˈɪnə] *adj usu attr* ① (*interior*) Innen-, innere(r, s) *attr* ② (*emotional*) innere(r, s) *attr*; **~ feelings** tiefste Gefühle; **~ life** Innenleben *nt*
inner ˈcity *n* Innenstadt *f*, [Stadt]zentrum *nt*
in·ner·most [ˈɪnəmə(ʊ)st] *adj attr* ① (*furthest in*) innerste(r, s) ② (*most secret*) geheimste(r, s), intimste(r, s) **ˈinner tube** *n* Schlauch *m*
in·ning [ˈɪnɪŋ] *n* SPORTS ① AM (*in baseball*) Inning *nt* ② BRIT ■ **~s** + *sing vb* (*in cricket*) Durchgang *m*
in·no·cence [ˈɪnəsən(t)s] *n no pl* Unschuld *f*
in·no·cent [ˈɪnəsənt] **I.** *adj* ① (*not guilty*) unschuldig ② (*approv: artless*) unschuldig ③ (*uninvolved*) unbeteiligt; **an ~ victim** ein unschuldiges Opfer ④ (*intending no harm*) unschuldig; *mistake* unbeabsichtigt ⑤ (*harmless*) *substance* harmlos **II.** *n* **to be an ~** naiv sein
in·nocu·ous [ɪˈnɒkjuəs] *adj* harmlos
in·no·vate [ˈɪnə(ʊ)veɪt] *vi* ① (*introduce sth new*) Neuerungen einführen; (*be creative*) kreativ sein ② (*make changes*) sich erneuern
in·no·va·tion [ˌɪnə(ʊ)ˈveɪʃən] *n* ① (*new thing*) Neuerung *f*; (*new product*) Innovation *f* ② *no pl* (*creating new things*) [Veränderung *f*
in·no·va·tive [ˈɪnə(ʊ)veɪtɪv] *adj* ① (*original*) innovativ ② (*having new ideas*) kreativ
in·no·va·tor [ˈɪnə(ʊ)veɪtə] *n* Erneuerer, Erneuerin *m, f*

in·nu·en·do <*pl* -s *or* -es> [ˌɪnjuˈendəʊ] *n* ① (*insinuation*) Anspielung *f* (**about** auf) ② (*suggestive remark*) Zweideutigkeit *f* ③ *no pl* (*suggestive quality*) Andeutungen *pl*
in·nu·mer·able [ɪˈnjuːmərəbl] *adj* unzählig
in·nu·mer·ate [ɪˈnjuːmərət] *adj esp* BRIT ■ **to be ~** nicht rechnen können
in·ocu·late [ɪˈnɒkjəleɪt] *vt* impfen (**against** gegen)
in·ocu·la·tion [ɪˌnɒkjəˈleɪʃən] *n* Impfung *f*
in·of·fen·sive [ˌɪnəˈfen(t)sɪv] *adj* ① (*not causing offence*) *behaviour, person, remark* unauffällig ② (*not unpleasant*) *pattern, design* unaufdringlich
in·op·er·able [ɪˈnɒpərəbl] *adj* ① MED (*not treatable*) inoperabel ② (*unable to function*) nicht funktionsfähig; (*not practicable*) undurchführbar
in·op·era·tive [ɪˈnɒpərətɪv] *adj* (*form*) ① (*not in effect*) ungültig; **to be/become ~** *rule, regulation* außer Kraft sein/treten ② (*not working*) nicht funktionsfähig; ■ **to be ~** nicht funktionieren
in·op·por·tune [ɪˈnɒpətjuːn] *adj* ① (*inconvenient*) ungünstig ② (*unsuitable*) *remark* unpassend
in·or·di·nate [ɪnˈɔːdɪnət] *adj* (*pej form*) ungeheuere(r, s) *attr*, ungeheuerlich
in·or·gan·ic [ˌɪnɔːˈgænɪk] *adj* CHEM anorganisch
ˈin·pa·tient *n* stationärer Patient/stationäre Patientin
in·put [ˈɪnpʊt] **I.** *n* ① *no pl* (*resource put in*) Beitrag *m*; (*of work*) [Arbeits]aufwand *m*; (*of ideas, suggestions*) Beitrag *m* ② COMPUT, ELEC (*component*) Anschluss *m* ③ *no pl* COMPUT (*ingoing information*) Input *m*; (*the typing in*) Eingabe *f* **II.** *adj* COMPUT (*buffer, data, file, port*) Eingabe- **III.** *vt* <-tt-, put, put> COMPUT (*store in computer*) eingeben; (*with a scanner*) einscannen
in·quest [ˈɪŋkwest] *n* ① LAW gerichtliche Untersuchung [der Todesursache]; **to hold an ~ [into sth]** [etw] gerichtlich untersuchen ② ECON (*fig*) Untersuchung *f*; **to hold an ~ [into sth]** eine Untersuchung [einer S. *gen*] durchführen
in·quire *vt, vi esp* AM *see* **enquire**
in·quiry *n esp* AM *see* **enquiry**
in·qui·si·tion [ˌɪŋkwɪˈzɪʃən] *n* ① (*pej: unfriendly questioning*) Verhör *nt* ② HIST ■ **the I~** die Inquisition
in·quisi·tive [ɪnˈkwɪzətɪv] *adj* ① (*eager to know*) wissbegierig; (*curious*) neugierig; *look, face* fragend *attr*; *child* fragelustig ② (*pej: prying*) *person* neugierig
in·road [ˈɪnrəʊd] *n usu pl* ① (*reduce notice-*

in·rush ['ɪnrʌʃ] *n usu sing of water* Einbruch *m; of people* Zustrom *m*

in·sa·lu·bri·ous [ˌɪnsə'luːbriəs] *adj (form: unwholesome)* schädlich; *(unhealthy)* ungesund; *(dirty)* verschmutzt

ins and outs [ˌɪnzən(d)'aʊts] *n* ■ **the ~ of sth** die Details einer S. *gen*

in·sane [ɪn'seɪn] *adj* ❶ PSYCH geistesgestört ❷ *(fam: crazy)* verrückt

in·sani·tary [ɪn'sænɪtəri] *adj* unhygienisch

in·san·ity [ɪn'sænəti] *n no pl (also fig)* Wahnsinn

in·sa·tia·ble [ɪn'seɪʃəbl] *adj appetite, demand, thirst* unstillbar; *person* unersättlich

in·scribe [ɪn'skraɪb] *vt* ❶ *(form: write)* schreiben (**on** auf); *(cut into metal)* eingravieren (**on** auf); *(cut into stone)* einmeißeln (**on** auf) ❷ *(dedicate)* ■ **to ~ sth to sb** jdm etw widmen

in·scrip·tion [ɪn'skrɪpʃən] *n* ❶ *(inscribed words)* Inschrift *f* ❷ *(in book)* Widmung *f*

in·scru·ta·ble [ɪn'skruːtəbl] *adj expression, look, smile* undurchdringlich; *person* undurchschaubar

in·sect ['ɪnsekt] *n* Insekt *nt;* **~ bite** Insektenstich *m*

in·sec·ti·cide [ɪn'sektɪsaɪd] *n* Insektenvernichtungsmittel *nt*

in·se·cure [ˌɪnsɪ'kjʊər] *adj* ❶ *(lacking confidence)* unsicher ❷ *(precarious)* unsicher ❸ *(not fixed securely)* nicht fest; *(unsafe)* unstabil

in·se·cu·rity [ˌɪnsɪ'kjʊərəti] *n no pl* Unsicherheit *f;* **a sense of ~** eine innere Unsicherheit

in·semi·nate [ɪn'semɪneɪt] *vt animal* besamen; *woman* [künstlich] befruchten

in·semi·na·tion [ɪnˌsemɪ'neɪʃən] *n no pl* Befruchtung *f; of animals* Besamung *f*

in·sen·si·ble [ɪn'sen(t)səbl] *adj (form)* ❶ *(unconscious)* bewusstlos ❷ *(physically)* gefühllos; *(not feeling pain)* schmerzunempfindlich ❸ *pred (indifferent)* unempfänglich (**to** für); *(unfeeling)* gefühllos ❹ *pred (unaware)* ■ **to be ~ of sth** sich *dat* einer S. *gen* nicht bewusst sein ❺ *(imperceptible)* unmerklich

in·sen·si·tive [ɪn'sen(t)sətɪv] *adj* ❶ *(pej: uncaring) person* gefühllos; *remark* taktlos ❷ *(pej: unappreciative)* gleichgültig; ■ **to be ~ to sth** etw *dat* gegenüber gleichgültig sein ❸ *usu pred (physically)* unempfindlich; ■ **to be ~ to sth** etw *dat* gegenüber unempfindlich sein

in·sepa·rable [ɪn'sepərəbl] *adj* ❶ *(emotionally)* unzertrennlich ❷ *(physically)* untrennbar [miteinander verbunden] ❸ LING untrennbar

in·sert I. *vt* [ɪn'sɜːt] ■ **to ~ sth [into sth]** ❶ *(put into)* etw [in etw *akk*] [hinein]stecken; *coins* etw [in etw *akk*] einwerfen ❷ *(into text)* etw [in etw *akk*] einfügen; *(on form)* etw [in etw *akk*] eintragen **II.** *n* ['ɪnsɜːt] ❶ *(extra pages)* Werbebeilage[n] *f[pl]* ❷ *(in shoe)* Einlage *f;* *(in clothing)* Einsatz *m*

in·ser·tion [ɪn'sɜːʃən] *n* ❶ *no pl (act of inserting)* Einlegen *nt,* Einsetzen *nt;* *(into a slot)* Einführen *nt; of coins* Einwurf *m;* *(into text)* Ergänzung *f* ❷ *(sth inserted)* Zusatz *m* ❸ *(in newspaper)* Erscheinen *nt*

'in·ser·vice *adj attr* **~ course** [innerbetriebliche] Fortbildung

in·shore [ˌɪn'ʃɔː] **I.** *adj* Küsten-, in Küstennähe *nach n* **II.** *adv* in Richtung Küste

in·side [ˌɪn'saɪd] **I.** *n* ❶ *no pl (interior)* Innere *nt; from the ~* von innen ❷ *(inner surface) of hand, door* Innenseite *f; (inner lane)* Innenspur *f;* SPORTS Innenbahn *f* ❸ *(within an organization)* Innere *nt;* **someone on the ~** ein Insider ❹ *(mind)* **who knows what she was feeling on the ~** wer weiß wie es in ihr aussah ❺ *(inside information)* **to have the ~ on sth** vertrauliche Information[en] über etw *akk* haben **II.** *adv* ❶ *(in the interior)* innen ❷ *(indoors)* innen; *(direction)* hinein; *(into the house)* ins Haus ❸ *(fig: within oneself)* im Inneren ❹ *(sl: in prison)* hinter Gittern **III.** *adj attr* ❶ *(inner)* Innen-, innere(r, s) ❷ *(indoor)* Innen- **IV.** *prep* ■ **~ sth** *(direction)* in etw *akk* [hinein]; *(location)* in etw *dat;* **he finished it ~ of two hours** er war in weniger als zwei Stunden damit fertig; **to be ~ the record** über der Rekordzeit liegen

in·sid·er [ɪn'saɪdər] *n* Insider(in) *m/f*

in·sidi·ous [ɪn'sɪdiəs] *adj* heimtückisch

in·sight ['ɪnsaɪt] *n* ❶ *(perception)* Einsicht *f,* Einblick *m* (**into** in); **to gain an ~ into sth/sb** jdn/etw verstehen lernen; **to give sb an ~ into sth** jdm einen Einblick in etw *akk* geben ❷ *no pl (perceptiveness)* Verständnis *nt;* **to have ~ into sth** etw verstehen; *(sympathetically)* sich in etw *akk* einfühlen können

in·sig·nia <*pl* - *or* -s> [ɪn'sɪgniə] *n* Insignie *nt*

in·sig·nifi·cance [ˌɪnsɪg'nɪfɪkən(t)s] *n no pl* Belanglosigkeit *f*

in·sig·nifi·cant [ˌɪnsɪg'nɪfɪkənt] *adj* ❶ *(trifling)* unbedeutend ❷ *(trivial)* belanglos ❸ *(undistinguished)* unbedeutend

in·sin·cere [ˌɪnsɪnˈsɪəʳ] *adj* unaufrichtig; *person* falsch; *smile, praise* unecht; *flattery* heuchlerisch

in·sin·u·ate [ɪnˈsɪnjueɪt] *vt* ❶ (*imply*) andeuten ❷ (*form: slide*) ■ **to ~ sth into sth** etw vorsichtig in etw *akk* schieben ❸ (*pej form: worm one's way*) ■ **to ~ oneself into sth** sich in etw *akk* [ein]schleichen

in·sin·u·a·tion [ɪnˌsɪnjuˈeɪʃən] *n* Unterstellung *f*

in·sip·id [ɪnˈsɪpɪd] *adj* (*pej*) ❶ (*dull*) stumpfsinnig ❷ (*bland*) fade

in·sist [ɪnˈsɪst] **I.** *vi* ❶ (*demand*) bestehen (**on/upon** auf) ❷ (*continue annoyingly*) ■ **to ~ on doing sth** sich nicht von etw *dat* abbringen lassen ❸ (*maintain forcefully*) ■ **to ~ on sth** auf etw *dat* beharren **II.** *vt* ■ **to ~ that ...** ❶ (*state forcefully*) fest behaupten, dass ... ❷ (*demand forcefully*) darauf bestehen, dass ...

in·sist·ence [ɪnˈsɪstən(t)s] *n no pl* Bestehen *nt* (**on** auf) **in·sist·ent** [ɪnˈsɪstənt] *adj* ❶ *usu pred* (*determined*) beharrlich ❷ (*forceful*) *appeals, demands* nachdrücklich ❸ (*repeated*) wiederholt

in·so·far as [ˌɪnsə(ʊ)ˈfɑːræz] *adv* (*form*) soweit

in·sole [ˈɪnsəʊl] *n* Einlegesohle *f*; (*part of shoe*) Innensohle *f*

in·so·lence [ˈɪn(t)sələn(t)s] *n no pl* Unverschämtheit *f*

in·so·lent [ˈɪn(t)sələnt] *adj* unverschämt

in·sol·u·ble [ɪnˈsɒljəbl] *adj* ❶ *puzzle, problem* unlösbar ❷ *minerals, substances* nicht löslich

in·sol·ven·cy [ɪnˈsɒlvən(t)si] *n no pl* Zahlungsunfähigkeit *f*

in·sol·vent [ɪnˈsɒlvənt] **I.** *adj* zahlungsunfähig **II.** *n* **to be an ~** Zahlungsunfähige(r)

in·som·nia [ɪnˈsɒmniə] *n no pl* Schlaflosigkeit *f*

in·som·ni·ac [ɪnˈsɒmniæk] *n* **to be an ~** an Schlaflosigkeit leiden

in·spect [ɪnˈspekt] *vt* ❶ (*examine carefully*) untersuchen ❷ (*examine officially*) kontrollieren ❸ MIL *troops* inspizieren

in·spec·tion [ɪnˈspekʃən] *n* ❶ (*examination*) [Über]prüfung *f*; **to carry out an ~ of sth** etw einer Überprüfung unterziehen ❷ (*by officials*) Kontrolle *f* ❸ (*of troops*) Inspektion *f*

in·spec·tor [ɪnˈspektəʳ] *n* ❶ (*person who inspects*) Inspektor(in) *m(f)*; **tax ~** Steuerprüfer(in) *m(f)*; **ticket ~** [Fahrkarten]kontrolleur(in) *m(f)* ❷ (*police rank*) Inspektor(in) *m(f)*

in·spi·ra·tion [ˌɪn(t)spəˈreɪʃən] *n no pl* (*creative stimulation*) Inspiration *f*; **to lack ~** fantasielos sein ❷ (*sth inspiring*) Inspiration *f* ❸ (*good idea*) Idee *f*

in·spire [ɪnˈspaɪəʳ] *vt* ❶ (*stimulate creatively*) inspirieren ❷ (*arouse*) ■ **to ~ sth [in sb]** *fear, hope, optimism* etw [bei jdm] hervorrufen; **they don't ~ me with confidence** sie wirken nicht Vertrauen erweckend auf mich ❸ (*lead to*) ■ **to ~ sth** zu etw *dat* führen

in·spired [ɪnˈspaɪəd] *adj* ❶ (*stimulated*) *poet, athlete* inspiriert ❷ (*approv: excellent*) großartig ❸ (*motivated*) **a politically ~ strike** ein politisch motivierter Streik

in·sta·bil·ity [ˌɪnstəˈbɪləti] *n no pl* ❶ (*also fig*) *of building, structure* Instabilität *f* ❷ PSYCH Labilität *f*

in·stall [ɪnˈstɔːl], AM **in·stal** <-ll-> *vt* ❶ TECH (*put in position*) *machinery* aufstellen; *computers, heating, plumbing* installieren; *bathroom, kitchen* einbauen; *electrical wiring, pipes* verlegen; *telephone, washing machine* anschließen ❷ (*ceremonially*) einsetzen; **to ~ sb as archbishop/mayor** jdn als Erzbischof/Bürgermeister in sein Amt einführen ❸ (*position*) **to ~ sb/oneself at a desk** jdm einen Schreibtisch zuweisen/sich einen Schreibtisch geben

in·stal·la·tion [ˌɪnstəˈleɪʃən] *n* ❶ *no pl* TECH *of machinery* Aufstellen *nt*; *of an appliance, heating, plumbing* Installation *f*; *of kitchen, bathroom* Einbau *m*; *of electrical wiring, pipes* Verlegung *f*; *of telephone, washing machine* Anschluss *m*; AM, AUS *of carpet* Verlegen *nt* ❷ (*facility*) Anlage *f* ❸ (*in office*) Amtseinsetzung *f kein pl* ❹ ART (*sculpture*) Installation *f*

in·stal·ment [ɪnˈstɔːlmənt] *n*, AM **in·stall·ment** *n* ❶ (*part*) Folge *f* ❷ ECON, FIN Rate *f*

in·stance [ˈɪn(t)stən(t)s] *n* ❶ (*particular case*) Fall *m*; **in this ~** in diesem Fall ❷ (*example*) **for ~** zum Beispiel ❸ (*form: in argumentation*) **in the first ~** (*at first*) zunächst; (*in the first place*) von vorne herein

in·stant [ˈɪn(t)stənt] **I.** *n* ❶ (*moment*) Moment *m*, Augenblick *m*; **the next ~** im nächsten Moment; **this ~** sofort (*as soon as*) ■ **the ~** sobald **II.** *adj* ❶ (*immediate*) sofortige(r, s) *attr*; **the film was an ~ success** der Film war sofort ein Erfolg; **to take ~ effect** sofort wirken ❷ FOOD **~ coffee** Pulverkaffee *m*; **~ soup** (*in bags*) Tütensuppe *f*; (*in tins*) Dosensuppe *f* ❸ *attr* (*liter: urgent*) dringend

in·stan·ta·neous [ˌɪn(t)stənˈteɪniəs] *adj* effect, reaction unmittelbar

in·stan·ta·neous·ly [ˌɪn(t)stənˈteɪniəsli] *adv* sofort, unmittelbar

in·stant·ly [ˈɪn(t)stəntli] *adv* sofort

in·stant ˈre·play *n* TV Wiederholung *f*

in·stead [ɪnˈsted] **I.** *adv* stattdessen **II.** *prep*

■ ~ **of sth/sb** [an]statt einer S./einer Person *gen;* **Sue volunteered to go ~ of Jean** Sue bot sich an, an Jeans Stelle zu gehen; ■ **~ of doing sth** [an]statt etw zu tun

in·step ['ɪnstep] *n* ❶ *(of foot)* Spann *m* ❷ *(of shoe)* Blatt *nt*

in·sti·gate ['ɪn(t)stɪgeɪt] *vt* ❶ *(initiate)* einleiten ❷ *(pej: incite)* **revolt, strike** anzetteln

in·sti·ga·tion [ˌɪn(t)stɪ'geɪʃən] *n no pl* ❶ *(form)* Anregung *f* **(of** zu); *(incitement)* Anstiftung *f* **(of** zu)

in·stil <-ll-> [ɪn'stɪl], AM **in·still** *vt* ■ **to ~ sth into sb** jdm etw einflößen; *knowledge* jdm etw beibringen

in·stinct ['ɪn(t)stɪŋ(k)t] *n* ❶ *(natural response)* Instinkt *m;* **her first ~ was to shout** ihr erster Impuls war zu schreien; **to have an ~ for sth** einen Riecher für etw *akk* haben *fam* ❷ *no pl (innate behaviour)* Instinkt *m;* **to do sth by/on ~** etw instinktiv tun

in·stinc·tive [ɪn'stɪŋ(k)tɪv] *adj* instinktiv; *(innate)* angeboren

in·sti·tute ['ɪn(t)stɪtjuːt] **I.** *n* Institut *nt;* (of higher education) Hochschule *f* **II.** *vt* ❶ *(establish)* system, reform einführen ❷ *(initiate)* steps, measures einleiten; legal action anstrengen

in·sti·tu·tion [ˌɪn(t)stɪ'tjuːʃən] *n no pl* ❶ *(establishment)* Einführung *f* ❷ *(esp pej: building)* Heim *nt,* Anstalt *f* ❸ *(custom)* also of person Institution *f* ❹ *(organization)* Einrichtung *f*

in·sti·tu·tion·al [ˌɪn(t)stɪ'tjuːʃənəl] *adj* ❶ *(pej)* Anstalts-, Heim- ❷ *(organizational)* institutionell; *(established)* institutionalisiert, etabliert **in·sti·tu·tion·al·ize** [ˌɪn(t)stɪ'tjuːʃənəlaɪz] *vt* ❶ *(place in care)* ■ **to ~ sb** jdn in ein Heim einweisen ❷ *(make into custom)* ■ **to ~ sth** etw institutionalisieren *geh*

in·struct [ɪn'strʌkt] *vt* ❶ *(teach)* ■ **to ~ sb in sth** jdm etw beibringen ❷ *(order)* anweisen ❸ BRIT, AUS *solicitor, counsel* beauftragen

in·struc·tion [ɪn'strʌkʃən] *n* ❶ *usu pl (order)* Anweisung *f* ❷ *no pl (teaching)* Unterweisung *f;* **to give sb ~ in sth** jdm etw beibringen ❸ *(directions)* ■ **~ s** *pl* Anweisung *f;* **~ s for use** Gebrauchsanweisung *f*

in·'struc·tion book *n,* **in·'struc·tion manu·al** *n of a computer* Handbuch *nt; of a machine/device* Gebrauchsanweisung *f;* **in·'struc·tion leaf·let** *n* Informationsblatt *nt; (for use)* Gebrauchsanweisung *f*

in·struc·tive [ɪn'strʌktɪv] *adj (approv)* lehrreich, aufschlussreich

in·struc·tor [ɪn'strʌktə^r] *n* ❶ *(teacher)* Lehrer(in) *m(f);* **driving/ski ~** Fahr-/Skilehrer(in) *m(f)* ❷ AM *(at university)* Dozent(in) *m(f)*

in·stru·ment ['ɪnstrəmənt] *n* ❶ *(tool, measuring device) also* MUS Instrument *nt;* **a blunt ~** ein schwerer, stumpfer Gegenstand ❷ *(means)* Mittel *nt*

in·stru·men·tal [ˌɪn(t)strə'mentəl] **I.** *adj* ❶ MUS instrumental ❷ *(influential)* förderlich; **he was ~ in bringing about much needed reforms** er war maßgeblich daran beteiligt, längst überfällige Reformen in Gang zu setzen **II.** *n* Instrumental|stück] *nt*

in·stru·men·ta·tion [ˌɪn(t)strəmen'teɪʃən] *n* ❶ *no pl* MUS *(arrangement)* Arrangement *nt* ❷ MUS *(instruments)* Instrumentation *f* fachspr ❸ *no pl* TECH *(instruments collectively)* Instrumente *pl*

'**in·stru·ment board** *n,* '**in·stru·ment pan·el** *n* AUTO Armaturenbrett *nt;* AVIAT, NAUT Instrumententafel *f*

in·sub·or·di·nate [ˌɪnsə'bɔːdənət] *adj* ungehorsam, aufsässig

in·sub·stan·tial [ˌɪnsəb'stæn(t)ʃəl] *adj* ❶ *(unconvincing)* argument, evidence fadenscheinig; plot, meal dürftig ❷ *(small)* meal [sehr] klein ❸ *(form: not real)* unbegründet

in·suf·fer·able [ɪn'sʌfərəbl] *adj (pej)* unerträglich; *person* unausstehlich

in·suf·fi·cien·cy [ˌɪnsə'fɪʃən(t)si] *n no pl* Mangel *m* **(of** an)

in·suf·fi·cient [ˌɪnsə'fɪʃənt] *adj* zu wenig präd, unzureichend

in·su·lar ['ɪn(t)sjələ^r] *adj* ❶ *(pej: parochial)* provinziell ❷ GEOG Insel-

in·su·lar·ity [ˌɪn(t)sjə'lærəti] *n no pl (pej)* Provinzialität *f*

in·su·late ['ɪn(t)sjəleɪt] *vt* ❶ *(protect)* roof, room, wire isolieren ❷ *(fig: shield)* [be]schützen **(from** vor)

in·su·lat·ing ['ɪn(t)sjəleɪtɪŋ] *adj* layer, material, tape Isolier-

in·su·la·tion [ˌɪn(t)sjə'leɪʃən] *n no pl* ❶ *(material, action)* Isolierung *f* ❷ *(fig: protection)* Schutz *m*

in·su·lin ['ɪn(t)sjəlɪn] *n no pl* Insulin *nt*

in·sult I. *vt* [ɪn'sʌlt] beleidigen; **to feel/be ~ed** beleidigt sein **II.** *n* ['ɪnsʌlt] ❶ *(offensive remark)* Beleidigung *f* ❷ *(affront)* **to be an ~ to sb/sth** für jdn/etw eine Beleidigung sein; **an ~ to sb's intelligence** jds Intelligenz beleidigen ▶ **to add ~ to injury** um dem Ganzen die Krone aufzusetzen

in·su·per·able [ɪn'suːpərəbl] *adj (form)* unüberwindlich

in·sup·port·able [ˌɪnsə'pɔːtəbl] *adj* unerträglich

in·sur·ance [ɪn'ʃʊərən(t)s] *n* ❶ *no pl (finan-*

insurance broker – intensification

cial protection) Versicherung f; **to have ~ [against sth]** [gegen etw akk] versichert sein; **to take out ~ [against sth]** sich [gegen etw akk] versichern ❷ no pl (payout) Versicherungssumme f ❸ no pl (premium) [Versicherungs]prämie f ❹ no pl (profession) Versicherungswesen nt ❺ (protective measure) Absicherung f

in·'sur·ance bro·ker n Versicherungsmakler(in) m(f) **in·'sur·ance com·pa·ny** n Versicherung[sgesellschaft] f **in·'sur·ance pol·i·cy** n ❶ (contract) Versicherungspolice f ❷ (fig: alternative) **as an ~** zur Sicherheit **in·'sur·ance pre·mium** n [Versicherungs]prämie f

in·sure [ɪn'ʃʊər] **I.** vt versichern (against gegen) **II.** vi ❶ (protect oneself) ■ **to ~ against sth** sich gegen etw akk absichern ❷ (take insurance) sich versichern (**with** bei)

in·sured [ɪn'ʃʊəd] **I.** adj versichert sein **II.** n LAW ■ **the ~** der/die Versicherte

in·sur·er [ɪn'ʃʊərər] n ❶ (agent) Versicherungsvertreter(in) m(f) ❷ esp pl (company) Versicherung[sgesellschaft] f

in·sur·mount·able [,ɪnsə'maʊntəbl] adj unüberwindlich

in·sur·rec·tion [,ɪnsə'rekʃən] n Aufstand m

in·tact [ɪn'tækt] adj usu pred ❶ (physically) intakt ❷ (fig: morally) unversehrt

in·take ['ɪnteɪk] **I.** n ❶ (act) of drink, food, vitamins Aufnahme f; **~ of breath** Luftholen nt ❷ (amount) aufgenommene Menge; **alcohol ~** Alkoholkonsum m; **~ of calories** Kalorienzufuhr f ❸ (number of people) Aufnahmequote f; MIL Rekrutierung f ❹ MECH, TECH Einlassöffnung f **II.** adj Ansaug-, Saug-

in·tan·gi·ble [ɪn'tændʒəbl] **I.** adj nicht greifbar; fear, feeling, longings unbestimmbar **II.** n das Unbestimmte; (personal quality) Eigenschaft f

in·te·ger ['ɪntɪdʒər] n MATH ganze Zahl

in·te·gral ['ɪntɪgrəl] **I.** adj ❶ (central, essential) wesentlich ❷ (whole) vollständig ❸ (built-in) eingebaut ❹ MATH Integral- **II.** n MATH Integral m

in·te·grate ['ɪntɪgreɪt] **I.** vt integrieren (**into** in); ■ **to ~ sth with sth** etw [auf etw akk] abstimmen **II.** vi sich integrieren; AM SCH (hist) Schulen für Schwarze zugänglich machen

in·te·grat·ed ['ɪntɪgreɪtɪd] adj plan, piece of work einheitlich; ■ **to be ~ into sth** ethnic community, person in etw akk integriert sein; **~ school** AM (hist) Schule f ohne Rassentrennung

in·te·grat·ed 'cir·cuit n, IC n ELEC integrierter Schaltkreis

in·te·gra·tion [,ɪntɪ'greɪʃən] n no pl ❶ (cultural assimilation) Integration f; **~ of disabled people** Eingliederung f von Behinderten; **racial ~** Rassenintegration f ❷ (unification, fusion) Zusammenschluss m; (combination) Kombination f ❸ PHYS, PSYCH Integration f fachspr

in·teg·ri·ty [ɪn'tegrəti] n no pl ❶ (moral uprightness) Integrität f ❷ (form: unity, wholeness) Einheit[lichkeit] f

in·tel·lect ['ɪntəlekt] n ❶ no pl (faculty) Verstand m, Intellekt m ❷ (person) großer Denker/große Denkerin

in·tel·lec·tual [,ɪntə'lektjuəl] **I.** n Intellektuelle(r) f(m) **II.** adj activity, climate, interests intellektuell, geistig

in·tel·li·gence [ɪn'telɪdʒəns] n no pl ❶ (brain power) Intelligenz f ❷ + sing/pl vb (department) Geheimdienst m; **military ~** militärischer Geheimdienst ❸ + sing/pl vb (inside information) [nachrichtendienstliche] Informationen; **according to our latest ~** unseren letzten Meldungen zufolge **in·'tel·li·gence ser·vice** n Geheimdienst m **in·'tel·li·gence test** n Intelligenztest m

in·tel·li·gent [ɪn'telɪdʒənt] adj klug, intelligent

in·tel·li·gent de·sign n no pl Intelligent-Design nt (Glaubensrichtung, die davon ausgeht, dass die Evolution von einer göttlichen Kraft gelenkt wurde)

in·tel·li·gent·sia [ɪn,telɪ'dʒentsiə] n + sing/pl vb ■ **the ~** die Intellektuellen pl

in·tel·li·gi·ble [ɪn'telɪdʒəbl] adj verständlich; **hardly ~** schwer verständlich; handwriting leserlich

in·tend [ɪn'tend] vt ❶ (plan) beabsichtigen; **to ~ no harm** nichts Böses wollen; **what do you ~ to do about it?** was willst du in der Sache unternehmen?; **I don't think she ~ed me to hear the remark** ich glaube nicht, dass sie die Bemerkung hören sollte ❷ (express, intimate) ■ **to be ~ed to** beabsichtigt sein; **it was ~ed as a compliment, honestly!** es sollte ein Kompliment sein, ehrlich!; **no disrespect ~ed** [das] war nicht böse gemeint ❸ usu passive (earmark, destine) ■ **to be ~ed for sth** für etw akk gedacht sein

in·tend·ed [ɪn'tendɪd] adj vorgesehen, beabsichtigt; LAW geplant

in·tense [ɪn'ten(t)s] adj ❶ (concentrated, forceful) intensiv; odour stechend; cold bitter; desire, heat glühend; disappointment herb; excitement groß; feeling, friendship tief; hatred rasend; love leidenschaftlich; pain heftig; wind stark ❷ (demanding, serious) ernst

in·ten·si·fi·ca·tion [ɪn,ten(t)sɪfɪ'keɪʃən] n no pl Verstärkung f, Intensivierung f; **~ of the**

intent

enquiring about intent	nach Absicht fragen
What are you trying to achieve by that?	Was bezwecken Sie damit?
What's the point of all this?	Was hat das alles für einen Sinn?
What are you trying to say?	Auf was wollen Sie da hinaus?
What do you actually mean by that?	Was wollen Sie damit eigentlich sagen?

expressing intent	Absicht ausdrücken
I'm going to wallpaper the living room this month.	Ich habe vor, diesen Monat noch das Wohnzimmer zu tapezieren.
I'm planning a trip to Italy next year.	Ich habe für nächstes Jahr eine Reise nach Italien geplant.
I intend to institute proceedings against the company.	Ich beabsichtige, eine Klage gegen die Firma zu erheben.
The mousse au chocolat has rather caught my eye.	Ich habe als Dessert eine Mousse au Chocolat ins Auge gefasst.
I've set my mind on getting a pilot's licence.	Ich habe mir fest vorgenommen, den Pilotenschein zu machen.
She set her heart on a holiday in Italy.	Sie hat sich einen Urlaub in Italien in den Kopf gesetzt.

expressing lack of intent	Absichtslosigkeit ausdrücken
I didn't mean to do that.	Das war nicht meine Absicht.
I'm not interested in telling you what you should or should not do.	Ich habe nicht die Absicht, dir irgendwelche Vorschriften zu machen.
That's the last thing I want to do.	Das liegt mir völlig fern.
I am not after your money.	Ich habe es nicht auf Ihr Geld abgesehen.

fighting Eskalierung *f* der Kämpfe
in·ten·si·fy [ɪnˈten(t)sɪfaɪ] **I.** *vt* intensivieren; *conflict* verschärfen; *fears* verstärken; *pressure* erhöhen **II.** *vi* heftiger werden; *fears, competition, pain also* zunehmen
in·ten·si·ty [ɪnˈten(t)sətɪ] *n no pl* Stärke *f; of feelings* Intensität *f; of explosion, anger* Heftigkeit *f;* **~ of light** Lichtstärke *f*
in·ten·sive [ɪnˈten(t)sɪv] *adj* intensiv; *analysis* gründlich; *bombardment* heftig; **~ course** Intensivkurs *m*
in·ten·sive 'care *n no pl* Intensivpflege *f;* **to be in ~** auf der Intensivstation sein
in·tent [ɪnˈtent] **I.** *n* Absicht *f;* ■**with ~ to do sth** mit dem Vorsatz, etw zu tun; **with good ~** in guter Absicht **II.** *adj* ① *pred* (*absorbed*) aufmerksam; **~ look** forschender Blick; ■**to be ~ on sth** sich auf etw *akk* konzentrieren ② *pred* (*determined*) ■**to be ~ on sth** auf etw *akk* versessen sein; ■**to be ~ on doing sth** fest entschlossen sein, etw zu tun
in·ten·tion [ɪnˈten(t)ʃən] *n* Absicht *f;* **I still don't know what his ~s are** ich weiß noch immer nicht, was er genau vorhat; **it wasn't my ~ to exclude you** ich wollte Sie nicht ausschließen; **to be full of good ~s** voller guter Vorsätze sein
in·ten·tion·al [ɪnˈten(t)ʃənəl] *adj* absichtlich
inter·act [ˌɪntəˈrækt] *vi* aufeinander einwirken
inter·ac·tion [ˌɪntəˈrækʃən] *n* Wechselwirkung *f; of groups, people* Interaktion *f*
inter·ac·tive [ˌɪntəˈræktɪv] *adj* interaktiv; **~ TV** interaktives Fernsehen
inter·ac·tiv·ity [ˌɪntəræk'tɪvəti] *n* TV, COMPUT

Interaktivität f
inter·breed <-bred, -bred> [ˌɪntəˈbriːd] **I.** vt cattle, sheep kreuzen **II.** vi sich kreuzen
inter·cede [ˌɪntəˈsiːd] vi ■ to ~ [with sb on behalf of sb] sich [bei jdm für jdn] einsetzen; to ~ in an argument in einem Streit vermitteln
inter·cept [ˌɪntəˈsept] vt person, message, illegal goods abfangen; ~ a call eine Fangschaltung legen; to ~ a pass SPORTS einen Pass abfangen
inter·cep·tion [ˌɪntəˈsepʃən] n Abfangen nt; of calls Abhören nt
inter·cep·tor [ˌɪntəˈseptəʳ] n MIL Abfangjäger m
inter·ces·sion [ˌɪntəˈseʃən] n Fürsprache f, Vermittlung f
inter·change I. n [ˈɪntətʃeɪndʒ] ❶ (form) Austausch m; ~ of ideas Gedankenaustausch m ❷ (road) [Autobahn]kreuz nt ❸ (station) Umsteigebahnhof m **II.** vt [ˌɪntəˈtʃeɪndʒ] ideas, information austauschen **III.** vi [ˌɪntəˈtʃeɪndʒ] [aus]wechseln
inter·change·able [ˌɪntəˈtʃeɪndʒəbl] adj austauschbar; word synonym
inter·city [ˌɪntəˈsɪti] **I.** n Intercity m **II.** adj attr service, train Intercity-
inter·com [ˈɪntəkɒm] n [Gegen]sprechanlage f
inter·com·mu·ni·cate [ˌɪntəkəˈmjuːnɪkeɪt] vi miteinander in Verbindung stehen; rooms miteinander verbunden sein
inter·con·ti·nen·tal [ˌɪntəˌkɒntɪˈnentəl] adj interkontinental; ~ flight Interkontinentalflug m
inter·course [ˈɪntəkɔːs] n no pl ❶ (sex) [Geschlechts]verkehr m ❷ (form: communication) Umgang m
inter·de·nomi·na·tion·al [ˌɪntədɪˌnɒmɪˈneɪʃənəl] adj interkonfessionell
inter·de·part·ment·al [ˌɪntəˌdiːpɑːtˈmentəl] adj zwischen den Abteilungen nach n
inter·de·pend·ence [ˌɪntədɪˈpendən(t)s] n no pl gegenseitige Abhängigkeit, Interdependenz f geh
inter·de·pend·ent [ˌɪntədɪˈpendənt] adj voneinander abhängig, interdependent geh
inter·dict (form) **I.** vt [ˌɪntəˈdɪkt, -daɪt] ❶ LAW ■ to ~ sth jdm etw untersagen ❷ esp AM MIL supplies abschneiden; route unterbrechen **II.** n [ˈɪntədɪkt, -daɪt] LAW Verbot nt
in·ter·est [ˈɪntrəst] **I.** n ❶ (concern, curiosity) Interesse nt (in an); ❶ (hobby) Hobby nt; just out of ~ (fam) nur interessehalber; vested ~ eigennütziges Interesse; to lose ~ in sb/sth das Interesse an jdm/etw verlieren; ■sth is in sb's ~ etw liegt in jds Interesse ❷ (advantage) in the ~s of safety, please do not smoke aus Sicherheitsgründen Rauchen verboten; I'm only acting in your best ~ ich tue das nur zu deinem Besten; Jane is acting in the ~s of her daughter Jane vertritt die Interessen ihrer Tochter ❸ no pl (importance) Interesse nt; buildings of historical ~ historisch interessante Gebäude; to be of ~ to sb für jdn von Interesse sein ❹ no pl FIN Zinsen pl; rate of ~ Zinssatz m ❺ (involvement) Beteiligung f; a legal ~ in a company ein gesetzlicher Anteil an einer Firma **II.** vt interessieren (in für)
in·ter·est·ed [ˈɪntrəstɪd] adj ❶ (concerned) interessiert; I'd be ~ to know more about it ich würde gerne mehr darüber erfahren; are you ~ in a game of tennis? hast du Lust, mit mir Tennis zu spielen?; to be ~ in sth/sb sich für etw/jdn interessieren ❷ (involved) beteiligt; witness befangen
in·ter·est-ˈfree adj FIN zinslos; credit unverzinslich
in·ter·est·ing [ˈɪntrəstɪŋ] adj interessant
inter·face I. n [ˈɪntəfeɪs] Schnittstelle f COMPUT, TECH also Interface nt **II.** vi [ˌɪntəˈfeɪs] ■to ~ with sb mit jdm in Verbindung treten **III.** vt [ˌɪntəˈfeɪs] COMPUT, TECH koppeln
inter·fere [ˌɪntəˈfɪəʳ] vi ❶ (meddle) ■to ~ [in sth] sich [in etw akk] einmischen ❷ (disturb) ■to ~ with sb/sth jdn/etw stören ❸ RADIO, TECH (hamper signals) ■to ~ with sth etw überlagern ❹ BRIT (euph: molest sexually) ■to ~ with sb jdn sexuell missbrauchen ❺ (strike against) ■to ~ with one another aneinanderstoßen
inter·fer·ence [ˌɪntəˈfɪərən(t)s] n no pl ❶ (meddling) Einmischung f; free from ~ ohne Beeinträchtigung ❷ RADIO, TECH Störung f
in·ter·im [ˈɪntərɪm] **I.** n no pl (meantime) Zwischenzeit f; in the ~ in der Zwischenzeit f **II.** adj attr vorläufig; ~ government Übergangsregierung f; ~ measure Übergangsmaßnahme f; ~ report Zwischenbericht m
in·te·ri·or [ɪnˈtɪərɪəʳ] **I.** adj attr ❶ (inside) of door, wall Innen- ❷ (of country) Inlands-, Binnen- **II.** n ❶ (inside) Innere nt ❷ POL ■the I~ das Innere; ~ minister Innenminister(in) m(f); the ministry [or AM department] of the ~ das Innenministerium; the U.S. I~ Department das Amerikanische Innenministerium
in·te·ri·or de·ˈsign·er n Innenarchitekt(in) m(f)
inter·ject [ˌɪntəˈdʒekt] **I.** vt comments, remarks, words einwerfen **II.** vi dazwischenreden
inter·jec·tion [ˌɪntəˈdʒekʃən] n ❶ (interruption) Zwischenbemerkung f; ~s from

the audience Zwischenrufe *pl* aus dem Publikum ❷ LING Interjektion *f*

inter·lace [ˌɪntəˈleɪs] **I.** *vt* kombinieren **II.** *vi* sich ineinander verflechten

inter·li·brary 'loan *n* Fernleihe *f*

inter·locu·tor [ˌɪntəˈlɒkjətəʳ] *n* (*form*) Gesprächspartner(in) *m(f)*; (*on behalf of sb else*) Sprecher(in) *m(f)*

inter·lop·er [ˈɪntəˌləʊpəʳ] *n* (*pej*) Eindringling *m*

inter·lude [ˈɪntəluːd] *n* ❶ (*interval*) Abschnitt *m*; (*between acts of play*) Pause *f* ❷ (*entertainment*) Zwischenspiel *nt*

inter·'mar·ried *adj* in einer Mischehe *nach n*

inter·medi·ary [ˌɪntəˈmiːdɪəri] **I.** *n* Vermittler(in) *m(f)*; ■ **through an** ~ über einen Mittelsmann **II.** *adj* vermittelnd; ~ **role** Vermittlerrolle *f*; ~ **stage** Zwischenstadium *nt*

inter·medi·ate [ˌɪntəˈmiːdɪət] **I.** *adj* ❶ (*level*) mittel; (*between two things*) Zwischen- ❷ (*level of skill*) Mittel-; ~ **course** Kurs *m* für fortgeschrittene Anfänger/Anfängerinnen **II.** *n* fortgeschrittener Anfänger/ fortgeschrittene Anfängerin **III.** *vi* vermitteln

inter·mez·zo <*pl* -s *or* -zi> [ˌɪntəˈmetsəʊ, *pl* -tsi] *n* Intermezzo *nt*

in·ter·mi·nable [ɪnˈtɜːmɪnəbl] *adj* (*pej*) endlos

inter·mis·sion [ˌɪntəˈmɪʃən] *n* Pause *f*

inter·mit·tent [ˌɪntəˈmɪtənt] *adj* periodisch; **there will be ~ rain in the south** im Süden wird es mit kurzen Unterbrechungen regnen

in·tern I. *vt* [ɪnˈtɜːn] POL, MIL internieren **II.** *vi* [ɪnˈtɜːn] *esp* AM ein Praktikum absolvieren **III.** *n* [ˈɪntɜːn] *esp* AM Praktikant(in) *m(f)*

in·ter·nal [ɪnˈtɜːnəl] *adj* innere(r, s); (*within a company*) innerbetrieblich; (*within a country*) Binnen-; *investigation, memo* intern; ~ **affairs/bleeding** interne Angelegenheiten/Blutungen; **for ~ use only** vertraulich

inter·na·tion·al [ˌɪntəˈnæʃənəl] **I.** *adj* international; ~ **call/flight** Auslandsgespräch *nt*/ -flug *m* **II.** *n* BRIT SPORTS (*player*) Nationalspieler(in) *m(f)*; (*match*) Länderspiel *nt*

Inter·na·tion·al Court of 'Jus·tice *n* Internationaler Gerichtshof **inter·na·tion·al·ize** [ˌɪntəˈnæʃənəlaɪz] *vt* internationalisieren **Inter·na·tion·al 'Mon·etary Fund** *n* Internationaler Währungsfonds **Inter·na·tion·al O'lym·pic Com·mit·tee** *n* Internationales Olympisches Komitee

in·ternee [ˌɪntɜːˈniː] *n* Internierte(r) *f(m)*

Inter·net [ˈɪntənet] *n* Internet *nt*; **to browse** [*or* **surf**] **the** ~ im Internet surfen; **on the ~** im Internet

Inter·net 'bank·ing *n no pl* Internetbanking *nt* **Inter·net 'search en·gine** *n* Internet-Suchmaschine *f* **inter·net 'sham·ing** *n no pl* Anprangerung *f* im Internet

in·tern·ist [ˈɪntɜːnɪst] *n* AM Internistin *m(f)*

in·tern·ment [ɪnˈtɜːnmənt] *n no pl* Internierung *f*

in·'tern·ment camp *n* Internierungslager *nt*

inter·pel·la·tion [ɪnˌtɜːpəˈleɪʃən] *n* POL Interpellation *f fachspr*

'inter·phone *n* AM *see* intercom

inter·plane·tary [ˌɪntəˈplænɪtəri] *adj attr* interplanetarisch

inter·play [ˈɪntəpleɪ] *n no pl of forces, factors* Zusammenspiel *nt* (**of** von), Wechselwirkung *f* (**between** zwischen)

Inter·pol [ˈɪntəpɒl] *n no art* Interpol *f*

in·ter·po·late [ɪnˈtɜːpəleɪt] *vt* (*form*) einfügen; (*allow to influence*) *opinion* einfließen lassen

in·ter·po·la·tion [ɪnˌtɜːpəˈleɪʃən] *n* (*form*) ❶ (*remark*) Einwurf *m*; (*adding words*) Einwerfen *nt*; (*in text*) Einfügung *f* ❷ *no pl* (*insertion*) Eindringen *nt*; (*influence*) Einflussnahme *f*

in·ter·pret [ɪnˈtɜːprɪt] **I.** *vt* ❶ (*explain*) interpretieren; (*understand, take as meaning*) auslegen ❷ (*perform*) wiedergeben; *role* auslegen ❸ (*translate*) dolmetschen **II.** *vi* dolmetschen

in·ter·pre·ta·tion [ɪnˌtɜːprɪˈteɪʃən] *n* ❶ (*explanation*) Interpretation *f*; *of rules* Auslegung *f*; *of dream* Deutung *f* ❷ THEAT, LIT Interpretation *f*

in·ter·pret·er [ɪnˈtɜːprɪtəʳ] *n* ❶ LIT, THEAT Interpret(in) *m(f)* ❷ (*oral translator*) Dolmetscher(in) *m(f)* ❸ COMPUT Interpreter *m fachspr* **in·ter·pret·ing** [ɪnˈtɜːprɪtɪŋ] *n no pl* Dolmetschen *nt*

Inter-Rail® [ˌɪntəˈreɪl] **I.** *n* Interrail *nt* **II.** *vi* Interrail machen

inter·re·late [ˌɪntərɪˈleɪt] *vi* zueinander in Beziehung stehen **II.** *vt* verbinden

in·ter·ro·gate [ɪnˈtɜːrəgeɪt] *vt* ❶ (*cross-question*) verhören ❷ (*obtain data*) **to ~ a computer database** Daten abfragen

in·ter·ro·ga·tion [ɪnˌtɜːrəˈgeɪʃən] *n* Verhör *nt*

in·ter·ro·'ga·tion mark *n*, **in·ter·ro·'ga·tion point** *n* Fragezeichen *nt*

in·ter·ro·ga·tive [ˌɪntəˈrɒgətɪv] **I.** *n* LING ■ **the ~** das Interrogativum *fachspr* **II.** *adj* ❶ (*liter: questioning*) fragend *attr* ❷ (*word type*) interrogativ *fachspr*, Frage-

in·ter·ro·ga·tor [ɪnˈtɜːrəgeɪtəʳ] *n* Vernehmungsbeamte(r) *m*, Vernehmungsbeamte [*o* -in] *f*

in·ter·roga·tory [ˌɪntəˈrɒgətəri] *adj* fragend *attr*

in·ter·rupt [ˌɪntəˈrʌpt] **I.** *vt* unterbrechen;

interrupting

interrupting someone | jemanden unterbrechen

Sorry for interrupting, ... | Entschuldigen Sie bitte, dass ich Sie unterbreche, ...

If I may interrupt you for a moment ... | Wenn ich Sie einmal kurz unterbrechen dürfte: ...

indicating that you wish to continue speaking | anzeigen, dass man weitersprechen will

Just a moment, I haven't finished. | Augenblick, ich bin noch nicht fertig.

Will you please let me finish? | Lassen Sie mich bitte ausreden?

Would you mind letting me finish? | Könnten Sie mich bitte ausreden lassen?

Please don't interrupt (me)! | Lassen Sie mich bitte ausreden!

Please let me finish my point. | Lassen Sie mich bitte diesen Punkt noch zu Ende führen.

asking to speak | ums Wort bitten

May I comment on that? | Darf ich dazu etwas sagen?

If I may add to that ... | Wenn ich dazu noch etwas sagen dürfte: ...

(*rudely*) ins Wort fallen **II.** *vi* unterbrechen
in·ter·rupt·er [ˌɪntəˈrʌptəʳ] *n also* ELEC Unterbrecher *m*
in·ter·rup·tion [ˌɪntəˈrʌpʃ°n] *n* Unterbrechung *f*
inter·sect [ˌɪntəˈsekt] **I.** *vt* ❶ (*divide*) durchziehen; *line* schneiden ❷ TRANSP ■ **to be ~ed by sth** *roads* etw kreuzen **II.** *vi* sich schneiden; **~ing roads** [Straßen]kreuzungen *pl*
inter·sec·tion [ˌɪntəˈsekʃ°n] *n* ❶ (*crossing of lines*) Schnittpunkt *m* ❷ AM, AUS (*junction*) [Straßen]kreuzung *f*
inter·sperse [ˌɪntəˈspɜːs] *vt* ■ **to ~ sth with sth** etw in etw *akk* einstreuen; **periods of bright sunshine ~d with showers** sonnige Abschnitte mit vereinzelten Regenschauern; **to be ~d throughout the text** über den ganzen Text verteilt sein
inter·state [ˌɪntəˈsteɪt] AM **I.** *adj attr* zwischenstaatlich **II.** *n* [Bundes]autobahn *f*
interstate ˈhighway *n* AM [Bundes]autobahn *f*
inter·stel·lar [ˌɪntəˈsteləʳ] *adj attr* interstellar *fachspr*
in·ter·stice [ɪnˈtɜːstɪs] *n usu pl* (*form*) Zwischenraum *m*; (*between bricks*) Fuge *f*; (*in wall*) Riss *m*

inter·twine [ˌɪntəˈtwaɪn] **I.** *vt usu passive* ■ **to be ~d with sth** [miteinander] verflochten sein; *story lines, plots, destinies* miteinander verknüpft sein **II.** *vi branches* sich [ineinander] verschlingen
inter·ur·ban [ˌɪntəˈɜːbən] AM **I.** *adj* (*intercity*) zwischen [den] Städten *nach n*, Städte verbindend; **~ connection** Städteverbindung *f* **II.** *n* Überlandbahn *f*
in·ter·val [ˈɪntəvəl] *n* ❶ (*in space, time*) Abstand *m* ❷ METEO Abschnitt *m* ❸ THEAT, MUS Pause *f* ❹ MUS Intervall *nt*
inter·vene [ˌɪntəˈviːn] *vi* ❶ (*get involved*) einschreiten; **to ~ on sb's behalf** sich für jdn einsetzen ❷ (*interrupt verbally*) sich einmischen ❸ (*come to pass*) dazwischenkommen
inter·ven·ing [ˌɪntəˈviːnɪŋ] *adj attr* dazwischenliegend; **in the ~ period** in der Zwischenzeit
inter·ven·tion [ˌɪntəˈven(t)ʃ°n] *n* Eingreifen *nt*
inter·ven·tion·ist [ˌɪntəˈventʃ°nɪst] POL **I.** *adj* interventionistisch *fachspr* **II.** *n* Interventionist(in) *m(f) fachspr*
inter·view [ˈɪntəvjuː] *n* ❶ (*for job*) Vorstellungsgespräch *nt* ❷ (*with the media*) Interview *nt* ❸ (*formal talk*) Unterredung *f*; (*with*

police) Verhör *nt* **II.** *vt* ■ **to ~ sb** (*for job*) mit jdm ein Vorstellungsgespräch führen; (*by reporter*) jdn interviewen; *esp* BRIT (*by police*) jdn befragen **III.** *vi* (*for job*) ein Vorstellungsgespräch führen; *celebrity* ein Interview geben

in·ter·view·ee [ˌɪntəvjuːˈiː] *n* Interviewte(r) *f(m)*; (*by police*) Befragte(r) *f(m)*; **job ~** Kandidat(in) *m(f)*

in·ter·view·er [ˈɪntəvjuːəʳ] *n* (*reporter*) Interviewer(in) *m(f)*; (*in job interview*) Leiter(in) *m(f)* des Vorstellungsgesprächs

in·ter·weave <-wove, -woven> [ˌɪntəˈwiːv] **I.** *vt* **~ sth** etw [miteinander] verweben; (*fig*) etw [miteinander] vermischen **II.** *vi branches* sich verschlingen

in·tes·tate [ɪnˈtesteɪt] *adj usu pred* LAW ■ **to be ~** kein Testament besitzen

in·tes·tine [ɪnˈtestɪn] *n usu pl* MED Darm *m*, Eingeweide *nt*[*pl*]

in·ti·ma·cy [ˈɪntɪməsi] *n* ❶ *no pl* (*closeness, familiarity*) Intimität *f*; (*euph: sexual*) Intimitäten *pl* ❷ (*knowledge*) Vertrautheit *f*

in·ti·mate¹ [ˈɪntɪmət] **I.** *adj* ❶ (*close*) eng, vertraut; *atmosphere* gemütlich; *friend* eng; *relationship* intim ❷ (*very detailed*) gründlich; **to have an ~ understanding of sth** ein umfassendes Wissen über etw *akk* haben ❸ (*private, personal*) intim **II.** *n* Vertraute(r) *f(m)*, enger Freund/enge Freundin

in·ti·mate² [ˈɪntɪmeɪt] *vt* andeuten

in·ti·ma·tion [ˌɪntɪˈmeɪʃən] *n* Anzeichen *nt* (**of** für)

in·tim·i·date [ɪnˈtɪmɪdeɪt] *vt* einschüchtern

in·tim·i·dat·ing [ɪnˈtɪmɪdeɪtɪŋ] *adj* beängstigend; *manner* einschüchternd

in·tim·i·da·tion [ɪnˌtɪmɪˈdeɪʃən] *n no pl* Einschüchterung *f*

into [ˈɪntə, -tu] *prep* ❶ (*movement to inside*) in +*akk*; **to go ~ town** in die Stadt gehen ❷ (*movement toward*) in +*akk*; **guess who I bumped ~ the other day** rate mal, wem ich kürzlich über den Weg gelaufen bin; **she looked ~ the mirror** sie sah in den Spiegel ❸ (*through time of*) in +*akk*; **sometimes we work late ~ the evening** manchmal arbeiten wir bis spät in den Abend ❹ (*fam: interested in*) **to be ~ sth/sb** für etw/jdm interessiert sein; **what sort of music are you ~?** auf welche Art von Musik stehst du? ❺ (*involved in*) **I'll look ~ the matter as soon as possible** ich kümmere mich sobald als möglich um die Angelegenheit; **he got ~ some trouble** er bekam einige Schwierigkeiten ❻ (*forced change to*) **they tried to talk their father ~ buying them bikes** sie versuchten ihren Vater dazu zu überreden, ihnen Fahrräder zu kaufen ❼ (*transition to*) **her novels have been translated ~ nineteen languages** ihre Romane sind in neunzehn Sprachen übersetzt worden ❽ (*fam: yell at*) **to lay ~ sb for sth** jdn wegen etw *dat* anschreien ❾ (*begin*) **she burst ~ tears** sie brach in Tränen aus ❿ FASHION (*wear*) **I can't get ~ these trousers anymore** ich komme nicht mehr in diese Hose rein ⓫ (*make smaller*) **chop it ~ small cubes** schneide es in kleine Würfel

in·tol·er·able [ɪnˈtɒləʳəbl] *adj* unerträglich

in·tol·er·ance [ɪnˈtɒləʳən(t)s] *n no pl* ❶ (*narrow-mindedness*) Intoleranz *f* (**of** gegenüber) ❷ (*non-compatibility*) Überempfindlichkeit *f*; MED Intoleranz *f* (**of** gegenüber)

in·tol·er·ant [ɪnˈtɒləʳənt] *adj* ❶ (*narrow-minded*) intolerant ❷ MED überempfindlich (**of** gegenüber)

in·to·na·tion [ˌɪntə(ʊ)ˈneɪʃən] *n usu sing* LING, MUS Intonation *f*

in·tone [ɪnˈtəʊn] *vt* intonieren *fachspr*

in·tox·i·cant [ɪnˈtɒksɪkənt] *n* Rauschmittel *nt*

in·tox·i·cate [ɪnˈtɒksɪkeɪt] *vt* ❶ (*cause drunkenness*) betrunken machen; (*fig*) **the idea ~d him** die Idee begeisterte ihn ❷ (*poison*) vergiften

in·tox·i·cat·ed [ɪnˈtɒksɪkeɪtɪd] *adj* ❶ (*drunk*) betrunken ❷ (*excited*) berauscht

in·tox·i·cat·ing [ɪnˈtɒksɪkeɪtɪŋ] *adj* berauschend *a. fig*

in·tox·i·ca·tion [ɪnˌtɒksɪˈkeɪʃən] *n no pl* ❶ (*from alcohol, excitement*) Rausch *m* ❷ MED Vergiftung *f*

in·trac·ta·ble [ɪnˈtræktəbl] *adj* unbeugsam; *problem, partygoer* hartnäckig; *pupil* widerspenstig; *situation* verfahren

in·tra·mu·ral [ˌɪntrəˈmjʊərəl] *adj* innerhalb der Universität *nach n*, universitätsintern

Intra·net [ˌɪntrəˈnet] *n* Intranet *nt*

in·tran·si·gence [ɪnˈtræn(t)sɪdʒən(t)s] *n no pl* (*form*) Unnachgiebigkeit *f*

in·tran·si·gent [ɪnˈtræn(t)sɪdʒənt] *adj* (*form*) *attitude* unnachgiebig; *position* unversöhnlich

in·tran·si·tive [ɪnˈtræn(t)sətɪv] LING **I.** *adj* intransitiv **II.** *n* Intransitivum *nt fachspr*

in·tra·uter·ine [ˌɪntrəˈjuːtəraɪn] *adj* intrauterin

intra·ve·nous [ˌɪntrəˈviːnəs] *adj* intravenös

in·tray [ˈɪntreɪ] *n* Ablage *f* für Eingänge

in·trep·id [ɪnˈtrepɪd] *adj* unerschrocken

in·tri·ca·cy [ˈɪntrɪkəsi] *n* ❶ *no pl* (*complexity*) Kompliziertheit *f* ❷ (*elaborateness*) ■ **intricacies** *pl* Feinheiten *pl*

in·tri·cate [ˈɪntrɪkət] *adj* kompliziert; *plot* verschlungen; *question* verzwickt

in·trigue I. *vt* [ɪnˈtriːg] (*fascinate*) faszinieren; (arouse curiosity) neugierig machen; ■ to be ~ d by sth von etw dat fasziniert sein II. vi [ɪnˈtriːg] intrigieren III. n [ˈɪntriːg] Intrige f (against gegen)

in·tri·guing [ɪnˈtriːgɪŋ] adj faszinierend

in·trin·sic [ɪnˈtrɪn(t)sɪk] adj innewohnend; part wesentlich

intro·duce [ˌɪntrəˈdjuːs] vt ❶ (acquaint) ■ to ~ sb [to sb] jdn [jdm] vorstellen ❷ (bring in) fashion, reform, subject einführen ❸ (announce) vorstellen; MUS einleiten; programme ankündigen

intro·duc·tion [ˌɪntrəˈdʌkʃᵊn] n ❶ (first contact) Vorstellung f, Bekanntmachen nt ❷ (establishment) Einführung f ❸ MED (insertion) Einführen nt ❹ (preface) Vorwort nt; MUS Einleitung f

intro·duc·tory [ˌɪntrəˈdʌktᵊri] adj ❶ (preliminary) einleitend ❷ (inaugural, starting) einführend

intro·spec·tion [ˌɪntrə(ʊ)ˈspekʃᵊn] n no pl Selbstbeobachtung f

intro·spec·tive [ˌɪntrə(ʊ)ˈspektɪv] adj verinnerlicht; **to be in an ~ mood** gerade mit sich selbst beschäftigt sein

intro·vert [ˌɪntrə(ʊ)ˈvɜːt] n introvertierter Mensch

intro·vert·ed [ˌɪntrə(ʊ)ˈvɜːtɪd] adj introvertiert

in·trude [ɪnˈtruːd] I. vi ❶ (meddle) stören; ■ to ~ into sth sich in etw akk einmischen ❷ (unwelcome presence) **am I intruding?** störe ich gerade?; **to ~ on sb's privacy** in jds Privatsphäre eindringen II. vt einbringen

in·trud·er [ɪnˈtruːdəʳ] n (unwelcome visitor) Eindringling m; (thief) Einbrecher(in) m(f)

in·tru·sion [ɪnˈtruːʒᵊn] n (interruption) Störung f; (encroachment) Verletzung f; MIL Einmarsch m

in·tru·sive [ɪnˈtruːsɪv] adj (pej) person, question aufdringlich

in·tu·i·tion [ˌɪntjuˈɪʃᵊn] n Intuition f

in·tu·i·tive [ɪnˈtjuːɪtɪv] adj intuitiv

in·un·date [ˈɪnʌndeɪt] vt (also fig) überschwemmen

in·un·da·tion [ˌɪnʌnˈdeɪʃᵊn] n no pl (form) Überschwemmung f; (with work) Überhäufung f

in·ure [ɪˈnjʊəʳ] (form) I. vi LAW in Kraft treten II. vt ■ to ~ sb to sth jdn an etw akk gewöhnen

in·vade [ɪnˈveɪd] I. vt ❶ (occupy) **to ~ a country** in ein Land einmarschieren; **the squatters ~d the house** die Hausbesetzer drangen in das Gebäude ein ❷ (fig: violate) **to ~ sb's privacy** jds Privatsphäre verletzen II. vi einfallen

in·vad·er [ɪnˈveɪdəʳ] n MIL Angreifer(in) m(f); (unwelcome presence) Eindringling m

in·va·lid¹ [ˈɪnvəlɪd] I. n (requiring long-term care) Invalide(r) m(f) II. adj invalide, körperbehindert III. vt ■ to ~ sb jdn zum Invaliden machen

in·va·lid² [ɪnˈvælɪd] adj (not legally binding) ungültig; (unsound) nicht stichhaltig; theory nicht begründet

in·val·i·date [ɪnˈvælɪdeɪt] vt unwirksam machen; LAW für nichtig erklären; argument widerlegen; criticisms entkräften; judgement aufheben; results annullieren; theory entkräften

in·va·lid·ism [ˈɪnvəlɪdɪzᵊm] n no pl AM Invalidität f **in·va·lid·ity** [ˌɪnvəˈlɪdəti] n ❶ (bedridden, convalescent) Invalidität f ❷ (unsound argument) [Rechts]ungültigkeit f ❸ (not legally binding) **~ of a contract** Nichtigkeit f eines Vertrags

in·valu·able [ɪnˈvæljuəbl] adj advice, help unbezahlbar; source of information unverzichtbar

in·vari·able [ɪnˈveəriəbl] I. adj unveränderlich II. n ❶ LING Substantiv, bei dem Singular und Plural gleich sind ❷ MATH Konstante f

in·vari·ably [ɪnˈveəriəbli] adv ausnahmslos

in·va·sion [ɪnˈveɪʒᵊn] n ❶ MIL Invasion f ❷ (interference) Eindringen nt kein pl

in·vec·tive [ɪnˈvektɪv] n no pl (form) Beschimpfungen pl

in·vei·gle [ɪnˈveɪgl] vt (form) verlocken (into zu)

in·vent [ɪnˈvent] vt ❶ (create) erfinden ❷ (usu pej: fabricate) erdichten; **to ~ an excuse** sich dat eine Ausrede ausdenken

in·ven·tion [ɪnˈven(t)ʃᵊn] n ❶ (creation) Erfindung f ❷ (creativity) Einfallsreichtum m ❸ (usu pej: fabrication) Erfindung f

in·ven·tive [ɪnˈventɪv] adj (approv) novel, design, person einfallsreich; powers, skills schöpferisch; design originell; illustration fantasievoll

in·ven·tive·ness [ɪnˈventɪvnəs] n no pl Einfallsreichtum m

in·ven·tor [ɪnˈventəʳ] n Erfinder(in) m(f)

in·ven·tory [ˈɪnvᵊntri] n ❶ ECON (catalogue) Inventar nt ❷ AM ECON (stock) [Lager]bestand m ❸ ECON (stock counting) Inventur f; **to take ~** Inventur machen

in·verse [ɪnˈvɜːs] I. adj attr umgekehrt; **~ function** MATH Umkehrfunktion f II. n no pl MATH Gegenteil nt

in·ver·sion [ɪnˈvɜːʃᵊn] n no pl (form) Umkehrung f; LING, MATH, MUS Inversion f fachspr

in·vert [ɪnˈvɜːt] vt (form) umkehren

in·ver·te·brate [ɪnˈvɜːtɪbreɪt] I. n ❶ ZOOL wirbelloses Tier ❷ (fig: person) charakterloser Mensch II. adj ❶ ZOOL (with no back-

inviting	
inviting	**einladen**
Do come and visit (me), I'd be delighted.	Besuch mich doch, ich würde mich sehr freuen.
I'm having a party next Saturday. **Will you come?**	Nächsten Samstag lasse ich eine Party steigen. **Kommst du auch?** (*fam*)
Would you like to join us? (*going out*)	Kommen Sie doch auch mit.
Would you like to join us? (*at table*)	Setzen Sie sich doch zu uns.
May I take you out for a working lunch/dinner?	Darf ich Sie zu einem Arbeitsessen einladen?
I'd like to invite you round (*at home*) for dinner.	Ich würde Sie gern zum Abendessen **zu mir nach Hause einladen.**
I'd like to invite you out (*in a restaurant*) for dinner.	Ich würde Sie gern zum Abendessen **in ein Restaurant einladen.**

bone) wirbellos ❷ (*fig, pej: weak*) charakterlos

in·vest [ɪnˈvest] **I.** *vt* ❶ (*put to use*) investieren ❷ (*form: install*) [in Amt und Würden] einsetzen **II.** *vi* ■ **to ~ in** sth [sein Geld] in etw *akk* investieren; **to ~ in a new washing machine** sich *dat* eine neue Waschmaschine zulegen

in·ves·ti·gate [ɪnˈvestɪgeɪt] *vt* untersuchen; *connections, methods* erforschen

in·ves·ti·ga·tion [ɪnˌvestɪˈgeɪʃən] *n* Untersuchung *f*; *of an affair* [Über]prüfung *f*; (*by police*) Ermittlung *f*; (*looking for sth*) Nachforschung *f*

in·ves·ti·ga·tive [ɪnˈvestɪgətɪv] *adj* Forschungs-, Untersuchungs-, Ermittlungs-

in·ves·ti·ga·tor [ɪnˈvestɪgeɪtəʳ] *n* Ermittler(in) *m(f)*; (*in pending proceedings*) Untersuchungsführer(in) *m(f)*

in·vest·ment [ɪnˈves(t)mənt] **I.** *n* ❶ (*act of investing*) Investierung *f* ❷ FIN (*instance of investing*) Investition *f* ❸ FIN (*share*) Einlage *f* **II.** *adj* Anlage-, Investitions-, Investment-

in·ˈvest·ment fund *n* Investmentfonds *m*
in·ˈvest·ment trust *n* Investmentgesellschaft *f*

in·ves·tor [ɪnˈvestəʳ] *n* [Kapital]anleger(in) *m(f)*, Investor(in) *m(f)* fachspr

in·vet·er·ate [ɪnˈvetərət] *adj attr* (*usu pej*) *custom, prejudice* tief verankert; *bachelor* eingefleischt; *hatred* tief verwurzelt; *optimist* unverbesserlich; *disease, prejudice* hartnäckig

in·vid·i·ous [ɪnˈvɪdiəs] *adj* ❶ (*unpleasant*) unerfreulich; *incident* unangenehm; *task* undankbar ❷ (*discriminatory*) ungerecht ❸ (*offensive*) gehässig, boshaft

in·vig·i·late [ɪnˈvɪdʒəleɪt] *vt* BRIT, AUS SCH, UNIV **to ~ an examination** die Aufsicht bei einer Prüfung führen

in·vig·or·ate [ɪnˈvɪgəreɪt] *vt* ❶ (*make stronger*) stärken ❷ (*fig: stimulate*) beleben

in·vig·or·at·ing [ɪnˈvɪgəreɪtɪŋ] *adj* (*approv*) ❶ (*strengthening*) *medicine, sleep* stärkend; *climate, drink, food* kräftigend ❷ (*fig: stimulating*) belebend; *conversation* anregend; *walk* erfrischend

in·vin·ci·ble [ɪnˈvɪn(t)səbl] *adj* ❶ (*impossible to defeat*) *army, team* unschlagbar ❷ (*impossible to overcome*) unüberwindlich ❸ (*absolute*) unerschütterlich ❹ (*unavoidable*) unabänderlich

in·vis·ible [ɪnˈvɪzəbl] *adj* ❶ (*to the eye*) unsichtbar ❷ *usu attr* (*hidden*) verborgen ❸ (*inconspicuous*) *contour, shape* undeutlich; *appearance* unauffällig

in·vi·ta·tion [ˌɪnvɪˈteɪʃən] *n* ❶ (*request to attend*) Einladung *f* (**to** zu); **~ to tea** Einladung *f* zum Tee ❷ (*incitement*) Aufforderung *f* (**to** zu) ❸ (*opportunity*) Gelegenheit *f* ❹ ECON (*offer*) Ausschreibung *f*

in·vite I. *n* [ˈɪnvaɪt] (*fam*) Einladung *f* (**to** zu) **II.** *vt* [ɪnˈvaɪt] ❶ (*ask to attend*) einladen; **to ~ sb to dinner** jdn zum Essen einladen ❷ (*request*) ■ **to ~ sb to do sth** jdn auffordern, etw zu tun ❸ ECON (*solicit offer*) **to ~ applications** Stellen ausschreiben; **to ~ a bid** ein Angebot ausschreiben ❹ (*fig: provide opportunity*) herausfordern; **to ~ accidents** zu Unfällen führen; **to ~ trouble** Unannehmlichkeiten hervorrufen ⑤ (*fig: attract*) ■ to ~ sb to do sth jdn verleiten, etw zu tun

in·vit·ing [ɪnˈvaɪtɪŋ] *adj* ❶ (*attractive*) *sight, weather* einladend; *appearance, fashion* ansprechend ❷ (*tempting*) *idea, prospect* verlockend; *gesture, smile* einladend

in vi·tro [ɪnˈviːtrəʊ] **I.** *adj* BIOL, SCI, ZOOL künstlich, In-vitro- **II.** *adv* künstlich, in vitro *fachspr*

in vi·tro fer·ti·li·ˈza·tion *n no pl* künstliche Befruchtung

in·vo·ca·tion [ˌɪnvə(ʊ)ˈkeɪʃᵊn] *n* ❶ (*form: supplication*) Anrufung *f* ❷ REL (*prayer*) Bittgebet *nt* ❸ (*calling forth*) Beschwörung *f* ❹ (*petition*) flehentliche Bitte ❺ (*appeal*) Appell *m* ❻ *no pl* (*reference*) Berufung *f*

in·voice [ˈɪnvɔɪs] **I.** *vt* ECON ■ to ~ sb jdm eine Rechnung ausstellen **II.** *n* ECON [Waren]rechnung *f* (**for** für); **to submit an ~** eine Rechnung vorlegen

in·voke [ɪnˈvəʊk] *vt* (*form*) ❶ (*call on*) **to ~ God's name** Gottes Namen anrufen ❷ (*call forth*) *memories* [herauf]beschwören ❸ (*petition*) **to ~ God's blessing** Gottes Segen erflehen ❹ (*appeal to*) ■ to ~ **sth** an etw *akk* appellieren; (*refer to*) sich auf etw *akk* berufen

in·vol·un·tary [ɪnˈvɒləntᵊri] *adj* ❶ (*not by own choice*) unfreiwillig; *kindness* gezwungen; *loyalty* erzwungen ❷ (*unintentional*) unbeabsichtigt

in·volve [ɪnˈvɒlv] *vt* ❶ (*include*) beinhalten; (*encompass*) umfassen; (*entail*) mit sich bringen; (*mean*) bedeuten ❷ (*affect, concern*) betreffen; **that doesn't ~ her** sie hat damit nichts zu tun; **this incident ~s us all** dieser Zwischenfall geht uns alle an ❸ (*feature*) ■ sth ~s sb/sth jd/etw ist an etw *dat* beteiligt ❹ (*bring in*) ■ to ~ **sb in sth** jdn in etw *akk* verwickeln; (*unwillingly*) jdn in etw *akk* verwickeln; **I don't want to get ~d** ich will damit nichts zu tun haben ❺ (*participate*) ■ to ~ **oneself in sth** sich in etw *dat* engagieren ❻ *usu passive* ■ to be ~d in sth (*be busy with*) mit etw *dat* zu tun haben; (*be engrossed*) von etw *dat* gefesselt sein ❼ *usu passive* ■ to be ~d with sb (*have to do with*) mit jdm zu tun haben; (*relationship*) mit jdm eine Beziehung haben; (*affair*) mit jdm ein Verhältnis haben

in·volved [ɪnˈvɒlvd] *adj* ❶ (*intricate*) kompliziert; *story* verworren; *style* komplex; *affair* verwickelt ❷ *after n* (*implicated*) beteiligt; (*affected*) betroffen ❸ (*committed*) engagiert

in·volve·ment [ɪnˈvɒlvmənt] *n* ❶ (*intricacy*) Verworrenheit *f*, Kompliziertheit *f*; (*complexity*) Komplexität *f* ❷ (*participation*) Beteiligung *f* (**in** an), Verwicklung *f* (**in** in) ❸ (*affection*) Betroffensein *nt* ❹ (*relationship*) Verhältnis *nt* ❺ (*commitment*) Engagement *nt*

in·vul·ner·able [ɪnˈvʌlnᵊrəbl] *adj* ❶ (*also fig: immune to damage*) unverwundbar, unverletzbar *fig* ❷ (*unassailable*) *position* unangreifbar; *right* unverletzlich ❸ (*fig: strong*) *argument* unwiderlegbar; *fortification* uneinnehmbar; *position, theory* unanfechtbar

in·ward [ˈɪnwəd] **I.** *adj* ❶ (*in-going*) nach innen gehend ❷ (*incoming*) Eingangs-, eingehend ❸ NAUT (*inbound*) Heim- ❹ ECON (*import*) Eingangs- ❺ (*usu fig: internal*) innere(r, s), innerlich ❻ (*fig: intimate*) vertraut **II.** *adv* einwärts, nach innen; **~ bound road** stadteinwärts führende Straße

in·ward·ly [ˈɪnwədli] *adv* ❶ (*fig: towards the inside*) nach innen ❷ (*usu fig: internally*) innerlich, im Innern ❸ (*fig: privately*) insgeheim ❹ (*fig: softly*) leise **in·ward·ness** [ˈɪnwədnəs] *n no pl* ❶ (*of a body's organ*) Lage *f* ❷ (*fig: depth*) Innerlichkeit *f*; *of emotions* Innigkeit *f*; *of a thought* gedankliche Tiefe ❸ (*fig: essence*) innerste Natur; (*significance*) wahre Bedeutung; (*intimacy*) Vertrautheit *f*

in·wards [ˈɪnwədz] *adv* ❶ (*towards the inside*) einwärts, nach innen ❷ (*spiritually*) im Innern

I/O COMPUT *abbrev of* **input/output** Input/Output *nt*

IOC [ˌaɪəʊˈsiː] *n abbrev of* **International Olympic Committee** IOC *nt*

iodine [ˈaɪədiːn] *n no pl* Jod *nt*

ion [ˈaɪən] *n* Ion *nt*

Ion·ic [aɪˈɒnɪk] *adj* ionisch

iota [aɪˈəʊtə] *n no pl, usu neg* Jota *nt;* **not an ~** kein bisschen

IOU [ˌaɪəʊˈjuː] *n* (*fam*) *abbrev of* **I owe you** Schuldschein *m*

IOW *n abbrev of* **Isle of Wight** Isle of Wight *f*

IPA [ˌaɪpiːˈeɪ] *n abbrev of* **International Phonetic Alphabet** internationales phonetisches Alphabet

IQ [ˌaɪˈkjuː] *n abbrev of* **intelligence quotient** IQ *m*

IRA [ˌaɪɑːˈreɪ] *n* ❶ *no pl abbrev of* **Irish Republican Army** IRA *f* ❷ AM FIN *abbrev of* **Individual Retirement Account** [steuerbegünstigte] Altersvorsorge

Iran [ɪˈrɑːn] *n* Iran *m*

Ira·nian [ɪˈreɪniən] **I.** *n* Iraner(in) *m(f)* **II.** *adj* iranisch

Iraq [ɪˈrɑːk] *n* Irak *m*

Ira·qi [ɪˈrɑːki] **I.** *n* Iraker(in) *m(f)* **II.** *adj* irakisch

iras·ci·ble [ɪˈræsəbl] *adj* (*form*) aufbrausend
irate [aɪˈreɪt] *adj* (*form*) wütend
IRBM [ˌaɪɑːbiːˈem] *n abbrev of* **intermediate-range ballistic missile** Mittelstreckenraketengeschoss *nt*
Ire·land [ˈaɪələnd] *n* Irland *nt*
iri·des·cent [ˌɪrɪˈdesənt] *adj* irisierend
iris <*pl* -es> [ˈaɪ(ə)rɪs] *n* ❶ BOT Schwertlilie *f*, Iris *f* ❷ ANAT Regenbogenhaut *f*, Iris *f*
Irish [ˈaɪ(ə)rɪʃ] **I.** *adj* irisch **II.** *n pl* ■**the ~** die Iren *pl*
'Irish·man *n* Ire *m* **'Irish·wom·an** *n* Irin *f*
'iris rec·og·ni·tion *n no pl* Iriserkennung *f* (*zur Identifizierung einer Person*)
irk [ɜːk] *vt* ärgern
irk·some [ˈɜːksəm] *adj* (*form*) ärgerlich; *task* lästig
iron [ˈaɪən] **I.** *n* ❶ *no pl* CHEM Eisen *nt* ❷ (*appliance*) [Bügel]eisen *nt* ❸ (*golf club*) Eisen *nt*, Eisenschläger *m* ❹ (*fig*) **will of ~** eiserne Wille ▸ **to have [too] many/other ~s in the fire** [zu] viele/andere Eisen im Feuer haben **II.** *adj* ❶ *bar, mine, railing* Eisen- ❷ (*fig: strict, strong*) eisern **III.** *vt, vi* bügeln
'Iron Age I. *n* Eisenzeit *f* **II.** *adj* eisenzeitlich; **~ settlement** Siedlung *f* aus der Eisenzeit
iron 'cur·tain *n* ❶ POL (*hist*) ■**I~** Eiserner Vorhang *m*; **~ countries** Länder *pl* hinter dem Eisernen Vorhang ❷ (*fig*) Abschottung *f*; **~ mentality** Abschottungsmentalität *f*
iron·ic [aɪ(ə)ˈrɒnɪk] *adj* ironisch
iron·ing [ˈaɪənɪŋ] *n no pl* ❶ (*pressing*) Bügeln *nt* ❷ (*laundry*) Bügelwäsche *f*
'iron·ing board *n* Bügelbrett *nt*
iron 'lung *n* eiserne Lunge
iron·mon·ger [ˈaɪənˌmʌŋɡə^r] *n* BRIT ❶ (*person*) Eisenwarenhändler(in) *m(f)* ❷ (*shop*) ■**~'s** Eisen- und Haushaltswarenhandlung *f*
iron·mon·gery [ˈaɪənˌmʌŋɡ^əri] *n* BRIT ❶ (*goods*) Eisenwaren *pl* ❷ (*premises*) Eisenwarenhandlung *f* ❸ MED, PHYS bestrahlen
iron 'ore *n* Eisenerz *nt* **'iron ra·tion** *n* eiserne Ration **'iron·work** *n no pl* ❶ (*dressed iron*) Eisenwerk *nt* ❷ (*part*) Eisenkonstruktion *f* ❸ (*goods*) Eisenzeug *nt* **'iron·works** *n + sing/pl vb* Eisenhütte *f*
iro·ny [ˈaɪ(ə)r^əni] *n no pl* Ironie *f*
ir·ra·di·ate [ɪˈreɪdieɪt] *vt* ❶ (*illuminate*) *sunlight* bestrahlen; *moonlight* erleuchten; *candle, lightning* erhellen; *spotlight, streetlight* beleuchten ❷ MED, PHYS bestrahlen
ir·ra·tion·al [ɪˈræʃ^ənəl] *adj* ❶ (*unreasonable*) *action, behaviour* irrational; (*not sensible*) *suggestion* unsinnig ❷ (*illogical*) *arguments, reasons* irrational ❸ ZOOL (*of lower animals*) vernunftlos
ir·ra·tion·al 'num·ber *n* irrationale Zahl

ir·re·con·cil·able [ˌɪrekənˈsaɪləbl] *adj* ❶ (*diametrically opposed*) *ideas, views* unvereinbar; **~ accounts/facts** sich völlig widersprechende Berichte/Tatsachen ❷ (*implacably opposed*) *enemies, factions* unversöhnlich
ir·re·cov·er·able [ˌɪrɪˈkʌv^ərəbl] *adj* ❶ (*irreparable*) *damage, loss* unersetzbar, nicht wieder gutzumachend; **~ health** nicht wiederherstellbare Gesundheit ❷ (*irretrievable*) *crew, ship* unrettbar [verloren]; *treasure, paradise* unwiederbringlich [verloren]
ir·re·deem·able [ˌɪrɪˈdiːm^əbl] *adj* (*form*) ❶ (*irretrievable*) *crew, ship* unrettbar [verloren]; *treasure* unwiederbringlich [verloren] ❷ *case* hoffnungslos; *drinker* unverbesserlich ❸ (*absolute*) *despair, gloom* völlig; *stupidity* rein ❹ ECON, FIN (*not terminable*) *debt* nicht tilgbar
ir·re·fu·table [ˌɪrɪˈfjuːtəbl] *adj* (*form*) ❶ (*factual, unshakable*) *argument, proof* unwiderlegbar ❷ (*incontestable*) unbestreitbar
ir·reg·u·lar [ɪˈreɡjələ^r] **I.** *adj* ❶ (*unsymmetrical*) *arrangement, pattern* unregelmäßig; *surface, terrain* uneben ❷ (*intermittent*) unregelmäßig ❸ (*form: failing to accord*) *behaviour, conduct* regelwidrig; *document* nicht ordnungsmäßig; *action* ungesetzlich; *banknote* ungültig; (*peculiar*) *customs, practices* sonderbar; (*improper*) ungebührlich; *dealings* zwielichtig **II.** *n* MIL Partisan(in) *m(f)*
ir·reg·u·lar·ity [ɪˌreɡjəˈlærəti] *n* ❶ (*form: lack of symmetry*) *of an arrangement* Unregelmäßigkeit *f*; *of prices* Uneinheitlichkeit *f*; *of a surface, terrain* Unebenheit *f* ❷ (*intermittence*) *of intervals* Unregelmäßigkeit *f* ❸ (*form: lack of accordance*) *of behaviour, conduct* Regelwidrigkeit *f*; *of an action* Ungesetzlichkeit *f* ❹ (*peculiarity*) *of customs, practices* Eigenartigkeit *f*; (*impropriety*) *of behaviour* Ungehörigkeit *f*
ir·rel·e·vance [ɪˈreləv^ən(t)s] *n*, **ir·rel·evan·cy** [ɪˈreləv^ən(t)si] *n* (*form*) Unerheblichkeit *f*; *of details* Bedeutungslosigkeit *f*
ir·rel·e·vant [ɪˈreləv^ənt] *adj* belanglos, unerheblich
ir·re·medi·able [ˌɪrɪˈmiːdiəbl] *adj* (*form*) nicht behebbar; *damage* nicht zu beheben; *loss* nicht wettzumachend
ir·re·pa·rable [ɪˈrep^ərəbl] *adj* irreparabel; *loss* unersetzlich
ir·re·place·able [ˌɪrɪˈpleɪsəbl] *adj* unersetzlich; *resources* nicht erneuerbar
ir·re·press·ible [ˌɪrɪˈpresəbl] *adj* ❶ (*usu approv: impossible to restrain*) *curiosity, desire* unbezähmbar; *anger, joy* unbändig ❷ (*impossible to discourage*) unverwüstlich, unerschütterlich

ir·re·proach·able [ˌɪrɪˈprəʊtʃəbəl] *adj* (*form*) *behaviour, character* untadelig; *behaviour, quality* einwandfrei

ir·re·sist·ible [ˌɪrɪˈzɪstəbl] *adj* ❶ (*powerful*) unwiderstehlich; *argument* schlagend ❷ (*lovable*) *appearance* äußerst anziehend; *personality* überaus einnehmend ❸ (*enticing*) äußerst verführerisch

ir·re·so·lute [ɪˈrezəluːt] (*pej form*) ❶ (*doubtful*) unentschlossen; *reply* unklar ❷ (*lacking determination*) entschlusslos

ir·re·spec·tive [ˌɪrɪˈspektɪv] *adv* (*form*) ■ ~ **of sth** ohne Rücksicht auf etw *akk*, ungeachtet einer S. *gen*; ~ **of what** ... unabhängig davon, was ...; ~ **of whether** ... ohne Rücksicht darauf, ob ...

ir·re·spon·sible [ˌɪrɪˈspɒn(t)səbl] *adj* ❶ (*pej: lacking consideration*) *action* unverantwortlich; *person* verantwortungslos ❷ (*form: unaccountable*) *body, state* nicht verantwortlich ❸ LAW (*inadequate*) unzurechnungsfähig

ir·re·triev·able [ˌɪrɪˈtriːvəbl] *adj* ❶ (*irreparable*) *loss* unersetzlich ❷ (*irremediable*) irreparabel ❸ (*irrecoverable*) *crew, ship* unrettbar [verloren]; *treasure* unwiederbringlich [verloren] ❹ COMPUT *sth is* ~ *information, file* etw kann nicht mehr abgerufen werden

ir·rev·er·ence [ɪˈrevərən(t)s] *n no pl* Respektlosigkeit *f*; (*in religious matters*) Pietätlosigkeit *f* geh

ir·rev·er·ent [ɪˈrevərənt] *adj* respektlos; (*in religious matters*) pietätlos geh

ir·re·vers·ible [ˌɪrɪˈvɜːsəbl] *adj* ❶ (*impossible to change back*) *development, process* nicht umkehrbar, irreversibel; *decision* unwiderruflich ❷ CHEM, TECH *engine* in einer Richtung laufend; *chemical synthesis* in einer Richtung verlaufend ❸ (*impossible to turn*) *cover, cushion* nicht doppelseitig wendbar

ir·revo·cable [ɪˈrevəkəbl] *adj* unwiderruflich, unumstößlich

ir·ri·gate [ˈɪrɪɡeɪt] *vt* bewässern

ir·ri·ga·tion [ˌɪrɪˈɡeɪʃən] *n no pl of land* Bewässerung *f*; *of crops* Berieselung *f*

ir·riˈga·tion plant *n* Bewässerungsanlage *f*

ir·ri·table [ˈɪrɪtəbl] *adj* (*pej*) reizbar, gereizt; MED *organ, tissue* reizbar, [über]empfindlich

ir·ri·tant [ˈɪrɪtənt] *n* ❶ CHEM, MED (*substance*) Reizstoff *m* ❷ (*annoyance*) Ärgernis *nt*

ir·ri·tate [ˈɪrɪteɪt] *vt* ❶ (*pej: provoke*) [ver]ärgern ❷ MED (*inflame*) **to ~ skin** Hautreizungen hervorrufen

ir·ri·tat·ing [ˈɪrɪteɪtɪŋ] *adj* (*pej*) ärgerlich, lästig; *behaviour* irritierend

ir·ri·ta·tion [ˌɪrɪˈteɪʃən] *n* ❶ (*annoyance*) Ärger *m*, Verärgerung *f* ❷ (*nuisance*) Ärgernis *nt* ❸ MED (*inflammation*) Reizung *f*; ~ **of the eye** Augenreizung *f*; **skin** ~ Hautreizung *f*; **to cause** ~ eine Reizung hervorrufen

is [ɪz, z] *aux vb 3rd pers sing of* be

ISBN [ˌaɪesbiːˈen] *n* PUBL *abbrev of* **International Standard Book Number** ISBN-Nummer *f*

ISD [ˌaɪesˈdiː] *n abbrev of* **international subscriber dialling** Ferngespräche ohne Vermittlung

ISDN [ˌaɪesdiːˈen] *n* TELEC *abbrev of* **integrated services digital network** ISDN

Is·lam [ˈɪzlɑːm] *n no art, no pl* Islam *m*

Is·lam·ic [ɪzˈlæmɪk] *adj* REL islamisch

Is·lamo·pho·bia [ˌɪslɑːməˈfəʊbɪə] *n no pl* Anti-Islamismus *m*

is·land [ˈaɪlənd] *n* ❶ (*also fig: in the sea*) Insel *f* ❷ (*on street*) Verkehrsinsel *f*

is·land·er [ˈaɪləndəʳ] *n* Insulaner(in) *m(f)*

isle, **Isle** [aɪl] *n* (*esp form, poet*) Eiland *nt*; **the I~ of Man** die Insel Man; **the British I~s** die Britischen Inseln

Isle of Wight [waɪt] *n* Isle of Wight *f*

is·let [ˈaɪlət] *n* (*liter*) winziges Eiland

isn't [ˈɪzənt] = **is not** *see* **be**

iso·bar [ˈaɪsə(ʊ)bɑːʳ] *n* Isobare *f*

iso·late [ˈaɪsəleɪt] *vt* ❶ (*set apart*) ■ **to ~ sb/ sth** [**from sb/sth**] jdn/etw [von jdm/etw] trennen; ■ **to ~ oneself** [**from sb/sth**] sich [von jdm/etw] absondern ❷ CHEM, ELEC (*separate*) **to ~ sth from the electric circuit** etw vom Stromkreis trennen; **to ~ a substance** eine Substanz isolieren ❸ (*identify*) **to ~ a problem** ein Problem gesondert betrachten

iso·lat·ed [ˈaɪsəleɪtɪd] *adj* ❶ (*outlying*) abgelegen; (*detached*) *building, house* frei stehend ❷ (*solitary*) einsam [gelegen]; *village* abgeschieden ❸ (*excluded*) *country* isoliert ❹ (*lonely*) einsam; **to feel** ~ sich einsam fühlen ❺ (*single*) vereinzelt, einzeln; **in ~ cases** in Einzelfällen

iso·la·tion [ˌaɪsəˈleɪʃən] *n no pl* ❶ (*separation*) Isolation *f*; ~ **from moisture/noise** Isolierung *f* gegen Feuchtigkeit/Schall ❷ (*remoteness*) *of a hotel, lake* Abgelegenheit *f* ❸ (*solitariness*) *of a village* Einsamkeit *f* ❹ (*exclusion*) *of a country* Isolation *f* ❺ (*loneliness*) Isolation *f*

iso·la·tion hos·pi·tal *n* Infektionskrankenhaus *nt* **iso·la·tion·ism** [ˌaɪsəˈleɪʃənɪzəm] *n no pl* Isolationismus *m* **iso·la·tion ward** *n* Isolierstation *f*

isos·celes tri·an·gle [aɪˌsɒsəˈliːzˈ] *n* gleichschenkliges Dreieck

iso·therm [ˈaɪsə(ʊ)θɜːm] *n* METEO, PHYS Isotherme *f*

iso·tope [ˈaɪsətəʊp] *n* CHEM Isotop *nt*

ISP [ˌaɪesˈpiː] *n* COMPUT, INET *abbrev of* **Inter-**

Israel – it

net service provider ISP *m*
Is·ra·el ['ɪzreɪ(ə)l] *n* Israel *nt*
Is·rae·li [ɪz'reɪli] **I.** *n* Israeli *m o f* **II.** *adj* israelisch
Is·rael·ite ['ɪzriəlaɪt] *n* Israelit(in) *m(f)*
is·sue ['ɪʃuː] **I.** *n* ❶ *(topic)* Thema *nt*; *(question)* Frage *f*; *(dispute)* Streitfrage *f*; *(affair)* Angelegenheit *f*; *(problem)* Problem *nt*; **what is the ~?** worum geht es [hier]?; **that's not the ~!** darum geht es doch gar nicht!; **the point at ~** der strittige Punkt; **side ~** Nebensache *f*; **a burning ~** eine brennende Frage; **to address an ~** ein Thema ansprechen; **to avoid the ~** [dem Thema] ausweichen; **to [not] be at ~** [nicht] zur Debatte stehen; **to confuse an ~** etwas durcheinanderbringen; **to make an ~ of sth** etw aufbauschen; **to raise an ~** eine Frage aufwerfen; **to take ~ with sb** [**over sth**] *(form)* sich mit jdm auf eine Diskussion [über etw *akk*] einlassen ❷ *(edition) of a magazine, newspaper* Ausgabe *f*; **date of ~** Erscheinungsdatum *nt* ❸ *no pl (copies produced)* Auflage *f* ❹ *no pl (making available) of goods, notes, stamps* Ausgabe *f*; *of shares* Emission *f*; *of a fund, loan* Auflegung *f*; *of a cheque, document* Ausstellung *f*; **date of ~ of a passport, cheque** Ausstellungsdatum *nt* ❺ *no pl (form: pronouncement)* **the ~ of a statement** die Abgabe einer Erklärung ❻ *no pl* LAW *(or dated: offspring)* Nachkommen *pl* **II.** *vt* ❶ *(produce) licence, permit* ausstellen; **to ~ an arrest warrant** AM einen Haftbefehl erlassen; **to ~ banknotes** Banknoten in Umlauf bringen; **to ~ bonds** Obligationen ausgeben; *newsletter* veröffentlichen ❷ *(make known)* **to ~ a call for sth** zu etw *dat* aufrufen; *invitation, warning* aussprechen; **to ~ an order to sb** jdm einen Befehl erteilen; *statement* abgeben; *ultimatum* stellen ❸ *(supply with)* ▪ **to ~ sb with sth** jdn mit etw *dat* ausstatten; *(distribute to)* etw an jdn austeilen **III.** *vi* *(form)* ❶ *(come out)* ausströmen; *smoke* hervorquellen; ▪ **to ~ from sth** aus etw *dat* dringen; *liquid, gas also* aus etw *dat* strömen; *smoke* aus etw *dat* quellen ❷ *(be born out of)* ▪ **to ~ from sth** einer S. *gen* entspringen
isth·mus ['ɪsməs] *n* Isthmus *m*
it [ɪt] *pron* ❶ *(thing)* es; **the computer hasn't broken down, has ~?** der Computer ist nicht kaputt, oder?; **a room with two beds in ~** ein Raum mit zwei Betten darin; *(of unspecified sex)* er, sie, es ❷ *(activity)* es; **have you gone windsurfing before? ~ 's a lot of fun** warst du schon früher Windsurfen? es macht großen Spaß; **stop ~ — you're hurting me** hör auf [damit] – du tust mir weh ❸ *(in time phrases: time, past dates)* es;

(day, date) heute; **what time is ~?** wie spät ist es?; **~ was Wednesday before I remembered that my birthday had been that Monday** es war Mittwoch, bevor ich daran dachte, dass am Montag mein Geburtstag gewesen war ❹ *(in weather phrases)* es ❺ *(in distance phrases)* es; **~ 's a day's walk to get to the town from the farm** die Stadt liegt einen Tagesmarsch von dem Bauernhaus entfernt ❻ *subject (referring to later part of sentence)* es; **~ 's common to have that problem** dieses Problem ist weit verbreitet; **~ 's no use knocking, she can't hear you** Klopfen hat keinen Sinn, sie hört dich nicht; **~ 's true I don't like Sarah** es stimmt, ich mag Sarah nicht; **~ 's important that you should see a doctor** du solltest unbedingt zu einem Arzt gehen; **~ 's a shame I can't come** es ist schade, dass ich nicht kommen kann; **~ 's interesting how often she talks to him** es ist interessant, wie oft sie mit ihm spricht; **I found ~ impossible to get to sleep last night** ich konnte letzte Nacht einfach nicht einschlafen; **I like ~ in the autumn when the weather is crisp and bright** ich mag den Herbst, wenn das Wetter frisch und klar ist; **he thought ~ strange that she refused to talk to him** er fand es seltsam, dass sie sich weigerte, mit ihm zu sprechen ❼ *(form: in passive sentences with verbs of opinion, attitude)* man; **~ is thought that ...** man nimmt an, dass ...; **~ is said that ...** es heißt, dass ... ❽ *(emph)* **~ was Paul who came here in September, not Bob** Paul kam im September, nicht Bob; **~ was in Paris where we met, not in Marseilles** wir trafen uns in Paris, nicht in Marseilles ❾ *(situation)* es; **~ appears that we have lost our ship** wir haben verloren; **~ sounds an absolutely awful situation** das klingt nach einer schrecklichen Situation; **~ takes [me] an hour to get dressed in the morning** ich brauche morgens eine Stunde, um mich anzuziehen; **if ~ 's convenient** wenn es Ihnen/dir passt; **they made a mess of ~** sie versauten es *sl*; **we had a hard time of ~ during the drought** während der Dürre hatten wir es schwer ❿ *(right thing)* **that's absolutely ~ — what a great find!** das ist genau das – ein toller Fund!; **that's ~!** das ist es! ⓫ *(trouble)* **to get ~** Probleme kriegen; **that's not ~** das ist es nicht ⓬ *(the end)* **that's ~** das war's ⓭ *(fam: sex)* **to do ~** es treiben ▶ **go for ~!** Hoppauf!; *(encouragement)* **go for ~, girl!** du schaffst es, Mädchen!; **to have ~ in for sb** es auf jdn abgesehen haben; **this is ~** jetzt geht's los; **to run for ~** davonlaufen; **that's ~** das ist der Punkt

IT [ˌaɪˈtiː] *n no pl* COMPUT *abbrev of* **Information Technology** IT *f*

Ital·ian [ɪˈtæliən] **I.** *n* ❶ (*native*) Italiener(in) *m(f)* ❷ (*language*) Italienisch *nt* **II.** *adj* italienisch

ital·ic [ɪˈtælɪk] *adj* TYPO kursiv

ital·ic·ize [ɪˈtælɪsaɪz] *vt* TYPO **to ~ a passage** eine Passage kursiv drucken

ital·ics [ɪˈtælɪks] *npl* TYPO Kursivschrift *f*; **printed in ~** kursiv gedruckt

Ita·ly [ˈɪtəli] *n* Italien *nt*

itch [ɪtʃ] **I.** *n* <*pl* -es> ❶ (*irritation*) Juckreiz *m*; **I've got an ~ on my back** es juckt mich am Rücken ❷ MED (*irritation*) Hautjucken *nt* ❸ (*fig fam: desire*) **to have an ~ for sth** wild auf etw *akk* sein **II.** *vi* ❶ (*prickle*) jucken ❷ (*fig fam: desire*) ■ **to be ~ing to do sth** ganz wild darauf sein, etw zu tun; **she was ~ing to clip him round the ear** es juckte ihr in den Fingern, ihm eine runterzuhauen; ■ **to ~ for sth** ganz wild auf etw *akk* sein; **to be ~ing for trouble/a fight** auf Ärger/Streit aus sein

itchy [ˈɪtʃi] *adj* ❶ (*rough*) *sweater* kratzig; *wool* kratzend ❷ (*causing sensation*) juckend; **I've got an ~ scalp** meine Kopfhaut juckt

item [ˈaɪtəm] *n* ❶ (*single thing*) Punkt *m*; (*in catalogue*) Artikel *m*; (*in account book*) Posten *m*; **~ of clothing** Kleidungsstück *nt*; **~ of furniture** Möbelstück *nt*; **~ in a list** Posten *m* auf einer Liste; **luxury ~** Luxusartikel *m*; **~ by ~** Punkt *m* für Punkt ❷ (*object of interest*) Anliegen *nt*, Gegenstand *m* ❸ (*topic*) Thema *m*; (*on agenda*) Punkt *m* ❹ (*fig fam: couple*) Beziehungskiste *f*; **are you two an ~, or just friends?** habt ihr beiden etwas miteinander, oder seid ihr nur Freunde?

item·ize [ˈaɪtəmaɪz] *vt* (*form*) näher angeben; *costs* aufgliedern; **I asked the telephone company to ~ my phone bill** ich bat die Telefongesellschaft, mir eine detaillierte Telefonrechnung auszustellen

itin·er·ant [aɪˈtɪnərənt] **I.** *n* ❶ (*unsettled person*) Vagabund(in) *m(f)* ❷ (*migrant worker*) Wanderarbeiter(in) *m(f)*; (*traveller*) beruflich Reisender/beruflich Reisende; (*as a minstrel*) Fahrende(r) *f(m) hist* **II.** *adj* ❶ (*vagabond*) umherwandernd ❷ (*migrant*) Wander-, Saison- ❸ (*travelling*) reisend, Wander-, fahrend *hist*

itin·er·ary [aɪˈtɪnərəri] *n* ❶ (*course*) Reiseroute *f* ❷ (*outline*) Reiseplan *m* ❸ (*account*) Reisebericht *m* ❹ (*book*) [Reise]führer *m*

it'll [ˈɪtəl] = **it will/it shall** *see* **will¹, shall**

ITN [ˌaɪtiːˈen] *n no pl* BRIT *abbrev of* **Independent Television News** Nachrichtendienst des ITV

its [ɪts] *pron poss* sein(e)

it's [ɪts] = **it is/it has** *see* **be, have I, II**

it·self [ɪtˈself] *pron reflexive* ❶ *after vb* sich [selbst] ❷ *after prep* sich [selbst] ❸ (*specifically*) **the shop ~ started 15 years ago** das Geschäft selbst öffnete vor 15 Jahren; **Mrs Vincent was punctuality ~** Mrs. Vincent war die Pünktlichkeit in Person ❹ (*alone*) **to keep sth to ~** etw geheim halten; **[all] by ~** [ganz] allein ▶ **in ~** selbst; **creativity in ~ is not enough to make a successful company** Kreativität alleine genügt nicht, um eine erfolgreiche Firma aufzubauen

ITV [ˌaɪtiːˈviː] *n no pl, no art* BRIT *abbrev of* **Independent Television** englisches Privatfernsehen

IUD [ˌaɪjuːˈdiː] *n* MED *abbrev of* **intra-uterine device** Intrauterinpessar *nt*

IV [ˌaɪˈviː] *adj* MED *abbrev of* **intravenous** intravenös

I've [aɪv] = **I have** *see* **have I, II**

IVF [ˌaɪviːˈef] *n* MED *abbrev of* **in vitro fertilisation** IVF *f*

ivo·ry [ˈaɪvəri] **I.** *n* ❶ *no pl* (*substance*) Elfenbein *nt* ❷ (*tusk*) Stoßzahn *m* ❸ (*article*) Elfenbeinarbeit *f* **II.** *adj* elfenbeinern, Elfenbein- **III.** *adj* ❶ (*made of ivory*) elfenbeinern, Elfenbein- ❷ (*colour*) elfenbeinfarben

'Ivo·ry Coast *n* Elfenbeinküste *f*

ivo·ry 'tow·er **I.** *n* ❶ (*fig, pej form*) ❶ (*remote place*) weltabgeschiedener Ort, Elfenbeinturm *m* ❷ (*aloofness*) Weltabgeschiedenheit *f*; **to live in an ~** im Elfenbeinturm leben **II.** *adj* weltabgewandt

ivy [ˈaɪvi] *n* Efeu *m*

J j

J <*pl* -'s *or* -s>, **j** <*pl* -'s> [dʒeɪ] *n* J *nt*, j *nt*; *see also* **A 1**

jab [dʒæb] **I.** *n* ❶ (*poke*) Stoß *m* ❷ BOXING Gerade *f* ❸ BRIT, AUS (*fam: injection*) Spritze *f* ❹ (*also fig: sharp sensation*) Stich *m* **II.** *vt* <-bb-> ❶ (*poke or prick*) stechen; **to ~ a finger at sb/sth** auf jdn/etw mit dem Finger tippen; ■ **to ~ sth in[to] sth** etw in etw *akk* hineinstechen *fam* ❷ (*kick*) schießen **III.** *vi* <-bb-> ❶ (*poke*) schlagen; BOXING eine [kurze] Gerade schlagen ❷ (*thrust at*) ■ **to ~ at sb/sth [with sth]** [mit etw *dat*] auf jdn/etw einstechen

jab·ber [ˈdʒæbəʳ] (*pej*) **I.** *n no pl* Geplapper

nt fam **II.** *vi* quasseln *fam* (**about** über) **III.** *vt* (*blurt out*) **he ~ed out something about an accident** er quasselte etwas von einem Unfall daher *fam*

jab·ber·ing ['dʒæbərɪŋ] *n see* **jabber I**

jack [dʒæk] *n* ❶ (*tool*) Hebevorrichtung *f*; AUTO Wagenheber *m* ❷ CARDS Bube *m* ♦ **jack in** *vt* BRIT (*fam*) *job* hinschmeißen ♦ **jack up I.** *vt* ❶ (*raise a heavy object*) hoch heben; *car* aufbocken ❷ (*fig fam: raise*) erhöhen; *prices, rent* in die Höhe treiben **II.** *vi* (*sl*) fixen

Jack [dʒæk] *n* ▶ ~ **the Lad** BRIT (*fam*) Prahlhans *m*; **I'm all right ~** (*fam*) das kann mich überhaupt nicht jucken

jack·al ['dʒækɔːl] *n* Schakal *m*

jack·ass ['dʒækæs] *n* ❶ (*donkey*) Esel *m* ❷ (*fam: idiot*) Esel *m pej*, Depp *m* SÜDD, ÖSTERR, SCHWEIZ *pej*

jack·boot ['dʒækbuːt] *n* Schaftstiefel *m*

jack·daw ['dʒækdɔː] *n* Dohle *f*

jack·et ['dʒækɪt] *n* ❶ FASHION Jacke *f* ❷ (*of a book*) Schutzumschlag *m* ❸ AM, AUS MUS [Schall]plattenhülle *f*

jack·et po·'ta·to *n* Folienkartoffel *f*

'jack-in-the-box *n* Schachtelmännchen *nt*; (*fig*) Hampelmann *m*

'jack·knife I. *n* ❶ (*knife*) Klappmesser *nt* ❷ SPORTS Hechtsprung *m* **II.** *vi* ❶ (*fold together*) [wie ein Taschenmesser] zusammenklappen ❷ SPORTS hechten

jack-o'-'lan·tern *n* AM Kürbislaterne *f*

'jack plug *n* BRIT ELEC Bananenstecker *m*

'jack·pot *n* Hauptgewinn *m*; **to hit the ~** den Hauptgewinn ziehen; (*fig fam: have luck*) das große Los ziehen; (*have success*) einen Bombenerfolg haben

ja·cuz·zi® *n*, **Ja·cuz·zi®** [dʒəˈkuːzi] *n* Whirlpool *m*

jade [dʒeɪd] **I.** *n* ❶ *no pl* (*precious green stone*) Jade *m o f* ❷ (*colour*) Jadegrün *nt* **II.** *adj* ❶ (*made of jade*) Jade-, aus Jade *nach n* ❷ (*colour*) jadegrün

jad·ed ['dʒeɪdɪd] *adj* ❶ (*exhausted*) erschöpft ❷ (*dulled*) übersättigt

jag·ged ['dʒægɪd] *adj* gezackt; *coastline, rocks* zerklüftet; *cut, tear* ausgefranst; (*fig*) *nerves* angeschlagen

jag·gy ['dʒægi] *adj* gezackt

jag·u·ar ['dʒægjuər] *n* Jaguar *m*

jail [dʒeɪl] **I.** *n* Gefängnis *nt*; **to go to ~** ins Gefängnis kommen **II.** *vt* einsperren

'jail·bird *n* (*fam*) Knastbruder *m* **'jail·break** *n* Gefängnisausbruch *m* **jail·er** ['dʒeɪlə*r*] *n* Gefängnisaufseher(in) *m(f)* **jail·or** *n see* **jailer**

ja·lopy [dʒəˈlɒpi] *n* (*hum fam*) [Klapper]kiste *f*

jam¹ [dʒæm] *n* Marmelade *f*

jam² [dʒæm] **I.** *n* ❶ (*fam: awkward situation*) Klemme *f*; **to be in** [**a bit of**] **a ~** [ziemlich] in der Klemme sitzen ❷ *no pl* (*obstruction*) *of people* Gedränge *nt*; *of traffic* Stau *m* ❸ MUS Jamsession *f* **II.** *vt* <-mm-> ❶ (*block*) verklemmen; *switchboard* überlasten; **to ~ sth open** etw aufstemmen ❷ (*cram inside*) [hinein]zwängen (**into** in) **III.** *vi* <-mm-> ❶ (*become stuck*) sich verklemmen; *brakes* blockieren ❷ (*play music*) jammen

Ja·mai·ca [dʒəˈmeɪkə] *n* Jamaika *nt*

Ja·mai·can [dʒəˈmeɪkən] **I.** *n* ❶ (*person*) Jamaikaner(in) *m(f)* ❷ (*language*) Jamaikanisch *nt* **II.** *adj* jamaikanisch

jamb(e) [dʒæm(b)] *n* ARCHIT [Tür]pfosten *m*, [Fenster]pfosten *m*

jam·bo·ree [ˌdʒæmbəˈriː] *n* ❶ (*large social gathering*) großes Fest ❷ (*Scouts' or Guides' rally*) Pfadfindertreffen *nt* ❸ (*pej: political gathering*) Politparty *f fam*

'jam jar *n* ❶ (*container*) Marmeladenglas *nt* ❷ BRIT (*rhyming sl: car*) Blechkiste *f fam*

jam·my ['dʒæmi] *adj* ❶ (*covered with jam*) marmelade[n]verschmiert ❷ BRIT (*fam: unfairly lucky*) Glücks-; **~ bastard** (*fam!*) [gott]verdammter Glückspilz ❸ BRIT (*fam: very easy*) kinderleicht

'jam-packed *adj* (*fam*) *bus, shop* gerammelt voll; *bag, box* randvoll; *suitcase* vollgestopft

'jam ses·sion *n* (*fam*) Jamsession *f*

jan·gle ['dʒæŋgl] **I.** *vt* ❶ (*rattle*) ■ **to ~ sth** [mit etw *dat*] klirren; *bells* bimmeln lassen; **to ~ keys** mit Schlüsseln rasseln ❷ (*fig: upset*) **to ~ sb's nerves** jdm auf die Nerven gehen **II.** *vi* klirren; *bells* bimmeln **III.** *n see* **jangling**

jan·gling ['dʒæŋglɪŋ] *n no pl of bells* Bimmeln *nt*; *of keys* Klirren *nt*

jani·tor ['dʒænɪtə*r*] *n esp* AM, SCOT Hausmeister(in) *m(f)*, Hauswart *m* DIAL

Janu·ary ['dʒænjuəri] *n* Januar *m*, Jänner *m* ÖSTERR, SÜDD, SCHWEIZ; *see also* **February**

Jap [dʒæp] (*pej!*) **I.** *n* (*sl*) *short for* **Japanese** Japs *m pej sl* **II.** *adj* (*sl*) *short for* **Japanese** Japsen- *pej sl*

Ja·pan [dʒəˈpæn] *n* Japan *nt*

Japa·nese [ˌdʒæpəˈniːz] **I.** *n* <*pl* -> ❶ (*person*) Japaner(in) *m(f)* ❷ (*language*) Japanisch *nt* **II.** *adj* japanisch

jar¹ [dʒɑːr] *n* (*of glass*) Glas[gefäß] *nt*; (*of clay, without handle*) Topf *m*; (*of clay, with handle*) Krug *m*; (*of metal*) Topf *m*

jar² [dʒɑːr] **I.** *vt* <-rr-> ❶ (*strike*) schleudern (**against** gegen) ❷ (*influence unpleasantly*) verletzen ❸ (*send a shock through*) erschüttern **II.** *vi* <-rr-> (*cause unpleasant feelings*) ■ **to ~ on sb** jdm auf den Nerv gehen; **to ~ on the ears** in den Ohren wehtun **III.** *n*

jargon–Jesus Christ

❶ (*sudden unpleasant shake*) Ruck *m* ❷ (*shock*) Schock *m*
jar·gon ['dʒɑːgən] *n no pl* [Fach]jargon *m*
jas·mine ['dʒæzmɪn] *n no pl* Jasmin *m*
jaun·dice ['dʒɔːndɪs] *n no pl* MED Gelbsucht *f*
jaun·diced ['dʒɔːndɪst] *adj* ❶ MED gelbsüchtig ❷ (*form: bitter*) *attitude* verbittert; *view* zynisch
jaunt [dʒɔːnt] *n* Ausflug *m*; **to go on a ~** einen Ausflug machen
jaun·ty ['dʒɔːnti] *adj* flott; *grin* fröhlich; *step* schwungvoll
jave·lin ['dʒævlɪn] *n* ❶ (*light spear*) Speer *m* ❷ (*athletic event*) Speerwerfen *nt*
jaw [dʒɔː] **I.** *n* ❶ (*body part*) Kiefer *m*; **lower/upper ~** Unter-/Oberkiefer *m*; **sb's ~ drops in amazement** (*fig*) jdm fällt [vor Staunen] der Unterkiefer herunter *fam* ❷ (*large mouth and teeth*) ■ **~s** *pl* Rachen *m* *a. fig* **II.** *vi* (*pej fam*) quasseln; ■ **to ~ with sb** mit jdm quatschen
'jaw bone *n* Kieferknochen *m* **'jaw·break·er** *n* ❶ esp AM, AUS FOOD großes, rundes, steinhartes Bonbon ❷ (*fam: tongue-twister*) Zungenbrecher *m* **'jaw-drop·ping** *adj* (*fam*) atemberaubend
jay [dʒeɪ] *n* Eichelhäher *m*
'jay·walk *vi* AM eine Straße regelwidrig überqueren **'jay·walk·er** *n* unachtsamer Fußgänger/unachtsame Fußgängerin **'jay·walk·ing** *n no pl* unachtsames Überqueren einer Straße
jazz [dʒæz] **I.** *n no pl* ❶ (*music*) Jazz *m* ❷ AM (*pej sl: nonsense*) Quatsch *m* ▶ **and all that ~** (*pej fam*) und all so was **II.** *vt* AM (*sl*) ■ **to ~ sb** jdn für dumm verkaufen ◆ **jazz up** *vt* (*fam*) ❶ (*adapt for jazz*) verjazzen ❷ (*fig: brighten or enliven*) aufpeppen
jazzy ['dʒæzi] *adj* ❶ (*of or like jazz*) Jazz-, jazzartig ❷ (*approv fam: bright and colourful*) *colours* knallig; *piece of clothing* poppig; *wallpaper* auffällig gemustert
JCB® [ˌdʒeɪsiːˈbiː] *n* BRIT [Erdräum]bagger *m*
jeal·ous ['dʒeləs] *adj* ❶ (*resentful*) eifersüchtig (**of** auf) ❷ (*envious*) neidisch; ■ **to be ~ of sb** auf jdn neidisch sein; ■ **to be ~ of sb's sth** jdn um etw *akk* beneiden
jeal·ousy ['dʒeləsi] *n* ❶ (*resentment*) Eifersucht *f* ❷ *no pl* (*envy*) Neid *m*
jeans [dʒiːnz] *npl* Jeans[hose] *f*; **a pair of ~** eine Jeans[hose]
jeep [dʒiːp] *n* Jeep *m*, Geländewagen *m*
jeer [dʒɪəʳ] **I.** *vt* ausbuhen *fam* **II.** *vi* (*comment*) spotten (**at** über); (*laugh*) höhnisch lachen; (*boo*) buhen **III.** *n* höhnische Bemerkung
Je·ho·vah [dʒəˈhəʊvə] *n no art, no pl* Jehova *m*

jell *vi see* **gel**
jel·lied ['dʒelid] *adj* in Aspik eingelegt; **~ eels** Aal *m* in Aspik
jel·ly ['dʒeli] *n* ❶ (*substance*) Gelee *nt* ❷ BRIT, AUS (*dessert*) Wackelpudding *m fam*; (*meat in gelatine*) Sülze *f* ❸ AM (*jam*) Gelee *m o nt* ▶ **to beat sb to a ~** *esp* BRIT jdn windelweich schlagen *fam*
'jel·ly baby *n* BRIT Fruchtgummi *nt* (*in Form eines Babys*) **'jel·ly bean** *n* [bohnenförmiges] Geleebonbon **'jel·ly·fish** *n* ❶ (*sea animal*) Qualle *f* ❷ *esp* AM (*pej fam: weak, cowardly person*) Waschlappen *m* **'jel·ly wax** *n* Gelwachs *nt*
jem·my ['dʒemi] BRIT, AUS **I.** *n* Brecheisen *nt* **II.** *vt* <-ie-> ■ **to ~ open** ⌯ **sth** etw aufbrechen
jeop·ard·ize ['dʒepədaɪz] *vt* gefährden; *career, future* aufs Spiel setzen
jeop·ardy ['dʒepədi] *n no pl* Gefahr *f*
jerk [dʒɜːk] **I.** *n* ❶ (*sudden sharp movement*) Ruck *m*; (*pull*) Zug *m*; *twist* Dreh *m* ❷ *esp* AM (*pej sl: stupid person*) Trottel *m*, Depp *m* SÜDD ❸ (*weightlifting*) Stoß *m* **II.** *vi* zucken; **to ~ upwards** hochschnellen; **to ~ to a halt** abrupt zum Stillstand kommen **III.** *vt* ❶ (*move sharply*) ■ **to ~ sb/sth** jdn/etw mit einem Ruck ziehen; (*fig*) reißen (**out of** aus) ❷ (*weightlifting*) stoßen ◆ **jerk off** *vi* (*vulg*) wichsen
jer·kin ['dʒɜːkɪn] *n* ärmellose Jacke
jerky ['dʒɜːki] **I.** *adj movement* ruckartig; *speech* abgehackt **II.** *n no pl* AM luftgetrocknetes Fleisch
jer·ry-built ['dʒeribɪlt] *adj attr* (*pej*) schlampig gebaut *fam*
jer·ry·can ['dʒerikæn] *n* Kanister *m*
jer·sey ['dʒɜːzi] *n* ❶ (*garment*) Pullover *m* ❷ (*sports team shirt*) Trikot *nt* ❸ *no pl* (*cloth*) Jersey *m* ❹ (*type of cow*) ■ **J~** Jerseyrind *nt*
Jer·sey ['dʒɜːzi] *n* GEOG Jersey *n*
jest [dʒest] **I.** *n* (*form*) ❶ (*utterance*) Scherz *m* ❷ (*mood*) Spaß *m*; **to do/say sth in ~** etw im Spaß tun/sagen **II.** *vi* (*form*) scherzen; ■ **to ~ about sth** sich über etw *akk* lustig machen
jest·er ['dʒestəʳ] *n* HIST **court ~** Hofnarr *m*
jest·ing ['dʒestɪŋ] **I.** *n* Scherzen *nt* **II.** *adj* scherzhaft
Jesu·it ['dʒezjuɪt] **I.** *n* Jesuit *m* **II.** *adj* jesuitisch, Jesuiten-
Jesu·iti·cal [ˌdʒezjuˈɪtɪkəl] *adj* ❶ (*of or concerning Jesuits*) Jesuiten-, jesuitisch ❷ (*pej!: dissembling or equivocating*) verschlagen
Jesus, Jesus Christ [ˌdʒiːzəsˈkraɪst] **I.** *n no art, no pl* Jesus *m* **II.** *interj* (*pej sl*) Mensch! *fam*

jet¹ [dʒet] **I.** *n* ❶ AVIAT [Düsen]jet *m* ❷ (*thin stream*) Strahl *m*; **~ of air/gas** dünner Luft-/Gasstrahl ❸ (*nozzle*) Düse *f* **II.** *vi* <-tt-> mit einem Jet fliegen, jetten *fam*

jet² [dʒet] *n no pl* (*gemstone*) Gagat *m*

'jet-black *adj* pechschwarz

jet 'en·gine *n* Düsentriebwerk *nt* **jet 'fight·er** *n* Düsenjäger *m* **'jet-foil** *n* Tragflügelboot *nt* **'jet lag** *n no pl* Jetlag *m* **'jet plane** *n* Düsenflugzeug *nt* **jet-pro·'pelled** *adj* mit Düsenantrieb *nach n*; **to be ~** einen Düsenantrieb haben **jet pro·'pul·sion** *n no pl* Düsenantrieb *m*

jet·sam [ˈdʒetsəm] *n no pl see* **flotsam**

'jet set *n no pl* (*fam*) Jetset *m*

jet·ti·son [ˈdʒetɪsən] *vt* ❶ (*discard, abandon*) fallen lassen; *employee* entlassen; ■ **to ~ sth** etw aufgeben; *plan* verwerfen; ■ **to ~ sth [for sth]** etw [zugunsten einer S. *gen*] aufgeben ❷ (*drop*) *from a ship* über Bord werfen; *from a plane* abwerfen

jet·ty [ˈdʒeti] *n* ❶ (*landing stage*) Pier *m* ❷ (*breakwater*) Mole *f*

Jew [dʒuː] *n* Jude *m*, Jüdin *f*

jew·el [ˈdʒuːəl] *n* ❶ (*precious stone*) Edelstein *m*, Juwel *o nt* ❷ (*sth beautiful or valuable*) Kostbarkeit *f* ❸ (*watch part*) Stein *m*

je·wel·ler [ˈdʒuːələʳ] *n*, AM **je·wel·er** *n* Juwelier(in) *m(f)*

je·wel·lery [ˈdʒuːəlri] *n no pl*, AM **'jew·el·ry** *n no pl* Schmuck *m*

Jew·ess <*pl* -es> [ˈdʒuːəs] *n* (*pej!*) Jüdin *f*

Jew·ish [ˈdʒuːɪʃ] *adj* jüdisch **Jew·ry** [ˈdʒʊəri] *n no art, no pl* (*form*) die Juden *pl*, das Judentum *f* **Jew's 'harp** *n* Maultrommel *f*

jib¹ [dʒɪb] *n* NAUT Klüver *m*

jib² [dʒɪb] *n* TECH Ausleger[arm] *m*

jib³ <-bb-> [dʒɪb] *vi* ❶ (*be reluctant*) ■ **to ~ at doing sth** sich weigern, etw zu tun ❷ (*stop suddenly*) *horse* scheuen (**at** vor)

jibe [dʒaɪb] **I.** *n* Stichelei *f*, verletzende Bemerkung **II.** *vi* ❶ (*insult, mock*) ■ **to ~ at sth** über etw *akk* spötteln ❷ AM, AUS (*fam: correspond*) übereinstimmen

jif·fy [ˈdʒɪfi] *n no pl* (*fam*) Augenblick *m*; **in a ~** gleich

jig [dʒɪg] **I.** *vt* <-gg-> schütteln **II.** *vi* <-gg-> ❶ (*move around*) ■ **to ~ about/up and down** herumhopsen/herumspringen ❷ (*dance a jig*) eine Gigue tanzen **III.** *n* (*dance*) *also* MUS Gigue *f*

jig·ger [ˈdʒɪgəʳ] **I.** *n* ❶ (*container*) Messbecher *m* für Alkohol ❷ AM (*measure*) 45 ml **II.** *vt* AM fälschen

jiggery-pokery [ˌdʒɪgəriˈpəʊkəri] *n no pl* (*dated fam*) Gemauschel *nt pej*

jig·gle [ˈdʒɪgl] **I.** *vt* ■ **to ~ sth** mit etw *dat* wackeln; ■ **to ~ sth about** etw schütteln **II.** *vi* wippen, hüpfen **III.** *n* Rütteln *nt*; *of a limb* Zucken *nt*

'jig·saw *n* ❶ (*mechanical*) Laubsäge *f*; (*electric*) Stichsäge *f* ❷ (*puzzle*) Puzzle[spiel] *nt*

ji·had·ist [dʒɪˈhɑːdɪst] *adj* Jihadist

jilt [dʒɪlt] *vt* ■ **to ~ sb [for sb]** jdn [wegen jdm] sitzen lassen

Jim Crow [ˌdʒɪmˈkrəʊ] *n no art, no pl* AM (*pej dated*) Rassendiskriminierung *f*

jim·jams *npl* ❶ BRIT (*fam: pyjamas*) Schlafanzug *m* ❷ (*fam*) ■ **the ~** (*alcohol-induced trembling*) Säuferwahnsinn *m*; (*fit of nerves*) Muffensausen *nt fam*

jim·my *n* AM *see* **jemmy**

jin·gle [ˈdʒɪŋgl] **I.** *vt* *bells* klingeln lassen; **to ~ coins** mit Münzen klimpern; **to ~ keys** mit Schlüsseln klirren **II.** *vi* *bells* bimmeln; *coins* klimpern; *keys* klirren **III.** *n* ❶ *no pl* (*metallic ringing*) *of bells* Bimmeln *nt*; *of coins* Klimpern *nt*; *of keys* Klirren *nt* ❷ (*in advertisements*) Jingle *m*

jin·go·ism [ˈdʒɪŋɡəʊɪzəm] *n no pl* (*pej*) Chauvinismus *m*

jin·go·is·tic [ˌdʒɪŋgəʊˈɪstɪk] *adj* (*pej*) chauvinistisch

jinx [dʒɪŋks] **I.** *n no pl* Unglück *nt*; **there's a ~ on this computer** mit diesem Computer ist es wie verhext; **to put a ~ on sb/sth** jdn/etw verhexen **II.** *vt* verhexen

jit·ter·bug [ˈdʒɪtəbʌg] **I.** *n* (*dance*) Jitterbug *m* **II.** *vi* <-gg-> Jitterbug tanzen

jit·ters [ˈdʒɪtəz] *npl* (*fam*) Bammel *m kein pl*; *of an actor* Lampenfieber *nt*; **to get the ~** Muffensausen kriegen

jit·tery [ˈdʒɪtəri] *adj* (*fam*) nervös

jive [dʒaɪv] **I.** *n no pl* ❶ (*dance*) Jive *m*; (*music*) Swingmusik *f*; **to do the ~** Jive tanzen ❷ AM (*sl: dishonest talk*) Gewäsch *nt fam*; **a bunch of ~** ein Haufen *m* Mist *fam* **II.** *vi* Jive tanzen; ■ **to ~ sth** etw als Jive tanzen **III.** *vt* AM (*sl*) ■ **to ~ sb** jdn für dumm verkaufen *fam*

job [dʒɒb] **I.** *n* ❶ (*employment*) Stelle *f*; **full-time/part-time ~** Vollzeit-/Teilzeitstelle *f*; **he has a part-time ~ [working] in a bakery** er arbeitet halbtags in einer Bäckerei; **holiday/Saturday job** Ferien-/Samstagsjob *m*; **nine-to-five ~** Achtstundentag *m*; **steady ~** feste Stelle; **to apply for a ~ [with sb/sth]** sich um eine Stelle [bei jdm/etw] bewerben; **to be out of a ~** arbeitslos sein; **to create new ~s** neue Arbeitsplätze schaffen; **to give up one's ~** kündigen; **to lose one's ~** seinen Arbeitsplatz verlieren ❷ (*piece of work*) Arbeit *f*; (*task*) Aufgabe *f*; **[to be] just the man/woman for the ~** genau der/die Richtige dafür [sein]; **nose ~** (*fam*) Nasenkorrektur *f*; **to make a bad/good ~ of doing sth** bei etw *dat* schlechte/gute Arbeit leisten ❸ (*fam: object*) Ding *nt* ❹ (*sl: crime*) Ding *nt fam*; **to do a ~** ein Ding drehen *fam* ❺ *no pl* (*duty*) Aufgabe *f*; **she's only doing her ~** sie tut nur ihre Pflicht; **it's not my ~ to tell you how to run your life, but ...** es geht mich zwar nichts an, wie du dein Leben regelst, aber... ❻ *no pl* (*problem*) **it was quite a ~** das war gar nicht so einfach ❼ COMM (*order*) Auftrag *m* ▸ **~ for the boys** BRIT (*pej fam*) unter der Hand vergebene Arbeit; **to do the ~** den Zweck erfüllen **II.** *vt* <-bb-> ❶ AM (*fam: cheat*) ▪ **to ~ sb** jdn übers Ohr hauen ❷ STOCKEX **to ~ stocks** mit Aktien handeln **III.** *vi* <-bb-> ❶ (*do casual work*) jobben *fam* ❷ STOCKEX als Broker tätig sein

'**job ad·ver·tise·ment** *n* Stellenanzeige *f* '**job anal·y·sis** *n* Arbeitsplatzanalyse *f* '**job ap·pli·ca·tion** *n* Bewerbung *f*

job·ber ['dʒɒbəʳ] *n* ❶ BRIT (*hist: in stocks*) Jobber *m*, Wertpapiergroßhändler(in) *m(f)* (*an Londoner Börse*) ❷ AM (*wholesaler*) Großhändler(in) *m(f)*

'**job·cen·tre** *n* BRIT ≈ Agentur *f* für Arbeit (*für Arbeitsvermittlung, Durchführung arbeitsmarktpolitischer Maßnahmen und Gewährung von Lohnersatzleistungen zuständig*) '**job coun·sel·lor** *n* Arbeitsberater(in) *m(f)* '**job cre·a·tion** *n no pl* Arbeitsbeschaffung *f* '**job cuts** *npl* Stellenabbau *m kein pl*, Arbeitsplatzabbau *m kein pl* '**job de·scrip·tion** *n* Stellenbeschreibung *f* '**job inter·view** *n* Bewerbungsgespräch *nt* **job·less** ['dʒɒbləs] **I.** *adj* arbeitslos **II.** *n esp* BRIT ▪ **the ~** *pl* die Arbeitslosen *pl*

job 'lot *n* [Waren]posten *m*; **I bought a ~ of children's books which were being sold off cheaply** ich habe eine ganze Sammlung Kinderbücher gekauft, die verramscht wurden

'**job mar·ket** *n* Arbeitsmarkt *m* '**job rat·ing** *n* Arbeitsbewertung *f* '**job-seek·er** *n* Arbeitsuchende(r) *f(m)* '**job ti·tle** *n* Berufsbezeichnung *f*

Jock [dʒɒk] *n* ❶ BRIT (*sl*) Schotte *m* ❷ SPORTS (*sl*) *see* **jockstrap**

jock·ey ['dʒɒki] **I.** *n* Jockey *m* **II.** *vi* ▪ **to ~ for sth** um etw *akk* konkurrieren **III.** *vt* ▪ **to ~ sb into doing sth** jdn dazu drängen, etw zu tun

'**jock·strap** *n* SPORTS Suspensorium *nt*

jo·cose [dʒə(ʊ)'kəʊs] *adj* (*form, liter*) scherzhaft; *manner* witzig

jocu·lar ['dʒɒkjələʳ] *adj* (*form*) lustig; *comment* witzig; *person* heiter; **in a ~ fashion** im Spaß; **to be in a ~ mood** zu Scherzen aufgelegt sein

joc·und ['dʒɒkənd] *adj* (*liter*) fröhlich

jodh·purs ['dʒɒdpəz] *npl* Reithose *f*; **a pair of ~** eine Reithose

Joe Bloggs [ˌdʒəʊ'blɒgz] *n no art, no pl* BRIT (*fam*) Otto Normalverbraucher *m*

jog [dʒɒg] **I.** *n* ❶ *no pl* (*run*) Dauerlauf *m*; **to go for a ~** joggen gehen *fam* ❷ *usu sing* (*push, knock*) Stoß *m* **II.** *vi* <-gg-> joggen **III.** *vt* <-gg-> [an]stoßen ▸ **to ~ sb's memory** jds Gedächtnis *nt* nachhelfen ◆ **jog along** *vi* ❶ (*fam: advance slowly*) *person* dahintrotten; *vehicle* dahinzuckeln ❷ (*continue in a routine manner*) [so] dahinwursteln

jog·ger ['dʒɒgəʳ] *n* Jogger(in) *m(f)* '**jog·ging** ['dʒɒgɪŋ] *n no pl* Joggen *nt*; **to go** [out] ~ joggen gehen

jog·gle ['dʒɒgl] **I.** *vt* (*move jerkily*) [leicht] rütteln; **to ~ a baby about** ein Baby hin und her wiegen **II.** *n* [leichtes] Schütteln

john [dʒɑːn] *n* ❶ AM, AUS (*fam: toilet*) Klo *nt* ❷ AM (*sl: prostitute's client*) Freier *m fam*

John Bull [ˌdʒɒn'bʊl] *n no art, no pl* BRIT (*dated fam*) John Bull *m* (*Figur, die den typischen Engländer oder England repräsentiert*)

john·nie, **john·ny** ['dʒɒni] *n* BRIT (*sl*) [*rubber*] ~ Pariser *m*

join [dʒɔɪn] **I.** *vt* ❶ (*connect*) ▪ **to ~ sth** [**to sth**] etw [mit etw *dat*] verbinden; *battery* etw [an etw *dat*] anschließen; (*add*) etw [an etw *akk*] anfügen; ▪ **to ~ sth together** etw zusammenfügen ❷ (*offer company*) ▪ **to ~ sb** sich zu jdm gesellen; **would you like to ~ us for supper?** möchtest du mit uns zu Abend essen?; **do you mind if I ~ you?** darf ich mich zu Ihnen setzen?; **her husband ~ed her in Rome a week later** eine Woche später kam ihr Mann nach Rom nach ❸ (*enrol*) beitreten; *club, party* Mitglied werden; **to ~ the army** Soldat werden ❹ (*participate*) ▪ **to ~ sth** bei etw *dat* mitmachen; **let's ~ the dancing** lass uns mittanzen; **to ~ the queue** [*or* AM **line**] sich in die Schlange stellen ❺ (*support*) ▪ **to ~ sb in** [**doing**] **sth** jdm bei etw *dat* zur Seite stehen; **I'm sure everyone will ~ me in wishing you a very happy birthday** es schließen sich sicher alle meinen Glückwünschen zu Ihrem Geburtstag an ❻ (*cooperate*) **to ~ forces with sb** sich mit jdm zusammentun ❼ (*board*) **to ~ a plane/train** in ein Flugzeug/einen Zug zusteigen **II.** *vi* ❶ (*connect*) ▪ **to ~** [**with sth**] sich [mit etw *dat*] verbinden ❷ (*cooperate*) ▪ **to ~ with sb in doing sth** sich mit jdm *dat* zusammenschließen, um etw zu tun

join in–jostle

❸ *(enrol)* beitreten, Mitglied werden **III.** *n* ❶ *(seam)* Verbindung[sstelle] *f* ❷ MATH *(set theory)* Vereinigungsmenge *f fachspr* ❸ COMPUT Join-Anweisung *f fachspr* ◆ **join in** *vi* teilnehmen; *(in game)* mitspielen; *(in song)* mitsingen; ■ **to ~ in sth** bei etw *dat* mitmachen ◆ **join up I.** *vi* BRIT, AUS MIL zum Militär gehen ❷ *(connect)* sich verbinden; *cells* miteinander verschmelzen; *streets* aufeinandertreffen ❸ *(meet)* **let's ~ up later for a drink** lasst uns später zusammen noch einen trinken gehen; ■ **to ~ up with sb** sich mit jdm zusammentun ❹ *(cooperate)* ■ **to ~ up with sb/sth** sich mit jdm/etw zusammenschließen **II.** *vt* ■ **to ~ up ○ sth** etw [miteinander] verbinden; *parts* etw zusammenfügen

join·er ['dʒɔɪnəʳ] *n* ❶ *(skilled worker)* Tischler(in) *m(f)* ❷ *(fam: activity-oriented person)* geselliger Typ

join·ery ['dʒɔɪnəri] *n no pl (product)* Tischlerarbeit *f*; *(craft)* Tischlerhandwerk *nt*

joint [dʒɔɪnt] **I.** *adj* gemeinsam; **~ undertaking** Gemeinschaftsunternehmen *nt*; **~ winners** SPORTS zwei Sieger/Siegerinnen; **to come ~ second** mit jdm zusammen den zweiten Platz belegen **II.** *n* ❶ *(connection)* Verbindungsstelle *f* ❷ ANAT Gelenk *nt*; **to put sth out of ~** etw ausrenken; *(fig)* etw außer Betrieb setzen ❸ *(meat)* Braten *m*; **~ of beef/lamb** Rinder-/Lammbraten *m* ❹ *(fam: cheap bar, restaurant)* Laden *m* ❺ *(cannabis cigarette)* Joint *m sl* ◆ **to be out of ~** aus den Fugen sein

joint ac·'count *n* Gemeinschaftskonto *nt*
joint com·'mit·tee *n* gemischter Ausschuss
joint 'debt·or *n* Mitschuldner(in) *m(f)*
joint·ed ['dʒɔɪntɪd] *adj* ❶ *(having joints)* gegliedert; **double ~** extrem gelenkig ❷ *(united)* verbunden
joint 'ef·forts *npl* gemeinsame Anstrengungen
joint·ly ['dʒɔɪntli] *adv* gemeinsam
joint 'own·er *n* Miteigentümer(in) *m(f)*; *of a company* Mitinhaber(in) *m(f)* **joint 'prop·er·ty** *n* gemeinschaftliches Eigentum **joint 'stock** *n no pl* Aktienkapital *nt* **joint-stock 'com·pa·ny** *n* BRIT Aktiengesellschaft *f*
joint 'ven·ture *n* Joint Venture *nt*

joist [dʒɔɪst] *n* [Quer]balken *m*

joke [dʒəʊk] **I.** *n* ❶ *(action)* Spaß *m*; *(trick)* Streich *m*; *(amusing story)* Witz *m*; **dirty ~** Zote *f*; **to crack/tell ~s** Witze reißen *fam*/ erzählen; **to get a ~** einen Witz kapieren; **to get beyond a ~** nicht mehr witzig sein; **to make a ~ of sth** *(ridicule)* etw ins Lächerliche ziehen; *(laugh off)* **they made a ~ of it, but it was obvious they were offended** sie lachten darüber, aber es war offensichtlich, dass sie beleidigt waren; **to not be able to take a ~** keinen Spaß vertragen; **the ~ was on me** der Spaß ging auf meine Kosten ❷ *(fam: sth very easy)* Kinderspiel *nt* ❸ *(fam: ridiculous thing or person)* Witz *m* **II.** *vi* scherzen; ■ **to be joking** Spaß machen; **you must be joking!** das meinst du doch nicht im Ernst!; ■ **to ~ about sth** sich über etw *akk* lustig machen

jok·er ['dʒəʊkəʳ] *n* ❶ *(one who jokes)* Spaßvogel *m* ❷ *(fam: annoying person)* Typ *m* ❸ CARDS Joker *m*

jok·ing ['dʒəʊkɪŋ] **I.** *adj* scherzhaft **II.** *n no pl* Scherzen *nt*; **~ apart** Spaß beiseite; **~ apart, what do you really think of your new job?** jetzt mal ganz im Ernst, was hältst du wirklich von deinem neuen Job?

jok·ing·ly ['dʒəʊkɪŋli] *adv* im Scherz

jol·li·fi·ca·tion [ˌdʒɒlɪfɪ'keɪʃᵊn] *n (fam) no pl (merrymaking)* Festlichkeit *f*; *(boozy party)* feuchtfröhliches Fest

jol·lity ['dʒɒləti] *n no pl* Fröhlichkeit *f*

jol·ly ['dʒɒli] **I.** *adj* ❶ *(happy)* lustig, vergnügt ❷ *(enjoyable or cheerful)* lustig; *evening* nett; *room* freundlich **II.** *adv* BRIT *(fam)* sehr; **just tell her to ~ well hurry up** sag ihr, sie soll sich endlich mal beeilen; **I ~ well hope so!** das will ich doch hoffen! **III.** *vt* ■ **to ~ sb along** ❶ *(humour)* jdn bei Laune halten *fam* ❷ *(encourage)* jdn ermutigen

jolt [dʒəʊlt] **I.** *n* ❶ *(sudden jerk)* Stoß *m*, Ruck *m* ❷ *(shock)* Schlag *m*; **his self-confidence took a sudden ~** sein Selbstvertrauen wurde plötzlich erschüttert; **to wake up with a ~** aus dem Schlaf hochschrecken **II.** *vt* ❶ *(jerk)* durchrütteln; **the train stopped unexpectedly and we were ~ed forwards** der Zug hielt unerwartet und wir wurden nach vorne geschleudert; **I was ~ed awake by a sudden pain** ich wurde von einem plötzlichen Schmerz aus dem Schlaf gerissen ❷ *(fig: shake) relationship* erschüttern; *conscience* wachrütteln ❸ *(fig: shock)* **to ~ sb into action** jdn zum Handeln veranlassen; **to ~ sb out of his/her lethargy** jdn aus seiner/ihrer Lethargie reißen **III.** *vi vehicle* rumpeln

Jor·dan ['dʒɔːdᵊn] *n* ❶ *(country)* Jordanien *nt* ❷ *(river)* **the ~** der Jordan

Jor·da·nian [dʒɔː'deɪnɪən] **I.** *adj* jordanisch **II.** *n* Jordanier(in) *m(f)*

josh [dʒɒʃ] *(fam)* **I.** *vt* ■ **to ~ sb [about sth]** jdn [wegen einer S. *gen*] aufziehen **II.** *vi* Spaß machen, scherzen

joss stick ['dʒɒs-] *n* Räucherstäbchen *nt*

jos·tle ['dʒɒsl] **I.** *vt* anrempeln; FBALL rempeln **II.** *vi* ❶ *(push)* [sich *akk*] drängeln *fam* ❷ *(compete)* ■ **to ~ for sth** *business, influence* um etw *akk* konkurrieren

jot [dʒɒt] **I.** n no pl ▸ **not a ~ of good** keinerlei Nutzen; **not a ~ of truth** nicht ein Körnchen Wahrheit; **to not give a ~ about sb/sth** sich nicht den Teufel um jdn/etw scheren *fam* **II.** vt <-tt-> notieren

jot·ter ['dʒɒtəʳ] n BRIT, AUS, **jot·ter pad** n BRIT, AUS Notizblock m

jot·tings ['dʒɒtɪŋz] npl Notizen pl

joule [dʒu:l] n Joule nt

jour·nal ['dʒɜ:nᵊl] n ❶ (*periodical*) Zeitschrift f; (*newspaper*) Zeitung f ❷ (*diary*) Tagebuch nt; **to keep a ~** Tagebuch führen

jour·nal·ism ['dʒɜ:nᵊlɪzᵊm] n no pl Journalismus m **jour·nal·ist** ['dʒɜ:nᵊlɪst] n Journalist(in) m(f) **jour·nal·is·tic** [ˌdʒɜ:nᵊl'ɪstɪk] adj journalistisch

jour·ney ['dʒɜ:ni] **I.** n Reise f; car/train ~ Auto-/Zugfahrt f; **a two-hour train ~** eine zweistündige Zugfahrt **II.** vi (*esp liter*) reisen

'jour·ney·man n ❶ (*experienced workman*) Fachmann m ❷ (*qualified workman*) Geselle m ❸ SPORTS **~ tennis player** routinierter Tennisspieler

joust [dʒaʊst] **I.** vi ❶ (*engage in a joust*) einen Turnierzweikampf austragen ❷ (*compete*) ▪ **to ~ for sth** um etw akk streiten **II.** n Turnierzweikampf m

jo·vial ['dʒəʊviəl] adj ❶ (*friendly*) person freundlich; welcome herzlich ❷ (*joyous*) mood heiter; chat, evening nett

jo·vi·al·ity [ˌdʒəʊvi'æləti] n no pl ❶ (*friendliness*) Freundlichkeit f ❷ (*joyousness*) Fröhlichkeit f

jowl [dʒaʊl] n ❶ (*jaw*) Unterkiefer m ❷ usu pl (*hanging flesh*) Kinnbacke f

joy [dʒɔɪ] n ❶ (*gladness*) Freude f, Vergnügen nt; **her singing is a ~ to listen to** ihrem Gesang zuzuhören ist ein Genuss; **one of the ~s of the job** einer der erfreulichen Aspekte dieses Berufs; **to jump for ~** einen Freudensprung machen; **to weep with ~** vor Freude weinen ❷ (*liter: expression of gladness*) Fröhlichkeit f ❸ no pl BRIT (*fam: success*) Erfolg m

joy·ful ['dʒɔɪfᵊl] adj face, person fröhlich; event, news freudig **joy·less** ['dʒɔɪləs] adj childhood, time freudlos; expression, occasion, news traurig; marriage unglücklich **joy·ous** ['dʒɔɪəs] adj (*liter*) event, news freudig; person, voice fröhlich

'joy·ride n [waghalsige] Spritztour (*in einem gestohlenen Auto*)

'joy·stick n AVIAT Steuerknüppel m; COMPUT Joystick m

JP n abbrev of **Justice of the Peace**

Jr adj after n esp AM short for **junior** jun.

ju·bi·lant ['dʒu:bɪlənt] adj glücklich; crowd jubelnd attr; expression, voice triumphierend attr; face freudestrahlend attr

ju·bi·la·tion [ˌdʒu:bɪ'leɪʃᵊn] n no pl Jubel m

ju·bi·lee ['dʒu:bɪli:] n Jubiläum nt

Ju·da·ism ['dʒu:deɪɪzᵊm] n no pl Judaismus m, Judentum nt

jud·der ['dʒʌdəʳ] BRIT, AUS **I.** vi ruckeln **II.** n no pl Ruckeln nt

judge [dʒʌdʒ] **I.** n ❶ LAW Richter(in) m(f) ❷ (*at a competition*) Preisrichter(in) m(f); SPORTS (*in boxing, gymnastics, wrestling*) Punktrichter(in) m(f); (*in athletics, swimming*) Kampfrichter(in) m(f) ❸ (*expert*) *of literature, music, wine* Kenner(in) m(f); **to be a good/bad ~ of character** ein guter/schlechter Menschenkenner sein **II.** vi ❶ (*decide*) urteilen; **judging by his comments, he seems to have been misinformed** seinen Äußerungen nach zu urteilen, ist er falsch informiert worden ❷ (*estimate*) schätzen **III.** vt ❶ (*decide*) beurteilen ❷ (*estimate*) schätzen ❸ (*pick a winner*) ▪ **to ~ sth** bei etw dat Kampfrichter sein ❹ (*rank*) einstufen ▸ **you can't ~ a book by its cover** (*saying*) man kann eine Sache nicht nach dem äußeren Anschein beurteilen

judg(e)·ment ['dʒʌdʒmənt] n ❶ LAW Urteil nt; **to pass ~ [on sb]** (*also fig*) ein Urteil [über jdn] fällen ❷ (*opinion*) Urteil nt; **error of ~** Fehleinschätzung f; **against one's better ~** wider besseres Wissen ❸ (*discernment*) Urteilsvermögen nt

judg(e)·men·tal [ˌdʒʌdʒ'mentᵊl] adj (*pej* [vorschnell] wertend attr; ▪ **to be ~ about sb** ein [vorschnelles] Urteil über jdn fällen

ju·di·ca·ture ['dʒu:dɪkətʃəʳ] n no pl ❶ LAW (*system*) Justiz f ❷ + sing/pl vb (*the judges*) ▪ **the ~** die Richterschaft

ju·di·cial [dʒu:'dɪʃᵊl] adj gerichtlich; **~ authorities/murder/reform** Justizbehörden pl/-mord m/-reform f; **~ review** gerichtliche Überprüfung (*der Vorinstanzentscheidung*); AM Normenkontrolle f (*Prüfung der Gesetze auf ihre Verfassungsmäßigkeit*)

ju·di·ci·ary [dʒu:'dɪʃri] n + sing/pl vb ▪ **the ~** (*people*) der Richterstand; (*system*) das Gerichtswesen

ju·di·cious [dʒu:'dɪʃəs] adj choice, person klug; decision wohl überlegt

judo ['dʒu:dəʊ] n no pl Judo nt

jug [dʒʌg] **I.** n Kanne f, Krug m **II.** vt <-gg-> FOOD schmoren; **~ged hare** Hasenpfeffer m

jug·ger·naut ['dʒʌgənɔ:t] n ❶ (*heavy lorry*) Schwerlastwagen m; NAUT Großkampfschiff nt ❷ (*pej: overwhelming force*) verheerende Gewalt ❸ (*overpowering institution*) Gigant m

jug·gle ['dʒʌgl] **I.** vt ▪ **to ~ sth** ❶ (*toss and catch*) mit etw dat jonglieren; (*fig*) **it is**

quite hard to ~ children and a career es ist ziemlich schwierig, Familie und Beruf unter einen Hut zu bringen ❷ *(fig, pej: manipulate)* etw manipulieren **II.** *vi* ❶ *(fig, pej: manipulate)* ■ **to ~ with sth** *facts, information* etw manipulieren ❷ *(pej: fumble)* ■ **to ~ with sth** mit etw *dat* herumspielen

jug·gler ['dʒʌglə^r] *n* Jongleur(in) *m(f)*

jugu·lar ['dʒʌgjələ^r] *n*, **jugu·lar 'vein** *n* Drosselvene *f fachspr* ▶ **to go for the ~** *(fig)* an die Gurgel springen *fam*

juice [dʒuːs] *n* ❶ *no pl (of fruit, vegetable)* Saft *m*; **lemon ~** Zitronensaft *m* ❷ *pl (liquid in meat)* [Braten]saft *m* kein *pl* ❸ AM *(sl: influence, power)* Macht *f*; **to have [all] the ~** das [absolute] Sagen haben *fam* ❹ *(fig: energy)* **to get the creative ~s flowing** schöpferisch tätig werden ❺ *(sl: electricity)* Saft *m*; *(petrol)* Sprit *m fam*

juiced-'up *adj attr* aufgepeppt *fam*

juicy ['dʒuːsi] *adj* ❶ *(succulent)* saftig ❷ *(fam: bountiful)* saftig; *profit* fett ❸ *(fam: interesting)* interessant; *role, task* reizvoll ❹ *(fam: suggestive) joke, story* schlüpfrig; *details, scandal* pikant

ju-jit·su [dʒuːˈdʒɪtsuː] *n no pl* Jiu-Jitsu *nt*

juke·box ['dʒuːkbɒks] *n* Jukebox *f*

ju·lep ['dʒuːlɪp] *n* Julep *m o nt (alkoholisches Eisgetränk, oft mit Pfefferminze)*

July [dʒuˈlaɪ] *n* Juli *m; see also* **February**

jum·ble ['dʒʌmbl] **I.** *n no pl* ❶ *(also fig: chaos)* Durcheinander *nt* a. *fig; of clothes, papers* Haufen *m* ❷ BRIT *(unwanted articles)* Ramsch *m fam* **II.** *vt* in Unordnung bringen; *figures* durcheinanderbringen

'jum·ble sale *n* BRIT Flohmarkt *m*; *(for charity)* Wohltätigkeitsbasar *m*

jum·bo ['dʒʌmbəʊ] **I.** *adj attr* Riesen- **II.** *n (fam)* Koloss *m*; AVIAT Jumbo *m*

jump [dʒʌmp] **I.** *n* ❶ *(leap)* Sprung *m*, Satz *m*; SPORTS Hoch-/Weit-/Dreisprung *m*; **parachute ~** Fallschirmabsprung *m* ❷ *(fig: rise)* Sprung *m*; *of prices, temperatures, value* [sprunghafter] Anstieg; *of profits* [sprunghafte] Steigerung; **to take a sudden ~** *prices, temperatures, value* sprunghaft ansteigen; ❸ *(step)* Schritt *m*; *(head start)* Vorsprung *m*; **to get/have the ~ on sb** AM *(fam)* sich *dat* einen Vorsprung vor jdm verschaffen/jdm gegenüber im Vorteil sein ❹ *(shock)* [nervöse] Zuckung; **to wake up with a ~** aus dem Schlaf hochfahren ❺ *(hurdle)* Hindernis *nt* **II.** *vi* ❶ *(leap)* springen; **to ~ to sb's defence** *(fig)* jdm zur Seite springen; **to ~ to one's feet** aufspringen; **to ~ up and down** herumspringen *fam*; ■ **to ~ in[to] sth** *car, water* in etw *akk* [hinein]springen ❷ *(rise)* sprunghaft ansteigen, in die Höhe schnellen ❸ *(fig: change)* springen ❹ *(be startled)* einen Satz machen; **to make sb ~** jdn erschrecken ❺ BRIT, AUS *(fig fam)* ■ **to ~ on sb** *(criticize)* jdn [aus nichtigem Anlass] abkanzeln ▶ **to ~ to conclusions** voreilige Schlüsse ziehen; **to ~ for joy** einen Freudensprung machen; *heart* vor Freude hüpfen; **to ~ out of one's skin** zu Tode erschrecken **III.** *vt* ❶ *(leap over)* überspringen ❷ *(skip) line, page, stage* überspringen ❸ *esp* AM *(fam: attack)* überfallen ❹ *(disregard)* missachten; **to ~ bail** *(fam)* die Kaution sausen lassen [und sich verdrücken]; **to ~ the [traffic] lights** *(fam)* eine Ampel überfahren; **to ~ a/the queue** BRIT, AUS sich vordrängeln; *(fig)* aus der Reihe tanzen ▶ **to ~ the gun** überstürzt handeln; SPORTS einen Frühstart verursachen; **to ~ ship** das sinkende Schiff verlassen ◆ **jump at** *vi (attack)* ■ **to ~ at sb** auf jdn losgehen ❷ *(accept eagerly)* ■ **to ~ at sth** *idea, suggestion* sofort auf etw *akk* anspringen *fam*; *offer* sich auf etw *akk* stürzen; **to ~ at the chance of doing sth** die Gelegenheit beim Schopfe packen, etw zu tun ◆ **jump in** *vi* ❶ *(leap in)* hinein-/hereinspringen (in + *akk*); *(into vehicle)* einsteigen (in + *akk*) ❷ *(interrupt)* dazwischenreden ◆ **jump out** *vi* ❶ *(leave)* hinaus-/herausspringen ■ **to ~ out of sth** *bed, car, window* aus etw *dat* springen ❷ *(fig: stand out)* ■ **to ~ out at sb** jdm sofort auffallen ◆ **jump up** *vi* aufspringen

jumped-up [ˌdʒʌm(p)t'ʌp] *adj* BRIT *(pej fam)* aufgeblasen

jump·er [ˌdʒʌmpə^r] *n* ❶ *(person)* Springer(in) *m(f)*; *(horse)* Springpferd *nt* ❷ BRIT, AUS *(pullover)* Pullover *m* ❸ AM, AUS *(pinafore)* Trägerkleid *nt*

jump·ing 'jack *n* ❶ *(firework)* Knallfrosch *m* ❷ *(toy figure)* Hampelmann *m*

'jump jet *n* Senkrechtstarter *m* **'jump leads** *npl* BRIT Starthilfekabel *nt* **'jump·suit** *n* Overall *m*

jumpy ['dʒʌmpi] *adj (fam)* ❶ *(nervous)* nervös ❷ *(easily frightened)* schreckhaft ❸ *(jerky) movement* ruckartig ❹ FIN *(unsteady) market* unsicher ❺ *(digressive) style* sprunghaft

junc·tion ['dʒʌŋkʃ^ən] *n (road)* Kreuzung *f*; *(motorway)* Autobahnkreuz *nt*

'junc·tion box *n* ELEC Verteilerkasten *m*

junc·ture ['dʒʌŋ(k)(t)ʃə^r] *n no pl (form)* [kritischer] Zeitpunkt; **at this ~** zum jetzigen Zeitpunkt

June [dʒuːn] *n* Juni *m; see also* **February**

jun·gle ['dʒʌŋgl] *n (also fig)* Dschungel *m*

jun·ior ['dʒuːniə^r] **I.** *adj* ❶ *(younger)* junior *nach n* ❷ *attr* SPORTS Junioren-, Jugend- ❸ *attr*

SCH ~ **college** AM Juniorencollege *nt* (*die beiden ersten Studienjahre umfassende Einrichtung*); ~ **school** BRIT Grundschule *f*; ~ **high school** BRIT AM Aufbauschule *f* (*umfasst in der Regel die Klassenstufen 7–9*) ❹ (*low rank*) untergeordnet; **I'm too ~ to apply for this job** ich habe eine zu niedrige Position inne, um mich für diese Stelle bewerben zu können **II.** *n* ❶ *no pl esp* AM (*son*) Sohn *m* ❷ (*younger*) Jüngere(r) *f(m)*; **he's two years my ~** er ist zwei Jahre jünger als ich ❸ (*lowranking person*) unterer Angestellte/untere Angestellte; **office ~** Bürogehilfe(in) *m(f)* ❹ BRIT SCH Grundschüler(in) *m(f)* ❺ BRIT SCH ■ **the ~s** *pl* die Grundschule *f kein pl* ❻ AM UNIV Student(in) *m(f)* im vorletzten Studienjahr

ju·ni·per ['dʒuːnɪpə'] *n* Wacholder *m*

junk[1] [dʒʌŋk] **I.** *n* ❶ *no pl* (*worthless stuff*) Ramsch *m*; (*fig, pej*) Mist *m*; (*literature*) Schund *m* ❷ (*sl: heroin*) Stoff *m* **II.** *vt* (*fam*) wegschmeißen

junk[2] [dʒʌŋk] *n* NAUT Dschunke *f*

junk 'food *n* Schnellgerichte *pl*; (*pej*) ungesundes Essen

junk·ie ['dʒʌŋki] *n* (*sl*) Fixer(in) *m(f)*; **fitness ~** (*hum*) Fitnessfreak *m* **junk 'mail** *n no pl* Wurfsendungen *pl*, Reklame *f*

'junk room *n* Rumpelkammer *f* **'junk shop** *n* Trödelladen *m* **'junk·yard** *n* Schrottplatz *m*

jun·ta ['dʒʌntə] *n* + *sing/pl vb* Junta *f*

Ju·pi·ter ['dʒuːpɪtə'] *n no art* Jupiter *m*

ju·rid·i·cal [dʒʊ(ə)'rɪdɪkəl] *adj* ❶ (*of law*) Rechts-, juristisch, juridisch ÖSTERR ❷ (*of court*) Gerichts-; ~ **power** richterliche Gewalt

ju·ris·dic·tion [ˌdʒʊərɪs'dɪkʃən] *n no pl* Gerichtsbarkeit *f*

ju·ris·pru·dence [ˌdʒʊərɪs'pruːd(ə)n(t)s] *n no pl* LAW Jurisprudenz *f*

ju·rist ['dʒʊərɪst] *n* Jurist(in) *m(f)*, Rechtswissenschaftler(in) *m(f)*

ju·ror ['dʒʊərə'] *n* Preisrichter(in) *m(f)*; LAW Geschworene *f(m)*

jury ['dʒʊəri] *n* + *sing/pl vb* ❶ LAW ■ **the ~** die Geschworenen *pl*; **member of the ~** Geschworene(r) *f(m)*; **to be on a ~** Geschworene(r) sein ❷ (*competition*) Jury *f*; SPORTS Kampfgericht *nt* ▸ **the ~ is still out** das letzte Wort ist noch nicht gesprochen

'jury·man *n* Geschworener *m*

just I. *adv* [dʒʌst, dʒəst] ❶ (*in a moment*) gleich; **we're ~ about to leave** wir wollen gleich los; **I was ~ going to phone you** ich wollte dich eben anrufen ❷ (*directly*) direkt, gleich; ~ **after getting up/finishing work** gleich nach dem Aufstehen/nach Arbeitsende ❸ (*recently*) gerade [eben], [so]eben ❹ (*now*) gerade; ■ **to be ~ doing sth** gerade dabei sein, etw zu tun ❺ (*exactly*) genau; **that's ~ what I was going to say** genau das wollte ich gerade sagen; **the twins look ~ like each other** die Zwillinge sehen sich zum Verwechseln ähnlich; ~ **as I thought!** das habe ich mir schon gedacht!; **that's ~ it!** das ist es ja gerade!; ~ **now** gerade; ~ **then** gerade in diesem Augenblick; ~ **as well** ebenso gut; ~ **as/when ...** gerade in dem Augenblick als ... ❻ (*only*) nur, bloß *fam*; (*simply*) einfach; **why don't you like him? – I – don't!** warum magst du ihn nicht? – nur so!; **she's ~ a baby/a few weeks old** sie ist noch ein Baby/erst ein paar Wochen alt; ~ **for fun** nur [so] zum Spaß; [**not**] ~ **anybody** [nicht] einfach irgendjemand ❼ (*barely*) gerade noch/mal; **the stone ~ missed me** der Stein hat mich nur knapp verfehlt; ~ **in time** gerade noch rechtzeitig ❽ (*absolutely*) einfach, wirklich ❾ **with impers** – **imagine!** stell dir das mal vor!; ~ **listen!** hör mal!; ~ **look at this!** schau dir das mal an!; ~ **shut up!** halt mal den Mund! ▸ **that's ~ my luck** so etwas kann wirklich nur mir passieren; ~ **a minute!** (*please wait*) einen Augenblick [bitte]!; (*as interruption*) Moment [mal]!; **it's ~ one of those things** (*saying*) so etwas passiert eben **II.** *adj* [dʒʌst] ❶ (*fair*) gerecht (**to** gegenüber) ❷ (*justified*) *punishment* gerecht; *anger* berechtigt; *suspicion, indignation* gerechtfertigt; **to have ~ cause to do sth** einen triftigen Grund haben, etw zu tun ▸ **to get one's ~ deserts** bekommen, was man verdient hat **III.** *n* [dʒʌst] ■ **the ~** die Gerechten *pl*

jus·tice ['dʒʌstɪs] *n* ❶ (*fairness*) Gerechtigkeit *f*; ~ **has been done** der Gerechtigkeit wurde Genüge getan; **to do him ~, he couldn't have foreseen this problem** gerechterweise muss man sagen, dass er dieses Problem unmöglich vorausgesehen haben kann; **you didn't do yourself ~ in the exams** du hättest in den Prüfungen mehr leisten können; **to do sth ~** etw *dat* gerecht werden ❷ (*administration of the law*) Justiz *f*; **a miscarriage of ~** ein Justizirrtum *m*; **to bring sb to ~** jdn vor Gericht bringen ❸ (*judge*) Richter(in) *m(f)*

Jus·tice of the 'Peace *n*, **JP** *n* Friedensrichter(in) *m(f)*

jus·ti·fi·able ['dʒʌstɪfaɪəbl] *adj* zu rechtfertigen *präd*, berechtigt

jus·ti·fi·ca·tion [ˌdʒʌstɪfɪ'keɪʃən] *n no pl* Rechtfertigung *f*

jus·ti·fy <-ie-> ['dʒʌstɪfaɪ] *vt* rechtfertigen; **that does not ~ him being late** das entschuldigt nicht, dass er zu spät gekommen ist; ▪ **to ~ oneself to sb** sich jdm gegenüber rechtfertigen

just·ly ['dʒʌstli] *adv* zu Recht; **to act ~** gerecht handeln

jut <-tt-> [dʒʌt] **I.** *vi* vorstehen **II.** *vt* vorschieben

jute [dʒu:t] *n no pl* Jute *f*

ju·venile ['dʒu:vªnaɪl] **I.** *adj* ① (*youth*) Jugend-, jugendlich ② (*pej: childish*) kindisch **II.** *n* Jugendliche(r) *f(m)*

jux·ta·pose [ˌdʒʌkstə'pəʊz] *vt* nebeneinanderstellen; *ideas* einander gegenüberstellen

jux·ta·po·si·tion [ˌdʒʌkstəpə'zɪʃªn] *n no pl* Nebeneinanderstellung *f*

K k

K <*pl* -'s *or* -s>, **k** <*pl* -'s> [keɪ] *n* K *nt*, k *nt*; *see also* **A** 1

K[1] <*pl* -> *n* ① *abbrev of* **kilobyte** KB ② *after n abbrev of* **Kelvin** K

K[2] <*pl* -> *n* ① BRIT, AUS (*fam*) 1000 Pfund; AM 1000 Dollar

ka·flooey [kə'flu:i] *adj pred* (*fam*) **to go ~** verrückt spielen

kale [keɪl] *n no pl* [Grün]kohl *m*

ka·lei·do·scope [kə'laɪdəskəʊp] *n* (*also fig*) Kaleidoskop *nt*

ka·mi·'ka·ze at·tack *n* Kamikazeangriff *m*

kan·ga·roo <*pl* -s *or* -> [ˌkæŋgə'ru:] *n* Känguru *nt*

kan·ga·roo 'court *n* selbst ernanntes Gericht **kan·ga·'roo pock·et** *n* Kängurutasche *f*

kao·lin ['keɪəlɪn] *n no pl* Kaolin *m o nt*

Kaposi's sar·co·ma [kəˌpəʊzɪsɑ:ˈkəʊmə] *n* MED Kaposi-Sarkom *nt*

ka·rao·ke [ˌkæri'əʊki] *n no pl* Karaoke *nt*

ka·ra·te [kə'rɑ:ti] *n no pl* Karate *nt*; **~ chop** Karateschlag *m*

kar·ma ['kɑ:mə] *n no pl* Karma *nt*

kay·ak ['kaɪæk] *n* Kajak *m o* selten *a. nt*

'kay·ak·ing *n no pl* Kajakfahren *nt*

KB *n abbrev of* **kilobyte** KB

KC [keɪ'si:] *n* BRIT *abbrev of* **King's Counsel**

ke·bab [kɪ'bæb] *n* Kebab *m*

keel [ki:l] **I.** *n* NAUT Kiel *m* ▸ **to be back on an even ~** *person* wieder obenauf sein; *matter* wieder im Lot sein **II.** *vi* ▪ **to ~ over** ① NAUT kentern ② (*fam: swoon*) umkippen

keel·haul ['ki:lhɔ:l] *vt* (*fam*) kielholen; (*fig*) zusammenstauchen

keen [ki:n] *adj* ① (*enthusiastic*) leidenschaftlich; *hunter* begeistert; ▪ **to be ~ on doing sth** etw leidenschaftlich gern tun; **they were ~ for their children to go to the best schools** sie wollten unbedingt, dass ihre Kinder die besten Schulen besuchen; ▪ **to be ~ on sb** auf jdn scharf sein *sl*; **to be ~ on football/horror movies/jazz** auf Fußball/Horrorfilme/Jazz versessen sein ② (*perceptive*) *mind* scharf; **~ eyesight** scharfe Augen; **~ sense of hearing** feines Gehör ③ (*extreme*) *pain* stark; *competition* scharf; *desire* heftig; *interest* lebhaft ④ (*sharp*) *blade* scharf; *wind* schneidend; *noise, voice* schrill

keep [ki:p] **I.** *n no pl* [Lebens]unterhalt *m* **II.** *vt* <kept, kept> ① (*hold onto*) behalten; *bills, receipts* aufheben; **to ~ one's sanity** sich geistig gesund halten ② (*have in particular place*) **he ~s a glass of water next to his bed** er hat immer ein Glas Wasser neben seinem Bett stehen ③ (*store*) *medicine, money* aufbewahren; **where do you ~ your cups?** wo sind die Tassen? ④ (*run*) *shop* führen ⑤ (*sell*) führen ⑥ (*detain*) aufhalten; **to ~ sb waiting** jdn warten lassen ⑦ (*prevent*) ▪ **to ~ sb from doing sth** jdn davon abhalten, etw zu tun ⑧ (*maintain*) **to ~ sb/sth under control** jdn/etw unter Kontrolle halten; **to ~ count of sth** etw mitzählen; **to ~ one's eyes fixed on sb/sth** den Blick auf jdn/etw geheftet halten; **to ~ sth in one's head** etw im Kopf behalten; **to ~ house** den Haushalt führen; **to ~ sb/sth in mind** jdn/etw im Gedächtnis behalten; **to ~ one's mouth shut** den Mund halten; **to ~ oneself to oneself** [die] Gesellschaft [anderer] meiden; **to ~ track of sb/sth** jdn/etw im Auge behalten; **~ track of how many people enter reception** merken Sie sich, wie viele Leute die Eingangshalle betreten; **to ~ sb awake** jdn wach halten; **to ~ sth closed/open** etw geschlossen/geöffnet lassen; **to ~ sb/sth warm** jdn/etw warm halten ⑨ (*own*) *animals* halten ⑩ (*guard*) *diary* führen; **to ~ goal** im Tor stehen; *watch* halten ⑪ (*not reveal*) ▪ **to ~ sth from sb** jdm etw *akk* vorenthalten; ▪ **to ~ sth to oneself** etw für sich *akk* behalten ⑫ (*stick to*) *appointment, treaty* einhalten; *law, Ten Commandments* befolgen; *oath, promise* halten; *tradition* wahren; **to ~ the faith** glaubensstark sein; **~ the faith!** AM nur Mut! ⑬ (*make records*) **to ~ a record of sth** über etw *akk* Buch führen; **to ~ score** SPORTS die Punkte anschreiben ⑭ (*provide for*) unterhalten; **to ~ sb in cigarettes/money** jdn mit Zigaretten/Geld versorgen ▸ **to ~ one's**

balance das Gleichgewicht halten; **to ~ an eye out for sth** nach etw *dat* Ausschau halten; **to ~ one's hand in sth** bei etw *dat* die Hand [weiterhin] im Spiel haben; **to ~ a secret** ein Geheimnis hüten; **to ~ time** *watch* richtig gehen; MUS Takt halten **III.** *vi* <kept, kept> ❶ (*stay fresh*) *food* sich halten ❷ (*wait*) Zeit haben; **your questions can ~ until later** deine Fragen können noch warten ❸ (*stay*) bleiben; **she's ill and has to ~ to her bed** sie ist krank und muss das Bett hüten; **to ~ in line** sich an die Ordnung halten; **to ~ in step with sb** mit jdm Schritt halten; **to ~ [to the] left/right** sich [mehr] links/rechts halten; **to ~ quiet** still sein ❹ (*continue*) **don't stop, ~ walking** bleib nicht stehen, geh weiter; **he ~s trying to distract me** er versucht ständig, mich abzulenken; **don't ~ asking silly questions** stell nicht immer so dumme Fragen; ■ **to ~ at sth** mit etw *dat* weitermachen ❺ (*stop oneself*) ■ **to ~ from doing sth** etw unterlassen; **how will I ever ~ from smoking?** wie kann ich jemals mit dem Rauchen aufhören? ❻ (*adhere to*) ■ **to ~ to sth** an etw *dat* festhalten; (*not digress*) bei etw *dat* bleiben; **to ~ to an agreement/a promise** sich an eine Vereinbarung/ein Versprechen halten; **to ~ to a schedule** einen Zeitplan einhalten ▶ **how are you ~ing?** BRIT wie geht's dir so? ◆ **keep away I.** *vi* ■ **to ~ away [from sb/sth]** sich [von jdm/etw] fernhalten; **I just can't seem to ~ away from chocolate** (*hum*) irgendwie kann ich Schokolade einfach nicht widerstehen **II.** *vt* ■ **to ~ sb/sth away** jdn/etw fernhalten; **~ your medications away from your children** bewahren Sie Ihre Medikamente für Ihre Kinder unzugänglich auf ◆ **keep back I.** *vi* zurückbleiben; (*stay at distance*) Abstand halten **II.** *vt* ❶ (*restrain*) zurückhalten ❷ (*withhold*) *information* verschweigen; *payment* einbehalten ❸ (*prevent advance*) ■ **to ~ back** ○ **sb** jdn aufhalten; ■ **to ~ sb back from doing sth** jdn daran hindern, etw zu tun ◆ **keep down I.** *vi* unten bleiben, sich ducken **II.** *vt* ❶ (*suppress*) unterdrücken ❷ (*not vomit*) *food* bei sich *dat* behalten ◆ **keep in I.** *vt* ❶ (*detain*) dabehalten; (*a pupil*) nachsitzen lassen; (*at home*) nicht aus dem Haus [gehen] lassen ❷ (*not reveal*) **to ~ in one's anger/emotions/tears** seinen Zorn/seine Gefühle/seine Tränen zurückhalten **II.** *vi* ■ **to ~ in with sb** sich gut mit jdm stellen ◆ **keep off I.** *vi* wegbleiben; **'wet cement, ~ off!'** 'frischer Zement, nicht betreten!'; **this is my private stuff, so ~ off!** das sind meine Privatsachen, also Finger weg!; **to ~ off alcohol/cigarettes** das Trinken/Rauchen lassen; **to ~ off a subject** ein Thema vermeiden **II.** *vt* ❶ (*hold away*) ■ **to ~ sb/sth off sth** jdn/etw von etw *dat* fernhalten; **to ~ one's hands off sb/sth** die Hände von jdm/etw lassen; **to ~ one's mind off sth** sich von etw *dat* ablenken ❷ (*protect from*) ■ **to ~ off** ○ **sth** etw abhalten ◆ **keep on I.** *vi* ❶ (*continue*) ■ **to ~ on doing sth** etw weiter[hin] tun; **I ~ on thinking I've seen her somewhere** es will mir nicht aus dem Kopf, dass ich sie irgendwo schon einmal gesehen habe ❷ (*pester*) ■ **to ~ on at sb** jdm keine Ruhe lassen; **~ on at him about the lawn and he'll eventually mow it** sprich ihn immer wieder auf den Rasen an, dann wird er ihn am Ende schon mähen **II.** *vt* ■ **to ~ on** ○ **sth** *clothes* etw anbehalten ◆ **keep out** *vi* draußen bleiben; **'Keep Out'** 'Zutritt verboten'; **to ~ out of sth** nicht betreten; (*fig*) sich aus etw *dat* heraushalten; **to ~ out of trouble** Ärger vermeiden ◆ **keep together I.** *vi* ❶ (*stay in a group*) zusammenbleiben; (*remain loyal*) zusammenhalten ❷ MUS Takt halten **II.** *vt* zusammenhalten ◆ **keep up I.** *vt* ❶ (*hold up*) hoch halten; **these poles ~ the tent up** diese Stangen halten das Zelt aufrecht ❷ (*hold awake*) wach halten ❸ (*continue doing*) fortführen; *conversation* in Gang halten; **~ it up!** [nur] weiter so!; **I was keen to ~ up my French** ich wollte unbedingt mit meinem Französisch in Übung bleiben; **to ~ up appearances** den Schein wahren; **to ~ one's spirits up** den Mut nicht sinken lassen; **to ~ one's strength up** sich bei Kräften halten **II.** *vi* ❶ (*continue*) *noise, rain* andauern, anhalten ❷ (*not fall behind*) ■ **to ~ up with sb/sth** mit jdm/etw mithalten ❸ (*stay in touch*) ■ **to ~ up with sb** mit jdm in Verbindung bleiben

keep·er ['kiːpə^r] *n* ❶ (*person in charge*) *of a shop* Inhaber(in) *m(f)*; *of a zoo* Wärter(in) *m(f)*; *of a museum* Kustos *m*; *of an estate, house* Verwalter(in) *m(f)*; *of a park* Wächter(in) *m(f)*; *of keys* Verwahrer(in) *m(f)* ❷ AM [geangelter] Fisch normaler Größe (*wird nicht wieder ins Wasser geworfen*) ❸ (*on earring*) Stecker *m*

keep·ing ['kiːpɪŋ] *n no pl* ❶ (*guarding*) Verwahrung *f*; (*care*) Obhut *f* ❷ (*maintenance*) **the ~ of the law** das Hüten des Gesetzes ❸ (*obeying*) Einhalten *nt*, Befolgen *nt*; **in ~ with an agreement** entsprechend einer Vereinbarung

keep·sake ['kiːpseɪk] *n* Andenken *nt*

keg [keɡ] *n* kleines Fass

keg·era·tor ['kɛɡəreɪtə^r], **'keg fridge** *n* Bierfasskühler *m*

kelp [kelp] *n no pl* Seetang *m*
Kel·vin <-s> ['kelvɪn] *n* PHYS Kelvin *nt*
ken [ken] *vt* <-nn-> SCOT, NBRIT kennen
ken·nel ['kenəl] *n (dog house)* Hundehütte *f;* *(dog boarding)* ■**-s** Hundepension *f*
Ken·ya ['kenjə] *n* Kenia *nt*
Ken·yan ['kenjən] **I.** *n* Kenianer(in) *m(f)* **II.** *adj* kenianisch
kept [kept] **I.** *vt, vi pt, pp of* **keep II.** *adj attr* ausgehalten; **he is a ~ man** er lässt sich aushalten; **~ woman** Mätresse *f*
kerb [kɜːb] *n* BRIT, AUS Randstein *m*
ker·chief ['kɜːtʃɪf] *n (for head* [Hals]tuch *nt,* [Kopf]tuch *nt; (handkerchief)* Taschentuch *nt*
ker·fuf·fle [kəˈfʌfl] *n no pl esp* BRIT *(sl)* Wirbel *m*
ker·nel ['kɜːnəl] *n (fruit centre)* Kern *m; (cereal centre)* Getreidekorn *nt*
kero·sene ['kerəsiːn] *n no pl esp* AM, AUS *(paraffin)* Petroleum *nt;* PHARM Paraffin *nt; (for jet engines)* Kerosin *nt*
kes·trel ['kestrəl] *n* Turmfalke *m*
ketch [ketʃ] *n* NAUT Ketsch *f*
ketch·up ['ketʃʌp] *n no pl* Ketschup *m o nt* Ketchup *m o nt*
ket·tle ['ketl] *n* [Wasser]kessel *m;* **to put the ~ on** Wasser aufsetzen ► **to be a different ~ of fish** etwas ganz anderes sein; **that's the pot calling the ~ black** ein Esel schimpft den anderen Langohr
ket·tle·ball ['ketlbɔːl] *n* SPORTS Kettlebell *m (aus einer Eisenkugel bestehendes Trainingsgerät);* **'ket·tle·drum** *n* [Kessel]pauke *f*
key[1] [kiː] *n* [Korallen]riff *nt*
key[2] [kiː] **I.** *n* ❶ *(also fig: for a lock)* Schlüssel *m* ❷ *(button)* of a computer, piano Taste *f;* of a flute Klappe *f;* **to hit a ~** eine Taste drücken ❸ *(to symbols)* Zeichenerklärung *f; (for solutions)* Lösungsschlüssel *m* ❹ MUS Tonart *f;* **change of ~** Tonartwechsel *m;* **in the ~ of C major** in C-Dur; **to sing in/off ~** richtig/falsch singen **II.** *adj (factor, figure, industry, role)* Schlüssel-; **~ contribution/ingredient** Hauptbeitrag *m/*-zutat *f;* **~ decision** wesentliche Entscheidung; **~ point** springender Punkt; **~ witness** Kronzeuge(in) *m(f)* ♦ **key in** *vt* **to ~ in text** Text eingeben ♦ **key up** *vt a person* jdn aufregen; **to be ~ed up for sth** auf etw akk eingestimmt sein; **to be all ~ed up** völlig überdreht sein
'key ac·count man·ag·er *n* Key Account Manager(in) *m(f)*
'key·board I. *n* ❶ *(of a computer)* Tastatur *f; (of a piano)* Klaviatur *f; (of an organ)* Manual *nt* ❷ *(musical instrument)* Keyboard *nt* **II.** *vt, vi* tippen
'key·board·ing *n no pl* Texteingabe *f*
'key·board 'in·stru·ment *n* Tasteninstrument *nt*
'key·hole *n* Schlüsselloch *nt* **'key mon·ey** *n no pl* Abstandsgeld *nt*
'key·note *n* Hauptthema *nt; of a speech* Grundgedanke *m;* AM Parteilinie *f*
'key·note ad·dress *n,* **'key·note speech** *n* programmatische Rede **'key·not·er** *n* Hauptredner(in) *m(f)* **'key·pad** *n* Tastenfeld *nt* **'key ring** *n* Schlüsselring *m* **'key·stone** *n* ❶ ARCHIT *(centre stone)* Schlussstein *m* ❷ *(fig: crucial part)* Grundpfeiler *m* **'key·stroke** *n* [Schreibmaschinen]anschlag *m* **'key·word** *n* ❶ *(cipher)* Schlüssel *m fig* ❷ *(important word)* Schlüsselwort *nt* ❸ *(for identifying)* Kennwort *nt*

kg *n abbrev of* **kilogram** kg
kha·ki ['kɑːki] **I.** *n* ❶ *no pl (cloth)* Khaki[stoff] *m* ❷ *(trousers)* ■**-s** Khakihose *f* **II.** *adj* ❶ *(of khaki material)* Khaki- ❷ *(colour)* khakifarben
kHz *n abbrev of* **kilohertz** kHz
KIA [kaɪaɪˈeɪ] *adj abbrev of* **killed in action** gef.
kib·butz [kɪˈbʊts] *n* Kibbuz *m*
kick [kɪk] **I.** *n* ❶ *(with foot)* [Fuß]tritt *m,* Stoß *m; (in sports)* Schuss *m; of a horse* Tritt *m;* **to give sb a ~** gegen etw akk treten; **a ~ in the teeth** *(fig)* ein Schlag *m* ins Gesicht ❷ *(exciting feeling)* Nervenkitzel *m;* **to do sth for ~s** etw wegen des Nervenkitzels tun; **he gets a ~ out of that** das macht ihm einen Riesenspaß; **to have a ~** eine berauschende Wirkung haben; **the cocktail doesn't have much ~** der Cocktail ist nicht sehr stark ❸ *(trendy interest)* Tick *m fam;* **he's on a religious ~** er ist [gerade] auf dem religiösen Trip *fam* ❹ *(gun jerk)* Rückstoß *m* **II.** *vt* ❶ *(hit with foot)* [mit dem Fuß] treten; **to ~ a ball** einen Ball schießen; **to ~ oneself** *(fig)* sich in den Hintern beißen *fam* ❷ *(put)* **to ~ sth into high gear** etw auf Hochtouren bringen; **to ~ sth up a notch** *(stereo)* etw ein wenig lauter stellen; *(ride)* etw ein wenig beschleunigen ❸ *(get rid of)* accent ablegen; *drinking, smoking, habit* aufgeben ► **to ~ sb's ass** AM *(fam!)* jdm eine Abreibung verpassen; **to ~ some ass** AM *(fam!)* Terror machen; **to ~ ass** AM *(fam!)* haushoch gewinnen; **to ~ the bucket** ins Gras beißen; **to be ~ing one's heels** BRIT ungeduldig warten; **to ~ sb when he/she is down** jdm den Rest geben **III.** *vi* ❶ *(with foot)* treten *(at* nach); *horse* ausschlagen; *(in a dance)* das Bein hochwerfen ❷ *esp* AM *(complain)* meckern *fam (about* über); **to ~ against sb** sich gegen jdn auflehnen ► **to be alive and ~ing** gesund und munter sein ♦ **kick about, kick around I.** *vi (fam)* [he]rumliegen **II.** *vt* ❶ *(with foot)* ■**to ~ sth around** etw [in der

Gegend] herumkicken *fam* ❷ (*consider*) **to ~ an idea around** (*fam*) eine Idee [ausführlich] bekakeln ❸ (*mistreat*) **to ~ sb around** jdn herumstoßen *fam* ◆ **kick away** *vt* wegstoßen ◆ **kick back I.** *vt* zurücktreten; *ball* zurückschießen; **to ~ back the blanket** sich aufdecken; **to ~ money back to sb** (*fam*) sich mit Geld bei jdm *dat* revanchieren **II.** *vi* ❶ AM (*fam: relax*) relaxen ❷ (*gun*) einen Rückstoß haben ◆ **kick in I.** *vt* (*with foot*) *door, window* eintreten **II.** *vi* ❶ (*start*) *drug, measure, method* wirken; *device, system* anspringen; *maturity* sich einstellen ❷ (*to contribute*) **to ~ in for sth** einen Beitrag zu etw *dat* leisten; **if we all ~ in we can buy a microwave** wenn wir alle zusammenlegen, dann wir können eine Mikrowelle kaufen ◆ **kick off I.** *vi* beginnen, anfangen; FBALL anstoßen **II.** *vt* (*start, launch*) beginnen; *discussion* eröffnen ◆ **kick out I.** *vt* (*throw out*) hinauswerfen **II.** *vi* ■ **to ~ out against sb/sth** sich mit Händen und Füßen gegen jdn/etw wehren ◆ **kick over** *vt* ■ **to ~ over ○ sb/sth** jdn/etw umrempeln *fam* ◆ **kick up** *vi* **to ~ up dust** (*also fig*) Staub aufwirbeln ▶ **to ~ up a fuss** einen Wirbel machen *fam*

'kick·back *n* ❶ (*money*) Schmiergeld *nt* ❷ (*reaction*) [heftige] Reaktion; **to feel the ~ from sth** die Auswirkungen einer S. *gen* spüren

kick·er ['kɪkə*r*] *n* ❶ SPORTS Fußballspieler(in) *m(f)* ❷ AM (*fig: rebel*) Querulant(in) *m(f)*
'kick·off *n* FBALL Anstoß *m* **'kick·start·er** *n* Kickstarter *m*

kid [kɪd] **I.** *n* ❶ (*child*) Kind *nt*; AM, AUS (*young person*) Jugendliche(r) *f*|*m*; (*male*) Bursche *m*; (*female*) Mädchen *nt*; **~ brother/sister** *esp* AM kleiner Bruder/kleine Schwester ❷ (*young goat*) Zicklein *nt* ❸ *no pl* (*goat leather*) Ziegenleder *nt* **II.** *vi* <-dd-> (*fam*) Spaß machen; **just ~ ding!** war nur Spaß!; **no ~ ding?** ohne Scherz? **III.** *vt* (*fam*) ■ **to ~ sb** jdn verulken; **you're ~ ding me!** das ist doch nicht dein Ernst!; ■ **to ~ oneself** sich *dat* etwas vormachen

kid·die ['kɪdi] **I.** *n* (*fam*) Kleine(r) *f*|*m* **II.** *adj attr bike, car, seat* Kinder-
'kid·friend·ly *adj programme, place, meal* für Kinder geeignet

kid·nap ['kɪdnæp] **I.** *vt* <-pp-> entführen **II.** *n no pl* Entführung *f*; LAW Menschenraub *m* **kid·nap·per** ['kɪdnæpə*r*] *n* Entführer(in) *m(f)* **kid·nap·ping** ['kɪdnæpɪŋ] *n* Entführung *f*; LAW Menschenraub *m*

kid·ney ['kɪdni] *n* ANAT, FOOD Niere *f*

kid·ney 'bean *n usu pl* (*any kind of edible bean*) Gartenbohne *f*; (*red bean*) Kidneybohne *f*

'kid·ney do·nor *n* Nierenspender(in) *m(f)*
'kid·ney fail·ure *n no pl* Nierenversagen *nt*
'kid·ney ma·chine *n* künstliche Niere
'kid·ney stone *n* Nierenstein *m*

kill [kɪl] **I.** *n no pl* ❶ (*act*) *of animal* a **fresh ~** eine frisch geschlagene Beute; **to make a ~** eine Beute schlagen ❷ HUNT (*prey*) [Jagd]beute *f*; **a fresh ~** ein frisch erlegte Beute ❸ MIL (*fam*) Zerstörung *f* ▶ **to go in for the ~** zum entscheidenden Schlag ausholen **II.** *vi* ❶ (*end life*) *criminal* töten; *disease* tödlich sein ❷ (*fig fam: hurt*) wehtun ▶ **to be dressed to ~** todschick angezogen sein *fam* **III.** *vt* ❶ (*end life*) umbringen *a. fig*; **to ~ sb by drowning/strangling** jdn ertränken/erwürgen; **to ~ sb with poison/a gun/a knife** jdn vergiften/erschießen/erstechen; **to ~ a fly** eine Fliege totschlagen; **to be ~ ed in an accident** bei einem Unfall ums Leben kommen; **to be ~ed in action** MIL [im Kampf] fallen ❷ (*destroy*) zerstören; **the frost ~ed the vegetables in my garden** der Frost hat das Gemüse in meinem Garten vernichtet; **to ~ the smell/sound/taste of sth** einer S. *dat* den Geruch/Klang/Geschmack [völlig] nehmen ❸ (*spoil*) *fun, joke* [gründlich] verderben; ■ **to ~ sth for sb** jdm den Spaß an etw *dat* [völlig] verderben; *surprise* kaputtmachen ❹ (*stop*) **to ~ a bill** eine Gesetzesvorlage zu Fall bringen; *engine, lights, TV* ausmachen; *pain* stillen; *plan, project* fallen lassen; *computer program* abbrechen ❺ (*fam: consume*) vernichten; *food* verputzen; *drink* leer machen; **to ~ a bottle of whisk(e)y** eine Flasche Whisk(e)y köpfen ❻ (*fam: amuse*) **that story ~s me** diese Geschichte find ich zum Totlachen; **to ~ oneself with laughter** sich totlachen ❼ (*fig fam: hurt*) ■ **to ~ sb** jdn umbringen; **my shoes/these stairs are ~ing me!** meine Schuhe/diese Treppen bringen mich noch mal um!; **it wouldn't ~ you to apologize** du könntest dich ruhig mal entschuldigen; **to ~ sb with kindness** jdn mit seiner Güte fast erdrücken ❽ (*fam: tire*) jdn völlig fertigmachen ❾ (*fig fam: overtax*) **to ~ oneself doing sth** sich mit etw *dat* umbringen; **they're not exactly ~ing themselves getting it finished in time** sie reißen sich dabei nicht gerade ein Bein raus, rechtzeitig fertig zu werden; **I'm going to finish it if it ~s me!** ich werde's zu Ende bringen, und wenn ich draufgehe! ❿ SPORTS **to ~ the ball** (*slam*) den Ball im Wahnsinnsball spielen *fam*; (*stop*) den Ball stoppen ▶ **to ~ time** (*spend time*) sich *dat* die Zeit vertreiben; (*waste time*) die Zeit totschlagen; **to ~ two birds with one stone**

kill off *vt* ① *(destroy) disease, species* ausrotten; *pests* vernichten ② *esp* AM *(fam: finish) bottle* leeren ③ *writer* **to ~ off** ↻ **a character** eine Romanfigur sterben lassen

kill·er ['kɪlə'] **I.** *n* ① *(person)* Mörder(in) *m(f)*; *(thing)* Todesursache *f* ② *(agent)* Vertilgungsmittel *nt;* **weed ~** Unkrautvertilgungsmittel *nt* ③ *(fam: difficult thing)* ■ **to be a ~** ein harter Brocken sein ④ *(good joke)* ■ **to be a ~** zum Totlachen sein *fam;* **the ~** AM *(funniest part)* der Hammer *fig fam* **II.** *adj* ① *attr (deadly) flu, virus* tödlich; *heat, hurricane, wave* mörderisch ② AM, AUS *(fam: excellent) car, job, party* Wahnsinns-; *product* Killer-

'kill·er whale *n* Schwertwal *m*

kill·ing ['kɪlɪŋ] **I.** *n* ① *(act)* Tötung *f;* *(case)* Mord[fall] *m* ② *(fig fam: lots of money)* ■ **to make a ~** einen Mordsgewinn machen **II.** *adj attr* ① *(causing death)* tödlich ② *(fig: difficult)* mörderisch *fam* ③ *(funny)* zum Totlachen

kill·joy ['kɪldʒɔɪ] *n* Spielverderber(in) *m(f)*

kiln [kɪln, kɪl] *n* (*for bricks*) [Brenn]ofen *m;* (*for food*) [Trocken]ofen *m*

kilo ['kiːləʊ] *n* Kilo *nt*

kilo·byte ['kɪləbaɪt] *n* Kilobyte *nt* **kilo·gram,** BRIT *also* **kilo·gramme** ['kɪlə(ʊ)græm] *n* Kilogramm *nt* **kilo·joule** ['kɪlə(ʊ)dʒuːl] *n* Kilojoule *nt* **kilo·me·tre** [kɪ'lɒmɪtə', 'kɪlə(ʊ)miːtə'] *n,* AM **kilo·me·ter** *n* Kilometer *m* **kilo·watt** ['kɪlə(ʊ)wɒt] *n* Kilowatt *nt* **kilo·watt 'hour** *n* Kilowattstunde *f*

kilt [kɪlt] *n* Kilt *m*

ki·mo·no [kɪ'məʊnəʊ] *n* Kimono *m*

kin [kɪn] *n* + *pl vb (form)* [Bluts]verwandte *pl;* **the next of ~** die nächsten Angehörigen

kind[1] [kaɪnd] *adj* ① *(generous, helpful)* nett; *(in a letter)* **with ~ regards** mit freundlichen Grüßen; ■ **to be ~ to sb** nett zu jdm sein; **he is ~ to animals** er ist gut zu Tieren ② *(gentle)* ■ **to be ~ to sb/sth** jdn/etw schonen; **this shampoo is ~ to your hair** dieses Shampoo pflegt dein Haar auf schonende Weise; **the years have been ~ to her** die Zeit hat es gut mit ihr gemeint

kind[2] [kaɪnd] **I.** *n* ① *(group)* Art *f;* **I don't usually like that ~ of film** normalerweise mag ich solche Filme nicht; **he's not that ~ of person** so einer ist der nicht *fam;* **this car was the first of its ~ in the world** dieses Auto war weltweit das erste seiner Art; **all ~s of animals/cars/people** alle möglichen Tiere/Autos/Menschen; **to stick with one's ~** unter sich *dat* bleiben; **to be one of a ~** einzigartig sein; **his/her ~** *(pej)* so jemand [wie er/sie] ② *(limited)* **I guess you could call this success of a ~ man** könnte das, glaube ich, als so etwas wie einen Erfolg bezeichnen ③ *no pl (similar)* **nothing of the ~** nichts dergleichen ④ *(character)* ■ **in ~** im Wesen; **they were brothers but quite different in ~** sie waren Brüder, aber in ihrem Wesen ganz verschieden; **Betty, Sally and Joan are three of a ~** Betty, Sally und Joan sind alle drei vom gleichen Schlag; ■ **to be true to ~** in typischer Weise reagieren **II.** *adv* ■ **~ of** irgendwie; **are you excited? — yeah, ~ of** bist du aufgeregt? – ja, irgendwie schon

kin·der·gar·ten ['kɪndəˌɡɑːt³n] *n* ① *esp* BRIT *(nursery school)* Kindergarten *m* ② *no pl esp* AM SCH Vorschule *f*

kind-'heart·ed *adj* gütig

kin·dle ['kɪndl] *vt* **to ~ a fire** ein Feuer anzünden; **to ~ sb's desire** *(fig)* jds Begierde *f* entfachen *geh;* **to ~ sb's imagination** jds Fantasie wecken

kin·dling ['kɪndlɪŋ] *n no pl* Anzündholz *nt*

kind·ly ['kaɪndli] **I.** *adj person* freundlich; *smile, voice* sanft; **she's a ~ soul** sie ist eine gute Seele **II.** *adv* ① *(in a kind manner)* freundlich; **to not take ~ to sb/sth** sich nicht mit jdm/etw anfreunden können ② *(please)* freundlicherweise; **you are ~ requested to leave the building** sie werden freundlich[st] gebeten, das Gebäude zu verlassen

kind·ness ['kaɪndnəs] *n* <*pl* -es> ① *no pl (attitude)* Freundlichkeit *f;* **an act of ~** eine Gefälligkeit; **to treat sb with ~** freundlich zu jdm sein; **to show sb ~** jdm Gutes tun; ■ **out of ~** aus Gefälligkeit ② *(act)* Gefälligkeit *f*

kin·dred ['kɪndrəd] *adj* ① *(related) people* [bluts]verwandt; *languages* verwandt ② *(similar)* ähnlich

ki·net·ic [kɪ'netɪk] *adj* kinetisch

kin·folk ['kɪnfoʊk] *n* + *pl vb* AM Verwandtschaft *f*

king [kɪŋ] *n* König *m;* **to be fit for a ~** höchsten Ansprüchen genügen *geh;* **to live like a ~** fürstlich leben

'king·cup *n* BRIT Sumpfdotterblume *f*

king·dom ['kɪŋdəm] *n* ① *(country)* Königreich *nt* ② *(area of control)* Reich *nt;* **the ~ of Heaven** das Reich Gottes ③ *(area of activity)* Welt *f* ④ *(domain)* **animal/plant ~** Tier-/Pflanzenreich *nt* ▶ **until ~ come** bis in alle Ewigkeit

'king·fish·er *n* Eisvogel *m*

king·ly ['kɪŋli] *adj* majestätisch

'king·pin *n* ① *(main bolt)* Achsschenkelbolzen *m* ② *(fig: important person)* Hauptperson *f;* **he was the ~ of the Democratic**

organization in Chicago er war der wichtigste Mann in der Organisation der Demokraten von Chicago

King's 'Bench n BRIT Kammer des Obersten Gerichtshofs

King's 'Coun·sel n BRIT Kronanwalt, -anwältin m, f

'**king-size(d)** adj extragroß

kink [kɪŋk] n ① (twist) in hair Welle f; in a pipe Knick m; in a rope Knoten m ② AM, AUS (sore muscle) [Muskel]krampf m ③ (problem) Haken m fam; **to iron out [a few] ~s** [ein paar] Mängel ausbügeln fam

kinky ['kɪŋki] adj ① (tightly curled) hair kraus ② (unusual) spleenig; **~ sex** Sex m der anderen Art

kins·folk ['kɪnzfəʊk] n + pl vb Verwandtschaft f

kin·ship ['kɪnʃɪp] n no pl ① (family) [Bluts]verwandtschaft f ② (connection) Verwandtschaft f fig; **to feel a ~ with sb** sich jdm verbunden fühlen

kins·man ['kɪnzmən] n Verwandte(r) m

kins·wom·an ['kɪnzwʊmən] n Verwandte f

ki·osk ['ki:ɒsk] n ① (stand) Kiosk m ② BRIT (phone booth) Telefonzelle f

kip [kɪp] BRIT, AUS I. n no pl (fam) Nickerchen nt; **to get some ~** sich mal eben aufs Ohr hauen II. vi <-pp-> (fam) ein Nickerchen machen

kip·per ['kɪpəʳ] n Bückling m

kirk [kɜːk] n SCOT Kirche f; **the K~** die [presbyterianische] schottische Staatskirche

kiss [kɪs] I. n <pl -es> ① (with lips) Kuss m; **French ~** Zungenkuss m; **love and ~es** (in a letter) alles Liebe; **to blow sb a ~** jdm eine Kusshand zuwerfen; **to give sb a ~** jdm einen Kuss geben ② (in billiards) leichte Berührung II. vi [sich] küssen; **to ~ and make up** sich mit einem Kuss versöhnen; **to ~ and tell** mit intimen Enthüllungen an die Öffentlichkeit gehen III. vt ① (with lips) küssen (on auf); **to ~ sb goodbye/goodnight** jdm einen Abschieds-/Gutenachtkuss geben; (fig) **they can ~ their chances of winning the cup goodbye** ihre Aussichten, den Cup zu gewinnen, können sie vergessen fam ② (in billiards) **to ~ the ball** die Kugel leicht berühren ▶ **to ~ sb's ass** esp AM (fam!) jdm in den Arsch kriechen derb; **~ my ass** AM [or BRIT arse]! (sl) du kannst mich mal!

kiss·er ['kɪsəʳ] n **to be a lousy ~** miserabel küssen '**kiss-off** n AM (fam) Laufpass m; **to give sb the ~** (lover) jdm den Laufpass geben; (employee) jdn feuern '**kiss-proof** adj kussecht

kit [kɪt] I. n ① (set) Ausrüstung f; (for a model) Bausatz m; **first-aid ~** Verbandskasten m; **tool ~** Werkzeugkasten m ② (outfit) Ausrüstung f ③ esp BRIT (uniform) Montur f; (sl: clothes) Klamotten pl; **to get one's ~ off** seine Klamotten ausziehen II. vt <-tt-> usu passive esp BRIT ▪ **to ~ out** ⟳ **sb** jdn ausrüsten

'**kit bag** n Kleidersack m

kitch·en ['kɪtʃɪn] I. n Küche f II. adj ① (of kitchen) Küchen- ② (basic) **~ Latin** Küchenlatein nt iron; **~ Spanish** rudimentäres Spanisch

kitch·en·ette [ˌkɪtʃɪ'net] n Kochnische f

'**kitch·en foil** n no pl Alufolie f **kitch·en 'gar·den** n Gemüsegarten m, Nutzgarten m **kitch·en 'pa·per** n no pl Küchenpapier nt **kitch·en 'sink** f ▶ **everything but the ~** aller nur mögliche Krempel fam **kitch·en 'tow·el** n ① no pl Küchentuch nt ② AM (tea towel) Geschirrtuch nt **kitch·en 'unit** n Küchenelement nt (einer Einbauküche)

kite [kaɪt] n Drachen m; **to fly a ~** einen Drachen steigen lassen ▶ **to be as high as a ~** (drunk) sternhagelvoll sein fam; (high) völlig zugedröhnt sein sl

'**Kite·mark** n BRIT [amtliches] Qualitätssiegel '**kite-surf·ing** n no pl SPORTS Kitesurfing n

kith [kɪθ] n ▪ **~ and kin** Kind und Kegel

kitsch [kɪtʃ] I. n no pl (pej) Kitsch m II. adj kitschig

kit·ten ['kɪtən] n Kätzchen nt

kit·ty ['kɪti] n ① (childspeak: kitten or cat) Miezekatze f ② (money) gemeinsame Kasse; (in games) [Spiel]kasse f

ki·wi ['ki:wi:] n ① (bird) Kiwi m ② (fruit) Kiwi f ③ (fig fam: New Zealander) Neuseeländer(in) m(f)

kJ abbrev of **kilojoule** kJ

KKK [ˌkeɪkeɪ'keɪ] n abbrev of **Ku Klux Klan**

klax·on® ['klæksən] n Hupe f

Kleen·ex® ['kli:neks] n Tempo[taschentuch]® nt

klep·to·ma·nia [ˌkleptə(ʊ)'meɪniə] n no pl Kleptomanie f

klep·to·ma·ni·ac [ˌkleptə(ʊ)'meɪniæk] n Kleptomane(in) m(f)

km abbrev of **kilometre** km

km/h abbrev of **kilometres per hour** km/h

knack [næk] n no pl ① (trick) Kniff m; **there's a ~ to getting this lock to open** es gibt einen Dreh, wie man dieses Schloss aufkriegt fam; **to get the ~ of sth** herausfinden, wie etw geht fam; **to have the ~ of it** den Bogen raushaben fam ② (talent) Geschick nt; **to have a ~ for sth** (also iron) ein Talent für etw akk haben

knack·ered ['nækəd] adj pred BRIT, AUS (fam) [fix und] fertig

knack·er's yard ['nækəʳz jɑːd] n Abdecke-

rei *f*
knap·sack ['næpsæk] *n* Rucksack *m*; MIL Tornister *m*
knead [ni:d] *vt clay, wax* formen; *dough* kneten; *muscles* [ordentlich] durchkneten
knee [ni:] I. *n* Knie *nt*; **on one's hands and ~s** auf allen vieren *fam;* **to get down on one's ~s** niederknien; **to put sb across one's ~** jdn übers Knie legen *fam;* **to put sb on one's ~** jdn auf den Schoß nehmen; **~ socks** Kniestrümpfe *pl* ▶ **to be/go weak at the ~s** weiche Knie haben/bekommen; **to bring sb to their ~** jdn in die Knie zwingen II. *vt* ■ **to ~ sb** jdm mit dem Knie stoßen
'**knee·cap** I. *n* ① ANAT Kniescheibe *f* ② (*covering*) Knieschützer *m* II. *vt* <-pp-> ■ **to ~ sb** jdm die Kniescheibe zerschießen
'**knee·cap·ping** *n* Zerschießen *nt* der Kniescheibe **knee-'deep** *adj* knietief; **the water was only ~** das Wasser reichte mir nur bis zum Knie; ■ **to be ~ in sth** (*fig*) knietief in etw *dat* stecken **knee-'high** I. *n* AM ■ ~**s** *pl* Kniestrümpfe *pl* II. *adj* kniehoch; **~ grass** kniehohes Gras ▶ **to be ~ to a grasshopper** (*hum fam*) ein Dreikäsehoch sein; **I've loved music ever since I was ~ to a grasshopper** Musik habe ich schon von klein auf geliebt '**knee-jerk** I. *n* Knie[sehnen]reflex *m* II. *adj* reaction automatisch; AM *person* geistlos
kneel <knelt *or esp* AM kneeled, knelt> [ni:l] *vi* knien; ■ **to ~ before sb** vor jdm niederknien
'**knees-up** *n* BRIT (*fam*) [ausgelassene] Party
knell [nel] *n* Totenglocke *f*
knelt [nelt] *pt of* kneel
knew [nju:] *pt of* know
knick·er·bock·er ['nɪkəˌbɒkəʳ] *n* ① (*short trousers*) ■ ~**s** *pl* Knickerbocker[s] *pl* ② AM (*knickers*) ■ ~**s** *pl* [Damen]schlüpfer *m* ③ (*hist: New Yorker*) Knickerbocker *m*
knick·ers ['nɪkəʳz] *npl* ① BRIT (*underwear*) [Damen]schlüpfer *m* ② AM (*knickerbockers*) Knickerbocker[s] *pl* ▶ **to get one's ~ in a twist** BRIT, AUS (*hum fam: get angry*) sich aufregen; (*get worried*) den Kopf verlieren
knick-knack ['nɪknæk] *n usu pl* (*fam*) Schnickschnack *m*
knife [naɪf] I. *n* <*pl* knives> Messer *nt*; **to pull a ~** [on sb] ein Messer [gegen jdn] ziehen ▶ **you could** [have] **cut the air with a ~** die Stimmung war zum Zerreißen gespannt; **to put the ~ into sb** jdm in den Rücken fallen; **to turn the ~** [**in the wound**] Salz in die Wunde streuen; **to go under the ~** MED unters Messer kommen *fam* II. *vt* ■ **to ~ sb** auf jdn einstechen
'**knife-edge** I. *n* Messerschneide *f*; **to be on a ~** (*fig*) auf Messers Schneide stehen II. *adj attr* ① (*narrow*) messerscharf ② (*fig: uncertain*) *situation* gefährlich '**knife sharp·en·er** *n* Messerschleifer(in) *m(f)*
knif·ing ['naɪfɪŋ] *n* Messerstecherei *f*
knight [naɪt] I. *n* ① (*title*) Ritter *m* ② (*hist: soldier*) Ritter *m* ③ CHESS Springer *m* ▶ [**a]** **~ in shining armour** [ein] Ritter ohne Furcht und Tadel II. *vt* ■ **to ~ sb** jdn zum Ritter schlagen
knight·er·rant <*pl* knights-> [ˌnaɪtˈerənt] *n* fahrender Ritter **knight·hood** ['naɪthʊd] *n* Ritterstand *m;* **to give sb a ~** jdn in den Ritterstand erheben *geh* **knight·ly** ['naɪtli] *adj* (*liter*) ritterlich
knit [nɪt] I. *n* ① (*stitch*) Strickart *f* ② (*clothing*) ■ ~**s** *pl* Strickwaren *pl* II. *vi* <knitted *or* knit, knitted *or* AM *also* knit> ① (*with yarn*) stricken; (*do basic stitch*) eine rechte Masche stricken ② (*mend*) broken bone zusammenwachsen III. *vt* <knitted *or* knit, knitted *or* AM *also* knit> ① (*with yarn*) stricken; **~ two, then purl one** zwei rechts, eins links ② (*join*) [miteinander] verknüpfen ▶ **to ~ one's brows** die Augenbrauen zusammenziehen [*o* Stirn runzeln] ◆ **knit together** I. *vi* ① (*combine*) sich zusammenfügen; **all the factors seem to be ~ting together** alle Faktoren scheinen zusammenzuhängen ② (*mend*) broken bone zusammenwachsen II. *vt* ① (*by knitting*) zusammenstricken ② (*fig: join*) miteinander verbinden
knit·ter ['nɪtəʳ] *n* Stricker(in) *m(f)*
knit·ting ['nɪtɪŋ] *n no pl* ① (*action*) Stricken *nt* ② (*product*) Gestrickte(s) *nt;* (*unfinished*) Strickzeug *nt*
'**knit·ting-nee·dle** *n* Stricknadel *f* '**knit·ting-yarn** *n* Strickgarn *nt* '**knit·wear** *n no pl* Strickwaren *pl*
knob [nɒb] *n* ① (*handle*) *of a cane* Knauf *m;* *of a door* Griff *m;* *of a bedhead* rundes Teil; (*dial*) Knopf *m;* **to twiddle a ~** an einem Knopf drehen ② (*on a tree*) Knorren *m* ③ (*small amount*) Klümpchen *nt;* **a ~ of butter** ein Stückchen *nt* Butter ④ *esp* AM (*hill*) Kuppe *f* ⑥ (*vulg, sl: penis*) Schwanz *m* ▶ **with** [**brass**] **~s on** BRIT und wie!
knob·bly ['nɒbli] *adj* BRIT, **knob·by** *adj* AM knubbelig; *tree, wood* astreich; **~ knees** Knubbelknie *pl;* (*rhyming sl*) Schlüssel *pl*
knock [nɒk] I. *n* ① (*sound*) Klopfen *nt;* **there was a ~ on the door** es hat [an der Tür] geklopft; **she heard a ~** sie hat es klopfen hören ② (*blow*) Schlag *m;* **to be able to withstand ~s** stoßsicher sein; **the table has had a few ~s** der Tisch hat schon ein paar Schrammen abbekommen ③ *no pl* TECH *of*

engine Klopfen *nt* ❹ (*fig: setback*) Schlag *m*; **to take a ~** (*fam*) einen Tiefschlag erleiden; (*in confidence*) einen Knacks bekommen; **to be able to take a lot of ~s** viel einstecken können; **she has learned everything in the school of hard ~s** sie ist [im Leben] durch eine harte Schule gegangen ❺ (*fam: critical comment*) Kritik *f* ❻ SPORT (*in cricket*) Innings *nt fachspr* **II.** *vi* ❶ (*strike noisily*) klopfen; **to ~ at the door/on the window** an die Tür/ans Fenster klopfen; **his knees were ~ing** (*fig*) ihm schlotterten die Knie *fam* ❷ (*collide with*) stoßen (**into/against** gegen); ■ **to ~ into sb** mit jdm zusammenstoßen ❸ TECH *engine, pipes* klopfen ❹ (*fam: be approaching*) **to be ~ing on 40/50/60** auf die 40/50/60 zugehen ▶ **to ~ on wood** AM, AUS dreimal auf Holz klopfen **III.** *vt* ❶ (*hit*) ■ **to ~ sth** gegen etw *akk* stoßen; **I ~ed my knee on the door** ich habe mir mein Knie an der Tür angestoßen; **she ~ed the glass off the table** sie stieß gegen das Glas und es fiel vom Tisch ❷ (*blow*) ■ **to ~ sb** jdm einen Schlag versetzen; (*less hard*) jdm einen Stoß versetzen; **to ~ sb to the ground** jdn zu Boden werfen; **to ~ sb on the head** jdm an den Kopf schlagen; **to ~ sb unconscious** jdn bewusstlos schlagen; (*fig*) **to ~ sb's self-esteem** jds Selbstbewusstsein anschlagen ❸ (*drive, demolish*) ■ **to ~ sth out of sb** jdm etw austreiben; **to ~ some sense into sb** jdn zur Vernunft bringen; **to ~ a hole in the wall** ein Loch in die Wand schlagen ❹ (*fam: criticize*) ■ **to ~ sb/sth** jdn/etw schlechtmachen; **don't ~ it till you've tried it** mach es nicht schon runter, bevor du es überhaupt ausprobiert hast *fam* ▶ **to ~ 'em dead** AM es jdm zeigen; **okay, son, go and ~ 'em dead!** okay, Junge, geh und zeig's ihnen!; **to ~ sth on the head** BRIT, AUS (*stop sth*) etw *dat* ein Ende bereiten; **to ~ an idea on the head** einen Gedanken verwerfen; (*complete sth*) etw zu Ende bringen; **to ~ sb sideways** [*or* BRIT *also* **for six**] jdn umhauen *fam*; **to ~ the stuffing out of sb** jdn fertigmachen **IV.** *interj* "~ ~" „klopf, klopf" ◆ **knock about, knock around I.** *vi* ❶ (*be present*) *person* [he]rumhängen; *object, thing* [he]rumliegen; ■ **to ~ about with sb** *esp* BRIT sich mit jdm [he]rumtreiben; **to ~ around in town** sich in der Stadt [he]rumtreiben ❷ (*fam: travel aimlessly*) [he]rumziehen ❸ BRIT (*have a sexual relationship*) ■ **to ~ about with sb** es mit jdm treiben *euph fam* **II.** *vt* ❶ (*hit*) ■ **to ~ sb about** jdn verprügeln ❷ (*play casually*) **to ~ a ball about** einen Ball hin- und herspielen; TENNIS ein paar Bälle schlagen ◆ **knock back** *vt* (*fam*) ❶ (*drink quickly*) hinunterkippen; *liquor* sich *dat* einen hinter die Binde kippen; **to ~ a beer back** ein Bier zischen ❷ BRIT, AUS (*cost a lot*) ■ **to ~ sb back** jdn eine [hübsche] Stange Geld kosten ❸ (*surprise*) ■ **to ~ sb back** jdn umhauen ❹ BRIT (*fam: reject*) ■ **to ~ sb back** jdn zurückweisen ◆ **knock down** *vt* ❶ (*cause to fall*) umstoßen; (*with a car, motorbike*) umfahren ❷ (*demolish*) niederreißen ❸ (*reduce*) *price* herunterhandeln ❹ (*sell at auction*) versteigern ❺ AM (*fam: earn*) **to ~ down a few thousand** ein paar Tausender kassieren ◆ **knock off I.** *vt* ❶ (*cause to fall off*) hinunterstoßen; **to ~ sb off their pedestal** jdn von seinem Podest stoßen ❷ (*reduce a price*) [im Preis] herabsetzen ❸ BRIT (*sl: steal*) klauen *fam* ❹ (*fam: murder*) umlegen ❺ (*fam: produce quickly*) schnell erledigen; (*easily*) [etw] mit links machen; *manuscript, novel, report, story* [etw] runterschreiben; (*on a keyboard*) [etw] runterhauen ❻ (*fam: stop*) ■ **to ~ off** ◌ Schluss mit etw *dat* aufhören; **to ~ off work** Feierabend machen ❼ AM (*fam: rob*) **to ~ off a bank/a shop** eine Bank/einen Laden ausräumen **II.** *vi* (*fam*) Schluss machen ◆ **knock on** *vt*, *vi* (*in rugby*) **to ~ [the ball] on** Vorwurf machen ◆ **knock out** *vt* ❶ (*render unconscious*) ■ **to ~ out** ◌ **sb** jdn bewusstlos werden lassen; (*in a fight*) jdn k.o. schlagen ❷ (*forcibly remove*) **to ~ out two teeth** sich *dat* zwei Zähne ausschlagen ❸ *pipe* ausklopfen ❹ (*eliminate*) ausschalten; **to be ~ed out of a competition** aus einem Wettkampf ausscheiden ❺ (*render useless*) außer Funktion setzen ❻ AUS, NZ (*fam: earn a specified sum of money*) **to ~ out £2000** 2000 Pfund kassieren ❼ (*fam: produce quickly*) hastig entwerfen; *draft, manuscript, story also* [etw] runterschreiben; (*on a keyboard*) [etw] runterhauen ❽ (*fam: astonish and impress*) umhauen ◆ **knock over** *vt* ❶ (*cause to fall*) umstoßen; (*with a bike, car*) umfahren ❷ AM (*fam: rob*) **to ~ over a shop** einen Laden ausräumen ▶ **to ~ sb over with a feather** jdn völlig umhauen ◆ **knock together** *vt* ❶ (*fam: complete quickly*) zusammenschustern; *piece of furniture, shed, shelves* zusammenzimmern; *written article* zusammenschreiben ❷ BRIT (*remove wall*) **to ~ together two rooms/buildings** die Wand zwischen zwei Zimmern/Gebäuden einreißen ◆ **knock up I.** *vt* ❶ (*fam: make quickly*) zusammenschustern ❷ BRIT, AUS (*fam: awaken*) aus dem Schlaf trommeln ❸ *esp* AM (*sl: impregnate*) ■ **to ~ up** ◌ **a woman** einer Frau ein Kind machen; **to get ~ed up** sich schwängern lassen **II.** *vi* BRIT (*in a racket*

'knock·about *adj attr* THEAT, FILM Klamauk-; *comedy, humour* burlesk

'knock·down *adj attr* ❶ (*very cheap*) supergünstig *sl;* ~ **price** Schleuderpreis *m fam;* (*at auction*) Mindestpreis *m* ❷ (*physically violent*) niederschmetternd; *argument* schlagend; **a ~ fight** eine handfeste Auseinandersetzung ❸ (*easily dismantled*) zerlegbar

knock·er ['nɒkə] *n* Türklopfer *m*

'knock·ing copy *n no pl* herabsetzende Werbung

knock·ing-'off time *n no pl* Feierabend *m*

knock-'kneed *adj* X-beinig; ■ **to be ~** X-Beine haben

'knock-on ef·fect *n* BRIT Folgewirkung *f;* **to have a ~ on sth** sich mittelbar auf etw *akk* auswirken

'knock·out I. *n* ❶ BRIT, AUS (*tournament*) Ausscheidungs[wett]kampf *m* ❷ BOXING K.o. *m* **II.** *adj* ❶ BRIT, AUS (*elimination*) Ausscheidungs- ❷ BOXING ~ **blow** K.-o.-Schlag *m;* (*fig*) Tiefschlag *m;* **to deal sb's hopes a ~ blow** jds Hoffnungen *pl* zunichtemachen

'knock-up *n usu sing* BRIT Einspielen *nt*

knoll [nəʊl] *n* Anhöhe *f*

knot [nɒt] **I.** *n* ❶ (*in rope, material*) Knoten *m;* **to untie a ~** einen Knoten lösen ❷ (*in hair*) [Haar]knoten *m* ❸ (*of people*) Knäuel *m o nt* ❹ (*in wood*) Ast *m* ▶ **sb's stomach is in ~s** jds Magen *m* krampft sich zusammen; **to tie the ~** heiraten **II.** *vt* <-tt-> knoten; *tie* binden; ■ **to ~ sth together** etw zusammenknoten **III.** *vi* <-tt-> *muscles* sich verspannen; *stomach* sich zusammenkrampfen

knot·ty ['nɒti] *adj* ❶ (*full of knots*) *wood* astreich; *branch* knotig; *hair* voller Knoten *nach n,* präd ❷ (*difficult*) kompliziert

know [nəʊ] **I.** *vt* <knew, known> ❶ (*have information/knowledge*) wissen; *facts, results* kennen; **do you ~ where the post office is?** können Sie mir bitte sagen, wo die Post ist?; **I ~ no fear** ich habe vor nichts Angst; **I ~ what I am talking about** ich weiß, wovon ich rede; **that's worth ~ing** das ist gut zu wissen; **that's what I'd like to ~ too** das würde ich auch gerne wissen!; **— don't I ~ it!** — wem sagst du das!; **for all I ~** soweit ich weiß; **they might have even cancelled the project for all I ~** vielleicht haben sie das Projekt ja sogar ganz eingestellt — weiß man's! *fam;* **I knew it!** wusste ich's doch! *fam;* **but she's not to ~** aber sie soll nichts davon erfahren; **God ~s I've done my best** ich habe weiß Gott mein Bestes gegeben; **God only ~s what'll happen next!** weiß der Himmel, was als Nächstes passiert!; **the police ~ him to be a cocaine dealer** die Polizei weiß, dass er mit Kokain handelt; ■ **to ~ how to do sth** wissen, wie man etw macht; **to ~ how to drive a car** Auto fahren können; **to ~ the alphabet/English** das Alphabet/Englisch können; **to ~ sth by heart** etw auswendig können; **to ~ what one is doing** wissen, was man tut; **to let sb ~ sth** jdn etw wissen lassen ❷ (*be certain*) ■ **to not ~ whether ...** sich *dat* nicht sicher sein, ob ...; **to not ~ which way to turn** nicht wissen, was man machen soll; **to ~ for a fact that ...** ganz sicher wissen, dass ... ❸ (*be acquainted with*) ■ **to ~ sb** jdn kennen; **~ing Sarah, she'll have done a good job** so wie ich Sarah kenne, hat sie ihre Sache bestimmt gut gemacht; **she ~s Paris well** sie kennt sich in Paris gut aus; **surely you ~ me better than that!** du solltest mich eigentlich besser kennen!; **you ~ what it's like** du weißt ja, wie das [so] ist; **to ~ sth like the back of one's hand** etw wie seine eigene Westentasche kennen *fam;* **to ~ sb by name/by sight/personally** jdn dem Namen nach/vom Sehen/persönlich kennen; **to get to ~ sb/each other** jdn/sich kennen lernen; **to get to ~ sth** *methods* etw lernen; *faults* etw herausfinden ❹ (*have understanding*) verstehen; **do you ~ what I mean?** verstehst du, was ich meine? ❺ (*experience*) **I've never ~n anything like this** so etwas habe ich noch nie erlebt; **I've never ~n her** [to] **cry** ich habe sie noch nie weinen sehen ❻ (*recognize*) erkennen (**by** an); **I ~ a good thing when I see it** ich merke gleich, wenn was gut ist; **I knew her for a liar the minute I saw her** ich habe vom ersten Augenblick an gewusst, dass sie eine Lügnerin ist ❼ (*be able to differentiate*) **you wouldn't ~ him from his brother** man kann ihn und seinen Bruder nicht unterscheiden; **don't worry, she won't ~ the difference** keine Angst, sie wird den Unterschied [gar] nicht merken; **to ~ right from wrong** Gut und Böse unterscheiden können ❽ *passive* (*well-known*) ■ **to be ~n for sth** für etw *akk* bekannt sein; ■ **it is ~n that ...** es ist bekannt, dass ...; **to make sth ~n** etw bekannt machen; **Terry is also ~n as 'The Muscleman'** Terry kennt man auch unter dem Namen ‚der Muskelmann' ▶ **to ~ no bounds** keine Grenzen kennen; **to ~ one's own mind** wissen, was man will; **to ~ one's place** wissen, wo man steht; **to ~ the ropes** sich auskennen; **to ~ the score** wissen, was gespielt wird; **to ~ which side one's bread is buttered on** wissen, wo was zu holen ist; **to ~ one's stuff** [*or* BRIT *also* **onions**] sein Geschäft verstehen; **to ~ a thing or two**

about sth sich mit etw *dat* auskennen; **to ~ what's what** wissen, wo's langgeht; **what do you ~!** wer hätte das gedacht!; **to not ~ what hit one** nicht wissen, wie einem geschieht **II.** *vi* <knew, known> ❶ *(have knowledge)* [Bescheid] wissen; **ask Kate, she's sure to ~** frag Kate, sie weiß es bestimmt; **I was not to ~ until years later** das sollte ich erst Jahre später erfahren; **you never ~** man kann nie wissen; **as far as I ~** so viel ich weiß; **who ~s?** wer weiß?; **how should I ~?** wie soll ich das wissen?; **I ~!** jetzt weiß ich!; **she didn't want to ~** sie wollte nichts davon wissen; **just let me ~ ok?** sag' mir einfach Bescheid, ok? ❷ *(fam: understand)* begreifen; **"I don't ~," he said, "why can't you ever be on time?"** „ich begreife das einfach nicht", sagte er, „warum kannst du nie pünktlich sein?" ❸ *(said to agree with sb)* **I ~** ich weiß ❹ *(conversation filler)* **he's so boring, and you ~, sort of spooky** er ist so langweilig und, na ja, irgendwie unheimlich; **he asked me, you ~** weißt du, er hat mich halt gefragt ▸ **you ought to ~ better** du solltest es eigentlich besser wissen; **I ~ better than to go out in this weather** ich werde mich hüten, bei dem Wetter rauszugehen; **he said he loved me but I ~ better** er sagte, dass er mich liebt, aber ich weiß, dass es nicht stimmt; **to not ~ any better** es nicht anders kennen

'know-all *n (pej fam)* Besserwisser(in) *m/f*
'know-how *n no pl* Know-how *nt*
know·ing ['nəʊɪŋ] **I.** *adj* wissend *attr*; *look, smile* viel sagend **II.** *n no pl* Wissen *nt* **know·ing·ly** ['nəʊɪŋli] *adv* ❶ *(meaningfully)* viel sagend ❷ *(with full awareness)* bewusst
know-it-all *n* AM Besserwisser(in) *m/f pej*
knowl·edge ['nɒlɪdʒ] *n (pej fam)* ❶ *(body of learning)* Kenntnisse *pl* **(of** in); **~ of French** Französischkenntnisse *pl*; **limited ~** begrenztes Wissen; **to have [no/some] ~ of sth** [keine/gewisse] Kenntnisse über etw *akk* besitzen; **to have a thorough ~ of sth** ein fundiertes Wissen in etw *dat* besitzen ❷ *(acquired information)* Wissen *nt*; **to my ~** soweit ich weiß; **to be common ~** allgemein bekannt sein ❸ *(awareness)* Wissen *nt*; **to deny all ~ [of sth]** jegliche Kenntnis [über etw *akk*] abstreiten; **to be safe in the ~ that ...** mit Bestimmtheit wissen, dass ...; **it has been brought to our ~ that ...** wir haben davon Kenntnis erhalten, dass ...; ■ **to do sth without sb's ~** etw ohne jds Wissen *nt* tun
knowl·edg(e)·able ['nɒlɪdʒəbl] *adj (well informed)* sachkundig; *(experienced)* bewandert
known [nəʊn] **I.** *vt, vi pp of* **know II.** *adj* ❶ *(publicly recognized)* bekannt; **it is a little/well ~ fact that ...** es ist nur wenigen/allgemein bekannt, dass ... ❷ *(understood)* bekannt; **no ~ reason** kein erkennbarer Grund ❸ *(tell publicly)* **to make sth ~** etw bekannt machen

knuck·le ['nʌkl] **I.** *n* ❶ ANAT [Finger]knöchel *m* ❷ *(cut of meat)* Hachse *f*, Haxe *f* SÜDD; **~ of pork** Schweinshaxe *f* SÜDD ❸ AM *(knuckleduster)* ■ **~s** *pl* Schlagring *m* ▸ **to be near the ~** BRIT sich hart an der Grenze bewegen; *joke* ziemlich gewagt sein **II.** *vi* ❶ *(start working hard)* ■ **to ~ down** sich dahinter klemmen ❷ *(submit)* ■ **to ~ under** sich fügen
'knuck·le·dust·er *n* ❶ *esp* BRIT *(weapon)* Schlagring *m* ❷ BRIT *(fam: ring)* Klunker *m*
KO [ˌkeɪˈəʊ] **I.** *n abbrev of* **knockout** K.o. *m*; **to win with a ~ in the third round** in der dritten Runde durch K.o. gewinnen **II.** *vt* <KO'd, KO'd> *abbrev of* **knock out**: ■ **to ~ sb** jdn k.o. schlagen; *(fig)* jdn außer Gefecht setzen *fam*
koa·la [kəʊˈɑːlə] *n*, **koala bear** *n* Koala[bär] *m*
kooky ['kuːki] *adj esp* AM *(usu approv fam)* ausgeflippt
Ko·ran [kɒˈrɑːn] *n no pl* ■ **the ~** der Koran
Ko·rea [kəˈriːə] *n no pl, no art* Korea *nt*; **North/South ~** Nord-/Südkorea *nt*
Ko·rean [kəˈriːən] **I.** *adj* koreanisch **II.** *n* ❶ *(inhabitant)* Koreaner(in) *m/f* ❷ LING Koreanisch *nt*
ko·sher ['kəʊʃəʳ] *adj (also fig)* koscher; **to keep ~** [weiterhin] koscher leben
Kosian ['kəʊʃən] *n* Kind mit einem südkoreanischen Elternteil und einem aus einem anderen asiatischen Land
kow·tow [ˌkaʊtaʊ] *vi (fam)* ■ **to ~ to sb** vor jdm katzbuckeln
Krem·lin ['kremlɪn] *n no pl* ■ **the ~** der Kreml + *sing/pl vb*
ku·dos ['kjuːdɒs] *npl* Ansehen *nt kein pl*
Ku Klux Klan [ˌkuːklʌksˈklæn] *n no pl, + sing/pl vb* ■ **the ~** der Ku-Klux-Klan
kung fu [ˌkʊŋˈfuː] *n no pl* Kung-Fu *nt*
Kurd [kɜːd] *n* Kurde(in) *m/f*
Kurd·ish ['kɜːdɪʃ] **I.** *adj* kurdisch **II.** *n no pl* LING Kurdisch *nt*
Kur·di·stan [ˌkɜːdɪˈstɑːn] *n no pl, no art* Kurdistan *nt*
Ku·wait [kuːˈweɪt] *n no pl, no art* Kuwait *nt*
Ku·wai·ti [kuːˈweɪti] **I.** *adj* kuwaitisch **II.** *n* ❶ *(inhabitant of Kuwait)* Kuwaiter(in) *m/f* ❷ LING Kuwaitisch *nt*
kW <*pl* - > *n abbrev of* **kilowatt** kW
KWIC [kwɪk] COMPUT *abbrev of* **key word in context** KWIC

KWOC [kwɒk] COMPUT abbrev of **key word out of context** KWOC

L

L <pl -'s or -s>, **l** <pl -'s> [el] n ❶ (letter) L nt, l nt; see also **A 1** ❷ (Roman numeral) L nt, l nt

l [el] **I.** n ❶ <pl -> abbrev of **litre** l ❷ <pl ll> TYPO abbrev of **line** Z. ❸ no pl abbrev of **left** l. **II.** adj abbrev of **left** l., L **III.** adv abbrev of **left** l.

L n ❶ abbrev of **lake** ❷ FASHION abbrev of **Large** L ❸ BRIT AUTO abbrev of **learner** großes L, das man an seinem Auto anbringt, um anzuzeigen, dass hier ein(e) Fahrschüler(in), der/die noch keinen Führerschein hat, in Begleitung eines Führerscheininhabers fährt

LA [ˌelˈeɪ] n abbrev of **Los Angeles** Los Angeles nt

lab [læb] n short for **laboratory** Labor nt

la·bel [ˈleɪbəl] **I.** n ❶ (on bottles) Etikett nt; (in clothes) Schild[chen] nt; (brand name) Marke f; **record** ~ Schallplattenlabel nt; (company) Plattenfirma f ❸ (set description) Bezeichnung f **II.** vt <BRIT -ll- or AM usu -l-> ❶ (affix labels) etikettieren; (mark) kennzeichnen; (write on) beschriften ❷ (categorize) etikettieren; **to be ~led as a criminal** als Kriminelle/Kriminelle abgestempelt werden

la·bel·ling [ˈleɪbəlɪŋ], AM **la·bel·ing** n no pl Etikettierung f; (marking) Kennzeichnung f; (with a price) Auszeichnung f

la·bor n AM see **labour**

la·bora·tory [ləˈbɒrətəri] n Labor[atorium] nt

la·'bora·tory as·sis·tant n Laborant(in) m(f) **la·'bora·tory test** n Labortest m

la·bor·er n AM see **labourer**

la·bo·ri·ous [ləˈbɔːriəs] adj ❶ (onerous) mühsam ❷ (usu pej: strained) umständlich

'la·bor un·ion n AM Gewerkschaft f

la·bour [ˈleɪbə] **I.** n ❶ (work) Arbeit f; **division ~ of manual** ~ körperliche Arbeit ❷ no pl (workers) Arbeitskräfte pl; **skilled** ~ ausgebildete Arbeitskräfte; **semi-skilled** ~ angelernte Arbeitskräfte; **unskilled** ~ ungelernte Arbeitskräfte ❸ no pl (childbirth) Wehen pl; **to go into** ~ Wehen bekommen **II.** vi ❶ (do physical work) arbeiten; **to do ~ing work** körperlich arbeiten ❷ (work hard) sich abmühen; ■ **to** ~ **on sth** hart an etw dat arbeiten ❸ (do sth with effort) ■ **to** ~ sich [ab]quälen; ■ **to** ~ **on sth** sich mit etw dat abplagen

'la·bour camp n Arbeitslager nt **'La·bour Day** n no pl BRIT Tag m der Arbeit (staatlicher Feiertag in Großbritannien am 1. Mai)

'la·bour dis·pute n Arbeitskampf m

la·bour·er [ˈleɪbərə] n [ungelernter] Arbeiter/[ungelernte] Arbeiterin, Hilfsarbeiter(in) m(f) **'la·bour force** n + sing/pl vb (working population) Arbeiterschaft f; (a company's employees) Belegschaft f **la·bour-in·'ten·sive** adj arbeitsintensiv **'la·bour mar·ket** n Arbeitsmarkt m **'la·bour move·ment** n POL Arbeiterbewegung f **'la·bour pains** npl MED Wehen pl **'La·bour Par·ty** n no pl BRIT POL ■ **the** ~ die Labour Party **'la·bour re·la·tions** npl Arbeitgeber-Arbeitnehmerverhältnis nt **'la·bour-sav·ing** adj arbeitssparend **'la·bour short·age** n Arbeitskräftemangel m **'la·bour ward** n Kreißsaal m

Lab·ra·dor [ˈlæbrədɔː] n Labrador[hund] m

la·bur·num [ləˈbɜːnəm] n BOT Goldregen m

laby·rinth [ˈlæbərɪnθ] n Labyrinth nt; (fig liter) Verwicklung f

lace [leɪs] **I.** n ❶ no pl (decorative cloth) Spitze f; (decorative edging) Spitzenborte f ❷ (cord) Band nt; **shoe** ~**s** Schnürsenkel pl bes NORDD, MITTELD, Schuhbänder pl DIAL **II.** vt ❶ (fasten) Corset zuschnüren; **shoes** zubinden ❷ (add alcohol) ■ **to** ~ **sth** einen Schuss [Alkohol] in etw akk geben ◆ **lace up** vt **shoes** zuschnüren

lac·er·ate [ˈlæsəreɪt] vt ❶ (cut and tear) aufreißen ❷ (form: cause extreme pain) **to** ~ **sb's feelings** jds Gefühle pl zutiefst verletzen

lac·er·a·tion [ˌlæsəˈreɪʃən] n ❶ no pl (tearing) Verletzung f ❷ (instance of tearing) Fleischwunde f; (by tearing) Risswunde f; (by cutting) Schnittwunde f; (by biting) Bisswunde f

'lace-ups npl Schnürschuhe pl

lach·ry·mose [ˈlækrɪməʊs] adj (form, liter) ❶ (tearful) weinerlich ❷ (inducing melancholy) rührselig

lack [læk] **I.** n no pl Mangel m (**of** an); ~ **of confidence/judgement** mangelndes Selbstvertrauen/Urteilsvermögen; ~ **of funds** fehlende Geldmittel; ~ **of money/supplies** Geld-/Vorratsmangel m; ~ **of sleep/time** Schlaf-/Zeitmangel m; **II.** vt ■ **to** ~ **sth** etw nicht haben; **what we** ~ **in this house is ...** was uns in diesem Haus fehlt, ist ...

lacka·dai·si·cal [ˌlækəˈdeɪzɪkəl] adj lustlos

lack·ey [ˈlæki] n (hist or pej: servile person) Lakai m

lack·ing ['lækɪŋ] *adj pred* ❶ (*without*) ■ **to be ~ in sth** an etw *dat* mangeln ❷ (*fam: mentally subnormal*) beschränkt

lack·lus·tre ['læk,lʌstə^r] *adj*, AM **lack·lust·er** *adj* ❶ (*lacking vitality*) langweilig ❷ (*dull*) trüb|e

la·con·ic [lə'kɒnɪk] *adj* ❶ (*very terse*) lakonisch ❷ (*taciturn*) wortkarg

lac·quer ['lækə^r] **I.** *n* Lack *m* **II.** *vt* lackieren

la·crosse [lə'krɒs] *n no pl* SPORTS Lacrosse *nt*

lad [læd] *n* ❶ BRIT, SCOT (*boy*) Junge *m* ❷ BRIT, SCOT (*a man's male friends*) ■ **the ~s** die Kumpels *pl fam*, die Jungs *pl fam* ❸ BRIT, SCOT (*fam*) **to be a bit of a ~** ein ziemlicher Draufgänger sein ❹ BRIT (*stable worker*) [Stall]bursche *m*

lad·der ['lædə^r] **I.** *n* ❶ (*device for climbing*) Leiter *f*; **to be up a ~** auf einer Leiter stehen; **to go up a ~** auf eine Leiter steigen ❷ (*hierarchy*) [Stufen]leiter *f* ❸ BRIT, AUS (*in stocking*) Laufmasche *f* **II.** *vt* BRIT, AUS **to ~ tights** eine Laufmasche in eine Strumpfhose machen **III.** *vi* BRIT, AUS *stockings, tights* eine Laufmasche bekommen

lad·die ['lædi] *n* SCOT (*fam*) Junge *m*

lad·en ['leɪd^ən] *adj* beladen

la-di-da ['lɑːdiːdɑː] *adj* (*pej*) affektiert

lad·ing ['leɪdɪŋ] *n* NAUT Ladung *f*

la·dle ['leɪdl] **I.** *n* [Schöpf]kelle *f* **II.** *vt* **to ~ out the soup** die Suppe austeilen; (*fig*) **doctors ~d out antibiotics to patients in those days** früher haben die Ärzte den Patienten ziemlich großzügig Antibiotika verschrieben

lady ['leɪdi] *n* ❶ (*woman*) Frau *f*; **a ~ doctor** eine Ärztin; **cleaning ~** Putzfrau *f*; **old/young ~** alte/junge Dame ❷ (*woman with social status*) Dame *f* ❸ (*form: polite address*) **ladies and gentlemen!** meine [sehr verehrten] Damen und Herren! ❹ AM (*sl*) Lady *f*

'lady·bird *n* BRIT, AUS Marienkäfer *m* **'lady·boy** *n* junger Transvestit (*vor allem in Südostasien*) **lady-in-'wait·ing** <*pl* ladies-> *n* Hofdame *f* **'lady·like** *adj* (*dated*) damenhaft **'lady·ship** *n* ❶ (*form: form of address*) **her/your ~** Ihre/Eure Ladyschaft ❷ (*pej, iron: pretentious woman*) die gnädige Frau

LAFTA ['læftə] *n abbrev of* **Latin American Free Trade Association** Lateinamerikanische Freihandelszone

lag¹ [læg] **I.** *n* ❶ (*lapse*) Rückstand *m*; (*falling behind*) Zurückbleiben *nt kein pl*; **time ~** Zeitabstand *m*; (*delay*) Verzögerung *f* ❷ BRIT, AUS (*sl: habitual convict*) Knacki *m* **II.** *vi* <-gg-> zurückbleiben; **sales are ~ging** der Verkauf läuft schleppend; ■ **to ~ behind** [sb/sth] [hinter jdm/etw] zurückbleiben **III.** *vt* <-gg-> AUS (*sl*) ■ **to ~ sb** jdn einbuchten

lag² <-gg-> [læg] *vt* isolieren

la·ger ['lɑːgə^r] *n* ❶ *no pl* (*beer*) Lagerbier *nt* ❷ (*portion of lager*) [helles] Bier; **a glass of ~** ein Helles *nt*

'la·ger lout *n* BRIT (*fam*) betrunkener Rowdy *pej*

lag·ging ['lægɪŋ] *n* Isolierung *f*

la·goon [lə'guːn] *n* Lagune *f*

laid [leɪd] *pt, pp of* **lay**

laid-'back *adj* (*fam: relaxed*) locker; (*calm*) gelassen

lain [leɪn] *pp of* **lie**

lair [leə^r] *n* ❶ HUNT Lager *nt fachspr*; *of fox* Bau *m*; *of small animals* Schlupfwinkel *m* ❷ (*hiding place*) Schlupfwinkel *m oft pej*

laird [leəd] *n* SCOT Gutsherr *m*

lais·sez-faire [ˌleɪseɪ'feə^r] *n no pl* POL Laisser-faire *nt geh*

la·ity ['leɪəti] *n no pl, + sing/pl vb* REL ■ **the ~** die Laien *pl*

lake [leɪk] *n* ❶ (*body of fresh water*) See *m* ❷ BRIT ECON (*fig, pej: surplus stores*) [flüssiger] Lagerbestand

lam [læm] **I.** *n* AM (*sl*) **to be on the ~** auf der Flucht sein; **to take it on the ~** die Fliege machen *fam* **II.** *vt* <-mm-> (*fam*) verdreschen; **~ him on the head!** gib ihm eins auf die Birne! **III.** *vi* <-mm-> ■ **to ~ into sb** (*attack brutally*) auf jdn eindreschen *fam*; (*attack verbally*) jdn zur Schnecke machen *fam*

lama ['lɑːmə] *n* REL Lama *m*

lamb [læm] **I.** *n* ❶ (*young sheep*) Lamm *nt*; (*fig*) Schatz *m* ❷ *no pl* (*meat*) Lamm[fleisch] *nt* **II.** *vi* lammen

lam·bast(e) [læm'bæst] *vt* heftig kritisieren

'lamb·skin *n* Lammfell *nt*

'lambs·wool *n no pl* Lammwolle *f*

lame [leɪm] *adj* ❶ (*crippled*) lahm ❷ (*weak*) lahm *pej fam*; *argument* schwach

lame·ness ['leɪmnəs] *n no pl* ❶ (*crippled condition*) Lähmung *f* ❷ (*weakness*) Lahmheit *f*

la·ment [lə'ment] **I.** *n* MUS, LIT Klagelied *nt* (**for** über) **II.** *vt* (*also iron*) ■ **to ~ sth** über etw *akk* klagen; ■ **to ~ sb** um jdn trauern **III.** *vi* ■ **to ~ over sth** etw beklagen *geh*

la·men·ta·ble [lə'mentəbl] *adj* beklagenswert; *piece of work* erbärmlich

la·men·ta·tion [ˌlæmen'teɪʃ^ən] *n* ❶ (*regrets*) Wehklage *f geh* ❷ *no pl* (*act of mourning*) [Weh]klagen *nt geh*; (*act of wailing*) Jammern *nt*

lami·nate I. *n* ['læmɪnət] Laminat *nt* **II.** *vt* ['læmɪneɪt] beschichten **III.** *adj attr* beschichtet

lami·nat·ed ['læmɪneɪtɪd] *adj* geschichtet;

(*covered with plastic*) beschichtet; **~ glass** Verbundglas *nt*; **~ plastic** ≈ Resopal® *nt*; **~ wood** Sperrholz *nt*

lamp [læmp] *n* Lampe *f*; **street ~** Straßenlaterne *f*

lam·poon [læm'puːn] **I.** *n* Spottschrift *f* **II.** *vt* verspotten

'lamp·post *n* Laternenpfahl *m*

lam·prey ['læmpri] *n* ZOOL Neunauge *nt*

'lamp·shade *n* Lampenschirm *m*

LAN [læn] *n* COMPUT *abbrev of* **local area network** LAN *nt*

lance [lɑːn(t)s] **I.** *n* MIL (*dated*) Lanze *f* **II.** *vt* MED aufschneiden

lan·cet ['lɑːn(t)sɪt] *n* Lanzette *f*

land [lænd] *n* ❶ *no pl* (*not water*) Land *nt*; **to travel by ~** auf dem Landweg reisen ❷ *no pl* (*ground*) Land *nt*; (*soil*) Boden *m*; **building ~** Bauland *nt*; **agricultural ~** Ackerland *nt*; **piece/plot of ~** (*for building*) Grundstück *nt*; (*for farming*) Stück *nt* Land; **waste ~** Brachland *nt* ❸ *no pl* (*countryside*) ■ **the ~** das Land ❹ (*particular area of ground*) Grundstück *nt*; **private ~** Privatbesitz *m*; **state ~[s]** AM staatlicher Grundbesitz ❺ (*country, region*) Land *nt* ❻ AM (*euph: Lord*) **for ~'s sake** um Gottes Willen ▸ **to see how the ~ lies** die Lage peilen **II.** *vi* ❶ AVIAT, AEROSP landen (**on** auf) ❷ NAUT *vessel* anlegen; *people* an Land gehen ❸ (*come down, fall*) landen; **to ~ on one's feet** auf den Füßen landen; (*fig*) (*wieder*) auf die Füße fallen ❹ *blow, punch* sitzen ❺ (*fam: end up, arrive*) landen **III.** *vt* ❶ (*bring onto land*) *plane* landen; *boat* an Land ziehen ❷ (*unload*) an Land bringen; *cargo* löschen; *passengers* von Bord [gehen] lassen; *troops* anlanden ❸ (*fam: obtain*) *contract, offer, job* an Land ziehen *fig* ❹ (*fam: burden*) ■ **to ~ sb with sth** jdm etw aufhalsen; ■ **to be ~ed with sth** jdm am Hals haben ❺ (*fam: place*) ■ **to ~ sb in sth** jdn in etw *akk* bringen; **that could have ~ed you in jail** deswegen hättest du im Gefängnis landen können ◆ **land up** *vi* (*fam*) ❶ (*in a place*) landen ❷ (*in a situation*) enden; ■ **to ~ up doing sth** schließlich etw tun

land·ed ['lændɪd] *adj attr* **the ~ gentry** + *sing/pl vb* der Landadel

'land·fall *n* NAUT (*first land reached*) Landungsort *m*; (*sighting*) Sichten *nt* von Land **'land·fill** *n* ❶ *no pl* (*waste disposal*) Geländeanfüllung *f* (*mit Müll*) ❷ (*site*) Deponiegelände *nt* ❸ *no pl* (*waste*) Müll *m* **'land forces** *npl* MIL Landstreitkräfte *pl* **'land·hold·er** *n* Landbesitzer(in) *m(f)*; (*tenant*) Pächter(in) *m(f)*

land·ing ['lændɪŋ] *n* ❶ (*staircase space*) Treppenabsatz *m* ❷ (*aircraft touchdown*) Landung *f*; **to make an emergency ~** notlanden ❸ (*nautical landfall*) Landung *f* ❹ SPORTS (*coming to rest*) Landung *f*

'land·ing card *n* Einreiseformular *nt* **'landing craft** *n* MIL Landungsboot *nt* **'landing field** *n* Landeplatz *m* **'land·ing gear** *n* Fahrgestell *nt* **'land·ing net** *n* Kescher *m* **'land·ing stage** *n* Landungssteg *m* **'landing strip** *n* Landebahn *f*

'land·la·dy *n* ❶ (*house owner*) Hausbesitzerin *f*; (*renting out houses*) Vermieterin *f* ❷ (*of pub or hotel*) [Gast]wirtin *f* ❸ (*of a boarding house*) Pensionswirtin *f*

land·less ['lændləs] *adj* ohne Landbesitz nach *n*, landlos

'land·locked *adj* von Land umgeben; **~ country** Binnenstaat *m* **'land·lord** *n* ❶ (*house owner*) Hausbesitzer *m*; (*renting out housing*) Vermieter *m* ❷ (*of pub or hotel*) [Gast]wirt *m* ❸ (*of boarding house*) Pensionswirt *m* **'land·mark** *n* ❶ (*point of recognition*) Erkennungszeichen *nt* ❷ (*noted site*) Wahrzeichen *nt* ❸ (*important event*) Meilenstein *m* **'land·mine** *n* MIL Landmine *f* **'land of·fice** *n* AM (*old*) Grundbuchamt *nt* **'land·own·er** *n* Grundbesitzer(in) *m(f)* **'land re·form** *n* Bodenreform *f* **'land reg·is·ter** *n* Grundbuch *nt* **land re·medi·'a·tion** *n no pl* Bodensanierung *f*, Wiedernutzbarmachung *f* von Brachen

'land·scape I. *n* ❶ (*country scenery*) Landschaft *f* ❷ (*painting*) Landschaft *f* **II.** *adj attr* (*relating to landscapes*) Landschafts- ❷ TYPO (*printing format*) **in ~ format** im Querformat **III.** *vt* [landschafts]gärtnerisch gestalten

land·scape 'archi·tect *n* Landschaftsarchitekt(in) *m(f)* **land·scape 'archi·tec·ture** *n no pl* Landschaftsgärtnerei *f*

'land·slide I. *n* ❶ (*of earth, rock*) Erdrutsch *m* ❷ (*majority*) Erdrutsch[wahl]sieg *m* **II.** *adj attr* **~ victory** Erdrutsch[wahl]sieg *m*

'land·slip *n* NBRIT GEOG Erdrutsch *m* **'land tax** *n* Grundsteuer *f*

land·ward ['lændwəd] **I.** *adj* land[ein]wärts [gelegen]; **the ~ side** die Landseite **II.** *adv* land[ein]wärts; **to head ~** in Richtung Land fahren

lane [leɪn] *n* ❶ (*narrow road*) Gasse *f*; **country ~** schmale Landstraße ❷ (*marked strip*) [Fahr]spur *f*; SPORTS Bahn *f*; **cycle ~** Fahrradweg *m*; **in the fast/middle ~** auf der Überholspur/mittleren Spur

lan·guage ['læŋgwɪdʒ] *n* ❶ (*of nation*) Sprache *f*; **a foreign ~** eine Fremdsprache; **sb's native ~** jds Muttersprache ❷ *no pl* (*words*) Sprache *f*; (*style of expression*) Ausdrucks-

weise *f*; **bad ~** Schimpfwörter *pl* ❸ (*of specialist group*) Fachsprache *f*; (*individual expressions*) Fachausdrücke *pl*

'lan·guage la·bo·ra·to·ry *n* Sprachlabor *nt*

'lan·guage learn·ing *n no pl* Erlernen *nt* von Fremdsprachen

lan·guid ['læŋgwɪd] *adj* (*liter*) ❶ (*without energy*) träge, matt ❷ (*unenthusiastic*) gelangweilt

lan·guish ['læŋgwɪʃ] *vi* ❶ (*remain*) schmachten *geh*; **to ~ in jail** im Gefängnis schmoren *fam*; **to ~ in obscurity** in der Bedeutungslosigkeit dahindümpeln *fam* ❷ (*grow weak*) verkümmern

lan·guor ['læŋgə^r] *n no pl* (*liter: pleasant*) wohlige Müdigkeit; (*unpleasant*) Mattigkeit *f*

lan·guor·ous ['læŋgərəs] *adj* (*liter*) afternoon träge; feeling wohlig; look verführerisch; music getragen

lank [læŋk] *adj* ❶ (*hanging limply*) hair strähnig ❷ (*tall and thin*) person hager

lanky ['læŋki] *adj* hoch aufgeschossen

lano·lin(e) ['lænəlɪn] *n no pl* Lanolin *nt*

lan·tern ['læntən] *n also* ARCHIT Laterne *f*

lan·yard ['lænjəd] *n* ❶ (*short cord*) Kordel *f*; (*for gun*) Abzugsleine *f* ❷ NAUT Taljereep *nt*

Laos ['laʊs] *n* Laos *nt*

lap¹ [læp] *n* Schoß *m*; **to live in the ~ of luxury** ein Luxusleben führen; **to drop into sb's ~** jdm in den Schoß fallen

lap² [læp] I. *n* ❶ SPORTS Runde *f*; **to do a ~ [of honour]** BRIT eine Ehrenrunde drehen ❷ (*stage*) Etappe *f* II. *vt* <-pp-> ❶ (*overtake*) überrunden ❷ *usu passive* (*liter: wrap*) ■ **to be ~ped in** in etw *akk* gehüllt sein III. *vi* ❶ (*in car racing*) eine Runde drehen ❷ (*project*) hängen (**over** über)

lap³ [læp] I. *vt* ❶ (*drink*) lecken, schlecken SÜDD, ÖSTERR ❷ (*hit gently*) waves [sanft] gegen etw *akk* schlagen II. *vi* ■ **to ~ against sth** waves [sanft] gegen etw *akk* schlagen
♦ **lap up** *vt* ❶ (*drink*) [auf]lecken, [auf]schlecken SÜDD, ÖSTERR ❷ (*fam: accept eagerly*) [gierig] aufsaugen

'lap·dog *n* ❶ (*small dog*) Schoßhündchen *nt* ❷ (*person*) Spielball *m*

la·pel [lə'pel] *n* Revers *nt*

la·pis lazu·li [ˌlæpɪs'læzjuli] *n* ❶ (*gemstone*) Lapislazuli *m* ❷ (*colour*) Ultramarin *nt kein pl*; *of eyes* tiefes Blau

Lap·land ['læplænd] *n* Lappland *nt*

Lap·land·er ['læplændə^r] *n* Lappländer(in) *m(f)*

lapse [læps] I. *n* ❶ (*mistake*) Versehen *nt*; (*moral*) Fehltritt *m*; **~ of attention/concentration** Aufmerksamkeits-/Konzentrationsmangel *m*; **~ of judgement** Fehleinschätzung *f*; **~ of memory** Gedächtnislücke *f* ❷ *no pl* (*of time*) Zeitspanne *f*; **after a ~ of a few days/hours** nach Verstreichen einiger Tage/Stunden II. *vi* ❶ (*fail*) attention, concentration abschweifen; *quality*, *standard* nachlassen ❷ (*end*) ablaufen; *contract also* erlöschen; *subscription* auslaufen ❸ (*pass into*) ■ **to ~ into sth** in etw *akk* verfallen; (*revert to*) **to ~ into a coma/unconsciousness** ins Koma/in Ohnmacht fallen; **to ~ into silence** in Schweigen verfallen ❹ (*cease membership*) austreten

lapsed [læpst] *adj attr* ❶ (*no longer involved*) member ehemalig; **~ Catholic** vom Glauben abgefallener Katholik/abgefallene Katholikin ❷ (*discontinued*) policy, subscription abgelaufen

'lap·top *n*, **lap·top com·put·er** *n* Laptop *m*

lap·wing ['læpwɪŋ] *n* Kiebitz *m*

lar·ceny ['lɑːsəni] *n esp* AM LAW Diebstahl *m*

larch <*pl* -es> [lɑːtʃ] *n* Lärche *f*; (*wood also*) Lärchenholz *nt kein pl*

lard [lɑːd] I. *n no pl* Schweineschmalz *nt* II. *vt* (*also fig*) spicken

lar·der ['lɑːdə^r] *n* Speisekammer *f*

lardy ['lɑːdi] *adj* (*pej fam*) fett

large [lɑːdʒ] I. *adj* ❶ (*in size*) groß ❷ (*in quantity, extent*) groß, beträchtlich; **a ~ amount of work** viel Arbeit; **a ~ number of people/things** viele Menschen/Dinge; **the ~st ever** der/die/das bisher Größte ❸ (*hum or euph: fat*) wohlbeleibt ■ **~r than life** überlebensgroß; **by and ~** im Großen und Ganzen II. *n* ❶ (*not caught*) ■ **to be at ~** auf freiem Fuß sein ❷ (*in general*) ■ **at ~** im Allgemeinen ❸ AM **ambassador at ~** Sonderbotschafter(in) *m(f)*

large·ly ['lɑːdʒli] *adv* größtenteils

large·ness ['lɑːdʒnəs] *n no pl* ❶ (*size*) Größe *f*; (*extensiveness*) Umfang *m* ❷ (*generosity*) Großzügigkeit *f*

'large-scale *adj esp attr* ❶ (*extensive*) umfangreich; **~ manufacturer/producer** Großerzeuger *m*/-produzent *m* ❷ (*made large*) in großem Maßstab *nach n*; **a ~ map** eine Karte mit großem Maßstab

lar·gess(e) [lɑː'ʒes] *n no pl* Großzügigkeit *f*

lari·at ['læriət] *n* Lasso *nt*

lark¹ [lɑːk] *n* (*bird*) Lerche *f*

lark² [lɑːk] I. *n* ❶ *esp* BRIT (*fam: joke*) Spaß *m*; **for a ~** aus Jux *fam* ❷ BRIT (*pej fam: business*) Zeug *nt*; **I've had enough of this commuting ~** ich hab' genug von dieser ewigen Pendelei II. *vi* (*fam*) ■ **to ~ about** herumblödeln

lark·spur ['lɑːkspɜː^r] *n* Rittersporn *m*

LARP [lɑːp] *vi acr for* **live-action role-play** Liverollenspiele spielen

lar·va <*pl* -vae> ['lɑːvə, *pl* -viː] *n* Larve *f*
lar·yn·gi·tis [ˌlærɪnˈdʒaɪtɪs] *n no pl* Kehlkopfentzündung *f*
lar·ynx <*pl* -es *or* -ynges> ['lærɪŋks, *pl* lærˈɪndʒiːz] *n* Kehlkopf *m*
la·sa·gne [ləˈzænjə] *n* Lasagne *f*; (*pasta also*) Lasagneblätter *pl*
las·civ·i·ous [ləˈsɪviəs] *adj* lüstern *geh*
la·ser ['leɪzə'] *n* Laser *m*
'la·ser beam *n* Laserstrahl *m* **'la·ser print·er** *n* Laserdrucker *m* **'la·ser show** *n* Lasershow *f*
lash¹ <*pl* -es> [læʃ] *n* [Augen]wimper *f*
lash² [læʃ] **I.** *n* <*pl* -es> ❶ (*whip*) Peitsche *f*; (*flexible part*) Peitschenriemen *m* ❷ (*stroke of whip*) Peitschenhieb *m* ❸ (*fig: criticism*) scharfe Kritik ❹ (*sudden movement*) Hieb *m* ▶ **to go out on the ~** auf den Putz hauen *fam*, einen draufmachen *fam* **II.** *vt* ❶ (*whip*) auspeitschen ❷ (*strike violently*) ■ **to ~ sth** gegen etw *akk* schlagen; **rain** gegen etw prasseln ❸ (*strongly criticize*) ■ **to ~ sb** heftige Kritik an jdm üben ❹ (*move violently*) **to ~ its tail** mit dem Schwanz schlagen ❺ (*tie*) [fest]binden (**to** an) **III.** *vi* ❶ (*strike*) peitschen (**at** gegen) ❷ (*move violently*) schlagen ◆ **lash about**, **lash around** *vi* [wild] um sich schlagen ◆ **lash down I.** *vt* festbinden **II.** *vi* **rain** niederprasseln ◆ **lash out I.** *vi* ❶ (*attack physically*) ■ **to ~ out at sb** auf jdn einschlagen ❷ (*criticize severely*) ■ **to ~ out at sb** jdn scharf kritisieren; (*attack verbally*) ■ **to ~ out against sb** jdn heftig attackieren; ■ **to ~ out against sth** gegen etw *akk* wettern *fam* ❸ BRIT, AUS (*fam: spend freely*) sich *dat* etw leisten **II.** *vt* BRIT, AUS **to ~ out £500/$40** £500/$40 springen lassen *fam*
lash·ing ['læʃɪŋ] *n* ❶ (*whipping*) Peitschenhieb *m;* **to give sb a ~** jdn auspeitschen; **to give sb a tongue ~** jdm ordentlich die Meinung sagen *fam* ❷ BRIT (*hum dated: a lot*) ■ **~s** *pl* reichlich ❸ *usu pl* (*cord*) [Befestigungs]seil *nt*
lass <*pl* -es> [læs] *n esp* NBRIT, SCOT, **las·sie** ['læsi] *n esp* NBRIT, SCOT ❶ (*fam: girl, young woman*) Mädchen *nt*; (*daughter*) Tochter *f*; (*sweetheart*) Mädchen *nt* ❷ (*fam: form of address*) Schatzi *nt a. pej*
las·si·tude ['læsɪtjuːd] *n no pl* (*form*) Energielosigkeit *f*
las·so [læsˈuː] **I.** *n* <*pl* -s *or* -es> Lasso *nt* **II.** *vt* mit einem Lasso einfangen
last¹ [lɑːst] **I.** *adj* ❶ *attr* (*after all the others*) ■ **the ~ ...** der/die/das letzte ...; **to arrive/come ~** als Letzte(r) *f/m* ankommen/kommen; **to plan sth [down] to the ~ detail** etw bis ins kleinste Detail planen; **to do sth ~**

thing etw als Letztes tun; **the second/third ~ door** die vor-/drittletzte Tür; **the ~ one** der/die/das Letzte ❷ (*lowest in order, rank*) letzte(r, s); ■ **to be ~** Letzte(r) *f/m* sein; (*in competition*) Letzte(r) *f/m* werden ❸ *attr* (*final, remaining*) letzte(r, s); **I'm almost finished — this is the ~ but one box to empty** ich bin fast fertig – das ist nur noch die vorletzte Kiste, die ich ausräumen muss; **at the ~ minute/moment** in letzter Minute/im letzten Moment; **at long ~** schließlich und endlich ❹ *attr* (*most recent, previous*) letzte(r, s); **did you see the news on TV ~ night?** hast du gestern Abend die Nachrichten im Fernsehen gesehen?; **the week/year before ~** vorletzte Woche/vorletztes Jahr ❺ *attr* (*most unlikely*) **she was the ~ person I expected to see** sie hätte ich am allerwenigsten erwartet; **the ~ thing I wanted was to make you unhappy** das Letzte, was ich wollte, war dich unglücklich zu machen ▶ **to have the ~ laugh** zuletzt lachen; (*show everybody*) es allen zeigen; **sth is on its ~ legs** (*fam*) etw macht es nicht mehr lange; **sb is on their ~ legs** (*fam: very tired*) jd ist fix und fertig; (*near to death*) jd macht es nicht mehr lange; **to be the ~ straw** das Fass [endgültig] zum Überlaufen bringen **II.** *adv* ❶ (*most recently*) das letzte Mal, zuletzt ❷ (*after the others*) als Letzte(r, s) ❸ (*lastly*) zuletzt, zum Schluss; **~, and most important ...** der letzte und wichtigste Punkt ...; **~ but not least** nicht zuletzt **III.** *n* <*pl* -> ❶ (*one after all the others*) ■ **the ~** der/die/das Letzte; **she was the ~ to arrive** sie kam als Letzte ❷ (*only one left*) ■ **the ~** der/die/das Letzte ❸ (*remainder*) ■ **the ~** der letzte Rest; **the ~ of the ice cream/strawberries** der letzte Rest Eis/Erdbeeren ❹ (*most recent, previous one*) ■ **the ~** der/die/das Letzte; **the ~ we heard from her, ...** als wir das letzte Mal von ihr hörten, ...; **that was the ~ we saw of her** seitdem haben wir sie nie wiedergesehen ❺ *usu sing* SPORTS (*last position*) letzte Position ❻ BOXING ■ **the ~** die letzte Runde ❼ (*fam: end*) **you haven't heard the ~ of this!** das letzte Wort ist hier noch nicht gesprochen!; **to see the ~ of sth** (*fam*) etw nie wiedersehen müssen; **at ~** endlich; **to the ~** (*form: until the end*) bis zuletzt; (*utterly*) durch und durch

last² [lɑːst] **I.** *vi* ❶ (*go on for*) [an]dauern ❷ (*endure*) halten; **enthusiasm, intentions** anhalten; **it's the only battery we've got, so make it ~** wir haben nur diese eine Batterie – verwende sie also sparsam; **you won't ~ long in this job if ...** du wirst diesen Job nicht lange behalten, wenn ...; **he wouldn't ~ five minutes in the army!** er würde keine fünf Minuten beim Militär überstehen! **II.** *vt supplies etc.* [aus]reichen; *car, machine* halten; **to ~ [sb] a lifetime** ein Leben lang halten

last³ [lɑːst] *n* Leisten *m*

'last-ditch *adj attr* [aller]letzte(r, s)

last·ing ['lɑːstɪŋ] *adj* dauerhaft, andauernd; *impression* nachhaltig

last·ly ['lɑːstli] *adv* schließlich

last-'min·ute *adj* in letzter Minute *nach n*; **~ booking** Last-Minute-Buchung *f* **'last name** *n* Nachname *m*, Familienname *m*

last 'year *adj pred* passé; **that is so ~** das ist ja inzwischen wieder sowas von out

latch [lætʃ] **I.** *n* Riegel *m* **II.** *vi esp* BRIT *(fam: understand)* ■ **to ~ on** [**to sth**] [etw] kapieren ❷ *(fam: attach oneself to)* ■ **to ~ on to sb/sth** sich an jdn/etw hängen ❸ *(fam: take up)* ■ **to ~ on to sth** an etw *dat* Gefallen finden

'latch·key *n* Schlüssel *m*

late [leɪt] **I.** *adj* <-r, -st> ❶ *(behind time)* verspätet *attr*; ■ **to be ~** *bus, flight, train* Verspätung haben; *person* zu spät kommen, sich verspäten; **sorry I'm ~** tut mir leid, dass ich zu spät komme; ■ **to be ~ for sth** zu spät zu etw *dat* kommen ❷ *(in the day)* spät; **let's go home, it's getting ~** lass uns nach Hause gehen, es ist schon spät; **I've had too many ~ nights last month** ich bin letzten Monat zu oft zu spät ins Bett gekommen ❸ *attr (towards the end)* spät; **they won the game with a ~ goal** sie gewannen mit einem Tor kurz vor Spielende; **in the ~ afternoon/evening** spät am Nachmittag/Abend; **~ October** Ende Oktober; **~ summer/autumn** [*or* AM *also* **fall**] der Spätsommer/-herbst; **to be in one's ~ thirties/twenties** Ende dreißig/zwanzig sein ❹ *attr (deceased)* verstorben ❺ *attr (recent)* jüngste(r, s); *(last)* letzte(r, s); **some ~ news has just come in that ...** wir haben soeben eine aktuelle Meldung erhalten, dass ... **II.** *adv* <-r, -s> ❶ *(after the expected time)* spät; **the train arrived ~** der Zug hatte Verspätung; **sorry, I'm running a bit ~ today** tut mir leid, ich bin heute etwas spät dran; **can I stay up ~ tonight?** darf ich heute länger aufbleiben?; **Ann has to work ~ today** Ann muss heute Überstunden machen; **the letter arrived two days ~** der Brief ist zwei Tage zu spät angekommen ❷ *(at an advanced time)* **we talked ~ into the night** wir haben bis spät in die Nacht geredet; **~ in the afternoon/night** am späten Nachmittag/Abend; **~ in the evening/night** spät am Abend/in der Nacht; **~ in the day** spät [am Tag]; **it's rather ~ in the day to do sth** *(fig)* es ist schon beinahe zu spät um etw zu tun; **too ~ in the day** *(also fig)* zu spät; **~ in March/this month/this year** gegen Ende März/des Monats/des Jahres ❸ *(recently)* **as ~ as noch**; **of ~** in letzter Zeit

late·com·er *n* Nachzügler(in) *m(f)* **late·ly** ['leɪtli] *adv* ❶ *(recently)* kürzlich, in letzter Zeit ❷ *(short time ago)* kürzlich, vor kurzer Zeit; **until ~** bis vor kurzem **late·ness** ['leɪtnəs] *n no pl* Verspätung *f* **'late-night** *adj attr* Spät-

la·tent ['leɪtənt] *adj* ❶ *(hidden)* verborgen ❷ SCI latent

lat·er ['leɪtə^r] **I.** *adj comp of* **late** ❶ *attr (at future time)* date, time später; **an earlier and a ~ version of the same text** eine ältere und eine neuere Version desselben Textes ❷ *pred (less punctual)* später **II.** *adv comp of* **late** ❶ *(at later time)* später, anschließend; **no ~ than nine o'clock** nicht nach neun Uhr; **see you ~!** bis später!; **what are you doing ~ on this evening?** was machst du heute Abend noch? ❷ *(afterwards)* später, danach

lat·er·al ['lætərəl] *adj esp attr* seitlich, Seiten-, Neben-; *thinking* unorthodox

lat·est ['leɪtɪst] **I.** *adj superl of* **late** *(most recent)* ■ **the ~ ...** der/die/das jüngste [*o* letzte] ...; **and now let's catch up with the ~ news** kommen wir nun zu den aktuellen Meldungen; **her ~ movie** ihr neuester Film **II.** *n* **have you heard the ~?** hast du schon das Neueste gehört?; *(most recent info)* **what's the ~ on that story?** wie lauten die neuesten Entwicklungen in dieser Geschichte? **III.** *adv* **at the** [**very**] **~** bis [aller]spätestens

la·tex ['leɪteks] *n no pl* Latex *m*

lath [læθ] *n* Latte *f*; *(thin strip of wood)* Leiste *f*

lathe [leɪð] *n* Drehbank *f*

'lathe op·er·a·tor *n* Dreher(in) *m(f)*

lath·er ['lɑːðə^r] **I.** *n no pl* ❶ *(soap bubbles)* [Seifen]schaum *m* ❷ *(sweat)* Schweiß *m*; *(on horses)* Schaum *m* **II.** *vi* schäumen **III.** *vt* einseifen

Lat·in ['lætɪn] **I.** *n no pl* Latein *nt* **II.** *adj* ❶ LING lateinisch ❷ *(of Latin origin)* Latein-; **~ alphabet** lateinisches Alphabet

La·ti·no [ləˈtiːnoʊ] *n* AM Latino *m*

lat·ish ['leɪtɪʃ] **I.** *adj* ziemlich spät **II.** *adv* etwas spät

lati·tude ['lætɪtjuːd] *n* Breite *f*, Breitengrad *m*

la·trine [ləˈtriːn] *n* Latrine *f*

lat·ter ['lætə^r] **I.** *adj attr* ❶ *(second of two)* zweite(r, s) ❷ *(near the end)* spätere(r, s); in

the ~ part of the year in der zweiten Jahreshälfte **II.** *pron* ■ **the ~** der/die/das Letztere

lat·ter·ly ['lætəli] *adv* in letzter Zeit, neuerdings

lat·tice ['lætɪs] *n* Gitter[werk] *nt*

Lat·via ['lætvɪə] *n* Lettland *nt*

Lat·vian ['lætvɪən] **I.** *n* ① *(person)* Lette(in) *m(f)* ② *(language)* Lettisch *nt kein pl* **II.** *adj* lettisch

laud·able ['lɔ:dəbl] *adj (form)* lobenswert

lau·da·num ['lɔ:dənəm] *n no pl* Laudanum *nt*

lauda·tory ['lɔ:dətri] *adj (form)* Lob-, lobend

laugh [lɑ:f] **I.** *n* ① *(sound)* Lachen *nt kein pl* ② *(fam: amusing activity)* Spaß *m*; **she's a good ~** sie bringt Stimmung in die Bude *fam*; **to do sth for a ~** etw [nur] aus Spaß tun **II.** *vi* lachen; **to make sb ~** jdn zum Lachen bringen; *(fam)* **his threats make me ~** über seine Drohungen kann ich [doch] nur lachen; ■ **to ~ at sb/sth** über jdn/etw lachen; *(fam: scorn)* sich über jdn/etw lustig machen; *(find ridiculous)* jdn/etw auslachen ▶ **to ~ in sb's <u>face</u>** jdn auslachen; **to ~ one's <u>head</u> off** *(fam)* sich totlachen; **no ~ing matter** nicht zum Lachen sein; **he who ~s <u>last</u> ~s longest** [*or* Am **best**] *(prov)* wer zuletzt lacht, lacht am besten ◆ **laugh off** *vt* mit einem Lachen abtun

laugh·able ['lɑ:fəbl] *adj* lächerlich *pej*, lachhaft *pej* **laugh·ing gas** ['lɑ:fɪŋ-] *n no pl* Lachgas *nt* **'laugh·ing stock** *n* ■ **to be a ~** die Zielscheibe des Spotts sein; **to make oneself a ~** sich lächerlich machen **laugh·ter** ['lɑ:ftəʳ] *n no pl* Gelächter *nt*, Lachen *nt*

launch [lɔ:n(t)ʃ] **I.** *n* ① *(introductory event)* Präsentation *f* ② *(boat)* Barkasse *f* ③ *(of boat)* Stapellauf *m*; *(of rocket, spacecraft)* Start *m* **II.** *vt* ① *(send out) boat* zu Wasser lassen; *ship* vom Stapel lassen; *balloon* steigen lassen; *missile, torpedo* abschießen; *rocket, spacecraft* starten; *satellite* in den Weltraum schießen ② *(begin something)* beginnen; **to ~ an attack** zum Angriff übergehen; *campaign, show* starten; *inquiry, investigation* anstellen; **to ~ an invasion** [in ein Land] einfallen ▶ *(hurl)* ■ **to ~ oneself at sb** sich auf jdn stürzen ◆ **launch into** *vi* ■ **to ~ into sth** sich [begeistert] in etw *akk* stürzen; **to ~ into a verbal attack** eine Schimpfkanonade loslassen ◆ **launch out** *vi* anfangen, beginnen

'launch·ing *n see* launch I

'launch·ing pad *n*, **'launch pad** *n* ① *(starting area)* Abschussrampe *f* ② *(starting point)* Anfang *m*

laun·der ['lɔ:ndəʳ] **I.** *vt* ① *(wash)* waschen [und bügeln] ② *(disguise origin)* weißwaschen *fam*; **to ~ money** Geld waschen *sl* **II.** *vi (form)* sich waschen lassen

laun·d(e)rette [ˌlɔ:ndəˈret] *n*, **laun·dro·mat®** ['lɔ:ndroʊmæt] *n* Am, Aus Waschsalon *m*

laun·dry ['lɔ:ndri] *n* ① *no pl (dirty clothes)* Schmutzwäsche *f*; **to do the ~** Wäsche waschen ② *no pl (washed clothes)* frische Wäsche ③ *(place)* Wäscherei *f*

'laun·dry bas·ket *n*, Am *also* **'laun·dry ham·per** *n* Wäschekorb *m* **'laun·dry ser·vice** *n* ① *(facility)* Wäscheservice *m* ② *(business)* Wäscherei *f*

lau·re·ate ['lɔ:rɪət] *n* Preisträger(in) *m(f)*

lau·rel ['lɒrəl] *n* ① *(tree)* Lorbeer[baum] *m* ② *pl (fig)* ■ **~s** Lorbeeren *pl* ▶ **to <u>rest</u> on one's ~s** sich auf seinen Lorbeeren ausruhen

lava ['lɑ:və] *n no pl* Lava *f*; *(cooled also)* Lavagestein *nt*

lava·tory ['lævətəri] *n usu* Brit Toilette *f*

'lava·tory seat *n esp* Brit Toilettensitz *m*

lav·en·der ['lævəndəʳ] **I.** *n no pl (plant, colour)* Lavendel *m* **II.** *adj* lavendelfarben

lav·ish ['lævɪʃ] **I.** *adj* ① *(sumptuous) meal* üppig; *banquet, reception* aufwendig ② *(generous) praise* überschwänglich; *promises* großartig; **to be ~ with one's praise** nicht mit Lob geizen **II.** *vt* ■ **to ~ sth on sb** jdn mit etw *dat* überhäufen; **to ~ much effort on sth** viel Mühe in etw *akk* stecken

law [lɔ:] *n* ① *(rule)* Gesetz *nt*; **there is a ~ against driving on the wrong side of the road** es ist verboten, auf der falschen Straßenseite zu fahren ② *no pl (legal system)* Recht *nt*; **to be against the ~** illegal sein; **to be above the ~** über dem Gesetz stehen; **to break/obey the ~** das Gesetz brechen/befolgen ③ *(scientific principle)* [Natur]gesetz *nt* ④ *no pl (at university)* Jura *kein art* ▶ **the ~ of the <u>jungle</u>** das Gesetz des Stärkeren; **sb <u>is</u> a ~ unto oneself** jd lebt nach seinen eigenen Gesetzen

'law-abid·ing *adj* gesetzestreu **'law·break·er** *n* Gesetzesbrecher(in) *m(f)* **'law court** *n* Gericht *nt* **'law en·force·ment** *n no pl esp* Am Gesetzesvollzug *m*; **in most countries ~ is in the hands of the police** in den meisten Ländern ist es Aufgabe der Polizei, für die Einhaltung der Gesetze zu sorgen

law·ful ['lɔ:fəl] *adj (form)* gesetzlich; *heir, owner* gesetzmäßig

'law·giv·er *n* Gesetzgeber *m* **law·less** ['lɔ:ləs] *adj* ① *(without laws)* gesetzlos ② *(illegal)* gesetzwidrig **'law·mak·er** *n* Gesetzgeber *m*

lawn¹ [lɔ:n] *n* Rasen *m*

lawn² [lɔ:n] *n no pl (cotton)* Batist *m*; *(linen)*

Linon *m*

'lawn·mow·er *n* Rasenmäher *m* **lawn 'ten·nis** *n no pl* (*form*) Rasentennis *nt*

'law school *n esp* Am juristische [*o* Österr juridische] Fakultät **'law stu·dent** *n* Jurastudent(in) *m(f)*, Justudent(in) *m(f)* Österr, Schweiz **'law·suit** *n* Klage *f*, Prozess *m*

law·yer ['lɔɪə'] *n* ❶ (*attorney*) Rechtsanwalt, Rechtsanwältin *m*, *f* ❷ Brit (*fam: student*) Jurastudent(in) *m(f)*, Justudent(in) *m(f)* Österr, Schweiz

lax [læks] *adj* ❶ (*lacking care*) lax *oft pej; discipline, security* mangelnd; ■ **to be ~ in doing sth** bei etw *dat* lax sein *oft pej* ❷ (*lenient*) locker

laxa·tive ['læksətɪv] **I.** *n* Abführmittel *nt* **II.** *adj* abführend

lax·ity ['læksəti] *n no pl* Laxheit *f*

lay[1] [leɪ] *adj attr* ❶ (*not professional*) laienhaft ❷ (*not clergy*) weltlich, Laien-

lay[2] [leɪ] *pt of* **lie**

lay[3] [leɪ] **I.** *n* ❶ (*general appearance*) Lage *f* ❷ (*layer*) Lage *f* ❸ (*fam!: sexual intercourse*) **to be a good ~** gut im Bett sein **II.** *vt* <laid, laid> ❶ (*spread*) legen (**on** auf), breiten (**over** über) ❷ (*place*) legen; **to ~ the blame on sb** jdn für etw *akk* verantwortlich machen ❸ (*put down*) verlegen; **to ~ the foundations of a building** das Fundament für ein Gebäude legen; **to ~ the foundations for sth** (*fig*) das Fundament zu etw *dat* legen ❹ (*prepare*) herrichten; *bomb, fire* legen; **the table** decken; *plans* schmieden ❺ (*render*) **to ~ sth bare** etw offenlegen; **to ~ sb bare** jdn bloßstellen; **to ~ sb/sth open to an attack/to criticism** jdn/etw einem Angriff/der Kritik aussetzen; **to ~ waste to the land** das Land verwüsten ❻ (*deposit*) **to ~ an egg** ein Ei legen ❼ (*wager*) setzen; **to ~ a bet on sth** auf etw *akk* wetten ❽ (*present*) ■ **to ~ sth before sb** jdm etw vorlegen ❾ (*assert*) **to ~ a charge against sb** gegen jdn Anklage erheben; **to ~ claim to sth** auf etw *akk* Anspruch erheben ❿ *cards* legen ⓫ *usu passive* (*vulg: have sexual intercourse*) ■ **to ~ sb** jdn umlegen *sl;* **to get laid** flachgelegt werden *sl* ▶ **to ~ sth at sb's door** *esp* Brit, Aus jdn für etw *akk* verantwortlich machen; **to ~ hands on sb** Hand an jdn legen; **to ~ sth to rest** *fears, suspicions* etw beschwichtigen; **to ~ it on [a bit thick]** etw zu dick auftragen *fam* **III.** *vi* <laid, laid> *hen* [Eier] legen ◆ **lay about** *vi* ❶ (*strike out wildly*) ■ **to ~ about oneself** wild um sich schlagen ❷ (*be indiscriminately critical*) zu einem Rundumschlag ausholen ◆ **lay aside** *vt* ❶ (*put away*) beiseitelegen ❷ (*stop*) *project, work* auf Eis legen *fam* ❸ (*forget*) *differences* beilegen ❹ (*save*) beiseitelegen ❺ (*reserve for future use*) zurückbehalten ◆ **lay back** *vt* zurücklegen; **to ~ back one's ears** *animal* die Ohren anlegen ◆ **lay by** *vt* ❶ (*save up*) beiseitelegen ❷ Am (*grow a last crop on*) **to ~ by a field** ein Feld ein letztes Mal bestellen ◆ **lay down** *vt* ❶ (*place on a surface*) hinlegen (**on** auf) ❷ (*relinquish*) *weapons* niederlegen ❸ (*decide on*) festlegen; (*establish*) aufstellen ▶ **to ~ down the law** [about sth] (*fam*) [über etw *akk*] Vorschriften machen; **to ~ down one's life for sb/sth** sein Leben für jdn/etw geben ◆ **lay into** *vt* ❶ (*fam: attack*) angreifen; (*shout at, criticize*) zur Schnecke machen ❷ (*eat heartily*) ■ **to ~ into sth** etw verschlingen ◆ **lay off I.** *vt* ❶ **to ~ off ⊂ sb** jdm kündigen **II.** *vi* aufhören; **just ~ off a bit, ok?** gib mal ein bisschen Ruhe, okay? *fam;* **to ~ off smoking** das Rauchen aufgeben ◆ **lay on** *vt* ❶ (*make available*) ■ **to ~ on ⊂ sth** für etw *akk* sorgen ❷ (*install*) *electricity* anschließen ❸ Am (*sl: berate*) **to ~ it on sb** jdn zur Schnecke machen ❹ (*fam: impose*) ■ **to ~ sth on sb** jdm etw aufbürden ◆ **lay out** *vt* ❶ (*arrange*) planen; *campaign* organisieren ❷ (*spread out*) *map* ausbreiten (**on** auf) ❸ *usu passive* (*design*) ■ **to be laid out** angeordnet sein; *garden* angelegt sein ❹ (*prepare for burial*) aufbahren ❺ Am (*explain*) ■ **to ~ sth out** [**for sb**] [jdm] etw erklären ◆ **lay up** *vt usu passive* (*fam*) **to be laid up** [**in bed**] **with flu** mit einer Grippe im Bett liegen

'lay·about *n* (*pej fam*) Faulenzer(in) *m(f)*

'lay-by *n* ❶ Brit (*no pl*) Rastplatz *m* ❷ Aus (*form of purchasing*) Ratenkauf *m* ❸ Aus (*purchased item*) angezahlter Gegenstand

lay·er ['leɪə'] **I.** *n* ❶ (*of substance*) Schicht *f;* **~s** *pl* (*in hair*) Stufen *pl* ❷ (*level*) of bureaucracy Stufe *f;* (*in an organization*) administrative Ebene *f* **II.** *vt* **to ~ sth** [**with sth**] etw [abwechselnd mit etw *dat*] in Schichten anordnen

lay·ered ['leɪəd] *adj* Schicht-

'lay·man *n* ❶ (*non-specialist*) Laie *m* ❷ (*sb not ordained*) Laienbruder *m*

'lay-off *n* (*from work*) *temporary* vorübergehende Entlassung; *permanent* Entlassung *f*

'lay·out *n* ❶ (*plan*) of building Raumaufteilung *f;* of road, town Plan *m* ❷ (*of written material*) Layout *nt* ❸ *no pl* (*arrangement*) Anordnen *nt*

'lay·over *n* Am (*stopover*) Aufenthalt *m;* (*of plane*) Zwischenlandung *f*

'lay·wom·an *n* Laiin *f*

laze [leɪz] *vi* faulenzen

lazi·ness ['leɪzɪnəs] *n no pl* Faulheit *f*

lazy ['leɪzi] *adj* ① (*pej: unwilling to work*) faul; (*lacking pep*) träge ② (*relaxed*) müßig *geh;* **I had a wonderful ~ weekend** ich hatte ein herrliches, erholsames Wochenende

lb <*pl* - *or* -s> *n abbrev of* **pound** Pfd.

LCD [ˌelsiː'diː] *n abbrev of* **liquid crystal display** LCD *nt*

lead¹ [led] *n* ① *no pl* (*metal*) Blei *nt;* **to contain ~** bleihaltig sein ② (*pencil filling*) Mine *f* ③ *no pl* (*graphite*) Graphit *m*

lead² [liːd] **I.** *n* ① THEAT, FILM Hauptrolle *f* ② (*clue*) Hinweis *m* ③ (*connecting wire*) Kabel *nt* ④ BRIT, AUS (*rope for pet*) Leine *f;* ■ **to be on a ~** angeleint sein ⑤ *no pl* (*front position*) Führung *f;* ■ **to be in the ~** führend sein; SPORTS in Führung liegen ⑥ *usu sing* (*guiding, example*) Beispiel *nt* ⑦ (*position in advance*) Vorsprung *m* ⑧ *usu sing* (*guiding in dance*) Führung *f kein sg;* **to follow sb's ~** sich von jdm führen lassen **II.** *vt* <led, led> ① (*be in charge of*) führen; *discussion, inquiry* leiten ② (*guide*) führen; **to ~ sb astray** jdn auf Abwege führen ③ (*go in advance*) **to ~ the way** vorangehen; **to ~ the way in sth** bei etw *dat* an der Spitze stehen ④ (*cause to have*) **to ~ sb** [**in**]**to problems** jdn in Schwierigkeiten bringen ⑤ (*pej: cause to do*) ■ **to ~ sb to do sth** jdn dazu verleiten, etw zu tun; **to ~ sb to believe that ...** jdn glauben lassen, dass ... ⑥ ECON, SPORTS (*be ahead of*) anführen ⑦ (*spend*) **to ~ a hectic/quiet life** ein hektisches/ruhiges Leben führen ▶ **to ~ sb up the garden path** (*fam*) jdn an der Nase herumführen **III.** *vi* <led, led> ① (*be in charge*) die Leitung innehaben ② (*be guide*) vorangehen; **to ~ from the front** den Ton angeben ③ (*guide woman dancer*) führen ④ (*be directed towards*) führen ⑤ (*implicate*) ■ **to ~ to sth** auf etw *akk* hinweisen ⑥ (*cause to develop, happen*) ■ **to ~ to sth** zu etw *dat* führen ⑦ (*be in the lead*) führen; SPORTS in Führung liegen ◆ **lead astray** *vt* auf Abwege führen ◆ **lead away** *vt* wegbringen; **he was led away by the police** er wurde von der Polizei abgeführt ◆ **lead off I.** *vt* ① (*initiate*) ■ **to ~ off ○ sth** etw eröffnen ② (*take away*) wegführen ③ (*go off*) ■ **to ~ off sth** von etw *dat* wegführen **II.** *vi* (*perform first*) beginnen ◆ **lead on I.** *vi* vorangehen; (*in a car*) voranfahren **II.** *vt* (*pej*) ■ **to ~ sb on** ① (*deceive*) jdm etw vormachen ② (*raise false hopes, sexually*) jdm zum Spaß den Kopf verdrehen ③ (*encourage to do bad things*) jdn anstiften ◆ **lead up** *vi* ① (*slowly introduce*) hinführen (**to** zu); **what's this all ~ing up to?** was soll das Ganze? ② (*precede*) ■ **to ~ up to sth** etw *dat* vorangehen

lead·ed ['ledɪd] **I.** *adj* ① (*of fuel*) verbleit ② (*of windows*) bleiverglast **II.** *n no pl* verbleites Benzin

lead·en ['ledən] *adj* ① (*of colour*) bleiern ② (*heavy*) bleischwer; *facial expression* starr

lead·er ['liːdər] *n* ① (*head*) Führer(in) *m(f)* ② (*first in competition*) Erste(r) *f(m)* ③ (*most successful*) Führende(r) *f(m)* ④ BRIT MUS (*of orchestra*) erster Geiger/erste Geigerin ⑤ AM MUS (*conductor*) Dirigent(in) *m(f)* ⑥ BRIT (*editorial*) Leitartikel *m*

lead·er·ship ['liːdərʃɪp] *n no pl* ① (*action of leading*) Führung *f* ② (*position*) Führung *f*, Führerschaft *f* ③ + *sing/pl vb* (*people in charge*) ■ **the ~** die Leitung

lead-free ['led-] *adj* bleifrei

lead guitar [liːdgɪ'tɑː] *n* ① (*guitar*) Leadgitarre *f* ② (*guitar player*) Leadgitarrist(in) *m(f)*

leading¹ ['liːdɪŋ] **I.** *adj attr* führend **II.** *n no pl* (*guidance*) Führung *f*

leading² ['liːdɪŋ] *n no pl* BRIT ① (*of roof*) Verbleiung *f* ② (*of windows*) Bleifassung *f*

lead·ing 'ar·ti·cle *n* BRIT Leitartikel *m* **lead·ing 'edge** *n* ① (*of wing/blade*) Flügelvorderkante *f* ② *no pl* (*of development*) ■ **to be at the ~** [**of sth**] auf dem neuestem Stand [einer S. *gen*] sein **lead·ing 'lady** *n* Hauptdarstellerin *f* **lead·ing 'light** *n* (*fam*) führende Persönlichkeit *f* **lead·ing 'man** *n* Hauptdarsteller *m* **lead·ing 'ques·tion** *n* Suggestivfrage *f*

lead pen·cil [led'-] *n* Bleistift *m*

'lead-poi·son·ing *n no pl* Bleivergiftung *f*

lead sing·er [liːd'-] *n* Leadsänger(in) *m(f)*

lead 'sto·ry *n* Aufmacher *m* **'lead time** *n* (*in production*) Vorlaufzeit *f;* (*for completion*) Realisierungszeit *f*

leaf I. *n* <*pl* **leaves** [liːf, *pl* liːvz] ① (*part of plant*) Blatt *nt;* **dead ~** verwelktes Blatt ② *no pl* (*complete foliage*) Laub *nt* ▶ **to shake like a ~** wie Espenlaub zittern **II.** *vi* [liːf] (*of book, periodical*) ■ **to ~ through sth** etw durchblättern

leaf·less ['liːfləs] *adj* kahl **leaf·let** ['liːflət] **I.** *n* (*for advertising*) Prospekt *m* or ÖSTERR *a.* *nt;* (*for instructions*) Merkblatt *nt;* (*for political use*) Flugblatt *nt;* (*brochure*) Broschüre *f* **II.** *vi* (*in street*) auf der Straße Prospekte/Flugblätter/Broschüren verteilen; (*by mail*) per Post Werbematerial/Broschüren verschicken **III.** *vt* Handzettel verteilen; (*by mail*) Handzettel irgendwohin verschicken; (*for advertising*) Werbematerial verteilen; (*for political use*) Flugblätter verteilen; (*for instruction*) Merkblätter verteilen

leafy ['liːfi] *adj* ① (*of place*) belaubt ② HORT Blatt-, blattartig

league [liːg] *n* ① (*group*) Bund *m* ② (*esp pej:*

leak [liːk] **I.** *n* Leck *nt*; **a gas ~** eine undichte Stelle in der Gasleitung **II.** *vi* (*of container, surface*) undicht sein; *boat, ship* lecken; *tap* tropfen; *tire* Luft verlieren; *pen* klecksen **III.** *vt* ■ **to ~ sth** ❶ (*of container, surface*) verlieren; *gas, liquid* austreten lassen ❷ (*fig*) *confidential information* durchsickern lassen

leak·age ['liːkɪdʒ] *n* ❶ *no pl* (*leaking*) *of gas* Ausströmen *nt*; *of liquid* Auslaufen *nt*; *of water* Versickern *nt* ❷ (*leak*) Leck *nt*; (*in pipe*) undichte Stelle ❸ *no pl* (*fig: of secret information*) Durchsickern *nt*

leaky ['liːki] *adj* leck

lean¹ [liːn] **I.** *adj* ❶ *animal* mager; *person* schlank ❷ *meat* mager ❸ (*of period of time*) mager ❹ (*of organization*) schlank; (*efficient*) effizient **II.** *n no pl* mageres Fleisch

lean² [liːn] **I.** *vi* <leant *or Am usu* leaned, leant *or Am usu* leaned> ❶ (*incline*) sich beugen; (*prop*) sich lehnen; ■ **to ~ against sth** sich an [*o* gegen] etw *akk* lehnen; ■ **to ~ forward** sich nach vorne lehnen; ■ **to ~ on sb/sth** sich an jdn/etw [an]lehnen; ■ **to ~ out of a window** sich aus einem Fenster [hinaus]lehnen ❷ (*have opinion*) neigen; **I ~ towards the view that ...** ich neige zur Ansicht, dass ... **II.** *vt* <leant *or Am usu* leaned, leant *or Am usu* leaned> lehnen (**against** an, **on** auf) ◆ **lean on** *vi* ❶ (*pressurize*) ■ **to ~ on sb** jdn unter Druck setzen ❷ (*rely*) ■ **to ~ on sb/sth** sich auf jdn/etw verlassen ◆ **lean over** *vi* ■ **to ~ over sb/sth** sich über jdn/etw beugen

lean·ing ['liːnɪŋ] *n esp pl* Neigung *f geh* (**for/towards** zu)

leant [lent] *vt, vi pt, pp of* **lean**

'lean-to *n* ❶ (*building extension*) Anbau *m* ❷ *Am, Aus* (*camping shelter*) Schuppen *m* (*mit Pultdach*)

leap [liːp] **I.** *n* ❶ (*jump*) Sprung *m*; (*bigger*) Satz *m* ❷ (*increase*) Sprung *m* (**in** bei) ❸ (*change*) **a ~ of faith/imagination** ein Sinneswandel *m*/Gedankensprung *m* **II.** *vi* <leapt *or Am esp* leaped, leapt *or Am esp* leaped> ❶ (*jump*) springen; ■ **to ~ forward** nach vorne springen; ■ **to ~ on sb/sth** sich auf jdn/etw stürzen ❷ (*rush*) **to ~ to sb's defence** zu jds Verteidigung eilen ❸ (*be enthusiastic*) **to ~ at the chance to do sth** die Chance ergreifen, etw zu tun; **to ~ with joy** vor Freude einen Luftsprung machen **III.** *vt* <leapt *or Am usu* leaped, leapt *or Am usu* leaped> ■ **to ~ sth** über etw *akk* springen; (*get over in a jump*) etw überspringen ◆ **leap out** *vi* ❶ (*jump out*) herausspringen (**out of** aus); (*from behind sth*) hervorspringen; ■ **to ~ out at sb** sich auf jdn stürzen ❷ (*grab attention*) ■ **to ~ out at sb** jdm ins Auge springen ◆ **leap up** *vi* ❶ (*jump up*) aufspringen ❷ (*increase*) in die Höhe schießen

'leap-frog I. *n no pl* Bockspringen *nt* **II.** *vt* <-gg-> ■ **to ~ sb/sth** ❶ (*vault*) über jdn/etw einen Bocksprung machen ❷ (*go around*) jdn/etw umgehen; (*skip*) jdn/etw überspringen **III.** *vi* <-gg-> ❶ (*vault*) ■ **to ~ over sb/sth** über jdn/etw einen Bocksprung machen ❷ (*jump over*) ■ **to ~ somewhere** irgendwohin springen

leapt [lept] *vt, vi pt, pp of* **leap**

'leap year *n* Schaltjahr *nt*

learn [lɜːn] **I.** *vt* <learnt *or Am usu* learned, learnt *or Am usu* learned> (*acquire knowledge, skill*) lernen ▶ ■ **to ~ sth by heart** etw auswendig lernen **II.** *vi* <learned, learnt *or Am usu* learned, learned, learnt *or Am usu* learned> ❶ (*master*) lernen (**about** über); **to ~ by experience/one's mistakes** aus Erfahrung/seinen Fehlern lernen ❷ (*become aware of*) ■ **to ~ about sth** von etw *dat* erfahren

learned¹ [lɜːnd] *adj* angelernt

learned² ['lɜːnɪd] *adj* (*form*) gelehrt; **my ~ friend** Brit law mein geschätzter Herr Kollege/meine geschätzte Frau Kollegin

learn·er ['lɜːnə'] *n* ❶ (*one who's learning, training*) Lernende(r) [*f*(*m*)]; (*beginner*) Anfänger(in) *m*(*f*); (*pupil*) Schüler(in) *m*(*f*); **advanced ~s** Fortgeschrittene *pl*; **to be a quick ~** schnell lernen ❷ Brit (*learner driver*) Fahrschüler(in) *m*(*f*)

learn·ing ['lɜːnɪŋ] *n no pl* ❶ (*acquisition of knowledge*) Lernen *nt* ❷ (*education*) Bildung *f*; (*extensive knowledge*) Gelehrsamkeit *f*

'learn·ing dis·abil·i·ty *n* Lernstörung *f*; (*more severe*) Lernbehinderung *f*

learnt [lɜːnt] *vt, vi pt, pp of* **learn**

lease [liːs] **I.** *vt* ❶ (*let on long-term basis*) *house, vehicle* vermieten (**to** an); *land, property* verpachten ❷ (*rent long-term*) *flat, house* mieten; *land, property* pachten; *vehicle* leasen **II.** *n* (*of flat, house* Mietvertrag *m*; *of land, property* Pachtvertrag *m*; *of vehicle* Leasingvertrag *m*

'lease·hold *n* ❶ *no pl* (*having property*) Pachtbesitz *m* ❷ (*leased property*) Pachtgrundstück *nt* **'lease·hold·er** *n of land* Pächter(in) *m*(*f*); *of flat, house* Mieter(in) *m*(*f*); *of vehicle* Leasingnehmer(in) *m*(*f*)

leash [liːʃ] **I.** *n* ❶ (*lead*) Leine *f*; **pets must be on a ~** Haustiere müssen angeleint sein ❷ (*restraint*) **on emotions, feelings** Zügel *m*

II. vt ❶ *dog* anleinen ❷ (*restrain*) *emotions, feelings* zügeln

leas·ing ['li:sɪŋ] n no pl ❶ (*let on long-term basis*) *of land* Verpachten nt; *of flat, house* Vermieten nt; (*of cars*) Leasing nt ❷ (*rent long-term*) *of land* Pachten nt; *of flat, house* Mieten nt; *of cars* Leasen nt

'leas·ing com·pa·ny n Leasingfirma f

least [li:st] **I.** adv am wenigsten; **the ~ likely of the four to win** von den vier diejenige mit den geringsten Gewinnchancen; **the ~ little thing** die kleinste Kleinigkeit; **~ of all** am allerwenigsten; **no one believed her, ~ of all the police** niemand glaubte ihr, schon gar nicht die Polizei **II.** adj det ❶ (*tiniest amount*) geringste(r, s); **of all our trainees, she has the ~ ability** von all unseren Auszubildenden ist sie am unfähigsten; ■ **at ~** (*minimum*) mindestens, wenigstens; (*if nothing else*) wenigstens, zumindest ❷ BIOL Zwerg-

leath·er ['leðər] n ❶ no pl (*material*) Leder nt ❷ (*for polishing*) Lederlappen m

'leath·er·ing n (*fam*) Prügel pl

'leath·er·neck n AM (*sl: US Marine*) Ledernacken m fam

leath·ery ['leðəri] adj ❶ (*tough, thick*) ledrig ❷ (*pej*) *meat, pastry* zäh ❸ *hands, skin* ledern

leave [li:v] **I.** n no pl ❶ (*vacation time*) Urlaub m; **maternity ~** Mutterschaftsurlaub m; **to be/go on ~** in Urlaub sein/gehen ❷ (*farewell*) Abschied m ❸ (*permission, consent*) Erlaubnis f ❹ (*departure*) Abreise f **II.** vt <left, left> ❶ (*depart from*) *place* verlassen ❷ (*go away permanently*) **to ~ home** von zu Hause weggehen; *one's husband/wife* verlassen; *job* aufgeben; **to ~ school/university** die Schule/Universität beenden; **to ~ work** aufhören zu arbeiten ❸ (*not take away with*) [zurück]lassen (**with** bei); *message, note* hinterlassen ❹ (*forget to take*) vergessen ❺ (*let traces remain*) *footprints, stains* hinterlassen ❻ (*cause to remain*) **five from twelve ~s seven** zwölf weniger fünf macht sieben ❼ (*cause to remain in a certain state*) **to ~ sb alone** jdn alleine lassen; **to ~ sb better/worse off** jdn in einer besseren/schlechteren Situation zurücklassen; **to ~ sth on/open** etw eingeschaltet/offen lassen ❽ (*not change*) lassen ❾ (*not eat*) übrig lassen ❿ (*bequeath*) hinterlassen ⓫ (*be survived by*) *wife, children* hinterlassen ⓬ (*put off doing*) lassen; **don't ~ it too late!** schieb es nicht zu lange auf! ⓭ (*not discuss further*) *question, subject* lassen; **let's ~ it at that** lassen wir es dabei bewenden ⓮ (*assign*) ■ **to ~ sth to sb** *decision* jdm etw überlassen ▶ **to ~ nothing/sth to chance** nichts/etw dem Zufall überlassen; **to ~ sb to their own devices** jdn sich dat selbst überlassen; **to ~ a lot to be desired** viel zu wünschen übriglassen; **to ~ sb alone** (*not disturb*) jdn in Ruhe lassen; **~ well |enough| alone!** lass die Finger davon! **III.** vi <left, left> [weg]gehen; *vehicle, train, ferry* abfahren; *plane* abfliegen ◆ **leave behind** vt ❶ (*not take along*) zurücklassen ❷ (*leave traces*) hinterlassen ❸ (*no longer participate in*) hinter sich dat lassen ◆ **leave off I.** vt ❶ (*omit*) auslassen; **to leave sb/sb's name off a list** jdn/jds Namen nicht in eine Liste aufnehmen ❷ (*not put on*) **to ~ a lid off sth** keinen Deckel auf etw akk geben ❸ (*not wear*) **to ~ one's coat off** seinen Mantel nicht anziehen ❹ (*not turn on*) **to ~ the radio off** das Radio aus[gestellt] lassen **II.** vi (*fam*) aufhören; ■ **to ~ off sth** mit etw dat aufhören ◆ **leave out** vt ❶ (*omit*) auslassen; *chance, opportunity* verpassen; *facts, scenes* weglassen ❷ (*exclude*) ausschließen ◆ **leave over** vt usu passive ■ **to be left over** [**from sth**] [von etw dat] übrig geblieben sein

leave-in ['li:vɪn] adj **~ conditioner** Conditioner m ohne Ausspülen

leav·en ['levən] **I.** vt usu passive ❶ (*make rise*) *bread, dough* gehen lassen; **this dough is ~ed with yeast** dieser Teig enthält Hefe ❷ (*lighten*) ■ **to be ~ed by sth** mit etw dat aufgelockert werden **II.** n no pl ❶ (*rising agent*) Gärmittel nt ❷ (*dough*) Sauerteig m ❸ (*influence*) Auflockerung f; (*cheering up*) Aufheiterung f

leaves [li:vz] n pl of **leaf**

'leave-tak·ing n no pl Abschied m

leav·ing ['li:vɪŋ] n no pl (*departure*) Abreise f

'leav·ing par·ty n Abschiedsparty f

Leba·nese [ˌlebəˈni:z] **I.** n <pl -> Libanese, Libanesin m, f **II.** adj libanesisch

Leba·non ['lebənən] n **the ~** der Libanon

lech·er ['letʃər] n (*pej*) Wüstling m

lech·er·ous ['letʃərəs] adj (*pej: interested in sex*) geil

lech·ery ['letʃəri] n no pl (*pej: interest in sex*) Geilheit f; (*desire*) Lüsternheit f

lec·tern ['lektən] n [Redner]pult nt; REL Lektionar nt fachspr

lec·ture ['lektʃər] **I.** n ❶ (*formal speech*) Vortrag m (**on/about** über); UNIV Vorlesung f (**on** über) ❷ (*pej: criticism*) Standpauke f fam **II.** vi ❶ UNIV eine Vorlesung halten (**in/on** über); **he ~s in chemistry at London university** er ist Dozent für Chemie an der Universität London ❷ (*pej: criticize*) belehren (**about** über); **III.** vt ■ **to ~ sb on sth** ❶ (*give speech*) jdm über etw akk einen Vortrag hal-

lec·ture notes *npl* Vorlesungsmitschrift *f*
lec·tur·er ['lektǝrǝr] *n* ① (*speaker*) Redner(in) *m(f)* ② (*at university*) Dozent(in) *m(f)*; (*without tenure*) Lehrbeauftragte(r) *f(m)*
'lec·ture room *n* UNIV Hörsaal *m* **'lec·ture thea·tre** *n* Hörsaal *m* **'lec·ture tour** *n* Vortragsreise *f*
led [led] *pt*, *pp of* **lead**
LED [,ǝuelɪ'di:] *n abbrev of* **light-emitting diode** LED *f*
ledge [ledʒ] *n* Sims *m o nt;* (*in rocks*) Felsvorsprung *m*
ledg·er ['ledʒǝr] *n* ① FIN Hauptbuch *nt* ② (*for angling*) Angelleine *f* (*mit festliegendem Köder*)
lee [li:] *n no pl* Windschatten *m;* GEOG, NAUT Lee *f o nt fachspr*
leech <*pl* -**es**> [li:tʃ] *n* ① (*worm*) Blutegel *m* ② (*clingy person*) Klette *f pej* **II.** *vi* ▪ **to — on sb/sth** (*rely on*) von jdm/etw abhängen; (*exploit*) bei jdm/etw schmarotzen *pej*
leek [li:k] *n* Lauch *m*
leer [lɪǝr] (*pej*) **I.** *vi* ▪ **to — at sb** jdm anzügliche Blicke zuwerfen **II.** *n* anzügliches Grinsen
lee·ward ['li:wǝd] **I.** *adj* windgeschützt; GEOG, NAUT Lee- *adj fachspr* **II.** *adv* auf der windabgewandten Seite; GEOG, NAUT leewärts *fachspr*
lee·way ['li:weɪ] *n no pl* Spielraum *m*
left¹ [left] *pt*, *pp of* **leave**
left² [left] **I.** *n* ① *no pl* (*direction*) **from — to right** von links nach rechts; **to approach from the —** sich von links nähern ② (*left turn*) **to make a —** [nach] links abbiegen ③ (*street on the left*) **the first/second/third —** die erste/zweite/dritte Straße links ④ *no pl* (*left side*) ▪ **the —** die linke Seite; **my sister is third from the —** meine Schwester ist die Dritte von links; ▪ **on/to the —** links; ▪ **on/to sb's —** zu jds Linken, links von jdm ⑤ SPORTS linke [Spielfeld]seite ⑥ *no pl* (*political grouping*) ▪ **the —** die Linke **II.** *adj* ① (*position*, *direction*) linke(r, s) ② (*political direction*) linke(r, s), linksgerichtet **III.** *adv* (*direction*) nach links; (*side*) links; **to keep/turn —** sich links halten/links abbiegen ▶ **—, right and centre** überall
'left-hand *adj attr* ① (*on sb's left side*) linke(r, s) ② SPORTS **— catch/volley** mit links gefangener Ball/ausgeführter Volley ③ (*in road*) **— bend** Linkskurve *f* **left-'hand·ed** *adj* ① (*of person*) linkshändig; **she is —** sie ist Linkshänderin ② *attr* (*for left hand use*) Linkshänder- ③ (*turning to left*) racetrack linksläufig; *screw* linksdrehend; BIOL linksgedreht ④ (*fig: of emotions*) pervers; (*sadistic*) sadistisch **left-'hand·er** *n* ① (*person*) Linkshänder(in) *m(f)* ② (*curve in road*) Linkskurve *f* ③ (*hit*) Schlag *m* mit der Linken; SPORTS Linke *f*
left·ist ['leftɪst] (*also pej*) **I.** *adj* (*in politics*) linke(r, s) **II.** *n* (*in politics*) Linke(r) *f(m)*
left-'lug·gage *n*, **left-'lug·gage of·fice** *n* BRIT Gepäckaufbewahrung *f*
'left·overs *npl* ① (*food*) Reste *pl* ② (*parts remaining*) Überreste *pl*
left 'wing *n* + *sing/pl vb* ▪ **the —** ① (*in politics*) die Linke; **the — of the party** der linke Parteiflügel ② MIL, SPORTS der linke Flügel
left-'wing *adj* linksgerichtet **left-'wing·er** *n* Linke(r) *f(m)*
leg [leg] **I.** *n* ① (*limb*) Bein *nt* ② (*meat*) Keule *f*, Schlegel *m* SÜDD, ÖSTERR ③ (*clothing part*) [Hosen]bein *nt* ④ (*support*) Bein *nt;* **chair/table —** Stuhl-/Tischbein *nt* ⑤ (*segment*) Etappe *f;* (*round*) Runde *f* ⑥ AM (*fam*) **to have — s** (*remain popular*) langfristig halten; (*succeed*) klappen ▶ **to be on one's last —s** aus dem letzten Loch pfeifen *fam;* **break a —!** † Hals- und Beinbruch!; **to give sb a — up** (*fam: help to climb*) jdm hinaufhelfen; (*help sb*) jdm unter die Arme greifen *fam;* **to have a — up on sb** AM jdm gegenüber einen Vorteil haben; **to pull sb's —** jdn aufziehen *fam* **II.** *vt* <-**gg**-> **we are late, we really need to — it** wir sind spät dran, wir müssen uns wirklich beeilen

leg·a·cy ['legǝsi] *n* ① LAW Vermächtnis *nt*, Erbe *nt* ② *fig* (*consequence*) Auswirkung *f*
le·gal ['li:gǝl] *adj* ① (*permissible by law*) legal ② (*required by law*) gesetzlich [vorgeschrieben] ③ (*according to the law*) rechtmäßig ④ (*concerning the law*) rechtlich; **to take — action against sb** rechtliche Schritte gegen jdn unternehmen; **— system** Rechtssystem *nt* ⑤ (*of courts*) gerichtlich; (*of lawyers*) juristisch
le·gal 'aid *n no pl* [unentgeltlicher] Rechtsbeistand **le·gal·i·ty** [li:'gælǝti] *n* ① *no pl* (*lawfulness*) Gesetzmäßigkeit *f* ② (*laws*) ▪ **legalities** *pl* gesetzliche Bestimmungen
le·gal·i·za·tion [,li:gǝlaɪ'zeɪʃǝn] *n no pl* Legalisierung *f geh*
le·gal·ize ['li:gǝlaɪz] *vt* legalisieren *geh* **le·gal·ly** ['li:gǝli] *adv* ① (*permissible by law*) legal ② (*required by law*) **— obliged/required** gesetzlich verpflichtet/vorgeschrieben ③ (*according to the law*) rechtmäßig ④ (*concerning the law*) rechtlich

leg·ate ['legət] n ❶ HIST (*of Roman province*) Legat m ❷ (*clergy member*) Legat m

le·ga·tion [lɪ'geɪʃ^ən] n ❶ (*group*) Gesandtschaft f ❷ no pl (*sending of representative*) Entsendung f geh ❸ (*building*) Gesandtschaftsgebäude nt

leg·end ['ledʒənd] I. n ❶ (*old story*) Sage f; (*about saint*) Legende f ❷ (*famous person*) Legende f ❸ (*on coin, diagram, map, picture*) Legende f II. adj pred ▪ to be ~ Legende sein

leg·end·ary ['ledʒənd^əri] adj ❶ (*mythical*) sagenhaft; (*in legend*) legendär ❷ (*extremely famous*) legendär; ▪ to be ~ for sth für etw akk berühmt sein

leg·er·demain [,le(d)ʒədə'meɪn] n no pl ❶ (*of conjuring*) Kniff m ❷ (*pej: deception*) Schwindelei f

leg·gings ['legɪnz] npl ❶ (*tight-fitting*) Leggings pl ❷ (*for protection*) Überhose f; (*for child*) Gamaschenhose f

leg·gy ['legi] adj ❶ (*of woman*) langbeinig, mit langen Beinen ❷ (*of young animal, child*) staksig

leg·ible ['ledʒəbl] adj lesbar

le·gion ['liːdʒən] I. n ❶ + *sing vb* HIST Legion f ❷ + *sing vb* (*soldiers*) Armee f; **the [Foreign] L~** die Fremdenlegion ❸ (*a large number*) ▪ ~s pl Scharen pl II. adj pred (*form*) unzählig

le·gion·ary ['liːdʒən^əri] I. n HIST Legionär m II. adj Legions-

le·gion·naire [,liːdʒə'neə^r] n (*Roman soldier*) Legionär m; (*member of foreign legion*) [Fremden]legionär m; (*of American, British Legion*) Mitglied des amerikanischen/britischen Kriegsveteranenverbands des ersten Weltkriegs

Le·gion·naires' dis·ease n no pl Legionärskrankheit f

leg·is·late ['ledʒɪsleɪt] I. vi ein Gesetz erlassen (**against** gegen) II. vt gesetzlich regeln

leg·is·la·tion [,ledʒɪ'sleɪʃ^ən] n no pl ❶ (*laws*) Gesetze pl; **a piece of ~** (*law*) ein Gesetz nt; (*proposed law*) ein Gesetzentwurf m ❷ (*law-making*) Gesetzgebung f

leg·is·la·tive ['ledʒɪslətɪv] adj esp attr gesetzgebend

leg·is·la·tor ['ledʒɪsleɪtə^r] n Gesetzgeber m

leg·is·la·ture ['ledʒɪslətʃə^r] n Legislative f; **member of the ~** Parlamentsmitglied nt

le·giti·ma·cy [lɪ'dʒɪtəməsi] n no pl ❶ (*rightness*) Rechtmäßigkeit f ❷ (*of birth*) Ehelichkeit f

le·giti·mate I. adj [lɪ'dʒɪtəmət] ❶ (*legal*) rechtmäßig ❷ (*reasonable*) excuse, reason gerechtfertigt; complaint, grievance begründet ❸ (*born in wedlock*) child ehelich II. vt [lɪ'dʒɪtəmeɪt] ❶ (*make legal*) für rechtsgültig erklären ❷ (*make acceptable*) anerkennen ❸ (*change status of birth*) child rechtlich anerkennen

le·giti·m(at)ize [lɪ'dʒɪtəm(ət)aɪz] vt ❶ (*make legal*) für rechtsgültig erklären ❷ (*make acceptable*) rechtfertigen ❸ (*change status of birth*) child rechtlich anerkennen

leg·less ['legləs] adj pred BRIT (*sl: extremely drunk*) sternhagelvoll fam

'**leg·room** n no pl Beinfreiheit f

leg·ume ['legjuːm] n BOT Hülsenfrucht f

le·gu·mi·nous [lɪ'gjuːmɪnəs] adj Hülsenfrucht-; **~ plants** Hülsenfrüchtler pl

lei·sure ['leʒə^r] n no pl Freizeit f; **to lead a life of ~** ein müßiges Leben führen ▶ **at [one's] ~** in aller Ruhe; **call me at your ~** rufen Sie mich an, wenn es Ihnen gelegen ist

'**lei·sure cen·tre** n BRIT, '**lei·sure com·plex** n BRIT Freizeitcenter nt

lei·sured ['leʒəd] adj (*form*) ❶ (*having much leisure*) müßig ❷ (*leisurely*) geruhsam

lei·sure·ly ['leʒəli] I. adj ruhig; **at a ~ pace** gemessenen Schrittes geh; picnic, breakfast gemütlich II. adv gemächlich

'**lei·sure time** n Freizeit f '**lei·sure·wear** n no pl Freizeit[be]kleidung f

lem·ming ['lemɪŋ] n ZOOL Lemming m

lem·on ['lemən] I. n ❶ (*fruit*) Zitrone f ❷ no pl (*colour*) Zitronengelb nt ❸ BRIT, AUS (*sl: fool*) Blödmann m fam; **to feel [like] a ~** sich dat wie ein Idiot vorkommen fam II. adj ~ [yellow] zitronengelb

lem·on·ade [,lemə'neɪd] n Zitronenlimonade f '**lem·on juice** n Zitronensaft m '**lem·on peel** n, '**lem·on rind** n Zitronenschale f '**lem·on squash** n BRIT, AUS ❶ no pl (*concentrate*) Zitronensirup m ❷ (*drink*) Zitronensaftgetränk nt **lem·on 'tea** n Tee m mit Zitrone

lend <lent, lent> [lend] I. vt ❶ (*loan*) leihen ❷ (*impart*) ▪ **to ~ sth to sb/sth** jdm/etw etw verleihen ❸ (*be suitable*) ▪ **to ~ itself** sich für etw akk eignen ▶ **to ~ an ear to sb** jdm zuhören; **to ~ a hand** helfen II. vi ▪ **to ~ to sb** jdm Geld leihen; bank jdm Kredit gewähren

lend·er ['lendə^r] n Verleiher(in) m(f); (*money lender*) Kreditgeber(in) m(f)

lend·ing ['lendɪŋ] n no pl Leihen nt

'**lend·ing li·brary** n Leihbibliothek f

length ['leŋ(k)θ] n ❶ no pl (*measurement*) Länge f; **she planted rose bushes along the whole ~ of the garden fence** sie pflanzte Rosensträucher entlang dem gesamten Gartenzaun; **to be 2 metres in ~** 2 Meter lang sein ❷ (*piece*) Stück nt; of cloth/

wallpaper Bahn *f* ❸ (*winning distance*) Länge *f* [Vorsprung] ❹ (*in swimming pool*) Bahn *f* ❺ *no pl* (*duration*) Dauer *f*; **the ~ of an article/a book/a film** die Länge eines Artikels/Buchs/Films; [**for**] **any ~ of time** [für] längere Zeit; **at ~** (*finally*) nach langer Zeit; (*in detail*) ausführlich; **at great ~** in aller Ausführlichkeit ▸ **to go to any ~s** vor nichts zurückschrecken; **to go to great ~s** sich *dat* alle Mühe geben

length·en ['leŋ(k)θən] **I.** *vt* verlängern; *clothes* länger machen **II.** *vi* [immer] länger werden **length·ways** ['leŋ(k)θweɪz], **length·wise** ['leŋ(k)θwaɪz] **I.** *adv* der Länge nach **II.** *adj* Längs-

lengthy ['leŋ(k)θi] *adj* ❶ (*lasting a long time*) [ziemlich] lange; *applause* anhaltend; *delay* beträchtlich ❷ (*tedious*) *treatment* langwierig; *explanation* umständlich

le·ni·ence ['liːnɪən(t)s] *n*, **le·ni·en·cy** ['liːnɪən(t)si] *n no pl* Nachsicht *f*, Milde *f*

le·ni·ent ['liːnɪənt] *adj* nachsichtig, milde

lens <*pl* -es> [lenz] *n* ❶ (*optical instrument*) Linse *f*; (*in camera, telescope also*) Objektiv *nt*; (*in glasses*) Glas *nt*; [**contact**] **~** Kontaktlinse *f* ❷ (*part of eye*) Linse *f*

lent [lent] *vt, vi pt, pp of* **lend**

Lent [lent] *n no pl, no art* Fastenzeit *f*

len·til ['lentəl] *n* Linse *f*

Leo ['liːəʊ] *n* ASTRON, ASTROL ❶ *no art* Löwe *m*; **to be born under ~** im Zeichen des Löwen geboren sein ❷ (*person*) Löwe *m*; **she is a ~** sie ist Löwe

le·o·nine ['liːə(ʊ)naɪn] *adj* (*form*) löwenartig, Löwen-

leop·ard ['lepəd] *n* Leopard(in) *m(f)*

leo·tard ['liːətɑːd] *n* Trikot *f*; (*for gymnastics also*) Turnanzug *m*

lep·er ['lepə] *n* MED Leprakranke(r) *f(m)*, Aussätzige(r) *f(m) a. fig*

lep·ro·sy ['leprəsi] *n no pl* Lepra *f*

lep·rous ['leprəs] *adj* leprakrank

les·bian ['lezbiən] **I.** *n* Lesbe *f* **II.** *adj* lesbisch

les·bian·ism ['lezbɪənɪzᵊm] *n no pl* lesbische Liebe

le·sion ['liːʒᵊn] *n* Verletzung *f*

Le·so·tho [ləˈsuːtuː] *n* Lesotho *nt*

less [les] **I.** *adv comp of* **little** ❶ (*to a smaller extent*) weniger; **the ~ ... the better** je weniger ..., umso besser; **much ~ complicated** viel einfacher; **~ expensive** billiger; **~ and ~** immer weniger ❷ (*not the least bit*) **~ than accurate/happy** nicht gerade genau/glücklich **II.** *adj* ❶ *comp of* **little** (*smaller amount of*) weniger ❷ (*non-standard use of fewer*) weniger **III.** *pron indef* ❶ (*smaller amount*) weniger; **a little/lot ~** etwas/viel weniger; I've been seeing **~** of her lately ich sehe sie in letzter Zeit weniger; **~ of a problem** ein geringeres Problem ❷ (*non-standard use of fewer*) weniger ▸ **no ~ than ...** nicht weniger als ..., bestimmt ... **IV.** *prep* ■ **~ sth** jdm [o abzüglich] einer S. *gen*

less·en ['lesᵊn] **I.** *vi* schwächer werden; *fever* sinken; *pain* nachlassen **II.** *vt* verringern

less·er ['lesə] *adj attr* ❶ (*smaller in amount*) geringer; **to a ~ degree** in geringerem Maße ❷ (*lower*) *work of art, artist* unbedeutend

less-is-more [lesɪzˈmɔː] *adj* **a ~ attitude** eine neue Bescheidenheit

les·son ['lesᵊn] *n* ❶ (*teaching period*) Stunde *f*; **~s** *pl* Unterricht *m kein pl*; **to take acting/guitar ~s** Schauspiel-/Gitarrenunterricht nehmen ❷ (*from experience*) Lehre *f*, Lektion *f*; **to teach sb a ~** jdm eine Lektion erteilen ❸ (*exercise in book*) Lektion *f* ❹ REL (*in Anglican church*) [Bibel]text *m*

lest [lest] *conj* (*liter*) ❶ (*for fear that*) damit ... nicht ... ❷ (*in case*) falls

let¹ [let] *n* SPORTS Netzball *m*

let² [let] *n* BRIT Vermietung *f* **II.** *vt* <-tt-, let, let> ❶ (*allow*) ■ **to ~ sb do sth** jdn tun lassen; **to ~ sb go** (*allow to depart*) jdn gehen lassen; (*release from grip*) jdn loslassen; (*from captivity*) jdn freilassen; **to ~ sth go** (*neglect*) etw vernachlässigen; (*let pass*) etw durchgehen lassen ❷ (*give permission*) ■ **to ~ sb do sth** jdn etw tun lassen ❸ (*make*) ■ **to ~ sb do sth** jdn etw tun lassen; **to ~ sb know sth** jdn etw wissen lassen ❹ (*in suggestions*) **~'s go out to dinner!** lass uns Essen gehen!; **~'s face it!** sehen wir den Tatsachen ins Auge! ❺ (*when thinking, for examples, assumptions*) **~'s see, ... also, ...**; **~ me think** Moment [mal], ... ❻ (*making a threat*) **don't ~ me catch you in here again!** dass ich dich hier nicht noch einmal erwische! ❼ (*expressing defiance*) **~ it rain** von mir aus kann es ruhig regnen; **~ there be no doubt about it!** das möchte ich [doch] einmal klarstellen! ❽ REL (*giving a command*) **~ us pray** lasset uns beten *form* ❾ *esp* BRIT, AUS (*rent out*) vermieten; **"to ~"** „zu vermieten" ▸ **~ alone ...** geschweige denn ... ◆ **let by** *vt* vorbeilassen ◆ **let down** *vt* ❶ (*disappoint*) enttäuschen; (*fail to support*) im Stich lassen ❷ (*lower slowly*) herunterlassen ❸ BRIT, AUS (*deflate*) **to ~ down a tyre** die Luft aus einem Reifen lassen ▸ **to ~ one's hair down** sich gehen lassen; **to ~ the side down** BRIT,

letters

forms of address in letters	Anrede in Briefen
Dear Anne,/Dear Bill,	Liebe Anne,/Lieber Bill,
Hello, ...!/Hi, ...!	Hallo, ...!/Hi, ...!
Dear Mrs ...,/Dear Mr ...,	Sehr geehrte Frau ...,/Sehr geehrter Herr ...,
Dear Sir or Madam, (*form*)	Sehr geehrte Damen und Herren, (*form*)

ending a letter	Schlussformeln in Briefen
All the best!	Alles Gute!
With love from ..., (*fam*)/Love, ... (*fam*)	Herzliche/Liebe Grüße (*fam*)
Best wishes,/Kind regards,	Viele Grüße
Yours,	Mit den besten Grüßen
Yours sincerely,	Mit freundlichen Grüßen
Yours faithfully, (*form*)	Hochachtungsvoll (*form*)

Aus die anderen im Stich lassen ♦ **let in** *vt* ❶ (*allow to enter*) hereinlassen; ■ to ~ oneself in aufschließen; (*let through*) durchlassen ❷ (*allow to know*) ■ to ~ sb in on sth jdn in etw *akk* einweihen ❸ (*fam: get involved*) ■ to ~ oneself in for sth sich auf etw *akk* einlassen ♦ **let into** *vt* ❶ (*allow to enter*) ■ to ~ sb/sth into sth jdn/etw in etw *akk* lassen ❷ (*allow to know*) **to ~ sb into a secret** jdn in ein Geheimnis einweihen ♦ **let off** *vt* ❶ (*emit*) ausstoßen; *bad smell* verbreiten ❷ (*fire*) *gun* abfeuern; *bomb, fireworks* zünden; (*shot, volley* abgeben ❸ (*not punish*) **you won't be ~ off so lightly the next time** das nächste Mal wirst du nicht so glimpflich davonkommen; **to ~ sb off with a warning** jdn mit einer Verwarnung davonkommen lassen ❹ (*excuse*) ■ **to ~ sb off** jdm etw erlassen ▶ **to ~ off steam** (*fam*) Dampf ablassen ♦ **let on** **I.** *vi* (*fam*) ■ to ~ **on about sth** [**to sb**] [jdm] etwas von etw *dat* verraten **II.** *vt* (*fam*) ■ to ~ **on that ...** ❶ (*divulge*) verraten, dass ... ❷ (*pretend*) so tun, als ob ... ♦ **let out** **I.** *vt* ❶ (*release*) herauslassen; **I'll ~ myself out** ich finde selbst hinaus ❷ (*emit*) ausstoßen; **to ~ out a groan** [auf]stöhnen; **to ~ out a shriek** aufschreien ❸ (*make wider*) *clothes* weiter machen; *seam* auslassen ❹ *esp* BRIT (*rent out*) ■ to ~ **out** ○ **sth** [**to sb**] [jdm] etw vermieten **II.** *vi* AM enden; **when does school ~ out for the summer?** wann beginnen die Sommerferien? ♦ **let through** *vt* durchlassen ♦ **let up** *vi* (*fam*) ❶ (*decrease*) aufhören; *rain also* nachlassen; *fog, weather* aufklaren ❷ (*release*) **to ~ up on the accelerator** den Fuß vom Gas nehmen ❸ (*ease up*) nachlassen; (*give up*) lockerlassen *fam*

le·thal ['liːθ^əl] *adj* (*causing death*) tödlich

le·thar·gic [ləˈθɑːdʒɪk] *adj* ❶ (*lacking energy*) lethargisch ❷ (*apathetic*) lustlos

leth·ar·gy [ˈleθədʒi] *n no pl* ❶ (*lacking energy*) Lethargie *f*; (*apathy*) Teilnahmslosigkeit *f* ❷ MED Lethargie *f fachspr*

let·ter [ˈletə] *n* ❶ (*message*) Brief *m* (**from** von, **to** an); **a business/love ~** ein Geschäfts-/Liebesbrief *m*; **to inform sb by ~** jdn schriftlich verständigen ❷ (*of alphabet*) Buchstabe *m*; **in large ~s** in Großbuchstaben; **in small ~s** in Kleinbuchstaben

'let·ter bomb *n* Briefbombe *f* **'let·ter·box** *n esp* BRIT, AUS Briefkasten *m* **'let·ter·head** *n* ❶ (*at top of letter*) Briefkopf *m* ❷ *no pl* (*paper*) Geschäfts-/Firmenbriefpapier *nt*

let·ter·ing [ˈlet^ərɪŋ] *n no pl* Beschriftung *f*

let·tuce [ˈletɪs] *n* ❶ (*cultivated plant*) Blattsalat *m*; (*with firm head*) Kopfsalat *m* ❷ *no pl* BOT Lattich *m*

leu·co·cyte [ˈluːkə(ʊ)saɪt] *n* MED Leukozyt[en] *m*[*pl*] *fachspr*

leu·kae·mia [luːˈkiːmiə], AM **leu·ke·mia** *n* Leukämie *f*

lev·el [ˈlev^əl] **I.** *adj* ❶ (*horizontal*) horizontal, waag(e)recht ❷ (*flat*) eben ❸ *pred* (*at an* *equal height*) ■to be ~ [with sth] auf gleicher Höhe [mit etw *dat* sein] ❹ *pred esp* Brit, Aus (*in a race*) gleichauf; (*equal in points*) punktegleich; (*equal in standard*) gleich gut ❺ *attr* (*to the edge*) gestrichen ❻ (*calm*) voice ruhig; *look* fest; **to keep a ~ head** einen kühlen Kopf bewahren; **in a ~ voice** mit ruhiger Stimme **II.** *n* ❶ (*quantity*) Niveau *nt*; (*height*) Höhe *f*; **at eye ~** in Augenhöhe; **above/below sea ~** über/unter dem Meeresspiegel; **to be on a ~** [with sb/sth] Brit, Aus [mit jdm/etw] auf gleicher Höhe sein ❷ (*extent*) Ausmaß *nt* ❸ (*storey*) Stockwerk *nt*; **ground ~** Erdgeschoss *nt*; **at ~ four** im vierten Stock ❹ *no pl* (*rank*) Ebene *f* ❺ (*stage, proficiency*) Niveau *nt* ❻ (*social, intellectual, moral*) Niveau *nt* ❼ (*perspective, meaning*) Ebene *f* **III.** *vt* <Brit *-ll-* or Am *usu* -l-> ❶ (*flatten*) *ground* [ein]ebnen; *wood* [ab]schmirgeln; (*raze*) *building, town* dem Erdboden gleichmachen ❷ (*direct*) **to ~ a pistol/rifle at sb** eine Pistole/ein Gewehr auf jdn richten; **to ~ accusations/charges against sb** Beschuldigungen/Anklage gegen jdn erheben ◆ **level off, level out I.** *vi* ❶ (*after dropping*) *plane* sich fangen; *pilot* das Flugzeug abfangen; (*after rising*) horizontal fliegen ❷ (*steady*) sich einpendeln; (*become equal*) sich angleichen ❸ (*path, road*) flach werden **II.** *vt* [ein]ebnen; (*fig*) ausgleichen ◆ **level up I.** *vt* (*make equal*) angleichen; (*increase*) anheben **II.** *vi* Am (*confess*) gestehen; ■**to ~ up with sb about sth** jdm etw gestehen ◆ **level with** *vi esp* Am (*fam*) ■**to ~ with sb** ehrlich zu jdm sein

lev·el 'cross·ing *n* Brit, Aus Bahnübergang *m* **lev·el-'head·ed** *adj* ❶ (*sensible*) vernünftig ❷ (*calm*) ruhig **lev·el peg·ging** [-ˈpegɪŋ] *n esp* Brit, Aus **to be** [on] **~** tabellengleich sein

lev·er [ˈliːvəʳ] **I.** *n* ❶ tech Hebel *m*; (*for heavy objects*) Brechstange *f* ❷ (*threat*) Druckmittel *nt* **II.** *vt* ❶ (*lift with a lever*) ■**to ~ sth up** etw aufstemmen ❷ (*move with effort*) ■**to ~ oneself** [up] sich hochstemmen ❸ (*fig: exert pressure*) ■**to ~ sth from sb** etw aus jdm herauspressen **III.** *vi* **to ~ at sth with a crowbar** etw *akk* mit einer Brechstange bearbeiten

lev·er·age [ˈliːvərɪdʒ] *n no pl* ❶ tech Hebelkraft *f* ❷ (*influence*) Einfluss *m*; **to exert ~ on sb** Druck *m* auf jdn ausüben ❸ fin Hebelwirkung *f*

lev·er·et [ˈlevərɪt] *n* junger Hase

le·vi·a·than, Le·vi·a·than [lɪˈvaɪəθ(ə)n] *n* ❶ (*liter: giant thing*) Gigant *m* ❷ (*biblical monster*) Leviathan *m*

lev·i·tate [ˈlevɪteɪt] **I.** *vi* schweben **II.** *vt* schweben lassen

lev·ity [ˈlevəti] *n no pl* Ungezwungenheit *f*

levy [ˈlevi] **I.** *n* Steuer *f*, Abgaben *pl*; **to impose a ~ on sth** eine Steuer auf etw *akk* erheben **II.** *vt* <-ie-> erheben; **to ~ a fine on sb** jdm eine Geldstrafe auferlegen

lewd [luːd] *adj* ❶ (*indecent*) unanständig; *ballad, comments* anzüglich; *behaviour* anstößig; *gesture* obszön ❷ (*lecherous*) lüstern

lewd·ness [ˈluːdnəs] *n no pl* unzüchtiges Verhalten *f*

lexi·cal [ˈleksɪkəl] *adj* lexikalisch

lexi·cog·ra·pher [ˌleksɪˈkɒɡrəfəʳ] *n* Lexikograph(in) *m(f)*

lexi·cog·ra·phy [ˌleksɪˈkɒɡrəfi] *n no pl* Lexikographie *f*

lexi·col·ogy [ˌleksɪˈkɒlədʒi] *n no pl* Lexikologie *f*

lexi·con [ˈleksɪkən] *n* ❶ (*vocabulary*) Wortschatz *m* ❷ (*dictionary*) Wörterbuch *nt*

lex·is [ˈleksɪs] *n no pl* ling Lexik *f fachspr*

LF [ˌelˈef] *abbrev of* **low frequency** Niederfrequenz *f*

lia·bil·ity [ˌlaɪəˈbɪləti] *n* ❶ *no pl* (*financial responsibility*) Haftung *f* ❷ fin ■**liabilities** *pl* Verbindlichkeiten *pl* ❸ (*handicap*) Belastung *f*

lia·ble [ˈlaɪəbəl] *adj* ❶ (*likely*) ■**to be ~ to do sth** Gefahr laufen, etw zu tun *f*; (*prone*) ■**to be ~ to sth** anfällig für etw *akk* sein; **to be ~ to flooding** überschwemmungsgefährdet sein ❸ law haftbar

li·aise [liˈeɪz] *vi* ■**to ~ with sb/sth** ❶ (*establish contact*) eine Verbindung zu jdm/etw herstellen; (*be go-between*) als Verbindungsstelle zu jdm/etw fungieren ❷ (*work together*) mit jdm/etw zusammenarbeiten

liai·son [liˈeɪzən] *n* ❶ *no pl* (*contacts*) Verbindung *f*; **I work in close ~ with my opposite number in the USA** ich arbeite eng mit meinem Pendant in den USA zusammen ❷ Am (*person*) Kontaktperson *f* ❸ (*sexual affair*) Verhältnis *nt*

li'ai·son of·fic·er *n* Kontaktperson *f*

li·ana [liˈɑːnə] *n*, **li·ane** [liˈɑːnə] *n* bot Liane *f*

liar [ˈlaɪəʳ] *n* Lügner(in) *m(f)*

lib [lɪb] *n no pl* (*dated fam*) *short for* **liberation** Befreiungsbewegung *f*

li·bel [ˈlaɪbəl] law **I.** *n no pl* Verleumdung *f* **II.** *vt* <Brit *-ll-* or Am *usu* -l-> verleumden

li·bel·lous [ˈlaɪbələs], Am **li·bel·ous** *adj* verleumderisch

lib·er·al [ˈlɪbərəl] **I.** *adj* ❶ (*tolerant*) liberal; *attitude, church, person also* tolerant, aufgeschlossen ❷ (*progressive*) liberal, fortschrittlich ❸ (*generous*) großzügig; *portion* groß ❹ (*not exact*) **a ~ interpretation of a law** eine freie Auslegung eines Gesetzes **II.** *n* Li-

berale(r) *f(m)*
lib·er·al 'arts *n esp* Am ■ **the ~** *pl* die Geisteswissenschaften *m* **lib·er·al·ism** ['lɪbᵊrᵊlɪzᵊm] *n no pl* Liberalismus *m* **lib·er·al·ity** [ˌlɪbᵊr'ælətɪ] *n no pl* ① (*generosity*) Großzügigkeit *f*, Freigebigkeit *f* ② (*liberal nature*) Aufgeschlossenheit *f*
lib·er·al·i·za·tion [ˌlɪbᵊrᵊlaɪ'zeɪʃᵊn] *n* Liberalisierung *f*
lib·er·al·ize ['lɪbᵊrᵊlaɪz] *vt* liberalisieren
lib·er·ate ['lɪbᵊreɪt] *vt* ① (*free*) befreien (**from** von) ② (*hum fam: steal*) ■ **to ~ sth** etw mitgehen lassen
lib·er·a·tion [ˌlɪbᵊ'reɪʃᵊn] *n no pl* Befreiung *f* (**from** von)
lib·e'ra·tion or·gani·za·tion *n* Befreiungsbewegung *f*
lib·er·a·tor ['lɪbᵊreɪtə] *n* Befreier(in) *m(f)*
Li·be·ria [laɪ'bɪərɪə] *n* Liberia *nt*
lib·er·tine ['lɪbətɪn] *n* (*pej*) Casanova *m fam*
lib·er·ty ['lɪbətɪ] *n* ① *no pl* (*freedom*) Freiheit *f*; **to be at ~** frei sein; **to be at ~ to do sth** etw tun können; **are you at ~ to reveal any names?** dürfen Sie Namen nennen? ② (*incorrect behaviour*) **it's [a bit of] a ~** es ist [ein bisschen] unverschämt; **to take liberties with sb** sich *dat* bei jdm Freiheiten herausnehmen ③ (*form: legal rights*) ■ **liberties** *pl* Grundrechte *pl*
li·bidi·nous [lɪ'bɪdɪnəs] *adj* (*form*) triebhaft
li·bi·do [lɪ'biːdəʊ] *n* Libido *f*
Li·bra ['liːbrə] *n* Astron, Astrol ① *no art* Waage *f*; **to be born under ~** im Zeichen der Waage geboren sein ② (*person*) Waage *f*; **she is a ~** sie ist Waage
Li·bran ['liːbrən] **I.** *n* **to be a ~** Waage sein **II.** *adj* Waage-
li·brar·ian [laɪ'breərɪən] *n* Bibliothekar(in) *m(f)*
li·brary ['laɪbrᵊrɪ] *n* ① (*public*) Bibliothek *f*, Bücherei *f*; **public ~** Leihbücherei *f* ② (*private*) Bibliothek *f*
li·brary book *n* Leihbuch *nt* **li·brary tick·et** *n* Leseausweis *m*
li·bret·to [lɪ'bretəʊ] *n* Libretto *nt*
Lib·ya ['lɪbɪə] *n* Libyen *nt*
lice [laɪs] *n pl of* **louse**
li·cence ['laɪsᵊn(t)s] *n* ① (*permit*) Genehmigung *f*, Erlaubnis *f*; (*formal permission*) Lizenz *f*; **driving** [*or* Am **driver's**] **~** Führerschein *m*; **under ~** in Lizenz ② *no pl* (*form*) Freiheit *f*; **to give sb/sth ~ to do sth** jdm/ etw gestatten, etw zu tun
'li·cence num·ber *n* Kfz-Kennzeichen *nt*
li·cense ['laɪsᵊn(t)s] **I.** *n* Am *see* **licence II.** *vt* ■ **to ~ sb to do sth** jdm die Lizenz erteilen, etw zu tun; ■ **to be ~d to do sth** berechtigt sein, etw zu tun

li·censed ['laɪsᵊn(t)st] *adj* ① (*with official approval*) zugelassen ② Brit (*serving alcohol*) **a ~ restaurant** ein Restaurant *nt* mit Schanklaubnis
li·cen·see [ˌlaɪsᵊn(t)'siː] *n* (*form*) Lizenznehmer(in) *m(f)*; **~ of a pub/bistro/restaurant** Brit Inhaber(in) *m(f)* eines Pubs/Bistros/ Restaurants [mit Schanklaubnis]
li·cens·ing ['laɪsᵊn(t)sɪŋ] *n no pl* Lizenzvergabe *f*
'li·cens·ing laws *npl* Brit Schankgesetze *pl*
li·cen·tious [laɪ'sen(t)ʃəs] *adj* [sexuell] ausschweifend
li·chen ['laɪkən] *n usu sing* Biol, Bot Flechte *f*
lick [lɪk] **I.** *vt* ① (*with tongue*) lecken; *plate* ablecken; *stamp* [mit der Zunge] befeuchten; **to ~ a lollipop** an einem Lutscher schlecken ② (*touch*) belecken; **flames were ~ing the curtains** die Flammen züngelten an den Vorhängen hoch ③ *esp* Am (*fam: defeat*) ■ **to ~ sb** jdn [doch glatt] in die Tasche stecken ④ (*fam: thrash*) verprügeln **II.** *n* ① (*with tongue*) Lecken *nt kein pl*, Schlecken *nt kein pl* ② (*small quantity*) ■ **a ~ of ...** ein wenig ...
lick·ing ['lɪkɪŋ] *n* ① (*fam: beating*) **to give sb a ~** jdm eine Tracht Prügel verpassen ② (*defeat*) **to give sb a ~** jdn haushoch schlagen
lico·rice *n no pl esp* Am *see* **liquorice**
lid [lɪd] *n* ① (*covering*) Deckel *m* ② (*eyelid*) Lid *nt*
lie¹ [laɪ] **I.** *vi* <-y-> lügen; ■ **to ~ about sth** *intentions, plans* falsche Angaben über etw *akk* machen; ■ **to ~ about sb** über jdn die Unwahrheit erzählen; ■ **to ~ to sb** jdn belügen **II.** *vt* <-y-> ■ **to ~ one's way out of sth** sich aus etw *dat* herausreden **III.** *n* Lüge *f*; **to be an outright ~** glatt gelogen sein *fam*; **to tell ~s** Lügen erzählen
lie² [laɪ] **I.** *n* ① *no pl* (*position*) Lage *f* ② *no pl esp* Brit, Aus (*shape*) **the ~ of the land** die Beschaffenheit des Geländes; (*fig*) die Lage; **to find out the ~ of the land** das Gelände erkunden; (*fig*) die Lage sondieren **II.** *vi* <-y-, lay, lain> ① (*be horizontal, resting*) liegen; **to ~ on one's back/in bed/on the ground** auf dem Rücken/im Bett/auf dem Boden liegen; **to ~ awake/still** wach/still [da]liegen ② (*be buried*) ruhen ③ (*become horizontal*) sich hinlegen ④ (*be upon a surface*) liegen ⑤ (*be in a particular state*) **to ~ in wait** auf der Lauer liegen; **to ~ dying** im Sterben liegen ⑥ (*be situated*) liegen; **to ~ to the east/north of sth** im Osten/Norden einer S. *gen* liegen; **the river ~s 40 km to the south of us** der Fluss befindet sich 40 km südlich von uns ⑦ (*weigh*) **to ~ heavily on sb's mind** jdn schwer bedrücken ⑧ (*be the responsibility of*) **the choice/decision ~s**

lie about – life-threatening

[only] **with you** die Wahl/Entscheidung liegt [ganz allein] bei dir ❸ (*be found*) **where do your interests ~?** wo liegen deine Interessen?; **the decision doesn't ~ in my power** die Entscheidung [darüber] liegt nicht in meiner Macht ▸ **to ~ low** (*escape search*) untergetaucht sein; (*avoid being noticed*) sich unauffällig verhalten ◆ **lie about** *vi*, **lie around** *vi* ❶ (*be situated*) herumliegen *fam* ❷ (*be lazy*) herumgammeln *fam* ◆ **lie ahead** *vi* ❶ (*in space, position*) ■**to ~ ahead** [**of sb**] vor jdm liegen ❷ (*in time*) bevorstehen ◆ **lie back** *vi* ❶ (*recline*) sich zurücklegen ❷ (*relax*) sich entspannen ◆ **lie behind** *vi* ❶ (*be cause of*) ■**to ~ behind sth** *dat* zugrunde liegen ❷ (*be past*) ■**to ~ behind** [**sb**] hinter jdm liegen ◆ **lie down** *vi* sich hinlegen ◆ **lie in** *vi* BRIT (*fam: stay in bed*) im Bett bleiben ◆ **lie over** *vi* (*remain unfinished*) liegen bleiben; (*be adjourned*) vertagt werden ◆ **lie round** *vi* BRIT *see* **lie about** ◆ **lie to** *vi* vor Anker liegen ◆ **lie up** *vi* ❶ (*fam: be ill*) das Bett hüten ❷ (*fam: be out of use*) car stillliegen

'**lie de·tec·tor** *n* Lügendetektor *m*

lieu [luː] *n no pl* **in ~ of sth** an Stelle einer S. gen

Lieut *n attr abbrev of* **Lieutenant** Lt.

lieu·ten·ant [lefˈtɛnənt] *n* ❶ (*deputy*) Stellvertreter(in) *m(f)* ❷ MIL Leutnant *m* ❸ AM LAW ≈ Polizeihauptwachtmeister(in) *m(f)*

life <*pl* lives> [laɪf, *pl* laɪvz] *n* ❶ (*existence*) Leben *nt*; **it's a matter of ~ and death!** es geht um Leben und Tod!; **to lose one's ~** ums Leben kommen; **to save sb's ~** jdm das Leben retten; **to take one's own ~** sich *dat* [selbst] das Leben nehmen ❷ *no pl* (*quality, force*) Leben *nt*; **I love ~** ich liebe das Leben ❸ *no pl* (*living things collectively*) Leben *nt*; **plant ~** Pflanzenwelt *f* ❹ *no pl* (*mode or aspect of existence*) Leben *nt*; **family ~** Familienleben *nt*; **love ~** Liebesleben *nt* ❺ *no pl* (*energy*) Lebendigkeit *f*; **to be full of ~** vor Leben [nur so] sprühen; **to bring sth to ~** etw lebendiger machen; **to come to ~** lebendig werden *fig* ❻ (*total circumstances of individual*) Leben *nt*; **she only wants two things in ~** sie wünscht sich nur zwei Dinge im Leben; **who's the man in your ~ now?** [und] wer ist der neue Mann in deinem Leben?; **to want sth out of ~** etw vom Leben erwarten ❼ (*human activities*) Leben *nt* ❽ (*biography*) Biografie *f* ❾ (*time until death*) Leben *nt*; ■**for ~** *friendship* lebenslang; **a job for ~** eine Stelle auf Lebenszeit ❿ (*duration*) *of device, battery* Lebensdauer *f*; *of contract* Laufzeit *f* ⓫ *no pl* (*fam: prison sentence*) **to be doing/get ~** lebenslänglich sitzen *fam*/bekommen ⓬ (*reality*) **true to ~** wirklichkeitsgetreu ▸ **to frighten the ~ out of sb** jdn zu Tode erschrecken; **for the ~ of me** (*fam*) um alles in der Welt; **larger than ~** *car, house* riesig; *person* energiegeladen und charismatisch; **that's ~!** so ist das Leben [eben]!

'**life an·nu·ity** *n* Leibrente *f* '**life as·sur·ance** *n no pl* BRIT Lebensversicherung *f* '**life·belt** *n* BRIT Rettungsring *m* '**life·boat** *n* Rettungsboot *nt* '**life-buoy** *n* Rettungsboje *f* '**life cy·cle** *n* Lebenszyklus *m* '**life draw·ing** *n* Aktzeichnung *f* '**life ex·pec·tan·cy** *n* Lebenserwartung *f* '**life form** *n* Lebewesen *f* '**life·guard** *n* (*in baths*) Bademeister(in) *m(f)*; (*on beach*) Rettungsschwimmer(in) *m(f)* **life im·pris·on·ment** *n no pl* lebenslängliche Freiheitsstrafe '**life in·sur·ance** *n no pl* Lebensversicherung *f* '**life jack·et** *n* Schwimmweste *f*

life·less [ˈlaɪfləs] *adj* ❶ (*inanimate*) *body* leblos; *planet* unbelebt ❷ (*dull*) *game, story* langweilig; *person* teilnahmslos; *hair* stumpf; *performance* lahm *fam*

life·like *adj* lebensecht; *imitation also* naturgetreu

'**life·line** *n* ❶ (*life-saving rope*) Rettungsleine *f* ❷ (*used by diver*) Signalleine *f* ❸ (*essential thing*) [lebenswichtige] Verbindung ❹ (*in palmistry*) Lebenslinie *f* '**life-long** *adj attr* lebenslang **life ˈpeer** *n* BRIT Peer *m* auf Lebenszeit '**life pre·serv·er** *n* ❶ BRIT (*stick*) Totschläger *m* ❷ AM (*life jacket*) Schwimmweste *f*; (*lifebuoy*) Rettungsboje *m*; (*lifebelt*) Rettungsring *m*

lif·er [ˈlaɪfə] *n* (*sl*) ❶ (*fam: prisoner*) Lebenslängliche(r) *f(m)* ❷ AM (*career person*) Berufssoldat(in) *m(f)*

'**life raft** *n* Rettungsfloß *nt*; (*rubber dinghy*) Schlauchboot *nt* '**life·sav·er** *n* ❶ (*fam: thing*) die Rettung *fig*; (*person*) [Lebens]retter(in) *m(f)* ❷ AUS, NZ (*on beach*) Rettungsschwimmer(in) *m(f)*; (*in baths*) Bademeister(in) *m(f)* '**life sen·tence** *n* lebenslängliche Freiheitsstrafe '**life-size(d)** *adj* lebensgroß

'**life·span** *n* Lebenserwartung *f kein pl*; *of thing* Lebensdauer *f kein pl*; *of project* Laufzeit *f*

'**life·style** *n* Lebensstil *m*

'**life·style con·sult·ant** *n* Lifestyleberater(in) *m(f)* '**life·style con·sult·ing** *n no pl* Lifestyleberatung *f*

'**life sup·port sys·tem** *n* MED ❶ (*machine*) lebenserhaltender Apparat ❷ (*biological network*) Lebenserhaltungssystem *nt* '**life-threat·en·ing** *adj disease, illness* lebensbedrohend; *situation* lebensgefährlich

'life·time n usu sing ❶ (time one is alive) Lebenszeit f; **in one's ~** im Laufe seines Lebens; **once in a ~** einmal im Leben ❷ (time sth exists) Lebensdauer f kein pl ❸ (fam: long time) **it seems like a ~** es kommt mir vor wie eine Ewigkeit; **to last a ~** objects, devices ein Leben lang halten; memories, good luck das ganze Leben [lang] andauern ▸ **the chance of a ~** eine einmalige Chance

lift [lɪft] **I.** n ❶ BRIT (elevator) Aufzug m ❷ (for skiers) Skilift m ❸ (act of lifting) [Hoch]heben nt kein pl ❹ (increase) Anstieg m kein pl; (increase in amount) Erhöhung f [eines Betrags]; of person's voice Heben nt der Stimme ❺ (fam: plagiarizing) of ideas Klauen nt kein pl; of texts Abkupfern nt kein pl ❻ no pl MECH Hubkraft f; AVIAT Auftrieb m ❼ (weight) [Hoch]heben nt kein pl ❽ (ride) Mitfahrgelegenheit f; **to give sb a ~** jdn [im Auto] mitnehmen ❾ no pl (positive feeling) **to give sb a ~** jdn aufmuntern; prospects jdm Auftrieb geben; drugs jdn aufputschen **II.** vt ❶ (raise) [hoch]heben; (slightly) anheben; ■ **to ~ sb/sth out of sth** jdn/etw aus etw dat [heraus]heben ❷ (direct upward) eyes aufschlagen; head heben; **to ~ one's eyes from sth** von etw dat aufsehen ❸ (increase) amount, prices erhöhen ❹ (airlift) fliegen; supplies, troops auf dem Luftweg transportieren ❺ usu passive (in surgery) face, breasts straffen lassen, liften ❻ (dig up) ausgraben; potatoes ernten ❼ (elevate) **to ~ sb's confidence** jds Vertrauen stärken; **to ~ sb's spirits** jds Stimmung heben ❽ (end) ban, restrictions aufheben ❾ (fam: steal) klauen ❿ (fam: plagiarize) essay, song klauen **III.** vi ❶ (be raised) sich heben ❷ (disperse) cloud, fog sich auflösen ❸ (become happier) mood sich heben ◆ **lift down** vt BRIT, AUS herunterheben ◆ **lift off** vi ❶ (leave the earth) abheben ❷ (come off) sich hochheben lassen ◆ **lift up** vt hochheben

'lift-off n AEROSP Start m

liga·ment ['lɪgəmənt] n ANAT Band nt; **to tear a ~** sich dat einen Bänderriss zuziehen

liga·ture ['lɪgətʃə] **I.** n ❶ (bandage) Binde f; MED Ligaturfaden m fachspr ❷ MUS Ligatur f fachspr ❸ TYPO (character) Ligatur f ❹ (stroke) [Feder-/Pinsel]strich m ❺ (bond) Band nt ❻ (act of binding) Abbinden nt kein pl **II.** vt abbinden

light¹ [laɪt] **I.** n ❶ no pl (brightness) Licht nt; **is there enough ~?** ist es hell genug?; **by the ~ of the candle** im Schein der Kerze ❷ (light-giving thing) Licht nt; (lamp) Lampe f; **to put the ~ on/off** das Licht einschalten/ausschalten ❸ no pl (fire) Feuer nt; (flame) [Kerzen]flamme f; **have you got a ~, please?** Entschuldigung, haben Sie [vielleicht] Feuer?; **to set ~ to sth** BRIT etw anzünden ❹ no pl (daylight) [Tages]licht nt ❺ usu pl (traffic light) Ampel f ❻ (sparkle) Strahlen nt kein pl ❼ (perspective) **try to look at it in a new ~** versuch' es doch mal, aus einer anderen Perspektive zu sehen; **to show sth in a bad/good ~** etw in einem schlechten/guten Licht erscheinen lassen ❽ no pl (enlightenment) Erleuchtung f ▸ **to come to ~** ans Licht kommen **II.** adj ❶ (bright) hell; **it's slowly getting ~** es wird allmählich hell ❷ (pale) hell; (stronger) blass- **III.** vt <lit or lighted, lit or lighted> ❶ (illuminate) erhellen; stage, room beleuchten ❷ (guide with light) leuchten ❸ (ignite) candle, match, fire anzünden **IV.** vi <lit or lighted, lit or lighted> ❶ (burn) brennen ❷ (become animated) eyes, etc. aufleuchten fig; **her face lit with pleasure** sie strahlte vor Freude über das ganze Gesicht ◆ **light up I.** vt ❶ (illuminate) hall, room erhellen; street beleuchten ❷ (start smoking) cigar, cigarette, pipe anzünden ❸ (make animated) **to ~ up ⊃ sb's eyes** jds Augen aufleuchten lassen; **to ~ up ⊃ sb's face** jds Gesicht erhellen **II.** vi ❶ (become illuminated) aufleuchten ❷ (start smoking) sich dat eine [Zigarette] anstecken fam ❸ (become animated) eyes aufleuchten fig; **her face lit up with pleasure** sie strahlte vor Freude

light² [laɪt] **I.** adj ❶ (not heavy) leicht ❷ (not sturdily built) leicht ❸ (for small loads) Klein-; **~ aircraft/lorry** Kleinflugzeug nt/-lastwagen m ❹ MIL **~ infantry** leichte Infanterie ❺ (of food and drink) leicht; (low in fat) fettarm; pastry locker ❻ (porous) soil locker ❼ (low in intensity) breeze, rain leicht ❽ (easily disturbed) sleep leicht ❾ (easily done) sentence mild; housework leicht ❿ (gentle) leicht; kiss zart; (soft) touch sanft ⓫ (not serious) leicht attr; **~ reading** Unterhaltungslektüre f ⓬ (cheerful) **with a ~ heart** leichten Herzens ▸ **to make ~ of sth** etw bagatellisieren **II.** adv ❶ (with little luggage) **to travel ~** mit leichtem Gepäck reisen ❷ (with no severe consequences) **to get off ~** glimpflich davonkommen

'light bulb n Glühbirne f

light·en¹ ['laɪtən] **I.** vt ❶ (make less heavy) leichter machen ❷ (make easier to bear) erleichtern; **to ~ sb's burden** jdm etw abnehmen ❸ (make less serious) aufheitern; situation auflockern; **to ~ sb's mood** jds Stimmung heben **II.** vi ❶ (become less heavy or severe) leichter werden ❷ (cheer up) bessere Laune bekommen; **his heart ~ed** ihm wurde leichter ums Herz

light·en² ['laɪtᵊn] **I.** *vi* heller werden, sich aufhellen **II.** *vt* **to ~ one's hair** sich *dat* die Haare heller färben ◆**lighten up** *vi* **~ up, would you!** entspann dich!

light·er¹ ['laɪtə*r*] *n* Feuerzeug *nt*

light·er² ['laɪtə*r*] *n* NAUT Leichter *m*

light-'fin·gered *adj* ❶(*thievish*) langfing[e]rig *oft hum* ❷(*dexterous*) geschickt **light-'foot·ed** *adj* leichtfüßig **light-'head·ed** *adj* (*faint*) benommen; (*dizzy*) schwind[e]lig; (*ebullient*) aufgekratzt *fam* **light-'heart·ed** *adj* (*carefree*) unbeschwert; (*happy*) heiter

'light·house *n* Leuchtturm *m*

light·ing ['laɪtɪŋ] **I.** *n no pl* Beleuchtung *f*; (*equipment*) Beleuchtungsanlage *f*

light·ly ['laɪtli] *adv* ❶(*not seriously*) leichtfertig; **accusations like these are not made ~** solche Anschuldigungen macht man nicht so einfach; **not to take sth ~** etw nicht leichtnehmen ❷(*gently*) leicht; (*not much*) wenig; **I tapped ~ on the door** ich klopfte leise an [die Tür] ❸(*not deeply*) leicht; **to sleep ~** einen leichten Schlaf haben ❹(*slightly*) leicht; **~ cooked vegetables** Gemüse, das nur ganz kurz gegart wird ❺LAW (*without much punishment*) mild; **to get off ~** glimpflich davonkommen

'light me·ter *n* PHOT Belichtungsmesser *m*

light·ness¹ ['laɪtnəs] *n no pl* Helligkeit *f*

light·ness² ['laɪtnəs] *n no pl* ❶(*lack of heaviness*) Leichtigkeit *f* ❷(*gracefulness*) Leichtigkeit *f* ❸(*lack of seriousness*) Leichtigkeit *f* ❹(*cheerfulness*) Unbeschwertheit *f*

light·ning ['laɪtnɪŋ] **I.** *n no pl* Blitz *m*; **thunder and ~** Blitz und Donner; **to be quick as ~** blitzschnell sein *fam*; **to be struck by ~** vom Blitz getroffen werden **II.** *adj attr* **to do sth with ~ speed** etw in Windeseile machen; **~ quick** blitzschnell

'light·ning con·duc·tor *n* BRIT, **'light·ning rod** *n* AM Blitzableiter *m* *a. fig* **'light·ning strike** *n* BRIT, AUS Blitzstreik *m*

'light pen *n* ❶COMPUT Lichtstift *m* ❷(*for reading bar codes*) Codeleser *m* **'light-powered** *adj* solarzellenbetrieben **'light·ship** *n* NAUT Feuerschiff *nt*

'light·weight I. *n* ❶*no pl* SPORTS Leichtgewicht *nt* ❷(*boxer*) Leichtgewichtler(in) *m(f)* ❸(*lightly build person*) Leichtgewicht *nt fam*; (*pej: lacking endurance*) Schwächling *m fam* **II.** *adj* ❶(*weighing little*) leicht ❷(*trivial*) trivial ❸(*pej: unimportant*) bedeutungslos

'light year *n* ❶ASTRON Lichtjahr *nt* ❷(*fam: long distance*) **to be ~s away/ahead** Lichtjahre entfernt/voraus sein

lig·nite ['lɪɡnaɪt] *n no pl* (*spec*) Braunkohle *f*

lik·able *adj* AM, AUS *see* likeable

like¹ [laɪk] **I.** *prep* ❶(*similar to*) wie; **~ most people** wie die meisten Leute; **~ father, ~ son** wie der Vater, so der Sohn; **what does it taste ~?** wie schmeckt es?; **what's it ~ to be a fisherman?** wie ist das Leben als Fischer?; **it feels ~ ages since we last spoke** ich habe das Gefühl, wir haben schon ewig nicht mehr miteinander gesprochen; **he looks ~ his brother** er sieht seinem Bruder ähnlich; **there's nothing ~ a good cup of coffee** es geht doch nichts über eine gute Tasse Kaffee; **or something ~ that** oder etwas in der Richtung; **that's just ~ him!** das sieht ihm ähnlich! ❷*after n* (*such as*) wie; **why are you talking to me ~ that?** warum sprichst du so mit mir? ▶ **it looks ~ rain/snow** es sieht nach Regen/Schnee aus; **that's more ~ it!** das ist schon besser! **II.** *conj* (*fam*) ❶(*the same as*) wie; **let's go swimming in the lake ~ we used to** lass uns im See schwimmen gehen wie früher ❷(*as if*) als ob; **she acts ~ she's the boss** sie tut so, als sei sie die Chefin **III.** *n* **I have not seen his ~ for many years** [so] jemanden wie ihn habe ich schon seit vielen Jahren nicht mehr gesehen; **have you ever seen the ~?** hast du so was schon gesehen? **IV.** *adj* ❶*attr* (*similar*) ähnlich; **to be of** [a] **~ mind** gleicher Meinung sein ❷*pred* (*true to original*) ähnlich; *statue, painting* naturgetreu **V.** *adv* ❶(*sl: somehow*) irgendwie; **it was kind of funny ~** es war irgendwie schon komisch, ne [*o* SÜDD gell] ❷(*sl: in direct speech*) **everybody called her Annie, but my mom was ~ "it's Anne"** alle sagten zu ihr Annie, aber meine Mutter meinte: "sie heißt Anne!"; **I was ~, "what are you guys doing here?"** ich sagte nur, "was macht ihr hier eigentlich?"

like² [laɪk] **I.** *vt* ❶(*enjoy*) mögen; **how do you ~ my new shoes?** wie gefallen dir meine neuen Schuhe?; ▶ **to ~ doing sth** etw gern tun ❷(*want*) **whether you ~ it or not** ob es dir passt oder nicht; **I would ~ the salad, please** ich hätte gerne den Salat, bitte; **would you ~ a drink?** möchten Sie etwas trinken?; **I'd ~ to go to Moscow for my holidays** ich würde gern[e] nach Moskau in Urlaub fahren; **you can drink a pint in two seconds? I'd ~ to see that!** du kannst einen halben Liter in zwei Sekunden austrinken? na, das möchte ich [doch mal] sehen! ❸(*prefer*) **I ~ to get up early** ich stehe gerne früh auf ❹(*feel*) **how would you ~ to have a big boy pull your hair?** wie würde es dir denn gefallen, wenn ein großer Junge dich am Haar ziehen würde? **II.** *vi* **as you ~** wie Sie wollen; **we can leave now if you ~**

wir können jetzt gehen, wenn du möchtest **III.** n ■ ~s pl Neigungen pl
like·able ['laɪkəbl] adj liebenswert
like·li·hood ['laɪklihʊd] n no pl Wahrscheinlichkeit f; **there is a great ~ that ...** es ist sehr wahrscheinlich, dass...; **in all ~** aller Wahrscheinlichkeit nach
like·ly ['laɪkli] **I.** adj <-ier, -iest or more ~, most ~> wahrscheinlich; **do remind me because I'm ~ to forget** erinnere mich bitte unbedingt daran, sonst vergesse ich es wahrscheinlich **II.** adv <more likely, most likely> **most/very ~** höchstwahrscheinlich/sehr wahrscheinlich; **as ~ as not** höchstwahrscheinlich; **I'll ~ not go to the dance** AM (fam) ich gehe wahrscheinlich nicht zum Tanzen
like-'mind·ed adj gleich gesinnt
lik·en ['laɪkən] vt **to ~ sth/sb to sb/sth** jdn/etw mit jdm/etw vergleichen
like·ness <pl -es> ['laɪknəs] n ❶ (resemblance) Ähnlichkeit f (to mit) ❷ (semblance) Gestalt f ❸ (portrait) Abbild nt; (painting) Bild nt; **he makes very good ~es of the people he draws** er trifft die Personen, die er zeichnet, sehr gut
like·wise ['laɪkwaɪz] adv ebenfalls, gleichfalls; **to do ~** es genauso machen
lik·ing ['laɪkɪŋ] n no pl Vorliebe f; (for person) Zuneigung f; **to develop/have a ~ for sth** eine Vorliebe für etw akk entwickeln/haben ▶ **for one's ~** für jds Geschmack
li·lac ['laɪlək] **I.** n ❶ (bush) Flieder m ❷ no pl (colour) Lila nt **II.** adj lila
lilo® ['laɪləʊ] n BRIT Luftmatratze f
lilt [lɪlt] **I.** n ❶ of the voice singender Tonfall ❷ (rhythm) munterer Rhythmus ❸ (song) fröhliches Lied **II.** vt, vi trällern
lily ['lɪli] n Lilie f
'lily-livered ['lɪlilɪvəd] adj (liter) feig[e]; **'lily pad** n Seerosenblatt nt
limb[1] [lɪm] n ❶ ANAT Glied nt; ■ ~s Gliedmaßen pl ❷ BOT Ast m ▶ **to risk life and ~ [to do sth]** Kopf und Kragen riskieren [um etw zu tun] fam; **to be out on a ~** [ganz] allein dastehen; **to go out on a ~ to do sth** sich in eine prekäre Lage bringen, um etw zu tun
limb[2] [lɪm] n ❶ ASTRON (edge) Rand m ❷ BOT (blade) Spreite f
lim·ber ['lɪmbəʳ] **I.** adj <-er, -est or more ~, most ~> ❶ (supple) movements geschmeidig ❷ (flexible) body gelenkig **II.** vi ■ **to ~ up** sich warm machen **III.** vt lockern
lim·bo[1] ['lɪmbəʊ] n no pl ❶ REL Vorhölle f ❷ (waiting state) Schwebezustand m; **to be in ~ plan, project** in der Schwebe sein; person in der Luft hängen fam
lim·bo[2] ['lɪmbəʊ] **I.** n Limbo **II.** vi Limbo tanzen
lime[1] [laɪm] **I.** n no pl Kalk m **II.** vt kalken
lime[2] [laɪm] n (fruit) Limette f; (tree) Limonenbaum m
lime[3] [laɪm] n Linde f
'lime·light n no pl Rampenlicht nt
lim·er·ick ['lɪmərɪk] n Limerick m
'lime·stone n no pl Kalkstein m
lim·it ['lɪmɪt] **I.** n ❶ (utmost point) [Höchst]grenze f; **there's no ~ to her ambition** ihr Ehrgeiz kennt keine Grenzen; **to put a ~ on sth** etw begrenzen; **to overstep the ~** zu weit gehen; **to reach the ~ of one's patience** mit seiner Geduld am Ende sein ❷ (boundary) Grenze f ❸ (of a person) Grenze[n] f[pl]; **to know no ~s** keine Grenzen kennen; **to know one's ~s** seine Grenzen kennen; **to reach one's ~** an seine Grenze[n] kommen ❹ (restriction) Beschränkung f; **age ~** Altersgrenze f; **weight ~** Gewichtsbeschränkung f ❺ (speed) [zulässige] Höchstgeschwindigkeit f; **to drive above the ~** die Geschwindigkeitsbegrenzung überschreiten ❻ (blood alcohol level) Promillegrenze f ❼ MATH (value) Grenzwert m ▶ **to be the ~** die Höhe sein; **to be off ~s** [to sb] esp AM [für jdn] gesperrt sein; **within ~s** in Grenzen; **without ~s** ohne Grenzen **II.** vt ❶ (reduce) einschränken ❷ (restrict) **to ~ oneself to sth** sich auf etw akk beschränken; ■ **to ~ sth to sth** etw auf etw akk begrenzen; ■ **to ~ sb** jdn einschränken
lim·ita·tion [ˌlɪmɪˈteɪʃən] n ❶ no pl (restriction) Begrenzung f, Beschränkung f ❷ usu pl (pej: shortcomings) Grenzen pl ❸ no pl (action) Begrenzung f
lim·it·ed ['lɪmɪtɪd] adj ❶ (restricted) choice, intelligence begrenzt; **she's had very ~ movement in her legs since the accident** seit dem Unfall kann sie ihre Beine nur sehr eingeschränkt bewegen ❷ (having limits) begrenzt (to auf) ❸ BRIT **Smith and Jones L~** Smith and Jones GmbH
lim·it·ed 'com·pa·ny n BRIT Gesellschaft f mit beschränkter Haftung
lim·it·less ['lɪmɪtləs] adj grenzenlos
lim·ou·sine [ˌlɪməˈziːn] n ❶ (car) [Luxus]limousine f ❷ AM, AUS (van) Kleinbus m
limp[1] [lɪmp] **I.** vi hinken; (fig) mit Müh und Not vorankommen **II.** n no pl Hinken nt; **to walk with a ~** hinken
limp[2] [lɪmp] adj ❶ (not stiff) schlaff; cloth, material weich; leaves, flowers welk; voice matt ❷ (weak) schlapp; efforts halbherzig; handshake lasch; response schwach
lim·pet ['lɪmpɪt] n ❶ (mollusc) Napfschnecke f ❷ AM (limpet mine) Haftmine f
lim·pid ['lɪmpɪd] adj (liter) eyes, water klar

limy ['laɪmi] *adj* kalkhaltig
linch·pin ['lɪn(t)ʃpɪn] *n* ❶ (*pin*) Achsnagel *m* ❷ (*essential part*) Stütze *f*, das A und O *fam*; **California was the ~ state in the last presidential elections** bei den letzten Präsidentschaftswahlen entschied sich letztlich alles in Kalifornien
lin·den *n esp* AM Linde *f*
line¹ [laɪn] **I.** *n* ❶ (*mark*) Linie *f*; **dividing ~** Trennungslinie *f*; **straight ~** gerade Linie; MATH Gerade *f*; **to draw a ~** eine Linie ziehen ❷ SPORTS Linie *f* ❸ (*wrinkle*) Falte *f* ❹ (*contour*) Linie *f* ❺ (*boundary*) Grenze *f*; **to cross the ~** die Grenze überschreiten, zu weit gehen ❻ (*cord*) Leine *f*; (*string*) Schnur *f* ❼ TELEC [Telefon]leitung *f*; (*connection to network*) Anschluss *m*; **please hold the ~!** bitte bleiben Sie am Apparat! ❽ (*row of words, also in poem*) Zeile *f*; **to drop sb a ~** jdm ein paar Zeilen schreiben ❾ (*false account, talk*) **I've heard that ~ before** die Platte kenne ich schon in- und auswendig! *fam* ❿ (*row of things/people*) Reihe *f*; **to be first in ~** an erster Stelle stehen; (*fig*) ganz vorne dabei sein; **to be next in ~** als Nächster/Nächste dran sein ⓫ (*succession*) Linie *f* ⓬ *esp* AM (*queue*) Schlange *f*; **to get in ~** sich anstellen ⓭ (*product type*) Sortiment *nt*; FASHION Kollektion *f* ⓮ (*course*) **~ of argument** Argumentation *f*; **what ~ shall we take?** wie sollen wir vorgehen? ⓯ (*direction*) **my sister works in publishing and I'm hoping to do something along the same ~s** meine Schwester arbeitet im Verlagswesen und ich würde gerne etwas Ähnliches tun ⓰ (*policy*) Linie *f*; **party ~** Parteilinie *f*; **to fall into ~ with sth** mit etw *dat* konform gehen ▶ **right down the ~** *esp* AM voll und ganz; **to put sth on the ~** etw aufs Spiel setzen; **to be on the ~** auf dem Spiel stehen **II.** *vt* ❶ (*mark*) *paper* linieren ❷ (*stand at intervals*) **to ~ the streets** die Straßen säumen *geh* ◆ **line up I.** *vt* ❶ (*put in row*) ■ **to ~ up** ○ **sth** etw in einer Reihe aufstellen ❷ (*organize*) **have you got anyone ~d up to do the catering?** haben Sie jemanden für das Catering engagiert?; **I've got a nice little surprise ~d up for you!** ich habe noch eine nette kleine Überraschung für dich! **II.** *vi* ❶ (*stand in row*) sich [in einer Reihe] aufstellen; MIL, SPORTS antreten ❷ AM (*wait*) sich anstellen
line² [laɪn] *vt* ❶ (*cover*) *clothing* füttern; *drawers* von innen auslegen; *pipes* auskleiden ❷ (*fam: fill*) **to ~ one's pockets** [**with sth**] sich *dat* die Taschen [mit etw *dat*] füllen; **to ~ one's stomach** sich *dat* den Magen vollschlagen *fam*

lin·eage ['lɪniɪdʒ] *n* Abstammung *f*
lin·eal ['lɪniəl] *adj descent* direkt
lin·ear ['lɪniər] *adj* ❶ (*relating to lines*) Linien- ❷ (*relating to length*) Längen- ❸ (*sequential*) geradlinig
lin·ear e'qua·tion *n* lineare Gleichung
lin·en ['lɪnɪn] *n no pl* Leinen *nt*; **bed ~** Bettwäsche *f*
'lin·en bas·ket *n* Wäschekorb *m*
lin·er ['laɪnər] *n* ❶ (*lining*) Einsatz *m*; [**dust**]**bin** [*or* AM **garbage can**] **~** Müllsack *m* ❷ NAUT Liniendampfer *m*; **ocean ~** Ozeandampfer *m*
'lines·man *n* SPORTS Linienrichter *m* **'line-up** *n* ❶ *of performers* Besetzung *f* ❷ SPORTS [Mannschafts]aufstellung *f*; AM (*in baseball*) Lineup *f fachspr* ❸ *esp* AM LAW Gegenüberstellung *f* ❹ AM, CAN Schlange *f*
lin·ger ['lɪŋgər] *vi* ❶ (*remain*) **after the play, we ~ed in the bar** nach dem Stück blieben wir noch eine ganze Weile in der Bar sitzen; **the smell ~ed in the kitchen for days** der Geruch hing tagelang in der Küche; **to ~ in the memory** im Gedächtnis bleiben ❷ (*persist*) anhalten
lin·ge·rie ['læ(n)ʒəri] *n no pl* [Damen]unterwäsche *f*
lin·ger·ing ['lɪŋgərɪŋ] *adj attr* ❶ (*lasting*) verbleibend; *fears* [fort]bestehend; *regrets* nachhaltig; *suspicion* [zurück]bleibend; **I still have ~ doubts** ich habe noch immer so meine Zweifel ❷ (*long*) lang, ausgedehnt; *illness* langwierig; *kiss* innig
lin·go <*pl* -**s** *or* -**es**> ['lɪŋgəʊ] *n* (*fam*) ❶ (*foreign language*) Sprache *f* ❷ (*jargon*) Jargon *m*
lin·guist ['lɪŋgwɪst] *n* ❶ LING Linguist(in) *m(f)* ❷ (*sb who speaks languages*) Sprachkundige(r) *f(m)*
lin·guis·tic [lɪŋ'gwɪstɪk] *adj* sprachlich; *science* linguistisch
lin·guis·tics [lɪŋ'gwɪstɪks] *n + sing vb, n* Sprachwissenschaft *f*, Linguistik *f*
lini·ment ['lɪnɪmənt] *n no pl* MED Einreibemittel *nt*
lin·ing ['laɪnɪŋ] *n* ❶ (*fabric*) Futter *nt*; *of coat, jacket* Innenfutter *nt*; *of dress, skirt* Unterrock *m* ❷ *of stomach* Magenschleimhaut *f*; *of digestive tract* Darmschleimhaut *f*; *of brake* Bremsbelag *m*
link [lɪŋk] **I.** *n* ❶ (*connection*) Verbindung *f* (**between** zwischen); (*between people, nations*) Beziehung *f* (**between** zwischen) ❷ RADIO, TELEC Verbindung *f*; INET, COMPUT Link *m* ❸ TRANSP **rail ~** Bahnverbindung *f* ❹ *of chain* [Ketten]glied *nt*; **a ~ in a chain** [**of events**] (*fig*) ein Glied in der Kette [der Ereignisse] **II.** *vt* ❶ (*connect*) verbinden ❷ (*clasp*)

to ~ arms sich unterhaken; **to ~ hands** sich an den Händen fassen **III.** vi (connect) sich zusammenfügen lassen

'link·man n BRIT ❶ RADIO, TV Moderator m ❷ SPORTS Mittelfeldspieler m

links [lɪŋks] npl ❶ (golf course) Golfplatz m ❷ SCOT GEOG (area near seashore) Dünen pl

'link-up n Verbindung f (**between** zwischen)

'link·wom·an n BRIT ❶ RADIO, TV Moderatorin f ❷ SPORTS Mittelfeldspielerin f

lin·net ['lɪnɪt] n ORN [Blut]hänfling m

li·no·leum [lɪ'nəʊliəm] n no pl Linoleum nt

Li·no·type® ['laɪnəʊtaɪp] n, **Li·no·type ma·chine** n TYPO (hist) Linotype® f

lin·seed ['lɪnsi:d] n no pl Leinsamen m

lin·seed 'oil n no pl Leinöl nt

lint [lɪnt] n no pl ❶ BRIT MED Mull m ❷ esp AM (fluff) Fussel f, Fluse f NORDD

lin·tel ['lɪntəl] n ARCHIT Sturz m; of door Türsturz m; of window Fenstersturz m

lion ['laɪən] n ❶ ZOOL Löwe m ❷ ASTROL Löwe m ❸ (celebrity) Berühmtheit f ▶ **the ~'s den** die Höhle des Löwen; **the ~'s share** der Löwenanteil

li·on·ess <pl -es> ['laɪənes] n Löwin f

lion-'heart·ed adj (liter) furchtlos

li·on·ize ['laɪənaɪz] vt ■**to ~ sb** jdn feiern

lip [lɪp] **I.** n ❶ ANAT Lippe f ❷ (rim) Rand m; of jug Schnabel m ❸ no pl (pej: cheek) Unverschämtheiten pl ▶ **to bite one's ~** sich dat etw verbeißen; **to keep a stiff upper ~** Haltung bewahren **II.** vt <-pp-> **to ~ a hole** (in golf) der Golfball bleibt am Rande des Loches liegen

'lip·gloss n no pl Lipgloss m

lipo·suc·tion ['lɪpə(ʊ)ˌsʌkʃ°n] n no pl Fettabsaugen nt

'lip-read <-read, -read> **I.** vi von den Lippen ablesen **II.** vt ■**to ~ sb** jdm von den Lippen ablesen **'lip salve** n no pl BRIT MED ❶ (cream) Lippenpflege f; (stick) Lippenpflegestift m ❷ (stick) Lippenpomade f **'lip ser·vice** n no pl (pej) Lippenbekenntnis nt; **to pay ~ to sth** ein Lippenbekenntnis zu etw dat ablegen **'lip·stick** n no pl Lippenstift m

liq·ue·fy <-ie-> ['lɪkwɪfaɪ] **I.** vt ❶ CHEM verflüssigen ❷ FIN **to ~ assets** Vermögenswerte verfügbar machen **II.** vi CHEM sich verflüssigen

li·queur [lɪ'kjʊə'] n Likör m

liq·uid ['lɪkwɪd] **I.** adj ❶ (water-like) flüssig, Flüssig-; ~ **soap** Seifenlotion f ❷ (translucent) eyes glänzend; lustre schimmernd ❸ attr CHEM verflüssigt ❹ FIN [frei] verfügbar **II.** n Flüssigkeit f

liq·ui·date ['lɪkwɪdeɪt] **I.** vt ❶ ECON company, firm auflösen ❷ FIN **to ~ assets** Mittel verfügbar machen; **to ~ debts** Schulden tilgen ❸ (kill) ■**to ~ sb** jdn liquidieren geh **II.** vi ECON liquidieren

liq·ui·da·tion [ˌlɪkwɪ'deɪʃ°n] n ❶ FIN of company Auflösung f; of debts Tilgung f; **to go into ~** in Liquidation gehen f ❷ (killing) Liquidierung f geh

li·quid crys·tal 'tele·vi·sion n Fernseher m mit LCD-Flachbildschirm

li·quid·i·ty [lɪ'kwɪdəti] n no pl ❶ CHEM Flüssigkeit f ❷ FIN Liquidität f fachspr

liq·uid·ize ['lɪkwɪdaɪz] vt pürieren **liq·uid·iz·er** ['lɪkwɪdaɪzə'] n Mixgerät nt, Mixer m fam **li·quid 'soap** n no pl Flüssigseife f

liq·uor ['lɪkə'] **I.** n no pl AM, AUS Alkohol m; **he can't hold his ~** er verträgt keinen Alkohol; **hard ~** Schnaps m **II.** vi AM (fam) ■**to ~ up** sich besaufen **III.** vt AM (fam) ■**to ~ sb up** jdn betrunken machen

liq·uo·rice ['lɪk°rɪs] n no pl ❶ FOOD Lakritze f ❷ (plant) Süßholz nt

Lis·bon ['lɪzbən] n Lissabon nt

lisp [lɪsp] **I.** n no pl Lispeln nt; **to have a ~** lispeln **II.** vi, vt lispeln

lis·som(e) ['lɪsəm] adj (liter) person graziös; animal geschmeidig

list¹ [lɪst] **I.** n Liste f; ~ **of names** Namensliste f; (in books) Namensverzeichnis nt; **shopping ~** Einkaufszettel m; **to put sb/sth on a ~** jdn/etw auf eine Liste setzen; **to take sb/sth off a ~** jdn/etw von einer Liste streichen **II.** vt auflisten; **to be ~ed in the phone book** im Telefonbuch stehen **III.** vi **to ~ at $700/£15** $700/£15 kosten

list² [lɪst] NAUT **I.** vi Schlagseite haben **II.** n Schlagseite f

list·en ['lɪs°n] **I.** vi ❶ (pay attention) zuhören; ■**to ~ to sb/sth** jdm/etw zuhören; ~ **to this!** hör dir das an! fam; **to ~ carefully** [ganz] genau zuhören; **to ~ to music/the news/the Radio** Musik/Nachrichten/Radio hören ❷ (pay heed) zuhören; **don't ~ to them** hör nicht auf sie ❸ (attempt to hear) **will you ~ [out] for the phone?** könntest du bitte aufpassen, ob das Telefon klingelt? **II.** interj hör mal!; **~, we really need to ...** [jetzt] hör mal, wir müssen ... **III.** n no pl **have a ~ to this!** hör dir das an! ♦ **listen in** vi (secretly) mithören; (without participating) mitanhören; (to radio) hören

list·en·er ['lɪsnə'] n ❶ (in a conversation) Zuhörer(in) m(f); **to be a good ~** gut zuhören können ❷ (to lecture, concert) Hörer(in) m(f); (to radio) [Radio]hörer(in) m(f)

lis·te·ria [lɪ'stɪəriə] n no pl MED Listeria f

list·ing ['lɪstɪŋ] n ❶ (inventory) Auflistung f ❷ (entry in inventory) Eintrag m ❸ (programme) ■ **-s** pl Veranstaltungskalender m; **television ~s** Fernsehprogramm nt

list·less ['lɪs(t)ləs] *adj* ❶ (*lacking energy*) *person* teilnahmslos; *economy* stagnierend ❷ (*lacking enthusiasm*) lustlos; *performance* ohne Schwung *nach* n, schlaff

lit[1] [lɪt] *vi, vt pt, pp of* **light**

lit[2] [lɪt] *n no pl* (*fam*) *short for* **literature** Literatur *f*

lit·a·ny ['lɪtᵊni] *n* REL Litanei *f a. fig*

li·tchi *n* FOOD *see* **lychee**

lite [laɪt] *adj* (*fam*) *literature, TV* leicht *pej*, anspruchslos *pej*

li·ter *n* AM *see* **litre**

lit·er·a·cy ['lɪtᵊrəsi] *n no pl* Lese- und Schreibfähigkeit *f*; **computer ~** Computerkenntnisse *pl*; **the ~ level is low in that country** dieses Land hat eine hohe Alphabetenquote

lit·er·al ['lɪtᵊrᵊl] **I.** *adj* ❶ (*not figurative*) wörtlich ❷ (*word-for-word*) *translation, transcript* wörtlich ❸ (*not exaggerated*) buchstäblich; *truth* rein ❹ (*fam: for emphasis*) **fifteen years of ~ hell** fünfzehn Jahre lang die reinste Hölle; **a ~ avalanche of mail** eine wahre Flut von Zusendungen **II.** *n* BRIT TYPO Schreib-/Tipp-/Druckfehler *m*

lit·er·al·ly ['lɪtᵊrᵊli] *adv* ❶ (*in a literal manner*) [wort]wörtlich ❷ (*actually*) buchstäblich; **quite ~** in der Tat; **~ speaking** ungelogen ❸ (*fam: for emphasis*) echt

lit·er·ary ['lɪtᵊrᵊri] *adj attr* (*of literature*) *criticism, prize* Literatur-; *language, style* literarisch; **a ~ career** eine Schriftstellerkarriere

lit·er·ary 'crit·i·cism *n no pl* Literaturkritik *f*

lit·er·ate ['lɪtᵊrət] *adj* ❶ (*able to read and write*) ■ **to be ~** lesen und schreiben können ❷ (*well-educated*) gebildet; **to be computer ~** sich mit Computern auskennen

lit·er·a·ture ['lɪtrətʃəʳ] *n no pl* ❶ (*written works*) Literatur *f*; **nineteenth-century ~** die Literatur des 19. Jahrhunderts ❷ (*specialist texts*) Fachliteratur *f* (**on/about** über) ❸ (*printed matter*) Informationsmaterial *nt*

lithe [laɪð] *adj* geschmeidig

lith·i·um ['lɪθiəm] *n no pl* Lithium *nt*

litho·graph ['lɪθə(ʊ)grɑ:f] **I.** *n* Lithographie *f* **II.** *vt* lithographieren

li·thog·ra·phy [lɪ'θɒgrəfi] *n no pl* Lithographie *f*

Lithua·nia [ˌlɪθjʊ'eɪniə] *n* Litauen *nt*

Lithua·nian [ˌlɪθjʊ'eɪniən] **I.** *n* ❶ (*person*) Litauer(in) *m(f)* ❷ *no pl* (*language*) Litauisch *nt* **II.** *adj* litauisch

liti·gant ['lɪtɪgənt] *n* prozessführende Partei

liti·gate ['lɪtɪgeɪt] **I.** *vi* prozessieren **II.** *vt* ■ **to ~ sth** um etw *akk* prozessieren

liti·ga·tion [ˌlɪtɪ'geɪʃᵊn] *n no pl* Prozess *m*

li·ti·gious [lɪ'tɪdʒəs] *adj* LAW prozessfreudig *iron*

lit·mus ['lɪtməs] *n no pl* Lackmus *m o nt*

'lit·mus pa·per *n no pl* Lackmuspapier *nt*

'lit·mus test *n* ❶ CHEM Lackmustest *m* ❷ (*fam: decisive indication*) entscheidendes [An]zeichen (**of** für)

li·tre ['li:təʳ] *n* Liter *m o nt*; **two ~s** [of milk/ beer] zwei Liter [Milch/Bier]; **per ~** pro Liter

lit·ter ['lɪtəʳ] **I.** *n* ❶ *no pl* (*rubbish*) Müll *m*, Abfall *m* ❷ *no pl* (*disorder*) Durcheinander *nt* ❸ + *sing/pl vb* ZOOL Wurf *m*; **a ~ of kittens** ein Wurf kleiner Kätzchen ❹ *no pl* (*for animals*) Streu *f* **II.** *vt* ❶ (*make untidy*) **dirty clothes ~ed the floor** dreckige Wäsche lag über den Boden verstreut ❷ *usu passive* (*fill*) ■ **to be ~ed with sth** mit etw *dat* übersät sein **'lit·ter tray** *n* Katzenklo *nt*

lit·tle ['lɪtl] **I.** *adj* ❶ (*small*) klein; (*for emphasis*) richtige(r, s) kleine(r, s); **my sister is a monster** meine Schwester ist ein richtiges kleines Monster ❷ (*young*) klein; **~ brother/sister** kleiner Bruder/kleine Schwester ❸ *attr* (*short in distance*) kurz; (*short in duration*) wenig, bisschen ❹ *attr* (*unimportant*) klein; **every ~ detail** jede Kleinigkeit **II.** *adv* ❶ (*somewhat*) ■ **a ~** ein wenig ❷ (*hardly*) wenig; **~ did she know that ...** sie hatte ja keine Ahnung davon, dass ...; **~ more than an hour ago** vor kaum einer Stunde; **to ~ understand sth** etw kaum verstehen **III.** *pron sing* ❶ (*small quantity*) ■ **a ~** ein wenig (**of** von) ❷ (*not much*) wenig; **as ~ as possible** möglichst wenig; **there is ~ sb can do** jd kann wenig machen; **the ~ ...** das wenige ... ❸ (*short distance*) **let's walk a ~ after dinner** lass uns nach dem Essen einen kurzen Spaziergang machen ❹ (*short time*) **it's a ~ after six** es ist kurz nach sechs ▶ **precious ~** herzlich wenig

li·tur·gi·cal [lɪ'tɜ:dʒɪkᵊl] *adj* liturgisch

lit·ur·gy ['lɪtɜ:dʒi] *n* Liturgie *f*

live[1] [laɪv] **I.** *adj* ❶ *attr* (*living*) lebend; **~ animals** echte Tiere ❷ MUS, RADIO, TV live; **~ audience** Live-Publikum *nt*; **~ broadcast** Liveübertragung *f* ❸ ELEC geladen; **~ wire** Hochspannungskabel *nt* ❹ (*unexploded*) scharf ❺ (*burning*) glühend **II.** *adv* MUS, RADIO, TV live

live[2] [lɪv] **I.** *vi* ❶ (*be alive*) leben; **will she ~?** wird sie überleben?; **she ~d to be 97 years old** sie wurde 97 Jahre alt ❷ (*spend life*) leben; **to ~ in fear/luxury** in Angst/Luxus leben ❸ (*subsist*) leben (**by** von) ❹ (*be remembered*) weiterleben; **his music will ~ for ever** seine Musik ist unvergänglich ❺ (*have interesting life*) **to ~ a little** das Leben genießen ❻ (*reside*) wohnen; **where do you ~?** wo wohnst du?; **to ~ in the country/in town** auf dem Land/in der Stadt wohnen ▶ **to ~ to <u>regret</u> sth** etw noch bereuen werden

II. *vt* **to ~ [one's] life to the full** das Leben in vollen Zügen genießen; **to ~ one's own life** sein eigenes Leben leben ▸ **to ~ a lie** mit einer Lebenslüge leben ◆ **live down** *vt* ■ **to ~ down** ◯ **sth** über etw *akk* hinwegkommen; *mistakes* über etw *akk* Gras wachsen lassen ◆ **live for** *vi* ■ **to ~ for sth** für etw *akk* leben ▸ **to ~ for the moment** ein sorgloses Leben führen ◆ **live in** *vi* [mit] im selben Haus wohnen; *student, nurse* im Wohnheim wohnen ◆ **live off,** AM *also* **live off of** *vi* ❶ *(depend)* ■ **to ~ off sb** auf jds Kosten leben ❷ *(support oneself)* ■ **to ~ off sth** *inheritance, pension* von etw *dat* leben ❸ *(eat)* ■ **to ~ off sth** von etw *dat* leben; *(exclusively)* sich ausschließlich von etw *dat* ernähren ◆ **live on** *vi* ❶ *(continue)* weiterleben; *tradition* fortbestehen; **to ~ on in memory** in Erinnerung bleiben ❷ *(support oneself)* ■ **to ~ on sth** von etw *dat* leben ❸ *(eat)* ■ **to ~ on sth** von etw *dat* leben; *(exclusively)* sich ausschließlich von etw *dat* ernähren ◆ **live out** *vt* **~ out** ◯ **one's dreams/fantasies** seine [Wunsch]träume/Vorstellungen verwirklichen; **to ~ out** ◯ **one's life/one's days** sein Leben/seine Tage verbringen ◆ **live through** *vi* überstehen; **to ~ through an experience** eine Erfahrung durchmachen ◆ **live together** *vi* zusammenleben; *residents* zusammenwohnen ◆ **live up** *vt* **to ~ it up** *(fam)* die Puppen tanzen lassen ◆ **live up to** *vi* **to ~ up to sb's expectations** jds Erwartungen gerecht werden; **to ~ up to one's reputation** seinem Ruf gerecht werden; **to ~ up to a promise** ein Versprechen erfüllen ◆ **live with** *vi* ❶ *(cohabit)* **to ~ with each other** zusammenleben ❷ *(tolerate)* ■ **to ~ with sth** sich mit etw *dat* abfinden

live·li·hood ['laɪvlihʊd] *n* Lebensunterhalt *m*; **to lose one's ~** seine Existenzgrundlage verlieren

live·li·ness ['laɪvlinəs] *n no pl of child, person* Lebhaftigkeit *f*

live·ly ['laɪvli] *adj* ❶ *(full of energy) city, child, street* lebhaft; *child, eyes, tune* munter; *nature* aufgeweckt; **~ place** ein Ort, an dem immer etwas los ist ❷ *(bright) colour* hell; *(pej)* grell ❸ *(lifelike)* lebendig; *description* anschaulich ❹ *(enduring) tradition* lebendig ❺ *(brisk)* rege; *pace* flott ❻ *(stimulating) discussion, style* lebhaft; *imagination* rege(r, s); *mind* wach

liv·en ['laɪvən] **I.** *vt* ■ **to ~ up** ◯ **sth** Leben in etw *akk* bringen; **to ~ up a room** einem Zimmer etwas aufpeppen *fam*; ■ **to ~ up** ◯ **sb** jdn aufmuntern **II.** *vi person* aufleben; *party, sports match* in Schwung kommen

liv·er ['lɪvər] *n* FOOD, ANAT Leber *f*

'liv·er com·plaint *n* Leberschaden *m* **liv·er·ish** ['lɪvərɪʃ] *adj* ❶ *(dated: ill)* leberkrank ❷ *(hum: peevish)* übellaunig **'liv·er sau·sage** *n no pl* Leberwurst *f*

liv·ery ['lɪvəri] *n* ❶ FASHION Livree *f* ❷ BRIT *(design)* Firmenfarben *pl*

'live·stock *n no pl* Vieh *nt*

liv·id ['lɪvɪd] *adj (fam: furious)* wütend; **absolutely ~** fuchsteufelswild

liv·ing ['lɪvɪŋ] **I.** *n* ❶ *usu sing (livelihood)* Lebensunterhalt *m*; **is he really able to make a ~ as a translator?** kann er von der Übersetzerei wirklich leben?; **to do sth for a ~** mit etw *dat* seinen Lebensunterhalt verdienen ❷ *no pl (lifestyle)* Lebensstil *m*; **standard of ~** Lebensstandard *m* ❸ *pl* **the ~** *(people)* die Lebenden *pl* **II.** *adj* ❶ *(alive)* lebend *attr*; **we didn't see a ~ soul on the streets** wir sahen draußen auf der Straße keine Menschenseele; **~ creatures** Lebewesen *pl* ❷ *(exact)* **to be the ~ image of sb** jdm wie aus dem Gesicht geschnitten sein ❸ *(still used)* lebendig; *language* lebend ▸ **to scare the ~ daylights out of sb** jdn zu Tode erschrecken; **to be in ~ memory** [noch] in [lebendiger] Erinnerung sein

'liv·ing con·di·tions *n* Lebensbedingungen *pl* **'liv·ing quar·ters** *npl* Wohnbereich *m*; MIL Quartier *nt* **'liv·ing roof** *n see* ecoroof **'liv·ing room** *n* Wohnzimmer *nt* **'liv·ing space** *n no pl (for personal accommodation)* Wohnraum *m*; *(for a nation)* Lebensraum *m* **liv·ing 'wage** *n no pl* Existenzminimum *nt*

liz·ard ['lɪzəd] *n* Eidechse *f*

lla·ma ['lɑːmə] *n* Lama *nt*

load [ləʊd] **I.** *n* ❶ *(amount carried)* Ladung *f*; **the maximum ~ for this elevator is eight persons** der Aufzug hat eine Tragkraft von maximal acht Personen; **with a full ~ of passengers** mit Passagieren [voll] besetzt ❷ *(burden)* Last *f*; **a heavy/light ~** ein hohes/niedriges Arbeitspensum ❸ *(fam: lots)* **what a ~ of rubbish!** was für ein ausgemachter Blödsinn!; **a ~ of work** ein Riesenberg an Arbeit ❹ *(fam: plenty)* ■ **~s** jede Menge ▸ **get a ~ of this!** *(sl)* hör dir das an! **II.** *adv* ■ **~s** *pl (sl)* tausendmal *fam* **III.** *vt* ❶ *(fill)* laden; *container* beladen; *dishwasher* einräumen; *washing machine* füllen ❷ *(burden)* aufladen; **to ~ sb with responsibilities** jdm sehr viel Verantwortung aufladen ❸ *(supply excessively)* ■ **to ~ sb/sth with sth** jdn/etw mit etw *dat* überhäufen ❹ *(fill) canon* laden; *(insert) cassette, film* einlegen ❺ *(bias)* **to ~ a roulette wheel** das Roulette präparieren **IV.** *vi* [ver]laden

load down *vt* schwer beladen; ■ **to ~ sb down** jdm zu viel aufbürden ◆ **load up I.** *vt* aufladen; **to ~ up a container** einen Container beladen; **let's ~ up the car and then we can go** lass uns schnell die Sachen ins Auto laden, dann können wir gehen **II.** *vi* beladen

load·ed ['ləʊdɪd] *adj* ❶ (*carrying sth*) beladen ❷ (*with ammunition*) geladen ❸ (*having excess*) überladen (**with** mit); **to be ~ with calories** eine Kalorienbombe sein ❹ *pred* (*fam: rich*) steinreich ❺ *pred esp* Am (*sl: drunk*) besoffen *fam* ❻ Am AUTO (*with all the extras*) voll ausgestattet ❼ (*biased*) **to be ~ in favour of sb/sth** für jdn/etw eingenommen sein; **~ question** Fangfrage *f*

load·stone *n see* **lodestone**

loaf¹ <*pl* loaves> [ləʊf] *n* ❶ (*bread*) Brot *nt*; (*unsliced*) Brotlaib *m* ❷ (*bread-shaped food*) Kasten-

loaf² [ləʊf] *vi* faulenzen; **to ~ about** herumgammeln *fam*

loaf·er ['ləʊfəʳ] *n* ❶ (*person*) Faulenzer(in) *m(f)* pej ❷ FASHION ■ ® [leichter] Halbschuh

loam [ləʊm] *n no pl* ❶ (*soil*) Lehmerde *f* ❷ (*for making bricks*) Lehm *m*

loan [ləʊn] *n* ❶ (*money*) Kredit *m*, Darlehen *nt*; **a $50,000 ~** ein Darlehen über $50,000; **to take out a ~** ein Darlehen aufnehmen ❷ (*act*) Ausleihe *f kein pl*, Verleihen *nt kein pl*; **to be on ~** verliehen sein **II.** *vt* leihen

'loan·word *n* Lehnwort *nt*

loath [ləʊθ] *adj pred* (*form*) ■ **to be ~ to do sth** etw ungern tun

loathe [ləʊð] **I.** *adj* Am nicht ausstehen können; *stronger* verabscheuen

loath·ing ['ləʊðɪŋ] *n no pl* (*hate*) Abscheu *m*; (*hatred*) Hass *m*; **fear and ~** Angst und Abscheu; **to fill sb with ~** jdn mit Ekel erfüllen; **to have a ~ for sb/sth** jdn/etw verabscheuen

loath·some ['ləʊðsəm] *adj* abscheulich; *suggestion, action* abstoßend

loaves [ləʊvz] *n pl of* **loaf**

lob [lɒb] **I.** *vt* <-bb-> lobben; **to ~ a ball** im Lob spielen **II.** *n* ❶ (*ball*) Lob *m* ❷ (*stroke*) Lobspiel *nt kein pl*

lob·by ['lɒbi] **I.** *n* ❶ ARCHIT Eingangshalle *f*; *hotel/theatre* ~ Hotel-/Theaterfoyer *nt* ❷ POL Lobby *f*; **the anti-abortion ~** die Lobby der Abtreibungsgegner **II.** *vi* ■ **to ~ for/against sth** seinen Einfluss [mittels eines Interessensverbandes] für/gegen etw *akk* geltend machen; **local residents lobbied to have the factory shut down** die Anwohner schlossen sich zusammen und forderten die Stilllegung der Fabrik **III.** *vt* <-ie-> ■ **to ~ sb/sth** [**to do sth**] jdn/etw beeinflussen [etw zu tun]

lob·by·ist ['lɒbiɪst] *n* Lobbyist(in) *m(f)*

lobe [ləʊb] *n* Lappen *m*; *of ear* Ohrläppchen *nt*; *of brain* Gehirnlappen *m*; *of liver* Leberlappen *m*

lob·ster ['lɒbstəʳ] *n* ZOOL, FOOD Hummer *m*

'lob·ster pot *n* Hummerfangkorb *m*

lo·cal ['ləʊkəl] **I.** *adj* ❶ (*neighbourhood*) hiesig, örtlich; **~ politics** Kommunalpolitik *f*; **~ radio station** Lokalsender *m*; **~ branch** Filiale *f*; *of bank, shop* Zweigstelle *f* ❷ MED lokal **II.** *n* ❶ *usu pl* (*inhabitant*) Ortsansässige(r) *f(m)* ❷ BRIT (*fam: pub*) Stammkneipe *f* ❸ Am (*trade union*) örtliches Gewerkschaftsbüro

local an·aes·thet·ic *n* örtliche Betäubung

local au·thor·i·ty *n* BRIT *of community* Kommunalverwaltung *f*; *of city* Stadtverwaltung *f* **'local call** *n* Ortsgespräch *nt*

lo·cale [lə(ʊ)ˈkɑːl] *n* Örtlichkeit *f*

local 'gov·ern·ment *n of towns* Stadtverwaltung *f*; *of counties* Bezirksverwaltung *f*

lo·cal·i·ty [lə(ʊ)ˈkæləti] *n* Gegend *f*

lo·cal·i·za·tion [ˌləʊkəlaɪˈzeɪʃən] *n no pl* Lokalisation *f*

lo·cal·ize ['ləʊkəlaɪz] *vt* ❶ (*restrict*) lokalisieren *geh* ❷ (*pinpoint*) lokalisieren *geh* ❸ (*give local characteristics*) etw örtlich genau definieren

local 'news·pa·per *n* Lokalblatt *nt* **'lo·cal time** *n* Ortszeit *f* **'local 'train** *n* Nahverkehrszug *m*

lo·cate [lə(ʊ)ˈkeɪt] **I.** *vt* ❶ (*find*) ausfindig machen; *plane, sunken ship* orten ❷ (*situate*) bauen; **our office is ~d at the end of the road** unser Büro befindet sich am Ende der Straße; **to be centrally ~d** zentral liegen **II.** *vi* Am sich niederlassen

lo·ca·tion [lə(ʊ)ˈkeɪʃən] *n* ❶ (*place*) Lage *f*; *company* Standort *m* ❷ FILM Drehort *m* ❸ *no pl* (*act*) Positionsbestimmung *f*; *of tumour* Lokalisierung *f*

loc. cit. [ˌlɒkˈsɪt] *abbrev of* **loco citato** l.c. *geh*, a.a.O.

loch [lɒk, Scot lɒx] *n* Scot ❶ (*lake*) See *m* ❷ (*fjord*) Meeresarm *m*

lock¹ [lɒk] **I.** *n* ❶ (*fastening device*) Schloss *nt*; *bicycle* ~ Fahrradschloss *nt* ❷ NAUT Schleuse *f* ❸ (*in wrestling*) Fesselgriff *m* ▶ **to be under ~ and key** hinter Schloss und Riegel sitzen *fam*; **to have a ~ on sth** Am (*fam*) etw fest in der Hand haben **II.** *vt* ❶ (*fasten*) abschließen; **he ~ed the documents in his filing cabinet** er schloss die Dokumente in den Aktenschrank; *suitcase* verschließen ❷ *usu passive* (*entangle*) sich verhaken; **to be ~ed in an embrace** sich eng umschlungen halten **III.** *vi* ❶ (*become secured*) schließen ❷ (*become fixed*) binden ❸ NAUT eine

lock away – logjam 432

Schleuse passieren ◆**lock away** vt ❶ (*secure*) wegschließen ❷ (*for peace and quiet*) ■ **to ~ oneself away [in one's office]** sich [in seinem Büro] einschließen; ■ **to ~ away ○ sb** jdn einsperren *fam* ◆**lock on** vi MIL **to ~ on to a target** ein genaues Ziel ausmachen ◆**lock out** vt aussperren ◆**lock up I.** vt ❶ (*secure*) abschließen; *documents, money* wegschließen ❷ (*put in custody*) ■ **to ~ up ○ sb** LAW jdn einsperren *fam;* MED jdn in eine geschlossene Anstalt bringen; ■ **to ~ oneself up** sich einschließen **II.** vi abschließen, zuschließen

lock² [lɒk] *n* ❶ (*curl*) [Haar]locke *f* ❷ (*hair*) **long, flowing ~s** langes, wallendes Haar

lock·er ['lɒkə'] *n* Schließfach *nt;* MIL Spind *m*

lock·et ['lɒkɪt] *n* Medaillon *nt*

'**lock·jaw** *n no pl* MED (*dated fam*) Wundstarrkrampf *m* '**lock·out** *n* (*esp pej*) Aussperrung *f* '**lock·smith** *n* Schlosser(in) *m(f)* '**lock·up** *n* ❶ (*jail*) Gefängnis *nt;* (*for drunks*) Ausnüchterungszelle *f* ❷ *esp* BRIT (*garage*) [angemietete] Garage ❸ *no pl* AUTO Blockierung *f*

lo·co·mo·tion [ˌləʊkəˈməʊʃ°n] *n no pl* Fortbewegung *f*

lo·co·mo·tive [ˌləʊkəˈməʊtɪv] **I.** *n* Lokomotive *f;* **steam ~** Dampflokomotive *f* **II.** *adj attr* Fortbewegungs-

lo·cum *n,* **lo·cum te·nens** <*pl* -tenentes> [ˌləʊkəmˈtenenz, *pl* -tɪˈnentiːz] *n esp* BRIT, AUS (*spec*) Vertreter(in) *m(f)* (*eines Arztes oder Geistlichen*)

lo·cus <*pl* -ci> ['ləʊkəs, *pl* -saɪ] *n* ❶ (*form: location*) Zentrale *f* ❷ MATH geometrischer Ort *m* ❸ BIOL Genort *m*

lo·cust ['ləʊkəst] *n* Heuschrecke *f*

lo·cu·tion [lə(ʊ)ˈkjuːʃ°n] *n* ❶ *no pl* (*style of speech*) Ausdrucksweise *f* ❷ (*expression*) Redensart *f*

lode [ləʊd] *n* MIN Ader *f*

'**lode·star** *n usu sing* ❶ (*star*) Leitstern *m;* (*Pole Star*) Polarstern *m* ❷ (*guiding principle*) Leitbild *nt*

lodge [lɒdʒ] **I.** *n* ❶ (*house*) Hütte *f;* **gatekeeper's ~** Pförtnerhaus *nt* ❷ (*in a resort*) Lodge *f* **II.** vt ❶ (*present formally*) *appeal, objection, complaint* einlegen; *protest* erheben ❷ *esp* BRIT, AUS (*form: store*) ■ **to ~ sth with sb/sth** etw bei jdm/etw hinterlegen ❸ (*make fixed*) hineinstoßen ❹ (*give sleeping quarters to*) ■ **to ~ sb** jdn [bei sich *dat*] unterbringen **III.** vi ❶ (*become fixed*) stecken bleiben ❷ (*form: reside*) logieren, ■ **to ~ with sb** bei jdm [zur Untermiete] wohnen

lodg·er ['lɒdʒə'] *n* Untermieter(in) *m(f);* **to take in ~s** Zimmer [unter]vermieten

lodg·ing ['lɒdʒɪŋ] *n* ❶ *no pl* (*form: accommodation*) Unterkunft *f;* **board and ~** Kost und Logis *f* ❷ *esp* BRIT (*dated fam: rented room*) ■ **~s** *pl* möbliertes Zimmer

'**lodg·ing house** *n* Pension *f*

loft [lɒft] **I.** *n* ❶ (*attic*) Speicher *m,* Estrich *m* SCHWEIZ; (*for living*) Dachwohnung *f,* Loft *m* ❷ (*gallery in church*) **organ/choir ~** Empore *f* (*für die Orgel/den [Kirchen]chor*) ❸ (*pigeon house*) Taubenschlag *m* **II.** vt *ball* hochschlagen (**over** über)

lofty ['lɒfti] *adj* ❶ (*form*) (*liter: soaring*) hoch [aufragend]; *heights* schwindelnd ❷ (*noble*) erhaben; *aims* hoch gesteckt; *ambitions* hochfliegend; *ideals* hohe(r, s) ❸ (*pej: haughty*) überheblich

log¹ [lɒg] *n* (*fam*) *short for* **logarithm** Logarithmus *m*

log² [lɒg] **I.** *n* ❶ (*branch*) [gefällter] Baumstamm *m;* (*tree trunk*) [Holz]block *m;* (*for firewood*) [Holz]scheit *nt* ❷ (*record*) NAUT Logbuch *nt;* AVIAT Bordbuch *nt* ❸ (*systematic record*) Aufzeichnungen *pl;* **police ~** Polizeibericht *m* **II.** vt <-gg-> ❶ (*enter into record*) aufzeichnen; *phone calls* registrieren ❷ (*achieve*) **to ~ [up] a distance** eine Strecke zurücklegen; **to ~ [up] a speed** eine Geschwindigkeit erreichen ❸ *forest* abholzen; *trees* fällen **III.** vi <-gg-> Bäume fällen ◆**log in** vi sich einloggen ◆**log off** vi sich ausloggen ◆**log on** vi sich einloggen (**to** in) ◆**log out** vi sich ausloggen

lo·gan·ber·ry ['ləʊgənb°ri] *n* FOOD ❶ (*fruit*) Loganbeere *f* ❷ (*plant*) Loganbeerstrauch *m*

loga·rithm ['lɒg°rɪð°m] *n* Logarithmus *m*

loga·rith·mic [ˌlɒg°rˈɪðmɪk] *adj* logarithmisch

'**log book** *n* ❶ NAUT Logbuch *nt;* AVIAT Bordbuch *nt* ❷ BRIT AUTO Kraftfahrzeugbrief *m*

log 'cab·in *n* Blockhaus *nt*

log·ger ['lɒgə'] *n* Holzfäller(in) *m(f)*

log·ger·heads ['lɒgəhedz] *npl* ■ **to be at ~ [with sb]** [mit jdm] im Streit liegen

log·ic ['lɒdʒɪk] *n no pl* (*chain of reasoning*) Logik *f;* **flawed ~** unlogischer Gedankengang; **internal ~** innere Logik; **to defy ~** gegen jede Logik verstoßen ❷ (*formal thinking*) *also* COMPUT, ELEC Logik *f* ❸ (*justification*) Vernunft *f*

logi·cal ['lɒdʒɪk°l] *adj* ❶ (*according to laws of logic*) logisch ❷ (*correctly reasoned*) vernünftig ❸ (*to be expected*) **it was the ~ thing to do** es war das Vernünftigste, was man tun konnte ❹ (*capable of clear thinking*) **I was incapable of ~ thought** ich konnte keinen klaren Gedanken fassen

lo·gis·tics [ləˈdʒɪstɪks] *n* + *sing/pl vb* Logistik *f*

'**log·jam** *n* ❶ (*mass of logs*) Anstauung *f* von

Floßholz ❷ *(deadlock)* toter Punkt; **to break a ~** wieder aus einer Sackgasse herauskommen

logo ['ləʊgəʊ] *n* Logo *m o nt*

logo-'cen·tric *adj product range* mit gut sichtbarem Firmenlogo *nach n*; **a ~ design ethos** ein auf dem Firmenlogo beruhendes Design-Ethos

'log·roll·ing *n no pl* AM ❶ POL *(fam)* Kuhhandel *m* ❷ *(sport)* sportlicher Wettkampf mit dem Ziel, sich gegenseitig von im Wasser treibenden Baumstämmen zu stoßen

loin [lɔɪn] *n* ❶ *usu pl* ANAT, FOOD Lende *f* ❷ *(liter, poet: sexual organs)* ■ **~ s** *pl* Lenden *pl liter*

'loin·cloth *n* Lendenschurz *m*

loi·ter ['lɔɪtə'] *vi* ❶ *(hang about idly)* **to ~ about** herumhängen *sl*; *(pej)* herumlungern *fam* ❷ *(travel lazily)* [herum]trödeln

loi·ter·er ['lɔɪtərə'] *n* Herumtreiber(in) *m(f) fam*

loll [lɒl] **I.** *vi* ❶ *(be lazy)* lümmeln; *(sit lazily)* faul dasitzen; *(lie lazily)* faul daliegen; *(stand lazily)* faul herumstehen **II.** *vt* **to ~ out one's tongue** die Zunge herausstrecken

lol·li·pop ['lɒlɪpɒp] *n* Lutscher *m*, ÖSTERR *a.* Schlecker *m*

'lol·li·pop lady *n* BRIT, AUS *(fam)* ≈ Schülerlotsin *f*

'lol·li·pop man *n* BRIT, AUS *(fam)* ≈ Schülerlotse *m*

lol·lop ['lɒləp] *vi (fam)* trotten; *rabbit* hoppeln

lol·ly ['lɒli] *n* ❶ BRIT, AUS *(lollipop)* Lutscher *m*; **ice ~** Eis *nt* am Stiel ❷ AUS, NZ *(boiled sweet)* Bonbon *m o nt*

lone [ləʊn] *adj attr* ❶ *(solitary)* einsam ❷ *(uninhabited) place* unbewohnt ❸ *(unmarried)* allein stehend; *father, parent* allein erziehend

lone·li·ness ['ləʊnlɪnəs] *n no pl* Einsamkeit *f* **lone·ly** <-ier, -iest *or* more ~, most ~> ['ləʊnli] *adj* ❶ *(unhappy)* einsam; **to feel ~** sich einsam fühlen ❷ *(solitary)* einsam ❸ *(unfrequented)* abgeschieden; *street* still

lon·er ['ləʊnə'] *n (usu pej)* Einzelgänger(in) *m(f)*

lone·some ['ləʊnsəm] *adj esp* AM *(unhappy)* einsam; **to feel ~** sich einsam fühlen ❷ *(unfrequented)* abgelegen ❸ *(causing lonely feeling)* einsam ▸ **by one's ~** *esp* AM *(fam)* ganz allein; **I was just sitting here all by my ~** ich saß hier einsam und allein

long¹ [lɒŋ] **I.** *adj* ❶ *(in space)* lang; *(over great distance)* weit; *(elongated)* länglich; *(fam: tall)* groß, lang *fam*; *journey* weit; *(fig)* **there was a list of complaints as ~ as your arm** es gab eine ellenlange Liste von Beschwerden; **to have come a ~ way** *(distance)* von weit her gekommen sein; *(positive development)* es weit geschafft haben ❷ *(in time)* lang; *(tedious)* lang[wierig]; *friendship* langjährig; *memory* gut; **each session is an hour ~** jede Sitzung dauert eine Stunde; **we go back a ~ way** wir kennen uns schon seit ewigen Zeiten; **a ~ day** ein langer [und anstrengender] Tag; **it was a ~ time before I received a reply** es dauerte lange, bis ich [eine] Antwort bekam; **to work ~ hours** einen langen Arbeitstag haben ❸ *(in scope)* lang; *book dick* ❹ *pred (am: ample)* ■ **to be ~ on sth** etw reichlich haben ❺ *(improbable) chance* gering ▸ **in the ~ run** auf lange Sicht [gesehen] **II.** *adv* ❶ *(for a long time)* lange; **have you been waiting ~?** wartest du schon lange?; **the authorities have ~ known that ...** den Behörden war seit langem bekannt, dass ...; **I won't be ~** *(before finishing)* ich bin gleich fertig; *(before appearing)* ich bin gleich da; **it won't take ~** es wird nicht lange dauern; **take as ~ as you like** lass dir Zeit ❷ *(at a distant time)* lange; **~ ago** vor langer Zeit; **not ~ before ...** kurz davor ❸ *(after implied time)* lange; **how much ~er will it take?** wie lange wird es noch dauern?; **I'm not going to wait any ~er** ich werde nicht länger warten; **he no ~er wanted to go there** er wollte nicht mehr dorthin ❹ *(throughout)* **all day/night/summer ~** den ganzen Tag/die ganze Nacht/den ganzen Sommer [lang] ▸ **as ~ as ...** *(during)* solange ...; *(provided that)* vorausgesetzt, dass ... **III.** *n* ❶ *no pl (long time)* eine lange Zeit; **have you been waiting for ~?** wartest du schon lange? ❷ *(in Morse)* lang; **one short and three ~s** einmal kurz und dreimal lang ▸ **~ before** [**very**] **~** schon [sehr] bald; **the ~ and the short of it** kurz gesagt

long² [lɒŋ] *vi* sich sehnen (**for** nach); ■ **to ~ to do sth** sich danach sehnen, etw zu tun

long³ *n* GEOG *abbrev of* **longitude** Länge *f*

'long·boat *n* NAUT Großboot *nt* **long-'dis·tance I.** *adj attr* ❶ *(between distant places)* Fern-, Weit-; **~ flight** Langstreckenflug *m*; **~ relationship** Fernbeziehung *f* ❷ SPORTS Langstrecken-; **~ race** Langstreckenrennen *nt* **II.** *adv* **to phone ~** ein Ferngespräch führen; **to travel ~** eine Fernreise machen

lon·gev·i·ty [lɒn'dʒevəti] *n no pl* Langlebigkeit *f*

'long-haired <longer-, longest-> *adj* langhaarig; *animals* Langhaar- **'long·hand** *n no pl* Langschrift *f*; **to write sth in ~** etw mit der Hand schreiben **long 'haul** *n* ❶ *(long distance)* Langstreckentransport *m*; **~ flight**

Langstreckenflug m ❷ (*prolonged effort*) Anstrengung f über eine lange Zeit hinweg ❸ *esp* AM (*long time*) **to be in sth for the ~** sich langfristig für etw *akk* engagieren; **over the ~** auf lange Sicht
long·ing ['lɒŋɪŋ] **I.** n Sehnsucht f, Verlangen nt (**for** nach) **II.** *adj attr* (*showing desire*) sehnsüchtig
long·ish ['lɒŋɪʃ] *adj* (*fam*) ziemlich lang
lon·gi·tude ['lɒndʒɪtjuːd] n GEOG Länge f
lon·gi·tu·di·nal [ˌlɒndʒɪ'tjuːdɪnəl] *adj* ❶ (*lengthwise*) Längs-; **~ extent** längenmäßige Ausdehnung ❷ GEOG Längen-
'long johns *npl* (*fam*) lange Unterhose
'long jump n SPORTS ❶ (*sports discipline*) **the ~** *no pl* der Weitsprung ❷ (*action*) **~s** *pl* Weitsprünge pl **'long-life** *adj* ❶ (*specially treated*) haltbar; **~ milk** H-Milch f ❷ (*specially made*) langlebig **long-'lived** <longer-, longest-> *adj* langlebig; *feud* [seit langem] bestehend **'long-lost** *adj attr* lang verloren geglaubt *attr*; *person* lang vermisst geglaubt **long-'range** *adj* ❶ (*in distance*) Langstrecken- ❷ (*long-term*) langfristig **'long shot** n **to be a ~** ziemlich aussichtslos sein; [**not**] **by a ~** (*fam*) bei weitem [nicht] **long-'sight·ed** *adj* ❶ (*having long sight*) weitsichtig ❷ *esp* AM (*fig: having foresight*) vorausschauend; **to be ~** Weitsicht besitzen **long-'stand·ing** *adj* seit langem bestehend; *argument* seit langem anhaltend; *friendship, relationship* langjährig; *quarrel* lang während **long-'suf·fer·ing** *adj* langmütig **'long-term** *adj attr* langfristig; **~ memory** Langzeitgedächtnis *nt*; **~ strategy** Langzeitstrategie f; **the ~ unemployed** die Langzeitarbeitslosen pl **'long wave** n RADIO Langwelle f **'long·ways** *adv* der Länge nach, längs **long-'wind·ed** *adj* langatmig
loo [luː] n BRIT, AUS (*fam*) Klo nt
loo·fah ['luːfə] n ❶ (*sponge*) Luffaschwamm m ❷ (*plant*) Luffa f
look [lʊk] **I.** n ❶ *usu sing* (*glance*) Blick m; **to get a good ~ at sb/sth** jdn/etw genau sehen können; **to give sb a ~** jdn ansehen; (*glimpse*) jdm einen Blick zuwerfen; **to give sb a ~ of disbelief** jdn ungläubig Abneigung ansehen; **to have a ~ round** sich umsehen ❷ (*facial expression*) [Gesichts]ausdruck m ❸ *no pl* (*examination*) Betrachtung f; **may I have a ~?** darf ich mal sehen?; **to have a ~ at sth** sich *dat* etw ansehen; **to take a** [**good,**] **hard ~ at sb/sth** sich *dat* jdn/etw genau ansehen ❹ *no pl* (*search*) Nachsehen; **to have a ~ for sb/sth** nach jdm/etw suchen ❺ *no pl* (*appearance*) Aussehen *nt*; **I don't like the ~ of it** das gefällt mir [gar] nicht; **by the ~[s] of things** [so] wie es aussieht ❻ (*person's appearance*) ■ **~s** *pl* Aussehen *nt kein pl*; **good ~s** gutes Aussehen ❼ FASHION Look *m* ▸ **if ~s could kill** wenn Blicke töten könnten **II.** *interj* (*explanatory*) schau mal *fam*, pass mal auf *fam*; (*protesting*) hör mal *fam* **III.** *vi* ❶ (*glance*) schauen; **to ~ away** [*or* **the other way**] wegsehen ❷ (*search*) suchen; (*in an encyclopedia*) nachschlagen; **to keep ~ing** weitersuchen ❸ (*appear*) **she doesn't ~ her age** man sieht ihr ihr Alter nicht an; **to ~ bad/tired/gut** schlecht/müde/gut aussehen; **it ~s very unlikely that ...** es scheint sehr unwahrscheinlich, dass ...; ■ **to ~ like sb/sth** (*resemble*) jdm/etw ähnlich sehen; **he ~ed like a friendly sort of person** er schien ein netter Mensch zu sein; **it ~s like rain** es sieht nach Regen aus ❹ (*pay attention*) **~ where you're going!** pass auf, wo du hintrittst!; **~ what you're doing!** pass [doch] auf, was du machst! ❺ (*face*) **to ~ north/east** nach Norden/Osten [hin] liegen; *room, window also* nach Norden/Osten [hinaus]gehen; ■ **to ~ onto sth** auf etw *akk* blicken; *room, window* auf etw *akk* [hinaus]gehen **IV.** *vt* **to ~ sb in the eye/face** jdm in die Augen/ins Gesicht sehen ▸ **to ~ daggers at sb** jdn mit Blicken durchbohren ◆ **look about** *vi* **~ about to ~ about for sth** nach etw *dat* umsehen ◆ **look after** *vi* ❶ (*glance*) nachsehen ❷ (*take care of*) ■ **to ~ after sb/sth** sich um jdn/etw kümmern; **to ~ after one's own interests** seine eigenen Interessen verfolgen; **~ after yourself!** pass auf dich auf! ❸ (*keep an eye on*) ■ **to ~ after sb/sth** auf jdn/etw aufpassen ◆ **look ahead** *vi* ❶ (*glance*) nach vorne sehen ❷ (*plan*) vorausschauen ◆ **look around** *vi see* **look round** ◆ **look at** *vi* ❶ (*glance*) ansehen ❷ (*examine*) ■ **to ~ at sb/sth** sich *dat* jdn/etw ansehen ❸ (*regard*) ■ **to ~ at sth** etw betrachten; **he ~s at things differently than you do** er sieht die Dinge anders als du ◆ **look away** *vi* wegsehen ◆ **look back** *vi* ❶ (*glance*) zurückschauen ❷ (*remember*) zurückblicken (**on/at** auf) ▸ **sb never ~ed back** (*fam*) für jdn ging es bergauf ◆ **look down** *vi* ❶ (*glance*) nach unten sehen; ■ **to ~ down at/on sb/sth** zu jdm/etw hinuntersehen ❷ (*despise*) ■ **to ~ down [up]on sb/sth** auf jdn/etw herabsehen ❸ (*examine*) **to ~ down a list/page** eine Liste/Seite von oben bis unten durchgehen ❹ ECON sich verschlechtern ◆ **look for** *vi* ❶ (*seek*) ■ **to ~ for sb/sth** nach jdm/etw suchen; **to ~ for a job** Arbeit suchen; **to ~ for trouble** (*consciously*) Streit suchen; (*not consciously*) sich *dat* Ärger einhandeln *fam* ❷ (*anticipate*)

■ to ~ for sb/sth jdn/etw erwarten ◆ **look forward** vi ① (*glance*) nach vorne sehen ② (*anticipate, enjoy*) ■ to ~ **forward to sth** sich auf etw *akk* freuen ◆ **look in** vi ① (*glance*) hineinsehen ② (*visit*) ■ to ~ **in [on sb]** bei jdm vorbeischauen *fam* ◆ **look into** vi ① (*glance*) in etw *akk* [hinein]sehen; to ~ into sb's eyes/face jdm in die Augen/ins Gesicht sehen ② (*examine*) etw untersuchen; to ~ into a case/claim/complaint einen Fall/einen Anspruch/eine Beschwerde prüfen ◆ **look on** vi ① (*glance*) betrachten ② (*regard*) ■ to ~ **on sth with disquiet/favour** etw mit Unbehagen/Wohlwollen betrachten ③ (*watch*) zusehen ▶ to ~ **on the bright side [of sth]** die positiven Seiten [einer S. *gen*] sehen ◆ **look out I.** vi ① (*search, wait*) ■ to ~ **out for sb/sth** nach jdm/etw Ausschau halten ② (*be careful*) aufpassen; ■ to ~ **out for sb/sth** sich vor jdm/etw in Acht nehmen ③ (*care for*) ■ to ~ **out on sth** auf etw *akk* blicken; *room, window* auf etw *akk* hinausgehen **II.** vt ■ to ~ **out ⟳ sth** etw heraussuchen; ■ to ~ **out ⟳ sb** jdn aussuchen ◆ **look over I.** vi ① (*glance*) ■ to ~ **over sth** über etw *akk* blicken; ■ to ~ **over to sb/sth** zu jdm/etw hinübersehen ② (*offer a view*) to ~ **over sth** über etw *akk* blicken; *window, room* auf etw *akk* [hinaus]gehen **II.** vt ① (*view*) besichtigen; (*inspect, survey*) inspizieren ② (*examine briefly*) durchsehen; *letter* überfliegen; ■ to ~ **over ⟳ sb** jdn mustern ◆ **look round** vi BRIT, AUS ① (*glance*) sich umsehen ② (*search*) ■ to ~ **round for sb/sth** sich nach jdm/etw umsehen ③ (*examine*) ■ to ~ **round sth** sich *dat* etw ansehen; *house* besichtigen ◆ **look through** vi ① (*glance*) ■ to ~ **through sth** durch etw *akk* [hindurch]sehen; to ~ **through a window** aus einem Fenster sehen ② (*understand*) ■ to ~ **through sb/sth** jdn/sth durchschauen ③ (*ignore*) ■ to ~ **[straight] through sb** [einfach] durch jdn hindurchschauen ④ (*peruse*) ■ to ~ **through sth** etw durchsehen; *article* [kurz] überfliegen; *magazine* durchblättern ◆ **look to** vi ① (*consider*) ■ to ~ **to sth** sich um etw *akk* kümmern; *to* ~ **to one's motives** seine Motive [genau] prüfen ② (*rely on*) ■ to ~ **to sb** auf jdn bauen ③ (*regard with anticipation*) to ~ **to the future** in die Zukunft blicken ◆ **look towards** vi ① (*glance*) ■ to ~ **towards sb/sth** zu jdm/etw sehen ② (*face*) ■ to ~ **towards sth** auf etw *akk* blicken; *room, window* auf etw *akk* [hinaus]gehen; to

~ **towards the east/north** nach Norden/Osten [hin] liegen; *room, window also* nach Norden/Osten [hinaus]gehen ③ (*aim*) anstreben ◆ **look up I.** vi ① (*glance*) ■ to ~ **up at sb/sth** zu jdm/etw hinaufsehen; ■ to ~ **up [from sth]** [von etw *dat*] aufsehen ② (*improve*) besser werden; *increase, rise* steigen **II.** vt ① (*fam: visit*) ■ to ~ **up ⟳ sb** bei jdm vorbeischauen ② (*search for*) nachschlagen; *telephone number* heraussuchen ◆ **look upon** vi see look on 2 ◆ **look up to** vi ① (*glance*) ■ to ~ **up to sth/sb** zu jdm/etw hinaufsehen ② (*admire*) ■ to ~ **up to sb** zu jdm aufsehen

'look-alike *n* Doppelgänger(in) *m(f)*
look·er ['lʊkə] *n (fam)* to be a ~ gut aussehen
'look-in *n no pl* BRIT, AUS *(fam)* Chance *f*; to get a ~ eine Chance bekommen **'look·ing glass** *n* Spiegel *m* **'look·out** *n* ① (*observation post*) Beobachtungsposten *m* ② (*person*) Wache *f* ③ *esp* BRIT *(fam: outlook)* Aussichten *pl* ④ (*be alert for*) to keep a ~ [for sb/sth] [nach jdm/etw] Ausschau halten; (*keep searching for*) auf der Suche [nach jdm/etw] sein **'look-over** *n* kurze Prüfung

loom¹ [luːm] **I.** vi ① (*come into view*) (drohend) auftauchen ② (*be ominously near*) sich drohend abzeichnen; *storm* sich zusammenbrauen *a. fig*; *difficulties* sich auftürmen; to ~ **large** eine große Rolle spielen **II.** *n* the ~ **of the land** das Auftauchen des Landes [am Horizont]

loom² [luːm] *n* Webstuhl *m*

loony ['luːni] *(fam)* **I.** *n* (*mad person*) Irre(r) *f(m)* **II.** *adj* verrückt

loop [luːp] **I.** *n* ① (*shape*) Schleife *f*; *of string, wire* Schlinge *f*; *of river* Schleife *f*; *of belt* Schlaufen *pl* ② AVIAT Looping *m* ③ (*in skating*) Schleife *f* ④ (*contraceptive*) Spirale *f* ⑤ *of tape, film* Schleife *f* ⑥ COMPUT [Programm]schleife *f* **II.** vt (*form into loop*) ~ **the rope over the bar** das Seil um die Stange; he ~ed his arms around her body er schlang seine Arme um sie **III.** vi ① (*form a loop*) eine Schleife machen; *road, stream* sich schlängeln ② AVIAT einen Looping drehen

'loop·hole I. *n* ① LAW Gesetzeslücke *f* ② (*slit*) Schießscharte *f* **II.** *vt* to ~ **a wall** eine Scharte in einer Wand anbringen

loose [luːs] **I.** *adj* ① (*not tight*) locker; *skin* schlaff; ~ **cash/coins** Kleingeld *nt*; ~ **sheets of paper** lose Blätter Papier; to hang ~ lose herabhängen; to work itself ~ sich lockern; (*sth glued*) sich lösen ② *hair* offen ③ (*not confined*) frei; to break ~ *person, dog* sich losreißen; to let an animal ~ ein Tier loslassen (on auf) ④ (*not exact*) ungefähr *attr*; (*not*

loose-leaf *adj attr* Loseblatt-; **~ binder** Ringbuch *nt* **loose·ly** ['lu:sli] *adv* ① (*not tightly*) lose; **to hang ~** schlaff herunterhängen ② (*not exactly*) ungefähr; **~ speaking** grob gesagt; **~ translated** frei übersetzt ③ (*not strictly*) locker ④ (*not closely*) lose; **~ related** entfernt verwandt

loos·en ['lu:sᵊn] **I.** *vt* ① (*make less tight*) to ~ one's collar seinen [Hemd]kragen aufmachen; **to ~ one's tie** seine Krawatte lockern ② (*make more lax*) *policy, rules* lockern ③ (*relax*) *grip, muscles* lockern ④ (*make weaker*) *ties* lockern; *relationship* [langsam] lösen ▶ **to ~ sb's tongue** jdm die Zunge lösen **II.** *vi* sich lockern

loot [lu:t] **I.** *n no pl* ① MIL Kriegsbeute *f* ② (*plunder*) [Diebes]beute *f* ③ (*hum fam: money*) Zaster *m*; (*valued objects*) Geschenke *pl* **II.** *vt* ① (*plunder*) [aus]plündern ② (*steal*) goods stehlen **III.** *vi* plündern

loot·ing ['lu:tɪŋ] *n no pl* Plünderei *f*

lop¹ <-pp-> [lɒp] *vi* AM ① (*droop*) schlaff herunterhängen ② (*move in droopy manner*) *drunkard* torkeln

lop² [lɒp] **I.** *n no pl* abgehackte Äste/Zweige **II.** *vt* <-pp-> ① (*to prune*) stutzen ② (*eliminate*) streichen; *budget* kürzen ▶ **lop off** *vt* ① (*chop off*) *branch* abhacken ② (*remove*) *budget* kürzen; (*reduce*) verkürzen

lope [ləʊp] *vi* (*person*) in großen Sprüngen rennen

lop·'sid·ed *adj* schief; (*fig*) einseitig

lo·qua·cious [lə(ʊ)'kweʊʃᵊs] *adj* (*form*) redselig

lord [lɔːd] *n* ① (*nobleman*) Lord *m* ② (*ruler*) ~ **of the manor** Gutsherr *m*; (*pej*) Herr *m* im Haus ③ (*fam: powerful man*) Herr *m*

Lord 'Chan·cel·lor *n* BRIT Lordkanzler *m* **lord·ly** ['lɔːdli] *adj* ① (*suitable for lord*) fürstlich ② (*imperious*) hochmütig **Lord 'May·or** *n* BRIT Oberbürgermeister(in) *m(f)* **lord·ship** ['lɔːdʃɪp] *n* (*form*) ① *no pl* (*dominion*) Herrschaft *f* ② BRIT (*form of address*) **His/Your L~** Seine/Euer Lordschaft; (*bishop*) Seine/Eure Exzellenz; *judge* Seine/Euer Ehren

lore [lɔːʳ] *n no pl* [überliefertes] Wissen; **common ~** [alte] Volksweisheit *f*

lor·ry ['lɒri] *n* BRIT Last[kraft]wagen *m*

lose <lost, lost> [luːz] **I.** *vt* ① (*forfeit*) verlieren; ■ **to ~ sth to sb** etw an jdn verlieren; **to ~ one's breath** außer Atem kommen; **to ~ trade** Geschäftseinbußen erleiden ② (*through death*) **she lost her son in the fire** ihr Sohn ist beim Brand umgekommen; **to ~ one's life** sein Leben verlieren ③ *usu passive* ■ **to be lost** *things* verschwunden sein; *victims* umgekommen sein; *plane, ship* verloren sein ④ (*waste*) *opportunity* versäumen; *time* verlieren; **to ~ no time in doing sth** etw sofort tun ⑤ *watch, clock* **to ~ time** nachgehen ⑥ (*not find*) *person, thing* verlieren; (*mislay*) verlegen; **to ~ one's way** sich verirren ⑦ AM (*fam: get rid of*) abschütteln; *pursuer, car* abhängen ⑧ (*fam: confuse*) **you've lost me there** da kann ich dir nicht ganz folgen ⑨ (*not win*) verlieren ⑩ (*forget*) *language, skill* verlernen ▶ **to ~ heart** den Mut verlieren; **to ~ one's heart to sb** sein Herz [an jdn] verlieren; **to ~ it** (*fam*) durchdrehen; **to ~ one's marbles** [*or* **mind**] (*hum*) nicht mehr alle Tassen im Schrank haben *fam*; **to have nothing to ~** nichts zu verlieren haben; **to ~ sleep over sth** sich *dat* wegen einer S. Sorgen machen; **to be lost in thought** in Gedanken versunken sein; **to ~ touch** [**with sb**] den Kontakt [zu jdm] verlieren; **to ~ track** [**of sth**] (*not follow*) [etw *dat*] [geistig] nicht folgen können; (*not remember*) **I've lost track of the number of times he's asked me for money** ich weiß schon gar nicht mehr, wie oft er mich um Geld gebeten hat **II.** *vi* ① (*be beaten*) verlieren (**to** gegen) ② (*flop*) ein Verlustgeschäft sein ③ (*invest badly*) Verlust machen (**on** bei) ▶ **you can't ~** du kannst nur gewinnen ♦ **lose out** *vi* ① (*be deprived*) schlecht wegkommen *fam*; ■ **to ~ out on sth** etw *dat* den Kürzeren ziehen *fam* ② (*be beaten*) ■ **to ~ out to sb/sth** jdm/etw unterliegen

los·er ['luːzəʳ] *n* ① (*defeated person*) Verlierer(in) *m(f)* ② (*person at disadvantage*) Verlierer *m* ③ (*fam: habitually unsuccessful person*) Verlierer[typ] *m*

los·ing ['luːzɪŋ] *adj attr* Verlierer-

loss <*pl* -es> [lɒs] *n* Verlust *m* ▶ **to be at a ~** nicht mehr weiterwissen

'loss-lead·er *n* Lockvogelangebot *nt* **'loss-mak·ing** *adj* **~ business** Verlustbetrieb *m*

lost [lɒst] **I.** *pt, pp of* **lose II.** *adj* ① (*unable to find way*) ■ **to be ~** sich verirrt haben; (*on foot*) sich verlaufen haben; (*using vehicle*) sich verfahren haben; **to get ~** sich verirren ② (*no longer to be found*) ~ **articles** abhandengekommene Artikel; **to get ~** verschwinden ③ *pred* (*helpless*) **to feel ~** sich verloren fühlen; ■ **to be ~** (*not understand*) nichts verstehen; ■ to be ~ without sb/sth ohne jdn/etw verloren sein ❹ (*preoccupied*) **to be ~ in contemplation** [völlig] in Gedanken versunken sein ❺ (*wasted*) *time* verschwendet ❻ (*perished, destroyed*) *soldiers* gefallen; *planes, ships, tanks* zerstört ❼ (*not won*) *battle, contest* verloren ▸ **to be ~ on sb the joke's ~ on him** er versteht den Witz nicht; **get ~!** (*fam!*) hau ab!

lost 'prop·er·ty *n no pl* ❶ (*articles*) Fundsachen *pl* ❷ BRIT, AUS (*office*) Fundbüro *nt*

lot [lɒt] **I.** *pron* ❶ (*much, many*) ■ **a ~** viel ❷ (*everything*) ■ **the ~** alles **II.** *adv* (*fam*) ■ **a ~** viel; **thanks a ~!** vielen Dank!; **your sister looks a ~ like you** deine Schwester sieht dir sehr ähnlich; **we go on holidays a ~** wir machen oft Urlaub **III.** *n* ❶ + *sing/pl vb* BRIT, AUS (*group*) Trupp *m fam*; BRIT (*usu pej fam: group of people*) Haufen *m*; **another ~ of visitors will be here this afternoon** heute Nachmittag kommt ein neuer Schwung Besucher; **are you ~ coming to lunch?** kommt ihr alle zum Essen? ❷ (*chance*) **to choose** [**sb/sth**] **by ~** [jdn/etw] durch Losentscheid bestimmen ❸ *no pl* (*fate*) Los *nt geh* ❹ *esp* AM, AUS (*land*) Stück *nt* Land; **building ~** Bauplatz *m*; **parking ~** Parkplatz *m* **IV.** *vt* <-tt-> [für eine Auktion in einzelne Stücke] aufteilen

loth *adj see* **loath**

lo·tion ['ləʊʃən] *n no pl* Lotion *f*; **suntan ~** Sonnenöl *nt*/-creme *f*

lotta ['lɒtə] (*fam*) *short for* **lot of** eine Menge

lot·tery ['lɒtəri] *n* Lotterie *f*

lo·tus <*pl* -es> ['ləʊtəs] *n* BOT Lotos *m*

'lo·tus po·si·tion *n*, **'lo·tus pos·ture** *n no pl* Lotossitz *m*

loud [laʊd] **I.** *adj* ❶ (*audible*) laut ❷ (*pej: insistent*) [aufdringlich] laut ❸ (*pej: garish*) auffällig; *colours* grell, schreiend **II.** *adv* laut; **~ and clear** laut und deutlich; **this novel made me laugh out ~** als ich den Roman las, musste ich lauthals loslachen

loud·hail·er [-'heɪlə/-ɚ] *n* BRIT, AUS Megaphon *nt* **'loud·mouth** *n* (*fam*) Großmaul *nt* **loud·ness** ['laʊdnəs] *n no pl* Lautstärke *f* **'loud·speak·er** *n* Lautsprecher *m*

lounge [laʊndʒ] **I.** *n* ❶ (*public room*) Lounge *f*; *of hotel* Hotelhalle *f*; **departure ~** Abflughalle *f* ❷ BRIT (*sitting room*) Wohnzimmer *nt* ❸ BRIT (*period of lounging*) Faulenzen *nt* **II.** *vi* ❶ (*lie*) [faul] herumliegen; (*sit*) [faul] herumlümmeln; (*stand*) [faul] herumstehen ▸ **lounge about, lounge around** *vi* (*lie*) [faul] herumliegen; (*sit*) [faul] herumsitzen; (*stand*) [faul] herumstehen

'lounge bar *n* BRIT *der vornehmere Teil eines Pubs mit eigener Bar* **'lounge chair** *n* Klubsessel *m* **'lounge liz·ard** *n* (*fam*) Salonlöwe *m* **'lounge suit** *n* BRIT Straßenanzug *m*

louse I. *n* [laʊs] ❶ <*pl* lice> (*parasite*) Laus *f* ❷ <*pl* -s> (*fam: person*) miese Type *pej* **II.** *vt* [laʊz] (*fam*) ■ **to ~ up** ○ **sth** etw vermasseln

lousy ['laʊzi] *adj* ❶ (*fam: bad*) lausig; **~ weather** Hundewetter *nt* ❷ (*meagre*) lausig ❸ *pred* (*ill*) ■ **to feel ~** sich hundeelend fühlen ❹ (*infested with lice*) verlaust

lout [laʊt] *n* (*fam*) Flegel *m*; **lager ~s** BRIT (*pej*) Saufköpfe *pl derb*

lout·ish ['laʊtɪʃ] *adj* (*fam*) rüpelhaft

lov·able ['lʌvəbl] *adj* liebenswert

love [lʌv] **I.** *n* ❶ *no pl* (*affection*) Liebe *f*; **to show sb lots of ~** jdm viel Liebe geben; ■ **to be in ~ with sb** in jdn verliebt sein; **to be head over heels in ~** bis über beide Ohren verliebt sein; **to fall in ~ with sb** sich in jdn verlieben; **to make ~ to sb** mit jdm schlafen ❷ (*interest*) Leidenschaft *f*; (*with activities*) Liebe *f*; **she has a great ~ of music** sie liebt die Musik sehr; **to do sth for the ~ of it** etw aus Spaß machen ❸ *esp* BRIT (*fam: darling*) Schatz *m*; (*amongst strangers*) **can I help you, love?** was darf ich für Sie tun? ❹ *no pl* TENNIS null **II.** *vt* ❶ (*be in love with*) lieben; (*greatly like*) sehr mögen; **I would ~ a cup of tea** ich würde [sehr] gerne eine Tasse Tee trinken ❷ (*iron fam*) **he's going to ~ you for this!** na, der wird sich bei dir bedanken! **III.** *vi* verliebt sein; **I would ~ for you to come to dinner tonight** ich würde mich freuen, wenn du heute zum Abendessen kämst

love·able ['lʌvəbl] *adj* liebenswert

'love af·fair *n* [Liebes]affäre *f* **'love·bird** *n* ❶ ORN Unzertrennliche(r) *f(m)* ❷ (*fig, hum*) ■ **~s** *pl* Turteltauben *pl*

'loved-up *adj* verliebt; **I sat next to this ~ couple** ich saß neben diesem Zärtlichkeiten austauschenden Paar **love-'hate re·la·tion·ship** *n* Hassliebe *f*

love·less ['lʌvləs] *adj* (*unloving*) lieblos; (*unloved*) *childhood, marriage* ohne Liebe nach *n*

'love let·ter *n* Liebesbrief *m* **'love·life** *n* Liebesleben *nt kein pl*

love·li·ness ['lʌvlinəs] *n no pl* Schönheit *f*

love·ly ['lʌvli] **I.** *adj* ❶ (*beautiful*) schön; *house* wunderschön; **to look ~** reizend aussehen ❷ (*fam: pleasant*) wunderbar, herrlich; *present* toll; **how ~ to see you!** wie schön, dich zu sehen!; **to be ~ and cool/warm/quiet** schön kühl/warm/ruhig sein ❸ (*charming*) nett, liebenswürdig **II.** *n* Schönheit *f*

'love-mak·ing *n no pl* [körperliche] Liebe
lov·er ['lʌvə'] *n* ❶ (*person in love*) Liebende(r) *f(m)* ❷ (*sexual partner*) Liebhaber(in) *m(f)*; ▪ **~s** *pl* Liebespaar *nt sing* ❸ (*enthusiast*) Liebhaber(in) *m(f)* (**of** von); **sports ~** Sportfan *m*
'love·sick *adj* **to be ~** Liebeskummer haben
'love song *n* Liebeslied *nt* **'love sto·ry** *n* Liebesgeschichte *f*
lov·ey ['lʌvi] *n* BRIT (*fam*) Schatz *m*
lov·ing ['lʌvɪŋ] *adj* (*feeling love*) liebend; (*showing love*) liebevoll
low¹ [ləʊ] **I.** *adj* ❶ (*in height*) niedrig; *neckline* tief; *slope* flach ❷ (*in number*) gering, wenig; *blood pressure* niedrig; **to be ~ in calories/cholesterol** kalorien-/cholesterinarm sein ❸ (*depleted*) knapp; *stocks* gering; **to be ~** zur Neige gehen ❹ (*not loud*) leise; **~ groaning** verhaltenes Stöhnen; **in a ~ voice** mit leiser Stimme ❺ (*not high-pitched*) *voice* tief ❻ (*not intense*) niedrig; *light* gedämpft ❼ (*not good*) *morale* schlecht; *quality* minderwertig; **to have a ~ opinion of sb** von jdm nicht viel halten; **to hold sth in ~ regard** etw gering schätzen; **~ self-esteem** geringe Selbstachtung; **~ standards** schlechter Standard; (*in tests, etc.*) niedriges Niveau; **~ visibility** schlechte Sicht ❽ (*not important*) niedrig, gering; **to be a ~ priority** nicht so wichtig sein ❾ (*unfair, mean*) gemein ❿ (*sad*) **in ~ spirits** niedergeschlagen; **to feel ~** niedergeschlagen sein **II.** *adv* ❶ (*in height*) niedrig; tief; **to be cut ~** *dress, blouse* tief ausgeschnitten sein ❷ (*to a low level*) tief; **to turn the music ~er** die Musik leiser stellen; **turn the oven on ~** stell den Ofen auf kleine Hitze ❸ (*cheap*) billig ❹ (*not loudly*) leise ❺ (*not high-pitched*) tief **III.** *n* ❶ (*low level*) Tiefpunkt *m* ❷ METEO Tief *nt* ❸ AUTO erster Gang ❹ AM (*person*) ▪ **to be in ~** schlapp sein *fam*
low² [ləʊ] **I.** *n* Muhen *nt* **II.** *vi cow* muhen
low-'al·co·hol *adj* alkoholarm **'low-born** *adj* von niedriger Geburt *nach n, präd veraltet* **'low·brow** (*esp pej*) **I.** *adj* book, *film* geistig anspruchslos, seicht; *person* einfach **II.** *n* Banause *m* **low-cal** ['ləʊkæl] *adj* (*fam*), **low-'cal·o·rie** *adj* kalorienarm **'low-cost** *adj* billig **'low-cut** *adj dress* tief ausgeschnitten **low de·'mand** *n* niedrige Nachfrage
'low·down *n no pl* (*fam*) ▪ **the ~** ausführliche Informationen; **to give sb the ~ [on sb/sth]** jdn ausführlich [über jdn/etw] informieren; **to get the ~ on sth** über etw *akk* aufgeklärt werden
low·er¹ ['ləʊə'] **I.** *adj* ❶ (*less high*) niedriger; (*situated below*) untere(r, s), Unter- ❷ (*less in hierarchy*) *status, rank* niedere(r, s), untere(r, s); *animal* niedere(r, s) **II.** *vt* ❶ (*move downward*) herunterlassen; *hem* herauslassen; *lifeboat* zu Wasser lassen; **she ~ed herself into a chair** sie ließ sich auf einem Stuhl nieder; **to ~ one's arm/hands** den Arm/die Hände senken; **to ~ one's eyes** die Augen niederschlagen ❷ (*decrease*) verringern; *interest rates* senken; *quality* mindern; **to ~ one's expectations/sights** seine Erwartungen/Ansprüche zurückschrauben; **to ~ one's voice** seine Stimme senken ❸ (*demean*) ▪ **to ~ oneself to do sth** sich herablassen, etw zu tun **III.** *vi* sinken; *voice* leiser werden
low·er² [laʊə'] *vi person* ein finsteres Gesicht machen; *light* dunkler werden; *sky* sich verfinstern; ▪ **to ~ at sb** jdn finster ansehen
low·er-'case *n* **in ~** in Kleinbuchstaben **Low·er 'House** *n* Unterhaus *nt*
low-'fat *adj* fettarm **low-'key** *adj* zurückhaltend; *colour* gedämpft; **to keep sth ~** vermeiden, dass etw Aufsehen erregt; **to take a ~ approach to sth** etw ganz gelassen angehen **low·land** ['ləʊlənd] *n* ❶ *no pl* (*low-lying land*) Flachland *nt* ❷ (*area*) ▪ **the ~s** *pl* das Tiefland **'low-lev·el** *adj* ❶ (*not high*) tief ❷ (*of low status*) niedrig, auf unterer Ebene *nach n*; (*unimportant*) nebensächlich; *infection* leicht; *job* niedrig; *official* klein *meist pej* ❸ COMPUT niedere(r, s)
low·ly ['ləʊli] *adj* ❶ (*ordinary*) einfach; *status* niedrig ❷ (*modest*) bescheiden ❸ BIOL *organism, animal* niedere(r, s)
low-'mind·ed *adj* primitiv *pej*, gewöhnlich **low·ness** ['ləʊnəs] *n no pl* ❶ (*in height*) Niedrigkeit *f*; *of the neckline* Tiefe *f* ❷ (*low-pitch*) *of note* Tiefe *f*; *of voice* Gedämpftheit *f* ❸ (*shortage*) Knappheit *f* ❹ (*meanness*) Niederträchtigkeit *f* ❺ (*depression*) Niedergeschlagenheit *f* **low-'pitched** *adj voice, note* tief **low-power FM, LPFM** [ˌelpiːˈefem] *n no pl* AM **~ radio** Low-Power-FM-Radio *nt*, Mikroradio *nt*
low 'pres·sure *n* PHYS Niederdruck *m*; METEO Tiefdruck *m* **low 'pro·file** *n* Zurückhaltung *f*; **to keep a ~** sich zurückhalten; (*fig*) im Hintergrund bleiben **low-'rent** *adj* (*fam or pej*) gewöhnlich, billig **low-'rise** *adj attr* **~ trousers** auf den Hüften sitzende Hosen **'low sea·son** *n* Nebensaison *f* **low-'spir·it·ed** *adj* niedergeschlagen **low-'tech** *adj* [technisch] einfach, Lowtech- **low 'tide** *n*, **low 'wa·ter** *n no pl* Niedrigwasser *nt; of sea* Ebbe *f*
loy·al [lɔɪəl] *adj* treu; (*correct*) loyal; ▪ **to be ~ to sb/sth** jdm/etw treu sein; (*behave correctly*) sich jdm/etw gegenüber loyal verhal-

loy·al·ist ['lɔɪəlɪst] **I.** n ❶ (government supporter) Loyalist(in) m(f) ❷ BRIT, IRISH (Unionist) L~ Befürworter der politischen Union zwischen GB und Nordirland **II.** adj attr loyal[istisch] geh, regierungstreu **loy·al·ty** ['lɔɪəltɪ] n ❶ no pl (faithfulness) Treue f (to zu); (correctness) Loyalität f (to gegenüber) ❷ (feelings) ■**loyalties** pl Loyalitätsgefühle pl

loz·enge ['lɒzɪndʒ] n ❶ MATH Raute f ❷ MED Pastille f

LP [ˌel'piː] n abbrev of **long-playing record** LP f

LPG [ˌelpiː'dʒiː] n abbrev of **liquid petroleum gas** Flüssiggas nt

LSD n no pl abbrev of **lysergic acid diethylamide** LSD nt

Ltd. adj after n abbrev of **limited** GmbH f

lub·ri·cant ['luːbrɪkənt] n TECH Schmiermittel nt; MED, TECH Gleitmittel nt

lub·ri·cate ['luːbrɪkeɪt] vt ❶ (grease) schmieren ❷ (make slippery) [ein]ölen

lub·ri·ca·tion [ˌluːbrɪ'keɪʃən] n no pl Schmieren nt

lub·ri·ca·tor ['luːbrɪkeɪtə'] n TECH ❶ (substance) Abschmierfett nt ❷ (device) Schmiergerät nt

lu·cern(e) [luː'sɜːn] n no pl esp BRIT BOT Luzerne f

Lu·cerne [luː'sɜːn] n Luzern nt

lu·cid ['luːsɪd] adj ❶ (unambiguous) klar; (easy to understand) einleuchtend ❷ (clear-thinking) klar

luck [lʌk] **I.** n no pl ❶ (fortune) Glück nt; as ~ would have it wie es der Zufall wollte; just my ~! Pech gehabt!; no such ~! (fam) schön wär's!; a stroke of ~ ein Glücksfall m; bad ~ [on sb] Pech nt [für jdn]; to be in/out of ~ Glück/kein Glück haben ❷ (success) Erfolg m; any ~ with booking your flight? hat es mit der Buchung deines Fluges geklappt? **II.** vi AM (fam) ■**to ~ into sth** etw durch Zufall ergattern

luck·less ['lʌkləs] adj (unfortunate) glücklos; (unsuccessful) erfolglos

lucky ['lʌki] adj ❶ (fortunate) glücklich; you ~ thing! (fam) du Glückliche(r)!; ~ her! die Glückliche!; we'll be ~ if … wir können von Glück sagen, wenn …; to count oneself ~ sich glücklich schätzen ❷ (bringing fortune) Glück bringend, Glücks-

luc·ra·tive ['luːkrətɪv] adj einträglich

lu·di·crous ['luːdɪkrəs] adj (ridiculous) lächerlich; (absurd) absurd

ludo ['luːdəʊ] n BRIT Mensch-ärgere-dich-nicht[-Spiel] nt

lug[1] [lʌg] vt <-gg-> (fam: carry) schleppen; (pull) zerren; ■**to ~ sb along** jdn mitschleppen; ■**to ~ sth along** etw herumschleppen **II.** n AM (fam) Schatz m

lug[2] [lʌg] n ❶ BRIT, AUS (hum sl: ear) Löffel m meist pl fam ❷ (protrusion) Halterung f ❸ AM (sl: bore) Blödmann m pej fam

lug·gage ['lʌgɪdʒ] n no pl [Reise]gepäck nt; **a piece of ~** ein Gepäckstück nt

'lug·gage rack n esp BRIT Gepäckablage f; of bicycle Gepäckträger m **'lug·gage van** n BRIT, AUS rail Gepäckwagen m

lug·ger ['lʌgə'] n NAUT Logger m

'lug·hole n BRIT (hum sl) Löffel m meist pl fam

lu·gu·bri·ous [luː'guːbrɪəs] adj schwermütig

luke·warm [ˌluːk'wɔːm] adj ❶ (tepid) lau[warm] ❷ (not enthusiastic) mäßig

lull [lʌl] **I.** vt ❶ (soothe) ■**to ~ sb to sleep** jdn in den Schlaf lullen ❷ (trick) einlullen fig; **to ~ sb into a false sense of security** in trügerischer Sicherheit wiegen ❸ (dispel) suspicions, fears zerstreuen **II.** vi sich legen; storm nachlassen; sea sich beruhigen **III.** n [Ruhe]pause f; ECON Flaute f

lul·la·by ['lʌləbaɪ] n Schlaflied nt

lum·ba·go [lʌm'beɪgəʊ] n no pl Hexenschuss m

lum·bar ['lʌmbə'] adj attr MED Lenden-

'lum·bar punc·ture n MED Lumbalpunktion f

lum·ber[1] ['lʌmbə'] vi person schwerfällig gehen; tank rollen; cart [dahin]rumpeln; animal trotten; bear [behäbig] tapsen

lum·ber[2] ['lʌmbə'] **I.** n no pl ❶ esp BRIT (junk) Krempel m pej fam ❷ esp AM, AUS (timber) Bauholz nt **II.** vt BRIT, AUS (fam) ■**to ~ sth with sth** etw mit etw dat vollstopfen; ■**to ~ sb with sth** jdm etw aufhalsen **III.** vi AM Holz fällen

lum·ber·er ['lʌmbərə'] n, **lum·ber·jack** ['lʌmbədʒæk] n Holzfäller(in) m(f) **'lum·ber jack·et** n Lumberjack n **'lum·ber room** n BRIT Abstellkammer f **'lum·ber trade** n no pl esp AM Holzhandel m **'lum·ber·yard** n esp AM Holzlager nt

lu·mi·nary ['luːmɪnərɪ] n ❶ (liter: in sky) Himmelskörper m ❷ (in an industry) Koryphäe f geh; (in film, theatre) Berühmtheit f

lu·mi·nos·ity [ˌluːmɪ'nɒsəti] n no pl ❶ (brightness) Helligkeit f; of lamp Leuchtkraft f; PHYS Lichtstärke f ❷ (fig) of artist Brillanz f

lu·mi·nous ['luːmɪnəs] adj ❶ (bright) leuchtend a. fig, strahlend a. fig ❷ (phosphorescent) phosphoreszierend, Leucht- ❸ (brilliant) genial

lump [lʌmp] **I.** n ❶ (chunk) Klumpen m; **three ~s of sugar** drei Stück Zucker

❷ (*sl: heap*) Haufen *m fam* **❸** MED (*swelling*) Schwellung *f*; (*in breast*) Knoten *m*; (*inside body*) Geschwulst *f* **❹** (*fam: person*) Brocken *m* ▸ **to have a ~ in one's throat** einen Kloß im Hals haben **II.** *vt* **❶** (*combine*) ■ **to ~ sth with sth** etw mit etw *dat* zusammentun *fam* **❷** (*sl: endure*) **to ~ it** etw hinnehmen; **you'll just have to like it or ~ it** damit musst du dich eben abfinden **III.** *vi* FOOD *flour, sauce* klumpen

lump 'pay·ment *n* Einmalzahlung *f* **lump 'sug·ar** *n no pl* Würfelzucker *m* **'lump sum** *n* Pauschalbetrag *m*

lumpy ['lʌmpi] *adj liquid* klumpig; *figure* plump; *person* pummelig; *sea* unruhig; *surface* uneben

lu·na·cy ['lu:nəsi] *n no pl* **❶** (*dated: mental condition*) Wahnsinn *m pej* **❷** (*foolishness*) *of action, statement* Wahnsinn *m fam*; **sheer ~** heller Wahnsinn

lu·nar ['lu:nə^r] *adj attr* Mond-

lu·na·tic ['lu:nətɪk] **I.** *n* **❶** (*dated: mentally ill person*) Irre(r) *f(m) pej*; MED Geistesgestörte(r) *f(m)* **❷** (*crazy person*) Verrückte(r) *f(m) fam* **II.** *adj* verrückt *pej*; MED geistesgestört

'lu·na·tic asy·lum *n* (*hist*) Irrenanstalt *f pej veraltend fam*

lunch [lʌn(t)ʃ] **I.** *n* <*pl* -es> **❶** (*midday meal*) Mittagessen *nt*; **what's for ~?** was gibt's zu Mittag?; **to have ~** zu Mittag essen **❷** (*midday break*) Mittagspause *f*; **to be out to ~** in der Mittagspause sein **❸** (*light meal*) Imbiss *m* **II.** *vi* zu Mittag essen; ■ **to ~ on sth** etw zu Mittag essen

'lunch break *n* Mittagspause *f*

lunch·eon ['lʌn(t)ʃən] *n* (*form*) Mittagessen *nt*

'lunch·eon meat *n* Frühstücksfleisch *nt* **'lunch·eon vouch·er** *n* BRIT Essensmarke *f*

'lunch hour *n* Mittagspause *f* **'lunch·time** *n* (*midday*) Mittagszeit *f*; (*lunchbreak*) Mittagspause *f*; **at ~** mittags

lung [lʌŋ] *n* Lungenflügel *m*; ■ **the ~s** *pl* die Lunge

'lung can·cer *n no pl* Lungenkrebs *m*

lunge [lʌndʒ] **I.** *n* (*sudden jump forwards*) Satz *m* nach vorn; (*in fencing*) Ausfall *m*; **to make a ~ at sb/sth** sich auf jdn/etw stürzen **II.** *vi* ■ **to ~ at sb** sich auf jdn stürzen; ■ **to ~ forward** einen Satz nach vorne machen; (*in fencing*) einen Ausfall machen

lu·pin(e) ['lu:pɪn] *n* Lupine *f*

lurch[1] [lɜːtʃ] *n* **to leave sb in the ~** jdn im Stich lassen

lurch[2] [lɜːtʃ] **I.** *n* <*pl* -es> Ruck *m a. fig*; *of ship* Schlingern *nt*; *of person* Torkeln *nt*; *of train* Ruckeln *nt* **II.** *vi crowd, person* torkeln; *car, ship* schlingern; *train* ruckeln; ■ **to ~ away from sth** von etw *dat* abrücken

lurch·er ['lɜːtʃə^r] *n* BRIT *Kreuzung zwischen einem Windhund und einem anderen Rassehund*

lure [lʊə^r] **I.** *vt* [an]locken; ■ **to ~ sb away from sth** jdn von etw *dat* weglocken **II.** *n* **❶** *no pl* (*power of attraction*) Reiz *m* **❷** (*decoy*) Köder *m a. fig*; HUNT Lockvogel *m*

lu·rid ['ljʊərɪd] *adj* **❶** (*glaring*) grell [leuchtend]; *colours* schreiend **❷** (*sensational*) reißerisch *pej*; *cover, article* reißerisch aufgemacht *pej*; (*terrible*) grässlich; *details* schmutzig; **to describe sth in ~ detail** etw drastisch schildern

lurk [lɜːk] *vi* lauern *a. fig*; (*fig*) ■ **to ~ behind sth** hinter etw *dat* stecken; **to ~ beneath the surface** (*fig*) unter der Oberfläche schlummern

lus·cious ['lʌʃəs] *adj* **❶** (*sweet*) *taste, smell* [herrlich] süß; *fruit* saftig [süß]; *cake, wine* köstlich; *colour* satt **❷** (*fam: voluptuous*) *girl* appetitlich; *curves* üppig; *lips* voll **❸** (*growing vigorously*) üppig

lush [lʌʃ] **I.** *adj* **❶** *grass* saftig [grün]; *growth, vegetation* üppig **❷** (*luxurious*) *car, hotel* luxuriös; (*voluptuous*) *colour* satt; *woman* sinnlich **II.** *n* <*pl* -es> AM (*sl*) Säufer(in) *m(f) fam*

lust [lʌst] **I.** *n* **❶** (*sexual drive*) Lust *f* (**for** nach); **❷** (*desire*) Begierde *f* (**for** nach); (*greed*) Gier *f* (**for** nach); **~ for money/power** Geld-/Machtgier *f* **II.** *vi* ■ **to ~ after sb** jdn begehren *geh o hum*; ■ **to ~ after sth** gierig nach etw *dat* sein

lus·ter *n no pl* AM *see* **lustre**

lust·ful ['lʌstfʊl] *adj* lüstern *geh*

lus·tre ['lʌstə^r] *n* **❶** *no pl* (*shine*) Glanz *m* **❷** *no pl* (*grandeur*) Glanz *m* **❸** (*pendant*) Lüster *m*; (*chandelier*) Kronleuchter *m*

lusty ['lʌsti] *adj* (*strong and healthy*) *person* gesund [und munter]; *man* stark; *appetite* herzhaft; (*energetic*) *children* lebhaft; *worker* tüchtig; *cry* laut; *kick, punch, voice* kräftig

lute [lu:t] *n* Laute *f*

Lu·ther·an ['lu:ðər^ən] REL **I.** *n* Lutheraner(in) *m(f)* **II.** *adj* lutherisch

Lux·em·bourg ['lʌksəmbɜːg] *n* Luxemburg *nt*

Lux·em·bourg·er ['lʌksəmbɜːgə^r] *n* Luxemburger(in) *m(f)*

luxu·ri·ant [lʌgˈʒʊəriənt] *adj* (*abundant*) üppig; (*adorned*) prunkvoll; *hair* voll; *imagination* blühend

luxu·ri·ate [lʌgˈʒʊəriert] *vi* sich aalen

luxu·ri·ous [lʌgˈʒʊəriəs] *adj* **❶** (*with luxuries*) luxuriös, Luxus- **❷** (*self-indulgent*) ge-

nüsslich; (*decadent*) genusssüchtig
lux·u·ry ['lʌkʃ°ri] *n* ❶ *no pl* (*self-indulgence*) Luxus *m* ❷ (*luxurious item*) Luxus|artikel| *m*
LW *n abbrev of* **long wave** LW
ly·chee [ˌlaɪ'tʃiː] *n* Litschi *f*
Ly·cra® ['laɪkrə] *n no pl* Lycra® *nt*
lye [laɪ] *n no pl* Lauge *f*
ly·ing¹ ['laɪɪŋ] *vi present participle of* **lie**
ly·ing² ['laɪɪŋ] **I.** *adj attr* verlogen, lügnerisch **II.** *n no pl* Lügen *nt*
lymph [lɪmf] *n no pl* Lymphe *f*
lym·phat·ic [lɪm'fætɪk] **I.** *adj* lymphatisch *fachspr*, Lymph[o]-; ~ **drainage** Lymphdrainage *f* **II.** *n* Lymphgefäß *nt*
'lymph gland *n*, **'lymph node** *n* Lymphknoten *m*
lynch [lɪn(t)ʃ] *vt* lynchen
lynx <*pl* -es *or* -> [lɪŋks] *n* Luchs *m*
'lynx-eyed *adj* to be ~ Augen wie ein Luchs haben
lyre [laɪə°] *n* Leier *f*
lyr·ic ['lɪrɪk] **I.** *adj* lyrisch **II.** *n* ❶ (*poem*) lyrisches Gedicht ❷ (*words for song*) ■ ~ **s** *pl* [Lied]text *m*
lyr·i·cal ['lɪrɪk°l] *adj* ❶ *poetry* lyrisch ❷ (*emotional*) gefühlvoll
lyr·i·cism ['lɪrɪsɪz°m] *n* ❶ *no pl* LIT, MUS Lyrik *f*; (*passage*) Lyrismus *m fachspr* ❷ (*sentiment*) Gefühlsregung *f*
lyr·i·cist ['lɪrɪsɪst] *n* ❶ (*writer of texts*) Texter(in) *m(f)* ❷ (*poet*) Lyriker(in) *m(f)*

M m

M <*pl* -'s *or* -s>, **m** <*pl* -'s> [em] *n* ❶ (*letter*) M *nt*, m *nt*; *see also* **A 1** ❷ (*Roman numeral*) M *nt*
M [em] **I.** *adj* FASHION *abbrev of* **medium** M **II.** *n* BRIT *abbrev of* **motorway** ≈ A *f*
m [em] *n* <*pl* -> ❶ *abbrev of* **metre** m ❷ *abbrev of* **mile** ❸ *abbrev of* **million** Mill., Mio. ❹ *abbrev of* **minute** Min. **II.** *adj* ❶ *abbrev of* **male** männl. ❷ *abbrev of* **masculine** m ❸ *abbrev of* **married** verh.
ma [mɑː] *n* ❶ (*fam: mother*) Mama *f* ❷ *esp* AM (*title*) M~ **Johnson** Mama Johnson
MA [ˌem'eɪ] *n abbrev of* **Master of Arts**
ma'am¹ [mæm] *n short for* **madam** gnädige Frau *form*
ma'am² [mɑːm] *n* BRIT Majestät *f*
mac [mæk] *n esp* BRIT (*fam*) *short for* **macintosh** Regenmantel *m*

Mac¹ [mæk] *n* ❶ (*Scotsman*) Schotte *m* ❷ AM (*fam*) **hallo, ~!** hallo, Alter!
Mac² [mæk] *n* COMPUT (*fam*) *short for* **Macintosh**® Mac *m*
ma·ca·bre [mə'kɑː(br(ə)] *adj* makaber
mac·ad·am [mə'kædəm] *n* Schotter *m*
maca·ro·ni [ˌmækə'rəʊni] *n no pl* Makkaroni *pl*
maca·ro·ni and 'cheese *n*, **maca·ro·ni 'cheese** *n* Käsemakkaroni *pl*
mace¹ [meɪs] *n* ❶ BRIT (*staff*) Amtsstab *m* ❷ (*hist: weapon*) Keule *f*; (*with spikes*) Morgenstern *m*
mace² [meɪs] *n no pl* BOT, FOOD Mazis *m*
Mace® [meɪs] **I.** *n no pl* ≈ Tränengas *nt* **II.** *vt* mit Tränengas besprühen
Mac·e·do·nia [ˌmæsɪ'dəʊniə] *n* Makedonien *nt*, Mazedonien *nt*
Mac·e·do·nian [ˌmæsɪ'dəʊniən] **I.** *n* Makedonier(in) *m(f)*, Mazedonier(in) *m(f)* **II.** *adj* makedonisch, mazedonisch
Mach [mæk] *n no pl* AEROSP, PHYS Mach *nt*
ma·chete [mə'(t)ʃeti] *n* Machete *f*
ma·chine [mə'ʃiːn] **I.** *n* ❶ (*mechanical device*) Maschine *f*, Apparat *m*; (*fig: person*) Maschine *f*; **by** ~ maschinell ❷ (*automobile, plane*) Maschine *f* ❸ (*powerful group*) Apparat *m fig* **II.** *vt* (*produce*) maschinell herstellen; **to ~ the hem** den Saum [mit der Nähmaschine] umnähen
ma·'chine gun *n* Maschinengewehr *nt* **ma·'chine lan·guage** *n* COMPUT Maschinensprache *f* **ma·'chine-made** *adj* maschinell hergestellt **ma·chine-'read·able** *adj* COMPUT (*by device*) maschinenlesbar; (*by computer*) computerlesbar
ma·chin·ery [mə'ʃiːnəri] *n no pl* ❶ (*machines*) Maschinen *pl* ❷ (*mechanism*) Mechanismus *m*; (*system*) Apparat *m*
ma·'chine tool *n* Werkzeugmaschine *f*
ma·chin·ist [mə'ʃiːnɪst] *n* ❶ (*operator*) Maschinist(in) *m(f)*; *of sewing machine* Maschinennäher(in) *m(f)* ❷ (*builder, repairer*) Maschinenbauer(in) *m(f)*
ma·cho ['mætʃəʊ] **I.** *adj* (*pej fam*) machohaft, Macho- **II.** *n* Macho *m pej*
mack·e·rel <*pl* -s *or* -> ['mæk°r°l] *n* Makrele *f*
mack·in·tosh ['mækɪntɒʃ] *n* BRIT Regenmantel *m*
macro ['mækrəʊ] *n* COMPUT Makro *nt*
macro·bi·ot·ic [ˌmækrə(ʊ)baɪ'ɒtɪk] *adj* makrobiotisch **macro·cosm** ['mækrə(ʊ)ˌkɒz°m] *n* Makrokosmos *m*
macro·eco·nom·ics [ˌmækrə(ʊ)iːkə'nɒmɪks] *n* + *sing vb* Makroökonomie *f*
mad <-dd-> [mæd] *adj* ❶ *esp* BRIT (*fam: insane*) wahnsinnig, verrückt; **to go** ~ den Ver-

stand verlieren; **to drive sb ~** jdn um den Verstand bringen, jdn verrückt machen ❷ *esp* Brit (*fam: foolish*) verrückt; **I must have been ~** ich war wohl nicht ganz bei Verstand; **[stark] raving ~** total verrückt ❸ (*frantic*) wahnsinnig *fam*; **I'm in a ~ rush** ich hab's wahnsinnig eilig; **like ~** wie verrückt; **to be ~ with anxiety** wahnsinnige Angst haben ❹ (*fam: enthusiastic*) verrückt (**about** nach) ❺ Am (*fam: angry*) sauer; **he's ~ as hell at you** er ist stinksauer auf dich; **to drive sb ~** jdn rasend machen ❻ Am (*sl*) mega-

Mada·gas·car [ˌmædəˈgæskər] *n* Madagaskar *nt*

mad·am [ˈmædəm] *n* ❶ *no pl* (*form of address*) gnädige Frau *veraltet;* (*in titles*) **M~ President** Frau Präsidentin; **Dear M~,** ... (*in letter*) Sehr geehrte gnädige Frau, ... ❷ (*pej fam: girl*) Prinzesschen *nt iron* ❸ *of brothel* Bordellwirtin *f*

mad·cap [ˈmædkæp] **I.** *adj attr* (*dated*) verrückt; **~ idea** ausgeflippte Idee *fam* **II.** *n* (*eccentric person*) Ausgeflippte(r) *f(m) fam*

mad 'cow dis·ease *n* Rinderwahnsinn *m*

mad·den [ˈmædən] *vt* (*drive crazy*) um den Verstand bringen; (*anger*) maßlos ärgern

mad·den·ing [ˈmædənɪŋ] *adj* äußerst ärgerlich; *habit* nervend; *pain* unerträglich; *slowness, recklessness* provozierend; **her absent-mindedness is ~ at times** ihre Zerstreutheit ist manchmal zum Verrücktwerden

made [meɪd] **I.** *pp, pt of* **make II.** *adj* **to have [got] it ~** es geschafft haben *fam*

made-to-'meas·ure *adj* maßgeschneidert

made-'up *adj* ❶ (*imaginary*) ausgedacht ❷ (*wearing make-up*) geschminkt ❸ (*prepared*) fertig, Fertig- ❹ *road* befestigt

'mad·house *n* ❶ (*pej fam or dated: mental hospital*) Irrenanstalt *nt* ❷ (*pej fam: chaotic household*) Irrenhaus *nt*

mad·ly [ˈmædli] *adv* ❶ (*insanely*) wie verrückt ❷ (*fam: frantically*) wie ein Verrückter/eine Verrückte ❸ (*fam: very much*) wahnsinnig **'mad·man** *n* ❶ (*dated: insane*) Irrer *m fam* ❷ (*pej: frantic*) Verrückter *m fam;* **to drive like a ~** wie ein Irrer fahren

mad·ness [ˈmædnəs] *n no pl* ❶ (*insanity*) Wahnsinn *m*, Geisteskrankheit *f geh* ❷ (*folly*) Wahnsinn *m fam*, Verrücktheit *f;* **sheer ~** heller Wahnsinn **'mad·wom·an** *n* ❶ (*dated: insane*) Irre *f fam* ❷ (*pej: frantic*) Verrückte *f fam*

mael·strom [ˈmeɪlstrɒm] *n* meteo, naut Ma[h]lstrom *m;* (*fig*) Strudel *m*

maes·tro <*pl* -tri> [ˈmaɪstrəʊ, *pl* -stri] *n* (*also hum*) Maestro *m*

MAFF [mæf] *n* Brit *abbrev of* **Ministry of Agriculture, Fisheries and Food** Ministerium *nt* für Landwirtschaft, Fischerei und Lebensmittel

ma·fia [ˈmæfiə] *n + sing/pl vb* Mafia *f*

mag [mæg] *n* (*fam*) *short for* **magazine** Blatt *nt*

maga·zine [ˌmægəˈziːn] *n* ❶ (*publication*) Zeitschrift *f* ❷ (*gun part*) Magazin *nt* ❸ mil (*depot*) Depot *nt;* hist Magazin *nt*

mag·got [ˈmægət] *n* Made *f*

Magi [ˈmeɪdʒaɪ] *npl* ■ **the ~** die Weisen aus dem Morgenland, die Heiligen Drei Könige

mag·ic [ˈmædʒɪk] **I.** *n no pl* ❶ (*sorcery*) Magie *f*, Zauber *m;* **as if by ~** wie von Zauberhand ❷ (*tricks*) Zaubertrick[s] *m[pl];* **to do ~** zaubern ❸ (*extraordinariness*) Magie *f* ❹ (*effects*) Magie *f* **II.** *adj* ❶ (*supernatural*) magisch, Zauber-; **they had no ~ solution** sie konnten keine Lösung aus dem Ärmel zaubern ❷ (*extraordinary*) *moment* zauberhaft, wundervoll; *powers* magisch

mag·i·cal [ˈmædʒɪkəl] *adj* ❶ (*magic*) magisch, Zauber- ❷ (*extraordinary*) *moment* zauberhaft, wundervoll; *powers* magisch

magi·cal·ly [ˈmædʒɪkli] *adv* ❶ (*by magic*) wie von Zauberhand, wie durch ein Wunder ❷ (*extraordinarily*) wundervoll, zauberhaft

mag·ic 'car·pet *n* fliegender Teppich

ma·gi·cian [məˈdʒɪʃən] *n* Zauberer *m*/Zauberin *f*, Magier(in) *m(f) geh;* (*on stage*) Zauberkünstler(in) *m(f)*

mag·is·te·ri·al [ˌmædʒɪˈstɪəriəl] *adj* (*form*) ❶ (*authoritative*) richtungweisend, autoritativ *geh* ❷ (*pej*) *tone, manner* herrisch ❸ (*of a magistrate*) *office, robes* richterlich

mag·is·trate [ˈmædʒɪstreɪt] *n* Schiedsrichter *m;* **to appear before a ~** vor einem Schiedsgericht erscheinen

mag·na·nim·ity [ˌmægnəˈnɪməti] *n no pl* Großzügigkeit *f*

mag·nani·mous [mægˈnænɪməs] *adj* großmütig *geh; generosity* überwältigend

mag·nate [ˈmægneɪt] *n* Magnat *m*

mag·ne·sia [mægˈniːʃə] *n no pl* Magnesiumoxid *nt*

mag·ne·sium [mægˈniːziəm] *n no pl* Magnesium *nt*

mag·net [ˈmægnət] *n* Magnet *m*

mag·net·ic [mægˈnetɪk] *adj* ❶ (*metals, iron, steel*) magnetisch; **~ strip** Magnetstreifen *m* ❷ *effect, attraction* unwiderstehlich; *smile, charms* anziehend

mag·net·ic 'field *n* Magnetfeld *nt* **mag·net·ic 'pole** *n* Magnetpol *m*

mag·net·ism [ˈmægnətɪzəm] *n no pl* ❶ (*phenomenon*) Magnetismus *m;* (*charge*) magnetische Kräfte ❷ *of person* Ausstrahlung *f*

mag·net·ize [ˈmægnətaɪz] **I.** *vt* ❶ phys magnetisieren ❷ (*fig*) faszinieren **II.** *vi* magnetisch werden

mag·ne·to [mægˈniːtoʊ] *n* TECH, AUTO Magnetzünder *m*

mag·ni·fi·ca·tion [ˌmægnɪfɪˈkeɪʃᵊn] *n no pl* Vergrößerung *f*

mag·ni·fi·cence [mægˈnɪfɪsᵊn(t)s] *n no pl* Großartigkeit *f*, Größe *f*; **His/Her/Your M~** Seine/Ihre Magnifizenz

mag·ni·fi·cent [mægˈnɪfɪsᵊnt] *adj house, concert* wunderbar, großartig; *food* ausgezeichnet; **to look ~** wunderschön aussehen

mag·ni·fy <-ie-> [ˈmægnɪfaɪ] *vt* ❶ (*make bigger*) vergrößern; (*make worse*) *problem* verschlimmern

'mag·ni·fy·ing glass *n* Lupe *f*

mag·ni·tude [ˈmægnɪtjuːd] *n* ❶ (*size*) Größe *f*; *of project, loss* Ausmaß *nt*; *of earthquake* Stärke *f*; *of problem* Tragweite *f* ❷ *no pl* (*importance*) Bedeutung *f*

mag·no·lia [mægˈnəʊlɪə] *n* Magnolie *f*

mag·pie [ˈmægpaɪ] *n* (*bird*) Elster *f*

ma·ha·ra·ja(h) [ˌmɑː(h)əˈrɑːdʒə] *n* (*hist*) Maharadscha *m*

ma·hoga·ny [məˈhɒɡəni] *n* ❶ (*tree*) Mahagonibaum *m* ❷ *no pl* (*wood*) Mahagoni[holz] *nt*

maid [meɪd] *n* ❶ (*servant*) Dienstmädchen *nt*; (*in hotel*) Zimmermädchen *nt* ❷ (*old: girl*) Maid *f*; (*unmarried woman*) Mägdelein *nt*

maid·en [ˈmeɪdᵊn] **I.** *n* (*old*) Jungfer *f* **II.** *adj attr* ❶ (*unmarried*) unverheiratet ❷ (*first*) Jungfern-; **~ voyage** Jungfernfahrt *f*

'maid·en·hair *n*, **maid·en·hair 'fern** *n* Frauenfarn *m* **'maid·en name** *n* Mädchenname *m* **maid·en 'speech** *n* Jungfernrede *f*

mail¹ [meɪl] **I.** *n no pl* Post *f*; **today's/this morning's ~** die Post von heute; **to come in the ~** mit der Post kommen; **to send sth through the ~** etw mit der Post [ver]schicken **II.** *vt* **to ~ a letter/package** (*at post office*) einen Brief/ein Paket aufgeben; (*in mail box*) einen Brief/ein Paket einwerfen; ▪ **to ~ sth to sb** jdm etw [mit der Post] schicken

mail² [meɪl] *n no pl* ❶ (*armour*) Panzer *m*; **chain ~** Kettenpanzer *m* ❷ *of animal* Panzer *m*

'mail·bag *n* Postsack *m*; **since the controversial programme the BBC's ~ has been bulging** seit der umstrittenen Sendung quillt der Briefkasten der BBC über **'mail·box** *n* AM Briefkasten *m*, Postkasten *m bes* NORDD **'mail·ing list** *n* Adressenliste *f*, Mailingliste *f* **'mail·man** *n* AM Briefträger(in) *m(f)*, Postbote(in) *m(f)* **'mail or·der** *n* [Direkt]versand *m*; (*by catalogue*) Katalogbestellung *f* **'mail·shot** *n esp* BRIT Hauswurfsendung *f*

maim [meɪm] *vt* (*mutilate*) verstümmeln; (*cripple*) zum Krüppel machen

main [meɪn] **I.** *n* ❶ TECH (*pipe*) Hauptleitung *f*; (*cable*) Hauptkabel *nt*; (*switch*) Hauptschalter *m*; (*of house*) Haupthahn *m* ❷ BRIT ELEC, TECH (*supply network*) ▪ **the ~s** *pl* das Versorgungsnetz; (*for electricity*) das [Strom]netz; **switch off the electricity at the ~s before starting work** vor Arbeitsbeginn die Stromversorgung am Hauptschalter ausschalten ▶ ❸ **in the ~** im Allgemeinen **II.** *adj attr* Haupt-; **~ concern** wichtigstes Anliegen

'main·frame *n* Hauptrechner *m* **'main·land** **I.** *n no pl* ▪ **the ~** das Festland **II.** *adj attr* **~ Britain** die britische Hauptinsel; **~ China** China *nt*; **~ Europe** europäisches Festland **'main·line** (*fam*) **I.** *vt* **to ~ heroin** fixen *sl* **II.** *vi* fixen *sl*

main·ly [ˈmeɪnli] *adv* hauptsächlich, in erster Linie

main 'of·fice *n* Hauptverwaltung *f* **main 'road** *n* Hauptstraße *f* **'main·sail** *n* Hauptsegel *nt*, Großsegel *nt*

mains electricity *n* Hauptstromschalter *m* **'main·spring** *n* ❶ (*in clock, watch*) Triebfeder *f* ❷ (*fig: motivating factor*) ▪ **the ~ of sb's success** die Triebfeder jds Erfolges **'main·stay** *n of boat* Hauptstag *m*; *of economy* Stütze *f* **'main·stream** *n no pl* ▪ **the ~** (*society, lifestyle*) der Mainstream; **to enter the ~ of life/politics** am alltäglichen Leben/politischen Tagesgeschäft] teilnehmen **II.** *adj* Mainstream-; *book, film, music* kommerziell; **this party was not a part of ~ Austria until the last election** diese Partei war bis zur letzten Wahl nicht Teil des österreichischen Mainstreams

main·tain [meɪnˈteɪn] *vt* ❶ (*keep*) [bei]behalten; *blockade* aufrechterhalten; **to ~ one's dignity/sanity** seine Würde/geistige Gesundheit bewahren; **to ~ law and order/the status quo** Gesetz und Ordnung/den Status quo aufrechterhalten; **to ~ the lead** in Führung bleiben; **to ~ close links** in engem Kontakt bleiben ❷ (*in good condition*) instand halten; *garden* pflegen ❸ (*provide for*) *child, family* unterhalten ❹ (*claim*) behaupten; **to ~ one's innocence** seine Unschuld beteuern ❺ (*support*) *statement, theory* vertreten

main·te·nance [ˈmeɪntᵊnən(t)s] **I.** *n no pl* ❶ *of relations, of peace* Beibehaltung *f*, Wahrung *f* ❷ *of car, garden* Pflege *f*; *of building, monument* Instandhaltung *f*; *of machine* Wartung *f* ❸ (*in hotel, factory*) Wartungsabteilung *f* ④ *(maintenance costs)* Unterhaltung *f* ⑤ *(alimony)* Unterhalt *m* **II.** *adj attr* Wartungs-, Instandhaltungs-; **~ check** Wartung *f*

mai·son·ette [ˌmeɪzəˈnet] *n* BRIT Maiso[n]nette *f*

maize [meɪz] *n no pl esp* BRIT Mais *m*

ma·jes·tic [məˈdʒestɪk] *adj* majestätisch; *proportions* stattlich; *movement* gemessen; *music, march* getragen

maj·es·ty [ˈmædʒəsti] *n* ① *(royal title)* **Her/His/Your**] **M~** [Ihre/Seine/Eure] Majestät ② *no pl (beauty) of sunset* Herrlichkeit *f*; *of person* Würde *f*; *of music* Erhabenheit *f*, Anmut *f*

ma·jor [ˈmeɪdʒəʳ] **I.** *adj* ① *attr (important)* bedeutend, wichtig; *(main)* Haupt-; *(large)* groß; **your car is going to need a ~ overhaul** ihr Auto muss von Grund auf überholt werden; **~ roadworks** größere Straßenbauarbeiten ② *attr (serious) crime* schwer; **to have ~ depression** eine starke Depression haben; *illness* schwerwiegend; **to undergo ~ surgery** sich einer größeren Operation unterziehen ③ *(in music)* Dur *nt* **II.** *n* ① MIL *(officer rank)* Major(in) *m(f)* ② AM, AUS UNIV *(primary subject)* Hauptfach *nt* ③ *(in music)* Dur *nt* **III.** *vi* UNIV **to ~ in German/physics/biology** Deutsch/Physik/Biologie als Hauptfach studieren

Ma·jor·ca [məˈjɔːkə] *n no pl* Mallorca *nt*

ma·jor 'gen·er·al *n* Generalmajor(in) *m(f)*

ma·jor·ity [məˈdʒɒrəti] **I.** *n* ① *+ sing/pl vb (greater part)* Mehrheit *f*; **in the ~ of cases** in der Mehrzahl der Fälle; **a large ~ of people** eine große Mehrheit; **the ~ of the votes** die Stimmenmehrheit ② POL *(winning margin)* [Stimmen]mehrheit *f* ③ *no pl (full legal age)* Volljährigkeit *f* **II.** *adj attr* POL Mehrheits-

make [meɪk] **I.** *n* ① ECON *(brand)* Marke *f* ② *(pej)* **to be on the ~** *(for sex)* auf sexuelle Abenteuer aus sein; *(for money)* geldgierig sein **II.** *vt* <made, made> ① *(produce)* machen; *company, factory* herstellen; *movie* drehen; *peace* schließen; **this sweater is made of wool** dieser Pullover ist aus Wolle; **to ~ coffee/soup/supper** Kaffee/Suppe/das Abendessen kochen; **to show what one's [really] made of** zeigen, was in einem steckt; ■ **to be made for sth** für etw *akk* [wie] geschaffen sein ② *(become)* **I don't think he will ever ~ a good lawyer** ich glaube, aus ihm wird nie ein guter Rechtsanwalt [werden]; **she'll ~ a great mother** sie wird eine tolle Mutter abgeben; **to ~ fascinating reading** faszinierend zu lesen sein ③ *(cause)* machen; **the wind is making my eyes water** durch den Wind fangen meine Augen an zu tränen; **the dark colours ~ the room look smaller** die dunklen Farben lassen das Zimmer kleiner wirken; **what made you change your mind?** wodurch hast du deine Meinung geändert?; **to ~ sb laugh** jdn zum Lachen bringen ④ *(force)* **to ~ sb do sth** jdn zwingen, etw zu tun ⑤ *+ adj (cause to be)* machen; **to ~ sth public** etw veröffentlichen; **to ~ oneself understood** sich verständlich machen ⑥ *(transform to)* **the recycled paper will be made into cardboard** das Recyclingpapier wird zu Karton weiterverarbeitet; **this experience will ~ you into a better person** diese Erfahrung wird aus dir einen besseren Menschen machen; **we've made the attic into a spare room** wir haben den Speicher zu einem Gästezimmer ausgebaut ⑦ *(perform) mistake, progress, suggestion* machen; *appointment* vereinbaren; **to ~ a call** anrufen; **to ~ a deal** einen Handel schließen; **to ~ a decision** eine Entscheidung fällen; **to ~ an effort** sich anstrengen; **to ~ a good job of sth** bei etw *dat* gute Arbeit leisten; **to ~ a move** *(in game)* einen Zug machen; *body* sich bewegen; **to ~ a promise** etw versprechen; **to ~ smalltalk** Smalltalk machen; *speech, presentation* halten; **to ~ a start** anfangen; **to ~ way** den Weg frei machen ⑧ *(amount to)* **five plus five ~s ten** fünf und fünf ist zehn ⑨ *(earn, get)* **to ~ £50,000 a year** er verdient 50.000 Pfund im Jahr; **to ~ enemies** sich *dat* Feinde machen; **to ~ friends** Freundschaften schließen; **to ~ a killing** einen Riesengewinn machen; **to ~ a living** seinen Lebensunterhalt verdienen; **to ~ a name for oneself** sich *dat* einen Namen machen ⑩ *(appoint)* ■ **to ~ sb president/ambassador** jdn zum Präsidenten/Botschafter ernennen ⑪ *(consider important)* **don't ~ too much of his grumpiness** gib nicht zu viel auf seine mürrische Art ⑫ *(fam: reach)* **could you ~ a meeting at 8 a.m.?** schaffst du ein Treffen um 8 Uhr morgens?; **the fire made the front page** das Feuer kam auf die Titelseite; **he made captain/sergeant** AM er hat es bis zum Kapitän/Feldwebel gebracht; **to ~ the bus/one's train/one's plane** den Bus/seinen Zug/sein Flugzeug kriegen; **to ~ the finals/a team** sich für das Finale/ein Team qualifizieren; **to ~ it** es schaffen ⑬ *(render perfect)* **this film has ~ his career** der Film machte ihn berühmt; **that's made my day!** das freut mich unheimlich!; **you've got it made!** du hast ausgesorgt! ⑭ *(have sex)* **to ~ love** miteinander schlafen **III.** *vi* <made, made> ① *(be about to)* **just as we made to**

make after–maladministration

leave the phone rang gerade als wir gehen wollten, klingelte das Telefon ❷ (*pretend*) he made as if to leave the room er machte Anstalten, das Zimmer zu verlassen; ■to ~ like ... AM so tun, als ob ... ▶ to ~ do without sth ohne etw auskommen ◆ **make after** vi ❶ (*jdn hinterherjagen; police*) jdn verfolgen ◆ **make away** vi (*fam*) abhauen ◆ **make away with** vt (*fam*) ❶ (*steal*) ■to ~ away with sth sich mit etw *dat* davonmachen ❷ (*kill*) ■to ~ away with sb jdn um die Ecke bringen *fam;* ■to ~ away with oneself sich umbringen ◆ **make for, make towards** vi ❶ (*head for*) ■to ~ for sth auf etw *akk* zugehen; (*by car or bus*) auf etw *akk* zufahren; **the kids made for the woods to hide** die Kinder rannten auf den Wald zu, um sich zu verstecken ❷ (*be*) **constant arguing doesn't ~ for a good relationship** ständiges Streiten ist einer guten Beziehung nicht gerade förderlich; **Kant ~s for hard reading** Kant ist schwer zu lesen ◆ **make of** vt ❶ (*understand*) **I can't ~ anything of this book** ich verstehe dieses Buch nicht; **can you ~ anything of this message?** kannst du mit dieser Nachricht etwas anfangen?; **I don't know what to ~ of it** ich weiß nicht, wie ich das deuten soll ❷ (*think*) **what do you ~ of his speech?** was hältst du von seiner Rede?; **I don't know what to ~ of her** ich weiß nicht, wie ich sie einschätzen soll ◆ **make off** vi (*fam*) ❶ (*leave*) abhauen ❷ (*steal*) ■to ~ off with sth etw mitgehen lassen *fam* ◆ **make out I.** vi (*fam*) ❶ (*manage*) *person* zurechtkommen; *business* sich [positiv] entwickeln ❷ (*have sex*) rummachen *sl;* ■to ~ out with sb *esp* AM mit jdm rummachen *sl* **II.** vt ❶ (*write out*) ausschreiben; *cheque* ausstellen; *schedule* erstellen; *will* verfassen ❷ (*see*) *writing, numbers* entziffern; *distant object* ausmachen; (*hear*) verstehen; (*understand*) **she's so strange – I can't ~ her out at all** sie ist so seltsam – ich werde ganz und gar nicht schlau aus ihr ❸ (*fam: claim*) **the British weather is not as bad as it is made out [to be]** das britische Wetter ist nicht so schlecht, wie es immer heißt; **she made out that she was sleeping** sie tat so, als ob sie schlafen würde ◆ **make over** vt ❶ LAW (*transfer ownership*) to ~ over ○ a house/a business/land to sb jdm ein Haus/ein Geschäft/Land überschreiben ❷ (*redo*) umändern; *manuscript* überarbeiten ◆ **make up I.** vt ❶ (*invent*) **she made up the whole thing up** sie hat das alles nur erfunden; **stop making up the rules as you go along!** hör auf, dir deine eigenen Regeln zu machen! ❷ (*prepare*) fertig machen; *medicine* zusammenstellen; **to ~ up a bed** das Bett machen; **to ~ up the fire** BRIT, AUS das Feuer schüren ❸ (*put on make-up*) ■to ~ oneself up sich schminken ❹ (*produce*) to ~ up ○ curtains/a dress Vorhänge/ein Kleid machen ❺ (*compensate*) **if you can save half the money, we'll ~ up the difference** wenn du die Hälfte sparen kannst, bezahlen wir die Differenz; **to ~ up a deficit** ein Defizit ausgleichen; **to ~ up time** Zeit wiedergutmachen; *train* Zeit wieder herausfahren ❻ (*comprise*) ■to ~ up ○ sth etw ausmachen; **the book is made up of a number of different articles** das Buch besteht aus vielen verschiedenen Artikeln ❼ (*decide*) **to ~ up one's mind** sich entscheiden ❽ (*reconcile*) **to ~ it up with sb** sich mit jdm versöhnen; **to ~ it up to sb** jdm etw wiedergutmachen **II.** vi sich versöhnen; **kiss and ~ up** küsst euch und vertragt euch wieder ◆ **make up for** vt ■to ~ up for sth für etw *akk* entschädigen, ECON etw wiedergutmachen; **to ~ up for lost time** verlorene Zeit wiederaufholen ◆ **make up to** vt AUS, BRIT ■to ~ up to sb sich bei jdm lieb Kind machen

'make-be·lieve I. n no pl Fantasie *f,* Illusion *f* **II.** adj Fantasie- **III.** vi <made-, made-> ■to ~ [that] ... sich *dat* vorstellen, dass ...

mak·er ['meɪkə'] n ❶ (*manufacturer*) ■the ~ [*or* BRIT *usu* the ~s] Hersteller(in) *m(f),* Produzent(in) *m(f)* ❷ (*God*) **to meet one's M~** seinem Schöpfer gegenübertreten

'make·shift I. adj Not-, behelfsmäßig **II.** n [Not]behelf *m*

'make·up n ❶ no pl (*cosmetics*) Make-up *nt;* **to put on ~** sich schminken ❷ *of group, population* Zusammensetzung *f* ❸ (*character*) Persönlichkeit *f*

'make-up art·ist n Visagist(in) *m(f)*

mak·ing ['meɪkɪŋ] n ❶ no pl (*production*) Herstellung *f;* **her problems with that child are of her own ~** ihre Probleme mit diesem Kind hat sie selbst verschuldet; **the book was several years in the ~** es dauerte mehrere Jahre, das Buch zu schreiben ❷ no pl (*success*) **it was the ~ of her** das hat sie zu dem gemacht, was sie [heute] ist; (*development*) **to be an engineer in the ~** ein angehender Ingenieur/eine angehende Ingenieurin sein ❸ (*qualities/ingredients*) ■~s pl Anlagen pl; **she has the ~s of a great violinist** sie hat das Zeug zu einer großartigen Geigerin

mal·ad·just·ed [ˌmæləˈdʒʌstɪd] adj verhaltensgestört

mal·ad·min·is·tra·tion [ˌmælədˌmɪn-ɪˈstreɪʃən] n no pl (*form*) schlechte Verwal-

tung
mala·droit [ˌmæləˈdrɔɪt] *adj* unbeholfen
Mala·gasy [ˌmæləˈgæsi] **I.** *adj* madagassisch **II.** *n* Madagasse, Madagassin *m, f*
ma·laise [məˈleɪz] *n no pl* Unbehagen *nt*
mala·prop·ism [ˈmæləprɒpɪzᵊm] *n* Malapropismus *m*
ma·laria [məˈleəriə] *n no pl* Malaria *f*
Ma·la·wi [məˈlɑːwi] *n no pl* Malawi *nt*
Ma·la·wian [məˈlɑːwiən] **I.** *n* Malawier(in) *m(f)* **II.** *adj* malawisch
Ma·lay·sia [məˈleɪziə] *n no pl* Malaysia *nt*
Ma·lay·sian [məˈleɪziən] **I.** *n* Malaysier(in) *m(f)* **II.** *adj* malaysisch
mal·con·tent [ˈmælkənˌtent] *n (pej)* Querulant(in) *m(f) pej geh*
Mal·dives [ˈmɔːldiːvz] *npl* ■ **the ~** die Malediven
male [meɪl] **I.** *adj* männlich; **~ choir** Männerchor *m*; **~-dominated** von Männern dominiert **II.** *n (person)* Mann *m*; *(animal)* Männchen *nt*
male·dic·tion [ˌmælɪˈdɪkʃᵊn] *n* Verwünschung *f*
ma·levo·lent [məˈlevᵊlənt] *adj (liter: evil)* bösartig; *(spiteful)* gehässig
mal·for·ma·tion [ˌmælfɔːˈmeɪʃᵊn] *n* Missbildung *f*
mal·func·tion [ˌmælˈfʌŋ(k)ʃᵊn] **I.** *vi (not work properly)* nicht funktionieren; *(stop working)* ausfallen; *liver, kidney* nicht richtig arbeiten; *social system* versagen **II.** *n* Ausfall *m*; *of liver, kidney* Funktionsstörung *f*; *of social system* Versagen *nt*
Mali [ˈmɑːli] *n no pl* Mali *nt*
Ma·lian [ˈmɑːliən] **I.** *n* Malier(in) *m(f)* **II.** *adj* malisch
mal·ice [ˈmælɪs] *n no pl* Boshaftigkeit *f*
ma·li·cious [məˈlɪʃəs] *adj* boshaft, niederträchtig; *look* hasserfüllt; **~ wounding** LAW böswillige Körperverletzung
ma·lign [məˈlaɪn] **I.** *adj (form)* verderblich; *(evil)* unheilvoll **II.** *vt* verleumden
ma·lig·nan·cy [məˈlɪgnən(t)si] *n no pl* MED Bösartigkeit *f*
ma·lig·nant [məˈlɪgnənt] *adj* MED bösartig
ma·lin·ger [məˈlɪŋgəʳ] *vi* sich krank stellen
ma·lin·ger·er [məˈlɪŋgᵊrəʳ] *n* Simulant(in) *m(f)*
mall [mɔːl] *n (covered row of shops)* [große] Einkaufspassage; *(indoor shopping centre)* [überdachtes] Einkaufszentrum
mal·lard <*pl* -s *or* -> [ˈmæləd] *n* Stockente *f*
mal·le·able [ˈmæliəbl] *adj metal* formbar; *clay* geschmeidig; *(fig) person* gefügig
mal·let [ˈmælɪt] *n (hammer)* [Holz]hammer *m*; *(in croquet)* Krockethammer *m*; *(in polo)* Poloschläger *m*

mal·low [ˈmæləʊ] *n* Malve *f*
mal·nu·tri·tion [ˌmælnjuːˈtrɪʃᵊn] *n no pl* Unterernährung *f*
mal·odor·ous [ˌmælˈəʊdᵊrəs] *adj (form)* ❶ *(smelling bad)* übel riechend ❷ *(pej: offensive)* widerlich
mal·prac·tice [ˌmælˈpræktɪs] *n no pl (faulty work)* Berufsvergehen *nt*; *(criminal misconduct)* [berufliches] Vergehen; *of civil servants* Amtsmissbrauch *m*; **medical ~** ärztlicher Kunstfehler
malt [mɔːlt] **I.** *n no pl* ❶ *(grain)* Malz *nt* ❷ *(whisky)* Malzwhisky *m* ❸ AM *(malted milk)* Malzmilch *f* **II.** *vt* **to ~ barley** Gerste mälzen
Mal·ta [ˈmɔːltə] *n no pl* Malta *f*
Mal·tese [ˌmɔːlˈtiːz] **I.** *adj* maltesisch **II.** *n* ❶ *(person)* Malteser(in) *m(f)* ❷ *no pl (language)* Maltesisch *nt*, das Maltesische
mal·treat [ˌmælˈtriːt] *vt usu passive* misshandeln
mal·treat·ment [ˌmælˈtriːtmənt] *n no pl* Misshandlung *f*
mam·mal [ˈmæmᵊl] *n* Säugetier *nt*, Säuger *m*
'mam·ma·ry gland *n* Milchdrüse *f*
mam·mog·ra·phy [mæmˈɒgrəfi] *n no pl* Mammographie *f*
mam·moth [ˈmæməθ] **I.** *n* Mammut *nt* **II.** *adj (fig)* Mammut-, riesig
man [mæn] **I.** *n* <*pl* **men**> ❶ *(male adult)* Mann *m*; **men's clothing** Herrenkleidung *f*; **the men's [room]** die Herrentoilette ❷ *(brave person)* Mann *m*; **to be ~ enough [to do sth]** Manns genug sein[, etw zu tun]; **to take sth like a ~** etw wie ein [richtiger] Mann ertragen ❸ *(person)* Mensch *n*; **to be sb's right-hand ~** jds rechte Hand sein; **every ~ for himself** jeder für sich; **to be one's own ~** sein eigener Herr sein ❹ *no pl, no art (mankind)* der Mensch, die Menschheit; **this is one of the most dangerous substances known to ~** das ist eine der gefährlichsten Substanzen, die bisher bekannt sind ❺ *(particular type)* **he's a ~ of his word** er ist jemand, der zu seinem Wort steht; **he's not a ~ to ...** er ist nicht der Typ, der ...; **you've come to the right ~** da sind Sie bei mir richtig; **to be a ~ of action** ein Mann der Tat sein; **to be a family ~** ein Familienmensch *m* sein; **to be a ladies' ~** ein Frauenheld *m* sein; **a ~ of letters** *writer* ein Schriftsteller *m*; *scholar* ein Gelehrter *m*; **the ~ in the street** der kleine Mann; **the odd ~ out** der Außenseiter ❻ *pl (soldier, worker)* Männer *pl*, Leute *pl* ❼ *(fam: form of address)* Mann *m*, Mensch *m*; **hey, old ~!** he, alter Junge! ❽ *(fam: husband)* Mann *m*; *(boyfriend)* Freund *m* ❾ *(in board games)*

[Spiel]figur *f*; (*in draughts*) [Spiel]stein *m* **II.** *interj* (*fam: to emphasize*) Mensch, Mann; (*in enthusiasm*) Mann, Manometer; (*in anger*) Mann **III.** *vt* <-nn-> ❶ (*operate*) bedienen; ~ **the pumps!** alle Mann an die Pumpen! ❷ (*staff*) *fortress, picket* besetzen; *ship* bemannen

mana·cle ['mænəkl] **I.** *n* ■-**s** *pl* Handschellen *pl*, Ketten *pl* **II.** *vt* in Ketten legen

man·age ['mænɪdʒ] **I.** *vt* ❶ (*run*) leiten ❷ (*control*) steuern; (*administer*) verwalten; (*organize*) organisieren; **to** ~ **one's time/resources** sich *dat* seine Zeit/Ressourcen richtig einteilen ❸ (*promote*) managen ❹ (*accomplish*) schaffen; *distance, task* bewältigen; **can you** ~ **8 o'clock?** ginge es um 8 Uhr?; **you** ~**d it very well** das hast du sehr gut gemacht; **to** ~ **a smile** ein Lächeln zustande bringen; **she can't** ~ **more than $350 per month rent** sie kann sich nicht mehr als 350 Dollar Miete pro Monat leisten ❺ (*cope with*) ■**to** ~ **sb/sth** mit jdm/etw *dat* zurechtkommen ❻ (*wield*) handhaben; (*operate*) bedienen **II.** *vi* ❶ (*succeed*) es schaffen; (*cope, survive*) zurechtkommen; **can you** ~**?** — **thank you, I can** ~ geht's? — danke, es geht schon; **we'll** ~**!** wir schaffen das schon!; **how can you** ~ **without a car?** wie kommst du ohne Auto zurecht? ❷ (*get by*) ■**to** ~ **on/without sth** mit etw *dat*/ohne etw *akk* auskommen

man·age·able ['mænɪdʒəbl] *adj* ❶ (*doable*) ■**to be** ~ *job* leicht zu bewältigen sein; *task* überschaubar sein ❷ (*controllable*) ■**to be** ~ kontrollierbar sein; **the baby-sitter found the children perfectly** ~ der Babysitter kam gut mit den Kindern zurecht; ~ **hair** leicht zu frisierendes Haar ❸ (*feasible*) erreichbar; *deadline* realistisch; ■**to be** ~ machbar sein ❹ (*easy to carry*) handlich

man·age·ment ['mænɪdʒmənt] *n* ❶ *no pl of business* Management *nt*, [Geschäfts]führung *f*, [Unternehmens]leitung *f* ❷ + *sing/pl vb* (*managers*) [Unternehmens]leitung *f*, Management *nt; of hospital, theatre* Direktion *f*; **junior** ~ untere Führungsebene; (*trainees*) Führungsnachwuchs *m*; **middle** ~ mittlere Führungsebene; **senior** ~ oberste Führungsebene, Vorstand *m* ❸ *no pl* (*handling*) Umgang *m* (of mit); *of finances* Verwalten *nt*

man·age·ment 'buy-out *n* Managementbuyout *nt* (*Übernahme einer Firma durch die leitenden Direktoren*) **man·age·ment con·'sult·ant** *n* Unternehmensberater(in) *m(f)* **man·age·ment ne·go·tia·tor** *n* Verhandlungsführer(in) *m(f)* der Arbeitgeber **management 'skills** *npl* Führungsqualitäten *pl* **'man·age·ment studies** *n* + *sing/*

pl vb Betriebswirtschaft[slehre] *f* **'man·age·ment team** *n* + *sing/pl vb* Führungsspitze *f*

man·ag·er ['mænɪdʒɚ] *n* ❶ (*business executive*) Geschäftsführer(in) *m(f)*; (*in big business*) Manager(in) *m(f)*; (*of department*) Abteilungsleiter(in) *m(f)*; **bank** ~ Filialleiter(in) *m(f)* einer Bank; **junior/middle/senior** ~ Manager(in) *m(f)* auf der unteren/mittleren/oberen Führungsebene ❷ SPORTS (*coach*) [Chef]trainer(in) *m(f)*; (*of band, boxer*) Manager(in) *m(f)*

man·ag·er·ess <*pl* -es> [ˌmænɪdʒɚ'res] *n* (*dated*) Geschäftsführerin *f* (*in einem Laden oder Café*)

mana·gerial [ˌmænə'dʒɪəriəl] *adj* Manager-; ~ **conference/meeting** Konferenz *f*/Meeting *nt* der Unternehmensführung; **at** ~ **level** auf Führungsebene; ~ **position** Führungsposten *m*; ~ **skills** Führungsqualitäten *pl*

man·ag·ing di·'rec·tor *n* [Haupt]geschäftsführer(in) *m(f)*

'man-bag *n* (*fam*) Herrenhandtasche *f*

Man·cu·nian [mæŋ'kju:niən] **I.** *n* Einwohner(in) *m(f)* der Stadt Manchester **II.** *adj* aus Manchester

man·da·rin ['mændərɪn] *n* ❶ (*fruit*) Mandarine *f* ❷ (*hist: Chinese official*) Mandarin *m* ❸ (*esp pej: bureaucrat*) Bürokrat(in) *m(f)*

Man·da·rin ['mændərɪn] *n no pl* LING Mandarin *nt*

man·date I. *n* ['mændeɪt] ❶ *usu sing* (*authority*) Mandat *nt*; (*command*) Verfügung *f*; **electoral** ~ Wählerauftrag *m* ❷ (*territory*) Mandat[sgebiet] *nt* **II.** *vt* [mæn'deɪt] (*order*) ■**to** ~ **sth** etw anordnen; (*authorize*) ein Mandat für etw *akk* erteilen

man·da·tory ['mændətəri] *adj* ❶ (*required by law*) gesetzlich vorgeschrieben; **to make sth** ~ etw gesetzlich vorschreiben ❷ (*obligatory*) obligatorisch; **to be** ~ **for sb** jds Pflicht sein

man·di·ble ['mændɪbl] *n of insect* [Ober]kiefer *m; of bird* Unterschnabel *m; of mammal, fish* Unterkiefer *m*

man·do·lin [ˌmændəˈlɪn] *n* MUS Mandoline *f*

man·drake ['mændreɪk] *n* Mandragore *f*

man·drill ['mændrɪl] *n* Mandrill *m*

mane [meɪn] *n* Mähne *f*

'man-eat·er *n* ❶ (*animal*) Tier, das Menschen tötet ❷ (*hum fam: woman*) männermordender Vamp

ma·neu·ver *n* AM *see* manoeuvre

ma·neu·ver·abil·ity *n* AM *see* manoeuvrability **ma·neu·ver·able** *adj* AM *see* manoeuvrable

man·ful·ly ['mænfəli] *adv* mutig

man·ga·nese ['mæŋɡəniːz] *n no pl* Mangan *nt*

mange [meɪndʒ] *n no pl* Räude *f*

man·ger ['meɪndʒəʳ] *n* (*old*) Futtertrog *m*; (*in bible*) Krippe *f*

mange-tout [ˌmɑ̃(n)ʒ'tuː] *n* BRIT Zuckererbse *f*

man·gle[1] ['mæŋgl] *vt* ❶ *usu passive* (*crush*) zerstören; ■**to be ~d** (*limbs*) verstümmelt werden; *car, metal* zerdrückt werden ❷ (*ruin*) entstellen

man·gle[2] ['mæŋgl] *n* ❶ BRIT (*hist: wringer*) [Wäsche]mangel *f* ❷ AM (*ironing machine*) [Heiß]mangel *f*

man·go <*pl* -s *or* -es> ['mæŋgəʊ] *n* Mango *f*

man·grove ['mæŋgrəʊv] *n* Mangrovenbaum *m*

man·gy ['meɪndʒi] *adj* ❶ (*suffering from mange*) räudig ❷ (*fam: shabby*) schäbig *pej*

man·han·dle ['mænˌhændl] *vt* ❶ (*handle roughly*) grob behandeln ❷ (*heave*) [hoch]heben

'man·hole *n* Einstieg *m*; (*shaft*) Einstiegsschacht *m*; *of container, tank* Mannloch *nt*

'man·hole cov·er *n* Einstiegsverschluss *m*; *of canal* Kanaldeckel *m*; *of shaft* Schachtdeckel *m*; *of container, tank* Mannlochdeckel *m*

man·hood ['mænhʊd] *n no pl* ❶ (*adulthood*) Erwachsenenalter *nt* (*eines Mannes*) ❷ (*manliness*) Männlichkeit *f* ❸ (*euph or hum: male genitals*) Männlichkeit *f* euph

'man-hour *n* Arbeitsstunde *f* **'man·hunt** *n* [Ring]fahndung *f*; (*after criminal*) Verbrecherjagd *f*

ma·nia ['meɪniə] *n* ❶ (*pej: obsessive enthusiasm*) Manie *f*, Besessenheit *f* ❷ *no pl* MED (*obsessive state*) Wahn[sinn] *m*; (*state of excessive activity*) Manie *f*

ma·ni·ac ['meɪniæk] *n* (*fam: crazy person*) Verrückte(r) *f(m)*, Irre(r) *f(m)*

ma·ni·a·cal [mə'naɪəkəl] *adj* ❶ (*crazy*) verrückt, irrsinnig; *scream* wild ❷ (*fam: very enthusiastic*) fanatisch

man·ic ['mænɪk] *adj* erregt, manisch; (*hum: highly energetic*) wild

man·ic de·'pres·sion *n no pl* manische Depression **man·ic de·'pres·sive** **I.** *n* Manisch-Depressive(r) *f(m)* **II.** *adj* manisch-depressiv **man·ic psy·'cho·sis** *n* manische Psychose

mani·cure ['mænɪkjʊəʳ] **I.** *n* Maniküre *f*; **to have a ~** sich maniküren lassen **II.** *vt* **to ~ one's hands/nails** sich *dat* die Hände/Nägel maniküren

'mani·cure set *n* Manikürenset *nt*

mani·cur·ist ['mænɪkjʊərɪst] *n* Handpflegerin *f*

mani·fest ['mænɪfest] **I.** *adj* offenkundig, deutlich erkennbar **II.** *vt* zeigen; **the illness ~ed itself as ...** die Krankheit äußerte sich durch ... **III.** *n* TRANSP ❶ (*cargo list*) [Ladungs]manifest *nt* ❷ (*list of passengers*) Passagierliste *f*; (*list of railway wagons*) Wagenladeschein *m*

mani·fes·ta·tion [ˌmænɪfes'teɪʃən] *n* ❶ (*sign*) Zeichen *nt* (*of* für) ❷ *no pl* (*displaying*) Zeigen *nt*; (*voicing*) Bekundung *f* geh; MED Manifestation *f* fachspr ❸ *usu pl* (*form*) Erscheinungsform *f*

mani·fest·ly ['mænɪfestli] *adv* offenkundig, offensichtlich

mani·fes·to <*pl* -s *or* -es> [ˌmænɪ'festəʊ] *n* Manifest *nt*

mani·fold ['mænɪfəʊld] **I.** *adj* (*liter*) vielfältig, vielseitig **II.** *n* TECH Verteilerrohr *nt*; AUTO [exhaust] ~ [Abgas]krümmer *m*

mani·kin ['mænɪkɪn] *n* ❶ (*model*) Gliederpuppe *f*; MED anatomisches Modell ❷ (*dwarf*) Zwerg *m*

ma·nil(·l)a 'en·velope [mə'nɪlə-] *n* Briefumschlag *m* aus Manilapapier

ma·nil(·l)a 'pa·per [mə'nɪlə-] *n no pl* Packpapier *nt*

mani·oc ['mæniɒk] *n* ❶ (*cassava*) Maniok *m* ❷ (*flour*) Mandioka *f*

ma·nip·u·late [mə'nɪpjəleɪt] *vt* ❶ (*esp pej: manage cleverly*) ■**to ~ sb/sth** geschickt mit jdm/etw umgehen; (*influence*) jdn/etw beeinflussen, jdn/etw manipulieren ❷ (*with hands*) handhaben; (*adjust*) einstellen; *machine* bedienen ❸ MED *bones* einrenken; *muscles* massieren ❹ COMPUT bearbeiten

ma·nip·u·la·tion [məˌnɪpjə'leɪʃən] *n* ❶ (*esp pej: clever management*) Manipulation *f*; (*falsification*) Verfälschung *f* ❷ (*handling*) Handgriff *m*; (*adjustment*) Einstellung *f* (**of** an) ❸ MED chiropraktische Behandlung; *of bones* Einrenken *nt kein pl* ❹ COMPUT (*by person*) Bearbeiten *nt kein pl*

ma·nip·u·la·tive [mə'nɪpjələtɪv] *adj* (*esp pej*) manipulativ

ma·nip·u·la·tor [mə'nɪpjəleɪtəʳ] *n* (*esp pej*) Manipulant(in) *m(f)*

man·kind [mæn'kaɪnd] *n no pl* Menschheit *f*

manky ['mæŋki] *adj* BRIT (*fam: dirty*) dreckig; (*worn-out*) alt

man·li·ness ['mænlɪnəs] *n no pl* Männlichkeit *f*

man·ly ['mænli] *adj* männlich

man-'made *adj* künstlich

man·na ['mænə] *n no pl* Manna *nt*; **~ from heaven** ein wahrer Segen

manned [mænd] *adj* AEROSP bemannt

man·ne·quin ['mænɪkɪn] *n* ❶ (*in shop window*) Schaufensterpuppe *f*; ART Modell *nt* ❷ (*dated: fashion model*) Mannequin *nt*

man·ner ['mænə^r] *n no pl* **①** (*way*) Weise *f*, Art *f*; **in a ~ of speaking** sozusagen **②** *no pl* (*behaviour to others*) Betragen *nt*, Verhalten *nt*; **his cold ~** seine kalte Art **③** (*polite behaviour*) ■**~s** *pl* Manieren *pl*; **it's bad ~s to ...** es gehört sich nicht, ... **④** (*form: type*) Typ *m*, Art *f*

man·nered ['mænəd] *adj* (*pej*) **①** (*affected*) affektiert **②** (*in art*) gekünstelt

man·ner·ism ['mænərɪzəm] *n* Eigenart *f*

man·ni·kin *n see* **manikin**

man·nish ['mænɪʃ] *adj* (*esp pej: of woman*) männlich

ma·noeu·vra·bil·i·ty [mə,nu:vərə'bɪləti] *n no pl* Beweglichkeit *f*, Manövrierfähigkeit *f*

ma·noeu·vra·ble [mə'nu:vərəbl] *adj* beweglich; *ship, vessel* manövrierfähig

ma·noeu·vre [mə'nu:və^r] **I.** *n* **①** *usu pl* (*military exercise*) Manöver *nt* **②** (*planned move*) Manöver *nt*; (*fig*) Schachzug *m* **③** *no pl* **to have room for ~** Spielraum haben **II.** *vt* **①** (*move*) manövrieren; **to ~ a trolley** einen Einkaufswagen lenken **②** (*pressure sb*) ■**to ~ sb into sth** jdn [durch geschickte Manöver] zu etw *dat* bringen; **to ~ sb into a compromise** jdn geschickt zu einem Kompromiss zwingen **III.** *vi* **①** (*move*) manövrieren; **this car ~s well at high speed** dieses Auto lässt sich bei hoher Geschwindigkeit gut fahren **②** (*scheme*) taktieren **③** MIL (*hold exercises*) Manöver abhalten

ma·nom·eter [mə'nɒmɪtə^r] *n* Manometer *nt fachspr*

man·or ['mænə^r] *n* **①** (*country house*) Landsitz *m*, Herrenhaus *nt* **②** BRIT HIST (*territory*) Lehnsgut *nt*

'man·pow·er *n no pl* Arbeitskräfte *pl*

man·qué [mã(ŋ)keɪ] *adj after n* (*form*) verkannt

manse [mæn(t)s] *n* SCOT Pfarrhaus *nt*

'man·serv·ant <*pl* menservants> *n* (*old*) Diener *m*

man·sion ['mæn(t)ʃ^ən] *n* Villa *f*; (*of ancient family*) Herrenhaus *nt*

'man-sized *adj* riesig, Riesen-

man·slaugh·ter *n no pl* Totschlag *m*

man·tel ['mæntəl] *n* (*old*), **man·tel·piece** ['mæntəlpi:s] *n* Kaminsims *m nt*

man·tis ['mæntɪs] *n* Fangheuschrecke *f*; [**praying**] **~** Gottesanbeterin *f*

man·tle ['mæntl] **I.** *n* **①** *no pl* (*form: position*) Amt *nt*, Posten *m*; **to take on the ~ of power** die Macht übernehmen **②** (*usu liter: covering*) Decke *f*, Schicht *f*; **a ~ of snow** eine Schneedecke

'man-to-man *adj* von Mann zu Mann

man·tra ['mæntrə] *n* **①** (*for meditation*) Mantra *nt* **②** (*catchphrase*) Slogan *m*

manu·al ['mænjuəl] **I.** *adj* **①** (*done with hands*) manuell, Hand-; **~ labour** körperliche Arbeit; (*craftsmanship*) Handarbeit *f*; **to be a ~ labourer** körperlich arbeiten; (*as a crafts[wo]man*) handwerklich arbeiten **②** (*hand-operated*) manuell, Hand-; **~ transmission** AUTO Schaltgetriebe *nt* **II.** *n* **①** (*book*) Handbuch *nt*; **~ of instructions** Bedienungsanleitung *f*; **training ~** Lehrbuch *nt* **②** AUTO (*vehicle*) Auto *nt* mit Gangschaltung

manu·al·ly ['mænjuəli] *adv* manuell

manu·fac·ture [,mænjə'fæktʃə^r] **I.** *vt* **①** (*produce commercially*) herstellen **②** (*fabricate*) erfinden **II.** *n no pl* Herstellung *f*

manu·fac·tur·er [,mænjə'fæktʃərə^r] *n* Hersteller *m*

manu·fac·tur·ing [,mænjə'fæktʃərɪŋ] **I.** *adj* Herstellungs-, Produktions-; **~ industry** verarbeitende Industrie **II.** *n no pl* Fertigung *f*

ma·nure [mə'njuə^r] **I.** *n no pl* Dung *m* **II.** *vt* düngen (*mit Mist*)

manu·script ['mænjəskrɪpt] *n* **①** (*author's script*) Manuskript *nt*; (*of famous person*) Autograph *nt fachspr* **②** (*handwritten text*) Manuskript *nt*, Handschrift *f*

many ['meni] *pron* (*a great number*) viele; **too ~** zu viele; **as ~** genauso viele; **as ~ as ...** so viele wie ...; **as ~ as 6,000 people may have been infected with the disease** bereits 6.000 Menschen können mit der Krankheit infiziert sein; **the solution to ~ of our problems** die Lösung zu vielen von unseren Problemen; **a good ~ of us** viele von uns; ■**~ a/an ...** manch ein ...; **~ a time** oft **II.** *n* (*the majority*) ■**the ~** *pl* die Mehrheit *sing*; **music for the ~** Musik für die breite Masse

many-'sid·ed *adj* vielseitig; (*complex*) vielschichtig

Mao·ism ['maʊɪzəm] *n no pl* Maoismus *m*

Mao·ist ['maʊɪst] **I.** *n* Maoist(in) *m(f)* **II.** *adj* maoistisch

Mao·ri ['maʊ(ə)ri] **I.** *n* Maori *m o f* **II.** *adj* Maori-, maorisch

map [mæp] **I.** *n* **①** GEOG [Land]karte *f*; *of town, city* Stadtplan *m*; **road ~** Straßenkarte *f*; **~ of the world** Weltkarte *f*; **large-scale ~** Karte *f* mit großem Maßstab **②** (*simple diagram*) Plan *m*, Zeichnung *f* ▶ **to put sb/sth on the ~** jdn/etw bekannt machen **II.** *vt* <-pp-> kartographieren *fachspr* ◆ **map out** *vt* genau festlegen; **his future is all ~ped out for him** seine ganze Zukunft ist bereits fest vorgeplant; *route* planen

ma·ple ['meɪpl] *n* **①** (*tree*) Ahorn *m* **②** *no pl* (*wood*) Ahorn *m*, Ahornholz *nt*

'ma·ple leaf *n* Ahornblatt *nt* **ma·ple 'sug·ar** *n no pl* Ahornzucker *m* **ma·ple 'syr·up**

n no pl Ahornsirup *m*
'**map mak·er** *n* Kartograph(in) *m(f)*
mar <-rr-> [maːʳ] *vt* stören; **to ~ the beauty of sth** etw verunstalten
Mar *n abbrev of* **March**
mara·schi·no cher·ry [ˌmærəˈskiːnəʊ-] *n* Maraschinokirsche *f*
mara·thon [ˈmærəθən] *n* ❶ *(race)* Marathon[lauf] *m* ❷ *(very long event)* Marathon *nt fam*
'**mara·thon run·ner** *n* Marathonläufer(in) *m(f)*
ma·raud [məˈrɔːd] **I.** *vi* plündern **II.** *vt* [aus]plündern
ma·raud·er [məˈrɔːdəʳ] *n* ❶ *(raider)* Plünderer(in) *m(f)* ❷ *(animal)* Räuber *m* **ma·raud·ing** [məˈrɔːdɪŋ] *adj attr* plündernd; *animal* auf Raubzug *nach n*
mar·ble [ˈmɑːbl] **I.** *n* ❶ *no pl (stone)* Marmor *m* ❷ *(for games)* Murmel *f* ▶ **to lose one's ~s** *(fam)* verrückt werden **II.** *vt* marmorieren
'**mar·ble cake** *n* Marmorkuchen *m*
mar·bled [ˈmɑːbld] *adj* marmoriert
march [mɑːtʃ] **I.** *n* <*pl* -es> ❶ MIL Marsch *m*; **a 20 km ~** ein Marsch *m* über 20 km; *(fig)* **it is impossible to stop the forward ~ of progress** es ist unmöglich, den Fortschritt aufzuhalten; **to be on the ~** marschieren ❷ *(demonstration)* Demonstration *f*; **to go on a ~** demonstrieren gehen **II.** *vi* marschieren **III.** *vt* ❶ *(walk in step)* **to ~ 12 miles** 12 Meilen marschieren ❷ *(force to walk)* ■ **to ~ sb off** jdn wegführen; *police* jdn abführen; **to ~ sb into/out of the room** jdn in das Zimmer/aus dem Zimmer führen
March <*pl* -es> [mɑːtʃ] *n* März *m*; *see also* **February**
'**march·ing or·ders** *n* Marschbefehl *m*; **to get one's ~** *(fam: job, flat)* die Kündigung bekommen; *(relationship)* den Laufpass bekommen
Mar·di Gras [ˌmɑːdiˈgrɑː] *n* ❶ *(carneval on Shrove Tuesday)* ≈ Fastnachtsdienstag *m*, Karneval *m* ❷ AUS, NZ *Karneval oder Jahrmarkt, der jederzeit stattfinden kann und an keinen festen Jahres- oder Feiertag gebunden ist*
mare [meəʳ] *n* Stute *f*
'**mare's nest** *n* Schwindel *m*
mar·ga·rine [ˌmɑːdʒəˈriːn] *n no pl* Margarine *f*
marge [mɑːdʒ] *n* BRIT *(fam) short for* **margarine** Margarine *f*
mar·gin [ˈmɑːdʒɪn] *n* ❶ *(outer edge)* Rand *m*; TYPO [Seiten]rand *m* ❷ *(amount)* Differenz *f*, Abstand *m*; **to win by a wide/narrow ~** mit einem großen/knappen Vorsprung gewinnen ❸ *(provision)* Spielraum *m*; SCI Streubereich *m*; **a ~ of error** eine Fehlerspanne ❹ ECON *[profit]* – Gewinnspanne *f*; **narrow ~** geringe Gewinnspanne

mar·gin·al [ˈmɑːdʒɪnəl] **I.** *adj* ❶ *(slight)* geringfügig; **to be of ~ importance** relativ unbedeutend sein; **to be of ~ interest** [nur] von geringem Interesse sein ❷ *(insignificant)* nebensächlich ❸ BRIT, AUS POL **~ constituency/seat** mit knapper Mehrheit gewonnener Wahlkreis/Parlamentssitz ❹ *(on borderline)* Rand-; **a ~ existence** eine Existenz am Rande der Gesellschaft ❺ PSYCH **~ behaviour** abweichendes Verhalten **II.** *n* BRIT, AUS POL knapp gewonnener Wahlkreis **mar·gin·al·ize** [ˈmɑːdʒɪnəlaɪz] *vt* an den Rand drängen
mari·gold [ˈmærɪgəʊld] *n* Studentenblume *f*
ma·ri·hua·na, ma·ri·jua·na [ˌmærɪˈwɑːnə] *n no pl* Marihuana *nt*
ma·ri·na [məˈriːnə] *n* Jachthafen *m*
mari·nade [ˌmærɪˈneɪd] *n* Marinade *f*
mari·nate [ˈmærɪneɪt] *vt* marinieren
ma·rine [məˈriːn] **I.** *adj attr* ❶ *(of sea)* Meeres-, See- ❷ *(of shipping)* Schiffs- ❸ *(naval)* Marine- **II.** *n* Marineinfanterist *m*; ■ **the ~s** die Marineinfanterie
ma·rine bi·ˈol·o·gist *n* Meeresbiologe(in) *m(f)* **Ma·ˈrine Corps** *n* Marineinfanteriekorps *nt*
mari·ner [ˈmærɪnəʳ] *n (old liter)* Seemann *m*
mari·on·ette [ˌmæriəˈnet] *n* Marionette *f*
mari·tal [ˈmærɪtəl] *adj* ehelich, Ehe-
mari·tal ˈsta·tus *n* Familienstand *m*
mari·time [ˈmærɪtaɪm] *adj* ❶ *(form: of sea)* Meer[es]-, See-; *(of ships)* Schifffahrts- ❷ *(near coast)* Küsten-; **~ province** Küstenregion *f*; *(in Canada)* Küstenprovinz *f*
mari·time ˈlaw *n* Seerecht *nt*
mar·jo·ram [ˈmɑːdʒərəm] *n no pl* Majoran *m*
mark [mɑːk] **I.** *n* ❶ *(spot, stain)* Fleck *m*; *(on the skin)* Mal *nt*; *(when burnt)* Brandmal *nt*; *(scratch)* Kratzer *m*; *(trace)* Spur *f*; *(scar)* Narbe *f*; *(fingerprint, footprint)* Abdruck *m*, ❷ *(identifying feature)* [Kenn]zeichen *nt*, Merkmal *nt*; ZOOL Kennung *f*; *(on fur)* ■ **~ ~ pl** Zeichnung *f*; **distinguishing ~s** unverwechselbare Kennzeichen ❸ *(indication)* Zeichen *nt*; **a ~ of appreciation/respect** ein Zeichen *nt* der Wertschätzung/des Respekts ❹ *(sign to indicate position)* Markierung *f*; **adjusting ~** Einstellmarke *f* ❺ *(sign to distinguish)* Zeichen *nt*; **~ of origin** Herkunftszeichen *nt*; **trade ~** Warenzeichen *nt* ❻ *(signature)* Kreuz *nt* ❼ *(for punctuation)* Satzzeichen *nt*; **quotation ~s** Anführungszeichen *pl* ❽ SCH *(grade)* Note *f*, Zensur *f*; **no ~s for guessing who did this** *(fam)* es ist nicht schwer zu erraten, wer das gemacht

mark down – marriage

hat; **to get full ~s [for sth]** BRIT, AUS die Bestnote [für etw *akk*] erhalten ❻ *(point)* Marke *f*; **to be over the halfway ~** über die Hälfte geschafft haben ❼ *(also fig: target)* Ziel *nt*, Zielscheibe *f*; **to be wide of the ~** das Ziel um Längen verfehlen; **to hit the ~** [genau] ins Schwarze treffen ❽ *(in a race)* Start *m*; **on your ~s, get set, go!** auf die Plätze, fertig, los! ▶ **to leaves its/one's ~ on sb/sth** seine Spuren bei jdm/etw hinterlassen **II.** *vt* ❶ *(stain)* schmutzig machen ❷ *usu passive (scar)* **his face was ~ed for life** er hat bleibende Narben im Gesicht zurückbehalten ❸ *(indicate)* markieren ❹ *(label)* beschriften; *(indicate the price of)* auszeichnen ❺ *(characterize)* kennzeichnen; *(mean)* bedeuten; **to ~ a turning point** einen Wendepunkt darstellen ❻ *(commemorate)* ■ **to ~ sth** an etw *akk* erinnern; **a concert to ~ the 10th anniversary** ein Konzert aus Anlass des zehnten Jahrestages ❼ SCH benoten; *(correct)* korrigieren ❽ *(clearly identify)* kennzeichnen, auszeichnen ❾ SPORTS decken **III.** *vi* ❶ *(get dirty)* schmutzig werden; *(scratch)* Kratzer bekommen ❷ SCH *(give marks)* Noten vergeben; *(correct)* korrigieren ◆ **mark down** *vt* ❶ *(reduce the price of)* heruntersetzen ❷ *(give a lower grade)* ■ **to ~ down ⟳ sb** jdm eine schlechtere Note geben ❸ *(jot down)* notieren ❹ *(assess)* ■ **to ~ sb ⟳ down as sth** jdn als etw *akk* einschätzen ◆ **mark off** *vt* ❶ *(separate off)* abgrenzen ❷ *(cross off)* durchstreichen; *(tick off)* abhaken ◆ **mark out** *vt* ❶ *(outline)* abstecken, markieren ❷ BRIT, AUS *(distinguish)* unterscheiden; *(identify)* kennzeichnen **(as als)** ◆ **mark up** *vt* *(increase the price of)* heraufsetzen; *shares* aufwerten

marked [mɑːkt] *adj* ❶ *(clear)* deutlich, ausgeprägt; *(striking)* auffallend, markant; *characteristic* herausstechend; **in ~ contrast to sth** im krassen Gegensatz zu etw *dat*; **a ~ improvement** eine deutliche Verbesserung ❷ *(with distinguishing marks)* markiert, gekennzeichnet

mark·ed·ly ['mɑːkɪdli] *adv* deutlich; **to be ~ different** sich deutlich unterscheiden

mark·er ['mɑːkəʳ] *n* ❶ *(sign or symbol)* [Kenn]zeichen *nt*, Marke *f* ❷ SCH *(of work, exam)* Korrektor(in) *m(f)* ❸ *(felt-tipped pen)* Filzstift *m*

mar·ket ['mɑːkɪt] **I.** *n* ❶ *(place)* Markt *m* ❷ *(demand)* Markt *m*; **housing ~** Wohnungsmarkt *m*; **job ~** Stellenmarkt ❸ *(trade)* Handel *m* kein *pl*, Markt *m* **(on** auf**)**; **stock ~** Börse *f*; **the open ~** der freie Markt; **to put sth on the ~** etw auf den Markt bringen; **to put a house on the ~** ein Haus zum Verkauf anbieten **II.** *vt* *(sell)* vermarkten, verkaufen; *(put on market)* auf den Markt bringen

mar·ket·able ['mɑːkɪtəbl] *adj* marktfähig; *commodities* marktgängig '**mar·ket day** *n esp* BRIT Markttag *m* **mar·ket 'forces** *npl* Marktkräfte *pl* **'mar·ket 'gar·den** *n* BRIT, AUS [kleiner] Gemüseanbaubetrieb **mar·ket 'gar·den·er** *n* BRIT, AUS Gemüseanbauer(in) *m(f)*

mar·ket·ing ['mɑːkɪtɪŋ] *n no pl* ❶ *(selling)* Marketing *nt*, Vermarktung *f* ❷ AM *(shopping)* Einkaufen *nt*; **to go ~** einkaufen [gehen]

'**mar·ket·ing de·part·ment** *n* Marketingabteilung *f*

mar·ket 'lead·er *n* Marktführer *m* '**mar·ket·place** *n* ❶ *(place)* Marktplatz *m* ❷ *(commercial environment)* Markt *m* **mar·ket re·'search** *n no pl* Marktforschung *f* **mar·ket re·'search·er** *n* Marktforscher(in) *m(f)* '**mar·ket town** *n* BRIT Marktort *m* '**mar·ket trad·er** *n* Markthändler(in) *m(f)*; *(woman)* Marktfrau *f*

mark·ing ['mɑːkɪŋ] *n* ❶ *(identifying marks)* ■ **~s** *pl* Markierungen *pl*, Kennzeichnungen *pl*; *on animals* Zeichnung *f* kein *pl* ❷ *no pl* SCH *(work)* Korrigieren *nt*; *(scripts)* Korrekturen *pl*

'**mark·ing ink** *n* Wäschetinte *f*

marks·man ['mɑːksmən] *n* Schütze *m*; **police ~** Scharfschütze *m*

marks·man·ship ['mɑːksmənʃɪp] *n no pl* Treffsicherheit *f*

marks·wom·an ['mɑːks͵wʊmən] *n* Schützin *f*; **police ~** Scharfschützin *f*

mark·up ['mɑːkʌp] *n* [Kalkulations]aufschlag *m*

mar·ma·lade ['mɑːməleɪd] *n no pl* Orangenmarmelade *f*

mar·ma·lade 'cat *n* BRIT orangefarbene Katze

mar·mo·set ['mɑːməzet] *n* Krallenaffe *m*

ma·roon¹ [məˈruːn] **I.** *n no pl* *(colour)* Kastanienbraun *nt*, Rötlichbraun *nt* **II.** *adj* kastanienbraun, rötlichbraun

ma·roon² [məˈruːn] *vt* *(abandon)* aussetzen; ■ **to be ~ed** von der Außenwelt abgeschnitten sein; **many people were ~ed in their cars by the blizzard** viele Menschen wurden von dem Schneesturm in ihren Autos eingeschlossen

mar·quee [mɑːˈkiː] *n* ❶ BRIT, AUS *(tent)* Festzelt *nt* ❷ AM *(door canopy)* Vordach *nt*

mar·riage ['mærɪdʒ] *n* ❶ *(wedding)* Heirat *f*; **(at the church)** Trauung *f* ❷ *(relationship)* Ehe *f* **(to** mit**)**; **she has two daughters by her first ~** sie hat zwei Töchter aus erster Ehe; **after the break-up of her ~ ...** nachdem ihre Ehe gescheitert war, ...; **to have a happy ~** eine glückliche Ehe führen ❸ *no pl (state)* Ehe *f*; **related by ~** miteinander verschwägert ❹ *(fusion)* Verbindung *f*; *(of companies)* Zusammenschluss *m*, Fusion *f*

mar·riage·able ['mærɪdʒəbl] *adj* heiratsfähig **'mar·riage bro·ker** *n* Heiratsvermittler(in) *m(f)* **'mar·riage bu·reau** *n esp* BRIT Eheanbahnungsinstitut *nt* **'mar·riage cer·tifi·cate** *n* Heiratsurkunde *f* **'mar·riage con·tract** *n* Ehevertrag *m* **mar·riage 'guid·ance** *n* BRIT, AUS Eheberatung *f* **mar·riage 'guid·ance coun·sel·lor** *n* BRIT Eheberater(in) *m(f)* **mar·riage 'guid·ance of·fice** *n* BRIT Eheberatungsstelle *f* **'mar·riage li·cence** *n* Heiratserlaubnis *f* **mar·riage of con'veni·ence** *n* ❶ *(between people)* Vernunftehe *f*; *(not consummated)* Scheinehe *f* ❷ *(between business associates)* Vernunftehe *f* **'mar·riage vow** *n usu pl* Ehegelübde *nt geh*

mar·ried ['mærɪd] *adj* ❶ *(in wedlock)* verheiratet; **~ couple** Ehepaar *nt;* **to be a ~ man/woman** verheiratet sein; **~ name** Ehename *m;* **to get ~** [to sb] [jdn] heiraten ❷ *(very involved)* **to be ~ to sth** mit etw *dat* verheiratet sein

mar·row ['mærəʊ] *n* ❶ BRIT, AUS *(vegetable)* Markkürbis *m* ❷ *no pl (of bone)* [Knochen]mark *nt*

'mar·row bone *n* Markknochen *m* **'mar·row·fat** *n,* **mar·row·fat 'pea** *n* Markerbse *f*

mar·ry ['mæri] **I.** *vt* ❶ *(wed)* heiraten ❷ *(officiate at ceremony)* trauen, verheiraten ❸ *(marry off)* verheiraten **(to** mit) ❹ *(combine)* verbinden **(to/with** mit) **II.** *vi* heiraten; **to ~ into a wealthy family** in eine reiche Familie einheiraten

Mars [mɑːz] *n no pl, no art* Mars *m*

marsh *<pl* -es> [mɑːʃ] *n* Sumpf *m*, Sumpfland *nt*

mar·shal ['mɑːʃəl] **I.** *n* ❶ *(official at event)* Ordner(in) *m(f);* SPORTS Platzwärter(in) *m(f)* ❷ AM *(federal agent)* Gerichtsdiener(in) *m(f);* *(police officer)* Polizeidirektor(in) *m(f);* *(fire officer)* Branddirektor(in) *m(f)* ❸ AM *(parade leader)* Leiter(in) *m(f)* eines Festumzugs ❹ MIL *(army officer)* Marschall *m* **II.** *vt* <BRIT -ll- *or* AM *usu* -l-> *(bring together)* zusammenbringen; **to ~ one's forces** MIL die Streitkräfte zusammenziehen; *(fig)* seine Kräfte mobilisieren

'marsh gas *n no pl* Sumpfgas *nt*
'marsh·land *n* Sumpfland *nt*
marsh·mal·low [ˌmɑːʃˈmæləʊ] *n* ❶ *(food)* Marshmallow *nt* ❷ AM *(weak person)* Versager(in) *m(f)*

marshy ['mɑːʃi] *adj* sumpfig
mar·su·pial [mɑːˈsuːpɪəl] *n* Beuteltier *nt*
mar·ten ['mɑːtɪn] *n* Marder *m*
mar·tial ['mɑːʃl] *adj* kriegerisch, Kriegs-; **~ music** Militärmusik *f*

mar·tial 'arts *npl* SPORTS Kampfsport *m kein pl*, Kampfsportarten *pl* **mar·tial 'law** *n no pl* Kriegsrecht *nt;* **to declare [a state of] ~** das Kriegsrecht ausrufen

Mar·tian ['mɑːʃən] **I.** *adj* Mars- **II.** *n* Marsmensch *m*

mar·tin ['mɑːtɪn] *n* Mauerschwalbe *f*, Hausschwalbe *f*

mar·ti·net [ˌmɑːtɪˈnet] *n* *(form)* ❶ *(very strict person)* Zuchtmeister *m veraltet* ❷ *(military disciplinarian)* [strenger] Regimentsführer

Mar·ti·nique [ˌmɑːtɪˈniːk] *n* Martinique *nt*
mar·tyr ['mɑːtə^r] **I.** *n* Märtyrer(in) *m(f)* **II.** *vt usu passive* **to be ~ed [for sth]** [für etw *akk*] [den Märtyrertod] sterben

mar·tyr·dom ['mɑːtədəm] *n no pl (being a martyr)* Märtyrertum *nt;* *(suffering)* Martyrium *nt a. fig;* *(death)* Märtyrertod *m*

mar·vel ['mɑːvəl] **I.** *n (wonderful thing)* Wunder *nt* **II.** *vi* <BRIT -ll- *or* AM *usu* -l-> ▪ **to ~ at sb/sth** *(wonder)* sich über jdn/etw wundern; *(admire)* jdn/etw bewundern; ▪ **to ~ that ...** staunen, dass ...

mar·vel·lous ['mɑːvələs] *adj,* **mar·vel·ous** *adj* AM wunderbar, großartig

Marx·ism ['mɑːksɪzəm] *n no pl* Marxismus *m*

Marx·ist ['mɑːksɪst] **I.** *n* Marxist(in) *m(f)* **II.** *adj* marxistisch

mar·zi·pan ['mɑːzɪpæn] *n no pl* Marzipan *nt o m*

masc *adj abbrev of* **masculine**

mas·cara [məˈskɑːrə] *n no pl* Wimperntusche *f*

mas·car·po·ne [ˌmæskəˈpəʊneɪ] *n no pl* Mascarpone *m (italienischer Frischkäse)*

mas·cot ['mæskɒt] *n* Maskottchen *nt*
mas·cu·line ['mæskjəlɪn] *adj* ❶ *(male)* männlich, maskulin ❷ LING männlich, maskulin

mas·cu·lin·i·ty [ˌmæskjəˈlɪnəti] *n no pl* Männlichkeit *f*

mash [mæʃ] **I.** *n* ❶ *no pl* BRIT *(fam: from potatoes)* Kartoffelbrei *m*, Püree *nt* ❷ *(mixture)* Brei *m;* *(animal food)* Mischfutter *nt;* *(brewing)* Maische *f* **II.** *vt* zerdrücken, [zer]stampfen ◆ **mash up** *vt* ❶ *(crush after cooking)* zerdrücken ❷ *esp* AM *(fig: damage)* zerstören; *(crush)* zerdrücken; **his face was badly ~ed up in the accident** sein Gesicht wurde bei dem Unfall schwer verletzt

'mash-up *n* Mash-Up *m (enthält Elemente*

mask [mɑːsk] **I.** n ❶ (*for face*) Maske *f* ❷ (*pretence*) Maske *f*, Fassade *f* **II.** vt verbergen, verstecken ◆ **mask out** vt PHOT, TYPO retuschieren
masked [mɑːskt] *adj* maskiert
masked 'ball n Maskenball m
mask·ing tape ['mɑːskɪŋ-] n no pl Abdeckband nt
maso·chism ['mæsəkɪzəm] n no pl Masochismus m
maso·chist ['mæsəkɪst] n Masochist(in) m(f)
maso·chis·tic [ˌmæsəˈkɪstɪk] *adj* masochistisch
ma·son ['meɪsən] n ❶ (*stonemason*) Steinmetz(in) m(f) ❷ AM (*bricklayer*) Maurer(in) m(f)
Ma·son·ic [məˈsɒnɪk] *adj* Freimaurer-, freimaurerisch
Ma·son·ic 'lodge n (*place*) Freimaurerloge *f*; (*members*) [Freimaurer]loge *f* **Ma·son·ic 'or·der** n Bruderschaft *f* der Freimaurer
ma·son·ry ['meɪsənri] n no pl ❶ (*bricks*) Mauerwerk nt ❷ (*work*) Maurerhandwerk nt
mas·quer·ade [ˌmæskərˈeɪd] **I.** n Maskerade *f* **II.** vi **to ~ as** sb/sth sich als jdn/etw ausgeben
mass [mæs] **I.** n ❶ usu sing (*formless quantity*) Masse *f*; **a ~ of dough** ein Teigklumpen m; **a ~ of rubble** ein Haufen m Schutt ❷ usu sing (*large quantity*) Menge *f*; **a ~ of contradictions** eine Reihe von Widersprüchen; **the ~ of the people** die breite Masse ❸ no pl PHYS Masse *f* **II.** vi crowd sich ansammeln; troops aufmarschieren
Mass [mæs] n REL, MUS Messe *f*
mas·sa·cre ['mæsəkə^r] **I.** n ❶ (*killing*) Massaker nt, Blutbad nt ❷ (*defeat*) [verheerende] Niederlage, Desaster nt **II.** vt ❶ (*kill*) massakrieren ❷ (*defeat*) vernichtend schlagen; (hum) auseinandernehmen sl ❸ (hum: *perform badly*) verderben
mas·sage ['mæsɑː(d)ʒ] **I.** n Massage *f*; **to give sb a ~** jdn massieren; **to have a ~** sich massieren lassen **II.** vt ❶ (*rub*) massieren; **to ~ cream/oil into the skin** Creme/Öl einmassieren; **to ~ sb's ego** (*fig*) jdm schmeicheln ❷ (*alter*) figures, statistics manipulieren
'mas·sage par·lour n ❶ (*for treatment*) Massagepraxis *f*; (*one room*) Massageraum m ❷ (*for sex*) Massagesalon m euph
mas·seur [mæsˈɜːʳ] n Masseur m
mas·seuse [mæsˈɜːz] n Masseurin *f*
mas·sif [mæsˈiːf] n (Gebirgs)massiv nt
mas·sive ['mæsɪv] *adj* riesig, enorm; heart attack schwer
mass 'mar·ket n Massenmarkt m
mass-'mar·ket *adj attr* Massen- **mass 'me·dia** n + sing/pl vb ■ **the ~** die Massenmedien pl **mass 'meet·ing** n Massenversammlung *f*; (*at an event*) Massenveranstaltung *f* **mass 'mur·der** n Massenmord m **mass 'mur·der·er** n Massenmörder(in) m(f) **mass-pro·'duce** vt serienmäßig herstellen **mass pro·'duc·tion** n Massenproduktion *f* **mass 'tour·ism** n no pl Massentourismus m **mass un·em·'ploy·ment** n no pl Massenarbeitslosigkeit *f*
mast¹ [mɑːst] n ❶ NAUT [Schiffs]mast m ❷ (*flag pole*) [Fahnen]mast m ❸ RADIO, TV Sendeturm m
mast² [mɑːst] n no pl (*food for wild pigs*) Mast *f*
mas·tec·to·my [mæsˈtektəmi] n Mastektomie *f* fachspr
mas·ter ['mɑːstəʳ] **I.** n ❶ (*of slave, servant*) Herr m; (*of dog*) Herrchen nt; **to be ~ of one's fate** sein Schicksal in der Hand haben; **to be ~ of the situation** Herr der Lage sein ❷ (*expert*) Meister(in) m(f); **he was a ~ of disguise** er war ein Verwandlungskünstler ❸ (*specialist instructor*) Lehrer m; BRIT (*dated: male schoolteacher*) Lehrer m ❹ (*dated: title for young boy*) Anrede *f* für einen Jungen oder Jugendlichen, heute noch bei Adressen auf Briefen ❺ (*master copy*) Original nt **II.** vt ❶ (*cope with*) meistern; **to ~ one's fear of flying** seine Flugangst überwinden ❷ (*become proficient*) beherrschen
mas·ter 'bed·room n großes Schlafzimmer **mas·ter 'buil·der** n Baumeister(in) m(f) **mas·ter 'chef** n Meisterkoch, Meisterköchin m, *f* **'mas·ter class** n Meisterklasse *f* **'mas·ter copy** n Original nt **mas·ter 'crafts·man** n Handwerksmeister(in) m(f)
mas·ter·ful ['mɑːstəfəl] *adj* ❶ (*authoritative*) bestimmend, dominant ❷ (*skilful*) meisterhaft, meisterlich
'mas·ter key n Generalschlüssel m
mas·ter·ly ['mɑːstəli] *adj* meisterhaft, Meister-
'mas·ter·mind I. n führender Kopf **II.** vt federführend leiten; **she ~ed the takeover bid** das Übernahmeangebot war von ihr geplant worden
Mas·ter of 'Arts n ❶ (*degree*) ≈ Magister Artium m ❷ (*person*) Magister m **Mas·ter of 'Cer·emo·nies** n ❶ (*at celebration*) Zeremonienmeister m ❷ TV Showmaster(in) m(f) **Mas·ter of 'Sci·ence** ■ **to be a ~** ≈ ein Diplom nt in einer Naturwissenschaft haben
'mas·ter·piece n Meisterwerk nt, Meister-

stück *nt* **'mas·ter plan** *n* Grundplan *m*
'mas·ter race *n* Herrenrasse *f*
Mas·ter's ['mɑːstəz] *n*, **Mas·ter's de·gree** *n* ≈ Magister *m*; **to take one's ~** ≈ seinen Magister machen
'mas·ter·stroke *n* Glanzstück *nt* **'mas·ter switch** *n* Hauptschalter *m* **'mas·ter·work** *n* Meisterwerk *nt*, Meisterstück *nt*
mas·tery ['mɑːstəri] *n no pl* ❶ (*domination*) Herrschaft *f* ❷ (*expertise*) Meisterschaft *f* (*of* in)
mas·ti·cate ['mæstɪkeɪt] *vt* (*form*) [zer]kauen
mas·ti·ca·tion [ˌmæstɪˈkeɪʃən] *n no pl* (*form*) [Zer]kauen *nt*
mas·tiff ['mæstɪf] *n* englische Dogge
mas·ti·tis [mæsˈtaɪtɪs] *n no pl* Brustdrüsenentzündung *f*, Mastitis *f fachspr*
mas·tur·bate ['mæstəbeɪt] *vi* masturbieren
mas·tur·ba·tion [ˌmæstəˈbeɪʃən] *n no pl* Masturbation *f*
mat [mæt] **I.** *n* ❶ (*for floor*) Matte *f*; (*for furniture*) Untersetzer *m*; (*decorative mat*) Deckchen *nt* ❷ (*thick layer*) **a ~ of hair** dichtes Haar; (*on the head*) eine Mähne *fam* **II.** *vt* <-tt-> *usu passive* **to be ~ted with sth** mit etw *dat* bedeckt sein
mata·dor ['mætədɔː] *n* Matador(in) *m(f)*
match¹ <*pl* -es> [mætʃ] *n* Streichholz *nt*; **a box of ~es** eine Schachtel Streichhölzer
match² [mætʃ] **I.** *n* <*pl* -es> ❶ SPORTS Spiel *nt*; CHESS Partie *f*; **boxing ~** Boxkampf *m*; **football ~** Fußballspiel *nt* ❷ *usu sing* (*complement*) **the new tablecloth is a perfect ~ for the carpet** die neue Tischdecke passt ideal zum Teppich; **to be a good ~** gut zusammenpassen; ❸ (*one of pair*) Gegenstück *nt* ❹ *usu sing* (*equal*) ebenbürtige Gegner/ebenbürtige Gegnerin (**for** für); **to meet one's ~** (*meet equal*) einen ebenbürtigen Gegner/eine ebenbürtige Gegnerin finden; (*lose*) seinen Meister finden; **to be no ~ for sb** sich mit jdm nicht messen können ❺ (*marriage*) Ehe *f*; (*couple*) Paar *nt*; (*person*) Partie *f* ❻ COMPUT (*hit*) Treffer *m* **II.** *vi* ❶ (*harmonize*) zusammenpassen; (*make pair*) zusammengehören; **a dress with accessories to ~** ein Kleid mit dazu passenden Accessoires **III.** *vt* ❶ (*complement*) ▪ **to ~ sth** zu etw *dat* passen ❷ (*find complement*) ▪ **to ~ sth [with sth]** etw [auf etw *akk*] abstimmen; **match the correct opposites** bilden Sie Paare aus den zusammengehörigen Gegensätzen; **I'm trying to ~ the names on the list with the faces on the photograph** ich versuche die Namen auf dieser Liste den Gesichtern auf dem Foto zuzuordnen

❸ (*equal*) ▪ **to ~ sb/sth** jdm/etw gleichkommen ❹ *usu passive* (*in contest*) ▪ **to be ~ed against sb** gegen jdn antreten ❺ (*correspond to*) ▪ **to ~ sth** etw entsprechen, zu etw *dat* passen ◆ **match up I.** *vi* ❶ (*make sense*) Sinn ergeben ❷ (*be aligned*) aufeinander abgestimmt sein ❸ (*meet standard*) ▪ **to ~ up to sth** an etw *akk* heranreichen, etw *dat* entsprechen **II.** *vt* (*find complement*) **to ~ up ↻ socks** die zusammengehörigen Socken finden
'match·box *n* Streichholzschachtel *f*
match·ing ['mætʃɪŋ] *adj attr* [zusammen]passend
match·less ['mætʃləs] *adv* unvergleichlich, einzigartig
'match·mak·er *n* (*marriage broker*) Heiratsvermittler(in) *m(f)*
match 'point *n* TENNIS Matchball *m*
'match·stick *n* Streichholz *nt*; **~ arms** sehr dünne Arme
'match·wood *n no pl* Kleinholz *nt*
mate¹ [meɪt] **I.** *n* ❶ BRIT, AUS (*friend*) Freund(in) *m(f)* ❷ BRIT, AUS (*fam: form of address*) Kumpel *m*; **what's the time, ~?** hey du, wie spät ist es denn? ❸ (*sexual partner*) Partner(in) *m(f)*; BIOL Sexualpartner(in) *m(f)* ❹ (*one of a pair*) Gegenstück *nt* ❺ (*ship's officer*) Schiffsoffizier *m*; **first/second ~** Erster/Zweiter Offizier **II.** *vi* ❶ BIOL *animals* sich paaren (**with** mit) ❷ (*join or connect mechanically*) ▪ **to ~ to sth** sich an etw *akk* ankuppeln **III.** *vt* **to ~ two animals** zwei Tiere miteinander paaren
mate² [meɪt] *n* CHESS [Schach]matt *nt*
ma·te·rial [məˈtɪəriəl] *n* ❶ (*substance*) Material *nt a. fig*; **building ~** Baumaterial *nt*; **raw ~** Rohmaterial *nt*; (*hum*) **to be university ~** das Zeug zum Studieren haben ❷ *no pl* (*cloth*) Stoff *m* ❸ (*type of cloth*) Stoffart *f* ❹ *no pl* (*information*) [Informations]material *nt*, Unterlagen *pl* ❺ (*equipment*) ▪ **~s** *pl* Material *nt*; **writing ~s** Schreibzeug *nt* **II.** *adj* ❶ (*physical*) materiell; **~ damage** Sachschaden *m* ❷ (*important*) wesentlich, wichtig; ▪ **to be ~ to sth** für etw *akk* relevant sein
ma·te·rial·ism [məˈtɪəriəlɪzəm] *n no pl* Materialismus *m* **ma·te·rial·ist** [məˈtɪəriəlɪst] *n* Materialist(in) *m(f)* **ma·te·rial·is·tic** [məˌtɪəriəˈlɪstɪk] *adj* materialistisch **ma·te·rial·ize** [məˈtɪəriəlaɪz] *vi* ❶ (*become fact*) *hope, dream* sich verwirklichen, in Erfüllung gehen; *plan, promise* in die Tat umgesetzt werden ❷ (*take physical form*) erscheinen ❸ (*appear suddenly*) [plötzlich] auftauchen
ma·te·rial 'wit·ness *n* ❶ BRIT (*witness of fact*) Tatzeuge(in) *m(f)* ❷ AM (*connected with case*) Hauptzeuge(in) *m(f)*

ma·ter·nal [mə'tɜ:nˀl] *adj* ❶ *(motherly)* mütterlich, Mutter- ❷ *(of mother's family)* mütterlicherseits *nach n*

ma·ter·ni·ty [mə'tɜ:nəti] *n no pl* Mutterschaft *f*

ma·ter·ni·ty clothes *npl* Umstandskleidung *f kein pl* **ma·'ter·ni·ty dress** *n* Umstandskleid *nt* **ma·'ter·ni·ty hos·pi·tal** *n* Entbindungsklinik *f* **ma·'ter·ni·ty leave** *n no pl* Mutterschaftsurlaub *m* **ma·'ter·ni·ty ward** *n* Entbindungsstation *f*

matey ['meɪti] BRIT, AUS **I.** *adj (fam)* ▪to be ~ sich gut verstehen **II.** *n (fam)* Kumpel *m*

math [mæθ] *n* AM *(fam) short for* **mathematics** Mathe *f*

math·e·mat·i·cal [ˌmæθəˀm'ætɪkəl] *adj* mathematisch

math·e·ma·ti·cian [ˌmæθəmə'tɪʃən] *n* Mathematiker(in) *m(f)*

math·e·mat·ics [mæθəˀm'ætɪks] *n + sing vb* Mathematik *f*

maths [mæθs] *n + sing vb* BRIT, AUS *(fam) short for* **mathematics** Mathe *f*

mati·née, mati·nee ['mætɪneɪ] *n* Matinee *f*; *(afternoon performance)* Frühvorstellung *f*

mat·ing ['meɪtɪŋ] *n* Paarung *f*

'mat·ing sea·son *n* Paarungszeit *f*

ma·tri·ar·chy ['meɪtriɑ:ki] *n* Matriarchat *nt*

ma·tric [mə'trɪk] *n* SA *short for* **matriculation** ≈ Abi *nt*

ma·tri·ces [mə'traɪsi:z] *n pl of* **matrix**

ma·tric·u·late [mə'trɪkjələrt] *vi* ❶ *(enter university)* sich immatrikulieren ❷ SA *(pass exams)* ≈ das Abitur machen

ma·tric·u·la·tion [məˌtrɪkjə'leɪʃən] *n* ❶ *(at university)* Immatrikulation *f* ❷ SA *(school qualification)* ≈ Abitur *nt*

mat·ri·mo·ni·al [ˌmætrɪ'məʊniəl] *adj (form)* Ehe-, ehelich

mat·ri·mo·ny ['mætrɪməni] *n no pl* Ehe *f;* **to be joined in holy ~** in den heiligen Stand der Ehe treten

ma·trix <*pl* -es *or* -ices> ['meɪtrɪks, *pl* -ɪsi:z] *n* ❶ *(mould)* Matrize *f*, Gießform *f* ❷ *(rectangular arrangement)* Matrix *f* ❸ *(form: conditions)* Rahmen *m*, Grundlage *f*

'ma·trix print·er *n* Matrixdrucker *m*

ma·tron ['meɪtrən] *n* ❶ *(dated: senior nurse)* Oberschwester *f*; *(at school)* Hausmutter *f* ❷ *esp* AM *(in prison)* Gefängnisaufseherin *f* ❸ *(hum: middle-aged woman)* Matrone *f meist pej*

ma·tron·ly ['meɪtrənli] *adj (esp hum)* matronenhaft *meist pej*

matt, AM **matte** [mæt] *adj* matt

mat·ted ['mætɪd] *adj* verflochten; **hair** verfilzt

mat·ter ['mætər] **I.** *n* ❶ *no pl (material)* Materie *f*; **organic/vegetable ~** organische/pflanzliche Stoffe *pl*; **printed ~** Gedrucktes *nt*, Drucksache[n] *f[pl]*; **reading ~** Lesestoff *m* ❷ *(affair)* Angelegenheit *f*, Sache *f*; **this is a ~ for the police** das sollte man der Polizei übergeben; **the ~ at hand** die Angelegenheit, um die es geht; **to get to the heart of the ~** zum Kern der Sache vordringen; **the truth of the ~ is ...** in Wirklichkeit ist/wird/sollte etc. ...; **a ~ of urgency** etwas Dringendes; **to be no easy ~ doing sth** nicht einfach sein, etw zu tun; **family ~s** Familienangelegenheiten *pl* ❸ *no pl (question)* Frage *f*; **as a ~ of fact** *(by the way)* übrigens; *(expressing agreement or disagreement)* in der Tat; **as a ~ of interest** interessehalber; **it's a ~ of life and death** es geht um Leben und Tod; **that's a ~ of opinion** das ist Ansichtssache; **a ~ of taste** eine Geschmacksfrage; **a ~ of time** eine Frage der Zeit ❹ *no pl (topic)* Thema *nt;* **the subject ~ of the book** das Thema des Buches; **it's no laughing ~** das ist nicht zum Lachen; **that's another ~ altogether** das ist [wieder] etwas völlig anderes; **to let the ~ drop** etwas auf sich beruhen lassen; *(in a conversation)* das Thema fallen lassen ❺ *(problem)* **is anything the ~?** stimmt etwas nicht?; **there's nothing the ~** es ist alles in Ordnung; **what's the ~ with you?** was ist los mit dir?; **no ~ what/when/who ...** egal, was/wann/wer ...; ▪**~s** *pl* die Situation [*o* Lage] *f*; **that's how ~s stand at the moment** so sieht es im Moment aus; **to make ~s worse**, **it then started to rain heavily** zu allem Überfluss fing es auch noch an, in Strömen zu regnen; **to take ~s into one's own hands** die Dinge selbst in die Hand nehmen ❻ *no pl (amount)* **in a ~ of seconds he was by her side** es dauerte nur Sekunden bis er bei ihr war; **it was all over in a ~ of minutes** nach wenigen Minuten war alles vorbei ❼ LAW **~ of fact** Tatfrage *f*; **~ of law** Rechtsfrage *f* **II.** *vi* ❶ *(be of importance)* von Bedeutung sein; **what ~s now is that ...** worauf es jetzt ankommt, ist, dass ...; **that's the only thing that ~s** das ist das Einzige, was zählt; **it really ~s to me** das ist mir wirklich wichtig für mich; ▪**it ~s that ...** es macht etwas aus, dass ...; ▪**it doesn't ~** das ist egal, das macht nichts

mat·ter-of-fact *adj* ❶ *(emotionless)* sachlich, nüchtern ❷ *(straightforward)* geradeheraus präd, direkt, geradeheraus **mat·ter-of-fact·ly** *adv* ❶ *(without emotion)* sachlich, nüchtern ❷ *(straightforwardly)* direkt, geradeheraus

mat·ting ['mætɪŋ] *n no pl* ❶ *(floor covering)*

Matten *pl* ❷ (*tangling*) Verflechten *nt*; (*of wool*) Verfilzen *nt*

mat·tress <*pl* -es> ['mætrəs] *n* Matratze *f*

ma·ture [mə'tjʊəʳ] **I.** *adj* ❶ (*adult*) erwachsen; *animal* ausgewachsen; (*like an adult*) reif ❷ (*ripe*) reif; *wine* ausgereift ❸ FIN (*payable*) fällig, zahlbar **II.** *vi* ❶ (*physically*) erwachsen werden, heranreifen; (*mentally and emotionally*) reifer werden ❷ (*ripen*) [heran]reifen ❸ FIN (*become payable*) fällig werden ❹ (*develop fully*) *idea, plan* ausreifen **III.** *vt* FOOD reifen lassen

ma·tu·ri·ty [mə'tjʊərəti] *n no pl* ❶ (*adulthood*) Erwachsensein *nt*; (*wisdom*) Reife *f*; *of animals* Ausgewachsensein *nt*; **to reach ~** (*of person*) erwachsen werden; (*of animal*) ausgewachsen sein ❷ (*developed form*) Reife *f*, Vollendung *f* ❸ (*ripeness*) Reife *f* ❹ FIN Fälligkeit *f*

maud·lin ['mɔːdlɪn] *adj* [weinerlich] sentimental

maul [mɔːl] *vt* ❶ (*wound*) verletzen; (*attack*) anfallen ❷ (*criticize*) heruntermachen, verreißen *fam*

Maun·dy 'Thurs·day ['mɔːndi-] *n* BRIT Gründonnerstag *m*

Mau·ri·ta·nia [ˌmɒrɪ'teɪniə] *n* Mauretanien *nt*

Mau·ri·ta·nian [ˌmɒrɪ'teɪniən] **I.** *n* Mauretanier(in) *m(f)* **II.** *adj* mauretanisch

Mau·ri·tian [mə'rɪʃən] **I.** *n* Mauritier(in) *m(f)* **II.** *adj* mauritisch

Mau·ri·tius [mə'rɪʃəs] *n* Mauritius *nt*

mau·so·leum [ˌmɔːsə'liːəm] *n* Mausoleum *nt*

mauve [məʊv] *adj* mauve

mav·er·ick ['mævəʳɪk] *n* ❶ (*unorthodox independent person*) Einzelgänger(in) *m(f)*, Alleingänger(in) *m(f)* ❷ AM ZOOL Vieh *nt* ohne Brandzeichen

mawk·ish ['mɔːkɪʃ] *adj* rührselig, sentimental

max [mæks] **I.** *n* (*fam*) *short for* **maximum** max. **II.** *adv* (*fam*) it'll cost you £40 ~ das wird Sie maximal £40 kosten

max [mæks] *vt* AM (*fam*) ■**to ~ out** ○ **sth** *credit card* etw ausschöpfen

max·im ['mæksɪm] *n* Maxime *f*

max·i·mal ['mæksɪməl] *adj* maximal

max·i·mize ['mæksɪmaɪz] *vt* maximieren

max·i·mum ['mæksɪməm] **I.** *adj attr* maximal, Höchst- **II.** *n* <*pl* -ima *or* -s> [-ɪmə] Maximum *nt* **III.** *adv* maximal

max·i·mum se·'cu·ri·ty pris·on *n* Hochsicherheitsgefängnis *nt*

may[1] <3rd pers. sing may, might, might> [meɪ] *aux vb* ❶ (*indicating possibility*) können; **there ~ be side effects from the drug** diese Arznei kann Nebenwirkungen haben; **if George is going to be that late we ~ as well start dinner without him** wenn George so spät dran ist, können wir auch genauso gut schon ohne ihn mit dem Essen anfangen; **I ~ be overreacting, but ...** mag sein, dass ich überreagiere, aber ...; **be that as it ~** wie dem auch [immer] sei ❷ (*be allowed*) dürfen, können; **~ I ask you a question?** darf ich Ihnen [mal] eine Frage stellen? ❸ (*expressing wish*) mögen; **~ she rest in peace** möge sie in Frieden ruhen *form*

may[2] [meɪ] *n no pl* Hagedornblüte *f*

May [meɪ] *n* Mai *m*; *see also* **February**

may·be ['meɪbi] *adv* ❶ (*perhaps*) vielleicht, möglicherweise; **~ we should start again** vielleicht sollten wir noch mal anfangen ❷ (*approximately*) circa, ungefähr

'may·day *n* Mayday *kein art*, internationaler Notruf

'May Day *n* der Erste Mai, Maifeiertag *m*

'may·fly *n* Eintagsfliege *f*

may·hem ['meɪhem] *n no pl* Chaos *nt*

mayo ['meɪəʊ] *n* (*fam*) *short for* **mayonnaise** Mayo *f*

may·on·naise [ˌmeɪə'neɪz] *n* Mayonnaise *f*

mayor ['meəʳ] *n* Bürgermeister(in) *m(f)*

mayor·ess <*pl* -es> [ˌmeə'res] *n esp* BRIT ❶ (*woman mayor*) Bürgermeisterin *f* ❷ (*mayor's wife*) Frau *f* des Bürgermeisters

'may·pole *n* Maibaum *m*

may've ['meɪəv] (*fam*) = **may have** *see* **may**[1]

maze [meɪz] *n* Labyrinth *nt*, Irrgarten *m*

MB [ˌem'biː] *n* BRIT *abbrev of* **Bachelor of Medicine** ≈ zweites medizinisches Staatsexamen

MBA [ˌembiː'eɪ] *n abbrev of* **Master of Business Administration** MBA *m*

MC [ˌem'siː] *n abbrev of* **Master of Ceremonies**

MD [ˌem'diː] *n* AM, AUS *abbrev of* **Doctor of Medicine** Dr. med.

me [miː, mɪ] *pron object* ❶ (*1st person singular*) mir *in dat*, mich *in akk*; **why are you looking at ~?** warum siehst du mich an?; **wait for ~!** warte auf mich!; **between you and ~** unter uns [gesagt]; **it wasn't ~ who offered to go, it was him** ich wollte nicht gehen, er wollte; **hi, it's ~** hallo, ich bin's; **you have more than ~** du hast mehr als ich ❷ AM (*fam: myself*) mir im Dativ, mich im Akkusativ; **I've got ~ a job** ich habe einen Job gefunden ▶ **goodness ~!** du lieber Himmel!; **dear ~!** du liebe Güte!; **silly ~!** bin ich dumm!

mead·ow ['medəʊ] *n* Wiese *f*

mea·gre ['miːgəʳ] *adj*, AM **mea·ger** *adj* ma-

ger, dürftig
meal¹ [mi:l] *n* Mahlzeit *f*, Essen *nt;* **to go out for a ~** essen gehen
meal² [mi:l] *n* [grobes] Mehl
'meal tick·et *n* ❶ *esp* AM, AUS (*voucher*) Essensmarke *f* ❷ (*means of living*) Einnahmequelle *f* ❸ (*partner with money*) Ernährer(in) *m(f)* **'meal·time** *n* Essenszeit *f*
mealy ['mi:li] *adj* mehlig
mealy-'mouthed *adj* (*pej*) ausweichend; *excuses* fadenscheinig; *expressions* schönfärberisch
mean¹ [mi:n] *adj* ❶ *esp* BRIT (*miserly*) geizig, knauserig ❷ (*unkind*) gemein, fies *fam* ❸ AM (*vicious*) aggressiv; (*dangerous*) gefährlich; *dog* bissig ❹ (*bad*) schlecht; **he's no ~ cook** er ist kein schlechter Koch; **no ~ feat** eine Meisterleistung ❺ AM (*sl: good*) super *fam*, toll *fam;* **he plays a ~ guitar** er spielt supergeil Gitarre ▶
mean² <meant, meant> [mi:n] *vt* ❶ (*signify*) *word, symbol* bedeuten; **no ~s** no nein heißt nein; **does that name ~ anything to you?** sagt dir der Name etwas? ❷ (*intend to convey*) *person* meinen; **what do you ~ by that?** was willst du damit sagen?; **now I see what you ~** jetzt weiß ich, was du meinst ❸ (*be sincere*) **I ~ what I say** ich meine es ernst, was ich sage; **he said a lot of things he didn't really ~** er sagte eine Menge Dinge, die er nicht so gemeint hat ❹ (*intend*) wollen; **he didn't ~ any harm** er wollte nichts Böses; **I really didn't ~ to offend you** ich wollte dich wirklich nicht kränken; **I've been ~ing to phone you for weeks** ich will dich schon seit Wochen anrufen; **you're ~t to fill in a tax form every year** Sie müssen jedes Jahr eine Steuererklärung ausfüllen; **to be ~t for each other** bestimmt sein; **it was ~t to be a surprise** das sollte eine Überraschung sein; **to ~ business** es ernst meinen; **to ~ well** es gut meinen ❺ (*result in*) bedeuten, heißen *fam* ❻ (*have significance*) bedeuten; **it was just a kiss, it didn't ~ anything** es war nur ein Kuss, das hatte nichts zu bedeuten; **to ~ a lot/nothing/something to sb** jdm viel/nichts/etwas bedeuten
mean³ [mi:n] **I.** *n* (*average*) Mittel *nt;* (*average value*) Mittelwert *m;* (*fig*) Mittelweg *m* **II.** *adj* durchschnittlich
me·ander [mi'ændə] **I.** *n* Windung *f*, Krümmung *f* **II.** *vi* ❶ (*flow in curves*) sich schlängeln [*o* winden] ❷ (*wander*) [umher]schlendern ❸ (*digress*) abschweifen
me·ander·ing [mi'ændərɪŋ] **I.** *adj* ❶ (*flowing in curves*) gewunden ❷ (*rambling*) abschweifend **II.** *n* **~s** *pl* Gefasel *nt* kein *pl*

meanie ['mi:ni] *n* (*fam*) ❶ *esp* BRIT (*miserly person*) Geizhals *m* ❷ (*unkind person*) **to be a ~** gemein sein
mean·ing ['mi:nɪŋ] *n* ❶ (*sense*) Bedeutung *f;* **the ~ of life** der Sinn des Lebens; **to give sth a whole new ~** (*esp hum*) etw in einem ganz neuen Licht erscheinen lassen; **what is the ~ of this?** was soll das heißen?; **it was impossible to misunderstand his ~** es war unmöglich, ihn misszuverstehen ❷ (*importance*) Bedeutung *f*, Sinn *m;* **to have ~ for sb** jdm etwas bedeuten
mean·ing·ful ['mi:nɪŋfəl] *adj* ❶ (*important*) bedeutsam, wichtig; **she seems to find it difficult to form a ~ relationship** sie hat Schwierigkeiten, sich auf eine tiefer gehende Beziehung einzulassen ❷ (*implying something*) bedeutungsvoll, viel sagend **mean·ing·less** ['mi:nɪŋləs] *n* ❶ (*without importance*) bedeutungslos; (*nonsensical*) sinnlos; (*empty*) nichts sagend
mean·ness ['mi:nnəs] *n* no *pl* ❶ *esp* BRIT (*lack of generosity*) Kleinlichkeit *f*, Geiz *m* ❷ (*unkindness*) Gemeinheit *f*, Gehässigkeit *f*
means <*pl* -> [mi:nz] *n* ❶ (*method*) Weg *m;* (*possibility*) Möglichkeit *f;* (*device*) Mittel *nt;* **ways and ~** Mittel und Wege; **to try by all [possible] ~ to do sth** auf jede erdenkliche Art und Weise versuchen, etw zu erreichen; **~ of communication** Kommunikationsmittel *nt;* **~ of transport** Transportmittel *nt;* **~ of support** Einkommen *nt;* **to use all ~ at one's disposal** alle verfügbaren Mittel nutzen ❷ (*income*) ■ ~ *pl* Geldmittel *nt pl;* **private ~** Privatvermögen; **to live beyond one's ~** über seine Verhältnisse leben ▶ **a ~ to an end** ein Mittel zum Zweck; **the end justifies the ~** (*prov*) der Zweck heiligt die Mittel; **they made their escape by ~ of a rope ladder** sie entkamen mit [Hilfe] einer Strickleiter; **by all ~** (*form*) unbedingt; (*of course*) selbstverständlich; **by no ~** keineswegs, auf keinen Fall
'means test *n* FIN (*of income*) Einkommensüberprüfung *f;* (*of property*) Ermittlung *f* der Vermögensverhältnisse; BRIT (*for social benefit*) Bedürftigkeitsprüfung *f*
meant [ment] *pt, pp of* **mean**
'mean·time *n* **for the ~** vorerst; **in the ~** inzwischen, in der Zwischenzeit
mean·while [ˌmi:n'(h)waɪl] *adv* inzwischen, unterdessen, mittlerweile
meany *n* (*fam*) *see* **meanie**
mea·sles ['mi:zlz] *n* + *sing vb* Masern *pl*
mea·sly ['mi:zli] *adj* (*pej*) mickrig, schäbig
meas·ur·able ['meʒərəbl] *adj* messbar; *perceptible* nachweisbar, erkennbar, merklich
meas·ure ['meʒə] **I.** *n* ❶ (*unit*) Maß *nt,*

Maßeinheit *f*; **a ~ of length** ein Längenmaß *nt* ❷ *(degree)* Maß *nt*, Grad *m*; **there was some ~ of truth in what he said** an dem, was er sagte, war etwas Wahres dran; **in large ~** in hohem Maß ❸ *(measuring instrument)* Messgerät *nt*; *(ruler)* Messstab *m*; *(container)* Messbecher *m* ❹ *(indicator)* Maßstab *m* ❺ *usu pl (action)* Maßnahme *f* ❻ POL *(bill)* gesetzliche Maßnahme, Bestimmung *f* ▸ **for good ~** *(in addition)* zusätzlich, noch dazu; *(to ensure success)* sicherheitshalber **II.** *vt* [ab]messen **III.** *vi* messen ◆**measure out** *vt* ❶ *(take measured amount)* abmessen ❷ *(discover size)* ausmessen ◆**measure up I.** *vt* einschätzen **II.** *vi* ❶ *(be same size)* zusammenpassen ❷ *(reach standard)* den Ansprüchen genügen; ■**to ~ up to sth** an etw *akk* heranreichen

meas·ured ['meʒəd] *adj* gemäßigt; *voice, tone* bedächtig; *response* wohl überlegt; *pace* gemäßigt; *tread* gemessen

meas·ure·ment ['meʒəmənt] *n* ❶ *(size)* ■**sb's ~s** *pl* jds Maße, jds Größe; **chest ~** Brustumfang *m*; **to take sb's ~s** bei jdm Maß nehmen ❷ *no pl (measuring)* Messung *f*, Messen *nt*

meas·ur·ing cup ['meʒ^ərɪŋ-] *n esp* AM, AUS *(measuring jug)* Messbecher *m*

'meas·ur·ing jug *n* BRIT Messbecher *m*
'meas·ur·ing spoon *n* Messlöffel *m*

meat [mi:t] *n* Fleisch *nt*; *(fig: subject matter)* Substanz *f*

meat-and-po·'ta·toes *adj* AM *(fam)* grundlegend **'meat·ball** *n* Fleischklößchen *nt* **'meat cleav·er** *n* Fleischerbeil *nt* **'meat grind·er** *n* AM Fleischwolf *m* **'meat hook** *n* Fleischerhaken *m* **'meat loaf** *n* Hackbraten *m* **'meat prod·ucts** *npl* Fleischwaren *f pl*

Mec·ca ['mekə] *n* ❶ REL Mekka *nt* ❷ *(centre of attraction)* ■**a ~** Mekka *nt fig*

me·chan·ic [mɪˈkænɪk] *n* Mechaniker(in) *m(f)*

me·chani·cal [mɪˈkænɪk^əl] *adj* ❶ *machines* mechanisch, Maschinen-; *(technical)* technisch; *(by machine)* maschinell ❷ *(machinelike)* mechanisch, automatisch

me·chani·cal en·gi·neer *n* Maschinenbauer(in) *m(f)*; *(engineer)* Maschinenbauingenieur(in) *m(f)* **me·chani·cal en·gi·neer·ing** *n no pl* Maschinenbau *m* **me·chani·cal 'pen·cil** *n* AM *(propelling pencil)* Drehbleistift *m*

me·chan·ics [mɪˈkænɪks] *n* ❶ *+ sing vb* AUTO, TECH Technik *f*, Mechanik *f* ❷ *+ pl vb (fam: practicalities)* Mechanismus *m*

mecha·nism ['mekənɪz^əm] *n* ❶ *(working parts)* Mechanismus *m* ❷ *(method)* Mechanismus *m*, Methode *f*; *defence ~* Abwehrmechanismus *m*

mecha·nize ['mekənaɪz] *vt* mechanisieren

Med [med] *n* *(fam)* short for **Mediterranean sea** Mittelmeer *nt*

med I. *n abbrev of* **medicine II.** *adj* ❶ *(fam) abbrev of* **medical** ❷ *abbrev of* **medieval** ma. ❸ *abbrev of* **medium**

med·al ['med^əl] *n* [Ehren]medaille *f*, Orden *m*, Auszeichnung *f*; SPORTS Medaille *f*

med·al·ist *n* AM *see* **medallist**

me·dal·lion [mɪˈdæliən] *n* Medaillon *nt*

med·al·list ['med^əlɪst] *n* Medaillengewinner(in) *m(f)*

med·dle ['medl] *vi* sich einmischen **(in** in); ■**to ~ with sth** sich mit etw *dat* abgeben

med·dle·some ['medlsəm] *adj* **to be ~** sich in alles einmischen; *(annoying)* aufdringlich sein

me·dia ['mi:diə] *n* ❶ *pl of* **medium** ❷ *+ sing/pl vb (the press)* ■**the ~** die Medien *pl*; **the news ~** *(tv, radio)* Nachrichtensender *m*; *(magazines)* Nachrichtenmagazin *nt*; *(newspaper)* [aktuelle] Zeitung; **in the ~** in den Medien; **~ coverage** Berichterstattung *f*; **a ~ event** ein Medienereignis *nt*; **~ hype** Medienrummel *m*

me·di·aeval *adj see* **medieval**

me·dian ['mi:diən] **I.** *adj* durchschnittlich **II.** *n* AM, AUS *(central reservation)* Mittelstreifen *m*

me·dian 'strip *n* AM, AUS *(central reservation)* Mittelstreifen *m*

'me·dia studies *npl* ≈ Kommunikationswissenschaft *f*

me·di·ate ['mi:dieɪt] **I.** *vi* vermitteln **II.** *vt* aushandeln

me·dia·tion [ˌmi:diˈeɪʃ^ən] *n no pl* Vermittlung *f*

me·dia·tor ['mi:dieɪtə^r] *n* Vermittler(in) *m(f)*

med·ic ['medɪk] *n* *(fam)* ❶ *(doctor)* Doktor *m fam* ❷ *(student)* Mediziner(in) *m(f)* ❸ AM MIL, NAUT Sanitäter(in) *m(f)*

Med·ic·aid ['medɪkeɪd] *n no pl* AM Gesundheitsfürsorgeprogramm *nt* in den USA für einkommensschwache Gruppen

medi·cal ['medɪk^əl] **I.** *adj* *facilities, research* medizinisch; *advice, care, treatment* ärztlich; **~ attention** ärztliche Behandlung; **~ staff** Angestellte *pl* im Gesundheitswesen **II.** *n* *(fam)* ärztliche Untersuchung; **to have a ~** sich ärztlich untersuchen lassen

medi·cal cer·'tifi·cate *n* ärztliches Attest **medi·cal ex·ami·'na·tion** *n* ärztliche Untersuchung **medi·cal 'his·tory** *n* Krankengeschichte *f*

me·dica·ment [mɪˈdɪkəmənt, ˈmedɪ-] *n* Me-

dikament *nt*
Medi·care ['medɪkeəʳ] *n* ❶ Am (*for elderly*) staatliche Gesundheitsfürsorge [für Senioren] ❷ Aus, Can (*for all*) staatliche Gesundheitsfürsorge
medi·cate ['medɪkeɪt] *vt usu passive* (*treat with drug*) ■ **to be** ~ **d** medikamentös behandelt werden
medi·cat·ed ['medɪkeɪtɪd] *adj* medizinisch; ~ **gauze** imprägnierter Mull
medi·ca·tion [ˌmedɪ'keɪʃ^ən] *n* med ❶ *no pl* (*course of drugs*) Medikamente *pl*; **to be on** ~ **for sth** Medikamente gegen etw *akk* [ein]nehmen ❷ (*drug*) Medikament *nt* ❸ *no pl* (*treatment*) medikamentöse Behandlung
me·dici·nal [mə'dɪsɪnəl] **I.** *adj* medizinisch; ~ **drug** Medikament *nt*; ~ **herbs** Heilkräuter *pl*; ~ **properties** Heilkräfte *pl* **II.** *n* Heilmittel *nt*
medi·cine ['medsən] *n* ❶ *no pl* (*for illness*) Medizin *f*, Medikamente *pl*; **to take** [**one's**] ~ [seine] Medizin einnehmen ❷ (*substance*) Medikament *nt*; **cough** ~ Hustenmittel *nt* ❸ *no pl* (*medical science*) Medizin *f*; **herbal/natural** ~ Kräuter-/Naturheilkunde *f*; **to practise** ~ den Arztberuf ausüben ❹ (*fig: remedy*) Heilmittel *nt*
'medi·cine ball *n* Medizinball *m* **'medicine chest** *n* Hausapotheke *f* **'medicine man** *n* ❶ (*tribal healer*) Medizinmann *m* ❷ (*hum fam: doctor*) Medizinmann *m*
me·di·eval [ˌmedi'iːvəl] *adj* mittelalterlich
me·dio·cre [ˌmiːdi'əʊkəʳ] *adj* mittelmäßig
me·di·oc·rity [ˌmiːdi'ɒkrəti] *n* ❶ *no pl* (*state*) Mittelmäßigkeit *f* ❷ (*person*) Null *f pej*
medi·tate ['medɪteɪt] **I.** *vi* ❶ (*think deeply*) nachdenken (**on** über) ❷ (*as spiritual exercise*) meditieren **II.** *vt* (*form: plan*) planen; (*consider*) erwägen
medi·ta·tion [ˌmedɪ'teɪʃ^ən] *n* ❶ *no pl* (*spiritual exercise*) Meditation *f* ❷ *no pl* (*serious thought*) Nachdenken *nt*, Überlegen *nt* (**on** über) ❸ (*reflections*) ■ ~ **s** *pl* Überlegungen *pl* ❹ (*discourse*) Betrachtung[en] *f[pl]* (**on** über)
Medi·ter·ra·nean [ˌmedɪtəʳ'eɪniən] **I.** *n* Mittelmeer *nt* **II.** *adj climate* mediterran; ~ **cooking** Mittelmeerküche *f*; ~ **looks** südländisches Aussehen
me·dium ['miːdiəm] **I.** *adj* ❶ (*average*) durchschnittlich, mittel; **of** ~ **height** von mittlerer Größe ❷ food *steak* halb durch **II.** *n* <*pl* -s *or* -dia-> ❶ (*means*) Medium *nt*, Mittel *nt*; publ, tv Medium *nt*; **advertising** ~ Werbeträger *m*; **a** ~ **of communication** ein Kommunikationsmittel *nt* ❷ (*art material*) Medium *nt* ❸ <*pl* -s> (*spiritualist*) Medium *nt* ❹ (*nutritive substance*) Träger *m*; **culture** ~ künstlicher Nährboden
me·dium-'dry *adj wine* halbtrocken **me·dium-'rare** *adj* food englisch **me·dium-'size**[**d**] *adj* mittelgroß **'me·dium-term** *adj* mittelfristig **'me·dium wave** *n esp* Brit Mittelwelle *f*
Med·jool date ['medd3uːl-] *n* food Medjooldattel *f*
med·ley ['medli] *n* ❶ (*mixture*) Gemisch *nt* ❷ (*of tunes*) Medley *nt* ❸ (*swimming race*) Lagenstaffel *f*
meek [miːk] **I.** *adj* ❶ (*gentle*) sanftmütig ❷ (*pej: submissive*) unterwürfig; ~ **compliance** blinde Ergebenheit **II.** *n* rel ■ **the** ~ die Sanftmütigen
meet [miːt] **I.** *n* ❶ (*sporting event*) Sportveranstaltung *f* ❷ Brit (*fox hunt*) Jagdtreffen *nt* (*zur Fuchsjagd*) **II.** *vt* <met, met> ❶ (*by chance*) treffen; **I met her in the street** ich bin ihr auf der Straße begegnet; **I happened to** ~ **him** ich habe ihn zufällig getroffen ❷ (*by arrangement*) ■ **to** ~ **sb** sich mit jdm treffen ❸ (*collect*) abholen; **a bus** ~ **s every train** zu jedem Zug gibt es einen Anschlussbus ❹ (*make acquaintance of*) kennen lernen; **I'd like you to** ~ **my best friend Julia** ich möchte dir meine beste Freundin Julia vorstellen; **Peter,** ~ **Judith** Peter, darf ich dir Judith vorstellen? ❺ (*come into contact*) ■ **to** ~ **sth** auf etw *akk* treffen; **his eyes met hers** ihre Blicke trafen sich; **I met his gaze** ich hielt seinem Blick stand; **where the mountains** ~ **the sea** wo das Meer an die Berge heranreicht ❻ (*fulfil*) erfüllen; *deadline* einhalten; *demand* befriedigen; *obligation* nachkommen ❼ (*experience*) ■ **to** ~ **sth** mit etw *dat* konfrontiert sein; **the troops met stiff opposition** die Truppen stießen auf starke Gegenwehr ▶ **to** ~ **one's death** den Tod finden; **to make ends** ~ über die Runden kommen; **there's more to this than** ~ **s the eye** es steckt mehr dahinter, als es den Anschein hat; **to** ~ **one's match** seinen Meister finden; **to** ~ **sb halfway** jdm auf halbem Weg entgegenkommen **III.** *vi* <met, met> ❶ (*by chance*) sich begegnen ❷ (*by arrangement*) sich treffen; **to** ~ **for a drink/for lunch** sich auf einen Drink/zum Mittagessen treffen ❸ (*get acquainted*) sich kennen lernen; **no, we haven't met** nein, wir kennen uns noch nicht; **I've mistrusted him from the day we met** ich habe ihm vom ersten Tag [unserer Bekanntschaft] an misstraut ❹ (*congregate*) zusammenkommen ❺ sports aufeinandertreffen ❻ (*join*) zusammentreffen; *roads, lines* zusammenlaufen; *counties, states* aneinandergrenzen ◆ **meet with I.** *vi* ❶ *esp* Am

(have meeting) treffen ❷ *(experience)* ■ **to ~ with sth** *problems* auf etw *akk* stoßen; **to ~ with approval** Beifall finden; **to ~ with failure** einen Misserfolg erleiden; **to ~ with success** Erfolg haben **II.** *vt* ❶ *(respond to)* **the announcement was met with loud applause** die Ankündigung wurde mit lautem Beifall aufgenommen ❷ *(match)* **to ~ force with force** auf Gewalt mit Gewalt reagieren

meet·ing ['miːtɪŋ] *n* ❶ *(organized gathering)* Versammlung *f*, Sitzung *f*, Besprechung *f*; **business ~** geschäftliche Besprechung; **to attend a ~** an einer Besprechung teilnehmen; **to call a ~** eine Besprechung einberufen; **to hold a ~** eine Besprechung abhalten ❷ *(coming together of friends)* Treffen *nt*; **chance ~** zufälliges Treffen ❸ SPORTS Veranstaltung *f*, [sportliche] Begegnung ❹ *(assembly for worship)* Versammlung *f* *(bei den Quäkern)*

'**meet·ing point** *n* ❶ *(point of contact)* Schnittpunkt *m* ❷ *(public space)* Treffpunkt *m*

mega ['megə] *adj* ❶ *(fam: huge)* Riesen-, Mega- ❷ *(fam: excellent)* super

mega- ['megə] *in compounds (fam)* + *adj* mega- *fam*; **~cool** megacool *sl*, geil *sl*

'**mega·bucks** *npl (fam)* Schweinegeld *nt kein pl sl* '**mega·byte** *n* Megabyte *nt* '**mega·hertz** *n* Megahertz *nt*

mega·lo·ma·nia [ˌmegələ(ʊ)'meɪniə] *n no pl* ❶ PSYCH Größenwahn *m* ❷ *(lust for power)* Größenwahn *m pej*

mega·lo·ma·ni·ac [ˌmegələ(ʊ)'meɪniæk] **I.** *n* ❶ PSYCH Größenwahnsinnige(r) *f(m)*, Megalomane(in) *m(f) fachspr* ❷ *(power-hungry person)* Größenwahnsinnige(r) *f(m) pej* **II.** *adj attr* größenwahnsinnig *pej*

'**mega·phone** *n* Megaphon *nt* '**mega·plex** *n* Megaplex-Kino *nt* '**mega·store** *n* Megastore *m* '**mega·watt** *n* Megawatt *nt*

mel·an·cho·lia [ˌmelən'kəʊliə] *n no pl* ❶ *(form: gloomy sadness)* Schwermut *f* ❷ *(dated: mental illness)* Melancholie *f*

mel·an·chol·ic [ˌmelən'kɒlɪk] *adj* melancholisch

mel·an·choly ['melənkəli] **I.** *n no pl* Melancholie *f*, Schwermut *f* **II.** *adj* melancholisch, schwermütig; **~ day** trüber Tag *fig*

me·lee ['meleɪ] *n usu sing* ❶ *(confused fight)* Handgemenge *nt* ❷ *(muddle)* Gedränge *nt*

mel·low ['meləʊ] **I.** *adj* <-er, -est *or* more ~, most ~> ❶ *(relaxed) person* locker *fam*, heiter, umgänglich ❷ *(fam: slightly drunk)* angeheitert ❸ *(not harsh)* sanft; *colour* dezent; *light* gedämpft ❹ FOOD *(smooth) flavour* mild; *wine* lieblich **II.** *vi* ❶ *(become more easy-going)* umgänglicher werden ❷ *esp* AM *(fam: relax)* **to ~ out** sich entspannen ❸ *(become softer) colours* weicher werden; *flavour* milder werden **III.** *vt* ❶ *(make more easy-going)* ■ **to ~ sb** jdn umgänglicher machen ❷ *(make softer)* abschwächen

me·lod·ic [mə'lɒdɪk] *adj* melodisch

me·lo·di·ous [mə'ləʊdiəs] *adj (form)* melodiös *geh*

melo·dra·ma ['melə(ʊ)ˌdrɑːmə] *n* THEAT *(also fig)* Melodrama *nt*

melo·dra·mat·ic [ˌmelə(ʊ)drə'mætɪk] *adj* melodramatisch

mel·o·dy ['melədi] *n* Melodie *f*

mel·on ['melən] *n* Melone *f*

melt [melt] **I.** *n* ❶ *(thaw)* Schneeschmelze *f* ❷ AM FOOD Sandwich mit geschmolzenem Käse **II.** *vi* ❶ *(turn into liquid)* schmelzen; **to ~ in the mouth** auf der Zunge zergehen ❷ *(become tender)* dahinschmelzen ❸ *(change gradually)* ■ **to ~ into sth** in etw *akk* übergehen; *(disappear)* sich in etw *dat* auflösen **III.** *vt* ❶ *(make liquid)* schmelzen ❷ *(make tender)* erweichen

'**melt·down** *n* ❶ TECH [Ein]schmelzen *nt*; *(in nuclear power station)* Durchbrennen *nt* ❷ *(fam: collapse)* Zusammenbruch *m*

'**melt·ing point** *n* Schmelzpunkt *m*

'**melt·ing pot** *n (fig)* Schmelztiegel *m*; **cultural ~** Schmelztiegel *m* der Kulturen

mem·ber ['membə'] *n* ❶ *(of group)* Angehörige(r) *f(m)*; *of club, party* Mitglied *nt*; **~ of staff** *(employee)* Mitarbeiter(in) *m(f)*; SCH Angehörige(r) *f(m)* des Lehrkörpers *form* ❷ BRIT *(Member of Parliament)* **M~** *Parliament* Parlamentsmitglied *nt*, Abgeordnete(r) *f(m)* ❸ *(dated form: limb)* Gliedmaße *f meist pl*

Mem·ber of 'Par·lia·ment *n* Abgeordnete(r) *f(m)*, Parlamentsmitglied *nt* **Member of the Euro·pean 'Par·lia·ment** *n* Abgeordnete(r) *f(m)* des Europaparlaments

mem·ber·ship ['membəʃɪp] *n* ❶ *(people)* ■ **the ~** + *sing/pl vb* die Mitglieder *pl* ❷ *(number of people)* Mitgliederzahl *f* ❸ *no pl (being member)* Mitgliedschaft *f* ❹ *(fee)* Mitgliedsbeitrag *m*

'**mem·ber·ship card** *n* Mitgliedsausweis *m*

mem·brane ['membreɪn] *n* Membran *f*, Häutchen *nt*; *of cell* Zellmembran *f*

me·men·to <*pl* -s *or* -es> [mɪ'mentəʊ] *n* Andenken *nt* **(of** an)

memo[1] ['meməʊ] *n short for* **memorandum** Memo *nt*

memo[2] ['meməʊ] *vt* ■ **to ~ sb** jdm ein Memo schicken

mem·oir ['memwɑː'] *n* ❶ *(personal account)* Erinnerungen *pl* ❷ *(autobiography)*

■ **~s** *pl* Memoiren *pl*
'memo pad *n* Notizblock *m*
memo·ra·bil·ia [ˌmemərəˈbɪliə] *npl* Souvenirs *pl*
memo·rable [ˈmemərəbl] *adj* unvergesslich; *achievement* beeindruckend
memo·ran·dum <*pl* -s or -da> [ˌmemərˈændəm, *pl* -də] *n* ❶ (*form: message*) Mitteilung *f* ❷ (*document*) Memorandum *nt* ❸ LAW (*informal legal agreement*) Vereinbarung *f*
me·mo·rial [məˈmɔːriəl] *n* Denkmal *nt;* MIL Ehrenmal *nt*
Me·'mo·rial Day *n* AM Volkstrauertag *m*
memo·rize [ˈmemərazz] *vt* ■ to ~ sth sich *dat* etw einprägen; *poem, song* auswendig lernen
memo·ry [ˈmeməri] *n* ❶ *no pl* (*ability to remember*) Gedächtnis *nt* (**for** für); **if my ~ serves me right** wenn mein Gedächtnis mich nicht täuscht; **loss of ~** Gedächtnisschwund *m;* **within living/sb's ~** soweit man/jd zurückdenken kann; **to recite sth from ~** etw aus dem Gedächtnis rezitieren ❷ *no pl* (*remembrance*) Andenken *nt;* **in ~ of sb/sth** zum Gedenken an jdn/etw ❸ (*remembered event*) Erinnerung *f* (**of** an); **to bring back memories** Erinnerungen wachrufen ❹ *no pl* COMPUT Speicher *m*
'memo·ry bank *n* ❶ COMPUT Speicherbank *f* ❷ (*human memory*) Gedächtnis *nt*
men [men] *n pl of* **man**
men·ace [ˈmenɪs] **I.** *n* ❶ (*threat*) Drohung *f* ❷ (*danger*) Bedrohung *f* ❸ (*annoying person*) Nervensäge *f fam* **II.** *vt* (*form*) bedrohen
men·ac·ing [ˈmenɪsɪŋ] *adj attr* drohend
men·ac·ing·ly [ˈmenɪsɪŋli] *adv* drohend
mend [mend] **I.** *vt* ❶ (*repair*) reparieren; *torn clothes* flicken; *broken object* kleben; *socks* stopfen ❷ (*fig: improve*) verbessern; *situation* in Ordnung bringen ▶ **to ~ fences** (*prov*) Unstimmigkeiten ausräumen; **to ~ one's ways** sich bessern **II.** *vi* gesund werden *a. fig;* bone heilen **III.** *n* (*repair*) Flickstelle *f* ▶ **to be on the ~** (*fam*) auf dem Weg der Besserung sein
men·da·cious [menˈdeɪʃəs] *adj* (*form*) verlogen
men·dac·ity [menˈdæsəti] *n no pl* (*form*) Verlogenheit *f*
mend·ing [ˈmendɪŋ] *n no pl* Flickarbeit *f*
me·nial [ˈmiːniəl] *adj* niedrig; **~ work** Hilfsarbeit *f*
men·in·gi·tis [ˌmenɪnˈdʒaɪtɪs] *n no pl* Gehirnhautentzündung *f*, Meningitis *f fachspr*
meno·pause [ˈmenə(ʊ)pɔːz] *n no pl* Wechseljahre *pl*, Menopause *f fachspr*

'men's room *n esp* AM, **'men's toilet** *n* Herrentoilette *f*
men·strual [ˈmen(t)struəl] *adj* (*form*) Menstruations-
men·stru·ate [ˈmen(t)struett] *vi* menstruieren *geh*
men·stru·a·tion [ˌmen(t)struˈeɪʃən] *n no pl* Menstruation *f geh*, Periode *f*
men·tal [ˈmentəl] *adj* ❶ (*of the mind*) geistig, mental; **~ process** Denkprozess *m* ❷ (*psychological*) psychisch, seelisch; **to suffer a [complete] ~ collapse** einen [völligen] Nervenzusammenbruch erleiden; **~ cruelty** seelische Grausamkeit; **~ illness** Geisteskrankheit *f;* **~ state** seelische Verfassung ❸ (*fam: crazy*) verrückt, übergeschnappt; ■ **to be ~ about sth** nach etw *dat* verrückt sein
men·tal a·rith·me·tic *n no pl* Kopfrechnen *nt* **'men·tal hos·pi·tal** *n* psychiatrische Klinik
men·tal·ity [menˈtæləti] *n* Mentalität *f*
men·tal·ly [ˈmentəli] *adv* ❶ (*psychologically*) psychisch; **~ deranged/stable** psychisch gestört/stabil ❷ (*intellectually*) geistig; **~ disabled** geistig behindert
men·thol [ˈmen(t)θɒl] *n no pl* Menthol *nt*
men·tion [ˈmen(t)ʃən] **I.** *n* ❶ (*reference*) Erwähnung *f;* **no ~ was made of sb/sth** jd/etw wurde nicht erwähnt; **to get a ~** erwähnt werden ❷ (*honour*) lobende Erwähnung **II.** *vt* erwähnen; **don't ~ it!** gern geschehen!; **I'll ~ it to Jane** ich werde es Jane sagen; **not to ~ ...** ganz zu schweigen von ...
menu [ˈmenjuː] *n* ❶ (*in restaurant*) Speisekarte *f* ❷ COMPUT Menü *nt*
'menu bar *n* COMPUT Menüleiste *f* **'menu-driv·en** *adj* COMPUT menügesteuert
MEP [ˌemiːˈpiː] *n* BRIT *abbrev of* **Member of the European Parliament**
mer·ce·nary [ˈmɜːsənəri] **I.** *n* ❶ (*soldier*) Söldner *m* ❷ (*pej: mercenary person*) Gewinnsüchtige(r) *f(m)* **II.** *adj* ❶ (*pej: motivated by gain*) gewinnsüchtig, geldgierig ❷ MIL Söldner-
mer·chan·dise ECON **I.** *n* [ˈmɜːtʃəndaɪs] *no pl* Handelsware *f* **II.** *vt* [ˈmɜːtʃəndaɪz] vermarkten
mer·chant [ˈmɜːtʃənt] *n* Händler(in) *m(f)*, Kaufmann, Kauffrau *m, f*
mer·chant 'bank *n* Handelsbank *f* **'mer·chant·man** *n* Handelsschiff *nt* **mer·chant ma·rine** *n* AM, **mer·chant 'navy** *n* BRIT Handelsmarine *f* **'mer·chant ship** *n* Handelsschiff *nt*
mer·ci·ful [ˈmɜːsɪfəl] *adj* ❶ (*forgiving*) gnädig ❷ (*fortunate*) **her death came as a ~ release** der Tod war für sie eine Erlösung
mer·ci·less [ˈmɜːsɪləs] *adj* ❶ (*showing no*

mercy) gnadenlos, mitleidlos ❷ (*relentless*) unnachgiebig

mer·cu·ri·al [mɜːˈkjʊərɪəl] *adj* Quecksilber-; (*fig*) launisch; *mood* unbeständig

mer·cu·ry [ˈmɜːkjəri] *n no pl* ❶ (*metal*) Quecksilber *nt* ❷ (*dated fam: temperature*) Quecksilbersäule *f*

Mer·cu·ry [ˈmɜːkjəri] *n no art, no pl* Merkur *m*

mer·cy [ˈmɜːsi] *n* ❶ *no pl* (*compassion*) Mitleid *nt*, Erbarmen *nt*; (*forgiveness*) Gnade *f*; **to beg for ~** um Gnade bitten; **to have ~ on sb** mit jdm Erbarmen haben; **to show [no] ~** [kein] Erbarmen haben ❷ (*blessing*) Segen *m* ▸ **to be at the ~ of sb** jdm auf Gnade oder Ungnade ausgeliefert sein

mere [mɪə^r] *adj* nur, nichts als

mere·ly [ˈmɪəli] *adv* nur, bloß *fam*

merge [mɜːdʒ] **I.** *vi* ❶ (*join*) zusammenkommen; *roads* zusammenlaufen ❷ ECON *companies, organizations* fusionieren ❸ (*fuse*) verschmelzen (**with**/**into** mit); **to ~ into the landscape/surroundings** sich in die Landschaft/Umgebung einfügen; ■ **to ~ into each other** ineinander übergehen **II.** *vt* zusammenlegen; *companies* zusammenschließen

mer·ger [ˈmɜːdʒə^r] *n* ECON Fusion *f*

me·rid·i·an [məˈrɪdɪən] *n* ❶ GEOG (*line of longitude*) Meridian *m*, Längenkreis *m* ❷ (*in body*) Meridian *m*

me·ringue [məˈræŋ] *n* Baiser *nt*, Meringe *f*, Meringue *f* SCHWEIZ

mer·it [ˈmerɪt] **I.** *n* ❶ *no pl* (*worthiness*) Verdienst *nt*; **the film has little artistic ~** der Film ist künstlerisch nicht besonders wertvoll; **she won her promotion on ~** sie ist auf Grund ihrer Leistung befördert worden ❷ (*good quality*) gute Eigenschaft, Vorzug *m* ❸ (*intrinsic nature*) ■ **on its own ~s** für sich *akk* betrachtet; **to judge sth on its own ~s** etw für sich *akk* genommen beurteilen ❹ (*advantage*) Vorteil *m* **II.** *vt* verdienen

meri·toc·ra·cy [ˌmerɪˈtɒkrəsi] *n* Leistungsgesellschaft *f*

mer·maid [ˈmɜːmeɪd] *n* Seejungfrau *f*

mer·ri·ment [ˈmerɪmənt] *n no pl* ❶ (*laughter and joy*) Fröhlichkeit *f* ❷ (*amusement*) Heiterkeit *f*

mer·ry [ˈmeri] *adj* ❶ (*happy*) fröhlich; **M~ Christmas** Frohe [*o* Fröhliche] Weihnachten ❷ BRIT (*fam: slightly drunk*) angesäuselt

'mer·ry-go-round *n* ❶ (*fairground ride*) Karussell *nt* ❷ (*fig: bustling activities*) Hoch-Zeit *f*

mesh [meʃ] **I.** *n no pl* Geflecht *nt* **II.** *vi* ❶ (*join*) *gears* ineinandergreifen ❷ (*mix*) sich mischen **III.** *vt* **to ~ gears** Zahnräder in Eingriff bringen

mes·mer·ic [mezˈmerɪk] *adj* mesmerisch geh; (*fig*) faszinierend

mes·mer·ism [ˈmezmərɪzəm] *n* (*dated*) Hypnotisieren *nt*

mes·mer·ize [ˈmezmərɑɪz] *vt* faszinieren

mess [mes] *n* <*pl* -es> ❶ *usu sing* (*untidy state*) Unordnung *f*, Durcheinander *nt*; (*dirty state*) Schweinerei *f*; **you look a complete ~!** du siehst ja schlimm aus!; **to be in a ~** in Unordnung sein ❷ *usu sing* (*disorganized state*) Chaos *nt*; ■ **to be a ~** chaotisch sein; *person also* ein Chaot/eine Chaotin sein; **to be in a ~** sich in einem schlimmen Zustand befinden; **to sort out the ~** Ordnung in das Chaos bringen; **he made a right ~ of the invitations** (*fam*) er hat die Einladungen total vermasselt ❸ *usu sing* (*dirt*) Dreck *m* ❹ (*excrement*) **dog ~** Hundedreck *m* ❺ (*troubled person*) **he desperately needs help, he's a complete ~** er braucht dringend Hilfe · ihm geht's gar nicht gut ◆ **mess about, mess around I.** *vi* ❶ (*play the fool*) herumblödeln *fam* ❷ (*waste time*) herumspielen ❸ (*tinker*) ■ **to ~ about with sth** an etw *dat* herumspielen ❹ (*be unfaithful*) ■ **to ~ about with sb** sich mit jdm einlassen ❺ AM (*make fool of*) ■ **to ~ around with sb** jdn verarschen *derb* **II.** *vt* schikanieren ◆ **mess up** *vt* (*fam*) ❶ (*botch up*) verpfuschen; *plan* vermasseln ❷ (*make untidy*) in Unordnung bringen ❸ (*fam: trouble*) ■ **to ~ up ↻ sb** jdn verkorksen ◆ **mess with** *vi* ❶ (*get involved with*) ■ **to ~ with sb** sich mit jdm einlassen; (*cause trouble to*) jdn schlecht behandeln; **don't ~ with me!** verarsch mich bloß nicht! *derb* ❷ (*play with*) ■ **to ~ with sth** mit etw *dat* herumspielen; (*tamper*) an etw *dat* herumspielen ❸ (*fam: muddle*) durcheinanderbringen; **to ~ with sb's plans** jds Pläne durchkreuzen

mes·sage [ˈmesɪdʒ] *n* (*communication*) Nachricht *f*, Botschaft *f*; **are there any ~s for me?** hat jemand eine Nachricht für mich hinterlassen?; **could you give him a ~ from me, please?** könntest du ihm bitte etwas [*o* eine Nachricht] von mir ausrichten?; **to get/leave a ~** eine Nachricht erhalten/hinterlassen ▸ **to get the ~** (*fam*) kapieren

mes·sen·ger [ˈmesɪndʒə^r] *n* Bote(in) *m(f)*

'mes·sen·ger boy *n* Botenjunge *m*

mes·si·ah [məˈsɑɪə] *n usu sing* ■ **M~** Messias *m*, Erlöser *m*

'mess-up *n* (*fam*) Durcheinander *nt*

messy [ˈmesi] *adj* ❶ (*untidy*) unordentlich; *person* schlampig ❷ (*dirty*) schmutzig, dreckig ❸ (*unpleasant*) unerfreulich

met[1] [met] *vt, vi pt of* **meet**

met[2] [met] *adj* BRIT (*fam*) *short for* **meteoro-**

Met [met] *n* BRIT ■ **the ~** *short for* **Metropolitan Police**

meta·bol·ic [ˌmetəˈbɒlɪk] *adj* metabolisch *fachspr*, Stoffwechsel-

me·tab·o·lism [məˈtæbəlɪzᵊm] *n* Stoffwechsel *m*, Metabolismus *m fachspr*

met·al [ˈmetᵊl] **I.** *n* Metall *nt*; **precious ~** Edelmetall *nt* **II.** *adj* aus Metall *nach n*

me·tal·lic [məˈtælɪk] *adj* ❶ (*like metal*) metallisch; **~ paint** Metalleffektlack *m* ❷ (*containing metal*) metallhaltig; **~ alloy** Metalllegierung *f*

met·al·lur·gy [metˈælədʒi] *n no pl* Metallurgie *f*

'met·al·work *n no pl* ❶ (*craft*) Metallarbeit *f* ❷ (*objects*) Metallarbeiten *pl* ❸ (*metal parts*) Metallteile *pl* **'met·al·work·er** *n* Metallarbeiter(in) *m(f)*

meta·mor·pho·sis <*pl* -phoses> [ˌmetəˈmɔːfəsɪs, *pl* -fəsiːz] *n* Metamorphose *f geh*, Verwandlung *f*

meta·phor [ˈmetəfə*r*] *n* ❶ (*figure of speech*) Metapher *f* (**for** für) ❷ *no pl* (*figurative language*) bildhafte Sprache

meta·phor·ic(al) [ˌmetəˈfɒrɪk(ᵊl)] *adj* metaphorisch

meta·phys·i·cal [ˌmetəˈfɪzɪkᵊl] *adj* metaphysisch

meta·phys·ics [ˌmetəˈfɪzɪks] *n no pl,* + *sing vb* Metaphysik *f*

me·tas·ta·sis <*pl* -stases> [metˈæstəsɪs, *pl* -stæsiːz] *n* Metastase *f*

mete [miːt] *vt* ■ **to ~ out** ◯ **sth** [**to sb**] [jdm] etw auferlegen; **~ out punishment to sb** jdn bestrafen; (*physical*) jdn züchtigen

me·teor [ˈmiːtiə*r*] *n* Meteor *m*

me·teor·ic [ˌmiːtiˈɒrɪk] *adj* ❶ ASTRON Meteor-, meteorisch ❷ (*rapid*) kometenhaft **me·teor·ite** [ˈmiːtiˀræɪt] *n* Meteorit *m*

me·teoro·logi·cal [ˌmiːtiˀərəˈlɒdʒɪkᵊl] *adj* meteorologisch

me·teor·olo·gist [ˌmiːtiˀəˈrɒlədʒɪst] *n* Meteorologe(in) *m(f)* **me·teor·ol·ogy** [ˌmiːtiˀəˈrɒlədʒi] *n no pl* Meteorologie *f*

me·ter¹ [ˈmiːtə*r*] *n* Messuhr *f*, Zähler *m*; [**parking**] **~** Parkuhr *f*; [**taxi**] **~** Taxameter *nt o m*; **to read the ~** den Zähler ablesen

me·ter² *n* AM *see* **metre**

me·thane [ˈmiːθeɪn] *n* Methan *nt*

meth·od [ˈmeθəd] *n* ❶ (*way of doing sth*) Methode *f*, Art und Weise *f*; TECH Verfahren *nt*; **~ of transport** Fortbewegungsart *f* ❷ *no pl* (*order*) System *nt*

me·thodi·cal [məˈθɒdɪkᵊl] *adj* ❶ (*ordered*) methodisch, systematisch ❷ (*careful*) sorgfältig

Meth·od·ism [ˈmeθədɪzᵊm] *n no pl* Methodismus *m*

Meth·od·ist [ˈmeθədɪst] **I.** *n* Methodist(in) *m(f)* **II.** *adj* methodistisch; **~ church** Methodistenkirche *f*

meth·od·ol·ogy [ˌmeθəˈdɒlədʒi] *n* ❶ *no pl* (*theory of methods*) Methodologie *f geh* ❷ (*system*) Methodik *f*

Methuselah [məˈθjuːzᵊlə] *n no art* (*hum*) Methusalem *kein art hum*

me·thyl al·co·hol [ˌmeθᵊlˈælkəhɒl] *n* Methanol *nt*

meth·yl·at·ed 'spir·its *n no pl* ❶ (*cleaning product*) denaturierter Alkohol ❷ (*fuel*) Brennspiritus *m*

me·ticu·lous [məˈtɪkjʊləs] *adj* peinlich genau, akribisch *geh*; **~ care** höchste Sorgfalt; **~ detail** kleinstes Detail

me·tre [ˈmiːtə*r*] *n* ❶ (*unit of measurement*) Meter *m*; **the 100/200/400/1500 ~s** der 100-/200-/400-/1500-Meter-Lauf; **cubic/square ~** Kubik-/Quadratmeter *m* ❷ (*poetic rhythm*) Metrum *nt fachspr*, Versmaß *nt*

met·ric [ˈmetrɪk] *adj* metrisch

met·ri·cal [ˈmetrɪkᵊl] *adj* metrisch

met·ro [ˈmetrəʊ] *n no pl esp* CAN U-Bahn *f*; (*in Paris*) Metro *f*

met·ro·nome [ˈmetrənəʊm] *n* Metronom *nt geh*

me·tropo·lis [məˈtrɒpəlɪs] *n* (*form*) ❶ (*large city*) Metropole *f geh* ❷ (*chief city*) Hauptstadt *f*

met·ro·poli·tan [ˌmetrəˈpɒlɪtᵊn] *adj* ❶ (*of large city*) weltstädtisch ❷ (*of chief city*) hauptstädtisch

Met·ro·poli·tan Po·lice *n no pl* BRIT ■ **the ~** die Londoner Polizei

met·tle [ˈmetl] *n no pl* (*form*) ❶ (*inner strength*) Durchhaltevermögen *nt*; **to prove/show one's ~** beweisen/zeigen, was in einem steckt ❷ (*best form*) Höchstform *f*

mew [mjuː] **I.** *n* Miauen *nt* **II.** *vi* miauen

Mexi·can [ˈmeksɪkᵊn] **I.** *n* (*person*) Mexikaner(in) *m(f)* **II.** *adj* mexikanisch

Mexi·co [ˈmeksɪkəʊ] *n* Mexiko *nt*

Mexi·co 'City *n* Mexiko City *nt*

mg *n* <*pl* -> *abbrev of* **milligram** mg

MHR [ˌemeɪtʃˈɑːr] *n* AM *abbrev of* **Member of the House of Representatives** Mitglied *nt* des Repräsentantenhauses

MHz *n* <*pl* -> *abbrev of* **megahertz** MHz

miaow [ˌmiːˈaʊ] **I.** *n* Miauen *nt* **II.** *vi* miauen

mica [ˈmaɪkə] *n no pl* Glimmererde *f*

mice [maɪs] *n pl of* **mouse**

Mich·ael·mas [ˈmɪkᵊlməs] *n* Michaeli[s]tag *m* (*29. September*)

mickey [ˈmɪki] *n* BRIT, AUS (*fam*) **to take the ~ out of sb** jdn aufziehen *fam*, sich über jdn lustig machen; **you're taking the ~ now,**

aren't you? du willst mich wohl auf den Arm nehmen, was?

'Mickey Mouse *adj attr (pej fam)* Scherz- *fam;* ~ **company** Amateurfirma *f;* ~ **computer** Spielzeugcomputer *m;* **a** ~ **job** ein Witz *m* von einem Job

mi·crobe ['maɪkrəʊb] *n* Mikrobe *f*

micro·bi·'ol·ogy [ˌmaɪkrəʊ-] *n no pl* Mikrobiologie *f*

'micro·browser *n* COMPUT, INET, TELEC Microbrowser *m* **'micro·chip** *n* Mikrochip *m* **'micro·cli·mate** *n* Mikroklima *nt* **'micro·com·put·er** *n* Mikrocomputer *m* **micro·cosm** ['maɪkrə(ʊ)kɒzᵊm] *n* Mikrokosmos *m* **micro·elec·'tron·ics** *n + sing vb* Mikroelektronik *f* **'micro·fiche** *n* Mikrofiche *nt o m* **'micro·film** *n* Mikrofilm *m*

mi·crom·eter [maɪ'krɒmɪtəʳ] *n (measuring device)* Mikrometer *nt* **'micro·phone** *n* Mikrofon *nt* **'micro·pro·ces·sor** *n* Mikroprozessor *m* **'micro·scope** ['maɪkrəskəʊp] *n* Mikroskop *nt;* **to put sth under the** ~ *(fig)* etw unter die Lupe nehmen **micro·scop·ic** [ˌmaɪkrə'skɒpɪk] *adj* ❶ *(fam: tiny)* winzig; **to look at sth in** ~ **detail** etw haargenau prüfen ❷ *(visible with microscope)* mikroskopisch klein ❸ *(using microscope) analysis, examination* mikroskopisch **'micro·wave I.** *n* ❶ *(oven)* Mikrowellenherd *m,* Mikrowelle *f* ❷ *(wave)* Mikrowelle *f* **II.** *vt* in der Mikrowelle kochen/erwärmen

mid [mɪd] *prep (liter)* see **amid(st)**

mid·day *n no pl* Mittag *m;* **at** ~ mittags, um die Mittagszeit

mid·dle ['mɪdl] **I.** *n* ❶ *(centre)* Mitte *f;* of fruit, nuts Innere[s] *nt;* (centre part) of book, film, story Mittelteil *m* ❷ *(in time, space)* mitten; **in the** ~ **of the road/room/table** mitten auf der Straße/im Zimmer/auf dem Tisch; **in the** ~ **of the afternoon/morning** mitten am Nachmittag/Morgen; **in the** ~ **of the night** mitten in der Nacht; **in the** ~ **of nowhere** *(fig)* am Ende der Welt; **in the** ~ **of summer/March** mitten im Sommer/März; **in the** ~ **of 1985/the century** Mitte 1985/des Jahrhunderts; **to be in one's** ~ **forties/sixties** in den Mittvierzigern/-sechzigern sein; **to be in the** ~ **of eating/cooking/writing a letter** *(busy with)* mitten dabei sein zu essen/kochen/einen Brief zu schreiben ❸ *(fam: waist)* Taille *f;* (belly) Bauch *m* ❹ *(between things)* Mitte *f;* **let's split the cost down the** ~ lass uns die Kosten teilen; **the issue of a single European currency divided the country down the** ~ das Problem einer einheitlichen europäischen Währung spaltete das Land **II.** *adj attr* mittlere(r, s)

mid·dle 'age *n no pl* mittleres Alter; **in** ~ *after n* mittleren Alters **mid·dle-'aged** *adj* mittleren Alters *nach n* **Mid·dle 'Ages** *n* ■ **the** ~ *pl* das Mittelalter **'mid·dle·brow** *(pej)* **I.** *adj* für den [geistigen] Durchschnittsmenschen **II.** *n* [geistiger] Durchschnittsmensch **mid·dle 'class** *n* ❶ *(with average income)* Mittelstand *m;* **lower/upper** ~ unterer/gehobener Mittelstand ❷ *(as a whole)* ■ **the** ~ der Mittelstand **mid·dle-'class** *adj* Mittelstands-, mittelständisch; *(pej)* spießig **mid·dle 'ear** *n* Mittelohr *nt* **Mid·dle 'East** *n* ■ **the** ~ der Nahe Osten

'mid·dle·man *n* ❶ ECON *(person)* Zwischenhändler(in) *m(f);* (wholesaler) ■ **the** ~ der Zwischenhandel ❷ *(in disagreement)* Mittelsmann *m*

mid·dle 'name *n* zweiter Vorname **mid·dle-of-the-'road** *adj* ❶ *(moderate) opinions, views* gemäßigt ❷ *(pej: boring) film, music* mittelmäßig

'mid·dle·weight *n* SPORTS ❶ *no pl (category)* Mittelgewicht *nt* ❷ *(boxer)* Mittelgewichtler(in) *m(f)*

mid·dling ['mɪdlɪŋ] *adj (fam)* ❶ *(average)* mittlere(r, s); **to be of** ~ **height/weight** mittlerer Größe/mittleren Gewichts sein; *(moderate)* gemäßigt ❷ *(not very good)* mittelmäßig ❸ *(persons health)* einigermaßen **'Mid·east** *n* AM *(Middle East)* ■ **the** ~ der Nahe [*o* Mittlere] Osten

midge [mɪdʒ] *n* [kleine] Mücke

midg·et ['mɪdʒɪt] **I.** *n (dwarf)* Liliputaner(in) *m(f);* (child) Knirps *m fam,* Zwerg *m hum* **II.** *adj attr (small)* winzige(r, s), Mini-; CAN *(for children)* ~ **sports** Kindersport *m*

mid-life 'cri·sis *n* Midlife-Crisis *f*

'mid·night *n no pl* Mitternacht *f* **(at um) 'mid·point** *n usu sing* Mittelpunkt *m;* MATH Mittelwert *m* **mid·riff** ['mɪdrɪf] *n,* AM *also* **'mid·sec·tion** *n* Taille *f*

mid·ship·man ['mɪdˌʃɪpmən] *n* BRIT *(officer)* Leutnant *m* zur See; AM *(cadet)* Seeoffiziersanwärter *m*

mid·ships ['mɪdʃɪps] *adv* mittschiffs

midst [mɪdst] **I.** *n no pl (presence)* **he was lost in their** ~ er kam sich unter ihnen verloren vor; **I am honoured to be in your** ~ **this evening** ich bin geehrt, heute Abend in eurer Mitte zu sein; *(in middle of)* **in the** ~ **of chaos/a crisis** mitten im Chaos/in einer Krise; *(busy with)* **to be in the** ~ **of a discussion/meeting** gerade mitten in einer Diskussion/Sitzung sein **II.** *prep (old liter)* see **amid(st)**

mid·'sum·mer *n no pl* Hochsommer *m* **Mid·sum·mer('s) 'Day** *n* Johannistag *m* **mid-'term I.** *n* ❶ *no pl (mid-point)* of politi-

cal office Halbzeit *f* der Amtsperiode; *of school year* Schulhalbjahr *nt*; *of pregnancy* Hälfte *f* der Schwangerschaftszeit; UNIV *of semester* Semesterhälfte *f*; *of trimester* Trimesterhälfte *f* ❷ AM (*midterm exams*) ∎ **~s** *pl* Halbjahresprüfungen *pl* **II.** *adj* – **elections** Zwischenwahlen *pl*; **~ exams** SCH *Prüfungen in der Mitte eines Schuljahres/Semesters* **mid·way I.** *adv* [ˌmɪdˈweɪ] auf halbem Weg; **this fruit has a unique taste ~ between a pear and an apple** diese Frucht hat einen einzigartigen Geschmack, halb Birne und halb Apfel; **~ through the film the projector broke** mitten im Film ging der Projektor kaputt **II.** *adj* [ˌmɪdˈweɪ] *attr* auf halbem Weg **II.** *n* [ˈmɪdweɪ] AM *Mittelweg einer Ausstellung oder eines Jahrmarktes, an dem sich die Hauptattraktionen befinden* **mid·'week I.** *n no pl* Wochenmitte *f*; **by ~** bis Mitte der Woche **II.** *adv* mitten in der Woche; **I'll be home ~** Mitte der Woche bin ich wieder zu Hause
mid·wife [ˈmɪdwaɪf] *n* Hebamme *f*
mid·wife·ry [mɪdˈwaɪfəri] *n no pl* Geburtshilfe *f*
mid·'win·ter *n no pl* Mitte *f* des Winters; (*winter solstice*) Wintersonnenwende *f*
might¹ [maɪt] **I.** *pt of* **may II.** *aux vb* ❶ (*expressing possibility*) **that old bridge ~ be dangerous** die alte Brücke könnte gefährlich sein; **I ~ go to the cinema tonight** vielleicht gehe ich heute Abend ins Kino; (*could*) **someone phoned at six, it ~ have been him** um sechs rief jemand an, das könnte er gewesen sein; (*will be able to*) **he is closing his door so that he ~ have a little peace and quiet** er schließt seine Tür, damit er etwas Ruhe hat; (*expressing probability*) **if he keeps studying so hard he ~ even get a first in his final exams** wenn er weiterhin so eifrig lernt, könnte er sogar die Bestnote bei den Abschlussprüfungen bekommen ❷ (*conceding a fact*) **Leeds ~ be an excellent team, but ...** Leeds mag eine hervorragende Mannschaft sein, aber ... ❸ *esp* BRIT (*form: polite form of may*) **~ I ...?** dürfte ich [vielleicht] ...?; **how ~ I help you?** wie kann ich Ihnen behilflich sein?; (*when offended*) **~ I ask what you think you're doing in my room?** könnten Sie mir vielleicht sagen, was sie in meinem Zimmer zu suchen haben? ❹ (*form: making a suggestion*) **~ I make a suggestion?** dürfte ich vielleicht einen Vorschlag machen?; **I thought you ~ like to join me for dinner** ich dachte, du hättest vielleicht Lust, mit mir zu Abend zu essen; **she ~ as well tell the truth — they'll find it out anyway** sie könnte ebenso gut die Wahrheit sagen – sie werden es ohnehin herausfinden ❺ (*when reproaching*) **you ~ have at least made an effort** du hättest zumindest einen Versuch machen können; **you ~ have told me about the job!** du hättest mir eigentlich von dem Job erzählen müssen!; **I ~ have known that you'd lie to me** ich hätte es eigentlich wissen müssen, dass du mich anlügen würdest
might² [maɪt] *n no pl* ❶ (*authority*) Macht *f* ❷ (*strength*) Kraft *f*; MIL Stärke *f*
might·i·ly [ˈmaɪtɪli] *adv* ❶ (*with effort*) mit aller Kraft [*o* Macht]; (*fig: majestically, imposingly*) gewaltig ❷ (*fam: extremely*) überaus, sehr
mighty [ˈmaɪti] **I.** *adj* ❶ (*powerful*) *river, dinosaur* gewaltig; *king, country* mächtig; *warrior, giant* stark; (*using strength*) *punch* kraftvoll ❷ (*large in number*) *army, fleet* gewaltig **II.** *adv* AM (*fam*) sehr; **that was ~ nice of you** das war wirklich nett von dir
mi·graine [ˈmiːgreɪn] *n* Migräne *f*
mi·grant [ˈmaɪgrənt] *n* ❶ (*person*) Zuwanderer, Zuwanderin *m, f* ❷ (*bird*) Zugvogel *m* **II.** *adj* **~ birds** Zugvögel *pl*; **~ worker** Wanderarbeiter(in) *m(f)*; (*in EU*) Gastarbeiter(in) *m(f)*
mi·grate [maɪˈgreɪt] *vi* ❶ (*change habitat*) wandern, umherziehen; **to ~ to the north/south** *birds* nach Norden/Süden ziehen ❷ (*move*) *populations, customers* abwandern; *cells, chemicals* gelangen (**into** in)
mi·gra·tion [maɪˈgreɪʃən] *n* (*change of habitat*) Wanderung *f*; *of birds* Zug *m* ❷ (*for work*) *people* Abwanderung *f*; (*permanent*) Umzug *m*
mi·gra·tory [ˈmaɪgrətəri] *adj* ❶ *animals* Wander-; **~ bird** Zugvogel *m* (*of behaviour*) Wander-; **~ patterns** Migrationsverhalten *nt*
mike [maɪk] *n* (*fam*) *short for* **microphone** Mikro *nt*
mild [maɪld] **I.** *adj* ❶ (*gentle*) *person* sanft; *soap, laundry detergent* schonend; (*not severe*) *criticism* schwach; *punishment* mild; *reproach* leise; **with ~ shock/surprise** leicht geschockt/überrascht ❷ MED (*not strong*) leicht, schwach; (*not serious*) *fever, infection* leicht ❸ *cheese, whiskey* mild; *cigarette* leicht ❹ *weather, climate* mild; *breeze* sanft **II.** *n no pl* BRIT *mild schmeckendes, dunkles Bier*
mil·dew [ˈmɪldjuː] **I.** *n no pl* Schimmel *m*; (*on plants*) Mehltau *m* **II.** *vi* schimmeln; (*plants*) von Mehltau befallen sein
mild·ly [ˈmaɪldli] *adv* ❶ (*gently*) leicht; *speak, smile* sanft; *clean* schonend; (*not severely*) milde ❷ (*slightly*) *surprised, worried,*

mild·ness ['maɪldnəs] *n no pl* ❶ *of person* Sanftmut *f* ❷ *of criticism, soap* Milde *f*; MED *of disease, symptoms* Leichtigkeit *f* ❸ *of cheese, beer* Milde *f* ❹ *of weather* Milde *f*

mile [maɪl] *n* ❶ *(distance)* Meile *f*; **we could see for ~s and ~s** wir konnten meilenweit sehen; **a nautical ~** eine Seemeile; **to be ~s away** *(fig)* meilenweit entfernt sein; **to be ~ from anywhere** völlig abgeschieden sein; **to miss sth by a ~** etw meilenweit verfehlen ❷ *(fam: far from)* **to be ~s from apologizing/accepting a deal** meilenweit von einer Entschuldigung/einem Geschäftsabschluss entfernt sein; **to be ~s from the truth** weit von der Wahrheit entfernt sein; **to be ~s better** bei weitem besser sein; **to be a ~ off** meilenweit danebenliegen ❸ *(fam: daydreaming)* **to be ~s away** ganz woanders sein

mile·age ['maɪlɪdʒ] *n no pl* ❶ *(petrol efficiency)* Kraftstoffverbrauch *m*; **he gets bad/good ~ from his car** sein Auto verbraucht viel/wenig Kraftstoff ❷ *(distance travelled)* Meilenstand *m* ▶ **'mile·post** *n* Meilenpfosten *m*; *(fig)* Meilenstein *m* **'mile·stone** *n* *(also fig)* Meilenstein *m*

mil·i·tant ['mɪlɪtənt] **I.** *adj* militant **II.** *n* Kämpfer(in) *m(f)*; POL militantes Mitglied

mil·i·tar·ism ['mɪlɪtərɪzəm] *n no pl* Militarismus *m*; *(when overly aggressive)* Kriegstreiberei *f*

mil·i·tar·ist ['mɪlɪtərɪst] *n* Militarist(in) *m(f)*
mil·i·tar·is·tic [ˌmɪlɪtər'ɪstɪk] *adj* militaristisch
mil·i·ta·rize ['mɪlɪtəraɪz] *vt* militarisieren
mil·i·tary ['mɪlɪtri] *n* ▪ **the ~** das Militär
military a'cad·emy *n* ❶ *(for cadets)* Militärakademie *f* ❷ AM *(for pupils)* sehr strenge Privatschule **military po·'lice** *npl* ▪ **the ~** die Militärpolizei **military 'ser·vice** *n no pl* Wehrdienst *m*

mi·li·tia [mɪ'lɪʃə] *n* Miliz *f*

milk [mɪlk] **I.** *n no pl* ❶ *(product of lactation)* Milch *f*; *(breast milk)* Muttermilch *f*; *(in coconuts)* Kokosmilch *f*; **goat's/sheep's/cow's ~** Ziegen-/Schafs-/Kuhmilch *f* ❷ *(drink)* Milch *f*; **chocolate-flavoured ~** Schokoladenmilch *f*; **full fat [or** AM **whole] ~** Vollmilch *f*; **long-life ~** H-Milch *f*; **skimmed ~** entrahmte Milch **II.** *vt* ❶ *(get milk)* **cow, goat** melken ❷ *(exploit)* melken, schröpfen *fam*; **to ~ a story** JOURN eine Story ausschlachten

'milk bar *n* ❶ *(snack bar)* Milchbar *f* ❷ AUS *(shop)* Milchladen *m* **milk 'choc·o·late** *n no pl* Milchschokolade *f* **'milk float** *n* BRIT Milchwagen *m*

'milk·ing ma·chine ['mɪlkɪŋ-] *n* Melkmaschine *f*
'milk·maid *n* *(dated)* Milchmädchen *nt* **'milk·man** *n* Milchmann *m* **'milk shake** *n* Milchshake *m* **'milk·sop** *n* *(pej)* Schlappschwanz *m pej fam* **'milk tooth** *n* Milchzahn *m*

milky ['mɪlki] *adj* ❶ *(with milk)* mit Milch nach *n*; **~ coffee/tea** Milchkaffee/-tee *m* ❷ *(not clear)* **glass, water** milchig; **skin** sanft; **eyes** trüb

Milky 'Way *n no pl* ▪ **the ~** die Milchstraße

mill [mɪl] **I.** *n* ❶ *(building)* Mühle *f* ❷ *(machine)* Mühle *f* ❸ *(factory)* Fabrik *f*; **cotton ~** Baumwollspinnerei *f*; **steel ~** Stahlwerk *nt* ▶ **to put sb through the ~** jdn in die Mangel nehmen *sl* **II.** *vt* **grain, coffee** mahlen; **metal** walzen

mil·len·ni·um <*pl* -s *or* -nia> [mɪ'leniəm, *pl* -niə] *n* ❶ *(1000 years)* Jahrtausend *nt*, Millennium *nt geh* ❷ *(anniversary)* Jahrtausendfeier *f* ❸ REL *(reign of Christ)* Tausendjähriges Reich

mil·ler ['mɪlə'] *n* *(dated)* Müller(in) *m(f)*
mil·let ['mɪlɪt] *n no pl* Hirse *f*
mil·li·bar ['mɪlɪbɑː'] *n* Millibar *nt*
mil·li·gramme ['mɪlɪɡræm] *n*, AM **mil·li·gram** *n* Milligramm *nt*
mil·li·li·tre ['mɪlɪˌliːtə'] *n*, AM **mil·li·li·ter** *n* Milliliter *m*
mil·li·metre ['mɪlɪˌmiːtə'] *n*, AM **mil·li·me·ter** *n* Millimeter *m*
mil·li·ner ['mɪlɪnə'] *n* *(dated)* ❶ *(hat maker)* Hutmacher(in) *m(f)* ❷ *(hat seller)* Hutverkäufer(in) *m(f)*
mil·li·nery ['mɪlɪnəri] *n* *(dated)* ❶ *no pl* *(industry)* Hutmacherhandwerk *nt* ❷ *(shop)* Hutladen *m*

mil·lion ['mɪljən] *n* *(1,000,000)* Million *f*; **a ~ pounds** eine Million Pfund; **eight [people]** acht Millionen [Menschen]; **half a ~** eine halbe Million ❷ *(fam: countless number)* **I've already heard that story a ~ times** diese Geschichte habe ich schon tausendmal gehört; **you're going to make ~s on this deal** du wirst Millionen an diesem Handel verdienen; **~s of people/houses/trees** Unmengen von Menschen/Häusern/Bäumen; **~s and ~s of years ago** vor Millionen und Abermillionen von Jahren

mil·lion·aire [ˌmɪljə'neə'] *n* Millionär *m*
mil·li·pede ['mɪlɪpiːd] *n* Tausendfüßler *m*
'mill·pond *n* ❶ *(at a mill)* Mühlteich *m* ❷ *(calm water)* ruhiges Gewässer **'mill·stone** *n* Mühlstein *m* **'mill wheel** *n* Mühlrad *nt*

mil·om·eter [maɪ'lɒmɪtə'] *n* BRIT, AUS AUTO Meilenzähler *m*, ≈ Kilometerzähler *m*

mime [maɪm] **I.** *n* ❶ *no pl* (*technique*) Pantomime *f* ❷ THEAT (*actor*) Pantomime(in) *m(f)*; (*performance*) Pantomime *f*; **by ordinary person** Nachahmung *f* **II.** *vi* **to ~ to a song** zu einem Lied die Lippen bewegen **III.** *vt* THEAT pantomimisch darstellen; (*mimic*) mimen

'mime art·ist *n* Pantomime(in) *m(f)*

mim·ic ['mɪmɪk] **I.** *vt* <-ck-> ❶ (*imitate*) nachahmen; (*when teasing*) nachäffen *pej* ❷ (*be similar*) plant, animal nachahmen; drug, disease ähneln, gleichen **II.** *n* Imitator(in) *m(f)*

mim·ic·ry ['mɪmɪkrɪ] *n* ❶ *no pl* Nachahmung *f*; (*by plant, animal*) Mimikry *f fachspr*; (*by disease, drug*) Ähnlichkeit *f* ❷ (*instance*) Nachahmung *f*

mi·mo·sa [mɪˈməʊzə] *n* Mimose *f*

min I. *n* ❶ *abbrev of* **minimum** min. ❷ *abbrev of* **minute** min **II.** *adj abbrev of* **minimum** min.

mina·ret [ˌmɪnəˈret] *n* Minarett *nt*

mince [mɪn(t)s] **I.** *vt* FOOD meat hacken; (*in grinder*) durch den Fleischwolf drehen; garlic, onions klein schneiden ▶ **to not ~ [one's] words** kein Blatt vor den Mund nehmen **II.** *vi* trippeln, tänzeln **III.** *n no pl* BRIT, AUS Hackfleisch *nt*

'mince·meat *n no pl* BRIT süße Gebäckfüllung aus Dörrobst und Gewürze

mince 'pie *n* BRIT Kleines Törtchen mit Füllung aus Dörrobst und Gewürze, das traditionell in der Weihnachtszeit gegessen wird

minc·er ['mɪn(t)sə*r*] *n* Fleischwolf *m*

minc·ing ['mɪn(t)sɪŋ] *adj* ❶ (*not to the point*) ausweichend, indirekt ❷ (*affected*) ~ **walk** trippelnder Gang; ~ **steps** Trippelschritte *pl*

mind [maɪnd] **I.** *n* ❶ (*brain, intellect*) Geist *m*, Verstand *m*; **she's one of the greatest ~s of today** sie ist einer der größten Köpfe unserer Zeit; **frame of ~** seelische Verfassung; **to have a logical ~** logisch denken können; **to use one's ~** seinen Verstand gebrauchen ❷ (*sanity*) Verstand *m*; **to be in one's right ~** noch ganz richtig im Kopf sein; **to be out of one's ~** den Verstand verloren haben; **to drive sb out of his/her ~** jdn wahnsinnig machen ❸ (*thoughts*) Gedanken *pl*; **the idea never entered my ~** auf diesen Gedanken wäre ich gar nicht gekommen; **I can't get that song out of my ~** das Lied will mir einfach nicht mehr aus dem Kopf gehen!; **you're always on my ~** ich denke die ganze Zeit an dich; **what's on your ~?** woran denkst du?; **to bear sth in ~** etw nicht vergessen; **bearing in ~ that ...** angesichts der Tatsache, dass ...; **to have sb/sth in ~** an jdn/etw denken; **to have a lot of things on one's ~** viele Sorgen haben; **to read sb's ~** jds Gedanken lesen; **to take sb's ~ off sth** jdn auf andere Gedanken bringen ❹ (*intention*) **nothing could be further from my ~ than ...** nichts läge mir ferner als ...; **to know one's [own] ~** wissen, was man will; **to make up one's ~** sich entscheiden; **to set one's ~ on sth** sich *dat* etw in den Kopf setzen ❺ *usu sing* (*opinion*) Meinung *f*, Ansicht *f*; **to give sb a piece of one's ~** jdm seine Meinung sagen; **to be of the same ~** der gleichen Meinung sein; **to be in two ~s about sth** sich *dat* über etw *akk* nicht im Klaren sein; **to change one's ~** es sich *dat* anders überlegen ▶ **to be bored out of one's ~** sich zu Tode langweilen **II.** *vt* ❶ (*be careful of*) ▪ **to ~ sth** auf etw *akk* aufpassen; **~ your head** pass auf, dass du dir nicht den Kopf stößt; **~ the step!** Vorsicht Stufe! ❷ (*care about*) ▪ **to ~ sb** sich um jdn kümmern; **don't ~ me** kümmer dich nicht um mich; **don't ~ what she says** kümmer dich nicht darum, was sie sagt; **never ~ her!** vergiss sie doch einfach!; **~ your own business!** kümmer dich nicht um deine eigenen Angelegenheiten!; **I don't ~ the heat** die Hitze macht mir nichts aus!; **I don't ~ what she does** es ist mir egal, was sie macht ❸ (*make certain*) ▪ **to ~ that ...** denk daran, dass ...; **~ you close the door when you leave** vergiss nicht, die Tür zuzumachen, wenn du gehst; **~ you get this done before she gets home** sieh zu, dass du damit fertig wirst, bevor sie nach Hause kommt ❹ (*look after*) ▪ **to ~ sb/sth** auf jdn/etw aufpassen; **I'm ~ing the shop** ich kümmere mich hier um den Laden *fam* ❺ (*fam: object*) **would you be ~ing this for me?** würden Sie das [kurz] für mich halten?; **do you ~ my asking you a question?** darf ich Ihnen eine Frage stellen?; **do you ~ my smoking?** stört es Sie, wenn ich rauche?; **I wouldn't ~ a new car/a cup of tea** gegen ein neues Auto/eine Tasse Tee hätte ich nichts einzuwenden! ▶ **to ~ one's p's and q's** sich gut benehmen; **~ you** allerdings **III.** *vi* ❶ (*care*) sich *dat* etwas daraus machen; **I don't ~** das ist mir egal; **never ~!** [ist doch] egal!; **never ~, I'll do it myself!** vergiss es, ich mach's selbst!; **never ~ about her — what about you?** jetzt vergiss sie doch mal – was ist mit dir? ❷ (*object*) etwas dagegen haben; **do you ~ if I ...?** stört es Sie, wenn ich ...?; **nobody will ~** das wird niemanden stören; **if you don't ~ ...** wenn du nichts dagegen hast, ... ▶ **never ~ ...** geschweige denn ...

'mind-bend·ing *adj* (*fam*) puzzle knifflig

'mind-blow·ing *adj* (*sl*) irre *fam* **mind·ed** ['maɪndɪd] *adj pred* ❶ (*inclined*) **to be mathematically/scientifically ~** eine mathematische/wissenschaftliche Neigung haben ❷ (*enthusiastic*) begeistert; **to be romantically ~** romantisch veranlagt sein

mind·er ['maɪndə'] *n* ❶ *esp* BRIT (*care-taker*) Aufpasser(in) *m(f)* ❷ (*bodyguard*) Leibwächter(in) *m(f)*

mind·ful ['maɪn(d)fəl] *adj pred* ❶ (*be concerned about*) **to be ~ of sb's feelings/condition** jds Gefühle/Zustand berücksichtigen; **ever ~ of her comfort, ...** stets auf ihr Wohl bedacht, ... ❷ (*have understanding*) **to be ~ of the disadvantages/problems/risks** sich *dat* der Nachteile/Probleme/Risiken bewusst sein **mind·less** ['maɪn(d)ləs] *adj* ❶ (*pointless*) sinnlos; **violence, jealousy** blind ❷ (*not intellectual*) **job, talk, work** geistlos; **entertainment** anspruchslos ❸ (*heedless*) hirnlos, ohne Verstand **'mind read·er** *n* Gedankenleser(in) *m(f)*

mine¹ [maɪn] *pron poss* ❶ (*belonging to me*) meine(r, s); **you go your way and I'll go ~** du gehst deinen Weg und ich den meinigen; **she's an old friend of ~** sie ist eine alte Freundin von mir ❷ *det* (*old: my*) meine(r, s)

mine² [maɪn] **I.** *n* ❶ (*excavation*) Bergwerk *nt*; (*fig: valuable source*) Fundgrube *f*; **a coal ~** eine Kohlengrube; **to work in the ~s** unter Tage arbeiten ❷ MIL (*explosive*) Mine *f* **II.** *vt* ❶ (*obtain resources*) **coal, iron, diamonds** abbauen, fördern; **gold** schürfen ❷ (*plant mines*) **to ~ an area** ein Gebiet verminen **III.** *vi* **to ~ for coal/diamonds/silver/gold** nach Kohle/Diamanten/Silber/Gold graben

'mine-de·tec·tor *n* Minensuchgerät *nt*
'mine·field *n* Minenfeld *nt*; (*fig*) gefährliches Terrain

min·er ['maɪnə'] *n* Bergarbeiter(in) *m(f)*
min·er·al ['mɪnərəl] *n* ❶ (*inorganic substance*) Mineral *nt* ❷ (*when obtained by mining*) [Gruben]erz *nt*, Mineral *nt* ❸ (*in nutrition*) Mineral *nt*

'min·er·al de·pos·its *npl* Erzlagerstätten *pl*
min·er·al·ogi·cal [ˌmɪnərə'lɒdʒɪkəl] *adj* mineralogisch

min·er·alo·gist [ˌmɪnər'ælədʒɪst] *n* Mineraloge(in) *m(f)*
min·er·al·ogy [ˌmɪnər'ælədʒi] *n no pl* Mineralogie *f*

'min·er·al re·sour·ces *npl* Bodenschätze *pl*
'min·er·al wa·ter *n no pl* Mineralwasser *nt*; **carbonated/still ~** kohlensäurehaltiges/stilles Mineralwasser

'mine·sweep·er *n* NAUT (*fam*) Minenräumer *m*

min·gle ['mɪŋgl] **I.** *vt usu passive* mischen; **excitement at starting a new job is always ~ed with a certain amount of fear** Aufregung beim Beginn in einem neuen Job ist immer mit einer gewissen Portion Angst vermischt **II.** *vi* ❶ (*socialize*) sich untereinander vermischen; **to ~ with the guests** sich unter die Gäste mischen ❷ (*mix*) sich vermischen

mini- ['mɪni] *in compounds* (*library, shop*) Mini-
Mini ['mɪni] *n* AUTO, TRANSP (*small car*) Mini *m*
minia·ture ['mɪnətʃə'] **I.** *adj attr* Miniatur- *f* **II.** *n* ❶ (*painting, model*) Miniatur *f* ❷ (*bottle*) Miniflasche *f*

minia·ture 'rail·way *n* Liliputbahn *f*
'mini·bus *n* Kleinbus *m*
'mini·cab *n* BRIT Kleintaxi *nt*
min·im ['mɪnɪm] *n* BRIT, AUS MUS halbe Note
mini·mal ['mɪnɪməl] *adj* minimal, Mindest-; **with ~ effort** mit möglichst wenig Anstrengung

mini·mize ['mɪnɪmaɪz] *vt* ❶ (*reduce*) auf ein Minimum beschränken, minimieren ❷ (*underestimate*) schlechtmachen; **to ~ sb's feelings/concerns/anger** jds Gefühle/Sorgen/Ärger herunterspielen

mini·mum ['mɪnɪməm] **I.** *n* <*pl* -s *or* -ima> Minimum *nt*; **a ~ of 3 hours** mindestens 3 Stunden; **to keep sth to a ~** etw so niedrig wie möglich halten **II.** *adj* ❶ (*lowest possible*) Mindest-; **~ requirements** Mindestanforderungen *pl* ❷ (*very low*) Minimal-, minimal

min·ing ['maɪnɪŋ] **I.** *n no pl* Bergbau *m* **II.** *adj attr* Bergbau-, Bergwerks-
'min·ing en·gi·neer *n* Bergbauingenieur(in) *m(f)*
min·ion ['mɪnjən] *n* (*pej*) Speichellecker(in) *m(f)*
'mini·skirt *n* Minirock *m*
min·is·ter ['mɪnɪstə'] **I.** *n* ❶ (*in government*) Minister(in) *m(f)* ❷ (*diplomat*) Gesandte(r) *f(m)* ❸ (*protestant priest*) Pfarrer(in) *m(f)* **II.** *vi* (*be of service*) ■ **to ~ to sb** jdm zu Diensten sein; (*take care of*) **to ~ to sb's needs** sich um jdn kümmern
min·is·ter·ial [ˌmɪnɪ'stɪəriəl] *adj* Minister-, ministeriell; **~ responsibilities** Aufgaben eines Ministers
min·is·tra·tions [ˌmɪnɪ'streɪʃənz] *npl* (*liter or hum*) liebevolle Fürsorge
min·is·try ['mɪnɪstri] *n* ❶ (*in government*) Ministerium *nt*; **~ of agriculture/defence/transport** Landwirtschafts-/Verteidigungs-/Verkehrsministerium *nt* ❷ POL (*period of government*) Amtszeit *f* ❸ *no pl* (*priesthood*) ■ **the ~** der geistliche Stand ❹ (*tenure as pas-*

tor) geistliches Amt

mink [mɪŋk] *n* ❶ *no pl* (*animal, fur*) Nerz *m* ❷ (*coat*) Nerz[mantel] *m*

mi·nor ['maɪnəʳ] **I.** *adj* ❶ (*small*) *detail, criticism* nebensächlich; *character, plot* unbedeutend; *crime, violation* geringfügig; *improvement, repair* unwichtig; *accident, incident* leicht; *interest, hobby* klein; ~ **road** Nebenstraße *f*; **to be of ~ importance** von geringer Bedeutung sein ❷ (*low-ranking*) *official, supervisor* untergeordnet ❸ MED (*not serious*) leicht; *operation* klein ❹ MUS Moll-; **a ~ note** ein Ton in Moll **II.** *n* ❶ (*underage person*) Minderjährige(r) *f(m)* ❷ MUS Moll *nt* ❸ SPORTS (*minor leagues*) ■ **the ~s** *pl* niedrige Klassen ❹ AM, AUS UNIV (*secondary study*) Nebenfach *nt* **III.** *vi* AM, AUS UNIV **to ~ in biology/linguistics/math** Biologie/Linguistik/Mathematik im Nebenfach studieren

Mi·nor·ca [mɪˈnɔːkə] *n* Menorca *nt*

Mi·nor·can [mɪˈnɔːkən] **I.** *adj* menorquinisch **II.** *n* Menorquiner(in) *m(f)*

mi·nor·ity [maɪˈnɒrəti] *n* ❶ (*the smaller number*) Minderheit *f*; **in a ~ of cases** in wenigen Fällen; **a ~ of people** eine Minderheit; **to be in the ~** in der Minderheit sein ❷ (*racial/ethnic group*) Minderheit *f*

min·strel [ˈmɪn(t)strəl] *n* (*hist: entertainer*) Spielmann *m*; (*singer*) Minnesänger *m*

mint[1] [mɪnt] **I.** *n* ❶ (*coin factory*) Münzanstalt *f*, Prägeanstalt *f* ❷ (*fam: lots of money*) **to make/cost a ~** einen Haufen Geld machen/kosten *fam* **II.** *vt money* prägen; *gold, silver* münzen **III.** *adj attr coin* neu geprägt; (*fig*) nagelneu *fam*; **in ~ condition** in tadellosem Zustand

mint[2] [mɪnt] *n* ❶ *no pl* (*herb*) Minze *f* ❷ (*sweet*) Pfefferminz[bonbon] *nt*

mint 'tea *n* Pfefferminztee *m*

minu·et [ˌmɪnjuˈet] *n* Menuett *nt*

mi·nus [ˈmaɪnəs] **I.** *prep* MATH minus; **what is 57 ~ 39?** was ist 57 minus 39? **II.** *n* <*pl* -es> ❶ (*minus sign*) Minus[zeichen] *nt* ❷ (*disadvantage*) Minus *nt* **III.** *adj attr* ❶ (*disadvantage*) Minuspunkt *m* ❷ (*number*) minus; **~ ten Celsius** minus zehn Grad Celsius ❸ *after n* SCH (*in grading*) **a B ~** eine Zwei minus

mi·nus·cule [ˈmɪnəskjuːl] **I.** *n* Kleinbuchstabe *m* **II.** *adj* winzig

min·ute[1] [ˈmɪnɪt] **I.** *n* ❶ (*sixty seconds*) Minute *f*; **this ~** sofort ❷ (*short time*) Moment *m*, Minute *f*; **wait here, I'll only be a ~!** warte hier, ich bin gleich soweit!; [*wait*] **just a ~!** (*for delay*) einen Moment noch!; (*in disbelief*) Moment mal! ❸ (*soon*) **Mr Smith will be here any ~ now** Herr Smith wird jeden Augenblick hier sein; **at any ~** jede Minute; **in a ~** gleich, sofort ❹ (*specific point in time*) Minute *f*; **tell me the ~ that he arrives** sag mir sofort Bescheid, wenn er kommt!; **I disliked him the ~ I saw him!** er war mir vom ersten Augenblick an unsympathisch; **to do sth at the last ~** etw in letzter Minute tun **II.** *adj attr* Instant-

min·ute[2] [maɪˈnjuːt] *adj* ❶ (*small*) winzig; **in ~ detail** bis ins kleinste Detail ❷ (*meticulous*) minuziös

'min·ute hand *n* Minutenzeiger *m*

mi·nute·ly [maɪˈnjuːtli] *adv* minuziös, bis ins kleinste Detail

mi·nu·tiae [maɪˈnjuːʃiaɪ] *npl* nebensächliche Details

mira·cle [ˈmɪrəkl] *n* Wunder *nt*; **to perform a ~** ein Wunder vollbringen; **don't expect me to work ~s** erwarte keine Wunder von mir; **by some ~** wie durch ein Wunder

'mira·cle play *n* (*hist*) THEAT Mirakelspiel *nt fachspr*

mi·racu·lous [mɪˈrækjələs] *adj* wunderbar; **to make a ~ recovery** wie durch ein Wunder genesen

mi·rage [ˈmɪrɑːʒ] *n* Fata Morgana *f*; (*fig*) Trugbild *nt*, Illusion *f*

mire [maɪəʳ] *n* ❶ (*swamp*) Sumpf *m* ❷ *no pl* (*mud*) Morast *m*, Schlamm *m* ❸ (*confusing situation*) Morast *m*; (*unpleasant situation*) Sumpf *m*

mir·ror [ˈmɪrəʳ] **I.** *n* ❶ (*looking-glass*) Spiegel *m* ❷ (*reflection*) Spiegelbild *nt* **II.** *vt* widerspiegeln

mir·ror 'im·age *n* Spiegelbild *nt*

mirth [mɜːθ] *n* *no pl* (*merriment*) Fröhlichkeit *f*; (*laughter*) Heiterkeit *f*

mirth·ful [ˈmɜːθfəl] *adj* fröhlich **mirth·less** [ˈmɜːθləs] *adj* freudlos

mis·ad·ven·ture [ˌmɪsədˈventʃəʳ] *n* ❶ (*form, liter: unlucky event*) Missgeschick *nt* ❷ *no pl* (*bad luck*) Pech *nt* ❸ BRIT LAW (*unintentional act*) **death by ~** Tod durch Unfall; **homicide by ~** fahrlässige Tötung

mis·al·li·ance [ˌmɪsəˈlaɪən(t)s] *n* Mesalliance *f geh*

mis·an·thrope [ˈmɪsənθrəʊp] *n* (*hater*) Menschenfeind(in) *m(f)*; (*loner*) Einzelgänger(in) *m(f)*

mis·an·throp·ic [ˌmɪsənˈθrɒpɪk] *adj* menschenfeindlich, misanthropisch *geh*

mis·an·thro·py [mɪˈsænθrəpi] *n no pl* Menschenhass *m*, Misanthropie *f geh*

mis·ap·ply <-ie-> [ˌmɪsəˈplaɪ] *vt* missbrauchen; **to ~ funds** Kapital fehlleiten; (*embezzle*) Gelder veruntreuen

mis·ap·pre·hend [ˌmɪsæprɪˈhend] *vt* missverstehen

mis·ap·pre·hen·sion [ˌmɪsæprɪˈhen(t)ʃən]

mis·ap·pro·pri·ate [ˌmɪsəˈprəʊprieɪt] *vt funds* veruntreuen

mis·ap·pro·pri·a·tion [ˌmɪsəˌprəʊpriˈeɪʃ°n] *n no pl of money* Unterschlagung *f*, Veruntreuung *f*

mis·be·have [ˌmɪsbɪˈheɪv] *vi* ❶ (*behave badly*) *adult* sich schlecht benehmen; *child* ungezogen sein; (*malfunction*) *machine* nicht richtig funktionieren ❷ (*be dishonest*) krumme Geschäfte machen *fam*

mis·be·hav·iour [ˌmɪsbɪˈheɪvjə^r], *Am* **mis·be·hav·ior** *n no pl by adult* schlechtes Benehmen; *by child* Ungezogenheit *f*

misc. *adj short for* **miscellaneous** verschiedene

mis·cal·cu·late [ˌmɪsˈkælkjəleɪt] *vt* ❶ (*in math*) falsch berechnen ❷ (*misjudge*) falsch einschätzen

mis·cal·cu·la·tion [ˌmɪsˌkælkjəˈleɪʃ°n] *n* ❶ (*in math*) Fehlkalkulation *f* ❷ (*in planning*) Fehleinschätzung *m*; **to make a ~ in sth** etw falsch einschätzen

mis·car·riage [mɪˈskærɪdʒ] *n* Fehlgeburt *f*

mis·car·ry <-ie-> [mɪˈskæri] *vi* ❶ (*in pregnancy*) eine Fehlgeburt haben ❷ (*fail*) *plan, project* scheitern

mis·cel·la·neous [ˌmɪsəˈleɪniəs] *adj* verschieden(r, s), diverse(r, s); *collection, crowd* bunt; *short stories, poems* vermischt, verschiedenerlei; **~ expenditure** sonstige Ausgaben

mis·cel·la·ny [mɪˈseləni] *n* ❶ (*mixture*) Auswahl *f*, [An]sammlung *f* (**of** von) ❷ (*book*) Sammelband *m*, Auslese *f*

mis·chance [mɪsˈtʃɑːn(t)s] *n* (*form*) *no pl* (*bad luck*) Pech *nt* ❷ (*unlucky event*) Zwischenfall *m*

mis·chief [ˈmɪstʃɪf] *n* ❶ *no pl* (*troublesome behaviour*) Unfug *m*; **to get up to ~** Unfug anstellen wollen; **to be full of ~** nur Unfug im Kopf haben; **to keep sb out of ~** jdn davon abhalten, Dummheiten zu machen ❷ *no pl* (*problems*) **to mean ~** Unfrieden stiften wollen ❸ *Brit* (*fam: injury*) **to do oneself a ~** sich verletzen

mis·chie·vous [ˈmɪstʃɪvəs] *adj* ❶ (*naughty*) immer zu Streichen aufgelegt; **~ antics** Streiche *pl*; **~ child** Schlingel *m*; **~ grin** spitzbübisches Grinsen ❷ (*malicious*) boshaft; *rumours* bösartig

mis·con·ceive [ˌmɪskənˈsiːv] *vt* ❶ (*form: misunderstand*) falsch verstehen ❷ (*misjudge*) falsch einschätzen, verkennen; *purpose, situation* missdeuten ❸ (*design poorly*) schlecht konzipieren

mis·con·ceived [ˌmɪskənˈsiːvd] *adj* ❶ (*misunderstood*) falsch verstanden; **~ notion** falsche Vorstellung ❷ (*ill-judged*) falsch eingeschätzt, missdeutet ❸ (*ill-designed*) schlecht konzipiert

mis·con·cep·tion [ˌmɪskənˈsepʃ°n] *n* falsche Vorstellung (**about** von), Irrglaube *m*; **a popular ~** ein verbreiteter Irrglaube

mis·con·duct I. *n* [ˌmɪˈskɒndʌkt] *no pl* ❶ (*bad behaviour*) schlechtes Benehmen; MIL schlechte Führung; **professional ~** standeswidriges Verhalten; **sexual ~** sexuelle Verfehlung; **~ in office** Amtsvergehen *nt* ❷ (*poor organization*) schlechte Verwaltung; **~ of financial affairs** unzulängliche Finanzverwaltung **II.** *vt* [ˌmɪskənˈdʌkt] ❶ (*behave badly*) ■ **to ~ oneself** sich schlecht benehmen ❷ (*organize badly*) schlecht führen

mis·con·struc·tion [ˌmɪskənˈstrʌkʃ°n] *n* (*form*) Missdeutung *f*, Missverständnis *nt*, falsche Auslegung

mis·con·strue [ˌmɪskənˈstruː] *vt* missdeuten, missverstehen, falsch auslegen; **to ~ sth as sth** etw fälschlicherweise als etw auslegen

mis·deed [mɪsˈdiːd] *n* (*form*) Untat *f*

mis·de·mean·our [ˌmɪsdɪˈmiːnə^r] *n*, *Am* **mis·de·mean·or** *n* ❶ (*minor bad action*) [leichtes] Vergehen, [leichter] Verstoß, [geringfügige] Verfehlung ❷ *Am* LAW geringfügiges Vergehen, Bagatelldelikt *nt*

mis·di·rect [ˌmɪsdɪˈrekt] *vt* ❶ (*send in wrong direction*) in die falsche Richtung schicken; *letter* falsch adressieren; *luggage, shipment* fehlleiten ❷ (*aim wrongly*) in die falsche Richtung lenken; **to ~ a free kick** FBALL einen Freistoß vergeben ❸ *usu passive* (*misapply*) ■ **to be ~ed** *energies, resources* falsch eingesetzt werden; *criticism, praise* unangebracht sein ❹ LAW (*instruct wrongly*) falsch unterrichten; *jury* falsch belehren

mi·ser [ˈmaɪzə^r] *n* Geizhals *m*, Geizkragen *m*

mis·er·able [ˈmɪzərəbl] *adj* ❶ (*unhappy*) unglücklich, elend; **to feel ~** sich elend fühlen; **a ~ time** eine schreckliche Zeit; **to make life ~ [for sb]** [jdm] das Leben unerträglich machen ❷ *attr* (*bad-tempered*) griesgrämig; (*repulsive*) unausstehlich; (*fam: as insult*) mies, Mist-; **~ old git** alter Miesepeter ❸ (*very unpleasant*) schauderhaft, grässlich ❹ (*inadequate*) armselig, dürftig; **a ~ £20** lumpige 20 Pfund ❺ *attr* (*wretched*) erbärmlich, jämmerlich; **to be a ~ failure** ein kompletter Misserfolg sein ❻ *Aus, NZ* (*stingy*) geizig, knauserig

mis·er·ably [ˈmɪzərəbli] *adv* ❶ (*unhappily*) traurig, niedergeschlagen ❷ (*extremely*) schrecklich, furchtbar ❸ (*utterly*) jämmerlich, kläglich; **to fail ~** jämmerlich versagen

mi·ser·ly [ˈmaɪzəli] *adj* geizig

mis·ery [ˈmɪzəri] *n* ❶ *no pl* (*suffering*) Elend

nt, Not *f* ❷ *no pl* (*unhappiness*) Jammer *m* ❸ (*strain*) ■**miseries** *pl* Qualen *fpl*, Strapazen *fpl* ▶ **to make sb's life a ~** jdm das Leben zur Qual [*o* Hölle] machen; **to put an animal out of its ~** ein Tier von seinen Leiden erlösen

mis·fire I. *vi* [mɪsˈfaɪər] *weapon* versagen; *engine* eine Fehlzündung haben; *plan* schiefgehen, danebengehen, misslingen **II.** *n* [mɪsˈfaɪər] *no pl* (*of gun*) Ladehemmung *f*; (*of engine*) Fehlzündung *f*, Aussetzer *m fam*

mis·fit [ˈmɪsfɪt] *n* Außenseiter(in) *m(f)*, Eigenbrötler(in) *m(f)*; **a social ~** ein gesellschaftlicher Außenseiter/eine gesellschaftliche Außenseiterin

mis·for·tune [mɪsˈfɔːtʃuːn] *n* ❶ *no pl* (*bad luck*) Pech *nt*, Unglück *nt* ❷ (*mishap*) Missgeschick *nt kein pl*

mis·giv·ing [mɪsˈgɪvɪŋ] *n* ❶ (*doubt*) Befürchtung *f*, Bedenken *nt meist pl* (**about** wegen) ❷ *no pl* ungutes Gefühl; **to be filled with ~** böse Ahnungen haben

mis·gov·ern [mɪsˈgʌvən] *vt* schlecht regieren

mis·gov·ern·ment [mɪsˈgʌvənmənt] *n no pl* schlechte Regierung

mis·guid·ed [mɪsˈgaɪdɪd] *adj attempt, measure* unsinnig; *effort, policy* verfehlt; *enthusiasm, idealism* falsch, unangebracht; *people* fehlgeleitet, irregeleitet; **to be ~ in sth** mit etw *dat* falschliegen

mis·han·dle [mɪsˈhændl] *vt* ❶ (*mismanage*) falsch behandeln; *business* schlecht führen; **to ~ an investigation** bei einer Untersuchung [grobe] Fehler machen; **to ~ a situation** mit einer Situation falsch umgehen ❷ (*handle roughly*) misshandeln

mis·hap [ˈmɪshæp] *n* Unfall *m*, Panne *f*

mis·hear [mɪsˈhɪər] **I.** *vt* <-heard, -heard> falsch hören **II.** *vi* <-heard, -heard> sich verhören

mish·mash [ˈmɪʃmæʃ] *n* Mischmasch *m fam*, Durcheinander *nt* (**of** von)

mis·in·form [ˌmɪsɪnˈfɔːm] *vt* falsch informieren

mis·in·ter·pret [ˌmɪsɪnˈtɜːprɪt] *vt* missverstehen; *evidence, statement, text* falsch interpretieren; *gesture, remark* falsch deuten

mis·in·ter·pre·ta·tion [ˌmɪsɪnˌtɜːprɪˈteɪʃən] *n* Missverständnis *nt*, Fehlinterpretation *f*

mis·judge [mɪsˈdʒʌdʒ] *vt prospects, situation* falsch einschätzen [*o* beurteilen]; *amount, distance* falsch schätzen

mis·judg(e)·ment [mɪsˈdʒʌdʒmənt] *n* ❶ *no pl* (*wrong assessment*) falsche Einschätzung [*o* Beurteilung]; *of damage, size, sum* falsche Schätzung ❷ (*wrong decision*) Fehlentscheidung *f*, Fehlurteil *nt*

mis·lay <-laid, -laid> [mɪsˈleɪ] *vt* verlegen

mis·lead <-led, -led> [mɪsˈliːd] *vt* ❶ (*deceive*) täuschen, irreführen ❷ (*lead astray*) verführen, verleiten; **~ to ~ sb into [doing] sth** jdn zu etw *dat* verleiten

mis·lead·ing [mɪsˈliːdɪŋ] *adj* irreführend

mis·man·age [ˌmɪsˈmænɪdʒ] *vt* ■**to ~ sth** mit etw *dat* falsch umgehen; *business* etw schlecht führen; *an estate, finances* etw schlecht verwalten

mis·man·age·ment [ˌmɪsˈmænɪdʒmənt] *n* schlechte Verwaltung [*o* Führung]; **~ of the economy** schlechte Wirtschaftspolitik

mis·name [mɪsˈneɪm] *vt* ❶ (*call wrongly*) falsch benennen ❷ (*call inappropriately*) unzutreffend bezeichnen

mis·no·mer [mɪsˈnəʊmər] *n* ❶ (*wrong name*) falscher Name; LAW *in document* falsche Benennung ❷ (*inappropriate name*) unzutreffender Name, unzutreffende Bezeichnung

mi·sog·y·nist [mɪˈsɒdʒənɪst] **I.** *n* Frauenfeind *m* **II.** *adj* frauenfeindlich

mis·place [mɪsˈpleɪs] *vt* verlegen

mis·print [ˈmɪsprɪnt] *n* Druckfehler *m*

mis·pro·nounce [ˌmɪsprəˈnaʊn(t)s] *vt* falsch aussprechen

mis·pro·nun·ci·a·tion [ˌmɪsprəˌnʌn(t)sɪˈeɪʃən] *n* ❶ *no pl* (*incorrectness*) falsche Aussprache ❷ (*mistake*) Aussprachefehler *m*

mis·read <-read, -read> [mɪsˈriːd] *vt* ❶ (*read incorrectly*) *word, text* falsch lesen ❷ (*misinterpret*) *instruction, signal* falsch verstehen, missverstehen

mis·rep·re·sent [ˌmɪsreprɪˈzent] *vt* falsch darstellen; ■**to ~ sb as sb/sth** jdn fälschlicherweise als jd/etw hinstellen; **to ~ facts** Tatsachen entstellen; LAW falsche Tatsachen vorspiegeln

mis·rep·re·sen·ta·tion [ˌmɪsreprɪzenˈteɪʃən] *n* ❶ (*false account*) falsche Darstellung; LAW falsche Angabe; **a ~ of facts** LAW eine Vorspiegelung falscher Tatsachen; **a ~ of the truth** eine Entstellung der Wahrheit ❷ *no pl* (*false representation*) falsche Wiedergabe

miss¹ [mɪs] *n* ❶ (*young unmarried woman*) Fräulein *nt veraltend* ❷ (*title*) ■**M~** Fräulein *nt veraltend*; **M~ America** Miss Amerika ❸ BRIT (*address for [unmarried] teacher*) ■**M~** Fräulein *nt veraltet*

miss² [mɪs] **I.** *n* <*pl* -es> ❶ (*failure*) Fehlschlag *m*, Misserfolg *m*; SPORTS (*hit*) Fehltreffer *m*; (*shot*) Fehlschuss *m*; (*throw*) Fehlwurf *m*; AUTO Fehlzündung *f*; **I've never had a car accident, but I've had a few near ~es** ich hatte noch nie einen Unfall, aber ein paar Beinahezusammenstöße ❷ BRIT, AUS (fam: skip) **to give sth a ~ dance, dessert** etw auslassen; (avoid) meeting, practice etw sausen lassen **II.** vi ❶ (not hit) nicht treffen; projectile also danebengehen; person, weapon also danebenschießen ❷ (be unsuccessful) missglücken, fehlschlagen ❸ engine aussetzen **III.** vt ❶ (not hit) verfehlen, nicht treffen ❷ (not meet) bus, train verpassen; deadline nicht [ein]halten ❸ (be absent) versäumen, verpassen; **to ~ school** in der Schule fehlen ❹ (not use) opportunity verpassen; **his new film is too good to ~** seinen neuen Film darf man sich einfach nicht entgehen lassen ❺ (avoid) vermeiden; **I narrowly ~ed being run over** ich wäre fast überfahren worden ❻ (not see) übersehen ❼ (not hear) nicht mitbekommen; (deliberately) überhören ❽ (not notice) nicht bemerken; (deliberately) übersehen; **Susan doesn't ~ much** Susan entgeht einfach nichts ❾ (not have) **I've ~ed my period** ich habe meine Tage nicht bekommen; **I decided to ~ breakfast** ich beschloss, nicht zu frühstücken ❿ (long for) vermissen; **I ~ having you here to talk to** du fehlst mir hier zum Reden ⓫ (notice loss) vermissen ▶ **to ~ the point** nicht verstehen, worum es geht ◆ **miss out I.** vt ❶ (accidentally) vergessen, übersehen ❷ (deliberately) [absichtlich] übersehen, weglassen **II.** vi zu kurz kommen; **don't ~ out — get involved!** lass dir das nicht entgehen — mach mit!; **you really ~ed out** da ist dir echt was entgangen fam; ■ **to ~ out on sth** opportunity sich dat etw entgehen lassen

mis·shap·en [mɪsˈʃeɪpən] adj ❶ (out of shape) unförmig ❷ ANAT missgebildet

mis·sile [ˈmɪsaɪl] n ❶ MIL (explosive weapon) Flugkörper m, Rakete f ❷ MIL (fired object) [Raketen]geschoss nt, Projektil n ❸ (thrown object) Wurfgeschoss nt

ˈ**mis·sile base** n Raketenstützpunkt m **ˈmis·sile deˈfence sys·tem** n Raketenabwehrsystem nt **ˈmis·sile launch·er** n [Raketen]abschussrampe f; (vehicle) Raketenwerfer m

mis·sing [ˈmɪsɪŋ] adj ❶ (disappeared) thing verschwunden; person vermisst; (not there) fehlend; **when did you notice that the money was ~ from your account?** wann haben Sie bemerkt, dass das Geld nicht mehr auf Ihrem Konto war?; **to go ~** BRIT, AUS money, person verschwinden; **to report sb/ sth ~** jdn/etw als vermisst melden ❷ MIL (absent) verschollen; ■ **~ in action** [nach Kampfeinsatz] vermisst

ˈmis·sing ˈlink n ❶ (in evolution) unbekannte Zwischenstufe; (in investigation) fehlendes Beweisstück ❷ (connector) Bindeglied nt (**between** zwischen) **ˈmis·sing ˈper·son** n Vermisste(r) f(m); ■ **M~ P~s** Vermisstenabteilung f (bei der Polizei)

mis·sion [ˈmɪʃən] n ❶ (task) Einsatz m, Mission f ❷ (goal) Ziel nt ❸ (group sent) Delegation f ❹ (church activity) Mission f; **foreign/ home ~** äußere/innere Mission ❺ (space project) [Raumflug]mission f

mis·sion·ary [ˈmɪʃənəri] n Missionar(in) m(f)

ˈmis·sion·ary poˈsi·tion n Missionarsstellung f

mis·sion conˈtrol n Bodenkontrolle f

mis·sis [ˈmɪsɪz] n (hum sl: wife) ■ **the ~** die bessere Hälfte

mis·spell <-spelt or AM -spelled, -spelt> [mɪsˈspel] vt ❶ (spell wrongly) falsch buchstabieren ❷ (write wrongly) falsch schreiben

mis·spell·ing [mɪsˈspelɪŋ] n ❶ (spelling mistake) Rechtschreibfehler m ❷ no pl (wrong spelling) falsches Buchstabieren ❸ (wrong writing) falsche Schreibung

mis·spent [mɪsˈspent] adj verschwendet, vergeudet

mis·state [mɪsˈsteɪt] vt falsch angeben, darstellen

mis·sus n see missis

mist [mɪst] **I.** n ❶ no pl (light fog) [leichter] Nebel, Dunst m ❷ (blur) Schleier m ❸ (condensation) Beschlag m; **there was a ~ on the windows** die Fenster waren beschlagen; (vapour) Hauch m **II.** vi glass, tiles [sich] beschlagen, anlaufen; eyes feucht werden; vision sich trüben ◆ **mist up I.** vi glass, tiles [sich] beschlagen, anlaufen **II.** vt vision trüben

mis·tak·able [mɪˈsteɪkəbl] adj usu pred verwechselbar, leicht zu verwechseln

mis·take [mɪˈsteɪk] **I.** n Fehler m, Irrtum m, Versehen nt; **there must be some ~** da kann etwas nicht stimmen; (spelling mistake) Rechtschreibfehler m; **to learn from one's ~s** aus seinen Fehlern lernen; **by ~** aus Versehen, versehentlich; **my ~** meine Schuld **II.** vt <-took, -taken> falsch verstehen; **you can't ~ their house — it's got a bright yellow front door** ihr könnt ihr Haus nicht verfehlen — es hat eine hellgelbe Eingangstür; **sorry, I mistook you for an acquaintance of mine** Entschuldigung, ich hielt Sie für einen meiner Bekannten; **there's no mistaking a painting by Picasso** ein Gemälde von Picasso ist unverwechselbar

mis·tak·en [mɪˈsteɪkən] **I.** pp of mistake **II.** adj irrtümlich, falsch; ■ **to be ~** sich irren (**about** in); accusation falsch; announcement, arrest irrtümlich; **~ belief** Irrglaube m;

~ **identity** Personenverwechslung *f*; ~ **policy** verfehlte Politik; **to be very much** ~ sich sehr täuschen; **unless I'm very much** ~ ... wenn mich nicht alles täuscht ...
Mis·ter ['mɪstə'] *n* ❶ (*Mr*) [mein] Herr *m* ❷ (*also iron, pej fam: form of address*) Chef *m*; **hey,** ~ **!** he, Sie da! *fam*; **listen up,** ~ **!** hör mal zu, mein Freund! ❸ (*also iron, pej fam: prefixed title*) ~ **Big** der große Chef; ~ **Know-it-all** der Klugscheißer
mis·time [mɪs'taɪm] *vt* (*misjudge timing*) zeitlich falsch berechnen; SPORTS schlecht timen *fam*
mis·tle·toe ['mɪsltəʊ] *n* Mistel *f*
mis·took [mɪ'stʊk] *pt of* **mistake**
mis·trans·late [ˌmɪstræn'sleɪt] *vt* falsch übersetzen
mis·treat [mɪs'triːt] *vt* misshandeln
mis·tress <*pl* -es> ['mɪstrəs] *n* ❶ (*sexual partner*) Geliebte *f* ❷ (*woman in charge*) Herrin *f*; **the** ~ **of the house** die Frau des Hauses ❸ BRIT (*dated: schoolteacher*) **German** ~ Deutschlehrerin *f* ❹ (*dog owner*) Frauchen *nt*
mis·tri·al [mɪ'straɪl] *n* ❶ (*misconducted trial*) fehlerhaftes Gerichtsverfahren ❷ AM (*inconclusive trial*) Gerichtsverfahren *nt* ohne Urteilsspruch
mis·trust [mɪ'strʌst] **I.** *n no pl* Misstrauen *nt* **II.** *vt* misstrauen
mis·trust·ful [mɪ'strʌstfəl] *adj* misstrauisch (**of** gegenüber)
misty ['mɪsti] *adj* ❶ (*slightly foggy*) [leicht] neblig, dunstig ❷ (*blurred*) undeutlich, verschwommen; *eyes* verschleiert ❸ (*vague*) nebelhaft
mis·un·der·stand <-stood, -stood> [ˌmɪsʌndə'stænd] **I.** *vt* missverstehen **II.** *vi* sich irren
mis·un·der·stand·ing [ˌmɪsʌndə'stændɪŋ] *n* ❶ (*misinterpretation*) Missverständnis *nt* ❷ (*quarrel*) Meinungsverschiedenheit *f*
mis·use I. *n* [ˌmɪs'juːs] ❶ *no pl* (*wrong use*) *of funds, position* Missbrauch *m*, falscher Gebrauch [*o* Umgang] *m*; *of machinery* falsche Bedienung; ~ **of power** Machtmissbrauch *m* ❷ (*excessive consumption*) ~ **of alcohol** Alkoholmissbrauch *m* **II.** *vt* [ˌmɪs'juːz] ❶ (*use wrongly*) *funds, position* missbrauchen, falsch gebrauchen ❷ (*handle wrongly*) *machinery* falsch bedienen ❸ (*consume to excess*) im Übermaß gebrauchen
mite [maɪt] *n* ❶ (*insect*) Milbe *f* ❷ *esp* BRIT (*fam: small child*) Würmchen *nt*; *girl* kleines Ding
mi·ter *n* AM *see* **mitre**[1], [2]
miti·gate ['mɪtɪgeɪt] *vt* (*form*) *misery, pain* lindern; *anger, sentence* mildern; ECON *loss* mindern
miti·ga·tion [ˌmɪtɪ'geɪʃ(ə)n] *n no pl* Linderung *f*, Milderung *f*
mi·tre[1] ['maɪtə'] *n* Mitra *f*, Bischofsmütze *f*
mi·tre[2] ['maɪtə'] **I.** *n* Gehrung *f* **II.** *vt* auf Gehrung schneiden
mit·ten ['mɪt(ə)n] *n* Fäustling *m*
mix [mɪks] **I.** *n* ❶ (*combination*) Mischung *f*; **a** ~ **of people** eine bunt gemischte Gruppe ❷ (*pre-mixed ingredients*) Fertigmischung *f*; **bread** ~ Brotbackmischung *f*; **sauce** ~ Fertigsauce *f* ❸ MUS Potpourri *nt fachspr* **II.** *vi* ❶ (*combine*) sich mischen [lassen]; (*go together*) zusammenpassen ❷ (*make contact with people*) unter Leute gehen; *host* sich unter die Gäste mischen **III.** *vt* (*blend ingredients*) [miteinander] [ver]mischen; *dough* anrühren; *drink* mixen; *ingredients* miteinander verrühren; *paint* mischen; **to** ~ **a dough with cocoa** Kakao unter einen Teig mischen ❷ (*combine*) **to** ~ **love with toughness** Liebe und Strenge miteinander verbinden ❸ (*record*) *sound tracks* mischen ◆ **mix in I.** *vi* sich einfügen **II.** *vt* untermischen ◆ **mix up** *vt* ❶ (*mistake for another*) verwechseln ❷ (*put in wrong order*) durcheinanderbringen ❸ (*bewilder*) durcheinanderbringen ❹ (*combine ingredients*) vermischen; *dough* anrühren ❺ *usu passive* (*be involved with*) ■ **to be/get** ~ **ed up in sth** in etw *akk* verwickelt sein/werden ▶ **to** ~ **it up with sb** AM (*sl: fight*) sich mit jdm prügeln; (*quarrel*) mit jdm aneinandergeraten ◆ **mix with** *vi* (*associate with*) ■ **to** ~ **with sb** mit jdm verkehren [*o* Umgang haben]
mixed [mɪkst] *adj* ❶ (*mingled*) gemischt ❷ (*for both sexes*) gemischt ❸ (*positive and negative*) gemischt, unterschiedlich; ~ **blessing** kein reiner Segen
mixed 'dou·bles *npl* SPORTS gemischtes Doppel **mixed e'cono·my** *n* gemischte Wirtschaftsform **mixed 'farm·ing** *n* Landwirtschaft *f* mit Ackerbau und Viehzucht **mixed 'grill** *n* gemischte Grillplatte
mix·er ['mɪksə'] *n* ❶ (*machine*) Mixer *m*, Mixgerät *nt* ❷ (*drink*) [drink] Mixgetränk *nt*
mix·ture ['mɪkstʃə'] *n* ❶ (*combination*) Mischung *f*; *of ingredients* Gemisch *nt* ❷ (*mixed fluid substance*) Mischung *f*, Mixtur *f*; AUTO Gemisch *nt*; **cough** ~ Hustensaft *m* ❸ *no pl* (*act of mixing*) Mischen *nt*, Vermengen *nt*; (*state after mixing*) Gemisch *nt*, Gemenge *nt*
'mix-up *n* ❶ (*confused state*) Durcheinander *nt*, Verwirrung *f* ❷ AM (*fight*) Schlägerei *f*
Mk *n abbrev of* **mark**
ml <*pl* - *or* mls> *n abbrev of* **millilitre** ml

MLR [ˌemelˈɑːʳ] n abbrev of **minimum lending rate** Mindestdiskontsatz m

mm n abbrev of **millimetre** mm

MMR [ˌememˈɑːʳ] n MED abbrev of **measles, mumps and rubella** MMR

MMS [ˌememˈes] n TELEC abbrev of **multimedia messaging service** MMS

mne·mon·ic [nɪˈmɒnɪk] n, **mne·mon·ic de·vice** n Gedächtnisstütze f, Eselsbrücke f fam

mo[1] n AM abbrev of **month**

mo[2] [məʊ] n (fam) short for **moment** Moment m; **wait a ~!** Moment mal!

MO [ˌemˈəʊ] n ● abbrev of **Medical Officer** Stabsarzt m/Stabsärztin f ● esp AM abbrev of **money order**

moan [məʊn] I. n ● (groan) Stöhnen nt; of the wind Heulen ● (complaint) Klage f, Beschwerde f II. vi ● (groan) stöhnen; wind heulen ● (complain) klagen, sich beschweren; ■ to ~ about sth über etw akk jammern; ■ to ~ at sb sich bei jdm beschweren; ■ to ~ that ... darüber jammern, dass ...

moat [məʊt] n Burggraben m

mob [mɒb] I. n + sing/pl vb ● (usu pej: crowd) Mob m; **angry** ~ aufgebrachte Menge; **a lynch** ~ ein lynchender Mob; **a ~ of angry fans** eine Horde wütender Fans; **a ~ of protesters** eine protestierende Menschenmenge ● POL (pej: the common people) ■ **the** ~ die breite Masse; (the lowest classes) der Mob, der Pöbel ● (criminal gang) Verbrecherbande f, Gang f; ■ **the M~** AM die Mafia ● BRIT (sl: group) Bande f, Sippschaft f ● AUS (herd) Herde f II. vt <-bb-> ● (surround) umringen; ■ **to be ~bed** umringt sein/werden ● AM (crowd around) ■ **to ~ sth** courtroom, entrance etw umlagern; (crowd into) fairground, park in etw akk strömen

mo·bile[1] [ˈməʊbaɪl] I. adj ● (able to move) beweglich ● (flexible) beweglich, wendig ● (able to change) mobil, flexibel ● (changeable) lebhaft, wechselhaft ● (in a vehicle) mobil, fahrbar; ■ **to be ~ motorisiert** sein; **~ canteen** Kantine f auf Rädern II. n Mobiltelefon nt, Handy nt

mo·bile[2] [ˈməʊbaɪl] n ART Mobile nt

mo·bile ˈdat·ing n no pl Handy-Dating nt

mo·bile ˈhome n Wohnwagen m

mo·bile ˈphone n esp BRIT Mobiltelefon nt, Handy nt

mo·bil·i·ty [məˈ(ʊ)bɪləti] n no pl ● (ability to move) of the body Beweglichkeit f, Mobilität f ● (social mobility) Mobilität f

mo·ˈbil·i·ty scoot·er n Elektromobil nt (für Senioren)

mo·bi·li·za·tion [ˌməʊbɪlaɪˈzeɪʃᵊn] n ● (for war) Mobilmachung f, Mobilisierung f ● (organization) Mobilisierung f, Aktivierung f

mo·bi·lize [ˈməʊbɪlaɪz] I. vt ● (prepare for war) army mobilisieren ● (organize) supporters, support aktivieren, mobilisieren ● (put to use) einsetzen; helicopters, snowploughs zum Einsatz bringen ● COMM capital flüssigmachen II. vi MIL mobil machen **mob ˈlaw** n Lynchjustiz f **mob ˈrule** n Herrschaft f der Straße

moc·ca·sin [ˈmɒkəsɪn] n Mokassin m

mo·cha [ˈmɒkə] n no pl Mokka m

mock [mɒk] I. adj ● (not real) nachgemacht, Schein-; ~ **baroque** Pseudobarock m o nt; ~ **facade** Kulisse f; fear, horror, sympathy gespielt; ~ **leather** Lederimitat nt ● (practice) Probe-, simuliert II. n BRIT (fam) Probeexamen nt III. vi spotten, höhnen IV. vt (ridicule) lächerlich machen, verspotten

mock·er [ˈmɒkəʳ] n Spötter(in) m(f) ▸ **to put the ~s on sth** BRIT (fam) etw vermasseln **mock·ery** [ˈmɒkᵊri] n no pl ● (ridicule) Spott m, Hohn m ● (travesty) Farce f ▸ **to make a ~ of sb/sth** jdn/etw zum Gespött machen **mock·ing** [ˈmɒkɪŋ] adj laugh, laughter spöttisch, höhnisch **ˈmock·ing·bird** n ORN Spottdrossel f **ˈmock-up** n Attrappe f

MoD [ˌemˈəʊˈdiː] n BRIT abbrev of **Ministry of Defence** Verteidigungsministerium nt

mod·al [ˈməʊdᵊl] adj Modal-

mode [məʊd] n ● (way) Weise f, Methode f; ~ **of operation/transport** Betriebs-/Beförderungsart f ● (type) heat [Erscheinungs]form f ● (COMPUT, TECH) (operation) Betriebsart f, Modus m; **automatic** ~ Automatikbetrieb m ● LING Modus m fachspr

mod·el [ˈmɒdᵊl] I. n ● (representation) Modell nt; COMPUT [schematische] Darstellung, Nachbildung f, Simulation f ● (example) Modell nt, Vorbild nt ● (perfect example) Muster nt; **to be the very ~ of sth** (fig) der Inbegriff von etw dat sein ● (mannequin) Model nt ● (for painter) Modell nt ● (version) Modell nt II. vt <-ll-> ● (make figure) modellieren ● (on computer) [schematisch] darstellen, nachbilden, simulieren ● (show clothes) vorführen

ˈmod·el mak·er n Modellbauer(in) m(f)

mo·dem [ˈməʊdəm] n Modem nt

mod·er·ate I. adj [ˈmɒdᵊrət] ● (neither large nor small) amount, quantity, size mittlere(r, s); improvement, increase leicht, nicht allzu groß; price, speed angemessen, normal; income durchschnittlich ● (not excessive) mäßig, gemäßigt; drinker, eater mäßig, maßvoll; LAW sentence mild ● POL gemäßigt ④ *(reasonable)* angemessen, vernünftig **II.** *n* ['mɒdᵊrət] POL Gemäßigte(r) *f(m)* **III.** *vt* ['mɒdᵊreɪt] *(make less extreme)* mäßigen; **to ~ one's voice** seine Stimme senken; **to have a moderating influence on sb/sth** einen mäßigenden Einfluss auf jdn/ etw haben

mod·er·a·tion [ˌmɒdᵊr'eɪʃᵊn] *n no pl* ① *(restraint)* Mäßigung *f*; **in ~** in Maßen; **to show ~** Maß halten ② *(making moderate)* demands Abschwächung *f*; sentence Milderung *f*; voice Senkung *f*

mod·er·a·tor ['mɒdᵊreɪtə'] *n* ① *(mediator)* Vermittler(in) *m(f)* ② *(of discussion)* Moderator(in) *m(f)* ③ BRIT SCH Prüfungsvorsitzende(r) *f(m)* ④ SCOT *(presiding minister)* Vorsitzende(r) *f(m)*

mod·ern ['mɒdᵊn] *adj* ① *(contemporary)* modern ② *(not ancient or medieval)* modern, neuzeitlich; **~ Europe** Europa *nt* der Neuzeit; **~ times** Neuzeit *f*, Moderne *f*; **the ~ world** die heutige Welt

mod·ern·i·za·tion [ˌmɒdᵊnaɪ'zeɪʃᵊn] *n no pl* Modernisierung *f*

mod·ern·ize ['mɒdᵊnaɪz] **I.** *vt* modernisieren **II.** *vi* modern werden

mod·est ['mɒdɪst] *adj* ① *(not boastful)* bescheiden, zurückhaltend ② *(fairly small)* income, increase bescheiden, mäßig ③ *(not elaborate)* furniture, house einfach

mod·es·ty ['mɒdɪsti] *n* ① *(without boastfulness)* Bescheidenheit *f*, Zurückhaltung *f* ② *(chasteness)* Anstand *m*, Sittsamkeit *f*

mod·i·cum ['mɒdɪkəm] *n no pl* ■ **a ~ of** ein bisschen [*o* wenig]; **a ~ of decency** eine Spur von Anstand; **a ~ of truth** ein Körnchen Wahrheit

mod·i·fi·able ['mɒdɪfaɪəbl] *adj* modifizierbar, [ab]änderbar

mod·i·fi·ca·tion [ˌmɒdɪfɪ'keɪʃᵊn] *n* ① *(change)* Modifikation *f*, [Ab]änderung *f*; **to make a few ~s to sth** einige Änderungen an etw *dat* vornehmen ② *no pl (alteration) of engine* Modifikation *f* ③ BIOL nichterbliche Änderung, Modifikation *f fachspr*

mod·i·fi·er ['mɒdɪfaɪə'] *n* LING näher bestimmendes Wort; *(as an adjective)* Beiwort *nt*; *(as an adverb)* Umstandswort *nt*

mod·i·fy <-ie-> ['mɒdɪfaɪ] *vt* ① *(change)* [ver]ändern ② *(alter)* engine modifizieren ③ LING lautlich verändern, umlauten

mod·ish ['məʊdɪʃ] *adj (form)* modisch

mod·u·lar ['mɒdjələ'] *adj* modular, Baukasten-; **~ system** UNIV Kursmodulsystem *nt*

mod·u·late ['mɒdjəleɪt] **I.** *vt* ① *(regulate)* anpassen, abstimmen ② *(adjust pitch)* tone, voice modulieren ③ *(soften)* noise, voice dämpfen; effect, impression abschwächen ④ ELEC, RADIO *(mix signals)* modulieren **II.** *vi* MUS [die Tonart] wechseln, modulieren *fachspr*

mod·u·la·tion [ˌmɒdjə'leɪʃᵊn] *n* ① *(adaptation)* Anpassung *f*, Abstimmung *f* ② ELEC, RADIO Modulation *f*, Aussteuerung *f* ③ MUS [Tonart]wechsel *m*, Modulation *f fachspr*

mod·ule ['mɒdju:l] *n* ① *(unit)* Modul *nt*, Baustein *m* ② *(part of course)* Einheit *f*

mo·hair ['məʊheə'] *n* Mohair *m*

moist [mɔɪst] *adj* feucht; cake saftig

mois·ten ['mɔɪsᵊn] **I.** *vt* anfeuchten **II.** *vi* feucht werden

mois·ture ['mɔɪstʃə'] *n* Feuchtigkeit *f*

mois·tur·ize ['mɔɪstʃᵊraɪz] *vt* befeuchten; **to ~ one's skin** seine Haut mit Feuchtigkeitscreme einreiben

mois·tur·iz·er ['mɔɪstʃᵊraɪzə'] *n*, **'mois·tur·iz·ing cream** *n* Feuchtigkeitscreme *f*

'mois·tur·iz·ing lo·tion *n* Feuchtigkeitslotion *f*

mo·las·ses [mə(ʊ)'læsɪz] *n no pl* Melasse *f*

mo·lar¹ ['məʊlə'] *n* ① *(tooth)* Backenzahn *m* ② ZOOL Mahlzahn *m*

mo·lar² ['məʊlə'] *adj* CHEM, PHYS Molar-, Mol-; concentration molar

mold AM *see* **mould**

mold·er *vi* AM *see* **moulder** **mold·ing** *n* AM *see* **moulding**

moldy *adj* AM *see* **mouldy**

mole¹ [məʊl] *n* Maulwurf *m*

mole² [məʊl] *n* [kleines] Muttermal *nt*

mole³ [məʊl] *n* Mole *f*

mo·lec·u·lar [mə(ʊ)'lekjələ'] *adj* molekular, Molekular-

mol·e·cule ['mɒlɪkju:l] *n* Molekül *nt*

mole·hill ['məʊlhɪl] *n* Maulwurfshügel *m*

mo·lest [mə(ʊ)'lest] *vt* ① *(annoy)* belästigen ② *(harass)* schikanieren ③ *(attack sexually)* [sexuell] belästigen

moll [mɒl] *n* ① *(sl: female companion of criminal)* Gangsterbraut *f sl* ② AUS *(female companion)* Braut *f fam*

mol·li·fy <-ie-> ['mɒlɪfaɪ] *vt* ① *(pacify)* besänftigen, beschwichtigen ② *(reduce)* demands mäßigen; anger mildern

mol·lusc ['mɒləsk], AM **mol·lusk** *n* Molluske *f*, Weichtier *nt*

mol·ly·cod·dle ['mɒliˌkɒdl] *vt (pej fam)* verhätscheln

Molotov cock·tail [ˌmɒlətɒf'kɒkteɪl] *n* Molotowcocktail *m*

molt AM *see* **moult**

mol·ten ['məʊltᵊn] *adj* geschmolzen; **~ bath** TECH Schmelzbad *nt*

mom [mɑ:m] *n* AM *(mum)* Mama *f*

mo·ment ['məʊmənt] *n* ① *(very short time)*

Moment *m*, Augenblick *m*; **just a ~, please** nur einen Augenblick, bitte; **this will only take a ~** das dauert nur einen Augenblick; **the phone rang the ~ she came home** das Telefon klingelte in dem Augenblick, als sie nach Hause kam; **not a ~ too soon** gerade noch rechtzeitig; **at any ~** jeden Augenblick; **in a ~** gleich, sofort ❷ (*specific time*) Zeitpunkt *m*; **a ~ in time** ein historischer Augenblick; **the ~ of truth** die Stunde der Wahrheit; ■ **at the ~** im Augenblick, momentan ▶ **to have one's ~s** [auch] seine guten Augenblicke haben

mo·men·tari·ly ['məʊmənt^ərəli] *adv* ❶ (*briefly*) kurz, eine Weile; **to pause ~** kurz innehalten ❷ (*for some time*) momentan, vorübergehend ❸ (*instantly*) augenblicklich ❹ AM (*very soon*) gleich, in wenigen Augenblicken ❺ (*at any moment*) jederzeit, jeden Augenblick

mo·men·tary ['məʊmənt^əri] *adj* ❶ (*brief*) kurz ❷ (*transitory*) momentan, vorübergehend

mo·men·tous [mə(ʊ)'mentəs] *adj* bedeutsam, weitreichend, folgenschwer; *day* bedeutend

mo·men·tum [mə(ʊ)'mentəm] *n no pl* ❶ (*force*) Schwung *m*, Wucht *f*; **to gain ~** in Schwung kommen; **to give ~ to sth** sth in Schwung bringen ❷ PHYS Moment *nt*, Impuls *m fachspr*

mom·ma ['mɑːmə] *n* AM (*childspeak*) Mama *f*

mom·my ['mɑːmi] *n* AM (*childspeak*) Mama *f*, Mami *f*

Mona·co ['mɒnəkəʊ] *n* Monaco *nt*

mon·arch ['mɒnək] *n* Monarch(in) *m(f)*, Herrscher(in) *m(f)*

mo·nar·chic(al) [mɒn'ɑːkɪk(^əl)] *adj* ❶ (*of a monarch[y]*) monarchisch, königlich ❷ (*of monarchism*) monarchistisch

mon·arch·ism ['mɒnəkɪz^əm] *n no pl* Monarchismus *m* **mon·arch·ist** ['mɒnəkɪst] *n* Monarchist(in) *m(f)*

mon·ar·chy ['mɒnəki] *n* Monarchie *f*

mon·as·tery ['mɒnəst^əri] *n* [Mönchs]kloster *nt*

mo·nas·tic [mə'næstɪk] *adj* ❶ REL (*concerning monks*) mönchisch, Mönchs-; (*concerning monasteries*) klösterlich, Kloster- ❷ (*austere*) enthaltsam; (*secluded*) zurückgezogen

Mon·day ['mʌndeɪ] *n* Montag *m*; see also **Tuesday**

mon·etary ['mʌnɪt^əri] *adj* ECON Geld-, Währungs-

mon·ey ['mʌni] *n no pl* ❶ (*cash*) Geld *nt*; **to be short of ~** knapp bei Kasse sein *fam*; **to put ~ into sth** Geld in etw *akk* stecken *fam*; **to raise ~** Geld aufbringen; **to spend ~** Geld ausgeben ❷ (*fam: pay*) Bezahlung *f*, Verdienst *m*; **they earn good ~ in that company** bei dieser Firma verdient man gutes Geld ▶ **~ doesn't grow on trees** (*prov*) Geld wächst nicht einfach nach; **to be in the ~** in Geld schwimmen; **to be [not] made of ~** [k]ein Krösus sein

'mon·ey·bags *n* <*pl* -> (*hum, pej fam*) Geldsack *m* **'mon·ey·box** *n* BRIT Sparbüchse *f*; **for collection** Sammelbüchse *f* **'mon·ey-chang·er** *n* ❶ (*person*) [Geld]wechsler(in) *m(f)* ❷ (*device*) tragbarer Münzwechsler

mon·eyed ['mʌnid] *adj* (*form*) vermögend, wohlhabend **'mon·ey-mak·ing I.** *adj* einträglich, gewinnbringend **II.** *n* Gelderwerb *m* **'mon·ey mar·ket** *n* Geldmarkt *m* **'mon·ey or·der** *n esp* AM, AUS Postanweisung *f*, Zahlungsanweisung *f* **'mon·ey-spin·ner** *n* BRIT ❶ (*profitable business*) Bombengeschäft *nt fam* ❷ (*profitable product*) Renner *m fam*

mon·gol ['mɒŋg^əl] *n* MED (*dated or pej!*) Mongoloide(r) *f(m)*

Mon·gol ['mɒŋgəl] **I.** *n* ❶ (*person*) Mongole(in) *m(f)*; MED (*dated or pej!*) Mongoloide(r) *f(m)* ❷ *no pl* (*language*) Mongolisch *nt*, das Mongolische **II.** *adj* mongolisch

Mon·go·lia [mɒŋ'gəʊliə] *n* Mongolei *f*

Mon·go·lian [mɒŋ'gəʊliən] **I.** *n* ❶ (*person*) Mongole(in) *m(f)* ❷ (*language*) Mongolisch *nt* **II.** *adj* mongolisch

mon·gol·ism ['mɒŋg^əlɪz^əm] *n no pl* MED (*dated or pej!*) Mongolismus *m*

mon·grel ['mʌŋgr^əl] **I.** *n* ❶ BOT, ZOOL (*result of crossing*) Kreuzung *f* ❷ (*esp pej: dog breed*) Promenadenmischung *f hum o fam*, Töle *f* NORDD ❸ (*person*) Mischling *m oft pej*; (*cross between things*) Zwischending *nt* **II.** *adj* Misch-; **~ species** Kreuzung *f*

moni·tor ['mɒnɪtə] **I.** *n* ❶ (*screen*) Bildschirm *m*, Monitor *m*; **colour ~** Farbbildschirm *m*, Farbmonitor *m* ❷ POL (*observer*) Beobachter(in) *m(f)* ❸ (*device*) Anzeigegerät *nt*, Monitor *m* ❹ SCH (*dated: in school*) Aufsichtsschüler(in) *m(f)* ❺ ZOOL (*lizard*) Waran *m* **II.** *vt* ❶ (*check*) beobachten, kontrollieren, überprüfen ❷ RADIO, TELEC, TV (*view/listen in on*) *device, person* abhören, mithören ❸ (*maintain quality*) *person, device* überwachen; **~ing station** Überwachungsstation *f* ❹ (*keep under surveillance*) *person, device* überwachen

monk [mʌŋk] *n* Mönch *m*

mon·key ['mʌŋki] *n* ❶ (*animal*) Affe *m* ❷ (*fam: mischievous child*) Schlingel *m* ▶ **I don't give a ~'s [what]** ... BRIT (*sl*) es interessiert mich einen Dreck [was] ... *fam*

II. vt AM nachäffen

'mon·key busi·ness n no pl ❶ (silliness) Blödsinn m, Unfug m ❷ (trickery) krumme Touren, faule Tricks **'mon·key nut** n BRIT Erdnuss f **'mon·key wrench** n esp AM Universal|schrauben|schlüssel m

mono ['mɒnəʊ] **I.** n no pl MUS Mono nt **II.** adj Mono-

mono·chrome ['mɒnəkrəʊm] adj ❶ PHOT (black and white) Schwarzweiß- ❷ (using one colour) einfarbig, monochrom ❸ (unexciting) eintönig **mono·cle** ['mɒnəkl] n (hist) Monokel nt

mo·noga·mous [məˈnɒgəməs] adj monogam

mo·noga·my [məˈnɒgəmi] n no pl Monogamie f

mono·gram ['mɒnəgræm] n Monogramm nt **mono·lin·gual** [ˌmɒnə(ʊ)ˈlɪŋgwəl] adj einsprachig **mono·lith** ['mɒnə(ʊ)lɪθ] n ❶ ARCHEOL (single block) Monolith m ❷ (fig: sth huge) Koloss m; building monumentales Gebäude; organization gigantische Organisation ❸ (fig: sth unchangeable) movement, society Monolith m **mono·lith·ic** ['mɒnə(ʊ)lɪθɪk] adj ❶ ARCHEOL monolithisch ❷ (fig: huge) building, structure monumental ❸ (pej: unchangeable) monolithisch, starr **mono·log** n AM see monologue **mono·logue** ['mɒnəlɒg] n also THEAT Monolog m **mo·nopo·lize** [məˈnɒpəlaɪz] vt ❶ ECON (control) monopolisieren, [allein] beherrschen ❷ (keep for oneself) ganz für sich akk beanspruchen, jdn/etw mit Beschlag belegen; **to ~ the conversation** das Gespräch an sich reißen

mo·nopo·ly [məˈnɒpəli] n Monopol nt; ■to **have a ~ of/on sth** ein Monopol auf etw akk haben

mono·rail ['mɒnə(ʊ)reɪl] n Einschienenbahn f

mono·so·dium glu·ta·mate [ˌmɒnə(ʊ)səʊdɪəmˈglu:təmeɪt] n no pl CHEM [Mono]natriumglutamat nt, Glutamat nt

mono·syl·lab·ic [ˌmɒnə(ʊ)sɪˈlæbɪk] adj ❶ LING einsilbig ❷ (pej: taciturn) wortkarg, kurz angebunden **mono·tone** ['mɒnətəʊn] n no pl ❶ (tone) gleich bleibende Stimmlage, monotoner Klang ❷ (single tone) gleich bleibender Ton; **to speak in a ~** monoton sprechen ❸ (delivery) monotone Rezitation

mo·noto·nous [məˈnɒtənəs] adj eintönig, monoton

mo·noto·ny [məˈnɒtəni] n no pl Monotonie f, Eintönigkeit f

mono·type ['mɒnə(ʊ)taɪp] n ❶ TYPO (single print) einzelner Abdruck; (single type) Einzelbuchstabe m, Monotype f fachspr ❷ BIOL (type) einzige Art (einer Gattung)

mono·un·'satu·rat·ed adj einfach-ungesättigt

mo·no·xide [məˌnɒksaɪd] n Monoxid nt

mon·soon [mɒnˈsu:n] n ❶ (wind) Monsun m ❷ (season of heavy rain) ■**the ~[s]** der Monsun kein pl

mon·ster ['mɒn(t)stə*] **I.** n ❶ (imaginary creature) Monster nt, Ungeheuer nt ❷ (unpleasant person) Scheusal nt, Ungeheuer nt a. hum, Monster nt; (inhuman person) Unmensch m ❸ (fam: huge thing) Ungetüm nt, Monstrum nt **II.** adj attr (fam: huge) ungeheuer, Mords- fam; **~ meeting** Mammutsitzung f

mon·stros·ity [mɒnˈstrɒsəti] n ❶ (awfulness) Scheußlichkeit f; (outrageousness) Ungeheuerlichkeit f; (hugeness) Riesengröße f ❷ (huge thing) Ungetüm nt, Monstrum nt

mon·strous [ˈmɒn(t)strəs] adj ❶ (huge) ungeheuer, monströs ❷ (outrageous) ungeheuerlich ❸ (awful) scheußlich; cruelty abscheulich ❹ (misshapen) missgestaltet

mon·tage [mɒnˈtɑ:ʒ] n Montage f

month [mʌn(t)θ] n Monat m; **to take a two ~ holiday** zwei Monate Urlaub nehmen; **a ~'s notice** eine einmonatige Kündigungsfrist; **to be three ~ old** drei Monate alt sein

month·ly ['mʌn(t)θli] **I.** adj monatlich, Monats- **II.** adv monatlich, einmal im Monat **III.** n Monatsschrift f, monatlich erscheinende Zeitschrift

monu·ment ['mɒnjəmənt] n ❶ (fig: memorial) Mahnmal nt fig ❷ (historical structure) Denkmal nt, Monument nt; **historic ~** Baudenkmal nt

monu·men·tal [ˌmɒnjəˈmentəl] adj ❶ (tremendous) gewaltig, kolossal, eindrucksvoll ❷ ART (large-scale) monumental ❸ (on monuments) Gedenk-, Denkmal- f ❹ (built as monuments) als Denkmal errichtet

moo [mu:] **I.** n. Muhen nt kein pl **II.** interj muh **III.** vi muhen

mood[1] [mu:d] n Laune f, Stimmung f; **in a bad/good ~** gut/schlecht gelaunt; **to be in public ~** die allgemeine Stimmung; **to be in a talkative ~** zum Erzählen aufgelegt sein; ■**to not be in the ~ to do sth** zu etw dat keine Lust haben; **he'll cooperate or not, as the ~ takes him** mal ist er kooperativ, mal nicht, je nach Lust und Laune

mood[2] [mu:d] n LING Modus m fachspr

moodi·ness ['mu:dɪnəs] n no pl ❶ (sullenness) Missmut m, Verdrossenheit f; (bad temperedness) Übellaunigkeit f; (gloominess) Trübsinnigkeit f ❷ PSYCH (capriciousness) Unausgeglichenheit f

moody ['mu:di] adj ❶ (sullen) missmutig,

verdrossen; (*bad-tempered*) übel [*o* schlecht] gelaunt ❷ (*temperamental*) launisch

moon [muːn] **I.** *n no pl* ASTRON Mond *m*; **full-** ~ Vollmond *m*; **new-** ~ Neumond *m* ▸ **to be over the ~ about sth** über etw *akk* überglücklich sein **II.** *vt* (*sl*) ▪ **to ~ sb** jdm den blanken Hintern [in der Öffentlichkeit] zeigen **III.** *vi* ❶ (*sl*) ▪ **to ~** [**at sb**] [jdm] seinen nackten Hintern zeigen ❷ (*remember nostalgically*) ▪ **to ~ over sb/sth** von jdm/etw träumen ◆ **moon about, moon around** *vi* [ziellos] herumlaufen

'moon-beam *n* Mondstrahl *m*

'moon boots *npl* Moonboots *pl* (*dicke Synthetik-Winterstiefel*) **'moon-calf** *n* Mondkalb *nt* **'moon-light I.** *n no pl* (*moonshine*) Mondlicht *nt* **II.** *vi* <-lighted-> (*fam: work at a second job*) schwarzarbeiten **'moon-lit** *adj attr* (*lighted*) mondhell; **~ room** Zimmer *nt* im Mondlicht **'moon-shine** *n no pl* ❶ (*moonlight*) Mondschein *m* ❷ (*fam: liquor*) schwarz gebrannter Alkohol **'moonstone** *n* Mondstein *m*

moor[1] [mɔːʳ] *n* Heideland *nt*, [Hoch]moor *nt*

moor[2] [mɔːʳ] NAUT **I.** *vt* festmachen, vertäuen *fachspr* **II.** *vi* festmachen

moor-hen [ˈmɔːhen] *n* [weibliches] Moorhuhn

moor-ing [ˈmɔːrɪŋ] *n* NAUT ❶ (*berth*) Liegeplatz *m* ❷ (*ropes*) ▪ **-s** *pl* Vertäuung *f fachspr*

moose <*pl* -> [muːs] *n* AM Elch *m*

moot [muːt] **I.** *adj* (*open to debate*) strittig; **~ point** Streitfrage *f* **II.** *vt* ❶ (*form: present*) *issue, subject* anschneiden; **to ~ a point** einen Punkt zur Sprache bringen; ▪ **to be ~ed** angesprochen werden ❷ (*discuss*) erörtern

mop [mɒp] **I.** *n* ❶ (*for cleaning*) Mopp *m* ❷ *no pl* (*wiping*) **to give sth a ~** etw moppen ❸ (*mass of hair*) **she tied back her unruly ~ with a large ribbon** sie hielt ihr widerspenstiges Wuschelhaar hinten mit einem großen Band zusammen; AM (*sl: hairdo*) Frisur *f* **II.** *vt* <-pp-> ❶ (*clean with mop*) feucht wischen ❷ (*wipe*) **to ~ one's face/brow** sich *dat* den Schweiß vom Gesicht/von der Stirn wischen

mope [məʊp] *vi* Trübsal blasen, dumpf vor sich hin brüten ◆ **mope about, mope around** *vi* trübsinnig herumschleichen

mo-ped [ˈməʊped] *n* Moped *nt*

mo-raine [mɒˈreɪn] *n* Moräne *f*

mor-al [ˈmɒrəl] **I.** *adj* ❶ (*ethical*) moralisch, ethisch; **on ~ grounds** aus moralischen Gründen ❷ (*virtuous*) *person* moralisch, anständig **II.** *n* ❶ (*of story*) Moral *f* ❷ (*standards of behaviour*) ▪ **-s** *pl* Moralvorstellungen *pl*, moralische Grundsätze; **a person of loose ~s** jd mit lockerem Lebenswandel

mo-rale [məˈrɑːl] *n no pl* Moral *f*, Stimmung *f*; **~ is high/low** die Stimmung ist gut/schlecht

mor-al-ist [ˈmɒrəlɪst] *n* Moralist(in) *m(f)*

mor-al-ity [məˈræləti] *n* ❶ *no pl* (*moral principles*) moralische Grundsätze ❷ (*moral system*) Ethik *f* ❸ (*conformity*) Sittlichkeit *f* ❹ *no pl* (*justifiability*) moralische Berechtigung

mor-al-ize [ˈmɒrəlaɪz] *vi* moralisieren; ▪ **to ~ about sth** über etw *akk* Moral predigen

mo-rass [məˈræs] *n usu sing* ❶ (*bog*) Morast *m* ❷ (*fig: complex situation*) Wirrwarr *m*; **to be caught in a ~ of debt** tief in Schulden stecken

mora-to-rium <*pl* -s *or* -ria> [ˌmɒrəˈtɔːriəm, *pl* -riə] *n* ❶ (*suspension*) befristete Einstellung (**on**) ❷ (*period of waiting*) Wartefrist *f* ❸ COMM (*period of delay*) Moratorium *n*

mor-bid [ˈmɔːbɪd] *adj* ❶ (*unhealthy*) morbid, krankhaft; (*gruesome*) makaber ❷ MED (*of disease*) pathologisch *fachspr*; (*induced by disease*) krank

mor-bid-ity [mɔːˈbɪdəti] *n no pl of imagination, mind* Krankhaftigkeit *f*, Morbidität *f*

more [mɔːʳ] **I.** *adj comp of* **many, much** noch mehr; **two ~ days until Christmas** noch zwei Tage bis Weihnachten; **we can't take on any ~ patients** wir können keine weiteren Patienten mehr aufnehmen; **some ~ coffee?** noch etwas Kaffee?; **you need a lot ~ money than that** du brauchst viel mehr Geld als das; **~ and ~ people buy things on the internet** immer mehr Leute kaufen Sachen im Internet; **just one ~ thing before I go** nur noch eins, bevor ich gehe; **I'd be ~ than happy to oblige** es wäre mir ein Vergnügen **II.** *pron* ❶ (*greater amount*) mehr; **tell me ~** erzähl' mir mehr; **~ and ~ came** es kamen immer mehr; **we see ~ of him these days** wir sehen ihn zur Zeit öfter; **she's ~ of a poet than a musician** sie ist eher Dichterin als Musikerin; **the noise was ~ than I could bear** ich konnte den Lärm nicht ertragen; **is there any ~?** ist noch etwas da?; **no ~** nichts weiter; (*countable*) keine mehr ❷ **all the ~ ...** umso mehr ...; **the ~ the better** je mehr desto besser; **the ~ he drank, the ~ violent he became** je mehr er trank, desto gewalttätiger wurde er **III.** *adv* ❶ (*forming comparatives*) **let's find a ~ sensible way of doing it** wir sollten eine vernünftigere Lösung finden; **you couldn't be ~ wrong** du könntest nicht mehr danebenliegen!; *fam;* **play that last section ~ passionately** spiele den letzten Teil leidenschaftlicher; **~ importantly** wichtiger noch;

it's becoming ~ and ~ likely that she'll resign es wird immer wahrscheinlicher, dass sie zurücktritt; **vacancies were becoming ~ and ~ rare** es gab immer weniger freie Stellen ❷ *(to a greater extent)* mehr; **you should listen ~ and talk less** du solltest besser zuhören und weniger reden; **they like classical music ~ than pop** sie mögen klassische Musik lieber als Pop; **I couldn't agree with you ~, Professor** ganz meine Meinung, Herr Professor; **each diamond was worth £10,000 or ~** jeder Diamant war mindestens 10.000 Pfund wert; **we'll be ~ than happy to help** wir helfen sehr gerne; **she's now all the ~ determined to succeed** sie ist jetzt umso entschlossener, erfolgreich zu sein; **to think ~ of sb** eine höhere Meinung von jdm haben ❸ *(longer)* **to be no ~ times** vorüber sein; *person* gestorben sein; **I don't do yoga any ~** ich habe mit Yoga aufgehört ❹ *(rather)* eher; **it's not so much a philosophy, ~ a way of life** es ist nicht so sehr eine Philosophie, als eine Lebensart; **~ dead than alive** mehr tot als lebendig ▸ **~ or less** *(all in all)* mehr oder weniger; *(approximately)* ungefähr; **that's ~ like it** *(fam)* schon besser; **~ often than not** meistens

mo·rel·lo [məˈreləʊ] *n* Morelle *f*

more·over [mɔːˈrəʊvə] *adv (form)* zudem, ferner

morgue [mɔːɡ] *n esp* AM, AUS *(mortuary)* Leichen[schau]haus *nt*

mori·bund [ˈmɒrɪbʌnd] *adj (form)* ❶ *(near death) person* dem Tode geweiht; MED im Sterben liegend *attr* ❷ *(near extinction) custom, species* im Aussterben begriffen; *civilization, nation, people* dem Untergang geweiht *geh*

Mor·mon [ˈmɔːmən] **I.** *n* Mormone(in) *m(f)* **II.** *adj* mormonisch, Mormonen-

morn·ing [ˈmɔːnɪŋ] **I.** *n* Morgen *m*, Vormittag *m*; **all** ~ den ganzen Vormittag; **at four in the** ~ um vier Uhr früh; [**from**] ~ **till night** von morgens bis abends; **tomorrow** ~ morgen Vormittag; **yesterday** ~ gestern Morgen **II.** *interj (fam)* Morgen!; **good ~!** guten Morgen!

morning-'after pill *n* ▪ **the ~** die Pille danach '**morn·ing coat** *n* Cut[away] *m fachspr* **morn·ing 'news·pa·per** *n*, **morn·ing 'pa·per** *n* Morgenzeitung *f* **Morn·ing 'Prayer** *n* (in der anglikanischen und protestantischen Kirche), Frühmesse *f* (in der römisch-katholischen Kirche) '**morn·ing sick·ness** *n no pl* morgendliche Übelkeit **morn·ing 'star** *n* ❶ ASTRON *(planet)* Morgenstern *m* ❷ HIST *(weapon)* Morgenstern *m*

Mo·roc·can [məˈrɒkən] **I.** *n* Marokkaner(in) *m(f)* **II.** *adj* marokkanisch

Mo·roc·co [məˈrɒkəʊ] *n* Marokko *nt*

mor·on [ˈmɔːrɒn] *n (pej fam)* Trottel *m*

mo·ron·ic [mɔːˈrɒnɪk] *adj (pej fam)* blöde

mo·rose [məˈrəʊs] *adj* mürrisch, griesgrämig

mor·pheme [ˈmɔːfiːm] *n* Morphem *nt*

mor·phia [ˈmɔːfiə] *n (dated)*, **mor·phine** [ˈmɔːfiːn] *n* Morphium *nt*

mor·pho·logi·cal [ˌmɔːfəˈlɒdʒɪkəl] *adj* BIOL, GEOL, LING morphologisch

mor·phol·ogy [ˌmɔːˈfɒlədʒi] *n* BIOL, GEOL, LING Morphologie *f*

mor·ris dance [ˈmɒrɪs,-] *n*, **mor·ris danc·ing** *n* BRIT Moriskentanz *m*

Morse [mɔːs] *n*, **Morse 'code** *n no pl* Morsezeichen *pl*, Morsealphabet *nt*

mor·sel [ˈmɔːsəl] *n* ❶ *(of food)* Bissen *m*, Happen *m* ❷ *(tasty dish)* Leckerbissen *m* ❸ *(fig: small bit)* ▪ **a ~** ein bisschen

mor·tal [ˈmɔːtəl] **I.** *adj* ❶ *(subject to death)* sterblich ❷ *(human)* menschlich ❸ *(temporal)* irdisch, vergänglich ❹ *(fatal)* tödlich ❺ *(implacable)* Tod-, tödlich, erbittert ❻ *(extreme)* Todes-, höchste(r, s); **to be in ~ fear** sich zu Tode ängstigen **II.** *n (liter)* Sterbliche(r) *f(m)*; *(ordinary)* ~ *(hum)* Normalsterbliche(r) *f(m)*

mor·tal·ity [mɔːˈtælɪti] *n no pl* ❶ *(condition)* Sterblichkeit *f* ❷ *(character)* Vergänglichkeit *f* ❸ *(humanity)* [sterbliche] Menschheit *f* ❹ *(frequency)* Sterblichkeit *f*

mor·tar [ˈmɔːtə] *n no pl* ARCHIT, TECH *(mixture)* Mörtel *m* ❷ CHEM, MIL Mörser *m*

'**mor·tar·board** *n* ❶ ARCHIT, TECH *(board)* Mörtelmischtasch *m* ❷ UNIV *(cap)* [quadratisches] Barett

mort·gage [ˈmɔːɡɪdʒ] **I.** *n* ❶ COMM, LAW *(conveyance of property)* Verpfändung *f fachspr* ❷ *(amount)* Hypothek *f*; **to pay the ~** die Hypothek abtragen; **to pay off a ~** eine Hypothek tilgen **II.** *vt* hypothekarisch belasten

mor·tice *n see* mortise

mor·ti·cian [mɔːˈtɪʃən] *n* AM *(undertaker)* Leichenbestatter(in) *m(f)*

mor·ti·fi·ca·tion [ˌmɔːtɪfɪˈkeɪʃən] *n no pl* ❶ *(form) (humiliation)* Kränkung *f*, Demütigung *f* ❷ *(shame)* Beschämung *f*, Scham *f*

mor·ti·fy <-ie-> [ˈmɔːtɪfaɪ] *vt usu passive* ▪ **to be mortified** *(be humiliated)* gedemütigt sein; *(be ashamed)* sich schämen; *(be embarrassed)* sich ärgern

mor·tise [ˈmɔːtɪs] **I.** *n* TECH *(hole)* in carpentry Stemmloch *nt fachspr* **II.** *vt* TECH ▪ **to [tenon and] ~ sth** etw verzapfen

'**mor·tise lock** *n* [Ein]steckschloss *nt*

mor·tu·ary [ˈmɔːtʃuəri] *n* Leichen[schau]-

mosaic – motivation

haus *nt*
mo·sa·ic [məʊˈzeɪɪk] *n* Mosaik *nt*
Mos·cow [ˈmɒskəʊ] *n* Moskau *nt*
Mos·lem [ˈmɒzləm] *adj, n see* **Muslim**
mosque [mɒsk] *n* Moschee *f*
mos·qui·to <*pl* -es *or* -s> [mɒsˈkiːtəʊ] *n* Moskito *m*
mos·'qui·to net *n* Moskitonetz *nt*
moss <*pl* -es> [mɒs] *n* ① (*plant*) Moos *nt* ② BRIT, SCOT (*bog*) ■ **the ~es** das [Torf]moor *kein pl*
mossy [ˈmɒsi] *adj* ① (*overgrown with moss*) bemoost, moosbedeckt ② (*resembling moss*) moos-, moosartig
most [məʊst] **I.** *pron* ① (*largest quantity*) ■ **the ~** am meisten; **what's the ~ you've ever won at cards?** was war das meiste, das du beim Kartenspielen gewonnen hast?; **at the [very] ~** [aller]höchstens; **I spent ~ of the winter on the coast** ich verbrachte einen Großteil des Winters an der Küste ② *pl* (*the majority*) die Mehrheit ③ (*best*) ■ **the ~** höchstens; **the ~ I can do is try** ich kann nicht mehr tun als es zu versuchen; **to get the ~ out of life** das meiste aus dem Leben machen; **to make the ~ of sth** das Beste aus etw *dat* machen; **it's a lovely day — we must make the ~ of it** was für ein schöner Tag — wir müssen ihn nutzen **II.** *adj det* ① (*greatest in amount, degree*) am meisten ② (*majority of, nearly all*) die meisten **III.** *adv* ① (*forming superlative*) *im Deutschen durch Superlativ ausgedrückt;* **that's what I'm ~ afraid of** davor habe ich die meiste Angst; **~ easily/rapidly/thoroughly** am leichtesten/schnellsten/gründlichsten ② (*form: extremely*) höchst, äußerst, überaus *geh;* **~ certainly** ganz bestimmt; **~ likely** höchstwahrscheinlich; **~ unlikely** höchst unwahrscheinlich ③ (*to the greatest extent*) am meisten; **at ~** höchstens; **~ of all, I hope that ...** ganz besonders hoffe ich, dass ... ④ AM (*fam: almost*) beinah[e], fast
most·ly [ˈməʊs(t)li] *adv* ① (*usually*) meistens ② (*in the main*) größtenteils, im Wesentlichen ③ (*chiefly*) hauptsächlich, in der Hauptsache
MOT¹ [ˌeməʊˈtiː] *n* BRIT (*fam*) *abbrev of* **Ministry of Transport** Verkehrsministerium *nt*
MOT² [ˌeməʊˈtiː] **I.** *n* ~ [**test**] TÜV *m;* **has your car had its ~ yet?** war dein Auto schon beim TÜV?; **~ [certificate]** TÜV-Bescheinigung *f* **II.** *vt* <MOT'd, MOT'd> *usu passive* (*fam*) **to ~ a car** ein Auto zum TÜV bringen
mo·tel [məʊˈtel] *n* Motel *nt*
moth [mɒθ] *n* Motte *f,* Nachtfalter *m*
'moth·ball I. *n* Mottenkugel *f* **II.** *vt usu passive* ① (*put in disuse*) *clothes* einmotten ② (*postpone*) auf Eis legen **'moth-eat·en** *adj* ① (*eaten into*) mottenzerfressen ② (*outmoded*) *ideas, theories* verstaubt
moth·er [ˈmʌðə] **I.** *n* (*female parent*) Mutter *f* ■ **the ~ of all ...** der/die/das allergrößte ...; (*the most extreme: worst*) der/die/das Schlimmste aller *gen* ...; (*best*) herausragend; **the ~ of all battles** die Mutter aller Schlachten; **the ~ of all storms** der Sturm der Stürme **II.** *vt* bemuttern
moth·er ˈcoun·try *n* ① (*country of origin*) Mutterland *nt* ② (*home country*) Vaterland *nt,* Heimatland *nt*
moth·er·hood [ˈmʌðəhʊd] *n no pl* Mutterschaft *f*
moth·er·ing [ˈmʌðərɪŋ] *adj attr skills* Mutter-, mütterlich
ˈmoth·er-in-law <*pl* mothers- *or* -s> *n* Schwiegermutter *f*
moth·er·ly [ˈmʌðəli] *adj* mütterlich; **~ love** Mutterliebe *f*
moth·er-of-ˈpearl *n* Perlmutt *nt*
ˈMoth·er's Day *n* Muttertag *m*
ˈmoth·er tongue *n* Muttersprache *f*
mo·tif [məʊˈtiːf] *n* ① (*design*) Motiv *nt* ② MUS (*theme*) [Leit]motiv *nt* ③ (*feature*) Leitgedanke *m*
mo·tion [ˈməʊʃən] **I.** *n* ① *no pl* (*movement*) Bewegung *f,* Gang *m;* **in slow ~** in Zeitlupe; **to put sth in ~** etw in Gang bringen ② (*gesture*) Bewegung *f,* Zeichen *nt* ③ POL (*proposal*) Antrag *m fachspr;* **to defeat a ~** einen Antrag ablehnen; **to pass a ~** einen Antrag annehmen **II.** *vt* ■ **to ~ sb to do sth** jdn durch einen Wink auffordern, etw zu tun; **she ~ed us to sit down** sie bedeutete uns, Platz zu nehmen **III.** *vi* ■ **to ~ to sb to do sth** jdn durch einen Wink auffordern, etw zu tun
mo·tion·less [ˈməʊʃənləs] *adj* bewegungslos, reg[ungs]los **mo·tion ˈpic·ture** *n* AM [Spiel]film *m*
mo·ti·vate [ˈməʊtɪveɪt] *vt* ① (*provide with motive*) **they are ~d by a desire to help people** ihre Handlungsweise wird von dem Wunsch bestimmt, anderen zu helfen; **what ~d their sudden change of heart?** was war der innere Anlass für ihren plötzlichen Sinneswandel?; **I don't quite understand what ~s the actions of such people** ich kann die Beweggründe für die Handlungsweise dieser Leute nicht ganz nachvollziehen ② (*arouse interest*) motivieren, anregen; ■ **to ~ sb to do sth** jdn dazu bewegen [*o* veranlassen], etw zu tun; **motivating force** treibende Kraft
mo·ti·va·tion [ˌməʊtɪˈveɪʃən] *n* ① (*reason*) Begründung *f,* Veranlassung *f* (**for** für) ② *no*

pl (*drive*) Antrieb *m*, Motivation *f*

mo·tive ['məʊtɪv] **I.** *n* Motiv *nt*, Beweggrund *m* (**for** für); **ulterior ~** tieferer Beweggrund *m* **II.** *adj attr* ❶ PHYS, TECH (*creating motion*) bewegend, Antriebs- ❷ (*motivating*) *force, spirit* treibend

mot·ley ['mɒtlɪ] *adj attr* ❶ (*of different colours*) bunt, vielfarbig ❷ (*also pej: heterogeneous*) bunt [gemischt]; **~ bunch** bunt gemischter Haufen

mo·tor ['məʊtə'] **I.** *n* ❶ (*engine*) Antriebsmaschine *f*, [Verbrennungs]motor *m*, Triebwerk *nt* ❷ BRIT (*fam: car*) Auto *nt* ❸ ANAT (*motor nerve*) motorischer Nerv *fachspr*; (*organ*) Muskel *m* **II.** *adj attr* ❶ BRIT, AUS (*of motor vehicles*) Auto- ❷ ANAT Bewegungs-, Muskel-, motorisch *fachspr* **III.** *vi* (*drive*) [Auto] fahren

'mo·tor·bike *n* (*fam*) Motorrad *nt* **'mo·tor·boat** *n* Motorboot *nt* **'mo·tor car** *n* ❶ BRIT (*dated: car*) Automobil *nt* ❷ AM RAIL Draisine *f* **'mo·tor·cy·cle** *n* Motorrad *nt* **'mo·tor·cy·cling** *n no pl* Motorradfahren *nt* **'mo·tor·cy·clist** *n* Motorradfahrer(in) *m(f)* **'mo·tor·driv·en** *adj* Motor-, mit Motorantrieb *nach n*

mo·tor·ing ['məʊtərɪŋ] **I.** *adj attr* BRIT Fahr-; **~ offence** LAW Verkehrsdelikt *nt*; **~ organization** Automobilklub *m* **II.** *n* Fahren *nt*

'mo·tor·ing school *n* Fahrschule *f*

mo·tor·ist ['məʊtərɪst] *n* Kraftfahrer(in) *m(f)*, Automobilist(in) *m(f)* ÖSTERR, SCHWEIZ

mo·tor·ized ['məʊtəraɪzd] *adj* ❶ MIL motorisiert *fachspr* ❷ (*with a motor*) **~ wheelchair** elektrisch betriebener Rollstuhl

'mo·tor rac·ing *n* BRIT Autorennsport *m* **'mo·tor scoot·er** *n* Motorroller *m* **'mo·tor ve·hi·cle** *n* Kraftfahrzeug *nt* **'mo·tor·way** *n* BRIT Autobahn *f*

mot·tled ['mɒtld] *adj* ❶ (*colourfully patterned*) [bunt] gesprenkelt ❷ (*diversified in shade*) *wood, marble* gemasert ❸ (*pej: blotchy*) *complexion, skin* fleckig ❹ GEOL (*coloured*) *clay, sandstone* Bunt-

mot·to <*pl* -s *or* -es> ['mɒtəʊ] *n* Motto *nt*

mould¹ [məʊld] *n no pl* BOT Schimmel *m*

mould² [məʊld] **I.** *n* ❶ (*shape*) Form *f* ❷ (*fig*) Typ *m*; **to be out of the same ~** sich *dat* gleichen wie ein Ei dem anderen; **to be cast in the same/a different ~** aus dem gleichen/einem anderen Holz geschnitzt sein; **to break the ~** [of sth] neue Wege in etw *dat* gehen **II.** *vt* formen; **~ to ~ sb into sth** jdn zu etw *dat* machen

mould·er ['məʊldə'] *vi* schimmeln; (*fig*) vergammeln *fam* **mould·ing** ['məʊldɪŋ] *n* ARCHIT Fries *m*; (*stucco*) Stuck *m kein pl*; ART [Zier]leiste *f*

mouldy ['məʊldɪ] *adj food* schimmelig, verschimmelt; **~ to go ~** [ver]schimmeln

moult [məʊlt] *vi birds* [sich] mausern; *snakes, insects, crustaceans* sich häuten; *cats, dogs* haaren

mound [maʊnd] *n* ❶ (*pile*) Haufen *m*; (*small hill*) Hügel *m*; (*in baseball: pitcher's mound*) [erhöhtes] Wurfmal ❷ (*large quantity*) Masse *f*, Haufen *m fam*

mount [maʊnt] **I.** *n* ❶ (*horse*) Pferd *nt* ❷ (*backing, setting*) *of picture, photo* Halterung *f*; *of jewel* Fassung *f* **II.** *vt* **~ to ~ sth** ❶ (*support for equipment*) etw aufhängen; (*get on: to ride*) auf etw *akk* [auf]steigen; **to ~ a camera on a tripod** eine Kamera auf ein Stativ montieren ❷ (*go up*) etw hochsteigen; *stairs* etw hochgehen ❸ (*organize*) etw organisieren; *attack, campaign* etw starten ❹ (*fix for display*) etw befestigen; **to ~ sth in a frame** etw rahmen ❺ (*mate*) etw bespringen **III.** *vi* ❶ (*increase*) wachsen, [an]steigen, größer werden ❷ (*get on a horse*) aufsteigen

moun·tain ['maʊntɪn] *n* Berg *m*; (*group of mountains*) Gebirge *nt*

'moun·tain chain *n* Gebirgskette *f*, Bergkette *f* **moun·tain·eer** [ˌmaʊntɪ'nɪə'] *n* Bergsteiger(in) *m(f)* **moun·tain·eer·ing** [ˌmaʊntɪ'nɪərɪŋ] *n no pl* Bergsteigen *nt*

moun·tain·ous ['maʊntɪnəs] *adj* gebirgig, bergig; (*fig*) riesig **'moun·tain range** *n* Gebirgszug *m*

mount·ed ['maʊntɪd] *adj* beritten *geh*; **to be ~ on a horse** auf einem Pferd sitzen

mount·ing ['maʊntɪŋ] **I.** *n* ❶ (*on a horse*) Besteigen *nt* ❷ (*display surface*) *of photograph, picture* Halterung *f*; *of machine* Sockel *m*; (*frame*) Rahmen *m*; (*arrangement on display surface*) Arrangement *m* **II.** *adj attr* wachsend, steigend

mourn [mɔːn] **I.** *vi* trauern (**for** um) **II.** *vt* ❶ (*feel sorrow*) **~ to ~ sb/sth** um jdn/etw trauern ❷ (*regret*) beklagen

mourn·er ['mɔːnə'] *n* Trauernde(r) *f(m)*; (*at a funeral*) Trauergast *m* **mourn·ful** ['mɔːnfəl] *adj* (*sad*) traurig, melancholisch; (*gloomy*) trübsinnig; *lamenting* klagend **mourn·ing** ['mɔːnɪŋ] *n no pl* ❶ (*grieving*) Trauer *f*; **~ to be in ~ for sb** um jdn trauern; (*wear black clothes*) Trauer tragen ❷ (*wailing*) Klagegeschrei *nt*

mouse <*pl* mice> [maʊs, *pl* maɪs] *n* ❶ (*animal*) Maus *f* ❷ COMPUT Maus *f*

'mouse-hole *n* Mauseloch *nt* **'mouse mat** *n* BRIT, AM **'mouse pad** *n* COMPUT Mauspad *nt* **'mouse·trap** *n* Mausefalle *f*

mousse [muːs] *n* ❶ FOOD Mousse *f* ❷ (*cosmetics*) Schaum *m*; **styling ~** Schaumfestiger *m*

mous·tache [məˈstɑːʃ] *n* Schnurrbart *m*

mous·y [ˈmaʊsɪ] *adj* (*shy*) schüchtern; (*uncharismatic*) unscheinbar; (*dull colour*) farblos; **~ girl** Mauerblümchen *nt pej*; **to have ~ hair** mausgraue Haare haben

mouth *n* [maʊθ] ❶ (*of human*) Mund *m*; *of animal* Maul *nt*; **to have a big ~** ein großes Mundwerk haben *fam*; **to keep one's ~ shut** seinen Mund halten *fam* ❷ (*opening*) Öffnung *f*; *of cave* Eingang *m*; *of volcano* Krater *m*; *of river* Mündung *f*

mouth·ful [ˈmaʊθfʊl] *n* ❶ *of food* Bissen *m*; *of drink* Schluck *m* ❷ (*hum fam: unpronounceable word*) Zungenbrecher *m* ❸ (*fam*) **to give sb a ~** jdn herunterputzen

'**mouth or·gan** *n* Mundharmonika *f*

'**mouth·piece** *n* ❶ *of telephone* Sprechmuschel *f*; *of musical instrument, snorkel etc.* Mundstück *nt*; BOXING Mundschutz *m* ❷ POL (*fig, usu pej*) Sprachrohr *nt*

mouth-to-'mouth *n*, **mouth-to-mouth re·sus·ci·'ta·tion** *n* Mund-zu-Mund-Beatmung *f*

'**mouth·wash** *n* Mundwasser *nt* '**mouth·wa·ter·ing** *adj* [sehr] appetitlich, köstlich

mov·able [ˈmuːvəbl] *adj* beweglich; *heavy objects* verschiebbar

move [muːv] **I.** *n* ❶ *no pl* (*movement*) Bewegung *f*; **she made a sudden ~ towards me** plötzlich bewegte sie sich auf mich zu; **to be on the ~** unterwegs sein; (*fig*) *country* sich im Umbruch befinden; **to make a ~** (*fam: leave*) sich auf den Weg machen; (*act*) etwas unternehmen; (*start*) loslegen *fam*; **to make no ~** sich nicht rühren ❷ (*step*) Schritt *m*; (*measure*) Maßnahme *f*; **to make the first ~** den ersten Schritt tun ❸ (*in games*) Zug *m*; CHESS [Schach]zug *m*; **it's your ~** du bist dran ❹ (*strategy*) [Schach]zug *m* ❺ (*change of residence*) Umzug *m*; (*change of job*) Stellenwechsel *m*; (*transfer*) Versetzung *f* ▸ **to get a ~ on** (*fam*) sich beeilen; **to make a ~ on sb** (*fam*) jdn anmachen; **to make one's ~ on sb** (*fam*) sich an jdn heranmachen **II.** *vi* ❶ (*change position*) sich bewegen; (*go*) gehen; (*drive*) fahren; **no one ~d** keiner rührte sich; **keep moving!** bitte gehen Sie weiter!; **to ~ [out of the way]** aus dem Weg gehen; **to begin to ~** sich in Bewegung setzen ❷ (*change*) **that's my final decision, and I am not going to ~ [on it]** das ist mein letztes Wort und dabei bleibt es; **to ~ off a subject** das Thema wechseln ❸ (*progress*) vorankommen; **to ~ with the times** mit der Zeit gehen; **to ~ forward** Fortschritte machen ❹ (*change address*) umziehen; (*change job*) [den Arbeitsplatz] wechseln ❺ (*fam: leave*) gehen, aufbrechen; **we have to get moving** wir müssen los ❻ (*fam: hurry*) sich beeilen; **~!** nun mach schon! ❼ (*fam: start*) **to get moving [on sth]** [mit etw *dat*] loslegen **III.** *vt* ❶ (*change position of*) bewegen; (*place somewhere else*) woanders hinstellen; (*push somewhere else*) verrücken; (*clear*) wegräumen; (*rearrange*) *furniture* umstellen; (*transport*) befördern; *furniture* wegrücken ❷ (*reschedule*) verlegen, verschieben ❸ (*transfer*) verlegen; (*to another job, class*) versetzen; (*change*) **to ~ house** umziehen; **to ~ office** in ein anderes Büro ziehen ❹ (*cause emotions*) bewegen; (*stronger*) ergreifen; **to ~ sb to tears** jdn zu Tränen rühren ❺ (*drive*) *mechanism, wheel* antreiben ❻ (*cause change of mind*) umstimmen; ▪ **to ~ sb to do sth** jdn [dazu] bringen, etw zu tun ◆ **move about I.** *vi* ❶ (*go around*) herumgehen ❷ (*travel*) umherreisen ❸ (*change jobs*) oft wechseln ❹ (*move house*) oft umziehen **II.** *vt* ❶ (*change position of*) [hin und her] bewegen; (*place somewhere else*) hin und her räumen; *furniture* umstellen ❷ (*fam: at work*) **to ~ sb about** jdn oft versetzen ◆ **move along I.** *vt* ▪ **to ~ sb** ⌾ **along** jdn zum Weitergehen bewegen; **to ~ a car along** ein Auto vorbeiwinken **II.** *vi* ❶ (*walk further on*) weitergehen; (*run further on*) weiterlaufen; (*drive further on*) weiterfahren ❷ (*make room*) aufrücken, Platz machen ◆ **move around** *vt, vi see* **move about** ◆ **move away I.** *vi* ❶ (*leave*) weggehen; *vehicle* wegfahren ❷ (*move house*) wegziehen; **to ~ away from home** von zu Hause ausziehen **II.** *vt* wegräumen; (*push away*) wegrücken ◆ **move down I.** *vi* ❶ (*change position*) sich nach unten bewegen; (*slip down*) runterrutschen *fam*; (*make room*) aufrücken ❷ (*change value*) *shares, prices* fallen ❸ SCH **to ~ down a class** [*or* AM **grade**] eine Klasse zurückgestuft werden ❹ SPORTS **to ~ down [a division]** absteigen **II.** *vt* ❶ (*change position of*) nach unten bewegen; (*place lower down*) nach unten stellen; (*clear*) nach unten räumen ❷ SCH **to ~ sb** ⌾ **down [a class/to the third class]** jdn [eine Klasse/in die dritte Klasse] zurückstufen ◆ **move in I.** *vi* ❶ (*enter a new home*) einziehen; ▪ **to ~ in with sb** zu jdm ziehen ❷ (*take control*) **government officials have ~d in to settle the dispute** man hat Regierungsbeamte eingesetzt, um den Streit zu beenden ❸ (*advance to attack*) anrücken; **to ~ in on enemy territory** auf feindliches Gebiet vorrücken ❹ (*arrive*) **the painters are moving in next week** (*fam*) nächste Woche kommen die Maler; **to ~ in on a new market** sich auf einem neuen Markt etablieren **II.** *vt* ❶ *(change position of)* nach innen bewegen; *(push in)* nach innen rücken; *(take inside)* hineinbringen ❷ *(send)* einsetzen; *troops, police* einrücken lassen ◆**move off I.** *vi* sich in Bewegung setzen; *(walk)* losgehen; *(run)* loslaufen, losrennen; *(drive)* losfahren **II.** *vt* wegräumen ◆**move on I.** *vi* ❶ *(continue a journey)* sich wieder auf den Weg machen; *(walk)* weitergehen; *(run)* weiterlaufen; *(drive)* weiterfahren ❷ *(advance)* sich weiterentwickeln; *(progress in career)* beruflich weiterkommen ❸ *(pass)* time vergehen, verstreichen ❹ *(change subject)* ■ to ~ on to sth zu etw *dat* übergehen **II.** *vt* ❶ *(cause to leave)* zum Weitergehen auffordern; *(in a vehicle)* zum Weiterfahren auffordern; *(force to leave)* vertreiben ◆**move out I.** *vi* ❶ *(stop inhabiting)* ausziehen; **to ~ out of a flat/house** aus einer Wohnung/einem Haus ausziehen ❷ *(cease involvement)* ■ to ~ out [of sth] sich [von etw *dat*] zurückziehen ❸ *(leave)* troops abziehen; *train etc.* abfahren **II.** *vt* ❶ *(clear)* wegräumen; *(take outside)* hinausbringen ❷ *(make leave)* **we were all ~d out of the danger zone** wir mussten alle das Gefahrengebiet räumen; **to ~ out** ○ **a tenant** einem Mieter kündigen; **to ~ one's troops out [of an area]** seine Truppen [aus einem Gebiet] abziehen ◆**move over I.** *vi* ❶ *(make room)* Platz machen, aufrücken ❷ *(switch)* ■ to ~ over to sth zu etw *dat* übergehen **II.** *vt* herüberschieben; *(put aside)* zur Seite räumen; *(push aside)* zur Seite rücken; *(turn)* umdrehen ◆**move round** *vt, vi* see **move about** ◆**move towards** *vi* ■ to ~ towards sth sich etw *dat* [an]nähern ◆**move up I.** *vi* ❶ *(advance)* aufrücken; *(to the next form)* versetzt werden; *(professionally, socially)* aufsteigen ❷ *(make room)* Platz machen, aufrücken ❸ *(increase)* prices steigen **II.** *vt* ❶ *(change position of)* nach oben bewegen; *(put in a higher place)* etw nach oben räumen ❷ *(promote at work)* versetzen; **they ~d him up to head of sales** er wurde zum Verkaufsleiter befördert

move·ment ['muːvmənt] *n* ❶ *(change of position)* Bewegung *f*; **after the accident he had no ~ in his legs** nach seinem Unfall konnte er seine Beine nicht bewegen ❷ *no pl (general activity)* Bewegung *f*; FIN, STOCKEX Schwankung[en] *f*[*pl*] ❸ MUS *(part of symphony)* Satz *m* ❹ *no pl (tendency)* Tendenz *f*, Trend *m* (**towards** [hin] zu) ❺ *(interest group)* Bewegung *f* ❻ *(mechanism)* of clock, watch Uhrwerk *nt*

movie ['muːviː] *n esp* AM, AUS *(film)* [Kino]film *m*; ■ the ~s *pl* das Kino; **to be in the ~s** *(fam)* im Filmgeschäft sein

'**movie cam·era** *n* Filmkamera *f* '**movie·goer** *n esp* AM, AUS Kinogänger(in) *m(f)* '**movie star** *n* Filmstar *m* '**movie thea·ter** *n* AM Kino *nt*

mov·ing ['muːvɪŋ] **I.** *n no pl* Umziehen *nt* **II.** *adj* ❶ *attr* MECH beweglich ❷ *attr (motivating)* Antriebs-; **the ~ force** die treibende Kraft ❸ *(causing emotion)* bewegend, ergreifend

mow <mowed, mown *or* mowed> [məʊ] **I.** *vi (cut grass, grain)* mähen **II.** *vt field* abmähen; **to ~ the lawn** den Rasen mähen

mow·er ['məʊər] *n* Rasenmäher *m*; *(on a farm)* Mähmaschine *f*

mown [məʊn] **I.** *pp of* **mow II.** *adj* gemäht; *field* abgemäht

MP [ˌemˈpiː] BRIT, CAN POL *abbrev of* **Member of Parliament**

mpg [ˌempiːˈdʒiː] *abbrev of* **miles per gallon**: **to do 40 ~** 40 Meilen pro Gallone fahren

mph [ˌempiːˈeɪtʃ] *abbrev of* **miles per hour**: **to do 50 ~** 50 Meilen pro Stunde fahren

Mr ['mɪstər] *n no pl (title for man)* Herr *m*

Mrs ['mɪsɪz] *n no pl (title for married woman)* Frau, Fr.

ms [ˌemˈes] *n abbrev of* **manuscript** Mskr.

Ms [məz] *n no pl (title for woman, married or unmarried)* Fr., Frau *(Alternativbezeichnung zu Mrs und Miss, die sowohl für verheiratete wie unverheiratete Frauen zutrifft)*

MS [ˌemˈes] *n no pl abbrev of* **Multiple sclerosis** MS *f*

MSc [ˌemesˈsiː] *n abbrev of* **Master of Science**

MSG [ˌemesˈdʒiː] *n no pl* CHEM *abbrev of* **monosodium glutamate**

Mt *n abbrev of* **Mount**

much [mʌtʃ] **I.** *adj* <more, most> + *sing* viel; **there wasn't ~ post** es kam nicht viel Post; **how ~ ...?** wie viel ...?; **half/twice as ~** halb/doppelt so viel; [~] **too ~** [viel] zu viel **II.** *pron* ❶ *(relative amount)* **this ~ is certain** so viel ist sicher; **he left without so ~ as an apology** er ging ohne auch nur ein Wort der Entschuldigung; **half/twice as ~** halb/doppelt so viel ❷ *(great deal)* viel; **~ of what you say is right** vieles von dem, was Sie sagen, ist richtig; **my new stereo isn't up to ~** meine neue Anlage taugt nicht viel *fam* ❸ *with neg (pej: poor example)* **I've never been ~ of a dancer** ich habe noch nie gut tanzen können; **he's not ~ to look at** er sieht nicht gerade umwerfend aus ❹ *(larger part)* **~ of the day** der Großteil des Tages ❺ *(be redundant)* **so ~ for ...** das war's dann wohl mit ... ❻ *with interrog* **how ~ is it?** was kostet das? **III.** *adv* <more, most>

❶ *(greatly)* sehr; **she would ~ rather have her baby at home than in the hospital** sie würde ihr Kind viel lieber zu Hause als im Krankenhaus zur Welt bringen; **~ to our surprise** zu unserer großen Überraschung; **to not be ~ good at sth** in etw *dat* nicht sehr gut sein ❷ *(by far)* bei weitem; **she's ~ the best person for the job** sie ist bei weitem die Beste für den Job ❸ *(nearly)* fast; **~ the same** fast so ❹ *(specifying degree)* **I like him as ~ as you do** ich mag ihn genauso sehr wie du; **I wanted so ~ to meet you** ich wollte dich unbedingt treffen; **thank you very ~** herzlichen Dank ❺ *(exactly that)* genau das; **I had expected as ~** so etwas hatte ich schon erwartet ❻ *(often)* häufig; **do you see ~ of her?** siehst du sie öfters? ❼ *(setting up a contrast)* **they're not so ~ lovers as friends** sie sind eher Freunde als ein Liebespaar **IV.** *conj (although)* auch wenn, wenngleich *geh*; **~ as I like you, ...** so gern ich dich auch mag, ...; **~ as I would like to help you, ...** so gerne ich euch auch helfen würde, ...; **however ~ you dislike her ...** wie unsympathisch sie dir auch sein mag, ...

much·ness ['mʌtʃnəs] *n no pl (fam)* **to be much of a ~** so ziemlich das Gleiche sein

muck [mʌk] *n no pl* Brit ❶ *(dirt)* Dreck *m fam*; *(waste)* Müll *m*; **to be] common as ~** *(fam)* furchtbar ordinär [sein] *pej* ❷ *(euph: excrement)* Haufen *m fam*; Agr Dung *m*; *(liquid)* Jauche *f (fam)* **I.** *vi* Unfug treiben; ■ **to ~ about, muck around** *(fam)* Unfug treiben; ■ **to ~ about with sth** an etw *dat* herumfummeln **II.** *vt* ■ **to ~ sb about** mit jdm umspringen[, wie es einem gefällt]; **stop ~ing me about!** sag mir endlich, was Sache ist! ◆ **muck out** *vt, vi* ausmisten ◆ **muck up** *vt* Brit *(fam)* vermasseln; *exam* versieben

'muck·heap *n* Haufen *m* [Dreck] **muck·rak·er** [-reɪkəʳ] *n (pej)* Skandalreporter(in) *m(f)* **'muck·up** *n (fam)* Reinfall *m*

mucky ['mʌki] *adj* ❶ *(dirty)* schmutzig, dreckig ❷ *(fam: sordid) joke, comment* schlüpfrig, unanständig; *(stronger)* säuisch *pej sl*

mu·cous ['mjuːkəs] *adj no pl (relating to mucus)* Schleim- *m*; *(producing mucus)* schleim bildend

mu·cus ['mjuːkəs] *n no pl* Schleim *m*

mud [mʌd] *n no pl* Schlamm *m* ▶ **to drag sb's name through the ~** jds Namen in den Schmutz ziehen

mud·dle ['mʌdl] **I.** *n* ❶ *usu sing (confused state)* Durcheinander *nt*; **to get in a ~** durcheinandergeraten; **to get sth in[to] a ~** etw durcheinanderbringen; ■ **to be in a ~** durcheinander sein ❷ *no pl (confusion)* Durcheinander *nt*, Kuddelmuddel *nt* **II.** *vi* ■ **to ~ along** vor sich *akk* hin wurs[ch]teln *fam*

mud·dle-'head·ed *adj* verwirrt, konfus

mud·dy ['mʌdi] **I.** *vt* ❶ *(make dirty)* verschmutzen, schmutzig machen ❷ *(confuse)* undurchsichtig machen **II.** *adj* schlammig; *(dirty)* schmutzig; *ground, snow* matschig

'mud·guard *n of car* Kotflügel *m*; *of bicycle* Schutzblech *nt* **'mud·pack** *n* Gesichtsmaske *f* **mud·sling·ing** ['mʌdslɪŋɪŋ] *n no pl* Schlammschlacht *f fam*

muff [mʌf] **I.** *n* ❶ FASHION Muff *m* ❷ *(vulg, sl: vagina)* Muschi *f* **II.** *vt (fam)* vermasseln

muf·fin ['mʌfɪn] *n* ❶ Brit *flaches rundes Hefebrötchen, das halbiert getoastet und anschließend mit Butter (und ggf. Marmelade) gegessen wird* ❷ Am Muffin *nt (kleiner, hoher, runder, meist süßer Kuchen aus Rührteig)*

muf·fle ['mʌfl] *vt* dämpfen; *(fig)* [ab]schwächen ◆ **muffle up I.** *vt* ■ **to ~ up** ⟲ **oneself** sich warm anziehen **II.** *vi* sich warm anziehen, sich einmummeln *fam*

muf·fler ['mʌfləʳ] *n* ❶ *(silencer) of gun* Schalldämpfer *m*; *of car* Auspufftopf *m*

muf·ti ['mʌfti] *n* ❶ *no pl (dated)* zivile Kleidung; ■ **in ~** in Zivil ❷ REL *(Muslim legal expert)* Mufti *m*

mug [mʌɡ] **I.** *n* ❶ *(cup)* Becher *m (mit Henkel)* ❷ *esp* Brit *(fam: foolish person)* Trottel *m*, Simpel *m* DIAL ❸ *(pej: face)* Visage *f*, Fresse *f sl* **II.** *vt* <-gg-> überfallen und ausrauben

mug·ger ['mʌɡəʳ] *n* [Straßen]räuber(in) *m(f)* **mug·ging** ['mʌɡɪŋ] *n* [Straßen]raub *m*, Überfall *m (auf offener Straße)*

mug·gins ['mʌɡɪnz] *n no pl* Brit *(hum)* Dumm[er]chen *nt fam (oft zu sich selbst gesagt)*

mug·gy ['mʌɡi] *adj weather* schwül

mug·wump ['mʌɡwʌmp] *n* Am ❶ *(boss)* Big Boss *m fam* ❷ *(stubborn person)* Querkopf *m*

mul·berry ['mʌlbəri] *n* ❶ *(fruit)* Maulbeere *f* ❷ *(tree)* Maulbeerbaum *m*

mule[1] [mjuːl] *n (animal)* Maultier *nt*

mule[2] [mjuːl] *n (shoe)* halboffener Schuh; *(slipper)* Pantoffel *m*

mull [mʌl] *vt* ❶ *(sweeten)* **~ed wine** Glühwein *m* ❷ *(ponder)* ■ **to ~ sth** sich *dat* etw durch den Kopf gehen lassen

mul·let[1] ['mʌlɪt] *n (fish)* Meeräsche *f*

mul·let[2] ['mʌlɪt] *n (hairstyle)* Vokuhila *m sl (vorne kurz, hinten lang)*

mul·lion ['mʌljən] *n* ARCHIT Längspfosten *m*; ■ **~s** *pl* Stabwerk *nt*

multi-'col·oured *adj*, Am **multi·'col·ored** *adj* bunt; *(lots of colours)* mehrfarbig **multi-'cul·tur·al** *adj* multikulturell

multi-fari·ous [ˌmʌlti'feəriəs] *adj attr (form)*

multi·'func·tion·al *adj* multifunktional, vielfältig
multi·'func·tion·al *adj* multifunktional
multi·'lat·er·al *adj* POL multilateral *geh*
multi·'layered *adj* vielschichtig **multi·'lin·gual** *adj* mehrsprachig **multi·'me·dia** I. *n no pl* Multimedia *f* II. *adj* multimedial
multi·mil·lion·'aire *n* Multimillionär(in) *m(f)* **multi·'na·tion·al** I. *n* multinationaler Konzern, Multi *m fam* II. *adj* multinational
multi·ple ['mʌltɪpl] I. *adj attr* vielfach, vielfältig II. *n* ❶ *(number)* Vielfache[s] *nt*; **to count in** ~ **s of 6/10** das Sechser-/Zehnereinmaleins rechnen ❷ *(shop with many branches)* [Laden]kette *f*
multi·plex ['mʌltɪpleks] *n* Multiplex-Kino *nt*
multi·pli·ca·tion [ˌmʌltɪplɪ'keɪʃⁿn] *n no pl* Multiplikation *f*
multi·plic·ity [ˌmʌlti'plɪsɪti] *n no pl (form)* Vielzahl *f* (**of** von), Vielfalt *f* (**of** an)
multi·pli·er ['mʌltɪplaɪəʳ] *n* Multiplikator *m*
multi·ply <-ie-> ['mʌltɪplaɪ] I. *vt* multiplizieren (**by** mit) II. *vi* sich vermehren; *(through reproduction also)* sich fortpflanzen
multi·'pur·pose *adj* multifunktional **multi·'ra·cial** *adj* gemischtrassig; ~ **society** Gesellschaft, die aus den Angehörigen verschiedener Rassengruppen besteht **multi·'stage** *adj* **a** ~ **theatre** ein Theater mit mehreren Bühnen **multi·'sto·rey** *adj* mehrstöckig, mehrgeschossig **multi·'task·ing** I. *n* COMPUT Ausführen *nt* mehrerer Programme, Multitasking *nt* II. *adj attr (fig)* gleichzeitig mehreren Aufgaben nachkommend *attr*; **she is a hard-working, ~ singer, actor, dancer and producer** sie arbeitet hart und ist gleichzeitig Sängerin, Schauspielerin, Tänzerin und Produzentin
multi·tude ['mʌltɪtjuːd] *n* ❶ *(numerous sum)* Vielzahl *f* ❷ *(crowd)* ▪ **the** ~ *pl* die Allgemeinheit; ~ **s of people** eine Vielzahl von Personen
mum[1] [mʌm] *n (fam: mother)* Mama *f*, Mutti *f bes* NORDD
mum[2] [mʌm] *adj (fam: silent)* still; ... — ~ **'s the word** *(as a response)* ... — von mir erfährt keiner was; *(telling sb)* ... — und kein Wort darüber; **to keep** ~ den Mund halten
mum·ble ['mʌmbl] *vi (quietly)* murmeln; *(unclearly)* nuscheln
mum·bo jum·bo [ˌmʌmbəʊ'dʒʌmbəʊ] *n no pl (fam)* Quatsch *m*
mum·mi·fy <-ie-> ['mʌmɪfaɪ] *vt* mumifizieren
mum·my[1] ['mʌmi] *n (fam: mother)* Mama *f*, Mami *f*, Mutti *f bes* NORDD
mum·my[2] ['mʌmi] *n (corpse)* Mumie *f*
mumps [mʌmps] *n + sing vb* Mumps *m*
munch [mʌn(t)ʃ] *vi, vt* mampfen

mun·dane [mʌn'deɪn] *adj (worldly)* profan *geh*; *(uninspiring) problem, question* banal; *(routine) activity, task* alltäglich
mu·nic·i·pal [mjuː'nɪsɪpⁿl] *adj* städtisch, Stadt-, kommunal, Kommunal-; ~ **elections** Kommunalwahlen *pl*, Gemeinderatswahlen *pl*; ~ **government** Stadtrat *m*, Gemeinderat *m*
mu·nic·i·pal·ity [mjuːˌnɪsɪ'pælətɪ] *n (political unit)* Gemeinde *f*, Kommune *f*; *(town size also)* Stadt *f*
mu·ni·tions [mjuː'nɪʃⁿnz] *npl (weapons)* Waffen *pl*; *(weapons and ammunition)* Kriegsmaterial *nt kein pl*; *(ammunition)* Munition *f kein pl*
mu·ral ['mjʊərⁿl] I. *n* Wandgemälde *nt* II. *adj* Wand-
mur·der ['mɜːdəʳ] I. *n* ❶ *(crime)* Mord *m*, Ermordung *f* (**of** an); **mass** ~ Massenmord *m*; **to commit** ~ einen Mord begehen; **to be convicted of** ~ wegen Mordes verurteilt werden ❷ *(fig: difficult thing)* **it's** ~ **trying to find a parking space around here** es ist wirklich schier unmöglich, hier in der Gegend einen Parkplatz zu finden II. *vt* ermorden, umbringen *a. fig*
mur·der·er ['mɜːdⁿrəʳ] *n* Mörder(in) *m(f)*
mur·der·ess ['mɜːdⁿrɪs] *n (dated)* Mörderin *f* **mur·der·ous** ['mɜːdⁿrəs] *adj* ❶ *(cruel)* mordlüstern, blutrünstig; *(evil) look, hatred* tödlich ❷ *(unpleasant)* mörderisch *fam*
murky ['mɜːkɪ] *adj* düster; *night* finster; *(fig) past* dunkel; *water* trübe
mur·mur ['mɜːməʳ] I. *vi* murmeln; ▪ **to** ~ **about sth** *(complain)* wegen einer S. *gen* murren II. *vt* murmeln III. *n* Gemurmel *nt kein pl*, Raunen *nt kein pl*; **a** ~ **of agreement** ein zustimmendes Raunen
mus·cle ['mʌsl] *n* ❶ *(contracting tissue)* Muskel *m* ❷ *(fig: influence)* Stärke *f*; **to flex a** ~ Stärke zeigen ◆ **muscle in** *vi* sich [rücksichtslos] einmischen; ▪ **to** ~ **in on sth** sich irgendwo (mit aller Gewalt) hineindrängeln
'mus·cle-bound *adj* [äußerst] muskulös
'mus·cle·man *n* Muskelprotz *m*
mus·cu·lar ['mʌskjələʳ] *adj* ❶ *(relating to muscles)* muskulär, Muskel- ❷ *(with well-developed muscles)* muskulös
muse [mjuːz] I. *vi* nachgrübeln, nachdenken *(about/on* über) II. *n* ❶ *(esp liter: mythical figure)* Muse *f*; *(artistic inspiration)* Inspiration *f* ❷ *(female inspirer)* Muse *f*
mu·seum [mjuː'zi:əm] *n* Museum *nt*
mush [mʌʃ] *n no pl (fam)* ❶ FOOD Brei *m*, Mus *nt*; **to turn to** ~ zu Brei werden; **I panicked and my brain turned to** ~ ich geriet in Panik und konnte einfach nicht mehr vernünftig denken ❷ *(sentimentality)* **that film**

was just romantic ~ der Film war so eine richtige Schnulze
mush·room ['mʌʃrʊm, -ru:m] n Pilz m; **edible/poisonous ~** essbarer/giftiger Pilz
mushy ['mʌʃi] adj ❶ (pulpy) breiig ❷ (soppily romantic) schnulzig
mu·sic ['mju:zɪk] n no pl ❶ (pattern of sounds) Musik f; **classical ~** klassische Musik; **to put on ~** [etwas] Musik auflegen ❷ (notes) Noten pl
mu·si·cal ['mju:zɪkəl] I. adj musikalisch, Musik- II. n Musical nt **'mu·sic hall** n (dated) Konzerthalle f
mu·si·cian [mju:'zɪʃən] n Musiker(in) m(f)
'mu·sic stand n Notenständer m
musk [mʌsk] n no pl Moschus m
mus·ket ['mʌskɪt] n Muskete f
mus·ket·eer [ˌmʌskɪ'tɪə'] n HIST Musketier m
musk·rat ['mʌskræt] n Moschusratte f
Mus·lim ['mʊslɪm] I. n Moslem(in) m(f), Muslim(in) m(f) II. adj moslemisch, muslimisch
mus·lin ['mʌzlɪn] n Musselin m
muss [mʌs] esp AM I. n no pl Unordnung f, Durcheinander nt II. vt durcheinanderbringen; **wind** zerzausen
mus·sel ['mʌsəl] n [Mies]muschel f
must [mʌst] I. aux vb ❶ (be obliged) müssen; **all handbags ~ be left at the cloakroom for security reasons** lassen Sie bitte aus Sicherheitsgründen alle Handtaschen in der Garderobe; ■ **~ not** [or **~n't**] nicht dürfen; **you ~n't say anything to anyone about this matter** darüber darfst du mit niemandem sprechen ❷ (be required) müssen; **~ you leave so soon?** müssen Sie schon so früh gehen? ❸ (should) **you really ~ read this book** dieses Buch sollten Sie wirklich einmal lesen; **you ~ come and visit us** Sie sollten uns bald einmal besuchen kommen ❹ (be certain to) müssen; **she ~ be wondering where I've got to** sie wird sich bestimmt fragen, wo ich abgeblieben bin; **you ~ be joking!** du machst wohl Witze!; **you ~ be out of your mind!** du hast wohl den Verstand verloren! fam ❺ (be necessary) müssen; **you ~n't worry too much about it** jetzt mach dir deswegen nicht so viele Sorgen ❻ (show irritation) müssen; **smoke if you ~ then** dann rauche, wenn es [denn] unbedingt sein muss ❼ (intend to) müssen; **I ~n't forget to put the bin out tonight** ich darf nicht vergessen, heute Abend den Mülleimer rauszustellen II. n no pl Muss nt kein pl; ■ **to be a ~** ein Muss nt sein; **this book is a ~!** dieses Buch muss man gelesen haben! III. in compounds -see, -do **this film is a ~-see** diesen Film muss man einfach gesehen haben

mus·tache n AM see **moustache**
mus·tang ['mʌstæŋ] n Mustang m
mus·tard ['mʌstəd] n no pl Senf m
mus·ter ['mʌstə'] I. n [zum Appell angetretene] Truppe II. vt ❶ (gather) aufbringen ❷ (bring together) soldiers [zum Appell] antreten lassen III. vi (come together) sich versammeln, antreten; troop [zum Appell] antreten
'must-have adj attr (fam) unentbehrlich; **be fashionable this autumn with this pair of ~ boots** gehen Sie diesen Herbst mit der Mode · dazu gehören unbedingt diese Stiefel!
mustn't ['mʌsnt] see **must** not see **must**
'must-see I. n **this film is a ~** diesen Film muss man gesehen haben II. adj sehenswert; **~ TV** Fernsehsendung, die man unbedingt sehen muss
musty ['mʌsti] adj book mod[e]rig; room, smell muffig
mu·tant ['mju:tənt] n Mutant(e) m(f); (fig, hum) Mutant m
mu·ta·tion [mju:'teɪʃən] n Veränderung f, Mutation f fachspr
mute [mju:t] I. n ❶ MUS (quieting device) Dämpfer m ❷ (dated: person) Stumme(r) f(m) II. vt sound, noise dämpfen III. adj stumm
mut·ed ['mju:tɪd] adj ❶ (not loud) gedämpft; (fig) schweigend, stumm; colours gedeckt ❷ LING (not pronounced) stumm
mu·ti·late ['mju:tɪleɪt] vt verstümmeln; (fig) verschandeln
mu·ti·la·tion [ˌmju:tɪ'leɪʃən] n Verstümmelung f; (fig) Verschandelung f
mu·ti·neer [ˌmju:tɪ'nɪə'] n Meuterer(in) m(f)
mu·ti·nous ['mju:tɪnəs] adj meuterisch; shareholders rebellisch
mu·ti·ny ['mju:tɪni] I. n ❶ no pl (act) Meuterei f ❷ (instance) Meuterei f II. vi <-ie-> meutern
mut·ter ['mʌtə'] I. vi ❶ (mumble) ■ **to ~ [away to oneself]** irgendetwas [vor sich akk hin]murmeln ❷ (spread rumour) ■ **to ~ about sth** etw munkeln II. vt (complain softly) brummen, murmeln; **to ~ sth to sb under one's breath** jdm etw zuraunen
mut·ton ['mʌtən] n no pl Hammel m, Hammelfleisch nt
'mut·ton chops npl, **mut·ton chop 'whisk·ers** npl Koteletten pl
mu·tu·al ['mju:tʃuəl] adj gegenseitig, beiderseitig; friends, interests gemeinsam; **the feeling is ~** das [Gefühl] beruht auf Gegenseitigkeit; **~ agreement** wechselseitige Übereinkunft
mu·tu·al 'fund n AM FIN offener Investmentfond **mu·tu·al·ly** ['mju:tʃuəli] adv gegensei-

mu·zak® ['mju:zæk] *n no pl* Musikberieselung *f*

muz·zle ['mʌzl] **I.** *n* ❶ *(animal mouth)* Schnauze *f*, Maul *nt* ❷ *(mouth covering)* Maulkorb *m* ❸ *(gun end)* Mündung *f* **II.** *vt* ■ **to ~ an animal** einem Tier einen Maulkorb anlegen; ■ **to ~ sb/the press** jdn/die Presse mundtot machen

muz·zy ['mʌzi] *adj* ❶ *(hazy)* benommen, benebelt ❷ *(unclear)* unklar, verschwommen, verzerrt; *objectives* diffus

MW *n* RADIO *abbrev of* **medium wave** MW *f*

my [maɪ] **I.** *adj poss* mein(e); **my brother and sister** mein Bruder und meine Schwester; **one of my friends** einer meiner Freunde/eine meiner Freundinnen; **I've hurt my foot** ich habe mir den Fuß verletzt; **she was surprised at ~ coming** sie war überrascht, dass ich gekommen war; **I need a car of ~ own** ich brauche ein eigenes Auto **II.** *interj* ach, oh; **~ ~** na, so was

myo·pia [maɪˈəʊpiːə] *n no pl (spec)* Kurzsichtigkeit *f*

my·op·ic [maɪˈɒpɪk] *adj (form or fig)* kurzsichtig

myri·ad ['mɪriəd] *n (form)* Myriade *f*; **~s of ...** unzählige ...

myrrh [mɜː^r] *n no pl* Myrrhe *f*

myr·tle ['mɜːtl] *n* Myrthe *f*

my·self [maɪˈself] *pron reflexive* ❶ *(direct object of verb)* mir *+dat*, mich *+akk;* **let me introduce ~ — I'm Caitlin Milne** ich möchte mich vorstellen – ich bin Caitlin Milne; **I caught sight of ~ in the mirror** ich sah mich im Spiegel; **yes, I thought to ~, it's time to take a holiday** ja, dachte ich mir, es ist Zeit für einen Urlaub; **I strolled around, muttering to ~** ich wanderte umher und murmelte vor mich hin ❷ *(emph form: I, me)* ich; **people like ~** Menschen wie ich ❸ *(emph: me personally)* ich persönlich; **I wrote it ~** ich schrieb es selbst; ■ **to do see/taste/try/hear for ~** etw selbst sehen/kosten/versuchen/hören ❹ *(me alone)* I never get an hour to ~ ich habe nie eine Stunde für mich; [**all**] **by ~** [ganz] alleine; **I live by ~** ich lebe alleine ❺ *(my normal self)* **I haven't felt ~ lately — I guess I feel a little depressed or something** ich war in letzter Zeit nicht ganz ich selbst – ich glaube, ich war ein wenig deprimiert oder so; **I didn't look ~ in my sister's clothes** ich sah in der Kleidung meiner Schwester nicht wie ich selbst aus

mys·teri·ous [mɪˈstɪəriəs] *adj* geheimnisvoll, mysteriös; **in ~ circumstances** unter mysteriösen Umständen

mys·tery ['mɪstəri] *n (secret)* Geheimnis *nt;* *(puzzle)* Rätsel *nt;* **that's a ~ to me** das ist mir schleierhaft

mys·tic ['mɪstɪk] **I.** *n* Mystiker(in) *m(f)* **II.** *adj* ❶ *(inspiring sense of mystery)* geheimnisvoll, mysteriös ❷ *(relating to mysticism)* mystisch ❸ *(occult, for the initiate)* esoterisch

mys·ti·cal ['mɪstɪk^əl] *adj* mystisch

mys·ti·cism ['mɪstɪsɪz^əm] *n no pl* ❶ *(consciousness of God's reality)* Mystik *f* ❷ *(belief in hidden realities)* das Mystische ❸ *(pej: vague speculation)* Mystizismus *m*

mys·ti·fi·ca·tion [ˌmɪstɪfɪˈkeɪʃ^ən] *n no pl* ❶ *(puzzlement)* Verwunderung *f*, Verblüffung *f* ❷ *(intentional confusion)* Verwirrung *f*, Verwirrspiel *nt*

mys·ti·fy <-ie-> ['mɪstɪfaɪ] *vt* ■ **to ~ sb** jdn vor ein Rätsel stellen

mys·tique [mɪˈstiːk] *n no pl (form)* Zauber *m*

myth [mɪθ] *n* ❶ *(ancient story)* Mythos *m;* **creation ~** Schöpfungsmythos *m* ❷ *(pej: false idea)* Ammenmärchen *nt*

mythi·cal ['mɪθɪk^əl] *adj* ❶ *(fictional)* sagenhaft, legendär ❷ *(supposed)* gedacht, imaginär

mytho·logi·cal [ˌmɪθəˈlɒdʒɪk^əl] *adj* mythologisch

my·thol·ogy [mɪˈθɒlədʒi] *n no pl* Mythologie *f; (fig)* Ammenmärchen *nt*

N n

N <*pl* -'s *or* -s>, **n** <*pl* -'s> *n* N *nt*, n *nt; see also* **A 1**

N I. *n abbrev of* **North** N *m* **II.** *adj abbrev of* **North, Northern** nördl.

n¹ *n* ❶ MATH *(unknown number)* x ❷ *(fam: endless amount)* x

n² *n* ❶ *abbrev of* **noun** Subst. ❷ *abbrev of* **neuter** nt

nab <-bb-> [næb] *vt (fam)* stibitzen; **could you ~ me a seat?** könntest du mir vielleicht einen Platz freihalten?

na·dir ['neɪdɪə^r, næd-] *n (form)* Tiefpunkt *m*

naff [næf] BRIT **I.** *adj (sl)* geschmacklos **II.** *vi (sl)* ■ **to ~ off** Leine ziehen

nag¹ [næg] *n* [alte Schind]mähre

nag² [næg] **I.** *vi* <-gg-> [herum]nörgeln (**at** an) **II.** *vt* <-gg-> ■ **to ~ sb** *(urge)* jdm [ständig] zusetzen; *(annoy)* jdn nicht in Ruhe lassen III. n (fam) ❶ (person) Nörgler(in) m(f); (annoying) Nervensäge f ❷ (feeling) he felt a little ~ of doubt eine Spur des Zweifels machte sich ihm bemerkbar

nag·ging ['nægɪŋ] I. n no pl Nörgelei f II. adj ❶ (criticizing) nörgelnd ❷ (continuous) quälend

nail [neɪl] I. n ❶ (metal fastener) Nagel m ❷ (body part) [Finger-/Zeh]nagel m; to bite one's ~s an den Fingernägeln kauen; to cut one's ~s sich dat die Nägel schneiden II. vt ❶ (fasten) nageln (to an) ❷ (sl: catch) police schnappen fam; newspapers drankriegen fam

'nail-bit·ing I. n no pl Nägelkauen nt II. adj nervenzerreißend; film spannend **'nail brush** n Nagelbürste f **'nail clip·pers** npl Nagelknipser m **'nail enam·el re·mov·er** n Am see nail varnish remover **'nail file** n Nagelfeile f **'nail pol·ish** n Nagellack m **'nail scis·sors** npl Nagelschere f **'nail var·nish** n Nagellack m **'nail var·nish re·mov·er** n Nagellackentferner m

na·ïve, also **na·ive** [naɪ'iːv] adj (esp pej) naiv

na·ïve·té [naɪ'iːvəteɪ], **na·ive·ty** [naɪ'iːvəti] n no pl Naivität f a. pej

na·ked ['neɪkɪd] adj (also fig) nackt; aggression unverhüllt; ambition blank; to the ~ eye für das bloße Auge; flame offen

na·ked·ness ['neɪkɪdnəs] n no pl Nacktheit f

nam·by-pam·by [næmbɪ'pæmbɪ] adj attr (pej fam: foolish) dämlich; (weak) person verweichlicht

name [neɪm] I. n ❶ (title) Name m; hello, my ~'s Peter hallo, ich heiße Peter; what's your ~? wie heißen Sie?; first ~ Vorname m; last ~ Nachname m; to call sb ~s jdn beschimpfen; in our ~ in unserem Namen; in the ~ of ... im Namen von ... ❷ no pl (reputation) Name m, Ruf m; to give sb/sth a good ~ jdm/etw einen guten Ruf verschaffen; to make a ~ for oneself sich dat einen Namen machen II. vt ❶ (call) they ~d their little boy Philip sie nannten ihren kleinen Sohn Philip ❷ (list) nennen ❸ (choose) nennen; gin, vodka, whisky, beer — you ~ it, I've got it Gin, Wodka, Whisky, Bier – was [immer] Sie wünschen, ich führe es ❹ (nominate) ■ to ~ sb sth jdn zu etw dat ernennen

'name day n Namenstag m **'name-drop·ping** n no pl Namedropping nt (das Angeben mit berühmten Persönlichkeiten, die man kennt) **name·less** ['neɪmləs] adj namenlos; author unbekannt

name·ly ['neɪmli] adv nämlich

'name·plate n of a person Namensschild nt; (on door of a house) Türschild nt; of company Firmenschild nt **'name·sake** n Na- mensvetter m

Na·mi·bia [næ'mɪbiə] n Namibia nt

nan, naan [nɑːn] n indisches Fladenbrot

nan·ny ['næni] n ❶ (grandmother) Oma f ❷ (babyminder) Kindermädchen nt ❸ (animal) Geiß f

'nan·ny goat n Geiß f

na·no·sec·ond ['nænə(ʊ)ˌsekənd] n Nanosekunde f

nap[1] [næp] I. n Nickerchen nt; to take a ~ ein Nickerchen machen II. vi <-pp-> ein Nickerchen machen

nap[2] [næp] n no pl Flor m

na·palm ['neɪpɑːm] n no pl Napalm nt

nape [neɪp] n no pl Nacken m

nap·kin ['næpkɪn] n Serviette f

nap·py ['næpi] I. n Windel f; disposable ~ Wegwerfwindel f II. adj Am hair lockig

nar·cis·sism ['nɑːsɪsɪzəm] n no pl Narzissmus m

nar·cis·sus <pl -es or -issi or -> [nɑː'sɪsəs] n Narzisse f

nar·co·sis [nɑː'kəʊsɪs] n Narkose f

nar·cot·ic [nɑː'kɒtɪk] I. n ❶ esp Am (drug) Rauschgift nt ❷ MED (drug causing sleepiness) Narkotikum nt II. adj ❶ (affecting the mind) berauschend ❷ MED narkotisch; (sleep-inducing) einschläfernd

nark [nɑːk] BRIT, AUS I. vt ärgern; to be/become ~ed with sb auf jdn wütend sein/werden II. n ❶ (annoying person) unausstehliche Person f ❷ (sl: police informer) Spitzel nt ❸ Am (narcotics agent) Drogenfahnder(in) m(f)

nar·rate [nə'reɪt] vt ❶ (provide commentary) erzählen ❷ (give account of) schildern

nar·ra·tion [nə'reɪʃən] n no pl Schilderung f; of story Erzählung f

nar·ra·tive ['nærətɪv] n ❶ (story) Erzählung f ❷ (description of events) Schilderung f

nar·ra·tor [nə'reɪtər] n Erzähler(in) m(f)

nar·row ['nærəʊ] I. adj ❶ (thin) eng, schmal ❷ (pej: limited) to have a ~ mind engstirnig sein ❸ (small) knapp II. vi enger werden, sich verengen; gap, difference sich schließen III. vt verengen; (fig) beschränken; he ~ed his eyes in suspicion er kniff argwöhnisch die Augen zusammen

'nar·row boat n Kahn m **'nar·row gauge** n Schmalspur f

nar·row·ly ['nærəʊli] adv ❶ (barely) knapp ❷ (meticulously) sehr gründlich

nar·row-'mind·ed adj engstirnig

NASA ['næsə] n no pl abbrev of **National Aeronautics and Space Administration** NASA f

na·sal ['neɪzəl] adj ❶ (concerning nose)

Nasen- ❷ (*droning*) nasal
nas·cent ['neɪsᵊnt] *adj* (*form*) neu aufkommend
nas·ti·ness ['nɑːstɪnəs] *n no pl* Gemeinheit *f*
na·stur·tium [nəˈstɜːʃᵊm] *n* [Kapuziner]kresse *f*
nas·ty ['nɑːsti] *adj* ❶ (*bad*) scheußlich, widerlich; *fright* furchtbar; *insult* gemein; *joke* schlecht; *shock* furchtbar; *surprise* böse; ▪ **to be ~ to sb** zu jdm gemein sein; **he's a ~ piece of work** er ist ein fieser Zeitgenosse; **cheap and ~** billig und schlecht ❷ (*dangerous*) gefährlich ❸ (*serious*) schlimm, böse; **the situation could turn ~ at any moment** die Lage könnte jederzeit umschlagen
na·tal ['neɪtᵊl] *adj* Geburts-
na·tal·ity [nəˈtælɪti] *n* Geburtenziffer *f*
na·tion ['neɪʃᵊn] *n* ❶ (*country, state*) Nation *f*, Land *nt*; **all across the ~** im ganzen Land ❷ (*people*) Volk *nt*; **the Apache/Navajo ~** AM der Stamm der Apachen/Navajos
na·tion·al ['næʃᵊnᵊl] **I.** *adj* ❶ (*of a nation*) *matter, organization* national; *flag, team, dish, hero* National-; **~ government** Landesregierung *f*; [**in the**] **~ interest** [im] Staatsinteresse *nt* ❷ (*particular to a nation*) Landes-, Volks- ❸ (*nationwide*) national; **~ organization** nationale *o* überregionale] Organisation **II.** *n* Staatsangehörige(r) *f/m*); **foreign ~** Ausländer(in) *m(f)*
na·tion·al 'an·them *n* Nationalhymne *f*
na·tion·al 'debt *n* Staatsverschuldung *f*
Na·tion·al 'Front *n* BRIT rechtsradikale Partei
na·tion·al 'grid *n* BRIT, AUS nationales Verbundnetz
Na·tion·al 'Guard *n* AM Nationalgarde *f*
Na·tion·al 'Health BRIT, **Na·tion·al 'Health Ser·vice** *n* BRIT staatlicher Gesundheitsdienst
na·tion·al 'holi·day *n* (*work-free*) gesetzlicher Feiertag; (*in celebration of a nation*) Nationalfeiertag *m*
Na·tion·al In·'sur·ance *n* BRIT Sozialversicherung *f*
na·tion·al·ism ['næʃᵊnᵊlɪzᵊm] *n no pl* (*usu pej*) Nationalismus *m*
na·tion·al·ist ['næʃᵊnᵊlɪst] **I.** *adj* nationalistisch **II.** *n* Nationalist(in) *m(f)* **na·tion·al·is·tic** [ˌnæʃᵊnᵊlˈɪstɪk] *adj* (*usu pej*) nationalistisch
na·tion·al·ity [ˌnæʃᵊnˈæləti] *n* ❶ (*esp cultural*) Nationalität *f* ❷ *no pl* (*legal*) Staatsangehörigkeit *f*
na·tion·ali·za·tion [ˌnæʃᵊnᵊlaɪˈzeɪʃᵊn] *n no pl* Verstaatlichung *f*
na·tion·al·ize ['næʃᵊnᵊlaɪz] *vt company, steel industry* verstaatlichen
na·tion·al 'park *n*, **Na·tion·al 'Park** *n* Nationalpark *m* **na·tion·al 'ser·vice** *n no pl* BRIT, AUS Wehrdienst *m* **na·tion·al 'so·cial·**

ism *n no pl* (*hist*) Nationalsozialismus *m*
na·tion 'state *n* Nationalstaat *m*
'na·tion·wide I. *adv* landesweit, im ganzen Land **II.** *adj coverage, strike, campaign* landesweit
na·tive ['neɪtɪv] **I.** *adj* ❶ (*of one's birth*) beheimatet; **~ country** Heimatland *nt*; **~ language** Muttersprache *f* ❷ (*indigenous*) *customs, traditions* einheimisch; *population* eingeboren ❸ BOT, ZOOL *animal, plant* beheimatet, einheimisch ❹ (*innate*) angeboren **II.** *n* (*indigenous inhabitant*) Einheimische(r) *f(m)*; **a ~ of Monaco** ein gebürtiger Monegasse/eine gebürtige Monegassin; (*indigenous, aboriginal*) Eingeborene(r) *f(m)*
Na·tive A'meri·can I. *n* amerikanischer Ureinwohner/amerikanische Ureinwohnerin **II.** *adj* **~ history** Geschichte der amerikanischen Ureinwohner **na·tive-'born** *adj* gebürtig **Na·tive 'speak·er** *n* Muttersprachler(in) *m(f)*
Na·tiv·ity [nəˈtɪvɪti] *n no pl* ▪ **the ~** die Geburt Christi
na·'tiv·ity play *n* Krippenspiel *nt*
NATO, Nato ['neɪtəʊ] *n no pl, no art acr for* **North Atlantic Treaty Organisation** NATO *f*
nat·ter ['nætər] *esp* BRIT **I.** *vi* (*fam*) quatschen **II.** *n* (*fam*) Schwatz *m*; **to have a ~** [**with sb**] [mit jdm] quatschen
natu·ral ['nætʃrᵊl] **I.** *adj* ❶ (*not artificial*) *flavour, ingredients, mineral water* natürlich; *colour, curls, dye, fertilizer* Natur- ❷ (*as in nature*) *harbour, reservoir, camouflage* natürlich; *fabric, wood* naturbelassen; **~ state** Naturzustand *m* ❸ (*caused by nature*) natürlich; **to die of ~ causes** eines natürlichen Todes sterben; **~ disaster** Naturkatastrophe *f* ❹ (*inborn*) angeboren; *leader* geboren ❺ BIOL, SOCIOL *father, mother, parents* leiblich ❻ (*normal*) natürlich, normal ❼ *after n* MUS ohne Vorzeichen *nach* **II.** *n* ❶ (*fam*) Naturtalent *nt* ❷ MUS Auflösungszeichen *nt*
natu·ral 'child·birth *n no pl* natürliche Geburt **natu·ral 'gas** *n no pl* Erdgas *nt* **natu·ral 'his·to·ry** *n no pl* Naturgeschichte *f*; (*as topic of study*) Naturkunde *f*
natu·ral·ism ['nætʃrᵊlɪzᵊm] *n no pl* Naturalismus *m*
natu·ral·ist ['nætʃrᵊlɪst] **I.** *n* Naturforscher(in) *m(f)*; ART, LIT, PHILOS Naturalist(in) *m(f)* **II.** *adj* ❶ (*in natural history*) naturkundlich ❷ ART, LIT, PHILOS naturalistisch **natu·ral·is·tic** [ˌnætʃrᵊlˈɪstɪk] *adj* ART, LIT, PHILOS naturalistisch
natu·rali·za·tion [ˌnætʃrᵊlaɪˈzeɪʃᵊn] *n no pl* Einbürgerung *f*
natu·ral·ize ['nætʃrᵊlaɪz] **I.** *vt* einbürgern

II. vi BOT, ZOOL ■ to become ~d heimisch werden **natu·ral·ized** ['nætʃərəlaɪzd] adj eingebürgert

natu·ral 'lan·guage n natürliche Sprache

natu·ral·ly ['nætʃərəli] adv ❶ (of course) natürlich; (as expected) verständlicherweise ❷ (without aid) natürlich ❸ (by nature) von Natur aus ❹ (without special training) natürlich; dancing comes ~ to him Tanzen fällt ihm leicht; driving doesn't come ~ to me Autofahren liegt mir nicht

natu·ral re·'sources npl Bodenschätze pl **natu·ral 'sci·ence** n, **natu·ral 'sci·ences** npl Naturwissenschaft f **natu·ral se·'lec·tion** n natürliche Auslese **natu·ral 'wast·age** n BRIT Personalreduzierung f per Einstellungsstopp

na·ture ['neɪtʃər] n no pl ❶ no art (natural environment) Natur f; to let ~ take its course der Natur ihren Lauf lassen ❷ (innate qualities) Art f; what is the ~ of your problem? worum handelt es sich bei Ihrem Problem?; by ~ von Natur aus ❸ (character) Naturell nt, Art f

na·ture con·ser·'va·tion n no pl, **na·ture con·'ser·van·cy** n no pl BRIT (form) Naturschutz m '**na·ture lov·er** n Naturfreund(in) m(f) '**na·ture re·serve** n Naturschutzgebiet nt '**na·ture study** n no pl Naturkunde f '**na·ture trail** n Naturlehrpfad m '**na·ture wor·ship** n no pl ❶ (love of nature) Naturverehrung f ❷ REL Naturreligion f

na·tur·ism ['neɪtʃərɪzəm] n no pl BRIT Freikörperkultur f

na·tur·ist ['neɪtʃərɪst] n BRIT Anhänger(in) m(f) der Freikörperkultur

naught [nɔːt] n ❶ no pl (old: nothing) Nichts nt ❷ AM, AUS see **nought**

naugh·ty ['nɔːti] adj ❶ (badly behaved) children ungezogen; (iron) adults ungehörig ❷ (hum fam: erotic) unanständig

nau·sea ['nɔːzɪə] n no pl Übelkeit f; (fig) Ekel m

nau·se·ate ['nɔːzɪeɪt] vt usu passive (form) ■ to ~ sb bei jdm Übelkeit verursachen; (fig, pej) ■ to be ~d by sth von etw dat angeekelt sein

nau·seat·ing ['nɔːzɪeɪtɪŋ] adj Übelkeit erregend attr; (fig, pej) Ekel erregend attr; (esp iron, hum) it's quite ~ how good she is at everything es ist geradezu widerlich, wie gut sie in allem ist

nau·seous ['nɔːzɪəs] adj ❶ (having nausea) she's [feeling] ~ ihr ist übel ❷ (fig: causing nausea) widerlich

nau·ti·cal ['nɔːtɪkəl] adj nautisch; ~ **chart** Seekarte f

nau·ti·cal 'mile n Seemeile f

na·val ['neɪvəl] adj (of a navy) Marine-; (of ships) Schiffs-, See-

na·val a'cad·emy n Marineakademie f '**na·val base** n Flottenstützpunkt m '**na·val 'pow·er** n Seemacht f '**na·val 'war·fare** n no pl (war) Seekrieg m; (warring) Seekriegsführung f

nave [neɪv] n Hauptschiff nt

na·vel ['neɪvəl] n Nabel m

navi·ga·ble ['nævɪɡəbl] adj ❶ (passable) schiffbar ❷ (seaworthy) seetüchtig

navi·gate ['nævɪɡeɪt] I. vt ❶ (steer) navigieren ❷ (traverse) befahren; (pass through) durchfahren ❸ (pilot) steuern; AUTO lenken ❹ (get through) sich dat einen Weg bahnen ❺ (overcome) durchstehen II. vi NAUT, AVIAT navigieren; AUTO driver fahren; passenger lotsen

navi·ga·tion [ˌnævɪˈɡeɪʃən] n no pl ❶ (navigating) Navigation f ❷ (assisting driver) Lotsen nt ❸ SCI, ART Navigationskunde f

navi·ga·tion·al [ˌnævɪˈɡeɪʃənəl] adj Navigations-

navi·ga·tor ['nævɪɡeɪtər] n Navigator(in) m(f); AUTO Beifahrer(in) m(f)

nav·vy ['nævi] n BRIT (dated) Bauarbeiter m

navy ['neɪvi] I. n ❶ + sing/pl vb (armed forces) ■ the N~ die Marine ❷ (colour) Marineblau nt II. adj marineblau

nay [neɪ] I. adv (liter) ja [sogar] II. interj DIAL (old) nein III. n esp AM Nein nt; (negative vote) Neinstimme f

Nazi ['nɑːtsi] n (hist or pej) Nazi m

Na·zi·ism n no pl, **Na·zism** ['nɑːtsɪzəm] n no pl (hist) Nazismus m

NB [ˌenˈbiː] adv no pl abbrev of **nota bene** NB

NCC [ˌensiːˈsiː] n BRIT abbrev of **Nature Conservancy Council** Naturschutzamt nt

NCO [ˌensiːˈəʊ] n abbrev of **non-commissioned officer** Uffz. m

NE abbrev of **north-east** I. adj nö. II. n NO

neap tide [ˈniːptaɪd] n Nipptide f

near [nɪər] I. adj ❶ (close in space) nahe, in der Nähe; where's the ~est phone box? wo ist die nächste Telefonzelle? ❷ (close in time) nahe ❸ (most similar) he rounded up the sum to the ~est dollar er rundete die Summe auf den nächsten Dollar auf ❹ attr (close to being) he was in a state of ~ despair er war der Verzweiflung nahe; that's a ~ certainty/impossibility das ist so gut wie sicher/unmöglich ❺ attr (person) nahe, eng; ~ relative enge[r] Verwandte[r] ❻ attr BRIT, AUS AUTO, TRANSP (nearside) auf der Beifahrerseite präd, nach n ▸ to be a ~ **miss** knapp danebengehen II. adv ❶ (close in space) nahe; do you live somewhere ~? wohnst du hier irgendwo in der Nähe? ❷ (*close in time*) nahe; **the time is drawing ~er** die Zeit rückt näher ❸ (*almost*) beinahe, fast; **I'm as ~ certain as can be** ich bin mir so gut wie sicher; **nowhere ~** bei weitem nicht **III.** *prep* ❶ (*in proximity to*) ■ **~** [**to**] nahe [bei]; **do you live ~ here?** wohnen Sie hier in der Nähe? ❷ (*almost time of*) **I'm nowhere ~ finishing the book** ich habe das Buch noch längst nicht ausgelesen; **details will be given ~ the date** die Einzelheiten werden kurz vor dem Termin bekannt gegeben ❸ (*close to a state*) nahe; **we came ~ to being killed** wir wären beinahe getötet worden ❹ (*similar in quantity or quality*) **he's ~er 70 than 60** er ist eher 70 als 60; **this colour is ~est** [**to**] **the original** diese Farbe kommt dem Original am nächsten ❺ (*about ready to*) ■ **to be ~ to doing sth** nahe daran sein, *akk* zu tun ❻ (*like*) **what he said was nothing ~ the truth** was er sagte, entsprach nicht im Entferntesten der Wahrheit ❼ (*almost amount of*) annähernd, fast **IV.** *vt* ■ **to ~ sth** sich etw *dat* nähern **V.** *vi* sich nähern, näher rücken

near·by [ˌnɪəˈbaɪ] **I.** *adj* nahegelegen **II.** *adv* in der Nähe

Near 'East *n* Naher Osten

near·ly [ˈnɪəli] *adv* fast, beinahe

near 'miss *n* ❶ (*accident*) Beinaheunfall *m*; AVIAT Beinahezusammenstoß *m* ❷ (*fig*) **to be a ~** knapp danebengehen

'near·side BRIT, AUS **I.** *n* Beifahrerseite *f* **II.** *adj attr* auf der Beifahrerseite *nach n*

near-'sight·ed *adj esp* AM kurzsichtig

near-'sight·ed·ness *n no pl esp* AM Kurzsichtigkeit *f*

neat [niːt] *adj* ❶ (*well-ordered*) ordentlich; *appearance, beard* gepflegt; **~ and tidy** sauber und ordentlich ❷ (*skilful*) geschickt ❸ (*undiluted*) pur ❹ *esp* AM, AUS (*sl: very good*) toll

neat·en [ˈniːtən] *vt* in Ordnung bringen

neat·ly [ˈniːtli] *adv* ❶ (*tidily*) sauber, ordentlich ❷ (*skilfully*) geschickt **neat·ness** [ˈniːtnəs] *n no pl* Ordentlichkeit *f*, Sauberkeit *f*

nebu·la <*pl* -lae *or* -s> [ˈnebjələ, *pl* -liː] *n* Nebel *m*

nebu·lae [ˈnebjəliː] *n pl of* **nebula**

nebu·lar [ˈnebjələʳ] *adj* Nebel-

nebu·lous [ˈnebjələs] *adj* nebelhaft; *fear, promise* vage

nec·es·saries [ˈnesəsʳɪz] *npl* unbedingt notwendige Dinge

nec·es·sari·ly [ˈnesəsʳəli] *adv* (*consequently*) notwendigerweise; (*inevitably*) unbedingt; (*of necessity*) zwangsläufig

nec·es·sary [ˈnesəsʳi] **I.** *adj* nötig, notwendig; *strictly* ~ unbedingt nötig; **it's not ~** [**for you**] **to shout** du brauchst nicht zu schreien; **was it really ~ for you to say that?** musstest du das wirklich sagen? **II.** *n* ■ **the ~** das Nötige

ne·ces·si·tate [nəˈsesɪteɪt] *vt* erfordern

ne·ces·sity [nəˈsesəti] *n* ❶ *no pl* (*being necessary*) Notwendigkeit *f* ❷ (*indispensability*) Lebensnotwendige *nt kein pl*; **bare ~** Grundbedarf *m*

neck [nek] *n* ❶ ANAT Hals; (*nape*) Nacken *m* ❷ FASHION Kragen *m*; (*garment*) Ausschnitt *m* ❸ (*narrow part*) Hals *m* ▶ **to be breathing down sb's ~** jdm im Nacken sitzen; **~ and ~** Kopf an Kopf

'neck·band *n* Halsbündchen *nt* **neck·er·chief** <*pl* -s *or* -chieves> [ˈnekətʃɪf] *n* (*dated*) Halstuch *nt* **neck·lace** [ˈnekləs] *n* [Hals]kette *f* **'neck·line** *n* Ausschnitt *m* **'neck·tie** *n esp* AM Krawatte *f*

nec·tar [ˈnektəʳ] *n no pl* Nektar *m*

nec·tar·ine [ˈnektəriːn] *n* Nektarine *f*

née [neɪ] *adj pred* geborene

need [niːd] **I.** *n* ❶ *no pl* (*requirement*) Bedarf *m* (**for** an); **your ~ is greater than mine** du brauchst es dringender als ich; **as the ~ arises** bei Bedarf; **to be** [**badly**] **in ~ of sth** etw [dringend] brauchen; **to have no ~ of sth** etw nicht brauchen ❷ *no pl* (*necessity*) Notwendigkeit *f*; **if ~ be** falls nötig ❸ (*yearning*) Bedürfnis *nt*; **I'm in ~ of some fresh air** ich brauche etwas frische Luft ❹ *no pl* (*requiring help*) **she helped him in his hour of ~** sie hat ihm in der Stunde der Not geholfen; **children in ~** Kinder in Not ❺ *no pl* (*poverty*) Not *f*; **those in ~** die Notleidenden **II.** *vt* ❶ (*require*) brauchen; **your trousers ~ washing** deine Hose müsste mal gewaschen werden ❷ (*must*) ■ **to ~ to do sth** etw tun müssen; **you didn't ~ to invite him — he wasn't sent an invitation weeks ago** du hättest ihn nicht einladen müssen — er hat schon vor Wochen eine Einladung zugeschickt bekommen ❸ (*not want to be subjected to*) **I don't ~ your comments, thank you** deine Kommentare kannst du dir sparen **III.** *aux vb* ❶ BRIT (*must*) **I say more?** muss ich noch mehr sagen?; **~ you ask?** (*iron*) da fragst du noch?; **you ~n't worry** du brauchst dir keine Gedanken zu machen ❷ BRIT (*didn't have to*) **you ~n't have washed all those dishes** du hättest nicht das ganze Geschirr abwaschen müssen ❸ BRIT (*shouldn't*) **you ~n't laugh!** du brauchst gar nicht [so] zu lachen!

need·ed [ˈniːdɪd] *adj* notwendig, nötig; **much-~** dringend nötig

nee·dle ['niːdl] **I.** n ❶ (*for sewing*) Nadel *f*; **knitting ~** Stricknadel *f*; **~ and thread** Nadel und Faden ❷ MED, BOT Nadel *f*; **to get a ~** AM, AUS (*fam*) geimpft werden ❸ (*pointer*) Nadel *f* ▶ **it is like looking for a ~ in a haystack** das ist, als würde man eine Stecknadel im Heuhaufen suchen **II.** *vt* ärgern

'**nee·dle match** n SPORTS (*fam*) erbitterter Kampf

need·less ['niːdləs] *adj* unnötig; **~ to say …** selbstverständlich …

'**nee·dle·work** n no pl Handarbeit *f*

needn't ['niːdənt] = need not *see* need III

needs [niːdz] *adv* (*old*) unbedingt; **I don't wish to work all weekend, but ~ must** ich möchte ungern das ganze Wochenende arbeiten, aber was sein muss, muss sein

needy ['niːdi] **I.** *adj* ❶ (*poor*) bedürftig, Not leidend *attr* ❷ PSYCH (*mentally weak*) bedürftig **II.** n ■ **the ~** *pl* die Bedürftigen *pl*

ne·far·i·ous [nɪˈfeəriəs] *adj* (*form*) ruchlos

ne·gate [nɪˈɡeɪt] *vt* (*nullify*) zunichtemachen; (*deny*) verneinen

ne·ga·tion [nɪˈɡeɪʃən] n no pl ❶ (*usu form: antithesis*) *also* LING Verneinung *f* ❷ (*usu form: opposition*) Ablehnung *f*

nega·tive ['neɡətɪv] **I.** *adj* ❶ (*negation*) negativ, ablehnend ❷ LING negativ; **clause, form** verneint ❸ (*pessimistic, worrying*) negativ; **to be ~ about sth/sb** etw/jdm gegenüber negativ eingestellt sein ❹ ELEC, SCI negativ, minus ❺ MED **blood** negativ ❻ MATH, SCI negativ **II.** n ❶ (*negation*) Verneinung *f* ❷ PHOT Negativ *nt* **III.** *vt* (*say no to*) verneinen; (*reject/decline*) ablehnen

nega·tive·ly ['neɡətɪvli] *adv* negativ; (*saying no*) ablehnend

nega·tiv·ism [ˈneɡətɪvɪzəm] n no pl, **nega·tiv·ity** [ˌneɡəˈtɪvəti] n no pl Negativität *f*

ne·glect [nɪˈɡlekt] **I.** *vt* vernachlässigen; ■ **to ~ to do sth** [es] versäumen, etw zu tun **II.** n (*lack of care*) Vernachlässigung *f*; (*disrepair*) Verwahrlosung *f*; **to be in a state of ~** verwahrlost sein

ne·glect·ed [nɪˈɡlektɪd] *adj* (*uncared for*) verwahrlost; (*overlooked*) vernachlässigt

ne·glect·ful [nɪˈɡlektfəl] *adj* nachlässig (**of** gegenüber); **~ parents** pflichtvergessene Eltern; **to be ~ of sth** etw vernachlässigen

neg·li·gee n, **nég·li·gée** ['neɡlɪʒeɪ] n Negligee *nt*

neg·li·gence ['neɡlɪdʒəns] n no pl (*lack of care*) Nachlässigkeit *f*; (*neglect*) Vernachlässigung *f*; LAW (*form*) Fahrlässigkeit *f*

neg·li·gible ['neɡlɪdʒəbl] *adj* unbedeutend; **amount** geringfügig

ne·go·tiable [nɪˈɡəʊʃiəbl] *adj* ❶ (*discussable*) verhandelbar; **everything is ~ at this stage** in diesem Stadium kann [noch] über alles verhandelt werden ❷ (*traversable*) passierbar; **road** befahrbar ❸ FIN übertragbar

ne·go·tiate [nɪˈɡəʊʃieɪt] **I.** *vt* ❶ (*discuss*) aushandeln; **loan, treaty** abschließen ❷ (*traverse*) passieren; (*fig: surmount*) **problems** überwinden **II.** *vi* verhandeln (**for/on** über)

ne·ˈgo·tiat·ing com·mit·tee n Verhandlungskommission *f*

ne·ˈgo·tiat·ing ta·ble n (*fig*) Verhandlungstisch *m*

ne·go·tia·tion [nɪˌɡəʊʃiˈeɪʃən] n Verhandlung *f*

ne·go·tia·tor [nɪˈɡəʊʃieɪtər] n Unterhändler(in) *m(f)*

Ne·gress <*pl* -es> ['niːɡrəs] n (*pej! dated*) Negerin *f*

Ne·gro <*pl* -es> n (*pej! dated*), **ne·gro** ['niːɡrəʊ] n (*pej! dated*) Neger *m*

Ne·groid ['niːɡrɔɪd] *adj* (*pej! dated*) negroid

neigh [neɪ] **I.** n Wiehern *nt kein pl* **II.** *vi* wiehern

neigh·bor n AM *see* neighbour

neigh·bor·hood n AM *see* neighbourhood

neigh·bor·ing *adj* AM *see* neighbouring

neigh·bor·li·ness n AM *see* neighbourliness **neigh·bor·ly** *adj* AM *see* neighbourly

neigh·bour ['neɪbə'] **I.** n (*person*) Nachbar(in) *m(f)*; (*country*) Nachbarland *nt*; (*fellow-citizen*) Nächste(r) *f(m)*; **next-door ~** direkter Nachbar/direkte Nachbarin **II.** *vi* [an]grenzen (**on** an)

neigh·bour·hood ['neɪbəhʊd] n ❶ (*district*) Viertel *nt*; (*people*) Nachbarschaft *f* ❷ (*vicinity*) Nähe *f kein pl* ❸ (*approximately*) **we're hoping to get something in the ~ of £220,000 for the house** wir hoffen, dass wir um [die] £220.000 für das Haus bekommen werden **neigh·bour·hood 'watch** n Nachbarschaftswachdienst *m*

neigh·bour·ing ['neɪbərɪŋ] *adj attr* (*nearby*) benachbart, Nachbar-; (*bordering*) angrenzend **neigh·bour·li·ness** ['neɪbəlinəs] n no pl gutnachbarliche Art **neigh·bour·ly** ['neɪbəli] *adj* (*community-friendly*) gutnachbarlich; (*kindly*) freundlich

nei·ther ['naɪðə'] **I.** *adv* ❶ (*not either*) weder; **~ … nor …** [nor …] weder … noch … [oder …] ❷ (*also not*) auch nicht; **he didn't remember, and ~ did I** er erinnerte sich nicht, und ich auch nicht ▶ **to be ~ here nor there** völlig nebensächlich sein **II.** *adj attr* keine(r, s) von beiden **III.** *pron* (*not either of two*) keine(r, s) von beiden; **we've got two TVs, but ~ works properly** wir haben zwei Fernseher, aber keiner funktioniert richtig **IV.** *conj* ■ **~ … nor …** weder …

noch
nem·e·sis <*pl* -ses> ['neməsɪs, *pl* -si:z] *n* ❶ (*liter: punishment*) gerechte Strafe ❷ (*goddess*) ■N~ Nemesis *f*
neo·clas·si·cal [,ni:əʊ'klæsɪkəl] *adj* klassizistisch
neo·co·lo·ni·al·ist [,ni:əʊkə'ləʊniəlɪst] *adj* neokolonialistisch
Neo·lith·ic [,ni:ə(ʊ)'lɪθɪk] *adj* neolithisch *fachspr*; **~ Period** Neolithikum *nt*; (*fig, pej*) vorsintflutlich *fam*
ne·ol·o·gism [nɪ'ɒlədʒɪzəm] *n* (*form*) Neuwort *nt*, Neologismus *m fachspr*
neon ['niːɒn] *n no pl* Neon *nt*
neo-Nazi [,ni:ə(ʊ)'nɑ:tsi] **I.** *n* Neonazi *m* **II.** *adj group, newspaper* neonazistisch
neon 'lamp *n* Neonlampe *f* **neon 'sign** *n* Leuchtreklame *f*
neph·ew ['nefjuː] *n* Neffe *m*
ne·phri·tis [nɪ'fraɪtɪs] *n no pl* Nephritis *f fachspr*
nep·o·tism ['nepətɪzəm] *n no pl* (*pej*) Vetternwirtschaft *f*
Neptune ['neptjuːn] *n no art* Neptun *m*
nerd [nɜːd] *n* (*sl: gawky male*) Streber *m pej*; (*idiot*) Depp *m bes* SÜDD, ÖSTERR, SCHWEIZ *pej*; *computer* ~ Computerfreak *m sl*
nerdy ['nɜːdi] *adj* (*fam*) doof
nerve [nɜːv] *n* ❶ ANAT Nerv *m* ❷ *no pl* (*courage*) Mut *m*; **to keep/lose one's ~** die Nerven behalten/verlieren ❸ (*nervousness*) ■~s *pl* Nervosität *f kein pl*; (*stress*) Nerven *pl* ❹ (*impudence*) Frechheit *f*; **that man has such a ~!** der Mann hat [vielleicht] Nerven! ▶ **to be a <u>bundle</u> of ~s** ein Nervenbündel *nt* sein; **to get on sb's ~s** (*fam*) jdm auf die Nerven gehen
'nerve cell *n* Nervenzelle *f* **'nerve cen·tre** *n*, AM **'nerve cen·ter** *n* ❶ ANAT Nervenzentrum *nt* ❷ (*control centre*) Nervenzentrum *nt* **'nerve gas** *n* Nervengas *nt* **'nerve-jan·gling** *adj attr* (*fig*) nervenaufreibend **nerve·less** ['nɜːvləs] *adj* ❶ (*without nerves*) nervenstark ❷ (*lacking vigour*) kraftlos **'nerve-rack·ing** *adj*, **'nerve-wrack·ing** *adj* nervenaufreibend
nerv·ous ['nɜːvəs] *adj* (*highly-strung*) nervös; (*tense*) aufgeregt; (*fearful*) ängstlich; ■**to be ~ about sth** wegen etw *dat* nervös sein; ■**to be ~ of sb/sth** vor jdm/etw Angst haben
nerv·ous 'break·down *n* Nervenzusammenbruch *m* **nerv·ous·ly** ['nɜːvəsli] *adv* nervös; (*overexcitedly*) aufgeregt; (*timidly*) ängstlich **nerv·ous·ness** ['nɜːvəsnəs] *n no pl* (*nervous state*) Nervosität *f*; (*fear*) Angst *f* (about vor) **'nerv·ous sys·tem** *n* Nervensystem *nt*

nervy ['nɜːvi] *adj* ❶ AM (*pej: impudent*) unverschämt ❷ AM (*brave*) mutig ❸ BRIT (*nervous*) nervös
nest [nest] **I.** *n* ❶ (*of animals*) Nest *nt* ❷ (*pej: den*) Schlupfwinkel *m*; (*of criminals*) Brutstätte *f fig* ❸ (*set*) Satz *m* **II.** *vi* ORN, SCI nisten
'nest box *n* AM Nistkasten *m* **'nest egg** *n* Notgroschen *m*
nest·ing ['nestɪŋ] *adj attr* ❶ (*of nests*) Nist- ❷ (*of sets*) ineinander stapelbar
'nest·ing box *n esp* BRIT Nistkasten *m*
nes·tle ['nesl] **I.** *vt* **she ~d the baby lovingly in her arms** sie hielt das Baby liebevoll in ihren Armen **II.** *vi* ❶ (*person*) **she ~d amongst the cushions and pillows** sie schmiegte sich in die Kissen; ■**to ~ up to sb** sich an jdn anschmiegen ❷ (*object*) ■**to ~ in sth** in etw *akk* eingebettet sein
nes·tling ['neslɪŋ] *n* Nestling *m*
Net *n no pl* INET, COMPUT ■**the ~** das Netz
net¹ [net] **I.** *n* ❶ (*also fig: mesh*) Netz *nt*; **fishing ~** Fischernetz *nt* ❷ SPORTS Netz *nt* **II.** *vt* <-tt-> ❶ (*catch*) *fish* mit einem Netz fangen; (*fig*) *criminals* fangen ❷ (*fig: get*) ■**to ~ oneself sth** sich *dat* etw angeln ❸ SPORTS **to ~ a return/volley** *tennis* einen Return/Volley ins Netz schlagen; **to ~ the ball/a goal** *soccer* den Ball ins Tor/den ins Tor schießen
net² [net] **I.** *adj* ❶ FIN netto; *weight* netto, rein *attr*, Rein-; **~ profit/results** Reingewinn *m*/Endergebnis *nt* ❷ *wages* Nettolöhne *pl* ❸ *attr* (*final*) End- **II.** *vt* ❶ (*after tax*) netto verdienen ❷ (*realize*) netto einnehmen
'net·ball *n* BRIT *no pl* Korbball *m*
'Net-based *adj* INET, COMPUT netzbasiert
Net 'Book Agree·ment *n* BRIT Buchpreisbindung *f*
net 'cur·tain *n* Tüllgardine *f*
neth·er ['neðə] *adj attr* (*liter or hum: lower*) niedere(r, s); **~ regions** niedere Regionen *euph*
Neth·er·lands ['neðələn(d)z] *n* ■**the ~** die Niederlande *pl*
neti·quette ['netɪket] *n no pl* COMPUT Netiquette *f*
'Net·speak *adj* COMPUT Internet-Jargon *m*
nett *adj*, *vt* BRIT *see* **net²**
net·ting ['netɪŋ] *n no pl* (*material*) Netzgewebe *nt*; (*structure*) Netzwerk *nt*
net·tle ['netl] *n* Nessel *f*; **stinging ~s** Brennnesseln *pl*
'net·tle rash *n* Nesselsucht *f kein pl*
net 'weight *n* Nettogewicht *nt*
net·work ['netwɜːk] *n* ❶ (*structure*) Netz[werk] *nt* ❷ (*fig: people*) Netz *nt* ❸ TELEC [Kommunikations]netzwerk *nt*; **cable ~** Kabelnetz *nt*; **telephone ~** Telefonnetz *nt*

④ ECON Netz nt ⑤ TRANSP **rail|way** ~ [Eisen]bahnnetz nt **II.** vt (*link*) also COMPUT vernetzen (**to** mit) **III.** vi Kontakte knüpfen; ■ **to** ~ **with sb** mit jdm Kontakt knüpfen

'net·work·er n Networker(in) m(f) **net·work·ing** ['netˌwɜːkɪŋ] n no pl ① (*making contacts*) Kontaktknüpfen nt, Networking nt ② COMPUT Vernetzen nt

neu·ral ['njʊərəl] adj attr Nerven-, neural fachspr

neu·ral·gia [njʊəˈrældʒə] n no pl Neuralgie f **neu·ral·gic** [njʊəˈrældʒɪk] adj neuralgisch **neural 'net·work** n COMPUT Neuronennetz nt

neu·ri·tis [njʊəˈraɪtɪs] n no pl Neuritis f fachspr

neu·ro·logi·cal [ˌnjʊərəˈlɒdʒɪkəl] adj neurologisch

neu·rolo·gist [njʊəˈrɒlədʒɪst] n Neurologe(in) m(f)

neu·rol·ogy [njʊəˈrɒlədʒi] n no pl Neurologie f

neu·ron ['njʊərɒn] n, **neu·rone** ['njʊərəʊn] n Neuron nt

neu·ro·sci·ence [ˌnjʊərəʊˈsaɪən(t)s] n Neurobiologie f

neu·ro·sis <pl -ses> [njʊəˈrəʊsɪs, pl -siːz] n Neurose f

neu·ro·sur·geon [ˌnjʊərəʊˈsɜːdʒən] n Neurochirurg(in) m(f)

neu·ro·sur·gery [ˌnjʊərəʊˈsɜːdʒəri] n no pl Neurochirurgie f

neu·rot·ic [njʊəˈrɒtɪk] **I.** n Neurotiker(in) m(f) **II.** adj neurotisch

neu·ro·trans·mit·ter [ˌnjʊərəʊtrænzˈmɪtəʳ] n Neurotransmitter m fachspr

neu·ter ['njuːtəʳ] **I.** adj sächlich; ~ **noun** Neutrum nt **II.** vt (*male animal*) kastrieren; *female animal* sterilisieren; (*fig: weaken*) neutralisieren

neu·tral ['njuːtrəl] **I.** adj ① (*impartial*) in a war, election neutral ② (*characteristics*) neutral ③ (*deadpan*) gleichgültig ④ CHEM, ELEC neutral **II.** n ① (*country*) neutrales Land; (*person*) Neutrale(r) f(m) ② (*gears*) Leerlauf m; **in** ~ im Leerlauf

neu·tral·ity [njuːˈtrælətɪ] n no pl Neutralität f **neu·tral·iza·tion** [ˌnjuːtrəlaɪˈzeɪʃən] n no pl Neutralisierung f **neu·tral·ize** ['njuːtrəlaɪz] vt (*nullify*) neutralisieren; *bomb* entschärfen; (*weaken*) *colour, smell* abschwächen; *strong taste* mildern

neu·tron ['njuːtrɒn] n Neutron nt

'neu·tron bomb n Neutronenbombe f

nev·er ['nevəʳ] adv ① (*not ever*) nie, niemals; ~ **again!** nie wieder!; ~ **in all my life** noch nie in meinem Leben; **it's** ~ **too late to do sth** es ist nie zu spät, um etw akk zu tun; ~ **before** noch nie [zuvor]; ~ **ever** nie im Leben; ~ **mind!** mach' dir nichts draus! fam, macht nichts! ② (*not at all*) überhaupt nicht

nev·er-'end·ing adj endlos **nev·er-'fail·ing** adj unfehlbar

'nev·er·more adv nie wieder

nev·er-'nev·er n BRIT (*fam*) Ratenkauf m; **on the** ~ auf Raten **nev·er-'nev·er land** n (*fam*) Fantasiewelt f

nev·er·the·less [ˌnevəðəˈles] adv dennoch, nichtsdestotrotz

new [njuː] **I.** adj ① (*latest*) neu; **that's nothing** ~ ! das ist nichts Neues!; **what's** ~ **in the fashion world?** was gibt's Neues in der Welt der Mode? ② attr (*different*) neu; ~ **boy/girl/kid** (*in school*) Neue(r) f(m) ③ pred (*unfamiliar*) neu; **she's** ~ **to the job** sie ist neu in dem Job; **I'm** ~ **around here** ich bin neu hier ④ (*not second-hand*) neu ⑤ (*fresh*) neu, frisch; **to feel like a** ~ **man/ woman** sich wie neugeboren fühlen ⑥ (*previously unknown*) neu; **to take a** ~ **twist** eine neue Wendung nehmen **II.** n no pl ■ **the** ~ das Neue

New 'Age n New Age nt **New 'Ag·er** n Anhänger(in) m(f) des New Age **New Age 'Trav·el·ler** n BRIT Aussteiger(in) m(f)

new·bie ['njuːbi] n COMPUT Anfänger(in) m(f) **'new·born I.** adj attr neugeboren **II.** n ■ **the** ~ pl die Neugeborenen pl

New Bruns·wick [-ˈbrʌnzwɪk] n New Brunswick nt

New Caledonia [-kælɪˈdəʊnɪə] n Neukaledonien nt

'new·com·er n (*new arrival*) Neuankömmling m; (*stranger*) Fremde(r) f(m); (*novice*) Neuling m; **I'm a** ~ **to Munich** ich bin neu in München

new·el ['njuːəl] n (*pillar*) Spindel f; (*supporting banister*) Pfosten m

New 'Eng·land n Neuengland nt

new-'fan·gled [-ˈfæŋgld] adj (*fam*) neumodisch **new-'fash·ioned** adj modern **'new·found** adj neu [entdeckt]

New·found·land ['njuːfən(d)lənd] n Neufundland nt

new·ish ['njuːɪʃ] adj (*fam*) relativ neu **new-'laid** adj frisch [gelegt]

new·ly ['njuːli] adv (*recently*) kürzlich, neulich; (*freshly*) frisch; (*differently*) neu; ~ **married** jung verheiratet

'new·ly·wed I. n Jungverheiratete(r) f(m) **II.** adj jung verheiratet

New 'Man n BRIT Neuer Mann **new 'moon** n Neumond m

New Or·'le·ans [-ˈɔːliːnz] n New Orleans nt **new po·'ta·toes** npl neue Kartoffeln pl **New 'Right** n ■ **the** ~ die Neue Rechte

news [nju:z] *n no pl* ❶ *(new information)* Neuigkeit *f*; **to break the ~ to sb** jdm die schlechte Nachricht überbringen; **really! that's ~ to me** tatsächlich! das ist mir neu ❷ *(media)* Nachrichten *pl*; **to be in the ~** in den Schlagzeilen sein

'news agen·cy *n* Nachrichtenagentur *f* **'news·agent** *n* BRIT, AUS ❶ *(shop)* Zeitschriftengeschäft *nt* ❷ *(person)* Zeitungshändler(in) *m(f)* **'news·boy** *n (seller)* Zeitungsverkäufer(in) *m(f)*; *(deliverer)* Zeitungsausträger(in) *m(f)* **'news·cast** *n esp* AM Nachrichtensendung *f* **'news·cast·er** *n* AM *(newsreader)* Nachrichtensprecher(in) *m(f)* **'news con·fer·ence** *n* Pressekonferenz *f* **'news deal·er** *n* AM *(newsagent)* shop Zeitschriftengeschäft *nt*; *person* Zeitungshändler(in) *m(f)* **'news·flash** *n* Kurzmeldung *f* **'news·group** *n* INET Newsgroup *f* **'news·hound** *n (fam)* Reporter(in) *m(f)* **'news item** *n* Nachricht *f* **'news·let·ter** *n* Rundschreiben *nt;* INET Newsletter *m* **'news·mon·ger** [-ˌmʌŋgəʳ] *n* ❶ *(profession)* Nachrichtenhändler(in) *m(f)* ❷ *(gossip)* Klatschmaul *nt pej sl* **'news·pa·per** *n* ❶ *(journal)* Zeitung *f*; **daily ~** Tageszeitung *f* ❷ *no pl (material)* Zeitungspapier *nt* **'news·peak** *n no pl,* **'News·peak** *n no pl (pej)* Schönred[n]erei *f* **'news·print** *n no pl* ❶ *(material)* Zeitungspapier *nt* ❷ *(ink)* Druckerschwärze *f* **'news·read·er** *n* BRIT, AUS Nachrichtensprecher(in) *m(f)* **'news·reel** *n* Wochenschau *f* **'news re·lease** *n esp* AM Presseerklärung *f* **'news re·port** *n* Meldung *f* **'news·room** *n* Nachrichtenredaktion *f* **'news·stand** *n* Zeitungsstand *m* **'news·ven·dor** *n* Zeitungsverkäufer(in) *m(f)* **'news·wor·thy** *adj* berichtenswert

newsy [ˈnju:zi] *adj* informativ

newt [nju:t] *n* Wassermolch *m*

New Tes·ta·ment *n* **the ~** das Neue Testament

'new town *n* künstlich angelegte, nicht gewachsene Siedlung **new 'wave** *n* ❶ FILM, TV, THEAT *(movement)* ≈ neue Welle ❷ *(fresh outbreak)* **a ~ of redundancies/violence** eine neue Entlassungswelle/Welle der Gewalt

new world 'or·der *n,* **New World 'Or·der** *n* neue Weltordnung

New 'Year *n* Neujahr *nt kein pl;* **Happy ~** gutes [*o* frohes] neues Jahr; ▪ **the ~** das neue Jahr; *(first week)* der Jahresbeginn

New 'Year's *n no pl esp* AM *(fam: 1 Jan)* Neujahrstag *m;* (*31 Dec*) Silvester *nt* **New Year's 'Day** *n* Neujahr *nt,* Neujahrstag *m* **New Year's 'Eve** *n* Silvester *nt*

New York [-ˈjɔːk] I. *n* New York *nt* II. *adj* New Yorker *attr*

New York·er [-ˈjɔːkəʳ] *n* New Yorker(in) *m(f)*
New Zea·land [-ˈzi:lənd] *n* Neuseeland *nt*
New Zealander [-ˈzi:ləndəʳ] *n* Neuseeländer(in) *m(f)*

next [nekst] I. *adj* ❶ *(coming immediately after)* nächste(r, s); **this time ~ year** nächstes Jahr um diese Zeit; **for the ~ couple of weeks** die nächsten paar Wochen; **~ month** nächsten Monat; [**the**] **~ time** nächstes Mal ❷ *(next in order, space)* nächste(r, s), folgende(r, s); **the woman in the ~ room** die Frau im Raum nebenan; **as much as the ~ person** wie jede(r) andere [auch]; **the ~ but one** der/die/das Übernächste; **who's ~ please?** wer ist der/die Nächste?; **~ please!** der/die Nächste, bitte! II. *adv* ❶ *(subsequently)* dann, gleich darauf; **so what happened ~?** was geschah dann? ❷ *(again)* das nächste Mal ❸ *(second)* zweit-; **the ~ best thing** die zweitbeste Sache ❹ *(to one side)* ▪ **~ to sth/sb** neben etw/jdm; **we sat ~ to each other** wir saßen nebeneinander ❺ *(following in importance)* ▪ **~ to sth** nach etw *dat;* **~ to cheese I like chocolate best** nach Käse mag ich am liebsten Schokolade ❻ *(almost)* ▪ **~ to ... beinahe** ..., fast ...; **~ to impossible** beinahe unmöglich; **~ to nothing** fast gar nichts ❼ *(compared with)* ▪ **~ to sb/sth** neben jdm/etw ▸ **what**|**ever** **~ ?** wo soll das hinführen? III. *n (following one)* der/die/das Nächste; **can we arrange a meeting for the week after ~?** können wir uns übernächste Woche treffen?; **~ in line** der/die/das Nächste

next 'door I. *adv* nebenan; **we live ~ to the airport** wir wohnen direkt neben dem Flughafen II. *adj pred buildings* nebenan *nach n;* people benachbart

next-door 'neigh·bour, AM **next-door 'neigh·bor** *n* direkter Nachbar/direkte Nachbarin

'next-gen *adj (fam) short for* **next-generation** futuristisch

next of 'kin *n* + *sing/pl vb* nächste(r) Angehörige(r)

nex·us <*pl* - *or* -es> [ˈneksəs] *n usu sing* Nexus *m fachspr*

NF [ˌenˈef] *n* BRIT *abbrev of* **National Front**

NGO *n abbrev of* **non-governmental organization** NGO *f*

NHS [ˌenettʃˈes] *n* BRIT *abbrev of* **National Health Service**

Ni·aga·ra Falls [naɪˌægəˈrɑːlz] *n* ▪ **the ~** die Niagarafälle *pl*

nib [nɪb] *n* [Schreib]feder *f*

nib·ble [ˈnɪbl] I. *n* ❶ *(bite)* Bissen *m* ❷ *(snack)* ▪ **~s** *pl* BRIT *(fam)* Häppchen *pl* II. *vt* knabbern III. *vi* ❶ *(snack)* knabbern;

■ to ~ at/on sth an etw *dat* herumknabbern; to ~ at the bait anbeißen; (*fig: of trap*) den Köder schlucken *fam* ❷ (*eat into*) ■ to ~ away at sth an etw *dat* nagen

Ni·ca·ra·gua [ˌnɪkəˈrægjuə] *n* Nicaragua *nt*

Ni·ca·ra·guan [ˌnɪkəˈrægjuən] **I.** *n* Nicaraguaner(in) *m(f)* **II.** *adj* nicaraguanisch

nice [naɪs] **I.** *adj* ❶ (*approv*) nett; (*pleasant*) schön, angenehm; *neighbourhood* freundlich; **did you have a ~ holiday?** war es schön im Urlaub?; **~ one!** (*fam*) nicht schlecht!; **~ to meet you!** es freut mich, Sie/dich kennen zu lernen!; **a ~ little earner** *esp* Brit eine wahre Goldgrube; **~ work** (*fam*) gute Arbeit ❷ (*amiable*) nett, freundlich ❸ (*intensifier*) schön; **~ [and] big/long/warm** schön groß/lang/warm **II.** *adv* sorgfältig

nice-'look·ing *adj* (*person*) gut aussehend; (*thing, woman also*) hübsch

nice·ly [ˈnaɪsli] *adv* ❶ (*well*) gut, nett; **the patient is coming along ~** der Patient macht gute Fortschritte; **that'll do ~** das reicht völlig; **to do very ~** gut voran kommen ❷ (*pleasantly*) nett, hübsch; (*politely*) höflich

ni·cety [ˈnaɪsəti] *n* ❶ *no pl* (*finer point*) Feinheit *f*; (*precision*) Genauigkeit *f* ❷ (*fine details*) ■ **niceties** *pl* Feinheiten *pl*; (*negatively*) Spitzfindigkeiten *pl*; (*etiquette*) Gepflogenheiten *pl*

niche [niːʃ] **I.** *n* ❶ (*recess*) Nische *f* ❷ (*job*) Stelle *f* **II.** *vt* ■ to ~ sb jdn in eine Schublade stecken

'niche mar·ket *n* Nischenmarkt *m*

nick [nɪk] **I.** *n* ❶ (*chip*) Kerbe *f* ❷ Brit (*sl: prison*) ■ **the ~** *no pl* der Knast *fam* ❸ *no pl* Brit, Aus (*sl: condition*) **in bad/good ~** schlecht/gut in Schuss *fam* ▶ **in the ~ of <u>time</u>** gerade noch rechtzeitig **II.** *vt* ❶ (*chip*) einkerben; (*cut*) einschneiden ❷ Brit, Aus (*fam: steal*) mitgehen lassen ❸ Brit (*sl: arrest*) einlochen; (*catch*) schnappen *fam* ❹ Am (*fam: cheat*) ■ to ~ sb jdn abzocken *sl* **III.** *vi* Brit, Aus (*sl*) ■ to ~ in/off hinein-/davonhuschen

nick·el [ˈnɪkl̩] *n* ❶ *no pl* (*metal*) Nickel *nt* ❷ Am (*coin*) Fünfcentstück *nt*

nick·el-'plat·ed *adj* vernickelt

nick-nack *n see* knick-knack

nick·name [ˈnɪkneɪm] **I.** *n* Spitzname *m*; (*affectionate*) Kosename *m* **II.** *vt* **the campsite has been ~d 'tent city' by visiting reporters** der Campingplatz wurde von besuchenden Reportern scherzhaft ‚Zeltstadt' genannt

Nico·sia [ˌnɪkə(ʊ)ˈsiːə] *n* Nikosia *nt*

nico·tine [ˈnɪkətiːn] *n no pl* Nikotin *nt*

'nico·tine patch *n* Nikotinpflaster *nt*

niece [niːs] *n* Nichte *f*

niff [nɪf] *n usu sing* Brit (*fam*) Mief *m kein pl*

niffy [ˈnɪfi] *adj* Brit (*fam*) miefig

nif·ty [ˈnɪfti] *adj* (*fam: stylish*) elegant; (*skilful*) geschickt

Ni·ger [ˈnaɪdʒə] *n* Niger *m*

Ni·geria [naɪˈdʒɪəriə] *n* Nigeria *nt*

nig·gard·ly [ˈnɪgədli] *adj* (*pej*) ❶ (*stingy*) geizig ❷ (*meagre*) dürftig; *donation, supply* armselig

nig·ger [ˈnɪgə] *n* (*pej!*) Nigger *m*

nig·gle [ˈnɪgl̩] **I.** *vi* ❶ (*find fault*) nörgeln ❷ (*worry*) beunruhigen, nagen (**at** an) **II.** *vt* ■ to ~ sb (*nag*) an jdm herumnörgeln; (*worry*) jdn beschäftigen **III.** *n* ❶ (*doubt*) Zweifel *m* ❷ (*criticism*) Kritikpunkt *m*

nig·gling [ˈnɪglɪŋ] *adj attr* ❶ (*troubling*) nagend ❷ (*precise*) krittelig

nigh [naɪ] **I.** *adv* nahe; **she's written ~ on 100 books** sie hat an die 100 Bücher geschrieben **II.** *prep* (*old*) nahe

night [naɪt] *n* ❶ (*darkness*) Nacht *f*; **~ and day** Tag und Nacht; **to have an early ~** früh zu Bett gehen; **to spend the ~ with sb** (*as a friend, relation*) bei jdm übernachten; (*sexually*) die Nacht mit jdm verbringen; **~ after ~** Nacht für Nacht; **at ~** nachts ❷ (*evening*) Abend *m*; **the other ~** neulich abends; **to have a ~ out** [abends] ausgehen; **by ~** abends; **~ after ~** Abend für Abend ❸ Theat, Film **first ~** Premiere *f*

'night-bird *n* Brit Nachteule *f hum fam*

'night blind·ness *n no pl* Nachtblindheit *f* **'night·cap** *n* ❶ (*hat*) Schlafmütze *f* ❷ (*drink*) Schlaftrunk *m* **'night·clothes** *npl* Nachtwäsche *f kein pl*; (*pyjama*) Schlafanzug *m* **'night·club** *n* Nachtklub *m* **'night cream** *n* Nachtcreme *f* **'night·dress** *n* Nachthemd *nt* **'night·fall** *n no pl* Einbruch *m* der Nacht **'night·gown** *n* Nachthemd *nt*

nightie [ˈnaɪti] *n* (*fam*) Nachthemd *nt*

night·in·gale [ˈnaɪtɪŋgeɪl] *n* Nachtigall *f*

'night·life *n no pl* Nachtleben *nt* **'night·light** *n* Nachtlicht *nt* **'night·long** (*liter*) **I.** *adv* die ganze Nacht [über] **II.** *adj* sich über die ganze Nacht hinziehend

night·ly [ˈnaɪtli] **I.** *adv* jede Nacht **II.** *adj* (*each night*) [all]abendlich; (*nocturnal*) nächtlich

night·mare [ˈnaɪtmeə] **I.** *n* Alptraum *m* **II.** *adj* (*fam*) alptraumhaft

night·mar·ish [ˈnaɪtmeərɪʃ] *adj* (*horrific*) alptraumhaft; (*distressing*) grauenhaft

night-'night *interj* (*esp childspeak*) [gute] Nacht

'night-nurse *n* Nachtschwester *f*

'night owl *n* (*fam*) Nachteule *f hum* **'night-por·ter** *n* Nachtportier *m*
nights [naɪts] *adv* nachts; **to work ~** nachts arbeiten
'night safe *n* BRIT Nachttresor *m* **'night school** *n* Abendschule *f* **'night shift** *n* Nachtschicht *f* **'night-shirt** *n* Nachthemd *nt* **'night·spot** *n* (*fam*) Nachtklub *m* **'night stand** *n* AM (*bedside table*) Nachttisch *m* **'night·stick** *n* AM Schlagstock *m* **'night table** *n* AM (*bedside table*) Nachttisch *m* **'night-time** *n* Nacht|zeit *f* **'night-watch** *n* Nachtwache *f* **night 'watch·man** *n* Nachtwächter *m* **'night·wear** *n no pl* Nachtwäsche *f*
ni·hil·ism ['naɪ(h)ɪlɪzəm] *n no pl* Nihilismus *m*
ni·hil·ist ['naɪ(h)ɪlɪst] *n* Nihilist(in) *m(f)*
ni·hil·is·tic [ˌnaɪ(h)ɪ'lɪstɪk] *adj* nihilistisch
Nik·kei ['nɪkeɪ] *n*, **Nik·kei 'In·dex** *n no pl* Nikkei Index *m*
nil [nɪl] *n no pl* ❶ (*nothing*) Nichts *nt*, Null *f* ❷ *esp* BRIT SPORTS Null *f*
Nile [naɪl] *n* **the** [**river**] ~ der Nil
nim·ble ['nɪmbl] *adj* (*agile*) gelenkig, beweglich; (*quick*) flink; (*quick-witted*) [geistig] beweglich
nim·bus <*pl* -bi *or* -es> ['nɪmbəs, *pl* -baɪ] *n* ❶ (*cloud*) Nimbostratus *m fachspr* ❷ (*halo*) Nimbus *m geh*
Nim·by *n*, **nim·by** <*pl* -s> ['nɪmbɪ] *n* (*pej*) *acr for* **not in my back yard** Person, die sich gegen umstrittene Bauvorhaben in der eigenen Nachbarschaft stellt, aber nichts dagegen hat, wenn diese woanders realisiert werden
nin·com·poop ['nɪŋkəmpuːp] *n* (*pej fam*) Trottel *m*
nine [naɪn] **I.** *n* (*number*) Neun *f; see also* **eight** ▶ **be** dressed [BRIT **up**] **to the ~s** (*fam*) in Schale [geworfen] sein **II.** *adj* (*9*) neun; **~ times out of ten** in neun von zehn Fällen; *see also* **eight**
9-11, 9/11 [naɪn'levən] *n no pl, no art* der 11. September (*Terrorangriffe am 11.9.2001 auf das World Trade Center in New York und das Pentagon in Washington*) **'nine·fold** *adj* neunfach **nine·pins** ['naɪnpɪnz] *npl* Kegeln *pl kein pl* **nine·teen** [ˌnaɪn'tiːn] **I.** *n* Neunzehn *f; see also* **eight II.** *adj* neunzehn; *see also* **eight nine·teenth** [ˌnaɪn'tiːn(t)θ] **I.** *n* ❶ (*after 18th*) Neunzehnte(r, s) *f(m, nt)* ❷ (*fraction*) Neunzehntel *nt* **II.** *adj* neunzehnte(r, s) **III.** *adv* an neunzehnter Stelle **nine·teenth 'hole** *n* SPORTS (*hum fam: golf club bar*) neunzehntes Loch **nine·ties** ['naɪntɪːz] *npl* ❶ (*temperature*) **temperatures in the ~** Temperaturen um neunzig Grad Fahrenheit ❷ (*decade*) die Neunziger *pl* ❸ (*age*) **he's in his ~** er ist in den Neunzigern **nine·ti·eth** ['naɪntiəθ] **I.** *n* ❶ (*after 89th*) Neunzigste(r, s) *f(m, nt)* ❷ (*fraction*) Neunzigstel *nt* **II.** *adj* neunzigste(r, s) **III.** *adv* an neunzigster Stelle **'nine-to-five I.** *adv* **to work ~** von neun bis fünf [Uhr] arbeiten **II.** *adj* **a ~ schedule** ein Achtstunden[arbeits]tag *m* **nine·ty** ['naɪntɪ] **I.** *n* Neunzig *f* **II.** *adj* neunzig
nin·ja ['nɪndʒə] *n* ❶ HIST, MIL Ninja *m* ❷ SPORTS Ninjutsu-Schüler(in) *m(f)*
ninth [naɪn(t)θ] **I.** *n* ❶ (*after 8th*) Neunte(r, s) *f(m, nt)* ❷ (*fraction*) Neuntel *nt* **II.** *adj* neunte(r, s) **III.** *adv* an neunter Stelle
nip¹ [nɪp] **I.** *vt* <-pp-> (*bite*) beißen; (*pinch*) zwicken; (*cut*) schneiden ▶ **to ~ sth in the bud** etw im Keim ersticken **II.** *vi* <-pp-> ❶ (*bite*) beißen ❷ BRIT, AUS (*fam: go quickly*) ▪ **to ~ across to sth** schnell mal zu etw *dat* rüberspringen **III.** *n* ❶ (*pinch*) Kniff *m*; (*bite*) Biss *m* ❷ *no pl* (*chill*) Kälte *f*; **there's a ~ in the air** es ist frisch
nip² [nɪp] *n* (*fam*) Schluck *m*
nip·per ['nɪpə*] *n esp* BRIT (*fam*) Kleine(r) *f(m)*; (*boy also*) Bengel *m*; (*girl also*) Göre *f* NORDD
nip·ple ['nɪpl] *n* ❶ (*on breast*) Brustwarze *f* ❷ AM (*for baby bottle*) Sauger *m*
nip·py ['nɪpɪ] *adj* ❶ BRIT, AUS (*fam: quick*) schnell ❷ (*fam: cold*) kühl
nir·va·na [nɪə'vɑːnə] *n no pl* Nirwana *nt*; (*fig*) Traumwelt *f*
Nissen hut ['nɪsənˌhʌt] *n* Nissenhütte *f*
nit [nɪt] *n* ❶ *esp* BRIT, AUS (*pej fam: idiot*) Blödmann *m* ❷ (*egg*) Nisse *f*
ni·ter *n* AM *see* **nitre**
nit·pick ['nɪtpɪk] *vi* (*fam: quibble*) [herum]nörgeln; (*find fault*) kleinlich sein
nit·pick·er ['nɪtpɪkə*] *n* (*pej: quibbler*) Nörgler(in) *m(f)*; (*fault-finder*) Kleinigkeitskrämer(in) *m(f)* **nit·pick·ing** ['nɪtpɪkɪŋ] **I.** *adj* (*pej fam*) pingelig **II.** *n no pl* (*pej fam*) Krittelei *f* (*pej fam*) pingelig **nit·picky** <-ier, -iest> ['nɪtpɪkɪ] *adj* (*fam*) pedantisch
ni·trate ['naɪtreɪt] *n* Nitrat *nt*
ni·tre ['naɪtə*] *n no pl* Salpeter *m*
ni·tric ['naɪtrɪk] *adj* ❶ (*of nitrogen*) Stickstoff- ❷ (*of nitre*) Salpeter-
ni·tric 'acid *n no pl* CHEM Salpetersäure *f*
ni·trite ['naɪtraɪt] *n* CHEM Nitrit *nt*
ni·tro·gen ['naɪtrədʒən] *n no pl* Stickstoff *m*
ni·tro·glyc·er·in(e) [ˌnaɪtrə(ʊ)'glɪsəriːn] *n no pl* Nitroglyzerin *nt*
ni·trous ['naɪtrəs] *adj* ❶ (*of nitrogen*) Stickstoff-, stickstoffhaltig ❷ (*of nitre*) Salpeter-, salpetrig; **~ oxide** Lachgas *nt*
nit·ty-grit·ty [ˌnɪtɪ'grɪtɪ] *n no pl* (*fam*)

■ **the ~** das Wesentliche; **to get down to the ~** zur Sache kommen

nit·wit ['nɪtwɪt] *n* (*pej fam*) Schwachkopf *m*

nix [nɪks] AM **I.** *vt* (*fam*) ablehnen **II.** *adv* (*fam*) nichts, nix *fam*; **I suppose she will say ~ to us going to the movies** ich glaube, sie wird uns nicht ins Kino gehen lassen **III.** *n no pl* nichts, nix *fam*

NLP [ˌenelˈpi:] *n abbrev of* **Neuro-Linguistic Programming** NLP *nt*

NNE [ˌenenˈi:] *abbrev of* **north-northeast** NNO

NNW [ˌenenˈdʌbljuː] *abbrev of* **north-northwest** NNW

no [nəʊ, nə] **I.** *adj* ❶ (*not any*) kein(e); **~ one** keiner; **in ~ time** im Nu; **to be of ~ interest/use** unwichtig/zwecklos sein ❷ (*in signs*) **'~ parking'** ‚Parken verboten' ❸ (*not a*) kein ❹ *with gerund* (*impossible*) **there's ~ denying** es lässt sich nicht leugnen; **there's ~ knowing/telling** man kann nicht wissen/sagen **II.** *adv* ❶ (*not at all*) nicht; **~ less than sb/sth** nicht weniger als jd/etw ❷ (*alternative*) **or ~** (*form*) oder nicht ❸ (*negation*) nein; **do you want to come? - ~** willst du mitkommen? - nein ❹ (*doubt*) nein, wirklich nicht ❺ (*not*) nicht; **~ can do** (*fam*) geht nicht **III.** *n* <*pl* -es *or* -s> ❶ (*negation*) Nein *nt kein pl*; (*refusal*) Absage *f* ❷ (*negative vote*) Neinstimme *f* **IV.** *interj* ❶ (*refusal*) nein ❷ (*correcting oneself*) [ach] nein ❸ (*surprise*) **her husband ran off with the au pair — ~ !** ihr Mann ist mit dem Au-pair-Mädchen durchgebrannt – nein! *fam* ❹ (*distress*) **oh ~ !** oh nein!

Noah's ark [ˌnəʊəzˈ-] *n no pl, no art* die Arche Noah

nob [nɒb] *n esp* BRIT (*hum, pej fam*) Betuchte(r) *f(m)*

nob·ble ['nɒbl] *vt* BRIT, AUS (*sl*) ❶ (*tamper with*) ■ **to ~ an animal** ein Tier durch Verabreichung von Drogen langsam machen ❷ (*bribe*) bestechen ❸ (*spoil*) ruinieren ❹ (*catch attention*) ■ **to ~ sb** sich *dat* jdn greifen

Nobel prize [ˌnəʊˈbel-] *n* Nobelpreis *m*

Nobel 'prize win·ner *n* Nobelpreisträger(in) *m(f)*

no·bil·ity [nə(ʊ)ˈbɪləti] *n no pl* ❶ + *sing/pl vb* (*aristocracy*) ■ **the ~** der Adel ❷ (*character*) hohe Gesinnung

no·ble ['nəʊbl] **I.** *adj* ❶ (*aristocratic*) ad[e]lig ❷ (*estimable*) *ideals, motives, person* edel, nobel ❸ (*impressive*) prächtig, (*whiskey*) ausgezeichnet; *horse* edel **II.** *n* Ad[e]lige(r) *f(m)*

'no·ble·man *n* Ad[e]liger *m*, Edelmann *m hist* **no·ble-'mind·ed** *adj* edel gesinnt, von edler Gesinnung *nach n geh* **'no·ble·wom·an** *n* Ad[e]lige *f*, Edelfrau *f hist*

no·bly ['nəʊbli] *adv* nobel, edel

no·body ['nəʊbədi] **I.** *pron indef, sing* (*no people*) niemand; **~ else** niemand anderer **II.** *n* <*pl* -dies> (*sb of no importance*) Niemand *m kein pl*, Nobody *m*

no-'con·fi·dence vote *n* Misstrauensvotum *nt*

noc·tur·nal [nɒkˈtɜːnəl] *adj* (*of the night*) nächtlich *attr*, Nacht-; ZOOL (*active at night*) nachtaktiv

noc·tur·nal·ly [nɒkˈtɜːnəli] *adv* nachts, in der Nacht

nod [nɒd] **I.** *n usu sing* Nicken *nt kein pl*; **to get the ~** grünes Licht bekommen; **to give sb a ~** jdm zunicken **II.** *vt* <-dd-> ❶ (*as signal*) **to ~ one's head** mit dem Kopf nicken; **to ~ [one's] agreement** zustimmend nicken ❷ (*as greeting*) **to ~ a farewell to sb** jdm zum Abschied zunicken **III.** *vi* <-dd-> ❶ (*as signal*) nicken ❷ *esp* BRIT (*fam: sleep*) ein Nickerchen machen ◆ **nod off** *vi* einnicken

nod·ding ['nɒdɪŋ] *adj* ❶ (*head*) nickend ❷ (*fleeting*) *acquaintance* flüchtig; **to have only a ~ acquaintance with sth** (*superficial*) sich nur oberflächlich in etw *dat* auskennen

node [nəʊd] *n* Knoten *m;* (*intersection*) Schnittpunkt *m;* COMPUT Schnittstelle *f*

nod·ule ['nɒdju:l] *n* Knötchen *nt;* GEOL Klümpchen *nt*

no-'fault *adj attr esp* AM Vollkasko-

no-go 'area *n* BRIT, **no-'go zone** *n* AM ❶ (*prohibited*) verbotene Zone ❷ MIL Sperrgebiet *nt* **no-holds-barred** [ˌnəʊˌhəʊldzˈbɑːd] *adj attr* **to go for a ~ defense** bei der Verteidigung *f* aufs Ganze gehen **no-'hop·er** *n* BRIT, AUS Taugenichts *m*

no·how ['nəʊhaʊ] *adv* AM (*fam*) keinesfalls, auf gar keinen Fall

noise [nɔɪz] *n* ❶ *no pl* (*loudness*) Lärm *m*, Krach *m;* **deafening ~** ohrenbetäubender Lärm; **to make a ~** Krach *m* machen ❷ (*sound*) Geräusch *nt* ❸ *no pl* ELEC (*interference*) Rauschen *nt* ▶ **to make a ~** Aufsehen *nt* erregen

'noise bar·ri·er *n* Lärmschutzwand *f* **noise·less** ['nɔɪzləs] *adj* geräuschlos, lautlos **'noise pol·lu·tion** *n no pl* Lärmbelästigung *f* **noise pre·ven·tion** *n no pl* Lärmvermeidung *f*

noi·some ['nɔɪsəm] *adj* (*liter*) ❶ (*fetid*) *smell* übel riechend ❷ (*offensive*) *man* unangenehm; *manner* abstoßend

noisy ['nɔɪzi] *adj* ❶ (*making noise*) laut ❷ (*full of noise*) laut ❸ (*attention-seeking*) Aufmerksamkeit suchend *attr* ❹ ELEC rauschend

'no-jump *n* SPORTS Fehlsprung *m*
no·mad ['nəʊmæd] *n* Nomade(in) *m(f)*; *(fig)* Wandervogel *m hum*
no·mad·ic [nə(ʊ)'mædɪk] *adj* nomadisch, Nomaden-
'no-man's-land *n no pl* ❶ MIL Niemandsland *nt* ❷ *(limbo)* Schwebezustand *m*
no·men·cla·ture [nə(ʊ)'menklətʃə'] *n* SCI ❶ *no pl (system)* Nomenklatur *f geh* ❷ *(form: term)* Begriff *m*
nomi·nal ['nɒmɪnəl] *adj* ❶ *(titular)* dem Namen nach *nach n*, nominell ❷ *(small) sum of money* gering ❸ *(stated)* angegeben
nomi·nal·ly ['nɒmɪnəli] *adv* dem Namen nach, nominell
nomi·nate ['nɒmɪneɪt] *vt* ❶ *(propose)* nominieren ❷ *(appoint)* ■ to ~ sb [as] sth jdn zu etw *dat* ernennen ❸ *(fix a date)* festlegen
nomi·na·tion [ˌnɒmɪ'neɪʃən] *n* ❶ *(proposal)* Nominierung *f* (**for** für) ❷ *(appointment)* Ernennung *f* (**to** zu)
nomi·na·tive ['nɒmɪnətɪv] **I.** *n* ■ **the ~** der Nominativ *m* **II.** *adj* Nominativ-; **to be in the ~ case** im Nominativ stehen
nomi·nee [ˌnɒmɪ'niː] **I.** *n* Kandidat(in) *m(f)*; **Oscar ~s** Oscar-Anwärter *pl* **II.** *adj attr* nominiert
non-ac·'cept·ance *n no pl* ❶ *(rejection)* Nichtakzeptanz *f*; *(disrespect) of conditions* Nichteinhaltung *f* ❷ STOCKEX Annahmeverweigerung *f*
no·na·ge·nar·ian [ˌnəʊnədʒə'neərɪən] **I.** *n* ■ **to be a ~** in den Neunzigern sein **II.** *adj* in den Neunzigern *nach n*
non-ag·'gres·sion *n no pl* Gewaltverzicht *m*
non-ag·'gres·sion pact *n*, **non-ag·'gres·sion treaty** *n* Nichtangriffspakt *m* **non-al·co·'hol·ic** *adj drink* alkoholfrei **non-a'ligned** *adj* neutral; POL blockfrei **non-a'lign·ment** *n no pl* Neutralität *f*; POL Blockfreiheit *f* **non-ap·'pear·ance** *n no pl* LAW Nichterscheinen *nt* vor Gericht **non-at·'tend·ance** *n no pl (at school, hearing)* Abwesenheit *f* **non-bel·'lig·er·ent I.** *adj* **~ country** Land, das keinen Krieg führt **II.** *n* Kriegsunbeteiligte(r) *f(m)*
'nonce word ['nɒns-] *n* ad hoc gebildetes Wort
non-cha·lant ['nɒn(t)ʃələnt] *adj* gleichgültig **non-com** [ˌnɒn'kɒm] *n* MIL *(fam) short for* **non-commissioned officer** Unteroffizier(in) *m(f)* **non-'com·bat·ant** *n* MIL Zivilist(in) *m(f)* **non-com·'bust·ible** *adj* nicht brennbar **non-com·mis·sioned 'of·fic·er** *n* MIL Unteroffizier(in) *m(f)* **non-com·mit·tal** [ˌnɒnkə'mɪtəl] *adj letter, tone* unverbindlich **non-com·pli·ance** *n no pl with order*

no-jump–nonpareil

Nichtbeachtung *f*; *with wish* Nichterfüllung *f*
non com·pos *adj*, **non com·pos men·tis** [ˌnɒnˌkɒmpəs'mentɪs] *adj pred* ❶ LAW nicht im Vollbesitz seiner geistigen Kräfte ❷ *(hum: insane)* nicht ganz richtig *fig fam*
non-con·'form·ist I. *adj* ❶ *(independent)* nonkonformistisch ❷ BRIT REL ■ N~ nonkonformistisch **II.** *n* ❶ *(eccentric)* Nonkonformist(in) *m(f)* ❷ BRIT REL ■ N~ Nonkonformist(in) *m(f)* **non-con·'form·i·ty** *n no pl* ❶ *(refusal)* Nonkonformismus *m* (**in/to** gegenüber) ❷ BRIT REL ■ N~ Nonkonformismus *m* **non-con·'tri·bu·tory** *adj* beitragsfrei **non-co-op·e'ra·tion** *n no pl* Kooperationsverweigerung *f* (**with** in Bezug auf) **non-de·pos·it 'bot·tle** *n* Einwegflasche *f* **non-de·script** ['nɒndɪskrɪpt] *adj person, building* unscheinbar; *colour, taste* undefinierbar **non-'du·rables** *npl* Verbrauchsgüter *pl*
none [nʌn] **I.** *pron* ❶ *(not any)* keine(r, s); **~ of it matters anymore** das spielt jetzt keine Rolle mehr; **she tried to persuade him to retire, but he would have ~ of it** *(form)* sie versuchte ihn zu überreden, sich pensionieren zu lassen, aber er wollte nichts davon hören; **~ of the brothers/staff** + *sing/pl vb* keiner der Brüder/Angestellten; **~ of us** + *sing/pl vb* niemand von uns; **~ at all gar** keine(r, s) ❷ *(no person, no one)* **~ could match her looks** niemand sah so gut aus wie sie; **~ other than ...** kein Geringerer/keine Geringere als ... ▶ **to be ~ of sb's business** jdn nichts angehen; **to be second to ~** unvergleichlich sein **II.** *adv* kein bisschen; **~ too intelligent/pleased** *(form)* nicht sonderlich intelligent/erfreut
non-en·ti·ty [ˌnɒn'entəti] *n (pej)* ❶ *(nobody)* ■ **a ~** ein Niemand *m* ❷ *no pl (insignificance)* Bedeutungslosigkeit *f*
non-es·'sen·tial I. *adj* überflüssig, unnötig **II.** *n* unnötige Sache **non-e'vent** *n (fam) in one's life* Enttäuschung *f*; *party* Reinfall *m* **non-ex·'ist·ence** *n no pl* Nichtvorhandensein *nt* **non-ex·'ist·ent** *adj* nicht vorhanden **non-'fic·tion** *n no pl* Sachliteratur *f* **non-'fic·tion author** *n* Sachbuchautor(in) *m(f)* **non-'fic·tion book** *n* Sachbuch *nt* **non-'flam·mable** *adj material* nicht entflammbar **non-gov·ern·men·tal or·gani·za·tion** *n* Nichtregierungsorganisation *f* **non-in·'fec·tious** *adj disease* nicht ansteckend **non-'iron** *adj* bügelfrei **non-'mem·ber** *n* Nichtmitglied *nt* **non-'mem·ber 'coun·try** *n* POL Nichtmitgliedsland *nt* **non-ne·'go·tiable** *adj* ❶ LAW *terms, conditions* nicht verhandelbar ❷ FIN *document, bill of exchange* nicht übertragbar **non-pa·reil** [ˌnɒnpə'reɪl] *(liter)* **I.** *adj person* einzigartig,

ohnegleichen *nach* n **II.** n ❶ (*thing*) Einzigartigkeit f ❷ (*person*) unerreichter Meister **non·plus** <-ss-> [ˌnɒnˈplʌs] vt verblüffen **non-pol·'lut·ing** *adj by-product* ungiftig **non-pro·'duc·tive** *adj* unproduktiv; (*ineffective*) unwirksam; FIN *investment* nicht Gewinn bringend *attr* **non-'prof·it** *adj esp* AM, **non-'prof·it-mak·ing** *adj* nicht auf Gewinn ausgerichtet; ~ **organization** gemeinnützige Organisation **non-pro·lif·e'ra·tion** POL **I.** *n no pl* Nichtverbreitung *f* **II.** *adj attr* Nichtverbreitungs- **non-pro·lif·e'ra·tion trea·ty** *n* POL Nichtverbreitungsvertrag *m* **non-re·'fund·a·ble** *adj payment* nicht zurückzahlbar **non-'res·i·dent I.** *adj* ❶ (*non local*) auswärtig ❷ COMPUT nicht resident **II.** *n* Nichtortsansässige(r) *f(m)*; (*in hotel*) Nichthotelgast *m* **non-re·'turn·a·ble** *adj bottle, packaging* Einweg-; *payment* nicht rückzahlbar **non-'sched·uled** *adj* unplanmäßig

non·sense ['nɒns*ə*n(t)s] **I.** *n no pl* ❶ (*absurdity*) Unsinn *m*, Quatsch *m*; **to make ~ of a claim/plan** BRIT, AUS eine Behauptung widerlegen/einen Plan verderben; **to talk ~** Unsinn reden ❷ *no pl* (*misbehaviour*) Unfug *m* ❸ (*showing disapproval*) Blödsinn *m* **II.** *adj attr* ❶ LIT Blödel- ❷ (*meaningless*) unsinnig, sinnlos **III.** *interj* ■~! Quatsch!, Unsinn!

non·sen·si·cal ['nɒnsen(t)sɪkl] *adj idea, plan* unsinnig

non-'shrink *adj material, clothing* einlaufsicher **non-'skid** *adj*, **non-'slip** *adj surface* rutschfest **non-'smok·er** *n* ❶ (*person*) Nichtraucher(in) *m(f)* ❷ BRIT (*fam: in train*) Nichtraucherabteil *nt* **non-'smok·ing** *adj area* Nichtraucher- **non-'start·er** *n* (*fam*) ❶ (*person*) Niete *f* ❷ (*idea*) Reinfall *m* **non-'stick** *adj* mit Antihaftbeschichtung **non-'stop I.** *adj* Nonstop-; **~ flight/train** Direktflug/-zug *m* **II.** *adv* nonstop; *talk, rain* ununterbrochen **non-'swim·mer** *n* Nichtschwimmer(in) *m(f)* **non-'tax·a·ble** *adj income* steuerfrei **non-'tox·ic** *adj substance* ungiftig **non-'ver·bal** *adj communication* nonverbal **non-'vi·o·lent** *adj* gewaltfrei **non-'vot·ing** *adj shares* nicht stimmberechtigt

noo·dle ['nuːdl] **I.** *n* Nudel *f*; AM Pasta *f* **II.** *vi* AM (*fam*) herumpfuschen; ■**to ~ [around] with sth** mit etw *dat* herummachen **nook** [nʊk] *n* Nische *f*, Ecke *f*

noon [nuːn] *n no pl* Mittag *m*; ■**by ~** bis Mittag; ■**about ~** um die Mittagszeit

no one ['nəʊwʌn] *pron see* **nobody**

noose [nuːs] *n* Schlinge *f*; **to have a ~ around one's neck** (*fig*) den Kopf in der Schlinge [stecken] haben

nope [nəʊp] *adv* (*sl*) nö *fam*

nor [nɔːʳ, nəʳ] *conj* ❶ (*and not*) noch; **neither ... ~ ...** weder ... noch ... ❷ *after neg esp* BRIT (*neither*) noch; **I can't be at the meeting and ~ can Andrew** ich kann nicht zum Treffen kommen und Andrew auch nicht

Nor·dic ['nɔːdɪk] *adj* nordisch

norm [nɔːm] *n* Norm *f*

nor·mal ['nɔːm*ə*l] **I.** *adj* ❶ (*ordinary*) *person, day* normal ❷ (*usual*) *behaviour* normal (**for** für), üblich; **as** [**is**] **~** wie üblich ❸ (*fit*) gesund; **to be absolutely ~** völlig gesund sein ❹ MATH senkrecht (**to** zu) **II.** *n* ❶ *no pl* Normalzustand *m*; **the temperature was above ~** die Temperatur war höher als normal; **she was back to ~ within a week of the accident** sie war innerhalb einer Woche nach dem Unfall wieder in Ordnung; **to return to ~** *situation* sich normalisieren ❷ MATH Senkrechte *f*, Normale *f fachspr*

nor·mal·cy ['nɔːm*ə*lsi] *n* AM Normalität *f* **nor·mal·ize** ['nɔːm*ə*laɪz] **I.** *vt* ❶ (*make normal*) *blood pressure* normalisieren ❷ *esp* COMPUT abgleichen **II.** *vi situation, relations* sich normalisieren **nor·mal·ly** ['nɔːm*ə*li] *adv* ❶ (*usually*) normalerweise, üblicherweise ❷ (*in a normal way*) normal

north [nɔːθ] **I.** *n no pl* ❶ (*direction*) Norden *m*; ■**in the ~** im Norden; ■**to the ~** nach Norden [hin] ❷ (*region*) ■**the N~** BRIT (*North England*) Nordengland *nt*; AM der Norden, die Nordstaaten *pl* **II.** *adj* nördlich, Nord-; **~ of Manchester** nördlich von Manchester **III.** *adv* nordwärts; ■**up ~** (*fam*) im Norden

North 'Af·ri·ca *n* Nordafrika *nt* **North 'Af·ri·can I.** *n* Nordafrikaner(in) *m(f)* **II.** *adj history, culture* nordafrikanisch **North A'meri·ca** *n* Nordamerika *nt* **North A'meri·can I.** *n* Nordamerikaner(in) *m(f)* **II.** *adj* nordamerikanisch **North Caro·li·na** [-ˌkærəˈlaɪnə] *n* Nordcarolina *nt* **North Da·ko·ta** [-dəˈkəʊtə] *n* Norddakota *nt*

north-'east I. *n no pl* ❶ (*direction*) Nordosten *m*; ■**to the ~ [of ...]** nordöstlich [von ...] ❷ (*region*) ■**the N~** *of state* der Nordosten **II.** *adj* nordöstlich, Nordost-; **~ wind** Wind *m* von Nordost **III.** *adv* nordwärts (**of** von)

north-'east·ern *adj attr* nordöstlich, Nordost-

nor·ther·ly ['nɔːðəli] *adj* nördlich, Nord- **north·ern** ['nɔːðən] *adj attr* nördlich **north·ern·er** ['nɔːðənəʳ] *n* Nordlicht *nt fig, hum*; BRIT Nordengländer(in) *m(f)*; AM Nordstaatler(in) *m(f)*

North·ern 'Ire·land *n* Nordirland *nt* **North·ern Maria·nas** [-ˌmæriˈænəz] *n* die

Nordmarianen *pl* **north·ern·most** ['nɔːðənməʊst] *adj* nördlichste(r, s) **Northern Ter·ri·to·ry** *n* Nordterritorium *nt*

North 'Pole *n* ■ the ~ der Nordpol

North 'Sea *n* ■ the ~ die Nordsee **North-South di·'vide** *n* ■ the ~ das Nord-Süd-Gefälle

north·ward ['nɔːθwəd] **I.** *adj migration* nach Norden *nach n*, Nord-; ~ *direction* nördliche Richtung **II.** *adv* nach Norden

north·'west I. *n no pl* Nordwesten *m*; ▶ **to the** ~ [of sth] nordwestlich [von etw *dat*] **II.** *adj* nordwestlich, Nordwest-; ~ **wind** Wind *m* von Nordwest **III.** *adv* nach Nordwesten

north·'west·er·ly *adj* nordwestlich, Nordwest-; ~ **wind** Wind *m* aus Nordwest

Northwest 'Ter·ri·to·ries *npl* Nordwestterritorien *pl*

Nor·way ['nɔːweɪ] *n* Norwegen *nt*

Nor·we·gian [nɔːˈwiːdʒən] **I.** *n* ❶ (*person*) Norweger(in) *m(f)* ❷ *no pl* (*language*) Norwegisch *nt* **II.** *adj* norwegisch, Norwegisch-

nose [nəʊz] **I.** *n* ❶ (*organ*) Nase *f*; **runny** ~ laufende Nase; **to blow one's** ~ sich *dat* die Nase putzen ❷ (*front*) Schnauze *f fam*; *of aircraft* Flugzeugnase *f*; ❸ *no pl* (*smell*) Geruchssinn *m* ▶ **to keep/put one's** ~ **to the grindstone** (*fam*) sich dahinter klemmen; **to get up sb's** ~ ʙʀɪᴛ, ᴀᴜs (*fam*) jdm auf den Wecker gehen; **to have a [good]** ~ **for sth** (*fam*) einen [guten] Riecher für etw *akk* haben; **to poke one's** ~ **into sth** (*fam*) seine Nase in etw *akk* hineinstecken; **on the** ~ ᴀᴍ (*fam*) genau **II.** *vi* ▶ **to** ~ **forwards** sich vorsichtig vorwärtsbewegen **III.** *vt* ▶ **to** ~ **one's way forwards/in/Rumpf/up** sich vorsichtig seinen Weg vorwärts-/hinein-/hinaus-/hinaufbahnen ◆ **nose about I.** *vi* (*fam*) herumstöbern **II.** *vt* ▶ **to** ~ **about sth** in etw *dat* herumstöbern ◆ **nose out I.** *vt* ❶ (*discover*) *secrets, details* herausfinden ❷ (*outdo*) ■ **to** ~ **sb** ⟳ **out** jdn ausstechen **II.** *vi* sich langsam herausbewegen

'nose·bag *n* Hafersack *m* **'nose·bleed** *n* Nasenbluten *nt* **'nose cone** *n* ᴀᴠɪᴀᴛ Rumpfspitze *f* **'nose·dive I.** *n* ❶ ᴀᴠɪᴀᴛ Sturzflug *m*; **to go into a** ~ zum Sturzflug ansetzen ❷ (*fig*) Einbruch *m*; **sb/sth takes a** ~ etw/ jd erlebt einen Einbruch **II.** *vi* ❶ ᴀᴠɪᴀᴛ im Sturzflug heruntergehen ❷ ꜰɪɴ *prices, economy* einbrechen **'nose·gay** *n* (*old*) Gebinde *nt* **'nose job** *n* ᴍᴇᴅ (*fam*) Nasenkorrektur *f* **'nose wheel** *n* ᴀᴠɪᴀᴛ Bugrad *nt*

nosey ['nəʊzi] *adj* (*pej*) neugierig

nosh [nɒʃ] **I.** *n* ❶ *no pl* ʙʀɪᴛ (*sl: food*) Fressalien *pl fam* ❷ ʙʀɪᴛ, ᴀᴜs (*sl: meal*) Imbiss *m* ❸ ᴀᴍ (*snack*) Häppchen *nt* **II.** *vi* ▶ **to** ~ **on sth** etw futtern **III.** *vt* futtern *sl*

no-show *n* No-Show *m*; (*spec*) (*Fluggast, der nicht erscheint*)

'nosh-up *n* ʙʀɪᴛ, ᴀᴜs (*sl*) Gelage *nt fam*

nos·tal·gia [nɒsˈtældʒə] *n no pl* Nostalgie *f*

nos·tal·gic [nɒsˈtældʒɪk] *adj* nostalgisch

no-'strike agree·ment *n* Streikverbotsabkommen *nt*

nos·tril ['nɒstrəl] *n of person* Nasenloch *nt*; *of horse* Nüster *f*

nosy ['nəʊzi] *adj* (*pej*) neugierig

nosy 'par·ker *n esp* ʙʀɪᴛ (*fam*) neugierige Person

not [nɒt] *adv* ❶ *after aux vb* nicht; **it's** ~ **unusual** das ist nicht ungewöhnlich; **isn't she beautiful?** ist sie nicht schön? ❷ *in tag question* **it's cold, is it** ~ [*or* **isn't it**]? es ist kalt, nicht [wahr]? ❸ *before n* kein, nicht; **it's a girl,** ~ **a boy** es ist ein Mädchen, kein Junge ❹ *before infin* nicht; **he's asked me** ~ **to do it** er hat mich gebeten, es nicht zu tun ❺ *before predeterminer* nicht; ~ **all children like swimming** nicht alle Kinder schwimmen gerne ❻ *before pron* nicht; ~ **me!** nicht! ❼ (*less than*) keine(r, s), weniger als; ~ **one of my answers was right** keine einzige meiner Antworten war richtig ❽ *before adj, adv* (*meaning opposite*) nicht; ~ **always** nicht immer; ~ **much** nicht viel ❾ *before adj* (*hum, iron: emphasizing opposite*) nicht; **he's** ~ **bad-looking** er sieht [gar] nicht schlecht aus ❿ (*substituting negative*) nicht; **I hope** ~ **!** ich hoffe nicht! ▶ ~ **at all!** (*polite answer*) überhaupt nicht!; (*when thanked*) gern geschehen!; (*denying vehemently*) überhaupt nicht!

no·ta·ble ['nəʊtəbl] **I.** *adj* ❶ (*eminent*) *collection, philosopher* bedeutend; **with one** ~ **exception** mit einer besonderen Ausnahme ❷ (*remarkable*) bemerkenswert, beachtlich, bemerkenswert **II.** *n* Berühmtheit *f*

no·ta·bly ['nəʊtəbli] *adv* ❶ (*particularly*) insbesondere, vor allem ❷ (*perceptibly*) merklich, auffallend

no·ta·ry ['nəʊtəri] *n*, **no·ta·ry 'pub·lic** <*pl* -ies *public*> *n* Notar(in) *m(f)*

no·ta·tion [nə(ʊ)ˈteɪʃən] *n* ᴍᴀᴛʜ, ᴍᴜs Notation *f fachspr*; **system of** ~ Zeichensystem *nt* ❷ (*note*) Notiz *f*

notch [nɒtʃ] *n* <*pl* -es> ❶ (*indentation*) Einkerbung *f* ❷ (*in belt*) Loch *nt* ❸ (*for comparison*) Grad *m*; ▶ **a** ~ **above/below sb/etw** eine Klasse besser/schlechter als jd/etw ❹ ᴀᴍ (*valley*) Tal *nt*

note [nəʊt] **I.** *n* ❶ (*record*) Notiz *f*; **to leave a** ~ eine Nachricht hinterlassen; **to make a** ~ [of sth] [sich *dat*] eine Notiz [von etw *dat*] machen; **to write sb a** ~ jdm eine Nachricht hinterlassen ❷ (*attention*) **to take** ~ **of sth**

von etw *dat* Notiz nehmen ❹ LIT *(annotation)* Anmerkung *f* ❺ MUS Note *f* ❻ *(sound)* Ton *m*; **to strike the right ~** den richtigen Ton treffen ❼ *esp* BRIT, AUS *(money)* [Geld]schein *m* ❽ *(form)* ■ **of ~** von Bedeutung **II.** *vt* ❶ *(notice)* wahrnehmen; *(pay attention to)* beachten; ■ **to ~ that ...** zur Kenntnis nehmen, dass ... ❷ *(remark)* anmerken; *(point out)* feststellen

'note·book *n* ❶ *(book)* Notizbuch *nt* ❷ COMPUT Notebook *nt*

not·ed ['nəʊtɪd] *adj attr* bekannt **(for** für**)**

'note·pad *n* ❶ *(pad)* Notizblock *m* ❷ COMPUT Notepad *nt* **'note·paper** *n no pl* Briefpapier *nt* **note·wor·thy** ['nəʊtˌwɜːði] *adj conclusions, results* beachtenswert; **nothing/ something ~** nichts/etwas Besonderes

not-for-'profit *adj organization, company* non-Profit-, gemeinnützig

noth·ing ['nʌθɪŋ] **I.** *pron indef* ❶ *(not anything)* nichts; **there is ~ like a good cup of coffee** es geht nichts über eine gute Tasse Kaffee; **all or ~** alles oder nichts; ■ **~ but** nichts als; **~ of the kind** nichts dergleichen; **to count for ~** nichts gelten; **~ else** nichts weiter, sonst nichts ❷ *(of no importance)* nichts; **~ much** nicht viel; **to be ~ to sb** jdm nichts bedeuten; **it's ~** *(fam)* nicht der Rede wert; **it's ~ to do with me** das hat nichts mit mir zu tun ❸ *(zero)* Null *f* ❹ AM SPORTS *(no points)* null ► **come to ~** sich zerschlagen; [**all**] **for ~** [vollkommen] umsonst; **not for ~** nicht umsonst; **you ain't heard/seen ~ yet** *(fam)* das hast du noch nicht gehört/gesehen; **there's ~ in it** es ist nichts dran; **to be ~ less/more than ...** nichts Geringeres/weiter sein, als ...; **there's ~ to it** *(easy)* dazu gehört nicht viel; *(not true)* da ist nichts dran *fam* **II.** *n* ❶ *(fam)* ❶ *(person)* Niemand *m* ❷ *(thing)* Unwichtigkeit *f* **III.** *adv* ❶ *(not)* überhaupt nicht; **to look ~ like sb/sth** jdm/etw nicht ähnlich sehen ❷ *after n* AM *(fam: emphatically not)* wahrlich nicht **IV.** *adj attr* *(fam) persons, activities* belanglose(r, s)

noth·ing·ness ['nʌθɪŋnəs] *n no pl* ❶ *(emptiness)* Nichts *nt* ❷ *(worthlessness)* Bedeutungslosigkeit *f*

'no-throw *n* SPORTS Fehlwurf *m*

no·tice ['nəʊtɪs] **I.** *vt* ❶ *(see)* bemerken; *(catch)* mitbekommen; *(perceive)* wahrnehmen ❷ *(pay attention to)* beachten; *(take note of)* zur Kenntnis nehmen; *(realize)* [be]merken; *(become aware of)* ■ **to ~ sb/sth** auf jdn/etw aufmerksam werden **II.** *n* ❶ *no pl (attention)* Beachtung *f*; **it came to my ~ that ...** es ist mir zu Ohren gekommen, dass ...; **it escaped my ~ that ...** es ist mir entgangen, dass ...; **to bring sth to sb's ~** jdn

auf etw *akk* aufmerksam machen; **to take ~ of sb/sth** von jdm/etw Notiz nehmen; **don't take any ~ of what she says** kümmere dich nicht um das, was sie sagt; **to take no ~ of the fact that ...** die Tatsache ignorieren, dass ... ❷ *(poster)* Plakat *nt* ❸ *(in a newspaper)* Anzeige *f* ❹ *no pl (information in advance)* **to give sb ~** jdn [vorab] informieren; **at a day's/four days' ~** binnen eines Tages/vier Tage; **at a moment's ~** jederzeit; **until further ~** bis auf weiteres ❺ *(written notification)* Benachrichtigung *f* ❻ *no pl (to end an arrangement)* **to give** [**in**] **one's ~** kündigen; **to give sb his/her ~** jdm kündigen

no·tice·able ['nəʊtɪsəbl] *adj improvement, increase* merklich **'no·tice·board** *n* Aushang *m*, schwarzes Brett

no·ti·fi·able ['nəʊtɪfaɪəbl] *adj disease* meldepflichtig

no·ti·fi·ca·tion [ˌnəʊtɪfɪ'keɪʃᵊn] *n* Mitteilung *f*

no·ti·fy <-ie-> ['nəʊtɪfaɪ] *vt* ■ **to ~ sb** [**of sth**] jdn [über etw *akk*] unterrichten; ■ **to ~ sb that ...** jdn benachrichtigen, dass ...; ■ **to ~ sb how/what/where ...** jdm mitteilen, wie/was/wo ...

no·tion ['nəʊʃᵊn] *n* ❶ *(belief)* Vorstellung *f*; *(vague idea)* Ahnung *f* **(of** von**)** ❷ *(whim)* Vorstellung *f*

no·tion·al ['nəʊʃᵊnᵊl] *adj (form)* fiktiv; *payment* nominell

no·to·ri·ety [ˌnəʊtᵊr'aɪəti] *n no pl* [traurige] Berühmtheit **(for** wegen**)**

no·to·ri·ous [nə(ʊ)'tɔːriəs] *adj temper, thief* notorisch; *criminals* berüchtigt; **to be ~ for sth** bekannt für etw *akk* sein

'no-touch *adj attr taps, switches* kontaktlos

not·with·stand·ing [ˌnɒtwɪθ'stændɪŋ] *(form)* **I.** *prep* ungeachtet **II.** *adv* trotzdem **III.** *conj* ■ **~ that ...** obwohl, ...

nou·gat ['nuːgɑː] *n no pl* Nougat *nt*

nought [nɔːt] *n* ❶ *esp* BRIT Null *f* ❷ *no pl see* **naught**

nough·ties, **Nough·ties** ['nɔːtiz] *npl (fam)* das Jahrzehnt von 2000 bis 2010

noun [naʊn] *n* Hauptwort *nt*, Substantiv *nt*

nour·ish ['nʌrɪʃ] *vt* ❶ *(feed)* ernähren ❷ *(enrich) skin* pflegen ❸ *(form: cherish)* **to ~ ambitions** Ambitionen haben; **to ~ the hope that ...** die Hoffnung hegen, dass ...

nour·ish·ing ['nʌrɪʃɪŋ] *adj* ❶ *(healthy) food, drink* nahrhaft ❷ *(rich) cream* reichhaltig

nour·ish·ment ['nʌrɪʃmənt] *n no pl* ❶ *(food)* Nahrung *f* ❷ *(vital substances)* Nährstoffe *pl* ❸ *(feeding)* Ernährung *f*

nous [naʊs] *n no pl* BRIT, AUS *(fam)* Grips *m*; **business ~** Geschäftssinn *m*

Nova Sco·tia [ˌnəʊvəˈskəʊʃə] *n* Neuschottland *nt*

nov·el[1] [ˈnɒvᵊl] *n* (*book*) Roman *m*; **detective ~** Kriminalroman *m*

nov·el[2] [ˈnɒvᵊl] *adj* (*new*) neuartig; *approach, idea* kreativ, erfinderisch

nov·el·ette [ˌnɒvᵊˈlet] *n* ① LIT Novelette *f* fachspr ② (*esp pej*) Kitschroman *m* **nov·el·ist** [ˈnɒvᵊlɪst] *n* Romanautor(in) *m(f)* **nov·el·ty** [ˈnɒvᵊlti] *n* ① (*new thing*) Neuheit *f* ② *no pl* (*newness*) Neuartigkeit *f*; **to have ~ value** den Reiz des Neuen haben ③ (*trinket*) Krimskrams *m*; (*funny*) Scherzartikel *m*; (*surprising*) Überraschung *f*; **~ goods** Scherzartikel *pl*; **~ shop** Laden, in dem allerlei Krimskrams verkauft wird

No·vem·ber [nəʊˈvembəʳ] *n* November *m*; *see also* **February**

nov·ice [ˈnɒvɪs] **I.** *n* ① (*learner*) Anfänger(in) *m(f)* ② REL Novize(in) *m(f)* **II.** *adj* ① (*learner*) *pilot, skier* unerfahren ② REL **~ monk/nun** Mönch *m*/Nonne *f* in der Ausbildung

now [naʊ] **I.** *adv* ① (*at present*) jetzt; **he's in the bath just ~, can he call you back?** er ist jetzt gerade im Bad, kann er zurückrufen?; **until ~** bis jetzt ② (*at once*) [right] **~** jetzt, sofort, gleich ③ (*till today*) jetzt [schon] ④ (*hence*) jetzt ⑤ (*soon*) demnächst; **the puppies will be born any day ~** die Hundewelpen können jetzt jeden Tag zur Welt kommen; **just ~** SA (*in a little while*) bald, gleich ⑥ (*short time ago*) **just ~** gerade eben ⑦ (*after repetition*) **what do you want ~?** was willst du denn nun? ⑧ (*occasionally*) [every] **~** and **then** ab und zu ⑨ (*as introduction*) **and ~ for something completely different** und nun zu etwas völlig anderem ⑩ (*before request, command, suggestion*) **~, where did I put my hat?** wo habe ich nur jetzt nur meinen Hut hingelegt? ⑪ (*in irony*) **~, ~** so, so ⑫ (*soothing*) **~, ~, don't cry** aber, aber, nicht weinen; (*warning*) **~, ~, children, stop fighting!** na, na, Kinder, hört auf zu streiten! ▶ **[it's/it was] ~ or never** (*saying*) jetzt oder nie; **~ you're talking!** (*saying*) schon besser! **II.** *n* Jetzt *nt*; **~ isn't a good time to speak to him** augenblicklich ist keine gute Zeit, mit ihm zu reden; **that's all for ~** das ist für den Augenblick alles; **by ~** mittlerweile; **from ~ on** ab sofort **III.** *conj* ~ [that] ... jetzt, wo ...

nowa·days [ˈnaʊədeɪz] *adv* heutzutage

no·where [ˈnəʊ(h)weəʳ] **I.** *adv* nirgends, nirgendwo; **she was ~ to be seen** sie war nirgends zu sehen; **without your help he would be ~** ohne deine Hilfe wäre er nichts; **I'm trying to persuade her to come but I'm getting ~** ich versuche ja, sie zum Mitkommen zu überreden, aber ich stoße nur auf Granit; **from ~** aus dem Nichts *a. fig* **II.** *n* Nirgendwo *nt* **III.** *adj attr* (*fam*) auswegslos

nowt [naʊt] *pron* BRIT, DIAL nix *fam*

nox·ious [ˈnɒkʃəs] *adj* (*form*) ① (*toxic*) giftig ② (*unpleasant*) übel

noz·zle [ˈnɒzl] *n* Düse *f*; *of petrol pump* [Zapf]hahn *m*

nu·ance [ˈnjuːɑː(n)ts] *n* Nuance *f*; *of meaning* Bedeutung *f*

nub [nʌb] *n* ① (*small lump*) Stückchen *nt* ② (*crux*) Kernpunkt *m*; **the ~ of the matter** der springende Punkt

nu·bile [ˈnjuːbaɪl] *adj* (*hum*) [sehr] anziehend

nu·clear [ˈnjuːklɪəʳ] *adj* ① (*of energy*) Kern-, Atom- ② MIL nuklear, atomar; **~-free zone** atomwaffenfreie Zone ③ NUCL Kern-

nu·clear 'medi·cine *n no pl* Nuklearmedizin *f* **nu·clear non-pro·lif·e'ra·tion trea·ty** *n* Nichtverbreitungsabkommen *nt* über Atomwaffen **nu·clear 'pow·er** *n* Atomenergie *f* **nu·clear 'pow·er plant** *n*, **nu·clear 'pow·er sta·tion** *n* Kernkraftwerk *nt*, Atomkraftwerk *nt* **nu·clear re·'ac·tor** *n* Atomreaktor *m*

nu·cleic acid [njuːˌkliːɪk'-] *n* BIOL, CHEM Nukleinsäure *f*

nu·cleus <*pl* -clei *or* -es> [ˈnjuːklɪəs] *n also* BIOL, NUCL Kern *m*

nude [njuːd] **I.** *adj* nackt; **~ model** Aktmodel *nt*; **~ sunbathing** Nacktbaden *nt* **II.** *n* ① ART Akt *m* ② (*nakedness*) **in the ~** nackt; **to sunbathe/swim in the ~** nackt sonnenbaden/schwimmen

nudge [nʌdʒ] **I.** *vt* ① (*push*) stoßen ② (*urge*) ▪ **to ~ sb into sth** jdn zu etw *dat* drängen ③ (*approach*) **he must be nudging 60 now** er geht bestimmt auch schon auf die 60 zu **II.** *vi* BRIT **prices have ~d downward/upward** die Preise sind gesunken/gestiegen **III.** *n* ① (*push*) Schubs *m* ② (*encouragement*) Anstoß *m*

nud·ism [ˈnjuːdɪzᵊm] *n no pl* Freikörperkultur *f*

nud·ist [ˈnjuːdɪst] *n* Nudist(in) *m(f)*

'nud·ist beach *n* FKK-Strand *m* **'nud·ist camp** *n* FKK-Lager *nt fam*

nu·dity [ˈnjuːdəti] *n no pl* Nacktheit *f*

nu·ga·tory [ˈnjuːgətᵊri] *adj* (*form*) belanglos

nug·get [ˈnʌgɪt] *n* ① (*lump*) Klumpen *m*; **gold ~** Goldklumpen *m* ② FOOD **chicken ~** Hähnchennugget *nt* ③ (*esp hum: fact*) Weisheit *f*

nui·sance [ˈnjuːsᵊn(t)s] *n* ① (*pesterer*) Belästigung *f*, Plage *f* ② (*annoyance*) Ärger *m*; **what a ~!** wie ärgerlich!; **to make a ~ of**

oneself lästig werden ③ LAW Belästigung *f*; **public** ~ öffentliches Ärgernis

nuke [nju:k] (*sl*) **I.** *vt* ① MIL atomar angreifen ② *esp* AM, AUS (*in microwave*) warm machen **II.** *n* ① (*power station*) Atomkraftwerk *nt* ② (*bomb*) Atombombe *f*

null [nʌl] *adj*, **null and 'void** *adj pred* LAW null und nichtig

nul·li·fi·ca·tion [ˌnʌlɪfɪˈkeɪʃən] *n of agreement, law, treaty* Ungültigkeitserklärung *f; of marriage* Annullierung *f*

nul·li·fy <-ie-> [ˈnʌlɪfaɪ] *vt* ① (*invalidate*) für ungültig erklären ② (*make useless*) *one's work* zunichtemachen

nul·li·ty [ˈnʌləti] *n no pl* LAW *of marriage* Ungültigkeit *f*

numb [nʌm] **I.** *adj* ① *limbs* taub; ~ **with cold** taub vor Kälte; **to feel ~** sich taub anfühlen; **to go ~** einschlafen ② (*torpid*) benommen; **to feel ~** sich benommen fühlen ③ (*shocked*) **to be ~ with disbelief** ungläubig starren; **to be ~ with grief** vor Schmerz wie betäubt sein **II.** *vt* ① (*deprive of feeling*) *limbs* taub machen; **~ed with grief** vor Schmerz ganz starr ② (*desensitize*) ■ **to be ~ed by sth** durch etw *akk* abgestumpft sein ③ (*lessen*) **to ~ the pain** den Schmerz betäuben

num·ber¹ [ˈnʌmbər] **I.** *n* ① MATH Zahl *f* ② (*symbol*) Zahl *f* ③ (*sums*) ■ **~s** *pl* Rechnen *nt kein pl*, Zahlen *pl fam* ④ (*identifying number*) Nummer *f* ⑤ *no pl*, + *sing/pl vb* (*amount*) [An]zahl *f*; **any ~ of things could go wrong** alles Mögliche könnte schiefgehen; **in enormous/huge/large ~s** in enormen/riesigen/großen Stückzahlen [*o* Mengen] ⑥ *no pl*, + *sing/pl vb* (*several*) **for a ~ of reasons** aus vielerlei Gründen ⑦ (*members*) Gruppe *f* ⑧ (*issue*) Ausgabe *f*; **back ~** frühere Ausgabe ⑨ (*performance*) Auftritt *m*; (*music*) Stück *nt* ⑩ AM (*sl: person*) Nummer *f fam* ⑪ AM (*sl: tale*) *f fam* ■ **by |sheer| force of ~s** [allein] aufgrund zahlenmäßiger Überlegenheit; **to look out for ~ one** (*fam*) sich nur um sich selbst kümmern **II.** *vt* ① (*mark in series*) nummerieren ② (*count*) abzählen ③ (*comprise*) zählen ④ (*form: include*) ■ **to ~ sb among sth** jdn zu etw *dat* zählen

num·ber² [ˈnʌmər] *adj comp of* **numb**

num·ber·ing [ˈnʌmbərɪŋ] *n no pl* Nummerierung *f* **num·ber·less** [ˈnʌmbələs] *adj* (*esp liter*) zahllos, unzählig **'num·ber plate** *n* BRIT Nummernschild *nt*

numb·ness [ˈnʌmnəs] *n no pl* ① *of limbs* Taubheit *f* ② (*torpor*) Benommenheit *f*; (*because of shock, grief*) Starre *f*

nu·mer·a·cy [ˈnju:mərəsi] *n no pl* MATH Rechnen *nt*

nu·mer·al [ˈnju:mərəl] *n* Ziffer *f*

nu·mer·ate [ˈnju:mərət] *adj* rechenfähig

nu·mer·a·tion [ˌnju:məˈreɪʃən] *n no pl* (*form*) Nummerierung *f*

nu·meri·cal [nju:ˈmerɪkl] *adj* numerisch; **in ~ order** in numerischer Reihenfolge; **~ skills** rechnerische Fähigkeiten

nu·mer·ic 'key·pad [nju:ˈmerɪk-] *n* COMPUT Ziffernblock *m*

nu·mer·ous [ˈnju:mərəs] *adj* zahlreich

nu·mis·mat·ics [ˌnju:mɪzˈmætɪks] *n no pl* Numismatik *f*

num·skull [ˈnʌmskʌl] *n* Hohlkopf *m pej fam*

nun [nʌn] *n* Nonne *f*

nun·cio [ˈnʌn(t)siəʊ, -ʃiəʊ] *n* REL Nuntius *m*

nun·nery [ˈnʌnəri] *n* (*dated*) [Nonnen]kloster *nt*

nup·tial [ˈnʌpʃəl] *adj* (*form, liter*) ehelich; **~ vows** Ehegelöbnis *nt*

nurse [nɜ:s] **I.** *n* ① (*at hospital*) [Kranken]schwester *f*; (*male*) Krankenpfleger *m* ② (*nanny*) Kindermädchen *nt* **II.** *vt* ① (*care for*) pflegen; **to ~ sb/an animal back to health** jdn/ein Tier wieder gesund pflegen ② (*heal*) [aus]kurieren ③ (*nurture*) *plant, plan* hegen ④ (*harbour*) *feeling, grudge* hegen (**against** gegen) ⑤ (*cradle*) [vorsichtig] im Arm halten ⑥ (*suckle*) *child* stillen **III.** *vi* in der Krankenpflege arbeiten

nurs·ery [ˈnɜ:səri] *n* ① (*crèche*) Kindergarten *m*; (*school*) Vorschule *f*; **~ facilities** Betreuungsmöglichkeiten *pl* für Kleinkinder; **~ teacher** (*at crèche*) Kindergärtner(in) *m(f)*; (*at school*) Vorschullehrer(in) *m(f)* ② (*room*) Kinderzimmer *nt* ③ HORT Gärtnerei *f*; (*for trees*) Baumschule *f*

'nurs·ery rhyme *n* Kinderreim *m*; (*song*) Kinderlied *nt* **'nurs·ery school** *n* Vorschule *f* **'nurs·ery slopes** *npl* BRIT SKI Anfängerhügel *m*

nurs·ing [ˈnɜ:sɪŋ] **I.** *n no pl* ① (*taking care*) [Kranken]pflege *f*; **to go into ~** Krankenpfleger/Krankenpflegerin werden ② (*feeding*) Stillen *nt* **II.** *adj* ① (*caring*) Krankenpflege-; **~ profession** Krankenpflegeberuf *m* ② (*feeding*) **~ mothers** stillende Mütter

'nurs·ing home *n* ① (*for old people*) Pflegeheim *nt* ② (*for convalescents*) Genesungsheim *nt*

nur·ture [ˈnɜ:tʃər] **I.** *vt* (*form*) ① (*raise*) aufziehen; *plant* hegen ② (*encourage*) fördern ③ (*harbour*) *ambitions, dream* hegen **II.** *n no pl* ① (*upbringing*) Erziehung *f* ② (*nourishing*) Nahrung *f a. fig*

nut [nʌt] **I.** *n* ① (*fruit*) Nuss *f* ② TECH Mutter *f* ③ (*fam: madman*) Bekloppte(r) *f(m) sl* ④ (*fam: fool*) Verrückte(r) *f(m)* ⑤ (*fam: fan*)

Fanatiker(in) *m(f)* ❻ *(fam: head)* Schädel *m;* **to do one's ~** BRIT, AUS durchdrehen; **to use one's ~** AM *(fam: brain)* sein Hirn benutzen ❼ *(fam: costs)* Geldbedarf *m* ▶ **the ~s and bolts of sth** die fundamentalen Grundlagen einer S. *gen;* **a hard ~ to crack** *(problem)* eine harte Nuss; *(person)* eine schwierige Person **II.** *vt* <-tt-> *(fam)* ■ **to ~ sb** jdm eine Kopfnuss geben

'nut·crack·er *n* Nussknacker *m* **'nut·hatch** *n* ORN Kleiber *m* **'nut·house** *n* (*sl*) Klapsmühle *f fam*

nut·meg ['nʌtmeg] *n* ❶ *no pl (spice)* Muskat *m* ❷ *(fruit)* Muskatnuss *f*

nu·tri·ent ['njuːtriənt] **I.** *n* Nährstoff *m* **II.** *adj* ❶ BIOL, FOOD Nährstoff- ❷ *(nourishing)* nahrhaft

nu·tri·tion [njuːˈtrɪʃən] *n no pl* ❶ *(eating)* Ernährung *f;* ~ **content** Nährstoffgehalt *m* ❷ *(science)* Ernährungswissenschaft *f*

nu·tri·tion·ist [njuːˈtrɪʃnɪst] *n* Ernährungswissenschaftler(in) *m/f*

nu·tri·tious [njuːˈtrɪʃəs] *adj* nährstoffreich; *(nourishing)* nahrhaft

nuts [nʌts] **I.** *npl esp* AM *(fam!)* Eier *pl vulg* **II.** *adj pred* ❶ *(foolish)* ■ **to be ~** verrückt sein ❷ *(angry)* **to go ~** ausrasten ❸ *(enthusiastic)* ■ **to be ~ about sb/sth** verrückt nach jdm/etw sein

'nut·shell *n no pl* Nussschale *f* ▶ **in a ~** kurz gesagt

nut·ty ['nʌti] *adj* ❶ *(full of nuts)* mit vielen Nüssen *nach n* ❷ *(tasting like nuts) taste, aroma* nussig ❸ *(fam: crazy) idea, person* verrückt ❹ *(fam: enthusiastic)* ■ **to be ~ about sb/sth** ganz verrückt nach jdm/auf etw *akk* sein

nuz·zle ['nʌzl] **I.** *vt* mit der Nase und dem Mund [sanft] berühren **II.** *vi* ■ **to ~ [up] against sb/sth** [sich] an jdn/etw ankuscheln; ■ **to ~ in|to] sth** *dogs, horses* die Schnauze in etw *akk* drücken

NW I. *n no pl abbrev of* **north-west** NW. **II.** *adj* ❶ *abbrev of* **north-west** NW- ❷ *abbrev of* **north-western** NW- **III.** *adv abbrev of* **north-west**

N.Y. AM *abbrev of* **New York**

ny·lon ['naɪlɒn] *n* ❶ *no pl* Nylon *nt* ❷ *(dated: stockings)* ■ **~s** *pl* Nylonstrümpfe *pl*

nymph [nɪm(p)f] *n* Nymphe *f*

nym·pho·ma·nia [ˌnɪm(p)fəˈmeɪniə] *n no pl* Nymphomanie *f*

nym·pho·ma·ni·ac [ˌnɪm(p)fəˈmeɪniæk] *(pej)* **I.** *n* Nymphomanin *f* **II.** *adj* nymphomanisch

NZ *n no pl abbrev of* **New Zealand**

O

O <*pl* -'s *or* -s>, **o** <*pl* -'s> [əʊ] *n* ❶ *(letter)* O *nt,* o *nt; see also* **A** 1 ❷ *(blood type)* O ❸ *(zero)* Null *f;* **my phone number is three, ~, five, one** meine Telefonnummer ist drei, null, fünf, eins

oaf [əʊf] *n (pej fam)* ❶ *(clumsy person)* Tölpel *m* ❷ *(stupid person)* Dummkopf *m*

oaf·ish ['əʊfɪʃ] *adj (pej fam)* ❶ *(rude) person, behaviour* rüpelhaft ❷ *(clumsy) person* tölpelig

oak [əʊk] **I.** *n* ❶ *(tree)* Eiche *f* ❷ *no pl (wood)* Eiche *f,* Eichenholz *nt* **II.** *adj* ❶ *(wooden) furniture* aus Eichenholz *nach n* ❷ *(of tree) leaves* Eichen-

OAP [ˌəʊeɪˈpiː] *n* BRIT *abbrev of* **old age pensioner**

oar [ɔːʳ] *n (paddle)* Ruder *nt*

'oars·man *n* Ruderer *m* **'oars·wom·an** *n* Ruderin *f*

oasis <*pl* -ses> [əʊˈeɪsɪs, *pl* -siːz] *n (also fig)* Oase *f*

oat [əʊt] *n* Hafer *m;* ■ **~s** *pl (hulled grain)* Haferkörner *pl;* (*rolled*) Haferflocken *pl*

'oat·cake *n* Haferplätzchen *nt*

oath [əʊθ] *n* ❶ *(promise)* Eid *m;* **to declare under ~** unter Eid aussagen; **to take an ~ on sth** einen Eid auf etw *akk* schwören; **to be under ~** unter Eid stehen ❷ *(liter: curse)* Fluch *m*

'oat·meal ['əʊtmiːl] **I.** *n no pl* ❶ *(flour)* Hafermehl *nt* ❷ AM *(porridge)* Haferbrei *m* **II.** *adj (containing oatmeal)* Hafer-

OAU [ˌəʊeɪˈjuː] *n abbrev of* **Organization of African Unity**

ob·du·ra·cy ['ɒbdjərəsi] *n no pl (pej form)* Hartnäckigkeit *f*

ob·du·rate ['ɒbdjərət] *adj (pej form)* ❶ *(stubborn)* hartnäckig; *person* stur ❷ *(difficult) problem* hartnäckig

obedi·ence [ə(ʊ)ˈbiːdiən(t)s] *n no pl* Gehorsam *m* (**to** gegenüber)

obedi·ent [ə(ʊ)ˈbiːdiənt] *adj* gehorsam; *child, dog also* folgsam

ob·elisk ['ɒbəlɪsk] *n* Obelisk *m*

obese [ə(ʊ)ˈbiːs] *adj* fett *pej; esp* MED fettleibig

obesity [ə(ʊ)ˈbiːsəti] *n no pl* Fettheit *f pej; esp* MED Fettleibigkeit *f*

obey [ə(ʊ)ˈbeɪ] **I.** *vt (comply with)* gehorchen +*dat;* **to ~ the law** sich an das Gesetz halten; *order, rules* befolgen **II.** *vi* gehorchen

obi·tu·ary [ə(ʊ)ˈbɪtʃʊəri] *n* Nachruf *m*

object¹ ['ɒbdʒɪkt] *n* ❶ *(thing) also* LING Objekt nt ❷ usu sing (aim) Zweck m ❸ usu sing (form: focus) Gegenstand m ❹ (obstacle) Hinderungsgrund m; **money is no ~** Geld spielt keine Rolle

object² [əb'dʒekt] **I.** vi ❶ (oppose, disapprove) dagegen sein; (mind, dislike) etwas dagegen haben; ■ **to ~ to sth** (oppose, disapprove) gegen etw akk sein; (dislike, mind) etwas gegen etw akk haben; (stronger) sich dat etw verbitten ❷ (protest) protestieren **II.** vt einwenden

ob·jec·tion [əb'dʒekʃən] n Einwand m, Widerspruch m

ob·jec·tion·able [əb'dʒekʃənəbl] adj (form) unangenehm; (offensive) anstößig; smell, sight übel

ob·jec·tive [əb'dʒektɪv] **I.** n ❶ (aim) Ziel nt ❷ PHOT Objektiv nt **II.** adj ❶ (unbiased) objektiv ❷ (actual) sachlich; **~ fact** Tatsache f

ob·jec·tiv·ity [ˌɒbdʒɪk'tɪvəti] n no pl ❶ (impartiality) Objektivität f ❷ (actuality) Sachlichkeit f

'ob·ject les·son n (approv) Paradebeispiel nt (**in** für)

ob·jec·tor [əb'dʒektə] n Gegner(in) m(f) (**to** +gen)

ob·li·gat·ed ['ɒblɪgeɪtɪd] adj pred esp AM (form) ■ **to be ~ to do sth** dazu verpflichtet sein, etw zu tun

ob·li·ga·tion [ˌɒblɪ'geɪʃən] n Verpflichtung f (**to** gegenüber)

ob·lig·a·tory [ə'blɪgətəri] adj obligatorisch

oblige [ə'blaɪdʒ] **I.** vt ❶ (force) ■ **to be/feel ~d to do sth** verpflichtet sein/sich akk verpflichtet fühlen, etw zu tun ❷ (please) ■ **to ~ sb [by doing sth]** jdm [durch etw akk] einen Gefallen erweisen ❸ (to thank) **much ~d!** herzlichen Dank! **II.** vi helfen; **to be happy to ~** bereitwillig helfen

oblig·ing [ə'blaɪdʒɪŋ] adj (approv) behaviour entgegenkommend; character, person zuvorkommend

oblique [ə(ʊ)'bli:k] **I.** adj ❶ (indirect) indirekt ❷ (slanting) line schief ❸ MATH angle schief **II.** n Schrägstrich m

oblit·erate [ə'blɪtəreɪt] vt ❶ (destroy) vernichten ❷ (efface) verwischen; **centuries of wind and rain had ~d the words carved on the gravestones** jahrhundertelanger Wind und Regen hatten die Worte auf den Grabsteinen so gut wie verschwinden lassen ❸ (forget) thought verdrängen; **to ~ the past** die Vergangenheit aus dem Gedächtnis tilgen

oblit·era·tion [əˌblɪtə'reɪʃən] n no pl ❶ (destruction) Auslöschung f, Vernichtung f ❷ (effacing) Verwischung f ❸ (suppression) of memories Verdrängung f

obliv·i·on [ə'blɪvɪən] n no pl ❶ (obscurity) Vergessenheit f; **to fall into ~** in Vergessenheit geraten ❷ (unconsciousness) Besinnungslosigkeit f ❸ (extinction) Verwüstung f; **the planes bombed the city into ~** die Flugzeuge haben die Stadt in Schutt und Asche gelegt

obliv·i·ous [ə'blɪvɪəs] adj ■ **to be ~ of sth** sich dat einer S. gen nicht bewusst sein; (not noticing) etw gar nicht bemerken

ob·long ['ɒblɒŋ] **I.** n Rechteck nt **II.** adj rechteckig

ob·nox·ious [əb'nɒkʃəs] adj (pej) widerlich; person also unausstehlich

oboe ['əʊbəʊ] n Oboe f

obo·ist ['əʊbəʊɪst] n Oboist(in) m(f)

ob·scene [əb'si:n] adj ❶ (offensive) obszön; joke zotig; language vulgär ❷ (immoral) schamlos ❸ (repulsive) Ekel erregend

ob·scen·ity [əb'senɪti] n ❶ no pl of behaviour, language Obszönität f ❷ of situation Perversität f ❸ (swear-word) Obszönität f; **to use an ~** einen ordinären Ausdruck benutzen

ob·scure [əb'skjʊə'] **I.** adj ❶ (unknown) author, place, origins unbekannt ❷ (unclear) unbestimmt; reasons, comment, text schwer verständlich; **for some ~ reason** aus irgendeinem unerfindlichen Grund ❸ (not important) unbedeutend **II.** vt ❶ (block) view versperren; **heavy clouds were obscuring the sun** schwere Wolken verdunkelten die Sonne ❷ (suppress) truth verschleiern ❸ (make unclear) unklar machen

ob·scu·rity [əb'skjʊərəti] n no pl ❶ (anonymity) Unbekanntheit f; (of no importance) Unbedeutendheit f; **to sink into ~** in Vergessenheit geraten ❷ (difficulty) of language, texts Unverständlichkeit f, Unklarheit f

ob·se·qui·ous [əb'si:kwɪəs] adj (pej form) person, manner unterwürfig; ■ **to be ~ to sb** sich jdm gegenüber unterwürfig verhalten

ob·serv·able [əb'zɜ:vəbl] adj wahrnehmbar

ob·serv·ance [əb'zɜ:v^ən(t)s] n (form) ❶ REL (practice) Einhaltung f; (celebration) Kirchenfeier nt; **religious ~s** religiöse Gebote ❷ (obedience) Beachtung f; law Befolgung f

ob·ser·vant [əb'zɜ:v^ənt] adj (approv) ❶ (sharp-eyed) aufmerksam ❷ (heeding religious rule) praktizierend attr

ob·ser·va·tion [ˌɒbzə'veɪʃən] n ❶ no pl (watching closely) Beobachtung f; by police Überwachung f ❷ no pl (noticing things) Beobachtung f ❸ (form: thought) Überlegung f ❹ (remark) Bemerkung f (**about** über)

ob·ser'va·tion car n, BRIT also **ob·ser·'va·tion coach** n Aussichtswagen m **ob·ser·'va·tion post** n Beobachtungsposten m

ob·ser·'va·tion tow·er *n* Aussichtsturm *m*
ob·ser·va·to·ry [əbˈzɜːvətri] *n* Observatorium *nt*
ob·serve [əbˈzɜːv] **I.** *vt* ❶ (*watch closely*) beobachten; *by police* überwachen ❷ (*form: notice*) bemerken; ■ **to ~ that ...** feststellen, dass ... ❸ (*form: remark*) bemerken ❹ (*form: obey*) *ceasefire, neutrality* einhalten; *law, order* befolgen; **to ~ a rule/speed limit** sich an eine Regel/Geschwindigkeitsbegrenzung halten ❺ (*maintain*) **to ~ silence** Stillschweigen bewahren ❻ (*celebrate*) feiern; **to ~ the Sabbath** den Sabbat einhalten **II.** *vi* zusehen; ■ **to ~ how ...** beobachten, wie ...
ob·serv·er [əbˈzɜːvəʳ] *n* (*person who observes without participating*) Beobachter(in) *m(f)*; (*spectator*) Zuschauer(in) *m(f)*
ob·sess [əbˈses] *vt* verfolgen; **to be ~ed with sth/sb** von etw/jdm besessen sein
ob·ses·sion [əbˈseʃən] *n* ❶ (*preoccupation*) Manie *f*, Besessenheit *f*; *with cleanliness* Sauberkeitsfimmel *m fam*; **to have an ~ with sth** von etw *dat* besessen sein ❷ PSYCH (*distressing idea*) Zwangsvorstellung *f*
ob·ses·sive [əbˈsesɪv] **I.** *adj* zwanghaft; **~ behaviour** Zwangsverhalten *nt*; **~ compulsive disorder (OCD)** Zwangsneurose *f*; ■ **to be ~ about sth** von etw *dat* besessen sein **II.** *n* Besessene(r) *f(m)*
ob·so·les·cence [ˌɒbsəˈlesən(t)s] *n no pl* Veralten *nt*; *law* Überalterung *f*; **to fall into ~** veralten
ob·so·les·cent [ˌɒbsəˈlesənt] *adj* ■ **to be ~** außer Gebrauch kommen
ob·so·lete [ˈɒbsəliːt] *adj* veraltet; *design* altmodisch; *law* nicht mehr gültig; *method* überholt; **record players are becoming ~** Schallplattenspieler kommen außer Gebrauch
ob·sta·cle [ˈɒbstəkl] *n* Hindernis *nt*
'ob·sta·cle race *n* Hindernisrennen *nt*
ob·ste·tri·cian [ˌɒbstəˈtrɪʃən] *n* Geburtshelfer(in) *m(f)*
ob·stet·rics [ɒbˈstetrɪks] *n no pl* Geburtshilfe *f*, Obstetrik *f fachspr*
ob·sti·na·cy [ˈɒbstɪnəsi] *n no pl* Hartnäckigkeit *f*
ob·sti·nate [ˈɒbstɪnət] *adj* hartnäckig; *person* eigensinnig; *refusal* stur; *resistance* erbittert
ob·strep·er·ous [əbˈstrepərəs] *adj* (*form*) aufmüpfig *fam*; *child* aufsässig; *customer* schwierig
ob·struct [əbˈstrʌkt] *vt* ❶ (*block*) blockieren; **to ~ sb's airways** jds Atemwege *pl* verstopfen; *path* versperren; *pipe* verstopfen; *progress* behindern; *reform* im Wege stehen; ■ **to ~ sb from doing sth** jdn daran hindern, etw zu tun ❷ (*interfere with*) **to ~ the course of justice** die Rechtsfindung behindern ❸ SPORTS ■ **to ~ sb** jdn sperren
ob·struc·tion [əbˈstrʌkʃən] *n* ❶ (*blockage*) Blockierung *f*; *pipes* Verstopfung *f*; *traffic* [Verkehrs]stau *m*; MED Verstopfung *f*; **to cause an ~** *traffic* den Verkehr behindern ❷ LAW Behinderung *f*; **~ of justice** Behinderung *f* der Rechtspflege ❸ SPORTS Sperre *f*
ob·struc·tive [əbˈstrʌktɪv] *adj* (*pej*) hinderlich; **~ tactics** Verschleppungstaktik *f*; ■ **to be ~** *thing* hinderlich sein; *person* sich querstellen
ob·tain [əbˈteɪn] (*form*) **I.** *vt* ■ **to ~ sth [from sb]** (*to be given*) etw [von jdm] bekommen; (*to go and get*) sich *dat* etw [von jdm] verschaffen; **iron is ~ed from iron ore** Eisen wird aus Eisenerz gewonnen; **to ~ information** sich *dat* Informationen verschaffen; *permission* erhalten; **impossible to ~** nicht erhältlich **II.** *vi conditions* herrschen; *rules* gelten
ob·tain·able [əbˈteɪnəbl] *adj* erhältlich
ob·trude [əbˈtruːd] *vi* (*form*) ❶ (*be obtrusive*) sich aufdrängen ❷ (*project*) hervortreten
ob·tru·sive [əbˈtruːsɪv] *adj* ❶ (*conspicuous*) zu auffällig ❷ (*importunate*) aufdringlich; *question* indiskret; *smell* penetrant
ob·tuse [əbˈtjuːs] *adj* ❶ MATH (*angle*) stumpf ❷ (*form*) *person* begriffsstutzig; *remark, behaviour* dumm
ob·vi·ate [ˈɒbvieɪt] *vt* (*form*) vermeiden
ob·vi·ous [ˈɒbviəs] **I.** *adj* offensichtlich; *comparison, objection, solution* naheliegend; *displeasure* deutlich; *distress* sichtlich; *hints* eindeutig; *lie* offenkundig; **it was the ~ thing to do** es war das Naheliegendste; **for ~ reasons** aus ersichtlichen Gründen; **to make sth ~** etw deutlich werden lassen; ■ **to be ~ [that] ...** offenkundig sein, dass ...; **it's quite ~ that ...** man merkt sofort, dass ... **II.** *n* ■ **the ~** das Offensichtliche; **to state the ~** etw längst Bekanntes sagen
ob·vi·ous·ly [ˈɒbviəsli] *adv* offensichtlich; **he was ~ very upset** er war sichtlich sehr aufgebracht; **they're ~ American** sie sind eindeutig Amerikaner; **this camera is ~ defective** diese Kamera ist offenbar defekt
oc·ca·sion [əˈkeɪʒən] **I.** *n* ❶ (*particular time*) Gelegenheit *f*, Anlass *m*; (*appropriate time*) [passende] Gelegenheit *f*; (*event*) Ereignis *nt*; **on this particular ~** dieses eine Mal; **on another ~** ein anderes Mal; **on one ~** einmal; **on several ~s** mehrmals; **on ~** gelegentlich ❷ (*reason*) Grund *m*; **should the ~ arise** sollte es nötig sein ❸ (*opportunity*) Gelegenheit *f*; **to take the ~ to do sth** eine Ge-

occasional–odd 508

legenheit ergreifen, etw zu tun **II.** vt (form) hervorrufen

oc·ca·sion·al [əˈkeɪʒᵊnᵊl] adj gelegentlich

oc·ca·sion·al·ly [əˈkeɪʒᵊnᵊli] adv gelegentlich; **to hear from sb ~** hin und wieder [etw] von jdm hören; **to see sb ~** jdn ab und zu treffen **oc·ca·sion·al ta·ble** n Beistelltisch m

Oc·ci·dent [ˈɒksɪdᵊnt] n no pl ▪**the ~** das Abendland

oc·ci·den·tal [ˌɒksɪˈdentᵊl] adj abendländisch

oc·cult [ˈɒkʌlt, əˈkʌlt] **I.** n no pl ▪**the ~** das Okkulte **II.** adj okkult; book okkultistisch; powers übersinnlich; **~ group** Geheimbund m

oc·cult·ism [ˈɒkʌltɪzᵊm] n no pl Okkultismus m

oc·cu·pan·cy [ˈɒkjəpən(t)si] n no pl (form) Bewohnen nt; of hotel rooms Belegung f **'oc·cu·pan·cy rate** n Belegrate f

oc·cu·pant [ˈɒkjəpənt] n (form) ❶ (tenant) Bewohner(in) m(f); (passenger) Insasse(in) m(f) ❷ (title holder) Inhaber(in) m(f)

oc·cu·pa·tion [ˌɒkjəˈpeɪʃᵊn] n ❶ (form: profession) Beruf m ❷ (form: pastime) Beschäftigung f ❸ no pl MIL Besetzung f; of a country also Okkupation f geh

oc·cu·pa·tion·al [ˌɒkjəˈpeɪʃᵊnᵊl] adj Berufs-, beruflich

oc·cu·pa·tion·al dis·ease n Berufskrankheit f **oc·cu·pa·tion·al 'haz·ard** n Berufsrisiko nt **oc·cu·pa·tion·al 'pen·sion scheme** n betriebliche Altersversorgung **oc·cu·pa·tion·al 'thera·py** n Beschäftigungstherapie f

oc·cu·pi·er [ˈɒkjəpaɪə'] n ❶ (tenant) Bewohner(in) m(f) ❷ (conqueror) Besatzer(in) m(f)

oc·cu·py <-ie-> [ˈɒkjəpaɪ] vt usu passive ❶ (fill) ausfüllen; position bekleiden; throne innehaben; **to ~ a niche in the market** eine Marktlücke füllen; **to ~ a post** einen Posten haben ❷ (live in) bewohnen; room belegen; **to ~ a small space** (form) wenig Platz einnehmen ❸ (preoccupy) **to ~ sb's time** jds Zeit f in Anspruch nehmen; ▪**to ~ oneself** sich beschäftigen ❹ (take control of) besetzen; **~ing forces** Besatzungstruppen pl

oc·cur <-rr-> [əˈkɜː'] vi ❶ (take place) geschehen; accident sich ereignen; change stattfinden; symptom auftreten; **that ~s very rarely** das kommt sehr selten vor; **an opportunity like that seldom ~s** eine Gelegenheit wie diese ergibt sich nicht oft ❷ (exist) vorkommen ❸ (come to mind) ▪**to ~ to sb** jdm einfallen; ▪**to ~ to sb that ...** jdm in den Sinn kommen, dass ...

oc·cur·rence [əˈkʌrᵊn(t)s] n ❶ (event) Vorfall m, Vorkommnis nt, Ereignis nt ❷ no pl (incidence) Vorkommen nt; of disease Auftreten nt

ocean [ˈəʊʃᵊn] n Meer nt; **Indian ~** Indischer Ozean

'ocean-go·ing adj hochseetauglich

Oceania [ˌəʊʃiˈɑːniə] n no pl Ozeanien nt

ocean·ic [ˌəʊʃiˈænɪk] adj Meeres-; **~ voyage** Seereise f

ocean 'lin·er n Ozeandampfer m **ocean·og·ra·phy** [ˌəʊʃᵊnˈɒɡrəfi] n no pl Ozeanographie f

oc·elot [ˈɒsᵊlɒt, ˈəʊ-] n Ozelot m

ocher n AM see **ochre**

ochre [ˈəʊkə'] n no pl Ocker m o nt

o'clock [əˈklɒk] adv **it's two ~** es ist zwei Uhr

OCR [ˌəʊsiːˈɑː'] n no pl abbrev of **optical character recognition** OCR

oc·ta·gon [ˈɒktəɡən] n Achteck nt

oc·tago·nal [ɒkˈtæɡᵊnᵊl] adj achteckig

oc·tane [ˈɒkteɪn] n (chemical) Oktan nt; (number) Oktanzahl f

oc·tave [ˈɒktɪv] n Oktave f

oc·tet [ɒkˈtet] n MUS ❶ + sing/pl vb (group of eight) Oktett nt ❷ (composition for eight) Oktett nt

Oc·to·ber [ɒkˈtəʊbə'] n Oktober m; see also **February**

oc·to·ge·nar·ian [ˌɒktə(ʊ)dʒəˈneəriən] n Achtzigjährige(r) f/m

oc·to·pus <pl -es or -pi> [ˈɒktəpəs, pl -pəsɪz, -paɪ] n Tintenfisch m; (large) Krake f

OD [ˌəʊˈdiː] (sl) abbrev of **overdose I.** vi ▪**to ~ on sth** eine Überdosis einer S. gen nehmen **II.** n esp AM Überdosis f

odd [ɒd] **I.** adj ❶ (strange) merkwürdig, seltsam; person, thing also eigenartig; **the ~ thing about it is that ...** das Komische daran ist, dass ... ❷ attr shoes, socks einzeln; **guess which number of the following sequence is the ~ one out** rate mal, welche der folgenden Zahlen hier nicht dazugehört; **she was always the ~ one out at school** sie war immer eine Außenseiterin in der Schule ❸ MATH ungerade ❹ attr (occasional) gelegentlich, Gelegenheits-; **she does the ~ teaching job but nothing permanent** sie unterrichtet gelegentlich, hat aber keinen festen Job; **to score the ~ goal** hin und wieder einen Treffer landen; **~ visitor** vereinzelter Besucher/vereinzelte Besucherin **II.** n ▪**~s** pl (probability) ▪**the ~s are ...** es ist sehr wahrscheinlich, dass ...; **what are the ~s on him being late again?** wie stehen die Chancen, dass er wieder zu spät kommt?; **to give long ~s on/against sth** etw dat große/sehr ge-

ringe Chancen einräumen ▶ **~s and ends** Krimskrams *m kein pl*; **against all [the] ~s** entgegen allen Erwartungen; **to be at ~s with sb** mit jdm uneins sein; **to be at ~s with sth** mit etw *dat* nicht übereinstimmen
odd·ball ['ɒdbɔːl] (*fam*) **I.** *n* Verrückte(r) *f(m)*; **his eldest sister is something of an ~** seine älteste Schwester ist etwas merkwürdig **II.** *adj attr* verrückt **odd·i·ty** ['ɒdɪti] *n* ❶ (*strange person*) komischer Kauz *fam* ❷ (*strange thing*) Kuriosität *f*
odd-'job·ber *n*, **odd-'job man** *n* Gelegenheitsarbeiter(in) *m(f)*
odd·ly ['ɒdli] *adv* seltsam; **~ enough** merkwürdigerweise
odd·ment ['ɒdmənt] *n usu pl* Rest[posten] *m*
odds-'on *adj* sehr wahrscheinlich; **the ~ favourite** der aussichtsreichste Favorit/die aussichtsreichste Favoritin
ode [əʊd] *n* Ode *f* (**to** an)
odi·ous ['əʊdiəs] *adj* (*form*) *crime* abscheulich; *person* abstoßend
odom·eter [əʊ'dɒmɪtər] *n* Kilometerzähler *m*
odor *n* AM *see* **odour**
odor·less *adj* AM *see* **odourless**
odour ['əʊdər] *n* ❶ (*certain smell*) Geruch *m*; **sweet ~** Duft *m* ❷ *no pl* (*smells in general*) Gerüche *pl*
odour·less ['əʊdələs] *adj* (*form*) geruchlos
od·ys·sey ['ɒdɪsi] *n usu sing* (*liter*) Odyssee *f a. fig*
OECD [ˌəʊiːsiː'diː] *n abbrev of* **Organization for Economic Cooperation and Development** OECD *f*
oecu·meni·cal *adj* BRIT *see* **ecumenical**
oesopha·gus <*pl* -agi *or* -es> [iː'sɒfəgəs] *n* Speiseröhre *f*
oes·tro·gen ['iːstrə(ʊ)dʒən] *n no pl* Östrogen *nt*
of [ɒv, əv] *prep* ❶ *after n* (*belonging to*) von +*dat*; **the language ~ this country** die Sprache dieses Landes; **the cause ~ the disease** die Krankheitsursache; **the colour ~ her hair** ihre Haarfarbe; **the government ~ India** die indische Regierung; **a friend ~ mine** ein Freund von mir; **the smell ~ roses** der Rosenduft ❷ *after n* (*expressing relationship*) von +*dat*; **an admirer ~ Picasso** ein Bewunderer Picassos ❸ *after n* (*expressing a whole's part*) von +*dat*; **five ~ her seven kids are boys** fünf ihrer sieben Kinder sind Jungen; **there were ten ~ us on the trip** wir waren auf der Reise zu zehnt; **I don't want to hear any more ~ that!** ich will nichts mehr davon hören!; **best ~ all, I liked the green one** am besten gefiel mir der grüne; **a third ~ the people** ein Drittel der Leute; **the days ~ the week** die Wochentage; **all ~ us** wir alle; **both ~ us** wir beide; **most ~ them** die meisten von ihnen; **one ~ the cleverest** eine(r) der Schlauesten ❹ *after n* (*expressing quantities*) **a bunch ~ parsley** ein Bund Petersilie *nt*; **a clove ~ garlic** eine Knoblauchzehe; **a cup ~ tea** eine Tasse Tee; **a drop ~ rain** ein Regentropfen; **a kilo ~ apples** ein Kilo Äpfel *nt*; **a litre ~ water** ein Liter Wasser *m*; **a piece ~ cake** ein Stück Kuchen ❺ *after vb, n* (*consisting of*) aus +*dat* ❻ *after n* (*containing*) mit +*dat* ❼ *after adj* (*done by*) von +*dat*; **that was stupid ~ me** das war dumm von mir ❽ *after n* (*done to*) **the massacre ~ hundreds** das Massaker an Hunderten von Menschen; **the destruction ~ the rain forest** die Zerstörung des Regenwalds ❾ *after n* (*suffered by*) von +*dat* ❿ (*expressing cause*) **to die ~ sth** an etw *dat* sterben ⓫ (*expressing origin*) **the works ~ Shakespeare** die Werke Shakespeares ⓬ *after vb* (*concerning*) **he was accused ~ fraud** er wurde wegen Betrugs angeklagt; **let's not speak ~ this matter** lass uns nicht über die Sache reden; **speaking ~ sb/sth, ...** wo wir gerade von jdm/etw sprechen, ...; (*after adj*) **she's often unsure ~ herself** sie ist sich ihrer selbst oft nicht sicher; **I am certain ~ that** ich bin mir dessen sicher; **to be afraid ~ sb/sth** vor jdm/etw Angst haben; **to be fond ~ swimming** gerne schwimmen; **to be jealous ~ sb** auf jdn eifersüchtig sein; **to be sick ~ sth** etw satthaben; (*after n*) **it's a problem ~ space** das ist ein Raumproblem; **the memories ~ her school years** die Erinnerungen an ihre Schuljahre; **to be in search ~ sb/sth** auf der Suche nach jdm/etw sein; **thoughts ~ revenge** Rachegedanken *pl*; **what ~ it?** na und? ⓭ *after n* (*expressing condition*) **to be on the point ~ doing sth** kurz davor sein, etw zu tun ⓮ *after n* (*expressing position*) von +*dat*; **in the back ~ the car** hinten im Auto; **on the corner ~ the street** an der Straßenecke; **on the left ~ the picture** links auf dem Bild; **a lake north/south ~ the city** ein See im Norden/Süden der Stadt; **I've never been north ~ Edinburgh** ich war noch nie nördlich von Edinburgh ⓯ *after n* (*with respect to scale*) von +*dat* ⓰ (*expressing age*) von +*dat*; **he's a man ~ about 50** er ist um die 50 Jahre alt ⓱ *after n* (*denoting example of category*) **I hate this kind ~ party** ich hasse diese Art von Party ⓲ *after n* (*typical of*) **she has the face ~ an angel** sie hat ein Gesicht wie ein Engel; **the grace ~ a dancer** die Anmut einer Tänzerin ⓳ *after n*

(*expressing characteristic*) **I want a few minutes ~ quiet!** ich will ein paar Minuten Ruhe!; ⑳ *after n* (*away from*) von +*dat;* **she came within two seconds ~ beating the world record** sie hat den Weltrekord nur um zwei Sekunden verfehlt; ㉑ *after n* (*in time phrases*) **I got married back in June ~ 1957** ich habe im Juni 1957 geheiratet; **the eleventh ~ March** der elfte März; **the first ~ the month** der erste [Tag] des Monats; ㉒ *after vb* (*expressing removal*) **they were robbed ~ all their savings** ihnen wurden alle Ersparnisse geraubt; **his mother had deprived him ~ love** seine Mutter hat ihm ihre Liebe vorenthalten; **to get rid ~ sb** jdn loswerden; ㉓ AM (*to*) vor; **it's quarter ~ five** es ist viertel vor fünf ▸ **~ all** gerade; **today ~ all days** ausgerechnet heute; **this work is ~ great interest and value** diese Arbeit ist sehr wichtig und wertvoll; **to be ~ the opinion that** glauben, [dass]

off [ɒf] **I.** *prep* ❶ (*indicating removal*) von +*dat;* **keep your dog ~ my property!** halten Sie Ihren Hund von meinem Grundstück fern!; **that cherry stain won't come ~ the shirt** dieser Kirschfleck geht nicht aus dem Hemd heraus; **he cut a piece ~ the cheese** er schnitt ein Stück Käse ab; **to be ~ the air** RADIO, TV nicht mehr senden ❷ *after vb* (*moving down*) hinunter [von]; (*towards sb*) herunter [von]; **they jumped ~ the cliff** sie sprangen von der Klippe; **the coat slipped ~ his arms** der Mantel rutschte von seinen Armen ❸ *after vb* (*moving away*) [weg] von; **let's get ~ the bus at the next stop** lass uns bei der nächsten Bushaltestelle aussteigen ❹ (*away from*) weg von; **they live just ~ the main street** sie wohnen gleich an der Hauptstraße; **he managed to stay ~ alcohol** er schaffte es, keinen Alkohol mehr anzurühren; **~ the point** nicht relevant; **~ the record** nicht für die Öffentlichkeit bestimmt; **~ the subject** nicht zum Thema gehörend; **a long way ~ doing sth** weit davon entfernt, etw zu tun; **far ~** weit entfernt ❺ (*at sea*) vor; **two miles ~ Portsmouth** zwei Meilen vor Portsmouth ❻ (*absent from*) **he's been ~ work for over six months** er war seit sechs Monaten nicht mehr bei der Arbeit ❼ (*fam: stop liking*) **to be ~ sb's food** keinen Appetit haben; **to go ~ sb/sth** jdn/etw nicht mehr mögen ❽ (*not taking*) ▪**to be ~ sth** etw nicht mehr einnehmen müssen ❾ (*subsisting*) **they live ~ a small inheritance** sie leben von einer kleinen Erbschaft ❿ (*from source*) **the girl bought the boy's old bike ~ him** das Mädchen kaufte dem Jungen sein altes Rad ab; **to get sth ~ sb** (*fam*) etw von jdm bekommen ⓫ *after n* (*minus*) weniger; **I'll take $10 ~ the price of the jeans for you** ich lasse Ihnen für die Jeans 10 Dollar vom Preis nach ▸ **~ the top of one's head** aus dem Stegreif; **~ the wall** ausgeflippt **II.** *adv* ❶ (*not on*) aus; **to switch/turn sth ~** etw ausschalten ❷ (*away*) weg-; **someone's run ~ with my pen** jemand hat mir meinen Stift geklaut *fam;* **I didn't get ~ to a very good start this morning** der Tag hat für mich nicht gut angefangen; **I'm ~ now — see you tomorrow** ich gehe jetzt — wir sehen uns morgen; **she's ~ to Canada next week** sie fährt nächste Woche nach Kanada; **to see sb ~** sich verabschieden ❸ (*removed*) ab-; **I'll take my jacket ~** ich ziehe meine Jacke aus; **one of my buttons has come ~** einer meiner Knöpfen ist abgegangen ❹ (*completely*) **between us we managed to finish ~ four bottles of wine** (*fam*) zusammen schafften wir es, vier Flaschen Wein zu leeren; **to burn ~ ○ sth** etw verbrennen; **to kill ~ ○ sth** etw vernichten; **to pay ~ ○ sth** etw abbezahlen ❺ (*in bad shape*) schlecht; **to go ~** sich verschlechtern; *food* schlecht werden ❻ (*distant in time*) entfernt; **your birthday is only one week ~** dein Geburtstag ist schon in einer Woche; **to be far ~** weit weg sein ❼ (*stopped*) abgesagt; **to call sth ~** etw absagen ❽ (*discounted*) reduziert; **there's 40% ~ this week on all winter coats** diese Woche gibt es einen Preisnachlass von 40 % auf alle Wintermäntel; **to get money ~** Rabatt bekommen ❾ (*separated*) abs-; **to shut ~ streets** Straßen sperren; **to fence sth ~** etw abzäunen ❿ (*expressing riddance*) **we went out to walk ~ some of our dinner** wir ging raus, um einen Verdauungsspaziergang zu machen; **to laugh sth ~** etw mit einem Lachen abtun **III.** *adj* ❶ (*not working*) außer Betrieb; (*switched off*) aus[geschaltet]; *tap* zugedreht; *heating* abgestellt ❷ *pred* FOOD (*bad*) verdorben; *milk* sauer ❸ (*not at work*) ▪**to be ~** freihaben; **to have/take some time ~** einige Zeit freibekommen/freinehmen ❹ *pred* (*fam: in bad shape*) schlecht; **I'm having an ~ day today** ich habe heute einen schlechten Tag ❺ (*provided for*) **sb is badly/well ~** jdm geht es [finanziell] schlecht/gut ❻ *pred* FOOD (*no longer on the menu*) aus[gegangen] ❼ *pred esp* BRIT (*fam: rude*) *behaviour* daneben **IV.** *n no pl* **to be ready for the ~** bereit zum Gehen sein **V.** *vt* AM (*sl*) ▪**to ~ sb** jdn umlegen

of·fal ['ɒfl] *n no pl* Innereien *pl*

'off·beat *adj* unkonventionell; *music* synko-

offering and responding

asking people what they want, offering something | nach Wünschen fragen, etwas anbieten

Would you like anything?	Haben Sie irgendeinen Wunsch?
Can I help you?	Kann ich Ihnen helfen?
What'll it be? (*fam*)	Was darf's sein?
What would you like?/do you fancy? (*fam*)	Was hättest du denn gern?
What would you like to eat/drink?	Was möchtest/magst du essen/trinken?
How about a cup of coffee?	Wie wär's mit einer Tasse Kaffee?
May I offer you a glass of wine?	Darf ich Ihnen ein Glas Wein anbieten?
You're welcome to use my phone.	Sie können gern mein Telefon benutzen.

accepting offers | Angebote annehmen

Yes, please.	Ja, bitte./Ja, gern.
Thanks, that's kind of you.	Danke, das ist nett von dir/Ihnen.
Yes, that would be nice.	Ja, das wäre nett.
Oh, that's nice of you!/Oh, how kind of you!	Oh, das ist aber nett!

turning down offers | Angebote ablehnen

No, thanks.	Nein, danke.
But that's not necessary!/You shouldn't have!	Aber das ist doch nicht nötig!
I can't (possibly) accept this!	Das kann ich doch nicht annehmen!

---

pisch; *sense of humour* ausgefallen; *taste* extravagant

off-'cen·tre *adj,* AM **off-'cen·ter** *adj* nicht in der Mitte *präd* **'off-chance** *n* ■ **on the ~** auf gut Glück **off-'col·our** *adj,* AM **off-'col·or** *adj* ❶ (*somewhat sick*) unpässlich ❷ (*somewhat obscene*) schlüpfrig **'off-day** *n* schlechter Tag **off-'duty** *adj* ■ **to be ~** dienstfrei haben; **an ~ police officer** ein Polizist *m* außer Dienst

of·fence [əˈfen(t)s] *n* ❶ LAW (*crime*) Straftat *f;* **serious ~** schweres Vergehen; **to convict sb of an ~** jdn einer Straftat für schuldig erklären ❷ *no pl* (*upset feelings*) Beleidigung *f;* **no ~ intended** nimm es mir nicht übel; **to cause ~** Anstoß erregen; **to cause ~ to sb** (*hurt*) jdn kränken; (*insult*) jdn beleidigen; **to take ~** [at sth] [wegen einer S. *gen*] gekränkt/beleidigt sein ❸ AM SPORTS (*attack*) Angriff *m*

of·fend [əˈfend] **I.** *vi* ❶ (*commit a criminal act*) eine Straftat begehen ❷ (*form: infringe*) verstoßen (**against** gegen) **II.** *vt* (*insult*) beleidigen; (*hurt*) kränken; **I hope your sister won't be ~ed if ...** ich hoffe, deine Schwester nimmt es mir nicht übel, wenn ...; **to be easily ~ed** schnell beleidigt sein

of·fend·er [əˈfendəʳ] *n* [Straf]täter(in) *m(f)*

of·fense *n esp* AM *see* **offence**

of·fen·sive [əˈfen(t)sɪv] **I.** *adj* ❶ (*causing offence*) anstößig; *joke* anzüglich; *remark* unverschämt; **~ language** Anstoß erregende Ausdrucksweise ❷ *smell* übel (*attack*) Angriffs- **II.** *n* MIL Angriff *m;* **to go on the ~** in die Offensive gehen; **to launch an ~** eine Offensive starten

of·fen·sive 'weap·on *n* Offensivwaffe *f*

of·fer [ˈɒfəʳ] **I.** *n* ❶ (*proposal*) Angebot *nt* ❷ ECON Angebot *nt;* **the house is under ~** BRIT man hat ein Angebot für das Haus unterbreitet; **to make an ~ for sth** ein Gebot für etw *akk* abgeben; **to be on [special] ~** BRIT, AUS im Angebot sein **II.** *vt* ❶ (*present for acceptance*) anbieten ❷ (*put forward*) vorbringen; *congratulations* aussprechen; *explanation* abgeben; *information* geben; *suggestion* unterbreiten ❸ (*provide*) bieten; *proof* erbringen; *resistance* leisten; **to ~ an incentive** einen Anreiz geben ❹ (*bid*) bieten **III.** *vi* sich bereit erklären

of·fer·ing ['ɒfərɪŋ] *n usu pl* Spende *f*; *sacrificial* ~ Opfergabe *f*

off·'hand I. *adj* ❶ (*uninterested*) gleichgültig ❷ (*informal*) lässig; **~ remark** nebenbei fallen gelassene Bemerkung **II.** *adv* ohne weiteres, aus dem Stand

of·fice ['ɒfɪs] *n* ❶ (*room*) Büro *nt*; (*firm*) Geschäftsstelle *f*; *of lawyer* Kanzlei *f* ❷ BRIT POL (*government department*) **Foreign/Home O~** Außen-/Innenministerium *nt* ❸ POL (*authoritative position*) Amt *nt*; **to be in ~** an der Macht sein; **to come into ~** sein Amt antreten

of·fice auto·'ma·tion *n* COMPUT Büroautomatisierung *f* **'of·fice block** *n* BRIT, AUS Bürogebäude *nt* **'of·fice boy** *n* Laufbursche *m* **'of·fice build·ing** *n* Bürohaus *nt*, Bürogebäude *nt* **'of·fice equip·ment** *n no pl* Büroeinrichtung *f* **'of·fice hours** *npl* Geschäftszeit[en] *f[pl]*

of·fic·er ['ɒfɪsə'] *n* ❶ MIL Offizier(in) *m(f)* ❷ (*authoritative person*) Beamte(r) *m*, Beamte [*o* -in] *f*; **~!** Herr Wachtmeister!; **personnel ~** Personalreferent(in) *m(f)*; **[police] ~** Polizeibeamte(r) *f(m)*, Polizist(in) *m(f)*

'of·fice staff *n* + *sing/pl vb* Büropersonal *nt* **'of·fice sup·plies** *npl* Bürobedarf *m kein pl* **'of·fice work·er** *n* Büroangestellte(r) *f(m)*

of·fi·cial [əˈfɪʃəl] **I.** *n* ❶ (*holding public office*) Amtsperson *f*, Beamte(r) *m*, Beamte [*o* -in] *f* ❷ (*responsible person*) Funktionsträger(in) *m(f)*; **trade-union ~** Gewerkschaftsfunktionär(in) *m(f)* ❸ (*referee*) Schiedsrichter(in) *m(f)* **II.** *adj* ❶ (*relating to an office*) offiziell, amtlich; **~ residence** Amtssitz *m* ❷ (*authorized*) offiziell; *inquiry, record* amtlich; *publication, transcript* autorisiert *geh*; *strike* regulär ❸ (*officially announced*) amtlich bestätigt

of·fi·cial·dom [əˈfɪʃəldəm] *n no pl* ❶ (*pej: bureaucracy*) Bürokratie *f* ❷ + *sing/pl vb* (*officials collectively*) Beamtentum *nt* **of·fi·cial·ese** *n no pl* Beamtensprache *f oft pej* **of·fi·cial·ly** [əˈfɪʃəli] *adv* offiziell

of·fi·ci·ate [əˈfɪʃieɪt] *vi* (*form*) amtieren (**at** bei); **to ~ at a match** SPORTS ein Spiel pfeifen; **to ~ at a wedding** eine Trauung vornehmen

of·fi·cious [əˈfɪʃəs] *adj* (*pej*) ❶ (*bossy*) schikanierend ❷ (*interfering*) aufdringlich

of·fing ['ɒfɪŋ] *n no pl* ■ **to be in the ~** bevorstehen

off 'key I. *adv* falsch **II.** *adj* ❶ (*out of tune*) verstimmt ❷ (*fig: inopportune*) unangebracht

'off-li·cence *n* BRIT Wein- und Spirituosengeschäft *nt* **off·'lim·its** *adj pred* ■ **to be ~ to sb** für jdn tabu sein **off·'line** *adj* offline **off.'load** *vt* ❶ (*unload*) ausladen ❷ (*get rid of*) loswerden *fam*; **to ~ the blame/responsibility [onto sb]** die Schuld/Verantwortung [auf jdn] abladen ❸ COMPUT Daten umladen **off·'peak I.** *adj* ❶ *telephone call* außerhalb der Hauptsprechzeiten *nach n* ❷ *electricity supply* Schwachlastzeit- ❸ TOURIST - **prices/travel** Preise *pl*/Reise *f* außerhalb der Hauptreisezeit **II.** *adv* ❶ (*of telephone call*) außerhalb der Hauptsprechzeiten ❷ TOURIST **to travel ~** außerhalb der Hauptsaison verreisen **off·'piste** *adj, adv esp* BRIT abseits der Skipiste **off·'put·ting** *adj* abschreckend; *appearance, manner* abstoßend; *experience* schrecklich; (*unpleasant*) unangenehm; *smell* ek[e]lig **'off-sales** *npl* BRIT Verkauf *m* von Alkohol zum Mitnehmen **'off sea·son** *n* ■ **the ~** die Nebensaison

off·set¹ <-set, -set> [ˌɒfˈset] *vt usu passive* ■ **to be ~ by sth** durch etw *akk* ausgeglichen werden

off·set² ['ɒfset] **I.** *vt* <-set, -set> ❶ FIN ausgleichen; **to ~ sth against tax** AUS, BRIT etw von der Steuer absetzen ❷ (*print*) im Offsetverfahren drucken **II.** *n* ❶ HORT Ableger *m* ❷ GEOG Ausläufer *m*

off·'shore I. *adj* ❶ (*at sea*) küstennah ❷ (*of wind, current*) ablandig ❸ FIN Auslands- **II.** *adv* (*of movement*) von der Küste her; **to drop anchor ~** vor der Küste ankern; **to fish ~** vor der Küste fischen

off·'side I. *adj* ❶ SPORTS abseits ❷ *attr esp* BRIT AUTO auf der Fahrerseite *nach n* **II.** *adv* SPORTS abseits **III.** *n* SPORTS Abseits *nt*

off·spring <*pl* -> ['ɒfsprɪŋ] *n* ❶ (*animal young*) Junge(s) *nt* ❷ (*also hum: person's child*) Nachkomme *m*

off·'stage I. *adj* ❶ (*behind the stage*) hinter der Bühne *nach n* ❷ (*private*) **~ life** Privatleben *nt* **II.** *adv* ❶ (*privately*) privat ❷ (*away from the stage*) hinter der Bühne; **to walk ~** von der Bühne abgehen

off-the-'cuff I. *adj* spontan *f* **II.** *adv* aus dem Stegreif **off-the-job 'train·ing** *n no pl* außerbetriebliche Fortbildung **off-the-'peg** BRIT, AM **off-the-'rack** *adj* Konfektions-, von der Stange *nach n* **off-'white** *n no pl* gebrochenes Weiß

of·ten ['ɒfᵊn] *adv* oft; ▪ **it's not ~ that ...** es kommt selten vor, dass ...; **as ~ as not** meistens; **every so ~** gelegentlich

ogle ['əʊgl] **I.** *vi* gaffen *pej* **II.** *vt* angaffen *pej*

ogre ['əʊgə] *n* Menschenfresser *m*; (*fig fam*) Scheusal *nt pej*

ogress <*pl* -es> ['əʊgrəs] *n* Menschenfresserin *f*; (*fig fam*) Scheusal *nt pej*

oh¹ *interj* ❶ (*to show surprise, disappointment, pleasure*) oh; **~ damn!** verdammt! *pej fam*; **~ dear!** oje!; **~ well** na ja; **~ yes?** ach ja? ❷ (*by the way*) ach [übrigens]

oh² [əʊ] *n* BRIT (*in phone numbers*) Null *f*

OHMS [əʊeɪtʃem'es] BRIT *abbrev of* **On Her/His Majesty's Service** *Aufdruck auf amtlichen Briefen*

oil [ɔɪl] **I.** *n* ❶ (*lubricant*) Öl *nt* ❷ *no pl* (*petroleum*) [Erd]öl *nt* ❸ FOOD [Speise]öl *nt* ❹ (*for cosmetic use*) **suntan ~** Sonnenöl *nt* ❺ *pl* (*oil-based paints*) Ölfarben *pl* **II.** *vt* ❶ (*treat*) ölen ❷ *usu passive* (*be polluted*) ▪ **to be ~ed** mit Öl verschmutzt sein

'oil·can *n* Ölkännchen *nt* **'oil change** *n* Ölwechsel *m* **'oil·cloth** *n* Wachstuch *nt* **'oil com·pa·ny** *n* Ölfirma *f* **'oil con·sump·tion** *n no pl* Ölverbrauch *m* **'oil cri·sis** *n* Ölkrise *f* **'oil-ex·port·ing** *adj attr* [Erd]öl exportierend **'oil·field** *n* Ölfeld *nt* **'oil-fired** *adj* ölbeheizt; *central heating* ölbetrieben

oili·ness ['ɔɪlɪnəs] *n no pl* ❶ *of food, hair, skin* Fettigkeit *f* ❷ (*fig: of behaviour*) aalglatte Art *pej*

'oil lamp *n* Öllampe *f* **'oil lev·el** *n* TECH Ölstand *m* **'oil paint·ing** *n* Ölbild *nt* **'oil pipe·line** *n* Ölpipeline *f* **'oil-pro·duc·ing** *adj attr* [Erd]öl produzierend **'oil pro·duc·tion** *n no pl* [Erd]ölförderung *f* **'oil rig** *n* Bohrinsel *f* **'oil sheik** *n* Ölscheich *m* **'oil·skin** *n* ❶ *no pl* (*waterproof cloth*) Öltuch *nt* ❷ (*waterproof clothing*) ▪ **~s** *pl* Ölzeug *nt kein pl* **'oil slick** *n* Ölteppich *m* **'oil tank·er** *n* Öltanker *m* **'oil well** *n* Ölquelle *f*

oily ['ɔɪli] *adj* ❶ (*oil-like*) ölig ❷ FOOD ölig ❸ *hair, skin* fettig ❹ *objects* schmierig ❺ (*fig: obsequious*) schmierig *pej fam*

oint·ment ['ɔɪntmənt] *n* Salbe *f*

OK, okay [əʊ'keɪ] (*fam*) **I.** *adj* ❶ *pred* (*acceptable*) okay; **if it's ~ with you, ...** wenn es dir recht ist, ... **are you ~?** you look a bit pale geht es dir gut? du siehst etwas blass aus ❸ *pred* (*not outstanding*) ganz gut, nicht schlecht ❹ *pred* (*understanding*) ▪ **to be ~ about sth** mit etw *dat* einverstanden sein ❺ *pred* (*have no problems with*) **are you ~**

for money or shall I give you some? hast du genug Geld oder soll ich dir etwas geben?; **to be ~ for work** genug Arbeit haben ❻ (*pleasant*) **to be an ~ bloke** ein prima Kerl sein **II.** *interj* okay; **~ then** also gut **III.** *vt* ▪ **to ~ sth** zu etw *dat* sein Okay geben **IV.** *n* to get the **~** das Okay bekommen; **to give** [sth] **the ~** das Okay [zu etw *dat*] geben **V.** *adv* gut; **I just phoned to make sure that you got there ~** ich habe nur kurz angerufen, um sicherzugehen, dass du dort gut angekommen bist; **he was doing ~ until his mother arrived and interfered** er machte seine Sache gut, bis seine Mutter kam und sich einmischte

okra ['ɒkrə] *n no pl* Okra *f*

old [əʊld] **I.** *adj* ❶ *person, animal, object* alt ❷ *after n* (*denoting an age*) alt ❸ *attr* (*former*) ehemalig; *job* alt ❹ *attr* (*long known*) altbekannt ❺ *attr* (*fam: expression of affection*) **[gute(r)] alte(r); I hear poor ~ Frank's lost his job** ich habe gehört, dem armen Frank wurde gekündigt ❻ *attr* (*fam: any*) **I don't want to eat in just any ~ place — I want to go to a romantic restaurant!** ich möchte nicht einfach nur irgendwo essen — ich möchte in ein romantisches Restaurant gehen!; **any ~ present/rubbish/thing** irgendein Geschenk/irgendeinen Unsinn/irgendwas; **a load of ~ rubbish!** (*pej*) nichts als blanker Unsinn! ▶ **to be as tough as ~ boots** hart im Nehmen sein; **you can't teach an ~ dog new tricks** (*prov*) der Mensch ist ein Gewohnheitstier; **money for ~ rope** leicht verdientes Geld **II.** *n* ▪ **the ~** *of the Alten pl*; **young and ~** Jung und Alt **III.** *in compounds* **a twenty-one-year-~** ein Einundzwanzigjähriger/eine Einundzwanzigjährige

old 'age *n no pl* Alter *nt* **old age 'pen·sion·er** *n* AUS, BRIT Rentner(in) *m(f)* **old-'fash·ioned** *adj* (*esp pej*) altmodisch **old 'girl** *n* ❶ (*old woman*) alte Frau ❷ *esp* BRIT (*fam: patronizing address*) altes Mädchen ❸ *esp* BRIT (*fam: affectionate address*) Schätzchen *nt*

old·ish ['əʊldɪʃ] *adj* ältlich

old 'lady *n* ❶ (*elderly female*) alte Dame ❷ (*fam: one's wife, mother*) ▪ **the/sb's ~** die/jds Alte **old 'man** *n* ❶ (*elderly male*) alter Mann, Greis *m* ❷ (*sl: husband, father*) ▪ **the/sb's ~** der Alte/jds Alter *fam* **old 'mas·ter** *n* alter Meister **old 'peo·ple's home** *n* Seniorenheim *nt* **old 'school I.** *n* (*approv*) **he's one of the ~** er ist [noch] einer der alten Schule **II.** *adj* der alten Schule *nach n* **old 'stag·er** *n* ❶ (*old man*) Oldie *m hum fam* ❷ (*long-time worker*) alter Hase *fam*; (*long-time resident*) Alteingesessene(r) *f(m)*

'old-style *adj pred* im alten Stil *nach n* **Old 'Tes·ta·ment** *n* ▪ **the** ~ das Alte Testament
old-'tim·er *n* (*fam*) ❶ (*old man*) Oldie *m hum fam* ❷ (*long-time worker*) alter Hase *fam*; (*long-time resident*) Alteingesessene(r) *f(m)* **old 'wives' tale** *n* Ammenmärchen *nt*
olean·der [ˌəʊliˈændə] *n* Oleander *m*
ol·fac·tory [ɒlˈfæktəri] *adj* Geruchs-, olfaktorisch *fachspr*
ol·ive [ˈɒlɪv] *n* ❶ (*fruit*) Olive *f* ❷ (*tree*) Olivenbaum *m* ❸ (*dish*) **beef/veal ~** Kalbs-/Rindsroulade *f*
'ol·ive branch *n* ❶ HORT Olivenzweig *m* ❷ (*fig: symbol of peace*) Ölzweig *m* **'ol·ive grove** *n* Olivenhain *m* **ol·ive 'oil** *n no pl* Olivenöl *nt*
Olym·pi·ad [əˈʊ)lɪmpiæd] *n* Olympiade *f*
Olym·pian [əˈʊ)lɪmpiən] **I.** *adj* olympisch **II.** *n* ❶ (*of gods*) Olympier(in) *m(f)* ❷ (*Olympic Games competitor*) Olympionike(in) *m(f)*
Olym·pic [əˈʊ)lɪmpɪk] *adj attr* olympisch; **~ champion** Olympiasieger(in) *m(f)*; **~ stadium** Olympiastadion *nt*
om·buds·man [ˈɒmbʊdzmən] *n* Ombudsmann *m*
ome·let(te) [ˈɒmlət] *n* Omelett *nt*
omen [ˈəʊmən] *n* Omen *nt*
omi·nous [ˈɒmɪnəs] *adj* unheilvoll
omis·sion [əˈʊ)mɪʃən] *n* Auslassung *f*
omit <-tt-> [əˈʊ)mɪt] **I.** *vt* auslassen; (*ignore*) übergehen **II.** *vi* **to ~ to do sth** es unterlassen, etw zu tun
om·ni·bus <*pl* -es> [ˈɒmnɪbəs] *n* ❶ (*dated form: bus*) Omnibus *m* ❷ (*collection of texts*) Sammelband *m*; (*anthology*) Anthologie *f*; (*on radio, TV*) Zusammenfassung einzelner Wochensendungen in einem Sammelprogramm ▸ **the man/woman on the Clapham ~** der Mann/die Frau von der Straße
om·nipo·tence [ɒmˈnɪpət(ə)n(t)s] *n no pl* Allmächtigkeit *f*
om·nipo·tent [ɒmˈnɪpətənt] *adj* allmächtig
om·ni·pres·ent [ˌɒmnɪˈprezənt] *adj* ❶ REL allgegenwärtig ❷ (*widespread*) omnipräsent *geh*; (*everywhere*) überall; *noise* ständig
om·ni·sci·ent [ɒmˈnɪsiənt] *adj* allwissend
om·ni·vor·ous [ɒmˈnɪvərəs] *adj* ❶ (*eating plants and meat*) alles fressend *attr*; **~ animal** Allesfresser *m* ❷ (*fig: voracious*) unstillbar
on [ɒn] **I.** *prep* ❶ (*on top of*) auf +*dat*; **~ the table** auf dem Tisch ❷ *with verbs of motion* (*onto*) auf +*akk*; **let's hang a picture ~ the wall** lass uns ein Bild an die Wand hängen ❸ (*situated on*) an, auf +*dat*; **they lay ~ the beach** sie lagen am Strand; **~ the left/right**

auf der linken/rechten Seite ❹ (*from*) an +*dat*; **a huge chandelier hung ~ the ceiling** ein großer Kronleuchter hing von der Decke herab ❺ (*clothing*) an +*dat*; **with shoes ~ his feet** mit Schuhen an den Füßen ❻ (*hurt by*) an +*dat*; **she tripped ~ the wire** sie blieb an dem Kabel hängen; **to stumble ~ sth** über etw *akk* stolpern ❼ (*supported by a part of the body*) auf +*dat*; **to lie ~ one's back** auf dem Rücken liegen ❽ (*in possession of*) bei +*dat*; **I thought I had my driver's licence ~ me** ich dachte, ich hätte meinen Führerschein dabei ❾ (*marking surface of*) auf +*dat*; **he had a scratch ~ his arm** er hatte einen Kratzer am Arm ❿ (*about*) über +*akk*; **he needs some advice ~ how to dress** er braucht ein paar Tipps, wie er sich anziehen soll; **he commented ~ the allegations** er nahm Stellung zu den Vorwürfen; **I'll say more ~ that subject later** ich werde später mehr dazu sagen; **they settled ~ a price** sie einigten sich auf einen Preis; **to congratulate sb ~ sth** jdn zu etw *dat* gratulieren; **essays ~ a wide range of issues** Aufsätze zu einer Vielzahl von Themen ⓫ (*based on*) auf +*akk* ... hin; **he reacted ~ a hunch** er reagierte auf eine Ahnung hin; **~ account of** wegen +*gen*; **~ purpose** absichtlich; **I'll say more ~ that** auf etw *dat* basieren; **to rely ~ sb** sich auf jdn verlassen ⓬ (*as member of*) in +*dat*; **how many people are ~ your staff?** wie viele Mitarbeiter haben Sie?; **whose side are you ~ in this argument?** auf welcher Seite stehst du in diesem Streit? ⓭ (*against*) auf +*akk*; **don't be so hard ~ him!** sei nicht so streng mit ihm!; **he didn't know it but the joke was ~ him** er wusste nicht, dass es ein Witz über ihn war; **they placed certain restrictions ~ large companies** großen Unternehmen wurden bestimmte Beschränkungen auferlegt; **there is a new ban ~ the drug** die Droge wurde erneut verboten; **to place a limit ~ sth** etw begrenzen; **to force one's will ~ sb** jdm seinen Willen aufzwingen ⓮ (*through device of*) an +*dat*; **he's ~ the phone** er ist am Telefon; **Chris is ~ drums** Chris ist am Schlagzeug ⓯ (*through medium of*) auf +*dat*; **what's ~ TV tonight?** was kommt heute abend im Fernsehen?; **a 10-part series ~ Channel 3** eine zehnteilige Serie im 3. Programm; **to put sth down ~ paper** etw aufschreiben; **to come out ~ video** als Video herauskommen ⓰ (*in the course of*) auf +*dat*; **~ the way to town** auf dem Weg in die Stadt ⓱ (*travelling with*) in, mit +*dat*; **~ foot/horseback** zu Fuß/auf dem Pferd ⓲ (*on day of*) an +*dat*; **what are**

once–oncoming

you doing ~ Friday? was machst du am Freitag?; **we always go bowling ~ Thursdays** wir gehen donnerstags immer kegeln ⑱ (*at time of*) bei +*dat*; **~ the count of three, start running!** bei drei lauft ihr los!; **trains to London leave ~ the hour every hour** die Züge nach London fahren jeweils zur vollen Stunde; **~ receiving her letter** als ich ihren Brief erhielt; **~ the dot** [auf die Sekunde] pünktlich ⑲ (*engaged in*) **we were ~ page 42** wir waren auf Seite 42; **he was out ~ errands** er machte ein paar Besorgungen; **~ business** geschäftlich; **to work ~ sth** an etw *dat* arbeiten ⑳ (*regularly taking*) **my doctor put me ~ antibiotics** mein Arzt setzte mich auf Antibiotika; **he lived ~ berries and roots** er lebte von Beeren und Wurzeln; **to be ~ drugs** unter Drogen stehen; **to be ~ medication** Medikamente einnehmen ㉑ (*paid by*) auf +*dat*; **this meal is ~ me** das Essen bezahle ich; **to buy sth ~ credit/hire purchase** etw auf Kredit/Raten kaufen ㉒ (*sustained by*) mit, von +*dat*; **does this radio run ~ batteries?** läuft dieses Radio mit Batterien?; **I've only got £50 a week to live ~** ich lebe von nur 50 Pfund pro Woche ㉓ (*as payment for*) für +*akk*; **how much interest are you paying ~ the loan?** wie viel Zinsen zahlst du für diesen Kredit? ㉔ (*added to*) zusätzlich zu +*dat* ㉕ (*connected to*) an +*dat*; **dogs should be kept ~ their leads** Hunde sollten an der Leine geführt werden; **to be ~ the phone** Aus, Brit telefonisch erreichbar sein ㉖ (*according to*) auf +*dat*; **~ the whole** insgesamt ㉗ (*burdening*) auf +*dat*; **it's been ~ my mind** ich muss immer daran denken ㉘ (*experiencing*) **crime is ~ the increase again** die Verbrechen nehmen wieder zu; **he's out ~ a date** er hat gerade eine Verabredung; **to set sth ~ fire** etw anzünden ㉙ (*compared with*) **I can't improve ~ my final offer** dieses Angebot ist mein letztes Wort; **sales are up ~ last year** der Umsatz ist höher als im letzten Jahr ㉚ *after n* (*following*) **the government suffered defeat ~ defeat** die Regierung erlitt eine Niederlage nach der anderen ㉛ Aus, Brit sports (*having points*) **Clive's team is ~ five points while Joan's is ~ seven** das Team von Clive hat fünf Punkte, das von Joan hat sieben ▶ **to have time ~ one's hands** noch genug Zeit haben; **what are you ~?** (*fam*) bist du noch bei Sinnen? **II.** *adv* ① (*in contact with*) auf; **to screw sth ~** etw anschrauben ② (*on body*) an; **get your shoes ~!** zieh dir die Schuhe an!; **to have/try sth ~** etw anhaben/anprobieren; **with nothing ~** nackt ③ (*indicating continuance*)

weiter; **if the phone's engaged, keep ~ trying!** wenn besetzt ist, probier es weiter!; **the noise just went ~ and ~** der Lärm hörte gar nicht mehr auf; **he talked ~ and ~** er redete pausenlos ④ (*in forward direction*) vorwärts; **would you pass it ~ to Paul?** würdest du es an Paul weitergeben?; **from that day ~** von diesem Tag an; **what are you doing later ~?** was hast du nachher vor?; **to move ~** (*move forward*) weitergehen; (*transfer to another place*) umziehen; **to urge sb ~** jdn ansporn ⑤ (*being shown*) **there's a good film ~ this afternoon** heute Nachmittag kommt ein guter Film ⑥ (*scheduled*) geplant; **I've got nothing ~ next week** ich habe nächste Woche nichts vor; **I've got a lot ~ this week** ich habe mir für diese Woche eine Menge vorgenommen ⑦ (*functioning*) an; **to put the kettle ~** das Wasser aufsetzen; **to leave the light ~** das Licht anlassen; **to switch/turn sth ~** etw einschalten ⑧ (*aboard*) **to get ~** *bus, train* einsteigen; *horse* aufsitzen ⑨ (*due to perform*) **you're ~!** du bist dran! ▶ **to be ~ about sth** Aus, Brit dauernd über etw *akk* reden; **what are you ~ about?** wovon redest du denn nun schon wieder?; **he knows what he's ~ about** er weiß, wovon er redet; **to be ~ at sb** jdm in den Ohren liegen; **to hang ~** warten; **that's not ~** Brit, Aus (*fam*) das ist nicht in Ordnung; **~ and off** ab und zu; **to be ~ to something** (*fam*) etw spitz gekriegt haben; **you're ~!** abgemacht! *fam* **III.** *adj attr* ① Am (*good*) gut ② ELEC, TECH **~ switch** Einschalter *m*

once [wʌn(t)s] **I.** *adv* ① (*one time*) einmal; **~ in a lifetime** einmal im Leben; **~ a week** einmal pro Woche; [**every**] **~ in a while** hin und wieder; **~ and for all** ein für alle Mal; **~ again** wieder einmal; **just for ~** nur einmal; **just this ~** nur dieses eine Mal; **~ or twice** ein paar Mal; ■ **for ~** ausnahmsweise ② (*in the past*) einst *geh*, früher; **~ upon a time ...** (*liter*) es war einmal ... ③ (*some point in time*) **more** (*one more time*) noch einmal; (*again, as before*) wieder; ■ **at ~** (*simultaneously*) auf einmal; (*immediately*) sofort ▶ **~ bitten, twice shy** (*prov*) ein gebranntes Kind scheut das Feuer **II.** *conj* (*as soon as*) sobald

'once-over *n* (*fam*) ① (*cursory examination*) **to give sb/sth a/the ~** jdn/etw flüchtig ansehen ② (*cursory cleaning*) **to give sth a/the ~** etw rasch putzen

on·com·ing [ˈɒn.kʌmɪŋ] *adj attr* ① (*approaching*) [heran]nahend; *vehicle* entgegenkommend; **~ traffic** Gegenverkehr *m* ② (*fig: in near future*) bevorstehend

one [wʌn] **I.** *n* ❶ *(unit)* eins; **a hundred and ~** einhundert[und]eins; *see also* **eight** ❷ *(figure)* Eins *f*; *see also* **eight** ❸ *(size of garment, merchandise)* Größe eins *f* ❹ *no pl (unity)* ■ **to be ~** eins sein **II.** *adj* ❶ *attr (not two)* ein(e); **~ hundred/thousand** einhundert/-tausend; **~ million** eine Million; **~ third/fifth** ein Drittel/Fünftel *nt*; *see also* **eight** ❷ *attr (one of a number)* ein(e); **he can't tell ~ wine from another** er schmeckt bei Weinen keinen Unterschied ❸ *attr (single, only)* einzige(r, s); **we should paint the bedroom all ~ colour** wir sollten das Schlafzimmer nur in einer Farbe streichen ❹ *attr (some future)* irgendein(e); **~ day** irgendwann ❺ *attr (some in the past)* ein(e); **~ moment he says he loves me, the next moment he's asking for a divorce** einmal sagt er, er liebt mich, und im nächsten Moment will er die Scheidung; **~ day/evening/night** eines Tages/Abends/Nachts ❻ *attr (form: a certain)* ein gewisser/eine gewisse ❼ *attr esp* AM *(emph fam: noteworthy)* **his mother is a ~ generous woman** seine Mutter ist eine wirklich großzügige Frau; **that's ~ big ice cream you've got there** du hast aber ein großes Eis! ❽ *(identical)* ein(e); **to be of ~ mind** einer Meinung sein; **~ and the same** ein und der-/die-/dasselbe ❾ *(age)* ein Jahr ❿ *(time)* **~ [o'clock]** eins, ein Uhr; **at ~** um eins ▸ **what with ~ thing and another** *(fam)* weil alles zusammenkommt; **~ way or another** *(for or against)* für oder gegen; *(somehow)* irgendwie **III.** *pron* ❶ *(single item)* eine(r, s); **which cake would you like? — the ~ at the front** welchen Kuchen möchten Sie? – den vorderen; **I'd rather eat French croissants than English ~s** ich esse lieber französische Croissants als englische; **not all instances fall neatly into ~ or other of these categories** nicht alle Vorkommnisse fallen genau unter eine dieser Kategorien; **not a single ~** kein Einziger/keine Einzige/kein Einziges; **~ at a time** immer nur eine(r, s); [**all**] **in ~** [alles] in einem; **~ after another** eine(r, s) nach dem/der anderen; **~ [thing] after another** eines nach dem anderen; **this/that ~** diese(r, s)/jene(r, s); **these/those ~s** diese/jene ❷ *(single person)* eine(r); **she thought of her loved ~s** sie dachte an ihre Lieben; **to** [**not**] **be ~ to do sth** *(nature)* [nicht] der Typ sein, der etw tut; *(liking)* etw [nicht] gerne tun; **~ and all** *(liter)* alle; **~ after another** eine/einer nach der/dem anderen; **~ by ~** nacheinander; **she's ~ of my favourite writers** sie ist eine meiner Lieblingsautoren; **to be ~ of many/a few** eine(r) von vielen/wenigen sein; **Chris is the ~ with curly brown hair** Chris ist der mit den lockigen braunen Haaren ❸ *(expressing alternatives, comparisons)* **they look very similar and it's difficult to distinguish ~ from the other** sie sehen sich sehr ähnlich, und es ist oft schwer sie auseinanderzuhalten; **~ or the other** der/die/das eine oder der/die/das andere ❹ *(form: any person)* man; **~ must admire him** er ist zu bewundern ❺ *(form: I)* ich; *(we)* wir; **~ gets the impression that ...** ich habe den Eindruck, dass ...; **I for ~** ich für meinen Teil ❻ *(question)* Frage *f*; **what's the capital of Zaire? — oh, that's a difficult ~** wie heißt die Hauptstadt von Zaire? – das ist eine schwierige Frage ❼ *(fam: joke, story)* Witz *m*; **that was a good ~!** der war gut! ❽ BRIT, AUS *(fam: sb who is lacking respect, is rude, or amusing)* **you are a ~!** du bist mir vielleicht einer! ▸ **to be ~ of the family** zur Familie gehören; **to get ~ up on sb** jdn übertrumpfen; **to be ~ of a kind** zur Spitze gehören; **in ~s and twos** *(in small numbers)* immer nur ein paar; *(alone or in a pair)* allein oder paarweise

'one-armed *adj* einarmig; **~ bandit** *(fam)* einarmiger Bandit **'one-eyed** *adj attr* einäugig **one-'hand·ed I.** *adj* mit einer Hand **II.** *adj attr* einhändig **'one-horse** *adj attr* einspännig **one-'leg·ged** *adj attr* einbeinig **one-'lin·er** *n* Einzeiler *m* **'one-man** *adj attr* ❶ *(consisting of one person)* Einmann- ❷ *(designed for one person)* für eine Person nach *n* **one-night 'stand** *n* ❶ *(performance)* einmaliges Gastspiel ❷ *(sexual relationship)* Abenteuer *nt* für eine Nacht ❸ *(person)* Liebhaber(in) *m(f)* für eine Nacht **'one-off I.** *n esp* BRIT *(fam)* ❶ *(event)* einmalige Sache; ■ **to be a ~** einmalig sein ❷ *(person)* einzigartige Person **II.** *adj* einmalig; **~ situation** außergewöhnliche Situation **'one-piece, one-piece 'swim·suit** *n* Einteiler *m*

on·er·ous ['əʊnᵊrəs] *adj (form)* ❶ *(very difficult)* **duty** schwer; **responsibility** schwerwiegend ❷ LAW [er]drückend

one·self [wʌn'self] *pron reflexive* ❶ *after vb*, *prep (direct object)* sich ❷ *(emph: myself)* selbst ❸ *(personally)* selbst; **to see/taste/read/feel sth for ~** etw selbst sehen/kosten/lesen/fühlen ❹ *(alone)* to have sth to ~ etw für sich *akk* haben; **to keep sth for ~** sich *dat* etw behalten; [**all**] **by ~** [ganz] alleine ❺ *(normal)* **to** [**just**] **be ~** [ganz] man selbst sein; **to not be/seem ~** nicht man selbst sein/zu sein scheinen

one-'sid·ed *adj* einseitig **'one-time** *adj attr*

❶ (*former*) ehemalig ❷ (*happening only once*) einmalig **one-track 'mind** *n* **to have a ~** immer nur eins im Kopf haben **one-'up·man·ship**, **one-'up·ping** *n no pl* (*fam*) die Kunst, anderen immer um eine Nasenlänge voraus zu sein **one-way 'street** *n* Einbahnstraße *f* **one-way 'tick·et** *n* einfache Fahrkarte, Einzelfahrschein *m*

on·go·ing ['ɒnˌɡəʊɪŋ] *adj* laufend *attr*; im Gang präd

on·ion *n* Zwiebel *f* ▸ **to know one's ~s** sich auskennen

on·line [ˌɒnˈlaɪn] *adj*, *adv* online; **~ gaming** Online-Spiel *nt*

on·look·er ['ɒnˌlʊkə'] *n* (*also fig*) Zuschauer(in) *m(f)*; (*after accident*) Schaulustige(r) *f(m)*

on·ly ['əʊnlɪ] **I.** *adj attr* einzige(r, s); **the ~ one** der/die/das Einzige; **the ~ thing** das Einzige; **the ~ way** die einzige Möglichkeit **II.** *adv* ❶ (*exclusively*) nur; **for members ~** nur für Mitglieder ❷ (*just*) erst; **~ the other day** erst neulich; **~ just** gerade erst ❸ (*merely*) nur, bloß; **he has ~ just enough money to pay the rent** er hat gerade genug Geld, um die Miete zu zahlen; **the situation can ~ get worse** die Situation kann sich nur verschlechtern; **not ~ ..., but also ...** nicht nur ..., sondern auch ... ❹ (*extremely*) **if you invite me, I assure you I'll be ~ too pleased to come** wenn du mich einlädst, versichere ich dir, dass ich nur zu gerne kommen werde ❺ (*to express wish*) **if ~ ...** wenn nur ... ❻ (*indicating a surprising development*) **he rushed into the office, ~ to find that everyone had gone home** er stürzte ins Büro, nur um festzustellen, dass alle [schon] nach Hause gegangen waren ▸ **you ~ live once** (*saying*) man lebt nur einmal **III.** *conj* ❶ (*however*) aber, jedoch; **he's a good athlete, ~ he smokes too much** er ist ein guter Sportler, bloß raucht er zu viel ❷ (*in addition*) **not ~ can she sing and dance, she can act and play the piano too** sie kann nicht nur singen und tanzen, sie kann auch schauspielern und Klavier spielen

o.n.o *adv* BRIT, AUS COMM *abbrev of* **or nearest offer**: **for sale: baby's cot £30 ~** zu verkaufen: Babybett 30 Pfund oder nächstbestes Angebot

on·rush <*pl* -es> ['ɒnrʌʃ] *n* ❶ (*of emotion*) Ansturm *m* ❷ + *sing/pl vb* (*of people*) Ansturm *m* ❸ (*of liquid*) **an ~ of the sea/water** ein Heranströmen *nt* des Meeres/ein Schwall *m* Wasser

on·set ['ɒnset] *n no pl* Beginn *m* (**of** +*gen*); **~ of winter** Wintereinbruch *m*

on·shore [ˌɒnˈfɔːʳ] **I.** *adj* Küsten-; **~ wind** auflandiger Wind **II.** *adv* an Land; (*blow*) landwärts

on·side [ˌɒnˈsaɪd] *adj* SPORTS nicht abseits; ▪ **to be ~** nicht im Abseits stehen

on·slaught ['ɒnslɔːt] *n* ❶ (*also fig*: *attack*) Ansturm *m* (**on** auf) ❷ (*large amount*) Unmenge *f* (of an/von) **on-the-job 'train·ing** *n no pl* Ausbildung *f* am Arbeitsplatz

onto, **on to** ['ɒntu:] *prep* ❶ *after vb* (*to inside*) **to get ~ a bus/plane/train** in einen Bus/ein Flugzeug/einen Zug einsteigen; **to get ~ a horse/bike/motorcycle** auf ein Pferd/Fahrrad/Motorrad [auf]steigen ❷ *after vb* (*to surface of*) auf +*akk* ❸ *after vb* (*connected to*) auf +*akk*; **the door opened out ~ a beautiful patio** die Tür führte auf eine herrliche Terrasse ❹ (*progress to*) **how did we get ~ this subject?** wie sind wir auf dieses Thema gekommen?; **can we move ~ the next item?** können wir zum nächsten Punkt kommen? ❺ (*in pursuit of*) **to be ~ sb/sth** jdm/etw auf der Spur sein ❻ (*in touch with*) **to be ~ a good thing with sth** mit etw *dat* an einer guten Sache dran sein ❼ (*fam*: *in reminder to*) **to get/be ~ sb about sth** jdm wegen etw *dat* in den Ohren liegen

onus ['əʊnəs] *n no pl* (*form*) Verantwortung *f* (**of** für)

on·ward ['ɒnwəd] **I.** *adj attr* (*of journey*) Weiter-; **~ and upward** steil nach oben **II.** *adv* ❶ (*into the future*) **from that day/time ~** von diesem Tag/dieser Zeit an ❷ (*of direction*) weiter

onyx ['ɒnɪks] *n no pl* Onyx *m*

oodles ['u:dlz] *npl* (*fam*) Unmengen *pl* (**of** an/von)

oomph [ʊm(p)f] *n no pl* (*fam*) ❶ (*power*) Kraft *f*; *of a car* Leistung *f* ❷ (*pizzazz*) Pep *m*

ooze [u:z] **I.** *n no pl* Schlamm *m* **II.** *vi* (*seep out*) tropfen (**from** aus); *blood*, *water* sickern; *mud* quellen; **to ~ with blood/oil** vor Blut/Öl triefen **III.** *vt* (*seep out*) absondern ❷ (*fig*: *overflow with*) *charisma*, *charm* ausstrahlen; *sex appeal* versprühen

opac·ity [ə(ʊ)ˈpæsəti] *n no pl* ❶ (*non-transparency*) Lichtundurchlässigkeit *f* ❷ (*fig*: *obscurity*) Undurchsichtigkeit; (*incomprehensibility*) Unverständlichkeit *f*

opal ['əʊpəl] *n* Opal *m*

opal·es·cent [ˌəʊpəˈlesənt] *adj* schillernd; (*like an opal*) opalisierend

opaque [ə(ʊ)ˈpeɪk] *adj* ❶ (*not transparent*) undurchsichtig; *of wax* lichtundurchlässig; *of window*, *liquid* trüb ❷ (*fig*: *obscure*) undurchsichtig; (*incomprehensible*) unverständlich

OPEC ['əʊpek] *n no pl*, + *sing/pl vb acr for* Organization of Petroleum Exporting

Countries OPEC *f*

open ['əʊpən] **I.** *adj* ❶ (*not closed*) *container, eyes, garment, door, window* offen, auf *präd fam; pass also* geöffnet; *book* aufgeschlagen; *flower* aufgeblüht; *map* auseinandergefaltet; **wide ~** [sperrangel]weit geöffnet; **to burst ~** *bag, case* aufgehen; **to push sth ~** etw aufstoßen; (*violently*) etw mit Gewalt öffnen ❷ *pred* (*for customers, visitors*) *shop, bar, museum* geöffnet, offen; **is the supermarket ~ yet?** hat der Supermarkt schon auf? *fam* ❸ (*not yet decided*) *case, decision, question* offen; **the race is still wide ~** bei dem Rennen ist noch alles drin; **to be ~ to interpretation** Interpretationsspielraum bieten; **to have/keep an ~ mind** unvoreingenommen sein/bleiben; **to keep one's options ~** sich *dat* alle Möglichkeiten offenhalten; **~ ticket** Ticket *nt* mit offenem Reisedatum ❹ (*not enclosed*) offen; **to be in the ~ air** an der frischen Luft sein; **on the ~ road** auf freier Strecke ❺ (*accessible to all*) offen, öffentlich zugänglich; **this library is not ~ to the general public** dies ist keine öffentliche Bibliothek; **the competition is ~ to anyone over the age of sixteen** an dem Wettbewerb kann jeder teilnehmen, der älter als 16 Jahre ist; **to have ~ access to sth** freien Zugang zu etw *dat* haben ❻ (*not concealed*) offen; *resentment* unverhohlen; *scandal* öffentlich ❼ *pred* (*frank*) *person* offen; **to be ~ with sb** offen zu jdm sein ❽ *pred* (*willing to accept*) ▪ **to be ~ to sth** für etw *akk* offen sein ❾ (*available*) frei, verfügbar; *offer* freibleibend; **there are still lots of opportunities ~ to you** dir stehen noch viele Möglichkeiten offen ❿ *pred* (*exposed*) offen, ungeschützt; MIL ungedeckt; **to be ~ to attack** Angriffen ausgesetzt sein; **to be ~ to criticism** kritisierbar sein; **to be ~ to doubt** zweifelhaft sein ⓫ SPORTS offen; **~ champion** Sieger(in) *m(f)* einer offenen Meisterschaft ⓬ SPORTS (*unprotected*) *game, style of play* ungedeckt ⓭ (*letting in air*) durchlässig, porös ▸ **to be an ~ book** *person* [wie] ein offenes Buch sein; *thing* ein Kinderspiel sein **II.** *n* ❶ *no pl* (*out of doors*) ▪ [out] in the **~** draußen; (*in the open air*) im Freien ❷ *no pl* (*not secret*) **to bring sth out into the ~** etw publik machen; **to come out into the ~** ans Licht kommen ❸ SPORTS (*competition*) ▪ **O~** [offene] Meisterschaft **III.** *vi* ❶ (*from closed*) sich öffnen, aufgehen; **the door ~s much more easily now** die Tür lässt sich jetzt viel leichter öffnen; **I can't get the door to ~!** ich kann die Tür nicht aufkriegen! ❷ (*give access*) ▪ **to ~ onto sth** [direkt] zu etw *dat* führen ❸ *cafe, shop, museum* öffnen ❹ (*start*) *piece of writing or music, story* beginnen, anfangen; *film* anlaufen; *play* Premiere haben; **who's going to ~?** (*in cards*) wer kommt raus? ❺ (*become more visible*) sich zeigen ❻ (*start new business*) eröffnen, aufmachen **IV.** *vt* ❶ (*change from closed*) *book, magazine, newspaper* aufschlagen; *box, window, bottle* aufmachen; *curtains* aufziehen; *eyes, letter* öffnen; *map* auffalten; (*also fig*) *mouth* aufmachen ❷ (*begin*) *meeting, rally* eröffnen; **to ~ fire** MIL das Feuer eröffnen ❸ (*set up*) *bank account, business* eröffnen ❹ (*for customers, visitors*) *shop, museum* öffnen ❺ (*declare ready for use*) *building* einweihen; **to ~ a road/tunnel** eine Straße/einen Tunnel für den Verkehr freigeben ❻ (*break new ground*) erschließen ▸ **to ~ sb's eyes to sb/sth** jdm die Augen über jdn/etw öffnen; **to ~ the floodgates** [**to sb/sth**] [jdm/etw] Tür und Tor öffnen ◆ **open out I.** *vi* ❶ (*move apart*) sich ausbreiten ❷ (*unfold*) *map* sich auffalten lassen; *flower* aufblühen, sich öffnen ❸ (*grow wider*) sich erweitern; *street, river* breiter werden; (*grow bigger*) sich vergrößern; *group* anwachsen (**into** zu) ❹ (*become more confiding*) *person* sich öffnen; **to ~ out to sb** sich jdm gegenüber öffnen **II.** *vt* (*unfold*) **to ~ out** ○ **a folding bed** [*or* AM **cot**] ein Feldbett aufschlagen; **to ~ out** ○ **a map/newspaper** eine [Land]karte auseinanderfalten/eine Zeitung aufschlagen ◆ **open up I.** *vi* ❶ (*start business*) *shop* eröffnen ❷ (*become more confiding*) *person* sich öffnen ❸ (*shoot*) das Feuer eröffnen ❹ (*accelerate*) Gas geben ▸ **to wish the earth would ~ up** am liebsten in den [Erd]boden versinken wollen **II.** *vt* ❶ (*from closed*) *car, house, shop* aufschließen; *door, window* aufmachen; *canal, pipe* passierbar machen ❷ (*make available*) ▪ **to ~ up** ○ **sth to sb/sth** [jdm/etw] etw zugänglich machen ❸ (*expand*) erweitern ❹ MED (*fam: operate on*) aufschneiden

'open-air *adj* im Freien *nach n;* **~ concert** Open-Air-Konzert *nt;* **~ stage** Freilichtbühne *f;* **~ swimming pool** Freibad *nt* **'open·cast** *adj* BRIT **~ mining** Tagebau *m* **open 'cred·it** *n no pl* offener Kredit **open-'end·ed** *adj* mit offenem Ausgang *nach n; question* ungeklärt

open·er ['əʊpənə] *n* ❶ (*opening device*) Öffner *m* ❷ (*remark*) Anfang *m* ❸ AM (*fam: at first*) **for ~s** für den Anfang

open-'eyed *adv* mit großen Augen **open-heart 'sur·gery** *n no pl* Operation *f* am offenen Herzen

open·ing ['əʊpənɪŋ] **I.** *n* ❶ *no pl* (*action*)

Öffnen nt, Aufmachen nt; (of shop) **hours of ~** Öffnungszeiten pl ② (hole) Öffnung f; (in traffic) Lücke f; (in woods) Lichtung f ③ (opportunity) günstige Gelegenheit; (job) freie Stelle ④ (vulnerable spot) Blöße f ⑤ (introduction) Einführung f; of a novel Einleitung f; of a film Anfang m; of a trial [Verhandlungs]eröffnung f ⑥ (inauguration) Eröffnung f ⑦ (first performance) Premiere f **II.** adj attr (at beginning) Anfangs-, Eröffnungs-

open·ing 'bal·ance n Eröffnungsbilanz f
open·ing 'bid n Eröffnungsgebot nt
'open·ing hours npl Öffnungszeiten pl
'open·ing night n THEAT Premierenabend m
'open·ing time n Öffnungszeit f
open·ly ['əʊpənli] adv ① (frankly) offen ② (publicly) öffentlich
open 'mar·ket n offener Markt
open-'mind·ed adj ① (to new ideas) aufgeschlossen; (not prejudiced) unvoreingenommen **open-'mouthed** adj ① pred (with open mouth) mit offenem Mund ② attr (shocked) [sichtlich] betroffen
open·ness ['əʊpənnəs] n no pl ① (frankness) Offenheit f ② (publicness) Öffentlichkeit f ③ (in character) offenes Wesen ④ (lack of obstruction) of view, expanse Weitläufigkeit f; of a room Geräumigkeit f
open-'plan adj room offen angelegt **open 'pris·on** n BRIT offenes Gefängnis
Open Uni·'ver·sity n no pl esp BRIT ≈ Fernuniversität f
op·era ['ɒpərə] n Oper f
op·er·a·ble ['ɒpərəbl] adj ① (functioning) funktionsfähig; AUTO fahrtüchtig ② MED tumour, cancer operabel
'op·era glasses npl Opernglas nt **'op·era house** n Opernhaus nt **'op·era sing·er** n Opernsänger(in) m(f)
op·er·ate ['ɒpəreɪt] **I.** vi ① (work, run) funktionieren ② (act) vorgehen; MIL operieren; [criminal] mind arbeiten ③ (produce an effect) [be]wirken ④ (perform surgery) ■ **to ~ on sb/sth** jdn/etw operieren ⑤ (do business) operieren geh **II.** vt ① (work) bedienen ② (manage) betreiben ③ (perform) ausführen
op·er·at·ing ['ɒpəreɪtɪŋ] **I.** n no pl MED Operieren nt **II.** adj attr ① (in charge) Dienst habend ② MED Operations- ③ COMPUT **~ system (OS)** Betriebssystem nt
op·er·a·tion [ˌɒpə'reɪʃən] n ① no pl (way of functioning) Funktionsweise f; of a theory Umsetzung f; day-to-day gewöhnlicher Betriebsablauf ② no pl (functioning state) Betrieb m; LAW Wirksamkeit f; **to come into ~ machine** in Gang kommen; plan, rule, law in Kraft treten; **to put sth into ~ machine** etw in Betrieb nehmen; regulations etw anwenden; scheme, plan etw in die Tat umsetzen ③ (process) Vorgang m ④ (business) Geschäft nt ⑤ (activity) Unternehmung f; MIL Operation f; **humanitarian ~** humanitärer Einsatz; **rescue ~** Rettungsaktion f; **undercover ~** MIL verdeckte Operation ⑥ (surgery) Operation f
op·er·a·tion·al [ˌɒpə'reɪʃənəl] adj ① (in business) betrieblich, Betriebs- ② (functioning) betriebsbereit
op·er·a·tive ['ɒpərətɪv] **I.** n ① (in a factory) [Fach]arbeiter(in) m(f) ② (detective) Privatdetektiv(in) m(f); (secret agent) Geheimagent(in) m(f) **II.** adj ① (functioning) in Betrieb präd; regulations gültig ② attr (surgical) operativ
op·er·a·tor ['ɒpəreɪtə'] n ① (worker) Bediener(in) m(f); **machine ~** Maschinist(in) m(f) ② (switchboard worker) Telefonist(in) m(f); (at telephone company) ≈ Vermittlung f ③ (company) Unternehmer(in) m(f) ④ (tour ~) Reiseveranstalter(in) m(f) ⑤ (fam: clever person) gewiefte Person; **he is a canny ~ in wage negotiations** er ist ein schlauer Verhandlungspartner bei Lohnverhandlungen; **smooth ~** Schlawiner m fam
op·er·et·ta [ˌɒpə'retə] n Operette f
oph·thal·mic [ɒf'θælmɪk] adj attr Augen-, ophthalmisch fachspr; **~ optician** Augenoptiker(in) m(f)
oph·thal·mo·lo·gist [ˌɒfθæl'mɒlədʒɪst] n Augenarzt m, Augenärztin f
opi·ate ['əʊpiət] n Opiat nt
opin·ion [ə'pɪnjən] n ① (belief) Meinung f, Ansicht f; **popular ~** weit verbreitete Meinung; **public ~** die öffentliche Meinung f; Einstellung f, Standpunkt m (**on** zu); **difference of ~** Meinungsverschiedenheit f; **just a matter of ~** reine Ansichtssache; **sb's ~ on sb changes** jdn ändert seine Meinung über jdn; **to have a high/bad ~ of sb/sth** von jdm/etw eine hohe/keine gute Meinung haben; **to have a high ~ of oneself** sehr von sich dat überzeugt sein; **to express an ~ on sth** seine Meinung zu etw dat äußern; **to form an ~** sich dat eine Meinung bilden; **in my ~** meiner Meinung nach
opin·ion·at·ed [ə'pɪnjəneɪtɪd] adj (pej) rechthaberisch **o'pin·ion poll** n Meinungsumfrage f
opi·um ['əʊpiəm] n no pl Opium nt; **~ den** Opiumhöhle f
opos·sum <pl -s or -> [ə'pɒsəm] n Opossum nt
op·po·nent [ə'pəʊnənt] n POL Widersa-

giving opinions

expressing opinions/views

I **think** she should apologize for her behaviour.

In my opinion he was a highly gifted artist.

I **believe/am of the opinion/take the view that** everyone should receive a minimum income.

The purchase of more machinery is, **in my opinion**, not a sensible option.

Meinungen/Ansichten ausdrücken

Ich finde/meine, sie sollte sich für Ihr Verhalten entschuldigen.

Er war **meiner Meinung nach** ein begnadeter Künstler.

Ich glaube,/Ich bin der Meinung,/Ich bin der Ansicht, dass jeder ein Mindesteinkommen erhalten sollte.

Die Anschaffung weiterer Maschinen ist **meines Erachtens** nicht sinnvoll.

asking for opinions and assessments

What's your opinion?

What do you think (about it)?

How do **you think** we should proceed?

What do you think/make of the new government?

Do you find this game boring?

Do you think I can go like this?

What do you think of her new boyfriend?

How do you like my new hair colour?

Does this theory **mean anything to you?**

What's your opinion of our new product?

Meinungen erfragen, um Beurteilung bitten

Was ist Ihre Meinung?

Was meinen Sie (dazu)?

Wie sollten wir **Ihrer Meinung nach** vorgehen?

Was halten Sie von der neuen Regierung?

Findest du das Spiel langweilig?

Denkst du, so kann ich gehen?

Was sagst du zu ihrem neuen Freund?

Wie gefällt dir meine neue Haarfarbe?

Kannst du mit dieser Theorie **etwas anfangen?**

Wie beurteilen Sie unser neues Produkt?

---

cher(in) *m(f)*; SPORTS Gegner(in) *m(f)*
op·por·tune ['ɒpətjuːn] *adj* angebracht; *chance* passend; *moment* geeignet
op·por·tun·ism [ˌɒpə'tjuːnɪzəm] *n no pl* Opportunismus *m*
op·por·tun·ist [ˌɒpə'tjuːnɪst] **I.** *n* Opportunist(in) *m(f)* **II.** *adj (pej)* opportunistisch
op·por·tu·ni·ty [ˌɒpə'tjuːnəti] *n* ❶ *(occasion)* Gelegenheit *f;* **a window of ~** eine Chance; **at the earliest ~** bei der erstbesten Gelegenheit; **at every ~** bei jeder Gelegenheit; **to get the ~ of doing sth** die Chance erhalten, etw zu tun; **to grab an ~** eine Gelegenheit ergreifen ❷ *(for advancement)* Möglichkeit *f*
op·pose [ə'pəʊz] *vt* ❶ *(disapprove)* ablehnen ❷ *(resist)* ■ **to ~ sb/sth** sich jdm/etw widersetzen; *(actively)* gegen jdn/etw vorgehen ❸ SPORTS ■ **to ~ sb** gegen jdn antreten

❹ POL ■ **to ~ sb** jds Gegenspieler(in) *m(f)* sein; *(election)* jds Herausforderer(in) *m(f)*
op·posed [ə'pəʊzd] *adj pred* ❶ *(against)* ■ **to be ~ to sth** gegen etw *akk* sein ❷ *(contrary)* ■ **as ~ to** im Gegensatz zu *+dat*
op·pos·ing [ə'pəʊzɪŋ] *adj attr* entgegengesetzt; *(in conflict)* einander widersprechend; *opinion* gegensätzlich; *team* gegnerisch
op·po·site ['ɒpəzɪt] **I.** *n* Gegenteil *nt;* **they are complete ~s** sie sind einander total gegensätzlich **II.** *adj* ❶ *(contrary) interests* gegensätzlich ❷ *(facing)* gegenüberliegend; *direction* entgegengesetzt; *(after n)* **who owns that shop ~?** wem gehört der Laden gegenüber? **III.** *adv* gegenüber; **she asked the man sitting ~ what time it was** sie fragte den ihr gegenübersitzenden Mann nach der Uhrzeit **IV.** *prep* ❶ *(across from)*

gegenüber +*dat* ❷ FILM, TV, THEAT (*acting with*) **to play ~ sb** jds Gegenrolle spielen

op·po·si·tion [ˌɒpəˈzɪʃən] *n* ❶ *no pl* (*resistance*) Widerstand *m* (**to** gegen) ❷ + *sing/pl vb* (*party not in power*) Opposition[spartei] *f*; **leader of the O–** Oppositionsführer(in) *m(f)* ❸ (*contrast*) Gegensatz *m*; ■ **in ~ to sth** im Gegensatz zu etw *dat* ❹ (*opposing player*) Gegner(in) *m(f)* ❺ + *sing/pl vb* (*opposing team*) gegnerische Mannschaft ❻ ASTROL Opposition *f*

op·press [əˈpres] *vt* ❶ (*subjugate*) unterdrücken ❷ (*overburden*) bedrücken

op·pres·sion [əˈpreʃən] *n no pl* ❶ (*subjugation*) Unterdrückung *f* ❷ (*burden*) Druck *m*

op·pres·sive [əˈpresɪv] *adj* ❶ (*harsh*) *regime* unterdrückerisch; *taxes* drückend ❷ (*hard to bear*) erdrückend; *atmosphere* bedrückend ❸ (*stifling*) *heat, weather* drückend

op·pres·sor [əˈpresə*r*] *n* Unterdrücker(in) *m(f)*

opt [ɒpt] *vi* ■ **to ~ for sth** sich für etw *akk* entscheiden ◆ **opt in** *vi* sich beteiligen ◆ **opt out** *vi* nicht mitmachen; (*withdraw*) aussteigen *fam*

op·tic [ˈɒptɪk] **I.** *n* PHOT optisches Teil (*in einem Gerät*) **II.** *adj attr* Seh-

op·ti·cal [ˈɒptɪkəl] *adj* optisch

op·ti·cian [ɒpˈtɪʃən] *n* Optiker(in) *m(f)*

op·tics [ˈɒptɪks] *npl* + *sing vb* Optik *f kein pl*

op·ti·mal [ˈɒptɪməl] *adj* optimal

op·ti·mism [ˈɒptɪmɪzəm] *n no pl* Optimismus *m*

op·ti·mist [ˈɒptɪmɪst] *n* Optimist(in) *m(f)*

op·ti·mis·tic [ˌɒptɪˈmɪstɪk] *adj* optimistisch

op·ti·mize [ˈɒptɪmaɪz] *vt* optimieren

op·ti·mum [ˈɒptɪməm] **I.** *n* <*pl* -tima *or* -s> Optimum *nt* **II.** *adj* optimal

op·tion [ˈɒpʃən] *n* ❶ (*choice*) Wahl *f*; (*possibility*) Möglichkeit *f*; **to not be an ~** nicht in Frage kommen ❷ (*freedom to choose*) Wahlmöglichkeit *f* ❸ (*right to buy or sell*) Option *f* ❹ *usu pl* (*stock option*) Option *f*

op·tion·al [ˈɒpʃənəl] *adj* wahlfrei

opu·lence [ˈɒpjələn(t)s] *n no pl* ❶ (*wealth*) Wohlstand *m* ❷ (*abundance*) Überfluss *m*

opu·lent [ˈɒpjələnt] *adj* ❶ (*affluent*) wohlhabend; *lifestyle* aufwendig ❷ (*luxurious*) luxuriös ❸ (*abundant*) üppig

or [ɔːr] *conj* ❶ (*as a choice*) oder ❷ (*otherwise*) sonst; **~ else** sonst; ■ **either … ~ …** entweder…[,] oder ❸ (*and also not*) ■ **not … ~ …** weder … noch … ❹ (*also called*) beziehungsweise ❺ (*being non-specific or unsure*) **someone/something/somewhere/sometime ~ other** [irgend]jemand/[irgend]etwas/irgendwo/irgendwann; **meet me at 10:00 ~** so at the cafe treffen wir uns so gegen zehn im Café *fam*

ora·cle [ˈɒrəkl] *n* ❶ (*place*) Orakel *nt* ❷ (*person*) Seher(in) *m(f)* ❸ (*response*) Orakelspruch *m* ❹ (*fig: adviser*) Autorität *f*

oracu·lar [ɒrˈækjələr] *adj* ❶ (*mysterious*) orakelhaft ❷ (*of an oracle*) Orakel-

oral [ˈɔːrəl] **I.** *adj* ❶ (*spoken*) mündlich ❷ MED, PSYCH oral **II.** *n* mündliches Examen

or·ange [ˈɒrɪndʒ] **I.** *n* ❶ (*fruit*) Orange *f*, Apfelsine *f* ❷ (*colour*) Orange *nt* **II.** *adj* ❶ (*blossom, drink, ice, segment, tree*) Orangen- ❷ (*colour*) orange[farben]

or·ange·ade [ˌɒrɪndʒˈeɪd] *n* BRIT Orangenlimonade *f* ◆ **'or·ange juice** *n no pl* Orangensaft *m*

Or·ange·man [ˈɒrɪndʒmən] *n* Mitglied *nt* des Oranierordens

'or·ange peel *n* Orangenschale *f*

orang-outang [ɔːˈræŋuːtæn] *n*, **orangutan** *n* Orang-Utan *m*

ora·tion [ɔːˈreɪʃən] *n* (*speech*) [feierliche] Rede; (*address*) [förmliche] Ansprache

ora·tor [ˈɒrətər] *n* Redner(in) *m(f)*

ora·tori·cal [ˌɒrəˈtɒrɪkəl] *adj* rednerisch

ora·to·rio [ˌɒrəˈtɔːriəʊ] *n* MUS Oratorium *nt*

orb [ɔːb] *n* (*hist: of a king*) Reichsapfel *m*

or·bit [ˈɔːbɪt] **I.** *n* ❶ (*constant course*) Umlaufbahn *f* ❷ (*trip around*) Umkreisung *f* ❸ (*fig: influence*) [Einfluss]bereich *m* ❹ (*eye socket*) Augenhöhle *f* **II.** *vi* kreisen **III.** *vt* ❶ (*circle around*) umkreisen ❷ (*put into orbit*) *rocket, satellite* in die Umlaufbahn bringen

or·bit·al [ˈɔːbɪtəl] **I.** *n* PHYS Orbital *nt o m fachspr* **II.** *adj* orbital

or·chard [ˈɔːtʃəd] *n* Obstgarten *m*

or·ches·tra [ˈɔːkɪstrə] *n* ❶ + *sing/pl vb* (*musicians*) Orchester *nt* ❷ (*orchestra pit*) Orchestergraben *m*

or·ches·tral [ɔːˈkestrəl] *adj* Orchester-, orchestral

'or·ches·tra pit *n* Orchestergraben *m* ◆ **or·ches·tra stalls** *n* BRIT Parkett *m*

or·ches·trate [ˈɔːkɪstreɪt] *vt* ❶ MUS orchestrieren ❷ (*fig*) organisieren

or·ches·tra·tion [ˌɔːkɪˈstreɪʃən] *n* ❶ (*of music*) Orchestration *f* ❷ (*of an event*) Organisation *f*

or·chid [ˈɔːkɪd] *n* Orchidee *f*

or·dain [ɔːˈdeɪn] *vt* ❶ REL ordinieren ❷ (*decree*) bestimmen

or·deal [ɔːˈdiːl] *n* ❶ (*hist*) Gottesurteil *nt* ❷ (*fig: painful decision*) Zerreißprobe *f* ❸ (*torture*) Qual *f*

or·der [ˈɔːdər] **I.** *n* ❶ *no pl* (*being tidy, organized*) Ordnung *f*; **to put sth in ~** etw ordnen

❷ *no pl* (*sequence*) Reihenfolge *f*; **running ~** BRIT Programmablauf *m*; **word ~** Wortstellung *f* ❸ (*command*) Befehl *m*; LAW Verfügung *f*; **doctor's ~s** ärztliche Anweisung ❹ (*in a restaurant*) Bestellung *f*; (*portion*) Portion *f* ❺ COMM (*request*) Bestellung *f*; (*to make sth also*) Auftrag *m*; **to put in an ~** eine Bestellung aufgeben; (*to make sth also*) einen Auftrag erteilen ❻ FIN Zahlungsanweisung *f* ❼ STOCKEX Auftrag *m* ❽ *no pl* (*observance of rules, correct behaviour*) Ordnung *f*; (*discipline*) Disziplin *f*; **~ ! [~ !] please quieten down!** Ruhe bitte! Seien Sie bitte leise!; **to be in ~** in Ordnung sein; **to be out of ~** BRIT (*fam*) *person* sich danebenbenehmen; *behaviour* aus dem Rahmen fallen; **to restore ~** die Ordnung wiederherstellen ❾ *no pl* POL, ADMIN (*prescribed procedure*) Verfahrensweise *f*; (*in the House of Commons*) Geschäftsordnung *f* ❿ *no pl* (*condition*) Zustand *f*; **to be in good ~** in einem guten Zustand sein; (*work well*) gut funktionieren; **to be in working ~** (*ready for use*) funktionsbereit sein; (*functioning*) funktionieren; **to be out of ~** (*not ready for use*) nicht betriebsbereit sein; (*not working*) nicht funktionieren; **"out of ~"** "außer Betrieb" ⓫ *no pl* (*intention*) ■**in ~ to do sth** um etw zu tun; ■**in ~ for ...** damit ... ⓬ (*type*) Art *f*; (*dimension*) **~ [of magnitude]** Größenordnung *f*; **of the highest ~** (*quality*) hochgradig; (*quality*) von höchster Qualität; **of the ~ of sth** in der Größenordnung einer S. *gen* ⓭ (*system, constitution*) Ordnung *f* ⓮ *usu pl* BRIT (*social class*) Schicht *f*; (*social rank*) [gesellschaftlicher] Rang ⓯ BIOL Ordnung *f* ⓰ REL (*society*) [geistlicher] Orden *m* ⓱ (*medal*) Orden *m* ⓲ MATH Ordnung *f* ⓳ REL ■**~s** *pl* Weihe *f* ▸ **to be the ~ of the day** an der Tagesordnung sein **II.** *vi* bestellen; **are you ready to ~?** möchten Sie schon bestellen? **III.** *vt* ❶ (*decide, decree*) anordnen ❷ (*command*) befehlen ❸ (*in a restaurant*) bestellen ❹ COMM (*request*) bestellen; (*to be made also*) in Auftrag geben ❺ (*arrange*) ordnen
◆ **order about, order around** *n* herumkommandieren *fam*

'**or·der book** *n* Auftragsbuch *nt* '**or·der form** *n* Bestellformular *nt*

or·der·ly ['ɔːdəli] **I.** *n* ❶ (*hospital attendant*) ≈ [Kranken]pfleger(in) *m(f)*; (*unskilled*) Hilfskraft *f* (*in Betreuungseinrichtungen*) ❷ MIL (*carrier of orders*) Ordonnanz *f* geh; (*medical sergeant*) Sanitätsunteroffizier *m* **II.** *adj* ❶ (*methodical*) geordnet; (*tidy*) ordentlich; *room* aufgeräumt ❷ (*well-behaved*) gesittet; *demonstration* friedlich

or·di·nal ['ɔːdɪnl] *n*, **or·di·nal 'num·ber** *n* Ordinalzahl *f*

or·di·nance ['ɔːdɪnən(t)s] *n* ❶ (*law*) Verordnung *f* ❷ (*rite*) Ritus *m*

or·di·nary ['ɔːdənri] **I.** *adj* gewöhnlich, normal **II.** *n* ❶ *no pl* (*normal state*) ■**the ~** das Übliche; **out of the ~** außergewöhnlich; **nothing out of the ~** nichts Ungewöhnliches ❷ BRIT (*judge*) ordentlicher Richter/ordentliche Richterin ❸ (*archbishop, bishop*) Ordinarius *m*

or·di·nary 'sea·man *n* BRIT Leichtmatrose *m* **or·di·nary 'share** *n* Stammaktie *f*

ord·nance ['ɔːdnən(t)s] *n no pl* MIL Geschütze *pl*

Ord·nance 'Sur·vey *n*, **OS** *n* BRIT amtliche Landvermessung

or·dure ['ɔːdjʊəʳ] *n no pl* Mist *m*; (*fig*) Schund *m*

ore [ɔːʳ] *n* Erz *nt*

or·ega·no [ˌɒrɪˈɡɑːnəʊ] *n no pl* Oregano *nt*

or·gan ['ɔːɡən] **I.** *n* ❶ MUS Orgel *f* ❷ ANAT Organ *nt* ❸ (*fig: mouthpiece*) Organ *nt* **II.** *adj* MUS (*bench, music, piece, player, solo*) Orgel-
'**or·gan do·nor** *n* Organspender(in) *m(f)*
'**or·gan grind·er** *n* Drehorgelspieler(in) *m(f)*

or·gan·ic [ɔːˈɡænɪk] *adj* ❶ (*of bodily organs*) organisch ❷ (*living*) organisch ❸ AGR **~ fruits** Obst *nt* aus biologischem Anbau; **~ farming methods** biodynamische Anbaumethoden

or·gan·ism ['ɔːɡənɪzəm] *n* Organismus *m*

or·gan·ist ['ɔːɡənɪst] *n* Organist(in) *m(f)*

or·gan·i·za·tion [ˌɔːɡənaɪˈzeɪʃən] *n* ❶ *no pl* (*action*) Organisation *f* ❷ + *sing/pl vb* (*association, company*) Organisation ❸ *no pl* (*tidiness*) Ordentlichkeit ❹ *no pl* (*composition*) Anordnung *f*; *of a painting* Aufbau *m*; *of a room* Aufteilung *f*

or·gan·i·za·tion·al [ˌɔːɡənaɪˈzeɪʃənəl] *adj* organisatorisch

or·gan·i·za·tion chart *n* ECON Organisationsplan *m* **Or·gan·i·za·tion of Pe·tro·leum Ex·port·ing Coun·tries** (**OPEC**) *n no pl, + sing/pl vb* die Organisation Erdöl exportierender Länder

or·gan·ize ['ɔːɡənaɪz] *vt* ❶ (*into a system*) *activities* organisieren; *books, files* ordnen; *space* aufteilen ❷ POL [politisch] organisieren ❸ (*prepare*) vorbereiten; *committee, search party, team* zusammenstellen

or·gan·ized ['ɔːɡənaɪzd] *adj* organisiert

or·gan·iz·er ['ɔːɡənaɪzəʳ] *n* ❶ (*book*) Terminplaner *m* ❷ (*person*) Organisator(in) *m(f)*

or·gasm ['ɔːɡæzəm] **I.** *n* Orgasmus *m* **II.** *vi* einen Orgasmus haben

or·gas·mic [ɔːˈɡæzmɪk] *adj* orgastisch geh; (*fig fam*) aufregend

orgy ['ɔ:dʒi] n Orgie f

ori·ent vt esp AM ❶ (position) ▪ to ~ sth etw dat eine Richtung geben ❷ (determine position) ▪ to ~ oneself sich orientieren ❸ (gear) ▪ to ~ oneself to[ward] sb/sth sich auf jdn/etw einstellen

ori·en·tal [ˌɔ:ri'ent³l] adj orientalisch

ori·en·tate ['ɔ:riənteɪt] vt ❶ (determine position) ▪ to ~ oneself [by sth] sich [nach etw dat] orientieren ❷ (make familiar) ▪ to ~ oneself sich zurechtfinden ❸ (gear) ▪ to ~ oneself to[ward] sb/sth sich nach jdm/etw richten; ▪ to ~ sth to[wards] sth etw auf etw akk hin ausrichten

ori·en·ta·tion [ˌɔ:riən'teɪʃ³n] n ❶ no pl (being oriented) Orientierung f; **to get one's ~** sich orientieren können; **to lose one's ~** die Orientierung verlieren ❷ (tendency) Ausrichtung f ❸ (attitude) Orientierung f; **political ~** politische Gesinnung; **sexual ~** sexuelle Neigung ❹ (introduction) Einweisung f ❺ (direction) of a ship Kursbestimmung f; of rocks Ausrichtung f; of atoms, radicals Orientierung f

ori·en·teer·ing [ˌɔ:riən'tɪərɪŋ] n no pl Orientierungslauf m

ori·fice ['ɒrɪfɪs] n Öffnung f

ori·gin ['ɒrɪdʒɪn] n ❶ (beginning, source) Ursprung m; of a river Quelle f; **in ~** ursprünglich ❷ (place sth/sb comes from) Herkunft f kein pl; (ancestry also) Abstammung f kein pl ❸ MATH [Koordinaten]ursprung m

origi·nal [ə'rɪdʒɪn³l] I. n Original nt II. adj ❶ (first) ursprünglich; **the ~ version** die Originalversion; of a book die Originalausgabe ❷ (unique) originell; (innovative) bahnbrechend; (creative) kreativ ❸ (from creator) original; **is this an ~ Rembrandt?** ist das ein echter Rembrandt?; ~ **painting** Original nt

origi·nal·ity [əˌrɪdʒɪ'næləti] n no pl Originalität f **origi·nal·ly** [ə'rɪdʒɪn³li] adv ❶ (at first) ursprünglich ❷ (uniquely) außergewöhnlich

origi·nate [ə'rɪdʒɪneɪt] I. vi entstehen, seinen Anfang nehmen; **I think the rumour ~d with Janet** ich glaube, Janet hat das Gerücht in die Welt gesetzt; **to ~ in Stuttgart/London** aus Stuttgart/London kommen; aeroplane von Stuttgart/London starten; train, bus von Stuttgart/London losfahren II. vt hervorbringen; (invent) erfinden; **to ~ a rumour** ein Gerücht in die Welt setzen; **to ~ a story** eine Geschichte in Umlauf bringen

Ork·ney Is·lands ['ɔ:kniˌaɪləndz], **Ork·neys** npl ▪ **the ~** die Orkneyinseln pl

or·na·ment I. ['ɔ:nəmənt] n ❶ (pretty object) Ziergegenstand m; (figurine) Figürchen nt; **Christmas ~s** Weihnachtsschmuck m ❷ no pl (adornment) Schmuck m; (decoration) Dekoration f ❸ (fig: adding beauty or honour) Zierde f ❹ usu pl (in music) Ornament nt II. vt dekorieren

or·na·men·tal [ˌɔ:nə'ment³l] adj Zier-, dekorativ

or·na·men·ta·tion [ˌɔ:nəmən'teɪʃ³n] n ❶ (form) ❶ (thing) Verzierung f; ART Ornament nt ❷ no pl (act) Verzieren nt; (of a room, text) Ausschmückung f

or·nate [ɔ:'neɪt] adj object prunkvoll; music ornamentreich; language, style kunstvoll; (pej) geschraubt

or·ni·tholo·gist [ˌɔ:nɪ'θɒlədʒɪst] n Ornithologe, Ornithologin m, f

or·ni·thol·ogy [ˌɔ:nɪ'θɒlədʒi] n no pl Ornithologie f

or·phan ['ɔ:f³n] I. n Waise f II. adj Waisen-, verwaist f III. vt ▪ **to be ~ed** [zur] Waise werden

or·phan·age ['ɔ:f³nɪdʒ] n Waisenhaus nt

ortho·don·tist [ˌɔ:θə(ʊ)'dɒntɪst] n Kieferorthopäde(in) m(f)

ortho·dox ['ɔ:θədɒks] adj ❶ (generally accepted) herkömmlich; (not innovative) starr ❷ (strictly religious) strenggläubig ❸ (of the Orthodox Church) orthodox

ortho·doxy ['ɔ:θədɒksi] n ❶ (practice) verbreitete Denkweise ❷ no pl (quality) Rechtgläubigkeit f ❸ REL (group) die Orthodoxen pl

or·thogo·nal [ɔ:'θɒɡ³n³l] adj MATH orthogonal

ortho·graph·ic [ˌɔ:θə(ʊ)'ɡræfɪk] adj orthographisch geh, Rechtschreib-

or·thog·ra·phy [ɔ:'θɒɡrəfi] n no pl Orthographie f geh

ortho·pae·dic [ˌɔ:θə(ʊ)'pi:dɪk] adj orthopädisch

ortho·pae·dics [ˌɔ:θə(ʊ)'pi:dɪks] n + sing vb Orthopädie f

ortho·pae·dist [ˌɔ:θə(ʊ)'pi:dɪst] n Orthopäde(in) m(f)

orthopedic adj AM see **orthopaedic**

ortho·pe·dics adj AM see **orthopaedics**

ortho·ped·ist n AM see **orthopaedist**

OS¹ [ˌəʊ'es] n COMPUT abbrev of **operating system**

OS² [ˌəʊ'es] n BRIT abbrev of **Ordnance Survey**

os·cil·late ['ɒsɪleɪt] I. vi ❶ (swing) schwingen ❷ (fig: fluctuate) [hin und her] schwanken II. vt ▪ **to ~ sth** etw pendeln lassen

os·cil·la·tion [ˌɒsɪ'leɪʃ³n] n ❶ (movement) Schwingung f ❷ (fig: fluctuation of moods) Schwankung nt

os·cil·lo·scope [ə'sɪləskəʊp] n Schwingungsmesser m

osier ['əʊziə'] I. n BOT (tree) Korbweide f; (branch) Weidenrute f II. adj (basket) Wei-

os·mo·sis [ɒzˈməʊsɪs] *n no pl* BIOL, CHEM Osmose *f*; **by ~** durch Osmose
os·prey [ˈɒspreɪ] *n* Fischadler *m*
os·si·fy <-ie-> [ˈɒsɪfaɪ] **I.** *vi (also fig: become bone)* verknöchern **II.** *vt* **to ~ sth** etw erstarren lassen *fig*
os·ten·sible [ɒˈsten(t)səbl] *adj attr* angeblich
os·ten·ta·tion [ˌɒstenˈteɪʃən] *n no pl* Großtuerei *f*
os·ten·ta·tious [ˌɒstenˈteɪʃəs] *adj* prahlerisch; *lifestyle* protzig; *gesture* demonstrativ
os·teo·ar·thri·tis [ˌɒstiəʊɑːˈθraɪtɪs] *n no pl* Arthrose *f*, Osteoarthritis *f fachspr*
os·teo·path [ˈɒstiə(ʊ)pæθ] *n* MED Osteopath(in) *m(f)*
os·teo·po·ro·sis [ˌɒstiəʊpəˈrəʊsɪs] *n no pl* MED Osteoporose *f*
os·tra·cism [ˈɒstrəsɪzəm] *n no pl* Ächtung *f*
os·tra·cize [ˈɒstrəsaɪz] *vt* ❶ *(exclude)* ächten ❷ *(banish)* verbannen
os·trich [ˈɒstrɪtʃ] **I.** *n* ORN Strauß *m* **II.** *adj (egg, feather, meat, nest)* Straußen
OT *n abbrev of* **Old Testament** AT *nt*
oth·er [ˈʌðə^r] **I.** *adj* ❶ *(different)* andere(r, s); **there's no ~ way** anders geht es nicht; **some ~ time** ein anderes Mal; **in ~ words** mit anderen Worten ❷ *(not long ago)* the **~ day** neulich; **the ~ evening/morning/night** neulich abends/morgens/nachts ❸ *(additional)* andere(r, s), weitere(r, s) ❹ *(alternative)* andere(r, s); **one's ~ half** *(euph)* meine bessere Hälfte; **on the ~ hand** andererseits; **every ~** jede(r, s) zweite; **one or ~** eine(r, s) von beiden ❺ *(not being exact)* **some man or ~** irgendein Mann *m*; **some time or ~** irgendwann [einmal]; **somehow or ~** irgendwie; **someone or ~** irgendwer; **something or ~** irgend[et]was ❻ *after n (except)* I've never told this to any person ~ than you außer dir habe ich das noch nie jemandem erzählt; **there was no choice ~ than to walk home** es blieb uns nichts anderes übrig, als nach Hause zu laufen **II.** *pron* ❶ *(the remaining)* ■**the ~** der/die/das andere; **one from the ~** voneinander; **one or the ~** eines davon ❷ + *sing Verb (either, or)* **one or [the] ~ of sth** eine(r, s) von etw *dat*
oth·er·wise [ˈʌðəwaɪz] *adv* ❶ *(differently)* anders; **all the people believe he is the thief, but all the evidence suggests ~** die Polizei hält ihn für den Dieb, aber das Beweismaterial spricht dagegen; **unless you let me know ~, ...** sofern ich nichts Gegenteiliges von dir höre, ... ❷ *(except for this)* sonst ❸ *(alternatively)* **Marion Morrison, ~ known as the film star John Wayne, ...** Marion Morrison, auch bekannt als der Filmstar John Wayne, ...; **to be ~ engaged** anderweitig zu tun haben
OTT [ˌəʊtiːˈtiː] BRIT *(fam) abbrev of* **over the top**: **her outfit was a bit ~** also diesmal ist sie mit ihrem Outfit definitiv zu weit gegangen!
ot·ter [ˈɒtə^r] *n* Otter *m*
OU [ˌəʊˈjuː] *n abbrev of* **Open University**
ouch [aʊtʃ] *interj* aua, autsch
ought [ɔːt] *aux vb* ❶ *(indicating duty)* ■**sb ~ to do sth** jd sollte etw tun; **we ~ not to have agreed** wir hätten nicht zustimmen sollen; **it ~ not to be allowed** das sollte nicht erlaubt sein ❷ *(indicating probability)* **they ~ to have arrived at lunchtime** sie hätten eigentlich um die Mittagszeit ankommen sollen; **ten minutes ~ to be enough time** zehn Minuten müssten eigentlich genügen; **will dinner be ready on time? — yes, it ~ to be** wird das Essen rechtzeitig fertig? – ja, das müsste hinhauen *fam* ❸ *(indicating advice)* ■**sb ~ to do sth** jd sollte etw tun
ounce [aʊn(t)s] *n* Unze *f*; **if he's got an ~ of common sense, ...** wenn er auch nur einen Funken gesunden Menschenverstand hat, ...; **there's not an ~ of truth to the rumour** an dem Gerücht ist aber auch überhaupt nichts dran
our [aʊə^r] *adj poss* unser(e)
ours [aʊəz] *pron poss (belonging to us)* unsere(r, s); **he's a cousin of ~** er ist ein Cousin von uns
our·selves [aʊəˈselvz] *pron reflexive* ❶ *after vb, prep (direct object)* uns; **we enjoyed ~ at the party very much** wir hatten großen Spaß bei der Party ❷ *(form: we, us)* wir ❸ *(emph: personally)* wir persönlich; **we invented it ~** wir erfanden das selbst; **to see/taste/hear/feel sth for ~** etw selbst sehen/kosten/hören/fühlen ❹ *(alone)* **we always do our taxes ~** wir machen unsere Steuererklärung; **to have sth [all] to ~** etw [ganz] für uns haben; ■**[all] by ~** [ganz] allein ❺ *(normal)* **to [just] be ~** [ganz] wir selbst sein; **to not be/feel/seem ~** nicht wir selbst sein/zu sein scheinen
oust [aʊst] *vt (expel)* vertreiben; *(by taking their position)* verdrängen
out [aʊt] **I.** *adj pred* ❶ **to be ~** *(absent)* abwesend sein; *(on strike)* sich im Ausstand befinden; *(demonstrating)* auf die Straße gehen; *(for consultation) jury* sich zurückgezogen haben; *(borrowed from the library)* entliehen sein ❷ *(outside)* ■**to be ~ [somewhere]** [irgendwo] draußen sein; *sun, moon, stars* am Himmel stehen; *prisoner* [wieder] draußen sein *fam* ❸ *(on the move)* ■**to be ~**

unterwegs sein; *army* ausgerückt sein; **to be ~ on one's rounds** seine Runde machen; **to be ~ and about** unterwegs sein; (*after an illness*) wieder auf den Beinen sein ❸ (*in blossom*) ■ **to be ~** blühen; *tree also* in Blüte stehen ❻ (*available*) ■ **to be ~** erhältlich sein; (*on the market*) auf dem Markt sein ❻ (*fam: existing*) **he's the best footballer ~** er ist der beste Fußballer, den es zurzeit gibt ❼ (*known*) ■ **to be ~** heraus sein; *secret* gelüftet sein; *news* bekannt sein; **[the] truth will ~** die Wahrheit wird ans Licht kommen ❽ ■ **to be ~** ❶ (*asleep*) schlafen; (*unconscious*) bewusstlos sein ❷ (*finished*) ■ **to be ~** aus sein; **school will be ~ in June** die Schule endet im Juni; **before the month/year is ~** vor Ende des Monats/Jahres ❿ SPORTS ■ **to be ~** ❶ (*not playing*) nicht [mehr] im Spiel sein; (*in cricket, baseball*) aus sein; (*outside a boundary*) *ball, player* im Aus sein ⓫ (*fam*) ■ **to be ~** *team, player* draußen sein; (*expelled, dismissed*) [raus]fliegen; **to be ~ on the streets** unemployed auf der Straße stehen; *homeless* obdachlos sein ⓬ (*fam*) ■ **to be ~** (*unacceptable*) unmöglich sein; (*unfashionable*) out sein ⓭ (*not possible*) ■ **to be ~** unmöglich sein ⓮ (*off*) ■ **to be ~** *light, TV* aus sein; *fire also* erloschen sein ⓯ (*inaccurate*) ■ **to be ~** falsch sein; *watch* falsch gehen ⓰ *homosexual* **to be ~** sich geoutet haben *fam* ⓱ *tide* **the tide is ~** es ist Ebbe **II.** *adv* ❶ (*not in sth*) außen; (*not in a room, flat*) draußen; (*outdoors*) draußen, im Freien; **"keep ~!"** „betreten verboten!"; **to keep sb/sth ~** jdn/etw nicht hereinlassen ❷ (*outwards*) heraus; (*seen from inside*) hinaus; (*facing the outside*) nach außen; (*out of a room, building also*) nach draußen; **get ~!** raus hier! *fam*; **can you find your way ~?** finden Sie selbst hinaus?; **~ with it** heraus damit! *fam;* **to turn sth inside ~** etw umstülpen; *clothes* etw auf links drehen ❸ (*away from home, for a social activity*) **to ask sb ~** [for a drink/meal] jdn [auf einen Drink/zum Essen] einladen; **to eat ~** im Restaurant essen; **to go ~** ausgehen ❹ (*removed*) [he]raus; (*extinguished*) aus; **to put a fire ~** ein Feuer löschen; **to cross sth ~** etw ausstreichen ❺ (*fully, absolutely*) **burnt ~** (*also fig*) ausgebrannt; *fuse* durchgebrannt; *candle* heruntergebrannt; **tired ~** völlig erschöpft; **~ and away** AM bei weitem ❻ (*aloud*) **she called ~ to him to stop** sie rief ihm zu, er solle anhalten; **to cry ~ in pain** vor Schmerzen aufschreien; **to laugh ~ [loud]** [laut] auflachen ❼ (*to an end, finished*) **"over and ~"** AVIAT „Ende"; **to die ~** aussterben; (*fig*) *applause* verebben; **to fight sth ~** etw [untereinander] austragen ❽ (*out of prison*) **to let sb ~** jdn freilassen ❾ (*unconscious*) **to knock sb ~** jdn bewusstlos schlagen; **to pass ~** in Ohnmacht fallen ❿ (*dislocated*) **to put one's back/shoulder ~** sich *dat* den Rücken verrenken/die Schulter ausrenken ⓫ (*open*) **to open sth ~** (*unfold*) etw auseinanderfalten; (*spread out*) etw ausbreiten; (*extend*) *furniture* etw ausziehen ⓬ (*outdated*) **to go ~** aus der Mode kommen ⓭ (*time off*) **to take ten minutes ~** eine Auszeit von zehn Minuten nehmen ⓮ *tide* **the tide is going ~** die Ebbe setzt ein ⓯ (*at a distant place*) draußen; **~ at sea** auf See; **~ west** im Westen; AM (*west coast*) an der Westküste **III.** *vt* ❶ **to ~ sb** ❶ (*eject*) jdn rausschmeißen *fam;* SPORTS jdn vom Platz stellen ❷ BOXING jdn k.o. schlagen ❸ *homosexual* jdn outen *fam* **IV.** *prep* (*fam*) aus; **to run ~ the door** zur Tür hinausrennen

'out-and-out *adj attr* ausgemacht, durch und durch *nach n*

'outback *n no pl* Hinterland *nt* [Australiens]; **to live in the ~** im [australischen] Busch leben

out·'bid <-bid, -bid> *vt* überbieten

'out·board, out·board 'mo·tor *n* Außenbordmotor *m*

'out·break *n of a disease, hostilities, a war* Ausbruch *m*

'out·build·ing *n* Nebengebäude *nt*

'out·burst *n* Ausbruch *m;* **an ~ of anger** ein Wutanfall *m*

'out·cast I. *n* Ausgestoßene(r) *f(m);* **social ~** gesellschaftlicher Außenseiter/gesellschaftliche Außenseiterin **II.** *adj* ausgestoßen

out·'class *vt* in den Schatten stellen

'out·come *n* Ergebnis *nt*

'out·crop *n* GEOL Felsnase *f*

'out·cry *n* lautstarker Protest (**over** gegen); **to provoke a public ~** einen Sturm der Entrüstung in der Öffentlichkeit auslösen

out·'dat·ed *adj* veraltet; *ideas, views* überholt **out·'dis·tance** ■ **to ~ sb** jdn hinter sich *dat* lassen **out·'do** <-did, -done> *vt* übertreffen

'out·door *adj* **he's very much an ~ person** er hält sich gern und viel im Freien auf; **~ concert** Open-Air-Konzert *nt;* **~ clothes** Kleidung *f* für draußen; **~ sports** Sportarten *pl* im Freien

out·doors [ˌaʊtˈdɔːz] **I.** *n + sing vb* **in the great ~** in der freien Natur **II.** *adv* im Freien

out·er ['aʊtə] **I.** *n* BRIT SPORTS äußerster Ring (*einer Zielscheibe*) **II.** *adj* ❶ (*external*) äußerlich, Außen- ❷ (*far from centre*) äußere(r, s), Außen-; **one's ~ circle of friends** jds weiterer Bekanntenkreis

out·er·most ['aʊtəmaʊst] *adj attr* äußerste(r, s); *layer* oberst

'out·field *n no pl* Außenfeld *nt*

'out·fit I. *n* ❶ (*clothes*) Kleidung *f*; **cowboy ~** Cowboykostüm *nt*; **wedding ~** Hochzeitsgarderobe *f* ❷ (*fam: group*) Verein *m*; (*company*) Laden *m*; (*musicians, sports team*) Truppe *f* ❸ (*equipment*) Ausrüstung *f* **II.** *vt* <-tt-> ■ **to ~ sb with sth** jdn mit etw *dat* ausrüsten

'out·fit·ter *n* ❶ BRIT (*for clothing*) ■ **~s** *pl* Ausstatter *m*; **schools' ~s** Fachgeschäft *nt* für Schuluniformen ❷ AM (*for outdoor pursuits*) **sports' ~** Sportgeschäft *nt*

'out·flow *n* Ausfluss *m*

'out·go·ing *adj* ❶ (*approv: extroverted*) kontaktfreudig ❷ *attr* (*retiring from office*) [aus]scheidend ❸ (*outward bound*) ausgehend

out·'grow <-grew, -grown> *vt* ❶ (*become too big for*) ■ **to ~ sth** aus etw *dat* herauswachsen ❷ (*leave behind*) ■ **to ~ sth** einer S. *gen* entwachsen; **she has outgrown dolls already** für Puppen ist sie schon zu groß; **to ~ a habit** eine Gewohnheit ablegen ❸ (*become bigger than*) **to ~ one's brother/mother** seinem Bruder/seiner Mutter über den Kopf wachsen

'out·growth *n* Auswuchs *m* a. fig; (*development*) *of an idea, a theory* Weiterentwicklung *f*

'out·house *n* ❶ (*building*) Außengebäude *nt*; (*joined*) Nebengebäude *nt* ❷ AM (*toilet*) Außentoilette *f*

'out·ing ['aʊtɪŋ] *n* ❶ (*trip*) Ausflug *m*; **to go on an ~** einen Ausflug machen ❷ (*fam: appearance*) [öffentlicher] Auftritt ❸ *no pl* (*revealing homosexuality*) Outing *nt*

out·land·ish [ˌaʊt'lændɪʃ] *adj* sonderbar; *behaviour, ideas also* bizarr; *clothing* skurril; *prices* horrend

out·'last *vt* überdauern; ■ **to ~ sb** jdn überleben

out·law ['aʊtlɔː] **I.** *n* (*criminal*) Bandit(in) *m(f)*; (*fugitive from law*) Geächtete(r) *f(m)* **II.** *vt* für ungesetzlich erklären

'out·lay I. *n* Aufwendungen *pl* **II.** *vt* <-laid, -laid> AM ■ **to ~ sth** [**on sth**] etw [für etw *akk*] ausgeben

'out·let *n* ❶ (*exit*) Ausgang *m*; *for water* Abfluss *m*; (*chimney*) Abzug *m* ❷ AUTO, TECH Abluftstutzen *m* ❸ (*means of expression*) Ventil *nt* fig, Ausdrucksmöglichkeit *f* ❹ (*store*) Verkaufsstelle *f*; **fast-food ~** Schnellrestaurant *m* ❺ (*market*) [Absatz]markt *m* ❻ AM (*power point*) Steckdose *f*

'out·line I. *n* ❶ (*brief description*) Übersicht *f* (**of** über); *in novel-writing* Entwurf *m*; (*general summary*) Zusammenfassung *f* ❷ (*contour*) Umriss *m*; *against fading light* Silhouette *f* **II.** *vt* **to ~ sth** ❶ (*draw*) die Umrisse von etw *dat* zeichnen ❷ (*summarize*) etw [kurz] umreißen

out·'live *vt* ❶ (*live longer than*) ■ **to ~ sb** jdn überleben; ■ **to ~ sth** etw überdauern ❷ (*survive*) ■ **to ~ sth** etw überleben a. fig

'out·look *n* ❶ (*view*) Aussicht *f* ❷ (*future prospect*) Aussicht[en] *f*[*pl*] ❸ (*attitude*) Einstellung *f* ❹ METEO [Wetter]aussichten *pl*

'out·ly·ing *adj attr area, region, village* abgelegen

out·ma·'noeu·vre, AM **out·ma·'neu·ver** *vt* ausmanövrieren

out·mod·ed [ˌaʊt'məʊdɪd] *adj* (*pej*) altmodisch; *ideas* überholt

out·most ['aʊtməʊst] *adj* äußerste(r, s); *place* weit entlegen

out·'num·ber *vt* zahlenmäßig überlegen sein; ■ **to be ~ed** in der Unterzahl sein; (*in vote*) überstimmt sein

'out of *prep* ❶ *after vb* (*towards outside*) aus +*dat* ❷ *after vb, n* (*situated away from*) außerhalb +*gen*; **he is ~ town this week** er ist diese Woche nicht in der Stadt; **Mr James is ~ the country until July 4th** Herr James hält sich bis zum 4. Juli außer Landes auf; **she's ~ the office at the moment** sie ist zurzeit nicht an ihrem [Arbeits]platz; **five miles ~ San Francisco** fünf Meilen außerhalb von San Francisco ❸ *after vb* (*taken from*) von +*dat*; **he copied his essay straight ~ a textbook** er schrieb seinen Aufsatz wörtlich aus einem Lehrbuch ab; **she had to pay for it ~ her own pocket** sie musste es aus der eigenen Tasche bezahlen; **they get a lot of fun ~ practising dangerous sports** das Betreiben gefährlicher Sportarten macht ihnen einen Riesenspaß ❹ (*excluded from*) aus +*dat*; **I'm glad to be ~ it** ich bin froh, dass ich das hinter mir habe; **giving up is ~ the question** Aufgeben kommt überhaupt nicht infrage; **he talked her ~ going back to smoking** er redete es ihr aus, wieder mit dem Rauchen anzufangen ❺ (*spoken by*) aus +*dat*; **I couldn't get the secret ~ her** ich konnte ihr das Geheimnis nicht entlocken ❻ (*made from*) aus +*dat* ❼ (*motivated by*) aus +*dat* ❽ *after n* (*ratio of*) von +*dat*; **no one got 20 ~ 20 for the test** niemand bekam alle 20 möglichen Punkte für den Test ❾ (*without*) **they were ~ luck** sie hatten kein Glück [mehr]; **you're ~ time** Ihre Zeit ist um; **they had run ~ cash** sie hatten kein Bargeld mehr; **I'm sorry sir, we're ~ the salmon** tut mir leid, der

Lachs ist aus; |all| ~ breath [völlig] außer Atem; **to be ~ work** ohne Arbeit sein ⑩ (*beyond*) außer +*dat*; **the photo is ~ focus** das Foto ist unscharf; **the delay is ~ our control** die Verspätung entzieht sich unserer Kontrolle; **he's been ~ touch with his family for years** er hat seit Jahren keinen Kontakt mehr zu seiner Familie; **get ~ the way!** aus dem Weg!; **~ order** außer Betrieb ⑪ (*sheltered from*) **he was so old that he had to come ~ the snow** ihm war so kalt, dass er dem Schnee entfliehen musste ⑫ *after vb* (*not connected, fashionable*) aus +*dat*; **she's really ~ touch with reality** sie hat jeglichen Bezug zur Realität verloren ▶ **to get ~ hand** außer Kontrolle geraten; **he must be ~ his mind!** er muss den Verstand verloren haben!; **~ place** fehl am Platz

out-of-court 'set·tle·ment *n* LAW außergerichtliche Einigung **out of 'date** *adj pred*, **'out-of-date** *adj attr* veraltet; *clothing* altmodisch; *furniture* antiquiert; *ideas* überholt **out of the 'way** *adj pred*, **'out-of-the-way** *adj attr* spot, place abgelegen

'out-pa·tient *n* ambulanter Patient/ambulante Patientin

out·'play *vt* ▪ **to ~ sb** besser spielen als jd

'out·post *n* ❶ MIL (*guards*) Außenposten *m*; (*base*) Stützpunkt *m* ❷ (*remote branch*) Außenposten *m*; *of a company* Außenstelle *f*

'out·pour·ing *n* ❶ (*of emotion*) Ausbruch *m* ❷ (*of products*) Flut *f fig* ❸ (*of gases*) Ausströmen *nt*

'out·put I. *n no pl* ECON Ausstoß *m*; COMPUT Ausgabe *f*; ELEC Leistung *f*; MIN Förderleistung *f* **II.** *vt* ausgeben

'out·put de·vice *n* COMPUT Ausgabegerät *nt*

'out·rage I. *n* ❶ *no pl* Empörung *f* (**at** über); **to express ~** sich entsetzt zeigen ❷ (*deed*) Schandtat *f*; (*crime*) Verbrechen *nt*; (*disgrace*) Schande *f kein pl* **II.** *vt* ▪ **to ~ sb** jdn erzürnen; ▪ **to be| ~d by sth** entrüstet über etw *akk* [sein]

out·ra·geous [ˌaʊtˈreɪdʒəs] *adj* ❶ (*terrible*) empörend; (*unacceptable*) unerhört; (*shocking*) schockierend ❷ (*unusual and shocking*) außergewöhnlich; *outfit also* gewagt ❸ (*exaggerated*) ungeheuerlich; *story, statement also* unwahrscheinlich; *lie* schamlos; *prices* horrend; **an ~ demand** eine völlig überzogene Forderung ❹ (*approv sl*: *excellent*) super *fam*

outré [ˈuːtreɪ] *adj* (*form*) ausgefallen

'out·rig·ger *n* NAUT Ausleger *m*; (*boat*) Auslegerboot *nt*

'out·right I. *adj attr* ❶ (*total*) total; *disaster* absolut; *nonsense* komplett ❷ (*undisputed*) offensichtlich; *winner, victory* eindeutig ❸ (*direct*) direkt; *hostility* offen; *lie, refusal* glatt **II.** *adv* ❶ (*totally*) total ❷ (*clearly*) eindeutig ❸ (*directly*) offen; **you have been ~ lying to me** AM du hast mich frech angelogen; **to reject/refuse sth ~** etw glattweg zurückweisen/ablehnen ❹ (*immediately*) sofort; **to be killed ~** auf der Stelle tot sein

out·'run <-ran, -run, -nn-> *vt* ▪ **to ~ sb** jdm davonlaufen; ▪ **to ~ sth** über etw *akk* hinausgehen

'out·set *n no pl* Anfang *m*; ▪ **at the ~** am Anfang; ▪ **from the ~** von Anfang an

out·'shine <-shone, -shone> *vt* ❶ (*shine more brightly*) überstrahlen ❷ (*be better*) ▪ **to ~ sb** jdn in den Schatten stellen; SPORTS über jdn triumphieren

out·'side I. *n* ❶ (*exterior*) Außenseite *f*; *of a fruit* Schale *f*; ▪ **from the ~** von außen ❷ (*external appearance*) ▪ **on the ~** äußerlich ❸ (*of pavement*) Straßenseite *f* ❹ (*not within boundary*) ▪ **on the ~** draußen; (*out of prison*) in Freiheit **II.** *adj attr* ❶ (*outer*) *door, entrance* äußere(r, s); ▪ **~ seat** Sitz *m* am Gang; **~ wall** Außenmauer *f* ❷ (*external*) außenstehend; **the ~ world** die Außenwelt ❸ (*very slight*) *chance, possibility* minimal ❹ (*highest, largest*) höchste(r, s) *attr*, äußerste(r, s) *attr* **III.** *adv* ❶ (*not in building*) außen ❷ (*in open air*) im Freien ❸ (*sl: not imprisoned*) draußen; **the world ~** die Welt draußen **IV.** *prep* ❶ (*beyond*) außerhalb (**of** von) ❷ (*apart from*) ausgenommen

out·side 'broad·cast *n* Außenübertragung *f* (*eines Radiosenders oder des Fernsehens*) **out·side 'lane** *n* ❶ AUTO äußere Fahrbahn, Überholspur *f* ❷ SPORTS Außenbahn *f* **out·side 'left** *n* linke Außenseite **out·side 'line** *n* Telefonleitung *f* für externe Gespräche

out·sid·er [ˌaʊtˈsaɪdəʳ] *n* ❶ (*not a member*) Außenstehende(r) *f(m)* ❷ (*outcast*) Außenseiter(in) *m(f)* ❸ SPORTS Außenseiter(in) *m(f)*

out·side 'right *n* rechte Außenseite

'out·size *adj attr* ❶ (*very large*) übergroß; **~ clothes** Kleidung *f* in Übergrößen ❷ (*fig*) überragend, herausragend

out·skirts [ˈaʊtskɜːts] *n pl* Stadtrand *m*

'out·sourc·ing [ˌaʊtˈsɔːsɪŋ] *n no pl* Outsourcing *nt fachspr*; *of staff* Beschäftigung *f* betriebsfremden Personals; *of services* Nutzung *f* externer Dienstleistungen; *of production* Produktionsauslagerung *f*

out·spo·ken [ˌaʊtˈspəʊkən] *adj* offen; *criticism* unverblümt; *opponent* entschieden

out·'stand·ing [ˌaʊtˈstændɪŋ] *adj* ❶ (*excellent*) außergewöhnlich; *effort, contribution* bemerkenswert; *actor, student, performance* brilliant; *ability* außerordentlich; *achievement* überragend ❷ *(clearly noticeable)* auffallend ❸ FIN *(unpaid)* ausstehend ❹ *(not solved)* unerledigt; *problems* ungelöst

out·'stay vt **to ~ a competitor** einen Rivalen/eine Rivalin abhängen; **to ~ one's welcome** länger bleiben, als man erwünscht ist

out·stretched [ˌaʊtˈstretʃt] *adj* ausgestreckt

out·'strip <-pp-> vt ❶ *(surpass)* übertreffen; *(go faster)* überholen ❷ *(be greater)* übersteigen

'out-there *adj attr clothes* ultramodisch; *fashion* Trend-, allerneuste

'out-tray *n* Ablage *f* für Ausgangspost

out·'vote vt überstimmen

out·ward ['aʊtwəd] **I.** *adj attr* ❶ *(exterior)* äußere(r, s), Außen-; *(superficial)* äußerlich; **an ~ show of confidence/toughness** ein demonstratives Zurschaustellen von Zuversicht/Stärke ❷ *(going out)* ausgehend; **~ flight** Hinflug *m* **II.** *adv* nach außen; **the door opens ~** die Tür geht nach außen auf

out·ward·ly ['aʊtwədli] *adv* äußerlich, nach außen hin

out·wards ['aʊtwədz] *adv* nach außen

out·'weigh [ˌaʊtˈweɪ] vt ❶ *(in weight)* ■ **to ~ sb** schwerer sein als jd ❷ *(in importance)* ■ **to ~ sth** etw wettmachen

out·'wit <-tt-> [ˌaʊtˈwɪt] vt austricksen

'out·work *n* ❶ MIL Vorwerk *nt* ❷ *no pl (work)* Arbeit *f* außerhalb der Firmengebäude; *(at home)* Heimarbeit *f*

'out·work·er *n* ■ **to be an ~** außerhalb der Firma arbeiten; *(at home)* Heimarbeiter(in) sein

oval ['əʊvəl] **I.** *n* Oval *nt* **II.** *adj* oval

Oval 'Of·fice *n* AM POL ■ **the ~** das Oval Office *(Büro des US-Präsidenten)*

ova·ry ['əʊvəri] *n* Eierstock *m*

ova·tion [ˌəʊˈveɪʃən] *n* Applaus *m*

oven ['ʌvən] *n* [Back]ofen *m*, Backrohr *nt* ÖSTERR; **microwave ~** Mikrowelle *f*

'oven glove *n* BRIT, **'oven mitt** *n* AM, AUS Topfhandschuh *m* **'oven·proof** *adj* hitzebeständig **'oven-ready** *adj* bratfertig, backfertig

over ['əʊvə'] **I.** *adv pred* ❶ *(across)* hinüber; **come ~ here** komm hierher; **why don't you come ~ for dinner on Thursday?** kommst du nicht am Donnerstag zum Abendessen zu uns; **they walked ~ to us** sie liefen zu uns herüber; **~ here** hier herüber; *(on the other side)* drüben; **~ there** dort drüben; **to move [sth] ~** [etw] [beiseite]rücken ❷ *(another way up)* **the dog rolled ~ onto its back** der Hund rollte sich auf den Rücken; **to turn ~** umdrehen; **to turn a page ~** [eine Seite] umblättern ❸ *(downwards)* **to fall ~** hinfallen; **to knock sth ~** etw umstoßen ❹ *(changing hands)* **could you two change ~, please** würdet ihr beiden bitte die Plätze tauschen; **to change ~ to sth** auf etw *akk* umsteigen *fam*; **to hand sth ~** etw übergeben ❺ *(finished)* ■ **to be ~** vorbei sein; **the game was ~ by 5 o'clock** das Spiel war um 5 Uhr zu Ende; **to get sth ~ and done with** etw hinter sich *akk* bringen ❻ *(remaining)* übrig; **left ~** übrig gelassen ❼ *(thoroughly, in detail)* **to talk sth ~** etw durchsprechen; **to think sth ~** etw überdenken ❽ AM *(again)* noch einmal; **all ~** alles noch einmal; **~ and ~** immer wieder ❾ AVIAT, TELEC *(signalling end of speech)* over ❿ *(more)* mehr; **this shirt cost me ~ £50!** dieses Hemd hat mich über £50 gekostet!; **people who are 65 and ~** Menschen, die 65 Jahre oder älter sind **II.** *prep* ❶ *(across)* über; *(indicating position)* über +*dat*; *(indicating motion)* über +*akk* ❷ *(on the other side of)* über +*dat*; **the village is just ~ the next hill** das Dorf liegt hinter dem nächsten Hügel; **the diagram is ~ the page** der Diagramm ist auf der nächsten Seite; **~ the way** BRIT auf der anderen Straßenseite ❸ *(above)* über +*dat*; *(moving above)* über +*akk*; **a flock of geese passed ~** eine Schar von Gänsen flog über uns hinweg ❹ *(everywhere)* [überall] in +*dat*; *(moving everywhere)* durch +*akk*; **all ~ the world** überall in +*dat*; **she had blood all ~ her hands** sie hatte die Hände voller Blut ❺ *(during)* in +*dat*, während +*gen*; **the years he became more and more depressed** mit den Jahren wurde er immer deprimierter; **shall we talk about it ~ a cup of coffee?** sollen wir das bei einer Tasse Kaffee besprechen?; **she fell asleep ~ her homework** sie nickte bei ihren Hausaufgaben ein ❻ *(more than, longer than)* über +*dat*; **~ and above that** darüber hinaus ❼ *(through)* **he told me ~ the phone** er sagte es mir am Telefon; **we heard the news ~ the radio** wir hörten die Nachricht im Radio ❽ *(in superiority to)* über +*dat* ❾ *(about)* über +*akk*; **don't fret ~ him — he'll be alright** mach dir keine Sorgen um ihn – es wird ihm schon gut gehen ❿ *after vb (to check)* durch +*akk*; **could you go ~ my essay again?** kannst du nochmal meinen Aufsatz durchschauen ⓫ *(past)* **is he ~ the flu yet?** hat er seine Erkältung auskuriert?; **to be/get ~ sb** über jdm hinweg sein/kommen ⓬ MATH *(in fraction)* durch

over·a'bun·dant *adj* übermäßig **over·'act I.** *vi* THEAT übertreiben **II.** *vt* ■ **to ~ sth** etw überziehen

over·all I. *n* ['əʊvərɔːl] ❶ BRIT *(smock)* [Arbeits]kittel *m* ❷ BRIT *(protective suit)* ■ **~s** *pl*

Overall *m* ❸ Am (*dungarees*) ■ ~s *pl* Latzhose *f* **II.** *adj* ❶ (*general*) Gesamt-, allgemein ❷ (*over all others*) Gesamt-; *majority* absolut; ~ **commander** Oberkommandierende(r) *f(m)* **III.** *adv* [ˌəʊvəʳˈɔːl] insgesamt

over-ˈanx·ious *adj* ❶ (*too fearful*) überängstlich (**about** über) ❷ (*very eager*) begierig; ■ **to be ~ to do sth** etw unbedingt tun wollen **over-ˈawe** *vt usu passive* ■ **to be ~d by sb/sth** (*be impressed*) von jdm/etw überwältigt sein; (*be intimidated*) von jdm/etw eingeschüchtert sein; ■ **to ~ sb** jdm Ehrfurcht einflößen **over-ˈbal·ance I.** *vi person* das Gleichgewicht verlieren; *object* umkippen; *boat* kentern **II.** *vt* ■ **to ~ sb** jdn aus dem Gleichgewicht bringen; ■ **to ~ sth** etw umkippen; *boat* zum Kentern bringen **over-ˈbear·ing** *adj* (*pej: arrogant*) anmaßend; (*authoritative*) herrisch **over-ˈblown** *adj* ❶ (*overdone*) geschraubt ❷ *flower* verblühend **ˈover·board** *adv* über Bord; **to fall ~** über Bord gehen **over-ˈbook I.** *vt usu passive* ■ **to be ~ed** überbucht sein **II.** *vi* zu viele Buchungen vornehmen **over-ˈbook·ing** *n no pl* Überbuchen *nt* **over-ˈbur·den** *vt* überlasten **over·caˈpac·i·ty** *n* Überkapazität *f*

over-ˈcast *adj sky* bedeckt; *weather* trüb

over-ˈcau·tious *adj* übervorsichtig **over-ˈcharge I.** *vt* ❶ (*charge too much*) ■ **to ~ sb [for sth]** jdm [für etw *akk*] zu viel berechnen ❷ elec *electrical device* überlasten; *battery* überladen **II.** *vi* zu viel berechnen

ˈover·coat *n* Mantel *m*

over-ˈcome <-came, -come> **I.** *vt* ❶ (*cope with*) bewältigen; *crisis, opposition, fear* überwinden; *temptation* widerstehen ❷ *usu passive* (*render powerless*) ■ **to be ~ by sth** *sleep, emotion, grief* von etw *dat* überwältigt werden; *fumes, exhausts* von etw *dat* ohnmächtig werden ❸ (*defeat*) besiegen **II.** *vi* siegen **over-ˈcon·fi·dent** *adj* (*extremely self-assured*) übertrieben selbstbewusst; (*too optimistic*) übertrieben zuversichtlich **over-ˈcook** *vt* (*in water*) verkochen; (*in oven*) verbraten **over-ˈcrowd·ed** *adj* ❶ (*with people*) überfüllt; **~ region** Ballungsgebiet *nt*; *town* übervölkerte Stadt ❷ (*with things*) überladen **over·deˈvel·oped** *adj also* phot überentwickelt **over-ˈdo** <-did, -done> *vt* ❶ (*overexert oneself*) **to ~ it** sich überanstrengen; (*overindulge*) übertreiben; (*go too far*) zu weit gehen ❷ (*use too much*) ■ **to ~ sth** von etw *dat* zu viel verwenden ❸ (*exaggerate*) übertreiben ❹ (*overcook*) *in water* verkochen; *in oven* verbraten **over-ˈdone** *adj* ❶ (*exaggerated*) übertrieben ❷ (*overcooked*) *in water* verkocht; *in oven* verbraten **over-ˈdose I.** *n* [ˈəʊvədəʊs] Überdosis *f*; *drugs* ~ Überdosis *f* an Drogen **II.** *vi* [ˌəʊvəˈdəʊs] eine Überdosis nehmen

ˈover·draft *n* Kontoüberziehung *f*

over-ˈdraft fa·ˈcil·i·ty *n* Brit Dispositionskredit *nt*; (*exceeding fixed limit*) Überziehungskredit *m*

over-ˈdraw <-drew, -drawn> *vi, vt* **to ~ [one's account]** [sein Konto] überziehen

over-ˈdress *vi* sich zu fein anziehen **ˈover·drive** *n no pl* ❶ auto, tech Schongang *m* ❷ (*fig: effort*) ■ **to be in ~** auf Hochtouren laufen; **to go into ~** sich ins Zeug legen *fam* **over-ˈdue** *adj usu pred* überfällig **over-ˈeat** <-ate, -eaten> *vi* zu viel essen **over-ˈem·pha·size** *vt* überbetonen **over·esˈti·mate I.** *n* [ˌəʊvəʳˈestɪmət] Überbewertung *f* **II.** *vt* [ˌəʊvəʳˈestɪmeɪt] ❶ (*value too highly*) überbewerten ❷ (*estimate too much*) überschätzen **over-exˈcit·ed** *adj usu pred* ■ **to be/become ~** ganz aufgeregt sein/werden **over-exˈert** *vt* ■ **to ~ oneself** sich überanstrengen **over-exˈpose** *vt* ■ **to be ~d** ❶ phot überbelichtet sein ❷ *usu passive* (*overpublicize*) *person* zu sehr im Rampenlicht der Öffentlichkeit stehen; *subject* zu sehr in den Medien breitgetreten werden; **to be ~d to risks** zu starken Risiken ausgesetzt sein **over-exˈpo·sure** *n no pl* ❶ phot Überbelichtung *f* ❷ (*in the media*) *of person* zu große Präsenz ❷ *of subject* zu häufige Diskussion **over-exˈtend** *vt* ■ **to ~ oneself** [**on sth**] sich [bei etw *dat*] [finanziell] übernehmen

over·flow I. *n* [ˈəʊvəfləʊ] ❶ *no pl* (*act of spilling*) Überlaufen *nt* ❷ (*overflowing liquid*) überlaufende Flüssigkeit ❸ (*outlet*) Überlauf *m* ❹ (*surplus*) Überschuss *m* (**of** an) **II.** *vi* [ˌəʊvəˈfləʊ] *river, tank* überlaufen; **his room is ~ing with books** sein Zimmer quillt vor Büchern über; **to be ~ing with ideas** vor Ideen sprühen **III.** *vt* [ˌəʊvəˈfləʊ] ■ **to ~ sth** *container, tank* etw zum Überlaufen bringen; (*fig*) *area* etw überschwemmen **over-ˈfly** <-flew, -flown> *vt* überfliegen **over-ˈgrown** *adj* ❶ (*with plants*) überwuchert ❷ (*usu pej: childish*) **he is just an ~ schoolboy** er ist wie ein großer Schuljunge **over·hang I.** *n* [ˈəʊvəhæŋ] Überhang *m*; tech vorspringender Teil **II.** *vt* <-hung, -hung> [ˌəʊvəˈhæŋ] ❶ (*project over*) ■ **to ~ sth** über etw *akk* hinausragen; archit über etw *akk* hervorstehen ❷ (*fig: loom over*) überschatten

over·haul I. *n* [ˈəʊvəhɔːl] (*General*)überholung *f*; (*revision*) Überarbeitung *f* **II.** *vt* [ˌəʊvəˈhɔːl] ❶ (*repair*) überholen

overhead – overseas 530

❷ *(improve)* überprüfen; *(reform)* überarbeiten ❸ BRIT *(overtake)* überholen; *(catch up with)* einholen
over·head I. n ❶ *(running costs of business)* ■ **~s** pl BRIT, AUS, ■ **~** laufende Geschäftskosten ❷ *(fam: projector)* Overheadprojektor m; *(transparency)* Folie f **II.** adj ❶ *(above head level)* Hoch-; ELEC oberirdisch ❷ *(of running costs of business)* laufend ❸ *(taken from above)* von oben nach n ❹ SPORTS Überkopf- **III.** adv [ˌəʊvəˈhed] in der Luft; **a plane circled ~** ein Flugzeug kreiste über uns
over·'hear <-heard, -heard> **I.** vt ■ **to ~ sth** etw zufällig mithören; ■ **to ~ sb** jdn unabsichtlich belauschen **II.** vi unabsichtlich mithören; **I'm sorry — I couldn't help ~ing** tut mir leid — ich wollte euch nicht belauschen
over·'heat I. vt überhitzen **II.** vi sich überhitzen a. fig; motor also heiß laufen **over·in-'dulge I.** vt ■ **to ~ sb** jdm zu viel durchgehen lassen; ■ **to ~ oneself** sich zu sehr gehen lassen **II.** vi *(overdo)* es übertreiben; *(eat too much)* sich dat den Bauch vollschlagen fam; *(drink too much)* sich voll laufen lassen fam; ■ **to ~ in sth** etw im Übermaß genießen **over·joyed** [ˌəʊvəˈdʒɔɪd] adj pred überglücklich (at über) **'over·kill** n no pl ❶ MIL Overkill m ❷ *(pej: excessiveness)* Übermaß nt
over·land [ˈəʊvəlænd] **I.** adj attr Überland-, Land-; **~ journey** Reise f auf dem Landweg **II.** adv auf dem Landweg
over·lap n [ˈəʊvəlæp] ❶ *(overlapping part)* Überlappung f; GEOL, PHYS Überlagerung f ❷ *(similarity)* Überschneidung f ❸ no pl *(common ground)* Gemeinsamkeit f ❹ NAUT Überlappung f **II.** vi <-pp-> [ˌəʊvəˈlæp] ❶ *(lie edge over edge)* sich überlappen ❷ *(be partly similar)* sich überschneiden; ■ **to ~ with sth** sich teilweise mit etw dat decken **III.** vt <-pp-> [ˌəʊvəˈlæp] ■ **to ~ sth** ❶ *(place edge over edge)* etw akk überlappen lassen ❷ *(extend over)* etw überschneiden lassen ❸ *(partly duplicate)* etw ineinander übergehen lassen
over·'leaf adv auf der Rückseite; **see ~** siehe umseitig!
over·load I. n [ˈəʊvələʊd] ❶ ELEC Überlast[ung] f; TRANSP Übergewicht nt ❷ no pl *(excess)* Überbelastung f; **information ~** Überangebot nt an Informationen **II.** vt [ˌəʊvəˈləʊd] ❶ *(overburden)* vehicle überladen; road, system, person überlasten ❷ COMPUT, ELEC überlasten
over·'long I. adj usu pred überlang **II.** adv zu lange

over·look I. n AM Aussichtspunkt m **II.** vt [ˌəʊvəˈlʊk] ❶ *(look onto)* überblicken; **a room ~ the sea** ein Zimmer mit Blick auf das Meer ❷ *(not notice)* übersehen; *(ignore)* übergehen; *(forget)* vergessen ❸ *(disregard)* ■ **to ~ sth** über etw akk hinwegsehen
over·ly [ˈəʊvᵊli] adv allzu
over·'man·ning n no pl Überbesetzung f
over·'much I. adj attr allzu viel **II.** adv übermäßig
over·'night I. adj ❶ attr *(for a night)* Nacht-, Übernachtungs-; **~ stay** Übernachtung f ❷ *(sudden)* ganz plötzlich; **~ success** Blitzerfolg m ❸ SPORTS *(from previous day)* **~ leader** Vortagessieger(in) m(f) **II.** adv ❶ *(till next day)* in der Nacht, über Nacht ❷ *(fig: suddenly)* in kurzer Zeit, über Nacht
over·'op·ti·mism n no pl unbezwingbarer [o übertriebener] Optimismus
'over·pass n AM Überführung f
over·'pay <-paid, -paid> vt ❶ *(overremunerate)* überbezahlen ❷ *(pay more than required)* ■ **to ~ sth** für etw akk zu viel bezahlen **over·popu·lat·ed** adj überbevölkert **over·popu·'la·tion** n no pl Überbevölkerung f **over·'pow·er** vt überwältigen; SPORTS bezwingen **over·'pow·er·ing** adj überwältigend; smell durchdringend **over·pro·'duce I.** vi überproduzieren **II.** vt ■ **to ~ sth** von etw dat zu viel produzieren **over·'rate** vt überbewerten **over·'reach** vt ■ **to ~ oneself** sich übernehmen **over·re·'act** vi überreagieren; ■ **to ~ to sth** auf etw akk unangemessen reagieren **over·re·'ac·tion** n Überreaktion f (to auf) **over·'ride I.** n ❶ *(device)* Übersteuerung f; manual **~** Automatikabschaltung f ❷ AM *(overruling)* Außerkraftsetzen nt **II.** vt <-rid, -ridden> ❶ *(disregard)* ■ **to ~ sb/sth** sich über jdn/ etw hinwegsetzen ❷ POL, LAW **to be over-ridden** aufgehoben werden ❸ *(control)* abschalten **III.** vi <-rid, -ridden> weiter fahren als erlaubt **over·'rid·ing I.** adj attr vorrangig **II.** n no pl Fahrt f über das Fahrzielen hinaus **over·'rule** vt überstimmen; ■ **to ~ sth** etw ablehnen; decision aufheben; objection zurückweisen **over·'run I.** n Kostenüberschreitung f **II.** vt <-ran, -run> ❶ MIL *(occupy)* überrollen ❷ *(spread over)* sich in etw dat ausbreiten; ■ **to be ~ with sth** von etw dat wimmeln; market von etw dat überschwemmt werden ❸ *(go beyond)* über etw akk hinausgehen; budget überschreiten **III.** vi <-ran, -run> ❶ *(exceed time)* überziehen ❷ *(financially)* überschreiten
over·seas I. adj [ˈəʊvəsiːz] attr *(abroad)* Übersee-, in Übersee nach n; *(destined for abroad)* Übersee-, nach Übersee nach n;

(*from abroad*) Übersee-, aus Übersee *nach n*; ~ **assignment** Auslandseinsatz *m*; ~ **student** BRIT ausländischer Student/ausländische Studentin **II.** *adv* [ˌəʊvəˈsiːz] (*in foreign country*) im Ausland; (*to foreign country*) ins Ausland

over·'see <-saw, -seen> *vt* beaufsichtigen; *project* leiten

over·seer [ˈəʊvəˌsiːə^r] *n* (*hist*) Aufseher(in) *m(f)*

over·'sell <-sold, -sold> *vt* ■ **to ~ sth** ① (*sell too many*) von etw *dat* zu viel verkaufen; ECON etw über den Bestand verkaufen ② (*overhype*) etw zu sehr anpreisen **over·'shad·ow** *vt* ① (*cast shadow over*) überschatten ② (*make insignificant*) in den Schatten stellen ③ (*cast gloom over*) überschatten

'over·shoe *n* Überschuh *m* **over·'shoot** <-shot, -shot> *vt* ■ **to ~ sth** über etw *akk* hinausschießen ▶ **to ~ the mark** über das Ziel hinausschießen

'over·sight *n* ① (*mistake*) Versehen *nt*; ■ **by an ~** aus Versehen ② *no pl* (*form: surveillance*) Aufsicht *f*

over·'sim·pli·fy <-ie-> *vt* grob vereinfachen

'over·size *adj, esp* AM **'over·sized** *adj* überdimensional **over·'sleep** <-slept, -slept> *vi* verschlafen **over·'spend** <-spent, -spent> **I.** *vi* zuviel [Geld] ausgeben; **to ~ on a budget** ein Budget überschreiten **II.** *vt* überziehen; *budget, target* überschreiten **'over·spill** *n* Bevölkerungsüberschuss *m* **over·'staffed** *adj* überbesetzt **over·'state** *vt* übertreiben **over·'stay** *vt* ■ **to ~ a visa** ein Visum überschreiten; **to ~ one's welcome** jds Gastfreundschaft *f* überbeanspruchen **over·'step** <-pp-> *vt* überschreiten ▶ **to ~ the mark** zu weit gehen **over·sub·'scribe** *vt usu passive* ■ **to be ~d** mehr als ausgebucht sein; *shares* überzeichnet sein **over·'sup·ply I.** *n no pl* (*supply*) Überangebot *nt* (*of an*); (*inventory*) Überbestand *m* **II.** *vt* <-ie-> *usu passive* ■ **to be oversupplied with sth** einen zu großen Vorrat an etw *dat* haben

overt [ə(ʊ)ˈvɜːt] *adj* offenkundig; *racism, sexism* unverhohlen

over·'take <-took, -taken> **I.** *vt* ① *esp* BRIT, AUS (*pass from behind*) überholen; (*catch up*) einholen ② (*surpass*) überholen *fig* ③ (*befall*) überraschen; **to be ~n by events** von den Ereignissen überholt werden ④ (*affect*) überkommen **II.** *vi esp* BRIT überholen

over·'tax *vt* FIN ■ **to ~ sb** jdn übersteuern; ■ **to ~ sth** etw zu hoch besteuern ② (*exhaust*) überfordern

over-the-'count·er *adj attr* ① (*without prescription*) *drugs, medication* rezeptfrei ② FIN außerbörslich

over·'throw I. *n* [ˈəʊvəθrəʊ] ① (*removal from power*) Sturz *m* ② SPORTS zu weiter Wurf; **four ~s** (*in cricket*) vier extra Punkte **II.** *vt* <-threw, -thrown> [ˌəʊvəˈθrəʊ] ① (*topple*) *dictator, government* stürzen; *enemy* aus dem Weg räumen; *plans* über den Haufen werfen ② AM, AUS SPORTS ■ **to ~ sb** für jdn zu weit werfen

'over·time *n no pl* ① (*extra work*) Überstunden *pl*; ■ **to do ~** Überstunden machen ② (*pay*) Überstundenvergütung *f* ③ AM SPORTS (*extra time*) Verlängerung *f*

over·'tired *adj* übermüdet

'over·tone *n* ① (*implication*) Unterton *m* ② MUS Oberton *m*

overture [ˈəʊvətjʊə^r] *n* ① (*introductory music*) Ouvertüre *f* (*to zu*) ② (*initial contact*) Angebot *nt* ③ (*approach*) ■ **~s** *pl* Annäherungsversuche *pl*

over·'turn I. *vi* umstürzen; *car* sich überschlagen; *boat* kentern **II.** *vt* ① (*turn upside down*) umstoßen; *boat* zum Kentern bringen ② (*reverse*) *judgement* aufheben

over·'value *vt* überbewerten

'over·view *n* Überblick *m* (*of* über)

over·ween·ing [ˌəʊvəˈwiːnɪŋ] *adj* (*pej form*) maßlos **over·weight I.** *n* [ˈəʊvəˌweɪt] *no pl* AM Übergewicht *nt* **II.** *adj* [ˌəʊvəˈweɪt] zu schwer; *person also* übergewichtig

over·whelm [ˌəʊvəˈ(h)welm] *vt* ① (*affect powerfully*) überwältigen ② (*overpower*) überwältigen; *enemy* besiegen ③ (*flood*) überschwemmen

over·whelm·ing [ˌəʊvəˈ(h)welmɪŋ] *adj* ① (*very powerful*) überwältigend; *desire, need* unwiderstehlich; *grief* unermesslich; *joy* groß; *rage* unbändig ② (*very large*) überwältigend

over·work I. *n* [ˈəʊvəwɜːk] *no pl* Überarbeitung *f* **II.** *vi* [ˌəʊvəˈwɜːk] sich überarbeiten **III.** *vt* [ˌəʊvəˈwɜːk] ① (*give too much work*) ■ **to ~ sb** jdn [mit Arbeit] überlasten ② (*overuse*) ■ **to ~ sth** etw überstrapazieren **over·'wrought** *adj* überreizt

ovi·duct [ˈəʊvɪdʌkt] *n* Eileiter *m*

ovi·pa·rous [əʊˈvɪp^ərəs] *adj* BIOL, ZOOL Eier legend

ovu·late [ˈɒvjʊleɪt] *vi* [einen] Eisprung haben

ovu·la·tion [ˌɒvjəˈleɪʃ^ən] *n no pl* Eisprung *m*

ovum <*pl* -va> [ˈəʊvəm, *pl* -və] *n* Eizelle *f*

owe [əʊ] *vt* ① (*be in debt*) schulden; ■ **to ~ it to oneself to do sth** es sich *dat* schuldig sein, etw zu tun; **to ~ sb an explanation** jdm eine Erklärung schuldig sein; **to ~ sb thanks/gratitude** jdm zu Dank verpflichtet sein; **to ~ sb one** (*fam*) jdm noch was schul-

ow·ing ['əʊɪŋ] *adj pred* ausstehend

'ow·ing to *prep (form)* ■ ~ **sth** wegen einer S. *gen*

owl [aʊl] *n* Eule *f*; **barn ~** Schleiereule *f*; **tawny ~** Waldkauz *m*

owl·ish ['aʊlɪʃ] *adj* eulenhaft

own [əʊn] **I.** *pron* ❶ *(belonging, relating to)* ■ **sb's ~** jds eigene(r, s); **his time is his ~** er kann über seine Zeit frei verfügen; **she's got too many problems of her ~** sie hat zu viele eigene Probleme; **to have ideas of one's ~** eigene Ideen haben; **to have money of one's ~** selbst Geld haben; **to make sth [all] one's ~** sich *dat* etw [ganz] zu eigen machen ❷ *(people)* **our/their ~** unsere/ihre Leute *fam*; *(family)* die Unseren/Ihren *geh* ▸ **to be in a class of one's ~** eine Klasse für sich *akk* sein; **to come into one's ~** *(show qualities)* zeigen, was in einem steckt; *(get recognition)* die verdiente Anerkennung erhalten; **to get one's ~ back [on sb]** *esp* BRIT sich an jdm rächen; **[all] on one's/its ~** [ganz] allein[e] **II.** *adj attr* ❶ *(belonging to)* eigene(r, s) ❷ *(individual)* eigene(r, s) ❸ *(for oneself)* **you'll have to get your ~ dinner** du musst dich selbst um das Abendessen kümmern; **she makes all her ~ bread** sie bäckt ihr ganzes Brot selbst; **you'll have to make up your ~ mind** das musst du für dich alleine entscheiden ▸ **to do one's ~ thing** tun, was man will; **sb's ~ flesh and blood** jds eigen[es] Fleisch und Blut *geh*; **to be one's ~ man/woman/person** sein eigener Herr sein; **in one's ~ right** *(not due to others)* aus eigenem Recht; *(through one's talents)* aufgrund der eigenen Begabung; **to do sth in one's ~ time** *(outside working hours)* etw in seiner Freizeit tun; *(take one's time)* sich Zeit lassen **III.** *vt (possess)* besitzen; **to be privately ~ed** im Privatbesitz sein; ■ **to be ~ed by sb** jdm gehören ❷ *(form: admit)* ■ **to ~ that ...** zugeben, dass ... **IV.** *vi (form)* ■ **to ~ to sth** eingestehen
◆ **own up** *vi* es zugeben; ■ **to ~ up to sth** etw zugeben

own·er ['əʊnə] *n* Besitzer(in) *m(f)*

own·er·less ['əʊnələs] *adj* herrenlos **own·er-'oc·cu·pi·er** *n* Bewohner(in) *m(f)* und Eigentümer(in) *m(f)* in einer Person **own·er·ship** ['əʊnəʃɪp] *n no pl* ❶ *(have power over)* Besitz *m* (**of** +*gen*) ❷ LAW Eigentum *nt* (**of an**)

own 'goal *n (also fig)* Eigentor *nt*

own 'la·bel *n* BRIT Hausmarke *f* **'own-label** *adj* BRIT Hausmarken-

ox <*pl* -**en**> [ɒks] *n* Ochse *m*; **~ cart** Ochsenkarren *m*

Ox·bridge ['ɒksbrɪdʒ] **I.** *n no pl* die Universitäten Oxford und Cambridge **II.** *adj* der Universitäten Oxford und Cambridge *nach n*; **she's an ~ student** sie studiert in Oxford/Cambridge

Ox·fam ['ɒksfæm] *n no pl acr for* **Oxford Committee for Famine Relief** Oxfam; **~ shop** BRIT Oxfam-Laden *m*, ≈ Dritte-Welt-Laden *m*

oxi·da·tion [ˌɒksɪ'deɪʃən] *n* Oxidation *f*

ox·ide ['ɒksaɪd] *n* Oxyd *nt*

oxi·dize ['ɒksɪdaɪz] *vi, vt* oxidieren

'ox·tail *n* Ochsenschwanz *m*

'ox·tail 'soup *n* Ochsenschwanzsuppe *f*

oxy·acet·y·lene [ˌɒksɪə'setəliːn] *n no pl* Azetylensauerstoff *m*

oxy·gen ['ɒksɪdʒən] *n no pl* Sauerstoff *m*

'oxy·gen cyl·in·der *n* Sauerstoffflasche *f* **'oxy·gen mask** *n* Sauerstoffmaske *f* **'oxy·gen tent** *n* Sauerstoffzelt *nt*

oxy·mo·ron [ˌɒksɪ'mɔːrɒn] *n* Oxymoron *nt*

oys·ter ['ɔɪstə] *n* ❶ *(shellfish)* Auster *f* ❷ *(in poultry)* sehr zartes Fleisch neben dem Rückgrat ▸ **the world is sb's ~** jdm steht die Welt offen

'oys·ter bank *n*, **'oys·ter bed** *n* Austernbank *f* **'oys·ter-catch·er** *n* ORN Austernfischer *m*

oz <*pl* ~> *n abbrev of* **ounce**

ozone ['əʊzəʊn] *n no pl* ❶ *(chemical)* Ozon *nt* ❷ *(fam: clean air)* saubere [frische] Luft

'ozone lay·er *n* Ozonschicht *f*

P p

P <*pl* -'s *or* -s>, **p** <*pl* -'s> [piː] *n* p *nt*, P *nt*; *see also* **A 1**

p [piː] **I.** *n* ❶ <*pl* -> *abbrev of* **penny, pence** ❷ <*pl* pp> *abbrev of* **page** S. **II.** *adv* MUS *abbrev of* **piano** p

pa[1] [pɑː] *n (dated fam: father)* Papa *m*

pa[2] [ˌpiː'eɪ] *adv abbrev of* **per annum** p.a.

pace[1] [peɪs] **I.** *n* ❶ *(speed)* Tempo *nt*; **to set the ~** das Tempo vorgeben ❷ *(step)* Schritt *m*; **to keep ~ with sb/sth** mit jdm/etw Schritt halten **II.** *vt (walk up and down)* **he ~d the room nervously** er ging nervös im Zimmer auf und ab **III.** *vi* gehen

pace[2] ['peɪsi] *prep (form)* entgegen

'pace·mak·er *n* ❶ SPORTS *(speed setter)* Schrittmacher(in) *m(f)* ❷ *(for heart)* [Herz]schrittmacher *m* **'pace·set·ter** *n* Schrittmacher(in) *m(f)*

pachy·derm ['pækɪdɜːm] *n* Dickhäuter *m*

Pa·cif·ic [pəˈsɪfɪk] *I. n no pl* ▪ **the ~** der Pazifik **II.** *adj* pazifisch, Pazifik-

paci·fi·ca·tion [pæsɪfɪˈkeɪʃən] *n no pl* Befriedung *f*

paci·fi·er ['pæsɪfaɪəʳ] *n* ❶ *(peacemaker)* Friedensstifter(in) *m(f)* ❷ *(calmer of emotions)* Schlichter(in) *m(f)* ❸ AM *(baby's dummy)* Schnuller *m*

paci·fism ['pæsɪfɪzəm] *n no pl* Pazifismus *m*

paci·fist ['pæsɪfɪst] **I.** *n* Pazifist(in) *m(f)* **II.** *adj* pazifistisch

paci·fy <-ie-> ['pæsɪfaɪ] *vt* ❶ *(establish peace)* area, country befrieden ❷ *(calm)* beruhigen

pack [pæk] **I.** *n* ❶ *(backpack)* Rucksack *m*; *(bundle)* Bündel *nt*; *(bag)* Beutel *m* ❷ *(packet)* Packung *f*; *(box)* Schachtel *f* ❸ *of cards* [Karten]spiel *nt* ❹ + *sing/pl vb* *(group)* Gruppe *f*; *of wolves* Rudel *nt*; *of hounds* Meute *f a. fig, pej* ❺ *(polar ice)* [Pack]eisdecke *f* **II.** *vi* ❶ *(for a journey)* packen ❷ *(fit in)* passen (**into** in) ▸ **to send sb ~ing** *(fam: send away)* jdn fortschicken; *(dismiss)* jdn entlassen **III.** *vt* ❶ *(put into a container)* articles, goods [ein]packen; *(for transport)* verpacken; *(in units for sale)* abpacken ❷ *(fill)* bag, suitcase, trunk packen; box, container vollpacken ❸ *(put in wrapping)* einpacken (**in** in) ❹ *(use as wrapping)* wickeln (**around** um) ❺ *(make)* parcel packen ❻ *(also fig: cram)* vollpacken (**with** mit); ▪ **to be ~ed [with people]** gerammelt voll [mit Leuten] sein *fam* ❼ *(compress)* zusammenpressen; COMPUT verdichten ❽ *(contain)* enthalten ◆ **pack away I.** *vt* ❶ *(put away)* wegpacken ❷ *(fam: eat)* vertilgen *hum* **II.** *vi* sich verstauen lassen; ▪ **to ~ away into sth** sich in etw *dat* verstauen lassen ◆ **pack in I.** *vt* ❶ *(put in)* einpacken; *(for transport)* verpacken; *(in units for sale)* abpacken ❷ *(cram in)* hineinstopfen; people, animals hineinpferchen ❸ *(attract)* audience anziehen ❹ *(fam)* ▪ **to ~ in sth** *(stop)* mit etw *dat* aufhören; *(give up)* etw hinschmeißen *fig sl* **II.** *vi* ❶ *(throng)* scharenweise kommen ❷ *(fam: stop work)* Feierabend machen ◆ **pack into** *vt* ❶ *(put)* [ein]packen; *(for transport)* verpacken; *(in units for sale)* abpacken ❷ *(cram)* [hinein]stopfen ❸ *(fig: fit)* [hinein]packen **II.** *vi* ❶ *(fit)* hineinpassen *akk* ❷ *(throng)* hineindrängen *akk* ◆ **pack off** *vt* *(fam)* wegschicken; **to ~ sb off to bed** jdn ins Bett schicken; **to ~ sb off to boarding school** jdn in ein Internat stecken ◆ **pack out** *vt usu passive* BRIT *(fam)* ▪ **to be ~ed out** gerammelt voll sein ◆ **pack up I.** *vt* ❶ *(put away)* zusammenpacken ❷ *(fam)* ▪ **to ~ up sth** *(stop)* mit etw *dat* aufhören; *(give up)* etw hinschmeißen *fig sl* **II.** *vi* *(fam)* ❶ *(stop work)* Feierabend machen ❷ BRIT *(malfunction)* den Geist aufgeben *hum*

pack·age ['pækɪdʒ] **I.** *n* ❶ *(parcel)* Paket *nt* ❷ AM *(packet)* Packung *f* ❸ *(set)* Paket *nt* ❹ *(comprehensive offer)* Paket *nt* **II.** *vt* ❶ *(pack)* verpacken ❷ *(fig: present)* präsentieren

'pack·age deal *n* Pauschalangebot *nt* **pack·age 'hol·i·day** *n* BRIT Pauschalurlaub *m* **'pack·age store** *n* AM *(off-licence)* Spirituosenladen *m* **'pack·age tour** *n*, AM *also* **'pack·age trip** *n* Pauschalurlaub *m*

pack·ag·ing ['pækɪdʒɪŋ] *n no pl* ❶ *(materials)* Verpackungsmaterial *nt* ❷ *(activity)* Verpackung *f* ❸ *(presentation)* Präsentation *f*

pack·er ['pækəʳ] *n* [Ver]packer(in) *m(f)*; *(of furniture)* Möbelpacker(in) *m(f)*; *(machine)* Verpackungsmaschine *f*

pack·et ['pækɪt] *n* ❶ *(container)* Packung *f*, Schachtel *f*; **a ~ of biscuits** eine Packung Kekse; **a ~ of cigarettes** eine Schachtel Zigaretten; **a ~ of crisps** eine Tüte Chips ❷ BRIT, AUS *(fam: a lot of money)* ▪ **a ~** ein Haufen *m* Geld

pack·ing ['pækɪŋ] *n no pl* ❶ *(action)* Packen *nt* ❷ *(protective wrapping)* Verpackung *f* **'pack·ing rou·tine** *n* COMPUT Packroutine *f*

pact [pækt] *n* Pakt *m*

pad¹ [pæd] *vi* trotten; *(walk softly)* tappen

pad² [pæd] **I.** *n* ❶ *(wad)* Pa *o nt*; **cotton wool ~** Wattebausch *m*; **stamp ~** Stempelkissen *nt* ❷ SPORTS *(protector)* Polster *nt*; **knee ~** Knieschoner *m* ❸ *(for shaping)* **shoulder ~** Schulterpolster *nt* ❹ *(of paper)* Block *m* ❺ *(on animal's foot)* Ballen *m* ❻ AEROSP, AVIAT *(for helicopter)* Abflug- und Landeplatz *m*; **launch ~** Abschussrampe *f* ❼ *(sl: house, flat)* Bude *f fam* **II.** *vt* <-dd-> [aus]polstern ◆ **pad out** *vt* *(also iron)* ausschmücken

pad·ded ['pædɪd] *adj* [aus]gepolstert; bra wattiert; envelope gefüttert

pad·ding ['pædɪŋ] *n no pl* ❶ *(protective material)* Polsterung *f* ❷ *(shaping material)* Polster *nt* ❸ *(superfluous material)* Füllwerk *nt*

pad·dle¹ ['pædl] **I.** *n* ❶ *(oar)* Paddel *nt* ❷ NAUT *(on paddle wheel)* Schaufel *f*; *(paddle wheel)* Schaufelrad *nt* ❸ SPORTS *(bat)* Schläger *m* **II.** *vt* *(row)* ▪ **to ~ a boat** ein Boot mit Paddeln vorwärtsbewegen **III.** *vi* ❶ *(row)* paddeln ❷ *(swim)* paddeln

pad·dle² ['pædl] **I.** *n* Planschen *nt kein pl*

II. *vi* planschen

'pad·dle boat *n*, **'pad·dle steam·er** *n* [Schaufel]raddampfer *m*

'pad·dling pool *n esp* BRIT, AUS Planschbecken *nt*

pad·dock ['pædək] *n* ❶ (*for animals*) Koppel *f* ❷ AUS (*farm field*) Feld *nt* ❸ (*in horse racing*) Sattelplatz *m* ❹ (*in motor racing*) Fahrerlager *nt*

pad·dy¹ ['pædi] *n* BRIT (*dated*) Wutausbruch *m*

pad·dy² ['pædi] *n* Reisfeld *nt*

'pad·dy wag·on *n* AM, AUS (*fam*) grüne Minna *hum*

pad·lock ['pædlɒk] **I.** *n* Vorhängeschloss *nt* **II.** *vt* [mit einem Vorhängeschloss] verschließen

pae·di·at·ric [ˌpiːdi'ætrɪk] *adj* pädiatrisch; ~ **hospital** Kinderkrankenhaus *nt*

pae·dia·tri·cian [ˌpiːdiə'trɪʃən] *n* Kinderarzt, Kinderärztin *m, f*

pae·di·at·rics [ˌpiːdi'ætrɪks] *npl* + *sing vb* Kinderheilkunde *f*

pae·do·phile [ˌpiːdə(ʊ)'faɪl] *n* Pädophile(r) *m*

pa·gan ['peɪɡən] **I.** *n* ❶ (*polytheist*) Heide(in) *m(f)* ❷ (*unbeliever*) Ungläubige(r) *f(m)* **II.** *adj* heidnisch

pa·gan·ism ['peɪɡənɪzəm] *n* ❶ *no pl* (*polytheism*) Heidentum *nt* ❷ (*unbelief*) Unglaube *m*

page¹ [peɪdʒ] **I.** *n* ❶ (*single sheet*) Blatt *nt*; (*single side*) Seite *f* ❷ COMPUT Seite *f* ❸ (*fig: important event*) Kapitel *nt* **II.** *vi* (*read*) *book, magazine* durchblättern ❷ COMPUT ▪ **to ~ up/down** auf der Seite nach oben/unten gehen

page² [peɪdʒ] **I.** *n* ❶ (*hist: knight's attendant*) Knappe *m* ❷ (*hotel worker*) Page *m* **II.** *vt* (*over loudspeaker*) ausrufen; (*by pager*) anpiepsen

pag·eant ['pædʒənt] *n* ❶ (*play*) Historienspiel *nt* ❷ (*procession*) Festzug *m*

pag·eant·ry ['pædʒəntri] *n no pl* Pomp *m*

page·boy ['peɪdʒbɔɪ] *n* ❶ (*in hotel*) Page *m* ❷ (*at wedding*) Brautführer *m*

'page lay·out *n* Seitenlayout *nt*

'page proof *n* Korrekturfahne *f*

pag·er ['peɪdʒə'] *n* Pager *m*

pag·i·na·tion [ˌpædʒɪ'neɪʃən] *n no pl* Seitennummerierung *f*

pa·go·da [pə'ɡəʊdə] *n* Pagode *f*

paid [peɪd] **I.** *pt, pp of* **pay II.** *adj attr* bezahlt ▶ **to put ~ to sth** BRIT, AUS etw zunichtemachen

paid-'up *adj* BRIT ❶ (*subscribing*) voll eingezahlt ❷ (*fig: enthusiastic*) [sehr] begeistert

pail [peɪl] *n* Eimer *m*

pain [peɪn] **I.** *n* ❶ (*feeling*) Schmerz *m*; **a ~ in one's leg/side** Schmerzen *pl* im Bein/in der Seite ❷ *no pl* (*physical suffering*) Schmerz[en] *m[pl]*; **to be in ~** Schmerzen haben ❸ *no pl* (*mental suffering*) Leid *nt* ❹ (*effort*) ▪ **~s** *pl* Mühe *f*; **to go to great ~s to do sth** keine Mühe scheuen, etw zu tun ❺ (*fam: nuisance*) **it's such a ~ having to go shopping** Einkaufen gehen zu müssen finde ich sehr lästig; **that child is a real ~** das Kind ist eine Nervensäge ▶ **no gain without ~** ohne Fleiß kein Preis **II.** *vt* ▪ **it ~s sb to do sth** es tut jdm leid, etw zu tun

'pain bar·ri·er *n* Schmerzgrenze *f*

pained [peɪnd] *adj expression, look* gequält

pain·ful ['peɪnfəl] *adj* ❶ (*causing physical pain*) schmerzhaft; *death* qualvoll ❷ (*upsetting*) schmerzlich

pain·ful·ly ['peɪnfəli] *adv* ❶ (*suffering pain*) unter Schmerzen ❷ (*unpleasantly*) schmerzlich ❸ (*extremely*) furchtbar *fam* ❹ (*with great effort*) quälend

'pain·kill·er *n* Schmerzmittel *nt*

pain·less ['peɪnləs] *adj* ❶ (*without pain*) schmerzlos ❷ (*fig: without trouble*) schmerzlos; *solution* einfach

pain 'man·age·ment *n* MED Palliativmedizin *f*, Schmerztherapie *f*

pains·tak·ing ['peɪnzˌteɪkɪŋ] *adj* [sehr] sorgfältig; *care* äußerst; *effort* groß; *research* gewissenhaft; *search* gründlich

paint [peɪnt] **I.** *n* ❶ *no pl* (*substance*) Farbe *f*; (*on car, furniture also*) Lack *m* ❷ (*art colour*) ▪ **~s** *pl* Farben *pl*; **oil ~s** Ölfarben *pl* **II.** *vi* ❶ ART malen; **to ~ in oils/watercolours** mit Öl-/Wasserfarben malen ❷ (*decorate rooms*) streichen **III.** *vt* ❶ (*make picture*) malen ❷ (*decorate*) *house* anstreichen; *room, wall* streichen ❸ (*apply make-up*) **she ~ed her nails a bright red** sie lackierte ihre Nägel knallrot ❹ (*fig: describe*) beschreiben; **to ~ a picture of sth** etw schildern

'paint·box *n* Malkasten *m* **'paint·brush** *n* [Farb]pinsel *m* **paint·ed** ['peɪntɪd] *adj* bemalt; ZOOL, BOT bunt **paint·er¹** ['peɪntə'] *n* ❶ (*artist*) [Kunst]maler(in) *m(f)* ❷ (*decorator*) Maler(in) *m(f)*; **~ and decorator** Maler *m* und Tapezierer **paint·er²** ['peɪntə'] *n* NAUT Fangleine *f* **paint·ing** ['peɪntɪŋ] *n* ❶ (*picture*) Bild *nt* ❷ *no pl* (*art*) Malerei *f* ❸ *no pl* (*house decorating*) Streichen *nt* **'paint pot** *n* Farbtopf *m* **'paint roll·er** *n* Farbroller *m* **'paint strip·per** *n* Abbeizmittel *nt* **'paint·work** *n no pl of a house, room, wall* Anstrich *m*; *of a car* Lackierung *f*

pair [peə'] **I.** *n* ❶ (*two items*) Paar *nt*; **a ~ of gloves/socks** ein Paar *nt* Handschuhe/Socken ❷ (*two-part item*) Paar *nt*; **a ~ of**

glasses eine Brille; **a ~ of scissors** eine Schere; **a ~ of trousers** eine Hose ❸ + sing/pl vb (two people, also couple in relationship) Paar nt; **in ~s** paarweise ❹ + sing/pl vb ZOOL Pärchen nt **II.** vi animals sich paaren **III.** vt usu passive ■ **to be ~ed with sb/sth** mit jdm/etw ein Paar bilden ◆ **pair off I.** vi einen Partner/eine Partnerin finden **II.** vt ■ **to ~ sb off [with sb]** jdn [mit jdm] verkuppeln fam

pair·ing ['peərɪŋ] n no pl Paarung f

pa·ja·mas npl AM see **pyjamas**

Pa·ki·stan [ˌpɑːkɪˈstɑːn] n Pakistan nt

Pa·ki·sta·ni [ˌpɑːkɪˈstɑːni] **I.** n Pakistani m, Pakistaner(in) m(f) **II.** adj pakistanisch

pal [pæl] **I.** n (fam) Kumpel m **II.** vi <-ll-> AM ■ **to ~ around [with sb]** [mit jdm] befreundet sein ◆ **pal up** vi esp BRIT, AUS (dated) sich anfreunden

pal·ace ['pælɪs] n Palast m

pal·at·able ['pælətəbl] adj ❶ (of food, drink) schmackhaft ❷ (fig: acceptable) akzeptabel

pal·ate ['pælət] n Gaumen m a. fig

pa·la·tial [pəˈleɪʃ°l] adj prachtvoll

pa·la·ver [pəˈlɑːvəʳ] n (fam) Theater nt

pale[1] [peɪl] **I.** adj blass **II.** vi ❶ (go white) bleich werden ❷ (seem unimportant) ■ **to ~ into insignificance** unwichtig erscheinen

pale[2] [peɪl] n (post) Pfosten m ▸ **beyond the ~** indiskutabel

pale·ness ['peɪlnəs] n no pl Blässe f

Pal·es·tine ['pæləstaɪn] n Palästina nt

Pal·es·tin·ian [ˌpæləˈstɪniən] **I.** n Palästinenser(in) m(f) **II.** adj palästinensisch

pal·ette ['pælət] n ART ❶ (for mixing paint) Palette f ❷ (range of colours) [Farb]palette f

pali·sade [ˌpælɪˈseɪd] n ❶ (fence) Palisade f ❷ (cliffs) ■ **~s** pl Steilufer nt

pall[1] [pɔːl] vi an Reiz verlieren

pall[2] [pɔːl] n ❶ (for coffin) Sargtuch nt ❷ AM (coffin) Sarg m ❸ (cloud) [Rauch]wolke f

'pall·bear·er n Sargträger(in) m(f)

pal·let ['pælɪt] n ❶ (for goods) Palette f ❷ (bed) Pritsche f

pal·lia·tive ['pæliətɪv] **I.** n ❶ (drug) Schmerzmittel nt ❷ (fig: problem-easer) Beschönigung f **II.** adj ❶ (pain-relieving) schmerzstillend attr, palliativ fachspr ❷ (fig: problem-easing) beschönigend

pal·lid ['pælɪd] adj ❶ (very pale) fahl ❷ (lacking verve) fad[e]

pal·lor ['pæləʳ] n Blässe f

pal·ly ['pæli] adj esp BRIT (fam) kumpelhaft; ■ **to be ~ with sb** mit jdm [sehr] gut befreundet sein

palm[1] [pɑːm] n (tree) Palme f

palm[2] [pɑːm] n Handfläche f; **to read sb's ~** jdm aus der Hand lesen ◆ **palm off** vt ■ **to ~**

~ off ↻ **sth on sb** jdm etw andrehen fam; ■ **to ~ sb off [with sth]** jdn mit etw dat abspeisen fam

palm·ist ['pɑːmɪst] n Handleser(in) m(f)

'palm leaf n Palmenblatt nt

Palm 'Sun·day n Palmsonntag m

'palm·top n COMPUT Palmtop m

pal·pable ['pælpəbl] adj ❶ (obvious) offenkundig, deutlich ❷ (tangible) spürbar, greifbar

pal·pi·tate ['pælpɪteɪt] vi heart [schnell] klopfen (**with** vor)

pal·pi·ta·tions [ˌpælpɪˈteɪʃ°nz] npl Herzklopfen nt kein pl; **to have ~** (fig) einen [Herz]anfall bekommen

pal·sy ['pɔːlzi] n Lähmung f; **cerebral ~** Kinderlähmung f

pal·try ['pɔːltri] adj ❶ (small) armselig; sum lächerlich; wage kärglich ❷ (contemptible) billig pej

pam·pas ['pæmpəs] n + sing/pl vb Pampa f

pam·per ['pæmpəʳ] vt verwöhnen; ■ **to ~ oneself with sth** sich dat etw gönnen

pam·phlet ['pæmflɪt] n (kleine) Broschüre f, Faltblatt nt; POL Flugblatt nt

pan [pæn] **I.** n ❶ (for cooking) Pfanne f; AM (for oven cooking) Topf m ❷ (toilet bowl) Toilettenschüssel f ▸ **to go down the ~** den Bach runtergehen fam **II.** vt <-nn-> ❶ AM (cook) (in der Pfanne) braten ❷ (fam: criticize) verreißen **III.** vi <-nn-> ■ **to ~ for gold** Gold nt waschen ◆ **pan out** vi ❶ (develop) sich entwickeln ❷ (succeed) klappen fam

pana·cea [ˌpænəˈsiːə] n Allheilmittel nt; (fig) Patentlösung f

pa·nache [pəˈnæʃ] n no pl Elan m, Schwung m

Pana·ma [ˈpænəmɑː] n Panama nt

Pana·ma Ca·nal n no pl ■ **the ~** der Panamakanal **Pana·ma 'City** n Panama City nt

Pana·ma·ni·an [ˌpænəˈmeɪniən] **I.** n Panamaer(in) m(f) **II.** adj panamaisch

Pan-Ameri·can [ˌpænəˈmerɪkən] adj panamerikanisch

'pan·cake n Pfannkuchen m

'Pan·cake Day n BRIT (fam) Fastnachtsdienstag m, Faschingsdienstag m

pan·cre·as <pl -es> [ˈpæŋkrɪəs] n Bauchspeicheldrüse f

pan·cre·at·ic [ˌpæŋkrɪˈætɪk] adj Pankreas-

pan·da [ˈpændə] n Panda m

'pan·da car n BRIT Streifenwagen m

pan·dem·ic [pænˈdemɪk] **I.** n Seuche f, Pandemie f fachspr; **~ of influenza** Grippepandemie f **II.** adj pandemisch; (fig) weit verbreitet

pan·de·mo·ni·um [ˌpændəˈməʊniəm] n no

pl ❶ (*noisy confusion*) Chaos *nt* ❷ (*fig: uproar*) Tumult *m*

pan·der ['pændə'] *vi* (*pej*) ■ **to ~ to sth** etw *dat* nachgeben; **to ~ to sb's whims** auf jds Launen *pl* eingehen

P & P [ˌpiːᵊn(d)ˈpiː] *n no pl* BRIT *abbrev of* **postage and packing** Porto und Verpackung

pane [peɪn] *n* [Fenster]scheibe *f*

pan·el ['pænᵊl] **I.** *n* ❶ (*wooden*) [Holz]paneel *nt* ❷ (*metal*) Blech *nt* ❸ FASHION (*part of garment*) [Stoff]streifen *m* ❹ (*on page*) Feld *nt* ❺ + *sing/pl vb* (*team*) Team *nt* ❻ (*instrument board*) Tafel *f*; **control ~** Schalttafel *f* **II.** *vt* <BRIT -ll- *or* AM *usu* -l-> täfeln (**in** mit)

'**pan·el beat·er** *n* BRIT Autoschlosser(in) *m(f)*

'**pan·el dis·cus·sion** *n* Podiumsdiskussion *f* '**pan·el game** *n* BRIT TV Ratespiel *nt* **pan·el·ing** *n* AM *see* **panelling pan·el·ist** *n* AM *see* **panellist pan·el·ling** ['pænᵊlɪŋ] *n no pl* [Holz]täfelung *f* **pan·el·list** ['pænᵊlɪst] *n* ❶ (*in expert team*) Mitglied *nt* [einer Expertengruppe] ❷ (*in quiz team*) Teilnehmer(in) *m(f)* (an einer Quizshow)

pang [pæŋ] *n* [plötzliches] Schmerzgefühl; **~ of guilt/jealousy/remorse** Anwandlung *f* von Schuldgefühlen/Eifersucht/Reue

'**pan·han·dle I.** *n* ❶ (*on pan*) Pfannenstiel *m* ❷ GEOG Zipfel *m* **II.** *vi* schnorren **III.** *vt* **to ~ money** Geld schnorren

'**pan·han·dler** *n* (*fam*) Schnorrer(in) *m(f)*

pan·ic ['pænɪk] **I.** *n no pl* ❶ (*overwhelming fear*) Panik *f* ❷ (*hysterical fear*) panische Angst; **to get in|to| a ~** in Panik geraten **II.** *vi* <-ck-> in Panik geraten **III.** *vt* **to ~ sb** unter jdm Panik auslösen

pan·icky ['pænɪki] *adj* panisch; **~ action** Kurzschlusshandlung *f*

'**pan·ic room** *n* Panikraum *m* **pan·ic-strick·en** [ˌstrɪkᵊn] *adj* von Panik ergriffen

pan·jan·drum [pændʒændrəm] *n* Autorität *f*, Koriphäe *f*

pan·ni·er ['pæniə'] *n* (*bag*) Satteltasche *f*; (*basket*) Tragkorb *m*

pano·ra·ma [ˌpænᵊrˈɑːmə] *n* Panorama *nt*; (*fig*) Überblick *m*

pano·ram·ic [ˌpænᵊrˈɑːmɪk] *adj* Panorama-

'**pan pipes** *npl* Panflöte *f*

'**pan scour·er** *n esp* BRIT Topfkratzer *m*

pan·sy ['pænzi] *n* ❶ (*flower*) Stiefmütterchen *nt* ❷ (*pej dated fam: male homosexual*) Homo *m*; (*effeminate male*) Waschlappen *m*

pant[1] [pænt] **I.** *vi* ❶ (*breathe*) keuchen ❷ (*crave*) **to ~ for breath** nach Luft schnappen ❸ (*liter: throb*) heart pochen **II.** *n* ❶ (*breath*) Keuchen *nt kein pl* ❷ (*liter: throb*) Pochen *nt kein pl*

pant[2] [pænt] *n* FASHION ■ **~ s** *pl* **a pair of ~ s** *esp* BRIT eine Unterhose; AM eine [lange] Hose

► **to** <u>bore</u> **the ~ s off sb** (*fam*) jdn zu Tode langweilen; **to** <u>scare</u> **the ~ s off sb** jdm einen Riesenschrecken einjagen; **to be caught with one's ~** <u>down</u> (*fam*) auf frischer Tat ertappt werden

pan·the·ism ['pæn(t)θiɪzᵊm] *n no pl* Pantheismus *m geh*

pan·the·is·tic(al) [ˌpæn(t)θiˈɪstɪk(ᵊl)] *adj* pantheistisch *geh*

pan·the·on ['pæn(t)θiən] *n* (*form*) Pantheon *nt*

pan·ther <*pl - or* -s> ['pæn(t)θə'] *n* ❶ (*leopard*) Panther *m* ❷ AM *also* (*cougar*) Puma *m*

panties ['pæntiz] *npl* (*fam*) [Damen]slip *m*

pan·to ['pæntəʊ] *n* BRIT (*fam*) *short for* **pantomime I 1**

pan·to·mime ['pæntəmaɪm] **I.** *n* ❶ BRIT (*play*) [Laien]spiel *nt*; (*for Christmas*) Weihnachtsspiel *nt* ❷ (*mime*) Pantomime *f*; **to do a ~ of** etw pantomimisch darstellen **II.** *vt* pantomimisch darstellen

pan·try ['pæntri] *n* Vorratskammer *f*

'**panty gir·dle** *n* Miederhöschen *nt*

'**pan·ty·hose** *npl* AM, AUS Strumpfhose *f*

'**panty lin·er** *n* Slipeinlage *f*

pap [pæp] *n no pl* ❶ (*esp pej: food*) Babybrei *m* ❷ (*pej fam: entertainment*) Schund *m*

papa ['pɑːpə] *n* BRIT (*dated*) Papa *m*

pa·pa·cy ['peɪpəsi] *n* ❶ (*pope's jurisdiction*) ■ **the ~** das Pontifikat ❷ *usu sing* (*pope's tenure*) Pontifikat *nt* ❸ (*system of government*) Papsttum *nt*

pa·pal ['peɪpᵊl] *adj* päpstlich, Papst-

pa·pa·raz·zi [ˌpæpᵊrˈætsi] *npl* Paparazzi *pl*, Sensationsreporter(innen) *mpl(fpl)*

pa·pa·raz·zo [ˌpæpᵊrˈætsəʊ] *n sing of* **paparazzi**

pa·pa·ya [pəˈpaɪə] *n* Papaya *f*

pa·per ['peɪpə'] **I.** *n* ❶ *no pl* (*for writing*) Papier *nt*; **a piece of ~** ein Blatt *nt* Papier; **recycled ~** Altpapier *nt* ❷ (*newspaper*) Zeitung *f* ❸ (*wallpaper*) Tapete *f* ❹ *usu pl* (*document*) Dokument *nt* ❺ (*credentials*) ■ **~ s** *pl* [Ausweis]papiere *pl* ❻ BRIT, AUS UNIV **to write a ~** eine Hausarbeit schreiben **II.** *vt* tapezieren ◆ **paper over** *vt* **to ~ over a problem** ein Problem vertuschen

'**pa·per·back** *n* Taschenbuch *nt*

'**pa·per·back edi·tion** *n* Taschenbuchausgabe *f*

'**pa·per bag** *n* Papiertüte *f* '**pa·per boy** *n* Zeitungsjunge *m* '**pa·per·chase** *n* BRIT Schnitzeljagd *f* '**pa·per clip** *n* Büroklammer *f* '**pa·per cup** *n* Pappbecher *m* '**pa·per cut·ter** *n* Papierschneider *m* '**pa·per girl** *n* Zeitungsmädchen *nt* '**pa·per·knife** *n* Brieföffner *m* '**pa·per mill** *n* Papierfabrik *f* '**pa·per mon·ey** *n no pl* Papiergeld *nt*

pa·per 'nap·kin *n* [Papier]serviette *f*
'pa·per prof·it *n* rechnerischer Gewinn
'pa·per round *n* BRIT, AM **'pa·per route** *n* Zeitungszustellung *f*; **to have a ~** Zeitungen austragen
pa·per-'thin *adj* hauchdünn
pa·per 'ti·ger *n* (*pej*) Papiertiger *m* **pa·per 'tis·sue** *n* Papiertaschentuch *nt* **pa·per 'tow·el** *n* BRIT Papierhandtuch *nt*; AM Küchenrolle *f* **'pa·per trail** *n esp* AM belastende Unterlagen **'pa·per·weight** *n* Briefbeschwerer *m* **'pa·per·work** *n no pl* Schreibarbeit *f*; **to do ~** [den] Papierkram machen *fam*
pa·pery ['peɪpᵊri] *adj plaster* bröckelig; *skin* pergamenten
pa·pier mâché [ˌpæpieɪ'mæʃeɪ] *n no pl* Pappmaschee *nt*
pa·pist ['peɪpɪst] (*pej*) **I.** *n* Papist(in) *m(f)* **II.** *adj* papistisch
pap·py ['pæpi] *n* AM Papi *m fam*
pap·ri·ka ['pæprɪkə] *n no pl* Paprika *m*
'Pap smear *n* AM, AUS, **'Pap test** *n* AM, AUS MED Abstrich *m*
Pa·pua New Guinea [ˌpæpuənjuː'gɪni] *n* Papua-Neuguinea *nt*
pa·py·rus <*pl* -es *or* -ri> [pə'paɪ(ə)rəs, *pl* -raɪ] *n* ❶ Papyrusstaude *f* ❷ (*paper*) Papyrus *m*
par [pɑː*r*] **I.** *n* ❶ *no pl* (*standard*) below/ above ~ unter/über dem Standard; **to feel under ~** sich nicht auf der Höhe fühlen ❷ (*equality*) ▪ **to be on a ~ with sb/each other** jdm/einander ebenbürtig sein ❸ (*in golf*) Par *nt*; **below/above ~** unter/über Par ▸ **it's ~ for the course** (*fam*) das war [ja] zu erwarten **II.** *vt* SPORTS **to ~ a hole** ein Loch innerhalb des Pars spielen
par. *short for* **paragraph** Abs.
para ['pærə] **I.** *n* ❶ (*fam*) MIL *short for* **paratrooper** Fallschirmjäger(in) *m(f)* ❷ (*text*) *short for* **paragraph** Absatz *m* **II.** *adj pred* BRIT *short for* **paranoid** paranoid
par·a·ble ['pærəbl] *n* Parabel *f*
pa·rab·o·la <*pl* -s *or* -lae> [pə'ræbᵊlə, *pl* -liː] *n* MATH Parabel *f*
par·a·bol·ic [ˌpærə'bɒlɪk] *adj* ❶ (*like a parabola*) parabolisch, Parabol- ❷ (*expressed using parable*) gleichnishaft
pa·ra·cet·a·mol® <*pl* - *or* -s> [ˌpærə'siːtəmɒl] *n* BRIT, AUS Paracetamol® *nt*
par·a·chute ['pærəʃuːt] **I.** *n* Fallschirm *m* **II.** *vi* mit dem Fallschirm abspringen
'para·chute jump *n* Fallschirmabsprung *m*
para·chut·ing ['pærəʃuːtɪŋ] *n no pl* Fallschirmspringen *nt*
para·chut·ist ['pærəʃuːtɪst] *n* Fallschirmspringer(in) *m(f)*
pa·rade [pə'reɪd] **I.** *n* ❶ (*procession*) Parade *f*; **victory ~** Siegeszug *m* ❷ MIL [Truppen]parade *f* ❸ BRIT *of shops* Geschäftsstraße *f* **II.** *vi* ❶ (*walk in procession*) einen Umzug machen ❷ MIL marschieren ❸ (*show off*) ▪ **to ~ about/up and down** stolzieren **III.** *vt* ❶ (*march*) **to ~ the streets** durch die Straßen marschieren; (*during a procession*) durch die Straßen ziehen ❷ (*exhibit*) vorführen ❸ (*fig: show off*) stolz vorführen; (*fig*) *knowledge, wealth* zur Schau tragen

pa·'rade ground *n* MIL Exerzierplatz *m*
para·digm ['pærədaɪm] *n* ❶ (*form*) ❶ (*model*) Muster *nt*; (*example*) Beispiel *nt* ❷ LING Paradigma *nt fachspr*
para·dig·mat·ic [ˌpærədɪg'mætɪk] *adj* (*form*) paradigmatisch *geh*
para·digm 'shift *n* Paradigmenwechsel *m geh*
para·dise ['pærədaɪs] *n no pl* Paradies *nt*; ▪ **P~** das Paradies
para·di·si·a·cal [ˌpærədɪ'saɪəkᵊl] *adj*, **paradisi·cal** [ˌpærə'dɪsɪkᵊl] *adj* paradiesisch
para·dox <*pl* -es> ['pærədɒks] *n* Paradox[on] *nt geh*; *no pl* Paradoxie *f*; ▪ **it is a ~ that ...** es ist paradox, dass ...
para·dox·i·cal [ˌpærə'dɒksɪkᵊl] *adj* paradox
para·dox·i·cal·ly [ˌpærə'dɒksɪkᵊli] *adv* paradoxerweise
par·af·fin ['pærəfɪn] *n no pl* ❶ BRIT (*fuel*) Kerosin *nt* ❷ (*wax*) Paraffin *nt*
par·af·fin 'heat·er *n* BRIT Kerosinofen *m*
par·af·fin 'lamp *n* BRIT Kerosinlampe *f*
par·af·fin 'wax *n no pl* Paraffin *nt*
para·glid·ing ['pærəˌglaɪdɪŋ] *n no pl* Paragliding *nt*
par·a·gon ['pærəgən] *n* ❶ (*perfect example*) Muster[beispiel] *nt*; **a ~ of virtue** (*iron*) ein Ausbund *m* an Tugend ❷ (*diamond*) hundertkarätiger Solitär
para·graph ['pærəgrɑːf] **I.** *n* ❶ (*text*) Absatz *m* ❷ (*newspaper article*) [kurze] Zeitungsnotiz **II.** *vt* **to ~ a text** Absätze [in einem Text] machen
Para·guay ['pærəgwaɪ] *n* Paraguay *nt*
para·keet [ˌpærə'kiːt] *n* Sittich *m*
par·al·lel ['pærəlel] **I.** *adj* ❶ *lines* parallel ❷ (*corresponding*) ~ **example** Parallelbeispiel *nt* **II.** *n* ❶ (*similarity*) Parallele *f*; ▪ **without ~** ohnegleichen; **to draw a ~** einen Vergleich ziehen ❷ MATH Parallele *f esp* AM GEOG ~ [**of latitude**] Breitenkreis *m* **III.** *vt* (*correspond to*) entsprechen; (*be similar to*) ähneln; **not ~ ed** beispiellos **IV.** *adv* parallel; **to run ~ to sth** zu etw *dat* parallel verlaufen
par·al·lel 'bars *npl* (*in gymnastics*) Barren *m* **par·al·lel 'line** *n* Parallele *f*
Para·lym·pic Games *npl*, **Para·lym·pics** [ˌpærə'lɪmpɪks] *npl* ▪ **the ~** die Paralympischen Spiele *pl*

pa·ra·lyse ['pærəlaɪz] vt BRIT, AUS ① MED (*also fig*) lähmen ② (*bring to halt*) lahmlegen

pa·ra·lysed ['pærəlaɪzd] adj BRIT, AUS ① MED gelähmt ② (*stupefied*) wie gelähmt präd, handlungsunfähig ③ (*brought to halt*) lahmgelegt; (*blocked*) blockiert

pa·ral·y·sis <*pl* -ses> [pə'ræləsɪs, *pl* -siːz] *n* Lähmung *f a. fig*

pa·ra·lyt·ic [ˌpærə'lɪtɪk] **I.** *adj* ① MED paralytisch, Lähmungs- ② *esp* BRIT (*fam: drunk*) stockbetrunken **II.** *n* Paralytiker(in) *m(f) fachspr*

pa·ra·lyze *vt* AM *see* paralyse

pa·ra·lyzed *adj* AM *see* paralysed

pa·ra·med·ic [ˌpærə'medɪk] *n* Sanitäter(in) *m(f)*

pa·ram·e·ter [pə'ræmɪtə'] *n usu pl* ① SCI Bestimmungsfaktor *m* ② (*set of limits*) ■ **~s** *pl* Leitlinien *pl*

para·mil·i·tary [ˌpærə'mɪlɪt°ri] **I.** *adj* paramilitärisch **II.** *n* Milizionär(in) *m(f)*

par·a·mount ['pærəmaʊnt] *adj* (*form: have priority*) vorrangig

par·a·noia [ˌpærə'nɔɪə] *n* ① PSYCH Paranoia *f geh*, Verfolgungswahn *m* ② (*anxiousness*) Hysterie *f*

par·a·noi·ac [ˌpærə'nɔɪæk] **I.** *adj* paranoisch *geh* **II.** *n* Paranoiker(in) *m(f) geh*

par·a·noid [ˌpærə'nɔɪd] **I.** *adj* ① PSYCH paranoid ② (*mistrustful*) wahnhaft; ■ **to be ~ about sth/sb** in ständiger Angst vor etw/ jdm leben **II.** *n* Paranoiker(in) *m(f) geh*

para·noid schizo·'phre·nia *n* paranoide Schizophrenie *fachspr*

para·nor·mal [ˌpærə'nɔːməl] **I.** *adj* übernatürlich; *powers* übersinnlich **II.** *n no pl* ■ **the ~** übernatürliche Erscheinungen

par·a·pet ['pærəpɪt] *n* Geländer *nt*

para·pher·na·lia [ˌpærəfə'neɪliə] *n pl, + sing/pl vb* Zubehör *nt kein pl*; (*pej*) Brimborium *nt kein pl fam*

para·phrase ['pærəfreɪz] **I.** *vt* umschreiben; ■ **to ~ sb** jdn frei zitieren **II.** *n* Paraphrase *f geh*

para·ple·gia [ˌpærə'pliːdʒə] *n no pl* MED Querschnittslähmung *f*

para·ple·gic [ˌpærə'pliːdʒɪk] **I.** *adj* doppelseitig gelähmt **II.** *n* doppelseitig Gelähmte(r) *f(m)*

para·psy·chol·o·gy [ˌpærəsaɪ'kɒlədʒi] *n no pl* Parapsychologie *f*

par·a·site ['pærəsaɪt] *n* Parasit *m a. fig*

par·a·sit·ic(al) [ˌpærə'sɪtɪk(ə)l] *adj* ① BIOL parasitär ② (*fig, pej*) *person* schmarotzerhaft

para·sol ['pærəsɒl] *n* Sonnenschirm *m*

para·thy·roid [ˌpærə'θaɪ(ə)rɔɪd] *n*, **para·thy·roid gland** *n* Nebenschilddrüse *f*

para·troop·er ['pærəˌtruːpə'] *n* Fallschirmjäger(in) *m(f)*

para·troops ['pærətruːps] *npl* Fallschirmtruppen *pl*

para·ty·phoid [ˌpærə'taɪfɔɪd] **I.** *n no pl* Paratyphus *m fachspr* **II.** *adj attr* paratyphoid *fachspr*

par·boil ['pɑːbɔɪl] *vt* **to ~ food** Lebensmittel kurz vorkochen (*um sie dann weiterzuverarbeiten*)

par·cel ['pɑːs°l] **I.** *n* (*for mailing*) Paket *nt*; (*small parcel*) Päckchen *nt* **II.** *vt* <BRIT -ll- *or* AM *usu* -l-> einpacken ◆ **parcel out** *vt* austeilen ◆ **parcel up** *vt* einpacken

'par·cel bomb *n* BRIT Paketbombe *f* **'par·cel of·fice** *n* BRIT Paketabfertigung *f* **par·cel 'post** *n* Paketpost *f*

parch [pɑːtʃ] **I.** *vt* ① (*make dry*) austrocknen ② (*roast*) *corn, grain* rösten **II.** *vi* (*become dry*) austrocken, ausdörren

parched [pɑːtʃt] *adj* ① (*dried out*) vertrocknet, verdorrt; *throat* ausgedörrt ② *attr* (*fig fam: very thirsty*) ■ **to be ~** [**with thirst**] am Verdursten sein ③ (*roasted*) *corn, grain* geröstet

parch·ment ['pɑːtʃmənt] *n* ① *no pl* (*animal skin, manuscript*) Pergament *nt* ② *no pl* (*paper*) Pergamentpapier *nt* ③ (*fam: document*) Urkunde *f*

par·don ['pɑːd°n] **I.** *n no pl* LAW Begnadigung *f* **II.** *vt* ① (*forgive*) verzeihen, entschuldigen ② LAW begnadigen **III.** *interj* (*apology*) **I beg your ~!** [*or* AM *also* **~ me!**] Entschuldigung!, tut mir leid!; (*request for repetition*) wie bitte?; (*reply to offensiveness*) na, hören Sie mal!

par·don·able ['pɑːd°nəbl] *adj* verzeihlich

pare [peə'] *vt* ① (*trim*) [ab]schneiden; *fruit* schälen ② (*reduce gradually*) reduzieren ◆ **pare down** *vt* reduzieren ◆ **pare off** *vt* [ab]schälen

par·ent ['peər°nt] **I.** *n* ① *of a child* Elternteil *m*; ■ **~s** Eltern *pl*; **single ~** Alleinerziehende(r) *f(m)* ② *of an animal* Elterntier *nt*; *of a plant* Mutterpflanze *f* ③ (*parent company*) Muttergesellschaft *f* **II.** *vt* großziehen

par·ent·age ['peər°ntɪdʒ] *n no pl* ① (*descent*) Abstammung *f* ② (*position*) Elternschaft *f* ③ (*fig: origin*) Herkunft *f*

pa·ren·tal [pə'rent°l] *adj* elterlich, Eltern-; **~ control/neglect** Beaufsichtigung *f*/Vernachlässigung *f* durch die Eltern

parent 'com·pa·ny *n* Muttergesellschaft *f*

pa·ren·the·sis <*pl* -ses> [pə'ren(t)θəsɪs, *pl* -siːz] *n* ① (*explanation*) eingeschobener Satz[teil] ② *usu pl esp* AM, AUS (*round brackets*) [runde] Klammern

par·en·thet·ic(al) [ˌpær°n'θetɪk(ə)l] *adj* (*form*) parenthetisch; *remark* beiläufig

pa·ren·thet·i·cal·ly [ˌpærənˈθetɪkəli] *adv* (*form*) parenthetisch

par·ent·hood [ˈpeərənthʊd] *n no pl* Elternschaft *f* **par·ent·ing** [ˈpeərəntɪŋ] *n no pl* Verhalten *nt* als Eltern, Kindererziehung *f*; ~ skills elterliches Geschick **par·ent·less** [ˈpeərntləs] *adj* elternlos

Par·ents and 'Cit·i·zens *n* Aus, **pa·rent-'teach·er as·so·ci·a·tion** *n*, **pa·rent-'teach·er or·gan·i·za·tion** *n esp* Am Eltern-Lehrer-Organisation *f*

pa·ri·ah [pəˈraɪə] *n* ❶ (*in India*) Paria *m* ❷ (*fig*) Außenseiter(in) *m(f)*

par·ing [ˈpeərɪŋ] *n usu pl of fruit, vegetable* Schale *f*

'par·ing knife *n* Schälmesser *nt*

Par·is [ˈpærɪs] *n no pl* Paris *nt*

par·ish [ˈpærɪʃ] *n* ❶ REL (Pfarr)gemeinde *f* ❷ BRIT POL Gemeinde *f*

par·ish 'church *n* Pfarrkirche *f* **par·ish 'clerk** *n* Küster(in) *m(f)* **par·ish 'coun·cil** *n* BRIT Gemeinderat *m* **pa·rish·ion·er** [pəˈrɪʃ°nər] *n* Gemeindemitglied *nt* **par·ish 'priest** *n* Pfarrer(in) *m(f)* **par·ish-pump 'pol·i·tics** *n + sing/pl vb* BRIT Kirchturmpolitik *f* ❶ **par·ish 'reg·is·ter** *n* Kirchenbuch *nt*

par·i·ty [ˈpærəti] *n no pl* ❶ (*equality*) Gleichheit *f* ❷ FIN, MATH, PHYS Parität *f fachspr*

park [pɑːk] **I.** *n* ❶ (*for recreation*) Park *m* ❷ BRIT (*surrounding house*) Parkanlagen *pl* ❸ *esp* BRIT SPORTS (*fam*) ▪ **the** ~ der [Sport]platz ❹ *esp* BRIT AUTO Parkplatz *m*; car ~ PKW-Parkplatz *m* **II.** *vt* ❶ AUTO [ein]parken ❷ (*fig fam: position*) abladen; **to** ~ **oneself** sich [irgendwo] hinpflanzen **III.** *vi* parken

par·ka [ˈpɑːkə] *n* Parka *m*

park 'bench *n* Parkbank *f*

parked [pɑːkt] *adj* geparkt

park·ing [ˈpɑːkɪŋ] *n no pl* ❶ (*action*) Parken *nt* ❷ (*space*) Parkplatz *m*

'park·ing ar·ea *n* Parkplatz *m* **'park·ing at·tend·ant** *n* Parkwächter(in) *m(f)* **'park·ing bay** *n* Parkbucht *f* **'park·ing brake** *n* Am Feststellbremse *f* **'park·ing disc** *n* Parkscheibe *f* **'park·ing fine** *n* Geldstrafe *f* für unerlaubtes Parken **'park·ing gar·age** *n* Parkhaus *nt* **'park·ing lot** *n esp* Am Parkplatz *m* **'park·ing me·ter** *n* Parkuhr *f* **'park·ing of·fence** *n* Parkvergehen *nt* **'park·ing of·fend·er** *n* Parksünder(in) *m(f)* **'park·ing per·mit** *n* Parkerlaubnis *f* **'park·ing place** *n*, **'park·ing space** *n* Parkplatz *m* **'park·ing tick·et** *n* Strafzettel *m* für unerlaubtes Parken

Parkinson's [ˈpɑːkɪns°nz] *n*, **Parkinson's dis·ease** *n no pl* Parkinsonkrankheit *f*

'Parkinson's law *n no art, no pl* (*hum*) das parkinsonsche Gesetz

'park keep·er *n* BRIT Parkaufseher(in) *m(f)* **'park·land** *n no pl* Parklandschaft *f* **'park·way** *n* ❶ Am, Aus (*highway*) Autobahn *f* ❷ BRIT RAIL Parkmöglichkeiten in der Nähe eines Bahnhofs

parky [ˈpɑːki] *adj* BRIT (*fam*) *weather* frisch

Parl. *abbrev of* **Parliament** Parlament *nt*

par·lance [ˈpɑːlən(t)s] *n no pl* (*form*) Ausdrucksweise *f*

par·lia·ment [ˈpɑːləmənt] *n* ❶ *no art, no pl* (*institution*) ▪ P~ Parlament *nt*; ▪ **in** P~ im Parlament ❷ (*period*) Legislaturperiode *f*

par·lia·men·tar·i·an [ˌpɑːləmenˈteəriən] **I.** *n* (*Member of Parliament*) Parlaments[abgeordnete(r) *f(m)*, Mitglied *nt* des britischen Unterhauses **II.** *adj* parlamentarisch

par·lia·men·tary [ˌpɑːləˈment°ri] *adj* bill parlamentarischer Gesetzentwurf; ~ **candidate** Kandidat(in) *m(f)* für das Parlament; ~ **election/session** Parlamentswahl *f*/-sitzung *f*

par·lia·men·tary 'cham·ber *n* Kammer *f* des Parlaments **par·lia·men·tary de·'bate** *n* Parlamentsdebatte *f* **par·lia·men·tary de·'moc·ra·cy** *n* parlamentarische Demokratie **par·lia·men·tary 'gov·ern·ment** *n* parlamentarische Regierung

par·lour [ˈpɑːlə^r] *n*, Am **par·lor** *n* ❶ *esp* Am (*shop*) Salon *m*; ice-cream ~ Eisdiele *f*; funeral ~ Bestattungsinstitut *nt* ❷ (*dated: room*) Salon *m*

'par·lour game *n* Gesellschaftsspiel *nt*

Par·me·san [ˈpɑːmɪˌzæn] *n*, **Par·me·san cheese** *n no pl* Parmesan[käse] *m*

pa·ro·chi·al [pəˈrəʊkiəl] *adj* ❶ REL Gemeinde-, Pfarr- ❷ (*pej: provincial*) provinziell; (*narrow-minded*) kleinkariert

pa·ro·chi·al·ism [pəˈrəʊkiəlɪz°m] *n no pl* (*pej*) Provinzialismus *m geh*; (*narrow-mindedness*) Engstirnigkeit *f* **pa·ro·chi·al 'school** *n* Am Konfessionsschule *f*

paro·dist [ˈpærədɪst] *n* Parodist(in) *m(f)*

paro·dy [ˈpærədi] **I.** *n* (*also pej: imitation*) Parodie *f* (of auf) **II.** *vt* <-ie-> parodieren

pa·role [pəˈrəʊl] **I.** *n no pl* bedingte Haftentlassung **II.** *vt usu passive* Hafturlaub gewähren; ▪ **to be** ~**d** bedingt [aus der Haft] entlassen werden

par·ox·ysm [ˈpærəksɪz°m] *n* ❶ (*outburst*) ~ **of joy** Freudentaumel *m* ❷ MED Anfall *m*

par·quet [ˈpɑːkeɪ] **I.** *n no pl* ❶ Parkett *nt* ❷ Am THEAT Parkett *nt* **II.** *vt* **to** ~ **a room** in einem Zimmer Parkettfußboden [ver]legen

par·ri·cide [ˈpærɪsaɪd] *n* LAW ❶ *no pl* (*murder*) *of both parents* Elternmord *m*; *of mother* Muttermord *m*; *of father* Vatermord *m* ❷ (*murderer*) *of both parents* Eltern-

mörder(in) *m(f)*; *of mother* Muttermörder(in) *m(f)*; *of father* Vatermörder(in) *m(f)*
par·rot ['pærət] **I.** *n* (*bird*) Papagei *m* **II.** *vt* (*pej*) nachplappern; ■ **to ~ sb** jdm nachäffen
'par·rot-fash·ion *adv* **to repeat sth ~** etw wie ein Papagei nachplappern *fam*
par·ry ['pærɪ] **I.** *vt* <-ie-> ❶ (*avert*) abwehren ❷ (*fig: deal with*) *questions* [geschickt] ausweichen; *criticism* [schlagfertig] abwehren **II.** *vi* <-ie-> parieren **III.** *n* ❶ *of an attack* Parade *f* ❷ (*fig*) *of a question* Ausweichmanöver *nt*
parse [pɑːz] *vt* ❶ (*analyse grammatically*) **to ~ a sentence** einen Satz grammatisch analysieren ❷ COMPUT **to ~ a text** einen Text parsen *fachspr*
Par·see *adj*, **Par·si** [ˌpɑːˈsiː] REL **I.** *n* Parse(in) *m(f)* **II.** *adj* parsisch
par·si·mo·ni·ous [ˌpɑːsɪˈməʊnɪəs] *adj* (*pej form*) knauserig
par·si·mo·ni·ous·ly [ˌpɑːsɪˈməʊnɪəsli] *adv* (*pej form*) geizig **par·si·mo·ni·ous·ness** [ˌpɑːsɪˈməʊnɪəsnəs] *n*, **par·si·mo·ny** ['pɑːsɪməʊni] *n no pl* (*pej form*) Knauserigkeit *f*
pars·ley ['pɑːsli] *n no pl* Petersilie *f*
pars·nip ['pɑːsnɪp] *n* Pastinak *m*
par·son ['pɑːsən] *n* (*dated*) Pastor(in) *m(f)*
par·son·age ['pɑːsənɪdʒ] *nt* Pfarrhaus *nt*
par·son's 'nose *n* (*fam*) Bürzel *m* (*von Geflügel*)
part [pɑːt] **I.** *n* ❶ (*not the whole*) Teil *m*; **she's ~ of the family** sie gehört zur Familie; **it's all ~ of growing up** das gehört [alles] zum Erwachsenwerden dazu; **to be an essential ~ of sth** von etw ein wesentlicher Bestandteil einer S. *gen* sein; **in ~** teilweise; **for the most ~** zum größten Teil ❷ *also* TECH (*component*) Teil *nt*; *of a machine* Bauteil *nt*; [**spare**] **~s** Ersatzteile *pl* ❸ (*unit*) [An]teil *m* ❹ FILM, TV Folge *f* ❺ ANAT **body ~** Körperteil *m* ❻ *usu pl* GEOG Gegend *f*; **around these ~s** (*fam*) in dieser Gegend; **in our/your ~ of the world** bei uns/Ihnen; **in this ~ of the world** hierzulande ❼ THEAT (*also fig*) Rolle *f*; **leading/supporting ~** Haupt-/Nebenrolle *f* ❽ MUS Part *m*, Stimme *f* ❾ *no pl* (*involvement*) Beteiligung *f* (**in** an); **to take ~ in sth** an etw *dat* teilnehmen ❿ *no pl* (*task*) Pflicht *f* ⓫ *no pl* (*side*) **it was a mistake on Julia's ~** es war Julias Fehler; **any questions on your ~?** haben Sie ihrerseits/hast du deinerseits noch Fragen? ⓬ AM (*parting*) Scheitel *m* ▶ **for my ~, ...** was mich betrifft, ...; **to look the ~** entsprechend aussehen; **to be ~ and parcel of sth** zu etw *dat* einfach dazugehören **II.** *adj attr* teilweise **III.** *vi* ❶ (*separate*) sich trennen ❷ (*become separated*) *curtains*,

seams aufgehen; *lips* sich öffnen; *paths* sich trennen ❸ (*form: say goodbye*) sich verabschieden ❹ (*euph: die*) sterben **IV.** *vt* ❶ (*separate*) trennen (**from** von) ❷ (*comb*) **to ~ one's hair** [sich] einen Scheitel ziehen ▶ **to ~ company** sich trennen ◆ **part with** *vt* ■ **to ~ with sth** sich von etw *dat* trennen
par·take [pɑːˈteɪk] *vi* <-took, -taken> ❶ (*form: in activity*) ■ **to ~ in sth** an etw *dat* teilnehmen ❷ (*form or hum: food, drink*) **to ~ of drink/food** etw mittrinken/mitessen ❸ (*have*) ■ **to ~ of sth** etw [an sich *akk*] haben
part·ed ['pɑːtɪd] *adj* ❶ (*opened*) **~ lips** leicht geöffnete Lippen ❷ (*separated*) ■ **to be ~ from sb/sth** von jdm/etw getrennt sein ❸ *hair* **her hair is ~ on the side** sie trägt einen Seitenscheitel
part ex·'change *n esp* BRIT Inzahlungnahme *f* (**for** gegen)
par·theno·gen·esis [ˌpɑːθənə(ʊ)ˈdʒenɪsɪs] *n no pl* Parthenogenese *f fachspr*
par·tial ['pɑːʃəl] **I.** *adj* ❶ (*incomplete*) Teil-; **their success was only ~** sie hatten nur teilweise Erfolg; *paralysis* partiell ❷ (*biased*) parteiisch ❸ *pred* (*be fond of*) ■ **to be ~ to sth** eine Vorliebe für etw *akk* haben **II.** *n* MUS Oberton *m*
par·tial e'clipse *n* partielle Finsternis **par·tial·ity** [ˌpɑːʃiˈæləti] *n* ❶ *no pl* (*bias*) Parteilichkeit *f*, Voreingenommenheit *f* ❷ (*liking*) ■ **to have a ~ for sth** eine Vorliebe für etw *akk* haben **par·tial·ly** ['pɑːʃəli] *adv* teilweise
par·tial·ly 'sight·ed *adj* halbblind
par·tici·pant [pɑːˈtɪsɪpənt] *n* Teilnehmer(in) *m(f)*
par·tici·pate [pɑːˈtɪsɪpeɪt] *vi* teilnehmen
par·tici·pa·tion [pɑːˌtɪsɪˈpeɪʃən] *n no pl* Teilnahme *f* (**in** an)
par·tici·pa·tor [pɑːˈtɪsɪpeɪtə^r] *n* Teilnehmer(in) *m(f)*
par·tici·pa·tory [pɑːˈtɪsɪpətəri] *adj* teilnehmend; POL auf Mitbestimmung ausgerichtet
par·tici·pa·tory de·'moc·ra·cy *n* partizipatorische Demokratie *fachspr*
par·ti·ci·ple [pɑːˈtɪsɪpl] *n* Partizip *nt*
par·ti·cle ['pɑːtɪkl] *n* ❶ (*minute amount*) Teilchen *nt*; **~ of dust** Staubkörnchen *nt* ❷ (*fig: smallest amount*) Spur *f* ❸ LING Partikel *f fachspr*
par·ti·cle ac·'cel·era·tor *n* Teilchenbeschleuniger *m* **par·ti·cle 'phys·ics** *n* [Elementar]teilchenphysik *f*
par·ticu·lar [pɑːˈtɪkjələ^r] **I.** *adj* ❶ *attr* (*individual*) bestimmt ❷ *attr* (*special*) besondere(r, s); **no ~ reason** kein bestimmter Grund ❸ *pred* (*fussy*) eigen; (*demanding*) anspruchsvoll (**about** hinsichtlich); **to be ~**

about one's appearance sehr auf sein Äußeres achten **II.** *n* (*form*) ❶ (*detail*) Einzelheit *f*; **in every ~** bis ins Detail ❷ (*information*) ■ **~s** *pl* Einzelheiten *pl*; **to take down sb's ~** jds Personalien aufnehmen ❸ *no pl* (*example*) **the ~** die Details *pl* ▶ **nothing in ~** nichts Besonderes; **in ~** insbesondere

par·tic·u·lar·i·ty [pəˌtɪkjəˈlærəti] *n* (*form*) ❶ *no pl* (*detailedness*) Genauigkeit *f* ❷ (*small details*) ■ **particularities** *pl* Einzelheiten *pl*

par·tic·u·lar·ize [pɑːˈtɪkjəlˠraɪz] *vt* (*form*) ❶ (*itemize*) spezifizieren ❷ (*focus on*) sich konzentrieren (**on** auf)

par·tic·u·lar·ly [pɑːˈtɪkjələli] *adv* besonders, vor allem

par·'ticu·late trap *n* Partikelfilter *m*

part·ing [ˈpɑːtɪŋ] **I.** *n* ❶ (*farewell*) Abschied *m*; (*separation*) Trennung *f* ❷ BRIT, AUS *of hair* Scheitel *m*; **centre-/side ~** Mittel-/Seitenscheitel *m* **II.** *adj attr* Abschieds-

part·ing 'shot *n* letztes [sarkastisches] Wort

par·ti·san [ˌpɑːtɪˈzæn] **I.** *n* ❶ (*supporter*) *of a party* Parteigänger(in) *m(f)*; *of a person* Anhänger(in) *m(f)* ❷ MIL Partisan(in) *m(f)* **II.** *adj* parteiisch, voreingenommen

par·ti·san·ship [ˌpɑːtɪˈzænʃɪp] *n no pl* Parteilichkeit *f*

par·ti·tion [pɑːˈtɪʃᵊn] **I.** *n* ❶ *no pl* POL Teilung *f* ❷ (*structure*) Trennwand *f* **II.** *vt* ❶ POL [auf]teilen ❷ (*divide*) [unter]teilen

part·ly [ˈpɑːtli] *adv* zum Teil, teils, teilweise

part·ner [ˈpɑːtnə^r] **I.** *n* ❶ (*owner*) Teilhaber(in) *m(f)*; (*in a law firm*) Sozius *m* ❷ (*accomplice*) **~ in crime** Komplize(in) *m(f)* ❸ (*in dancing*) [Tanz]partner(in) *m(f)*; (*in sports*) Partner(in) *m(f)* ❹ (*spouse*) Ehepartner(in) *m(f)*; (*unmarried*) [Lebens]partner(in) *m(f)* **II.** *vt usu passive* ■ **to ~ sb** jds Partner sein; ■ **to be ~ed by sb** jdn als Partner haben

part·ner·ship [ˈpɑːtnəʃɪp] *n* ❶ *no pl* (*condition*) Partnerschaft *f* ❷ (*company*) [offene] Handelsgesellschaft; *of lawyers* Sozietät *f*

'part·ner·ship agree·ment *n* Gesellschaftsvertrag *m*

part of 'speech <*pl* parts-> *n* LING Wortart *f*

part 'own·er *n* Miteigentümer(in) *m(f)* **part 'own·er·ship** *n* Miteigentümerschaft *f*

part 'pay·ment *n* Teilzahlung *f*

par·tridge <*pl* - *or* -s> [ˈpɑːtrɪdʒ] *n* Rebhuhn *nt*

'part-song *n* mehrstimmiges Lied

part-'time I. *adj* Teilzeit-, Halbtags-; **~ staff** Teilzeitkräfte *pl* **II.** *adv* **to work ~** halbtags arbeiten

part-time 'job *n* Teilzeitarbeit *f*

part-'tim·er *n* Halbtagskraft *f*

par·ty [ˈpɑːti] **I.** *n* ❶ (*celebration*) Party *f* ❷ + *sing/pl vb* POL Partei *f*; **opposition ~** Oppositionspartei *f* ❸ + *sing/pl vb* (*group*) [Reise]gruppe *f*; **coach ~** Gruppe *f* von Busreisenden; **school ~** Schülergruppe *f*; **search ~** Suchtrupp *m* ❹ (*person involved*) Partei *f* ❺ (*fam: person*) Person *f* **II.** *vi* <-ie-> (*fam*) feiern

par·ty 'con·fer·ence *n* BRIT, AM **par·ty 'con·gress** *n* Parteitag *m*

par·ty head·'quar·ters *n* Parteizentrale *f* **par·ty 'lead·er** *n* Parteivorsitzende(r) *f(m)* **par·ty 'line** *n* ❶ POL Parteilinie *f* ❷ TELEC Gemeinschaftsanschluss *m* **par·ty 'poli·tics** *n* + *sing/pl vb* Parteipolitik *f*

'par·ty pop·per *n* BRIT Partyknaller *m*

par·ve·nu [ˈpɑːvənjuː] **I.** *n* (*pej form*) Parvenü *m* **II.** *adj* nach Art eines Emporkömmlings

pash·mi·na [pæʃˈmiːnə] *n* Pashminaschal *m*

pass [pɑːs] **I.** *n* <*pl* -es> ❶ (*road*) Pass *m*; **mountain ~** ❷ SPORTS (*of a ball*) Pass *m* (**to** auf), Vorlage *f* (*für ein Tor*) ❸ (*fam: sexual advance*) **to make a ~ at sb** sich an jdn ranmachen ❹ BRIT SCH, UNIV (*exam success*) Bestehen *nt* einer Prüfung; AM (*grade*) „Bestanden" ❺ (*permit*) Passierschein *m*; (*for a festival*) Eintritt *m*; (*for public transport*) [Wochen-/Monats-/Jahres-]karte *f* ❻ *esp* AM SCH (*letter of excuse*) Entschuldigung *f* (*für das Fernbleiben vom Unterricht*) ❼ (*in fencing*) Ausfall *m fachspr* **II.** *vt* ❶ (*go past*) ■ **to ~ sb/sth** an jdm/etw vorbeigehen; (*in car*) an jdm/etw vorbeifahren ❷ (*overtake*) überholen ❸ (*cross*) überqueren; **not a word ~ed his lips** kein Wort kam über seine Lippen ❹ (*exceed*) **don't buy goods which have ~ed their sell-by date** kauf keine Waren, deren Verfallsdatum bereits abgelaufen ist; **to ~ a limit** eine Grenze überschreiten ❺ (*hand to*) ■ **to ~ sth to sb** jdm etw geben; ■ **to be ~ed to sb** auf jdn übergehen ❻ SPORTS **to ~ the ball** den Ball abgeben; **to ~ the ball to sb** jdm den Ball zuspielen ❼ (*succeed*) **exam, test** bestehen ❽ (*of time*) **to ~ one's time doing sth** seine Zeit mit etw *dat* verbringen; **to ~ the time** sich *dat* die Zeit vertreiben ❾ *usu passive esp* POL (*approve*) ■ **to be ~ed** *law* verabschiedet werden ❿ (*utter*) **to ~ a comment** einen Kommentar abgeben; **to ~ judgement on sb/sth** über jdn/etw ein Urteil abgeben ⓫ MED (*form: excrete*) **to ~ water** Wasser lassen ▶ **to ~ the buck to sb/sth** (*fam*) die Verantwortung auf jdn/etw abwälzen **III.** *vi* ❶ (*move by*) vorbeigehen, vorbeikommen; *road* vorbeiführen; *parade* vorbeiziehen;

car vorbeifahren; **a momentary look of anxiety ~ed across his face** (fig) für einen kurzen Moment überschattete ein Ausdruck der Besorgnis seine Miene; **to ~ unnoticed** unbemerkt bleiben; ■ **to ~ over sth** *plane* über etw akk hinwegfliegen ② (*overtake*) überholen ③ (*enter*) eintreten; **to allow sb to ~** jdn durchlassen ④ (*go away*) vorübergehen, vorbeigehen ⑤ (*change*) ■ **to ~ from sth to sth** von etw *dat* zu etw *dat* übergehen ⑥ (*exchange*) **no words have ~ed between us since our divorce** seit unserer Scheidung haben wir kein einziges Wort miteinander gewechselt; **the looks ~ing between them suggested that ...** die Blicke, die sie miteinander wechselten, ließen darauf schließen, dass ... ⑦ SPORTS (*of a ball*) zuspielen ⑧ SCH (*succeed*) bestehen ⑨ (*go by*) *time* vergehen ⑩ (*not answer*) passen [müssen] ⑪ (*forgo*) ■ **to ~ on sth** auf etw akk verzichten ⑫ (*be accepted as*) **I don't think you'll ~ as 18** keiner wird dir abnehmen, dass du 18 bist ⑬ CARDS passen ◆ **pass along** I. *vt* ■ **to ~ along ◯ sth** etw weitergeben II. *vi* vorbeigehen ◆ **pass around** *vt* herumreichen ◆ **pass away** I. *vi* ① (*euph: die*) ■ **to ~ unnoticed** entschlafen *geh* ② (*fade*) nachlassen; *anger* verrauchen II. *vt* **we ~ed away the evening watching TV** wir verbrachten den Abend mit Fernsehen ◆ **pass by** I. *vi* ① *time* vergehen ② (*go past*) [an jdm/etw] vorbeigehen; (*in vehicle*) [an jdm/etw] vorbeifahren II. *vt* ① (*miss sb*) **sth ~es sb by** etw geht an jdm vorbei ② (*go past*) ■ **to ~ by ◯ sb/sth** an jdm/etw vorübergehen ◆ **pass down** *vt* ① *usu passive* (*bequeath*) ■ **to be ~ed down** *tradition* weitergegeben werden; *songs, tales* überliefert werden ② (*hand down*) hinunterreichen ◆ **pass off** I. *vt* ① (*hide*) abtun; **to ~ off one's embarrassment** seine Verlegenheit überspielen ② (*pretend*) ■ **to ~ oneself off as sb** sich als jd ausgeben II. *vi* ① (*take place*) verlaufen ② (*fade*) nachlassen ◆ **pass on** I. *vi* ① (*proceed*) fortfahren, weitermachen ② (*euph: die*) entschlafen *geh* II. *vt* ① BIOL weitergeben (**to** an) ② (*forward*) *information, news* weitergeben ③ (*infect*) *disease* übertragen ④ *usu passive* (*hand down*) ■ **to be ~ed on** *clothes, traditions* weitergegeben werden; *fortune, jewellery* [weiter]vererbt werden; *stories* überliefert werden ◆ **pass out** I. *vi* ① (*faint*) in Ohnmacht fallen, bewusstlos werden ② (*leave*) hinausgehen; ■ **to ~ out of sth** etw verlassen II. *vt* AM (*hand out*) verteilen ◆ **pass over** I. *vt* ① *usu passive* (*not promote*) ■ **to be ~ed over** [**for promotion**] [bei der Beförderung] übergangen werden ② (*overlook*) übergehen ③ (*move overhead*) ■ **to ~ over sb/sth** *plane, birds* über jdn/etw fliegen II. *vi* entschlafen *euph* ◆ **pass round** *vt* BRIT *see* **pass around** ◆ **pass through** I. *vi* durchreisen; **we were only ~ing through** wir waren nur auf der Durchreise II. *vt* **the cook ~ed the carrots through the mixer** der Koch pürierte die Karotten im Mixer ◆ **pass up** *vt* ■ **to ~ up ◯ sth** sich *dat* etw entgehen lassen

pass·able ['pɑːsəbl] *adj* ① (*traversable*) passierbar, befahrbar ② (*satisfactory*) [ganz] passabel; **only ~** nur so leidlich

pas·sage ['pæsɪdʒ] *n* ① (*narrow corridor*) Gang *m*, Flur *m*; **underground ~** Unterführung *f* ② (*long path*) Durchgang *m* ③ LIT (*excerpt*) [Text]passage *f*; MUS Stück *nt* ④ (*onward journey*) Durchfahrt *f* ⑤ (*way of escape*) Durchlass *m* ⑥ *no pl* (*progression*) Voranschreiten *nt*; *of troops* Durchzug *m*; *of a plane* Überfliegen *nt*; *of fire* ungehindertes Sichausbreiten ⑦ POL (*passing*) *of a law* Verabschiedung *f*; *of a resolution* Annahme *f*

'**pas·sage·way** *n* Korridor *m*, [Durch]gang *m*

'**pass·book** *n* Sparbuch *nt*

pas·sen·ger ['pæsᵊndʒə] *n* (*on a bus, tube*) Fahrgast *m*; (*of an airline*) Passagier(in) *m(f)*; (*on a train*) Reisende(r) *f(m)*; (*in a car*) Mitfahrer(in) *m(f)*, Insasse(in) *m(f)*

'**pas·sen·ger list** *n* Passagierliste *f*

pass·er-by <*pl* passers-> [ˌpɑːsəˈbaɪ] *n* Passant(in) *m(f)*

pass·ing ['pɑːsɪŋ] I. *adj attr* ① (*going past*) *vehicle* vorbeifahrend; *person* vorbeikommend; **with each ~ day** mit jedem weiteren Tag[, der vergeht] ② (*fleeting*) *glance, thought* flüchtig; **a ~ fancy** nur so eine Laune ③ (*casual*) *remark* beiläufig ④ (*slight*) *resemblance* gering II. *n* ① *no pl* (*death*) Ableben *nt geh* ② (*end*) Niedergang *m*; **the ~ of an era** das Ende einer Ära ③ (*going by*) Vergehen *nt*; **with the ~ of the years** [*or* **time**] im Lauf der Jahre ④ SPORTS Passen *nt*

pass·ing-'out *n* BRIT, AUS MIL, UNIV Abschlussfeier *f* **pass·ing-'out cer·emo·ny** *n* BRIT, AUS, **pass·ing-'out pa·rade** *n* BRIT, AUS MIL, UNIV Abschlusszeremonie *f* '**pass·ing place** *n* Ausweichstelle *f*

pas·sion ['pæʃᵊn] *n* ① (*love*) Leidenschaft *f* ② (*fancy*) Vorliebe *f*; **to have a ~ for doing sth** etw leidenschaftlich gerne tun ③ (*strong emotion*) **crime of ~** Verbrechen *nt* aus Leidenschaft; **to hate sb/sth with a ~** jdn/etw aus tiefstem Herzen hassen

pas·sion·ate ['pæʃᵊnət] *adj* leidenschaftlich '**pas·sion flow·er** *n* Passionsblume *f* '**pas·sion fruit** *n* Passionsfrucht *f* **pas·sion·less** ['pæʃᵊnləs] *adj* (*pej*) leidenschaftslos

'pas·sion play n Passionsspiel nt **'Passion Week** n Karwoche f
pas·sive ['pæsɪv] **I.** n no pl LING Passiv nt **II.** adj ❶ (inactive) role passiv; victim hilflos ❷ (indifferent) spectator teilnahmslos; audience lahm ❸ (submissive) unterwürfig; **to be too ~** sich zu viel gefallen lassen ❹ LING passiv, passivisch
pas·sive·ness ['pæsɪvnəs] n no pl (inactivity) Passivität f; (apathy) Teilnahmslosigkeit f
'pass key n Hauptschlüssel m
'pass mark n BRIT, AUS Ausreichend nt kein pl (Mindestnote für das Bestehen einer Prüfung)
Pass·over [ˌpɑːsˈəʊvəʳ] n Passah[fest] nt
pass·port ['pɑːspɔːt] n [Reise]pass m; (fig) Schlüssel m (**to** zu)
'pass·port con·trol n no pl Passkontrolle f **'pass·port hold·er** n [Reise]passinhaber(in) m(f)
'pass·word n Parole f, Losungswort nt; FIN Kennwort nt; COMPUT Passwort nt
past [pɑːst] **I.** n ❶ no pl (not present) Vergangenheit f; (past life) Vorleben nt; **in the ~** in der Vergangenheit ❷ LING (in grammar) Vergangenheit[sform] f **II.** adj ❶ attr (preceding) vergangen; (former) frühere(r, s); **over the ~ two days** während der letzten beiden Tage; **for the ~ five weeks** während der letzten fünf Wochen ❷ (over) vorüber, vorbei **III.** adv **to go ~ sb/sth** an jdm/etw vorbeigehen; vehicle an jdm/etw vorbeifahren **IV.** prep ❶ (to other side) an ... vorbei; **to go/drive/walk ~** vorbeigehen/-fahren/-laufen; (at other side) hinter, nach; **just ~ the post office** gleich hinter der Post ❷ (after the hour of) nach; **it's quarter ~ five** es ist Viertel nach Fünf ❸ (beyond) **the meat was ~ the expiry date** das Fleisch hatte das Verfallsdatum überschritten; **to be ~ it** (pej, hum) zu alt sein ❹ (further than) über ... hinaus; **he can't see ~ the issue** er kann einfach nicht über die Sache hinaus sehen; **I just can't get ~ the idea** ich werde den Gedanken einfach nicht los
pas·ta ['pæstə] n no pl Nudeln pl
past con·tin·u·ous n no pl Verlaufsform f der Vergangenheit
paste [peɪst] **I.** n no pl ❶ (soft substance) Paste f ❷ (sticky substance) Kleister m ❸ FOOD (mixture) Teig m ❹ FOOD (product) Paste f **II.** vt ❶ (affix) kleben (**on**[**to**] auf) ❷ COMPUT einfügen
'paste·board n no pl Karton m, Pappe f
pas·tel ['pæstəl] **I.** n ❶ ART (material) Pastellkreide f; (drawing) Pastell nt ❷ (colour) Pastellton m **II.** adj pastellfarben; **the ~ greens and blues** die grünen und blauen Pastelltöne
'paste-up n Montage f
pas·teur·i·za·tion [ˌpæstʃəraɪˈzeɪʃən] n no pl Pasteurisation f
pas·teur·ize [ˌpæstʃəraɪz] vt usu passive pasteurisieren
pas·time ['pɑːstaɪm] n Zeitvertreib m
pas·tor ['pɑːstəʳ] n Pfarrer m, Pastor m
pas·to·ral ['pɑːstərəl] adj ❶ REL pastoral, seelsorgerisch ❷ LIT, ART idyllisch, Schäfer-; scene ländlich
past par·'ti·ci·ple n Partizip Perfekt nt **past 'per·fect** n no pl, **past 'per·fect tense** n no pl Plusquamperfekt nt
pas·try ['peɪstri] n ❶ no pl (dough) [Kuchen]teig m; **choux/puff/shortcrust ~** Brand-/Blätter-/Mürbeteig m ❷ (cake) Gebäckstück nt
'past tense n Vergangenheit f
pas·ture ['pɑːstʃəʳ] n Weide f; **to put animals out to ~** Tiere auf die Weide treiben; **~s new** BRIT (fig), **new ~s** AM (fig) neue Aufgaben, etwas Neues
'pas·ture land n no pl Weideland nt
pasty[1] ['pæsti] n BRIT, CAN Pastete f
pasty[2] ['peɪsti] adj (pej) complexion bleich, käsig fam
pat [pæt] **I.** vt <-tt-> tätscheln; **to ~ sb/oneself on the back** (fig) jdm/sich selbst auf die Schulter klopfen; **to ~ vegetables dry** Gemüse trocken tupfen **II.** n ❶ (tap) [freundlicher] Klaps, Tätscheln nt kein pl; **a ~ on the back** (fig) ein [anerkennendes] Schulterklopfen; **to give sb/an animal a ~** jdm/einem Tier einen liebevollen Klaps geben ❷ (dab) **a ~ of butter** eine [kleine] Portion Butter
patch [pætʃ] **I.** n <pl -es> ❶ (spot) Fleck[en] m; ■ **in ~es** stellenweise; fog ~ Nebelfeld nt; **vegetable ~** [kleines] Gemüsebeet ❷ BRIT (fam: phase) Phase f; **to go through a bad ~** eine schwere Zeit durchmachen ❸ BRIT (work area) of the police [Polizei]revier nt; of a social worker Bereich m ❹ (fabric) Flicken m; (for an eye) Augenklappe f; (plaster) Pflaster nt ▸ **to not be a ~ on sb/sth** BRIT, AUS (fam) jdm/etw nicht das Wasser reichen können **II.** vt (cover) flicken ◆ **patch up** vt ❶ (repair) zusammenflicken ❷ (fig: conciliate) **to ~ up one's marriage** seine Ehe kitten fam; **to ~ up a quarrel** einen Streit beilegen
'patch·work I. n ❶ no pl (needlework) Patchwork nt ❷ (fig: mishmash) Flickwerk nt **II.** adj Flicken-; ~ **cushion/jacket/quilt** Patchworkkissen nt/-jacke f/-decke f
patchy ['pætʃi] adj ❶ METEO ungleichmäßig; **~ cloud/rain** stellenweise wolkig/Regen

② (fig: inconsistent) großen Qualitätsschwankungen unterworfen, von sehr unterschiedlicher Qualität *nach, präd*; (incomplete) unvollständig; *knowledge* lückenhaft

pâté ['pæteɪ] *n* Pastete *f*

pa·tent ['peɪtənt, 'pæt-] **I.** *n* LAW Patent *nt* (on auf); **to take out a ~ on sth** [sich *dat*] etw patentieren lassen **II.** *adj* ① *attr* (*copyrighted*) Patent-, patentiert ② (*form: blatant*) offenkundig **III.** *vt* to ~ **an/one's invention** eine Erfindung/sich *dat* seine Erfindung patentieren lassen

pa·tent·ed ['peɪtəntɪd, 'pæt-] *adj* ① (*copyrighted*) patentiert ② (*characteristic*) typisch

pa·tentee [,peɪtənˈtiː, ,pæt-] *n* Patentinhaber(in) *m(f)*

pa·tent 'leath·er *n* Lackleder *nt*

pa·tent 'medi·cine *n* [patentrechtlich] geschütztes Arzneimittel **'pa·tent of·fice** *n* Patentamt *nt*

pa·ter·nal [pəˈtɜːnəl] *adj* ① *attr* (*on the father's side*) väterlich; **~ ancestors/relatives** Vorfahren *pl*/Verwandte *pl* väterlicherseits ② (*fatherly*) väterlich

pa·ter·nal·ism [pəˈtɜːnəlɪzəm] *n no pl* Paternalismus *m* **pa·ter·nal·is·tic** [pə,tɜːnəlˈɪstɪk] *adj* paternalistisch

pa·ter·nity [pəˈtɜːnəti] *n no pl* (*form*) ① (*fatherhood*) Vaterschaft *f* ② (*fig: origin*) Urheberschaft *f*

pa·ter·nity leave *n no pl* Vaterschaftsurlaub *m* **pa·ter·nity suit** *n* Vaterschaftsprozess *m*

path [pɑːθ] *n* ① (*way*) Weg *m*, Pfad *m*; **to clear a ~** einen Weg bahnen ② (*direction*) Weg *m*; *of a bullet* Bahn *f*; **to block sb's ~** jdm den Weg verstellen ③ (*fig: course*) Weg *m*; *of a person* Lebensweg *m*; **to cross sb's ~** jdm über den Weg laufen ④ (*fig: development*) Weg *m*

pa·thet·ic [pəˈθetɪk] *adj* ① (*heart-rending*) Mitleid erregend; **a ~ sight** ein Bild des Jammers ② (*pej: pitiful*) jämmerlich; *attempt* kläglich; *answer, reply* dürftig; *excuse* schwach; **don't be so ~!** sei nicht so ein Jammerlappen! *fam*

'path·find·er *n* (*person*) Wegbereiter(in) *m(f)*; (*thing*) bahnbrechende Neuerung

patho·logi·cal [,pæθəˈlɒdʒɪkəl] *adj* ① (*fam*) krankhaft; *liar* notorisch ② UNIV, MED Pathologie-; *analysis, examination* pathologisch

pa·tholo·gist [pəˈθɒlədʒɪst] *n* Pathologe, Pathologin *m, f*

pa·thol·ogy [pəˈθɒlədʒi] *n no pl* ① (*study of illnesses*) Pathologie *f* ② (*disease characteristics*) Krankheitsbild *nt* ③ (*fig: abnormal behaviour*) krankhaftes Verhalten

pa·thos ['peɪθɒs] *n no pl* Pathos *nt geh*

'path·way *n* ① (*also fig: routeway*) Weg *m a.* *fig* ② MED, BIOL Leitungsbahn *f*

pa·tience ['peɪʃən(t)s] *n no pl* ① (*endurance*) Geduld *f* ② BRIT, AUS CARDS Patience *f*

pa·tient ['peɪʃənt] **I.** *adj* geduldig; **just be ~!** hab noch etwas Geduld!; **to be ~ with sb** mit jdm Geduld haben **II.** *n* MED Patient(in) *m(f)*

pati·na ['pætɪnə] *n no pl* ① CHEM, SCI, TECH Film *m*; (*on copper, brass*) Patina *f*; (*verdigris*) Grünspan *m*; (*sheen*) Firnis *m* ② (*fig form: veneer*) Fassade *f*

pa·tio ['pætiəʊ] *n* ① (*courtyard*) Innenhof *m*; **on the ~** im Innenhof ② (*veranda*) Terrasse *f*, Veranda *f*

pa·tri·arch ['peɪtriɑːk] *n* ① (*bishop*) Patriarch *m* ② (*father figure*) Familienoberhaupt *nt* ③ (*founder*) Vater *m*

pa·tri·ar·chal [,peɪtriˈɑːkəl] *adj* patriarchalisch

pa·tri·ar·chy ['peɪtriɑːki] *n* Patriarchat *nt*

pa·tri·cian [pəˈtrɪʃən] **I.** *n* ① (*hist: member of Roman aristocracy*) Patrizier(in) *m(f)* ② (*aristocrat*) Aristokrat(in) *m(f)*; (*pej*) Großtuer(in) *m(f)* **II.** *adj* ① (*hist: of Roman aristocracy*) patrizisch, Patrizier- ② (*aristocratic*) aristokratisch; (*pej*) vornehm *iron*

pat·ri·cide ['pætrɪsaɪd] *n no pl* Vatermord *m*

pat·ri·ot ['pætriət, 'peɪ-] *n* Patriot(in) *m(f)*

pat·ri·ot·ic [,pætriˈɒtɪk, ,peɪ-] *adj* patriotisch

pa·tri·ot·ism ['pætriətɪzəm, ,peɪ-] *n no pl* Patriotismus *m*

pa·trol [pəˈtrəʊl] **I.** *vi* <-ll-> patrouillieren **II.** *vt* <-ll-> ■ **to ~ sth** etw abpatrouillieren; **to ~ one's beat** (*police*) auf Streife sein; (*watchman*) seine Runde machen **III.** *n* Patrouille *f*; **highway ~** AM Polizei, die die Highways überwacht

pa·'trol car *n* Streifenwagen *m* **pa·'trol duty** *n* Streifendienst *m* **pa·'trol·man** *n* AM, AUS Streifenpolizist(in) *m(f)* **pa·'trol wag·on** *n* AM, AUS Gefangenenwagen *m* (*der Polizei*)

pa·tron ['peɪtrən] *n* ① (*form: customer*) [Stamm]kunde *m* ② (*benefactor*) Schirmherr *m*; **~ of the arts** Mäzen(in) *m(f)* der [schönen] Künste; **~ of the needy** Wohltäter(in) *m(f)* der Bedürftigen

pat·ron·age ['pætrənɪdʒ, 'peɪ-] *n no pl* ① (*support*) Schirmherrschaft *f*; **by the kind ~ of sb/sth** durch die freundliche Unterstützung einer Person/einer S. *gen* ② ECON (*form*) Kundschaft *f* **pat·ron·ess** <*pl* -es> [,peɪtrəˈnes, 'pæt-] *n* ① (*benefactress*) Schirmherrin *f*; **~ of the arts/sciences** Förderin *f* der [schönen] Künste/Wissenschaften ② REL Schutzpatronin *f* **pat·ron·ize** ['pætrənaɪz] *vt* ① (*form: frequent*) ■ **to ~ sth** [Stamm]kunde bei etw *dat* sein ② (*pej: treat* *condescendingly*) ■ **to** ~ **sb** jdn herablassend behandeln ❸ (*support*) unterstützen **pat·ron·iz·ing** ['pætrənaɪzɪŋ] *adj* (*pej*) *attitude* herablassend; *look, tone* gönnerhaft, von oben herab präd **pa·tron 'saint** *n* Schutzpatron(in) *m(f)*

pat·ter ['pætəʳ] **I.** *n no pl* (*sound*) *of rain* Prasseln *nt; of feet* Getrippel *nt* **II.** *vi feet* trippeln; *rain* prasseln

'pat·ter mer·chant *n* (*fam*) Sprücheklopfer(in) *m(f) fam*

pat·tern ['pætən] **I.** *n* ❶ (*structure, design*) *also* ECON Muster *nt* ❷ FASHION (*for sewing*) Schnitt *m* ❸ *usu sing* (*standard*) Maßstab *m* **II.** *vt* ■ **to** ~ **sth on sth** etw nach dem Vorbild einer S. *gen* gestalten; ■ **to** ~ **oneself on sb** jdn nacheifern

'pat·tern book *n* Musterbuch *nt*

pat·terned ['pætənd] *adj* gemustert

paunch <*pl* -es> [pɔːn(t)ʃ] *n* Bauch *m*, Wanst *m fam*

paunchy ['pɔːn(t)ʃi] *adj* dickbäuchig

pau·per ['pɔːpəʳ] *n* Arme(r) *f/m*

pause [pɔːz] **I.** *n* Pause *f* **II.** *vi* eine (kurze) Pause machen; *speaker* innehalten; (*hesitate*) zögern; **to** ~ **for thought** eine Denkpause einlegen

pave [peɪv] *vt usu passive* ❶ (*cover*) pflastern; (*fig*) **the streets are** ~**d with gold** das Geld liegt auf der Straße ❷ (*fig: pathfind*) **to** ~ **the way for sth** etw *dat* den Weg ebnen

pave·ment ['peɪvmənt] *n* ❶ BRIT (*footway*) Gehsteig *m*, Bürgersteig *m* ❷ *no pl* AM, AUS (*road surface*) Asphalt *m*

'pave·ment art·ist *n* BRIT Pflastermaler(in) *m(f)*

pa·vil·ion [pə'vɪljən] *n* ❶ BRIT SPORTS Klubhaus *nt* ❷ AM (*block*) Gebäudeflügel *m* ❸ AM (*venue*) Pavillon *m* ❹ (*at an exhibition*) [Messe]pavillon *m*

pav·ing ['peɪvɪŋ] *n no pl* ❶ (*paved area*) Pflaster *nt* ❷ *esp* BRIT (*material*) Pflastersteine *pl*; **paving stone**

'pav·ing stone *n esp* BRIT Pflasterstein *m*

paw [pɔː] **I.** *n* Pfote *f; of a big cat, bear* Pranke *f;* (*hum fam*) Pfote *f sl* **II.** *vt* ❶ (*scrape*) **to** ~ **the ground** scharren ❷ (*fam: touch*) begrabschen **III.** *vi dog* scharren; *bull, horse* mit den Hufen scharren

pawn¹ [pɔːn] *n* CHESS Bauer *m;* (*fig*) Marionette *f*

pawn² [pɔːn] **I.** *vt* verpfänden **II.** *n* ■ **to be in** ~ *m* Pfandhaus sein

'pawn·bro·ker *n* Pfandleiher(in) *m(f)*

'pawn·bro·king *n no pl* Pfandleihe *f*

'pawn·shop *n* Pfandleihe *f*

pay [peɪ] **I.** *n no pl* (*wages*) Lohn *m;* (*salary*) Gehalt *nt; of a civil servant* Bezüge *pl; of a soldier* Sold *m* **II.** *vt* <paid, paid> ❶ (*give*) [be]zahlen; ■ ~ **out** etw [aus]zahlen; **to** ~ **cash/dollars/money** [in] bar/in Dollar/Geld [be]zahlen; **to** ~ **dividends** *investment* Dividenden ausschütten; *firm* Dividenden ausbezahlen; (*fig*) sich auszahlen ❷ (*give money for, settle*) bezahlen; **to** ~ **one's dues** (*debts*) seine Schulden bezahlen; (*fig: obligations*) seine Schuldigkeit tun ❸ (*put, deposit*) **to** ~ **sth into an account** etw auf ein Konto einzahlen ❹ (*give money to*) ■ **to** ~ **sb** jdn bezahlen ❺ (*fig: suffer the consequences*) **to** ~ **the price** [**for sth**] [für etw *akk*] bezahlen ❻ (*bestow*) **to** ~ **attention** Acht geben; **to** ~ [**sb**] **a compliment** [jdm] ein Kompliment machen; **to** ~ **tribute to sb/sth** jdm/etw Tribut zollen ❼ **to** ~ **one's way** finanziell unabhängig sein **III.** *vi* <paid, paid> ❶ (*give money*) [be]zahlen ❷ (*be worthwhile*) sich auszahlen, (*be profitable*) rentabel sein; ■ **it** ~ **s to do sth** es lohnt sich, etw zu tun ❸ (*fig: suffer*) ■ **to** ~ [**for sth**] [für etw *akk*] bezahlen; **to** ~ **with one's life** mit dem Leben bezahlen ◆ **pay back** *vt* ❶ (*give back*) zurückzahlen; *debts* bezahlen; *money* zurückgeben ❷ (*fig: for revenge*) ■ **to** ~ **sb back for sth** jdm etw heimzahlen ◆ **pay down** *vt* anzahlen ◆ **pay in I.** *vi* LAW Geld bei Gericht hinterlegen ❷ (*to a scheme*) einzahlen **II.** *vt* einzahlen ◆ **pay off I.** *vt* ❶ (*repay*) abbezahlen; (*settle*) begleichen; *mortgage* tilgen ❷ (*give money to*) aus[be]zahlen ❸ (*fam: bribe*) ■ **to** ~ **off ⟲ sb** jdn kaufen **II.** *vi* (*fig fam*) sich auszahlen ◆ **pay out I.** *vt* ❶ (*spend*) ausgeben ❷ (*give out*) aus[be]zahlen ❸ BRIT (*take revenge*) **I'll** ~ **you out for this!** das wirst du mir [noch] büßen! **II.** *vi* ❶ FIN **to** ~ **out** [**on a policy**] [be]zahlen ❷ (*fig: be worthwhile*) sich auszahlen ◆ **pay over** *vt* BRIT aushändigen ◆ **pay up I.** *vi* [be]zahlen **II.** *vt* [vollständig] zurückzahlen; **to** ~ **up a debt** eine Schuld [vollständig] begleichen

pay·able ['peɪəbl] *adj attr* zahlbar; (*due*) fällig

pay as you 'earn *n* BRIT Steuerverfahren, *bei dem der Arbeitgeber die Lohnsteuer direkt an das Finanzamt weiterleitet*

'pay award *n* Lohnerhöhung *f*

'pay·back clause *n* Rückzahlungsklausel *f*

'pay·back pe·ri·od *n* Amortisationszeit *f fachspr*

'pay cheque *n,* AM **'pay check** *n* Lohnscheck *m*

'pay claim *n* BRIT, AUS Lohnforderung *f* **'pay day** *n no pl* Zahltag *m* **'pay deal** *n* Lohnvereinbarung *f* **'pay desk** *n* Kasse *f*

PAYE [ˌpiːeɪwaɪˈiː] *n no pl* BRIT *abbrev of* **pay**

payee [peɪˈiː] n Zahlungsempfänger(in) m(f)
pay·er [ˈpeɪəʳ] n Zahler(in) m(f); **fee ~** Gebührenzahler(in) m(f)
'pay freeze n Lohnstopp m
pay·ing [ˈpeɪɪŋ] adj attr zahlend
'pay·load n ① TRANSP, AEROSP Nutzlast f ② MIL Bombenlast f
'pay·mas·ter n Zahlmeister(in) m(f)
pay·ment [ˈpeɪmənt] n ① (sum) Zahlung f; (fig) Lohn m; **one-off ~** einmalige Zahlung ② (act of paying) Bezahlung f
'pay ne·go·ti·a·tions npl Tarifverhandlungen pl **'pay-off** n (bribe) Bestechung f; **to accept a ~** Bestechungsgelder annehmen; **to receive a ~ from sb** von jdm bestochen werden ② (fam: positive result) Lohn m; (as punishment) Quittung f ③ (on leaving a job) Abfindung f ④ (sum payment) **mortgage ~** Tilgung f einer Hypothek **'pay of·fice** n Lohnbüro nt **'pay·out** n FIN Ausschüttung f **'pay pack·et** n BRIT, AUS (for blue-collar worker) Lohntüte f; (for white-collar worker) Gehalt m **pay-per-ˈcall** n Pay-per-Call kein art **pay-per-ˈclick** n Pay-per-Click kein art **pay-per-ˈview** n no pl Pay-per-view nt (System, bei dem der Zuschauer nur für die Sendungen zahlt, die er auch tatsächlich gesehen hat) **'pay·phone** n Münzfernsprecher m **'pay rise** n, AM **'pay raise** n (for blue-collar worker) Lohnerhöhung f; (for white-collar worker) Gehaltserhöhung f **'pay·roll** n usu sing (for white-collar worker) Gehaltsliste f; (for blue-collar worker) Lohnliste f **'pay round** n Tarifrunde f **'pay set·tle·ment** n Tarifvereinbarung f **'pay·slip** n Gehaltsstreifen m; (for blue-collar worker) Lohnzettel m **'pay sta·tion** n BRIT [öffentliche] Telefonzelle **'pay talks** npl Tarifverhandlungen pl **pay T'V** n no pl (fam) Pay-TV nt
PBS [ˌpiːbiːˈes] n no pl, art abbrev of **Public Broadcasting Service** amerikanischer Fernsehsender
PC [ˌpiːˈsiː] **I.** n ① abbrev of **personal computer** PC m ② BRIT abbrev of **police constable** ③ abbrev of **political correctness** **II.** adj abbrev of **politically correct** pc
pc [ˌpiːˈsiː] n abbrev of **per cent** p.c.
PE [ˌpiːˈiː] n no pl abbrev of **physical education**
pea [piː] **I.** n Erbse f **II.** adj (colour) **~ green** erbsengrün
peace [piːs] n no pl ① (no war) Frieden m; **to make ~** Frieden schließen ② (social order) Ruhe f, Frieden m; **to make one's ~ with sb** sich mit jdm versöhnen ③ (tranquillity) **~ of mind** Seelenfrieden m; **~ and quiet** Ruhe und Frieden; **to leave sb in ~** jdn in Frieden lassen; ▪**to be at ~** in Frieden ruhen; **to be at ~ with the world** mit sich und der Welt im Einklang sein ④ REL **~ be with you** Friede sei mit dir
peace·able [ˈpiːsəbl] adj friedlich; person friedliebend **'peace ac·tiv·ist** n Friedensaktivist(in) m(f) **'peace con·fer·ence** n Friedenskonferenz f **'peace en·force·ment** n Friedensvermittlung f
peace·ful [ˈpiːsfʊl] adj friedlich; nation also friedfertig; (calm) ruhig; person friedliebend
'peace ini·ti·a·tive n Friedensinitiative f **'peace'keep·ing I.** n no pl Friedenssicherung f **II.** adj Friedens-; **~ force** Friedenstruppe f **'peace-lov·ing** adj friedliebend **'peace·mak·er** n Friedens[s]stifter(in) m(f) **'peace·mak·ing** n Befriedung f geh **'peace march** n Friedensdemonstration f **'peace move·ment** n Friedensbewegung f **'peace ne·go·ti·a·tions** npl Friedensverhandlungen pl **'peace of·fer** n, **'peace of·fer·ing** n Friedensangebot nt **'peace pipe** n Friedenspfeife f **'peace set·tle·ment** n Friedensabkommen nt **'peace sign** n Friedenszeichen nt (mit dem Zeige- und Mittelfinger gebildetes V) **'peace·time** n no pl Friedenszeiten pl **'peace trea·ty** n Friedensvertrag m
peach [piːtʃ] **I.** n <pl -es> (fruit) Pfirsich m; (tree) Pfirsichbaum m **II.** adj pfirsichfarben
pea·cock [ˈpiːkɒk] n Pfau m
pea·ˈgreen I. n no pl Erbsengrün nt **II.** adj erbsengrün **'pea·hen** n Pfauenhenne f
peak [piːk] **I.** n ① (mountain top) Gipfel m ② FOOD **beat the egg whites until they form firm ~s** das Eiweiß steif schlagen, bis ein Messerschnitt sichtbar bleibt ③ (highest point) Gipfel m; of a curve, line Scheitelpunkt m; **to be at the very ~ of one's fitness** in Topform sein; **to reach a ~** den Höchststand erreichen **II.** vi career den Höhepunkt erreichen; athletes [seine] Höchstleistung erbringen; skill zur Perfektion gelangen; figures, rates, production den Höchststand erreichen **III.** adj attr ① (busiest) Haupt-; **~ viewing time** Hauptsendezeit f ② (best, highest) Spitzen-; **~ productivity** maximale Produktivität
peak ca·ˈpac·i·ty n usu sing Auslastung f kein pl; **to maintain ~** mit der maximalen Produktionsleistung arbeiten; **to reach ~** voll ausgelastet sein **peak de·ˈmand** n Spitzenbedarf m kein pl (**for** an)
peaked [piːkt] adj ① (pointed) hat spitz ② AM (tired, sick) kränklich, abgespannt
'peak hours npl Stoßzeit f **'peak lev·el** n no pl Höchststand m **'peak load** n Maxi-

mal·la·dung f; of lorries, elec also Spitzenlast f
'peak pe·ri·od n Stoßzeit f; ~ **for travel** Hauptreisezeit f **'peak pow·er** n no pl Höchstleistung f **'peak sea·son** n usu sing Hochsaison f
peaky ['pi:ki] adj pred BRIT kränklich; **to feel ~** sich nicht gut fühlen
peal [pi:l] I. n ❶ (sound) Dröhnen nt kein pl; ~ **of bells** Glockengeläut[e] nt kein pl ❷ (set) ~ **of bells** Glockenspiel nt II. vi thunderstorm dröhnen; bells läuten ◆ **peal out** vi ertönen; laughter also erschallen; thunder dröhnen
pea·nut ['pi:nʌt] n ❶ (nut) Erdnuss f ❷ (fam: very little) ■ ~ s pl Klacks m; **to pay ~s** einen Hungerlohn zahlen
pea·nut 'but·ter n no pl Erdnussbutter f
pear [peəʳ] n Birne f; ~ **tree** Birnbaum m
pearl [pɜ:l] I. n ❶ (jewel) Perle f; **string of ~s** Perlenkette f ❷ (fig: a drop) Tropfen m, Perle f ❸ (fig: fine example) Juwel nt ▸ ~ **of wisdom** Weisheit f II. adj perlweiß
pearl 'bar·ley n no pl Perlgraupen pl **pearl 'but·ton** n Perlmuttknopf m **'pearl div·er** n, **'pearl fish·er** n Perlentaucher(in) m/f)
pearl·es·cent [pɜ:l'esənt] adj car paintwork, nail polish Perlmutt-
'pearl fish·ing n no pl Perlenfischen nt
pearly ['pɜ:li] adj perlmuttartig; (adorned with pearls) mit Perlen besetzt; ~ **white teeth** perlweiße Zähne
peas·ant ['pezənt] n ❶ (small farmer) [Klein]bauer, [Klein]bäuerin m, f; ~ **revolt** Bauernaufstand m; ~ **tradition** bäuerliches Brauchtum ❷ (pej: fam) Bauer m
peas·ant·ry ['pezəntri] n no pl [Klein]bauernstand m
'peas·ant skirt n langer, geraffter, bunter Rock mit Bordürenstickerei
peat [pi:t] n no pl Torf m
'peat bog n Torfmoor nt
peb·ble ['pebl] I. n Kieselstein m II. vt ■ **to ~ sth** Kies auf etw akk schütten
peb·bly ['pebli] adj steinig
pe·can [pi:kæn] n Pecannuss f
pec·ca·dil·lo [ˌpekə'dɪləʊ] n <pl -s or -es> kleine Sünde
peck¹ [pek] n (old) ❶ (dry measure) Viertelscheffel m ❷ (large amount) **to have a ~ of troubles** in großen Schwierigkeiten stecken
peck² [pek] I. n ❶ (bite) Picken nt kein pl; **to give sb/sth a ~** nach jdm/etw hacken ❷ (quick kiss) Küsschen nt II. vt ❶ (bite) ■ **to ~ sb/sth** nach jdm/etw hacken; **to ~ a hole** ein Loch picken ❷ (kiss quickly) **to ~ sb on the cheek** jdn flüchtig auf die Wange küssen III. vi ❶ (with the beak) picken; ■ **to ~ at sth** etw aufpicken ❷ (with pointed tool) ■ **to ~ at sth** gegen etw akk hämmern ❸ (nibble) **to ~ at one's food** in seinem Essen herumstochern ❹ AM (nag) ■ **to ~ at sb** jdn sticheln

peck·er ['pekəʳ] n ❶ AM (vulg: penis) Schwanz m ❷ AM (fam: insult) Arschloch nt vulg
'peck·ing or·der n Hackordnung f
peck·ish ['pekɪʃ] adj BRIT, AUS **to feel a bit ~** den kleinen Hunger verspüren
pec·tin ['pektɪn] n no pl Pektin nt
pec·to·ral ['pektərəl] adj Brust-, pektoral fachspr
pe·cu·liar [pɪ'kju:liəʳ] adj ❶ (strange) seltsam, merkwürdig ❷ (nauseous) unwohl; **to have a ~ feeling** sich eigenartig fühlen ❸ (belonging to, special) ■ **to be ~ to sb** typisch für jdn sein; ■ **to be ~ to sth** etw dat eigen[tümlich] sein; **of ~ interest** von besonderem Interesse
pe·cu·li·ar·ity [pɪˌkju:li'ærəti] n ❶ no pl (strangeness) Eigenartigkeit f ❷ (strange habit) Eigenheit f ❸ (idiosyncrasy) Besonderheit f, Eigenart f
pe·cu·liar·ly [pɪ'kju:liəˡli] adv ❶ (strangely) eigenartig, seltsam ❷ (specially) typisch ❸ (especially) besonders
pe·cu·ni·ary [pɪ'kju:niəri] adj (form) pekuniär attr; ~ **consideration** finanzielle Erwägungen pl
peda·gog·ic [ˌpedə'gɒdʒɪk] adj pädagogisch
peda·gogue ['pedəgɒg] n (old) Schulmeister(in) m/f) pej; (teacher) Pädagoge(in) m/f)
peda·go·gy ['pedəgɒdʒi] n no pl Pädagogik f
ped·al ['pedəl] I. n Pedal nt II. vt <BRIT, AUS -ll- or AM usu -l-> **to ~ a bicycle** Rad fahren III. vi <BRIT, AUS -ll- or AM usu -l-> Rad fahren; **she ~ed through the city** sie radelte durch die Stadt
'ped·al bin n Treteimer m **'ped·al boat** n, **peda·lo** ['pedələʊ] n Tretboot nt
ped·ant ['pedənt] n Pedant(in) m/f)
pe·dan·tic [pɪ'dæntɪk] adj pedantisch
ped·ant·ry ['pedəntri] n no pl Pedanterie f a. pej
ped·dle ['pedl] vt ■ **to ~ sth** (esp pej: sell) etw verscherbeln pej; **to ~ sth door to door** mit etw dat hausieren gehen ❷ (pej: spread) mit etw dat hausieren gehen
ped·dler n AM see **pedlar**
ped·er·ast ['pedəræst] n Päderast m
ped·er·as·ty ['pedəræsti] n no pl Päderastie f
ped·es·tal ['pedɪstəl] n Sockel m ▸ **to knock sb off his/her ~** jdn von seinem hohen Ross holen; **to put sb on a ~** jdn auf ein Podest stellen
pe·des·trian [pɪ'destriən] n Fußgänger(in) m/f)

pe·des·trian 'cross·ing n BRIT Fußgängerübergang m **pe·des·tri·an·ize** [pɪ'destrɪənaɪz] vt ■ to ~ sth etw in eine Fußgängerzone umwandeln **pe·des·tri·an·ized** [pɪ'destrɪənaɪzd] adj Fußgänger-; ~ **area** Fußgängerzone f

pe·di·at·ric adj AM see paediatric
pe·di·a·tri·cian n AM see paediatrician
pe·di·at·rics npl + sing vb AM see paediatrics
pedi·cure ['pedɪkjʊəʳ] n Pediküre f
pedi·cur·ist ['pedɪkjʊrɪst] n Fußpfleger(in) m(f)
pedi·gree ['pedɪgri:] I. n ❶ (genealogy) Stammbaum m ❷ (background) Laufbahn f ❸ (history of idea) Geschichte f ❹ (criminal record) Vorstrafenregister nt II. adj dog, cattle, horse reinrassig, mit Stammbaum nach n
ped·lar ['pedləʳ] n BRIT, AUS ❶ (drug dealer) Drogenhändler(in) m(f) ❷ (dated: travelling salesman) Hausierer(in) m(f) ❸ (pej) ~ **of gossip** Klatschmaul nt; ~ **of lies** Lügenmaul nt
pe·dom·eter [pɪ'dɒmɪtəʳ] n Pedometer nt
pe·do·phile n AM see paedophile
pee [pi:] (fam) I. n no pl ❶ (urine) Pipi nt Kindersprache ❷ (act) Pinkeln nt; **to go** ~ (childspeak) Pipi machen gehen II. vi pinkeln fam; **to** ~ **in one's pants** in die Hose[n] machen III. vt ■ to ~ **oneself** sich voll pinkeln
peek [pi:k] I. n (brief look) flüchtiger Blick; (furtive look) heimlicher Blick; **to have a** ~ [at sth/sb] einen kurzen Blick auf etw/jdn werfen II. vi blinzeln; ■ to ~ **into sth** in etw akk hineinspähen; ■ to ~ **over sth** über etw akk gucken ◆ **peek out** vi hervorgucken; ■ to ~ **out from behind sth** person hinter etw dat hervorgucken
peel [pi:l] I. n (skin of fruit) Schale f II. vt fruit schälen; ■ **to** **peel the paper off sth** etw auswickeln ► **to keep one's eyes** ~**ed for sth** (fam) nach etw dat die Augen offen halten III. vt paint, wallpaper sich lösen; skin sich schälen ◆ **peel off** I. vt schälen; clothing abstreifen; **to** ~ **off an adhesive strip** ein Klebeband abziehen II. vi ❶ (come off) poster, wallpaper sich lösen ❷ (veer away) car, motorbike ausscheren
peel·er ['pi:ləʳ] n ❶ (utensil) Schäler m ❷ BRIT (old sl: policeman) Schutzmann m
peel·ings ['pi:lɪŋz] npl Schalen pl
peep[1] [pi:p] I. n usu sing ❶ (answer, statement) Laut m; **to not give a** ~ keinen Laut von sich dat geben; **to not hear [so much as] a** ~ **from sb** keinen Mucks von jdm hören ❷ (bird sound) Piep[ser] m; **to make a** ~ piepsen II. vt flüstern III. vi piepsen; **to** ~ **at sth/sb** etw/jdn anpiepsen

peep[2] [pi:p] I. n (look) [verstohlener] Blick; **to have a** ~ **at sth** auf etw akk einen kurzen Blick werfen II. vi ❶ (look) ■ to ~ **at sth/sb** verstohlen auf etw/jdn blicken; ■ to ~ **into sth** einen Blick in etw akk werfen; ■ to ~ **through sth** durch etw akk spähen ❷ (appear) hervorkommen ◆ **peep out** vi toe, finger herausgucken

'**peep·hole** n Guckloch nt **peep·ing 'Tom** I. n Voyeur m, Spanner m fam II. adj attr (photographer, journalist) voyeuristisch
'**peep-show** n Peepshow f
peer[1] [pɪəʳ] vi (look closely) spähen; **to** ~ **into the distance** in die Ferne starren; **to** ~ **over one's glasses** über die Brille schauen; **to** ~ **over sb's shoulder** jdm über die Schulter gucken
peer[2] [pɪəʳ] n ❶ (equal) Gegenstück nt; **to have no** ~**s** unvergleichlich sein; **to be liked by one's** ~**s** unter seinesgleichen beliebt sein ❷ BRIT (noble) Angehöriger m des britischen Hochadels; POL Peer m
peer·age ['pɪərɪdʒ] n ❶ no pl BRIT (peers) Peerage f; (rank) Peerswürde f; **to be elevated to the** ~ in den Adelsstand erhoben werden ❷ (book) Adelskalender m **peer·ess** ['pɪəres] n BRIT Peeress f **peer·less** ['pɪələs] adj (form) unvergleichlich
peeve [pi:v] vt ärgern
peeved [pi:vd] adj (fam) **she was** ~ **to discover they had gone without her** sie war sauer, als sie merkte, dass die anderen ohne sie gegangen waren; ■ **to be** ~ **at sb for sth** wegen einer S. gen auf jdn sauer sein
peev·ish ['pi:vɪʃ] adj mürrisch
pee·wit ['pi:wɪt] n ❶ (bird) Kiebitz m ❷ (bird's call) Kiwitt nt
peg [peg] I. n ❶ (hook) Haken m; (stake) Pflock m; (for a barrel) Spund m; **clothes** ~ Wäscheklammer f; **tent** ~ Hering m; **to buy sth off the** ~ (fig) von der Stange kaufen ❷ (excuse) Ausrede f; (reason) Grund m (**for** für) ❸ AM SPORTS Peg m ► **to take sb down a peg or two** jdn demütigen II. vt <-gg-> ■ to ~ **sth** ❶ (bind down) etw mit Haken sichern ❷ (hold at certain level) etw fixieren; **to** ~ **emissions at a certain level** die Emissionshöhe auf einen bestimmten Wert begrenzen; **to** ~ **prices** Preise stützen ❸ AM (throw) etw werfen ❹ AM (fig: guess correctly) etw erfassen; **you** ~ **ged it right on the head!** du hast den Nagel auf den Kopf getroffen! ❺ (mark) ■ to ~ **sb as sth** jdn als etw akk abstempeln ◆ **peg away** vi (fam) schuften; ■ to ~ **away at sth** sich in etw akk hineinknien ◆ **peg out** I. vt ❶ (hang out) ■ to ~ **out clothes**

peg leg – penitence

Wäsche aufhängen ❷ (*mark*) ■ **to ~ sth ◯ out** etw markieren **II.** *vi* BRIT, AUS ❶ (*fig fam: die*) den Löffel abgeben ❷ (*stop working*) *car, machine* den Geist aufgeben

'peg leg *n* (*dated fam*) Holzbein *nt*

pe·jo·ra·tive [pɪˈdʒɔrətɪv] (*form*) **I.** *adj* abwertend **II.** *n* abwertender Ausdruck

Pe·kin·ese [ˌpiːkɪˈniːz], **Pe·king·ese** [ˌpiːkɪŋˈiːz] **I.** *n* <*pl - or -s*> ❶ (*person*) Pekinger(in) *m(f)* ❷ (*dialect*) Pekinger Dialekt *m* **II.** *adj* aus Peking *nach n*; **~ architecture/dialect** Pekinger Architektur *f*/Dialekt *m*

peli·can [ˈpelɪkən] *n* Pelikan *m*

pel·let [ˈpelɪt] *n* ❶ (*ball*) Kugel *f* ❷ (*excrement*) Kötel *m* ❸ (*gunshot*) Schrot *nt o m kein pl*

pell-mell [ˌpelˈmel] *adv* (*dated*) chaotisch; **the kids ran ~ for the ice cream van** ein wilder Haufen Kinder stürmte auf den Eiswagen zu

pelt[1] [pelt] *n* (*animal skin*) Fell *nt*; (*fur*) Pelz *m*

pelt[2] [pelt] **I.** *vt* (*bombard*) ■ **to ~ sb with sth** jdn mit etw *dat* bewerfen **II.** *vi* ❶ *impers* (*rain heavily*) ■ **it's ~ing** es schüttet ❷ (*run*) umhertollen; **to ~ across the yard/into the room** über den Hof/in das Zimmer rennen; ■ **to ~ after sth** etw *dat* hinterherjagen **III.** *n no pl* ▸ **to drive at full ~** mit Höchstgeschwindigkeit fahren

pel·vic [ˈpelvɪk] *adj attr* Becken-

pel·vis <*pl -es*> [ˈpelvɪs] *n* Becken *nt*

pen[1] [pen] **I.** *n* (*writing utensil*) Feder *f*; **ballpoint ~** Kugelschreiber *m*; **felt-tip ~** Filzstift *m*; **fountain ~** Füller *m*, Füllfeder *f* ÖSTERR, SÜDD, SCHWEIZ **II.** *vt* <*-nn-*> schreiben

pen[2] [pen] **I.** *n* ❶ (*enclosed area*) Pferch *m*; MIL Bunker *m* ❷ AM (*fig sl: jail*) Knast *m fam* **II.** *vt* <*-nn-*> *usu passive* ■ **to ~ned sein** eingesperrt sein ◆ **pen in** *vt* ❶ (*encage*) ■ **to ~ in an animal** ein Tier einsperren; ■ **to be ~ned in** *people* eingeschlossen sein; (*in car*) eingeklemmt sein ❷ *usu passive* (*fig: restrict*) **to feel ~ned in by sth** sich von etw *dat* eingeengt fühlen

pe·nal [ˈpiːnəl] *adj* ❶ *attr* (*of punishment*) Straf- ❷ (*severe*) belastend

pe·nal·ize [ˈpiːnəlaɪz] *vt* ❶ (*punish*) ■ **to ~ sb for sth** jdn [für etw *akk*] bestrafen ❷ (*cause disadvantage*) benachteiligen

pen·al·ty [ˈpenəlti] *n* ❶ LAW Strafe *f*; **on ~ of arrest** unter Androhung von Haftstrafe; **maximum/minimum ~** Höchst-/Mindeststrafe *f* ❷ (*fig: punishment*) Strafe *f*; **a heavy ~** ein hoher Preis ❸ (*disadvantage*) Preis *m* ❹ (*fine*) [Extra]gebühr *f* ❺ FBALL ■ **to award a ~** einen Elfmeter geben

'pen·al·ty area *n* Strafraum *m* **'pen·al·ty box** *n* ❶ FBALL Strafraum *m* ❷ (*in ice hockey*) Strafbank *f* **'pen·al·ty clause** *n* [restriktive] Vertragsklausel **'pen·al·ty kick** *n* SPORTS Strafstoß *m*; FBALL Elfmeter *m*

pen·ance [ˈpenən(t)s] *n no pl* Buße *f*

pence [pen(t)s] *n pl of* **penny**

pen·chant [ˈpɑ̃ː(n)ˌʃɑ̃ː(n)] *n usu sing* (*usu pej*) Neigung *f*; **to have a ~ for sth** einen Hang zu etw *dat* haben

pen·cil [ˈpen(t)sᵊl] **I.** *n* (*writing utensil*) Bleistift *m*; **coloured ~** Farbstift *m*; **eyeliner/eyeshadow ~** Eyeliner-/Lidschattenstift *m*; **to sharpen a ~** einen Bleistift spitzen **II.** *vt* <BRIT *-ll-* or AM *usu -l-*> mit Bleistift schreiben ◆ **pencil in** *vt* vormerken

'pen·cil box *n* Federkasten *m* veraltend **'pen·cil case** *n* Federmäppchen *nt*, Federpenal *nt* ÖSTERR **'pen·cil push·er** *n* AM (*pej fam*) Bürohengst *m* **'pen·cil sharp·en·er** *n* [Bleistift]spitzer *m*

pen·dant [ˈpendənt] **I.** *n* Anhänger *m*; **to wear a ~** eine Halskette mit Anhänger tragen **II.** *adj* herabhängend *attr*

pen·dent [ˈpendənt] *adj* (*form*) ❶ (*dangling*) herabhängend ❷ LAW (*to be decided*) anhängig; *case, lawsuit* schwebend ❸ (*incomplete*) *sentence* abgebrochen

pend·ing [ˈpendɪŋ] **I.** *adj* LAW anhängig; *deal* bevorstehend; *lawsuit* schwebend **II.** *prep* (*form*) **~ an investigation** bis zu einer Untersuchung

pen·du·lous [ˈpendjələs] *adj* (*form*) herabhängend *attr*

pen·du·lum [ˈpendjələm] *n* Pendel *nt*

pen·etrate [ˈpenɪtreɪt] *vt* ■ **to ~ sth** ❶ (*move into*) in etw *akk* eindringen ❷ (*spread through*) *smell* etw durchdringen ❸ (*fig: see through*) etw ergründen; **to ~ sb's mind** jdn durchschauen ❹ MED *vein* etw durchstechen

pen·etrat·ing [ˈpenɪtreɪtɪŋ] *adj* durchdringend *attr*; *analysis* eingehend; *observation* scharfsinnig; *scream* markerschütternd; *voice* schrill; **to give sb a ~ look** jdn mit einem bohrenden Blick ansehen; *mind* scharf

pen·etra·tion [ˌpenɪˈtreɪʃən] *n* ❶ (*act*) Eindringen *nt kein pl* (**of** in) ❷ (*sexual act*) Penetration *f* ❸ (*fig: insight*) Ergründung *f*

'pen·friend *n* BRIT, AUS Brieffreund(in) *m(f)*

pen·guin [ˈpengwɪn] *n* Pinguin *m*

'pen·hold·er *n* ❶ (*shaft*) Federhalter *m* ❷ (*rack*) Behälter *m* für Schreibutensilien

peni·cil·lin [ˌpenɪˈsɪlɪn] *n* Penicillin *nt*

pen·in·su·la [pəˈnɪn(t)sjələ] *n* Halbinsel *f*

pen·in·su·lar [pəˈnɪn(t)sjələʳ] *adj* Halbinsel-

pe·nis <*pl -es or -nes*> [ˈpiːnɪs, *pl* -niːz] *n* Penis *m*

peni·tence [ˈpenɪtən(t)s] *n no pl* (*repent-*

ance) Reue *f* ❷ REL Buße *f*

pen·i·tent ['penɪtᵊnt] **I.** *n* REL reuiger Sünder/ reuige Sünderin **II.** *adj* (*form*) reumütig

peni·ten·tial [ˌpenɪˈten(t)ʃᵊl] *adj* reuig; **~ act** Bußtat *f*

peni·ten·tia·ry [ˌpenɪˈten(t)ʃᵊri] **I.** *n* Gefängnis *nt* **II.** *adj* ❶ (*repenting*) *mood, act* reumütig ❷ AM LAW **~ crime** Straftat *f* (*auf die Gefängnisstrafe steht*)

'**pen·knife** *n* Taschenmesser *nt*

'**pen·name** *n* Pseudonym *nt*

pen·nant ['penənt] *n* (*flag*) Wimpel *m*; AM SPORTS Siegeswimpel *m*

pen·ni·less ['penɪləs] *adj* mittellos

pen·non ['penən] *n* Militärfahne *f*

pen·ny <*pl* -nies *or* BRIT pence> ['peni, *pl* pen(t)s] *n* ❶ Penny *nt*; **to not cost a ~** nichts kosten ▸ **to be <u>worth</u> every ~** sein Geld wert sein; **the ~ [has] <u>dropped</u>** BRIT der Groschen ist gefallen; **to spend a ~** pinkeln gehen *fam*

'**pen·ny-pinch·ing I.** *n no pl* Pfennigfuchserei *f pej fam* **II.** *adj* geizig '**pen·ny whis·tle** *n* Blechflöte *f* '**pen·ny 'wise** *adj* **to be ~ and pound-foolish** am falschen Ende sparen

'**pen pal** *n* Brieffreund(in) *m(f)* '**pen·push·er** *n* BRIT, AUS (*pej fam*) Bürohengst *m*

pen·sion ['pen(t)ʃən] *n* ❶ (*retirement money*) Rente *f*; (*for civil servants*) Pension *f*; **to draw a ~** Rente beziehen; **to live on a ~** von der Rente leben ❷ (*boarding house*) Pension *f*

pen·sion·able ['pen(t)ʃᵊnəbl] *adj* BRIT pensionsberechtigt; **of ~ age** im Pensions-/Rentenalter **pen·sion·er** ['pen(t)ʃᵊnə'] *n* BRIT Rentner(in) *m(f)*; (*for civil servants*) Pensionär(in) *m(f)*, Pensionist(in) *m(f)* ÖSTERR '**pen·sion fund** *n* Pensionskasse *f* '**pen·sion plan** *n* Altersversorgungsplan *m* '**pen·sion re·serves** *npl* Pensionsrückstellungen *pl* '**pen·sion scheme** *n* BRIT, AUS Rentenversicherung *f*

pen·sive ['pen(t)sɪv] *adj* nachdenklich; *person* ernsthaft; *silence* gedankenverloren; ■ **to become ~** schwermütig werden

pen·ta·gon ['pentəgən] *n* Fünfeck *nt*

pen·tame·ter [penˈtæmɪtə'] *n usu sing* LIT Pentameter *m fachspr*

pen·tath·lete [penˈtæθliːt] *n* Fünfkämpfer(in) *m(f)*

pen·tath·lon [penˈtæθlɒn] *n* Fünfkampf *m*

Pen·te·cost ['pentɪkɒst] *n no pl* REL ❶ (*Jewish*) jüdisches Erntefest ❷ (*Christian*) Pfingsten *nt*

pent·house ['penthaʊs] *n* Penthaus *nt*

'**pent-in** *adj*, '**pent-up** *adj emotions* aufgestaut

pe·nul·ti·mate [pəˈnʌltɪmət] (*form*) **I.** *n* ■ **the ~** der/die/das Vorletzte **II.** *adj attr* vorletzte(r, s)

pe·nu·ri·ous [pəˈnjʊəriəs] *adj* arm; *accommodation* karg; *conditions* ärmlich

pen·u·ry ['penjəri] *n no pl* (*form*) Armut *f*; *of a company* finanzielle Schwierigkeiten *pl*

peo·ny ['piːəni] *n* Pfingstrose *f*

peo·ple ['piːpl] *n* ❶ *pl* (*persons*) Leute *pl*, Menschen *pl*; **rich ~** die Reichen *pl*; **the right ~** die richtigen Leute ❷ *pl* (*comprising a nation*) Volk *nt* ❸ *pl* (*ordinary citizens*) ■ **the ~** das Volk, die breite Masse ❹ (*comprising a race, tribe*) ■ **~s** *pl* Völker *pl*

pep [pep] **I.** *n no pl* (*fam*) Elan *m*, Schwung *m* **II.** *vt* <-pp-> ■ **to ~ sb** ○ **up** jdn in Schwung bringen; ■ **to ~ sth** ○ **up with sth** etw mit etw *dat* aufpeppen; **to ~ up business** das Geschäft ankurbeln

pep·per ['pepə'] **I.** *n* ❶ *no pl* (*spice*) Pfeffer *m*; **black/ground/white ~** schwarzer/gemahlener/weißer Pfeffer ❷ (*vegetable*) Paprika *f* **II.** *vt* ❶ (*add pepper*) pfeffern ❷ (*pelt*) ■ **to ~ sth/sb with sth** etw/jdn mit etw *dat* bombardieren; **to ~ sb with bullets** jdn mit Kugeln durchsieben; ■ **to be ~ed with sth** *speech, comments* mit etw *dat* gespickt sein; *landscape, hill* mit etw *dat* übersät sein; **to be ~ed with mistakes** vor Fehlern strotzen

pep·per-and-'salt *adj attr* graumeliert '**pep·per·box** *n* AM Pfefferstreuer *m* '**pep·per·corn** *n* Pfefferkorn *nt* **pep·per·corn 'rent** *n no pl* BRIT, AUS symbolische Miete '**pep·per mill** *n* Pfeffermühle *f* '**pep·per·mint** *n* ❶ *no pl* (*plant*) Pfefferminze *f* ❷ (*sweet*) Pfefferminz[bonbon] *nt* '**pep·per pot** *n* BRIT, AUS, '**pep·per shak·er** *n* AM Pfefferstreuer *m*

pep·pery ['pepᵊri] *adj* ❶ (*with pepper flavour*) pfeffrig; (*full of pepper*) gepfeffert; *dish* scharf ❷ (*fig: irritable*) aufbrausend

'**pep pill** *n* Aufputschmittel *nt*

'**pep talk** *n* Motivationsgespräch *nt*

pep·tic ['peptɪk] *adj* ANAT Verdauungs-, peptisch *fachspr*

per [pɜː', pə'] *prep* ❶ (*for a*) pro ❷ (*in a*) pro ❸ (*through means of*) ~ **mail/telephone/fax** per Post/Telefon/Fax ❹ (*as stated in*) **as ~ sth** gemäß etw *dat*; **as ~ usual** (*normal*) wie gewöhnlich

per·am·bu·la·tor [pəˈræmbjəleɪtə'] *n* (*dated*) Kinderwagen *m*

per an·num [pəˈ'ænəm] *adv* (*form*) per annum **per ca·pi·ta** [pəˈ'kæpɪtə] (*form*) **I.** *adv* pro Person **II.** *adj attr* Pro-Kopf-

per·ceiv·able [pəˈsiːvəbl] *adj* wahrnehmbar

per·ceive [pəˈsiːv] *vt* ❶ (*see*) wahrnehmen; (*sense*) empfinden; ■ **to ~ that ...** fühlen, dass ... ❷ (*regard*) betrachten; **how do the**

French ~ the British? wie sehen die Franzosen die Engländer?

per·ceived [pəˈsiːvd] *adj attr* offensichtlich; **~ dry countries** allgemein für trocken gehaltene Länder

per cent [pəˈsent], AM **per·cent I.** *n* Prozent *nt;* **what ~ ...?** wie viel Prozent ...? **II.** *adv* ·prozentig; **I'm 100 ~ sure that ...** ich bin mir hundertprozentig sicher, dass ... **III.** *adj attr* **25/50 ~** 25-/50-prozentig

per·cent·age [pəˈsentɪdʒ] *n* ❶ (*rate*) Prozentsatz *m;* **what ~ ...?** wie viel Prozent ...? ❷ AM, AUS (*advantage*) Vorteil *m*

per·cent·age 'point *n* Prozentpunkt *m*

per·cep·tible [pəˈseptəbl] *adj* wahrnehmbar

per·cep·tion [pəˈsepʃən] *n usu sing* Wahrnehmung *f kein pl; of a conception* Auffassung *f kein pl*

per·cep·tive [pəˈseptɪv] *adj* einfühlsam; (*attentive*) aufmerksam; *analysis, remark* scharfsinnig; *observer* aufmerksam

perch[1] [pɜːtʃ] **I.** *n* <*pl* -**es**> ❶ (*for birds*) Sitzstange *f* ❷ (*high location*) Hochsitz *m* **II.** *vi* ■ **to ~ on sth** *bird* auf etw *dat* sitzen; *person auf etw dat* thronen **III.** *vt* ■ **to ~ sth somewhere** etw auf etw *akk* stecken; ■ **to ~ oneself on sth** sich auf etw *dat* niederlassen

perch[2] <*pl* - *or* -**es**> [pɜːtʃ] *n* (*fish*) Flussbarsch *m*

per·co·late [ˈpɜːkəleɪt] **I.** *vt* filtrieren; **to ~ coffee** Filterkaffee zubereiten **II.** *vi* ❶ (*filter through*) *water* durchsickern; *sand* durchrieseln; *coffee* durchlaufen ❷ (*fig: spread*) durchsickern

per·co·la·tor [ˈpɜːkəleɪtər] *n* Kaffeemaschine *f*

per·cus·sion [pəˈkʌʃən] *n no pl* Percussion *f,* Schlagzeug *nt*

per·cus·sion·ist [pəˈkʌʃənɪst] *n* Schlagzeuger(in) *m(f)*

per·di·tion [pəˈdɪʃən] *n no pl* ❶ (*liter: damnation*) [ewige] Verdammnis ❷ (*fig: ruin*) Verderben *nt*

per·egrine [ˈperəɡrɪn] **I.** *n* Wanderfalke *m* **II.** *adj attr* (*old*) fremdländisch

per·egrine 'fal·con *n* Wanderfalke *m*

per·emp·to·ri·ly [pəˈrem(p)tərɪli] *adv* gebieterisch

per·emp·tory [pəˈrem(p)təri] *adj* ❶ (*autocratic*) gebieterisch ❷ LAW End-; **~ challenge** Ablehnung eines Geschworenen ohne Angabe der Gründe; **~ decision** Endurteil *nt*

per·en·nial [pəˈreniəl] **I.** *n* mehrjährige Pflanze *f.* **II.** *adj attr* ❶ (*not annual*) mehrjährig ❷ (*constant*) immer während; (*repeated*) immer wiederkehrend *attr; beauty, truth* unsterblich

per·fect I. *adj* [ˈpɜːfɪkt] vollkommen, perfekt **II.** *vt* [pəˈfekt] perfektionieren **III.** *n* [ˈpɜːfɪkt] *no pl* LING Perfekt *nt;* **future ~** vollendete Zukunft; **past ~** Plusquamperfekt *nt;* **[present] ~** Perfekt *nt*

per·fect·ible [pəˈfektɪbl] *adj* vervollkommnungsfähig

per·fec·tion [pəˈfekʃən] *n no pl* Perfektion *f,* Vollkommenheit *f;* **to attain ~** Perfektion erlangen

per·fec·tion·ist [pəˈfekʃənɪst] *n* Perfektionist(in) *m(f)*

per·fect·ly [ˈpɜːfɪktli] *adv* vollkommen, perfekt; **you know ~ well what I'm talking about** du weißt ganz genau, wovon ich rede; **~ clear** absolut klar *fam;* **to be ~ honest ...** ehrlich gesagt, ...; **to stand ~ still** völlig regungslos dastehen

per·fid·i·ous [pəˈfɪdɪəs] *adj* (*liter*) perfid[e] *geh; attack* heimtückisch; *lie* gemein

per·fo·rate [ˈpɜːfəreɪt] *vt* perforieren; (*once*) durchstechen

per·fo·rat·ed [ˈpɜːfəreɪtɪd] *adj* perforiert; **~ eardrum** geplatztes Trommelfell

per·fo·ra·tion [ˌpɜːfəˈreɪʃən] *n* ❶ (*hole in sth*) Loch *nt* ❷ *also* MED (*set of holes*) Perforation *f* ❸ *no pl* (*act*) Perforieren *nt*

per·form [pəˈfɔːm] **I.** *vt* ❶ (*entertain*) vorführen; *play, opera* aufführen; (*sing*) singen; (*on an instrument*) spielen ❷ (*do*) **to ~ one's duty/a function** seine Pflicht/eine Funktion erfüllen; **to ~ a task** eine Aufgabe verrichten ❸ MED, SCI (*carry out*) durchführen ❹ REL *a ceremony, ritual* vollziehen **II.** *vi* ❶ (*on stage*) auftreten; (*sing*) singen; (*play*) spielen ❷ (*function*) funktionieren; *car* laufen; (*respond*) sich fahren; **to ~ poorly/well** schlecht/gut funktionieren ❸ (*do, act*) **how did she ~?** wie war sie?; **to ~ badly/well** schlecht/gut sein

per·for·mance [pəˈfɔːmən(t)s] *n* ❶ (*entertaining, showing*) Vorführung *f; of a play, opera, ballet, symphony* Aufführung *f; of a part* Darstellung *f; of a song, musical piece* Darbietung *f;* (*show, event*) Vorstellung *f;* **to put on a ~ of a play** ein Stück aufführen; **to give a ~** eine Vorstellung geben ❷ (*capability, effectiveness*) Leistung *f;* **high/poor ~** hohe/niedrige Leistung ❸ (*level of achievement*) Leistung *f;* **to give a good/poor ~** eine starke/schwache Leistung zeigen ❹ *no pl* (*execution*) ■ **the ~ of sth** die Ausführung einer S. *gen;* **the ~ of a duty/task** die Erfüllung einer Pflicht/Aufgabe ❺ (*fam: fuss*) Theater *nt kein pl fig, pej* ❻ BRIT (*fam: difficult job*) **to be quite/such a ~** eine Heidenarbeit sein ❼ LING Performanz *f fachspr*

per·ˈfor·mance-en·hanc·ing *adj attr*

drugs, substances leistungssteigernd, zur Leistungsverbesserung *nach n* **per·'for·mance lev·el** *n* ❶ (*achievement*) Leistungsniveau *nt*, Leistung *f* ❷ ECON, MECH (*output*) Leistung *f*; (*efficiency*) Wirkungsgrad *m* **per·'for·mance re·port** *n* Leistungsbericht *m*

per·form·er [pəˈfɔːməʳ] *n* ❶ (*artist*) Künstler(in) *m(f)*; **accomplished ~** talentierter Künstler/talentierte Künstlerin; (*actor*) Darsteller(in) *m(f)* ❷ (*achiever*) **to be a poor ~ [in school]** ein schlechter Schüler/eine schlechte Schülerin sein

per·fume I. *n* [ˈpɜːfjuːm] ❶ (*scented liquid*) Parfüm *nt* ❷ *of a flower* Duft *m* **II.** *vt* [pəˈfjuːm] parfümieren

per·func·tory [pəˈfʌŋ(k)tərɪ] *adj* flüchtig; *examination* oberflächlich; **~ manner** abweisende Art

per·go·la [ˈpɜːgələ] *n* Pergola *f*

per·haps [pəˈhæps, præps] *adv* ❶ (*maybe*) vielleicht; **so ~** ja, vielleicht ❷ (*about*) etwa, ungefähr

per·il [ˈperəl] *n* (*form: danger*) Gefahr *f*; (*risk*) Risiko *nt*; **to be in ~** in Gefahr sein; **at one's ~** auf eigene Gefahr

peri·lous [ˈperələs] *adj* (*form: dangerous*) gefährlich; (*risky*) riskant

pe·rim·eter [pəˈrɪmɪtəʳ] *n* ❶ (*border*) Grenze *f* ❷ MATH Umfang *m* **pe·rim·eter 'fence** *n* Umzäunung *f*

pe·ri·od [ˈpɪərɪəd] **I.** *n* ❶ (*length of time*) Zeitspanne *f*, Periode *f*; **he was unemployed for a long ~ [of time]** er war lange [Zeit] arbeitslos; **for a ~ of three months** für die Dauer von drei Monaten ❷ (*lesson*) Stunde *f* ❸ (*time in life, history, development*) Zeit *f*; (*distinct time*) Zeitabschnitt *m*; (*phase*) Phase *f*; **incubation ~** Inkubationszeit *f*; **~ of office** Amtszeit *f*; **colonial ~** Kolonialzeit *f* ❹ GEOL Periode *f geh*; **Precambrian ~** Präkambrium *nt fachspr* ❺ (*fam: menstruation*) Periode *f* ❻ AM LING (*also fig: full stop*) Punkt *m* **II.** *adj* ❶ (*of an earlier period*) *chair, vase, drama* historisch ❷ (*concerning menstruation*) *cramps, pains* Menstruations-

pe·ri·od 'fur·ni·ture *n no pl* (*antique*) antike Möbel, (*reproduction*) Stilmöbel *pl* **pe·ri·od·ic** [ˌpɪərɪˈɒdɪk] *adj attr* ❶ (*reoccurring*) periodisch *geh*, regelmäßig wiederkehrend ❷ CHEM **~ law** Gesetz *nt* der Periodizität *fachspr*; **~ system** Periodensystem *nt fachspr*

pe·ri·od·i·cal [ˌpɪərɪˈɒdɪkəl] **I.** *n* Zeitschrift *f*; (*specialist journal also*) Periodikum *nt fachspr* **II.** *adj attr* periodisch *geh*, regelmäßig wiederkehrend

pe·ri·od·ic 'ta·ble *n no pl* CHEM Periodensystem *nt fachspr*

pe·riph·er·al [pəˈrɪfərəl] **I.** *adj* ❶ (*minor*) unbedeutend, unwesentlich ❷ MED peripher *fachspr* ❸ (*at the edge*) Rand-, peripher *geh* **II.** *n* COMPUT Peripherie *f fachspr*

pe·riph·ery [pəˈrɪfəri] *n usu sing* Rand *m*; *of a town, an area* Peripherie *f*; **on the ~ of one's vision** am Rand des Blickfelds

peri·scope [ˈperɪskəʊp] *n* Periskop *nt*

per·ish [ˈperɪʃ] **I.** *vi* ❶ (*form, liter: die*) sterben, umkommen; (*be destroyed*) untergehen *a. fig* ❷ BRIT, AUS (*deteriorate*) *rubber, leather* brüchig werden; *food* verderben **II.** *vt* zugrunde richten

per·ish·able [ˈperɪʃəbl] *adj* ❶ *food* [leicht] verderblich ❷ (*transitory*) vergänglich **per·ish·er** [ˈperɪʃəʳ] *n* BRIT (*fam*) Teufelsbraten *m* **per·ish·ing** [ˈperɪʃɪŋ] *adj* ❶ BRIT, AUS (*fam: extremely cold*) bitterkalt ❷ *attr* BRIT, AUS (*dated: damn*) verdammt *pej fam*

peri·to·ni·tis [ˌperɪtə(ʊ)ˈnaɪtɪs] *n no pl* MED Peritonitis *f fachspr*

per·jure [ˈpɜːdʒəʳ] *vt* **to ~ oneself** einen Meineid schwören

per·jur·er [ˈpɜːdʒərəʳ] *n* Meineidige(r) *f(m)*

per·jury [ˈpɜːdʒəri] *n* Meineid *nt*; **to commit ~** einen Meineid schwören

perk[1] [pɜːk] *n* ❶ (*additional benefit*) Vergünstigung *f* ❷ (*advantage*) Vorteil *m*

perk[2] [pɜːk] **I.** *vt* (*fam*) **to ~ coffee** Kaffee machen **II.** *vi* (*fam*) durchlaufen ◆ **perk up I.** *vi* ❶ (*cheer up*) aufleben, munter werden ❷ (*become more awake, livelier*) munter werden ❸ (*increase, recover*) steigen, sich erholen; *share prices* fester tendieren **II.** *vt* ❶ (*cheer up*) aufheitern ❷ (*energize*) aufmuntern ❸ (*cause increase*) ■ **to ~ up** ↻ **sth** etw steigern

perky [ˈpɜːki] *adj* ❶ (*lively*) munter ❷ (*cheeky*) keck

perm[1] [pɜːm] *n* (*fam*) short for **permanent wave** Dauerwelle *f*

perm[2] [pɜːm] *vt* **to ~ hair** Dauerwellen machen; **~ed hair** Dauerwellen *pl*

per·ma·frost [ˈpɜːməfrɒst] *n no pl* Dauerfrost[boden] *m*

per·ma·nence [ˈpɜːmənən(t)s] *n*, **per·ma·nen·cy** [ˈpɜːmənən(t)si] *n no pl* Beständigkeit *f*

per·ma·nent [ˈpɜːmənənt] **I.** *adj* ❶ (*lasting indefinitely*) permanent, ständig; *agreement* unbefristet; *relationship* dauerhaft; **~ abode** fester Wohnsitz; **~ appointment** Ernennung *f* auf Lebenszeit; **~ damage/hearing loss** bleibender Schaden/Hörverlust; **~ resident** Staatsbürger mit unbeschränkter Aufenthaltserlaubnis ❷ (*continual*) ständig, perma-

permission

asking for permission | um Erlaubnis bitten

May I interrupt for a moment? | **Darf ich** Sie kurz stören?

Would you mind if I opened the window? | **Stört es Sie, wenn** ich das Fenster aufmache?

Is it all right with you if I take my holidays in July? | **Sind Sie damit einverstanden, dass** ich im Juli Urlaub nehme?

granting permission | erlauben

You can go out to play when you have finished your homework. | Wenn du mit deinen Hausaufgaben fertig bist, **darfst du** raus spielen.

You are welcome to come in. | **Sie dürfen gern** hereinkommen.

You **may** smoke in this area. | In diesem Bereich **dürfen** Sie rauchen.

You can park here **if you like**. | **Wenn Sie möchten, können Sie** hier parken.

---

nent **II.** n Dauerwelle f

per·ma·nent 'wave n Dauerwelle f

per·man·ga·nate [pɜːˈmæŋgəneɪt] n CHEM Permanganat nt fachspr

per·me·able [ˈpɜːmiəbl] adj (also fig form) durchlässig a. fig; **~ to water** wasserdurchlässig

per·me·ate [ˈpɜːmieɪt] **I.** vt durchdringen **II.** vi (form) ■**to ~ into/through sth** etw durchdringen

per·mis·sible [pəˈmɪsəbl] adj gestattet, zulässig; **is it ~ to park my car here?** ist hier Parken erlaubt?

per·mis·sion [pəˈmɪʃən] n no pl Erlaubnis f; (from an official body) Genehmigung f; **with your ~, I'd like to ...** wenn Sie gestatten, würde ich gerne ...; **with sb's written ~** mit jds schriftlichem Einverständnis; **to ask for [sb's] ~** [jdn] um Erlaubnis fragen

per·mis·sive [pəˈmɪsɪv] adj (pej) nachgiebig; (sexually) freizügig

per·mis·sive·ness [pəˈmɪsɪvnəs] n no pl Toleranz f; **[sexual] ~** sexuelle Freizügigkeit

per·mit I. n [ˈpɜːmɪt] Genehmigung f; **export ~** Exporterlaubnis f; **hunting ~** Jagdschein m; **residence ~** Aufenthaltsgenehmigung f; **work ~** Arbeitserlaubnis f **II.** vt <-tt-> [pəˈmɪt] ❶ (allow, give permission) gestatten, erlauben ❷ (make possible) **to ~ sb to do sth** jdm ermöglichen, etw zu tun **III.** vi [pəˈmɪt] ❶ (allow) erlauben, gestatten; **circumstances ~ting** wenn die Umstände es erlauben; **weather ~ting** vorausgesetzt, das Wetter spielt mit ❷ (form) ■**to ~ of sth** etw zulassen

per·mit·ted [pəˈmɪtɪd] adj zulässig

per·mu·ta·tion [ˌpɜːmjʊˈteɪʃən] n ❶ also MATH (possible ordering) Umstellung f ❷ BRIT SPORTS (combination) Kombination f

per·ni·cious [pəˈnɪʃəs] adj ❶ (form) schädlich ❷ MED bösartig, perniziös fachspr

per·nick·ety [pəˈnɪkəti] adj (pej) ❶ (fussy) pingelig fam, kleinlich ❷ (tricky) heikel

per·ox·ide [pəˈrɒksaɪd] **I.** n no pl Peroxyd nt **II.** vt mit Peroxyd behandeln; **hair** bleichen

per·ox·ide 'blonde (pej) **I.** n Wasserstoffblondine f pej **II.** adj wasserstoffblond

per·pen·dicu·lar [ˌpɜːpənˈdɪkjʊləʳ] **I.** adj senkrecht (**to** zu), perpendikular fachspr **II.** n Senkrechte f; MATH, ARCHIT **the ~** das Lot; **to be out of the ~** nicht im Lot sein

per·pe·trate [ˈpɜːpɪtreɪt] vt (form) begehen

per·pe·tra·tion [ˌpɜːpɪˈtreɪʃən] n LAW (form) Begehen nt; of crime also Verübung f

per·pe·tra·tor [ˈpɜːpɪtreɪtəʳ] n (form) Täter(in) m(f); **~ of fraud** Betrüger(in) m(f); **~ of violence** Gewalttäter(in) m(f)

per·pet·ual [pəˈpetʃʊəl] adj attr ❶ (everlasting) immer während, ständig ❷ (repeated) fortgesetzt, wiederholt

per·petu·ate [pəˈpetʃʊeɪt] vt aufrechterhalten

per·pe·tu·ity [ˌpɜːpɪˈtjuːəti] n no pl (form) Ewigkeit f; **in ~** auf ewig; LAW lebenslänglich

per·plex [pəˈpleks] vt ❶ (confuse) verwirren; (puzzle) verblüffen ❷ (complicate) verkomplizieren

per·plexed [pəˈplekst] adj perplex; (confused also) verwirrt; (puzzled also) verblüfft

per·plex·i·ty [pə'pleksəti] *n* ❶ (*puzzlement*) Verblüffung *f*; (*confusion*) Verwirrung *f*; **to look/stare at sth in ~** etw verständnislos ansehen/anstarren ❷ *usu pl* (*complicated situation*) Verwicklungen *pl*

per·qui·site ['pɜːkwɪzɪt] *n* (*form: additional benefit*) Vergünstigung *f*

per·se·cute ['pɜːsɪkjuːt] *vt usu passive* verfolgen; ■**to be ~d for sth** wegen einer S. *gen* verfolgt werden

per·se·cu·tion [ˌpɜːsɪ'kjuːʃⁿn] *n usu sing* Verfolgung *f*

per·se·cu·tion com·plex *n*, **per·se·'cu·tion ma·nia** *n no pl* Verfolgungswahn *m*

per·se·cu·tor ['pɜːsɪkjuːtə^r] *n* Verfolger(in) *m(f)*

per·se·ver·ance [ˌpɜːsɪ'vɪər^ən(t)s] *n no pl* Beharrlichkeit *f*, Ausdauer *f*

per·se·vere [ˌpɜːsɪ'vɪə^r] *vi* nicht aufgeben, beharrlich bleiben; ■**to ~ with sth** an etw *dat* festhalten; (*continue*) mit etw *dat* weitermachen; *project, crusade, programme* etw [unbeirrt] fortsetzen

per·se·ver·ing [ˌpɜːsɪ'vɪərɪŋ] *adj* beharrlich, ausdauernd

Per·sia ['pɜːʃə] *n no pl* Persien *nt*

Per·sian ['pɜːʃən] **I.** *adj* persisch **II.** *n* ❶ (*person*) Perser(in) *m(f)* ❷ (*language*) Persisch *nt*

per·sist [pə'sɪst] *vi* ❶ (*continue to exist*) andauern; *cold, heat, rain* anhalten; *habit, tradition* fortbestehen; MED persistieren *fachspr* ❷ (*to not give up*) beharrlich bleiben; ■**to ~ in sth** an etw *dat* festhalten ❸ (*continue*) ■**to ~ in doing sth** nicht aufhören, etw zu tun; ■**to ~ with sth** mit etw *dat* weitermachen; *project, crusade, programme* etw unbeirrt fortsetzen

per·sis·tence [pə'sɪst^ən(t)s] *n no pl* ❶ (*continuation*) Anhalten *nt* ❷ (*perseverance*) Hartnäckigkeit *f*

per·sis·tent [pə'sɪst^ənt] *adj* ❶ (*long lasting*) *difficulties* anhaltend; *cough, rumour* hartnäckig ❷ (*constant*) unaufhörlich; *demand* ständig ❸ (*persevering*) beharrlich, hartnäckig; **he is very ~ in his requests** er ist sehr hartnäckig, wenn er etwas möchte

per·son <*pl* **people** *or form* **-s**> ['pɜːs^ən] *n* ❶ (*human*) Person *f*, Mensch *m*; **not a single ~ came** kein Mensch kam; **cat/dog ~** Katzen-/Hundeliebhaber(in) *m(f)*; **morning/night ~** Morgen-/Nachtmensch *m*; **people ~** geselliger Mensch ❷ LING (*verb form*) Person *f*

per·so·na <*pl* **-nae** *or* **-s**> [pə'səʊnə, *pl* -niː] *n* Fassade *f meist pej*

per·son·able ['pɜːs^ənəbl] *adj* sympathisch

per·son·age ['pɜːs^ənɪdʒ] *n* (*form or hum*) Persönlichkeit *f*

per·son·al ['pɜːs^ən^əl] *adj* ❶ (*of a particular person*) persönlich; **~ belongings** persönliches Eigentum; **~ data** Personalien *pl* ❷ (*direct, done in person*) persönlich; **to make a ~ appearance** persönlich erscheinen ❸ (*private*) privat, persönlich ❹ (*offensive*) persönlich; **nothing ~, but ...** es geht nicht gegen Sie persönlich, aber ...; **I didn't mean to be ~** ich wollte nicht persönlich werden ❺ (*bodily*) körperlich; **~ appearance** äußeres Erscheinungsbild ❻ (*human*) persönlich; **~ quality** Charaktereigenschaft *f*

per·son·al com·put·er *n* Personal Computer *m* **'per·son·al day** *n* AM (*fam*) **to take a ~** aus persönlichen Gründen einen Tag frei nehmen **per·son·al dig·it·al as·'sis·tant** *n* PDA *m*, [handflächengroßer] Taschencomputer

per·son·al·ity [ˌpɜːs^ən'æləti] *n* ❶ (*character*) Persönlichkeit *f*, Charakter *m*; **to have a strong ~** eine starke Persönlichkeit sein ❷ (*celebrity*) bekannte Persönlichkeit

per·son·'al·ity·al·ter·ing *adj* **~ drug** persönlichkeitsverändernde Droge

per·son·al·ly ['pɜːs^ən^əli] *adv* persönlich

per·son·al 'pro·noun *n* Personalpronomen *nt*

per·son·al·ty ['pɜːs^ən^əlti] *n* Privatvermögen *nt*

per·soni·fi·ca·tion [pəˌsɒnɪfɪ'keɪʃ^ən] *n* LIT Personifikation *f a. fig geh*

per·soni·fy [pə'sɒnɪfaɪ] *vt* personifizieren; (*be the personification of also*) verkörpern

per·son·nel [ˌpɜːs^ən'el] *n* ❶ *pl* (*employees*) Personal *nt kein pl* ❷ *no pl* (*human resources department*) Personalabteilung *f*

per·son·'nel de·part·ment *n* Personalabteilung *f* **per·son·'nel di·rec·tor** *n* Personalchef(in) *m(f)* **per·son·nel 'man·ag·er** *n* Personalchef(in) *m(f)*

per·spec·tive [pə'spektɪv] *n* ❶ (*viewpoint*) Perspektive *f*; ■**~ on sth** Einschätzung *f* einer S. *gen*; **from a historical ~** aus geschichtlicher Sicht; **to see sth in a new ~** etw aus einem neuen Blickwinkel sehen; **to get sth in ~** etw nüchtern betrachten ❷ (*method of representation*) Perspektive *f*; **in ~** perspektivisch

per·spi·ca·cious [ˌpɜːspɪ'keɪʃəs] *adj* (*form: astute*) scharfsinnig; (*far·sighted*) weitblickend

per·spi·cac·ity [ˌpɜːspɪ'kæsəti] *n no pl* (*form: astuteness*) Scharfsinn *m*; (*insight*) Scharfblick *m*; (*far·sightedness*) Weitblick *m*

per·spi·cu·ity [ˌpɜːspɪ'kjuːəti] *n no pl* (*form*) Klarheit *f*

per·spicu·ous [pə'spɪkjuəs] *adj* (*form*) klar

per·spi·ra·tion [ˌpɜːspərˈeɪʃən] *n no pl* Schweiß *m*

per·spire [pəˈspaɪəʳ] *vi* schwitzen

per·suade [pəˈsweɪd] *vt* (*talk into*) überreden; (*convince*) überzeugen; ■ **to** ~ **sb into sth** jdn zu etw *dat* überreden; ■ **to** ~ **sb of sth** jdn von etw *dat* überzeugen

per·sua·sion [pəˈsweɪʒən] *n usu sing* ❶ (*talking into*) Überredung *f*; (*convincing*) Überzeugung *f* ❷ (*conviction*) Überzeugung *f*; (*hum*) **to be of the Catholic/Protestant** ~ katholischen/protestantischen Glaubens sein

per·sua·sive [pəˈsweɪsɪv] *adj* überzeugend

pert [pɜːt] *adj* ❶ (*attractively small*) wohl geformt ❷ (*impudent*) frech ❸ (*neat and jaunty*) adrett

per·tain [pəˈteɪn] *vi* (*form*) ■ **to** ~ **to sth/sb** etw/jdn betreffen

per·ti·nent [ˈpɜːtɪnənt] *adj* (*form*) relevant; *argument* stichhaltig; *question* sachdienlich; ■ **to be** ~ **to sth** für etw *akk* relevant sein; *remark* treffend

per·turb [pəˈtɜːb] *vt* (*form*) beunruhigen

per·tur·ba·tion [ˌpɜːtəˈbeɪʃən] *n* (*form*) ❶ (*uneasiness*) Unruhe *f* ❷ PHYS, ASTRON Störung *f*

Peru [pəˈruː] *n* Peru *nt*

pe·rus·al [pəˈruːzəl] *n no pl* (*form*) Durchlesen *nt*

pe·ruse [pəˈruːz] *vt* (*form: read*) durchlesen; (*check*) durchsehen; (*study*) studieren

Peru·vian [pəˈruːvɪən] **I.** *adj* peruanisch **II.** *n* Peruaner(in) *m(f)*

per·vade [pəˈveɪd] *vt* (*form*) erfüllen; (*quality, philosophy, attitude*) durchziehen

per·va·sive [pəˈveɪsɪv] *adj* (*form: penetrating*) durchdringend *attr*; (*widespread*) weit verbreitet; **all-**~ alles beherrschend

per·verse [pəˈvɜːs] *adj* (*pej: deliberately unreasonable*) abwegig; *person* eigensinnig; *delight* diebisch; *pride* unnatürlich

per·verse·ness [pəˈvɜːsnəs] *n no pl* (*pej: unreasonableness*) *of a person* Eigensinn *m*; *of a situation*; **the** ~ **of it all is that** I love being scared to death in movies das Perverse ist, dass ich es sogar genieße, wenn ich bei einem Film richtig Angst kriege *fam*

per·ver·sion [pəˈvɜːʃən] *n* (*pej*) ❶ (*unnatural behaviour*) Perversion *f* ❷ (*corruption*) Pervertierung *f geh*; ~ **of justice** Rechtsbeugung *f*

per·ver·sity [pəˈvɜːsəti] *n* (*pej*) ❶ (*unreasonable behaviour*) Eigensinn *m kein pl* ❷ (*unnatural behaviour*) Perversität *f*

per·vert I. *n* [ˈpɜːvɜːt] (*pej*) ❶ (*sexual deviant*) Perverse(r) *f(m)* ❷ (*creepy person*) Persling *m pej* **II.** *vt* [pəˈvɜːt] (*pej*) ❶ (*corrupt*) ■ **to** ~ **sb** jdn verderben ❷ (*distort*) ■ **to** ~ **sth** etw verdrehen

per·vert·ed [pəˈvɜːtɪd] *adj* ❶ (*sexually deviant*) pervers ❷ (*distorted*) verdreht

pervy [ˈpɜːvi] *adj* (*sl*) *short for* **perverted**

pes·sa·ry [ˈpesəri] *n* ❶ (*contraceptive*) Pessar *nt* ❷ (*suppository*) Vaginalzäpfchen *nt*

pes·si·mism [ˈpesɪmɪzəm] *n no pl* Pessimismus *m*

pes·si·mist [ˈpesɪmɪst] *n* Pessimist(in) *m(f)*

pes·si·mis·tic [ˌpesɪˈmɪstɪk] *adj* pessimistisch

pest [pest] *n* ❶ (*destructive animal*) Schädling *m* ❷ (*fig fam: annoying person*) Nervensäge *f fam*; (*annoying thing*) Plage *f*

ˈpest con·trol *n no pl* ❶ (*removal*) Schädlingsbekämpfung *f* ❷ (*service*) Kammerjäger *m*

pes·ter [ˈpestəʳ] *vt* belästigen; ■ **to** ~ **sb for sth** jdm mit etw *dat* keine Ruhe lassen; (*beg*) jdn um etw *akk* anbetteln; ■ **to** ~ **sb to do sth** jdn drängen, etw zu tun

pes·ti·cide [ˈpestɪsaɪd] *n* Schädlingsbekämpfungsmittel *nt*

pes·ti·lent [ˈpestɪlənt] *adj*, **pes·ti·len·tial** [ˌpestɪˈlen(t)ʃəl] *adj* ❶ (*deadly*) tödlich ❷ (*fig: morally destructive*) verderblich ❸ (*troublesome*) lästig

pes·tle [ˈpesl] *n* Stößel *m*; ~ **and mortar** Stößel und Mörser

pet [pet] **I.** *n* ❶ (*animal*) Haustier *nt* ❷ (*pej: favourite*) Liebling *m* ❸ (*fam: nice person*) Schatz *m* ❹ AUS, BRIT (*fam: darling*) Schatz *m* **II.** *adj* ❶ (*concerning animals*) Tier-; ~ **cat** Hauskatze *f*; ~ **snake** Schlange *f* als Haustier ❷ (*favourite*) *project, theory* Lieblings-; **to be one's** ~ **hate** jdm ein Gräuel sein **III.** *vi* <-tt-> (*fam*) fummeln *fam* **IV.** *vt* <-tt-> streicheln

peta·byte [ˈpetəbaɪt] *n* INFORM Petabyte *m*

pet·al [ˈpetəl] *n* ❶ (*flower part*) Blütenblatt *nt* ❷ BRIT (*fam: darling*) Schatz *m*

pe·tard [peˈtɑːd] *n* ❶ (*bomb*) Sprengkörper *m* ❷ (*fire cracker*) Feuerwerkskörper *m*

pe·ter [ˈpiːtəʳ] **I.** *n* AM (*sl: willy*) Zipfel *m fam* **II.** *vi* ■ **to** ~ **out** zu Ende gehen; *conversation, interest* sich totlaufen; *storm* abklingen; *trail, track, path* sich verlieren

pe·tite [pəˈtiːt] *adj* (*approv*) *person* zierlich

pe·ti·tion [pəˈtɪʃən] **I.** *n* ❶ (*signed document*) Petition *f* (**against** gegen, **for** für) ❷ LAW (*written request*) Gesuch *nt* **II.** *vi* ❶ (*start a written action*) ■ **to** ~ **about sth** für etw *akk* Unterschriften sammeln ❷ LAW (*request formally*) ■ **to** ~ **for sth** einen Antrag auf etw *akk* stellen; **to** ~ **for divorce** eine Scheidungsklage einreichen **III.** *vt* ■ **to** ~ **sb for sth** jdn um etw *akk* ersuchen *form*

pe·ti·tion·er [pəˈtɪʃənəʳ] *n* ❶ (*collecting signatures*) Unterschriftensammler(in) *m(f)* ❷ LAW Kläger(in) *m(f)*

'pet name *n* Kosename *m*

pet·rel [ˈpetrəl] *n* Sturmvogel *m*

Petri dish [ˈpetri,-] *n* Petrischale *f*

pet·ri·fac·tion [ˌpetrɪˈfækʃən] *n*, **pet·ri·fi·ca·tion** [ˌpetrɪfɪˈkeɪʃən] *n* ❶ (*changing to stone*) Versteinerung *f* ❷ (*state of terror*) Lähmung *f fig*

pet·ri·fied [ˈpetrɪfaɪd] *adj* ❶ (*fossilized*) versteinert ❷ (*terrified*) gelähmt *fig;* ■ **to be ~ of sth** vor etw *dat* panische Angst haben; **to be ~ with fear** vor Angst wie gelähmt sein ❸ *attr* (*liter: old and unchanging*) aus grauer Vorzeit nach *h*

pet·ri·fy [ˈpetrɪfaɪ] **I.** *vi* versteinern **II.** *vt* ■ **to ~ sb** jdm schreckliche Angst einjagen

pet·ro·chem·i·cal [ˌpetrə(ʊ)ˈkemɪkəl] **I.** *n* petrochemisches Produkt **II.** *adj attr* petrochemisch

pet·ro·dol·lar [ˈpetrəʊˌdɒləʳ] *n* Petrodollar *m*

pet·rol [ˈpetrəl] *n no pl* BRIT, AUS Benzin *nt;* **unleaded ~** bleifreies Benzin

'pet·rol can *n* BRIT, AUS Benzinkanister *m*

'pet·rol com·pa·ny *n* Erdölgesellschaft *f*

'pet·rol con·sump·tion *n no pl* BRIT, AUS Benzinverbrauch *m*

pe·tro·leum [pəˈtrəʊliəm] *n* Erdöl *nt*

'pet·rol gauge *n* Benzinuhr *f* **'pet·rol pipe** *n* BRIT, AUS Benzinleitung *f* **'pet·rol pump** *n* BRIT, AUS Zapfsäule *f;* (*nozzle*) Zapfhahn *m* **'pet·rol sta·tion** *n* BRIT, AUS Tankstelle *f* **'pet·rol tank** *n* BRIT, AUS Benzintank *m*

pet·ti·coat [ˈpetɪkəʊt] *n* (*dated*) Unterrock *m*, Unterkleid *nt*

pet·ti·ness [ˈpetɪnəs] *n no pl* ❶ (*insignificance*) Belanglosigkeit *f;* (*triviality*) Trivialität *f* ❷ (*small-mindedness*) Kleinlichkeit *f pej*

pet·ting [ˈpetɪŋ] *n no pl* ❶ (*stroking*) Streicheln *nt* ❷ (*sexual fondling*) Petting *nt*

pet·ty [ˈpeti] *adj* (*pej*) ❶ (*insignificant*) unbedeutend; (*trivial*) trivial ❷ (*small-minded*) kleinkariert ❸ LAW (*on a small scale*) geringfügig

'pet·ty of·fi·cer *n* NAUT ≈ Marineunteroffizier *m*

pet·u·lant [ˈpetjələnt] *adj* (*pej*) verdrießlich; *child* bockig; *look* verdrossen

pe·tu·nia [pɪˈtjuːniə] *n* Petunie *f*

pew [pjuː] *n* Kirchenbank *f*

pew·ter [ˈpjuːtəʳ] *n no pl* Zinn *nt*

PG [ˌpiːˈdʒiː] *abbrev of* **parental guidance** **I.** *adj* **to be rated ~** nicht jugendfrei sein; **~-13** frei ab 13 **II.** *n* **the film's a ~** der Film ist nicht jugendfrei

PGCE [ˌpiːdʒiːsiːˈiː] BRIT *abbrev of* **Postgraduate Certificate in Education**

pH [ˌpiːˈeɪtʃ] *n usu sing* pH-Wert *m;* **~ value** pH-Wert *m*

pha·lanx <*pl* -es *or* phalanges> [ˈfælæŋ(k)s, *pl* fælˈændʒiːz] *n* (*form*) Phalanx *f*

phal·lic [ˈfælɪk] *adj* phallisch

phal·lus <*pl* -es *or* -li> [ˈfæləs, *pl* -laɪ] *n* Phallus *m geh*

phan·tas·mal [fænˈtæzməl] *adj* (*liter*) ❶ (*imaginary*) erfunden, Fantasie- ❷ (*ghost-like*) fantastisch, geisterhaft

phan·tom [ˈfæntəm] **I.** *n* Geist *m*, Gespenst *nt* **II.** *adj attr* ❶ (*ghostly*) Geister- ❷ (*caused by mental illusion*) Phantom- ❸ (*for show*) Schein-

phar·aoh [ˈfeərəʊ] *n* Pharao *m*

phar·i·sa·ic(al) [ˌfærɪˈseɪɪk(əl)] *adj* ❶ (*of Jewish sect*) pharisäisch *geh* ❷ (*fig, pej: hypocritical*) pharisäerhaft

Phar·i·see [ˈfærɪsiː] *n* ❶ (*Jewish tribe*) ■ **the ~s** *pl* die Pharisäer *pl* ❷ (*fig liter: hypocrite*) Pharisäer(in) *m(f) pej*

phar·ma·ceu·tic [ˌfɑːməˈsjuːtɪk] *adj* pharmazeutisch

phar·ma·ceu·ti·cal [ˌfɑːməˈsjuːtɪkəl] *adj attr* pharmazeutisch

phar·ma·ceu·tics [ˌfɑːməˈsjuːtɪks] *n no pl* Pharmazie *f*

phar·ma·'ceu·tics in·dus·try *n no pl* Pharmaindustrie *f*

phar·ma·cist [ˈfɑːməsɪst] *n* Apotheker(in) *m(f)*

phar·ma·col·o·gy [ˌfɑːməˈkɒlədʒi] *n no pl* Pharmakologie *f*

phar·ma·co·poeia [ˌfɑːməkəˈpiːə] *n usu sing* ❶ (*drugs book*) Pharmakopöe *f fachspr* ❷ (*stock of medicine*) Arzneimittellager *nt*

phar·ma·cy [ˈfɑːməsi] *n* ❶ (*store*) Apotheke *f* ❷ *no pl* (*study*) Pharmazie *f*

phar·yn·gi·tis [ˌfærɪnˈdʒaɪtɪs] *n no pl* Pharyngitis *f fachspr*

phar·ynx <*pl* pharynges> [ˈfærɪŋks, *pl* færˈɪndʒiːz] *n* MED Pharynx *m fachspr*

phase [feɪz] **I.** *n* Phase *f;* **moon** ~ Mondphase *f;* **developmental ~** Entwicklungsphase *f;* **to go through a ~** eine Phase durchlaufen **II.** *vt usu passive* (*implement*) stufenweise durchführen; (*introduce*) stufenweise einführen; (*coordinate*) synchronisieren ◆ **phase in** *vt* stufenweise einführen ◆ **phase out** *vt* ❶ ECON (*gradually stop*) auslaufen lassen ❷ (*fig: get rid of*) ■ **to ~ sb out** jdn abservieren *fam*

PhD [ˌpiːeɪtʃˈdiː] *n abbrev of* **Doctor of Philosophy** Dr., Doktor *m;* **~ student** Doktorand(in) *m(f);* **~ thesis** Doktorarbeit *f*

pheas·ant <*pl* -s *or* -> [ˈfezənt] *n* Fasan *m*

phe·nom·ena [fɪˈnɒmɪnə] *n pl of* **phenomenon**

phe·nom·e·nal [fɪˈnɒmɪnəl] *adj* (*great*) phänomenal

phe·nom·e·non <*pl* -mena *or* -s> [fɪˈnɒmɪnən, *pl* -mɪnə] *n* Phänomen *nt geh*

phew [fjuː] *interj* (*fam*) puh

phi·lan·der [fɪˈlændə^r] *vi* (*pej dated*) tändeln

phi·lan·der·er [fɪˈlændərə^r] *n* (*pej dated*) Schürzenjäger *m fam*

phil·an·throp·ic [ˌfɪlənˈθrɒpɪk] *adj* philanthropisch *geh*

phil·an·thro·pist [fɪˈlæn(t)θrəpɪst] *n* (*donor*) Philanthrop(in) *m(f) geh*

phil·an·thro·py [fɪˈlæn(t)θrəpi] *n no pl* Wohltätigkeit *f*

phila·tel·ic [ˌfɪləˈtelɪk] *adj* philatelistisch *geh*

phi·lat·e·list [fɪˈlætəlɪst] *n* Philatelist(in) *m(f) geh*

phi·lat·e·ly [fɪˈlætəli] *n no pl* Philatelie *f*

phil·har·mon·ic [ˌfɪl(hɑː)ˈmɒnɪk] *adj attr* philharmonisch; **the Vienna ~ Orchestra** die Wiener Philharmoniker *pl*

Phil·ip·pines [ˈfɪlɪpiːnz] *npl* ■ **the ~** die Philippinen *pl*

phil·is·tine [ˈfɪlɪstaɪn] (*pej*) **I.** *n* Banause *m* **II.** *adj* banausisch

philo·log·i·cal [ˌfɪləˈlɒdʒɪkəl] *adj* (*dated*) philologisch

phi·lol·o·gist [fɪˈlɒlədʒɪst] *n* Philologe(in) *m(f)*

phi·lol·o·gy [fɪˈlɒlədʒi] *n no pl* Philologie *f*

phi·los·o·pher [fɪˈlɒsəfə^r] *n* Philosoph(in) *m(f)*

philo·soph·ic(al) [ˌfɪləˈsɒfɪk(əl)] *adj* ❶ PHILOS philosophisch ❷ (*calm*) gelassen

phi·los·o·phize [fɪˈlɒsəfaɪz] *vi* philosophieren; (*make excuses*) sich herausreden

phi·los·o·phy [fɪˈlɒsəfi] *n no pl* Philosophie *f*

phish [fɪʃ] *vi* phischen, im Internet persönliche Daten und Passwörter auskundschaften, um von den Betroffenen Geld zu stehlen

phish·er [ˈfɪʃə^r] *n* INET Phisher(in) *m(f)* (*Betrüger, der mit gefälschten E-Mails Passwörter und persönliche Benutzerdaten ausspioniert*)

phish·ing [ˈfɪʃɪŋ] *n* INET Phishing *nt* (*betrügerisches Ausspionieren von Passwörtern und persönlichen Benutzerdaten*)

phle·bi·tis [flɪˈbaɪtɪs] *n* MED Phlebitis *f fachspr*

phlegm [flem] *n no pl* ❶ (*mucus*) Schleim *m* ❷ (*calmness*) Gleichmut *m* ❸ (*apathetic temperament*) Phlegma *nt geh*

phleg·mat·ic [flegˈmætɪk] *adj* ❶ (*calm*) gleichmütig ❷ (*apathetic*) phlegmatisch

pho·bia [ˈfəʊbiə] *n* Phobie *f*

phoe·nix [ˈfiːnɪks] *n usu sing* Phönix *m*

phone [fəʊn] **I.** *n* Telefon *nt*; **she put the ~ down on me** sie hat [bei unserem Gespräch] einfach aufgelegt; **to answer the ~** ans Telefon gehen; **to hang up the ~** auflegen; **to pick up the ~** abheben; **to speak [to sb] on the ~** [mit jdm] telefonieren; **on the ~** am Telefon; BRIT **to be on the ~** telefonieren **II.** *vt* anrufen **III.** *vi* telefonieren ◆ **phone back** *vt* zurückrufen ◆ **phone in I.** *vi* anrufen; **to ~ in ill** sich telefonisch krank melden **II.** *vt* (*information*) telefonisch durchgeben ◆ **phone round** *vi* BRIT herumtelefonieren *fam* ◆ **phone up** *vt* anrufen

'phone book *n* Telefonbuch *nt* **'phone booth** *n* Telefonzelle *f* **'phone box** *n* BRIT Telefonzelle *f* **'phone·card** *n* Telefonkarte *f* **'phone-in I.** *n* Sendung, bei der sich das Publikum telefonisch beteiligen kann **II.** *adj attr* **~ programme** Sendung mit telefonischer Publikumsbeteiligung

pho·neme [ˈfəʊniːm] *n* LING Phonem *nt fachspr*

'phone num·ber *n* Telefonnummer *f*

pho·net·ic [fəˈ(ʊ)netɪk] *adj* LING phonetisch *fachspr*

pho·ne·ti·cian [ˌfəʊnɪˈtɪʃən] *n* LING Phonetiker(in) *m(f) fachspr*

pho·net·ics [fəˈ(ʊ)netɪks] *n* + *sing vb* LING Phonetik *f kein pl fachspr*

pho·ney [ˈfəʊni] (*pej*) **I.** *adj* (*fam*) *accent, smile* aufgesetzt, künstlich; *address* falsch; *documents* gefälscht **II.** *n* (*impostor*) Hochstapler(in) *m(f)*; (*pretender*) Schwindler(in) *m(f)*; (*fake*) Fälschung *f*

phon·ic [ˈfɒnɪk] *adj* LING phonisch *fachspr*

pho·nol·o·gy [fəˈ(ʊ)nɒlədʒi] *n no pl* LING Phonologie *f fachspr*

pho·ny *adj* AM *see* **phoney**

phoo·ey [ˈfuːi] *interj* (*hum fam*) pfui

phos·phate [ˈfɒsfeɪt] *n* Phosphat *nt*

phos·pho·res·cence [ˌfɒsfə^resən(t)s] *n no pl* Phosphoreszenz *f*

phos·pho·res·cent [ˌfɒsfə^resənt] *adj* phosphoreszierend

phos·phor·ic [fɒsˈfɒrɪk] *adj*, **phos·pho·rous** [ˈfɒsfərəs] *adj* CHEM phosphorig *fachspr*

phos·pho·rus [ˈfɒsfərəs] *n no pl* Phosphor *m*

pho·to [ˈfəʊtəʊ] *n short for* **photograph** Foto *nt*

photo-'age·ing *n no pl* Hautalterung *f* durch Sonnenstrahlen **'pho·to·call** *n* Fototermin *m* **'pho·to·cell** *n* Fotozelle *f* **'photo·'chrom·ic** *adj* PHOTO *lenses* phototrop **'pho·to·cop·i·er** *n* [Foto]kopierer *m* **'pho·to·copy I.** *n* [Foto]kopie *f* **II.** *vt* [foto]kopieren **photo·e·lec·tric** *adj* photoelektrisch **pho·to 'fin·ish** *n* SPORTS Fotofinish *nt fachspr* **'pho·to·flash** [ˈfəʊtəʊˌflæʃ] *n* Blitzlicht *nt*

pho·to·gen·ic [ˌfəʊtə(ʊ)'dʒenɪk] *adj* fotogen

pho·to·graph ['fəʊtəgrɑːf] **I.** *n* Fotografie *f*, Foto *nt*; **aerial ~** Luftaufnahme *f*; **colour/black-and-white ~** Farbfotografie/Schwarz-Weiß-Fotografie *f*; **to take a ~** [of sb/sth] [jdn/etw] fotografieren, ein Foto [von jdm/etw] machen **II.** *vt* fotografieren **III.** *vi* **to ~ well/badly** gut/schlecht auf Fotos aussehen

'photo·graph al·bum *n* Fotoalbum *nt*

pho·tog·ra·pher [fə'tɒɡrəfə'] *n* Fotograf(in) *m(f)*

pho·to·graph·ic [ˌfəʊtə'ɡræfɪk] *adj* fotografisch; **~ equipment** Fotoausrüstung *f*

pho·tog·ra·phy [fə'tɒɡrəfi] *n no pl* Fotografie *f*

pho·to·'jour·nal·ism *n no pl* Fotojournalismus *m*

pho·tom·eter [fə(ʊ)'tɒmɪtə'] *n* Photometer *nt fachspr*

pho·to·mon·tage [ˌfəʊtə(ʊ)mɒn'tɑːʒ] *n* Fotomontage *f*

pho·ton ['fəʊtɒn] *n* Photon *nt*

pho·to op·por·'tu·ni·ty *n* Fototermin *m*

pho·to re·'port·er *n* Fotoreporter(in) *m(f)*

'photo·sen·si·tive *adj* lichtempfindlich

'photo·set·ting *n no pl* PUBL Lichtsatz *m*

'photo·shoot *n* Fototermin *m*

pho·to·stat <-tt-> ['fəʊtə(ʊ)stæt] *vt* fotokopieren

photo·'syn·the·sis *n no pl* BIOL, CHEM Photosynthese *f*

phras·al 'verb *n* LING Phrasal Verb *nt* (Grundverb mit präpositionaler oder adverbialer Ergänzung)

phrase [freɪz] **I.** *n* ❶ (words) Satz *m*; (idiomatic expression) Ausdruck *m* ❷ MUS (series of notes) Phrase *f fachspr* **II.** *vt* formulieren

'phrase book *n* Sprachführer *m*

phra·seol·ogy [ˌfreɪzi'ɒlədʒi] *n no pl* Ausdrucksweise *f*; LING Phraseologie *f fachspr*

phre·net·ic *adj see* **frenetic**

phut [fʌt] *interj* BRIT, AUS peng; **to go ~** (fam) kaputtgehen

pH value ['piːeɪtʃ,-] *n* pH-Wert *m*

physi·cal ['fɪzɪk*ə*l] **I.** *adj* ❶ (of the body) condition, strength, weakness körperlich, physisch *geh*; **to have a ~ disability** körperbehindert sein; **~ contact** Körperkontakt *m*; **~ exercise** sportliche Betätigung ❷ (sexual) contact, love, relationship körperlich; **~ attraction** körperliche Anziehung ❸ (material) physisch; object, world stofflich ❹ (of physics) physikalisch **II.** *n* MED Untersuchung *f*

physi·cal edu·'ca·tion *n no pl* Sport[unterricht] *m* **physi·cal·ly** ['fɪzɪk*ə*li] *adv* ❶ (concerning the body) körperlich; **it's just not ~ possible** das ist schon rein physisch nicht möglich; **~ disabled** körperbehindert ❷ (not imagined) wirklich ❸ (structurally) **Britain is ~ isolated from the mainland** Großbritannien ist geographisch vom Festland abgeschnitten

phy·si·cian [fɪ'zɪʃ*ə*n] *n esp* AM (GP) Arzt, Ärztin *m, f*

physi·cist ['fɪzɪsɪst] *n* Physiker(in) *m(f)*

phys·ics ['fɪzɪks] *n + sing vb* Physik *f*

physio ['fɪziəʊ] *n* ❶ BRIT, AUS (fam) *short for* **physiotherapist** Physiotherapeut(in) *m(f)* ❷ *no pl esp* BRIT *short for* **physiotherapy** Physiotherapie *f*

'physio·ball [fɪziəʊbɔːl] *n* Gymnastikball *m*

physi·og·no·my [ˌfɪzi'ɒnəmi] *n* (form) Physiognomie *f*

physio·logi·cal [ˌfɪzɪə'lɒdʒɪk*ə*l] *adj* physiologisch

physi·olo·gist [ˌfɪzi'ɒlədʒɪst] *n* Physiologe(in) *m(f)*

physi·ol·ogy [ˌfɪzi'ɒlədʒi] *n no pl* Physiologie *f*

physio·thera·pist [ˌfɪziə(ʊ)'θerəpɪst] *n esp* BRIT Physiotherapeut(in) *m(f) fachspr,* Krankengymnast(in) *m(f)*

physio·thera·py [ˌfɪziə(ʊ)'θerəpi] *n no pl esp* BRIT Physiotherapie *f fachspr*

phy·sique [fɪ'ziːk] *n* Körperbau *m*; (appearance) Figur *f*

pia·nist ['piːənɪst] *n* Klavierspieler(in) *m(f)*; (professional) Pianist(in) *m(f)*

pi·ano [pi'ænəʊ] *n* Klavier *nt*, Piano *nt*; **to play [the] ~** Klavier spielen; ■ **at the ~** am Klavier

pi·'ano re·cit·al *n* Klavierkonzert *nt* **pi·'ano stool** *n* Klavierstuhl *m*

pi·az·za [pi'ætsə] *n* Marktplatz *m*

pica·resque [ˌpɪkə'resk] *adj* LIT pikaresk

pic·ca·nin·ny [ˌpɪkə'nɪni] *n* (pej!) abwertender Ausdruck für ein schwarzes Kind

pic·co·lo ['pɪkələʊ] *n* Pikkoloflöte *f*

pick [pɪk] **I.** *n* ❶ (choice) Auswahl *f*; **to have first ~** die erste Wahl haben; **to take one's ~** sich *dat* etw aussuchen ❷ *+ sing/pl vb* (best) ■ **the ~ of sth** *of things* das Beste; *of people* die Elite ❸ (pickaxe) Spitzhacke *f* ❹ MUS Plättchen *nt* **II.** *vt* ❶ (select) aussuchen; **to ~ sth/sb at random** jdn/etw [völlig] willkürlich aussuchen ❷ (fam: start) **to ~ a fight with sb** mit jdm einen Streit anzetteln ❸ (harvest) pflücken; **mushrooms** sammeln ❹ (scratch) ■ **to ~ sth** an etw *dat* kratzen; **stop ~ing your spots!** hör auf, an deinen Pickeln herumzudrücken!; **to ~ one's nose** in der Nase bohren ❺ (take) ■ **to ~ sth from/off** [of] **sth** etw aus/von etw *dat* nehmen ❻ MUS (*play*) zupfen **III.** *vi* ❶ (*be choosy*) aussuchen ❷ (*toy with*) ■ **to ~ at one's food** in seinem Essen herumstochern ❸ (*scratch*) ■ **to ~ at sth** an etw *dat* [herum]kratzen ◆ **pick off** *vt* ❶ (*shoot*) ■ **to ~ off** ⟳ **sb/sth** jdn/etw einzeln abschießen ❷ (*fig: take best*) ■ **to ~ off** ⟳ **sth** sich *dat* das Beste herauspicken ◆ **pick on** *vi* ❶ (*select*) ■ **to ~ on sb/sth** jdn/etw aussuchen ❷ (*victimize*) ■ **to ~ on sb** auf jdn herumhacken ◆ **pick out** *vt* ❶ (*select*) aussuchen ❷ (*recognize*) erkennen ❸ (*highlight*) hervorheben ❹ MUS **to ~ out a tune on an instrument** auf einem Instrument improvisieren ◆ **pick over, pick through** *vt* ■ **to ~ sth** ⟳ **over** etw gut durchsehen ◆ **pick up I.** *vt* ❶ (*lift*) aufheben; **to ~ up the phone** [den Hörer] abnehmen; (*make phone call*) anrufen ❷ (*stand up*) ■ **to ~ oneself up** aufstehen; (*collect oneself*) sich aufrappeln *fam* ❸ (*acquire*) erwerben; **to ~ up a bargain** ein Schnäppchen machen; **to ~ up an illness** sich mit einer Krankheit anstecken ❹ (*learn*) aufschnappen ❺ (*collect*) abholen; **to ~ up passengers** Fahrgäste aufnehmen ❻ (*fam: for sexual purposes*) ■ **to ~ up** ⟳ **sb** jdn abschleppen ❼ (*detect*) wahrnehmen; **he's awfully quick to ~ up any mistakes in your grammar** er reagiert immer wie der Blitz darauf, wenn man einen grammatischen Fehler macht ❽ (*on radio*) **to ~ up a signal** ein Signal empfangen ❾ (*increase*) **to ~ up speed** schneller werden; (*fig*) sich verstärken ❿ BRIT, AUS (*correct*) ■ **to ~ sb up on sth** jdn auf etw *akk* aufmerksam machen ⓫ (*fam: earn*) verdienen ⓬ (*resume*) ■ **to ~ up** ⟳ **sth** etw *akk* anknüpfen **II.** *vi* ❶ (*improve*) sich bessern, besser werden; **numbers** steigen ❷ (*resume*) **to ~ up where one left off** da weitermachen, wo man aufgehört hat ❸ (*notice*) ■ **to ~ up on sb/sth** jdn/etw bemerken; (*react to*) auf etw *akk* reagieren ❹ *esp* AM (*clean up*) ■ **to ~ up after sb** jdm hinterherräumen

picka·back *n* (*fam*) *see* **piggyback**
'pick·axe *n,* AM **'pick·ax** *n* Spitzhacke *f*
pick·er ['pɪkə'] *n* (*of crops*) Erntehelfer(in) *m(f);* **cotton ~** Baumwollpflücker(in) *m(f)*
pick·et ['pɪkɪt] **I.** *n* ❶ (*striker*) Streikposten *m;* (*blockade*) Streikblockade *f* ❷ (*stake*) Palisade *f* **II.** *vt* ■ **to ~ sth** (*in a strike*) vor etw *dat* Streikposten aufstellen; (*demonstrate at*) vor etw *dat* demonstrieren; (*blockade*) etw blockieren **III.** *vi* demonstrieren
'pick·et fence *n* Palisadenzaun *m*
'pick·et line *n* Streikpostenkette *f*
'pick·ing list *n* AM ❶ COMM Entnahmeliste *f* ❷ COMPUT Pickliste *f*

pick·ings ['pɪkɪŋz] *npl* **rich ~** schnelles Geld
pick·le ['pɪkl] **I.** *n* ❶ *no pl* [Mixed] Pickles *pl;* (*sauce*) Relish *nt* ❷ AM (*conserved gherkin*) saure Gurke ❸ (*brine*) Salzlake *f* ❹ (*solution with vinegar*) Essigbrühe *f* **II.** *vt* einlegen
'pick·led ['pɪkld] *adj* ❶ (*preserved*) eingelegt ❷ (*fig fam: drunk*) besoffen
'pick·lock *n* (*burglar*) Einbrecher(in) *m(f);* (*instrument*) Dietrich *m*
'pick-me-up *n* Muntermacher *m*
'pick·pock·et *n* Taschendieb(in) *m(f)*
'pick·up *n* ❶ (*on gramophone*) Tonabnehmer *m* ❷ (*fam: collection*) Abholen *nt kein pl* ❸ (*fam: collection point*) Treffpunkt *m* ❹ (*fam: passenger*) Passagier(in) *m(f);* (*in a private car*) Mitfahrer(in) *m(f)* ❺ (*fam: casual sexual acquaintance*) Eroberung *f hum* ❻ (*increase*) Zunahme *f* ❼ (*van*) Kleintransporter *m*
'pick·up point *n* Treffpunkt *f;* (*for bus*) Haltestelle *f*
picky ['pɪki] *adj* (*pej fam*) pingelig; **eater** wählerisch
pic·nic ['pɪknɪk] **I.** *n* Picknick *nt;* **to go on a ~** ein Picknick machen; **to be no ~** kein Spaziergang sein **II.** *vi* <-ck-> picknicken
pic·nick·er ['pɪknɪkə'] *n* jd, der ein Picknick macht
pic·to·gram ['pɪktə(ʊ)græm] *n* Piktogramm *nt fachspr*
pic·to·ri·al [pɪk'tɔːriəl] *adj* (*done as picture*) Bild-; (*done like picture*) bildhaft; **book, brochure** illustriert
pic·ture ['pɪktʃə'] **I.** *n* ❶ (*painting, drawing*) Bild *nt* ❷ (*photograph*) Bild *nt,* Foto *nt;* **wedding ~** Hochzeitsfoto *nt;* **to take a ~** ein Foto machen ❸ (*on TV screen*) [Fernseh]bild *nt* ❹ (*film*) Film *m;* **to make a ~** einen Film drehen ❺ (*cinema*) **the ~s** *pl* das Kino ❻ (*fig: impression*) Bild *nt;* **this is not an accurate ~** das ist eine Verdrehung der Tatsachen; **mental ~** Vorstellung *f;* **to paint a ~ of sth** ein Bild von etw *dat* zeichnen; **to paint a gloomy/rosy ~ of sth** etw in düsteren/rosigen Farben ausmalen ❼ (*embodiment*) ■ **the ~ of sth** der Inbegriff einer S. *gen* ▸ **to be in the ~** (*informed*) im Bilde sein; (*involved*) beteiligt sein; (*in the public sphere*) im Rampenlicht stehen; **to get the ~** etw verstehen **II.** *vt* ■ **to ~ sth** sich *dat* etw vorstellen; (*depict*) etw darstellen **III.** *vi* ■ **to ~ oneself how ...** sich *dat* vorstellen, wie ...
'pic·ture book *n* (*for children*) Bilderbuch *nt;* (*for adults*) Buch *nt* mit Illustrationen
'pic·ture frame *n* Bilderrahmen *m*
'pic·ture gal·lery *n* [Kunst]galerie *f*
'pic·ture-goer *n* Kinogänger(in) *m(f)*

'pic·ture li·bra·ry *n* Bildarchiv *nt* **'pic·ture mes·sag·ing** *n* Picture Messaging *nt* **pic·ture 'post·card** *n* Ansichtskarte *f* **'pic·ture puz·zle** *n* Puzzle *nt*

pic·tur·esque [ˌpɪktʃəˈresk] *adj scenery* malerisch, pittoresk *geh*; *language* bildhaft

'pic·ture tube *n* Bildröhre *f* **pic·ture 'win·dow** *n* Panoramafenster *nt*

pid·dle ['pɪdl] (*fam!*) **I.** *n* (*esp childspeak*) ❶ *no pl* (*urine*) Pipi *nt* ❷ *usu sing esp* BRIT (*action*) Pinkeln *nt* **II.** *interj* (*expresses irritation*) Mist! **III.** *vi* pinkeln

pid·dling ['pɪdlɪŋ] *adj* (*pej fam!*) lächerlich

pidg·in ['pɪdʒɪn] **I.** *n* LING Pidgin *nt fachspr* **II.** *adj attr* Pidgin-; **~ German** gebrochenes Deutsch

pie [paɪ] *n* Pastete *f*

pie·bald ['paɪbɔːld] **I.** *adj* scheckig, gescheckt **II.** *n* Schecke *f o m*

piece [piːs] **I.** *n* ❶ (*bit*) Stück *nt*; (*part*) Teil *nt o m*; *of bread* Scheibe *f*; *of cake* Stück *nt*; *of glass*; **a ~ of broken glass** eine Glasscherbe; [**all**] **in one ~** heil; **to break/smash/tear sth in[to] ~s** etw in Stücke brechen/schlagen/reißen; **to go to ~s** (*fig*) *person* zusammenbrechen; *marriage* zerbrechen; **to take sth to ~s** BRIT etw zerlegen; ▪ **~ by ~** Stück für Stück ❷ (*item*) Stück *nt*; **~ of baggage** Gepäckstück *nt*; **~ of paper** Blatt *nt* Papier *nt* ❸ (*non-physical item*) **a ~ of advice** ein Rat *m*; **a ~ of evidence** ein Beweis *m*; **a ~ of information** eine Information; **a ~ of legislation** ein Gesetz *nt* ❹ (*in chess*) Figur *f*; (*in backgammon, draughts*) Stein *m* ❺ ART, LIT, MUS, THEAT Stück *nt*, Werk *nt*; **a ~ of writing** ein literarisches Werk ❻ JOURN Beitrag *m* ❼ (*coin*) Stück *nt* ❽ AM (*sl: gun*) Knarre *f fam* ▶ **a ~ of the action** *esp* AM ein Stück *nt* des Kuchens; **to be a ~ of cake** (*fam*) kinderleicht sein; **to give sb a ~ of one's mind** (*fam*) jdm [mal gehörig] die Meinung sagen **II.** *vt* ▪ **to ~ together sth** etw zusammensetzen; (*reconstruct*) etw rekonstruieren

'piece·meal I. *adv* (*bit by bit*) Stück für Stück, stück[chen]weise; (*in fits and starts*) unsystematisch **II.** *adj* (*bit by bit*) stück[chen]weise; (*in fits and starts*) unsystematisch **'piece price** *n* Stückpreis *m* **'piece rate** *n* Akkordlohn *m* **'piece·work** *n no pl* Akkordarbeit *f* **'piece·work·er** *n* Akkordarbeiter(in) *m(f)*

pied [paɪd] *adj attr* ZOOL geschecht, gefleckt

pie-'eyed *adj* (*fam*) [völlig] besoffen

pier [pɪəʳ] *n* ❶ NAUT Pier *m o fachspr f*, Hafendamm *m*; (*landing stage*) Landungsbrücke *f* ❷ ARCHIT (*wall support*) Trumeau *m*; (*pillar*) Pfeiler *m*

pierce [pɪəs] **I.** *vt* (*make hole in*) ▪ **to ~ sth** etw durchstechen; (*penetrate*) in etw *akk* eindringen; (*forcefully*) etw durchstoßen; (*break through*) etw durchbrechen; **to have ~d ears** Ohrlöcher haben **II.** *vi* (*drill*) ▪ **to ~ into sth** sich in etw *akk* bohren

pierc·ing ['pɪəsɪŋ] **I.** *adj* ❶ (*loud*) durchdringend; (*pej*) *voice* also schrill ❷ (*cold*) eisig ❸ (*penetrating*) *eyes, gaze, look* durchdringend, stechend; *question, reply, wit* scharf; *sarcasm* beißend ❹ (*liter: deeply felt*) tief **II.** *n no pl* (*body-piercing*) Piercing *nt*

pi·ety ['paɪəti] *n no pl* Frömmigkeit *f*; (*deep loyalty*) Achtung *f*

pif·fling ['pɪflɪŋ] *adj* (*dated fam*) lächerlich

pig [pɪg] *n* ❶ (*animal*) Schwein *nt* ❷ (*fam: greedy person*) Vielfraß *m* ❸ (*pej fam: bad person*) Schwein *nt* ◆ **pig out** *vi* (*fam*) ▪ **to ~ out [on sth]** sich [mit etw *dat*] vollstopfen

pi·geon ['pɪdʒən] *n* Taube *f*

'pi·geon fan·ci·er *n* BRIT, AUS Brieftaubenfreund(in) *m(f)* **'pi·geon-hole I.** *n* [Post]fach *nt*, Ablage *f*; **to put sb/sth in a ~** (*fig*) jdn/etw in eine Schublade stecken **II.** *vt* ❶ (*categorize*) ▪ **to ~ sb/sth** jdn/etw in eine Schublade stecken ❷ (*defer*) **to ~ a project** ein Projekt auf Eis legen **pi·geon-'toed** *adj* mit einwärts gerichteten Füßen *nach n*; **to be ~** über den großen Onkel gehen *veraltend fam*

pig·ger·y ['pɪgəri] *n* ❶ AGR Schweinezucht *f* ❷ *no pl* (*pej: unpleasant behaviour*) Widerwärtigkeit *f*; (*gluttony*) Verfressenheit *f pej fam*

pig·gish ['pɪgɪʃ] *adj* (*pej*) *behaviour, manners* schweinisch

pig·gy ['pɪgi] (*fam*) **I.** *n* (*childspeak*) Schweinchen *nt* **II.** *adj esp* BRIT (*pej*) schweinisch; (*in appetite*) verfressen; (*unhygienic*) schweinisch *fam*

pig·gy·back I. *n* **to give sb a ~** jdn huckepack nehmen **II.** *vi* huckepack machen **'pig·gy bank** *n* Sparschwein *nt*

pig·'head·ed *adj* (*pej*) stur, starrköpfig

'pig iron *n no pl* Roheisen *nt*

pig·let ['pɪglət] *n* Ferkel *nt*

pig·ment ['pɪgmənt] *n* Pigment *nt*

pig·men·ta·tion [ˌpɪgmənˈteɪʃən] *n no pl* Pigmentation *f*

Pig·my *n, adj see* **pygmy**

'pig·skin *n* ❶ (*hide*) Schweinshaut *f* ❷ *no pl* (*leather*) Schweinsleder *nt* ❸ AM SPORTS (*fam*) Leder *nt* (*Ball beim American Football*) **'pig·sty** *n* (*pej, also fig*) Schweinestall *m* **'pig·swill** *n no pl* Schweinefutter *nt* (*aus Essensresten*); (*pej: very unpleasant food*) [Schweine]fraß *m pej fam* **'pig·tail** *n* (*tied at back*) Pferdeschwanz *m*; (*braided*) Zopf *m*

pike[1] [paɪk] *n* ZOOL Hecht *m*

pike² [paɪk] *n* MIL, HIST (*weapon*) Spieß *m*, Pike *f* ⊘ NBRIT (*hill*) spitze Erhebung
pike³ [paɪk] *n* AM Mautstraße *f* ▶ **sth comes down the ~** etw kommt auf uns zu; **looks like there's a whole lot of trouble coming down the ~** sieht so aus, als ob da gewaltig Ärger auf uns zukommt
pike·staff ['paɪkstɑːf] *n* BRIT ▶ **as plain as a ~** glasklar
pi·las·ter [pɪ'læstər] *n* ARCHIT Pilaster *m fachspr*
Pi·la·tes ['pɪlɑːteɪz] *n no pl* SPORTS Pilates *nt*
pil·chard ['pɪltʃəd] *n* Sardine *f*
pile¹ [paɪl] *n* ARCHIT Pfahl *m*
pile² [paɪl] *n no pl* Flor *m*
pile³ [paɪl] **I.** *n* ⊘ (*stack*) Stapel *m*; (*heap*) Haufen *m* ⊘ (*fam: large amount*) Haufen *m* ⊘ (*esp hum: big building*) Palast *m* **II.** *vt* stapeln (**on**[**to**] auf) **III.** *vi* ⊘ (*fam: crowd into*) **to ~ into the car/onto the bus/up the stairs** sich ins Auto zwängen/in den Bus reindrücken/die Treppen raufquetschen ⊘ (*collide*) ■**to ~ into** sich ineinanderrasen ◆**pile in** *vi* in etw *akk* [hinein]strömen; (*forcefully*) sich in etw *akk* [hinein]drängen ◆**pile on** *vt* anhäufen; **you're really piling it on with the compliments tonight** du bist ja heute Abend so großzügig mit Komplimenten *hum* ◆**pile up I.** *vi* debts, problems sich anhäufen; (*get more frequent*) sich häufen **II.** *vt* anhäufen
'pile·driv·er *n* Ramme *f fachspr*
piles [paɪlz] *npl* (*fam*) Hämorrhoiden *pl*
'pile-up *n* ⊘ AUTO (*crash*) Massenkarambolage *f* ⊘ (*accumulation*) Anhäufung *f*, Berg *m fig*; (*backlog*) Rückstand *m*
pil·fer ['pɪlfər] *vt, vi* klauen
pil·fer·ing ['pɪlfərɪŋ] *n no pl* Bagatelldiebstahl *m form*
pil·grim ['pɪlgrɪm] *n* Pilger(in) *m(f)*
pil·grim·age ['pɪlgrɪmɪdʒ] *n* REL Pilgerfahrt *f*; (*esp Christian*) Wallfahrt *f* (**to** nach)
pill [pɪl] *n* ⊘ (*tablet*) Tablette *f* ⊘ (*contraceptive*) ■**the ~** die Pille; **to be on the ~** die Pille nehmen
pil·lage ['pɪlɪdʒ] **I.** *vt, vi* (*form*) plündern **II.** *n no pl* (*form*) Plündern *nt*
pil·lar ['pɪlər] *n* ⊘ (*column*) Pfeiler *m*, Säule *f*; **~ of flame/smoke** Flammen-/Rauchsäule *f* ⊘ (*fig: mainstay*) Stütze *f*
'pil·lar box *n* BRIT Briefkasten *m* **'pill·box** *n* ⊘ (*for tablets*) Pillendose *f* ⊘ MIL Bunker *m* ⊘ (*hat*) Pillbox *f o m fachspr*
pil·lion ['pɪliən] **I.** *n* (*seat*) Soziussitz *m* **II.** *adj attr* BRIT, AUS Beifahrer- **III.** *adv* BRIT, AUS **to ride/sit ~** auf dem Beifahrersitz mitfahren/sitzen
pil·lo·ry ['pɪlʰri] **I.** *vt* <-ie-> an den Pranger stellen *a. fig* **II.** *n* Pranger *m*
pil·low ['pɪləʊ] **I.** *n* ⊘ (*for bed*) [Kopf]kissen *nt* ⊘ AM (*cushion*) Kissen *nt* **II.** *vt* **to ~ one's head on sth** seinen Kopf auf etw *akk* legen
'pil·low·case *n*, **'pil·low cov·er** *n*, **'pil·low·slip** *n* [Kopf]kissenbezug *m* **'pil·low pack** *n* FOOD Pillow-Pack-Beutel *m* (*aromadichte Verpackung für Salat oder Gemüse*)
pi·lot ['paɪlət] **I.** *n* ⊘ AVIAT Pilot(in) *m(f)*; NAUT Lotse(in) *m(f)* ⊘ TV Pilotfilm *f* ⊘ TECH (*pilot light*) Kontrolllampe *f*; (*flame*) Zündflamme *f* **II.** *vt* ⊘ AVIAT, NAUT *aircraft* fliegen; *ship* lotsen ⊘ (*fig: guide*) durchbringen ⊘ (*test*) **to ~ a project** ein Pilotprojekt durchführen **III.** *adj usu attr* Pilot-; **a ~ test** ein erster Test
'pi·lot boat *n* Lotsenboot *nt* **'pi·lot fish** *n* ZOOL Lotsenfisch *m*
pi·lot·less ['paɪlətləs] *adj* führerlos
'pi·lot light *n* ⊘ (*monitoring light*) Kontrolllampe *f* ⊘ (*flame*) Zündflamme *f* **'pi·lot plant** *n* Versuchsanlage *f*
'pi·lot's li·cence, AM **'pi·lot's li·cense** *n* Pilotenschein *m*
'pi·lot sur·vey *n* Pilotuntersuchung *f* **'pilot-test** *vt* **to ~** sich einer erste Testreihe von etw *dat* durchführen **'pilot-test·ing** *n no pl* Durchführung *f* einer ersten Testreihe
pi·men·to [pɪ'mentəʊ], AM *usu* **pi·mien·to** ⊘ (*sweet red pepper*) [rote] Paprika ⊘ (*spice*) Piment *m o nt*
pimp [pɪmp] **I.** *n* Zuhälter *m* **II.** *vi* als Zuhälter arbeiten; ■**to ~ for sb** jds Zuhälter *m* sein
pim·ple ['pɪmpl] *n* Pickel *m*
pim·ply ['pɪmpli] *adj* pickelig
pin [pɪn] **I.** *n* ⊘ (*sharp object*) Nadel *f*; **drawing ~** Reißzwecke *f* ⊘ (*for clothing*) [Ansteck]nadel *f*; AM (*brooch*) Brosche *f* **II.** *vt* <-nn-> ⊘ (*attach with pin*) befestigen ([up]**on** to an); **to ~ back one's ears** *esp* BRIT (*fig fam*) die Ohren spitzen; **to ~ all one's hopes on sth** (*fig*) seine ganze Hoffnung auf etw *akk* setzen ⊘ (*hold firmly*) **she was ~ned under a fallen beam from the roof** sie saß unter einem vom Dach gefallenen Balken fest; **to ~ sb against the door/in a corner/to the floor** jdn gegen die Tür/in eine Ecke drücken/auf den Boden drücken ⊘ (*fix blame unfairly*) ■**to ~ sth on sb** etw auf jdn schieben ◆**pin down** *vt* ⊘ (*define exactly*) genau definieren; (*locate precisely*) genau bestimmen ⊘ (*make decide*) ■**to ~ down ⊃ sb** [**to sth**] jdn [auf etw *akk*] festnageln ⊘ (*hold fast*) ■**to ~ down ⊃ sb** jdn fest halten ◆**pin up** *vt* anstecken; **to ~ up one's hair** die Haare hochstecken; **to ~ up a picture on the wall** ein Bild an die Wand hängen

PIN [pɪn] *n abbrev of* **personal identification number** PIN

pina·fore ['pɪnəfɔː'] *n* ❶ (*apron*) [große] Schürze *f* ❷ *esp* BRIT, AUS Trägerkleid *nt*

'**pina·fore dress** *n esp* BRIT Trägerkleid *nt*

'**pin·ball** *n no pl* Flipper *m*

'**pin·ball ma·chine** *n* Flipper *m*

pin·cer ['pɪn(t)sə'] *n* ❶ *usu pl* ZOOL Schere *f*, Zange *f* ❷ (*tool*) ■ **~s** *pl* [Kneif]zange *f*, [Beiß]zange *f*

pinch [pɪn(t)ʃ] **I.** *vt* ❶ (*nip*) kneifen, zwicken *bes* SÜDD, ÖSTERR; (*squeeze*) quetschen ❷ (*fam: steal*) klauen **II.** *vi* kneifen, zwicken; *boots, shoes, slippers* drücken **III.** *n* <*pl* -es> ❶ (*nip*) Kneifen *nt*, Zwicken *nt*; **to give sb a ~** jdn kneifen ❷ (*small quantity*) Prise *f*; **a ~ of salt/sugar/dried thyme** eine Prise Salz/Zucker/getrockneter Thymian ▸ **to take sth with a ~ of salt** etw mit Vorsicht genießen

pinched [pɪn(t)ʃt] *adj* verhärmt

'**pin·cush·ion** *n* Nadelkissen *nt*

pine[1] [paɪn] *n* ❶ (*tree*) Kiefer *f* ❷ *no pl* (*wood*) Kiefer *f*, Kiefernholz *nt* ❸ BRIT (*stone pine*) Pinie *f* ❹ *no pl* BRIT (*wood of stone pines*) Pinie *f*, Pinienholz *nt*

pine[2] [paɪn] *vi* sich vor Sehnsucht verzehren *liter;* ■ **to ~ for sb/sth** sich nach jdm/etw sehnen ◆ **pine away** *vi* sich vor Sehnsucht verzehren *liter*

pin·eal ['pɪnɪəl] *adj* zapfenähnlich

'**pin·eal body** *n,* '**pin·eal gland** *n* Zirbeldrüse *f*

pine·ap·ple ['paɪnæpl] *n* Ananas *f*

'**pine cone** *n* Kiefernzapfen *m;* BRIT (*of stone pine*) Pinienzapfen *m* '**pine grove** *n* Kiefernwäldchen *nt;* BRIT (*with stone pines*) Pinienhain *m* '**pine nee·dle** *n* Kiefernnadel *f;* BRIT (*of stone pine*) Pinienadel *f* '**pine·wood** *n no pl* Kiefernholz *nt;* BRIT (*of stone pine*) Pinienholz *nt*

ping [pɪŋ] **I.** *n* [kurzes] Klingeln; *of glass* Klirren *nt;* (*click*) Klicken *nt* **II.** *vi* ❶ (*make sound*) [kurz] klingeln; *glass* klirren; (*click*) klicken ❷ AM, AUS AUTO *engine* klingeln

ping-pong ['pɪŋˌpɒŋ] *n no pl* (*fam*) Tischtennis *nt*, Pingpong *nt*

'**pin·head** *n* ❶ (*of pin*) Stecknadelkopf *m* ❷ (*pej fam: simpleton*) Blödmann *m*

pin·ion[1] ['pɪnjən] *vt* ■ **to ~ sb** jdn fest halten; **he was ~ed to the wall** er wurde gegen die Mauer gedrückt

pin·ion[2] ['pɪnjən] *n* TECH Ritzel *nt*

pink[1] [pɪŋk] **I.** *n* Rosa *nt*, Pink *nt* **II.** *adj* (*pale red*) rosa, pink; *cheeks* rosig; *face, nose* gerötet

pink[2] [pɪŋk] *n* BOT [Garten]nelke *f*

pinkie ['pɪŋki] *n* (*fam*) kleiner Finger

'**pink·ing shears** ['pɪŋkɪŋ-] *npl* Zickzackschere *f*

pin·na·cle ['pɪnəkl] *n* ❶ *usu pl of a mountain* Berggipfel *m* ❷ ARCHIT (*on a building*) Fiale *f* fachspr ❸ *usu sing* (*culmination*) Höhepunkt *m*

'**pin·point I.** *vt* [genau] feststellen **II.** *adj attr* sehr genau, haargenau; **~ accuracy** hohe Genauigkeit; *of missile, shot* hohe Zielgenauigkeit **III.** *n* winziger Punkt

'**pin·prick** *n* Nadelstich *m;* (*fig: cause of irritation*) [kleine] Widrigkeit **pin·'sharp** *adj photograph, image* gestochen scharf; (*fig*) *comments, assessments* akkurat, scharfsinnig '**pin·stripe** *n* ❶ *no pl* (*pattern*) Nadelstreifen *m* ❷ (*suit*) Nadelstreifenanzug *m*

pint [paɪnt] *n* ❶ (*measurement*) Pint *nt* (*0,568 l*) ❷ BRIT (*fam: beer*) ≈ eine Halbe

pin·ta ['paɪntə] *n* BRIT (*dated fam*) Pint *nt* Milch

pint-size(d) *adj* (*fam*) winzig; (*fig*) unbedeutend

'**pin-up I.** *n* ❶ (*picture*) [Star]poster *nt o m* ❷ (*fam: person*) **he's the latest teenage ~** er ist der neueste Teenagerschwarm **II.** *adj attr* Pin-up-; **~ magazine** Zeitschrift *f* mit vielen Postern zum Aufhängen

pio·neer [ˌpaɪə'nɪə'] **I.** *n* Pionier(in) *m(f)* **II.** *adj* Pionier-, bahnbrechend; (*innovative*) innovativ **III.** *vt* ■ **to ~ sth** den Weg für etw *akk* bereiten

pio·neer·ing [ˌpaɪə'nɪərɪŋ] *adj* bahnbrechend; (*innovative*) innovativ

pi·ous ['paɪəs] *adj* ❶ REL (*devout*) fromm ❷ (*iron: well-intentioned*) gut gemeint ❸ (*pej: hypocritical*) scheinheilig

pip[1] [pɪp] *n* HORT Kern *m*

pip[2] [pɪp] *n usu pl esp* BRIT Piep *m*

pip[3] <-pp-> [pɪp] *vt* BRIT (*fam*) ■ **to ~ sb** jdn [knapp] besiegen; **to ~ sb to the post** jdn um Haaresbreite schlagen

pipe [paɪp] **I.** *n* ❶ TECH (*tube*) Rohr *nt;* (*small tube*) Röhre *f;* for gas, water Leitung *f* ❷ (*for smoking*) Pfeife *f* ❸ MUS (*instrument*) Flöte *f;* (*in organ*) [Orgel]pfeife *f* **II.** *vt* ❶ (*transport*) *gas, oil, water* leiten ❷ (*speak shrilly*) piepsen; *esp women* zwitschern *oft hum;* (*loudly*) kreischen **III.** *vi* piepsen; *esp women* zwitschern *oft hum;* (*loudly*) kreischen ◆ **pipe down** *vi* (*fam: be quiet*) den Mund halten; (*be quieter*) leiser sein ◆ **pipe up** *vi* den Mund aufmachen

'**pipe clean·er** *n* Pfeifenreiniger *m* '**pipe dream** *n* [Tag]traum *m* '**pipe-fit·ter** *n* Installateur(in) *m(f)* (*von Rohrleitungen*) '**pipe·line** *n* Pipeline *f;* **in the ~** (*fig*) in Planung

pip·er ['paɪpə'] *n* Dudelsackspieler(in) *m(f)*

pip·ing ['paɪpɪŋ] **I.** *n no pl* Paspel *f*; (*on furniture*) Kordel *f*; FOOD Spritzgussverzierung *f* **II.** *adv* ~ **hot** kochend heiß

pip·squeak ['pɪpskwiːk] *n* (*pej fam*) Würstchen *nt*

pi·quant ['piːkənt] *adj* pikant; (*fig: stimulating*) interessant; (*with sexual overtones*) pikant

pique [piːk] **I.** *n no pl* Ärger *m* **II.** *vt* verärgern; **to ~ sb's curiosity/interest** jds Neugier *f*/Interesse *nt* wecken

pi·ra·cy ['paɪ(ə)rəsi] *n no pl* ❶ (*at sea*) Piraterie *f*, Seeräuberei *f*, Freibeuterei *f* ❷ (*of copyrights*) Raubkopieren *nt*; **software/video ~** Software-/Videopiraterie *f*

pi·rate ['paɪ(ə)rət] **I.** *n* ❶ (*buccaneer*) Pirat(in) *m(f)*, Seeräuber(in) *m(f)* ❷ (*plagiarizer*) Raubkopierer(in) *m(f)* **II.** *adj attr video, CD* raubkopiert **III.** *vt* ▪ **to ~ sth** eine Raubkopie von etw *dat* machen

pirou·ette [ˌpɪru'et] **I.** *n* Pirouette *f* **II.** *vi* eine Pirouette drehen

Pi·sces <*pl* -> ['paɪsiːz] *n* ASTROL ❶ *no pl* (*sign*) Fisch ❷ (*person*) Fisch *m*

piss [pɪs] (*fam!*) **I.** *n no pl* Pisse *f derb* ▸ **to take the ~ |out of sb|** BRIT jdn verarschen *derb* **II.** *vi* ❶ (*urinate*) pinkeln *fam* ❷ *impers* BRIT, AUS (*sl: rain*) gießen **III.** *vt* ▪ **to ~ oneself** in die Hose machen; (*laugh*) sich *dat* vor Lachen in die Hose machen ◆ **piss about, piss around** BRIT, AUS **I.** *vi* (*fam!: be silly*) Blödsinn machen; (*waste time*) herumtrödeln; **stop ~ing about!** hör auf mit dem Blödsinn! **II.** *vt* (*fam!*) ▪ **to ~ sb about** (*mess about*) jdm auf die Nerven gehen; (*waste time*) jds Zeit *f* verschwenden; **stop ~ing me about** jetzt komm endlich zur Sache

pissed [pɪst] *adj* (*fam!*) ❶ BRIT, AUS besoffen *fam*; **to be ~ out of one's head** sternhagelvoll sein ❷ AM |stink|sauer

'piss-up *n* BRIT, AUS (*fam!*) Besäufnis *nt*

pis·ta·chio [pɪ'stɑːʃɪəʊ] *n* Pistazie *f*

pis·til ['pɪstɪl] *n* BOT Stempel *m*

pis·tol ['pɪstəl] *n* Pistole *f*

'pis·tol shot *n* |Pistolen|schuss *m*

pis·ton ['pɪstən] *n* Kolben *m*

'pis·ton en·gine *n* Kolbenmotor *m* **'pis·ton ring** *n* Kolbenring *m fachspr*

pit¹ [pɪt] *n* ❶ (*in ground*) Grube *f*; (*scar*) Narbe *f*; TECH (*hollow*) Loch *nt*; MED (*in body*) Grube *f*, Höhle *f* ❷ (*mine*) Bergwerk *nt* ❸ (*pej fam: untidy place*) Schweinestall *m* ❹ *esp* BRIT THEAT (*seating area*) Parkett *nt* ❺ MUS (*orchestral area*) Orchestergraben *m* ❻ SPORTS ▪ **the ~s** *pl* die Boxen *pl*

pit² [pɪt] *n esp* AM (*stone*) Kern *m* **II.** *vt* <-tt-> ❶ FOOD entkernen ❷ (*in competition*) ▪ **to ~ sth against sth** *products* etw gegen etw *akk* ins Rennen schicken; **a war that ~ted neighbour against neighbour** ein Krieg, in dem der Nachbar gegen den Nachbarn kämpfte; **to ~ oneself against sb/sth** sich mit jdm/etw messen

pit-a-pat [ˌpɪtə'pæt] **I.** *adv feet* tapsend; *heart, rain* klopfend **II.** *n no pl of feet* Getrappel *nt*; *of the heart, rain* Klopfen *nt*; *of water* Plätschern *nt*

pitch¹ *n no pl* Pech *nt*

pitch² [pɪtʃ] **I.** *n* <*pl* -es> ❶ BRIT, AUS (*sports field*) |Spiel|feld *nt*; BRIT (*for camping*) |Zelt|platz *m* ❷ (*baseball throw*) Wurf *m* ❸ *no pl* (*tone*) Tonhöhe *f*; (*of a voice*) Stimmlage *f*; (*of an instrument*) Tonlage *f*; (*volume*) Lautstärke *f* ❹ (*fig: level*) **to be at fever ~** (*worked-up*) |furchtbar| aufgeregt sein; *children* |völlig| aufgedreht sein ❺ *no pl* (*persuasion*) |sales| **~** |Verkaufs|sprüche *pl a. pej fam* ❻ *esp* BRIT (*sales area*) Platz *m* ❼ (*slope*) Schräge *f*, Neigung *f* **II.** *vt* ❶ (*throw*) werfen ❷ (*set up*) aufstellen; **to ~ a tent** ein Zelt aufschlagen ❸ SPORTS **to ~ a ball** einen Ball werfen ❹ MUS *instrument* stimmen; *song* anstimmen; *note* treffen ❺ (*target*) ▪ **to ~ sth at sb** etw auf jdn ausrichten; ▪ **to be ~ed at sb** *book, film* sich an jdn richten ❻ (*set*) ▪ **to ~ sth at a certain level** etw auf einem bestimmten Niveau ansiedeln ❼ *usu passive* (*slope*) **to be ~ed at 30°** eine Neigung von 30° haben; **~ed roof** Schrägdach *nt* ❽ (*advertise*) propagieren **III.** *vi* ❶ (*move*) *ship* stampfen *fachspr*; AVIAT absacken ❷ SPORTS (*in baseball*) werfen ❸ SPORTS (*in cricket*) |auf den Boden| aufkommen ❹ (*slope*) sich |nach unten| neigen ❺ (*aim*) ▪ **to ~ for sth** etw anstreben ❻ (*attack*) ▪ **to ~ into sb** jdn angreifen ❼ (*start*) ▪ **to ~ into sth** etw |entschlossen| angehen ◆ **pitch in** *vi* (*fam: contribute*) mit anpacken; (*financially*) zusammenlegen; ▪ **to ~ in with sth** sich mit etw *dat* einbringen; **everyone ~ed in with comments** jeder machte seine Bemerkungen ◆ **pitch up** *vi* BRIT (*fam*) auftauchen

'pitch-black *adj* pechschwarz

pitched [pɪtʃt] *adj* ❶ (*with tar*) geteert ❷ (*sloping*) ~ **roof** Dachschräge *f*

pitched 'bat·tle *n* MIL offene |Feld|schlacht; (*fig: confrontation*) offener Schlagabtausch

pitch·er¹ ['pɪtʃə'] *n* ❶ BRIT (*container*) Henkelkrug *m* ❷ *esp* AM (*jug*) Krug *m*

pitch·er² ['pɪtʃə'] *n* SPORTS (*in baseball*) Pitcher(in) *m(f) fachspr*

'pitch·fork I. *n* (*for hay*) Heugabel *f*; (*for manure*) Mistgabel *f* **II.** *vt* (*fig*) ▪ **to ~ sb into sth** jdn unerwartet mit etw *dat* konfrontieren **'pitch pine** *n* Pechkiefer *f*

pit·eous ['pɪtɪəs] *adj* Mitleid erregend, herzzerreißend

'pit·fall *n usu pl* Falle *f*; *of a language, subject* Hauptschwierigkeit *f*

pith [pɪθ] *n no pl* ① (*of orange, grapefruit etc.*) weiße Innenhaut ② (*in plants*) Mark *nt* ③ (*fig: essence*) Kern *m* ④ (*fig: substance of speech*) Substanz *f*

'pit·head I. *n usu sing* MIN (*entrance*) Zecheneinstieg *m*; (*buildings*) Übertageanlagen *pl* **II.** *adj attr* Tagebau-, Übertage-

pith 'hel·met *n* (*esp hist*) Tropenhelm *m*

pithy ['pɪθi] *adj* ① (*succinct*) prägnant ② (*of citrus fruits*) lächerlich

piti·able ['pɪtiəbl] *adj* ① (*arousing pity*) bemitleidenswert; (*terrible*) schrecklich ② (*despicably*) lächerlich

piti·ful ['pɪtifəl] *adj* ① (*arousing pity*) bemitleidenswert; (*terrible*) *conditions etc.* schrecklich; *sight* traurig ② (*unsatisfactory*) jämmerlich

piti·less ['pɪtiləs] *adj* erbarmungslos, unbarmherzig

pi·ton ['pɪtɒn] *n* SPORTS (*for rock*) Felshaken *m*; (*for ice*) Eishaken *m*

pit·ta ['pɪtə] *n*, **pit·ta bread** *n no pl* Pittabrot *nt*

pit·tance ['pɪtᵊn(t)s] *n usu sing* (*pej*) Hungerslohn *m*

pi·tui·tary [pɪ'tjuːɪtᵊri] *n*, **pi·tui·tary gland** *n* ANAT Hirnanhangdrüse *f*

pity ['pɪti] **I.** *n no pl* ① (*compassion*) Mitleid *nt;* **for ~'s sake** um Himmels willen; **to feel ~ for sb** mit jdm Mitleid haben ② (*shame*) **what a ~!** wie schade!; **more's the ~** *esp* BRIT leider; ▪ **to be a ~** schade sein **II.** *vt* <-ie-> ▪ **to ~ sb** Mitleid mit jdm haben

pity·ing ['pɪtiɪŋ] *adj* mitleidig; (*condescending*) herablassend

piv·ot ['pɪvət] **I.** *n* ① MECH, TECH (*shaft*) [Dreh]zapfen *m*; (*fig: focal point*) Dreh- und Angelpunkt *m* ② (*fig: key person*) Schlüsselfigur *f* **II.** *vi* ▪ **to ~ around sth** ① (*also fig: revolve*) um etw *akk* kreisen ② (*fig: depend on*) von etw *dat* abhängen

piv·ot·al ['pɪvətᵊl] *adj* Schlüssel-, Haupt-

pix·el ['pɪksᵊl] *n* Pixel *nt fachspr*

pixie ['pɪksi] *n* Kobold *m*

piz·za ['piːtsə] *n* Pizza *nt*

plac·ard ['plækɑːd] *n* Plakat *nt*; (*at demonstrations also*) Transparent *nt*

pla·cate [plə'keɪt] *vt* (*soothe*) beruhigen; (*appease*) beschwichtigen

placa·tory [plə'keɪtᵊri] *adj* (*calming*) beschwichtigend; (*appeasing*) versöhnlich

place [pleɪs] **I.** *n* ① (*location*) Ort *m*; **this is the exact ~!** das ist genau die Stelle!; **Scotland is a very nice ~** Schottland ist ein tolles Land *fam*; **that café is a nice ~** dieses Café ist echt nett *fam;* **please put this book back in its ~** bitte stell dieses Buch wieder an seinen Platz zurück; **this is the ~ my mother was born** hier wurde meine Mutter geboren; **sorry, I can't be in two ~s at once** tut mir leid, ich kann nicht überall gleichzeitig sein; **~ of birth** Geburtsort *m*; **~ of residence** Wohnort *m*; **~ of work** Arbeitsplatz *m*; **to go ~s** AM viel sehen; **in ~s** stellenweise ② *no pl* (*appropriate setting*) [geeigneter] Ort; **that bar is no ~ for a woman like you** Frauen wie du haben in solch einer Bar nichts verloren ③ (*home*) **I'm looking for a ~ to live** ich bin auf Wohnungssuche; **we'll have a meeting at my ~/Susan's ~** wir treffen uns bei mir/bei Susan; **your ~ or mine?** zu dir oder zu mir? ④ (*fig: position, rank*) Stellung *f*; **to keep sb in their ~** jdn in seine Schranken weisen; **to put sb in his/her ~** jdm zeigen, wo es lang geht *fam* ⑤ (*instead of*) ▪ **in ~ of** stattdessen ⑥ (*proper position*) ▪ **to be in ~** an seinem Platz sein; (*fig: completed*) fertig sein; **the chairs were all in ~** die Stühle waren alle dort, wo sie sein sollten; (*fig*) **the arrangements are all in ~ now** die Vorbereitungen sind jetzt abgeschlossen; (*fig*) **the new laws are now in ~** die neuen Gesetze gelten jetzt; (*fig*) **suddenly it all fell into ~** plötzlich machte alles Sinn; **to be out of ~** nicht an der richtigen Stelle sein; *person* fehl am Platz[e] sein; (*fig*) **the large desk was totally out of ~ in such a small room** der große Schreibtisch war in solch einem kleinen Zimmer völlig deplatziert ⑦ MATH (*in decimals*) Stelle *f* ⑧ (*job, position*) Stelle *f*; (*in team*) Platz *m*; (*at university*) Studienplatz *m*; **to take the ~ of sb** jds Platz *m* einnehmen ⑨ (*in book*) Stelle *f* ⑩ (*seat*) Platz *m*; **to change ~s with sb** mit jdm die Plätze tauschen; **to keep sb's ~** jdm den Platz freihalten ⑪ (*position*) Stelle *f*; **just put yourself in my ~** versetzen Sie sich doch mal in meine Lage!; **if I were in your ~ ...** ich an deiner Stelle ... ⑫ (*ranking*) Platz *m*, Position *f*; **to take first/second ~** (*fig*) an erster/zweiter Stelle kommen ⑬ AM (*fam: somewhere*) **I know I left that book some ~** ich weiß, dass ich das Buch irgendwo gelassen habe ▪ **there is a ~ and time for everything** alles zu seiner Zeit; **all over the ~** (*everywhere*) überall; (*badly organized*) [völlig] chaotisch; (*spread around*) in alle Himmelsrichtungen zerstreut; **in the first ~** (*at first*) zuerst; (*at all*) überhaupt; **in the first/second ~** (*firstly, secondly*) erstens/zweitens; **to go ~s** (*fam*) auf dem Weg nach oben sein; **to take ~** stattfinden **II.** *vt* ① (*position*) ▪ **to ~ sth somewhere** etw irgendwohin stellen; (*lay*) etw irgendwohin legen; **to ~ an advertisement in the newspaper** eine Anzeige in die Zeitung setzen; **to ~ sth on the agenda** etw auf die Tagesordnung setzen; **to ~ a bet on sth** auf etw *akk* wetten; **to ~ sb under sb's care** jdn in jds Obhut *f* geben; **to ~ one foot in front of the other** einen Fuß vor den anderen setzen; ■**to be ~d shop, town** liegen ❷ (*impose*) **to ~ an embargo on sb/sth** über jdn/etw ein Embargo verhängen; **to ~ a limit on sth** etw begrenzen ❸ (*ascribe*) **to ~ the blame on sb** jdm die Schuld geben; **to ~ one's faith in sb/sth** sein Vertrauen in jdn/etw setzen; **to ~ one's hopes on sb/sth** seine Hoffnungen auf jdn/etw setzen; **to ~ importance on sth** auf etw *akk* Wert legen ❹ (*arrange for*) **to ~ sth at sb's disposal** jdm etw überlassen ❺ (*appoint to a position*) ■**to ~ sb/sth somewhere** jdn/etw irgendwo unterbringen [*o* SCHWEIZ platzieren]; **to ~ sb on [the] alert** jdn in Alarmbereitschaft versetzen; **to ~ sb under arrest** jdn festnehmen; **to ~ sb in charge [of sth]** jdm die Leitung [von etw *dat*] übertragen; **to ~ sb under pressure** jdn unter Druck setzen; **to ~ a strain on sb/sth** jdn/etw belasten; **to ~ sb under surveillance** jdn unter Beobachtung stellen ❻ (*recognize*) *face, person, voice, accent* einordnen ❼ ECON *goods* absetzen; **to ~ an order for sth** bestellen ❽ *passive* (*good position*) ■**to be well ~d for sth** für etw *akk* eine gute Ausgangsposition haben **III.** *vi* SPORTS sich platzieren; AM *also* (*finish second*) Zweite(r) werden

pla·ce·bo [pləˈsiːbəʊ] *n* MED Placebo *nt;* (*fig*) Ablenkungsmanöver *nt*

'place card *n* Tischkarte *f* **'place kick** *n* SPORTS Platztritt *m* **'place mat** *n* Set *nt o m,* Platzdeckchen *nt*

place·ment [ˈpleɪsmənt] **I.** *n* ❶ (*being placed*) Platzierung *f;* (*of building*) Lage *f* ❷ (*by job service*) Vermittlung *f;* (*job itself*) Stelle *f* **II.** *adj attr* Einstufungs-; **~ service** Stellenvermittlung *f*

'place name *n* Ortsname *m*

pla·cen·ta <*pl* -s *or* -tae> [pləˈsentə, *pl* -tiː] *n* Plazenta *f*

plac·id [ˈplæsɪd] *adj* ruhig, friedlich; *person also* gelassen

pla·gia·rism [ˈpleɪdʒərɪzəm] *n no pl* geistiger Diebstahl

pla·gia·rist [ˈpleɪdʒərɪst] *n* Plagiator(in) *m(f)* geh

pla·gia·rize [ˈpleɪdʒəraɪz] **I.** *vt* ■**to ~ sth** etw plagiieren *form* **II.** *vi* abschreiben (**from** aus)

plague [pleɪɡ] **I.** *n* ❶ (*disease*) Seuche *f;* ■**the ~** die Pest; **to avoid sb/sth like the ~** jdn/etw wie die Pest meiden ❷ *of insects* Plage *f;* (*fig*) **a ~ of journalists descended on the town** ein Schwarm von Journalisten fiel in die Stadt ein **II.** *vt* bedrängen; (*irritate*) ärgern; ■**to be ~d with sth** von etw *dat* geplagt werden; **to be ~d with bad luck** vom Pech verfolgt sein

plaice <*pl* -> [pleɪs] *n* Scholle *f*

plaid [plæd] **I.** *n no pl esp* AM FASHION Schottenmuster *nt* **II.** *adj* kariert

plain [pleɪn] **I.** *adj* ❶ (*simple*) einfach; (*not flavoured*) natur *nach n;* **~ food** einfaches Essen ❷ (*uncomplicated*) einfach; **~ and simple** ganz einfach ❸ (*clear*) klar, offensichtlich; **her meaning was ~** es war klar, was sie meinte; **to be perfectly ~** ganz offensichtlich sein; **to make sth ~** etw klarstellen; **have I made myself ~ to you?** habe ich mich klar ausgedrückt? ❹ *attr* (*sheer*) rein, pur ❺ (*unattractive*) unscheinbar **II.** *adv* ❶ (*simply*) ohne großen Aufwand; **the fish had been grilled and served very ~** der Fisch war gegrillt und kam ohne weitere Zutaten auf den Tisch ❷ (*fam: downright*) einfach **III.** *n* ❶ (*area of flat land*) Ebene *f* ❷ (*in knitting*) rechte Masche

plain 'clothes *npl* Zivilkleidung *f kein pl;* **in ~** in Zivil **plain·ly** [ˈpleɪnli] *adv* ❶ (*simply*) einfach, schlicht ❷ (*clearly*) deutlich, klar; (*obviously*) offensichtlich **plain·ness** [ˈpleɪnnəs] *n no pl* ❶ (*simplicity*) Einfachheit *f*, Schlichtheit *f* ❷ (*obviousness*) Eindeutigkeit *f*, Klarheit *f* ❸ (*unattractiveness*) Unscheinbarkeit *f*, Unansehnlichkeit *f* **plain 'sail·ing** *n no pl* (*fig*) **to be ~** wie geschmiert laufen *fam;* (*on motorway*) freie Fahrt haben **plain-'spo·ken** *adj* ■**to be ~** eine deutliche Sprache sprechen; **he's very ~** er ist sehr direkt

plain·tiff [ˈpleɪntɪf] *n* Kläger(in) *m(f)*

plain·tive [ˈpleɪntɪv] *adj* klagend; (*wistful*) melancholisch; *voice* traurig

plait [plæt] *esp* BRIT **I.** *n* (*hair*) Zopf *m;* (*material*) Flechtwerk *nt,* **II.** *vt, vi* flechten

plan [plæn] **I.** *n* ❶ (*detailed scheme*) Plan *m;* **the best-laid ~s** die ausgefeiltesten Pläne; **to go according to ~** wie geplant verlaufen ❷ (*intention*) Plan *m*, Absicht *f;* **what are your ~s for this weekend?** was hast du dieses Wochenende vor?; **to change ~s** sich umdisponieren ❸ (*diagram*) Plan *m* ❹ (*drawing*) ■**~s** *pl* Pläne *pl* **II.** *vt* <-nn-> ❶ (*draft*) planen ❷ (*prepare*) vorbereiten ❸ (*envisage*) planen ❹ (*intend*) vorhaben **III.** *vi* ❶ (*prepare*) planen; **to ~ carefully** sorgfältig planen; **to ~ for one's old age** Vorkehrungen für das Alter treffen ❷ ■**to ~ on sth** (*expect*)

mit etw *dat* rechnen; (*intend*) etw vorhaben
plane¹ [pleɪn] **I.** *n* ❶ (*surface*) Fläche *f*; MATH Ebene *f* ❷ (*level*) Ebene *f*, Niveau *nt* ❸ (*aircraft*) Flugzeug *nt*; **to board the ~** das Flugzeug besteigen; **by ~** mit dem Flugzeug **II.** *vi* gleiten **III.** *adj attr* flach, eben; **~ angle** MATH gestreckter Winkel *fachspr*
plane² [pleɪn] **I.** *n* Hobel *m* **II.** *vt* hobeln; (*until smooth*) abhobeln
plane³ [pleɪn] *n* Platane *f*
'plane crash *n* Flugzeugunglück *nt*
plan·et ['plænɪt] *n* Planet *m*; **to be on a different ~** (*fig*) in einer anderen Welt sein
plan·etar·ium <*pl* -s *or* -ria> [ˌplænɪ'teəriəm, *pl* -riə] *n* Planetarium *nt*
plan·etary ['plænətəri] *adj* planetarisch *geh*
'plane tree *n* Platane *f*
plank [plæŋk] *n* ❶ (*timber*) Brett *nt*, Latte *f*; (*in house*) Diele *f*; NAUT Planke *f* ❷ (*fig: element*) Pfeiler *m*
plank·ing ['plæŋkɪŋ] *n no pl* Bretter *pl*; NAUT Planken *pl*; **floor ~** Dielenboden *m* **plank·ton** ['plæŋktən] *n no pl* Plankton *nt*
plan·ner ['plænər] *n* Planer(in) *m(f)*
plan·ning ['plænɪŋ] *n no pl* Planung *f*; **~ application** BRIT Bauantrag *m*; **at the ~ stage** in der Planung[sphase]
'plan·ning board *n* Planungsgremium *nt*; **town ~** Stadtplanungsamt *nt* **'plan·ning per·mis·sion** *n no pl* BRIT Baugenehmigung *f*
plant [plɑ:nt] **I.** *n* ❶ (*organism*) Pflanze *f*; **indoor ~** Zimmerpflanze *f* ❷ (*factory*) Werk *nt*, Betrieb *m* ❸ *no pl* (*machinery*) Maschinen *pl* **II.** *vt* ❶ (*put in earth*) pflanzen ❷ (*lodge*) platzieren; **to ~ oneself on the sofa** (*fam*) sich aufs Sofa pflanzen ❸ (*circulate*) verbreiten; **to ~ doubts about sth** Zweifel an etw *dat* hervorrufen; **to ~ a rumour** ein Gerücht in die Welt setzen ❹ (*fam: frame*) [heimlich] platzieren; ■ **to ~ sth on sb** jdm etw unterschieben
plan·tain¹ ['plæntɪn] *n* FOOD, BOT Kochbanane *f*
plan·tain² ['plæntɪn] *n* (*weed*) Wegerich *m*
plan·ta·tion [ˌplænˈteɪʃ∂n] *n* ❶ (*estate*) Plantage *f* ❷ (*plants*) Pflanzung *f*; (*trees*) Schonung *f*
plant·er ['plɑ:ntər] *n* ❶ (*plantation owner*) Pflanzer(in) *m(f)* ❷ (*container*) Blumentopf *m*; (*stand*) Blumenständer *m* ❸ (*machine*) Pflanzmaschine *f*; (*for sowing*) Sämaschine *f*
plaque [plɑ:k, plæk] *n* ❶ (*plate*) Tafel *f*; **brass ~** Messingschild *nt*; **stone ~** Steintafel *f*; **blue ~** BRIT *Schild an einem Gebäude, das auf den früheren Wohnort einer bedeutenden Persönlichkeit hinweist*; **commemorative ~** Gedenktafel *f* ❷ *no pl* MED [Zahn]be-
lag *m*
plasm ['plæz∂m] *n* Plasma *nt*
plas·ma ['plæzmə] *n no pl* MED, PHYS, ASTRON Plasma *nt*
plas·ter ['plɑ:stər] **I.** *n no pl* ❶ (*in building*) [Ver]putz *m* ❷ MED Gips[verband] *m* ❸ BRIT (*for cuts*) Pflaster *nt*; **sticking ~** Heftpflaster *nt* **II.** *vt* ❶ (*mortar*) verputzen; (*fig*) **their hair had ~ed hair to her head** durch den Regen klebte ihr das Haar am Kopf ❷ (*fam: put all over*) voll kleistern; **~ed with mud** voller Schlamm
'plas·ter·board *n no pl* Gipskarton *m*
'plas·ter cast *n* Gipsverband *m*; ART Gipsabguss *m*
plas·tered ['plɑ:stəd] *adj pred* (*fam*) stockbesoffen; **to get ~** sich zusaufen
plas·ter·er ['plɑ:stərər] *n* Gipser(in) *m(f)*
plas·tic ['plæstɪk] **I.** *n* ❶ (*material*) Plastik *nt* kein *pl* ❷ (*industry*) ■ **~s** *pl* Kunststoffindustrie *f* ❸ *no pl* (*fam: credit cards*) Plastikgeld *nt* **II.** *adj* ❶ (*of plastic*) Plastik- ❷ (*pej: artificial*) künstlich; (*false also*) unecht; **smile** ❸ ART (*malleable*) formbar; (*fig: impressionable*) leicht formbar
plas·tic 'bag *n* Plastiktüte *f* **plas·tic 'bomb** *n* Plastikbombe *f* **plas·tic 'bul·let** *n* Gummigeschoss *nt* **plas·tic ex·'plo·sive** *n* Plastiksprengstoff *m*
Plas·ti·cine® ['plæstəsi:n] *n no pl* BRIT Plastilin *nt*
plas·tic·ity [plæsˈtɪsəti] *n no pl* Formbarkeit *f*
plas·tic 'money *n no pl* Plastikgeld *nt fam*
'plas·tics in·dus·try *n* Kunststoffindustrie *f*
plas·tic 'sur·gery *n no pl* Schönheitschirurgie *f*
plate [pleɪt] **I.** *n* ❶ (*dish*) Teller *m* ❷ (*panel*) Platte *f* ❸ (*sign*) Schild *nt* ❹ AUTO Nummernschild *nt*; **licence ~** Nummernschild *nt* ❺ *no pl* (*metal layer*) Überzug *m*; **chrome ~** Verchromung *f*; **gold ~** Vergoldung *f* ❻ *no pl* (*objects made of precious metal*) Silber und Gold; (*silver cutlery*) Tafelsilber *nt* ❼ TYPO (*illustration*) [Bild]tafel *f* **II.** *vt* überziehen
plat·eau <*pl* BRIT **-x** *or* AM, AUS **-s**> ['plætəʊ] *n* ❶ GEOG (*upland*) [Hoch]plateau *nt* ❷ ECON (*flat period*) Stagnation *f*; (*stabilization*) Stabilisierung *f*; **to reach a ~** stagnieren; (*become stable*) sich einpendeln
plat·ed ['pleɪtɪd] *adj* überzogen; **~ with chrome/gold/silver** verchromt/vergoldet/versilbert
plate·ful ['pleɪtfʊl] *n* Teller *m*; **a ~ of lasagna** ein Teller *m* [voll] Lasagne
plate 'glass *n no pl* Flachglas *nt fachspr*
plate·let ['pleɪtlət] *n* [Blut]plättchen *nt*
'plate rack *n* Geschirrständer *m* **'plate-warm·er** *n* Tellerwärmer *m*

plat·form ['plætfɔ:m] *n* ① *(elevated area)* Plattform *f*; *(raised structure)* Turm *m* ② *(on station)* Bahnsteig *m* ③ *(stage)* Podium *nt* ④ *(opportunity to voice views)* Plattform *f* ⑤ *(policies)* [Partei]programm *nt* **plat·form 'shoes** *npl* Plateauschuhe *pl*

plat·ing ['pleɪtɪŋ] *n* Überzug *m*; ~ **of chrome/gold/silver** Verchromung/Vergoldung/Versilberung *f*

plati·num ['plætɪnəm] *n no pl* Platin *nt*

plati·tude ['plætɪtjuːd] *n (pej)* Platitüde *f geh*

pla·ton·ic [plə'tɒnɪk] *adj* platonisch

pla·toon [plə'tuːn] *n* + *sing/pl vb* MIL Zug *m*

plat·ter ['plætə'] *n* ① *(food selection)* Platte *f* ② AM, AUS *(main course)* Teller *m*

platy·pus <*pl* -es> ['plætɪpəs] *n* Schnabeltier *nt*

plau·si·bil·ity [ˌplɔːzɪ'bɪləti] *n no pl* Plausibilität *f*; *of an argument* Schlagkraft *f*

plau·si·ble ['plɔːzɪbl] *adj* plausibel; *person* glaubhaft

play [pleɪ] **I.** *n* ① *no pl (recreation)* Spiel *nt;* **to be at ~** spielen ② *no pl* SPORTS *(during game)* Spiel *nt* ③ AM SPORTS *(move)* Spielzug *m* ④ THEAT [Theater]stück *nt;* **radio ~** Hörspiel *nt;* **to go to see a ~** ins Theater gehen ⑤ *no pl (change)* **the ~ of light** [**on sth**] das Spiel des Lichts [auf etw *dat*] ⑥ *(freedom to move)* Spielraum *m* ⑦ *no pl (interaction)* Zusammenspiel *nt;* **to bring sth into ~** etw ins Spiel bringen; **to come into ~** eine Rolle spielen **II.** *vi* ① *(amuse oneself)* spielen ② SPORTS spielen; **to ~ in the match** am Spiel teilnehmen ③ THEAT *actor* spielen ④ MUS spielen ⑤ *(move)* **a smile ~ed across his lips** ein Lächeln spielte um seine Lippen ⑥ *(gamble)* spielen; **to ~ for fun** zum Spaß spielen; **to ~ for money** um Geld spielen ▶ **to ~ for time** versuchen, Zeit zu gewinnen **III.** *vt* ① *(take part in)* spielen; **to ~ cards/darts/tag** Karten/Darts/Fangen spielen ② *(compete against)* ■ **to ~ sb** gegen jdn spielen ③ *(execute)* **to ~ a shot** schießen; *(in snooker)* stoßen; ■ **to ~ the ball** den Ball spielen ④ *(have)* **to ~ a part** eine Rolle spielen ⑤ *(act as)* spielen; **to ~ the lead** die Hauptrolle spielen; **to ~ host to sb** jds Gastgeber/Gastgeberin sein; **to ~ host to sth event** etw ausrichten ⑥ MUS spielen; **to ~ the bagpipes/piano/violin** Dudelsack/Klavier/Geige spielen ⑦ *(operate)* CD, tape [ab]spielen; **to ~ the radio** Radio hören; **to ~ one's stereo** seine Anlage anhaben ⑧ MUS, THEAT *(perform at)* **to play Berlin/London/San Francisco** in Berlin/London/San Francisco spielen ⑨ *(gamble)* **to ~ a slot machine** an einem Spielautomaten spielen; **to ~ the stock market** an der Börse spekulieren ⑩ *(perpetrate)* **to ~ a trick on sb** jdn hochnehmen *fig fam;* *(practical joke)* [jdm] einen Streich spielen ⑪ CARDS *(put down)* **to ~ an ace/a king** ein Ass/einen König [aus]spielen ▶ **to ~ [with] one's cards close to one's chest** seine Karten nicht offenlegen *fig;* **to ~ one's cards right** geschickt taktieren; **to ~ the game** BRIT sich an die [Spiel]regeln halten; **to ~ hardball** *esp* AM andere Saiten aufziehen *fig;* **to ~ havoc with sth** etw durcheinanderbringen; **to ~ hook(e)y** *esp* AM, AUS blaumachen *fam;* **to ~ truant [from school]** BRIT schwänzen *fam;* **to ~ dumb** sich taub stellen; **to ~ [it] safe** auf Nummer sicher gehen ◆**play about** *vi see* **play around** ◆**play along I.** *vi* **to ~ along with it** gute Miene zum bösen Spiel machen; ■ **to ~ along with sth** etw [zum Schein] mitmachen **II.** *vt (pej)* ■ **to ~ sb along** jdn hinhalten ◆**play around** *vi* ① *(mess around) children* spielen; **stop ~ing around!** hör mir dem Blödsinn auf! *fam* ② *(pej fam: be unfaithful)* fremdgehen *fam* ③ *(experiment)* ■ **to ~ around with sth** mit etw *dat* [herum]spielen; *(try out)* etw ausprobieren; **to ~ around with ideas** mit Ideen im Gedanken durchspielen ④ *(pej: tamper with)* herumspielen *dat* ◆**play at** *vi* ① *(play game)* ■ **to ~ at sth** etw spielen ② *(pretend)* ■ **to ~ at being sb** so tun, als wäre man jd ③ *(pej: do)* ■ **to ~ at sth** etw treiben *oft iron fam* ◆**play back** *vt* noch einmal abspielen; *(rewind)* zurückspulen ◆**play down** *vt* herunterspielen ◆**play off I.** *vi* ■ **to ~ off for sth** um etw *akk* spielen **II.** *vt* ■ **to ~ off** ⟲ **sb against sth** jdn gegen jdn ausspielen ◆**play on** *vi* ① *(exploit)* ■ **to ~ on sth** etw ausnutzen ② *(liter: develop cleverly)* **to ~ on a phrase/word** mit einem Ausdruck/einem Wort spielen ③ MUS, SPORTS *(keep playing)* weiterspielen ◆**play out I.** *vt* ① *usu passive (take place)* **to be ~ed out** *scene* sich abspielen ② *(act out)* umsetzen ③ *(play to end)* THEAT *a play, scene* [zu Ende] spielen; **to ~ out the last few seconds/the rest of the first half** SPORTS die letzten Sekunden/den Rest der ersten Halbzeit spielen ④ *(blow over)* ■ **to ~ itself out** von selsbst verschwinden **II.** *vi* *esp* AM bekannt werden; *(make itself felt)* sich manifestieren ◆**play through I.** *vt* MUS [von Anfang bis Ende] [durch]spielen; **to ~ through a series of pieces** eine Reihe von Stücken spielen **II.** *vi* SPORTS *auf dem Golfplatz eine langsamer spielende Gruppe überholen* ◆**play up I.** *vt* ① *(emphasize)* hochspielen ② BRIT *(fam)* ■ **to ~ up** ⟲ **sb** *(cause trouble)* jdm zu schaffen machen; *(cause pain)* jdm

Schmerzen bereiten ❸ BRIT (*fam: annoy*) nerven **II.** *vi* (*fam*) ❶ (*flatter*) ■ **to ~ up to sb** sich bei jdm einschmeicheln ❷ BRIT (*misbehave*) sich danebenbenehmen *fam*; (*throw a tantrum*) Theater machen *fig fam*; children also ungezogen sein ❸ BRIT, AUS (*malfunction*) verrückt spielen *fam* ❹ BRIT, AUS (*hurt*) weh tun *fam* ◆ **play upon** *vi* (*form*) *see* **play on** ◆ **play with** *vi* ❶ (*entertain oneself with*) ■ **to ~ with sth** mit etw *dat* spielen ❷ (*play together*) ■ **to ~ with sb** mit jdm spielen ❸ (*manipulate nervously*) ■ **to ~ with sth** mit etw *dat* herumspielen *fam* ❹ (*consider*) ■ **to ~ with an idea** mit einem Gedanken spielen ❺ (*treat insincerely*) ■ **to ~ with sb** (*pej*) mit jdm spielen ❻ (*have available*) **to have sth to ~ with** etw zur Verfügung haben

play·able ['pleɪəbl] *adj* MUS spielbar; SPORTS zu spielen; (*in tennis*) unhaltbar

'**play·act** *vi* (*pretend emotion*) Theater spielen *fig*; (*make fuss*) Theater machen *fig* '**play·back** *n* ❶ (*pre-recorded version*) Playback *nt* ❷ *no pl* (*replaying*) Wiederholung *f* einer Aufnahme '**play·bill** *n* ❶ (*poster*) Theaterplakat *nt* ❷ AM Theaterprogramm *nt* '**play·boy** *n* (*usu pej*) Playboy *m* '**play date** *n* Spieltermin *m*; **to make ~ *f*** feste Zeiten zum Spielen ausmachen

play·er ['pleɪə^r] *n* ❶ SPORTS Spieler(in) *m(f)*; **football/tennis ~** Fußball-/Tennisspieler(in) *m(f)*; **a key ~** ein wichtiger Spieler/eine wichtige Spielerin ❷ (*musical performer*) Spieler(in) *m(f)*; **cello ~** Cellist(in) *m(f)* ❸ (*dated: actor*) Schauspieler(in) *m(f)* ❹ (*playback machine*) **CD ~** CD-Player *m*, **video ~** Videorecorder *m* ❺ POL (*participant*) ■ **to be a ~** eine Rolle spielen; **a key ~** Schlüsselfigur *f*

'**play·fel·low** *n* (*dated*) Spielkamerad(in) *m(f)*

play·ful ['pleɪfəl] *adj* ❶ (*not serious*) spielerisch, scherzhaft ❷ (*frolicsome*) verspielt; **he was in a ~ mood** er war zum Spielen/Scherzen aufgelegt

'**play·ground** *n* Spielplatz *m* '**play·group** *n* Spielgruppe *f*; (*kindergarten*) Kindergarten *m* '**play·house** *n* ❶ (*theatre*) Theater *nt* ❷ (*toy house*) Spielhaus *nt* (*für Kinder*)

play·ing card ['pleɪɪŋ-] *n* Spielkarte *f*

play·ing field *n* Sportplatz *m*

'**play·mate** *n* ❶ (*for child*) Spielkamerad(in) *m(f)* ❷ (*fam: for adult*) Geliebte(r) *f/m*, Gespiele(in) *m(f) iron* '**play-off** *n* Play-off *nt*; **~ game** Entscheidungsspiel *nt* '**play·pen** *n* Laufstall *m* '**play·room** *n* Spielzimmer *nt* '**play·school** *n* BRIT Kindergarten *m* '**play·suit** *n* Spielanzug *m* '**play·thing** *n* ❶ (*toy*) Spielzeug *nt* ❷ (*pej: exploited person, thing*) *of force, power* Spielball *m fig*; **to treat sb as a ~** jdn wie eine Sache behandeln; (*as sex object*) jdn zum Sexualobjekt machen '**play·time** *n* *no pl* ❶ (*in school*) Pause *f* ❷ (*for recreation*) Freizeit *f* '**play·wright** *n* Dramatiker(in) *m(f)*

pla·za ['plɑːzə] *n* ❶ (*open square*) Marktplatz *m* ❷ (*to shop*) [**shopping**] **~** Einkaufszentrum *nt*

plc [ˌpiːelˈsiː] *n esp* BRIT *abbrev of* **public limited company** AG *f*

plea [pliː] *n* ❶ (*appeal*) Appell *m*; (*entreaty*) [flehentliche] Bitte; **to make a ~ for help/mercy** um Hilfe/Gnade bitten ❷ LAW [Sach]einwand *m*; **to put in a ~** eine Einrede erheben ❸ (*form: reason*) Grund *m*; (*pretext*) Vorwand *m*

'**plea bar·gain·ing** *n no pl* LAW Vereinbarung zwischen Staatsanwalt und Angeklagtem, der sich zu einem geringeren Straftatbestand bekennen soll

plead <pleaded, pleaded *or* SCOT, AM *also* pled, pled> [pliːd] **I.** *vi* ❶ (*flehentlich*) bitten, flehen; **to ~ for forgiveness/ justice/mercy** um Verzeihung/Gerechtigkeit/Gnade bitten; **to ~ with sb to do sth**] jdn anflehen[, etw zu tun] ❷ LAW (*as advocate*) plädieren; (*speak for*) ■ **to ~ for sb** jdn verteidigen ❸ + *adj* LAW (*answer charge*) **to ~ guilty** sich schuldig bekennen; **to ~ not guilty** sich für nicht schuldig erklären **II.** *vt* ❶ (*claim*) behaupten; **to ~ one's ignorance** sich auf Unkenntnis berufen; **to ~ insanity** LAW auf Unzurechnungsfähigkeit plädieren ❷ (*argue for*) **to ~ sb's cause** jds Fall vortragen; **to ~ a case** LAW eine Sache vor Gericht vertreten

plead·ing ['pliːdɪŋ] *adj* flehend

pleas·ant ['plezənt] *adj* ❶ (*pleasing*) *day, experience, sensation, time* angenehm, schön; *chat, smile* nett ❷ (*friendly*) freundlich (**to** zu), liebenswürdig

pleas·ant·ry ['plezəntri] *n usu pl* Kompliment *nt*

please [pliːz] **I.** *interj* ❶ (*in requests*) bitte ❷ (*when accepting sth*) ja, bitte; **more potatoes? — ~** noch Kartoffeln? – gern; **may I ...? — ~ do** darf ich ...? – selbstverständlich ❸ BRIT SCH (*to attract attention*) **~, Miss/Sir, I know the answer!** bitte, ich weiß die Antwort!! **II.** *vt* ❶ **to ~ sb** jdm gefallen; **I'll do it to ~ you** ich mache es, nur dir zuliebe; **it ~s me to see ...** es freut mich, ... zu sehen; **to be hard/easy to ~** schwer/leicht zufrieden zu stellen sein; (*fam*) **oh well, ~ yourself** bitte, wie du meinst **III.** *vi* ❶ (*be agreeable*) eager to **~** [unbedingt] gefallen wollen; **he's**

pleasure

expressing pleasure | Freude ausdrücken

It's **great of** you to come!	Wie schön, **dass** du gekommen bist!
I'm so **glad** to see you again.	Ich freue mich sehr, **dass** wir uns wieder sehen.
You have **made** me very **happy** (by doing that).	Sie haben mir damit **eine große Freude bereitet**.
I could **jump for joy**!	Ich könnte vor lauter Freude in die Luft springen.

expressing enthusiasm | Begeisterung ausdrücken

Fantastic!	Fantastisch!
Great!/Amazing! (*fam*)/Super! (*fam*)/Cool! (*fam*)/Wicked! (*sl*)	Toll! (*fam*)/Super! (*fam*)/Cool! (*sl*)/Wahnsinn! (*fam*)/Krass! (*sl*)
That's **wonderful**!	Das ist ja wunderbar/großartig!
I'm really **into** this guy. (*fam*)	Auf diesen Typen **fahre** ich voll **ab**. (*sl*)
I'm completely **bowled over**. (*fam*)	Ich bin ganz hin und weg. (*fam*)
I got really **carried away** by her performance.	Ihre Darbietung **hat** mich richtig **mitgerissen**.

---

a bit too eager to ~ if you ask me er ist ein bisschen übereifrig, wenn du mich fragst ❷ (*wish*) **to do as one ~s** machen, was man möchte; **come whenever you ~** komm, wann immer ihr wollt

pleased [pliːzd] *adj* ❶ (*happy*) froh, erfreut; (*content*) zufrieden; ▪ **to be ~ about sth** sich über etw *akk* freuen; ▪ **to be ~ that ...** froh sein, dass ...; ▪ **to be ~ with oneself** mit sich *dat* selbst zufrieden sein ❷ (*willing*) **I'm only too ~ to help** ich helfe wirklich gerne

pleas·ing [ˈpliːzɪŋ] *adj* angenehm; **it's ~ that so many people could come** es ist schön, dass so viele Leute kommen konnten; **to be ~ to the ear/eye** hübsch klingen/aussehen

pleas·ur·able [ˈpleʒərəbl] *adj* angenehm

pleas·ure [ˈpleʒəʳ] *n* ❶ *no pl* (*enjoyment*) Freude *f*, Vergnügen *nt*; **to give sb ~** jdm Freude bereiten; **to take ~ in doing sth** Vergnügen daran finden, etw *akk* zu tun ❷ (*source of enjoyment*) Freude *f*; **please don't mention it, it was a ~** nicht der Rede wert, das habe ich doch gern getan ❸ (*form: desire*) Wunsch *m*

ˈpleas·ure boat *n* Vergnügungsdampfer *m*
ˈpleas·ure prin·ci·ple *n no pl* Lustprinzip *nt* **ˈpleas·ure trip** *n* Vergnügungsreise *f*

pleat [pliːt] *n* Falte *f*
pleb [pleb] *n usu pl* BRIT (*pej fam*) short for **plebeian** Proll *m*; ▪ **the ~s** der Mob
ple·bei·an [pləˈbiːən] **I.** *adj* (*pej form*) primitiv **II.** *n* HIST Plebejer(in) *m(f)*; (*fig*) Prolet(in) *m(f) pej*; ▪ **the ~s** das gemeine Volk
plebi·scite [ˈplebɪsaɪt] *n* Volksentscheid *m*
pled [pled] *vi, vt esp* AM, SCOT *pt, pp of* **plead**
pledge [pledʒ] **I.** *n* ❶ (*promise*) Versprechen *nt*; **to fulfil a ~** ein Versprechen halten; **to make a ~ that ...** geloben, dass ... ❷ (*token*) **a ~ of friendship/good faith/loyalty** ein Unterpfand *nt* der Freundschaft/des Vertrauens/der Treue ❸ (*promise of donation*) Spendenzusage *f* ❹ (*sth pawned*) Pfand *nt* ❺ AM UNIV (*of fraternity*) jemand, der die Zusage zur Mitgliedschaft in einer Studentenverbindung erhalten hat, der aber noch nicht initiiert worden ist; (*of a man*) ≈ Fuchs *m* (*in einer Burschenschaft*) **II.** *vt* ❶ (*solemnly promise*) versprechen; **I've been ~d to secrecy** ich bin zur Verschwiegenheit verpflichtet worden; **to ~ allegiance to one's country** den Treueid auf sein Land leisten; **to ~ loyalty** Treue schwören ❷ (*promise to contribute*) *money* versprechen ❸ (*form: drink health of*) ▪ **to ~ sb/sth** auf jdn/etw trinken ❹ AM UNIV (*promise to join*) **to ~ a**

fraternity/sorority einer Studentenverbindung/[weiblichen] Verbindung beitreten wollen

ple·na·ry ['pli:nªri] *I. adj* ❶ *(attended by all members)* ~ **assembly** Vollversammlung *f,* Plenarversammlung *f* ❷ *(form: unqualified)* unbeschränkt *II. n* Vollversammlung *f*

pleni·po·ten·ti·ary [ˌplenɪpə(ʊ)'ten(t)ʃªri] *I. n* POL *(dated form)* Bevollmächtigte(r) *f(m)* *II. adj* POL *(dated form)* bevollmächtigt

plen·ti·ful ['plentɪfªl] *adj* reichlich *präd;* ~ **supply** großes Angebot

plen·ty ['plenti] *I. n no pl (form: abundance)* Reichtum *m;* **to live in** ~ im Überfluss leben *II. adv (fam)* **I'm** ~ **warm enough, thank you** mir ist warm genug, fast schon zu warm, danke; ~ **more** noch viel mehr; **she has** ~ **more ideas** sie hat noch viele Ideen; ~ **good/bad** AM sehr gut/schlecht *III. pron* ❶ *(more than enough)* mehr als genug; **he's had** ~ **of opportunities to apologize** er hatte genügend Gelegenheiten, sich zu entschuldigen; ~ **of money/time** viel Geld/Zeit ❷ *(a lot)* genug; **do we have problems?** — **yeah, we've got** ~ haben wir Probleme? — ja, allerdings!; ~ **to do/see** viel zu tun/sehen; AM *(fam)* **this car cost me** ~ dieses Auto hat mich eine Stange Geld gekostet

ple·num ['pli:nəm] *n (spec)* Plenum *nt*

pletho·ra ['pleθªra] *n (form)* ■ **a** ~ **of sth** eine Fülle von etw *dat;* *(oversupply)* ein Übermaß *nt* an etw *dat*

pleu·ri·sy ['plʊərəsi] *n no pl* MED Rippenfellentzündung *f*

plex·us ['pleksəs] *n* ❶ ANAT Plexus *m;* **solar** ~ Solarplexus *m fachspr* ❷ *(network)* Netzwerk *nt*

pli·able ['plaɪəbl] *adj* biegsam; *(fig: easily influenced)* gefügig

pli·ers ['plaɪəz] *npl* Zange *f;* **a pair of** ~ eine Zange

plight [plaɪt] *n* Not[lage] *f,* schwierige Lage; **to be in a dreadful/sad/sorry** ~ in einer schrecklichen/traurigen/erbärmlichen Lage sein

plim·soll ['plɪm(p)səl] *n* BRIT Turnschuh *m*

'Plim·soll line *n,* **'Plim·soll mark** *n* NAUT Kiellinie *f*

PLO [ˌpiːel'əʊ] *n no pl abbrev of* **Palestine Liberation Organization:** ■ **the** ~ die PLO

plod [plɒd] *I. n* Marsch *m* *II. vi* <-dd-> ❶ *(walk slowly)* stapfen *pej,* *(work slowly)* ■ **to** ~ **through sth** sich durch etw *akk* hindurcharbeiten ◆ **plod away** *vi* vor sich *akk* hin arbeiten; **to** ~ **away at sth** etw [freudlos] tun; *(work hard)* schuften *pej fam;* **for years, he's ~ded away at the same routine job** seit Jahren macht er dieselbe stumpfe Routinearbeit ◆ **plod on** *vi* ❶ *(continue walking)* weiterstapfen ❷ *(continue working)* weiterarbeiten

plod·der ['plɒdəʳ] *n* Arbeitstier *nt fam*

plonk[1] [plɒŋk] *n no pl esp* BRIT, AUS *(fam: wine)* Gesöff *nt pej*

plonk[2] [plɒŋk] *I. n (fam: sound)* Ploppen *nt* *II. adv (fam)* dumpf knallend; **I heard something go** ~ ich hörte, wie etwas plopp machte *III. vt (fam)* ❶ *(set down heavily)* ■ **to** ~ **sth somewhere** etw irgendwo hinknallen ❷ *(sit heavily)* **to** ~ **oneself down on a chair/sofa** sich auf einen Stuhl/ein Sofa plumpsen lassen ◆ **plonk down** *(fam)* *I. vt* ■ **to** ~ **down** ○ **sth** etw hinknallen ❷ **to** ~ **oneself down** sich hinplumpsen lassen *II. vi* sich fallen lassen

plop [plɒp] *I. n* Platsch[er] *m fam;* **it fell into the water with a** ~ es platschte ins Wasser *II. adv* platschend *III. vi* <-pp-> ❶ *(fall into liquid)* platschen *fam* ❷ *(drop heavily)* plumpsen *fam*

plot [plɒt] *I. n* ❶ *(conspiracy)* Verschwörung *f;* **to foil a** ~ einen Plan vereiteln; **to hatch a** ~ einen Plan aushecken; ■ **a** ~ **against sb/sth** eine Verschwörung gegen jdn/etw ❷ LIT *(storyline)* Handlung *f* ❸ *(of land)* Parzelle *f;* **garden/vegetable** ~ Garten-/Gemüsebeet *nt* *II. vt* <-tt-> ❶ *(conspire)* [im Geheimen] planen *a.* hum ❷ *(mark out)* ■ **to** ~ **sth** etw [graphisch] darstellen ❸ *(create storyline)* ■ **to** ~ **sth** novel, play, scene sich *dat* die Handlung für etw *akk* ausdenken *III. vi* <-tt-> ■ **to** ~ **against sb/sth** sich gegen jdn/etw verschwören; ■ **to** ~ **to do sth** *(also hum)* planen, etw zu tun ◆ **plot out** *vt* ❶ route [grob] planen ❷ *scene, story* umreißen

plot·ter ['plɒtəʳ] *n* ❶ *(conspirator)* Verschwörer(in) *m(f)* ❷ COMPUT Plotter *m*

plough [plaʊ] *I. n* Pflug *m* *II. vt* ❶ AGR pflügen ❷ *(move with difficulty)* **to** ~ **one's way through sth** sich *dat* seinen Weg durch etw *akk* bahnen; *(fig)* sich durch etw *akk* [hindurch] wühlen *fig* *III. vi* ❶ AGR pflügen ❷ *(move with difficulty)* ■ **to** ~ **through sth** sich durch etw *akk* durchkämpfen; *(fig)* sich durch etw *akk* [hindurch] wühlen *fig* ◆ **plough back** *vt* ■ **to** ~ **back** ○ **sth** *plants* etw unterpflügen; **to** ~ **back profits** *(fig)* Profite reinvestieren ◆ **plough into** *I. vi* ■ **to** ~ **into sth** in etw *akk* hineinrasen *II. vt* ■ **to** ~ **sth into sth** in etw *akk* investieren ◆ **plough up** *vt* **to** ~ **up fields/land** Felder/Land umpflügen; **to** ~ **up sb's lawn** jds Rasen umgraben

Plough [plaʊ] *n no pl* ■ **the** ~ der Große Wagen

plow *n, vt, vi* AM *see* **plough**

ploy [plɔɪ] n Plan m, Strategie f; (trick) Trick m

pluck [plʌk] **I.** n o Mut m, Schneid m o ÖSTERR f fam **II.** vt o (pick) to ~ sth [from sth] fruit, flower etw [von etw dat] abpflücken; grass, dead leaves, loose thread etw [von etw dat] abzupfen ❷ (remove) feathers ausrupfen; hair entfernen; (with pincers) auszupfen; chicken, goose rupfen ❸ (pull) **he ~ed the letter out of my hand** er riss mir den Brief aus der Hand ❹ (remove from situation) ■ **to ~ sb from sth** jdn aus etw dat herausholen ❺ MUS zupfen **III.** vi zupfen (at an) ◆ **pluck out** vt auszupfen; feathers ausrupfen ◆ **pluck up** vt to ~ up one's courage [to do sth] allen Mut zusammennehmen[, um etw zu tun]

plucky ['plʌki] adj schneidig

plug [plʌg] **I.** n ❶ (connector) Stecker m; **to pull the ~ [on sth]** den Stecker [aus etw dat] herausziehen; (fig) **the Administration has pulled the ~ on this project** die Verwaltung hat diesem Projekt ihre Unterstützung aufgekündigt ❷ (socket) Steckdose f ❸ (for basin, sink) Stöpsel m ❹ (stopper) Pfropfen m; cask Spund m; (bung) Zapfen m ❺ (fam: publicity) Werbung f; **to give sb/sth a ~** Werbung für jdn/etw machen ❻ (spark plug) Zündkerze f **II.** vt <-gg-> ❶ (stop up) hole, leak stopfen; ■ **to ~ sth with sth** etw mit etw dat [zu]stopfen ❷ (publicize) anpreisen ❸ AM (sl: shoot) treffen (mit einer Gewehr-, Pistolenkugel); **to ~ sb in the arm/leg** jdm in den Arm/ins Bein schießen ◆ **plug away** vi verbissen arbeiten (at an), sich abmühen (at mit) ◆ **plug in I.** vt einstöpseln **II.** vi (electrical device) sich anschließen lassen ◆ **plug up** vt zustopfen

'plug·hole n Abfluss m

'plug-in n Plug-in nt (Erweiterung für ein existierendes Softwareprogramm)

plum [plʌm] **I.** n ❶ (fruit) Pflaume f ❷ (tree) ~ [tree] Pflaumenbaum m ❸ (colour) Pflaumenblau nt **II.** adj ❶ (colour) pflaumenfarben ❷ <plummer, plummest> attr (exceptionally good) traumhaft fam; ~ **job** Traumberuf m

plum·age ['plu:mɪdʒ] n no pl Federkleid nt

plumb[1] [plʌm] **I.** vt ❶ (determine depth) [aus]loten ❷ (fig: fathom) ergründen **II.** adj pred gerade, im Lot fachspr **III.** adv ❶ (fam: exactly) genau ❷ AM (fam: completely) ~ **crazy** total verrückt **IV.** n Lot nt

plumb[2] [plʌm] vt **our house isn't ~ed properly** die Installationen in unserem Haus sind schlecht gemacht; ■ **to ~ sth into sth** etw an etw akk anschließen ◆ **plumb in** vt washing machine, dishwasher etw anschließen

plumb·er ['plʌmə'] n Klempner(in) m(f), Sanitär(in) m(f) SCHWEIZ

plumb·ing ['plʌmɪŋ] **I.** n no pl Wasserleitungen pl **II.** adj attr ~ **contractor** beauftragter Installateur/beauftragte Installateurin; **a ~ fixture** Installationszubehör nt

plume [plu:m] n ❶ (large feather) Feder f; **tail ~** Schwanzfeder f; (as ornament) Federbusch m ❷ (cloud) ~ **of smoke** Rauchwolke f

plum·met ['plʌmɪt] **I.** vi ❶ (plunge) fallen; (with loud noise) [herunter]donnern ❷ (be reduced) **house prices have ~ed** die Häuserpreise sind in den Keller gefallen; **morale has absolutely ~ed** die Stimmung ist auf den Nullpunkt gesunken **II.** n Lot nt

plum·my ['plʌmi] adj ❶ (resembling plum) pflaumenartig ❷ (of plum colour) pflaumenfarben ❸ (exceptionally desirable) toll fam; ~ **job** Traumjob m fam ❹ (rich-toned) sonor; (high-brow) affektiert pej

plump [plʌmp] **I.** adj (rounded) rund; (euph) person füllig, mollig; arms rundlich; cheeks rund **II.** vi **to ~ for sb/sth** sich für jdn/etw entscheiden **III.** vt **to ~ a cushion/pillow** ein Kissen/Kopfkissen aufschütteln ◆ **plump down** (fam) **I.** vt ■ **to ~ down ⟳ sth** etw hinplumpsen lassen fam; **to ~ oneself down in a chair/on the sofa** sich in einen Stuhl/aufs Sofa fallen lassen **II.** vi **to ~ down in a chair/on the sofa** sich auf einen Stuhl/ein Sofa fallen lassen ◆ **plump up** vt cushion, pillow aufschütteln

plump·ness ['plʌmpnəs] n no pl Fülligkeit f; fruit Größe f

plum 'pud·ding n BRIT Plumpudding m

'plum tree n Pflaumenbaum m

plun·der ['plʌndə'] **I.** vt ❶ gold, treasure plündern; church, palace, village [aus]plündern; (fig) the planet, environment ausbeuten **II.** vi plündern **III.** n no pl ❶ (booty) Beute f ❷ (act of plundering) Plünderung f; of planet Ausbeutung f

plun·der·er ['plʌndərə'] n Plünderer, Plünderin m, f

plunge [plʌndʒ] **I.** n ❶ (drop) Sprung m; (fall) Sturz m, Fall m; (dive) **to make a ~** tauchen ❷ (swim) ~ **[in the pool]** Schwimmen [im Pool] nt kein pl ❸ (sharp decline) Sturz m; **a ~ in value** dramatischer Wertverlust **II.** vi ❶ (fall) stürzen (into in); **to ~ to one's death** in den Tod stürzen ❷ (dash) stürzen (into in); **she ~d forward** sie warf sich nach vorne ❸ (decrease dramatically) dramatisch sinken ❹ (fig: begin abruptly) ■ **to ~ into sth** sich in etw akk [hinein]stürzen fig **III.** vt ❶ (immerse) ■ **to ~ sth into sth** etw in etw *akk* eintauchen; (*in cooking*) etw in etw *akk* geben ❷ (*thrust*) **to ~ a dagger/knife/needle into sb** jdn mit einem Dolch/einem Messer/einer Nadel stechen ◆ **plunge in** I. *vi* ❶ (*dive in*) eintauchen ❷ (*fig: get involved*) sich einmischen; (*do without preparation*) ins kalte Wasser springen *fig* II. *vt* ■ **to ~ sth in** *knife* etw reinstechen; *hand* etw reinstecken

'plunge pool *n* kleiner Swimmingpool; (*in sauna*) Tauchbecken *nt*

plung·er ['plʌndʒəʳ] *n* Saugpumpe *f*

plunk [plʌŋk] *n, adv, vt* AM *see* **plonk²**

plu·per·fect [ˌpluːˈpɜːfɪkt] I. *adj* LING Plusquamperfekt-; **the ~ tense** das Plusquamperfekt II. *n* LING ■ **the ~** das Plusquamperfekt

plu·ral ['pluərəl] I. *n* ■ **the ~** der Plural; **in the ~** im Plural II. *adj* ❶ LING Plural-, pluralisch ❷ (*pluralistic*) pluralistisch ❸ (*multiple*) mehrfach *attr*

plu·ral·ism ['pluərəlɪzəm] *n no pl* Pluralismus *m geh* **plu·ral·is·tic** [ˌpluərəˈlɪstɪk] *adj* pluralistisch *geh* **plu·ral·ity** [pluəˈrælɪti] *n* ❶ *no pl* (*variety*) ■ **a ~ of sth** eine Vielfalt an etw *dat* ❷ AM POL (*of votes*) Mehrheit *f* ❸ *no pl* (*plural condition*) Pluralität *f geh*

plus [plʌs] I. *prep* plus II. *n* <*pl* -es *or pl* -ses> Plus *nt kein pl fam;* MATH *also* Pluszeichen *nt;* (*advantage also*) Pluspunkt *m* III. *adj* ❶ *attr* (*above zero*) plus; **~ two degrees** zwei Grad plus ❷ *pred* (*or more*) mindestens; **20/30/250 ~** mindestens 20/30/250 ❸ (*slightly better than*) **A ~** ≈ Eins plus *f* ❹ (*positive*) **the ~ side** [**of sth**] das Positive an etw *dat*

plush [plʌʃ] I. *adj* ❶ (*luxurious*) exklusiv; **~ restaurant** Nobelrestaurant *nt* ❷ (*made of plush*) Plüsch- II. *n* Plüsch *m*

'plus sign *n* Pluszeichen *nt* **'plus-size** *adj attr person* übergroß; *clothing* in Übergrößen, Übergröße-

Pluto ['pluːtəʊ] *n* Pluto *m*

plu·toc·ra·cy [pluːˈtɒkrəsi] *n* Plutokratie *f geh;* (*fig: wealthy elite*) die oberen Zehntausend

plu·to·crat ['pluːtə(ʊ)kræt] *n* ❶ (*rich and powerful person*) Plutokrat(in) *m(f) geh* ❷ (*pej, hum: very wealthy person*) Krösus *m oft hum*

plu·to·crat·ic [ˌpluːtə(ʊ)ˈkrætɪk] *adj* plutokratisch *geh*

plu·to·ni·um [pluːˈtəʊniəm] *n no pl* Plutonium *nt*

ply¹ [plaɪ] *n no pl* ❶ (*thickness*) Stärke *f,* Dicke *f* ❷ (*layer*) Schicht *f* ❸ (*strand*) **two-~ rope** zweilagiges Seil; **three-~ wool** dreifädige Wolle ❹ *no pl* (*fam: plywood*) Sperrholz *nt*

ply² <-ie-> [plaɪ] I. *vt* ❶ (*work steadily*) **to ~ a trade** ein Gewerbe betreiben; **to ~ one's work** seiner Arbeit nachgehen ❷ (*manipulate*) benutzen ❸ (*sell*) *drugs* handeln; *wares* anpreisen ❹ (*supply continuously*) ■ **to ~ sb with sth** jdn mit etw *dat* versorgen; **to ~ sb with whisky** jdn mit Whisky abfüllen *fam* II. *vi* ❶ BRIT ECON **to ~ for business** für sich *akk* Werbung machen ❷ (*travel*) **to ~ between two cities** *ship, train* zwischen zwei Städten verkehren

'ply·wood ['plaɪwʊd] *n no pl* Sperrholz *nt*

pm *adv,* **p.m.** [ˌpiːˈem] *adv abbrev of* **post meridian: one ~** ein Uhr mittags, dreizehn Uhr; **eight ~** acht Uhr abends, zwanzig Uhr

PM [ˌpiːˈem] *n* BRIT *abbrev of* **Prime Minister** Premierminister(in) *m(f)*

PMS [ˌpiːemˈes] *n* MED *abbrev of* **premenstrual syndrome** PMS *nt*

pneu·mat·ic [njuːˈmætɪk] *adj* pneumatisch

pneu·mo·nia [njuːˈməʊniə] *n no pl* Lungenentzündung *f*

PO [ˌpiːˈəʊ] *n abbrev of* **Post Office**

poach¹ [pəʊtʃ] *vt* pochieren

poach² [pəʊtʃ] I. *vt* ❶ (*catch illegally*) wildern ❷ (*steal*) ■ **to ~ sth** sich *dat* etw unrechtmäßig aneignen; **Caroline always ~es my ideas** Caroline stiehlt mir immer meine Ideen ❸ (*lure away*) ■ **to ~ sb** [**from sb**] jdn [jdm] abwerben II. *vi* ❶ (*catch illegally*) wildern ❷ (*steal*) stehlen

poach·er¹ ['pəʊtʃəʳ] *n* Dünster *m;* **egg ~** Eierkocher *m*

poach·er² ['pəʊtʃəʳ] *n* Wilderer *m*

poach·ing ['pəʊtʃɪŋ] *n no pl* ❶ HUNT Wilderei *f* ❷ (*taking unfairly*) Wegnehmen *nt*

POB [ˌpiːəʊˈbiː] *n abbrev of* **post office box** Postfach *nt*

P'O box *n abbrev of* **Post Office Box: ~ 3333** Postfach 3333

pock [pɒk] *n usu pl* Pockennarbe *f*

pock·et ['pɒkɪt] I. *n* ❶ (*in clothing*) Tasche *f;* **coat/jacket/trouser ~** Mantel-/Jacken-/Hosentasche *f* ❷ (*on bag, in car*) Fach *nt* ❸ (*fig: financial resources*) Geldbeutel *m;* **to pay for sth out of one's own ~** etw aus eigener Tasche bezahlen; **to be out of ~** Geld verlieren ❹ (*small area*) Insel *f fig;* **~ of resistance** vereinzelter Widerstand ❺ SPORTS (*on snooker table*) Loch *nt* II. *vt* ❶ (*put in one's pocket*) in die Tasche stecken ❷ (*keep sth for oneself*) behalten ❸ SPORTS (*in snooker, billiards*) **to ~ a ball** einen Ball ins Loch spielen III. *adj* (*pocket-sized*) *knife, phone, calculator* Taschen-; **~ edition** Taschenbuchausgabe *f*

'pock·et·book *n* AM ❶ (*woman's handbag*) Handtasche *f* ❷ (*paperback*) Taschenbuch *nt*

❸ (fig: ability to pay) Brieftasche f **pock·et 'cal·cu·la·tor** n Taschenrechner m **'pock·et-cam** n short for pocket camera Pocketkamera f **'pock·et 'cam·era** n Pocketkamera f **'pock·et·ful** n ~s of candy Taschen voller Süßigkeiten; **a ~ of money** (fig) Unmengen pl von Geld **pock·et 'hand·ker·chief** n (dated) Taschentuch f **'pock·et knife** n Taschenmesser nt **'pock·et mon·ey** n no pl Taschengeld nt **Pock·et P'C** n COMPUT, INET Pocket PC m **'pock·et-size(d)** adj im Taschenformat nach n; **~ television** Fernseher im Taschenformat

pod [pɒd] n ❶ (seed container) Hülse f; pea, vanilla Schote f ❷ (on aircraft) Gondel f; (to hold jet) Düsenaggregat nt

podgy ['pɒdʒɪ] adj (esp pej) fett; **~ face** Mondgesicht nt hum fam

po·di·a·trist [pə(ʊ)'daɪətrɪst] n esp AM, AUS (chiropodist) Fußspezialist(in) m(f)

po·di·um <pl -dia> ['pəʊdɪəm, pl -dɪə] n Podium nt

poem ['pəʊɪm] n (also fig) Gedicht nt

poet ['pəʊɪt] n Dichter(in) m(f)

po·et·ic(al) [pəʊ'etɪk(ə)l] adj ❶ (relating to poetry) dichterisch; **~ language** Dichtersprache f; **to have a ~ temperament** Sinn für Poesie haben ❷ (like poetry) poetisch

po·et·ry ['pəʊɪtrɪ] n no pl ❶ (genre) Dichtung f, Lyrik f ❷ (poetic quality) Poesie f

pog·rom ['pɒɡrəm] n Pogrom nt

poign·ant ['pɔɪnjənt] adj bewegend; (distressing) erschütternd; memories melancholisch

poin·set·tia [ˌpɔɪn(t)'setɪə] n Weihnachtsstern m

point [pɔɪnt] **I.** n ❶ (sharp end) Spitze f; of a star Zacke f ❷ (dot) Punkt m; **~ of light** Lichtpunkt m ❸ (punctuation mark) Punkt m ❹ (decimal point) Komma n ❺ (position) Stelle f, Punkt m; **~ of contact** Berührungspunkt m; starting **~** Ausgangspunkt m a. fig ❻ (particular time) Zeitpunkt m; **she was on the ~ of collapse** sie stand kurz vor dem Zusammenbruch; **I was completely lost at one ~** an einer Stelle hatte ich mich komplett verlaufen; **at this/that ~ in time** zu dieser/jener Zeit; **at that ~** zu diesem Zeitpunkt; (then) in diesem Augenblick; **from that ~ on ...** von da an ...; ❼ (about to do) **I was on the ~ of leaving him** ich war kurz davor, ihn zu verlassen; ❽ (argument, issue) Punkt m; **ok ok, you've made your ~!** ja, ich hab's jetzt verstanden! fam; **what ~ are you trying to make?** worauf wollen Sie hinaus?; **she does have a ~ though** so ganz Unrecht hat sie nicht; **she made the ~ that ...** sie wies darauf hin, dass ...; (stress) sie betonte, dass ...; **my ~ exactly** das sag ich ja fam; **ok, ~ taken** ok, ich hab schon begriffen fam; **~ of law** Rechtsfrage f ❾ no pl (most important idea) **the ~ is ...** der Punkt ist nämlich der, ...; **that's beside the ~!** darum geht es doch gar nicht!; **to come to the ~** auf den Punkt kommen; **to keep to the ~** beim Thema bleiben ❿ no pl (purpose) Sinn m, Zweck m; **but that's the whole ~!** aber das ist doch genau der Punkt!; **what's the ~ of waiting for them?** warum sollten wir auf sie warten?; **but that's the whole ~ of doing it!** aber deswegen machen wir es ja gerade!; **what's the ~ anyway?** was soll's? ⓫ (stage in process) Punkt m; **from that ~ on ...** von diesem Moment an ...; **the high ~ of the evening ...** der Höhepunkt des Abends ...; **when it came to the ~ ...** ... als es soweit war, ...; **up to a ~** bis zu einem gewissen Grad ⓬ (important characteristic) Merkmal nt; **bad/good ~s** schlechte/gute Seiten; **sb's strong ~s** jds Stärken pl; **sb's weak ~s** jds Schwächen ⓭ (in sports) Punkt m; **to win on ~s** nach Punkten siegen ⓮ (unit) STOCKEX Punkt m; (with prices) [Prozent]punkt m ⓯ (on compass) Strich m; (on thermometer) Grad m ⓰ (in ballet) Spitze f ⓱ BRIT, AUS (socket) Steckdose f ⓲ BRIT RAIL **~ s** pl Weichen pl ⓳ TYPO Punkt m ⓴ (punch line) of a story Pointe f **II.** vi (with finger) deuten, zeigen (**at/to** auf) ❷ (be directed) weisen; **to ~ east/west** nach Osten/Westen zeigen ❸ (indicate) hinweisen (**to** auf) ❹ (use as evidence) verweisen (**to** auf) ❺ HUNT dog vorstehen **III.** vt ❶ (aim) ■**to ~ sth at sb/sth** weapon etw [auf jdn/etw] richten; stick, one's finger mit etw auf jdn/etw zeigen ❷ (direct) **to ~ sb in the direction of sth** jdm den Weg zu etw dat beschreiben ❸ (extend) **to ~ one's toes** die Zehen strecken ◆**point out** vt ❶ (show) ■**to ~ out ○ sth** auf etw hinweisen; (with finger) etw zeigen ❷ (inform) ■**to ~ out that ...** darauf aufmerksam machen, dass ... ◆**point up** vt (form) hervorheben; (show) zeigen

point-'blank I. adv ❶ (at very close range) aus nächster Nähe ❷ (bluntly) geradewegs, unumwunden **II.** adj attr ❶ (very close) nah; **to shoot sb/sth at ~ range** auf jdn/etw aus nächster Nähe schießen ❷ (blunt) unverhohlen; question unverblümt

point·ed ['pɔɪntɪd] adj ❶ (with sharp point) spitz ❷ (emphatic) pointiert geh; criticism scharf; question unverblümt; remark spitz; reminder eindrücklich

point·er ['pɔɪntər] n ❶ (on dial) Zeiger m ❷ (rod) Zeigestock m ❸ usu pl (fam: tip) Tipp m; (instructions) Hinweis m ❹ (indi-

cator) Gradmesser *m fig* ⑤ (*dog*) Vorstehhund *m;* (*breed*) Pointer *m* **point·less** ['pɔɪntləs] *adj* sinnlos, zwecklos; *remark* überflüssig **point of 'view** <*pl* points of view> *n* Ansicht *f*, Einstellung *f;* **from a purely practical ~** rein praktisch betrachtet
'points·man *n* BRIT ❶ RAIL Weichensteller(in) *m(f)* ❷ ADMIN (*with point duty*) Verkehrspolizist(in) *m(f)*
point-to-'point *n*, **point-to-'point race** *n* SPORTS Jagdrennen *nt*
poise [pɔɪz] I. *n no pl* Haltung *f* II. *vt usu passive* ❶ (*balance*) balancieren; **to be ~d to jump** sprungbereit sein; (*hover*) ■ **to be ~d** schweben ❷ (*fig*) ■ **to be ~d to do sth** (*about to*) nahe daran sein, etw zu tun
poised [pɔɪzd] *adj* beherrscht
poi·son ['pɔɪzən] I. *n* ❶ Gift *nt;* (*fig*) **to lace sth with ~** etw mit Gift präparieren II. *vt* **to poison sb/sth** jdn/etw vergiften; (*fig*) **to ~ sb's mind against sth/sb** jdn gegen jdn/ etw einnehmen
poi·son 'gas *n no pl* Giftgas *nt* **poi·son·ing** ['pɔɪzənɪŋ] *n* ❶ *no pl* (*act*) Vergiften *nt* ❷ (*condition*) Vergiftung *f;* (*individual case*) Fall *m* von Vergiftung; **blood/lead ~** Blut-/Bleivergiftung *f;* **food ~** Lebensmittelvergiftung *f* **poi·son·ous** ['pɔɪzənəs] *adj* ❶ (*containing poison*) giftig; **~ mushroom** Giftpilz *m;* **~ snake** Giftschlange *f* ❷ (*malicious*) giftig *fig,* boshaft
poke¹ [pəʊk] *n* ❶ *esp* SCOT (*bag*) Beutel *m* ❷ AM (*fam: purse*) Portmonee *nt*
poke² [pəʊk] I. *n* ❶ (*jab*) Stoß *m* ❷ (*vulg, sl: sex*) Fick *m* II. *vt* ❶ (*prod*) anstoßen; (*with umbrella, stick*) stechen; **to ~ sb in the arm/ribs** jdn in den Arm/die Rippen knuffen; **to ~ a hole in sth** ein Loch in etw *akk* bohren ❷ ■ **to ~ sth into/through sth** (*prod with*) etw in/durch etw *akk* stecken; (*thrust*) etw in/durch etw *akk* stoßen ❸ (*stir*) **to ~ [up] a fire** ein Feuer schüren ❹ (*extend*) **to ~ one's head up/through the window** den Kopf in die Höhe/durch das Fenster strecken ❺ AM (*fam: hit*) ■ **to ~ sb [on the nose]** jdm [auf die Nase] hauen ▸ **to ~ fun at sb** über jdn lustig machen; **to ~ one's nose into sb's business** (*fam*) seine Nase in jds Angelegenheiten stecken III. *vi* ❶ (*jab repeatedly*) herumfummeln *fam* (**at** an); **to ~ at sth with one's finger/a stick** mit einem Finger/Stock an etw *akk* stoßen; **to ~ at one's food** in seinem Essen herumstochern ❷ (*break through*) ■ **to ~ through** durchscheinen ◆ **poke about** *vi,* **poke around** *vi* (*fam*) herumstöbern; (*without permission*) herumschnüffeln ◆ **poke out** I. *vi* ■ **to ~ out [of sth]** [aus etw *dat*] hervorgucken [*o*

SÜDD, ÖSTERR herausschauen] II. *vt* ❶ (*stick out*) **to ~ one's head out** den Kopf herausstecken; **to ~ one's tongue out** die Zunge herausstrecken ❷ (*remove*) herausstechen; **to ~ out sb's eyes** jdm die Augen ausstechen ◆ **poke round** *vi* BRIT *see* **poke around** ◆ **poke up** I. *vi* hervorragen; ■ **to ~ up over sth** über etw *dat* herausragen II. *vt* **to ~ up a fire** ein Feuer schüren
pok·er¹ ['pəʊkəʳ] *n* (*card game*) Poker *m o nt;* **a game of ~** eine Runde Poker
pok·er² ['pəʊkəʳ] *n* (*fireplace tool*) Schürhaken *m*
pok·ey ['pəʊki] *adj,* **poky** ['pəʊki] *adj* (*pej*) ❶ (*small*) winzig ❷ AM (*slow*) lahm
Po·land ['pəʊlənd] *n* Polen *nt*
po·lar ['pəʊləʳ] *adj attr* ❶ (*near pole*) polar; **~ explorer** Polarforscher(in) *m(f)* ❷ (*opposite*) gegensätzlich, polar *geh;* opposites diametral *geh*
po·lar 'bear *n* Eisbär *m* **po·lar 'cir·cle** *n* Polarkreis *m* **po·lar 'front** *n* METEO Polarfront *f*
po·lar·ity [pə(ʊ)'lærɪti] *n* SCI Polarität *f;* (*fig also*) Gegensätzlichkeit *f*
po·lari·za·tion [ˌpəʊlərai'zeɪʃən] *n no pl* Polarisierung *f*
po·lar·ize ['pəʊlʳraɪz] I. *vt* polarisieren II. *vi* sich polarisieren
po·lar 'lights *npl* Polarlicht *nt*
'po·lar zone *n* Polarzone *f*
pole¹ [pəʊl] *n* Stange *f;* (*pointed at one end*) Pfahl *m;* **fishing ~** *esp* AM Angelrute *f;* **flag~** Fahnenmast *m*
pole² [pəʊl] *n* ❶ GEOG, ELEC Pol *m;* **the magnetic ~** der Magnetpol; **the North/South P~** der Nord-/Südpol; **the minus/positive ~** der Minus-/Pluspol ❷ (*extreme*) Extrem *nt;* **to be ~s apart** Welten voneinander entfernt sein
pole·axe ['pəʊlæks] I. *n* Schlächterbeil *nt* II. *vt* ❶ (*strike powerfully*) zusammenschlagen ❷ (*shock strongly*) schockieren
'pole danc·ing *n no pl* Vorführung von fast unbekleideten Tänzerinnen in Bars: erotische Bewegungen, bei denen ein vertikaler Stab als Mittelpunkt und Accessoire dient
po·lem·ic [pə'lemɪk] I. *n* Polemik *f* II. *adj* polemisch
po·lemi·cal [pə'lemɪkəl] *adj* polemisch
pole po·'si·tion *n no pl* SPORTS Poleposition *f fachspr;* **to be in ~** die Poleposition haben; (*fig*) an der Spitze stehen **'Pole Star** *n no pl* Polarstern *m;* (*fig liter: guiding principle*) Leitgedanke *m* **'pole vault** *n* Stabhochsprung *m* **kein** *pl* **'pole-vault·er** *n* Stabhochspringer(in) *m(f)*
po·lice [pə'liːs] I. *n* + *pl vb* ❶ (*force*) ■ **the ~**

die Polizei *kein pl*; **to call the ~** die Polizei rufen ❷ *(police officers)* Polizisten(innen) *mpl(fpl)* **II.** *vt* ❶ *(guard)* überwachen ❷ *(regulate)* ■ **to ~ sb/sth/oneself** jdn/etw/sich selbst kontrollieren ❸ AM MIL ■ **to ~ sth** *an event* irgendwo Wache halten

po·'lice car *n* Polizeiauto *nt* **po·lice 'con·sta·ble** *n* BRIT Polizeiwachtmeister(in) *m(f)* **po·'lice court** *n ≈* Amtsgericht *nt* **po·'lice de·part·ment** *n* Polizeidienststelle *f* **po·'lice dog** *n* Polizeihund *m* **po·lice 'es·cort** *n* Polizeieskorte *f* **po·'lice force** *n* ❶ *no pl (the police)* ■ **the ~** die Polizei ❷ *(unit of police)* Polizeieinheit *f* **po·lice in·'form·er** *n* Informant(in) *m(f)* [der Polizei], Polizeispitzel(in) *m(f) pej* **po·lice 'mag·is·trate** *n* Polizeirichter(in) *m(f)* **po·'lice·man** *n* Polizist *m* **po·'lice of·fic·er** *n* Polizeibeamte(r) *m*, Polizeibeamte [*o* -in] *f* **po·'lice raid** *n* Razzia *f* **po·lice 'rec·ord** *n* ❶ *(dossier)* Polizeiakte *f* ❷ *(history of convictions)* Vorstrafenregister *nt* **po·'lice re·port·er** *n* Polizeireporter(in) *m(f)* **po·'lice state** *n (pej)* Polizeistaat *m* **po·'lice sta·tion** *n* Polizeiwache *f* **po·'lice·wom·an** *n* Polizistin *f*

pol·i·cy[1] ['pɒləsi] *n* ❶ *(plan)* Programm *nt*, Strategie *f*; *(principle)* Grundsatz *m* ❷ *no pl* Politik *f*; **a change in ~** ein Richtungswechsel *m* in der Politik; **company ~** Firmenpolitik *f*; **domestic ~** Innenpolitik *f*; **economic ~** Wirtschaftspolitik *f*; **to make ~ on sth** Richtlinien *pl* für etw *akk* festlegen

pol·i·cy[2] ['pɒləsi] *n (in insurance)* Police *f*, Polizze *f* ÖSTERR

'pol·i·cy·hold·er *n* Versicherungsnehmer(in) *m(f)* **'pol·i·cy mak·er** *n* Parteiideologe, -ideologin *m, f* **'pol·i·cy-mak·ing** *n no pl* Festsetzen *nt* von Richtlinien **'pol·i·cy num·ber** *n* Versicherungsnummer *f*, Polizzennummer *f* ÖSTERR **'pol·i·cy own·er** *n* Versicherungsnehmer(in) *m(f)*

po·li·o ['pəʊliəʊ] *n*, **po·li·o·my·eli·tis** [ˌpəʊliə(ʊ)maɪə'laɪtɪs] *n (spec)* Kinderlähmung *f*

'po·lio vac·cine *n* Polioimpfstoff *m*

pol·ish ['pɒlɪʃ] **I.** *n* ❶ *(substance)* Politur *f*; **shoe ~** Schuhcreme *f* ❷ *usu sing (act)* Polieren *nt kein pl* ❸ *(fig: refinement)* (gesellschaftlicher) Schliff **II.** *vt* ❶ *(rub)* polieren; *shoes, silver* putzen ❷ *(fig: refine)* aufpolieren ● **polish off** *vt* ❶ *(eat up) food* verdrücken *fam* ❷ *(deal with)* ■ **to ~ off ○ sth** etw schnell erledigen ● **polish up** *vt* aufpolieren; *(fig)* auffrischen

Po·lish ['pəʊlɪʃ] **I.** *n* Polnisch *nt* **II.** *adj* polnisch

pol·ished ['pɒlɪʃt] *adj* ❶ *(gleaming)* glänzend *attr* ❷ *(showing great skill)* formvollendet; *performance* großartig ❸ *(refined)* gebildet; *manners* geschliffen

po·lite [pə'laɪt] *adj* ❶ *(courteous)* höflich ❷ *(cultured)* vornehm; *society* gehoben

po·lite·ness [pə'laɪtnəs] *n no pl* Höflichkeit *f*

po·li·tic ['pɒlətɪk] *adj* ❶ *(prudent)* [taktisch] klug ❷ POL **the body ~** der Staat

po·li·ti·cal [pə'lɪtɪk°l] *adj* ❶ *(of politics)* politisch; **~ leaders** politische Größen *pl* ❷ *esp* AM *(pej: tactical)* taktisch

po·li·ti·cal cor·'rect·ness *n*, **PC** *n no pl* politische Korrektheit **po·li·ti·cal·ly cor·'rect** *adj*, **PC** politisch korrekt

pol·i·ti·cian [ˌpɒlə'tɪʃ°n] *n* Politiker(in) *m(f)*

po·li·ti·cize [pə'lɪtɪsaɪz] **I.** *vt* politisieren *geh* **II.** *vi* politisieren *geh*, sich politisch engagieren

pol·i·tics ['pɒlətɪks] *npl* ❶ + *sing vb* Politik *f kein pl*; **global/local ~** Welt-/Lokalpolitik *f kein pl*; **to go into ~** in die Politik gehen ❷ + *pl vb (political beliefs)* politische Ansichten *pl* ❸ + *sing vb (within group)* **of·fice ~** Büroklüngelei *f pej*; **to play ~** Winkelzüge machen ❹ + *sing vb* BRIT *(political science)* Politologie *f kein pl*

pol·ka ['pɒlkə] **I.** *n* Polka *f* **II.** *vi* Polka tanzen

poll [pəʊl] **I.** *n* ❶ *(public survey)* Erhebung *f*; **a [public] opinion ~** eine öffentliche Meinungsumfrage ❷ *(voting places)* ■ **the ~s** *pl* die Wahllokale *pl*; **to go to the ~s** wählen [gehen] ❸ *(result of vote)* [Wähler]stimmen *pl* ❹ *(number of votes cast)* Wahlbeteiligung *f* **II.** *vt* ❶ *(canvass in poll)* befragen ❷ *(receive)* **the party ~ed 67% of the vote** die Partei hat 67% der Stimmen erhalten

pol·lard ['pɒləd] **I.** *n* ❶ *(tree)* gekappter Baum ❷ *(animal)* hornloses Tier **II.** *vt* ■ **to ~ a tree/an animal** einen Baum/ein Tier kappen

pol·len ['pɒlən] *n no pl* Blütenstaub *m*

'pol·len count *n* Pollenflug *m kein pl*

'pol·li·nate ['pɒləneɪt] *vt* bestäuben

poll·ing ['pəʊlɪŋ] *n no pl* ❶ *(election)* Wahl *f*; *(referendum)* Abstimmung *f*

'poll·ing booth *n* BRIT, AUS Wahlkabine *f* **'poll·ing card** *n* BRIT, AUS Wahlbenachrichtigung *f form* **'poll·ing day** *n no art* BRIT, AUS Wahltag *m* **'poll·ing sta·tion** *n* BRIT, AUS, AM **'poll·ing place** *n* Wahllokal *nt*

'poll·ster ['pəʊlstə[r]] *n* Meinungsforscher(in) *m(f)*

pol·lu·tant [pə'lu:t°nt] *n* Schadstoff *m*

pol·lute [pə'lu:t] *vt* ❶ *(contaminate)* verschmutzen ❷ *(fig: corrupt)* besudeln *fig, pej*; **to ~ sb's mind** jds Charakter verderben

pol·lut·er [pəˈluːtər] *n* Umweltverschmutzer(in) *m(f)*

pol·lu·tion [pəˈluːʃən] *n no pl* ❶ (*polluting*) Verschmutzung *f*; **air** ~ Luftverschmutzung *f*; **environmental** ~ Umweltverschmutzung *f* ❷ (*pollutants*) Schadstoffe *pl* ❸ (*corruption*) Besudelung *f fig, pej*

polo [ˈpəʊləʊ] *n* ❶ *no pl* SPORTS Polo *nt* ❷ (*shirt*) Polohemd *nt*

'polo neck *n* Rollkragen *m* **'polo shirt** *n* Polohemd *nt*

poly [ˈpɒli] *n* BRIT (*fam*) *short for* **polytechnic** Fachhochschule *f*

poly·am·ide [ˌpɒliˈæmaɪd] *n no pl* Polyamid *nt*

poly·chrome [ˈpɒlɪkrəʊm] **I.** *adj* polychrom *fachspr* **II.** *n* (*statue*) polychrome Statue *fachspr*; (*sculpture*) polychrome Skulptur *fachspr*

poly·clin·ic [ˌpɒlɪˈklɪnɪk] *n* Poliklinik *f*

poly·es·ter [ˌpɒliˈestər] *n no pl* (*polymer*) Polyester *m*

po·lyg·a·mist [pəˈlɪɡəmɪst] *n* Polygamist(in) *m(f) geh*

po·lyg·a·mous [pəˈlɪɡəməs] *adj* polygam *geh*

po·lyg·a·my [pəˈlɪɡəmi] *n no pl* Polygamie *f geh*

poly·glot [ˈpɒlɪɡlɒt] **I.** *adj* (*form*) polyglott **II.** *n* (*form*) Polyglotte(r) *f(m)*

poly·gon [ˈpɒlɪɡən] *n* Vieleck *nt*, Polygon *nt fachspr*

po·lyg·o·nal [pəˈlɪɡənəl] *adj* vieleckig, polygonal *fachspr*

poly·graph [ˈpɒlɪɡrɑːf] *n esp* AM Lügendetektor *m*

poly·mer·ic [ˌpɒlɪˈmerɪk] *adj* polymer *fachspr*

poly·mor·phic [ˌpɒlɪˈmɔːfɪk] *n*, **poly·mor·phous** [ˌpɒlɪˈmɔːfəs] *adj* (*spec*) polymorph *fachspr*

Poly·ne·sia [ˌpɒlɪˈniːʒə] *n* Polynesien *nt*

Poly·ne·sian [ˌpɒlɪˈniːʒən] **I.** *adj* polynesisch **II.** *n* ❶ (*native of Polynesia*) Polynesier(in) *m(f)* ❷ (*language group*) polynesische Sprachen *pl*

pol·yp [ˈpɒlɪp] *n* MED, ZOOL Polyp *m*

poly·phon·ic [ˌpɒlɪˈfɒnɪk] *adj* polyphon *fachspr*

po·lyph·o·ny [pəˈlɪfəni] *n no pl* Polyphonie *f fachspr*

pol·y·sty·rene [ˌpɒlɪˈstaɪəriːn] *n no pl* BRIT, AUS Styropor® *nt*

poly·syl·lab·ic [ˌpɒlɪsɪˈlæbɪk] *adj* mehrsilbig, polysyllabisch *fachspr*

poly·syl·la·ble [ˈpɒlɪˌsɪləbəl] *n* LING mehrsilbiges Wort, Polysyllabum *nt fachspr*

poly·tech·nic [ˌpɒlɪˈteknɪk] *n esp* BRIT Fachhochschule *f*

poly·the·ism [ˈpɒlɪθiːɪzəm] *n no pl* Polytheismus *m*

poly·the·is·tic [ˌpɒlɪθiːˈɪstɪk] *adj* polytheistisch

poly·thene [ˈpɒlɪθiːn] *n no pl* BRIT, AUS Polyäthylen *nt*; ~ **bag** Plastiktüte *f*

poly·un·sat·u·rat·ed [ˌpɒliʌnˈsætʃəreɪtɪd] *adj* mehrfach ungesättigt

poly·un·sat·u·rat·ed fats *n*, **poly·un·sat·u·rates** [ˌpɒliʌnˈsætʃərets] *npl* (*fatty acids*) mehrfach ungesättigte Fettsäuren; (*fats*) Fette mit einem hohen Anteil an mehrfach ungesättigten Fettsäuren

poly·urethane [ˌpɒlɪˈjʊərəθeɪn] *n no pl* Polyurethan *nt*

poly·va·lent [ˌpɒlɪˈveɪlənt] *adj* polyvalent

po·made [pəˈ(ʊ)meɪd] (*dated*) **I.** *n no pl* Pomade *f* **II.** *vt* **to ~ sb's hair** jdm Pomade ins Haar streichen

pom·egran·ate [ˈpɒmɪɡrænɪt] *n* Granatapfel *m*

pomp [pɒmp] *n no pl* Pomp *m*, Prunk *m*

pom·pos·ity [pɒmˈpɒsəti] *n no pl* Selbstgefälligkeit *f*

pomp·ous [ˈpɒmpəs] *adj* ❶ (*self-important*) *person* selbstgefällig ❷ (*pretentious*) *language* geschraubt *pej*

ponce [pɒn(t)s] **I.** *n* ❶ BRIT, AUS (*pej fam*) Softie *m oft pej sl* ❷ BRIT (*fam: pimp*) Zuhälter *m* **II.** *vi* **to ~ about** ❶ BRIT, AUS (*behave effeminately*) herumtänzeln *fam* ❷ BRIT (*muck about*) herumhängen *fam*

pon·cho [ˈpɒntʃəʊ] *n* Poncho *m*

poncy [ˈpɒn(t)si] *adj* BRIT, AUS (*pej fam*) affig

pond [pɒnd] *n* ❶ (*body of water*) Teich *m* ❷ (*hum: Atlantic Ocean*) ■ **the ~** der große Teich

pon·der [ˈpɒndər] **I.** *vt* ■ **to ~ sth** etw durchdenken **II.** *vi* nachdenken (**on** über); **he appeared to be ~ing deeply** er schien tief in Gedanken versunken; ■ **to ~ whether/why ...** sich fragen, ob/warum ...

pon·der·ous [ˈpɒndərəs] *adj* (*pej*) ❶ (*heavy and awkward*) mühsam ❷ (*laborious*) schwerfällig

pone [pəʊn] *n* AM **|corn|** ~ Maisbrot *nt*

pong [pɒŋ] BRIT, AUS **I.** *n* (*fam*) Mief *m pej* **II.** *vi* (*fam*) ■ **to ~ of sth** nach etw *dat* miefen *pej*

pon·tiff [ˈpɒntɪf] *n* (*form*) ■ **the ~** der Papst

pon·tif·i·cal [pɒnˈtɪfɪkəl] REL **I.** *adj* päpstlich **II.** *n* (*form*) ❶ (*vestments*) ■ **~s** *pl* Pontifikalien *pl fachspr* ❷ (*book of liturgy*) Pontifikale *nt fachspr*

pon·tif·i·cate [pɒnˈtɪfɪkət] **I.** *vi* (*pej*) ■ **to ~ about sth** sich über etw *akk* auslassen **II.** *n* (*form*) Pontifikat *m o nt fachspr*

pon·toon [pɒnˈtuːn] *n* ❶ *(floating device)* Ponton *m* ❷ *no pl* BRIT *(blackjack)* Siebzehnundvier *nt*

pon·toon 'bridge *n* Pontonbrücke *f*

pony [ˈpəʊni] *n (small horse)* Pony *nt*

'pony·tail *n* Pferdeschwanz *m*; *(braided)* Zopf *m* **'pony-trek·king** *n no pl* Ponyreiten *nt*

poo *n* BRIT, AUS *(childspeak) see* **pooh**

poo·dle [ˈpuːdl] *n* Pudel *m*

poof¹ [pʊf] *n* BRIT, AUS *(pej! sl)* Tunte *f meist pej fam*

poof² [pʊf] *interj (fam)* hui!

poof·ter [ˈpʊftə] *n* BRIT, AUS *(pej! sl)* Tunte *f meist pej fam*

pooh [puː] *(fam)* **I.** *n usu pl (childspeak)* Aa *nt* kein *pl* **II.** *n (childspeak)* Aa machen **III.** *interj* ❶ *(in disgust)* pfui!, igitt! ❷ *(in impatience)* ach was

pooh-pooh [puːˈpuː] *vt (fam)* abtun

pool¹ [puːl] **I.** *n* ❶ *(natural)* Tümpel *m* ❷ *(of liquid)* Lache *f*; ~ **of blood** Blutlache *f*; *(fig)* **the shrubbery illuminated in a ~ of moonlight** die Büsche, die in Mondlicht gebadet waren ❸ *(construction)* Becken *nt*; **ornamental** ~ Zierteich *m*; [**swimming**] ~ Schwimmbecken *nt*; *(private)* Swimmingpool *m*; *(public)* Schwimmbad *nt* **II.** *vi liquid* sich stauen

pool² [puːl] **I.** *n* ❶ *(spec)* Pool *m fachspr*; **gene** ~ Erbmasse *f* ❷ *no pl* SPORTS Poolbillard *nt*; **to shoot** ~ *esp* AM *(fam)* Poolbillard spielen ❸ *(in card games)* Jackpot *m*; AM *(in gambling)* Wetteinsatz *m* ❹ *pl* BRIT **the ~s** Toto *nt o m*; **to do the ~s** Toto spielen ▸ **that is dirty** ~ AM *(fam)* das ist unfair **II.** *vt* zusammenlegen

'pool hall *n*, **'pool room** *n* Billardzimmer *nt* **'pool table** *n* Poolbillardtisch *m*

poop¹ [puːp] *n (of ship)* Heck *nt*

poop² [puːp] *n no pl* AM *(fam)* [Insider]informationen *pl*

poop³ [puːp] **I.** *n no pl (esp childspeak)* Aa *nt*; **dog** ~ Hundedreck *m fam* **II.** *vi (fam)* Aa machen *Kindersprache*; **he ~ed in his pants** er hat in die Hose gekackt *fam*

poop·er scoop·er [ˈpuːpəˌskuːpə] *n*, **poop scoop** *n* Schaufel zum Entfernen von Hundedreck

poop 'out *vi* AM, AUS *(fam)* ❶ *(become tired)* schlappmachen ❷ *(not persevere)* sich geschlagen geben **'poop sheet** *n* AM JOURN *(fam: information sheet)* Infoblatt *nt*

poor ❷ *(inadequate)* unzureichend, schlecht; **their French is still quite** ~ ihr Französisch ist noch ziemlich bescheiden; **attendance** gering; **excuse** faul; **to be in ~ health** in schlechtem gesundheitlichen Zustand sein; **to make a ~ job of** [**doing**] **sth** bei etw *dat* schlechte Arbeit leisten; ~ **showing** armselige Vorstellung ❸ *(deserving of pity)* arm ❹ *pred (lacking)* ■ **to be** ~ **in sth** arm an etw *dat* sein **II.** *n* ■ **the** ~ *pl* die Armen *pl*

'poor box *n* Almosenbüchse *f* **'poor·house** *n (hist)* Armenhaus *nt*

poor·ly [ˈpɔːli] **I.** *adv* ❶ *(not rich)* arm; ■ **to be** ~ **off** arm *[dran]* sein *fam*; ❷ *(dressed)* ärmlich gekleidet ❷ *(inadequately)* schlecht **II.** *adj pred* **to feel** ~ sich schlecht fühlen; BRIT, AUS **the doctor described his condition as** ~ die Ärztin beschrieb seinen Zustand als kritisch

poor·ness [ˈpɔːnəs] *n no pl* ❶ *(inadequacy)* Dürftigkeit *f*, Mangelhaftigkeit *f* ❷ *(poverty)* Armut *f*

poor re·ˈla·tion *n* arme(r) Verwandte(r) *f(m)*; *(fig)* Stiefkind *nt*

pop¹ [pɒp] **I.** *n* ❶ *(noise)* Knall *m* ❷ *no pl (dated fam: effervescent drink)* Brause *f* ❸ *usu sing* AM, AUS COMM ■ **a** ~ pro Stück **II.** *adv* **to go** ~ *(make noise)* einen Knall machen; *(toy gun)* peng machen; *(burst)* explodieren **III.** *vi* <-pp-> ❶ *(make noise)* knallen; **to let the cork** ~ den Korken knallen lassen ❷ *(burst)* platzen ❸ *(go quickly)* ■ **to** ~ **out** hinausgehen; ■ **to** ~ **over** vorbeikommen; **to** ~ **upstairs** die Treppen hinaufspringen **IV.** *vt* <-pp-> ❶ *(burst)* platzen lassen ❷ *(put quickly)* ~ **the pizza in the oven** schieb' die Pizza in den Ofen ❸ AM *(fam: shoot)* abknallen; *(hit)* schlagen ▸ **to** ~ **one's clogs** BRIT *(fam)* den Löffel abgeben; **to** ~ **pills** Pillen schlucken ✦ **pop in** *vi* vorbeischauen; **to keep** ~**ping in and out** dauernd rein und rauslaufen ✦ **pop off** *vi* ❶ *(hum fam: die)* abkratzen *derb* ❷ *(fam: leave)* abhauen; **to** ~ **off home** nach Hause düsen ✦ **pop out** *vi* ❶ *(come out)* herausspringen ❷ *(leave)* kurz weg sein; ■ **to** ~ **out for sth** schnell etw besorgen ✦ **pop up** *vi* ❶ *(appear unexpectedly)* auftauchen; **to** ~ **up out of nowhere** aus dem Nichts auftauchen ❷ *(in pop-up book)* sich aufrichten ❸ AM SPORTS *(hit a short fly ball)* einen Ball im Flug berühren

pop² [pɒp] **I.** *n no pl (music)* Pop *m* **II.** *adj attr* ❶ *(popular)* populär; ~ **culture** Popkultur *f* ❷ *(also pej: popularized)* populär

pop³ [pɒp] *n esp* AM *(esp childspeak fam)* Papa *m*

'pop art *n no pl* Pop-Art *f* **'pop con·cert** *n* Popkonzert *nt* **'pop·corn** *n no pl* Popcorn *nt*

pope [pəʊp] *n* Papst *m*

pop-ˈeyed *adj* ❶ *(with surprise)* mit Stielau-

gen *fam;* ■ **to be ~** Stielaugen bekommen ❷ *(with bulging eyes)* mit Glupschaugen *nach n,* glupschäugig **'pop group** *n* Popgruppe *f* **'pop·gun** *n* Spielzeugpistole *f*
pop·lar ['pɒplə^r] *n* Pappel *f*
pop·lin ['pɒplɪn] *n no pl* Popelin *m*
'pop mu·sic *n no pl* Popmusik *f*
pop·per ['pɒpə^r] *n* BRIT *(fam)* Druckknopf *m*
pop·pet ['pɒpɪt] *n esp* BRIT, AUS *(fam)* Schatz *m; (form of address also)* Schätzchen *nt*
pop·py ['pɒpi] *n* Mohn *m kein pl,* Mohnblume *f*
'pop·py·cock *n no pl (pej dated fam)* Quatsch *m* **'Pop·py Day** *n* BRIT *Sonntag, der dem 11. November am nächsten kommt, an dem insbesondere der Gefallenen der beiden Weltkriege gedacht wird* **'pop·py seed** *n usu pl* Mohnsamen *m,* Mohn *m kein pl*
'pop sing·er *n* Popsänger(in) *m(f)* **'pop song** *n* Popsong *m* **'pop star** *n* Popstar *m*
pop·u·lace ['pɒpjələs] *n no pl* ■ **the ~** die breite Masse [der Bevölkerung]
pop·u·lar ['pɒpjələ^r] *adj* ❶ *(widely liked)* beliebt, populär; ■ **to be ~ with sb** bei jdm beliebt sein ❷ *attr (not high-brow)* populär; **the ~ press** die Massenmedien *pl* ❸ *attr (widespread)* weit verbreitet; **it is a ~ belief that …** viele glauben, dass … ❹ *attr (of the people)* Volks-; **by ~ request** auf allgemeinen Wunsch; **~ support** Unterstützung *f* durch breite Schichten der Bevölkerung
pop·u·lar·i·ty [ˌpɒpjəˈlærəti] *n no pl* Beliebtheit *f,* Popularität *f* **pop·u·lar·ize** ['pɒpjələraɪz] *vt* ❶ *(make liked)* populär machen; **to ~ an artist** eine(n) Künstler/einer Künstlerin zum Durchbruch verhelfen ❷ *(make accessible)* breiteren Kreisen zugänglich machen **pop·u·lar·ly** ['pɒpjələli] *adv* ❶ *(commonly)* allgemein; **as is ~ believed** wie man allgemein annimmt; **to be ~ thought of as sth** allgemein für etw *akk* gehalten werden ❷ *(by the people)* vom Volk
pop·u·late ['pɒpjəleɪt] *vt* ❶ *usu passive (inhabit)* ■ **to be ~d** bevölkert sein; **island** bewohnt sein **(by/with** von) ❷ *(provide inhabitants)* besiedeln
pop·u·la·tion [ˌpɒpjəˈleɪʃ^ən] *n* ❶ *usu sing (inhabitants)* Bevölkerung *f kein pl;* **the civilian ~** die Zivilbevölkerung ❷ *no pl (number of people)* Einwohnerzahl *f;* **a ~ of 1.2 million** 1,2 Millionen Einwohner ❸ BIOL Population *f fachspr,* Bestand *m;* **the deer ~** der Hirschbestand
pop·u·la·tion 'den·si·ty *n no pl* Bevölkerungsdichte *f* **pop·u·la·tion drift** *n no pl* Bevölkerungsbewegung *f,* demographischer Wandel **pop·u·la·tion ex·'plo·sion** *n* Bevölkerungsexplosion *f*
pop·u·lous ['pɒpjələs] *adj (form)* bevölkerungsreich; *region, area* dicht besiedelt
porce·lain ['pɔːs^əlɪn] *n no pl* Porzellan *nt*
porch <*pl* -es> [pɔːtʃ] *n* ❶ *(without walls)* Vordach *nt;* (*with walls)* Vorbau *m; of a church* Portal *nt* ❷ AM *(veranda)* Veranda *f*
por·cu·pine ['pɔːkjəpaɪn] *n* Stachelschwein *nt*
pore¹ [pɔː^r] *n* Pore *f*
pore² [pɔː^r] *vi* brüten *(over* über); **to ~ over books** über Büchern hocken *fam;* **to ~ over a map/newspaper** eine Landkarte/Zeitung eingehend studieren
pork [pɔːk] *n no pl* Schweinefleisch *nt*
pork 'chop *n* Schweinekotelett *nt* **pork·er** ['pɔːkə^r] *n* Mastschwein *nt*
porkie ['pɔːki] *n usu pl* BRIT *(hum rhyming sl)* Lüge[ngeschichte] *f*
pork 'pie *n* BRIT ❶ *(food)* Schweinefleischpastete *f* ❷ *(hum rhyming sl) see* **porkie**
pork-pie 'hat *n* flacher Hut mit Krempe
porky ['pɔːki] **I.** *adj (pej fam)* fett **II.** *n* ❶ AM *(fam)* Stachelschwein *nt* ❷ BRIT *(hum rhyming sl) see* **porkie**
porn [pɔːn] *(fam)* **I.** *n no pl short for* **pornography** Porno *m* **II.** *adj attr short for* **pornographic** Porno-
por·no·graph·ic [ˌpɔːnəˈɡræfɪk] *adj* ❶ *(containing pornography)* pornografisch, Porno- ❷ *(obscene)* obszön
por·nog·ra·phy [pɔːˈnɒɡrəfi] *n no pl* Pornografie *f*
po·rous ['pɔːrəs] *adj* ❶ *(permeable)* porös ❷ *(not secure)* durchlässig
por·poise ['pɔːpəs] *n* Tümmler *m*
por·ridge ['pɒrɪdʒ] *n no pl* ❶ *(boiled oats)* Porridge *m o nt,* Haferbrei *m* ❷ BRIT *(fam: time in prison)* **to do ~** [im Knast] sitzen
por·ridge 'oats *npl* BRIT Haferflocken *pl*
port¹ [pɔːt] *n* ❶ *(harbour)* Hafen *m* ❷ *(town)* Hafenstadt *f*
port² [pɔːt] *n no pl* AVIAT, NAUT Backbord *nt* ÖSTERR *a. m*
port³ [pɔːt] *n* ❶ COMPUT Anschluss *m,* Port *m fachspr* ❷ NAUT *(porthole)* Bullauge *nt* ❸ NAUT, MIL *(gun port)* Geschützpforte *f*
port⁴ [pɔːt] *n no pl (wine)* Portwein *m*
port⁵ [pɔːt] *n* AUS *(fam: travelling bag)* Reisetasche *f*
port·able ['pɔːtəbl] *adj* tragbar; **~ radio** Kofferradio *nt*
por·ta·cab·in *n* BRIT Wohncontainer *m*
por·tage ['pɔːtɪdʒ] *n* ❶ *no pl* TRANSP, NAUT *(carrying)* Transport *m* über Land ❷ *no pl (costs)* Transportkosten *pl* ❸ *(place)* Portage *f*

por·tal ['pɔːtəl] n ❶ (form) Portal nt ❷ COMPUT Portal nt
port au'thor·ity n Hafenbehörde f
port 'charges npl, **port 'dues** npl Hafengebühr[en] f[pl]
port·cul·lis <pl -es> [ˌpɔːt'kʌlɪs] n Fallgitter nt
por·ten·tous [pɔː'tentəs] adj ❶ (form: highly significant) bedeutungsvoll; (ominous) unheilvoll; (grave) schicksalhaft ❷ (pej: pompous) hochtrabend
por·ter¹ ['pɔːtə'] n ❶ (baggage-carrier) Gepäckträger m; (on expedition) Träger m ❷ no pl (beer) Porter m
por·ter² ['pɔːtə'] n ❶ esp BRIT (doorkeeper) Portier, Portiersfrau m, f ❷ AM RAIL (on sleeping car) [Schlafwagen]schaffner(in) m(f)
port·fo·lio [ˌpɔːt'fəʊliəʊ] n ❶ (case) Aktenmappe f ❷ (of drawings, designs) Mappe f ❸ FIN Portefeuille nt fachspr ❹ POL (ministerial position) Geschäftsbereich m
'port·hole n NAUT Bullauge nt; AVIAT Kabinenfenster nt
por·ti·co <pl -es or -s> ['pɔːtɪkəʊ] n Säulengang m, Portikus m fachspr
por·tion ['pɔːʃən] I. n ❶ (part) Teil m ❷ (share) Anteil m ❸ (serving) Portion f; (piece) Stück nt II. vt ❶ to ~ out ▷ sth etw aufteilen; (fig) [die] Schuld zuweisen
port·ly ['pɔːtli] adj (esp hum) korpulent
por·trait ['pɔːtrɪt] n ❶ (picture) Porträt nt, Bildnis nt; **to paint a ~ of sb** jds Porträt malen ❷ (fig: description) Bild nt ❸ no art TYPO (format) Hochformat nt
por·trait·ist ['pɔːtrɪtɪst] n, **por·trait paint·er** n Porträtmaler(in) m(f)
por·trai·ture ['pɔːtrɪtʃə'] n no pl Porträtmalerei f
por·tray [pɔː'treɪ] vt ❶ (paint) porträtieren ❷ (describe) darstellen
por·tray·al [pɔː'treɪəl] n Darstellung f; (in literature) Schilderung f
Por·tu·gal ['pɔːtʃəɡəl] n Portugal nt
Por·tu·guese [ˌpɔːtʃə'ɡiːz] I. n ❶ <pl -> (person) Portugiese(in) m(f) ❷ no pl (language) Portugiesisch nt II. adj ❶ (of Portugal) portugiesisch ❷ (of language) course, teacher Portugiesisch-
pose [pəʊz] I. n ❶ (bodily position) Haltung f, Pose f ❷ usu sing (pretence) Getue nt II. vi ❶ (adopt position) posieren, eine Haltung einnehmen; ■ **to ~ for sb** für jdn Modell sitzen; **to ~ for one's photograph** sich fotografieren lassen ❷ (pretend) ■ **to ~ as sth** sich als etw ausgeben ❸ (behave affectedly) sich geziert benehmen III. vt ❶ (cause) aufwerfen; **to ~ difficulties** Schwierigkeiten mit sich dat bringen; **to ~ a threat to sb/sth** eine Bedrohung für jdn/etw darstellen ❷ (ask) **to ~ a question** eine Frage stellen
pos·er ['pəʊzə'] n (fam) ❶ (problem) schwierige Frage ❷ (pej: person) Angeber(in) m(f)
posh [pɒʃ] (fam) I. adj ❶ (stylish) vornehm, piekfein; **~ car** Luxusschlitten m fam; **~ hat** todschicker Hut fam; esp BRIT (upper-class) vornehm; **a ~ woman** eine feine Dame II. adv BRIT vornehm; **she talks dead ~** sie spricht so furchtbar gestelzt
pos·it ['pɒzɪt] vt (form) postulieren
po·si·tion [pə'zɪʃən] I. n ❶ (place) Platz m, Stelle f; (building) Lage f ❷ (appointed place) Platz m; **to be in ~** an seinem/ihrem Platz sein; **to get into ~** seinen/ihren Platz einnehmen; **to move sth into ~** etw zurechtrücken ❸ (in navigation) Position f, Standort m ❹ (posture) Stellung f, Lage f; **yoga ~** Yogahaltung f; **lying/sitting ~** liegend/sitzend; **to change one's ~** eine andere Stellung einnehmen ❺ SPORTS (in team) [Spieler]position f ❻ (rank) Position f, Stellung f ❼ BRIT, AUS (in race, competition) Platz m ❽ (job) Stelle f; **a ~ of responsibility** ein verantwortungsvoller Posten ❾ usu sing (situation) Situation f, Lage f; **put yourself in my ~** versetz dich in meine Lage; **to put sb in an awkward ~** jdn in eine unangenehme Lage bringen ❿ usu sing (form: opinion) Haltung f, Standpunkt m ⓫ usu pl MIL Stellung f II. vt platzieren
pos·i·tive ['pɒzətɪv] adj ❶ (certain) sicher, bestimmt; ■ **to be ~ about sth** sich dat einer S. gen sicher sein ❷ (optimistic) positiv; criticism konstruktiv ❸ MED positiv ❹ attr (complete) wirklich, absolut; **a ~ disadvantage/miracle** ein echter Nachteil/ein echtes Wunder ❺ MATH (above zero) positiv ❻ ELEC (carried by protons) Plus-, positiv
pos·i·tive·ly ['pɒzətɪvli] adv ❶ (definitely) bestimmt; say, promise fest ❷ (optimistically) positiv ❸ (fam: completely) völlig, absolut
poss [pɒs] adj pred (fam) short for **possible** möglich
pos·se ['pɒsi] n ❶ (group of people) Gruppe f ❷ (sl: group of friends) Clique f fam ❸ (hist: summoned by sheriff) [Hilfs]trupp m
pos·sess [pə'zes] vt ❶ (own, have) besitzen ❷ LAW (carry illegally) [illegal] besitzen ❸ (fam: cause) **what ~ed you?** was ist denn [bloß] in dich gefahren?; **whatever ~ed him to ...** wie ist er bloß auf den Gedanken gekommen, ... ❹ usu passive (control) **to be ~ed by demons/the Devil** von Dämonen/vom Teufel besessen sein; **to be ~ed by the urge to do sth** von dem Drang besessen

pos·ses·sion [pəˈzeʃən] n ❶ no pl (*having*) Besitz m; ■ **to be in sb's ~** sich in jds Besitz befinden ❷ no pl (*something owned*) Besitz m kein pl ❸ POL (*area of land*) Besitzung[en] f[pl] geh ❹ no pl SPORTS **to regain ~** [**of the ball**] wieder in den Ballbesitz gelangen

pos·ses·sive [pəˈzesɪv] adj ❶ (*not sharing*) eigen ❷ (*jealous*) besitzergreifend; **he's very ~ towards his wife** was seine Frau angeht, ist er sehr besitzergreifend ❸ LING (*showing possession*) possessiv

pos·ses·sor [pəˈzesə^r] n usu sing (*form*) Besitzer(in) m(f)

pos·si·bil·ity [ˌpɒsəˈbɪləti] n ❶ (*event or action*) Möglichkeit f; **there's a ~ that ...** es kann sein, dass ...; **there is every ~ that ...** es ist sehr wahrscheinlich, dass ... ❷ no pl (*likelihood*) Möglichkeit f, Wahrscheinlichkeit f; **is there any ~ [that] ...?** besteht irgendeine Möglichkeit, dass ...?; **there's not much ~ of that happening** die Wahrscheinlichkeit, dass das passiert, ist sehr gering; **it's not beyond the bounds of ~ that ...** es ist nicht völlig auszuschließen, dass ... ❸ (*potential*) ■ **possibilities** pl Möglichkeiten pl

pos·si·ble [ˈpɒsəbl] adj ❶ usu pred (*feasible*) möglich; **it's just not ~** das ist einfach nicht machbar; **the best/cheapest ~ ...** der/die/das allerbeste/allerbilligste ...; **as much/soon as ~** so viel/bald wie möglich ❷ (*that could happen*) möglich, vorstellbar; **to make sth ~** etw ermöglichen

pos·si·bly [ˈpɒsəbli] adv ❶ (*feasibly*) **he can't ~ have drunk all that on his own!** das kann er doch unmöglich alles allein getrunken haben!; **to do all that one ~ can** alles Menschenmögliche tun ❷ (*perhaps*) möglicherweise, vielleicht; **very ~** durchaus möglich; (*more likely*) sehr wahrscheinlich ❸ (*in polite use*) möglicherweise; **could I ~ ask you to ...?** dürfte ich Sie vielleicht bitten, ...?

pos·sum <pl - or -s> [ˈpɒsəm] n Gleitbeutler m

post [pəʊst] I. n ❶ (*pole*) Pfosten m, Pfahl m; **concrete/iron/wooden ~** Beton-/Eisen-/Holzpfosten m ❷ (*in a race*) ■ **the finishing ~** der Zielpfosten ❸ (*fam: goalpost*) [Tor]pfosten m II. vt (*send*) [per Post] schicken ❷ (*give notice*) [durch Aushang] bekannt geben; **to ~ sth on the [Inter]net** etw über das Internet bekannt geben

post-9-11 [ˈpəʊstnaɪnɪˌlevən], **post-Sept. 11** [ˌpəʊstsepˌtembəˈɪˌlevən] adj nach dem 11.September *nach* n

post·age [ˈpəʊstɪdʒ] n no pl Porto nt

'post·age me·ter n AM (*franking machine*) Frankiermaschine f **post·age ˈpaid** adj [porto]frei **'post·age rate** n Porto nt, Postgebühren pl **'post·age stamp** n (*form*) Postwertzeichen nt

post·al [ˈpəʊstəl] adj attr Post-, postalisch geh **'post·al code** n BRIT, AUS Postleitzahl f **'post·al or·der** n esp BRIT Postanweisung f **'post·al vote** n BRIT Briefwahl f

post-apoca·lyp·tic [ˌpəʊstəˌpɒkəˈlɪptɪk] adj *book or film setting, society* post-apokalyptisch

'post·bag n BRIT ❶ (*letters*) Zuschriften pl; (*by readers*) Leserzuschriften pl; (*by viewers*) Zuschauerzuschriften pl; (*by listeners*) Hörerzuschriften pl ❷ (*bag*) Postsack m **'post·box** n esp BRIT, AUS Briefkasten m **'post·card** n Postkarte f **'post·code** n BRIT, AUS Postleitzahl f

post-ˈdate vt ❶ (*give later date*) vordatieren ❷ (*happen after*) ■ **to ~ sth** sich später ereignen

post·er [ˈpəʊstə^r] n ❶ (*advertisement*) [Werbe]plakat nt ❷ (*large picture*) Poster nt

poste res·tante [ˌpəʊstˈrestɑ:nt] I. n usu sing Aufbewahrungs- und Abholstelle f für postlagernde Briefe und Sendungen; (*on envelopes*) '~' ,postlagernd' II. adv postlagernd, poste restante

pos·teri·or [pɒsˈtɪəriə^r] I. n (*hum*) Hinterteil nt hum II. adj attr (*form*) ❶ (*later in time*) spätere(r, s) ❷ (*towards the back*) hintere(r, s)

pos·ter·ity [pɒsˈterəti] n no pl (*form*) Nachwelt f geh

pos·tern [ˈpɒstən] n (*old: at back*) Hintertür f; (*at side*) Seitentür f

'post-ˈfree BRIT I. adj gebührenfrei II. adv portofrei, gebührenfrei

post-ˈgradu·ate I. n Postgraduierte(r) f(m) fachspr, Student(in) m(f) MIL Aufbaustudium (*nach Erreichen des ersten akademischen Grades*) II. adj attr weiterführend, Postgraduierten- fachspr, Aufbau-

Post·gradu·ate Cer·tifi·cate in Edu·ˈca·tion n, **PGCE** n BRIT *in Großbritannien für Lehramtskandidaten/-kandidatinnen vorgeschriebenes einjähriges Referendariat nach Ablegen des ersten Examens*

post-ˈhaste adv (*dated form*) schnellstens

post·hu·mous [ˈpɒstjəməs] adj (*form*) post[h]um

post·ing [ˈpəʊstɪŋ] n esp BRIT ❶ (*appointment to job*) Versetzung f; MIL Abkommandierung f ❷ (*location*) Ort, an den jd versetzt wird

'post·man n Postbote m, Briefträger m **'post·mark** I. n Poststempel m II. vt usu passive ■ **to be ~ed** abgestempelt sein **'post·mas·ter** n Leiter m einer Postdienst-

stelle
post me·rid·i·em [ˌpəʊs(t)məˈrɪdiəm] *adv see* p.m.
post·ˈmod·ern *adj* post-modern **post·ˈmod·ern·ism** *n no pl* Postmoderne *f* **post-ˈmor·tem** [ˌpəʊs(t)ˈmɔːtəm] **I.** *n* ① MED (*examination*) Autopsie *f* ② (*fam: discussion*) Manöverkritik *f hum* **II.** *adj attr* (*done after death*) nach dem Tod *nach n*, postmortal *fachspr*; ~ report Obduktionsbericht *m* **post-ˈna·tal** *adj* nach der Geburt *nach n*, postnatal *fachspr*
ˈPost Of·fice *n* ▪ the ~ die Post *kein pl*
post ˈof·fice ˈbox *n* Postfach *nt* **post-ˈpaid** **I.** *adj* portofrei, gebührenfrei; *reply card* frankiert **II.** *adv* gebührenfrei, portofrei
post·pone [pəʊs(t)ˈpəʊn] *vt* verschieben
post·pone·ment [pəʊs(t)ˈpəʊnmənt] *n* ① (*delay*) Verschiebung *f* ② *no pl* (*deferment*) Aufschub *m*; *of a court case* Vertagung *f*
ˈpost·script *n* ① (*to a letter*) Postskript[um] *nt* ② (*to piece of writing*) Nachwort *nt* ③ (*sequel*) Fortsetzung *f*
pos·tu·late (*form*) **I.** *vt* [ˈpɒstjəleɪt] postulieren *geh*; ▪ to ~ that ... die These vertreten, dass ... **II.** *n* [ˈpɒstjələt] Postulat *nt geh*
pos·ture [ˈpɒstʃəʳ] **I.** *n* ① *no pl* (*natural*) [Körper]haltung *f*; (*pose also*) Stellung *f*, Pose *f* ② *no pl* (*attitude*) Haltung *f* (**on** zu) **II.** *vi* (*pej*) sich in Pose werfen
post·vi·ral [ˌpəʊs(t)ˈvaɪrəl] *adj* MED postviral; ~ [**fatigue**] **syndrome** Erschöpfungssyndrom *nt* **post-ˈwar** *adj* Nachkriegs-, der Nachkriegszeit *nach n*
posy [ˈpəʊzi] *n* Sträußchen *nt*
pot¹ *n no pl* (*sl*) Pot *nt*
pot² [pɒt] **I.** *n* ① (*for cooking*) Topf *m* ② (*container*) Topf *m*; (*glass*) Glas *nt*; **coffee** ~/**tea** ~ Kaffee-/Teekanne *f* ③ (*amount*) **a** ~ **of coffee/tea** eine Kanne Kaffee/Tee; **two** ~**s of sour cream/yoghurt** BRIT zwei Becher *m* saure Sahne/Joghurt ④ (*for plants*) Blumentopf *m* ⑤ (*clay container*) Keramikgefäß *nt* ⑥ (*fam: a lot*) ▪ ~**s** *pl* jede Menge **II.** *vt* <-tt-> ① (*put in pot*) *plants* eintopfen; *food* in Töpfe füllen ② (*shoot*) abschießen ③ SPORT (*in billiards, snooker*) einlochen **III.** *vi* ▪ to ~ **at sth** auf etw *akk* schießen
pot·ash [ˈpɒtæʃ] *n no pl* Pottasche *f*
po·tas·si·um [pəˈtæsiəm] *n no pl* Kalium *nt*
po·tas·si·um ˈchlo·ride *n no pl* Kaliumchlorid *nt* **po·tas·si·um ˈcya·nide** *n no pl* Kaliumzyanid *nt fachspr* **po·tas·si·um per·ˈman·ga·nate** *n no pl* Kaliumpermanganat *nt*
po·ta·to <*pl* -es> [pəˈteɪtəʊ] *n* Kartoffel *f*, Erdapfel *m* ÖSTERR; **baked** ~ Ofenkartoffel *f*;

fried/roasted ~**es** Brat-/Röstkartoffeln *pl*; **mashed** ~**es** Kartoffelbrei *m*
po·ˈta·to bee·tle *n*, **po·ˈta·to bug** *n* AM Kartoffelkäfer *m* **po·ˈta·to ˈcrisp**, AM, AUS **po·ˈta·to ˈchip** *n usu pl* Kartoffelchip *m* **po·ˈta·to mash·er** *n* Kartoffelstampfer *m* **po·ˈta·to peel·er** *n* Kartoffelschäler *m*
pot-bel·lied [ˈpɒtˌbelɪd] *adj* dickbäuchig
pot ˈbel·ly *n* dicker Bauch, Wampe *f fam*; (*sign of illness*) Blähbauch *m* **ˈpot-boil·er** *n* (*pej: music*) rein kommerzielles Stück; (*novel*) rein kommerzieller Roman
po·teen [pɒˈtiːn] *n* IRISH illegal gebrannter irischer Schnaps
po·ten·cy [ˈpəʊtən(t)si] *n no pl* ① (*strength*) Stärke *f*; *of evil, temptation, a spell* Macht *f*; *of a drug, poison* Wirksamkeit *f*; *of a weapon* Durchschlagskraft *f* ② (*sexual*) Potenz *f*
po·tent [ˈpəʊtənt] *adj* ① (*strong*) mächtig; *antibiotic, drink, poison* stark; *argument* schlagkräftig; *symbol* aussagekräftig; *weapon* durchschlagend ② (*sexual*) potent
po·ten·tate [ˈpəʊtənteɪt] *n* (*esp pej liter*) Potentat(in) *m(f) pej*
po·ten·tial [pəˈ(ʊ)tenʃəl] **I.** *adj* potenziell *geh*, möglich **II.** *n no pl* Potenzial *nt geh*; **to have [a lot of]** ~ *building, idea* [vollkommen] ausbaufähig sein; *person* [großes] Talent haben; *song* viel versprechend sein
po·ten·ti·al·i·ty [pəˌ(ʊ)tenʃɪˈæləti] *n no pl* (*form: ability*) Potenzial *nt*; (*capacity*) Leistungsfähigkeit *f*
po·ten·tial·ly [pəˈ(ʊ)tenʃəli] *adv* potenziell *geh*; ~ **disastrous/successful** möglicherweise verheerend/erfolgreich; **sth is** ~ **fatal** etw kann tödlich sein
ˈpot hold·er *n esp* AM, AUS Topflappen *m*
ˈpot·hole *n* ① (*in road*) Schlagloch *nt* ② (*underground hole*) Höhle *f* **ˈpot·hol·er** *n esp* BRIT jd, der als Hobby Höhlen erforscht
po·tion [ˈpəʊʃən] *n* Trank *m*; (*esp pej: medicine*) Mittelchen *nt hum*
pot ˈluck *n no pl* Zufallstreffer *m*; **to take** ~ nehmen, was es gerade gibt
pot·pour·ri [ˌpəʊˈpʊəri] *n no pl* Potpourri *nt* **ˈpot roast** *n* Schmorbraten *m* **ˈpot-shot** *n* (*with gun*) blinder Schuss; (*fig: verbal attack*) Seitenhieb *m*; **to take a** ~ **at sb/sth** [aufs Geratewohl] auf jdn/etw schießen; (*fig*) Seitenhiebe gegen jdn/etw austeilen
pot·ted [ˈpɒtɪd] *adj attr* ① (*in a pot*) Topf- ② (*preserved*) eingelegt ③ BRIT (*fam: shorter*) gekürzt, Kurz-
pot·ter¹ [ˈpɒtəʳ] *n* Töpfer(in) *m(f)*
pot·ter² [ˈpɒtəʳ] *esp* BRIT **I.** *n no pl* (*stroll*) Bummel *m*; (*around town*) Stadtbummel *m* **II.** *vi* ① (*unhurriedly*) bummeln ② (*do nothing in particular*) vor sich *akk* hin werkeln

pot·tery ['pɒtəri] *n* ① *no pl* (*activity*) Töpfern *nt* ② (*objects*) Keramik *f kein pl* ③ (*factory*) Töpferei *f*

pot·ty ['pɒti] **I.** *adj esp* BRIT (*fam*) verrückt; ■ **to be ~ about sb/sth** nach jdm/etw verrückt sein; **to drive sb ~** jdn zum Wahnsinn treiben **II.** *n* Töpfchen *nt*

pouch <*pl* -es> [paʊtʃ] *n* ① (*small bag*) Beutel *m* ② ZOOL (*of kangaroo, koala*) Beutel *m*; (*of hamster*) Tasche *f*

pouf¹ [puːf] *n* Puff *m*

pouf² *n esp* BRIT, AUS (*pej sl*) *see* **poof**

poul·ter·er ['pəʊltərə'] *n* BRIT Geflügelhändler(in) *m(f)*

poul·tice ['pəʊltɪs] *n* MED Breiumschlag *m*

poul·try ['pəʊltri] *n* ① *pl* (*birds*) Geflügel *nt kein pl* ② *no pl* (*meat*) Geflügel[fleisch] *nt*

'poul·try farm *n* Geflügelfarm *f* **'poul·try farm·ing** *n no pl* Geflügelzucht *f*

pounce [paʊn(t)s] *vi* ① (*jump*) losspringen; *attacker, animal* einen Satz machen; *bird of prey* niederstoßen ② (*fig: seize opportunity*) *police, journalist* zuschlagen, zuschnappen *fam*; *interrogator* sich auf sein Opfer stürzen *fig*

pound¹ [paʊnd] *n* Pfund *nt*; (*coin*) Pfundmünze *f*

pound² [paʊnd] *n* ≈ Pfund *n* (*454 g*)

pound³ [paʊnd] **I.** *vt* ① (*hit repeatedly*) ■ **to ~ sth** auf etw *akk* hämmern; **to ~ the door** gegen die Tür hämmern ② MIL (*bombard*) **to ~ the enemy positions/town** die feindlichen Stellungen/Stadt bombardieren; (*fig*) **the storm ~ed southern France** der Sturm peitschte über Südfrankreich hinweg ③ *esp* BRIT *esp* FOOD (*crush*) zerstampfen **II.** *vi* ① (*strike repeatedly*) hämmern (**on** an/gegen/auf) ② (*run noisily*) stampfen ③ (*beat*) *pulse* schlagen; *heart also* pochen

pound·ing ['paʊndɪŋ] **I.** *n* ① *no pl* (*noise*) *of guns* Knattern *nt*; *of heart* Schlagen *nt*; (*in head*) Pochen *nt*; *of music, drum* Dröhnen *nt*; *of waves* Brechen *nt* ② (*attack*) Beschuss *m kein pl*; (*from air*) Bombardement *nt*; **to take a ~** unter schwerem Beschuss geraten; (*fig*) ziemlich unter Beschuss geraten ③ (*defeat*) Niederlage *f*; (*in election, match*) Schlappe *f* **II.** *adj drum, music* dröhnend; *head, heart* pochend

pour [pɔː'] **I.** *vt* ① (*cause to flow*) gießen (**into** in, **onto** auf); ■ **to ~ sth onto sb/oneself** (*accidently*) etw über jdn/sich kippen; ■ **to ~ sb/oneself sth** jdm/sich etw einschenken; (*as refill*) jdm/sich etw nachschenken; **~ yourself a drink** nimm dir was zu trinken ② (*fig: give in large amounts*) ■ **to ~ sth into sth** *money, resources* etw in etw *akk* fließen lassen; *energies* etw in etw *akk* stecken **II.** *vi* ① (*fill glasses, cups*) eingießen, einschenken ② (*flow*) fließen (**into** in, **out** aus); **the sunlight came ~ing into the room** das Sonnenlicht durchströmte den Raum ③ *impers* (*rain*) **it's ~ing** [**with rain**] es schüttet *fam* ♦ **pour in** *vi* hereinströmen, hineinströmen; *letters, donations* massenweise eintreffen ♦ **pour out I.** *vt* ① (*serve from a container*) *liquids* ausgießen; *solids* ausschütten ② (*fig: recount*) **to ~ out one's problems/thoughts/worries** sich *dat* Probleme/Sorgen/Sorgen von der Seele reden ③ (*produce quickly*) ausstoßen **II.** *vi* ① (*come out*) ausströmen; *smoke* herausquellen ② (*be expressed*) *words etc.* herauskommen *fig*

pout [paʊt] **I.** *vi* einen Schmollmund machen; (*sulk*) schmollen **II.** *vt* **to ~ one's lips** die Lippen spitzen **III.** *n* Schmollmund *m*

pov·er·ty ['pɒvəti] *n no pl* ① (*state of being poor*) Armut *f* ② (*form: lack*) Mangel *m* (**of** an)

'pov·er·ty line *n* ■ **the ~** die Armutsgrenze **'pov·er·ty-strick·en** *adj* bitterarm

POW [ˌpiːəʊˈdʌbljuː] *n*, BRIT *also* **PoW** *n* (*hist*) *abbrev of* **prisoner of war** KG

pow·der ['paʊdə'] **I.** *n* ① *no pl* Pulver *nt* ② *no pl* (*make-up*) Puder *m* ③ BRIT (*washing powder*) Waschpulver *nt* **II.** *vt* pudern; ■ **to be ~ed with sth** mit etw *dat* bestreut sein

'pow·der com·pact *n* Puderdose *f*

pow·dered ['paʊdəd] *adj* ① (*in powder form*) Pulver-, pulverisiert ② (*covered with powder*) gepudert

'pow·der keg *n* Pulverfass *nt* **'pow·der puff** *n* Puderquaste *f* **'pow·der room** *n* (*dated*) Damentoilette *f*

pow·dery ['paʊdəri] *adj* pulvrig; (*finer*) pudrig

pow·er ['paʊə'] **I.** *n* ① *no pl* (*control*) Macht *f*; (*influence*) Einfluss *m*; **to have sb in one's ~** jdn in seiner Gewalt haben ② *no pl* (*political control*) Macht *f*; **to come to ~** an die Macht kommen; **executive/legislative ~** die exekutive/legislative Gewalt; **to seize ~** die Macht ergreifen ③ (*nation*) [Führungs]macht *f* ④ (*person, group*) Macht *f*; *person also* treibende Kraft; *pl* (*group also*) ■ **~s** Kräfte *pl* ⑤ *no pl* (*right*) Berechtigung *f* ⑥ (*authority*) ■ **~s** *pl* Kompetenz[en] *f*[*pl*] ⑦ *no pl* (*ability*) Vermögen *nt*; **it is beyond my ~ to ...** es steht nicht in meiner Macht, ...; **to do everything in one's ~** alles in seiner Macht Stehende tun ⑧ *no pl* (*strength*) Kraft *f*; (*of sea, wind, explosion*) Gewalt *f*; (*of nation, political party*) Stärke *f*, Macht *f* ⑨ *no pl* (*emotion*) Intensität *f*; *of* *words* Macht f ⑩ no pl (electricity) Strom m, Elektrizität f; **nuclear ~** Atomenergie f ⑪ no pl (output) Leistung f, Kraft f ⑫ no pl MATH Potenz f; **two to the ~** [of] **four** zwei hoch vier ▶ **the ~s that be** die Mächtigen **II.** vt antreiben ◆ **power down** vt ELEC, TECH abschalten; *computer* herunterfahren ◆ **power up I.** vt ELEC, TECH einschalten; *computer* hochfahren **II.** vi TECH, COMPUT hochfahren

pow·er·as·'sist·ed adj attr Servo- **'pow·er·boat** n Rennboot nt **pow·er 'brakes** npl Servobremsen pl **pow·er·'break·fast·er** n (sl) jd, der an einem Frühstückstreffen teilnimmt **'pow·er cable** n Stromkabel nt **'pow·er cut** n BRIT, AUS (accidental) Stromausfall m; (deliberate) Stromsperre f **'pow·er-driven** adj Motor-; (by electricity) elektrisch, Elektro-

pow·er·ful ['paʊəfl] adj ❶ (mighty) mächtig; (influential) einflussreich ❷ (physically strong) stark, kräftig ❸ (having physical effect) stark; *explosion* heftig ❹ (compelling) *effect, influence* stark; *argument* schlagkräftig; *evidence* überzeugend; *gaze* durchdringend ❺ (emotionally moving) mitreißend; *literature, music* also ausdrucksvoll; *speech* also bewegend; *language, painting* ausdrucksstark ❻ TECH, TRANSP leistungsstark ❼ (with high magnification) *lens, microscope, telescope* stark

pow·er·ful·ly ['paʊəfli] adv ❶ (strongly) stark; (very much) sehr ❷ (using great force) kraftvoll, mit Kraft; *argue* schlagkräftig

'pow·er·house n treibende Kraft, Motor m fig; (of ideas, suggestions) unerschöpfliche Quelle; **to be an academic ~** eine Hochburg der Wissenschaft sein

pow·er·less ['paʊələs] adj machtlos (**against** gegen); (without authority) *monarchy* ohne Machtbefugnis; ■ **to be ~ to do sth** unfähig sein, etw zu tun

'pow·er line n Stromkabel nt **'pow·er mow·er** n (electric) elektrischer Rasenmäher; (petrol-driven) Benzinrasenmäher m **'pow·er plant** n ❶ esp AM Kraftwerk nt ❷ TECH (engine) Triebwerk nt; (equipment) Triebwerkanlage f **'pow·er point** n BRIT, AUS Steckdose f **'pow·er 'steer·ing** n no pl Servolenkung f **'pow·er tool** n Motorwerkzeug nt; (electric) Elektrowerkzeug nt

pow·wow ['paʊwaʊ] n Powwow m (indianische Versammlung); (fig fam) Versammlung f

pox [pɒks] n no pl (dated fam) ■ **the ~** die Syphilis

poxy ['pɒksi] adj BRIT (fam) verflixt; (stupid) blöd

pp npl (form) abbrev of **pages** S.

PR[1] [ˌpiːˈɑːʳ] n no pl abbrev of **public relations** PR; **a ~ campaign/exercise** eine PR-Kampagne/PR-Maßnahme

PR[2] [ˌpiːˈɑːʳ] n abbrev of **proportional representation** Verhältniswahlsystem nt

prac·ti·ca·ble ['præktɪkəbl] adj (form) durchführbar, machbar

prac·ti·cal ['præktɪkl] **I.** adj ❶ (not theoretical) praktisch ❷ (suitable) praktisch; ■ **to be ~ for sth** sich zu etw dat eignen ❸ (approv: good at doing things) praktisch [veranlagt] ❹ (possible) realisierbar, praktikabel; **~ method/technique** anwendbare Methode/Technik ❺ (fam: virtual) praktisch **II.** n praktische Prüfung

prac·ti·cal·i·ty [ˌpræktɪˈkæləti] n ❶ no pl (feasibility) Durchführbarkeit f, Machbarkeit f; (practical gain) praktischer Nutzen ❷ (not theoretically) ■ **the practicalities** pl die praktische Seite ❸ no pl (usability) Nützlichkeit f ❹ (approv) *of a person* praktische Veranlagung **prac·ti·cal·ly** ['præktɪkəli] adv ❶ (almost) praktisch; **we're ~ home** wir sind fast zu Hause ❷ (not theoretically) praktisch; **to be ~ minded** praktisch denken; **~ speaking** praktisch betrachtet

prac·tice ['præktɪs] **I.** n ❶ no pl (preparation) Übung f; ■ **to be out of/in ~** aus der/in Übung sein ❷ (training session) [Übungs]stunde f; SPORT Training nt ❸ no pl (actual performance) Praxis f; ■ **in ~** in der Praxis; **to put sth into ~** etw [in die Praxis] umsetzen ❹ no pl (usual procedure) Praxis f ❺ (regular activity) Praktik f, Gewohnheit f; (custom) Sitte f ❻ (business) Praxis f ❼ no pl (work) Praktizieren nt **II.** vt AM see **practise**

prac·ticed adj AM see **practised**

prac·tic·ing adj attr AM see **practising**

prac·tise ['præktɪs] **I.** vt ❶ (rehearse) ■ **to ~ [doing] sth** etw üben; (improve particular skill) an etw dat arbeiten; **to ~ the flute/piano/violin** Flöte/Klavier/Geige üben ❷ (do regularly) praktizieren; **a religion** ausüben ❸ (work in) *profession* praktizieren **II.** vi ❶ (improve skill) üben; SPORT trainieren ❷ (work in a profession) praktizieren

prac·tised ['præktɪst] adj ❶ (experienced) erfahren; ■ **to be ~ in sth** in etw dat geübt sein; ■ **to be ~ at doing sth** sich mit etw dat auskennen; **~ ear/eye** geübtes Ohr/Auge ❷ (form: obtained by practice) gekonnt

prac·tis·ing ['præktɪsɪŋ] adj attr praktizierend

prac·ti·tion·er [prækˈtɪʃənəʳ] n (form) ■ **to be a ~ [of sth]** [etw] praktizieren; *of a job, profession* etw ausüben; **medical ~** praktischer Arzt/praktische Ärztin

praise

giving praise | loben, positiv bewerten

Excellent!/Outstanding!	Ausgezeichnet!/Hervorragend!
You did (that) very well.	Das hast du sehr gut gemacht.
You've made a great job of that. *(fam)*	Das hast du prima hingekriegt. *(fam)*
That's (really) something to be proud of!	Das kann sich aber (wirklich) sehen lassen!
That's an example worth following.	Daran kann man sich ein Beispiel nehmen.
I couldn't have done better myself.	Das hätte ich auch nicht besser machen können.

expressing regard | Wertschätzung ausdrücken

I think it's great how he looks after the children.	**Ich finde es super,** wie er sich um die Kinder kümmert.
I think this professor's lectures **are very good.**	**Ich finde** die Vorlesungen dieses Professors **sehr gut.**
I (really) appreciate your dedication.	Ich schätze Ihren Einsatz (sehr).
I very much appreciate your work.	Ich weiß Ihre Arbeit sehr zu schätzen.
I wouldn't like to be without your good advice.	Ich möchte nicht auf Ihre guten Ratschläge verzichten müssen.
I don't know what we would do without your help.	Ich wüsste nicht, was wir ohne Ihre Hilfe tun sollten.

---

prag·mat·ic [prægˈmætɪk] *adj person, attitude* pragmatisch; *idea, reason* vernünftig

prag·ma·tism [ˈprægmətɪzᵊm] *n no pl* Pragmatismus *m*

prai·rie [ˈpreəri] *n* [Gras]steppe *f*; *(in North America)* Prärie *f*

praise [preɪz] **I.** *vt* ❶ *(express approval)* loben ❷ *(worship)* **to ~ God/the Lord** Gott/den Herrn preisen *geh* **II.** *n no pl* ❶ *(approval)* Lob *nt*; **to heap ~ on sb** jdn mit Lob überschütten; **to win ~ for sth** für etw *akk* [großes] Lob ernten ❷ *(form: worship)* Lobpreis *m*

praise·wor·thy [ˈpreɪzˌwɜːði] *adj* lobenswert

pram [præm] *n* BRIT, AUS Kinderwagen *m*

prance [prɑːn(t)s] *vi person* stolzieren; *(horse)* tänzeln; ■ **to ~ around** herumhüpfen; *children* umhertollen

prang [præŋ] **I.** *vt esp* BRIT, AUS *(fam)* ramponieren **II.** *n* BRIT, AUS *(fam)* Rums *m*; **to have a ~ in** in einen Unfall verwickelt sein; *(cause an accident)* einen Unfall bauen

prank [præŋk] *n* Streich *m*

prat [præt] **I.** *n* BRIT *(fam)* Trottel *m pej*; **to make a ~ of oneself** sich zum Narren machen **II.** *vi* <-tt-> BRIT *(fam)* ■ **to ~ about** herumspinnen

prate [preɪt] *vi (pej form)* schwadronieren

prat·tle [ˈprætl] **I.** *vi* ❶ *(talk foolishly)* plappern; ■ **to ~ away** ununterbrochen plappern ❷ *(talk at length)* labern *pej fam*; ■ **to ~ on about sth** von nichts anderem als etw *dat* reden **II.** *n no pl* ❶ *(foolish talk)* Geplapper *nt* ❷ *(inconsequential talk)* Geschwafel *nt pej*

prawn [prɔːn] *n* Garnele *f*, Krabbe *f fam*

prawn ˈcock·tail *n* Krabbencocktail *m*

pray [preɪ] **I.** *vi* ❶ REL beten; **let us ~** lasset uns beten ❷ *(fig: hope)* ■ **to ~ for sth** auf etw *akk* hoffen **II.** *adv* ❶ *(old form: please)* **~ take a seat** nehmen Sie doch bitte Platz *form* ❷ *(iron form)* **and what, ~, is that supposed to mean?** und was, bitte, soll das heißen?

prayer [ˈpreəʳ] *n* ❶ *(request to a god)* Gebet *nt*; **to answer sb's ~[s]** jds Gebet[e] erhören; **to say a ~ for sb** für jdn beten ❷ *no pl (action of praying)* Gebet *nt*, Beten *nt* ❸ *(fig:*

hope) Hoffnung *f;* **to not have a ~** (*fam*) kaum Chancen haben ❹ (*service*) ■**~s** *pl* Andacht *f*

'prayer book *n* Gebetbuch *nt* **'prayer meet·ing** *n* Gebetsstunde *f* **'prayer rug** *n* Gebetsteppich *m*

pray·ing 'man·tis *n* Gottesanbeterin *f*

pre- [priː] *in compounds* prä-

pre-9-11 [ˌpriːˌnaɪnɪˌlevˀn], **pre-Sept. 11** [ˌpriːsepˌtembəˀrɪˌlevˀn] *adj* vor dem 11. September *nach n* (*bezieht sich auf die Zeit vor dem 11. September 2001, dem Tag der Terrorangriffe auf New York und Washington*)

preach [priːtʃ] **I.** *vi* ❶ (*give a sermon*) predigen; ■**to ~ to sb** vor jdm predigen ❷ (*pej: lecture*) ■**to ~ at sb** jdm eine Predigt halten *fig* **II.** *vt* ❶ (*give*) ■**to ~ a sermon** eine Predigt halten ❷ (*advocate*) predigen *fig*

preach·er ['priːtʃəˀ] *n* ❶ (*priest*) Geistliche(r) *f(m)*, Pfarrer(in) *m(f)* ❷ *esp* AM Prediger(in) *m(f)*

pre·am·ble ['priːæmbl] *n* (*form*) ❶ (*introduction*) Einleitung *f*, Vorwort *nt;* (*to a lecture*) Einführung *f* ❷ *no pl* (*fig: introductory material*) Einleitung *f*

pre·ar·range [ˌpriːəˈreɪndʒ] *vt usu passive* vorplanen

pre·ar·ranged [ˌpriːəˈreɪndʒd] *adj* vorher vereinbart

preb·end ['prebənd] *n* ❶ (*stipend*) Präbende *f* ❷ (*prebendary*) Pfründner(in) *m(f)*

'pre-board·ing *adj attr* AVIAT vor dem Einsteigen [ins Flugzeug] *nach n*

pre·car·i·ous [prɪˈkeəriəs] *adj* ❶ (*hazardous*) gefährlich; (*insecure*) hold, balance unsicher; *peace* unstabil

pre·cast [ˌpriːˈkɑːst] *adj* vorgefertigt

pre·cau·tion [prɪˈkɔːʃᵊn] *n* Vorkehrung *f;* **fire ~s** Brandschutzmaßnahmen *pl;* **to take the ~ of doing sth** etw sicherheitshalber tun

pre·cau·tion·ary [prɪˈkɔːʃᵊnᵊri] *adj* Vorsichts-

pre·cede [priːˈsiːd] *vt* ❶ (*in time*) vorausgehen *dat* ❷ (*in space*) vorangehen; ■**sb/sth is ~d by sb/sth** jd/etw geht jdm/etw voran

prec·e·dence ['presɪdᵊn(t)s] *n no pl* ❶ (*priority*) Priorität *f*, Vorrang *m;* **to give ~ to sb/sth** jdm/etw den Vorrang geben; **to take ~** [**over sth/sb**] Priorität [gegenüber jdm/etw] haben ❷ (*form: order of priority*) Rangordnung *f*

prec·e·dent ['presɪdᵊnt] *n* ❶ (*example*) vergleichbarer Fall, Präzedenzfall *m geh;* **to set a ~** einen Präzedenzfall schaffen; **without ~** noch nie da gewesen, ohne Beispiel ❷ *no pl* (*past procedure*) Tradition *f;* **to break with ~** [**by doing sth**] [durch etw *akk*] mit der Tradition brechen

pre·ced·ing [prɪˈsiːdɪŋ] *adj attr* vorhergehend, vorangegangen; **the ~ page** die vorige Seite; **the ~ year** das Jahr davor

pre·cept ['priːsept] *n* ❶ (*form: rule*) Regel *f;* (*principle*) Prinzip *nt*, Grundsatz *m*

pre·cinct ['priːsɪŋ(k)t] *n* ❶ (*boundaries*) ■**~s** *pl* Bereich *m* ❷ BRIT (*restricted traffic zone*) verkehrsberuhigte Zone; **pedestrian ~** Fußgängerzone *f;* **shopping ~** Einkaufszone *f* ❸ AM (*police district*) Polizeirevier *nt;* (*electoral district*) Wahlbezirk *m*

pre·cious ['preʃəs] **I.** *adj* ❶ (*of great value*) wertvoll, kostbar; ■**to be ~ to sb** jdm viel bedeuten ❷ (*pej: affected*) manner, style geziert; *person* affektiert *geh* ❸ *attr* (*iron fam: with annoyance*) **a ~ lot he cares about it!** es kümmert ihn einen Dreck! **II.** *adv* (*fam*) **~ little** herzlich wenig

preci·pice ['presɪpɪs] *n* (*steep drop*) Abgrund *m;* (*cliff face*) Steilhang *m;* **to stand at the edge of the ~** am Abgrund stehen; **to fall over a ~** in einen Abgrund stürzen

pre·cipi·tate [prɪˈsɪpɪteɪt] **I.** *vt* ❶ (*form: trigger*) auslösen ❷ *usu passive* (*form: throw*) schleudern ❸ (*force suddenly*) stürzen (**into**) **II.** *vi* [prɪˈsɪpɪteɪt] ■**to ~** [**out**] CHEM ausfallen ❷ METEO einen Niederschlag bilden **III.** *n* [prɪˈsɪpɪteɪt] Satz *m;* GEOL, MED Sediment *nt fachspr;* METEO Niederschlag *m*

pre·cipi·ta·tion [prɪˌsɪpɪˈteɪʃᵊn] *n no pl* ❶ (*forming into a solid*) Setzen *nt;* GEOL, MED Sedimentieren *nt fachspr;* METEO Niederschlag *m* ❷ (*triggering*) **the ~ of a conflict/ crisis** das Auslösen eines Konflikts/einer Krise

pre·cipi·tous [prɪˈsɪpɪtəs] *adj* ❶ (*very steep*) steil, abschüssig, steil abfallend *attr* ❷ (*fig: abrupt*) abrupt ❸ (*form: precipitate*) voreilig, übereilt

pré·cis ['preɪsiː] **I.** *n* <*pl* -> Zusammenfassung *f* **II.** *vt* (*form*) [kurz] zusammenfassen

pre·cise [prɪˈsaɪs] *adj* ❶ (*exact*) genau, präzise ❷ (*approv: careful*) sorgfältig, genau; *movement* [ziel]sicher; *pronunciation, spelling* korrekt; ■**to be ~ about doing sth** etw sehr genau nehmen

pre·cise·ly [prɪˈsaɪsli] *adv* ❶ (*exactly*) genau, präzise ❷ (*just*) genau; **~ because** eben wegen ❸ (*approv: carefully*) sorgfältig

pre·ci·sion [prɪˈsɪʒᵊn] **I.** *n no pl* ❶ (*accuracy*) Genauigkeit *f*, Präzision *f* ❷ (*approv: meticulous care*) Sorgfalt *f* **II.** *adj attr* exakt, präzise

pre·clude [prɪˈkluːd] *vt* (*form*) ausschließen; ■**to ~ sb from doing sth** (*form*) jdn davon abhalten, etw zu tun

pre·co·cious [prɪˈkəʊʃəs] *adj* ❶ (*developing*

pre·co·cious·ness [prɪˈkəʊʃəsnəs] *n no pl*, **pre·coc·i·ty** [prɪˈkɒsəti] *n no pl* (*form*) ❶ (*early development*) Frühreife *f* ❷ (*pej: maturing too early*) Altklugheit *f*

pre·con·ceived [ˌpriːkənˈsiːvd] *adj* (*esp pej*) vorgefasst

pre·con·cep·tion [ˌpriːkənˈsepʃ°n] *n* (*esp pej*) vorgefasste Meinung

pre·con·di·tion [ˌpriːkənˈdɪʃ°n] *n* Vorbedingung *f*, Voraussetzung *f*

pre·cook [ˌpriːˈkʊk] *vt* vorkochen

pre·cooked [ˌpriːˈkʊkt] *adj* vorgekocht

pre·cur·sor [ˌpriːˈkɜːsə^r] *n* (*form*) ❶ (*forerunner*) Vorläufer *m*; (*preparing way for sth*) Wegbereiter *m* ❷ (*harbinger*) Vorbote *m*

pre·date [ˌpriːˈdeɪt] *vt* (*form*) zeitlich vorausgehen

preda·tor [ˈpredətə^r] *n* ❶ (*animal*) Raubtier *nt*; (*bird*) Raubvogel *m*; (*fish*) Raubfisch *m* ❷ (*pej: person*) Profiteur(in) *m(f)*; (*vulture*) Aasgeier *m fig fam*

preda·tory [ˈpredətəri] *adj* ❶ (*preying*) Raub-, räuberisch ❷ (*esp pej: exploitative*) raubtierhaft, rücksichtslos; (*greedy*) raffgierig ❸ (*in business*) expansionistisch *geh*

pre·de·ces·sor [ˌpriːdɪˈsesə^r] *n* Vorgänger(in) *m(f)*

pre·des·ti·na·tion [ˌpriːdestɪˈneɪʃ°n] *n no pl* REL Vor[her]bestimmung *f*

pre·des·tine [ˌpriːˈdestɪn] *vt* vor[her]bestimmen

pre·de·ter·mine [ˌpriːdɪˈtɜːmɪn] *vt usu passive* (*form*) vor[her]bestimmen; **at a ~d signal** auf ein verabredetes Zeichen hin

pre·dic·a·ment [prɪˈdɪkəmənt] *n* Notlage *f*; **to be in a ~** sich in einer misslichen Lage befinden

pred·i·cate **I.** *n* [ˈpredɪkət] LING Prädikat *nt* **II.** *vt* [ˈpredɪkeɪt] (*form*) ❶ (*assert*) ■**to ~ that ...** behaupten, dass ... ❷ *usu passive* (*base*) ■**to be ~d on sth** auf etw *dat* basieren

pred·i·ca·tive [prɪˈdɪkətɪv] *adj* LING prädikativ

pre·dict [prɪˈdɪkt] *vt* vorhersagen; *sb's future etc.* prophezeien

pre·dict·a·ble [prɪˈdɪktəbl] *adj* ❶ (*foreseeable*) vorhersehbar, voraussagbar ❷ (*pej: not very original*) berechenbar; **her answer was so ~** es war von vornherein klar, was sie antworten würde

pre·dic·tion [prɪˈdɪkʃ°n] *n* ❶ (*forecast*) Vorhersage *f*, Voraussage *f*; ECON, POL Prognose *f*; **to make a ~ about sth** etw vorhersagen; ECON, POL eine Prognose zu etw *dat* abgeben ❷ *no pl* (*act of predicting*) Vorhersagen *nt*

pre·di·lec·tion [ˌpriːdɪˈlekʃ°n] *n* (*form*) Vorliebe *f*, Schwäche *f*, Faible *nt* (**for** für)

pre·dis·pose [ˌpriːdɪˈspəʊz] *vt* ❶ (*form: influence*) ■**to ~ sb to sth** jdn zu etw *dat* neigen lassen; ■**to be ~d to sth** zu etw *dat* neigen ❷ (*make susceptible*) ■**to ~ sb to sth** jdn für etw *akk* anfällig machen

pre·dis·po·si·tion [ˌpriːdɪspəˈzɪʃ°n] *n* ❶ (*form: tendency*) Neigung *f* (**to** zu); ■**to have a ~ against sth/sb** eine Abneigung gegen etw/jdn haben ❷ MED (*susceptibility*) ■**a ~ to sth** eine Anfälligkeit für etw

pre·dom·i·nance [prɪˈdɒmɪnən(t)s] *n no pl* ❶ (*greater number*) zahlenmäßige Überlegenheit *f* ❷ (*predominant position*) Vorherrschaft *f* (**in** bei)

pre·dom·i·nant [prɪˈdɒmɪnənt] *adj* vorherrschend, beherrschend; ■**to be ~** führend sein

pre·dom·i·nate [prɪˈdɒmɪneɪt] *vi* ❶ (*be most important*) vorherrschen ❷ (*be more numerous*) überwiegen

pre·em·i·nence [ˌpriːˈemɪnən(t)s] *n no pl* (*form*) Überlegenheit *f*, überragende Bedeutung

pre·em·i·nent [ˌpriːˈemɪnənt] *adj* (*form*) herausragend, überragend

pre·empt [ˌpriːˈem(p)t] *vt* ❶ (*form: act in advance*) ■**to ~ sb/sth** jdm/etw zuvorkommen ❷ (*form: appropriate in advance*) mit Beschlag belegen ❸ AM LAW **to ~ public land** staatlichen Grundbesitz aufgrund eines Vorkaufsrechts erwerben

pre·emp·tion [ˌpriːˈem(p)ʃ°n] *n no pl* ❶ LAW (*purchase*) Vorkaufsrecht *nt* ❷ (*form: preempting*) Vorkauf *m* ❸ MIL präventive Kriegsführung

pre·emp·tive [ˌpriːˈem(p)tɪv] *adj* ❶ (*preventive*) vorbeugend, Präventiv- ❷ LAW, ECON zum Vorkauf berechtigend ❸ MIL (*forestalling the enemy*) präventiv, Präventiv-

preen [priːn] **I.** *vi* ❶ *bird* sich putzen ❷ (*pej: person*) sich aufplusten ❸ (*esp pej: congratulate oneself*) **to ~ and posture** sich in die Brust werfen **II.** *vt* ❶ (*of bird*) ■**to ~ its feathers** sein Gefieder putzen ❷ (*pej: groom*) ■**to ~ oneself** sich aufplusten ❸ (*esp pej: congratulate*) ■**to ~ oneself** sich in die Brust werfen

pre·ex·ist [ˌpriːɪɡˈzɪst] (*form*) **I.** *vi* vorher existieren; PHILOS, REL präexistieren **II.** *vt* vorausgehen

pre·fab [ˈpriːfæb] (*fam*) **I.** *n short for* **prefabricated house** Fertighaus *nt* **II.** *adj short for* **prefabricated** vorgefertigt

pre·fab·ri·cate [ˌpriːˈfæbrɪkeɪt] *vt* vorfertigen **pre·fab·ri·cat·ed** [ˌpriːˈfæbrɪkeɪtɪd] *adj* vorgefertigt

pref·ace ['prefɪs] I. *n* ❶ (*introduction*) Einleitung *f*; *to a novel, play, collection of poems* Vorwort *nt* (**to** zu) ❷ (*fig: preceding event*) ■ **as a ~** als Einstieg; (*to entertainment etc.*) zur Einstimmung II. *vt* ❶ (*provide with preface*) ■ **to ~ sth** eine Einleitung zu etw *dat* verfassen; ■ **to be ~d by sth** durch etw *akk* eingeleitet werden; ■ **to ~ sth with sth** etw mit etw *dat* einleiten ❷ (*lead up to*) einleiten

prefa·tory ['prefət°rɪ] *adj* (*form*) einleitend *attr*, zur Einleitung *nach n*

pre·fect ['pri:fekt] *n* ❶ (*official*) Präfekt(in) *m(f)* ❷ *esp* BRIT, AUS SCH Schüler, der die Jüngeren beaufsichtigen muss

pre·fer <-rr-> [prɪ'fɜ:ʳ] *vt* (*like better*) vorziehen, bevorzugen; **she ~s Daniel to his brother** sie mag Daniel lieber als seinen Bruder; ■ **to ~ doing sth** [*to doing sth*] etw lieber [als etw] tun; ■ **to ~ sb to do sth** es vorziehen, dass jd etw tut; **I'd ~ you not to smoke, please** ich möchte Sie bitten, hier nicht zu rauchen

pref·er·able ['pref°rəbl] *adj* besser

pref·er·ably ['pref°rəblɪ] *adv* am besten, vorzugsweise

pref·er·ence ['pref°r°n(t)s] *n* ❶ *no pl* (*priority*) Priorität *f*, Vorzug *m*; **to be given ~** Vorrang haben ❷ *no pl* (*greater liking*) Vorliebe *f* (**for** für) ❸ (*preferred thing*) Vorliebe *f*; **what are your ~s in music?** welche Musik hören Sie am liebsten?; **which is your personal ~?** was ist Ihnen persönlich lieber? ❹ (*advantage*) Vergünstigung *f*

pref·er·en·tial [,pref°r'en(t)ʃ°l] *adj attr* Vorzugs-, Präferenz-; **to get ~ treatment** bevorzugt behandelt werden

pre·ferred [prɪ'fɜ:d] *adj attr* bevorzugt, Lieblings-; **the ~ choice** die erste Wahl

pre·fig·ure [pri:'fɪgəʳ] *vt* (*form*) anzeigen

pre·fix I. *n* <*pl* -es> ['pri:fɪks] ❶ LING Präfix *nt fachspr*, Vorsilbe *f* ❷ (*something prefixed*) Namensvorsatz *m*; **to add sth as a ~** etw voranstellen ❸ (*title*) Anrede *f*; (*Dr etc.*) Titel *m* ❹ BRIT (*dialling code*) Vorwahl *f* II. *vt* [,pri:'fɪks] ■ **to ~ sth with sth** etw einer S. *dat* voranstellen

preg·nan·cy ['pregnən(t)sɪ] *n* Schwangerschaft *f*; ZOOL Trächtigkeit *f*

'preg·nan·cy test *n* Schwangerschaftstest *m*

preg·nant ['pregnənt] *adj* ❶ (*with child*) *woman* schwanger; *animal* trächtig; **she's eight months ~** sie ist im achten Monat [schwanger]; **my sister is ~ with twins** meine Schwester erwartet Zwillinge ❷ (*fig: meaningful*) *pause, remark* bedeutungsvoll; (*tense*) spannungsgeladen

pre·hen·sile [prɪ'hensaɪl] *adj* ZOOL Greif-

pre·his·tor·ic [,pri:(h)ɪ'stɒrɪk] *adj* ❶ (*before written history*) prähistorisch; **~ man** der prähistorische Mensch ❷ (*pej fam: outdated*) steinzeitlich *fig*, völlig veraltet

pre·his·to·ry [,pri:'hɪst°rɪ] *n no pl* Prähistorie *f geh*, Vorgeschichte *f*

pre·judge [,pri:'dʒʌdʒ] *vt* ■ **to ~ sb/sth** vorschnell ein Urteil über jdn/etw fällen, eine vorgefasste Meinung über jdn/etw haben

preju·dice ['predʒədɪs] I. *n* ❶ (*preconceived opinion*) Vorurteil *nt* (**against** gegen); **racial ~** Rassenvorurteil *nt* ❸ *no pl* LAW [Rechts]nachteil *m* II. *vt* ❶ (*harm*) schädigen; **to ~ sb's chances** jds Chancen beeinträchtigen ❷ (*bias*) ■ **to ~ sb** [**against sth**] jdn [gegen etw] einnehmen; **to ~ a case** LAW den Ausgang eines Prozesses beeinflussen

preju·diced ['predʒədɪst] *adj* voreingenommen; **he is racially ~** er hat Rassenvorurteile; ■ **to be ~ against sb/sth** Vorurteile gegen jdn/etw haben; ■ **to be ~ in favour of sb/sth** gegenüber jdm/etw positiv eingestellt sein; *attitude, opinion, judgment* vorgefasst

preju·di·cial [,predʒə'dɪʃ°l] *adj* (*form*) abträglich; ■ **to be ~ to sb/sth** jdm/etw abträglich sein; **to have a ~ effect on sth** eine nachteilige Wirkung auf etw *akk* haben; **to be ~ to sb's health/safety** jds Gesundheit/Sicherheit beeinträchtigen

pre·lim ['pri:lɪm] *n* (*fam*) ❶ *usu pl* (*preliminary exam*) *short for* **preliminary** Vorprüfung *f* ❷ SPORTS *short for* **preliminary** Vorrunde *f*

pre·limi·nary [prɪ'lɪmɪn°rɪ] I. *adj attr* einleitend; (*preparatory*) vorbereitend; **~ arrangements** Vorbereitungen *pl*; **a ~ draft/step** ein erster Entwurf/Schritt; **a ~ selection/stage/study** eine Vorauswahl/Vorstufe/Vorstudie II. *n* ❶ (*introduction*) Einleitung *f*; (*preparation*) Vorbereitung *f* ❷ SPORTS (*heat*) Vorrunde *f* ❸ (*form: preliminary exam*) Vorprüfung *f*

prel·ude ['prelju:d] I. *n* ❶ *usu sing* (*preliminary*) Vorspiel *nt*, Auftakt *m* ❷ MUS Prélude *nt* II. *vt* einleiten

pre·mari·tal [,pri:'mærɪt°l] *adj* vorehelich *attr*

prema·ture ['premətʃəʳ] *adj* ❶ (*too early*) verfrüht, vorzeitig; *announcement, criticism, decision* voreilig ❷ MED **~ baby** Frühgeburt *f*

prema·ture ejacu·la·tion *n* vorzeitiger Samenerguss

pre·medi·tat·ed [,pri:'medɪteɪtɪd] *adj* vorsätzlich, geplant; *act* überlegt

pre·medi·ta·tion [,pri:medɪ'teɪʃ°n] *n no pl* (*form*) [wohl durchdachtes] Planen; **with/without ~** mit/ohne Absicht; *of a crime* mit/

ohne Vorsatz

pre·men·stru·al [ˌpriːˈmen(t)struəl] *adj attr* prämenstruell

pre·men·stru·al 'syn·drome *n*, **pre·men·stru·al 'ten·sion** *n no pl* BRIT prämenstruelles Syndrom

prem·ier [ˈpremɪəʳ] **I.** *n* Premierminister(in) *m(f)*; CAN, AUS Ministerpräsident(in) *m(f)* **II.** *adj attr* führend; **the ~ sport arena** das bedeutendste Stadion

prem·ière [ˈpremɪeəʳ] **I.** *n* Premiere *f*, Uraufführung *f* **II.** *vt* uraufführen **III.** *vi* **to ~ in New York/London** in New York/London uraufgeführt werden

prem·ise I. *n* [ˈpremɪs] Prämisse *f geh*, Voraussetzung *f*; ▪ **on the ~ that ...** unter der Voraussetzung, dass ...; **to start from the ~ that ...** von der Voraussetzung ausgehen, dass ... **II.** *vt* [prɪˈmaɪz] (*form*) ❶ (*base*) ▪ **to ~ sth on sth** etw auf etw *akk* [auf]bauen; ▪ **to be ~d on sth** auf etw *dat* basieren ❷ AM (*preface*) einleiten

prem·ises [ˈpremɪsɪz] *npl* ❶ (*building[s]*) Gebäude *nt*; **business ~** Geschäftsgebäude *nt*; **school ~** Schulgelände *nt*; **off the ~** außerhalb des Gebäudes/Geländes ❷ (*personal property*) Land *nt*, Grundstück *nt*

pre·mium [ˈpriːmiəm] **I.** *n* ❶ (*insurance payment*) [Versicherungs]prämie *f* ❷ (*extra charge*) Zuschlag *m*; ▪ **on sth** ein Preisaufschlag auf etw *akk* ❸ (*bonus*) Prämie *f*; **to earn a ~ for sth** eine Prämie für etw *akk* bekommen ❹ *no pl* AM (*petrol*) Super[benzin] *nt* **II.** *adj attr* ❶ (*high*) hoch ❷ (*top-quality*) Spitzen-; **the ~ brand** die führende Marke; **fruit** erstklassig

pre·mium 'qual·ity *n* Spitzenqualität *f*

pre·mo·ni·tion [ˌpreməˈnɪʃən] *n* (*böse*) Vorahnung

pre·na·tal [ˌpriːˈneɪtəl] *adj attr* AM, AUS vorgeburtlich, pränatal *fachspr*

pre·oc·cu·pa·tion [priːˌɒkjəˈpeɪʃən] *n* ❶ (*dominant concern*) Sorge *f*; **main ~** Hauptsorge *f* ❷ *no pl* (*state of mind*) ▪ **[a] ~ with sth** ständige [gedankliche] Beschäftigung mit etw *dat*; **to have a ~ with sth** von etw *dat* besessen sein

pre·oc·cu·pied [ˌpriːˈɒkjəpaɪd] *adj* ❶ (*distracted*) gedankenverloren; (*absorbed*) nachdenklich; ▪ **to be ~ with sb/sth** sich mit jdm/etw stark beschäftigen ❷ (*worried*) besorgt

pre·oc·cu·py <-ie-> [ˌpriːˈɒkjəpaɪ] *vt* ▪ **to ~ sb** jdn [sehr stark] beschäftigen

pre·or·dain [ˌpriːɔːˈdeɪn] *vt usu passive* (*form*) ▪ **to be ~ed** vorherbestimmt sein; *path* vorgezeichnet; **to be ~ed to fail** zum Scheitern verurteilt sein; **sb/sth is ~ to suc-** **ceed** der Erfolg ist jdm/etw sicher

pre-owned [ˈpriːoʊnd] *adj* AM AUTO *short for* **previously owned** *car* Gebraucht[wagen]-

prep¹ [prep] *n no pl* (*fam*) ❶ (*preparation*) Vorbereitung *f* ❷ BRIT (*homework*) Hausaufgaben *pl* ❸ BRIT (*time for homework*) Hausaufgabenstunde *f*; (*at school*) Übungs- und Lernstunde *f* ❹ AM (*prep school*) *private Vorbereitungsschule vor dem College*

prep² [prep] *n* LING *abbrev of* **preposition** Präp.

pre-pack [ˌpriːˈpæk] *vt esp* BRIT abpacken

pre·paid [ˌpriːˈpeɪd] *adj* im Voraus bezahlt, bereits bezahlt

pre·paid re·ply *n* frankierte Rückantwortkarte

prepa·ra·tion [ˌprepəˈreɪʃən] *n* ❶ *no pl* (*getting ready*) Vorbereitung *f*; *of food* Zubereitung *f*; **to do a lot of/very little ~ [for sth]** sich sehr gut/kaum [auf etw *akk*] vorbereiten; **in ~ for sth** als Vorbereitung auf etw *akk* ❷ (*measures*) ▪ **~s** *pl* Vorbereitungen *pl* (**for** für); (*precautions*) Vorkehrungen *pl* ❸ (*substance*) Präparat *nt*, Mittel *nt*

pre·para·tory [prɪˈpærətəri] *adj* vorbereitend *attr*, Vorbereitungs-; **to be ~ [to sth]** als Vorbereitung [auf etw *akk*] dienen

pre-ˈpara·tory school *n* BRIT (*for public school*) *private Vorbereitungsschule auf eine Public School*; AM (*form: mixed private school*) *private Vorbereitungsschule auf das College*

pre·pare [prɪˈpeəʳ] **I.** *vt* ❶ (*get ready*) vorbereiten (**for** auf); **you need to ~ yourself for a long wait** Sie sollten sich auf eine lange Wartezeit einstellen; **I hadn't ~d myself for such a shock** auf einen solchen Schock war ich nicht gefasst; **to ~ the way [for sb/sth]** den Weg [für jdn/etw] bereiten ❷ (*make*) zubereiten; **to ~ breakfast/dinner/lunch** das Frühstück/Abendessen/Mittagessen machen **II.** *vi* ▪ **to ~ for sth** sich auf etw *akk* vorbereiten; **to ~ for take-off** sich zum Start bereit machen

pre·pared [prɪˈpeəd] *adj* ❶ *pred* (*ready*) bereit, fertig *fam*; ▪ **to be ~ for sb/sth** auf jdn/etw vorbereitet sein; **they were ~ for the worst** sie waren auf das Schlimmste gefasst ❷ *pred* (*willing*) ▪ **to be ~ to do sth** bereit sein, etw zu tun ❸ (*arranged previously*) vorbereitet; **the room had been specially ~** das Zimmer war extra zurechtgemacht worden; **~ meal** Fertiggericht *nt*

pre·pared·ness [prɪˈpeədnəs] *n no pl* (*form*) Bereitschaft *f*

pre·pay <-paid, -paid> [ˌpriːˈpeɪ] *vt* im Voraus bezahlen

pre·pay·ment [ˌpriːˈpeɪmənt] *n* Vorauszah-

pre·pon·der·ance [ˌpriːˈpɒndᵊrᵊn(t)s] *n no pl* (*form*) überwiegende Mehrheit; (*fact of being in majority*) zahlenmäßiges Übergewicht

pre·pon·der·ant [ˌpriːˈpɒndᵊrᵊnt] *adj* (*form*) vorherrschend *attr*; ■ **to be ~** [in sth] [bei etw *dat*] eine vorherrschende Rolle spielen; (*in numbers*) [bei etw *dat*] überwiegen

prepo·si·tion [ˌprepəˈzɪʃᵊn] *n* Verhältniswort *nt*, Präposition *f*

pre·pos·ses·sing [ˌpriːpəˈzesɪŋ] *adj usu neg* einnehmend, anziehend; **to be not very ~** nicht sehr ansprechend sein; *person* nicht sehr einnehmend sein

pre·pos·ter·ous [prɪˈpɒstᵊrəs] *adj* absurd, unsinnig

prep·pie, prep·py [ˈprepi] AM **I.** *n* Schüler(in) *einer privaten „prep school", der/die großen Wert auf gute Kleidung und das äußere Erscheinungsbild legt* **II.** *adj appearance* adrett; *clothes, look* popperhaft *meist pej fam*

pre·req·ui·site [ˌpriːˈrekwɪzɪt] *n* (*form*) [Grund]voraussetzung *f*, Vorbedingung *f* (**of**/**to** für)

pre·rog·a·tive [prɪˈrɒgətɪv] *n usu sing* (*form*) ❶ (*right*) Recht *nt*; (*privilege*) Vorrecht *nt*, Privileg *nt* ❷ (*responsibility*) Zuständigkeit *f*

pres·age [ˈpresɪdʒ] *vt* (*form: predict*) ankündigen; (*intuit*) ahnen

Pres·by·ter·ian [ˌprezbɪˈtɪəriən] **I.** *n* Presbyterianer(in) *m/f* **II.** *adj* presbyterianisch

pres·by·tery [ˈprezbɪtᵊri] *n* REL ❶ (*sanctuary*) Altarraum *m*, Presbyterium *nt fachspr* ❷ (*administrative body*) Kirchenvorstand *m*, Presbyterium *nt fachspr* ❸ (*Catholic priest's residence*) Pfarrhaus *nt*

pre-school [ˈpriːskuːl] **I.** *n* AM, AUS Kindergarten *m* **II.** *adj attr* vorschulisch, Vorschul-

pre·scribe [prɪˈskraɪb] *vt* ❶ (*medical*) ■ **to ~ sth** [**for sb**] [jdm] etw verschreiben; **to be ~d sth** etw verschrieben bekommen ❷ (*recommend*) ■ **to ~ sth** [**to sb**] *a special diet* [jdm] etw verordnen; *fresh air, exercise* [jdm] etw empfehlen ❸ (*form: state*) vorschreiben

pre·scrip·tion [prɪˈskrɪpʃᵊn] *n* ❶ (*medical*) Rezept *nt* (**for** für); **to be only available on ~** verschreibungspflichtig sein ❷ (*form: rule*) Vorschrift *f* (**for** für); (*instruction*) Belehrung *f meist pej*

pre-'scrip·tion charge *n* BRIT Rezeptgebühr *f*

pre·scrip·tive [prɪˈskrɪptɪv] *adj* (*pej form*) normativ; *guidelines* bindend; LING präskriptiv *fachspr*

pre·scrip·tive 'gram·mar *n no pl* LING präskriptive Grammatik *fachspr*

pres·ence [ˈprezᵊn(t)s] *n* ❶ *no pl* (*attendance*) Anwesenheit *f*; (*occurrence*) Vorhandensein *nt*; **in my ~** in meiner Gegenwart ❷ (*approv: dignified bearing*) Haltung *f*, Auftreten *nt* ❸ (*supernatural*) Gegenwart *f kein pl*; **to feel sb's ~** jds Gegenwart [förmlich] spüren können ❹ (*representation*) Präsenz *f kein pl*

pres·ent¹ [ˈprezᵊnt] **I.** *n* ❶ *no pl* (*now*) ■ **the ~** die Gegenwart; **at ~** zurzeit, gegenwärtig; **for the ~** vorläufig; **up to the ~** bis jetzt ❷ *no pl* LING Präsens *nt* **II.** *adj* ❶ *attr* (*current*) derzeitig, gegenwärtig; **down to the ~ day** bis zum heutigen Tag; **at the ~ moment** im Moment; **the ~ month** der laufende Monat ❷ *attr* (*being dealt with*) betreffend; **in the ~ case** im vorliegenden Fall ❸ *usu pred* (*in attendance*) anwesend (**at** bei); **counting those ~** Anwesende eingeschlossen ❹ *usu pred* (*existing*) vorhanden; ■ **to be ~** [**in sth**] [in etw *dat*] vorkommen

pres·ent² [ˈprezᵊnt] *n* Geschenk *nt*, **birthday/Christmas/wedding ~** Geburtstags-/Weihnachts-/Hochzeitsgeschenk *nt*; **to get sth as a ~** etw geschenkt bekommen

pres·ent³ [prɪˈzent] *vt* ❶ (*give formally*) ■ **to ~ sth** [**to sb**] *gift* [jdm] etw schenken; *award, medal, diploma* [jdm] etw überreichen ❷ (*express*) (*form*) (*vielmals*) um Entschuldigung bitten; **to ~ one's thoughts/view** seine Gedanken/Ansichten darlegen ❸ (*hand over, show*) ■ **to ~ sth** [**to sb**] [jdm] etw vorlegen; **to ~ a united front** *organization, people* sich geeint zeigen ❹ (*put forward*) ■ **to ~ sth** [**to sb**] [jdm] etw präsentieren; **to ~ an argument** ein Argument anführen; **to ~ a proposal** einen Vorschlag unterbreiten ❺ (*face, confront*) ■ **to ~ sb with a challenge** jdn vor eine Herausforderung stellen; **to ~ sb with** [**the**] **facts** jdm die Fakten vor Augen führen; **to ~ sb with a problem** jdn vor ein Problem stellen ❻ (*be*) darstellen; (*offer, provide*) bieten; (*cause*) mit sich bringen ❼ (*form: introduce*) ■ **to ~ sb** [**to sb**] [jdm] jdn [jdm] vorstellen ❽ (*compere*) *TV programme* moderieren; (*show*) *film* zeigen; *product* vorstellen ❾ (*arise*) ■ **to ~ itself** *opportunity, solution* sich bieten; *problem* sich zeigen

pre·sent·able [prɪˈzentəbᵊl] *adj person* vorzeigbar; *thing* ansehnlich; **to make sth ~** etw herrichten

pres·en·ta·tion [ˌprezᵊnˈteɪʃᵊn] *n* ❶ (*giving*) Präsentation *f*; *of a theory* Darlegung *f*; *of a dissertation, thesis* Vorlage *f*; *of gifts* Überreichung *f* ❷ (*lecture, talk*) Präsentation *f* (**on** zu), Vortrag *f* (**on**

pres·en·ta·tion 'copy n PUBL Widmungsexemplar nt

pres·ent-'day adj usu attr heutig attr; ~ **London** das heutige London

pre·sent·er [prɪˈzentəʳ] n BRIT, AUS RADIO, TV Moderator(in) m(f)

pre·sen·ti·ment [prɪˈzentɪmənt] n (form) Vorahnung f; **to have a ~ of danger** eine Gefahr voraussahnen

pres·ent·ly [ˈprezntlɪ] adv ① (soon) bald, gleich ② esp BRIT, AUS (now) zurzeit, gegenwärtig

pres·ent par·'ti·ci·ple n LING Partizip nt Präsens **pres·ent 'tense** n LING Präsens nt, Gegenwartsform f

pres·er·va·tion [ˌprezəˈveɪʃən] I. n no pl ① (upkeep) Erhaltung f ② (conservation) Bewahrung f; of order Aufrechterhaltung f; (protection) Schutz m; of [national] interests Wahrung f ③ FOOD Konservierung f II. adj attr Konservierungs-

pre·ser·va·tive [prɪˈzɜːvətɪv] n Konservierungsstoff m

pre·serve [prɪˈzɜːv] I. vt ① (maintain) erhalten; customs, tradition bewahren; **to ~ one's right to do sth** sich dat das Recht vorbehalten, etw zu tun ② (conserve) konservieren; wood [mit Holzschutzmittel] behandeln; fruit and vegetables einmachen; gherkins einlegen ③ (protect) schützen II. n ① usu pl (food) Eingemachte(s) nt kein pl; apricot/strawberry ~ eingemachte Aprikosen/Erdbeeren ② (domain) Domäne f; (responsibility) Wirkungsbereich m; of a department Ressort nt; (property) Besitztum nt ③ esp AM (reserve) Reservat nt; **nature/wildlife ~** Naturschutzgebiet nt

pre·served [prɪˈzɜːvd] adj ① (maintained) konserviert; building erhalten ② FOOD eingemacht, eingelegt; ~ **food** konservierte Lebensmittel

pre·shrunk [ˌpriːˈʃrʌŋk] adj clothes vorgewaschen

pre·side [prɪˈzaɪd] vi ① (be in charge of) meeting, rally den Vorsitz haben; ■ **to ~ over sth** etw leiten; **to ~ over a change/dissolution** für eine Änderung/Auflösung verantwortlich sein ② (dominate) ■ **to ~ over sth** (iron, hum) etw beherrschen fig

presi·den·cy [ˈprezɪdən(t)si] n ① (office) Präsidentschaft f; **to stand for the ~** für das Amt des Präsidenten/der Päsidentin kandidieren ② (tenure) Präsidentschaft f; (of company) Aufsichtsratsvorsitz m

presi·dent [ˈprezɪdənt] n ① (head of state) Präsident(in) m(f) ② (head) of society Präsident(in) m(f); of company, corporation [Vorstands-]vorsitzende(r)

presi·den·tial [ˌprezɪˈden(t)ʃəl] adj ① usu attr POL (of president) Präsidenten-; (of office) Präsidentschafts-; ~ **race** Rennen nt um die Präsidentschaft ② attr (of head of organization) ~ **address** Ansprache f des/der Vorsitzenden

presi·den·tial 'can·di·date n Präsidentschaftskandidat(in) m(f)

'Presi·dents' Day n no pl AM amerikanischer Feiertag am dritten Montag im Februar zum Gedenken an die Geburtstage von Washington und Lincoln

press [pres] I. n <pl -es> ① (push) Druck m; **at the ~ of a button** auf Knopfdruck ② (ironing) Bügeln nt kein pl ③ (instrument) Presse f ④ (news media, newspapers) ■ **the ~** + sing/pl vb die Presse ⑤ (publicity) Presse f; **to have a bad/good ~** eine schlechte/gute Presse bekommen ⑥ (publishing house) Verlag m II. vt ① (push) ■ **to ~ sth** [auf] etw akk drücken; **Sammy ~ed his nose against the windowpane** Sammy drückte die Nase gegen die Fensterscheibe; **to ~ on the brake pedal** auf das Bremspedal treten; ■ **to ~ sth down** etw herunterdrücken; ■ **to ~ sth into sth** etw in etw akk hineindrücken ② (flatten) zusammendrücken; flowers pressen ③ (extract juice from) auspressen; grapes keltern ④ (iron) bügeln, glätten SCHWEIZ, plätten NORDD a. ⑤ (manufacture) CD, record pressen ⑥ (fig: urge, impel) bedrängen; **to ~ sb for an answer/decision** jdn zu einer Antwort/Entscheidung drängen; **to ~ sb into a role** jdn in eine Rolle hineindrängen ⑦ (forcefully promote) forcieren; **to ~ one's case** seine Sache durchsetzen wollen; **to ~ one's point** beharrlich seinen Standpunkt vertreten ⑧ (insist on giving) ■ **to ~ sth [up]on sb** gift, offer jdm etw aufdrängen ⑨ usu passive (face difficulty) **they'll be hard ~ed to complete the assignment** wenn sie den Auftrag ausführen wollen, müssen sie sich aber ranhalten ⑩ LAW (bring) **to ~ charges** Anklage erheben (**against** gegen) III. vi ① (push) drücken ② (be urgent) drängen ◆ **press ahead** vi ■ **to ~ ahead [with sth]** etw vorantreiben ◆ **press on** I. vi ■ **to ~ on [with sth]** [mit etw dat] [zügig] weitermachen; **to ~ on with one's journey** seine Reise fortsetzen; **to ~ on with one's plans** seine Pläne vorantreiben; **to ~ on with one's work** sich bei der Arbeit ranhalten fam; **to ~ on regardless** trotzdem weitermachen II. vt ■ **to ~ sth on sb** jdm etw aufdrängen ◆ **press upon** vt see press on II 'press ag·en·cy n Presseagentur f 'press bar·on n Pressezar m 'press-but·ton adj, n see push-button 'press cam·paign n Pressekampagne f 'press card n Presseausweis m 'press clip·ping n Zeitungsausschnitt m 'press con·fer·ence n Pressekonferenz f 'press cov·er·age n ❶ (scale of reporting) Berichterstattung f (in der Presse) ❷ (footage) [Fernseh]übertragung f 'press gal·lery n Pressetribüne f 'press gang I. n (hist) Werber pl fachspr II. vt ■to press-gang sb into doing sth jdn [dazu] zwingen, etw zu tun

press·ing ['presɪŋ] I. adj (urgent) issue, matter dringend; requests nachdrücklich II. n (manufacture of CD, record) Pressung f; (series made together) Auflage f

'press·man n Zeitungsmann, Zeitungsfrau m, f 'press of·fice n Pressestelle f 'press of·fic·er n Pressereferent(in) m(f) 'press pho·tog·ra·pher n Pressefotograf(in) m(f) 'press re·lease n Pressemitteilung f, Pressemeldung f 'press re·port n Pressebericht m 'press stud n BRIT, AUS Druckknopf m 'press-up n BRIT Liegestütz m

pres·sure ['preʃə'] I. n ❶ no pl (physical force) Druck m; to apply ~ Druck ausüben; to put ~ on sth auf etw akk drücken ❷ PHYS Druck m ❸ no pl (stress) Druck m, Stress m, Belastung f; (stronger) Überlastung f; to be under ~ to do sth unter Druck stehen, etw zu tun; there is a lot of ~ on sb jd hat Stress ❹ no pl (insistence) Druck m; to do sth under ~ from sb etw auf jds Drängen nt hin tun; to put ~ on sb [to do sth] jdn unter Druck setzen[, damit er/sie etw tut] ❺ (demands, stress) ■~s pl Druck m kein pl, Belastung[en] f[pl] II. vt esp AM ■to ~ sb to do sth jdn dazu drängen, etw zu tun

'pres·sure cab·in n [Über]druckkabine f 'pres·sure cook·er n Schnellkochtopf m 'pres·sure gauge n Druckmesser m 'pres·sure group n Pressuregroup f

pres·sur·ize ['preʃəraɪz] vt ❶ (control air pressure) druckfest halten ❷ (persuade by force) ■to ~ sb to do sth jdn [massiv] dazu drängen, etw zu tun

pres·tige [pres'tiːʒ] I. n ❶ no pl Prestige nt, Ansehen nt II. adj angesehen; hotel vornehm

pres·tig·ious [pres'tɪdʒəs] adj angesehen, Prestige-

pre·stressed [ˌpriː'strest] adj TECH vorgespannt

pre·sum·ably [prɪ'zjuːməbli] adv vermutlich

pre·sume [prɪ'zjuːm] I. vt (suppose, believe) annehmen, vermuten; to be ~d innocent als unschuldig gelten; I ~ so/not ich denke ja/nein; she's ~d to have shot him in cold blood man sagt ihr nach, sie hätte ihn kaltblütig erschossen II. vi ❶ (be rude) anmaßend sein ❷ (take advantage of) ■to ~ on sth etw überbeanspruchen ❸ (dare) ■to ~ to do sth sich dat erlauben, etw zu tun

pre·sump·tion [prɪ'zʌmpʃən] n ❶ (assumption) Annahme f, Vermutung f ❷ no pl (form: arrogance) Überheblichkeit f

pre·sump·tive [prɪ'zʌmptɪv] adj attitude, reasoning vermutlich, mutmaßlich

pre·sump·tu·ous [prɪ'zʌmptʃuəs] adj (arrogant) person, behaviour anmaßend; attitude überheblich; (forward) unverschämt

pre·sup·pose [ˌpriːsə'pəʊz] vt (form) voraussetzen

pre·sup·po·si·tion [ˌpriːsʌpə'zɪʃən] n Voraussetzung f, Annahme f

pre-tax [ˌpriː'tæks] adj unversteuert, vor Abzug der Steuern nach n, Brutto-

pre·tence [prɪ'tens] n no pl ❶ (false behaviour, insincerity) Vortäuschung f; under the ~ of friendship unter dem Deckmantel der Freundschaft; under false ~s also LAW unter Vorspiegelung falscher Tatsachen; to keep up a ~ of sth etw vortäuschen ❷ (story, excuse) Vorwand m; under the ~ of doing sth unter dem Vorwand, etw zu tun ❸ (claim) I make no ~ to having any athletic skill ich behaupte gar nicht, sportlich zu sein ❹ (imagination) Vorstellungskraft f, Fantasie f

pre·tend [prɪ'tend] I. vt ❶ (behave falsely) vorgeben, vortäuschen; to ~ surprise so tun, als ob man überrascht wäre; to ~ that one is asleep sich schlafend stellen ❷ (imagine) ■to ~ to be sb/sth so tun, als sei man jd/etw; I'll just ~ that I didn't hear that ich tue einfach so, als hätte ich das nicht gehört II. vi ❶ (feign) sich dat etw vormachen; ■to ~ to sb jdm etw vormachen ❷ (form: claim) I don't ~ to remember all the details ich behaupte nicht, mich an alle Einzelheiten zu erinnern III. adj attr (fam: in deception, game) Spiel-; this doll is Katie's ~ baby mit dieser Puppe spielt Katie Baby

pre·tend·ed [prɪ'tendɪd] adj attr vorgetäuscht, geheuchelt, gespielt pre·tend·er [prɪ'tendə'] n to position, title Anwärter, Anwärterin (to auf)

pre·tense n no pl esp AM see pretence

pre·ten·sion [prɪ'ten(t)ʃən] n ❶ usu pl (claim) Anspruch m (to auf); (aspiration) Ambition f ❷ no pl (pej) see pretentiousness

pre·ten·tious [prɪ'ten(t)ʃəs] adj (pej: boastful) person großspurig; (pompous) manner, speech, style hochgestochen; (ostentatious)

protzig *meist pej fam*; *house, style* pompös
pre·ten·tious·ness [prɪˈten(t)ʃəsnəs] *n no pl* (*arrogance*) Überheblichkeit *f*, Anmaßung *f*; (*boastfulness*) Angeberei *f fam*
pret·er·it(e) [ˈpretərɪt] LING **I.** *n* Präteritum *nt*, Imperfekt *nt* **II.** *adj attr* Präteritums-; ~ **form** Präteritum *nt*, Imperfekt *nt*
pre·ter·nat·u·ral [ˌpriːtəˈnætʃərəl] *adj* (*form*) ❶ (*exceptional*) außergewöhnlich ❷ (*supernatural*) übernatürlich
pre·text [ˈpriːtekst] *n* Vorwand *m* (**for** für); **on the** ~ **of doing sth** unter dem Vorwand, etw zu tun
pret·ti·fy <-ie-> [ˈprɪtɪfaɪ] *vt room etc.* verschönern
pret·ty [ˈprɪti] **I.** *adj* ❶ (*attractive*) *person* hübsch; *thing* nett; **not a** ~ **sight** kein schöner Anblick ❷ (*iron: not good*) schön, prima *fam* **II.** *adv* (*fam*) ❶ (*fairly*) ziemlich; ~ **good** (*fam*) ganz gut; ~ **damn good/quick** (*fam*) verdammt gut/schnell ❷ (*almost*) ~ **well everything** beinah alles; ~ **much** fast, nahezu **III.** *vt* ■ **to** ~ **oneself** ↻ **up** sich zurechtmachen; ■ **to** ~ **up** ↻ **sth** (*enhance*) etw verschönern; (*enliven*) etw aufpeppen
pret·zel [ˈpretsəl] *n* Brezel *f* ÖSTERR *a. nt*
pre·vail [prɪˈveɪl] *vi* ❶ (*triumph*) *justice, good sense*; *person* sich durchsetzen ❷ (*induce*) ■ **to** ~ **on sb to do sth** jdn dazu bewegen, etw zu tun ❸ (*exist, be widespread*) *custom* weit verbreitet sein; *opinion* geläufig sein
pre·vail·ing [prɪˈveɪlɪŋ] *adj attr wind* vorherrschend; *weather* derzeit herrschend; **under the** ~ **circumstances** unter den gegebenen Umständen; **under** ~ **law** nach geltendem Recht [und Gesetz]; ~ **mood** momentane Stimmung; ~ **opinion** aktuelle Meinungslage
preva·lence [ˈprevələn(t)s] *n no pl* (*common occurrence*) *of crime, disease* Häufigkeit *f*; *of bribery, drugs* Überhandnehmen *nt*; (*predominance*) Vorherrschen *nt*
preva·lent [ˈprevələnt] *adj* (*common*) vorherrschend *attr*; *disease* weit verbreitet; *opinion* geläufig; (*frequent*) besonders häufig
pre·var·i·cate [prɪˈværɪkeɪt] *vi* (*form*) **Jane is prevaricating over whether to buy a new house** Jane kann sich einfach nicht zu dem Kauf eines neuen Hauses entscheiden
pre·var·i·ca·tion [prɪˌværɪˈkeɪʃən] *n no pl* (*form*) Ausflüchte *pl*, Ausweichmanöver *nt meist pl*
pre·vent [prɪˈvent] *vt* verhindern; MED vorbeugen; *crime* verhüten; ■ **to** ~ **sb/sth [from] doing sth** jdn/etw daran hindern, etw zu tun; **there's nothing to** ~ **us from doing it** davon kann uns überhaupt nichts abhalten
pre·ven·ta·tive [prɪˈventətɪv] *adj see* **preventive**
pre·ven·tion [prɪˈven(t)ʃən] *n no pl of disaster* Verhinderung *f*; *of accident* Vermeidung *f*; *of crime* Verhütung *f*
pre·ven·tive [prɪˈventɪv] *adj* vorbeugend, Präventiv-; ■ **to be** ~ zur Vorbeugung dienen
pre·view [ˈpriːvjuː] **I.** *n of a film, play* Vorpremiere *f*; *of a trailer* Vorschau *f*; *of an exhibition* Vernissage *f*; *of new products* Vor[ab]besichtigung *f* **II.** *vt* ❶ (*detail in advance*) *film, theatre, TV* vorab ankündigen; *book* vorab besprechen; *report* vorab besprechen ❷ (*see in advance*) *film, theatre* schon vorher sehen; (*read in advance*) schon vorher lesen **III.** *vi* eine Voraufführung geben
pre·vi·ous [ˈpriːviəs] *adj attr* ❶ (*former*) vorig, vorausgegangen; (*prior*) vorherig; ~ **conviction** Vorstrafe *f*; **no** ~ **experience required** keine Vorkenntnisse erforderlich; ~ **holder/owner** Vorbesitzer(in) *m(f)* ❷ (*preceding*) vorig, vorhergehend; **on the** ~ **day** am Tag davor; **the** ~ **evening/week** der Abend/die Woche zuvor; **on my** ~ **visit to Florida** bei meinem letzten Besuch in Florida; **the** ~ **ten years** die vergangenen zehn Jahre
pre·vi·ous·ly [ˈpriːviəsli] *adv* (*beforehand*) zuvor, vorher; (*formerly*) früher; ~ **unknown/unreleased** bisher unbekannt/unveröffentlicht
pre·war [ˌpriːˈwɔːr] *adj* Vorkriegs-
prey [preɪ] **I.** *n no pl* ❶ (*food*) Beute *f* ❷ (*fig: victim*) Beute *f*; **to be easy** ~ **to be safe Beute** für jdn sein **II.** *vi* ❶ (*kill*) ■ **to** ~ **on sth** Jagd auf etw *akk* machen ❷ (*exploit*) ■ **to** ~ **on sb** jdn ausnutzen; (*abuse*) jdn ausnehmen; **to** ~ **on old people** sich *dat* alte Menschen als Opfer [aus]suchen
price [praɪs] **I.** *n* ❶ (*money*) Preis *m*; (*monetary sum*) [Geld]preis *m*; **computer** ~**s** Computerpreise *pl*; **the** ~ **of oil** der Ölpreis ❷ (*forfeit*) Preis *m kein pl fig*; **to pay a [heavy/small]** ~ einen [hohen/geringen] Preis zahlen *fig*; **not at any** ~ um keinen Preis **II.** *vt* ■ **to** ~ **sth** (*mark with price*) etw auszeichnen; (*set value*) den Preis für etw *akk* festsetzen; **to be reasonably** ~**d** einen angemessenen Preis haben
ˈ**price brack·et** *n* Preisklasse *f* ˈ**price control** *n* Preiskontrolle *f* ˈ**price cut** *n* Preissenkung *f* ˈ**price fix·ing** *n no pl* Preisabsprache *f* ˈ**price freeze** *n* Preisstopp *m* ˈ**price-goug·ing** *n no pl* überhöhte Preise, Preistreiberei *f* ˈ**price in·dex** *n* Preisindex *m* ˈ**price-led** *adj attr marketing strategy* pre-

price·less ['praɪsləs] *adj* ❶ *(invaluable)* unbezahlbar, von unschätzbarem Wert *nach* ❷ *(fig fam: funny) remark, situation* köstlich; *of person* unbezahlbar *hum*

'**price list** *n* Preisliste *f* '**price range** *n* Preislage *f* '**price tag** *n*, '**price tick·et** *n* ❶ *(label)* Preisschild *nt* ❷ *(fam: cost)* Preis *m* (**for** für) '**price war** *n* Preiskrieg *m*

pricey ['praɪsi] *adj (fam)* teuer

pric·ing ['praɪsɪŋ] *n no pl* Preisgestaltung *f*

prick [prɪk] **I.** *n* ❶ *(act of piercing)* Stechen *nt*; *(pierced hole, mark)* Stich *m*; *(fig: sharp pain)* Stich *m*; **a ~ of anxiety/resentment** ein Anflug *m* von Angst/Groll ❷ *(vulg: penis)* Schwanz *m* ❸ *(vulg: idiot)* Arsch *m* **II.** *vt* stechen; **to ~ one's finger** sich *dat* or *akk* in den Finger stechen; **to ~ a potato with a fork** eine Kartoffel mit einer Gabel einstechen ◆**prick out** *vt* ❶ HORT auspflanzen ❷ *(draw, decorate) design, pattern, shape* punktieren ◆**prick up I.** *vt* **to ~ up one's ears** die Ohren spitzen **II.** *vi* sb's ears ~ **up** [at sth] jd spitzt die Ohren [bei etw *dat*]

prick·le ['prɪkl] **I.** *n* ❶ *(thorn) of plant* Dorn *m*; *of animal* Stachel *m*; *(sensation) by beard, wool* Kratzen *nt*; *(fig)* Kribbeln *nt* a. *fig fam* **II.** *vi of beard, wool* jucken, kratzen; *(fig)* kribbeln, prickeln **III.** *vt wool sweater etc.* kratzen

prick·ly ['prɪkli] *adj* ❶ *(thorny)* stachelig ❷ *(scratchy)* kratzig ❸ *(fam: easily offended) person* [leicht] reizbar; *(stronger)* kratzbürstig; *subject* heikel

prick·ly 'pear *n* ❶ *(plant)* Feigenkaktus *m* ❷ *(fruit)* Kaktusfeige *f*

pride [praɪd] **I.** *n* ❶ *no pl (arrogance)* Hochmut *m*, Überheblichkeit *f*; *(satisfaction)* Stolz *m*; **to feel great ~** besonders stolz sein; **to take ~ in sb/sth** stolz auf jdn/etw sein; *(self-respect)* Stolz *m*; **to have too much ~ to do sth** zu stolz sein, um etw zu tun ❷ *no pl (object of satisfaction)* Stolz *m* ❸ *(animal group)* **a ~ of lions** ein Rudel *nt* Löwen ▸ ~ **comes before a fall** *(prov)* Hochmut kommt vor dem Fall; **to swallow one's ~** seinen Stolz überwinden **II.** *vt* ■**to ~ oneself on sth** *auf etw akk* [besonders] stolz sein

priest [priːst] *n* Priester *m*, Geistlicher *m*

priest·ess <*pl* -es> [ˌpriːˈstes] *n* Priesterin *f*

priest·hood ['priːsthʊd] *n no pl* ❶ *(position, office)* Priestertum *nt*; **to enter the ~** Priester/Priesterin werden ❷ *(body of priests)* Priesterschaft *f* **priest·ly** ['priːstli] *adj* priesterlich, Priester-

prig [prɪg] *n (pej: moralist)* Tugendbold *m*; *(pedant)* Erbsenzähler *m*

prig·gish ['prɪgɪʃ] *adj (pej: self-righteous)* selbstgefällig; *(prudish)* übertrieben tugendhaft

prim <-mm-> [prɪm] *adj (pej: stiffly formal)* steif; *(prudish)* prüde; *(neat) house* mustergültig, untadelig; *clothes* streng

pri·ma·cy ['praɪməsi] *n no pl (form)* Vorrang *m*, Primat *m* o *nt geh*

pri·ma don·na [ˌpriːməˈdɒnə] *n (also fig)* Primadonna *f*

pri·mae·val *adj esp* BRIT *see* **primeval**

pri·mal ['praɪməl] *adj* ursprünglich, Ur-

pri·mari·ly [praɪˈmeːrəli] *adv* vorwiegend, hauptsächlich, in erster Linie

pri·ma·ry ['praɪməri] **I.** *adj* ❶ *(principal)* primär *geh*, Haupt-; **~ concern** Hauptanliegen *nt* ❷ *(not derivative)* roh gewonnen, Roh- ❸ *esp* BRIT, AUS *(education)* Grundschul[s]- **II.** *n* AM POL *(election)* Vorwahl *f*

pri·ma·ry 'col·our *n*, AM **pri·ma·ry 'col·or** *n* Grundfarbe *f* **pri·ma·ry edu·'ca·tion** *n no pl esp* BRIT Grundschul[aus]bildung *f*

pri·mate ['praɪmeɪt] *n* ❶ ZOOL *(mammal)* Primat *m* ❷ *(priest)* Primas *m fachspr*

prime [praɪm] **I.** *adj attr* ❶ *(main)* wesentlich, Haupt-; **~ of importance** von äußerster Wichtigkeit; **~ objective** oberstes Ziel; **~ suspect** Hauptverdächtige(r) *f(m)* ❷ *(best)* erstklassig; *example* ausgezeichnet **II.** *n no pl* Blütezeit *f fig*; **to be in one's ~** im besten Alter sein; **to be past one's ~** die besten Jahre hinter sich *dat* haben **III.** *vt* ❶ *(prepare)* vorbereiten ❷ TECH, MIL *(for exploding)* scharfmachen; *(for firing)* schussbereit machen; *(undercoat) canvas, metal, wood* grundieren ❸ *usu passive* MED, BIOL **the immune system is ~d to attack diseased cells** das Immunsystem ist darauf ausgerichtet, kranke Zellen anzugreifen

prime 'cost *n* ECON Selbstkosten *pl* **prime me·'ridi·an** *n* Nullmeridian *m* **prime 'min·is·ter** *n* Premierminister(in) *m(f)* **prime 'mov·er** *n* treibende Kraft; *also* PHIL-OS bewegende Kraft, Triebfeder *f* **prime 'num·ber** *n* Primzahl *f*

prim·er ['praɪmə^r] *n (paint)* Grundierfarbe *f*; *(coat)* Grundierung *f*

'**prime time** *n* Hauptsendezeit *f*

pri·meval [praɪˈmiːvəl] *adj* urzeitlich, Ur-

primi·tive ['prɪmɪtɪv] *adj* ❶ *(early stage)* primitiv; ZOOL urzeitlich; **~ mammal** Säugetier *nt* aus der Urzeit; *(unsophisticated, unreasoned) society, tribe, behaviour, emotion* primitiv ❷ *(pej: simple)* primitiv

pri·mo·geni·ture [ˌpraɪməʊˈdʒenɪtʃə^r] *n no pl (spec)* Primogenitur *f*

pri·mor·dial [praɪˈmɔːdiəl] *adj (form)* ❶ AS-TRON *(primeval)* Ur-, ursprünglich ❷ *(basic,* *fundamental*) Ur-, ureigen *attr*

prim·rose ['prɪmrəʊz] *n* [gelbe] Schlüsselblume

pri·mu·la ['prɪmjələ] *n* Primel *f*

Pri·mus® ['praɪməs] *n*, **Primus stove®** *n* Campingkocher *m*

prince [prɪn(t)s] *n* ❶ (*royal*) Prinz *m*; (*head of principality*) Fürst *m* ❷ (*fig: one of best*) **to be a ~ [among sb]** eine herausragende Persönlichkeit [unter jdm] sein

prince 'con·sort *n* Prinzgemahl *m*

prince·ly ['prɪn(t)slɪ] *adj* (*approv*) fürstlich

prin·cess <*pl* -es> [prɪn'ses] *n* Prinzessin *f*

prin·ci·pal ['prɪn(t)səpəl] **I.** *adj attr* ❶ (*most important*) Haupt-, hauptsächlich; **one of the ~ towns** eine der bedeutendsten Städte ❷ FIN (*original sum*) Kapital- **II.** *n* ❶ AM, AUS (*head person*) in a school Direktor *m(f)*; in a company Vorgesetzte(r) *f/m*; in a play Hauptdarsteller(in) *m(f)*; in an orchestra Solist(in) *m(f)*; (*person responsible for crime*) Hauptschuldige(r) *f/m* ❷ (*client of lawyer*) Mandant(in) *m(f)* ❸ *usu sing* (*of investment*) Kapitalsumme *f*; (*of loan*) Kreditsumme *f*

prin·ci·pal·i·ty [ˌprɪn(t)sɪ'pælətɪ] *n* Fürstentum *nt* **prin·ci·pal·ly** ['prɪn(t)səplɪ] *adv* hauptsächlich, vorwiegend, in erster Linie

prin·ci·ple ['prɪn(t)səpəl] *n* ❶ (*basic concept*) Prinzip *nt*; **basic ~** Grundprinzip *nt* ❷ (*fundamental*) Grundlage *f* ❸ (*approv: moral code*) Prinzip *nt*, Grundsatz *m*; **to stick to one's ~s** an seinen Prinzipien festhalten ❹ CHEM Grundbestandteil *m* ▶ **on ~** aus Prinzip; **in ~** im Prinzip

print [prɪnt] **I.** *n* ❶ (*lettering*) Gedruckte(s) *nt*; **the small ~** das Kleingedruckte *nt* ❷ (*printed form*) Druck *m*; **to appear in ~** veröffentlicht werden; **to be in/out of ~** erhältlich/vergriffen sein ❸ (*printed media*) ▪ **in ~** in der Presse ❹ (*photo*) Abzug *m*; (*film*) Kopie *f*; (*reproduction*) Kopie *f*; (*copy of artwork*) Druck *m* ❺ (*pattern*) [Druck]muster *nt*; **floral ~** Blumenmuster *nt*; (*footprint*) Fußabdruck *nt*; (*fam: fingerprint*) Fingerabdruck *m* **II.** *vt* ❶ TYPO drucken; **to ~ a magazine/newspaper** eine Zeitschrift/Zeitung herausgeben ❷ PUBL veröffentlichen; (*in magazine, newspaper*) abdrucken ❸ COMPUT etw ausdrucken ❹ PHOT abziehen ❺ (*on fabric*) bedrucken; **~ed by hand** handbedruckt ❻ (*write by hand*) in Druckschrift schreiben **III.** *vi* ❶ (*be in preparation*) sich im Druck befinden ❷ (*make copy*) drucken ❸ (*write in unjoined letters*) in Druckschrift schreiben

print·able ['prɪntəbl] *adj* druckfähig, druckbar; *manuscript* druckfertig

print·ed cir·cuit board *n* Leiterplatte *f*

print·er ['prɪntə'] *n* ❶ (*person*) Drucker(in) *m(f)* ❷ (*machine*) Drucker *m*

'print·er driv·er *n* Druckertreiber *m*

print·ing ['prɪntɪŋ] *n* ❶ *no pl* (*act*) Drucken *nt* ❷ (*print run*) Auflage *f* ❸ *no pl* (*handwriting*) Druckschrift *f* **'print·ing ink** *n* Druckerschwärze *f*, Druckfarbe *f* **'print·ing press** *n* Druckerpresse *f* **'print·out** *n* Ausdruck *m* **'print run** *n* ❶ TYPO Auflage *f* ❷ COMPUT Drucklauf *m* **'print shop** *n* ❶ (*factory*) Druckmaschinensaal *m* ❷ (*copy store*) Druckerei *f* ❸ (*shop*) Grafikhandlung *f*

pri·or[1] ['praɪə'] **I.** *adv* ▪ **~ to sth** vor etw *dat* **II.** *adj attr* ❶ (*earlier*) frühere(r, s), vorherige(r, s); **~ engagement** vorher getroffene Verabredung; **~ conviction** LAW Vorstrafe *f* ❷ (*having priority*) vorrangig **III.** *n* AM (*prior conviction*) Vorstrafe *f*

pri·or[2] ['praɪə'] *n* (*of abbey/priory*) Prior *m*

pri·ori·tize [praɪ'ɒrɪtaɪz] *esp* AM **I.** *vt* ▪ **to ~ sth** ❶ (*order*) etw der Priorität nach ordnen ❷ (*give preference to*) etw vorrangig behandeln **II.** *vi* Prioritäten setzen

pri·or·i·ty [praɪ'ɒrətɪ] *n* ❶ (*deserving greatest attention*) vorrangige Angelegenheit; **first/top ~** Angelegenheit *f* von höchster Priorität; **my first ~ is to find somewhere to live** für mich ist es vorrangig, eine Wohnung zu finden; **to get one's priorities right** seine Prioritäten richtig setzen ❷ *no pl* (*great importance*) Priorität *f* ❸ *no pl* (*precedence*) Vorrang *m*; **to give ~ to sb/sth** jdm/etw den Vorzug geben ❹ *no pl* (*right of way*) Vorfahrt *f* **II.** *adj* ❶ (*urgent*) *task* vordringlich; **~ mail** AM Expresszustellung *f* ❷ (*preferential*) vorrangig

pri·ory ['praɪərɪ] *n* Priorat *nt*

prise [praɪz] *vt esp* BRIT, AUS ▪ **to ~ sth open** etw [mit einem Hebel] aufbrechen; **to ~ sb's hand open** jds Hand [mit Gewalt] öffnen

prism ['prɪzəm] *n* Prisma *f*

pris·mat·ic [prɪz'mætɪk] *adj* ❶ (*shape*) prismatisch ❷ (*formed by a prism*) Prismen-; **~ colours** Spektralfarben *pl*

pris·on ['prɪzən] *n* (*also fig: jail*) Gefängnis *nt* a. *fig*; **to be in ~** im Gefängnis sitzen; **to go to ~** ins Gefängnis kommen

'pris·on camp *n* (*for POWs*) [Kriegs]gefangenenlager *nt*; (*for political prisoners*) Straflager *nt* **'pris·on cell** *n* Gefängniszelle *f*

pris·on·er ['prɪzənə'] *n* (*also fig*) Gefangene(r) *f/m* a. *fig*, Häftling *m*; (*fig*) **political ~** politischer Häftling; **to hold sb ~** jdn gefangen halten; **to take sb ~** jdn gefangen nehmen

pris·on·er of 'war <*pl* prisoners-> *n* Kriegsgefangene(r) *f(m)* **'pris·on guard** *n* Gefängniswärter(in) *m(f)*

pris·on in·'mate *n* Gefängnisinsasse(in)

m(f), Häftling *m* **pris·on 'ri·ot** *n* Gefängnisaufstand *m* **'pris·on yard** *n* Gefängnishof *m*

pris·tine ['pristi:n] *adj (approv: original)* ursprünglich; *nature* unberührt; *(perfect)* tadellos, makellos

pri·va·cy ['privəsi] *n no pl* ❶ *(personal realm)* Privatsphäre *f*; **in the ~ of one's home** in den eigenen vier Wänden *fam* ❷ *(time alone)* Zurückgezogenheit *f*, Abgeschiedenheit *f* ❸ *(secret)* Geheimhaltung *f*; **in strict ~** streng vertraulich

'pri·va·cy glass *n no pl (in cars)* ~ **windows** abgedunkelte Scheiben

pri·vate ['praɪvɪt] **I.** *adj* ❶ *(personal)* privat, Privat-; **~ joke** Insiderwitz *m fam*; **sb's ~ opinion** jds persönliche Meinung ❷ *(not open to public)* privat, Privat-; *discussion, meeting* nicht öffentlich ❸ *(confidential)* vertraulich; **to keep sth ~** etw für sich *akk* behalten ❹ *(not social)* zurückhaltend, introvertiert ❺ *(secluded)* abgelegen; *(undisturbed)* ungestört ❻ *(not governmental)* privat, Privat- ❼ *(not as official)* **as a ~ person** als Privatperson **II.** *n* ❶ *no pl (not in public)* ■ **in ~** privat; LAW unter Ausschluss der Öffentlichkeit; **to speak to sb in ~** jdn [o mit jdm] unter vier Augen sprechen ❷ *(fam: genitals)* ■ **~s** *pl* Geschlechtsteile *pl* ❸ *(soldier)* Gefreiter *m*

pri·va·teer [ˌpraɪvəˈtɪər] *n (hist)* Freibeuter *m*

pri·vate·ly ['praɪvɪtli] *adv* ❶ *(not in public)* privat; **to speak ~ with sb** mit jdm unter vier Augen sprechen ❷ *(secretly)* heimlich, insgeheim ❸ *(personally)* persönlich

pri·va·tion [praɪˈveɪʃən] *n (form)* ❶ *no pl* Armut *f*, Not *f* ❷ *(hardship)* Entbehrung *f*

pri·vati·za·tion [ˌpraɪvɪtaɪˈzeɪʃən] *n no pl* Privatisierung *f*

pri·va·tize ['praɪvɪtaɪz] *vt* privatisieren

priv·et ['prɪvɪt] *n* Ligaster *m*

privi·lege ['prɪvəlɪdʒ] **I.** *n* ❶ *(special right)* Privileg *nt*, Vorrecht *nt* ❷ *(honour)* Ehre *f*; *(iron)* Vergnügen *nt*; ■ **it is a ~ [for sb] to do sth** es ist [jdm] eine Ehre, etw zu tun ❸ *no pl (advantage)* Sonderrecht *nt*, Privileg *nt* ❹ LAW **attorney-client ~** Anwaltsgeheimnis *nt* **II.** *vt usu passive* ❶ *(give privileges to)* privilegieren ❷ *(exempt from)* ■ **to be ~d from sth** von etw *dat* befreit sein

privi·leged ['prɪvəlɪdʒd] *adj* ❶ *(with privileges)* privilegiert ❷ LAW *communication, information* vertraulich

privy ['prɪvi] **I.** *adj (form)* ■ **to be ~ to sth** in etw *akk* eingeweiht sein **II.** *n* ❶ *(old: toilet)* Retirade *f* ❷ LAW Mitinteressent(in) *m(f)*

prize¹ [praɪz] **I.** *n* ❶ *(sth won)* Preis *m*; *(in lottery)* Gewinn *m* ❷ *(reward)* Lohn *m* **II.** *adj* ❶ *(dated or iron: first-rate)* erstklassig; **~ idiot** Vollidiot(in) *m(f) pej sl* ❷ *(prize-winning)* preisgekrönt **III.** *vt usu passive* schätzen; ■ **to ~ sth above sth** etw über etw *dat* stellen; **sb's ~d possession** jds wertvollster Besitz; **to ~ sth highly** etw hoch schätzen

prize² *vt* AM *see* **prise**

'prize·fight *n* Profiboxkampf *m* **'prize·fight·er** *n* Profiboxer(in) *m(f)* **'prize·fight·ing** *n no pl* Profiboxen *nt* **'prize·giv·ing** *n* Preisverleihung *f* **'prize list** *n* Gewinnerliste *f* **'prize mon·ey** *n no pl* Geldpreis *m*; SPORTS Preisgeld *nt* **'prize-win·ning** *adj attr* preisgekrönt

pro¹ [prəʊ] *(fam)* **I.** *n* Profi *m* **II.** *adj attr* Profi-

pro² [prəʊ] **I.** *adv* dafür **II.** *n* Pro *nt*; ■ **the ~s of sth** die Vorteile *pl* einer S. *gen*; **the ~s and cons of sth** das Pro und Kontra einer S. *gen*; **to weigh the ~s and cons of sth** die Vor- und Nachteile einer S. *gen* gegeneinander abwägen **III.** *prep (in favour of)* für **IV.** *adj* pro-; **a measure's ~ arguments** die Argumente *pl* für eine Maßnahme

pro·ac·tive [ˌprəʊˈæktɪv] *adj* initiativ geh; **some firms should be taking a more ~ attitude towards exporting** manche Firmen sollten, was den Export betrifft, mehr Eigeninitiative zeigen

prob·abil·ity [ˌprɒbəˈbɪləti] *n* Wahrscheinlichkeit *f*; **high/strong ~** hohe/große Wahrscheinlichkeit; **in all ~** höchstwahrscheinlich

prob·able ['prɒbəbl] **I.** *adj* wahrscheinlich **II.** *n* POL, ECON Kandidat(in) *m(f)*

prob·ably ['prɒbəbli] *adv* wahrscheinlich

pro·bate ['prəʊbeɪt] **I.** *n no pl* ❶ LAW gerichtliche Testamentsbestätigung *[und* Erbscheinerteilung*]* ❷ AUS *(tax)* Erbschaftssteuer *f* **II.** *vt* AM gerichtlich bestätigen

pro·ba·tion [prəˈbeɪʃən] *n no pl* ❶ *(trial period)* Probezeit *f*; **to be on ~** Probezeit haben ❷ LAW Bewährung *f*; **to be [out] on ~** auf Bewährung [draußen] sein ❸ AM SCH, UNIV *(disciplinary period)* Besserungsfrist *f*; **to place sb on ~** jdm eine Besserungsfrist einräumen

pro·ba·tion·ary [prəˈ(ʊ)beɪʃənəri] *adj* Probe-; LAW Bewährungs- **pro·ba·tion·er** [prəˈ(ʊ)beɪʃənə*r*] *n* ❶ *(ex-convict)* auf Bewährung Freigelassene(r) *f(m)* ❷ *(employee)* Angestellte(r) *f(m)* auf Probe **pro·ˈba·tion of·fic·er** *n* Bewährungshelfer(in) *m(f)*

probe [prəʊb] **I.** *vi* ❶ *(investigate)* forschen **(for** nach) ❷ *(pester)* bohren *pej fam*; **to ~ into sb's past/private life** in jds Vergangenheit/Privatleben herumschnüffeln *pej fam*

②(*physically search*) Untersuchungen durchführen **II.** *vt* ①(*investigate*) untersuchen; *mystery* ergründen; *scandal* auf den Grund gehen ②MED untersuchen **III.** *n* ①(*investigation*) Untersuchung *f*; ~ **into a murder/scandal** Untersuchung *f* eines Mordes/Skandals; ~ **into sb's past/private life** Herumschnüffeln *nt* in jds Vergangenheit/Privatleben *pej fam* ②MED Sonde *f*

pro·bi·ot·ic [prəʊbarˈɒtɪk] *adj bacteria* probiotisch

pro·bi·ty [ˈprəʊbəti] *n no pl* (*form*) Rechtschaffenheit *f*

prob·lem [ˈprɒbləm] *n* ①(*difficulty*) Schwierigkeit *f*, Problem *nt*; **it's not my ~!** das ist [doch] nicht mein Problem!; **he had no ~ in getting the job** er bekam die Arbeit ohne Probleme; (*fam*) **no ~** (*sure*) kein Problem; (*don't mention it*) keine Ursache; **what's your ~?** was ist [mit dir] los?; **to face a ~** vor einem Problem stehen; **to pose a ~** [**for sb**] [für jdn] ein Problem sein ②(*task*) Aufgabe *f*; **that's her ~!** das ist ihre Sache! ③MED Problem *nt* ④MATH [Rechen]aufgabe *f*

prob·lem·at·ic(al) [ˌprɒbləˈmætɪk(əl)] *adj* ①(*difficult*) problematisch ②(*questionable*) fragwürdig **ˈprob·lem child** *n* Problemkind *nt*

pro·bos·cis ‹*pl* -sces› [prəʊˈbɒsɪs, -siːz] *n* ①ZOOL Rüssel *m* ②(*hum: person's nose*) Rüssel *m fam*

pro·ce·dur·al [prəˈsiːdʒərəl] *adj* verfahrenstechnisch; LAW verfahrensrechtlich, Verfahrens-

pro·ce·dure [prəˈsiːdʒər] *n* ①(*particular course of action*) Verfahren *nt*; **standard ~** übliche Vorgehensweise ②(*operation*) Vorgang *m*, Prozedur *f* ③LAW Verfahren *nt*, Prozess *m*; **court ~** Gerichtsverfahren *nt*

pro·ceed [prəʊˈsiːd] *vi* (*form*) ①(*make progress*) fortschreiten, vorangehen ②(*advance*) vorrücken ③(*continue*) fortfahren, weiterfahren SÜDD, SCHWEIZ ④**to ~ from sth** (*come from*) von etw *dat* kommen; (*be caused by*) von etw *dat* herrühren ⑤(*form: drive*) [weiter]fahren; (*walk*) [weiter]gehen ⑥(*continue speaking*) fortfahren [zu sprechen] ⑦(*go on*) **to ~ to do sth** sich anschicken, etw zu tun ⑧LAW **to ~ against sb** gegen jdn gerichtlich vorgehen

pro·ceed·ing [prəʊˈsiːdɪŋ] *n* ①(*action*) Vorgehen *nt kein pl*; (*manner*) Vorgehensweise *f* ②LAW (*legal action*) ■~**s** *pl* Verfahren *nt* ③(*event*) ■~**s** *pl* Veranstaltung *f*

pro·ceeds [ˈprəʊsiːdz] *npl* Einnahmen *pl*

pro·cess¹ [ˈprəʊses] **I.** *n* ‹*pl* -es› ①(*set of actions*) Prozess *m* ②(*method*) Verfahren *nt* ③*no pl* (*going on*) Verlauf *m*; ■**in ~** im Gange; **in the ~** dabei ④(*summons*) gerichtliche Verfügung *f* **II.** *vt* ①(*deal with*) bearbeiten; ■**to ~ sb** jdn abfertigen ②COMPUT verarbeiten ③(*fig: comprehend*) verstehen ④(*treat*) bearbeiten, behandeln; *food* haltbar machen, konservieren ⑤PHOT *film* entwickeln

pro·cess² [prəˈses] *vi* (*form*) [in einer Prozession] mitgehen

ˈpro·cess chart *n* Arbeitsablaufdiagramm *nt* **pro·cess en·gi·ˈneer·ing** *n no pl* Verfahrenstechnik *f* **pro·cess·ing** [ˈprəʊsesɪŋ] *n no pl* ①(*dealing with*) of *application* Bearbeitung *f* ②(*treatment*) TECH Weiterverarbeitung *f*; FOOD Konservierung *f*; *of milk* Sterilisierung *f* ③COMPUT Verarbeitung *f* ④PHOT Entwicklung *f*

pro·ces·sion [prəˈseʃən] *n* ①(*line*) Umzug *m*; REL Prozession *f*; **funeral ~** Trauerzug *m*; ■**in ~** hintereinander; **to go in ~** einen Umzug machen; REL eine Prozession machen ②(*fig: group*) Schlange *f*, Reihe *f*

pro·ces·sor [prəˈsesər] *n* ①(*company*) [Weiter]verarbeitungsbetrieb *m* ②(*machine*) **food ~** Küchenmaschine *f* ③COMPUT Prozessor *m*

pro·claim [prəʊˈkleɪm] *vt* ①(*form: announce*) verkünden, erklären ②(*liter: signify*) zum Ausdruck bringen

proc·la·ma·tion [ˌprɒkləˈmeɪʃən] *n* ①(*form: act of proclaiming*) Verkündigung *f*, öffentliche Bekanntmachung; **~ of the republic** Ausrufung *f* der Republik ②(*decree*) Erlass *m* ③(*liter: sign*) Ausdruck *m* (**of**)

pro·cliv·i·ty [prəʊˈklɪvəti] *n* (*form*) Hang *m kein pl*, Neigung *f* (**for** zu), Schwäche *f* (**for** für)

pro·cras·ti·nate [prəʊˈkræstɪneɪt] *vi* (*form*) zögern, zaudern

pro·cras·ti·na·tion [prəʊˌkræstɪˈneɪʃən] *n no pl* (*form*) Zögern *nt*, Zaudern *nt*

pro·cre·ate [ˈprəʊkrieɪt] **I.** *vi* (*also fig*) sich fortpflanzen **II.** *vt* (*also fig*) zeugen; ■**to ~ sth** etw hervorbringen

pro·cre·a·tion [ˌprəʊkriˈeɪʃən] *n no pl* Fortpflanzung *f*; (*fig*) Erzeugung *f*, Hervorbringen *nt*

proc·tor [ˈprɒktər] **I.** *n* ①AM (*for exam*) [Prüfungs]aufsicht *f* ②BRIT UNIV Disziplinarbeamte(r) *m*, Disziplinarbeamte [*o* -in] *f* **II.** *vi* AM Aufsicht führen **III.** *vt* AM **to ~ an exam** eine Prüfung beaufsichtigen

pro·cur·able [prəˈkjʊərəbl] *adj* erhältlich, beschaffbar

procu·ra·tor [ˈprɒkjʊ(ə)reɪtər] *n* ①(*representative*) Bevollmächtigte(r) *f/m* ②SCOT (*attorney*) Anwalt, Anwältin *m*, *f*

procu·ra·tor ˈfis·cal *n* SCOT Staatsanwalt,

Staatsanwältin *m, f*
pro·cure [prəˈkjʊəʳ] (*form*) **I.** *vt* ❶ (*obtain*) beschaffen, besorgen; *sb's release* erreichen ❷ (*form: pimp*) **to ~ women for prostitution** Zuhälterei betreiben **II.** *vi* (*form*) Zuhälterei treiben
pro·cure·ment [prəˈkjʊəmənt] *n* (*form*) ❶ (*acquisition*) Beschaffung *f*, Besorgung *f* ❷ *no pl* (*system*) Beschaffungswesen *nt*
prod [prɒd] **I.** *n* ❶ (*tool*) Ahle *f*; **cattle ~** [elektrischer] Viehtreibstab ❷ (*poke*) Schubs *m fam*, [leichter] Stoß; **to give sb a ~** jdm einen Stoß versetzen ❸ (*fig: incitation*) Anstoß *m fig*; (*reminder*) Gedächtnisanstoß *m* **II.** *vt* <-dd-> ❶ (*poke*) stoßen; **to ~ a horse with a stick** ein Pferd mit einem Stock vorwärtstreiben ❷ (*fig: encourage*) antreiben; **to ~ sb into action** jdn auf Trab bringen *fam*
prodi·gal [ˈprɒdɪgəl] *adj* verschwenderisch
pro·di·gious [prəˈdɪdʒəs] *adj* (*form*) ❶ (*enormous*) gewaltig, ungeheuer ❷ (*wonderful*) wunderbar, erstaunlich
prodi·gy [ˈprɒdɪdʒi] *n* ❶ (*person*) außergewöhnliches Talent; **child ~** Wunderkind *nt*; **mathematical ~** Mathematikgenie *nt* ❷ (*accomplishment*) Wunder *nt*
pro·duce I. *vt* [prəˈdjuːs] ❶ (*make*) herstellen, produzieren; *coal, oil* fördern; *electricity* erzeugen ❷ (*bring about*) bewirken, hervorrufen; *effect* erzielen; *profits, revenue* erzielen; **to ~ results** zu Ergebnissen führen ❸ ZOOL (*give birth to*) zur Welt bringen; **to ~ kittens/puppies/young** [Katzen]junge/ Welpen/Junge bekommen ❹ FILM, MUS *film, programme* produzieren; THEAT *play, opera* inszenieren ❺ (*show*) hervorholen; **to ~ identification/one's passport** seinen Ausweis/Pass zeigen **II.** *vi* [prəˈdjuːs] ❶ (*bring results*) Ergebnisse erzielen; ECON einen Gewinn erwirtschaften ❷ (*give output*) produzieren; *mine* fördern ❸ (*be fertile*) *humans* Nachwuchs bekommen; *plant* Früchte tragen; *land* ertragreich sein ❹ FILM einen Film produzieren; THEAT ein Stück inszenieren **III.** *n* [ˈprɒdjuːs] *no pl* ❶ AGR Erzeugnisse *pl*, Produkte *pl* ❷ AM (*fruit and vegetables*) Obst *nt* und Gemüse *nt*
pro·duc·er [prəˈdjuːsəʳ] *n* ❶ (*manufacturer*) Hersteller *m*, Produzent *m*; AGR Erzeuger *m* ❷ FILM, TV Produzent(in) *m(f)*; THEAT Regisseur(in) *m(f)*; MUS [Musik]produzent(in) *m(f)*
prod·uct [ˈprɒdʌkt] *n* ❶ (*sth produced*) Produkt *nt*, Erzeugnis *nt* ❷ (*result*) Ergebnis *nt*, Folge *f* ❸ MATH Produkt *nt*
pro·duc·tion [prəˈdʌkʃən] *n* ❶ *no pl* (*process*) Produktion *f*, Herstellung *f*; *of coal* Förderung *f*; *of energy* Erzeugung *f* ❷ *no pl* (*yield*) Produktion *f* ❸ *no pl* FILM, TV, RADIO, MUS Produktion *f*; THEAT Inszenierung *f* ❹ *no pl* (*form: presentation*) Vorweisen *nt*
pro·duc·tion ca·ˈpac·ity *n no pl* Produktionskapazität *f* **pro·ˈduc·tion costs** *npl* Produktionskosten *pl* **pro·duc·tion di·ˈrec·tor** *n* RADIO Sendeleiter(in) *m(f)* **pro·ˈduc·tion line** *n* Fließband *nt* **pro·duc·tion ˈman·ag·er** *n* Produktionsleiter(in) *m(f)* **pro·ˈduc·tion time** *n* Produktionszeit *f* **pro·ˈduc·tion vol·ume** *n* Fertigungsvolumen *nt*
pro·duc·tive [prəˈdʌktɪv] *adj* ❶ (*with large output*) produktiv; *land, soil* fruchtbar, ertragreich; *mine, well* ergiebig; (*fig*) *conversation* fruchtbar; *discussion, meeting* ergiebig ❷ (*profitable*) *business* rentabel ❸ (*efficient*) leistungsfähig ❹ (*useful*) sinnvoll
prod·uc·tiv·ity [ˌprɒdʌkˈtɪvəti] *n no pl* ❶ (*output*) Produktivität *f*; **high/low ~** hohe/niedrige Produktivität ❷ (*effectiveness*) Effektivität *f*, Effizienz *f* ❸ (*profitability*) Rentabilität *f*
prod·uc·ˈtiv·ity agree·ment *n* BRIT Produktivitätsvereinbarung *f* **prod·uc·ˈtiv·ity bo·nus** *n* Leistungszulage *f*
prof [prɒf] *n* (*hum fam*) *short for* **professor** Prof *m*
pro·fane [prəˈfeɪn] **I.** *adj* ❶ (*blasphemous*) gotteslästerlich, frevelhaft ❷ (*form: secular*) weltlich, profan *geh* **II.** *vt* entweihen
pro·fan·ity [prəˈfænəti] *n* ❶ *no pl* (*blasphemy*) Gotteslästerung *f* ❷ (*swearing*) Fluch *m* ❸ (*of*) Kraftausdruck *m* ❹ (*behaviour*) Lasterhaftigkeit *f*, Verderbtheit *f*
pro·fess [prəˈfes] *vt* ❶ (*claim*) erklären; (*insistingly*) beteuern; **to ~ little enthusiasm** wenig Begeisterung zeigen ❷ (*affirm*) sich zu etw *dat* bekennen
pro·fessed [prəˈfest] *adj attr* ❶ (*openly declared*) *Marxist, communist* erklärt ❷ (*alleged*) angeblich
pro·fes·sion [prəˈfeʃən] *n* ❶ (*field of work*) Beruf *m*; *teaching* ~ Lehrberuf *m*; **to enter a ~** einen Beruf ergreifen; **by ~** von Beruf ❷ (*body of workers*) Berufsstand *m* ❸ (*claim*) Bekundung *f*, Erklärung *f*
pro·fes·sion·al [prəˈfeʃənəl] **I.** *adj* ❶ (*of a profession*) beruflich, Berufs- ❷ (*not tradesman*) freiberuflich, akademisch; **~ people** Angehörige *pl* der freien [*o* akademischen] Berufe ❸ (*expert*) fachmännisch; **is that your personal or ~ opinion?** ist das Ihre private Meinung oder Ihre Meinung als Fachmann? ❹ (*approv: businesslike*) professionell, fachmännisch; **to do a ~ job** etw fachmännisch erledigen; **~ manner** professionelles Auftreten ❺ (*not amateur*) Berufs-; SPORTS Profi- ❻ (*fam: habitual*) notorisch **II.** *n*

pro·fes·sion·al·ism [prəˈfeʃənəlɪzəm] *n no pl* ❶ (*skill and experience*) Professionalität *f*; (*attitude*) professionelle Einstellung; **to handle sth with ~** mit etw *dat* professionell [*o* fachmännisch] umgehen ❷ SPORTS Profitum *nt* **pro·fes·sion·al·ly** [prəˈfeʃənəli] *adv* ❶ (*by a professional*) von einem Fachmann/einer Fachfrau; **to do sth ~** etw fachmännisch erledigen ❷ (*not as an amateur*) berufsmäßig; **to do sth ~** etw beruflich betreiben

(not an amateur) Fachmann, Fachfrau *m, f*; SPORTS Profi *m* ❷ (*not a tradesman*) Akademiker(in) *m(f)*, Angehörige(r) *f/m* der freien [*o* akademischen] Berufe **pro·fes·sion·al·**

pro·fes·sor [prəˈfesəʳ] *n* ❶ (*at university*) Professor(in) *m(f)*; **~ of history/mathematics** Professor(in) *m(f)* für Geschichte/Mathematik; AM (*teacher at university*) Dozent(in) *m(f)* ❷ (*affirmer*) Bekenner(in) *m(f)*

pro·fes·so·ri·al [ˌprɒfɪˈsɔːriəl] *adj* Professoren-

pro·fes·sor·ship [prəˈfesəʃɪp] *n* Professur *f*, Lehrstuhl *m*

prof·fer [ˈprɒfəʳ] *vt* (*form*) anbieten; **to ~ sb one's hand** jdm seine Hand reichen

pro·fi·cien·cy [prəˈfɪʃ(ə)n(t)si] *n no pl* Tüchtigkeit *f*, Können *nt*; **~ in a language** Sprachkenntnisse *pl*

pro·fi·cient [prəˈfɪʃənt] *adj* fähig, tüchtig; **to be ~ in a language** eine Sprache beherrschen

pro·file [ˈprəʊfaɪl] **I.** *n* ❶ (*side view*) Profil *nt* ❷ (*description*) Porträt *nt fig*; (*restricted in scope*) Profil *nt* ❸ (*public image*) **to raise sb's ~** jdn hervorheben; **to be in a high-~ position** eine bedeutende Position innehaben ▶ **to keep a low ~** sich zurückhalten **II.** *vt* ❶ (*write*) porträtieren *fig* ❷ (*draw*) im Profil zeichnen

prof·it [ˈprɒfɪt] **I.** *n* ❶ (*money earned*) Gewinn *m*; **gross/net ~** Brutto-/Reingewinn *m* ❷ (*advantage*) Nutzen *m*, Vorteil *m* **II.** *vi* ❶ (*gain financially*) profitieren (**by/from** von), Gewinn machen ❷ (*benefit*) profitieren (**by/from** von)

prof·it·abil·i·ty [ˌprɒfɪtəˈbɪləti] *n no pl* Rentabilität *f* **prof·it·able** [ˈprɒfɪtəbl] *adj* ❶ (*in earnings*) Gewinn bringend, rentabel, profitabel ❷ (*advantageous*) nützlich, vorteilhaft

prof·i·teer [ˌprɒfɪˈtɪəʳ] **I.** *n* (*pej*) Profitjäger(in) *m(f)* **II.** *vi* ❶ (*make excessive profit*) riesige Gewinne erzielen; (*make unfair profit*) sich bereichern ❷ (*earn money on black market*) Schwarzhandel treiben

prof·i·teer·ing [ˌprɒfɪˈtɪərɪŋ] *n no pl* ❶ (*profit-seeking*) Geschäftemacherei *f pej* ❷ (*selling at too high prices*) Wucher *m pej*

ˈprof·it-mak·ing *adj* Gewinn bringend, rentabel **ˈprof·it mar·gin** *n* Gewinnspanne *f* **prof·it-ˈori·en·tat·ed** [-ˌɔːrienteɪtɪd] BRIT, *esp* AM **prof·it-ˈori·ent·ed** [-ˌɔːrientɪd] *adj* gewinnorientiert **ˈprof·it-shar·ing** *n no pl* Gewinnbeteiligung *f* **ˈprof·it-tak·ing** *n no pl* Gewinnmitnahme *f*

prof·li·gate [ˈprɒflɪgət] **I.** *adj* (*form*) ❶ (*wasteful*) verschwenderisch ❷ (*without moral*) lasterhaft, ausschweifend **II.** *n* ❶ (*wasteful person*) Verschwender(in) *m(f)* ❷ (*immoral person*) lasterhafter Mensch; (*rake*) Wüstling *m pej*

pro·found [prəˈfaʊnd] *adj* ❶ (*extreme*) tief gehend; *change tief* greifend; *effect* nachhaltig; *impression* tief; *interest* lebhaft, stark; *ignorance* völlig ❷ (*strongly felt*) tief, heftig; *compassion, gratification, gratitude* tief empfunden; *respect, reverence, veneration, love* groß; *anger* tief sitzend; *distress* groß ❸ (*intellectual*) tiefsinnig *a. iron*, tiefgründig; *knowledge* umfassend; *truth, wisdom* tief

pro·fund·i·ty [prəˈfʌndəti] *n* (*form*) ❶ *no pl* (*great depth*) Tiefe *f* ❷ *no pl* (*intellectual depth*) Tiefgründigkeit *f* ❸ (*deep remark*) Weisheit *f*

pro·fuse [prəˈfjuːs] *adj* überreichlich; *bleeding, perspiration* stark; *praise, thanks* überschwänglich

pro·fu·sion [prəˈfjuːʒən] *n no pl* (*form*) Überfülle *f*

pro·gen·i·tor [prə(ʊ)ˈdʒenɪtəʳ] *n* (*form: ancestor*) Ahn(in) *m(f)*; (*predecessor*) Vorläufer(in) *m(f)*; (*intellectual ancestor*) geistiger Vater/geistige Mutter

prog·eny [ˈprɒdʒəni] *n* + *sing/pl vb* (*form*) Nachkommenschaft *f*

prog·no·sis <*pl* -ses> [prɒgˈnəʊsɪs, *pl* -siːz] *n also* MED Prognose *f*; **to make a ~** eine Prognose stellen

prog·nos·ti·cate [prɒgˈnɒstɪkeɪt] *vt* prognostizieren

pro·gram [ˈprəʊgræm] **I.** *n* ❶ COMPUT Programm *nt* ❷ *esp* AM, AUS *see* **programme** **II.** *vt* <-mm-> ❶ COMPUT programmieren ❷ *esp* AM, AUS *see* **programme**

pro·gram·er *n* AM *see* **programmer**

pro·gramme [ˈprəʊgræm] **I.** *n* ❶ RADIO, TV Programm *nt*; (*single broadcast*) Sendung *f* ❷ (*list of events*) Programm *nt*; THEAT (*for one play*) Spielplan *m*; (*for one play*) Programmheft *nt* ❸ (*plan*) Programm *nt*, Plan *m*; **what's on the ~ for today?** was steht heute auf dem Programm? **II.** *vt* <-mm-> ❶ (*instruct*) programmieren ❷ *usu passive* (*mentally train*) ■ **to ~ sb to do sth** jdn darauf programmieren, etw zu tun

pro·gram·mer [ˈprəʊgræməʳ] *n* ❶ (*operator*) Programmierer(in) *m(f)* ❷ (*component*)

Programmiergerät *nt*
pro·gress I. *n* ['prəʊgres] *no pl* ❶ (*onward movement*) Vorwärtskommen *nt*; **to make slow/good ~** langsam/gut vorwärtskommen ❷ (*development*) Fortschritt *m* ❸ (*to be going*) **to be in ~** im Gange sein ❹ *no art* (*general improvement*) Fortschritt *m* **II.** *vi* [prə(ʊ)'gres] ❶ (*develop*) Fortschritte machen; **how's the work ~ing?** wie geht's mit der Arbeit voran? ❷ (*onward*) *in space* vorankommen; *in time* fortschreiten

pro·gres·sion [prə(ʊ)'greʃ(ə)n] *n no pl* ❶ (*development*) Entwicklung *f* ❷ MATH (*series*) Reihe *f*

pro·gres·sive [prə(ʊ)'gresɪv] **I.** *adj* ❶ (*gradual*) fortschreitend; (*gradually increasing*) zunehmend; **a ~ change/increase/decline** eine allmähliche Veränderung/Zunahme/ein allmählicher Verfall ❷ (*reformist, forward-looking*) progressiv; POL fortschrittlich ❸ LING (*verb form*) **~ form** Verlaufsform *f* **II.** *n* ❶ (*reformist*) Progressive(r) *f(m)* ❷ LING ■**the ~** die Verlaufsform

pro·hib·it [prə(ʊ)'hɪbɪt] *vt* ❶ (*forbid*) verbieten; **to be ~ed by law** gesetzlich verboten sein; ■**to ~ sb from doing sth** jdm verbieten, etw zu tun ❷ (*prevent*) verhindern

pro·hi·bi·tion [ˌprəʊ(h)r'bɪʃ(ə)n] *n* ❶ (*ban*) Verbot *nt* (**of/on** gegen) ❷ *no pl* (*banning*) Verbieten *nt* ❸ (*hist: US alcohol ban*) ■**P~** *no art* die Prohibition

pro·hibi·tive [prə(ʊ)'hɪbətɪv] *adj* ❶ (*too expensive*) *price* unerschwinglich ❷ (*prohibiting*) **~ measures** Verbotsmaßnahmen *pl*

proj·ect I. *n* ['prɒdʒekt] ❶ (*undertaking*) Projekt *nt* ❷ (*plan*) Plan *m* **II.** *vt* [prə(ʊ)'dʒekt] ❶ (*forecast*) vorhersagen; *profit, expenses, number* veranschlagen ❷ (*propel*) schleudern ❸ *slides, film* projizieren (**onto** auf) ❹ (*display*) darstellen; **to ~ a tougher image** ein härteres Image vermitteln **III.** *vi* [prə(ʊ)'dʒekt] (*protrude*) hervorragen, [hinaus]ragen (**over** über)

pro·jec·tile [prə(ʊ)'dʒektaɪl] *n* (*thrown object*) Wurfgeschoss *nt*; (*bullet, shell*) Geschoss *nt*; (*missile*) Rakete *f*

pro·jec·tion [prə(ʊ)'dʒekʃ(ə)n] *n* ❶ (*forecast*) Prognose *f*; *of expenses* Voranschlag *m* ❷ (*protrusion*) Vorsprung *m* ❸ *no pl* (*on screen*) Vorführung *f*; (*projected image*) Projektion *f* ❹ *no pl* PSYCH (*unconscious transfer*) Projektion *f*; (*mental image*) Projektion *f* ❺ *no pl* (*presentation*) Darstellung *f*

pro·jec·tion·ist [prə(ʊ)'dʒekʃ(ə)nɪst] *n* Filmvorführer(in) *m(f)*

proj·ect 'man·age·ment *n* Projektmanagement *nt* **proj·ect 'man·ag·er** *n* Projekt-manager(in) *m(f)*

pro·jec·tor [prə(ʊ)'dʒektəʳ] *n* Projektor *m*
pro·lapse ['prəʊlæps] *n* MED Prolaps *m* fachspr

prole [prəʊl] (*pej or hum*) **I.** *n short for* **proletarian** Prolet(in) *m(f)* **II.** *adj short for* **proletarian** proletenhaft

pro·letar·i·an [ˌprəʊlɪ'teərɪən] **I.** *n* Proletarier(in) *m(f)* **II.** *adj* proletarisch

pro·letari·at [ˌprəʊlɪ'teərɪət] *n no pl* Proletariat *nt*

pro·lif·er·ate [prəʊ'lɪfʳreɪt] *vi* stark zunehmen; *animals* sich stark vermehren

pro·lif·era·tion [prəʊˌlɪfʳr'eɪʃ(ə)n] *n no pl* starke Zunahme; (*of animals*) starke Vermehrung

pro·lif·ic [prə(ʊ)'lɪfɪk] *adj* ❶ (*productive*) produktiv ❷ (*producing many offspring*) fruchtbar ❸ *pred* (*abundant*) ■**to be ~ in** in großer Zahl vorhanden sein

pro·lix ['prəʊlɪks] *adj* (*pej form*) weitschweifig

pro·logue ['prəʊlɒg] *n*, AM **pro·log** *n* ❶ (*introduction*) Vorwort *nt*; THEAT Prolog *m* ❷ (*fig fam: preliminary event*) Vorspiel *nt* (**to** zu)

pro·long [prə(ʊ)'lɒŋ] *vt* verlängern
pro·lon·ga·tion [ˌprə(ʊ)lɒŋ'geɪʃ(ə)n] *n no pl* Verlängerung *f*

prom [prɒm] *n* ❶ AM (*school dance*) Ball am Ende des Jahres in einer amerikanischen High School ❷ BRIT (*concert*) **the P~s** Konzertreihe in London in der Albert Hall, deren Parkettsitze dafür entfernt werden, so dass die meisten Zuschauer stehen ❸ BRIT (*seaside walkway*) [Strand]promenade *f*

prom·enade [ˌprɒmə'nɑːd] **I.** *n* ❶ (*walkway*) [Strand]promenade *f* ❷ (*form or dated: walk*) Spaziergang *m*; (*in vehicle*) Spazierfahrt *f* **II.** *vi* (*dated*) promenieren

prom·enade 'con·cert *n* BRIT Konzert *nt*
prom·e'nade deck *n* Promenadendeck *nt*
promi·nence ['prɒmɪnəns(t)s] *n* ❶ *no pl* (*projecting nature*) Auffälligkeit *f* ❷ *no pl* (*conspicuousness*) Unübersehbarkeit *f*; **to give sth ~** etw in den Vordergrund stellen ❸ *no pl* (*importance*) Bedeutung *f* ❹ (*projection*) Vorsprung *m*

promi·nent ['prɒmɪnənt] *adj* ❶ (*projecting*) vorstehend *attr*; *chin* vorspringend ❷ (*conspicuous*) auffällig ❸ (*distinguished*) prominent; *position* führend

promis·cu·ity [ˌprɒmɪ'skjuːəti] *n no pl* Promiskuität *f geh*

pro·mis·cu·ous [prə'mɪskjʊəs] *adj* (*pej*) promisk

prom·ise ['prɒmɪs] **I.** *vt* ❶ (*pledge*) versprechen ❷ (*have the potential*) versprechen **II.** *vi* ❶ (*pledge*) versprechen; **I ~!** ich ver-

sprech·e es! ❷ (*be promising*) **to ~ well** viel versprechen **III.** *n* ❶ (*pledge*) Versprechen *nt;* **to break/keep one's ~ [to sb]** sein Versprechen [gegenüber jdm] brechen/halten ❷ *no pl* (*potential*) **to show ~** aussichtsreich sein; (*person*) viel versprechend sein

prom·is·ing ['prɒmɪsɪŋ] *adj* viel versprechend

prom·is·so·ry note [ˌprɒmɪsᵊri'nəʊt] *n* Schuldschein *m*

pro·mo ['prəʊməʊ] **I.** *n* ❶ (*fam*) *short for* **promotional film** Werbevideo *nt* ❷ AM, AUS *short for* **promotion** Werbung *f* **II.** *adj short for* **promotional** Werbe-

prom·on·to·ry ['prɒmənt∂ri] *n* GEOG Vorgebirge *nt*

pro·mote [prə'məʊt] *vt* ❶ (*raise in rank*) befördern (**to** zu) ❷ SPORTS ▪ **to be ~d** aufsteigen ❸ AM SCH ▪ **to be ~d** versetzt werden ❹ (*encourage*) fördern; **to ~ awareness of sth** etw ins Bewusstsein rufen ❺ (*advertise*) für etw *akk* werben

pro·mot·er [prə'məʊtə^r] *n* ❶ (*encourager*) Förderer(in) *m(f)* ❷ (*organizer*) Veranstalter(in) *m(f)*

pro·mo·tion [prə'məʊʃ∂n] *n* ❶ *no pl* (*in rank*) Beförderung *f* (**to** zu) ❷ (*raise in status*) Beförderung *f* ❸ SPORTS Aufstieg *m* ❹ (*advertising campaign*) Werbekampagne *f* ❺ (*encouragement*) Förderung *f*

pro·mo·tion·al ma·'te·ri·al *n* Werbematerial *nt*

prompt [prɒm(p)t] **I.** *vt* ❶ (*spur*) veranlassen; ▪ **to ~ sb [to do sth]** jdn [dazu] veranlassen, etw zu tun ❷ THEAT (*remind of lines*) soufflieren ❸ COMPUT auffordern **II.** *adj* ❶ (*swift*) prompt; ▪ **to be ~ in doing sth** etw schnell tun; *action* sofortig; *delivery* unverzüglich ❷ (*punctual*) pünktlich **III.** *adv* pünktlich **IV.** *n* ❶ COMPUT Prompt *m fachspr* ❷ THEAT (*reminder*) Stichwort *nt* ❸ THEAT (*fam: prompter*) Souffleur, Souffleuse *m, f*

'prompt box *n* Souffleurkasten *m*

prompt·er ['prɒm(p)tə^r] *n* Souffleur, Souffleuse *m, f*

promp·ti·tude ['prɒm(p)tɪtjuːd] *n no pl* (*form*) Promptheit *f*

prompt·ly ['prɒm(p)tli] *adv* ❶ (*quickly*) prompt ❷ (*fam: immediately afterward*) gleich danach, unverzüglich ❸ (*in time*) pünktlich

prompt·ness ['prɒm(p)tnəs] *n no pl* Promptheit *f*

prom·ul·gate ['prɒmᵊlgeɪt] *vt* (*form*) ❶ (*spread*) verbreiten ❷ *law, decree* verkünden

prom·ul·ga·tion [ˌprɒmᵊl'geɪʃ∂n] *n no pl* (*form*) ❶ (*spread*) Verbreitung *f* ❷ LAW (*proclamation*) Verkündung *f*

prone [prəʊn] *adj* (*disposed*) ▪ **to be ~ to sth** zu etw *dat* neigen; ▪ **to be ~ to do sth** dazu neigen, etw zu tun

prong [prɒŋ] *n* Zacke *f*

pro·nom·i·nal [prə(ʊ)'nɒmɪnᵊl] *adj* Pronominal- *fachspr*

pro·noun ['prəʊnaʊn] *n* Pronomen *nt*

pro·nounce [prə'naʊn(t)s] **I.** *vt* ❶ (*speak*) aussprechen ❷ (*announce*) verkünden ❸ (*declare*) erklären; **the jury ~d him guilty** die Geschworenen erklärten ihn für schuldig **II.** *vi* Stellung nehmen (**on/upon** zu)

pro·nounce·able [prə'naʊn(t)səbl] *adj* aussprechbar

pro·nounced [prə'naʊn(t)st] *adj* deutlich; *accent* ausgeprägt

pro·nounce·ment [prə(ʊ)'naʊn(t)smənt] *n* Erklärung *f* (**on** zu)

pron·to ['prɒntəʊ] *adv* (*fam*) fix

pro·nun·ci·a·tion [prəˌnʌn(t)sɪ'eɪʃ∂n] *n usu no pl* Aussprache *f*

proof [pruːf] **I.** *n* ❶ *no pl* (*confirmation*) Beweis *m* (**of** für) ❷ (*evidence*) Beweis *m* ❸ TYPO (*trial impression*) Korrekturfahne *f;* PHOT Probeabzug *m* ❹ MATH Beweis *m* ❺ *no pl* (*degree of strength*) Volumenprozent *nt*, Vol.- % *nt; of alcohol* Alkoholgehalt *m* **II.** *adj* unempfindlich (**against** gegen); **to be ~ against temptation** gegen Versuchungen immun sein; **to be ~ against burglars** einbruchssicher sein **III.** *vt* (*treat*) imprägnieren; (*make waterproof*) wasserdicht machen

'proof·read <-read, -read> *vt, vi* Korrektur lesen **'proof·read·er** *n* Korrektor(in) *m(f)*

'proof·read·ing I. *n no pl* Korrekturlesen *nt* **II.** *adj attr* Korrektur-

prop¹ [prɒp] *n usu pl* Requisite *f*

prop² [prɒp] **I.** *n* (*support*) Stütze *f;* (*fig*) Halt *m* **II.** *vt* <-pp-> ▪ **to ~ sth against sth** etw gegen etw *akk* lehnen; ▪ **to ~ sth on sth** etw auf etw *akk* stützen

propa·gan·da [ˌprɒpə'gændə] *n no pl* (*usu pej*) Propaganda *f*

propa·gand·ist [ˌprɒpə'gændɪst] **I.** *n* (*usu pej*) Propagandist(in) *m(f)* **II.** *adj* propagandistisch

propa·gate ['prɒpəgeɪt] **I.** *vt* ❶ (*breed*) züchten; (*plants*) vermehren ❷ (*form: disseminate*) verbreiten **II.** *vi* sich fortpflanzen; *plants* sich vermehren

propa·ga·tion [ˌprɒpə'geɪʃ∂n] *n no pl* ❶ (*reproduction*) Fortpflanzung *f;* **the ~ of plants** die Vermehrung von Pflanzen ❷ (*spread*) *of rumour, lie* Verbreitung *f*

pro·pane ['prəʊpeɪn] *n no pl* Propan *nt*

pro·pel <-ll-> [prə'pel] *vt* antreiben; (*fig*) **the country was being ~led towards civil**

war das Land wurde in den Bürgerkrieg getrieben

pro·pel·lant [prə'pelənt] *n* ❶ *(fuel)* Treibstoff *m* ❷ *(gas)* Treibgas *nt* **pro·pel·ler** [prə'pelə'] *n* Propeller *m* **pro·pel·ler shaft** *n* Antriebswelle *f* **pro·pel·ling pen·cil** [prə,peliŋ'-] *n* BRIT, AUS Drehbleistift *m*

pro·pen·sity [prə(ʊ)'pen(t)səti] *n no pl* (*form*) Neigung (**for** zu)

prop·er ['prɒpə'] **I.** *adj* ❶ *(real)* echt, richtig ❷ *(correct)* richtig; **she likes everything to be in its ~ place** sie hat gern alles an seinem angestammten Platz ❸ *(socially respectable)* anständig ❹ BRIT *(fam: total)* absolut **II.** *adv* BRIT *(fam)* ❶ *(very)* richtig *fam* ❷ *(usu hum: genteelly)* vornehm

prop·er 'frac·tion *n* echter Bruch

prop·er·ly ['prɒpəli] *adv* ❶ *(correctly)* richtig; **to be dressed ~** korrekt gekleidet sein; **~ speaking** genau genommen ❷ *(socially respectably)* anständig ❸ BRIT *(thoroughly)* ganz schön *fam*

prop·er 'name *n*, **prop·er 'noun** *n* Eigenname *m*

prop·er·tied ['prɒpətid] *adj* begütert *attr*

prop·er·ty ['prɒpəti] *n* ❶ *(things owned)* Eigentum *nt* ❷ *no pl (owned buildings)* Immobilienbesitz *m;* *(owned land)* Grundbesitz *m;* **private ~** Privatbesitz *m* ❸ *(piece of real estate)* Immobilie *f* ❹ *(attribute)* Eigenschaft *f*

'prop·er·ty de·vel·op·er *n* Immobilienmakler(in) *m(f)* **'prop·er·ty de·vel·op·ment** *n* Grundstückserschließung *f* **'prop·er·ty in·sur·ance** *n no pl* Gebäudeversicherung *f* **'prop·er·ty man** *n,* **'prop·er·ty man·ag·er** *n* THEAT Requisiteur *m* **'prop·er·ty mar·ket** *n no pl* Immobilienmarkt *m* **'prop·er·ty room** *n* THEAT Requisitenkammer *f* **'prop·er·ty spec·u·la·tion** *n no pl* Immobilienspekulation *f* **'prop·er·ty tax** *n* AM *(on land)* ≈ Grundsteuer *f*; *(general)* Vermögenssteuer *f*

proph·e·cy ['prɒfəsi] *n* ❶ *(prediction)* Prophezeiung *f* ❷ *no pl (ability)* Weissagen *nt*

proph·e·sy <-ie-> ['prɒfəsaɪ] **I.** *vt* prophezeien **II.** *vi* Prophezeiungen machen

proph·et ['prɒfɪt] *n* ❶ *also fig: religious figure)* Prophet *m* ❷ *(precursor)* Vorkämpfer(in) *m(f)*

proph·et·ess <*pl* -es> [,prɒfɪ'tes] *n* Prophetin *f*

pro·phet·ic [prə(ʊ)'fetɪk] *adj* prophetisch

pro·phy·lac·tic [,prɒfɪ'læktɪk] **I.** *adj* MED prophylaktisch *fachspr,* vorbeugend *attr* **II.** *n* ❶ *(medicine)* Prophylaktikum *nt fachspr* ❷ *esp* AM *(condom)* Präservativ *nt*

prophy·lax·is [,prɒfɪ'læksɪs] *n no pl* Prophylaxe *f fachspr*

pro·pin·quity [prə(ʊ)'pɪŋkwəti] *n no pl (form)* ❶ *(proximity)* Nähe *f* ❷ *(similarity, kinship)* Verwandtschaft *f*

pro·pi·tious [prə'pɪʃəs] *adj (form)* günstig

prop jet ['prɒpdʒet] *n (plane)* Turbo-Prop-Flugzeug *nt;* *(engine)* Turbo-Prop-Triebwerk *nt*

pro·po·nent [prə(ʊ)'pəʊnənt] *n* Befürworter(in) *m(f)*

pro·por·tion [prə'pɔːʃ°n] *n* ❶ *(part)* Anteil *m* ❷ *no pl (relation)* Proportion *f,* Verhältnis *nt* (**to** zu); **to be in/out of ~** [**to sth**] im/in keinem Verhältnis zu etw *dat* stehen ❸ *(balance)* Verhältnis *nt;* **to have/keep a sense of ~** bei etw *dat* den richtigen Maßstab anlegen; **to blow sth out of** [**all**] **~** etw maßlos übertreiben; **to keep sth in ~** etw im richtigen Verhältnis sehen ❹ *(size)* ■**~s** *pl* Ausmaße *pl*

pro·por·tion·al [prə'pɔːʃ°nəl] *adj* proportional (**to** zu); **inversely ~** umgekehrt proportional **pro·por·tion·al·i·ty** [prə,pɔːʃ°n'æləti] *n no pl* Verhältnismäßigkeit *f* **pro·por·tion·al rep·re·sen·ta·tion** *n no pl* Verhältniswahlsystem *nt*

pro·por·tion·ate [prə'pɔːʃ°nət] *adj* proportional

pro·por·tioned [prə'pɔːʃ°nd] *adj* **beautifully/finely ~** ebenmäßig/anmutig proportioniert

pro·po·sal [prə'pəʊz°l] *n* ❶ *(suggestion)* Vorschlag *m* ❷ *(offer of marriage)* Antrag *m*

pro·pose [prə'pəʊz] **I.** *vt* ❶ *(suggest)* vorschlagen ❷ *(intend)* **to ~ to do/doing sth** beabsichtigen, etw zu tun ❸ *(nominate)* vorschlagen ❹ *(put forward)* motion stellen; **to ~ a toast** einen Toast ausbringen **II.** *vi* ■**to ~** [**to sb**] [jdm] einen [Heirats]antrag machen

pro·pos·er [prə'pəʊzə'] *n (of motion)* Antragsteller(in) *m(f);* *(of candidate)* Vorschlagende(r) *f(m)*

propo·si·tion [,prɒpə'zɪʃ°n] **I.** *n* ❶ *(assertion)* Aussage *f* ❷ *(proposal)* Vorschlag *m; business* ~ geschäftliches Angebot ❸ *(matter)* Unternehmen *nt;* **a difficult ~** ein schwieriges Unterfangen **II.** *vt* ■**to ~ sb** jdm ein eindeutiges Angebot machen *euph*

pro·pound [prə'paʊnd] *vt (form)* darlegen

pro·pri·etary [prə'praɪət°ri] *adj* ❶ ECON, LAW *(with legal right)* urheberrechtlich geschützt ❷ *(owner-like)* besitzergreifend

pro·pri·etor [prə'praɪətə'] *n* Inhaber(in) *m(f)*

pro·pri·etor·ship [prə'praɪətəʃɪp] *n* Besitz *m*

pro·pri·etress <*pl* -es> [prə'praɪətrɪs] *n* Inhaberin *f*

pro·pri·ety [prəˈpraɪəti] n ① no pl (decency) Anstand m ② no pl (correctness) Richtigkeit f

pro·pul·sion [prəˈpʌlʃən] n no pl Antrieb m

pro rata [ˌprə(ʊ)ˈrɑːtə] adj, adv (form) anteilmäßig

pro·rate [ˌproʊˈreɪt] vt AM anteilmäßig aufteilen

pro·sa·ic [prə(ʊ)ˈzeɪɪk] adj nüchtern, prosaisch geh

pro·scenium <pl -s or -nia> [prə(ʊ)ˈsiːniəm, pl -niə] n THEAT Proszenium nt

pro·scribe [prə(ʊ)ˈskraɪb] vt (form) verbieten

pro·scrip·tion [prə(ʊ)ˈskrɪpʃən] n no pl (form) Verbot nt

prose [prəʊz] n no pl Prosa f

pros·e·cut·able [ˌprɒsɪˈkjuːtəbl] adj strafbar

pros·e·cute [ˈprɒsɪkjuːt] I. vt ① LAW ■ to ~ sb [for sth] jdn [wegen einer S. gen] strafrechtlich verfolgen ② (form: carry on) to ~ an enquiry/investigation eine Untersuchung/Ermittlung durchführen II. vi ① (bring a charge) Anzeige erstatten, gerichtlich vorgehen ② (in court) für die Anklage zuständig sein

pros·e·cut·ing [ˈprɒsɪkjuːtɪŋ] adj attr Anklage-; ~ **attorney** Staatsanwalt, Staatsanwältin m, f

pros·e·cu·tion [ˌprɒsɪˈkjuːʃən] n ① no pl (legal action) strafrechtliche Verfolgung ② (case) Anklage[erhebung] f (for wegen), Gerichtsverfahren nt (for gegen) ③ no pl (legal team) ■ **the** ~ die Anklagevertretung ④ no pl (form: pursuance) Verfolgen nt; of inquiry, investigation Durchführung f

pros·e·cu·tor [ˈprɒsɪkjuːtər] n Ankläger(in) m(f)

pros·e·lyte [ˈprɒsəlaɪt] n REL (form) Neubekehrte(r) f(m)

pros·e·lyt·ize [ˈprɒsəlɪtaɪz] I. vt bekehren II. vi Leute bekehren

pros·o·dy [ˈprɒsədi] n no pl ① LING Prosodie f fachspr ② LIT Verslehre f

pros·pect I. n [ˈprɒspekt] ① (idea) Aussicht f (of auf) ② (likelihood) Aussicht f, Wahrscheinlichkeit f (of auf); **what are the ~s of success in this venture?** wie steht es um die Erfolgsaussichten bei diesem Unternehmen? ③ (opportunities) ■ ~s pl Aussichten pl, Chancen pl; **to have no ~s** keine Zukunft haben

pros·pec·tive [prəˈspektɪv] adj voraussichtlich; candidate möglich; customer potenziell

pros·pec·tor [prəˈspektər] n MIN Prospektor(in) m(f) fachspr

pros·pec·tus [prəˈspektəs] n Prospekt m

pros·per [ˈprɒspər] vi ① (financially) florieren ② (physically) gedeihen

pros·per·ity [prɒsˈperəti] n no pl Wohlstand m

pros·per·ous [ˈprɒspərəs] adj ① (well off) wohlhabend, reich; business gut gehend; economy blühend ② (successful) erfolgreich

pros·tate [ˈprɒsteɪt] n Prostata f

pros·ti·tute [ˈprɒstɪtjuːt] I. n Prostituierte f II. vt ① (sexually) ■ **to ~ oneself** sich prostituieren ② (debase) **to ~ one's talents** seine Talente verschleudern

pros·ti·tu·tion [ˌprɒstɪˈtjuːʃən] n no pl Prostitution f

pros·trate I. adj [ˈprɒstreɪt] ① (face downward) ausgestreckt ② (overcome) überwältigt (**with** von) II. vt [prɒsˈtreɪt] ■ **to ~ oneself** sich zu Boden werfen

pro·tag·o·nist [prəʊˈtæɡənɪst] n ① (main character) Protagonist(in) m(f) ② (advocate) Verfechter(in) m(f) (of von)

pro·tect [prəˈtekt] vt schützen (**against** gegen, **from** vor); **to ~ one's interests** seine Interessen wahren

pro·tec·tion [prəˈtekʃən] n ① (defence) Schutz m (**against** gegen); of interests Wahrung f; **to be under sb's ~** unter jds Schutz stehen ② no pl (paid to criminals) Schutzgeld nt

pro-ˈtec·tion dog n Wachhund m **pro-ˈtec·tion fac·tor** n Lichtschutzfaktor m **pro·tec·tion·ism** [prəˈtekʃənɪzəm] n no pl Protektionismus m **pro-ˈtec·tion·ist** [prəˈtekʃənɪst] I. adj (pej) protektionistisch II. n Protektionist(in) m(f) **pro-ˈtec·tion rack·et** n Erpresserorganisation f

pro·tec·tive [prəˈtektɪv] adj ① (affording protection) Schutz- ② (wishing to protect) fürsorglich (**of/towards** gegenüber)

pro·tec·tor [prəˈtektər] n ① (person) Beschützer m ② (device) Schutzvorrichtung f

pro·tec·tor·ate [prəˈtektərət] n Protektorat nt

pro·té·gé n, **pro·té·gée** [ˈprɒtɪʒeɪ] n Protegé m geh

pro·tein [ˈprəʊtiːn] n ① no pl (collectively) Eiweiß nt ② (specific substance) Protein nt

pro·test I. n [ˈprəʊtest] ① (strong complaint) Protest m; **to make a ~** eine Beschwerde einreichen ② (demonstration) Protestkundgebung f ③ (legal document) Protest m II. vi [prə(ʊ)ˈtest] protestieren III. vt [prə(ʊ)ˈtest] ① (assert) beteuern ② AM (object to) ■ **to ~ sth** gegen etw akk protestieren

Prot·es·tant [ˈprɒtɪstənt] I. n Protestant(in) m(f) II. adj protestantisch; (in Germany) evangelisch

Prot·es·tant·ism [ˈprɒtɪstəntɪzəm] n no pl

Protestantismus *m*

pro·tes·ta·tion [ˌprɒtesˈteɪʃ°n] *n usu pl* ① (*strong objection*) Protesterklärung *f* ② (*strong affirmation*) Beteuerung *f*

pro·test·er [prəˈtestə^r] *n* (*objector*) Protestierende(r) *f(m)*; (*demonstrator*) Demonstrant(in) *m(f)*

'pro·test march *n* Protestmarsch *m* **'pro·test vote** *n* Proteststimme *f*

pro·to·col [ˈprəʊtəkɒl] *n* ① *no pl* (*system of rules*) Protokoll *nt* ② (*international agreement*) Protokoll *nt*

pro·ton [ˈprəʊtɒn] *n* PHYS Proton *nt*

pro·to·plasm [ˈprəʊtə(ʊ)plæz°m] *n no pl* Protoplasma *nt*

pro·to·type [ˈprəʊtə(ʊ)taɪp] *n* Prototyp *m* (*for* für)

pro·to·zoan <*pl* -s *or* -zoa> [ˌprəʊtə(ʊ)ˈzəʊən, *pl* -zəʊə] *n* Protozoon *m fachspr*, Urtierchen *nt*

pro·tract [prəʊˈtrækt] *vt* (*form*) in die Länge ziehen

pro·tract·ed [prəʊˈtræktɪd] *adj* langwierig

pro·trac·tion [prəʊˈtrækʃ°n] *n* ① *no pl* (*prolonging*) Ausdehnung *f* ② (*muscle action*) Streckung *f*

pro·trac·tor [prəʊˈtræktə^r] *n* ① MATH Winkelmesser *m* ② (*muscle*) Streckmuskel *m*

pro·trude [prəʊˈtruːd] **I.** *vi* jaw vorstehen; *branch, ears* abstehen; ■ **to ~ from sth** aus etw *dat* hervorragen **II.** *vt* vorstrecken

pro·trud·ing [prəʊˈtruːdɪŋ] *adj attr* herausragend; *jaw* vorstehend; *ears* abstehend

pro·tru·sion [prəʊˈtruːʒ°n] *n* ① *no pl* (*sticking out*) Vorstehen *nt* ② (*bump*) Vorsprung *m*

pro·tu·ber·ance [prəʊˈtjuːb°r°n(t)s] *n* (*form*) Beule *f*

pro·tu·ber·ant [prəʊˈtjuːb°r°nt] *adj* (*form*) vorstehend; *eyes* vortretend

proud [praʊd] **I.** *adj* ① (*pleased*) stolz (**of** auf) ② (*having self-respect*) stolz ③ (*pej: arrogant*) eingebildet ④ BRIT (*protrude*) **to stand ~** [**of sth**] [von etw *dat*] abstehen **II.** *adv* **to do sb ~** BRIT, AUS (*dated: treat well*) AM (*please by doing well*) jdn mit Stolz erfüllen

proud·ly [ˈpraʊdli] *adv* ① (*with pride*) stolz ② (*pej: haughtily*) hochnäsig *fam*

prov·able [ˈpruːvəbl] *adj* beweisbar; *theory* nachweisbar

prove <-d, -d *or* AM *usu* proven> [pruːv] **I.** *vt* ① (*establish*) beweisen; **to ~ the truth of sth** die Richtigkeit von etw *dat* nachweisen ② (*show*) **during the rescue she ~d herself to be a highly competent climber** während der Rettungsaktion erwies sie sich als sehr geübte Kletterin **II.** *vi + n or adj* sich erweisen; **to ~ successful** sich als erfolgreich erweisen

prov·en [ˈpruːv°n] **I.** *vt, vi esp* AM *pp of* **prove II.** *adj* nachgewiesen; *remedy* erprobt

prov·enance [ˈprɒvənən(t)s] *n no pl* (*form*) Herkunft *f*; **to be of unknown ~** unbekannter Herkunft sein

prov·erb [ˈprɒvɜːb] *n* ① (*saying*) Sprichwort *nt* ② (*fig: well-known for*) ■ **to be a ~ for sth** für etw *akk* berühmt sein ③ REL ■ **P~s** + *sing vb* Sprüche *pl*

pro·ver·bi·al [prə(ʊ)ˈvɜːbɪəl] *adj* ① (*from a proverb*) sprichwörtlich ② (*fig: well-known*) sprichwörtlich

pro·vide [prə(ʊ)ˈvaɪd] **I.** *vt* zur Verfügung stellen, bereitstellen; *evidence, explanation* liefern; ■ **to ~ sb/sth with sth** (*supply*) jdn/etw mit etw *dat* versorgen; (*offer*) jdm/etw etw bieten **II.** *vi* ① (*form: anticipate*) ■ **to ~ for sth** für etw *akk* vorsorgen; ■ **to ~ against sth** Vorkehrungen gegen etw *akk* treffen ② (*look after*) ■ **to ~ for sb/oneself** für jdn/ sich selbst sorgen ③ (*form: enable*) ■ **to ~ for sth** etw ermöglichen; *law* etw erlauben

pro·vid·ed [prə(ʊ)ˈvaɪdɪd] **I.** *adj* mitgeliefert, beigefügt **II.** *conj see* **providing** [**that**]

provi·dence [ˈprɒvɪd°n(t)s] *n no pl* Vorsehung *f*

provi·den·tial [ˌprɒvɪˈden(t)ʃ°l] *adj* (*form*) günstig, glücklich

pro·vid·er [prəˈvaɪdə^r] *n* ① (*supplier*) Lieferant(in) *m(f)* ② (*breadwinner*) Ernährer(in) *m(f)*

pro·vid·ing [prə(ʊ)ˈvaɪdɪŋ] *conj* ■ **~ that ...** sofern, vorausgesetzt, dass ...

prov·ince [ˈprɒvɪn(t)s] *n* ① (*territory*) Provinz *f* ② *no pl* (*area of knowledge*) [Fach]gebiet *nt*; (*area of responsibility*) Zuständigkeitsbereich *m*

pro·vin·cial [prə(ʊ)ˈvɪn(t)ʃ°l] **I.** *adj* ① (*of a province*) Provinz- ② (*pej: unsophisticated*) provinziell **II.** *n* ① (*province inhabitant*) Provinzbewohner(in) *m(f)* ② (*pej: unsophisticated person*) Provinzler(in) *m(f)*

'prov·ing ground *n* Versuchsgelände *nt*

pro·vi·sion [prə(ʊ)ˈvɪʒ°n] *n* ① *no pl* (*providing*) Versorgung *f*; (*financial precaution*) Vorkehrung *f* ② (*something supplied*) Vorrat *m* (**of** an) ③ (*stipulation*) Auflage *f*; **with the ~ that ...** unter der Bedingung, dass ...

pro·vi·sion·al [prə(ʊ)ˈvɪʒ°n°l] *adj* vorläufig

pro·vi·sion·al 'li·cence *n* BRIT, AUS Führerschein *m* auf Probe

pro·vi·so [prə(ʊ)ˈvaɪzəʊ] *n* Auflage *f*, Bedingung *f* (**with/on** unter)

provo·ca·tion [ˌprɒvəˈkeɪʃ°n] *n* Provokation *f*

pro·voca·tive [prəˈvɒkətɪv] *adj* ① (*provok-*

pro·voke [prəˈvəʊk] *vt* ❶ (*vex*) ■ **to ~ sb [into doing sth]** jdn [zu etw *dat*] provozieren ❷ (*give rise to*) *worries, surprise, outrage* hervorrufen

pro·vok·ing [prəˈvəʊkɪŋ] *adj* provozierend *attr; question* provokativ *geh; statement* provokant *geh*

prov·ost [ˈprɒvəst] *n* ❶ BRIT UNIV Hochschulleiter(in) *m(f)*; AM [hoher] Verwaltungsbeamte(r), [hohe] Verwaltungsbeamte [*o* -in] ❷ SCOT (*mayor*) Bürgermeister(in) *m(f)*

prow [praʊ] *n* Bug *m*

prow·ess [ˈpraʊɪs] *n no pl* (*esp form*) Können *nt*, Leistungsfähigkeit *f*

prowl [praʊl] **I.** *n* (*fam*) Streifzug *m* (**on** auf) **II.** *vt* durchstreifen **III.** *vi* ■ **to ~ [around]** umherstreifen

ˈprowl car *n* AM (*patrol car*) Streifenwagen *m*

prowl·er [ˈpraʊlə^r] *n* Herumtreiber(in) *m(f) fam*

ˈprowl·ing *n* Herumtreiben *nt*

prox·im·ity [prɒkˈsɪməti] *n no pl* Nähe *f*

proxy [ˈprɒksi] *n* ❶ (*person*) Bevollmächtigte(r) *f(m); to sign* Zeichnungsbevollmächtigte(r)

prude [pruːd] *n* prüder Mensch

pru·dence [ˈpruːdən(t)s] *n no pl* Vorsicht *f*, Besonnenheit *f*

pru·dent [ˈpruːdənt] *adj* vorsichtig, umsichtig; *action* klug

prud·ery [ˈpruːdəri] *n* Prüderie *f*

prud·ish [ˈpruːdɪʃ] *adj* prüde

prune¹ [pruːn] *vt* HORT [be]schneiden; (*fig*) reduzieren; (*costs*) kürzen

prune² [pruːn] *n* ❶ (*plum*) Dörrpflaume *f* ❷ (*fam: person*) Miesepeter *m*

prun·ing [ˈpruːnɪŋ] **I.** *adj* Schneide- **II.** *n no pl* HORT Zurückschneiden *nt*, Stutzen *nt*

ˈprun·ing hook *n* Schneidehaken *m* **ˈprun·ing saw** *n* Baumsäge *f* **ˈprun·ing shears** *npl* AM (*secateurs*) Gartenschere *f*

pru·ri·ence [ˈprʊəriən(t)s] *n no pl* (*pej form: obsession*) *with sexual matters* Lüsternheit *f; with unpleasantness* Abartigkeit *f*

pru·ri·ent [ˈprʊəriənt] *adj* (*pej form*) lüstern; *inclination* abartig

Prus·sia [ˈprʌʃə] *n* HIST Preußen *nt*

Prus·sian [ˈprʌʃən] **I.** *n* (*hist*) Preuße(in) *m(f)* **II.** *adj* HIST preußisch

prus·sic ˈacid *n no pl* (*dated*) Blausäure *f*

pry¹ <-ie-> [praɪ] *vi* neugierig sein; ■ **to ~ about** herumschnüffeln *fam*; ■ **to ~ into sth** seine Nase in etw *akk* stecken *fam*

pry² <-ie-> [praɪ] *vt esp* AM (*prise*) ■ **to ~ sth open** etw aufbrechen; **to ~ a secret out of sb** jdm ein Geheimnis entlocken

pry·ing [ˈpraɪɪŋ] *adj* (*pej*) neugierig

PS [ˌpiːˈes] *n abbrev of* **postscript** PS *nt*

psalm [sɑːm] *n* REL Psalm *m*

pse·phol·ogy [(p)sɪˈfɒlədʒi] *n no pl* Wahlanalyse *f*

pseud [sjuːd] BRIT **I.** *n* (*pej*) Möchtegern *m fam* **II.** *adj* (*pej*) angeberisch

pseu·do [ˈsjuːdəʊ] **I.** *adj* ❶ (*false*) Pseudo-, Möchtegern- ❷ (*insincere*) heuchlerisch, verlogen **II.** *n* Heuchler(in) *m(f)*

pseudo·nym [ˈsjuːdənɪm] *n* Pseudonym *nt*

psit·ta·co·sis [ˌ(p)sɪtəˈkəʊsɪs] *n no pl* Psittakose *f fachspr*

psych [saɪk] *vt* (*fam*) ❶ (*psychoanalyse*) ■ **to ~ sb** jdn psychiatrisch behandeln ❷ (*prepare*) ■ **to ~ oneself/sb up** sich *akk*/jdn [psychisch] aufbauen ◆**psych out** *vt* (*fam*) ❶ (*intimidate*) ■ **to ~ out ⇔ sb** jdn psychologisch schwächen ❷ (*analyse*) ■ **to ~ sth ⇔ out** etw analysieren

psyche¹ [saɪk] *vt see* **psych**

psyche² [ˈsaɪki] *n* Psyche *f*

psychedel·ic [ˌsaɪkɪˈdelɪk] *adj* psychedelisch

psy·chi·at·ric [ˌsaɪkiˈætrɪk] *adj* psychiatrisch

psy·chia·trist [saɪˈkaɪətrɪst] *n* Psychiater(in) *m(f)*

psy·chia·try [saɪˈkaɪətri] *n no pl* Psychiatrie *f*

psy·chic [ˈsaɪkɪk] **I.** *n* Medium *nt* **II.** *adj* ❶ (*supernatural*) übernatürlich ❷ (*of the mind*) psychisch, seelisch

psycho·ana·lyse [ˌsaɪkəʊˈænəlaɪz] *vt* psychoanalysieren

psycho·analy·sis [ˌsaɪkəʊəˈnæləsɪs] *n no pl* Psychoanalyse *f*

psycho·ana·lyst [ˌsaɪkəʊˈænəlɪst] *n* Psychoanalytiker(in) *m(f)*

psycho·ana·lyt·ic(al) [ˌsaɪkəʊˌænəlˈɪtɪk(əl)] *adj* psychoanalytisch

psycho·logi·cal [ˌsaɪkəˈlɒdʒɪkəl] *adj* ❶ (*of the mind*) psychisch ❷ (*of psychology*) psychologisch ❸ (*not physical*) psychisch

psy·cholo·gist [saɪˈkɒlədʒɪst] *n* Psychologe, Psychologin *m, f*

psy·chol·ogy [saɪˈkɒlədʒi] *n* Psychologie *f*

psycho·path [ˈsaɪkə(ʊ)pæθ] *n* Psychopath(in) *m(f)*

psycho·path·ic [ˌsaɪkə(ʊ)ˈpæθɪk] *adj* psychopathisch

psy·cho·sis <*pl* -ses> [saɪˈkəʊsɪs, *pl* -siːz] *n* Psychose *f*

psycho·so·mat·ic [ˌsaɪkə(ʊ)sə(ʊ)ˈmætɪk] *adj* psychosomatisch

psycho·thera·pist [ˌsaɪkə(ʊ)ˈθerəpɪst] *n* Psychotherapeut(in) *m(f)*

psycho·thera·py [ˌsaɪkə(ʊ)ˈθerəpi] *n no pl* Psychotherapie *f*

psy·chot·ic [saɪˈkɒtɪk] **I.** *adj* psychotisch **II.** *n* Psychotiker(in) *m(f)*

PT [ˌpiːˈtiː] *n no pl* ❶ (*dated*) *abbrev of* **physical training** Leibesübungen *pl* ❷ MED *abbrev of* **physical therapy** Physiotherapie *f*

ptar·mi·gan [ˈtɑːmɪɡən] *n* Schneehuhn *nt*

pto [ˌpiːtiːˈəʊ] *abbrev of* **please turn over** b.w.

pub [pʌb] *n* (*fam*) *short for* **public house** Kneipe *f*

'pub crawl *n esp* BRIT (*fam*) Kneipentour *f*

pu·ber·ty [ˈpjuːbəti] *n no pl* Pubertät *f*

pu·bic [ˈpjuːbɪk] *adj attr* Scham-

pu·bis <*pl* -bes> [ˈpjuːbɪs, *pl* -biːz] *n* Schambein *nt*

pub·lic [ˈpʌblɪk] **I.** *adj* öffentlich **II.** *n* + *sing/pl vb* ❶ (*the people*) ▪ **the** ~ die Öffentlichkeit, die Allgemeinheit ❷ (*patrons*) Anhängerschaft *f*; *of newspapers* Leser *pl*; *of TV Zuschauer pl*, Publikum *nt* ❸ (*not in private*) Öffentlichkeit *f*; **in** ~ in der Öffentlichkeit, öffentlich

pub·lic ac·'count·ant *n* AM (*licensed by state*) Buchprüfer(in) *m(f)*; (*chartered*) ≈ Wirtschaftsprüfer(in) *m(f)* **pub·lic ad·'dress** *n*, **pub·lic ad·'dress sys·tem** *n* Lautsprecheranlage *f* **pub·lic af·'fairs** *npl* öffentliche Angelegenheiten

pub·li·can [ˈpʌblɪkən] *n* BRIT, AUS Kneipenbesitzer(in) *m(f)*

pub·lic ap·'pear·ance *n* öffentlicher Auftritt **pub·lic ap·'point·ment** *n* POL, ADMIN öffentliche Bestellung **pub·lic as·'sist·ance** *n* AM staatliche Fürsorge

pub·li·ca·tion [ˌpʌblɪˈkeɪʃən] *n* ❶ *no pl* (*publishing*) Veröffentlichung *f* ❷ (*published work*) Publikation *f*

pub·lic 'bar *n* BRIT [Steh]ausschank *m* **pub·lic con·'ven·ience** *n* BRIT, AUS (*euph form*) öffentliche Toilette **pub·lic de·'fend·er** *n* AM LAW Pflichtverteidiger(in) *m(f)* **pub·lic do·'main** *n* ❶ (*government property*) öffentliches Eigentum, Staatsbesitz *m* ❷ (*not subject to copyright*) **to be in the** ~ zum Allgemeingut gehören **pub·lic 'en·e·my** *n* Staatsfeind *m* **pub·lic ex·'pen·di·ture** *n* Staatsausgaben *pl* **pub·lic 'funds** *npl* öffentliche Gelder **pub·lic 'health** *n no pl* Volksgesundheit *f veraltend* **pub·lic 'health ser·vice** *n* [staatliches] Gesundheitssystem **pub·lic 'holi·day** *n* gesetzlicher Feiertag **pub·lic 'house** *n* BRIT (*form*) Kneipe *f f ma* **pub·lic in·for·'ma·tion of·fi·cer** *n* Pressesprecher(in) *m(f)* **pub·lic 'in·ter·est** *n* öffentliches Interesse

pub·li·cist [ˈpʌblɪsɪst] *n* ❶ (*agent*) Publizist(in) *m(f)* ❷ (*pej: attention-seeker*) **self-**~ Selbstdarsteller(in) *m(f)*

pub·lic·i·ty [pʌbˈlɪsəti] **I.** *n no pl* ❶ (*promotion*) Publicity *f*, Reklame *f* ❷ (*attention*) Aufsehen *nt*, Aufmerksamkeit *f* **II.** *adj* Publicity-, Werbe-

pub·'lic·i·ty agent *n* Werbeagent(in) *m(f)* **pub·'lic·i·ty cam·paign** *n* Werbekampagne *f* **pub·'lic·i·ty de·part·ment** *n* Werbeabteilung *f*

pub·li·cize [ˈpʌblɪsaɪz] *vt* bekannt machen

pub·lic 'law *n* öffentliches Recht **pub·lic 'li·brary** *n* öffentliche Bibliothek **pub·lic lim·it·ed 'com·pa·ny** *n* BRIT Aktiengesellschaft *f* **pub·lic 'loan** *n* Staatsanleihe *f*

pub·lic·ly [ˈpʌblɪkli] *adv* ❶ (*not privately*) öffentlich ❷ (*by the state*) staatlich

pub·lic 'nui·sance *n* ❶ (*act*) öffentliches Ärgernis ❷ (*fam: person*) Störenfried *m* **pub·lic o·'pin·ion** *n* öffentliche Meinung **pub·lic 'prop·er·ty** *n no pl* Staatseigentum *nt* **pub·lic pros·e·'cu·tion** *n* Staatsanwaltschaft *f* **pub·lic 'pros·ecu·tor** *n* Staatsanwalt, Staatsanwältin *m, f* **pub·lic 'rec·ords** *npl* staatliche Archive **pub·lic re·'la·tions** *npl* MEDIA, POL Public Relations *pl*, Öffentlichkeitsarbeit *f kein pl*; ~ **consultant** PR-Berater(in) *m(f)*; ~ **officer** Öffentlichkeitsreferent(in) *m(f)* **pub·lic 'school** *n* BRIT Privatschule *f*; AM, AUS, SCOT staatliche Schule **pub·lic 'sec·tor** *n* öffentlicher Sektor **pub·lic 'space** *n* öffentlicher Raum **pub·lic-'spir·it·ed** *adj* (*approv*) von Gemeinsinn zeugend *attr;* **she's a very** ~ **person** sie hat viel Gemeinsinn **pub·lic 'tele·phone** *n esp* BRIT öffentlicher Fernsprecher **pub·lic 'trans·port** *n* BRIT, *esp* AM **pub·lic trans·por·'ta·tion** *n* öffentliche Verkehrsmittel **pub·lic u·'til·i·ty** *n* Leistungen *pl* der öffentlichen Versorgungsbetriebe; (*company*) öffentlicher Versorgungsbetrieb **pub·lic 'works** *npl* öffentliche Bauprojekte

pub·lish [ˈpʌblɪʃ] *vt article, result* veröffentlichen; *book, magazine, newspaper* herausgeben

pub·lish·er [ˈpʌblɪʃə^r] *n* MEDIA ❶ (*company*) Verlag *m* ❷ (*person*) Verleger(in) *m(f)* ❸ AM (*newspaper owner*) Herausgeber(in) *m(f)*

pub·lish·ing [ˈpʌblɪʃɪŋ] **I.** *n no pl, no art* Verlagswesen *nt* **II.** *adj attr* Verlags- **'pub·lish·ing house** *n* Verlag *m*, Verlagshaus *nt*

puck [pʌk] *n* SPORTS Puck *m*

puck·er [ˈpʌkə^r] **I.** *vt* in Falten legen; **to** ~ [**up**] **one's lips** seine Lippen spitzen **II.** *vi* ▪ **to** ~ [**up**] *cloth* sich kräuseln; *lips* sich spitzen; *eyebrows* sich runzeln

pud·ding [ˈpʊdɪŋ] *n* ❶ BRIT (*dessert course*) Nachspeise *f* ❷ *no pl* AM (*blancmange*) Pudding *m* ❸ *esp* BRIT (*with suet pastry*) [Fleisch]pastete *f*

pud·dle ['pʌdl] *n* Pfütze *f*

pu·den·da [pjuː'dendə] *npl* (*form*) Genitalien *pl*

pudgy ['pʌdʒi] *adj esp* AM rundlich; *face* schwammig; *person* pummelig

pu·er·ile ['pjʊəraɪl] *adj* kindlich, kindisch *pej*

pu·er·il·i·ty [pjʊə'rɪləti] *n no pl* ① (*childlikeness*) kindliches Wesen ② (*pej: childishness*) Albernheit *f*

Puer·to Ri·can [ˌpwɜːtə(ʊ)'riːkən] **I.** *n* Puertorikaner(in) *m(f)* **II.** *adj* puertorikanisch

Puer·to Rico [ˌpwɜːtə(ʊ)'riːkəʊ] *n* Puerto Rico *nt*

puff [pʌf] **I.** *n* ① (*fam: short blast*) Windstoß *m; of breath* Atemstoß *m; of vapour* Wolke *f* ② AM, CAN (*quilt*) Federbett *nt* ③ *no pl* BRIT (*fam: breath*) Puste *f fam* ④ (*drag*) Zug *m* ⑤ (*savoury snack*) [Mais]flips *pl*, [Erdnuss]flips *pl* **II.** *vi* ① (*breathe heavily*) schnaufen ② (*smoke*) paffen **III.** *vt* ① (*smoke*) paffen ② (*fam: praise*) aufbauschen ◆ **puff out** *vt* ① (*expand*) aufblähen; *feathers* aufplustern ② BRIT (*exhaust*) erschöpfen ◆ **puff up I.** *vt* ① (*make swell*) [an]schwellen lassen ② (*fig*) ■ **to ~ oneself up** *person* sich aufblasen **II.** *vi* [an]schwellen

'**puff ad·der** *n* Puffotter *f*

'**puff·ball** *n* BOT Bovist *m*

'**puff·ball skirt** *n* Ballonrock *m*

puf·fin ['pʌfɪn] *n* Papageientaucher *m*

puff 'pas·try *n no pl* Blätterteig *m*

puf·fy ['pʌfi] *adj* geschwollen, verschwollen

pug [pʌg] *n* Mops *m*

pu·gi·lism ['pjuːdʒɪlɪzᵃm] *n* ① SPORTS (*dated: boxing*) Boxen *nt*; (*fight*) Faustkampf *m geh* ② (*fam: enjoying hitting*) Prügellust *f*

pu·gi·list ['pjuːdʒɪlɪst] *n* ① (*dated: boxer*) Boxkämpfer *m* ② (*fam: one who enjoys hitting*) Schläger *m fam*

pug·na·cious [pʌg'neɪʃəs] *adj* (*form*) kampflustig

pug·nac·i·ty [pʌg'næsəti] *n no pl* (*form*) Kampflust *f*

'**pug nose** *n* Stupsnase *f*

puke [pjuːk] **I.** *vt* (*fam!*) ■ **to ~ sth** ⟳ [**up**] etw [aus]kotzen *sl* **II.** *vi* (*sl*) ■ **to ~ [up]** kotzen *sl*, spucken DIAL *fam* **III.** *n no pl* (*sl*) Kotze *f sl*

puk·ka ['pʌkə] *adj* (*dated fam: genuine*) echt; (*of good quality*) ausgezeichnet

pull [pʊl] **I.** *n* ① (*tug*) Zug *m*, Ziehen *nt* ② *no pl* (*force*) Zugkraft *f; of the earth, moon* Anziehungskraft *f; of the water* Sog *m* ③ (*on a cigarette*) Zug *m;* (*on a bottle*) Schluck *m* ④ (*attraction*) *of an event, a thing* Anziehung *f; of a person* Anziehungskraft *f* ⑤ *no pl* (*fam: influence*) Einfluss *m* ⑥ (*handle*)

[Hand]griff *m* ⑦ *no pl* (*effort*) Anstrengung *f* ⑧ BRIT, AUS (*sl: seek partner*) ■ **to be on the ~** (*for a woman*) auf Weiberjagd sein *sl;* (*for a man*) auf Männerfang sein *sl* ⑨ MED Zerrung *f* **II.** *vt* ① (*draw*) ziehen; **to ~ the curtains** die Vorhänge zuziehen; **to ~ the trigger** abdrücken ② (*put on*) **to ~ sth over one's head** *clothes* sich *dat* etw über den Kopf ziehen ③ MED (*strain*) *muscle, tendon* zerren ④ (*fam: take out*) *gun, knife, tooth* ziehen ⑤ (*attract*) **to ~ a crowd** eine Menschenmenge anziehen ⑥ BRIT, AUS (*sl: attract sexually*) aufreißen ⑦ (*help through*) ■ **to ~ sb through sth** jdn durch etw *akk* durchbringen ⑧ (*fam: cancel*) *event* absagen; *advertisement* zurückziehen ⑨ BRIT (*draw beer*) **to ~ [sb/oneself] a pint** BRIT [jdm/sich *dat*] ein Bier zapfen ⑩ AM (*withdraw*) **to ~ a player** SPORTS einen Spieler aus dem Spiel nehmen ▶ **to ~ a face** [**at sb**] [jdm] eine Grimasse schneiden; **to ~ a fast one** (*sl*) einen [gerissenen] Trick anwenden; **to ~ sb's leg** (*fam*) jdn auf den Arm nehmen; **to ~ strings** Beziehungen spielen lassen; **to ~ one's weight** (*fam*) seinen [An]teil beitragen **III.** *vi* ① (*draw*) ■ **to ~** [**at** etw *dat*] ziehen; "**~**" "Ziehen" ② (*drive*) ■ **to ~ into sth** in etw *akk* hineinfahren ③ BRIT (*sl: attract sexually*) jdn aufreißen ◆ **pull about** *vt* herumzerren ◆ **pull ahead** *vi* ① (*overtake*) überholen ■ **to ~ ahead of sb** jdn überholen ② SPORTS in Führung gehen ③ (*make a career*) weiterkommen ◆ **pull apart** *vt* ① (*break*) zerlegen ② (*separate*) auseinanderziehen ③ (*criticize*) *book, play* zerpflücken ◆ **pull around I.** *vt* herumzerren **II.** *vi* sich erholen ◆ **pull aside** *vt* ■ **to ~ sb aside** jdn zur Seite nehmen ◆ **pull away I.** *vi* ■ **to ~ away from sb/sth** ① (*leave*) sich von jdm/etw wegbewegen; **the bus ~ed away** der Bus fuhr davon ② (*leave behind*) jdn/etw zurücklassen ③ SPORTS *runner* sich vom Feld absetzen ④ (*recoil*) vor jdm/etw zurückweichen **II.** *vt* wegreißen; ■ **to ~ sth away** ⟳ **from sb/sth** jdm/etw etw entreißen ◆ **pull back I.** *vi* ① (*recoil*) zurückschrecken ② MIL sich zurückziehen ③ (*back out*) ■ **to ~ back** [**from sth**] [von etw *dat*] einen Rückzieher machen; (*from policies*) sich [von etw *dat*] distanzieren **II.** *vt* ① (*draw back*) zurückziehen; *bed sheets* zurückschlagen; *curtains* aufziehen ② (*score*) [wieder] aufholen ◆ **pull down** *vt* ① (*move down*) herunterziehen ② (*demolish*) *building* abreißen ③ (*fig: hold back*) ■ **to ~ down** ⟳ **sb** jdn [moralisch] runterziehen *fam* ④ AM (*fam: earn*) kassieren ◆ **pull in I.** *vi* TRANSP ① (*arrive*) einfahren ② (*move over*) [wieder] einscheren **II.** *vt* ① (*attract*) anziehen ❷ (*fam: arrest*) einkassieren ❸ BRIT (*fam: earn*) [ab]kassieren ❹ (*suck in*) einziehen ◆ **pull off I.** vt ❶ (*take off*) [schnell] ausziehen ❷ (*fam: succeed*) zustande bringen; *deal* zustande bringen; *order* an Land ziehen; *victory* davontragen **II.** vi losfahren, abfahren ◆ **pull on** vt [schnell] überziehen ◆ **pull out I.** vi ❶ (*move out*) *vehicle* ausscheren; **to ~ out of a road** von einer Straße abfahren ❷ (*leave*) ausfahren ❸ (*withdraw*) aussteigen *fam*; ■ **to ~ out of sth** sich aus etw *dat* zurückziehen ❹ MIL abziehen **II.** vt ❶ MIL **to ~ out troops** Truppen abziehen ❷ (*get out*) ■ **to ~ sth out of sth** etw aus etw *dat* [heraus]ziehen ❸ (*take out*) herausziehen ◆ **pull over I.** vt ❶ (*make fall*) umreißen ❷ (*stop*) anhalten **II.** vi *vehicle* zur Seite fahren ◆ **pull round** BRIT **I.** vi sich erholen **II.** vt [her|um]drehen ◆ **pull through I.** vi (*survive*) durchkommen **II.** vt **to ~ sb through** [sth] jdn [durch etw *akk*] durchbringen ◆ **pull to** vt *door, window* zuziehen ◆ **pull together I.** vt ❶ (*regain composure*) ■ **to ~ oneself together** sich zusammennehmen ❷ (*organize*) auf die Beine stellen *fig fam* **II.** vi zusammenarbeiten ◆ **pull under** vt herunterziehen ◆ **pull up I.** vt ❶ (*raise*) hochziehen; *chair* heranziehen ❷ (*fam: reprimand*) ■ **to ~ sb up** jdn zurechtweisen ▸ ■ **to ~ one's socks up** (*fam*) sich zusammenreißen **II.** vi *vehicle* [heranfahren und] anhalten

pull-down 'menu n Pulldown-Menü nt
pul·let ['pʊlɪt] n Junghenne f
pul·ley ['pʊli] n Flaschenzug m
Pull·man ['pʊlmən] n (*dated*) Pullmanwaggon m
'pull-out I. n ❶ MIL Rückzug m ❷ MEDIA [Sonder]beilage f **II.** adj herausziehbar
'pull-over n *esp* BRIT Pullover m **'pull-up n** ❶ (*exercise*) Klimmzug m ❷ BRIT (*service area*) Raststätte f
pul·mo·na·ry ['pʌlmənəri] adj Lungen-
pulp [pʌlp] **I.** n ❶ (*mush*) Brei m; **to beat sb to a ~** (*fig fam*) jdn zu Brei schlagen ❷ (*in paper-making*) [Papier]brei m ❸ FOOD Fruchtfleisch nt kein pl **II.** vt ❶ (*mash*) zu Brei verarbeiten; *food* zerstampfen ❷ (*destroy printed matter*) einstampfen
pul·pit ['pʊlpɪt] n Kanzel f
pul·sar ['pʌlsɑ:ʳ] n Pulsar m
pul·sate [pʌl'seɪt] vi pulsieren; (*with noise*) *building, loudspeaker* vibrieren; (*move rhythmically*) sich rhythmisch bewegen
pul·sa·tion [pʌl'seɪʃən] n Pulsieren nt
pulse[1] [pʌls] **I.** n ❶ (*heartbeat*) Puls m; **to take sb's ~** jds Puls fühlen ❷ (*vibration*) [Im]puls m ❸ (*fig: mood*) **to take the ~ of sth** etw sondieren *geh*; **to have/keep one's finger on the ~** am Ball sein/bleiben **II.** vi pulsieren

pulse[2] [pʌls] n FOOD Hülsenfrucht f
pul·ver·ize ['pʌlvəraɪz] vt ❶ (*crush*) pulverisieren ❷ (*fam: damage*) demolieren ❸ (*fig fam: thrash*) ■ **to ~ sb** jdn zu Brei schlagen; SPORTS jdn vernichtend schlagen
puma ['pju:mə] n Puma m
pum·ice ['pʌmɪs] n, **pum·ice stone** n no pl Bimsstein m
pum·mel <BRIT -ll- or AM usu -l-> ['pʌməl] vt ❶ (*hit*) ■ **to ~ sb** auf jdn einprügeln ❷ (*fig: defeat*) ■ **to ~ sb** jdn fertigmachen *fam* ❸ (*criticize*) niedermachen
pump[1] [pʌmp] n ❶ BRIT, AUS (*for gymnastics*) Gymnastikschuh m; (*for dancing*) Tanzschuh m; (*for ballet*) Ballettschuh m ❷ AM, AUS (*court shoe*) Pumps m
pump[2] [pʌmp] **I.** n Pumpe f **II.** vt pumpen
pump-and-'run n AM (*fam*) Tankbetrug m (*Tanken ohne zu bezahlen*)
pum·per·nick·el ['pʌmpənɪkl] n no pl Pumpernickel nt
pump·ing ['pʌmpɪŋ] **I.** n no pl Pumpen nt **II.** adj attr Pump-
'pump·ing sta·tion n Pumpstation f
pump·kin ['pʌmpkɪn] n ❶ (*vegetable*) [Garten]kürbis m ❷ AM (*fig: term of endearment for child*) Schatz m, Mäuschen nt
pun [pʌn] **I.** n Wortspiel nt **II.** vi <-nn-> Wortspiele machen
punch[1] [pʌn(t)ʃ] n *hot or cold* Punsch m; *cold* Bowle f
punch[2] [pʌn(t)ʃ] **I.** n <pl -es> ❶ (*hit*) [Faust]schlag m; (*in boxing*) Punch m kein pl fachspr; **to give sb a ~** jdn boxen ❷ (*perforation*) Lochen nt kein pl ❸ (*piercing tool*) Stanzwerkzeug nt; [*hole*] ~ (*for paper*) Locher m ❹ (*strong effect*) Durchschlagskraft f kein pl; *of arguments* Überzeugungskraft f kein pl; *of a speech/of music* Schwung m; *of criticism* Biss m *fam*; *of a presentation* Pep m *fam* **II.** vt ❶ (*hit*) schlagen; **to ~ sb in the eye/nose** jdm aufs Auge/auf die Nase schlagen; **to ~ sb in the stomach** jdm in den Bauch boxen ❷ (*stamp*) *coin, ring* stempeln; (*pierce*) *metal, leather* [aus|stanzen; *paper* lochen ❸ AM, CAN agr (*drive*) *cattle, a herd* treiben

'punch·bowl n Punschschüssel f, Bowlengefäß nt **'punch·card** n COMPUT (*hist*) Lochkarte f ❶ **punch-'drunk** adj ❶ (*of boxers*) hirngeschädigt ❷ (*unstable*) wack[e]lig [auf den Beinen] ❸ (*fig: dazed*) ■ **to be ~** benommen sein ❹ (*fig: overwhelmed*) [tief] erschüttert **'punch·ing bag** n AM SPORTS Sandsack m
'punch·line n Pointe f

'punch-up *n* BRIT Schlägerei *f*

punc·ti·li·ous [pʌŋk'tɪliəs] *adj* (*also pej form*) ① (*thorough*) in observing rules [peinlich] genau, penibel *a. pej* ② (*formal*) in clothing korrekt; in conduct [sehr] steif *pej*

punc·tu·al ['pʌŋktʃuəl] *adj* pünktlich; ■ to be ~ in doing sth etw pünktlich tun

punc·tu·al·i·ty [ˌpʌŋktʃu'æləti] *n no pl* Pünktlichkeit *f*

punc·tu·ate ['pʌŋktʃueɪt] *vt* ① LING (*mark*) written matter mit Satzzeichen versehen ② (*fig form: accentuate*) unterstreichen ③ (*intersperse*) [hier und da] einfügen; (*interrupt*) [immer wieder] unterbrechen

punc·tu·a·tion [ˌpʌŋktʃu'eɪʃən] *n no pl* Zeichensetzung *f*

punc·tu·a·tion mark *n* Satzzeichen *nt*

punc·ture ['pʌŋktʃəʳ] **I.** *vt* ① (*pierce*) cardboard, leather durchstechen ② (*fig: make collapse*) dream, hope zerstören; mood verderben **II.** *vi* (*burst*) tyre ein Loch bekommen; plastic einreißen **III.** *n* Reifenpanne *f*

pun·dit ['pʌndɪt] *n* ① REL (*scholar*) Pandit *m fachspr* (Ehrentitel indischer Gelehrter, hauptsächlich von Brahmanen geführt) ② ECON, POL (*also pej: authority*) Koryphäe *f*, Guru *m* hum, pej ③ (*pej: commentator*) autoritärer Kritiker/autoritäre Kritikerin

pun·gent ['pʌndʒənt] *adj* ① (*also pej: strong*) smell scharf, beißend pej; taste scharf, pikant ② (*fig: biting*) wit, words scharf *a. pej*; comment, remark bissig *pej*; (*pointed*) comment, expression treffend; style pointiert

pun·ish ['pʌnɪʃ] *vt* ① (*penalize*) bestrafen; to ~ sb heavily/severely jdn hart/streng bestrafen; to ~ sb with a fine jdn mit einer Geldstrafe belegen ② (*treat roughly*) strapazieren; (*treat badly*) malträtieren; in a fight übel zurichten ③ (*exert oneself*) ■ to ~ oneself sich [ab]quälen

pun·ish·a·ble ['pʌnɪʃəbl] *adj* LAW strafbar; murder is ~ by life imprisonment Mord wird mit lebenslanger Haft bestraft **pun·ish·ing** ['pʌnɪʃɪŋ] **I.** *adj attr* ① (*heavy*) pace, workload Mords-, mörderisch *fig fam* ② (*brutal*) mörderisch *fig fam*, gnadenlos ③ (*tough*) hart, schwer, anstrengend **II.** *n* TECH (*severe handling*) Strapazierung *f*; (*rough treatment*) Malträtierung *f*; to take a ~ device, equipment stark beansprucht werden; (*be damaged*) malträtiert werden; boxer Prügel beziehen **pun·ish·ment** ['pʌnɪʃmənt] *n* ① (*penalty*) Bestrafung *f*, Strafe *f*; capital ~ Todesstrafe *f*; corporal ~ Prügelstrafe *f* ② TECH (*severe handling*) Strapazierung *f*; (*rough treatment*) grobe Behandlung; to take a ~ in boxing schwer einstecken müssen *fig fam* ③ (*strain*) Strapaze *f*; to take a lot of ~ device, equipment stark strapaziert werden

pu·ni·tive ['pju:nətɪv] *adj* (*form*) ① (*penalizing*) Straf-; to take ~ action [against sb] Strafmaßnahmen [gegen jdn] treffen; ~ damages LAW (*in case of libel, slander*) verschärfter Schaden[s]ersatz ② ECON, FIN (*severe*) streng, rigoros, einschneidend ③ FIN (*extreme*) unverhältnismäßig [hoch]

punk [pʌŋk] *n* ① *esp* AM (*pej sl: worthless person*) Dreckskerl *m* ② *esp* AM (*pej sl: troublemaker*) Rabauke *m fam* ③ (*pej: young rebel*) Revoluzzer(in) *m(f)* ④ *no pl* (*music*) Punk[rock] *m*; (*fan*) Punker(in) *m(f)*

pun·net ['pʌnɪt] *n* BRIT, AUS [Obst]körbchen *nt*

punt[1] [pʌnt] SPORTS **I.** *vt* to ~ the ball in American football einen Befreiungsschlag ausführen *fachspr*; in rugby einen Falltritt ausführen *fachspr* **II.** *n* (*kick*) in American football Befreiungsschlag *m fachspr*; in rugby Falltritt *m fachspr*

punt[2] [pʌnt] NAUT **I.** *vt* staken *fachspr* **II.** *vi* staken *fachspr*; to go ~ing Stechkahn fahren **III.** *n* Stechkahn *m fachspr*

punt[3] [pʌnt] **I.** *vi* ① (*bet against bank*) at card game gegen die Bank setzen ② (*bet*) at horse races wetten ③ (*gamble on stocks*) [an der Börse] spekulieren **II.** *n* Wette *f*

punt[4] [pʌnt] *n* irisches Pfund

punt·er[1] ['pʌntəʳ] *n* BRIT ① (*gambler*) [Glücks]spieler(in) *m(f)*; in lottery, pools Tipper(in) *m(f)*; at horse races [kleiner] Wetter/[kleine] Wetterin (*das Wetten wird berufsmäßig betrieben*); on stocks [Börsen]spekulant(in) *m(f)* ② (*fam: customer*) Kunde(in) *m(f)*; of a casino Besucher(in) *m(f)*; **the average ~** (*fam*) Otto Normalverbraucher(in) *m(f)*; newspaper reader Leser(in) *m(f)* ③ (*fam: prostitute's customer*) Freier *m sl*

punt·er[2] ['pʌntəʳ] *n* Stechkahnfahrer(in) *m(f)*

puny ['pju:ni] *adj* ① (*pej: sickly*) person schwächlich ② (*small*) person winzig *pej* ③ (*fig, pej: lacking in power*) schwach; attempt schüchtern; excuse billig ④ (*minor*) belanglos, unmaßgeblich

pup [pʌp] *n* ① (*baby dog*) junger Hund, Welpe *m* ② (*baby animal*) of a fox, otter, seal Junge(s) *nt* ③ AM (*fig, pej sl: stupid person*) Blödmann *m* **II.** *vi* <-pp-> [Junge] werfen

pupa <*pl* -s *or* -pae> ['pju:pə, *pl* -pi:] *n* BIOL ① (*covering*) Puppe *f fachspr* ② (*stage*) Puppenstadium *nt fachspr*

pu·pate ['pju:peɪt] *vi* BIOL sich verpuppen *fachspr*

pu·pil[1] ['pju:pəl] *n* ① (*schoolchild*) Schü-

ler(in) *m(f)* ❷ *(follower)* Schüler(in) *m(f)*
pu·pil² ['pju:pəl] *n* ANAT Pupille *f*
pup·pet ['pʌpɪt] *n (theatre doll)* [Hand]puppe *f; (on strings)* Marionette *f a. pej, fig*
pup·pet·eer [ˌpʌpɪ'tɪəʳ] *n* ❶ THEAT *(entertainer using puppets)* Puppenspieler(in) *m(f)* ❷ *(pej: manipulator)* **to be the ~ of sth** der Drahtzieher/die Drahtzieherin einer S. *gen* sein **pup·pet ˈgov·ern·ment** *n* Marionettenregierung *f* **ˈpup·pet show** *n* Puppenspiel *nt,* Marionettentheater *nt*
pup·py ['pʌpi] *n* ❶ *(baby dog)* junger Hund, Welpe *m* ❷ *(baby animal)* Junge(s) *nt*
pur·chase ['pɜːtʃəs] **I.** *vt* ❶ *(form: buy)* kaufen, erstehen *geh* ❷ FIN, LAW *(form: acquire)* etw [käuflich] erwerben ❸ *(pej: by bribery)* ■ **to ~ sth** etw erkaufen; *success* sich *dat* etw erkaufen **II.** *n (form)* ❶ *(something to be bought)* [Handels]ware *f; (something bought)* Kauf *m;* **to make a ~** einen Kauf tätigen; *bulky goods* eine Anschaffung machen ❷ *(act of buying)* Kauf *m* ❸ FIN, LAW *(acquisition)* Erwerb *m kein pl* ❹ *no pl (sec: hold)* Halt *m;* TECH *(grip)* Haftung *f fachspr* ❺ TECH *(power)* Hebelwirkung *f; device* [einfaches] Hebezeug *fachspr; (fig)* Einfluss *m*
pur·chas·er ['pɜːtʃəsəʳ] *n* ❶ *(buyer)* Käufer(in) *m(f);* FIN, LAW Erwerber(in) *m(f)* ❷ *(purchasing agent)* Einkäufer(in) *m(f)*
pur·chas·ing ['pɜːtʃəsɪŋ] *n no pl (form)* Erwerb *m geh,* [Ein]kaufen *nt,* [Ein]kauf *m*
ˈpur·chas·ing de·part·ment *n* Einkaufsabteilung *f* **ˈpur·chas·ing man·ag·er** *n* Einkaufsleiter(in) *m(f)* **ˈpur·chas·ing pow·er** *n* Kaufkraft *f kein pl*
pure [pjʊəʳ] *adj* ❶ *(unmixed)* rein, pur; ZOOL *(purebred)* reinrassig *fachspr* ❷ *(clean) air, water* sauber, klar ❸ *(fig: utter)* rein, pur ❹ *(free of evil)* unschuldig, rein; *intentions* ehrlich; *motives* uneigennützig ❺ *(non-sexual)* rein *geh,* keusch ❻ *(virginal)* unberührt
ˈpure-bred I. *n* reinrassiges Tier **II.** *adj* reinrassig
pu·rée ['pjʊəreɪ] **I.** *vt* <puréed, puréeing> pürieren **II.** *n no pl* Püree *nt*
pure·ly ['pjʊəli] *adv* ❶ *(completely)* rein, ausschließlich ❷ *(merely)* bloß, lediglich; **~ and simply** schlicht und einfach ❸ *(free of evil)* unschuldig ❹ *(virtuously)* keusch
pur·ga·tive ['pɜːgətɪv] **I.** *n* MED Abführmittel *nt* **II.** *adj* ❶ MED abführend, Abführ- ❷ *(fig liter)* befreiend
pur·ga·to·ry ['pɜːgətəri] *n no pl* ❶ REL **P~** das Fegefeuer ❷ *(fig: unpleasant experience)* **this is sheer ~!** das ist die reinste Hölle!
purge [pɜːdʒ] **I.** *vt* ❶ *(also fig: cleanse)* ■ **to ~ sb/sth of sth** jdn/etw von etw *dat* reinigen *a. fig;* ■ **to ~ oneself/sb of sth** *guilt,* *suspicion* sich/jdn von etw *dat* rein waschen ❷ LAW *offence* sühnen **II.** *vi* MED **to binge and ~** sich vollstopfen und [anschließend] erbrechen **III.** *n* ❶ *(cleaning out)* Reinigung *f* ❷ POL *(getting rid of)* Säuberung[saktion] *f*
pu·ri·fi·ca·tion [ˌpjʊərɪfɪ'keɪʃən] *n no pl* ❶ *(cleansing)* Reinigung *f* ❷ REL *(spiritual cleansing)* Reinigung *f*
pu·ri·fy ['pjʊərɪfaɪ] *vt* ❶ *(cleanse) air, metal, water* reinigen **(of/from** von) ❷ REL *(cleanse morally)* reinigen, läutern; ■ **to ~ oneself of/from sth** sich von etw *dat* befreien
pu·rist ['pjʊərɪst] *n* Purist(in) *m(f)*
pu·ri·tan ['pjʊərɪtən] **I.** *n (Protestant)* Puritaner(in) *m(f);* ■ **the P~s** *pl* die Puritaner *pl* **II.** *adj (of Puritans)* puritanisch ❷ *(fig, usu pej: strict)* puritanisch
pu·ri·tan·i·cal [ˌpjʊərɪ'tænɪkəl] *adj (usu pej)* puritanisch
Pu·ri·tan·ism ['pjʊərɪtənɪzəm] *n no pl* Puritanismus *m*
pu·ri·ty ['pjʊərəti] *n no pl* ❶ *(cleanness)* Sauberkeit *f* ❷ *(freedom from admixture)* Reinheit *f* ❸ REL *(moral goodness)* Reinheit *f; (innocence)* Unschuld *f*
purl [pɜːl] **I.** *n* linke Masche **II.** *adj attr* linke(r, s); **~ stitch** linke Masche **III.** *vt, vi* links stricken
pur·loin [pɜː'lɔɪn] *vt (form)* entwenden; *(hum fam: pinch)* mitgehen lassen
pur·ple ['pɜːpl] **I.** *adj* ❶ *(red/blue mix)* violett; *(more red)* lila[farben]; *(crimson)* purpurrot ❷ *(darkly coloured)* **to go ~** [in the face] hochrot [im Gesicht] anlaufen **II.** *n* ❶ *(blue/red mix)* Violett *nt; (more red)* Lila *nt; (crimson)* Purpur *m kein pl* ❷ *(robe)* Purpur *m kein pl* **III.** *vt* violett [*o* lila] [*o* purpurrot] [ein]färben **IV.** *vi* violett [*o* lila] [*o* purpurrot] werden
pur·port [pə'pɔːt] **I.** *vi (form)* ❶ *(claim)* ■ **~ to do sth** vorgeben, etw tun zu wollen ❷ *(convey meaning)* ■ **to ~ that ...** bedeuten, dass ... **II.** *n (form) (meaning)* Inhalt *m* ❷ *(object)* Zweck *m*
pur·pose ['pɜːpəs] *n* ❶ *(reason)* Grund *m;* **to do sth for financial/humanitarian ~s** etw aus finanziellen/humanitären Gründen tun ❷ *(goal)* Absicht *f,* Ziel *nt;* **to have a ~ in life** ein Lebensziel haben; **to all intents and ~s** in jeder Hinsicht; **for that very ~** eigens zu diesem Zweck; **on ~** absichtlich ❸ *(resoluteness)* Entschlossenheit *f;* **lack of ~** Unentschlossenheit *f* **II.** *vi (form)* ■ **to ~ to do sth** *(intend)* vorhaben, etw tun zu; *(resolve)* beschließen, etw tun zu
ˈpur·pose-built *adj* ❶ *(manufactured) part of machinery* speziell gefertigt, Spezial- ❷ *(erected)* speziell gebaut, Zweck-

pur·pose·ful ['pɜːpəsfᵊl] *adj* ❶ *(single-minded)* zielstrebig ❷ *(resolute)* entschlossen ❸ *(meaningful)* existence sinnvoll ❹ *(useful)* zweckdienlich ❺ *(intentional)* absichtlich
pur·pose·less ['pɜːpəsləs] *adj* ❶ *(lacking goal)* ziellos ❷ *(lacking meaning)* sinnlos ❸ *(useless)* unzweckmäßig **pur·pose·ly** ['pɜːpəsli] *adv* ❶ *(intentionally)* absichtlich, bewusst ❷ *(expressly)* ausdrücklich, gezielt
purr [pɜːʳ] **I.** *vi* ❶ *(cat)* schnurren ❷ *(engine)* surren **II.** *n* ❶ *(cat's sound)* Schnurren *nt kein pl* ❷ *(engine noise)* Surren *nt kein pl*
purse [pɜːs] **I.** *n* ❶ BRIT *(for money)* Geldbeutel *m*, Geldbörse *f* ❷ AM *(handbag)* Handtasche *f* ❸ *(financial resources)* public ~ Staatskasse *f* **II.** *vt* to ~ one's lips/mouth die Lippen schürzen/den Mund spitzen; *(sulkily)* die Lippen aufwerfen/einen Schmollmund machen **III.** *vi* under stress her lips would ~ slightly wenn sie angespannt war, verzog sich ihr Mund ein wenig
purs·er ['pɜːsəʳ] *n* AVIAT Purser *m*; NAUT Zahlmeister(in) *m(f)* fachspr
pur·su·ance [pəˈsjuːən(t)s] *n no pl (form)* ❶ *(seeking after)* of freedom, ideal, truth Streben ❷ *(execution)* of a plan Ausführung *f*; of instructions Befolgung *f*; of duties Erfüllung *f* ❸ *(accordance)* Übereinstimmung *f*
pur·su·ant [pəˈsjuːənt] *adv* LAW *(form)* ■ ~ to sth laut einer S.
pur·sue [pəˈsjuː] *vt* ❶ *(follow)* verfolgen ❷ *(fig: seek to achieve)* to ~ one's goals seine Ziele verfolgen ❸ *(fig, pej: repeatedly attack)* verfolgen ❹ *(investigate)* weiterverfolgen ❺ *(engage in)* betreiben; career ausüben; to ~ one's studies seinem Studium nachgehen ❻ *(fig: admire)* film star anhimmeln
pur·su·er [pəˈsjuːəʳ] *n* Verfolger(in) *m(f)*
pur·suit [pəˈsjuːt] *n* ❶ *(chase)* Verfolgung[sjagd] *f*; of knowledge, fulfilment Streben *nt* (of nach); *(hunt)* Jagd *f* a. pej (of nach) ❷ *(activity)* Aktivität *f*, Beschäftigung *f*; indoor/outdoor ~s Innen-/Außenaktivitäten *pl*
pu·ru·lent ['pjʊərʊlənt] *adj* MED eitrig
pur·vey [pəˈveɪ] *vt (form)* ❶ to ~ sth food mit etw dat handeln ❷ *(provide)* to ~ sth to sb food jdm etw liefern ❸ *(supply)* ■ to ~ sth service etw anbieten; information etw liefern; *(spread)* news etw verbreiten
pur·vey·or [pəˈveɪəʳ] *n (form)* ❶ *(trader)* in food Händler(in) *m(f)* ❷ *(supplier)* Lieferant(in) *m(f)*, Versorger(in) *m(f)*
pus [pʌs] *n no pl* Eiter *m*
push [pʊʃ] **I.** *n* <*pl* -es> ❶ *(shove)* Stoß *m*; *(slight push)* Schubs *m* fam; to give sb/sth a ~ jdm/etw einen Stoß versetzen ❷ *(press)* Druck *m*; at the ~ of a button auf Knopfdruck *a.* fig ❸ *(fig: motivation)* Anstoß *m* ❹ *(concerted effort)* Anstrengung[en] *f[pl]*, Kampagne *f* ❺ *(publicity)* to get a ~ gepusht werden *sl* ❻ *(military attack)* Vorstoß *m* **II.** *vt* ❶ *(shove)* schieben; *(in a crowd)* drängeln; *(violently)* stoßen, schubsen; to ~ sth to the back of one's mind *(fig)* etw verdrängen ❷ *(move forcefully)* schieben; *(give a push)* stoßen; to ~ things to the limit *(fig)* etw bis zum Äußersten treiben ❸ *(manoeuvre)* to ~ sb towards sth jdn in eine Richtung drängen ❹ *(impose)* ■ to ~ sth [on sb] [jdm] etw aufdrängen ❺ *(pressure)* ■ to ~ sb into doing sth jdn [dazu] drängen, etw zu tun; *(force)* jdn zwingen, etw zu tun; *(persuade)* jdn überreden, etw zu tun ❻ *(press)* ■ to ~ sth *akk* drücken ❼ *(demand a lot)* ■ to ~ oneself sich *dat* alles abverlangen; to not ~ oneself sich nicht überanstrengen *iron* ❽ *(find sth difficult)* ■ to be [hard] ~ed to do sth *esp* BRIT [große] Schwierigkeiten haben, etw zu tun ❾ *esp* BRIT *(be short of)* to be ~ed for money/time wenig Geld/Zeit haben ❿ *(sl: promote)* propagieren, ECON pushen *sl* ⓫ *(sl: sell illegal drugs)* pushen ⓬ *(approach)* to be ~ing 30/40 *(sl)* auf die 30/40 zugehen; *(drive at fast)* fast 30/40 fahren ⓭ *(fam: overdo)* to ~ sth too far etw übertreiben **III.** *vi* ❶ *(exert force)* dränge[l]n; *(press)* drücken; *(move)* schieben; to ~ and pull hin- und herschieben ❷ *(manoeuvre through)* sich durchdrängen; MIL vorstoßen; ■ to ~ past sb sich an jdm vorbeidrängen
◆**push along I.** *vi (fig fam: leave [one's host])* sich [wieder] auf die Socken machen, [wieder] los müssen **II.** *vt* ❶ *(fig)* vorantreiben
◆**push around** *vt* ❶ *(move around)* herumschieben; *(violently)* herumstoßen; ■ to ~ sb around *(in a wheelchair)* jdn herumfahren ❷ *(fig, pej: bully)* ■ to ~ sb around jdn herumkommandieren ◆**push away** *vt* wegschieben ◆**push back** *vt* ❶ *(move backwards)* zurückschieben, zurückdrängen ❷ *(fig: delay)* date verschieben; ■ to ~ sb back jdn zurückwerfen ❸ *(fig, pej: ignore)* verdrängen ◆**push down** *vt* ❶ *(knock down)* umstoßen ❷ *(press down)* lever hinunterdrücken ❸ ECON *(fig, pej: cause decrease)* prices [nach unten] drücken; value mindern ◆**push forward I.** *vt* ❶ *(approv, fig: advance)* development, process [ein großes Stück] ❷ *(present forcefully)* in den Vordergrund stellen; to ~ forward a claim eine Forderung geltend machen ❸ *(draw attention)* ■ to ~ oneself

forward sich vordrängen **II.** *vi* ❶ *(continue)* weitermachen ❷ *(continue travelling)* weiterfahren ◆ **push in I.** *vt* ❶ *(destroy)* eindrücken ❷ *(fig, also pej: force in)* to ~ one's way in sich hineindrängen. **II.** *vi* ❶ *(fig, also pej: force way in)* sich hineindrängen ❷ *(fig, pej: jump queue)* sich vordränge[l]n ◆ **push off I.** *vi* ❶ *(fig, also pej fam: leave)* sich verziehen; **well, I have to ~ off now** also, ich muss jetzt los ❷ NAUT *(set sail)* abstoßen **II.** *vt* NAUT abstoßen ◆ **push on I.** *vi* ❶ *(continue despite trouble)* ■ **to ~ on with sth plan, project** mit etw *dat* weiterkommen ❷ *(take the lead)* sich bis zur Spitze vorarbeiten; *(in a race)* sich an die Spitze setzen ❸ *(continue travelling)* [noch] weiterfahren **II.** *vt* [energisch] vorantreiben ◆ **push out I.** *vt* ❶ *(force out)* person, cat, dog hinausjagen ❷ *(dismiss)* hinauswerfen; *(reject)* ausstoßen ❸ ECON *(produce)* ausstoßen **II.** *vi* HORT buds, flowers sprießen; buds, trees austreiben; bushes, trees ausschlagen ◆ **push over** *vt* umwerfen, umstoßen ◆ **push through I.** *vt* ❶ *(manoeuvre through)* ■ **to ~ through sth** sich durch etw *akk* drängen **II.** *vt* ❶ POL *(make pass)* bill, motion durchdrücken *fam* ❷ *(help to succeed)* **the school manages to ~ most of its students through their exams** die Schule bringt die meisten ihrer Schüler durch die Prüfungen ◆ **push up I.** *vt* ❶ *(move higher)* **to ~ a bike up a hill** ein Fahrrad den Hügel hinaufschieben; ■ **to ~ sb ⟲ up** jdn hochheben ❷ ECON *(cause increase)* demand steigern; prices hochtreiben **II.** *vi* ❶ *(fig: grow)* weeds [nach oben] schießen ❷ *(fig fam: move)* [rüber]rutschen

'push·bike *n* BRIT, AUS *(fam)* [Fahr]rad *nt*
'push·but·ton I. *adj* ❶ *(automated)* Druckknopf-, [Druck]tasten-, [voll]automatisch ❷ *(using complex weapons)* mit modernsten Waffensystemen *[o* modernster Elektronik*] nach n* **II.** *n* Druckknopf *m*, [Druck]taste *f* **'push·cart** *n* ❶ *(barrow)* Schubkarren *m* ❷ *(trolley)* Einkaufswagen *m* **'push·chair** *n* BRIT [Kinder]sportwagen *m* **push·er** ['pʊʃə'] *n (pej)* Dealer(in) *m(f)*
'push-fit *adj* TECH pipes, connections Steck-
'push·over *n* ❶ *approv, fig fam: easy success)* Kinderspiel *nt kein pl* ❷ *(fig, pej fam: easily defeated opponent)* leichter Gegner/ leichte Gegnerin; *(easily influenced)* Umfaller(in) *m(f) fig, pej fam;* **to be a real ~** echt leicht rumzukriegen sein *fam* **'push·pin** *n* AM Reißzwecke *f* **'push-start I.** *vt* ❶ *(jump-start)* car anschieben ❷ *(fig: begin improvement)* **to ~ the economy** die Wirtschaft ankurbeln **II.** *n* ❶ *(jump-start)* of a car Anschieben *nt kein pl* ❷ *(fig: helpful prompt)* Starthilfe *f* **'push-up** *n* Liegestütz *m*

pushy ['pʊʃi] *adj (fig fam)* ❶ *(ambitious)* tatkräftig ❷ *(pej: aggressive)* aggressiv ❸ *(pej: obnoxious)* aufdringlich

puss *<pl -es>* [pʊs] *n* ❶ *(fam)* Mieze[katze] *f* ❷ AM *(fig, also pej fam: female)* Puppe *f* ❸ IRISH, SCOT, AM *(sl: face)* Visage *f fam; (mouth)* Fresse *f derb*

pussy ['pʊsi] *n* ❶ *(cat)* Mieze[katze] *f fam* ❷ *no pl (fig, pej vulg: woman's genitals)* Muschi *f* ❸ AM *(fig, pej sl: effeminate male)* Waschlappen *m fam*

'pussy·foot *vi (fig, pej fam)* ❶ *(move cautiously)* schleichen; ■ **to ~ around** herumschleichen *fam* ❷ *(be evasive)* sich [herum]drücken; ■ **to ~ around** herumreden *fam* **'pussy wil·low** *n* Salweide *f*

pus·tule ['pʌstjuːl] MED **I.** *n* Eiterbläschen *nt*, Pustel *f* **II.** *vi* eitern

put *<-tt-, put, put>* [pʊt] **I.** *vt* ❶ *(place)* ■ **to ~ sth somewhere** etw irgendwohin stellen; *(lay down)* etw irgendwohin legen; *(push in)* etw irgendwohin stecken; **~ your clothes in the closet** häng deine Kleider in den Schrank; **she ~ some milk in her coffee** sie gab etwas Milch in ihren Kaffee; **this ~s me in a very difficult position** das bringt mich in eine schwierige Situation; **to ~ oneself in sb's place** sich in jds Situation versetzen; **~ the cake into the oven** schieb den Kuchen in den Backofen; **I ~ clean sheets on the bed** ich habe das Bett frisch bezogen; **she ~ her arm round him** sie legte ihren Arm um ihn; **to ~ sb to bed** jdn ins Bett bringen; **to stay ~** *person* sich nicht von der Stelle rühren; *object* liegen/stehen/hängen bleiben ❷ *(invest)* **to ~ effort/energy/money/ time into sth** Mühe/Energie/Geld/Zeit in etw *akk* stecken ❸ *(impose)* **to ~ the blame on sb** jdm die Schuld geben; **to ~ an embargo on sth** ein Embargo über etw *akk* verhängen; **to ~ faith in sth** sein Vertrauen in etw *akk* setzen; **to ~ pressure on sb** jdn unter Druck setzen; **to ~ sb/sth to the test** jdn/ etw auf die Probe stellen ❹ *(present)* **to ~ sth to a discussion** etw zur Diskussion stellen; **to ~ a question to sb** jdm eine Frage stellen; **to ~ sth to a vote** etw zur Abstimmung bringen ❺ *(include)* ■ **to ~ sth in[to] sth** etw in etw *akk or dat* aufnehmen; **to ~ sth on the agenda** etw auf die Tagesordnung setzen ❻ *(indicating change of condition)* **to ~ sb at risk** jdn in Gefahr bringen; **to ~ sb in a good/bad mood** jds Laune heben/verderben; **to ~ one's affairs in order** seine Angelegenheiten in Ordnung bringen;

to ~ sb/an animal out of his/its misery jdn/ein Tier von seinen Qualen erlösen; **to ~ sb to shame** jdn beschämen; **to ~ a stop to sth** etw beenden; **to ~ sth right** etw in Ordnung bringen ❼ (*express*) **how should I ~ it?** wie soll ich mich ausdrücken?; **to ~ it bluntly** um es deutlich zu sagen; **that's ~ting it mildly** das ist ja noch milde ausgedrückt ❽ (*write*) **to ~ a cross/tick next to sth** etw ankreuzen/abhaken ❾ (*estimate, value*) **she ~s her job above everything else** für sie geht ihr Beruf allem anderen vor; **to ~ sb/sth in a category** jdn/etw in eine Kategorie einordnen ❿ (*install*) **to ~ heating/a kitchen into a house** eine Heizung/Küche in einem Haus installieren ⓫ MED (*prescribe*) **to ~ sb on sth** jdm etw verschreiben **II.** *vi* NAUT **to ~ to sea** in See stechen ◆ **put about I.** *vt* ❶ (*scatter within*) verteilen ❷ (*spread rumour*) verbreiten ❸ BRIT (*fam: be promiscuous*) ▪ **to ~ it about** mit jedem/jeder ins Bett gehen ❹ (*fam: be extroverted*) ▪ **to ~ oneself about** sich in Szene setzen **II.** *vi* NAUT wenden ◆ **put across** *vt* ❶ (*make understood*) vermitteln ❷ (*fam: trick*) ▪ **to ~ one across sb** jdn hintergehen ◆ **put aside** *vt* ❶ (*save*) auf die Seite legen ❷ (*postpone*) ▪ **to ~ aside ◯ sth** *activity* mit etw *dat* aufhören; *book etc.* etw beiseitelegen ❸ (*fig: abandon*) aufgeben; *plan* über Bord werfen ◆ **put away** *vt* ❶ (*tidy up*) wegräumen; (*in storage place*) einräumen ❷ (*set aside*) *book, game, glasses* beiseitelegen ❸ (*save*) *money, savings* zurücklegen ❹ (*fam: eat a lot*) ▪ **to ~ away ◯ sth** etw in sich *akk* hineinstopfen ❺ (*fam: have institutionalized*) ▪ **to ~ sb away** (*in an old people's home*) jdn in Pflege geben; (*in prison*) jdn einsperren; **to ~ sb away for life** jdn lebenslänglich einsperren ❻ AM (*fam: kill*) ▪ **to ~ sb away** jdn umlegen ◆ **put back** *vt* ❶ (*replace*) zurückstellen ❷ (*reassemble*) ▪ **to ~ sth back together** etw wieder zusammensetzen; ▪ **to ~ sth back on** *clothes* etw wieder anziehen ❸ (*postpone*) verschieben; *time, clock* zurückstellen ❹ SCH (*not progress*) ▪ **to ~ sb back** jdn eine Klasse zurückstufen ◆ **put by** *vt* zurücklegen; *money* auf die hohe Kante legen ◆ **put down I.** *vt* ❶ (*set down*) ablegen, abstellen ❷ (*put to bed*) **to ~ a child down** ein Kind ins Bett bringen ❸ (*lower*) *arm, feet* herunternehmen; **to ~ down the [tele]phone** [den Hörer] auflegen; ▪ **to ~ sb ◯ down** jdn runterlassen ❹ (*drop off*) ▪ **to ~ sb ◯ down** jdn rauslassen ❺ (*spread*) **to ~ down poison** Gift auslegen; **to ~ down roots** (*also fig*) Wurzeln schlagen ❻ (*write*) aufschrei-

ben; **we'll ~ your name down on the waiting list** wir setzen Ihren Namen auf die Warteliste; ▪ **to ~ sb down for sth** jdn für etw *akk* eintragen ❼ ECON (*leave as deposit*) *money* anzahlen ❽ (*stop*) *rebellion* niederschlagen; *crime* besiegen; *rumour* zum Verstummen bringen ❾ (*deride*) ▪ **to ~ down ◯ sb/oneself** jdn/sich schlechtmachen ❿ (*have killed*) *an animal* einschläfern lassen ⓫ (*give as cause*) ▪ **to ~ sth down to sth** etw auf etw *akk* zurückführen; **to ~ sth down to experience** etw als Erfahrung mitnehmen **II.** *vi* AVIAT landen ◆ **put forward** *vt* ❶ (*propose*) *idea, plan* vorbringen; **to ~ forward a proposal** einen Vorschlag machen; *candidate* vorschlagen ❷ (*make earlier*) vorverlegen (to *auf*) ❸ (*set later*) **to ~ the clock/time forward** die Uhr vorstellen ◆ **put in I.** *vt* ❶ (*place in*) hineinsetzen/-legen/-stellen ❷ (*add*) *food, ingredients* hinzufügen; *plants* [ein]pflanzen ❸ (*install*) installieren ❹ (*enter, submit*) ▪ **to ~ sb/sth ◯ in for sth** jdn/etw für etw anmelden; **to ~ in an order for sth** etw bestellen ❺ (*invest*) *time, work* investieren; **I ~ in a good day's work today** ich habe heute ein ordentliches Arbeitspensum erreicht ❻ (*cause to be*) **to ~ sb in a rage** jdn wütend machen **II.** *vi* NAUT anlegen; **to ~ into Hamburg/harbour** nach Hamburg/im Hafen einlaufen ▪ **to ~ in for sth** *job* sich um etw *akk* bewerben; *pay rise, transfer* etw beantragen ◆ **put off** *vt* ❶ (*delay*) verschieben; (*avoid*) **we've been ~ting off the decision about whether to have a baby** wir haben die Entscheidung, ob wir ein Kind haben wollen, vor uns her geschoben ❷ (*fob off*) vertrösten; **you're not going to ~ me off with excuses** ich lasse mich von dir nicht mit Ausreden abspeisen ❸ (*deter*) abschrecken ❹ (*distract*) ablenken; **you're ~ting me right off** du bringst mich völlig raus ❺ BRIT TRANSP (*drop off*) aussteigen lassen; (*forcibly*) hinauswerfen ❻ ELEC (*turn off*) ausmachen ◆ **put on** *vt* ❶ (*wear*) *clothes, shoes* anziehen; **to ~ on make-up** Make-up auflegen; **to ~ on a smile** (*fig*) ein Lächeln aufsetzen ❷ (*pretend*) vorgeben; **it's all ~ on** es ist alles nur Schau ❸ (*turn on*) einschalten; **to ~ on the brakes** bremsen; **to ~ on Mozart** Mozart auflegen ❹ (*provide*) bereitstellen; **to ~ on an exhibition** eine Ausstellung veranstalten; **to ~ on a play** ein Theaterstück aufführen; **to ~ sth on the market** etw auf den Markt bringen ❺ (*increase*) **to ~ on weight** zunehmen ❻ (*bet*) **to ~ money on a horse** Geld auf ein Pferd setzen; (*fig*) **I wouldn't ~ my money on it** darauf würde ich nichts geben ❼ (*start cooking*) aufsetzen ❽ (*allow to speak on phone*) **to ~ sb on** [**the telephone**] jdm den Hörer weitergeben ◆ **put out I.** *vt* ❶ (*place outside*) **to ~ the washing out** [**to dry**] die Wäsche draußen aufhängen; **to ~ sb/sth out of business** jdn/etw aus dem Geschäft drängen; **to ~ sb out of a job** jdn entlassen; **to ~ sb/sth out of one's mind** jdn/etw vergessen ❷ (*extend*) *hand, foot* ausstrecken; **she ~ her head out of the window** sie lehnte den Kopf aus dem Fenster ❸ MEDIA (*publish, circulate*) veröffentlichen ❹ (*produce*) herstellen; (*sprout*) *leaves, roots* austreiben ❺ (*place ready*) ■ **to ~ sth out** [**for sb/sth**] *cutlery, plate, dish* [jdm/etw] etw hinstellen ❻ (*inconvenience*) ■ **to ~ sb out** jdm Umstände machen ❼ (*bother*) ■ **to be ~ out by sth** über etw *akk* verärgert sein ❽ (*extinguish*) *fire* löschen; *candle, cigarette* ausmachen; (*turn off*) *lights* ausschalten ❾ (*hurt*) **he ~ his back out** er hat seinen Rücken verrenkt ❿ (*knock out*) narkotisieren ⓫ (*eliminate*) **to ~ sb out of the competition** jdn aus dem Rennen werfen **II.** *vi* NAUT (*set sail*) in See stechen ◆ **put over** *vt* ❶ (*make understood*) verständlich machen ❷ (*fool*) **to ~ one over on sb** sich mit jdm einen Scherz erlauben ◆ **put through** *vt* ❶ (*insert through*) ■ **to ~ sth through sth** etw durch etw *akk* schieben ❷ (*pierce*) etw durch etw *akk* stechen ❸ TELEC (*connect*) ■ **to ~ sb through to sb** jdn mit jdm verbinden ❸ (*cause to undergo*) **to ~ sb through hell** jdm das Leben zur Hölle machen ❹ (*support*) **to ~ sb through college/school** jdn zum College/zur Schule schicken ❺ (*carry through*) *bill, plan, proposal* durchbringen; *claim* weiterleiten ◆ **put together** *vt* ❶ (*assemble*) zusammensetzen; *machine, model, radio* zusammenbauen ❷ (*place near*) zusammenschieben ❸ (*make*) zusammenstellen; **to ~ together a dinner/snack** ein Mittagessen/einen Imbiss fertig machen; **to ~ together a list** eine Liste aufstellen ❹ MATH (*add*) **to ~ 10 and 15 together** 10 und 15 zusammenzählen; (*fig*) **she earns more than all the rest of us ~ together** sie verdient mehr als wir alle zusammengenommen ❺ FOOD (*mix*) mischen ◆ **put up I.** *vt* ❶ (*hang up*) *decorations, curtains, notice* aufhängen; *flag, sail* hissen ❷ (*raise*) hochheben; **to ~ one's feet up** die Füße hochlegen; **to ~ one's hair up** sich *dat* das Haar aufstecken ❸ (*build*) bauen; *fence* errichten; *tent* aufstellen ❹ (*increase*) *numbers, price, sales, blood pressure* erhöhen ❺ (*offer*) *Summe* bezahlen; **to ~ up bail** eine Kaution zahlen; **to ~ up a reward** eine Belohnung aussetzen; **to ~ sth up for sale** etw zum Verkauf anbieten ❻ (*give shelter*) unterbringen ❼ (*propose*) vorschlagen ❽ (*cause to do*) ■ **to ~ sb up to sth** jdn zu etw *dat* verleiten ❾ (*resist*) **to ~ up a struggle** kämpfen; **the villagers did not ~ up any resistance** die Dorfbewohner leisteten keinen Widerstand **II.** *vi* (*stay*) **to ~ up in a hotel/at sb's place** in einem Hotel/bei jdm unterkommen ◆ **put up with** *vi* **I don't know why she ~s up with him** ich weiß nicht, wie sie es mit ihm aushält; **they have a lot to ~ up with** sie haben viel zu ertragen; **I'm not ~ing up with this any longer** ich werde das nicht länger dulden

pu·ta·tive ['pjuːtətɪv] *adj attr* (*form*) ❶ (*reputed*) *efficiency, superiority* angeblich ❷ (*supposed*) *father, leader, offender* mutmaßlich

'put-off *n* ❶ (*delay*) Aufschub *m* ❷ (*fam: excuse*) Ausrede *f* **'put-on** *n* AM (*fam*) ❶ (*act of teasing*) Scherz *m* ❷ (*affected manner*) Schau *f fig fam*, Getue *nt fam*

pu·tre·fac·tion [ˌpjuːtrɪˈfækʃən] *n* no pl (*form*) ❶ (*decay*) MED *of a body* Verwesung *f*; BIOL *of organic matter* Fäulnis *f* ❷ (*fig: corruption*) *of a culture, morals* Verfall *m*

pu·tre·fy <-ie-> ['pjuːtrɪfaɪ] *vi* ❶ *body* verwesen; *organic matter* [ver]faulen ❷ (*fig: become corrupt*) verrotten

pu·trid ['pjuːtrɪd] *adj* (*form*) ❶ (*decayed*) MED *corpse* verwest; BIOL *organic matter* verfault; *water* faul ❷ (*foul*) *smell* faulig ❸ (*fig: corrupt*) verdorben ❹ (*fig: objectionable*) *behaviour* widerlich; (*horrible*) scheußlich; **that was a pretty ~ trick!** das war ein ziemlich übler Trick! ❺ (*fig: worthless*) *effort, achievement* armselig

putsch <*pl* -es> [pʊtʃ] *n* Putsch *m*

putt [pʌt] SPORTS **I.** *vt, vi* putten **II.** *n* Putt *m*

put·tee ['pʌti] *n* ❶ MIL (*hist: strip of cloth*) *worn by soldier* Wickelgamasche *f* ❷ AM (*legging*) *worn by rider* [Leder]gamasche *f*

putt·er[1] ['pʌtəʳ] *n* SPORTS ❶ *golf club* Putter *m* ❷ (*golfer*) Einlocher(in) *m(f)*

putt·er[2] ['pʌtəʳ] *vi* AM ❶ (*busy oneself*) geschäftig sein, werkeln SÜDD ❷ (*move slowly*) [herum]trödeln ❸ (*idle*) die Zeit mit Nichtstun verbringen

put·ty ['pʌti] **I.** *n* no pl [Dichtungs]kitt *m* **II.** *vt* <-ie-> [ver]kitten, [ver]spachteln

'put·ty-knife *n of a glazier* Kittmesser *nt; of a plasterer* Spachtelmesser *nt*

'put-up *adj* (*fam*) abgekartet **'put-upon** *adj* (*fam*) ausgenutzt

puz·zle ['pʌzl] **I.** *n* ❶ (*test of ingenuity*) Rätsel *nt*; **jigsaw ~** Puzzle *nt* ❷ (*test of pa-*

tience) Geduldsspiel *nt* ❸ (*question*) Rätsel *nt* ❹ (*mystery*) Rätsel *nt* ❺ (*confusion*) Verwirrung *f* **II.** *vt* vor ein Rätsel stellen **III.** *vi* ■ **to ~ about** sth über *etw akk* nachgrübeln

puz·zled ['pʌzld] *adj* ❶ (*helpless*) expression ratlos ❷ (*confused*) verwirrt ❸ (*surprised*) [sehr] überrascht ❹ (*disconcerted*) expression irritiert

puz·zler ['pʌzlər] *n* ❶ (*usu fam: question*) harte Nuss *fig* ❷ (*fig: difficult person*) Rätsel *nt fig* ❸ (*thinker*) Puzzler(in) *m(f)*

puz·zling ['pʌzlɪŋ] *adj* ❶ (*mysterious*) mechanism, story rätselhaft ❷ (*difficult*) question, situation schwierig ❸ (*confusing*) verwirrend ❹ (*surprising*) outcome, success verblüffend

PVC [ˌpiːviː'siː] CHEM **I.** *n abbrev of* **polyvinyl chloride** PVC *nt* **II.** *adj attr abbrev of* **polyvinyl chloride** PVC-, aus PVC *nach n*

PVR [ˌpiːviː'ɑːr] *n abbrev of* **personal video recorder** Personal Video Recorder *m*

pyg·my ['pɪgmiː] **I.** *n* (*pej, also fig*) Zwerg(in) *m(f)* **II.** *adj attr* Zwerg-

py·ja·mas [pɪ'dʒɑːməz] *npl* Pyjama *m*; **a pair of ~** ein Pyjama *m*

py·lon ['paɪlɒn] *n* ❶ ELEC (*power lines pole*) freitragender Leitungsmast; [**electricity**] ~ Hochspannungsmast *m* ❷ AVIAT (*guidance pole*) *in gliding* Orientierungsturm *m*

pyra·mid ['pɪrəmɪd] *n* Pyramide *f*

pyra·mid 'sell·ing *n no pl* ECON, LAW Vertrieb *m* nach dem Schneeballprinzip

pyre ['paɪər] *n* Scheiterhaufen *m*

Pyr·enees [ˌpɪrə'niːz] *npl* ■ **the ~** die Pyrenäen *pl*

Py·rex® ['paɪreks] **I.** *n* Pyrex-Glas® *nt* **II.** *adj attr* baking dish, pan Pyrex-®, aus Pyrex-Glas® *nach n*

py·rites [paɪ(ə)'raɪtiːz] *n + sing vb* Pyrit *m fachspr*

pyro·ma·nia [ˌpaɪ(ə)rə(ʊ)'meɪniə] *n no pl* Pyromanie *f fachspr*

pyro·tech·nic [ˌpaɪ(ə)rə(ʊ)'teknɪk] *adj attr* ❶ (*fireworks*) pyrotechnisch ❷ (*fig: sensational*) musical performance, rhetoric brillant

py·thon <*pl* -s *or* -> ['paɪθən] *n* Python *m*

Qq

Q <*pl* -'s *or* -s>, **q** <*pl* -'s> [kjuː] *n* Q *nt*, q *nt*; *see also* **A 1**

Q [kjuː] *n* ❶ *abbrev of* **Queen** Königin *f* ❷ SCH, UNIV *abbrev of* **question** Frage *f* ❸ ECON *abbrev of* **quarter** Quartal *nt*

Qa·tar [kə'tɑːɹə] *n* Katar *nt*

QC [ˌkjuː'siː] *n* BRIT *abbrev of* **Queen's Counsel**

QED [ˌkjuːiː'diː] *n abbrev of* **quod erat demonstrandum** q.e.d.; (*fig: and that's the solution*) ganz einfach

qtr *abbrev of* **quarter** Viertel *nt*

quack¹ [kwæk] **I.** *n* (*duck's sound*) Quaken *nt* **II.** *vi* quaken

quack² [kwæk] *n* (*pej: fake doctor*) Quacksalber(in) *m(f) pej*; BRIT, AUS (*sl: doctor*) Doktor *m fam*; ~ **treatment** Kurpfuscherei *f*

quad¹ [kwɒd] *n* ❶ (*fam*) *abbrev of* **quadruplet** Vierling *m* ❷ *abbrev of* **quadrangle** (*block of buildings*) Geviert *nt*; (*on a campus*) Hof; (*on school grounds*) viereckiger Schulhof

quad² [kwɒd] *n* ❶ MEDIA (*space*) *in printing* Geviert *nt* ❷ PHYS (*energy unit*) Quad *nt* ❸ ELEC, TELEC (*cable*) Vierer *m* ❹ MED (*fam: paralysed person*) Tetraplegiker(in) *m(f)*

quad·ran·gle ['kwɒdræŋgl] *n* (*form*) ❶ (*figure*) Viereck *nt* ❷ (*square*) *of buildings* Geviert *nt*; BRIT *on a campus* von Gebäuden umschlossener viereckiger Hof (*z.B. in Oxford*); (*of a court* [viereckiger] Innenhof; *on school grounds* viereckiger Schulhof ❸ AM GEOG *in surveying* Landkartenviereck *nt*

quad·ran·gu·lar [kwɒdˈræŋgjələr] *adj* viereckig **quad·rant** ['kwɒdrənt] *n* ❶ MATH (*quarter*) *of a circle/two axes also* Quadrant *m fachspr*; *of a sphere* Viertelkugel *f* ❷ ASTRON, NAUT (*instrument*) Quadrant *m fachspr*

quad·ra·phon·ic [ˌkwɒdrə'fɒnɪk] *adj* MUS quadrophon[isch] **quad·rat·ic** [kwɒd'rætɪk] **I.** *adj* quadratisch; ~ **equation** quadratische Gleichung **II.** *n* quadratische Gleichung

quad·ri·lat·er·al [ˌkwɒdrɪ'lætərəl] **I.** *adj* vierseitig **II.** *n* (*shape*) Viereck *nt* **quad·ri·par·tite** [ˌkwɒdrɪ'pɑːtaɪt] *adj* (*form*) vierteilig, Vier[er]- **quad·ru·ped** ['kwɒdrʊped] **I.** *adj* ZOOL vierfüßig **II.** *n* Vierfüßer *m* **quad·ru·ple** ['kwɒdrʊpl] **I.** *vt* vervierfachen **II.** *vi* sich vervierfachen **III.** *adj* vierfach *attr*; amount, number vierfach; ~ **time** MUS Viervierteltakt *m* **IV.** *adv* vierfach [ausgelegt] **quad·ru·plet** ['kwɒdrʊplət] *n* ❶ (*child*) Vierling *m* ❷ MUS (*fugue*) Quadrupelfuge *f*

fachspr
quaff [kwɒf] **I.** *vt* (*hum liter*) [in großen Zügen] trinken **II.** *vi* zechen
quag·mire ['kwɒgmaɪəʳ] *n* ❶ (*muddy ground*) Morast|boden| *m* ❷ (*fig: difficult situation*) Patsche *f fig;* **to be caught in a ~** in der Patsche sitzen; **a ~ of corruption** ein Morast der Korruption ❸ (*fig: mess*) Wust *m*
quail¹ <*pl* -**s** *or* -> [kweɪl] *n* (*bird*) Wachtel *f*
quail² [kweɪl] *vi* bangen *geh;* **she ~ed with fear** ihr war Angst und Bange
quaint [kweɪnt] *adj* ❶ (*charming*) reizend; *landscape, village* malerisch; *cottage, pub* urig ❷ (*also pej: strangely old-fashioned*) *customs, way of speaking, name* altertümlich a. *pej* ❸ (*usu pej: strange*) *person, views* verschroben; *customs, ideas, sight* eigenartig ❹ (*pleasantly unusual*) *encounter, sound* wundersam
quaint·ness ['kweɪntnəs] *n no pl* ❶ (*charm*) Reiz *m;* of *landscape, village* idyllischer Charakter; of *pub* Urigkeit *f* ❷ (*usu pej: strangeness*) of *a person, of views* Verschrobenheit *f;* of *customs, ideas, sight* Merkwürdigkeit *f;* of *way of speaking* Seltsamkeit *f*
quake [kweɪk] **I.** *n* (*fam*) [Erd]beben *nt* **II.** *vi* ❶ (*move*) *earth* beben ❷ (*fig: shake*) zittern; **her voice ~d with emotion** ihre Stimme bebte vor Erregung
Quak·er ['kweɪkəʳ] **I.** *n* Quäker(in) *m(f)* **II.** *adj attr* Quäker-
quali·fi·ca·tion [ˌkwɒlɪfɪˈkeɪʃᵊn] *n* ❶ (*skill*) Qualifikation *f;* (*document*) Abschlusszeugnis *nt;* **he left school with no ~s** er verließ die Schule ohne einen Abschluss; (*completion of training*) Abschluss *m* seiner Ausbildung; *from school* [Schul]abschluss *m;* *from university* [Studien]abschluss *m* ❸ (*restriction*) Einschränkung *f* ❹ (*change*) [Ab]änderung *f* ❺ (*condition*) [notwendige] Voraussetzung *f* [**for**/für]; **~ for an examination** AM UNIV Zulassung zu einer Prüfung *f;* **~ procedure** AM UNIV Zulassungsverfahren *nt* ❻ (*eligibility*) Berechtigung *f* ❼ SPORTS (*preliminary test*) Qualifikation *f*
quali·fied ['kwɒlɪfaɪd] *adj* ❶ (*competent*) qualifiziert; **well ~** gut geeignet ❷ (*certified*) ausgebildet, -meister [*o* -meisterin]; **~ mason** Maurermeister(in) *m(f);* **~ radiologist** ausgebildeter Radiologe/ausgebildete Radiologin; (*at university*) graduiert; (*by the state*) staatlich anerkannt; **~ medical practitioner** approbierter praktischer Arzt/approbierte praktische Ärztin ❸ (*restricted*) bedingt; **to make a ~ statement** eine Erklärung unter Einschränkungen abgeben; **to be a ~ success** ein mäßiger Erfolg sein ❹ (*eligible*) berechtigt

quali·fy <-ie-> ['kwɒlɪfaɪ] **I.** *vt* ❶ (*make competent*) qualifizieren ❷ (*make eligible*) ■ **to ~ sb** [**for sth**] jdm das Recht [auf etw *dat*] geben; ■ **to ~ sb to do sth** jdn berechtigen, etw zu tun ❸ (*restrict*) *criticism, judgement* einschränken; **to ~ an opinion/remark** eine Meinung/Bemerkung unter Vorbehalt äußern **II.** *vi* ❶ (*complete training*) die Ausbildung abschließen; UNIV das Studium abschließen ❷ (*prove competence*) ■ **to ~** [**for sth**] sich [für etw *akk*] qualifizieren ❸ (*meet requirements*) ■ **to ~** [**for sth**] *citizenship, membership, an office* [für etw *akk*] die [nötigen] Voraussetzungen erfüllen; (*be eligible for*) *benefits, a job* für etw *akk* in Frage kommen
quali·fy·ing ['kwɒlɪfaɪɪŋ] **I.** *n no pl* ❶ (*meeting requirement*) Qualifizierung *f* ❷ (*restricting*) Einschränkung *f* ❸ SPORTS (*preliminary testing*) Qualifikation *f* **II.** *adj attr* ❶ (*restrictive*) einschränkend ❷ (*testing standard*) Qualifikations-, Eignungs-; **~ test** SCH, UNIV Aufnahmeprüfung *f* ❸ LING (*modifying*) *adjective, adverb* bestimmend ❹ SPORTS *round* Qualifikations-
quali·ta·tive ['kwɒlɪtətɪv] *adj* qualitativ, Qualitäts-; **~ classification** Einteilung *f* nach Güte
qual·ity ['kwɒləti] **I.** *n* ❶ (*standard*) Qualität *f;* MECH, TECH Gütegrad *m* *fachspr;* **~ of life** Lebensqualität *f* ❷ (*character*) Art *f;* **the unique ~ of their relationship** die Einzigartigkeit ihrer Beziehung ❸ (*feature*) Merkmal *nt;* **managerial qualities** Führungsqualitäten *pl;* **the school has many excellent qualities** die Schule hat viele Vorzüge; **this cheese has a rather rubbery ~ to it** dieser Käse hat etwas ziemlich Gummiartiges an sich **II.** *adj* [qualitativ] hochwertig, Qualitäts-; **~ control** Qualitätskontrolle *f;* **~ time** *no pl* die Zeit, die man dafür aufbringt, familiäre Beziehungen zu entwickeln und zu pflegen
qualm [kwɑ:m] *n* ❶ (*doubt*) ■ **~s** *pl* Bedenken *pl* ❷ (*uneasiness*) ungutes Gefühl; **without the slightest ~** ohne die geringsten Skrupel
quan·da·ry ['kwɒndᵊri] *n usu sing* ❶ (*indecision*) Unentschiedenheit *f;* **to be in a ~** sich nicht entscheiden können ❷ (*difficult situation*) verzwickte Lage; **to put sb in a ~** jdn in große Verlegenheit bringen
quan·go ['kwæŋgəʊ] *n* BRIT (*usu pej*) *acr* **for quasi-autonomous non-governmental organization** halbautonome nichtstaatliche Organisation
quan·ti·fi·able ['kwɒntɪfaɪəbl] *adj* mengenmäßig messbar

quan·ti·fi·ca·tion [ˌkwɒntɪfɪ'keɪʃən] *n* mengenmäßige Messung

quan·ti·fy <-ie-> ['kwɒntɪfaɪ] *vt* mengenmäßig messen

quan·ti·ta·tive ['kwɒntɪtətɪv] *adj* quantitativ

quan·ti·ty ['kwɒntəti] **I.** *n* ❶ *(amount)* Menge *f;* **you can buy the paper plates in quantities of 10, 100, and 1000** Sie können Papierteller in Stückzahlen von 10, 100 oder 1000 kaufen ❷ *(large amount)* große Menge[n] *f|pl*; a *pl (huge amount)* Unmenge[n] *f|pl*; ❸ MATH *(magnitude)* [direkt messbare] Größe **II.** *adj* in großen Mengen *nach n;* ECON en gros *nach n;* **~ theory** ECON Quantitätstheorie *f*

quan·ti·ty 'dis·count *n* Mengenrabatt *m*

'quan·ti·ty sur·vey·or *n* BRIT ARCHIT, FIN Kostenplaner(in) *m(f)*

quan·tum <*pl* -ta> ['kwɒntəm, *pl* -tə] *n* ❶ *(form: amount)* Menge *f* **(of** an) ❷ *(portion)* [An]teil *m* ❸ PHYS *(unit)* Quant[um] *nt;* **~ mechanics** + *sing vb* Quantenmechanik *f kein pl*

quar·an·tine ['kwɒrənti:n] **I.** *n* Quarantäne *f;* **to place sb under ~** jdn unter Quarantäne stellen **II.** *vt* unter Quarantäne stellen

quark [kwɑ:k] *n* PHYS Quark *nt*

quar·rel ['kwɒrəl] **I.** *n* ❶ *(argument)* Streit *m;* **to have a ~** sich streiten; **to patch up a ~** einen Streit beilegen; **to pick a ~ with sb** einen Streit vom Zaun brechen ❷ *(cause of complaint)* Einwand *m* **II.** *vi* <-ll-> ❶ *(argue)* sich streiten; **what did you ~ about?** worüber habt ihr gestritten? ❷ *(disagree with)* ■ **to ~ with sth** etw an etw *dat* aussetzen; **you can't ~ with that** daran gibt es nichts auszusetzen

quar·rel·some ['kwɒrəlsəm] *adj (pej)* streitsüchtig

quar·ry[1] ['kwɒri] **I.** *n* ❶ *(rock pit)* Steinbruch *m;* ❷ *(fig)* Fundgrube *f* ❷ *(square stone)* Quader[stein] *m* **II.** *vt* <-ie-> ❶ *(obtain)* marble, stone brechen ❷ *(fig: make visible)* contradictions, secrets zutage fördern ❸ *(fig: gather)* data, information zusammentragen

quar·ry[2] ['kwɒri] *n* ❶ *(hunted animal)* Jagdbeute *f* ❷ *(pursued person) criminal* gejagte Person; *(fig: victim)* Opfer *nt*

quart [kwɔ:t] *n* Quart *nt (1,14 l in England, 0,95 l in Amerika);* **a ~ of beer/water** ein Quart *nt* Bier/Wasser

quar·ter ['kwɔ:tə] **I.** *n* ❶ *(one fourth)* Viertel *nt;* **the bottle was a ~ full** es war noch ein Viertel in der Flasche; **for a ~ of the price** zu einem Viertel des Preises; **a ~ [of a pound] of tea** ein Viertel[pfund] Tee; **to divide sth into ~s** etw in vier Teile teilen ❷ *(time)* Viertel *nt;* **a ~ of a century** ein Vierteljahrhundert *nt;* **a ~ of an hour** eine Viertelstunde; **an hour and a ~** eineinviertel Stunden; **a ~ to** [*or* AM **of**]/**past** [*or* AM **after**] **three** Viertel vor/nach drei ❸ *(1/4 of year)* Quartal *nt;* AM *(school term)* Quartal *nt* ❹ *(1/4 of a game)* Viertel *nt* ❺ AM *(25 cents)* Vierteldollar *m* ❻ *(area)* Gegend *f;* *(neighbourhood)* Viertel *nt* ❼ *(unspecified place)* Seite *f;* *(place)* Stelle *f;* **help came from a totally unexpected ~** Hilfe kam von völlig unerwarteter Seite ❽ *pl (lodgings)* Wohnung *f;* MIL Quartier *nt* ■ **at close ~s** aus der Nähe **II.** *vt* ❶ *(cut into four)* vierteln ❷ *(give housing)* ■ **to ~ sb somewhere** jdn irgendwo unterbringen **III.** *adj* Viertel-

'quar·ter·back *n* AM ❶ SPORTS *(in American Football)* Quarterback *m* ❷ *(leader)* Gruppenleiter(in) *m(f)* **'quar·ter day** *n* BRIT Quartalstag *m* [für fällige Zahlungen]; *for rent* Mietzahltag *m;* FIN *for interest* Zinstag *m;* MIL *for pay* Zahltag *m* **'quar·ter·deck** *n* NAUT Quarterdeck *nt* **quar·ter·'fi·nal** *n* SPORTS Viertelfinale *nt* **quar·ter·ing** ['kwɔ:tərɪŋ] *n* ❶ *no pl (dividing into fourths)* Vierteln *nt* ❷ *no pl (lodging)* Unterbringung *f;* MIL Einquartierung *f fachspr* **quar·ter·ly** ['kwɔ:təli] **I.** *adv* vierteljährlich; **to be paid ~** vierteljährlich gezahlt werden **II.** *adj* vierteljährlich, Vierteljahres-, Quartals- **quar·ter·mas·ter** ['kwɔ:tə,mɑ:stə] *n* ❶ MIL *(army officer)* Quartiermeister *m* ❷ NAUT *(steersman)* in *merchant marine* Quartermeister *m;* *rank in navy* Steuermannsmaat *m* **'quar·ter·tone** *n* MUS Viertelton *m*

quar·tet *n,* **quar·tette** [kwɔ:'tet] *n* MUS Quartett *nt;* **string ~** Streichquartett *nt*

quartz [kwɔ:ts] *n no pl* Quarz *m;* **rose ~** Rosenquarz *m*

quartz 'clock *n* Quarzuhr *f* **quartz iodine 'lamp** *n,* **quartz 'lamp** *n* Quarz[halogen]lampe *f;* MED künstliche Höhensonne

qua·sar ['kweɪzɑ:ʳ] *n* Quasar *m*

quash [kwɒʃ] *vt* ❶ *hopes, plans* zunichtemachen; *rebellion, revolt* niederschlagen; *objection* zurückweisen; *rumours* zum Verstummen bringen ❷ LAW *(annul)* aufheben; *a law* für ungültig erklären

quasi- ['kweɪzaɪ] *in compounds* ❶ *(resembling) religion, science* Quasi-; *philosophical, spiritual* quasi-; *official* halb-; *legislative* -ähnlich; LAW *partner, partnership* Schein- ❷ *(pej: seeming) intellectual, scientific* pseudo-

quat·rain ['kwɒtreɪn] *n* LIT Vierzeiler *m*

qua·ver ['kweɪvə] **I.** *vi* ❶ *(shake) person, voice* zittern; *voice* beben ❷ *(utter)* mit zitternder Stimme sprechen ❸ MUS tremolieren

fachspr **II.** *n* ❶ (*shake*) Zittern *nt kein pl*, Beben *nt kein pl* ❷ BRIT, AUS MUS (*note*) Achtelnote *f fachspr*; (*sound*) Tremolo *nt fachspr*
quay [kiː] *n* Kai *m*, Kaje *f* NORDD
quea·sy ['kwiːzi] *adj* ❶ (*easily upset*) *person, stomach* [über]empfindlich ❷ (*upset*) übel *nach n*; **he feels** ~ ihm ist übel ❸ (*fig: uneasy*) *conscience* schlecht; **with a** ~ **conscience** mit Gewissensbissen; **to feel** ~ **about sth** ein ungutes Gefühl bei etw *dat* haben
Que·bec [kwɪ'bek] *n* Quebec *nt*
queen [kwiːn] **I.** *n* ❶ (*female monarch*) Königin *f*; **the** ~ **of England** die englische Königin *f* ❷ (*fig: top lady*) Königin *f*; **beauty** ~ Schönheitskönigin *f* ❸ (*in cards, chess*) Dame *f* ❹ (*pej fam: flamboyant gay man*) Tunte *f oft pej sl*; **drag** ~ Transvestit *m* **II.** *vt* [zur Königin] krönen
queen 'bee *n* ZOOL Bienenkönigin *f* **queen 'dowa·ger** *n* Königinwitwe *f*
queen·ly ['kwiːnli] *adj* königlich
Queen 'Moth·er *n* Königinmutter *f*
Queen's 'Coun·sel *n* BRIT LAW Kronanwalt *m*, Kronanwältin *f* **Queen's 'Eng·lish** *n no pl* BRIT Standardenglisch *nt*
queer [kwɪəʳ] **I.** *adj* ❶ (*strange*) seltsam; **to have** ~ **ideas** schräge Ideen haben; **to have a** ~**-sounding name** einen merkwürdig klingenden Namen haben ❷ (*usu pej: homosexual*) schwul *fam* ❸ (*suspicious*) merkwürdig **II.** *n* (*pej fam: homosexual*) Schwule(r) *m oft pej*; *female Lesbe f oft pej* **III.** *vt* (*spoil*) *bargain, deal* verderben ▶ **to** ~ **sb's pitch** AUS, BRIT jdm die Suppe versalzen
quell [kwel] *vt* ❶ (*suppress*) *opposition, protest* [gewaltsam] unterdrücken; *rebellion, revolt* niederschlagen ❷ (*fig: subdue*) **to** ~ **one's anger** seinen Zorn zügeln; (*overcome*) **to** ~ **one's fear** seine Angst überwinden ❸ (*fig: quiet*) beschwichtigen; **to** ~ **sb's anxieties/doubts/fears** jds Befürchtungen/Zweifel/Ängste zerstreuen
quench [kwen(t)ʃ] *vt* ❶ (*also fig: put out*) *fire, flames* löschen; (*fig*) dämpfen ❷ (*also fig: satisfy*) befriedigen; *thirst* löschen
queru·lous ['kwerʊləs] *adj* ❶ (*peevish*) missmutig; **in a** ~ **voice** in gereiztem Ton ❷ (*complaining*) querig[e]lig
query ['kwɪəri] **I.** *n* (*also fig: question*) Rückfrage *f* **II.** *vt* <-ie-> (*form*) ❶ (*question*) in Frage stellen; ■ **to** ~ **whether ...** bezweifeln, dass ...; **"but is that really the case?" he queried** „aber ist das wirklich so?" fragte er ❷ AM (*put questions to*) befragen
quest [kwest] **I.** *n* (*also fig*) Suche *f* (**for** nach); **a** ~ **for a treasure** eine Schatzsuche; **in** ~ **of sth** auf der Suche nach etw *dat* **II.** *vi* (*liter*) ■ **to** ~ **after sb/sth** nach jdm/etw suchen
ques·tion ['kwestʃən] **I.** *n* ❶ (*inquiry*) Frage *f*; **to put a** ~ **to sb** jdm eine Frage stellen; **to beg the** ~ die Frage aufwerfen; **in answer to your** ~ um Ihre Frage zu beantworten; **direct/indirect** ~ LING direkte/indirekte Frage; **to pop the** ~ (*fam*) jdm einen [Heirats]antrag machen ❷ *no pl* (*doubt*) Zweifel *m*; **there's no** ~ **about it** keine Frage; **the time/place in** ~ LAW die besagte Zeit/der besagte Ort; **to be beyond** ~ außer Zweifel stehen; **to call sth into** ~ etw bezweifeln; **without** ~ zweifellos ❸ (*matter*) Frage *f*; **it's a** ~ **of life or death** es geht um Leben und Tod; **there's no** ~ **of a general strike** von einem Streik kann keine Rede sein; **to be out of the** ~ nicht in Frage kommen ❹ SCH, UNIV (*test problem*) Frage *f* **II.** *vt* ❶ (*ask*) ■ **to** ~ **sb about sth** jdn über etw *akk* befragen ❷ (*interrogate*) ■ **to** ~ **sb** [**about sth**] jdn [zu etw *dat*] verhören ❸ (*doubt*) bezweifeln; *facts, findings* anzweifeln ❹ SCH (*test*) **to** ~ **sb on sth** jdn in etw *akk* prüfen
ques·tion·able ['kwestʃənəbl] *adj* ❶ (*uncertain*) zweifelhaft; *future* ungewiss; **it is** ~ **how reliable those statements are** es ist fraglich, wie glaubwürdig diese Aussagen sind ❷ (*not respectable*) fragwürdig, zweifelhaft; **to do** ~ **business** bedenkliche Geschäfte machen; **some of his jokes were in** ~ **taste** manche seiner Witze waren von etwas zweideutiger Natur **ques·tion·er** ['kwestʃənəʳ] *n* Fragesteller(in) *m(f)* **ques·tion·ing** ['kwestʃənɪŋ] **I.** *n no pl* Befragung *f*; *by police* Verhör *nt*; **to be brought in for** ~ ins Verhör genommen werden **II.** *adj* forschend; *look* fragend; **in a** ~ **voice** in fragendem Ton **'ques·tion mark** *n* (*also fig*) Fragezeichen *nt* **'ques·tion mas·ter** *n* BRIT Quizmaster *m* **ques·tion·naire** [ˌkwestʃə'neəʳ] *n* Fragebogen *m*; ~ **analysis/ construction** die Analyse/Erstellung von Fragebögen **'ques·tion time** *n* Zeit *f* für Fragen, Diskussionszeit *f*; POL *in parliament* Fragestunde *f*
queue [kjuː] **I.** *n* BRIT, AUS ❶ (*line*) Schlange *f*; **a** ~ **of people** eine Menschenschlange; **to join the** ~ sich mit anstellen; (*fig*) mit von der Partie sein; **to jump the** ~ sich vordräng[el]n; *driver aus der Kolonne ausscheren*; **to stand in a** ~ Schlange stehen ❷ (*number*) [ganze] Anzahl **II.** *vi* anstehen
quib·ble ['kwɪbl] **I.** *n* ❶ (*pej: petty argument*) haarspalterisches Argument; (*petty arguments*) Haarspalterei *f* ❷ (*also pej: minor criticism*) Krittelei *f* (**about/over** an). **II.** *vi*

asking questions

obtaining information | Informationen erfragen

Can you tell me what time it is, please?	Können Sie mir bitte sagen, wie spät es ist?
What's the best way to the station?	Wie komme ich am besten zum Bahnhof?
Is there a café anywhere round here?	Gibt es hier in der Nähe ein Café?
Is the flat still available?	Ist die Wohnung noch zu haben?
Can you recommend a good dentist?	Kannst du mir einen guten Zahnarzt empfehlen?
Do you know anything about cars?	Kennst du dich mit Autos aus?
Do you have any details on this story?	Weißt du Näheres über diese Geschichte?

asking permission | um Erlaubnis bitten

May I come in?	Darf ich hereinkommen?
Am I disturbing you?	Störe ich gerade?

asking someone's opinion | nach Meinungen fragen

What do you think of the new law?	Was hältst du von dem neuen Gesetz?
Do you think that's right?	Glaubst du, das ist so richtig?
Is that possible, in your opinion?	Hältst du das für möglich?

■ to ~ about sth sich über etw *akk* streiten; **no one would ~ with that** das würde niemand bestreiten

quib·bler ['kwɪblə^r] *n* ❶ (*pej: petty arguer*) Querulant(in) *m(f)* ❷ (*over-critical person*) Nörgler(in) *m(f)*

quib·bling ['kwɪblɪŋ] **I.** *n* (*pej*) Streiterei *f* **II.** *adj* (*pej: petty*) spitzfindig; (*quarrelsome*) streitsüchtig

quiche <*pl* -> [ki:ʃ] *n* Quiche *f*

quick [kwɪk] **I.** *adj* ❶ (*also fig: fast*) schnell; **to be ~ about sth** sich mit etw *dat* beeilen; **to have a ~ drink/meal** [noch] schnell etw trinken/essen; **to have a ~ one** (*fig fam: drink*) einen auf die Schnelle kippen; **in ~ succession** in schneller [Ab]folge; **to have a ~ temper** (*fig, pej*) ein rasch aufbrausendes Temperament haben; **he is always ~ to criticize** mit Kritik ist er rasch bei der Hand ❷ (*short*) kurz; **to give sb a ~ call** jdn kurz anrufen; **to have a ~ look at sth** sich *dat* etw kurz ansehen; **could I have a ~ word with you?** könnte ich Sie kurz sprechen? ❸ (*hurried*) noch schnell ❹ (*alert*) geistig gewandt; **~ wit** Aufgewecktheit *f*; **in replying** Schlagfertigkeit *f fig* **II.** *adv* schnell, rasch **III.** *interj* schnell **IV.** *n* **to bite/cut nails to the ~** die Nägel bis auf das Nagelbett abbeißen/schneiden; **to cut sb to the ~** (*fig*) jdn bis ins Mark treffen

'quick-act·ing *adj* schnell wirksam **quick-'change art·ist** *n* THEAT Verwandlungskünstler(in) *m(f)*; (*fig*) Lebenskünstler(in) *m(f)* **quick·en** ['kwɪkən] **I.** *vt* ❶ (*make faster*) beschleunigen ❷ (*fig: awaken*) anregen; **to ~ sb's curiosity/interest** jds Neugier/Interesse wecken **II.** *vi* schneller werden; **his pulse ~ed** sein Pulsschlag erhöhte sich **quick-'freeze** <-froze, -frozen> *vt* tiefgefrieren

quickie ['kwɪki] **I.** *n* ❶ (*fam: fast thing*) kurze Sache, Quickie *m*; **to make it a ~** es kurz machen ❷ (*fam: fast drink*) Schluck *m* auf die Schnelle **II.** *adj* (*also pej fam*) Schnell-, schnell [hingehauen]; **a ~ divorce** eine schnelle und unkomplizierte Scheidung

quick·ly ['kwɪkli] *adv* schnell, rasch

quick-n-'easy *adj* kinderleicht; **a ~ way** die [aller]einfachste Art

quick·ness ['kwɪknəs] *n no pl* ❶ (*speed*) Schnelligkeit *f* ❷ (*fig, pej: temper*) Hitzigkeit *f* ❸ (*approv: alertness*) [geistige] Beweglich-

requesting quiet

asking for silence	zum Schweigen auffordern
Quiet, please!	Ruhe, bitte!/Ich bitte um Ruhe! (form)
Could you be quiet now, please! (to pupils)	Wenn ihr jetzt bitte mal ruhig sein könnt! (an Schüler)
Shh!/Shush! (fam)	Psst! (fam)
Shut up! (fam)/Shut your gob (derb)/face! (fam!)	Halt's Maul! (derb)/Schnauze! (derb)
Do be quiet a minute!	Jetzt sei doch mal still!
Now just listen to me!	Jetzt hör mir aber mal zu!
Could you stop talking, please?!	Könnten Sie bitte ruhig sein?
I'd like to get a word in too!	Ich möchte auch noch etwas sagen!
Thank you! I think ...	Danke! ICH meine dazu, ...

keit; ~ **of mind** scharfer Verstand
'quick·sand n no pl Treibsand m **'quick·sil·ver** n no pl Quecksilber nt **'quick·step I.** n no pl (dance) ■ **the** ~ der Quickstep **II.** vi <-pp-> Quickstep tanzen **quick-'tem·pered** adj hitzköpfig **quick-'win** adj attr (fam) investment mit schnellem Gewinn nach n; strategy kurzfristig **quick-'wit·ted** adj (alert) aufgeweckt; (quick in replying) schlagfertig; reply schlagfertig
quid¹ <pl -> [kwɪd] n BRIT (fam: money) Pfund nt; **could you lend me twenty ~, mate?** kannst du mir zwanzig Piepen leihen? fam; **to not be the full ~** AUS (fig, pej) nicht ganz dicht sein
quid² [kwɪd] n Stück nt Kautabak
quid pro quo [ˌkwɪdprəʊ'kwəʊ] n (form) Gegenleistung f
qui·es·cent [kwi:'esənt, kwaɪ'-] adj (form) ruhig
qui·et [kwaɪət] **I.** adj <-er, -est or more ~, most ~> ❶ (not loud) voice, appliance, machine leise ❷ (silent) ruhig; **please be ~** Ruhe bitte!; **to keep ~** ruhig sein; **give the baby a bottle to keep her ~** gib mal dem Baby die Flasche, damit es nicht schreit ❸ (not talkative) still; person schweigsam; child ruhig; **to keep ~ about sth** über etw akk Stillschweigen bewahren ❹ (secret) heimlich; **to feel a ~ satisfaction** eine stille Genugtuung empfinden; **to have a ~ word with sb** mit jdm ein Wörtchen im Vertrauen reden fam; **to keep sth ~** etw für sich akk behalten ❺ (not ostentatious) schlicht; clothes dezent; colour gedämpft ❻ (not exciting) geruhsam; (not busy) street, town ruhig ▸ **as ~ as a mouse** mucksmäuschenstill **II.** n no pl ❶ (silence) Stille f ❷ (lack of excitement) Ruhe f; **peace and ~** Ruhe und Frieden ▸ **on the ~** heimlich **III.** vt esp AM besänftigen; **to ~ children** Kinder zur Ruhe bringen **IV.** vi esp AM sich beruhigen
qui·et·en ['kwaɪətən] **I.** vi ❶ (become quiet) sich beruhigen ❷ (become calm) ruhiger werden **II.** vt ❶ (make quiet) beruhigen ❷ (calm) beruhigen; **to ~ sb's fears** jds Ängste zerstreuen; tension lösen ◆ **quieten down I.** vi ❶ (become quiet) leiser werden ❷ (become calm) sich beruhigen **II.** vt ❶ (make less noisy) zur Ruhe bringen; **go and ~ those children down** stell die Kinder mal ruhig! ❷ (calm [down]) beruhigen
qui·et·ly ['kwaɪətli] adv ❶ (not loudly) leise; **he is a ~ spoken, thoughtful man** er ist ein nachdenklicher Mann, der mit leiser Stimme spricht ❷ (silently) still; **to wait ~** ruhig warten ❸ (unobtrusively) unauffällig; **the plan has been ~ dropped** der Plan wurde stillschweigend fallen gelassen; **to chuckle/laugh ~ to oneself** in sich hineinkichern/-lachen; **to be ~ confident** insgeheim überzeugt sein
qui·et·ness ['kwaɪətnəs] n no pl Ruhe f; (silence) Stille f
qui·etude ['kwaɪətjuːd] n no pl (form) Ruhe f, Frieden m
quiff [kwɪf] n [Haar]tolle f
quill [kwɪl] n ❶ (feather) Feder f ❷ (of porcupine) Stachel m ❸ (pen) Federkiel m; (fig, hum) Feder f

quilt [kwɪlt] **I.** *n* Steppdecke *f*; **patchwork ~** Quilt *m* **II.** *vt* [ab]steppen

quin [kwɪn] *n* BRIT (*fam*) *short for* **quintuplet** Fünfling *m*

quince [kwɪn(t)s] **I.** *n* Quitte *f*; (*tree also*) Quittenbaum *m* **II.** *adj jam, jelly, tart* Quitten-

qui·nine ['kwɪniːn] *n no pl* Chinin *nt*

quin·tess·ence [kwɪn'tesᵊn(t)s] *n no pl* Quintessenz *f geh*; (*embodiment*) Inbegriff *m*; **to be the ~ of sth** etw verkörpern

quin·tes·sen·tial [ˌkwɪntɪ'sen(t)ʃᵊl] *adj* (*form*) essentiell; **this is the ~ English village** dies ist der Inbegriff eines englischen Dorfes

quin·tet(te) [kwɪn'tet] *n* Quintett *nt*

quin·tu·plet [kwɪn'tjuːplət] *n* Fünfling *m*

quip [kwɪp] **I.** *n* witzige Bemerkung **II.** *vi* <-pp-> witzeln

quirk [kwɜːk] *n* ① (*odd habit*) Marotte *f* ② (*oddity*) Merkwürdigkeit *f kein pl*; **by some strange ~ of fate** durch eine [merkwürdige] Laune des Schicksals

quirky ['kwɜːki] *adj* schrullig *fam*

quit <-tt-, quit *or* quitted, quit *or* quitted> [kwɪt] **I.** *vi* ① (*resign*) *worker* kündigen; *manager, official* zurücktreten ② (*leave rented flat*) kündigen; **to give sb notice to ~** jdm kündigen ③ COMPUT (*exit*) aussteigen ④ (*give up*) aufgeben; AM (*fam: stop*) ~! hör [damit] auf! **II.** *vt* ① *esp* AM (*stop*) **will you ~ that!** wirst du wohl damit aufhören!; ■ **~ doing sth** aufhören etw zu tun; **~ wasting my time** hör auf meine Zeit zu verschwenden; **to ~ smoking** das Rauchen aufgeben ② (*give up*) aufgeben; **to ~ one's job** kündigen ③ (*leave*) *building, place* verlassen; *flat, room* kündigen ④ COMPUT (*end*) **to ~ the program** aus dem Programm aussteigen **III.** *adj pred* (*rid*) ■ **to be ~ of sth/sb** jdn/etw loswerden

quite [kwaɪt] *adv* ① (*fairly*) ziemlich; **we had ~ a pleasant evening in the end** schließlich war es doch noch ein recht netter Abend; **I'm feeling ~ a bit better, thank you** es geht mir schon viel besser, danke; (*fam*) **that girl's ~ something!** das Mädchen ist wirklich klasse!; **I had to wait ~ a time** ich musste ganz schön lange warten *fam* ② (*completely*) ganz, völlig; **I don't ~ know what to say** ich weiß nicht so recht, was ich sagen soll; **~ honestly, ...** ehrlich gesagt ...

quits [kwɪts] *adj pred* quitt; (*fam*) **to be ~ [with sb]** [mit jdm] quitt sein; **to call it ~** es gut sein lassen

quit·tance ['kwɪtᵊn(t)s] *n* (*form*) ① (*settlement of debt*) Schulderfüllung *f* ② (*receipt*) Quittung *f*

quiv·er¹ ['kwɪvəʳ] **I.** *n* (*shiver*) Zittern *nt kein pl*; **a ~ went down my spine** mir lief ein kalter Schauder über den Rücken **II.** *vi* zittern; **to ~ with rage** vor Wut beben

quiv·er² ['kwɪvəʳ] *n* (*arrow holder*) Köcher *m*

quix·ot·ic [kwɪk'sɒtɪk] *adj* (*liter*) *personality* schwärmerisch; *idea, suggestion, vision* unrealistisch; *attempt* naiv

quiz [kwɪz] **I.** *n* <*pl* -es> ① (*question game*) Quiz *nt* ② AM SCH, UNIV (*test*) [kurze] Prüfung **II.** *adj* ① *question* Quiz-; **~ night** BRIT Quizabend *m*; **~ team** Rateteam *nt* ② AM SCH, UNIV *question, results* Prüfungs- **III.** *vt* ① (*question*) befragen (**about** zu) ② AM SCH, UNIV prüfen (**on** über)

'quiz·mas·ter *n* Quizmaster *m* **'quiz show** *n* Quizsendung *f* **quiz·zi·cal** ['kwɪzɪkᵊl] *adj* ① (*questioning*) fragend ② (*teasing*) spöttisch

quor·ate ['kwɔːreɪt] *adj* handlungsfähig

quor·um ['kwɔːrəm] *n* Quorum *nt*

quo·ta ['kwəʊtə] *n* ① (*fixed amount*) Quote *f* ② (*fig: proportion*) Quantum *nt*

quot·able ['kwəʊtəbl] *adj* ① (*suitable for quoting*) zitierbar ② POL (*on the record*) für die Öffentlichkeit bestimmt

quo·ta·tion [kwə(ʊ)'teɪʃᵊn] *n* ① (*from book, person*) Zitat *nt*; ■ **a ~ from sb/sth** ein Zitat *nt* von jdm/aus etw dat ② *no pl* (*quoting*) Zitieren *nt* ③ (*estimate*) Kostenvoranschlag *m* ④ STOCKEX (*price of stock*) [Kurs]notierung *f*

quo'ta·tion marks *npl* Anführungszeichen *pl*; **to close/open ~** Anführungszeichen oben/unten setzen

quote [kwəʊt] **I.** *n* ① (*fam: quotation*) Zitat *nt* ② (*fam: quotation marks*) ■ **~ s** *pl* Gänsefüßchen *pl fam* ③ (*fam: estimate*) Kostenvoranschlag *m* ▶ ~ [**unquote**] **Mr Brown stated that, ~, ...** Hr. Brown meinte, ich zitiere ...; (*implying disbelief*) **they are ~, 'just good friends'** sie sind – in Anführungszeichen –, 'nur gute Freunde'! **II.** *vt* ① (*say words of*) zitieren; ■ **to ~ sb on sth** jdn zu etw dat zitieren; **but don't ~ me on that!** aber sag's nicht weiter! *fam* ② (*give*) ■ **to ~ a price** einen Preis nennen ③ STOCKEX notieren ④ (*name*) nennen **III.** *vi* zitieren; ■ **to ~ from sb** jdn zitieren; ■ **to ~ from sth** aus etw dat zitieren

quo·tid·ian [kwə(ʊ)'tɪdiən] *adj* (*form*) [all]täglich

quo·tient ['kwəʊʃᵊnt] *n also* MATH Quotient *m*

qwerty key·board [ˌkwɜːtiˈ-] *n*, **QWERTY key·board** *n* englische Standard-Computertastatur

R r

R <pl -'s or -s>, **r** <pl -'s> [ɑːʳ] n R nt, r nt; see also **A 1**

r adv abbrev of **right** re.

R¹ [ɑːʳ] **I.** n no pl ① (Queen) abbrev of **Regina** Regina ② (King) abbrev of **Rex** Rex ③ abbrev of **river** II. adj ① abbrev of **right** re. ② abbrev of **Royal** königl.

R² adv AM FILM abbrev of **Restricted: rated** ~ nicht für Jugendliche unter 16 Jahren

rab·bi ['ræbaɪ] n Rabbiner m

rab·bit ['ræbɪt] **I.** n ① (animal) Kaninchen nt ② no pl (meat) Hase m kein pl **II.** vi BRIT, AUS (pej fam) schwafeln (**about** über)

'rab·bit hole n Kaninchenbau m **'rab·bit hutch** n Kaninchenstall m **'rab·bit punch** n Nackenschlag m

rab·ble ['ræbl] n no pl (pej) ① (disorderly group) ungeordneter Haufen ② (mob) ▪the ~ der Mob

'rab·ble-rous·er n Aufwiegler(in) m(f) **'rab·ble-rous·ing** adj Hetz-, [auf]hetzerisch

rab·id ['ræbɪd] adj ① (esp pej: fanatical) fanatisch; critic scharf; nationalist radikal ② (having rabies) tollwütig

ra·bies ['reɪbiːz] n + sing vb Tollwut f

RAC <pl -> [ˌɑːreɪˈsiː] n abbrev of **Royal Automobile Club:** ▪the ~ der RAC, ≈ ADAC m

rac·coon [rəˈkuːn, ræ-] n Waschbär(in) m(f)

race¹ [reɪs] **I.** n ① (competition) Rennen nt ② (fig: contest) Rennen nt; (competition) Wettkampf m ③ no pl (rush) Hetze f ④ SPORTS **a day at the ~s** ein Tag m beim Pferderennen **II.** vi ① (compete) people Rennen laufen; vehicles Rennen fahren ② (rush) rennen ③ (pass quickly) ▪**to ~ by** schnell vergehen ④ (beat fast) heart heftig schlagen; pulse rasen **III.** vt ① ▪**to ~ sb** (in competition) gegen jdn antreten; (for fun) mit jdm ein Wettrennen machen ② (enter for races) ▪**to ~ a greyhound/horse** einen Greyhound/ein Pferd Rennen laufen lassen ③ (transport fast) ▪**to ~ sb somewhere** jdn schnellstmöglich irgendwohin bringen

race² [reɪs] n ① (ethnic grouping) Rasse f ② (species) **the human ~** die menschliche Rasse; (of animals, plants) Spezies f ③ + sing/pl vb (people) Volk nt; (fig) Gruppe f

race 'con·flict n no pl Rassenkonflikt m

'race·course n Rennbahn f

race 'ha·tred n no pl Rassenhass m

'race·horse n Rennpferd nt

rac·er ['reɪsəʳ] n ① (runner) [Renn]läufer(in) m(f); (horse) Rennpferd nt ② (boat) Rennboot nt; (cycle) Rennrad nt; (car) Rennwagen m; (yacht) Rennjacht f

race re·'la·tions npl Beziehungen pl zwischen den Rassen **'race riot** n Rassenunruhen pl

'race·track n ① (racecourse) Rennbahn f; esp AM (for horses also) Rennstrecke f ② (racing complex) Rennplatz m

ra·cial ['reɪʃəl] adj ① (to do with race) rassisch, Rassen- ② (motivated by racism) rassistisch; **~ discrimination/segregation** Rassendiskriminierung f/-trennung f

ra·cial·ism ['reɪʃəlɪzəm] n no pl BRIT Rassismus m **ra·cial·ist** ['reɪʃəlɪst] BRIT **I.** n Rassist(in) m(f) **II.** adj rassistisch **ra·cial 'pro·fil·ing** n no pl Profiling nt aufgrund der Rassenzugehörigkeit

rac·ing ['reɪsɪŋ] n no pl ① (in horse racing: event) Pferderennen nt; (sport) Pferderennsport m ② (conducting races) Rennen nt **'rac·ing bi·cy·cle** n, **'rac·ing bike** n (fam) Rennrad m **'rac·ing car** n Rennwagen m **'rac·ing driv·er** n Rennfahrer(in) m(f) **'rac·ing yacht** n Rennjacht f

rac·ism ['reɪsɪzəm] n no pl Rassismus m

rac·ist ['reɪsɪst] **I.** n Rassist(in) m(f) **II.** adj rassistisch

rack¹ [ræk] n no pl ▪**to go to ~ and ruin** verkommen, vor die Hunde gehen fam

rack² [ræk] vt ▪**to ~ [off] wine/beer** Wein/Bier abfüllen

rack³ [ræk] **I.** n ① (for storage) Regal nt; clothes ~ AM Kleiderständer m; magazine/newspaper ~ Zeitschriften-/Zeitungsständer m ② (for torture) Folterbank f; **to be on the ~** (fig) Höllenqualen ausstehen fam ③ FOOD **~ of lamb** Lammrippchen pl **II.** vt (hurt) quälen; **at the end, his cancer ~ed his body** am Ende zerfraß der Krebs seinen Körper; **to be ~ed with doubts/pain** von Zweifeln/Schmerzen gequält werden ▸ **to ~ one's brains** sich dat den Kopf zerbrechen

rack·et¹ ['rækɪt] n ① SPORTS Schläger m ② (game) ▪**~s** pl Racketball nt kein pl

rack·et² [ræk] n (fam) ① no pl (din) Krach m ② (pej: dishonest scheme) unsauberes Geschäft; **protection ~** Schutzgelderpressung f ③ (hum: business) Geschäft nt

rack·et·eer [ˌrækɪˈtɪəʳ] n (pej) Gangster m

'rack rent n Wuchermiete f pej

ra·coon n see **raccoon**

racy ['reɪsi] adj ① (risqué) behaviour, novel anzüglich ② (sexy) clothing gewagt ③ (lively and vigorous) person, image draufgängerisch; wine, car, yacht rassig

ra·dar ['reɪdɑːʳ] n no pl Radar m o nt;

~ **screen** Radarschirm *m*; ~ **trap** Radarfalle *f* ▶ **to go** [*or* **fall**] **off the ~** aus dem Blickfeld verschwinden; *Person* abtauchen *fam*

ra·di·al ['reɪdɪəl] **I.** *adj* ① (*radiating*) strahlenförmig ② TECH radial, Radial-; ~ **tyre** Gürtelreifen *m* **II.** *n* Gürtelreifen *m*

ra·di·ant ['reɪdɪənt] *adj* ① (*happy*) strahlend *attr fig* ② (*splendid*) *weather, day* wunderschön, strahlend *attr fig* ③ *attr* PHYS (*shining*) Strahlungs-

ra·di·ate ['reɪdɪeɪt] **I.** *vi* ① (*spread out*) ■ **to ~ [from sth]** strahlenförmig [von etw *dat*] ausgehen ② (*be given off*) ■ **to ~ from sth** von etw *dat* abstrahlen; *light, energy* ausstrahlen **II.** *vt* (*also fig*) ausstrahlen; *heat* abgeben

ra·di·a·tion [ˌreɪdɪ'eɪʃən] *n no pl* ① (*radiated energy*) Strahlung *f* ② (*emitting*) Abstrahlen *nt*

ra·di·a·tion sick·ness *n no pl* Strahlenkrankheit *f* **ra·di·a·tion thera·py** *n* Strahlentherapie *f*

ra·di·a·tor ['reɪdɪeɪtə'] *n* ① (*heating device*) Heizkörper *m* ② (*to cool engine*) Kühler *m*

rad·i·cal ['rædɪkəl] **I.** *adj* ① POL radikal ② (*fundamental*) fundamental ③ MED radikal **II.** *n* ① (*person*) Radikale(r) *f(m)* ② CHEM Radikal *nt*

rad·i·cal·ism ['rædɪkəlɪzəm] *n no pl* Radikalismus *m*

ra·dii ['reɪdiaɪ] *n pl of* **radius**

ra·dio ['reɪdɪəʊ] **I.** *n* ① (*receiving device*) Radio *nt* SÜDD, ÖSTERR, SCHWEIZ *a. m*; **to turn the ~ on/off** das Radio an-/ausmachen ② (*transmitter and receiver*) Funkgerät *nt*; **on/over the ~** über Funk ③ *no pl* (*broadcasting*) Radio *nt*, [Rund]funk *m*; **to listen to the ~** Radio hören; **what's on the ~?** was kommt im Radio? ④ *no pl* (*medium*) Funk *m* **II.** *adj* ① (*of communications*) *frequency, receiver* Funk- ② (*of broadcasting*) *broadcast, commercial* Radio- **III.** *vt* ① (*call on radio*) *base, shore* anfunken ② (*send by radio*) funken **IV.** *vi* **to ~ for help/assistance** über Funk Hilfe/Unterstützung anfordern

ra·dio·ac·tive [ˌreɪdɪəʊ'æktɪv] *adj* radioaktiv **ra·dio·ac·tiv·i·ty** [ˌreɪdɪəʊæk'tɪvəti] *n no pl* Radioaktivität *f* **'ra·dio a·larm** *n*, **ra·dio a'larm clock** *n* Radiowecker *m* **'ra·dio bea·con** *n* Funkfeuer *nt*

ra·dio·car·bon 'dat·ing *n no pl* Radiokarbonmethode *f*

ra·dio cas·'sette re·cord·er *n* Radiorecorder *m*

ra·dio·gram ['reɪdɪə(ʊ)græm] *n short for* **radio telegram** Funktelegramm *nt*

ra·dio·graph ['reɪdɪə(ʊ)grɑːf] *n* Röntgenbild *nt*

ra·di·og·ra·pher [ˌreɪdɪ'ɒɡrəfə'] *n* Röntgenassistent(in) *m(f)*

ra·di·og·ra·phy [ˌreɪdɪ'ɒɡrəfi] *n* Röntgenographie *f*; **I was sent to the ~ unit** ich wurde zum Röntgen geschickt

'ra·dio ham *n* Funkamateur(in) *m(f)*

ra·di·ol·o·gist [ˌreɪdɪ'ɒlədʒɪst] *n* Radiologe(in) *m(f)*

ra·di·ol·o·gy [ˌreɪdɪ'ɒlədʒi] *n no pl* Radiologie *f*

ra·dio 'micro·phone *n* Funkmikrofon *nt* **'ra·dio op·era·tor** *n* Funker(in) *m(f)* **'ra·dio·pag·er** *n* Piepser *m fam* **'ra·dio play** *n* Hörspiel *nt* **'ra·dio pro·gramme** *n* Rundfunkprogramm *nt*, Radioprogramm *nt*

ra·di·os·co·py [ˌreɪdɪ'ɒskəpi] *n no pl* Radioskopie *f fachspr*

'ra·dio set *n* Radioapparat *m* **'ra·dio sta·tion** *n* ① (*radio channel*) Radiosender *m* ② (*building*) Rundfunkstation *f* **ra·dio·te'le·pho·ny** *n no pl* Funktelefonie *f* **ra·dio 'tele·scope** *n* Radioteleskop *nt* **ra·dio·'thera·py** *n no pl* Strahlentherapie *f* **'ra·dio wave** *n* Radiowelle *f*

rad·ish <*pl* -es> ['rædɪʃ] *n* Rettich *m*

ra·di·um ['reɪdɪəm] *n no pl* Radium *nt*; ~ **therapy** [*or* **treatment**] Radiumtherapie *f*

ra·di·us <*pl* -**dii**> ['reɪdɪəs, *pl* -dɪaɪ] *n* ① (*distance from centre*) *also* MATH Radius *m* ② ANAT Speiche *f*

RAF [ˌɑː'eɪ'ef] *n abbrev of* **Royal Air Force**: ■ **the** ~ die R.A.F.

raf·fia ['ræfiə] *n no pl* Raphia[bast] *m*

raff·ish ['ræfɪʃ] *adj* ① (*rakish*) flott *fam*, verwegen ② (*disreputable*) *area, place* verrufen, mit schlechtem Ruf *nach n*

raf·fle ['ræfl] **I.** *n* Tombola *f* **II.** *vt* verlosen

raft[1] [rɑːft] **I.** *n* (*vessel*) Floß *nt* **II.** *vi* an einem Rafting teilnehmen **III.** *vt* ■ **to ~ sth** etw auf einem Floß transportieren

raft[2] [rɑːft] *n esp* AM (*large number*) ■ **a ~ of sth** eine [ganze] Menge einer S. *gen*

raft·er[1] ['rɑːftə'] *n* ARCHIT Dachsparren *m*

raft·er[2] ['rɑːftə'] *n* (*sb using a raft*) Rafter(in) *m(f)*

raft·ing ['rɑːftɪŋ] *n no pl* Rafting *nt*

rag[1] [ræɡ] *n* ① (*old cloth*) Lumpen *m*; (*for cleaning*) Lappen *m*, ÖSTERR Fetzen *m*; (*for dust*) Staubtuch *nt* ② *pl* (*worn-out clothes*) Lumpen *pl pej* ③ (*pej fam: newspaper*) Käseblatt *nt*, Schmierblatt *nt* ÖSTERR

rag[2] [ræɡ] *n* In BRIT (*students' fund-raising event*) studentische karnevalistische Veranstaltung, um Spenden für wohltätige Zwecke zu sammeln **II.** *vi* <-gg-> AM (*pej sl*) ■ **to ~ on sb** jdn nerven *sl*; (*scold*) auf jdm herumhacken *fam*

rag[3] [ræɡ] *n* Ragtime *m*

ra·ga·muf·fin ['rægə,mʌfɪn] n (fam) Dreckspatz m

'rag·bag n ~ **[collection]** Sammelsurium nt

rage [reɪdʒ] **I.** n ❶ no pl (violent anger) Wut f, Zorn m ❷ (fit of anger) **to get in a ~** sich aufregen (**about** über) ❸ (mania) **to be [all] the ~** der letzte Schrei sein fam ❹ AUS (fam: lively event) **the party was a ~** auf der Party gings echt ab sl **II.** vi ❶ (express fury) toben; ■ **to ~ at sb** jdn anschreien; ■ **to ~ at sth** sich über etw akk aufregen ❷ (continue violently) argument, battle, storm toben; epidemic, fire wüten

rag·ged ['rægɪd] adj ❶ (torn) clothes zerlumpt; cuffs, hem ausgefranst ❷ (wearing worn clothes) children zerlumpt ❸ (jagged) ~ **coastline** zerklüftete Küste; (irregular) abgehackt ❹ (disorderly) people, group unorganisiert; esp in sports stümperhaft; rooms unordentlich; hair zottig

rag·ing ['reɪdʒɪŋ] adj ❶ GEOG (flowing fast) reißend attr ❷ (burning fiercely) fire lodernd attr; inferno flammend attr ❸ METEO (very violent) tobend attr ❹ (severe) rasend; fever wahnsinnig fam; thirst schrecklich ❺ (fam: extreme) äußerst; bore total fam; success voll

ra·gout [ræ'guː] n no pl FOOD Ragout nt

rag /rʌg/ n Flickenteppich m, Fleckerlteppich m SÜDD, ÖSTERR **'rag·tag** n Pöbel m kein pl pej, Gesindel nt kein pl pej **'ragtime** n no pl Ragtime m **'rag trade** n (sl) **her dad's in the ~** ihr Vater hat irgendwas mit Klamotten zu tun

raid [reɪd] **I.** n ❶ (military attack) Angriff m ❷ (robbery) Überfall m ❸ (by police) Razzia f **II.** vt ❶ MIL (attack) überfallen; (bomb) bombardieren; town plündern ❷ (by police) **police ~ed the bar looking for drugs** die Polizei führte eine Drogenrazzia in einer Bar durch ❸ (steal from) ausplündern; bank, post office überfallen; (fig) fridge, piggybank plündern **III.** vi ❶ (steal) einen Diebstahl begehen ❷ MIL (make incursions) einfallen

rail[1] [reɪl] vi wettern (**against/at** gegen), schimpfen (**against/at** über)

rail[2] [reɪl] n (bird) Ralle f

rail[3] [reɪl] n ❶ no pl (transport system) Bahn f; **by ~** mit der Bahn ❷ (railway track) Schiene f ❸ (on stairs) Geländer nt; (on fence) Stange f; (on ship) Reling f ❹ (to hang things on) [hanging] ~ Halter m, Stange f; **off the ~** von der Stange **II.** adj pass, strike, worker Bahn-

'rail·card n BRIT Bahnkarte f **'rail·head** n ❶ (end of track) Gleisstutzen m, Gleisabschluss m ❷ (depot) Kopfbahnhof m

rail·ing ['reɪlɪŋ] n ❶ (fence) Geländer nt ❷ (on a ship) Reling f

'rail net·work n Bahnnetz nt

'rail·road I. n AM ❶ (train track) Schienen pl, Gleise pl; (stretch of track) Strecke f ❷ (railway system) [Eisen]bahn f kein pl **II.** adj AM bridge, tunnel [Eisen]bahn- **III.** vt zwingen; ■ **to have been ~ed into sth** gezwungen worden sein, etw zu tun

'rail·way ['reɪlweɪ] **I.** n esp BRIT ❶ (train tracks) Gleise pl, Schienen pl ❷ (rail system) ■ **the ~[s]** die [Eisen]bahn **II.** adj museum, tunnel [Eisen]bahn-; ~ **yard** Rangierbahnhof m

'rail·way bridge n ❶ (carrying railway line) Eisenbahnbrücke f ❷ (over railway) Brücke f über einen Bahndamm **'rail·way car·riage** n Personenwagen m **'rail·way cross·ing** n Bahnübergang m **'rail·way en·gine** n Lokomotive f **'rail·way line** n ❶ (train track) Bahnlinie f ❷ (stretch of track) Bahnstrecke f **'rail·way·man** n Eisenbahner m **'rail·way sta·tion** n Bahnhof m

rain [reɪn] **I.** n ❶ no pl (precipitation) Regen m; **pouring ~** strömender Regen; **in the ~** im Regen ❷ (rainy season) ■ **the ~s** pl die Regenzeit f **II.** vi impers regnen; **it's ~ing** es regnet ◆ **rain off** BRIT, **rain out** vt passive AM ■ **to be ~ed off** wegen Regens abgesagt werden

rain·bow ['reɪnbəʊ] n Regenbogen m

'rain cloud n Regenwolke f **'rain·coat** n Regenmantel m **'rain·drop** n Regentropfen m **'rain·fall** n no pl ❶ (period of rain) Niederschlag m ❷ (quantity of rain) Niederschlagsmenge f **'rain for·est** n Regenwald m **'rain gauge** n, AM **'rain gage** n Regenmesser m **'rain·proof** adj wasserdicht **'rain·storm** n starke Regenfälle pl

rainy ['reɪni] adj regnerisch

raise ['reɪz] **I.** n AM, AUS (rise) Gehaltserhöhung f **II.** vt ❶ (lift) heben; anchor lichten; **to ~ one's arm/hand/leg** den Arm/die Hand/das Bein heben; blinds hochziehen; **to ~ one's eyebrows** die Augenbrauen hochziehen; flag, sail hissen ❷ (cause to rise) drawbridge hochziehen ❸ (stir up) dust aufwirbeln ❹ (increase) erhöhen; **to ~ public awareness** das öffentliche Bewusstsein schärfen ❺ (improve) anheben; morale heben; quality verbessern ❻ (arouse) auslösen; a cheer, a laugh, a murmur hervorrufen; doubts, hopes wecken; suspicions erregen ❼ (moot) vorbringen; an issue, a question aufwerfen; an objection erheben ❽ capital, money aufbringen ❾ (bring up) children aufziehen ❿ esp AM (breed) züchten; (look after) aufziehen ⓫ (end) embargo, sanctions aufheben

rai·sin ['reɪzɪn] n Rosine f

rake [reɪk] **I.** n ① (garden tool) Harke f, Rechen m ② (incline) Neigung f ③ (pej: dissolute man) Windhund m **II.** vt ① (treat) soil harken ② (gather up) [zusammen]rechen; leaves, the lawn rechen ③ (sweep) with the eyes durchstreifen; with gunfire beharken; with a searchlight absuchen **III.** vi ■ to ~ through sth etw durchsuchen ◆ **rake in** vt ① (work in) rechen ② (fam: of money) kassieren ◆ **rake up** vt ① (gather up) zusammenrechen; (fig) einstreichen ② (fig: revive) **she's always raking up the past** ständig muss sie die alten Geschichten wieder aufwärmen ③ (get together) **see if you can ~ up a few costumes for the carnival** sieh zu, ob du ein paar Faschingskostüme auftreiben kannst

rake-off ['reɪkɒf] n (fam) Anteil m

rak·ish ['reɪkɪʃ] adj ① (jaunty) flott, keck, frech ② (dissolute) ausschweifend; charm verwegen

ral·ly ['ræli] **I.** n ① (motor race) Rallye f; ~ **driver** Rallyefahrer(in) m(f) ② SPORTS (in tennis) Ballwechsel m ③ (meeting) [Massen]versammlung f, Treffen nt, Zusammenkunft f ④ (recovery) of prices Erholung f **II.** vt <-ie-> sammeln; support gewinnen; supporters mobilisieren; ■ **to ~ sb against/ in favour of sth** jdn gegen/für etw akk mobilisieren **III.** vi <-ie-> ① (support) ■ **to ~ behind sb** sich geschlossen hinter jdn stellen ② MED, FIN, STOCKEX sich erholen; SPORTS sich fangen fam ◆ **ral·ly 'round** vi ① (support) ■ **to ~ round sb** jdn unterstützen ② (display) **to ~ round the flag** Patriotismus zeigen

ram [ræm] **I.** n ③ (sheep) Widder m, Schafbock m ② (implement) Rammbock m, Ramme f ③ TECH Presskolben m, Stoßheber m ④ ASTROL **the sign of the ~** das Sternzeichen Widder m **II.** vt <-mm-> ① (hit) rammen ② (push in) **he ~med the sweets into his mouth** er stopfte sich die Süßigkeiten in den Mund ③ (push down) **to ~ down the soil** den Boden feststampfen ④ (slam in) **to ~ sth home** bolt etw zuknallen; **to ~ one's point home** seinen Standpunkt [mit Vehemenz] klar machen **III.** vi <-mm-> ■ **to ~ into sth** gegen etw akk prallen; (with car also) gegen etw akk fahren

RAM [ræm] n COMPUT acr for **Random Access Memory** RAM m o nt

Rama·dan [,ræmə'dæn] n no pl Ramadan m

ram·ble ['ræmbl] **I.** n Wanderung f, Spaziergang m **II.** vi ① (walk) wandern, umherstreifen (**through** durch) ② (spread) sich ranken ③ (meander) stream sich winden ④ (be incoherent) faseln fam; (be too detailed) vom Hundertsten ins Tausendste kommen

ram·bler ['ræmblə'] n ① (walker) Wanderer m, Wanderin f ② HORT, BOT (rose) Kletterrose f ③ (incoherent talker) Schwafler(in) m(f) fam

ram·bling ['ræmblɪŋ] **I.** n ■ **~s** pl Gefasel nt kein pl pej **II.** adj ① (sprawling) building weitläufig ② BOT, HORT rankend attr; Kletter- ③ (incoherent) unzusammenhängend, zusammenhanglos

ram·ekin ['ræmɪkɪn] n (kleine) Auflaufform

rami·fi·ca·tion [,ræmɪfɪ'keɪʃən] n usu pl ① (consequences) Auswirkung f, Konsequenz f; (subdivision of a structure) Verzweigung f

rami·fy <-ie-> ['ræmɪfaɪ] vi sich verzweigen

ramp [ræmp] n ① (slope) Rampe f, AVIAT Gangway f ② BRIT (speed deterrent) Bodenwelle f ③ AM (slip road) Auffahrt f, Ausfahrt f

ram·page I. n ['ræmpeɪdʒ] Randale f; **on the ~** angriffslustig **II.** vi [ræm'peɪdʒ] randalieren

ram·pant ['ræmpənt] adj ① (unrestrained) ungezügelt; inflation galoppierend attr; nationalism, racism zügellos ② (spreading) epidemic ■ **to be ~** grassieren ③ after n (rearing) lion sprungbereit

ram·part ['ræmpɑːt] n [Schutz]wall m, Befestigungswall m

'**ram·rod** n Ladestock m; **he stood as stiff as a ~** er stand so steif da, als hätte er einen Besenstiel verschluckt

ram·shack·le ['ræmˌʃækl] adj ① (dilapidated) klapp[e]rig; building baufällig ② (fig, pej: disorganized) chaotisch

ran [ræn] pt of **run**

ranch [rɑːn(t)ʃ] AM **I.** n <pl -es> Farm f, Ranch f **II.** vi Viehwirtschaft treiben **III.** vt cattle, mink, salmon züchten

ranch·er ['rɑːn(t)ʃə'] n AM ① (ranch owner) Viehzüchter(in) m(f) ② (ranch worker) Farmarbeiter(in) m(f)

ran·cid ['ræn(t)sɪd] adj ranzig; **to go ~** ranzig werden

ran·cor n AM, AUS see **rancour**

ran·cor·ous ['ræŋkərəs] adj bitter; quarrel erbittert; tone giftig

ran·cour ['ræŋkə'] n no pl (bitterness) Verbitterung f, Groll m (**towards** gegenüber); (hatred) Hass m

R and B [,ɑːrən(d)'biː] n abbrev of **rhythm and blues** R & B m

R and D [,ɑːrən(d)'diː] n abbrev of **research and development** Forschung f und Entwicklung f

ran·dom ['rændəm] **I.** n no pl **at ~** (aimlessly) willkürlich, wahllos; (by chance) zu-

fällig **II.** *adj* zufällig, wahllos; **a ~ sample** eine Stichprobe
randy ['rændi] *adj* (*fam*) geil
rang [ræŋ] *pt of* **ring**
range¹ [reɪndʒ] **I.** *n* ❶ *no pl* (*limit*) Reichweite *f*; (*area*) Bereich *m*; **to be out of ~** außer Reichweite sein ❷ (*series of things*) Reihe *f*; **narrow/wide ~ of sth** kleine/große Auswahl an etw *dat* ❸ (*selection*) Angebot *nt*, Sortiment *nt* ❹ MUS *of a voice* Stimmumfang *m*; *of an instrument* Tonumfang *m* ❺ (*distance*) Entfernung *f*; *of a gun* Schussweite *f*; *of a missile* Reichweite *f* ❻ MIL (*practice area*) Schießplatz *m* **II.** *vi* ❶ (*vary*) schwanken ❷ (*roam*) umherstreifen ❸ **to ~ from sth to sth** von etw *dat* bis [zu etw *dat*] reichen; **a wide-ranging investigation** eine umfassende Ermittlung
range² [reɪndʒ] *n* ❶ (*of mountains*) Hügelkette *f*, Bergkette *f* ❷ AM (*pasture*) Weide *f*, Weideland *n*
range³ [reɪndʒ] *n* (*for cooking*) [Koch]herd *m*
'range find·er *n* Entfernungsmesser *m*
rang·er ['reɪndʒə^r] *n* Aufseher(in) *m(f)*; AM (*mounted soldier*) Ranger(in) *m(f)*; BRIT (*Girl Guide*) Pfadfinderin *f*
rangy ['reɪndʒi] *adj* hoch aufgeschossen
rank¹ [ræŋk] **I.** *n* ❶ *no pl* POL (*position*) Position *f* MIL Dienstgrad *m*, Rang *m*; ■ **the ~s** *pl* (*non-officers*) einfache Soldaten *mpl*; **to close ~s** die Reihen schließen; (*fig*) sich zusammenschließen ❷ (*membership*) ■ **the ~s** Mitglieder *pl* ❸ (*row*) Reihe *f*; **cab ~** Taxistand *m* **II.** *vi* ❶ (*hold a position*) ■ **to ~ above sb** einen höheren Rang als jd einnehmen ❷ (*be classified as*) **he currently ~s second in the world** er steht derzeit auf Platz zwei der Weltrangliste; **she ~s among the theatre's greatest actors** sie gehört mit zu den größten Theaterschauspielern **III.** *vt* ❶ (*classify*) einstufen; ■ **to ~ sb among sb/sth** jdn zu jdm/etw zählen ❷ (*arrange*) anordnen; **to ~ sb/sth in order of size** jdn/etw der Größe nach aufstellen
rank² [ræŋk] *adj* ❶ (*growing thickly*) *of a plant* üppig wuchernd ❷ (*overgrown*) verwildert, überwuchert ❸ (*rancid*) stinkend *attr*; ■ **to be ~ with sth** nach etw *dat* stinken ❹ (*absolute*) absolut, ausgesprochen; *outsider* total; *stupidity* rein
ran·kle ['ræŋkl] *vi* ■ **to ~ [with sb]** jdn wurmen
ran·sack ['rænsæk] *vt* ❶ (*search*) *cupboard* durchwühlen ❷ (*also fig, hum: plunder*) plündern; (*rob*) ausrauben
ran·som ['ræn(t)s^əm] **I.** *n* Lösegeld *nt* **II.** *adj amount, demand, pickup* Lösegeld- **III.** *vt* auslösen

rant [rænt] **I.** *n* ❶ *no pl* (*angry talk*) Geschimpfe *nt*, Gezeter *nt fam* ❷ (*tirade*) Schimpfkanonade *f* **II.** *vi* [vor sich *akk* hin] schimpfen
rap¹ [ræp] **I.** *n* ❶ (*knock*) Klopfen *nt kein pl*, Pochen *nt kein pl* ❷ (*fam: rebuke*) Anpfiff *m fam* ❸ AM (*sl: criticism*) Verriss *m fam* ❹ AM (*sl: punishment*) Knast *m* **II.** *vt* <-pp-> ❶ (*strike*) ■ **to ~ sth** an etw *akk* klopfen ❷ (*fig: criticize*) ■ **to ~ sb** jdn scharf kritisieren
rap² [ræp] **I.** *n* ❶ *no pl* MUS Rap *m* ❷ (*sl: conversation*) Plausch *m kein pl* DIAL, SÜDD, Plauderei *f* **II.** *vi* MUS rappen
ra·pa·cious [rəˈpeɪʃəs] *adj* (*form*) ❶ (*grasping*) habgierig; *landlord, businessman* raffgierig; **~ appetite** Wolfshunger *m* ❷ (*plundering*) plündernd *attr*
ra·pac·ity [rəˈpæsəti] *n no pl* Habgier *f*
rape¹ [reɪp] **I.** *n* ❶ *no pl* (*sexual assault*) Vergewaltigung *f* ❷ *no pl* (*fig: destruction*) Zerstörung *f* **II.** *vt* vergewaltigen **III.** *vi* eine Vergewaltigung begehen
rape² [reɪp] *n no pl* AGR Raps *m* **'rape·seed oil** *n* Rapsöl *nt*
rap·id ['ræpɪd] *adj* ❶ (*quick*) schnell; *change, growth, expansion* rasch; *increase, rise* steiler ❷ (*sudden*) plötzlich
rap·id·ity [rəˈpɪdəti] *n no pl* ❶ (*suddenness*) Plötzlichkeit *f* ❷ (*speed*) Geschwindigkeit *f*, Schnelligkeit *f*
rap·ids ['ræpɪdz] *npl* Stromschnellen *pl*
ra·pi·er ['reɪpɪə^r] **I.** *n* Rapier *nt* **II.** *adj attr* (*fig*) schlagfertig, scharfzüngig; *wit* scharf
rap·ist ['reɪpɪst] *n* Vergewaltiger(in) *m(f)*
rap·port [ræpˈɔːr] *n no pl* Übereinstimmung *f*, Harmonie *f*
rap·proche·ment [ræpˈrɒʃmɑ̃(ŋ)] *n* (*form*) Annäherung *f*
rapt [ræpt] *adj* (*engrossed*) versunken, selbstvergessen; **with ~ attention** gespannt
rap·ture ['ræptʃə^r] *n* ❶ *no pl* (*bliss*) Verzückung *f*, Entzücken *nt* ❷ (*expression of joy*) **to be in ~s about sth** entzückt über etw *akk* sein
rap·tur·ous ['ræptʃ^ərəs] *adj* ❶ (*delighted*) entzückt, hingerissen; *smile* verzückt ❷ (*enthusiastic*) begeistert; *applause* stürmisch
rare¹ [reə^r] *adj* ❶ (*uncommon*) rar, selten ❷ (*thin*) *atmosphere* dünn
rare² [reə^r] *adj meat* nicht durch[gebraten] präd, blutig
rare·bit ['reəbɪt] *n* **Welsh ~** überbackene Käseschnitte
rar·efy ['reərɪfaɪ] *vt* verdünnen
rare·ly ['reəli] *adv* selten
rar·ing ['reərɪŋ] *adj* ■ **to be ~ to do sth** großes Verlangen haben, etw zu tun; **to be ~ to**

rar·ity ['reərɪtɪ] n Rarität f, Seltenheit f

ras·cal ['rɑːskəl] n ① (*scamp*) Schlingel m; (*child*) Frechdachs m ② (*hist: dishonest person*) Schurke(in) m(f)

rash [ræʃ] I. n <*pl* -es> ① (*skin condition*) Ausschlag m ② *no pl* (*spate*) ■ **a ~ of sth** Unmengen *pl* von etw *dat* II. *adj* übereilt, hastig, vorschnell

rash·er ['ræʃə'] n ~ [of bacon] Speckscheibe f

rash·ness ['ræʃnəs] n *no pl* Unbedachtheit f, Unbesonnenheit f

rasp [rɑːsp] I. n ① (*tool*) Raspel f ② (*noise*) schneidendes Geräusch f. II. *vt* ① (*file*) feilen ② (*rub roughly*) wegschaben; *skin* aufreiben III. *vi* ① (*of a noise*) kratzen ② (*talk roughly*) krächzen, schnarren

rasp·berry ['rɑːzbərɪ] I. n ① (*fruit*) Himbeere f ② (*fam: disapproving noise*) verächtliches Schnauben; **to get a ~** Buhrufe bekommen II. *adj cake, jam, syrup, vinegar* Himbeer-

rasp·ing ['rɑːspɪŋ] *adj* krächzend; *breath* rasselnd

Ras·ta·far·ian [ˌræstəˈfeərɪən] I. n Rastafari m II. *adj* Rasta-

rat [ræt] I. n Ratte f *a. fig, pej* II. *vi* <-tt-> ■ **to ~ on sb** ① (*inform on*) jdn verraten ② (*let down*) jdn im Stich lassen

rat·able *adj see* **rateable**

ratch·et ['rætʃɪt] n TECH Ratsche f ◆ **ratchet up** *vt* (*fam*) ■ **to ~ up** ○ **sth** etw Schritt für Schritt hochfahren

rate [reɪt] I. n ① (*speed*) Geschwindigkeit f; **at one's own ~** in seinem eigenen Rhythmus ② (*measure*) Maß nt, Menge f; *unemployment* ~ Arbeitslosenrate f ③ (*payment*) Satz m ④ (*premium payable*) Zinssatz m; (*excise payable*) Steuersatz m ■ **at any ~** (*whatever happens*) auf jeden Fall; (*at least*) zumindest, wenigstens II. *vt* ① (*regard*) einschätzen; **she is ~d very highly by the people she works for** die Leute, für die sie arbeitet, halten große Stücke auf sie; **she ~s him among her closest friends** sie zählt ihn zu ihren engsten Freunden ② (*be worthy of*) **to ~ a mention** erwähnenswert sein III. *vi* **that ~s as the worst film I've ever seen** das war so ziemlich der schlechteste Film, den ich jemals gesehen habe

rate·able ['reɪtəbl] *adj* BRIT steuerpflichtig

ra·ther ['rɑːðə'] *adv* ① (*somewhat*) ziemlich; **I ~ doubt ...** ich bin nicht ganz sicher, ob ...; **to be ~ more expensive than sb was expecting** um einiges teurer sein als erwartet ② (*very*) ziemlich, recht; **it's ~ a shame that ...** es ist wirklich schade, dass ... ③ (*on the contrary*) eher ④ (*in preference to*) **I'd like to stay at home this evening ~ than going out** ich möchte heute Abend lieber zu Hause bleiben und nicht ausgehen ⑤ (*more exactly*) genauer [*o* besser] gesagt

rati·fi·ca·tion [ˌrætɪfɪˈkeɪʃən] n *no pl* Ratifizierung f

rati·fy <-ie-> ['rætɪfaɪ] *vt* ratifizieren

rat·ing ['reɪtɪŋ] n ① *no pl* (*assessment*) Einschätzung f ② (*regard*) Einstufung f ③ (*audience*) ■ **~s** *pl* [Einschalt]quoten *pl*

ra·tio ['reɪʃɪəʊ] n Verhältnis nt

ra·tion ['ræʃən] I. n ① (*fixed amount*) Ration f; **~ of food** Essensration f ② (*food supplies*) ■ **~s** *pl* [Lebensmittel]marken *pl* II. *vt* rationieren, beschränken (**to** auf)

ra·tion·al ['ræʃənəl] *adj* rational

ra·tion·ale [ˌræʃəˈnɑːl] n Gründe *pl*

ra·tion·al·ism ['ræʃənəlɪzəm] n *no pl* Rationalismus m **ra·tion·al·ist** ['ræʃənəlɪst] I. n Rationalist(in) m(f) II. *adj* rationalistisch **ra·tion·al·is·tic** [ˌræʃənəlˈɪstɪk] *adj* rationalistisch **ra·tion·al·ity** [ˌræʃəˈnælətɪ] n *no pl* ① (*clear reasoning*) Rationalität f ② (*sensibleness*) Vernünftigkeit f **ra·tion·al·i·za·tion** [ˌræʃənəlaɪˈzeɪʃən] n *no pl* Rationalisierung f **ra·tion·al·ize** ['ræʃənəlaɪz] I. *vt* rationalisieren II. *vi* rationalisieren, Rationalisierungsmaßnahmen *pl* durchführen

ra·tion·ing ['ræʃənɪŋ] n *no pl* Rationierung f

'rat poi·son n Rattengift nt **'rat race** n erbarmungsloser Konkurrenzkampf; **to join the ~** sich ins Heer der arbeitenden Bevölkerung einreihen **'rat rod** n Rostlaube f **'rat rod·der** n jd, der alte, heruntergekommene Autos sammelt **'rat run** n (*fam*) Schleichweg m

rat·tle ['rætl] I. n ① *no pl* (*sound*) Klappern nt; (*of chains*) Rasseln nt; (*of hail*) Prasseln nt ② MUS Rassel f ③ (*of a rattlesnake*) Klapper f II. *vi* ① (*make noise*) klappern; *keys* rasseln; *hail* prasseln; *engine* knattern; *bottles* [*in a crate*] klirren; *coins* klingen ② (*move noisily*) rattern ③ (*talk*) ■ **to ~ on** [drauflos]quasseln *fam* III. *vt* ① ■ **to ~ sth** *windows* etw zum Klirren bringen; *keys* mit etw *dat* rasseln; *crockery* mit etw *dat* klappern ② (*make nervous*) ■ **to ~ sb** jdn durcheinanderbringen

'rat·tle·snake n Klapperschlange f

rat·tling ['rætlɪŋ] *adj* ① (*making a noise*) klappernd *attr*; *car, engine* ratternd *attr*; *windows* klirrend *attr*; *keys* rasselnd *attr* ② (*fast*) [rasend] schnell, geschwind DIAL

rat·ty ['rætɪ] *adj* (*fam*) ① BRIT (*ill-tempered*) gereizt ② (*shabby*) *house, chair* verlottert; *hair* verknotet

rau·cous ['rɔːkəs] *adj* ① (*loud and harsh*)

rau, heiser; *call of the crows* krächzend; ~ **laughter** heiseres Lachen; (*boisterous*) kreischendes Gelächter ❷(*noisy*) lärmend *attr*, wild

'raunch cul·ture *n no pl* ordinäres Benehmen, Vulgärkultur *f*

raun·chy ['rɔːn(t)ʃi] *adj conversation* schlüpfrig; *film* scharf *fam*; *video* heiß *fam*

rav·age ['rævɪdʒ] *vt* verwüsten; *face* verunstalten

rave [reɪv] **I.** *n* BRIT (*fam*) Fete *f*, Rave *m o nt* (*mit Technomusik*) **II.** *adj attr* begeistert, enthusiastisch; *reviews* glänzend **III.** *vi* ❶(*talk wildly*) toben, wüten; **to rant and ~** toben ❷(*fam: praise*) schwärmen; **to ~ about sth** von etw *dat* schwärmen

rav·el (BRIT **-ll-** *or* AM *usu* **-l-**) ['rævəl] **I.** *vi* sich verwickeln; *thread* sich verheddern **II.** *vt* verwickeln; *thread* verheddern

ra·ven ['reɪvən] **I.** *n* Rabe *m* **II.** *adj attr* (*liter*) rabenschwarz

rav·en·ous ['rævənəs] *adj* (*very hungry*) ausgehungert; (*predatory*) räuberisch; *appetite* unbändig

ra·vine [rəˈviːn] *n* Schlucht *f*, Klamm *f*

rav·ing ['reɪvɪŋ] **I.** *n* ❶ *no pl* (*delirium*) wirres Gerede ❷ *pl* (*ramblings*) Hirngespinste *pl* **II.** *adj attr* absolut, total *fam*; *nightmare* echt **III.** *adv* völlig

ra·vio·li [ræviˈəʊli] *n* Ravioli *pl*

rav·ish ['rævɪʃ] *vt* ❶(*delight*) entzücken ❷(*old: rape*) vergewaltigen

rav·ish·ing ['rævɪʃɪŋ] *adj* ❶(*beautiful*) hinreißend; *countryside* atemberaubend ❷(*delicious*) wundervoll

raw [rɔː] *adj* ❶(*unprocessed*) roh, unbehandelt; *~ sewage* ungeklärte Abwässer *pl* ❷(*uncooked*) roh ❸(*of information*) Roh-; *~ figures* Schätzungen *pl* ❹(*inexperienced*) unerfahren ❺ PHYS (*radiation*) Strahlung *f*; *~ power* roh ❻(*outspoken*) offen ❼(*sore*) wund; (*fig*) *nerves, emotions* empfindlich ❽(*cold*) rau

'raw·hide *n no pl* ungegerbtes Leder

Rawl·plug® ['rɔːlplʌɡ] *n* BRIT Dübel *m*

raw·ness ['rɔːnəs] *n no pl* ❶(*harshness*) Rauheit *f* ❷(*soreness*) Wundsein *nt*

ray¹ [reɪ] *n* ❶(*beam*) Strahl *m* ❷(*trace*) Spur *f* ❸ PHYS (*radiation*) Strahlung *f*

ray² [reɪ] *n* (*fish*) Rochen *m*

ray·on ['reɪɒn] *n no pl* Viskose *f*

raze [reɪz] *vt* (*völlig*) zerstören; MIL schleifen

ra·zor ['reɪzə*r*] **I.** *n* Rasierapparat *m*, Rasierer *m fam*; (*cutthroat*) Rasiermesser *nt* **II.** *vt hair* [ab]rasieren

'ra·zor·back *n* ❶(*rorqual*) Finnwal *m* ❷ AM (*hog*) [halbwildes] spitzrückiges Schwein ❸(*narrow ridge*) schmaler Grat **'ra·zor·bill** *n* ORN Tordalk *m* **'ra·zor blade** *n* Rasierklinge *f* **'ra·zor sharp** *adj pred*, **'ra·zor-sharp** *adj attr* ❶(*sharp*) scharf wie ein Rasiermesser; *teeth* messerscharf ❷(*fig: intelligent*) *person* [äußerst] scharfsinnig; *brain* [messer]scharf **'ra·zor wire** *n no pl* Nato-Draht *m fam*

raz·zle ['ræzl] *n no pl* BRIT (*fam*) **to be** [out] **on the ~** einen draufmachen

RC [ˌɑːˈsiː] *n* ❶ REL *abbrev of* **Roman Catholic** r.-k., röm.-kath. ❷(*organization*) *abbrev of* **Red Cross** RK *nt*

RCMP [ˌɑːsiːemˈpiː] *n + pl vb* CAN *abbrev of* **Royal Canadian Mounted Police** berittene Polizeieinheit

Rd *n abbrev of* **road** Str.

RE¹ [ˌɑːˈriː] *n* BRIT *+ pl vb* MIL *abbrev of* **Royal Engineers** Pionierkorps der britischen Armee

RE² [ˌɑːˈriː] *n* BRIT *no pl* REL, SCH *abbrev of* **religious education** Religionslehre *f*

reach [riːtʃ] **I.** *n* <*pl* **-es**> ❶ *no pl* (*arm length*) Reichweite *f* ❷ *no pl* (*distance to travel*) Reichweite *f*; **to be within** [*easy*] **~** [ganz] in der Nähe sein ❸ *no pl* (*power*) Reichweite *f* ❹ *no pl* TV, RADIO [Sende]bereich *m* ❺ ■ **~·es** *pl* (*part*) Abschnitt *m*; (*land*) Gebiet *nt*; (*river*) [Fluss]abschnitt *m*; (*fig: circles*) Kreise *pl* **II.** *vi* ❶(*stretch*) greifen, langen *fam* ❷(*touch*) herankommen, [d]rankommen *fam* ❸(*extend*) reichen (**to** bis zu) **III.** *vt* ❶(*arrive at*) erreichen; **I've ~ed chapter five** ich bin bei Kapitel fünf gekommen; **to ~ one's destination** an seinem Bestimmungsort ankommen ❷(*attain*) erreichen; *agreement, consensus* erzielen; **to ~ the conclusion/decision that ...** zu dem Schluss/ der Entscheidung kommen, dass ... ❸(*extend to*) ■ **to ~ sth** *road* bis zu etw *dat* führen; *hair, clothing* bis zu etw *dat* reichen ❹(*touch*) **to be able to ~ sth** an etw *akk* herankommen ❺(*give*) hinüberreichen ❻(*contact*) erreichen; (*phone*) [telefonisch] erreichen ❼ TV, RADIO *an audience* erreichen ❽(*influence*) erreichen ◆**reach across** *vt, vi see* **reach over** ◆**reach down** *vi* ❶(*stretch*) hinuntergreifen, hinunterlangen *fam*; ■ **to ~ down for sth** nach etw *dat* greifen ❷(*extend*) hinabreichen ◆**reach out I.** *vt* **to ~ out** ↻ **one's hand** die Hand ausstrecken **II.** *vi* die Hand ausstrecken; ■ **to ~ out for sth** nach etw *dat* greifen ◆**reach out to** *vi* ■ **to ~ out to sb** ❶(*stretch*) die Hand nach jdm ausstrecken ❷(*appeal to*) sich [Hilfe suchend] an jdn wenden ❸(*help*) für jdn da sein ◆**reach over** *vi* hinübergreifen, hinüberlangen *fam*; ■ **to ~ over for sth** nach etw *dat* greifen ◆**reach up** *vi*

❶ *(stretch)* nach oben greifen, hinauflangen *fam;* ▪ **to ~ up for sth** nach etw *dat* greifen ❷ *(extend)* hinaufreichen

re·act [riˈækt] *vi* ❶ *(respond)* reagieren (**to** auf); **to be slow to ~** langsam reagieren ❷ MED reagieren (**to** auf) ❸ CHEM reagieren (**with** mit)

re·ac·tion [riˈækʃ(ə)n] *n* ❶ *(response)* Reaktion *f* (**to** auf) ❷ *pl (reflexes)* Reaktionsvermögen *nt kein pl* ❸ MED, CHEM, PHYS Reaktion *f* ❹ *no pl* POL *(pej form)* Reaktion *f pej* ❺ *(opposite response)* [Gegen]reaktion *f*

re·ac·tion·ary [riˈækʃ(ə)nəri] **I.** *adj* POL *(pej)* reaktionär **II.** *n* POL *(pej)* Reaktionär(in) *m(f)*

re·ac·ti·vate [riˈæktɪveɪt] **I.** *vt* reaktivieren **II.** *vi* wieder aktiv werden

re·ac·tive [riˈæktɪv] *adj* ❶ *(showing response)* gegenwirkend ❷ *(acting in response)* ▪ **to be ~** als Gegenreaktion erfolgen ❸ PSYCH, MED reaktiv *fachspr*, Abwehr- ❹ CHEM reaktiv, reaktionsfähig ❺ ELEC Blind-

re·ac·tor [riˈæktər] *n* ❶ *(sb or sth that reacts)* **to be a quick/slow ~** schnell/langsam reagieren ❷ NUCL Reaktor *m;* **nuclear ~** Kernreaktor *m*

read¹ [ri:d] **I.** *n usu sing* ❶ BRIT, AUS *(act of reading)* Lesen *nt* ❷ *(fam: book)* ▪ **to be a good ~** sich gut lesen [lassen] ❸ AM *(interpretation)* Lesart *f* **II.** *vt* <read, read> ❶ *(understand written material)* lesen; *handwriting* entziffern ❷ MUS **to ~ music** Noten lesen ❸ *(speak aloud)* vorlesen ❹ *(discern)* erraten; ▪ **to ~ sth in sb's face** jdm etw vom Gesicht ablesen ❺ *(interpret)* interpretieren, deuten ❻ POL, LAW **to ~ a bill/measure** eine Gesetzesvorlage/gesetzliche Verfügung lesen ❼ *(inspect and record)* ablesen ❽ *(show information)* anzeigen ❾ BRIT UNIV *(form) chemistry, English, history* studieren ❿ RADIO, TELEC ▪ **to ~ sb** jdn verstehen; *(fig: understand sb's meaning)* jdn verstehen; **to ~ sb like a book** in jdm lesen können, wie in einem [offenen] Buch **III.** *vi* <read, read> ❶ *(understand written material)* lesen ❷ *(speak aloud)* **to ~ aloud** laut vorlesen ❸ *(create impression)* **to ~ well** *book, letter, article, magazine* sich gut lesen ❹ THEAT, FILM **to ~ for a part** für eine Rolle vorlesen ❺ *esp* BRIT UNIV *(form)* ▪ **to ~ for sth** etw studieren ◆ **read off** *vt* ❶ *(note exactly) measurements, technical readings* ablesen ❷ *(enumerate)* herunterlesen ◆ **read out** *vt* ❶ *(read aloud)* laut vorlesen ❷ COMPUT auslesen ❸ *esp* AM *(expel)* **to ~ sb out of a body/an organization** jdn aus einem Gremium/einer Organisation ausschließen ◆ **read over, read through** *vt* [schnell] durchlesen ◆ **read up** *vi* nachlesen; ▪ **to ~ up on sth** sich über etw informieren

read² [red] **I.** *vt, vi pt, pp of* **read II.** *adj* ▸ **to take sth as ~** etw als selbstverständlich voraussetzen

read·abil·ity [ˌriːdəˈbɪləti] *n no pl* Lesbarkeit *f*

read·able [ˈriːdəbl] *adj* ❶ *(legible)* lesbar, leserlich ❷ *(enjoyable to read)* lesenswert ❸ *(easy to read)* [gut] lesbar

read·er [ˈriːdər] *n* ❶ *(person who reads)* Leser(in) *m(f)* ❷ *(person who reads aloud)* Vorleser(in) *m(f)* ❸ *(in library)* Leser(in) *m(f)* ❹ *(proof-corrector)* Lektor(in) *m(f)* ❺ *(book of extracts)* Aufsatzsammlung *f;* SCH Lesebuch *nt;* UNIV Reader *m* ❻ *(device)* **microfilm/microfiche ~** Mikrofilm-/Mikrofichelesegerät *nt*

read·er·ship [ˈriːdəʃɪp] *n + sing/pl vb* ❶ *(readers)* Leserschaft *f* ❷ BRIT UNIV Dozentenstelle *f*

readi·ly [ˈredɪli] *adv* ❶ *(willingly)* bereitwillig ❷ *(easily)* einfach, ohne weiteres

readi·ness [ˈredɪnəs] *n no pl* ❶ *(willingness)* Bereitwilligkeit *f,* Bereitschaft *f* ❷ *(preparedness)* Bereitschaft *f* ❸ *(quickness)* Schnelligkeit *f*

read·ing [ˈriːdɪŋ] *n* ❶ *no pl (activity)* Lesen *nt* ❷ *no pl (material to be read)* Lesestoff *m;* **to catch up on one's ~** den Stoff nachholen ❸ *no pl (with indication of quality)* **compulsory ~** Pflichtlektüre *f* ❹ *(recital, also religious)* Lesung *f* ❺ *(interpretation) of a literary work* Deutung *f,* Interpretation *f; of a situation, the facts* Einschätzung *f* ❻ *(amount shown)* Anzeige *f;* **meter ~** Zählerstand *m* ❼ POL Lesung *f*

ˈread·ing book *n* Lesebuch *nt* **ˈread·ing glasses** *npl* Lesebrille *f* **ˈread·ing lamp** *n* Leselampe *f* **ˈread·ing list** *n* Lektüreliste *f* **ˈread·ing room** *n* Lesesaal *m*

re·ad·just [ˌriːəˈdʒʌst] **I.** *vt* ❶ *(correct)* [wieder] neu anpassen; **he ~ed his tie** er rückte seine Krawatte zurecht ❷ *(adjust again) machine* neu einstellen **II.** *vi* ❶ *(adjust again) objects, machines* sich neu einstellen; *clock* sich neu stellen ❷ *(readapt)* ▪ **to ~ to sth** sich wieder an etw *akk* gewöhnen

re·ad·just·ment [ˌriːəˈdʒʌstmənt] *n* ❶ TECH Neueinstellung *f,* Korrektur *f* ❷ POL Neuorientierung *f*

ˌread-only ˈmemo·ry *n* COMPUT Festspeicher *m*

ˌread-ˈwrite head *n* COMPUT Schreib-Lese-Kopf *m*

ready [ˈredi] *adj pred (prepared)* fertig, bereit; **to get ~** sich fertig machen; **to get sth ~** etw fertig machen ❷ *(willing)* **he is always ~ with compliments** er verteilt gerne Komplimente ③ (*on verge of*) **he looked ~ to collapse** er sah aus, als würde er gleich zusammenbrechen ④ (*immediately available*) verfügbar ⑤ *attr* (*esp approv: quick*) prompt, schnell; *mind* wach ⑥ (*fam: desirous*) **to be ~ for a drink** etw zum Trinken brauchen; **to be ~ for a fight** kämpfen wollen ▸ **~, steady, go!** BRIT SPORTS auf die Plätze, fertig, los!

ready-'made *adj* ① (*ready for use*) gebrauchsfertig; FOOD fertig ② FASHION Konfektions- ③ (*available immediately*) vorgefertigt

'ready-to-wear *adj* Konfektions-

re·af·firm [ˌriːəˈfɜːm] *vt* bestätigen

re·af·for·est [ˌriːəˈfɒrɪst] *vt* BRIT, AUS *see* reforest

re·af·for·es·ta·tion [ˌriːəˌfɒrɪˈsteɪʃən] *n no pl* BRIT, AUS *see* reforestation

real [rɪəl] I. *adj* ① (*not imaginary*) wirklich, real ② (*genuine*) echt; *beauty, pleasure* wahr ③ (*for emphasis*) **~ bargain** echt günstiges Angebot; **to be a ~ dump** die reinste Müllkippe sein *fam* ④ (*hum: proper*) man richtig; *gentleman* wahr ⑤ (*fam: utter*) *disaster* echt ⑥ *attr* FIN effektiv; **~ wages** Reallohn *m* ▸ **the ~ thing** (*not fake*) das Wahre; (*true love*) die wahre Liebe; **get ~!** *esp* AM (*fam*) mach dir doch nichts vor!; **for ~** (*fam*) echt, wahr; **is this letter a joke or is it for ~?** ist dieser Brief ein Scherz oder [ist er] ernst gemeint? II. *adv esp* AM (*fam*) wirklich *fam*, total *sl*, echt *sl*

'real es·tate *n no pl esp* AM, AUS Immobilien *pl*

re·align·ment [ˌriːəˈlaɪnmənt] *n* ① (*new alignment*) Neuordnung *f*; TECH [neuerliches] Fluchten; AUTO [neuerliche] Spureinstellung ② POL Neuordnung *f*, Neugruppierung *f*

re·al·ism [ˈrɪəlɪzəm] *n no pl* Wirklichkeitssinn *m*; *also* ART, LIT, PHILOS Realismus *m*

re·al·ist [ˈrɪəlɪst] I. *n also* ART, LIT Realist(in) *m(f)* II. *adj* ART, LIT realistisch

re·al·is·tic [ˌrɪəˈlɪstɪk] *adj also* ART, LIT realistisch

re·al·i·ty [rɪˈæləti] *n* ① *no pl* (*the actual world*) Realität *f*, Wirklichkeit *f*; **to face ~** den Tatsachen ins Auge sehen ② (*fact*) Tatsache *f*; **to become a ~** wahr werden ▸ **in ~** in Wirklichkeit

re'al·i·ty show *n* Reality Show *f* **re·al·i·ty 'tele·vi·sion** *n*, **re·al·i·ty TV** *n* Reality-Fernsehen *nt*

re·al·iz·able [ˌrɪəˈlaɪzəbl] *adj* realisierbar

re·al·i·za·tion [ˌrɪəlaɪˈzeɪʃən] *n* ① (*awareness*) Erkenntnis *f*; **the ~ was dawning on them that ...** allmählich dämmerte ihnen, dass ... ② *no pl* (*fulfilment*) Realisierung *f*, Verwirklichung *f* ③ *no pl* FIN Realisierung *f*; **~ of assets** Veräußerung *f* von Vermögenswerten

re·al·ize [ˈrɪəlaɪz] *vt* ① (*be aware of*) ■**to ~ sth** *dat* einer S. *gen* bewusst sein; (*become aware of*) etw erkennen; **I ~ how difficult it's going to be** mir ist klar, wie schwierig das sein wird ② (*make real*) verwirklichen; (*come true*) *fears* sich bewahrheiten ③ *film, play* [künstlerisch] umsetzen ④ FIN veräußern, realisieren *fachspr*

re·al·ly [ˈrɪəli] I. *adv* ① (*in fact*) wirklich, tatsächlich ② (*used to stress sth*) wirklich; **the film was ~ good** der Film war echt stark ③ (*seriously*) ernsthaft; **did you ~ believe that ...** haben Sie im Ernst geglaubt, dass ... II. *interj* ① (*indicating surprise, disbelief*) wirklich, tatsächlich; **I'm getting married to Fred — ~? when?** Fred und ich werden heiraten – nein, wirklich? wann denn? ② (*indicating annoyance*) also wirklich, [also] so was ③ AM (*indicating agreement*) in der Tat

realm [relm] *n* ① (*liter: kingdom*) [Königreich *nt* ② (*sphere of interest*) Bereich *m*

re·al·tor [ˈriːəltər] *n* AM Immobilienmakler(in) *m(f)*

re·al·ty [ˈrɪəlti] *n no pl* AM Immobilien *pl*

re·an·i·mate [rɪˈænɪmeɪt] *vt* ① (*revive*) wiederbeleben ② (*give fresh activity to*) [neu] beleben

reap [riːp] *vt* ① (*gather*) **to ~ the crops** ernten; *a field* abernten ② (*fig: receive*) ernten; **to ~ the benefits** [**of sth**] [für etw *akk*] entlohnt werden; *profits* realisieren

reap·er [ˈriːpər] *n* (*person*) Mäher(in) *m(f)*; (*machine*) Mähmaschine *f* ▸ **the Grim R~** der Sensenmann

re·ap·pear [ˌriːəˈpɪər] *vi* wiederauftauchen; *moon, sun* wieder zum Vorschein kommen

re·ap·ply <-ie-> [ˌriːəˈplaɪ] I. *vi* ■**to ~ for sth** sich nochmals um etw *akk* bewerben II. *vt* ① (*apply differently*) **to ~ a principle/rule** ein Prinzip/eine Regel anders anwenden ② (*spread again*) erneut auftragen

re·ap·point [ˌriːəˈpɔɪnt] *vt* ■**to ~ sb** jdn wieder einstellen

re·ap·prais·al [ˌriːəˈpreɪzəl] *n* ① (*new assessment*) Neubewertung *f* ② FIN Neuschätzung *f*

rear¹ [rɪər] I. *n* ① (*back*) ■**the ~** der hintere Teil ② ANAT (*fam: buttocks*) Hintern *m* II. *adj attr* ① (*backward*) hintere(r, s), Hinter- ② AUTO Heck-; **~ axle/wheel** Hinterachse *f*/-rad *nt*

rear² [rɪər] I. *vt* ① *usu passive* (*bring up*) *an animal* aufziehen; *a child* großziehen ② (*breed*) *livestock* züchten ③ (*raise*) **to ~ one's head** den Kopf heben II. *vi* ① (*rise up on hind legs*) *horse, pony* sich aufbäumen ② (*rise high*) ■**to ~ above sth** *building,* *mountain* etw überragen

rear 'ad·mi·ral *n* MIL Konteradmiral(in) *m(f)*

rear·guard ['rɪəgɑːd] *n no pl* MIL Nachhut *f*

re·arm [ˌriːˈɑːm] **I.** *vt* ■ to ~ sb jdn wiederaufrüsten **II.** *vi* sich wiederbewaffnen

re·arma·ment [rɪˈɑːməmənt] *n no pl* Wiederbewaffnung *f*; *of a country* Wiederaufrüstung *f*

rear·most ['rɪəməʊst] *adj attr* ■ the ~ ... der/die/das hinterste ...

re·ar·range [ˌriːəˈreɪndʒ] *vt* ❶ (*arrange differently*) umstellen ❷ (*change*) ■ to ~ sth *meeting, appointment* etw [zeitlich] verlegen; to ~ the order of sth die Reihenfolge von etw *dat* ändern

rear view 'mir·ror *n* AUTO Rückspiegel *m*

rear·ward ['rɪəwəd] **I.** *adj* hintere(r, s), rückwärtige(r, s) **II.** *adv* nach hinten **III.** *n* (*liter*) Rückseite *f*

rear-wheel 'drive *n* Hinterradantrieb *m*

rea·son ['riːzən] **I.** *n* ❶ (*cause*) Grund *m* (for für); there is every ~ to believe that ... es spricht alles dafür, dass ...; for some ~ aus irgendeinem Grund ❷ *no pl* (*good cause*) Grund *m*; she was furious, and with ~ sie war wütend, und das aus gutem Grund ❸ *no pl* (*power to think*) Denkvermögen *nt* ❹ *no pl* (*common sense*) Vernunft *f*; to be beyond all ~ vollkommen unsinnig sein; to see ~ auf die Stimme der Vernunft hören ❺ *no pl* (*sanity*) Verstand *m* **II.** *vi* ❶ (*form judgments*) ■ to ~ from sth von etw *dat* ausgehen ❷ (*persuade*) to ~ with sb vernünftig mit jdm reden **III.** *vt* (*deduce*) ■ to ~ that ... schlussfolgern, dass ... ◆ reason out *vt* (*deduce*) [schluss]folgern; (*work out*) herausfinden

rea·son·able ['riːzənəbl] *adj* ❶ (*sensible*) *person, answer* vernünftig ❷ (*understanding*) *person* einsichtig, verständig; be ~! sei [doch] vernünftig! ❸ (*justified*) angebracht ❹ (*decent*) relativ gut, [ganz] passabel; *chance* reell; *compromise* vernünftig ❺ (*inexpensive*) annehmbar

rea·son·ably ['riːzənəbli] *adv* ❶ (*in a sensible manner*) vernünftig ❷ (*justifiably*) to ~ believe vernünftigerweise glauben ❸ (*fairly*) ziemlich, ganz ❹ (*inexpensively*) ~ priced preiswert

rea·son·ing ['riːzənɪŋ] *n no pl* logisches Denken, Logik *f*; ~ ability logisches Denkvermögen

re·as·sem·ble [ˌriːəˈsembl] **I.** *vi* sich wieder versammeln **II.** *vt* wieder zusammenbauen

re·as·sess [ˌriːəˈses] *vt* neu bewerten; FIN neu schätzen

re·as·sur·ance [ˌriːəˈʃʊərən(t)s] *n* ❶ *no pl* (*action*) Bestätigung *f* ❷ (*statement*) Versicherung *f*, Beteuerung *f*

re·as·sure [ˌriːəˈʃʊə^r] *vt* ■ to ~ sb jdn [wieder] beruhigen

re·as·sur·ing [ˌriːəˈʃʊərɪŋ] *adj* beruhigend

re·badge [riːˈbædʒ] *vt product range, model of car* mit einem neuen Markenzeichen versehen [auf den Markt bringen]

re·bate ['riːbeɪt] *n* ❶ (*refund*) Rückzahlung *f*, Rückvergütung *f* ❷ (*discount*) [Preis]nachlass *m*

re·bel I. *n* ['rebəl] Rebell(in) *m(f)* **II.** *adj* ['rebəl] *army, guerrillas, forces* aufständisch, rebellierend; *person* rebellisch **III.** *vi* <-ll-> [rɪˈbel] (*also fig*) rebellieren (against gegen)

re·bel·lion [rɪˈbeliən] *n no pl* Rebellion *f* **re·bel·lious** [rɪˈbeliəs] *adj* ❶ (*insubordinate*) *child* aufsässig, widerspenstig; *troops, youth* rebellisch ❷ POL rebellierend, aufständisch ❸ (*unmanageable*) *hair* widerspenstig

re·birth [ˌriːˈbɜːθ] *n no pl* ❶ (*reincarnation*) Wiedergeburt *f* ❷ (*revival*) Wiederaufleben *nt*

re·boot [ˌriːˈbuːt] COMPUT **I.** *vt computer system* neu starten **II.** *vi* rebooten *fachspr* **III.** *n* Rebooten *nt kein pl fachspr*

re·bound I. *vi* [rɪˈbaʊnd] ❶ (*bounce back*) abprallen, zurückprallen; ■ to ~ off sth von etw *dat* abprallen ❷ (*recover in value*) *stocks* wieder [stark] an Wert gewinnen ❸ (*have negative effect*) ■ to ~ on sb auf jdn zurückfallen **II.** *n* ['riːbaʊnd] ❶ *no pl* (*ricochet*) Abprallen *nt* ❷ (*increase*) *of profits* Ansteigen *nt*

re·brand [ˌriːˈbrænd] *vt* ■ to ~ sth einer Firma ein anderes Markenimage verschaffen

re·broad·cast [ˌriːˈbrɔːdkɑːst] *n* Wiederholung[ssendung] *f*

re·buff [rɪˈbʌf] **I.** *vt* [schroff] zurückweisen **II.** *n* Zurückweisung *f*

re·build <rebuilt, rebuilt> [ˌriːˈbɪld] *vt* ❶ (*build again*) wiederaufbauen; to ~ one's life (*fig*) sein Leben neu ordnen ❷ TECH umbauen ❸ (*restructure*) umstrukturieren

re·buke [rɪˈbjuːk] **I.** *vt* ■ to ~ sb jdn rügen **II.** *n* ❶ (*reproof*) Zurechtweisung *f* ❷ *no pl, no art* (*censure*) Verweis *m*

re·but <-tt-> [rɪˈbʌt] *vt* widerlegen

re·but·tal [rɪˈbʌtəl] *n* Widerlegung *f*

re·cal·ci·trant [rɪˈkælsɪtrənt] **I.** *adj* ❶ (*defiant*) aufmüpfig; *child* aufsässig ❷ (*not responsive*) widerspenstig, hartnäckig ❸ (*resisting restraint*) *animal* störrisch **II.** *n* Widerspenstige(r) *f(m)*

re·call I. *vt* [rɪˈkɔːl] ❶ (*remember*) ■ to ~ sth sich an etw *akk* erinnern ❷ COMPUT *data* abrufen ❸ (*order to return*) *person, product* zurückrufen **II.** *n* [riːˈkɔːl] ❶ (*instance of recalling*) Zurückrufung *f* ❷ AM (*dismissal*) *of an*

rebuking somebody	
rebuking somebody	**jemanden zurechtweisen**
Don't you dare!	Untersteh dich!
How dare you!	Was erlaubst du dir!
Oh, how could you!	Wie konnten Sie nur!
What do you think you're doing!	Was fällt dir ein!
I will not be spoken to in that tone of voice!	Ich verbitte mir diesen Ton!
I don't like your attitude.	Mir missfällt Ihre Art.
I don't have to put up with that from you!	Das brauche ich mir von dir nicht bieten zu lassen!
Your behaviour leaves a lot to be desired.	Dein Benehmen lässt einiges zu wünschen übrig.

elected official Abberufung *f*, Absetzung *f* ❸ COMM *of a product* Rückruf *m*

re·cant [rɪˈkænt] **I.** *vi* widerrufen **II.** *vt* widerrufen; **to ~ one's belief/faith** seiner Überzeugung/seinem Glauben abschwören

re·cap¹ [ˈriːkæp] **I.** *vt, vi* <-pp-> *short for* **recapitulate** [kurz] zusammenfassen **II.** *n short for* **recapitulation** [kurze] Zusammenfassung

re·cap² [ˈriːkæp] *vt* AM AUTO *tyres* runderneuern

re·ca·pit·u·late [ˌriːkəˈpɪtjəleɪt] *vt, vi* [kurz] zusammenfassen

re·ca·pit·u·la·tion [ˌriːkəˌpɪtjəˈleɪʃən] *n* ❶ (*summary*) [kurze] Zusammenfassung, Rekapitulation *f geh* ❷ MUS, THEAT, FILM Reprise *f*

re·cap·ture [ˌriːˈkæptʃəʳ] **I.** *vt* ❶ (*capture again*) *animal* wieder einfangen; *an escapee* wieder ergreifen; MIL zurückerobern ❷ (*fig: re-experience*) noch einmal erleben; (*recreate*) wieder lebendig werden lassen; *emotion* wieder aufleben lassen; *the past, one's youth* heraufbeschwören; *a style* wiederbeleben **II.** *n* MIL Rückeroberung *f*

re·cast <recast, recast> [ˌriːˈkɑːst] *vt* ❶ (*change form*) **to ~ a metal object** einen Metallgegenstand in eine andere Form gießen ❷ (*arrange differently*) neu arrangieren; (*rewrite*) *play, novel* umschreiben ❸ THEAT, FILM *role* neu besetzen

re·cede [rɪˈsiːd] *vi* ❶ (*move farther away*) *sea, tide* zurückgehen; *fog* sich auflösen ❷ (*appear farther off*) **to ~ into the distance** in der Ferne verschwinden ❸ (*fig: diminish*) weniger werden; *memories* verblassen; *prices, hopes* sinken ❹ (*stop growing*) *hair* aufhören zu wachsen; (*go bald*) kahl[köpfig] werden

re·ced·ing ˈchin *n* fliehendes Kinn

re·ced·ing ˈhair·line *n* einsetzende Stirnglatze

re·ceipt [rɪˈsiːt] **I.** *n* ❶ *no pl* (*act of receiving*) Eingang *m*, Erhalt *m*; **on ~** bei Erhalt ❷ (*statement acknowledging payment*) Quittung *f*; (*statement acknowledging acquisition*) Empfangsbestätigung *f* ❸ *pl* (*money*) Einnahmen *pl* **II.** *vt bill* quittieren

re·ˈceipt book *n* Quittungsbuch *nt*

re·ceiv·able [rɪˈsiːvəbl] **I.** *adj pred* ausstehend **II.** *n* FIN ■ **~s** *pl* Außenstände *pl*

re·ceive [rɪˈsiːv] **I.** *vt* ❶ (*get*) erhalten; *pension, salary* beziehen; **to ~ Communion** die heilige Kommunion empfangen; **to ~ a clean bill of health** eine gute Gesundheit attestiert bekommen ❷ (*be awarded*) *degree, knighthood* erhalten; *prize, reward* [verliehen] bekommen ❸ (*get in writing*) erhalten; (*take delivery of*) annehmen, entgegennehmen; *ultimatum* gestellt bekommen ❹ RADIO, TV empfangen ❺ *confession, oath* abnehmen; *petition* entgegennehmen ❻ (*be receptacle for*) auffangen ❼ (*suffer*) *blow, shock* erleiden ❽ (*react to*) *criticizm, suggestions* aufnehmen ❾ (*admit to membership*) **to ~ sb into an organization** jdn in eine Organisation aufnehmen **II.** *vi* (*in tennis*) den Ball bekommen

re·ceived [rɪˈsiːvd] *adj attr* allgemein akzeptiert; *opinion* landläufig

re·ceiv·er [rɪˈsiːvəʳ] *n* ❶ (*telephone component*) Hörer *m* ❷ RADIO, TV Empfänger *m* ❸ (*person*) Empfänger(in) *m(f)* ❹ *esp* BRIT,

AUS *of stolen goods* Hehler(in) *m(f)* ❺ (*in bankruptcy cases*) **to be put in the hands of the ~** liquidiert werden

re·cent ['ri:s⁰nt] *adj* kürzlich; **~ developments** die neuesten Entwicklungen; **~ events** die jüngsten Ereignisse; **in ~ times** in der letzten Zeit

re·cent·ly ['ri:s⁰ntli] *adv* kürzlich, vor kurzem, neulich; **have you seen any good films ~?** hast du in letzter Zeit irgendwelche guten Filme gesehen?

re·cep·ta·cle [rɪ'septəkl] *n* [Sammel]behälter *m*

re·cep·tion [rɪ'sepʃ⁰n] *n* ❶ *no pl* (*receiving*) Aufnehmen *nt* ❷ (*response*) Aufnahme *f* ❸ *no pl* RADIO, TV Empfang *m* ❹ *no pl* (*receiving people*) Empfang *m* ❺ *no pl* (*formal welcoming*) offizieller Empfang ❻ (*social occasion*) Empfang *m* ❼ *no pl, no art* (*area for greeting guests*) Rezeption *f* ❽ BRIT SCH *see* **reception class**

re·'cep·tion area *n* TOURIST Rezeption *f*, Empfang *m* **re·'cep·tion cen·tre** *n* BRIT Aufnahmelager *nt* **re·'cep·tion class** *n* BRIT SCH erste Klasse **re·'cep·tion desk** *n* Rezeption *f*

re·cep·tion·ist [rɪ'sepʃ⁰nɪst] *n* (*in hotels*) Empfangschef *m*; (*female*) Empfangsdame *f*; (*with offices*) Empfangssekretärin *f*; (*in hospitals*) Herr *m*/Dame *f* an der Anmeldung

re·cep·tive [rɪ'septɪv] *adj* empfänglich (**to** für)

re·cep·tive·ness [rɪ'septɪvnəs], **re·cep·tiv·i·ty** [ˌrɪsep'tɪvəti] *n no pl* Empfänglichkeit *f*, Aufnahmebereitschaft *f*

re·cess ['ri:ses, rɪ'ses] **I.** *n* <*pl* -es> ❶ LAW, POL [Sitzungs]pause *f* ❷ *esp* AM, AUS SCH Pause *f* ❸ ARCHIT Nische *f* **II.** *vt* ❶ ARCHIT *fitment* aussparen ❷ (*suspend*) *proceedings* vertagen **III.** *vi esp* AM, AUS [eine] Pause machen; LAW, POL sich vertagen

re·ces·sion [rɪ'seʃ⁰n] *n* Rezession *f*

re·ces·sive [rɪ'sesɪv] *adj* rezessiv

re·charge [ˌri:'tʃɑ:dʒ] **I.** *vt battery* [neu] aufladen; *gun* nachladen; **to ~ one's batteries** (*fig*) neue Kräfte tanken **II.** *vi battery* sich [neu] aufladen; (*fig*) *person* neue Kräfte tanken

re·charge·able [ˌri:'tʃɑ:dʒəbl] *adj* [wieder]aufladbar

re·cid·i·vism [rə'sɪdɪvɪz⁰m] *n no pl* Rückfälligkeit *f*

re·cid·i·vist [rə'sɪdɪvɪst] **I.** *n* Rückfalltäter(in) *m(f)* **II.** *adj* rückfällig

re·ci·pe ['resɪpi] *n* ❶ (*in cooking*) Rezept *nt* (**for** für) ❷ (*for producing sth*) **a ~ for success** ein Erfolgsrezept *nt*

re·cip·i·ent [rə'sɪpiənt] *n* Empfänger(in) *m(f)*

re·cip·ro·cal [rə'sɪprəkl] **I.** *adj* ❶ (*mutual*) beidseitig; *favour, help* gegenseitig ❷ (*reverse*) umgekehrt ❸ MATH, LING reziprok *fachspr* **II.** *n* MATH reziproker Wert *fachspr*

re·cip·ro·cate [rə'sɪprəkeɪt] **I.** *vt* **to ~ help/a favour** sich für die Hilfe/einen Gefallen revanchieren; *love, trust* erwidern **II.** *vi* sich revanchieren (**with** mit)

reci·proc·i·ty [ˌresɪ'prɒsəti] *n no pl* Gegenseitigkeit *f*, Wechselseitigkeit *f*

re·cit·al [rɪ'saɪtl] *n* ❶ (*performance*) *of poetry, music* Vortrag *m*; *of dance* Aufführung *f*; **piano ~** Klavierkonzert *nt*; **vocal ~** Liederabend *m* ❷ (*description*) Schilderung *f*; *of facts, details* Aufzählung *f*

reci·ta·tion [ˌresɪ'teɪʃ⁰n] *n* LIT Rezitation *f*

reci·ta·tive [ˌresɪtə'ti:v] *n* MUS Rezitativ *nt*

re·cite [rɪ'saɪt] **I.** *vt* ❶ (*say aloud*) *lesson, oath* vortragen; *monologue, poem* [auswendig] aufsagen ❷ (*tell*) **one's adventures, a story** vortragen ❸ (*enumerate*) *arguments, complaints* aufzählen; *dates, facts* hersagen **II.** *vi* rezitieren, vortragen

reck·less ['rekləs] *adj* (*not cautious*) unbesonnen, leichtsinnig; *disregard, speed* rücksichtslos; LAW grob fahrlässig

reck·less·ness ['rekləsnəs] *n no pl* Leichtsinn *m*; *of sb's driving* Rücksichtslosigkeit *f*; *of speed* Gefährlichkeit *f*; **in sports** Gewagtheit *f*

reck·on ['rek⁰n] **I.** *vt* ❶ (*calculate*) berechnen ❷ (*judge*) **she is ~ed to be among the greatest professional ice skaters of all time** sie zählt zu den größten Profischlittschuhläuferinnen aller Zeiten; **I don't ~ much to their chances of winning** bei ihnen rechne ich nicht wirklich mit Gewinnchancen; **I ~ you won't see her again** ich denke nicht, dass du sie je wiedersehen wirst **II.** *vi* (*fam*) meinen ◆**reckon in** *vt overtime, tax* [mit] einrechnen ◆**reckon on** *vt* ■ **to ~ on sth/sb** (*need*) auf etw/jdn zählen; (*hope*) mit etw/jdm rechnen; **I don't ~ on him ever coming back** ich rechne nicht damit, dass er jemals zurückkommt ◆**reckon up** *vt bill, costs, estimate* zusammenrechnen ◆**reckon with** *vt* (*take into account*) ■ **to ~ with sth/sb** mit etw/jdm rechnen; **I didn't ~ with having to re-type the whole document** ich habe nicht damit gerechnet, das ganze Schriftstück noch mal tippen zu müssen ◆**reckon without** *vt* ■ **to ~ without sth/sb** mit etw/jdm nicht rechnen

reck·on·ing ['rek⁰nɪŋ] *n* ❶ *no pl* (*calculation*) Berechnung *f*; **by sb's ~** nach jds Rechnung ❷ (*opinion*) **to be out in one's ~** falschliegen ❸ (*vengeance*) Abrechnung *f*

re·claim [rɪ'kleɪm] *vt* ❶ (*claim back*) zurückverlangen; *luggage* abholen ❷ *(make usable) land* urbar machen; **to ~ land from the sea** dem Meer Land abgewinnen

rec·la·ma·tion [ˌrekləˈmeɪʃᵊn] *n no pl* ❶ *(demanding)* Rückforderung *f*; *(receiving)* Rückgewinnung *f* ❷ *of land, resources* Kultivierung *f*; **land ~** Landgewinnung *f* ❸ *(form: redemption)* person Besserung *f*

re·cline [rɪˈklaɪn] **I.** *vi person* sich zurücklehnen; **to ~ on a bed/sofa/in a chair** sich auf einem Bett/Sofa/in einem Stuhl ausruhen **II.** *vt* **to ~ one's chair/seat** die Rückenlehne seines Stuhls/Sitzes nach hinten stellen; **to ~ one's head against sth** den Kopf an etw *akk* lehnen

re·clin·er [rɪˈklaɪnər] *n* [verstellbarer] Lehnstuhl

re·clin·ing ˈchair, re·clin·ing ˈseat *n* [verstellbarer] Lehnstuhl; *(in a bus, car, plane)* Liegesitz *m*

re·cluse [rɪˈkluːs] *n* Einsiedler(in) *m(f)*

re·clu·sive [rɪˈkluːsɪv] *adj* einsiedlerisch, zurückgezogen

rec·og·ni·tion [ˌrekəgˈnɪʃᵊn] *n no pl* ❶ *(act, instance)* [Wieder]erkennung *f*; **to change beyond ~** nicht wiederzuerkennen sein ❷ *(appreciation, acknowledgement)* Anerkennung *f*

rec·og·niz·able [ˌrekəgˈnaɪzəbl] *adj* erkennbar

re·cog·ni·zance [rɪˈkɒgnɪzᵊn(t)s] *n* LAW schriftliche Verpflichtung *(vor Gericht)*

rec·og·nize [ˈrekəgnaɪz] *vt* ❶ *(identify) person, symptoms* erkennen; *(know again) person, place* wiedererkennen ❷ *(demonstrate appreciation)* anerkennen ❸ *(acknowledge) country, regime, state* anerkennen; ▪ **to be ~d as sth** als etw gelten ❹ LAW *(allow to speak)* **to ~ sb** jdm das Wort erteilen

rec·og·nized [ˈrekəgnaɪzd] *adj attr* anerkannt

re·coil I. *vi* [rɪˈkɔɪl] ❶ *(spring back)* zurückspringen; *(draw back)* zurückweichen; **to ~ in horror** vor etw *dat* zurückschrecken; *(mentally)* ▪ **to ~ at sth** vor etw *dat* zurückschrecken ❷ *(be driven backwards) gun* einen Rückstoß haben; *rubber band, spring* zurückschnellen **II.** *n* [ˈriːkɔɪl] Rückstoß *m*

rec·ol·lect [ˌrekəˈlekt] **I.** *vt* **to ~ sth/sb** sich an etw/jdn erinnern **II.** *vi* sich erinnern

rec·ol·lec·tion [ˌrekəˈlekʃᵊn] *n* ❶ *(memory)* Erinnerung *f*; **to have no ~ of sth** sich an etw *akk* nicht erinnern können ❷ *no pl (ability to remember)* **power of ~** Erinnerungsvermögen *nt*

rec·om·mend [ˌrekəˈmend] *vt* empfehlen; **to highly/strongly ~ sth** etw wärmstens empfehlen; **the doctor ~s [that] I take more exercise** der Arzt rät, dass ich mich mehr bewege

rec·om·mend·able [ˌrekəˈmendəbl] *adj* empfehlenswert

rec·om·men·da·tion [ˌrekəmenˈdeɪʃᵊn] *n* ❶ *(suggestion)* Empfehlung *f* ❷ *(advice)* Empfehlung *f*, Rat *m*

rec·om·pense [ˈrekəmpen(t)s] **I.** *n no pl* ❶ *(reward)* Belohnung *f*; **in ~ for** als Belohnung für ❷ *(retribution)* Entschädigung *f* **(for** für**) II.** *vt* **to ~ sb** *(pay back)* jdm eine Entschädigung zahlen; *(for damages)* jdn entschädigen **(for** für**)**

rec·on·cile [ˈrekənsaɪl] *vt* ❶ *(make friends)* versöhnen; **my brother and I were finally ~d with each other** mein Bruder und ich haben uns schließlich versöhnt ❷ *(make compatible) conflict* schlichten; *differences* beilegen; **it's difficult to ~ different points of view** es ist schwierig, verschiedene Standpunkte unter einen Hut zu bringen; ▪ **to ~ sth with sth** etw mit etw *dat* vereinbaren; AM **to ~ accounts/one's checkbook** FIN Konten/sein Scheckbuch abgleichen ❸ *(accept)* ▪ **to ~ oneself to sth** sich mit etw *dat* abfinden

rec·on·cil·i·a·tion *n* ❶ *(of good relations)* Aussöhnung *f*, Versöhnung *f* ❷ *no pl (making compatible)* Beilegung *f*; **the ~ of the facts with the theory is not always easy** das Vereinbaren von Fakten mit der Theorie ist nicht immer einfach

re·con·di·tion [ˌriːkᵊnˈdɪʃᵊn] *vt engine, ship* [general]überholen; **a ~ed engine** ein Austauschmotor *m*

re·con·nais·sance [rɪˈkɒnɪsᵊn(t)s] **I.** *n* MIL Aufklärung *f*; **to be on ~** auf Spähpatrouille sein **II.** *adj attr* MIL Aufklärungs-; **~ patrol** Spähpatrouille *f*

re·con·noi·tre, AM **re·con·noi·ter** [ˌrekəˈnɔɪtər] **I.** *vt* MIL *enemy territory* auskundschaften **II.** *vi* MIL das Gelände erkunden **III.** *n (fam)* Aufklärungseinsatz *m*

re·con·sid·er [ˌriːkᵊnˈsɪdər] **I.** *vt* ▪ **to ~ sth** etw [noch einmal] überdenken; *facts* etw neu erwägen; *case* etw wieder aufnehmen **II.** *vi* sich *dat* etw [noch einmal] überlegen

re·con·struct [ˌriːkᵊnˈstrʌkt] *vt* ❶ *(build again)* wiederaufbauen; *economy, a government* wiederherstellen ❷ *(reorganize) company* umstrukturieren; **after the divorce, it took him almost a year to ~ his life** nach der Scheidung brauchte er fast ein Jahr, um sein Leben wieder in den Griff zu bekommen ❸ *(in an investigation) crime, events* rekonstruieren

re·con·struc·tion [ˌriːkᵊnˈstrʌkʃᵊn] *n* ❶ *no pl (rebuilding)* Rekonstruktion *f*; *of a country*

Wiederaufbau *m* ❷ *(reorganization)* system Neustrukturierung *f*, Neuaufbau *m* ❸ *of crime, events* Rekonstruktion *f*

rec·ord I. *n* ['rekɔːd] ❶ *(information)* Aufzeichnungen *pl*, Unterlagen *pl*; *(document)* Akte *f*; *of attendance* Liste *f*; *(minutes)* Protokoll *nt*, Niederschrift *f*; **to keep ~s** *(register)* Buch führen; *(list)* eine Liste führen; *historian* Aufzeichnungen machen; **for the ~** *(for the minutes)* für das Protokoll; *(as a matter of form)* der Ordnung halber ❷ *no pl (past history)* Vorgeschichte *f*; **criminal ~** Vorstrafenregister *nt*; **to have a criminal ~** vorbestraft sein; **to have an excellent ~** *worker, employee* ausgezeichnete Leistungen vorweisen können; **to have a good/bad ~** einen guten/schlechten Ruf haben; **medical ~** Krankenblatt *nt* ❸ *(music)* [Schall]platte *f* ❹ SPORTS Rekord *m*; **world ~** Weltrekord *m*; **to break a ~** einen Rekord brechen; **to set a ~** einen Rekord aufstellen ❺ LAW *(court report)* [Gerichts]protokoll *nt* ▶ **to put the ~ straight** alle Missverständnisse aus dem Weg räumen; **to say sth on/off the ~** etw offiziell/inoffiziell sagen **II.** *adj* ['rekɔːd] Rekord-; **to reach a ~ high/low** ein Rekordhoch/Rekordtief *nt* erreichen; **to do sth in ~ time** etw in Rekordzeit erledigen **III.** *vt* [rɪˈkɔːd] ❶ *(store) facts, events* aufzeichnen; *birth, death, marriage* registrieren; *one's feelings, ideas, thoughts* niederschreiben ❷ *(register) speed, temperature* messen ❸ *(for later reproduction)* FILM, MUS aufnehmen; *event* dokumentieren; *speech* aufzeichnen **IV.** *vi* [rɪˈkɔːd] *(on tape, cassette)* Aufnahmen machen; *person* eine Aufnahme machen; *machine* aufnehmen

'rec·ord-break·er *n* *(performance)* Rekordleistung *f*, Rekordergebnis *nt*; *(person)* Rekordler(in) *m(f) fam* **'rec·ord-break·ing** *adj attr* Rekord-

re·cord·ed [rɪˈkɔːdɪd] *adj* ❶ *(appearing in records)* verzeichnet, dokumentiert, belegt ❷ *(stored electronically)* aufgenommen, aufgezeichnet

re·cord·er [rɪˈkɔːdə^r] *n* ❶ *(record-keeper)* Registriergerät *nt* ❷ *(machine)* Rekorder *m* ❸ MUS *(instrument)* Blockflöte *f* ❹ BRIT LAW *(judge)* Anwalt *m*/Anwältin *f* in Richterfunktion

'rec·ord hold·er *n* Rekordhalter(in) *m(f)*

re·cord·ing [rɪˈkɔːdɪŋ] *n* ❶ *no pl (process)* Aufnahme *f* ❷ *(of sound)* Aufnahme *f*; *(of programme)* Aufzeichnung *f*

re·ˈcord·ing ses·sion *n* Aufnahme *f* **re·ˈcord·ing stu·dio** *n* Aufnahme-/Tonstudio *nt*

'rec·ord la·bel *n* Plattenlabel *nt* **'rec·ord li·brary** *n* Plattenverleih *m*; *archives* Phonothek *f*; *(collection)* Plattensammlung *f* **'rec·ord play·er** *n* [Schall]plattenspieler *m* **'rec·ord to·ken** *n* [Schall]plattengutschein *m*

re·count¹ **I.** *vt* [ˌriːˈkaʊnt] *(count again)* nachzählen **II.** *vi* [ˌriːˈkaʊnt] POL eine erneute Stimmenauszählung durchführen **III.** *n* [ˈriːkaʊnt] POL erneute Stimmenauszählung

re·count² [rɪˈkaʊnt] *vt (tell)* [ausführlich] erzählen

re·coup [rɪˈkuːp] **I.** *vt* ❶ *(regain) costs, one's investment* wiedereinbringen; *one's losses* wettmachen; **to ~ one's strength** wieder zu Kräften kommen ❷ *(reimburse)* ■ **to ~ sb for sth** jdn für etw *akk* entschädigen **II.** *vi* sich erholen; ■ **to ~ from sth** sich von etw *dat* erholen

re·course [rɪˈkɔːs] *n no pl* Zuflucht *f*; **to have ~ to sb** sich an jdn wenden können; **to have ~ to sth** Zuflucht zu etw *dat* nehmen können; ■ **without ~ to sth/sb** ohne etw/jdn in Anspruch zu nehmen

re·cov·er [rɪˈkʌvə^r] **I.** *vt* ❶ *(get back) one's health* zurückerlangen; *sth lent* zurückbekommen; *one's appetite* wiedergewinnen; *stolen goods* sicherstellen; *one's balance/composure* wiederfinden; **to ~ consciousness** wieder zu Bewusstsein kommen; **to ~ data** Daten wiederherstellen; **to ~ one's hearing/sight** wieder hören/sehen können; **to ~ one's strength** wieder zu Kräften kommen; **to be fully ~ed** völlig genesen sein ❷ *(obtain) coal, ore* gewinnen; **to ~ compensation/damages** LAW eine Entschädigung/Schadenersatz erhalten; **to ~ possession** den Besitz wiedererlangen **II.** *vi* sich erholen; ■ **to ~ from sth** sich von etw *dat* erholen

re-cov·er [ˌriːˈkʌvə^r] *vt chair, sofa* neu beziehen

re·cov·er·able [rɪˈkʌvərəbl] *adj* FIN *costs* erstattungsfähig; *damage, loss* ersetzbar; *debt* eintreibbar; COMPUT wiederherstellbar

re·cov·ery [rɪˈkʌvəri] *n* ❶ *no pl (action)* MED Erholung *f*; *of sight/hearing* Wiedererlangung *f*; **to make a full/quick/slow ~ from sth** sich völlig/schnell/langsam von etw *dat* erholen; **to show signs of ~** [erste] Zeichen einer Besserung zeigen; ECON [Anzeichen für] einen Aufschwung erkennen lassen; **to be beyond ~** nicht mehr zu retten sein ❷ *no pl (getting back) also* FIN Wiedererlangung *f*, Zurückgewinnung *f*; *of a body, an object* Bergung *f*; **cost ~** Kostendeckung *f*; **~ of damages** Erlangung *f* eines Schaden[s]ersatzes

re·ˈcov·ery ser·vice *n* Abschleppdienst *m* **re·ˈcov·ery ship** *n* Bergungsschiff *n* **re·ˈcov·ery ve·hi·cle** *n* Abschleppwagen *m*

re·cre·ate [ˌriːkriˈeɪt] *vt* ❶ (*create again*) wiederherstellen; *of friendship* wiederbeleben ❷ (*reproduce*) nachstellen

re·cre·a·tion[1] [ˌriːkriˈeɪʃən] *n no pl* (*creation again*) Wiedergestaltung *f* ❷ (*reproduction*) Nachstellung *f*

re·cre·a·tion[2] [ˌrekriˈeɪʃən] *n* ❶ (*hobby*) Freizeitbeschäftigung *f*, Hobby *nt* ❷ *no pl* (*fun*) Erholen *nt*, Entspannen *nt*; **to do sth for ~** etw zur Erholung tun

rec·re·a·tion·al [ˌrekriˈeɪʃənəl] *adj* Freizeit-, Erholungs-; **~ drug** weiche Droge

rec·re·a·tion·al ˈve·hi·cle *n* AM Caravan *m*, Wohnwagen *m*

recˈre·a·tion ground *n* BRIT Freizeitgelände *nt* **recˈre·a·tion room** *n* Aufenthaltsraum *m*

rec·re·a·tive [ˈrekriˌeɪtɪv] *adj* erholsam, entspannend

re·crim·i·nate [rəˈkrɪmɪneɪt] *vi* gegenseitige Anschuldigungen vorbringen

re·crim·i·na·tion [rəˌkrɪmɪˈneɪʃən] *n usu pl* Gegenbeschuldigung *f*; LAW Gegenklage *f*

re·cruit [rɪˈkruːt] **I.** *vt employees* einstellen; *members* werben; *soldiers* rekrutieren; **to ~ volunteers** Freiwillige finden **II.** *vi army* Rekruten anwerben; *company* Neueinstellungen vornehmen; *club, organization* neue Mitglieder werben **III.** *n* MIL Rekrut(in) *m(f)*; *to party, club* neues Mitglied; *staff* neu eingestellte Arbeitskraft

re·cruit·ing [rɪˈkruːtɪŋ] **I.** *n no pl* MIL Rekrutierung *f*; (*in business*) [An]werben *nt* [von Arbeitskräften] **II.** *adj attr* (*in army*) Rekrutierungs-; (*in business*) Einstellungs-; **~ agent** [Personal]anwerber(in) *m(f)* **re·cruit·ment** [rɪˈkruːtmənt] **I.** *n no pl* MIL *of soldiers* Rekrutierung *f*; *of employees* Neueinstellung *f*; *of members, volunteers* Anwerbung *f* **II.** *adj attr* Anwerbungs-; **~ agency** Personal[vermittlungs]agentur *f*; **~ consultant** Angestellte(r) *f(m)* einer Personalagentur; **~ drive** Anwerbungskampagne *f*

rec·tan·gle [ˈrektæŋgl] *n* Rechteck *nt*

rec·tan·gu·lar [rekˈtæŋgjələʳ] *adj* rechteckig; *coordinates* rechtwinklig

rec·ti·fi·ca·tion [ˌrektɪfɪˈkeɪʃən] *n no pl of a mistake, situation* Berichtigung *f*, Korrektur *f*; *of a statement* Richtigstellung *f* ❷ ELEC *of current* Gleichrichtung *f*

rec·ti·fy <-ie-> [ˈrektɪfaɪ] *vt* ❶ (*set right*) korrigieren; *omission* nachholen ❷ ELEC *current* gleichrichten ❸ CHEM (*refine*) *liquor* rektifizieren

rec·ti·lin·ear [ˌrektɪˈlɪniəʳ] *adj* g[e]radlinig

rec·ti·tude [ˈrektɪtjuːd] *n no pl* (*form*) Rechtschaffenheit *f*

rec·tor [ˈrektəʳ] *n* ❶ BRIT REL (*parish priest*) Pfarrer *m* ❷ SCOT UNIV (*student rep*) Rektor(in) *m(f)*; AM (*head of school*) Rektor(in) *m(f)*

rec·to·ry [ˈrektəri] *n* Pfarrhaus *nt*

rec·tum <*pl* -ta *or* -s> [ˈrektəm, *pl* -tə] *n* MED Rektum *nt fachspr*; Mastdarm *m*

re·cum·bent [rɪˈkʌmbənt] *adj* (*liter*) liegend, ruhend; **to be ~** liegen; *plant* kleinwüchsig sein

re·cu·per·ate [rɪˈkjuːpəreɪt] **I.** *vi* **to ~ from the flu/an operation** sich von der Grippe/einer Operation erholen **II.** *vt* wettmachen

re·cu·per·a·tion [rɪˌkjuːpəˈreɪʃən] *n no pl* Erholung *f*; MED Gesundung *f geh* (**from** von); **powers of ~** Heilkräfte *pl*

re·cur <-rr-> [rɪˈkɜːʳ] *vi* ❶ (*happen again*) *event* wieder passieren, sich wiederholen; *opportunity* sich wieder bieten; *pain, symptoms* wieder auftreten; *problem, theme* wiederauftauchen ❷ (*come to mind*) ■ **to ~ to sb** jdm wieder einfallen

re·cur·rence [rɪˈkʌrən(t)s] *n* Wiederholung *f*, erneutes Auftreten

re·cur·rent [rɪˈkʌrənt] *adj attr*, **re·cur·ring** [rɪˈkɜːrɪŋ] *adj attr* sich wiederholend; *dream, nightmare* [ständig] wiederkehrend; *bouts, problems* wiederholt auftretend; **~ costs** laufende Kosten

re·cur·ring ˈdeci·mal *n* MATH periodischer Dezimalbruch

re·cy·cle [riːˈsaɪkl] *vt* ❶ (*convert into sth new*) recyceln, wiederaufbereiten ❷ (*fig: use again*) wiederverwenden

re·cy·cling [riːˈsaɪklɪŋ] **I.** *n no pl* Recycling *nt*, Wiederverwertung *f* **II.** *adj attr* Recycling-; **~ bin** Wertstofftonne *f*

red [red] **I.** *adj* <-dd-> ❶ (*colour*) rot ❷ (*fig: flushing*) **she's gone bright ~ with embarrassment/anger** sie ist ganz rot vor Verlegenheit/Wut [geworden] ❸ (*bloodshot*) rot, gerötet ❹ POL (*Socialist*) rot; *Communist* kommunistisch **II.** *n* ❶ (*colour*) Rot *nt*; (*shade*) Rotton *m*; [*dressed*] **all in ~** ganz in Rot gekleidet ❷ *no pl* FIN **to be in the ~** in den roten Zahlen sein ❸ POL (*pej fam: left-winger*) Rote(r) *f(m)* fam

Red ˈArmy *n no pl* ■ **the ~** die Rote Armee **red-ˈblood·ed** *adj* heißblütig **ˈred·cap** *n* ❶ BRIT MIL (*sl: policeman*) Militärpolizist *m* ❷ AM (*dated: at railway*) Gepäckträger *m* **Red ˈCres·cent** *n* ■ **the ~** der Rote Halbmond **Red ˈCross** *n* ■ **the ~** das Rote Kreuz **red-ˈcur·rant** **I.** *n* [rote] Johannisbeere **II.** *adj* Johannisbeer- **red ˈdeer** *n* ❶ (*animal*) Rothirsch *m* ❷ *no pl* (*species*) Rotwild *nt*

red·den [ˈredən] **I.** *vi face, eyes* sich röten; *person* rot werden; *leaves, sky, water* sich rot färben **II.** *vt* rot färben

red·dish ['redɪʃ] *adj* rötlich
re·dec·o·rate [ˌriːˈdekəreɪt] **I.** *vt* (*by painting*) neu streichen; (*by wallpapering*) neu tapezieren **II.** *vi* renovieren
re·dec·o·ra·tion [ˌriːdekəˈreɪʃən] *n* Renovierung *f*; (*with paint*) Neuanstrich *m*; (*with wallpaper*) Neutapezieren *nt*
re·deem [rɪˈdiːm] *vt* ① (*compensate for*) *fault, mistake* wettmachen ② (*save*) **to ~ one's good name/reputation** seinen guten Namen/Ruf wiederherstellen; **he tried to ~ himself by giving her a huge bunch of flowers** er versuchte, sie mit einem riesigen Strauß Blumen wieder versöhnlich zu stimmen; ■ **to ~ sb** REL jdn erlösen ③ FIN (*convert*) *bond, coupon* einlösen; (*from pawnshop*) [gegen Zahlung] zurückerhalten ④ FIN (*pay off*) ab|bezahlen; **to ~ a mortgage** eine Hypothek tilgen ⑤ (*fulfil*) erfüllen; *promise* einlösen
re·deem·able [rɪˈdiːməbl] *adj* ① (*financially*) *coupon, savings certificate, voucher* einlösbar; *mortgage* tilgbar; *loan* rückzahlbar ② (*by compensation*) ■ **to be ~** *faux pas, fault* wieder gutzumachen sein **Re·deem·er** [rɪˈdiːmə^r] *n* REL ■ **the ~** der Erlöser
re·deem·ing [rɪˈdiːmɪŋ] *adj attr* ausgleichend; **the only ~ feature of the dull film was the soundtrack** das einzig Positive an dem langweiligen Film war die Filmmusik; **he has absolutely no ~ qualities** er hat aber auch gar nichts Gewinnendes an sich
re·demp·tion [rɪˈdem(p)ʃən] *n no pl* ① (*from blame, guilt*) Wiedergutmachung *f*, Ausgleich *m*; REL (*from sin*) Erlösung *f* ② (*rescue*) **to be beyond ~** nicht mehr zu retten sein ③ FIN (*conversion*) *of a bond, coupon* Einlösen *nt*; *of a debt, loan* Tilgung *f*
re·de·ploy [ˌriːdɪˈplɔɪ] *vt workers, staff, troops* verlegen
re·de·ploy·ment [ˌriːdɪˈplɔɪmənt] *n of workers, staff, troops* Verlegung *f*
re·de·vel·op [ˌriːdɪˈveləp] *vt neighbourhood, area* sanieren; *machine* neu entwickeln
re·de·vel·op·ment [ˌriːdɪˈveləpmənt] *n* **I.** Sanierung *f* **II.** *adj fund, loan* Sanierungs-
red-'haired *adj* rothaarig **red-'hand·ed** *adj* **to catch sb ~** jdn auf frischer Tat ertappen **'red·head** *n* Rothaarige(r) *f(m)*, Rotschopf *m* **red-'head·ed** *adj* ① (*person*) rothaarig ② (*bird*) mit roter Haube *nach n* **red 'her·ring** *n* (*fish*) Räucherhering *m* ② (*sth misleading*) Ablenkungsmanöver *nt* **red-'hot** *adj* ① (*glowing*) **to be ~** [rot] glühen; (*fig*) glühend heiß sein ② (*brand new*) *news, data* brandaktuell, brandheiß *fam*
Red 'In·dian *n* (*pej! dated*) Indianer(in) *m(f)*
re·di·rect [ˌriːdɪˈrekt] *vt* **to ~ one's interests** seine Interessen neu ausrichten; **to ~ a letter/package** einen Brief/ein Paket nachsenden; **to ~ resources** Mittel umverteilen; **to ~ traffic** Verkehr umleiten
re·dis·tri·bute [ˌriːdɪˈstrɪbjuːt] *vt land, resources wealth* umverteilen
re·dis·tri·bu·tion [ˌriːdɪstrɪˈbjuːʃən] *n no pl* Umverteilung *f*
red-'let·ter day *n* ein besonderer Tag, den man sich im Kalender rot anstreichen muss **red 'light** *n* rote Ampel **red-'light dis·trict** *n* Rotlichtviertel *nt* **red 'meat** *n no pl* dunkles Fleisch (*wie Rind, Lamm und Reh*) **'red·neck** *n esp* AM (*pej fam*) *weißer Arbeiter aus dem am. Südstaaten, oft mit reaktionären Ansichten*
red·ness ['rednəs] *n no pl* Röte *f*
re·do <-did, -done> [ˌriːˈduː] *vt* ① (*do again*) ■ **to ~ sth** etw noch einmal machen; *task* mit etw *dat* von vorn beginnen ② (*redecorate*) renovieren
redo·lent ['redələnt] *adj pred* (*form*) ■ **to be ~ of sth** ① (*smelling*) nach etw *dat* duften ② (*suggestive*) [stark] an etw *akk* erinnern
re·dou·ble [ˌriːˈdʌbl] **I.** *vt* verdoppeln **II.** *vi* sich verdoppeln
re·doubt·able [rɪˈdaʊtəbl] *adj person* Respekt einflößend; (*hum*) gefürchtet
red 'pep·per *n* ① (*fresh*) rote(r) Paprika ② *no pl* (*powdered*) Paprikagewürz *nt*; (*Cayenne*) Cayennepfeffer *m*
re·draft [ˌriːˈdrɑːft] **I.** *vt contract, law, proposal* neu entwerfen; *map* überarbeiten **II.** *n* überarbeiteter Entwurf
re·dress [rɪˈdres] **I.** *vt mistake* wiedergutmachen; *situation* bereinigen; *grievance* beseitigen **II.** *n no pl* ① Wiedergutmachung *f*, Abhilfe *f*; *of an imbalance* Behebung *f*; *of a grievance* Beseitigung *f*; LAW **to seek ~** einen Regressanspruch geltend machen
Red 'Sea *n* ■ **the ~** das Rote Meer **red 'tape** *n no pl* Bürokratie *f*
re·duce [rɪˈdjuːs] **I.** *vt* ① (*make less*) verringern, reduzieren; *price* herunter|setzen; *backlog* aufholen; *taxes* senken; *wages* kürzen ② (*make smaller*) *drawing, photo* verkleinern; MATH *fraction* kürzen; *liquids, a sauce* einkochen lassen ③ (*bring down*) **when he lost his job, they were ~d to begging help from his parents** als er seine Arbeit verlor, waren sie gezwungen, seine Eltern um Hilfe zu bitten; **to ~ sb to tears** jdn zum Weinen bringen ④ MED (*repair*) **to ~ a dislocated arm/joint** einen ausgekugelten Arm/ein Gelenk einrenken **II.** *vi* abnehmen; **to be reducing** eine Diät machen
re·duced [rɪˈdjuːst] *adj attr* ① (*in price*) reduziert, heruntergesetzt ② (*in number, size,*

amount) reduziert, verringert; **to be in ~ circumstances** in verarmten Verhältnissen leben; **~ risk** niedriges Risiko; **on a ~ scale** in kleinerem Umfang; **~ [jail] sentence** herabgesetzte [Gefängnis]strafe

re·duc·er [rɪˈduːsə, -ˈdjuː-] *n* AM *Person, die eine Diät macht*

re·duc·tion [rɪˈdʌkʃən] *n* ❶ *no pl* (*action*) Reduzierung *f*, Reduktion *f*, Verringerung *f*; *in taxes* Senkung *f*; *of staff* Abbau *m* ❷ (*decrease*) Reduzierung *f*, Verminderung *f*; **~ in taxes** Steuersenkung *f*; *in production, output* Drosselung *f*; *in expense, salary* Reduzierung *f*, Senkung *f*; **a ~ in traffic** ein verringertes Verkehrsaufkommen ❸ *of drawing, photo* Verkleinerung *f* ❹ (*simplification*) Vereinfachung *f*

re·dun·dan·cy [rɪˈdʌndən(t)si] *n* ❶ *no pl* Brit, Aus econ (*downsizing*) Entlassung *f* (*aus Arbeitsmangel oder Rationalisierungsgründen*); (*unemployment*) Arbeitslosigkeit *f*; **voluntary ~** freiwilliges Ausscheiden ❷ Brit, Aus econ (*instance*) Entlassung *f* ❸ *no pl* LING Redundanz *f* ❹ LING (*instance*) Überflüssigkeit *f*

re·ˈdun·dan·cy pay·ment *n* Brit, Aus Entlassungsgeld *nt*

re·dun·dant [rɪˈdʌndənt] *adj* ❶ (*superfluous*) überflüssig; LING redundant ❷ Brit, Aus (*unemployed*) arbeitslos; (*fig*) überflüssig; **to make sb ~** jdn entlassen

re·du·pli·cate [rɪˈdjuːplɪkeɪt] *vi* LING reduplizieren

re·du·pli·ca·tion [rɪˌdjuːplɪˈkeɪʃən] *n* LING Reduplikation *f*

red ˈ**wine** *n* Rotwein *m*

ˈ**red·wood** *n* BOT ❶ (*tree*) Mammutbaum *m* ❷ *no pl* (*wood*) Redwood *nt*, Rotholz *nt*

reed [riːd] **I.** *n* ❶ BOT (*plant*) Schilf[gras] *nt* ❷ Brit (*straw*) Stroh *nt* (*zum Decken von Strohdächern*) ❸ MUS (*of an instrument*) Rohrblatt *nt* **II.** *adj curtain* aus Schilfrohr

reed ˈ**in·stru·ment** *n* Rohrblattinstrument *nt*

re·du·cate [ˌriːˈedʒʊkeɪt] *vt* umerziehen

reedy [ˈriːdi] *adj* ❶ (*full of reeds*) schilfig, schilfbedeckt ❷ *voice* durchdringend, grell ❸ (*thin*) *person* dünn

reef [riːf] **I.** *n* ❶ GEOG Riff *nt*; **coral ~** Korallenriff *nt*; (*of gold ore*) [Gold]ader *f* ❷ NAUT (*of a sail*) Reff *nt* **II.** *vt* **to ~ the sails** die Segel reffen

reef·er [ˈriːfə] *n* ❶ (*jacket*) [kurze] Seemannsjacke *f* ❷ (*sl: joint*) Joint *m fam*

ˈ**reef knot** *n* Reffknoten *m*; (*square knot*) Kreuzknoten *m*

reek [riːk] **I.** *n* Gestank *m* **II.** *vi* ❶ (*smell bad*) übel riechen ❷ (*fig: be pervaded with*) **to ~ of corruption/favouritism/racism** nach Korruption/Vetternwirtschaft/Rassismus stinken

reel [riːl] **I.** *n* ❶ (*device*) Rolle *f*; (*for film, yarn, tape*) Spule *f*; (*for fishing line*) Angelrolle *f* ❷ (*unit*) **~ of film** Filmrolle *f*; **~ of thread** Fadenspule *f* **II.** *vt* **to ~ thread** Faden *m* aufspulen

re-elect [ˌriːɪˈlekt] *vt* wiederwählen

re-elec·tion [ˌriːɪˈlekʃən] *n* Wiederwahl *f*

re-em·ˈ**ploy** *vt* **to ~ sb** jdn wieder einstellen

re-en·ˈ**gage** *vt* wieder einstellen; *artist* wieder engagieren

re-en·ter [ˌriːˈentə] *vt* ❶ (*go in again*) *bus, car* wieder einsteigen in *+akk*; *country* wieder einreisen in *+akk*; *house, store* wieder hineingehen in *+akk*; *room* wieder betreten; **to ~ the [earth's] atmosphere** wieder in die [Erd]atmosphäre eintreten ❷ (*enrol*) **to ~ sth** sich wieder an etw *dat* beteiligen; **to ~ a club** einem Verein wieder beitreten; **to ~ Parliament** wieder ins Parlament einziehen; **to ~ politics** sich wieder an der Politik beteiligen ❸ COMPUT (*type in*) nochmals eingeben

re-en·try [ˌriːˈentri] *n* ❶ *no pl* (*going in*) Wiedereintritt *m*; (*in a car*) Wiedereinstieg *m*; (*into a country*) Wiedereinreise *f* ❷ LAW Wiederinbesitznahme *f*

ref [ref] *n* ❶ (*fam*) *abbrev of* **referee** Schiri *m* ❷ *abbrev of* **reference** AZ

re·fec·tory [rɪˈfektəri] *n of a school* Speisesaal *m*; *of a university* Mensa *f*; *of a monastery* Refektorium *nt*

re·fer <-rr-> [rɪˈfɜː] *vt* (*to hospital*) verlegen
◆ **refer to** *vt* ❶ (*to an authority, expert*) **the patient was ~red to a specialist** der Patient wurde an einen Facharzt überwiesen; **to ~ a decision to sb** jdm eine Entscheidung übergeben; **to ~ an application/a letter/a request** eine Bewerbung/einen Brief/eine Bitte weiterleiten ❷ (*allude*) **who are you ~ring to?** wen meinst du?; **he always ~s to his wife as 'the old woman'** er spricht von seiner Frau immer als ,der Alten'; **~ring to your letter/phone call, ...** Bezug nehmend auf Ihren Brief/Anruf ... ❸ (*consult*) ▪ **to ~ to sb** sich an jdn wenden; ▪ **to ~ to sth** etw zu Hilfe nehmen

ref·er·ee [ˌrefəˈriː] **I.** *n* ❶ (*umpire*) Schiedsrichter(in) *m(f)* ❷ (*arbitrator*) Schlichter(in) *m(f)* ❸ Brit (*endorser*) Referenz *f* **II.** *vt* **to ~ a match** bei einem Spiel Schiedsrichter(in) sein **III.** *vi* Schiedsrichter(in) sein

ref·er·ence [ˈrefərən(t)s] *n* ❶ (*to an authority*) Rücksprache *f*; (*to a book, article*) Verweis *m*; **I cut out the article for future ~** ich schnitt den Artikel heraus, um ihn später

verwenden zu können; **to make ~ to sth** etw erwähnen ❷ *(responsibility)* **terms of ~** Aufgabenbereich *m* ❸ *(allusion)* indirect Anspielung *f*; *direct* Bemerkung *f*; *(direct mention)* Bezugnahme *f*; **with particular ~ to sth** unter besonderer Berücksichtigung einer S. *gen*; **in ~ to sb/sth** mit Bezug auf jdn/etw ❹ *(citation)* Verweis *m*; **list of ~s** Anhang *m*; *(information)* Hinweis *m*; **for future ~ please note that we do need your account number** für die Zukunft bitten wir Sie, zur Kenntnis zu nehmen, dass wir Ihre Kontonummer benötigen ❺ *(in correspondence)* Aktenzeichen *nt* ❻ *(in library)* Ansicht *f*; **the books in that section of the library are for ~ only** die Bücher in diesem Teil der Bibliothek sind nur zum Nachschlagen gedacht ❼ *(recommendation)* Empfehlungsschreiben *nt*, [Arbeits]zeugnis *nt*, Referenz *f*
'**ref·er·ence book** *n* Nachschlagewerk *nt*
'**ref·er·ence li·brary** *n* Präsenzbibliothek *f*
'**ref·er·ence num·ber** *n* (*in letters*) Aktenzeichen *nt*; *(on goods)* Artikelnummer *f*
ref·er·en·dum <*pl* -s *or* -da> [ˌrefəˈrendəm, *pl* -də] *n* POL Referendum *nt*
re·fer·ral [rɪˈfɜːrəl] *n* ❶ *(case)* Überweisung *f*; *(to the hospital)* Einweisung *f* ❷ *no pl (action)* Einweisung *f*
re·fill I. *n* [ˈriːfɪl] Auffüllen *nt*, Nachfüllen *nt*; *for fountain pen* Nachfüllpatrone *f*; *for ballpoint* Nachfüllmine II. *vt* [ˌriːˈfɪl] **to ~ a cup/ glass** eine Tasse/ein Glas wieder füllen
re·fine [rɪˈfaɪn] *vt* ❶ *(from impurities)* raffinieren ❷ *(fig: improve)* verfeinern
re·fined [rɪˈfaɪnd] *adj* ❶ *(processed)* raffiniert; *foods* aufbereitet; *metal* veredelt ❷ *(approv: sophisticated)* [hoch] entwickelt, verfeinert; **~ methods** ausgeklügelte Methoden; **~ tastes** feiner Geschmack ❸ *(well-mannered) person* gebildet, kultiviert
re·fine·ment [rɪˈfaɪnmənt] *n* ❶ *no pl (processing)* Raffinieren *nt*, Raffination *f*; *of metal* Veredelung *f* ❷ *(improvement)* Verbesserung *f*; *of ideas, methods* Überarbeitung *f*, Verbesserung *f*; **with all the latest ~s** mit den neuesten technischen Raffinessen ❸ *no pl (good manners)* Gebildetheit *f*, Kultiviertheit *f*
re·fin·ery [rɪˈfaɪnəri] *n* Raffinerie *f*
re·fit I. *vi* <BRIT -tt- *or* AM *usu* -t-> [ˌriːˈfɪt] NAUT überholt werden *vt* <BRIT -tt- *or* AM *usu* -t-> [ˌriːˈfɪt] *factory* neu ausstatten; *ship* überholen III. *n* [ˈriːfɪt] NAUT Überholung *f*
re·flate [ˌriːˈfleɪt] I. *vt* **to ~ a currency** eine Währung [bewusst] inflationieren; **to ~ the economy** die Wirtschaft ankurbeln II. *vi* [bewusst] inflationieren

re·fla·tion [ˌriːˈfleɪʃən] *n* Reflation *f*, Konjunkturbelebung *f*
re·flect [rɪˈflekt] I. *vt* ❶ *(throw back)* heat, light, sound reflektieren; ■**to be ~ed in sth** sich in etw *dat* spiegeln ❷ *(show)* ■**to ~ sth hard work, one's views** etw zeigen [*o* zum Ausdruck bringen]; *honesty, generosity* für etw *akk* sprechen ❸ *(think)* ■**to ~ that ...** denken, dass ... II. *vi* ❶ *light, mirror* reflektieren ❷ *(ponder)* nachdenken (**on/upon** über) ❸ *(make impression)* **will the accident ~ on his ability to do his job?** wird der Unfall seine Arbeitsfähigkeit beeinträchtigen?; **it ~ed badly on his character** es warf ein schlechtes Licht auf seinen Charakter
re·flect·ing [rɪˈflektɪŋ] *adj attr* reflektierend
re·flec·tion [rɪˈflekʃən] *n* ❶ *(reflecting)* Reflexion *f* ❷ *(mirror image)* Spiegelbild *nt* ❸ *(fig: sign)* Ausdruck *m*; **his unhappiness is a ~ of ...** seine Unzufriedenheit ist ein Zeichen für ... ❹ *no pl (consideration)* Betrachtung *f*, Überlegung *f* (**on/about** über); **on ~** nach reiflicher Überlegung ❺ *(thought, comment)* Betrachtung *f* (**on/about** über) ❻ *(discredit)* ■**to be a ~ on sb/sth** ein Licht auf jdn/etw werfen; **to cast a ~ upon sb's abilities** jds Fähigkeiten in Frage stellen; **it's no ~ on your character** es geht nicht gegen Sie persönlich
re·flec·tive [rɪˈflektɪv] *adj* ❶ *glass, clothing* reflektierend ❷ *person* nachdenklich
re·flec·tor [rɪˈflektər] *n* ❶ *(device)* Reflektor *m*; *on a bicycle, car* Rückstrahler *m*, Katzenauge *nt* ❷ *(telescope)* Spiegelteleskop *nt* ❸ AM *(on road)* Reflektor *m*
re·flex [ˈriːfleks] *n* <*pl* -es> Reflex *m*
'**re·flex ac·tion** *n* Reflexhandlung *f* '**re·flex cam·era** *n* Spiegelreflexkamera *f* **re·flex·ive** [rɪˈfleksɪv] I. *adj* AM *(involuntary)* reflexartig ❷ LING reflexiv II. *n* LING Reflexiv *nt*
re·flex·ol·o·gist [ˌriːflekˈsɒlədʒɪst] *n* MED Reflexologe, Reflexologin *m*, *f* **re·flex·ol·ogy** [ˌriːflekˈsɒlədʒi] *n no pl* Reflexologie *f*
re·flux <*pl* -es> [ˈriːflʌks] *n* Rückfluss *m*
re·for·est [ˌriːˈfɒrɪst] *vt esp* AM *land, an area* aufforsten
re·for·es·ta·tion [ˌriːfɒrɪˈsteɪʃən] I. *n no pl esp* AM Aufforstung *f* II. *adj attr* **~ programme** Aufforstungsprogramm *nt*
re·form [rɪˈfɔːm] I. *vt institution, system* reformieren; *criminal, drug addict* bessern II. *vi person* sich bessern III. *n* Reform *f*; *of self, a criminal* Besserung *f*; ■**to be beyond ~** nicht reformierbar sein
re·form [ˌriːˈfɔːm] I. *vt* umformen II. *vi clouds* eine neue Form annehmen; *police, troops* sich neu formieren; *committee, management* sich wiederbilden

refusing to answer

refusing to answer	die Antwort verweigern
Not telling! (*fam*)	Sag ich nicht! (*fam*)
(I'm afraid) I can't tell you.	Das kann ich dir (leider) nicht sagen.
I don't want to say anything about it.	Dazu möchte ich nichts sagen.
No comment!	Kein Kommentar!
I don't wish to comment on the matter. (*form*)	Ich möchte mich zu dieser Angelegenheit nicht äußern. (*form*)

ref·or·ma·tion [ˌrefəˈmeɪʃ°n] *n* **①** *of an institution* Reformierung *f*; *of a person* Besserung *f* **②** (*hist*) ■ **the R~** die Reformation

re·for·ma·tory [rɪˈfɔːmətərɪ] **I.** *n* AM Jugendhaftanstalt *f* **II.** *adj attr* reformatorisch, Reform-

re·form·er [rɪˈfɔːmə^r] *n* Reformer(in) *m(f);* REL Reformator *m*

re·ˈform school *n* Erziehungsheim *nt*

re·fract [rɪˈfrækt] *vt* PHYS **to ~ a ray of light** einen Lichtstrahl brechen

re·frac·tion [rɪˈfrækʃ°n] *n no pl* Refraktion *f* *fachspr*, Brechung *f*

re·frac·to·ry [rɪˈfræktərɪ] *adj person* starrsinnig *geh*, stur; *disease* hartnäckig; *metal* hitzebeständig

re·frain¹ [rɪˈfreɪn] *n* (*in a song*) Refrain *m*; (*in a poem*) Kehrreim *m*; (*comment*) häufiger Ausspruch

re·frain² [rɪˈfreɪn] *vi* sich zurückhalten; **kindly ~ from smoking/talking** wir bitten, das Rauchen/Sprechen zu unterlassen

re·fresh [rɪˈfreʃ] *vt* **①** (*reinvigorate*) *sleep, a holiday* auffrischen **②** (*cool*) abkühlen; *food* abschrecken **③** (*fig*) *one's knowledge, skills* auffrischen; **to ~ one's memory** seinem Gedächtnis auf die Sprünge helfen **④** AM (*refill*) **to ~ sb's coffee/glass/lemonade** jds Kaffee/Glas/Limonade nachfüllen

re·fresh·er [rɪˈfreʃə^r] *n* **①** (*course*) Auffrischungskurs *m* **②** (*drink*) Erfrischung *f* **③** BRIT LAW (*fee*) zusätzliches Honorar (*für einen Anwalt bei längerer Prozessdauer*) **re·ˈfresh·ing** [rɪˈfreʃɪŋ] *adj* **①** (*rejuvenating*) *air, colour, drink* erfrischend **②** (*pleasing*) *thought* wohltuend; **a ~ change** eine willkommene Abwechslung **re·ˈfresh·ment** [rɪˈfreʃmənt] *n* **①** (*rejuvenation*) Erfrischung *f*, Belebung *f* **②** ■ **~s** *pl* (*drink*) Erfrischungen *pl*; (*food*) Snacks *pl*; **light ~s** Erfrischungsgetränke und Snacks

re·fri·ger·ant [rɪˈfrɪdʒ°r°nt] *n* Kühlmittel *nt*

re·fri·ger·ate [rɪˈfrɪdʒ°reɪt] **I.** *vt food, drink* im Kühlschrank aufbewahren **II.** *vi* **~ after opening** nach dem Öffnen kühl aufbewahren

re·fri·ger·a·tion [rɪˌfrɪdʒ°rˈeɪʃ°n] *n no pl* Kühlung *f*

re·fri·ger·a·tor [rɪˈfrɪdʒ°reɪtə^r] *n* Kühlschrank *m*

re·fuel <BRIT -ll- *or* AM *usu* -l-> [ˌriːˈfjuːəl] **I.** *vi plane* auftanken **II.** *vt airplane, lorry* auftanken; (*fig*) *controversy, speculation* anheizen

ref·uge [ˈrefjuːdʒ] *n* **①** (*secure place*) Zuflucht *f*, Zufluchtsort *m*; Frauenhaus *nt*; **to take ~ in sth** in etw *dat* Zuflucht suchen **②** (*from reality*) **to seek ~ in sth** in etw *dat* Zuflucht suchen; **to take ~ in sth** sich in etw *akk* flüchten

refu·gee [ˌrefjuˈdʒiː] *n* Flüchtling *m*; **economic ~** Wirtschaftsflüchtling *m*; **political ~** politischer Flüchtling; **~ camp** Flüchtlingslager *nt*

re·fund I. *vt* [ˌriːˈfʌnd] **to ~ expenses/money** Auslagen/Geld zurückerstatten; ■ **to ~ sb sth** jdm etw *akk* zurückerstatten **II.** *n* [ˈriːfʌnd] Rückzahlung *f*; **I'd like a ~ on this shirt, please** ich hätte gern mein Geld für dieses Hemd zurück

re·fur·bish [ˌriːˈfɜːbɪʃ] *vt* aufpolieren; *furniture* verschönern; *house* renovieren

re·fus·al [rɪˈfjuːz°l] *n* Ablehnung *f*; *of offer* Zurückweisung *f*; *of invitation* Absage *f*; *of food, visa* Verweigerung *f*; **~ of an application/planning permission** Ablehnung *f* eines Antrags/einer Baugenehmigung

re·fuse¹ [rɪˈfjuːz] **I.** *vi* ablehnen; *horse* verweigern **II.** *vt* ablehnen, zurückweisen; **to ~ sb credit** jdm keinen Kredit gewähren; **the horse ~d the obstacle** das Pferd hat am Hindernis verweigert; **to ~ an offer** ein Angebot ausschlagen; **to ~ a request** eine Bitte abschlagen

re·fuse² [ˈrefjuːs] *n* (*form*) Abfall *m*, Müll *m*

'ref·use bin n Mülltonne f **'ref·use col·lec·tion** n no pl Müllabfuhr f **'ref·use col·lec·tor** n (form) Müllwerker m geh **'ref·use dis·pos·al** n no pl Müllbeseitigung f **'ref·use dump** n Mülldeponie f

re·fuse·nik [rɪˈfjuːznɪk] n POL ① (hist) Flüchtling m (ursprünglicher Ausdruck für russische Juden, denen die Emigration aus einem Land verweigert wird) ② (protestor) Verweigerer(in) m(f) pej

refu·ta·tion [ˌrɛfjʊˈteɪʃən] n Widerlegung f

re·fute [rɪˈfjuːt] vt widerlegen, entkräften

re·gain [rɪˈɡeɪn] vt wiederbekommen, zurückbekommen; consciousness wiedererlangen; to ~ one's footing wieder Halt finden; to ~ [lost] ground [verlorenen] Boden zurückgewinnen; to ~ one's health wieder gesund werden; to ~ lost time verlorene Zeit wieder einholen; to ~ the use of one's legs/fingers seine Beine/Finger wieder gebrauchen können

re·gal [ˈriːɡəl] adj königlich, majestätisch

re·gale [rɪˈɡeɪl] vt to ~ sb with sth stories, jokes jdn mit etw dat aufheitern; food, drink jdn mit etw dat verwöhnen

re·ga·lia [rɪˈɡeɪlɪə] n + sing/pl vb Kostüme pl, Aufmachung f kein pl hum; (of royalty) Insignien pl

re·gard [rɪˈɡɑːd] I. vt ① (consider) betrachten; ■ to ~ sb/sth as sth jdn/etw als etw betrachten; she is ~ed as a talented actress sie wird für eine talentierte Schauspielerin gehalten; to ~ sb with great respect jdn sehr schätzen; to ~ sb highly jdn hoch schätzen; (be considerate of) große Rücksicht auf jdn nehmen; to not ~ sb's needs/situation/wishes jds Bedürfnisse/Situation/Wünsche nicht berücksichtigen ② (look at) ■ to ~ sb/sth jdn/etw betrachten ③ (concerning) ■ as ~ s ... was ... angeht, II. n ① (consideration) Rücksicht f; without ~ for sb/sth ohne Rücksicht auf jdn/etw; without ~ to race or colour egal welcher Rasse und Hautfarbe; to pay no ~ to a warning eine Warnung in den Wind schlagen ② (respect) Achtung f (for vor); to hold sb/sth in high ~ Hochachtung vor jdm/etw haben; to hold sb/sth in low ~ jdn/etw gering schätzen; to lose one's ~ for sb seine Achtung vor jdm verlieren ③ (gaze) Starren nt ④ (aspect) in this ~ in dieser Hinsicht ⑤ (concerning) ■ with ~ to ... in Bezug auf ... +akk; there is no problem as ~s the financial arrangements es gibt kein Problem, was die finanziellen Vereinbarungen angeht

re·gard·ful [rɪˈɡɑːdfʊl] adj pred ■ to be ~ of sth auf etw akk Rücksicht nehmen **re·gard·ing** [rɪˈɡɑːdɪŋ] prep bezüglich +gen; ~ your inquiry bezüglich Ihrer Anfrage **re·gard·less** [rɪˈɡɑːdləs] adv trotzdem; ~ of age/consequences/danger trotz des Alters/der Konsequenzen/der Gefahr; ~ of the expense ungeachtet der Kosten; ~ of sb's opposition gegen jds Widerstand; to press on ~ trotzdem weitermachen

re·gards [rɪˈɡɑːdz] n pl Grüße mpl; kind [or best] ~ viele Grüße; please give my ~ to your mother bitte grüße deine Mutter von mir; Jim sends his ~ Jim lässt grüßen

re·gat·ta [rɪˈɡætə] n Regatta f

re·gen·cy [ˈriːdʒən(t)si] I. n Regentschaft f; (period of rule) Regentschaft[szeit] f II. adj attr Régence-

re·gen·er·ate [rɪˈdʒɛnəreɪt] I. vt ① (revive) erneuern; to ~ [inner] cities [Innen]städte neu gestalten; to ~ sb/sb's spirit REL jdn/jds Geist erneuern ② ELEC rückkoppeln ③ (grow again) claw, tissue neu bilden II. vi BIOL sich regenerieren geh; tissue sich neu bilden

re·gen·er·a·tion [rɪˌdʒɛnəˈreɪʃən] n no pl ① (improvement) Erneuerung f, Regeneration f; urban ~ Stadtsanierung f; of spirit Erholung f; REL Erneuerung f ② ELEC Rückkopplung f ③ BIOL no pl Neubildung f

re·gent [ˈriːdʒənt] I. n Regent(in) m(f) II. adj after n Prince R~ Prinzregent m

reg·gae [ˈrɛɡeɪ] n no pl Reggae m

regi·cide [ˈrɛdʒɪsaɪd] n ① (person) Königsmörder(in) m(f); (act) Ermordung f eines Königs; (crime) Königsmord m

re·gime [reɪˈʒiːm] n ① (government) Regime nt ② (in management) Leitung f ③ (procedure) Behandlungsweise f

regi·men [ˈrɛdʒɪmən] n ① (plan for health) Gesundheitsplan m (entsprechend ärztlichen Anweisungen) ② (routine) geregelter Tagesablauf

regi·ment I. n [ˈrɛdʒɪmənt] + sing/pl vb ① MIL Regiment nt ② (fig: group of people) Schar f II. vt [ˈrɛdʒɪmɛnt] ① MIL to ~ troops Truppen in Gruppen einordnen ② (regulate) ■ to ~ sb jdn kontrollieren; ■ to ~ sth etw reglementieren

regi·men·ta·tion [ˌrɛdʒɪmɛnˈteɪʃən] n Reglementierung f

re·gion [ˈriːdʒən] n ① (geographical) Region f; the Birmingham ~ die Region um Birmingham ② (administrative) [Verwaltungs]bezirk m, Provinz f ③ (of the body) Gegend f; in the ~ of the head im Bereich des Kopfes; the stomach ~ die Magengegend ④ (approximately) ■ in the ~ of ... etwa bei ..., im Bereich von ...

re·gion·al [ˈriːdʒənəl] I. adj regional II. n ■ the ~s pl SPORTS regionaler Wettbewerb **re·gion·al·ism** [ˈriːdʒənəlɪzəm] n ① no pl Re-

gionalismus *m* ② LING Regionalismus *m*; (*word*) nur regional verwendeter Ausdruck
reg·is·ter [ˈrɛdʒɪstəʳ] **I.** *n* ① (*official list*) Register *nt*, Verzeichnis *nt* ② (*device*) Registriergerät *nt*; AM (*till*) Kasse *f* ③ (*range*) Stimmumfang *m*; (*part of span*) Stimmlage *f* ④ LING Register *nt fachspr* **II.** *vt* ① (*report*) registrieren; **to ~ a birth/death** eine Geburt/einen Tod anmelden; *car* zulassen; *copyright, trademark* eintragen ② (*measure*) anzeigen ③ (*at post office*) *letter, parcel* per Einschreiben schicken ④ (*notice*) ■ **to ~ sth** sich *dat* etw merken ⑤ (*show*) **to ~ disappointment/shock/surprise** sich enttäuscht/schockiert/überrascht zeigen; **to ~ protest** Protest zum Ausdruck bringen **III.** *vi* ① (*person*) sich melden; (*to vote*) sich eintragen; (*at university*) sich einschreiben [*o* immatrikulieren]; **to ~ with the authorities/ police** sich behördlich/polizeilich anmelden; **to ~ at a hotel** sich in einem Hotel anmelden; **to ~ as unemployed** sich arbeitslos melden ② *machine, measuring device* angezeigt werden ③ (*show*) sich zeigen

reg·is·tered [ˈrɛdʒɪstəd] *adj* registriert, gemeldet; *charity* eingetragen; *vehicle* amtlich zugelassen; **~ nurse** *esp* AM staatlich anerkannte Krankenschwester

reg·is·trar [ˌrɛdʒɪˈstrɑːʳ] *n* ① (*for the state*) Standesbeamte(r) *m*, Standesbeamte [*o* -in] *f* ② UNIV (*office*) Studentensekretariat *nt*; *person* höchste(r) Verwaltungsbeamte(r)/höchste Verwaltungsbeamtin ③ BRIT, AUS (*at hospital*) Assistenzarzt, Assistenzärztin *m, f*

reg·is·tra·tion [ˌrɛdʒɪˈstreɪʃən] *n* ① (*action*) Anmeldung *f*; (*at university*) Einschreibung *f*; *car* ~ Autozulassung *f* ② AUTO (*certificate*) Kraftfahrzeugbrief *m*; (*number*) Kraftfahrzeugkennzeichen *nt*

reg·is·ˈtra·tion docu·ment *n* BRIT Kraftfahrzeugbrief *m* **reg·is·ˈtra·tion fee** *n* Anmeldegebühr *f*; UNIV Einschreibegebühr *f*; **reg·is·ˈtra·tion num·ber** *n* Kraftfahrzeugkennzeichen *nt*

reg·is·try [ˈrɛdʒɪstri] *n* BRIT Standesamt *nt*; **business** ~ Handelsregister *nt*; **land** ~ Katasteramt *nt*

ˈreg·is·try office *n* BRIT Standesamt *nt*

re·gress [rɪˈgrɛs] *vi* ① (*lose ability*) sich verschlechtern; (*deteriorate*) *person* sich zurückentwickeln; *society* sich rückläufig entwickeln; PSYCH regredieren *fachspr*

re·gres·sion [rɪˈgrɛʃən] *n no pl* ① MED (*physical*) Regression *f fachspr*, Verschlechterung *f*; (*mental*) Zurückentwicklung *f* ② MATH Regression *f*

re·gres·sive [rɪˈgrɛsɪv] *adj* ① (*becoming worse*) rückschrittlich ② (*tax type*) regressiv ③ (*in philosophy*) rückläufig

re·gret [rɪˈgrɛt, re-] **I.** *vt* <-tt-> bedauern; **they ~ted pouring paint on the neighbour's car** es tat ihnen leid, dass sie Farbe auf das Auto des Nachbarn geschüttet hatten **II.** *vi* <-tt-> ■ **to ~ to do sth** bedauern, etw tun zu müssen; **I ~ to have to inform you that ...** leider muss ich Ihnen mitteilen, dass ... **III.** *n* Bedauern *nt kein pl*; **my only ~ is that ...** das Einzige, was ich bedaure, ist, dass ...; **a pang of ~** ein Anflug *m* von Reue; **much to my ~** zu meinem großen Bedauern; **to have no ~s** about sth nicht bereuen; **to send one's ~s** sich entschuldigen [lassen]

re·gret·ful [rɪˈgrɛtfəl, re-] *adj* bedauernd; *smile* wehmütig; ■ **to be ~ about sth** etw bedauern **re·gret·ful·ly** [rɪˈgrɛtfəli, re-] *adv* mit Bedauern; **I left New York ~** schweren Herzens verließ ich New York **re·gret·table** [rɪˈgrɛtəbl, re-] *adj* bedauerlich

re·group [ˌriːˈgruːp] **I.** *vt* neu gruppieren; **to ~ one's forces** die Streitkräfte neu formieren **II.** *vi troops, demonstrators* sich neu formieren

regu·lar [ˈrɛgjələʳ] **I.** *adj* ① (*routine*) regelmäßig; *price* regulär; **to do sth on a ~ basis** etw regelmäßig tun; **~ customer** Stammkunde(in) *m(f)*; **~ income** geregeltes Einkommen; **~ procedure** übliche Vorgehensweise ② (*steady in time*) regelmäßig; **to keep ~ hours** sich an feste Zeiten halten; **to eat ~ meals** regelmäßig essen ③ (*well-balanced*) regelmäßig; *surface* gleichmäßig; GEOM symmetrisch ④ (*not unusual*) üblich, normal; **my ~ doctor was on vacation** mein Hausarzt war im Urlaub; **~ gas** AM Normalbenzin *nt* ⑤ *attr* AM (*size*) **~ fries** normale Portion Pommes Frites; (*of clothing*) **~ size** Normalgröße *f* ⑥ LING regelmäßig ⑦ (*approv: nice*) nett, umgänglich **II.** *n* (*customer*) Stammgast *m*

regu·lar·ity [ˌrɛgjəˈlærəti] *n no pl* (*in time*) Regelmäßigkeit *f*, Gleichmäßigkeit *f*; (*in shape*) Ebenmäßigkeit *f* **regu·lar·ize** [ˈrɛgjələʳaɪz] *vt* ① (*make consistent*) *a language, work hours* standardisieren, vereinheitlichen ② (*normalize*) *status, relationship* normalisieren **II.** *vi breathing, heart beat* sich regulieren **regu·lar·ly** [ˈrɛgjələli] *adv* ① (*evenly*) regelmäßig ② (*frequently*) regelmäßig ③ (*equally*) gleichmäßig ④ AM COMM, ECON (*normally*) regulär

regu·late [ˈrɛgjəleɪt] *vt* ① (*supervise*) regeln, steuern; ■ **to ~ whether/how/when ...** festlegen, ob/wie/wann ... ② (*adjust*) regulieren; **to ~ the flow of input/supplies/ water** den Eingaben-/Versorgungs-/Wasserfluss regeln

reg·u·la·tion [ˌregjəˈleɪʃᵊn] I. n ❶ (*rule*) Vorschrift f, Bestimmung f (**on** über); **in accordance with the ~s** vorschriftsmäßig; **fire ~s** Brandschutzbestimmungen pl; **health ~s** Gesundheitsverordnungen pl; **rules and ~s** Regeln und Bestimmungen ❷ no pl (*supervision*) Überwachung f II. adj vorgeschrieben; **the ~ pin-stripe suit** der obligatorische Nadelstreifenanzug

reg·u·la·tor [ˈregjəleɪtə'] n ❶ TECH Regler m ❷ (*person*) aufsichtsführende Person

reg·u·la·tory [ˈregjələtᵊri] adj Aufsichts-, Kontroll-; **~ enzymes/hormones** Regulierungsenzyme/-hormone pl; **~ powers** ordnungspolitische Instrumente

re·gur·gi·tate [rɪˈgɜːdʒɪteɪt] vt ❶ (*throw up*) *food* wieder hochwürgen ❷ (*pej: repeat*) *facts, information* nachplappern

re·ha·bili·tate [ˌriːhəˈbɪlɪteɪt] vt ❶ (*have therapy*) rehabilitieren; *criminal* resozialisieren; **to ~ victims of accidents** Unfallopfer wieder ins normale Leben eingliedern ❷ (*restore reputation*) rehabilitieren

re·ha·bili·ta·tion [ˌriːhəˌbɪlɪˈteɪʃᵊn] I. n no pl ❶ *of criminals* Resozialisierung f; *of drug addicts* Rehabilitation f; *of victims* Wiedereingliederung f ins normale Leben ❷ (*of reputation*) Rehabilitation f; **to be given a ~** rehabilitiert werden ❸ (*renovation*) Instandsetzung f, Sanierung f II. adj Rehabilitations-; **drug ~ centre** Entziehungsanstalt f

re·hash I. vt [ˌriːˈhæʃ] ❶ (*pej fam: offer as new*) aufwärmen ❷ (*discuss*) wiederkäuen; **to ~ events** Ereignisse noch einmal durchsprechen II. n <pl -es> [ˈriːhæʃ] (*fam*) Aufguss m

re·hears·al [rɪˈhɜːsᵊl] n ❶ THEAT Probe f; ■ **to be in ~** geprobt werden ❷ (*recital*) **a ~ of arguments/complaints/criticisms** eine Aufzählung von Argumenten/Beschwerden/Kritiken

re·hearse [rɪˈhɜːs] I. vt ❶ THEAT, MUS (*practise*) proben; (*in thought*) [in Gedanken] durchgehen ❷ (*prepare*) ■ **to ~ sb** jdn vorbereiten ❸ (*repeat*) ■ **to ~ sth** *arguments, old theories* etw aufwärmen *fig* II. vi proben

re·hy·dra·tion [ˌriːhaɪˈdreɪʃᵊn] n Flüssigkeitsersatz m, Rehydration f

reign [reɪn] I. vi ❶ (*be king, queen*) regieren, herrschen; (*be head of state*) regieren; **to ~ over a country** ein Land regieren ❷ (*be dominant*) dominieren; ■ **to ~ over sb/sth** jdn/etw beherrschen; **confusion/peace/silence ~s** es herrscht Verwirrung/Frieden/Stille II. n Herrschaft f; **during the ~ of Queen Victoria** unter der Herrschaft von Königin Victoria

re·im·burse [ˌriːɪmˈbɜːs] vt ■ **to ~ sb** jdn entschädigen; **to ~ sth** etw ersetzen; *expenses* [rück]erstatten

re·im·burse·ment [ˌriːɪmˈbɜːsmənt] n Rückzahlung f; *of expenses* Erstattung f; *of loss* Entschädigung f

rein [reɪn] I. n usu pl (*for horse*) Zügel m; BRIT (*for children*) Laufgurt m ▸ **to give free ~ to sb** jdm freie Hand lassen; **to keep a tight ~ on sb/sth** jdn/etw an der kurzen Leine halten II. vt to ~ **a horse** ⟳ **in** ein Pferd zügeln; (*fig*) ■ **to ~ sb in** jdn an die Kandare nehmen

re·in·car·na·tion [ˌriːɪnkɑːˈneɪʃᵊn] n ❶ (*rebirth*) Reinkarnation f geh, Wiedergeburt f; (*fig*) *product* Nachbau m ❷ no pl (*philosophy*) Reinkarnation[slehre] f

rein·deer <pl -> [ˈreɪndɪə'] n Rentier nt

re·in·force [ˌriːɪnˈfɔːs] vt ❶ (*strengthen*) verstärken; *concrete* armieren; *findings, opinion, prejudice* bestätigen; *impression* verstärken; **that just ~s what I've been saying** das unterstreicht genau das, was ich gesagt habe; **to ~ an argument with sth** ein Argument mit etw dat untermauern ❷ MIL **to ~ a border/one's position/troops** eine Grenze/seine Position/Truppen verstärken

re·in·force·ment [ˌriːɪnˈfɔːsmənt] n ❶ no pl Verstärkung f, Armierung f fachspr; **steel ~** Stahlträger m meist pl ❷ ■ **~s** pl (*troops*) Verstärkungstruppen pl; (*equipment*) Verstärkung f

re·in·state [ˌriːɪnˈsteɪt] vt ❶ (*at job*) ■ **to ~ sb** jdn wieder einstellen; **to ~ sb in a position** jdn in eine Position wieder einsetzen ❷ (*re-establish*) ■ **to ~ sth** *death penalty, sales tax* etw wieder einführen; **to ~ law and order** die öffentliche Ordnung wiederherstellen

re·in·sure [ˌriːɪnˈʃʊə'] vi, vt rückversichern

re·in·te·grate [ˌriːˈɪntɪgreɪt] vt **to ~ a criminal into society** einen Kriminellen resozialisieren; **to ~ a patient** einen Patienten wieder [in die Gesellschaft] eingliedern

re·in·te·gra·tion [ˌriːɪntɪˈgreɪʃᵊn] n *of a criminal* Resozialisierung f; *of a patient* Wiedereingliederung f

re·in·tro·duce [ˌriːɪntrəˈdjuːs] vt wieder einführen; **to ~ an animal into the wild** ein Tier in die Wildnis zurückführen

re·is·sue [ˌriːˈɪʃuː] I. vt *novel, recording* neu herausgeben II. n Neuauflage f, Neuausgabe f

re·it·er·ate [rɪˈɪtᵊreɪt] vt wiederholen

re·it·era·tion [rɪˌɪtᵊrˈeɪʃᵊn] n Wiederholung f

re·ject I. vt [rɪˈdʒekt] ❶ (*decline*) ablehnen, zurückweisen; **to ~ an excuse** eine Entschuldigung nicht annehmen ❷ (*snub*) ■ **to ~ sb** jdn abweisen; **to feel ~ed** sich als Außenseiter(in) fühlen ❸ MED **to ~ a drug** ein Medikament nicht vertragen; **to ~ a transplant** ein Transplantat abstoßen ❹ (*not accept*) *token, bill, coin, card* nicht annehmen **II.** *n* ['riːdʒekt] (*product*) Fehlerware *f*, Ausschussware *f*; (*person*) Außenseiter(in) *m(f)*

re·jec·tion [rɪ'dʒekʃ*ə*n] *n* ❶ (*dismissing*) Ablehnung *f*, Absage *f*; **fear of ~** Furcht *f* vor Ablehnung; **to meet with ~** auf Ablehnung stoßen ❷ MED Abstoßung *f*

re·joice [rɪ'dʒɔɪs] *vi* sich freuen; ▪ **to ~ at sth** sich an etw *dat* erfreuen *geh*; ▪ **to ~ in doing sth** genießen, etw zu tun

re·joic·ing [rɪ'dʒɔɪsɪŋ] *n no pl* Freude *f* (**at** über)

re·join[1] [riː'dʒɔɪn] *vt* (*reunite with*) ▪ **to ~ sb/sth** sich mit jdm/etw wiedervereinigen; **to ~ the motorway** wieder auf die Autobahn fahren; **to ~ a political party** wieder in eine Partei eintreten

re·join[2] [rɪdʒɔɪn] *vt* (*form: reply*) erwidern *geh*

re·join·der [rɪ'dʒɔɪndəʳ] *n* (*form*) Erwiderung *f geh*; **~ to a question** Antwort *f* auf eine Frage

re·ju·ve·nate [rɪ'dʒuːv*ə*neɪt] *vt* ❶ (*energize*) revitalisieren *geh*; **to feel ~d** (*after a rest, holiday*) sich frisch und munter fühlen ❷ (*make younger, modernize*) verjüngen; **since he fell in love, he has felt ~d** seit er sich verliebt hat, fühlt er sich Jahre jünger; **to ~ a factory/firm/town** eine Fabrik/Firma/Stadt modernisieren

re·kin·dle [ˌriː'kɪndl] *vt* (*also fig*) wieder entfachen

re·lapse I. *n* ['riːlæps] MED Rückfall *m*; (*in economy*) Rückschlag *m* **II.** *vi* [rɪ'læps] ❶ MED (*after improvement*) einen Rückfall haben; *economy* einen Rückschlag erleiden; **to ~ into alcoholism/drug abuse** wieder dem Alkoholismus/Drogenkonsum verfallen ❷ (*to previous state*) **to ~ into coma/sleep** in ein Koma/einen Schlaf verfallen; **to ~ into silence** in Schweigen verfallen

re·late [rɪ'leɪt] **I.** *vt* ❶ (*show relationship*) ▪ **to ~ sth with sth** etw mit etw *dat* in Verbindung bringen ❷ (*narrate*) erzählen; ▪ **to ~ sth to sb** jdm etw berichten **II.** *vi* ❶ (*fam: get along*) ▪ **to ~ to sb/sth** eine Beziehung zu jdm/etw finden; **can you ~ to country music?** hast du etwas für Countrymusic übrig? ❷ (*be about*) ▪ **to ~ to sb/sth** von jdm/ etw handeln; (*be relevant to*) **chapter nine ~s to the effect of inflation** in Kapitel neun geht es um die Auswirkungen der Inflation; **I fail to see how your proposal ~s to me** es ist mir nicht klar, inwiefern Ihr Vorschlag mich betrifft

re·lat·ed [rɪ'leɪtɪd] *adj* ❶ (*connected*) verbunden; **we discussed inflation, unemployment and ~ issues** wir diskutierten über Inflation, Arbeitslosigkeit und damit zusammenhängende Themen; **to be directly ~ to sth** in direktem Zusammenhang mit etw *dat* stehen ❷ *species, language* verwandt (**to** mit); **to be ~ by blood** blutsverwandt sein; **to be ~ by marriage** durch Heirat verwandt sein; **closely/distantly ~** nah/entfernt verwandt

re·lat·ing to [rɪ'leɪtɪŋ-] *prep* in Zusammenhang mit +*dat*

re·la·tion [rɪ'leɪʃ*ə*n] *n* ❶ *no pl* (*connection*) Verbindung *f*, Bezug *m*; **in ~ to** in Bezug auf +*akk*; **I haven't understood what this question is in ~ to** ich verstehe nicht, worauf sich diese Frage bezieht; **to bear no ~** keinerlei Beziehung haben; (*in appearance*) **to bear no ~ to sb** jdm überhaupt nicht ähnlich sehen ❷ (*relative*) Verwandte(r) *f(m)*; **is Hans any ~ to you?** ist Hans irgendwie mit dir verwandt?; **~ by marriage** angeheirateter Verwandter/angeheiratete Verwandte; **closest living ~** nächster lebender Verwandter/nächste lebende Verwandte ❸ (*between people, countries*) **~s** *pl* Beziehungen *pl*, Verhältnis *nt* (**between** zwischen); **to break off ~s with sb/sth** den Kontakt zu jdm/etw abbrechen

re·la·tion·ship [rɪ'leɪʃ*ə*nʃɪp] *n* ❶ (*connection*) Beziehung *f*; **to establish a ~ between sth and sth** zwischen etw *dat* und etw *dat* eine Verbindung herstellen ❷ (*in family*) Verwandtschaftsverhältnis *nt* ❸ (*association*) Verhältnis *nt*, Beziehung *f* (**to/with** zu); **business ~** Geschäftsbeziehung *f*; (*romantic*) Beziehung *f*; ▪ **to be in a ~ with sb** mit jdm eine feste Beziehung haben

rela·tive ['relətɪv] **I.** *adj* ❶ (*connected to*) relevant (**to** für); (*relevant*) sich auf etw *akk* beziehen ❷ (*corresponding*) jeweilige(r, s); **to be ~ to sth** von etw *dat* abhängen; **petrol consumption is ~ to a car's speed** der Benzinverbrauch hängt von der Geschwindigkeit des Autos ab ❸ (*comparative*) relative(r, s), vergleichbare(r, s); (*not absolute*) *evil, happiness* relativ **II.** *adv* ▪ **to ~** sich beziehend auf +*akk* **III.** *n* Verwandte(r) *f(m)*; **~ by marriage** angeheirateter Verwandter/angeheiratete Verwandte; **distant ~** entfernter Verwandter/entfernte Verwandte

rela·tive 'clause *n* Relativsatz *m*

rela·tive·ly ['relətɪvli] *adv* relativ

rela·tiv·ity [ˌrelə'tɪvəti] *n no pl* Relativität *f*; **[Einstein's] Theory of R~** [Einsteins] Relativitätstheorie *f*

re·launch I. *vt* [rɪ'lɔːn(t)ʃ] ❶ AEROSP **to ~ a**

rocket eine Rakete erneut starten ❷ ECON to ~ a product ein Produkt erneut auf den Markt bringen ❸ ECON, TRANSP ~ of a rocket Zweitstart *m* einer Rakete; ~ of a ship zweiter Stapellauf eines Schiffes ❷ ECON ~ of a brand/a product Wiedereinführung *f* einer Marke/eines Produkts

re·lax [rɪˈlæks] **I.** *vi* sich entspannen; ~! entspann dich!; (*don't worry*) beruhige dich!; **to ~ with a cup of tea** sich bei einer Tasse Tee entspannen **II.** *vt rules, supervision* lockern; **to ~ one's grip on sth** seinen Griff um etw *akk* lockern; **to ~ one's muscles** (*by resting*) die Muskeln entspannen; (*by massage or movement*) die Muskeln lockern; **to ~ security** die Sicherheitsmaßnahmen einschränken

re·laxa·tion [ˌriːlækˈseɪʃən] **I.** *n* ❶ (*recreation*) Entspannung *f* ❷ (*liberalizing*) ~ **of discipline** Nachlassen *nt* der Disziplin; ~ **of laws** Liberalisierung *f* von Gesetzen; ~ **of the rules** Lockerung *f* der Vorschriften **II.** *adj attr* Entspannungs-

re·laxed [rɪˈlækst] *adj* ❶ (*at ease*) entspannt; **to feel ~** sich entspannt fühlen ❷ (*easy-going*) locker, gelassen; *manner* lässig; **to be ~ about sth** etw gelassen sehen; **to take a ~ approach to sth** gelassen an etw *akk* herangehen

re·lay [ˈriːleɪ] **I.** *vt* ■ **to ~ sth to sb** jdm etw mitteilen; **to ~ a message** eine Meldung weiterleiten; **to ~ TV pictures** Fernsehbilder übertragen; **to ~ the news to sb** jdm die Neuigkeiten weitererzählen **II.** *n* ❶ (*group*) Ablösung *f*; *of workers* Schicht *f* ❷ SPORTS ~ [race] Staffellauf *m* ❸ ELEC (*device*) Relais *nt*

re·lay <-laid, -laid> [ˌriːˈleɪ] *vt carpet* neu verlegen; *floor* neu auslegen

re·lease [rɪˈliːs] **I.** *vt* ❶ (*set free*) freilassen ❷ LAW ■ **to ~ sb** jdn [aus der Haft] entlassen; **to ~ sb on bail** gegen Kaution auf freien Fuß setzen; **to ~ sb from prison** jdn aus dem Gefängnis entlassen; **to ~ sb on probation** jdn auf Bewährung entlassen ❸ (*fig: free from suffering*) ■ **to ~ sb from sth** jdn von etw *dat* befreien ❹ (*move sth from fixed position*) *brake* lösen; PHOT *shutter* betätigen ❺ (*detonate, drop*) *bomb* abwerfen; *missile* abschießen ❻ (*allow to escape*) *gas, steam* freisetzen; **to ~ sth into the atmosphere** etw in die Atmosphäre entweichen lassen ❼ (*relax pressure*) loslassen; **to ~ one's grip** seinen Griff lockern ❽ (*make public, circulate*) verbreiten; (*issue*) veröffentlichen; *film, CD* herausbringen; **to be ~d** erscheinen, auf den Markt kommen **II.** *n no pl* ❶ (*setting free*) Entlassung *f*; ~ **of a hostage** Freilassung *f* einer Geisel ❷ (*mechanism*) Auslöser *m*; **brake/clutch ~** Brems-/Kupplungsausrückmechanismus *m*; ~ **cord** Reißleine *f* ❸ (*action*) *of a handbrake* Lösen *nt* ❹ (*items on hold*) *of funds, goods* Freigabe *f* ❺ (*relaxation*) Entspannung *f*; *of tension* Nachlassen *nt*; (*freeing from unpleasant feeling*) Erleichterung *f* ❻ (*escape of gases*) Entweichen *nt* ❼ *no pl* (*publication*) Veröffentlichung *f* ❽ (*information document*) Verlautbarung *f*; **press ~** Pressemitteilung *f* ❾ (*new CD*) Neuerscheinung *f*

rel·egate [ˈrelɪgeɪt] *vt usu passive* ❶ (*lower in status*) **the story was ~d to the middle pages of the paper** die Story wurde in den Mittelteil der Zeitung verschoben; **to ~ sb to the background** jdn in den Hintergrund drängen ❷ BRIT SPORTS **to ~ a team** eine Mannschaft absteigen lassen (**from** aus)

re·lent [rɪˈlent] *vi people* nachgeben; *wind, rain* nachlassen

re·lent·less [rɪˈlentləs] *adj* (*unwilling to compromise*) unnachgiebig; (*without stopping*) unablässig; *persecution* gnadenlos; *pressure* unaufhörlich; ~ **summer heat** anhaltende sommerliche Hitze; ■ **to be ~ in doing sth** etw unermüdlich tun

rele·vance [ˈreləvən(t)s] *n no pl*, **rele·van·cy** [ˈreləvən(t)si] *n no pl* ❶ (*appropriateness*) Relevanz *f geh*, Bedeutsamkeit *f* (**to** für); **I don't quite understand the ~ of your question** ich weiß nicht so recht, worauf Sie mit Ihrer Frage hinauswollen; **to have ~ to sth** Bezug auf etw *akk* haben ❷ (*significance*) Bedeutung *f* (**to** für); **to have ~ for sb/sth** für jdn/etw relevant sein

rele·vant [ˈreləvənt] *adj* ❶ (*appropriate*) relevant; **for further information please refer to the ~ leaflet** weitere Informationen entnehmen Sie bitte der entsprechenden Broschüre; **to be** [**hardly**] **~ to sth** für etw *akk* [kaum] von Bedeutung sein; **the question is not ~ to the case** die Frage gehört nicht zur Sache; **please bring all the ~ documents** bitte bringen Sie alle die nötigen Papiere mit ❷ (*important*) wichtig, bedeutend; **highly ~** höchst bedeutungsvoll ❸ (*appropriate to modern life*) gegenwartsbezogen; **to remain ~** seine Aktualität bewahren

re·li·abil·ity [rɪˌlaɪəˈbɪləti] *n no pl* ❶ (*dependability*) Zuverlässigkeit *f* ❷ (*trustworthiness*) Vertrauenswürdigkeit *f*

re·li·able [rɪˈlaɪəbl] *adj* ❶ (*dependable*) verlässlich, zuverlässig ❷ (*credible*) glaubwürdig; *criterion* sicher ❸ (*trustworthy*) vertrauenswürdig, seriös

re·li·ance [rɪˈlaɪən(t)s] *n no pl* ❶ (*dependence*) Verlass *m* (**on** auf); **sb cannot avoid ~**

relief

expressing relief	Erleichterung ausdrücken
I'm so glad things turned out the way they did!	Ich bin sehr froh, dass es nun so gekommen ist!
I'm so relieved!	Bin ich froh!
That's a weight off my mind!	Mir fällt ein Stein vom Herzen!
It's lucky you came!	Ein Glück, dass du gekommen bist!
Thank goodness!/Thank God!	Gott sei Dank!
Done it! (fam)/Finished! (fam)	Geschafft! (fam)
At last!	Endlich!

on sth jd ist auf etw *akk* angewiesen ❷ (*trust*) Vertrauen *nt;* **to place ~ on sb/sth** Vertrauen in jdn/etw setzen

re·li·ant [rɪˈlaɪənt] *adj* ■ **to be ~ on sb/sth** von jdm/etw abhängig sein; ■ **to be ~ on sb/sth to do sth** abhängig davon sein, dass jd/etw etw tut

rel·ic [ˈrelɪk] *n* ❶ (*object*) Relikt *nt*, Überbleibsel *nt*, Überrest *m* ❷ (*pej: survival from past*) Relikt *nt;* (*hum: sth old-fashioned*) altmodisches Ding, Ding *nt* von anno dazumal ❸ (*saintly remains*) Reliquie[n] *f[pl]*

re·lief¹ [rɪˈliːf] *n* ❶ *no pl* (*assistance for poor*) Hilfsgüter *pl;* **to be on ~** AM (*fam*) von der Sozialhilfe leben; **disaster-/famine ~** Katastrophen-/Hungerhilfe *f* ❷ (*diminution*) Entlastung *f;* **~ of hunger/suffering** Linderung *f* von Hunger/Leid; **tax ~** Steuerermäßigung *f* ❸ (*release from tension*) Erleichterung *f;* **to feel an incredible sense of ~** sich unglaublich erleichtert fühlen; **to breathe a sigh of ~** erleichtert aufatmen ❹ (*substitute*) Ersatz *m*, Vertretung *f*

re·lief² [rɪˈliːf] *n* ❶ (*three-dimensional representation*) Reliefdruck *m* ❷ (*sculpture*) Relief *nt* ❸ *no pl* (*sharpness of image*) Kontrast *m;* **to be in ~ against sth** sich von etw *dat* abheben; **to stand out in sharp ~** sich deutlich von etw *dat* abheben

re·lief work·er *n* Mitarbeiter(in) *m(f)* einer Hilfsorganisation; (*in third-world countries*) Entwicklungshelfer(in) *m(f)*

re·lieve [rɪˈliːv] *vt* ❶ (*assist*) ■ **to ~ sb** jdm in einer Notsituation] helfen; ■ **to ~ sth** etw lindern ❷ (*take burden from*) ■ **to ~ sb of sth** jdm etw abnehmen; (*hum: steal*) jdn um etw *akk* erleichtert ❸ (*take over*) ■ **to ~ sb** jdn ablösen; **to ~ sb of a position** jdn eines Amtes entheben *geh* ❹ (*weaken negative feelings*) erträglicher machen; **to ~ boredom** gegen die Langeweile angehen; **to ~ the pressure** den Druck verringern; **to ~ the tension** die Spannung abbauen ❺ (*alleviate*) **pain, suffering** lindern ❻ (*improve*) bessern; **to ~ pressure on sth** etw entlasten ❼ (*euph form: urinate*) **to ~ oneself** sich erleichtern

re·lieved [rɪˈliːvd] *adj* erleichtert (at über); **to be ~ to hear/see sth** etw mit Erleichterung hören/sehen; **to feel ~** sich erleichtert fühlen

re·li·gion [rɪˈlɪdʒən] *n* ❶ *no pl* (*faith in god(s)*) Religion *f;* (*set of religious beliefs*) Glaube *m* ❷ (*system of worship*) Kult *m* ❸ (*fig: sth done with devotion*) Kult *m;* **to make a ~ of sth** einen Kult mit etw *dat* treiben ❹ (*also hum: personal set of beliefs*) Glaube *m*, Überzeugung *f*

re·li·gious [rɪˈlɪdʒəs] *adj* ❶ (*of religion*) religiöse(r, s), Religions-; **~ creed/organization** Glaubensbekenntnis *nt*/-gemeinschaft *f;* **~ education/classes** Religionsunterricht *m*/-ausübung *f;* **~ freedom** Religionsfreiheit *f;* **~ holiday** religiöser Feiertag; **~ service** Gottesdienst *m* ❷ (*pious*) religiös, fromm; **deeply ~** tief religiös ❸ (*fig: meticulous*) gewissenhaft

re·lin·quish [rɪˈlɪŋkwɪʃ] *vt* ❶ (*form*) (*abandon*) aufgeben; **to ~ a right** auf ein Recht verzichten; ■ **to ~ sth to sb** jdm etw überlassen; *responsibility* jdm etw übertragen ❷ (*lose*) **to ~ one's hold on reality** den Bezug zur Realität verlieren; **to ~ the lead** die Führung verlieren ❸ (*weaken grip*) **to ~ one's grip** seinen Griff lockern

reli·quary [ˈrelɪkwəri] *n* Reliquiar *nt*

rel·ish [ˈrelɪʃ] **I.** *n* ❶ *no pl* (*enjoyment*) Genuss *m;* ■ **with ~** genüsslich ❷ FOOD Relish *nt*

II. *vt* genießen; ■ **to** ~ **doing sth** etw sehr gern tun; **to** ~ **the thought that ...** sich darauf freuen, dass ...

re·load [ˌriːˈləʊd] **I.** *vt gun, pistol* nachladen; *camera, software* neu laden; *ship* wiederbeladen **II.** *vi weapon* nachladen

re·lo·cate [ˌriːləˈ(ʊ)ˈkeɪt] **I.** *vi* umziehen **II.** *vt* ■ **to** ~ **sb** jdn versetzen; ■ **to** ~ **sth** etw verlegen

re·lo·ca·tion [ˌriːləˈ(ʊ)ˈkeɪʃən] *n of a company* Verlegung *f*; *of a person* Versetzung *f*

re·luc·tance [rɪˈlʌktəns] *n no pl* Widerwillen *m*, Widerstreben *nt*; ~ **with** ~ widerwillig, ungern

re·luc·tant [rɪˈlʌktənt] *adj* widerwillig, widerstrebend; **to be** ~ **to do sth** sich dagegen sträuben, etw zu tun, etw nur ungern tun; **to be a** ~ **participant in sth** an etw *dat* nur ungern teilnehmen

rely [rɪˈlaɪ] *vi* ① (*have confidence in*) ■ **to** ~ **on sb/sth** sich auf jdn/etw verlassen; ■ **to** ~ **on sb/sth to do sth** sich darauf verlassen, dass jd/etw etw tut ② (*depend on*) ■ **to** ~ **on sb/sth** von jdm/etw abhängen; ■ **to** ~ **on sb/sth doing sth** darauf angewiesen sein, dass jd/etw etw tut

REM [ˌɑːriːˈem, rem] *abbrev* of **Rapid Eye Movement** REM; ~ **sleep** REM-Phase *f*

re·main [rɪˈmeɪn] *vi* ① (*stay*) bleiben; **to** ~ **in bed** im Bett bleiben; **to** ~ **behind** zurückbleiben ② + *n or adj* (*not change*) bleiben; **the epidemic has** ~**ed unchecked** die Epidemie hält unvermindert an; **to** ~ **aloof** Distanz wahren; **to** ~ **undecided** sich nicht entscheiden können; **to** ~ **unpunished** ungestraft davonkommen; **to** ~ **untreated** nicht behandelt werden ③ (*survive, be left over*) übrig bleiben; *person* überleben; **much** ~**s to be done** es muss noch vieles getan werden; **the fact** ~**s that ...** das ändert nichts an der Tatsache, dass ...; **it** ~**s to be seen** [**who/what/how ...**] es bleibt abzuwarten[, wer/was/wie ...]

re·main·der [rɪˈmeɪndə^r] **I.** *n no pl also* MATH Rest *m* **II.** *vt* **to** ~ **books** Bücher billig verkaufen **re·main·ing** [rɪˈmeɪnɪŋ] *adj attr* übrig, restlich; **our only** ~ **hope** unsere letzte Hoffnung

re·mains [rɪˈmeɪnz] *npl* ① (*leftovers*) Überbleibsel *pl*, Überreste *pl* ② (*form: corpse*) sterbliche Überreste; **animal/human** ~ tierische/menschliche Überreste

re·make I. *vt* <-made, -made> [ˌriːˈmeɪk] **to** ~ **a film** einen Film neu drehen **II.** *n* [ˈriːmeɪk] Neuverfilmung *f*, Remake *nt*

re·mand [rɪˈmɑːnd] **I.** *vt usu passive* (*form*) ■ **to** ~ **sb on sth** jdn wegen einer S. *gen* in Untersuchungshaft nehmen; **to** ~ **on bail auf** Kaution freilassen; **to** ~ **sb in custody** jdn in Untersuchungshaft behalten **II.** *n no pl* **custodial** ~ Untersuchungshaft *f*; **to be on** ~ in Untersuchungshaft sitzen *fam*; **to hold sb on** ~ jdn in Untersuchungshaft behalten

re-'mand cen·tre *n* BRIT, AUS Untersuchungsgefängnis *nt*

re·mark [rɪˈmɑːk] **I.** *vt* äußern, bemerken; **sb once** ~**ed** [**that**] ... jd hat einmal gesagt, dass ... **II.** *vi* eine Bemerkung machen; ■ **to** ~ **on sb/sth** sich über jdn/etw äußern; **it has often been** ~**ed upon that ...** es ist oft darauf hingewiesen worden, dass ... **III.** *n* Bemerkung *f* (**about** über), Äußerung *f*

re·mark·able [rɪˈmɑːkəbl] *adj* ① (*approv: extraordinary*) bemerkenswert, erstaunlich; *ability* beachtlich ② (*surprising*) merkwürdig; ■ **to be** ~ **for sth** sich durch etw *akk* auszeichnen; **it's** ~ [**that**] ... es ist erstaunlich, dass ... **re·mark·ably** [rɪˈmɑːkəbli] *adv* ① (*strikingly*) bemerkenswert, auffällig ② (*surprisingly*) überraschenderweise, erstaunlicherweise

re·mar·ry <-ie-> [ˌriːˈmæri] **I.** *vt* wieder heiraten **II.** *vi* sich wieder verheiraten

re·medial [rɪˈmiːdɪəl] *adj* (*form*) ① (*relief*) Hilfs- ② SCH Förder- ③ MED Heil-

rem·edy [ˈremədi] **I.** *n* ① (*medicinal agent*) Heilmittel *nt* (**for** gegen) ② (*solution*) Mittel *nt* (**for** zu), Lösung *f* (**for** für) ③ (*legal redress*) [**legal**] ~ Rechtsmittel *nt* **II.** *vt* in Ordnung bringen; *a mistake* berichtigen; *poverty* beseitigen

re·mem·ber [rɪˈmembə^r] **I.** *vt* ① (*recall*) ■ **to** ~ **sb/sth** sich an jdn/etw erinnern; (*memorize*) ■ **to** ~ **sth** sich zur etw merken; **I never** ~ **her birthday** ich denke nie an ihren Geburtstag; **she will be** ~**ed for her courage** ihr Mut wird für immer im Gedächtnis bleiben; ■ **to** ~ **doing sth** sich daran erinnern, etw getan zu haben ② (*commemorate*) ■ **to** ~ **sb/sth** einer Person/einer S. *gen* gedenken ③ (*form: send greetings*) ■ **to** ~ **sb to sb** jdn von jdm grüßen; ~ **me to your parents** grüß deine Eltern von mir **II.** *vi* ① (*recall*) sich erinnern; **I can't** ~ ich kann mich nicht erinnern; **it was a night to** ~ es war eine Nacht, die man nicht vergisst; ■ **to** ~ [**that**] ... sich daran erinnern, [dass] ...; ■ **to** ~ **what/ who/why ...** sich daran erinnern, was/wer/warum ... ② (*fam: indicating prior knowledge*) **we had tea in the little cafe — you** ~, **the one next to the bookshop** wir tranken Tee in dem kleinen Cafe – du weißt schon, das neben der Buchhandlung

re·mem·brance [rɪˈmembrəns] *n* (*form*) ① *no pl* (*act of remembering*) Gedenken *nt geh*; ■ **in** ~ **of sb/sth** zum Gedenken an

Remembrance Day – remover

jdn/etw ❷ (*a memory, recollection*) Erinnerung *f* (**of** an)

Re·'mem·brance Day *n* BRIT, CAN Volkstrauertag *m* (*11. Nov.: Gedenktag für die Gefallenen der beiden Weltkriege*)

re·mind [rɪˈmaɪnd] *vt* erinnern; **that ~s me!** das erinnert mich an etwas!; ■ **to ~ sb to do sth** jdn daran erinnern, etw zu tun; ■ **to ~ sb about sth** jdn an etw *akk* erinnern; ■ **to ~ sb of sth/sth** jdn an jdn/etw erinnern

re·mind·er [rɪˈmaɪndə^r] *n* ❶ (*prompting recall*) Mahnung *f*; **to give sb a gentle ~ [that]** ... jdn freundlich darauf hinweisen, dass ...; **as a ~ to oneself that ...** um sich *akk* daran zu erinnern, dass ... ❷ (*awakening memories*) Erinnerung *f* (**of** an)

rem·i·nisce [ˌremɪˈnɪs] *vi* (*form*) in Erinnerungen schwelgen; ■ **to ~ about sb/sth** von jdm/etw erzählen

rem·i·nis·cence [ˌremɪˈnɪs^ən(t)s] *n* (*form*) ❶ *no pl* (*reflection on past*) Erinnerung *f* ❷ (*memory*) Erinnerung *f* (**of/about** an) ❸ LIT (*form: book of memoirs*) ■ **~s** Memoiren *pl*

rem·i·nis·cent [ˌremɪˈnɪs^ənt] *adj* ❶ (*suggestive, evocative*) **to be ~** (**of sb/sth**) Erinnerungen [an jdn/etw] hervorrufen ❷ (*recalling the past*) **to be in a ~ mood** in Erinnerungen schwelgen

re·miss [rɪˈmɪs] *adj pred* (*form*) nachlässig

re·mis·sion [rɪˈmɪʃ^ən] *n no pl* ❶ BRIT LAW (*reduction in sentence*) Straferlass *m* ❷ FIN (*cancellation of debt*) Erlass *m* ❸ MED (*form: lessening of pain*) Nachlassen *nt*; *of symptoms* Remission *f fachspr*

re·mit I. *vt* <-tt-> [rɪˈmɪt] (*form*) ❶ (*shorten prison sentence*) **to ~ a sentence** eine Strafe erlassen ❷ (*tender money*) **to ~ money** Geld überweisen ❸ (*pass on*) weiterleiten; **to ~ a case to sb/sth** jdm/etw einen Fall übertragen II. *n* [ˈriːmɪt] *no pl* Aufgabengebiet *nt*

re·mit·tance [rɪˈmɪt^ən(t)s] *n* (*form*) Überweisung *f*

re·mix MUS I. *vt* [ˌriːˈmɪks] ❶ (*mix tracks again*) **to ~ songs** einen Remix von Liedern machen ❷ (*re-record*) **to ~ songs** Lieder neu aufnehmen II. *n* <*pl* -es> [ˈriːmɪks] Remix *m*

rem·nant [ˈremnənt] *n* Rest *m*; **~ sale** Resteverkauf *m*

re·mod·el <BRIT -ll- *or* AM *usu* -l-> [ˌriːˈmɒd^əl] *vt* umgestalten

re·mold *n, vt* AM *see* remould

re·mon·strance [rɪˈmɒn(t)strən(t)s] *n* (*form*) Protest *m*

re·mon·strate [ˈremənstreɪt] *vi* (*form*) protestieren; **to ~ against sb/sth** sich über jdn/etw beschweren; ■ **to ~ with sb about**

sth jdm wegen einer S. *gen* Vorhaltungen machen

re·morse [rɪˈmɔːs] *n no pl* (*form*) Reue *f*; **feeling of ~** Gefühl *nt* der Reue; **to feel ~ for sth** etw bereuen; ■ **without ~** erbarmungslos; **the defendant was without ~** der Angeklagte zeigte keine Reue

re·morse·ful [rɪˈmɔːsf^əl] *adj* (*form: filled with regret*) reuevoll geh; *sinner* reuig geh; (*apologetic*) schuldbewusst; **to be ~ for sth** etw bereuen **re·morse·less** [rɪˈmɔːsləs] *adj* (*form*) ❶ (*relentless*) unerbittlich ❷ (*callous*) gnadenlos, unbarmherzig; *attack* brutal

re·mote <-er, -est *or* more ~, most ~> [rɪˈməʊt] *adj* ❶ (*distant in place*) fern, entfernt; (*isolated*) abgelegen ❷ (*distant in time*) lang vergangen; *past, future* fern ❸ (*standoffish*) distanziert, unnahbar ❹ (*slight*) gering; *resemblance* entfernt

re·mote con·'trol *n* ❶ (*control from distance*) Fernsteuerung *f* ❷ (*device*) Fernbedienung *f* **re·mote-con·'trolled** *adj* ferngesteuert

re·mote·ness [rɪˈməʊtnəs] *n no pl* ❶ (*inaccessibility*) Abgelegenheit *f* ❷ (*aloofness*) Distanziertheit *f*

re·mould I. *vt* [ˌriːˈməʊld] neu gestalten; *tyre* runderneuern II. *n* [ˈriːməʊld] *of a tyre* Runderneuerung *f*

re·mount [ˌriːˈmaʊnt] *vt* **to ~ a bicycle/ horse/motorbike** wieder auf ein Fahrrad/ Pferd/Motorrad steigen

re·mov·able [rɪˈmuːvəbl] *adj* ❶ (*cleanable*) *ink* abwaschbar ❷ (*detachable*) *sleeves* abnehmbar, zum Abnehmen *nach* n

re·mov·al [rɪˈmuːv^əl] *n* ❶ *esp* BRIT (*changing address*) Umzug *m*; **~ expenses** Umzugskosten *pl*; **~ firm** Umzugsfirma *f*; **~ man** Möbelpacker *m*; **~ van** Möbelwagen *m* ❷ *no pl* (*expulsion*) Beseitigung *f*; *of a dictator* Absetzung *f*; (*abolition*) *of customs duties* Abschaffung *f* ❸ *no pl* (*cleaning*) Entfernung *f* ❹ *no pl* (*taking off*) Abnahme *f*, Entfernung *f*

re·move [rɪˈmuːv] *vt* ❶ (*take away*) entfernen, wegräumen; *obstacle* beseitigen; *wrecked vehicle* abschleppen; **to ~ a mine** MIL eine Mine räumen; **to ~ a roadblock** eine Straßensperre beseitigen ❷ (*get rid of*) entfernen; (*cancel*) streichen; **to ~ the film from the camera** den Film aus der Kamera nehmen; **to ~ one's make-up/a stain** sein Make-up/einen Fleck entfernen ❸ (*form: dismiss*) **to ~ sb** [**from office**] jdn [aus dem Amt] entlassen

re·mov·er [rɪˈmuːvə^r] *n* ❶ BRIT (*sb doing home removals*) Möbelpacker *m* ❷ (*cleaning substance*) Reinigungsmittel *nt*; **nail-varnish ~** Nagellackentferner *m*; **stain ~** Fle-

ckenentferner *m*
re·mu·ner·ate [rɪ'mju:nəreɪt] *vt* (*form*) ■ **to ~ sb for sth** jdn für etw *akk* bezahlen
re·mu·ner·a·tion [rɪˌmju:nə'reɪʃən] *n* (*form*) Vergütung *f*, Remuneration *f* ÖSTERR
re·mu·ner·a·tive [rɪ'mju:nərətɪv] *adj* (*form*) lukrativ
Re·nais·sance [rə'neɪsən(t)s] *n* **the ~** die Renaissance; **~ art** Kunst *f* der Renaissance; **~ music/painting** Renaissancemusik *f*/-malerei *f*
re·nal ['ri:nəl] *adj* Nieren-; **~ dialysis** Dialyse *f*
re·name [ˌri:'neɪm] *vt* umbenennen
ren·der ['rendə'] *vt* (*form*) ① (*cause to become*) **she was ~ed unconscious by the explosion** sie wurde durch die Explosion ohnmächtig; **to ~ sb speechless** jdn sprachlos machen ② (*interpret*) wiedergeben; *song* vortragen ③ (*offer*) *aid, service* leisten ④ (*submit*) vorlegen; **to ~ a report on sth to sb/sth** jdm/etw einen Bericht über etw *akk* vorlegen ⑤ (*translate*) übersetzen ⑥ (*put plaster on wall*) verputzen
ren·der·ing ['rendərɪŋ] *n* ① (*performance of art work*) Interpretation *f*; *song* Vortrag *m*; *of a part* Darstellung *f* ② (*translation*) Übersetzung *f* ③ (*account*) Schilderung *f* ④ (*plaster*) Putz *m*
ren·dez·vous ['rɒndɪvu:] **I.** *n* <*pl* ~> ① (*meeting*) Rendezvous *nt*, Treffen *nt* ② (*meeting place*) Treffpunkt *m*, Treff *m fam* **II.** *vi* sich heimlich treffen
ren·di·tion [ren'dɪʃən] *n* Wiedergabe *f*; *of a song* Interpretation *f*
ren·egade ['renɪgeɪd] **I.** *n* Abtrünnige(r) *f(m) pej* **II.** *adj attr priest, province* abtrünnige(r, s)
re·nege [rɪ'neɪg] *vi* **to ~ on a deal** sich nicht an ein Abkommen halten; **to ~ on a promise** ein Versprechen nicht halten
re·new [rɪ'nju:] *vt* ① (*resume*) erneuern; **to ~ a relationship with sb/sth** eine Beziehung zu jdm/etw wieder aufnehmen; **to ~ pressure** erneut Druck ausüben ② (*revalidate*) *book, membership, visa* verlängern lassen ③ (*grant continued validity*) *passport* verlängern ④ (*repair*) reparieren; (*to mend in places*) ausbessern
re·new·able [rɪ'nju:əbl] *adj* ① *energy sources* erneuerbar ② *contract, documents, passport* verlängerbar **re·new·al** [rɪ'nju:əl] *n* ① (*extension*) *of a passport* Verlängerung *f* ② (*process of renewing*) Erneuerung *f* ③ MECH Austausch *m* ④ (*urban regeneration*) Erneuerung *f*, Entwicklung *f*
re·newed [rɪ'nju:d] *adj* erneuert *attr*; **~ interest** wieder erwachtes Interesse; **~ rela-**

tionship wieder aufgenommene Beziehung
ren·net ['renɪt] *n*, **ren·nin** ['renɪn] *n no pl* Lab *nt*
re·nounce [rɪ'naʊn(t)s] *vt* ■ **to ~ sth** ① (*formally give up*) *right* auf etw *akk* verzichten; **to ~ one's citizenship** seine Staatsbürgerschaft aufgeben; **to ~ one's family** seine Familie aufgeben; **to ~ one's faith/religion** seinem Glauben/seiner Religion abschwören ② (*deny sb's authority*) **to ~ sb's authority** die Autorität einer Person *gen* ablehnen
reno·vate ['renəveɪt] *vt* renovieren
reno·va·tion [ˌrenə'veɪʃən] *n* (*small and large scale*) Renovierung *f*; (*large scale only*) Sanierung *f*; **to make ~s** Renovierungsarbeiten durchführen; **to be under ~** gerade renoviert werden
re·nown [rɪ'naʊn] *n no pl* (*form, liter*) Ruhm *m*; **to win ~** sich *dat* Ansehen verschaffen; **she was a woman of ~** sie war eine angesehene Frau
re·nowned [rɪ'naʊnd] *adj* (*form, liter*) berühmt (**as** als, **for** für)
rent [rent] **I.** *n* Miete *f*; (*esp for land and business*) Pacht *f*; ■ **for ~** zu vermieten **II.** *vt* ① (*hire as tenant*) mieten (**from** von); *land, business* pachten ② (*let, rent out as landlord*) vermieten **III.** *vi* AM *house, apartment, car* vermietet werden; ■ **to ~ at sth** gegen etw *akk* zu mieten sein
rent·al ['rentəl] **I.** *n* Miete *f*; **video and television ~** Leihgebühr *f* für Video- und Fernsehgeräte **II.** *adj attr* Miet-; **~ agency** Verleih *m*; **~ library** AM Leihbücherei *f*
'rent boy *n* BRIT (*fam*) Stricher *m pej* **rent-'free** *adj* mietfrei
re·nun·ci·a·tion [rɪˌnʌn(t)siˈeɪʃən] *n no pl* Verzicht *m* (**of** auf)
re·open [ˌri:ˈəʊpən] **I.** *vt* ① (*open again*) *door, window* wieder aufmachen; *shop* wieder eröffnen ② (*start again*) *negotiations* wieder aufnehmen **II.** *vi* wieder eröffnen
re·or·der [ˌri:ˈɔ:də'] **I.** *n* Nachbestellung *f* **II.** *vt* ① (*order again*) nachbestellen ② (*rearrange*) *priorities* neu festlegen
re·or·gan·ize [ri:ˈɔ:gənaɪz] **I.** *vt* umorganisieren, reorganisieren **II.** *vi* reorganisieren, eine Umstrukturierung vornehmen
rep [rep] **I.** *n* ① (*fam: salesperson*) *short for* **representative** Vertreter(in) *m(f)* ② *no pl* THEAT (*fam*) *short for* **repertory company/theatre** (*single*) Repertoireensemble *nt*, Repertoiretheater *nt*; (*in general*) Repertoiretheater *nt* **II.** *vi* <-pp-> (*fam*) Klinken putzen *pej*
re·paint [ˌri:ˈpeɪnt] *vt* neu streichen
re·pair [rɪˈpeə'] **I.** *vt* ① (*restore*) reparieren; *road* ausbessern; *car puncture* beheben; *tyre*

flicken ❷ (*put right*) [wieder] in Ordnung bringen; *damage* wiedergutmachen; *friendship* kitten *fam* **II.** *n* ❶ (*overhaul*) Reparatur *f*; ■ ~s *pl* Reparaturarbeiten *pl* (**to** an); (*specific improvement*) ausgebesserte Stelle; **in need of** ~ reparaturbedürftig; **to do** ~**s** Reparaturen durchführen; **to make** ~**s to sth** etw ausbessern; **beyond** ~ irreparabel ❷ (*state*) Zustand *m*; **to be in good/bad** ~ in gutem/schlechtem Zustand sein; **to keep sth in good** ~ etw instand halten

re·pair·able [rɪˈpeərəbl] *adj* reparabel **re·ˈpair kit** *n* Flickzeug *nt kein pl* **re·ˈpair·man** *n* (*for domestic installations*) Handwerker *m*; (*for cars*) Mechaniker *m*; **TV** ~ Fernsehtechniker *m* **re·ˈpair shop** *n* Reparaturwerkstatt *f*

re·pa·per [ˌriːˈpeɪpəʳ] *vt* neu tapezieren

repa·rable [ˈrepərəbl] *adj* reparabel; ~ **loss** LAW ersetzbarer Schaden

repa·ra·tion [ˌrepəˈreɪʃən] *n* (*form*) Entschädigung *f*; ■ ~**s** *pl* (*for war victims*) Wiedergutmachung *f kein pl*; (*for a country*) Reparationen *pl*

rep·ar·tee [ˌrepɑːˈtiː] *n no pl* schlagfertige Antwort

re·pat·ri·ate [riːˈpætrieɪt] *vt* ■ **to** ~ **sb** jdn [in sein Heimatland] zurückschicken [*o geh* repatriieren]

re·pat·ri·a·tion [riːˌpætriˈeɪʃən] *n no pl* Repatriierung *f geh*, Rückführung *f*

re·pay <-**paid**, -**paid**> [ˌriːˈpeɪ] *vt* ❶ (*pay back*) zurückzahlen; *debts, a loan* tilgen; ■ **to** ~ **sb** jdm Geld zurückzahlen ❷ (*fig*) **to** ~ **a kindness** sich für eine Gefälligkeit erkenntlich zeigen; ■ **to** ~ **sth by sth** etw mit etw *dat* vergelten

re·pay·able [ˌriːˈpeɪəbl] *adj* rückzahlbar **re·pay·ment** [riːˈpeɪmənt] *n of a loan* Rückzahlung *f*, Tilgung *f*

re·peal [rɪˈpiːl] **I.** *vt decree, a law* aufheben **II.** *n of a decree, law* Aufhebung *f*

re·peat [rɪˈpiːt] **I.** *vt* ❶ (*say again*) wiederholen; ~ **after me** bitte mir nachsprechen ❷ (*communicate*) **don't** ~ **this but** … sag es nicht weiter, [aber] … ❸ (*emphasizing*) **I am not,** ~ **not, going to allow you to hitchhike by yourself** ich werde dir nicht, ich betone nicht, erlauben, allein zu trampen ❹ (*do again*) wiederholen; **history** ~**s itself** die Geschichte wiederholt sich; **to** ~ **a class/a year** eine Klasse/ein Schuljahr wiederholen **II.** *vi* ❶ (*recur*) sich wiederholen ❷ (*fam*) **cucumber always** ~**s on me** Gurke stößt mir immer auf **III.** *n* Wiederholung *f* **IV.** *adj attr* Wiederholungs-; ~ **business** Stammkundschaft *f*; ~ **pattern** sich wiederholendes Muster; (*on material, carpets*) Rapport *m fachspr*

re·peat·ed [rɪˈpiːtɪd] *adj* wiederholte(r, s) **re·peat·ed·ly** [rɪˈpiːtɪdli] *adv* wiederholt; (*several times*) mehrfach **re·ˈpeat or·der** *n* Nachbestellung *f* **re·peat per·ˈfor·mance** *n* ❶ (*repetition of show*) Wiederholungsvorstellung *f* ❷ (*pattern*) Wiederholung *f*

re·pel <-ll-> [rɪˈpel] *vt* ❶ (*ward off*) zurückweisen, abweisen ❷ MIL (*form: repulse*) abwehren ❸ *magnets* abstoßen ❹ (*disgust*) ■ **sb is** ~**led by sth** etw stößt jdn ab

re·pel·lent [rɪˈpelənt] **I.** *n* Insektenspray *nt* **II.** *adj* abstoßend, widerwärtig

re·pent [rɪˈpent] *vi, vt* (*form*) bereuen; ■ **to** ~ **of sth** etw bereuen; ■ **to** ~ **doing sth** bereuen, etw getan zu haben

re·pen·tance [rɪˈpentən(t)s] *n no pl* Reue *f*

re·pen·tant [rɪˈpentənt] *adj* (*form*) reuig; **to feel** ~ reumütig sein

re·per·cus·sion [ˌriːpəˈkʌʃən] *n usu pl* Auswirkung *f meist pl*; **far-reaching** ~**s** weit reichende Konsequenzen

rep·er·toire [ˈrepətwɑːʳ] *n* Repertoire *nt* (**of** an)

ˈrep·er·tory com·pa·ny *n* Repertoireensemble *nt*

ˈrep·er·tory thea·tre *n*, AM **ˈrep·er·tory thea·ter** *n* Repertoiretheater *nt*

rep·eti·tion [ˌrepɪˈtɪʃən] *n* Wiederholung *f*; **sth is full of** ~ etw ist voll von Wiederholungen

rep·eti·tious [ˌrepɪˈtɪʃəs] *adj*, **re·peti·tive** [rɪˈpetətɪv] *adj* sich wiederholend *attr*, monoton *pej*

re·place [rɪˈpleɪs] *vt* ❶ (*take the place of*) ersetzen (**with** durch) ❷ (*put back*) ■ **to** ~ **sth** etw [an seinen Platz] zurücklegen [*o* zurückstellen]; **to** ~ **the receiver** den Hörer wieder auflegen ❸ (*substitute*) ersetzen; *bandage* wechseln; *a loss* ersetzen

re·place·able [rɪˈpleɪsəbl] *adj* ersetzbar **re·place·ment** [rɪˈpleɪsmənt] **I.** *n* ❶ (*substitute*) Ersatz *m*; (*person*) Vertretung *f* ❷ *no pl* (*substituting*) Ersetzung *f* **II.** *adj attr* Ersatz-; ~ **hip/knee joint** künstliches Hüft-/Kniegelenk

re·play I. *vt* [ˌriːˈpleɪ] ❶ (*game*) *match, game* wiederholen ❷ (*recording*) *video* nochmals abspielen; **to** ~ **sth over and over again in one's mind** (*fig*) etw in Gedanken immer wieder durchspielen **II.** *n* [ˈriːpleɪ] ❶ (*match*) Wiederholungsspiel *nt* ❷ (*recording*) Wiederholung *f*

re·plen·ish [rɪˈplenɪʃ] *vt* (*form*) *glass* wieder füllen; *supplies* [wieder] auffüllen

re·plete [rɪˈpliːt] *adj pred* (*form*) ❶ (*no longer hungry*) *person* satt, voll *fam* ❷ (*provided*) ■ **to be** ~ **with sth** mit etw *dat* großzügig ausgestattet sein

rep·li·ca ['replɪkə] n Kopie f; painting Replik f geh; ~ of a car/ship Auto-/Schiffsmodell nt

rep·li·cate ['replɪkeɪt] I. vt (form) reproduzieren geh; experiment wiederholen; ■ to ~ oneself BIOL sich replizieren fachspr II. vi BIOL sich replizieren fachspr

re·ply [rɪ'plaɪ] I. vi <-ie-> ① (respond) antworten, erwidern; to ~ to letters/a question Briefe/eine Frage beantworten ② (fig: react) ■ to ~ to sth auf etw akk reagieren II. n Antwort f (to auf); (verbal also) Erwiderung f; **we advertised the job but received very few replies** wir haben die Stelle ausgeschrieben, bekamen aber nur sehr wenige Zuschriften; **in ~ to your letter of ...** in Beantwortung Ihres Schreibens vom ...

re·'ply cou·pon n BRIT Antwortcoupon m

re·ply-'paid adj BRIT ~ **envelope** Freiumschlag m

re·port [rɪ'pɔːt] I. n ① (news) Meldung f (on über); **~s in the newspaper/press** Zeitungs-/Presseberichte pl ② (formal statement) Bericht m (on über); [school] ~ BRIT Schulzeugnis nt; **stock market/weather ~** Börsen-/Wetterbericht m ③ (unproven claim) Gerücht nt; **according to ~s ...** Gerüchten zufolge ... II. vt ① (communicate information) ■ to ~ sth etw berichten [o melden]; **he was ~ed missing in action** er wurde als vermisst gemeldet; **to ~ a crime/break-in/theft** ein Verbrechen/einen Einbruch/einen Diebstahl anzeigen ② (denounce) ■ to ~ sb jdn melden; **to ~ sb to the police** jdn anzeigen ③ (claim) ■ to ~ sth; **the new management was ~ed to be more popular among the staff** es heißt, dass die neue Geschäftsleitung bei der Belegschaft beliebter sei ④ (give account) wiedergeben III. vi ① (make public) Bericht erstatten; ■ **to ~ on sth to sb** (once) jdm über etw akk Bericht erstatten; (ongoing) jdn über etw akk auf dem Laufenden halten; ■ **to ~ [that]** ... mitteilen, [dass] ... ② ADMIN (be accountable to sb) ■ **to ~ to sb** jdm unterstehen ③ (arrive at work) **to ~ for duty/work** sich zum Dienst/zur Arbeit melden; **to ~ sick** esp BRIT sich krankmelden ④ (present oneself formally) **some young offenders have to ~ to the police station once a month** manche jugendliche Straftäter müssen sich einmal im Monat bei der Polizei melden ◆**report back** I. vt (communicate results) ■ to ~ back sth [to sb] [jdm] wiedergeben II. vi Bericht erstatten; ■ to ~ back on sth über etw akk Bericht erstatten; ■ to ~ back to sb jdm Bericht erstatten

re·'port card n AM [Schul]zeugnis nt

re·port·er [rɪ'pɔːtəʳ] n Reporter(in) m(f)

re·pose [rɪ'pəʊz] I. vi (form) ① (rest) sich ausruhen ② (lie) liegen ③ (be buried) ruhen geh II. vt (form) **to ~ hope/trust in sb/sth** Hoffnung/Vertrauen in jdn/etw setzen III. n no pl (form) Ruhe f

re·posi·tory [rɪ'pɒzɪtʳri] n (form) ① (place) Aufbewahrungsort m; (fig) **my diary is a ~ for all my secret thoughts** in meinem Tagebuch bewahre ich all meine geheimen Gedanken auf ② (container) Behältnis nt; (fig) Quelle f

re·pos·sess [ˌriːpə'zes] vt wieder in Besitz nehmen

re·pos·ses·sion [ˌriːpə'zeʃʳn] n Wiederinbesitznahme f

rep·re·hen·sible [ˌreprɪ'hen(t)səbl] adj (form) verurteilenswert; act verwerflich

rep·re·sent [ˌreprɪ'zent] vt ① (act on behalf of) repräsentieren, vertreten ② (depict) darstellen, zeigen ③ (be a symbol of) symbolisieren ④ (be the result of) darstellen; **this book ~ ten years of research** dieses Buch ist das Ergebnis von zehn Jahren Forschung ⑤ (be typical of) widerspiegeln

rep·re·sen·ta·tion [ˌreprɪzen'teɪʃʳn] n ① no pl (acting on behalf of a person) [Stell]vertretung f; POL, LAW Vertretung f ② (something that depicts) Darstellung f ③ no pl (act of depicting) Darstellung f

rep·re·sen·ta·tive [ˌreprɪ'zentətɪv] I. adj ① typisch repräsentativ; **~ democracy/government** parlamentarische Demokratie/Regierung ② (like others) cross section, result repräsentativ ③ (typical) typisch (of für) II. n ① (person) [Stell]vertreter(in) m(f); ECON Vertreter(in) m(f) ② POL Abgeordnete(r) f(m); **elected ~** gewählter Vertreter/gewählte Vertreterin ③ AM (member of House of Representatives) Mitglied nt des Repräsentantenhauses

re·press [rɪ'pres] vt unterdrücken

re·pressed [rɪ'prest] adj ① (hidden) unterdrückt; PSYCH verdrängt ② (unable to show feelings) gehemmt, verklemmt fam

re·pres·sion [rɪ'preʃʳn] n no pl ① POL Unterdrückung f ② PSYCH Verdrängung f

re·pres·sive [rɪ'presɪv] adj repressiv geh; regime unterdrückerisch

re·prieve [rɪ'priːv] I. vt begnadigen; (fig) verschonen II. n ① LAW (official order) Begnadigung f ② (fig: respite) Schonfrist f

rep·ri·mand ['reprɪmɑːnd] I. vt rügen, tadeln II. n Rüge f; **to give sb a ~ for doing sth** jdn rügen, weil er/sie etw getan hat

re·print I. vt [ˌriː'prɪnt] nachdrucken II. vi [ˌriː'prɪnt] nachgedruckt werden III. n

['riːprɪnt] Nachdruck *m*
re·pris·al [rɪˈpraɪzᵊl] *n* Vergeltungsmaßnahme *f*; **to take ~s against sb** Vergeltungsmaßnahmen gegenüber jdm ergreifen
re·proach [rɪˈprəʊtʃ] **I.** *vt* ■ **to ~ sb** jdm Vorwürfe machen; ■ **to ~ sb for doing sth** jdm wegen einer S. *gen* Vorwürfe machen; ■ **to ~ sb with sth** jdm etw vorwerfen; ■ **to ~ oneself** sich *dat* Vorwürfe machen **II.** *n* <*pl* -es> Vorwurf *m*
re·proach·ful [rɪˈprəʊtʃfᵊl] *adj* vorwurfsvoll
rep·ro·bate [ˈreprə(ʊ)beɪt] *n* (*form*) Gauner *m*, Halunke *m*
re·pro·cess [ˌriːˈprəʊses] *vt* wiederaufbereiten
re·pro·cess·ing [ˌriːˈprəʊsesɪŋ] *n no pl* Wiederaufbereitung *f*; **~ plant** Wiederaufbereitungsanlage *f*
re·pro·duce [ˌriːprəˈdjuːs] **I.** *vi* ① (*produce offspring*) sich fortpflanzen; (*multiply*) sich vermehren ② (*be copied*) sich kopieren lassen **II.** *vt* ① (*produce offspring*) ■ **to ~ oneself** sich fortpflanzen; (*multiply*) sich vermehren ② (*produce a copy*) reproduzieren, (*in large numbers*) vervielfältigen ③ (*repeat sth*) wiederholen ④ (*recreate*) neu erstehen lassen
re·pro·duc·tion [ˌriːprəˈdʌkʃᵊn] **I.** *n* ① *no pl* (*producing offspring*) Fortpflanzung *f*; (*multiplying*) Vermehrung *f* ② *no pl* (*copying*) Reproduktion *f*, Vervielfältigung *f* ③ (*repeating*) Wiederholung *f* ④ (*quality of sound*) Wiedergabe *f* ⑤ (*copy*) Reproduktion *f*, Kopie *f*; *of construction* Nachbau *m* **II.** *adj* ① (*concerning the production of offspring*) *process, rate* Fortpflanzungs- ② (*copying an earlier style*) *chair, desk, furniture* nachgebaut; **~ furniture** Stilmöbel *pl*
re·pro·duc·tive [ˌriːprəˈdʌktɪv] *adj* Fortpflanzungs-
re·proof¹ [rɪˈpruːf] *n* (*form*) ① (*words expressing blame*) Tadel *m geh* ② *no pl* (*blame*) Vorwurf *m*; **to look at sb with ~** jdn vorwurfsvoll ansehen
re·proof² [ˌriːˈpruːf] *vt* (*form*) neu imprägnieren
re·prove [rɪˈpruːv] *vt* (*form*) zurechtweisen
re·prov·ing [rɪˈpruːvɪŋ] *adj* (*form*) tadelnd, vorwurfsvoll
rep·tile [ˈreptaɪl] *n* Reptil *nt*
rep·til·ian [repˈtɪliən] *adj* ① (*of reptiles*) Reptilien-, reptilienartig ② (*pej: unpleasant*) *person* unangenehm; *stare* stechend
re·pub·lic [rɪˈpʌblɪk] *n* Republik *f*
Re·pub·lic·an [rɪˈpʌblɪkən] **I.** *n* AM, IRISH POL Republikaner(in) *m(f)* **II.** *adj* AM, IRISH POL republikanisch
re·pub·li·ca·tion [ˌriːpʌblɪˈkeɪʃᵊn] *n no pl* Neuveröffentlichung *f*

re·pu·di·ate [rɪˈpjuːdieɪt] *vt* (*form*) zurückweisen; *suggestion* ablehnen
re·pug·nance [rɪˈpʌgnən(t)s] *n no pl* (*form*) Abscheu *m o f*
re·pug·nant [rɪˈpʌgnənt] *adj* (*form*) widerlich; *behaviour* abstoßend; ■ **to be ~ to sb** jdm zuwider sein, jdn anwidern
re·pulse [rɪˈpʌls] **I.** *vt* ① MIL abwehren; *an offensive* zurückschlagen ② (*reject*) zurückweisen ③ (*disgust*) abstoßen, anwidern **II.** *n* (*form*) Abwehr *f*
re·pul·sion [rɪˈpʌlʃᵊn] *n no pl* ① (*disgust*) Abscheu *m*, Ekel *m* ② PHYS Abstoßung *f*, Repulsion *f fachspr*
re·pul·sive [rɪˈpʌlsɪv] *adj* abstoßend
re·pur·chase [ˌriːˈpɜːtʃəs] *vt* zurückkaufen
repu·table [ˈrepjətəbl] *adj* angesehen, achtbar
repu·ta·tion [ˌrepjəˈteɪʃᵊn] *n no pl* ① (*general estimation*) Ruf *m*; **to have a ~ for sth** für etw *akk* bekannt sein; **to have a ~ as sth** einen Ruf als etw haben; **to make a ~ for oneself** sich *dat* einen Namen machen; **to live up to one's ~** seinem Ruf gerecht werden ② (*being highly regarded*) Ansehen *nt*, guter Ruf ③ (*being known for sth*) Ruf *m*
re·pute [rɪˈpjuːt] *n no pl* Ansehen *nt*; **of ~** angesehen; **sth of ill/good ~** etw von zweifelhaftem/gutem Ruf
re·put·ed [rɪˈpjuːtɪd] *adj* ① (*believed*) angenommen, vermutet ② *attr* (*supposed*) mutmaßlich
re·quest [rɪˈkwest] **I.** *n* ① (*act of asking*) Bitte *f* (**for** um), Anfrage *f* (**for** nach); **at sb's ~** auf jds Bitte [*o* Wunsch] hin; **on ~** auf Anfrage [*o* Wunsch] ② (*formal entreaty*) Antrag *m*; **to submit a ~ that ...** beantragen, dass ... ③ RADIO (*requested song*) [Musik]wunsch *m* **II.** *vt* ① (*ask for*) ■ **to ~ sth** (*form*) um etw *akk* bitten; **I ~ed a taxi for 8 o'clock** ich bestellte ein Taxi für 8 Uhr; **as ~ed** wie gewünscht ② RADIO (*ask for song*) ■ **to ~ sth** [sich *dat*] etw wünschen
requi·em [ˈrekwiəm] *n*, **requi·em 'mass** *n* Requiem *nt*
re·quire [rɪˈkwaɪəʳ] *vt* ① (*need*) brauchen; **the house ~s painting** das Haus müsste mal gestrichen werden *fam*; ■ **to be ~d for sth** für etw *akk* erforderlich sein ② (*demand*) ■ **to ~ sth** [**of sb**] etw [von jdm] verlangen ③ (*officially order*) ■ **to ~ sb to do sth** von jdm verlangen, etw zu tun; **the rules ~ that ...** die Vorschriften besagen, dass ... ④ (*form: wish to have*) wünschen
re·quire·ment [rɪˈkwaɪəmənt] *n* Voraussetzung *f* (**for** für); **it is a legal ~ that ...** ist gesetzlich vorgeschrieben, dass ...; **minimum ~** Grundvoraussetzung *f*; **to meet the**

request

requesting something

Can/Could you please take the rubbish down?

Be an angel/a love/a darling and bring me my jacket.

Would you be good enough to bring me back a paper?

Would you mind moving your luggage slightly to one side?

Could I ask you to turn your music down a little?

bitten

Kannst/Könntest du bitte den Müll runterbringen?

Bitte sei doch so lieb und bring mir meine Jacke.

Wärst du so nett und würdest mir die Zeitung mitbringen?

Würden Sie bitte so freundlich sein und Ihr Gepäck etwas zur Seite rücken?

Darf ich Sie bitten, Ihre Musik etwas leiser zu stellen?

asking for help

Could you help me, please?

Could you give me a hand, please?

Could you do me favour, please?

Can/Could I ask you a favour?

I would be grateful if you could give me hand with this.

um Hilfe bitten

Könnten Sie mir bitte helfen?

Könnten Sie mir bitte behilflich sein?

Kannst du mir bitte einen Gefallen tun?

Darf/Dürfte ich dich um einen Gefallen bitten?

Ich wäre Ihnen dankbar, wenn Sie mir dabei helfen könnten.

~s die Voraussetzungen erfüllen; **I do hope that the new computer will meet your ~s** ich hoffe, der neue Computer wird Ihren Anforderungen gerecht

requi·site ['rekwɪzɪt] **I.** *adj attr* (*form*) erforderlich **II.** *n usu pl* Notwendigkeit *f*

requi·si·tion [ˌrekwɪ'zɪʃ³n] **I.** *vt* beschlagnahmen (**from** von) **II.** *n* ❶ *no pl* (*official request*) Ersuchen *nt*, Aufforderung *f* ❷ (*written request*) Anforderung *f*, Antrag *m* (**for** auf); **to make a ~ for sth** etw anfordern

re·route [ˌriː'ruːt] *vt demonstration, flight, phone call* umleiten

re·run I. *vt* <-ran, -run> [ˌriː'rʌn] wiederholen; *film* noch einmal zeigen; *play* noch einmal aufführen **II.** *n* ['riːrʌn] ❶ FILM, TV (*repeated programme*) Wiederholung *f* ❷ (*fig: repeat of*) Wiederholung *f*; *of an event, situation* Wiederkehr *f*

re·sale ['riːseɪl] *n* Wiederverkauf *m*

re·sched·ule [ˌriː'ʃedjuːl] *vt* ❶ (*rearrange time*) *date* verschieben; *an event* verlegen ❷ (*postpone payment*) *debts* stunden

re·scind [rɪ'sɪnd] *vt esp* LAW (*form*) aufheben; **to ~ a contract** von einem Vertrag zurücktreten

res·cue ['reskjuː] **I.** *vt* (*save*) retten; (*free*) befreien; **to ~ sb from danger** jdn aus einer Gefahr retten **II.** *n* Rettung *f*; **to come to sb's ~** jdm zu Hilfe kommen **III.** *adj attempt, helicopter* Rettungs-

res·cu·er ['reskjuːəʳ] *n* Retter(in) *m(f)*

re·search [rɪ'sɜːtʃ] **I.** *n* ❶ *no pl* (*general*) Forschung *f*; (*particular*) Erforschung *f*; **~ in human genetics** Forschungen *pl* auf dem Gebiet der Humangenetik; **to carry out ~ [into sth]** [etw er]forschen ❷ (*studies*) **~es** *pl* Untersuchungen *pl* (**in** über) **II.** *adj centre, programme, project, unit, work* Forschungs-; **~ assistant** wissenschaftlicher Mitarbeiter/wissenschaftliche Mitarbeiterin; **~ scientist** Forscher(in) *m(f)* **III.** *vi* forschen; **to ~ in[to] sth** etw erforschen [*o* untersuchen] **IV.** *vt* ❶ SCI erforschen ❷ JOURN recherchieren

re·search·er [rɪ'sɜːtʃəʳ] *n*, **re·'search work·er** *n* Forscher(in) *m(f)*

re·sem·blance [rɪ'zembl ən(t)s] *n no pl* Ähnlichkeit *f*; **to bear a ~ to sb/sth** jdm/etw ähnlich sehen; **this account bears no ~ to the truth** diese Darstellung hat nichts mit der Wahrheit zu tun

re·sem·ble [rɪ'zembl] *vt* ähneln

re·sent [rɪ'zent] *vt* ■ **to ~ sb/sth** sich [sehr]

requiring and demanding

asking someone

Can you just come here for a minute?
Don't forget to phone me this evening.
Do come and visit me.
I must ask you to leave the room.

jemanden auffordern

Kannst du mal kurz herkommen?
Denk dran, mich heute Abend anzurufen.
Besuchen Sie/Besuch mich **doch einmal**.
Ich muss Sie bitten, den Raum zu verlassen.

inviting a shared activity

Let's go!
(Let's get) to work!/Let's get down to work!
Let's just talk about it calmly.
Shall we finally make a start on it?

zu gemeinsamem Handeln auffordern

Auf geht's!
An die Arbeit!/Fangen wir mit der Arbeit an!
Lasst uns mal in Ruhe darüber reden.
Wollen wir jetzt nicht endlich einmal damit anfangen?

demanding

I want you to go/insist (that) you go.
I demand an explanation from you.
That is the least one can expect.

verlangen

Ich will dass,/bestehe darauf, dass Sie gehen/du gehst.
Ich verlange eine Erklärung von Ihnen.
Das ist das Mindeste, das man erwarten kann.

über jdn/etw ärgern; ■ **to ~ doing sth** etw [äußerst] ungern tun
re·sent·ful [rɪˈzentfᵊl] *adj* ❶ *(feeling resentment)* verbittert, verärgert; ■ **to be ~ of sb/sth** sich über jdn/etw ärgern ❷ *(showing resentment)* nachtragend **re·sent·ment** [rɪˈzentmənt] *n* Verbitterung *f*, Groll *m*; **to feel [a] ~ against sb** einen Groll gegen jdn hegen
res·er·va·tion [ˌrezəˈveɪʃᵊn] *n* ❶ *usu pl (doubt)* Bedenken *pl*; **to have ~s about sth** wegen einer S. *gen* Bedenken haben ❷ TOURIST *(act and result)* Reservierung *f*; **to make a ~** [etw] reservieren ❸ *(area of land)* Reservat *nt*
re·serve [rɪˈzɜːv] **I.** *n* ❶ *no pl (form: doubt)* Zurückhaltung *f*; **with ~** mit Vorbehalt ❷ *(store)* Reserve *f*, Vorrat *m*; **to put sth on ~** [**for sb**] etw [für jdn] reservieren ❸ *(area)* Reservat *nt*; **wildlife ~** Naturschutzgebiet *nt* ❹ SPORTS Ersatzspieler(in) *m(f)* ❺ MIL Reserve *f* ❻ *no pl (self-restraint)* Reserviertheit *f* **II.** *vt* ❶ *(keep)* aufheben ❷ *(save)* reservieren; **to ~ the right to do sth** sich *dat* das Recht vorbehalten, etw zu tun ❸ *(book)* room, table, ticket vorbestellen, reservieren

re·serve ˈcur·ren·cy *n* Leitwährung *f*
re·served [rɪˈzɜːvd] *adj* ❶ *(booked)* reserviert ❷ *(restrained) person* reserviert; *smile* verhalten
re·ˈserve price *n (at auctions)* Mindestpreis *m*
re·serv·ist [rɪˈzɜːvɪst] *n* MIL Reservist(in) *m(f)*
res·er·voir [ˈrezəvwɑː] *n* ❶ *(large lake)* Wasserreservoir *nt* ❷ *(fig: supply of)* Reservoir *nt*
re·set <-tt-, -set, -set> [ˌriːˈset] *vt* ❶ *(set again) clock, a timer* neu stellen ❷ MED *broken bone* [ein]richten ❸ COMPUT neu starten; **~ button** Resettaste *f*
re·set·tle [ˌriːˈsetl] **I.** *vi* sich neu niederlassen **II.** *vt* umsiedeln
re·shuf·fle [ˌriːˈʃʌfl] **I.** *vt* POL *cabinet, organization* umbilden **II.** *n* POL Umbildung *f*
re·side [rɪˈzaɪd] *vi (form)* ❶ *(be living)* residieren, wohnhaft sein ❷ *(form: be kept)* aufbewahrt werden ❸ *(form: have the right)* **the power to sack employees ~s in the Board of Directors** nur der Vorstand hat das Recht, Angestellte zu entlassen
resi·dence [ˈrezɪdən(t)s] *n* ❶ *(form: domi-*

cile) Wohnsitz *m;* **to take up ~ in a country** sich in einem Land niederlassen ❷ *no pl (act of residing)* Wohnen *nt;* ■ **to be in ~** wohnen; ❸ *(building)* Wohngebäude *nt; of a monarch* Residenz *f* ❹ UNIV *(for research)* Forschungsaufenthalt *m; (for teaching)* Lehraufenthalt *m*

ˈresi·dence per·mit *n* Aufenthaltserlaubnis *f*

resi·dent [ˈrezɪdənt] **I.** *n* ❶ *(person living in a place)* Bewohner(in) *m(f); of a hotel* [Hotel]gast *m;* **local ~** Anwohner(in) *m(f);* **'~s only'** ,Anlieger frei'; ❷ POL **is she a ~ of Canada?** lebt sie in Canada? **II.** *adj* ❶ *(residing)* ansässig, wohnhaft ❷ *attr (living where one is employed)* im Haus lebend *nach n;* **~ doctor** Arzt/Ärztin im Haus ❸ *(employed in a particular place)* hauseigen

resi·den·tial [ˌrezɪˈden(t)ʃəl] *adj* ❶ *(housing area)* Wohn-; **~ district** Wohngebiet *nt* ❷ *(job requiring person to live in)* mit Wohnung im Haus *nach n;* **my job is ~** ich wohne an meinem Arbeitsplatz ❸ *(used as a residence)* hotel Wohn- ❹ *(concerning residence)* requirements Aufenthalts-

re·sid·ual [rɪˈzɪdjuəl] *adj* restlich; *opposition* vereinzelt; **~ moisture/warmth** Restfeuchtigkeit *f*/-wärme *f*

res·i·due [ˈrezɪdjuː] *n usu sing* ❶ *(form: remainder)* Rest *m* ❷ CHEM Rückstand *m* ❸ LAW restlicher Nachlass

re·sign [rɪˈzaɪn] **I.** *vi (leave one's job)* kündigen; **to ~ from an office/post** von einem Amt/einem Posten zurücktreten **II.** *vt* ❶ *(give up)* aufgeben; *office, post* niederlegen ❷ *(accept)* **to ~ oneself to a fact/one's fate/the inevitable** sich mit einer Tatsache/seinem Schicksal/dem Unvermeidlichen abfinden

res·ig·na·tion [ˌrezɪgˈneɪʃən] *n* ❶ *(official letter)* Kündigung *f;* **to hand in one's ~** seine Kündigung einreichen ❷ *no pl (act of resigning)* Kündigung *f; from office, post* Rücktritt *m* ❸ *no pl (acceptance)* Resignation *f*

re·signed [rɪˈzaɪnd] *adj* resigniert; ■ **to be ~ to sth** sich mit etw *dat* abgefunden haben

re·sili·ence [rɪˈzɪliən(t)s] *n no pl,* **re·sili·en·cy** [rɪˈzɪliən(t)si] *n no pl* ❶ *(ability to regain shape) of material* Elastizität *f* ❷ *(ability to recover) of person* Widerstandskraft *f,* Durchhaltevermögen *nt*

re·sili·ent [rɪˈzɪliənt] *adj* ❶ *(able to keep shape) material* elastisch ❷ *(fig: able to survive setbacks)* unverwüstlich, zäh; *health* unverwüstlich

res·in [ˈrezɪn] *n no pl* Harz *nt*

res·in·ous [ˈrezɪnəs] *adj* harzig

re·sist [rɪˈzɪst] **I.** *vt* ❶ *(fight against)* ■ **to ~ sth** etw *dat* Widerstand leisten; **to ~ arrest** LAW sich der Verhaftung widersetzen ❷ *(refuse to accept)* ■ **to ~ sth** sich gegen etw *akk* wehren, sich etw *dat* widersetzen ❸ *(be unaffected by)* widerstehen +*dat* ❹ *(not give into)* widerstehen +*dat;* **she couldn't ~ laughing** sie musste einfach loslachen *fam* **II.** *vi* ❶ *(fight an attack)* sich wehren ❷ *(refuse sth)* widerstehen

re·sis·tance [rɪˈzɪstən(t)s] *n* ❶ *no pl (military opposition)* Widerstand *m* **(to** gegen) ❷ *(organization)* ■ **the R~** der Widerstand; **the** [French] **R~** der [französische] Résistance ❸ *(refusal to accept)* Widerstand *m* **(to** gegen); **to offer no ~** [**to sb/sth**] [jdm/etw] keinen Widerstand leisten; **to put up** [**a**] **determined ~** erbitterten Widerstand leisten ❹ *no pl (ability to withstand illness)* Widerstandskraft *f;* **~ to a disease/an infection** Resistenz *f* gegen eine Krankheit/eine Infektion ❺ *no pl (force) also* PHYS, ELEC Widerstand *m*

re·ˈsis·tance fight·er *n* Widerstandskämpfer(in) *m(f)*

re·sis·tant [rɪˈzɪstənt] *adj* ❶ *(refusing to accept)* ablehnend; ■ **to be ~ to sth** etw *dat* ablehnend gegenüberstehen ❷ *(hardened against damage)* resistent **(to** gegen)

re·sis·tor [rɪˈzɪstəʳ] *n* ELEC Widerstand *m*

re·sit *esp* BRIT **I.** *vt* <-tt-, -sat, -sat> [ˌriːˈsɪt] *examination* wiederholen **II.** *n* [ˈriːsɪt] SCH, UNIV Wiederholungsprüfung *f*

reso·lute [ˈrezəluːt] *adj (form)* entschlossen; *belief, stand* fest; *person* energisch; ■ **to be ~ in sth** hartnäckig in etw *dat* sein

reso·lu·tion [ˌrezəˈluːʃən] *n* ❶ *no pl (approv: determination)* Entschlossenheit *f* ❷ *no pl (form: solving)* Lösung *f; of crises* Überwindung *f; of a question* Klärung *f* ❸ POL *(proposal)* Beschluss *m,* Resolution *f;* **to pass/reject a ~** eine Resolution verabschieden/ablehnen ❹ *(decision)* Entscheidung *f* ❺ *(intention)* Vorsatz *m;* **to make a ~** eine Entscheidung treffen ❻ *no pl* CHEM, TECH Aufspaltung *f* ❼ *no pl* COMPUT, PHOT, TV *(picture quality)* Auflösung *f*

re·solv·able [rɪˈzɒlvəbl] *adj* lösbar

re·solve [rɪˈzɒlv] **I.** *vt* ❶ *(solve)* lösen ❷ *(settle) differences* beilegen; **the crisis ~d itself** die Krise legte sich von selbst ❸ *(separate)* zerlegen (**into** in) ❹ *(form: decide)* ■ **to ~ that ...** beschließen, dass ... **II.** *vi* ❶ *(decide)* beschließen; ■ **to ~ on doing sth** beschließen, etw zu tun ❷ *(separate into)* sich auflösen **III.** *n* Entschlossenheit *f*

re·solved [rɪˈzɒlvd] *adj pred* entschlossen

reso·nance [ˈrezənən(t)s] *n* ❶ *no pl (echo)* [Nach]hall *m,* Resonanz *f geh* ❷ *(form: as-*

resonant – responsive

sociation) Erinnerung f
res·o·nant ['rezənənt] *adj* [wider]hallend; ▪ **to be ~ with sth** von etw *dat* widerhallen
res·o·nate ['rezəneɪt] **I.** *vi* ❶ (*resound*) hallen ❷ (*fig: be important*) ▪ **to ~ with sth** etw ausstrahlen; ▪ **to ~ with sb** bei jdm Echo finden ❸ *say* AM (*fig: share an understanding*) einer Meinung sein; ▪ **to ~ with sth** mit etw *dat* im Einklang sein **II.** *vt* ▪ **to ~ sth** mit etw *dat* Resonanzen erzeugen
re·sort [rɪ'zɔːt] **I.** *n* ❶ (*place for holidays*) Urlaubsort *m* ❷ *no pl* (*recourse*) Einsatz *m*, Anwendung *f*; **without ~ to violence** ohne Gewaltanwendung; **as a last ~** als letzten Ausweg; **you're my last ~!** du bist meine letzte Hoffnung! **II.** *vi* ▪ **to ~ to sth** auf etw *akk* zurückgreifen, etw anwenden
re·sound [rɪ'zaʊnd] *vi* ❶ (*resonate*) [wider]hallen ❷ (*fig: cause sensation*) Furore machen; **the rumour ~ed through the whole world** das Gerücht ging um die ganze Welt
re·sound·ing [rɪ'zaʊndɪŋ] *adj pred* ❶ (*very loud*) schallend; *applause* tosend ❷ (*emphatic*) unglaublich; *defeat* schwer; *success* durchschlagend
re·source [rɪ'zɔːs] **I.** *n* ❶ *usu pl* (*asset*) Ressource *f* ❷ *pl* (*source of supply*) Ressourcen *pl*; **natural ~s** Bodenschätze *pl* ❸ *pl* (*wealth*) [finanzielle] Mittel ❹ (*approv form: resourcefulness*) Einfallsreichtum *m* **II.** *vt* ausstatten
re·source·ful [rɪ'zɔːsfəl] *adj* (*approv*) einfallsreich
re·spect [rɪ'spekt] **I.** *n* ❶ *no pl* (*esteem*) Respekt *m*, Achtung *f* (**for** vor) ❷ *no pl* (*consideration*) Rücksicht *f*; **to have ~ for sb/sth** Rücksicht auf jdn/etw nehmen; **to have no ~ for sth** etw nicht respektieren; **out of ~ for sb's feelings** aus Rücksicht auf jds Gefühle ❸ (*form: polite greetings*) ▪ **~s** *pl* Grüße *pl*; **to pay one's ~s** [**to sb**] jdm einen Besuch abstatten; **to pay one's last ~s to sb** jdm die letzte Ehre erweisen ▸ **in all/many/some ~s** in allen/vielen/einigen Punkten; **in every ~** in jeglicher Hinsicht **II.** *vt* respektieren; **to ~ sb's decision/wishes/privacy** jds Entscheidung/Wünsche/Privatsphäre respektieren
re·spect·able [rɪ'spektəbl] *adj* ❶ (*decent*) anständig, ehrbar ❷ (*presentable*) anständig, ordentlich ❸ (*acceptable*) *salary, sum* anständig *fam*, ordentlich *fam*, ansehnlich ❹ (*deserving respect*) respektabel; *person* angesehen ❺ (*hum: be dressed*) **to make oneself ~** *sich dat* was anziehen *fam* **re·spect·ed** [rɪ'spektɪd] *adj* angesehen **re·spect·ful** [rɪ'spektfəl] *adj* respektvoll; **to be ~ of sth** etw respektieren **re·spect·ful·ly** [rɪ'spektfəli] *adv* respektvoll; **R~ yours** hochachtungsvoll, Ihr(e)
re·spect·ing [rɪ'spektɪŋ] *prep* (*form*) bezüglich +*gen* **re·spec·tive** [rɪ'spektɪv] *adj attr* jeweilig **re·spec·tive·ly** [rɪ'spektɪvli] *adv* beziehungsweise
res·pi·ra·tion [ˌrespəˈreɪʃən] *n no pl* (*spec*) Atmung *f*; **artificial ~** künstliche Beatmung
res·pi·ra·tor ['respəreɪtə] *n* (*breathing equipment*) Beatmungsgerät *nt* ❷ (*airfiltering mask*) Atem[schutz]gerät *nt*
re·spira·tory [rɪ'spɪrətəri] *adj attr* (*form*) Atem-
res·pite ['respaɪt] *n no pl* (*form: pause*) Unterbrechung *f*, Pause *f*; **the injection provided only a temporary ~ from the pain** die Spritze befreite nur vorübergehend von den Schmerzen; **without ~** pausenlos
re·splen·dent [rɪ'splendənt] *adj* (*form or liter*) prächtig, prachtvoll
re·spond [rɪ'spɒnd] **I.** *vt* ▪ **to ~ that ...** erwidern, dass ... **II.** *vi* ❶ (*answer*) antworten (**to** auf) ❷ (*react*) reagieren (**to** auf) ❸ MED (*react*) **to ~ to treatment** auf eine Behandlung ansprechen
re·spon·dent [rɪ'spɒndənt] *n* ❶ (*person who answers*) Befragte(r) *f(m)* ❷ LAW Angeklagte(r) *f(m)*
re·sponse [rɪ'spɒn(t)s] *n* ❶ (*answer*) Antwort *f* (**to** auf) ❷ (*act of reaction*) Reaktion *f*; **to meet with a bad/good ~** eine schlechte/gute Resonanz finden; **in ~ to sth** in Erwiderung auf etw *akk* ❸ *no pl* (*sign of reaction*) Reaktion *f* ❹ (*part of church service*) Responsorium *f*
re·spon·sibil·ity [rɪˌspɒn(t)səˈbɪləti] *n* ❶ *no pl* (*being responsible*) Verantwortung *f* (**for** für); **to claim ~ for sth** sich für etw *akk* verantwortlich erklären; **to take full ~ for sth** die volle Verantwortung für etw *akk* übernehmen; **sense of ~** Verantwortungsbewusstsein *nt*; **to act on one's own ~** auf eigene Verantwortung handeln; **to carry a lot of ~** eine große Verantwortung tragen ❷ (*duty*) Verantwortlichkeit *f*, Zuständigkeit *f*
re·spon·sible [rɪ'spɒn(t)səbl] *adj* ❶ (*accountable*) verantwortlich (**for** für); **to hold sb ~** jdn verantwortlich machen; LAW in Haft nehmen ❷ (*in charge*) verantwortlich (**for** für), zuständig ❸ (*sensible*) verantwortungsbewusst ❹ (*requiring responsibility*) *job, task* verantwortungsvoll
re·spon·sive [rɪ'spɒn(t)sɪv] *adj* gut reagierend; **I always found him very ~** ich fand ihn immer sehr entgegenkommend; **we had a wonderfully ~ audience for last night's performance** das Publikum ging bei der Vor-

responsibility

asking about responsibility | nach Zuständigkeit fragen

Are you in charge/the person responsible?
Sind Sie dafür zuständig?

Are you the doctor in attendance?
Sind Sie die behandelnde Ärztin/der behandelnde Arzt?

expressing responsibility | Zuständigkeit ausdrücken

Yes, you've come to the right person.
Ja, bei mir sind Sie richtig.

I am responsible for organizing the party.
Ich bin für die Organisation des Festes verantwortlich/zuständig.

expressing non-responsibility | Nicht-Zuständigkeit ausdrücken

I'm not responsible for that (, I'm afraid).
Dafür bin ich (leider) nicht zuständig.

That isn't our responsibility.
Dafür sind wir nicht zuständig.

You've come to the wrong person./I'm not the one you want.
Da sind Sie bei mir an der falschen Adresse.

I'm not entitled/authorized to do that (, I'm afraid).
Dazu bin ich (leider) nicht berechtigt/befugt.

---

stellung gestern Abend sehr gut mit; **to be ~ to treatment** auf eine Behandlungsmethode ansprechen
rest¹ [rest] *n* + *sing/pl vb* ■**the ~** der Rest
rest² [rest] **I.** *n* ❶ (*period of repose*) [Ruhe]pause *f;* **to have a ~** eine Pause machen ❷ *no pl* (*repose*) Erholung *f;* **for a ~** zur Erholung ❶ MUS Pause *f;* (*symbol*) Pausenzeichen *nt* ❹ (*support*) Stütze *f,* Lehne *f;* (*in billiards*) Führungsqueue *m o nt* ❺ (*repose*) **to ~ one's eyes/legs** seine Augen/Beine ausruhen; **to ~ oneself** sich ausruhen ❷ (*support*) lehnen ❸ LAW (*conclude evidence*) **to ~ one's case** seine Beweisführung abschließen **III.** *vi* ❶ (*cease activity*) [aus]ruhen, sich ausruhen; **to not ~ until ...** [so lange] nicht ruhen, bis ... ❷ (*not to mention sth*) **to let sth ~** etw ruhen lassen; (*fam*) **let it ~!** lass es doch auf sich beruhen! ❸ (*be supported*) ruhen ❹ (*depend on*) ■**to ~ on sb/sth** auf jdm/etw ruhen; (*be based on*) ■**to ~ on sth** auf etw *dat* beruhen ❺ (*form or liter: alight on*) ■**to ~** [up]**on sb/sth** *gaze* auf jdm/etw ruhen ► **to ~ on one's laurels** sich auf seinen Lorbeeren ausruhen; [**you can**] **~ assured** [**that ...**] seien Sie versichert, dass ...
re·state [ˌriːˈsteɪt] *vt* ■**to ~ sth** etw noch einmal [mit anderen Worten] sagen
res·tau·rant [ˈrestªrɔ̃(ŋ)] *n* Restaurant *nt*, Gaststätte *f*
ˈres·tau·rant car *n* BRIT Speisewagen *m*
res·tau·ra·teur [ˌrestərəˈtɜːʳ] *n* Gastwirt(in) *m(f)*
ˈrest cure *n* Erholungskur *f*
ˈrest day *n* Ruhetag *m*
rest·ful [ˈrestfªl] *adj* erholsam; *sound* beruhigend; *atmosphere* entspannt; *place* friedlich
ˈrest home *n* Altersheim *nt*
ˈrest·ing place [ˈrestɪŋ-] *n* ❶ (*euph: burial place*) **sb's** [**final**] **~** jds [letzte] Ruhestätte ❷ (*place to relax*) Rastplatz *m*
res·ti·tu·tion [ˌrestɪˈtjuːʃªn] *n no pl* ❶ (*return*) Rückgabe *f;* *of sb's rights* Wiederherstellung *f;* *of money* [Zu]rückerstattung *f;* *of a house, estates* [Zu]rückgabe *f* ❷ (*compensation*) Entschädigung *f;* (*financial usu*) Schaden[s]ersatz *m*
res·tive [ˈrestɪv] *adj* ❶ (*restless and impatient*) unruhig, nervös ❷ (*stubborn*) widerspenstig; *horse* störrisch
rest·less [ˈrestləs] *adj* ❶ (*agitated*) unruhig ❷ (*uneasy*) rastlos; **to get ~** anfangen, sich unwohl zu fühlen ❸ (*wakeful*) ruhelos; *night* schlaflos
re·stock [ˌriːˈstɒk] **I.** *vt* ■**to ~ sth** etw wieder auffüllen; **to ~ a lake** einen See wieder mit Fischen besetzen **II.** *vi* Vorräte erneuern
res·to·ra·tion [ˌrestəˈreɪʃªn] *n* ❶ *no pl* (*act of*

restoring) Restaurieren nt ❷ (*instance of restoring*) Restaurierung f ❸ no pl (*re-establishment*) Wiederherstellung f; **the ~ of the death penalty** die Wiedereinführung der Todesstrafe ❹ no pl (*form: return to owner*) Rückgabe f ❺ no pl (*return to position*) Wiedereinsetzung f (**to** in)

re·stora·tive [rɪˈstɔrətɪv] **I.** n Stärkungsmittel nt **II.** adj stärkend attr; **~ powers** [**of sth**] (*strengthening*) kräftigende Wirkung [von etw dat]; (*healing*) heilende Wirkung [von etw dat]

re·store [rɪˈstɔː] vt ❶ (*renovate*) restaurieren ❷ (*re-establish*) wiederherstellen; **to ~ sb's faith in sth** jdm sein Vertrauen in etw akk zurückgeben; **to ~ a law** ein Gesetz wieder einführen; **to ~ sb to life** jdn ins Leben zurückbringen ❸ (*form: return to owner*) ■ **to ~ sth to sb** jdm etw zurückgeben; ■ **to ~ sb to sb** jdn [zu] jdm zurückbringen ❹ (*reinstate*) **to ~ sb to their former position** jdn in seine/ihre frühere Position wieder einsetzen; **to ~ sb to power** jdn wieder an die Macht bringen

re·stor·er [rɪˈstɔːrə] n ❶ ARCHIT, ART (*person*) Restaurator(in) m/f ❷ (*hair growth treatment*) **hair ~** Haarwuchsmittel nt

re·strain [rɪˈstreɪn] vt zurückhalten; (*forcefully*) bändigen; ■ **to ~ sb from** [**doing**] **sth** jdn davon abhalten, etw zu tun; ■ **to ~ oneself** sich beherrschen; **she ~ed her impulse to smile** sie unterdrückte ein Lächeln

re·strained [rɪˈstreɪnd] adj beherrscht; *criticism* verhalten; *manners* gepflegt; *policy* zurückhaltend

re·straint [rɪˈstreɪnt] n ❶ no pl (*self-control*) Beherrschung f; **to exercise ~** Zurückhaltung f üben ❷ (*restriction*) Einschränkung f; **~s on imports** Einfuhrbeschränkungen pl ❸ LAW **to place/keep sb under ~** jdn in Gewahrsam nehmen/behalten

re·strict [rɪˈstrɪkt] vt ❶ (*limit*) beschränken, einschränken; *number* begrenzen (**to** auf) ❷ (*deprive of right*) ■ **to ~ sb from sth** jdm etw untersagen

re·strict·ed [rɪˈstrɪktɪd] adj ❶ (*limited*) *choice, vocabulary* begrenzt; *view* eingeschränkt ❷ (*subject to limitation*) eingeschränkt; *number* beschränkt (**to** auf) ❸ (*spatially confined*) eng

re·stric·tion [rɪˈstrɪkʃən] n ❶ (*limit*) Begrenzung f, Beschränkung f, Einschränkung f; **to be subject to ~s** Beschränkungen unterliegen; **to impose a ~ on sth** etw mit Restriktionen belegen; **to lift ~s** Restriktionen aufheben ❷ no pl (*action of limiting*) Einschränken nt

re·stric·tive [rɪˈstrɪktɪv] adj (*esp pej*) einschränkend, einengend; *measure* restriktiv

re·string <-strung, -strung> [ˌriːˈstrɪŋ] vt *instrument* neu besaiten; *pearls* neu aufziehen; *sports racket* neu bespannen

'rest·room n esp AM (*toilet*) Toilette f

re·struc·ture [ˌriːˈstrʌktʃə] vt umstrukturieren

re·struc·tur·ing [ˌriːˈstrʌktʃərɪŋ] n Umstrukturierung f

re·sult [rɪˈzʌlt] **I.** n ❶ (*consequence*) Folge f; ■ **with the ~ that ...** mit dem Ergebnis, dass ...; ■ **as a ~ of sth** als Folge einer S. gen ❷ (*outcome*) Ergebnis nt; **the ~ of the match was 4 - 2** das Spiel ist 4 zu 2 ausgegangen ❸ (*satisfactory outcome*) Erfolg m, Resultat nt; **to have good ~s with sth** gute Ergebnisse mit etw dat erzielen ❹ BRIT (*fam: a win*) Sieg m ❺ MATH *of a calculation, a sum* Resultat nt, Ergebnis nt **II.** vi ❶ (*ensue*) resultieren, sich ergeben ❷ (*cause*) ■ **to ~ in sth** etw zur Folge haben

re·sult·ant [rɪˈzʌltənt] adj attr (*form*), **re·sult·ing** [rɪˈzʌltɪŋ] adj attr resultierend attr, sich daraus ergebend attr

re·sume [rɪˈzjuːm] **I.** vt ❶ (*start again*) wieder aufnehmen; *journey* fortsetzen; ■ **to ~ doing sth** fortfahren, etw zu tun ❷ (*form: reoccupy*) **one's seat** wieder einnehmen **II.** vi wieder beginnen; (*after short interruption*) weitergehen

ré·su·mé [ˈrezjuːmeɪ] n ❶ (*summary*) Zusammenfassung f (**of** über), Resümee nt geh ❷ AM, AUS (*curriculum vitae*) Lebenslauf m

re·sump·tion [rɪˈzʌm(p)ʃən] n ❶ no pl (*act*) *of a game, talks* Wiederaufnahme f ❷ (*instance*) Wiederbeginn m kein pl

re·sur·face [ˌriːˈsɜːfɪs] **I.** vi ❶ (*rise to surface*) *submarine, diver* wieder zum Auftauchen ❷ (*reappear*) wieder zum Vorschein kommen; *memories, topic* aufkommen **II.** vt ■ **to ~ sth** die Oberfläche einer S. gen erneuern; **to ~ a road** den Straßenbelag erneuern

re·sur·gence [ˌriːˈsɜːdʒən(t)s] n no pl (*form*) Wiederaufleben nt

re·sur·gent [ˌriːˈsɜːdʒənt] adj usu attr (*form*) wieder auflebend attr

res·ur·rect [ˌrezəˈrekt] vt ❶ (*revive*) ■ **to ~ sth** etw wieder aufleben lassen; *a fashion* etw wiederbeleben ❷ (*bring back to life*) ■ **to ~ sb** jdn auferstehen lassen; **to ~ the dead** die Toten wieder zum Leben erwecken

res·ur·rec·tion [ˌrezəˈrekʃən] n no pl Wiederbelebung f; *of a law* Wiedereinführung f

re·sus·ci·tate [rɪˈsʌsɪteɪt] vt ❶ MED wiederbeleben ❷ (*fig*) [neu] beleben

re·tail [ˈriːteɪl] **I.** n no pl Einzelhandel m, Detailhandel m SCHWEIZ **II.** vt im Einzelhandel verkaufen **III.** vi **this model of computer is**

~ing at £650 im Einzelhandel kostet dieses Computermodell 650 Pfund

're·tail busi·ness n ECON Einzelhandel m; (shop) Einzelhandelsgeschäft nt **re·tail·er** ['ri:teɪlə^r] n Einzelhändler(in) m(f) **'re·tail out·let** n Einzelhandelsgeschäft nt **'re·tail price** n Einzelhandelspreis m **re·tail 'price(s) in·dex** n BRIT ECON ■the ~ der Einzelhandelspreisindex **'re·tail trade** n ECON Einzelhandel m

re·tain [rɪ'teɪn] vt ① (keep) behalten; **to ~ sb's attention** jds Aufmerksamkeit halten; **to ~ the championship** SPORTS Meister/Meisterin bleiben; **to ~ one's composure** die Haltung bewahren; **to ~ control of sth** etw weiterhin in der Gewalt haben; **to ~ one's dignity/independence** seine Würde/Unabhängigkeit wahren; **to ~ the right to do sth** LAW sich das Recht vorbehalten, etw zu tun ② (not alter) ■to ~ sth etw beibehalten, bei etw dat bleiben ③ (not lose) speichern ④ (remember) ■to ~ sth sich dat etw merken ⑤ (hold in place) zurückhalten

re·tain·er [rɪ'teɪnə^r] n (fee) Vorschuss m

re·'tain·ing wall n Stützmauer f

re·take I. vt <-took, -taken> [ˌri:'teɪk] ① (take again) exam wiederholen ② (regain) wiedergewinnen; **to ~ the lead** SPORTS sich wieder an die Spitze setzen; (in a race) wieder die Führung übernehmen ③ (film again) **to ~ a scene** eine Szene nochmals drehen **II.** n ['ri:teɪk] ① esp BRIT (exam) Wiederholungsprüfung f ② (filming again) Neuaufnahme f

re·tali·ate [rɪ'tælieɪt] vi Vergeltung üben; **for insults** sich revanchieren

re·tali·ation [rɪˌtæli'eɪʃ^ən] n no pl Vergeltung f; (in fighting) Vergeltungsschlag m; **in ~ for sth** als Vergeltung für etw akk

re·tali·atory [rɪ'tælɪətˠri] adj attr Vergeltungs-

re·tard I. vt [rɪ'tɑ:d] (form) verzögern, verlangsamen; **to ~ economic growth** das Wirtschaftswachstum bremsen **II.** n ['ri:tɑ:d] AM (pej! fam) Idiot m

re·tar·dation [ˌri:tɑ:'deɪʃ^ən] n no pl (form) Verzögerung f

retch [retʃ] vi würgen; **to make sb ~** jdn zum Würgen bringen

re·ten·tion [rɪ'ten(t)ʃ^ən] n no pl ① (keeping) Beibehaltung f; **~ of power** Machterhalt m; SPORTS of a title Verteidigung f ② (preservation) Erhaltung f; of rights Wahrung f; **staff ~** Personalerhaltung f ③ (not losing) Speicherung f; MED Retention f fachspr; **~ of heat** Hitzespeicherung f ④ (form: memory) Gedächtnis nt; **powers of ~** Merkfähigkeit f esp LAW (securing sb's services) **~ of a lawyer** Mandat nt [nach geleisteter Vorauszahlung]

re·ten·tive [rɪ'tentɪv] adj aufnahmefähig

re·think I. vt <-thought, -thought> [ˌri:'θɪŋk] überdenken **II.** vi <-thought, -thought> [ˌri:'θɪŋk] überlegen **III.** n ['ri:θɪŋk] no pl Überdenken nt; **to have a ~** etw noch einmal überdenken

reti·cent ['retɪs^ənt] adj (form) zurückhaltend; (taciturn) wortkarg

reti·na <pl -s or -nae> ['retɪnə, pl -ni:] n Netzhaut f, Retina f fachspr

reti·nue ['retɪnju:] n + sing/pl vb Gefolge nt kein pl

re·tire [rɪ'taɪə^r] **I.** vi ① (stop working) in den Ruhestand treten; worker in Rente gehen; civil servant in Pension gehen; self-employed person sich zur Ruhe setzen; soldier aus der Armee ausscheiden; SPORTS seine Karriere beenden ② (form: withdraw) sich zurückziehen; **the jury ~d to consider the verdict** die Jury zog sich zur Urteilsfindung zurück ③ (form: go to bed) sich zu Bett begeben **II.** vt (cause to stop working) ■to ~ sb jdn in den Ruhestand versetzen; worker jdn verrenten

re·tir·ed [rɪ'taɪəd] adj (no longer working) im Ruhestand präd; worker in Rente präd; civil servant pensioniert

re·tire·ment [rɪ'taɪəmənt] n ① (from job) Ausscheiden nt aus dem Arbeitsleben; of a civil servant Pensionierung f; of a soldier Verabschiedung f ② no pl esp SPORTS (ceasing to compete) Ausscheiden nt ③ no pl (period after working life) Ruhestand m ④ no pl (form: seclusion) Zurückgezogenheit f

re·'tire·ment age n (of a worker) Rentenalter nt; (of a civil servant) Pensionsalter nt

re·'tire·ment pen·sion n (for worker) [Alters]rente f; (for civil servant) [Alters]ruhegeld nt, Pension f

re·tir·ing [rɪ'taɪərɪŋ] adj ① attr (stopping work) ausscheidend ② (reserved) zurückhaltend

re·tort [rɪ'tɔ:t] **I.** vt ■to ~ that ... scharf erwidern, dass ...; **"no need to be so rude,"** **she ~ed** „kein Grund so unhöflich zu sein", gab sie zurück **II.** vi scharf antworten **III.** n scharfe Antwort [o Erwiderung]

re·touch [ˌri:'tʌtʃ] vt retuschieren

re·trace [rɪ'treɪs] vt zurückverfolgen; in mind [geistig] nachvollziehen; **to ~ one's steps** denselben Weg zurückgehen

re·tract [rɪ'trækt] **I.** vt ① (withdraw) zurückziehen; offer, statement zurücknehmen ② (draw back) zurückziehen; (into body) einziehen **II.** vi ① (withdraw words) einen Rückzieher machen fam ② (be drawn back) eingezogen werden

re·tract·able [rɪ'træktəbl] adj einziehbar

re·trac·tion [rɪ'trækʃ°n] *n* (*form*) Zurücknahme *f kein pl*

re·train [ˌriː'treɪn] **I.** *vt* umschulen **II.** *vi* umgeschult werden

re·tread I. *vt* [ˌriː'tred] AUTO tyre runderneuern **II.** *n* ['riːtred] runderneuerter Reifen

re·treat [rɪ'triːt] **I.** *vi* ❶ MIL sich zurückziehen ❷ (*move backwards*) zurückweichen; (*become smaller*) *flood waters* zurückgehen, fallen; *ice* schmelzen; *shares* fallen ❸ (*withdraw*) sich zurückziehen; (*hide*) sich verstecken; ▪ **to ~ into oneself** sich in sich selbst zurückziehen ❹ (*fail to uphold*) einen Rückzieher machen; **to ~ from one's principles** von seinen Prinzipien abweichen; **to ~ from one's promises/proposals** seine Versprechen/Vorschläge zurücknehmen **II.** *n* ❶ MIL (*withdrawal*) Rückzug *m*; ▪ **to be in ~** sich auf dem Rückzug befinden ❷ *no pl* (*withdrawal*) Abwendung *f*, Abkehr *f* (**from** von) ❸ (*private place*) Zufluchtsort *m* ❹ (*period of seclusion*) Zeit *f* der Ruhe und Abgeschiedenheit; **to go on ~** REL in Klausur gehen ❺ (*failure to uphold*) Abweichung *f* (**from** von)

re·trench [rɪ'tren(t)ʃ] **I.** *vi* (*form*) sich einschränken, sparen **II.** *vt* AUS (*make redundant*) einsparen; *personnel* abbauen

re·trench·ment [rɪ'tren(t)ʃmənt] *n* ❶ (*form: financial cut*) Kürzung *f* ❷ *no pl* (*reducing spending*) Einschränken *nt* ❸ AUS (*dismissal from employment*) Stellenstreichung *f*; **~ of personal** Personalabbau *m*

re·trial [ˌriː'traɪəl] *n* LAW Wiederaufnahmeverfahren *nt*

ret·ri·bu·tion [ˌretrɪ'bjuːʃ°n] *n no pl* (*form*) Vergeltung *f*

re·tribu·tive [rɪ'trɪbjuːtɪv] *adj attr* (*form*) Vergeltungs-; **~ justice** ausgleichende Gerechtigkeit

re·triev·al [rɪ'triːv°l] *n no pl* ❶ (*regaining*) Wiedererlangen *nt* ❷ (*rescuing*) Rettung *f*; (*of wreckage*) Bergung *f*; **to be beyond ~** hoffnungslos verloren sein ❸ COMPUT **data/ information ~** Daten-/Informationsabruf *m*; (*when lost*) Retrieval *nt fachspr*, Daten-/Informationsrückgewinnung *f*

re·trieve [rɪ'triːv] *vt* ❶ (*get back*) wiederfinden; **to ~ forgotten memories** sich wieder erinnern können ❷ (*fetch*) heraus-/herunter-/zurückholen ❸ (*rescue*) retten; (*from wreckage*) bergen ❹ COMPUT *data* abrufen ❺ (*by dog*) apportieren

re·triev·er [rɪ'triːvər] *n* Retriever *m*

retro·ac·tive [ˌretrəʊ'æktɪv] *adj* rückwirkend

retro·grade ['retrəʊɡreɪd] *adj* ❶ (*form: regressive*) *development* rückläufig; *policy* rückschrittlich; **~ step** Rückschritt *m* ❷ GEOL, ASTRON rückläufig, retrograd *fachspr*

retro·gres·sive [ˌretrəʊ'ɡresɪv] *adj* (*form*) *policy, reforms* rückschrittlich; *development* rückläufig

retro·spect ['retrəʊspekt] *n no pl* **in ~** im Rückblick [*o* Nachhinein], rückblickend

retro·spec·tive [ˌretrəʊ'spektɪv] **I.** *adj* ❶ (*looking back*) rückblickend; *mood* nachdenklich ❷ *esp* LAW (*form*) rückwirkend **II.** *n* Retrospektive *f*

re·turn [rɪ'tɜːn] **I.** *n* ❶ (*to a place/time*) Rückkehr *f* (**to** zu); **~ home** Heimkehr *f*; **his ~ to power** seine Wiederwahl; **~ to school** Schulbeginn *m* ❷ (*reoccurrence*) *of an illness* Wiederauftreten *nt* ❸ (*giving back*) Rückgabe *f*; **by ~** [**of post**] BRIT, AUS postwendend ❹ (*recompense*) Gegenleistung *f* ❺ BRIT, AUS (*ticket*) Hin- und Rückfahrkarte *f* ❻ SPORTS (*stroke*) Rückschlag *m*; **~ of serve** Return *m* ❼ (*proceeds*) Gewinn *m*; **~s on capital** Rendite *f* ❽ AM POL ▪ **the ~s** *pl* die Wahlergebnisse ❾ *no pl* (*key on keyboard*) Returntaste *f* **II.** *adj attr postage, flight, trip* Rück- **III.** *vi* ❶ (*go/come back*) zurückkehren, zurückkommen; (*fig*) **to ~ home** (*come back home*) nach Hause kommen; (*go home*) nach Hause gehen; (*after long absence*) heimkehren; ▪ **to ~ to somewhere** irgendwohin zurückkehren; **~ to sender** zurück an Absender ❷ (*reoccur*) *pain, illness* wiederkommen ❸ (*revert to*) ▪ **to ~ to sth** etw wieder aufnehmen; **to ~ to a problem** sich einem Problem wieder zuwenden; **to ~ to a subject** auf ein Thema zurückkommen; **to ~ to a task** sich einer Aufgabe wieder widmen; **to ~ to normal** *things* sich wieder normalisieren; *person* wieder zu seinem alten Ich zurückfinden **IV.** *vt* ❶ (*give back*) zurückgeben; ▪ **to ~ sth to sb** (*in person*) jdm etw zurückgeben; (*by post*) jdm etw zurückschicken; **to ~ sth to its place** etw an seinen Platz zurückstellen ❷ (*reciprocate*) erwidern; **to ~ a blow/a salute/a wave** zurückschlagen/-grüßen/-winken; **to ~ sb's call** jdn zurückrufen; **to ~ a favour** sich revanchieren ❸ (*place back*) ▪ **to ~ sth somewhere** etw irgendwohin zurückstellen [*o* zurücklegen] ❹ FIN **to ~ a profit** einen Gewinn abwerfen ❺ LAW (*pronounce*) **to ~ a verdict of guilty/not guilty** einen Schuldspruch/Freispruch aussprechen ❻ TENNIS **to ~ a volley** einen Volley annehmen

re·turn·able [rɪ'tɜːnəbl] *adj* ❶ (*recyclable*) wiederverwendbar, Mehrweg- ❷ (*accepted back*) umtauschbar

re·'turn fare *n* Preis *m* für eine Rückfahrkarte; AVIAT Preis *m* für ein Rückflugticket

re·'turn·ing of·fic·er *n* Brit, Can pol Wahlleiter(in) *m(f)*

re·'turn key *n* Eingabetaste *f* **re·'turn match** *n* Rückspiel *nt* **re·'turn tick·et** *n* ❶ Brit, Aus (*ticket there and back*) Hin- und Rückfahrkarte *f*; aviat Hin- und Rückflugticket *nt* ❷ Am (*ticket for return*) Rückfahrkarte *f*

re·uni·fi·ca·tion [ˌriːjuːnɪfɪˈkeɪʃən] *n no pl* Wiedervereinigung *f*

re·union [riːˈjuːnɪən] *n* ❶ (*gathering*) Treffen *nt*, Zusammenkunft *f* ❷ *no pl* (*form: bringing together*) Wiedervereinigung *f*; (*coming together*) Wiedersehen *nt*; **~ of people** Zusammenführung *f* von Menschen

re·unite [ˌriːjuːˈnaɪt] **I.** *vt* **to ~ sb with sb** jdn mit jdm [wieder] zusammenbringen; **to ~ families** Familien wieder zusammenführen **II.** *vi* sich wiedervereinigen; *people* wieder zusammenkommen

re·us·able [ˌriːˈjuːzəbl] *adj* (*in the same shape*) wiederverwendbar; (*reprocessed*) wiederverwertbar

re·use [ˌriːˈjuːz] *vt* ❶ (*use again*) wiederverwenden ❷ (*recycle by processing*) *waste material* wiederverwerten

rev[1] [rev] *n* (*fam*) *short for* **revolution** Drehzahl *f*; ■ **~ s** *pl* Umdrehungen *pl* [pro Minute]

rev[2] <-vv-> [rev] *vt* **to ~ an engine** einen Motor auf Touren bringen; (*noisily*) einen Motor aufheulen lassen ◆ **rev up** *vi engine* auf Touren kommen; (*make noise*) aufheulen; (*fig*) *person* aufdrehen

re·valu·ation [riːˌvæljuˈeɪʃən] *n* ❶ (*value again*) Neubewertung *f* ❷ (*change in value*) *of a currency* Aufwertung *f*

re·value [ˌriːˈvæljuː] *vt* neu bewerten; *an asset* neu schätzen lassen; *currency* aufwerten

re·vamp [ˌriːˈvæmp] *vt* (*fam*) aufpeppen; *room* aufmöbeln; **to ~ a department** eine Abteilung auf Vordermann bringen; **to ~ one's image/a play** sein Image/ein Theaterstück aufpolieren

'rev count·er *n* Drehzahlmesser *m*

Revd *n abbrev of* **Reverend**

re·veal [rɪˈviːl] *vt* ❶ (*allow to be seen*) zeigen, zum Vorschein bringen; *a talent* erkennen lassen ❷ (*disclose*) enthüllen, offenlegen; *particulars* preisgeben; *secret* verraten; ■ **to ~ that ...** enthüllen, dass ...; (*admit*) zugeben, dass ...; ■ **to ~ how/where/why ...** verraten, wie/wo/warum ...; **to ~ sb's identity** jds Identität zu erkennen geben ❸ rel (*make known*) ■ **to ~ sth** etw offenbaren

re·veal·ing [rɪˈviːlɪŋ] *adj* ❶ (*displaying body*) freizügig; *dress* gewagt ❷ (*divulging sth*) *comment, interview* aufschlussreich; **his scathing review was all too ~ of his own envy of the author's success** seine beißende Kritik zeigt nur allzu deutlich, dass er auf den Erfolg des Autors einfach neidisch ist

re·veil·le [rɪˈvælɪ] *n no pl* mil Reveille *f* veraltet, Wecksignal *nt*

rev·el <Brit -ll- *or* Am *usu* -l-> [ˈrevəl] *vi* feiern

rev·ela·tion [ˌrevəˈleɪʃən] *n* ❶ *no pl* (*act of revealing*) Enthüllung *f*, Aufdeckung *f* ❷ (*sth revealed*) Enthüllung *f* ❸ *no pl* rel (*supernatural revealing*) Offenbarung *f*; **divine ~** göttliche Offenbarung ▸ **to be a ~ to sb** jdm die Augen öffnen, jdn umhauen *fam*

rev·el·ler [ˈrevələr], Am **rev·el·er** *n* Feiernde(r) *f(m)*

rev·el·ry [ˈrevəlrɪ] *n* ❶ *no pl* (*noisy merrymaking*) [ausgelassenes] Feiern ❷ *usu pl* (*festivity*) [ausgelassene] Feier

re·venge [rɪˈvendʒ] **I.** *n no pl* ❶ (*retaliation*) Rache *f*; **to get one's ~** sich rächen ❷ (*desire for retaliation*) Rachedurst *m* **II.** *adj attack, bombing, raid* aus Rache *nach n*; **~ killing** Vergeltungsmord *m* **III.** *vt* rächen

rev·enue [ˈrevənjuː] *n* ❶ *pl* (*income*) Einkünfte *pl* (**from** aus) ❷ *no pl* (*of a state*) öffentliche Einnahmen, Staatseinkünfte *pl* ❸ *pl* (*instances of income*) **sales ~s** Verkaufseinnahmen *pl*; **tax ~s** Steueraufkommen *nt*

'rev·enue of·fic·er *n* Finanzbeamte(r), -beamtin *m, f* **'rev·enue stamp** *n* Am Steuermarke *f*

re·ver·ber·ate [rɪˈvɜːbəreɪt] *vi* ❶ (*echo*) widerhallen, nachhallen; ■ **to ~ through[out] sth** durch etw akk [hindurch]hallen ❷ (*be recalled*) **his terrible childhood experiences ~d throughout the whole of his life** die schlimmen Kindheitserfahrungen wirkten sein ganzes Leben lang nach ❸ (*be widely heard*) **news of the disaster ~d through the company** die Nachricht von der Katastrophe ging wie ein Lauffeuer durch die Firma

re·ver·bera·tion [rɪˌvɜːbəˈreɪʃən] *n* (*form*) ❶ *no pl* (*echoing*) Widerhallen *nt*, Nachhallen *nt* ❷ *usu pl* (*an echo*) Widerhall *m*, Nachhall *m* ❸ *usu pl* (*long-lasting effects*) Nachwirkungen *pl*

re·vere [rɪˈvɪər] *vt* (*form*) verehren (**for** für), achten; **to ~ sb's work** jds Arbeit hoch schätzen

rev·er·ence [ˈrevərən(t)s] *n no pl* Verehrung *f* (**for** für); **to feel ~ for sb** jdn hoch schätzen; **to treat sth/sb with ~** etw/jdn ehrfürchtig behandeln

rev·er·end [ˈrevərənd] *n* ≈ Pfarrer *m*, ≈ Pastor *m*

rev·er·ent [ˈrevərənt] *adj* ehrfurchtsvoll; *behaviour* ehrerbietig

rev·er·en·tial [ˌrevəˈren(t)ʃəl] *adj* (*form*) ehrfürchtig, ehrfurchtsvoll

rev·erie ['revəri] *n* ① (*liter: daydream*) Träumerei *f* (**about** über) ② *no pl* (*liter: daydreaming*) Tagträumen *nt* ③ MUS (*instrumental piece*) Reverie *f fachspr*

re·ver·sal [rɪˈvɜːsəl] *n* ① (*changing effect*) Wende *f*; ~ **of a trend** Trendwende *f* ② (*changing situation*) Umkehrung *f*; **role** ~ Rollentausch *m* ③ (*misfortune*) Rückschlag *m* ④ (*annulment*) Aufhebung *f*

re·verse [rɪˈvɜːs] **I.** *vt* ① *esp* BRIT, AUS (*move sth backwards*) zurücksetzen ② (*change to opposite*) umkehren; *judgement* aufheben; **to ~ the charges** ein R-Gespräch führen; **to ~ the order of sth** die Reihenfolge von etw *dat* vertauschen ③ (*turn sth over*) umdrehen; *coat* wenden **II.** *vi esp* BRIT, AUS (*move backwards*) rückwärtsfahren; (*short distance*) zurücksetzen; **to ~ into a parking space** rückwärts einparken **III.** *n* ① (*opposite*) ■**the** ~ das Gegenteil; **no, quite the ~**! nein, ganz im Gegenteil!; **to do sth in ~** etw umgekehrt tun ② (*gear*) Rückwärtsgang *m*; **to go into ~** in den Rückwärtsgang schalten; (*fig*) rückläufig sein ③ (*back*) Rückseite *f*; *of a coin, medal also* Kehrseite *f* **IV.** *adj* umgekehrt; *direction* entgegengesetzt

re·verse-charge 'call *n* BRIT R-Gespräch *nt*

re·verse 'gear *n* Rückwärtsgang *m*; **to go into ~** den Rückwärtsgang einlegen

re·vers·ible [rɪˈvɜːsəbl] *adj* ① (*inside out*) zum Wenden *nach n*; ~ **coat** Wendejacke *f* ② (*alterable*) umkehrbar

re·ver·sion [rɪˈvɜːʃən] *n no pl* ① (*form: return to earlier position*) Umkehr *f* (**to** zu); (*to bad state*) Rückfall *m* (**to** in) ② LAW Rückfallsrecht *nt fachspr*

re·vert [rɪˈvɜːt] *vi* ① (*go back*) ■**to ~ to sth** zu etw *dat* zurückkehren; *bad state* in etw *akk* zurückfallen; **to ~ to a method** auf eine Methode zurückgreifen ② LAW (*become sb's property*) ■**to ~ to sb** an jdn zurückfallen

re·view [rɪˈvjuː] **I.** *vt* ① (*examine*) [erneut] [über]prüfen; (*reconsider*) überdenken; **to ~ a contract** einen Vertrag einer Revision unterziehen; **to ~ salaries** die Gehälter revidieren ② (*look back over*) auf etw *akk* zurückblicken; **let's ~ what has happened so far** führen wir uns vor Augen, was bis jetzt passiert ist ③ (*read again*) **to ~ one's notes** seine Notizen noch einmal durchgehen ④ (*produce a criticism*) besprechen; *book, film, play* rezensieren ⑤ MIL **to ~ the troops** eine Parade abnehmen ⑥ AM (*study again*) wiederholen **II.** *n* ① (*assessment*) Überprüfung *f*; **to come under ~** überprüft werden; LAW *case* wieder aufgenommen werden; **this decision is subject to ~** dieser Beschluss gilt unter Vorbehalt ② (*summary*) Überblick *m* (**of** über); **month/year under ~** ECON Berichtsmonat *m*/Berichtsjahr *nt*; **wage** [*or* **salary**] ~ Gehaltsrevision *f* ③ (*criticism of a book, play*) Kritik *f*, Rezension *f*; **film ~** Filmbesprechung *f* ④ MEDIA ~ [**programme**] RADIO, TV Magazin *nt* ⑤ JOURN Nachrichtenteil *m* ⑥ MIL Truppenschau *f*, Parade *f* ⑦ THEAT Revue *f*

re·view·er [rɪˈvjuːəʳ] *n* Kritiker(in) *m(f)*; *of plays, literature also* Rezensent(in) *m(f)*

re·vise [rɪˈvaɪz] **I.** *vt* ① (*reread*) überarbeiten; *book* redigieren ② (*reconsider*) überdenken ③ BRIT, AUS (*increase/decrease*) ■**to ~ sth upwards/downwards** *estimates, number* etw nach oben/unten korrigieren ④ BRIT, AUS (*study again*) wiederholen **II.** *vi* BRIT, AUS **to ~ for an exam** auf eine Prüfung lernen

re·vi·sion [rɪˈvɪʒən] *n* ① *no pl* (*act of revising*) Revision *f*, Überarbeitung *f* ② (*reconsidered version*) Neufassung *f*; ~ **of a book** überarbeitete Ausgabe; ~ **of a contract** Neufassung *f* eines Vertrages ③ (*alteration*) Änderung *f* ④ *no pl* BRIT, AUS (*studying a subject again*) Wiederholung *f* [des Stoffs]; ~ **for an exam** Prüfungsvorbereitung *f*; **to do ~** den Stoff wiederholen

re·vi·sion·ist [rɪˈvɪʒənɪst] POL **I.** *n* Revisionist(in) *m(f)* **II.** *adj* revisionistisch

re·vi·tal·ize [ˌriːˈvaɪtəlaɪz] *vt person* neu beleben; *trade* wiederbeleben

re·viv·al [rɪˈvaɪvəl] *n* ① *no pl* (*restoration to life*) Wiederbelebung *f* ② *no pl* (*coming back of an idea*) Wiederaufleben *f*, Come-back *nt*; *of a custom, fashion also* Renaissance *f*; **economic ~** wirtschaftlicher Aufschwung; **to undergo a ~** eine Renaissance erleben; *person ein* Come-back feiern ③ (*new production*) Neuauflage *f*; *of a film* Neuverfilmung *f*; *of a play* Neuaufführung *f* ④ REL Erweckung *f*

re·vive [rɪˈvaɪv] **I.** *vt* ① (*bring back to life*) wiederbeleben ② (*give new energy*) beleben ③ (*resurrect*) wiederaufleben lassen; *economy* ankurbeln; *idea* wiederaufgreifen; **to ~ sb's hopes** jdm neue Hoffnungen machen; **to ~ interest in sb/sth** das Interesse an jdm/etw wieder wecken; **to ~ sb's spirits** jds Stimmung wieder heben **II.** *vi* ① (*be restored to consciousness*) wieder zu sich *dat* kommen ② (*be restored to health*) *person, animal, plant* sich erholen ③ (*be resurrected*) sich erholen; *economy also* wiederaufblühen; *custom, tradition* wiederaufleben; *confidence, hopes* zurückkehren; *suspicions* wiederaufkeimen

re·voke [rɪˈvəʊk] *vt* (*form*) aufheben; *decision* widerrufen; *licence* entziehen; *order* zurückziehen

re·volt [rɪ'vəʊlt] **I.** *vi* rebellieren, revoltieren **II.** *vt* ■ **to ~ sb** jdn abstoßen; ■ **to be ~ed by sth** von etw *dat* angeekelt sein **III.** *n* ❶ (*rebellion*) Revolte *f*, Aufstand *m;* **~ against the government** Regierungsputsch *m* ❷ *no pl* (*insurrection*) Aufstand *m;* **to rise in ~** einen Aufstand machen (**against** gegen)

re·volt·ing [rɪ'vəʊltɪŋ] *adj* abstoßend; *person* widerlich; *smell* ekelhaft; ■ **it is ~ that …** es ist widerlich, dass …

revo·lu·tion [ˌrevə'lu:ʃən] *n* ❶ (*also fig: overthrow*) Revolution *f* ❷ ASTRON Umlauf *m* ❸ TECH Umdrehung *f;* **~s per minute** Drehzahl *f*, Umdrehungen *pl* pro Minute

revo·lu·tion·ary [ˌrevə'lu:ʃənəri] **I.** *n* Revolutionär(in) *m(f)* **II.** *adj* revolutionär *a. fig;* (*fig*) bahnbrechend **revo·lu·tion·ize** [ˌrevə'lu:ʃənaɪz] *vt* revolutionieren

re·volve [rɪ'vɒlv] **I.** *vi* sich drehen; **to ~ on an axis** sich um eine Achse drehen **II.** *vt* drehen ◆ **revolve around** *vt* (*also fig*) ■ **to ~ around sth** sich um etw *akk* drehen

re·volv·er [rɪ'vɒlvə] *n* Revolver *m*

re·volv·ing [rɪ'vɒlvɪŋ] *adj attr* rotierend, Dreh-; **~ door** Drehtür *f*

re·vue [rɪ'vju:] *n* Revue *f*

re·vul·sion [rɪ'vʌlʃən] *n no pl* Abscheu *f;* **in ~ at** mit Abscheu gegen + *akk;* **to fill sb with ~** jdn mit Abscheu erfüllen

re·ward [rɪ'wɔ:d] **I.** *n* Belohnung *f; for merit, service* Anerkennung *f* (**for** für); (*for return of sth lost*) Finderlohn *m;* **to offer a ~** eine Belohnung aussetzen **II.** *vt* belohnen

re·ward·ing [rɪ'wɔ:dɪŋ] *adj* befriedigend; *experience* lohnend; **a ~ task** eine dankbare Aufgabe

re·wind I. *vt* <-wound, -wound> [ˌri:'waɪnd] *cable* aufwickeln; *cassette, tape* zurückspulen; *watch* aufziehen **II.** *vi* <-wound, -wound> [ˌri:'waɪnd] *cassette, tape* zurückspulen **III.** *n* ['ri:waɪnd] *of a cassette, tape* Zurückspulen *nt* **IV.** *adj* ['ri:waɪnd] *button, control* Rückspul-

re·wire [ˌri:'waɪə] *vt* **to ~ a building/house** ein Gebäude/Haus neu verkabeln; **to ~ a plug** einen Stecker neu anschließen

re·word [ˌri:'wɜ:d] *vt* umschreiben, umformulieren; *contract* neu abfassen

re·work [ˌri:'wɜ:k] *vt* überarbeiten; *speech* umschreiben

re·write <-wrote, -written> **I.** *vt* [ˌri:'raɪt] neu schreiben; (*revise*) überarbeiten; (*recast*) umschreiben; **to ~ history** die Geschichte neu schreiben; (*fig*) **you can't ~ history** Vergangenes lässt sich nicht ändern; **to ~ the rules** (*fig*) die Regeln neu schreiben **II.** *n* ['ri:raɪt] Überarbeitung *f*

rhap·so·dy ['ræpsədi] *n* ❶ (*piece of music*) Rhapsodie *f* ❷ (*form: great enthusiasm*) Schwärmerei *f*

'rhe·sus fac·tor *n*, **'Rh fac·tor** *n no pl* Rhesusfaktor *m*

rheto·ric ['retərɪk] *n no pl* ❶ (*persuasive language*) Redegewandtheit *f* ❷ (*bombastic language*) Phrasendrescherei *f pej;* **empty ~** leere Worte ❸ (*effective use of language*) Rhetorik *f geh,* Redekunst, f

rhe·tori·cal [rɪ'tɒrɪkəl] *adj* ❶ (*relating to rhetoric*) rhetorisch ❷ (*overdramatic*) gesture übertrieben dramatisch; *commitment* plakativ *geh*

rheu·mat·ic [ru:'mætɪk] **I.** *adj* rheumatisch; *joint also* rheumakrank; **he is ~** er hat Rheuma **II.** *n* ❶ (*person*) Rheumatiker(in) *m(f)* ❷ (*fam*) **~s** *usu + sing vb* Rheuma *nt kein pl*

rheu·ma·tism ['ru:mətɪzəm] *n no pl* Rheuma *nt,* Rheumatismus *m*

rheu·ma·toid ar·thri·tis [ˌru:mətɔɪd-] *n no pl* rheumatoide Arthritis

Rhine [raɪn] *n* GEOG ■ **the ~** der Rhein

rhi·no ['raɪnəʊ] *n* (*fam*) *short for* **rhinoceros** Nashorn *nt,* Rhinozeros *nt*

rhi·noc·er·os <*pl* -es *or* -> [raɪ'nɒsərəs] *n* Nashorn *nt,* Rhinozeros *nt*

Rhodes [rəʊdz] *n no pl* Rhodos *nt*

rho·do·den·dron [ˌrəʊdə'dendrən] *n* Rhododendron *nt*

rhom·bus <*pl* -es *or* -bi> ['rɒmbəs, *pl* -baɪ] *n* Rhombus *m,* Raute *f*

rhu·barb ['ru:bɑ:b] *n no pl* Rhabarber *m*

rhyme [raɪm] **I.** *n* ❶ *no pl* (*identity in sound*) Reim *m;* **in ~** gereimt, in Reimform ❷ (*poem*) Reim[vers] *m* ❸ (*word*) Reimwort *nt* **II.** *vi* ■ **to ~ [with sth]** *poem, song, words* sich [auf etw *akk*] reimen **III.** *vt* reimen

rhym·ing ['raɪmɪŋ] *adj* Reim-

rhythm ['rɪðəm] *n* Rhythmus *m,* Takt *m;* **the ~ of the seasons** der Wechsel der Jahreszeiten; **sense of ~** Rhythmusgefühl *nt*

rhyth·mic(al) ['rɪðmɪk(əl)] *adj* rhythmisch

rib [rɪb] **I.** *n* ❶ ANAT Rippe *f;* **to break a ~** sich *dat* eine Rippe brechen ❷ FOOD **~s** Rippchen *pl* ❸ *of a boat, roof* Spant *m* ❹ *of a lute, violin* Zarge *f* ❺ *of an umbrella* Speiche *f* ❻ (*in aerofoil*) Stab *m* ❼ *of an insect's wing, a leaf* Rippe *f* ❽ *of land, rock* Grat *m* ❾ *no pl* (*in knitting*) Rippung *f* ❿ *esp* AM (*fam: joke*) Scherz *m* **II.** *vt* <-bb-> ❶ *usu passive* (*mark with ridges*) mit Speichen versehen ❷ (*fam: tease*) aufziehen

rib·bon ['rɪbən] *n* ❶ (*strip of fabric*) Band *nt;* (*fig*) Streifen *m* ❷ MIL Ordensband *nt* ❸ (*rag*) ■ **in ~s** in Fetzen; **to cut sb/sth to ~s** jdn/ etw zerfetzen; (*fig*) jdn/etw in der Luft zer-

reißen ❹ *of a typewriter* Farbband *nt*
'rib cage *n* Brustkorb *m*
ri·bo·nu·cleic acid [ˌraɪbə(ʊ)njuːˌkliːɪk'-] *n no pl* Ribonukleinsäure *f*
rice [raɪs] **I.** *n no pl* Reis *m;* **brown ~** Naturreis *m* **II.** *vt* AM **to ~ potatoes/vegetables** Kartoffeln/Gemüse passieren
'rice field *n* Reisfeld *nt* **'rice-grow·ing** *n no pl* Reisanbau *m* **'rice pad·dy** *n* Reisfeld *nt* **rice 'pud·ding** *n no pl* Milchreis *m*
rich [rɪtʃ] **I.** *adj* ❶ (*wealthy*) reich; **to get ~ quick** schnell zu Reichtum kommen ❷ (*abounding*) reich (**in** an); **~ in detail** sehr detailliert; **~ in vitamins** vitaminreich ❸ (*very fertile*) *land* fruchtbar; *earth, soil also* fett; *harvest* reich; *vegetation* üppig ❹ (*opulent*) *carvings, furniture* prachtvoll ❺ (*valuable*) *offerings* reich; *reward* großzügig ❻ (*of food*) gehaltvoll; (*hard to digest*) schwer; *meal* opulent ❼ (*intense*) *colour* satt; *flavour* reich; *smell* schwer; *taste, tone* voll ❽ AUTO **~ mixture** fettes Gemisch ❾ (*interesting*) reich; *life also* erfüllt; *experience* wertvoll; *history* bedeutend ❿ *mine* ergiebig ⓫ *pred* (*fam: causing amusement*) *criticism, remark* lächerlich; **that's ~ coming from him!** das muss gerade er sagen! **II.** *n* ■ **the ~** *pl* die Reichen *pl*
rich·ness ['rɪtʃnəs] *n no pl* ❶ (*wealth*) Reichtum *m;* **~ of detail** (*fig*) Detailgenauigkeit *f* ❷ (*fattiness*) Reichhaltigkeit *f* ❸ (*intensity*) Stärke *f; of a colour* Sattheit *f*
rick¹ [rɪk] **I.** *n* Heuhaufen *m* **II.** *vt* AGR *hay* schobern, schöbern ÖSTERR; *wood* stapeln
rick² [rɪk] MED **I.** *n* Verzerrung *f* **II.** *vt* (*fam*) **to ~ one's back/neck** sich *dat* eine Zerrung im Rücken/Nacken zuziehen
rick·ets ['rɪkɪts] *npl + sing/pl vb* MED Rachitis *f*
rick·ety ['rɪkəti] *adj* ❶ (*likely to collapse*) wack(e)lig; *bus* klapp(e)rig; *wooden stairs* morsch ❷ (*decrepit*) *person* alt und klapp(e)rig; (*tottering*) gebrechlich ❸ MED (*suffering from rickets*) rachitisch
rick·sha(w) ['rɪkʃɔː] *n* Rikscha *f*
rico·chet ['rɪkəʃeɪ] **I.** *n* ❶ (*action*) Abprallen *nt kein pl;* Abprall *m kein pl* ❷ (*a rebounding ball*) Abpraller *m; bullet* Querschläger *m* **II.** *vi* abprallen (**off** von)
rid <-dd-, rid, rid> [rɪd] *vt* ■ **to ~ sth/sb of sth** etw/jdn von etw *dat* befreien; ■ **to be ~ of sth/sb** jdn/etw los sein; **to get ~ of sb/sth** jdn/etw loswerden; **the cream got ~ of my skin rash** durch die Creme bin ich meinen Hautausschlag losgeworden
rid·dance ['rɪdən(t)s] *n no pl* Loswerden *nt* ▶ **good ~** [**to bad rubbish**] Gott sei Dank [, dass wir den/die/das los sind]; **to bid sb good ~** jdn dahin wünschen, wo der Pfeffer wächst

rid·den ['rɪdən] *pp of* **ride**
rid·dle¹ ['rɪdl] **I.** *n* Rätsel *nt a. fig* **II.** *vi* in Rätseln sprechen **III.** *vt* enträtseln
rid·dle² ['rɪdl] **I.** *vt usu passive* ❶ (*perforate*) durchlöchern; (*fig: permeate*) durchdringen ❷ (*sift through sieve*) [aus]sieben **II.** *n* [Schüttel]sieb *nt*
ride [raɪd] **I.** *n* ❶ (*journey*) Fahrt *f* (**on** mit); (*on a horse*) Ritt *m;* **bus ~** Busfahrt *f;* **to go for a ~** eine Fahrt machen; (*with horse*) ausreiten ❷ AM (*person*) Fahrer(in) *m(f)* ❸ (*trip costing nothing*) Mitfahrgelegenheit *f;* **to give sb a ~** jdn [im Auto] mitnehmen ❹ AM (*fam: motor vehicle*) fahrbarer Untersatz ❺ (*at a fair*) [Karussell]fahrt *f* ▶ **to take sb for a ~** (*fam*) jdn übers Ohr hauen **II.** *vt* <rode, ridden> ❶ (*sit on*) *bicycle, motorcycle* fahren; *horse* reiten; **I ~ my bicycle to work** ich fahre mit dem Fahrrad zur Arbeit; **they rode their horses into town** sie ritten auf ihren Pferden in die Stadt ein ❷ (*as a passenger*) **to ~ the bus/train** Bus/Zug fahren ❸ (*prevent blow*) **to ~ a blow** einen Schlag abfangen ❹ AM (*pester*) antreiben *fam* ❺ *usu passive* (*full of*) **to be ridden with anger** wutentbrannt sein; **to be ridden with guilt** von [schweren] Schuldgefühlen geplagt werden **III.** *vi* <rode, ridden> ❶ (*as a sport*) reiten ❷ (*travel on animal*) reiten; ■ **to ~ by** vorbeireiten ❸ (*travel on vehicle*) fahren
◆ **ride out** *vt* überstehen; *crisis* durchstehen
◆ **ride up** *vi T-shirt, skirt* hochrutschen
rid·er ['raɪdər] *n* ❶ *of a horse* Reiter(in) *m(f); of a vehicle* Fahrer(in) *m(f)* ❷ (*form: amendment*) Zusatzklausel *f* ❸ POL (*to a bill*) [Gesetzes]novelle *f;* BRIT LAW (*to a verdict*) zusätzliche Empfehlung
ridge [rɪdʒ] *n* ❶ GEOG Grat *m* ❷ *of a roof* Dachfirst *m* ❸ METEO **~ of high/low pressure** Hoch-/Tiefdruckkeil *m*
'ridge pole *n* Firststange *f* **'ridge·way** *n* Gratweg *m*
rid·icule ['rɪdɪkjuːl] **I.** *n no pl* Spott *m,* Hohn *m;* **to lay oneself open to ~** sich lächerlich machen; **to hold sb/sth up to ~** sich über jdn/etw lustig machen **II.** *vt* verspotten
ri·dic·u·lous [rɪˈdɪkjələs] **I.** *adj* ❶ (*comical*) lächerlich, albern; **to make oneself look ~** sich lächerlich machen ❷ (*inane*) absurd ❸ BRIT (*approv sl: incredible*) unglaublich **II.** *n no pl* ■ **the ~** das Absurde
rid·ing ['raɪdɪŋ] *n* ❶ *no pl* (*sport*) Reiten *nt* ❷ CAN POL (*constituency*) Wahlbezirk *m*
'rid·ing breeches *npl* Reithose *f* **'rid·ing crop** *n* Reitgerte *f* **'rid·ing school** *n* Reitschule *f* **'rid·ing whip** *n* Reitpeitsche *f*

rife [raɪf] *adj pred* ❶ (*widespread*) weit verbreitet ❷ (*full of*) ~ **with** voller +*gen*; **the office was ~ with rumours** im Büro kursierten jede Menge Gerüchte

rif·fle ['rɪfl̩] **I.** *vt* ❶ (*leaf through*) durchblättern ❷ (*ruffle*) zerzausen ❸ (*shuffle*) mischen **II.** *vi* **to ~ through a book** ein Buch durchblättern **III.** *n* ❶ *usu sing* (*search*) Durchsuchung *f* ❷ (*rustle of paper*) Raschen *nt kein pl* ❸ CARDS Mischen *nt kein pl* ❹ *esp* AM *of a stream* seichte Stelle

riff-raff ['rɪfræf] *n no pl*, + *sing/pl vb* (*pej*) Gesindel *nt kein pl*

ri·fle[1] ['raɪfl̩] *n* ❶ (*gun*) Gewehr *nt* ❷ (*troops*) ■ ~**s** *pl* Schützen(innen) *mpl(fpl)*

ri·fle[2] ['raɪfl̩] **I.** *vi* durchwühlen **II.** *vt* plündern

'ri·fle butt *n* Gewehrkolben *m* **'ri·fle·man** *n* Schütze *m* **'ri·fle range** *n* ❶ (*for practice*) Schießstand *m* ❷ (*shooting distance*) ■ **within** ~ in Schussweite [eines Gewehrs] **'ri·fle shot** *n* ❶ (*shot*) Gewehrschuss *m* ❷ *no pl* (*distance*) Schussweite *f* ❸ (*person*) Gewehrschütze(in) *m/f*

rift [rɪft] *n* ❶ (*open space*) Spalt *m* ❷ GEOL [Erd]spalt *m* ❸ (*fig: disagreement*) Spaltung *f* (**between** zwischen); (*in friendship*) Bruch *m*; **to heal a** ~ eine Kluft überbrücken

rig [rɪg] **I.** *n* ❶ NAUT Takelage *f* ❷ (*apparatus*) Vorrichtung *f*, (*for fishing tackle*) [Vorfach]montage *f* ❸ TECH **drilling** ~ Bohrinsel *f*; **gas/oil** ~ Gas-/Ölbohrinsel *f* ❹ *esp* AM TRANSP (*semi-trailer*) [mehrachsiger] Sattelschlepper **II.** *vt* <-gg-> ❶ NAUT *boat* takeln; *sails, shrouds, stays* anschlagen *fachspr* ❷ AVIAT aufrüsten ❸ (*set up*) [behelfsmäßig] zusammenbauen ❹ (*falsify*) *results, prices* manipulieren

rig·ger ['rɪgə'] *n* ❶ NAUT Takler(in) *m(f)* ❷ (*scaffolder*) Gerüstbauer(in) *m(f)* ❸ (*on oil rig*) Arbeiter(in) *m(f)* auf einer Bohrinsel

rig·ging ['rɪgɪŋ] *n no pl* ❶ NAUT (*action*) Auftakeln *nt*; (*ropes and wires*) Takelung *f* ❷ AVIAT Aufrüstung *f* ❸ POL (*manipulating*) Manipulation *f*; **ballot** ~ Wahlmanipulation *f*

right [raɪt] **I.** *adj* ❶ (*morally good*) richtig, (*fair*) gerecht; **you're ~ to be annoyed** du bist zu Recht verärgert; **to do the ~ thing** das Richtige tun ❷ (*correct*) *answer, direction, order, position* richtig; *time* genau; **were you given the ~ change?** hat man dir richtig herausgegeben?; **is your watch ~?** geht deine Uhr richtig?; **the ~ way round** richtig herum; **to get sth ~** etw richtig machen; **to put sth ~** etw richtigstellen; **to put sb ~** jdn berichtigen ❸ *pred* (*correct in opinion*) **am I ~ in thinking that ...** gehe ich recht in der Annahme, dass ...; **you were ~ about him** was ihn angeht haben Sie Recht gehabt ❹ (*interrog*) oder, richtig ❺ (*best*) richtig; **he's the ~ person for the job** er ist der Richtige für den Job; **to be in the ~ place at the ~ time** zur rechten Zeit am rechten Ort sein ❻ (*important*) *people, places* richtig ❼ (*working correctly*) in Ordnung ❽ (*healthy*) **to be not [quite] ~ in the head** (*fam*) nicht [ganz] richtig im Kopf sein ❾ (*not left*) rechte(r, s); **to make a ~ turn** rechts abbiegen ❿ (*conservative*) rechte(r, s) ⓫ *attr esp* BRIT (*fam: complete*) total ⓬ BRIT (*fam: foolish*) **a ~ one** ein Dummkopf *m* **II.** *adv* ❶ (*completely*) völlig, ganz; **she walked ~ past me** sie lief direkt an mir vorbei; ~ **through** durch und durch; **to be ~ behind sb** voll [und ganz] hinter jdm stehen ❷ (*all the way*) ganz; (*directly*) genau, direkt ❸ (*fam: immediately*) gleich; **I'll be ~ with you** ich komme sofort; ~ **away** sofort ❹ (*morally good*) **to do ~ by sb** sich jdm gegenüber anständig verhalten ❺ (*properly*) gut; **things have been going ~ for me** es läuft gut für mich ❻ (*not left*) rechts; **to turn ~** [nach] rechts abbiegen ❼ BRIT (*form: in titles*) **the R~ Honourable Sarah Bast, MP** die sehr Ehrenwerte Sarah Bast, Mitglied des Parlaments; **the R~ Reverend John Jones** Bischof John Jones **III.** *n* ❶ *no pl* (*goodness*) Recht *nt* ❷ (*morally correct thing*) das Richtige; **to discuss the ~s and wrongs of sth** [über] das Für und Wider einer S. *gen* diskutieren ❸ (*claim, entitlement*) Recht *nt*; ~ **of free speech** Recht *nt* auf freie Meinungsäußerung; **women's ~s** die Rechte *pl* der Frau[en]; **to be within one's ~s to do sth** das Recht haben, etw zu tun; **to stand up for one's ~s** für seine Rechte einstehen ❹ *pl* (*authority, ownership*) Rechte *pl* ❺ *no pl* (*right side*) rechte Seite; **on the** ~ rechts, auf der rechten Seite; **on my/her** ~ rechts [von mir/ihr] ❻ *no pl* (*road*) **the first/second** ~ die erste/zweite [Straße] rechts; **take the second** ~ fahren Sie die zweite rechts [rein *fam*] ❼ + *sing/pl vb* POL ■ **the R~** die Rechte; **the far** ~ die Rechtsextremen *pl* **IV.** *vt* ❶ (*correct position*) aufrichten; (*correct condition*) in Ordnung bringen ❷ (*rectify*) *mistake, wrong* wiedergutmachen **V.** *interj* (*fam*) ❶ (*okay*) in Ordnung, okay *fam*; ~ **you are!** in Ordnung! ❷ BRIT (*fam: agreed*) **too** ~! wohl [o nur zu] wahr! ❸ (*fam: filler word*) also; **so we were on our way to work,** ~, **when ...** also, wir waren auf dem Weg zur Arbeit, als ... ❹ (*as introduction*) ~, **let's go** also, nichts wie los *fam* ❺ AUS (*reassuring*) nur keine Sorge

'right an·gle *n* rechter Winkel

'right-an·gled *adj* rechtwinklig
right·eous ['raɪtʃəs] (*form*) **I.** *adj* ❶ (*virtuous*) *person* rechtschaffen ❷ (*justifiable*) *anger, indignation* berechtigt, gerechtfertigt ❸ (*pej, iron: self-righteous*) selbstgerecht **II.** *n* ■**the ~** *pl* die Gerechten *pl*
right·ful ['raɪtfəl] *adj attr* rechtmäßig
'right-hand *adj attr* ❶ (*on the right*) rechte(r, s) ❷ (*with the right hand*) mit der Rechten *nach n;* **~ punch** rechter Haken
right-hand 'drive *n no pl* Rechtslenkung *f*
right-'hand·ed *adj* rechtshändig **right-'hand·er** *n* ❶ (*person*) Rechtshänder(in) *m(f)* ❷ (*in boxing*) rechter Haken
right·ist ['raɪtɪst] **I.** *n* POL Rechte(r) *f(m)* **II.** *adj* rechtsgerichtet
right·ly ['raɪtli] *adv* ❶ (*correctly*) richtig ❷ (*justifiably*) zu Recht; **quite ~** völlig zu Recht
right-'mind·ed *adj* (*approv*) vernünftig
right of 'way <*pl* rights-> *n* ❶ *no pl* (*right to pass*) Durchgangsrecht *nt* ❷ (*path*) Wegerecht *nt* ❸ AUTO, AVIAT, NAUT Vorfahrt *f*
'rights is·sue *n* BRIT STOCKEX Bezugsrechtsemission *f*
right-'wing *adj* rechts *präd,* rechte(r, s)
rig·id ['rɪdʒɪd] *adj* ❶ (*inflexible*) starr, steif; **to be ~ with fear/pain** gelähmt vor Angst/Schmerzen sein; **to be bored ~** BRIT (*fam*) zu Tode gelangweilt sein ❷ (*fig: unalterable*) *routine, rules* starr; (*overly stringent*) streng, hart
ri·gid·ity [rɪ'dʒɪdəti] *n no pl* ❶ (*inflexibility*) Starrheit *f,* Steifheit *f; of concrete* Härte *f* ❷ (*fig, pej: intransigence*) Starrheit *f,* Unbeugsamkeit *f*
rig·ma·role ['rɪgm*ə*rəʊl] *n usu sing* (*pej*) ❶ (*procedure*) Prozedur *f* ❷ (*rambling story*) Gelabere *nt pej*
rig·or *n* AM *see* **rigour**
rig·or mor·tis [ˌrɪgə'mɔːtɪs] *n no pl* Leichenstarre *f*
rig·or·ous ['rɪgərəs] *adj* ❶ (*approv: thorough*) [peinlich] genau, präzise ❷ (*disciplined*) strikt, streng ❸ (*physically demanding*) hart ❹ (*harsh*) rau
rig·our ['rɪgə'] *n* ❶ *no pl* (*approv: thoroughness*) Genauigkeit *f,* Präzision *f* ❷ *no pl* (*strictness*) Strenge *f,* Härte *f*
rile [raɪl] *vt* (*fam*) ❶ (*annoy*) ärgern; **to get sb ~d** jdn verärgern ❷ AM (*stir up*) *water* verschmutzen
rim [rɪm] **I.** *n* ❶ (*brim*) *of a cup, plate* Rand *m* ❷ (*boundary*) Rand *m;* **on the Pacific ~** am Rande des Pazifiks ❸ *of a wheel* Felge *f* ❹ *usu pl* (*spectacle frames*) Fassung *f* **II.** *vt* <-mm-> umgeben; (*frame*) umrahmen
rime¹ [raɪm] (*liter*) **I.** *n no pl* [Rau]reif *m*
II. *vt* mit [Rau]reif bedecken
rime² *n* (*hist*) *see* **rhyme**
'rim·less ['rɪmləs] *adj* randlos
rind [raɪnd] *n no pl* Schale *f;* (*of a tree*) [Baum]rinde *f; bacon ~* [Speck]schwarte *f;* [grated] **lemon ~** [geriebene] Zitronenschale
ring¹ [rɪŋ] **I.** *n* ❶ (*jewellery*) Ring *m* ❷ (*circular object*) Ring *m* ❸ ASTRON Ring *m* ❹ BRIT (*cooking device*) Kochplatte *f* ❺ (*arena*) Ring *m;* **circus ~** Manege *f* ❻ + *sing vb* (*circle of people*) Kreis *m* ❼ + *sing vb* (*circle of objects*) Kreis *m* ❽ + *sing/pl vb* (*clique*) Kartell *nt,* Syndikat *nt;* **drug/spy ~** Drogen-/Spionagering *m* **II.** *vt* ❶ *usu passive* (*surround*) umringen ❷ BRIT (*draw*) einkreisen
ring² [rɪŋ] **I.** *n* ❶ (*act of sounding bell*) Klingeln *nt kein pl* ❷ (*sound made*) Klingeln *nt kein pl,* Läuten *nt kein pl* ❸ *usu sing esp* BRIT (*telephone call*) **to give sb a ~** jdn anrufen ❹ (*loud sound*) Klirren *nt kein pl* ❺ *usu sing* (*quality*) Klang *m;* **your name has a familiar ~** Ihr Name kommt mir bekannt vor ❻ (*set of bells*) Glockenspiel *nt;* of a church Läut[e]werk *nt* **II.** *vi* <rang, rung> ❶ (*produce bell sound*) *telephone* klingeln, läuten; (*cause bell sound*) ❷ BRIT (*have humming sensation*) *ears* klingen ❸ (*reverberate*) **the room rang with laughter** der Raum war von Lachen erfüllt; (*fig*) **his voice rang with anger** seine Stimme bebte vor Zorn ❹ (*appear*) **to ~ false/true** unglaubhaft/glaubhaft klingen ❺ *esp* BRIT (*call on telephone*) anrufen **III.** *vt* <rang, rung> ❶ (*make sound*) *bell* läuten; **to ~ the alarm** Alarm auslösen ❷ (*of a church*) **to ~ the hour** die Stunde schlagen ❸ *esp* BRIT (*call on telephone*) anrufen; ■ **to ~ sb back** jdn zurückrufen ◆ **ring in I.** *vi* BRIT sich telefonisch melden; **to ~ in sick** sich telefonisch krankmelden **II.** *vt* ■ **to ~ in** ⟳ **sb** nach jdm klingeln; ■ **to ~ in** ⟳ **sth** etw einläuten ◆ **ring off** *vi* BRIT auflegen ◆ **ring out I.** *vi* ertönen **II.** *vt* ausläuten ◆ **ring up I.** *vt* ❶ *esp* BRIT (*telephone*) anrufen ❷ COMM **to ~ up an amount** einen Betrag [in die Kasse] eintippen **II.** *vi* BRIT anrufen
'ring bind·er *n* Ringbuch *nt*
ring·er¹ ['rɪŋə'] *n* ❶ *esp* AM SPORTS (*fam*) Spieler, der unerlaubt an einem Wettkampf teilnimmt oder gegen das Reglement eingewechselt wird; (*in horseracing*) Ringer *m* (*vertauschtes Pferd*); (*impostor*) Schwindler(in) *m(f)* ❷ (*person*) Glöckner(in) *m(f)* ▸ **to be a dead ~ for sb** jdm aufs Haar gleichen
ring·er² ['rɪŋə'] *n* ❶ AUS, NZ (*shearer*) [Schaf]scherer(in) *m(f)* ❷ AUS (*stockman*) Farmarbeiter(in) *m(f); (employed in droving)*

Viehtreiber(in) *m(f)*
'ring fin·ger *n* Ringfinger *m*
ring·ing ['rɪŋɪŋ] **I.** *adj attr* ❶ (*resounding*) schallend; ~ **cheer** lauter Jubel; ~ **crash** ohrenbetäubendes Krachen ❷ (*unequivocal*) eindringlich **II.** *n no pl* Klingeln *nt*
'ring·lead·er *n* Anführer(in) *m(f)*
ring·let ['rɪŋlɪt] *n usu pl* Locke *f*
'ring road *n* BRIT, AUS Ringstraße *f*
'ring·side *n* (*in boxing*) Sitzreihe *f* am Boxring; (*in a circus*) Sitzreihe an der Manege; ~ **seat** (*in boxing*) Ringplatz *m*; (*in a circus*) Manegenplatz *m*
'ring·worm *n no pl* MED Flechte *f*
rink [rɪŋk] *n* Bahn *f*; **ice** ~ Eisbahn *f*
rinse [rɪns] **I.** *n* ❶ (*action*) Spülung *f*; **to give a bottle/one's mouth a** ~ eine Flasche/sich *dat* den Mund ausspülen; **to give clothes/one's hair a** ~ Kleidungsstücke/sich *dat* die Haare spülen ❷ (*for mouth*) Mundspülung *f* ❸ (*conditioner*) [Haar]spülung *f*; (*for tinting hair*) Tönung *f* **II.** *vt* spülen; **to quickly** ~ **one's hands** sich *dat* kurz die Hände abspülen; **to** ~ **one's mouth** sich *dat* den Mund ausspülen **III.** *vi* spülen
riot ['raɪət] **I.** *n* ❶ (*disturbance*) Krawall *m*, Unruhen *pl*; (*uproar*) Aufstand *m* a. *fig* ❷ *no pl* (*fig approv: display*) **a** ~ **of colour[s]** eine Farbenpracht ❸ *no pl* (*fig: outburst*) **a** ~ **of emotions** ein Gefühlsausbruch *m* ▪ **to run** ~ (*behave uncontrollably*) **people** Amok laufen; *emotions* verrückt spielen; (*spread uncontrollably*) *prejudices* um sich *akk* greifen; **my imagination ran** ~ die Fantasie ist mit mir durchgegangen **II.** *vi* ❶ (*act violently*) randalieren ❷ (*fig: behave uncontrollably*) wild feiern
ri·ot·er ['raɪətər] *n* Aufständische(r) *f(m)* **'riot gear** *n no pl* Schutzanzug *m* **riot·ing** ['raɪətɪŋ] *n no pl* Randalieren *nt*, Krawalle *pl*
ri·ot·ous ['raɪətəs] *adj* ❶ (*involving disturbance*) aufständisch ❷ (*boisterous*) ausschweifend; *party* wild ❸ (*vivid*) **a** ~ **display** eine hemmungslose Zurschaustellung **'riot po·lice** *n* + *sing/pl vb* Bereitschaftspolizei *f*
rip¹ [rɪp] *n* GEOG, NAUT Kabbelung *f*
rip² [rɪp] **I.** *n* ❶ (*tear*) Riss *m* ❷ *usu sing* (*act*) Zerreißen *nt*; (*with knife*) Zerschlitzen *nt* **II.** *vt* <-pp-> zerreißen; **to** ~ **sth into shreds** etw zerfetzen; **to** ~ **sth open** etw aufreißen; (*with knife*) etw aufschlitzen; ▪ **to** ~ **sth apart** etw auseinanderreißen **III.** *vi* <-pp-> ❶ (*tear*) reißen; *seams of clothing* platzen ❷ (*rush*) ▪ **to** ~ **through sth** durch etw *akk* fegen ◆ **rip off** *vt* ❶ (*take off fast*) abreißen ❷ (*fam: overcharge*) ▪ **to** ~ **off** ⟳ **sb** jdn übers Ohr hauen ❸ (*fam: steal*) mitgehen lassen; **to** ~ **off ideas** Ideen klauen ◆ **rip out** *vt*

herausreißen ◆ **rip up** *vt* zerreißen; **to** ~ **the carpets up** den Teppichboden herausreißen
RIP [ˌɑːraɪˈpiː] *abbrev of* **rest in peace** R.I.P.
rip·cord ['rɪpkɔːd] *n* Reißleine *f*
ripe [raɪp] *adj* ❶ (*ready to eat*) *fruit, grain* reif ❷ (*matured*) *cheese, wine* ausgereift ❸ (*intense*) *flavour, smell* beißend ❹ ZOOL *insect, fish* reif für die Eiablage präd ❺ *pred* (*prepared*) ▪ **to be** ~ **for sth** reif für etw *akk* sein ❻ *pred* (*full of*) ▪ **to be** ~ **with sth** von etw *dat* erfüllt sein ❼ *attr* (*advanced*) fortgeschritten; **to live to a** ~ **old age** ein hohes Alter erreichen
rip·en ['raɪpən] **I.** *vi* [heran]reifen *a. fig* **II.** *vt fruit* reifen lassen
ripe·ness ['raɪpnəs] *n no pl* Reife *f*
'rip-off *n* (*fam*) ❶ Wucher *m kein pl pej*; (*fraud*) Schwindel *m*, Beschiss *m kein pl derb*; **that's just a** ~ **of my idea!** da hat doch bloß einer meine Idee geklaut! *fam*
ri·poste [rɪˈpɒst] **I.** *n* ❶ (*usu approv liter: reply*) [schlagfertige] Antwort ❷ (*in fencing*) Riposte *f* **II.** *vt* (*usu approv*) ▪ **to** ~ **that ...** [schlagfertig] kontern, dass ... **III.** *vi* (*in fencing*) ripostieren
rip·ple ['rɪpl] **I.** *n* ❶ (*in water*) leichte Welle ❷ (*sound*) Raunen *nt kein pl*; **a** ~ **of applause** ein kurzer Applaus; **a** ~ **of laughter** ein leises Lachen ❸ (*feeling*) Schauer *m* ❹ (*reaction*) Wirkung *f* ❺ *no pl* ELEC Brummstrom *m* ❻ *no pl* (*ice cream*) **chocolate/raspberry** ~ [Vanille]eiscreme, die marmorartig mit Schokoladen-/Himbeersirup durchzogen ist **II.** *vi* ❶ (*form waves*) *water* sich kräuseln ❷ (*flow with waves*) plätschern ❸ (*move with waves*) *grain* wogen; **his muscles** ~**d under his skin** man sah das Spiel seiner Muskeln [unter der Haut] ❹ (*spread*) *feeling* sich breit machen; *sound* ertönen **III.** *vt* ❶ (*produce wave in*) ▪ **to** ~ **the water** das Wasser kräuseln ❷ (*make wavy*) ▪ **to** ~ **muscles** die Muskeln spielen lassen
rip·roar·ing *adj attr* (*fam*) *match* sagenhaft, mitreißend; *person* Aufsehen erregend
'rip tide *n* GEOG, NAUT Stromkabbelung *f*
rise [raɪz] **I.** *n* ❶ (*upward movement*) *of theatre curtain* Hochgehen *nt kein pl*, Heben *nt kein pl*; *of the sun* Aufgehen *nt kein pl* ❷ (*in fishing*) Steigen *nt kein pl* ❸ MUS *of a pitch, sound* Erhöhung *f* ❹ (*in society*) Aufstieg *m*; ~ **to power** Aufstieg *m* an die Macht ❺ (*hill*) Anhöhe *f*, Erhebung *f*; (*in a road*) [Straßen]kuppe *f* ❻ (*height*) *of an arch, step* Höhe *f* ❼ (*increase*) Anstieg *m kein pl*, Steigen *nt kein pl*; [*pay*] ~ BRIT Gehaltserhöhung *f* **II.** *vi* <rose, risen> ❶ (*ascend*) steigen; *curtain* aufgehen, hochgehen ❷ (*become visible*) *moon, sun* aufgehen ❸ *voice* höher werden

④ *(improve position)* aufsteigen; **to ~ to fame** berühmt werden; **to ~ in sb's esteem** in jds Ansehen *nt* steigen ⑤ *(from a chair)* sich erheben ⑥ *(get out of bed)* aufstehen ⑦ *(be reborn)* auferstehen ⑧ *wind* aufkommen ⑨ *(rebel)* ■ **to ~ against sb/sth** sich gegen jdn/etw auflehnen ⑩ *(incline upwards) ground* ansteigen ⑪ FOOD *yeast, dough* aufgehen ⑫ *(increase)* [an]steigen; *(in height) river, prices* steigen ⑬ *of emotion* sich erhitzen; **tempers were rising at the meeting** auf der Besprechung erhitzten sich die Gemüter ⑭ *(become louder) voice* lauter werden, sich erheben ⑮ *mood, spirits* steigen ⑯ *barometer, thermometer* steigen ▶ **to ~ to the bait** anbeißen; **~ and shine!** aufstehen!, los, raus aus den Federn! ◆ **rise above** *vi* ■ **to ~ above sth** ① *(protrude) skyscraper* sich über etw *dat* erheben ② *(be superior to)* über etw *dat* stehen; **to ~ above difficulties/poor conditions** Schwierigkeiten/Notlagen überwinden ◆ **rise up** *vi* ① *(mutiny)* ■ **to ~ up** sich auflehnen (**against** gegen) ② *(be visible)* aufragen ③ *(become present in mind)* **to ~ up in sb's mind** jdm in den Sinn kommen

ris·en ['rɪzᵊn] *pp of* **rise**

ris·er ['raɪzə'] *n* ① *(person)* **early ~** Frühaufsteher(in) *m(f)*; **late ~** Spätaufsteher(in) *m(f)* ② AM *(platform)* ■ **~s** *pl* Tribüne *f*

ris·ible ['rɪzəbl] *adj (pej form)* lächerlich

ris·ing ['raɪzɪŋ] **I.** *adj attr* ① *(increasing in status) author, politician* aufstrebend ② *(getting higher) flood waters* steigend; *sun* aufgehend ③ *(increasing) costs* steigend; *wind* aufkommend ④ *(advancing to adulthood)* heranwachsend ⑤ *(angled upwards) ground* [auf]steigend ⑥ LING **~ intonation** Anhebung *f* der Stimme **II.** *n* Aufstand *m*, Erhebung *f*

risk [rɪsk] **I.** *n* Risiko *nt*; ■ **at the ~ of doing sth** auf die Gefahr hin, etw zu tun; **fire ~** Brandgefahr *f*; **~ to health** Gesundheitsrisiko *nt*; **to take a ~** ein Risiko eingehen; ■ **to be at ~** einem Risiko ausgesetzt sein **II.** *vt* riskieren; **to ~ life and limb** Leib und Leben riskieren

'risk cap·i·tal *n no pl* ECON Risikokapital *nt* **'risk-free** *adj (approv)* risikolos **'risk li·a·bil·i·ty** *n* Risikohaftung *f*

risky ['rɪski] *adj* riskant

ris·qué ['rɪskeɪ] *adj* gewagt

ris·sole ['rɪsəʊl] *n* Rissole *f*

rite [raɪt] *n usu pl* Ritus *m*; **funeral ~** Bestattungsritual *nt*; **last ~s** Sterbesakramente *pl*

rit·u·al ['rɪtjʊəl] **I.** *n* Ritual *nt*, Ritus *m*; **mating ~** ZOOL Balzritual *nt* **II.** *adj attr* rituell, Ritual-; **~ bath** rituelle Waschung

ritzy ['rɪtsi] *adj (fam)* nobel

ri·val ['raɪvᵊl] **I.** *n* Rivale(in) *m(f)*; ECON, COMM Konkurrent *m*; *arch* **~** Erzrivale(in) *m(f)*; **bitter ~s** scharfe Rivalen; **closest ~** größter Rivale/größte Rivalin **II.** *adj* rivalisierend *attr*, konkurrierend *attr*; **~ brand** Konkurrenzmarke *f*; **~ camp/team** gegnerisches Lager/gegnerische Mannschaft **III.** *vt* <BRIT -ll- *or* AM *usu* -l-> ■ **to ~ sb/sth mit** jdm/etw konkurrieren; **to be ~led by sth/sb** von etw/jdm übertroffen werden

ri·val·ry ['raɪvᵊlri] *n* ① *no pl (competition)* Rivalität *f* (**among** unter); *esp* ECON, SPORTS Konkurrenz *f* (**for** um) ② *(incidence)* Rivalität *f*; **friendly ~** freundschaftlicher Wettstreit

riv·er ['rɪvə'] *n (water)* Fluss *m*; **the R~ Thames** die Themse; **down ~** stromabwärts; **up ~** stromaufwärts; **down by the ~s** unten am Fluss

riv·er ba·sin *n* Flussbecken *nt* **'riv·er bed** *n* Flussbett *nt* **'riv·er fish** *n* Flussfisch *m* **'riv·er po·lice** *n no pl, + sing/pl vb* Wasserschutzpolizei *f* **'riv·er·side** *n* [Fluss]ufer *nt*

riv·et ['rɪvɪt] **I.** *n* Niete *f* **II.** *vt* ① *(join)* ■ **to ~ sth [together]** etw [zusammen]nieten ② *(fix firmly)* fesseln; **to be ~ed to the spot** wie angewurzelt stehen bleiben ③ *(engross)* fesseln

riv·et·ing ['rɪvɪtɪŋ] *adj (fam)* fesselnd

rivu·let ['rɪvjələt] *n* Bächlein *nt*; *(fig)* **~s of sweat ran down his face** der Schweiß lief ihm in Rinnsalen übers Gesicht

RN [ˌɑːˈren] *n* ① BRIT MIL *abbrev of* **Royal Navy** ② AM *abbrev of* **registered nurse** examinierte Krankenschwester; *(male)* examinierter Krankenpfleger

RNA [ˌɑːrenˈeɪ] *n no pl abbrev of* **ribonucleic acid** RNS *f*

RNLI [ˌɑːrenelˈaɪ] *n* BRIT *abbrev of* **Royal National Lifeboat Institution** ≈ DLRG *f*

roach¹ <*pl* -> [rəʊtʃ] *n (fish)* Rotauge *nt*

roach² <*pl* -es> [rəʊtʃ] *n* ① AM ZOOL *(cockroach)* Küchenschabe *f* ② *(sl: of a joint)* eingedrehter Pappfilter

road [rəʊd] *n* ① *(way)* Straße *f*; **on this/the other side of the ~** auf dieser/der anderen Straßenseite; **busy ~** stark befahrene Straße; **main ~** Hauptstraße *f*; **to cross the ~** die Straße überqueren ② *no pl (street name)* Straße *f* ③ MIN Tunnel *m*, Förderstrecke *f* ④ AM *(railroad)* Eisenbahn *f* ⑤ BRIT *(railway track)* Schiene *f* ⑥ *(fig: course)* Weg *m*; **to be on the ~ to recovery** sich auf dem Wege der Besserung befinden ⑦ *usu pl* NAUT Reede *f*

'road ac·ci·dent *n* Verkehrsunfall *m* **'road·block** *n* Straßensperre *f* **'road haul·age** *n no pl* BRIT Güterverkehr *m (auf den Straßen)* **'road hog** *n (pej fam)* Verkehrsrowdy *m*

'road·house n AM Raststätte f
roadie ['rəʊdi] n (fam) Roadie m
'road map n Straßenkarte f **'road rage** n no pl aggressives Verhalten im Straßenverkehr **road 'safe·ty** n no pl Verkehrssicherheit f **'road sense** n no pl BRIT verantwortungsvolles Verhalten im Straßenverkehr **'road·show** n ❶ RADIO, TV Direktübertragung f vom Drehort ❷ POL Kampagne f ❸ MUS, THEAT Tournee f; (people) Musikgruppe f/Theatertruppe f auf Tournee **'road·side I.** n no pl Straßenrand m **II.** adj Straßen-, am Straßenrand gelegen **'road sign** n Verkehrsschild nt **'road sur·face** n Straßenbelag m **'road sweep·er** n Straßenkehrer(in) m(f), Straßenfeger(in) m(f) SÜDD **'road-test** vt car Probe fahren **'road 'traf·fic** n no pl Straßenverkehr m **road 'trans·port** n no pl BRIT Güterverkehr m **'road us·er** n Verkehrsteilnehmer(in) m(f) **'road·way** n no pl Fahrbahn f **'road·works** npl Straßenbauarbeiten pl

roam [rəʊm] **I.** vi ❶ (travel aimlessly) to ~ about/around/over/through umherstreifen, umherziehen ❷ mind, thoughts abschweifen **II.** vt to ~ the streets durch die Straßen ziehen fam; dog herumstreunen **III.** n (Herum)wandern nt kein pl

roan¹ [rəʊn] **I.** adj horse, calf rötlich grau **II.** n Rotschimmel m

roan² [rəʊn] n no pl (for bookbinding) Schafleder nt

roar [rɔː'] **I.** n ❶ (bellow) of a lion, person Brüllen nt kein pl, Gebrüll nt kein pl ❷ (loud noise) of an aircraft, a cannon Donnern nt kein pl; of an engine [Auf]heulen nt kein pl, Dröhnen nt kein pl; of a fire Prasseln nt kein pl; of thunder Rollen nt kein pl, Grollen nt kein pl; of waves Tosen nt kein pl; of wind Heulen nt kein pl ❸ (laughter) schallendes Gelächter **II.** vi ❶ (bellow) lion, person brüllen; ■ to ~ at sb jdn anbrüllen ❷ (make a loud noise) aircraft, cannon donnern; engine [auf]heulen, dröhnen; fire prasseln; thunder rollen, grollen; waves tosen; wind heulen ❸ (laugh) to ~ with laughter in schallendes Gelächter ausbrechen **III.** vt brüllen

roar·ing ['rɔːrɪŋ] adj attr ❶ (noisy) animal, crowd, person brüllend; inanimate object lärmend; aircraft, cannon donnernd; engine, wind heulend; fire prasselnd; traffic, waves tosend; thunder rollend ❷ (fam: for emphasis) to be a ~ success ein Bombenerfolg sein; to do a ~ trade ein Bombengeschäft machen

roast [rəʊst] **I.** vt ❶ (heat) rösten; meat braten ❷ (criticize) ■ to ~ sb mit jdm hart ins Gericht gehen **II.** vi braten a. fig, [vor Hitze] fast umkommen fam **III.** adj attr Brat-; ~ **beef** Roastbeef nt, Rinderbraten m; ~ **chicken** Brathähnchen nt; ~ **lamb/pork** Lamm-/Schweinebraten m **IV.** n ❶ FOOD Braten m ❷ no pl (process) Rösten m ❸ (of coffee) Röstung f ❹ AM (party) Grillparty f

roast·er ['rəʊstə'] n ❶ (device) Röstapparat m; for metal ore Röstofen m ❷ (oven) Bratofen m, Bratröhre f ❸ (chicken) Brathähnchen nt; (pig) Spanferkel nt **roast·ing** ['rəʊstɪŋ] **I.** adj attr (for roasting) zum Braten nach n ❷ (being roasted) ~ **coffee** Röstkaffee m ❸ (fam: hot) knallheiß **II.** n ❶ no pl (action of cooking) Braten nt ❷ usu sing (fam: criticism) Standpauke f; to give sb a ~ jdm eine Standpauke halten; to give sth a ~ etw verreißen

rob <-bb-> [rɒb] vt ❶ (steal from) ■ to ~ sb jdn bestehlen; (violently) jdm rauben; to ~ a **bank** eine Bank ausrauben ❷ usu passive (fam: overcharge) ■ to ~ sb jdn ausnehmen ❸ (deprive) ■ to ~ sb of sth jdn um etw akk bringen

rob·ber ['rɒbə'] n Räuber(in) m(f)

rob·bery ['rɒbəri] n ❶ no pl (action) Raubüberfall m ❷ (theft) Raubüberfall m; **bank** ~ Bankraub m; **armed** ~ bewaffneter Raubüberfall ❸ (fam: overcharging) **daylight** [or AM **highway**] ~ Halsabschneiderei f pej fam

robe [rəʊb] n ❶ (long garment) langes Kleid, Abendkleid nt ❷ usu pl (formal gown) Talar m ❸ (dressing gown) Morgenmantel m

rob·in ['rɒbɪn] n, liter **rob·in 'red·breast** n ORN ❶ (European bird) Rotkehlchen nt ❷ (American bird) Wanderdrossel f

ro·bot ['rəʊbɒt] n ❶ (machine) Roboter m a. fig ❷ SA (traffic light) Ampel f

ro·bot·ics [rə(ʊ)'bɒtɪks] n + sing vb Robotik f kein pl

ro·bust [rə(ʊ)'bʌst] adj ❶ (healthy) kräftig, robust; appetite gesund; to be in ~ **health** kerngesund sein ❷ (sturdy) material robust, widerstandsfähig ❸ ECON stabil ❹ (down-to-earth) approach, view bodenständig ❺ (physical) hart ❻ (full-bodied) food deftig; wine kernig

ro·bust·ness [rə(ʊ)'bʌstnəs] n no pl ❶ (vitality, sturdiness) Widerstandsfähigkeit f, Robustheit f ❷ ECON Stabilität f ❸ (determination) Entschlossenheit f

rock¹ [rɒk] n ❶ no pl (mineral material) Stein m ❷ (sticking out of ground) Fels[en] m; (sticking out of sea) Riff nt; (boulder) Felsbrocken m ❸ GEOL Gestein nt ❹ (Gibraltar) ■ **the R~** der Felsen von Gibraltar ❺ AM, AUS (a stone) Stein m ❻ (fig: firm support) Fels m in der Brandung ❼ no pl BRIT **stick of** ~ Zuckerstange f ❽ (fam: diamond) Klunker *m* ❾ (*fam: piece of crack cocaine*) Crack *nt kein pl* ▶ **on** the **~s** (*fam: in disastrous state*) am Ende; *relationship, marriage* kaputt *fam;* (*served with ice*) mit Eis

rock² [rɒk] **I.** *n* ❶ *no pl* Rockmusik *f* ❷ (*movement*) Schaukeln *nt kein pl,* Wiegen *nt kein pl* **II.** *vt* ❶ (*cause to move*) schaukeln; (*gently*) wiegen; **to ~ sb to sleep** jdn in den Schlaf wiegen ❷ (*also fig: sway*) erschüttern **III.** *vi* ❶ (*move*) schaukeln; **to ~ back and forth** hin und her schaukeln ❷ (*dance*) rocken *fam;* (*play music*) Rock|musik spielen ❸ (*fam: be excellent*) **he really ~s!** er ist ein Supertyp!; **this party really ~s!** diese Party bringt's!

rock and 'roll *n no pl* Rock and Roll *m* **'rock band** *n* Rockband *f*
rock 'bot·tom *n* Tiefpunkt *m;* **to be at ~** am Tiefpunkt [angelangt] sein; *person also* am Boden zerstört sein **'rock bun** *n* BRIT, AUS, **'rock cake** *n* BRIT, AUS [kleiner] Rosinenkuchen **'rock climb·er** *n* Bergsteiger(in) *m(f)* **'rock climb·ing** *n no pl* Klettern *nt*
rock·er ['rɒkə'] *n* ❶ (*musician*) Rockmusiker(in) *m(f);* (*fan*) Rockfan *m;* (*song*) Rocksong *m* ❷ BRIT (*hist: in '60s motorcycle cult*) Rocker(in) *m(f)* ❸ (*chair*) Schaukelstuhl *m;* (*rocking horse*) Schaukelpferd *nt* ❹ (*curved bar*) *of a chair* [Roll]kufe *f; of a cradle* [Wiegen]kufe *f* ❺ TECH Wippe *f;* (*in dynamo*) Kipphebel *m*
rock·ery ['rɒkəri] *n* Steingarten *m*
rock·et¹ ['rɒkɪt] **I.** *n* ❶ (*missile*) [Marsch]flugkörper *m;* (*for space travel*) Rakete *f* ❷ (*firework*) [Feuerwerks]rakete *f* ❸ (*engine*) Raketentriebwerk *nt* **II.** *vi* **to ~ [up]** *costs, prices* hochschnellen, in die Höhe schnellen; **to ~ to fame** über Nacht berühmt werden
rock·et² ['rɒkɪt] *n no pl* BOT Rauke *f*
'rock·et launch·er *n* MIL Raketenwerfer *m* **'rock face** *n* Felswand *f*
'rock fes·ti·val *n* Rockfestival *nt*
'rock gar·den *n esp* AM Steingarten *m*
Rockies ['rɒkiz] *n* ▪ **the ~** die Rocky Mountains *pl*
'rock·ing chair *n* Schaukelstuhl *m* **'rock·ing horse** *n* Schaukelpferd *nt*
'rock mu·sic *n no pl* Rockmusik *f*
'rock plant *n* Steingartenpflanze *f* **'rock salt** *n no pl* Steinsalz *nt*
'rock star *n* Rockstar *m*
rocky¹ ['rɒki] *adj* ❶ (*characterized by rocks*) felsig ❷ (*full of rocks*) *soil* steinig
rocky² ['rɒki] *adj* ❶ (*tottering*) wack[e]lig *fam* ❷ (*full of difficulties*) schwierig; *future* unsicher
Rocky 'Moun·tains *n* ▪ **the ~** die Rocky Mountains *pl*

ro·co·co [rə(ʊ)'kəʊkəʊ] **I.** *adj* Rokoko- *f* **II.** *n no pl* Rokoko *nt*
rod [rɒd] *n* ❶ (*bar*) Stange *f* ❷ (*staff*) Stab *m;* (*symbol of authority*) Zepter *nt* ❸ (*for punishing*) Rute *f;* (*cane*) Rohrstock *m* ❹ (*for fishing*) [Angel]rute *f;* (*angler*) Angler(in) *m(f)* ▶ **to rule** sb/sth **with a ~ of iron** jdn/etw mit eiserner Hand regieren
rode [rəʊd] *pt of* **ride**
ro·dent ['rəʊdənt] **I.** *n* Nagetier *nt* **II.** *adj* nagend, Nage-
ro·deo [rə(ʊ)'deɪəʊ] **I.** *n* ❶ (*for cowboys*) Rodeo *nt;* (*for motorcyclists*) Motorrad-/Autorodeo *nt* ❷ (*cattle round-up*) Zusammentreiben *nt* des Viehs ❸ (*enclosure*) umzäunter Sammelplatz für das Zusammentreiben des Viehs **II.** *vi* an einem Rodeo teilnehmen
roe¹ [rəʊ] *n no pl of female fish* Rogen *m; of male fish* Milch
roe² <*pl* -**s** *or* -> [rəʊ] *n* (*deer*) Reh *nt*
'roe·buck *n* Rehbock *m*
rog·er ['rɒdʒə'] *interj* **~!** verstanden!, roger! *sl*
rogue [rəʊg] **I.** *n* (*pej*) Gauner(in) *m(f);* (*rascal*) Spitzbube *m* **II.** *adj company, organization* skrupellos; **~ state** Schurkenstaat *m;* **~ regime** Unrechtsregime *nt*
ro·guery ['rəʊgəri] *n* (*pej*) ❶ (*dishonesty*) Gaunerei *f* ❷ (*mischief*) Unfug *m kein pl,* Unsinn *m kein pl*
ro·guish ['rəʊgɪʃ] *adj* ❶ (*dishonest*) schurkisch ❷ (*mischievous*) schelmisch; *smile, twinkle* spitzbübisch
role [rəʊl] *n* ❶ FILM, THEAT, TV Rolle *f;* **leading ~** Hauptrolle *f;* **supporting ~** Nebenrolle *f* ❷ (*function*) Rolle *f,* Funktion *f*
'role mod·el *n* Rollenbild *nt* **'role play** *n,* **'role play·ing** *n no pl* Rollenspiel *nt* **'role re·ver·sal** *n* Rollentausch *m kein pl*
roll [rəʊl] **I.** *n* ❶ (*cylinder*) Rolle *f;* **a ~ of film/paper** eine Rolle Film/Papier ❷ (*cylindrical mass*) Rolle *f; of cloth* Ballen *m* ❸ (*list*) [Namens]liste *f;* (*register*) Verzeichnis *nt;* **electoral ~** Wählerverzeichnis *nt;* **to call** [*or take*] **the ~** die Anwesenheit überprüfen ❹ (*bread*) Brötchen *nt* ❺ (*meat*) Roulade *f;* (*cake, pastry*) Rolle *f* ❻ AM, AUS (*money*) Bündel *nt* Banknoten ❼ *no pl* (*movement*) Rollen *nt;* (*turning over*) Herumrollen *nt;* (*wallowing*) Herumwälzen *nt of a car, plane, ship* Schlingern *nt* ❽ SPORTS, AVIAT Rolle *f;* **a backward ~** eine Rolle rückwärts ❾ *usu sing* (*sound*) *of thunder* [G]rollen *nt kein pl; of an organ* Brausen *nt kein pl;* **drum ~** Trommelwirbel *m* ▶ **to be on a ~** (*fam*) eine Glücks-

strähne haben **II.** vt ❶ (*cause to move around axis*) rollen; **to ~ one's eyes** die Augen verdrehen ❷ (*turn over*) drehen; **to ~ one's car** sich mit dem Auto überschlagen ❸ (*push on wheels*) rollen; (*when heavier*) schieben ❹ (*shape*) ■ **to ~ sth into sth** etw zu etw *dat* rollen; **he ~ed the clay into a ball** er formte den Ton zu einer Kugel ❺ (*wind*) aufrollen; **the hedgehog ~ed itself into a ball** der Igel rollte sich zu einer Kugel zusammen; **to ~ a cigarette** eine Zigarette drehen; **to ~ wool into a ball** Wolle aufwickeln ❻ (*wrap*) ■ **to ~ sth in sth** etw in etw *akk* einwickeln ❼ (*flatten*) walzen; *pastry* ausrollen ❽ *dice* würfeln ❾ LING **to ~ one's r's** das R rollen **III.** vi ❶ (*move around axis*) rollen; (**off** von); (*turn over*) sich herumrollen; (*wallow*) sich [herum]wälzen ❷ (*flow*) *drop, waves* rollen; *tears* kullern ❸ (*move on wheels*) rollen ❹ (*oscillate*) *ship, plane* schlingern; (*person*) schwanken ❺ *planet* kreisen ❻ SPORTS, AVIAT eine Rolle machen ❼ (*operate*) laufen; **to keep sth ~ing** etw in Gang halten ❽ (*fig: elapse*) *years* **to ~ by** vorbeiziehen ❾ (*undulate*) wallen ❿ (*reverberate*) widerhallen; *thunder* [g]rollen ⓫ (*curl up*) **to ~ into a ball** sich zu einer Kugel zusammenrollen ⓬ (*be uttered effortlessly*) **to ~ off** sb's *tongue* leicht über die Lippen kommen ◆ **roll about I.** ❶ (*move around axis, turn over*) herumrollen; (*wallow*) sich herumwälzen ❷ (*move unsteadily*) *ship* schlingern ◆ **roll along I.** ❶ (*move by turning*) dahinrollen ❷ (*move*) *flood* dahinströmen; *clouds* dahinziehen ❸ (*fam: arrive*) eintrudeln ◆ **roll back I.** vt ❶ (*move back*) zurückrollen; (*push back*) zurückschieben; (*fold back*) zurückschlagen ❷ (*fig: reverse development*) *advances* umkehren; **to ~ back the years** die Uhr zurückdrehen *fig* ❸ AM (*lower*) *costs, prices, wages* senken **II.** vi ❶ (*move backwards*) zurückrollen ❷ ECON, FIN *prices, wages* sinken ◆ **roll down I.** vt ❶ (*move around axis*) hinunterrollen; (*bring down*) herunterrollen ❷ (*turn*) *window* herunterkurbeln; **to ~ down** ○ **one's sleeves** die Ärmel herunterkrempeln **II.** vi hinunterrollen; (*come down*) herunterrollen; *tears also* herunterlaufen ◆ **roll in I.** vi (*fam*) ❶ (*move*) hineinrollen; (*come in*) hereinrollen ❷ (*be received*) *offers* [massenhaft] eingehen; *money* reinkommen *fam* ❸ (*arrive*) hereinplatzen *fam* ▶ **to be ~ing in money** (*fam*) im Geld schwimmen **II.** vt (*bring in*) hereinrollen; (*take in*) hineinrollen ◆ **roll off I.** vt **he quickly ~ed off some copies on the duplicating machine** er machte schnell ein paar Kopien am Kopierer **II.** vi ❶ (*fall*) herunterrollen ❷ (*set off*) davonrollen ◆ **roll on I.** vi ❶ (*move further*) weiterrollen ❷ (*continue*) weitergehen; *time* verfliegen ▶ **~ on the holidays/weekend!** BRIT, AUS (*fam*) wenn doch nur schon Ferien wären/Wochenende wäre! **II.** vt (*apply*) aufwalzen ◆ **roll out I.** vt ❶ (*take out*) hinausrollen; (*bring out*) herausrollen ❷ *dough* ausrollen; *metal* auswalzen ❸ AM ECON *new product* herausbringen ❹ (*unroll*) ausrollen **II.** vi ❶ (*move outside*) hinausrollen; (*come out*) herausrollen ❷ AM ECON *new product* herauskommen ◆ **roll over I.** vi ❶ herumrollen; *person, animal* sich umdrehen; *car* umkippen; *boat* kentern; **to ~ over onto one's side** sich auf die Seite rollen **II.** vt ❶ (*turn over*) umdrehen; **~ him over onto his back** dreh ihn auf den Rücken ❷ FIN *credit* erneuern; *debt* umschulden ◆ **roll up I.** vt ❶ (*move up, around axis*) hochrollen; *clothes* hochkrempeln; *window* hochkurbeln ❷ (*coil*) aufrollen; *string* aufwickeln ❸ FIN, ECON *credit* verlängern **II.** vi ❶ (*move up*) hochrollen ❷ (*fam: arrive*) aufkreuzen; *crowds* herbeiströmen ❸ BRIT, AUS (*participate*) **~ up!** treten Sie näher! ❹ (*fam: make a cigarette*) sich *dat* eine drehen

'roll bar *n* Überrollbügel *m* **'roll-call** *n* Namensaufruf *m* kein *pl*

roll·er ['rəʊlə^r] *n* ❶ TECH Walze *f* ❷ (*for paint*) Rolle *f*, Roller *m* ❸ (*for hair*) Lockenwickler *m* ❹ MED Rollbinde *f* ❺ (*wave*) Brecher *m*

'roll·er bear·ing *n* TECH Rollenlager *nt* **'Roll·er·blade**® **I.** *n* SPORTS Rollerblade® *m*, Inlineskater *m* **II.** *vi* inlineskaten **'roll·er blind** *n esp* BRIT, AUS Rollo *nt* **'roll·er coast·er** *n* Achterbahn *f*; (*fig*) **he's been on an emotional ~ for the past few weeks** in den letzten Wochen fahren seine Gefühle mit ihm Achterbahn **'roll·er skate** *n* Rollschuh *m* **'roll·er-skate** *vi* Rollschuh laufen [*o* fahren] **'roll·er skat·er** *n* Rollschuhläufer(in) *m(f)*

rol·lick·ing[1] ['rɒlɪkɪŋ] *adj attr* (*approv*) *party* ausgelassen; *film* lustig; **~ fun** Riesenspaß *m* **rol·lick·ing**[2] ['rɒlɪkɪŋ] *n usu sing* BRIT (*pej fam*) Anpfiff *m*

roll·ing ['rəʊlɪŋ] *adj attr* ❶ (*not immediate*) *implementation* allmählich ❷ (*moderately rising*) *hills* sanft ansteigend ❸ (*undulating*) *gait* wankend, schwankend

'roll·ing mill *n* ❶ (*machine*) Walzmaschine *f* ❷ (*factory*) Walzwerk *nt* **'roll·ing pin** *n* Nudelholz *nt* **'roll·ing stock** *n no pl* ❶ RAIL (*vehicles used*) Waggons *pl* im Einsatz, rollendes Material ❷ AM TRANSP Fuhrpark *m*

'roll-neck *n* Rollkragen *m*; (*sweater*) Rollkragenpullover *m*

'roll-on I. *adj attr* Roll-on-; ~ **deodorant** Deoroller *m* **II.** *n* ❶ (*deodorant*) Deoroller *m* ❷ BRIT (*corset*) Korselett *nt*
roll-on roll-off 'fer·ry *adj attr* Roll-on-roll-off-Fähre *f*
roly-poly [ˌrəʊliˈpəʊli] **I.** *n* ❶ *no pl esp* BRIT FOOD englischer Rollpudding, ≈ Strudel *m* (*gebacken oder gedämpft*) ❷ AUS BOT Steppenläufer *m* ❸ (*childspeak: somersault*) Purzelbaum *m* **II.** *adj* (*hum fam*) rundlich; *baby* moppelig *fam; child* pummelig
ROM [rɒm] *n no pl abbrev of* **Read Only Memory** ROM *m o nt*
Ro·man [ˈrəʊmən] **I.** *adj* römisch **II.** *n* Römer(in) *m(f)*
Roman candle *n* (*firework*) ≈ Goldregen *m*
Ro·man 'Cath·o·lic I. *adj* römisch-katholisch **II.** *n* Katholik(in) *m(f)*
ro·mance [rə(ʊ)ˈmæn(t)s] **I.** *n* ❶ *no pl* (*romanticism*) Romantik *f*; (*love*) romantische Liebe ❷ (*love affair*) Romanze *f*, Liebesaffäre *f*; (*fig*) **whirlwind** ~ heftige Liebesaffäre ❸ (*movie*) Liebesfilm *m*; (*remote from reality*) Fantasiegeschichte *f*; (*book*) Liebesroman *m*; (*medieval tale*) Ritterroman *m* ❹ MUS Romanze *f* **II.** *vt* ❶ (*liter: court*) umwerben ❷ (*fam: flatter*) anschwärmen ❸ (*glamourize*) romantisieren **III.** *vi* schwärmen (**about**) von)
Ro·mance [rə(ʊ)ˈmæn(t)s] *adj* LING ~ **languages** romanische Sprachen
Ro·man·esque [ˌrəʊməˈnɛsk] ARCHIT **I.** *adj* romanisch **II.** *n no pl* ■ **the** ~ die Romanik
Ro·ma·nia [rʊˈmeɪniə] *n* Rumänien *nt*
Ro·ma·nian [rʊˈmeɪniən] **I.** *adj* rumänisch **II.** *n* ❶ (*person*) Rumäne(in) *m(f)* ❷ *no pl* (*language*) Rumänisch *nt*
ro·man·tic [rə(ʊ)ˈmæntɪk] **I.** *adj* romantisch **II.** *n* Romantiker(in) *m(f)*
ro·man·ti·cism *n*, **Ro·man·ti·cism** [rə(ʊ)ˈmæntɪsɪzᵊm] *n no pl* ART, LIT Romantik *f*
Ro·ma·ny [ˈrɒməni] **I.** *n* ❶ *no pl* (*language*) Romani *m* ❷ (*gypsy*) Roma *m* **II.** *adj* Romana-
Rome [rəʊm] *n* Rom *nt*
romp [rɒmp] **I.** *vi* (*play*) *children, young animals* tollen; ■ **to ~ around** herumtollen **II.** *n* ❶ (*play*) Tollerei *f kein pl* ❷ (*book, film, play*) Klamauk *m kein pl*
romp·ers [ˈrɒmpəz] *npl*, **romp·er suit** *n* Strampelanzug *m*
roof [ruːf] **I.** *n* ❶ (*top of house*) Dach *nt* ❷ (*attic*) Dachboden *m* ❸ (*ceiling*) *of a cave* Decke *f*; *of mouth* Gaumen *m*; *of a tree* Krone *f* ❹ (*upper limit*) Obergrenze *f*, [oberes] Limit *nt* **II.** *vt* überdachen
roof·er [ˈruːfə] *n* Dachdecker(in) *m(f)* **'roof gar·den** *n* Dachgarten *m* **roof·ing** [ˈruːfɪŋ]

I. *n no pl* ❶ (*material*) Material *nt* zum Dachdecken ❷ (*job*) Dachdecken *nt* **II.** *adj* Dach-; ~ **company** Dachdeckerfirma *f*; ~ **material** Bedachungsmaterial *nt* **'roof rack** *n* Dachgepäckträger *m* **'roof·top** *n* Dach *nt*; ~ **view** Aussicht *f* vom Dach aus
rook [rʊk] *n* ❶ (*bird*) Saatkrähe *f* ❷ CHESS Turm *m*
rook·ery [ˈrʊkᵊri] *n* Saatkrähenkolonie *f*; (*of penguins, seals*) Kolonie *f*
rookie [ˈrʊki] *n esp* AM, AUS (*fam*) Neuling *m*; MIL Rekrut(in) *m(f)*
room [ruːm] **I.** *n* ❶ *no pl* (*space*) Platz *m*, Raum *m* ❷ (*scope*) Raum *m*; *his cooking has got better but there is still ~ for improvement* seine Kochkünste haben sich gebessert, sind aber noch verbesserungswürdig; ~ **for manoeuvre** Bewegungsspielraum *m* ❸ (*in a building*) Zimmer *nt*, Raum *m*; **double-/single-** ~ Doppel-/Einzelzimmer *nt* ❹ (*people present*) **the whole ~ turned around and stared at him** alle, die im Zimmer waren, drehten sich um und starrten ihn an **II.** *vi esp* AM wohnen; ■ **to ~ with sb** mit jdm zusammen wohnen
room·ful [ˈruːmfʊl] *n usu sing* **a ~ of boxes/people** ein Zimmer *nt* voller Kisten/Leute
'room·ing house *n* AM (*boarding house*) Pension *f*
'room·mate *n*, AM *usu* **'room·mate** *n* ❶ (*sharing room*) Zimmergenosse(in) *m(f)* ❷ AM (*sharing flat or house*) Mitbewohner(in) *m(f)* **'room ser·vice** *n no pl* Zimmerservice *m* **room 'tem·pera·ture** *n no pl* Zimmertemperatur *f*
roomy [ˈruːmi] *adj* (*approv*) geräumig
roost [ruːst] **I.** *n* Rastplatz *m*; (*for sleep*) Schlafplatz *m* **II.** *vi* rasten
roost·er [ˈruːstə] *n* AM, AUS (*cockerel*) Hahn *m*
root [ruːt] **I.** *n* ❶ (*embedded part*) Wurzel *f*; (*of a celery*) Knolle *f*; (*of a tulip*) Zwiebel *f*; **to take** ~**s** Wurzeln schlagen ❷ (*fig: basic cause*) Wurzel *f*, Ursprung *m*; (*essential substance*) Kern *m kein pl* ❸ *pl* (*fig: origins*) Wurzeln *pl*, Ursprung *m* ❹ LING Stamm *m* ❺ MATH Wurzel *f*; **square** ~ Quadratwurzel *f* **II.** *vt cuttings, plant* einpflanzen **III.** *vi* ❶ *plant* wurzeln, Wurzeln schlagen ❷ (*fam: support*) ■ **to ~ for sb** jdm die Daumen drücken; **to ~ for a team** eine Mannschaft anfeuern ❸ (*search*) ■ **to ~ for sth** nach etw *dat* wühlen; ■ **to ~ through sth** etw durchstöbern ◆ **root about, root around** *vi* (*fam*) herumwühlen; ■ **to ~ about in sth** in etw *dat* herumwühlen; ■ **to ~ about for sth** nach etw *dat* wühlen ◆ **root out** *vt* ❶ BOT *plant, weeds* ausgraben ❷ (*eliminate*) ausrot-

ten ❸ *(find)* aufstöbern

'root beer n no pl AM colaartiges alkoholfreies Getränk aus verschiedenen Pflanzenwurzeln **root 'cause** n Grundursache f, Wurzel f fig **root·less** ['ruːtləs] adj ❶ *(without home)* heimatlos ❷ BOT wurzellos

'root sign n MATH Wurzelzeichen nt

root 'veg·eta·ble n *(beets, carrots)* Wurzel f, Wurzelgemüse nt; *(celery, potatoes)* Knolle f

rope [rəʊp] **I.** n ❶ *(cord)* Seil nt, Strick m; NAUT Tau nt ❷ AM *(lasso)* Lasso nt **II.** vt anseilen, festbinden ❶ to ~ **calves** Kälber mit dem Lasso [ein]fangen ◆ **rope in** vt *(fam)* einspannen ◆ **rope off** vt to ~ **off** ⊂ **an area** ein Gebiet [mit Seilen/einem Seil] absperren ◆ **rope up** vi ❶ *(connect)* sich anseilen ❷ *(climb up)* angeseilt hinaufklettern

rope 'lad·der n Strickleiter f **'rope·way** n RAIL Kabelbahn f

ropey adj, **ropy** ['rəʊpi] adj ❶ *(rope-like)* seilartig ❷ BRIT, AUS *(pej fam: ill)* elend; ~ **tyres** schlechte Reifen

ro-ro ['rəʊrəʊ] adj BRIT short for roll-on-roll-off: ~ **ferry** Ro-Ro-Fähre f

ro·sary ['rəʊzᵊri] n Rosenkranz m

rose¹ [rəʊz] **I.** n ❶ *(flower)* Rose f; *(bush)* Rosenbusch m; *(tree)* Rosenbäumchen m ❷ *(nozzle)* Brause f ❸ no pl *(colour)* Rosa nt ▶ **to come up** [smelling of] **~s** bestens laufen fam **II.** adj rosa

rose² [rəʊz] pt of rise

'rose·bud n Rosenknospe f **'rose bush** n Rosenstrauch m **'rose gar·den** n Rosengarten m **'rose hip I.** n Hagebutte f **II.** adj syrup, wine Hagebutten-

rose·mary ['rəʊzmᵊri] n no pl Rosmarin m

ro·sette [rə(ʊ)'zet] n Rosette f

'rose wa·ter n no pl Rosenwasser nt **rose 'win·dow** n ARCHIT Fensterrose f

ros·in ['rɒzɪn] MUS **I.** n no pl Kolophonium nt **II.** vt to ~ **a violin bow/string** einen Geigenbogen/eine Geigensaite mit Kolophonium einreiben

ros·ter ['rɒstə] **I.** n esp AM, AUS ❶ *(list)* Liste f; *(plan)* Plan m; **duty ~** Dienstplan m ❷ SPORTS Spielerliste f **II.** vt usu passive ■ **to ~ sb/sth** jdn/etw auf den Dienstplan setzen

ros·trum <-s or -tra> ['rɒstrəm, pl -trə] n ❶ *(raised platform)* Tribüne f, Podium nt; *(for public speaker also)* Rednerpult nt; *(for conductor)* Dirigentenpult nt ❷ ZOOL *(beak)* Rostrum nt

rosy ['rəʊzi] adj rosig a. fig

rot [rɒt] **I.** n no pl ❶ *(process)* Fäulnis f ❷ *(decayed matter)* Verfaultes nt, Verwestes nt ❸ BRIT *(fig: process of deterioration)* ■ **the ~** der Verfall ❹ BOT Fäule f **II.** vi <-tt-> ❶ *(decay)* verrotten; *teeth, meat* verfaulen; *woodwork* vermodern ❷ *(deteriorate)* institution, society verkommen **III.** vt <-tt-> ■ **to ~ sth** etw vermodern lassen ◆ **rot away I.** vi verfaulen **II.** vt verfaulen lassen

rota ['rəʊtə] n ❶ esp BRIT *(list)* Liste f; *(plan)* Plan m; **~ system** Dienstplan m ❷ REL ■ **the R~** die Rota

ro·tary ['rəʊtᵊri] **I.** adj kreisend, rotierend, Dreh-; **~ pump** Rotationspumpe f **II.** n ❶ TECH Rotationsmaschine f ❷ AM TRANSP Kreisverkehr m

ro·tate [rə(ʊ)'teɪt] **I.** vi ❶ *(revolve)* rotieren **(around** um) ❷ *(alternate)* wechseln **II.** vt ❶ *(cause to turn)* drehen ❷ *(alternate)* **to ~ duties** Aufgaben turnusmäßig [abwechselnd] verteilen; *troops* auswechseln ❸ AGR **to ~ crops** im Fruchtwechsel anbauen ❹ AUTO **to ~ tyres** Reifen turnusmäßig wechseln

ro·ta·tion [rə(ʊ)'teɪʃᵊn] n Rotation f, Umdrehung f; **crop ~** AGR Fruchtwechsel m; **the earth's ~** die Erdumdrehung; **in ~** im Wechsel

ro·ta·tory ['rəʊtətᵊri] adj rotierend, Rotations-

rote [rəʊt] n no pl *(usu pej)* **to learn sth by ~** etw auswendig lernen

ro·tor ['rəʊtə] n Rotor m

rot·ten ['rɒtᵊn] **I.** adj ❶ *(decayed)* verfault; *fruit* verdorben; *tooth* faul; *wood* modrig ❷ *(corrupt)* korrupt, völlig verdorben fig ❸ *(fam: very bad)* mies; **I'm a ~ cook** ich bin ein hundsmiserabler Koch; **to feel ~** sich mies fühlen ❹ *(fam: nasty)* trick, joke gemein **II.** adv *(fam)* total fam; **to be spoiled ~ child** völlig verzogen sein

ro·tund [rə(ʊ)'tʌnd] adj ❶ *(plump)* person massig ❷ BRIT *(fig, pej)* literary style bombastisch; speech hochtrabend ❸ *(spherical)* kreisförmig

ro·tun·da [rə(ʊ)'tʌndə] n Rotunde f

rou·ble ['ruːbl] n Rubel m

rouge [ruːʒ] **I.** n no pl ❶ *(makeup)* Rouge nt ❷ *(polish)* Polierrot nt fachspr **II.** vt **to ~ one's cheeks** Rouge auflegen

rough [rʌf] **I.** adj ❶ *(uneven)* rau; *ground, terrain* uneben; *landscape* rau, unwirtlich; *road* holprig; *fur, hair* struppig ❷ *(not soft)* accent, sound, voice rau, hart; *(in taste)* wine sauer; *brandy* hart ❸ *(harsh)* rau, hart ❹ *(fam: difficult)* hart, schwer; **to give sb a ~ time** jdm das Leben ganz schön schwer machen ❺ BRIT *(fam: ill)* **to look ~** mitgenommen aussehen; **to feel ~** sich elend fühlen ❻ *(plain)* furniture unbearbeitet ❼ *(makeshift)* einfach, primitiv ❽ *(unrefined)* rau, ungehobelt ❾ *(imprecise)* grob; **to give sb a ~ idea of sth** jdm eine unge-

fähre Vorstellung von etw *dat* geben **II.** *adv* (*fam*) rau ▸ **to sleep** ~ BRIT im Freien schlafen **III.** *n* ❶ *no pl* (*in golf*) ■ **the** ~ das Rough *fachspr* ❷ (*sketch*) Entwurf *m*; **in** ~ skizzenhaft ▸ **to take the** ~ **with the smooth** die Dinge nehmen, wie sie kommen **IV.** *vt* (*fam*) **to** ~ **it** [ganz] primitiv leben

rough·age ['rʌfɪdʒ] *n no pl* ❶ (*fibre*) Ballaststoffe *pl* ❷ (*fodder*) Raufutter *nt*

rough and 'ready *adj pred*, **'rough-and-ready** *adj attr* behelfsmäßig; *plan also* provisorisch; (*unrefined*) *person* raubeinig

'rough-and-tum·ble *adj attr* ~ **atmosphere** raue Atmosphäre

rough 'dia·mond *n* ungeschliffener Diamant; BRIT, AUS (*fig*) **he's a** ~ er ist rau, aber herzlich

rough·en ['rʌfən] **I.** *vt* aufrauen **II.** *vi skin, voice* rau werden; *society* verrohen; *weather* stürmisch werden

rough-'hewn *adj carving, pillar* grob; (*fig*) *person, style* ungehobelt **'rough house** *n usu sing esp* AM (*fam*) Radau *m* **'rough-house I.** *vi* ❶ (*be boisterous*) Radau machen *fam* ❷ BRIT (*have a fight*) sich prügeln ❸ AM (*have playful fight*) sich raufen **II.** *vt* grob behandeln; (*playfully*) sich mit jdm raufen **rough·ly** ['rʌflɪ] *adv* ❶ (*harshly*) grob, roh ❷ (*without refinement*) ~ **built** grob zusammengezimmert ❸ (*approximately*) grob; ~ **speaking** ganz allgemein gesagt; ~ **the same** ungefähr gleich **'rough·neck** *n* ❶ *esp* AM, AUS (*fam: rude person*) Rohling *m pej*, Grobian *m pej* ❷ (*oil rig worker*) Bohrarbeiter(in) *m/f* **rough·ness** ['rʌfnəs] *n no pl* ❶ (*not smoothness*) Rauheit *f*; *of ground, terrain* Unebenheit *f* ❷ (*harshness*) Rauheit *f*; *of a game also* Härte *f* **'rough·shod I.** *adj horse* scharf beschlagen **II.** *adv* **to ride a horse** ~ ein unbeschlagenes Pferd reiten; **to ride** ~ **over sb** (*fig*) jdn unterdrücken **rough-'spok·en** *adj* sprachlich ungewandt

rou·lette [ru:'let] *n* Roulette *nt*

round [raʊnd] **I.** *adj* <-er, -est> ❶ (*circular*) rund; *face* rundlich; *vowel* gerundet ❷ (*even number*) rund; **to make sth a** ~ **hundred** (*bring up*) etw auf hundert aufrunden; (*bring down*) etw auf hundert abrunden **II.** *adv esp* BRIT ❶ (*in circular motion*) **to go** ~ sich umdrehen; *wheel* sich drehen ❷ (*here and there*) **to run** ~ herumrennen *fam* ❸ (*to a specific place*) **to come** ~ vorbeikommen *fam;* **to go** ~ *virus, rumours* umgehen; **there aren't enough pencils to go** ~ es sind nicht genügend Stifte für alle vorhanden; **to show sb** ~ jdn herumführen ❹ (*surrounding*) rundherum; **all year** ~ das ganze Jahr hindurch ❺ (*towards other direction*) **the right/wrong way** ~ richtig/falsch herum; **to turn** ~ *person* sich umdrehen; (*go back*) umdrehen ❻ (*circa*) ungefähr; ~ **about 4 o'clock** gegen 4 Uhr ❼ (*in girth*) **the temple is 20 metres high and 50 metres** ~ der Tempel ist 20 Meter hoch und hat einen Umfang von 50 Metern **III.** *prep* ❶ (*surrounding*) um +*akk;* **he put his elbows** ~ **her** er legte seine Arme um sie ❷ (*circling*) um +*akk;* **the moon goes** ~ **the earth** der Mond kreist um die Erde ❸ (*curving to other side of*) um +*akk;* **to be just** ~ **the corner** gleich um die Ecke sein ❹ (*within*) um +*akk;* **she looked** ~ **the house** sie sah sich im Haus um ▸ **to be/go** ~ **the bend/twist** den Verstand verloren haben/verlieren; **to get** ~ **sth** um etw *akk* herumkommen **IV.** *n* ❶ (*of bread*) Runde *f*; (*of toast*) Scheibe *f*; **a** ~ **of sandwiches** ein Sandwich *m o nt* (*in 2 od 4 geschnitten*) ❷ (*series*) Folge *f*; ~ **of talks** Gesprächsrunde *f* ❸ (*salvo*) ~ **of applause** Beifall *m* ❹ (*route*) **to be [out] on one's** ~ **s** seine Runden drehen; *doctor* Hausbesuche machen ❺ *esp* BRIT, AUS (*delivery route*) Runde *f*; **to do a paper** ~ Zeitungen austragen ❻ (*routine*) Trott *m pej* ❼ SPORTS Runde *f* ❽ (*song*) Kanon *m* ❾ (*of ammunition*) Ladung *f* **V.** *vt* ❶ (*make round*) umrunden ❷ (*go around*) **to** ~ **the corner** um die Ecke biegen ♦**round down** *vt number, sum* abrunden ♦**round off** *vt* abrunden ♦**round out** *vt story* abrunden ♦**round up** *vt* ❶ (*increase*) *figure* aufrunden ❷ (*gather*) *people* zusammentrommeln *fam;* *things* zusammentragen; *cattle* zusammentreiben; *support* holen

round·about [ˈraʊnd.əˌbaʊt] **I.** *n* ❶ BRIT, AUS (*traffic*) Kreisverkehr *m* ❷ BRIT (*for funfair*) Karussell *nt* **II.** *adj* umständlich; **to take a** ~ **route** einen Umweg machen; **to give a** ~ **statement** eine unklare Aussage machen; **to ask sb in a** ~ **way** jdn durch die Blume fragen

round·ed ['raʊndɪd] *adj* rund; *edges* abgerundet **round·ers** ['raʊndəz] *npl + sing vb* BRIT SPORTS *ein dem Baseball ähnliches Spiel,* ≈ Schlagball *m* **round·ly** ['raʊndlɪ] *adv* (*form*) gründlich; *criticize* heftig kritisieren; *defeat* haushoch besiegen **round 'rob·in** *n* ❶ (*letter*) Petition *f* (*mit oft kreisförmig angeordneten Unterschriften*) ❷ (*competition format*) Wettkampf *m*, *in dem jeder gegen jeden antritt* **round-'shoul·dered** *adj* mit runden Schultern *nach n;* **to be** ~ runde Schultern haben **round-'ta·ble** *adj attr* ~ **conference/discussion** Konferenz *f*/Gespräch *nt* am runden Tisch **'round-the-clock** *adj, adv* rund um die Uhr; **to be open** ~ *shops* durchgehend geöffnet haben; **to**

work ~ rund um die Uhr arbeiten **round 'trip I.** *n* Rundreise *f* **II.** *adv* AM **to fly ~** ein Rückflugticket haben **'round·up** *n* ❶ (*gathering*) Versammlung *f*; *of criminals, suspects* Festnahme *f*; *of cattle* Zusammentreiben *nt* ❷ (*summary*) Zusammenfassung *f*

rouse [raʊz] *vt* ❶ (*waken*) wecken; **to ~ sb out of their apathy** jdn aus seiner Apathie reißen ❷ (*activate*) ■ **to ~ sb to do sth** jdn dazu bewegen, etw zu tun; **to ~ sb to action** jdn zum Handeln bewegen

rous·ing ['raʊzɪŋ] *adj* mitreißend; *cheer, reception* stürmisch; **to receive a ~ welcome** überschwänglich empfangen werden

roust·about ['raʊstəˌbaʊt] *n* Hilfsarbeiter *m* (*bes. auf einer Bohrinsel*)

rout[1] [raʊt] **I.** *vt* (*form: defeat*) besiegen **II.** *n* ❶ (*defeat*) Niederlage *f* ❷ (*disorderly retreat*) ungeordneter Rückzug

rout[2] [raʊt] **I.** *vi pigs* herumwühlen **II.** *vt* ❶ (*root*) *the ground* umwühlen ❷ TECH ausfräsen ◆ **rout out** *vt* heraus jagen; (*find*) aufstöbern

route [ru:t] **I.** *n* ❶ (*way*) Strecke *f*, Route *f*; *of a parade* Verlauf *m*; **the ~ to success** der Weg zum Erfolg ❷ TRANSP Linie *f* ❸ AM (*delivery path*) Runde *f*; **to have a paper ~** Zeitungen austragen ❹ AM (*road*) Route *f* **II.** *vt* schicken; *deliveries* liefern

rou·tine [ru:'ti:n] **I.** *n* ❶ (*habit*) Routine *f* ❷ (*dancing*) Figur *f*; (*gymnastics*) Übung *f* ❸ THEAT Nummer *f* ❹ COMPUT Programm *nt* **II.** *adj* ❶ (*regular*) routinemäßig; **~ enquiry-/ inspection/search** Routinebefragung/-untersuchung/-durchsuchung *f*; **to become ~** zur Gewohnheit werden ❷ (*pej: uninspiring*) routinemäßig; *performance* durchschnittlich

rou·tine·ly [ru:'ti:nli] *adv* routinemäßig

roux <*pl* -> [ru:] *n* Mehlschwitze *f*, Einbrenne *f* SÜDD, ÖSTERR

rove [rəʊv] **I.** *vi person* umherwandern; *gaze* [umher]schweifen **II.** *vt* **to ~ the world** durch die Welt ziehen

rov·er ['rəʊvə'] *n* Vagabund(in) *m(f)*

rov·ing ['rəʊvɪŋ] *adj* umherstreifend *attr*; **~ ambassador** Botschafter(in) *m(f)* für mehrere Vertretungen; *musicians* umherziehend

row[1] [rəʊ] *n* ❶ (*line*) Reihe *f*; **~s of people** Menschenschlangen *pl*; **in ~s** reihenweise ❷ (*street*) Straße *f* ❸ (*in succession*) **in a ~** hintereinander

row[2] [raʊ] **I.** *n esp* BRIT, AUS ❶ (*quarrel*) Streit *m*, Krach *m fam* ❷ (*noise*) Lärm *m*, Krach *m kein pl* **II.** *vi esp* BRIT (*fam*) sich streiten

row[3] [rəʊ] **I.** *vi* rudern **II.** *vt boat* rudern (*across* über) **III.** *n usu sing* Rudern *nt kein pl*

ro·wan ['rəʊən] *n* Eberesche *f*

ro·wan·ber·ry ['rəʊənˌberi] *n* Vogelbeere *f*

row·boat ['rəʊbəʊt] *n* AM (*rowing boat*) Ruderboot *nt*

row·dy ['raʊdi] (*pej*) **I.** *adj* laut, rüpelhaft; *party* wild **II.** *n* Krawallmacher *m*, Rowdy *m*

row·er ['rəʊə'] *n* Ruderer *m*, Ruderin *f*

row·ing ['rəʊɪŋ] *n no pl* Rudern *nt*

'row·ing boat *n* BRIT Ruderboot *nt* **'row·ing club** *n* Ruderklub *m*

row·lock ['rɒlək] *n* Dolle *f*

roy·al ['rɔɪəl] **I.** *adj* <-er, -est> ❶ (*of a monarch*) königlich ❷ (*fig*) fürstlich ❸ *esp* AM (*fam: big*) gewaltig **II.** *n* (*fam*) Angehörige(r) *f(m)* der königlichen Familie

Roy·al 'High·ness *n* **Your/His/Her ~** Eure/Seine/Ihre Königliche Hoheit **roy·al·ist** ['rɔɪəlɪst] **I.** *n* Royalist(in) *m(f)* **II.** *adj* royalistisch **roy·al 'jel·ly** *n no pl* Gelée royale *nt* **Roy·al 'Navy** *n*, **RN** *n no pl,* + *sing/pl vb* BRIT ■ **the ~** die Königliche Marine **roy·al·ty** ['rɔɪəlti] *n* ❶ *no pl*, + *sing/pl vb* (*sovereignty*) Königshaus *nt*; **to treat sb like ~** jdn fürstlich behandeln ❷ PUBL ■ **royalties** *pl* Tantiemen *pl*

RP [ˌɑːˈpiː] *n no pl* LING *abbrev of* **received pronunciation** britische Standardaussprache

RPI [ˌɑːpiːˈaɪ] *n* BRIT *abbrev of* **retail price index**

rpm <*pl* -> [ˌɑːpiːˈem] *n* AUTO, AVIAT *abbrev of* **revolutions per minute** U/min

RR *n* AM *abbrev of* **railroad**

RRP [ˌɑːɑːˈpiː] *n* BRIT PUBL *abbrev of* **recommended retail price** unverbindliche Preisempfehlung

RSI [ˌɑːesˈaɪ] *n* MED *abbrev of* **repetitive strain injury** RSI-Syndrom *f* (*chronische Beschwerden durch einseitige Belastung*)

RSPCA [ˌɑːespiːsiːˈeɪ] *n no pl*, + *sing/pl vb* BRIT *abbrev of* **Royal Society for the Prevention of Cruelty to Animals** ≈ Tierschutzverein *m*

RSVP [ˌɑːesviːˈpiː] *abbrev of* **répondez s'il vous plaît** u. also w. g.

Rt Hon *adj attr abbrev of* **Right Honourable**: **the ~ ...** der sehr ehrenwerte ...

rub [rʌb] **I.** *n* Reiben *nt kein pl*; **to give sth a ~** *hair* etw trocken rubbeln; *material* etw polieren **II.** *vt* <-bb-> einreiben; *furniture* behandeln; (*polish*) polieren; **to ~ one's eyes sleepily** sich *dat* verschlafen die Augen reiben; **to ~ one's hands together** sich *dat* die Hände reiben; **to ~ sth clean** etw sauber wischen **III.** *vi* <-bb-> reiben; *shoes, collar* scheuern ◆ **rub along** *vi* BRIT (*fam*) **to ~ along [together]** mehr schlecht als recht [miteinander] auskommen ◆ **rub down** *vt* **to ~ down a surface** (*smooth*) eine Fläche abreiben; (clean) eine Fläche abwischen; ■ **to ~ down** ◯ **sb** jdn abfrottieren; **to ~ down a dog** einen Hund trocken reiben ◆ **rub in** vt ❶ (spread) einreiben ❷ (fam: keep reminding) ■ **to ~ it in** auf etw dat herumreiten ▶ **to ~ sb's nose in it** jdm etw unter die Nase reiben ◆ **rub off** I. vi ❶ (become clean) wegreiben; stains rausgehen ❷ (fam: affect) ■ **sth ~s off on sb** etw färbt auf jdn ab II. vt wegwischen ◆ **rub out** I. vt ❶ (erase) ausradieren ❷ Am (sl: murder) ■ **to ~ out** ◯ **sb** jdn abmurksen sl II. vi stain herausgeben; (erase) sich ausradieren lassen

rub·ber[1] ['rʌbər] n ❶ no pl (elastic substance) Gummi m o nt ❷ Brit, Aus (eraser) Radiergummi m ❸ esp Am (sl: condom) Gummi m ❹ Am (shoes) ■ **~ s** pl Überschuhe pl (aus Gummi)

rub·ber[2] ['rʌbər] n cards Robber m

rub·ber 'band n Gummiband nt **'rub·ber 'boot** n Gummistiefel m **rub·ber 'cheque** n (sl) ungedeckter Scheck **rub·ber·neck** ['rʌbənek] I. n Gaffer(in) m(f) pej fam II. vi gaffen fam **'rub·ber plant** n Gummibaum m **rub·ber-'stamp** I. vt (often pej) genehmigen; decision bestätigen II. n Stempel m; (fig) Genehmigung f **'rub·ber tree** n Kautschukbaum m

rub·bery ['rʌbəri] adj ❶ (rubber-like) gummiartig; meat zäh ❷ (fam: weak) legs wack[e]lig

rub·bing ['rʌbɪŋ] n no pl ❶ (action) Reiben nt; (polishing) Polieren nt; (using a towel) Frottieren nt ❷ art Durchreiben eines Reliefs auf ein Blatt Papier mit Bleistift, Kreide oder Wachsmalstift

rub·bish ['rʌbɪʃ] I. n no pl esp Brit ❶ (waste) Müll m ❷ (fig fam: nonsense) Quatsch m; **to ~ talk ~** Blödsinn reden ❸ (fam: junk) Gerümpel nt II. vt Brit, Aus (fam) als Unsinn abtun III. adj Brit (fam) **I'm ~ at maths** in Mathe bin ich eine absolute Null

'rub·bish bin n Abfalleimer m **'rub·bish chute** n Müllschlucker m **'rub·bish collection** n Müllabfuhr f **'rub·bish container** n Müllcontainer m **'rub·bish dump** n, **'rub·bish tip** n Mülldeponie f

rub·bishy ['rʌbɪʃi] adj esp Brit, Aus (fam) mies; ■ **to be ~** Mist sein

rub·ble ['rʌbl] n no pl ❶ (smashed rock) Trümmer pl; **to reduce sth to ~** (fig) etw in Schutt und Asche legen ❷ (for building) Bauschutt m

'rub-down n no pl Abreiben nt

ru·bel·la [ru:'belə] n no pl (spec) Röteln pl

ru·bric ['ru:brɪk] n (form) Anweisungen pl

ruby ['ru:bi] I. n Rubin m II. adj ❶ (made of rubies) ring, necklace, bracelet Rubin- ❷ (colour) rubinrot

ruck [rʌk] I. n ❶ + sing/pl vb (average crowd) die breite Masse ❷ sports (in rugby) offenes Gedränge ❸ (fold) Falte f II. vt ■ **to ~ up** ◯ **sth** clothes etw [zer]knittern

ruck·sack ['rʌksæk] n Brit Rucksack m

ruck·us n esp Am (fam) Krawall m

ruc·tions ['rʌkʃəns] npl esp Brit, Aus (fam) Krach m kein pl

rud·der ['rʌdər] n [Steuer]ruder nt

rud·der·less ['rʌdələs] adj ohne Ruder präd, nach; (fig) führerlos; boat ruderlos; plane steuerlos

rud·dy ['rʌdi] I. adj ❶ (approv: red) rot; (liter) rötlich; cheeks gerötet ❷ attr Brit, Aus (dated fam: bloody) verdammt II. adv Brit, Aus (dated fam: bloody) verdammt

rude [ru:d] adj ❶ (impolite) unhöflich; behaviour unverschämt; gesture ordinär; joke unanständig; manners ungehobelt ❷ attr (sudden) unerwartet; awakening, surprise böse

ru·di·men·ta·ry [ˌru:dɪ'mentəri] adj (form) ❶ (basic) elementar ❷ (not highly developed) primitiv; method einfach

ru·di·ments ['ru:dɪmənts] npl ■ **the ~** die Grundlagen pl

rue [ru:] vt (liter) bereuen

rue·ful ['ru:fəl] adj (liter) reuevoll

ruff [rʌf] n on clothing, of an animal Halskrause f

ruf·fian ['rʌfiən] n Schlingel m

ruf·fle ['rʌfl] I. vt ❶ (agitate) durcheinanderbringen; hair zerzausen ❷ (fig: upset) aus der Ruhe bringen; **nothing ever ~s her self-confidence** ihr Selbstbewusstsein lässt sich durch nichts erschüttern ▶ **to ~ sb's feathers** jdn auf die Palme bringen fam II. n Rüsche f

rug [rʌg] n ❶ (carpet) Teppich m ❷ Am (sl: hairpiece) Haarteil nt

rug·by ['rʌɡbi] n no pl Rugby nt

rug·ged ['rʌɡɪd] adj ❶ (uneven) terrain, ground uneben; cliff, mountain zerklüftet; landscape, coast wild ❷ (robust) kräftig; looks, features markant ❸ (solid) fest; constitution unverwüstlich; honesty unerschütterlich ❹ (sturdy) kräftig; vehicle robust

ruin ['ru:ɪn] I. vt (destroy) zerstören; dress, reputation ruinieren; **to ~ sb's day** jdm den Tag vermiesen; **to ~ one's eyesight** sich dat die Augen verderben; **to ~ sb's hopes** jds Hoffnungen zunichtemachen; **to ~ sb's plans** jds Pläne durchkreuzen II. n ❶ (destroyed building) Ruine f ❷ ■ **~ s** pl of building Ruinen pl; of reputation Reste pl; of career, hopes Trümmer pl; **to be in ~s** eine Ruine sein; (after bombing, fire) in Schutt und Asche liegen; (*fig*) zerstört sein; **to fall into ~s** zu einer Ruine verfallen ❸ *no pl* (*bankruptcy*) Ruin *m*; **to face [financial] ~** vor dem [finanziellen] Ruin stehen ❹ (*downfall*) Untergang *m*

ru·ina·tion [ˌruːɪˈneɪʃn] *n no pl* Ruin *m*

ru·in·ous [ˈruːɪnəs] *adj* ruinös

rule [ruːl] **I.** *n* ❶ (*instruction*) Regel *f*; **~s and regulations** Regeln und Bestimmungen; **according to the ~s** nach den Regeln, den Regeln entsprechend; **to be against the ~s** gegen die Regeln verstoßen ❷ *no pl* (*control*) Herrschaft *f*; **the ~ of law** die Rechtsstaatlichkeit ▸ **as a [general] ~** in der Regel **II.** *vt* ❶ (*govern*) regieren ❷ (*control*) beherrschen ❸ (*draw*) Linie ziehen ❹ (*decide*) **to ~ that ...** entscheiden, dass ... **III.** *vi* ❶ (*control*) herrschen; *king, queen* regieren ❷ LAW **to ~ on sth** in etw *dat* entscheiden ◆ **rule off** *vt* ausmessen; *margin* ziehen ◆ **rule out** *vt* ausschließen

ˈrule book *n* Vorschriftenbuch *nt*

rul·er [ˈruːlə'] *n* ❶ (*person*) Herrscher(in) *m(f)* ❷ (*device*) Lineal *nt*

rul·ing [ˈruːlɪŋ] **I.** *adj attr* ❶ (*governing*) herrschend ❷ (*primary*) hauptsächlich; *ambition, passion* größte(r, s) **II.** *n* LAW Entscheidung *f*

rum [rʌm] *n* (*drink*) Rum *m*

Ru·ma·nia [rʊˈmeɪniə] *see* **Romania**

rum·ba [ˈrʌmbə] *n* Rumba *m*

rum·ble [ˈrʌmbl] **I.** *n* ❶ (*sound*) Grollen *nt kein pl*; *of stomach* Knurren *nt*; **~s of discontent** (*fig*) Anzeichen *pl* von Unzufriedenheit ❷ *esp* AM, AUS (*fam*) Schlägerei *f* **II.** *vi* rumpeln; *stomach* knurren; *thunder* grollen **III.** *vt* BRIT (*fam*) auffliegen lassen; *plot* aufdecken; *scheme* durchschauen

rum·bling [ˈrʌmblɪŋ] **I.** *n* ❶ (*indication*) ■**~s** *pl* [erste] Anzeichen *pl* ❷ (*sound*) Grollen *nt*; *of distant guns* Donnern *nt* **II.** *adj* grollend *attr*

rum·bus·tious [rʌmˈbʌstiəs] *adj esp* BRIT (*fam*) wild; *behaviour* ungehobelt

ru·mi·nant [ˈruːmɪnənt] **I.** *n* ZOOL Wiederkäuer *m* **II.** *adj attr* wiederkäuend

ru·mi·nate [ˈruːmɪneɪt] *vi* ❶ (*form: meditate*) nachgrübeln (**over/on** über) ❷ *cows* wiederkäuen

ru·mi·na·tive [ˈruːmɪnətɪv] *adj* (*form*) grübelnd *attr*; *look* nachdenklich

rum·mage [ˈrʌmɪdʒ] **I.** *vi* ■**to ~ through sth** etw durchstöbern **II.** *n* Durchstöbern *nt*

ˈrum·mage sale *n esp* AM Flohmarkt *m*

rum·my [ˈrʌmi] *n no pl* CARDS Rommé *nt*

ru·mour [ˈruːmə'], AM **ru·mor** **I.** *n* Gerücht *nt*; **~ has it [that]** ... es geht das Gerücht um, dass ...; **to spread a ~ that ...** das Gerücht verbreiten, dass ... **II.** *vt passive* **the president is ~ed to be seriously ill** der Präsident soll angeblich ernsthaft krank sein; **it is ~ed that ...** es wird gemunkelt, dass ...

rump [rʌmp] *n* ❶ *of an animal* Hinterbacken *pl* ❷ (*beef*) Rumpsteak *nt* ❸ (*hum: buttocks*) Hinterteil *nt fam*

rum·ple [ˈrʌmpl] *vt* zerknittern; **to ~ sb's hair** jdm das Haar zerzausen

ˈrump ˈsteak *n* Rumpsteak *nt*

rum·pus [ˈrʌmpəs] *n no pl* (*fam*) Krawall *m*, Krach *m*

run [rʌn] **I.** *n* ❶ (*jog*) Lauf *m*; **to break into a ~** zu laufen beginnen; **to go for a ~** laufen gehen ❷ (*journey*) Strecke *f* ❸ (*period*) Dauer *f*; **~ of bad/good luck** Pech-/Glückssträhne *f* ❹ ECON **test ~** Probelauf *m* ❺ (*enclosed area*) Gehege *nt*; **chicken ~** Hühnerhof *m* ❻ SPORTS (*point*) Treffer *m*; (*sailing*) Vorwindkurs *m*; (*in cricket, baseball*) Run *m* ❼ (*fam: diarrhoea*) **to have the ~s** Dünnpfiff haben *sl* ▸ **in the long ~** auf lange Sicht gesehen; **in the short ~** kurzfristig; **on the ~** (*escaped*) auf der Flucht; (*extremely busy*) auf Trab *fam* **II.** *vi* <ran, run> ❶ (*move fast*) laufen, rennen; **to ~ for the bus** dem Bus nachlaufen; **to ~ for cover** schnell in Deckung gehen; **to ~ for one's life** um sein Leben rennen ❷ (*operate*) fahren, verkehren; *engine* laufen; *machine* in Betrieb sein; (*fig*) **work is ~ning smoothly at the moment** die Arbeit geht im Moment glatt von der Hand; **to keep the economy ~ning** die Wirtschaft am Laufen halten ❸ (*travel*) laufen; (*go*) verlaufen; *ski* gleiten; **the route ~s through the mountains** die Strecke führt durch die Berge; **a shiver ran down my spine** mir lief ein Schauder über den Rücken ❹ (*extend*) **there's a beautiful cornice ~ning around the ceiling** ein wunderschönes Gesims verläuft um die Decke ❺ (*last*) [an]dauern; **the film ~s for two hours** der Film dauert zwei Stunden ❻ (*be*) **inflation is ~ning at 10%** die Inflationsrate beträgt 10 % ❼ (*flow*) fließen; **my nose is ~ning** meine Nase läuft; **the river ~s [down] to the sea** der Fluss mündet in das Meer; **don't cry, or your make-up will ~** weine nicht, sonst verwischt sich dein Make-up ❽ POL (*enter an election*) kandidieren; **to ~ for President** für das Präsidentenamt kandidieren ❾ (*in tights*) **oh no, my tights have ~** oh nein, ich habe eine Laufmasche im Strumpf ▸ **to ~ amok** Amok laufen; **to ~ in the family** in der Familie liegen; **feelings are ~ning high** die Gefühle gehen hoch; **to ~ low** *supplies* [langsam] ausgehen **III.** *vt* <ran, run> ❶ (*drive*) **to ~ sb to the station** jdn zum Bahnhof bringen ❷ (*pass*) **he ran a**

vacuum cleaner over the carpet er saugte den Teppich ab; **to ~ one's fingers through one's hair** sich *dat* mit den Fingern durchs Haar fahren ③ (*operate*) *machine* bedienen; *computer program, engine, dishwasher* laufen lassen; **to ~ additional trains** zusätzliche Züge einsetzen ④ (*manage*) *business* leiten; *farm* betreiben; *government, household* führen; **don't tell me how to ~ my life!** erklär mir nicht, wie ich mein Leben leben soll! ⑤ (*conduct*) *course* anbieten; *experiment, test* durchführen ⑥ (*let flow*) *water* laufen lassen; *a bath* einlaufen lassen ⑦ (*in newspaper*) **to ~ a story about sth** über etw *akk* berichten; **to ~ an article/a series** einen Artikel/eine Serie bringen *fam* ⑧ (*incur*) **to ~ a risk** ein Risiko eingehen ⑨ (*perform*) **to ~ errands** Botengänge machen ▶ **to let sth ~ its course** etw seinen Lauf nehmen lassen; **to ~ the show** verantwortlich sein ◆**run about** *vi see* **run around** ◆**run across** *vi* zufällig treffen; **to ~ across a problem** auf ein Problem stoßen ◆**run after** *vi* hinterherlaufen ◆**run along** *vi* (*fam*) **~!** troll dich! ◆**run around** *vi* ① (*bustle*) herumrennen *fam* ② (*run freely*) herumlaufen ③ (*spend time with*) ■ **to ~ around with sb** sich mit jdm herumtreiben *fam* ◆**run away** *vi* of *person* weglaufen; *liquid* abfließen; ■ **to ~ away from sb** jdn verlassen; **to ~ away from home** von zu Hause weglaufen; **to ~ away together** gemeinsam durchbrennen *fam* ◆**run down I.** *vt* ① (*fam: criticize*) runtermachen ② BRIT (*reduce*) reduzieren; *production* drosseln; *supplies* einschränken ③ (*hit*) überfahren; *boat* rammen ④ (*exhaust*) ■ **to ~ oneself down** sich auslaugen *fam*; **to ~ down a car battery** eine Autobatterie völlig leer machen **II.** *vi* ① BRIT (*become reduced*) reduziert werden ② (*lose power*) *battery* leer werden ◆**run in** *vt* ① (*fam: arrest*) einlochen ② BRIT, AUS (*break in*) *engine, car* einfahren ◆**run into** *vi* ① (*hit*) ■ **to ~ into sb/sth** in jdn/ etw hineinrennen; **he ran into a tree on his motorbike** er fuhr mit seinem Motorrad gegen einen Baum ② (*bump into*) ■ **to ~ into sb** jdm über den Weg laufen; ■ **to ~ into sth** (*fig*) auf etw *akk* stoßen; **to ~ into debt** sich in Schulden stürzen; **to ~ into difficulties** auf Schwierigkeiten stoßen; **to ~ into bad weather** in schlechtes Wetter geraten ③ (*reach*) **the repairs will probably ~ into thousands of pounds** die Reparaturen werden sich wahrscheinlich auf Tausende von Pfund belaufen ◆**run off** *vi* ① (*fam: leave*) abhauen; ■ **to ~ off with sb/sth** mit jdm/ etw durchbrennen ② (*branch off*) *path, track*

abbiegen ③ (*drain*) *liquid* ablaufen ◆**run on** *vi* ① (*continue talking*) weiterreden; (*continue*) **the game ran on for too long** das Spiel zog sich zu lange hin ② (*pass by*) *time* vergehen ③ (*power with*) ■ **to ~ on sth** mit etw *dat* betrieben werden ◆**run over I.** *vt* überfahren **II.** *vi* ① (*exceed*) **to ~ over time** überziehen ② (*overflow*) *water, bath, sink* überlaufen ③ (*review*) durchgehen ◆**run out** *vi* ① (*finish*) auslaufen; **the milk has ~ out** die Milch ist alle; **time/money is ~ning out** die Zeit/das Geld wird knapp ② (*expire*) *passport* ablaufen; *licence* auslaufen ③ (*leave*) ■ **to ~ out on sb** jdn verlassen ◆**run through I.** *vt* ■ **to ~ sb through** jdn durchbohren **II.** *vi* ① (*examine*) ■ **to ~ through sth** etw durchgehen ② (*practise*) durchspielen ③ (*spend, consume*) verbrauchen; (*use*) benutzen ◆**run up I.** *vt* ① (*increase*) **to ~ up a debt** Schulden machen ② (*produce*) **to ~ up a dress** ein Kleid nähen **II.** *vi* **to ~ up against opposition/ problems** auf Widerstand/Probleme stoßen

'run·about *n* (*car*) [kleiner] Stadtflitzer *fam*

'run·around *n no pl* (*fig*) **to get the ~** im Dunkeln gelassen werden; **to give sb the ~** jdm keine klare Auskunft geben

'run·a·way I. *adj attr* ① (*out of control*) *economy, vehicle* außer Kontrolle geraten; *prices* galoppierend ② (*escaped*) *animal, prisoner* entlaufen; *horse* durchgegangen; *criminal* flüchtig ③ (*enormous*) **~ success** Riesenerfolg *m fam* **II.** *n* Ausreißer(in) *m(f) fam*

'run·down I. *n* [ˈrʌndaʊn] ① (*report*) zusammenfassender Bericht ② *no pl* (*reduction*) Kürzung *f* **II.** [ˌrʌnˈdaʊn] ① (*dilapidated*) verwahrlost, heruntergekommen *fam*; *building* baufällig ② (*worn out*) abgespannt

rune [ruːn] *n* ① (*letter*) Rune *f* ② (*mark*) Geheimzeichen *nt* ③ (*charm*) Zauberwort *nt*

rung[1] [rʌŋ] *n* (*of ladder*) Sprosse *f*; (*fig*) Stufe *f*

rung[2] [rʌŋ] *pp of* **ring**

'run·in [ˈrʌnɪn] *n* ① (*fam: argument*) Krach *m* ② (*prelude*) Vorlauf *m*

run·ner [ˈrʌnəʳ] *n* ① (*person*) Läufer(in) *m(f)*; (*horse*) Rennpferd *nt* ② AUS (*plimsoll*) Turnschuh *m* ③ (*messenger*) Bote(in) *m(f)* ④ BOT (*stem*) Ausläufer *m* ⑤ (*carpet*) Läufer *m*

run·ner 'bean *n* BRIT Stangenbohne *f*

run·ner-'up *n* Zweite(r); **to be the ~** den zweiten Platz belegen

run·ning [ˈrʌnɪŋ] **I.** *n no pl* ① (*not walking*) Laufen *nt*, Rennen *nt* ② (*management*) *of a business* Leitung *f*; *of a machine* Bedienung *f*, Überwachung *f* ▶ **to be in/out of the ~** (*as* *a competitor*) mit/nicht mit im Rennen sein; (*as a candidate*) noch/nicht mehr mit im Rennen sein **II.** *adj* ❶ *after n* (*in a row*) nacheinander *nach n*, hintereinander *nach n* ❷ (*ongoing*) [fort]laufend ❸ (*operating*) betriebsbereit ❹ *attr* (*flowing*) fließend

'run·ning back *n* FBALL Angriffsspieler(in) *m(f)* **'run·ning costs** *npl* Betriebskosten *pl*; *of a car* Unterhaltskosten *pl* **'run·ning or·der** *n* Sendefolge *f*

run·ny ['rʌni] *adj nose* laufend *attr*; *jam, sauce* dünnflüssig

'run-off *n* ❶ (*in an election*) Stichwahl *f* ❷ (*in a race*) Entscheidungslauf *m*, Entscheidungsrennen *nt* ❸ (*of rainfall*) Abfluss *m*; (*of a blast furnace*) Abstich *m*

run-of-the-'mill *adj* durchschnittlich, mittelmäßig

runt [rʌnt] *n* ❶ (*animal*) *of a litter* zurückgebliebenes Jungtier; (*cattle*) Zwergrind *nt* ❷ (*pej sl: person*) Wicht *m*

'run-through *n* ❶ (*examination*) Durchgehen *nt*, Überfliegen *nt* ❷ (*outline*) kurze Zusammenfassung, Kurzbericht *m* ❸ THEAT Durchlaufprobe *f*

'run-up *n* ❶ SPORTS Anlauf *m* [zum Absprung] ❷ *esp* BRIT (*fig: prelude*) Vorlauf *m*, Endphase *f* der Vorbereitungszeit ❸ AM (*increase*) [An]steigen *nt*, Anziehen *nt*

'run·way *n* AVIAT Start- und Landebahn *f*; SPORTS Anlaufbahn *f*

rup·ture ['rʌptʃə*r*] **I.** *vi* zerreißen; *appendix* durchbrechen; *artery, blood vessel* platzen; *muscle* reißen; (*tear muscle*) sich *dat* einen Muskelriss zuziehen **II.** *vt* (*also fig*) zerreißen *a. fig*; **to ~ an artery/a blood vessel** eine Arterie/ein Blutgefäß zum Platzen bringen **III.** *n* (*also fig*) Zerreißen *nt a. fig*, Zerbrechen *nt a. fig*, Bruch *m a. fig*; *of an artery, blood vessel* Platzen *nt*; (*hernia*) Bruch *m*; (*torn muscle*) [Muskel]riss *m*

ru·ral ['rʊərəl] *adj* ländlich, Land-

ruse [ru:z] *n* List *f*

rush[1] [rʌʃ] *n* BOT Binse *f*

rush[2] [rʌʃ] **I.** *n* ❶ (*hurry*) Eile *f*; **slow down! what's the ~?** mach langsam! wozu die Eile?; **to be in a ~** in Eile sein; **to leave in a ~** sich eilig auf den Weg machen ❷ (*rapid movement*) Rasen *nt*, Ansturm *m*; (*press*) Gedränge *nt*, Gewühl *nt*; **I hate driving during the afternoon ~** ich hasse das Autofahren im nachmittäglichen Verkehrsgewühl ❸ (*also fig: surge*) Schwall *m*, Woge *f*; *of emotions* [plötzliche] Anwandlung, Anfall *m* ❹ (*migration*) **gold ~** Goldrausch *m* ❺ (*in Am football*) Durchstoßversuch *m* **II.** *vi* ❶ (*hurry*) eilen, hetzen; **stop ~ing!** hör auf zu hetzen!; **we ~ed to buy tickets for the show** wir besorgten uns umgehend Karten für die Show; **we shouldn't ~ to blame them** wir sollten sie nicht voreilig beschuldigen; ■ **to ~ about** herumhetzen; ■ **to ~ in** hineinstürmen; *water* hineinschießen; ■ **to ~ out** hinausstürzen; *water* herausschießen; ■ **to ~ towards sb** auf jdn zueilen; **to ~ up the hill/the stairs** den Berg/die Treppe hinaufeilen ❷ (*hurry into*) ■ **to ~ into sth** *decision, project* etw überstürzen ❸ (*in Am football*) einen Durchbruchsversuch unternehmen **III.** *vt* ❶ (*send quickly*) **she was ~ed to hospital** sie wurde auf schnellstem Weg ins Krankenhaus gebracht; **the United Nations has ~ed food to the famine zone** die Vereinten Nationen haben eilends Lebensmittel in die Hungerregion geschickt ❷ (*pressure*) ■ **to ~ sb [into sth]** jdn [zu etw *dat*] treiben; **don't ~ me!** dräng mich nicht! ❸ (*do hurriedly*) **to ~ one's food** hastig essen; **let's not ~ things** lass uns nichts überstürzen ♦ **rush at** *vi* [sich] stürzen auf +*akk* ♦ **rush out** *vt* COMM schnell auf den Markt bringen

'rush hour *n* Hauptverkehrszeit *f* **rush 'or·der** *n* Eilauftrag *m*

rusk [rʌsk] *n* Zwieback *m*

rus·set ['rʌsɪt] **I.** *n* (*apple*) Boskop *m* **II.** *adj* (*esp liter*) rotbraun, gelbbraun **III.** *n no pl* Rotbraun *nt*, Gelbbraun *nt*

Rus·sia ['rʌʃə] *n* Russland *nt*

Rus·sian ['rʌʃ*ə*n] **I.** *adj* russisch **II.** *n* ❶ (*person*) Russe(in) *m(f)* ❷ (*language*) Russisch *nt*

rust [rʌst] **I.** *n no pl* (*decay*) Rost *m* ❷ (*colour*) Rostbraun *nt* ❸ BOT, HORT Rost *m*, Brand *m* **II.** *vi* rosten; ■ **to ~ away/through** ver-/durchrosten **III.** *vt* rostig machen; (*fig*) einrosten lassen

'rust-col·oured *adj*, AM **'rust-col·ored** *adj* rostfarben

rus·tic ['rʌstɪk] *adj* ❶ (*of the country*) ländlich, rustikal ❷ (*simple*) grob [zusammen]gezimmert; (*fig*) schlicht, einfach

rus·tle ['rʌsl] **I.** *vi leaves, paper* rascheln; *silk* rauschen, knistern **II.** *vt* ❶ (*make noise*) **to ~ paper** mit Papier rascheln ❷ *esp* AM, AUS (*steal*) *cattle, horses* stehlen **III.** *n of paper, leaves* Rascheln *nt*; *of silk* Knistern *nt*

rus·tler ['rʌslə*r*] *n esp* AM, AUS Viehdieb(in) *m(f)*

'rust-proof I. *adj* rostbeständig; **~ paint** Rostschutzfarbe *f* **II.** *vt* rostbeständig machen

rusty ['rʌsti] *adj* ❶ (*covered in rust*) rostig, verrostet ❷ (*fig: out of practice*) eingerostet; **my Russian is a bit ~** ich bin mit meinem Russisch etwas aus der Übung

rut¹ [rʌt] n (track) [Rad]spur f; [Wagen]spur f; (furrow) Furche f; (fig) Trott m ▶ **to be [stuck] in a ~** in einen [immer gleichen] Trott geraten sein

rut² [rʌt] n no pl ZOOL Brunst f; HUNT Brunft f

ru·ta·ba·ga [ˌruːtəˈbeɪgə] n AM BOT Steckrübe f

ruth·less [ˈruːθləs] adj action, behaviour rücksichtslos, skrupellos; criticism schonungslos; decision, measure hart; dictatorship erbarmungslos; treatment mitleid[s]los

ruth·less·ness [ˈruːθləsnəs] n no pl of a person Unbarmherzigkeit f, Erbarmungslosigkeit f; of sb's behaviour Rücksichtslosigkeit f; of an action Skrupellosigkeit f

RV [ˌɑːˈviː] n AM abbrev of **recreational vehicle**

rye [raɪ] n no pl Roggen m; **~ [bread]** Roggenbrot nt; **~ [whiskey]** Roggenwhiskey m

S s

S <pl -'s or -s>, **s** <pl -'s> [es] n S nt, s nt; see also **A 1**

S n no pl, adj ❶ GEOG abbrev of **south, southern** S ❷ FASHION abbrev of **small** S

s <pl -> abbrev of **second** s, sek., Sek.

Sab·bath [ˈsæbəθ] n Sabbat m

sab·bat·i·cal [səˈbætɪkəl] I. n UNIV [einjährige] Freistellung, Sabbatjahr nt II. adj ❶ REL Sabbat- ❷ UNIV **~ term** Forschungssemester nt

sa·ber n AM see **sabre**

sa·ble [ˈseɪbl] n no pl ❶ ZOOL Zobel m; (marten) [Fichten]marder m ❷ (fur) Zobelfell nt ❸ (clothing) Zobelpelz m

sab·o·tage [ˈsæbətɑːʒ] I. vt efforts, plan sabotieren; **to ~ sb's chances of success** jds Erfolgsaussichten zunichtemachen II. n Sabotage f; **act of ~** Sabotageakt m; **economic/industrial ~** Wirtschafts-/Industriesabotage f

sab·o·teur [ˌsæbəˈtɜːʳ] n Saboteur(in) m(f)

sa·bre [ˈseɪbəʳ] I. n esp BRIT, AUS ❶ (sword) Säbel m ❷ SPORTS Säbel m II. adj SPORTS Säbel-

ˈsa·bre-rat·tling n (pej) Säbelrasseln nt

sac [sæk] n BOT, ZOOL Beutel m; **air ~** Luftsack m; **amniotic ~** Fruchtblase f

sac·cha·rin [ˈsækərɪn] n no pl Süßstoff m

sac·cha·rine [ˈsækəraɪn, -ɪn] adj Saccharin-, (fig, pej) süßlich

sa·chet [ˈsæʃeɪ] n [kleiner] Beutel; **~ of sugar** Zuckertütchen nt

sack¹ [sæk] I. n ❶ (bag) Beutel m, Tüte f ❷ no pl AM, AUS (fam: bed) **to hit the ~** sich in die Falle hauen fam ❸ no pl (dismissal) Laufpass m fam; **to get the ~** rausgeschmissen werden; **to give sb the ~** jdn rausschmeißen fam II. vt rausschmeißen fam

sack² [sæk] I. n no pl Plünderung f II. vt plündern

ˈsack·cloth n no pl Sackleinen nt **ˈsack·ful** n Sack m kein pl **ˈsack·ing** [ˈsækɪŋ] n ❶ no pl (material) Sackleinen nt ❷ (dismissal) Entlassung f ❸ (looting) Plünderung f **ˈsack race** n Sackhüpfen nt

sac·ra·ment [ˈsækrəmənt] n REL Sakrament nt; ▪ **the ~** (in Roman Catholic Church) die [heilige] Kommunion; (in Protestant Church) das [heilige] Abendmahl

sac·ra·men·tal [ˌsækrəˈməntəl] adj sakramental; **~ wine** liturgisch geweihter Wein; (in Roman Catholic Church) Messwein m

sa·cred [ˈseɪkrɪd] adj ❶ (holy) place heilig; tradition geheiligt ❷ (pertaining to religion) poetry, music geistlich ❸ (venerable) ehrwürdig ❹ (solemnly binding) duty heilig; **~ promise** feierliches Versprechen ❺ (inviolable) right unverletzlich ❻ (also hum: sacrosanct) heilig **a. hum,** unantastbar

sac·ri·fice [ˈsækrɪfaɪs] I. vt ❶ (kill) opfern ❷ (give up) opfern, aufgeben II. vi **to ~ to the gods** den Göttern Opfer bringen III. n ❶ (offering to a god) Opfer nt ❷ (sth given up) Opfer nt; **at great personal ~** unter großem persönlichen Verzicht ▶ **to make the ultimate ~ for sb/sth** für jdn/etw das höchste Opfer bringen

sac·ri·lege [ˈsækrɪlɪdʒ] n Sakrileg nt geh; (fig) Verbrechen nt

sac·ri·le·gious [ˌsækrɪˈlɪdʒəs] adj frevelhaft; (fig) verwerflich; **~ act** frevelhafte Tat

sac·ris·ty [ˈsækrɪsti] n Sakristei f

sac·ro·sanct [ˈsækrə(ʊ)sæŋ(k)t] adj (esp hum) sakrosankt geh; right, treaty unverletzlich; **my weekends are ~** meine Wochenenden sind mir heilig

sa·crum [ˈseɪkrəm] n Kreuzbein nt

SAD [ˌeserˈdiː] n abbrev of **seasonal affective disorder** Winterdepression f

sad <-dd-> [sæd] adj ❶ (unhappy) traurig; **to look ~** betrübt aussehen; **to make sb ~** jdn betrüben [o traurig machen] ❷ (unsatisfactory) traurig, bedauerlich ❸ (depressing) news traurig; incident betrüblich; weather trist ❹ (deplorable) bedauernswert, beklagenswert; (hum, pej) jämmerlich, erbärmlich, elend; **give those flowers some water — they're looking a bit ~** gib den Blumen da etwas Wasser – sie sehen etwas mitgenommen aus; **what a ~ person — still liv-**

sadness and disappointment

expressing sadness | Traurigkeit ausdrücken

expressing sadness	Traurigkeit ausdrücken
It upsets me that we don't get on.	Ich finde es sehr schade, dass wir uns nicht verstehen.
It's such a shame he lets himself go like that.	Es ist so schade/traurig, dass er sich derart gehen lässt.
I find these events very depressing.	Ich finde diese Ereignisse **sehr deprimierend**.

expressing disappointment | Enttäuschung ausdrücken

expressing disappointment	Enttäuschung ausdrücken
I am (very) disappointed at/by/with his reaction.	Seine Reaktion hat mich (sehr) enttäuscht.
You have (deeply) disappointed me.	Sie haben/Du hast mich (schwer) enttäuscht.
I wouldn't have expected that of her.	Das hätte ich von ihr nicht erwartet.
It's not what I hoped for.	Ich hätte mir etwas anderes gewünscht.

expressing dismay | Bestürzung ausdrücken

expressing dismay	Bestürzung ausdrücken
That's unbelievable!	Das ist ja unglaublich/nicht zu fassen!
That's outrageous!	Das ist ja ungeheuerlich!
That's the limit!	Das ist ja wohl die Höhe!
You cannot be serious!	Das kann doch nicht Ihr/dein Ernst sein!
I don't believe it!	Ich fass es nicht!
That can't (possibly) be true!	Das kann (doch wohl) nicht wahr sein!

ing with his parents at the age of **45** was für ein Jammerlappen – lebt mit 45 Jahren immer noch bei seinen Eltern

sad·den ['sædªn] *vt usu passive* traurig machen; **to be deeply ~ed** tieftraurig sein

sad·dle ['sædl] **I.** *n* ❶ (*seat*) Sattel *m*; **to be in the ~** (*riding*) im Sattel sein; (*fig: in charge*) im Amt sein ❷ FOOD Rücken *m* ❸ GEOG [Berg]sattel *m* **II.** *vt* ❶ (*put saddle on*) satteln ❷ (*fam: burden*) ▪ **to ~ sb/oneself with sth** jdm/sich etw aufhalsen; **to be ~d with sth** etw am Hals haben

'**sad·dle-bag** *n* Satteltasche *f*

sad·dler ['sædlə'] *n* Sattler *m*

'**sad·dle-sore** *adj horse* [am Rücken] wund gerieben; *rider* wund geritten

sad·ism ['seɪdɪzªm] *n no pl* Sadismus *m*

sad·ist ['seɪdɪst] *n* Sadist(in) *m(f)*

sa·dis·tic [sə'dɪstɪk] *adj* sadistisch

sad·ly ['sædli] *adv* ❶ (*unhappily*) traurig, bekümmert ❷ (*regrettably*) bedauerlicherweise, leider ❸ (*badly*) arg ❹ (*completely*) völlig; **to be ~ mistaken** völlig daneben liegen *fam*

sad·ness ['sædnəs] *n no pl* Traurigkeit *f* (**about/at** über)

sae *n*, **SAE** [ˌeseɪ'iː] *n abbrev of* **stamped addressed envelope** frankierter Rückumschlag

sa·fa·ri [sə'fɑːri] *n* Safari *f*

sa·'fa·ri park *n* Safaripark *m*

safe [seɪf] **I.** *adj* ❶ (*secure*) sicher; **~ journey!** gute Reise! ❷ (*protected*) sicher; **your secret's ~ with me** bei mir ist dein Geheimnis sicher aufgehoben; **to keep sth in a ~ place** etw sicher aufbewahren; **to feel ~** sich sicher fühlen ❸ (*certain*) [relativ] sicher; **it's a ~ bet that ...** man kann davon ausgehen, dass ... ❹ (*avoiding risk*) vorsichtig; **to make the ~ choice** auf Nummer Sicher gehen *fam*; **~ driver** vorsichtiger Fahrer/vorsichtige Fahrerin; **~ play** Spiel *nt* auf Sicherheit

⑤ *(dependable)* verlässlich, zuverlässig ▶ **to be in ~ hands** in guten Händen sein; **to be as ~ as** <u>houses</u> BRIT bombensicher sein *fam*; [just] **to be on the ~** <u>side</u> [nur] zur Sicherheit; **it is** <u>better</u> **to be ~ than sorry** *(prov)* Vorsicht ist besser als Nachsicht; **~ and** <u>sound</u> gesund und wohlbehalten; **to play it ~** auf Nummer Sicher gehen *fam* **II.** *n* Tresor *m*, Safe *m*

safe-de·pos·it box *n* Tresorfach *nt*, [Bank]schließfach *nt* **'safe·guard** ['seɪfɡɑːd] **I.** *vt (form)* schützen (**against** vor); **to ~ sb's interests/rights** jds Interessen/Rechte wahren **II.** *n* Schutz *m* (**against** vor), Vorsichtsmaßnahme *f* (**against** gegen); TECH Sicherung *f* (**against** gegen) **safe·'keep·ing** *n no pl* [sichere] Aufbewahrung; **to be in sb's ~** in jds Gewahrsam sein

safe·ly ['seɪfli] *adv* ① *(securely)* sicher; **the bomb was ~ defused** die Bombe wurde gefahrlos entschärft; **you can ~ take six tablets a day** Sie können bedenkenlos sechs Tabletten täglich einnehmen ② *(avoiding risk)* vorsichtig; **drive ~!** fahr vorsichtig! ③ *(without harm)* person wohlbehalten; *object* heil; **the parcel arrived ~** das Paket kam heil an; **to land ~** sicher landen *(with some certainty)* mit ziemlicher Sicherheit

safe 'sex *n no pl* Safer Sex *m*

safe·ty ['seɪfti] *n no pl* ① *(condition of being safe)* Sicherheit *f*; **place of ~** sicherer Ort; **to guarantee sb's ~** für jds Sicherheit garantieren; **for ~'s** <u>sake</u>] sicherheitshalber, aus Sicherheitsgründen ② *(freedom from harm)* Sicherheit *f*; *of a medicine* Unbedenklichkeit *f* ③ *(safety catch)* of a gun Sicherung *f* ▶ **there's ~ in** <u>numbers</u> *(saying)* in der Gruppe ist man sicherer

'safe·ty belt *n* Sicherheitsgurt *m*; NAUT Rettungsgürtel *m* **'safe·ty catch** *n* Sicherung *f*; **is the ~ on?** ist die Waffe gesichert? **'safe·ty cur·tain** *n* THEAT eiserner Vorhang **'safe·ty glass** *n no pl* Sicherheitsglas *nt* **'safe·ty mar·gin** *n* Sicherheitsabstand *m*; ECON, STOCKEX Sicherheitsmarge *f* **'safe·ty mea·sures** *npl* Sicherheitsmaßnahmen *pl* **'safe·ty net** *n* ① *(protective net)* Sicherheitsnetz *nt* ② *(fig)* soziales Netz **'safe·ty pin** *n* ① *(covered pin)* Sicherheitsnadel *f* ② *(on grenade)* Sicherungssplint *m* ③ NAUT Sicherungsbolzen *m* **'safe·ty ra·zor** *n* Rasierapparat *m* **'safe·ty regu·la·tions** *npl* Sicherheitsvorschriften *pl* **'safe·ty valve** *n* Sicherheitsventil *nt*

saf·fron ['sæfrən] **I.** *n no pl* Safran *m* **II.** *adj* safrangelb

sag [sæg] **I.** *vi* <-gg-> ① *(droop)* [herab]hängen; *bed, roof, rope* durchhängen ② *(weaken) courage* sinken; **her spirits ~ged** ihre Stimmung wurde gedrückt ③ *(decline)* nachgeben; *support* nachlassen **II.** *n no pl* ① *(droop)* Durchhängen *nt* ② *(fall)* [Ab]sinken *nt*, Abschwächung *f*

saga ['sɑːɡə] *n* ① LIT *(medieval story)* Saga *f*; *(long family novel)* Familienroman *m* ② *(pej: long involved story)* Geschichte *f*

sa·ga·cious [sə'ɡeɪʃəs] *adj (form)* gescheit; *remark* scharfsinnig

sa·gac·ity [sə'ɡæsəti] *n no pl (form)* Scharfsinn *m*

sage [seɪdʒ] *n no pl* Salbei *m*

Sag·it·ta·rius [ˌsædʒɪ'teəriəs] *n* ASTROL Schütze *m*

said [sed] **I.** *pp, pt of* **say II.** *adj attr* LAW besagt; **where were you on the ~ evening?** wo waren Sie an besagtem Abend?

sail [seɪl] **I.** *n* ① *no pl (journey)* [Segel]törn *m* ② *(material)* Segel *nt*; **to hoist/lower the ~s** die Segel setzen/einholen ③ *(of windmill)* Flügel *m* ▶ **to** <u>set</u> **~ in** See stechen **II.** *vi* ① *(by ship)* fahren, reisen; *(by yacht)* segeln; **to ~ around the world** die Welt umsegeln ② *(start voyage)* auslaufen ③ *(move effortlessly)* gleiten; **the ball ~ed over the wall** der Ball segelte über die Mauer *fam* ④ *(do easily)* ■ **to ~ through sth** etw mit Leichtigkeit schaffen; **I ~ed through my first pregnancy** bei meiner ersten Schwangerschaft verlief alles glatt ▶ **to ~ close to the** <u>wind</u> sich hart an der Grenze des Erlaubten bewegen; **to ~ against the** <u>wind</u> Wind von vorn bekommen **III.** *vt* ① *(navigate) ship* steuern; *yacht* segeln ② *(travel)* **to ~ the Pacific** den Pazifik befahren

'sail·board *n* Surfbrett *nt* **'sail·boat** *n* AM Segelboot *nt*

sail·ing ['seɪlɪŋ] *n* ① *(going for a sail)* Segeln *nt* ② SPORTS Segelsport *m*, Segeln *nt* ③ *(departure)* Abfahrt *f*

'sail·ing boat *n* BRIT, AUS Segelboot *nt* **'sail·ing ship** *n*, **'sail·ing ves·sel** *n* Segelschiff *nt*

sail·or ['seɪlə'] *n* ① *(member of ship's crew)* Matrose *m*, Seemann *m* ② *(person who sails)* Segler(in) *m/f*

'sail·or suit *n* Matrosenanzug *m*

saint [seɪnt, s*ə*nt] *n* ① *(holy person)* Heilige(r) *f/m*; **to make sb a ~** jdn heiligsprechen; **S~ Peter** der heilige Petrus; **S~ Paul's Cathedral** Paulskathedrale *f* ② *(fam: very good person)* Heilige(r) *f/m*; **to be no ~** *(hum)* nicht gerade ein Heiliger/eine Heilige sein

saint·ed ['seɪntɪd] *adj* ① *(canonized)* heiliggesprochen ② *(holy)* geheiligt; *place* geweiht ③ *(dead)* selig **saint·li·ness** ['seɪntlinəs] *n*

no pl Heiligkeit *f* **saint·ly** ['seɪntli] *adj* heilig, fromm
'saint's day *n* Heiligenfest *nt*
sake[1] [seɪk] *n* ❶ (*purpose*) **for the ~ of sth** um einer S. *gen* willen; **for the ~ of peace** um des [lieben] Friedens willen ❷ (*benefit*) **for sb's ~** jdm zuliebe; **I hope for both of our ~s that you're right!** ich hoffe für uns beide, dass du Recht hast; **to stay together for the ~ of the children** der Kinder wegen zusammenbleiben ▸ **for Christ's** [*or* **God's**] **~** (*pej! fam!*) Himmelherrgott noch mal!; *sl;* **for goodness** [*or* **heaven's**] **~** um Gottes [*o* Himmels] willen
sake[2] ['sɑːki] *n* Sake *m*
sal·able ['seɪləbl] *adj esp* AM (*saleable*) verkäuflich
sa·la·cious [sə'leɪʃəs] *adj* (*pej*) *joke, poem* obszön; *comment* anzüglich; *person* geil
sal·ad ['sæləd] *n* Salat *m*
'sal·ad bowl *n* Salatschüssel *f* **'sal·ad cream** *n* BRIT [Salat]mayonnaise *f* **'sal·ad dress·ing** *n* Dressing *nt*
sa·la·mi [sə'lɑːmi] *n* Salami *f*
sal am·mo·ni·ac [ˌsæləˈməʊniæk] *n* Ammoniaksalz *nt*
sala·ried ['sælərid] *adj* bezahlt; **~ employee** Gehaltsempfänger(in) *m(f)*; **~ post** Stelle *f* mit festem Gehalt
sala·ry ['sæləri] *n* Gehalt *nt;* **annual ~** Jahresgehalt *nt;* **to raise sb's ~** jds Gehalt erhöhen
'sala·ry cut *n* Gehaltskürzung *f* **'sala·ry scale** *n* Gehaltsskala *f*
sale [seɪl] *n* ❶ (*act of selling*) Verkauf *m;* **to make a ~** ein Verkaufsgeschäft abschließen; ■ **for ~** zu verkaufen; **to put sth up for ~** etw zum Verkauf anbieten ❷ (*amount sold*) Absatz *m;* **~s of cars were down/up this week** die Verkaufszahlen für Autos gingen diese Woche nach unten/oben ❸ (*at reduced prices*) Ausverkauf *m;* **to be in the** [*or* AM **on**] **~** im Angebot sein; ■ **the ~s** *pl* der Schlussverkauf *kein pl;* **clearance ~** Räumungsverkauf *m;* **in** [*or* **at**] **the January/summer ~s** im Winter-/Sommerschlussverkauf ❹ (*auction*) Auktion *f* ❺ *pl* (*department*) ■ **S~s** Verkaufsabteilung *f*
sale·able ['seɪləbl] *adj* verkäuflich; **to be easily/to not be very ~** sich gut/schlecht verkaufen **'sale price** *n* Verkaufspreis *m*
'sale·room *n esp* BRIT Auktionsraum *m*
'sales anal·y·sis *n* Verkaufsanalyse *f*
'sales as·sist·ant *n* BRIT, AUS Verkäufer(in) *m(f)* **'sales book** *n* Warenausgangsbuch *nt* **'sales cam·paign** *n* Verkaufskampagne *f* **'sales clerk** *n* AM Verkäufer(in) *m(f)* **'sales con·fer·ence** *n* Vertreterkonferenz *f* **'sales de·part·ment** *n* Verkaufsabteilung *f* **'sales di·rec·tor** *n* Verkaufsdirektor(in) *m(f)* **'sales drive** *n* Verkaufskampagne *f* **'sales ex·ec·u·tive** *n* Vertriebsleiter(in) *m(f)* **'sales fig·ures** *npl* Verkaufszahlen *pl* **'sales fore·cast** *n* Absatzprognose *f* **'sales·girl** *n* Verkäuferin *f* **'sales in·voice** *n* Verkaufsrechnung *f* **'sales·lady** *n* Verkäuferin *f* **'sales ledg·er** *n* Warenausgangsbuch *nt* **'sales lit·era·ture** *n* Verkaufsprospekte *pl* **'sales·man** *n* Verkäufer *m*, Handelsvertreter *m;* **door-to-door ~** Hausierer *m* **sales 'man·ag·er** *n* Verkaufsleiter(in) *m(f)* **'sales·man·ship** *n no pl* (*technique*) Verkaufstechnik *f*; (*skill*) Verkaufsgeschick *nt* **'sales·per·son** *n* Verkäufer(in) *m(f)* **'sales pitch** *n* ❶ (*high-pressure approach*) mit [allem] Nachdruck geführtes Verkaufsgespräch; **he's got a good ~** er führt ein Verkaufsgespräch rhetorisch geschickt ❷ (*specific approach*) Verkaufstaktik *f* **'sales re·ceipt** *n* Kassenzettel *m* **'sales rep** *n* (*fam*), **'sales rep·re·senta·tive** *n* Vertreter(in) *m(f)* **'sales·room** *n* Verkaufsraum *m;* (*auction*) Auktionsraum *m* **'sales talk** *n no pl* Verkaufsgespräch *nt* **'sales tax** *n no pl esp* AM Umsatzsteuer *f* **'sales·wom·an** *n* Verkäuferin *f*
sa·li·ent ['seɪliənt] *adj* ❶ (*important*) bedeutend; **the ~ facts** die wichtigsten Fakten; **the ~ points** die Hauptpunkte *pl* ❷ (*prominent*) herausragend
sa·line ['seɪlaɪn] **I.** *adj* salzig; **~ deposits** Salzablagerungen *pl* **II.** *n* Salzlösung *f*; MED Kochsalzlösung *f*
sa·li·va [sə'laɪvə] *n no pl* Speichel *m;* **~ test** Speichelprobe *f*
sali·vate ['sælɪveɪt] *vi* Speichel produzieren; **the thought of all that delicious food made me ~** beim Gedanken an all das köstliche Essen lief mir das Wasser im Mund zusammen
sal·low[1] <-er, -est *or* more ~, most ~> ['sæləʊ] *adj* blassgelb; *complexion* fahl; *skin* bleich
sal·low[2] ['sæləʊ] *n* BOT Salweide *f*
sal·ly ['sæli] **I.** *n* ❶ MIL **to make a ~** einen Ausfall machen ❷ (*excursion, attempt*) Ausflug *m*, Versuch *m* **II.** *vi* <-ie-> (*form, liter*) ■ **to ~ forth** [**to do sth**] aufbrechen[, um etw zu tun]
salm·on ['sæmən] **I.** *n* <*pl* - *or* -s> *no pl* Lachs *m;* **smoked ~** Räucherlachs *m* **II.** *adj* lachsfarben
sal·mo·nel·la [ˌsælməˈnelə] *n no pl* Salmonelle[n] *f*[*pl*]
'salm·on lad·der *n* Lachsleiter *f*
'salm·on trout *n* Lachsforelle *f*
sa·lon ['sæl5ː(ŋ)] *n* ❶ (*dated: reception*

room) Salon *m* ❷ (*establishment*) **beauty ~** Schönheitssalon *m*; **hairdressing ~** Frisiersalon *m*

sa·loon [səˈluːn] *n* ❶ BRIT (*car*) Limousine *f* ❷ *esp* AM (*dated: public bar*) Saloon *m*

sal·sa [ˈsælsə] *n no pl* ❶ (*spicy sauce*) Salsasoße *f* ❷ (*music*) Salsamusik *f*

sal·si·fy [ˈsælsɪfi] *n no pl* Haferwurz *f*; **black ~** Schwarzwurzel *f*

salt [sɔːlt] **I.** *n* ❶ *no pl* (*seasoning*) Salz *nt*; **a pinch of ~** eine Prise Salz ❷ (*chemical compound*) Salz *nt* ❸ (*granular substance*) Salz *nt*; **bath ~** Badesalz *nt* ▶ **the ~ of the earth** rechtschaffene Leute; REL das Salz der Erde *liter*; **to take sth with a grain of ~** etw mit Vorsicht genießen *fam*; **to rub ~ in sb's wound** Salz in jds Wunde streuen; **to be worth one's ~** sein Geld wert sein **II.** *vt* ❶ (*season food*) salzen ❷ (*sprinkle*) mit Salz bestreuen; **to ~ the roads** Salz [auf die Straßen] streuen

ˈ**salt cel·lar** *n* Salzstreuer *m* **salt ˈlake** *n* Salzsee *m* ˈ**salt mine** *n* Salzmine *f* ˈ**salt·shak·er** *n* AM, AUS Salzstreuer *m* ˈ**salt so·lu·tion** *n* Kochsalzlösung *f* **salt ˈwa·ter** *n no pl* Salzwasser *nt* ˈ**salt-wa·ter** *adj attr* Salzwasser-; **~ fish** Meeresfisch *m*; **~ lake** Salzsee *m*

salty [ˈsɔːlti] *adj* salzig

sa·lu·bri·ous [səˈluːbriəs] *adj* ❶ *place* vornehm ❷ (*healthy*) gesund

salu·tary [ˈsæljətəri] *adj* heilsam

salu·ta·tion [ˌsæljəˈteɪʃən] *n* ❶ (*dated form: greeting*) Gruß *m* ❷ (*in letter*) Anrede *f*

sa·lute [səˈluːt] **I.** *vt* ❶ (*form: greet*) grüßen; (*welcome*) begrüßen ❷ MIL ■ **to ~ sb** vor jdm salutieren ❸ (*praise*) ■ **to ~ sb** [**for sth**] jdn [für etw *akk*] würdigen **II.** *vi* MIL salutieren **III.** *n* ❶ (*gesture*) Gruß *m* ❷ MIL Salut *m*; **to give a ~** salutieren ❸ (*firing of guns*) Salut[schuss] *m*

sal·vage [ˈsælvɪdʒ] **I.** *vt* ❶ (*rescue*) *cargo* bergen ❷ (*preserve*) *reputation* wahren **II.** *n no pl* ❶ (*rescue*) Bergung *f* ❷ (*sth saved*) Bergungsgut *nt*

ˈ**sal·vage value** *n* Wert *m* der geretteten Sachen ˈ**sal·vage ves·sel** *n* Bergungsschiff *nt*

sal·va·tion [sælˈveɪʃən] *n no pl* ❶ (*rescue*) Rettung *f*; **to be beyond ~** nicht mehr zu retten sein ❷ (*sth that saves*) Rettung *f* ❸ REL Erlösung *f*

Sal·va·tion ˈArmy *n no pl* Heilsarmee *f*

salve [sælv] *n* ❶ (*ointment*) Heilsalbe *f* ❷ (*sth that soothes*) Linderung *f*

sal·ver [ˈsælvər] *n* (*form*) Tablett *nt*

sal·vo <*pl* -s *or* -es> [ˈsælvəʊ] *n* ❶ MIL Salve *f* ❷ (*verbal attack*) Salve *f* ❸ (*round of applause*) donnernder Applaus; **~ of laughter** Lachsalve *f*

SAM [sæm] *n* MIL *acr for* **surface-to-air missile** Boden-Luft-Rakete *f*

Sa·mar·i·tan [səˈmærɪtən] *n* ❶ (*kindly person*) Samariter(in) *m(f)*, barmherziger Mensch ❷ BRIT (*organization*) ■ **the ~s** *pl* die Telefonseelsorge *kein pl*

same [seɪm] **I.** *adj attr* ❶ (*exactly similar*) ■ **the ~ ...** der/die/das gleiche ...; (*identical*) der/die/dasselbe; **she's the ~ age as me** sie ist genauso alt wie ich; **it all amounts to the ~ thing** es läuft alles auf dasselbe hinaus; **~ difference** (*fam*) ein und dasselbe ❷ (*not another*) ■ **the ~ ...** der/die/das gleiche ...; **our teacher always wears the ~ pullover** unser Lehrer trägt stets denselben Pullover; **in the ~ breath** im gleichen [*o* selben] Atemzug; **at the ~ time** gleichzeitig, zur gleichen Zeit; (*nevertheless*) trotzdem; **by the ~ token** (*fig*) ebenso ❸ (*monotonous*) eintönig; **it's the ~ old story** es ist die alte Geschichte ▶ **to be in the ~ boat** im gleichen Boot sitzen; **lightning never strikes in the ~ place twice** (*saying*) der Blitz schlägt nicht zweimal an derselben Stelle ein **II.** *pron* ■ **the ~** der/die/dasselbe; **people say I look just the ~ as my sister** die Leute sagen, ich sähe genauso aus wie meine Schwester; **they realized that things would never be the same again** es wurde ihnen klar, dass nichts mehr so sein würde wie früher; **all the ~: men are all the ~** die Männer sind alle gleich; **it's all the ~ to me** das macht für mich keinen Unterschied; **to be one and the ~** ein und der-/die-/dasselbe sein ▶ **all the ~** trotzdem; **~ to you** danke, gleichfalls **III.** *adv* ■ **the ~** gleich; **these two machines are operated the ~** diese beiden Maschinen werden auf dieselbe Art bedient; **I feel just the ~ as you do** mir geht es genauso wie dir

same·ness [ˈseɪmnəs] *n no pl* (*identity*) Gleichheit *f*; (*uniformity*) Gleichförmigkeit *f*

Sa·moa [səˈməʊə] *n* Samoa *nt*

sam·ple [ˈsɑːmpl] **I.** *n* ❶ (*small quantity*) Probe *f*, Muster *nt*; MED Probe *f*; **blood/urine ~** Blut-/Urinprobe *f*; **fabric ~s** Stoffmuster *pl*; **~s of work** Arbeitsproben *pl*; **free ~** Gratisprobe *f* ❷ (*representative group*) *of people* Querschnitt *m*; *of things* Stichprobe *f* **II.** *vt* ❶ (*try*) [aus]probieren; *food* kosten, probieren ❷ (*survey*) stichprobenartig untersuchen ❸ MUS (*record*) mischen

ˈ**sam·ple book** *n* Musterheft *nt*

sam·pler [ˈsɑːmplər] *n* ❶ (*embroidery*) Stickmustertuch *nt* ❷ AM (*collection*) Probeset *nt* ❸ MUS (*recording equipment*) Mischpult *nt*

sam·pling ['sɑːmplɪŋ] *n* ❶ (*surveying*) Stichprobenerhebung *f* ❷ *no pl* (*testing*) stichprobenartige Untersuchung ❸ *no pl* MUS Mischen *nt*

sana·to·rium <*pl* -s *or* -ria> [ˌsænəˈtɔːriəm, *pl* -riə] *n* Sanatorium *nt*

sanc·ti·fy ['sæŋ(k)tɪfaɪ] *vt* ❶ REL (*consecrate*) weihen, heiligen *geh* ❷ REL (*divinely justify*) rechtfertigen ❸ (*form: sanction*) sanktionieren

sanc·ti·mo·ni·ous [ˌsæŋ(k)tɪˈməʊniəs] *adj* (*pej*) scheinheilig

sanc·tion ['sæŋ(k)ʃən] **I.** *n* ❶ *no pl* (*approval*) Sanktion *f geh*, Zustimmung *f* ❷ (*to enforce compliance*) Strafmaßnahme *f*; LAW, POL Sanktion *f*; **to impose/lift ~s** Sanktionen verhängen/aufheben **II.** *vt* ❶ (*allow*) sanktionieren *geh* ❷ (*impose penalty*) unter Strafe stellen

sanc·tity ['sæŋ(k)təti] *n no pl* ❶ REL Heiligkeit *f* ❷ (*inviolability*) Unantastbarkeit *f*

sanc·tu·ary ['sæŋ(k)tʃuəri] *n* ❶ (*holy place*) Heiligtum *nt*; (*near altar*) Altarraum *m* ❷ *no pl* (*refuge*) Zuflucht *f* ❸ (*peaceful haven*) Zufluchtsort *m* ❹ (*for animals*) Schutzgebiet *nt*; **wildlife ~** Wildschutzgebiet *nt*

sand [sænd] **I.** *n* ❶ *no pl* (*substance*) Sand *m*; **to be built on ~** (*fig*) idea, plan auf Sand gebaut sein ❷ (*expanse*) ▪ **~s** *pl* (*beach*) Sandstrand *m*; *of desert* Sand *m kein pl*; **sinking ~s** Treibsand *m* **II.** *vt* ❶ (*with sandpaper*) |ab|schmirgeln; (*smooth*) abschleifen ❷ (*sprinkle*) mit Sand bestreuen

san·dal ['sændəl] *n* Sandale *f*

'san·dal·wood *n no pl* Sandelholz *nt*

'sand·bag **I.** *n* Sandsack *m* **II.** *vt* <-gg-> ❶ (*protect*) mit Sandsäcken schützen ❷ (*hit*) niederschlagen **'sand·bank** *n* Sandbank *f* **'sand·bar** *n* [schmale] Sandbank **'sand·blast** *vt* sandstrahlen **'sand·box** *n* AM (*sandpit*) Sandkasten *m* **'sand·cas·tle** *n* Sandburg *f* **'sand dune** *n* Sanddüne *f* **'sand flea** *n* Sandfloh *m* **'sand·glass** *n* Sanduhr *f* **'sand mar·tin** *n* Uferschwalbe *f* **'sand·pa·per** **I.** *n no pl* Schmirgelpapier *nt* **II.** *vt* abschmirgeln **'sand·pip·er** *n* ORN Strandläufer *m* **'sand·pit** *n esp* BRIT Sandkasten *m* **'sand·shoe** *n* ❶ (*for beach*) Strandschuh *m* ❷ AUS (*sneaker*) Freizeitschuh *m* **'sand·stone** *n no pl* Sandstein *m* **'sand·storm** *n* Sandsturm *m*

sand·wich ['sænwɪdʒ] **I.** *n* <*pl* -es> Sandwich *m o nt*; sub|marine|~ AM Riesensandwich *m o nt fam* ▪ **to be one ~ short of a picnic** (*hum fam*) völlig übergeschnappt sein **II.** *vt* ❶ (*fit together*) aufeinanderschichten ❷ (*squeeze*) einklemmen; **on the train I was ~ed between two very large men** ich war im Zug eingequetscht zwischen zwei riesigen Männern eingequetscht

'sand·wich board *n* Reklametafel *f* (*mittels verbindendem Schulterriemen von einer Person auf Brust und Rücken als doppelseitiges Werbeplakat getragen*) **'sand·wich course** *n* BRIT UNIV *Ausbildung, bei der theoretische und praktische Abschnitte abwechseln*

sandy ['sændi] *adj* ❶ (*containing sand*) sandig ❷ *texture* körnig ❸ *colour* sandfarben

sane [seɪn] *adj* ❶ *person* geistig gesund; LAW zurechnungsfähig; **no ~ person would ...** niemand, der auch nur einigermaßen bei Verstand ist, würde ... ❷ *action* vernünftig

sang [sæŋ] *pt of* **sing**

san·guine ['sæŋgwɪn] *adj* ❶ (*form: hopeful*) zuversichtlich ❷ (*liter: blood-red*) blutrot

sani·ta·rium <*pl* -s *or* -ria> [ˌsænɪˈteəriəm] *n* AM Sanatorium *nt*

sani·tary ['sænɪtəri] *adj* ❶ (*relating to health conditions*) hygienisch; *installations* sanitär ❷ (*hygienic*) hygienisch

'sani·tary pad *n*, BRIT **'sani·tary tow·el** *n*, AM **'sani·tary nap·kin** *n* Damenbinde *f*

sani·ta·tion [ˌsænɪˈteɪʃən] *n no pl* ❶ (*health conditions*) Hygiene *f*; (*toilets*) sanitäre Anlagen ❷ (*water disposal*) Abwasserkanalisation *f*

san·ity ['sænəti] *n no pl* ❶ (*mental health*) gesunder Verstand; LAW Zurechnungsfähigkeit *f*; (*hum*) Verstand *m fam*; **to doubt sb's ~** an jds Verstand zweifeln; **to lose/preserve one's ~** seinen Verstand verlieren/bei Verstand bleiben ❷ (*sensibleness*) Vernünftigkeit *f*

sank [sæŋk] *pt of* **sink**

San·ta *n*, **San·ta Claus** [ˌsæntəˈklɔːz] *n no pl* (*Father Christmas*) Weihnachtsmann *m*; (*on December 6*) Nikolaus *m*

sap¹ [sæp] *n no pl* (*of tree*) Saft *m*

sap² [sæp] *vt* <-pp-> ❶ (*drain*) ▪ **to ~ sb of sth** jdm etw nehmen; **to ~ sb's energy** an jds Energie zehren ❷ (*undermine*) unterhöhlen

sap³ [sæp] *n* (*sl*) Trottel *m pej fam*

sap·ling ['sæplɪŋ] *n* junger Baum

sap·per ['sæpər] *n* MIL Pionier *m*; BRIT *Soldat der Royal Engineers*

sap·phire ['sæfaɪər] **I.** *n* Saphir *m* **II.** *adj* saphirfarben; **~ blue** saphirblau

sar·casm ['sɑːkæzəm] *n no pl* Sarkasmus *m* ▪ **~ is the lowest form of wit** (*saying*) Sarkasmus ist die niedrigste Form der Schlagfertigkeit

sar·cas·tic [sɑːˈkæstɪk] *adj* person, remark

sarcophagus–sauerkraut

sar·co·pha·gus <*pl* -es *or* -gi> [sɑːˈkɒfəgəs, *pl* -gaɪ] *n* Sarkophag *m*
sar·dine [sɑːˈdiːn] *n* Sardine *f*; **to be squashed like ~s** wie die Ölsardinen zusammengepfercht sein
Sar·di·nia [sɑːˈdɪnɪə] *n no pl* GEOG Sardinien *nt*
sar·don·ic [sɑːˈdɒnɪk] *adj* höhnisch; **a ~ smile** ein süffisantes Lächeln *geh*
sari [ˈsɑːri] *n* Sari *m*
SARS, Sars [sɑːz] *n no pl, no art* acr for *severe acute respiratory syndrome* SARS *kein art*
sar·to·rial [sɑːˈtɔːriəl] *adj attr* (*form: relating to clothing*) Kleidungs-; (*relating to tailoring*) Schneider-
SAS [ˌeseɪˈes] *n* BRIT MIL *abbrev of* **Special Air Service** Speziallufteinheit *f*
SASE [ˌeseɪesˈiː] *n* AM *abbrev of* **self-addressed stamped envelope** adressierter und frankierter Rückumschlag
sash[1] <*pl* -es> [sæʃ] *n* Schärpe *f*
sash[2] <*pl* -es> [sæʃ] *n* (*in windows*) Fensterrahmen *m*; (*in doors*) Türrahmen *m*
sash 'win·dow *n* Schiebefenster *nt*
sat [sæt] *pt, pp of* **sit**
Sa·tan [ˈseɪtən] *n no pl* Satan *m*
sa·tan·ic [səˈtænɪk] *adj* teuflisch; **~ cult/rite** Satanskult *m*/-ritus *m* **Sa·tan·ism** [ˈseɪtənɪzəm] *n no pl* Satanismus *m*
satch·el [ˈsætʃəl] *n* [Schul]ranzen *m*
sate [seɪt] *vt form* **to ~ one's desire/hunger** seine Begierde/seinen Hunger/ stillen
sat·el·lite [ˈsætəlaɪt] *n* ① ASTRON Trabant *m* ② AEROSP, TECH Satellit *m* ③ (*form: hanger-on*) Anhänger(in) *m(f)*
sat·el·lite 'broad·cast·ing *n no pl* Satellitenübertragung *f*; RADIO Satellitenfunk *m*; TV Satellitenfernsehen *nt* **'sat·el·lite dish** *n* Satellitenschüssel *f fam* **sat·el·lite 'state** *n* Satellitenstaat *m* **sat·el·lite 'tele·vi·sion** *n no pl* Satellitenfernsehen *nt* **'sat·el·lite town** *n* Trabantenstadt *f*
sa·ti·ate [ˈseɪʃieɪt] *vt usu passive* curiosity, hunger, thirst stillen; demand befriedigen
sa·ti·ety [səˈtaɪəti] *n no pl* (*form*) Sättigung *f*
sat·in [ˈsætɪn] *n* Satin *m*
sat·ire [ˈsætaɪər] *n* LIT Satire *f*
sa·tir·i·cal [səˈtɪrɪkəl] *adj* literature, film satirisch; (*mocking, joking*) ironisch
sat·i·rist [ˈsætɪrɪst] *n* Satiriker(in) *m(f)*
sat·i·rize [ˈsætɪraɪz] *vt* satirisch darstellen
sat·is·fac·tion [ˌsætɪsˈfækʃən] *n no pl* ① (*fulfilment*) Zufriedenheit *f*; **sb derives ~ from** [doing] **sth** etw bereitet jdm [große] Befriedigung ② (*sth producing fulfilment*) Genugtuung *f geh*; **to my great ~** zu meiner großen Genugtuung ③ (*state of being convinced*) Zufriedenheit *f*; ▪ **to the ~ of sb** zu jds Zufriedenheit
sat·is·fac·tory [ˌsætɪsˈfæktəri] *adj* befriedigend; UNIV, SCH ≈ befriedigend; MED zufriedenstellend
sat·is·fy <-ie-> [ˈsætɪsfaɪ] **I.** *vt* ① (*meet needs*) zufriedenstellen; curiosity, need befriedigen ② (*fulfil*) demand befriedigen; requirements genügen ③ (*comply with*) condition, requirement erfüllen ④ (*convince*) ▪ **to ~ sb that ...** jdn überzeugen, dass ... ▶ **to ~ the examiners** BRIT SCH, UNIV (*form*) eine Prüfung bestehen **II.** *vi* (*form*) befriedigen
sat·is·fy·ing [ˈsætɪsfaɪɪŋ] *adj* zufriedenstellend, befriedigend
sat·su·ma [ˌsætˈsuːmə] *n* Satsuma *f*
sat·u·rate [ˈsætʃəreɪt] *vt* ① (*make wet*) ▪ **to be ~d** [**with sth**] [von etw *dat*] durchnässt sein ② (*fill to capacity*) [völlig] auslasten; CHEM sättigen ③ (*over-supply*) market sättigen ④ (*imbue*) ▪ **to be ~d in tradition** der Tradition verhaftet sein
sat·u·ra·tion [ˌsætʃəˈreɪʃən] *n no pl* CHEM, ECON Sättigung *f*
satu'ra·tion point *n* Sättigungspunkt *m*; **to reach ~** den Sättigungspunkt erreichen
Sat·ur·day [ˈsætədeɪ] *n* Samstag *m*, Sonnabend *m* NORDD; *see also* **Tuesday**
Sat·urn [ˈsætən] *n no pl* ASTRON Saturn *m*
sa·tyr [ˈsætər] *n* ① (*mythical figure*) Satyr *m* ② (*liter: man*) Satyr *m*, lüsterner Mann
sauce [sɔːs] **I.** *n* ① (*liquid*) Soße *f* ② (*of fruit*) **apple ~** Apfelmus *nt*, Apfelkompott *nt* ③ AM (*pej sl: alcohol*) Alkohol *m* ④ (*fam: impertinence*) Unverschämtheit *f* **II.** *vt* ① (*dated fam: be cheeky*) ▪ **to ~ sb** zu jdm frech sein ② (*fam: add interest*) ▪ **to ~ sth up** etw würzen *fig* ③ *usu passive* (*with sauce*) mit Soße servieren
'sauce·boat *n* Sauciere *f* **'sauce·pan** *n* Kochtopf *m*
sauc·er [ˈsɔːsər] *n* Untertasse *f*; **to have eyes like ~s** große Augen haben
sauci·ly [ˈsɔːsɪli] *adv* (*dated*) frech
sauci·ness [ˈsɔːsɪnəs] *n no pl* (*dated*) ① (*impertinence*) Frechheit *f* ② BRIT (*smuttiness*) Freizügigkeit *f*
saucy [ˈsɔːsi] *adj* ① (*impertinent*) frech ② BRIT (*pej: smutty*) freizügig; **~ underwear** Reizwäsche *f*
Saudi [ˈsaʊdi] **I.** *n* (*male*) Saudi[-Araber] *m*; (*female*) Saudi-Araberin *f* **II.** *adj* saudisch
Saudi A'ra·bia *n no pl* Saudi-Arabien *nt* **Saudi A'ra·bian I.** *n* Saudi-Araber(in) *m(f)* **II.** *adj* saudi-arabisch
sauer·kraut [ˈsaʊəkraʊt] *n no pl* Sauer-

kraut nt
sau·na ['zɔːnə, 'saʊnə] n ① (*facility*) Sauna f ② (*activity*) Saunagang m
saun·ter ['sɔːntəʳ] **I.** vi (*stroll*) bummeln fam; (*amble*) schlendern; **to ~ along** herumschlendern **II.** n usu sing Bummel m
sau·sage ['sɒsɪdʒ] n no pl Wurst f; (*small*) Würstchen nt
'sau·sage dog n BRIT (fam) Dackel m **'sau·sage meat** n no pl Wurstfüllung f **'sau·sage 'roll** n BRIT, AUS ≈ Würstchen nt im Schlafrock
sau·té ['səʊteɪ] **I.** vt <sautéed or sautéd> [kurz] [an]braten **II.** n (*in ballet*) Sauté n **III.** adj attr sautiert fachspr; **~ potatoes** Bratkartoffeln pl
sav·age ['sævɪdʒ] **I.** adj ① (*primitive*) wild ② (*fierce*) brutal ③ (*fam: mood*) **in a ~ mood** übel gelaunt **II.** n ① (*pej: barbarian*) Barbar(in) m(f) ② (*usu pej: primitive person*) Wilde(r) f(m) pej **III.** vt anfallen; (*fig*) attackieren
sav·age·ly ['sævɪdʒli] adv brutal **sav·age·ry** ['sævɪdʒəri] n no pl Brutalität f
sa·van·na(h) [sə'vænə] n Savanne f
save [seɪv] **I.** vt ① (*rescue*) retten (**from** vor); **to ~ the day** die Situation retten; **to ~ sb's life** jds Leben retten ② (*keep for future use*) aufheben; **to ~ money** Geld sparen ③ (*collect*) sammeln ④ (*avoid wasting*) sparen; **to ~ one's breath** sich dat seine Worte sparen; **to ~ one's energy/strength** seine Energie sparen/mit seinen Kräften haushalten; **to ~ time** Zeit sparen ⑤ (*reserve*) ■ **to ~ sb sth** jdm etw aufheben; **~ my seat — I'll be back in five minutes** halte meinen Platz frei – ich bin in fünf Minuten wieder da ⑥ (*spare from doing*) ■ **to ~ sb [doing] sth** jdm etw ersparen ⑦ COMPUT sichern, speichern ⑧ SPORTS **to ~ a goal** ein Tor verhindern; **to ~ a penalty kick** einen Strafstoß abwehren ▶ **to ~ sb's bacon** jds Hals retten; **to ~ face** das Gesicht wahren; **not to be able to do sth to ~ one's life** etw beim besten Willen nicht tun können; **a stitch in time ~s nine** (*prov*) was du heute kannst besorgen, das verschiebe nicht auf morgen prov **II.** vi ① (*keep money for the future*) sparen (**for** für); **I ~ with the Cooperative Bank** ich habe ein Sparkonto bei der Cooperative Bank ② (*conserve sth*) ■ **to ~ on sth** bei etw dat sparen **III.** n (*in football*) Abwehr f **IV.** prep (*form*) außer +dat; **they found all the documents ~ one** sie fanden alle Dokumente bis auf ein[e]s; ■ **~ for ...** außer +dat ...
sav·er ['seɪvəʳ] n ① (*person saving money*) Sparer(in) m(f); (*investor*) Anleger(in) m(f) ② (*train fare*) Sparticket nt

sav·ing ['seɪvɪŋ] **I.** n ① usu pl (*money*) Ersparte(s) nt kein pl; ■ **~s** pl Ersparnisse pl ② no pl (*result of economizing*) Ersparnis f; (*act*) Einsparung f ③ no pl (*rescue, preservation*) Rettung f **II.** adj rettend
'sav·ings ac·count ['seɪvɪŋz-] n Sparkonto nt
'sav·ings bank n Sparkasse, die nicht auf Profitbasis arbeitet und auch für kleine Einlagen Zinsen bietet **'sav·ings book** n Sparbuch nt **'sav·ings cer·tifi·cate** n BRIT Staatspapier nt **'sav·ings de·pos·it** n Einzahlung f **sav·iour** ['seɪvjəʳ] n, AM **sav·ior** n Retter(in) m(f); ■ **the S~** REL der Erlöser
sa·vour ['seɪvəʳ], AM **sa·vor** **I.** n ① (*taste*) Geschmack m ② (*quality*) Reiz m **II.** vt auskosten, genießen
sa·voury ['seɪv°ri], AM **sa·vory** **I.** adj ① (*not sweet*) pikant; (*salty*) salzig ② (*appetizing*) appetitanregend ③ (*socially acceptable*) **to have a ~ reputation** angesehen sein **II.** n BRIT [pikantes] Häppchen
sa·voy [sə'vɔɪ] n, **sa·voy cab·bage** n no pl Wirsing m
sav·vy ['sævi] **I.** adj (*fam: shrewd*) ausgebufft sl **II.** n no pl (*fam*) Köpfchen nt; (*practical knowledge*) Können nt
saw¹ [sɔː] pt of **see**
saw² [sɔː] **I.** n Säge f; **chain ~** Kettensäge f; **circular ~** Kreissäge f **II.** vt <-ed, sawn or esp AM -ed> [zer]sägen; **to ~ a tree down** einen Baum umsägen [o fällen] ▶ **to ~ wood** (*sl*) schnarchen, sägen fam **III.** vi ① (*operate a saw*) sägen ② (*pej: play stringed instrument*) ■ **to ~ at sth** auf etw dat [herum]sägen fam
'saw·dust n no pl Sägemehl nt
'sawed-off adj AM see **sawn-off**
'saw·mill n Sägemühle f
sawn [sɔːn] pp of **saw**
'sawn-off adj attr **~ shotgun** abgesägte Schrotflinte
Sax·on ['sæks°n] **I.** n ① (*hist: member of Germanic people*) [Angel]sachse, -sächsin m, f ② (*person*) Sachse, Sächsin m, f ③ no pl (*language*) Sächsisch nt **II.** adj ① (*of Saxony*) sächsisch ② (*hist: in England*) [angel]sächsisch
Saxo·ny ['sæks°ni] n no pl Sachsen nt
saxo·phone ['sæksəfəʊn] n Saxophon nt
sax·opho·nist ['sæksəfəʊnɪst] n Saxophonist(in) m(f)
say [seɪ] **I.** vt <said, said> ① (*utter*) sagen; **how do you ~ your name in Japanese?** wie spricht man deinen Namen auf Japanisch aus?; **I'm sorry, what did you ~?** Entschuldigung, was hast du gesagt?; **when all is said and done** letzten Endes ② (*state*) sa-

gen; **what did you ~ to him?** was hast du ihm gesagt?; **you can ~ that again!** (*fam*) das kannst du laut sagen; **to ~ goodbye to sb** sich von jdm verabschieden; **to ~ the least** um es [einmal] milde auszudrücken; **to ~ yes/no to sth** etw annehmen/ablehnen; **having said that, ...** abgesehen davon ❸ (*put into words*) sagen; **what are you ~ing, exactly?** was willst du eigentlich sagen?; **~ no more!** alles klar!; **to have a lot/nothing to ~** viel/nicht viel reden; **to ~ nothing of sth** ganz zu schweigen [*o* ganz abgesehen] von etw *dat* ❹ (*think*) **it is said [that] he's over 100** er soll über 100 Jahre alt sein ❺ (*recite aloud*) aufsagen; *prayer* sprechen ❻ (*give information*) sagen; **the sign ~s ...** auf dem Schild steht ...; **my watch ~s 3 o'clock** auf meiner Uhr ist es 3 [Uhr] ❼ (*convey inner/artistic meaning*) ausdrücken; **the look on his face said he knew what had happened** der Ausdruck auf seinem Gesicht machte deutlich, dass er wusste, was geschehen war ❽ (*fam: suggest*) vorschlagen; **what do you ~ we sell the car?** was hältst du davon, wenn wir das Auto verkaufen? ❾ (*tell, command*) ▪ **to ~ when/where etc.** sagen, wann/wo usw.; **to ~ when** sagen, wenn es genug ist ❿ (*for instance*) **[let's] ~ ...** sagen wir [mal] ...; (*assuming*) angenommen ▸ **to ~ cheese** 'cheese' sagen; **to be unable to ~ boo to a goose** ein Hasenfuß sein; **before sb could ~ Jack Robinson** bevor jd bis drei zählen konnte; **to ~ uncle** AM aufgeben; **you don't ~ [so]!** was du nicht sagst!; **you said it!** (*fam*) du sagst es! **II.** *vi* <said, said> ❶ (*state*) **where was he going? — he didn't ~** wo wollte er hin? – das hat er nicht gesagt; **I can't ~ for certain, but ...** ich kann es nicht mit Sicherheit behaupten, aber ...; **hard to ~** schwer zu sagen ❷ (*believe*) **is Spanish a difficult language to learn? — they ~ not** ist Spanisch schwer zu lernen? – angeblich nicht ❸ (*to be explicit*) **our friends, that is to ~ our son's friends** unsere Freunde, genauer gesagt, die Freunde unseres Sohnes; **that is not to ~** das soll nicht heißen **III.** *n no pl* Meinung *f*; **to have one's ~** seine Meinung sagen; **to have a/no ~ in sth** bei etw *dat* ein/kein Mitspracherecht haben **IV.** *adj attr* (*form*) ▪**the said ...** der/die/das erwähnte ... **V.** *interj* ❶ AM (*fam: to attract attention*) sag mal ...; ▸ **~, how about going out tonight?** sag mal, wie hältst du davon, wenn wir heute Abend ausgehen? ❷ (*fam: to express doubt*) **~s who?** wer sagt das? ❸ AM (*expresses positive reaction*) sag mal *fam;* ▸ **~, that's really a great idea!** Mensch, das ist ja echt eine tolle Idee! *fam*

say·ing ['seɪɪŋ] *n* ❶ *no pl* (*act*) Sprechen *nt;* **there's no ~ what ...** es lässt sich nicht sagen, was ...; **it goes without ~** es versteht sich von selbst ❷ (*adage*) Sprichwort *nt;* **as the ~ goes** wie es so schön heißt

'say-so *n no pl* (*approval*) Erlaubnis *f* ❷ (*assertion*) Behauptung *f*

scab [skæb] **I.** *n* ❶ *of wound* Kruste *f*, Schorf *m* ❷ (*pej fam: strike-breaker*) Streikbrecher(in) *m(f)* **II.** *vi* (*fam*) ❶ (*act as blackleg*) ein Streikbrecher/eine Streikbrecherin sein ❷ BRIT (*cadge*) schnorren *sl*

scab·bard ['skæbəd] *n* (*hist*) Schwert]scheide *f*

scab·by ['skæbi] *adj* ❶ (*having scabs*) schorfig ❷ (*pej fam: reprehensible*) schäbig

sca·bies ['skeɪbiːz] *n no pl* Krätze *f*

sca·brous ['skeɪbrəs] *adj* ❶ (*covered with scabs*) schorfig ❷ (*pej: unpleasant*) schäbig

scaf·fold ['skæfəʊld] **I.** *n* (*hist: for executions*) Schafott *nt* **II.** *vt* **to ~ a building** ein Gebäude mit einem Gerüst versehen

scaf·fold·ing ['skæfəldɪŋ] *n no pl* [Bau]gerüst *nt*

scala·wag ['skæləwæg] *n* AM (*scallywag*) Schlingel *m hum*

scald [skɔːld] **I.** *vt* ❶ (*burn*) verbrühen ❷ (*clean*) auskochen ❸ (*heat*) erhitzen; *fruit* dünsten; *milk* abkochen ▸ **like a ~ed cat** wie ein geölter Blitz **II.** *n* ❶ MED Verbrühung *f* ❷ HORT Brand *m kein pl*

scald·ing ['skɔːldɪŋ] *adj* ❶ *liquid* kochend ❷ (*extreme*) *criticism* scharfe Kritik

scale[1] [skeɪl] **I.** *n* ❶ (*on skin*) Schuppe *f* ❷ *no pl* (*mineral coating*) Ablagerung *f* ▸ **the ~s fall from sb's eyes** (*liter*) es fällt jdm wie Schuppen von den Augen **II.** *vt* ❶ (*remove scales*) abschuppen ❷ (*remove tartar*) **to ~ sb's teeth** bei jdm den Zahnstein entfernen **III.** *vi skin* sich schuppen; *paint* abblättern

scale[2] [skeɪl] *n* ❶ *usu pl* (*weighing device*) Waage *f*; **to tip the ~s [at sth]** [etw] auf die Waage bringen; **to tip the ~s** (*fig*) den [entscheidenden] Ausschlag geben ❷ ASTROL ▪**the ~s** *pl* Waage *f kein pl* ▸ **to throw sth into the ~** etw in die Waagschale werfen

scale[3] [skeɪl] **I.** *n* ❶ (*system of gradation*) Skala *f; of map* Maßstab *m;* **remuneration is on a sliding ~** die Bezahlung ist gestaffelt ❷ *no pl* ▪**to be to ~** *building, drawing* maßstab[s]getreu sein ❸ (*relative degree/extent*) Umfang *m*; **on a national ~** auf nationaler Ebene; **on a large/small ~** im großen/kleinen Rahmen ❹ *pl* (*size*) Ausmaß *nt* ❺ MUS Tonleiter *f* **II.** *vt* ❶ (*climb*) erklimmen *geh;* **to ~ a mountain** einen Berg besteigen ❷ TECH, ARCHIT maßstab[s]getreu zeichnen;

(*make*) maßstab[s]getreu anfertigen ◆ **scale down I.** *vt* reduzieren; ECON einschränken; (*make smaller in proportion*) [vom Maßstab her] verkleinern **II.** *vi* verkleinern

scale 'draw·ing *n* maßstab[s]getreue Zeichnung **scale 'mod·el** *n* maßstab[s]getreues Modell

scal·lop ['skæləp] *n* (*edible shellfish*) Kammmuschel *f*; (*esp in gastronomy*) Jakobsmuschel *f*

scal·ly·wag ['skæliwæg] *n* (*fam*) Schlingel *m hum*

scalp [skælp] **I.** *n* (*head skin*) Kopfhaut *f* **II.** *vt* ❶ (*hist: remove head skin*) skalpieren ❷ AM, AUS (*fam: resell*) zu einem Wucherpreis weiterverkaufen ❸ AM (*iron fam: defeat*) haushoch schlagen

scal·pel ['skælpəl] *n* Skalpell *nt*

scaly ['skeɪli] *adj* ❶ ZOOL, MED schuppig ❷ TECH verkalkt

scam [skæm] *n* (*fam*) Betrug *m*

scamp [skæmp] *n* (*fam*) Schlingel *m hum*

scamp·er ['skæmpə^r] **I.** *vi* flitzen *fam* **II.** *n no pl* Flitzen *nt fam*

scam·pi ['skæmpi] *npl* Scampi *pl*

scan [skæn] **I.** *vt* <-nn-> ❶ (*scrutinize*) absuchen (**for** nach) ❷ (*glance through*) überfliegen ❸ COMPUT einlesen, einscannen ❹ LIT bestimmen; *verse* festlegen **II.** *vi* <-nn-> ❶ (*glance through*) [flüchtig] durchsehen ❷ LIT (*conform to verse*) das korrekte Versmaß haben **III.** *n* ❶ (*glancing through*) [flüchtige] Durchsicht ❷ MED Abtastung *f*, Scan *m*; **brain ~** Computertomographie *f* des Schädels; **ultrasound ~** Ultraschalluntersuchung *f* ❸ (*image*) Scannerergebnis *nt*

scan·dal ['skændəl] *n* ❶ (*cause of outrage*) Skandal *m* ❷ *no pl* (*gossip*) Skandalgeschichte *f* ❸ *no pl* (*outrage*) Empörung *f* ❹ (*sth shocking*) Skandal *m*; (*disgrace*) Schande *f*

scan·dal·ize ['skændəlaɪz] *vt* schockieren; ▪ **to be ~d by sth** von etw *dat* schockiert sein; (*offended*) über etw *akk* empört sein

scan·dal·mon·ger ['skændəl,mʌŋgə^r] *n* (*pej*) Lästermaul *nt sl* **scan·dal·ous** ['skændələs] *adv* ❶ (*causing scandal*) skandalös ❷ (*disgraceful*) skandalös; (*shocking*) schockierend

Scan·di·na·via [,skændɪ'neɪviə] *n no pl* Skandinavien *nt*

Scan·di·na·vian [,skændɪ'neɪviən] **I.** *adj* skandinavisch **II.** *n* Skandinavier(in) *m(f)*

scan·ner ['skænə^r] *n* COMPUT, MED Scanner *m*

'scan·ning *n* COMPUT, MED Scannen *nt*

scant [skænt] **I.** *adj attr* ❶ (*not enough*) unzureichend; **to pay ~ attention to sth** etw kaum beachten; **~ evidence** unzureichende Beweise ❷ (*almost*) **a ~ litre/metre** ein knapper Liter/Meter **II.** *vt* ❶ (*neglect*) vernachlässigen ❷ *esp* AM (*be grudging with*) ▪ **to ~ sth** mit etw *dat* hadern *geh*

scan·ti·ly ['skæntɪli] *adv* spärlich; **~ clad** freizügig gekleidet

scanty ['skænti] *adj* ❶ (*very small*) knapp ❷ (*barely sufficient*) unzureichend; *evidence* unzulänglich

scape·goat ['skeɪpgəʊt] *n* Sündenbock *m*; **to make a ~ of sb** jdn zum Sündenbock machen

scap·u·la <*pl* -s *or* -lae> ['skæpjələ, *pl* -liː] *n* ANAT Schulterblatt *nt*

scar [skɑː^r] **I.** *n* ❶ MED Narbe *f*; **every village bears the ~s of war** jeder Ort ist vom Krieg gezeichnet; **~ tissue** Narbengewebe *nt* ❷ GEOL blanker Fels **II.** *vt* <-rr-> ▪ **to be ~red [by sth]** [von etw *dat*] gezeichnet sein; **to be ~red for life** fürs [ganze] Leben gezeichnet sein **III.** *vi* ▪ **to ~ [over]** vernarben

scar·ab ['skærəb] *n* ❶ ZOOL Skarabäus *m* ❷ (*hist: Egyptian gem*) Skarabäus *m*

scarce [skeəs] *adj* knapp; (*rare*) rar; **to make oneself ~** sich aus dem Staub machen *fam*

scarce·ly ['skeəsli] *adv* ❶ (*barely*) kaum ❷ (*certainly not*) **he would ~ have said a thing like that** er hätte so etwas wohl kaum behauptet

scar·city ['skeəsəti] *n no pl* Knappheit *f*; **~ value** Seltenheitswert *m*

scare [skeə^r] **I.** *n* ❶ (*fright*) Schreck[en] *m*; **to give sb a ~** jdm einen Schreck[en] einjagen ❷ (*public panic*) Hysterie *f*; **bomb ~** Bombendrohung *f* **II.** *adj attr* Panik-; **~ tactic** Panikmache *f* **III.** *vt* ▪ **to ~ sb** jdm Angst machen ▸ **to ~ the living daylights out of sb** jdn zu Tode erschrecken; **to ~ sb to death** [*or* **out of his wits**] jdn zu Tode ängstigen **IV.** *vi* erschrecken ◆ **scare away**, **scare off** *vt* ❶ (*frighten into leaving*) verscheuchen ❷ (*discourage*) abschrecken

scare·crow ['skeəkrəʊ] *n* Vogelscheuche *f*

scare·mon·ger ['skeə,mʌŋgə^r] *n* Panikmacher(in) *m(f)*

scarf <*pl* -s *or* scarves> [skɑːf] *n* Schal *m*; **silk ~** Seidentuch *nt*

scar·let ['skɑːlət] **I.** *n no pl* Scharlachrot *nt* **II.** *adj* scharlachrot

scar·let 'fe·ver *n no pl* Scharlach *m*

scarp [skɑːp] *n* Steilhang *m*; MIL innere Grabenböschung *f*

scarp·er ['skɑːpə^r] *vi* BRIT, AUS (*sl*) sich verziehen

scary ['skeəri] *adj* ❶ (*frightening*) Furcht erregend ❷ (*uncanny*) unheimlich

scary·li·cious [skeəri'lɪʃəs] *adj* (*sl*) zum

Fürchten schön

scat [skæt] *interj* (*fam*) ▪ ~! hau ab!

scath·ing ['skeɪðɪŋ] *adj* versengend; *criticism* scharf; *remark* bissig

scato·logi·cal [ˌskætə'lɒdʒɪkəl] *adj* (*form*) skatologisch

scat·ter ['skætəʳ] **I.** *vt* verstreuen; PHYS streuen **II.** *vi crowd, protesters* sich zerstreuen **III.** *n* ❶ (*small amount*) [vereinzeltes] Häufchen ❷ *no pl* PHYS Streuung *f*

'**scat·ter·brain** *n* zerstreute Person '**scat·ter·brained** *adj* zerstreut '**scat·ter cush·ion** *n* BRIT, AUS Sofakissen *nt*

scat·tered ['skætəd] *adj* ❶ (*strewn about*) verstreut ❷ (*far apart*) weit verstreut ❸ (*sporadic*) vereinzelt

scat·ty ['skæti] *adj* BRIT, AUS (*fam*) schusselig; **to drive sb ~** jdn wahnsinnig machen

scav·enge ['skævɪndʒ] **I.** *vi* ❶ (*search*) stöbern (**for** nach) ❷ **to ~ through sth for sth** etw nach etw *dat* durchstöbern ❷ (*feed*) Aas fressen **II.** *vt* (*find*) aufstöbern; (*get*) ergattern *fam*

scav·en·ger ['skævɪndʒəʳ] *n* ❶ (*animal*) Aasfresser *m* ❷ (*person*) jd, der nach ausrangierten, aber noch verwendbaren Sachen sucht; (*pej*) Aasgeier *m fam*

sce·nario [sɪ'nɑːriəʊ] *n* ❶ (*imaginary sequence*) Szenario *nt*; **in the worst-case ~** im schlimmsten Fall ❷ THEAT, LIT Szenario *nt*

scene [siːn] *n* ❶ THEAT, FILM (*part of drama*) Szene *f* ❷ THEAT, FILM (*setting*) Schauplatz *m*; (*scenery*) Kulisse *f*; **change of ~** Szenenwechsel *m*; (*fig*) Tapetenwechsel *m*; **behind the ~s** (*also fig*) hinter den Kulissen ❸ LAW Tatort *m* ❹ (*real-life event*) Szene *f*; **a ~ of horrifying destruction** ein schreckliches Bild der Verwüstung ❺ ART Szene *f*; **he paints street ~s** er malt Straßenszenen ❻ (*milieu*) Szene *f*; **opera isn't really my ~** die Oper ist nicht ganz mein Fall; **art/drugs/jazz ~** Kunst-/Drogen-/Jazzszene *f*

'**scene change** *n* Szenenwechsel *m* '**scene paint·er** *n* Bühnenmaler(in) *m(f)*

scen·ery ['siːnəri] *n no pl* ❶ (*landscape*) Landschaft *f* ❷ THEAT, FILM Bühnenbild *nt*

'**scene-shift·er** *n* THEAT Bühnenarbeiter(in) *m(f)*

sce·nic ['siːnɪk] *adj* ❶ *attr* THEAT Bühnen- ❷ *landscape* landschaftlich schön; **~ attractions** landschaftliche Reize

scent [sent] **I.** *n* ❶ (*aroma*) Duft *m* ❷ (*animal smell*) Fährte *f*; ▪ **to be on the ~ of sb/sth** (*also fig*) jdm/etw auf der Fährte sein *a. fig*; **to throw sb off the ~** (*also fig*) jdn in ab schütteln ❸ *no pl* BRIT (*perfume*) Parfüm *nt* **II.** *vt* ❶ (*smell*) wittern ❷ (*detect*) ahnen; **to ~ danger** Gefahr ahnen ❸ (*apply perfume*) parfümieren

'**scent bot·tle** *n* Parfümfläschchen *nt* **scent·less** ['sentləs] *adj* geruchlos

scep·ter *n* AM *see* **sceptre**

scep·tic ['skeptɪk] *n* (*sb inclined to doubt*) Skeptiker(in) *m(f)*

scep·ti·cal ['skeptɪkəl] *adj* skeptisch

scep·ti·cism ['skeptɪsɪzəm] *n no pl* Skepsis *f*

scep·tre ['septəʳ] *n* Zepter *nt*

sched·ule ['ʃedjuːl] **I.** *n* ❶ (*timetable*) Zeitplan *m*; TRANSP Fahrplan *m*; **to draw up a ~** einen Plan erstellen; **to keep to a ~** sich an einen Zeitplan halten ❷ (*plan of work*) Zeitplan *m*; (*plan of event*) Programm *nt*; **ahead of ~** früher als geplant **II.** *vt* **meeting** ansetzen; **they've ~d him to speak at three o'clock** sie haben seine Rede für drei Uhr geplant

sched·uled ['ʃedjuːld] *adj attr* ❶ (*as planned*) geplant; TRANSP planmäßig ❷ BRIT (*listed*) denkmalgeschützt; **a ~ building** ein Gebäude, das unter Denkmalschutz steht

sche·mat·ic [skiː'mætɪk] *adj* schematisch

scheme [skiːm] **I.** *n* ❶ (*pej: plot*) [finsterer] Plan; LAW, POL Verschwörung *f* *esp* BRIT (*official plan*) Projekt *nt*; ECON Plan *m*; **pension ~** Altersversorgung *f* ❷ (*overall pattern*) Gesamtbild *nt*; **it fits into his ~ of things** das passt in sein Bild; **colour ~** Farb[en]zusammenstellung *f* **II.** *vi* ❶ (*pej: plan deviously*) planen ❷ SA (*fam: suppose*) ▪ **to ~ that ...** annehmen, dass ...

schem·er ['skiːməʳ] *n* (*pej*) Intrigant(in) *m(f) geh*

schem·ing ['skiːmɪŋ] **I.** *adj attr* (*pej*) intrigant *geh*; (*in a clever way*) raffiniert **II.** *n no pl* Intrigieren *nt*

schism ['skɪzəm] *n* ❶ (*division*) Spaltung *f* ❷ REL (*hist*) Kirchenspaltung *f*

schis·mat·ic [skɪz'mætɪk] REL **I.** *adj* schismatisch **II.** *n* Schismatiker(in) *m(f)*

schist [ʃɪst] *n no pl* Schiefer *m*

schizo·phre·nia [ˌskɪtsə(ʊ)'friːniə] *n no pl* ❶ MED Schizophrenie *f* ❷ (*fam: of behaviour*) schizophrenes Verhalten *geh*

schizo·phren·ic [ˌskɪtsə(ʊ)'frenɪk] **I.** *adj* schizophren **II.** *n* Schizophrene(r) *f(m)*

schol·ar ['skɒləʳ] *n* UNIV ❶ (*academic*) Gelehrte(r) *f(m)* ❷ (*good learner*) fleißiger Student/fleißige Studentin ❸ (*holder of scholarship*) Stipendiat(in) *m(f)*

schol·ar·ly ['skɒləli] *adj* ❶ (*academic*) wissenschaftlich ❷ (*erudite*) gelehrt **schol·ar·ship** ['skɒləʃɪp] *n* ❶ *no pl* (*academic achievement*) Gelehrsamkeit *f*; **her book is a work of great ~** ihr Buch ist eine großartige wissenschaftliche Arbeit ❷ (*financial award*) Stipendium *nt* '**schol·ar·ship hold·er** *n* Stipen-

dia·t(in) *m(f)*

scho·las·tic [skəˈlæstɪk] *adj* (*relating to education*) Bildungs-; (*academic*) wissenschaftlich

school¹ [skuːl] **I.** *n* ❶ (*for children*) Schule *f*; **graduate/undergraduate ~** AM hohe/niedrige Stufe innerhalb des Hochschulsystems; **primary** [*or* AM **elementary**] **~** Grundschule *f*; **public ~** AM staatliche Schule; BRIT Privatschule *f*; **secondary ~** ≈ weiterführende Schule; **to attend** [*or* **go to**] **~** zur Schule gehen; **to start ~** eingeschult werden; **to leave ~** von der Schule [ab]gehen; (*with diploma*) die Schule beenden; **to teach ~** AM [an der Schule] unterrichten ❷ AM (*fam: university*) Universität *f* ❸ (*university division*) Fakultät *f*; (*smaller division*) Institut *nt*, Seminar *nt* ❹ (*for learning one subject*) Schule *f*; **dancing/driving ~** Tanz-/Fahrschule *f* ❺ ART, PHILOS Schule *f* **II.** *vt* ❶ (*educate*) erziehen ❷ (*train*) schulen; *dog* dressieren

school² [skuːl] **I.** *n* ZOOL Schule *f*; (*shoal*) Schwarm *m* **II.** *vi* ZOOL einen Schwarm bilden

ˈschool age *n* schulpflichtiges Alter **ˈschool at·tend·ance** *n* Schulbesuch *m*; **~ is low** viele Schüler fehlen häufig **ˈschool bag** *n* Schultasche *f* **ˈschool board** *n* AM Schulbehörde *f* **ˈschool·book** *n* Schulbuch *nt* **ˈschool·boy** *n* Schuljunge *m*, Schüler *m* **school caf·e·teria** *n* Schülercafeteria *f* **ˈschool·child** *n* Schulkind *nt* **ˈschool·days** *npl* Schulzeit *f kein pl* **school ˈdin·ner** *n* Schulessen *nt* **ˈschool fees** *npl* Schulgeld *nt kein pl* **ˈschool·girl** *n* Schulmädchen *nt*, Schülerin *f* **ˈschool·house** *n esp* AM (*dated*) Schulgebäude *nt*

school·ing [ˈskuːlɪŋ] *n no pl* (*education*) Ausbildung *f*; (*for young people*) Schulbildung *f*

school ˈleav·er *n* BRIT, AUS Schulabgänger(in) *m(f)* **ˈschool-leav·ing cer·ˈtifi·cate** *n* BRIT Abschlusszeugnis *nt* **ˈschool maga·ˈzine** *n* Schülerzeitung *f* **ˈschool·mas·ter** *n* (*dated*) Lehrer *m* **ˈschool·mate** *n* Schulfreund(in) *m(f)*, Schulkamerad(in) *m(f)* **ˈschool·mis·tress** *n* (*dated*) Lehrerin *f* **school ˈpa·per** *n* Schülerzeitung *f* **ˈschool re·port** *n* [Schul]zeugnis *nt* **ˈschool·room** *n* Klassenzimmer *nt* **ˈschool run** *n* ▪ **to do the ~** die Kinder von der Schule abholen/zur Schule bringen **ˈschool sys·tem** *n* Schulsystem *nt* **ˈschool·teach·er** *n* Lehrer(in) *m(f)* **ˈschool·work** *n no pl* Schularbeiten *pl* **ˈschool·yard** *n* Schulhof *m*

schoon·er [ˈskuːnə^r] *n* ❶ NAUT Schoner *m* ❷ AM, AUS (*tall beer glass*) [großes] Bierglas;

~ of sherry BRIT doppelter Sherry

sci·at·ic [saɪˈætɪk] *adj* MED Ischias-; **~ nerve** Ischiasnerv *m*

sci·at·i·ca [saɪˈætɪkə] *n no pl* MED Ischias *m o nt*; **she suffers from ~** sie hat Ischiasbeschwerden

sci·ence [ˈsaɪən(t)s] *n* ❶ *no pl* (*study of physical world*) [Natur]wissenschaft *f*; **applied/pure ~** angewandte/reine Wissenschaft *f* ❷ (*discipline*) Wissenschaft *f*

sci·ence ˈfic·tion I. *n no pl* LIT, FILM Sciencefiction *f* **II.** *adj attr* Sciencefiction- **ˈsci·ence park** *n esp* BRIT Technologiepark *m*

sci·en·tif·ic [ˌsaɪənˈtɪfɪk] *adj* ❶ (*relating to exact science*) naturwissenschaftlich ❷ (*relating to science*) wissenschaftlich; **~ com·munity** Wissenschaftsgemeinde *f* ❸ (*fam: systematic*) systematisch

sci·en·tist [ˈsaɪəntɪst] *n* Wissenschaftler(in) *m(f)*; **research ~** Forscher(in) *m(f)*

sci fi [ˈsaɪˌfaɪ] *n* LIT, FILM *short for* **science fiction** Sciencefiction *f*

scin·til·lat·ing [ˈsɪntɪleɪtɪŋ] *adj wit* sprühend *fig; conversation* angeregt

sci·on [ˈsaɪən] *n* ❶ (*form: descendant*) Spross *m geh* ❷ HORT Spross *m*

ˈscis·sors [ˈsɪzəz] *npl* Schere *f*; **a pair of ~** eine Schere

scle·ro·sis [skləˈrəʊsɪs] *n no pl* MED Sklerose *f*

scoff¹ [skɒf] **I.** *vi* spotten; (*laugh*) lachen; ▪ **to ~ at sb/sth** sich über jdn/etw lustig machen **II.** *n* Spott *m*

scoff² [skɒf] *vt esp* BRIT (*fam: eat*) verschlingen

scold [skəʊld] *vt* ausschimpfen

scold·ing [ˈskəʊldɪŋ] *n* Schimpfen *nt*; **to get a ~** furchtbar ausgeschimpft werden

scone [skɒn] *n brötchenartiges Gebäck, das lauwarm mit einer Art dicker Sahne und Marmelade gegessen wird*

scoop [skuːp] **I.** *n* ❶ (*utensil*) Schaufel *f*, Schippe *f* NORDD, MITTELD; (*ladle*) Schöpflöffel *m*; **ice-cream ~** Eisportionierer *m*; **measuring ~** Messlöffel *m* ❷ (*amount*) Löffel *m*; *of ice cream* Kugel *f* ❸ JOURN Knüller *m fam* **II.** *vt* ❶ (*move*) *sand, dirt* schaufeln; *ice cream, pudding* löffeln ❷ JOURN ausstechen; **we were ~ed by a rival paper** eine konkurrierende Zeitung kam uns zuvor ◆ **scoop up** *vt* hochheben

scoot [skuːt] *vi* (*fam*) rennen, springen DIAL; **I'll have to ~ or ...** ich muss schnell machen, sonst ...; ▪ **to ~ over** AM zur Seite rutschen

scoot·er [ˈskuːtə^r] *n* [Tret]roller *m*; **motor ~** Motorroller *m*

scope [skəʊp] *n no pl* ❶ (*range*) Rahmen *m*

scorch [skɔːtʃ] **I.** vt ❶ (burn) versengen ❷ (sl: reject) idea, plan ablehnen **II.** vi (become burnt) versengt werden **III.** n <pl -es> versengte Stelle; ~ **mark** Brandfleck m

scorch·er ['skɔːtʃə'] n (fam) sehr heißer Tag

scorch·ing ['skɔːtʃɪŋ] adj sengend

score [skɔːʳ] **I.** n ❶ (of points) Punktestand m; (of game) Spielstand m; **at half time, the ~ stood at two all** zur Halbzeit stand es zwei zu zwei; **final ~** Endstand m ❷ SCH Punktzahl f ❸ (act of getting point) Treffer m ❹ (esp form) ■ **~s** pl Dutzende pl; **there have been ~s of injuries** es hat Dutzende von Verletzten gegeben ❺ (fam: reason) Grund m; **there's nothing to worry about on that ~** darüber brauchst du dir nicht den Kopf zu zerbrechen ❻ (dispute) Streit[punkt] m; **to settle a ~** eine Rechnung begleichen ❼ MUS Partitur f ▶ **to know the ~** wissen, wie der Hase läuft fam; **what's the ~?** (fam) wie sieht's aus? **II.** vt ❶ (gain) goal schießen; point machen ❷ (achieve result) erreichen; **to ~ points** (fig) sich dat einen Vorteil verschaffen ❸ (mark, cut) einkerben ❹ (fam: obtain, esp illegally) beschaffen **III.** vi ❶ (make a point) einen Punkt machen ❷ (achieve result) abschneiden ❸ (record) aufschreiben ❹ (fam: gain advantage) punkten; **this new CD player really ~s in terms of sound quality** dieser neue CD-Spieler ist in punkto Klangqualität eindeutig überlegen ❺ (sl: obtain illegal drugs) [sich dat] Stoff beschaffen
◆ **score out** vt durchstreichen

'score·board n Anzeigetafel f **'score·card** n Spielstandskarte f

scor·er ['skɔːrəʳ] n ❶ (scorekeeper) Punktezähler(in) m(f) ❷ (player who scores) Torschütze, -schützin m, f

scorn [skɔːn] **I.** n ❶ (contempt) Verachtung f ❷ (object of contempt) **to be the ~ of sb** von jdm verachtet werden **II.** vt ❶ (feel contempt) verachten ❷ (refuse) ablehnen ▶ **hell hath no fury like a woman ~ed** (saying) die Hölle kennt keinen schlimmeren Zorn als den einer verlachten Frau

scorn·ful ['skɔːnfəl] adj verächtlich; ■ **to be ~ of sth** verachten

Scor·pio ['skɔːpɪəʊ] n Skorpion m

scor·pi·on ['skɔːpɪən] n Skorpion m

Scot [skɒt] n Schotte, Schottin m, f

Scotch [skɒtʃ] **I.** n <pl -es> ❶ no pl (whisky) Scotch m; **a double ~** ein doppelter Scotch ❷ (dated: people) ■ **the ~** pl die Schotten pl **II.** adj (old) schottisch

Scotch 'broth n no pl Eintopf aus Rindfleisch oder Hammel, Graupen und Gemüse

scot-'free adv ❶ (without punishment) straffrei; **to get off ~** straffrei davonkommen ❷ (unchallenged) unbehelligt; (unharmed) ungeschoren

Scot·land ['skɒtlənd] n Schottland nt

Scots [skɒts] **I.** adj schottisch **II.** n no pl Schottisch nt

'Scots·man n Schotte m **'Scots·wom·an** n Schottin f **Scot·tish** ['skɒtɪʃ] **I.** adj schottisch **II.** n ■ **the ~** pl die Schotten pl

scoun·drel ['skaʊndrəl] n (dishonest person) Schuft m pej

scour[1] ['skaʊəʳ] vt ■ **to ~ sth [for sb/sth]** town, area etw [nach jdm/etw] absuchen; newspaper etw [nach jdm] durchforsten

scour[2] ['skaʊəʳ] **I.** n no pl Scheuern nt **II.** vt ❶ (clean) scheuern ❷ (remove by the force of water) auswaschen; (by the force of wind) abtragen

scour·er ['skaʊərəʳ] n Topfreiniger m

scourge [skɜːdʒ] **I.** n ❶ usu sing (cause of suffering) Geißel f pej ❷ (critic) Kritiker(in) m(f) **II.** vt usu passive (inflict suffering on) ■ **to be ~d by sb/sth** von jdm/etw geplagt sein

'scour·ing pad n esp AM, AUS Topfreiniger m

scout [skaʊt] **I.** n ❶ (boy scout) Pfadfinder m; (girl scout) Pfadfinderin f; **~ 's honour** [or AM honor] Pfadfinderehrenwort nt; (fig) großes Indianerehrenwort fam ❷ (organization) ■ **the ~s** [or **S~s**] pl die Pfadfinder pl ❸ (soldier) Kundschafter(in) m(f) ❹ (talent searcher) Talentsucher(in) m(f) ❺ no pl (search) **to have a ~ around** [for sth] sich [nach etw dat] umsehen **II.** vi ❶ (reconnoitre) kundschaften ❷ (search) **to ~ for new talent** nach neuen Talenten suchen **III.** vt (reconnoitre) auskundschaften

'scout·mas·ter n, **'Scout·mas·ter** n Pfadfinderführer(in) m(f)

scowl [skaʊl] **I.** n mürrischer [Gesichts]ausdruck **II.** vi mürrisch [drein]blicken

scrab·ble ['skræbl] vi ❶ (grope) [herum]wühlen (for nach, through in) ❷ (claw for grip) ■ **to ~ for sth** nach etw dat greifen ❸ (crawl quickly) krabbeln; ■ **to ~ up sth** etw hochklettern

Scrab·ble® ['skræbl] n no pl Scrabble® nt; **a game of ~** eine Runde Scrabble

scrag·gy ['skrægi] adj ❶ (pej: thin and bony) klapperdürr fam ❷ (pej) meat mager

scram <-mm-> [skræm] vi (fam) abhauen

scram·ble ['skræmbl] **I.** n ❶ no pl (scrambling) Kletterpartie f ❷ no pl (rush) Gedrängel nt fam (for um) ❸ no pl (struggle) Kampf m (for um) **II.** vi ❶ (climb) klettern; (over difficult terrain also) kraxeln bes SÜDD,

ÖSTERR *fam* ❷ *(move hastily and awkwardly)* hasten; **to ~ for the exit** zum Ausgang stürzen; **to ~ to one's feet** sich hochrappeln *fam* ❸ *(compete)* ■ **to ~ for sth** sich um etw *akk* reißen **III.** *vt* ❶ *(beat and cook)* **eggs** verrühren; **to ~ eggs** Rühreier machen ❷ *(encode)* verschlüsseln **scram·bler** ['skræmblər] *n* ❶ TECH *(device)* Verschlüsselungsgerät *nt* ❷ BRIT *(motorcycle)* Geländemotorrad *nt*

scrap¹ [skræp] **I.** *n* ❶ *(small piece, amount)* Stück[chen] *nt; of cloth, paper* Fetzen *m;* **not a ~** kein bisschen ❷ *(leftover pieces of food)* ■ **~s** *pl* Speisereste *pl* ❸ *no pl (old metal)* Schrott *m* **II.** *vt* <-pp-> ❶ *(get rid of)* wegwerfen; *(use for scrap metal)* verschrotten ❷ *(fam: abandon)* aufgeben; *(abolish)* abschaffen

scrap² [skræp] *n (fam: fight)* Gerangel *nt; (verbal)* Streit *m;* **to have a ~ [with sb]** sich [mit jdm] in der Wolle haben

'**scrap·book** *n* [Sammel]album *nt* '**scrap deal·er** *n* Schrotthändler(in) *m(f)*

scrape [skreɪp] **I.** *n* ❶ *(tool) (for cleaning)* [Ab]kratzer *m* ❷ *(graze on skin)* Abschürfung *f; (scratch)* Kratzer *m* ❸ *(sound)* Kratzen *nt* ❹ *(fam: difficult situation)* Klemme *f;* **to be in a ~** in der Klemme stecken **II.** *vt* ❶ *(remove outer layer)* [ab]schaben; *(remove excess dirt)* [ab]kratzen ❷ *(graze)* **to ~** sich *dat* etw aufschürfen; *(scratch) car* etw verkratzen ❸ *(just manage to obtain)* **he managed to ~ a C in the test** mit Ach und Krach schaffte er in der Klausur eine 3; **to ~ a living doing sth** sich mit etw *dat* über Wasser halten **III.** *vi* ❶ *(rub)* reiben; *(brush)* bürsten; *(scratch)* kratzen ❷ *(economize)* sparen ❸ *(barely)* **to ~ into university** es mit Ach und Krach auf die Uni schaffen ◆ **scrape along** *vi see* **scrape by** ◆ **scrape away** *vt* abkratzen ◆ **scrape by** *vi* mit Ach und Krach durchkommen *fam* ◆ **scrape through** *vi* gerade [mal] so durchkommen *fam*

scrap·er ['skreɪpər] *n (for paint, wallpaper)* Spachtel *m o f; (for windscreens)* Kratzer *m; (for shoes, boots)* Abkratzer *m; (grid)* Abstreifer *m*

'**scrap heap** *n cars* Schrotthaufen *m;* **to be on the ~** *(fig)* zum alten Eisen gehören *fam; plan, idea* verworfen worden sein

scrap·ing ['skreɪpɪŋ] **I.** *adj attr* kratzend **II.** *n* ❶ *no pl (sound)* Kratzen *nt* ❷ *(small amount)* Rest[e] *m|pl|* ❸ *(bits peeled off)* ■ **~s** *pl* Schabsel *pl; of vegetable* Schalen *pl* '**scrap iron** *n no pl* Alteisen *nt,* Schrott *m* '**scrap mer·chant** *n* BRIT Schrotthändler(in) *m(f)*

scrap·py ['skræpi] *adj (haphazard)* zusammengestückelt; *(lacking consistency)* unausgewogen; *(incomplete) education, report* lückenhaft; *(unsystematic)* unsystematisch; *(uneven in quality) handwriting* krakelig *fam*

scratch [skrætʃ] **I.** *n* <*pl* -es> ❶ *(cut on skin)* Kratzer *m,* Schramme *f* ❷ *(mark on surface)* Kratzer *m,* Schramme *f* ❸ *no pl (acceptable standard)* **to not be up to ~** zu wünschen übriglassen; **to bring sb/sth up to ~** jdn/etw auf Vordermann bringen *fam* ❹ *(beginning state)* **to learn sth from ~** etw von Grund auf lernen; **to start [sth] from ~** [mit etw *dat*] bei null anfangen **II.** *adj* ❶ *(hastily got together)* improvisiert ❷ *(without handicap)* ohne Vorgabe *nach n* **III.** *vt* ❶ *(cut slightly)* **to ~ sth** etw zerkratzen; ■ **to ~ sb** jdn kratzen ❸ *(relieve an itch)* kratzen; **to ~ one's head** sich am Kopf kratzen ❷ AM *(fam: cancel)* abblasen *fam* ▶ **you - my back and I'll ~ yours** eine Hand wäscht die andere *prov* **IV.** *vi* ❶ *(use claws, nails)* kratzen ❷ *(relieve an itch)* sich kratzen ❸ *(cause itchy feeling)* kratzen ◆ **scratch about, scratch around** *vi* ❶ *animals* herumscharren; ■ **to ~ about for sth** nach etw *dat* scharren ❷ *(search hard)* herumsuchen *fam;* ■ **to ~ about for sth** nach etw *dat* suchen ◆ **scratch out** *vt* ❶ *(strike out)* auskratzen; *line, passage, word* durchstreichen ❷ *(write hurriedly)* hinkritzeln *fam* ❸ *(fam: labour to get)* aufbauen

'**scratch card** *n* Rubbellos *nt* '**scratch pa·per** *n no pl* AM *(scrap paper)* Schmierpapier *nt; (for draft notes)* Konzeptpapier *nt*

scratchy ['skrætʃi] *adj* ❶ *(scratched)* verkratzt ❷ *(irritating to skin) pullover* kratzig

scrawl [skrɔːl] **I.** *vt* [hin]kritzeln **II.** *n* ❶ *no pl (untidy writing)* Gekritzel *nt* ❷ *(of note, message)* hingekritzelte Notiz *fam*

scraw·ny ['skrɔːni] *adj human, animal* dürr; *vegetation* mager

scream [skriːm] **I.** *n* ❶ *(loud shrill cry)* Schrei *m;* **a ~ of fear/for help** ein Auf-/Hilfeschrei *m* ❷ *of animal* Gekreisch *nt* ❸ *no pl of engine, siren* Heulen *nt; of jet plane* Dröhnen *nt* ❹ *no pl (fam: sth or sb very funny)* **to be a ~** zum Brüllen sein **II.** *vi* ❶ *(cry out with fear, pain, rage)* schreien; *(with joy, delight)* kreischen; ■ **to ~ at sb** jdn anschreien; **to ~ for help** [gellend] um Hilfe schreien; **to ~ with laughter** vor Lachen brüllen ❷ *animals* schreien ❸ *engine, siren* heulen; *jet plane* dröhnen ❹ *(fam: glaringly obvious)* ■ **to be ~ing at sb** jdm ins Auge springen **III.** *vt* ❶ *(cry loudly)* schreien, brüllen *bes* SÜDD *fam* ❷ *(express forcefully)* lauthals schreien

scree [skriː] *n no pl* Geröll *nt*

screech [skriːtʃ] **I.** *n <pl -es> of person* Schrei *m*; *of animal* Kreischen *nt kein pl*; *of brakes, tyres* Quietschen *nt kein pl* **II.** *vi person* schreien; *animal* kreischen; *brakes, tyres* quietschen; **to ~ to a halt** mit quietschenden Reifen zum Stillstand kommen

'screech owl *n* Kreischeule *f*

screed [skriːd] *n* ❶ (*speech, writing*) Roman *m*; (*book*) Wälzer *m fam* ❷ TECH (*layer of plaster*) Estrich *m*

screen [skriːn] **I.** *n* ❶ (*in cinema, for slides*) Leinwand *f*; (*of television, computer*) Bildschirm *m*; (*for radar, sonar*) Schirm *m* ❷ *no pl* ▪ **the ~** (*cinema*) das Kino; (*fam: television*) das Fernsehen; **the big/small ~** das Kino/Fernsehen ❸ (*panel for privacy*) Trennwand *f*; (*decorative*) Paravent *m*; (*for protection*) Schutzschirm *m*; (*against insects*) Fliegengitter *nt*; (*fire screen*) Ofenschirm *m* ❹ (*on car*) Windschutzscheibe *f* ❺ *no pl* (*sth that conceals*) Tarnung *f* ❻ (*test*) Kontrolle *f*; **health ~** Vorsorgeuntersuchung *f* **II.** *vt* ❶ (*conceal*) ▪ **to ~ sth** [**from sth**] etw [gegen etw *akk*] abschirmen; **to ~ sth from view** etw vor Einblicken schützen ❷ (*shield*) ▪ **to ~ sb/sth** [**from sth**] jdn/etw [vor etw *dat*] schützen ❸ (*examine closely*) überprüfen; MIL einer Auswahlprüfung unterziehen; ▪ **to ~ sb for sth** MED jdn auf etw *akk* hin untersuchen; **to ~ one's calls** nur bei bestimmten Anrufen das Telefon abnehmen ❹ (*show*) vorführen; TV senden ◆ **screen off** *vt* abtrennen (**from** von)

screen·ing [ˈskriːnɪŋ] *n* ❶ (*in cinema*) Filmvorführung *f no pl* (*process of showing*) *of films* Vorführen *nt*; *of TV programmes* Ausstrahlung *f* ❷ *no pl* (*testing*) Überprüfung *f* ❸ MED (*examination*) Untersuchung *f*; (*X-ray*) Röntgenuntersuchung *f*

'screen·play *n* Drehbuch *nt* **'screen sav·er** *n* Bildschirmschoner *m* **'screen·shot** *n* COMPUT Screen Shot *m* **'screen test** *n* FILM, TV Probeaufnahmen *pl* **'screen·writ·er** *n* Drehbuchautor(in) *m(f)*

screw [skruː] **I.** *n* ❶ (*metal fastener*) Schraube *f* ❷ *no pl* (*turn*) Drehung *f* ❸ (*propeller*) Schraube *f* ❹ *no pl* (*vulg, sl: sex*) Fick *m* ❺ (*sl: prison guard*) [Gefängnis]wärter(in) *m(f)*, Schließer(in) *m(f)* ▸ **to have a ~ loose** (*hum fam*) nicht ganz dicht sein *pej*; **to tighten the ~s** [or **on sb**] den Druck [auf jdn] verstärken **II.** *vt* ❶ (*with a screw*) ▪ **to ~ sth** [**on**]**to sth** etw an etw *akk* schrauben ❷ (*by twisting*) zudrehen; ▪ **to ~ sth tight** etw fest zudrehen; ▪ **to ~ sth on**[**to**] **sth** etw auf etw *akk* aufschrauben ❸ (*fam: cheat*) reinlegen; ▪ **to ~ sb for sth** jdm etw abzocken *sl* ❹ (*vulg, sl: have sex with*) bumsen *sl*, vögeln *derb* **III.** *vi* (*vulg, sl: have sex*) bumsen *sl*, vögeln *derb* ◆ **screw down** *vt* ❶ (*with screws*) festschrauben ❷ (*by twisting*) fest zudrehen ◆ **screw up** **I.** *vt* ❶ (*with screws*) zuschrauben ❷ (*by turning*) zudrehen ❸ (*twist and crush*) zusammenknüllen ❹ (*twist into a shape*) **to ~ up one's eyes** blinzeln; **to ~ up one's face/mouth** das Gesicht/den Mund verziehen ❺ (*sl: spoil, do badly*) vermasseln *fam*; **to ~ it** [*or* **things**] **up** Mist bauen *fam* **II.** *vi* ❶ (*tighten*) sich zuschrauben lassen; *nut* sich anziehen lassen ❷ (*sl: fail, make a mess*) ▪ **to ~ up** [**on sth**] [bei etw *dat*] Mist bauen *fam*

'screw·ball *n* ❶ AM (*in baseball*) angeschnittener Ball ❷ *esp* AM (*fam: person*) Spinner(in) *m(f) pej* **'screw·driv·er** *n* ❶ (*tool*) Schraubenzieher *m* ❷ (*cocktail*) Screwdriver *m*

screwed [skruːd] *adj pred* (*sl: stymied*) festgefahren; (*in a hopeless situation*) geliefert

'screw top *n* Schraubverschluss *m*

screwy [ˈskruːi] *adj* (*fam*) verrückt; (*dangerously mad*) *idea* hirnrissig

scrib·ble [ˈskrɪbl] **I.** *vt* [hin]kritzeln **II.** *vi* ❶ (*make marks, write*) kritzeln ❷ (*hum: write*) schriftstellern *fam* **III.** *n* ❶ (*mark, words*) Gekritzel *nt kein pl pej* ❷ *no pl* (*handwriting*) Klaue *f pej sl*

'scrib·bling block *n*, **'scrib·bling pad** *n* Schreibblock *m*

scrim·mage [ˈskrɪmɪdʒ] *n* ❶ SPORTS (*in US football*) Gedränge *nt fachspr* ❷ (*confused fight*) Gerangel *nt kein pl fam*

scrimp [skrɪmp] *vi* sparen; **to ~ and save** knausern *pej fam*

script [skrɪpt] *n* ❶ *of film* Drehbuch *nt*; *of play* Regiebuch *nt*; *of broadcast* Skript *nt*; **to read from a ~** ablesen ❷ (*style of writing*) Schrift *f*; TYPO *also* Schriftart *f*; *italic* ~ Kursivschrift *f* ❸ AUS (*prescription*) Rezept *nt* ❹ COMPUT Script *m*

'script-girl *n* Skriptgirl *nt*

scrip·tur·al [ˈskrɪptʃ(ə)rəl] *adj* biblisch

scrip·ture *n*, **Scrip·ture** [ˈskrɪptʃər] *n* ❶ *no pl* (*the Bible*) die Bibel ❷ (*sacred writings*) ▪ **the ~s** [*or* **the S~s**] *pl* die heiligen Schriften

'script·writ·er *n* FILM, TV Drehbuchautor(in) *m(f)*; RADIO Rundfunkautor(in) *m(f)*

scroll [skrəʊl] **I.** *n* ❶ (*roll of paper*) [Schrift]rolle *f* ❷ ARCHIT Schnecke *f fachspr* **II.** *vi* COMPUT scrollen *fachspr*

'scroll-find *vt* ▪ **to ~ sth** etw durch Blättern suchen, etw runter scrollen *fam*

Scrooge [skruːdʒ] *n* (*pej*) Geizhals *m*

scro·tum <*pl* -s *or* -ta> [ˈskrəʊtəm, *pl* -tə] *n* Hodensack *m*

scrounge [skraʊndʒ] (*fam*) **I.** *n no pl* (*pej or hum*) **to be on the ~** schnorren **II.** *vt* (*pej*) ■ **to ~ sth** [**off sb**] etw [von jdm] schnorren **III.** *vi* (*pej*) ■ **to ~** [**off sb**] bei jdm] schnorren

scroung·er ['skraʊndʒəʳ] *n* (*pej fam*) Schnorrer(in) *m(f)*

scrub[1] [skrʌb] *n no pl* ❶ (*trees and bushes*) Gestrüpp *nt* ❷ (*area*) Busch *m*

scrub[2] [skrʌb] **I.** *n* **to give sth a** [**good**] **~** etw [gründlich] [ab]schrubben *fam* **II.** *vt* <-bb-> ❶ (*clean*) [ab]schrubben *fam* ❷ (*fam: cancel, abandon*) fallen lassen; *project* abblasen **III.** *vi* <-bb-> schrubben *fam*

scrub·ber ['skrʌbəʳ] *n*, **'scrub·bing brush** *n* Schrubber *m*; (*smaller*) Scheuerbürste *f*

scruff [skrʌf] *n of neck* Genick *nt*; **by the ~ of the** [*or* **sb's**] **neck** am Genick

scruffy ['skrʌfi] *adj clothes* schmuddelig *pej fam*; *person* vergammelt *pej fam*; *place* heruntergekommen *fam*

scrum [skrʌm] **I.** *n* ❶ (*in rugby*) Gedränge *nt fachspr* ❷ BRIT (*fam: disorderly crowd*) Getümmel *nt* **II.** *vi* <-mm-> (*in rugby*) ■ **to ~ down** ein Gedränge bilden *fachspr*

scrum 'half *n* (*in rugby*) Gedrängehalbspieler(in) *m(f) fachspr*

scrum·mage ['skrʌmɪdʒ] *n* (*in rugby*) Gedränge *nt fachspr*

scrump·tious ['skrʌm(p)ʃəs] *adj* (*fam*) lecker

scrumpy ['skrʌmpi] *n no pl* BRIT starker Cidre

scrunch [skrʌn(t)ʃ] **I.** *n no pl* Knirschen *nt* **II.** *vi* (*make noise*) knirschen; (*with the mouth*) geräuschvoll kauen **III.** *vt* ❶ (*crunch*) knirschen ❷ (*crush up*) zerknüllen

scru·ple ['skru:pl] **I.** *n* ❶ *no pl* (*moral responsibility*) Skrupel *m meist pl*; **to be** [**entirely**] **without ~** [völlig] skrupellos sein ❷ (*principles*) ■ **~s** *pl* Skrupel *pl*, Bedenken *pl* **II.** *vi* Bedenken ❷ Skrupel haben

scru·pu·lous ['skru:pjələs] *adj* ❶ (*extremely moral*) gewissenhaft ❷ (*extremely careful*) [peinlich] genau; ■ **to be ~ about** [*or* **in**] **sth** es mit etw *dat* sehr genau nehmen

scru·ti·neer [ˌskru:tɪ'nɪəʳ] *n esp* BRIT, AUS Wahlprüfer(in) *m(f)*

scru·ti·nize ['skru:tɪnaɪz] *vt* [genau] untersuchen [*o* prüfen]; *text* studieren

scru·ti·ny ['skru:tɪni] *n no pl* [genaue] [Über]prüfung [*o* Untersuchung]

'scu·ba div·ing *n no pl* Sporttauchen *nt*

scud <-dd-> [skʌd] *vi* eilen; *clouds* [schnell] ziehen

scuff [skʌf] **I.** *vt* ❶ (*mark*) verschrammen; (*wear away*) abwetzen ❷ (*drag along the ground*) ■ **to ~ one's feet** schlurfen **II.** *vi* ❶ (*wear away*) sich abwetzen ❷ (*shuffle*) schlurfen

scuf·fle ['skʌfl] **I.** *n* ❶ (*short fight*) Handgemenge *nt* ❷ (*sound, movement*) Schlurfen *nt* **II.** *vi* ■ **to ~** [**with sb**] sich [mit jdm] balgen

scull [skʌl] **I.** *vi* rudern **II.** *n* SPORTS Skullboot *nt fachspr*

scul·lery ['skʌləri] *n esp* BRIT Spülküche *f*

sculpt [skʌlpt] **I.** *vt* (*create from stone*) [heraus]meißeln; (*in clay*) modellieren; (*reshape, work*) formen; **to have beautifully / finely ~ed features** (*fig*) schön/fein geformte Züge haben **II.** *vi* bildhauern *fam*

sculp·tor ['skʌlptəʳ] *n* Bildhauer(in) *m(f)*

sculp·tur·al ['skʌlptʃərəl] *adj* bildhauerisch, plastisch; *facial features, form, feel* plastisch; **~ works** Skulpturen *pl*

sculp·ture ['skʌlptʃəʳ] **I.** *n* ❶ *no pl* (*art*) Bildhauerei *f* ❷ (*object*) Skulptur *f*, Plastik *f* **II.** *vt* (*make with a chisel*) [heraus]meißeln; (*in clay*) modellieren; (*reshape, work*) formen; (*model*) modellieren **III.** *vi* bildhauern *fam*

scum [skʌm] *n no pl* ❶ (*foam*) Schaum *m*; (*residue*) Rand *m*; (*layer of dirt*) Schmutzschicht *f* ❷ (*pej: evil people*) Abschaum *m*

'scum·bag *n* (*pej sl: man*) Mistkerl *m fam*; (*woman*) Miststück *nt fam*

scup·per ['skʌpəʳ] *vt* BRIT ❶ (*sink deliberately*) versenken ❷ (*fam: thwart*) vereiteln; **to ~ sb's plan** jds Plan über den Haufen werfen

scurf [skɜ:f] *n no pl* (*bits of skin*) Schuppen *pl*

scur·ril·ous ['skʌrələs] *adj* (*pej form: damaging to sb's reputation*) verleumderisch; (*insulting*) unflätig *geh*

scur·ry ['skʌri] **I.** *vi* <-ie-> *small animal* huschen; *person* eilen **II.** *n no pl* (*hurry*) Eilen *nt*; **the ~ of feet/footsteps** das Getrappel von Füßen/Schritten

scur·vy ['skɜ:vi] *n no pl* Skorbut *m*

scut·tle[1] ['skʌtl] *vi person* hasten, flitzen *fam*; *small creature* huschen

scut·tle[2] ['skʌtl] *vt* ❶ (*sink*) versenken ❷ (*put an end to*) zunichtemachen

scuttle away *vi*, **scuttle off** *vi* (*run*) davoneilen

scythe [saɪð] **I.** *n* Sense *f* **II.** *vt* ❶ (*with a scythe*) [mit der Sense] [ab]mähen ❷ (*with swinging blow*) ■ **to ~ sb/sth** [**down**] jdn/ etw niedermähen *fam* **III.** *vi* preschen (**through** durch)

SDI [ˌesdi:'aɪ] *n abbrev of* **Strategic Defense Initiative** SDI *f*

SE [ˌes'i:] **I.** *n abbrev of* **south-east** SO *m* **II.** *adj abbrev of* **south-eastern** SO

sea [si:] *n* ❶ *no pl* (*salt water surrounding*

land) ■ the ~ das Meer, die See; **at the bottom of the ~** auf dem Meeresboden; **the open ~** das offene Meer, die hohe See; **by** [*or* **beside**] **the ~** am Meer, an der See; **the high ~s** die hohe See ❷ (*specific area*) See *f kein pl*, Meer *nt*; **the Dead ~** das Tote Meer; **the seven ~s** die sieben Meere ❸ (*state of sea*) Seegang *m kein pl*; **a calm/high/rough ~** ein ruhiger/hoher/schwerer Seegang; **choppy/heavy ~s** kabbelige *fachspr*/schwere See ❹ (*wide expanse*) Meer *nt*; **a ~ of flames/people** ein Flammen-/Menschenmeer *nt* ▸ **to be** [all] **at ~** [ganz] ratlos sein
sea 'air *n no pl* Seeluft *f* **sea a'nemo·ne** *n* Seeanemone *f* **'sea·bed** *n no pl* ■ **the ~** der Meeresgrund **'sea·bird** *n* Seevogel *m* **'sea·board** *n* Küste *f*; **the Atlantic/Eastern ~ of the United States** die Atlantik-/Ostküste der Vereinigten Staaten **'sea·borne** *adj attr* See-; **~ goods** Seefrachtgüter *pl* **sea 'breeze** *n* Seewind *m*, Meeresbrise *f* **'sea·calf** *n* Seehund *m* **sea change** *n* große Veränderung **'sea dog** *n* ❶ (*sailor*) Seebär *m fam* ❷ (*seal*) Seehund *m* **sea·far·er** ['si:ˌfeərə'] *n* (*liter*) Seemann *m* **sea·far·ing** ['si:ˌfeərɪŋ] *adj attr* (*esp liter*) seefahrend **'sea·food** *n no pl* Meeresfrüchte *pl* **'sea·front** *n* (*promenade*) Strandpromenade *f*; (*beach*) Strand *m* **'sea·go·ing** *adj attr vessel* Hochsee-, hochseetüchtig **'sea·grass** *n* Seegras *nt* **'sea·gull** *n* Möwe *f* **'sea·horse** *n* Seepferdchen *nt*
seal[1] [si:l] *n* ZOOL Seehund *m*, Robbe *f*
seal[2] [si:l] **I.** *n* ❶ (*insignia, stamp*) Siegel *nt* ❷ (*on goods*) Verschluss *m*; (*on doors*) Siegel *nt* ❸ (*air, watertight join*) Verschluss *m* ❹ (*guarantee*) **to give sth one's ~ of approval** etw seine Zustimmung geben **II.** *vt* ❶ (*stamp*) siegeln ❷ (*prevent from being opened*) [fest] verschließen; (*with a seal*) versiegeln; (*for customs*) plombieren; (*with adhesive*) zukleben ❸ (*make airtight*) luftdicht verschließen; (*make watertight*) wasserdicht verschließen; *window, gaps* abdichten ❹ (*block access to*) versiegeln; *border* schließen ❺ (*confirm and finalize*) besiegeln; **we won't celebrate until the contract has been signed, ~ed and delivered** wir feiern erst, wenn der Vertrag auch wirklich unter Dach und Fach ist; **to ~ sb's fate** jds Schicksal besiegeln ◆ **seal up** *vt* ❶ (*close*) [fest] verschließen; (*with a seal*) versiegeln; (*with adhesive*) zukleben ❷ (*close permanently*) verschließen; *shaft, mine* zuschütten ❸ *door, window, gaps* abdichten
seal·ant ['si:lənt] *n* (*for surfaces*) Dichtungsmittel *nt*; (*for gaps*) Kitt *m*
'sea legs *npl* **to find one's ~** NAUT seefest werden *fachspr* **'sea lev·el** *n no pl* Meeresspiegel *m*; **above/below ~** über/unter dem Meeresspiegel; **at ~** auf Meereshöhe
'seal·ing wax *n no pl* Siegelwachs *nt*
'sea lion *n* Seelöwe *m*
'seal·skin *n no pl* Robbenfell *nt*
seam [si:m] *n* ❶ (*join in garment*) Naht *f*; **to be bursting at the ~s** (*fig*) aus allen Nähten platzen *fam*; **to fall apart at the ~s** aus den Nähten gehen; *marriage* scheitern; *plan* fehlschlagen ❷ (*line of junction*) Naht *f*; NAUT Fuge *f* ❸ (*mineral layer*) Schicht *f*
'sea·man ['si:mən] *n* (*sailor*) Seemann *m*; (*rank*) Matrose *m*; **able** [*or* **able-bodied**] **~** BRIT Vollmatrose *m*; **leading ~** BRIT Erster Matrose; **ordinary ~** BRIT Leichtmatrose *m*
sea 'mile *n* (*old*) Seemeile *f*
seam·less [si:mləs] *adj* ❶ (*without a seam*) *stockings* nahtlos; *garment, robe* ohne Nähte ❷ (*smooth*) nahtlos, problemlos
seam·stress <*pl* -es> ['sem(p)strɪs] *n* Näherin *f*
seamy ['si:mi] *adj* ❶ (*run down*) heruntergekommen ❷ (*dodgy*) *district* zwielichtig; **the ~ side of life** die Schattenseite des Lebens
sé·ance ['seɪɑ:(n)ts] *n* Séance *f geh*
'sea·plane *n* Wasserflugzeug *nt* **'sea·port** *n* Seehafen *m* **'sea pow·er** *n* ❶ *no pl* (*naval strength*) Stärke *f* zu Wasser ❷ (*state with strong navy*) Seemacht *f*
sear [sɪə'] *vt* ❶ (*scorch*) verbrennen; (*singe*) versengen ❷ (*cause painful sensation*) **a pain ~ed his chest** ein Schmerz durchzuckte seine Brust ❸ FOOD (*fry quickly*) kurz [an]braten ❹ (*cauterize*) *wound* ausbrennen
search [sɜ:tʃ] **I.** *n* ❶ (*for object, person*) Suche *f* (**for** nach); **to go off in ~ of sth** sich auf die Suche nach etw *dat* machen ❷ (*for drugs, stolen property, etc.*) Durchsuchung *f*; *of person* Leibesvisitation *f* ❸ COMPUT Suchlauf *m*; **to do a ~ for sth** etw suchen **II.** *vi* suchen; **to ~ high and low** [**for sth**] überall [nach etw *dat*] suchen; ■ **to ~ through sth** etw durchsuchen **III.** *vt* ❶ (*try to find in*) *building, bag* durchsuchen; *place, street* absuchen ❷ LAW durchsuchen ❸ (*examine carefully*) absuchen; *conscience, heart* prüfen; **to ~ one's memory** sein Gedächtnis durchforschen ▸ **~ me!** (*fam*) was weiß ich!? ◆ **search out** *vt* ausfindig machen
'search en·gine *n* COMPUT Suchmaschine *f* **search·er** ['sɜ:tʃə'] *n* Suchende(r) *f(m)* **'search func·tion** *n* COMPUT Suchfunktion *f* **search·ing** ['sɜ:tʃɪŋ] *adj gaze, look* forschend; *inquiry* eingehend; *question* tief gehend **'search·light** *n* Suchscheinwerfer *m* **'search op·era·tion** *n* Suchaktion *f* **'search par·ty** *n* Suchtrupp *m*

'search war·rant n Durchsuchungsbefehl m 'sear·ing ['sɪə'rɪŋ] adj attr ①(scorching) sengend ②(painfully burning) pain brennend ③(intense) passion glühend geh; emotion leidenschaftlich; criticism schonungslos

'sea salt n Meersalz nt 'sea·scape n ①(picture) Seestück nt ②(view) Blick m auf das Meer 'sea shan·ty n esp BRIT Seemannslied nt 'sea·shell n Muschel f 'sea·shore n no pl (beach) Strand m; (land near sea) [Meeres]küste f 'sea·sick adj seekrank 'sea·sick·ness n no pl Seekrankheit f 'sea·side n no pl ■ the ~ die [Meeres]küste; ■ at the ~ am Meer II. adj attr See-; a ~ holiday Ferien pl am Meer; ~ resort Seebad nt

sea·son ['siːzən] I. n ①(period of year) Jahreszeit f; the ~ of Advent/Lent die Advents-/Fastenzeit; the Christmas/Easter ~ die Weihnachts-/Osterzeit; ~'s greetings fröhliche Weihnachten und ein glückliches neues Jahr; the dry/rainy/monsoon ~ die Trocken-/Regen-/Monsunzeit ②(period of ripeness) Saison f; oysters are out of ~ at the moment zur Zeit gibt es keine Austern; apple/strawberry ~ Apfel-/Erdbeerzeit f; flowering ~ Blüte f ③ZOOL fruchtbare Zeit; mating ~ Paarungszeit f; to be in ~ brünstig sein ④(business period) Saison f, Hauptzeit f; at the height of the ~ in der Hochsaison; high ~ Hochsaison f; in/out of ~ während/außerhalb der Saison ⑤SPORTS Saison f; fishing/hunting ~ Angel-/Jagdzeit f ⑥(period of entertainment) Saison f; THEAT Spielzeit f ⑦BRIT (fam: season ticket) Dauerkarte f; SPORTS Saisonkarte f; THEAT Abonnement nt II. vt ①(add flavouring) würzen (with mit); the stew's done, but it needs to be ~ed der Eintopf ist fertig, aber er muss noch abgeschmeckt werden ②(dry out) wood ablagern lassen ③(mature) tobacco, wine [aus]reifen lassen III. vi ①FOOD würzen, abschmecken ②(dry out) wood [ab]lagern ③(mature) tobacco, wine [aus]reifen

sea·son·able ['siːzənəbl] adj ①(expected for time of year) der Jahreszeit angemessen ②(liter: appropriate) angebracht sea·son·al ['siːzənəl] adj ①(connected with time of year) jahreszeitlich bedingt; ~ adjustment Saisonbereinigung f; ~ unemployment saisonbedingte Arbeitslosigkeit; ~ work Saisonarbeit f ②(grown in a season) Saison-

sea·soned ['siːzənd] adj ①usu attr (experienced) erfahren ②(properly dried) timber abgelagert ③(spiced) gewürzt

sea·son·ing ['siːzənɪŋ] n ①no pl (salt and pepper) Würze f ②(herb or spice) Gewürz nt ③no pl (drying out) Ablagern nt

'sea·son tick·et n Dauerkarte f; (for public transport) Monatskarte f; (for one year) Jahreskarte f; SPORTS Saisonkarte f; THEAT Abonnement nt 'sea·son tick·et hold·er n (for train, bus) Inhaber(in) m(f) einer Monatskarte [o Jahreskarte]; (for sports) Besitzer(in) m(f) einer Saisonkarte; (for theatre, opera) Abonnent(in) m(f)

seat [siːt] I. n ①(sitting place) [Sitz]platz m; (in a car) Sitz m; (in bus, plane, train) Sitzplatz m; (in a theatre) Platz m; is this ~ free/taken? ist dieser Platz frei/besetzt?; back ~ Rücksitz m; to book [or reserve] a ~ (for concert, film, play) eine Karte reservieren lassen; (on bus, train) einen Platz reservieren lassen; to take a seat sich [hin]setzen ②usu sing (part to sit on) of chair Sitz m; of trousers, pants Hosenboden m ③(form: buttocks) Gesäß nt ④POL Sitz m; marginal/safe ~ knappes/sicheres Mandat; to lose/win a ~ einen Sitz verlieren/gewinnen ⑤(location) Sitz m; of company Sitz m; of aristocrat [Wohn]sitz m; ~ of government Regierungssitz m II. vt ①(provide seats) setzen; ■ to ~ oneself (form) sich setzen ②(seating capacity) to ~ 2500 2500 Menschen fassen; his car ~s five in seinem Auto haben fünf Leute Platz ③TECH (fix in base) einpassen

'seat belt n Sicherheitsgurt m; to fasten one's ~ sich anschnallen; to be wearing a ~ angeschnallt sein

seat·ing ['siːtɪŋ] n no pl ①(seats) Sitzgelegenheiten pl; ~ for 6/2000 Sitzplätze pl für 6/2000 Personen ②(sitting arrangement) Sitzordnung f

'seat·ing ar·range·ments npl, 'seat·ing plan n Sitzordnung f

SEATO ['siːtəʊ] n no pl acr for South-East Asia Treaty Organization SEATO f

'sea ur·chin n Seeigel m sea·ward ['siːwəd] I. adv seewärts II. adj ①(facing towards sea) dem Meer zugewandt ②(moving towards sea) auf das Meer hinaus nach n 'sea·wa·ter n no pl Meerwasser nt 'sea·way n no pl ①(channel for large ships) Wasserstraße f ②(route) Seeweg m 'sea·weed n no pl [See]tang m 'sea·wor·thy adj seetauglich

se·ba·ceous gland [sɪˈbeɪʃəsˌglænd] n ANAT Talgdrüse f

sec [sek] n short for second Sek.; I'll be with you in a ~! (fam) Sekunde, ich komme gleich!

seca·teurs [ˌsekəˈtɜːz] npl esp BRIT Gartenschere f

se·cede [sɪˈsiːd] vi POL sich abspalten (from von)

se·ces·sion [sɪˈseʃən] n no pl Abspaltung f

se·clude [sɪˈkluːd] *vt* abschließen (**from** von)
se·clud·ed [sɪˈkluːdɪd] *adj* spot, house abgelegen; area abgeschieden; **to live a ~ life** zurückgezogen leben
se·clu·sion [sɪˈkluːʒən] *n no pl* ❶ (*quiet and privacy*) Zurückgezogenheit *f*; *of place* Abgelegenheit *f*, Abgeschiedenheit *f* ❷ (*keeping separate*) Absonderung *f*
sec·ond[1] [ˈsekənd] **I.** *adj* ❶ *usu attr* (*next after first*) zweite(r, s); **Brian's going first, who wants to be ~?** Brian ist Erster, wer möchte der Nächste sein?; **he was the ~ person to qualify** er hat sich als Zweiter qualifiziert; **the ~ time** das zweite Mal ❷ (*next after winner*) zweite(r, s); **to finish ~** Zweite(r) werden; **to be in ~ place** auf Platz zwei sein ❸ (*not first in importance, size*) zweit-; **Germany's ~ city** Deutschlands zweitwichtigste Stadt; **the ~ biggest town** die zweitgrößte Stadt; **to be ~ only to sb/sth** gleich nach jdm/etw kommen *fam;* **to be ~ to none** unübertroffen sein ❹ *attr* (*another*) zweite(r, s), zweit-; **~ car** Zweitwagen *m;* **to give sb a ~ chance** jdm eine zweite Chance geben; **to have ~ thoughts** es sich *dat* noch einmal überlegen; **without a ~ thought** ohne lange zu überlegen ▸ **to play ~ fiddle to sb** in jds Schatten stehen; **to be ~ nature to sb** jdm in Fleisch und Blut übergegangen sein **II.** *n* ❶ BRIT UNIV ≈ Zwei *f*; **an upper/a lower ~** eine Zwei plus/minus ❷ *no pl* AUTO zweiter Gang ❸ (*extra helping*) ■ **~s** *pl* Nachschlag *m kein pl* ❹ BRIT (*fam: dessert*) ■ **~s** *pl* Nachtisch *m kein pl* ❺ (*imperfect item*) Ware *f* zweiter Wahl **III.** *adv* zweitens **IV.** *vt* (*support, back up*) proposal unterstützen, befürworten

sec·ond[2] [ˈsekənd] *n* ❶ (*sixtieth of a minute*) Sekunde *f;* **with** [**only**] **~s to spare** in [aller]letzter Sekunde ❷ (*very short time*) Sekunde *f*, Augenblick *m;* **you go on, I'll only be a ~** geh du weiter, ich komme gleich nach; **for a split ~** für den Bruchteil einer Sekunde

sec·ond·ary [ˈsekəndəri] **I.** *adj* ❶ (*not main*) zweitrangig; **to be of ~ importance** von untergeordneter Bedeutung sein; **to play a ~ role** eine untergeordnete Rolle spielen ❷ (*education*) höher; **~ education** höhere Schulbildung; **~ modern school** BRIT ≈ Hauptschule *f;* **~** (*more advanced*) ≈ Realschule *f* ❸ MED Sekundär- **II.** *n* ❶ MED Metastase *f* ❷ (*secondary school*) höhere [o weiterführende] Schule ❸ *no pl* (*education*) ≈ Hauptschule *f;* (*more advanced level*) ≈ Realschule *f*

ˈsec·ond·ary school *n* ❶ (*school*) höhere [o weiterführende] Schule ❷ *no pl* (*education*) ≈ Hauptschule *f;* (*more advanced level*) ≈ Realschule *f*

sec·ond ˈbest *adj* zweitbeste(r, s); **to come off ~** (*fig*) den Kürzeren ziehen *fam;* **to settle for ~** sich mit weniger zufriedengeben
sec·ond ˈcham·ber *n* POL zweite Kammer
sec·ond ˈclass I. *n no pl* (*mail*) gewöhnliche Post; (*in travel*) zweite Klasse **II.** *adv* ❶ TRANSP **to travel ~** zweiter Klasse reisen ❷ BRIT (*by second-class mail*) auf dem gewöhnlichen Postweg **sec·ond ˈcous·in** *n* Cousin *m*/Cousine *f* zweiten Grades **sec·ond-de·gree ˈburn** *n* Verbrennung *f* zweiten Grades
sec·ond·er [ˌsekəndər] *n of motion* Befürworter(in) *m(f)*
sec·ond-ˈguess *vt esp* AM ❶ (*forecast*) vorhersagen; ■ **to ~ sb** vorhersagen, was jd tun wird ❷ (*criticize with hindsight*) im Nachhinein kritisieren **ˈsec·ond-hand I.** *adj* ❶ (*used*) gebraucht; *clothes* secondhand; **~ car** Gebrauchtwagen *m* ❷ *attr* (*for second-hand goods*) Gebraucht-, Secondhand-; **~ bookshop** Antiquariat *nt;* **~ shop** Secondhandladen *m* ❸ (*obtained from sb else*) *information, experience* aus zweiter Hand nach *n* **II.** *adv* ❶ (*in used condition*) gebraucht ❷ (*from third party*) aus zweiter Hand *nach* ▸ **in sec·ond ˈhand** *n* Sekundenzeiger *m* **sec·ond lieu·ˈten·ant** *n* Leutnant *m*

sec·ond·ly [ˈsekəndli] *adv* zweitens
se·cond·ment [sɪˈkɒn(d)mənt] *n* BRIT, AUS ❶ *no pl* (*temporary transfer*) zeitweilige Versetzung; MIL Abkommandierung *f* ❷ (*period of secondment*) Versetzungszeit *f;* **to be on a one-year ~** für ein Jahr versetzt werden
sec·ond-ˈrate *adj* (*pej*) zweitklassig

se·cre·cy [ˈsiːkrəsi] *n no pl* ❶ (*act of keeping secret*) Geheimhaltung *f* ❷ (*ability of keeping secret*) Verschwiegenheit *f;* (*secretiveness*) Heimlichtuerei *f pej* (**about** um); ■ **in ~** im Geheimen
se·cret [ˈsiːkrət] **I.** *n* ❶ (*undisclosed information*) Geheimnis *nt;* **a closely guarded ~** ein streng gehütetes Geheimnis; **open ~** offenes Geheimnis; **to keep a ~** ein Geheimnis für sich *akk* behalten; ■ **in ~** im Geheimen, insgeheim; **to do sth in ~** etw heimlich tun; **it's no ~ that ...** es ist kein Geheimnis, dass ... ❷ (*special knack*) **the ~ of success** das Geheimnis des Erfolgs **II.** *adj* ❶ (*known to few people*) geheim, Geheim-; (*hidden*) verborgen; **to keep sth ~** etw geheim halten ❷ (*doing sth secretly*) heimlich
se·cret ˈagent *n* Geheimagent(in) *m(f)*
sec·re·tar·ial [ˌsekrəˈteəriəl] *adj* Sekretariats-, Büro-; **~ staff** Bürokräfte *pl*
sec·re·tar·i·at [ˌsekrəˈteəriət] *n* Sekretariat *nt*

sec·re·tary ['sekrət³ri] n ❶ (*office assistant*) Sekretär(in) *m(f)* ❷ ECON Assistent(in) *m(f)* der Geschäftsführung; **company** ~ BRIT ranghöchster Angestellter einer Kapitalgesellschaft ❸ BRIT (*assistant ambassador*) ~ [**of embassy**] Botschaftsrat, -rätin *m, f*; **first** ~ erster Botschaftsrat/erste Botschaftsrätin ❹ BRIT POL Staatssekretär(in) *m(f)*; AM Minister(in) *m(f)*

Sec·re·tary 'Gen·er·al <*pl* Secretaries General> *n* Generalsekretär(in) *m(f)*

se·crete¹ [sɪ'kriːt] *vt* BIOL, MED absondern

se·crete² [sɪ'kriːt] *vt* (*form*) verbergen

se·cre·tion [sɪ'kriːʃ³n] *n* ❶ BIOL, MED (*secreted substance*) Sekret *nt*; (*secreting*) Absonderung *f* ❷ *no pl* (*hiding*) Absonderung *f*

se·cre·tive ['sɪkrətɪv] *adj behaviour* geheimnisvoll; *character* verschlossen

sect [sekt] *n* ❶ (*religious group*) Sekte *f* ❷ (*denomination*) Konfession *f*

sec·tar·ian [sek'teəriən] **I.** *adj* ❶ (*relating to sect*) Sekten- ❷ (*relating to denomination*) konfessionell [bedingt]; ~ **differences** konfessionsunterschiede *pl*; ~ **violence** religiöse Unruhen **II.** *n* Anhänger(in) *m(f)* einer Sekte

sec·tion ['sekʃ³n] **I.** *n* ❶ (*component part*) Teil *nt*; *of road* Teilstrecke *f*; *of railway* Streckenabschnitt *m*; TECH [Bau]teil *nt* ❷ (*subdivision*) Paragraph *m*; *of book* Abschnitt *m*; *of document* Absatz *m* ❸ (*part of newspaper*) Teil *m* ❹ (*part of an area*) Bereich *m*; **nonsmoking** ~ (*in restaurant*) Nichtraucherbereich *m*; (*in railway carriage*) Nichtraucherabteil *nt* ❺ (*department*) Abteilung *f* ❻ (*group of instruments*) Gruppe *f*; **brass/ woodwind** ~ Blech-/Holzbläser *pl* ❼ (*military unit*) Abteilung *f* ❽ BIOL (*thin slice for examination*) Schnitt *m* ❾ (*profile*) Schnitt *m* ❿ (*surgical cut*) Schnitt *m*; [**Caesarean**] ~ Kaiserschnitt *m* **II.** *vt* ❶ (*to separate*) [unter]teilen ❷ (*cut*) zerschneiden; BIOL segmentieren *fachspr*; MED sezieren *fachspr* ❸ BRIT (*send to hospital*) in eine psychiatrische Klinik einweisen ◆ **section off** *vt* abteilen

sec·tion·al ['sekʃ³n³l] **I.** *adj* ❶ (*usu pej: limited to particular group*) partikular *geh* ❷ (*done in section*) Schnitt- ❸ *esp* AM (*made in sections*) zusammensetzbar; ~ **furniture** Anbaumöbel *pl*; ~ **sofa** zerlegbares Sofa **II.** *n* AM Anbaumöbel *pl*

sec·tor ['sektəʳ] *n* ❶ (*part of economy*) Sektor *m*, Bereich *m*; **the private/public** ~ der private/öffentliche Sektor ❷ (*area of land*) Sektor *m*, Zone *f* ❸ MATH Sektor *m*

secu·lar ['sekjələʳ] *adj* ❶ (*non-religious*) säkular *geh* ❷ (*non-monastic*) welt[geist]lich

secu·lar·ize ['sekjələʳaɪz] *vt* säkularisieren *geh*

se·cure [sɪ'kjʊəʳ] **I.** *adj* <-r, -st *or more* ~, the most -> ❶ (*certain, permanent*) sicher; **financially** ~ finanziell abgesichert ❷ *usu pred* (*safe, confident*) sicher ❸ (*safely guarded*) bewacht; (*safe against interception*) abhörsicher; ~ **against theft** diebstahlsicher; ■ **to be** ~ **against sth** vor etw *dat* sicher sein ❹ *usu pred* (*fixed in position*) fest; *door* fest verschlossen **II.** *vt* ❶ (*obtain*) sich *dat* sichern ❷ (*make safe*) [ab]sichern; **to** ~ **sb/sth against sth** jdn/etw vor etw *dat* schützen ❸ (*fasten*) befestigen (**to** an); *door, window* fest schließen ❹ (*guarantee repayment of*) absichern; **to** ~ **a loan against sth** einen Kredit durch etw *akk* abdecken

se·'cu·rities mar·ket *n no pl* STOCKEX Wertpapierbörse *f*

se·cu·rity [sɪ'kjʊərəti] *n* ❶ *no pl* (*protection, safety*) Sicherheit *f*; **maximum-**~ **prison** Hochsicherheitsgefängnis *nt*; **lax/tight** ~ lasche/strenge Sicherheitsvorkehrungen; **national** ~ nationale Sicherheit; **to tighten** ~ die Sicherheitsmaßnahmen verschärfen ❷ *no pl* (*guards*) Sicherheitsdienst *m* ❸ *no pl* (*permanence, certainty*) Sicherheit *f* ❹ *usu sing* (*safeguard*) Sicherheit *f*, Schutz *m* (**against** vor) ❺ *no pl* (*guarantee of payment*) Kaution *f* ❻ FIN ■ **securities** *pl* (*investments*) Wertpapiere *pl*

Se·'cu·rity Coun·cil *n* Sicherheitsrat *m*
se·'cu·rity forces *npl* MIL Sicherheitskräfte *pl* **se·'cu·rity guard** *n* Sicherheitsbeamte(r), -beamtin *m, f*

se·dan [sɪ'dæn] *n* AM, AUS Limousine *f*

se·dan 'chair *n* Sänfte *f*

se·date [sɪ'deɪt] **I.** *adj person* ruhig; *pace* gemächlich; (*pej*) *place* verschlafen **II.** *vt* MED ein Beruhigungsmittel geben

se·da·tion [sɪ'deɪʃ³n] *n no pl* MED Ruhigstellung *f*; **to be under** ~ unter dem Einfluss von Beruhigungsmitteln stehen

seda·tive ['sedətɪv] **I.** *adj* beruhigend **II.** *n* Beruhigungsmittel *nt*

sed·en·tary ['sed³nt³ri] *adj* sitzend

sedge [sedʒ] *n no pl* Riedgras *nt*

sedi·ment ['sedɪmənt] *n* ❶ *no pl* (*dregs at bottom*) Sediment *nt*; (*in river*) Ablagerung *f*; (*in wine*) [Boden]satz *m* ❷ (*deposited substance*) Sediment *nt*

sedi·men·tary [ˌsedɪ'ment³ri] *adj* ~ **layer** Sedimentschicht *f*; ~ **deposits** sedimentäre Ablagerungen

se·di·tion [sɪ'dɪʃ³n] *n no pl* Aufwiegelung *f*

se·di·tious [sɪ'dɪʃəs] *adj* aufwieglerisch

se·duce [sɪ'djuːs] *vt* ❶ (*persuade to have sex*) verführen ❷ (*win over*) ■ **to** ~ **sb into doing sth** jdn dazu verleiten, etw zu tun

se·duc·er [sɪ'djuːsəʳ] *n* Verführer *m*

se·duc·tion [sɪˈdʌkʃ(ə)n] *n* ❶ *no pl* (*persuasion into sex*) Verführung *f* ❷ (*act of seducing particular person*) Verführung *f* ❸ *usu pl* (*seductive quality*) Verlockung *f geh*

se·duc·tive [sɪˈdʌktɪv] *adj* ❶ (*sexy*) verführerisch ❷ (*attractive*) *argument, offer* verlockend

sedu·lous [ˈsedjʊləs] *adj* (*liter*) unermüdlich; *worker* fleißig

see¹ <saw, seen> [siː] **I.** *vt* ❶ (*perceive with eyes*) sehen; **I've never ~n anything quite like this before** so etwas habe ich ja noch nie gesehen; **have you ever ~n this man before?** haben Sie diesen Mann schon einmal gesehen?; **I'll believe it when I ~ it** das glaube ich erst, wenn ich es mit eigenen Augen gesehen habe; **I saw her coming** ich habe sie kommen sehen; **to ~ sth with one's own eyes** etw mit eigenen Augen sehen ❷ (*watch as a spectator*) *film, play* [sich *dat*] [an]sehen; **this film is really worth ~ing** dieser Film ist echt sehenswert ❸ (*visit place*) *famous building, place* ansehen; **I'd love to ~ Salzburg again** ich würde Salzburg gern wieder einmal besuchen; **to ~ the sights** die Sehenswürdigkeiten besichtigen ❹ (*understand*) verstehen, begreifen; (*discern mentally*) erkennen; **I ~ what you mean** ich weiß, was du meinst; **I can't ~ why I should do it** ich sehe einfach nicht ein, warum ich es machen sollte; **I really can't ~ what difference it makes** ich weiß wirklich nicht, was es für einen Unterschied machen soll; **~ what I mean?** siehst du? ❺ (*consider*) sehen; **as I ~ it ...** so wie ich das sehe ...; **this is how I ~ it** so sehe ich die Sache; **to ~ sth in a new light** etw mit anderen Augen sehen ❻ (*learn, find out*) feststellen; **I'll ~ what I can do** ich schaue mal, was ich tun kann; **I'll ~ who it is** ich schaue mal nach, wer es ist; **let me ~ if I can help you** mal sehen, ob ich Ihnen helfen kann; **that remains to be ~n** das wird sich zeigen ❼ (*meet socially*) sehen; (*by chance*) [zufällig] treffen [*o* sehen]; **we're ~ing friends at the weekend** wir treffen uns am Wochenende mit Freunden; **I'll ~ you around** bis dann!; **~ you later!** (*fam: when meeting again later*) bis später!; (*goodbye*) tschüs! *fam*; **~ you on Monday** bis Montag!; **to go and ~ sb** jdn besuchen [gehen] ❽ (*have meeting with*) sehen; (*talk to*) sprechen; (*receive*) empfangen; **Ms Miller can't ~ you now** Ms Miller ist im Moment nicht zu sprechen; **to ~ a doctor/a solicitor** zum Arzt/zu einem Anwalt gehen ❾ (*have relationship with*) ▪ **to be ~ing sb** mit jdm zusammen sein *fam*; **I'm not ~ing anyone at the moment** ich habe im Moment keine Freundin ❿ (*envisage, foresee*) sich *dat* vorstellen; **I can't ~ him getting the job** ich kann mir nicht vorstellen, dass er den Job bekommt; **to ~ it coming** es kommen sehen ⓫ (*witness, experience*) [mit]erleben; **1997 saw a slackening off in the growth of the economy** 1997 kam es zu einer Verlangsamung des Wirtschaftswachstums; **I've ~n it all** mich überrascht nichts mehr; **to ~ sb do sth** [mit]erleben, wie jd etw tut; **to live to ~ sth** etw [noch] erleben ⓬ (*accompany*) begleiten; **to ~ sb to the door** [*or* out]/**home** jdn zur Tür/nach Hause bringen [*o geh* begleiten] ⓭ (*inspect*) *licence, passport* sehen, prüfen ⓮ *in impers* (*refer to*) ▪ **~ ...** siehe ...; **~ below/page 23** siehe unten/Seite 23 ⓯ (*perceive*) ▪ **to ~ sth in sb** etw in jdm sehen; **I don't know what she ~s in him** ich weiß nicht, was sie an ihm findet ⓰ (*ensure*) **to ~ sb right** BRIT, AUS (*fam: help*) jdm helfen; ▪ **to ~ that sth happens** dafür sorgen, dass etw passiert; **~ that this doesn't happen again** sieh zu, dass das nicht noch einmal passiert ▸ **to have ~n better days** schon [einmal] bessere Tage gesehen haben; **to not ~ further than the end of one's nose** nicht weiter sehen als die Nasenspitze reicht; **to ~ the last** [*or* BRIT, AUS **the back**] **of sb** [endlich] jdn los sein *fam;* **to ~ the last** [*or* BRIT, AUS **the back**] **of sth** endlich etw überstanden haben; **to be ~ing things** sich *dat* etw einbilden; **to not ~ the wood** [*or* AM **the forest**] **for the trees** den Wald vor [lauter] Bäumen nicht sehen *hum* **II.** *vi* ❶ (*use eyes*) sehen; **I can't ~ very well without my glasses** ohne Brille kann ich nicht sehr gut sehen; **... but ~ing is believing** ... doch ich habe es mit eigenen Augen gesehen!; **as far as the eye can ~** so weit das Auge reicht ❷ (*look*) sehen; **let me ~!** lass mich mal sehen!; **~ for yourself!** sieh doch selbst!; (*in theatre etc.*) **can you ~?** können Sie noch sehen?; **~, Grandad's mended it for you** schau mal, Opa hat es dir wieder repariert! ❸ (*understand, realize*) **...** — **oh, I ~** ... – aha!; **I ~** ich verstehe; **you ~!** it wasn't that difficult was it? na siehst du, das war doch gar nicht so schwer!; **~?!** siehst du?!; **I ~ from your report ...** Ihrem Bericht entnehme ich, ... ❹ (*find out*) nachsehen; (*in the future*) abwarten und Tee trinken; **wait and ~**; **let me ~** lass mich mal überlegen; **you'll ~** du wirst schon sehen! ▸ **to not ~ eye to eye** [**with sb**] nicht derselben Ansicht sein [wie jd]; **to ~ fit to do sth** es für angebracht halten, etw zu tun; **to ~ red** rotsehen *fam* ♦ **see about** *vi* ❶ (*fam:*

deal with) ■ **to ~ about sth** sich um etw *akk* kümmern; **I've come to ~ about the TV** ich soll mir den Fernseher ansehen; **I think we'd better ~ about getting home** ich glaube, wir sehen jetzt besser zu, dass wir nach Hause kommen ❷ (*consider*) **I'll ~ about it** ich will mal sehen ▶ **we'll ~ about that!** (*fam*) das werden wir ja sehen! ♦ **see in** I. *vi* hineinsehen II. *vt* hineinbringen; **to ~ the New Year in** das neue Jahr begrüßen ♦ **see into** *vi* ❶ (*look into*) hineinsehen ❷ (*find out about*) **to ~ into the future** in die Zukunft schauen ♦ **see off** *vt* ❶ (*say goodbye*) verabschieden; **to ~ sb off at the airport/station** jdn zum Flughafen/Bahnhof bringen ❷ (*drive away*) verjagen ❸ (*get the better of*) ■ **to ~ off** ⊂ **sb/sth** mit jdm/etw fertigwerden *fam* ♦ **see out I.** *vt* ❶ (*escort to door*) hinausbegleiten; **I can ~ myself out, thanks** danke, ich finde alleine hinaus ❷ (*continue to end of*) durchstehen; (*last until end of*) überleben, überstehen II. *vi* hinaussehen ♦ **see over** *vi* BRIT, AUS besichtigen ♦ **see round** *vi* BRIT, AUS sich umsehen ♦ **see through** I. *vt* ❶ (*look through*) ■ **to ~ through sth** durch etw *akk* hindurchsehen ❷ (*not be deceived by*) durchschauen II. *vi* ❶ (*sustain*) ■ **to ~ sb through** jdm über die Runden helfen *fam;* (*comfort*) jdm beistehen; **we've got enough coffee to ~ us through until the end of the week** unser Kaffee reicht noch bis Ende der Woche; **will £30 be enough to ~ you through?** reichen dir 30 Pfund?; **to ~ sb through a difficult time** jdm über eine schwierige Zeit hinweghelfen ❷ (*continue to the end of*) zu Ende bringen ♦ **see to** *vi* ■ **to ~ to sb/sth** sich um jdn/etw akk kümmern; ■ **to ~ to it that ...** dafür sorgen, dass ... ♦ **see up** I. *vi* hinaussehen II. *vt* hinaufbringen

see² [si:] *n* (*of bishop or archbishop*) [Erz]bistum *nt;* **the Holy S~** der Heilige Stuhl

seed [si:d] I. *n* ❶ (*source of plant*) Same[n] *m;* of grain Korn *nt;* ■ **~s** *fig* AGR Saat *f kein pl* ❷ *no pl* (*seeds*) Samen *pl;* **to go to ~** Samen bilden; *salad, vegetables* schießen ❸ (*small beginning of sth*) Keim *m;* **to sow the ~s of sth** etw säen ❹ *no pl* (*liter: semen*) Samen *m* ❺ (*seeded player*) Platzierte(r) *f(m);* **top** [*or* **number one**] **~** Erstplatzierte(r) *f(m)* ▶ **to go** [*or* **run**] **to ~** herunterkommen *fam* II. *vt* ❶ (*sow with seed*) besäen ❷ (*drop its seed*) ■ **to ~ oneself** sich aussäen ❸ (*help start*) bestücken ❹ (*remove seeds from*) entkernen ❺ *usu passive* SPORTS **to be ~ed** gesetzt [*o* platziert] sein

'seed bed *n* ❶ (*area of ground*) Samenbeet *nt* ❷ (*fig*) Grundlage *f* **seed·less** ['siːdləs] *adj* kernlos **seed·ling** ['siːdlɪŋ] *n* Setzling *m* **'seed po·ta·to** *n* Saatkartoffel *f*

seedy [siːdi] *adj* ❶ (*dirty and dubious*) *district, hotel* zwielichtig; *character, reputation* zweifelhaft; *clothes, appearance* schäbig ❷ *usu pred* (*slightly unwell*) unwohl ❸ (*full of seeds*) *bread* mit ganzen Getreidekörnern nach *n;* *fruits* voller Kerne nach *n*

see·ing ['siːɪŋ] *conj* **~ that** [*or* **as** [**how**]] ... da ...

seek <sought, sought> [siːk] I. *vt* ❶ (*form: look for*) suchen ❷ (*try to obtain or achieve*) erstreben; **to ~ asylum/refuge/shelter** Asyl/Zuflucht/Schutz suchen; **to ~ employment** eine Stelle suchen; **to ~ justice/revenge** nach Gerechtigkeit/Rache streben ❸ (*ask for*) erbitten *geh;* **to ~ advice from sb** jdn um Rat bitten; **to ~ approval from sb** jds Zustimmung einholen; **to ~ permission from sb** jdn um Erlaubnis bitten II. *vi* ❶ (*form: search*) suchen ❷ (*form: attempt*) ■ **to ~ to do sth** danach trachten, etw zu tun *geh* ♦ **seek out** *vt* ausfindig machen; *opinion, information* herausfinden; **to ~ out new talent** auf Talentsuche sein

seek·er [siːkəʳ] *n* in Suchende(r) *f(m);* **asylum ~** Asylsuchende(r) *f(m);* (*more formally*) Asylbewerber(in) *m(f);* **job ~** Arbeitssuchende(r) *f(m)*

seem [siːm] *vi* ❶ (*appear to be*) scheinen; **he's sixteen, but he ~s younger** er ist sechzehn, wirkt aber jünger; **it ~s like ages since we last saw you** es kommt mir wie eine Ewigkeit vor, seit wir dich das letzte Mal gesehen haben; **it ~ed like a good idea at the time** damals hielt ich das für eine gute Idee; **what ~s to be the problem?** wo liegt denn das Problem?; ■ **to ~ as if ...** so scheinen, als ob ... ❷ (*appear*) **there ~s to have been some mistake** da liegt anscheinend ein Irrtum vor; ■ **it ~s** [**that**] ... anscheinend ...; **it ~s to me that he isn't the right person for the job** ich finde, er ist nicht der Richtige für den Job; ■ **it ~s as if** [*or* **as though**] **...** es scheint, als ob ...

seem·ing ['siːmɪŋ] *adj attr* (*form*) scheinbare(r, s) **seem·ing·ly** ['siːmɪŋli] *adv* scheinbar **seem·ly** ['siːmli] *adj* (*old*) schicklich *geh*

seen [siːn] *pp of* **see**

seep [siːp] *vi* sickern; (*fig*) *information, truth* durchsickern ♦ **seep away** *vi* versickern

seep·age ['siːpɪdʒ] *n no pl* ❶ (*process of seeping*) of oil, water Aussickern *nt;* (*fig*) of information Durchsickern *nt* ❷ (*lost fluid*) versickernde Flüssigkeit

seer ['siːəʳ] *n* (*liter*) Seher *m;* (*fig*) Prophet *m*

seer·suck·er ['sɪə,sʌkəʳ] *n no pl* (*material*)

Seersucker *m*
see-saw ['siːsɔː] **I.** *n* ❶ (*for children*) Wippe *f* ❷ (*vacillating situation*) Auf und Ab *nt* **II.** *vi* ❶ (*play*) wippen ❷ (*fig*) sich auf und ab bewegen; *prices* steigen und fallen; *mood* schwanken
seethe [siːð] *vi* ❶ (*be very angry*) kochen *fam* ❷ (*move about violently*) *river, sea* schäumen; *liquid* brodeln ❸ (*be crowded*) wimmeln (**with** von)
'see-through *adj* ❶ (*transparent*) durchsichtig ❷ (*of very light material*) durchscheinend
seg·ment ['segmənt] **I.** *n* ❶ (*part, division*) Teil *m*; *of population* Gruppe *f*; *of orange* Schnitz *m* ❷ RADIO, TV (*allocated time*) Sendezeit *f* ❸ MATH Segment *nt* ❹ (*of worm*) Segment *nt* **II.** *vt* zerlegen **III.** *vi* sich teilen
seg·men·ta·tion [ˌsegmənˈteɪʃ(ə)n] *n no pl* Segmentierung *f geh*; BIOL Zellteilung *f*
seg·re·gate ['segrɪgeɪt] *vt* absondern; *races, sexes* trennen
seg·re·ga·tion [ˌsegrɪˈgeɪʃ(ə)n] *n no pl* Trennung *f*; **racial ~** Rassentrennung *f*
seis·mic ['saɪzmɪk] *adj* ❶ GEOL seismisch; **~ waves** Erdbebenwellen *pl* ❷ (*extremely damaging*) verheerend
seis·mo·graph ['saɪzmə(ʊ)grɑːf] *n* Seismograph *m*
seis·mo·lo·gist [saɪzˈmɒlədʒɪst] *n* Seismologe, Seismologin *m, f*
seis·mol·o·gy [saɪzˈmɒlədʒi] *n no pl* Seismologie *f*
seize [siːz] *vt* ❶ (*grab*) ergreifen, packen; ▪ **to ~ sb** jdn packen ❷ *usu passive* (*fig: overcome*) ▪ **to be ~d with sth** von etw *dat* ergriffen werden; **to be ~d with panic** von Panik erfasst werden ❸ (*make use of*) *initiative, opportunity* ergreifen ❹ (*capture*) einnehmen; *criminal* festnehmen; *hostage* nehmen; **to ~ power** die Macht ergreifen; (*more aggressively*) die Macht an sich *akk* reißen ❺ (*confiscate*) beschlagnahmen ◆ **seize on** *vi idea* aufgreifen; **to ~ on an excuse** zu einer Ausrede greifen ◆ **seize up** *vi engine, machine* stehen bleiben; *brain* aussetzen; *back, muscles* steif [*o* unbeweglich] werden
sei·zure ['siːʒə^r] *n* ❶ *no pl* (*taking*) Ergreifung *f*; *of drugs* Beschlagnahmung *f*; **~ of power** Machtergreifung *f* ❷ MED (*fit*) Anfall *m*; (*dated: stroke*) Schlaganfall *m* ❸ *usu sing* MECH Stillstand *m*
sel·dom ['seldəm] *adv* selten; **~ if ever** fast nie
se·lect [sɪˈlekt] **I.** *adj* ❶ (*high-class*) *hotel, club* exklusiv ❷ (*carefully chosen*) ausgewählt; *team* auserwählt; *fruit, cuts of meat* ausgesucht; **a ~ few** einige Auserwählte **II.** *vt* aussuchen; ▪ **to ~ sb** jdn auswählen; **to**
~ a team SPORTS eine Mannschaft aufstellen **III.** *vi* ▪ **to ~ from sth** aus etw *dat* [aus]wählen
se·lect com·ˈmit·tee *n* Sonderausschuss *m* (**on** für)
se·lec·tion [sɪˈlekʃ(ə)n] *n* ❶ *no pl* (*choosing*) Auswahl *f*; BIOL Selektion *f geh*; **to make one's ~** seine Wahl treffen ❷ *no pl* (*being selected*) Wahl *f*; (*for candidacy*) Aufstellung *f* ❸ *usu sing* (*range*) Auswahl *f*, Sortiment *nt* ❹ (*chosen player*) Spieler[aus]wahl *f*
se·lec·tive [sɪˈlektɪv] *adj* ❶ (*careful about choosing*) wählerisch; *reader, shopper* kritisch; **to have a ~ memory** (*pej, hum*) ein selektives Erinnerungsvermögen haben ❷ (*choosing the best*) ausgewählt; **~ breeding** Zuchtwahl *f* ❸ (*discriminately affecting*) *process, agent* gezielt
se·lec·tive·ness [sɪˈlektɪvnəs] *n no pl*, **se·lec·tiv·i·ty** [ˌsɪlekˈtɪvəti] *n no pl* ❶ (*careful choice*) [sorgfältiges] Auswählen ❷ (*discriminately affect*) *process, agent* Gezieltheit *f*
se·lec·tor [sɪˈlektə^r] *n* ❶ (*chooser*) Auswählende(r) *f(m)* ❷ (*switch*) Wählschalter *m*; BRIT (*in car*) Schalthebel *m*; **~ lever** Automatikschalthebel *m*
self <*pl* **selves**> [self] *n* (*personality*) ▪ **one's ~** das Selbst [*o* Ich]; **to be [like] one's former ~** wieder ganz der/die Alte sein; **to find one's true ~** sein wahres Ich [*o* sich selbst] finden
self-a'base·ment [-əˈbeɪsmənt] *n no pl* Selbsterniedrigung *f* **self-a'buse** *n* (*harm*) Selbstzerstörung *f* **self-ad·dressed 'en·velope** *n* adressierter Rückumschlag **self-adˈhe·sive** *adj stamps, envelopes, labels* selbstklebend **self-apˈpoint·ed** *adj manager, experts, critic* selbst ernannt **self-asˈsur·ance** *n no pl* Selbstvertrauen *nt*, Selbstsicherheit *f* **self-asˈsured** *adj* selbstbewusst, selbstsicher **self-ˈca·ter·ing** *n no pl* BRIT, AUS Selbstverpflegung *f*; **~ flat** [*or* AM **apartment**] [*or* **accommodation**] Ferienwohnung *f* **self-ˈcen·tred** *adj*, AM **self-ˈcen·tered** *adj* (*pej*) egozentrisch; **~ person** Egozentriker(in) *m(f)* **self-comˈpla·cent** *adj* selbstzufrieden **self-comˈposed** *adj* beherrscht; **to remain ~** gelassen bleiben **self-conˈceit·ed** *adj* eingebildet **self-conˈfessed** *adj attr* erklärt; **she's a ~ thief** sie bezeichnet sich selbst als Diebin **self-ˈcon·fi·dence** *n no pl* Selbstvertrauen *nt* **self-ˈcon·scious** *adj* gehemmt; *laugh, smile* verlegen **self-conˈtained** *adj* ❶ (*complete*) selbstgenügsam; **~ community** autarke Gemeinschaft ❷ (*separate*) **~ apartment** separate Wohnung **self-contra·ˈdic·tory** *adj* (*form*) paradox *geh* **self-conˈtrol** *n no pl* Selbstbeherrschung *f*; **to exer-**

cise ~ Selbstdisziplin üben; **to lose/regain one's ~** die Fassung verlieren/wiedergewinnen **self-'crit·i·cal** *adj* selbstkritisch **self-'crit·i·cism** *n no pl* Selbstkritik *f* **self-de-'ceit, self-de-'cep·tion** *n no pl* Selbstbetrug *m* **self-de-'feat·ing** *adj* kontraproduktiv **self-de-'fence,** Am **self-de-'fense** *n no pl* Selbstverteidigung *f*; **in ~, I have to say that ...** zu meiner Verteidigung muss ich sagen, dass ...; **to kill sb in ~** jdn in Notwehr töten **self-de-'ni·al** *n no pl* Selbsteinschränkung *f* **self-de-'struct** *vi* sich selbst zerstören; *materials* zerfallen; *missile* [zer]bersten **self-de·ter·mi·'na·tion** *n no pl* POL Selbstbestimmung *f* **self-'dis·ci·pline** *n no pl* Selbstdisziplin *f* **self-'ed·u·cat·ed** *adj* autodidaktisch; **he's ~** er ist ein Autodidakt **self-ef-'fac·ing** *adj* bescheiden **self-em-'ployed I.** *adj* selbständig; **he is ~** er ist selbständig; **~ builder** Bauunternehmer(in) *m(f)*; **~ lawyer** Anwalt, Anwältin *m, f* mit eigener Kanzlei **II.** ■ **the ~** *pl* die Selbständigen *pl* **self-es-'teem** *n no pl* Selbstwertgefühl *nt*; **to have no/high/low ~** kein/ein hohes/ein geringes Selbstwertgefühl haben **self-'ev·i·dent** *adj* offensichtlich; ■ **it is ~ that ...** es liegt auf der Hand, dass ... **self-ex-'plan·a·to·ry** *adj* ■ **to be ~** klar sein, keiner weiteren Erklärung bedürfen **self-ex-'pres·sion** *n no pl* Selbstdarstellung *f* **self-ful-'fill·ing** *adj* ■ **to be ~** sich selbst bewahrheiten **self-'gov·ern·ing** *adj* selbst verwaltet; **~ school** Privatschule *f* **self-'gov·ern·ment** *n no pl* Selbstverwaltung *f* **self-'help** *n no pl* Selbsthilfe *f*; **~ group** Selbsthilfegruppe *f* **self-im-'port·ance** *n no pl* Selbstgefälligkeit *f* **self-im-'port·ant** *adj* selbstgefällig **self-im-'posed** *adj* selbst verordnet **self-in-'dul·gence** *n* ① *no pl* (*hedonism*) Luxus *m* ② (*act*) Hemmungslosigkeit *f* **self-in-'dul·gent** *adj* genießerisch **self-in-'flict·ed** *adj* selbst zugefügt [*o* beigebracht] **self-'in·ter·est** *n no pl* Eigeninteresse *f*

self·ish ['selfɪʃ] *adj* selbstsüchtig; *motive* eigennützig

self·ish·ness ['selfɪʃnəs] *n no pl* Selbstsucht *f*

self-jus·ti·fi·'ca·tion *n* Rechtfertigung *f*

self·less ['selfləs] *adj* selbstlos

self-'made *adj* selbst gemacht; **~ man** Selfmademan *m* **self-o·'pin·ion·at·ed** *adj* starrköpfig **self-'pit·y** *n no pl* Selbstmitleid *nt* **self-'por·trait** *n* Selbstbildnis *nt*; **to draw** [*or* **paint**] **a ~** sich selbst porträtieren **self-pos-'sessed** *adj* selbstbeherrscht **self-pre·ser·'va·tion** *n no pl* Selbsterhaltung *f* **self-rais·ing 'flour** *n no pl* BRIT, AUS Mehl, *dem Backpulver beigemischt ist* **self-re·li·'za·tion** *n no pl* Selbstverwirklichung *f* **self-re-'li·ance** *n no pl* Selbstvertrauen *nt* **self-re-'li·ant** *adj* selbständig **self-re-'spect** *n no pl* Selbstachtung *f* **self-re-'spect·ing** *adj attr* ① (*having self-respect*) ■ **to be ~** Selbstachtung besitzen; **~ government** ernst zu nehmende Regierung ② (*esp hum: good*) anständig; **no ~ person** niemand, der was auf sich hält **self-'right·eous** *adj* selbstgerecht **self-ris·ing 'flour** *n no pl* AM Mehl, *dem Backpulver beigemischt ist* **self-'sac·ri·fice** *n no pl* Selbstaufopferung *f*; **to require ~** Opferbereitschaft verlangen **self-sac·ri·fic·ing** ['-sækrɪfaɪsɪŋ] *adj* hingebungsvoll **self-sat·is-'fac·tion** *n no pl* Selbstzufriedenheit *f* **self-'sat·is·fied** *adj* selbstzufrieden **self-'seek·ing** (*form*) **I.** *n no pl* Selbstsucht *f* **II.** *adj* selbstsüchtig **self-'ser·vice** *n no pl* Selbstbedienung *f*; **~ restaurant** Selbstbedienungsrestaurant *nt* **self-suf-'fi·cien·cy** *n no pl* Selbstversorgung *f*; *economic* **~** Autarkie *f* **self-suf-'fi·cient** *adj* selbständig **self-'taught** *adj* ① (*educated*) selbst erlernt ② (*acquired*) autodidaktisch **self-willed** ['-wɪld] *adj* starrköpfig **self-wind·ing 'watch** *n* Armbanduhr *f* mit Selbstaufzug

sell [sel] **I.** *vt* <sold, sold> ① (*for money*) verkaufen; **I sold him my car for £600** ich verkaufte ihm mein Auto für 600 Pfund; **to ~ sth** [**for sb**] **on consignment** AM etw [für jdn] in Zahlung nehmen; **to ~ property** Besitz veräußern; **to ~ sth retail/wholesale** etw im Einzel-/Großhandel verkaufen ② (*persuade*) ■ **to ~ sth** [**to sb**] jdn für etw *akk* gewinnen; **she's really sold on the idea of buying a new car** sie ist echt begeistert von der Idee, ein neues Auto zu kaufen; **to ~ an idea to sb** jdm eine Idee schmackhaft machen ► **to ~ one's soul** [**to the devil**] [dem Teufel] seine Seele verkaufen; **to ~ oneself short** das eigene Licht unter den Scheffel stellen **II.** *vi* <sold, sold> ① (*give for money*) verkaufen ② (*attract customers*) sich verkaufen ► **to ~ like hot cakes** wie warme Semmeln weggehen **III.** *n* ① *no pl* Ware *f*; **to be a hard** [*or* **tough**]/**soft ~** schwer/leicht verkäuflich sein ② *no pl* STOCKEX ■ **to be a ~** shares zum Verkauf stehen

◆ **sell off** *vt* verkaufen ◆ **sell out I.** *vi* ① (*sell entire stock*) ausverkaufen; **I'm sorry, we've sold out** es tut mir leid, aber wir sind ausverkauft ② (*be completely booked*) ■ **to be sold out** *performance* ausverkauft sein ③ FIN ■ **to ~ out to sb** an jdn verkaufen ④ (*do what others want*) ■ **to ~ out to sb** sich jdm verkaufen **II.** *vt* ① *stock* ■ **to be sold out** ausverkauft sein ② (*pej* *fam: betray*) verraten ❸ (*sell*) veräußern; **to ~ out one's interests/shares** seine Anteile/Aktien verkaufen ◆ **sell up** BRIT, AUS **I.** *vi* verkaufen **II.** *vt* verkaufen

sell·able ['seləbl] *adj* [gut] verkäuflich; **I'm convinced that my idea is ~** ich bin mir sicher, dass sich meine Idee verkaufen lässt

'sell-by date *n esp* BRIT Mindesthaltbarkeitsdatum *nt*; **past the ~** nach Ablauf des Mindesthaltbarkeitsdatums; **to be past one's ~** (*hum fam*) seine besten Jahre hinter sich *dat* haben

sell·er ['selə^r] *n* ❶ (*person*) Verkäufer(in) *m(f)* ❷ (*product*) Verkaufsschlager *m*

sell·ing ['selɪŋ] *n no pl* Verkaufen *nt* **'sell·ing point** *n* Kaufattribut *nt* **'sell·ing price** *n* Kaufpreis *m*

'sell-off *n* ❶ *of shares* Verkauf *m* ❷ (*privatization*) Aktienverkauf *m*

Sel·lo·tape® ['seləʊteɪp] *n no pl* BRIT Tesafilm® *m*

'sell-out *n* ❶ (*sales*) Ausverkauf *m*; **the concert was a ~** das Konzert war ausverkauft ❷ (*betrayal*) Auslieferung *f*

selves [selvz] *n pl of* **self**

se·man·tic [sɪˈmæntɪk] *adj* semantisch

se·man·tics [sɪˈmæntɪks] *n* ❶ + *sing vb* (*science*) Semantik *f* ❷ (*meaning*) of word, text Bedeutung *f*

sema·phore ['seməfɔːʳ] **I.** *n* ❶ *no pl* (*system of communication*) Semaphor *nt o* ÖSTERR *m* (*eine Signalsprache*) ❷ (*apparatus*) Semaphor *nt o* ÖSTERR *m* **II.** *vt* signalisieren

sem·blance ['sembləns] *n sing* (*form*) Anschein *m*; **~ of normality** Anschein *m* von Normalität

se·men ['siːmən] *n no pl* Sperma *nt*

se·mes·ter [sɪˈmestəʳ] *n esp* AM, AUS Semester *nt*

semi <*pl* -s> ['semi] *n* (*fam*) ❶ BRIT, AUS (*house*) Doppelhaushälfte *f* ❷ AM, AUS (*truck*) Sattelschlepper *m* ❸ SPORTS Halbfinale *nt*

semi-auto·mat·ic *adj* ❶ MIL **~ weapons** halbautomatische Waffen ❷ TECH halbautomatisch; **~ gearbox** halbautomatische Schaltung **'semi·breve** ['semibriːv] *n esp* BRIT, AUS MUS halbe Note **'semi·cir·cle** *n* Halbkreis *m* **semi·'cir·cu·lar** *adj formation* halbkreisförmig **semi·'co·lon** *n* Semikolon *nt*, Strichpunkt *m* **semi·con·'duc·tor** *n* Halbleiter *m* **semi·'con·scious** *adj* halb bewusstlos; *feeling, memory* teilweise unbewusst; **to be ~** halb bei Bewusstsein sein **semi-de·'tached I.** *n* Doppelhaushälfte *f* **II.** *adj* Doppelhaus- **semi·'fi·nal** *n* Halbfinale *nt*; **to reach the ~** das Halbfinale erreichen **semi·'fi·nal·ist** *n* SPORTS Halbfinalist(in) *m(f)*

semi·nal ['semɪn^əl] *adj* ❶ (*form: important*) *role* tragend *geh*; *work, article* bedeutend ❷ *attr* ANAT Samen-

semi·nar ['semɪnɑːʳ] *n* ❶ UNIV Seminar *nt* ❷ (*workshop*) Seminar *nt*; **~ on communication skills** Rhetorikkurs *m*; **training ~** Übung *f*

semi·nary ['semɪn^əri] *n* Priesterseminar *nt*

semi-of·'fi·cial *adj* halboffiziell

se·mi·ot·ics [ˌsemiˈɒtɪks] *n* + *sing vb* LING Semiotik *f*

semi-'pre·cious *adj* **~ stone** Halbedelstein *m* **'semi·qua·ver** *n esp* BRIT, AUS Sechzehntel[note] *f* **semi·'skilled** *adj* angelernt; **~ work** Anlerntätigkeit *f*; **~ worker** angelernte Arbeitskraft

Se·mite ['siːmaɪt] *n* Semit(in) *m(f)*

Se·mit·ic [səˈmɪtɪk] *adj* semitisch

'semi·tone *n* Halbton[schritt] *m* **semi·'trail·er** *n* AM, AUS ❶ (*truck*) Sattelschlepper *m* ❷ (*trailer*) Anhänger *m* (*für Sattelschlepper*) **semi-'tropi·cal** *adj see* **subtropical 'semi·vow·el** *n* Halbvokal *m*

semo·'li·na [ˌsemə^əˈliːnə] *n no pl* Gries *m*

Sen *n* POL *abbrev of* **senator**

sen·ate ['senɪt] *n no pl*, + *sing/pl vb* POL, LAW, UNIV Senat *m*; **the US S~** der US-Senat; **the French S~** der oberste Gerichtshof Frankreichs

sena·tor ['senətəʳ] *n* ❶ (*member*) Senator(in) *m(f)* ❷ (*title*) ■S~ Senator

sena·to·rial [ˌsenəˈtɔːriəl] *adj esp* AM (*form*) Senats-

send <sent, sent> [send] *vt* ❶ (*forward*) ■ **to ~** |**sb**| **sth** jdm etw [zu]schicken; **to ~ sth by airmail/post** etw per Luftpost/mit der Post schicken; **to ~ invitations** Einladungen verschicken; **to ~ sb a message/warning** jdm eine Nachricht/Warnung zukommen lassen; **to ~ a signal to sb** jdm etw signalisieren ❷ (*pass on*) ■ **to ~ sb sth** jdm etw übermitteln [lassen]; **Maggie ~s her love** Maggie lässt dich grüßen; **be sure to ~ them my regrets** bitte entschuldige mich bei ihnen ❸ (*dispatch*) schicken; ■ **to ~ sb for sth** jdn nach etw *dat* [los]schicken; **to ~ sb to prison** jdn ins Gefängnis stecken; **to ~ reinforcements** Verstärkung schicken ❹ (*transmit*) senden; **to ~ a message in Morse code** eine Nachricht morsen; **to ~ a signal** ein Signal aussenden ❺ (*propel*) bewegen ❻ (*cause*) versetzen; **watching television always ~s me to sleep** beim Fernsehen schlafe ich immer ein; **to ~ sb into a panic** jdn in Panik versetzen; **to ~ shivers down sb's spine** jdm Schauer über den Rücken jagen ▶ **to ~ sb to Coventry**

jdn schneiden; **to ~ sb flying** jdn zu Boden schicken; **to ~ sb packing** (*fam*) sagen, dass jd verschwinden soll ◆ **send away I.** *vi* ■ **to ~ away for sth** sich *dat* etw zuschicken lassen **II.** *vt* wegschicken ◆ **send back** *vt* zurückschicken ◆ **send down I.** *vt* ① BRIT UNIV ■ **to ~ sb down** jdn relegieren [*o* von der Hochschule verweisen] *geh* ② BRIT LAW verurteilen; **he was sent down for five years** er wurde zu fünf Jahren Gefängnis verurteilt ③ (*reduce level*) senken **II.** *vi* ■ **to ~ down for sth** nach etw *dat* schicken ◆ **send for** *vi* ① (*summon*) rufen ② (*ask*) brochure, information anfordern; **to ~ for help** Hilfe holen ◆ **send forth** *vt* ① (*liter: dispatch*) fortschicken ② (*form: emit*) aussenden ◆ **send in I.** *vt* ① (*submit*) bill einsenden, einreichen; report einschicken; order aufgeben ② (*dispatch*) einsetzen; **to ~ in reinforcements** Verstärkung einsetzen **II.** *vi* ■ **to ~ in for sth** sich *dat* etw zuschicken lassen; **to ~ in for information** Informationen anfordern ◆ **send off I.** *vt* ① (*post*) abschicken; **to ~ off a parcel** ein Paket aufgeben ② BRIT, AUS SPORTS des Platzes verweisen; **to get sent off** einen Platzverweis bekommen ③ (*dismiss*) wegschicken ④ (*dispatch*) fortschicken **II.** *vi* ■ **to ~ off for sth** etw anfordern ◆ **send on** *vt letters* nachsenden ◆ **send out I.** *vi* ■ **to ~ out for sth** etw telefonisch bestellen; **to ~ out for pizza** Pizza bestellen **II.** *vt* ① (*emit*) aussenden, abgeben ② (*post*) verschicken (**to** an) ③ (*dispatch*) aussenden ◆ **send up** *vt* ① (*bring up*) zuschicken ② AM (*incarcerate*) inhaftieren ③ (*fam: parody*) ■ **to ~ up** ⟲ **sb** jdn nachäffen ④ (*force up*) ■ **to ~ up** ⟲ **sth** etw ansteigen lassen

send·er ['sendəʳ] *n* Einsender(in) *m(f)*, Absender(in) *m(f)*; **return to ~ — not known at this address** Empfänger unbekannt verzogen

'send-off *n* Verabschiedung *f*; **to give sb a ~** jdn verabschieden **'send-up** *n* (*fam*) Parodie *f*

Sen·egal [ˌsenɪˈɡɔːl] *n* Senegal *m*

se·nile ['siːnaɪl] *adj* senil

se·nile de·'men·tia *n no pl* senile Demenz

se·nil·ity [sɪˈnɪləti] *n no pl* Senilität *f*

sen·ior ['siːnɪəʳ] **I.** *adj* ① (*form: older*) älter ② *attr* (*chief*) Ober-; **~ executive** Vorstandsvorsitzende(r) *f(m)* ③ *employee* vorgesetzt ④ *attr* SCH Senior- (*Einteilung der Schüler in Altersklassen in britischen und amerikanischen Schulen*) **II.** *n* ① (*older person*) Senior(in) *m(f)*; **she's my ~ by three years** sie ist drei Jahre älter als ich ② (*employee*) Vorgesetzte(r) *f(m)* ③ AM (*pensioner*) Rentner(in) *m(f)* ④ (*pupil*) Oberstufenschüler(in) *m(f)* (*in Großbritannien und USA Bezeichnung für Schüler einer Highschool oder einer Collegeabgangsklasse*)

sen·ior 'cit·i·zen *n* ■ **~ s** *pl* ältere Menschen, Senioren *pl* **sen·ior 'high school** *n* + *sing/pl vb* AM (*Schulform nach der Junior High School, die die Stufen 10, 11 und 12 enthält*) **sen·ior·ity** [ˌsiːnɪˈɒrəti] *n no pl* ① (*age*) Alter *nt* ② (*rank*) Dienstalter *nt* **sen·ior 'of·fic·er** *n* ① (*boss*) Vorgesetzte(r) *f(m)* ② MIL Reserveoffizier(in) *m(f)* **sen·ior 'part·ner** *n* Seniorpartner(in) *m(f)*

sen·sa·tion [senˈseɪʃən] *n* ① (*physical*) Gefühl *nt*; **~ of cold/heat** Kälte-/Hitzeempfindung *f*; **~ of pain** Schmerzempfinden *nt*; **burning ~** Brennen *nt* ② (*mental*) Gefühl *nt*; **to have the ~ that ...** das Gefühl haben, dass ... ③ (*stir*) Sensation *f*; **to be an overnight ~** einschlagen wie eine Bombe; **to cause a ~** Aufsehen erregen

sen·sa·tion·al [senˈseɪʃənəl] *adj* sensationell; (*very good also*) fantastisch; (*shocking also*) spektakulär

sense [sen(t)s] **I.** *n* ① *no pl* (*judgement*) Verstand *m*; **I hope they'll have the [good] ~ to shut the windows before they leave** ich hoffe, sie sind so klug, die Fenster zu schließen, bevor sie gehen; **to make [good] ~** sinnvoll sein; **there's no ~ in doing sth** es hat keinen Sinn, etw zu tun ② (*reason*) ■ **one's ~ s** *pl* jds gesunder Menschenverstand; **it's time you came to your ~ s** es wird Zeit, dass du zur Vernunft kommst; **to take leave of one's ~ s** den Verstand verlieren ③ (*faculty*) Sinn *m*; **~ of hearing** Gehör *nt*; **~ of sight** Sehvermögen *nt*; **~ of smell/ taste/touch** Geruchs-/Geschmacks-/Tastsinn *m*; **the five ~ s** die fünf Sinne; **sixth ~** sechster Sinn ④ (*feeling*) Gefühl *nt*; **~ of direction** Orientierungssinn *m*; **~ of duty** Pflichtgefühl *nt*; **~ of justice** Gerechtigkeitssinn *m*; **~ of time** Zeitgefühl *nt* ⑤ (*meaning*) Bedeutung *f*, Sinn *m*; **in the broad[est] ~ of the term** im weitesten Sinne des Wortes; **figurative/literal ~** übertragene/wörtliche Bedeutung; **to make ~** einen Sinn ergeben ⑥ (*way*) Art *f*; **in a ~** in gewisser Weise; **in every ~** in jeder Hinsicht ⑦ (*aptitude*) **to have a ~ of fun** Spaß verstehen können; **to have a ~ of humour** Sinn für Humor haben **II.** *vt* wahrnehmen; ■ **to ~ that ...** spüren, dass ...; **to ~ danger** Gefahr wittern

sense·less ['sen(t)sləs] *adj* ① (*pointless*) *violence, waste* sinnlos ② (*foolish*) *argument* töricht ③ (*unconscious*) besinnungslos; **to beat sb ~** jdn k.o. schlagen **'sense or·gan** *n* Sinnesorgan *nt*

sen·sibil·ity [ˌsen(t)sɪˈbɪləti] *n* ① *no pl* (*sen-*

sen·si·ble ['sen(t)sɪbl] *adj* ① (*rational*) vernünftig; ~ **decision** weise Entscheidung; ~ **person** kluger Mensch ② (*suitable*) *clothes* angemessen ③ (*form: aware*) ■ **to be** ~ **of sth** sich *dat* einer S. *gen* bewusst sein; **to be** ~ **of the fact that ...** sich *dat* darüber im Klaren sein, dass ...

sen·si·bly ['sen(t)sɪbli] *adv* ① (*rationally*) vernünftig ② (*suitably*) angemessen; ~ **dressed** passend gekleidet

sen·si·tive ['sen(t)sɪtɪv] *adj* ① (*kind*) verständnisvoll; ■ **to be** ~ **to sth** für etw *akk* Verständnis haben ② (*precarious*) heikel; *time* kritisch ③ (*touchy*) empfindlich; **to be** ~ **to sth** empfindlich auf etw *akk* reagieren ④ (*secret*) vertraulich ⑤ (*responsive*) empfindlich (*to* gegenüber); ~ **to cold** kälteempfindlich sein; ~ **feelings** verletzliche Gefühle

sen·si·tive·ness ['sen(t)sɪtɪvnəs] *no pl*, **sen·si·tiv·i·ty** [,sen(t)sɪ'tɪvəti] *n* ① *no pl* (*understanding*) Verständnis *nt* ② (*touchiness*) ■ **sensitivities** *pl* Empfindsamkeit *f* (*about* gegenüber) ③ *no pl* (*confidentiality*) Vertraulichkeit *f* ④ (*reaction*) Überempfindlichkeit *f* (*to* gegen); ~ **to cold** Kälteempfindlichkeit *f*; ~ **to light** Licht|über|empfindlichkeit *f*

sen·si·tize ['sen(t)sɪtaɪz] *vt* ① (*make aware*) ■ **to** ~ **sb to sth** jdn für etw *akk* sensibilisieren; **to** ~ **sb to a problem** jdn auf ein Problem aufmerksam machen ② (*make sensitive*) sensibilisieren

sen·sor ['sen(t)sə*r*] *n* Sensor *m*

sen·so·ry ['sen(t)səri] *adj* sensorisch; ~ **perception** Sinneswahrnehmung *f*

sen·su·al ['sen(t)sjʊəl] *adj* sinnlich

sen·su·al·i·ty [,sen(t)sjʊ'æləti] *n no pl* Sinnlichkeit *f*

sen·su·ous ['sen(t)sjʊəs] *adj* ① *see* **sensual** ② (*of senses*) sinnlich

sent [sent] *pp, pt of* **send**

sen·tence ['sentən(t)s] I. *n* ① (*court decision*) Urteil *nt*; (*punishment*) Strafe *f*; **death** ~ Todesstrafe *f*; **jail** [*or* **prison**] ~ Gefängnisstrafe *f*; **life** ~ lebenslängliche Haftstrafe; **to serve a** ~ eine Strafe verbüßen ② (*word group*) Satz *m* II. *vt* verurteilen (*to* zu)

sen·ten·tious [sen'ten(t)ʃəs] *adj* (*pej form: moralizing*) moralisierend; (*affectedly formal*) salbungsvoll

sen·ti·ent ['sentiənt, 'sen(t)ʃənt] *adj* (*form: having feelings*) fühlend *attr*; (*sensitive*) empfindsam; ~ **being** empfindsames Wesen

sen·ti·ment ['sentɪmənt] *n* (*form*) ① *usu pl* (*attitude*) Ansicht *f*, Meinung *f*; **my** ~**s exactly!** ganz meine Meinung!; **to share sb's** ~**s** jds Ansichten teilen ② *no pl* (*general opinion*) **popular/public** ~ allgemeine/öffentliche Meinung ③ *no pl* (*excessive emotion*) Rührseligkeit *f*

sen·ti·men·tal [,sentɪ'mentəl] *adj* ① (*emotional*) *mood, person* gefühlvoll; ~ **value** ideeller Wert; ■ **to be** ~ **about sth** an etw *dat* hängen ② (*pej: overly emotional*) *person* sentimental; *music, style* kitschig; *song* schnulzig; *story* rührselig

sen·ti·men·tal·i·ty [,sentɪmen'tæləti] *n no pl* (*pej*) Sentimentalität *f* **sen·ti·men·tal·ize** [,sentɪ'mentəlaɪz] *vt* gefühlvoll darstellen

sen·try ['sentri] *n* Wache *f*

'sen·try box *n* Wachhäuschen *nt*

SEO [,esi:'oʊ] *n abbrev of* **search engine optimizer** Suchmaschinenoptimierer *m*

sep·a·ra·ble ['sepərəbl] *adj* ① (*form: able to separate*) [ab]trennbar ② LING trennbar

sep·a·rate I. *adj* ['sepərət] (*not joined*) getrennt, separat; (*independent*) einzeln *attr*; **to go** ~ **ways** eigene Wege gehen; **to keep sth** ~ etw auseinanderhalten **II.** *n* ['sepərət] ■ ~ **s** *pl* = Einzelteile *pl*; **ladies'** ~**s** Röcke, Blusen, Hosen **III.** *vt* ['sepəreɪt] trennen; **they look so alike I can't** ~ **them in my mind** sie sehen sich so ähnlich, ich kann sie einfach nicht auseinanderhalten **IV.** *vi* ['sepəreɪt] ① (*become detached*) sich trennen; CHEM sich scheiden ② (*of cohabiting couple*) sich trennen; (*divorce*) sich scheiden lassen; **she is** ~**d from her husband** sie lebt von ihrem Mann getrennt

sep·a·ra·tion [,sepə'reɪʃən] *n* ① (*act of separating*) Trennung *f* ② (*living apart*) [eheliche] Trennung ③ CHEM Scheidung *f*; TECH Abtrennung *f*

sep·a·rat·ism ['sepərətɪzəm] *n no pl* Separatismus *m*

sep·a·rat·ist ['sepərətɪst] **I.** *n* Separatist(in) *m(f)* **II.** *adj* separatistisch

sep·a·ra·tor ['sepəreɪtər] *n* TECH Separator *m*

se·pia ['si:piə] *adj* sepia[farben]

sep·sis ['sepsɪs] *n no pl* MED Blutvergiftung *f*

Sep·tem·ber [sep'tembə*r*] *n* September *m*; *see also* **February**

sep·tic ['septɪk] *adj* septisch; **to go** ~ eitern

sep·ti·cae·mia [,septɪ'si:miə], AM **sep·ti·ce·mia** *n no pl* MED Blutvergiftung *f*

sep·tua·ge·nar·ian [,septjʊədʒə'neəriən] *n* Siebzigjährige(r) *f(m)*

sep·ul·cher *n* AM *see* **sepulchre**

se·pul·chral [sɪ'pʌlkrəl] *adj* (*liter: of burial, tombs*) Grab-; (*gloomy*) düster; ~ **silence** Grabesstille *f*

sep·ul·chre ['sepəlkəʳ] n (old: tomb) Grab nt, Grabstätte f; (monument) Grabmal nt

se·quel ['si:kwəl] n ❶ (continuation) Fortsetzung f ❷ (follow-up) Nachspiel n

se·quence ['si:kwən(t)s] n ❶ (order of succession) Reihenfolge f; (connected series) Abfolge f; **to be in chronological ~** in chronologischer Reihenfolge sein ❷ (part of film) Sequenz f; **opening/closing ~** Anfangs-/Schlussszene f; MUS Reihe f; MUS Sequenz f

se·quen·tial [sɪ'kwen(t)ʃəl] adj (form) [auf]einander|folgend attr

se·ques·trate ['si:kwəstreɪt] vt ❶ LAW (temporarily confiscate) beschlagnahmen ❷ AM (isolate) isolieren

se·ques·tra·tion [,si:kwes'treɪʃən] n no pl ❶ LAW (temporary confiscation) Beschlagnahme f ❷ AM (isolation) Isolation f

se·quin ['si:kwɪn] n Paillette f

se·quoia [sɪ'kwɔɪə] n BOT Mammutbaum m

Serb [sɜ:b], **Ser·bian** ['sɜ:bɪən] I. adj serbisch II. n ❶ (person) Serbe, Serbin m, f ❷ no pl (language) Serbisch nt

Ser·bia ['sɜ:bɪə] n Serbien nt

Ser·bo-Croat [,sɜ:bəʊ'krəʊæt] n LING Serbokroatisch nt

ser·enade [,serə'neɪd] I. n ❶ (classical music) Serenade f ❷ (music of lover) Ständchen nt II. vt (sing) ein Ständchen bringen

se·rene <-r, -st or more ~, most ~> [sə'ri:n] adj (calm) ruhig; (untroubled) gelassen

se·ren·ity [sə'renɪti] n no pl (calmness) Ruhe f; (untroubled state) Gelassenheit f

serf [sɜ:f] n (hist) Leibeigene(r) f|m hist

serf·dom ['sɜ:fdəm] n no pl (hist) Leibeigenschaft f hist

ser·geant ['sɑ:dʒənt] n ❶ (military officer) Unteroffizier m ❷ (police officer) ≈ Polizeimeister(in) m(f)

ser·geant ma·jor n Oberfeldwebel m

se·rial ['sɪərɪəl] I. n MEDIA, PUBL Fortsetzungsgeschichte f II. adj ❶ (broadcasting, publishing) Serien-; **~ rights** Rechte pl zur Veröffentlichung in Fortsetzungen ❷ (repeated) Serien-

se·rial·ize ['sɪərɪəlaɪz] vt usu passive in newspapers in Fortsetzungen veröffentlichen; on TV, radio etw in Fortsetzungen senden **'se·rial kill·er** n Serienmörder(in) m(f) **'se·rial num·ber** n Seriennummer f **'se·rial port** n COMPUT serielle Schnittstelle f

se·ries <pl -> ['sɪəri:z] n ❶ (set of events) Reihe f; (succession) Folge f ❷ SPORTS Serie f ❸ RADIO, TV Serie f ❹ PUBL Reihe f (on über) ❺ (line of products) Serie f ❻ ELEC Reihe f

se·ri·ous ['sɪərɪəs] adj ❶ (earnest) person ernst; (solemn, not funny) comment, situation ernst; **a ~ threat** eine ernsthafte Bedrohung ❷ (grave) accident, crime schwer; (dangerous) gefährlich; (not slight) [medical] condition, problem ernst; allegation schwerwiegend; argument, disagreement ernsthaft; **~ trouble** ernsthafte Schwierigkeiten pl ❸ attr (careful) ernsthaft; **to give sth a ~ thought** ernsthaft über etw akk nachdenken ❹ pred (determined) ernst; ▪ **to be ~ about sb/sth** es mit jdm/etw ernst meinen; **is she ~ about going to live abroad?** ist das ihr Ernst, im Ausland leben zu wollen? ❺ (fam: substantial) gründlich; (excellent) super; **that's a ~ jacket, man!** eh, das ist eine starke Jacke! fam ❻ (significant) bedeutend; (thought-provoking) tiefgründig; literature, writer anspruchsvoll

se·ri·ous·ly ['sɪərɪəslɪ] adv ❶ (in earnest) ernst; **to take sb/sth ~** jdn/etw ernst nehmen ❷ (gravely, badly) schwer; (dangerously) ernstlich; **~ ill/wounded** schwer krank/verletzt ❸ (really) im Ernst; **no, ~, ...** nein, [ganz] im Ernst, ... ❹ (fam: very, extremely) äußerst; **~ funny** urkomisch **se·ri·ous·ness** ['sɪərɪəsnəs] n no pl ❶ (serious nature) of person Ernst m; (critical state) of problem, threat Ernst m; of situation Ernsthaftigkeit f ❷ (sincerity) Ernsthaftigkeit f; of offer Seriosität f geh; **in all ~** ganz im Ernst

ser·mon ['sɜ:mən] n ❶ (religious speech) Predigt f (on über); **to deliver a ~** eine Predigt halten ❷ (pej: moral lecture) [Moral]predigt f oft pej

ser·pent ['sɜ:pənt] n (old) Schlange f

ser·pen·tine ['sɜ:pəntaɪn] adj (liter) ❶ (snake-like) schlangenförmig; (twisting, winding) movement sich windend attr; path, river gewunden; road kurvenreich ❷ (complicated, subtle) gewunden; (cunning) tückisch

ser·rat·ed [sə'reɪtɪd] adj gezackt; **~ knife** Sägemesser nt; **knife with a ~ edge** Messer nt mit Wellenschliff

ser·ried ['serɪd] adj (liter) dicht

se·rum <pl -s or sera> ['sɪərəm, pl -rə] n ❶ MED [Blut]serum nt; (infection-fighting agent) [Heil]serum nt ❷ (for hair) Haarserum nt

serv·ant ['sɜ:vənt] n ❶ (household helper) Bediensteter m; (female) Bedienstete f, Dienstmädchen nt ❷ (for public) Angestellte(r) f|m (im öffentlichen Dienst)

serve [sɜ:v] I. n (in tennis) Aufschlag m; (in volleyball) Angabe f II. vt ❶ (in hotel, restaurant, shop) bedienen ❷ (present food, drink) servieren; (make ready to eat) anrichten; wine reichen ❸ (be enough for) reichen; **this ~s 4 to 5** das ergibt 4 bis 5 Portionen ❹ (work for) ▪ **to ~ sth** etw dat dienen; **to ~**

the public im Dienste der Öffentlichkeit stehen ⑤ (*complete due period*) ableisten; **to ~ five years as president** eine fünfjährige Amtszeit als Präsident/Präsidentin durchlaufen; **to ~ a prison sentence** eine Haftstrafe absitzen *fam* ⑥ (*provide for*) versorgen ⑦ (*perform a function*) **to ~ a purpose** einen Zweck erfüllen; **if my memory ~s me right** wenn ich mich recht erinnere ⑧ SPORTS **to ~ the ball** Aufschlag haben; (*in volleyball*) Angabe haben ▶ **to ~ time** [**for sth**] (*fam*) eine Haftstrafe [wegen einer S. *gen*] absitzen; **this ~s him right** (*fam*) das geschieht ihm recht **III.** *vi* ① (*provide food, drink*) servieren ② (*work for*) dienen; ■**to ~ as sth** als etw fungieren; **to ~ in the army** in der Armee dienen; **to ~ on the council** im Stadtrat sein; **to ~ on a jury** Geschworene(r) *f*/*m*/ sein ③ (*function*) ■**to ~ as sth** als etw dienen ④ (*be acceptable*) seinen Zweck erfüllen; (*suffice*) genügen; (*be of use*) helfen ⑤ (*in tennis, etc.*) aufschlagen; (*in volleyball*) angeben ◆**serve out** *vt* ① (*in restaurant, pub*) servieren; *drink* ausschenken; *food* ausgeben ② (*complete a due period*) ableisten; *jail sentence* absitzen *fam*; *term of office* beenden
◆**serve up** *vt* servieren

serv·er ['sɜːvə*ʳ*] *n* ① (*utensil*) Vorlegebesteck *nt*; (*spoon*) Vorlegelöffel *m*; (*fork*) Vorlegegabel *f* ② (*central computer*) Server *m* ③ REL Ministrant(in) *m*(*f*)

serv·er-sav·vy ['sɜːvəsævi] *adj* COMPUT, INET internetkundig

ser·vice ['sɜːvɪs] **I.** *n* ① *no pl* (*help for customers*) Service *m*; (*in hotels, restaurants, shops*) Bedienung *f*; **customer ~** Kundendienst *m* ② (*act of working*) Dienst *m*, Dienstleistung *f* ③ (*form: assistance*) Unterstützung *f*, (*aid, help*) Hilfe *f*; **to be of ~** [**to sb**] [jdm] von Nutzen sein; **to need the ~s of a surveyor** einen Gutachter/eine Gutachterin brauchen; **to do sb a ~** jdm einen Dienst erweisen ④ (*public or government department*) Dienst *m*; **civil/diplomatic ~** öffentlicher/diplomatischer Dienst *m*; (*system for public*) Dienst *m*; (*organization for public*) Beratungsdienst *m*; **ambulance ~** Rettungsdienst *m*; **bus/train ~** Bus-/Zugverbindung *f*; [**public**] **transport ~** [öffentliches] Transportwesen ⑥ (*operation*) Betrieb *m*; **postal ~** Postwesen *nt*; **to operate a** [**normal/reduced**] **~** *bus, train* eine [normale/eingeschränkte] Verbindung unterhalten ⑦ (*roadside facilities*) ■**~s** *pl* Raststätte *f* ⑧ (*tennis, etc.*) Aufschlag *m* ⑨ (*armed forces*) Militär *nt*; ■**the ~s** das Militär *nt kein pl*; **military ~** Militärdienst *m* ⑩ (*religious ceremony*) Gottesdienst *m*; **funeral ~** Trauergottesdienst *m*; **morning/evening ~** Frühmesse *f*/Abendandacht *f* ⑪ *esp* BRIT (*maintenance check*) Wartung *f*; AUTO Inspektion *f* ⑫ (*set of crockery*) Service *nt* ▶ **to be in ~** (*employed as servant*) in Stellung sein; (*be in use, in operation*) im Einsatz sein **II.** *vt* warten

ser·vice·able ['sɜːvɪsəbl] *adj* strapazierfähig
'**ser·vice area** *n* ① (*on motorway*) Raststätte *f* ② RADIO, TV Sendegebiet *nt* '**ser·vice bus**, '**ser·vice car** *n* AUS, NZ Linienbus *m* '**ser·vice cen·tre** *n*, AM '**ser·vice cen·ter** *n* ① AM (*on freeway*) Raststätte *f* ② (*for repairs*) Reparaturwerkstatt *f*; (*garage*) Werkstatt *f* '**ser·vice charge** *n* Bedienungsgeld *nt* '**ser·vice de·part·ment** *n* Kundendienstabteilung *f* '**ser·vice el·e·va·tor** *n* AM (*for employees*) Personalaufzug *m*; (*for goods*) Warenaufzug *m* '**ser·vice en·trance** *n* Personaleingang *m* '**ser·vice hatch** *n* Durchreiche *f* '**ser·vice in·dus·try** *n* Dienstleistungsindustrie *f*; (*company*) Dienstleistungsbetrieb *m* '**ser·vice lift** *n* (*for employees*) Personalaufzug *m*; (*for goods*) Warenaufzug *m* '**ser·vice·man** *n* Militärangehöriger *m* '**ser·vice road** *n* (*subsidiary road*) Nebenstraße *f*; (*access road*) Zufahrtsstraße *f*; (*for residents only*) Anliegerstraße *f* '**ser·vice sec·tor** *n* Dienstleistungsindustrie *f* '**ser·vice sta·tion** *n* Tankstelle *f* '**ser·vice·wom·an** *n* MIL Militärangehörige *f*

ser·vi·ette [ˌsɜːviˈet] *n esp* BRIT Serviette *f*
ser·vile ['sɜːvaɪl] *adj* (*pej*) *manner* unterwürfig; *obedience* sklavisch
ser·vil·ity [sɜːˈvɪləti] *n no pl* (*pej form*) Unterwürfigkeit *f*
serv·ing ['sɜːvɪŋ] **I.** *n of food* Portion *f* (**of**) **II.** *adj attr* ① (*person working*) dienend; **the longest-~ minister** der dienstälteste Minister/die dienstälteste Ministerin ② (*imprisoned*) inhaftiert

'**serv·ing spoon** *n* Vorlegelöffel *m*
ser·vi·tude ['sɜːvɪtjuːd] *n no pl* (*form*) Knechtschaft *f*
ser·vo ['sɜːvəʊ] *n* ① AUTO, TECH ① *short for* **servomechanism** Servomechanismus *m* ② *short for* **servomotor** Servomotor *m*
ses·a·me ['sesəmi] *n no pl* Sesam *m*
ses·sion ['seʃ*ə*n] *n* ① (*formal meeting of organization*) Sitzung *f*; (*period for meetings*) Sitzungsperiode *f*; (*term of office*) Legislaturperiode *f*; **to meet in ~** zu einer Sitzung zusammenkommen ② (*period for specific activity*) Stunde *f*; **recording ~** Aufnahme *f*; **training ~** Trainingsstunde *f* ③ MUS Session *f* ④ AM, SCOT (*period for classes*) SCH Unterricht *m*; UNIV Seminar *nt*; (*teaching year*) SCH Schuljahr *nt*; UNIV Vorlesungszeit *f*; (*of two*

terms) Semester *nt*; (*of three terms*) Trimester *nt*

set [set] **I.** *adj* ❶ *pred* (*ready*) bereit, fertig; **ready, get ~, go!** auf die Plätze, fertig, los!; ■ **to be [all] ~ [for sth]** [für etw *akk*] bereit sein ❷ (*fixed*) *pattern, time* fest[gesetzt]; **~ meal** Tagesgericht *nt*; **~ menu** Tageskarte *f*; **~ phrase** feststehender Ausdruck; **~ price** Festpreis *m* ❸ (*expression of face*) starr ❹ (*unlikely to change*) **to have a ~ idea about sth** eine feste Vorstellung von etw *dat* haben; **to be ~ in one's ways** in seinen Gewohnheiten festgefahren sein ❺ (*likely*) **Manchester United looks ~ for victory** es sieht ganz so aus, als würde Manchester United gewinnen; **the rain is ~ to continue all week** der Regen wird wohl noch die ganze Woche andauern ❻ *attr* (*assigned*) *number, pattern* vorgegebene(r, s); *subject also* bestimmte(r, s); **~ book** Pflichtlektüre *f* ❼ (*determined*) ■ **to be [dead] ~ against sth** [vollkommen] gegen etw *akk* sein; ■ **to be [dead] ~ on sth** zu etw *akk* [wild] entschlossen sein **II.** *n* ❶ (*collection, group*) Satz *m*; (*of two items*) Paar *nt*; *of clothes* Garnitur *f*; **he's got a complete ~ of Joyce's novels** er hat eine Gesamtausgabe der Romane von Joyce; **box[ed] ~** Box-Set *nt* (*ein komplettes Set etwa von CDs oder Videokassetten, das in einem Schuber o.Ä. erhältlich ist*); **chess ~** Schachspiel *nt*; **a ~ of chromosomes** ein Chromosomensatz *m*; **~ of encyclopaedias** Enzyklopädiereihe *f*; **~ of rules** Regelwerk *nt*; **tea ~** Teeservice *nt*; **~ of teeth** Gebiss *nt* ❷ + *sing/pl vb* (*group of people*) Kreis *m*, Clique *f* ❸ THEAT Bühnenbild *nt*; FILM Szenenaufbau *m*; (*film location*) Drehort *m*; **on the ~** bei den Dreharbeiten; (*location*) am Set ❹ (*appliance*) Gerät *nt*; (*television*) Fernseher *m*; (*radio*) Radio[gerät] *nt* ❺ SPORTS Satz *m* ❻ MATH Menge *f* ❼ MUS Block *m* ❽ COMPUT *data* ~ Datensatz *m*; (*file*) Datei *f* ❾ *no pl of eyes, jaw* Stellung *f*; *of shoulders* Haltung *f* ❿ *no pl* (*hair arrangement*) **to have a shampoo and ~** sich *dat* die Haare waschen und legen lassen **III.** *vt* <set, set> ❶ (*place*) stellen, setzen; (*on its side*) legen; **to ~ foot in** [*or* **on**] **sth** etw betreten; **to ~ sb on his/her way** (*fig*) jdn losschicken ❷ *usu passive* (*take place in, be located*) **'West Side Story' is ~ in New York** ,West Side Story' spielt in New York; **their house is ~ on a hill** ihr Haus liegt auf einem Hügel ❸ (*cause to be*) **his remarks ~ me thinking** seine Bemerkungen gaben mir zu denken; **to ~ a boat afloat** ein Boot zu Wasser lassen; **to ~ one's mind at ease** sich beruhigen; **to ~ sth on fire** etw in Brand setzen; **to ~ sth in motion** etw in Bewegung setzen [*o fig a.* ins Rollen bringen]; **to ~ sb loose** jdn freilassen; **to ~ sth right** etw [wieder] in Ordnung bringen; **to ~ sb straight** jdn berichtigen ❹ (*prepare*) vorbereiten; **to ~ the table** den Tisch decken; **to ~ the scene for sth** (*create conditions*) die Bedingungen für etw *akk* schaffen; (*facilitate*) den Weg für etw *akk* frei machen; **to ~ a trap** eine Falle aufstellen ❺ (*adjust*) einstellen; *alarm, clock* stellen ❻ (*fix*) festsetzen; *budget* festlegen; *date, time* ausmachen; *deadline* setzen, festlegen; **to ~ oneself a goal** sich *dat* ein Ziel setzen; **to ~ a limit** eine Grenze setzen ❼ (*establish*) *record* aufstellen; **to ~ a good example to sb** jdm ein Vorbild sein; **to ~ the pace** das Tempo vorgeben ❽ ANAT einrenken; *broken bone* einrichten ❾ (*arrange*) *hair* legen ❿ MUS **to ~ sth to music** etw vertonen ⓫ *esp* BRIT, AUS (*assign*) *homework* aufgeben; **to ~ sb in charge of sth** jdn mit etw *dat* betrauen; **to ~ a task for sb** jdm eine Aufgabe stellen ⓬ COMPUT (*give variable a value*) setzen; (*define value*) einstellen ⓭ TYPO (*compose*) setzen ⓮ (*sail*) **to ~ course for sth** auf etw *akk* Kurs nehmen; **to ~ sail for/from ...** nach/von ... losfahren ⓯ (*see*) **to ~ eyes on sb/sth** jdn/etw sehen ⓰ (*concentrate on*) **to ~ one's mind on sth** sich auf etw *akk* konzentrieren; (*approach with determination*) etw entschlossen angehen ▶ **to ~ the world ablaze** die Welt aus den Angeln heben **IV.** *vi* <set, set> ❶ (*grow together*) *bones* zusammenwachsen ❷ (*become firm*) *concrete, jelly* fest werden ❸ (*sink*) *moon, sun* untergehen ❹ (*become fixed*) *eyes* verharren; *features* [sich] versteinern ◆ **set about** *vi* ❶ (*start work upon*) ■ **to ~ about sth** *job, task* sich an etw *akk* machen; ■ **to ~ about doing sth** sich daranmachen, etw zu tun ❷ (*fam: attack*) ■ **to ~ about sb [with sth]** [mit etw *dat*] über jdn herfallen ◆ **set against** *vt* ❶ (*balance*) gegenüberstellen; **to ~ the disadvantages against the advantages** die Vor- und Nachteile abwägen ❷ (*make oppose*) ■ **to ~ sb against sth else** jdn gegen jdn anderen aufhetzen ❸ ECON ■ **to ~ sth [off] against sth** etw mit etw *dat* verrechnen ◆ **set apart** *vt* ❶ (*distinguish*) ■ **sth ~s sb/sth ○ apart from sb/sth** etw unterscheidet jdn/etw von jdm/etw ❷ (*reserve*) ■ **to be ~ apart for sth** für etw *akk* reserviert sein ◆ **set aside** *vt* ❶ (*put to side*) beiseitelegen [*o* stellen]; *clothes* sich *dat* zurücklegen lassen ❷ (*keep for special use*) *money* auf die Seite legen; *time* einplanen ❸ (*ignore*) *differences, hostilities, quarrels* begraben; *work, personal feelings* zurückstellen ❹ LAW (annul) aufheben ◆ **set back** vt ❶ (delay) zurückwerfen; deadline verschieben ❷ (position) zurücksetzen (**from** von); **their garden is ~ back from the road** ihr Garten liegt nicht direkt an der Straße ❸ (fam: cost) ■ **to ~ sb back** jdn eine [schöne] Stange Geld kosten ◆ **set down** vt ❶ (drop off) absetzen ❷ (put down) absetzen ❸ (land) plane landen ❹ (write down) aufschreiben ❺ usu passive (esteem) **to be ~ down as sth** für etw akk gehalten werden ❻ usu passive LAW (arrange trial) **to be ~ down for 3 August** für den 3. August anberaumt sein ❼ (establish as a rule) **to ~ down codes of practise** Verhaltensregeln aufstellen ◆ **set forth I.** vt (form) plan darlegen **II.** vi (liter) aufbrechen ◆ **set in I.** vt sleeve einsetzen **II.** vi bad weather einsetzen; complications sich einstellen; **the rain has ~ in** es hat angefangen zu regnen ◆ **set off I.** vi sich auf den Weg machen; (in car) losfahren **II.** vt ❶ (initiate) alarm, blast, reaction auslösen; bomb zünden ❷ (cause to do) ■ **to ~ sb off doing sth** jdn dazu bringen, etw zu tun ❸ (attractively contrast) hervorheben ❹ (oppose) ■ **to ~ ○ sth against sth** etw dat gegenüberstellen ❺ ECON ■ **to ~ off ○ sth against sth** etw mit etw dat verrechnen ◆ **set on** vt ❶ (cause to attack) ■ **to ~ an animal on sb** ein Tier auf jdn hetzen [o ansetzen] ❷ usu passive (attack) ■ **to be ~ on by an animal** von einem Tier angefallen werden ◆ **set out I.** vt ❶ (arrange) goods auslegen; chairs, chess pieces aufstellen ❷ (explain) idea, point darlegen **II.** vi ❶ (begin journey) sich auf den Weg machen; (in car) losfahren ❷ (intend) ■ **to ~ out to do sth** beabsichtigen, etw zu tun ❸ (begin work) loslegen fam; **to ~ to work** sich an die Arbeit machen ◆ **set up** vt ❶ (erect) camp aufschlagen; roadblock errichten ❷ (institute) business eröffnen; **to ~ up a public enquiry** eine öffentliche Untersuchung einleiten ❸ (establish) ■ **to ~ oneself up [as sth]** sich als etw niederlassen; **to ~ oneself up in business** ein Geschäft eröffnen; **to ~ up shop** sich niederlassen ❹ (arrange) meeting vereinbaren ❺ (provide) versorgen (**with** mit) ❻ (fam: deceive, frame) übers Ohr hauen fam ❼ COMPUT program installieren; system konfigurieren ◆ **set upon** vt ❶ (cause to attack) ■ **to ~ sb upon sb** jdn auf jdn ansetzen; ■ **to ~ an animal upon sb** ein Tier auf jdn hetzen ❷ usu passive ■ **to be ~ upon by an animal** von einem Tier angefallen werden

'**set·back** n Rückschlag m; **to suffer a ~** einen Rückschlag erleiden '**set·square** n AUS,

BRIT [Zeichen]dreieck nt

set·tee [set'i:] n Sofa nt, Couch f

set·ter ['setə^r] n Setter m

set·ting ['setɪŋ] n usu sing ❶ (location) Lage f; (immediate surroundings) Umgebung f ❷ (in film, novel, play) Schauplatz m ❸ (adjustment on appliance) Einstellung f ❹ (place at table) Gedeck nt ❺ (frame for jewel) Fassung f ❻ MUS Vertonung f

'**set·ting lo·tion** n [Haar]festiger m

set·tle ['setl] **I.** vi ❶ (get comfortable) es sich dat bequem machen ❷ (calm down) person sich beruhigen; anger, excitement sich legen; weather beständig werden ❸ (end dispute) sich einigen ❹ (form: pay) begleichen; ■ **to ~ with sb** mit jdm abrechnen ❺ (take up residence) sich niederlassen ❻ (get used to) ■ **to ~ into sth** sich an etw akk gewöhnen ❼ (alight on surface) sich niederlassen; (build up) sich anhäufen; (sink) [ab]sinken; **do you think the snow will ~?** glaubst du, dass der Schnee liegen bleibt? **II.** vt ❶ (calm down) beruhigen ❷ (decide) entscheiden; (deal with) regeln ❸ (bring to conclusion) erledigen; (resolve) argument beilegen; **that ~s that** damit hat sich das erledigt; **to ~ one's affairs** (form) seine Angelegenheiten regeln; **to ~ a lawsuit** einen Prozess durch einen Vergleich beilegen; **to ~ a matter** eine Angelegenheit regeln ❹ (pay) begleichen geh; ■ **to ~ sth on sb** (bequeath) jdm etw hinterlassen; **to ~ an account** ein Konto ausgleichen ❺ (colonize) besiedeln ▶ ■ **to ~ a score** [or **old scores**] [**with sb**] [mit jdm] abrechnen ◆ **settle down I.** vi ❶ (get comfortable) es sich dat bequem machen ❷ (adjust) sich eingewöhnen ❸ (calm down) sich beruhigen ❹ (adopt steady lifestyle) sich [häuslich] niederlassen **II.** vt ■ **to ~ oneself down** es sich dat bequem machen ◆ **settle for** vt ■ **to ~ for sth** mit etw dat zufrieden sein ◆ **settle in I.** vi people sich einleben; things sich einpendeln **II.** vt ■ **to ~ in ○ sb** jdm helfen, sich einzuleben ◆ **settle on** vt ❶ (decide on) sich für etw akk entscheiden ❷ (agree on) sich auf etw akk einigen; **to ~ on a name** sich für einen Namen entscheiden ◆ **settle up** vi abrechnen

set·tled ['setld] adj ❶ pred (comfortable, established) **to be ~** sich eingelebt haben; **to feel ~** sich heimisch fühlen ❷ (calm) ruhig ❸ (steady) life geregelt

set·tle·ment ['setlmənt] n ❶ (resolution) Übereinkunft f; (agreement) Vereinbarung f; LAW Vergleich m; of conflict Lösung f; of matter Regelung f; of strike Schlichtung f; **they reached an out-of-court ~** sie einigten sich außergerichtlich; **pay ~** esp BRIT Tarifver-

set·tler ['setlə'] *n* Siedler(in) *m(f)*
'set-to *n (fam)* Streit *m*
set-top 'box *n* TV Set-Top-Box, f *(für den Empfang des digitalen Fernsehens über Kabel)* **'set-up** *n* ❶ *(way things are arranged)* Aufbau *m*; *(arrangement)* Einrichtung *f* ❷ *(fam: act of deception)* abgekartetes Spiel
sev·en ['sevən] **I.** *adj* sieben; *see also* **eight** **II.** *n* Sieben *f*; *see also* **eight**
'sev·en·fold *adj* siebenfache **sev·en·teen** ['sevən'ti:n] **I.** *adj* siebzehn; *see also* **eight** **II.** *n* Siebzehn *f*; *see also* **eight** **sev·en·teenth** ['sevən'ti:n(t)θ] **I.** *adj* siebzehnte(r, s) **II.** *n* ❶ *(date)* ■ der ~ der Siebzehnte ❷ *(fraction)* Siebzehntel *nt* **sev·enth** ['sevən(t)θ] **I.** *adj* siebte(r, s) ▸ **to be in ~ heaven** im siebten Himmel sein **II.** *n* ❶ *(date)* ■ **the ~** der Siebte ❷ *(fraction)* Siebtel *nt* **sev·en·ti·eth** ['sevəntiəθ] **I.** *adj* siebzigste(r, s) **II.** *n* ❶ *(ordinal number)* Siebzigste(r, s) ❷ *(fraction)* Siebzigstel *nt* **sev·en·ty** ['sevənti] **I.** *adj* siebzig **II.** *n* Siebzig *f*
sev·er ['sevə'] *vt* ❶ *(separate)* abtrennen; *(cut through)* durchtrennen ❷ *(end)* links, connection abbrechen; ties lösen
sev·er·al ['sevərəl] **I.** *adj* ❶ *(some)* einige, mehrere; *(various)* verschiedene; **to have ~ reasons for doing sth** verschiedene Gründe haben, etw zu tun ❷ *attr (form, liter: respective)* einzeln; *(separate)* getrennt; *(distinct)* verschieden **II.** *pron* ein paar, mehrere, einige; **I offered him one piece of candy but he took ~** ich bot ihm ein Bonbon an, aber er nahm mehrere
sev·er·al·ly ['sevərəli] *adv (form, liter: respectively)* einzeln; *(separately)* getrennt
sev·er·ance ['sevərən(t)s] *n no pl (form)* ❶ *(act of ending)* Abbruch *m* (**of** +*gen*) ❷ *(separation)* Trennung *f* ❸ *(payment by employer)* Abfindung *f*
'sev·er·ance deal, **'sev·er·ance package** *n* Abfindungsübereinkunft *f*, Abfindungsabkommen *nt* **'sev·er·ance pay** *n no pl* Abfindung *f*
se·vere [sə'vɪə'] *adj* ❶ *(very serious)* schwer, schlimm; *pain* heftig, stark; *cutback* drastisch; *blow, concussion, injury* schwer; **to be under ~ strain** unter starkem Druck stehen ❷ *(harsh)* criticism, punishment hart; *(strict)* streng; METEO *(harsh)* rau; *(extreme)* heftig, stark; *frost, winter* streng; *(violent)* gewaltig; **~ cold** eisige Kälte; **~ reprimand** scharfer Tadel; **~ storm** heftiger Sturm ❸ *(very plain)* building, dress schlicht
se·vere·ly [sə'vɪəli] *adv* ❶ *(seriously)* schwer; **to be ~ restricted** enorm eingeschränkt sein ❷ *(harshly)* hart; *(extremely)* heftig, stark ❸ *(strictly)* streng; **to frown ~** streng die Stirn runzeln ❹ *(in a plain manner)* schlicht
se·ver·ity [sə'verəti] *n no pl* ❶ *(seriousness)* Schwere *f*; *(of situation, person)* Ernst *m* ❷ *(harshness)* Härte *f*; *(strictness)* Strenge *f*; *of criticism* Schärfe *f*; *(extreme nature)* Rauheit *f* ❸ *(plainness)* Schlichtheit *f*
Se·ville [sə'vɪl] *n* Sevilla *nt*
sew <sewed, sewn *or* sewed> [səʊ] **I.** *vt* nähen; **to ~ a button on** einen Knopf annähen; **to ~ on a patch** einen Flicken aufnähen **II.** *vi* nähen ◆ **sew up** *vt* ❶ *(repair)* zunähen; *wound* nähen ❷ *(fam: complete successfully)* zum Abschluss bringen ❸ *(fam: make sure of winning)* sich *dat* sichern; **the Democrats appear to have the election ~n up** die Demokraten scheinen die Wahl bereits für sich entschieden zu haben ❹ *(gain control of)* sich einer Sache *gen* bemächtigen
'sew·age ['su:ɪdʒ] *n no pl* Abwasser *nt*; **raw** [*or untreated*] **~** ungeklärte Abwässer *pl*
'sew·age farm *n*, **'sew·age plant** *n* ECOL Rieselfeld *nt*
sew·er[1] ['suə'] *n* Abwasserkanal *m* ▸ **to have a mind like a ~** ein Gemüt wie ein Fleischerhund haben
sew·er[2] ['səʊə'] *n* Näher(in) *m(f)*
sew·er·age ['suərɪdʒ] *n no pl* Kanalisation *f*; **~ system** Kanalisation *f*
'sew·er rat *n* Kanalratte *f*
'sew·ing ['səʊɪŋ] **I.** *n no pl* ❶ *(activity)* Nähen *nt* ❷ *(things to sew)* Näharbeit *f* **II.** *adj attr* Näh-
'sew·ing bas·ket *n* Nähkorb *m* **'sew·ing ma·chine** *n* Nähmaschine *f*
sewn [səʊn] *pp of* **sew**
sex [seks] **I.** *n* <*pl* -es> ❶ *(gender)* Geschlecht *nt*; **the battle of the ~es** *(fig)* der Kampf der Geschlechter; **the male/female ~** das männliche/weibliche Geschlecht; **the opposite ~** das andere Geschlecht ❷ *no pl (intercourse)* Sex *m*, Geschlechtsverkehr *m*; **casual ~** gelegentlicher Sex; **extra-/premarital ~** außer-/vorehelicher Geschlechtsverkehr; **unprotected ~** ungeschützter Geschlechtsverkehr; **to have ~** Sex haben; **to have ~ with sb** mit jdm schlafen **II.** *vt (determine gender of)* das Geschlecht bestimmen
'sex ap·peal *n no pl* Sexappeal *m* **'sex dis·crim·i·na·tion** *n no pl* Diskriminierung *f* aufgrund des Geschlechts **'sex edu·ca·tion** *n no pl* Sexualerziehung *f* **sex·ism** ['sek-

sɪzᵊm] *n no pl* Sexismus *m* **sex·ist** ['seksɪst] **I.** *adj* (*pej*) sexistisch **II.** *n* Sexist(in) *m(f)*
sex·less ['sekslǝs] *adj* ❶ (*without gender*) geschlechtslos ❷ (*without physical attractiveness*) unerotisch ❸ (*without sexual desire*) sexuell desinteressiert '**sex life** *n* Sexualleben *nt* **sex se·lec·tion** *n* MED Geschlechtswahl *f* des Kindes '**sex sym·bol** *n* Sexsymbol *nt*
sex·tant ['sekstǝnt] *n* Sextant *m*
sex·tet [sek'stet] *n* Sextett *nt*
sex·ton ['sekstᵊn] *n* Küster *m*
sex·ual ['seksjuǝl] *adj* ❶ (*referring to gender*) geschlechtlich; ~ **discrimination** Diskriminierung *f* aufgrund des Geschlechts; ~ **equality** Gleichheit *f* der Geschlechter ❷ (*erotic*) sexuell; ~ **attraction/promiscuity** sexuelle Anziehung/Freizügigkeit; ~ **desire** sexuelles Verlangen; ~ **relations/relationship** sexuelle Beziehungen/Beziehung
sex·ual 'har·ass·ment *n no pl* sexuelle Belästigung **sex·ual 'inter·course** *n no pl* Geschlechtsverkehr *m* **sex·ual·i·ty** [ˌseksjuˈælǝti] *n no pl* Sexualität *f* **sex·ual·ly** ['seksjuǝli] *adv* ❶ (*referring to gender*) geschlechtlich ❷ (*erotically*) sexuell; ~ **aroused** sexuell erregt; ~ **attractive** sexy
sexy ['seksi] *adj* (*fam*) ❶ (*physically appealing*) sexy ❷ (*aroused*) erregt ❸ (*exciting*) aufregend, heiß
Sey·chelles [seɪˈʃelz] *n* ■ **the Seychelles** die Seychellen *pl*
SGML [ˌesdʒiːemˈel] COMPUT *abbrev of* **Standard General Markup Language** SGML
Sgt *n abbrev of* **sergeant** Uffz.
shab·by ['ʃæbi] *adj* ❶ (*worn*) schäbig ❷ (*poorly dressed*) ärmlich gekleidet ❸ (*unfair*) schäbig; **excuse** fadenscheinig; **trick** billig
shack [ʃæk] *n* Hütte *f* ◆ **shack up** *vi* (*fam*) ■ **to ~ up with sb** mit jdm zusammenziehen
shacked up [ˌʃækt'ʌp] *adj pred* ■ **to be ~ up with sb** mit jdm zusammenleben
shack·le ['ʃækl] *vt* ❶ (*chain*) [mit Ketten] fesseln ❷ (*fig: restrict*) behindern
shade [ʃeɪd] **I.** *n* ❶ *no pl* (*area out of sunlight*) Schatten *m*; **a patch of ~** ein schattiges Plätzchen; **in** [*or* **under**] **the ~** im Schatten (**of +gen**) ❷ *no pl* (*darker area of picture*) Schatten *m* ❸ (*lampshade*) [Lampen]schirm *m* ❹ AM (*roller blind*) Rollladen *m* ❺ (*variation of colour*) [Farb]ton *m*, Zwischenton *m*; **~s of grey** Grautöne *pl*; **pastel ~s** Pastellfarben *pl* ❻ (*variety*) Nuance *f*; **~[s] of meaning** Bedeutungsnuancen *pl* ❼ (*a little*) ■ **a ~** ein wenig; **a ~ over/under three hours** knapp über/unter drei Stunden ❽ (*fam: sunglasses*) ■ **~s** *pl* Sonnenbrille *f* ▶ **to put sb/sth in the ~** jdn/etw in den Schatten stellen **II.** *vt* ❶ (*protect from brightness*) [vor der Sonne] schützen; **an avenue ~d by trees** eine von Bäumen beschattete Allee; **to ~ one's eyes** seine Augen beschirmen ❷ (*in picture*) schattieren **III.** *vi* ❶ (*alter colour*) ■ **to ~ [off] into sth** allmählich in etw *akk* übergehen ❷ (*gradually become*) ■ **to ~ [away] into sth** allmählich in etw *akk* übergehen ❸ (*be very similar*) ■ **to ~ into sth** kaum von etw *dat* zu unterscheiden sein
shad·ing ['ʃeɪdɪŋ] *n no pl* Schattierung *f*
shad·ow ['ʃædǝʊ] **I.** *n* ❶ (*produced by light*) Schatten *m*; **to cast a ~ over sb/sth** [s]einen Schatten auf jdn/etw werfen *a. fig* ❷ (*under eye*) Augenring *m* ❸ (*on X-ray*) Schatten *m* ❹ (*smallest trace*) Hauch *m*, Anflug *m*; **there isn't even a ~ of doubt** es besteht nicht der leiseste Zweifel ❺ (*secret follower*) Beschatter(in) *m(f)*; (*constant follower*) ständiger Begleiter/ständige Begleiterin ❻ (*trainee observing employee*) Auszubildender, der einem bestimmten Angestellten zugeordnet ist und durch Beobachtung von ihm lernt ▶ **to be a ~ of one's former self** [nur noch] ein Schatten seiner selbst sein; **to be scared of one's own ~** sich vor seinem eigenen Schatten fürchten **II.** *vt* ❶ (*overshadow*) verdunkeln ❷ (*follow secretly*) beschatten ❸ SPORTS (*stay close to*) decken ❹ FIN (*be closely linked to*) ■ **to ~ sth** mit etw *dat* verknüpft sein
'**shad·ow-box·ing** *n no pl* Schattenboxen *nt* **Shad·ow 'Cabi·net** *n* POL ■ **the ~** das Schattenkabinett
shad·owy ['ʃædǝʊi] *adj* ❶ (*out of sun*) schattig; (*dark*) düster; ~ **figure** schemenhafte Figur; (*fig*) rätselhaftes Wesen; ~ **outline** Schattenriss *m* ❷ (*dubious*) zweifelhaft
shady ['ʃeɪdi] *adj* ❶ (*in shade*) schattig ❷ (*fam: dubious*) fragwürdig; ~ **character** fragwürdiger Charakter
shaft [ʃɑːft] **I.** *n* ❶ (*hole*) Schacht *m*; **lift** [*or* AM **elevator**] ~ Aufzugsschacht *m*; **ventilation** ~ Lüftungsschacht *m* ❷ (*of tool, weapon*) Schaft *m* ❸ (*in engine*) Welle *f* ❹ (*ray*) Strahl *m*; **~ of sunlight** Sonnenstrahl *m* ❺ (*esp liter: witty remark*) treffende Bemerkung; **a scornful ~** ein Pfeil *m* des Spottes ❻ AM (*fam: unfair treatment*) **to get the ~** leer ausgehen **II.** *vt* betrügen
shag¹ [ʃæg] BRIT, AUS **I.** *n* ❶ (*sl: act*) **to have a ~ [with sb]** [mit jdm] eine Nummer schieben ❷ (*sl: sex partner*) Bettgenosse, -genossin *m, f* **II.** *v* <-gg-> (*sl*) bumsen *derb* **III.** *vi* <-gg-> (*sl*) vögeln *derb*
shag² [ʃæg] **I.** *adj attr* ~ **carpet** Veloursteppich *m*; ~ **pile** Flor *m* **II.** *n no pl* (*tobacco*)

shagged out – shame

Shag *m*

shagged out [ˈʃægdˈaʊt] *adj pred* BRIT, AUS (*sl, fam!*) ausgepumpt *fam*

shag·gy [ˈʃægi] *adj* ❶ (*hairy*) struppig; **a lion's ~ mane** die Zottelmähne eines Löwen ❷ (*unkempt*) zottelig; **~ hair** Zottelhaar *nt*

Shah [ʃɑː] *n* (*hist*) Schah *m*

shake [ʃeɪk] **I.** *n* ❶ (*action*) Schütteln *nt kein pl*; **she gave the box a ~** sie schüttelte die Schachtel; **a ~ of one's head** ein Kopfschütteln *nt* ❷ (*nervousness*) **to get the ~s** (*fam*) Muffensausen kriegen ❸ *esp* AM (*fam: milkshake*) Shake *m* ▸ **in two ~s** (*fam*) sofort; **to be no great ~s at sth** bei etw *dat* nicht besonders gut sein **II.** *vt* <shook, shaken> ❶ (*vibrate*) schütteln; **~ well before using** vor Gebrauch gut schütteln; **to ~ oneself** sich schütteln; **to ~ sth over sth** etw über etw *akk* streuen; **to ~ one's fist [at sb]** [jdm] mit der Faust drohen; **to ~ hands with sb** jdm die Hand schütteln; **to ~ one's head** den Kopf schütteln ❷ (*undermine*) erschüttern ❸ (*shock*) erschüttern; **the news has ~n the whole country** die Nachricht hat das ganze Land schwer getroffen ❹ (*fam: get rid of*) loswerden ▸ **to ~ a leg** (*fam*) sich beeilen **III.** *vi* <shook, shaken> ❶ (*quiver*) beben; **to ~ with sth** vor etw *dat* beben [*o* zittern]; **his voice shook with emotion** seine Stimme zitterte vor Rührung ❷ (*shiver with fear*) zittern, beben ❸ (*fam: agree*) **to ~ [on sth]** sich *dat* [in einer Sache] die Hand reichen ▸ **to ~ like a leaf** [*or* BRIT, AUS **like jelly**] wie Espenlaub zittern ◆ **shake down** (*fam*) **I.** *vt* AM (*take money*) ausnehmen; (*threaten*) erpressen **II.** *vi* ❶ (*achieve harmony*) *person* sich einleben; *situation* sich einpendeln ❷ BRIT (*spend the night*) **can I ~ down with you for a couple of nights?** kann ich mich für ein paar Nächte bei dir einquartieren? ◆ **shake off** *vt* ❶ (*remove*) abschütteln ❷ (*get rid of*) überwinden; **to ~ off ⟳ sb** jdn loswerden; *pursuer* jdn abschütteln; **to ~ off a habit** eine Angewohnheit ablegen; **to ~ off an illness** eine Krankheit besiegen; **to ~ off an image/a reputation** ein Image/einen Ruf loswerden ◆ **shake out** *vt* ausschütteln ◆ **shake up** *vt* ❶ (*mix*) mischen ❷ (*shock*) aufwühlen ❸ (*significantly alter*) umkrempeln; (*significantly reorganize*) umstellen

'shake·down [ˈʃeɪkdaʊn] AM **I.** *n* (*fam*) ❶ (*tests and trials*) Erprobung *f*; *of machinery* Testlauf *m*; *of aircraft* Testflug *m*; *of vehicle* Testfahrt *f* ❷ (*extortion by tricks*) Abzocken *nt sl*; (*by threats*) Erpressung *f* ❸ (*police search*) Razzia *f* ❹ (*bed*) Notbett *nt* **II.** *adj attr* ❶ (*settling down*) Eingewöhnungs- ❷ (*trial*) Test-, Probe-

shak·en [ˈʃeɪkən] **I.** *vi, vt pp of* **shake II.** *adj* erschüttert

shak·er [ˈʃeɪkə′] *n* ❶ (*for mixing liquids*) Mixbecher *m* ❷ (*dispenser*) **salt/pepper ~** Salz-/Pfefferstreuer *m* ❸ (*for dice*) Würfelbecher *m*

'shake-up [ˈʃeɪkʌp] *n* Veränderung *f*, Umstrukturierung *f*

shaki·ly [ˈʃeɪkɪli] *adv* ❶ (*unsteadily*) wack[e]lig; *voice, hands* zittrig ❷ (*uncertainly*) unsicher

'shak·ing I. *n* (*jolting*) Schütteln *nt*; (*trembling*) Zittern *nt* **II.** *adj* zitternd; **with ~ hands/knees** mit zitternden Händen/Knien

shaky [ˈʃeɪki] *adj* ❶ (*unsteady*) *hands, voice, handwriting* zittrig; *ladder, table* wack[e]lig; **to be ~ on one's feet** unsicher auf den Beinen sein; **to feel a bit ~** (*physically*) noch etwas wack[e]lig auf den Beinen sein; (*emotionally*) beunruhigt sein ❷ (*unstable*) *basis, foundation* unsicher; *economy, government* instabil; **his English is rather ~** sein Englisch ist etwas holprig; **on ~ ground** auf unsicherem Boden; **to get off to a ~ start** mühsam in Gang kommen

shale [ʃeɪl] *n no pl* Schiefer *m*

shall [ʃæl, ʃəl] *aux vb* ❶ *usu* BRIT (*future*) ▪ **I ~ ...** ich werde ... ❷ *esp* BRIT (*ought to, must*) ▪ **I/he/she ~ ...** ich/er/sie soll ... ❸ (*expressing what is mandatory*) **it ~ be unlawful ...** es ist verboten, ...

shal·lot [ʃəˈlɒt] *n* Schalotte *f*

shal·low [ˈʃæləʊ] *adj* ❶ (*not deep*) seicht; *ditch, grave, pan* flach; **~ pool** Kinderbecken *nt* ❷ (*light*) **~ breathing** flacher Atem ❸ (*superficial*) oberflächlich; *film* seicht

shal·low·ness [ˈʃæləʊnəs] *n no pl* ❶ (*shallow depth*) Seichtheit *f* ❷ (*superficiality*) Oberflächlichkeit *f*

sham [ʃæm] (*pej*) **I.** *n* ❶ *usu sing* (*fake thing*) Trug *m kein pl geh*, Betrug *m kein pl*; **the American dream is a ~** der amerikanische Traum ist nur ein schöner Schein ❷ *no pl* (*pretence*) Verstellung *f* **II.** *adj* gefälscht; **~ marriage** Scheinehe *f* **III.** *vt* <-mm-> vortäuschen **IV.** *vi* <-mm-> sich verstellen

sham·ble [ˈʃæmbl] *vi* (*walk*) watscheln; (*shuffle*) schlurfen

sham·bles [ˈʃæmblz] *n + sing vb* (*fam*) ▪ **a ~** ein heilloses Durcheinander; **to be in a ~** sich in einem chaotischen Zustand befinden

sham·bol·ic [ʃæmˈbɒlɪk] *adj* BRIT (*fam*) chaotisch

shame [ʃeɪm] **I.** *n no pl* ❶ (*feeling*) Scham *f*, Schamgefühl *nt*; **have you no ~?** schämst du dich nicht?; **~ on you!** (*also hum*) schäm dich!; **your cooking puts mine to ~** deine

Kochkünste lassen meine dilettantisch erscheinen; **to feel no ~** sich nicht schämen ❷ *(disgrace)* Schande *f*; **to bring ~ on sb** Schande über jdn bringen ❸ *(a pity)* Jammer *m*; **what a ~!** wie schade!; **it's a [great] ~ that ...** es ist jammerschade, dass ... **II.** *vt* ❶ *(make ashamed)* beschämen ❷ *(bring shame on)* ■ **to ~ sb/sth** jdm/etw Schande machen ❸ *(put to shame)* weit übertreffen; **our neighbour's garden ~s ours** gegen den Garten unseres Nachbarn sieht der unsrige alt aus *fam*

shame·faced [ˈʃeɪmˈfeɪst] *adj* verschämt
shame·ful [ˈʃeɪmfᵊl] *adj* ❶ *(causing shame) treatment* schimpflich; *defeat* schmachvoll ❷ *(disgraceful)* empörend; ■ **it's ~ that ...** es ist eine Schande, dass ... **shame·less** [ˈʃeɪmləs] *adj* schamlos
sham·my [ˈʃæmi] *n (fam)*, **sham·my 'leath·er** *n no pl* Sämischleder *nt*
sham·poo [ʃæmˈpuː] **I.** *n* ❶ *no pl (for hair)* Shampoo *nt* ❷ *(wash)* **my hair needs a ~** ich muss mir die Haare waschen; **a ~ and set** Waschen und Legen **II.** *vt hair* shamponieren; **to ~ a sofa** ein Sofa mit einem Shampoo reinigen
sham·rock [ˈʃæmrɒk] *n* weißer Feldklee; ■ **the ~** der Shamrock *(Kleeblatt als Symbol Irlands)*
shan·dy [ˈʃændi] *n esp* BRIT, AUS Radler *nt bes* SÜDD, Alsterwasser *nt* NORDD
shank [ʃæŋk] *n (of tool)* Schaft *m*
shan·ty¹ [ˈʃænti] *n* [Elends]hütte *f*
shan·ty² [ˈʃænti] *n* Seemannslied *nt*
'shan·ty town *n* Barackensiedlung *f*
shape [ʃeɪp] **I.** *n* ❶ *(outline)* Form *f*; BIOL Gestalt *f*; MATH Figur *f*, Form *f*; **in any ~ or form** *(fig)* in jeder Form; **all ~s and sizes** alle Formen und Größen; **to be oval/square in ~** eine ovale/quadratische Form haben; **to lose its ~** die Form verlieren; **to take ~** Form annehmen ❷ *no pl (nature)* Form *f*, Art *f*; **to show the ~ of things to come** das Gepräge der Zukunft tragen ❸ *no pl (condition)* **to be in bad/good ~** *things* in schlechtem/gutem Zustand sein; *people* in schlechter/guter Verfassung sein; SPORTS nicht in Form/in Form sein; **to be in great ~** in Hochform sein; **to knock sth into ~** etw in Ordnung bringen; **to knock sb into ~** jdn zurechtzutzen *fam* **II.** *vt* ❶ *(mould)* [aus]formen ❷ *(influence)* prägen; **to ~ sb's character/personality** jds Charakter/Persönlichkeit formen; **to ~ one's destiny** sein Schicksal [selbst] gestalten **III.** *vi* sich entwickeln
shape·less [ˈʃeɪpləs] *adj* ❶ *(not shapely)* unförmig; **a ~ dress** ein Kleid *nt* ohne Form ❷ *(without shape)* formlos; *ideas* vage

shape·ly [ˈʃeɪpli] *adj* wohlgeformt; *figure, legs* schön; *woman* gut gebaut
shard [ʃɑːd] *n* Scherbe *f*; *of metal* Splitter *m*
share [ʃeəʳ] **I.** *n* ❶ *(part)* Teil *m*, Anteil *m*; *of food* Portion *f*; **he should take his ~ of the blame for what happened** er sollte die Verantwortung für seine Mitschuld am Geschehenen übernehmen; **the lion's ~ of sth** der Löwenanteil von etw *dat*; **~ of the market** Marktanteil *m*; **~ of the vote** Stimmenanteil *m*; **to have had one's fair ~ of sth** *(iron)* etw reichlich abbekommen haben; **to give sb a ~ in sth** jdn an etw *dat* beteiligen; **to have a ~ in sth** an etw *dat* teilhaben; **to have more than one's ~ of sth** mehr von etw *dat* haben, als einem zusteht ❷ *usu pl (in company)* Anteil *m*, Aktie *f*; **stocks and ~s** Wertpapiere *pl* **II.** *vi* ❶ *(with others)* teilen; ■ **to ~ with sb** mit jdm teilen ❷ *(have part of)* **to ~ in sth** an etw *dat* teilhaben; **to ~ in sb's joy/sorrow/triumph** jds Freude/Kummer/Triumph teilen ❸ *(participate)* ■ **to ~ in sth** an etw *dat* beteiligt sein **III.** *vt* ❶ *(divide)* teilen; **shall we ~ the driving?** sollen wir uns beim Fahren abwechseln?; **to ~ the expenses** sich *dat* die Kosten teilen; **to ~ resources** Mittel gemeinsam nutzen; **to ~ responsibility** Verantwortung gemeinsam tragen ❷ *(have in common)* gemeinsam haben; **to ~ a birthday** am gleichen Tag Geburtstag haben; **to ~ sb's concern** jds Besorgnis teilen; **to ~ an interest** ein gemeinsames Interesse haben; **to ~ sb's opinion** jds Ansicht teilen ❸ *(communicate)* ■ **to ~ sth with sb** *information* etw an jdn weitergeben; **to ~ one's problems/thoughts with sb** jdm seine Probleme/Gedanken anvertrauen; **to ~ a secret [with sb]** jdn in ein Geheimnis einweihen ▶ **a problem ~d is a problem halved** *(prov)* geteiltes Leid ist halbes Leid *prov* ♦ **share out** *vt* aufteilen
share cer·ti·fi·cate *n* Aktienzertifikat *nt*
'share·crop·per *n* AM Pächter einer kleinen Farm, der die Pacht teilweise in Naturalien begleicht **'share·hold·er** *n* Aktionär(in) *m(f)* **'share in·dex** *n* Aktienindex *m* **'share is·sue** *n* Aktienausgabe *f* **'share-out** *n (distribution)* Verteilung *f*; *(division)* Aufteilung *f* **'share price** *n* Aktienkurs *m* **'share·ware** *n no pl* COMPUT Shareware *f*
shark <*pl* -s *or* -> [ʃɑːk] *n* ❶ *(fish)* Hai[fisch] *m* ❷ *(pej fam: person)* **local property ~** Immobilienhai *m*
sharp [ʃɑːp] **I.** *adj* ❶ *(cutting) blade, knife* scharf ❷ *(pointed) end, point, nose, pencil* spitz; *features* kantig ❸ *(acute)* **~ angle** spitzer Winkel; **~ bend** scharfe Kurve ❹ *(severe)*

attack, rebuff, rebuke scharf; **~ criticism** beißende Kritik; **to have a ~ tongue** eine scharfe Zunge haben ⑤ (*stabbing*) stechend; **~ stab [of pain]** [schmerzhaftes] Stechen ⑥ (*sudden*) *drop in temperature* plötzlich; (*marked*) drastisch; *fall, rise* stark ⑦ (*clear-cut*) scharf, deutlich, klar; **to bring sth into ~ focus** etw klar und deutlich herausstellen ⑧ (*perceptive*) scharfsinnig; **~ eyes/ears** scharfe Augen/Ohren; **~ mind** scharfer Verstand ⑨ (*fam: trendy*) elegant; **to be a ~ dresser** immer schick angezogen sein ⑩ (*piquant*) *taste* scharf [gewürzt] ⑪ (*penetrating*) *noise, voice* schrill ⑫ MUS **C ~** Cis *nt*; **F ~** Fis *nt*; ■ **to be ~** zu hoch intonieren **II.** *adv* ❶ (*exactly*) genau; **the performance will start at 7.30** ~ die Aufführung beginnt um Punkt 7.30 Uhr ❷ (*suddenly*) **to turn ~ left/right** scharf links/rechts abbiegen ❸ MUS zu hoch **III.** *n* MUS Kreuz *nt*.

sharp·en ['ʃɑːpən] *vt* ❶ (*make sharp*) schärfen; *pencil* spitzen; *scissors, knife* schleifen ❷ (*intensify*) verschärfen ❸ (*make more distinct*) scharf einstellen ❹ (*improve*) schärfen; **to ~ one's mind** den Verstand schärfen; **to ~ the senses** die Sinne schärfen ❺ MUS um einen Halbton erhöhen **sharp·en·er** ['ʃɑːpənə'] *n pencil ~* Bleistiftspitzer *m; knife ~* Messerschleifgerät *nt* **sharp·er** ['ʃɑːpə'] *n* (*fam: cheat*) Betrüger(in) *m(f)*; (*at cards*) Falschspieler(in) *m(f)* **sharp-'eyed** *adj* scharfsichtig **sharp·ness** ['ʃɑːpnəs] *n no pl* ❶ *of blade, point, curve* Schärfe *f* ❷ *of pain* Heftigkeit *f*, Stärke *f* ❸ (*acerbity*) Schärfe *f* ❹ (*markedness*) Heftigkeit *f* ❺ (*clarity*) Schärfe *f* ❻ (*perceptiveness*) Scharfsinn *m* ❼ (*stylishness*) Eleganz *f* ❽ (*of taste*) Würzigkeit *f*, Würze *f* **sharp 'prac·tice** *n no pl* üble Geschäftspraktiken *pl* **'sharp·shoot·er** *n* Scharfschütze *m* **sharp-'sight·ed** *adj* ❶ (*very observant*) scharfsichtig ❷ (*alert*) scharfsinnig **sharp-'tem·pered** *adj* leicht erregbar **sharp-'tongued** *adj* scharfzüngig **sharp-'wit·ted** *adj* scharfsinnig

shat [ʃæt] *vi esp* BRIT *pt, pp of* **shit**

shat·ter ['ʃætə'] **I.** *vi* zerspringen; **the glass ~ed into a thousand tiny pieces** das Glas zerbrach in tausend winzige Stücke **II.** *vt* ❶ (*smash*) zertrümmern; *health, nerves* zerrütten ❷ (*fig*) vernichten; **to ~ the calm** die Ruhe zerstören; **to ~ sb's dreams/illusions** jds Träume/Illusionen zunichtemachen ❸ BRIT (*fam: exhaust*) schlauchen

shat·ter·ing ['ʃætərɪŋ] *adj* (*fam*) ❶ (*very upsetting*) erschütternd ❷ (*destructive*) vernichtend ❸ BRIT (*exhausting*) aufreibend **shat·ter·proof** ['ʃætəpruːf] *adj* bruchsicher; *windscreen* splitterfrei

shave [ʃeɪv] **I.** *n* Rasur *f*; **I need a ~** ich muss mich rasieren; **a close ~** eine Glattrasur ▸ **a close ~** ein knappes Entkommen; **to have a close ~** gerade noch davonkommen **II.** *vi* sich rasieren; **to ~ under one's arms** sich *dat* die Achselhaare rasieren **III.** *vt* ❶ (*remove hair*) rasieren; **to ~ one's legs** sich *dat* die Beine rasieren ❷ (*decrease by stated amount*) verringern

shav·en ['ʃeɪvən] *adj* rasiert; *head* kahl geschoren

shav·er ['ʃeɪvə'] *n* Rasierapparat *m*

'shav·ing brush *n* Rasierpinsel *m* **'shav·ing cream** *n* Rasiercreme *f* **'shav·ing foam** *n no pl* Rasierschaum *m* **'shav·ing mir·ror** *n* Rasierspiegel *m*

shawl [ʃɔːl] *n* Schultertuch *nt*

she [ʃi:, ʃɪ] **I.** *pron* ❶ (*female person, animal*) sie; ■ **~ who ...** (*particular person*) diejenige, die ...; (*any person*) wer ❷ (*inanimate thing*) es; (*for country*) es; (*for ship with name*) sie; (*for ship with no name*) es AUS, NZ (*fam: it*) es ▸ **who's ~, the cat's mother?** BRIT (*fam*) und wer soll sie sein? **II.** *n usu sing* ■ **a ~** (*person*) eine Sie; (*animal*) ein Weibchen *nt*

sheaf <*pl* **sheaves**> [ʃiːf] *n* Bündel *nt; of corn* Garbe *f*

shear <-ed, -ed *or* **shorn**> [ʃɪə'] **I.** *vt* ❶ (*remove fleece*) scheren ❷ (*hum fam: cut hair short*) ■ **to ~ sb** jds Haare kurz scheren **II.** *vi* TECH abbrechen ◆ **shear off I.** *vt* ❶ (*cut off*) abscheren ❷ *usu passive* (*tear off*) **the wing of the plane had been ~ed off** die Tragfläche des Flugzeugs wurde abgerissen **II.** *vi* abbrechen

shears [ʃɪəz] *npl* TECH [große] Schere; *metal ~* Metallschere *f*; [*garden*] **~** Gartenschere *f*

sheath [ʃiːθ] *n* ❶ (*for knife, sword*) Scheide *f* ❷ (*casing*) Hülle *f*; (*case*) Futteral *nt;* **nerve ~s** MED Nervenhüllen *pl* ❸ BRIT (*condom*) Kondom *nt* ❹ FASHION **~** [*dress*] enges Kleid

sheathe [ʃiːð] *vt* ❶ (*put into sheath*) **to ~ a knife/sword** ein Messer/Schwert in die Scheide stecken ❷ (*cover*) ■ **to ~ sth in** [*or* **with**] **sth** etw mit etw *dat* umhüllen

'sheath knife *n* Dolch *m*

she·bang [ʃɪ'bæŋ] *n no pl esp* AM (*fam*) Drum und Dran *nt*; **the whole ~** der ganze Kram

shed[1] [ʃed] *n* Schuppen *m; garden ~* Gartenhäuschen *nt; tool ~* Geräteschuppen *m*

shed[2] <-dd-, **shed**, **shed**> [ʃed] **I.** *vt* ❶ (*cast off*) ablegen; *antlers, leaves* abwerfen; *hair* verlieren; **to ~ a few kilos/pounds** ein paar Kilo/Pfund abnehmen; **to ~ one's skin** sich häuten; **to ~ one's winter coat** das Winterfell verlieren ❷ (*get rid of*) ablegen; **to ~**

one's inhibitions/insecurity seine Hemmungen/Unsicherheit verlieren ❸ (*generate*) *blood, tears* vergießen; *light* verbreiten ❹ BRIT (*drop accidentally*) **a lorry has ~ a load of gravel across the road** ein LKW hat eine Ladung Kies auf der Straße verloren **II.** *vi snakes* sich häuten; *cats* haaren

'shed·load *n* (*sl*) ▪ **a ~** [*or* **~s**] **of sth** Unmengen von etw *dat*; **~ of cash** Unsummen Geld

sheen [ʃiːn] *n no pl* ❶ (*gloss*) Glanz *m* ❷ (*aura*) Ausstrahlung *f*

sheep <*pl* -> [ʃiːp] *n* Schaf *nt;* **flock of ~** Schafherde *f* ▶ **to separate the ~ from the goats** die Schafe von den Böcken trennen

'sheep dip *n* AGR Desinfektionsbad *nt* für Schafe **'sheep·dog** *n* Schäferhund *m* **'sheep·fold** *n* Schafhürde *f*

sheep·ish [ˈʃiːpɪʃ] *adj* unbeholfen; *smile* verlegen

'sheep·skin *n* Schaffell *nt*

sheer¹ [ʃɪəʳ] **I.** *adj* ❶ (*utter*) pur, rein; **the ~ size of the thing takes your breath away** schon allein die Größe von dem Ding ist atemberaubend; **~ bliss** eine wahre Wonne; **~ coincidence** reiner [*o* purer] Zufall; **~ lunacy** purer [*o* schierer] Wahnsinn; **~ nonsense** blanker Unsinn ❷ (*vertical*) *cliff, drop* steil ❸ (*thin*) *material* hauchdünn; (*diaphanous*) durchscheinend **II.** *adv* (*liter*) steil

sheer² [ʃɪəʳ] *vi* ▪ **to ~ off** [*or* **away**] ❶ NAUT abscheren ❷ (*avoid*) ausweichen

sheet [ʃiːt] *n* ❶ (*for bed*) Laken *nt* ❷ *of paper* Blatt *nt;* *of heavy paper* Bogen *m;* **a ~ of paper** ein Blatt *nt* Papier ❸ *of material* Platte *f* ❹ (*large area*) **the rain is coming down in ~s** es regnet in Strömen; **~ of flame** Flammenwand *f;* **~ of ice** Eisschicht *f;* **~ of water** ausgedehnte Wasserfläche

'sheet feed *n* COMPUT Einzelblatteinzug *m* **'sheet light·ning** *n no pl* Wetterleuchten *nt* **'sheet met·al** *n* Blech *nt* **'sheet mu·sic** *n* Noten *pl*

sheik(h) [ʃeɪk, ʃiːk] *n* Scheich *m*

shelf <*pl* **shelves**> [ʃelf] *n* ❶ (*for storage*) [Regal]brett *nt,* Bord *nt;* (*set of shelves*) Regal *nt;* **to buy sth off the ~** etw ab Lager kaufen; *clothing* etw von der Stange kaufen ❷ GEOL (*horizontal portion of rock*) Schelf *m o nt* ▶ **to be** [**left**] **on the ~** (*fam*) sitzen geblieben sein

'shelf life *n no pl* Haltbarkeit *f;* **to have a short ~** eine kurze Haltbarkeit haben; (*fig*) bald wieder in Vergessenheit geraten

shell [ʃel] *n* ❶ (*exterior case*) *of egg, nut* Schale *f;* *of tortoise* Panzer *m;* *of pea* Hülse *f;* *of insect wing* Flügeldecke *f;* (*on beach*) Muschel *f* ❷ *of a building* Mauerwerk *nt* ❸ (*for artillery*) Granate *f;* AM (*cartridge*) Patrone *f* ❹ (*boat*) Rennruderboot *nt* ❺ FOOD [**pastry**] **~** [Mürbeteig]boden *m* ▶ **to bring sb out of his/her ~** jdn aus der Reserve locken; **to come out of one's ~** aus sich *dat* herausgehen; **to crawl** [**back**] **into one's ~** sich in sein Schneckenhaus zurückziehen **II.** *vt* ❶ (*remove shell*) schälen; *nut* knacken; *pea* enthülsen ❷ (*bombard*) [mit Granaten] bombardieren ◆ **shell out** (*fam*) **I.** *vt* ▪ **to ~ sth ○ out** für etw *akk* blechen **II.** *vi* ▪ **to ~ out for sb/sth** für jdn/etw bezahlen

shel·lac [ʃəˈlæk] *n no pl* Schellack *m*

'shell·fish <*pl* -> *n* Schalentier *nt*

shell·ing [ˈʃelɪŋ] *n no pl* (*bombardment*) Bombardierung *f;* (*shellfire*) Geschützfeuer *nt*

'shell shock *n no pl* Kriegsneurose *f* **'shell-shocked** *adj* ❶ (*after battle*) kriegsneurotisch ❷ (*fam: dazed*) völlig geschockt

shel·ter [ˈʃeltəʳ] **I.** *n* ❶ *no pl* Schutz *m;* **to find/take ~** Schutz finden/suchen ❷ (*structure*) Unterstand *m;* (*sth to sit in*) Häuschen *nt;* (*building for the needy*) Heim *nt;* **air raid ~** Luftschutzraum *m;* **bus ~** Bushäuschen *nt;* **a ~ for the homeless/battered wives** ein Obdachlosenheim *nt*/Frauenhaus *nt* **II.** *vi* Schutz suchen **III.** *vt* ❶ (*protect*) schützen (**from** vor) ❷ AM (*from tax*) **to ~ income from tax** Einkommen steuerlich nicht abzugsfähig machen

shel·tered [ˈʃeltəd] *adj* ❶ (*against weather*) geschützt ❷ (*pej: overprotected*) [übel]behütet ❸ AM (*tax-protected*) steuerfrei

shelve¹ [ʃelv] *vt* ❶ (*postpone*) aufschieben; POL vertagen ❷ (*erect shelves*) mit Regalen ausstatten

shelve² [ʃelv] *vi* GEOL abfallen

shelv·ing [ˈʃelvɪŋ] *n no pl* Regale *pl*

she·na·ni·gans [ʃɪˈnænɪɡənz] *npl* (*pej fam*) ❶ (*fraud*) Betrug *m* kein *pl;* (*trickery*) krumme Dinger *pl* ❷ (*pranks*) [derbe] Späße *pl*

shep·herd [ˈʃepəd] **I.** *n* Schäfer(in) *m(f);* (*fig*) [Seelen]hirte *m;* **the Lord is my ~** der Herr ist mein Hirte **II.** *vt* ❶ (*look after*) hüten ❷ (*guide*) **to ~ sb towards the door** jdn zur Tür führen

shep·herd·ess <*pl* -es> [ˌʃepəˈdes] *n* Schäferin *f* **shep·herd's 'pie** *n* Auflauf aus Hackfleisch und Kartoffelbrei

sher·bet *n,* **sher·bert** [ˈʃɜːbət] *n no pl* BRIT, AUS (*sweet powder*) Brausepulver *nt*

sher·iff [ˈʃerɪf] *n* ❶ AM (*law officer*) Sheriff *m* ❷ BRIT (*county official*) Grafschaftsvogt, -vögtin *m, f* ❸ SCOT (*judge*) Amtsrichter(in) *m(f)*

sher·ry [ˈʃeri] *n* Sherry *m*

Shet·land Is·lands *npl,* **Shet·lands** [ˈʃetləndz] *npl* ▪ **the ~** die Shetlandinseln *pl*

shield [ʃiːld] **I.** n ❶ (*defensive weapon*) [Schutz]schild m ❷ (*with coat of arms*) [Wappen]schild m o nt ❸ (*protective device*) Schutz m *kein pl*; (*screen*) Schutzschirm m; ELEC Abschirmung f ❹ (*protection*) Schutz m *kein pl* (**against** gegen); **the ozone layer acts as a ~ protecting the earth from the sun's radiation** die Ozonschicht schirmt die Erde vor der Sonneneinstrahlung ab ❺ SPORTS Trophäe f **II.** vt beschützen (**from** vor); **to ~ one's eyes** die Augen schützen

shift [ʃɪft] **I.** vt ❶ (*move*) [weg]bewegen; (*move slightly*) *furniture* verschieben ❷ (*transfer elsewhere*) **to ~ the blame onto sb** die Schuld auf jdn abwälzen; **to ~ the emphasis** die Betonung verlagern ❸ *esp* AM MECH **to ~ gears** schalten ❹ BRIT, AUS (*fam: get rid of*) wegmachen **II.** vi ❶ (*move*) sich bewegen; (*change position*) die [o seine] Position verändern; **it won't ~** es lässt sich nicht bewegen; **she ~ed uneasily from one foot to the other** sie trat unruhig von einem Fuß auf den anderen; **media attention has ~ed recently onto environmental issues** die Medien haben ihr Interesse neuerdings den Umweltthemen zugewandt ❷ *esp* AM AUTO ▪**to ~ up/down** hinauf-/hinunterschalten; **to ~ into reverse** den Rückwärtsgang einlegen ❸ BRIT (*sl: move over*) **would you ~** rutsch mal rüber *fam* **III.** n ❶ (*alteration*) Wechsel m, Änderung f; **a ~ in the balance of power** eine Verlagerung im Gleichgewicht der Kräfte; **a ~ in opinion** ein Meinungsumschwung m ❷ LING Lautverschiebung f; **consonant/vowel ~** Konsonanten-/Vokalverschiebung f ❸ (*period of work*) Schicht f; **day/night ~** Tag-/Nachtschicht f; **to work in ~s** Schicht arbeiten ❹ + *sing/pl vb* (*people working a shift*) Schicht f ❺ (*type of dress*) Hänger m

shift·ing [ˈʃɪftɪŋ] *adj attr* sich verändernd
'shift key *n of a typewriter* Umschalter m; COMPUT Shifttaste f
'shift work *n no pl* Schichtarbeit f
'shift work·er *n* Schichtarbeiter(in) m(f)
shifty [ˈʃɪfti] *adj* hinterhältig; **~ eyes** unsteter Blick; **to look ~** verdächtig aussehen
Shi·ite [ˈʃiːaɪt] **I.** n Schiit(in) m(f) **II.** *adj* schiitisch
shil·ling [ˈʃɪlɪŋ] n (*hist*) Schilling m (*alte britische Münze im Wert von 5 Pence*)
shilly-shal·ly <-ie-> [ˈʃɪliˌʃæli] vi (*pej fam*) schwanken
shim·mer [ˈʃɪmər] **I.** vi schimmern **II.** n *usu sing* Schimmer m
shin [ʃɪn] **I.** n ❶ (*of leg*) Schienbein nt ❷ *no pl of beef* Hachse f **II.** vi <-nn-> ▪**to ~ down/up** [sth] [rasch] [etw] hinunter-/hinaufklettern

shin·dig [ˈʃɪndɪg] n, **shin·dy** [ˈʃɪndi] n (*fam*) ❶ (*loud party*) [wilde] Fete ❷ (*argument*) Krach m *fam*

shine [ʃaɪn] **I.** n *no pl* Glanz m ▸ [**come**] **rain** or **~** komme, was da wolle; **to take a ~ to sb** für jdn ins Herz schließen **II.** vi <shone or shined, shone or shined> ❶ (*give off light*) *moon, sun* scheinen; *stars* leuchten; *gold, metal* glänzen; *light* leuchten, scheinen ❷ (*be gifted*) glänzen ❸ (*show happiness*) **her eyes shone with happiness** ihre Augen strahlten vor Glück **III.** vt <shone or shined, shone or shined> ❶ (*point light*) **to ~ a beam of light at sb/sth** jdn/etw anstrahlen; **to ~ a torch** [or AM **flashlight**] **into sth** [mit einer Taschenlampe] in etw *akk* hineinleuchten ❷ (*polish*) polieren ◆ **shine down** vi herabscheinen ◆ **shine out** vi ❶ (*be easily seen*) [auf]leuchten ❷ (*excel, stand out*) herausragen

shin·er [ˈʃaɪnər] n (*fam: black eye*) Veilchen nt
shin·gle [ˈʃɪŋgl] n ❶ *no pl* (*pebbles*) Kies m ❷ (*tile*) Schindel f
shin·gles [ˈʃɪŋglz] *npl* + *sing vb* MED Gürtelrose f
shin·ing [ˈʃaɪnɪŋ] *adj* ❶ (*gleaming*) glänzend ❷ (*with happiness*) strahlend ❸ (*outstanding*) hervorragend; *example* leuchtend ▸ **a knight in ~ armour** ein edler Ritter
shiny [ˈʃaɪni] *adj* glänzend; (*very clean*) *surface, metal* [spiegel]blank; ▪**to be ~** glänzen
ship [ʃɪp] **I.** n Schiff nt; **cargo/passenger ~** Fracht-/Passagierschiff nt; **merchant ~** Handelsschiff nt; **naval ~** Schiff der Marine; **sailing ~** Segelschiff nt; ▪**by ~** mit dem Schiff; (*goods*) per Schiff **II.** vt <-pp-> ❶ (*send by boat*) verschiffen ❷ (*transport*) transportieren ◆ **ship off** vt ❶ (*send by ship*) verschiffen; *goods* per Schiff verschicken ❷ (*fam: send away*) wegschicken ◆ **ship out I.** vt per Schiff senden **II.** vi (*fam*) sich verziehen

'ship·board *adj attr* Bord- **'ship·build·er** n ❶ (*person*) Schiff[s]bauer(in) m(f) ❷ (*business*) Werft f **'ship·build·ing** n *no pl* Schiffbau m **'ship·load** n Schiffsladung f **'ship·mate** n Schiffskamerad(in) m(f)
ship·ment [ˈʃɪpmənt] n ❶ (*consignment*) Sendung f ❷ *no pl* (*dispatching*) Transport m
'ship·own·er n ❶ (*inland navigation*) Schiffseigner(in) m(f) ❷ (*ocean navigation*) Reeder(in) m(f)
ship·per [ˈʃɪpər] n ❶ (*person*) Spediteur(in) m(f) ❷ (*business*) Spediteur m; **wine ~** Weinlieferant m
ship·ping [ˈʃɪpɪŋ] n *no pl* ❶ (*ships*) Schiffe

pl [eines Landes]; **weather forecast for ~** Seewetterbericht *m* ❷ *(transportation of goods)* Versand *m*; *(by ship)* Verschiffung *f* **'ship·ping agen·cy** *n* ❶ Schiffsagentur *f*; *(courier)* Zustelldienst *m*; *(for packages also)* Paketdienst *m* **'ship·ping agent** *n* ❶ *(courier)* Zustelldienst *m* ❷ *(shipper)* Schiffsagent(in) *m(f)*; *(company also)* Seehafenspediteur *m* **'ship·ping de·part·ment** *n* Versandabteilung *f* **'ship·ping lane** *n* Schifffahrtsweg *m* **'ship·ping of·fice** *n* ❶ *(of shipping master)* Seemannsamt *nt* ❷ *(of shipping agent)* Schiffsmaklerbüro *nt* ❸ *(courier)* Kurierdienst *m*; *(for packages also)* Paketdienst *m*

ship's 'chan·dler *n* ❶ *(person)* Schiffsausrüster(in) *m(f)* ❷ *(business)* Schiffsausrüster *m*

'ship·shape *adj pred (fam)* aufgeräumt; **to get sth ~** etw aufräumen **'ship·way** *n* NAUT Stapel *m* **'ship·wreck I.** *n* ❶ *(accident)* Schiffbruch *m* ❷ *(remains)* [Schiffs]wrack *nt* **II.** *vt usu passive* ▪ **to be ~ed** ❶ NAUT Schiffbruch erleiden ❷ *(fail)* scheitern **ship·wright** ['ʃɪpraɪt] *n* Schiffszimmermann *m* **'ship·yard** *n* [Schiffs]werft *f*

shire ['ʃaɪə'] *n* BRIT *(hist)* Grafschaft *f*

'shire horse *n* schweres englisches Zugpferd

shirk [ʃɜːk] *(pej)* **I.** *vt* meiden; **to ~ one's responsibilities** sich seiner Verantwortung entziehen **II.** *vi* ▪ **to ~ from sth** sich etw *dat* entziehen

shirk·er ['ʃɜːkə'] *n (pej)* Drückeberger(in) *m(f) fam*

shirt [ʃɜːt] *n* Hemd *nt* ▸ **to give sb the ~ off one's back** sein letztes Hemd für jdn hergeben; **keep your ~ on!** reg dich ab!

'shirt col·lar *n* Hemdkragen *m* **'shirt front** *n* Hemdbrust *f* **'shirt·sleeve** *n usu pl* Hemdsärmel *m* ▸ **to roll up one's ~s** die Ärmel hochkrempeln

shirty ['ʃɜːti] *adj* BRIT, AUS *(pej fam)* sauer *sl*; **don't get ~ with me!** sei nicht so griesgrämig!

shit [ʃɪt] *(fam!)* **I.** *n* ❶ *no pl (faeces)* Scheiße *f derb*, Kacke *f derb*; **dog ~** Hundekacke *f fam* ❷ *(diarrhoea)* ▪ **the ~s** *pl* Dünnschiss *m kein pl derb* ❸ *no pl (nonsense)* Scheiße *f derb*; **a load of ~** ein einziger Mist ❹ *no pl (unfairness)* **Jackie doesn't take any ~ from anyone** Jackie lässt sich von niemandem was gefallen *fam* ❺ *no pl* AM *(anything)* **he doesn't know ~ about what's going on** er hat keinen blassen Schimmer, was los ist *fam* ▸ **to be up ~|s creek [without a paddle]** [tief] in der Scheiße stecken *derb*; **to beat the ~ out of sb** aus jdm Hackfleisch machen *fam*; [**the**] **~ hits the fan** es gibt Ärger *fam* **II.** *interj* Scheiße *derb* **III.** *vi* <-tt-, shit *or* shitted *or* BRIT *also* shat, shit *or* shitted *or* BRIT *also* shat> scheißen *derb* **IV.** *vt* <-tt-, shit *or* shitted *or* BRIT *also* shat, shit *or* shitted *or* BRIT *also* shat> *(scare)* **to ~ bricks** sich *dat* vor Angst in die Hosen machen *fam*; ▪ **to ~ oneself** sich *dat* in die Hosen machen *fam*

shite [ʃaɪt] BRIT **I.** *n* ❶ *no pl (fam!: shit)* Scheiße *f derb*, Kacke *f derb* ❷ *no pl (fam!: rubbish)* Scheiße *f derb* **II.** *interj (fam!)* Scheiße *derb*

shit·ty ['ʃɪti] *adj (fam!)* ❶ *(nasty)* beschissen *derb* ❷ *(ill)* ▪ **to feel ~** sich beschissen fühlen *derb*

shiv·er ['ʃɪvə'] **I.** *n* ❶ *(shudder)* Schauder *m*; **a ~ went up and down my spine** mir lief es kalt den Rücken hinunter ❷ MED ▪ **the ~s** *pl* Schüttelfrost *m kein pl*; **to give sb the ~s** *(fig fam)* jdn das Fürchten lehren **II.** *vi* zittern; **to ~ with cold** frösteln; **to ~ like a leaf** wie Espenlaub zittern

shiv·ery ['ʃɪvəri] *adj* fröstelnd; **to feel ~** frösteln

shoal[1] [ʃəʊl] *n* ❶ *(of fish)* Schwarm *m* ❷ *(many)* Massen *pl*; **~s of letters** Massen *pl* von Briefen; ▪ **in ~s** in Massen

shoal[2] [ʃəʊl] **I.** *n* ❶ *(area of shallow water)* seichte Stelle ❷ *(sand bank)* Sandbank *f* **II.** *vi water* flacher werden

shock[1] [ʃɒk] **I.** *n* ❶ *(unpleasant surprise)* Schock *m*; **prepare yourself for a ~** mach dich auf etwas Schlimmes gefasst; **to give sb the ~ of his/her life** jdn zu Tode erschrecken; **a ~ to the system** eine schwierige Umstellung; **to come as a ~** ein Schock sein ❷ *(fam: electric shock)* elektrischer Schlag ❸ *no pl (serious health condition)* Schock[zustand] *m*; **to be in [a state of] ~** unter Schock stehen ❹ *no pl (impact)* Aufprall *m* ▸ **~, horror!** *(iron)* oh Schreck, oh Graus! *hum* **II.** *vt* schockieren; **to ~ sb deeply** jdn zutiefst erschüttern **III.** *vi* schockieren; *(deeply)* erschüttern **IV.** *adj attr esp* BRIT, AUS *(surprising)* überraschend

shock[2] [ʃɒk] *n* ▪ **~ of hair** [Haar]schopf *m*

'shock ab·sorb·er *n* AUTO Stoßdämpfer *m* **shock·er** ['ʃɒkə'] *n (fam)* ❶ *(shocking thing)* Schocker *m*; **the Sun's headline was a deliberate ~** die Schlagzeile der Sun sollte schockieren ❷ *(very bad thing)* Katastrophe *f* ❸ *(crazy person)* abgedrehter Typ *sl* **shock·ing** ['ʃɒkɪŋ] *adj* ❶ *(distressing)* schockierend ❷ *esp* AM *(surprising)* völlig überrascht ❸ *(offensive)* schockierend; **~ crime** abscheuliches Verbrechen ❹ *esp* BRIT *(fam: appallingly bad)* schrecklich, furchtbar;

weather scheußlich; **my memory is ~** ich habe ein furchtbar schlechtes Gedächtnis **'shock·proof** *adj* ❶ *(undamageable)* bruchsicher ❷ *(not producing electric shock)* berührungssicher **'shock thera·py** *n*, **'shock treat·ment** *n* Schocktherapie *f* **'shock troops** *npl* Stoßtruppen *pl* **'shock wave** *n* ❶ PHYS Druckwelle *f* ❷ *(fig)* **the news sent ~s through the financial world** die Nachricht erschütterte die Finanzwelt

shod [ʃɒd] **I.** *pt, pp of* **shoe II.** *adj* beschuht; **~ in boots** in Stiefeln

shod·dy ['ʃɒdi] *adj (pej)* ❶ *(poorly produced)* schlampig [gearbeitet] *fam*; *(run down)* schäbig; *goods* minderwertig ❷ *(inconsiderate)* schäbig

shoe [ʃu:] **I.** *n* ❶ *(for foot)* Schuh *m*; **a pair of ~s** ein Paar *nt* Schuhe ❷ *(horseshoe)* Hufeisen *nt* ❸ TRANSP **[brake]** ~ [Brems]backe *f* ▶ **I wouldn't like to be in your/her ~s** ich möchte nicht in deiner/ihrer Haut stecken; **to put oneself in sb's ~s** sich in jds Lage versetzen; **if I were in your ~s** *(fam)* wenn ich du wäre, an deiner Stelle **II.** *vt* <shod *or* AM *also* shoed, shod *or* AM *also* shoed> **to ~ a horse** ein Pferd beschlagen

'shoe·horn I. *n* Schuhlöffel *m* **II.** *vt usu passive* **to ~ sb/sth into sth** jdn/etw in etw *akk* hineinzwängen **'shoe·lace** *n usu pl* Schnürsenkel *m*; **to do up one's ~s** sich *dat* die Schuhe zubinden **'shoe·mak·er** *n* Schuster(in) *m(f)* **'shoe pol·ish** *n no pl* Schuhcreme *f* **shoe-re·'pair shop** *n* Schusterwerkstatt *f* **'shoe·shine** *n esp* AM Schuhputzen *nt kein pl* **'shoe·shine boy** *n esp* AM Schuhputzer *m* **'shoe shop** *n*, **'shoe store** *n esp* AM Schuhgeschäft *nt* **'shoe size** *n* Schuhgröße *f* **'shoe·string** *n usu pl* AM Schnürsenkel *m*; ▶ **to do sth on a ~** *(fam)* etw mit wenig Geld tun **'shoe tree** *n* Schuhspanner *m*

shone [ʃɒn] *pt, pp of* **shine**

shoo [ʃu:] *(fam)* **I.** *interj (to child)* husch [husch] **II.** *vt* wegscheuchen

shook [ʃʊk] *pt of* **shake**

shoot [ʃu:t] **I.** *n* ❶ *(on plant)* Trieb *m*; **green ~s** *(fig)* erste [hoffnungsvolle] Anzeichen ❷ *(hunt)* Jagd *f* ❸ PHOT Aufnahmen *pl* **II.** *vi* <shot, shot> ❶ *(discharge weapon)* schießen **(at** auf**)**; **to ~ to kill** mit Tötungsabsicht schießen ❷ SPORTS schießen ❸ + *adv/prep (move rapidly)* **to ~ to fame** über Nacht berühmt werden; ■ **to ~ past** *car* vorbeischießen ❹ *(film)* filmen, drehen; *(take photos)* fotografieren ❺ AM *(aim)* ■ **to ~ for** [*or at*] **sth** etw anstreben ❻ *(say it)* **~!** schieß los! *fam* **III.** *vt* <shot, shot> ❶ *(fire)* ■ **to ~ sth bow, gun** mit etw *dat* schießen; *arrow* etw

abschießen; *bullet* etw abfeuern ❷ *(hit)* anschießen; *(dead)* erschießen; **to be shot in the head/leg** in den Kopf/ins Bein getroffen werden ❸ PHOT *film* drehen; *picture* machen ❹ *(direct)* **to ~ a glance at sb** einen schnellen Blick auf jdn werfen; **to ~ questions at sb** jdn mit Fragen bombardieren ❺ *(score)* schießen ❻ *esp* AM *(fam: play)* **to ~ baskets** Basketball spielen ❼ *(sl: inject illegally)* **to ~ heroin** sich *dat* Heroin spritzen ◆ **shoot down** *vt* ❶ *(kill)* erschießen ❷ AVIAT, MIL abschießen ❸ *(fam: refute)* niedermachen ◆ **shoot off I.** *vt usu passive* wegschießen ▶ **to ~ one's mouth off** *(sl)* sich *dat* das Maul zerreißen *derb* **II.** *vi vehicle* schnell losfahren; *people* eilig aufbrechen ◆ **shoot out I.** *vi* ❶ *(emerge suddenly)* plötzlich hervorschießen ❷ *(gush forth) water* herausschießen; *flames* hervorbrechen **II.** *vt* ❶ *(extend)* **he shot out a hand to catch the cup** er streckte blitzschnell die Hand aus, um die Tasse aufzufangen ❷ *(have gunfight)* ■ **to ~ it out** etw [mit Schusswaffen] austragen ◆ **shoot up I.** *vi* ❶ *(increase rapidly)* schnell ansteigen; *skyscraper* in die Höhe schießen ❷ *(fam: grow rapidly) child* schnell wachsen ❸ *(sl: inject narcotics)* sich *dat* einen Schuss verpassen *sl* **II.** *vt (inject illegally)* sich *dat* spritzen

shoot·ing ['ʃu:tɪŋ] **I.** *n* ❶ *(attack with gun)* Schießerei *f*; *(from more than one side)* Schusswechsel *m*; *(killing)* Erschießung *f* ❷ *no pl (firing guns)* Schießen *nt* ❸ *no pl (sport)* Jagen *nt*; **grouse ~** Moorhuhnjagd *f* ❹ *no pl* FILM Drehen *nt* **II.** *adj attr* ~ **pain** stechender Schmerz

'shoot·ing gal·lery *n* ❶ *(for target practice)* Schießstand *m* ❷ *(sl: for narcotics users)* Ort, an dem man sich Rauschgift spritzt **'shoot·ing jack·et** *n* Jägerjacke *f* **'shoot·ing lodge** *n* Jagdhütte *f* **'shoot·ing range** *n* Schießstand *m* **'shoot·ing sea·son** *n* Jagdzeit *f* **'shoot·ing star** *n* ❶ *(meteor)* Sternschnuppe *f* ❷ *(person)* Shootingstar *m* **'shoot·ing stick** *n* Jagdstock *m*

'shoot-out *n* Schießerei *f*

shop [ʃɒp] **I.** *n* ❶ *(store)* Geschäft *nt*, Laden *m*; **baker's ~** *esp* BRIT Bäckerei *f*; **betting ~** BRIT Wettbüro *nt*; **to go to the ~s** einkaufen gehen; **to set up ~** *(open a shop)* ein Geschäft eröffnen; *(start out in business)* ein Unternehmen eröffnen ❷ BRIT, AUS *(shopping)* Einkauf *m*; **to do the ~** einkaufen [gehen] ▶ **to be all over the ~** BRIT *(fam)* ein [völliges] Durcheinander sein; **to talk ~** über die Arbeit reden, fachsimpeln *fam* **II.** *vi* <-pp-> einkaufen; **to ~ for bargains** auf Schnäppchenjagd sein *fam*; **to ~ till you**

drop (*hum*) eine Shoppingorgie veranstalten
shopaholic [ˌʃɒpəˈhɒlɪk] *n* Einkaufssüchtige(r) *f(m)*
'**shop as·sis·tant** *n* Verkäufer(in) *m(f)*
'**shop·fit·ter** *n* Ladenausstatter(in) *m(f)*
shop 'floor *n* ❶ (*work area*) Produktionsstätte *f* ❷ + *sing/pl vb* (*manual workers*) ■ the ~ die Belegschaft '**shop·front** *n* Ladenfront *f* '**shop girl** *n* (*dated*) Verkäuferin *f* '**shop·keep·er** *n* Ladeninhaber(in) *m(f)* '**shop·keep·ing** *n no pl* Führen *nt* eines Geschäfts '**shop·lift·er** *n* Ladendieb(in) *m(f)* '**shop·lift·ing** *n no pl* Ladendiebstahl *m*

shop·per [ˈʃɒpəʳ] *n* Käufer(in) *m(f)*

shop·ping [ˈʃɒpɪŋ] *n no pl* ❶ (*buying in shops*) Einkaufen *nt*; **late night ~** langer, verkaufsoffener Abend; **to do the ~** einkaufen [gehen]; **to do the Christmas ~** die Weihnachtseinkäufe erledigen; **to go ~** einkaufen gehen ❷ (*purchases*) Einkäufe *pl*; **bags of ~** volle Einkaufstaschen; **Christmas ~** Weihnachtseinkäufe *pl*

'**shop·ping ar·cade** *n* Einkaufspassage *f*
'**shop·ping bag** *n* Einkaufstasche *f*; AM (*carrier bag*) Tragetasche *f*; **plastic ~** Plastiktragetasche *f* '**shop·ping bas·ket** *n* Einkaufskorb *m* '**shop·ping cart** *n* AM Einkaufswagen *m* '**shop·ping cen·tre** *n*, AM '**shop·ping cen·ter** *n* Einkaufszentrum *nt* '**shop·ping list** *n* ❶ (*of goods to be purchased*) Einkaufsliste *f* ❷ (*agenda*) Katalog *m* der geplanten Maßnahmen '**shop·ping mall** *n*, AUS überdachtes Einkaufszentrum '**shop·ping street** *n* Geschäftsstraße *f* '**shop·ping trol·ley** *n* BRIT Einkaufswagen *m*

'**shop-soiled** *adj* BRIT, AUS leicht beschädigt **shop 'stew·ard** *n* Gewerkschaftsvertreter(in) *m(f)* '**shop talk** *n no pl* Fachsimpelei *f fam* '**shop·walk·er** *n* BRIT [Kaufhaus]abteilungsleiter(in) *m(f)* **shop 'win·dow** *n* ❶ (*display area*) Schaufenster *nt* ❷ (*showcase*) Schaufenster *nt* '**shop·worn** *adj* ❶ AM (*shop-soiled*) leicht beschädigt ❷ (*overused*) abgedroschen

shore¹ [ʃɔːʳ] *n* ❶ (*coast*) Küste *f*; *of river, lake* Ufer *nt*; (*beach*) Strand *m*; **off** [**the**] ~ vor der Küste; **on ~** an Land ❷ (*country*) ■ ~**s** *pl* Land *nt*

shore² [ʃɔːʳ] *n* Strebebalken *m* ◆ **shore up** *vt* abstützen; (*fig*) aufbessern

'**shore leave** *n no pl* Landurlaub *m* '**shore·line** *n* Küstenlinie *f*

shorn [ʃɔːn] *pp of* **shear**

short [ʃɔːt] **I.** *adj* ❶ (*not long*) kurz; **Bob's for Robert** Bob ist die Kurzform von Robert ❷ (*not tall*) klein ❸ (*not far*) kurz; **~ distance** kurze Strecke; **at ~ range** aus kurzer Entfernung ❹ (*brief*) kurz; **to have a ~ memory** ein kurzes Gedächtnis haben; **at ~ notice** kurzfristig; **in the ~ term** kurzfristig; **~ and sweet** kurz und schmerzlos ❺ (*not enough*) **we're still one person ~** uns fehlt noch eine Person; **sb is ~ of sth** jdm mangelt es an etw *dat*; **we're a bit ~ of coffee** wir haben nur noch wenig Kaffee; **to be ~ of breath** außer Atem sein; **to be ~** [**of cash**] (*fam*) knapp bei Kasse sein; **to be ~ of space/time** wenig Platz/Zeit haben; **to be in ~ supply** schwer zu beschaffen sein ❻ LING **~ vowel** kurzer Vokal ❼ *pred* (*not friendly*) ■ **to be ~** [**with sb**] [jdm gegenüber] kurz angebunden sein ▶ **to not be ~ of a bob or two** BRIT, AUS (*fam*) reich sein; **to have a ~ fuse** schnell wütend werden; **to have sb by the ~ and curlies** *esp* BRIT (*sl*) jdn in der Hand haben; **to make ~ shrift of sth** mit etw *dat* kurzen Prozess machen; **to draw the ~ straw** den Kürzeren ziehen **II.** *n* ❶ FILM Kurzfilm *m* ❷ ELEC (*fam*) Kurzer *m* ❸ BRIT (*fam: alcoholic drink*) Kurzer *m* **III.** *adv* **to cut sth ~** etw abkürzen; **they never let the children go ~** sie ließen es den Kindern an nichts fehlen; **to fall ~ of sth** etw nicht erreichen; **to fall ~ of expectations** den Erwartungen nicht entsprechen; **to stop sb ~** jdn unterbrechen; **to stop sth ~** etw abbrechen; **she stopped ~ of accusing him of lying** beinahe hätte sie ihm vorgeworfen, dass er log ▶ **in ~** kurz gesagt

short·age [ˈʃɔːtɪdʒ] *n* Mangel *m kein pl* (**of** an); **water ~** Wassermangel *m*

'**short·bread** *n no pl* Shortbread *nt* (*Buttergebäck*) '**short·cake** *n* ❶ (*biscuit*) Shortbread *nt* (*Buttergebäck*) ❷ *esp* AM (*layer cake*) Kuchen *m* mit Belag; (*with fruit*) [Torten]boden *m*

short-'change *vt* ■ **to ~ sb** (*after purchase*) jdm zu wenig Wechselgeld herausgeben

short-'cir·cuit *vt* (*shorten or avoid*) abkürzen

short-'com·ing *n usu pl* Mangel *m*; *of person* Fehler *m*; *of system* Unzulänglichkeit *f*

'**short·crust** *n*, **short·crust 'pas·try** *n no pl* Mürbeteig *m*

'**short cut** *n* Abkürzung *f*

'**short·cut key** *n* COMPUT Tastenkombination *f*

short-'dat·ed *n* FIN kurzfristig [zahlbar]

short·en [ˈʃɔːtᵊn] **I.** *vt* (*make shorter*) kürzen; *name* abkürzen **II.** *vi* ❶ (*become shorter*) kürzer werden ❷ (*reduce odds*) **the odds have ~ed on the German team winning the European Championship** die Chancen des deutschen Teams, die Europa-

meisterschaft zu gewinnen, sind gestiegen
short·en·ing ['ʃɔːt(ə)nɪŋ] *n no pl* AM, AUS Backfett *nt*
'short·fall *n* ❶ (*shortage*) Mangel *m kein pl* ❷ FIN (*deficit*) Defizit *nt*
'short·hand *n no pl* Kurzschrift *f*, Stenografie *f*; **to do ~** stenografieren
short-'hand·ed *adj* unterbesetzt; ■ **to be ~** zu wenig Personal haben **short·hand 'typ·ist** *n* BRIT, AUS Stenotypist(in) *m(f)*
'short-haul *adj attr* ❶ (*covering a short distance*) Kurzstrecken-; **~ flight** Kurzstreckenflug *m*; **~ trip** kurze Fahrt ❷ (*short-term*) Kurzzeit-
'short list *n* Liste *f* der aussichtsreichsten Bewerber/Bewerberinnen; **to be on the ~** in der engeren Wahl sein
'short-list *vt* in die engere Wahl ziehen
short-lived [-'lɪvd] *adj* kurzlebig; *happiness, triumph* kurz; ■ **to be ~** von kurzer Dauer sein
'short·ly ['ʃɔːtli] *adv* ❶ (*soon*) in Kürze, bald; **~ after .../afterwards** kurz nachdem .../danach ❷ (*curtly*) kurz angebunden
'short·ness ['ʃɔːtnəs] *n no pl* ❶ (*in length, brevity*) Kürze *f* ❷ (*insufficiency*) Knappheit *f*; MED Insuffizienz *f*; **~ of breath** Atemnot *f*
short 'or·der *n* AM ❶ (*order*) Bestellung *f* (*eines Schnellgerichts*) ❷ (*food*) Schnellgericht *nt*
'short-range *adj* ❶ MIL Kurzstrecken- ❷ (*short-term*) kurzfristig; **~ weather forecast** Wettervorhersage *f* für die nächsten Tage
shorts [ʃɔːts] *n pl* ❶ (*short trousers*) kurze Hose, Shorts *pl* ❷ AM (*underpants*) Unterhose *f*
short-'sight·ed *adj* kurzsichtig *a. fig*
short-staffed [-'stɑːft] *adj* unterbesetzt **short 'sto·ry** *n* Kurzgeschichte *f* **short-'tem·pered** [-'tempəd] *adj* cholerisch **'short-term** *adj* kurzfristig; **~ memory** Kurzzeitgedächtnis *nt*; **~ outlook** Aussichten *pl* für die nächste Zeit **short-term·ism** [ʃɔːt'tɜːmɪzəm] *n no pl* kurzfristiges Denken **short 'time** *n no pl* Kurzarbeit *f*; **to be on ~** kurzarbeiten **'short wave** *n* ❶ (*radio wave*) Kurzwelle *f* ❷ (*radio*) Kurzwellenempfänger *m*
shot¹ [ʃɒt] **I.** *n* ❶ *of weapon* Schuss *m* ❷ SPORTS (*heavy metal ball*) Kugel *f* ❸ SPORTS (*in tennis, golf*) Schlag *m*; (*in handball, basketball*) Wurf *m*; (*in football, ice hockey*) Schuss *m* ❹ *no pl* (*ammunition*) Schrot *m o nt* ❺ (*photograph*) Aufnahme *f*; FILM Einstellung *f*; **to take a ~** ein Foto machen [o schießen] ❻ (*fam: injection*) Spritze *f*; (*fig*) Schuss *m sl* ❼ (*fam: attempt*) Gelegenheit *f*, Chance

f; **to give it a ~** es mal versuchen *fam* ❽ *of alcohol* Schuss *m* ▶ **like a ~** (*fam*) wie der Blitz **II.** *vt, vi pp, pt of* **shoot**
shot² [ʃɒt] *adj* ❶ (*with colour*) schillernd *attr*; **~ silk** changierende Seide; **to be ~ with silver** silbrig glänzen ❷ (*fam: worn out*) ausgeleiert *fam*; **my nerves are ~** ich bin mit meinen Nerven am Ende ▶ **to be/get ~ of sb/sth** jdn/etw los sein/loswerden
'shot·gun *n* Schrotflinte *f* ▶ **to ride ~** AM vorne sitzen (*im Auto*) **'shot put** *n* SPORTS ■ **the ~** Kugelstoßen *nt kein pl* **'shot put·ter** *n* Kugelstoßer(in) *m(f)*
should [ʃʊd] *aux vb* ❶ (*expressing advisability*) ■ **sb/sth ~ ...** jd/etw sollte ...; **he said that I ~ see a doctor** er meinte, ich soll[t]e zum Arzt gehen; **you ~ be ashamed of yourselves** ihr solltet euch [was] schämen; **how kind! you really ~n't have!** wie nett! das war doch [wirklich] nicht nötig! ❷ (*asking for advice*) ■ **~ sb/sth ...?** soll[te] jd/etw ...?; **~ I apologize to him?** soll[te] ich mich bei ihm entschuldigen? ❸ (*expressing expectation*) ■ **sb/sth ~ ...** jd/etw sollte [o müsste] [eigentlich] ...; **you ~ find this guidebook helpful** dieser Führer wird dir sicher nützlich sein; **there ~n't be any problems** es dürfte eigentlich keine Probleme geben; **that ~ be safe enough** das dürfte [o müsste eigentlich] sicher genug sein; **could you have the report ready by Friday? — yes, I ~ think so** könnten Sie den Bericht bis Freitag fertig haben? – ja, ich glaube schon; **I don't like to drink more than one bottle of wine in an evening — I ~ think not!** ich mag pro Abend nicht mehr als eine Flasche Wein trinken – das will ich wohl meinen!; **I ~ be so lucky** (*fam*) schön wär's! ❹ (*expressing futurity*) ■ **sb/sth ~ ...** jd/etw würde ... ❺ (*form: expressing a possibility*) **it seems very unlikely to happen, but if it ~, we need to be well-prepared** es scheint unwahrscheinlich, aber für den Fall, dass es doch passieren sollte, müssen wir gut vorbereitet sein; **he would be most welcome, ~ he be coming at all** er wäre höchst willkommen, falls er überhaupt kommt; **in case sb/sth ~ do sth** falls jd/etw etw tun sollte ❻ (*rhetorical*) ■ **why ~ sb/sth ...?** warum sollte jd/etw ...? ❼ (*expressing surprise*) **I was just getting off the bus when who ~ I see but my old school friend Pat!** was glaubst du, wen ich gesehen habe, als ich aus dem Bus ausstieg – niemand anderen als meinen alten Schulfreund Pat! ❽ (*could*) **where's Stuart? — how ~ I know?** wo ist Stuart? – woher soll[te] ich das wissen? ❾ (*dated form: would*) **I ~ like a whisky**

before the meal ich hätte vor dem Essen gern einen Whisky; **I ~n't worry about it if I were you** ich würde mir deswegen an deiner Stelle keine Sorgen machen

shoul·der ['ʃəʊldəʳ] **I.** n ❶ (joint) Schulter f; **to lift a burden from sb's ~s** (fig) eine Last von jds Schultern nehmen; **a ~ to cry on** (fig) eine Schulter zum Ausweinen; **to glance over one's ~** einen Blick über die Schulter werfen; **to hunch one's ~s** die Schultern hochziehen; **to shrug one's ~s** mit den Achseln zucken ❷ FASHION (in clothing) Schulter f ❸ (meat) Schulter f; of beef Bug m ❹ of road Bankett nt; **hard/soft ~** befestigtes/unbefestigtes Bankett **II.** vt ❶ (push) [mit den Schultern] stoßen; **to ~ one's way somewhere** sich irgendwohin drängen ❷ (carry) schultern; ▪ **to ~ sb** jdn auf die Schultern nehmen ❸ (accept) auf sich akk nehmen; **to ~ the cost of sth** die Kosten für etw akk tragen; **to ~ responsibility** Verantwortung übernehmen

'**shoul·der bag** n Umhängetasche f '**shoulder blade** n Schulterblatt nt '**shoul·der pad** n Schulterpolster nt o ÖSTERR m; SPORTS also Schulterschoner m '**shoul·der strap** n Riemen m '**shoul·der surf·ing** n no pl (sl) visuelle Datenausspähung (Ausspähen von Passwörtern oder PIN-Nummern, indem man jdm bei der Eingabe über die Schulter sieht)

shout [ʃaʊt] **I.** n ❶ (loud cry) Ruf m, Schrei m; **a ~ from the audience** ein Zuruf m aus dem Publikum; **a ~ of joy** ein Freudenschrei m; **a ~ of laughter** lautes Gelächter ❷ BRIT, AUS (fam: round of drinks) Runde f; **whose is it?** wer schmeißt die nächste Runde? **II.** vi schreien; ▪ **to ~ at sb** jdn anschreien; ▪ **to ~ to sb** jdm zurufen; **to ~ for help** um Hilfe rufen **III.** vt ❶ (yell) rufen, schreien; **to ~ abuse at sb** jdn lautstark beschimpfen ❷ BRIT, AUS (fam: treat to) ~ [sb] **a drink** [jdm] ein Getränk ausgeben ◆ **shout down** vt niederschreien fam ◆ **shout out** vt [aus]rufen

shout·ing ['ʃaʊtɪŋ] **I.** n no pl Schreien nt, Geschrei nt **II.** adj **within ~ distance** in Rufweite; (fig) nahe [an +dat]

shove [ʃʌv] **I.** n Ruck m; **to give sth a ~** etw [weg]rücken **II.** vt ❶ (push) schieben; ▪ **to ~ sb around** jdn herumstoßen fam; ▪ **to ~ sth aside** etw beiseiteschieben ❷ (place) ▪ **to ~ sth into a bag** etw in eine Tasche stecken; ▪ **to ~ sth [down] somewhere** etw irgendwohin stellen ▶ **~ it [up your arse]!** (fam!, sl) steck dir das sonst wohin! **III.** vi ❶ (push) drängen ❷ (fam: move aside) ▪ **to ~ along** [or **over**] beiseiterücken ◆ **shove off** vi

❶ (fam!, sl: go away) abhauen sl ❷ NAUT (push away) [vom Ufer] abstoßen

shov·el ['ʃʌvəl] **I.** n ❶ (tool) Schaufel f; of earthmoving machine Baggerschaufel f ❷ (shovelful) **a ~ of coal/dirt/snow** eine Schaufel [voll] Kohle/Erde/Schnee **II.** vt <BRIT -ll- or AM usu -l-> schaufeln a. fig; **to ~ food into one's mouth** sich dat Essen in den Mund schaufeln **III.** vi <BRIT -ll- or AM usu -l-> schaufeln

show [ʃəʊ] **I.** n ❶ (showing) Demonstration f geh; **his refusal was a childish ~ of defiance** seine Weigerung war eine kindische Trotzreaktion; **~ of kindness** Geste f der Freundlichkeit; **~ of solidarity** Solidaritätsbekundung f geh; **~ of strength/unity** Demonstration f der Stärke/Einigkeit ❷ no pl (display, impression) Schau f; **just for ~** nur der Schau wegen; **to make a ~ of sth** etw zur Schau stellen ❸ no pl (impressive sight) Schauspiel nt geh; **a ~ of colour/flowers** eine Farben-/Blumenpracht ❹ (exhibition, event) Schau f, Ausstellung f; **slide ~** Diavortrag m; ▪ **to be on ~** ausgestellt sein ❺ (entertainment) Show f; (on TV also) Unterhaltungssendung f; (at a theatre) Vorstellung f; **puppet ~** Puppenspiel nt; **quiz ~** Quizsendung f, Quizshow f; **radio ~** Radioshow f ❻ no pl (fam: activity, affair) Sache f; (situation) Situation f; **who will run the ~ when she retires?** wer wird den Laden schmeißen, wenn sie in Pension geht? fam; **who's running the ~?** wer ist hier der Boss? fam ▶ **good/poor ~!** (dated fam) gut [gemacht]!/schwache Leistung!; **let's get this ~ on the road** (fam) lasst uns die Sache [endlich] in Angriff nehmen; **the ~ must go on** (saying) die Show muss weitergehen; **~ of hands** (Abstimmung f per) Handzeichen nt **II.** vt <showed, shown or showed> ❶ (display, project) zeigen; (exhibit) ausstellen; (perform) vorführen; (produce) vorzeigen; **to ~ a film** einen Film zeigen; **to ~ one's passport at the border** seinen Pass an der Grenze vorzeigen ❷ (expose) sehen lassen; **this carpet ~s all the dirt** bei dem Teppich kann man jedes bisschen Schmutz sehen ❸ (reveal) zeigen; **he started to ~ his age** man konnte ihm langsam sein Alter sehen; **to ~ common sense/courage/initiative** gesunden Menschenverstand/Mut/Unternehmungsgeist beweisen; **to ~ promise** viel versprechend sein ❹ (express) zeigen; **to ~ compassion [for sb]** [mit jdm] Mitleid haben; **to ~ sb respect** jdm Respekt erweisen ❺ (point out) zeigen; (represent) darstellen; **it's ~ing signs of rain** es sieht nach Regen aus ❻ (explain) ▪ **to ~ sb sth** jdm etw zeigen; **to ~ sb the way** jdm den Weg zeigen ❼ *(record)* anzeigen; **statistics** [auf]zeigen; **to ~ a loss/profit** einen Verlust/Gewinn aufweisen ❽ *(prove)* beweisen; ■ **to ~** [sb] **how/why ...** [jdm] zeigen, wie/warum ...; ■ **to ~ oneself** [to be] **sth** sich als etw erweisen ❾ *(escort)* **to ~** [sb] **into/out of sth** jdn in etw *akk*/aus etw *dat* führen; ■ **to ~ sb around a place** jdm einen Ort zeigen ▸ **to ~ sb the door** jdm die Tür weisen; **to dare** [to] **~ one's face** es wagen, aufzukreuzen *fam*; **to ~ one's true colours** Farbe bekennen; **that will ~ you/her** *(fam)* das wird dir/ihr eine Lehre sein III. *vi* <showed, shown *or* showed> ❶ *(be visible)* zu sehen sein, erscheinen; **she's four months pregnant and starting to ~** sie ist im vierten Monat schwanger, und allmählich sieht man es auch; **to let sth ~** sich *dat* etw anmerken lassen ❷ *esp* AM, AUS *(fam: arrive)* auftauchen ❸ *(be shown)* film laufen *fam*; **now ~ing at a cinema near you!** jetzt in Ihrem Kino! ❹ *(exhibit)* ausstellen ◆ **show around** *vt* AM *see* **show round** ◆ **show in** *vt (bring)* hereinführen; *(take)* hineinführen ◆ **show off I.** *vt* ❶ **~ off** *(show)* **sb/sth** mit jdm/etw angeben **II.** *vi* angeben ◆ **show out** *vt* hinausführen; **will you ~ Ms Nester out please?** würden Sie Frau Nester bitte zur Tür bringen?; **I'll ~ myself out** ich finde schon allein hinaus ◆ **show round** *vt* ❶ *(escort)* herumführen; **to ~ sb round the house** jdm das Haus zeigen ❷ *(pass round)* herumzeigen ◆ **show through** *vi* durchschimmern ◆ **show up I.** *vi* ❶ *(appear)* sich zeigen; **the drug does not ~ up in blood tests** das Medikament ist in Blutproben nicht nachweisbar ❷ *(fam: arrive)* auftauchen **II.** *vt* ❶ *(make visible)* zeigen ❷ *(expose)* aufdecken; ■ **to ~ up** ⟲ **sb** jdn entlarven ❸ *(embarrass)* bloßstellen

show·biz ['ʃəʊbɪz] *n no pl (fam)* short for **show business** Showbiz *nt* '**show·boat** AM **I.** *n* ❶ *(ship)* Theaterschiff *nt* ❷ *(fam: show-off)* Angeber(in) *m(f)* **II.** *adj (fam)* angeberisch **III.** *vi (fam)* angeben '**show busi·ness** *n no pl* Showbusiness *nt*, Showgeschäft *nt* '**show·case I.** *n* ❶ *(container)* Schaukasten *m*, Vitrine *f* ❷ *(place/opportunity for presentation)* Schaufenster *nt* **II.** *vt* ausstellen '**show·down** *n* Showdown *m*

show·er ['ʃaʊə'] **I.** *n* ❶ *(brief fall)* Schauer *m*; **~ of rain/snow** Regen-/Schneeschauer *m* ❷ *(spray)* Regen *m*; **to bring a ~ of praise upon sb** *(fig)* jdm viel Lob einbringen; **~ of sparks** Funkenregen *m* ❸ *(for bathing)* Dusche *f*; **to have a ~** duschen ❹ AM *(party)* Frauenparty vor einer Hochzeit, Geburt etc., bei der Geschenke überreicht werden **II.** *vt* ❶ *(with liquid)* bespritzen; **to ~ sb with champagne** jdn mit Champagner bespritzen ❷ *(fig)* **to ~ sb with compliments/presents** jdn mit Komplimenten/Geschenken überhäufen; **to ~ a town with missiles** eine Stadt unter Raketenbeschuss nehmen **III.** *vi (take a shower)* duschen

'**show·er cap** *n* Duschhaube *f* '**show·er cur·tain** *n* Duschvorhang *m* '**show·er gel** *n* Duschgel *nt*

show·ery ['ʃaʊəri] *adj* mit vereinzelten Regenschauern *nach n*; **~ weather** regnerisches Wetter

'**show flat** *n* Musterwohnung *f* '**show·girl** *n* Revuegirl *nt* '**show·ground** *n* Veranstaltungsgelände *nt* '**show home**, '**show house** *n* BRIT Musterhaus *nt*

show·ing ['ʃəʊɪŋ] *n usu sing* ❶ *(exhibition)* Ausstellung *f* ❷ *(broadcasting)* Übertragung *f* ❸ *(performance in competition)* Vorstellung *f*

'**show jump·ing** *n no pl* Springreiten *nt* '**show·man** *n* Showman *m* '**show·man·ship** ['ʃəʊmənʃɪp] *n no pl* publikumswirksames Auftreten

shown ['ʃəʊn] *vt*, *vi pp* of **show**

'**show-off** *n* Angeber(in) *m(f)* '**show·piece** *n* Paradebeispiel *nt* '**show·room** *n* Ausstellungsraum *m* '**show trial** *n* Schauprozess *m*

showy ['ʃəʊi] *adj* auffällig

shrank [ʃræŋk] *vt*, *vi pt* of **shrink**

shrap·nel ['ʃræpn°l] *n no pl* Granatsplitter *pl*

shred [ʃred] **I.** *n* ❶ *usu pl (thin long strip)* Streifen *m*; **to leave sb's reputation in ~s** jds Ruf ruinieren; **to be in ~s** zerfetzt sein; **to rip sth to ~s** etw in Fetzen reißen; **to tear sb to ~s** *(fig)* jdn in Stücke reißen ❷ *no pl (tiny bit)* of hope Funke *m*; **there isn't a ~ of evidence** es gibt nicht den geringsten Beweis; **without a ~ of clothing on** splitter[fa-ser]nackt **II.** *vt* <-dd-> *paper, textiles* zerkleinern; *vegetables* hacken

shred·der ['ʃredə'] *n* Reißwolf *m*, Shredder *m*; **garden ~** Häcksler *m*

shrew [ʃru:] *n* ❶ *(animal)* Spitzmaus *f* ❷ *(pej: woman)* Hexe *f*

shrewd [ʃru:d] *adj* schlau, klug; *eye* scharf; *move* geschickt; **to make a ~ guess** gut raten

shrew·ish ['ʃru:ɪʃ] *adj (pej)* zänkisch

shriek [ʃri:k] **I.** *n* [schriller, kurzer] Schrei; *of seagull* Kreischen *nt kein pl*; **~ of delight** Freudenschrei *m* **II.** *vi* kreischen; *(with laughter)* brüllen; *(with pain)* schreien **III.** *vt* schreien; **to ~ abuse at sb** jdn lauthals beschimpfen

shrift [ʃrɪft] *n* ▸ **to get short ~ from sb** von

shrill [ʃrɪl] *adj* schrill

shrimp [ʃrɪmp] *n* ❶ <*pl* -s *or* -> (*crustacean*) Garnele *f*, Shrimp *m* ❷ (*pej fam: very short person*) Zwerg *m* hum

shrine [ʃraɪn] *n* Heiligtum *nt*; (*casket for relics*) Schrein *m* a. *fig*; (*tomb*) Grabmal *nt*; (*place of worship*) Pilgerstätte *f*

shrink [ʃrɪŋk] **I.** *vi* <shrank *or esp* AM shrunk, shrunk *or* AM *also* shrunken> ❶ (*become smaller*) schrumpfen; *sweater* eingehen ❷ (*liter: cower*) sich ducken; ▪ **to ~ at sth** bei etw *dat* zusammenzucken ❸ (*pull back*) ▪ **to ~ away** zurückweichen ❹ (*show reluctance*) ▪ **to ~ from [doing] sth** sich vor etw *dat* drücken *fam* **II.** *vt* <shrank *or* AM *esp* shrunk, shrunk *or* AM *also* shrunken> schrumpfen lassen; **I shrank another shirt today** mir ist heute schon wieder ein Hemd eingelaufen; **to ~ costs** die Kosten senken **III.** *n* (*fam*) Psychiater(in) *m(f)*

shrink·age [ˈʃrɪŋkdʒ] *n no pl* Schrumpfen *nt*; *of sweater* Eingehen *nt* **ˈshrink-wrap I.** *n* Plastikfolie *f* **II.** *vt* **to ~ food** Nahrungsmittel in Frischhaltefolie einpacken; **to ~ a book** ein Buch einschweißen

shriv·el <BRIT -ll- *or* AM *usu* -l-> [ˈʃrɪvəl] **I.** *vi* [zusammen]schrumpfen; *fruit* schrumpeln; *plants* welken; *skin* faltig werden; (*fig*) *profits* schwinden **II.** *vt* zusammenschrumpfen lassen; **to ~ the crops** die Ernte vertrocknen lassen ◆**shrivel up** *vi* zusammenschrumpfen; *fruit* schrumpeln ▸ **to want to ~ up and die** in den Boden versinken wollen

shroud [ʃraʊd] **I.** *n* ❶ (*burial wrapping*) Leichentuch *nt* ❷ (*covering*) Hülle *f*; **~ of dust** Staubschicht *f*; **a ~ of secrecy** (*fig*) ein Mantel *m* der Verschwiegenheit **II.** *vt* einhüllen; **~ed in darkness** in Dunkelheit gehüllt; **to ~ sth in secrecy** etw in Schweigen hüllen

Shrove Tues·day [ˌʃrəʊvˈtjuːzdeɪ] *n no art* Fastnachtsdienstag *m*, Faschingsdienstag *m* SÜDD, ÖSTERR

shrub [ʃrʌb] *n* Strauch *m*, Busch *m*

shrub·bery [ˈʃrʌbəri] *n no pl* ❶ (*area planted with bushes*) Gebüsch *nt* ❷ (*group of bushes*) Sträucher *pl*

shrug [ʃrʌg] **I.** *n of one's shoulders* Achselzucken *nt kein pl* **II.** *vi* <-gg-> die Achseln zucken **III.** *vt* <-gg-> **to ~ one's shoulders** die Achseln zucken; (*fig*) tatenlos zusehen ◆**shrug aside** *vt* ▪ **to ~ aside** ⟳ **sth** etw mit einem Achselzucken abtun ◆**shrug off** *vt* ❶ *see* **shrug aside** ❷ (*get rid of*) loswerden

shrunk [ʃrʌŋk] *vt, vi pp, pt of* **shrink**

shrunk·en [ˈʃrʌŋkən] **I.** *adj* geschrumpft **II.** *vt, vi* AM *pp of* **shrink**

shuck [ʃʌk] *vt* AM ❶ FOOD *corn* schälen; *beans* enthülsen; *oysters* aus der Schale herauslösen ❷ (*remove*) **to ~ one's clothes** seine Kleider ausziehen

shucks [ʃʌks] *interj* AM (*fam*) **~, I wish I could have gone to the party** ach Mensch, hätte ich doch nur zur Party gehen können

shud·der [ˈʃʌdə] **I.** *vi* zittern; *ground* beben; **I ~ to think what would have happened if …** mir graut vor dem Gedanken, was passiert wäre, wenn …; **to ~ with disgust/horror/loathing** vor Ekel/Grauen/Abscheu erschaudern *geh*; **to ~ to a halt** mit einem Rucken zum Stehen kommen **II.** *n* Schaudern *nt kein pl*; **Wendy gave a ~ of disgust** Wendy schüttelte sich vor Ekel; **to send a ~ through sb** jdn erschaudern lassen *geh*

shuf·fle [ˈʃʌfl] **I.** *n* ❶ CARDS Mischen *nt kein pl* (*von Karten*); **to give the cards a ~** die Karten mischen ❷ (*rearrangement*) Neuordnung *f kein pl* ❸ *esp* AM, AUS, CAN (*shake-up*) **cabinet ~** Kabinettsumbildung *f* ❹ *no pl of feet* Schlurfen *nt* **II.** *vt* ❶ (*mix*) *cards* mischen ❷ (*move around*) etw hin- und herschieben ❸ (*drag*) **to ~ one's feet** schlurfen **III.** *vi* ❶ CARDS Karten mischen ❷ (*sort through*) ▪ **to ~ through sth** etw durchblättern ❸ (*drag one's feet*) schlurfen; ▪ **to ~ along** (*fig*) sich dahinschleppen; ▪ **to ~ around** herumzappeln *fam* ◆**shuffle off** *vt* abschütteln

shun <-nn-> [ʃʌn] *vt* meiden; ▪ **to ~ sb** jdm aus dem Weg gehen

shunt [ʃʌnt] **I.** *vt* ❶ RAIL rangieren ❷ (*move*) abschieben; ▪ **to ~ sb** jdn schieben; (*get rid of*) jdn abschieben *fam* **II.** *n* ❶ RAIL Rangieren *nt kein pl* ❷ BRIT AUTO (*fam*) Bums *m*

shunt·ing [ˈʃʌntɪŋ] *n* Rangieren *nt kein pl* **ˈshunt·ing en·gine** *n* Rangierlok[omotive] *f*

shush [ʃʊʃ] **I.** *interj* sch!, pst! **II.** *vt* (*fam*) ▪ **to ~ sb** jdm sagen, dass er/sie still sein soll

shut [ʃʌt] **I.** *adj* geschlossen; *curtains* zugezogen; **to slam a door ~** eine Tür zuschlagen; **to slide ~** sich automatisch schließen ▸ **to be ~ of sb/sth** jdn/etw loswerden **II.** *vt* <-tt-, shut, shut> ❶ (*close*) schließen, zumachen; *book* zuklappen ❷ COMM (*stop operating*) schließen ❸ (*pinch*) **to ~ one's finger/hand in sth** sich *dat* den Finger/die Hand in etw *dat* einklemmen ▸ **~ your face** [*or* **mouth**]! (*fam!*) halt die Klappe! *fam*; **~ it!** (*fam!*) Klappe! *sl* **III.** *vi* <-tt-, shut, shut> ❶ (*close*) schließen, zumachen ❷ COMM (*stop operating*) schließen ◆**shut away** *vt* einschließen, einsperren; ▪ **to ~ oneself away** sich einschließen ◆**shut down I.** *vt*

①*(stop operating)* schließen ②*(turn off)* abstellen; *computer, system* herunterfahren **II.** *vi business, factory* zumachen; *engine* sich abstellen ◆**shut in** *vt* ①*(enclose)* einsperren; ■**to ~ oneself in** sich einsperren ◆**shut off** *vt* ①*(isolate)* ■**to ~ off** ○ **sb/sth [from sth]** jdn/etw [von etw *dat*] isolieren; *(protect)* jdn/etw [von etw *dat*] abschirmen; **to ~ oneself off** sich zurückziehen ②*(turn off)* abstellen, ausmachen; *computer, system* herunterfahren ③*(stop providing)* einstellen; *funds* sperren; **to ~ off signals** Signale verhindern ◆**shut out** *vt* ①*(block out)* ausschließen, *(fig)* thoughts verdrängen; **to ~ out the light** das Licht abschirmen; **to ~ out pain** Schmerz ausschalten ②*(exclude)* ■**to ~ out sb [from sth]** jdn [von etw *dat*] ausschließen *a. fig* ③SPORTS *(prevent from scoring)* ■**to ~ out** ○ **sb** jdn zu Null schlagen ◆**shut up I.** *vt* ①*(confine)* einsperren ②AUS, BRIT *(close)* schließen; **to ~ up shop** das Geschäft schließen; *(fig: stop business)* seine Tätigkeit einstellen ③*(fam: cause to stop talking)* zum Schweigen bringen; **to ~ sb up for good** jdn für immer zum Schweigen bringen **II.** *vi* ①*(close)* den [auch Laden] zuschließen ②*(fam: stop talking)* den Mund halten

'**shut-down** *n* Schließung *f* '**shut-eye** *n no pl esp* AM *(fam)* Nickerchen *nt* '**shut-off** *n* ①Abschaltmechanismus *m* ②AM SPORTS Niederlage *f* ohne Punkt

shut·ter ['ʃʌtə^r] *n* ①PHOT [Kamera]verschluss *m*, Blende *f*; **to open the ~** die Blende öffnen ② *usu pl (window cover)* Fensterladen *m*

'**shut-ter-bug** *n* AM *(fam)* begeisterter Fotograf, begeisterte Fotografin, Fotofanatiker(in) *m(f)*

shut·tle ['ʃʌtl] **I.** *n* ①*(train)* Pendelzug *m*; *(plane)* Pendelmaschine *f*; **air ~ [service]** Shuttleflug *m*; **space ~** Raumfähre *f* ②*(weaving bobbin)* Weberschiffchen *nt*; *(sewing-machine bobbin)* Schiffchen *nt* ③*(fam)* Federball *m* **II.** *vt* hin- und zurückbefördern **III.** *vi* hin- und zurückfahren

'**shut-tle-cock** [-kɒk] *n* Federball *m* '**shut-tle flight** *n* Shuttleflug *m* '**shut-tle ser·vice** *n* Shuttleservice *m*

shy¹ [ʃaɪ] **I.** *adj* ①*(timid)* schüchtern; **~ smile** scheues Lächeln ②*after n (lacking)* **we're only £100 ~ of the total amount** uns fehlen nur noch 100 Pfund vom Gesamtbetrag **II.** *vi* <-ie-> *horse* scheuen ◆**shy away** *vt* ■**to ~ away from [doing] sth** vor etw *dat* zurückschrecken

shy² [ʃaɪ] *n (dated fam)* Wurf *m*

shy·ly [ʃaɪli] *adv* schüchtern; **to smile ~** scheu lächeln

shy·ness ['ʃaɪnəs] *n no pl* Schüchternheit *f*; *esp of horses* Scheuen *nt*

Sia·mese [ˌsaɪəˈmiːz] **I.** *n <pl ->* ①*(person)* Siamese, Siamesin *m, f*; *(cat)* Siamkatze *f* ② *no pl (language)* Siamesisch *nt* **II.** *adj* siamesisch

Sia·mese 'twins *npl* siamesische Zwillinge

sib·ling ['sɪblɪŋ] *n* Geschwister *nt meist pl*

Si·cil·ian [sɪˈsɪliən] **I.** *n* Sizilianer(in) *m(f)* **II.** *adj* sizilianisch

Sici·ly ['sɪsɪli] *n no pl* Sizilien *nt*

sick [sɪk] **I.** *adj* ①*(physically)* krank; *(in poor condition)* schlecht; **to be off ~** krankgemeldet sein; **to call in ~** sich krankmelden ②*(mentally)* geisteskrank; *(fig)* krank ③*pred (in stomach)* **to be ~** sich erbrechen, spucken *fam*; **to feel ~** sich schlecht fühlen; **I feel ~** mir ist schlecht [*o* übel]; **it makes me ~ to my stomach when I think of it** mir dreht sich der Magen um, wenn ich daran denke ④*pred (fam: fed up)* **to be ~ and tired of sth** etw [gründlich] satthaben; ■**to be ~ of sb/sth** von jdm/etw die Nase voll haben ⑤*(angry)* [wahnsinnig] wütend; **it makes me ~** es regt mich auf ⑥*(fam: cruel and offensive)* geschmacklos; *person* pervers; *mind* abartig ▸ **to feel [as] ~ as a dog** AM, AUS sich hundeelend fühlen; **to be ~ as a parrot** BRIT *(hum)* völlig fertig sein; **to be worried ~** *(fam)* krank vor Sorge sein **II.** *n* ①*(ill people)* ■**the ~** *pl* die Kranken *pl* ② *no pl* BRIT *(fam: vomit)* Erbrochene(s) *nt*

'**sick bag** *n* MED, AVIAT Speibeutel *m* '**sick-bay** *n* MIL Krankenstation *f* '**sick-bed** *n* Krankenbett *nt*

sick·en ['sɪkən] **I.** *vi* erkranken **II.** *vt (upset greatly)* krank machen *fam*; *(turn sb's stomach)* anekeln; **it ~s me to think that ...** mir dreht sich der Magen um, wenn ich daran denke, dass ...

sick·en·ing ['sɪkənɪŋ] *adj (repulsive)* cruelty entsetzlich; *smell* widerlich, ekelhaft; *prices, frequency* unerträglich; *(annoying)* [äußerst] ärgerlich

sick·le ['sɪkl] *n* Sichel *f*

'**sick leave** *n no pl* MED **to be on ~** krankgeschrieben sein

'**sick list** *n* MED Krankenliste *f*

sick·ly ['sɪkli] *adj* ①*(not healthy)* kränklich; *(pale)* complexion, light blass ②*(causing nausea)* ekelhaft ③*(full of emotion)* schmalzig *pej*

sick·ness <*pl* -es> ['sɪknəs] *n* ①*(illness)* Krankheit *f*; *(nausea)* Übelkeit *f* ②*(fig)* Schwäche *f* ③*no pl (vomiting)* Erbrechen *nt* ④*no pl (perverseness)* Abartigkeit *f*

'**sick·ness ben·efit** *n* BRIT, AUS Krankengeld *nt*

'sick note *n* Krankmeldung *f* **'sick pay** *n no pl* ADMIN, MED Krankengeld *nt* **'sick-room** *n* Krankenzimmer *nt*

side [saɪd] **I.** *n* ❶ *(vertical surface) of car, box* Seite *f*; *of hill, cliff* Hang *m*; *(wall) of house, cave, caravan* [Seiten]wand *f*; ■ **at the ~ of sth** neben etw *dat* ❷ *of somebody* Seite *f*; **to stay at sb's ~** jdm zur Seite stehen; **~ by ~** nebeneinander, Seite an Seite ❸ *(face, surface) of coin, record, box* Seite *f*; **this ~ up!** *(on a parcel)* oben!; **the right/wrong ~ of the fabric** [*or* **material**] die rechte/linke Seite des Stoffes ❹ *(page)* Seite *f* ❺ *(edge, border, line) of plate, clearing, field* Rand *m*; *of table, square, triangle* Seite *f*; *of river* [Fluss]ufer *nt*; *of road* [Straßen]rand *m*; **at** [*or* **on**] **the ~ of the road** am Straßenrand; **on all ~s** auf allen Seiten; **from ~ to ~** von rechts nach links ❻ *(half) of bed, house* Hälfte *f*; *of town, road, brain, room* Seite *f*; **in Britain, cars drive on the left ~ of the road** in Großbritannien fahren die Autos auf der linken Straßenseite; **three ~s of lamb** drei Lammhälften ❼ *no pl (part) of deal, agreement* Anteil *m*; **this is the best pizza I've tasted this ~ of Italy** dies ist die beste Pizza, die ich diesseits von Italien gegessen habe; **we don't expect to see him this ~ of Christmas** wir erwarten nicht, ihn vor Weihnachten zu sehen; **to keep one's ~ of a bargain** seinen Anteil an einem Geschäftes behalten ❽ *(direction)* Seite *f*; **to put sth to one ~** etw beiseitelassen; **to take sb to one ~** jdn auf die Seite nehmen ❾ + *sing/pl vb (opposing party) of dispute, contest* Partei *f*, Seite *f*; **whose ~ are you on anyway?** auf wessen Seite stehst du eigentlich?; **to change** [*or* **switch**] **~s** sich auf die andere Seite schlagen; **to take ~s** Partei ergreifen ❿ + *sing/pl vb (team)* Mannschaft *f*, Seite *f* ⓫ *(aspect)* Seite *f*; **I've listened to your ~ of the story** ich habe jetzt deine Version der Geschichte gehört; **to be on the right/wrong ~ of the law** auf der richtigen/falschen Seite des Gesetzes stehen; **to look on the bright**[**er**] **~ of life** zuversichtlich sein ⓬ *esp* AM *(side dish)* Beilage *f*; **with a ~ of broccoli/french fries/rice** mit Brokkoli/Pommes frites/Reis als Beilage ▸ **the other ~ of the coin** die Kehrseite der Medaille; **to get on the wrong ~ of sb** es sich *dat* mit jdm verderben; **to keep on the right ~ of sb** es sich *dat* mit jdm nicht verderben; **to have a bit on the ~** *(fam: have an affair)* noch nebenher etwas laufen haben; *(have savings)* etw auf der hohen Kante haben; **to be on the large/small ~** zu groß/klein sein; **to let the ~ down** *esp* BRIT *(fail)* alle im Stich lassen; *(disappoint)* alle enttäuschen **II.** *adj* Neben-; **~ job** Nebenbeschäftigung *f*, Nebenjob *m fam* **III.** *vi* ■ **to ~ against sb** sich gegen jdn stellen; ■ **to ~ with sb** zu jdm halten

'side·arm *n* an der Seite getragene Waffe **'side·board** *n* ❶ *(buffet)* Anrichte *f*, Sideboard *nt* ❷ BRIT *(fam: sideburns)* ■ **~s** *pl* Koteletten *pl* **'side·burns** *npl (hair)* Koteletten *pl* **'side·car** *n* AUTO Seitenwagen *m* **'side dish** *n* FOOD Beilage *f* **'side ef·fect** *n* Nebenwirkung *f* **'side is·sue** *n* Nebensache *f* **'side·kick** *n* ❶ *(subordinate)* Handlanger *m* ❷ *(friend)* Kumpel *m fam* **'side·light** *n* ❶ BRIT AUTO Standlicht *nt* ❷ *(extra information)* Streiflicht *nt*; **what he said threw an interesting ~ on what had happened** was er sagte, beleuchtete die Ereignisse von einem interessanten Blickwinkel aus **'side·line I.** *n* ❶ *(secondary job)* Nebenbeschäftigung *f*; *(money)* Nebenerwerb *m* ❷ *esp* AM SPORTS *(boundary line)* Begrenzungslinie *f*; *(area near field)* Seitenlinie *f* ❸ *(fig)* **to watch sth from the ~** etw als unbeteiligter Außenstehender beobachten **II.** *vt* ❶ SPORTS *(keep from playing)* auf die Ersatzbank schicken ❷ *(fig: ignore opinions)* kaltstellen *fam* **'side·long I.** *adj* seitlich **II.** *adv* seitlich **'side road** *n* Seitenstraße *f* **'side-sad·dle I.** *n* Damensattel *m* **II.** *adv* **to ride ~** im Damensattel reiten **'side sal·ad** *n* Beilagensalat *m* **'side·show** *n (not main show)* Nebenaufführung *f*; *(fig)* Ablenkung *f*; *(exhibition)* Sonderausstellung *f* **'side·slip I.** *n* ❶ AUTO Schleudern *nt*; AVIAT seitliches Abrutschen **II.** *vi* <-pp-> ❶ AUTO schleudern; AVIAT seitlich abrutschen **'side-step I.** *vt* <-pp-> ■ **to ~ sb/sth** jdm/etw ausweichen **II.** *vi* <-pp-> ausweichen **III.** *n* Schritt *m* zur Seite; *(fig)* Ausweichmanöver *nt*; *(in dancing)* Seitenschritt *m*; *(in sports)* Ausfallschritt *m* **'side street** *n* Seitenstraße *f* **'side ta·ble** *n* Beistelltisch *m* **'side·track I.** *vt* ❶ *(distract)* ablenken ❷ *(put on ice)* auf Eis legen ❸ RAIL Rangieren **II.** *n* ❶ *(distraction)* Abschweifung *f* ❷ RAIL *(siding)* Rangiergleis *nt* **'side view** *n* Seitenansicht *f* **'side·walk** *n esp* AM *(pavement)* Bürgersteig *m*

side·ward ['saɪdwəd] *adj* seitlich

side·wards ['saɪdwədz], **side·ways** ['saɪdweɪz] **I.** *adv* ❶ *(to, from a side)* seitwärts; **the fence is leaning ~** der Zaun steht schief ❷ *(facing a side)* seitwärts **II.** *adj* seitlich; **he gave her a ~ glance** er sah sie von der Seite an

'side whisk·ers *npl* Koteletten *pl* **'side wind** *n* Seitenwind *m* **'side·wind·er** ['saɪdwaɪndə] *n* ❶ ZOOL *(rattlesnake)* Klapperschlange *f* ❷ AM (*punch*) Seitenhieb *m*

sid·ing ['saɪdɪŋ] *n* ❶ RAIL Rangiergleis *nt*; (*dead end*) Abstellgleis *nt* ❷ *no pl* AM (*wall covering*) Außenverkleidung *f*

si·dle ['saɪdl] *vi* schleichen; **she ~d past him** sie schlich sich an ihm vorbei; ■ **to ~ up** sich anschleichen

siege [siːdʒ] *n* MIL Belagerung *f*; **to lay ~ to sth** etw belagern; **to be under ~** unter Belagerung stehen

Si·er·ra Le·one [sɪˌeərəliˈəʊn] *n no pl* Sierra Leone *nt*

Si·er·ra Le·on·ean [sɪˌeərəliˈəʊniən] **I.** *n* Sierra-Leoner(in) *m(f)* **II.** *adj* sierra-leonisch

sieve [sɪv] **I.** *n* Sieb *nt* ▶ **to have a memory like a ~** ein Gedächtnis wie ein Sieb haben **II.** *vt* sieben **III.** *vi* (*fig*) **to ~ through a contract** einen Vertrag genau durchgehen

sift [sɪft] **I.** *n usu sing* Sieben *nt* **II.** *vt* ❶ (*using sieve*) **~ some icing sugar over the top of the cake** bestäuben Sie den Kuchen mit Puderzucker; **to ~ flour/sand** Mehl/Sand sieben ❷ (*examine closely*) durchsieben; *evidence, documents* (gründlich) durchgehen **III.** *vi* **to ~ through archives** Archive durchsuchen

sigh [saɪ] **I.** *n* Seufzer *m*; **a ~ of relief** ein Seufzer *m* der Erleichterung; **to heave a ~** seufzen **II.** *vi person* seufzen; *wind* säuseln; **to ~ with relief** vor Erleichterung (auf)seufzen

sight [saɪt] **I.** *n* ❶ *no pl* (*ability to see*) [*sense of*] ~ Sehvermögen *nt*; (*strength of vision*) Sehkraft *f*; **his ~ is deteriorating** seine Sehkraft lässt nach; **to lose one's ~** das Sehvermögen verlieren ❷ *no pl* (*visual access*) Sicht *f*; (*visual range*) Sichtweite *f*, Sicht *f*; **don't let the baby out of your ~** behalte das Baby im Auge; **get out of my ~!** geh mir aus den Augen!; **to be in ~** in Sichtweite sein; **to come into ~** in Sicht kommen; **to disappear from ~** außer Sicht geraten; **out of ~** außer Sichtweite; **to keep out of ~** sich nicht sehen lassen ❸ *no pl* (*act of seeing*) Anblick *m*; **they can't stand the ~ of each other** sie können einander nicht ertragen; **she faints at the ~ of blood** sie wird beim Anblick von Blut ohnmächtig; **love at first ~** Liebe auf den ersten Blick; **to be sick of the ~ of sb/sth** den Anblick einer Person/einer S. *gen* nicht mehr ertragen; **to know sb by ~** jdn vom Sehen [her] kennen ❹ *no pl* (*image, spectacle*) Anblick *m*; **to not be a pretty ~** kein schöner Anblick sein; **to be a ~** (*fam: ridiculous*) lächerlich aussehen; (*terrible*) furchtbar aussehen; **to be a ~ to behold** (*beautiful*) ein herrlicher Anblick sein; (*funny*) ein Bild für die Götter sein *a.*

hum *fam* ❺ (*attractions*) ■ **~s** *pl* Sehenswürdigkeiten *pl* ❻ (*on gun*) Visier *nt* ❼ *no pl* (*fam: a lot*) ■ **a ~** deutlich; **food is a darn ~ more expensive than it used to be** Food ist um einiges teurer, als es früher war ▶ **to lower one's ~s** seine Ziele zurückschrauben; **out of ~, out of mind** *prov*; **to set one's ~s on sth** sich *dat* etw zum Ziel machen; **to be within ~ of sth** kurz vor etw *dat* stehen **II.** *vt* (*see*) sichten

sight·ed ['saɪtɪd] **I.** *adj* sehend *attr* **II.** *n* ■ **the ~** *pl* die Sehenden *pl* **sight·less** ['saɪtləs] *adj* blind **sight·ly** ['saɪtli] *adj* ansehnlich

'sight-read I. *vi* MUS vom Blatt spielen **II.** *vt* vom Blatt spielen **'sight·see·ing I.** *n no pl* Besichtigungen *pl*, Sightseeing *nt* **II.** *adj attr* Sightseeing- **sight·seer** ['saɪtˌsiːə'] *n* Tourist(in) *m(f)*

sign [saɪn] **I.** *n* ❶ (*gesture*) Zeichen *nt*; **to make the ~ of the cross** sich bekreuzigen; **a rude ~** eine unverschämte Geste ❷ (*notice*) [Straßen]schild *nt*, Verkehrsschild *nt*; (*signboard*) Schild *nt*; **stop ~** Stoppschild *nt* ❸ (*symbol*) Zeichen *nt*, Symbol *nt* ❹ ASTROL (*of the zodiac*) Sternzeichen *nt* ❺ (*indication*) [An]zeichen *nt*; (*from God*) Zeichen *nt*; (*trace*) Spur *f*; **~ of life** Lebenszeichen *nt*; **a ~ of the times** ein Zeichen *nt* der Zeit; **a sure ~ of sth** ein sicheres Zeichen für etw *akk*; **to show ~s of improvement** Anzeichen der Besserung erkennen lassen ❻ *no pl* (*sign language*) Gebärdensprache *f* ❼ (*in maths*) Zeichen *nt* **II.** *vt* ❶ (*with signature*) *letter* unterschreiben; *contract, document, cheque* unterzeichnen; *book, painting* signieren; **~ your name on the dotted line** unterschreiben Sie auf der gestrichelten Linie ❷ (*employ under contract*) *athlete, musician* [vertraglich] verpflichten ❸ (*in sign language*) in der Gebärdensprache ausdrücken ▶ **~ed, sealed and delivered** unter Dach und Fach **III.** *vi* ❶ (*write signature*) unterschreiben; **~ here, please** unterschreiben Sie bitte hier ❷ (*accept*) **to ~ for a delivery** eine Lieferung gegenzeichnen ❸ (*use sign language*) die Zeichensprache benutzen ❹ (*make motion*) gestikulieren; **to ~ to sb** jdm ein Zeichen geben ◆ **sign away** *vt* ■ **to ~ away** ○ **sth** auf etw *akk* verzichten; **to ~ away rights** auf Rechte [o Ansprüche] verzichten ◆ **sign in I.** *vi* sich eintragen **II.** *vt* eintragen ◆ **sign off I.** *vi* ❶ RADIO, TV (*from broadcast*) sich verabschieden; (*end a letter*) zum Schluss kommen; (*end work*) Schluss machen ❷ AM (*fam: support*) ■ **to ~ off on sth** sich etw *dat* verschreiben **II.** *vt* krankschreiben ◆**sign on I.** vi ❶ (for work) sich verpflichten; (for a course) sich einschreiben (for für) ❷ (begin broadcasting) station auf Sendung gehen; disc jockey sich melden ❸ BRIT (fam: register unemployment) sich melden **II.** vt verpflichten ◆**sign out I.** vi sich austragen; (at work) sich abmelden **II.** vt **to ~ out books** Bücher ausleihen ◆**sign over** vt übertragen ◆**sign up I.** vi (for work) sich verpflichten; (for a course) sich einschreiben **II.** vt verpflichten; (for course) jdn für einen Kurs anmelden

sig·nal ['sɪgnəl] **I.** n ❶ (gesture) Zeichen nt, Signal nt (**for** für) ❷ (indication) [An]zeichen nt ❸ (traffic light) Ampel f; (for trains) Signal nt ❹ ELEC, RADIO (transmission) Signal nt; (reception) Empfang m ❺ AM AUTO (indicator) Blinker m **II.** vt <BRIT -ll- or AM usu -l-> ❶ (indicate) signalisieren; **he ~ led left, but turned right** er blinkte nach links, bog aber nach rechts ab ❷ (gesticulate) ■**to ~ sb to do sth** jdm signalisieren, etw zu tun **III.** vi <BRIT -ll- or AM usu -l-> signalisieren; **she ~ led to them to be quiet** sie gab ihnen ein Zeichen, ruhig zu sein **IV.** adj attr (form) achievement, success bemerkenswert

'**sig·nal box** n RAIL Stellwerk nt '**sig·nal lamp** n Signallampe f

sig·nal·ly ['sɪgnəlɪ] adv eindeutig

'**sig·nal·man** n RAIL Bahnwärter m

sig·na·tory ['sɪgnətəri] n Unterzeichner(in) m(f)

sig·na·ture ['sɪgnətʃər] n ❶ (person's name) Unterschrift f; of artist Signatur f; **to give sth one's ~** etw unterschreiben ❷ (characteristic) Erkennungszeichen nt ❸ AM (on prescriptions) Signatur f ❹ (in printing) Signatur f

'**sign·board** n [Firmen]schild nt

'**sig·net ring** ['sɪgnət-,] n Siegelring m

sig·nifi·cance [sɪgˈnɪfɪkən(t)s] n no pl ❶ (importance) Wichtigkeit f; **to be of great ~ for sb/sth** von großer Bedeutung für jdn/ etw sein; **to be of no ~** bedeutungslos sein ❷ (meaning) Bedeutung f

sig·nifi·cant [sɪgˈnɪfɪkənt] adj ❶ (considerable) beachtlich, bedeutend; (important) bedeutsam; date, event wichtig; difference deutlich; increase beträchtlich; **~ other** (fig) Partner(in) m(f); (hum) bessere Hälfte fam ❷ (meaningful) bedeutsam; **do you think it's ~ that ...** glaubst du, es hat etwas zu bedeuten, dass ...; **a ~ look** ein viel sagender Blick

sig·ni·fy <-ie-> ['sɪgnɪfaɪ] **I.** vt ❶ (form: mean) bedeuten ❷ (indicate) andeuten **II.** vi ❶ (make known) es zeigen ❷ (form: matter) eine Rolle spielen

'**sign lan·guage** n Gebärdensprache f '**sign paint·er** n Plakatmaler(in) m(f) '**sign·post I.** n Wegweiser m; (fig: advice) Hinweis m **II.** vt usu passive aufzeigen; route beschildern, ausschildern; ■**to ~ sth** (fig) etw aufzeigen [o darlegen]

Sikh [siːk] n Sikh m

sil·age ['saɪlɪdʒ] n no pl AGR Silage f

si·lence ['saɪlən(t)s] **I.** n no pl (absolute) Stille f; (by an individual) Schweigen nt; (on a confidential matter) Stillschweigen nt; (calmness) Ruhe f; **a minute of ~** eine Schweigeminute; **to eat/sit/work in ~** still essen/sitzen/arbeiten; **to be reduced to ~** verstummen; **to reduce sb to ~** jdn zum Schweigen bringen ► **~ is golden** (prov) Schweigen ist Gold **II.** vt dem Schweigen bringen; doubts verstummen lassen

si·lenc·er ['saɪlən(t)sər] n ❶ (on gun) Schalldämpfer m ❷ BRIT (on car) [Auspuff]schalldämpfer m

si·lent ['saɪlənt] adj ❶ (without noise) still; (not active) ruhig; **to keep ~** still sein ❷ (not talking) schweigsam, still; ■**to be ~** schweigen; **to go ~** verstummen

si·lent·ly ['saɪləntli] adv (quietly) lautlos; (without talking) schweigend; (with little noise) leise

sil·hou·ette [ˌsɪluˈet] **I.** n (shadow) Silhouette f; (picture) Schattenriss m; (outline) Umriss m **II.** vt ■**to be ~d against sth** sich von etw dat abheben

sili·ca ['sɪlɪkə] n no pl Kieselerde f

sili·cate ['sɪlɪkət] n Silikat nt

sili·con ['sɪlɪkən] n no pl Silizium nt

sili·con 'chip n COMPUT, ELEC Siliziumchip m

sili·cone ['sɪlɪkəʊn] n no pl Silikon nt

sili·co·sis [ˌsɪlɪˈkəʊsɪs] n no pl MED Staublunge f

silk [sɪlk] n ❶ (material) Seide f ❷ BRIT LAW (Queen's, King's Counsel) Kronanwalt, -anwältin m, f ❸ (racing colours) ■**~s** pl [Renn]farben pl

silk·en ['sɪlkən] adj (silk-like) seiden liter; (dated: made of silk) seiden; **~ voice** (fig) samtige Stimme **silk 'hat** n Zylinder m '**silk moth** n Seidenspinner m **silk 'pa·per** n Seidenpapier nt **silk-screen 'print·ing** n no pl Siebdruck m '**silk·worm** n Seidenraupe f

silky ['sɪlki] adj seidig; **~ voice** (fig) samtige Stimme

sill [sɪl] n of door Türschwelle f; of window Fensterbank f

sil·ly [ˈsɪli] **I.** adj ❶ (foolish) albern, dumm; **don't be ~!** (make silly suggestions) red keinen Unsinn!; (do silly things) mach keinen Quatsch! fam; **to look ~** albern aussehen ❷ *pred* (*senseless*) **to be bored ~** zu Tode gelangweilt sein; **to be worried ~** außer sich *dat* vor Sorge sein **II.** *n* Dussel *m*

silo ['saɪləʊ] *n* ❶ AGR Silo *m o nt* ❷ MIL [Raketen]silo *m o nt*

silt [sɪlt] **I.** *n no pl* Schlick *m* **II.** *vi* **to ~ [up]** verschlammen **III.** *vt* **to ~ a canal** einen Kanal verschlammen

sil·ver ['sɪlvə'] **I.** *n no pl* ❶ (*metal*) Silber *nt* ❷ (*coins*) Münzgeld *nt* ❸ (*cutlery*) ▪ **the ~** das [Tafel]silber ► **to be born with a ~ spoon in one's mouth** mit einem silbernen Löffel im Mund geboren sein **II.** *vt cutlery, candlesticks* versilbern; *hair* silbergrau werden lassen

sil·ver 'birch *n* Weißbirke *f* **sil·ver 'fir** *n* Weißtanne *f*, Edeltanne *f* **'sil·ver·fish** <*pl* -> *n* ZOOL Silberfischchen *nt* **'sil·ver foil** *n* Silberfolie *f*, Alufolie *f* **sil·ver ju·bi·lee** *n* silbernes Jubiläum **sil·ver 'lin·ing** *n* Lichtblick *m*; **to look for the ~** die positive Seite sehen ► **every cloud has a ~** (*saying*) jedes Unglück hat auch sein Gutes **sil·ver 'pa·per** *n no pl* Silberpapier *nt* **sil·ver 'plate** *n no pl* ❶ (*coating*) Versilberung *f* ❷ (*object*) versilberter Gegenstand **sil·ver·'plate** *vt* versilbern **sil·ver 'screen** *n* FILM ▪ **the ~** die Leinwand **sil·ver 'ser·vice** *n no pl* Servieren nach allen Regeln der Kunst **'sil·ver·side** *n no pl* BRIT, AUS FOOD Stück vom Rind, das vom oberen, äußeren Teil der Keule geschnitten wird **'sil·ver·smith** *n* Silberschmied(in) *m(f)* **'sil·ver·ware** *n no pl* ❶ (*articles*) Silberwaren *pl* ❷ (*cutlery*) Silberbesteck *nt*, Silber *nt* **sil·ver 'wed·ding an·ni·ver·sa·ry** *n* silberne Hochzeit

sil·very ['sɪlvəri] *adj* (*in appearance*) silbrig; (*in sound*) silbern

sim·ian ['sɪmiən] (*form*) **I.** *n* Menschenaffe *m* **II.** *adj* ❶ (*monkey-like*) affenartig ❷ (*of monkeys*) Affen-

simi·lar ['sɪmɪlə'] *adj* ähnlich; ▪ **to be ~ to sb/sth** jdm/etw ähnlich sein

simi·lar·ity [ˌsɪmɪ'lærəti] *n* Ähnlichkeit *f* (**to** mit)

simi·le ['sɪmɪli] *n* LIT, LING Gleichnis *nt*

si·mili·tude [sɪ'mɪlɪtju:d] *n* ❶ (*similarity*) Ähnlichkeit *f* ❷ (*comparison*) Vergleich *m*

sim·mer ['sɪmə'] **I.** *n usu sing* Sieden *nt* **II.** *vi* ❶ (*not quite boil*) sieden; **to ~ with anger** vor Wut kochen ❷ (*fig: build up*) sich anbahnen **III.** *vt food* auf kleiner Flamme kochen lassen; *water* sieden lassen ♦ **simmer down** *vi* sich beruhigen

sim·per ['sɪmpə'] **I.** *vi* ▪ **to ~ at sb** jdn albern anlächeln **II.** *n* Gehabe *nt*

sim·ple <-r, -st *or* more ~, most ~> ['sɪmpl] *adj* ❶ (*not elaborate*) *food, dress* einfach ❷ (*not difficult*) einfach ❸ *attr* (*not complex*) einfach ❹ *attr* (*honest*) schlicht; **that's the truth, pure and ~** das ist die reine Wahrheit; **the ~ fact is that ...** Tatsache ist, dass ...; **for the ~ reason that ...** aus dem schlichten Grund, dass ... ❺ (*ordinary*) einfach; **the ~ things in life** die einfachen Dinge im Leben ❻ (*foolish*) naiv

sim·ple-'mind·ed *adj* (*fam*) ❶ (*dumb*) einfach ❷ (*naive*) einfältig **sim·ple·ton** ['sɪmpltən] *n* (*pej fam*) Einfaltspinsel *m*

sim·plic·ity [sɪm'plɪsəti] *n no pl* ❶ (*plainness*) Einfachheit *f*, Schlichtheit *f* ❷ (*easiness*) Einfachheit *f*; **to be ~ itself** die Einfachheit selbst sein ❸ (*humbleness*) Bescheidenheit *f*

sim·pli·fi·ca·tion [ˌsɪmplɪfɪ'keɪʃən] *n* Vereinfachung *f*

sim·pli·fy <-ie-> ['sɪmplɪfaɪ] *vt* vereinfachen

sim·plis·tic [sɪm'plɪstɪk] *adj* simpel; **am I being ~?** sehe ich das zu einfach?

sim·ply ['sɪmpli] *adv* ❶ (*not elaborately*) einfach ❷ (*just*) nur; (*absolutely*) einfach; **I ~ don't know what happened** ich weiß schlichtweg nicht, was passiert ist; **you ~ must try this!** du musst das einfach versuchen! ❸ (*in a natural manner*) einfach, schlicht; (*humbly*) bescheiden

simu·late ['sɪmjəleɪt] *vt* ❶ (*resemble*) nachahmen ❷ (*feign*) vortäuschen ❸ COMPUT (*on computer*) simulieren

simu·la·tion [ˌsɪmjə'leɪʃən] *n of leather, a diamond* Imitation *f*; *of a feeling* Vortäuschung *f*; COMPUT Simulation *f*

simu·la·tor ['sɪmjəleɪtə'] *n* COMPUT, TECH Simulator *m*

sim·ul·ta·neous [ˌsɪməl'teɪniəs] *adj* gleichzeitig

sin [sɪn] **I.** *n* Sünde *f*; **he's [as] ugly as ~** er ist unglaublich hässlich; **to commit/confess a ~** eine Sünde begehen/beichten; **to live in ~** in wilder Ehe leben **II.** *vi* <-nn-> sündigen

since [sɪn(t)s] **I.** *adv* ❶ (*from that point on*) seitdem; **ever ~** seitdem ❷ (*ago*) **long ~** seit langem, schon lange; **not long ~** vor kurzem [erst] **II.** *prep* seit; **~ Saturday/last week** seit Samstag/letzter Woche **III.** *conj* ❶ (*because*) da, weil ❷ (*from time that*) seit, seitdem

sin·cere [sɪn'sɪə'] *adj person* ehrlich; *congratulations, gratitude* aufrichtig

sin·cere·ly [sɪn'sɪəli] *adv* ❶ (*in a sincere manner*) ehrlich, aufrichtig ❷ (*ending letter*) [**yours**] **~** mit freundlichen Grüßen

sin·cer·ity [sɪn'serəti] *n no pl* Ehrlichkeit *f*, Aufrichtigkeit *f*; **in all ~, ...** ganz ehrlich, ...

sine [saɪn] *n* MATH Sinus *m*

si·ne·cure ['saɪnɪkjʊəʳ] *n* Pfründe *f*

sine qua non [ˌsɪnɪkwɑːˈnəʊn] *n* (*form*) unabdingbare Voraussetzung

sin·ew ['sɪnjuː] *n* **①** (*tendon*) Sehne *f* **②** (*constituent parts*) ■ **-s** *pl* Kräfte *pl;* **the ~s of war** Kriegsmaterial *nt*

sin·ewy ['sɪnjuːi] *adj* **①** (*muscular*) sehnig **②** (*tough*) zäh; *meat* sehnig

sin·ful ['sɪnfəl] *adj* **①** (*immoral*) sündig, sündhaft **②** (*deplorable*) *waste* sündhaft **③** (*fam: bad for one*) **to be absolutely ~** die reinste Sünde sein *hum, iron*

sing¹ LING **I.** *n abbrev of* **singular** Sg., Sing. **II.** *adj abbrev of* **singular** im Sing. [*o* Sg.] nach *n*

sing² <sang *or* AM *also* sung, sung> [sɪŋ] **I.** *vi* **①** (*utter musical sounds*) singen **②** (*high-pitched noise*) *kettle* pfeifen; *locusts* zirpen; *wind* pfeifen **③** (*ringing noise*) dröhnen **④** (*sl: confess*) singen **II.** *vt* (*utter musical sounds*) singen; **to ~ the praises of sb/sth** ein Loblied auf jdn/etw singen ▸ **to ~ a different tune** (*to be less friendly*) einen anderen Ton anschlagen; (*change opinion*) seine Meinung ändern ◆ **sing out I.** *vi* **①** (*sing loudly*) laut singen **②** (*fam: call out*) schreien **II.** *vt* (*fam*) **to ~ out** ⟲ **sth** ausrufen ◆ **sing up** *vi esp* BRIT, AUS lauter singen

sing·along ['sɪŋəlɒŋ] *n* gemeinsames Liedersingen

Sin·ga·pore [ˌsɪŋəˈpɔːʳ] *n* Singapur *nt*

Sin·ga·po·rean [ˌsɪŋəpəˈriːən] **I.** *adj* aus Singapur nach *n* **II.** *n* Singapurer(in) *m(f)*

singe [sɪndʒ] **I.** *vt* **①** (*burn surface of*) ansengen; (*burn sth slightly*) versengen **②** (*burn off deliberately*) absengen **II.** *vi* (*burn*) *hair, fur* angesengt werden; (*burn lightly*) versengt werden **III.** *n* Brandfleck *m*

sing·er ['sɪŋəʳ] *n* Sänger(in) *m(f)*

sing·er-'song·writ·er *n* Liedermacher(in) *m(f)*

sing·ing ['sɪŋɪŋ] *n no pl* Singen *nt*

'sing·ing les·son *n* Gesang[s]stunde *f* **'sing·ing teach·er** *n* Gesang[s]lehrer(in) *m(f)* **'sing·ing voice** *n* Singstimme *f*

sin·gle ['sɪŋgl] **I.** *adj* **①** *attr* (*one only*) einzige(r, s); **she didn't say a ~ word all evening** sie sprach den ganzen Abend kein einziges Wort; **not a ~ soul** keine Menschenseele; **every ~ thing** [absolut] alles; **every ~ time** jedes Mal **②** (*having one part*) einzelne(r, s); **in ~ figures** im einstelligen [Zahlen]bereich **③** (*unmarried*) ledig **④** (*raising child alone*) allein erziehend; **~ father/mother** allein erziehender Vater/allein erziehende Mutter **II.** *n* **①** BRIT, AUS (*one-way ticket*) Einzelfahrkarte *f* **②** (*one-unit dollar note*) Eindollarschein *m* **③** (*record*) Single *f* **④** SPORTS (*in cricket*) Schlag für einen Lauf; (*in baseball*) Lauf zum ersten Base **⑤** (*single measure of drink*) Einheit *f* (*eine Maßeinheit eines alkoholischen Getränks*) **⑥** (*single room*) Einzelzimmer *nt* **III.** *vi* SPORTS mit einem Schlag das erste Base erreichen ◆ **single out** *vt* (*for positive characteristics*) auswählen; (*for negative reasons*) herausgreifen; **to ~ sb out for special treatment** jdm eine Sonderbehandlung zukommen lassen

sin·gle-'breast·ed *adj* einreihig; **~ suit** Einreiher *m* **sin·gle 'cur·ren·cy** *n* FIN gemeinsame Währung **sin·gle-'deck·er** *n* Bus *m* (*mit einem Deck*) **sin·gle·dom** ['sɪŋgldəm] *n* (*hum*) Single-Dasein *nt* **sin·gle-en·try 'book·keep·ing** *n* einfache Buchführung **Sin·gle Euro·pean 'Mar·ket** *n* Europäischer Binnenmarkt **sin·gle-'gen·der** *adj* nach Geschlechtern getrennt; **~ school** Mädchenschule *f* [*o* Jungenschule] *f* **sin·gle-'hand·ed I.** *adv* [ganz] allein; **he sailed round the world ~** er segelte als Einhandsegler um die Welt **II.** *adj* allein **sin·gle-'hand·er** *n* **①** (*boat*) Einhandsegler *m* **②** (*person*) Einhandsegler(in) *m(f)* **sin·gle-lens 're·flex 'cam·era** *n* einäugige Spiegelreflexkamera **sin·gle-'mind·ed** *adj* zielstrebig **sin·gle-'mind·ed·ness** *n* Zielstrebigkeit *f*; (*pursuing sth unwaveringly*) Unbeirrbarkeit *f* **sin·gle-par·ent 'fam·i·ly** *n* Familie *f* mit [nur] einem Elternteil

'sin·gles bar *n* Singlekneipe *f*

sin·gle-'seat·er *n* Einsitzer *m* **sin·gle-'sex** *adj* nach Geschlechtern getrennt; **~ school for boys/girls** reine Jungen-/Mädchenschule

'sin·gles holi·day *n* Singleurlaub *m*

sin·glet ['sɪŋglət] *n esp* BRIT, AUS ärmelloses Trikot; (*underwear*) Unterhemd *nt*

sin·gle·ton ['sɪŋgltən] *n* Single *m*

sin·gle-'track *adj* **①** RAIL eingleisig **②** BRIT (*road*) einspurig

sin·gly ['sɪŋgli] *adv* einzeln

sing·song ['sɪŋsɒŋ] **I.** *n* **①** BRIT, AUS (*singing session*) **to have a ~** gemeinsam Lieder singen **②** *no pl* (*way of speaking*) Singsang *m* **II.** *adj attr* **to speak in a ~ voice** in einem Singsang sprechen

sin·gu·lar ['sɪŋgjələʳ] **I.** *adj* **①** LING Singular-; **to be ~** im Singular stehen; **~ form** Singularform *f*; **~ noun** Substantiv *nt* im Singular; **the third person ~** die dritte Person Singular **②** (*form: extraordinary*) einzigartig **③** (*form: strange*) eigenartig **II.** *n no pl* LING Singular *m* **sin·gu·lar·ity** [ˌsɪŋgjəˈlærəti] *n no pl* (*form*) Eigenartigkeit *f* **sin·gu·lar·ly** ['sɪŋgjələli] *adv* (*form*) **①** (*extraordinarily*) außerordent-

lich ❷ *(strangely)* eigenartig
Sin·ha·lese [ˌsɪn(h)əˈliːz] **I.** *adj* singhalesisch **II.** *n* ❶ *no pl (language)* Singhalesisch *nt* ❷ *<pl -> (person)* Singhalese, Singhalesin *m, f*
sin·is·ter [ˈsɪnɪstər] *adj* ❶ *(scary)* unheimlich ❷ *(fam: ominous)* unheilvoll; *forces* dunkel
sink [sɪŋk] **I.** *n* ❶ *(kitchen sink)* Spüle *f*, Spülbecken *nt* ❷ *(washbasin)* Waschbecken *nt* ❸ *(cesspool)* Senkgrube *f* ❹ *(sewer)* Abfluss *m* ❺ GEOL Senke *f* ❻ TELEC [Nachrichten]senke *f* **II.** *vi* <sank *or* sunk, sunk>, *vi* ❶ *(not float)* untergehen, sinken ❷ *(in mud, snow)* einsinken ❸ *(go downward)* sinken; *sun, moon* versinken, untergehen; **to ~ to the bottom** auf den Boden sinken; *sediments* sich auf dem Boden absetzen ❹ *(become lower)* terrain absinken, abfallen ❺ *(move to a lower position)* surface, house, construction sich senken; *level also* sinken ❻ *(become limp)* arm, head herabsinken; **to ~ to one's knees** auf die Knie sinken; **to ~ to the ground** zu Boden sinken ❼ *(decrease)* amount, value sinken; demand, sales, numbers *also* zurückgehen; **the yen sank to a new low against the dollar** der Yen hat gegenüber dem Dollar einen neuen Tiefstand erreicht ❽ *(become lower in pitch)* sich senken ❾ *(decline)* standard, quality nachlassen; moral character sinken; **you are ~ing to his level!** du begibst dich auf das gleiche niedrige Niveau wie er! ❿ *(decline in health)* ■ to be ~ing [fast] [gesundheitlich] stark abbauen ▸ sb's **heart** ~s *(gets sadder)* jdm wird das Herz schwer; *(becomes discouraged)* jd verliert den Mut; **we'll ~ or swim together** wir werden gemeinsam untergehen oder gemeinsam überleben; **sb's spirits** ~ jds Stimmung sinkt [auf Null] **III.** *vt* <sank *or* sunk, sunk> ❶ *(cause to submerge)* versenken ❷ *(ruin)* hopes, plans zunichtemachen ❸ SPORTS versenken; **to ~ a ball** *(into a hole)* einen Ball einlochen; *(into a pocket)* einen Ball versenken ❹ *(settle)* differences beilegen ❺ *(dig)* shaft abteufen *fachspr*; well bohren ❻ *(lower)* senken ▸ **to ~ one's worries in drink** seinen Kummer im Alkohol ertränken ◆**sink back** *vi* ❶ *(lean back)* zurücksinken; **to ~ back on the sofa** aufs Sofa sinken ❷ *(relapse)* ■to ~ back into sth [wieder] in etw *akk* verfallen ◆**sink down** *vi* ❶ *(descend gradually)* sinken; *sun* versinken ❷ *(go down)* zurücksinken; *(on the ground)* zu Boden sinken ◆**sink in** *vi* ❶ *(into a surface)* einsinken ❷ *(be absorbed)* liquid, cream einziehen ❸ *(be understood)* ins Bewusstsein dringen; **I had to tell him several times before it finally sank in** ich musste es ihm mehrere Male sagen, bis er es endlich begriff **II.** *vt* ❶ *(force into)* **to ~ a knife in sth** ein Messer in etw *akk* rammen; **to ~ one's teeth in sth** seine Zähne in etw *akk* schlagen ❷ *(invest)* **to ~ one's money in sth** sein Geld in etw *akk* stecken *fam* ❸ *(engrave)* eingravieren ◆**sink into I.** *vi* ■to ~ into sth ❶ *(go deeper into)* in etw *dat* einsinken ❷ *(be absorbed)* in etw *akk* einziehen ❸ *(lie back in)* in etw *akk* [hinein]sinken; **to ~ into an armchair** in einen Sessel sinken; **to ~ into bed** sich ins Bett fallen lassen ❹ *(pass gradually into)* in etw *akk* sinken; **he sank into deep despair** er fiel in tiefe Verzweiflung; **to ~ into a coma** ins Koma fallen **II.** *vt* ❶ *(put)* ■to ~ sth into sth etw in etw *akk or dat* versenken; **I'd love to ~ my teeth into a nice juicy steak** ich würde gern in ein schönes, saftiges Steak beißen ❷ *(embed)* **to ~ a post into the ground** einen Pfosten in den Boden schlagen ❸ FIN **to ~ one's money into sth** sein Geld in etw *dat* anlegen
sink·er [ˈsɪŋkər] *n* Senker *m*
sink·ing [ˈsɪŋkɪŋ] *adj attr* ❶ *(not floating)* sinkend ❷ *(emotion)* **a ~ feeling** ein flaues Gefühl [in der Magengegend]; **with a ~ heart** resigniert ❸ *attr (declining)* sinkend ▸ **to leave the ~ ship** das sinkende Schiff verlassen
ˈ**sink unit** *n* Spüle *f*
sin·ner [ˈsɪnər] *n* Sünder(in) *m(f)*
sinu·ous [ˈsɪnjuəs] *adj* ❶ *(winding)* gewunden; *path* verschlungen ❷ *(curving and twisting)* geschmeidig
si·nus *<pl -es>* [ˈsaɪnəs] *n* ANAT Nasennebenhöhle *f*
si·nusi·tis [ˌsaɪnəˈsaɪtɪs] *n no pl* MED Nasennebenhöhlenentzündung *f*
Sioux [suː] **I.** *adj (tribe)* Sioux- **II.** *n* ❶ *<pl -> (person)* Sioux *m* or *f* ❷ *no pl (language)* Sioux *nt*
sip [sɪp] **I.** *vt <-pp->* ■to ~ sth an etw *dat* nippen; *(drink carefully)* etw in kleinen Schlucken trinken **II.** *vi <-pp->* ■to ~ at sth an etw *dat* nippen **III.** *n* Schlückchen *nt*; **to have a ~** einen kleinen Schluck nehmen
si·phon [ˈsaɪfən] **I.** *n* ❶ *(bent pipe)* Saugheber *m* ❷ BRIT *(soda siphon)* Siphon *m* **II.** *vt* [mit einem Saugheber] absaugen ◆**siphon off** *vt* ❶ *(remove)* absaugen ❷ FIN *money* abziehen; *profits* abschöpfen
sir [sɜːr, sər] *n no pl* BRIT *(fam: reference to schoolteacher)* ~! Herr Lehrer! ❷ *(form of address)* Herr *m;* **can I see your driving licence, ~?** kann ich bitte ihren Führerschein sehen? ❸ *(not at all)* **no, ~!** AM *(fam)* auf keinen Fall!

sire [saɪəʳ] n (old: form of address) Majestät f
si·ren ['saɪ(ə)rən] n ❶ (warning device) Sirene f ❷ (in mythology) Sirene f
sir·loin ['sɜːlɔɪn] n no pl Lendenfilet nt
si·roc·co [sɪ'rɒkəʊ] n METEO Schirokko m
sis [sɪs] n esp AM (fam) short for **sister** Schwesterherz nt hum
si·sal ['saɪsᵊl] n no pl ❶ (tropical plant) Sisal m ❷ (strong fibre) Sisal m
sis·sy ['sɪsi] **I.** n (pej fam) Waschlappen m **II.** adj (pej fam) verweichlicht
sista ['sɪstə] n AM (sl) hauptsächlich von Schwarzafrikanern gebrauchte Anrede für eine weibliche Person
sis·ter ['sɪstəʳ] n ❶ (female sibling) Schwester f ❷ (fellow feminist) Schwester f; (trade unionist) Kollegin f ❸ (nun) [Ordens]schwester f ❹ BRIT, AUS (nurse) [Kranken]schwester f; S~ **Jones** Schwester Jones f ❺ AM (dated fam: form of address to woman) Schwester f sl
sis·ter·hood ['sɪstəhʊd] n ❶ no pl (sisterly bond) Zusammenhalt m unter Schwestern ❷ no pl (female solidarity) Solidarität f unter Frauen ❸ + sing/pl vb (feminists) ■the ~ die Frauenbewegung ❹ REL (religious society) Schwesternorden m '**sis·ter-in-law** <pl sisters- or -s> n Schwägerin f **sis·ter·ly** ['sɪstᵊli] adj schwesterlich
sit <-tt, sat, sat> [sɪt] **I.** vi ❶ (seated) sitzen; **to ~ at the desk/table** am Schreibtisch/Tisch sitzen; **to ~ for one's portrait** jdm Porträt sitzen; **to ~ for an exam** esp BRIT eine Prüfung ablegen ❷ (fam: babysit) babysitten (for für); ❸ (sit down) sich hinsetzen; (to a dog) ~! Platz!, Sitz!; **he sat** [**down**] **next to me** er setzte sich neben mich ❹ (perch) hocken, sitzen ❺ (on a nest) brüten ❻ (be located) liegen ❼ (remain undisturbed) stehen; **to ~ on sb's desk/the shelf** auf jds Schreibtisch liegen/im Regal stehen ❽ (in session) tagen; court zusammenkommen ❾ AM (be in office) einen Sitz haben; ■**to ~ for sth** Abgeordnete(r) f/m für etw akk sein ❿ (fit) passen; clothes sitzen ▸ **to ~ on the fence** sich nicht entscheiden können; **to ~ on one's hands** keinen Finger krummmachen fam; **to be ~ting pretty** fein heraus sein; **to ~ tight** (not move) sich nicht rühren; (not change opinion) stur bleiben **II.** vt ❶ (put on seat) setzen ❷ BRIT (take exam) **to ~ an exam** eine Prüfung ablegen ◆ **sit about, sit around** vi herumsitzen ◆ **sit back** vi ❶ (lean back in chair) sich zurücklehnen ❷ (do nothing) die Hände in den Schoß legen ◆ **sit down I.** vi ❶ (take a seat) sich [hin]setzen; **to ~ down to dinner** sich zum Essen an den Tisch begeben ❷ (be sitting) sitzen ❸ (take time) sich [in Ruhe] hinsetzen; **I need time to ~ down and think about this** ich brauche Zeit, um in Ruhe darüber nachzudenken; ■**to ~ down with sb** sich mit jdm zusammensetzen **II.** vt ❶ (put in a seat) setzen ❷ (take a seat) ■**to ~ oneself down** sich hinsetzen ◆ **sit in** vi ❶ (attend) dabeisitzen; **to ~ in on a conference/meeting** einer Konferenz/einem Treffen beisitzen ❷ (represent) **to ~ in for sb** jdn vertreten ❸ (hold sit-in) einen Sitzstreik veranstalten ◆ **sit on** vi ❶ (be member of) **to ~ on a board/a committee** Mitglied eines Ausschusses/Komitees sein ❷ (fam: not act on sth) ■**to ~ on sth** auf etw dat sitzen ❸ (fam: unaware of value) ■**to be ~ting on sth** auf etw dat sitzen ❹ (fam: rebuke) ■**to ~ on sb** jdm einen Dämpfer verpassen ❺ (feel heavy) **to ~ on sb's stomach** jdm schwer im Magen liegen ◆ **sit out I.** vi ❶ (sit outdoors) draußen sitzen ❷ (not dance) einen Tanz auslassen **II.** vt ❶ (not participate) auslassen; (in game, competition) aussetzen ❷ (sit until end) bis zum Ende ausharren ◆ **sit through** vi über sich akk ergehen lassen ◆ **sit up I.** vi ❶ (sit erect) aufrecht sitzen; **to ~ up straight** sich gerade hinsetzen ❷ (fam: pay attention) **to ~ up and take notice** aufhorchen ❸ (remain up) aufbleiben **II.** vt aufrichten

sit·com ['sɪtkɒm] n (fam) short for **situation comedy** Sitcom f
'**sit-down** '**strike** n Sitzstreik m, Sit-in nt
site [saɪt] **I.** n ❶ (place) Stelle f, Platz m, Ort m; of crime Tatort m ❷ (plot) Grundstück nt; **archaeological ~** archäologische Fundstätte; **building ~** Baugelände nt; **caravan** [or AM **camping**] **~** Campingplatz m ❸ (building location) Baustelle f ❹ (on Internet) [**web**] **~** Website f; **fan ~** Fanpage f **II.** vt einen Standort bestimmen; **to be ~d out of town** außerhalb der Stadt liegen
'**sit-in** n Sit-in nt; **to stage a ~** ein Sit-in veranstalten
sit·ter ['sɪtəʳ] n ❶ (model for portrait) Modell nt ❷ (babysitter) Babysitter(in) m/f ❸ SPORTS ■**a ~** (fam: easy catch) ein leichter Ball; (easy shot) ein todsicherer Treffer
sit·ting ['sɪtɪŋ] n ❶ (meal session) Ausgabe f ❷ (session) Sitzung f
sit·ting 'duck** n leicht zu treffendes Ziel; (fig) leichte Beute **sit·ting 'mem·ber** n BRIT POL derzeitiger Abgeordneter/derzeitige Abgeordnete '**sit·ting room** n esp BRIT Wohnzimmer nt **sit·ting 'tar·get** n leicht zu treffendes Ziel; **to be a ~ for sb/sth** (easy prey) eine leichte Beute für jdn/etw abgeben **sit·ting 'ten·ant** n derzeitiger Mieter/der-

zeitige Mieterin

situ·ate ['sɪtjʊeɪt] vt ❶ (form: position) platzieren; *patch, bed* anlegen ❷ (form: place in context) im Zusammenhang sehen (**in** zu)

situ·at·ed ['sɪtjʊeɪtɪd] *adj pred* ❶ (located) gelegen; **to be ~ near the church** in der Nähe der Kirche liegen ❷ (*in a state*) to be **well/badly ~** [finanziell] gut/schlecht gestellt sein; **to be well ~ to do sth** gute Voraussetzungen besitzen, etw zu tun ❸ (*old: job*) Stelle *f*

situ·a·tion [ˌsɪtjʊˈeɪʃən] *n* ❶ (*circumstances*) Situation *f*, Lage *f* ❷ (*location*) Lage *f*, Standort *m* ❸ (*old: job*) Stelle *f*

'sit-up *n* SPORTS Bauchmuskelübung; **to do ten ~s** sich zehnmal aufsetzen

six [sɪks] **I.** *adj* sechs; **he is over ~ feet tall** er ist über 1 Meter 80; *see also* **eight** ▶ **to be ~ feet under** (*hum*) sich *dat* die Radieschen von unten anschauen *sl* **II.** *pron* sechs; *see also* **eight** ▶ **~ of one and half a dozen of the other** gehupft wie gesprungen *fam*; **to knock sb for ~** BRIT (*amaze*) jdn umhauen *fam*; (*defeat completely*) jdn vernichtend schlagen **III.** *n* ❶ (*number*) Sechs *f*; *see also* **eight** ❷ (*in cricket*) Sechserschlag *m* (*durch einen Schlag sechs Läufe erzielen*) ▶ **to be at ~es and sevens** völlig durcheinander sein

'six·fold *adj* sechsfach **six-'foot·er** *n* (*tall male person*) Zweimetermann *m*; (*tall, powerful male*) Hüne *m*; (*tall female*) Zweimeterfrau *f* **'six-pack** *n* ❶ (*package of six*) Sechserpack *m*; *of beer* Sixpack *m* ❷ (*well-toned stomach*) Waschbrettbauch *m*

six·teen [ˌsɪkˈstiːn] **I.** *adj* sechzehn; *see also* **eight II.** *n* Sechzehn *f*; *see also* **eight**

six·teenth [ˌsɪkˈstiːnθ] **I.** *adj* sechzehnte(r, s) **II.** *pron* ■ **the ~** ... der/die/das sechzehnte ... **III.** *adv* als sechzehnte(r, s) **IV.** *n* Sechzehntel *nt* o SCHWEIZ *a. m*

sixth [sɪksθ] **I.** *adj* sechste(r, s) **II.** *pron* ■ **the ~** ... der/die/das sechste ... **III.** *adv* als sechste(r, s) **IV.** *n* Sechstel *nt* o SCHWEIZ *a. m*

'sixth form *n* BRIT SCH Abschlussklasse *f* (*das letzte Schuljahr, das mit A-Levels abgeschlossen wird*) **sixth form 'col·lege** *n* BRIT SCH College, *das Schüler auf den A-Level-Abschluss vorbereitet*

six·ti·eth ['sɪkstiəθ] **I.** *adj* sechzigste(r, s) **II.** *pron* ■ **the ~** ... der/die/das sechzigste **III.** *adv* als sechzigste(r, s) **IV.** *n* Sechzigstel *nt* o SCHWEIZ *a. m*

six·ty ['sɪksti] **I.** *adj* sechzig **II.** *pron* sechzig **III.** *n* Sechzig *f*

size [saɪz] **I.** *n* ❶ *usu sing* (*magnitude*) Größe *f*; *amount, debt* Höhe *f*; **a company of that ~** eine Firma dieser Größenordnung; **six metres in ~** sechs Meter lang; **the ~ of a thumbnail** daumennagelgroß; **to be a good ~** (*quite big*) ziemlich groß sein; (*suitable size*) die richtige Größe haben; **to be the same ~** genauso groß sein; **to double in ~** seine Größe verdoppeln; **to increase/decrease in ~** größer/kleiner werden ❷ (*measurement*) Größe *f*; **the shirt is a couple of ~ too big** das Hemd ist ein paar Nummern zu groß; **what ~ are you? — I'm a ~ 10** welche Größe haben Sie? – ich habe Größe 36; **collar/shoe ~** Kragenweite *f*/Schuhgröße *f*; **economy ~ pack** Sparpackung *f*; **to try sth [on] for ~** etw anprobieren, ob es passt ▶ **that's about the ~ of it** so könnte man sagen **II.** *vt* nach der Größe ordnen ◆ **size up** *vt* [prüfend] abschätzen; **to ~ each other up** sich gegenseitig taxieren

size·able ['saɪzəbl] *adj* ziemlich groß; **a ~ amount** eine beträchtliche Summe

siz·zle ['sɪzl] **I.** *vi* brutzeln **II.** *n no pl* Zischen *nt*

siz·zler ['sɪzlə*r*] *n* (*fam*) knallheißer Tag

skate[1] [skeɪt] *n* (*flat fish*) Rochen *m*

skate[2] [skeɪt] **I.** *n* ❶ (*ice skate*) Schlittschuh *m* ❷ (*roller skate*) Rollschuh *m*; (*with stopper*) Rollerskate *m* ▶ **to put one's ~s on** BRIT (*fam*) einen Zahn zulegen *sl* **II.** *vi* ❶ (*on ice*) Schlittschuh laufen ❷ (*on roller skates*) Rollschuh fahren; (*on skates with stopper*) Rollerskate fahren ▶ **to be skating on thin ice** sich auf dünnem Eis bewegen **III.** *vt* **to ~ a figure** eine Figur laufen

skate·board ['skeɪtbɔːd] *n* Skateboard *nt*

skate·board·er ['skeɪtˌbɔːdə*r*] *n* Skateboardfahrer(in) *m(f)*

skat·er ['skeɪtə*r*] *n* ❶ (*on ice*) Schlittschuhläufer(in) *m(f)*; **figure ~** Eiskunstläufer(in) *m(f)*; **speed ~** Eisschnellläufer(in) *m(f)* ❷ (*on roller skates*) Rollschuhfahrer(in) *m(f)* ❸ (*on ice blades*) Skater(in) *m(f)*

skat·ing ['skeɪtɪŋ] *n no pl* ❶ (*ice*) Eislaufen *nt*; **figure ~** Eiskunstlauf *m*; **speed ~** Eisschnelllauf *m*; **to go ~** eislaufen gehen ❷ (*roller skates*) Rollschuh laufen *nt*; (*with modern rollerskates*) Rollerskaten *nt*

'skat·ing rink *n* ❶ (*ice skating*) Eisbahn *f* ❷ (*roller skating*) Rollschuhbahn *f*

ske·dad·dle [skɪˈdædl] *vi* (*fam*) sich verdünnisieren *sl*

skein [skeɪn] *n* ❶ (*coil*) Strang *m* ❷ (*birds*) Schwarm *m*; **~ of geese** Gänseschar *f*

skel·eton ['skelɪtən] *n* ❶ (*bones*) Skelett *nt* ❷ (*thin person*) [wandelndes] Gerippe *fam* ❸ (*framework*) *of boat, plane* Gerippe *nt*; *of building* Skelett *nt* ❹ (*outline sketch*) *of book, report* Entwurf *m* ▶ **to have ~s in the cupboard** [*or* AM *also* **closet**] eine Leiche im Keller haben *fam*

skel·eton 'key *n* Dietrich *m*

skel·e·ton 'staff n Minimalbesetzung f
skep·tic n Am, Aus see **sceptic**
skep·ti·cal adj Am, Aus see **sceptical**
skep·ti·cism n no pl Am, Aus see **scepticism**
sketch [sketʃ] **I.** n <pl -es> ❶ (rough drawing) Skizze f ❷ (written piece) Skizze f ❸ (outline) Überblick m ❹ (performance) Sketch m **II.** vt ❶ (rough drawing) skizzieren ❷ (write in outline) umreißen **III.** vi Skizzen machen ◆ **sketch in** vt ❶ (draw in) [andeutungsweise] einzeichnen ❷ (outline) umreißen ◆ **sketch out** vt ❶ (draw roughly) [in groben Zügen] skizzieren ❷ (outline) umreißen
'sketch·book n Skizzenbuch nt
sketchy ['sketʃi] adj ❶ (not detailed) flüchtig; (incomplete) lückenhaft; **to have a ~ idea of sth** eine vage Vorstellung von etw dat haben ❷ (not fully realized) skizzenhaft dargestellt
skew [skju:] **I.** vt ❶ (give slant to) krümmen; TECH abschrägen ❷ (distort) verdrehen **II.** vi **to ~ around** sich drehen **III.** adj pred schräg, schief **IV.** adv schräg, schief
skew·bald ['skju:bɔ:ld] n Schecke m o f
skewed ['skju:d] adj schief
skew·er ['skju:əʳ] **I.** n Spieß m **II.** vt ❶ (pierce) aufspießen ❷ (pierce with skewer) anstechen
skew-whiff [ˌskju:'(h)wɪf] Brit, Aus **I.** adj pred (fam) schief **II.** adv (fam) schief
ski [ski:] **I.** n Ski m; **on ~s** auf Skiern **II.** vi Ski fahren [o laufen]; **to ~ down the slope** die Piste hinunterfahren
'ski boot n Skischuh m
skid [skɪd] **I.** vi <-dd-> (on foot) rutschen; (in a vehicle) schleudern; **to ~ to a halt** schlitternd zum Stehen kommen; **to ~ on the wet road** auf der nassen Straße ins Rutschen kommen **II.** n (on foot) Rutschen nt; (skewing round) Schleudern nt; **to go into a ~** ins Schleudern geraten
'skid mark n Reifenspur f; (from braking) Bremsspur f
ski·dom ['ski:dəm] n no pl Wintersport m
skid 'row n no pl esp Am Pennerviertel nt fam; **to end up on ~** auf der Straße enden
ski·er ['ski:əʳ] n Skifahrer(in) m(f)
skiff [skɪf] n ❶ (rowing boat) Skiff nt ❷ (sailing boat) Einer m
'ski gog·gles npl Skibrille f
ski·ing ['ski:ɪŋ] n no pl Skifahren nt
'ski·ing holi·day n Skiurlaub m
'ski in·struc·tor n Skilehrer m **'ski in·struc·tress** n Skilehrerin f **'ski jump** n ❶ (runway) Sprungschanze f ❷ no pl (jump) Skisprung m; (event) Skispringen nt

skil·ful ['skɪlfᵊl] adj ❶ (adroit) geschickt ❷ (showing skill) gekonnt
skil·ful·ly ['skɪlfᵊli] adv geschickt, gekonnt
'ski lift n Skilift m
skill [skɪl] n ❶ no pl (expertise) Geschick nt; **to involve some ~** einige Geschicklichkeit erfordern ❷ (particular ability) Fähigkeit f; (technique) Fertigkeit f; **communication ~s** Kommunikationsfähigkeit f; **language ~s** Sprachkompetenz f; **negotiating ~s** Verhandlungsgeschick nt
skilled [skɪld] **I.** adj ❶ (trained) ausgebildet; (skilful) geschickt ❷ (requiring skill) Fach-; **a highly ~ job** eine hoch qualifizierte Tätigkeit; **semi-~ occupation** Anlernberuf m **II.** ■ **the ~** npl qualifiziertes [Fach]personal
skil·let ['skɪlɪt] n ❶ Brit (saucepan) Topf m ❷ Am (frying pan) Bratpfanne f
skill·ful adj Am see **skilful**
skill·ful·ly adv Am see **skilfully**
'skills base n Arbeitskräftepotential nt
skim <-mm-> [skɪm] **I.** vt ❶ (move lightly above) streifen; **to ~ the surface of sth** (fig) nur an der Oberfläche von etw dat kratzen ❷ (bounce off water) **to ~ stones on the water** Steine über das Wasser hüpfen lassen ❸ (read) überfliegen ❹ FOOD (remove from surface) abschöpfen; **to ~ the cream from the milk** die Milch entrahmen **II.** vi ■ **to ~ over sth** über etw akk hinwegstreifen
'ski mask n Skimaske f
skimmed milk [ˌskɪmd'-] n, **skim 'milk** n no pl entrahmte Milch, Magermilch f
skim·mer ['skɪməʳ] n Schaumlöffel m
skimp [skɪmp] **I.** vt nachlässig erledigen; **to ~ the work** schlud[e]rig arbeiten **II.** vi sparen (**on** an)
skimpy ['skɪmpi] adj ❶ (not big enough) dürftig; meal karg ❷ (small and tight-fitting) knapp
skin [skɪn] **I.** n ❶ usu sing (on body) Haut f; **to be soaked to the ~** nass bis auf die Haut sein; **to have a thin ~** dünnhäutig sein; **to have thick ~** ein dickes Fell haben ❷ (animal hide) Fell nt ❸ (rind) of fruit, potato Schale f; of boiled potato Pelle f; of sausage [Wurst]haut f; of almonds, tomatoes Haut f; **to cook potatoes in their ~s** Pellkartoffeln kochen ❹ (outer covering) aircraft, ship [Außen]haut f ❺ usu sing (film on hot liquid) Haut f ❻ (sl: neo-Nazi) Skinhead m ▶ **to be nothing but ~ and bone[s]** nur noch Haut und Knochen sein; **it's no ~ off my nose** [or Am also **back**] das ist nicht mein Problem; **by the ~ of one's teeth** nur mit knapper Not; **to get under sb's ~** ❶ (irritate or annoy sb) jdm auf die Nerven gehen fam; (move or affect sb) jdm unter die Haut gehen **II.** vt

skin can·cer *n no pl* Hautkrebs *m* **'skin·care** *n* Hautpflege *f* **skin-'deep** *adj pred* oberflächlich; **beauty is only ~** man darf nicht nur nach den Äußerlichkeiten urteilen **'skin dis·ease** *n* Hautkrankheit *f* **'skin·div·er** *n* SPORTS Taucher(in) *m(f)* (*ohne Anzug*) **'skin-div·ing** *n no pl* Tauchen *nt* (*ohne Anzug*) **'skin flick** *n* (*fam*) Porno *m* **'skin·flint** *n* (*pej*) Geizkragen *m fam*

skin·ful ['skɪnfʊl] *n no pl* BRIT (*sl*) **to have had a ~** einen sitzen haben

'skin graft *n* MED ❶ (*skin transplant*) Hauttransplantation *f* ❷ (*skin section*) Hauttransplantat *nt* **'skin·head** *n* Skinhead *m*

skin·ny ['skɪnɪ] *adj* mager

'skin·ny-dip <-pp-> *vi* (*fam*) im Adams-/Evakostüm baden

skint [skɪnt] *adj pred* BRIT (*sl*) ■ **to be ~** pleite sein *fam*

'skin-tight *adj* hauteng

skip[1] [skɪp] **I.** *vi* <-pp-> ❶ (*hop*) hüpfen ❷ BRIT, AUS (*hop with rope*) seilspringen ❸ (*jump*) *gramophone needle* springen ❹ (*omit*) springen; ■ **to ~ over sth** etw überspringen; **let's ~ to the interesting bits** lasst uns direkt zu den interessanten Dingen übergehen ❺ (*fam: go quickly*) **to ~ over to France** eine Spritztour nach Frankreich machen; **to ~ across to a shop** kurz bei einem Geschäft vorbeigehen **II.** *vt* <-pp-> ❶ AM (*hop with rope*) hüpfen ❷ **to ~ rope** seilspringen ❷ (*leave out*) überspringen, auslassen ❸ (*not participate in*) ■ **to ~ sth** an etw *dat* nicht teilnehmen; **to ~ breakfast** das Frühstück auslassen; **to ~ classes** den Unterricht schwänzen *fam* ❹ AM, AUS (*bounce off water*) **to ~ stones on the lake** Steine über das Wasser hüpfen lassen **III.** *n* Hüpfer *m;* **to give a ~ of joy** einen Freudensprung machen

skip[2] [skɪp] *n* BRIT, AUS (*rubbish container*) [Müll]container *m*

'ski pants *npl* Skihose *f* **'ski pass** *n* Skipass *m* **'ski-plane** *n* Kufenflugzeug *nt* **'ski pole** *n* Skistock *m*

skip·per ['skɪpə^r] **I.** *n* NAUT Kapitän *m* [zur See]; AVIAT [Flug]kapitän *m;* SPORTS [Mannschafts]kapitän *m;* (*form of address*) Kapitän *m* **II.** *vt* befehligen; **to ~ a ship** Kapitän eines Schiffes sein; **to ~ an aircraft** Flugkapitän sein; **to ~ a team** Mannschaftsführer sein

'skip·ping rope *n* BRIT, AM **'skip rope** *n* Springseil *nt*

'ski rack *n* Skiträger *m* **'ski re·sort** *n* Wintersportort *m*

skir·mish <*pl* -es> ['skɜ:mɪʃ] **I.** *n* MIL Gefecht *nt;* (*argument*) Wortgefecht *nt* **II.** *vi* MIL sich *dat* Gefechte liefern (**with** mit); (*fig: argue*) sich heftig streiten (**with** mit)

skirt [skɜ:t] **I.** *n* ❶ (*garment*) Rock *m;* (*part of coat*) Schoß *m* ❷ TECH (*on hovercraft*) Schürzen *pl* **II.** *vt* ❶ (*encircle*) umgeben; (*proceed around edge of*) umfahren ❷ (*avoid*) *questions* [bewusst] umgehen

skirt·ing ['skɜ:tɪŋ] *n* BRIT, AUS, **skirt·ing board** *n* BRIT, AUS Fußleiste *f*

'ski run *n* Skipiste *f* **'ski school** *n* Skischule *f* **'ski slope** *n* Skipiste *f* **'ski stick** *n* BRIT Skistock *m* **'ski suit** *n* Skianzug *m*

skit [skɪt] *n* [satirischer] Sketch (**on** über), Parodie *f* (**on** auf)

'ski tow *n* Schlepplift *m*

skit·ter ['skɪtə^r] *vi* umherschwirren; *papers* flattern

skit·tish ['skɪtɪʃ] *adj* ❶ (*nervous*) *horse, person* nervös ❷ (*playful*) *person* übermütig

skit·tle ['skɪtl] *n esp* BRIT ❶ (*target*) Kegel *m* ❷ (*bowling game*) ■ **~s** *pl* Kegeln *nt kein pl*

skive [skaɪv] *vi* BRIT (*fam*) sich drücken
♦ **skive off** *vi* BRIT (*fam*) sich verdrücken; **to ~ off school** die Schule schwänzen *sl;* **to ~ off work** blau machen *fam*

skiv·er ['skaɪvə^r] *n* BRIT (*fam*) Drückeberger(in) *m(f)*

skiv·vy ['skɪvɪ] **I.** *n* ❶ BRIT (*low-grade servant*) Dienstmädchen *nt a. pej* ❷ AM (*fam: men's underwear*) ■ **skivvies** *pl* Unterwäsche *f* **II.** *vi* BRIT niedere Arbeiten erledigen

ski·zil·lion [skɪˈzɪljən] *adj* eine Unmenge, abertausend

skul·dug·gery [skʌlˈdʌɡ^ərɪ] *n no pl* üble Tricks *pl;* (*dishonesty*) Hinterlist *f*

skulk [skʌlk] *vi* ❶ (*lurk*) herumlungern *fam* ❷ (*move furtively*) schleichen

skull [skʌl] *n* Schädel *m;* **to get sth into one's/sb's** [**thick**] **~** (*fam*) etw in seinen/jds Schädel hineinbekommen

'skull·cap *n* ❶ (*top of skull*) Schädeldecke *f* ❷ REL Scheitelkäppchen *nt;* (*for Jews*) Kippa[h] *f;* (*for jockeys*) Kopfschutz *m*

skunk [skʌŋk] *n* ❶ (*animal*) Stinktier *nt* ❷ (*fam: person*) Schweinehund *m* ❸ *no pl* (*sl: marijuana*) Shit *m o nt*

sky [skaɪ] *n* ❶ (*the sky*) Himmel *m;* **in the ~** am Himmel ❷ (*area above earth*) ■ **skies** *pl* Himmel *m;* **sunny skies** sonniges Wetter; **cloudy skies** bewölkter Himmel ▶ **the ~'s the limit** alles ist möglich; **red ~ at night, shepherd's delight** (*prov*) Abendrot Schönwetterbot; *prov;* **red ~ in the morning,**

shepherd's warning (*prov*) Morgenrot Schlechtwetterbot' *prov*

'sky-blue *adj attr* himmelblau **'sky·div·ing** *n no pl* Fallschirmspringen *nt* **sky-'high I.** *adv* (*direction*) [hoch] in die Luft; (*position*) [hoch] am Himmel; **to blow a building** ~ ein Gebäude in die Luft sprengen; **to go** ~ *prices* in die Höhe schnellen **II.** *adj* (*fig*) *prices, premiums* Schwindel erregend hoch **'sky·jack I.** *vt* entführen **II.** *n* Flugzeugentführung *f* **'sky·lark** *n* Feldlerche *f* **'sky·light** *n* Oberlicht *nt*; (*in roof*) Dachfenster *nt* **'sky·line** *n of city* Skyline *f*; (*horizon*) Horizont *m* **'sky·rock·et I.** *vi cost, price* in die Höhe schießen; *person* [auf einen Schlag] berühmt werden **II.** *vt* **to ~ sb to fame/to power** jdn [mit einem Schlag] berühmt machen/zur Macht verhelfen **'sky·scrap·er** *n* Wolkenkratzer *m*

slab [slæb] *n* ❶ *of rock* Platte *f*; *of wood* Tafel *f*; (*in mortuary*) Tisch *m*; *paving* ~ Pflasterstein *m* ❷ *of food* [dicke] Scheibe; **a ~ of cake** ein [großes] Stück Kuchen; **a ~ of chocolate** eine Tafel Schokolade ❸ (*foundation of house*) Plattenfundament *nt*

slack [slæk] **I.** *adj* ❶ (*not taut*) schlaff ❷ (*pej: lazy*) *person* träge; **discipline has become very ~ lately** die Disziplin hat in letzter Zeit sehr nachgelassen ❸ (*not busy*) ruhig; *market* flau **II.** *adv* schlaff **III.** *n no pl* ❶ (*looseness*) Schlaffheit *f*; **the men pulled on the rope to take up the ~** die Männer zogen am Seil, um es zu spannen; **to cut sb some ~** AM (*fam*) jdm Spielraum einräumen ❷ (*coal*) [Kohlen]grus *m* **IV.** *vi* (*fam*) faulenzen
◆ **slack off** *vi see* **slacken off**

slack·en ['slækən] **I.** *vt* ❶ (*make less tight*) locker lassen; **to ~ one's grip** seinen Griff lockern ❷ (*reduce*) *pace* verlangsamen **II.** *vi* ❶ (*become less tight*) sich lockern ❷ (*diminish*) langsamer werden; *demand, intensity* nachlassen ◆ **slacken off I.** *vi* ❶ (*at work*) *person* es langsamer angehen lassen ❷ (*move slower*) *person* langsamer gehen; *car* langsamer fahren; *speed, pace* langsamer werden **II.** *vt* reduzieren; *speed* drosseln

slack·en·ing ['slækənɪŋ] *n no pl* ❶ (*loosening*) Lockern *nt* ❷ *of speed* Verlangsamung *f*; *of demand* Nachlassen *nt* **slack·er** ['slækəʳ] *n* (*fam*) Faulenzer(in) *m(f)* **slack·ness** ['slæknəs] *n no pl* ❶ (*looseness*) Schlaffheit *f* ❷ (*lack of activity*) Nachlassen *nt*; (*in demand*) Flaute *f* ❸ (*pej: laziness*) Trägheit *f*

slacks [slæks] *npl* Hose *f*; **a pair of ~** eine Hose

slag [slæg] **I.** *n* ❶ *no pl* (*in mining*) Schlacke *f* ❷ BRIT (*pej fam!: slut*) Schlampe *f* **II.** *vt* <-gg-> (*fam*) **to ~** [**off**] ↻ **sb/sth über** jdn/etw herziehen

'slag·heap ['slæghi:p] *n* Schlackehügel *m*

slain [sleɪn] **I.** *vi, vt pp of* **slay II.** *n* (*liter*) ■ **the ~** *pl* die Gefallenen *pl*

slake [sleɪk] *vt needs, wants* befriedigen; *thirst* stillen

sla·lom ['slɑ:ləm] *n* Slalom *m*

slam [slæm] **I.** *n* ❶ (*sound*) Knall *m*; *of door* Zuschlagen *nt* ❷ (*punch*) Schlag *m*; (*push*) harter Stoß ❸ (*insult*) vernichtende Kritik **II.** *vt* <-mm-> ❶ (*close*) *door* zuschlagen, zuknallen *fam*; **to ~ the door in sb's face** jdm die Tür vor der Nase zuschlagen ❷ (*hit hard*) schlagen ❸ (*fam: criticize*) heruntermachen **III.** *vi* <-mm-> ❶ (*shut noisily*) zuschlagen ❷ (*hit hard*) schlagen ❸ *to ~ into a car/tree/building* ein Auto/einen Baum/ein Gebäude rammen; **to ~ on the brakes** voll auf die Bremsen treten

slam·mer ['slæməʳ] *n* (*sl: prison*) ■ **the ~** das Kittchen *fam*

slan·der ['slɑ:ndəʳ] LAW **I.** *n* ❶ *no pl* (*action*) üble Nachrede, Verleumdung *f* ❷ (*statement*) Verleumdung *f* **II.** *vt* verleumden

slan·der·er ['slɑ:ndərəʳ] *n* Verleumder(in) *m(f)* **slan·der·ous** ['slɑ:ndərəs] *adj* verleumderisch

slang [slæŋ] **I.** *n no pl* Slang *m*; **army ~** Militärjargon *m*; **teenage ~** Jugendsprache *f* **II.** *adj attr* Slang-; **~ term** [*or* **word**] Slangausdruck *m*

'slang·ing match *n esp* BRIT, AUS Schlagabtausch *m*

slangy ['slæŋi] *adj* (*fam*) salopp

slant [slɑ:nt] **I.** *vi* sich neigen; **the evening sun ~ed through the narrow window** die Abendsonne fiel schräg durch das schmale Fenster ein; **to ~ down/to the right** sich nach unten/nach rechts neigen **II.** *vt* ❶ (*make diagonal*) ausrichten ❷ (*present for*) zuschneiden; (*pej: in biased way*) zurechtbiegen *fig fam* **III.** *n* ❶ (*slope*) Neigung *f*; **the kitchen floor has a distinct ~ towards the outer wall** der Küchenboden fällt zur Außenwand hin deutlich ab ❷ (*perspective*) Tendenz *f*; **to have a right-wing ~** *newspaper* rechtsgerichtet sein

slant·ing ['slɑ:ntɪŋ] *adj* schräg; **~ roof** Schrägdach *nt*

slap [slæp] **I.** *n* ❶ (*with hand*) Klaps *m fam*; **to give sb a ~ on the back** jdm [anerkennend] auf den Rücken klopfen; (*fig*) jdn loben; **a ~ in the face** eine Ohrfeige; (*fig*) ein Schlag ins Gesicht; **to get a ~ on the wrist** (*fig*) eine Verwarnung bekommen ❷ (*noise*) Klatschen *nt* **II.** *adv* (*fam*) genau; **the child sat down ~ in the middle of the floor** das Kind setzte sich mitten auf den Boden **III.** *vt*

<-pp-> ① (*with hand*) schlagen; **to ~ sb in the face** jdn ohrfeigen; **to ~ sb on the back** jdn auf den Rücken schlagen; (*in congratulation*) jdm [anerkennend] auf die Schulter klopfen; **to ~ sb's wrist** jdn zurechtweisen ② (*strike*) schlagen (**against** gegen) ③ (*fam: do quickly*) **she ~ped a couple pieces of salami between some bread** sie klatschte ein paar Scheiben Salami zwischen zwei Scheiben Brot ④ (*fam: impose*) **to ~ a fine/tax on sth** eine Geldstrafe/eine Steuer auf etw *akk* draufschlagen **IV.** *vi* water ■ **to ~ against sth** gegen etw *akk* schlagen ◆ **slap down** *vt* ① (*put down*) hinknallen *fam* ② (*silence rudely*) ■ **to ~ sb down** jdn zusammenstauchen

slap-'bang *adv* BRIT (*fam*) genau **'slap·dash** *adj* (*pej fam*) schlampig **'slap·head** *n* BRIT (*pej sl*) Glatzkopf *m fam* **'slap·stick I.** *n no pl* Slapstick *m* **II.** *adj attr* Slapstick-; **~ comedy** Slapstickkomödie *f* **'slap-up** *adj attr* BRIT, AUS **a ~ meal** ein Essen mit allem Drum und Dran *fam*

slash [slæʃ] **I.** *vt* ① (*cut deeply*) **to ~ a painting/a seat/sb's tyres** [*or* AM **tires**] ein Gemälde/einen Sitz/jds Reifen aufschlitzen *fam;* **to ~ one's wrists** sich *dat* die Pulsadern aufschneiden ② (*reduce*) *budget* kürzen; *price* senken; *staff* abbauen; *workforce* verringern **II.** *vi* (*with a knife*) ■ **to ~ at sb/sth** [mit einem Messer] auf jdn/etw losgehen **III.** *n* <*pl* -es> ① (*cut on person*) Schnittwunde *f;* (*in object*) Schnitt *m* ② (*in prices, costs*) Reduzierung *f;* (*in budget*) Kürzung *f* ③ FASHION (*in clothing*) Schlitz *m* ④ (*punctuation mark*) Schrägstrich *m*

slat [slæt] *n* Leiste *f;* (*in grid*) Stab *m;* **plastic/wooden ~** Plastik-/Holzlatte *f*

slate [sleɪt] **I.** *n* ① *no pl* (*rock*) Schiefer *m* ② (*on roof*) [Dach]schindel *f* ③ (*dated: for writing*) Schiefertafel *f* ④ AM, AUS POL (*list of candidates*) Kandidatenliste *f* ⑤ (*in film production*) Klappe *f* ▶ **to have a <u>clean</u> ~** eine weiße Weste haben; **to wipe the ~ <u>clean</u>** reinen Tisch machen **II.** *vt* ① Schiefer- **III.** *vt* ① (*cover with slates*) decken ② *usu passive* AM, AUS (*assign*) **she's been ~d to lose her job** sie wird wahrscheinlich ihren Job verlieren; ■ **to be ~d for sth** für etw *akk* vorgesehen sein ③ BRIT, AUS (*fam: criticize severely*) zusammenstauchen

slat·tern ['slætən] *n* (*pej*) Schlampe *f fam*
slat·tern·ly ['slætənli] *adj* (*pej*) schlampig
slaugh·ter ['slɔːtə] **I.** *vt* ① (*kill*) abschlachten; *animal* schlachten ② SPORTS (*fam*) vom Platz fegen **II.** *n no pl* ① (*killing*) *of people* Abschlachten *nt; of animals* Schlachten *nt* ② (*fam: in sports*) Schlappe *f*

'slaugh·ter·house *n* Schlachthaus *nt,* Schlachthof *m*

Slav [slɑːv] **I.** *n* Slawe, Slawin *m, f* **II.** *adj* slawisch

slave [sleɪv] **I.** *n* Sklave, Sklavin *m, f* **II.** *vi* schuften; ■ **to ~** [**away**] **at sth** sich mit etw *dat* herumschlagen; **to ~ over a hot stove** (*hum*) [den ganzen Tag] am Herd stehen

'slave driv·er *n* Sklaventreiber(in) *m(f)*

slav·er[1] ['slævə] *vi* ① (*drool*) *animal* geifern; *person* speicheln ② (*pej: show excitement*) gieren (**over** nach) **II.** *n no pl animal* Geifer *m; person* Speichel *m*

slav·er[2] ['sleɪvə] *n* (*hist*) ① (*ship*) Galeere *f hist* ② (*trader*) Sklavenhändler(in) *m(f)*

slav·ery ['sleɪv(ə)ri] *n no pl* Sklaverei *f;* (*fig*) sklavische Abhängigkeit

'slave trade *n* (*hist*) Sklavenhandel *m*

Slav·ic ['slɑːvɪk] *adj* slawisch

slav·ish ['sleɪvɪʃ] *adj* ① (*without originality*) sklavisch ② (*servile*) sklavisch

Sla·von·ic [slə'vɒnɪk] *adj* slawisch

slay [sleɪ] *vt* ① <slew, slain> (*liter or old: kill*) *dragon* erlegen; *enemy* bezwingen ② <slew, slain> AM (*murder*) ■ **to be slain** ermordet werden

sleaze [sliːz] *n* ① *no pl* (*immorality*) Korruption *f* ② AM (*fam: person*) schmieriger Typ ③ (*fam*) Schmutzkampagne *f*

sleazy ['sliːzi] *adj* anrüchig; *area* zweifelhaft; **~ bar** Spelunke *f fam*

sled [sled] AM **I.** *n* Schlitten *m* **II.** *vi* <-dd-> **to go ~ding** Schlittenfahren [*o* DIAL Rodeln] gehen **III.** *vt* <-dd-> mit dem Schlitten transportieren

sledge [sledʒ] **I.** *n* ① (*for snow*) Schlitten *m* ② (*fam: sledgehammer*) Vorschlaghammer *m* **II.** *vi esp* BRIT **to go sledging** Schlittenfahren [*o* DIAL Rodeln] gehen **III.** *vt* mit dem Schlitten transportieren

'sledge·ham·mer *n* Vorschlaghammer *m* ▶ **to use a ~ to crack a <u>nut</u>** mit Kanonen auf Spatzen schießen

sleek [sliːk] **I.** *adj* ① (*glossy*) *fur, hair* geschmeidig; (*streamlined*) *car* schnittig ② (*fig: in manner*) [aal]glatt *pej* ③ (*well-groomed*) gepflegt **II.** *vt* glätten; *horse* striegeln

sleep [sliːp] **I.** *n* ① *no pl* (*resting state*) Schlaf *m;* (*nap*) Nickerchen *nt;* **I didn't get to ~ until 4 a.m.** ich bin erst um 4 Uhr morgens eingeschlafen; **to go** [**back**] **to ~** [wieder] einschlafen; **to lose ~ over sth** wegen einer S. *gen* schlaflose Nächte haben; **to put an animal to ~** ein Tier einschläfern; **to send sb to ~** jdn einschlafen lassen *fig* ② *no pl* (*in eyes*) Schlaf *m* ▶ **to be <u>able</u> to do sth in one's ~** etw im Schlaf beherrschen **II.** *vi*

<slept, slept> schlafen; (fig: be buried) ruhen; ~ **tight!** schlaf schön!; **we'll be ~ing at Steve's on Saturday night** Samstagnacht werden wir bei Steve übernachten; **to ~ like a log** [or **baby**] (fam) wie ein Stein [o Baby] schlafen; **to ~ late** lange schlafen, ausschlafen; **to ~ sound[ly]** [tief und] fest schlafen; **to ~ rough** BRIT auf der Straße schlafen; ▪ **to ~ with sb** mit jdm schlafen ▶ **to ~ on it** eine Nacht darüber schlafen **III.** vt **to ~ two/ten** zwei/zehn Personen beherbergen können; **to ~ the night with sb** bei jdm übernachten ◆ **sleep around** vi (fam) herumschlafen ◆ **sleep in** vi ❶ (sleep late) ausschlafen ❷ (sleep at work) im Hause wohnen ◆ **sleep off** vt hangover ausschlafen; cold, headache sich gesund schlafen; **to ~ it off** seinen Rausch ausschlafen ◆ **sleep out** vi draußen schlafen ◆ **sleep through** vi weiterschlafen; **I must have slept through the alarm** ich muss den Wecker verschlafen haben ◆ **sleep together** vi (have sex) miteinander schlafen; (share bedroom) zusammen [in einem Zimmer] schlafen

sleep·er ['sli:pə'] n ❶ (person) Schläfer(in) m(f); (pill) Schlaftablette f; (sofa) Bettsofa nt; **to be a heavy/light ~** einen festen/leichten Schlaf haben ❷ esp AM (pyjamas) ▪ **~s** pl Schlafanzug m ❸ (train) Zug m mit Schlafwagenabteil; (sleeping car) Schlafwagen m; (berth) Schlafwagenplatz m ❹ BRIT, AUS (on railway track) Schwelle f ❺ (earring) Kreole f ❻ PUBL (unexpected success) Sensationserfolg m

'**sleep·er cell** n MIL, POL Schläferzelle f

sleepi·ness ['sli:pɪnəs] n no pl Schläfrigkeit f

sleep·ing ['sli:pɪŋ] adj attr schlafend attr ▶ **let ~ dogs lie** (prov) schlafende Hunde soll man nicht wecken prov

'**sleep·ing bag** n Schlafsack m **Sleep·ing 'Beau·ty** n Dornröschen nt '**sleep·ing car** n Schlafwagen m '**sleep·ing part·ner** n BRIT COMM stiller Teilhaber '**sleep·ing pill** n Schlaftablette f **sleep·ing po·'lice·man** n BRIT Bodenschwelle f '**sleep·ing sick·ness** n no pl Schlafkrankheit f '**sleep·ing tab·let** n Schlaftablette f

sleep·less ['sli:pləs] adj schlaflos

'**sleep·walk** vi schlafwandeln

'**sleep·walk·er** n Schlafwandler(in) m(f)

sleepy ['sli:pi] adj ❶ (drowsy) schläfrig; **to feel ~** müde sein ❷ (quiet) town verschlafen fam

'**sleepy·head** ['sli:pihed] n (fam) Schlafmütze f

sleet [sli:t] **I.** n no pl Eisregen m **II.** vi impers **it is ~ing** es fällt Eisregen

sleeve [sli:v] n ❶ (on clothing) Ärmel m; **to roll up one's ~s** (for hard work) die Ärmel hochkrempeln a. fig ❷ (for rod, tube) Manschette f ❸ (for record) [Schallplatten]hülle f ▶ **to have sth up one's ~** etw im Ärmel haben

sleeve·less ['sli:vləs] adj ärmellos attr

sleigh [sleɪ] n Pferdeschlitten m

sleight of 'hand n no pl (in tricks) Fingerfertigkeit f; (fig) Trick m

slen·der ['slendə'] adj ❶ legs, waist schlank; railings, poles schmal ❷ means, resources, majority knapp

slen·der·ize ['slendəraɪz] AM **I.** vi (fam) abnehmen **II.** vt (fam) **to ~ one's figure** seine Figur trimmen; ▪ **to ~ sb** (colours) jdn schlank machen; **to ~ a budget** (fig: reduce) ein Budget kürzen

slept [slept] pt, pp of **sleep**

slew [slu:] pt of **slay**

slice [slaɪs] **I.** n ❶ of bread, ham Scheibe f; of cake, pizza Stück nt ❷ (portion) Anteil m ❸ (tool) Pfannenwender m; cake ~ Tortenheber m ▶ **a ~ of the cake** ein Stück vom großen Kuchen; **a ~ of life** eine Milieuschilderung f **II.** vt (cut in slices) in Scheiben schneiden; cake, pizza in Stücke schneiden ❷ SPORTS **to ~ the ball** (in golf, cricket) den Ball verschlagen; (in tennis) den Ball anschneiden ▶ **any way** [or AM **no matter how**] **you ~ it** wie man es auch dreht und wendet **III.** vi ❶ (food) sich schneiden lassen ❷ (cut) ▪ **to ~ through** etw durchschneiden ◆ **slice off** vt abschneiden ◆ **slice up** vt ❶ (make slices) in Scheiben schneiden; bread aufschneiden; cake, pizza in Stücke schneiden ❷ (divide) profits aufteilen

sliced [slaɪst] adj geschnitten; bread aufgeschnitten

slic·er ['slaɪsə'] n (machine) Schneidemaschine f; (knife) Bratenmesser nt

slick [slɪk] **I.** adj ❶ (skillful) gekonnt; (great) geil sl; performance tadellos ❷ (pej: overly-polished) answer, manner glatt; (clever) gewieft ❸ (shiny) hair geschniegelt fam; AM (slippery) road, floor glatt **II.** n ❶ (oil slick) Ölteppich m ❷ AM (glossy) Hochglanzmagazin nt **III.** vt **to ~ back/down one's hair** sich dat die Haare nach hinten klatschen/anklatschen fam

slick·er ['slɪkə'] n AM ❶ (city slicker) feiner Pinkel aus der [Groß]stadt fam ❷ (raincoat) Regenmantel m

slide [slaɪd] **I.** vi <slid, slid> ❶ (glide) rutschen; (smoothly) gleiten; **to ~ down the banisters** das Geländer herunterrutschen ❷ (decline in value) currency sinken ❸ (get *into*) **to ~ into chaos** in ein Chaos geraten; **to ~ into recession** in die Rezession abrutschen ▶ **to let sth/things ~** etw/die Dinge schleifen lassen **II.** *vt* <slid, slid> **can you ~ your seat forward a little?** können Sie mit Ihrem Sitz etwas nach vorne rutschen?; **she slid the hatch open** sie schob die Luke auf **III.** *n* ❶ (*act of sliding*) Rutschen *nt* ❷ (*on ice*) Eisbahn *f* ❸ (*at playground*) Rutsche *f* ❹ GEOG (*landslide*) **earth** ~ Erdrutsch *m*; **mud/rock** ~ Schlamm-/Felslawine *f* ❺ *usu sing* (*decline*) Sinken *nt*; *of a currency* Wertverlust *m* ❻ (*in photography*) Dia *nt* ❼ (*for microscope*) Objektträger *m* ❽ (*moving part*) *of trombone* Zug *m*; *of machine* Schlitten *m* ❾ MUS (*glissando*) Glissando *nt* ❿ BRIT (*hair clip*) Haarspange *f*

'slide pro·jec·tor *n* Diaprojektor *m* **'slide rule** *n* Rechenschieber *m*

slid·ing ['slaɪdɪŋ] *adj attr* Schiebe- **slid·ing 'scale** *n* FIN gleitende Skala

slight [slaɪt] **I.** *adj* ❶ (*small*) gering; **there's been a ~ improvement in the situation** die Situation hat sich geringfügig gebessert; **to not have the ~est idea** nicht die geringste Idee haben; **the ~est thing** die kleinste Kleinigkeit; **not in the ~est** nicht im Geringsten ❷ (*barely noticeable*) klein; **there was a ~ smell of onions in the air** es roch ein wenig nach Zwiebeln; **to have a ~ accent** einen leichten Akzent haben ❸ (*minor*) leicht; **he has a ~ tendency to exaggerate** er neigt etwas zu Übertreibungen ❹ (*slim and delicate*) *person* zierlich **II.** *n* Beleidigung *f* **III.** *vt* beleidigen

slight·ly ['slaɪtli] *adv* ein wenig, etwas; **I feel ~ peculiar** ich fühle mich irgendwie komisch; **I think he may have been exaggerating ever so ~** ich denke, er hat wohl ein klein wenig übertrieben; **to know sb ~** jdn flüchtig kennen

slim [slɪm] **I.** *adj* <-mm-> ❶ *person, figure* schlank; *waist* schmal; *object* dünn ❷ *chance, possibility* gering; *profits, income* mager; **~ pickings** magere Ausbeute **II.** *vi* <-mm-> abnehmen ◆ **slim down I.** *vi* abnehmen **II.** *vt* workforce reduzieren; **to ~ one's hips/waist down** an den Hüften/der Taille abnehmen

slime [slaɪm] *n no pl* ❶ (*substance*) Schleim *m* ❷ (*pej fam: person*) Schleimer(in) *m(f)*

'slime·bag *n* (*pej fam*) Schleimer(in) *m(f)* **'slime ball** *n* (*pej fam*) Schleimer(in) *m(f)*

slim·mer ['slɪmə'] *n* Person, die eine Diät macht

slim·ming ['slɪmɪŋ] **I.** *n no pl* Abnehmen *nt* **II.** *adj* ❶ (*for slimmers*) schlank machend *attr*; **~ pill** Schlankheitspille *f* ❷ (*fam: non-fattening*) schlank machend *attr*; **have a salad — that's ~** nimm einen Salat – das hält schlank; **~ food** Diätkost *f* ❸ (*in appearance*) *colours* schlank machend

slimy ['slaɪmi] *adj* ❶ (*covered in slime*) *slug, pond, seaweed* schleimig ❷ (*pej fam*) *character, person* schleimig

sling [slɪŋ] **I.** *n* ❶ (*for broken arm*) Schlinge *f*; (*for baby*) Tragetuch *nt*; (*for camera, gun*) Tragegurt *m*; (*for lifting*) Schlinge *f* ❷ (*weapon*) Schleuder *f* **II.** *vt* <slung, slung> ❶ (*fling*) werfen, schleudern; **to ~ sb in prison** jdn ins Gefängnis werfen *fam* ❷ (*hang*) **soldiers with rifles slung over their shoulders** Soldaten mit geschulterten Gewehren; **she sat next to him on the sofa, her legs slung over his** sie saß neben ihm auf dem Sofa, ihre Beine über seine geschlagen ❸ (*suspend*) ■ **to be slung from sth** von etw *dat* herunterhängen ◆ **sling out** *vt* (*fam*) ■ **to ~ out ○ sb/sth** jdn/etw rauswerfen

'sling·shot ['slɪŋʃɑːt] *n* AM, AUS (*catapult*) [Stein]schleuder *f*

slink <slunk, slunk> [slɪŋk] *vi* schleichen; ■ **to ~ away** [sich] davonschleichen

slinky ['slɪŋki] *adj* verführerisch

slip [slɪp] **I.** *n* ❶ (*fall*) **to have a ~** ausrutschen und hinfallen; (*in price, value*) Fall *m* ❷ (*for ordering*) Formular *nt*; (*sales slip*) Kassenzettel *m*; **a ~ of paper** ein Stück *nt* Papier ❸ (*mistake*) Flüchtigkeitsfehler *m*; **a ~ of the tongue** ein Versprecher *m* ❹ (*petticoat*) Unterrock *m* ❺ (*in cricket*) ■ **the ~s** *pl* Bereich neben dem Torwächter ❻ *no pl* (*in pottery*) geschlämmter Ton ► **to give sb the ~** jdn abhängen **II.** *vi* <-pp-> ❶ (*lose position*) *person* ausrutschen; *knife, hand* abrutschen; *tyres* wegrutschen; *clutch* schleifen ❷ (*move quietly*) **to ~ into the house** ins Haus schleichen; **to ~ through a gap** durch ein Loch schlüpfen ❸ (*decline*) *dollar, price, productivity* sinken; **the song has ~ped to number 17 this week** das Lied ist diese Woche auf Platz 17 gefallen ❹ (*make mistake*) *person* sich versprechen; **to let sth ~ secret** etw ausplaudern; **he let his guard ~ for just a moment** er war nur für einen Moment unaufmerksam ❺ (*start to have*) ■ **to ~ into sth** sich *dat* etw angewöhnen; **everything seemed to ~ into place** alles schien [plötzlich] zusammenzupassen; **to ~ into bad habits** sich *dat* schlechte Gewohnheiten aneignen ❻ (*change clothing*) ■ **to ~ out of sth** etw ausziehen; ■ **to ~ into sth** in etw *akk* schlüpfen ▶ **to ~ through sb's fingers** jdm entkommen; **to let sth ~ through one's fingers** sich *dat* etw entgehen lassen **III.** *vt* <-pp-> ❶ *(put smoothly)* **he ~ped his arm around her waist** er legte seinen Arm um ihre Taille; **she ~ped the key under the mat** sie schob den Schlüssel unter die Matte; **he ~ped the letter into his pocket** er steckte den Brief in seine Tasche; **to ~ sb money/a note** jdm Geld/eine Nachricht zustecken ❷ *(escape from)* ■**to ~ sth** sich aus etw *dat* befreien; *chain[s]* sich von etw *dat* befreien; **to ~ sb's attention** jds Aufmerksamkeit entgehen; **sth ~s sb's mind** jd vergisst etw ❸ AUTO **to ~ the car into gear** den Gang schnell einlegen; **to ~ the clutch** die Kupplung lösen ❹ NAUT *anchor* lichten ❺ MED **to ~ a disk** sich *dat* einen Bandscheibenschaden zuziehen ◆ **slip away** *vi* ❶ *(leave unnoticed)* person sich wegstehlen ❷ *(not be kept)* ■**to ~ away [from sb]** *control, power* [jdm] entgleiten; **they wouldn't let this chance of victory ~ away from them** sie würden sich diese Siegeschance nicht entgehen lassen ❸ *(time)* verstreichen *geh* ❹ *(euph: be dying)* im Sterben liegen ◆ **slip by** *vi* ❶ *(pass quickly) years* verfliegen ❷ *(move past) person* vorbeihuschen ❸ *(go unnoticed) mistake, remark* durchgehen ◆ **slip down** *vi* ❶ *trousers, socks* herunterrutschen ❷ *(food, drink)* **a cool beer ~s down wonderfully easily** ein kühles Bier geht runter wie nichts ◆ **slip in I.** *vt* einbringen **II.** *vi person* sich hereinschleichen ◆ **slip off I.** *vi* ❶ *(leave unnoticed)* sich davonstehlen ❷ *(fall off)* herunterrutschen **II.** *vt* abstreifen ◆ **slip on** *vt* anziehen; *ring* sich *dat* anstecken ◆ **slip out** *vi* ❶ *(for short time)* **I'm just ~ping out to get a paper** ich geh' nur kurz eine Zeitung holen; **to ~ out for a moment** kurz weggehen ❷ *words, secret* herausrutschen ◆ **slip up** ❶ einen Fehler begehen

'**slip-case** *n* Schuber *m* '**slip-knot** *n* Schlaufe *f* '**slip-on I.** *adj attr* **~ shoes** Slipper *pl* **II.** *n* ■**~s** *pl* Slipper *pl*

slip-page ['slɪpɪdʒ] *n no pl* ❶ *(in popularity, price)* Sinken *nt* ❷ *(delay)* Verzögerung *f*

slip-pers ['slɪpəz] *npl* Hausschuhe *pl*

slip-pery ['slɪpəri] *adj* ❶ *surface, object* rutschig; *(fig)* unsicher ❷ *(pej: untrustworthy)* windig *fam*; **a ~ person** eine unzuverlässige Person, ein Windhund *m* ▶ **to be as ~ as an eel** aalglatt sein

'**slip road** *n* BRIT Zubringer *m* '**slip-shod** *adj* schludrig *fam* '**slip-stream** *n* AUTO Windschatten *m*; AVIAT Sog *m* '**slip-up** *n* Fehler *m* '**slip-way** *n* NAUT Ablaufbahn *f*

slit [slɪt] **I.** *vt* <-tt-, slit, slit> aufschlitzen; **to ~ one's wrist** sich *dat* die Pulsadern aufschneiden **II.** *n* ❶ *(tear)* Schlitz *m* ❷ *(narrow opening) of eyes* Schlitz *m*; *of door* Spalt *m*

slith-er ['slɪðə'] *vi lizard, snake* kriechen; *person* rutschen

sliv-er ['slɪvə'] *n* ❶ *(shard)* Splitter *m*; **a ~ of light** ein Lichtschimmer *m* ❷ *(small piece)* **a ~ of cheese** ein Scheibchen *nt* Käse; **a ~ of cake** ein Stückchen *nt* Kuchen

slob [slɒb] **I.** *n* *(pej fam)* Gammler(in) *m(f)* **II.** *vi* ■**to ~ about** herumgammeln *pej fam*

slob-ber ['slɒbə'] **I.** *vi* sabbern; ■**to ~ over sb** *(fig fam)* von jdm schwärmen; ■**to ~ over sth** etw anschmachten **II.** *n no pl* Sabber *m* **slob-bery** ['slɒbəri] *adj (wet)* feucht; *(slobbered on)* voll gesabbert *fam*; **~ kiss** feuchter Kuss

sloe [sləʊ] *n* Schlehe *f*

slog [slɒg] **I.** *n* ❶ *no pl (fam: hard work)* Schufterei *f*; *(strenuous hike)* [Gewalt]marsch *m* ❷ *(hit)* wuchtiger Schlag **II.** *vi* <-gg-> *(fam)* ❶ *(walk)* **to ~ up the hill** sich auf den Hügel schleppen ❷ *(work)* sich durcharbeiten *(through* durch*)* **III.** *vt* <-gg-> *(fam)* **to ~ the ball** SPORTS den Ball schleudern; *(in fighting)* **to ~ sb in the belly/face** jdn in den Bauch/ins Gesicht schlagen

slo-gan ['sləʊgən] *n* Slogan *m*; **campaign ~** Wahlspruch *m*

sloop [slu:p] *n* NAUT Slup *f*

slop [slɒp] **I.** *n* ❶ *(waste)* ■**~s** *pl* Abfälle *pl*; *(food waste)* Essensreste *pl* ❷ *no pl (pej fam: food)* Schlabber *m* ❸ *(sentimental material)* rührseliges Zeug *fam* **II.** *vt* <-pp-> *(fam)* verschütten **III.** *vi* <-pp-> *(fam) a liquid* überschwappen ◆ **slop out** *vi* BRIT *(in prison)* den/die Toiletteneimer [aus]leeren

slope [sləʊp] **I.** *n* ❶ *(hill)* Hang *m*; **ski ~** Skipiste *f* ❷ *no pl (angle)* Neigung *f*; **~ of a roof** Dachschräge *f*; **to be at a ~** eine Schräge haben ❸ MATH *(on graph)* Gefälle *nt* ❹ AM, AUS *(pej! sl: Asian person)* Schlitzauge *nt* **II.** *vi* ❶ *(incline/decline) ground* abfallen; *roof* geneigt sein; ■**to ~ down/up** abfallen/ansteigen ❷ *(lean)* sich neigen **III.** *vt roof, path* schräg anlegen ◆ **slope off** *vi* sich verziehen *fam*

slop-ing ['sləʊpɪŋ] *adj attr* schräg; *(upwards)* ansteigend; *(downwards)* abfallend; **~ shoulders** hängende Schultern

slop-pi-ness ['slɒpɪnəs] *n no pl* Schlampigkeit *f*

slop-py ['slɒpi] *adj* ❶ *(careless)* schlampig ❷ *(hum or pej: overly romantic)* kitschig; **~ love song** Schnulze *f fam* ❸ *(pej: too wet)* triefend *attr*; *kiss* feucht ❹ *(fam: loose-fitting) clothing* schlabb[e]rig

slosh [slɒʃ] *(fam)* **I.** *vt* ❶ *(pour carelessly)* **I ~ed some water on my face** ich habe mir etwas Wasser ins Gesicht geworfen ❷ BRIT (*sl: hit*) ■**to ~ sb** jdm eine verpassen **II.** *vi* ❶ (*splash around*) *a liquid* [herum]schwappen; *person* [herum]planschen ❷ (*move through water*) waten ◆ **slosh about, slosh around** (*fam*) **I.** *vi* herumspritzen; *person* herumplanschen; (*in container*) herumschwappen **II.** *vt* umrühren

sloshed ['slɒʃt] *adj pred* (*fam*) besoffen *sl;* **to get ~** sich besaufen

slot [slɒt] **I.** *n* ❶ (*narrow opening*) Schlitz *m;* (*groove*) Rille *f;* (*for money*) Geldeinwurf *m;* (*for mail*) Briefschlitz *m* ❷ (*in TV programming*) Sendezeit *f;* **advertising ~** Werbepause *f* **II.** *vt* <-tt-> [hinein]stecken (**into** in) **III.** *vi* <-tt-> ■**to ~ into sth** in etw *akk* hineinpassen

sloth [sləʊθ] *n* ❶ *no pl* (*laziness*) Trägheit *f* ❷ (*animal*) Faultier *nt;* (*pej: person*) Faultier *nt a. hum o iron*

sloth·ful ['sləʊθfəl] *adj* faul

'**slot ma·chine** *n* ❶ (*for gambling*) Spielautomat *m* ❷ BRIT, AUS (*vending machine*) [Münz]automat *m* **'slot me·ter** *n* Münzautomat *m*

slouch [slaʊtʃ] **I.** *n* <*pl* -es> (*bad posture*) krumme Haltung **II.** *vi* (*have shoulders bent*) gebeugt stehen; (*with sadness*) sich hängen lassen *fig;* **she sat ~ed over her desk** sie hing über ihrem Schreibtisch

slough[1] [slaʊ] *n* (*depressed state*) **a ~ of despair/self-pity** ein Sumpf *m* der Verzweiflung/des Selbstmitleids *liter*

slough[2] [slʌf] *vt* ■**to ~ old skin** sich häuten

Slo·vak ['sləʊvæk] **I.** *n* ❶ (*person*) Slowake, Slowakin *m, f* ❷ *no pl* (*language*) Slowakisch *nt* **II.** *adj* slowakisch

Slo·vakia [slə(ʊ)'vækiə] *n no pl* die Slowakei

Slo·vak·ian [slə(ʊ)'vækiən] **I.** *n* ❶ (*person*) Slowake, Slowakin *m, f* ❷ *no pl* (*language*) Slowakisch *nt* **II.** *adj* slowakisch

slov·en ['slʌvən] *n* (*dated: messy*) schlampige Person; (*unkempt*) ungepflegte Person

Slo·vene [slə(ʊ)'viːn] **I.** *n* ❶ (*person*) Slowene, Slowenin *m, f* ❷ *no pl* (*language*) Slowenisch *nt* **II.** *adj* slowenisch

Slo·venia [slə(ʊ)'viːniə] *n no pl* Slowenien *nt*

Slo·ven·ian [slə(ʊ)'viːniən] **I.** *n* ❶ (*person*) Slowene, Slowenin *m, f* ❷ *no pl* (*language*) Slowenisch *nt* **II.** *adj* slowenisch

slov·en·ly ['slʌvənli] *adj* schlampig; **a ~ appearance** ein ungepflegter Eindruck

slow [sləʊ] **I.** *adj* ❶ (*without speed*) langsam; *business, market* flau; ■**to be ~ to do sth** lange brauchen, um etw zu tun; **to make ~ progress** [nur] langsam vorankommen ❷ (*not quick-witted*) begriffsstutzig; **to be ~ on the uptake** schwer von Begriff sein ❸ (*behind the correct time*) **to be** [*or* **run**] [**10 minutes**] ~ *clock, watch* [10 Minuten] nachgehen ▶ **~ and steady wins the race** (*prov*) langsam, aber sicher **II.** *vi* langsamer werden; **to ~ to a crawl** fast zum Stillstand kommen **III.** *vt* verlangsamen ◆ **slow down I.** *vt* verlangsamen; **I don't like working with him, he ~s me down** ich arbeite nicht gerne mit ihm, er hält mich auf **II.** *vi* ❶ (*reduce speed*) langsamer werden; (*speak*) langsamer sprechen; (*walk*) langsamer laufen ❷ (*relax more*) kürzertreten *fam*

'**slow·coach** *n* BRIT, AUS (*fam*) lahme Ente '**slow 'cook·er** *n* (*a large electric pot used for cooking food very slowly*) Crock-Pot® *m* (*elektrischer Kochtopf mit Keramiktopfeinsatz, in dem der Inhalt bei konstant niedriger Temperatur gegart wird*) '**slow·down** *n* ❶ ECON (*business activity*) Verlangsamung *f;* **economic ~** Konjunkturabschwächung *f* ❷ AM ECON (*go-slow*) Bummelstreik *m*

slow·ly ['sləʊli] *adv* langsam; **~ but surely** langsam, aber sicher

slow 'mo·tion I. *n no pl* FILM Zeitlupe *f* **II.** *adj* Zeitlupen- **slow-'mov·ing** <slower-, slowest-> *adj* sich [nur] langsam bewegend; *story, film, plot* langatmig; *traffic* zähflüssig **slow·ness** ['sləʊnəs] *n no pl* ❶ (*lack of speed*) Langsamkeit *f* ❷ (*lack of intelligence*) Begriffsstutzigkeit *f*

'**slow train** *n* TRANSP Bummelzug *m fam* **slow-'wit·ted** *adj* begriffsstutzig, schwer von Begriff *nach n* '**slow-worm** *n* Blindschleiche *f*

SLR [ˌeseɫˈɑː^r], **SLR cam·era** *n* PHOT *abbrev of* **single lens reflex** (**camera**) Spiegelreflexkamera *f*

sludge [slʌdʒ] *n no pl* Schlamm *m*

slug ['slʌg] **I.** *vt* <-gg-> (*fam*) ❶ (*hit with hard blow*) ■**to ~ sb** jdm eine verpassen *sl* ❷ (*fight physically or verbally*) **to ~ it out** es untereinander ausfechten **II.** *n* ❶ (*mollusc*) Nacktschnecke *f* ❷ (*swig*) Schluck *m*

slug·gish ['slʌgɪʃ] *adj* träge; *market* flau; *engine* lahm

sluice [sluːs] **I.** *n* Schleuse *f* **II.** *vi* ■**to ~ out** [**from sth**] *water* herausschießen [aus etw *dat*] **III.** *vt* ■**to ~ sth down** etw [mit dem Schlauch] abspritzen

'**sluice gate** *n* Schleusentor *nt* '**sluice·way** *n* [Schleusen]kanal *m*

slum [slʌm] **I.** *n* Slum *m,* Elendsviertel *nt* **II.** *vi* <-mm-> **to go ~ming** sich unters gemeine Volk mischen **III.** *vt* <-mm-> **to ~ it** (*iron*) primitiv leben

slum·ber ['slʌmbə^r] **I.** *vi* schlummern *geh* **II.** *n* ❶ (*sleep*) Schlummer *m geh;* (*fig*)

slum **'clear·ance** *n no pl* Beseitigung *f* der Slums **'slum dwell·er** *n* Slumbewohner(in) *m(f)*

slump [slʌmp] **I.** *n* ECON ❶(*decline*) [plötzliche] Abnahme; ~ **in prices** Preissturz *m* ❷(*recession*) Rezession *f;* **economic ~** Wirtschaftskrise *f* **II.** *vi* ❶(*fall dramatically*) *prices* stürzen; *numbers, sales* zurückgehen ❷(*fall heavily*) fallen

slung [slʌŋ] *pt, pp of* **sling**

slunk [slʌŋk] *pt, pp of* **slink**

slur [slɜː] **I.** *vt* <-rr-> ❶(*pronounce unclearly*) undeutlich artikulieren; (*because of alcohol*) lallen ❷(*damage sb's reputation*) verleumden **II.** *n* Verleumdung *f;* **to cast a ~ on sb/sth** jdn/etw in einem schlechten Licht erscheinen lassen

slurp [slɜːp] (*fam*) **I.** *vi* ❶(*drink noisily*) schlürfen ❷(*move slowly and loudly*) schwappen **II.** *vt* schlürfen **III.** *n* Schlürfen *nt*

slur·ry ['slʌri] *n no pl* TECH Brei *m*

slush [slʌʃ] *n no pl* ❶(*melting snow*) [Schnee]matsch *m* ❷(*pej: very sentimental language*) Gefühlsduselei *f*

'slush fund *n* (*pej*) Schmiergeldfonds *m*

slushy ['slʌʃi] *adj* ❶(*melting*) matschig ❷(*very sentimental*) kitschig

slut [slʌt] *n* (*pej*) ❶(*promiscuous woman*) Schlampe *f derb* ❷(*lazy, untidy woman*) [liederliche] Schlampe *sl*

slut·tish ['slʌtɪʃ] *adj* (*pej*) schlampig

sly [slaɪ] *adj* ❶(*secretive*) verstohlen; *smile* verschmitzt; **on the ~** heimlich ❷(*cunning*) gerissen ▸ **as ~ as a fox** schlau wie ein Fuchs

sly·ly ['slaɪli] *adv* ❶(*secretively*) verstohlen; *grin* verschmitzt ❷(*deceptively*) gerissen

smack[1] [smæk] **I.** *n* ❶(*slap*) [klatschender] Schlag; **a ~ on the bottom** ein fester Klaps auf den Hintern ❷(*hearty kiss*) Schmatz *m* ❸(*loud noise*) Knall *m* **II.** *adv* ❶(*exactly*) direkt; **his shot landed ~ in the middle of the target** sein Schuss landete haargenau im Zentrum der Zielscheibe ❷(*forcefully*) voll *fam;* **I walked ~ into a lamp post** ich lief voll gegen einen Laternenpfahl **III.** *vt* ❶(*slap*) **~ to ~ sb** jdm eine knallen *fam;* **to ~ sb's bottom** jdm den Hintern versohlen ❷(*slap sth against sth*) ■ **to ~ sth on sth** etw auf etw *akk* knallen *fam*

smack[2] [smæk] *n no pl* (*sl*) Heroin *nt*

smack·er ['smækəʳ] *n* (*sl*) ❶ *usu pl* BRIT (*pound*) Pfund *nt;* AM (*dollar*) Dollar *m* ❷(*loud kiss*) Schmatz[er] *m fam*

small [smɔːl] **I.** *adj* ❶(*not large*) klein; *amount also* gering; **~ circulation** MEDIA niedrige Auflage; **~ percentage** geringe Prozentzahl; **in ~ quantities** in kleinen Mengen; **~ town** Kleinstadt *f;* **~ turnout** geringe Beteiligung ❷(*young*) klein; **~ child** Kleinkind *nt* ❸(*insignificant*) unbedeutend; **~ consolation** ein schwacher Trost; **no ~ feat** keine schlechte Leistung; **~ wonder** kein Wunder; **to make sb look ~** jdn niedermachen *fam* ▸ **to be grateful for ~ mercies** mit wenig zufrieden sein; **it's a ~ world!** (*prov*) die Welt ist klein! **II.** *n no pl* **the ~ of the back** das Kreuz

'small ad *n* Kleinanzeige *f* **'small arms** *npl* Handfeuerwaffen *pl* **small 'beer** *n no pl* BRIT Kleinigkeit *f* **small 'busi·ness** *n* Kleinunternehmen *nt* **small 'bus·iness·man** *n* Kleinunternehmer *m* **small 'change** *n no pl* Kleingeld *nt;* (*fig: small amount*) Klacks *m fam* **small 'claims** *npl* LAW Bagatellsachen *pl* **'small fry** *n no pl, + sing/pl vb* (*fam*) ❶(*children*) junges Gemüse *hum* ❷(*unimportant people*) kleine Fische **'small·hold·er** *n* BRIT Kleinbauer, -bäuerin *m, f* **'small·hold·ing** *n* BRIT kleiner Landbesitz **'small hours** *npl* **the** [wee] **~** die frühen Morgenstunden **small in·'tes·tine** *n* Dünndarm *m* **small·ish** ['smɔːlɪʃ] *adj* (*eher*) klein **small-'mind·ed** *adj* (*pej*) engstirnig **small·ness** ['smɔːlnəs] *n no pl* Kleinheit *f* **'small·pox** *n no pl* Pocken *pl* **small 'print** *n no pl* ■ **the ~** das Kleingedruckte **'small-scale** <smaller-, smallest-> *adj* **~ map** Karte *f* in einem kleinen Maßstab; **a ~ operation** (*fig*) ein kleiner Betrieb **small 'screen** *n no pl* [Fernseh]bildschirm *m* **'small talk** *n no pl* Smalltalk *m o nt* **'small-time** *adj* (*pej*) mickerig *fam; person* unbedeutend; **~ crook** kleiner Gauner

smarmy ['smɑːmi] *adj* (*pej*) schmeichlerisch; **~ charm** schmieriger Charme

smart [smɑːt] **I.** *adj* ❶(*intelligent*) schlau, clever *fam; child* intelligent; **to make a ~ move** klug handeln; **to get ~ with sb** (*pej*) jdm gegenüber frech werden ❷(*stylish*) schick ❸(*quick and forceful*) [blitz]schnell **II.** *n* ❶ AM (*sl: intelligence*) ■ **the ~s** *pl* die [nötige] Intelligenz ❷(*sharp pain*) Schmerz *m* **III.** *vi eyes, wound* brennen; ■ **to ~ from sth** unter etw *dat* leiden

smart alec(k) ['smɑːtˌælek] *n* (*pej fam*) Schlauberger(in) *m(f) fam* **'smart arse** BRIT, AUS, AM **'smart ass** *n* (*pej fam!*) Klugscheißer(in) *m(f) sl* **'smart bomb** *n* MIL [laser]gelenkte Bombe **'smart card** *n* COMPUT Chipkarte *f*

smart·en ['smɑːtən] **I.** *vt* ■ **to ~ sth** ⟳ **up**

etw herrichten; *house, town* etw verschönern; ■to ~ oneself ⟲ up sich in Schale werfen *fam*; to ~ up one's act sich ins Zeug legen *fam* **II.** *vi* to ~ up mehr Wert auf sein Äußeres legen

smart·ness ['smɑːtnəs] *n no pl* ❶ BRIT, AUS *(neatness)* Schick *m* ❷ *(intelligence)* Schlauheit *f*

smash [smæʃ] **I.** *n* <*pl* -es> ❶ *(crashing sound)* Krachen *m*; **I was awakened by the ~ of glass** ich wurde durch das Geräusch von splitterndem Glas geweckt ❷ *(traffic or rail accident)* Unfall *m*; **rail ~** Zugunglück *nt* ❸ SPORTS Schlag *m*; TENNIS Schmetterball *m* ❹ *(smash hit)* Superhit *m fam* **II.** *vt* ❶ *(break into pieces)* zerschlagen; *window* einschlagen ❷ *(strike against)* schmettern (**against** gegen) ❸ POL *(destroy)* zerschlagen ❹ SPORTS *record* brechen; *ball* schmettern **III.** *vi* ❶ *(break into pieces)* zerbrechen ❷ *(strike against)* prallen (**into** gegen); ■to ~ **through sth** etw durchbrechen ◆ **smash in** *vt* einschlagen ◆ **smash up** *vt* zertrümmern; **to ~ up a car** ein Auto zu Schrott fahren

smash-and-'grab raid *n* BRIT, AUS Schaufenstereinbruch *m*

smashed [smæʃt] *adj pred* sternhagelvoll *fam*; **to get ~** sich voll laufen lassen

smash·er ['smæʃə^r] *n* BRIT *(dated fam: man)* toller Typ; *(woman)* Klassefrau *f* **smash 'hit** *n* Superhit *m fam* **smash·ing** ['smæʃɪŋ] *adj* BRIT *(dated fam)* klasse

'smash-up *n* schwerer Unfall; *(pile-up)* Karambolage *f*

smat·ter·ing ['smæt^ərɪŋ] *n usu sing* ❶ *(very small amount)* **a ~ of applause** [ein] schwacher Applaus ❷ *(slight knowledge)* **to have a ~ of English/a language** ein paar Brocken Englisch/einer Sprache können

smear [smɪə^r] **I.** *vt* ❶ *(spread messily)* ■to ~ **sth on sth** etw mit etw *dat* beschmieren ❷ *(attack reputation)* verunglimpfen; **to ~ sb's good name** jds guten Namen beschmutzen **II.** *n* ❶ *(blotch)* Fleck *m* ❷ *(public accusations)* Verleumdung *f*; **~ campaign** Verleumdungskampagne *f* ❸ MED *(smear test)* Abstrich *m*

'smear tac·tics *npl* Verleumdungstaktik *f*
'smear test *n* MED Abstrich *m*

smell [smel] **I.** *n* ❶ *(sense of smelling)* Geruch *m*; **sense of ~** Geruchssinn *m*; **to have a ~ of sth** an etw *dat* riechen ❷ *(characteristic odour)* Geruch *m*; *of perfume* Duft *m*; **to enjoy the sweet ~ of success** seinen Erfolg genießen; **delicious ~** herrlicher Duft ❸ *(pej: bad odour)* Gestank *m* **II.** *vi* <smelt or AM -ed, smelt or AM -ed> ❶ *(perceive)* riechen ❷ + *adj (give off odour)* riechen; *(pleasantly)* duften; ■to ~ **of** [*or* **like**] **sth** nach etw *dat* riechen; **evil-~ing** übel riechend, stinkend; **sweet-~ing** wohlriechend ❸ *(pej: smell bad)* stinken ▸ **to ~ fishy** verdächtig sein; **to come out of sth ~ing of roses** frei von jedem Verdacht aus etw *dat* hervorgehen **III.** *vt* <smelt or AM -ed, smelt or AM -ed> riechen ▸ **to ~ sth a mile off** etw schon von weitem riechen; **to ~ a rat** den Braten riechen *fam* ◆ **smell out** *vt* ❶ *(also fig: discover by smelling)* aufspüren ❷ *(pej: cause to smell bad)* verpesten

'smell·ing bot·tle *n*, **'smell·ing salts** *npl* Riechfläschchen *nt*

smelly ['smeli] *adj (pej)* stinkend *attr*

smelt[1] [smelt] *vi, vt* BRIT, AUS *pt, pp of* **smell**

smelt[2] [smelt] *vt metal* erschmelzen; **to ~ iron from its ores** Eisenerze zu Eisen verhütten

smelt[3] <*pl - or -s*> [smelt] *n* ZOOL Stint *m*

smid·gen ['smɪdʒ^ən], **smid·geon**, **smid·gin** *n* ■a ~ ... ein [klitzekleines] bisschen ...; *of liquid* ein winziges Schlückchen

smile [smaɪl] **I.** *n* Lächeln *nt*; **wipe that ~ off your face!** hör auf, so zu grinsen!; **to bring a ~ to sb's face** jdn zum Lächeln bringen; **to be all ~s** über das ganze Gesicht strahlen; **to give sb a ~** jdm zulächeln **II.** *vi* ❶ *(produce a smile)* lächeln; ■to ~ **at sb** jdn anlächeln; **to ~ to oneself** in sich *akk* hineinlächeln; **to ~ in the face of disaster** sich nicht unterkriegen lassen ❷ *(look favourably upon)* ■to ~ **on sb** es gut mit jdm meinen **III.** *vt* **the hostess ~d a welcome** die Gastgeberin lächelte einladend

smiley ['smaɪli] *adj* immer lächelnd *attr*

smil·ing ['smaɪlɪŋ] *adj* lächelnd, strahlend

smirk [smɜːk] *(pej)* **I.** *vi* grinsen; ■to ~ **at sb** jdn süffisant anlächeln **II.** *n* Grinsen *nt*

smite <smote, smitten> [smaɪt] *vt (liter)* schlagen; **to ~ sb dead** *(dated)* jdn totschlagen

smith [smɪθ] *n* Schmied *m*

smith·er·eens [ˌsmɪðəˈriːnz] *npl* **to blow/ smash sth to ~** etw in tausend Stücke sprengen/schlagen

smithy ['smɪði] *n* Schmiede *f*

smit·ten ['smɪt^ən] **I.** *adj pred (in love)* ■to be ~ **with sb/sth** in jdn/etw vernarrt sein **II.** *pp of* **smite**

smock [smɒk] *n* Kittel *m*

smock·ing ['smɒkɪŋ] *n no pl* FASHION Smokarbeit *f*

smog [smɒg] *n no pl* Smog *m*

smoke [sməʊk] **I.** *n* ❶ *no pl (from burning)* Rauch *m*; **drifts of ~** Rauchschwaden *pl*; **a puff of ~** ein Rauchwölkchen *nt* ❷ *(act of* *smoking*) **to have a ~** eine rauchen *fam* ❸ (*fam: cigarettes*) ■ **~s** *pl* Glimmstängel *pl* ▶ **there's no ~ without fire** BRIT, AUS (*prov*), **where there's ~, there's fire** AM (*prov*) wo Rauch ist, da ist auch Feuer *prov*; **to go up in ~** in Rauch [und Flammen] aufgehen **II.** *vt* ❶ (*use tobacco*) rauchen ❷ FOOD räuchern ❸ (*sl: defeat*) besiegen ▶ **to ~ the peace pipe** AM die Friedenspfeife rauchen; **put that in your pipe and ~ it!** schreib dir das hinter die Ohren! **III.** *vi* rauchen ◆ **smoke out** *vt* ausräuchern; ■ **to ~ sb out** (*fig*) jdn entlarven

'smoke bomb *n* MIL Rauchbombe *f*

smoked [sməʊkt] *adj* geräuchert; **~ fish** Räucherfisch *m*

'smoke de·tec·tor *n* Rauchmelder *m*

smoke·less ['sməʊkləs] *adj* ❶ (*without smoke*) rauchfrei ❷ AM ▶ **tobacco** Kautabak *m*

smok·er ['sməʊkə^r] *n* ❶ (*person*) Raucher(in) *m(f)*; **~'s cough** Raucherhusten *m* ❷ (*compartment in train*) Raucherabteil *m* ❸ (*device*) Räuchergefäß *nt*

'smoke·screen *n* ❶ (*pretext*) Vorwand *m*; **to hide behind a ~** sich hinter einem Deckmantel verstecken ❷ MIL (*smoke cloud*) Rauchvorhang *m* **'smoke sig·nal** *n* Rauchzeichen *nt* **'smoke·stack** *n* Schornstein *m*

smok·ing ['sməʊkɪŋ] **I.** *n no pl* Rauchen *nt*; **~ ban** Rauchverbot *nt* **II.** *adj* **non-~** Nichtraucher- **'smok·ing com·part·ment** *n*, AM **'smok·ing car** *n* Raucherabteil *nt* **'smok·ing jack·et** *n* (*dated*) Hausjacke *f*

smoky ['sməʊki] *adj* ❶ (*filled with smoke*) verraucht ❷ (*producing smoke*) rauchend *attr* ❸ (*appearing smoke-like*) rauchartig ❹ (*tasting of smoke*) rauchig

smol·der *vi* AM *see* **smoulder**

smooch [smuːtʃ] **I.** *vi* (*fam*) ❶ (*kiss vigorously*) knutschen; (*tenderly*) schmusen ❷ BRIT (*dance closely*) eng umschlungen tanzen **II.** *n usu sing* (*fam*) ❶ (*vigorous*) Knutschen *nt*; (*tender*) Schmusen *nt* ❷ BRIT (*intimate dance*) Schieber *m*

smooth [smuːθ] **I.** *adj* ❶ (*not rough*) glatt; *sea* ruhig; **as ~ as silk** seidenweich ❷ (*well-mixed*) sämig; **~ sauce** glatte Soße ❸ (*free from difficulty*) problemlos; **~ flight** ruhiger Flug; **~ landing** sanfte Landung ❹ (*mild flavour*) mild; **~ wine** Wein *m* mit einem weichen Geschmack ❺ (*polished, suave*) [aal]glatt *pej*; **~ operator** gewiefte Person **II.** *vt* ❶ (*make less difficult*) **to ~ the path** [**to sth**] den Weg [zu etw *dat*] ebnen ❷ (*rub in evenly*) ■ **to ~ sth into sth** etw in etw *akk* einmassieren ◆ **smooth down** *vt* glatt streichen ◆ **smooth over** *vt* in Ordnung bringen

smoothie ['smuːθi] *n* ❶ (*pej: charmer*) Charmeur *m* ❷ *esp* AM, AUS, NZ (*drink*) Smoothie *m* (*Getränk aus Yoghurt und Früchten*)

smooth·ly ['smuːθli] *adv* ❶ (*without difficulty*) reibungslos; **to go ~** glattlaufen *fam* ❷ (*suavely*) aalglatt *pej*

smooth·ness ['smuːθnəs] *n no pl* ❶ (*evenness*) Glätte *f*; *of silk* Weichheit *f*; *of skin* Glattheit *f* ❷ (*lack of difficulty*) problemloser Verlauf ❸ (*pleasant consistency*) *of taste* Milde *f*; *of texture* Glätte *f*

smooth-'shav·en *adj* glatt rasiert

'smooth-talk *vi* (*fam*) sich einschmeicheln

smote [sməʊt] *pt of* **smite**

smoth·er ['smʌðə^r] *vt* ❶ (*suffocate*) ersticken (**with** mit) ❷ (*prevent from growing*) unterdrücken ❸ (*suppress*) *hopes* zerstören ❹ (*cover*) ■ **to be ~ed in sth** von etw *dat* völlig bedeckt sein

smoul·der ['sməʊldə^r] *vi* ❶ (*burn slowly*) schwelen; *cigarette* glimmen; (*fig*) *dispute* schwelen ❷ (*repressed emotions*) **to ~ with desire/jealousy/rage** vor Verlangen/Eifersucht/Zorn glühen

smudge [smʌdʒ] **I.** *vt* ❶ (*smear*) *lipstick* verwischen ❷ (*soil*) beschmutzen **II.** *vi* verlaufen; *ink* klecksen; **her mascara had ~d** ihre Wimperntusche war verschmiert **III.** *n* (*also fig*) Fleck *m*

smudge-proof ['smʌdʒpruːf] *adj lipstick* kussecht; *mascara* wischfest

smudgy ['smʌdʒi] *adj* verschmiert

smug <-gg-> [smʌg] *adj* selbstgefällig

smug·gle ['smʌgl] *vt* schmuggeln

smug·gler ['smʌglə^r] *n* Schmuggler(in) *m(f)*

smug·gling ['smʌglɪŋ] *n no pl* Schmuggel *m*

smut [smʌt] *n* ❶ *no pl* BRIT (*indecent material*) Schweinereien *pl* ❷ (*soot from burning*) Rußflocke *f* ❸ *no pl* (*fungal disease*) [Getreide]brand *m*

smut·ty ['smʌti] *adj* (*pej*) schmutzig; *joke* dreckig *fam*

snack [snæk] **I.** *n* Snack *m*, Imbiss *m*; **to have a ~** eine Kleinigkeit essen **II.** *vi* naschen

'snack bar *n* Imbissstube *f*

snaf·fle ['snæfl] *vt* BRIT, AUS (*fam*) sich *dat* unter den Nagel reißen *fam*

snag [snæg] **I.** *n* ❶ (*hidden disadvantage*) Haken *m fam* (**with** an); **to hit a ~** auf Schwierigkeiten stoßen ❷ (*damage to textiles*) gezogener Faden **II.** *vt* <-gg-> ❶ (*cause problems*) belasten ❷ (*damage by catching*) **be careful not to ~ your coat on the barbed wire** pass auf, dass du mit deiner Jacke nicht am Stacheldraht hängen bleibst ❸ AM (*get*) sich *dat* schnappen *fam* **III.** *vi*

<-gg-> ▪to ~ on sth durch etw *akk* belastet sein

snail [sneɪl] *n* Schnecke *f*; **at a ~'s pace** im Schneckentempo

'snail mail *n no pl* (*hum fam*) Schneckenpost *f* **'snail shell** *n* Schneckenhaus *nt*

snake [sneɪk] **I.** *n* ❶ (*reptile*) Schlange *f* ❷ (*pej: untrustworthy person*) **a ~ in the grass** eine falsche Schlange **II.** *vi* sich schlängeln

'snake bite *n* Schlangenbiss *m* **'snake charm·er** *n* Schlangenbeschwörer(in) *m(f)* **'snake-skin** *n* ❶ (*skin*) Schlangenhaut *f* ❷ FASHION Schlangenleder *nt* **'snake ven·om** *n no pl* Schlangengift *nt*

snap [snæp] **I.** *n* ❶ *usu sing* (*act*) Knacken *nt*; (*sound*) Knacks *m* ❷ (*photograph*) Schnappschuss *m* ❸ AM (*snap fastener*) Druckknopf *m* ❹ AM (*fam: very easy*) **to be a ~** ein Kinderspiel sein ▶ *no pl* BRIT (*game*) Schnippschnapp *nt* **II.** *interj* (*fam: game*) schnippschnapp! **III.** *vi* <-pp-> ❶ (*break cleanly*) auseinanderbrechen; **her patience finally ~ped** (*fig*) ihr riss schließlich der Geduldsfaden ❷ (*spring into position*) einrasten; **to ~ to attention** MIL [zackig] Haltung annehmen ❸ (*make a whip-like motion*) peitschen ❹ (*sudden bite*) schnappen (**at** nach); **to ~ at sb's heels** jdm auf den Fersen schnappen; (*fig*) jdm auf den Fersen sein ❺ (*speak sharply*) bellen *fam*; ▪**to ~ at sb** jdn anfahren ❻ (*take photos*) knipsen *fam* ▶ **to ~ to it!** ein bisschen dalli! *fam* **IV.** *vt* <-pp-> ❶ (*break cleanly*) entzweibrechen; **to ~ sth** ⟲ **off** etw abbrechen ❷ (*close sharply*) **to ~ sth shut** etw zuknallen; **to ~ a book shut** ein Buch zuklappen ❸ (*attract attention*) **to ~ one's fingers** mit den Fingern schnippen ❹ (*speak sharply*) **to ~ sb's head off** jdm den Kopf abreißen *fam* ❺ (*take photos*) ein Bild schießen ◆ **snap out** *vi* ❶ (*in anger*) brüllen ❷ (*get over*) ▪**to ~ out of sth** etw überwinden; **~ out of it!** krieg dich wieder ein! ◆ **snap up** *vt* schnell kaufen

'snap·drag·on *n* HORT Löwenmaul *nt* **'snap fast·en·er** *n* BRIT Druckknopf *m*

snap·pish ['snæpɪʃ] *adj* gereizt

snap·py ['snæpi] *adj* ❶ (*fam: smart, fashionable*) schick; **to be a ~ dresser** immer schick gekleidet sein ❷ (*quick*) zackig; **make it ~!** mach fix! *fam* ❸ (*eye-catching*) peppig *fam* ❹ (*pej: irritable*) gereizt

'snap·shot *n* PHOT Schnappschuss *m*

snare [sneə*r*] **I.** *n* ❶ (*animal trap*) Falle *f*; (*noose*) Schlinge *f* ❷ (*trap*) Falle *f* **II.** *vt* ❶ (*catch animals*) [mit einer Falle] fangen ❷ (*capture*) fangen

'snare drum *n* MUS Schnarrtrommel *f*

snarl[1] [snɑːl] **I.** *vi* ❶ (*growl*) *dog* knurren ❷ (*speak angrily*) ▪**to ~ at sb** jdn anknurren **II.** *n* ❶ (*growl*) Knurren *nt* ❷ (*angry utterance*) **to say sth with a ~** etw knurren ❸ (*growling sound*) Knurren *nt*

snarl[2] [snɑːl] **I.** *n* (*knot*) Knoten *m*; (*tangle*) Gewirr *nt* **II.** *vi* (*become tangled*) sich verheddern ◆ **snarl up** *vi usu passive* durcheinandergeraten; **traffic was ~ed up for several hours after the accident** nach dem Unfall herrschte ein stundenlanges Verkehrschaos

'snarl-up *n* **traffic ~** Verkehrschaos *nt*

snatch [snætʃ] **I.** *n* <*pl* -es> ❶ (*sudden grab*) schneller Griff; **to make a ~ at sth** nach etw *dat* greifen ❷ (*theft*) Diebstahl *m* (*durch Entreißen*) ❸ (*fragment*) Fetzen *m* ❹ (*spell of activity*) **to do sth in ~es** etw mit Unterbrechungen tun **II.** *vt* ❶ (*grab quickly*) schnappen ❷ (*steal*) sich *dat* greifen; (*fig*) **he ~ed the gold medal from the jaws of the Canadian champion** er schnappte dem kanadischen Champion die Goldmedaille weg ❸ (*kidnap*) entführen ❹ (*take quick advantage of sth*) ergattern ▶ **to ~ victory from the jaws of defeat** eine drohende Niederlage in einen Sieg verwandeln **III.** *vi* (*grab quickly*) greifen (**at** nach) ◆ **snatch up** *vt* schnell *dat* schnappen

snaz·zy ['snæzi] *adj* (*sl*) schick *fam*

sneak [sniːk] **I.** *vi* <-ed *or esp* AM snuck, -ed *or esp* AM snuck> ❶ (*move stealthily*) schleichen; **to ~ off** sich davonstehlen; **to ~ up on sb/sth** sich an jdn/etw heranschleichen ❷ BRIT (*pej fam: denounce*) petzen; ▪**to ~ on sb** jdn verpetzen **II.** *vt* <-ed *or esp* AM snuck, -ed *or esp* AM snuck> ❶ (*view secretly*) **to ~ a look at sb/sth** einen verstohlenen Blick auf jdn/etw werfen ❷ (*move secretly*) ▪**to ~ sb/sth in/out** jdn/etw hinein-/herausschmuggeln **III.** *n* BRIT (*pej fam*) Petze(r) *f(m)*

sneak·er ['sniːkə*r*] *n usu pl* AM (*shoe*) Turnschuh *m* **sneak·ing** ['sniːkɪŋ] *adj attr* heimlich; **~ feeling** leises Gefühl; **~ suspicion** leiser Verdacht **sneak 'pre·view** *n* FILM [inoffizielle] Vorschau **'sneak thief** *n* [Taschen]dieb(in) *m(f)*

sneaky ['sniːki] *adj* raffiniert

sneer [snɪə*r*] **I.** *vi* ❶ (*smile derisively*) spöttisch grinsen ❷ (*express disdain*) spotten (**at** über) **II.** *n* spöttisches Lächeln

sneer·ing ['snɪərɪŋ] *adj* spöttisch

sneeze [sniːz] **I.** *vi* niesen ▶ **not to be ~d at** nicht zu verachten sein **II.** *n* Niesen *nt*

snick [snɪk] *vt* BRIT, AUS SPORTS **to ~ a ball** einen Ball auf Kante schlagen (*beim Kricket*)

snick·er *vi, n* AM *see* **snigger**

snide [snaɪd] *adj* (*pej*) *remark* abfällig

sniff [snɪf] **I.** *n* ❶ (*smell deliberately*) Riechen *nt*; *dog* Schnüffeln *nt* ❷ (*smell a trace*) **to catch a ~ of sth** etw wittern **II.** *vi* ❶ (*inhale sharply*) die Luft einziehen; *animal* wittern; ▪ **to ~ at sth** an etw *dat* schnuppern; *animal* die Witterung von etw *dat* aufnehmen ❷ (*show disdain*) ▪ **to ~ at sth** über etw *akk* die Nase rümpfen ▶ **not to be ~ed at** nicht zu verachten sein **III.** *vt* (*test by smelling*) ▪ **to ~ sth** an etw *dat* riechen ◆ **sniff out** *vt* aufspüren; (*fig*) entdecken

'sniff·er dog *n* Spürhund *m*

snif·fle ['snɪfl] **I.** *vi* schniefen **II.** *n* ❶ (*repeated sniffing*) Schniefen *nt* ❷ MED ▪ **the ~s** *pl* leichter Schnupfen

snif·fy ['snɪfi] *adj* (*fam*) ▪ **to be ~ about sth** über etw *akk* die Nase rümpfen

snif·ter ['snɪftəʳ] *n* ❶ *esp* AM (*glass*) Schwenker *m* ❷ (*drink of alcohol*) Gläschen *nt hum*

snig·ger ['snɪɡəʳ] **I.** *vi* kichern (at über) **II.** *n* Kichern *nt*, Gekicher *nt*

snip [snɪp] **I.** *n* ❶ (*cut*) Schnitt *m*; **to give sth a ~** etw [ab]schneiden ❷ (*piece*) **a ~ of cloth** ein Stück *nt* Stoff ❸ BRIT (*fam: bargain*) Schnäppchen *nt* **II.** *vt*, *vi* <-pp-> schnippeln

snipe [snaɪp] **I.** *vi* ❶ MIL aus dem Hinterhalt schießen ❷ (*criticize*) ▪ **to ~ at sb** jdn attackieren **II.** *n* pl - or - **s** Schnepfe *f*

snip·er ['snaɪpəʳ] *n* MIL Heckenschütze *m*

'snip·ing *n* (*criticism*) scharfes Kritisieren

snip·pet ['snɪpɪt] *n* ❶ (*small piece*) Stückchen *nt*; **~s of paper** Papierschnipsel *pl* ❷ (*information*) Bruchstück *nt*; *of gossip*, *information*, *knowledge also* Brocken *m*; **~s of a conversation** Gesprächsfetzen *pl* ❸ LIT *of a text* Ausschnitt *m* (**from** aus)

snitch [snɪtʃ] **I.** *vt* (*fam*) klauen **II.** *vi* (*pej sl*) petzen; ▪ **to ~ on sb** jdn verpfeifen *fam* **III.** *n* <*pl* -es> ❶ (*fam: thief*) Dieb(in) *m(f)* ❷ (*pej sl: informer*) Petze *f*

sniv·el ['snɪvəl] **I.** *vi* <BRIT -ll- *or* AM *usu* -l-> ❶ (*sniffle*) schniefen *fam* ❷ (*cry*) flennen *pej fam* **II.** *n* *no pl* AM (*snivelling*) Geplärre *nt pej fam* ❷ (*sad sniffle*) Schniefen *nt*

sniv·el·ling ['snɪvəlɪŋ], AM **sniv·el·ing I.** *n* *no pl* Geheul *nt pej fam* **II.** *adj attr* *person*, *manner* weinerlich

snob [snɒb] *n* Snob *m*

snob·bery ['snɒbəri] *n* ❶ *no pl* (*self-superiority*) Snobismus *m* ❷ (*act of snobbery*) Snobismus *m* **snob·bish** ['snɒbɪʃ] *adj* snobistisch

snog [snɒɡ] **I.** *vi* <-gg-> BRIT (*fam*) [rum]knutschen (**with** mit) **II.** *vt* <-gg-> BRIT (*fam*) küssen **III.** *n* (*fam*) Kuss *m*; **to have a ~** rumknutschen

snook [snuːk] *n* *no pl* ▶ **to cock a ~ at sb/ sth** sich über jdn/etw lustig machen

snook·er ['snuːkəʳ] **I.** *vt* ❶ *usu passive* ▪ **to be ~ed** BRIT, AUS (*be defeated*) festsitzen ❷ AM (*fam: trick*) übers Ohr hauen ❸ (*in snooker*) abblocken; ▪ **to ~ oneself** sich selbst ausmanövrieren **II.** *n* Snooker *nt*

snoop [snuːp] **I.** *n* (*fam*) ❶ (*look*) Herumschnüffeln *nt kein pl*; **to have a ~** sich [mal] ein bisschen umschauen ❷ (*interloper*) Schnüffler(in) *m(f)*; (*spy*) Spion(in) *m(f)*; (*investigator*) Schnüffler(in) *m(f)* **II.** *vi* (*fam*) ❶ (*look secretly*) [herum]schnüffeln; (*pry*) [herum]spionieren ❷ (*spy on*) ▪ **to ~ on sb** jdn ausspionieren ❸ (*investigate*) sich umsehen

snoop·er ['snuːpəʳ] *n* (*fam*) ❶ (*interloper*) Schnüffler(in) *m(f)* ❷ (*spy*) Spion(in) *m(f)* ❸ (*investigator*) Schnüffler(in) *m(f)*

snooty ['snuːti] *adj* (*fam*) hochnäsig

snooze [snuːz] (*fam*) **I.** *vi* ein Nickerchen machen **II.** *n* Nickerchen *nt*

'snooze but·ton *n* Schlummertaste *f* (*am Wecker*)

snore [snɔːʳ] **I.** *vi* schnarchen **II.** *n* Schnarchen *nt kein pl*

snor·kel ['snɔːkəl] SPORTS **I.** *n* Schnorchel *m* **II.** *vi* <BRIT -ll- *or* AM *usu* -l-> schnorcheln

snor·kel·ing *n*, **snor·kell·ing** ['snɔːkəlɪŋ] *n* *no pl* SPORTS Schnorcheln *nt*; **to go ~** schnorcheln gehen

snort [snɔːt] **I.** *vi* schnauben; **to ~ with laughter** vor Lachen [los]prusten **II.** *vt* ❶ (*sl: inhale*) **to ~ cocaine/heroin/speed** Kokain/Heroin/Speed schnupfen ❷ (*disapprovingly*) [verächtlich] schnauben **III.** *n* (*noise*) Schnauben *nt kein pl*

snot [snɒt] *n* *no pl* (*fam: mucus*) Rotz *m*

'snot-rag *n* (*sl*) Rotzfahne *f fam*

snot·ty ['snɒti] *adj* (*fam*) ❶ (*full of mucus*) Rotz-; **~ handkerchief** vollgerottes Taschentuch ❷ (*pej: rude*) rotzfrech *sl*; *answer* pampig; *look*, *manner* unverschämt

snout [snaʊt] *n* ❶ (*nose*) *of animal* Schnauze *f*; *of pig*, *insect* Rüssel *m*; *of person* Rüssel *m sl*; **pig's ~** Schweinerüssel *m*

snow [snəʊ] **I.** *n* ❶ *no pl* (*frozen vapour*) Schnee *m*; **a blanket of ~** lay on the ground der Boden war schneebedeckt ❷ (*snowfall*) Schneefall *m* **II.** *vi impers* **it's ~ing** es schneit **III.** *vt* AM (*fam*) ▪ **to ~ sb** jdm Honig ums Maul schmieren ◆ **snow in** *vt usu passive* **to be/get ~ed in** eingeschneit sein/werden ◆ **snow under** *vt usu passive* **to be ~ed under with work** mit Arbeit eingedeckt sein

'snow·ball I. *n* Schneeball *m* ▶ **not to have a ~'s chance in hell** [**of doing sth**] (*fam*) Null Chancen haben[, etw zu tun] **II.** *vi* lawinenartig anwachsen; **to keep ~ing** eskalieren

'snow·ball ef·fect n no pl Schneeballeffekt m

'snow bank n esp AM (snow drift) Schneewehe f **'snow blind·ness** n no pl Schneeblindheit f **'snow·board** n Snowboard nt **'snow·board·ing** n Snowboarding, nt, Snowboardfahren nt **'snow·bound** adj (snowed-in) eingeschneit; road wegen Schnees gesperrt **'snow-capped** adj schneebedeckt **'snow chains** npl AUTO Schneeketten pl **'snow·drift** n Schneewehe f **'snow·drop** n Schneeglöckchen nt **'snow·fall** n ❶ no pl (amount) Schneemenge f ❷ (snowstorm) Schneefall m **'snow·flake** n Schneeflocke f **'snow goggles** npl Schneebrille f **'snow·line** n Schneefallgrenze f **'snow·man** n Schneemann m **'snow·mo·bile** ['snəʊməˌbiːl] n Schneemobil nt **'snow·plough** n ❶ (vehicle) Schneepflug m ❷ SKI [Schnee]pflug m **'snow·shoe I.** n usu pl Schneeschuh m **II.** vi mit Schneeschuhen gehen **'snow·storm** n Schneesturm m **'snow·suit** n Schneeanzug m **'snow tyre** n, AM **'snow tire** n Winterreifen m **snow-'white I.** adj schneeweiß; blouse, sheets also blütenweiß; face kalkweiß **II.** n no pl Schneeweiß nt **Snow 'White** n no pl Schneewittchen nt

snowy ['snəʊi] adj ❶ (with much snow) region, month schneereich ❷ (snow-covered) verschneit; mountain schneebedeckt ❸ (colour) schneeweiß

snub [snʌb] **I.** vt <-bb-> (offend by ignoring) brüskieren; (insult) beleidigen **II.** n Brüskierung f

snub 'nose n Stupsnase f **'snub-nosed** adj attr ❶ person stupsnasig ❷ MIL gun mit kurzem Lauf nach f

snuff [snʌf] **I.** n Schnupftabak m **II.** vt **to ~ it** BRIT, AUS (fam) abkratzen sl ◆ **snuff out** vt ❶ (extinguish) auslöschen ❷ (end) **to ~ out sb's hopes** jds Hoffnungen zunichtemachen ❸ AM (die) **to ~ one's life out** sein Leben aushauchen geh

'snuff box n Schnupftabak[s]dose f

snuf·fle ['snʌfl] **I.** vi ❶ (sniffle) schniefen fam ❷ (speak nasally) ■ **to ~ [out]** näseln **II.** n ❶ (runny nose) laufende Nase ❷ (noisy breathing) Schnüffeln nt kein pl

snug [snʌg], **I.** adj ❶ (cosy) kuschelig, gemütlich; (warm) mollig warm ❷ FASHION (tight) eng; **to be a ~ fit** eng anliegen ❸ esp AM (adequate) passend; salary gut ▶ **to feel as ~ as a bug in a rug** es so richtig mollig warm und gemütlich haben **II.** n BRIT kleines, gemütliches Nebenzimmer (in einem Pub oder Gasthaus)

snug·gle ['snʌgl] **I.** vi sich kuscheln, ■ **to ~ with sb** mit jdm kuscheln; ■ **to ~ into sth** sich in etw akk kuscheln **II.** vt ❶ (hold) an sich akk drücken ❷ usu passive (nestle) ■ **to be ~d** sich schmiegen **III.** n (sl) Umarmung f

so [səʊ] **I.** adv ❶ (to an indicated degree) so; **he's quite nice, more ~ than I was led to believe** er ist ganz nett, viel netter als ich angenommen hatte; **look, the gap was about ~ wide** schau mal, die Lücke war ungefähr so groß ❷ (to a great degree) **what are you looking ~ pleased about?** was freut dich denn so [sehr]?; **I am ~ cold** mir ist so kalt; **what's ~ wrong with that?** was ist denn daran so falsch? ❸ (in such a way) so; **gently fold in the eggs like ~** rühren Sie die Eier auf diese Weise vorsichtig unter ❹ (perfect) [**to be**] **just ~** genau richtig [sein]; **I want everything just ~** ich will, dass alles perfekt ist ❺ (also, likewise) auch; **I've got an enormous amount of work to do — ~ have I** ich habe jede Menge Arbeit – ich auch; **I [very much] hope ~!** das hoffe ich doch sehr! ❻ (yes) ja; **can I watch television? — I suppose ~** darf ich fernsehen? – na gut, meinetwegen [o von mir aus]; **I'm afraid ~** ich fürchte ja ❼ AM (fam: contradicting) doch; **haha, you don't have a bike — I do ~** haha, du hast ja gar kein Fahrrad – hab' ich wohl! ❽ (that) das; **~ they say** so sagt man; **I'm sorry I'm late — ~ you should be** es tut mir leid, dass ich mich verspätet habe – das will ich auch schwer hoffen; **I told you ~** ich habe es dir ja gesagt; **he looks like James Dean — ~ he does** er sieht aus wie James Dean – stimmt! ❾ (as stated) so; (true) wahr; **is that ~?** stimmt das?; **~ it is** das stimmt; **if ~ ...** wenn das so ist ... ❿ (this way, like that) so; **and ~ it was** und so kam es dann auch; **and ~ it was that ...** und so kam es, dass ...; **it ~ happened that I was in the area** ich war zufällig [gerade] in der Nähe; **and ~ forth** [or **on**] und so weiter; **~ to speak** sozusagen ▶ **~ far ~ good** so weit, so gut; **~ long** bis dann [o später]; **~ what?** na und? fam **II.** conj ❶ (therefore) deshalb, daher; **I couldn't find you — I left** ich konnte dich nicht finden, also bin ich gegangen ❷ (fam: whereupon) **he said he wanted to come along, — I told him that ...** er sagte, er wolle mitfahren, worauf ich ihm mitteilte, dass ... ❸ (introducing a sentence) also; **~ we leave on the Thursday** wir fahren also am diesem Donnerstag; **~ where have you been?** wo warst du denn die ganze Zeit?; **~ what's the problem?** wo liegt denn das Problem? ❹ (*in order to*) damit; **be quiet ~ she can concentrate** sei still, damit sie sich konzentrieren kann ▶ **~ long as ...** (*if*) sofern; (*for the time*) solange; **~ long as he doesn't go too far, ...** solange er nicht zu weit geht, ...; **~ there!** (*hum*) ätsch! **III.** *adj* (*sl*) typisch *fam;* **that's ~ 70's** das ist typisch 70er

soak [səʊk] **I.** *n* (*immersion*) Einweichen *nt kein pl;* **there's nothing like a good long ~ in the bath** (*hum*) es geht doch nichts über ein genüssliches langes Bad **II.** *vt* ❶ (*immerse*) einweichen; (*in alcohol*) einlegen ❷ (*make wet*) durchnässen **III.** *vi* (*immerse*) einweichen lassen ◆ **soak in I.** *vi* ❶ (*absorb*) einziehen ❷ (*understand*) in den Schädel gehen *fam;* **will it ever ~ in?** ob er/sie das wohl jemals kapiert? *fam* **II.** *vt* einsaugen; (*fig*) in sich *akk* aufnehmen ◆ **soak off** *vt* [mit Wasser] ablösen ◆ **soak up** *vt* ❶ (*absorb*) aufsaugen; (*fig*) [gierig] in sich *akk* aufnehmen ❷ (*bask in*) **to ~ up the atmosphere** die Atmosphäre in sich *akk* aufnehmen; **to ~ up the sun**[**shine**] sich in der Sonne aalen *fam* ❸ (*use up*) **to ~ up money/resources** Geld/Mittel aufbrauchen; **to ~ up sb's time** jds Zeit in Anspruch nehmen

soaked [səʊkt] *adj* ❶ (*wet*) ▪ **to be ~** pitschnass sein *fam;* **to be ~ in sweat** schweißgebadet sein; **shirt völlig durchgeschwitzt sein** ❷ (*fam: drunk*) stockbetrunken

soak·ing [ˈsəʊkɪŋ] **I.** *n* ❶ (*immersion*) Einweichen *nt kein pl;* ❷ (*becoming wet*) Nasswerden *nt kein pl;* **to get a ~** patschnass werden *fam* **II.** *adj* **~** [**wet**] klatschnass *fam*

so-and-so [ˈsəʊən(d)səʊ] *n* (*fam*) ❶ (*unspecified person*) Herr/Frau Soundso; (*unspecified thing*) das und das ❷ (*pej fam: disliked person*) **oh, he was a right old ~ that Mr Baker** ja, dieser Mr. Baker war ein richtiger alter Fiesling *sl*

soap [səʊp] **I.** *n* ❶ *no pl* (*substance*) Seife *f;* **liquid ~** Flüssigseife *f* ❷ TV, MEDIA (*soap opera*) Seifenoper *f* **II.** *vt* einseifen

'soap-box *n* ❶ (*hist: container*) Seifenkiste *f* ❷ (*cart*) Seifenkiste *f* ❸ (*pedestal*) Obstkiste *f* (*improvisierte Rednerbühne, z.B. in Speaker's Corner im Hyde Park*) ▶ **to get on/off one's ~** anfangen/aufhören, große Reden zu schwingen **'soap bub·ble** *n* Seifenblase *f* **'soap dish** *n* Seifenschale *f* **'soap dis·pens·er** *n* Seifenspender *m* **'soap flakes** *npl* Seifenflocken *pl* **'soap op·era** *n* TV, MEDIA Seifenoper *f* **'soap pow·der** *n* *no pl* Seifenpulver *nt* **'soap·suds** *npl* Seifenschaum *m* kein pl

soapy [ˈsəʊpi] *adj* ❶ (*lathery*) seifig; **water** Seifenwasser *nt* ❷ (*like soap*) seifig ❸ (*pej: flattering*) schmeichlerisch; *smile, voice* ölig

soar [sɔːʳ] *vi* ❶ (*rise*) aufsteigen; *mountain peaks* sich erheben ❷ (*increase*) *temperature, prices, profits* in die Höhe schnellen ❸ (*glide*) *bird* [*of prey*] [in großer Höhe] segeln; *glider, hang-glider* gleiten ❹ (*excel*) sehr erfolgreich sein

soar·ing [ˈsɔːrɪŋ] *adj attr* ❶ (*flying*) segelnd, schwebend ❷ (*increasing*) rasch steigend

sob [sɒb] **I.** *n* Schluchzen *nt kein pl* **II.** *vi* <-bb-> schluchzen **III.** *vt* <-bb-> ❶ (*cry*) **to ~ one's heart out** sich *dat* die Seele aus dem Leib weinen; **to ~ oneself to sleep** sich in den Schlaf weinen ❷ (*say while crying*) schluchzen

so·ber [ˈsəʊbəʳ] **I.** *adj* ❶ (*not drunk*) nüchtern; **I've been ~ for 5 years now** ich bin jetzt seit fünf Jahren trocken; **to be stone cold ~** stocknüchtern sein ❷ (*unemotional*) *thought, judgement* sachlich, nüchtern; *person* nüchtern ❸ (*plain*) *colour* gedeckt; (*simple*) *truth* einfach **II.** *vt* ernüchtern **III.** *vi person* ruhiger werden ◆ **sober up I.** *vi* ❶ (*become less drunk*) nüchtern werden ❷ (*become serious*) zur Vernunft kommen **II.** *vt* ❶ (*make less drunk*) nüchtern machen ❷ (*make serious*) zur Vernunft bringen

so·ber·ing [ˈsəʊbərɪŋ] *adj effect, thought* ernüchternd **so·ber·ness** [ˈsəʊbənəs] *n no pl* ❶ (*sobriety*) Nüchternheit *f* ❷ (*seriousness*) Ernst *m* ❸ (*plainness*) Schlichtheit *f*

so·bri·ety [sə(ʊ)ˈbraɪəti] *n no pl* (*form or hum*) ❶ (*soberness*) Nüchternheit *f;* (*life without alcohol*) Abstinenz *f* ❷ (*seriousness*) Ernst *m*

so·bri·quet [ˈsəʊbrɪkeɪ] *n* (*form*) Spitzname *m*

'sob sto·ry *n* (*fam*) ❶ (*story*) rührselige Geschichte ❷ (*excuse*) Ausrede *f*

so-called [ˈsəʊkɔːld] *adj attr* ❶ (*supposed*) so genannt ❷ (*with neologisms*) so genannt

soc·cer [ˈsɒkəʳ] *n no pl* Fußball *m*

so·cia·bil·i·ty [ˌsəʊʃəˈbɪləti] *n no pl* Geselligkeit *f*

so·cia·ble [ˈsəʊʃəbl] **I.** *adj* ❶ (*keen to mix*) gesellig ❷ (*friendly*) freundlich, umgänglich ❸ (*of an event*) gesellig **II.** *n* AM (*party*) Treffen *nt;* **church ~** Gemeindefest *nt*

so·cial [ˈsəʊʃəl] *adj* ❶ (*of human contact*) Gesellschafts-, gesellschaftlich; **I'm a ~ drinker** ich trinke nur, wenn ich in Gesellschaft bin ❷ SOCIOL (*concerning society*) gesellschaftlich, Gesellschafts-; **~ differences/ problems** soziale Unterschiede/Probleme; **~ science** Gesellschaftswissenschaften *pl* ❸ SOCIOL (*of human behaviour*) sozial, Sozial-; **~ skills** soziale Fähigkeiten ❹ (*concern-*

ing the public) Sozial-, sozial; ~ **policy** Sozialpolitik *f* ❺ ZOOL, BIOL (*living together*) Herden-; ~ **animal** Herdentier *nt*

So·cial 'Demo·crat *n* Sozialdemokrat(in) *m(f)*; BRIT (*hist*) Mitglied der britischen Sozialdemokratischen Partei

so·cial·ism ['səʊʃəlɪzəm] *n no pl* Sozialismus *m* **so·cial·ist** ['səʊʃəlɪst] **I.** *n* Sozialist(in) *m(f)* **II.** *adj* sozialistisch **so·cial·ite** ['səʊʃəlaɪt] *n* Persönlichkeit *f* des öffentlichen Lebens **so·cial·ize** ['səʊʃəlaɪz] **I.** *vi* unter Leuten sein; ■ **to ~ with sb** mit jdm gesellschaftlich verkehren **II.** *vt* ❶ SOCIOL, BIOL sozialisieren; *offender* [re]sozialisieren; *animal* zähmen ❷ POL sozialistisch machen; (*nationalize*) verstaatlichen **so·cial·ly** ['səʊʃəli] *adv* ❶ (*convivially*) gesellschaftlich ❷ (*behaviourally*) ~ **she's a disaster** sie fällt in Gesellschaft immer unangenehm auf ❸ (*privately*) **to meet sb** ~ jdn privat treffen ❹ (*of the public*) gesellschaftlich

so·cial 'sci·ence *n* Sozialwissenschaft *f* **so·cial se·'cur·ity** *n no pl* ❶ BRIT, AUS (*welfare*) Sozialhilfe *f* ❷ AM (*pension*) Sozial[versicherungs]rente *f* **so·cial 'ser·vice** *n* ❶ (*community help*) gemeinnützige Arbeit ❷ (*welfare*) ■ **~s** *pl* staatliche Sozialleistungen **'so·cial work** *n no pl* Sozialarbeit *f* **'so·cial work·er** *n* Sozialarbeiter(in) *m(f)*

so·ci·etal [sə'saɪətəl] *adj* gesellschaftlich

so·ci·ety [sə'saɪəti] *n* ❶ (*all people*) Gesellschaft *f* ❷ (*elite*) die [feine] Gesellschaft ❸ (*form: company*) Gesellschaft *f* ❹ (*organization*) Verein *m*, Vereinigung *f*

so·cio·cul·tur·al [ˌsəʊʃiəʊˈkʌltʃərəl, -si-] *adj* soziokulturell

so·cio·eco·nom·ic [ˌsəʊʃiəʊˌiːkəˈnɒmɪk, -si-] *adj* sozioökonomisch

so·cio·lin·guis·tics [ˌsəʊʃiəʊlɪŋˈgwɪstɪks] *n* Soziolinguistik *f*

so·cio·log·i·cal [ˌsəʊʃiəˈlɒdʒɪkəl, -si-] *adj* soziologisch

so·ci·ol·o·gist [ˌsəʊʃiˈɒlədʒɪst, -si-] *n* Soziologe, Soziologin *m, f*

so·ci·ol·o·gy [ˌsəʊʃiˈɒlədʒi, -si-] *n no pl* Soziologie *f*

sock¹ [sɒk] *n* Socke *f*

sock² [sɒk] *vt* ❶ (*dated fam: punch*) **to ~ sb in the eye** jdm eins aufs Auge geben ❷ AM SPORTS **to ~ the ball** den Ball schlagen

sock·et ['sɒkɪt] *n* ❶ ELEC (*for a plug*) Steckdose *f*; (*for lamps*) Fassung *f*; MECH Sockel *m* ❷ ANAT, MED **arm-/hip-/knee ~** Arm-/Hüft-/Kniegelenkpfanne *f*; **eye ~** Augenhöhle *f*

sod¹ [sɒd] **I.** *n* Grassode *f*, Grasnarbe *f* **II.** *vt* <-dd-> mit Gras bedecken

sod² [sɒd] *n* BRIT ❶ (*sl: mean person*) Sau *f* derb; (*vexing thing*) blödes Ding *fam*, Mist *m*

fam ❷ (*fam: person*) lucky ~ Glückspilz *m*; **poor ~** armes Schwein ◆ **sod off** *vi* BRIT **~ off!** zieh Leine! *sl*

soda ['səʊdə] *n* ❶ *no pl* (*water*) Sodawasser *nt* ❷ AM (*sweet drink*) Limonade *f*

'soda bread *n no pl* mit Backpulver gebackenes Brot **'soda foun·tain** *n esp* AM (*device*) Siphon *m* **'soda si·phon** *n* Siphon *m* **'soda wa·ter** *n no pl* Sodawasser *nt*

sod·den ['sɒdən] *adj* ❶ (*soaked*) durchnässt; *grass* durchweicht ❷ AM (*sl: not interesting*) fad

sod·ding ['sɒdɪŋ] *adj attr* BRIT (*sl*) verdammt

so·di·um ['səʊdiəm] *n no pl* Natrium *nt*

so·di·um bi·'car·bon·ate *n no pl* Natriumhydrogenkarbonat *nt*; (*baking soda*) Natron *nt* **so·di·um 'car·bon·ate** *n no pl* Natriumkarbonat *nt* **so·di·um 'chlor·ide** *n no pl* Natriumchlorid *nt*

sod·om·ize ['sɒdəmaɪz] *vt usu passive* ■ **to ~ sb** Analverkehr mit jdm haben

sod·o·my ['sɒdəmi] *n no pl* (*form*) Sodomie *f*

sod's 'law, Sod's 'law *n no pl* (*hum*) Gesetz, nach dem alles, was danebengehen kann, auch danebengeht; **that's ~** das musste ja passieren

sofa ['səʊfə] *n* Sofa *nt*

'sofa bed *n* Schlafcouch *f*

soft [sɒft] *adj* ❶ (*not hard*) weich ❷ (*smooth*) weich; *cheeks, skin* zart; *leather* geschmeidig; *hair* seidig ❸ (*weak*) weich, schlaff ❹ (*subtle*) *colour* zart ❺ (*not loud*) *music* gedämpft; *sound, voice* leise; *words* sanft ❻ (*lenient*) nachgiebig ❼ (*compassionate*) weich; **to be a ~ touch** (*fam*) leicht rumzukriegen sein ▶ **to have a ~ spot for sb** eine Schwäche für jdn haben **'soft·ball** *n* Softball *m* **soft-'boiled** *adj* weich [gekocht]

sof·ten ['sɒfən] **I.** *vi* ❶ (*melt*) weich werden; *ice cream* schmelzen ❷ (*moderate*) nachgiebiger werden **II.** *vt* ❶ (*melt*) weich werden lassen ❷ (*moderate*) mildern; *colour, light* dämpfen ❸ (*alleviate*) erträglicher machen ◆ **soften up I.** *vt* ❶ (*make less hard*) weicher machen ❷ (*win over*) erweichen; (*persuade*) rumkriegen *fam* **II.** *vi* weicher werden

sof·ten·er ['sɒfənə] *n* ❶ (*softening agent*) Weichmacher *m*; **fabric ~** Weichspüler *m* ❷ (*mineral reducer*) Enthärter *m* **sof·ten·ing** ['sɒfənɪŋ] **I.** *n no pl* ❶ (*making less hard*) Weichmachen *nt*; *of clothes* Weichspülen *nt*; *of leather* Geschmeidigmachen *nt*; *of a voice* Dämpfen *nt*; *of an attitude, opinion* Mäßigen *nt*; *of a manner* Mäßigung *f* ❷ (*making less bright*) *of a colour, light* Dämpfen *nt*; *of a contrast* Abschwächen *nt* **II.** *adj attr* Enthärtungs-, enthärtend

soft 'fur·nish·ings *n* BRIT, AUS, **'soft goods** *npl* AM Heimtextilien *pl* **soft-'head·ed** *adj* (*fam*) blöd, doof **soft-'heart·ed** *adj* ❶ (*compassionate*) weichherzig ❷ (*gullible*) leichtgläubig

softie ['sɒfti] *n* (*fam*) Softie *m*

soft·ly ['sɒftli] *adv* ❶ (*not hard*) sanft ❷ (*quietly*) leise ❸ (*dimly*) schwach ❹ (*leniently*) nachsichtig, nachgiebig

soft·ness ['sɒftnəs] *n no pl* ❶ (*not hardness*) Weichheit *f* ❷ (*smoothness*) Weichheit *f*; *of skin* Glätte *f*; *of hair* Seidigkeit *f* ❸ (*subtlety*) *of lighting* Gedämpftheit *f*; *of colours* Zartheit *f* ❹ (*wishy-washyness*) Schwächlichkeit *f*, Laschheit *f pej fam*

'soft-soap *vt* (*fig fam*) ■ **to ~ sb** jdm Honig ums Maul schmieren **soft-'spok·en** *adj sound* leise gesprochen; *person*; ■ **to be ~ manner** freundlich sein und sanfte Art **soft 'toy** *n* BRIT Plüschtier *nt*

soft·ware ['sɒf(t)weə^r] COMPUT **I.** *n no pl* Software *f* **II.** *adj company, development, publisher* Software-; **~ writer** Programmierer(in) *m(f)*

'soft·ware en·gi·neer *n* Programmierer(in) *m(f)* **'soft·ware pack·age** *n* Softwarepaket *nt* **soft·ware 'pi·ra·cy** *n no pl* Software-Piraterie *f*

'soft·wood *n* ❶ *no pl* (*wood*) Weichholz *nt* ❷ (*tree*) immergrüner Baum, Baum *m* mit weichem Holz

softy *n see* **softie**

sog·gy ['sɒgi] *adj* ❶ (*sodden*) durchnässt; (*boggy*) glitschig *fam*; *soil* aufgeweicht ❷ FOOD matschig, pampig *fam*

soil¹ [sɔɪl] *vt* (*form*) ❶ (*dirty*) verschmutzen ❷ (*foul*) verunreinigen ❸ *usu passive* (*fig: ruin*) **to ~ sb's name/reputation** jds Namen/guten Ruf beschmutzen

soil² [sɔɪl] *n no pl* ❶ (*earth*) Boden *m*, Erde *f* ❷ (*territory*) Boden *m*

soi·rée ['swɑːreɪ] *n*, **soiree** *n* (*form or hum*) Soiree *f*

so·journ ['sɒdʒɜːn] **I.** *vi* (*liter*) ■ **to ~ somewhere** irgendwo leer|weilen *geh* **II.** *n* (*liter or hum*) [vorübergehender] Aufenthalt

sol·ace ['sɒləs] **I.** *n no pl* Trost *m* **II.** *vt* ■ **to ~ oneself with sth** sich mit etw *dat* trösten; **to ~ sb's anxiety/fear** jd's Sorgen/Angst zerstreuen

so·lar ['səʊlə^r] *adj* ❶ (*relating to sun*) Solar-, Sonnen-; **~ calculator** Rechner *m* mit Solarzellen ❷ ASTRON **~ day/time** Sonnentag *m*/-zeit *f*

so·lar 'bat·tery *n* Solarbatterie *f* **so·lar 'cell** *n* Solarzelle *f* **so·lar e'clipse** *n* Sonnenfinsternis *f* **so·lar 'en·er·gy** *n no pl* Solarenergie *f* **so·lar·ium** <*pl* -aria *or* -s> [sə(ʊ)'leəriəm, *pl* -iə] *n* ❶ (*tanning room*) Solarium *nt* ❷ AM (*conservatory*) Glashaus *nt* **so·lar 'pan·el** *n* Sonnenkollektor *m* **so·lar plex·us** [ˌsəʊləˈpleksəs] *n* ANAT, MED Solarplexus *m* **so·lar 'pow·er** *n no pl* Sonnenkraft *f* **so·lar ra·di'a·tion** *n no pl* Sonnenstrahlung *f* **'so·lar sys·tem** *n* Sonnensystem *nt* **so·lar 'wind** *n no pl* ASTRON Sonnenwind *m*

sold [səʊld] *pt, pp of* **sell**

sol·der ['səʊldə^r] **I.** *vt* löten; ■ **to ~ sth on/together** etw an-/zusammenlöten **II.** *n no pl* Lötmetall *nt*

sol·der·ing iron ['səʊldərɪŋ-] *n* Lötkolben *m*

sol·dier ['səʊldʒə^r] *n* Soldat(in) *m(f)* ♦ **sol·dier on** *vi* sich durchkämpfen

sold out *adj* ausverkauft

sole¹ [səʊl] *adj attr* ❶ (*only*) einzig, alleinig ❷ (*exclusive*) Allein-

sole² [səʊl] *n* ❶ FASHION [Schuh]sohle *f* ❷ ANAT [Fuß]sohle *f*

sole³ <*pl* - *or* -s> [səʊl] *n* ZOOL, FOOD Seezunge *f*

sol·ecism ['sɒlɪsɪz^əm] *n* (*form*) ❶ LING (*mistake*) Fehler *m* ❷ (*faux pas*) Fauxpas *m*

sole·ly ['səʊlli] *adv* einzig und allein, nur

sol·emn ['sɒləm] *adj* ❶ (*ceremonial*) feierlich; *oath, promise* heilig ❷ (*grave*) ernst; *voice* getragen

so·lem·ni·ty [səˈlemnəti] *n* ❶ *no pl* (*gravity*) Feierlichkeit *f*, Erhabenheit *f* ❷ (*ceremony*) ■ **solemnities** *pl* Trauerfeierlichkeiten *pl*; REL [kirchliche] Feierlichkeiten

sol·em·nize ['sɒləmnaɪz] *vt* (*form*) feiern

so·len·oid ['səʊlənɔɪd] *n* ELEC Magnetspule *f*

so·lic·it [səˈlɪsɪt] *vt* (*form*) ❶ (*ask for*) ■ **to ~ sth** um etw *akk* bitten; **to ~ votes** um [Wähler]stimmen werben ❷ (*sell*) **to ~ sex** sich anbieten

so·lic·it·ing [səˈlɪsɪtɪŋ] *n no pl* Ansprechen *nt* von Männern (*durch Prostituierte*)

so·lic·i·tor [səˈlɪsɪtə^r] *n esp* BRIT, AUS LAW Rechtsanwalt, -anwältin *m, f* (*der/die seine/ihre Mandanten nur in den unteren Instanzen vertreten darf, im Gegensatz zum* barrister) ❷ AM POL Rechtsreferent(in) *m(f)* (*einer Stadt*)

so·lic·i·tous [səˈlɪsɪtəs] *adj* (*form*) ❶ (*anxious*) besorgt ❷ (*careful*) sorgfältig ❸ (*attentive*) aufmerksam

so·lic·i·tude [səˈlɪsɪtjuːd] *n* (*form*) ❶ *no pl* (*attentiveness*) *of a waiter* zuvorkommende Art ❷ (*anxiety*) Sorge *f* (**about** um), Besorgtheit *f* (**about** über)

sol·id ['sɒlɪd] **I.** *adj* ❶ (*hard*) fest; *chair, wall* solide; *foundation* stabil; *punch* kräftig; *rock* massiv ❷ (*not hollow*) massiv ❸ (*not liquid*) fest ❹ (*completely*) ganz; **~ silver** massives [o reines] Silber ⑤ (*substantial*) verlässlich; *argument* stichhaltig; *evidence* handfest; *grounding* solide ⑥ (*concrete*) *plan* konkret ⑦ (*uninterrupted*) *line, wall* durchgehend; *month, week* ganz ⑧ (*dependable*) *person* solide, zuverlässig; *marriage, relationship* stabil ⑨ ECON (*financially sound*) *investment* solide, sicher ⑩ (*sound*) solide, gut **II.** *n* ❶ PHYS fester Stoff, Festkörper *m* ❷ MATH Körper *m* ❸ FOOD ∎ ~s *pl* feste Nahrung *kein pl*

soli·dar·ity [ˌsɒlɪˈdærəti] *n no pl* ❶ (*unity*) Solidarität *f* (**with** mit) ❷ (*movement*) S~ Solidarität *f* **sol·id ˈfuel** *n* ❶ (*power source*) fester Brennstoff ❷ (*pieces*) feste Brennstoffe *pl*

so·lid·i·fy <-ie-> [səˈlɪdɪfaɪ] **I.** *vi* ❶ (*harden*) fest werden; *lava* erstarren; *cement* hart werden; *water* gefrieren ❷ (*fig: take shape*) *plans* sich konkretisieren; *project* [konkrete] Gestalt annehmen; *idea, thought* konkret[er] werden **II.** *vt* ❶ (*harden*) fest werden lassen; *water* gefrieren lassen ❷ (*fig: reinforce*) festigen; *plan* konkretisieren

so·lid·i·ty [səˈlɪdɪti] *n no pl* ❶ (*hardness*) fester Zustand; *of wood* Härte *f*; *of a foundation, table* Stabilität *f* ❷ (*reliability*) Zuverlässigkeit *f*; *of facts, evidence* Zuverlässigkeit *f*; *of an argument, reasoning* Stichhaltigkeit *f*; *of a judgement* Fundiertheit *f*; *of commitment* Verlässlichkeit *f* ❸ (*strength*) Stabilität *f* ❹ (*soundness*) Gediegenheit *f* ❺ (*financial soundness*) *of an investment* Solidität *f*; (*financial strength*) *of a company* finanzielle Stärke

sol·id·ly [ˈsɒlɪdli] *adv* ❶ (*sturdily*) solide; **to be ~ built** solide gebaut sein ❷ (*uninterruptedly*) *work* ununterbrochen

ˈsol·id-state *adj* Festkörper-

so·lil·o·quy [səˈlɪləkwi] *n* Selbstgespräch *nt*; THEAT Monolog *m*

soli·taire [ˌsɒlɪˈteəʳ] *n* ❶ (*jewel*) Solitär *m* ❷ *no pl esp* AM (*card game*) Patience *f*

soli·tary [ˈsɒlɪtəri] *adj* ❶ (*single*) einzelne(r, s) *attr*; ZOOL solitär *fachspr* ❷ (*lonely*) einsam; (*remote*) abgeschieden, abgelegen; **to go for a ~ stroll** allein spazieren gehen

soli·tary conˈfine·ment *n* Einzelhaft *f*

soli·tude [ˈsɒlɪtjuːd] *n* ❶ *no pl* (*being alone*) Alleinsein *nt*; **in ~** alleine ❷ *no pl* (*loneliness*) Einsamkeit *f*

solo [ˈsəʊləʊ] **I.** *adj attr* (*unaccompanied*) Solo- **II.** *adv* (*single-handed*) allein; MUS solo **III.** *n* MUS Solo *nt* **IV.** *vi* (*play unaccompanied*) solo spielen; (*sing unaccompanied*) solo singen

solo·ist [ˈsəʊləʊɪst] *n* Solist(in) *m(f)*

Solo·mon Is·lands [ˈsɒləmənˌaɪləndz] *n* ∎ **the** ~ die Salomonen *pl*

sol·stice [ˈsɒlstɪs] *n* Sonnenwende *f*

sol·uble [ˈsɒljəbl] *adj* ❶ (*that dissolves*) löslich ❷ (*solvable*) lösbar

so·lu·tion [səˈljuːʃən] *n* ❶ (*to problem*) Lösung *f*; (*to riddle/puzzle*) [Auf]lösung *f* ❷ *no pl* (*act of solving*) Lösen *nt* ❸ (*in business*) Vorrichtung *f*; **software** ~s Softwareanwendungen *pl* ❹ CHEM (*liquid*) Lösung *f*

solve [sɒlv] *vt* lösen; *crime* aufklären; *mystery* aufdecken

sol·ven·cy [ˈsɒlvən(t)si] *n no pl* FIN Zahlungsfähigkeit *f*

sol·vent [ˈsɒlvənt] **I.** *n* CHEM Lösungsmittel *nt* **II.** *adj* ❶ FIN zahlungsfähig ❷ (*fam: having sufficient money*) flüssig

ˈsol·vent abuse *n esp* BRIT Missbrauch *m* von Lösungsmitteln (*als Rauschgift*)

So·ma·li [səˈmɑːli] **I.** *n* <*pl - or -s*> ❶ (*person*) Somalier(in) *m(f)* ❷ *no pl* (*language*) Somali *nt* **II.** *adj* somalisch

So·ma·lia [səˈmɑːlɪə] *n* Somalia *nt*

som·ber *adj* AM, **som·bre** [ˈsəʊmbəʳ] *adj* ❶ (*sad*) düster; *setting* ernst ❷ (*dark-coloured*) dunkel; *day* trüb, finster

some [sʌm, səm] **I.** *adj attr* ❶ (*unknown amount:* + *pl*) einige, ein paar; (+ *sing n*) etwas; **there's ~ cake in the kitchen** es ist noch Kuchen in der Küche ❷ (*certain:* + *pl*) gewisse ❸ (*general, unknown*) irgendein(e); **he's in ~ kind of trouble** er steckt in irgendwelchen Schwierigkeiten; **~ day or another** irgendwann ❹ (*noticeable*) gewiss; **to ~ extent** bis zu einem gewissen Grad ❺ (*slight, small amount*) etwas; **there is ~ hope that he will get the job** es besteht noch etwas Hoffnung, dass er die Stelle bekommt ❻ (*considerable amount, number*) beträchtlich; (*fam: intensifies noun*) ziemlich; **we discussed the problem at ~ length** wir diskutierten das Problem ausgiebig ❼ (*fam: showing annoyance*) **~ hotel that turned out to be!** das war vielleicht ein Hotel! **II.** *pron* ❶ (*unspecified number of persons or things*) welche; **have you got any drawing pins? — if you wait a moment, I'll get you ~** haben Sie Reißnägel? – wenn Sie kurz warten, hole ich [Ihnen] welche ❷ (*unspecified amount of sth*) welche(r, s); **if you need money, I can lend you ~** wenn du Geld brauchst, kann ich dir gerne welches leihen ❸ (*at least a small number*) einige, manche ❹ + *pl vb* (*proportionate number*) einige, ein paar; **~ of you have already met Imran** einige von euch kennen Imran bereits ❺ (*certain people*) **~ just never learn!** gewisse Leute lernen es einfach nie! ❻ + *sing vb* (*proportionate number*) ein bisschen; **have ~ of this champagne, it's very good** trink ein wenig von dem Champagner, er ist sehr gut **III.** *adv* (*roughly*) ungefähr, in etwa; **~ twenty or thirty metres deep/high** ungefähr zwanzig oder dreißig Meter tief/hoch

some·body ['sʌmbədɪ] *pron indef* ❶ (*anyone*) jemand ❷ (*one person*) irgendwer; **surely ~ knows where the documents are** sicher weiß jemand, wo die Dokumente sind ❸ (*unnamed, unknown person*) jemand; **~ or other** irgendwer ❹ (*some nonspecified person of a group*) irgendwer; **~ else** jemand anders, **~ or other** jemand anders

some·how ['sʌmhaʊ] *adv* irgendwie

some·one ['sʌmwʌn] *pron see* **somebody**

some·place ['sʌmpleɪs] *adv* AM irgendwo; **~ else** (*in a different place*) woanders, irgendwo anders; (*to a different place*) woandershin, irgendwo anders hin; **~ around here** irgendwo hier

som·er·sault ['sʌməsɔːlt] **I.** *n* (*on ground*) Purzelbaum *m*; (*in air*) Salto *m* **II.** *vi* einen Purzelbaum schlagen; (*in air*) einen Salto machen; *vehicle, car* sich überschlagen

some·thing ['sʌm(p)θɪŋ] *pron indef* ❶ (*object*) etwas; **I need ~ to write with** ich brauche etwas zum Schreiben; **~ else** etwas anderes ❷ (*message*) etwas; **is there ~ you'd like to say?** möchtest du mir etwas sagen? ❸ (*action*) etwas; **to do ~** [about sb/ sth] etwas [gegen jdn/etw] unternehmen ❹ (*unknown thing*) etwas; **~ about her frightened me** etwas an ihr machte mir Angst ❺ (*outstanding quality*) etwas; **there's ~ about her** sie hat etwas an sich *dat* ❻ (*not exact*) **it was ~ of a surprise** es war eine kleine Überraschung; **the building materials cost ~ under $4500** das Baumaterial kostet etwas unter $4.500; **... or ~** (*fam: similar*) ... oder so; **she works for a bank or ~** sie arbeitet für eine Bank oder so was ▶ **that's ~** das ist schon was; **there's ~ in sth** an etw *dat* ist etwas dran; **there's ~ in catching the earlier train** es macht in der Tat Sinn, den früheren Zug zu nehmen

some·time ['sʌmtaɪm] *adv* irgendwann; **come up and see me ~** komm mich mal besuchen; **~ soon** demnächst irgendwann, bald einmal **some·times** ['sʌmtaɪmz] *adv* manchmal **some·what** ['sʌm(h)wɒt] *adv* (*roughly*) etwas, ein wenig [*o* bisschen] **some·where** ['sʌm(h)weəʳ] *adv* ❶ (*in unspecified place*) irgendwo; **~ else** woanders, irgendwo anders ❷ (*to unspecified place*) irgendwohin; **~ else** woandershin, irgendwo anders hin ❸ (*roughly*) irgendwo; **~ between 30 and 40** so zwischen 30 und 40 ▶ **to get ~** Fortschritte machen, weiterkommen

som·nam·bu·lism [sɒm'næmbjəlɪzᵊm] *n no pl* MED Somnambulismus *m*

som·no·lent ['sɒmnᵊlənt] *adj* ❶ (*sleepy*) schläfrig; *village* verschlafen ❷ (*inducing drowsiness*) einschläfernd

son [sʌn] *n* (*male offspring*) Sohn *m*

so·nar ['səʊnɑːʳ] *n no pl* Sonar[gerät] *nt*

so·na·ta [sə'nɑːtə] *n* Sonate *f*

song [sɒŋ] *n* ❶ MUS Lied *nt* ❷ (*singing*) Gesang *m*; *of bird* Gesang *m*; *of cricket* Zirpen *nt*

'**song·bird** *n* Singvogel *m* '**song·book** *n* Liederbuch *nt* '**song-trading**, '**song-swapping** *n no pl* INET, MUS Musikaustausch *m* '**song·writ·er** *n* Texter(in) *m(f)* und Komponist(in) *m(f)*; **singer-~** Liedermacher(in) *m(f)*

son·ic ['sɒnɪk] *adj* Schall-

son·ic boom *n* Überschallknall *m*

'**son-in-law** <*pl* sons- *or* -s> *n* Schwiegersohn *m*

son·net ['sɒnɪt] *n* Sonett *nt*

son·ny ['sʌnɪ] *n no pl* (*fam*) Kleiner *m*

son·or·ous ['sɒnᵊrəs] *adj* klangvoll; *voice* sonor, volltönend

soon [suːn] *adv* ❶ (*in a short time*) bald; **~ after sth** kurz nach etw *dat*; **no ~er said than done** gesagt, getan; **how ~** wie bald [*o* schnell]; **~er or later** früher oder später; **~er rather than later** lieber früher als später; **as ~ as possible** so bald wie möglich ❷ (*early*) früh; **Monday is the ~est we can deliver the chairs** wir können die Stühle frühestens am Montag liefern; **the ~er the better** je eher, desto besser; **not a moment too ~** gerade noch rechtzeitig ❸ (*rather*) lieber; **I'd ~er not speak to him** ich würde lieber nicht mit ihm sprechen

soot [sʊt] *n no pl* Ruß *m*

soothe [suːð] *vt* ❶ (*calm*) beruhigen ❷ (*relieve*) lindern

sooth·ing ['suːðɪŋ] *adj* ❶ (*calming*) beruhigend; *bath* entspannend ❷ (*pain-relieving*) [Schmerz] lindernd

sooth·say·er ['suːθˌseɪəʳ] *n* (*hist*) Wahrsager(in) *m(f)*

sooty ['sʊtɪ] *adj* rußig, verrußt

sop [sɒp] **I.** *n* (*pej*) Beschwichtigungsmittel *nt* **II.** *vt* ■ **to ~ up** ↻ **sth** etw aufsaugen

so·phis·ti·cat·ed [sə'fɪstɪkeɪtɪd] *adj* (*approv*) ❶ (*urbane*) [geistig] verfeinert; (*cultured*) kultiviert, gebildet; *audience, readers* niveauvoll, anspruchsvoll; *restaurant* gepflegt ❷ (*highly developed*) hoch entwickelt, ausgeklügelt; *method* raffiniert; (*complex*) approach differenziert

so·phis·ti·ca·tion [səˌfɪstɪ'keɪʃᵊn] *n no pl* (*approv*) ❶ (*urbanity*) Kultiviertheit *f*; (*finesse*) Gepflegtheit *f*, Feinheit *f* ❷ (*complex-*

soph·ist·ry ['sɒfɪstri] n (form) ❶ no pl (pej: nitpicking) Sophisterei f ❷ (sophistical argument) Sophismus m

sopho·more ['sɑ:fəmɔ:r] n Am (in college) Student(in) m(f) im zweiten Studienjahr; (at high school) Schüler(in) m(f) einer Highschool im zweiten Jahr

sopo·rif·ic [ˌsɒpərɪfɪk] adj einschläfernd a. fig

sop·ping ['sɒpɪŋ] (fam) I. adj klatschnass II. adv ≈ **wet** klatschnass

sop·py ['sɒpi] adj (fam) gefühlsdus[e]lig pej; story, film schmalzig

so·pra·no [səˈprɑ:nəʊ] I. n ❶ (vocal range) Sopran m ❷ (singer) Sopranistin f II. adj Sopran- III. adv to sing ~ Sopran singen

sor·bet ['sɔ:beɪ] n Sorbet nt o selten m

sor·cer·er ['sɔ:sərər] n (esp liter) Zauberer m, Hexenmeister m

sor·cer·ess <pl -es> ['sɔ:sərɪs] n (esp liter) Zauberin f

sor·cery ['sɔ:səri] n no pl (esp liter) Zauberei f, Hexerei f

sor·did ['sɔ:dɪd] adj ❶ (dirty) schmutzig; (squalid) schäbig; apartment verkommen, heruntergekommen ❷ (pej: disreputable) schmutzig fig

sore [sɔ:r] I. adj ❶ (hurting) schlimm, weh; (through overuse) wund [geschewert], entzündet; **all the dust has made my eyes ~** von dem ganzen Staub brennen mir die Augen; ~ **muscles** Muskelkater m; ~ **point** (fig) wunder Punkt ❷ (liter: serious) **to be in ~ need of sth** etw dringend benötigen II. n wunde Stelle; **to open an old ~** (fig) alte Wunden aufreißen

sore·ly ['sɔ:li] adv sehr, arg; **to be ~ tempted to do sth** stark versucht sein, etw zu tun

so·ror·ity [səˈrɔ:rəti] n Am Studentinnenvereinigung f

sor·rel ['sɒrəl] n no pl Sauerampfer m

sor·row ['sɒrəʊ] n (form) ❶ (feeling) Kummer m, Betrübnis f, Traurigkeit f ❷ (sad experience) Leid nt

sor·row·ful ['sɒrə(ʊ)fəl] adj (form) traurig, betrübt (at über)

sor·ry ['sɒri] I. adj ❶ pred (regretful) **I'm/she's ~** es tut mir/ihr leid; **you'll be ~** das wird dir noch leid tun; **to be ~ about sth** etw bedauern; **to say ~ [to sb]** sich [bei jdm] entschuldigen ❷ pred (sad) traurig; **we were ~ to hear [that] you've not been well** es tat uns leid zu hören, dass es dir nicht gut ging; **to be ~ for oneself** (esp pej) sich selbst bemitleiden; **sb feels ~ for sb/sth** jd/etw tut jdm leid ❸ pred (polite preface to remark) **I'm ~** [but] **I don't agree** [es] tut mir leid, aber da bin ich anderer Meinung ❹ attr (wretched) traurig, armselig, jämmerlich II. interj ❶ (expressing apology) ■ ~! Verzeihung!, Entschuldigung! ❷ (prefacing refusal) ~ **you can't go in there** bedaure, aber Sie können da nicht hinein ❸ esp Brit, Aus (asking sb to repeat sth) ■ ~? wie bitte?

sort [sɔ:t] I. n ❶ (type) Sorte f, Art f ❷ (fam: expressing vagueness) **I had a ~ of feeling that ...** ich hatte so ein Gefühl, dass ...; **it's a ~ of machine for peeling vegetables and things** es ist so eine Art Maschine, mit der man Gemüse und anderes schälen kann ❸ (person) **I know your ~!** Typen wie euch kenne ich [zur Genüge]! fam ▸ **nothing of the ~** nichts dergleichen; **something of the ~** so etwas in der Art; **sth of ~s** eine Art von etw dat II. adv (fam) ■ ~ **of** ❶ (rather) irgendwie; **that's ~ of difficult to explain** das ist nicht so einfach zu erklären ❷ (not exactly) mehr oder weniger, so ungefähr, sozusagen III. vt ❶ (classify) sortieren ❷ usu passive Brit (fam: restore to working order) in Ordnung bringen IV. vi ■ **to ~ through sth** etw sortieren ♦ **sort out** vt ❶ (arrange) ordnen, sortieren; (choose, select) aussuchen; (for throwing or giving away) aussortieren ❷ (tidy up mess) in Ordnung bringen ❸ (resolve) klären, regeln; **problem** lösen ❹ (help) ■ **to ~ sb out** ○ **sb** jdm [weiter]helfen ❺ (fam: beat up) **to ~ sb out** jdm zeigen, wo es lang geht

'sort code n FIN ≈ Bankleitzahl f

sort·er ['sɔ:tər] n ❶ Am (postal employee) Sortierer(in) m(f) ❷ (machine) Sortiermaschine f

sor·tie ['sɔ:ti:] n MIL Ausfall m; (flight) Einsatz m

'sort·ing of·fice n Sortierstelle f; (central office) Verteilerpostamt nt

SOS [ˌesəʊˈes] n SOS nt; (fig) Hilferuf m

so-so ['səʊsəʊ] (fam) I. adj so lala präd, mittelprächtig hum II. adv so lala

souf·flé ['su:fleɪ] n Soufflé nt, Soufflee nt

sought [sɔ:t] pt, pp of seek

'sought-after adj begehrt

soul [səʊl] n ❶ (spirit) Seele f ❷ no pl (approv: profound feeling) Seele f, Gefühl nt ❸ (person) Seele f fig; **not a ~** keine Menschenseele ❹ no pl MUS Soul m

'soul-de·stroy·ing adj esp Brit (pej) nervtötend; work geisttötend; (destroying sb's confidence) zermürbend **soul·ful** ['səʊlfəl] adj gefühlvoll **soul·less** ['səʊlləs] adj (pej) seelenlos; building, town, person kalt; (dull) öde **'soul mate** n Seelenverwandte(r) f(m) **'soul mu·sic** n Soulmusik f, Soul m **'soul-search·ing** n no pl Prüfung f des Gewissens **'soul-stir·ring** adj aufwühlend, bewegend

sound¹ [saʊnd] n (sea channel) Meerenge f; (inlet) Meeresarm m

sound² [saʊnd] **I.** n ❶ (noise) Geräusch nt; (musical tone) of a bell Klang m; (verbal, TV, film) Ton m; **don't make a ~!** sei still! ❷ LING Laut m ❸ no pl PHYS Schall m ❹ no pl RADIO, TV (volume) Ton m ❺ no pl (on film) Sound m ❻ no pl (impression) **I don't like the ~ of it** das klingt gar nicht gut; **by the ~ of it** so wie sich das anhört **II.** vi ❶ (resonate) erklingen; alarm ertönen; alarm clock klingeln; bell läuten ❷ (fam: complain) ■ **to ~ off** herumtönen ❸ + adj (seem) klingen, sich anhören **III.** vt (produce sound from) **to ~ the alarm** den Alarm auslösen; **to ~ the [car] horn** hupen

sound³ [saʊnd] **I.** adj ❶ (healthy) gesund; (in good condition) intakt, in gutem Zustand; animal, person kerngesund; **to be of ~ mind** bei klarem Verstand sein ❷ (trustworthy) solide; (reasonable) vernünftig; advice gut; argument schlagend; economy gesund ❸ (undisturbed) sleep tief **II.** adv **to be ~ asleep** tief [und fest] schlafen ◆ **sound out** vt ■ **to ~ out** ⟳ **sb** bei jdm vorfühlen; (ask) bei jdm anfragen

'sound ar·chives npl Tonarchiv nt **'sound bar·ri·er** n Schallmauer f **'sound bite** n prägnanter Ausspruch (eines Politikers) **'sound·board** n MUS Resonanzboden m **'sound·box** n Resonanzkörper m **'sound card** n COMPUT Soundkarte f **'sound en·gi·neer** n Toningenieur(in) m/f)

'sound·ing ['saʊndɪŋ] n usu pl NAUT [Aus]loten nt

'sound·ing board n ❶ (resonator) Resonanzboden m ❷ (fig) Gruppe von Testpersonen für eine erste Meinungssondierung

sound·less ['saʊndləs] adj lautlos, geräuschlos

sound·ly ['saʊndli] adv ❶ (thoroughly) gründlich, ordentlich; (clearly) eindeutig, klar; (severely) schwer fam ❷ (reliably) fundiert geh ❸ (deeply) **to sleep ~** tief schlafen

sound·ness ['saʊndnəs] n no pl Solidität f geh, Verlässlichkeit f, Zuverlässigkeit f

'sound·proof I. adj schalldicht, schallisoliert **II.** vt schalldicht machen **'sound sys·tem** n Stereoanlage f **'sound·track** n ❶ (on film) Tonspur f ❷ (film music) Filmmusik f, Soundtrack m **'sound wave** n Schallwelle f

soup [su:p] n ❶ (fluid food) Suppe f; oxtail/ vegetable ~ Ochsenschwanz-/Gemüsesuppe f; packet ~ Tütensuppe f ❷ esp AM (fig: fog) Suppe f

soup·çon ['su:psɔ̃:(ŋ)] n no pl Spur f, Hauch m

'soup kit·chen n Armenküche f **'soup plate** n Suppenteller m **'soup spoon** n Suppenlöffel m

sour ['saʊə] **I.** adj ❶ (in taste) sauer ❷ (fig: bad-tempered) griesgrämig, missmutig; (embittered) verbittert **II.** n esp AM saures, alkoholisches Getränk; **whisky ~** Whisky m mit Zitrone **III.** vt ❶ (give sour taste) sauer machen ❷ (fig: make unpleasant) trüben, beeinträchtigen **IV.** vi ❶ (become sour) sauer werden ❷ (fig) getrübt werden

source [sɔ:s] **I.** n ❶ (origin) Quelle f; (reason) Grund m (**of** für) ❷ (of information) [Informations]quelle f; ■ **~ s** pl LIT (for article, essay) Quellen[angaben] pl ❸ usu pl (person) Quelle f; **according to Government ~ s** wie in Regierungskreisen verlautete ❹ (spring) Quelle f **II.** vt usu passive ■ **to be ~ d** ❶ (have origin stated) belegt sein ❷ ECON (be obtained) stammen

sour·puss <pl -es> ['saʊəpʊs] n (fam) Miesepeter m

souse [saʊs] vt ❶ (drench) übergießen (**in** mit) ❷ (pickle) einlegen

south [saʊθ] **I.** n no pl (compass direction) Süden m; **Canberra lies to the ~ of Sydney** Canberra liegt südlich von Sydney; **the ~ of England** der Süden von England; (southern US states) ■ **the S–** die Südstaaten pl **II.** adj (opposite of north) Süd-, südlich **III.** adv (toward the south) **my room faces ~** mein Zimmer ist nach Süden ausgerichtet; **due ~** direkt nach Süden; **to drive ~** Richtung Süden [o südwärts] fahren

South 'Af·ri·ca n Südafrika nt **South 'Af·ri·can I.** adj südafrikanisch **II.** n Südafrikaner(in) m(f) **South A'mer·i·ca** n Südamerika nt **South A'mer·i·can I.** adj südamerikanisch **II.** n Südamerikaner(in) m(f) **'south·bound** adj [in] Richtung Süden; **~ passengers** Richtung Süden reisende Passagiere **South Caro·li·na** n [ˌkærəˈlaɪnə] Südkarolina nt **South Da·ko·ta** n [dəˈkəʊtə] Süddakota nt **south·'east I.** n no pl Südosten m **II.** adj Südost-, südöstlich **III.** adv südostwärts, nach Südosten **south·'east·er·ly** adj südöstlich **south·'east·ern** adj südöstlich **south·'east·ward(s) I.** adj südostwärts präd; **in a ~ direction** in südöstlicher Richtung **II.** adv südostwärts präd, nach Südosten nach ~

south·er·ly ['sʌðəli] **I.** adj südlich; **in a ~ direction** in südlicher Richtung **II.** adv südlich; (going south) südwärts; (coming from south) von Süden **III.** n Südwind m; NAUT Süd m kein pl

south·ern ['sʌðən] adj südlich, Süd-; ~ mo-

torway Autobahn *f* nach Süden
South·ern 'Cross *n* ASTRON Kreuz *nt* des Südens **south·ern·er** ['sʌðənər] *n* to be a ~ aus dem Süden kommen; AM ein Südstaatler *m* sein **south·ern 'hemi·sphere** *n* the ~ die südliche [Erd]halbkugel **Southern 'Lights** *npl* Südlicht *nt* kein *pl* **south·ern·most** ['sʌðənməʊst] *adj* ▪the ~ ... der/die/das südlichste ...
south-'fac·ing *adj* nach Süden gelegen [*o* ausgerichtet] **South Ko·'rea** *n* Südkorea *nt* **South Ko·'rean I.** *adj* südkoreanisch **II.** *n* Südkoreaner(in) *m(f)* **'south·paw** *n* AM SPORTS (*fam*) Linkshänder(in) *m(f)* **South 'Pole** *n* Südpol *m* **south·ward(s)** ['saʊθwəd(z)] **I.** *adj* südlich; **in a ~ direction** in Richtung Süden **II.** *adv* südwärts, nach [*o* in] Richtung Süden **south-'west I.** *n no pl* Südwesten *m* **II.** *adj* südwestlich, Südwest- **III.** *adv* südwestwärts, nach Südwesten **south-'west·er·ly I.** *adj* südwestlich, Südwest- **II.** *adv* südwestlich, nach Südwesten **south-'west·ern** *adj* südwestlich, Südwest- **south-'west·ward(s) I.** *adj* **II.** *adv* südwestlich, nach Südwesten
sou·ve·nir [ˌsuːvəˈnɪər] *n* Andenken *nt* (of an)
sou'west·er [ˌsaʊˈwestər] *n* (*hat*) Südwester *m*
sov·er·eign ['sɒvrɪn] **I.** *n* ❶ (*ruler*) Herrscher(in) *m(f)* ❷ (*hist: British coin*) Zwanzigshillingmünze *f* **II.** *adj attr* ❶ (*chief*) höchste(r, s), oberste(r, s); ~ **power** Hoheitsgewalt *f* ❷ POL (*independent*) *state* souverän ❸ (*good*) *remedy* Allheilmittel *nt*
sov·er·eign·ty ['sɒvrənti] *n no pl* (*supremacy*) höchste Gewalt, Oberhoheit *f*; (*right of self-determination*) Souveränität *f*; **to have ~ over sb/sth** oberste Herrschaftsgewalt über jdn/etw besitzen
so·vi·et ['səʊvɪət] *n* (*hist*) Sowjet *m*
So·vi·et 'Un·ion *n no pl* (*hist*) ▪the ~ die Sowjetunion
sow¹ <sowed, sown *or* sowed> [səʊ] **I.** *vt* ❶ (*plant*) säen; MIL *mines* legen ❷ (*fig: cause*) säen; *terror* hervorrufen; **to ~ doubts [in sb's mind]** Zweifel [in jdm] wecken **II.** *vi* säen
sow² [saʊ] *n* (*pig*) Sau *f*
'sow·ing ma·chine *n* Sämaschine *f*
sown [səʊn] *vt, vi pp of* **sow¹**
sox [sɒks] *npl* (*fam*) Socken *pl*
soya ['sɔɪə], AM **soy** [sɔɪ] *n no pl* Soja *f*
'soya bean *n*, *esp* AM **'soy bean** *n* Sojabohne *f* ❷ (*fig*) **soya 'sauce** *n*, *esp* AM **soy 'sauce** *n* Sojasoße *f*
soz·zled ['sɒzld] *adj pred* (*fam*) besoffen
spa [spɑː] *n* ❶ (*spring*) Heilquelle *f* ❷ (*place*) [Bade]kurort *m*, Bad *nt* ❸ AM (*health centre*) Heilbad *nt*

space [speɪs] *n* ❶ *no pl* (*expanse*) Raum *m* ❷ (*gap*) Platz *m*; (*between two things*) Zwischenraum *m*; **parking ~** Parklücke *f* ❸ *no pl* (*vacancy*) Platz *m*, Raum *m* ❹ (*seat*) [Sitz]platz *m* ❺ *no pl* (*country*) Land *nt*; (*bigger extent*) Fläche *f*; **wide open ~** das weite, offene Land ❻ *no pl* (*premises*) Fläche *f*; (*for living*) Wohnraum *m* ❼ *no pl* (*cosmos*) Weltraum *m* ❽ *no pl* (*interim*) Zeitraum *m* ❾ (*blank*) Platz *m*; (*for a photo*) freie Stelle; TYPO (*between words*) Zwischenraum *m*; **blank ~** Lücke *f* ❿ *no pl* (*fig: freedom*) [Frei]raum *m*, Freiheit *f* ◆ **space out** *vt* ❶ (*position at a distance*) in Abständen verteilen ❷ TYPO (*put blanks*) *page* auseinanderschreiben ❸ AM (*sl: forget*) verpennen *fam* ❹ *usu passive* (*sl*) ▪**to be ~d out** (*in excitement*) geistig weggetreten sein *fam*; (*scatterbrained*) schusselig sein *fam*; (*drugged*) high sein *fam*
'space age *n no pl* ▪**the ~** das Weltraumzeitalter **'space bar** *n* COMPUT Leertaste *f* **'space cap·sule** *n* Weltraumkapsel *f* **'space·craft** <*pl* ~> *n* Raumfahrzeug *nt* **'space·man** *n* [Welt]raumfahrer *m* **'space probe** *n* Raumsonde *f*
spac·er ['speɪsər] *n* ❶ TYPO Leerzeichen *nt* ❷ TECH Distanzstück *nt*
'space·ship *n* Raumschiff *nt* **'space shut·tle** *n* [Welt]raumfähre *f* **'space-sick** *adj* raumkrank; **to be ~** unter Raumkrankheit leiden **'space sta·tion** *n* [Welt]raumstation *f* **'space·wom·an** *n* Raumfahrerin *f*
spac·ing ['speɪsɪŋ] *n no pl* Abstände *pl*; TYPO **single/double/treble ~** TYPO einzeiliger/zweizeiliger/dreizeiliger Abstand
spa·cious ['speɪʃəs] *adj* (*approv*) *house, room* geräumig; *area* weitläufig
spade [speɪd] *n* ❶ (*tool*) Spaten *m* ❷ CARDS Pik *nt*
'spade·work ['speɪdwɜːk] *n no pl* Vorarbeit *f*
spa·ghet·ti [spəˈɡeti] *n no pl* FOOD Spaghetti *pl*
spa·ghet·ti 'west·ern *n* (*fam*) Italowestern *m*
Spain [speɪn] *n no pl* Spanien *nt*
Spam® [spæm] *n no pl* Frühstücksfleisch *nt*
spam [spæm] *n no pl* COMPUT (*sl*) Spammail *f*, Spam *m*
spam·bot ['spæmbɒt] *n* COMPUT, INET Spambot-Programm *n*
span¹ [spæn] **I.** *n usu sing* ❶ (*period of time*) Spanne *f*; **attention ~** Konzentrationsspanne *f*; **life ~** Lebensspanne *f*; **over a ~ of**

several months über einen Zeitraum von einigen Monaten ❷ *(distance)* Breite *f*; *(as measurement)* Spanne *f selten;* **wing ~** Flügelspannweite *f* ❸ *(fig: scope)* Umfang *m*, Spannweite *f* ❹ ARCHIT *(arch of bridge)* Brückenbogen *m*; *(full extent)* Spannweite *f* **II.** *vt* <-nn-> ❶ *(stretch over)* ■ **to ~ sth river** etw überspannen; *(cross)* über etw *akk* führen ❷ *(contain)* knowledge umfassen ❸ *(place hands round)* **to ~ sth with one's hands** etw mit den Händen umspannen **III.** *adj* ▸ **spick and ~** blitzblank *fam*

span² [spæn] *vt, vi* BRIT *pt of* **spin**

span·gle ['spæŋgl] **I.** *n* Paillette *f* **II.** *vt* mit Pailletten besetzen

span·gled ['spæŋgld] *adj* ❶ *(with spangles)* mit Pailletten besetzt ❷ *(shiny)* glitzernd ❸ *(fig: covered)* ■ **to be ~ with sth** mit etw *dat* übersät sein

Span·iard ['spænjəd] *n* Spanier(in) *m(f)*

span·iel ['spænjəl] *n* Spaniel *m*

Span·ish ['spænɪʃ] **I.** *n* ❶ *no pl (language)* Spanisch *nt* ❷ + *pl vb (people)* ■ **the ~** die Spanier *pl* **II.** *adj* spanisch

spank [spæŋk] **I.** *vt (slap)* ■ **to ~ sb** jdm den Hintern versohlen; *(sexually)* jdm einen Klaps auf den Hintern geben **II.** *n* Klaps *m fam*; **to give sb a ~** jdm den Hintern versohlen; *(sexually)* jdm einen Klaps auf den Hintern geben

spank·ing [spæŋkɪŋ] **I.** *adj (fam or approv: fast)* schnell; **at a ~ pace** in einem hohen Tempo **II.** *adv (dated fam: very)* **~ new** brandneu **III.** *n* Tracht *f* Prügel

span·ner ['spænəʳ] *n* BRIT, AUS Schraubenschlüssel *m*

spar¹ [spɑːʳ] *n* ❶ NAUT Rundholz *nt*, Spiere *f fachspr* ❷ AVIAT Holm *m fachspr*

spar² [spɑːʳ] **I.** *vi* <-rr-> ❶ BOXING sparren *fachspr* ❷ *(argue)* ■ **to ~ [with sb]** sich [mit jdm] zanken **II.** *n* Sparring *nt kein pl fachspr*

spar³ [spɑːʳ] *n* GEOL Spat *m*

spare [speəʳ] **I.** *vt* ❶ *(not kill)* verschonen ❷ *(go easy on)* schonen ❸ *(avoid)* ersparen; **to ~ sb embarrassment/worry** jdm Peinlichkeiten/Sorgen ersparen ❹ *(not use)* **to ~ no costs** keine Kosten scheuen ❺ *(do without)* entbehren; **can you ~ one of those apples?** kannst du mir einen dieser Äpfel geben? ❻ *(make free)* **there's no time to ~** es ist keine Zeit übrig ❼ *(give)* **could you ~ me £10?** kannst du mir 10 Pfund leihen?; **to ~ a thought for sb** an jdn denken **II.** *adj* ❶ *(extra)* Ersatz-; **~ [bed]room** Gästezimmer *nt*; **to have some ~ cash** noch etwas Geld übrig haben ❷ *(liter: thin)* hager; *(meagre)* mager ❸ BRIT *(sl: crazy)* **to drive sb ~** jdn wahnsinnig machen *fam* **III.** *n* ❶ *(reserve)* Reserve *f* ❷ *(parts)* ■ **~s** *pl* Ersatzteile *pl*

spare-'ribs *npl* [Schäll]rippchen *pl* **spare 'time** *n no pl* Freizeit *f* **spare 'tyre** *n*, AM **spare 'tire** *n* ❶ AUTO Ersatzreifen *m* ❷ *(fam: fat)* Rettungsring *m*

spar·ing ['speərɪŋ] *adj (economical)* sparsam; ■ **to be ~ in sth** mit etw *dat* geizen

spark [spɑːk] **I.** *n* ❶ *(fire, electricity)* Funke[n] *m* ❷ *(fig: trace)* **a ~ of hope** ein Fünkchen *nt* Hoffnung; **a ~ of inspiration** ein Hauch *m* an Inspiration ❸ *(fig: person)* **a bright ~** ein Intelligenzbolzen *m fam* **II.** *vt* ❶ *(ignite, cause)* entfachen *a. fig*; *(fig: interest)* wecken; *problems* verursachen ❷ *(provide stimulus)* **to ~ sb into action** jdn zum Handeln bewegen **III.** *vi* Funken sprühen
◆ **spark off** *vt* entfachen *a. fig*

spark·ing plug ['spɑːkɪŋˌplʌg] *n* BRIT *(dated)* Zündkerze *f*

spar·kle ['spɑːkl] **I.** *vi* ❶ *(also fig: glitter)* funkeln, glitzern; *fire* sprühen ❷ *(fig: be witty)* sprühen **(with** *vor)* **II.** *n no pl* ❶ *(also fig: light)* Funkeln *nt*, Glitzern *nt* ❷ *(fig: liveliness)* **sth lacks ~** einer S. *dat* fehlt es an Schwung

spar·kler ['spɑːkləʳ] *n* ❶ *(firework)* Wunderkerze *f* ❷ *(sl: diamond)* Klunker *m fam*

spar·kling ['spɑːklɪŋ] *adj* ❶ *(shining)* glänzend; *eyes* funkelnd, glitzernd ❷ *(fig, approv: lively)* person vor Leben sprühend ❸ *(bubbling)* *drink* mit Kohlensäure *nach n; lemonade* perlend; *wine, champagne* schäumend, moussierend

'spark plug *n* Zündkerze *f*

'spar·ring match *n* ❶ BOXING [Trainings]boxkampf *m* ❷ *(fig: row)* Wortgefecht *nt* **'spar·ring part·ner** *n* ❶ BOXING Sparringspartner(in) *m(f)* ❷ *(fig: arguer)* Kontrahent(in) *m(f)*

spar·row ['spærəʊ] *n* Spatz *m*

spar·row·hawk ['spærəʊhɔːk] *n* ❶ *(in Europe)* Sperber *m* ❷ *(in North America)* Falke *m*

sparse [spɑːs] *adj* ❶ *(scattered, small)* spärlich ❷ *(meagre)* dünn, dürftig

sparse·ly ['spɑːsli] *adv* ❶ *(thinly)* spärlich ❷ *(meagrely)* dürftig

Spar·tan ['spɑːtən] **I.** *adj life* spartanisch; *meal* frugal *geh* **II.** *n* Spartaner(in) *m(f)*

spasm ['spæzəm] *n* ❶ MED *(cramp)* Krampf *m* ❷ *(surge)* Anfall *m*; **a ~ of coughing/pain** krampfartige Hustenanfälle/Schmerzen *pl*

spas·mod·ic [spæzˈmɒdɪk] *adj* ❶ MED krampfartig ❷ *(fig: occasional)* sporadisch ❸ *(fig, pej: erratic)* schwankend

spas·tic ['spæstɪk] **I.** *adj* ❶ MED *(dated)* spastisch *fachspr* ❷ *(fig, pej! sl: stupid)* schwach **II.** *n* ❶ MED *(dated)* Spastiker(in) *m(f)* *fachspr* ❷ *(pej! sl)* Spastiker(in) *m(f)*

spat¹ [spæt] *vt, vi pt, pp of* **spit**

spat² [spæt] **I.** *n (fam)* Krach *m* **II.** *vi* <-tt-> [sich] streiten [*o* zanken]

spate [speɪt] *n* ❶ *esp* BRIT *(flood)* **to be in full ~** Hochwasser führen ❷ *(fig: large number)* ■ **a ~ of sth** eine Flut [*o* Reihe] von etw *dat*

spa·tial [ˈspeɪʃᵊl] *adj* räumlich

spat·ter [ˈspætəʳ] **I.** *vt* bespritzen; **to ~ sb with water** jdn nass spritzen **II.** *vi* raindrops prasseln **III.** *n (dirt)* Spritzer *m; (sound)* Prasseln *nt kein pl*

spatu·la [ˈspætjələ] *n* ❶ ART, FOOD Spachtel *m o f* ❷ MED *(doctor's instrument)* Spatel *m o f*

spawn [spɔːn] **I.** *vt* ❶ *(lay eggs) fish, frog* ablegen ❷ *(fig: produce)* hervorbringen, produzieren ❸ *(pej: offspring)* erzeugen **II.** *vi* ❶ *frog* laichen ❷ *(fig: grow)* entstehen **III.** *n* <*pl* -> ❶ *no pl (eggs)* Laich *m* ❷ *(liter or pej: offspring)* Brut *f*

spay [speɪ] *vt animal* sterilisieren

speak <spoke, spoken> [spiːk] **I.** *vi* ❶ *(say words)* sprechen ❷ *(converse)* sich unterhalten; ■ **to ~ to** [*or esp* AM **with**] **sb** mit jdm reden; **to ~ on the telephone** telefonieren ❸ *(know language)* sprechen; **she ~s with an American accent** sie spricht mit amerikanischem Akzent ❹ + *adv (view)* **broadly ~ing** im Allgemeinen; **scientifically ~ing** wissenschaftlich gesehen; **strictly ~ing** genau genommen **II.** *vt* ❶ *(say)* sagen; **to not ~ a word** kein Wort herausbringen ❷ *(language)* sprechen; **to ~ English fluently** fließend Englisch sprechen ❸ *(represent)* **to ~ one's mind** sagen, was man denkt; **to ~ the truth** die Wahrheit sagen ◆ **speak against** *vi* ■ **to ~ against sth** sich gegen etw *akk* aussprechen ◆ **speak for** *vt* ❶ *(support)* ■ **to ~ for sb/sth** jdn/etw unterstützen ❷ *(represent)* ■ **to ~ for sb** in jds Namen sprechen; ■ **to ~ for oneself** für sich selbst sprechen ❸ *(allocated)* ■ **to be spoken for** [bereits] vergeben sein ▶ **~ for yourself!** *(hum, pej fam)* du vielleicht! ◆ **speak out** *vi* seine Meinung deutlich vertreten; ■ **to ~ out against sth** sich gegen etw *akk* aussprechen; ■ **to ~ out on sth** sich über etw *akk* äußern ◆ **speak up** *vi* ❶ *(raise voice)* lauter sprechen ❷ *(support)* seine Meinung sagen; **to ~ up for sb/sth** für jdn/etw eintreten

speak·er [ˈspiːkəʳ] *n* ❶ *(orator)* Redner(in) *m(f)* ❷ *(of language)* Sprecher(in) *m(f)*; **native ~** Muttersprachler(in) *m(f)* ❸ *(chair)* ■ **S~** Sprecher(in) *m(f)* ❹ *(loudspeaker)* Lautsprecher *m*

speak·ing [ˈspiːkɪŋ] **I.** *n no pl (act)* Sprechen *nt;* **(hold a speech)** Reden *nt* **II.** *adj attr (able to speak)* sprechend ▶ **to be on ~ terms** *(acquainted)* miteinander bekannt sein; **they are no longer on ~ with each other** sie reden nicht mehr miteinander

speak·ing 'clock *n* ❶ *(device)* sprechende Uhr ❷ BRIT *(service)* telefonische Zeitansage

'speak·ing part *n* Sprechrolle *f*

spear [spɪəʳ] **I.** *n* ❶ *(weapon)* Speer *m*, Lanze *f* ❷ BOT *(leaf)* Halm *m; (shoot)* Stange *f* **II.** *vt* aufspießen, durchbohren

'spear·head I. *n* ❶ *(point of spear)* Speerspitze *f* ❷ *(fig: leading group or thing)* Spitze *f* **II.** *vt (also fig)* anführen **'spear·mint** *n no pl* grüne Minze

spe·cial [ˈspeʃᵊl] **I.** *adj* ❶ *(more)* besondere(r, s); **to be in need of ~ attention** ganz besondere Aufmerksamkeit verlangen; **to pay ~ attention to sth** bei etw *dat* ganz genau aufpassen ❷ *(unusual)* besondere(r, s); *circumstances* außergewöhnlich; **~ case** Ausnahme *f;* **on ~ occasions** zu besonderen Gelegenheiten ❸ *(dearest)* beste(r, s); ■ **to be ~ to sb** jdm sehr viel bedeuten ❹ *attr (for particular purpose)* speziell; *(for particular use)* tyres, equipment Spezial- ❺ *(extra)* gesondert; **~ rates** besondere Tarife ❻ *attr* SCH Sonder-; **~ education** *(fam)* Sonder[schul]erziehung *f* **II.** *n* ❶ *esp* AM, AUS *(meal)* Tagesgericht *nt* ❷ *pl esp* AM *(bargains)* ■ **~s** Sonderangebote *pl*

'Spe·cial Branch *n no pl usu* BRIT ■ **the ~** der Sicherheitsdienst **spe·cial de·'liv·ery** *n* ❶ *no pl (service)* Eilzustellung *f* ❷ *(letter)* Eilbrief *m* **spe·cial e'di·tion** *n* Sonderausgabe *f* **spe·cial ef·'fect** *n usu pl* Spezialeffekt *m*, Special Effect *m fachspr*

spe·cial·ism [ˈspeʃᵊlɪzᵊm] *n* ❶ *no pl (studies)* Spezialisierung *f* ❷ *(speciality)* Spezialgebiet *nt*

spe·cial·ist [ˈspeʃᵊlɪst] **I.** *n* ❶ *(expert)* Fachmann, -frau *m, f,* Spezialist(in) *m(f)* **(in** für, **on** in) ❷ *(doctor)* Spezialist(in) *m(f)*, Facharzt, -ärztin, *m, f* **II.** *adj attr bookshop, knowledge* Fach-

spe·ci·al·ity [ˌspeʃiˈælɪti] *n esp* BRIT ❶ *(product, quality)* Spezialität *f* ❷ *(feature)* besonderes Merkmal; *(iron or pej)* Spezialität *f iron* ❸ *(skill)* Fachgebiet *nt*

spe·ciali·za·tion [ˌspeʃᵊlaɪˈzeɪʃᵊn] *n* ❶ *no pl (studies)* Spezialisierung *f* **(in** auf) ❷ *(skill)* Spezialgebiet *nt*

spe·cial·ize [ˈspeʃᵊlaɪz] *vi* sich spezialisieren **(in** auf) **spe·cial·ized** [ˈspeʃᵊlaɪzd] *adj* ❶ *(skilled)* spezialisiert; **~ knowledge** Fachwissen *f;* **~ skills** fachliche Fähigkeiten ❷ *(particular)* spezial; **~ magazine** Fachzeitschrift f **spe·cial·ly** ['speʃəli] adv ① (*specifically*) speziell, extra; ~ **designed/made** speziell angefertigt/hergestellt ② (*particularly*) besonders, insbesondere ③ (*very*) besonders **spe·cial 'of·fer** n Sonderangebot nt; ■ **on** ~ im Sonderangebot **spe·cial 'plead·ing** n no pl ① LAW Beibringung f neuen Beweismaterials ② (*unfair argument*) Berufung f auf einen Sonderfall **spe·cial·ty** n Am, Aus see **speciality**

spe·cies <pl -> ['spi:ʃi:z] n BIOL Art f, Spezies f fachspr

spe·cif·ic [spə'sɪfɪk] adj ① (*exact*) genau; **could you be a bit more ~?** könntest du dich etwas klarer ausdrücken? ② attr (*particular*) bestimmte(r, s), speziell; ~ **details** besondere Einzelheiten ③ (*characteristic*) spezifisch, typisch

spe·cif·i·cal·ly [spə'sɪfɪkli] adv ① (*particularly*) speziell, extra ② (*clearly*) ausdrücklich

speci·fi·ca·tion [ˌspesɪfɪ'keɪʃən] n ① (*specifying*) Angabe f ② (*plan*) detaillierter Entwurf; (*for building*) Bauplan m ③ no pl (*description*) genaue Angabe; (*for patent*) Patentschrift f; (*for machines*) Konstruktionsplan m ④ no pl (*function*) detaillierter Entwurf

speci·fy <-ie-> ['spesɪfaɪ] vt angeben; (*list in detail*) spezifizieren; (*list expressly*) ausdrücklich angeben

speci·men ['spesəmɪn] n ① (*example*) Exemplar nt; ~ **of earth** Bodenprobe f ② MED Probe f ③ (*usu pej fam: person*) Exemplar nt

spe·cious ['spi:ʃəs] adj (*pej form*) allegation, argument fadenscheinig

speck [spek] n ① (*spot*) Fleck m; of blood, mud Spritzer m, Sprenkel m ② (*stain*) Fleck m ③ (*particle*) Körnchen nt; (*fig*) **not a ~ of truth** kein Fünkchen Wahrheit

speck·le ['spekl] n Tupfen m, Sprenkel m **speck·led** ['spekld] adj gesprenkelt

specs[1] [speks] npl (*fam*) short for **specifications** technische Daten

specs[2] [speks] npl esp BRIT (*fam*) short for **spectacles** Brille f

spec·ta·cle ['spektəkl] n ① (*display*) Spektakel nt ② (*event*) Schauspiel nt geh, Spektakel nt pej; (*sight*) Anblick m

'spec·ta·cle case n BRIT Brillenetui nt

spec·ta·cled ['spektəkld] adj esp BRIT bebrillt

spec·ta·cles ['spektəklz] npl BRIT Brille f

spec·tac·u·lar [spek'tækjələʳ] adj ① (*wonderful*) dancer, scenery atemberaubend, großartig ② (*striking*) increase, failure, success spektakulär, sensationell

spec·ta·tor [spek'teɪtəʳ] n Zuschauer(in) m(f) (**at** bei)

spec·ter n Am see **spectre**

spec·tral ['spektrəl] adj (*ghostly*) geisterhaft, gespenstisch

spec·tre ['spektəʳ] n ① (*liter or old: ghost*) Gespenst nt ② (*fig liter: threat*) |Schreck|gespenst nt

spec·tro·scope ['spektrəskəup] n PHYS Spektroskop nt

spec·trum <pl -tra or -s> ['spektrəm, pl -trə] pl n ① PHYS (*band of colours*) Spektrum nt ② (*frequency band*) Palette f, Skala f ③ (*fig: range*) Spektrum nt

specu·late ['spekjəleɪt] vi spekulieren

specu·la·tion [ˌspekjə'leɪʃən] n ① (*guess*) Spekulation f, Vermutung f (**about** über) ② (*trade*) Spekulation f

specu·la·tive ['spekjələtɪv] adj ① (*conjectural*) spekulativ geh; PHILOS hypothetisch geh ② (*risky*) spekulativ

specu·la·tor ['spekjəleɪtəʳ] n Spekulant(in) m(f)

specu·lum <pl -ula> ['spekjələm, pl -jələ] n ① MED (*instrument*) Spekulum nt ② (*mirror*) [Metall]spiegel m

sped [sped] pt, pp of **speed**

speech <pl -es> [spi:tʃ] n ① no pl (*faculty of speaking*) Sprache f; (*act of speaking*) Sprechen nt; **in everyday ~** in der Alltagssprache ② no pl (*spoken style*) Sprache f, Redestil m ③ (*oration*) Rede f, (*shorter*) Ansprache f (**about/on** über); **acceptance ~** Aufnahmerede f; **freedom of ~** POL Redefreiheit f ④ of actor Rede f; (*longer*) Monolog m ⑤ no pl LING **direct/indirect ~** direkte/indirekte Rede

'speech act n LING Sprechakt m **'speech day** n BRIT Schulfeier f **'speech de·fect** n Sprachfehler m **speechi·fy** <-ie-> ['spi:tʃɪfaɪ] vi (*pej or hum*) salbadern pej fam; **please talk normally, don't ~!** bitte sprich normal und halte keine langen Reden! **'speech im·pedi·ment** n Sprachfehler m **speech·less** ['spi:tʃləs] adj ① (*shocked*) sprachlos ② (*mute*) stumm **'speech rec·og·ni·tion** n no pl COMPUT Spracherkennung f **'speech thera·pist** n Sprachtherapeut(in) m(f), Logopäde, Logopädin m, f **'speech thera·py** n Sprachtherapie f, Logopädie f **'speech writ·er** n Redenschreiber(in) m(f)

speed [spi:d] I. n ① (*velocity*) Geschwindigkeit f, Tempo nt; ~ **of light/sound** Licht-/Schallgeschwindigkeit f; **maximum ~** Höchstgeschwindigkeit f; **to gain ~** an Geschwindigkeit gewinnen; vehicle beschleunigen; person schneller werden; **to lower one's ~** seine Geschwindigkeit verringern; vehicle langsamer fahren; person langsamer werden ❷ *no pl* (*high velocity*) hohe Geschwindigkeit; **at ~** *esp* BRIT bei voller Geschwindigkeit; **at lightning ~** schnell wie der Blitz ❸ *no pl* (*quickness*) Schnelligkeit *f* ❹ TECH (*operating mode*) Drehzahl *f*; **full ~ ahead/astern!** NAUT volle Kraft voraus/achteraus! ❺ (*gear*) Gang *m* ❻ *no pl* (*sl: drug*) Speed *nt* ▸ **to bring sb/sth up to ~** *esp* BRIT (*update*) jdn/etw auf den neuesten Stand bringen; (*repair*) wieder zum Laufen bringen **II.** *vi* <sped, sped> ❶ (*rush*) sausen, flitzen; ■ **to ~ along** vorbeisausen ❷ (*drive too fast*) rasen **III.** *vt* <-ed *or* sped, -ed *or* sped> ❶ (*quicken*) beschleunigen ❷ (*transport*) ■ **to ~ sb somewhere** jdn schnell irgendwohin bringen ♦ **speed up I.** *vt* beschleunigen; ■ **to ~ up** ⟲ **sb** jdn antreiben **II.** *vi* ❶ (*accelerate*) beschleunigen, schneller werden; *person* sich beeilen ❷ (*improve*) sich verbessern, eine Steigerung erzielen

'speed·boat *n* Rennboot *nt* **'speed bump** *n* Bodenschwelle *f* **'speed cop** *n* (*fam*) Verkehrsbulle *m pej sl* **'speed dat·ing** *n no pl, no art* organisierte Partnersuche, wobei man mit jedem Kandidaten nur wenige Minuten spricht

speed·ing ['spiːdɪŋ] *n no pl* Geschwindigkeitsüberschreitung *f*, Rasen *nt*

'speed lim·it *n* Geschwindigkeitsbegrenzung *f*, Tempolimit *nt* **speed·om·eter** [spiːˈdɒmɪtəʳ] *n* Tachometer *m o nt*, Geschwindigkeitsmesser *m* **'speed skat·er** *n* Eisschnellläufer(in) *m(f)* **'speed skat·ing** *n* Eisschnelllauf *m* **'speed trap** *n* Radarfalle *f* **'speed·way** *n no pl* ❶ (*sport*) Speedwayrennen *nt* ❷ (*racetrack*) Speedwaybahn *f* ❸ AM (*highway*) Schnellstraße *f*

speedy ['spiːdi] *adj* schnell; *decision, solution, recovery also* rasch; *delivery, service* prompt

spe·leo·lo·gist [ˌspiːliˈɒlədʒɪst] *n* Höhlenforscher(in) *m(f)*

spe·leol·ogy [ˌspiːliˈɒlədʒi] *n no pl* Höhlenkunde *f*

spell[1] [spel] *n* (*state*) Zauber *m*, Bann *m geh*; (*words*) Zauberspruch *m*; **to be under a ~** unter einem Bann stehen; **to cast a ~ on sb** jdn verzaubern; **to be under sb's ~** (*fig*) von jdm verzaubert sein, in jds Bann stehen

spell[2] [spel] *n* ❶ (*period of time*) Weile *f*; **to go through a bad ~** eine schwierige Zeit durchmachen ❷ (*period of weather*) **~ of sunny weather** Schönwetterperiode *f*; **cold/hot ~** Kälte-/Hitzewelle *f*

spell[3] <spelled *or* BRIT *also* spelt, spelled *or* BRIT *also* spelt> [spel] **I.** *vt* ❶ (*using letters*) buchstabieren ❷ (*signify*) bedeuten **II.** *vi* (*in writing*) [richtig] schreiben; (*aloud*) buchstabieren; **to ~ incorrectly** Rechtschreibfehler machen ♦ **spell out** *vt* ❶ (*using letters*) buchstabieren ❷ (*explain*) klarmachen

spell·bind·ing ['spelbaɪndɪŋ] *adj film, performance, speech* fesselnd

spell·bound ['spelbaʊnd] *adj* gebannt, fasziniert; **to be ~ by sth** von etw *dat* wie verzaubert sein; **to hold sb ~** jdn fesseln

'spell-check·er *n* COMPUT Rechtschreibhilfe *f* **spell·er** ['spelər] *n* ❶ (*person*) **to be a good/weak ~** gut/schlecht in Orthographie sein ❷ AM (*spelling book*) Rechtschreib[e]buch *nt* **spell·ing** ['spelɪŋ] **I.** *n* ❶ *no pl* (*orthography*) Rechtschreibung *f*, Orthographie *f* ❷ (*activity*) Buchstabieren *nt* kein *pl* **II.** *adj attr* Rechtschreib-

spelt [spelt] *pp, pt of* **spell**

spend [spend] **I.** *vt* <spent, spent> ❶ (*pay out*) **to ~ money** Geld ausgeben (**on** für) ❷ (*pass time*) **to ~ time** Zeit verbringen; **my sister always ~s ages in the bathroom** meine Schwester braucht immer eine Ewigkeit im Bad; **to ~ time doing sth** Zeit damit verbringen, etw zu tun ❸ (*dedicate to*) **to ~ one's energy/one's money on sth** seine Energie/sein Geld in etw investieren **II.** *vi* <spent, spent> Geld ausgeben **III.** *n* BRIT Ausgabe *f*

spend·ing ['spendɪŋ] *n no pl* Ausgaben *pl* (**on** für)

'spend·ing cuts *npl* FIN Kürzungen *pl* **'spend·ing mon·ey** *n no pl* (*as allowance*) Taschengeld *nt*; (*for special circumstances*) frei verfügbares Geld **'spend·ing pow·er** *n no pl* ECON Kaufkraft *f* **'spend·ing spree** *n* Großeinkauf *m*

spend·thrift ['spen(d)θrɪft] (*pej*) **I.** *adj* (*fam*) verschwenderisch **II.** *n* (*fam*) Verschwender(in) *m(f)*

spent [spent] **I.** *pp, pt of* **spend II.** *adj* ❶ (*used up*) *match, cartridge* verbraucht; *creativity* verbraucht, versiegt ❷ (*tired*) *person* ausgelaugt; **to feel ~** sich erschöpft fühlen ■ **to be ~** (*without inspiration*) *poet, artist, musician* keine Ideen mehr haben

sperm <*pl* - *or* -s> [spɜːm] *n* ❶ (*male reproductive cell*) Samenzelle *f* ❷ (*fam: semen*) Sperma *m*

'sperm count *n* Spermienzählung *f* **'sperm do·nor** *n* Samenspender *m*

sper·mi·cide [ˌspɜːmɪˈsaɪd] *n* Spermizid *nt* **'sperm whale** *n* Pottwal *m*

spew [spjuː] **I.** *vt* ❶ (*emit*) ausspeien; *lava* auswerfen; *smoke* ausstoßen *fam*; *exhaust* ausstoßen ❷ (*vomit*) erbrechen; *blood* spucken **II.** *vi* ❶ (*flow out*) *exhaust, lava, gas* austreten; *ash, dust* herausgeschleudert werden;

flames hervorschlagen; *water* hervorsprudeln ❷ (*vomit*) erbrechen
sphere [sfɪəʳ] *n* ❶ (*round object*) Kugel *f*; (*representing earth*) Erdkugel *f*; (*celestial body*) Himmelskörper *m* ❷ (*area*) Bereich *m*, Gebiet *nt*; **social** ~ soziales Umfeld
spheri·cal [ˈsferɪkəl] *adj* kugelförmig
spice [spaɪs] I. *n* ❶ (*aromatic*) Gewürz *nt* ❷ *no pl* (*fig: excitement*) Pep *m* II. *vt* ❶ (*flavour*) würzen (**with** mit) ❷ (*fig: add excitement to*) aufpeppen *fam*
spick and 'span *adj* (*fam*) *house, kitchen* blitzsauber
spicy [ˈspaɪsi] *adj* ❶ *food* würzig; (*hot*) scharf ❷ (*fig: sensational*) *tale, story* pikant
spi·der [ˈspaɪdəʳ] *n* Spinne *f*
'spi·der's web, **'spi·der·web** *n* Spinnennetz *nt*
spi·dery [ˈspaɪdəri] *adj* (*like a spider*) *writing* krakelig; *drawing, design* fein, spinnwebartig; *arms, legs* spinnenhaft
spiel [ʃpiːl] *n* (*pej fam*) Leier *f*; **marketing/sales** ~ Marketing-/Verkaufsmasche *f*
spig·ot [ˈspɪgət] *n* ❶ (*stopper*) Zapfen *m* ❷ AM (*faucet*) Wasserhahn *m*
spike [spaɪk] I. *n* ❶ (*nail*) Nagel *m*; *of a rail* Spitze *f*; *of a plant, animal* Stachel *m* ❷ (*on shoes*) Spike *m* ❸ (*running shoes*) ■~ **s** *pl* Spikes *pl* ❹ AM (*stiletto heels*) ■~ **s** *pl* Pfennigabsätze *pl*, Bleistiftabsätze *pl* ÖSTERR II. *vt* ❶ (*with pointy object*) aufspießen ❷ JOURN (*fam: reject*) *article, story* ablehnen; (*stop*) *plan, project* einstellen ❸ (*fam: secretly add alcohol*) **to ~ sb's drink** einen Schuss Alkohol in jds Getränk geben
spiky [ˈspaɪki] *adj* ❶ (*with spikes*) *railing, wall, fence* mit Metallspitzen *nach n*; *branch, plant* dornig; *animal, bush* stachelig ❷ (*pointy*) *grass, leaf* spitz; *handwriting* steil; ~ **hair** Igelfrisur *f* ❸ (*fig: irritable*) *person* kratzbürstig *fam*
spill [spɪl] I. *n* ❶ (*spilled liquid*) Verschüttete(s) *nt*; (*pool*) Lache *f*; (*stain*) Fleck *m*; **oil ~** Ölteppich *m* II. *vt* <spilt *or* AM, AUS *usu* spilled, spilt *or* AM, AUS *usu* spilled> ❶ (*tip over*) verschütten ❷ (*scatter*) verstreuen ❸ (*fam: reveal*) ausplaudern ▸ **to ~ the beans** (*esp hum fam*) auspacken III. *vi* ❶ (*flow out*) *liquid* überlaufen; *flour, sugar* verschüttet werden ❷ (*fig: spread*) *crowd* strömen; *conflict, violence* sich ausbreiten ❸ (*fam: reveal secret*) auspacken ◆ **spill over** *vi* ❶ (*overflow*) überlaufen ❷ (*spread to*) ■ **to ~ over into sth** *conflict, violence* sich auf etw *akk* ausdehnen
spill·age [ˈspɪlɪdʒ] *n* ❶ *no pl* (*action*) Verschütten *nt*; *of a liquid* Vergießen *nt*; **chemical ~** Austreten *nt* von Chemikalien ❷ (*amount spilled*) verschüttete Menge
spilt [spɪlt] I. *pp, pt of* **spill** II. *adj* ▸ **don't cry over ~ milk** (*saying*) was passiert ist, ist passiert
spin [spɪn] I. *n* ❶ (*rotation*) Drehung *f*; **to send a car into a ~** ein Auto zum Schleudern bringen ❷ (*in washing machine*) Schleudern *nt* *kein pl* ❸ (*sharp decrease*) Absturz *m*; **to go into a ~** abstürzen ❹ *no pl* (*fam: positive slant*) **to put a ~ on sth** etw ins rechte Licht rücken ❺ (*drive*) Spritztour *f* *fam* ❻ *no pl* (*fam: nonsense*) Erfindung *f* II. *vi* <-nn-, spun *or* BRIT *also* span, spun> ❶ (*rotate*) *earth, wheel* rotieren; *washing machine* schleudern; **to ~ out of control** außer Kontrolle geraten ❷ (*fig: be dizzy*) **my head is ~ning** mir dreht sich alles *fam* ❸ (*fam: drive*) ■ **to ~ along** dahinsausen ❹ (*make thread*) spinnen III. *vt* <-nn-, spun *or* BRIT *also* span, spun> ❶ (*rotate*) *clothes* schleudern; *coin* werfen; *records* spielen ❷ (*give positive slant*) ins rechte Licht rücken ❸ (*make thread of*) spinnen ◆ **spin out** I. *vi* AM **to ~ out of control** *car* außer Kontrolle geraten II. *vt* (*prolong*) ■ **to ~ out** ◇ **sth** etw ausdehnen
spi·na bi·fi·da [ˌspaɪnəˈbɪfɪdə] *n no pl* MED Spina bifida *f*
spin·ach [ˈspɪnɪtʃ] *n no pl* Spinat *m*
spi·nal [ˈspaɪnəl] I. *adj muscle, vertebra* Rücken-; *injury* Rückgrat-, spinale(r, s) *fachspr*; *nerve, anaesthesia* Rückenmark[s]- II. *n* AM Spinalnarkose *f*
'spi·nal col·umn *n* Wirbelsäule *f* **'spi·nal cord** *n* Rückenmark *nt*
spin·dle [ˈspɪndl] *n* Spindel *f*
spin·dly [ˈspɪndli] *adj legs, stem* spindeldürr
'spin doc·tor I. *n* ≈ Pressesprecher(in) *m(f)*; POL *also* Spin-Doctor *m* II. *vt* (*fam*) ■ **to ~ sth** das Image einer S. *gen* aufpolieren *fig*
spin-'dry *vt clothes* schleudern **spin-'dry·er** *n* Wäscheschleuder *f*
spine [spaɪn] *n* ❶ (*spinal column*) Wirbelsäule *f*; **to send tingles up sb's ~** jdm wohlige Schauer über den Rücken jagen ❷ (*spike*) *of a plant, fish, hedgehog* Stachel *m* ❸ *of a book* [Buch]rücken *m* ❹ *no pl* (*fig: strength of character*) Rückgrat *nt*
spine-chil·ling [-ˌtʃɪlɪŋ] *adj film, tale* gruselig, Schauer- **spine·less** [ˈspaɪnləs] *adj* ❶ (*without backbone*) wirbellos; (*without spines*) *plant, fish* ohne Stacheln *nach n* ❷ (*fig, pej: weak*) *person* rückgratlos; **to be a ~ jellyfish** AM (*esp hum*) ein Mensch ohne Rückgrat sein
spin·ner [ˈspɪnəʳ] *n* ❶ (*for thread*) Spinner(in) *m(f)* ❷ (*spin-dryer*) Wäscheschleuder *f* ❸ (*in cricket*) Werfer, der den Bällen einen

Drall gibt ❹ (*fish bait*) Spinnköder *m*
spin·ney ['spɪnɪ] *n* BRIT Dickicht *nt*
spin·ning ['spɪnɪŋ] *n no pl* Spinnen *nt*; SPORTS Spinning *nt*
'spin·ning top *n* Kreisel *m* **'spin·ning wheel** *n* Spinnrad *nt*
'spin-off I. *n* ❶ (*by-product*) Nebenprodukt *nt* ❷ MEDIA, PUBL (*derived show*) Ableger *m*, Nebenprodukt *nt* ❸ ECON Firmenableger *m* **II.** *adj attr* **~ effect** Folgewirkung *f*
spin·ster ['spɪn(t)stə^r] *n* (*usu pej*) alte Jungfer *veraltet*
spiny ['spaɪnɪ] *adj* ❶ BIOL stach[e]lig, Stachel-; *plant also* dornig ❷ (*fig: difficult*) heikel
spiny 'lob·ster *n* Gemeine Languste
spi·ral ['spaɪərəl] **I.** *n* Spirale *f* **II.** *adj attr* spiralförmig **III.** *vi* <BRIT -ll- *or* AM *usu* -l-> ❶ (*move up*) sich hochwinden; *smoke, hawk* spiralförmig aufsteigen; (*move down*) *smoke, hawk* spiralförmig absteigen ❷ (*fig: increase*) ansteigen
spire [spaɪər] *n* Turmspitze *f*
spir·it ['spɪrɪt] *n* ❶ (*sb's soul*) Geist *m* ❷ (*ghost*) Geist *m*, Gespenst *nt* ❸ (*the Holy Spirit*) ■ **the S~** der Heilige Geist ❹ *no pl* (*mood*) Stimmung *f*; *team* **~** Teamgeist *m* ❺ (*mood*) ■ **to lift sb's ~s** jds Stimmung heben ❻ (*person*) Seele *f* ❼ *no pl* (*character*) Seele *f*; **to have a broken ~** seelisch gebrochen sein; **to be young in ~** geistig jung geblieben sein ❽ *no pl* (*vitality*) Temperament *nt*; *of a horse* Feuer *nt*; **with ~** voller Enthusiasmus; *horse* feurig ❾ (*whisky, rum, etc.*) ■ **~s** *pl* Spirituosen *pl* ❿ (*alcoholic solution*) Spiritus *m*
spir·it·ed ['spɪrɪtɪd] *adj* (*approv*) temperamentvoll; *discussion* lebhaft; *horse* feurig; *person* beherzt; *reply* mutig **spir·it·less** ['spɪrɪtləs] *adj* (*pej*) schwunglos; *person, performance, book* saft- und kraftlos; *answer, defence, reply* lustlos
'spir·it lev·el *n* Wasserwaage *f*
spir·itu·al ['spɪrɪtʃuəl] **I.** *adj* ❶ (*relating to the spirit*) geistig, spirituell ❷ REL *leader* religiös **II.** *n* MUS Spiritual *nt*
spir·itu·al·ism ['spɪrɪtʃuəlɪzəm] *n no pl* ❶ (*communication with dead*) Spiritismus *m* ❷ PHILOS Spiritualismus *m*
spit¹ [spɪt] *n* ❶ (*rod for roasting*) Bratspieß *m* ❷ (*beach*) Sandbank *f*
spit² [spɪt] **I.** *n* (*fam*) Spucke *f* **II.** *vi* <-tt-, spat *or* spit, spat *or* spit> ❶ (*expel saliva*) spucken; ■ **to ~ at sb** jdn anspucken ❷ (*fig: be angry*) ■ **to ~ with anger/frustration/fury** vor Ärger/Enttäuschung/Wut schäumen ❸ *impers* (*fam: raining*) **it is ~ting [with rain]** es tröpfelt ❹ (*crackle*) *bacon, fat* brutzeln; *fire* zischen; (*hiss*) *cat* fauchen **III.** *vt* <-tt-, spat *or* spit, spat *or* spit> (*out of mouth*) ausspucken ◆ **spit out** *vt* ❶ (*from mouth*) ausspucken ❷ (*fig: say angrily*) fauchen, pfauchen ÖSTERR, SÜDD; **come on, ~ it out!** (*fam*) jetzt spuck's schon aus!

spite [spaɪt] **I.** *n no pl* ❶ (*desire to hurt*) Bosheit *f* ❷ (*despite*) ■ **in ~ of sth** trotz einer S. *gen* **II.** *vt* ärgern
spite·ful ['spaɪtfəl] *adj* gehässig
spit·ting 'im·age *n* Ebenbild *nt*
spit·tle ['spɪtl] *n no pl* Spucke *f fam*
spit·toon [sprˈtuːn] *n* Spucknapf *m*
splash [splæʃ] **I.** *n* <*pl* -es> ❶ (*sound*) Platschen *nt kein pl* ❷ (*water*) Spritzer *m* ❸ (*small amount*) *of sauce, dressing, gravy* Klecks *m fam*; *of water, lemonade, juice* Spritzer *m* **II.** *vt* ❶ (*scatter liquid*) verspritzen; **~ a little paint on that wall** klatsch etwas Farbe auf die Wand *fam* ❷ (*spray*) bespritzen ❸ (*fig: print prominently*) **her picture was ~ed all over the newspapers** ihr Bild erschien groß in allen Zeitungen **III.** *vi* ❶ (*hit ground*) *rain, waves* klatschen; *tears* tropfen ❷ (*play in water*) ■ **to ~ [about]** [herum]planschen ❸ (*spill*) spritzen ◆ **splash down** *vi* AEROSP wassern ◆ **splash out** *vi* BRIT, AUS ■ **to ~ out on sth** Geld für etw *akk* hinauswerfen
'splash·board *n* ❶ (*on vehicle, in kitchen*) Spritzschutz *m* ❷ (*on boat*) Wellenbrecher *m*
'splash-down *n* AEROSP Wasserung *f*
splat [splæt] (*fam*) **I.** *n no pl* Klatschen *nt*, Platschen *nt* **II.** *adv* klatsch, platsch **III.** *vt* <-tt-> *bug, fly* totklatschen *fam*
splat·ter ['splætər] **I.** *vt* bespritzen; **her photograph was ~ed across the front pages of newspapers** (*fig*) ihr Bild prangte groß auf allen Titelseiten **II.** *vi* spritzen
splay [spleɪ] **I.** *vt one's fingers, legs* spreizen **II.** *vi* ■ **to ~ out** *legs, fingers* weggestreckt sein; *river, pipe* sich weiten **III.** *n* (*in road*) Abschrägung *f*, Neigung *f*; (*in window opening*) Ausschrägung *f*
spleen [spliːn] *n* ❶ ANAT Milz *f* ❷ *no pl esp* BRIT, AUS (*fig: anger*) Wut *f*; **to vent one's ~ on sb** seine Wut an jdm auslassen
splen·did ['splendɪd] *adj* großartig *a. iron*
splen·dif·er·ous [splenˈdɪfrəs] *adj* (*hum fam*) prächtig
splen·dour ['splendər] *n*, AM **splen·dor** *n* ❶ *no pl* (*beauty*) Pracht *f* ❷ (*beautiful things*) ■ **~s** *pl* Herrlichkeiten *pl*
splice [splaɪs] **I.** *vt* ❶ (*unite*) DNA, *wires* verbinden; *rope* spleißen; ■ **to ~ sth ⟲ together** etw zusammenfügen ❷ (*fig fam*) **to get ~d** heiraten **II.** *n* Verbindung *f*; *of ropes* Spleiß *m*
splint [splɪnt] *n* ❶ MED Schiene *f* ❷ (*for light-*

ing fire) Splintkohle *f* ❹ (*for basket weaving*) Span *m*

splin·ter ['splɪntə'] **I.** *n* Splitter *m*; ~ [of wood] Holzsplitter *m*, Schiefer *m* ÖSTERR **II.** *vi* splittern; **the conservatives have ~ed into several smaller political parties** (*fig*) die Konservativen sind in mehrere kleinere Parteien zersplittert

'**splin·ter group**, '**splin·ter par·ty** *n* POL Splittergruppe *f*

split [splɪt] **I.** *n* ❶ (*crack*) Riss *m* (**in** in); (*in wall, cement, wood*) Spalt *m* ❷ (*division in opinion*) Kluft *f*; POL Spaltung *f* ❸ (*marital separation*) Trennung *f* ❹ (*share*) Anteil *m*; **a two/three/four-way ~** eine Aufteilung in zwei/drei/vier Teile ❺ (*with legs*) **to do the ~s** [einen] Spagat machen **II.** *vt* <-tt-, split, split> ❶ (*divide*) **to ~ sth in half** etw halbieren; **to ~ sth down the middle** etw in der Mitte [durch]teilen ❷ (*fig: create division*) group, party spalten; ■ **to be ~ over sth** in etw *dat* gespalten sein ❸ (*rip, crack*) seam aufplatzen lassen; **to ~ one's head open** sich *dat* den Kopf aufschlagen **III.** *vi* <-tt-, split, split> ❶ (*divide*) wood, stone [entzwei]brechen; seam, cloth platzen; hair splissen; **to ~ into groups** sich aufteilen; **to ~ open** aufplatzen, aufbrechen ❷ (*become splinter group*) sich trennen ◆ **split off I.** *vt* (*break off*) abbrechen; (*with axe*) abhacken; (*separate*) abtrennen **II.** *vi* (*become detached*) rock, brick sich lösen ❷ (*leave*) ■ **to ~ off from sth** party, group, faction sich von etw *dat* abspalten ◆ **split up I.** *vt* ❶ (*share*) money, work aufteilen ❷ (*separate*) a group, team teilen **II.** *vi* ❶ (*divide up*) sich teilen; **to ~ up into groups** sich in Gruppen aufteilen ❷ (*end relationship*) sich trennen; ■ **to ~ up with sb** sich von jdm trennen

split in·'fini·tive *n* LING gespaltener Infinitiv
'**split-lev·el I.** *adj* mit Zwischengeschossen nach *n* **II.** *n* Haus *nt* mit Zwischengeschossen **split 'pea** *n* Schälerbse *f* **split per·son·'al·i·ty** *n* gespaltene Persönlichkeit **split 'screen** *n* geteilter Bildschirm
'**split·ting 'head·ache** *n* (*fam*) rasende Kopfschmerzen *pl*
'**split-up** *n* Trennung *f*

splodge [splɒdʒ] **I.** *n esp* BRIT (*fam*) of paint, colour Klecks *m*; of ketchup, blood, grease, mud Fleck *m* **II.** *vt esp* BRIT (*fam*) bespritzen

splotch [splɒtʃ] *esp* AM, AUS **I.** *n* (*fam*) ❶ (*mark*) of paint, colour Klecks *m*; of ketchup, blood Fleck *m*; (*daub*) of whipped cream Klacks *m*, Klecks *m* ❷ (*rash*) Fleck *m* **II.** *vt* (*fam*) bespritzen

splurge [splɜːdʒ] (*fam*) **I.** *vt* **to ~ money/ one's savings/$100 on sth** Geld/sein Gespartes/$100 für etw *akk* verprassen **II.** *vi* prassen *fam*; ■ **to ~ on sth** viel Geld für etw *akk* ausgeben **III.** *n* Prasserei *f fam*; **to go on a ~** groß einkaufen gehen

splut·ter ['splʌtə'] **I.** *vi* ❶ (*make noises*) stottern ❷ (*spit*) spucken ❸ (*backfire*) car, lorry stottern; (*make crackling noise*) fire zischen **II.** *vt* ❶ (*say*) **to ~ an excuse** eine Entschuldigung hervorstoßen; "**well I never!**" **she ~ed** „na so was!" platzte sie los ❷ (*spit out*) water ausspucken **III.** *n* of a person Prusten *nt kein pl*; of a car Stottern *nt kein pl*; of fire Zischen *nt kein pl*

spoil [spɔɪl] **I.** *n* ❶ *no pl* (*debris*) Schutt *m* ❷ (*profits*) ■ **~s** *pl* Beute *f kein pl* ❸ AM POL (*advantages*) ■ **~s** *pl* Vorteile *pl* **II.** *vt* <spoiled *or* BRIT *usu* spoilt, spoiled *or* BRIT *usu* spoilt> ❶ (*ruin*) verderben; **to ~ sb's chances for sth** jds Chancen für etw *akk* ruinieren; **to ~ the coastline** die Küste verschandeln *fam* ❷ (*treat well*) verwöhnen; **to ~ a child** (*pej*) ein Kind verziehen; **to be spoilt for choice** eine große Auswahl haben **III.** *vi* <spoiled *or* BRIT *usu* spoilt, spoiled *or* BRIT *usu* spoilt> food schlecht werden, verderben; milk sauer werden

spoil·er ['spɔɪlə'] *n* of aeroplane Unterbrecherklappe *f*; of car Spoiler *m*
'**spoil·sport** ['spɔɪlspɔːt] *n* (*pej fam*) Spielverderber(in) *m(f)*

spoilt [spɔɪlt] **I.** *vt, vi esp* BRIT *pp, pt of* **spoil II.** *adj* appetite verderben; view, coastline verschandelt *fam*; meat, milk verdorben; child verwöhnt; (*pej*) verzogen

spoke¹ [spəʊk] *n* Speiche *f* ▶ **to put a ~ in sb's wheel** BRIT jdm einen Knüppel zwischen die Beine werfen

spoke² [spəʊk] *pt of* **speak**

spok·en [spəʊk¨n] **I.** *pp of* **speak II.** *adj* ❶ *attr* (*not written*) gesprochen ❷ *pred* (*sold*) ■ **to be ~ for** verkauft sein ❸ *pred* (*involved in relationship*) ■ **to be ~ for** person vergeben sein *hum*

spokes·man ['spəʊks-] *n* Sprecher *m*
'**spokes·per·son** <*pl* -people> *n* Sprecher(in) *m(f)*
'**spokes·wom·an** *n* Sprecherin *f*

sponge [spʌndʒ] **I.** *n* ❶ (*foam cloth*) Schwamm *m* ❷ (*soft cake*) Rührkuchen *m*; (*without fat*) Biskuit[kuchen] *m* ❸ (*fam: parasitic person*) Schnorrer(in) *m(f)* **II.** *vt* ❶ (*clean*) [mit einem Schwamm] abwischen ❷ (*get for free*) **to ~ cigarettes/lunch/ money off of sb** von jdm Zigaretten/ein Mittagessen/Geld schnorren

sponge down, sponge off *vt* ■ **to ~ down** ○ sth etw schnell [mit einem Schwamm] abwaschen; ■ **to ~ down** ○ sb jdn schnell [mit einem Schwamm] waschen

'sponge bag *n* BRIT, AUS Waschbeutel *m*

'sponge bath *n* AM **to give oneself/sb a ~** sich/jdn mit einem Schwamm waschen

'sponge cake *n* Biskuitkuchen *m*

spong·er ['spʌndʒəʳ] *n* (*pej*) Schmarotzer(in) *m(f)*

spon·gy ['spʌndʒi] *adj* schwammig; *grass, moss* weich, nachgiebig; *pudding* locker

spon·sor ['spɒn(t)səʳ] **I.** *vt* ❶ (*support*) *person* sponsern; *government* unterstützen ❷ POL (*host*) **to ~ negotiations/talks** die Schirmherrschaft über Verhandlungen/Gespräche haben **II.** *n* ❶ (*supporter*) Sponsor(in) *m(f)*; *of a charity* Förderer, Förderin *m, f*; *of a match, event* Sponsor(in) *m(f)*; *of a bill* Befürworter(in) *m(f)* ❷ (*host*) Schirmherr(in) *m(f)* ❸ REL Pate, Patin *m, f*

spon·sor·ship ['spɒn(t)səʃɪp] *n no pl* (*by corporation, people*) Unterstützung *f*; (*at fund-raiser*) Förderung *f*; POL *of a match, event* Sponsern *nt*; *of a bill* Befürwortung *f*; *of negotiations* Schirmherrschaft *f*; **to get ~** gefördert werden

spon·ta·neity [ˌspɒntə'neɪəti] *n no pl* (*approv*) Spontaneität *f*

spon·ta·neous [spɒn'teɪniəs] *adj* ❶ (*unplanned*) spontan ❷ (*approv: unrestrained*) impulsiv ❸ MED Spontan-

spoof [spu:f] **I.** *n* ❶ (*satire*) Parodie *f* ❷ (*trick*) Scherz *m* **II.** *vt* ❶ (*do satire of*) parodieren ❷ (*fam: imitate mockingly*) nachäffen ❸ AM (*fam: trick*) ■ **to ~ sb** jdn auf die Schippe nehmen

spook [spu:k] **I.** *n* ❶ (*fam: ghost*) Gespenst *nt* ❷ AM (*fam: spy*) Spion(in) *m(f)* **II.** *vt esp* AM ❶ (*scare*) erschrecken; (*make uneasy*) beunruhigen

spooki·ness ['spu:kinəs] *n* (*fam*) gespenstische [*o* unheimliche] Stimmung

spooky ['spu:ki] *adj* (*fam: scary*) schaurig; *house, woods, person* unheimlich; *story, film, novel* gespenstisch; *feeling* eigenartig; (*weird*) sonderbar, eigenartig

spool [spu:l] **I.** *n* Rolle *f* **II.** *vt* ❶ (*wind*) *cassette, thread* aufspulen ❷ COMPUT *file* spulen

spoon [spu:n] **I.** *n* ❶ (*for eating*) Löffel *m* ❷ (*spoonful*) Löffel *m* **II.** *vt* ❶ (*with a spoon*) löffeln ❷ SPORTS **to ~ the ball** den Ball schlenzen

'spoon·bill ['spu:nbɪl] *n* ORN Löffelreiher *m*

'spoon-feed <-fed, -fed> ['spu:nfi:d] *vt* ■ **to ~ sb** ❶ (*feed with spoon*) jdm mit einem Löffel füttern ❷ (*supply*) jdm alles vorgeben

spoon·ful <*pl* -s *or* spoonsful> ['spu:nfʊl] *n* Löffel *m*

spo·rad·ic [spəˈrædɪk] *adj* sporadisch

spore [spɔːʳ] *n* BIOL Spore *f*

spor·ran [ˈspɒrən] *n* SCOT Felltasche *f* (*die über dem Schottenrock getragen wird*)

sport [spɔːt] **I.** *n* ❶ (*game*) Sport *m*; (*type of*) Sportart *f*; **indoor ~** Hallensport *m*; **outdoor ~** Sport *m* im Freien ❷ *no pl* BRIT, AUS ■ AM **~s** *pl* (*athletic activity*) Sport *m*; **to be good/bad at ~** sportlich/unsportlich sein; **to play ~** Sport treiben ❸ (*fam: co-operative person*) **to be a bad ~** ein Spielverderber/eine Spielverderberin sein ❹ AUS (*form of address*) **hello ~** na, Sportsfreund *fam* **II.** *vt* (*esp hum*) ■ **to ~ sth** (*wear*) etw tragen; **to ~ a black eye/a huge moustache** mit einem blauen Auge/einem riesigen Schnurrbart herumlaufen *fam*

sport·ing ['spɔːtɪŋ] *adj* SPORTS ❶ *attr* (*involving sports*) Sport- ❷ (*approv dated: fair*) fair; (*nice*) anständig

'sports car *n* Sportwagen *m* **'sports·cast** *n esp* AM Sportübertragung *f* **'sports·cast·er** *n esp* AM Sportreporter(in) *m(f)* **'sports day** *n* BRIT SCH Sportfest *nt* **'sports field**, **'sports ground** *n* Sportplatz *m* **'sports jack·et** *n* Sportsakko *m* **'sports·man** *n* Sportler *m* **'sports·man·like** *adj* fair **'sports·man·ship** *n no pl* Fairness *f* **'sports page** *n* Sportseite *f* **'sports·wear** *n no pl* Sportkleidung *f* **'sports·wom·an** *n* Sportlerin *f* **'sports writ·er** *n* Sportjournalist(in) *m(f)*

sporty ['spɔːti] *adj* ❶ (*athletic*) sportlich ❷ (*fast*) *car* schnell

spot [spɒt] **I.** *n* ❶ (*mark*) Fleck *m* ❷ (*dot*) Punkt *m*; (*pattern*) Tupfen *m* ❸ BRIT (*pimple*) Pickel *m*; (*pustule*) Pustel *f* ❹ *esp* BRIT (*little bit*) ein wenig [*o* bisschen]; **shall we stop for a ~ of lunch?** sollen wir schnell eine Kleinigkeit zu Mittag essen? ❺ (*place*) Stelle *f*; **on the ~** an Ort und Stelle ❻ TV, RADIO Beitrag *m* ▶ **to put sb on the ~** jdn in Verlegenheit bringen **II.** *vt* <-tt-> ❶ (*detect*) entdecken; ■ **to ~ sb doing sth** jdn bei etw *dat* erwischen; (*notice*) ■ **to ~ that ...** bemerken, dass ...

spot 'cash *n no pl* FIN, COMM Sofortliquidität *f* **spot 'check** *n* Stichprobe *f*

spot·less ['spɒtləs] *adj* ❶ (*clean*) makellos ❷ (*unblemished*) untadelig, makellos, tadellos

'spot·light ['spɒtlaɪt] **I.** *n* Scheinwerfer *m*; **to be in the ~** (*fig*) im Rampenlicht stehen **II.** *vt* <-lighted *or* -lit, -lighted *or* -lit> ❶ **to ~ sth** etw beleuchten; (*fig*) auf etw *akk* aufmerksam machen **'spot mar·ket** *n* FIN Lokomarkt *m* *fachspr* **spot-'on** *adj pred* BRIT, AUS (*fam*)

spot price n FIN Lokopreis m fachspr

spot·ted ['spɒtɪd] adj ❶ (pattern) getupft, gepunktet ❷ pred (covered) ■ **to be ~ with sth** mit etw dat gesprenkelt sein

spot·ter ['spɒtə'] n SPORTS Stütze f

spot·ty ['spɒti] adj ❶ BRIT, AUS (pimply) pickelig ❷ AM, AUS (patchy) bescheiden iron

spouse [spaʊs] n (form) [Ehe]gatte, -gattin m, f

spout [spaʊt] I. n ❶ (opening) Ausguss m; of a teapot, jug Schnabel m ❷ (discharge) Strahl m ▸ **to be up the ~** BRIT, AUS (sl: spoiled) im Eimer sein II. vt ❶ (pej: hold forth) faseln fam; **to ~ facts and figures** mit Fakten und Zahlen um sich akk werfen fam ❷ (discharge) speien III. vi ❶ (pej: hold forth) Reden schwingen fam ❷ (gush) hervorschießen

sprain [spreɪn] I. vt ■ **to ~ sth** sich dat etw verstauchen; **to ~ one's ankle** sich dat den Knöchel verstauchen II. n Verstauchung f

sprang [spræŋ] vi, vt pt of **spring**

sprat [spræt] n Sprotte f

sprawl [sprɔːl] I. n ❶ no pl (slouch) **to lie in a ~** ausgestreckt daliegen ❷ usu sing (expanse) Ausdehnung f; **urban ~** (town) riesiges Stadtgebiet; (area) Ballungsraum m II. vi ❶ (slouch) ■ **to ~ on sth** auf etw dat herumlümmeln pej fam ❷ (expand) sich ausbreiten

sprawl·ing ['sprɔːlɪŋ] adj (pej) ❶ (expansive) ausgedehnt ❷ (irregular) unregelmäßig

spray[1] [spreɪ] I. n ❶ no pl (mist, droplets) Sprühnebel m; of fuel, water Wolke f; of water Gischt m o f ❷ (spurt) of perfume Spritzer m; **~ of bullets** (fig) Kugelhagel m ❸ (aerosol) Spray m o nt ❹ (sprinkler) Sprühvorrichtung f; (for irrigation) Bewässerungsanlage f II. vt ❶ (cover) besprühen; plants spritzen; **the car was ~ed with bullets** (fig) das Auto wurde von Kugeln durchsiebt ❷ (disperse in a mist) sprühen; (in a spurt) spritzen ❸ (draw, write) ■ **to ~ sth on sth** etw mit etw dat besprühen ❹ (shoot all around) **to ~ sb with bullets** jdn mit Kugeln durchsieben III. vi spritzen

spray[2] [spreɪ] n ❶ (branch) Zweig m ❷ (bouquet) Strauß m

'spray gun n Spritzpistole f

spread [spred] I. n ❶ (act of spreading) Verbreitung f ❷ (range) Vielfalt f ❸ JOURN Doppelseite f ❹ (soft food to spread) Aufstrich m ❺ AM (ranch) Ranch f; (farm) Farm f ❻ BRIT, AUS (dated fam: meal) Mahl nt II. vt <spread, spread> ❶ (extend over larger area) fire sich ausbreiten; news, panic sich verbreiten; **to ~ like wildfire** sich wie ein Lauffeuer verbreiten ❷ (stretch) sich erstrecken ❸ FOOD sich streichen lassen III. vt <spread, spread> ❶ (open, extend) arms, papers, wings ausbreiten; net auslegen ❷ (cover with spread) **to ~ toast with jam** Toast mit Marmelade bestreichen ❸ (distribute) sand verteilen; fertilizer streuen; disease übertragen; panic verbreiten ❹ (make known) rumour verbreiten; **to ~ the word** es allen mitteilen

spread-eagled [-'iːgld] adj ausgestreckt

'spread·sheet n Tabellenkalkulation f

spree [spriː] n Gelage nt; **killing ~** Gemetzel nt; **shopping ~** Einkaufstour f

sprig [sprɪg] n Zweig m

spright·ly ['spraɪtli] adj munter; old person rüstig

spring [sprɪŋ] I. n ❶ (season) Frühling m; **in the ~** im Frühling ❷ TECH (part in machine) Feder f ❸ (elasticity) Sprungkraft f, Elastizität f; **to have a ~ in one's step** beschwingt gehen ❹ (source of water) Quelle f II. vi <sprang or AM also sprung, sprung> ❶ (move quickly) springen; **to ~ into action** den Betrieb aufnehmen; **to ~ shut** zufallen ❷ (suddenly appear) auftauchen; **to ~ to mind** in den Kopf schießen III. vt ❶ (operate) auslösen; **to ~ a trap** eine Falle zuschnappen lassen ❷ (suddenly do) **to ~ a trick on sb** jdm einen unverhofften Streich spielen ❸ (provide with springs) federn ◆**spring back** vi zurückschnellen

spring 'bal·ance n Federwaage f **'spring·board** n (also fig) Sprungbrett nt a. fig

spring-'clean I. vi Frühjahrsputz machen II. vt **to ~ a house/room** in einem Haus/einem Zimmer Frühjahrsputz machen

spring-'clean·ing n no pl Frühjahrsputz m

spring 'on·ion n BRIT, AUS Frühlingszwiebel f **spring 'roll** n Frühlingsrolle f **'spring·time** n no pl Frühling m; **in [the] ~** im Frühling

springy ['sprɪŋi] adj federnd attr, elastisch

sprin·kle ['sprɪŋkl] I. vt ❶ (scatter) streuen (**on** auf) ❷ (cover) bestreuen (**with** mit); (with a liquid) besprengen (**with** mit) ❸ (water) **to ~ the lawn** den Rasen sprengen II. n usu sing **a ~ of rain/snow** leichter Regen/Schneefall

sprin·kler ['sprɪŋklə'] n ❶ AGR Beregnungsanlage f; (for a lawn) Sprinkler m ❷ (for fires) Sprinkler m; **■ ~ s pl** (system) Sprinkleranlage f

sprin·kling ['sprɪŋklɪŋ] n ❶ see **sprinkle** ❷ usu sing (light covering) **top each ice cream with a generous ~ of fresh mint**

bestreuen Sie jedes Eis mit reichlich frischer Minze; **a ~ of salt** eine Prise Salz ❸ *usu sing* (*smattering*) ■ **a ~ of ...** ein paar ...

sprint [sprɪnt] **I.** *vi* sprinten **II.** *n* ❶ SPORTS Sprint *m*; **100-metre ~** Hundertmeterlauf *m*, 100-m-Lauf *m* ❷ BRIT, AUS (*dash*) Sprint *m*; **to break into a ~** zu sprinten beginnen

sprint·er ['sprɪntə^r] *n* Sprinter(in) *m(f)*

sprite [spraɪt] *n* (*liter*) Naturgeist *m*; **sea** [*or* **water**] **~** Wassergeist *m*

sprock·et ['sprɒkɪt], **sprock·et wheel** *n* Zahnrad *nt*

sprog [sprɒg] *n* BRIT, AUS (*sl*) Balg *nt o nt meist pej fam*

sprout [spraʊt] **I.** *n* ❶ (*shoot*) Spross *m* ❷ *esp* BRIT (*vegetable*) Rosenkohl *m kein pl* **II.** *vi* ❶ (*grow*) sprießen *geh*, wachsen ❷ (*germinate*) keimen **III.** *vt* **he's beginning to ~ a beard** er bekommt einen Bart; **to ~ buds/flowers/leaves** BOT Knospen/ Blüten/Blätter treiben ◆ **sprout up** *vi* aus dem Boden schießen

spruce[1] [spru:s] *n* Fichte *f*

spruce[2] [spru:s] *adj* adrett

spruce up *vt* ❶ (*tidy*) auf Vordermann bringen *fam*; ■ **to ~ up** ⟲ **oneself** sich zurechtmachen ❷ (*improve*) aufpolieren *fam*

sprung [sprʌŋ] **I.** *adj* BRIT gefedert **II.** *pp*, *pt* of **spring**

spry [spraɪ] *adj* agil *geh*; *old person* rüstig

spud [spʌd] *n* BRIT (*fam*) Kartoffel *f*, Erdapfel *m* DIAL, ÖSTERR

spun [spʌn] *pp*, *pt* of **spin**

spunk [spʌŋk] *n* ❶ *no pl* (*dated fam: bravery*) Mumm *m fam* ❷ *no pl* (*vulg*, *sl: semen*) Sperma *nt* ❸ AUS (*fam: hunk*) attraktiver Mann

spur [spɜ:^{r}] **I.** *n* ❶ (*on a heel*) Sporn *m* ❷ (*fig: encouragement*) Ansporn *m kein pl* (**to** zu) ❸ FIN (*incentive*) Anreiz *m* ▶ **on the ~ of the moment** spontan **II.** *vt* <-rr-> ❶ (*encourage*) anspornen; ■ **to ~ sb** [**to do sth**] (*persuade*) jdn bewegen[, etw zu tun]; (*incite*) jdn anstachel[n], etw zu tun]; **to ~ the economy** die Wirtschaft ankurbeln (*urge to go faster*) **to ~ a horse** einem Pferd die Sporen geben

spu·ri·ous ['spjʊəriəs] *adj* falsch

spurn [spɜ:n] *vt* (*form*) zurückweisen; (*contemptuously*) verschmähen *geh*

spurt [spɜ:t] **I.** *n* ❶ (*jet*) Strahl *m* ❷ (*surge*) Schub *m*; **to do sth in ~s** etw schubweise machen ❸ (*run*) **to put on a ~** einen Spurt hinlegen **II.** *vi* [ver]spritzen **III.** *vi* ❶ (*fig: increase by*) plötzlich steigen ❷ (*gush*) spritzen

sput·ter ['spʌtə^r] **I.** *n* Knattern *nt kein pl*, Stottern *nt kein pl*; **to give a ~** stottern **II.** *vi* zischen; (*car, engine*) stottern **III.** *vt* heraussprudeln; (*stutter*) stottern

spu·tum ['spju:təm] *n no pl* MED Schleim *m*, Sputum *nt fachspr*

spy [spaɪ] **I.** *n* Spion(in) *m(f)* **II.** *vi* ❶ (*gather information*) spionieren; ■ **to ~ on sb** jdm nachspionieren ❷ (*peep*) ■ **to ~ into sth** in etw *akk* spähen **III.** *vt* (*see*) sehen; (*spot*) entdecken

'spy·glass *n* Fernglas *nt* **'spy·hole** *n* BRIT, AUS Guckloch *nt*, Spion *m* **'spy sat·el·lite** *n* Spionagesatellit *m*

sq *n abbrev of* **square** Pl.

squab·ble ['skwɒbl] **I.** *n* Zankerei *f*, Streiterei *f* **II.** *vi* sich zanken (**over**/**about** um)

squad [skwɒd] *n* + *sing/pl vb* ❶ (*group*) Einheit *f* ❷ SPORTS Mannschaft *f* ❸ MIL Gruppe *f*, Trupp *m*

'squad car *n* BRIT Streifenwagen *m* **squad·die** ['skwɒdi] *n* BRIT (*sl*) Soldat *m*, Bundesheerler *m* ÖSTERR *pej fam* **squad·ron** ['skwɒdr^{ə}n] *n* + *sing/pl vb* (*cavalry*) Schwadron *f*; (*air force*) Staffel *f*; (*navy*) Geschwader *nt*

squal·id ['skwɒlɪd] *adj* ❶ (*pej: dirty*) schmutzig; (*neglected*) verwahrlost ❷ (*immoral*) verkommen

squall [skwɔ:l] **I.** *n* ❶ (*gust*) Bö *f*; **~ of rain** Regenschauer *m* ❷ (*shriek*) Kreischen *nt kein pl* **II.** *vi* schreien

squal·ly ['skwɔ:li] *adj* böig

squal·or ['skwɒlə^r] *n no pl* ❶ (*foulness*) Schmutz *m* ❷ (*immorality*) Verkommenheit *f*

squan·der ['skwɒndə^r] *vt* verschwenden, vergeuden; **to ~ a chance/an opportunity** eine Chance vertun

square [skweə^r] **I.** *n* ❶ (*shape*) Quadrat *nt*; **to fold sth into a ~** etw zu einem Quadrat falten ❷ (*street*) Platz *m*; **town ~** zentraler Platz ❸ (*marked space*) Spielfeld *nt*; **to go back to ~ one** (*fam*) wieder von vorne beginnen ❹ AM, (*tool*) Winkelmaß *nt* ❺ (*dated fam: boring person*) Langweiler(in) *m(f)* ❻ (*number times itself*) Quadratzahl *f* **II.** *adj* ❶ (*square-shaped*) *piece of paper*, *etc.* quadratisch; *face* kantig ❷ (*on each side*) im Quadrat; (*when squared*) zum Quadrat; *metre*, *mile* Quadrat- ❸ (*fig: level*) plan; **to be** [**all**] **~** auf gleich sein **III.** *adv* direkt, geradewegs **IV.** *vt* ❶ (*make square*) ■ **to ~ sth** etw quadratisch machen; (*make right-angled*) etw rechtwinklig machen; **to ~ sth with sth** etw mit etw *dat* in Übereinstimmung bringen ❷ (*settle*) *matter* in Ordnung bringen ❸ MATH quadrieren ❹ SPORTS (*tie*) ausgleichen ◆ **square up** *vi* ❶ (*fam: settle debt*) abrechnen ❷ *esp* BRIT, AUS (*compete*) in die Offensive gehen ❸ BRIT (*deal with*)

■ **to ~ up to sth** mit etw *dat* zurande kommen *fam*
square 'brack·et *n* eckige Klammer
'square dance *n* Squaredance *m*
square·ly ['skweəli] *adv* ❶ *(straight)* aufrecht ❷ *(directly)* direkt; **to look sb ~ in the eyes** jdm gerade in die Augen blicken
square 'root *n* MATH Quadratwurzel *f*
squash[1] [skwɒʃ] *n esp* AM *(pumpkin)* Kürbis *m*
squash[2] [skwɒʃ] **I.** *n* ❶ *no pl (dense pack)* Gedränge *nt* ❷ *no pl (racket game)* Squash *nt* ❸ BRIT, AUS *(diluted drink)* Fruchtsaftgetränk *nt* **II.** *vt* ❶ *(crush)* zerdrücken; **to ~ sth flat** etw platt drücken ❷ *(fig: end)* **to ~ a rumour** ein Gerücht aus der Welt schaffen ❸ *(push)* **can you ~ this into your bag for me?** kannst du das für mich in deine Tasche stecken?; **I should be able to ~ myself into this space** ich glaube, ich kann mich da hineinzwängen ❹ *(humiliate)* ■ **to ~ sb** jdn bloßstellen; *(silence)* jdm über den Mund fahren *fam*
'squash court *n* Squashplatz *m* **'squash rack·et**, **'squash rac·quet** *n* Squashschläger *m*
squashy ['skwɒʃi] *adj* weich
squat [skwɒt] **I.** *vi* <-tt-> ❶ *(crouch)* hocken; ■ **to ~** [down] sich hinhocken ❷ *(occupy land)* **to ~** [on land] sich illegal ansiedeln; **to ~** [in a house/on a site] [ein Haus/ein Grundstück] besetzen **II.** *n* ❶ *no pl (position)* Hocke *f*; **to get into a ~** in Hockstellung gehen ❷ SPORTS *(exercise)* Kniebeuge *f* ❸ *(abode)* besetztes Haus **III.** *adj* <-tt-> niedrig; *person* gedrungen, untersetzt
squat·ter ['skwɒtə[r]] *n (illegal house-occupier)* Hausbesetzer(in) *m(f)*
squaw [skwɔː] *n (pej!)* Squaw *f*
squawk [skwɔːk] **I.** *vi* ❶ *(cry)* kreischen ❷ *(fam: complain)* ■ **to ~ about sth** lautstark gegen etw *akk* protestieren **II.** *n* ❶ *(cry)* Kreischen *nt kein pl* ❷ *(complaint)* Geschrei *nt kein pl fam*
squeak [skwiːk] **I.** *n* Quietschen *nt kein pl; of an animal* Quieken *nt kein pl; of a mouse* Pieps[er] *m fam; of a person* Quiekser *m fam;* *(fig)* **if I hear one more ~ out of you, there'll be trouble!** wenn ich noch einen Mucks[er] von dir höre, gibt's Ärger! *fam* **II.** *vi (make sound)* quietschen; *animal, person* quieken; *mouse* piepsen
squeaky ['skwiːki] *adj* ❶ *(high-pitched)* quietschend; *voice* piepsig **to be ~** quietschen ❷ AM *(narrow)* äußerst knapp, hauchdünn *fig* ► **the ~ wheel gets the grease** AM *(prov)* nur wer am lautesten schreit wird gehört

'squeaky-clean *adj (also fig)* blitzsauber *fam*
squeal [skwiːl] **I.** *n* [schriller] Schrei; *of tyres* Quietschen *nt kein pl; of brakes* Kreischen *nt kein pl; of a pig* Quieken *nt kein pl* **II.** *vi (scream)* kreischen; *pig* quieken; *tyres* quietschen; *brakes* kreischen; **to ~ to a halt** mit quietschenden Reifen anhalten; **to ~ with pain** vor Schmerz schreien; **to ~ with pleasure** vor Vergnügen kreischen
squeam·ish ['skwiːmɪʃ] **I.** *adj* zimperlich *pej*, zart besaitet; ■ **to be ~ about doing sth** sich vor etw *dat* ekeln; **he is ~ about seeing blood** er ekelt sich vor Blut **II.** *npl* **to not be for the ~** nichts für schwache Nerven sein
squee·gee ['skwiːdʒiː] **I.** *n* Gummiwischer *m* **II.** *vt* ■ **to ~** etw mit einem Gummiwischer putzen
squeeze [skwiːz] **I.** *n* ❶ *(press)* Drücken *nt kein pl;* **to give sth a ~** etw drücken ❷ ECON *(limit)* Beschränkung *f;* **a ~ on spending** eine Beschränkung der Ausgaben ❸ *no pl (fit)* Gedränge *nt;* **it'll be a tight ~** es wird eng werden ❹ *(fam: person)* Eroberung *f hum* **II.** *vt* ❶ *(press)* drücken; *a lemon, an orange* auspressen; *a sponge* ausdrücken ❷ *(extract)* **freshly ~d orange juice** frisch gepresster Orangensaft; **to ~ profit [from sth]** *(fig)* Profit [aus etw *dat*] schlagen ❸ *(push in)* [hinein]zwängen; *(push through)* [durch]zwängen ❹ *(constrict)* einschränken; **high interest rates are squeezing consumer spending** die hohen Zinsen wirken sich negativ auf das Kaufverhalten aus ❺ *(fam: threaten)* ■ **to ~ sb** jdn unter Druck setzen ▶ **to ~ sb dry** jdn ausnehmen wie eine Weihnachtsgans *fam* **III.** *vi (fit into)* ■ **to ~ into sth** sich in etw *akk* [hinein]zwängen; ■ **to ~ past sth** sich an etw *dat* vorbeizwängen; ■ **to ~ through sth** sich durch etw *akk* [durch]zwängen
squeez·er ['skwiːzə[r]] *n* Fruchtpresse *f*
squelch [skweltʃ] **I.** *vi mud, water* patschen *fam;* ■ **to ~ through sth** durch etw *akk* waten **II.** *vt* AM ■ **to ~ sth** etw abwürgen; ■ **to ~ sb** jdm den Mund stopfen *fam* **III.** *n usu sing* Gepatsche *nt kein pl fam*
squib [skwɪb] *n* ❶ *(satire)* Satire *f* ❷ AM *(filler)* Füllartikel *m* ❸ *(firework)* Knallkörper *m*
squid <pl *- or* -s> [skwɪd] *n* Tintenfisch *m*
squig·gle ['skwɪɡl] *n* Schnörkel *m*
squint [skwɪnt] **I.** *vi* ❶ *(close one's eyes)* blinzeln ❷ *(look)* ■ **to ~ at sb/sth** einen Blick auf jdn/etw werfen **II.** *n* ❶ *(glance)* kurzer Blick; **to have a ~ at sth** einen kurzen Blick auf etw *akk* werfen ❷ *(eye condition)* Schielen *nt kein pl*
squire [skwaɪə[r]] *n (old)* ❶ *(landowner)*

Gutsherr *m* ❷ BRIT (*dated fam: greeting*) gnädiger Herr; (*iron*) Chef *m*

squirm [skwɜ:m] I. *vi* sich winden; **rats make him ~** er ekelt sich vor Ratten; **to ~ with embarrassment** sich vor Verlegenheit winden; **to ~ in pain** sich vor Schmerzen krümmen II. *n* Krümmen *nt kein pl*; **to give a ~** zusammenzucken; **to give a ~ of embarrassment** sich vor Verlegenheit winden

squir·rel ['skwɪrəl] *n* Eichhörnchen *nt*

squirt [skwɜ:t] I. *vt* ❶ (*spray*) spritzen ❷ (*cover*) ■ **to ~ sb with sth** jdn mit etw *dat* bespritzen; **to ~ oneself with perfume** sich ein paar Spritzer Parfüm auftragen II. *vi* ■ **to ~ out** herausspritzen, herausschießen III. *n* ❶ (*quantity*) Spritzer *m* ❷ (*pej dated: jerk*) Nichts *nt*; (*boy*) Pimpf *m fam*

Sri Lan·ka [ˌsri:'læŋkə] *n* Sri Lanka *nt*

Sri Lan·kan [ˌsri:'læŋkən] I. *adj* sri-lankisch; **to be ~** aus Sri Lanka sein II. *n* Sri-Lanker(in) *m(f)*

SRP [ˌesɑː'pi:] *n abbrev of* **suggested retail price** empfohlener Einzelhandelspreis

SSW *abbrev of* **south-southwest** SSW

St *n* ❶ *abbrev of* **saint** St. ❷ *abbrev of* **street** Str.

st <*pl* -> *n* BRIT *abbrev of* **stone** I 7

stab [stæb] I. *vt* <-bb-> ❶ (*pierce*) ■ **to ~ sb** auf jdn einstechen; **the victim was ~bed** das Opfer erlitt eine Stichverletzung; **to ~ sb in the back** (*fig*) jdm in den Rücken fallen; **to ~ sb to death** jdn erstechen; **to ~ sth with a fork** mit einer Gabel in etw *dat* herumstochern ❷ (*make thrusting movement*) **to ~ the air [with sth]** [mit etw *dat*] in der Luft herumfuchteln II. *vi* <-bb-> ■ **to ~ at sb/sth** auf jdn/etw einstechen; **to ~ at sb/sth with one's finger** mit dem Finger immer wieder auf etw *akk* drücken III. *n* ❶ (*with weapon*) Stich *m*; (*fig: attack*) Angriff *m* (at auf) ❷ (*wound*) Stichwunde *f* ❸ (*with object*) Stich *m* ❹ (*pain*) Stich *m*; ~ **of envy** Anflug *m* von Neid ▸ **to have a ~ at [doing] sth** etw probieren

stab·bing ['stæbɪŋ] I. *n* (*assault*) Messerstecherei *f* II. *adj pain* stechend; *fear, memory* durchdringend

sta·bil·ity [stə'bɪləti] *n no pl* Stabilität *f*; **mental ~** [seelische] Ausgeglichenheit

sta·bi·li·za·tion [ˌsteɪbəlaɪ'zeɪʃən] *n no pl* Stabilisierung *f*

sta·bi·lize ['steɪbəlaɪz] I. *vt* ❶ (*make firm*) stabilisieren ❷ (*maintain level*) festigen, stabilisieren II. *vi* sich stabilisieren; **his condition has now ~d** MED sein Zustand ist jetzt stabil

sta·bi·liz·er ['steɪbəlaɪzəʳ] *n* ❶ AM AVIAT Stabilisator *m* ❷ NAUT Stabilisierungsflosse *f* ❸ BRIT ■ ~ *spl* Stützräder *pl* ❹ (*substance*) Stabilisator *m*

sta·ble¹ <-r, -st *or* more ~, most ~> ['steɪbl] *adj* ❶ (*firmly fixed*) stabil ❷ MED, CHEM stabil ❸ PSYCH ausgeglichen ❹ (*steadfast*) stabil; ~ **job/relationship** feste Anstellung/Beziehung

sta·ble² ['steɪbl] I. *n* ❶ (*building*) Stall *m* ❷ (*business*) Rennstall *m* ❸ (*horses*) Stall *m* II. *vt* **to ~ a horse** ein Pferd unterstellen

'sta·ble lad *n* BRIT Stallbursche *m veraltend*

stack [stæk] I. *n* ❶ *of videos* Stapel *m*; *of papers* Stoß *m* ❷ (*fam: large amount*) Haufen *m*; **we've got ~s of time** wir haben massenhaft Zeit ❸ *of hay, straw* Schober *m* ❹ MUS *of hi-fi equipment* Stereoturm *m* ❺ MIL [Gewehr]pyramide *f* ❻ (*chimney*) Schornstein *m*, Kamin *m* SCHWEIZ ❼ AUS (*fam: road accident*) Crash *m sl* II. *vt* ❶ (*arrange in pile*) [auf]stapeln ❷ (*fill*) **to ~ed with food** der Kühlschrank ist randvoll mit Lebensmitteln; **to ~ a dishwasher** eine Spülmaschine einräumen; **to ~ shelves** Regale auffüllen ▸ **the odds are ~ed against sb** es spricht alles gegen jdn

sta·dium <*pl* -> *or* -dia> ['steɪdiəm, *pl* -iə] *n* Stadion *nt*

staff¹ [stɑ:f] I. *n* ❶ + *sing/pl vb* (*employees*) Belegschaft *f*; *members of ~* Mitarbeiter *pl*; **office ~** Büropersonal *f*; **nursing ~** Pflegepersonal *nt* ❷ + *sing/pl vb* SCH, UNIV Lehrkörper *m* ❸ **teaching ~** Lehrpersonal *nt* ❹ + *sing/pl vb* MIL Stab *m* ❺ (*stick*) [Spazier]stock *m* ❻ (*flagpole*) Fahnenmast *m*; **to be at half ~** AM auf Halbmast gesetzt sein ❼ (*for surveying*) Messstab *m* ❽ AM MUS Notensystem *nt* II. *vt usu passive* **many charities are ~ed with volunteers** viele Wohltätigkeitsvereine beschäftigen ehrenamtliche Mitarbeiter

staff² [stɑ:f] *n no def* ART Stange *f*

'staff as·so·cia·tion *n* + *sing/pl vb* Betriebsrat *m* **'staff nurse** *n* BRIT MED examinierte Krankenschwester **'staff of·fi·cer** *n* MIL Stabsoffizier(in) *m(f)* **'staff-room** *n* SCH Lehrerzimmer *nt*

stag [stæɡ] *n* ZOOL Hirsch *m*

'stag bee·tle *n* Hirschkäfer *m*

stage [steɪdʒ] I. *n* ❶ (*period*) Etappe *f*, Station *f*; **crucial ~** entscheidende Phase; **early ~** Frühphase *f* ❷ *of a journey, race* Etappe *f*, Abschnitt *m* ❸ THEAT (*platform*) Bühne *f*; **to take centre ~** (*fig*) im Mittelpunkt [des Interesses] stehen ❹ ELEC Schaltstufe *f* ❺ (*scene*) Geschehen *nt kein pl*; **the world ~** die [ganze] Welt; **the political ~** die politische Bühne II. *vt* ❶ THEAT aufführen; **to ~ a concert** ein Konzert geben ❷ (*organize*) **to ~ a congress/meeting** einen Kongress/

eine Tagung veranstalten; **to ~ a demonstration/ a strike** eine Demonstration/einen Streik organisieren; **to ~ a match** ein Spiel austragen; **to ~ the Olympic Games** die Olympischen Spiele ausrichten ❸ MED **to ~ a disease/patient** eine Krankheit/einen Patienten diagnostisch einordnen

'**stage·coach** n (hist) Postkutsche f '**stage di·rec·tion** n Bühnenanweisung f **stage 'door** n Bühneneingang m '**stage fright** n no pl Lampenfieber nt '**stage-hand** n Bühnenarbeiter(in) m(f) **stage-'man·age I.** vt inszenieren **II.** vi (act as stage manager) Regie führen **stage 'man·ag·er** n Bühnenmeister(in) m(f), Inspizient(in) m(f) fachspr '**stage name** n Künstlername m **stage 'whis·per** n ❶ THEAT Beiseitesprechen nt ❷ (whisper) unüberhörbares Flüstern

stag·fla·tion [stægˈfleɪʃ°n] n no pl ECON Stagflation f

stag·ger [ˈstægəʳ] **I.** vi ❶ (totter) ■ **to ~ somewhere** irgendwohin wanken [o torkeln]; ❷ **to ~ to one's feet** sich aufrappeln ❷ (waver) schwanken, wanken **II.** vt ❶ (shock) ■ **to ~ sb** jdn erstaunen ❷ (arrange) ■ **to ~ sth** etw staffeln **III.** n ❶ (lurch) Wanken nt kein pl, Taumeln nt kein pl ❷ (arrangement) Staffelung f

stag·gered [ˈstægəd] adj gestaffelt

stag·ger·ing [ˈstægərɪŋ] adj ❶ (amazing) erstaunlich, umwerfend fam; **news** unglaublich ❷ (shocking) erschütternd

stag·ing [ˈsteɪdʒɪŋ] n ❶ THEAT Inszenierung f ❷ (scaffolding) [Bau]gerüst nt ❸ BRIT (shelf) Regal nt

stag·nant [ˈstægnənt] adj (not flowing) stagnierend; **~ air** stehende Luft; **~ pool** stiller Teich; **~ water** stehendes Wasser

stag·nate [stægˈneɪt] vi ❶ (stop flowing) sich stauen ❷ (stop developing) stagnieren

stag·na·tion [stægˈneɪʃ°n] n no pl Stagnation f

'**stag night**, '**stag par·ty** n Junggesellenabschiedsparty f

stagy [ˈsteɪdʒi] adj (pej) theatralisch

staid [steɪd] adj seriös, gesetzt; (pej) spießig

stain [steɪn] **I.** vt ❶ (discolour) verfärben; (cover with spots) Flecken auf etw akk machen ❷ (blemish) ■ **to ~ sb's image/reputation** jds Image/Ruf schaden ❸ (colour) [ein]färben **II.** vi ❶ (cause discolouration) abfärben, Flecken machen ❷ (discolour) sich verfärben ❸ (take dye) Farbe annehmen, sich färben **III.** n ❶ (discoloration) Verfärbung f, Fleck m ❷ (blemish) Makel m ❸ (dye) Beize f, Färbemittel nt

stained [steɪnd] adj ❶ (discoloured) verfärbt; (with spots) fleckig ❷ (dyed) gefärbt, gebeizt ❸ (blemished) befleckt; **~ reputation** beschädigtes Ansehen

stained 'glass n no pl Buntglas nt '**stained-glass win·dow** n Buntglasfenster nt

stain·less [ˈsteɪnləs] adj makellos; character tadellos

stain·less 'steel n no pl rostfreier Stahl

'**stain re·mov·er** n Fleckenentferner m

stair [steəʳ] n ❶ (set of steps) ■ **~s** pl Treppe f; **a flight of ~s** eine Treppe ❷ (step) Treppenstufe f

'**stair·case** n (stairs) Treppenhaus nt, Treppenaufgang m; **spiral ~** Wendeltreppe f '**stair·lift** n Treppenlift m '**stair·way** n Treppe f '**stair·well** n Treppenhausschacht m

stake¹ [steɪk] **I.** n ❶ (stick) Pfahl m, Pflock m ❷ (hist: for punishment) **to be burnt at the ~** auf dem Scheiterhaufen verbrannt werden **II.** vt animal anbinden; plant hochbinden ▶ **to ~ one's claim [to sth]** sein Recht [auf etw akk] einfordern

stake² [steɪk] **I.** n ❶ usu pl (wager) Einsatz m; (in games) [Wett]einsatz m; **to raise the ~s** (fam) den Einsatz erhöhen ❷ (interest) also FIN, ECON Anteil m ❸ (prize money) ■ **~s** pl Preis m ❹ (horse race) ■ **~s** pl Pferderennen nt ❺ (fam: competitive situation) **to be high in the popularity ~s** weit oben auf der Beliebtheitsskala stehen ▶ **to be at ~** (in question) zur Debatte stehen; (at risk) auf dem Spiel stehen **II.** vt ❶ (wager) **to ~ money** Geld setzen; **to ~ one's future on sth** seine Zukunft auf etw akk aufbauen ❷ AM (fig fam: support) ■ **to ~ sb to sth** jdm etw ermöglichen ◆**stake out** vt ❶ (mark territory) **to ~ out** ⊃ **frontiers** Grenzen abstecken; **to ~ out a position** eine Position behaupten ❷ (establish) **to ~ out a position** eine Position einnehmen

'**stake·hold·er** n Teilhaber(in) m(f)

stal·ac·tite [ˈstæləktaɪt] n Tropfstein m, Stalaktit m fachspr

stal·ag·mite [ˈstæləgmaɪt] n Tropfstein m, Stalagmit m fachspr

stale [steɪl] adj ❶ (not fresh) fade, schal; beer, lemonade abgestanden; **~ air** muffige Luft; **~ bread** altbackenes Brot ❷ (unoriginal) fantasielos; **~ idea** abgegriffene Idee fam; **~ joke** abgedroschener Witz ❸ (without zest) abgestumpft; **to go ~** stumpfsinnig werden

stale·mate [ˈsteɪlmeɪt] **I.** n ❶ CHESS Patt nt ❷ (deadlock) Stillstand m; **to be locked in ~** sich in einer Sackgasse befinden **II.** vt ❶ CHESS ■ **to ~ sb** jdn patt setzen ❷ (bring to deadlock) ■ **to ~ sth** etw zum Stillstand bringen

stalk¹ [stɔːk] *n* Stiel *m*

stalk² [stɔːk] I. *vt* ❶ (*hunt*) jagen; **to go ~ing** auf die Pirsch gehen ❷ (*harass*) **to ~ sb** jdm nachstellen II. *vi* ■ **to ~ by** vorbeistolzieren III. *n* ❶ (*pursuit*) Pirsch *f* ❷ (*gait*) Stolzieren *nt*

stalk·er [stɔːkəʳ] *n* ❶ (*hunter*) Jäger(in) *m(f)* ❷ *of people* jd, der prominente Personen verfolgt und belästigt

'stalk·ing horse *n* ❶ HUNT Jagdschirm *m* ❷ (*pretext*) Täuschungsmanöver *nt*, Vorwand *m* ❸ POL Strohmann *m*

stall [stɔːl] I. *n* ❶ (*for selling*) [Verkaufs]stand *m* ❷ (*for an animal*) Stall *m*, Verschlag *m* ❸ AM (*for parking*) [markierter] Parkplatz ❹ (*for racehorse*) Box *f* ❺ (*in a church*) Chorstuhl *m* ❻ BRIT, AUS (*in a theatre*) **the ~s** *pl* das Parkett *kein pl* II. *vi* ❶ (*stop running*) *motor* stehen bleiben; *aircraft* abrutschen ❷ (*come to standstill*) zum Stillstand kommen ❸ (*fam: delay*) zaudern, zögern; **to ~ for time** Zeit gewinnen III. *vt* ❶ (*cause to stop running*) **to ~ a car/a motor** ein Auto/einen Motor abwürgen ❷ (*delay*) aufhalten, verzögern ❸ (*fam: keep waiting*) **to ~ sb** jdn hinhalten ❹ (*put in enclosure*) **to ~ an animal** ein Tier einsperren

'stall hold·er *n* BRIT Markthändler(in) *m(f);* (*woman*) Marktfrau *f*

stal·lion [ˈstæljən] *n* Hengst *m*

stal·wart [ˈstɔːlwət] (*form*) I. *adj* ❶ (*loyal*) unentwegt; *supporter* treu ❷ (*sturdy*) robust, unerschütterlich II. *n* Anhänger(in) *m(f)*

sta·men <*pl* -s *or* -mina> [ˈsteɪmən, -mənə] *n* Staubgefäß *nt*

stami·na [ˈstæmɪnə] *n no pl* Durchhaltevermögen *nt*, Ausdauer *f*

stam·mer [ˈstæməʳ] I. *n* Stottern *nt;* **to have a ~** stottern II. *vi* stottern, stammeln III. *vt* **to ~ words** Worte stammeln

stam·mer·er [ˈstæmərəʳ] *n* Stotterer, Stotterin *m, f*

stamp [stæmp] I. *n* ❶ (*implement*) Stempel *m* ❷ (*mark*) Stempel *m;* **~ of approval** Genehmigungsstempel *m* ❸ (*quality*) Zug *m*, Stempel *m;* **to leave one's ~ on sb/sth** seine Spur bei jdm/etw hinterlassen ❹ (*adhesive*) *postage* ~ Briefmarke *f* ❺ (*step*) Stampfer *m* ❻ (*sound*) Stampfen *nt* II. *vt* ❶ (*crush*) zertreten; (*stomp*) **to ~ one's foot** mit dem Fuß aufstampfen ❷ (*mark*) [ab]stempeln ❸ (*impress on*) **to ~ sth on sth** etw auf etw *akk* stempeln; **that will be ~ed on her memory for ever** das wird sich ihr für immer einprägen ❹ (*affix postage to*) **to ~ a letter** einen Brief frankieren III. *vi* ❶ (*step*) stampfen; ■ **to ~ [up]on sth** auf etw *akk* treten; **to ~ [up]on opposition** die Opposition niederknüppeln ❷ (*walk*) stampfen, stapfen

♦ **stamp down** *vt* ■ **to ~ down ↻ sth** etw niedertrampeln; *earth* etw festtreten

♦ **stamp out** *vt* ■ **to ~ out ↻ sth** (*eradicate*) etw ausmerzen; *crime, corruption* etw bekämpfen; *a disease* etw ausrotten; *a fire* etw austreten

'stamp al·bum *n* Briefmarkenalbum *nt*
'stamp col·lec·tor *n* Briefmarkensammler(in) *m(f)* **'stamp duty** *n* LAW Stempelgebühr *f*

stam·pede [stæmˈpiːd] I. *n* ❶ *of animals* wilde Flucht ❷ *of people* [Menschen]auflauf *m* II. *vi* *animals* durchgehen; *people* irgendwohin stürzen III. *vt* ❶ (*cause to rush*) aufschrecken ❷ (*force into action*) ■ **to ~ sb into** [**doing**] **sth** jdn zu etw *dat* drängen

'stamp·ing ground *n usu pl* Schauplatz *m* der Vergangenheit

stance [stɑːn(t)s] *n* ❶ (*posture*) Haltung *f kein pl;* AM SPORTS Schlagpositur beim Baseball, Golf usw. ❷ (*attitude*) Standpunkt *m*, Einstellung *f* (**on** zu)

stand [stænd] I. *n* ❶ (*physical position*) Stellung *f* ❷ (*position on an issue*) Einstellung *f* (**on** zu); **what's her ~ on sexual equality?** wie steht sie zur Gleichberechtigung?; **to make a ~ against sth** sich gegen etw *akk* auflehnen; **to take a ~ on sth** sich für etw *akk* einsetzen ❸ (*standstill*) Stillstand *m;* **to bring sb/sth to a ~** jdm/etw Einhalt gebieten ❹ *usu pl* (*raised seating for spectators*) [Zuschauer]tribüne *f* ❺ (*support*) Ständer *m* ❻ (*stall*) [Verkaufs]stand *m* ❼ (*for vehicles*) Stand *m* ❽ AM LAW **the ~** der Zeugenstand; **to take the ~** vor Gericht aussagen ❾ MIL (*resistance*) Widerstand *m;* **to make a ~** (*fig*) klar Stellung beziehen II. *vi* <stood, stood> ❶ (*be upright*) stehen; **~ against the wall** stell dich an die Wand; **to ~ to attention** MIL stillstehen; **to ~ clear** aus dem Weg gehen, beiseitetreten; **to ~ tall** gerade stehen; **to ~ still** stillstehen ❷ FOOD (*remain untouched*) stehen ❸ (*be located*) liegen; **to ~ in sb's way** jdm im Weg stehen; **to ~ open** offen stehen ❹ + *adj* (*be in a specified state*) stehen; **I never know where I ~ with my boss** ich weiß nie, wie ich mit meinem Chef dran bin *fam;* **with the situation as it ~s right now ...** so wie die Sache im Moment aussieht, ...; **to ~ alone** beispiellos sein; **to ~ accused of murder** des Mordes angeklagt sein ❺ (*remain valid*) gelten, Bestand haben; **does that still ~?** ist das noch gültig? ❻ BRIT, AUS (*be a candidate for office*) ■ **to ~ for sth** für etw *akk* kandidieren; **to ~ for election** sich *akk* zur Wahl stellen ▶ **to ~ on one's own two feet** auf eigenen Füßen stehen

III. vt <stood, stood> ❶ (*place upright*) ■ **to ~ sth somewhere** etw irgendwohin stellen; **to ~ sth on its head** etw auf den Kopf stellen ❷ (*refuse to be moved*) **to ~ one's ground** wie angewurzelt stehen bleiben ❸ (*bear*) ■ **to ~ sth** etw ertragen [*o fam* aushalten]; **she can't ~ anyone touching her** sie kann es nicht leiden, wenn man sie anfasst; **to ~ the test of time** die Zeit überdauern ❹ (*fam*) **to ~ a chance of doing sth** gute Aussichten haben, etw zu tun ❺ LAW **to ~ trial** sich vor Gericht verantworten müssen ▸ **to ~ sb in good stead** jdm von Nutzen sein ◆ **stand about, stand around** vi herumstehen ◆ **stand aside** vi ❶ (*move aside*) zur Seite treten ❷ (*not get involved*) ■ **to ~ aside [from sth]** sich [aus etw *dat*] heraushalten ❸ (*resign*) zurücktreten ◆ **stand back** vi ❶ (*move backwards*) zurücktreten ❷ (*fig: take detached view*) ■ **to ~ back from sth** etw aus der Distanz betrachten ❸ (*not get involved*) tatenlos zusehen ❹ (*be located away from*) ■ **to ~ back from sth** abseits von etw *dat* liegen ◆ **stand by** vi ❶ (*observe*) dabeistehen, zugucken *fam* ❷ (*be ready*) bereitstehen ❸ (*support*) ■ **to ~ by sb** zu jdm stehen ❹ (*abide by*) **to ~ by one's promise** sein Versprechen halten; **to ~ by one's word** zu seinem Wort stehen ◆ **stand down I.** vi ❶ BRIT, AUS (*resign*) zurücktreten ❷ (*relax*) entspannen ❸ LAW den Zeugenstand verlassen **II.** vt ■ **to ~ down** ↻ sb jdn entspannen ◆ **stand for** vt ❶ (*tolerate*) ■ **to not ~ for sth** sich *dat* etw nicht gefallen lassen ❷ (*represent*) ■ **to ~ for sth** für etw *akk* stehen ◆ **stand in** vi ■ **to ~ in for sb** für jdn einspringen ◆ **stand out** vi hervorragen; **to ~ out in a crowd** sich von der Menge abheben ◆ **stand up** vi ❶ (*rise*) aufstehen; (*be standing*) stehen ❷ (*endure*) ■ **to ~ up [to sth]** [etw *dat*] standhalten; **her claim didn't ~ up in court** ihr Anspruch ließ sich gerichtlich nicht durchsetzen

stand·ard ['stændəd] **I.** n ❶ (*level of quality*) Standard m, Qualitätsstufe f; **to raise ~s** das Niveau heben ❷ (*criterion*) Gradmesser m, Richtlinie f ❸ (*principles*) ■ **~s** pl Wertvorstellungen pl ❹ (*currency basis*) Währungsstandard m ❺ (*flag*) Standarte f ❻ MUS Klassiker m **II.** adj ❶ (*customary*) Standard- ❷ (*average*) durchschnittlich ❸ (*authoritative*) **book** [*or* **work**] Standardwerk m ❹ LING Standard-; **English** die englische Hochsprache ❺ AM (*manual*) **~ transmission** Standardgetriebe nt

'**stand·ard-bear·er** n ❶ MIL (*dated*) Standartenträger m ❷ (*leader*) Vorkämpfer(in) m(f)

stand·ard·i·za·tion [ˌstændədaɪˈzeɪʃən] n no pl Standardisierung f

stand·ard·ize ['stændədaɪz] **I.** vt ❶ (*make conform*) standardisieren ❷ (*compare*) vereinheitlichen **II.** vi ■ **to ~ on sth** etw zum Vorbild nehmen

'**stand·ard lamp** n BRIT, AUS Stehlampe f

stand·ard 'size n Standardgröße f

stand·by <pl -s> ['stæn(d)baɪ] **I.** n ❶ no pl (*readiness*) **on ~** in Bereitschaft ❷ (*backup*) Reserve f ❸ (*plane ticket*) Stand-by-Ticket nt ❹ (*traveller*) Fluggast m mit Stand-by-Ticket **II.** adj attr Ersatz- **III.** adv AVIAT, TOURIST **to fly ~** mit einem Stand-by-Ticket fliegen

'**stand-in** n Vertretung f; FILM, THEAT Ersatz m

stand·ing ['stændɪŋ] **I.** n no pl ❶ (*status*) Status m, Ansehen nt ❷ (*duration*) Dauer f; **to be of long/short ~** von langer/kurzer Dauer sein **II.** adj attr ❶ (*upright*) [aufrecht] stehend ❷ (*permanent*) ständig ❸ (*stationary*) stehend

stand·ing 'or·der n esp BRIT (*for money*) Dauerauftrag m; **to pay sth by ~** etw per Dauerauftrag bezahlen ❷ (*for goods*) Vorbestellung f **stand·ing o'va·tion** n stehende Ovationen pl **stand·ing 'start** n Start m aus dem Stand heraus

stand-off·ish [-ˈɒfɪʃ] adj (*pej fam*) kühl, reserviert '**stand·pipe** n Steigrohr nt '**stand·point** n ❶ (*attitude*) Standpunkt m; **depending on your ~, ...** je nachdem, wie man es betrachtet, ... ❷ (*physical position*) [Stand]punkt m '**stand·still** n no pl Stillstand m; **to be at a ~** zum Erliegen kommen '**stand-up** adj attr ❶ (*performed standing*) **~ comedy show** One-Man-Show f; **~ routine** Stegreifroutine f ❷ (*performing while standing*) **~ comedian** Alleinunterhalter(in) m(f)

stank [stæŋk] pt of **stink**

stan·za ['stænzə] n Strophe f

sta·ple¹ ['steɪpl] **I.** n ❶ (*for paper*) Heftklammer f ❷ (*not for paper*) Krampe f **II.** vt heften; ■ **to ~ sth together** etw zusammenheften

sta·ple² ['steɪpl] **I.** n ❶ (*main component*) Grundstock m; FOOD Grundnahrungsmittel nt ❷ ECON Hauptprodukt nt ❸ no pl (*of cotton*) Rohbaumwolle f; (*of wool*) Rohwolle f **II.** adj attr Haupt-; **~ foods** Grundnahrungsmittel pl

'**sta·ple gun** n Heftmaschine f

sta·pler ['steɪplər] n Hefter m, Tacker m fam

star [stɑːr] **I.** n ❶ (*symbol*) also ASTRON Stern m ❷ (*asterisk*) Sternchen nt ❸ (*performer*) Star m ❹ (*horoscope*) ■ **the ~s** pl die Sterne pl, das Horoskop **II.** vt <-rr-> ❶ THEAT, FILM **the new production of 'King Lear' will ~ John Smith as Lear** die neue Produktion von „King Lear" zeigt John Smith in der Rolle des Lear ❷ (*mark with asterisk*) ▪ **to** ~ **sth** etw mit einem Sternchen versehen **III.** *vi* <-rr-> THEAT, FILM **to** ~ **in a film/play** in einem Film/Theaterstück die Hauptrolle spielen **IV.** *adj attr* Star-; **Natalie is the** ~ **student in this year's ballet class** Natalie ist die beste Schülerin der diesjährigen Ballettklasse; ~ **witness** Hauptzeuge, -zeugin *m, f*

star 'bill·ing *n no pl* **to get** ~ auf Plakaten groß herausgestellt werden

star·board ['stɑ:bəd] *n* Steuerbord *nt kein pl*

starch [stɑ:tʃ] **I.** *n no pl* ❶ FOOD, FASHION Stärke *f* ❷ (*fig: formality*) Steifheit *f* **II.** *vt* FASHION **to** ~ **a collar** einen Kragen stärken

starchy ['stɑ:tʃi] *adj* ❶ FOOD stärkehaltig ❷ FASHION gestärkt ❸ (*pej fam: formal*) *people* reserviert; ~ **image** angestaubtes Image

star·dom ['stɑ:dəm] *n no pl* Leben *nt* als Star

stare [steə'] **I.** *n* Starren *nt;* **she gave him a long** ~ sie starrte ihn unverwandt an; **accusing** ~ vorwurfsvoller Blick **II.** *vi* ❶ (*look at*) starren; ▪ **to** ~ **at sb/sth** jdn/etw anstarren ❷ (*eyes wide open*) große Augen machen ❸ (*be conspicuous*) ▪ **to** ~ **out at sb** jdm ins Auge stechen **III.** *vt* (*look at*) **to** ~ **sb in the eye** jdn anstarren; **to** ~ **sb up and down** jdn anstieren *fam* ▸ **to be staring sb in the face** (*be evident*) auf der Hand liegen

'star·fish *n* Seestern *m*

star·gaz·er [-ɡeɪzə'] *n* ❶ (*hum fam*) Sterngucker(in) *m(f)* ❷ AUS (*sl: horse*) Gaul *m* ❸ (*fish*) Seestern *m*

star·ing ['steərɪŋ] *adj eyes* starrend

stark [stɑ:k] **I.** *adj* ❶ (*bare*) *landscape* karg; (*austere*) schlicht ❷ (*obvious*) krass; ~ **reality** die harte Realität; **to be a** ~ **reminder** drastisch an etw *akk* erinnern ❸ *attr* (*sheer*) total EN. **II.** *adv* ~ **naked** splitterfasernackt *fam;* ~ **raving mad** (*hum, iron*) völlig übergeschnappt *fam*

stark·ers ['stɑ:kəz] *adj pred* BRIT, AUS (*fam*) im Adams-/Evakostüm *hum,* nackert ÖSTERR

star·let ['stɑ:lət] *n* ❶ (*actress*) Starlet *nt* ❷ ASTRON Sternchen *nt* **'star·light** *n no pl* Sternenlicht *nt*

star·ling ['stɑ:lɪŋ] *n* (*bird*) Star *m*

star·lit ['stɑ:lɪt] *adj* sternenklar **star·ry** ['stɑ:ri] *adj* ❶ ASTRON sternenklar; **the** ~ **sky** der mit Sternen übersäte Himmel ❷ (*star-like*) sternförmig ❸ FILM, THEAT ~ **cast** Starbesetzung *f* **'star·ry-eyed** *adj idealist* blauäugig, verzückt; *lover* hingerissen

Stars and Stripes [ˌstɑ:zənd'straɪps] *npl + sing vb* ▪ **the** ~ die Stars and Stripes *pl* (*Nationalflagge der USA*)

'star sign *n* ASTROL Sternzeichen *nt* **Star-Span·gled 'Ban·ner** *n no pl* ▪ **the** ~ ❶ (*US flag*) das Sternenbanner (*die Nationalflagge der USA*) ❷ (*US national anthem*) der Star Spangled Banner (*die Nationalhymne der USA*) **'star-stud·ded** *adj* ❶ ASTRON mit Sternen übersät ❷ FILM, THEAT (*fam*) mit Stars besetzt; ~ **cast** Starbesetzung *f;* ~ **concert** Konzert *nt* mit großem Staraufgebot

start [stɑ:t] **I.** *n usu sing* ❶ (*beginning*) Anfang *m,* Beginn *m;* **the race got off to an exciting** ~ das Rennen fing spannend an; **at the** ~ **of the week** [am] Anfang der Woche; **promising** ~ viel versprechender Anfang; **to make a** ~ **on sth** mit etw *dat* anfangen; **to make a fresh** ~ einen neuen Anfang machen; **from the** ~ von Anfang an; **from** ~ **to finish** von Anfang bis Ende; **for a** ~ zunächst [einmal] ❷ (*foundation*) *of a company* Gründung *f* ❸ SPORTS (*beginning place*) Start *m* ❹ (*beginning time*) Start *m;* **false** ~ Fehlstart *m* ❺ (*beginning advantage*) Vorsprung *m;* **to have a good** ~ **in life** einen guten Start ins Leben haben ❻ (*sudden movement*) Zucken *nt;* **he woke with a** ~ er schreckte aus dem Schlaf hoch; **to give a** ~ zusammenzucken; **to give sb a** ~ jdn erschrecken **II.** *vi* ❶ (*begin*) anfangen; **we only knew two people in London to** ~ **with** anfangs kannten wir nur zwei Leute in London; **don't you** ~ **!** jetzt fang du nicht auch noch an! *fam;* **let's get** ~ **ed on this load of work** lass uns mit der vielen Arbeit anfangen; **to** ~ **afresh** von neuem beginnen; ▪ **to** ~ **to do sth** anfangen[,] etw zu tun; **to** ~ **with, ...** (*fam*) zunächst einmal ... ❷ (*fam: begin harassing, attacking*) ▪ **to** ~ **on sb** sich *dat* jdn vornehmen ❸ (*begin a journey*) losfahren ❹ (*begin to operate*) *vehicle, motor* anspringen ❺ (*begin happening*) beginnen ❻ (*jump in surprise*) zusammenfahren, hochfahren **III.** *vt* (*begin*) ▪ **to** ~ **[doing] sth** anfangen[,] etw zu tun; **when do you** ~ **your new job?** wann fängst du mit deiner neuen Stelle an?; **he** ~ **ed work at 16** mit 16 begann er zu arbeiten; **to** ~ **a family** eine Familie gründen ❷ (*set in motion*) ▪ **to** ~ **sth** etw ins Leben rufen; **to** ~ **a fight** Streit anfangen; **to** ~ **a fire** Feuer machen; **to** ~ **legal proceedings** gerichtliche Schritte unternehmen ❸ MECH einschalten; *machine* anstellen; *motor* anlassen; **to** ~ **a car** ein Auto starten ❹ ECON **to** ~ **a business** ein Unternehmen gründen ◆ **start back** *vi* ❶ (*jump back*) zurückschrecken ❷ (*return*) sich auf den Rückweg machen ◆ **start off I.** *vi* ❶ (*begin activity*) ▪ **to** ~ **off with sb/sth** bei jdm/etw anfangen; **they**

~ed off by reading the script through zuerst lasen sie das Skript durch ❷ (*begin career*) ■ to ~ off as sth seine Laufbahn als etw beginnen ❷ (*embark*) losfahren; **they ~ed off in New Orleans** sie starteten in New Orleans II. vt ❶ (*begin*) ■ to ~ sth ⊂ off etw beginnen ❷ (*cause to begin*) ■ to ~ sb off on sth jdn zu etw *dat* veranlassen ❸ (*upset*) **don't ~ her off on the injustice of the class system** gib ihr bloß nicht das Stichwort von der Ungerechtigkeit des Klassensystems ❹ (*help to begin*) ■ to ~ sb off jdm den Start erleichtern ◆ **start out** vi ❶ (*embark*) aufbrechen ❷ (*begin*) anfangen; ■ to ~ out as sth als etw beginnen; (*on a job*) als etw anfangen ❸ (*intend*) **our committee has achieved what we ~ed out to do** unser Komitee hat erreicht, was wir uns zum Ziel gesetzt hatten ◆ **start up I.** vt ❶ (*organize*) to ~ up a business/a club ein Unternehmen/einen Club gründen ❷ MECH to ~ up a motor einen Motor anlassen II. vi ❶ (*jump*) aufspringen ❷ (*occur*) beginnen ❸ (*begin running*) motorized vehicle anspringen

START [stɑːt] abbrev of **Strategic Arms Reduction Talks** START-Vertrag m

start·er ['stɑːtər] n ❶ *esp* BRIT FOOD (*fam*) Vorspeise f ❷ MECH Anlasser m ❸ (*starting race*) Starter m ❹ (*participant*) Wettkampfteilnehmer(in) m(f); AM (*in baseball*) Starter m ❺ (*sb who starts*) **she is a slow ~ in the morning** sie kommt morgens nur langsam in Schwung; **to be a late ~** ein Spätzünder sein *fam*

start·ing ['stɑːtɪŋ] adj attr SPORTS Start-

'**start·ing line** n SPORTS Startlinie f '**start·ing point** n Ausgangspunkt m

star·tle ['stɑːtl̩] vt erschrecken; **the noise ~d the birds** der Lärm schreckte die Vögel auf

star·tling ['stɑːtlɪŋ] adj (*surprising*) überraschend, verblüffend; (*alarming*) erschreckend

'**start-up** n ❶ COMM [Neu]gründung f, Existenzgründung f ❷ MECH Start m, Inbetriebnahme f ❸ COMPUT Hochfahren nt kein pl, Start m ❹ ~ **disk** Startdiskette f

'**start-up capi·tal** n no pl Startkapital nt '**start-up costs** npl Anlaufkosten pl

star·va·tion [stɑːˈveɪʃən] n no pl ❶ (*death from hunger*) Hungertod m; **to die of ~** verhungern ❷ (*serious malnutrition*) Unterernährung f

star·'va·tion diet n Hungerkur f

starve [stɑːv] I. vi ❶ (*die of hunger*) verhungern; **to ~ to death** verhungern ❷ (*suffer from hunger*) hungern; (*be malnourished*) unterernährt sein ❸ (*fam: be very hungry*) ■ **to be starving** ausgehungert sein ❹ (*crave*) ■ **to ~ for sth** nach etw *dat* hungern II. vt ❶ (*deprive of food*) aushungern; ■ **to ~ oneself to death** sich zu Tode hungern ❷ *usu passive* (*fig: deprive*) **people ~d of sleep start to lose their concentration** Menschen, die unter Schlafmangel leiden, können sich nicht mehr konzentrieren ❸ *usu passive* AM (*fig: crave*) **to be ~d for sth** sich nach etw *dat* sehnen

starv·ing ['stɑːvɪŋ] adj ❶ (*malnourished*) ausgehungert, unterernährt; **~ children** hungernde Kinder ❷ (*fam: very hungry*) [ganz] ausgehungert; **I'm ~!** ich bin am Verhungern!

stash [stæʃ] I. n <pl -es> ❶ (*dated: hiding place*) Versteck nt ❷ (*cache*) [geheimes] Lager, Vorrat m; **money** bunkern

state [steɪt] I. n ❶ (*existing condition*) Zustand m; **a sorry ~ of affairs** traurige Zustände; **~ of siege/war** Belagerungs-/Kriegszustand m ❷ (*physical condition*) körperliche Verfassung; **~ of exhaustion/fatigue** Erschöpfungs-/Ermüdungszustand m; **to be in a good/poor ~ of health** in einem guten/schlechten Gesundheitszustand sein ❸ PSYCH (*frame of mind*) Gemütszustand m; **unconscious ~** Bewusstlosigkeit f; **to be in a fit ~ to do sth** in der Lage sein, etw zu tun ❹ (*fam: upset state*) **to be in a ~** mit den Nerven fertig sein; **to get in[to] a ~** [about sth] (wegen einer S. *gen*) durchdrehen ❺ CHEM **solid/liquid/gaseous ~** fester/flüssiger/gasförmiger Zustand ❻ (*nation*) Staat m ❼ (*unit within nation: USA*) [Bundes]staat m; (*Germany*) Land nt; **the S~s** pl (*fam: the United States of America*) die Staaten pl ❽ (*civil government*) Staat m, Regierung f II. adj attr ❶ (*pertaining to a nation*) staatlich, Staats-; ❷ (*pertaining to unit*) **the ~ capital of Texas** die Hauptstadt von Texas; **~ forest/park** von einem US-Bundesstaat finanzierter Wald/Park; **~ police** Polizei eines US-Bundesstaates ❸ (*pertaining to civil government*) Regierungs-; **~ enrolled/registered nurse** BRIT staatlich zugelassene/geprüfte Krankenschwester; **~ secret** (*also fig*) Staatsgeheimnis nt; **~ subsidy** [staatliche] Subvention f ❹ (*showing ceremony*) Staats- III. vt ❶ (*express*) aussprechen, äußern; **to ~ one's case** seine Sache vortragen; **to ~ one's objections** seine Einwände vorbringen; **to ~ the source** die Quelle angeben; ■ **to ~ that ...** erklären, dass ...; ■ **to ~ how/what/why ...** darlegen, wie/was/warum ... ❷ (*specify, fix*) nennen, angeben; **to ~ demands** Forderungen stellen

state-con·'trol·led adj (*controlled by the*

government) staatlich gelenkt [*o* kontrolliert], unter staatlicher Aufsicht *nach n, präd*; (*owned by the state*) staatseigene(r, s) *attr* **'state·craft** *n no pl* Staatskunst *f*

stat·ed ['steɪtɪd] *adj* ❶ (*declared*) genannt, angegeben; **as ~ above** wie oben angegeben ❷ (*fixed*) festgelegt, festgesetzt; **at the ~ time** zur festgesetzten Zeit

'State De·part·ment *n no pl*, + *sing/pl vb* Am ■ **the** ~ das US-Außenministerium **state edu·'ca·tion** *n no pl* staatliches Bildungswesen

state·less ['steɪtləs] *adj* staatenlos; ~ **person** Staatenlose(r) *f(m)*

state·ly ['steɪtli] *adj* ❶ (*formal and imposing*) würdevoll, majestätisch ❷ (*splendid*) prächtig, imposant; ~ **home** herrschaftliches Anwesen

state·ment ['steɪtmənt] *n* ❶ (*act of expressing sth*) Äußerung *f*, Erklärung *f*; (*fig*) ■ **to make a ~** *lifestyle, values* viel aussagen; **a coloured telephone can make a ~ too** auch ein farbiges Telefon kann ein Signal setzen ❷ (*formal declaration*) Stellungnahme *f*; **I have no further ~ to make at this time** ich habe dazu im Moment nichts mehr zu sagen; **to make a ~ to the press** eine Presseerklärung abgeben ❸ LAW Aussage *f*; **to make a ~ [in court]** [vor Gericht] aussagen ❹ (*bank statement*) [Konto]auszug *m*

state of the 'art *adj pred*, **state-of-the-'art** *adj attr* auf dem neuesten Stand der Technik *nach n*, hoch entwickelt, hochmodern

state-owned [-,əʊnd] *adj* staatseigene(r, s) *attr*; staatlich, in Staatsbesitz *präd* **state 'pris·on** *n* ❶ Am (*prison on the state level*) Staatsgefängnis *nt* (*eines US-Bundesstaates*) ❷ (*prison for political offenders*) Gefängnis *nt* für politische Gefangene **'state·room** *n* ❶ (*in a hotel*) Empfangszimmer *nt*; (*in a palace*) Empfangssaal *m* ❷ NAUT Luxuskabine *f* ❸ RAIL Luxusabteil *nt* **'state school** *n* öffentliche [*o* staatliche] Schule **'state·side** I. *adj* in den Staaten *präd*; **a ~ newspaper** eine Zeitung aus den Staaten II. *adv* in die Staaten

'states·man *n* Staatsmann *m*

'states·man·ship ['steɪtsmənʃɪp] *n no pl* Staatskunst *f*

'states·wom·an *n* Staatsfrau *f*

state 'vis·it *n* Staatsbesuch *m*

stat·ic ['stætɪk] I. *adj* (*fixed*) statisch; (*not changing*) konstant; **to remain ~** stagnieren II. *n* ❶ PHYS ■ **~ s** + *sing vb* Statik *f kein pl* ❷ *no pl* (*electrical charge*) statische Elektrizität; (*atmospherics*) atmosphärische Störungen

stat·ic elec·'tric·i·ty *n no pl* statische Elektrizität

sta·tion ['steɪʃən] I. *n* ❶ RAIL Bahnhof *m*; **tube** BRIT [*or* Am **subway**] ~ U-Bahn-Haltestelle *f* ❷ (*for designated purpose*) -station *f*; **petrol** BRIT [*or* Am **gas**] ~ Tankstelle *f*; **police** ~ Polizeiwache *f*; **power** ~ Kraftwerk *nt* ❸ (*broadcasting station*) Sender *m*; **radio/TV** ~ Radio-/Fernsehsender *m* ❹ (*position*) Position *f*, Platz *m*; **several destroyers are on ~ off the coast of Norway** mehrere Zerstörer liegen vor der Küste Norwegens ❺ (*dated: social position*) Stellung *f*; **she married below her** ~ sie heiratete unter ihrem Stand ❻ Aus, NZ AGR (*large farm*) [große] Farm II. *vt* postieren, aufstellen; *soldiers, troops* stationieren

sta·tion·ary ['steɪʃənəri] *adj* (*not moving*) ruhend; **we were ~ at a set of traffic lights** wir standen an einer Ampel; (*not changing*) unverändert

sta·tion·er ['steɪʃənə'] *n* BRIT ❶ (*person*) Schreibwarenhändler(in) *m(f)* ❷ (*shop*) Schreibwarenladen *m*

sta·tion·ery ['steɪʃənəri] *n no pl* Schreibwaren *pl*; (*writing paper*) Schreibpapier *nt*

'sta·tion house *n* Am Polizeiwache *f* **'sta·tion·mas·ter** *n* Stationsvorsteher(in) *m(f)*

'sta·tion wag·on *n* Am, Aus Kombi[wagen] *m*

sta·tis·ti·cal [stə'tɪstɪkəl] *adj* statistisch

stat·is·ti·cian [ˌstætɪ'stɪʃən] *n* Statistiker(in) *m(f)*

sta·tis·tics [stə'tɪstɪks] *npl* ❶ + *sing vb* (*science*) Statistik *f kein pl* ❷ (*data*) Statistik *f*

statu·ary ['stætʃuəri] (*form*) I. *n no pl* ❶ (*statues collectively*) Statuen *pl* ❷ (*art of making statues*) Bildhauerei *f* II. *adj* statuarisch *geh*

statue ['stætʃuː] *n* Statue *f*, Standbild *nt*

Statue of 'Lib·er·ty *n* ■ **the** ~ die Freiheitsstatue

statu·esque [ˌstætʃu'esk] *adj* (*approv form*) stattlich

statu·ette [ˌstætʃu'et] *n* Statuette *f*

stat·ure ['stætʃə'] *n* ❶ (*height*) Statur *f*, Gestalt *f*; **large/short** ~ großer/kleiner Wuchs ❷ (*reputation*) Geltung *nt*, Prestige *nt*

sta·tus ['steɪtəs] *n no pl* Status *m*; (*prestige also*) Prestige *nt*; **to have a high** ~ **in a company** in einem Unternehmen eine hohe Stellung haben; **legal** ~ Rechtsposition *f*

'sta·tus bar *n* COMPUT Statusleiste *f* **'sta·tus line** *n* COMPUT Statuszeile *f* **sta·tus quo** [ˌsteɪtəs'kwəʊ] *n no pl* Status quo *m* **'sta·tus re·port** *n* COMPUT Statusbericht *m* **'sta·tus sym·bol** *n* Statussymbol *nt*

stat·ute ['stætjuːt] *n* ❶ (*written rules*) Statut

nt *meist pl,* Satzung *f;* ▪ **by ~** satzungsgemäß ❷ *(law)* Gesetz *nt* ❸ LAW, ECON *(permanent corporate rule)* Betriebsverfassung *f*

'**stat·ute book** *n* Gesetzbuch *nt;* **to put a law on the ~** ein Gesetz durchbringen **stat·ute 'law** *n* LAW ❶ *no pl (not common law)* geschriebenes Gesetz ❷ *(statute)* Statut *nt,* Satzung *f* **stat·ute of limi·'ta·tions** *n* Verjährungsgesetz *nt,* Verjährungsvorschrift *f*

statu·tory ['stætjətᵊri] *adj* gesetzlich; **~ law** kodifiziertes Recht; **~ right** positives Recht **staunch¹** [stɔ:ntʃ] *adj (steadfastly loyal)* standhaft, zuverlässig; **~ Catholic** überzeugter Katholik/überzeugte Katholikin; **~ opponent** erbitterter Gegner/erbitterte Gegnerin; **~ refusal** strikte Weigerung

staunch² [stɔ:ntʃ] *vt* stauen; *blood* stillen; **to ~ a wound** eine Wunde abbinden

stave [steɪv] **I.** *n* ❶ *(musical staff)* Notenlinien *pl* ❷ *(in construction)* Sprosse *f,* Querholz *nt* **II.** *vt* ▪ **to ~ in** ◯ sth etw eindrücken; **to ~ a hole in sth** ein Loch in etw *akk* schlagen ◆ **stave off** *vt* ▪ **to ~ off** ◯ sth *(postpone)* etw hinauszögern [*o* aufschieben]; *(prevent)* etw abwenden [*o* abwehren]; **to ~ off hunger** seinen Hunger stillen; ▪ **to ~ off** ◯ sb jdn hinhalten *fam*

staves [steɪvz] *n* ❶ *pl of* **staff** ❷ *pl of* **stave**

stay¹ [steɪ] *n* NAUT, TRANSP Stütztau *nt*

stay² [steɪ] **I.** *n* ❶ *(act of remaining)* Aufenthalt *m;* **overnight ~** Übernachtung *f* ❷ LAW Aussetzung *f* **II.** *vi* ❶ *(remain present)* bleiben; **to ~ in bed/at home** im Bett/zu Hause bleiben; **to ~ put** *(fam: keep standing)* stehen bleiben; *(not stand up)* sitzen bleiben; *(not move)* sich nicht vom Fleck rühren ❷ *(persevere)* ▪ **to ~ with sth** bei der Sache bleiben ❸ *(reside temporarily)* untergebracht sein, wohnen; **the children usually ~ with their grandparents for a week in the summer** die Kinder verbringen gewöhnlich im Sommer eine Woche bei ihren Großeltern; **to ~ overnight** übernachten ❹ *+ n or adj (remain)* bleiben; **the shops ~ open till 8 p.m.** die Läden haben bis 20 Uhr geöffnet; **to ~ in touch** in Verbindung bleiben; **to ~ tuned** RADIO, TV, MEDIA am Apparat bleiben **III.** *vt (assuage)* **to ~ one's hunger/thirst** seinen Hunger/Durst stillen ◆ **stay away** *vi* ❶ *(keep away)* wegbleiben, fernbleiben ❷ *(avoid)* ▪ **to ~ away from sb/sth** jdn/etw meiden; **my boss told me to ~ away from company policy** mein Chef sagte mir, ich solle mich aus der Unternehmenspolitik heraushalten ◆ **stay behind** *vi* [noch] [da]bleiben; SCH nachsitzen ◆ **stay in** *vi* zu Hause bleiben ◆ **stay on** *vi* ❶ *(remain longer)* [noch] bleiben ❷ *(remain in place)* *lid, top* halten, darauf bleiben; *sticker* haften ❸ *(remain in operation)* *light* an bleiben; *device* eingeschaltet bleiben ◆ **stay out** *vi* ❶ *(not come home)* ausbleiben, wegbleiben ❷ *(continue a strike)* weiter streiken ❸ *(not go somewhere)* **~ out of the kitchen!** bleib aus der Küche!; **~ out of the water if nobody's around** geh nicht ins Wasser, wenn sonst keiner da ist ❹ *(not become involved)* **to ~ out of trouble** sich dem Ärger vom Hals halten *fam;* **to ~ out of sb's way** jdm aus dem Wege gehen ◆ **stay up** *vi* aufbleiben, wach bleiben

'**stay-at-home I.** *n (pej)* Stubenhocker(in) *m(f) fam* **II.** *adj* ungesellig, menschenscheu

stay·er ['steɪə*r*] *n* ❶ *(approv: persevering person)* ausdauernder Mensch; *(horse)* Steher *m* ❷ *(visitor)* Besucher(in) *m(f)*

stay·ing power ['steɪɪŋ-] *n no pl* ❶ *(physical stamina)* Durchhaltevermögen *nt,* Ausdauer *f* ❷ *(mental stamina)* Mut *m,* Durchsetzungsvermögen *nt*

STD¹ [ˌesti:'di:] *n* MED *abbrev of* **sexually transmitted disease** Geschlechtskrankheit *f*

STD² [ˌesti:'di:] *n no pl* BRIT, AUS TECH *abbrev of* **subscriber trunk dialling** Selbstwählferndienst *m*

stead [sted] *n no pl* Stelle *f* ▸ **to stand sb in good ~** [**for sth**] jdm [bei etw *dat*] zugutekommen

stead·fast ['stedfɑ:st] *adj* fest, standhaft, unerschütterlich; *ally* loyal; *critic* unerbittlich; *friend* treu; **to prove oneself ~** sich als zuverlässig erweisen

steady ['stedi] **I.** *adj* ❶ *(stable)* fest, stabil ❷ *(regular)* kontinuierlich, gleich bleibend; *breathing, flow, pulse* regelmäßig; *increase, decrease* stetig; *rain* anhaltend; *speed* konstant ❸ *(not wavering)* fest; *pain* permanent; **~ hand** ruhige Hand; **~ voice** feste Stimme ❹ *(calm and dependable)* verlässlich, solide; *nerves* stark ❺ *(regular)* regelmäßig; **~ boyfriend/girlfriend** fester Freund/feste Freundin **II.** *vt* <-ie-> ❶ *(stabilize)* stabilisieren; **to ~ oneself** ins Gleichgewicht kommen, das Gleichgewicht finden; **to ~ the ladder** die Leiter festhalten ❷ *(make calm)* **to ~ one's aim** sein Ziel fixieren; **to ~ one's nerves** seine Nerven beruhigen **III.** *adv* ❶ *(still)* **to hold ~** *prices* stabil bleiben; **to hold sth ~** etw festhalten ❷ BRIT *(be sparing)* **I'd like a gin and tonic, please, and go ~ on the ice** ich hätte gerne einen Gin Tonic, aber bitte mit wenig Eis **IV.** *interj (warning)* sachte!; **~ on!** BRIT halt!

steak [steɪk] *n* ❶ *no pl (superior cut of beef) zum Kurzbraten geeignetes Stück vom Rind;* **rump ~** Rumpsteak *nt* ❷ *no pl (poorer quality beef)* Rindfleisch *nt;* **braising ~**

Schmorfleisch nt ③ (*thick slice*) [Beef]steak nt; *of fish* Filet nt

steal [stiːl] **I.** n *esp* AM (*fam*) Schnäppchen nt **II.** vt <stole, stolen> ① (*take illegally*) stehlen; **to ~** [**sb's**] **ideas** [jds] Ideen klauen *fam* ② (*gain artfully*) **to ~ sb's heart** jds Herz erobern ③ (*do surreptitiously*) **she stole a glance at her watch** sie lugte heimlich auf ihre Armbanduhr ▸ **to ~ the show from sb** jdm die Schau stehlen; **to ~ sb's thunder** jdm den Wind aus den Segeln nehmen **III.** vi <stole, stolen> ① (*take things illegally*) stehlen ② (*move surreptitiously*) sich wegstehlen; **he stole out of the room** er stahl sich aus dem Zimmer

stealth [stelθ] n no pl ① (*trick*) List f ② (*furtiveness*) Heimlichkeit f; ▪ **to do sth by ~** etw heimlich tun

stealthy ['stelθi] adj heimlich, verstohlen

steam [stiːm] **I.** n no pl Dampf m; **he ran out of ~** ihm ging die Puste aus; **to let off ~** Dampf ablassen a. *fig* **II.** vi dampfen **III.** vt **to ~ fish/vegetables** Fisch/Gemüse dämpfen; **to ~ open a letter** einen Brief über Wasserdampf öffnen ◆ **steam up I.** vi *mirror, window* beschlagen **II.** vt ① (*cause to become steamy*) **the windows are ~ed up** die Fenster sind beschlagen ② (*fam: cause to become excited*) **to get all ~ed up** [**about sth**] sich [über etw *akk*] unheimlich aufregen

'steam bath n Dampfbad nt **'steam-boat** n Dampfschiff nt, Dampfer m **'steam en-gine** n ① (*engine*) Dampfmaschine f ② (*locomotive*) Dampflok[omotive] f

steam-er ['stiːməʳ] n ① (*boat*) Dampfer m, Dampfschiff nt ② (*for cooking*) Dampfkochtopf m

'steam iron n Dampfbügeleisen nt **'steam-roll-er I.** n ① (*road machinery*) Dampfwalze f ② (*fig: extremely forceful person*) Agitator(in) m(f) *pej* **II.** vt ▪ **to ~ sb into doing sth** jdn unter Druck setzen, etw zu tun; **to ~ the opposition** die Opposition niederwalzen **'steam-ship** n Dampfschiff nt, Dampfer m

steamy ['stiːmi] adj ① (*full of steam*) dampfig, dunstig ② (*hot and humid*) feuchtheiß ③ (*fam: torrid, sexy*) heiß, scharf; *love scene, novel also* prickelnd

steed [stiːd] n (*dated liter*) Ross nt

steel [stiːl] **I.** n ① no pl (*iron alloy*) Stahl m ② no pl (*firmness of character*) Härte f, Stärke f; **nerves of ~** Nerven pl wie Drahtseile ③ (*knife sharpener*) Wetzstahl m **II.** vt ▪ **to ~ oneself against/for sth** sich gegen/für etw wappnen; ▪ **to ~ oneself** [**to do sth**] all seinen Mut zusammennehmen[, um etw zu tun]

steel 'band n Steelband f **steel 'grey I.** adj stahlgrau **II.** n Stahlgrau nt **'steel mill** n Stahl|walz|werk nt **steel 'wool** n no pl Stahlwolle f **'steel·work·er** n Stahlarbeiter(in) m(f) **'steel·works** npl + sing/pl vb Stahlwerk nt, Stahlfabrik f

steely ['stiːli] adj ① (*of steel*) stählern ② (*hard, severe*) stahlhart; **~ determination** eiserne Entschlossenheit; **~ expression** harter Ausdruck; **~ glance** stählerner Blick

steep¹ [stiːp] adj ① (*sharply sloping*) steil; *slope* abschüssig; **~ steps** hohe Stufen ② (*dramatic*) drastisch, dramatisch; *decline* deutlich ③ (*unreasonably expensive*) überteuert

steep² [stiːp] **I.** vt ① (*soak in liquid*) tränken; *washing* einweichen ② *usu passive* (*imbue*) ▪ **to be ~ed in sth** von etw *dat* durchdrungen sein; **~ed in history** geschichtsträchtig **II.** vi einweichen; **she never lets the tea ~ long enough** sie lässt den Tee nie lang genug ziehen

steep·en ['stiːpən] **I.** vi ① (*become steeper*) steiler werden; *road, slope* ansteigen ② (*fam: increase in cost*) steigen, sich erhöhen **II.** vt *steps* steiler machen

stee·ple ['stiːpl] n ARCHIT (*spire*) Turmspitze f; *of a church* Kirchturm m **'stee·ple·chase** n ① (*for horses*) Hindernisrennen nt ② (*for runners*) Hindernislauf m **'stee·ple·jack** n Hochbauarbeiter(in) m(f)

steer [stɪəʳ] **I.** n ZOOL junger Ochse **II.** vt ① (*direct*) steuern ② (*follow*) **to ~ a course** einen Kurs einschlagen **III.** vi steuern, lenken; *vehicle* sich lenken lassen

steer·age ['stɪərɪdʒ] **I.** n no pl NAUT (*hist*) Zwischendeck nt **II.** adj NAUT (*hist*) Zwischendeck-

steer·ing ['stɪərɪŋ] **I.** n no pl AUTO Lenkung f; NAUT Steuerung f **II.** adj attr AUTO Lenk-; NAUT Ruder-, Steuerungs-

'steer·ing com·mit·tee n Lenkungsausschuss m **'steer·ing lock** n AUTO Lenkradschloss nt **'steer·ing wheel** n Steuer[rad] nt; *of a car also* Lenkrad nt

'steers·man n NAUT Steuermann m

stel·lar ['steləʳ] adj ① ASTRON (*form*) stellar *fachspr* ② (*fam: exceptionally good*) grandios, phänomenal

stem [stem] **I.** n ① *of a tree, bush* Stamm m; *of a leaf, flower* Stiel m, Stängel m; *of grain, corn* Halm m; *of a glass* [Glas]stiel m ② LING [Wort]stamm m **II.** vt <-mm-> eindämmen, aufhalten; **to ~ the flow of blood** die Blutung stillen; **to ~ the tide** [*or* **flow**] **of sth** etw zum Stillstand bringen **III.** vi <-mm-> ① (*be traced back*) ▪ **to ~ back to sth** sich bis zu etw *dat* zurückverfolgen lassen, auf etw *akk* zurückgehen; ▪ **to ~ from sb/sth**

auf jdn/etw zurückzuführen sein ❷ (*slide a ski outwards*) stemmen

stench [stentʃ] *n no pl* Gestank *m* a. *fig*

sten·cil ['sten(t)s^əl] *n* Schablone *f*; (*picture*) Schablonenzeichnung *f*

ste·nog·ra·pher [stə'nɒgrəfə^r] *n* AM (*dated*) Stenograf(in) *m(f)*

ste·nog·ra·phy [stə'nɒgrəfi] *n no pl* AM (*dated*) Stenografie *f*

step[1] [step] *n no pl* SPORT *short for* **step aerobics** Step-Aerobic *nt* o *f*

step[2] [step] **I.** *n* ❶ (*foot movement*) Schritt *m*; **to be/walk in ~** im Gleichschritt sein/laufen ❷ (*manner of walking*) Gang *m*; **to watch one's ~** (*fig*) aufpassen ❸ (*dance movement*) [Tanz]schritt *m*; ▪ **in/out of ~** im/aus dem Takt; (*fig*) im/nicht im Einklang; **to keep in ~ with sth** (*fig*) mit etw *dat* Schritt halten ❹ (*stair*) Stufe *f*; *of a ladder* Sprosse *f*; **"mind the ~"** „Vorsicht, Stufe!"; **a flight of ~s** eine Treppe ❺ (*stage in a process*) Schritt *m*; **one ~ at a time** eins nach dem anderen; **to be one ~ ahead [of sb]** [jdm] einen Schritt voraus sein; **~ by ~** Schritt für Schritt ❻ (*measure, action*) Schritt *m*, Vorgehen *nt*; **to take ~s** [**to do sth**] Schritte unternehmen[, um etw zu tun]; **to take drastic ~s** zu drastischen Mitteln greifen ❼ BRIT (*stepladder*) ▪ **~s** *pl* Trittleiter *f esp* AM MUS (*tone, semitone*) Ton *m* **II.** *vi* <-pp-> ❶ (*tread*) ▪ **to ~ somewhere** irgendwohin treten; **to ~ over sth** über etw *akk* steigen; **to ~ on sb's foot** jdm auf den Fuß treten ❷ (*walk*) ▪ **to ~ somewhere** irgendwohin gehen; **would you care to ~ this way please, sir?** würden Sie bitte hier entlanggehen, Sir?; **she ~ped backwards** sie machte einen Schritt zurück; **to ~ aside** zur Seite gehen; **to ~ out of line** (*fig*) sich danebenbenehmen **III.** *vi* AUTO, TRANSP (*tread on accelerator, brake*) treten (**on** auf); **~ on it** gib Gas! *fam* ◆ **step aside** *vi* zur Seite treten, Platz machen ◆ **step back** *vi* ❶ (*move back*) zurücktreten ❷ (*gain a new perspective*) Abstand nehmen ❸ (*emotionally revisit*) **to ~ back in time** sich in die Vergangenheit zurückversetzen ◆ **step down** *vi* ❶ (*resign*) zurücktreten, sein Amt niederlegen ❷ LAW (*give witness*) den Zeugenstand verlassen ◆ **step in** *vi* ❶ (*enter building*) eintreten; (*enter vehicle*) einsteigen ❷ (*intervene*) eingreifen, einschreiten ◆ **step up** *vt* verstärken; **the pace of the reforms is being ~ped up** die Reformen werden jetzt beschleunigt

'**step-broth·er** *n* Stiefbruder *m* '**step-child** *n* Stiefkind *nt* '**step-daugh·ter** *n* Stieftochter *f* '**step-fa·ther** *n* Stiefvater *m*

'**step-free** *adj attr* ohne Stufen *nach n* '**step-lad·der** *n* Stehleiter *f*, Trittleiter *f* '**step-moth·er** *n* Stiefmutter *f*

steppe [step] *n* Steppe *f*

'**step·ping stone** *n* ❶ (*stone*) [Tritt]stein *m* ❷ (*fig: intermediate stage*) Sprungbrett *nt*

'**step-sis·ter** *n* Stiefschwester *f*

'**step·son** *n* Stiefsohn *m*

ste·reo[1] <*pl* -os> ['steriəʊ] *n* ❶ *no pl* (*transmission*) Stereo *nt* ❷ (*fam: unit*) Stereoanlage *f*; *car* ~ Autoradio *nt*

ste·reo[2] ['steriəʊ] *adj short for* **stereophonic** Stereo-

ste·reo·phon·ic [ˌsteriə(ʊ)'fɒnɪk] *adj* MUS, MEDIA (*form*) stereophon *fachspr*; **~ sound** Stereoklang *m* **ste·reo·scop·ic** [ˌsteriə(ʊ)'skɒprɪk] *adj* stereoskopisch **ste·reo·type** ['steriə(ʊ)taɪp] **I.** *n* Stereotyp *nt*, Klischee *nt*; (*character*) stereotype Figur; **racist ~s** rassistische Vorurteile **II.** *vt* **to ~ sb/sth** jdn/etw in ein Klischee zwängen

ster·ile ['sterail] *adj* ❶ MED (*unable to reproduce*) unfruchtbar, steril ❷ AGR *auch* unfruchtbar ❸ MED (*free from bacteria*) steril, keimfrei

ste·ril·i·ty [stə'rɪləti] *n no pl* ❶ MED Unfruchtbarkeit *f*, Sterilität *f* ❷ AGR Unfruchtbarkeit *f*

steri·li·za·tion [ˌsterəlaɪ'zeɪʃ^ən] *n no pl* ❶ (*operation*) Sterilisierung *f* ❷ (*making sth chemically clean*) Desinfizierung *f*

steri·lize ['sterəlaɪz] *vt* ❶ *usu passive* (*make infertile*) ▪ **to be ~d** (*already*) sterilisiert sein; (*now, in future*) sterilisiert werden; **she decided to be ~d** sie entschloss sich, sich sterilisieren zu lassen ❷ (*disinfect*) desinfizieren; **to ~ water** Wasser abkochen

ster·ling ['stɜːlɪŋ] **I.** *n no pl* ❶ FIN Sterling *m*, [britisches] Pfund ❷ (*metal*) Sterlingsilber *nt* **II.** *adj* (*approv*) gediegen, meisterhaft; **to make a ~ effort** beachtliche Anstrengungen unternehmen

stern[1] [stɜːn] *adj* (*severe*) ernst; (*strict*) streng, unnachgiebig; (*difficult*) hart, schwierig; **to say sth in a ~ voice** etw nachdrücklich sagen; **a ~ warning** eine eindringliche Warnung

stern[2] [stɜːn] *n* NAUT Heck *nt*

stern·ness ['stɜːnnəs] *n no pl* ❶ (*severity*) Strenge *f*, Härte *f* ❷ (*earnestness*) Ernst *m*, Ernsthaftigkeit *f*

ster·num <*pl* -s *or* -na> ['stɜːnəm, *pl* -nə] *n* Brustbein *nt*

ster·oid ['sterɔɪd] *n* CHEM, MED, PHARM Steroide *pl*

stetho·scope ['steθəskəʊp] *n* Stethoskop *nt*

ste·vedore ['stiːvədɔː^r] *n* Stauer(in) *m(f)*

stew [stjuː] **I.** *n* Eintopf *m*; *Irish S~ irischer Eintopf aus Kartoffeln, Fleisch und Gemüse* **II.** *vt meat* schmoren; **to ~ plums** Pflaumenkompott kochen **III.** *vi* ❶ (*simmer*) *meat* [vor sich *akk* hin] schmoren; BRIT *tea* zu lange ziehen [und bitter werden] ❷ (*fam: be upset*) schmollen

stew·ard ['stjuːəd] *n* ❶ (*on flight*) Flugbegleiter *m*, Steward *m*; (*on cruise*) Schiffsbegleiter *m*, Steward *m* ❷ (*at an event*) Ordner(in) *m(f)* ❸ (*at a race*) ■ **~s** *pl* die Rennleitung *kein pl*

stew·ard·ess <*pl* -es> ['stjuːədes] *n* (*on flight*) Flugbegleiterin *f*, Stewardess *f*; (*on cruise*) Schiffsbegleiterin *f*, Stewardess *f*

stick[1] [stɪk] *n* ❶ (*small thin tree branch*) Zweig *m*; (*thin piece of wood*) Stock *m* ❷ (*severe criticism*) **to get ~** herbe Kritik einstecken müssen; **to give sb ~** jdn heruntermachen ❸ (*a piece of sth*) **carrot ~s** lange Mohrrübenstücke; **celery ~s** Selleriestangen *pl*; **a ~ of chewing gum** ein Stück Kaugummi ❹ (*used in a certain function*) Stock *m*; **hockey**/**polo ~** Hockey-/Poloschläger *m*; **walking ~** Spazierstock *m* ❺ MUS Taktstock *m* ❻ AUTO, MECH Hebel *m*; **gear ~** Hebel *m* der Gang[schaltung] ❼ (*pej fam: remote area*) **out in the ~s** [ganz] weit draußen ▶ **to get the shit-end of the ~** AM (*fam!*) immer [nur] den schlechten Rest abbekommen; **to up ~s** BRIT (*fam*) mit Sack und Pack umziehen

stick[2] <stuck, stuck> [stɪk] **I.** *vi* ❶ (*fix by adhesion*) kleben; (*be fixed*) zugeklebt bleiben; **this glue won't ~** dieser Klebstoff hält nicht ❷ (*fig: attach oneself*) ■ **to ~ to sb** [**like a leech**] an jdm kleben *fam* ❸ (*be unable to move*) feststecken; *car* stecken bleiben; (*be unmovable*) festsitzen; (*door, window, gear* klemmen; **help me up — I'm stuck** hilf mir mal – ich stecke fest! ❹ (*fig: unable to continue*) nicht weiter wissen; (*unable to leave*) nicht weg können ❺ (*endure*) hängen bleiben; **to ~ in sb's mind** jdm in Erinnerung bleiben ❻ (*persevere*) **to ~ at sth** an etw *dat* dranbleiben ❼ (*keep within limits*) **to ~ to one's budget** sich an sein Budget halten; **to ~ to a diet** eine Diät einhalten ❽ (*not give up*) **to ~ with traditions** an Traditionen festhalten ❾ (*continue to support, comply with*) ■ **to ~ by sb/sth** zu jdm/etw halten; **I ~ by what I said** ich stehe zu meinem Wort ❿ (*fam: need, be at a loss for*) **I'm stuck for money at the moment** im Moment bin ich ein bisschen knapp bei Kasse *fam*; **he was stuck for words** er suchte [vergeblich] nach Worten ▶ **to ~ to one's guns** nicht lockerlassen; **I'm ~ing to my guns** ich stehe zu dem, was ich gesagt habe **II.** *vt* ❶ (*affix*) kleben (to an) ❷ (*fam: put*) **~ your things wherever you like** stellen Sie Ihre Sachen irgendwo ab; **to ~ one's head around the door** seinen Kopf durch die Tür stecken ▶ **to ~ one's nose into sb's business** seine Nase in jds Angelegenheiten stecken ◆ **stick around** *vi* (*fam*) da bleiben ◆ **stick down** *vt* ❶ (*glue*) ■ **to ~ sth ⊂ down** etw festkleben ❷ (*fam: write hastily*) **to ~ sth down** [**on paper**] etw sofort aufschreiben ◆ **stick in I.** *vi* dart stecken bleiben ▶ **to get stuck in** BRIT (*fam: start*) anfangen; (*start eating*) [mit dem Essen] anfangen **II.** *vt* (*fam*) ❶ (*affix*) ■ **to ~ sth in sth** etw in etw *akk* einkleben ❷ (*put into*) ■ **to ~ sth in**[**to**] **sth** etw in etw *akk* hineinstecken ◆ **stick out I.** *vt* ❶ (*make protrude*) **to ~ out one's hand** die Hand ausstrecken; **to ~ one's tongue out** die Zunge herausstrecken ❷ (*endure*) ■ **to ~ it out** es [bis zum Ende] durchhalten **II.** *vi* ❶ (*protrude*) [her]vorstehen; *hair, ears* abstehen; *nail* herausstehen ❷ (*fig: be obvious*) offensichtlich sein; **to ~ out a mile** wie ein bunter Pudel auffallen *fam* ❸ (*endure*) ■ **to ~ out for sth** hartnäckig auf etw *dat* bestehen ▶ **to ~ one's neck out** eine Menge riskieren *fam* ◆ **stick together I.** *vt* zusammenkleben **II.** *vi* ❶ (*adhere*) zusammenkleben ❷ (*fig: not separate*) immer zusammen sein; (*inseparable*) unzertrennlich sein ❸ (*fig: remain loyal to each other*) zusammenhalten, zueinander stehen; (*help each other*) einander helfen ◆ **stick up I.** *vt* (*fam*) ❶ (*attach*) **to ~ up a notice** einen Aushang machen ❷ (*raise*) **if you have a question, ~ your hand up** meldet euch, wenn ihr eine Frage habt ❸ (*armed robbery*) ■ **to ~ up ⊂ sb/sth** jdn/etw überfallen **II.** *vi* ❶ (*protrude*) hochragen, emporragen ❷ (*stand on end*) abstehen ❸ (*defend*) ■ **to ~ up for sb/sth** sich für jdn/etw einsetzen ❹ (*support*) ■ **to ~ up for sb** jdn unterstützen

stick·er ['stɪkə] *n* ❶ (*adhesive label*) Aufkleber *m*; (*for collecting*) Sticker *m*; **price ~** Preisschild[chen] *nt* ❷ (*persevering person*) **to be a ~** Durchhaltevermögen haben

'**stick·ing plaster** *n* BRIT [Heft]pflaster *nt*

'**stick in·sect** *n* Gespenstheuschrecke *f*

'**stick-in-the-mud I.** *n* (*fam*) Muffel *m*, Spaßverderber(in) *m(f) pej* **II.** *adj attr* altmodisch, rückständig

stick·le·back ['stɪkl|bæk] *n* ZOOL Stichling *m*

stick·ler ['stɪklə] *n* Pedant(in) *m(f) pej*; **to be a ~ for accuracy**/**punctuality** pingelig auf Genauigkeit/Pünktlichkeit achten

'**stick-on** *adj attr* Klebe- '**stick·pin** *n* AM (*tiepin*) Krawattennadel *f* '**stick-up** *n esp* AM (*fam*) Überfall *m*

sticky ['stɪki] *adj* ❶ (*texture*) klebrig; ■ **to be**

~ with sth mit etw *dat* verklebt sein ❷ (*sugary*) klebrig ❸ (*sweaty*) *person* verschwitzt; (*humid*) *weather* schwül; *air* stickig ❹ (*fig: difficult*) *question, situation* heikel; *problem* kompliziert ▸ **to come to a ~ end** ein böses Ende nehmen

stiff [stɪf] **I.** *n* (*fam: corpse*) Leiche *f* **II.** *adj* ❶ (*rigid*) steif (**with** vor); *paper, lid* fest; **his clothes were ~ with dried mud** seine Kleidung starrte vor angetrocknetem Schmutz ❷ (*sore*) *neck, joints* steif; *muscles* hart ❸ (*dense*) *paste* dick; *batter, mixture, dough* fest ❹ (*formal, reserved*) *manner* steif; *letter* unpersönlich; (*forced*) *smile* gezwungen; **to keep a ~ upper lip** Haltung bewahren ❺ (*strong*) *opposition* stark; *penalty, punishment* hart; **~ breeze** steife Brise; **~ criticism** herbe Kritik; **~ drink** harter Drink **III.** *adv* **I got frozen ~ waiting at the bus stop** ich wäre fast erfroren, als ich an der Bushaltestelle wartete; **to be scared ~** zu Tode erschrocken sein **IV.** *vt* AM (*fam: cheat*) ▪ **to be ~ed** betrogen werden

stiff·en ['stɪfən] **I.** *vi* ❶ (*tense up*) sich versteifen; *muscles* sich verspannen; (*with nervousness*) *person* sich verkrampfen; (*with fear, fright*) erstarren ❷ (*become denser*) *cream, egg whites* steif werden ❸ (*become stronger*) stärker werden, sich verstärken; *resistance* wachsen **II.** *vt* ❶ (*make rigid*) **to ~ one's arms/legs** die Arme/Beine versteifen; **to ~ a collar** einen Kragen stärken ❷ (*make more severe*) **to ~ a penalty/the rules** eine Strafe/die Regeln verschärfen ❸ (*strengthen*) [ver]stärken; **to ~ competition** den Wettbewerb verschärfen

stiff·en·ing ['stɪfənɪŋ] **I.** *n no pl* ❶ (*becoming rigid*) *of muscles, joints* Versteifung *f* ❷ FASHION (*rigid material*) Einlage *f* **II.** *adj attr* (*fig*) *resolve* zunehmende Entschlossenheit

stiff-necked [-'nekt] *adj* (*pej*) ❶ (*stubborn*) halsstarrig, stur ❷ (*arrogant*) hochnäsig, arrogant

sti·fle ['staɪfl] **I.** *vi* ersticken **II.** *vt* ❶ (*smother*) ▪ **to ~ sb** jdn ersticken; **to ~ a fire/flames** ein Feuer/Flammen ersticken ❷ (*fig: suppress*) ▪ **to ~ sth** etw unterdrücken; **to ~ competition** die Konkurrenz ausschalten; **to ~ the urge to laugh** sich *dat* das Lachen verbeißen

sti·fling ['staɪflɪŋ] *adj* ❶ (*smothering*) *fumes, smoke* erstickend; *air* zum Ersticken nach *n*, *präd*; (*fig*) *heat, humidity* drückend; *room* stickig ❷ (*fig: repressive*) erdrückend

stig·ma ['stɪɡmə] *n* ❶ MED *of a disease* Symptom *nt*; (*mark on skin*) Mal *nt* ❷ (*shame*) Stigma *nt geh; social ~* gesellschaftlicher Makel

stig·ma·tize ['stɪɡmətaɪz] *vt* ❶ (*mark*) brandmarken ❷ REL stigmatisieren

stile [staɪl] *n* Pfosten *m*; *of a door* Höhenfries *m*

sti·let·to <*pl* -os> [stɪ'letəʊ] *n* ❶ (*knife*) Stilett *nt* ❷ (*shoe*) Pfennigabsatz *m*; ▪ **~s** *pl* Schuhe *pl* mit Pfennigabsätzen

sti·let·to 'heel *n* Pfennigabsatz *m*

still¹ [stɪl] **I.** *n no pl* ❶ (*peace and quiet*) Stille *f* ❷ *usu pl* (*photo of film scene*) Standfoto *nt* **II.** *adj* ❶ (*quiet and peaceful*) ruhig, friedlich; *lake, sea* ruhig ❷ (*motionless*) reglos, bewegungslos; **to keep ~** still halten, sich nicht bewegen; **to sit/stand ~** still sitzen/stehen ❸ (*not fizzy*) ohne Kohlensäure *nach n*; **mineral water** still, ohne Kohlensäure *nach n* **III.** *vt* (*calm*) **to ~ sb's doubts/fears/worries** jdm seine Ängste/Zweifel/Bedenken nehmen

still² [stɪl] *adv* ❶ (*continuing situation*) [immer] noch, noch immer; (*in future as in past*) nach wie vor; **there's ~ time for us to get to the cinema before the film starts** wir können es noch schaffen, ins Kino zu kommen, bevor der Film anfängt ❷ (*nevertheless*) trotzdem; **I know you don't like her but you ~ don't have to be so rude to her** ich weiß, du kannst sie nicht leiden, aber deswegen brauchst du nicht gleich so unhöflich zu ihr zu sein; **..., but he's ~ your brother** ..., [aber] er ist immer noch ihr Bruder ❸ (*greater degree*) noch; **to want ~ more** immer noch mehr wollen; **better/worse ~** noch besser/schlimmer

still³ [stɪl] *n* ❶ (*distillery*) Brennerei *f* ❷ (*appliance*) Destillierapparat *m*

'**still·birth** *n* Totgeburt *f* '**still·born** *adj* *baby, animal young* tot geboren **still 'life** <*pl* -s> *n* ❶ (*painting*) Stillleben *nt* ❷ *no pl* (*style*) Stilllebenmalerei *f*

still·ness ['stɪlnəs] *n no pl* ❶ (*tranquillity*) Stille *f*, Ruhe *f* ❷ (*lack of movement*) *of the air, trees* Unbewegtheit *f*, Bewegungslosigkeit *f*; *of a person* Reglosigkeit *f*

stilt [stɪlt] *n usu pl* ❶ (*post*) Pfahl *m* ❷ (*for walking*) Stelze *f*; **a pair of ~s** Stelzen *pl*

stilt·ed ['stɪltɪd] *adj* (*pej: stiff and formal*) *way of talking* gestelzt; (*not natural*) *behaviour* unnatürlich, gespreizt

stimu·lant ['stɪmjələnt] **I.** *n* ❶ (*boost*) Stimulanz *f*, Anreiz *m* ❷ MED (*drug*) Stimulans *nt*; SPORTS Aufputschmittel *nt* **II.** *adj attr* anregend, belebend

stimu·late ['stɪmjəleɪt] **I.** *vt* ❶ (*encourage*) beleben, ankurbeln ❷ (*excite*) ▪ **to ~ sb/sth** jdn/etw stimulieren ❸ MED (*activate*) **the drugs ~ the damaged tissue into repair-**

stimulating–stitch

ing itself die Medikamente regen das beschädigte Gewebe dazu an, sich zu regenerieren **II.** *vi* begeistern, mitreißen

stim·u·lat·ing ['stɪmjəleɪtɪŋ] *adj* ❶ (*mentally*) stimulierend; *conversation, discussion* anregend; *atmosphere, environment* animierend ❷ (*sexually*) erregend, stimulierend ❸ (*physically*) shower, exercise belebend; *drug* stimulierend

stim·u·la·tion [ˌstɪmjəˈleɪʃ(ə)n] *n no pl* ❶ (*mental*) Anregung *f*; (*physical*) belebende Wirkung; (*sexual*) Stimulieren *nt*, Erregen *nt* ❷ (*motivation*) *of the economy* Ankurbelung *f*; (*of interest, enthusiasm*) Erregung *f* ❸ MED *of a gland, the immune system* Stimulation *f*; *of a nerve* Reizen *nt*

stim·u·lus <*pl* -li> ['stɪmjələs, *pl* -laɪ] *n* ❶ (*economic boost*) Anreiz *m*, Stimulus *m* geh ❷ (*motivation*) Ansporn *m kein pl*, Antrieb *m kein pl* ❸ BIOL, MED Reiz *m*, Stimulus *m fachspr*

sting [stɪŋ] **I.** *n* ❶ BIOL *of a bee, hornet* Stachel *m*; *of a jellyfish* Brennfaden *m*; *of a plant* Brennhaar *nt* ❷ (*wound*) Stich *m*; (*caused by jellyfish*) Brennen *nt* ❸ *no pl* (*from antiseptic, ointment*) Brennen *nt*; (*from needle*) Stechen *nt* ❹ *no pl* (*harshness*) *of a remark, satire* Stachel *m*; *of a voice, criticism* Schärfe *f* **II.** *v* <stung, stung> *bee, hornet* stechen; *disinfectant, sunburn* brennen; *wound, cut* schmerzen, weh tun; (*fig*) *words, criticism* schmerzen **II.** *vt* <stung, stung> ❶ (*insect*) stechen; (*jellyfish*) brennen ❷ (*cause pain*) **the vodka stung her throat** der Wodka brannte ihr im Hals; **to ~ sb's eyes** *sand, wind, hail* jdm in den Augen brennen ❸ (*upset*) **he was stung by her criticisms** ihre Kritik hat ihn tief getroffen

stin·gi·ness ['stɪndʒɪnəs] *n no pl* Geiz *m*, Knaus(e)rigkeit *f pej fam*

'sting·ing net·tle *n* Brennnessel *f*

sting·ray ['stɪŋreɪ] *n* Stachelrochen *m*

stin·gy ['stɪndʒi] *adj* (*fam*) geizig, knaus(e)rig *pej*; **to be ~ with compliments/praise** mit Komplimenten/Lob geizen; **to be ~ with money** mit Geld knausern

stink [stɪŋk] **I.** *n* ❶ *usu sing* (*smell*) Gestank *m* ❷ *usu sing* (*fam: trouble*) Stunk *m*; **to kick up a ~** [**about sth**] [wegen einer S. *gen*] Stunk machen **II.** *vi* <stank *or* stunk, stunk> ❶ (*smell bad*) stinken; **to ~ of sth** nach etw *dat* stinken ❷ (*fig fam: be bad*) **his acting ~s** er ist ein miserabler Schauspieler ❸ (*fig fam: be disreputable*) stinken; (*be wrong*) zum Himmel stinken **III.** *vi* ❹ (*fig fam: have a lot*) **to ~ of money** Geld wie Heu haben

'stink bomb *n* Stinkbombe *f*

stink·er ['stɪŋkəʳ] *n* ❶ (*pej fam: person*) Fiesling *m sl*; **what a ~ that man is!** was ist er nur für ein Ekel! ❷ (*fam: sth difficult*) harter Brocken ❸ (*fam!: fart*) Furz *m derb*

stint [stɪnt] **I.** *n* ❶ (*restricted amount of work*) [Arbeits]pensum *nt*; **to do one's ~** seinen Teil beitragen ❷ (*restricted time of work*) Zeit *f*; **her most productive period was her five-year ~ as a foreign correspondent** ihre produktivste Zeit waren die fünf Jahre, die sie als Auslandskorrespondentin verbrachte **II.** *vt* ▪ **to ~ sth** *money, resources* mit etw *dat* sparen **III.** *vi* ▪ **to ~ on sth** mit etw *dat* sparen [*o* geizen]

stip·u·late ['stɪpjəleɪt] *vt* (*person*) verlangen, fordern, zur Bedingung machen; (*contract*) festlegen, stipulieren *fachspr*; (*law, legislation*) zur Auflage machen, vorschreiben

stip·u·la·tion [ˌstɪpjəˈleɪʃ(ə)n] *n* Auflage *f*, Bedingung *f*; (*in contract*) Klausel *f*

stir [stɜː'] **I.** *n usu sing* ❶ (*with spoon*) [Um]rühren *nt* ❷ (*physical movement*) Bewegung *f*; *of emotion* Erregung *f* ❸ (*excitement*) Aufruhr *f*; **to cause a ~** Aufsehen erregen **II.** *vt* <-rr-> ❶ (*mix*) rühren; ▪ **to ~ sth into sth** etw in etw *akk* [hin]einrühren ❷ (*physically move*) rühren, bewegen; ▪ **to ~ oneself** sich bewegen ❸ (*awaken*) **to ~ sb from a dream** jdn aus einem Traum reißen ❹ (*arouse*) ▪ **to ~ sb** jdn bewegen [*o* rühren]; **to ~ anger/curiosity** Ärger/Neugier erregen; **to ~ emotions** Emotionen aufwühlen ❺ (*inspire*) **to ~ sb into action** jdn zum Handeln bewegen **III.** *vi* <-rr-> ❶ (*mix*) rühren ❷ (*move*) sich regen; *person also* sich rühren; *grass, water, curtains* sich bewegen ❸ (*awaken*) wach werden, aufwachen; ▪ **to ~ within sb** (*fig*) *emotions* sich in jdm regen ❹ BRIT, AUS (*cause trouble*) Unruhe stiften; (*spread gossip*) Gerüchte in Umlauf bringen

'stir-fry I. *n* Chinapfanne *f*, Wok *m* **II.** *vi* <-ie-> kurz anbraten **III.** *vt* <-ie-> **to ~ chicken/pork/vegetables** Huhn/Schweinefleisch/Gemüse kurz anbraten

stir·ring ['stɜːrɪŋ] **I.** *n* Regung *f* **II.** *adj* *appeal, song, speech* bewegend, aufwühlend

stir·rup ['stɪrəp] *n* ❶ (*on saddle*) *also* ANAT Steigbügel *m* ❷ (*leggings*) *pl* Steghose *f*

stitch [stɪtʃ] **I.** *n* <*pl* -es> ❶ (*in sewing*) Stich *m*; (*in knitting, crocheting*) Masche *f*; **to cast on/off a ~** eine Masche anschlagen/abketten; **to drop a ~** eine Masche fallen lassen ❷ (*method*) Stichart *f*; **blanket/cross ~** Langetten-/Kreuzstich *m* ❸ (*knitting pattern*) Strickmuster *nt* ❹ (*for a wound*) Stich *m*; **to have one's ~es taken out** die Fäden gezogen bekommen ❺ (*pain*) Seitenstechen *nt kein pl*; **to be in ~es** (*fig*) sich schieflachen ▸ **a ~ in time saves nine** (*prov*) was du heute kannst besorgen, das verschiebe nicht auf morgen **II.** *vi* sticken; (*sew*) nähen **III.** *vt* ❶ (*in sewing*) nähen; **to ~ a button onto sth** einen Knopf an etw *akk* [an]nähen ❷ MED nähen

stoat [stəʊt] *n* Hermelin *nt*

stock[1] [stɒk] *n no pl* FOOD Brühe *f*; **fish-~** Fischfond *m*

stock[2] [stɒk] **I.** *n* ❶ (*reserves*) Vorrat *m* (**of** an); **housing ~** Bestand *m* an Wohnhäusern; **a ~ of knowledge** (*fig*) ein Wissensschatz *m* ❷ *no pl* (*inventory*) Bestand *m*; **to be in/out of ~** vorrätig/nicht vorrätig sein; **to take ~** Inventur machen; **to take ~ of one's life** (*fig*) Bilanz aus seinem Leben ziehen ❸ ~ **s** *pl* BRIT (*shares in a company*) Aktien *pl*; BRIT (*government shares*) Staatspapiere *pl*, Staatsanleihen *pl*; **~ and shares** Wertpapiere *pl* ❹ *no pl* (*livestock*) Viehbestand *m* ❺ *no pl* (*line of descent*) Herkunft *f*; (*breeding line*) Stammbaum *m* **II.** *adj attr* ❶ (*in inventory*) Lager-, Vorrats- ❷ (*standard*) Standard- **III.** *vt* ❶ (*keep in supply*) ■ **to ~ sth** etw führen [*o* vorrätig haben] ❷ (*fill up*) ■ **to ~ sth** etw füllen; **his wine cellar is well-~ed** sein Weinkeller ist gut gefüllt; **to ~ the shelves** die Regale auffüllen ❸ (*supply goods to*) beliefern

stock·ade [stɒkˈeɪd] *n* ❶ (*wooden fence*) Palisade *f*; (*enclosed area*) umzäuntes Gebiet ❷ AM (*prison*) Militärgefängnis *nt*

'**stock·bro·ker** *n* Börsenmakler(in) *m(f)* '**stock·brok·ing** *n no pl* Wertpapierhandel *m*, Effektenhandel *m* '**stock car** *n* Stockcar *m* '**stock com·pa·ny** *n* AM ❶ FIN Aktiengesellschaft *f* ❷ THEAT Repertoiretheater *nt* '**stock con·trol** *n no pl* Bestandskontrolle *f*, [regelmäßige] Bestandsaufnahme '**stock cube** *n* BRIT Brühwürfel *m*, Suppenwürfel *m* ÖSTERR '**stock ex·change** *n* Börse *f* '**stock·farm·er** *n* Viehhalter(in) *m(f)* '**stock·fish** *n* Stockfisch *m* '**stock·hold·er** *n* AM (*shareholder*) Aktionär(in) *m(f)*

stock·ing [ˈstɒkɪŋ] *n* ❶ (*leg garment*) ■ **~s** *pl* Strümpfe *pl* ❷ (*dated: sock*) Strumpf *m*; (*knee-length*) Kniestrumpf *m* ❸ (*on horse*) Färbung *f* am Fuß; **white ~** weißer Fuß

stock-in-trade *n no pl* ❶ (*tools of trade*) Handwerkszeug *nt*; (*fig*) Rüstzeug *nt* ❷ (*goods*) [Waren]bestand *m* ❸ (*fig: typical characteristic*) Eigenart *f*

stock·ist [ˈstɒkɪst] *n* BRIT, AUS [Fach]händler(in) *m(f)* '**stock mar·ket** *n* [Wertpapier]börse *f* '**stock·pile I.** *n* Vorrat *m*; **~ of weapons** Waffenarsenal *nt* **II.** *vt* ■ **to ~ sth** Vorräte an etw *dat* anlegen, etw horten *pej*; **to ~ weapons** ein Waffenarsenal anlegen '**stock price** *n* AM (*share price*) Aktienpreis *m* '**stock·room** *n* Lager *nt*, Lagerraum *m*

stock-ˈstill *adj pred* stockstelf

'**stock·tak·ing** *n no pl* Inventur *f*; (*fig*) [Selbst]besinnung *f*

stocky [ˈstɒki] *adj* stämmig, kräftig

'**stock·yard** *n* AM Viehhof *m*; (*at slaughterhouse*) Schlachthof *m*

stodge [stɒdʒ] *n no pl esp* BRIT (*pej fam*) Pampe *f*

stodgy [ˈstɒdʒi] *adj* (*pej fam*) ❶ *food* schwer [verdaulich], pampig ❷ (*dull*) langweilig, fad

stoic [ˈstəʊɪk] **I.** *n* (*reserved person*) Stoiker(in) *m(f)*; ■ **S~** PHILOS Stoiker *m* **II.** *adj* (*in general*) stoisch; (*about sth specific*) gelassen; **to be ~ about sth** etw gelassen aufnehmen

sto·i·cal [ˈstəʊɪkəl] *adj* stoisch

sto·i·cism [ˈstəʊɪsɪzəm] *n no pl* ❶ (*in general*) stoische Ruhe; (*about sth specific*) Gleichmut *m* ❷ PHILOS ■ **S~** Stoizismus *m*

stoke [stəʊk] *vt* ❶ (*add fuel to*) **to ~ a fire** ein Feuer schüren; **to ~ a furnace** einen Hochofen beschicken ❷ (*fig: encourage*) **to ~ sb's anger/hatred** jds Zorn/Hass schüren; **to ~ sb's prejudice** jds Vorurteil Nahrung geben

stok·er [ˈstəʊkə'] *n* RAIL Heizer(in) *m(f)*

stole[1] [stəʊl] *pt of* **steal**

stole[2] [stəʊl] *n* ❶ (*scarf*) Stola *f* ❷ (*priest's vestments*) [Priester]stola *f*

stol·id [ˈstɒlɪd] *adj* (*not emotional*) *person* stumpf *pej*; (*calm*) gelassen, phlegmatisch *pej*; *silence, determination* beharrlich

stom·ach [ˈstʌmək] **I.** *n* ❶ (*digestive organ*) Magen *m*; **to have a pain in one's ~** Magenschmerzen [*o* Bauchschmerzen] haben; **to have an upset ~** eine Magenverstimmung haben; **to churn sb's ~** jdm Übelkeit verursachen ❷ (*abdomen*) Bauch *m*; **to have a big/ flat ~** einen dicken/flachen Bauch haben ❸ (*appetite*) **to have no ~ for sth** keinen Appetit auf etw *akk* haben; (*fig: desire*) keine Lust haben, etw zu tun **II.** *adj cramp, operation* Magen-; **~ muscles** Bauchmuskeln *pl* **III.** *vt* (*fam*) **to not be able to ~ sb** jdn nicht ausstehen können; **to be hard to ~** schwer zu verkraften sein

'**stom·ach·ache** *n usu sing* Magenschmerzen *pl*, Bauchschmerzen *pl* '**stom·ach up·set** *n* Magenverstimmung *f*

stomp [stɒmp] **I.** *n* ❶ (*with foot*) Stampfen *nt* ❷ *no pl* (*jazz dance*) Stomp *m* **II.** *vi* ❶ (*walk heavily*) stapfen; (*intentionally*) trampeln ❷ (*kick*) **to ~ on sb/sth** auf jdn/etw treten; (*fig: suppress*) jdn/etw niedertrampeln **III.** *vt* AM **to ~ one's feet** mit den Füßen [auf]stampfen

stone [stəʊn] **I.** n ① *no pl* GEOL Stein *m* ② ARCHIT [Bau]stein *m* ③ *(piece of rock)* Stein *m*; **to be a ~'s throw away** [nur] einen Katzensprung [weit] entfernt sein ④ MED Stein *m* ⑤ *(jewel)* [Edel]stein *m* ⑥ *(in fruit)* Stein *m*, Kern *m* ⑦ *<pl ->* BRIT *(14 lbs)* britische Gewichtseinheit, die 6,35 kg entspricht **II.** *adj attr floor, wall* Stein-; **~ statue** Statue *f* aus Stein **III.** *vt* ① *(throw stones at)* **to ~ sb [to death]** jdn steinigen ② *(remove pit) cherries, olives* entsteinen

'Stone Age *n* ▪**the ~** die Steinzeit **stone-'broke** *adj* AM *(stony-broke)* völlig pleite *fam*, total blank [*o* abgebrannt] *sl* **stone-'cold I.** *adj* eiskalt **II.** *adv* **to be ~ sober** stocknüchtern sein *fam*

stoned [stəʊnd] *adj* ① *(without pits) olives, cherries* entsteint ② *(sl: drugged)* high ③ *(sl: drunk)* betrunken, besoffen

stone 'deaf *adj* stocktaub *fam* **'stone·ma·son** *n* Steinmetz(in) *m/f(*) **stone-'wall I.** *vi* ① *(in answering questions)* ausweichen ② BRIT POL obstruieren ③ SPORTS mauern *fam* **II.** *vt* abblocken **'stone·ware** ['stəʊnweə'] *n no pl* Steingut *nt* **'stone·work** *n no pl* Mauerwerk *nt*

stony ['stəʊni] *adj* ① *(with many stones) beach, ground* steinig ② *(fig: unfeeling) look, eyes, face* steinern; *person* kalt; *welcome* eisig, frostig

stony-'broke *adj pred* BRIT, AUS *(fam)* völlig pleite, total blank [*o* abgebrannt] *sl*

stood [stʊd] *pt, pp of* **stand**

stooge [stuːdʒ] **I.** *n* ① *(comedian partner)* Stichwortgeber(in) *m/f(*) ② *(fig, pej: puppet)* Handlanger(in) *m/f(*), Marionette *f* ③ AM *(fam: informer)* Spitzel *m pej* **II.** *vi* ① *(act for someone else)* ▪**to ~ for sb** [nur] der Handlanger für jdn sein *pej* ② THEAT als Stichwortgeber(in) *m/f(*) fungieren

stool [stuːl] *n* ① *(seat)* Hocker *m*; **kitchen ~** Küchenschemel *m*; **piano ~** Klavierstuhl *m* ② *(faeces)* Stuhl *m* ③ AM HUNT Lockvogel *m*

stoolie ['stuːli] *n* AM, **stool pi·geon** *n* AM *(pej fam)* Spitzel *m*

stoop[1] [stuːp] **I.** *n usu sing* krummer Rücken, Buckel *m* **II.** *vi* sich beugen; **we had to ~ to go through the doorway** wir mussten den Kopf einziehen, um durch die Tür zu gehen; **my mother told me not to ~** meine Mutter sagte mir, ich solle keinen Buckel machen; ▪**to ~ down** sich bücken; **to ~ to sb's level** sich auf jds Niveau herablassen; **to ~ so low as to do sth** so weit sinken, dass man etw tut

stoop[2] [stuːp] *n* AM *(porch)* offene Veranda

stop [stɒp] **I.** *vt* *<-pp->* ① *(stop from moving)* **to ~ sb/a car** jdn/ein Auto anhalten; **to ~ one's car** anhalten; **to ~ a thief/the traffic** einen Dieb/den Verkehr aufhalten; **~ that man!** haltet den Mann! ② *(make cease)* stoppen, beenden; *(temporarily)* unterbrechen; **this will ~ the pain** davon gehen die Schmerzen weg *fam*; **~ it!** hör auf [damit]!; **I just couldn't ~ myself** ich konnte einfach nicht anders; **to ~ the bleeding** die Blutung stillen; **to ~ the clock** die Uhr anhalten; **to ~ a machine** eine Maschine abstellen ③ *(cease an activity)* **to ~ sth** mit etw *dat* aufhören; **what time do you usually ~ work?** wann hören Sie normalerweise auf zu arbeiten? ④ *(prevent)* ▪**to ~ sb [from] doing sth** jdn davon abhalten, etw zu tun ⑤ *(refuse payment)* **to ~ wages** keine Löhne mehr zahlen ⑥ *(block)* ▪**to ~ sth** etw verstopfen; *gap, hole, leak* etw [zu]stopfen; **to ~ one's ears** sich *dat* die Ohren zuhalten **II.** *vi* *<-pp->* ① *(cease moving) person* stehen bleiben; *car* [an]halten; **~!** halt!; **to ~** dead abrupt innehalten; ▪**to ~ to do sth** stehen bleiben, um etw zu tun; *car* anhalten, um etw zu tun ② *(cease, discontinue) machine* nicht mehr laufen; *clock, heart, watch* stehen bleiben; *rain* aufhören; *pain* abklingen, nachlassen; *production, payments* eingestellt werden ③ *(cease an activity)* ▪**to ~ [doing sth]** aufhören[, etw zu tun]; **she ~ped drinking** sie trinkt nicht mehr ④ BRIT *(stay)* bleiben; **I ~ped at a pub for some lunch** ich habe an einem Pub Halt gemacht und was zu Mittag gegessen; **to ~ for dinner/tea** zum Abendessen/Tee bleiben; **to ~ at a hotel** in einem Hotel übernachten ⑤ TRANSP *bus, train* halten ▸ **to ~ at nothing** vor nichts zurückschrecken **III.** *n* ① *(cessation of movement, activity)* Halt *m*; **to bring a conversation to a ~** ein Gespräch beenden; **to come to a ~** stehen bleiben; *car also* anhalten; *rain* aufhören; *project, production* eingestellt werden; **to put a ~ to sth** etw *dat* ein Ende setzen ② *(break)* Pause *f*; ③ *(halt)* Halt *m* ④ TRANSP Haltestelle *f*; *(for ship)* Anlegestelle *f* ⑤ *(punctuation mark)* Satzzeichen *nt* ⑥ MUS *(knob on an organ)* Register *nt* ▸ **to pull out all the ~s** alle Register ziehen ◆**stop by** *vi* vorbeischauen ◆**stop in** *vi* zuhause bleiben, daheim bleiben *bes* ÖSTERR, SCHWEIZ, SÜDD ◆**stop off** *vi* kurz bleiben, Halt machen; *(while travelling)* Zwischenstation machen ◆**stop out** *vi* BRIT *(fam)* wegbleiben ◆**stop over** *vi* ① *(stay overnight)* Zwischenstation machen ② BRIT *(stay the night)* über Nacht bleiben ③ *(stay for a short time)* kurz vorbeikommen ◆**stop up I.** *vi* ① BRIT *(not go to bed)* aufbleiben ② PHOT eine größere Blende einstellen **II.** *vt* ▪**to ~ sth ○ up** etw verstopfen; **to ~ up a**

hole ein Loch [zu]stopfen '**stop·cock** *n* Absperrhahn *m* '**stop·gap** I. *n* Notlösung *f*, Notbehelf *m* II. *adj attr* Überbrückungs-; **~ solution** Zwischenlösung *f* '**stop·light** *n* ❶ Am (*traffic lights*) [Verkehrs]ampel *f* ❷ (*brake light*) Bremslicht *nt* '**stop·over** *n of plane* Zwischenlandung *f*; *of person* Zwischenstation *f*; (*length of break*) Zwischenaufenthalt *m*

stop·page ['stɒpɪdʒ] *n* ❶ (*act of stopping*) *of pay, a cheque* Sperrung *f* ❷ (*cessation of work*) Arbeitseinstellung *f* ❸ (*unintentional*) Unterbrechung *f*; **~ in production** Produktionsstillstand *m* ❹ Brit (*deductions from pay*) ▪ **~s** *pl* (*workers*) Lohnabzüge *pl*; (*employees*) Gehaltsabzüge *pl* ❺ (*blockage*) Verstopfung *f*; med Stauung *f*

'**stop·page time** *n* Brit sports Auszeit *f*

stop·per ['stɒpə^r] I. *n* Stöpsel *m* II. *vt* zustöpseln

stop·ping ['stɒpɪŋ] I. *n no pl* Anhalten *nt* II. *adj attr* Nahverkehrs-

stop 'press *n no pl* ❶ (*last minute news*) letzte Meldungen ❷ (*space in newspaper*) für letzte Meldungen reservierte Spalte '**stop sign** *n* Stoppschild *nt* '**stop·watch** *n* Stoppuhr *f*

stor·age ['stɔ:rɪdʒ] *n no pl* ❶ (*for future use*) *of food, goods* Lagerung *f*; *of books* Aufbewahrung *f*; *of water, electricity* Speicherung *f*; **to be in ~** auf Lager sein; **to put sth into ~** etw [ein]lagern ❷ comput *of data* Speicherung *f*

'**stor·age bat·tery** *n*, '**stor·age cell** *n* Akku[mulator] *m* '**stor·age ca·pac·i·ty** *n* ❶ (*in computer*) Speicherkapazität *f*; (*for furniture, books*) Lagerraum *m*; (*in tank*) Fassungsvermögen *nt* '**stor·age heat·er** *n* Brit [Nacht]speicherofen *m* '**stor·age room** *n*, '**stor·age space** *n* ❶ *no pl* (*capacity*) Stauraum *m* ❷ (*room in house*) Abstellraum *m*; (*in warehouse*) Lagerraum *m* '**stor·age tank** *n* Vorratstank *m*

store [stɔ:^r] I. *n* ❶ (*supply*) Vorrat *m* (**of** an); (*fig*) Schatz *m*; ▪ **~s** *pl* Vorräte *pl*; **to be in ~** [**for sb**] (*fig*) [jdm] bevorstehen; **we have a surprise in ~ for your father** wir haben für deinen Vater eine Überraschung auf Lager ❷ *esp* Am, Aus (*any shop*) Laden *m* ❸ *esp* Brit (*large shop*) Geschäft *nt*; (*department store*) Kaufhaus *nt* ❹ (*warehouse*) Lager *nt*; **grain ~** Getreidespeicher *m* ❺ comput Speicher *m* II. *vt* ❶ (*keep for future use*) *heat, information, electricity* [auf]speichern; *furniture* unterstellen; *supplies* lagern ❷ comput (*file*) speichern; *data* [ab]speichern

'**store de·tec·tive** *n* Kaufhausdetektiv(in) *m(f)* '**store·front** *n* Am ❶ (*shop front*) Schaufenster *nt*; (*larger*) Schaufensterfront *f* ❷ (*front room*) Verkaufsraum *m* [eines Ladens], Ladenlokal *nt* '**store·house** *n* Am (*warehouse*) Kaufhaus *nt*, Warenhaus *nt*; (*fig form*) Fundgrube *f* '**store·keep·er** [-,ki:pə^r] *n* ❶ (*in warehouse*) Lagerist(in) *m(f)*, Lagerverwalter(in) *m(f)* ❷ Am (*shopkeeper*) Ladenbesitzer(in) *m(f)*, Geschäftsinhaber(in) *m(f)* '**store·room** *n* Lagerraum *m*; (*for food*) Vorratskammer *f*, Speisekammer *f*; (*for personal items*) Abstellkammer *f*

sto·rey ['stɔ:ri] *n* Stockwerk *nt*, Stock *m*, Etage *f*; **a three-~ house** ein dreistöckiges Haus **sto·ried** ['stɔ:rid] *adj attr esp* Am (*liter: illustrious*) sagenumwoben *geh*

stork [stɔ:k] *n* Storch *m*

storm [stɔ:m] I. *n* ❶ (*strong wind*) Sturm *m*; (*with thunder*) Gewitter *nt*; (*with rain*) Unwetter *nt* ❷ (*fig: bombardment*) *of missiles* Hagel *m* (**of** von); *of arguments* Protest]sturm *m*; **to die in a ~ of bullets** im Kugelhagel umkommen ❸ mil (*attack*) Sturm *m* (**on** auf) II. *vi* ❶ (*speak angrily*) toben ❷ (*move fast*) stürmen, jagen; ▪ **to ~ off** davonstürmen; ▪ **to ~ out** hinausstürmen ❸ *impers esp* Am *strong winds* stürmen III. *vt* stürmen

'**storm cloud** *n* Gewitterwolke *f*; (*fig liter*) dunkle Wolken *pl* '**storm door** *n* Am zusätzliche Tür zur Sturmsicherung

storm-tossed [-,tɒst] *adj attr* (*liter*) sturmgepeitscht

stormy ['stɔ:mi] *adj* ❶ *weather, night, sea* stürmisch ❷ (*fig: fierce*) stürmisch; *life* bewegt; *argument* heftig; *debate* hitzig

sto·ry[1] ['stɔ:ri] *n* ❶ (*tale*) Geschichte *f*; (*narrative*) Erzählung *f*; (*plot*) Handlung *f*; **short ~** Kurzgeschichte *f*; **a tall ~** eine unglaubliche Geschichte; **to read/tell** [**sb**] **a ~** [jdm] eine Geschichte vorlesen/erzählen ❷ (*rumour*) Gerücht *nt*; **the ~ goes that ...** man erzählt sich, dass ... ❸ (*version*) Version *f*, Fassung *f*; **that's my ~ and I'm sticking to it!** so sehe ich die Sache, und dazu stehe ich!; **sb's side of the ~** jds Version der Geschichte ❹ (*news report*) Beitrag *m*; (*in newspaper*) Artikel *m* ❺ (*lie*) Geschichte *f*, [Lügen]märchen *nt fam* ▸ **end of ~!** und damit Schluss!; **to cut a long ~ short** um es kurz zu machen **sto·ry**[2] *n* Am *see* **storey**

'**sto·ry·book** *n* Geschichtenbuch *nt*, Buch *nt* mit Kindergeschichten '**sto·ry line** *n* Handlung *f* '**sto·ry·tell·er** *n* ❶ (*narrator*) Geschichtenerzähler(in) *m(f)* ❷ (*fam: liar*) Lügner(in) *m(f)*

stout[1] [staʊt] *n* Stout *m* (*dunkles Bier*)

stout[2] [staʊt] *adj* ❶ (*corpulent*) beleibt, korpulent *geh*; *woman* füllig *euph* ❷ (*stocky*) untersetzt, stämmig ❸ *(thick and strong)* kräftig, stabil; *door, stick* massiv; *shoes, boots* fest ❹ *(determined, brave) person* tapfer, mutig; *defence, opposition* tapfer, unerschrocken; *support* fest

stout-heart·ed [ˌstaʊtˈhɑːtɪd] *adj (dated form, liter)* wacker

stout·ly [ˈstaʊtli] *adv* ❶ *(of person)* ~ **built** stämmig gebaut ❷ *(strong)* stabil; ~ **made boots** feste Stiefel; ~ **built house** solide gebautes Haus ❸ *(firmly)* entschieden, steif und fest *fam;* **to believe** ~ **in sth** fest an etw *akk* glauben

stove [stəʊv] *n* ❶ *(heater)* Ofen *m* ❷ *esp* AM, AUS *(for cooking)* Herd *m*

'stove·pipe *n* Ofenrohr *nt*

stow [stəʊ] *vt* ❶ *(put away)* verstauen; *(hide)* verstecken ❷ *(fill)* voll machen; NAUT befrachten; *goods* verladen ♦ **stow away I.** *vt* ■ **to** ~ **away** ↻ **sth** etw verstauen [*o* wegpacken]; *(hide)* etw verstecken **II.** *vi (travel without paying)* als blinder Passagier reisen

stow·age [ˈstaʊɪdʒ] *n no pl* ❶ *(stowing)* Verstauen *nt;* NAUT [Be]laden *nt* ❷ *(place)* Stauraum *m*

stow·away [ˈstəʊəˌweɪ] *n* blinder Passagier/ blinde Passagierin

strad·dle [ˈstrædl] **I.** *vt* ■ **to** ~ **sth** *(standing)* mit gespreizten Beinen über etw *dat* stehen; *(sitting)* rittlings auf etw *dat* sitzen; *(jumping)* [mit gestreckten Beinen] über etw *akk* springen ❷ *(bridge)* ■ **to** ~ **sth** *a border* etw überbrücken [*o geh* überspannen]; *(fig) difficulties* etw überwinden ❸ *(part)* **to** ~ **one's legs** die Beine spreizen ❹ MIL **to** ~ **a target** um ein Ziel herum einschlagen ❺ *esp* AM *(fig: equivocal position)* **to** ~ **an issue** bei einer Frage nicht klar Stellung beziehen **II.** *vi (stand)* breitbeinig da[stehen]; *(sit)* mit gegrätschten [*o* gespreizten] Beinen da[sitzen] **III.** *n (jump)* Scherensprung *m*

strag·gle [ˈstrægl] *vi* ❶ *(move as a disorganized group)* umherstreifen; *(neglect time)* [herum]bummeln ❷ *(come in small numbers)* sich sporadisch einstellen ❸ *(hang untidily) hair, beard* zottelig herunterhängen **II.** *n of things* Sammelsurium *nt; of people* Ansammlung *f*

strag·gler [ˈstræglə^r] *n* Nachzügler(in) *m(f)*

strag·gly [ˈstrægli] *adj hair* zottelig, zerzaust; *beard* [wild] wuchernd, struppig; *eyebrows* zersaust

straight [streɪt] **I.** *n* ❶ *(race track)* Gerade *f;* **in the home** ~ in der Zielgeraden ❷ CARDS Sequenz *f* **II.** *adj* ❶ *(without curve) line, back, nose* gerade; *hair* glatt; *skirt* gerade geschnitten; *road, row, furrow* [schnur]gerade; **the picture isn't** ~ das Bild hängt schief ❷ *(frank) advice, denial, refusal* offen, freimütig; *(honest)* ehrlich ❸ *(heterosexual)* heterosexuell, hetero *fam* ❹ *(plain)* einfach; *(undiluted)* pur ❺ *(simply factual)* tatsachengetreu, nur auf Fakten basierend *attr* ❻ *(clear, uncomplicated) answer* klar; *(in exams)* ~ **A's** glatte Einser ❼ *(fam: serious)* ernst[haft]; *(not laughing)* ernst; *(traditional)* traditionell, konventionell; **to keep a** ~ **face** ernst bleiben ❽ *pred (fam: quits)* ■ **to be** ~ quitt sein ❾ *pred (in order)* in Ordnung; *(clarified)* geklärt; **to put things** ~ *(tidy)* Ordnung schaffen; *(organize)* etwas auf die Reihe kriegen *fam;* **let's get this** ~**, you need £500 tomorrow or else ...** stellen wir einmal klar: entweder du hast bis morgen 500 Pfund, oder ...; **to set sb** ~ **about sth** jdm Klarheit über etw *akk* verschaffen **III.** *adv* ❶ *(in a line)* gerade[aus]; **go** ~ **along this road** folgen Sie immer dieser Straße; **he drove** ~ **into the tree** er fuhr frontal gegen den Baum; **the village lay** ~ **ahead of us** das Dorf lag genau vor uns; **to look** ~ **ahead** geradeaus schauen ❷ *(directly)* direkt *fam* ❸ *(immediately)* sofort; **we've got to leave** ~ **away** wir müssen unverzüglich aufbrechen; **to get** ~ **to the point** sofort zur Sache kommen ❹ *(fam: honestly)* offen [und ehrlich]; ~ **up, I only paid £20 for the fridge** für den Kühlschrank habe ich echt nur 20 Pfund bezahlt ❺ *(clearly)* klar; **I'm so tired I can't think** ~ **any more** ich bin so müde, dass ich nicht mehr klar denken kann

straight·away [ˌstreɪtəˈweɪ] **I.** *adv esp* BRIT sofort, auf der Stelle **II.** *n* AM *(straight)* Gerade *f* **straight·en** [ˈstreɪtn̩] **I.** *vt* ❶ *(make straight)* gerade machen; **to** ~ **one's hair** sein Haar glätten ❷ *(arrange in place)* etw richten [*o* ordnen]; **to** ~ **one's tie** seine Krawatte zurechtrücken **II.** *vi person* sich aufrichten; *road, river* gerade werden; *hair* sich glätten ♦ **straighten out I.** *vt* ❶ *(make straight)* etw gerade machen; **to** ~ **out one's clothes** seine Kleider glatt streichen; **to** ~ **out a wire** einen Draht ausziehen ❷ *(put right)* in Ordnung bringen; *(clarify)* klarstellen; **I think we should get matters** ~**ed out between us** ich finde, wir sollten die Dinge zwischen uns klären; **to** ~ **out a misunderstanding** ein Missverständnis aus der Welt schaffen **II.** *vi* gerade werden ♦ **straighten up I.** *vi* ❶ *(stand upright)* sich aufrichten ❷ *(move straight) vehicle, ship* [wieder] geradeaus fahren; *aircraft* [wieder] geradeaus fliegen **II.** *vt* ■ **to** ~ **up** ↻ **sth** ❶ *(make level)* etw gerade machen ❷ *(tidy up)* etw aufräumen; *(fig: put in order)* etw

straight·for·ward [streɪtˈfɔːwəd] *adj* ❶ (*direct*) direkt; *explanation* unumwunden; *look* gerade ❷ (*honest*) *answer, person* aufrichtig, ehrlich ❸ (*easy*) einfach, leicht **'straight-out** *adj* esp AM (*fam*) offen, unverblümt

strain¹ [streɪn] *n* BIOL (*breed*) of animals Rasse *f*; of plants Sorte *f*; of virus Art *f*

strain² [streɪn] **I.** *n usu sing* ❶ *no pl* (*physical pressure*) Druck *m*, Belastung *f*; **to put a ~ on sth** Druck auf etw *akk* ausüben ❷ (*fig: emotional pressure*) Druck *m*, Belastung *f*; **to be under a lot of ~** unter hohem Druck stehen ❸ (*overexertion*) [Über]beanspruchung *f*, [Über]belastung *f* ❹ *no pl* PHYS (*degree of distortion*) Zug *m*, Spannung *f*, [Über]dehnung *f*; **stress and ~** Zug und Druck ❺ (*pulled tendon, muscle*) Zerrung *f* **II.** *vi* ❶ (*pull*) ziehen; **the dog is ~ing at the leash** der Hund zerrt an der Leine ❷ (*try hard*) sich anstrengen **III.** *vt* ■ **to ~ sth** ❶ (*pull*) an etw *dat* ziehen; MED, SPORTS etw überdehnen [*o* zerren] ❷ (*overexert*) etw [stark] beanspruchen; **to ~ one's eyes** die Augen überanstrengen ❸ (*fig: tear at*) etw strapazieren [*o* belasten] ❹ (*remove solids from liquids*) coffee etw filtrieren; (*remove liquid from solids*) vegetables etw abgießen

strained [streɪnd] *adj* ❶ (*forced*) bemüht, angestrengt; (*artificial*) gekünstelt *pej*; **a ~ smile** ein gequältes Lächeln ❷ (*tense*) *relations* belastet, angespannt ❸ (*stressed*) abgespannt, mitgenommen, gestresst ❹ (*far-fetched*) *interpretation* weit hergeholt

strain·er [ˈstreɪnəʳ] *n* Sieb *nt*

strait [streɪt] *n* GEOG (*narrow sea*) Meerenge *f*, Straße *f*; **the S~s of Gibraltar** die Straße von Gibraltar

strait·ened [ˈstreɪt³nd] *adj* (*form: poor*) knapp; (*restricted*) beschränkt, dürftig

'strait-jack·et *n* (*also fig*) Zwangsjacke *f* **strait-laced** [-ˈleɪst] *adj* (*pej*) prüde, puritanisch

strand¹ [strænd] **I.** *vt* **to ~ a boat** ein Boot auf Grund setzen; **to ~ a whale** einen Wal stranden lassen **II.** *vi* stranden

strand² [strænd] *n* ❶ (*single thread*) Faden *m*; of rope Strang *m*; of tissue Faser *f*; of hair Strähne *f*; AM, AUS (*string*) Schnur *f*; **~ of pearls** Perlenkette *f* ❷ (*element of whole*) Strang *m*; **~ of the plot** Handlungsstrang *m*

strange [streɪndʒ] *adj* ❶ (*peculiar, odd*) sonderbar, merkwürdig; (*unusual*) ungewöhnlich, außergewöhnlich; (*weird*) unheimlich, seltsam; **~r things have happened** da sind schon ganz andere Dinge passiert ❷ (*exceptional*) erstaunlich, bemerkenswert; **a ~ twist of fate** eine besondere Laune des Schicksals ❸ (*uneasy*) komisch; (*unwell*) seltsam, unwohl ❹ (*not known*) fremd, unbekannt; (*unfamiliar*) nicht vertraut, ungewohnt

strange·ly [ˈstreɪndʒli] *adv* ❶ (*oddly*) merkwürdig, sonderbar ❷ (*unexpectedly*) **she was ~ calm** sie war auffällig still; **~ enough** seltsamerweise, sonderbarerweise

strang·er [ˈstreɪndʒəʳ] *n* ❶ (*unknown person*) Fremde(r) *f(m)*; (*person new to a place*) Neuling *m a. pej*; **she is a ~ to me** ich kenne sie nicht; **are you a ~ here, too?** sind Sie auch fremd hier?; **hello, ~!** (*fam*) hallo, lange nicht gesehen! ❷ (*form*) **to be a ~ in sth** in etw *dat* unerfahren sein; **she is no ~ to hard work** sie ist [an] harte Arbeit gewöhnt

stran·gle [ˈstræŋgl] *vt* ❶ (*murder*) ■ **to ~ sb** jdn erdrosseln [*o* erwürgen] ❷ (*fig: suppress*) ■ **to ~ sth** etw unterdrücken [*o* ersticken]

'strangle-hold *n* ❶ (*grip*) Würgegriff *m* ❷ (*fig: complete control*) Vormacht[stellung] *f* kein pl

stran·gu·la·tion [ˌstræŋgjəˈleɪʃ³n] *n no pl* ❶ (*strangling*) Erdrosselung *f*, Strangulierung *f*; (*death from throttling*) Tod *m* durch Erwürgen ❷ MED (*strangulating*) Abbinden *nt*

strap [stræp] **I.** *n* (*for fastening*) Riemen *m*; (*for safety*) Gurt *m*; (*for clothes*) Träger *m*; (*for hanging up*) Schlaufe *f*; (*hold in a vehicle*) Halteschlaufe *f*; **watch ~** Uhrarmband *nt* **II.** *vt* <-pp-> ❶ (*fasten*) ■ **to ~ sth** [**to sth**] etw [an etw *dat*] befestigen ❷ (*bandage*) ■ **to ~ sb/sth** jdn/etw bandagieren; (*with plaster*) jdn/etw verpflastern

strap·less [ˈstræpləs] *adj* trägerlos **strap·ping** [ˈstræpɪŋ] **I.** *n no pl* ❶ (*punishment*) Züchtigung *f* mit einem Lederriemen ❷ (*bandage*) Bandage *f* **II.** *adj* (*hum fam*) kräftig, stämmig; **~ girl** dralles Mädchen; **~ lad** ein strammer Bursche

strata·gem [ˈstrætədʒəm] *n* ❶ (*scheme*) [Einzel]strategie *f* ❷ *no pl* (*scheming*) List *f*; MIL Kriegslist *f*

stra·tegic [strəˈtiːdʒɪk] *adj* strategisch, taktisch

strat·egist [ˈstrætədʒɪst] *n* Stratege, Strategin *m, f*, Taktiker(in) *m(f)*

strat·egy [ˈstrætədʒi] *n* ❶ (*plan of action*) Strategie *f*; (*less comprising scheme*) Taktik *f* ❷ *no pl* (*art of planning*) Taktieren *nt*; (*of war*) Kriegsstrategie *f*

strati·fy <-ie-> [ˈstrætɪfaɪ] *vt* ❶ (*arrange in layers*) schichten ❷ *usu passive* GEOL ■ **to be stratified** geschichtet sein ❸ (*place in groups*) ■ **to ~ sb/sth** jdn/etw klassifizieren (**by** nach); **stratified society** mehrschichtige Gesellschaft

strato·sphere [ˈstrætə(ʊ)ˌsfɪəʳ] *n* Strato-

stra·tum <*pl* -ta> ['strɑ:təm, *pl* -tə] *n* ❶ (*layer*) Schicht *f* ❷ GEOL (*layer of rock*) [Gesteins]schicht *f* ❸ SOCIOL (*class*) Schicht *f*

straw [strɔ:] *n* ❶ *no pl* (*crop, fodder*) Stroh *nt* ❷ (*single dried stem*) Strohhalm *m*; **to draw ~s** losen ❸ (*drinking tube*) Strohhalm *m* ❹ (*fam: worthless thing*) Belanglosigkeit *f* ❺ (*fam: straw hat*) Strohhut *m* ▶ **to be the <u>final</u> ~** das Fass zum Überlaufen bringen; **to draw the <u>short</u> ~** den Kürzeren ziehen

straw·ber·ry ['strɔ:bəri] *n* Erdbeere *f* **'straw man** *n* ❶ (*cover person*) Strohmann *m* ❷ (*discussion tactic*) Scheinargument *nt* (*als rhetorischer Kniff*) **'straw poll** *n*, **'straw vote** *n* Probeabstimmung *f*; (*test of opinion*) [Meinungs]umfrage *f*

stray [streɪ] **I.** *vi* ❶ (*wander*) streunen; (*escape from control*) frei herumlaufen; (*go astray*) sich verirren; **to ~ off course** vom Kurs abkommen ❷ (*move casually*) umherstreifen; **her eyes kept ~ing to the clock** ihre Blicke wanderten immer wieder zur Uhr ❸ (*fig: digress*) abweichen; *orator, thoughts* abschweifen ❹ (*to be immoral*) fremdgehen **II.** *n* ❶ (*animal*) streunendes [Haus]tier ❷ (*person*) Umherirrende(r) *f(m)*; (*homeless*) Heimatlose(r) *f(m)* **III.** *adj attr* ❶ (*homeless*) *animal* streunend, herrenlos; (*lost*) *person* herumirrend ❷ (*isolated*) vereinzelt; (*occasional*) gelegentlich; **to be hit by a ~ bullet** von einem Blindgänger getroffen werden; **a ~ lock of hair** eine widerspenstige Locke

streak [stri:k] **I.** *n* ❶ (*line*) Streifen *m*; (*mark of colour*) Spur *f*; (*on window*) Schliere *f* ❷ (*strip*) Strahl *m* ❸ (*coloured hair*) ■ **~s** *pl* Strähnen *pl*, Strähnchen *pl* ❹ (*character tendency*) [Charakter]zug *m*, Ader *f fig* ❺ (*run of fortune*) Strähne *f*; **losing ~** Pechsträhne *f*; **lucky** [*or* **winning**] **~** Glückssträhne *f* **II.** *vt usu passive* ■ **to be ~ed** gestreift sein; **~ed with grey** *hair* von grauen Strähnen durchzogen; **~ed with mud** *clothes* von Dreck verschmiert **III.** *vi* ❶ (*move very fast*) flitzen *fam*; ■ **to ~ ahead** (*fig*) eine Blitzkarriere machen; **to ~ across the street** über die Straße fegen; **to ~ past the window** am Fenster vorbeischießen ❷ (*fam: run naked in public*) flitzen

streak·er ['stri:kəʳ] *n* (*fam*) Flitzer(in) *m(f)*

streak·y ['stri:ki] *adj* ❶ (*with irregular stripes*) streifig; *pattern* gestreift; *face* verschmiert; *hair* strähnig; *window, mirror* schlierig ❷ BRIT FOOD ■ **bacon** durchwachsener Speck

stream [stri:m] **I.** *n* ❶ (*small river*) Bach *m*, Flüsschen *nt* ❷ (*flow*) *of liquid* Strahl *m*; *of people* Strom *m*; **~ of consciousness** LIT Bewusstseinsstrom *m fachspr*; **~ of light** breiter Lichtstrahl; **~ of visitors** Besucherstrom *m* ❸ (*continuous series*) Flut *f*, Schwall *m*; **~ of abuse** eine Schimpfkanonade ❹ (*also fig: current*) Strömung *f a. fig*; **The Gulf S~** der Golfstrom ❺ + *sing/pl vb* BRIT, AUS SCH (*group*) Leistungsgruppe *f* ❻ POL, ADMIN (*civil service career*) Vorrücken *nt* (*in der Beamtenlaufbahn*) **II.** *vi* ❶ (*flow*) *blood, tears* strömen; *water* fließen, rinnen ❷ (*run*) *nose* laufen; *eyes* tränen ❸ (*move in numbers*) strömen ❹ (*shine*) *light, sun* strömen ❺ (*flutter*) *clothing* flattern; *hair* wehen **III.** *vt* BRIT, AUS SCH ■ **to ~ sb** jdn in Leistungsgruppen einteilen

stream·er ['stri:məʳ] *n* ❶ (*pennant*) Wimpel *m*, Fähnchen *nt* ❷ (*decoration*) *of ribbon* Band *nt*; *of paper* Luftschlange *f* ❸ (*heading*) **~ headline** Schlagzeile *f* **stream·line** ['stri:mlaɪn] **I.** *vt* ■ **to ~ sth** ❶ (*shape aerodynamically*) etw stromlinienförmig [aus]formen ❷ (*fig: improve efficiency*) etw rationalisieren; (*simplify*) etw vereinfachen **II.** *n* ❶ PHYS (*flow*) Stromlinie *f* ❷ (*shape*) Stromlinienform *f* **stream·lined** ['stri:mlaɪnd] *adj* ❶ (*aerodynamic*) stromlinienförmig; *car also* windschnittig ❷ (*efficient*) rationalisiert; (*simplified*) vereinfacht

street [stri:t] *n* ❶ (*road*) Straße *f*; ■ **in the ~** auf der Straße; **I live in** [*or* AM **on**] **King S~** ich wohne in der King Street; **the ~s were deserted** die Straßen waren wie leer gefegt; **main/side ~** Haupt-/Seitenstraße *f*; **to cross the ~** die Straße überqueren ❷ + *sing/pl vb* (*residents*) Straße *f* ▶ **the <u>man</u>/<u>woman</u> in the ~** der Mann/die Frau von der Straße; **to be ~s <u>ahead</u>** [**of sb/sth**] BRIT [jdm/etw] meilenweit voraus sein; **to be** [*right*] **<u>up</u> sb's ~** genau das Richtige für jdn sein

'street bat·tle *n* Straßenschlacht *f* **'street·car** *n* AM (*tram*) Straßenbahn *f* **'street cred** *n no pl* (*sl*) *short for* **street credibility** In-Sein *nt* **street cred·i·'bil·i·ty** *n no pl* In-Sein *nt sl*; **that jacket won't do much for your ~** mit diesem Jackett bist du einfach nicht in **street di·'rec·to·ry** *n* Straßenverzeichnis *nt* **'street lamp** *n* Straßenlaterne *f* **'street light** *n* Straßenlicht *nt* **'street light·ing** *n no pl* Straßenbeleuchtung *f* **'street value** *n no pl* Verkaufspreis *m* für illegale Waren, z.B. Drogen **'street·walk·er** *n* (*dated*) Straßendirne *f meist pej* **'street·wise** *adj* gewieft, raffiniert, ausgekocht

strength [streŋ(k)θ] *n* ❶ *no pl* (*muscle power*) Kraft *f*, Stärke *f*; **brute ~** schiere Muskelkraft; **physical ~** körperliche Kraft, Muskelkraft *f* ❷ *no pl* (*health and vitality*) Robustheit *f*, Lebenskraft *f*; **to gain ~** wieder zu Kräften kommen ❸ *no pl* (*effectiveness, influence*) Wirkungsgrad *m*, Stärke *f*; **to gather ~** an Stabilität gewinnen; **to go from ~ to ~** sich immer stärker entwickeln ❹ *no pl* (*mental firmness*) Stärke *f*; **to show great ~ of character** große Charakterstärke zeigen; **~ of will** Willensstärke *f*; **to draw ~ from sth** aus etw *dat* Kraft ziehen ❺ (*number of members*) [Mitglieder]zahl *f*; (*number of people*) [Personen]zahl *f*; MIL [Personal]stärke *f*; **to turn out in ~** in Massen anrücken ❻ (*potency*) *of alcoholic drink also* Alkoholgehalt *m*; *of a drug* Konzentration *f*; *of medicine* Wirksamkeit *f* ❼ (*attribute*) *of a person* Stärke *f* ❽ (*withstand force*) Widerstandskraft *f*, Belastbarkeit *f* ❾ (*intensity*) Intensität *f*; *of a colour* Leuchtkraft *f*; *of a feeling* Intensität *f*; *of belief* Stärke *f*, Tiefe *f* ❿ (*cogency*) **~ of an argument** Überzeugungskraft *f* eines Arguments ⓫ ECON **~ of prices** Preisstabilität *f* ▶ **on the ~ of sth** aufgrund einer S. *gen*

strength·en ['streŋ(k)θən] **I.** *vt* ❶ (*make stronger*) kräftigen, stärken; (*fortify*) befestigen, verstärken ❷ (*increase*) [ver]stärken; (*intensify*) intensivieren; (*improve*) verbessern; **to ~ a currency** eine Währung stabilisieren ❸ (*support*) bestärken; ■ **to ~ sth etw** untermauern; **to ~ the case for sth** gute Gründe für etw *akk* beibringen **II.** *vi* ❶ (*become stronger*) stärker werden; *muscles* kräftiger werden; *wind* auffrischen ❷ FIN, STOCKEX (*increase in value*) stock market an Wert gewinnen; *currency* zulegen

stren·u·ous ['strenjuəs] *adj* ❶ (*exhausting*) anstrengend ❷ (*energetic*) energisch, heftig; **despite ~ efforts** trotz angestrengter Bemühungen

strep·to·coc·cus <*pl* -cci> [ˌstreptə(ʊ)ˈkɒkəs, *pl* -ksaɪ] *n usu pl* MED Streptokokkus *m*

stress [stres] **I.** *n* <*pl* -es> ❶ (*mental strain*) Stress *m*, Druck *m*, Belastung *f*; **to be under ~** starken Belastungen ausgesetzt sein; (*at work*) unter Stress stehen ❷ *no pl* (*emphasis*) Bedeutung *f*, Gewicht *nt* ❸ LING (*pronunciation*) Betonung *f*, Akzent *m fachspr* ❹ PHYS (*force causing distortion*) Belastung *f*; (*tension*) Spannung *f*; (*pressure*) Druck *m kein pl* **II.** *vt* ❶ (*emphasize*) betonen, hervorheben; **I'd just like to ~ that ...** ich möchte lediglich darauf hinweisen, dass ... ❷ (*strain*) belasten, beanspruchen; ■ **to ~ sb** jdn stressen

stressed [strest] *adj* ❶ (*under mental pressure*) gestresst ❷ (*forcibly pronounced*) betont, akzentuiert *fachspr*

'stress frac·ture *n* MED Ermüdungsbruch *m*; PHYS Spannungsriss *m* **stress-'free** *adj* stressfrei, ohne Stress *nach n* **stress·ful** ['stresfʊl] *adj* stressig *fam*, anstrengend, aufreibend; **~ situation** Stresssituation *f* **'stress mark** *n* LING Betonungszeichen *nt*, Akzent *m fachspr*

stretch [stretʃ] **I.** *n* <*pl* -es> ❶ *no pl* (*elasticity*) Dehnbarkeit *f*; *of fabric* Elastizität *f* ❷ (*muscle extension*) Dehnungsübungen *pl*, Strecken *nt kein pl*; **to have a ~** sich [recken und] strecken ❸ (*an extended area*) Stück *nt*; (*section of road*) Streckenabschnitt *m*, Wegstrecke *f*; **~ of coast** Küstenabschnitt *m*; **~ of railway** Bahnstrecke *f*; **~ of water** Wasserfläche *f* ❹ SPORTS (*stage of a race*) Abschnitt *m*; **the home ~** die Zielgerade ❺ AM (*straight part of a race track*) Gerade *f* ❻ (*period of time*) Zeitraum *m*, Zeitspanne *f* ❼ (*exertion*) Bemühung *f*, Einsatz *m*; **by every ~ of the imagination** unter Aufbietung aller Fantasie; **by no ~ of the imagination could he be seriously described as an artist** man konnte ihn beim besten Willen nicht als Künstler bezeichnen; **at full ~** mit Volldampf **II.** *adj attr* Stretch- **III.** *vi* ❶ (*become longer, wider*) *rubber, elastic* sich dehnen; *clothes* weiter werden ❷ (*extend the muscles*) Dehnungsübungen machen ❸ (*take time*) sich hinziehen; **this ancient tradition ~es back hundreds of years** diese alte Tradition reicht Hunderte von Jahren zurück ❹ (*cover an area*) sich erstrecken **IV.** *vt* ❶ (*extend*) [aus]dehnen, strecken; (*extend by pulling*) dehnen; (*tighten*) straff ziehen, straffen; **to ~ one's legs** sich *dat* die Beine vertreten ❷ (*increase number of portions*) strecken; *sauce, soup* verlängern ❸ (*demand a lot of*) ■ **to ~ sb/sth** jdn/etw bis zum Äußersten fordern; **we're already fully ~ed** wir sind schon voll ausgelastet; **to ~ sb's budget** jds Budget strapazieren; **to ~ sb's patience** jds Geduld auf eine harte Probe stellen ❹ SPORTS (*to improve*) **to ~ one's lead** seinen Vorsprung ausbauen; *football, rugby* mit noch mehr Toren in Führung gehen ❺ (*go beyond*) ■ **to ~ sth** über etw *akk* hinausgehen

stretch·er ['stretʃəʳ] **I.** *n* ❶ (*for carrying*) Tragbahre *f* ❷ (*in rowing boat*) Stemmbrett *nt* ❸ (*for chair legs*) Steg *m* ❹ ART (*for canvas*) Rahmen *m* **II.** *vt* ■ **to ~ sb** [off] jdn auf einer Tragbahre [weg]tragen

'stretch·er-bear·er *n* Krankenträger(in) *m(f)*

strew <strewed, strewn *or* strewed> [struː] *vt* ❶ (*scatter*) [ver]streuen ❷ (*cover*) ■ **to ~ sth with sth** etw mit etw *dat* bestreuen; **the path to a lasting peace settlement is ~n**

stricken–strike

with difficulties (*fig*) der Weg zu einem dauerhaften Friedensabkommen ist mit Schwierigkeiten gepflastert

strick·en ['strɪkən] **I.** *vt, vi* (*old*) *pp of* **strike** **II.** *adj* ❶ (*be overcome*) geplagt; ■ **to be ~ by sth** von etw *dat* heimgesucht werden; **~ with guilt** von Schuld gequält; **to be ~ with an illness** mit einer Krankheit geschlagen sein *geh* ❷ (*liter: wounded*) versehrt *geh* ❸ (*distressed*) leidgeprüft

strict [strɪkt] *adj* ❶ (*severe*) streng; **boss strikt, herrisch; penalty** hart ❷ (*demanding compliance*) streng, genau; **there is ~ enforcement of the regulations here** hier wird streng auf die Einhaltung der Vorschriften geachtet; **~ time limit** festgesetzte Frist; **~ neutrality** strikte Neutralität ❸ (*absolute*) streng, absolut; **in its ~ sense 'frost' refers to ...** streng genommen bezeichnet das Wort ,Frost'...; **in the ~est confidence** streng vertraulich ❹ (*unswerving*) streng; **~ Catholics** strenggläubige Katholiken; **~ vegetarian** überzeugter Vegetarier/überzeugte Vegetarierin

strict·ly ['strɪktli] *adv* ❶ (*demanding compliance*) streng; **for a ~ limited period** für sehr kurze Zeit; **~ forbidden** streng verboten ❷ (*precisely*) **not ~ comparable** nicht ohne weiteres vergleichbar; **~ defined** genau definiert; **~ speaking** genau genommen ❸ (*absolutely*) streng; **~ confidential** streng vertraulich ❹ (*severely*) streng

stride [straɪd] **I.** *vi* <strode, stridden> **to ~ purposefully up to sth** zielstrebig auf etw *akk* zugehen; ■ **to ~ across sth** über etw *akk* hinwegschreiten; ■ **to ~ forward** (*fig*) vorankommen, Fortschritte machen **II.** *n* ❶ (*step*) Schritt *m*; **to break one's ~** stehen bleiben, anhalten; **to get into** [*or* AM *usu* **hit**] **one's ~** (*fig*) in Schwung kommen, seinen Rhythmus finden; **to put sb off their ~** *esp* BRIT (*fig*) jdn aus dem Konzept bringen; **to take sth in** [BRIT **one's**] **~** (*fig*) mit etw *dat* gut fertigwerden ❷ (*approv: progress*) Fortschritt *m*; **to make ~s forward** Fortschritte machen

stri·dent ['straɪdənt] *adj* ❶ (*harsh*) grell, schrill, durchdringend ❷ (*forceful*) scharf, schneidend

strife [straɪf] *n no pl* Streit *m*, Zwist *m geh*; **industrial ~** Auseinandersetzungen *pl* in der Industrie

strike¹ [straɪk] **I.** *n* ❶ (*of labour*) Streik *m*, Ausstand *m*; **sit-down ~** Sitzstreik *m*; **to be** [**out**] **on ~** streiken; **to be on ~ against sb/sth** AM jdn/etw bestreiken; **to call a ~** einen Streik ausrufen ❷ (*occurrence*) **one-~-and-you're-out policy** Politik *f* des harten Durchgreifens **II.** *vi* streiken, in den Ausstand treten *form*

strike² [straɪk] **I.** *n* ❶ MIL Angriff *m*, Schlag *m* (**against** gegen); **pre-emptive ~** Präventivschlag *m*; (*fig*) vorbeugende Maßnahme ❷ (*discovery*) Fund *m* ❸ AM (*also fig: conviction*) Verurteilung *f* ❹ AM (*in baseball*) Fehlschlag *m* **II.** *vt* <struck, struck *or* AM *also* stricken> ❶ (*beat*) schlagen; (*bang against*) ■ **to ~ sth** gegen etw *akk* schlagen ❷ (*send by hitting*) **to ~ a ball** einen Ball schlagen; FBALL einen Ball schießen ❸ *usu passive* (*reach, damage*) **to be struck by a bullet/lightning/a missile** von einer Kugel/vom Blitz/von einer Rakete getroffen werden ❹ ■ **to ~ sth** (*meet, bump against*) gegen etw *akk* stoßen; (*drive against*) gegen etw *akk* fahren; (*collide with*) mit etw *dat* zusammenstoßen ❺ (*knock, hurt*) **to ~ one's fist against the door/on the table** mit der Faust gegen die Tür/auf den Tisch schlagen ❻ (*inflict*) **to ~ a blow** zuschlagen; **to ~ a blow against sb/sth** (*fig*) jdm/etw einen Schlag versetzen ❼ (*devastate*) ■ **to ~ sb/sth** jdn/etw heimsuchen; **the flood struck Worcester** die Flut brach über Worcester herein ❽ (*give an impression*) ■ **to ~ sb as ...** jdm ... scheinen; **she doesn't ~ me as [being] very motivated** sie scheint mir nicht besonders motiviert [zu sein] ❾ (*impress*) ■ **to be struck by sth** von etw *dat* beeindruckt sein ❿ (*arouse, induce*) **to ~ fear into sb** jdn in Angst versetzen ⓫ (*achieve*) **how can we ~ a balance between economic growth and environmental protection?** wie können wir einen Mittelweg zwischen Wirtschaftswachstum und Umweltschutz finden?; **to ~ a deal with sb** mit jdm eine Vereinbarung treffen ⓬ (*manufacture*) **to ~ coins/a medal** Münzen/eine Medaille prägen ⓭ (*discover*) **to ~ gold** auf Gold stoßen ⓮ (*play*) **to ~ a chord/note** einen Akkord/Ton anschlagen; **to ~ the right note** den richtigen Ton treffen ⓯ (*adopt*) **to ~ the right note** den richtigen Ton treffen; **to ~ a pose** eine Pose einnehmen ⓰ **clock to ~ the hour/midnight** die [volle] Stunde/Mitternacht schlagen ⓱ (*occur to*) **has it ever struck you that ...?** ist dir je der Gedanke gekommen dass ...?; **it's just struck me that ...** mir ist gerade eingefallen, dass ... ⓲ (*ignite*) **to ~ a match** ein Streichholz anzünden ⓳ (*render*) **to be struck dumb** sprachlos sein **III.** *vi* <struck, struck *or* AM *also* stricken> ❶ (*reach aim, have impact*) treffen; **lightning** einschlagen; **to ~ at the heart of sth** etw vernichtend treffen; **to ~ home** ins Schwarze treffen ❷ (*act*) zuschlagen; (*attack*) angreifen; **the**

snake ~s quickly die Schlange beißt schnell zu ❸ *(cause suffering)* *illness, disaster* ausbrechen; *fate* zuschlagen ❹ *clock* schlagen ❺ *(find)* ■ **to ~ [up]on sth** etw finden; **she has just struck upon an idea** ihr ist gerade eine Idee gekommen ▶ **to ~ lucky** BRIT, AUS *(fam)* einen Glückstreffer landen *fig* ◆ **strike back** *vi (also fig)* zurückschlagen ◆ **strike down** *vt usu passive* ❶ *(knock down)* ■ **to ~ down** ⟳ **sb down** ❷ *(kill)* ■ **to ~ sb down** jdn dahinraffen *geh;* **to be struck down by a bullet** von einer Kugel getötet werden ❸ *usu passive (become ill)* ■ **to be struck down by** [or **with**] **sth** [schwer] an etw *dat* erkranken ❹ AM LAW **to ~ down** ⟳ **a law** ein Gesetz aufheben ◆ **strike off** *vt usu passive* BRIT, AUS ■ **to ~ sb off for sth** jdm wegen einer S. *gen* die Zulassung entziehen ◆ **strike out I.** *vt* ❶ *(delete)* ■ **to ~** ⟳ **sth** etw [aus]streichen ❷ AM *(in baseball)* ■ **to ~ out** ⟳ **sb** jdn ausmachen **II.** *vi* ❶ *(hit out)* zuschlagen; ■ **to ~ out at sb** nach jdm schlagen; *(fig)* jdn scharf angreifen ❷ *(start afresh)* neu beginnen; **to ~ out in a new direction** eine neue Richtung einschlagen; **to ~ out on one's own** eigene Wege gehen ❸ *(set off)* aufbrechen ◆ **strike through** *vt* ■ **to ~ sth through** etw [durch]streichen ◆ **strike up I.** *vt* ❶ *(initiate)* anfangen; **to ~ up a conversation** ein Gespräch anfangen; **to ~ up a friendship with sb** sich mit jdm anfreunden ❷ *start playing* ■ **to ~ up a song** ein Lied anstimmen **II.** *vi* beginnen, anfangen

'**strike ac·tion** *n no pl* Streikmaßnahmen *pl*
'**strike com·mit·tee** *n + sing/pl vb* Streikausschuss *m* '**strike fund** *n* Streikkasse *f*
'**strike pay** *n no pl* Streikgeld *nt*

strik·er ['straɪkəʳ] *n* ❶ *(in football)* Stürmer(in) *m(f)* ❷ *(worker)* Streikende(r) *f(m)*

strik·ing ['straɪkɪŋ] *adj* ❶ *(unusual)* bemerkenswert, auffallend; **the most ~ aspect of sth** das Bemerkenswerteste an etw *dat; differences* erheblich; *feature* herausragend; *parallels* erstaunlich; *personality* beeindruckend; *result* erstaunlich ❷ *(good-looking)* umwerfend; **~ beauty** bemerkenswerte Schönheit ❸ *(close)* **within ~ distance** [of **sth**] in unmittelbarer Nähe [einer S. *gen*]; *(short distance)* einen Katzensprung [von etw *dat*] entfernt

string [strɪŋ] **I.** *n* ❶ *no pl (twine)* Schnur *f,* Kordel *f;* **ball of ~** Knäuel *m o nt;* **piece of ~** Stück *nt* Schnur ❷ *(fig: controls)* **to pull ~s** seine Beziehungen spielen lassen; **with ~s attached** mit Bedingungen verknüpft; **with no ~s attached** ohne Bedingungen ❸ *usu pl* *(of a puppet)* Fäden *pl;* **puppet on ~s** Marionette *f* ❹ *(in music)* Saite *f;* **to pluck a ~** eine Saite zupfen ❺ *(in an orchestra)* ■ **the ~s** *pl (instruments)* die Streichinstrumente *pl;* *(players)* die Streicher *pl* ❻ SPORTS *(on a racket)* Saite *f* ❼ *(chain)* Kette *f;* **~ of pearls** Perlenkette *f* ❽ *(fig: series)* Kette *f,* Reihe *f* ❾ COMPUT Zeichenfolge *f;* **search ~** Suchbegriff *m* **II.** *vt* <strung, strung> ❶ *(fit)* besaiten; **to ~ a racket** SPORTS einen Schläger bespannen ❷ *(attach)* auffädeln, aufziehen; *usu passive (arrange in a line)* aufreihen ◆ **string along** *vt (fam)* ■ **to ~ sb** ⟳ **along** ❶ *(deceive)* jdn täuschen [*o* übers Ohr hauen]; *(in relationships)* jdn an der Nase herumführen ❷ *(delay)* jdn hinhalten ◆ **string out I.** *vi* sich verteilen **II.** *vt* ■ **to ~ sth** ⟳ **out** etw verstreuen; *(prolong)* etw ausdehnen ◆ **string up** *vt* ❶ *(hang)* ■ **to ~ up** ⟳ **sth** etw aufhängen ❷ ■ **to ~ up** ⟳ **sb** *(fam: execute)* jdn [auf]hängen; *(fig fam: punish)* jdn bestrafen

string 'bag *n* Einkaufsnetz *nt*
'**string band** *n* kleines Streichorchester
string 'bean *n* AM, AUS grüne Bohne
stringed in·stru·ment [ˌstrɪŋd'-] *n* Saiteninstrument *nt*

strin·gen·cy ['strɪndʒən(t)si] *n no pl* ❶ *(strictness)* Strenge *f* ❷ *(thriftiness)* Knappheit *f,* Verknappung *f*

strin·gent ['strɪndʒənt] *adj* ❶ *(strict)* streng, hart; **~ measures** drastische Maßnahmen ❷ *(thrifty)* hart, streng; *(financial situation)* angespannt

string·er ['strɪŋəʳ] *n* JOURN *(sl)* freiberuflicher Korrespondent/freiberufliche Korrespondentin

'**string-pull·ing** *n* Strippenziehen *nt;* **she did some ~ to get the job** sie hat ihre Beziehungen spielen lassen, um die Stelle zu bekommen '**string quar·tet** *n* Streichquartett *nt*

stringy ['strɪŋi] *adj (tough) food* faserig, voller Fäden; *consistence* zäh; *(wiry) person* sehnig, drahtig; *hair* strähnig

strip [strɪp] **I.** *n* ❶ *(narrow piece)* Streifen *m;* **narrow ~ of land** schmales Stück Land; **thin ~** schmaler Streifen ❷ BRIT, AUS *(soccer kit)* Trikot *nt* ❸ *(undressing)* Strip[tease] *m* ❹ *esp* AM *(long road)* sehr lange, belebte Einkaufsstraße **II.** *vt* <-pp-> ❶ *(lay bare)* *house, cupboard* leer räumen, ausräumen; **~ped pine** abgebeizte Kiefer; **to ~ sth bare** etw kahl fressen ❷ *(undress)* ■ **to ~ sb** jdn ausziehen ❸ *(dismantle)* ■ **to ~ sth** etw auseinandernehmen ❹ *usu passive (remove)* ■ **to ~ sb of sth** jdn einer S. *gen* berauben; **to ~ sb of his/her office** jdn seines Amtes entheben; **to ~ sb of his/her title** jdm seinen

Titel aberkennen **III.** *vi* <-pp-> Am, Aus sich ausziehen; **~ped to the waist** mit nacktem Oberkörper; **to ~ [down] to one's underwear** sich bis auf die Unterwäsche ausziehen

'strip car·toon *n* Brit Comic[strip] *m*

stripe [straɪp] *n* ❶ (*band*) Streifen *m* ❷ Mil (*chevron*) [Ärmel]streifen *m* ❸ Am (*type*) Schlag *m*; **of every ~** aller Art; *politician, government* jeder Richtung

striped [straɪpt] *adj clothes* gestreift, Streifen-

stripey *adj see* **stripy**

'strip light *n* Brit Neonröhre *f* **'strip light·ing** *n no pl* Neonlicht *nt*, Neonbeleuchtung *f* **'strip min·ing** *n no pl* Am (*opencast mining*) Tagebau *m*

strip·per ['strɪpə'] *n* ❶ (*person*) Stripperin *f*, Stripteasetänzerin *f* ❷ *no pl* (*solvent*) Farbentferner *m*; (*for wallpaper*) Tapetenlöser *m* ❸ (*tool*) Kratzer *m*; *machine* Tapetenablösegerät *nt*

'strip-search I. *n* Leibesvisitation, bei der sich der/die Durchsuchte ausziehen muss; **to undergo a ~** sich zu einer Durchsuchung ausziehen müssen **II.** *vt* ■**to ~ sb** jdn einer Durchsuchung unterziehen, bei der sich der Betreffende ausziehen muss **'strip show** *n* Strip[tease]show *f* **'strip-tease** *n* Striptease *m*; **to do a ~** strippen *fam*

stripy ['straɪpi] *adj clothes* gestreift, Streifen-

strive <strove *or* -d, striven *or* -d> [straɪv] *vi* sich bemühen; ■**to ~ to do sth** sich bemühen [*o* bestrebt sein], etw zu tun; ■**to ~ after sth** nach etw *dat* streben, etw anstreben; ■**to ~ for sth** um etw *akk* ringen; ■**to ~ against sth** gegen etw *akk* ankämpfen

strobe [strəʊb] *n* (*fam*) *short for* **stroboscope** ❶ Phys Stroboskop *nt* ❷ (*flashing lamp*) Stroboskoplicht *nt*

'strobe light *n* Stroboskoplicht *nt*

stro·bo·scope ['strəʊbəskəʊp] *n* ❶ Phys Stroboskop *nt* ❷ (*flashing lamp*) Stroboskoplicht *nt*

strode [strəʊd] *pt of* **stride**

stroke [strəʊk] *n* ❶ (*rub*) streicheln; **to ~ one's hair back into place** sich das Haar glatt streichen ❷ (*hit*) **to ~ the ball** den Ball [leicht] streifen **II.** *n* ❶ (*rub*) Streicheln *nt kein pl*; **to give sb a ~** jdn streicheln; **to give sth a ~** über etw *akk* streichen ❷ Med (*attack*) Schlaganfall *m* ❸ (*mark*) Strich *m* ❹ (*hitting a ball*) Schlag *m* ❺ (*form: blow*) Schlag *m*, Hieb *m* ❻ *no pl* (*swimming style*) **breast ~** Brustschwimmen *nt* ❼ (*swimming movement*) Zug *m* ❽ (*piece*) **by a ~ of fate** durch eine Fügung des Schicksals; **a ~ of luck** ein Glücksfall *m*; **a ~ of bad luck** Pech *nt*; **by a ~ of [bad] luck** [un]glücklicherweise ❾ (*action*) [geschickter] Schachzug; **a ~ of genius** ein genialer Einfall ❿ *no pl, usu neg* (*fam: of work*) **she hasn't done a ~ of work** sie hat noch keinen Handschlag getan ⓫ (*of a clock*) Schlag *m*; **at the ~ of ten** um Punkt zehn Uhr

stroll [strəʊl] **I.** *n* Spaziergang *m*; **to go for a ~** einen Spaziergang machen, spazieren gehen **II.** *vi* (*amble*) schlendern, bummeln

stroll·er ['strəʊlə'] *n* ❶ (*person*) Spaziergänger(in) *m(f)* ❷ *esp* Am, Aus (*pushchair*) Sportwagen *m*

strong [strɒŋ] **I.** *adj* ❶ (*powerful*) stark; *desire* brennend; *economy* gesund; *incentive, influence* groß; *reaction* heftig; *resistance* erbittert; *rivalry* ausgeprägt; **~ language** (*vulgar*) derbe Ausdrucksweise; **~ lenses** starke [Brillen]gläser; **~ smell** strenger Geruch; **~ winds** heftige Winde ❷ (*effective*) gut, stark; **tact is not her ~ point** Takt ist nicht gerade ihre Stärke ❸ (*physically powerful*) kräftig, stark; (*healthy*) gesund, kräftig; **to be as ~ as an ox** bärenstark sein ❹ (*robust*) stabil; (*tough*) *person* stark ❺ (*deep-seated*) überzeugt; *conviction* fest; *objections* stark; *tendency* deutlich; **to have ~ views on sth** eine Meinung über etw *akk* energisch vertreten ❻ (*very likely*) groß, hoch, stark; **~ likelihood** hohe Wahrscheinlichkeit ❼ *after n* (*in number*) stark; **our club is currently about eighty ~** unser Club hat derzeit 80 Mitglieder ❽ (*marked*) *accent* stark ❾ (*bright*) hell, kräftig; *light* grell ❿ (*pungent*) streng; *flavour* kräftig; *smell* beißend ⓫ Fin *currency* hart, stark **II.** *adv* (*fam*) **to come ~** (*sexually*) rangehen *fam*; (*aggressively*) in Fahrt kommen *fam*; **to come on too ~** übertrieben reagieren; **still going ~** noch gut in Form

'strong-arm I. *adj attr* (*pej*) brutal, gewaltsam, Gewalt-; **~ method[s]** brutale Methode[n]; **~ style of government** autoritärer Regierungsstil **II.** *vt* ■**to ~ sb** jdn einschüchtern **'strong·box** *n* [Geld]kassette *f* **'strong·hold** *n* ❶ (*bastion*) Stützpunkt *m*, Bollwerk *nt*, Festung *f*; (*fig*) Hochburg *f*, Zentrum *nt* ❷ (*sanctuary*) Zufluchtsort *m*, Refugium *nt* **strong·ly** ['strɒŋli] *adv* ❶ (*powerfully*) stark; **it is ~ doubted that ...** es bestehen erhebliche Zweifel, dass ...; **to ~ advise sb to do sth** jdm nachdrücklich dazu raten, etw zu tun; **to ~ criticize sb** jdn heftig kritisieren; **to ~ deny sth** etw energisch bestreiten; **to be ~ opposed to sth** entschieden gegen etw *akk* sein; **to ~ recommend sth** etw dringend empfehlen ❷ (*durably*) robust, stabil ❸ (*muscularly*) stark; **~ built** kräftig gebaut ❹ (*pungently*) stark; **to smell ~ of**

sth stark nach etw *dat* riechen ❺ *(firmly)* nachdrücklich; **to ~ believe sth** von etw *dat* fest überzeugt sein; **to ~ feel that ...** den starken Verdacht haben, dass ... **strong-ˈmind·ed** *adj* willensstark, entschlossen, energisch **ˈstrong·room** *n* Stahlkammer *f*, Tresor[raum] *m* **strong-ˈwilled** *adj* willensstark, entschlossen

stron·tium [ˈstrɒntɪəm] *n no pl* Strontium *nt*

strop [strɒp] *n* BRIT, AUS *(fam)* Schmollen *nt kein pl*; **to be in a ~** eingeschnappt sein *fam*, schmollen

strop·py [ˈstrɒpi] *adj* BRIT, AUS *(fam)* muffig *fam*, gereizt; **to get ~** pampig werden *fam*

strove [strəʊv] *pt of* **strive**

struck [strʌk] *pt, pp of* **strike**

struc·tur·al [ˈstrʌktʃər³l] *adj* ❶ *(organizational)* strukturell, Struktur- ❷ *(of a construction)* baulich, Bau-, Konstruktions-; **the houses suffered ~ damage** die Struktur der Häuser wurde beschädigt

struc·tur·al un·em·ˈploy·ment *n no pl* ECON, SOCIOL strukturelle Arbeitslosigkeit

struc·ture [ˈstrʌktʃəʳ] **I.** *n* ❶ *(arrangement)* Struktur *f*, Aufbau *m* ❷ *(system)* Struktur *f* ❸ *(construction)* Bau[werk] *nt*; *(make-up of a construction)* Konstruktion *f* **II.** *vt* strukturieren; *(construct)* konstruieren; **life** regeln; **well-~d argument** gut aufgebaute [*o* gegliederte] Argumentation

strug·gle [ˈstrʌɡl̩] **I.** *n* ❶ *(great effort)* Kampf *m* **(for** um); **to be a real ~** wirklich Mühe kosten, sehr anstrengend sein; **uphill ~** mühselige Aufgabe, harter Kampf; **without a ~** kampflos ❷ *(fight)* Kampf *m* **(against** gegen, **with** mit); **he put up a desperate ~ before his murder** er hatte sich verzweifelt zur Wehr gesetzt, bevor er ermordet wurde **II.** *vi* ❶ *(toil)* sich abmühen [*o* quälen]; ▪ **to ~ with sth** sich mit etw *dat* herumschlagen; **to ~ to make ends meet** Mühe haben, finanziell zurechtzukommen; **to ~ to one's feet** sich mühsam aufrappeln ❷ *(fight)* kämpfen, ringen; **to ~ for survival** ums Überleben kämpfen

strum [strʌm] MUS **I.** *vt* <-mm-> **to ~ a stringed instrument** auf einem Saiteninstrument herumzupfen *fam*; **to ~ a guitar** auf einer Gitarre herumklimpern *fam* **II.** *vi* <-mm-> [herum]klimpern *fam* **III.** *n usu sing* ❶ *(sound of strumming)* Klimpern *nt fam*, Geklimper *nt pej fam* ❷ *(act of strumming)* **she gave a few ~s of her guitar** sie schlug ein paar Akkorde auf ihrer Gitarre an

strung [strʌŋ] *pt, pp of* **string**

strut [strʌt] **I.** *vi* <-tt-> ▪ **to ~ about** herumstolzieren; ▪ **to ~ past** vorbeistolzieren **II.** *vt* <-tt-> **to ~ one's stuff** *(esp hum fam: dance)* zeigen, was man hat; *(showcase)* zeigen, was man kann **III.** *n (in a car, vehicle)* Strebe *f*; *(in a building, structure)* Verstrebung *f*

strych·nine [ˈstrɪkniːn] *n no pl* Strychnin *nt*

stub [stʌb] **I.** *n of a ticket, cheque* [Kontroll]abschnitt *m*, Abriss *m*; *of a cigarette* [Zigaretten]stummel *m*, Kippe *f fam*; *of a pencil* Stummel *m* **II.** *vt* <-bb-> **to ~ one's toes** sich die Zehen anstoßen ◆ **stub out** *vt* **to ~ out a/one's cigar/cigarette** eine/seine Zigarre/Zigarette ausdrücken; **with one's foot** eine/seine Zigarette/Zigarre austreten

stub·ble [ˈstʌbl̩] *n no pl* Stoppeln *pl*

stub·bly [ˈstʌbli] *adj* ❶ *(bristly)* stoppelig, Stoppel- ❷ *(of crops)* Stoppel-

stub·born [ˈstʌbən] *adj (esp pej)* ❶ *(obstinate) of a person* stur *fam*, dickköpfig *fam*, starrköpfig, störrisch ❷ *(persistent)* hartnäckig; *problem* vertrackt; **~ hair** widerspenstiges Haar

stub·by [ˈstʌbi] **I.** *adj* **~ fingers** Wurstfinger *pl fam*; **~ legs** stämmige Beine; **~ person** gedrungene Person; **~ tail** Stummelschwanz *m* **II.** *n* AUS 375 ml fassende Bierflasche

stuc·co [ˈstʌkəʊ] *n no pl (fine plaster)* Stuck *m*

stuck [stʌk] **I.** *pt, pp of* **stick II.** *adj* ❶ *(unmovable)* fest; **the door is ~** die Tür klemmt ❷ *pred (trapped)* **I hate being ~ behind a desk** ich hasse Schreibtischarbeit; ▪ **to be ~ in sth** in etw *dat* feststecken; ▪ **to be ~ with sb** jdn am Hals haben ❸ *pred (at a loss)* ▪ **to be ~** nicht klarkommen *fam*; **I'm really ~** ich komme einfach nicht weiter ❹ *pred* BRIT, AUS *(fam: show enthusiasm for)* **to get ~ in[to] sth** sich in etw *akk* reinknien *fam*; **they got ~ into the job straight away** sie stürzten sich gleich in die Arbeit

stuck-ˈup *adj (pej fam)* hochnäsig *fam*, eingebildet, arrogant

stud¹ [stʌd] *n* ❶ *(horse)* Deckhengst *m*, Zuchthengst *m* ❷ *(breeding farm)* Gestüt *nt*, Stall *m* ❸ *(sl: man)* geiler Typ

stud² [stʌd] *n* ❶ *(jewellery)* Stecker *m* ❷ *(for a collar)* Kragenknopf *m*; *(for a shirt)* Hemdknopf *m*; *(for a cuff)* Manschettenknopf *m* ❸ TECH Stift *m* ❹ AM *(in a tyre)* Spike *m*

stu·dent [ˈstjuːdənt] *n* ❶ *(at university)* Student(in) *m(f)*, Studierende(r) *f(m)*; *(pupil)* Schüler(in) *m(f)*; **graduate ~** die Studenten eines Magisterstudiengangs; **postgraduate ~** Habilitand(in) *m(f)*; **undergraduate ~** Student(in) *m(f)* ❷ *(unofficial learner)* **to be a ~ of sth** sich mit etw *dat* befassen

stu·dent ˈteach·er *n* Referendar(in) *m(f)*

stu·dent 'un·ion *n*, **stu·dents' 'un·ion** *n* Studentenvereinigung *f*

'stud farm *n* Gestüt *nt*

'stud horse *n* Zuchthengst *m*

stud·ied ['stʌdid] *adj* wohl überlegt, [gut] durchdacht; **she listened to his remarks with ~ indifference** sie hörte ihm mit gestellter Gleichgültigkeit zu; **~ elegance** kunstvolle Eleganz; **~ insult** gezielte Beleidigung; **~ politeness** gewollte Höflichkeit

stu·dio ['stjuːdiəʊ] *n* ❶ (*artist's room*) Atelier *nt* ❷ (*photography firm*) Studio *nt*; **graphics ~** Grafikstudio *nt* ❸ (*film-making location*) Studio *nt* ❹ (*film company*) Filmgesellschaft *f* ❺ (*recording area*) Studio *nt* ❻ *esp* AM (*studio flat*) Appartement *nt*

stu·dio a'part·ment *n esp* AM Appartement *nt* **stu·dio 'audi·ence** *n + sing/pl vb* Studiopublikum *nt* **'stu·dio couch** *n* Schlafcouch *f*, Bettcouch *f*

stu·di·ous ['stjuːdiəs] *adj* ❶ (*bookish*) *person* lernbegierig, lerneifrig; *environment* gelehrt; **~ atmosphere** dem Lernen zuträgliche Atmosphäre ❷ (*earnest*) ernsthaft; (*intentional*) bewusst

study ['stʌdi] I. *vt* <-ie-> ❶ (*scrutinize*) **to ~ sb/sth** jdn/etw studieren, sich mit etw *dat*/jdm befassen; (*look at*) jdn/etw eingehend betrachten; ■ **to ~ how/what/when/whether ...** erforschen [*o* untersuchen], wie/was/wann/ob ... ❷ (*learn*) studieren; (*at school*) lernen II. *vi* <-ie-> lernen; (*at university*) studieren III. *n* ❶ (*investigation*) Untersuchung *f*; (*academic investigation*) Studie *f*, wissenschaftliche Untersuchung ❷ *no pl* (*studying*) Lernen *nt*; (*at university*) Studieren *nt* ❸ (*room*) Arbeitszimmer *nt* ❹ (*pilot drawing*) Studie *f*, Entwurf *m* ❺ (*literary portrayal*) Untersuchung *f*, Studie *f* ❻ (*example*) **to be a ~ in sth** ein Musterbeispiel für etw *akk* sein

'study group *n + sing/pl vb* Arbeitsgruppe *f* **'study vis·it** *n* Studienreise *f*

stuff [stʌf] I. *n no pl* ❶ (*fam: indeterminate matter*) Zeug *nt oft pej fam*; **we've heard all this ~ before** das haben wir doch alles schon mal gehört!; **there is a lot of ~ about it on TV** im Fernsehen wird dauernd darüber berichtet; **his latest book is good ~** sein neues Buch ist echt gut; **that's the ~!** BRIT (*fam*) so ist's richtig!; **to know one's ~** sich auskennen ❷ (*possessions*) Sachen *pl*, Zeug *nt oft pej fam* ❸ (*material*) Material *nt*, Stoff *m* ❹ (*characteristics*) **he's made of the same ~ as his father** er ist aus demselben Holz geschnitzt wie sein Vater; **the ~ of which heroes are made** der Stoff, aus dem Helden sind II. *vt* ❶ (*fam: gorge*) ■ **to ~ sb/oneself** jdn/sich vollstopfen; ■ **to ~ down** ⟳ **sth** etw in sich *akk* hineinstopfen; **to ~ one's face** sich *dat* den Bauch vollschlagen ❷ (*vulg: strong disapproval*) **~ it!** Scheiß drauf! *derb*; *esp* BRIT, AUS **~ him!** der kann mich mal! *derb*; BRIT, AUS **get ~ed!** du kannst mich mal! *derb* ❸ (*push inside*) stopfen; (*fill*) ausstopfen; (*in cookery*) füllen ❹ (*in taxidermy*) **to ~ animals** Tiere ausstopfen

stuffed 'shirt *n* (*pej fam*) Wichtigtuer(in) *m(f)*

stuff·ing ['stʌfɪŋ] *n no pl* Füllung *f*

stuffy ['stʌfi] *adj* (*pej*) ❶ (*prim*) spießig ❷ (*airless*) stickig, muffig

stul·ti·fy·ing ['stʌltɪfaɪɪŋ] *adj* (*pej form*) lähmend

stum·ble ['stʌmbl] *vi* ❶ (*trip*) stolpern, straucheln; ■ **to ~ on sth** über etw *akk* stolpern ❷ (*fig*) **the judges noticed the violinist ~** die Schiedsrichter bemerkten, dass die Violinistin einen Fehler machte; **to ~ from one mistake to another** (*fig*) von einem Fehler zum nächsten stolpern ❸ (*stagger*) wanken ❹ ■ **to ~ about** herumtappen ❺ (*falter: when talking*) stocken, holpern ❻ (*find*) ■ **to ~ across sb/sth** [zufällig] auf jdn/etw stoßen

'stum·bling block *n* Stolperstein *m*, Hemmschuh *m*, Hindernis *nt*; ■ **to be a ~ to sth** ein Hindernis für etw *akk* sein

stump [stʌmp] I. *n* ❶ (*part left*) *of a tree* Stumpf *m*; *of an arm* Armstumpf *m*; *of a leg* Beinstumpf *m*; *of a tooth* Zahnstummel *m* ❷ AM POL **out on the ~** im Wahlkampf II. *vt* ❶ (*usu fam: baffle*) ■ **to ~ sb** jdn verwirren [*o* durcheinanderbringen]; **we're all completely ~ed** wir sind mit unserem Latein am Ende ❷ *esp* AM POL **to ~ the country/a state** Wahlkampfreisen durch das Land/einen Staat machen III. *vi* ❶ (*stamp*) **she ~ed out of the room** sie stapfte aus dem Raum ❷ POL Wahlreden halten

stumpy ['stʌmpi] *adj* (*usu pej fam*) [klein und] gedrungen, untersetzt, stämmig; *fingers* dick; **~ tail** Stummelschwanz *m*

stun <-nn-> [stʌn] *vt* ❶ (*shock*) betäuben, lähmen; (*amaze*) verblüffen, überwältigen; **news of the disaster ~ned the nation** die Nachricht von der Katastrophe schockte das Land; **~ned silence** fassungsloses Schweigen ❷ (*make unconscious*) ■ **to ~ sb/an animal** jdn/ein Tier betäuben

stung [stʌŋ] *pp*, *pt of* **sting**

'stun gre·nade *n* MIL Blendgranate *f*

stunk [stʌŋk] *pt*, *pp of* **stink**

stunned [stʌnd] *adj* fassungslos, sprachlos, geschockt

stun·ner ['stʌnə] *n* ❶ (*fam: man*) toller Mann; (*woman*) tolle Frau; (*thing, event*)

tolle Sache ❷ *(surprise)* [Riesen]überraschung *f*
stun·ning ['stʌnɪŋ] *adj* ❶ *(approv: gorgeous)* toll *fam*, fantastisch, umwerfend, überwältigend, sensationell ❷ *(amazing)* unfassbar ❸ *(hard)* **a ~ blow/left hook/punch** ein betäubender Schlag/linker Haken/Faustschlag
stunt[1] [stʌnt] *n* ❶ FILM Stunt *m*; **to perform a ~** einen Stunt vollführen ❷ *(for publicity)* Gag *m*, Trick *m pej*; **publicity ~** Werbegag *m*; **to pull a ~** *(fig fam)* etwas Verrücktes tun
stunt[2] [stʌnt] *vt* hemmen, beeinträchtigen, behindern
stunt·ed ['stʌntɪd] *adj (deteriorated)* verkümmert; *(limited in development)* unterentwickelt
'stunt·man *n* Stuntman *m*
stu·pe·fac·tion [ˌstjuːpɪˈfækʃ^ən] *n no pl* ❶ *(befuddled state)* Benommenheit *f*; **state of ~** benommener Zustand ❷ *(astonishment)* Verblüffung *f*; *(involving intense shock)* Bestürzung *f*
stu·pe·fy <-ie-> ['stjuːpɪfaɪ] *vt usu passive* ■ **to be stupefied by sth** ❶ *(render numb)* von etw *dat* benommen werden ❷ *(astonish)* über etw *akk* verblüfft sein; *(shocked)* über etw *akk* bestürzt sein; **we were stupefied by the news** die Nachricht hatte uns die Sprache verschlagen
stu·pen·dous [stjuːˈpendəs] *adj (immense)* gewaltig, enorm; *(amazing)* erstaunlich; *beauty* außergewöhnlich; *news* toll *fam*
stu·pid ['stjuːpɪd] **I.** *adj* <-er, -est *or* more ~, most –> ❶ *(slow-witted)* dumm, blöd *fam*, einfältig; **don't be ~!** sei doch nicht blöd! *fam* ❷ *(silly)* blöd *fam*; **have your ~ book!** behalte doch dein blödes Buch! *fam*; **to drink oneself ~** sich bis zur Bewusstlosigkeit betrinken **II.** *n (fam)* Blödmann *m*, Dummkopf *m*
stu·pid·ity [stjuːˈpɪdəti] *n no pl* Dummheit *f*, Blödheit *f fam*, Einfältigkeit *f*
stu·por ['stjuːpə^r] *n usu sing* Benommenheit *f*; **in a drunken ~** im Vollrausch
stur·dy ['stɜːdi] *adj* ❶ *(robust) box, chair, wall* stabil; *material* robust; **~ shoes** festes Schuhwerk ❷ *(physically) arms, legs* kräftig; *body, person, legs also* stämmig ❸ *(resolute) opposition* standhaft, unerschütterlich
stur·geon ['stɜːdʒ^ən] *n* Stör *m*
stut·ter ['stʌtə^r] **I.** *vi, vt* stottern **II.** *n* Stottern *nt kein pl*; **to have a bad ~** stark stottern
stut·ter·er ['stʌtərə^r] *n* Stotterer, Stotterin *m, f*
sty [staɪ] *n* ❶ *(pig pen)* Schweinestall *m* ❷ MED *(in eye)* Gerstenkorn *nt*
stye <*pl* sties *or* -s> [staɪ] *n* MED Gerstenkorn *nt*

style [staɪl] **I.** *n* ❶ *(distinctive manner)* Stil *m*, Art *f*; **~ of teaching** Unterrichtsstil *m*; **in the ~ of sb/sth** im Stil einer Person/einer S. *gen*; **that's not my ~** *(fig fam)* das ist nicht mein Stil *fig*; **in the Gothic ~** ARCHIT, ART im gotischen Stil ❷ *(approv: stylishness)* Stil *m*; **to have real ~** Klasse haben; **to do things in ~** alles im großen Stil tun; **to live in ~** auf großem Fuß leben; **to travel in ~** mit allem Komfort [ver]reisen ❸ *(fashion)* Stil *m*; **the latest ~** die neueste Mode ❹ *(specific type)* Art *f*, Ausführung *f* **II.** *vt (arrange) plan, design* entwerfen; *(shape)* gestalten; **to ~ sb's hair** jdm die Haare frisieren; **elegantly ~d jackets** elegant geschnittene Jacken
'style sheet *n* COMPUT Stylesheet *nt*
styl·ing ['staɪlɪŋ] **I.** *n* Styling *nt*, Design *nt*; *of hair* Frisur *f* **II.** *adj attr* Styling-; **~ mousse** Schaumfestiger *m*; **~ aids** Stylingprodukte *pl*
styl·ish ['staɪlɪʃ] *adj (approv)* ❶ *(chic)* elegant; *(smart)* flott *fam*; *(fashionable)* modisch ❷ *(polished)* stilvoll, mit Stil nach *n*
styl·ist ['staɪlɪst] *n* ❶ *(arranger of hair)* Friseur(in) *m(f)*, Friseuse *f*; **hair ~** Friseur, Friseuse *m, f*; *(designer)* Designer(in) *m(f)* ❷ *(writer)* Stilist(in) *m(f)*
styl·is·tic [staɪˈlɪstɪk] *adj* stilistisch, Stil-
styl·ize ['staɪlaɪz] *vt* stilisieren
sty·lus <*pl* -es> ['staɪləs] *n* ❶ *(needle)* Abspielnadel *f* ❷ *(pen-like device)* [Licht]stift *m*
sty·mie <-y-> ['staɪmi] *vt* ■ **to ~ sb** jdn mattsetzen *fig*; ■ **to be ~d by sth** durch etw *akk* behindert werden [*o* nicht vorankommen]; ■ **to ~ sth** etw vereiteln; **to ~ sb's efforts** jds Bemühungen behindern
suave [swɑːv] *adj (urbane)* weltmännisch; *(polite)* verbindlich
sub I. *n* ❶ *(fam) short for* **substitute** Vertretung *f* ❷ *(fam) short for* **submarine** U-Boot *nt* ❸ AM *(fam) short for* **submarine sandwich** Jumbo-Sandwich *nt* ❹ *usu pl* BRIT, AUS *(fam) short for* **subscription** Abo *nt fam*; *(membership fee)* [Mitglieds]beitrag *m* **II.** *vi* <-bb-> *short for* **substitute**: ■ **to ~ for sb** für jdn einspringen, jdn vertreten
sub·agen·cy [ˌsʌbˈeɪdʒ^ən(t)si] *n esp* AM Unteragentur *f* **sub·agent** [ˌsʌbˈeɪdʒ^ənt] *n* Unteragent(in) *m(f)* **sub·al·tern** ['sʌbəltən] *n* BRIT MIL Subalternoffizier *m fachspr* **sub·atom·ic** [ˌsʌbəˈtɒmɪk] *adj* PHYS subatomar **sub·class** ['sʌbklɑːs] *n* BIOL Unterklasse *f* **sub·com·mit·tee** ['sʌbkəˌmɪti] *n* Unterausschuss *m* **sub·con·scious** [sʌbˈkɒn(t)ʃəs] **I.** *n no pl* Unterbewusstsein *nt*, Unterbewusste(s) *nt* **II.** *adj attr* unterbewusst **sub·con·ti·nent** [sʌbˈkɒntɪnənt] *n* GEOG Subkontinent *m* **sub·con·tract I.** *vt*

[ˌsʌbkənˈtrækt] ■ **to ~ sth to sb/sth** etw an jdn/etw untervergeben; ■ **to ~ sth out to sb/sth** etw an jdn/etw als Untervertrag hinausgeben **II.** *n* [ˈsʌbˌkɒntækt] Subkontrakt *m*, Untervertrag *m* **sub·con·trac·tor** [ˌsʌbkənˈtræktəʳ] *n* Subunternehmer(in) *m(f)* **sub·cul·ture** [ˈsʌbˌkʌltʃəʳ] *n* Subkultur *f* **sub·cu·ta·neous** [ˌsʌbkjuːˈteɪniəs] *adj* MED subkutan **sub·di·vide** [ˌsʌbdɪˈvaɪd] *vt* unterteilen; ■ **to ~ sth among persons** etw nochmals unter [mehreren] Personen aufteilen **sub·di·vi·sion** [ˌsʌbdɪˈvɪʒ°n] *n* ① (*secondary division*) erneute Teilung; (*in aspects of a whole*) Aufgliederung *f*, Unterteilung *f* ② AM, AUS (*housing estate*) Wohngebiet *nt*, Wohnsiedlung *f*

sub·due [sʌbˈdjuː] *vt* (*get under control*) unter Kontrolle bringen; (*bring into subjection*) unterwerfen; (*suppress*) unterdrücken; *animal, emotion* bändigen

sub·dued [sʌbˈdjuːd] *adj* (*controlled*) beherrscht; (*reticent*) zurückhaltend; (*toned down*) gedämpft; (*quiet*) leise, ruhig; *noise* gedämpft; *mood* gedrückt; **to speak in a ~ voice** mit gedämpfter Stimme sprechen

sub·edit [sʌbˈedɪt] *vt* JOURN, PUBL redigieren

sub·edi·tor [sʌbˈedɪtəʳ] *n* ① (*assistant editor*) Redaktionsassistent(in) *m(f)* ② (*sb who edits copy for printing*) Redakteur(in) *m(f)*

sub·group [ˈsʌbgruːp] *n* Untergruppe *f*, Unterabteilung *f* **sub·head** [sʌbˈhed] *n*, **sub·head·ing** [ˈsʌbˌhedɪŋ] *n* Untertitel *m*

sub·ject I. *n* [ˈsʌbdʒɪkt, -dʒekt] ① (*theme, topic*) Thema *nt*; **while we're on the ~** wo wir gerade beim Thema sind; **to change the ~** das Thema wechseln ② (*person*) Versuchsperson *f*, Testperson *f* ③ (*field*) Fach *nt*; (*at school*) [Schul]fach *nt*; (*specific research area*) Spezialgebiet *nt* ④ (*under monarchy*) Untertan *m(f)* ⑤ LING Subjekt *nt*, Satzgegenstand *m* **II.** *adj* [ˈsʌbdʒɪkt] ① *attr* POL (*dominated*) *people* unterworfen ② *pred* (*exposed to*) ■ **to be ~ to sth** etw *dat* ausgesetzt sein; **to be ~ to depression** zu Depressionen neigen; **to be ~ to a high rate of tax** einer hohen Steuer unterliegen ③ (*contingent on*) ■ **to be ~ to sth** von etw *dat* abhängig sein; **to be ~ to approval** genehmigungspflichtig sein; **~ to payment** vorbehaltlich einer Zahlung **III.** *adv* [ˈsʌbdʒɪkt] ■ **~ to** wenn; **~ to your consent** vorbehaltlich Ihrer Zustimmung **IV.** *vt* [səbˈdʒekt] *usu passive* (*cause to undergo*) ■ **to ~ sb/sth to sth** jdn/etw *dat* aussetzen; ■ **to be ~ed to sb/sth** jdm/etw ausgesetzt sein; **to ~ sb to torture** jdn foltern

ˈsub·ject in·dex *n* Sachregister *nt*

sub·jec·tion [səbˈdʒekʃ°n] *n no pl* POL Unterwerfung *f*

sub·jec·tive [səbˈdʒektɪv] *adj* subjektiv

ˈsub·ject mat·ter *n* Thema *nt*; *of a meeting* Gegenstand *m*; *of a book* Inhalt *m*; *of a film* Stoff *m*

sub ju·di·ce [ˌsʌbˈdʒuːdɪsi] *adj pred* LAW rechtshängig

sub·ju·gate [ˈsʌbdʒəgeɪt] *vt* ① (*make subservient*) unterwerfen, unterjochen ② (*make subordinate to*) ■ **to ~ oneself to sb/sth** sich jdm/etw unterwerfen

sub·ju·ga·tion [ˌsʌbdʒəˈgeɪʃ°n] *n* Unterwerfung *f*, Unterjochung *f*

sub·junc·tive [səbˈdʒʌŋ(k)tɪv] **I.** *n no pl* LING Konjunktiv *m* **II.** *adj* LING konjunktivisch, Konjunktiv-

sub·lease I. *vt* [ˈsʌbliːs] (*sublet*) untervermieten; (*give leasehold*) unterverpachten **II.** *n* [sʌbˈliːs] (*sublet*) Untermiete *f*; (*give leasehold*) Unterverpachtung *f* **sub·let** [sʌbˈlet] **I.** *vt* <-tt-, sublet, sublet> untervermieten **II.** *n* untervermietetes Objekt

sub lieu·ten·ant [ˌsʌblefˈtenənt] *n* BRIT MIL Oberleutnant *m* zur See

sub·li·mate [ˈsʌblɪmeɪt] *vt* PSYCH sublimieren

sub·lime [səˈblaɪm] **I.** *adj* ① (*imposing, majestic*) erhaben ② (*usu iron: very great*) komplett *fam*, vollendet *iron* **II.** *n* ■ **the ~** das Erhabene

sub·limi·nal [sʌbˈlɪmɪnəl] *adj* PSYCH (*covert*) unterschwellig; (*subconscious*) unterbewusst

sub·ma·chine gun [ˌsʌbməˈʃiːn,-] *n* Maschinenpistole *f* **sub·ma·rine** [ˌsʌbməˈriːn] **I.** *n* ① (*boat*) U-Boot *nt*, Unterseeboot *nt* ② AM (*doorstep sandwich*) Jumbo-Sandwich *nt* **II.** *adj* Unterwasser-, unterseeisch, submarin *fachspr* **sub·men·u** [ˌsʌbˈmenjuː] *n* COMPUT Untermenü *nt*

sub·merge [səbˈmɜːdʒ] **I.** *vt* ① (*place under water*) tauchen (**in** in) ② (*override*) vereinnahmen ③ (*immerse*) ■ **to ~ oneself in sth** sich in etw *akk* vertiefen ④ (*inundate*) überschwemmen, überfluten **II.** *vi* abtauchen, untertauchen

sub·mers·ible [səbˈmɜːsəbl] *n* Tauchboot *nt*, Unterseeboot *nt*

sub·mer·sion [səbˈmɜːʃ°n] *n no pl* Eintauchen *nt*, [Unter]tauchen *nt*

sub·mis·sion [səbˈmɪʃ°n] *n no pl* ① (*compliance*) Unterwerfung *f*; (*to orders, wishes etc.*) Gehorsam *m* ② *no pl* (*handing in*) Einreichung *f*, Abgabe *f* ③ (*sth submitted*) Vorlage *f*, Eingabe *f* ④ LAW (*form: hypothesis*) Behauptung *f*; (*petition*) Antrag *m*; **in my ~** LAW (*form*) meiner Meinung nach

sub·mis·sive [səbˈmɪsɪv] *adj* (*subservient*) unterwürfig *pej*; (*humble*) demütig; (*obedi-*

sub·mit <-tt-> [səb'mɪt] **I.** vt ① (yield) ■ to ~ oneself to sb/sth sich jdm/etw unterwerfen; **to ~ oneself to the new rules** sich den neuen Regeln anpassen ② (agree to undergo) **to ~ oneself to a treatment** sich einer Behandlung unterziehen ③ (hand in) einreichen; ■ **to ~ sth to sb** jdm etw vorlegen **II.** vi (resign) aufgeben; (yield) nachgeben; (yield unconditionally) sich unterwerfen; **to ~ to sb's will** jds Willen nachgeben

sub·nor·mal [sʌb'nɔ:məl] adj ① (mentally) minderbegabt ② (below average) unterdurchschnittlich

sub·or·di·nate I. n [sə'bɔ:dənət] Untergebene(r) f(m) **II.** vt [sə'bɔ:dɪneɪt] unterordnen; ■ **to be ~d to sb/sth** jdm/etw untergeordnet sein; **to ~ one's private life to one's career** sein Privatleben seiner Karriere unterordnen **III.** adj [sə'bɔ:dənət] ① (secondary) zweitrangig, nebensächlich ② (lower in rank) untergeordnet, rangniedriger

sub·or·di·nate 'clause n Nebensatz m

sub·or·di·na·tion [səbɔ:dɪ'neɪʃən] n no pl ① (inferior status) Unterordnung f (to unter) ② (submission) Zurückstellung f

sub·orn [sə'bɔ:n] vt LAW (spec) ■ **to ~ sb to do sth** jdn dazu anstiften, etw zu tun; **to ~ witnesses** Zeugen bestechen

sub·plot ['sʌbplɒt] n Nebenhandlung f

sub·poe·na [səb'pi:nə] LAW **I.** vt <-ed, -ed or -'d, -'d> vorladen **II.** n Ladung f; **to serve a ~ on sb** jdn vorladen

sub·scribe [səb'skraɪb] **I.** vt ① PUBL (offer to buy) subskribieren fachspr ② (form: sign) unterzeichnen **II.** vi ① (pay regularly for) newspaper, magazine abonnieren; TV channels Gebühren bezahlen ② (donate) spenden; **to ~ to an appeal** sich an einer Spendenaktion beteiligen ③ ■ **to ~ for sth** PUBL etw vorbestellen; ECON etw zeichnen ④ (agree) beipflichten; **I cannot ~ to what you have just stated** ich kann Ihnen in diesem Punkt nicht zustimmen ⑤ STOCKEX (offer to purchase) **to ~ to shares** Aktien zeichnen

sub·scrib·er [səb'skraɪbər] n ① (regular payer) newspaper, magazine Abonnent(in) m(f) ② (form: signatory) Unterzeichnete(r) f(m), Unterzeichner(in) m(f) ③ (to a fund) Spender(in) m(f) ④ (to an opinion) Befürworter(in) m(f) ⑤ (paying for service) Kunde, Kundin m, f ⑥ STOCKEX of shares Zeichner(in) m(f)

sub·script ['sʌbskrɪpt] adj TYPO tiefgestellt

sub·scrip·tion [səb'skrɪpʃən] n ① (to a newspaper, magazine) Abonnementgebühr f; (TV channels) Fernsehgebühr f ② (agreement to receive) Abonnement nt; **to can-** **cel/renew a ~** ein Abonnement kündigen/verlängern; **to take out a ~ to sth** etw abonnieren ③ (membership fee) [Mitglieds]beitrag m ④ (money raised) Spende f ⑤ PUBL (advance agreement to buy book) Subskription f fachspr, Vorbestellung f ⑥ STOCKEX (agreement to purchase) **~ to shares** Zeichnung f von Aktien

sub·sec·tion [sʌb,sekʃən] n Unterabschnitt m; of legal text Paragraph m **sub·se·quent** ['sʌbsɪkwənt] adj (resulting) [nach]folgend, anschließend; (later) später; ■ **~ to sth** im Anschluss an etw akk, nach etw dat; **~ treatment** Nachbehandlung f **sub·se·quent·ly** ['sʌbsɪkwəntli] adv (later) später, anschließend, danach

sub·ser·vi·ent [səb'sɜ:viənt] adj ① (pej: servile) unterwürfig, servil geh ② (serving as means) ■ **to be ~ to sth** etw dat dienen

sub·set ['sʌbset] n (sub-classification) Untermenge f; MATH (special type of set) Teilmenge f

sub·side [səb'saɪd] vi ① (abate) nachlassen, sich legen, abklingen ② (into sth soft or liquid) absinken, einsinken, sich senken

sub·sid·ence [səb'saɪdəns(t)s] n no pl Senkung f, Absenken nt, Absacken nt

sub·sid·i·ary [səb'sɪdiəri] **I.** adj untergeordnet, Neben-, subsidiär fachspr; **~ company** ECON Tochtergesellschaft f; **~ reasons** zweitrangige Gründe **II.** n ECON Tochtergesellschaft f

sub·si·dize ['sʌbsɪdaɪz] vt subventionieren, finanziell unterstützen

sub·si·dy ['sʌbsɪdi] n Subvention f (to für); **to receive a ~** subventioniert werden

sub·sist [səb'sɪst] vi ① (exist) existieren ② (make a living) leben; ■ **to ~ on sth** von etw dat leben ③ (nourish) sich ernähren

sub·sist·ence [səb'sɪstəns(t)s] **I.** n ① (minimum for existence) [Lebens]unterhalt m ② (livelihood) means of ~ Lebensgrundlage f **II.** adj attr Existenz-; **~ farming** Subsistenzwirtschaft f fachspr

sub·'sist·ence al·low·ance n esp BRIT Unterhaltszuschuss m **sub·'sist·ence lev·el** n Existenzminimum nt **sub·'sist·ence wage** n Mindestlohn m

sub·stance ['sʌbstəns(t)s] n ① (material element) Substanz f, Stoff m; (material) Materie f kein pl; **chemical ~** Chemikalie f; **illegal ~** (form) Droge f ② no pl (essence) Substanz f, Gehalt m ③ no pl (significance) Substanz f; (decisive significance) Gewicht nt; **the book lacks ~** das Buch hat inhaltlich wenig zu bieten ④ no pl (main point) Wesentliche(s) nt, Essenz f ⑤ no pl (wealth) Vermögen nt

sub·stand·ard [sʌbˈstændəd] *adj* unterdurchschnittlich, minderwertig

sub·stan·tial [səbˈstæn(t)ʃəl] *adj attr* ❶ (*significant*) bedeutend; *contribution* wesentlich; *difference* erheblich; *improvement* deutlich; ~ **evidence** hinreichender Beweis ❷ (*weighty*) überzeugend, stichhaltig ❸ *amount* beträchtlich, erheblich; *breakfast* gehaltvoll; *fortune* bedeutend ❹ (*of solid material or structure*) solide; (*physically also*) kräftig, stark

sub·stan·tial·ly [səbˈstæn(t)ʃəli] *adv* ❶ (*significantly*) beträchtlich, erheblich ❷ (*in the main*) im Wesentlichen

sub·stan·ti·ate [səbˈstæn(t)ʃieɪt] *vt* bekräftigen, erhärten, untermauern; *report* bestätigen; **to ~ a claim** einen Anspruch begründen

sub·stan·tive [ˈsʌbstəntɪv] *adj* beträchtlich, wesentlich; *argument* stichhaltig; **~ law** materielles Recht

sub·sta·tion [ˈsʌbˌsteɪʃən] *n* ❶ (*organisation branch*) Nebenstelle *f*; **police ~** AM Polizeidienststelle *f* ❷ ELEC (*relay station*) Hochspannungsverteilungsanlage *f*

sub·sti·tute [ˈsʌbstɪtjuːt] **I.** *vt* ersetzen, austauschen; **to ~ sb for sb** FBALL, SPORTS jdn gegen jdn auswechseln **II.** *vi* (*take over from*) als Ersatz dienen, einspringen (**for** für); (*deputize*) als Stellvertreter fungieren (**for** für); ■ **to ~ for sb** jdn vertreten **III.** *n* ❶ (*replacement*) Ersatz *m*; **there's no ~ for sb/sth** es geht nichts über jdn/etw ❷ (*replacement player*) Ersatzspieler(in) *m(f)*, Auswechselspieler(in) *m(f)*

sub·sti·tu·tion [ˌsʌbstɪˈtjuːʃən] *n* ❶ (*replacement*) Ersetzung *f* ❷ SPORTS (*action of replacing*) Austausch *m*, (*Spieler*)wechsel *m* ❸ LAW (*illegal switching*) Vertauschen *nt*

sub·stra·tum [ˈsʌbstrɑːtəm] *n* ❶ GEOL (*deep*[*er*] *layer*) Unterschicht *f* ❷ (*fig: common basis*) Grundlage *f*, Basis *f*

sub·sume [səbˈsjuːm] *vt usu passive* (*form*) einordnen (**into** in); (*several*) zusammenfassen (**into** zu)

sub·ten·ant [ˈsʌbˈtenənt] *n* Untermieter(in) *m(f)*

sub·ter·fuge [ˈsʌbtəfjuːdʒ] *n* List *f*, Trick *m*

sub·ter·ra·nean [ˌsʌbtəˈreɪniən] *adj* ❶ GEOL (*below ground*) unterirdisch ❷ (*fig: subcultural, alternative*) Untergrund-

sub·text [ˈsʌbtekst] *n* Botschaft *f*

sub·ti·tle [ˈsʌbˌtaɪtl̩] **I.** *vt* ❶ (*add captions*) film untertiteln ❷ (*add secondary book title*) **to ~ a work** einem Werk einen Untertitel geben **II.** *n* ❶ (*secondary title on book*) Untertitel *m* ❷ (*caption*) ■ **~s** *pl* Untertitel *pl*

sub·tle <-er, -est *or* more ~, most ~> [ˈsʌtl̩] *adj* ❶ (*approv: understated*) fein[sinnig], subtil; *irony* hintersinnig ❷ (*approv: delicate*) *flavour, nuance* fein; **~ tact** ausgeprägtes Taktgefühl; (*elusive*) subtil; *charm* unaufdringlich ❸ (*slight but significant*) fein, subtil; **~ hint** kleiner Hinweis ❹ (*approv: astute*) scharfsinnig, raffiniert; *strategy* geschickt

sub·tle·ty [ˈsʌtl̩ti] *n* (*approv*) ❶ (*discernment*) Scharfsinnigkeit *f*, Raffiniertheit *f* ❷ (*delicate but significant*) Feinheit *f*, Subtilität *f*

sub·to·tal [ˈsʌbˌtəʊtl̩] *n* Zwischensumme *f*

sub·tract [səbˈtrækt] *vt* ■ **to ~ sth** [**from sth**] etw [von etw *dat*] abziehen; **four ~ed from ten equals six** zehn minus vier ergibt sechs

sub·trac·tion [səbˈtrækʃən] *n no pl* Subtraktion *f*

sub·trop·i·cal [ˌsʌbˈtrɒpɪkəl] *adj* subtropisch; **~ regions** Subtropen *pl*

sub·urb [ˈsʌbɜːb] *n* (*outlying area*) Vorstadt *f*, Vorort *m*; ■ **the ~s** *pl* der Stadtrand, die Randbezirke *pl*

sub·ur·ban [ˈsʌbɜːbən] *adj* ❶ (*of the suburbs*) Vorstadt-, Vorort-, vorstädtisch; **they live in ~ Washington** sie wohnen in einem Vorort von Washington ❷ (*pej: provincial*) spießig *fam*, kleinbürgerlich

sub·ur·bia [səˈbɜːbiə] *n no pl* (*esp pej*) ❶ (*areas*) Vororte *pl*, Randbezirke *pl*; **to live in the heart of ~** mitten in einem Vorort wohnen ❷ (*people*) Vorstadtbewohner *pl*

sub·ven·tion [səbˈven(t)ʃən] *n* (staatliche) Subvention

sub·ver·sion [səbˈvɜːʃən] *n no pl* ❶ (*undermining*) Subversion *f* geh, Unterwanderung *f*; **~ of the state** Staatsgefährdung *f* ❷ (*successful putsch*) [Um]sturz *m*

sub·ver·sive [səbˈvɜːsɪv] **I.** *adj* subversiv geh, umstürzlerisch, staatsgefährdend **II.** *n* Umstürzler(in) *m(f)*, subversives Element *pej*

sub·vert [sʌbˈvɜːt] *vt* ❶ (*overthrow*) stürzen ❷ (*undermine principle*) unterminieren, untergraben ❸ (*destroy*) zunichtemachen

sub·way [ˈsʌbweɪ] *n* ❶ BRIT, AUS (*subterranean walkway*) Unterführung *f* ❷ *esp* AM (*underground railway*) U-Bahn *f*

sub-zero [ˌsʌbˈzɪərəʊ] *adj* unter Null [Grad] nach *n*, unter dem Gefrierpunkt nach *n*; **~ temperatures** Minusgrade *pl*

suc·ceed [səkˈsiːd] **I.** *vi* ❶ (*achieve purpose*) Erfolg haben, erfolgreich sein; ■ **to ~ in sth** mit etw *dat* Erfolg haben; ■ **to ~ in doing sth** etw mit Erfolg tun; **the plan ~ed** der Plan ist gelungen ❷ (*follow*) nachfolgen, die Nachfolge antreten; **to ~ to an office** die Nachfolge in einem Amt antreten; **to ~ to the throne** die Thronfolge antreten **II.** *vt* **to ~ sb in office** jds Amt übernehmen; **to ~ sb**

suc·ceed·ing [səkˈsiːdɪŋ] *adj attr* ❶ *(next in line)* [nach]folgend ❷ *(subsequent)* aufeinanderfolgend; **~ generations** spätere Generationen; **in the ~ weeks** in den darauf folgenden Wochen

suc·cess <*pl* -es> [səkˈses] *n* ❶ *no pl (attaining goal)* Erfolg *m*; **to be a big ~ with sb** bei jdm einschlagen *fam*; **to achieve ~** erfolgreich sein; **to make a ~ of sth** mit etw *dat* Erfolg haben ❷ *(successful person or thing)* Erfolg *m*; **box-office ~** Kassenschlager *m fam*

suc·cess·ful [səkˈsesfᵊl] *adj* ❶ *(having success)* erfolgreich ❷ *(lucrative, profitable)* erfolgreich, einträglich, lukrativ ❸ *(effective)* gelungen, geglückt ❹ *(selected due to success)* erfolgreich; **~ candidate** ausgewählter Bewerber/ausgewählte Bewerberin

suc·ces·sion [səkˈseʃᵊn] *n no pl* ❶ *(sequence)* Folge *f*, Reihe *f*; *of events, things also* Serie *f*; **a ~ of rulers** aufeinanderfolgende Herrscher; ■**in** [**close**] **~** [dicht] hintereinander ❷ *(line of inheritance)* Nachfolge *f*, Erbfolge *f*; **~ to the throne** Thronfolge *f*

suc·ces·sive [səkˈsesɪv] *adj* aufeinanderfolgend; **the third ~ defeat** die dritte Niederlage in Folge; **six ~ weeks** sechs Wochen hintereinander

suc·ces·sor [səkˈsesə^r] *n* Nachfolger(in) *m(f)*; ■**~ to sb** jds Nachfolger/Nachfolgerin; **~ in office** Amtsnachfolger(in) *m(f)*; **~ to the throne** Thronfolger(in) *m(f)*

suc·cinct [səkˈsɪŋ(k)t] *adj (approv)* knapp, prägnant, kurz [und bündig]

suc·cu·lent [ˈsʌkjəlᵊnt] **I.** *adj (approv)* saftig **II.** *n BOT* Sukkulente *f fachspr*

suc·cumb [səˈkʌm] *vi* ❶ *(surrender)* sich beugen; MIL kapitulieren; *(be defeated)* unterliegen; *(yield to pressure)* ■**to ~ to sb/sth** jdm/etw nachgeben, sich jdm/etw beugen; **to ~ to temptation** der Versuchung erliegen ❷ *(die from)* ■**to ~ to sth** an etw *dat* sterben; **to ~ to one's injuries** seinen Verletzungen erliegen

such [sʌtʃ, sətʃ] **I.** *adj* ❶ *attr (of that kind)* solcher(r, s); **I had never met ~ a person before** so ein Mensch war mir noch nie begegnet; **I have been involved in many ~ courses** ich habe [schon] viele Kurse dieser Art gemacht; **~ a thing** so etwas [*o fam* was]; **I said no ~ thing** so etwas habe ich nie gesagt; **there's no ~ thing as ghosts** so etwas wie Geister gibt es nicht ❷ *(so great)* solche(r, s), derartig; **he's ~ an idiot!** er ist so ein Idiot!; **why are you in ~ a hurry?** warum bist du derart in Eile? **II.** *pron* ❶ *(of that type)* solche(r, s); **we were second-class citizens and they treated us as ~** wir waren Bürger zweiter Klasse und wurden auch so [*o* als solche] behandelt; **~ is life** so ist das Leben; **the wound was ~ that ...** die Wunde war so groß, dass ... ❷ *(introducing examples)* **~ as** wie ❸ *(suchlike)* dergleichen ❹ *(strictly speaking)* ■**as ~** an [und für] sich, eigentlich; **there was no vegetarian food as ~** es gab kein eigentlich vegetarisches Essen **III.** *adv* so; **she's ~ an arrogant person** sie ist dermaßen arrogant; **~ a big city!** was für eine große Stadt!; **I've never had ~ good coffee** ich habe noch nie [einen] so guten Kaffee getrunken; **it's ~ a long time ago** es ist [schon] so lange her; **to be ~ a long way [away]** so weit weg sein; **~ ... that ...** so ..., dass ...

ˈ**such and such** *adj attr (fam)* der und der/die und die/das und das; **to arrive at ~ a time** um die und die Zeit ankommen; **to meet in ~ a place** sich an dem und dem Ort treffen **such·like** [ˈsʌtʃlaɪk] **I.** *pron* derlei, dergleichen; **in the shop they sell chocolates and ~** in dem Laden gibt es Schokolade und dergleichen **II.** *adj attr* derlei; **food, drink, clothing and ~ provisions** Essen, Trinken, Kleidung und Ähnliches

suck [sʌk] **I.** *n* ❶ *(draw in)* Saugen *nt*; *(keep in the mouth)* Lutschen *nt* ❷ CAN *(fam!)* Heulsuse *f fam* **II.** *vt* ❶ *(draw into mouth)* ■**to ~ sth** an etw *dat* saugen ❷ **sweets** lutschen; **to ~ one's thumb** [am] Daumen lutschen ❸ *(strongly attract)* ■**to ~ sb/sth under** jdn/etw in die Tiefe ziehen; ■**to ~ sb into sth** *(fig)* jdn in etw *akk* hineinziehen **III.** *vi* ❶ *(draw into mouth)* saugen, nuckeln *fam*; ■**to ~ on sth** an etw *dat* saugen ❷ **sweets** lutschen; **to ~ on a pacifier** AM an einem Schnuller saugen ❸ *(be compelled to participate)* ■**to be ~ed into sth** in etw *akk* hineingezogen werden ❹ *esp* AM *(sl: be disagreeable)* ätzend sein; **man this job ~s!** Mann, dieser Job ist echt Scheiße! ◆ **suck up I.** *vt* ■**to ~ up ⟳ sth** *(consume)* aufsaugen ❷ *(absorb)* **liquid, moisture** aufsaugen; **to ~ up gases** Gase ansaugen **II.** *vi (pej fam)* ■**to ~ up to sb** sich bei jdm einschmeicheln

suck·er [ˈsʌkə^r] **I.** *n* ❶ *(pej fam: gullible person)* Einfaltspinsel *m*, Simpel *m* DIAL ❷ *(fam: sb finding sth irresistible)* Fan *m* **(for** von); **to be a ~ for sth** nach etw *dat* verrückt sein ❸ AM *(pej fam: nasty person)* Widerling *m* ❹ ZOOL *(organ)* Saugnapf *m* ❺ BRIT, AUS *(fam: sticking device)* Saugfuß *m* ❻ AM, AUS *(fam: lollipop)* Lutscher *m* ❼ BOT *(part of plant)* Wurzelspross *m* **II.** *vt* ❶ *(trick)* ■**to ~ sb into sth** jdn zu etw *dat* verleiten; ■**to ~ sb into doing sth** jdn dazu bringen, etw zu tun

suck·le ['sʌkl] I. *vt* säugen II. *vi* trinken, saugen **suck·ling** ['sʌklɪŋ] *n* Säugling *m* **'suck·ling pig** *n* AM Frischling *m*; (*for roasting*) Spanferkel *nt*

su·crose [suːkrəʊs] *n no pl* Rohr- und Rübenzucker *m*

suc·tion ['sʌkʃən] *n no pl* ❶ (*act of removal by sucking*) [Ab]saugen *nt*; (*initiating act of sucking*) Ansaugen *nt* ❷ (*force*) Saugwirkung *f*, Sog *m*

'suc·tion ma·chine *n*, **'suc·tion pump** *n* Saugpumpe *f*

Su·dan [suːdɑːn] *n* Sudan *m*

Su·da·nese [ˌsuːdənˈiːz] I. *n* Sudanese, Sudanesin *m, f* II. *adj* sudanesisch, sudanisch

sud·den ['sʌdən] *adj* plötzlich, jäh; **so why the ~ change?** wieso plötzlich diese Änderung?; **it was so ~** es kam so überraschend; **it's all a bit ~** (*fam*) das geht alles ein bisschen schnell; **~ departure** überhastete Abreise; **~ drop in temperature** unerwarteter Temperatureinbruch; **to get a ~ fright** plötzlich Angst bekommen; **~ movement** abrupte Bewegung; **to put a ~ stop to sth** etw abrupt beenden; **all of a ~** (*fam*) [ganz] plötzlich, urplötzlich

sud·den·ly ['sʌdənli] *adv* plötzlich, auf einmal

su·do·ku [suːˈdəʊkuː] *n* Sudoku *kein art* (*ursprünglich japanisches Zahlenrätsel*)

suds [sʌdz] *npl* (*soapy mixture*) Seifenwasser *nt kein pl*; (*mostly foam*) Schaum *m kein pl*

sue [suː] I. *vt* verklagen; **to ~ sb for damages/libel** jdn auf Schadenersatz/wegen Beleidigung verklagen; **to ~ sb for divorce** gegen jdn die Scheidung einreichen II. *vi* ❶ (*legal action*) klagen, prozessieren, Klage erheben; ■ **to ~ for sth** etw einklagen; **to ~ for damages** auf Schadenersatz klagen; **to ~ for libel** wegen Beleidigung klagen ❷ (*entreat*) **to ~ for peace** um Frieden bitten

suede [sweɪd] *n* Wildleder *nt*, Veloursleder *nt*

suet ['suːɪt] *n no pl* Talg *m*, Nierenfett *nt*

suf·fer ['sʌfəʳ] I. *vi* ❶ (*experience trauma*) leiden ❷ (*be ill with*) **to ~ from sth** an etw *dat* leiden ❸ (*deteriorate*) leiden, Schaden erleiden; **his work ~s from it** seine Arbeit leidet darunter ❹ (*experience sth negative*) ■ **to ~ from sth** unter etw *dat* zu leiden haben; **the economy ~ed from the strikes** die Streiks machten der Wirtschaft zu schaffen ❺ (*be punished*) ■ **to ~ for sth** für etw *akk* büßen II. *vt* ■ **to ~ sth** (*experience sth negative*) etw erleiden; **both sides ~ed considerable casualties** auf beiden Seiten kam es zu erheblichen Opfern; **to ~ a break-down** MED einen Zusammenbruch haben; **to ~ misfortune** Pech haben; **to ~ neglect** vernachlässigt werden ❷ (*put up with*) etw ertragen; **not to ~ fools gladly** mit dummen Leuten keine Geduld haben

suf·fer·ance ['sʌfərən(t)s] *n* **on ~** (*with unspoken reluctance*) stillschweigend geduldet; (*with unwilling tolerance*) nur geduldet; **I was there on ~** ich wurde dort nur geduldet

suf·fer·er ['sʌfərəʳ] *n* (*with a chronic condition*) Leidende(r) *f(m)*; (*with an acute condition*) Erkrankte(r) *f(m)*; **AIDS ~** AIDS-Kranke(r) *f(m)*; **asthma ~** Asthmatiker(in) *m(f)*; **hay-fever ~s** an Heuschnupfen Leidende *pl*

suf·fer·ing ['sʌfərɪŋ] *n* ❶ (*pain*) Leiden *nt* ❷ *no pl* (*distress*) Leid *nt*

suf·fice [səˈfaɪs] *vi* genügen, [aus]reichen; **~ [it] to say that ...** es genügt [*o* reicht] wohl, wenn ich sage, dass ...

suf·fi·cien·cy [səˈfɪʃən(t)si] *n no pl* ❶ (*adequacy*) Hinlänglichkeit *f*, Zulänglichkeit *f* ❷ (*sufficient quantity*) ausreichende Menge

suf·fi·cient [səˈfɪʃənt] I. *adj* genug, ausreichend, genügend, hinreichend; ■ **to be ~ for sth/sb** für etw/jdn ausreichen [*o* genügen] II. *n* genügende Menge; **they didn't have ~ to live on** sie hatten nicht genug zum Leben

suf·fix ['sʌfɪks] I. *n* ❶ LING Suffix *nt fachspr*; Nachsilbe *f* ❷ BRIT MATH Zusatz *m*, tief gestellte Zahl II. *vt* anfügen, anhängen

suf·fo·cate ['sʌfəkeɪt] I. *vi* ersticken *a. fig* II. *vt* ❶ (*asphyxiate*) ersticken; **to feel ~d** (*fig*) das Gefühl haben zu ersticken ❷ (*fig: suppress*) ersticken, erdrücken

suf·fo·cat·ing ['sʌfəkeɪtɪŋ] *adj* ❶ *usu attr* (*life-threatening*) erstickend ❷ (*fig: uncomfortable*) erstickend, zum Ersticken *präd*; **air** stickig; **atmosphere** erdrückend ❸ (*fig: stultifying*) erdrückend; **regulations, traditions** lähmend

suf·frage ['sʌfrɪdʒ] *n no pl* (*right to vote*) Wahlrecht *nt*, Stimmrecht *nt*; **female ~** Frauenwahlrecht *nt*; **male ~** Wahlrecht *nt* für Männer; **universal ~** allgemeines Wahlrecht

suf·fra·gette [ˌsʌfrəˈdʒet] *n* (*hist*) Suffragette *f hist*, Frauenrechtlerin *f*

sug·ar ['ʃʊgəʳ] I. *n* ❶ *no pl* (*sweetener*) Zucker *m*; **caster ~** BRIT Streuzucker *f*; **icing** [*or* AM **powdered**] **~** Puderzucker *m* ❷ *esp* AM (*sl: term of affection*) Schätzchen *f nt fam* ❸ CHEM Kohle[n]hydrat *nt* II. *vt* ❶ (*sweeten*) zuckern; **coffee, tea** süßen ❷ (*fig: make agreeable*) versüßen

'sug·ar beet *n no pl* Zuckerrübe *f* **'sug·ar bowl** *n* Zuckerdose *f* **'sug·ar cane** *n* Zuckerrohr *nt* **'sug·ar-coat·ed** *adj* ❶ FOOD mit Zucker überzogen, verzuckert ❷ (*fig, pej: acceptable*) viel versprechend, verheißungs-

suggestions	
making suggestions	**etwas vorschlagen**
How about/What about a cup of tea?	Wie wär's mit einer Tasse Tee?
What do you think about going out for dinner?	Was hältst du davon, essen zu gehen?
Would you like to go for a walk?	Hättest du Lust, spazieren zu gehen?
I suggest we postpone the meeting.	Ich schlage vor, wir vertagen die Sitzung.

voll; *offer, promises* verführerisch ❸ (*sentimental*) sentimental **'sug·ar dad·dy** *n* wohlhabender älterer Mann, der ein junges Mädchen aushält **'sug·ar·loaf** *adj* (*liter*) Zuckerhut *m* **'sug·ar lump** *n esp* BRIT Stück *nt* Zucker, Zuckerwürfel *m*

sug·ary ['ʃʊgəri] *adj* ❶ (*sweet*) zuckerhaltig; **the cake was far too ~** der Kuchen war viel zu süß ❷ (*sugar-like*) zuckerig ❸ (*fig, pej: insincere*) zuckersüß; *smile* süßlich

sug·gest [sə'dʒest] *vt* ❶ (*propose*) ■ **to ~ sth** [**to sb**] [jdm] etw vorschlagen; **what do you ~ we do with them?** was, meinst du, sollen wir mit ihnen machen?; ■ **to ~ doing sth** vorschlagen, etw zu tun ❷ (*indicate*) ■ **to ~ sth** auf etw *akk* hinweisen; **the footprints ~ that ...** die Fußspuren lassen darauf schließen, dass ... ❸ (*indirectly state*) ■ **to ~ sth** etw andeuten [*o pej* unterstellen]; ■ **to ~ that ...** andeuten, dass ...; **are you ~ing that ...?** willst du damit sagen, dass ...? ❹ (*come to mind*) ■ **to ~ itself** *idea, thought* sich aufdrängen; *solution* sich anbieten; **does anything ~ itself?** fällt euch dazu etwas ein?

sug·gest·ible [sə'dʒestəbl] *adj* (*pej form*) beeinflussbar, zu beeinflussen; **highly ~** sehr leicht zu beeinflussen

sug·ges·tion [sə'dʒestʃən] *n* ❶ (*idea*) Vorschlag *m;* **to be always open to ~** immer ein offenes Ohr haben; **at sb's ~** auf jds Vorschlag hin ❷ *no pl* (*hint*) Andeutung *f*, Anspielung *f* ❸ (*indication*) Hinweis *m* ❹ (*trace*) Spur *f fig* ❺ *no pl* (*association*) **the power of ~** die Macht der Suggestion ❻ *no pl* PSYCH Suggestion *f*

sug·'ges·tion box *n* Kasten *m* für Verbesserungsvorschläge

sug·ges·tive [sə'dʒestɪv] *adj* ❶ (*that suggests*) andeutend ❷ *usu pred* (*form: evocative*) hinweisend; **to be ~ of sth** auf etw *akk* hindeuten ❸ (*risqué*) anzüglich, zweideutig

sui·cid·al [ˌsuːɪ'saɪdəl] *adj* ❶ (*depressed*) Selbstmord-, selbstmörderisch *a. fig; person* selbstmordgefährdet; **to feel ~** sich am liebsten umbringen wollen ❷ (*of suicide*) Selbstmord-; **to have ~ tendencies** selbstmordgefährdet sein ❸ (*disastrous*) [selbst]zerstörerisch; **that would be ~** das wäre glatter Selbstmord

sui·cide ['suːɪsaɪd] *n* ❶ (*killing*) Selbstmord *m a. fig;* **to attempt ~** einen Selbstmordversuch machen [*o* unternehmen]; **to commit ~** Selbstmord begehen ❷ (*form: person*) Selbstmörder(in) *m(f)* ❸ (*disastrous action*) selbstmörderische Aktion *fam;* **it would be ~ to ...** es wäre [glatter] Selbstmord, wenn ... *fam*

suit [suːt] **I.** *n* ❶ (*jacket and trousers*) Anzug *m;* **three-piece ~** Dreiteiler *m;* (*jacket and skirt*) Kostüm *nt* ❷ (*for sports*) Anzug *m;* **bathing/diving/ski ~** Bade-/Taucher-/Skianzug *m* ❸ (*covering*) **~ of armour** [Ritter]rüstung *f* ❹ CARDS Farbe *f* ❺ LAW Prozess *m*, Verfahren *nt;* **to bring a ~** einen Prozess anstrengen, Klage erheben ▶ **to follow ~** (*form*) dasselbe tun **II.** *vt* ❶ (*be convenient for*) ■ **to ~ sb** jdm passen [*o* recht sein]; **what time ~s you best?** wann passt es Ihnen am besten?; **that ~s me fine** das passt mir gut ❷ (*choose*) ■ **to ~ oneself** tun, was man will; **you can ~ yourself about when you work** man kann selbst bestimmen, wann man arbeitet; **~ yourself** (*hum or pej*) [ganz,] wie du willst, mach, was du willst *pej* ❸ (*enhance*) ■ **to ~ sb** *clothes* jdm stehen; ■ **to ~ sth** zu etw *dat* passen ❹ (*be right*) ■ **to ~ sb** jdm [gut] bekommen; ■ **to ~ sth** sich für etw *akk* eignen **III.** *vi* angemessen sein, passen

suit·able ['suːtəbl] *adj* geeignet, passend; *clothes* angemessen

'suit·case *n* Koffer *m*

suite [swiːt] *n* ❶ (*rooms*) Suite *f;* **~ of offices** Reihe *f* von Büroräumen ❷ (*furniture*) Garnitur *f;* **bedroom ~** Schlafzimmereinrichtung *f* ❸ MUS Suite *f* ❹ (*retinue*) Gefolge *nt*

suit·or ['suːtə*r*] *n* ❶ (*liter or hum: wooer*) Freier *m veraltend o hum*, Bewerber *m* ❷ LAW Kläger *m*, [Prozess]partei *f* ❸ ECON (*buyer*) Interessent *m* (*für eine Firmenkauf*)

sul·fate *n* AM *see* **sulphate**
sul·fide *n* AM *see* **sulphide**
sul·fur *n* AM *see* **sulphur**
sul·fu·ric *adj* AM *see* **sulphuric**
sul·fur·ous *adj* AM *see* **sulphurous**

sulk [sʌlk] **I.** *vi* schmollen, beleidigt [*o fam* eingeschnappt] sein **II.** *n* **to be in a ~** beleidigt [*o fam* eingeschnappt] sein, schmollen; **to go into a ~** einschnappen *fam*

sulky ['sʌlki] *adj person* beleidigt, eingeschnappt *fam; face* mürrisch, verdrießlich; *weather* trübe

sul·len ['sʌlən] *adj* ❶ (*pej: bad-tempered*) missmutig, mürrisch ❷ (*liter: dismal*) *sky* düster

sul·ly <-ie-> ['sʌli] *vt* (*liter*) beschmutzen *a. fig*, besudeln *geh*

sul·phate ['sʌlfeɪt] *n* Sulfat *nt*
sul·phide ['sʌlfaɪd] *n* Sulfid *nt*
sul·phur ['sʌlfə*r*] *n* ❶ *no pl* CHEM Schwefel *m* ❷ (*colour*) Schwefelgelb *nt* **sul·phur di·ox·ide** *n no pl* Schwefeldioxid *nt*
sul·phu·ric [sʌl'fjʊərɪk] *adj* Schwefel-
sul·phu·ric 'acid *n no pl* Schwefelsäure *f*
sul·phur·ous ['sʌlf*ə*rəs] *adj* ❶ CHEM schwefelhaltig, Schwefel- ❷ (*colour*) schwefelgelb ❸ (*angry*) wütend, zornig

sul·tan ['sʌlt*ə*n] *n* Sultan *m*
sul·tana¹ [səl'tɑːnə] *n* (*grape*) Sultanine *f*
sul·tana² [sʌl'tɑːnə] *n* (*sultan's wife*) Sultanin *f*

sul·try ['sʌltri] *adj* ❶ METEO schwül ❷ (*sexy*) *woman, woman's voice* erotisch, sinnlich

sum [sʌm] *n* ❶ (*money*) Summe *f*, Betrag *m;* **five-figure ~** fünfstelliger Betrag; **huge ~s of money** riesige Summen ❷ *no pl* (*total*) Summe *f*, Ergebnis *nt* ❸ *usu pl* (*calculation*) Rechenaufgabe *f;* **to do ~s** rechnen; **to get one's ~s right** BRIT richtig rechnen; **to get one's ~s wrong** BRIT sich verrechnen
◆ **sum up I.** *vi* ❶ (*summarize*) zusammenfassen ❷ LAW *judge* resümieren **II.** *vt* (*summarize*) zusammenfassen; (*evaluate*) einschätzen; **to ~ up a situation at a glance** eine Situation auf einen Blick erfassen

sum·ma·rize ['sʌm*ə*raɪz] **I.** *vt* [kurz] zusammenfassen **II.** *vi* zusammenfassen, resümieren; **to ~, ...** kurz gesagt, ...

sum·mary ['sʌm*ə*ri] **I.** *n* Zusammenfassung *f; of a plot, contents* [kurze] Inhaltsangabe **II.** *adj* ❶ (*brief*) knapp, gedrängt; *dismissal* fristlos ❷ LAW *conviction, execution* im Schnellverfahren *nach n*

sum·ma·tion [sʌm'eɪʃ*ə*n] *n* (*form*) ❶ *no pl* (*addition*) Summierung *f* ❷ (*sum*) Summe *f* ❸ (*summary*) Zusammenfassung *f*

sum·mer ['sʌmə*r*] **I.** *n* ❶ (*season*) Sommer *m;* **a ~'s day** ein Sommertag *m;* **in** [the] **~** im Sommer; **in the ~ of '68** im Sommer '68 ❷ ASTRON Sommer *m*, Sommerzeit *f* **II.** *vi* den Sommer verbringen; **to ~ outdoors** *animals, plants* im Freien bleiben

sum·mer 'holi·day *n*, **sum·mer 'holi·days** *npl* Sommerurlaub *m;* SCH, UNIV Sommerferien *pl* **'sum·mer house** *n* Gartenhaus *nt*, Gartenlaube *f;* AM Ferienhaus *nt*, Sommerhaus *nt* **sum·mer 'slide** *n Abnehmen der Leistungen nach den Sommerferien* **'sum·mer·time** *n* Sommerzeit *f;* **in the ~** im Sommer

sum·mery ['sʌm*ə*ri] *adj weather* sommerlich
sum·ming-up <*pl* summings-> [ˌsʌmɪŋ'ʌp] *n* LAW (*by a judge*) Resümee *nt;* (*by a lawyer*) [Schluss]plädoyer *nt*

sum·mit ['sʌmɪt] *n* ❶ *of a mountain* Gipfel *m;* (*fig: highest point*) Gipfel *m*, Höhepunkt *m* ❷ POL Gipfel *m*

sum·mon ['sʌmən] *vt* ❶ (*call*) ■ **to ~ sb** jdn rufen [*o* zu sich *dat* bestellen]; LAW jdn vorladen; **to ~ a council/meeting** eine Rat/eine Versammlung einberufen; **to be ~ed to appear in court** vor Gericht geladen werden ❷ (*demand*) **to ~ help** Hilfe holen ❸ (*gather*) **to ~ up the courage/the strength to do sth** den Mut/die Kraft aufbringen, etw zu tun

sum·mons ['sʌmənz] **I.** *n <pl* -es> ❶ LAW [Vor]ladung *f;* **to issue a ~** [vor]laden, eine Ladung ergehen lassen ❷ (*call*) Aufforderung *f;* (*iron, hum*) Befehl *m* **II.** *vt* LAW ■ **to ~ sb** jdn vorladen lassen

sump [sʌmp] *n* ❶ (*container*) [collection] **~** Sammelbehälter *m;* (*hole*) Senkgrube *f* ❷ AUTO Ölwanne *f*

sump·tu·ous ['sʌm(p)tʃʊəs] *adj* luxuriös, kostspielig; *dinner* üppig; *gown* festlich, prächtig

sun [sʌn] **I.** *n* ❶ (*star*) Sonne *f;* **the rising/setting ~** die aufgehende/untergehende Sonne ❷ *no pl* ■ **the ~** (*sunshine*) die Sonne, der Sonnenschein; **to sit in the ~** in der Sonne sitzen ▶ **to think that the ~ shines out of sb's arse** BRIT (*fig fam!*) jdn für den Größten halten *fam;* **to try everything under the ~** alles Mögliche [*o* Erdenkliche] versuchen **II.** *vt* <-nn-> ❶ (*sit in sun*) ■ **to ~ oneself** sich sonnen ❷ (*expose to sun*) ■ **to ~ sth** etw der Sonne aussetzen **III.** *vi* sich sonnen
'sun-baked *adj* [von der Sonne] ausgedörrt
'sun·bath *n* Sonnenbad *nt* **'sun·bathe** *vi* sonnenbaden **'sun·beam** *n* Sonnenstrahl *m* **'sun-beat·en** *adj* sonnenverbrannt; **to**

have ~ skin einen Sonnenbrand haben **'sun·bed** *n esp* BRIT ❶ (*chair*) Liegestuhl *m* ❷ (*bed*) Sonnenbank *f* **'sun·blind** *n no pl* BRIT Markise *f* **'sun·block** *n no pl* Sunblocker *m* **'sun·burn I.** *n no pl* Sonnenbrand *m*; **to get/prevent ~** einen Sonnenbrand bekommen/vermeiden **II.** *vi* <-ed *or* -burnt, -ed *or* -burnt> sich verbrennen, sich *dat* einen Sonnenbrand holen *fam* **'sun·burned** *adj*, **'sun·burnt** *adj* (*tanned*) sonnengebräunt; (*red*) sonnenverbrannt, sonnverbrannt SCHWEIZ, von der Sonne verbrannt; **to be/get ~** einen Sonnenbrand haben/bekommen

sun·dae ['sʌndeɪ] *n* Eisbecher *m*

Sun·day ['sʌndeɪ] *n* Sonntag *m*; *see also* **Tuesday**

Sun·day 'best *n no pl*, **Sun·day 'clothes** *npl* (*dated*) Sonntagsstaat *m kein pl veraltend o hum*, Sonntagskleider *pl veraltend* **'Sun·day school** *n* REL, SCH Sonntagsschule *f*

'sun deck *n* ❶ NAUT Sonnendeck *m* ❷ AM (*balcony*) Sonnenterrasse *f* **'sun·dial** *n* Sonnenuhr *f* **'sun·down** *n esp* AM, AUS Sonnenuntergang *m* (**at** bei, **before** vor); **'sun-dried** *adj* an der Sonne getrocknet

sun·dry ['sʌndri] **I.** *adj attr* verschiedene(r, s) ▸ **all and ~** (*fam*) Hinz und Kunz *pej*, jedermann **II.** *n* Verschiedenes *nt kein pl*

'sun·flow·er *n* Sonnenblume *f*

'sun·flow·er oil *n* Sonnenblumenöl *nt* **'sun·flow·er seeds** *npl* Sonnenblumenkerne *pl*

sung [sʌŋ] *pp of* **sing**

sun·glass·es *npl* Sonnenbrille *f*; **a pair of ~** eine Sonnenbrille; **to wear ~** eine Sonnenbrille tragen **'sun hat** *n* Sonnenhut *m*

sunk [sʌŋk] *pp of* **sink**

sunk·en ['sʌŋkən] *adj* ❶ *attr* (*submerged*) *ship* gesunken; *ship*, *treasure* versunken ❷ *attr* (*below surrounding level*) tief[er] liegend *attr*; **~ bath** eingelassene Badewanne ❸ (*hollow*) *cheeks* eingefallen; **~ eyes** tief liegende Augen

'sun·lamp *n* ❶ (*for therapy*) Höhensonne *f* ❷ FILM Jupiterlampe® *f* **'sun·light** *n no pl* Sonnenlicht *nt* **'sun·lit** *adj* sonnenbeschienen; *room* sonnig

sun·ny ['sʌni] *adj* ❶ (*bright*) sonnig; **~ intervals** Aufheiterungen *pl*; **a few ~ spells** einige sonnige Abschnitte ❷ (*exposed to sun*) *plateau*, *room* sonnig ❸ (*cheery*) *person* heiter, unbeschwert; *character*, *disposition* heiter, sonnig; **to have a ~ disposition** ein sonniges Gemüt haben

sun pro'tec·tion fac·tor *n* Sonnenschutzfaktor *m*

'sun-ray *n* Sonnenstrahl *m* **'sun·rise** *n* Sonnenaufgang *m* (**at** bei, **before** vor) **sun·rise**

'in·dus·try *n* Zukunftsindustrie *f*, Zukunftsbranche *f* **'sun·roof** *n* Schiebedach *nt* **'sun room** *n* AM, **'sun par·lor** *n* AM, **'sun porch** *n* AM Glasveranda *f*, Wintergarten *m* **'sun·screen** *n* ❶ *no pl* (*cream*) Sonnenschutzmittel *nt* ❷ (*ingredient*) Zusatzstoff *m* gegen Sonnenbrand **'sun·seek·er** *n* Sonnenhungrige(r) *f(m)* **'sun·set** *n* ❶ (*time*) Sonnenuntergang *m* (**at** bei, **before** vor) ❷ (*fig: final stage*) Endphase *f* **'sun·shade** *n* ❶ (*umbrella*) Sonnenschirm *m* ❷ AM (*awning*) Markise *f*, Sonnenblende *f* **'sun·shine** ['sʌnʃaɪn] *n no pl* ❶ (*sunlight*) Sonnenschein *m*; **to bask in the ~** sich in der Sonne aalen *fam* ❷ METEO (*sunny weather*) sonniges Wetter ❸ (*fig: cheerfulness*) Freude *f*, Glück *nt* ❹ (*fam: to express friendliness*) Schatz *m*; BRIT (*to express irritation*) mein Lieber/meine Liebe **'sun·spot** *n* ASTRON Sonnenfleck *m* **'sun·stroke** *n no pl* Sonnenstich *m* **'sun·tan I.** *n* Sonnenbräune *f*; **deep ~** tiefe Bräune; **to get a ~** braun werden **II.** *vi* <-nn-> sich von der Sonne bräunen lassen **'sun·tan cream** *n*, **'sun·tan lo·tion** *n* Sonnencreme *f* **'sun·tanned** *adj* sonnengebräunt, braun gebrannt **'sun·tan oil** *n* Sonnenöl *nt* **'sun·trap** *n* BRIT, AUS sonniges Plätzchen **'sun-up** *n* AM Sonnenaufgang *m* **'sun vi·sor** *n* AUTO Sonnenblende *f* **sun wor·ship·per** *n* (*hum*) Sonnenanbeter(in) *m(f)*

sup¹ [sʌp] **I.** *vt* <-pp-> *esp* NBRIT (*hum*) trinken; *soup* löffeln **II.** *vi* <-pp-> *esp* NBRIT trinken; ■ **to ~ up** austrinken **III.** *n* Schluck *m*

sup² [sʌp] *vi* (*dated: eat*) zu Abend essen; ■ **to ~ on sth** etw zu Abend essen

su·per ['suːpə] **I.** *adj* (*fam: excellent*) super, klasse, fantastisch **II.** *interj* super!, spitze! **III.** *adv* (*fam*) besonders **IV.** *n* (*fam*) ❶ BRIT (*superintendent*) Aufseher(in) *m(f)*, Kommissar(in) *m(f)*; AM Hausmeister(in) *m(f)* ❷ AUS (*superannuation*) Pension *f*, Ruhestand *m* ❸ (*petrol*) Super[benzin] *nt*

super·abun·dant [ˌsuːpərə'bʌndənt] *adj* überreichlich **super·an·nu·at·ed** [ˌsuːpər'ænjueɪtɪd] *adj* ❶ (*part of superannuation scheme*) pensioniert ❷ (*hum: obsolete*) überholt, veraltet **super·an·nu·a·tion** [ˌsuːpərˌænju'eɪʃən] *n no pl* ❶ (*payment*) Rentenbeitrag *m* ❷ (*pension*) [Alters]rente *f*; **of civil servants** Pension *f*, Ruhegeld *nt* ❸ (*process*) Ruhestand *m*

su·perb [suː'pɜːb] *adj* ❶ (*excellent*) ausgezeichnet, hervorragend ❷ (*impressive*) erstklassig; *building*, *view* großartig

'super·bug *n* Superbakterium *nt*

super·charged ['suːpətʃɑːdʒd] *adj* ❶ (*more powerful*) *car* mit Lader *nach n*; *engine* aufgeladen; **at a ~ pace** mit atemberaubender Geschwindigkeit ❸ *(emotional) atmosphere* gereizt **super·charg·er** ['su:pətʃɑːdʒəʳ] *n* AUTO Lader *m*, Aufladegebläse *nt*

super·cili·ous [ˌsuːpəˈsɪliəs] *adj (pej)* hochnäsig

super·ego [ˌsuːpəˈriːgəʊ] *n* Überich *nt*

super·fi·cial [ˌsuːpəˈfɪʃ⁰l] *adj* ❶ *(on the surface)* oberflächlich; MED *cuts, injury, wound* oberflächlich; *damage* geringfügig ❷ *(apparent)* äußerlich ❸ *(cursory) knowledge* oberflächlich; *treatment* flüchtig ❹ *(pej: shallow) person* oberflächlich

super·fi·ci·al·ity [ˌsuːpəˌfɪʃiˈæləti] *n no pl* Oberflächlichkeit *f*

super·flu·ous [suːˈpɜːfluəs] *adj* überflüssig

'**super·glue**® **I.** *n* Sekundenkleber *m*; *(fig)* **to stick like ~ to sb** an jdm wie eine Klette hängen **II.** *vt* festkleben '**super·grass** *n* BRIT *(fam)* Informant(in) *m(f)*, Polizeispitzel *m* '**super·he·ro** *n* Superheld *m fam* '**super·high·way** *n* ❶ AM AUTO Autobahn *f* ❷ COMPUT **(information) ~** Datenautobahn *f* **super·'hu·man** *adj* übermenschlich

super·im·pose [ˌsuːpərɪmˈpəʊz] *vt* **to ~ images** Bilder übereinanderlegen **super·in·tend** [ˌsuːpərɪnˈtend] *vt* beaufsichtigen, überwachen; *department* leiten **super·in·ten·dent** [ˌsuːpərɪnˈtendənt] *n* ❶ *(person in charge)* Aufsicht *f*; *of schools* Oberschulrat, -rätin *m, f*; *of an office, department* Leiter(in) *m(f)* ❷ BRIT *(police officer)* Hauptkommissar(in) *m(f)*; AM Polizeichef(in) *m(f)* ❸ AM *(caretaker)* Hausverwalter(in) *m(f)*

su·peri·or [suːˈpɪəriəʳ] **I.** *adj* ❶ *(higher in rank)* höhergestellt, vorgesetzt; ■ **to be ~ to sb** [jdm] vorgesetzt sein ❷ *(excellent) artist* überragend; *taste* erlesen, gehoben ❸ *(better)* überlegen; **to be ~ in numbers** in der Überzahl sein ❹ *pred (not susceptible)* ■ **to be ~ to sth** über etw *akk* erhaben sein ❺ *(pej: arrogant)* überheblich, arrogant **II.** *n* ❶ *(higher person)* Vorgesetzte(r) *f(m)* ❷ REL **Father/Mother S~** Vater Abt/Mutter Oberin *(Anrede für den Vorsteher/die Vorsteherin eines Klosters oder Ordens)*

su·peri·or·ity [suːˌpɪəriˈɒrəti] *n no pl* ❶ *(position)* Überlegenheit *f* **(over** über) ❷ *(pej: arrogance)* Überheblichkeit *f*, Arroganz *f* **su·peri·'or·ity com·plex** *n* PSYCH *(fam)* Superioritätskomplex *m fachspr*

su·per·la·tive [suːˈpɜːlətɪv] **I.** *adj* ❶ *(best)* unübertrefflich, sagenhaft ❷ LING superlativisch; **~ form** Superlativ *m* **II.** *n* ❶ LING *(form)* Superlativ *m* ❷ *usu pl (hyperbole)* Übertreibung *f*

'**super·man** *n* ❶ PHILOS Übermensch *m* ❷ *(cartoon character)* **S~** Superman *m* ❸ *(fam: exceptional man)* ■ **a ~** ein Superman *m*

super·mar·ket ['suːpəˌmɑːkɪt] *n* Supermarkt *m*

'**super·mar·ket trol·ley** *n* BRIT Einkaufswagen *m* '**super·mod·el** *n* FASHION Supermodel *nt* **super·natu·ral** [ˌsuːpəˈnætʃ⁰rəl] **I.** *adj* ❶ *(mystical)* übernatürlich ❷ *(extraordinary)* außergewöhnlich **II.** *n* ■ **the ~** das Übernatürliche **super·nu·mer·ary** [ˌsuːpəˈnjuːm⁰r⁰ri] **I.** *adj* ❶ *(form) (extra)* zusätzlich ❷ *(not wanted)* überzählig ❸ FILM, THEAT Statisten- **II.** *n* ❶ *(form) (employee)* [Aus]hilfskraft *f* ❷ *(person)* überzählige Person; *(thing)* überzählige Sache ❸ FILM, THEAT Statist(in) *m(f)* '**super·pow·er** *n* Supermacht *f* **super·script** ['suːpəskrɪpt] **I.** *adj* hochgestellt **II.** *n* hochgestelltes Zeichen

super·sede [ˌsuːpəˈsiːd] *vt* ersetzen, ablösen

super·son·ic [ˌsuːpəˈsɒnɪk] *adj* Überschall- **super·star** ['suːpəstɑːʳ] *n* Superstar *m*

super·sti·tion [ˌsuːpəˈstɪʃ⁰n] *n* ❶ *no pl (belief)* Aberglaube[n] *m*; **according to ~** nach einem Aberglauben; ■ **out of ~** aus Aberglauben ❷ *(practice)* Aberglaube *m kein pl*

super·sti·tious [ˌsuːpəˈstɪʃəs] *adj* abergläubisch

super·store ['suːpəstɔːʳ] *n* Großmarkt *m*, Verbrauchermarkt *m* **super·struc·ture** ['suːpəˌstrʌktʃəʳ] *n* ❶ *(upper structure)* Oberbau *m* ❷ NAUT [Deck]aufbauten *pl* ❸ ARCHIT Oberbau *m* ❹ PHILOS, SOCIOL Überbau *m* **super·tank·er** ['suːpəˌtæŋkəʳ] *n* NAUT Riesentanker *m*, Supertanker *m*

super·vene [ˌsuːpəˈviːn] *vi (form)* dazwischenkommen

super·vise ['suːpəvaɪz] *vt* beaufsichtigen

super·vi·sion [ˌsuːpəˈvɪʒ⁰n] *n no pl of children* Beaufsichtigung *f*; *of prisoners, work* Überwachung *f*; ■ **without ~** unbeaufsichtigt

super·vi·sor ['suːpəvaɪzəʳ] *n* ❶ *(person in charge)* Aufsichtsbeamte(r), -beamtin *m, f*; *(in shop)* Abteilungsleiter(in) *m(f)*; *(in factory)* Vorarbeiter(in) *m(f)*; SCH Betreuungslehrer(in) *m(f)*; UNIV Betreuer(in) *m(f)*; *(for doctoral candidates)* Doktorvater *m*; BRIT Tutor(in) *m(f)* ❷ AM POL leitender Verwaltungsbeamter/leitende Verwaltungsbeamtin

super·vi·sory [ˌsuːpəˈvaɪz⁰ri] *adj* Aufsichts- **su·pine** ['suːpaɪn] *adj* ❶ *(lying on back)* **to be** [*or* **lie**] **~** auf dem Rücken liegen ❷ *(fig, pej: indolent)* träge, gleichgültig

sup·per ['sʌpəʳ] *n* FOOD *(meal)* Abendessen *nt*, Abendbrot *nt*, Nachtmahl *nt* ÖSTERR; **to have ~** zu Abend essen, das Nachtmahl einnehmen ÖSTERR

'**sup·per·time** ['sʌpətaɪm] *n no pl* Abend-

sup·plant [səˈplɑːnt] *vt* ersetzen, ablösen; **to feel ~ed** sich zurückgesetzt fühlen

sup·ple [ˈsʌpl] *adj* ❶ *(flexible) human body* gelenkig, geschmeidig; *(fig) mind* flexibel, beweglich ❷ *(not stiff) leather* geschmeidig; *skin* weich

sup·ple·ment I. *n* [ˈsʌplɪmənt] ❶ *(something extra)* Ergänzung *f* (**to** zu); *(book)* Supplement *nt*; *(information)* Nachtrag *m*, Anhang *m* ❷ MED **vitamin ~** Nahrungsmittelergänzung *f* ❸ *(section)* Beilage *f* ❹ BRIT *(surcharge)* Zuschlag *m* **II.** *vt* [ˈsʌplɪment] ergänzen; **to ~ one's income by doing sth** sein Einkommen aufbessern, indem man etw tut

sup·ple·men·ta·ry [ˌsʌpləmentᵊri] *adj*, AM **sup·ple·men·tal** *adj* ❶ *(additional)* ergänzend *attr*, zusätzlich, Zusatz- ❷ MATH supplementär

sup·ple·ness [ˈsʌplnəs] *n no pl* ❶ *(flexibility) of the human body* Gelenkigkeit *f*; *(fig) of mind* Flexibilität *f* ❷ *(softness) of leather* Geschmeidigkeit *f*; *of skin* Weichheit *f*

sup·pli·cant [ˈsʌplɪkənt] *n* (*form, liter*) Bittsteller(in) *m(f)*

sup·pli·ca·tion [ˌsʌplɪˈkeɪʃᵊn] *n* (*form, liter*) Flehen *nt kein pl* (**for** um)

sup·pli·er [səˈplaɪəʳ] *n* ❶ *(provider)* Lieferant(in) *m(f)*; **~ of services** Erbringer *m* von Dienstleistungen ❷ *(company)* Lieferfirma *f*, Zulieferbetrieb *m* ❸ *(drug peddler)* [Drogen]lieferant(in) *m(f)*

sup·ply [səˈplaɪ] **I.** *vt* <-ie-> ❶ *(provide sth)* ■ **to ~ sth** für etw *akk* sorgen, etw bereitstellen; **to ~ information about sth** Informationen über etw *akk* geben; **to come supplied with sth** *car, radio* mit etw *dat* ausgestattet sein; ■ **to ~ sth to sb** *arms, drugs* jdm etw beschaffen; **to be accused of ~ing drugs** des Drogenhandels beschuldigt werden ❷ *(provide sb with sth)* ■ **to ~ sb** jdn versorgen; ECON jdn beliefern ❸ *(act as source)* liefern ❹ *(satisfy)* **to ~ a demand** eine Nachfrage befriedigen **II.** *n* ❶ *(stock)* Vorrat *m* (**of** an) ❷ *no pl (action)* Versorgung *f*; **oil/petrol ~** Öl-/Benzinzufuhr *f*; *(action of providing)* Belieferung *f* ❸ ECON Angebot *nt*; **~ and demand** Angebot und Nachfrage; **to be in plentiful ~** reichlich vorhanden sein; **to be in short ~** Mangelware sein ❹ ■ **supplies** *pl (provision)* Versorgung *f kein pl*; *(amount needed)* Bedarf *m*; **to cut off supplies** die Lieferungen einstellen ❺ *(amount available)* ■ **supplies** *pl* Vorrat *pl*; **food supplies** Lebensmittelvorräte *pl*; *(for camping, journey)* Proviant *m*

sup·'ply teach·er *n* BRIT, AUS Aushilfslehrer(in) *m(f)*, Vertretungslehrer(in) *m(f)*

sup·port [səˈpɔːt] **I.** *vt* ❶ *(hold up)* stützen; ■ **to be ~ed on** [*or* **by**] **sth** von etw *dat* gestützt werden; ■ **to ~ oneself on sth** sich auf etw *akk* stützen; **the ice is thick enough to ~ our weight** das Eis ist so dick, dass es uns trägt ❷ *(provide with money)* [finanziell] unterstützen; **to ~ one's lifestyle** seinen Lebensstil finanzieren ❸ *(provide with necessities)* ■ **to ~ sb** für jds Lebensunterhalt aufkommen; ■ **to ~ oneself** seinen Lebensunterhalt [selbst] bestreiten; **to ~ a family** eine Familie unterhalten ❹ *(comfort)* unterstützen (**in** bei) ❺ *(encourage)* unterstützen; *plan* befürworten; **to ~ a cause** für eine Sache eintreten ❻ *(corroborate)* belegen; *theory* beweisen ❼ SPORTS **to ~ a sportsman/team** für einen Sportler/ein Team sein ❽ COMPUT *device, language, program* unterstützen **II.** *n* ❶ *(prop)* Stütze *f*; ARCHIT Träger *m* ❷ *no pl (act of holding)* **to give sth ~** etw *dat* Halt geben ❸ *no pl (material assistance)* Unterstützung *f*; LAW Unterhalt *m* ❹ *no pl (comfort)* Stütze *f fig*; **to give sb a lot of ~** jdm großen Rückhalt geben; **to give sb moral ~** jdn moralisch unterstützen ❺ *no pl (encouragement)* Unterstützung *f*; *(proof of truth)* Beweis *m* ❻ COMPUT Support *m*

sup·port·er [səˈpɔːtəʳ] *n* ❶ *(encouraging person)* Anhänger(in) *m(f)*; *of a campaign, policy* Befürworter(in) *m(f)*; *of a theory* Verfechter(in) *m(f)* ❷ SPORTS Fan *m* **sup·port·ing** [səˈpɔːtɪŋ] *adj attr* BRIT FILM **~ part** [*or* **role**] Nebenrolle *f*; **~ programme** Vorprogramm *nt*, Beiprogramm *nt*

sup·por·tive [səˈpɔːtɪv] *adj (approv)* ■ **to be ~ of sb** jdm eine Stütze sein, jdn unterstützen; ■ **to be ~ of sth** etw unterstützen [*o* befürworten]

sup·pose [səˈpəʊz] *vt* ❶ *(think likely)* ■ **to ~ [that]** ... annehmen [*o* vermuten], dass ...; **I ~ you think that's funny** du hältst das wohl auch noch für komisch; **that's not a very good idea — no, I ~ not** das ist keine sehr gute Idee — ja, das glaube ich auch; **I don't ~ you could ...** Sie könnten mir nicht zufällig ... ❷ *(as a suggestion)* **~ we leave right away?** wie wär's, wenn wir jetzt gleich fahren würden? ❸ *(form: require)* voraussetzen ❹ *(believe)* glauben, vermuten; **her new book is ~d to be very good** ihr neues Buch soll sehr gut sein; **it is commonly ~d that ...** es wird allgemein angenommen, dass ... ❺ *pred (expected)* **you're ~d to be asleep** du solltest eigentlich schon schlafen; **how am I ~d to find that much money?** woher soll ich nur das ganze Geld nehmen? ❻ *pred, usu neg (allowed)* **you're not ~d to park**

here sie dürfen hier nicht parken ▶ **I ~ so** wahrscheinlich, wenn du meinst

sup·posed [sə'pəʊzd] *adj attr* vermutet, angenommen;

sup·pos·ed·ly [sə'pəʊzɪdli] *adv* ❶ (*allegedly*) angeblich ❷ (*apparently*) anscheinend, scheinbar

sup·pos·ing [sə'pəʊzɪŋ] *conj* angenommen; **~ he doesn't show up?** was, wenn er nicht erscheint?; **but ~ ...** aber wenn ...; **always ~ ...** immer unter der Annahme, dass ..

sup·po·si·tion [ˌsʌpə'zɪʃᵊn] *n* ❶ *no pl* (*act*) Spekulation *f*, Mutmaßung *f* ❷ (*belief*) Vermutung *f*, Annahme *f* ▶ **on the ~ that ...** vorausgesetzt, dass ...

sup·pos·i·tory [sə'pɒzɪtᵊri] *n* MED Zäpfchen *nt*

sup·press [sə'pres] *vt* ❶ (*end*) unterdrücken; *revolution* niederschlagen; *terrorism* bekämpfen ❷ (*restrain*) *feelings, impulses, urges* unterdrücken ❸ (*prevent from spreading*) *evidence, information* zurückhalten ❹ (*inhibit*) hemmen; *the immune system* schwächen; *a process, reaction* abschwächen ❺ ELEC *electrical interference* entstören ❻ PSYCH *ideas, memories* verdrängen

sup·pres·sion [sə'preʃᵊn] *n no pl* ❶ (*act of ending*) Unterdrückung *f*; *of an uprising, a revolution* Niederschlagung *f*; *of terrorism* Bekämpfung *f* ❷ *of anger, individuality* Unterdrückung *f* ❸ *of evidence, information* Zurückhaltung *f* ❹ MED Hemmung *f* ❺ ELEC Entstörung *f* ❻ PSYCH Verdrängung *f*

sup·pu·rate ['sʌpjəreɪt] *vi* eitern

su·pre·ma·cy [su:'preməsi] *n no pl* Vormachtstellung *f*; SPORTS Überlegenheit *f*

su·preme [su:'pri:m] **I.** *adj* ❶ (*superior*) höchste(r, s), oberste(r, s) ❷ (*strongest*) **to reign ~** absolut herrschen; (*fig*) [unangefochten] an erster Stelle stehen ❸ (*extreme*) äußerste(r, s), größte(r, s); (*causing great pleasure*) überragend, unübertroffen, unvergleichlich; *moment* einzigartig **II.** *n no pl* FOOD **turkey ~** ≈ Putengeschnetzeltes *nt* (*in Sahnesauce*)

sur·charge ['sɜ:tʃɑ:dʒ] **I.** *n* ❶ (*extra charge*) Zuschlag *m* (**for** für), Aufschlag *m* (**on** auf) ❷ (*penalty*) [Steuer]zuschlag *m* ❸ BRIT (*refund*) Rückerstattung *f* ❹ (*omission*) Zuschlag *m*, Aufschlag *m* ❺ (*mark on stamp*) Nachporto *nt*, Strafporto *nt* **II.** *vt usu passive* ■ **to ~ sb** einen Zuschlag von jdm verlangen; ■ **to ~ sth** einen Zuschlag auf etw *akk* erheben

sure [ʃʊəʳ] **I.** *adj* ❶ *pred* (*confident*) sicher; ■ **to be ~ [that] ...** [sich *dat*] sicher sein, dass ...; **are you ~?** bist du sicher?; **I'm not really ~** ich weiß nicht so genau; **to feel ~** [that] ... überzeugt [davon] sein, dass ... ❷ (*certain*) sicher, gewiss; **where are we ~ to have good weather?** wo werden wir aller Voraussicht nach gutes Wetter haben?; **we're ~ to see you again before we leave** bestimmt sehen wir Sie noch einmal, bevor wir abreisen ❸ (*true*) sicher; **one ~ way of doing sth** ein sicherer Weg [etw zu tun] ❹ *attr* (*reliable*) **a ~ sign of sth** ein sicheres Zeichen für etw *akk* ▶ **[as] ~ as hell** (*sl*) todsicher *fam*; **~ thing** (*fam: certainty*) sicher!; *esp* AM (*of course*) [aber] natürlich!, [na] klar! *fam*; **~ enough** (*fam*) tatsächlich; **to be ~ of oneself** sehr von sich *dat* überzeugt sein *pej*; **to make ~ [that] ...** darauf achten, dass ... **II.** *adv esp* AM (*fam: certainly*) echt; **I ~ am hungry!** hab ich vielleicht einen Hunger! **III.** *interj* (*fam: certainly!*) **oh ~!** [aber] natürlich! *iron*, na klar [doch]! *iron*; **~ I will!** natürlich!, aber klar doch!

sure-'foot·ed *adj* ❶ (*able to walk*) trittsicher ❷ (*confident*) sicher, souverän *geh*

sure·ly ['ʃɔ:li, 'ʃʊə-] *adv* ❶ (*certainly*) sicher[lich], bestimmt; **slowly but ~** langsam, aber sicher ❷ (*showing astonishment*) doch; **~ you don't expect me to believe that** du erwartest doch wohl nicht, dass ich dir das abnehme! *fam*; **~ not!** das darf doch wohl nicht wahr sein! ❸ (*confidently*) sicher ❹ *esp* AM (*yes, certainly*) [aber] natürlich

sure·ty ['ʃɔ:rəti, 'ʃʊə-] *n* LAW ❶ (*person*) Bürge, Bürgin *m, f* ❷ (*money*) Bürgschaft *f*, Sicherheitsleistung *f* ❸ *no pl* (*certainty*) Gewissheit *f*

surf [sɜ:f] **I.** *n* Brandung *f* **II.** *vi* ❶ (*on surfboard*) surfen ❷ (*windsurf*) windsurfen **III.** *vt* COMPUT **to ~ the Internet** im Internet surfen

sur·face ['sɜ:fɪs] **I.** *n* ❶ (*top layer*) Oberfläche *f*; *of a lake, the sea* Spiegel *m*; *road* **~** Straßenbelag *m*; **non-stick ~** Antihaftbeschichtung *f* ❷ SPORTS (*playing area*) Untergrund *m* ❸ (*superficial qualities*) Oberfläche *f*; **on the ~** äußerlich betrachtet ▶ **to scratch the ~ [of sth]** *topic, problem* [etw] streifen **II.** *vi* ❶ (*rise to top*) auftauchen ❷ (*fig: become apparent*) auftauchen, aufkommen ❸ (*fig fam: get out of bed*) aufstehen **III.** *vt* ■ **to ~ sth** (*cover*) etw mit einem Belag versehen ❷ (*make even*) etw ebnen **IV.** *adj attr* ❶ (*of outer part*) oberflächlich; (*outward*) äußerlich ❷ (*not underwater*) Überwasser- ❸ MIN (*at ground level*) über Tage nach ❹ (*superficial*) oberflächlich

'sur·face mail *n* Postsendung, die auf dem Land- bzw. Seeweg befördert wird **sur·face 'ten·sion** *n* PHYS Oberflächenspannung *f* **sur·face-to-air 'mis·sile** *n* MIL Bo-

surf·board ['sɜːfbɔːd] *n* Surfbrett *nt*

sur·feit ['sɜːfɪt] (*form*) **I.** *n no pl* Übermaß *nt* (**of** an) **II.** *vt* ▪ **to be ~ed with sth** etw satthaben *fam*

surf·er ['sɜːfəʳ] *n*, Aus *fam* **surfie** ['sɜːfi] *n* Surfer(in) *m(f)*; (*windsurfer*) Windsurfer(in) *m(f)*

surf·ing ['sɜːfɪŋ] *n no pl* Surfen *nt*, Wellenreiten *nt*; (*windsurfing*) Windsurfen *nt*

surge [sɜːdʒ] **I.** *vi* ❶ (*move powerfully*) *sea* branden; *waves* wogen, sich auftürmen; (*fig*) *people* wogen ❷ (*increase strongly*) *profits* [stark] ansteigen ❸ (*fig*) ▪ **to ~** [**up**] (*well up*) *emotion* aufwallen; (*grow louder*) *cheer, roar* aufbrausen **II.** *n* ❶ (*sudden increase*) [plötzlicher] Anstieg ❷ (*large wave*) Woge *f*; (*breakers*) Brandung *f*; (*tidal breaker*) Flutwelle *f* ❸ *no pl* (*activity of water*) Wogen *nt*, [An]branden *nt* ❹ *no pl* (*fig: pressing movement*) Ansturm *m* ❺ (*fig: wave of emotion*) Welle *f*, Woge *f* ❻ ELEC Spannungsanstieg *m*, Spannungsstoß *m*

sur·geon ['sɜːdʒᵊn] *n* Chirurg(in) *m(f)*

sur·gery ['sɜːdʒᵊri] *n* ❶ BRIT, AUS (*doctor's premises*) [Arzt]praxis *f* ❷ BRIT, AUS (*treatment session*) Sprechstunde *f* ❸ *no pl* (*surgical treatment*) chirurgischer Eingriff ❹ BRIT POL (*discussion time*) Sprechzeit *f*

sur·gi·cal ['sɜːdʒɪkᵊl] *adj* ❶ (*used by surgeons*) *gloves, instruments* chirurgisch ❷ (*orthopaedic*) medizinisch ❸ MIL (*very precise*) ▪ **strike** gezielter Angriff

sur·ly ['sɜːli] *adj* unwirsch, ruppig

sur·mise (*form*) **I.** *vt* [sɜːˈmaɪz] vermuten, annehmen **II.** *n* ['sɜːmaɪz] ❶ (*guess*) Vermutung *f* ❷ *no pl* (*guessing*) Vermutung *f*, Mutmaßung *f*

sur·mount [səˈmaʊnt] *vt* ❶ (*overcome*) ▪ **to ~ a challenge/difficulty/problem** eine Herausforderung/eine Schwierigkeit/ein Problem meistern; ▪ **to ~ an obstacle/opposition** ein Hindernis/Widerstand überwinden ❷ (*form: stand on top of*) überragen; ARCHIT krönen

sur·name ['sɜːneɪm] *n* Familienname *m*, Nachname *m*

sur·pass [səˈpɑːs] *vt* (*form*) übertreffen; ▪ **to ~ oneself** sich selbst übertreffen

sur·plus ['sɜːpləs] **I.** *n* <*pl* -es> ❶ (*excess*) Überschuss *m* (**of** an) ❷ (*financial*) Überschuss *m* **II.** *adj* ❶ (*extra*) zusätzlich ❷ (*dispensable*) überschüssig; ▪ **to be ~ to requirements** BRIT nicht mehr benötigt werden

sur·prise [səˈpraɪz] **I.** *n* ❶ Überraschung *f*; ▪ **~!** ▪ **~!** (*fam*) Überraschung! *a. iron;* ▪ **to come as a ~** [**to sb**] völlig überraschend [für jdn] kommen; ▪ **to express ~ at sth** seine Überraschung über etw *akk* zum Ausdruck bringen; ▪ **to take sb by ~** jdn überraschen; ▪ **to sb's** [**great**] **~** zu jds [großem] Erstaunen **II.** *vt* ❶ (*amaze*) überraschen; ▪ **well, you do ~ me** nun, das erstaunt mich! ❷ (*take unawares*) überraschen; ▪ **to ~ sb doing sth** jdn bei etw *dat* überraschen [*o* ertappen] **III.** *adj attr* überraschend, unerwartet

sur·prised [səˈpraɪzd] *adj* ❶ (*taken unawares*) überrascht; (*amazed*) erstaunt (**at** über); ▪ **I wouldn't be ~ if it snowed tomorrow** es würde mich nicht wundern, wenn es morgen schneite; ▪ **you'd be ~ how many people were there** du würdest kaum glauben, wie viele Leute da waren; ▪ **pleasantly ~** angenehm überrascht ❷ *pred* (*disappointed*) enttäuscht (**at** von)

sur·pris·ing [səˈpraɪzɪŋ] *adj* überraschend

sur·pris·ing·ly [səˈpraɪzɪŋli] *adv* ❶ (*remarkably*) erstaunlich ❷ (*unexpectedly*) überraschenderweise

sur·re·al [səˈrɪəl] *adj* surreal *geh*, [traumhaft-]unwirklich

sur·re·al·ism [səˈrɪəlɪzᵊm] *n no pl* Surrealismus *m* **sur·re·al·ist** [səˈrɪəlɪst] **I.** *n* Surrealist(in) *m(f)* **II.** *adj* surrealistisch

sur·ren·der [səˈrendəʳ] **I.** *vi* ❶ MIL aufgeben, kapitulieren; ▪ **to ~ to sb** sich jdm ergeben ❷ (*fig: give in*) nachgeben, kapitulieren; ▪ **to ~ to temptation** der Versuchung erliegen **II.** *vt* (*form*) ❶ (*give*) ▪ **to ~ sth** [**to sb**] [jdm] etw übergeben [*o* aushändigen]; ▪ **to ~ a claim** auf einen Anspruch verzichten; ▪ **to ~ a territory** ein Gebiet abtreten; ▪ **to ~ weapons** Waffen abgeben ❷ (*abandon*) ▪ **to ~ oneself to sth** sich etw *dat* überlassen **III.** *n* ❶ (*capitulation*) Kapitulation *f* (**to** vor) ❷ (*form: giving up*) Preisgabe *f* (**to** an)

sur·rep·ti·tious [ˌsʌrəpˈtɪʃəs] *adj* heimlich; *glance* verstohlen

sur·ro·ga·cy [ˈsʌrəgəsi] *n no pl* Leihmutterschaft *f*

sur·ro·gate [ˈsʌrəgɪt] **I.** *adj attr* Ersatz- **II.** *n* Ersatz *m*, Surrogat *nt geh* (**for** für) **sur·ro·gate 'moth·er** *n* Leihmutter *f*

sur·round [səˈraʊnd] **I.** *vt* ❶ (*enclose*) umgeben ❷ (*encircle*) einkreisen; MIL umstellen, umzingeln ❸ (*fig: be associated with*) umgeben; ▪ **to be ~ed by controversy/speculation** Kontroversen/Spekulationen hervorrufen ❹ (*have as companions*) ▪ **to ~ oneself with sb** sich mit jdm umgeben **II.** *n esp* BRIT ❶ (*border*) Rahmen *m* ❷ (*area around sth*) Umrahmung *f*, Einfassung *f*

sur·round·ing [səˈraʊndɪŋ] *adj attr* umgebend; ▪ **area** Umgebung *f*; ▪ **the ~ buildings/gardens** die umliegenden Gebäude/Gärten

sur·round·ings *npl* ❶ (*area*) Umgebung

sur·tax <*pl* -es> ['sɜːtæks] *n* ❶ *no pl* FIN (*extra income tax*) Zusatzabgabe *f* (*zur Einkommensteuer*) ❷ FIN (*additional tax*) Sondersteuer *f*

sur·veil·lance [sɜːˈveɪlən(t)s] *n no pl* Überwachung *f*, Kontrolle *f*; **to be under ~** unter Beobachtung stehen, überwacht werden

sur·vey I. *vt* [səˈveɪ] ❶ *usu passive* (*carry out research*) befragen ❷ (*look at*) betrachten; (*carefully*) begutachten ❸ (*give overview*) umreißen ❹ (*map out*) vermessen ❺ BRIT *building, house* begutachten **II.** *n* ['sɜːveɪ] ❶ (*opinion poll*) Untersuchung *f*; (*research*) Studie *f*; **local/nationwide ~** örtliche/landesweite Umfrage ❷ (*overview*) Übersicht *f*; **~ of a topic** Überblick *m* (**of** über) ❸ *of land* Vermessung *f* ❹ BRIT *of building* [Grundstücks]gutachten *nt*

sur·vey·or [səˈveɪə*r*] *n* ❶ *of land* [Land]vermesser(in) *m(f)* ❷ BRIT *of buildings* Gutachter(in) *m(f)*

sur·viv·al [səˈvaɪvəl] *n no pl* (*not dying*) Überleben *nt*; **chance of ~** Überlebenschance *f* ▪ **the ~ of the fittest** das Überleben des Stärkeren

sur·ˈviv·al in·stinct *n* Überlebensinstinkt *m*
sur·ˈviv·al rate *n* (*also fig*) Überlebenschance *f*

sur·vive [səˈvaɪv] **I.** *vi* ❶ (*stay alive*) überleben, am Leben bleiben; **to ~ on sth** sich mit etw *dat* am Leben halten ❷ (*fig: not be destroyed*) überleben, erhalten bleiben; *monument* überdauern; *tradition* fortbestehen **II.** *vt* ❶ (*stay alive after*) ▪ **to ~ sth** *accident, crash* etw überleben; (*fig*) über etw *akk* hinwegkommen ❷ (*still exist after*) *fire, flood* überstehen ❸ (*outlive*) ▪ **to ~ sb** jdn überleben

sur·viv·ing [səˈvaɪvɪŋ] *adj* ❶ (*still living*) noch lebend; **the rhinoceros is one of the oldest ~ species** das Nashorn ist eine der ältesten noch existierenden Spezies ❷ (*outliving relative*) hinterbliebene; **~ dependant** unterhaltspflichtiger Hinterbliebener/unterhaltspflichtige Hinterbliebene ❸ (*fig: still existing*) [noch] vorhanden

sur·vi·vor [səˈvaɪvə*r*] *n* ❶ (*person still alive*) Überlebende(r) *f(m)*; **she's a ~ of cancer** sie hat den Krebs besiegt ❷ (*fig: tough person*) Stehaufmännchen *hum fam*, Überlebenskünstler(in) *m(f)*; **he's one of life's ~s** er lässt sich vom Leben nicht kleinkriegen *fam* ❸ (*person outliving relative*) Hinterbliebene(r) *f(m)*

sus·cep·ti·ble [səˈseptəbl] *adj* ❶ *usu pred* (*easily influenced*) ▪ **to be ~ to sth** für etw *akk* empfänglich sein; **children are very ~ to TV** Kinder sind durch das Fernsehen leicht beeinflussbar ❷ MED anfällig ❸ *pred* (*form: open*) ▪ **to be ~ to sth** offen für etw *akk* sein

sus·pect I. *vt* [səˈspekt] ❶ (*think likely*) vermuten; **I ~ed as much** das habe ich mir gedacht ❷ (*consider guilty*) verdächtigen; ▪ **to be ~ed of sth** einer S. *gen* verdächtigt werden ❸ (*doubt*) ▪ **to ~ sth** etw anzweifeln; *motives* einer S. *dat* misstrauen **II.** *n* ['sʌspekt] Verdächtige(r) *f(m)*; (*fig*) Verursacher(in) *m(f)* **III.** *adj* ['sʌspekt] ❶ *usu attr* (*possibly dangerous*) verdächtig, suspekt ❷ (*possibly defective*) zweifelhaft

sus·pend [səˈspend] *vt* ❶ (*stop temporarily*) [vorübergehend] aussetzen, einstellen; **to ~ judgement** mit seiner Meinung zurückhalten; **to ~ proceedings** LAW die Verhandlung unterbrechen ❷ LAW (*make temporarily inoperative*) ▪ **to ~ a constitution/right** eine Verfassung/ein Recht zeitweise außer Kraft setzen; **to ~ disbelief** (*fig*) die Vernunft [zeitweilig] ausschalten; **to ~ a sentence** eine Strafe [zur Bewährung] aussetzen ❸ *usu passive* (*from work*) suspendieren; (*from school*) [zeitweilig] vom Unterricht] ausschließen; SPORTS sperren ❹ *usu passive* (*hang*) herabhängen (**from** von) ❺ *usu passive* CHEM ▪ **to be ~ed in sth** in etw *dat* gelöst sein

sus·pend·er [səˈspendə*r*] *n* ❶ (*for stockings*) Strumpfbandhalter *m* ❷ AM (*braces*) ▪ **~s** *pl* Hosenträger *pl*

sus·ˈpend·er belt *n* BRIT, AUS Strumpfbandhalter *m*

sus·pense [səˈspen(t)s] *n no pl* Spannung *f*; **to keep sb in ~** jdn im Ungewissen [*o fam* zappeln] lassen

sus·pen·sion [səˈspen(t)ʃən] *n* ❶ *no pl* (*temporary stoppage*) [zeitweilige] Einstellung ❷ (*from work, school*) Suspendierung *f*; SPORTS Sperrung *f* ❸ CHEM Suspension *f* fachspr ❹ AUTO Radaufhängung *f*

sus·ˈpen·sion bridge *n* Hängebrücke *f*
sus·ˈpen·sion points *npl* Auslassungspunkte *pl*

sus·pi·cion [səˈspɪʃən] *n* ❶ (*unbelief*) Verdacht *m* ❷ *no pl* (*being suspected*) Verdacht *m*; **to be above ~** über jeglichen Verdacht erhaben sein; **to be under ~** unter Verdacht stehen ❸ *no pl* (*mistrust*) Misstrauen *nt*; **to have a ~ of sb/sth** jdm/etw gegenüber misstrauisch sein

sus·pi·cious [səˈspɪʃəs] *adj* ❶ (*causing suspicion*) verdächtig ❷ (*feeling suspicion*) misstrauisch, argwöhnisch; ▪ **to be ~ of sth** einer S. *dat* gegenüber skeptisch sein

suss [sʌs] *vt esp* BRIT, AUS ▪ **to ~** [**out**] ⟳ **sb/sth** ❶ (*understand*) jdn/etw durchschauen

sus·tain [səˈsteɪn] *vt* ❶ (*form: suffer*) **to ~ damages** Schäden erleiden; (*object*) beschädigt werden ❷ (*maintain*) aufrechterhalten ❸ (*keep alive*) [am Leben] erhalten; *a family* unterhalten ❹ (*support emotionally*) unterstützen ❺ AM LAW (*uphold*) zulassen ❻ MUS **to ~ a note** eine Note halten

sus·tain·able [səˈsteɪnəbl] *adj* ❶ (*maintainable*) haltbar; *argument* stichhaltig; ■ **sth is ~** etw kann aufrechterhalten werden ❷ ECOL *resources* erneuerbar

sus·tained [səˈsteɪnd] *adj* ❶ (*long-lasting*) anhaltend ❷ (*determined*) nachdrücklich; **to make a ~ effort to do sth** entschieden zu etw *akk* herangehen

sus·te·nance [ˈsʌstɪnən(t)s] *n no pl* ❶ (*form: food*) Nahrung *f* ❷ (*form: nutritious value*) Nährwert *m* ❸ (*emotional support*) Unterstützung *f*; **to find ~ in sth** eine Stütze an etw *dat* finden

su·ture [ˈsuːtʃər] MED **I.** *n* Naht *f* **II.** *vt* [ver]nähen

svelte [ˈsvelt] *adj* (*approv*) *woman* schlank, grazil

SW [ˌesˈdʌbljuː] **I.** *n* GEOG *abbrev of* **southwest** SW *m* **II.** *adj abbrev of* **south-western**

swab [swɒb] **I.** *n* MED ❶ (*pad*) Tupfer *m* ❷ (*test sample*) Abstrich *m* **II.** *vt* <-bb-> ❶ MED (*clean*) abtupfen ❷ *esp* NAUT **to ~ the deck** das Deck schrubben

swad·dle [ˈswɒdl] *vt* (*dated*) einwickeln; *baby* wickeln

swad·dling clothes [ˈswɒdlɪŋ-] *npl* (*dated*) Windeln *pl*

swag·ger [ˈswægər] **I.** *vi* ❶ (*walk boastfully*) stolzieren ❷ (*behave boastfully*) angeben *fam*, prahlen **II.** *n no pl* Angeberei *f fam*, Prahlerei *f*

swal·low[1] [ˈswɒləʊ] *n* Schwalbe *f*

swal·low[2] [ˈswɒləʊ] **I.** *n* ❶ (*action*) Schlucken *nt kein pl* ❷ (*quantity*) Schluck *m* **II.** *vt* ❶ (*eat*) [hinunter]schlucken; (*greedily*) verschlingen ❷ *usu passive* ECON (*fig: take over*) ■ **to be ~ed** [**up**] **by sth** von etw *dat* geschluckt werden *fam* ❸ (*fig: engulf*) ■ **to ~** [**up**] ⊃ **sb/sth** jdn/etw verschlingen ❹ (*fig: use up*) ■ **to ~** [**up**] ⊃ **sth** etw aufbrauchen ❺ (*fig fam: believe unquestioningly*) schlucken ❻ (*fig: suppress*) *disappointment* hinunterschlucken *fam*; **to ~ one's pride** seinen Stolz überwinden; **to ~ one's words** sich *dat* eine Bemerkung verkneifen *fam* **III.** *vi* schlucken ◆ **swallow down** *vt* ■ **to ~ down** ⊃ **sth** etw hinunterschlucken; (*gulp down*) etw hinunterschlingen

swam [swæm] *vi, vt pt of* **swim**

swamp [swɒmp] **I.** *vt* ❶ (*fill with water*) *boat, canoe* voll laufen lassen ❷ (*flood*) überschwemmen, unter Wasser setzen ❸ (*fig: overwhelm*) überschwemmen; **I'm ~ed with work at the moment** im Moment ersticke ich in Arbeit ❹ (*fig: cause to break down*) überlasten ❺ BRIT (*fig fam: be too big for*) **the new dress absolutely ~s her** in dem neuen Kleid geht sie völlig unter **II.** *n* ❶ (*bog*) Sumpf *m* ❷ *no pl* (*boggy land*) Sumpfland *nt*

'swamp fe·ver *n no pl* Sumpffieber *nt*
'swamp·land *n*, **'swamp·lands** *npl* Sumpfland *nt*, Sumpfgebiet *nt*

swampy [ˈswɒmpi] *adj* sumpfig, morastig

swan [swɒn] **I.** *n* Schwan *m* **II.** *vi* <-nn-> BRIT, AUS (*usu pej fam*) **to ~ down the street** die Straße hinunterschlendern; **to ~ into the room** ins Zimmer spaziert kommen

swank [swæŋk] (*pej*) **I.** *vi* (*fam*) herumprotzen (**about** mit) **II.** *n no pl* (*fam*) Prahlerei *f*, Protzerei *f*

swanky [ˈswæŋki] *adj* (*fam*) ❶ (*stylish*) schick ❷ (*pej: boastful*) protzig; *talk, manner* großspurig

'swan·song *n* (*fig*) Schwanengesang *m geh*

swap [swɒp] **I.** *n* ❶ (*exchange*) Tausch *m*; (*interchange*) Austausch *m* ❷ (*deal*) Tauschhandel *m* ❸ (*thing*) Tauschobjekt *nt* **II.** *vt* <-pp-> ❶ (*exchange*) tauschen; ■ **to ~ sth for sth** etw gegen etw *akk* eintauschen ❷ (*tell one another*) austauschen **III.** *vi* <-pp-> tauschen; ■ **to ~ with sb** (*exchange objects*) mit jdm tauschen; (*change places*) mit jdm [Platz] tauschen

swarm [swɔːm] **I.** *n* ❶ (*insects*) Schwarm *m* ❷ + *sing/pl vb* (*fig: people*) Schar *f* **II.** *vi* ❶ ZOOL *insects* schwärmen ❷ (*fig*) *people* schwärmen ❸ (*be full of*) ■ **to be ~ing with sth** von etw *dat* [nur so] wimmeln

swarthy [ˈswɔːði] *adj* dunkel[häutig]

swash·buck·ling [ˈswɒʃˌbʌklɪŋ] *adj attr hero, pirate* verwegen, säbelrasselnd; *pseudo-hero* großschnäuzig *pej*

swas·ti·ka [ˈswɒstɪkə] *n* Hakenkreuz *nt*

swat [swɒt] **I.** *vt* <-tt-> ❶ (*kill*) *insect* totschlagen, zerquetschen ❷ (*hit*) ■ **to ~ sb/ sth** jdn/etw hart schlagen; *ball* schmettern ❸ (*fig: destroy*) ■ **to ~ sth** etw treffen und zerstören **II.** *n* ❶ (*blow*) [heftiger] Schlag ❷ (*swatter*) Fliegenklatsche *f*

swatch <*pl* -es> [swɒtʃ] *n* [Textil]muster *nt*, [Textil]probe *f*

swathe [sweɪð] **I.** *vt* einwickeln **II.** *n* ❶ (*long strip*) Bahn *f*, Streifen *m* ❷ (*wide area*) Gebiet *nt*, Gegend *f*

sway [sweɪ] **I.** *vi person* schwanken; *trees* sich wiegen; **to ~ from side to side** hin und her schwanken **II.** *vt* ❶ *(swing)* schwenken; *wind* wiegen ❷ *usu passive (influence)* ■**to be ~ed by sb/sth** sich von jdm/etw beeinflussen lassen; *(change mind)* von jdm/etw umgestimmt werden ❸ *(fig: alter)* ändern **III.** *n no pl (liter: control)* [beherrschender] Einfluss; **to extend one's ~** seinen Einflussbereich ausdehnen

swear <swore, sworn> [sweə^r] **I.** *vi* ❶ *(curse)* fluchen (**at** auf) ❷ *(take an oath)* schwören, einen Eid ablegen **II.** *vt* schwören; **to ~ an oath** einen Eid leisten [*o* ablegen]
♦ **swear in** *vt usu passive* vereidigen
♦ **swear off** *vt* ■**to ~ off sth** *alcohol, cigarettes, drugs etw dat* abschwören

'swear·ing *n* Fluchen *nt* **'swear word** *n* derbes Schimpfwort, Fluch *m*

sweat [swet] **I.** *n no pl* ❶ *(perspiration)* Schweiß *m* ❷ *(fig fam: worried state)* **to work oneself into a ~** [**about sth**] sich [wegen einer S. *dat*] verrückt machen *fam* ❸ *(fig)* **no ~** *(fam)* kein Problem! ❹ FASHION *(fam)* Sweatshirt *nt* **II.** *vi* ❶ *(perspire)* schwitzen (**with** vor) ❷ *(fig: work hard)* schwitzen (**over** über) ❸ *(form condensation) wall* schwitzen **III.** *vt* ▸ **to ~ blood** Blut [und Wasser] schwitzen *fam* ♦ **sweat out** *vt* ❶ *(exercise hard)* **to ~ it out** sich verausgaben ❷ *(suffer while waiting)* **to ~ it out** zittern

'sweat band *n* Schweißband *nt*
sweat·ed ['swetɪd] *adj attr* **~ labour** [schlecht bezahlte] Schwerarbeit
sweat·er ['swetə^r] *n* Pullover *m*, Sweater *m*
'sweat·shirt *n* Sweatshirt *nt* **'sweat·shop** *n* Ausbeuterbetrieb *m pej*
sweaty ['sweti] *adj* ❶ *(covered in sweat) person* verschwitzt ❷ *(causing sweat) work* schweißtreibend
swede [swiːd] *n* BRIT, AUS Kohlrübe *f*
Swede [swiːd] *n* Schwede, Schwedin *m, f*
Swe·den ['swiːdən] *n no pl* Schweden *nt*
Swe·dish ['swiːdɪʃ] **I.** *n no pl* Schwedisch *nt* **II.** *adj* schwedisch

sweep [swiːp] **I.** *n* ❶ *no pl (a clean with a brush)* Kehren *nt*, Fegen *nt* NORDD ❷ *(dated: chimney sweep)* Schornsteinfeger(in) *m(f)* ❸ *(movement)* schwungvolle Bewegung, Schwingen *nt kein pl*; *(with sabre, scythe)* ausholender Hieb; *(all-covering strike)* Rundumschlag *m a. fig* ❹ *(range)* Reichweite *f a. fig*, Spielraum *m* ❺ *(fam) see* **sweepstake II.** *vt* <swept, swept> ❶ *(with a broom)* kehren, fegen NORDD ❷ *(take in powerful manner)* **smiling, he swept me into his arms** lächelnd schloss er mich in seine Arme; **she swept the pile of papers into her bag** sie schaufelte den Stapel Papiere in ihre Tasche ❸ *(spread)* ■**to ~ sth** über etw *akk* kommen; **a 1970s fashion revival is ~ing Europe** ein Modetrend wie in den 70ern rollt derzeit über Europa hinweg ▸ **to ~ the board** allen Gewinn einstreichen; **to ~ sth under the carpet** etw unter den Teppich kehren *fam*; **to ~ sb off his/her feet** jdm den Kopf verdrehen *fam* **III.** *vi* <swept, swept> *(move smoothly)* gleiten; *person* rauschen *fam*; *eyes* gleiten; **the beam of the lighthouse swept across the sea** der Lichtstrahl des Leuchtturms strich über das Wasser
♦ **sweep aside** *vt* ❶ *(cause to move)* [hin]wegfegen ❷ *(fig: dismiss) doubts, objections* beiseiteschieben, abtun ♦ **sweep away** *vt* ❶ *(remove)* [hin]wegfegen; *(water)* fortspülen; *(fig) doubts, objections* beiseiteschieben ❷ *(fig: carry away)* mitreißen ♦ **sweep out I.** *vt* auskehren, ausfegen NORDD **II.** *vi* hinausstürmen ♦ **sweep up I.** *vt* ❶ *(brush and gather)* zusammenkehren, zusammenfegen NORDD ❷ *(gather)* zusammensammeln **II.** *vi* heranrauschen

sweep·er ['swiːpə^r] *n* ❶ *(device)* Kehrmaschine *f* ❷ *(person)* [Straßen]feger(in) *m(f)*, [Straßen]kehrer(in) *m(f)* ❸ FBALL Libero *m*
sweep·ing ['swiːpɪŋ] *adj* ❶ *(largescale)* weitreichend; *changes* einschneidend; **~ cuts** drastische Einsparungen; **a ~ victory** ein Sieg *m* auf der ganzen Linie ❷ *(very general)* pauschal; *generalization* grob ❸ *attr (broad) curve* weit **sweep·stake** ['swiːpsteɪk] *n* Art Lotterie, wobei mit kleinen Einsätzen z. B. auf Pferde gesetzt wird und diese Einsätze an den Gewinner gehen

sweet [swiːt] **I.** *adj* ❶ *(like sugar)* süß ❷ *(not dry) sherry, wine* lieblich ❸ *(fig: pleasant)* süß, angenehm; *sound* lieblich; *temper* sanft ❹ *(fig: endearing)* süß, niedlich; *(kind)* freundlich, lieb ❺ *(individual)* **in one's own ~ time** wenn es einem zeitlich passt; **in one's own ~ way** auf seine eigene Art **II.** *n* ❶ *esp* BRIT, AUS *(candy)* Süßigkeit *f meist pl*; **boiled ~** Bonbon *nt*; ■**~s** *pl* Süßigkeiten *pl* ❷ BRIT, AUS *(dessert)* Nachspeise *f* ❸ *(fam: term of endearment)* Schatz *m*

'sweet-and-sour *adj* süßsauer **'sweet·bread** *n usu pl* Bries *nt* **sweet 'chest·nut** *n* Esskastanie *f* **'sweet·corn** *n no pl* [Zucker]mais *m*

sweet·en ['swiːtən] *vt* ❶ *(make sweet)* süßen ❷ *(make more amenable)* ■**to ~ [up]** ○ **sb** jdn günstig stimmen ❸ *(make more attractive)* versüßen, schmackhaft machen

sweet·en·er ['swiːtənə^r] *n* ❶ *no pl (sugar* *substitute*) Süßstoff *m* ❷ (*sweet pill*) Süßstofftablette *f* ❸ (*inducement*) Lockspeise *f geh*, Versuchung *f*

'sweet·heart *n* ❶ (*term of endearment*) Liebling *m*, Schatz *m fam* ❷ (*dated: girlfriend, boyfriend*) Freund(in) *m(f)*

sweet·ness ['swi:tnəs] *n no pl* ❶ (*sweet taste*) Süße *f* ❷ (*fig: pleasantness*) *of sb's nature* Freundlichkeit *f*; *of freedom, victory* süßes [o wohliges] Gefühl

sweet 'pea *n* Wicke *f* **sweet po·'ta·to** *n* Süßkartoffel *f* **'sweet-talk** *vt* ▪ **to ~ sb** jdn einwickeln *fam*; ▪ **to ~ sb into doing sth** jdn beschwatzen, etw zu tun **sweet 'wil·liam** *n* HORT [Bart]nelke *f*

swell <swelled, swollen *or* swelled> [swel] **I.** *vt* ❶ (*enlarge*) anwachsen lassen; *river* anschwellen lassen; *fruit* wachsen [und gedeihen] lassen ❷ (*fig: increase*) [an]steigen lassen; *sales* steigern **II.** *vi* ❶ (*become swollen*) ▪ **to ~** [**up**] anschwellen ❷ (*increase*) zunehmen; *population* ansteigen ❸ (*get louder*) lauter werden, anschwellen **III.** *n no pl* ❶ (*increase in sound*) zunehmende Lautstärke; *of music* Anschwellen *nt kein pl* ❷ *of sea* Dünung *f*, Seegang *m* **IV.** *adj* AM (*dated fam*) spitze

'swell·head *n esp* AM (*pej*) Angeber(in) *m(f)* **swell·ing** ['swelɪŋ] *n* ❶ MED (*lump*) Schwellung *f*, Geschwulst *f*; (*sudden growth*) Beule *f* ❷ *no pl* (*activity*) Anschwellen *nt* ❸ (*lasting form*) Wölbung *f*, Ausbauchung *f*

swel·ter ['sweltə^r] *vi* verschmachten, [vor Hitze] umkommen

swel·ter·ing ['swelt^ərɪŋ] *adj* drückend heiß; *heat, weather* schwül

swept [swept] *vt, vi pt of* **sweep**

swerve [swɜ:v] **I.** *vi* ❶ (*change direction*) [plötzlich] ausweichen; *horse* seitlich ausbrechen; *car* ausscheren ❷ (*fig liter: deviate*) eine Schwenkung vollziehen *geh*; **to ~ from one's policies/principles** von seiner Politik/seinen Grundsätzen abweichen **II.** *n* ❶ (*sudden move*) plötzliche Seitenbewegung, Schlenker *m*; (*evading move*) Ausweichbewegung *f*; **a ~ to the left/right** ein Ausscheren *nt* nach links/rechts ❷ (*fig*) Abweichung *f*, POL Richtungswechsel *m* ❸ (*in billiards*) Effet *m*

swift[1] [swɪft] *adj* ❶ (*fast-moving*) schnell ❷ (*occurring quickly*) schnell, rasch

swift[2] [swɪft] *n* Mauersegler *m*

swift·ly ['swɪftli] *adv* schnell, rasch **swift·ness** ['swɪftnəs] *n no pl* Schnelligkeit *f*

swig [swɪg] (*fam*) **I.** *vt* <-gg-> schlucken **II.** *n* Schluck *m*

swill [swɪl] **I.** *n no pl* ❶ (*pig feed*) Schweinefutter *nt*; (*fig, pej: unpleasant drink*) Gesöff *nt fam*; (*unpleasant food*) Fraß *m fam* ❷ (*long draught*) Schluck *m* ❸ (*rinsing*) Spülung *f*; (*act of rinsing*) Spülen *nt* **II.** *vt* ❶ (*usu pej fam: drink fast*) hinunterstürzen; *alcohol, beer* hinunterkippen ❷ (*swirl a liquid*) ▪ **to ~ sth around** etw [hin und her] schwenken ❸ (*rinse*) ▪ **to ~ sth out** etw ausspülen

swim [swɪm] **I.** *vi* <swam *or* AUS *also* swum, swum, -mm-> ❶ SPORTS schwimmen; **to go ~ming** schwimmen gehen ❷ (*whirl*) verschwimmen; (*be dizzy*) schwindeln **II.** *vt* <swam *or* AUS *also* swum, swum, -mm-> ❶ (*cross*) durchschwimmen; **to ~ a channel/river** einen Kanal/Fluss durchschwimmen ❷ (*do*) **to ~ a few strokes** ein paar Züge schwimmen **III.** *n* Schwimmen *nt kein pl*

swim·mer ['swɪmə^r] *n* ❶ (*person*) Schwimmer(in) *m(f)* ❷ AUS (*fam: clothes*) ▪ **~s** *pl* Schwimmsachen *pl*

swim·ming ['swɪmɪŋ] *n no pl* Schwimmen *nt*

'swim·ming bath(s) *n* BRIT Schwimmbecken *nt* **'swim·ming cap** *n* Badekappe *f*, Badehaube *f* ÖSTERR **'swim·ming cos·tume** *n* BRIT, AUS Badeanzug *m* **swim·ming·ly** ['swɪmɪŋli] *adv* (*fam or dated*) glatt **'swim·ming pool** *n* Schwimmbecken *nt*; (*private*) Swimmingpool *m*; (*public*) Schwimmbad *nt*; **indoor/outdoor ~** Hallen-/Freibad *nt* **'swim·ming trunks** *npl* Badehose *f*

'swim·suit *n esp* AM (*swimming costume*) Badeanzug *m*; (*swimming trunks*) Badehose *f*

swin·dle ['swɪndl] **I.** *vt* betrügen; ▪ **to ~ sb out of sth** jdn um etw *akk* betrügen **II.** *n* Betrug *m kein pl außer* SCHWEIZ

swin·dler ['swɪndlə^r] *n* (*pej*) Betrüger(in) *m(f)*

swine [swaɪn] *n* ❶ <pl - *or* -s> (*pej fam: person*) Schwein *nt* ❷ <pl -> (*liter or old: pig*) Schwein *nt*

swing [swɪŋ] **I.** *n* ❶ (*movement*) Schwingen *nt kein pl* ❷ (*punch*) Schlag *m* ❸ (*hanging seat*) Schaukel *f* ❹ (*change*) Schwankung *f*, POL Umschwung *m* ❺ *no pl* MUS Swing *m* ❻ AM (*in baseball*) Swing *m* ▸ **to get** [**back**] **into the ~ of things** (*fam*) [wieder] in etwas reinkommen; **to be in full ~** voll im Gang sein **II.** *vi* <swung, swung> ❶ (*move*) [hin und her] schwingen; (*move circularly*) sich drehen; **the door swung open in the wind** die Tür ging durch den Wind auf ❷ (*attempt to hit*) zum Schlag ausholen; ▪ **to ~ at sb** nach jdm schlagen ❸ (*in playground*) schaukeln ❹ (*alternate*) *mood* schwanken ❺ MUS swingen ❻ (*fam: be exciting*) **you need music to make a party ~** man braucht Musik, um eine Party in Schwung zu bringen ▸ **to ~ into action** loslegen *fam* **III.** *vt* <swung, swung> ❶ *(move)* [hin- und her]schwingen ❷ MUS als Swing spielen ❸ *(fam: arrange)* **do you think you could ~ the job for me?** glaubst du, du könntest die Sache für mich schaukeln?; **to ~ it** es deichseln; **to ~ an election** *(pej)* eine Wahl herumreißen **IV.** *adj* **voter, state** entscheidend ◆ **swing around, swing round I.** *vi* ❶ *(turn around)* sich schnell umdrehen; *(in surprise, fright)* herumfahren ❷ *(go fast)* **she swung around the corner at full speed** sie kam mit vollem Tempo um die Ecke geschossen **II.** *vt* ❶ *(turn round)* ■**to ~ sth around** etw [her]umdrehen; *(move in a circle)* etw herumschwingen ❷ *(change)* **to ~ a conversation** [a]round **to sth** ein Gespräch auf *akk* bringen

'**swing bridge** *n* Drehbrücke *f* **swing 'door** *n* BRIT, AUS Schwingtür *f,* Pendeltür *f*

swinge·ing ['swɪndʒɪŋ] *adj* BRIT *(form)* extrem; *penalty* exorbitant; **~ cuts/economic sanctions** drastische Kürzungen/Wirtschaftssanktionen

swing·ing ['swɪŋɪŋ] *adj (dated fam: fun, exciting)* schwungvoll; *(promiscuous)* freizügig

swin·ish ['swaɪnɪʃ] *adj (pej dated fam)* schweinisch

swipe [swaɪp] **I.** *vi* schlagen (**at** nach) **II.** *vt* ❶ BRIT *(swat)* [hart] schlagen ❷ *esp* AM *(graze)* **car** streifen ❸ *(fam: steal)* klauen ❹ *(pass through) magnetic card* durchziehen, einlesen **III.** *n* Schlag *m*; **to take a ~ at sb/sth** *fig* auf jdn/etw losschlagen

swirl [swɜ:l] **I.** *vi* wirbeln **II.** *vt* ❶ *(move circularly)* ■**to ~ sth around** etw herumwirbeln ❷ *(twist together)* ■**to ~ sth together** etw miteinander vermischen **III.** *n* **of water** Strudel *m*; **of snow, wind** Wirbel *m*; **of dust** Wolke *f*

swish [swɪʃ] **I.** *vi* ❶ *(make hissing noise)* zischen ❷ *(make brushing noise)* rascheln **II.** *vt liquid* hin und her schwenken **III.** *adj* <-er, -est> *(fam)* ❶ *(posh)* todschick ❷ *(pej: too extravagant)* nobel *oft iron* **IV.** *n* ❶ *(sound)* Rascheln *nt kein pl* ❷ AM *(pej sl: effeminate man)* Schwuchtel *f*

Swiss [swɪs] **I.** *adj* Schweizer-, schweizerisch **II.** *n* ❶ <*pl* -> Schweizer(in) *m(f)* ❷ *no pl* FOOD Schweizer Käse *m*

switch [swɪtʃ] **I.** *n* <*pl* -es> ❶ *(control)* Schalter *m*; **to flick a ~** *(turn on)* einen Schalter anknipsen; *(turn off)* einen Schalter ausknipsen ❷ *(substitution)* Wechsel *m meist sing* ❸ *(alteration)* Änderung *f*; *(change)* Wechsel *m* ❹ *(thin whip)* Rute *f,* Gerte *f* ❺ AM RAIL *(points)* Weiche *f* **II.** *vi* wechseln, tauschen (**with** mit) **III.** *vt* ❶ *(adjust settings)* umschalten ❷ *(change abruptly)* wechseln ❸ *(substitute)* auswechseln, eintauschen ◆ **switch off I.** *vt* ELEC ausschalten **II.** *vi* ❶ *(turn off)* ausschalten ❷ *(stop paying attention)* abschalten *fam* ◆ **switch on I.** *vt* ❶ *(turn on)* einschalten; *the TV* anmachen ❷ *(use)* einschalten; **to ~ on the charm** seinen ganzen Charme aufbieten **II.** *vi* einschalten, anschalten ◆ **switch over** *vi* wechseln (**to** zu); TV umschalten (**to** auf)

'**switch·back** *n (road)* Serpentinenstraße *f*; *(path)* Serpentinenweg *m* '**switch·blade** *n* AM *(flick knife)* Klappmesser *nt* '**switch·board** *n* ELEC Schaltbrett *nt*; TELEC (Telefon]zentrale *f,* Vermittlung *f* '**switch·board op·era·tor** *n* Telefonist(in) *m(f)* '**switch·man** <-men> *n* AM Weichensteller(in) *m(f)* '**switch·yard** *n* AM Rangierbahnhof *m*

Swit·zer·land ['swɪtsəlænd] *n* Schweiz *f*

swiv·el ['swɪvəl] **I.** *n* Drehring *m,* Drehgelenk *nt* **II.** *vt* <BRIT, AUS -ll- *or* AM *usu* -l-> drehen **III.** *vi* <BRIT, AUS -ll- *or* AM *usu* -l-> sich drehen

swiv·el 'chair *n* Drehstuhl *m*

'**swiz·zle stick** *n* Sektquirl *m*

swol·len ['swəʊlən] **I.** *pp* of **swell II.** *adj* ❶ *(puffy)* geschwollen; *face* aufgequollen ❷ *(larger than usual)* angeschwollen

swol·len-head·ed [-'hedɪd] *adj (pej fam)* hochnäsig

swoon [swu:n] **I.** *vi* ❶ *(dated: faint)* ohnmächtig werden, in Ohnmacht fallen ❷ *(fig)* schwärmen (**over** für) **II.** *n (dated liter)* Ohnmacht *f*

swoop [swu:p] **I.** *n* ❶ *(dive)* Sturzflug *m* ❷ *(fam: attack)* Überraschungsangriff *m*; *(by police)* Razzia *f* **II.** *vi* ❶ *(dive)* niederstoßen, herabstoßen ❷ *(fam: attack)* ■**to ~ on sb/sth** jdn/etw angreifen; *police* bei jdm/etw eine Razzia machen

swoopy [swu:pi] *adj* schön geschwungen

swop <-pp-> [swɒp] *vt, vi esp* BRIT, CAN *see* **swap**

sword [sɔ:d] *n* Schwert *nt*

'**sword dance** *n* Schwert[er]tanz *m* '**sword·fish** *n* Schwertfisch *m* '**sword·play** *n no pl* ❶ *(fencing)* Fechten *nt* ❷ *(sparring)* Gefecht *nt* '**sword-point** *n no pl* Schwertspitze *f*; *(fig)* ■**to do sth at ~** etw gezwungenermaßen tun

swords·man ['sɔ:dzmən] *n* ❶ *(hist: sword fighter)* Schwertkämpfer *m* ❷ *(fencer)* Fechter *m*

swords·man·ship ['sɔ:dzmənʃɪp] *n no pl* ❶ *(hist: in sword fighting)* Schwertkunst *f* ❷ *(in fencing)* Fechtkunst *f*

swore [swɔ:ʳ] *pt of* **swear**

sworn [swɔːn] **I.** pp of **swear II.** adj attr beschworen, beeidigt; **a ~ statement** eine eidliche [o beschworene] Aussage

swot <-tt-> [swɒt] vi BRIT, AUS (fam) büffeln, pauken

swoz·zled [swaːz|d] adj pred AM (sl) besoffen derb

swum [swʌm] pp, also Aus pt of **swim**

swung [swʌŋ] pt, pp of **swing**

syca·more [ˈsɪkəmɔːʳ] n Sykomore f, Maulbeerfeigenbaum m; AM Platane f

syco·phant [ˈsɪkəfænt, ˈsaɪkə-] n (pej form) Schmeichler(in) m(f); (pej) Schleimer(in) m(f), Kriecher(in) m(f)

syco·phan·tic [ˌsɪkə(ʊ)ˈfæntɪk, ˌsaɪkə-] adj (pej form) kriecherisch

syl·la·ble [ˈsɪləbl] n Silbe f

syl·la·bus <pl -es or form syllabi> [ˈsɪləbəs, pl -aɪ] n ❶ (course outline) Lehrplan m ❷ (course reading list) Leseliste f

sylph [sɪlf] n Sylphide f geh

sym·bi·o·sis [ˌsɪmbaɪˈəʊsɪs] n no pl Symbiose f

sym·bi·ot·ic [ˌsɪmbaɪˈɒtɪk] adj symbiotisch

sym·bol [ˈsɪmbəl] n also MATH, SCI, MUS Symbol nt, Zeichen nt

sym·bol·ic [sɪmˈbɒlɪk] adj symbolisch, symbolhaft **sym·bol·ism** [ˈsɪmbəlɪzəm] n no pl Symbolik f; ■ S~ ART, LIT Symbolismus m **sym·bol·ize** [ˈsɪmbəlaɪz] vt symbolisieren

sym·met·ri·cal [sɪˈmetrɪkəl] adj symmetrisch; face ebenmäßig

sym·me·try [ˈsɪmətri] n no pl (balance) Symmetrie f; (evenness) Ebenmäßigkeit f; (correspondence) Übereinstimmung f; MATH Symmetrie f

sym·pa·thet·ic [ˌsɪmpəˈθetɪk] adj ❶ (understanding) verständnisvoll; ■ **to be ~ about sth** für etw akk Verständnis haben; (sympathizing) mitfühlend, teilnahmsvoll; **to lend a ~ ear to sb** ein offenes Ohr für jdn haben ❷ (likeable) fictional characters sympathisch ❸ (approving) wohlgesinnt; ■ **to be ~ to[wards] sb/sth** mit jdm/etw sympathisieren

sym·pa·thize [ˈsɪmpəθaɪz] vi ❶ (show understanding) Verständnis haben; (show compassion) Mitleid haben, mitfühlen ❷ (agree with) sympathisieren

sym·pa·thiz·er [ˈsɪmpəθaɪzəʳ] n Sympathisant(in) m(f)

sym·pa·thy [ˈsɪmpəθi] n ❶ no pl (compassion) Mitleid nt (for mit); (commiseration) Mitgefühl nt; (understanding) Verständnis nt ❷ no pl sci (agreement) Übereinstimmung f; (affection) Sympathie f (with für); ❸ (condolences) ■ **sympathies** pl Beileid nt kein pl

sym·phon·ic [sɪmˈfɒnɪk] adj symphonisch, sinfonisch

sym·pho·ny [ˈsɪm(p)fəni] n Symphonie f, Sinfonie f; (orchestra) Symphonieorchester nt, Sinfonieorchester nt

ˈsym·pho·ny con·cert n Symphoniekonzert nt, Sinfoniekonzert nt **ˈsym·pho·ny or·ches·tra** n Symphonieorchester nt, Sinfonieorchester nt

sym·po·sium <pl -s or -sia> [sɪmˈpəʊziəm, pl -ziə] n (form) Symposium nt, Symposion nt

symp·tom [ˈsɪm(p)təm] n ❶ MED Symptom nt, Krankheitszeichen nt ❷ (fig: indicator) [An]zeichen nt, Symptom nt geh

symp·to·mat·ic [ˌsɪm(p)təˈmætɪk] adj symptomatisch

syna·gogue [ˈsɪnəgɒg] n Synagoge f

syn·chro·nize [ˈsɪŋkrənaɪz] **I.** vt aufeinander abstimmen **II.** vi zeitlich zusammenfallen

syn·chro·nous [ˈsɪŋkrənəs] adj gleichzeitig, synchron

syn·co·pate [ˈsɪŋkəpeɪt] vt MUS synkopieren

syn·di·cate I. n [ˈsɪndɪkət] ❶ + sing/pl vb COMM, FIN Syndikat nt, Verband m ❷ JOURN Pressesyndikat nt **II.** vt [ˈsɪndɪkeɪt] ❶ JOURN an mehrere Zeitungen verkaufen ❷ (finance) über ein Syndikat finanzieren

syn·di·ca·tion [ˌsɪndɪˈkeɪʃən] n no pl ❶ JOURN Verkauf m an mehrere Zeitungen ❷ (financing) Finanzierung f durch ein Syndikat

syn·drome [ˈsɪndrəʊm] n MED (also fig) Syndrom nt

syn·er·gism [ˈsɪnədʒɪzəm], **syn·er·gy** [ˈsɪnədʒi] n no pl Synergismus m; (energy) Synergie f

syn·od [ˈsɪnəd] n Synode f

syno·nym [ˈsɪnənɪm] n Synonym nt

syn·ony·mous [sɪˈnɒnɪməs] adj synonym

syn·op·sis <pl -ses> [sɪˈnɒpsɪs, pl -siːz] n Zusammenfassung f

syn·tac·tic [sɪnˈtæktɪk] adj syntaktisch, Syntax-

syn·tax [ˈsɪntæks] n no pl Syntax f

syn·the·sis <pl -theses> [ˈsɪn(t)θəsɪs, pl -siːz] n ❶ (combination) Synthese f, Verbindung f ❷ no pl sci (creation) Synthese f

syn·the·size [ˈsɪn(t)θəsaɪz] vt künstlich herstellen, synthetisieren fachspr

syn·the·siz·er [ˈsɪn(t)θəsaɪzəʳ] n Synthesizer m

syn·thet·ic [sɪnˈθetɪk] **I.** adj ❶ (man-made) synthetisch, künstlich; **~ fibre** Kunstfaser f ❷ (fig, pej: fake) künstlich, gekünstelt **II.** n synthetischer Stoff

syphi·lis [ˈsɪfɪlɪs] n no pl Syphilis f

syphi·lit·ic [ˌsɪfɪˈlɪtɪk] adj syphilitisch

sy·phon ['saɪfən] *n see* siphon
Syr·ia ['sɪriə] *n* Syrien *nt*
Syr·ian ['sɪriən] **I.** *adj* syrisch **II.** *n* Syr[i]er(in) *m(f)*
sy·ringe [sɪ'rɪndʒ] MED **I.** *n* Spritze *f* **II.** *vt* [aus]spülen
syr·up ['sɪrəp] *n no pl* ① (*sauce*) Sirup *m* ② (*medicine*) Saft *m*, Sirup *m*
syr·upy ['sɪrəpi] *adj* ① (*usu pej*) *food* süßlich ② (*pej: overly sweet*) zuckersüß *fig*; (*sentimental*) sentimental, rührselig
sys·tem ['sɪstəm] *n* System *nt*
sys·tem·at·ic [,sɪstə'mærɪk] *adj* systematisch
sys·tema·tize ['sɪstəmətaɪz] *vt* systematisieren
'**sys·tem check** *n* Systemüberprüfung *f* '**sys·tem crash** *n* COMPUT Systemabsturz *m* '**sys·tem disk** *n* Systemdiskette *f* '**sys·tem er·ror** *n* Systemfehler *m* '**sys·tem reg·is·try** *n* Systemregistrierung *f*
sys·tems a'nal·y·sis *n* Systemanalyse *f* **sys·tems 'ana·lyst** *n* Systemanalytiker(in) *m(f)* **sys·tem 'soft·ware** *n* Systemsoftware *f*

Tt

T <*pl* -'s *or* -s>, **t** <*pl* -'s> [tiː] *n* T *nt*, t *nt*; *see also* **A** 1 ▸ to a ~ (*fam*) that fits him to a ~ das passt ihm wie angegossen; that's Philip to a ~ das ist Philip, wie er leibt und lebt
t *n abbrev of* metric ton t
ta [taː] *interj* ① BRIT (*fam: thanks*) danke ② AM (*expression of disbelief*) echt
tab [tæb] **I.** *n* ① (*flap*) Lasche *f*; (*on file*) [Kartei]reiter *m* ② COMPUT Schreibschutz *m* ③ (*fam: bill*) Rechnung *f*; **to pick up the ~** die Rechnung übernehmen ④ AM (*ring pull*) Dosenring *m* ▸ to **keep ~s on sth/sb** etw/jdn [genau] im Auge behalten **II.** *vi* <-bb-> COMPUT mit dem Tabulator springen
tab·by ['tæbi] **I.** *adj* (*with stripes*) *cat* getigert **II.** *n* (*striped*) Tigerkatze *f*
ta·ber·nac·le ['tæbə,nækl] *n* ① (*old form: Jewish place of worship*) Stiftshütte *f* ② (*container*) Tabernakel *m* ③ (*Christian church*) Kirche *f*
'**tab key** *n* COMPUT Tabulatortaste *f*
ta·ble ['teɪbl] *n* ① (*furniture*) Tisch *m*; **to lay the ~** den Tisch decken ② (*fig: people*) Tischrunde *f* ③ (*information*) Tabelle *f*; (*list*) Verzeichnis *nt* ▸ **to drink** someone under the ~ jdn unter den Tisch trinken; **to lay sth on the ~** etw vorlegen; **to turn the ~s on sb** jdm gegenüber den Spieß umdrehen
'**ta·ble·cloth** *n* Tischtuch *nt* '**ta·ble·land** *n* Hochebene *f* '**ta·ble lin·en** *n no pl* Tischwäsche *f* '**ta·ble man·ners** *npl* Tischmanieren *pl* '**ta·ble mat** *n* Platzdeckchen *nt* '**ta·ble·spoon** *n* (*for measuring*) Esslöffel *m*; (*for serving*) Servierlöffel *m*
tab·let ['tɒblət] *n* ① (*pill*) Tablette *f*; **sleep·ing ~** Schlaftablette *f* ② (*flat slab*) Block *m*; *of metal* Platte *f*; (*commemorative*) [Gedenk]tafel *f*; **~ of soap** BRIT Stück *nt* Seife ③ (*writing pad*) Notizblock *m*
'**ta·ble talk** *n* Tischgespräch *nt* '**ta·ble ten·nis** *n no pl* Tischtennis *nt*
Tab·let P'C *n* COMPUT, INET Tablet PC *m*
'**ta·ble·ware** *n no pl* (*form*) Tafelgeschirr, Besteck und Gläser '**ta·ble wine** *n* Tafelwein *m*
tab·loid ['tæblɔɪd] *n* Boulevardzeitung *f*
tab·loid 'press *n no pl* Regenbogenpresse *f fam*, Boulevardpresse *f*
ta·boo [tə'buː], **tabu I.** *n* Tabu *nt*; **to break a ~** gegen ein Tabu verstoßen **II.** *adj* tabu, Tabu-; **a ~ subject** ein Tabuthema *nt*
tabu·lar ['tæbjələr] *adj* tabellarisch
tabu·late ['tæbjəleɪt] *vt* (*form*) tabellarisch [an]ordnen
tabu·la·tor ['tæbjəleɪtər] *n* (*form*) ① (*tab key*) Tabulator *m* ② (*processor*) Tabellenprozessor *m*
tacho·graph ['tækə(ʊ)grɑːf] *n* Fahrtenschreiber *m*
tac·it ['tæsɪt] *adj agreement, approval, consent* stillschweigend
taci·turn ['tæsɪtɜːn] *adj* schweigsam
taci·turn·ity [,tæsɪ'tɜːnɪti] *n no pl* (*form*) Schweigsamkeit *f*
tack [tæk] **I.** *n* ① (*nail*) kurzer Nagel; (*pin*) Reißzwecke *f* ② *no pl* (*riding gear*) Sattel- und Zaumzeug *nt* ③ NAUT Schlag *m* ④ (*approach*) Weg *m*; **to try a different ~** eine andere Richtung einschlagen ⑤ (*loose stitch*) Heftstich *m* **II.** *vt* ① (*nail down*) festnageln ② (*sew loosely*) anheften; *hem* heften **III.** *vi* NAUT wenden
tack·le ['tækl] **I.** *n no pl* ① (*gear*) Ausrüstung *f*; NAUT Tauwerk *nt*; **fishing ~** Angelausrüstung *f* ② (*lifting device*) Winde *f*; **block and ~** Flaschenzug *m* ③ SPORTS Angriff *m* ④ AM (*line position*) Halbstürmer(in) *m(f)* ⑤ BRIT (*sl: genitals*) Gehänge *nt* **II.** *vt* ① (*deal with*) in Angriff nehmen; *problem* angehen; (*manage*) fertigwerden (mit); ■ **to ~ sb [about sth]** jdn [wegen einer S. *gen*] zur Rede stellen ② SPORTS ■ **to ~ sb** jdn angreifen

tacky[1] ['tæki] *adj* (*sticky*) klebrig
tacky[2] ['tæki] *adj esp* Am (*pej fam*) ❶ (*in bad taste*) billig ❷ (*shoddy*) schäbig
tact [tækt] *n no pl* (*diplomacy*) Taktgefühl *nt*; (*sensitiveness*) Feingefühl *nt*
tact·ful ['tæktfᵊl] *adj* taktvoll
tac·tic ['tæktɪk] *n* ❶ (*strategy*) Taktik *f*; **delaying ~s** Verzögerungstaktik *f*; **dubious ~s** zweifelhafte Methoden ❷ MIL **~s** + *sing/pl vb* Taktik *f kein pl*
tac·ti·cal ['tæktɪkᵊl] *adj also* MIL, POL taktisch; (*skilful*) geschickt
tac·ti·cian [tæk'tɪʃᵊn] *n* Taktiker(in) *m(f)*
tac·tile ['tæktaɪl] *adj* (*form*) ❶ BIOL Tast-; **~ sense** Tastsinn *m* ❷ (*tangible*) tastbar ❸ (*pleasing to touch*) ~ **materials** sich angenehm anfühlende Materialien
tact·less ['tæktləs] *adj* taktlos
tact·less·ness ['tæktləsnəs] *n no pl* Taktlosigkeit *f*
tad [tæd] *n no pl* (*fam*) **a ~ more/less** etwas mehr/weniger
tad·pole ['tædpəʊl] *n* Kaulquappe *f*
taf·fe·ta ['tæfɪtə] *n no pl* Taft *m*
tag [tæg] **I.** *n* ❶ (*label*) Schild[chen] *nt*; (*on food, clothes*) Etikett *nt*; (*on suitcase*) [Koffer]anhänger *m*; (*fam*) **price ~** Preisschild *nt* ❷ Am (*number plate*) Nummernschild *nt* ❸ (*electronic device*) **for person** elektronische Fessel; **for thing** Sicherungsetikett *nt* ❹ *no pl* (*children's game*) Fangen *nt* **II.** *vt* <-gg-> ❶ (*label*) mit einem Schild versehen; *suitcase also* mit Anhänger versehen ❷ (*electronically*) ▪to ~ **sb** jdm eine elektronische Fessel anlegen; ▪to ~ **sth** ein Sicherungsetikett an etw *akk* anbringen ♦ **tag along** *vi* (*fam*) hinterherlaufen
tail [teɪl] **I.** *n* ❶ (*of animal*) Schwanz *m*; *of horse also* Schweif *m geh*; *of bear, badger, wild boars* Bürzel *m*; **to wag one's ~** mit dem Schwanz wedeln ❷ (*fig: rear*) Schwanz *m*; *of aeroplane also* Rumpfende *nt*; *of car* Heck *nt*; **to be/keep on sb's ~** jdm auf den Fersen sein/bleiben; **to have sb on one's ~** jdn auf den Fersen haben ❸ FASHION (*fam*) ▪**~s** *pl* Frack *m* ❹ (*reverse of coin*) ▪**~s** *pl* Zahlseite *f*; **heads or ~s?** Kopf oder Zahl? ❺ (*fam: person following sb*) Beschatter(in) *m(f)*; **to put a ~ on sb** jdn beschatten lassen ▸ **to not be able to make heads or ~s of sth** aus etw *dat* nicht schlau werden; **to go off with one's ~ between one's legs** sich mit eingezogenem Schwanz davonschleichen *fam* **II.** *vt* ❶ (*remove the stalks of fruit*) putzen ❷ (*fam*) beschatten ♦ **tail back** *vi* BRIT sich stauen ♦ **tail off** *vi* nachlassen; *sound, voice* schwächer werden; *interest* zurückgehen; *race participant* zurückfallen

'tail·back *n* BRIT [Rück]stau *m* **'tail·board** *n* BRIT Ladeklappe *f*; *of van* Laderampe *f* **tail 'end** *n* Ende *nt*, Schluss *m* **'tail·gate I.** *n* Am, AUS (*tailboard*) Heckklappe *f*; *of lorry* Ladeklappe *f*; *of van* Laderampe *f* **II.** *vt, vi esp* Am (*fam*) [zu] dicht auffahren **tail·less** ['teɪlləs] *adj* schwanzlos **'tail light** *n* Rücklicht *nt*
tai·lor ['teɪlə'] **I.** *n* Schneider(in) *m(f)*; ~**'s chalk** Schneiderkreide *f*; ~**'s dummy** Schneiderpuppe *f* **II.** *vt* ❶ (*make clothes*) [nach Maß] schneidern ❷ (*modify*) **to ~ sth to sb's needs** abstimmen
tai·lor-'made *adj* ❶ (*made-to-measure*) maßgeschneidert; **to have sth ~** [sich *dat*] etw [maß]schneidern lassen ❷ (*fig: suited*) ▪**to be ~ for sb/sth** für jdn/etw *akk* maßgeschneidert sein
'tail·piece *n* ❶ (*addition*) Anhang *m* ❷ AVIAT Heck *nt* ❸ TYPO Schlussvignette *f* ❹ MUS Saitenhalter *m* **'tail·pipe** *n* Am AUTO Auspuffrohr *nt* **'tail·spin I.** *n* AVIAT (*also fig*) Trudeln *nt kein pl* **II.** *vi irreg* abtrudeln **'tail wind** *n* Rückenwind *m*
taint [teɪnt] **I.** *n no pl* (*flaw*) Makel *m*; (*trace*) Spur *f* **II.** *vt* (*also fig*) verderben; **to ~ sb's reputation** jds Ruf beflecken
Tai·wan [ˌtaɪ'wɒn] *n* Taiwan *nt*
Tai·wan·ese [ˌtaɪwə'niːz] **I.** *adj* taiwanisch **II.** *n* Taiwaner(in) *m(f)*
Ta·ji·ki·stan [tɑːˈdʒɪkɪˈstɑːn] *n* Tadschikistan *nt*
take [teɪk] **I.** *n* ❶ *no pl* (*money received*) Einnahmen *pl* ❷ (*filming of a scene*) Take *m o nt fachspr* ▸ **to be on the ~** Am (*fam*) Bestechungsgelder nehmen **II.** *vt* <took, taken> ❶ (*accept*) *advice, bet, offer* annehmen; *credit card, criticism* akzeptieren; **to ~ responsibility** [**for sth**] die Verantwortung [für etw *akk*] übernehmen; **to ~ sth badly/ well** etw schlecht/gut aufnehmen; **to ~ sth seriously** etw ernst nehmen ❷ (*transport*) bringen; **to ~ sb to hospital/the station/ home** jdn ins Krankenhaus/zum Bahnhof/ nach Hause fahren ❸ (*seize*) nehmen; **to ~ sb by the hand/throat** jdn bei der Hand nehmen/am Kragen packen; **to ~ hold of sb** (*fig*) jdn ergreifen ❹ (*tolerate*) ertragen; *abuse, insults* hinnehmen; **to be able to ~ a joke** einen Spaß verstehen ❺ (*hold*) aufnehmen; **my car ~s five people** mein Auto hat Platz für fünf Leute ❻ (*require*) erfordern; **I ~ [a] size five** ich habe Schuhgröße fünf; ▪**it ~s ...** man braucht ...; **hold on, it won't ~ long** warten Sie, es dauert nicht lange; **to ~ one's time** sich *dat* Zeit lassen ❼ (*receive*) erhalten, bekommen ❽ (*remove*) [weg]nehmen; (*steal also*) stehlen; *chess piece* schla-

gen; MATH abziehen ⑨ *(travel by)* nehmen; **to ~ the bus/car/train** mit dem Bus/Auto/Zug fahren ⑩ *(eat, consume)* zu sich *dat* nehmen; *medicine* einnehmen ⑪ *(capture)* gefangen nehmen; *city* einnehmen; *power* ergreifen ⑫ *(assume)* **to ~ office** ein Amt antreten ⑬ BRIT, AUS *(teach)* unterrichten; **Mr Williams ~s us for geography** in Erdkunde haben wir Herrn Williams ⑭ *(have)* **to ~ a rest/walk** eine Pause/einen Spaziergang machen ⑮ BRIT *(sit exam)* **to ~ an exam** eine Prüfung ablegen ⑯ *(feel)* **to ~ notice of sb/sth** jdn/etw beachten; **to ~ offence** beleidigt sein; **to ~ pity on sb/sth** mit jdm/etw *dat* Mitleid haben ⑰ *(earn)* einnehmen ⑱ *(write)* **to ~ notes** sich *dat* Notizen machen ⑲ *(photograph)* Bilder machen, fotografieren ⑳ *(for example)* **~ last week/me, ...** letzte Woche/ich zum Beispiel ... ㉑ *(assume that)* **I ~ it [that]** ... ich nehme an, [dass] ... ㉒ *(understand)* **to ~ sb's/the point** jds/den Standpunkt verstehen; **point ~n** [habe] verstanden ▸ **to ~ sb by surprise** jdn überraschen; **to ~ it as it comes** es nehmen, wie es kommt; **she's got what it ~s** sie kann was; **what do you ~ me for?** wofür hältst du mich? **III.** *vi* <took, taken> ① *(have effect)* wirken; *plant* angehen; *dye* angenommen werden; *medicine* anschlagen ② *(become)* **to ~ ill** krank werden ◆ **take aback** *vt* *(surprise)* verblüffen; *(shock)* schockieren; ■ **to be ~n aback** verblüfft sein ◆ **take after** *vi* ■ **to ~ after sb** nach jdm kommen ◆ **take along** *vt* mitnehmen ◆ **take apart I.** *vt* ① *(disassemble)* ■ **to ~ apart ○ sth** etw auseinandernehmen ② *(fam: analyse critically)* ■ **to ~ apart ○ sb/sth** jdn/etw auseinandernehmen **II.** *vi* zerlegbar sein ◆ **take away** *vt* ① *(remove, deprive of)* [weg]nehmen; **to ~ away sb's fear/pain** jdm die Angst/den Schmerz nehmen ② *(lead away)* ■ **to ~ away ○ sb** jdn mitnehmen; *police* jdn abführen ③ BRIT, AUS *food* mitnehmen; **to ~ away** zum Mitnehmen ④ *(subtract from)* ■ **to ~ away ○ sth from sth** etw von etw *dat* abziehen; **10 ~ away 7** 10 weniger 7 ▸ **to ~ sb's breath away** jdm den Atem verschlagen ◆ **take back** *vt* ① *(retract)* zurücknehmen ② *(return)* [wieder] zurückbringen; **to ~ sb back [home]** jdn nach Hause bringen ③ *(transmit in thought)* zurückversetzen **(to in)** ④ *(repossess)* [sich *dat*] zurückholen; *territory* zurückerobern ◆ **take down** *vt* ① *(write down)* [sich *dat*] notieren; *particulars* aufnehmen; **to ~ down notes** sich *dat* Notizen machen ② *(remove)* abnehmen; *(remove from higher position)* herunternehmen; *curtains, picture* abhängen ③ *(disassemble)* tent abschlagen; *scaffolding* abbauen ④ *(bring downstairs)* hinunterbringen ⑤ *(lower)* flag einholen ◆ **take in** *vt* ① *(bring inside)* person hineinführen; *sth* hineinbringen ② *(accommodate)* aufnehmen; *child* zu sich *dat* nehmen; **to ~ in lodgers** Zimmer vermieten ③ *(admit)* hospital aufnehmen; *university* zulassen ④ *(bring to police station)* festnehmen; **they took the suspect in for questioning** sie nahmen den Verdächtigen zum Verhör mit auf die Wache ⑤ *(deceive)* hereinlegen; ■ **to be ~n in [by sb/sth]** sich [von jdm/etw] täuschen lassen ⑥ *(understand)* aufnehmen; **to ~ in a situation** eine Situation erfassen ⑦ *(include)* einschließen ⑧ *(have examined or repaired)* zur Reparatur bringen ⑨ *(absorb)* aufnehmen; *nutrients, vitamins* zu sich *dat* nehmen ⑩ FASHION enger machen ◆ **take off I.** *vt* ① *(remove)* abnehmen; *clothes* ausziehen; *coat also* ablegen; *hat* absetzen; **to ~ sth off the market** etw vom Markt nehmen; **to ~ sth off the menu** etw von der Speisekarte streichen; ■ **to ~ sth off sb** *(fam)* jdm etw wegnehmen ② *(bring away)* **he was ~n off to hospital** er wurde ins Krankenhaus gebracht ③ *(stop)* **to ~ sb off a diet** jdn von einer Diät absetzen; **to ~ a play off** ein Stück absetzen ④ *(not work)* **to ~ time off [work]** [sich *dat*] freinehmen ⑤ *(subtract)* abziehen ⑥ BRIT *(imitate)* ■ **to ~ off ○ sb** jdn nachmachen **II.** *vi* ① *(leave the ground)* abheben ② *(fam: leave)* verschwinden; *(flee)* abhauen ③ *(have sudden success)* idea, plan, project ankommen; *product also* einschlagen ◆ **take on** *vt* ① *(agree to do)* responsibility auf sich nehmen; *work, job* annehmen ② *(assume)* colour, expression annehmen ③ *(employ)* einstellen ④ *(compete against)* antreten (gegen) ⑤ *(load)* goods laden; *passengers* aufnehmen ◆ **take out** *vt* ① *(remove)* herausnehmen ② *(bring outside)* hinausbringen; **to ~ out the rubbish** [or AM **trash**] den Müll hinausbringen ③ *(invite)* ausführen; **to ~ sb out for dinner/for a drink** jdn zum Abendessen/auf einen Drink einladen ④ AM *(take away)* mitnehmen ⑤ *(deduct)* herausnehmen; **to ~ time out** sich *dat* eine Auszeit nehmen ⑥ *(obtain)* insurance abschließen; *loan* aufnehmen; *money* abheben ⑦ *(vent anger)* ■ **to ~ sth out on sb** etw an jdm auslassen *fam* ⑧ *(fam: exhaust)* ■ **to ~ a lot out of sb** jdn sehr anstrengen ◆ **take over I.** *vt* ① *(seize control)* übernehmen; *(fig)* in Beschlag nehmen; *power* ergreifen; **to be ~n over by an idea/the devil** *(fig)* von einer Idee/vom Teufel besessen sein ② *(assume)*

■ to ~ over ⟳ sth [for sb] etw [für jdn] übernehmen **II.** vi (assume responsibility) ■ to ~ over [from sb] jdn ablösen; **the night shift ~s over at six o'clock** die Nachtschicht übernimmt um achtzehn Uhr ◆**take to** vi ❶ (start to like) ■ to ~ to sb/sth an jdm/etw Gefallen finden ❷ (begin as a habit) anfangen; ■ to ~ to doing sth anfangen etw zu tun; **to ~ to drink/drugs** anfangen zu trinken/Drogen zu nehmen ❸ (go to) **to ~ to one's bed** sich ins Bett legen; **to ~ to the hills** in die Berge flüchten ▶ **to ~ to sth like a duck to water** bei etw dat gleich in seinem Element sein ◆**take up I.** vt ❶ (bring up) hinaufbringen; floorboards, carpet herausreißen; (shorten) kürzen ❷ (pick up) aufheben; **to ~ up arms against sb** die Waffen gegen jdn erheben ❸ (start doing) anfangen; job antreten; **to ~ up the piano/fishing** anfangen Klavier zu spielen/zu angeln ❹ (start to discuss) ■ to ~ sth up with sb etw mit jdm erörtern; **to ~ up a point/question** einen Punkt/eine Frage aufgreifen ❺ (accept) challenge, offer annehmen; opportunity wahrnehmen; **to ~ sb up on an invitation/offer/suggestion** auf jds Einladung/Angebot/Vorschlag zurückkommen ❻ (continue) fortführen; **he took up reading where he had left off last night** er las da weiter, wo er am Abend vorher aufgehört hatte ❼ (occupy) **my job ~s up all my time** mein Beruf frisst meine ganze Zeit auf; **to ~ up room/space** Raum einnehmen **II.** vi (start to associate with) ■ to ~ up with sb sich mit jdm einlassen meist pej

'take-away n BRIT, AUS ❶ (shop) Imbissbude f ❷ (food) Essen nt zum Mitnehmen; **Chinese ~** chinesisches Essen zum Mitnehmen

take-home 'pay n no pl Nettoeinkommen nt; of employee Nettogehalt nt; of worker Nettolohn m

tak·en ['teɪkən] **I.** vt, vi pp of take **II.** adj pred begeistert; ■ to be ~ with sb/sth von jdm/etw angetan sein

'take-off n ❶ AVIAT Start m; **to be ready for ~** startklar sein ❷ BRIT, AUS (imitation) Parodie f (of auf) ❸ SPORTS Absprungstelle f **'take-out** n AM see takeaway **'take·over** n Übernahme f **'take-over bid** n Übernahmeangebot nt

tak·er ['teɪkər] n ❶ (at betting) Wettende(r) f(m); **any ~s?** wer nimmt die Wette an? ❷ (at an auction) Käufer(in) m(f); (when buying) Käufer(in) m(f); **any ~s?** wer bietet? ❸ (fig: person interested in an offer) Interessent(in) m(f)

tak·ing ['teɪkɪŋ] **I.** n ❶ (receipts) **~s** pl Einnahmen pl ❷ MED (consumption) Einnah-

me f ▶ **to be there for the ~** (for free) zum Mitnehmen sein; (not settled) offen sein **II.** adj einnehmend

talc [tælk], **tal·cum** ['tælkəm] **I.** n no pl ❶ MED Talkpuder m; (perfumed) Körperpuder m ❷ (mineral) Talk m **II.** vt [ein]pudern **'tal·cum pow·der** n no pl Körperpuder m

tale [teɪl] n ❶ (story) Geschichte f; LIT Erzählung f; (true story) Bericht m; **fairy ~** Märchen nt ❷ (lie) Märchen nt; (gossip) Geschichte[n] f[pl]; **tall ~s** Lügenmärchen pl; **to tell ~s** petzen; (dated: tell lies) Märchen erzählen ▶ **to live to tell the ~** (also hum fam) überleben; **to tell its own ~** für sich sprechen

tal·ent ['tælənt] n ❶ (natural ability) Talent nt, Begabung f; **of great ~** sehr talentiert ❷ no pl (talented person) Talente pl; **new/promising/young ~** neue/viel versprechende/junge Talente

tal·ent·ed ['tæləntɪd] adj begabt

Tali·ban ['tælɪbæn] n no pl Taliban f

tal·is·man <pl -s> ['tælɪzmən] n Talisman m

talk [tɔːk] **I.** n ❶ (discussion) Gespräch nt; (conversation) Unterhaltung f; (private) Unterredung f; **to have a ~ with sb** mit jdm reden; (conversation) sich mit jdm unterhalten; **heart-to-heart ~** offene Aussprache ❷ (lecture) Vortrag m ❸ no pl (discussion) Reden nt; (things said) Worte pl; **to make small ~** Konversation betreiben ❹ (formal discussions) ■ ~s pl Gespräche pl; **peace ~s** Friedensverhandlungen pl **II.** vi ❶ (speak) sprechen, reden (about über, to mit); (converse) sich unterhalten; **to ~ to sb on the phone** mit jdm telefonieren; ■ to ~ to oneself Selbstgespräche führen ❷ (imitate speech) parrot plappern fam ▶ **to be ~ing through one's hat** (fam) nur so daherreden; **look who's ~ing** (fam) du hast es gerade nötig, etwas zu sagen; **~ing of sb/sth ...** esp BRIT Wo wir gerade von jdm/etw dat reden ... **III.** vt (fam: discuss) **to ~ business/money/politics** über Geschäfte/Geld/Politik sprechen ▶ **to be able to ~ the hind leg[s] off a donkey** BRIT (fam) jdm ein Loch in den Bauch reden können; **to ~ nonsense** (pej) Unsinn reden; **to ~ a blue streak** AM (fam) ohne Punkt und Komma reden fam; **to ~ turkey** esp AM (fam) offen reden; **~ about ...** so was von ... fam ◆**talk back** vi eine freche Antwort geben ◆**talk down I.** vt (dissuade) ■ to ~ sb down from sth jdm etw ausreden **II.** vi (pej) ■ to ~ down to sb mit jdm herablassend reden ◆**talk out** vt ❶ (discuss thoroughly) ■ to ~ out ⟳ sth etw ausdiskutieren ❷ (be persuasive) **to ~ one's way out of sth** sich aus etw dat herausreden ❸ (*convince not to*) ■ **to ~ sb out of sth** jdm etw ausreden ◆ **talk over** *vt* durchsprechen ◆ **talk round I.** *vt* (*convince*) **to ~ sb round** jdn überreden (**to** zu) **II.** *vi* ■ **to ~ [a]round sth** um etw *akk* herumreden ◆ **talk through** *vt* ❶ (*discuss thoroughly*) durchsprechen ❷ (*reassure with talk*) ■ **to ~ sb through sth** jdm bei etw *dat* gut zureden

talk·a·tive ['tɔ:kətɪv] *adj* gesprächig, redselig

talk·er ['tɔ:kər] *n* (*person who speaks*) Sprechende(r) *f(m)*; (*talkative person*) Schwätzer(in) *m(f) pej*

talk·ing ['tɔ:kɪŋ] **I.** *adj* sprechend **II.** *n no pl* Sprechen *nt*; **"no ~, please!"** „Ruhe bitte!"; **to let sb [else] do the ~** das Reden jd anderem überlassen

'**talk·ing shop** *n* BRIT (*fig fam*) Gruppe von Personen, die nur redet und nicht handelt

'**talk·ing-to** *n* (*pej*) Standpauke *f fam*; **to give sb a [good] ~** jdm eine [ordentliche] Standpauke halten

'**talk show** *n* Talkshow *f*

tall [tɔ:l] *adj* ❶ (*high*) *building, fence, grass, ladder, tree* hoch; *person* groß; **to be six feet ~** 1,83 m groß sein; **to grow ~** groß werden ❷ (*long*) *rod, stick, stalk* lang ❸ (*fig: considerable*) *amount, price* ziemlich hoch ❹ (*fig: unlikely*) **to stand ~** selbstbewusst auftreten ❺ (*fig: unlikely*) unglaublich; **~ story** unglaubliche Geschichte ❻ (*fig: difficult*) *problem* schwer

'**tall·boy** *n* ❶ BRIT (*chest*) hohe Kommode; (*chest on chest*) Doppelkommode *f*; (*closet*) Kleiderschrank *m* ❷ (*piece of chimney*) Zugaufsatz *m* ❸ (*glass*) langstieliges Trinkglas

tall·ness ['tɔ:lnəs] *n no pl of person* Größe *f*; *of building, plant* Höhe *f*; *of stick* Länge *f*

tal·low ['tæləʊ] *n no pl* Talg *m*; MECH, TECH Schmiere *f*

tal·ly¹ <-ie-> ['tæli] **I.** *vi figures, statements, signatures* übereinstimmen (**with** mit) **II.** *vt* COMM ❶ (*count*) ■ **to ~ [up] sth** *amounts, sums* etw zusammenzählen ❷ (*check off*) *goods, items* nachzählen; NAUT (*register*) *cargo, load, shipment* kontrollieren; SPORTS *point, score* notieren ❸ (*mark*) *goods* auszeichnen

tal·ly² ['tæli] *n usu sing* ❶ (*list for goods*) Stückliste *f*; (*for single item*) Zähl|strich *m*; (*account*) Abrechnung *f* ❷ (*mark on goods*) Auszeichnung *f* ❸ (*count*) zahlenmäßige Aufstellung *f*; **to keep a ~** eine [Strich]liste führen

tal·ly-ho [ˌtæli'həʊ] *interj* ■ **~!** (*when sighting game*) halali!; (*when facing a challenge*) auf geht's!

tal·on ['tælən] *n* ❶ ORN (*claw*) Klaue *f*; ANAT (*finger*) Finger *m* ❷ BRIT STOCKEX Erneuerungsschein *m* ❸ CARDS Talon *m fachspr*; (*in dealing also*) Kartenrest *m*; (*in gambling also*) Kartenstock *m* ❹ ARCHIT (*groove*) Hohlkehle *f*

tama·rind ['tæmərɪnd] *n* (*tree*) Tamarinde *f*; (*fruit*) Frucht *f* der Tamarinde

tama·risk ['tæmərɪsk] *n* Tamariske *f*

tam·bour ['tæmbʊər] *n* ❶ MUS (*instrument*) Trommel *f*; (*musician*) Trommler(in) *m(f)* ❷ ARCHIT Säulentrommel *f*

tam·bou·rine [ˌtæmbəˈriːn] *n* Tamburin *nt*

tame [teɪm] **I.** *adj* ❶ (*domesticated*) zahm; (*harmless*) friedlich ❷ (*tractable*) *child* folgsam; *person* fügsam; (*under control*) *elements, river* gezähmt ❸ (*unexciting*) *book, joke, person* lahm; *criticism, report* zahm **II.** *vt* (*also fig*) *person, river, animal* zähmen, bändigen; *anger, curiosity, hunger* bezähmen; *impatience, passion* zügeln

tam·er ['teɪmər] *n* Tierbändiger(in) *m(f)*; **lion-~** Löwenbändiger(in) *m(f)*

tamp [tæmp] *vt* ❶ (*fill*) [zu]stopfen; *pipe* stopfen; MIN verdämmen ❷ (*compact*) ■ **to ~ sth [down]** etw [fest]stampfen; *tobacco* festklopfen; *concrete, loam* stampfen

tam·per ['tæmpər] *vi* ■ **to ~ with sth** ❶ (*handle improperly*) an etw *dat* herummachen *fam* ❷ (*manipulate*) etw [in betrügerischer Absicht] verändern

'**tam·per-proof** *adj*, **tam·per re·'sist·ant** *adj* Sicherheits-; **~ cap/lock** Sicherheitsverschluss *m*/-schloss *nt*

tam·pon ['tæmpɒn] *n* Tampon *m*

tan¹ [tæn] **I.** *vi* <-nn-> braun werden **II.** *vt* <-nn-> ❶ (*make brown*) bräunen; **to be ~ned** braun gebrannt sein ❷ CHEM (*convert*) *hides, leather* gerben **III.** *n* ❶ (*brown colour of skin*) [Sonnen]bräune *f*; **to get a ~** braun werden ❷ (*light brown*) Gelbbraun *nt* ❸ CHEM (*agent*) Gerbstoff *m*; (*bark*) [Gerber]lohe *f fachspr* **IV.** *adj clothing, shoes* gelbbraun

tan² [tæn] MATH *short for* **tangent** tan

tan·dem ['tændəm] **I.** *n* ❶ (*vehicle*) bicycle Tandem *nt*; *as carriage* [Wagen]gespann *nt*; *as team of horses* [Pferde]gespann *nt* ❷ TECH (*arrangement*) *of cylinders, drives* Reihe[nanordnung] *f*; **to operate in ~** MECH, TECH im Tandembetrieb arbeiten; *of people* im Team arbeiten **II.** *adv* **to ride ~** Tandem fahren

tang [tæŋ] *n* ❶ (*also pej: smell*) [scharfer] Geruch; (*taste*) [scharfer] Geschmack ❷ (*fig form: suggestion*) Andeutung *f*, Hauch *m*; **a ~ of autumn/jasmine/irony** ein Hauch von Herbst/Jasmin/Ironie

tan·gent ['tændʒənt] *n* MATH Tangente *f* ▶ **to**

tangential – tapestry

fly [*or* AM, AUS *also* **go**] **off on a ~** [plötzlich] das Thema wechseln

tan·gen·tial [tænˈdʒen(t)ʃᵊl] *adj* nebensächlich

tan·ge·rine [ˌtændʒᵊriːn] **I.** *n* Mandarine *f* **II.** *adj* orangerot

tan·gible [ˈtændʒəbl] *adj* ❶ (*also fig: perceptible*) fassbar; *benefits, results, success* greifbar; *lack, loss, swelling, relief* fühlbar; *difference, disappointment, effects, improvement* spürbar ❷ (*real*) real; **~ advantage** echter Vorteil; **~ gain** realer Gewinn; **~ property** LAW Sachvermögen *nt* ❸ (*definite*) eindeutig; **to have ~ evidence** handfeste Beweise haben

Tan·gier [tænˈdʒɪəʳ] *n* Tanger *nt*

tan·gle [ˈtæŋgl] **I.** *n* ❶ (*also fig, pej: mass*) *of hair, wool* [wirres] Knäuel; *of branches, roads, wires* Gewirr *nt*; ■ **to be in a ~** *hair, wool* verfilzt sein ❷ (*also fig, pej: confusion*) Durcheinander *nt*; **a diplomatic/political ~** diplomatische/politische Verwicklungen; **to get into a ~** sich verfangen **II.** *vt* (*also fig, pej*) durcheinanderbringen; *threads* verwickeln **III.** *vi* (*also fig, pej: knot up*) *hair, wool* verfilzen; *threads, wires* sich verwickeln

tan·go [ˈtæŋgəʊ] **I.** *n* Tango *m* **II.** *vi* Tango tanzen

tangy [ˈtæŋi] *adj taste* scharf; *smell* durchdringend

tank [tæŋk] *n* ❶ (*container*) Tank *m*; (*sl: prison*) [Gemeinschafts]zelle *f*; (*for drunks*) Ausnüchterungszelle *f*; **fish ~** Aquarium *nt*; **hot-water ~** Heißwasserspeicher *m*; **storage ~** Sammelbehälter *m* ❷ MIL Panzer *m* ❸ (*tank top*) Pullunder *m*

tank·ard [ˈtæŋkəd] *n* [Bier]krug *m*

tanked up [tæŋktˈʌp] *adj pred* AM, **'tanked-up** *adj* AM (*sl*) besoffen

tank·er [ˈtæŋkəʳ] *n* ❶ (*ship*) Tanker *m*; **oil ~** Öltanker *m* ❷ (*aircraft*) Tankflugzeug *nt* ❸ (*truck*) Tankwagen *m*

tanned [tænd] *adj* ❶ *skin* braun [gebrannt] ❷ *hides, leather* gegerbt

tan·ner [ˈtænəʳ] *n* Gerber(in) *m(f)*

tan·nery [ˈtænᵊri] *n* Gerberei *f*

tan·nic 'acid *n* [Gallus]gerbsäure *f fachspr*

tan·nin [ˈtænɪn] *n* Tannin *nt*

tan·ning [ˈtænɪŋ] *n no pl* ❶ *of skin* Bräunen *nt* ❷ *of hides, leather* Gerben *nt*

tan·noy® *n* BRIT, **Tan·noy®** [ˈtænɔɪ] *n* BRIT [öffentliche] Lautsprecheranlage

tan·ta·lize [ˈtæntᵊlaɪz] **I.** *vt* ❶ (*torment*) quälen ❷ (*excite*) reizen; (*fascinate*) in den Bann ziehen ❸ (*keep in suspense*) auf die Folter spannen **II.** *vi* ❶ (*torment*) quälen ❷ (*excite*) reizen

tan·ta·liz·ing [ˈtæntᵊlaɪzɪŋ] *adj* ❶ (*painful*) quälend ❷ (*enticing*) verlockend; *smile* verführerisch

tan·ta·mount [ˈtæntəmaʊnt] *adj* **to be ~ to sth** mit etw *dat* gleichbedeutend sein

tan·trum [ˈtæntrəm] *n* Wutanfall *m*; **to throw a ~** einen Wutanfall bekommen

Tan·zania [ˌtænzəˈnɪə] *n* Tansania *nt*

tap¹ [tæp] **I.** *n* ❶ BRIT Wasserhahn *m*; **to turn the ~ on/off** den Hahn auf-/zudrehen ❷ (*outlet*) Hahn *m*; **beer on ~** Bier *nt* vom Fass; **to be ~** (*fig*) [sofort] verfügbar sein ❸ TELEC Abhörgerät *nt* **II.** *vt* <-pp-> ❶ (*intercept*) abhören ❷ (*make available*) *energy, sources* erschließen ❸ (*let out*) [ab]zapfen; *barrel* anstechen; *beer* zapfen ❹ MED punktieren **III.** *vi* (*fam: gain access*) vorstoßen; **to ~ into new markets** neue Märkte erschließen

tap² [tæp] **I.** *n* ❶ (*light hit*) [leichter] Schlag ❷ (*tap-dancing*) Stepp[tanz] *m* **II.** *adj attr* Stepp- **III.** *vt* <-pp-> ❶ (*strike lightly*) [leicht] klopfen; **to ~ sb on the shoulder** jdm auf die Schulter tippen ❷ MED *chest* abklopfen **IV.** *vi* <-pp-> [leicht] klopfen; **to ~ one's foot on the floor** mit dem Fuß [rhythmisch] auf den Boden klopfen

'tap dance *n* Stepptanz *m*

tape [teɪp] **I.** *n* ❶ (*strip*) Band *nt*; SPORTS Zielband *nt*; (*for measuring*) Maßband *nt*; (*adhesive*) Klebeband *nt*; TYPO Lochstreifen *m*; **insulating ~** Isolierband *nt*; **masking ~** Abdeckband *nt*; **Scotch ~®** AM Tesafilm® *m*, Tixo® *nt* ÖSTERR; **sticky ~** BRIT, AUS Klebeband *nt* ❷ (*for recording*) [Ton-/Magnet]band *nt*; **audio ~** Audiokassette *f*; **to record sth on ~** etw auf Band aufnehmen **II.** *vt* ❶ (*support*) **she ~d a note to the door** sie heftete eine Nachricht an die Tür ❷ (*record*) aufnehmen

'tape-cas·sette *n* Tonbandkassette *f* **'tape-deck** *n* Tapedeck *nt* **'tape meas·ure** *n* Maßband *nt*

tap·er [ˈteɪpəʳ] **I.** *n* ❶ (*candle*) [spitz zulaufende] Wachskerze ❷ *of spire* Verjüngung *f* ❸ *of activities, interest* Verringerung *f* **II.** *vt column, spire* verjüngen **III.** *vi* ❶ *column, spire* sich verjüngen (**into** zu) ❷ *activities, interest* [allmählich] abnehmen ◆ **taper off I.** *vt* (*fig*) *production, series* auslaufen lassen; *enthusiasm, interest* abklingen lassen **II.** *vi* ❶ (*become pointed*) sich verjüngen (**into** zu) ❷ (*decrease*) [allmählich] abnehmen; *interest* nachlassen

'tape-re·cord *vt* [auf Band] aufnehmen **'tape re·cord·er** *n* Tonbandgerät *nt* **'tape re·cord·ing** *n* Tonbandaufnahme *f*

ta·pered 'wing *n* AVIAT spitz zulaufender Flügel

tap·es·try [ˈtæpɪstri] *n* ❶ (*fabric*) Gobelinge-

tape·worm *n*; (*for furniture*) Dekorationsstoff *m* ❷ (*carpet*) Gobelin *m* ❸ (*fig: illustration*) bildliche Darstellung

'tape·worm *n* Bandwurm *m*

tapi·o·ca [ˌtæpɪˈəʊkə] *n no pl* Tapioka *f* (*Stärkemehl aus den Wurzeln des Maniokstrauches*)

ta·pir [ˈteɪpər] *n* Tapir *m*

tap·pet [ˈtæpɪt] *n* MECH Daumen *m*; (*on car engine*) [Ventil]stößel *m* fachspr

'tap·room *n* Schankstube *f*

'tap wa·ter *n* Leitungswasser *nt*

tar [taː^r] **I.** *n no pl* ❶ (*for paving*) Teer *m*, Asphalt *m* ❷ (*in cigarettes*) Teer *m* ▸ to **beat the ~ out of sb** AM (*fam*) jdn grün und blau schlagen **II.** *vt* <-rr-> (*pave*) teeren ▸ **to be ~red with the same brush** (*pej*) um kein Haar besser sein

ta·ran·tu·la [təˈræntjələ] *n* Tarantel *f*

tar·dy [ˈtɑːdi] *adj* ❶ (*slow*) langsam; ~ **progress** schleppender Fortschritt ❷ (*late*) unpünktlich; (*overdue*) verspätet ❸ (*sluggish*) säumig

tare [teə^r] *n* Leergewicht *nt*

tar·get [ˈtɑːɡɪt] **I.** *n* ❶ MIL Ziel *nt*; ■ **to be on/off ~ bullet, shot** das Ziel treffen/verfehlen; **radar** ein Ziel erfasst/nicht erfasst haben ❷ (*mark aimed at*) Ziel *nt*; ■ **to be on ~** auf [Ziel]kurs liegen; **analysis, description** zutreffen; **to be a ~ for criticism/mockery** eine Zielscheibe der Kritik/des Spotts sein; **to hit the ~** ins Schwarze treffen ❸ ECON (*goal*) Zielsetzung *f*, [Plan]ziel *nt*; ■ **to be on ~** im Zeitplan liegen; **sales ~** Verkaufsziel *nt*; **to meet a ~** ein [Plan]ziel erreichen; **to miss a ~** ein Ziel verfehlen; **to set oneself a ~** sich *dat* ein Ziel setzen **II.** *vt* <BRIT -tt- or AM *usu* -t-> (*address, direct*) [ab]zielen (auf), sich richten (an)

'tar·get date *n* (*for completion*) Stichtag *m*, Termin *m*; (*for delivery*) Liefertermin *m*; (*for payment*) Fälligkeitsdatum *nt* **'tar·get·ed** *adj* BRIT **customer, market, group** Ziel-; **profit** angestrebt; **to be ~ as** als Zielgruppe ausgewählt werden; **places ~ by terrorists** von Terroristen ins Visier genommene Orte **tar·get 'lan·guage** *n* Zielsprache *f* **'tar·get prac·tice** *n* MIL Übungsschießen *nt*, Zielschießen *nt* **'tar·get price** *n* Richtpreis *m*, Orientierungspreis *m*; (*in process costing*) Kostenpreis *m*

tar·iff [ˈtærɪf] *n* ❶ (*form: table of charges*) Preisliste *f*; *of insurance* [Versicherungs]tarif *m*; (*for services*) [Gebühren]satz *m*; *esp* BRIT (*charges*) Fahrpreis *m*; *of hotel* Preis *m* ❷ ECON, LAW (*table of customs*) Zolltarif *m*; (*customs*) Zoll *m kein pl*

'tar·iff bar·ri·ers *npl* ECON Zollschranken *pl*

tar·mac® [ˈtɑːmæk] **I.** *n no pl* ❶ BRIT (*paving material*) Asphalt *m* ❷ (*paved surface*) ■ **the ~** (*road*) die Fahrbahn; AVIAT das Rollfeld *nt* **II.** *vt* <-ck-> BRIT asphaltieren

tarn *n*, **Tarn** [tɑːn] *n* GEOL Bergsee *m*

tar·nish [ˈtɑːnɪʃ] **I.** *vi* ❶ (*dull*) **metal** stumpf werden; (*discolour*) anlaufen ❷ (*fig, pej: lose shine*) an Glanz verlieren; (*lose purity*) **honour, reputation** beschmutzt werden **II.** *vt* ❶ (*dull*) **metals** trüben; (*discolour*) anlaufen lassen ❷ (*fig, pej*) **to ~ sth** (*diminish shine*) **success** etw den Glanz nehmen; **reputation** beflecken **III.** *n* ❶ (*dull condition*) Stumpfheit *f* ❷ (*coating*) Belag *m* ❸ (*fig, pej: loss of shine*) Glanzlosigkeit *m*; (*loss of purity*) Makel *m*

tar·pau·lin [tɑːˈpɔːlɪn] *n* ❶ *no pl* (*fabric*) [wasserdichtes] geteertes Leinwandgewebe ❷ (*covering*) [Abdeck]plane *f*; **a sheet of ~** eine Plane

tar·ra·gon [ˈtærəɡən] *n no pl* Estragon *m*

tar·sus <*pl* -si> [ˈtɑːsəs, *pl* -saɪ] *n* ANAT Fußwurzel *f*

tart¹ [tɑːt] **I.** *n* ❶ (*small pastry*) Obst|törtchen *nt*; **jam ~** Marmeladentörtchen *nt* ❷ BRIT (*cake*) Obst|torte *f*; **custard ~** Vanillecremetorte *f* **II.** *adj* ❶ (*sharp*) **sauce, soup** scharf; **apples, grapes** sauer ❷ (*cutting*) scharf; *irony* beißend; **remark** bissig

tart² [tɑːt] *n* (*usu pej*) ❶ (*loose female*) Schlampe *f* ❷ (*prostitute*) Nutte *f* ◆ **tart up** *vt esp* BRIT (*fam*) ■ **to ~ oneself up** sich aufdonnern

tar·tan [ˈtɑːt^ən] **I.** *n* ❶ *no pl* (*cloth*) Schottenstoff *m* ❷ (*design*) Schottenkaro *nt* **II.** *adj* Schotten-

tar·tar¹ [ˈtɑːtə^r] *n no pl* ❶ MED (*on teeth*) Zahnstein *m* ❷ CHEM Weinstein *m*

tar·tar² *n*, **Tar·tar** [ˈtɑːtə^r] *n* ❶ (*person*) Tatar(in) *m(f)*; (*language*) Tatarisch *nt* ❷ (*dated: ill-tempered person*) Choleriker(in) *m(f)* **tar·tar('e) 'sauce** *n* Remouladensoße *f* **tar·tar·ic** [tɑːˈtærɪk] *adj attr* CHEM Weinstein-; **~ acid** Wein[stein]säure *f*

task [tɑːsk] *n* ❶ (*work*) Aufgabe *f*; SCH [Prüfungs|aufgabe *f*; **~ in hand** zu erledigende Arbeit; **menial ~s** niedrige Arbeiten; **to set sb the ~ of doing sth** jdn [damit] beauftragen, etw zu tun ❷ *no pl* (*reprimand*) **to bring sb to ~** jdn zur Rede stellen

'task force *n* ❶ MIL Eingreiftruppe *f*; *in police* Spezialeinheit *f* ❷ COMM Arbeitsgruppe *f* **'task mas·ter** *n* ❶ (*superior*) [strenger] Vorgesetzter; **to be a hard ~** ein strenger Meister sein ❷ (*strain*) harte Arbeit

Tas·ma·nia [tæzˈmeɪniə] *n* Tasmanien *nt*

Tas·ma·nian [tæzˈmeɪniən] **I.** *n* (*person*)

Tasmanier(in) *m(f)* **II.** *adj* (*of Tasmania*) tasmanisch

tas·sel ['tæsəl] *n* (*on caps, curtains, cushions*) Quaste *f*; (*on carpets, cloths, skirts*) Franse *f*

taste [teɪst] **I.** *n* ❶ *no pl* (*flavour*) Geschmack *m*; **sense of ~** Geschmackssinn *m*; **to leave a bad ~ in the mouth** einen üblen Nachgeschmack hinterlassen ❷ (*liking*) Vorliebe *f*; **I've never understood Liz's ~ in men** ich habe Liz' Geschmack, was Männer anbelangt, nie verstanden; **to acquire a ~ for sth** an etw *dat* Geschmack finden ❸ *no pl* (*aesthetic quality/discernment*) Geschmack *m*; **bad ~** schlechter Geschmack; **to be in poor ~** geschmacklos sein; **to have [good] ~** [einen guten] Geschmack haben ❹ *no pl* (*short encounter*) Kostprobe *f*; **to have a ~ of sth** einen Vorgeschmack von etw *dat* bekommen **II.** *vt* ❶ (*perceive flavour*) schmecken; (*test*) probieren ❷ (*experience briefly*) luxury, success [einmal] erleben **III.** *vi* schmecken; ▪**to ~ of sth** nach etw *dat* schmecken; **to ~ bitter/salty/sweet** bitter/salzig/süß schmecken; **to ~ like sth** wie etw schmecken

'**taste bud** *n* ANAT Geschmacksknospe *f*

taste·ful ['teɪstfəl] *adj* ❶ (*appetizing*) schmackhaft ❷ (*decorous*) geschmackvoll, stilvoll **taste·less** ['teɪstləs] *adj* ❶ (*without physical taste*) geschmacksneutral; (*unappetizing*) food fad[e]; beer, wine schal ❷ (*pej: unstyly*, offensive) geschmacklos

tast·er ['teɪstə[r]] *n* ❶ (*quality expert*) Koster(in) *m/f*; **wine-~** Weinkoster(in) *m/f* ❷ (*sample*) Kostprobe *f*

tasty ['teɪsti] *adj* ❶ (*appetizing*) lecker ❷ BRIT (*fam: attractive*) gut aussehend *attr*

tat [tæt] *n no pl* BRIT (*pej: fam*) Ramsch *m*

tat·ter ['tætə[r]] *n usu pl* ❶ (*pej*) *of cloth, a flag* Fetzen *m*; ▪**to be in ~s** zerfetzt sein; (*fig*) **his reputation was in ~** sein Ruf war ruiniert ❷ (*pej: clothing*) ▪**~s** abgerissene Kleidung

tat·tered ['tætəd] *adj* clothing zerlumpt; cloth, flag zerrissen; reputation ramponiert

tat·tle ['tætl] **I.** *n* (*pej*) Tratsch *m* **II.** *vi* AM (*esp childspeak*) ▪**to ~ on sb** jdn verpetzen

tat·tler ['tætlə[r]] *n* ❶ (*gossip*) Klatschmaul *nt* ❷ AM (*fam: informer*) Petzer(in) *m(f)*

tat·too[1] ['tæt'uː] *n* ❶ MIL (*signal*) Zapfenstreich *m*; BRIT (*display*) [Musik]parade *f* ❷ (*noise*) Trommeln *nt kein pl*

tat·too[2] ['tæt'uː] **I.** *n* Tattoo *m o nt*, Tätowierung *f* **II.** *vt* tätowieren

tat·ty ['tæti] *adj* (*pej*) ❶ (*tawdry*) geschmacklos [aufgemacht] ❷ (*showing wear*) zerfleddert; book also abgegriffen; furnishing, room schäbig; clothing zerschlissen

taught [tɔːt] *pt, pp of* **teach**

taunt [tɔːnt] **I.** *vt* ❶ (*mock*) verspotten ❷ (*tease*) ▪**to ~ sb about sth** jdn wegen einer S. *gen* hänseln ❸ (*provoke*) sticheln (gegen) **II.** *n* spöttische Bemerkung; (*tease*) Hänselei *f*; (*provocation*) Stichelei *f*

Tau·rus ['tɔːrəs] *n* ASTROL, ASTRON Stier *m*

taut [tɔːt] *adj* ❶ (*tight*) rope straff [gespannt]; elastic stramm; muscle, skin gespannt ❷ (*pej: tense*) expression, face, nerves angespannt ❸ (*tidy*) schmuck, [sehr] gepflegt ❹ (*strict*) streng [geführt]

tau·to·logi·cal [ˌtɔːtə'lɒdʒɪkəl] *adj* doppelt gesagt *attr*

tau·tolo·gous [tɔː'tɒləgəs] *adj* tautologisch *fachspr*

tau·tol·ogy [tɔː'tɒlədʒi] *n* Doppelaussage *f*, Tautologie *f fachspr*

tav·ern ['tævən] *n* ❶ BRIT (*old: pub*) Schenke *f*; AM Bar *f* ❷ AM (*inn*) Gasthaus *nt*

taw·dry ['tɔːdri] *adj* (*pej*) ❶ (*gaudy*) protzig ❷ (*cheap*) geschmacklos ❸ (*base*) niederträchtig

taw·ny ['tɔːni] *adj* lohfarben

'**taw·ny owl** *n* Waldkauz *m*

tax [tæks] **I.** *n* <*pl* -es> ❶ (*levy*) Steuer *f*; **income ~** Einkommenssteuer *f*; **to collect/levy ~es** Steuern einziehen/erheben; **to cut/increase ~es** Steuern senken/erhöhen; **to impose a ~ on sth** etw besteuern ❷ *no pl* (*levying*) Besteuerung *f*; **after/before ~[es]** nach/vor Abzug von Steuern ❸ (*burden: on a person*) Belastung *f* (**on** für); (*on patience, resources, time*) Beanspruchung *f* (**on** +*gen*) **II.** *vt* ❶ (*levy*) besteuern; **to be ~ed [heavily/lightly]** [hoch/niedrig] besteuert werden ❷ (*burden*) belasten; (*make demands*) beanspruchen; (*confront*) ▪**to ~ sb with sth** jdn einer S. *gen* beschuldigen

tax·able ['tæksəbl] *adj* steuerpflichtig; **~ income** zu versteuerndes Einkommen '**tax al·low·ance** *n* Steuerfreibetrag *m*

taxa·tion [tæk'seɪʃən] *n no pl* ❶ (*levying*) Besteuerung *f* ❷ (*money obtained*) Steuereinnahmen *pl*; **direct/indirect ~** direkte/indirekte Steuern

'**tax avoid·ance** *n* [legale] Steuerumgehung '**tax brack·et** *n* Steuerklasse *f* '**tax col·lec·tor** *n* Steuerbeamte(r), -beamtin *m, f* '**tax con·sult·ant** *n* Steuerberater(in) *m(f)* **tax-de·'duc·tible** *adj* AM, AUS steuerlich absetzbar '**tax disc** *n* BRIT (*on motor vehicle*) Steuerplakette *f*, Vignette *f* ÖSTERR, SCHWEIZ '**tax dodg·er** *n* (*fam*) Steuerhinterzieher(in) *m(f)* '**tax evad·er** *n* Steuerhinterzieher(in) *m(f)* '**tax eva·sion** *n* Steuerhinterziehung *f* '**tax ex·emp·tion** *n* FIN Steuer-

befreiung f; AM Freibetrag m **tax-'free** adj steuerfrei **'tax ha·ven** n Steueroase f
taxi ['tæksi] **I.** n Taxi nt **II.** vi ❶ (ride) mit dem Taxi fahren ❷ AVIAT (move) rollen
taxi·der·mist ['tæksidɜːmɪst] n [Tier]präparator(in) m(f)
taxi·der·my ['tæksidɜːmi] n Taxidermie f
'taxi-driv·er n Taxifahrer(in) m(f) **taxi·me·ter** ['tæksi,miːtəʳ] n Taxameter m
tax·ing ['tæksɪŋ] adj ❶ (burdensome) anstrengend ❷ (hard) schwierig
'taxi·plane n Lufttaxi nt **'taxi rank** n BRIT, **'taxi stand** n AM Taxistand m
'tax·man n Finanzbeamte(r), -beamtin m, f; ■ the ~ das Finanzamt
tax·ono·my [tækˈsɒnəmi] n BIOL Taxonomie f; COMPUT Systematik f
'tax·pay·er n Steuerzahler(in) m(f) **'tax re·bate** n Steuernachlass m **'tax re·lief** n Steuervergünstigung f **'tax re·turn** n Steuererklärung f **'tax rev·enues** npl Steueraufkommen nt **tax-'sen·si·tive** adj steuerbegünstigt **'tax sys·tem** n Steuerwesen nt **'tax year** n Steuerjahr nt
TB [ˌtiːˈbiː] n no pl MED abbrev of **tuberculosis** TB
'T-bar n, **T-bar 'lift** n ❶ ARCHIT T-Träger m ❷ (on ski lift) [Sicherheits]bügel m ❸ (lift) Schlepplift m
tbsp <pl -> n abbrev of **tablespoonful** Essl., EL
tea [tiː] n ❶ no pl (plant) Tee m, Teepflanze f ❷ (drink) Tee m; fennel/peppermint ~ Fenchel-/Pfefferminztee m ❸ (cup of tea) Tasse f Tee; **two ~s, please** zwei Tee, bitte ❹ BRIT (late afternoon meal) Tee m (mit Tee, Sandwiches, Kuchen); **afternoon** ~ Fünfuhrtee m ❺ BRIT, AUS (early evening meal) [frühes] Abendessen; **high** ~ [warmes] Abendessen (mit warmer Mahlzeit, Brot, Butter und Tee) ▶ **not for all the ~ in China** nicht um alles in der Welt; **to [not] be sb's cup of ~** [nicht] jds Fall sein
'tea bag n Teebeutel m **'tea break** n Teepause f **'tea cad·dy** n Teedose f **'tea·cake** n ❶ BRIT (bun) [getoastetes] Rosinenbrötchen ❷ (biscuit) Keks m; (tart) Teekuchen m
teach <taught, taught> [tiːtʃ] **I.** vt ❶ (impart knowledge) unterrichten; ■ **to ~ sb sth** jdm etw beibringen; **to ~ French/history** Französisch/Geschichte unterrichten; **to ~ school** AM Lehrer(in) m(f) sein ❷ (show) **this has taught him a lot** daraus hat er viel gelernt; **to ~ sb a lesson** jdm eine Lehre erteilen ▶ **you can't ~ an old dog new tricks** (saying) einen alten Menschen kann man nicht mehr ändern **II.** vi unterrichten
teach·er ['tiːtʃəʳ] n Lehrer(in) m(f); **English/physics** ~ Englisch-/Physiklehrer(in) m(f); **supply** [or AM **substitute**] ~ Aushilfslehrer(in) m(f)
teach·er 'train·ing n Lehrerausbildung f **teach·er 'train·ing col·lege** n, **'teach·er's col·lege** n pädagogische Hochschule
'tea chest n Teekiste f
teach·ing ['tiːtʃɪŋ] **I.** n ❶ no pl (imparting knowledge) Unterrichten nt ❷ no pl (profession) Lehrberuf m ❸ usu pl (precept) Lehre f; **Buddha's ~s** die Lehren des Buddha **II.** adj aids, methods Lehr-, Unterrichts-
'teach·ing staff n + sing/pl vb Lehrerkollegium nt
'tea cloth n ❶ BRIT (for dishes) Geschirrtuch nt ❷ (for table) [kleine] Tischdecke **'tea cosy** n Teewärmer m **'tea·cup** n Teetasse f
'tea-house n Teehaus nt
teak [tiːk] n no pl ❶ (wood) Teak[holz] nt ❷ (tree) Teakbaum m
'tea-leaves npl [zurückgebliebene] Teeblätter pl
team [tiːm] **I.** n + sing/pl vb ❶ (group of people) Team nt; SPORTS also Mannschaft f; **research ~** Forschungsgruppe f ❷ (harnessed animals) Gespann nt; ~ **of horses** Pferdegespann nt **II.** vi ❶ usu AM (fam: gather) ein Team bilden ❷ (drive) einen Lkw fahren ❸ (match) sich [in eine Gruppe] einfügen ◆ **team up** vi ein Team bilden (**with** mit)
team 'cap·tain n Mannschaftskapitän m **team 'ef·fort** n Teamarbeit f **'team-mate** n Mitspieler(in) m(f) **'team play** n Mannschaftsspiel nt **'team spir·it** n Teamgeist m **'team work** n Teamarbeit f
'tea·pot n Teekanne f
tear¹ [tɪəʳ] n (watery fluid) Träne f; ■ **to be in ~s** weinen; ~**s of frustration/remorse** Tränen pl der Enttäuschung/Reue; ~**s of happiness/joy** Glücks-/Freudentränen pl; **to burst into ~s** in Tränen ausbrechen
tear² [teəʳ] **I.** n Riss m **II.** vt <tore, torn> ❶ (rip) zerreißen; **to ~ a hole in one's trousers** sich dat ein Loch in die Hose reißen ❷ (injure) **to ~ a muscle** sich dat einen Muskelriss zuziehen **III.** vi <tore, torn> ❶ (rip) fabric, paper, rope [zer]reißen; buttonhole, lining, tab ausreißen ❷ (fam: rush) rasen; ■ **to ~ away** losrasen ◆ **tear apart** vt ❶ fabric, paper zerreißen ❷ article, book, play verreißen ◆ **tear at** vt ❶ (pull) bandage, clasp, fastener herumreißen (an); **to ~ at sb's heartstrings** jdm das Herz zerreißen; **to ~ at each other's throats** aufeinander losgehen; (verbally also) übereinander herziehen ❷ (fam: eat) sich hermachen (über) ◆ **tear away** vt ❶ (make leave) ■ **to ~ sb ⟲ away** jdn wegreißen; ■ **to ~ oneself away** sich los-

reißen ❷ (*rip from*) ■ to ~ sth ↻ away *page of calendar, poster* etw abreißen ◆**tear down** *vt* ❶ (*destroy*) abreißen; *forest* abholzen ❷ (*discredit*) ■ to ~ sb ↻ down jdn schlechtmachen ◆**tear into** *vt* heftig kritisieren ◆**tear off** *vt* ❶ (*rip from*) abreißen ❷ (*undress*) to ~ off one's clothes sich *dat* die Kleider vom Leib reißen ◆**tear out** *vt hair, nail* ausreißen; *page* herausreißen; to ~ sb's heart out jdm das Herz zerreißen ◆**tear up** *vt* ❶ (*rip*) zerreißen ❷ (*destroy*) kaputtmachen *fam; pavement, road* aufreißen ❸ (*annul*) zerreißen

tear·a·way ['tɛərəweɪ] *n* BRIT, AUS (*fam*) Randalierer(in) *m(f)*

'**tear·drop** *n* Träne *f* ◆**tear·ful** ['tɪəfəl] *adj* ❶ (*inclined to cry*) den Tränen nah präd; (*crying*) weinerlich *pej;* to become ~ Tränen in die Augen bekommen ❷ *farewell, reunion* tränenreich ❸ (*moving*) ergreifend '**tear gas** *n no pl* Tränengas *nt* '**tear jerk·er** *n* (*fam*) Schnulze *f*

'**tea room** *n,* '**tea shop** *n* Teestube *f*

tease [tiːz] **I.** *n* Quälgeist *m fam;* (*playfully*) neckische Person; (*pej: erotic arouser*) Aufreißer(in) *m(f)* **II.** *vt* ❶ (*make fun of*) aufziehen; (*playfully*) necken ❷ (*provoke*) provozieren **III.** *vi* sticheln

teas·er ['tiːzə'] *n* (*riddle*) harte Nuss *fam*

'**tea ser·vice** *n,* '**tea set** *n* Teeservice *nt* '**tea·spoon** *n* Teelöffel *m* '**tea·spoon·ful** *n* Teelöffelvoll *m* '**tea-strain·er** *n* Teesieb *nt*

teat [tiːt] *n* ❶ (*nipple of breast*) Zitze *f* ❷ (*artificial nipple*) Sauger *m*

'**tea·time** *n* Teestunde *f* '**tea tow·el** *n* Geschirrtuch *nt* '**tea tray** *n* Tablett *nt* zum Teeservieren '**tea trol·ley** *n esp* BRIT Teewagen *m* '**tea urn** *n esp* BRIT Teespender *m* '**tea wag·on** *n* AM (*tea trolley*) Teewagen *m*

tech·ni·cal ['tɛknɪkəl] *adj* ❶ (*concerning applied science*) technisch ❷ (*detailed*) fachlich; ~ aspects fachliche Aspekte; ~ term Fachausdruck *m* ❸ (*in technique*) technisch

'**tech·ni·cal col·lege** *n* technische Hochschule **tech·ni·cal·i·ty** [ˌtɛknɪˈkæləti] *n* LAW ❶ (*unimportant detail*) Formsache *f* ❷ (*confusing triviality*) unnötiges Detail '**tech·ni·cal school** *n* Technikum *nt*

tech·ni·cian [tɛkˈnɪʃən] *n* Techniker(in) *m(f)*

tech·nique [tɛkˈniːk] *n* Technik *f,* Verfahren *nt;* (*method*) Methode *f;* to work on one's ~ an seiner Technik arbeiten

tech·noid ['tɛknɔɪd] *n* Technologiebegeisterte(r) *f(m)* Technikfreak *m fam*

tech·no·log·i·cal [ˌtɛknəˈlɒdʒɪkəl] *adj* technologisch

tech·nol·o·gy [tɛkˈnɒlədʒi] *n* Technologie *f,* Technik *f;* **computer** ~ Computertechnik *f;* **science and** ~ Wissenschaft und Technik; **advanced** ~ Zukunftstechnologie *f;* **modern** ~ moderne Technologie; **nuclear** ~ Atomtechnik *f*

tech·no·phile ['tɛknə(ʊ)faɪl] *n* Technologieliebhaber(in) *m(f)*

tech·no·phobe ['tɛknə(ʊ)fəʊb] *n* Technologiehasser(in) *m(f)*

ted·dy ['tɛdi] *n* Teddybär *m*

'**ted·dy bear** *n* Teddybär *m*

te·di·ous ['tiːdiəs] *adj* langweilig; *job also* öde; *conversation* zäh

te·di·ous·ness ['tiːdiəsnəs] *n no pl* Langweiligkeit *f*

te·di·um ['tiːdiəm] *n no pl* Langeweile *f*

tee [tiː] *n* (*in golf*) Abschlagstelle *f* ◆**tee off I.** *vi* ❶ (*in golf*) abschlagen ❷ (*fam: begin*) beginnen **II.** *vt* AM (*fam*) verärgern; to get ~d off sauer werden *fam*

teem [tiːm] *vi* ❶ *impers* it's ~ing [with rain] es gießt [in Strömen] ❷ (*be full*) ■ to ~ with sth von etw *dat* wimmeln

teem·ing ['tiːmɪŋ] *adj place, streets* überfüllt

teen [tiːn] *n* Teenager *m*

teen·age(d) ['tiːneɪdʒ(d)] *adj attr* (*characteristic of a teenager*) jugendlich; (*sb who is a teenager*) im Teenageralter *nach n* **teen·ag·er** ['tiːnˌeɪdʒə'] *n* Teenager *m*

teens [tiːnz] *npl* Jugendjahre *pl;* ■ to be in one's ~ im Teenageralter sein

teen·sy *adj,* **teen·sy ween·sy** [ˌtiːnziˈwiːnsi] *adj,* **tee·ny** *adj,* **tee·ny wee·ny** [ˌtiːniˈwiːni] *adj* (*fam*) klitzeklein; a ~ bit (*hum*) ein klein wenig *fam*

tee shirt *n* T-Shirt *nt*

tee·ter ['tiːtə'] *vi* + *adv/prep* taumeln; ■ to ~ between sth (*fig*) zwischen etw *dat* schwanken; ■ to ~ on the brink of a disaster (*fig*) sich am Rande einer Katastrophe bewegen

teeth [tiːθ] *npl pl of* **tooth** ▸ in the ~ of sth (*against*) angesichts einer S. *gen;* (*despite*) trotz einer S. *gen*

teethe [tiːð] *vi* zahnen

'**teeth·ing prob·lems** *npl* BRIT, AUS, '**teeth·ing trou·bles** *npl* BRIT, AUS (*fig*) Anfangsschwierigkeiten *pl*

tee·to·tal [ˌtiːˈtəʊtəl] *adj* ■ to be ~ abstinent sein

tee·to·tal·ler [ˌtiːˈtəʊtələ'] *n,* AM **tee·to·tal·er** *n* Abstinenzler(in) *m(f)*

tel *n abbrev of* **telephone number** Tel.

tele·cast [ˈtɛlɪkæst] AM **I.** *n* TV-Sendung *f* **II.** *vt* (*form*) [im Fernsehen] übertragen

tele·com·mu·ni·ca·tions [ˌtɛlɪkəˌmjuːnɪˈkeɪʃənz] *npl* + *sing vb* Fernmeldewesen *nt kein pl*

tele·com·mut·ing [ˌtelɪkəˈmjuːtɪŋ] *n* COMPUT Telearbeit *f*

tele·con·fer·ence [ˌtelɪˈkɒnfᵊrᵊn(t)s] *n* Konferenzschaltung *f*

tele·cop·i·er® [ˈtelɪˌkɑːpiə'] *n* AM Telekopierer *m*

tele·copy [ˈtelɪkɒpi] *n* AM Fax *nt*

tele·fax® [ˈtelɪfæks] *n* ❶ (*device*) [Tele]faxgerät *nt* ❷ (*message*) Tele[fax] *nt*; **to send a ~** ein Fax schicken, etw faxen

tele·gen·ic [ˌtelɪˈdʒenɪk] *adj* telegen

tele·gram [ˈtelɪɡræm] *n* Telegramm *nt*

tele·graph [ˈtelɪɡrɑːf] **I.** *n no pl* Telegraf *m*; **by ~** telegrafisch **II.** *vt* ❶ (*send by telegraph*) telegrafieren ❷ (*inform by telegraph*) telegrafisch benachrichtigen

tele·graph·ese [ˌtelɪɡrɑːˈfiːz] *n no pl* Telegrammstil *m* **tele·graph·ic** [ˌtelɪˈɡræftɪk] *adj* telegrafisch **'tele·graph mess·age** *n* Telegramm *nt* **'tele·graph pole** *n*, **'tele·graph post** *n* Telegrafenmast *m*

te·leg·ra·phy [tɪˈleɡrəfi] *n no pl* Telegrafie *f*

tele·mes·sage *n* BRIT, **Tele·mes·sage** [ˈtelɪˌmesɪdʒ] *n* BRIT Telex *nt*

tele·path·ic [ˌtelɪˈpæθɪk] *adj* telepathisch; ▪ **to be ~** telepathische Fähigkeiten besitzen

te·lep·a·thy [tɪˈlepəθi] *n no pl* Telepathie *f*

tele·phone [ˈtelɪfəʊn] **I.** *n* ❶ (*device*) Telefon *nt*; **mobile** [*or* AM *also* **cell**[**ular**]] **~** Handy *nt*, Mobiltelefon *nt*; **to pick up the ~** das Telefon abnehmen ❷ *no pl* (*system*) ▪ **by ~** telefonisch; ▪ **on the ~** am Telefon **II.** *vt* anrufen **III.** *vi* telefonieren; **to ~ long-distance** ein Ferngespräch führen

'tele·phone book *n* Telefonbuch *nt*

'tele·phone box *n* BRIT, AM **'tele·phone booth** *n* Telefonzelle *f* **'tele·phone call** *n* Telefonanruf *m*; **to make a ~** telefonieren **'tele·phone con·nec·tion** *n* Telefonverbindung *f* **'tele·phone con·ver·sa·tion** *n* Telefongespräch *nt* **'tele·phone di·rec·tory** *n* Telefonverzeichnis *nt* **'tele·phone ex·change** *n* Fernsprechvermittlung *f* **'tele·phone in·for·'ma·tion ser·vice** *n* (*form*) Telefonauskunft *f* **'tele·phone mes·sage** *n* (*form*) telefonische Nachricht **'tele·phone num·ber** *n* Telefonnummer *f* **'tele·phone op·era·tor** *n* AM Vermittlung *f* **'tele·phone rates** *npl* Telefontarife *pl*

te·leph·o·nist [tɪˈlefᵊnɪst] *n* BRIT Telefonist(in) *m(f)*

te·leph·o·ny [tɪˈlefᵊni] *n no pl* Fernmeldewesen *nt*

tele·pho·to 'lens *n* Teleobjektiv *nt*

tele·print·er [ˈtelɪˌprɪntə'] *n* Fernschreiber *m*

tele·pro·cess·ing [ˌtelɪˈprəʊsesɪŋ] *n* COMPUT Datenfernverarbeitung *f ohne pl*

tele·prompt·er *n* AM, AUS, **Tele·Prompt·**

er® [ˈteləˌprɑːm(p)tə'] *n* AM, AUS Teleprompter *m fachspr*

tele·sales [ˈtelɪseɪlz] *npl* Telefonmarketing *nt kein pl*

tele·scope [ˈtelɪskəʊp] **I.** *n* Teleskop *nt* **II.** *vt* ineinanderschieben **III.** *vi* sich ineinanderschieben

tele·scop·ic [ˌtelɪˈskɒpɪk] *adj* ❶ (*done by telescope*) **~ observation** Teleskopbeobachtung *f* ❷ (*concerning telescopes*) **~ lens** Teleobjektiv *nt* ❸ (*folding each other*) Teleskop-; (*automatic*) ausfahrbar; **~ ladder** ausziehbare Leiter

tele·shop·ping [ˈtelɪˌʃɒpɪŋ] *n* (*shop*) Internetshop *m*

tele·text® *n no pl*, **Tele·text**® [ˈtelɪtekst] *n no pl* Videotext *m*

tele·type® *n*, **Tele·type**® [ˈtelɪtaɪp] *n* (*machine*) Fernschreibegerät *nt*; (*message*) Telex *nt*

tele·type·writ·er [ˌtelɪˈtaɪpˌraɪtə'] *n esp* AM Fernschreibegerät *nt*

tele·van·gel·ist [ˌtelɪˈvændʒəlɪst] *n esp* AM Fernsehprediger(in) *m(f)*

tele·view·er [ˈtelɪˌvjuːə'] *n* Fernsehzuschauer(in) *m(f)*

tele·vise [ˈtelɪvaɪz] *vt* [im Fernsehen] übertragen

tele·vi·sion [ˈtelɪvɪʒᵊn] *n* ❶ (*device*) Fernsehgerät *nt*, Fernseher *m fam*; **colour ~** Farbfernseher *m* ❷ *no pl* (*TV broadcasting*) Fernsehen *nt*; ▪ **on ~** im Fernsehen; **to watch ~** fernsehen

tele·vi·sion an·'nounc·er *n* Fernsehsprecher(in) *m(f)* **tele·vi·sion 'cam·era** *n* Fernsehkamera *f* **tele·vi·sion 'pro·gramme** *n*, AM **tele·vi·sion 'pro·gram** *n* Fernsehprogramm *nt* **'tele·vi·sion set** *n* Fernsehapparat *m*, Fernseher *m* **tele·vi·sion 'stu·dio** *n* Fernsehstudio *nt*

tele·work·ing [ˈtelɪˌwɜːkɪŋ] *n no pl* Telearbeit *f*

tel·ex [ˈteleks] **I.** *n* <*pl* -es> Telex *nt*; (*device also*) Fernschreiber *m*; **by ~** per Telex **II.** *vt* ▪ **to ~ sth** etw per Telex schicken; ▪ **to ~ sb** jdm ein Telex schicken **III.** *vi* ein Telex verschicken

tell [tel] **I.** *vt* <told, told> ❶ (*say, communicate*) sagen; (*relate*) erzählen; **to ~ a joke/story** einen Witz/eine Geschichte erzählen; **to ~ a lie** lügen; **to ~ the truth** die Wahrheit sagen; **to ~** [*or* **you**] **the truth ...** ehrlich gesagt ...; **can you ~ me the way to the station?** können Sie mir sagen, wie ich zum Bahnhof komme? ❷ (*assure*) sagen; **you're ~ ing me!** (*fam*) wem sagst du das! ❸ (*give account*) ▪ **to ~ sb about sth/sb** jdm von etw/jdm *dat* erzählen ❹ (*instruct*) **do as you're told!**

mach, was man dir sagt!; **I won't ~ you again ...** ich sag's nicht nochmal ... ❺ *(discern)* erkennen; *(notice)* [be]merken; *(know)* wissen; *(determine)* feststellen; **to ~ right from wrong** Recht und Unrecht unterscheiden; **to ~ the difference** einen Unterschied feststellen; **to ~ the time** die Uhr lesen **II.** *vi* <told, told> ❶ *(liter: give account)* ■ **to ~ of sb/sth** von jdm/etw *dat* erzählen ❷ *(indicate)* **her face told of her anger** aus ihrem Gesicht sprach Zorn ❸ *(inform)* ■ **to ~ on sb** jdn verraten ❹ *(have an effect or impact)* sich bemerkbar machen; *blow, punch, word* sitzen ◆ **tell apart** *vt* auseinanderhalten ◆ **tell off** *vt* ❶ *(reprimand)* ausschimpfen (**about/for** wegen) ❷ MIL **to ~ off soldiers** Soldaten abkommandieren

tell·er ['telə'] *n* ❶ *(vote counter)* Stimmenzähler(in) *m(f)* ❷ AM, AUS *(bank employee)* Kassierer(in) *m(f)*

tell·ing ['telɪŋ] **I.** *adj (revealing)* aufschlussreich; *(effective)* wirkungsvoll; *argument* schlagend **II.** *n* Erzählung *f*

tell·ing-off <*pl* tellings-> [ˌtelɪŋˈɒf] *n* Tadel *m*; **to give sb a ~ for [doing] sth** jdn für etw *akk* tadeln

tell·tale ['telteɪl] **I.** *n (pej)* Petze *f* **II.** *adj* verräterisch

tel·ly ['teli] *n* BRIT, AUS *(fam)* ❶ *(television set)* Glotze *f pej* ❷ *no pl (TV broadcasting)* ■ **on ~** im Fernsehen

te·mer·ity [tɪˈmerəti] *n no pl (pej form: recklessness)* Tollkühnheit *f*; *(cheek)* Frechheit *f*

temp [temp] *(fam)* **I.** *n (temporary employee)* Zeitarbeiter(in) *m(f)*; *(temporary secretary)* Aushilfssekretär(in) *m(f)* **II.** *vi* aushilfsweise arbeiten, jobben *fam*; **she spent the summer ~ing** sie hat sich über den Sommer bei einer Zeitarbeitsagentur angemeldet

tem·per ['tempə'] **I.** *n* ❶ *usu sing (state of mind)* Laune *f*; *(angry state)* Wut *f kein pl*; *(predisposition to anger)* Reizbarkeit *f kein pl*; **~s were getting [rather] frayed** die Stimmung wurde [ziemlich] gereizt; **fit of ~** Wutanfall *m*; **to get into a ~ [about sth]** sich [über etw *akk*] aufregen; **to have a ~** leicht reizbar sein; **to lose one's ~** die Geduld verlieren ❷ *usu sing (characteristic mood)* Naturell *nt*; **she has a very sweet ~** sie hat ein sehr sanftes Wesen **II.** *vt* ❶ *(form: mitigate)* ausgleichen (**with** durch); **to ~ one's enthusiasm** seine Begeisterung zügeln ❷ *(make hard)* härten; *iron* glühfrischen ❸ *(add water)* anrühren ❹ MUS temperieren

tem·pera·ment ['tempᵊrəmənt, -prə-] *n* ❶ *(person's nature)* Temperament *nt*; **to be of an artistic ~** eine Künstlerseele sein ❷ *no pl (pej: predisposition to anger)* **fit of ~** Temperamentsausbruch *m*; *(angry)* Wutanfall *m*

tem·pera·men·tal [ˌtempᵊrəˈmentᵊl] *adj* launisch; **to be rather ~** so seine Launen haben

tem·per·ance ['tempᵊr(ə)n(t)s] *n no pl (form)* Mäßigung *f*; *(in eating, drinking)* Maßhalten *nt* (**in** bei); *(abstinence from alcohol)* Abstinenz *f*

tem·per·ate ['tempᵊrət] *adj* ❶ *(form: self-restrained)* maßvoll ❷ *(mild) climate, zone* gemäßigt

tem·pera·ture ['tempratʃə'] *n* Temperatur *f*; **body ~** Körpertemperatur *f*; **sudden fall/rise in ~** plötzlicher Temperaturabfall/-anstieg; **to have a ~** Fieber haben; **to take sb's ~** jds Temperatur messen

tem·pest ['tempɪst] *n* Sturm *m*

tem·pes·tu·ous [temˈpestjuəs, -tʃu-] *adj* ❶ *(liter: very stormy)* stürmisch ❷ *(turbulent)* turbulent

tem·plate ['templeɪt] *n*, **tem·plet** ['templɪt] *n* Schablone *f*; **to serve as a ~ for sth** *(fig)* als Muster für etw *akk* dienen

tem·ple¹ ['templ] *n (place of worship)* Tempel *m*

tem·ple² ['templ] *n (part of head)* Schläfe *f*

tem·po <*pl* -s *or* -pi-> ['tempəʊ, *pl* -pi:] *n* ❶ *(rate of motion)* Tempo *nt*; **rapid ~** schnelles Tempo ❷ MUS Tempo *nt*; **change in ~** Tempowechsel *m*

tem·po·ral ['tempᵊrᵊl] *adj (form)* weltlich

tem·po·rari·ly ['tempᵊrᵊli] *adv* vorübergehend

tem·po·rary ['tempᵊri] *adj (not permanent)* vorübergehend; *(with specific limit)* befristet; **a ~ lapse in concentration** ein zeitweiliger Konzentrationsverlust; **~ staff** Aushilfspersonal *nt*

tem·po·rize ['tempᵊraɪz] *vi (form)* Verzögerungstaktiken einsetzen; ■ **to ~ with sb** jdn hinhalten

tempt [tempt] *vt* ❶ *(entice)* in Versuchung führen; ■ **to be ~ed** schwachwerden; ■ **to be ~ed to do sth** versucht sein, etw zu tun; ■ **to ~ sb into doing sth** jdn dazu verleiten, etw zu tun ❷ *(attract)* reizen ▶ **to ~ fate** das Schicksal herausfordern

temp·ta·tion [tempˈteɪʃᵊn] *n* ❶ *(enticement)* Versuchung *f*; **to give in to ~** der Versuchung erliegen; **to resist the ~ [to do sth]** der Versuchung widerstehen[, etw zu tun] ❷ *(sth tempting)* Verlockung *f* ▶ **and lead us not into ~** REL und führe uns nicht in Versuchung

tempt·ing ['temptɪŋ] *adj* verführerisch; *offer also* verlockend

temp·tress <*pl* -es> ['temptrəs] *n (liter or*

hum) Verführerin *f*

ten [ten] **I.** *adj* zehn; *see also* **eight ▶ sth is ~ a** penny BRIT es gibt etw wie Sand am Meer **II.** *n* Zehn *f*; **~s of thousands** zehntausende; *see also* **eight**

ten·a·ble ['tenəbl] *adj* ❶ (*defendable*) approach vertretbar; *argument* haltbar ❷ *pred* (*to be held*) *office, position* zu besetzen *präd*; **the university scholarship is ~ for three years** das Stipendium für die Universität wird für drei Jahre verliehen

te·na·cious [tɪ'neɪʃəs] *adj* ❶ (*tight*) *grip* fest ❷ (*persistent*) *person, legend, theory* hartnäckig; *person also* beharrlich

te·nac·i·ty [tɪ'næsəti] *n no pl* Beharrlichkeit *f*

ten·an·cy ['tenən(t)si] *n* ❶ (*status concerning lease*) Pachtverhältnis *nt*; (*rented lodgings*) Mietverhältnis *nt* ❷ (*right of possession*) Eigentum *nt* ❸ (*duration of lease*) Pachtvertrag *m*; (*of rented lodgings*) Mietvertrag *m*

ten·ant ['tenənt] *n of rented accommodation* Mieter(in) *m(f)*; *of leasehold* Pächter(in) *m(f)*; **council ~** BRIT Mieter(in) *m(f)* einer Sozialwohnung

ten·ant-farm·er *n* Pächter(in) *m(f)*

tench <*pl* -> [ten(t)ʃ] *n* Schleie *f*

tend[1] [tend] *vi* ❶ (*be directed towards*) tendieren; **to ~ downwards/upwards** eine Tendenz nach unten/oben aufweisen ❷ (*incline*) ■ **to ~ to|wards**] sth zu etw *dat* neigen

tend[2] [tend] *vt* sich kümmern (um); **to ~ sheep** Schafe hüten; **to ~ a road accident victim** dem Opfer eines Verkehrsunfalls Hilfe leisten

ten·den·cy ['tendən(t)si] *n* Tendenz *f*; (*inclination*) Neigung *f*; (*trend*) Trend *m* (**to|wards]** zu); **to have a ~ to|wards] sth** zu etw *dat* neigen; **alarming ~** alarmierende Tendenz; **hereditary ~** erbliche Veranlagung

ten·den·tious [ten'den(t)ʃəs] *adj* (*pej form*) tendenziös

ten·der[1] ['tendər] *adj* ❶ (*not tough*) *meat, vegetable* zart ❷ (*easily hurt*) *skin, plants* zart; (*sensitive to pain*) *part of body* [schmerz]empfindlich ❸ (*liter: youthful*) zart; **at a ~ age of 5** im zarten Alter von 5 Jahren ❹ (*requiring tact*) heikel ❺ (*affectionate*) zärtlich; **to have a ~ heart** ein weiches Herz haben

ten·der[2] ['tendər] **I.** *n* (*price quote*) Angebot *nt*; **to invite ~s** Angebote einholen; **to submit a ~** ein Angebot machen **II.** *vt* **to ~ the exact fare** das Fahrgeld genau abgezählt bereithalten; **to ~ one's resignation** die Kündigung einreichen; (*from office*) seinen Rücktritt anbieten **III.** *vi* ein Angebot machen; *goods* andienen

'ten·der·foot <*pl* -s *or* -feet> *n* Neuling *m*

ten·der-'heart·ed *adj* weichherzig

ten·der·ize ['tendəraɪz] *vt* zart machen

ten·der·iz·er ['tendəraɪzər] *n* Weichmacher *m*

ten·der·loin ['tendərlɔɪn] *n no pl* Filet *nt*, Lendenstück *nt*

ten·der·ly ['tendərli] *adv* (*lovingly*) liebevoll

ten·der·ness ['tendərnəs] *n no pl* ❶ (*fondness*) Zärtlichkeit *f* ❷ (*physical sensitivity*) [Schmerz]empfindlichkeit *f* ❸ (*succulence*) Zartheit *f*

ten·don ['tendən] *n* Sehne *f*

ten·dril ['tendrəl] *n* Ranke *f*

ten·e·ment ['tenəmənt] *n* Mietwohnung *f*; AM *also* (*run-down*) heruntergekommene Mietwohnung

Ten·e·rife [ˌtenərˈiːf] *n no pl* Teneriffa *nt*

ten·et ['tenɪt] *n* (*form*) Lehre *f*

'ten·fold *adj* zehnfach

ten·ner ['tenər] *n* (*fam*) Zehner *m*

ten·nis ['tenɪs] *n no pl* Tennis *nt*

'ten·nis ball *n* Tennisball *m* **'ten·nis court** *n* Tennisplatz *m* **ten·nis 'el·bow** *n no pl* MED Tennisarm *m* **'ten·nis rack·et** *n* Tennisschläger *m*

ten·on ['tenən] *n* Zapfen *m*

ten·or[1] ['tenər] *n* Tenor *m*; (*voice also*) Tenorstimme *f*

ten·or[2] ['tenər] *n no pl* ❶ (*general meaning*) Tenor *m*; (*content also*) Inhalt *m* ❷ (*settled nature*) *of life* Stil *m*, Verlauf *m*

ten·pin 'bowl·ing *n no pl* Bowling *nt*

tense[1] [ten(t)s] *n* LING Zeit[form] *f*

tense[2] [ten(t)s] **I.** *adj finger, muscle, person, voice* angespannt; *atmosphere, moment* spannungsgeladen; **to defuse a ~ situation** eine gespannte Lage entschärfen **II.** *vt muscle* anspannen ◆ **tense up** *vi muscle, person also* sich [an]spannen

ten·sion ['ten(t)ʃən] *n no pl* ❶ (*tightness*) Spannung *f*; *of muscle* Verspannung *f* ❷ (*uneasiness*) [An]spannung *f* ❸ (*strain*) Spannung[en] *f*[*pl*]; (*between*) zwischen); **to ease ~** Spannungen reduzieren ❹ (*emotional excitement*) Spannung *f*

tent [tent] *n* Zelt *nt*; **beer ~** Bierzelt *nt*; **two-man ~** Zweipersonenzelt *nt*; **to pitch a ~** ein Zelt aufschlagen

ten·ta·cle ['tentəkl] *n* Tentakel *m*; (*as a sensor*) Fühler *m* ▶ **to** have **one's ~ in sth** die Finger in etw *dat* haben

ten·ta·tive ['tentətɪv] *adj* ❶ (*provisional*) vorläufig ❷ (*hesitant*) vorsichtig; *attempt, effort also* zaghaft

ten·ta·tive·ly ['tentətɪvli] *adv* ❶ (*provisionally*) provisorisch ❷ (*hesitatingly*) zögernd

ten·ter·hooks ['tentəhʊks] *npl* Spannhaken *m* ▶ **to be** kept **on ~** wie auf glühenden

Kohlen sitzen; **to keep sb on ~** jdn auf die Folter spannen

tenth [ten(t)θ] **I.** *n* ■ **the ~** der Zehnte; ■ **a ~** ein Zehntel *nt* **II.** *adj attr* zehnte(r, s); ■ **to be ~** Zehnte(r, s) sein **III.** *adv* als Zehnte(r, s)

'**tent peg** *n* Hering *m* '**tent pole** *n* Zeltstange *f*

tenu·ous ['tenjuəs] *adj* spärlich; *argument, excuse* schwach

ten·ure ['tenjəʳ] *n* (*form*) ❶ *no pl* (*right of title*) Besitz *m*; **security of ~** Kündigungsschutz *m* ❷ *no pl* (*term of possession*) Pachtdauer *f* ❸ (*holding of office*) Amtszeit *f* ❹ UNIV (*permanent position*) feste Anstellung

te·pee ['ti:pi:] *n* Indianerzelt *nt*

tep·id ['tepɪd] *adj* lau[warm]; *applause* schwach

term [tɜ:m] **I.** *n* ❶ (*of two*) Semester *nt*; (*of three*) Trimester *nt*; **half-~** kurze Ferien, die zwischen den langen Ferien liegen, z.B. Pfingst-/Herbstferien ❷ (*set duration of job*) Amtszeit *f*; **~ of office** Amtsperiode *f* ❸ (*period of sentence*) **prison ~** Gefängnisstrafe *f* ❹ (*form: duration of contract*) Laufzeit *f* ❺ (*range*) Dauer *f*; **in the long/medium/short ~** lang-/mittel-/kurzfristig ❻ (*phrase*) Ausdruck *m*; **~ of abuse** Schimpfwort *nt*; **~ of endearment** Kosewort *nt*; **in layman's ~s** einfach ausgedrückt; **to be on friendly ~s with sb** mit jdm auf freundschaftlichem Fuß stehen; **technical ~** Fachausdruck *m*; **in no uncertain ~s** unmissverständlich **II.** *vt* bezeichnen

ter·mi·nal ['tɜ:mɪnəl] **I.** *adj* ❶ (*fatal*) End-; **~ cancer** Krebs im Endstadium; **~ disease** tödlich verlaufende Krankheit; **~ patient** Sterbepatient(in) *m(f)* ❷ (*concerning travel terminals*) Terminal-; **~ building** Flughafengebäude *nt* **II.** *n* ❶ AVIAT, TRANSP Terminal *m o nt*; **air ~** Flughafengebäude *nt*; **ferry ~** Bestimmungshafen *m*; **rail ~** Endstation *f* ❷ (*part of computer*) Terminal *nt* ❸ (*point in circuit*) Anschluss *m*

ter·mi·nate ['tɜ:mɪneɪt] **I.** *vt* beenden; *contract* aufheben; *pregnancy* abbrechen **II.** *vi* enden

ter·mi·na·tion [,tɜ:mɪ'neɪʃən] *n no pl* Beendigung *f*; *of contract* Aufhebung *f*; **~ of a pregnancy** Schwangerschaftsabbruch *m*

ter·mi·no·logi·cal [,tɜ:mɪnə'lɒdʒɪkəl] *adj* terminologisch

ter·mi·nol·ogy [,tɜ:mɪ'nɒlədʒi] *n* Terminologie *f*

ter·mi·nus <*pl* -es *or* -ni> ['tɜ:mɪnəs, *pl* -naɪ] *n* Endstation *f*; *of train also* Endbahnhof *m*

ter·mite ['tɜ:maɪt] *n* Termite *f*

tern [tɜ:n] *n* Seeschwalbe *f*

ter·race ['terɪs] **I.** *n* ❶ (*patio*) Terrasse *f* ❷ (*geol*) Terrasse *f* ❸ BRIT ■ **~s** *pl* (*in a stadium*) Tribüne *f*; **spectators' ~** Besucherränge *pl* ❹ *esp* BRIT (*row of houses*) Reihenhäuser *pl* **II.** *vt* terrassenförmig anlegen

ter·raced 'house *n* Reihenhaus *nt*

ter·rain [tə'reɪn] *n* Gelände *nt*, Terrain *nt*

ter·ra·pin <*pl* - *or* -s> ['terəpɪn] *n* Dosenschildkröte *f*

ter·res·tri·al [tə'restrɪəl] (*form*) **I.** *adj* ❶ (*relating to earth*) terrestrisch *geh*, Erd- ❷ (*living on the ground*) *animal, plant* Land- ❸ TV, MEDIA terrestrisch *geh* **II.** *n* Erdling *m*, Erdbewohner(in) *m(f)*

ter·ri·ble ['terəbl] *adj* ❶ (*shockingly bad*) schrecklich, furchtbar; **to look/feel ~** schlimm aussehen/sich schrecklich fühlen ❷ (*fam: very great*) schrecklich, fürchterlich; **to be a ~ nuisance** schrecklich lästig sein

ter·ri·bly ['terəbli] *adv* ❶ (*awfully*) schrecklich ❷ (*fam: extremely*) außerordentlich ❸ (*fam: really*) wirklich; **not ~** nicht wirklich

ter·ri·er ['terɪəʳ] *n* Terrier *m*

ter·rif·ic [tə'rɪfɪk] *adj* (*fam*) ❶ (*excellent*) großartig, toll ❷ (*very great*) gewaltig, unglaublich

ter·ri·fied ['terəfaɪd] *adj* (*through sudden fright*) erschrocken; (*scared*) verängstigt; ■ **to be ~ of sth** [große] Angst vor etw *dat* haben

ter·ri·fy <-ie-> ['terəfaɪ] *vt* fürchterlich erschrecken; **it terrifies me to think about what could've happened** wenn ich mir vorstelle, was alles hätte passieren können, läuft es mir kalt den Rücken runter

ter·ri·fy·ing ['terəfaɪɪŋ] *adj* thought, sight entsetzlich; *speed* Angst erregend; *experience* schrecklich

ter·ri·to·rial [,terɪ'tɔ:rɪəl] **I.** *n* BRIT Territorialsoldat *m* **II.** *adj* ❶ GEOG, POL territorial, Gebiets- ❷ ZOOL regional begrenzt; **~ bird** Vogel *m* mit Territorialverhalten ❸ *esp* AM (*relating to a Territory*) ■ **T~** Territorial-, Landes-

ter·ri·tory ['terɪtəri] *n* ❶ (*area of land*) Gebiet *nt* ❷ *no pl* POL Hoheitsgebiet *nt*; **forbidden ~** (*fig*) verbotenes Terrain; **maritime ~** Hoheitsgewässer *pl* ❸ BIOL Revier *nt* ❹ (*of activity or knowledge*) Bereich *m*, Gebiet *nt*; **familiar ~** (*fig*) vertrautes Gebiet; **new/uncharted ~** Neuland *nt* ❺ AUS **Northern ~** Nordterritorium *nt* ▶ **to come with the ~** dazugehören

ter·ror ['terəʳ] *n* ❶ *no pl* (*great fear*) schreckliche Angst; **to strike sb with ~** jdn in Angst und Schrecken versetzen; **to strike ~ into sb's heart** jdn mit großer Angst erfüllen ❷ (*political violence*) Terror *m*; **campaign**

of ~ Terrorkampagne f; **reign of** ~ Schreckensherrschaft, f; **war on** ~ Bekämpfung f des Terrorismus ❸ HIST ■ **the T**~ Schreckensherrschaft f

'ter·ror cell n Terrorzelle f **ter·ror·ism** ['terəˌrɪzəm] n no pl Terrorismus m; **act of** ~ Terroranschlag m **ter·ror·ist** ['terərɪst] **I.** n Terrorist(in) m(f) **II.** adj attr terroristisch; ~ **attack** Terroranschlag m **ter·ror·ize** ['terəraɪz] vt (frighten) in Angst und Schrecken versetzen; (coerce by terrorism) terrorisieren **'ter·ror-strick·en** adj, **'ter·ror-struck** adj starr vor Schreck

ter·ry ['teri], **ter·ry cloth** n no pl (type) Frottee m o nt; (cloth) Frottiertuch nt

terse [tɜːs] adj kurz und bündig; ~ **and to the point** kurz und prägnant; ~ **reply** kurze Antwort

ter·tiary ['tɜːʃəri] **I.** adj ❶ (third in place/degree) drittrangig; ~ **education** Hochschulbildung f ❷ MED dritten Grades nach n; ~ **burns** Verbrennungen pl dritten Grades ❸ GEOL ■ **T**~ Tertiär-; **T**~ **deposit** Tertiärablagerung f; **the T**~ **period** das Tertiär **II.** n ❶ (tertiary feather) Flaumfeder f ❷ GEOL Tertiär nt; **tertiaries** pl tertiäre Überreste

tes·sel·lat·ed ['tesəleɪtɪd] adj mosaikartig

test [test] **I.** n ❶ (of knowledge, skill) Prüfung f, Test m; SCH Klassenarbeit f; UNIV Klausur f; **aptitude** ~ Eignungstest m; **driving** ~ Fahrprüfung f; **IQ** ~ Intelligenztest m; **to fail a** ~ eine Prüfung nicht bestehen; **to pass a** ~ eine Prüfung bestehen; **to take a** ~ einen Test [o eine Prüfung] machen ❷ MED, SCI (examination) Untersuchung f, Test m; **blood** ~ Blutuntersuchung f; **pregnancy** ~ Schwangerschaftstest m ❸ (of metallurgy) Versuchstiegel m ❹ (challenge) Herausforderung f; **to put sth to the** ~ etw auf die Probe stellen ❺ SPORTS (cricket) ■ **T**~ Testmatch nt ▶ **to stand the** ~ **of time** die Zeit überdauern **II.** vt ❶ (for knowledge, skill) prüfen, testen ❷ (try to discover) untersuchen ❸ (check performance) testen, überprüfen ❹ (for medical purposes) untersuchen; **to be** ~**ed for HIV** auf Aids untersucht werden; **to** ~ **sb's hearing** jds Hörvermögen testen ❺ (by touching) prüfen; (by tasting) probieren ❻ (try to the limit) ■ **to** ~ **sb/sth** jdn/etw auf die Probe stellen ▶ **to** ~ **the patience of a saint** eine harte Geduldsprobe sein **III.** vi MED (have a test) ■ **she** ~**ed positive for HIV** ihr Aidstest ist positiv ausgefallen

tes·ta·ment ['testəmənt] n ❶ (will) Testament nt; **last will and** ~ LAW Testament nt ❷ (evidence) Beweis m; **to be** [a] ~ **to sth** etw beweisen ❸ REL **the New/Old T**~ das Neue/Alte Testament

'test ban n Teststopp m **'test bench** n Prüfstand m **'test card** n TV Testbild nt **'test case** n LAW (case establishing a precedent) Musterprozess m; (precedent) Präzedenzfall m **'test drive** n Probefahrt f; **to take sth for a** ~ (fig) product etw testen

test·er¹ ['testə] n ❶ (person) Prüfer(in) m(f) ❷ (machine) Prüfgerät nt ❸ (sample) Muster nt, Probe f

test·er² ['testə] n (canopy) Baldachin m

'test flight n Testflug m

tes·ti·cle ['testɪkl] n Hoden m

tes·ti·fy <-ie-> ['testɪfaɪ] vi LAW (give evidence) [als Zeuge(in) m(f)] aussagen; ■ **to** ~ **against/for sb** gegen/für jdn aussagen; **to be called upon to** ~ als Zeuge(in) m(f) aufgerufen werden ❷ (prove) ■ **to** ~ **to sth** von etw dat zeugen geh; LAW etw bezeugen

tes·ti·mo·nial [ˌtestɪˈməʊniəl] n ❶ (assurance of quality) Bestätigung f ❷ (tribute for achievements) Ehrengabe f

tes·ti·mo·ny ['testɪməni] n ❶ (statement in court) [Zeugen]aussage f; **to bear** ~ **to sth** etw bezeugen; **to give** ~ aussagen ❷ (fig: proof) Beweis m; ■ **to be** ~ **to sth** etw beweisen

test·ing ['testɪŋ] **I.** n no pl Testen nt, Prüfen nt **II.** adj attr hart; situation schwierig

'test·ing ground n Testgebiet nt, Versuchsfeld nt

'test match n Testmatch nt **'test piece** n ❶ MUS Stück nt zum Vorspielen ❷ (sample) Muster nt **'test pi·lot** n Testpilot(in) m(f) **'test stage** n Versuchsstadium nt **'test tube** n Reagenzglas nt **test tube 'baby** n Retortenbaby nt

tes·ty ['testi] adj person leicht reizbar; answer gereizt

teta·nus ['tetənəs] n no pl Tetanus m

tetchy ['tetʃi] adj reizbar

teth·er ['teðə] **I.** n [Halte]seil nt ▶ **to be at the end of one's** ~ am Ende seiner Kräfte sein **II.** vt **to** ~ **an animal** [to sth] ein Tier [an etw dat] anbinden

Teu·ton·ic [tjuːˈtɒnɪk] adj ❶ (Germanic) germanisch ❷ (showing German characteristics) deutsch; (hist or hum) teutonisch; (pej) typisch deutsch; ~ **efficiency** deutsche Tüchtigkeit

Tex·an ['teksən] **I.** n Texaner(in) m(f) **II.** adj texanisch

Tex·as ['teksəs] n Texas nt

text [tekst] **I.** n ❶ no pl (written material) Text m; **of document** Inhalt m ❷ (book) Schrift f; **set** ~ Pflichtlektüre f ❸ no pl COMPUT Text[teil] m ❹ TELEC SMS[-Nachricht] f **II.** vt TELEC ■ **to** ~ [sb] sth [jdm] eine SMS[-Nachricht] senden

'text·book I. *n* Lehrbuch *nt* (**on** für/über) **II.** *adj attr* ❶ (*very good*) Parade-; **~ landing** Bilderbuchlandung *f* ❷ (*usual*) Lehrbuch-; **~ methods** Schulbuchmethoden *pl* **'text edi·tor** *n* COMPUT Texteditor *m* **text·er** ['tekstə^r] *n* **she is an avid ~** sie schickt oft SMS

tex·tile ['tekstaɪl] *n* (*fabric*) Stoff *m*; ■ **~s** *pl* Textilien *pl*

'tex·tile mill *n* Textilfabrik *f*

text-message I. *n* SMS **II.** *vt* ■ **to ~ sth** etw per SMS schicken

'text pro·cess·ing *n* COMPUT Textverarbeitung *f*

tex·tu·al ['tekstjuəl] *adj* textlich; **~ analysis** Textanalyse *f*

tex·ture ['tekstʃə^r] *n* ❶ (*feel*) Struktur *f* ❷ (*consistency*) Konsistenz *f* ❸ *no pl* (*surface appearance*) [Oberflächen]beschaffenheit *f*; **skin ~** Teint *m*

Thai [taɪ] **I.** *n* ❶ (*person*) Thai *m o f*, Thailänder(in) *m(f)* ❷ (*language*) Thai *nt* **II.** *adj* thailändisch

Thai·land ['taɪlænd] *n* Thailand *nt*

tha·lido·mide [θə'lɪdə(ʊ)maɪd] *n no pl* MED Thalidomid *nt*, Contergan® *nt*

Thames [temz] *n* ■ **the River ~** die Themse

than [ðæn, ðən] **I.** *prep* ❶ *after superl* (*in comparison to*) als; **she invited more ~ 30 people** sie lud mehr als 30 Leute ein; **bigger/earlier ~** größer/früher als ❷ (*instead of*) **rather ~** sth anstatt etw *gen* ❸ (*besides*) **other ~ sb/sth** außer jdm/etw *dat*; **other ~ that ...** abgesehen davon ... **II.** *conj* als

thank [θæŋk] *vt* ■ **to ~ sb** jdm danken, sich bei jdm bedanken; **~ you** [**very much**]! danke [sehr]!, vielen herzlichen Dank; **how are you — I'm fine, ~ you** wie geht es dir — danke, [mir geht es] gut; **no, ~ you/yes, ~ you** nein, danke/ja, bitte; **you have Joe to ~ for this job** diese Arbeit hast du Joe zu verdanken ▶ **thank goodness** [*or* **God**]! Gott sei Dank!; **to ~ one's lucky stars** von Glück reden können

thank·ful ['θæŋkfəl] *adj* ❶ (*pleased*) froh ❷ (*grateful*) dankbar (**for** für) **thank·ful·ly** ['θæŋkfəli] *adv* ❶ (*fortunately*) glücklicherweise, zum Glück ❷ (*gratefully*) dankbar **thank·less** ['θæŋkləs] *adj* ❶ (*not rewarding*) wenig lohnend; *task* undankbar ❷ (*ungrateful*) *person, behaviour* undankbar

thanks [θæŋks] *npl* ❶ (*gratitude*) Dank *m kein pl*; **to express one's ~** seinen Dank zum Ausdruck bringen *geh* ❷ (*thank you*) danke; **many ~!** vielen Dank!; **~ very much** [**indeed**]! [vielen] Dank!; **no, ~!** nein, danke!

thanks·giv·ing [θæŋks'gɪvɪŋ] *n no pl* ❶ (*gratitude*) Dankbarkeit *f*; **a prayer of ~** ein Dankgebet *nt*; **General T~** BRIT Dankgottesdienst *m* ❷ AM (*public holiday*) ■ **T~** Thanksgiving *nt*; (*celebration of harvest*) amerikanisches Erntedankfest **Thanks·'giv·ing Day** *n* AM Thanksgiving *nt*

'thank you *n* Danke[schön] *nt*; **to say a ~ to sb** sich bei jdm bedanken

'thank-you note *n*, **'thank-you let·ter** *n* Dankschreiben *nt geh*, Dankesbrief *m*

that [ðæt, ðət] **I.** *adj dem* (*person, thing specified*) der/die/das; (*farther away*) der/die/das [... dort [*o* da]]; **who is ~ girl?** wer ist das Mädchen?; **what was ~ noise?** was war das für ein Geräusch? **II.** *pron* ❶ *dem* (*person, thing, action specified*) das; (*farther away*) das [da [*o* dort]]; **~'s a good idea** das ist eine gute Idee; **~'s enough** das reicht; **who's ~?** wer ist das?; **~'s why** deshalb ❷ *dem, after prep* **after/before ~** danach/davor; **by ~** damit; **what do you mean by ~?** was soll das heißen?; **like ~** (*in such a way*) so; (*of such a kind*) derartig; (*fam: effortlessly*) einfach so; **over/under ~** darüber/darunter ❸ *dem* (*form: the one*) der/die/das; **his handwriting is ~ of a child** seine Handschrift ist die eines Kindes ❹ *dem* (*when finished*) **~'s it!** das war's!, jetzt reicht's!; **I won't agree to it and ~'s ~** ich stimme dem nicht zu, und damit Schluss; **~'ll do** das wird reichen; **no thanks, ~'s all** nein danke, das ist alles ❺ *relative* (*which, who*) der/die/das ❻ *relative* (*when*) als; **the year ~ Anna was born** das Jahr, in dem Anna geboren wurde **III.** *conj* ❶ (*as subject/object*) dass; **I knew** [**~**] **he'd never get here on time** ich wusste, dass er niemals rechtzeitig hier sein würde ❷ (*as a result*) **it was so dark** [**~**] **I couldn't see anything** es war so dunkel, dass ich nichts sehen konnte ❸ (*with a purpose*) **so ~** damit ❹ *after adj* (*in apposition to 'it'*) **is it true** [**~**] **she's gone back to teaching?** stimmt es, dass sie wieder als Lehrerin arbeitet? ❺ *after -ing words* **considering** [**~**] **...** wenn man bedenkt, dass ...; **supposing** [**~**] **...** angenommen, dass ... ❻ (*as a reason*) weil, da [ja]; **now ~ we've bought a house ...** jetzt, wo wir ein Haus gekauft haben ..; **except** [**~**] **...** außer, dass ...; **to the extent ~ ...** (*so much that*) dermaßen, dass ...; (*insofar as*) insofern als ... **IV.** *adv* so; **it wasn't** [**all**] **~ good** so gut war es [nun] auch wieder nicht

thatch [θætʃ] **I.** *n no pl* (*roof*) Reetdach *nt* **II.** *vt* mit Reet decken

thatched [θætʃt] *adj* reetgedeckt

thaw [θɔː] **I.** n ❶ (*weather*) Tauwetter *nt* ❷ *no pl* (*improvement in relations*) Tauwetter *nt*; **there are signs of a ~ in relations between the two countries** zwischen den beiden Ländern gibt es Anzeichen für eine Entspannung **II.** vi ❶ (*unfreeze*) auftauen; *ice* schmelzen ❷ (*become friendlier*) auftauen **III.** vt FOOD auftauen

the [diː, di, də] **I.** art def ❶ (*denoting thing mentioned*) der/die/das; **at ~ cinema** im Kino; **on ~ table** auf dem Tisch ❷ (*particular thing/person*) ■ ~ ... der/die/das ...; **Harry's Bar is ~ place to go** Harry's Bar ist in der Szene total in *fam* ❸ (*with family name*) **~ Smiths** die Schmidts ❹ (*before relative clause*) der/die/das; **I really enjoyed ~ book I've just read** das Buch, das ich gerade gelesen habe, hat mir wirklich gefallen ❺ (*in title*) der/die; **Edward ~ Seventh** Eduard der Siebte ❻ (*before adjective*) der/die/das; **~ inevitable** das Unvermeidliche ❼ (*to represent group*) der/die/das; (*with mass group*) die; **~ panda is becoming an increasingly rare animal** der Pandabär wird immer seltener; **~ democrats/poor** die Demokraten/Armen ❽ (*with superlative*) der/die/das; **~ highest/longest ...** der/die/das höchste/längste ... ❾ (*with dates*) der; **~ 24th of May, May ~ 24th** der 24. Mai; (*with time period*) **in ~ eighties** in den achtziger Jahren ❿ (*with ordinal numbers*) **~ first/fifth** der/die Erste/Fünfte ⓫ (*with measurements*) pro; **these potatoes are sold by ~ kilo** diese Kartoffeln werden kiloweise verkauft ⓬ (*enough*) der/die/das; **I haven't got ~ energy to go out this evening** ich habe heute Abend nicht mehr die Energie auszugehen **II.** adv + *comp* **all ~ better/worse** umso besser/schlechter; **~ colder it got, ~ more she shivered** je kälter es wurde, desto mehr zitterte sie

thea-tre ['θɪətəʳ] *n*, **Am thea-ter** *n* ❶ (*for performances*) Theater *nt*; **to go to the ~** ins Theater gehen ❷ AM, AUS, NZ (*cinema*) Kino *nt* ❸ UNIV **lecture ~** Hörsaal *m* ❹ BRIT MED Operationssaal *m* ❺ *no pl* (*dramatic art*) Theater *nt*; **the Greek ~** das griechische Theater ❻ (*where events happen*) Schauplatz *m*

'**thea-tre com-pa-ny** *n* [Theater]ensemble *nt*, Schauspieltruppe *f* '**thea-tre crit-ic** *n* Theaterkritiker(in) *m(f)* '**thea-tre-goer** *n* Theaterbesucher(in) *m(f)*

the-at-ri-cal [θɪ'ætrɪkəl] **I.** adj ❶ (*of theatre*) Theater-; **~ agent** Theateragent(in) *m(f)* ❷ (*exaggerated*) theatralisch **II.** *n usu pl* Berufsschauspieler(in) *m(f)*

thee [diː, di] pron object pron DIAL (*old: you*) dir *in dat*, dich *in akk*

theft [θeft] *n* Diebstahl *m*

their [ðeəʳ, ðəʳ] adj poss ❶ (*of them*) ihr(e); **the children brushed ~ teeth** die Kinder putzten sich die Zähne; **she took ~ picture** sie fotografierte sie ❷ (*his or her*) **has everybody got ~ passport?** hat jeder seinen Pass dabei?

theirs [ðeəz] pron ihr(e, es); **they think everything is ~** sie glauben, dass ihnen alles gehört; **I think she's a relation of ~** ich glaube, sie ist mit ihnen verwandt; **a favourite game of ~** eines ihrer Lieblingsspiele

the-ism ['θiːɪzəm] *n no pl* Theismus *m geh*

them [ðem, ðəm] **I.** pron object pron ❶ (*persons, animals*) sie *in akk*, ihnen *in dat*; **I told ~ I was leaving next week** ich habe ihnen gesagt, dass ich nächste Woche wegfahre; **the cats are hungry — could you feed ~?** die Katzen haben Hunger — könntest du sie füttern? ❷ (*objects*) sie *in akk*; **I've lost my keys — I can't find ~ anywhere** ich habe meine Schlüssel verloren – ich kann sie nirgends finden ❸ (*him*) ihm/ihr *in dat*, ihn/sie *in akk*; **we want to show every customer that we appreciate ~** wir wollen jedem Kunden zeigen, wie sehr wir ihn schätzen ❹ (*fam: the other side*) **us against ~** wir gegen sie **II.** adj attr DIAL (*fam: those*) diese *pl*; **look at ~ eyes** schau dir diese Augen an

the-mat-ic [θɪ'mætɪk] **I.** adj thematisch **II.** *n* ■ **~s** + *sing/pl vb* Themengebiet *nt*

theme [θiːm] *n* ❶ (*subject*) Thema *nt* ❷ MUS Thema *nt*; FILM, TV Melodie *f* ❸ AM SCH (*essay*) Aufsatz *m*

'**theme mu-sic** *n no pl* FILM, TV Titelmusik *f* '**theme park** *n* Themenpark *m* '**theme song** *n* FILM, TV Titelmelodie *f* '**theme tune** *n* Erkennungsmelodie *f*

them-selves [ðəm'selvz] pron reflexive ❶ (*direct object*) sich; **the children behaved ~ very well** die Kinder benahmen sich sehr gut ❷ (*form: them*) sich selbst; **besides their parents and ~, no one else will attend their wedding** außer ihren Eltern und ihnen selbst wird niemand zu ihrer Hochzeit kommen ❸ (*emph: personally*) selbst; **to see/taste/feel/try sth for ~** etw selbst sehen/kosten/fühlen/versuchen ❹ (*himself or herself*) sich selbst; **anyone who fancies ~ as a racing driver** jeder, der sich selbst für einen Rennfahrer hält ❺ (*alone*) ■ [**all**] **by ~** [ganz] allein; **they had the whole campsite to ~** sie hatten den ganzen Campingplatz für sich

then [ðen] **I.** adj (*form*) damalig(r, s) **II.** adv ❶ (*at an aforementioned time*) damals; **before ~** davor, vorher; **by ~** bis dahin; **from ~ on** seit damals; **until ~** bis dahin ❷ (*after* *that*) dann, danach, darauf ❸ (*however*) but ~ aber schließlich; **but ~ again** aber andererseits ❹ (*unwilling agreement*) **all right** [*or* **ok**] ~ na gut, [also] meinetwegen ❺ (*used to end conversation*) **see you next Monday** ~ dann bis nächsten Montag

thence [ðen(t)s] *adv* (*dated form*) ❶ (*from there*) von dort ❷ (*from then on*) seit jener Zeit ❸ (*therefore*) deshalb

thence-forth [ˌðen(t)sˈfɔːθ] *adv*, **thence-for-ward** [ˌðen(t)sˈfɔːwəd] *adv* (*form*) seit jener Zeit

the·oc·ra·cy [θiˈɒkrəsi] *n no pl* Theokratie *f*

the·odo·lite [θiˈɒdəlaɪt] *n* Winkelmessgerät *nt*

theo·lo·gian [ˌθiːəˈləʊdʒən] *n* Theologe, Theologin *m, f*

theo·logi·cal [ˌθiːəˈlɒdʒɪkəl] *adj* Theologie-; **~ college** Priesterseminar *nt*

the·ol·ogy [θiˈɒlədʒi] *n* ❶ (*principle*) Glaubenslehre *f* ❷ *no pl* (*study*) Theologie *f*

theo·rem [ˈθɪərəm] *n* MATH Lehrsatz *m*; **Pythagoras' ~** der Satz des Pythagoras

theo·reti·cal [θɪəˈretɪkəl] *adj* theoretisch; **to be a ~ possibility** theoretisch möglich sein

theo·reti·cal·ly [θɪəˈretɪkəli] *adv* theoretisch

theo·rist [ˈθɪərɪst] *n* Theoretiker(in) *m(f)*

theo·rize [ˈθɪəraɪz] *vi* Theorien aufstellen (**about** über)

theo·ry [ˈθɪəri] *n* ❶ *no pl* (*rules*) Theorie *f* ❷ (*possible explanation*) Theorie *f*; **in ~** theoretisch

thera·peu·tic [ˌθerəˈpjuːtɪk] *adj* ❶ (*healing*) therapeutisch ❷ (*beneficial to health*) gesundheitsfördernd

thera·peu·tics [ˌθerəˈpjuːtɪks] *n + sing vb* Therapielehre *f*

thera·pist [ˈθerəpɪst] *n* Therapeut(in) *m(f)*

thera·py [ˈθerəpi] *n* Therapie *f*, Behandlung *f*; **occupational ~** Beschäftigungstherapie *f*

there [ðeəʳ, ðəʳ] **I.** *adv* ❶ (*in, at that place*) dort, da; **~'s that book you were looking for** hier ist das Buch, das du gesucht hast; **to be ~ for sb** für jdn da sein; **here and ~** hier und da ❷ (*at the place indicated*) dort, da; **in/out/over/up ~** da drin[nen]/draußen/drüben/oben ❸ (*to a place*) dahin, dorthin; **the museum is closed today — we'll go ~ tomorrow** das Museum ist heute zu – wir gehen morgen hin; **to get ~** (*arrive*) hinkommen; (*fig: succeed*) es schaffen; (*understand*) es verstehen; **~ and back** hin und zurück; **in ~** dort [*o* da] hinein ❹ (*in speech or text*) an dieser Stelle; **I'd have to disagree with you ~** da muss ich Ihnen leider widersprechen ❺ (*used to introduce sentences*) **~ are lives at stake** es stehen Leben auf dem Spiel; **~'s a good boy/girl/dog** braver Junge/braves Mädchen/braver Hund; **~ appears to be ...** es scheint ...; **~ comes a point where ...** es kommt der Punkt, an dem ... ❻ (*said to attract attention*) **hello ~!** hallo! ▶ **to be neither here nor ~** keine Rolle spielen; **~ you are — that'll be £3.80 please** bitte schön – das macht £3,80; **been ~, done that** (*fam*) kalter Kaffee; **~ you have it** na siehst du **II.** *interj* ❶ (*expressing sympathy*) da!, schau!; **~, ~!** ganz ruhig!, schon gut! ❷ (*expressing satisfaction*) na bitte!, siehst du! ❸ (*fam*) **so ~!** und damit basta!; **you can't have any, so ~!** du kriegst nichts ab, ätsch!

there·abouts [ˈðeərəbaʊts] *adv* ❶ (*in that area*) dort in der Nähe ❷ (*approximate time*) **or ~** oder so; **he's lived in Norwich for 40 years, or ~** er lebt seit ungefähr vierzig Jahren in Norwich **there·'after** *adv* (*form*) darauf; **shortly ~** kurze Zeit später **'there·by** *adv* dadurch ▶ **~ hangs a tale** *esp* BRIT (*hum*) das ist eine lange Geschichte **there·fore** [ˈðeəfɔːʳ] *adv* deshalb, deswegen, daher **there·in** [ˌðeəˈrɪn] *adv* (*form*) darin **there·of** [ˌðeəˈrɒv] *adv* (*form*) davon **there·upon** [ˌðeərəˈpɒn] *adv* (*form*) daraufhin

therm [θɜːm] *n* BRIT (*dated*) veraltete britische Einheit für Arbeit und Energie

ther·mal [ˈθɜːməl] **I.** *n* ❶ (*air current*) Thermik *f* ❷ (*underwear*) ■**-s** *pl* Thermounterwäsche *f kein pl* **II.** *adj attr* ❶ MED Thermal-; **~ bath** Thermalbad *nt* ❷ PHYS thermisch, Thermo-; **~ conductivity** Wärmeleitfähigkeit *f*

ther·mal 'under·wear *n no pl* Thermounterwäsche *f*

ther·mo·dy·nam·ic [ˌθɜːməʊdaɪˈnæmɪk] *adj attr* thermodynamisch

ther·mo·elec·tric [ˌθɜːməʊɪˈlektrɪk] *adj* thermoelektrisch

ther·mom·eter [ˈθɜːmɒmɪtəʳ] *n* ❶ (*device*) Thermometer *nt o* SCHWEIZ *a. m*; **clinical ~** Fieberthermometer *nt* ❷ (*record*) Barometer *nt*

ther·mo·nu·clear [ˌθɜːməʊˈnjuːklɪəʳ] *adj* thermonuklear; **~ bomb** Wasserstoffbombe *f*

Thermos® [ˈθɜːmɒs] *n*, **Thermos® bottle** *n*, **Thermos® flask** *n* Thermosflasche *f*

ther·mo·stat [ˈθɜːməstæt] *n* Thermostat *m*

ther·mo·stat·ic [ˌθɜːməstætɪk] *adj* thermostatisch

the·sau·rus [θɪˈsɔːrəs, *pl* -raɪ] ‹*pl* -es *or pl* -ri› *n* Synonymwörterbuch *nt*, Thesaurus *m fachspr*

these [ðiːz] **I.** *adj pl of* **this II.** *pron dem pl of* **this** ❶ (*the things here*) diese; **take ~ and put them on my desk please** nimm die[se] hier und stell sie bitte auf meinen Tisch; **are**

~ **your bags?** sind das hier deine Taschen; ~ **here** die da ❷ *(the people here)* das; ~ **are my kids** das sind meine Kinder ❸ *(current times)* diese; **in times like ~ ...** in Zeiten wie diesen ... ❹ *(familiar referent)* diese

the·sis <*pl* -ses> ['θiːsəs, *pl* -siːz] *n* ❶ *(written study)* wissenschaftliche Arbeit; *(for diploma)* Diplomarbeit *f*; *(for PhD)* Doktorarbeit *f*; **doctoral ~** Doktorarbeit *f* ❷ *(proposition)* These *f*

they [ðeɪ] *pron pers* ❶ *(3rd person plural)* sie; **where are my glasses? ~ were on the table just now** wo ist meine Brille? sie lag doch gerade noch auf dem Tisch ❷ *(he or she)* er, sie; **ask a friend if ~ could help** frag einen Freund, ob er/sie helfen kann ❸ *(people in general)* sie; **~ say ...** es heißt ... ❹ *(fam: those with authority)* ~ **'ve decided to change the bus route into town** es wurde beschlossen, die Busroute in die Stadt zu ändern; **~ cut my water off** man hat mir das Wasser abgestellt

they'll [ðeɪl] = **they will** *see* **will**[1]
they're [ðeə^r] = **they are** *see* **be**
they've [ðeɪv] = **they have** *see* **have I, II**

thick [θɪk] **I.** *adj* ❶ *(not thin)* dick, layer, volume dick ❷ *(bushy)* eyebrows dicht; hair also voll ❸ *after n (measurement)* dick, stark; **the walls are two metres ~** die Wände sind zwei Meter dick ❹ *(not very fluid)* dick, zähflüssig ❺ *(dense)* dicht; **~ with smoke** verraucht; **~ clouds/fog** dichte Wolkendecke/dichter Nebel ❻ *(extreme)* deutlich, ausgeprägt; accent stark ❼ *(pej sl: mentally slow)* dumm; **to be [a bit] ~** [ein bisschen] begriffsstutzig sein ▶ **to have a ~ skin** ein dickes Fell haben; **blood is ~er than water** *(saying)* Blut ist dicker als Wasser *prov*; **to be as ~ as thieves** wie Pech und Schwefel zusammenhalten; **to be as ~ as two short planks** dumm wie Bohnenstroh sein **II.** *n no pl (fam)* ▪ **in the ~ of sth** mitten[drin] in etw *dat* **III.** *adv (heavily)* dick; **the snow lay ~ on the path** auf dem Weg lag eine dicke Schneedecke ▶ **to come ~ and fast** the complaints were coming **~ and fast** es hagelte Beschwerden; **to lay it on ~** dick auftragen *fam*

thick·en ['θɪkən] **I.** *vt* sauce eindicken **II.** *vi* ❶ *(become less fluid)* dick[er] werden ❷ *(become denser)* dicht[er] werden ❸ *(become less slim)* [an Umfang] zunehmen ▶ **the plot ~s** *(saying)* die Sache wird langsam interessant **thick·en·er** ['θɪkənər] *n* Bindemittel *nt*; gravy ~ Soßenbinder *m*

thick·et ['θɪkɪt] *n* Dickicht *nt*

thick-'head·ed *adj* ❶ *(mentally slow)* begriffsstutzig ❷ *(stupid)* dumm **thick·ness** ['θɪknəs] *n* ❶ *no pl (size, depth)* Dicke *f* ❷ *(denseness)* Dichte *f* ❸ *(layer)* Schicht *f* **thick-'set** *adj* person stämmig; plant dicht [gepflanzt] **thick-'skinned** *adj* dickhäutig; **to be ~** ein dickes Fell haben

thief <*pl* thieves> [θiːf] *n* Dieb(in) *m(f)* ▶ **like a ~ in the night** wie ein Dieb in der Nacht

thieve [θiːv] *vi, vt (liter)* stehlen

thiev·ing ['θiːvɪŋ] **I.** *n (liter, form)* Stehlen *nt* **II.** *adj attr* diebisch; **take your ~ hands off my cake!** *(hum)* lass deine Finger von meinem Kuchen!

thigh [θaɪ] *n* [Ober]schenkel *m*
'thigh bone *n* Oberschenkelknochen *m*
thim·ble ['θɪmbl] *n* Fingerhut *m*

thin <-nn-> [θɪn] **I.** *adj* ❶ *(not thick)* dünn; ~ **line** feine Linie; *(fig)* schmaler Grat ❷ *(slim)* person dünn; *(too slim)* hager ❸ *(not dense)* fog leicht; crowd klein; *(lacking oxygen)* air dünn ❹ *(sparse)* spärlich; ~ **hair** *(on head)* schütteres Haar; *(on body)* spärlicher Haarwuchs ❺ *(very fluid)* dünn[flüssig] ❻ *(feeble)* schwach; disguise dürftig; excuse fadenscheinig ❼ *(come to an end)* **to wear ~** soles, clothes dünner werden; *(fig)* erschöpft sein ▶ **out of ~ air** aus dem Nichts; **to disappear into ~ air** sich in Luft auflösen; **to be ~ on the ground** BRIT, AUS dünn gesät sein; **to be on ~ ice** sich auf dünnem Eis bewegen; **to stick together through thick and ~** zusammen durch dick und dünn gehen **II.** *vt* <-nn-> ❶ *(make more liquid)* verdünnen ❷ *(remove some)* ausdünnen, lichten **III.** *vi* <-nn-> ❶ *(become weaker)* soup, blood dünner werden, *fog* sich zerstreuen; *fog* sich lichten; *hair* dünner werden, sich lichten ❷ *(become worn)* material sich verringern, abnehmen ◆**thin down I.** *vi* abnehmen **II.** *vt* verdünnen ◆**thin out I.** *vt* ausdünnen; plants pikieren **II.** *vi* weniger werden, sich verringern; crowd kleiner werden, sich verlaufen

thine [ðaɪn] DIAL **I.** *adj det (old)* dein **II.** *pron poss (old)* der/die/das Deinige

thing [θɪŋ] *n* ❶ *(unspecified object)* Ding *nt*, Gegenstand *m*, Dings[bums] *nt fam*; **I haven't got a ~ to wear** ich habe nichts zum Anziehen ❷ *(possessions)* ▪ ~s *pl* Besitz *m* kein *pl*; *(objects for special purpose)* Sachen *pl*, Zeug *nt* kein *pl*; **swimming ~s** Schwimmzeug *nt* kein *pl* ❸ *(unspecified idea, event)* Sache *f*; **if there's one ~ I want to know it's this** wenn es etwas gibt, das ich wissen will, dann ist es das; **one ~ leads to another** das Eine führt zum Andern; **don't worry about a ~!** mach dir keine Sorgen!; **to not be sb's ~** nicht jds Ding *nt* sein *fam*;

the whole ~ das Ganze ④ (*unspecified activity*) Sache *f*; **that was a close ~!** das war knapp!; **to do sth first/last ~** etw als Erstes/ Letztes tun; **to do one's own ~** (*fam*) seinen [eigenen] Weg gehen ⑤ (*fam: what is needed*) **just the ~** genau das Richtige ⑥ (*matter*) Thema *nt*, Sache *f*; **sure ~!** esp Am na klar!; **to know a ~ or two** eine ganze Menge wissen ⑦ (*social behaviour*) **smoking during meals is not the done ~** es gehört sich nicht, während des Essens zu rauchen ⑧ (*the situation*) **how are ~s [with you]?** wie geht's [dir]?; **as ~s stand** so wie die Dinge stehen ⑨ (*person*) **you lucky ~!** du Glückliche(r)!; **lazy ~** Faulpelz *m*; **the poor ~** der/die Ärmste; (*young woman, child*) das arme Ding ▸ **to be the greatest ~ since sliced bread** (*fam*) einfach Klasse sein; **the best ~s in life are free** (*saying*) die besten Dinge im Leben sind umsonst; **to be just one of those ~s** (*be unavoidable*) einfach unvermeidlich sein; (*typical happening*) typisch sein; **worse ~s happen at sea** (*saying*) davon geht die Welt nicht unter *fam*; **to be onto a good ~** (*fam*) etwas Gutes auftun

thin·ga·ma·bob [ˈθɪŋəməˌbɒb], **thinga·ma·jig** [ˈθɪŋəməˌdʒɪɡ], Brit **thingum·my** [ˈθɪŋəmi] *o* **thingy** [ˈθɪŋi] *n* (*fam*) [der/die/das] Dings[da] (*o* Dingsbums)

think [θɪŋk] **I.** *n no pl* (*fam*) **to have a ~ about sth** sich *dat* etw überlegen, über etw *akk* nachdenken **II.** *vi* <thought, thought> ① (*believe*) denken, glauben, meinen; **yes, I ~ so** ich glaube schon; **no, I don't ~ so** ich glaube nicht ② (*reason, base ideas/views*) denken; **not everybody ~s like you** nicht jeder denkt wie du ③ (*consider to be, have an opinion*) **I want you to ~ of me as a friend** ich möchte, dass du mich als Freund siehst; **~ nothing of it!** keine Ursache!; **to ~ highly of sb/sth** viel von jdm/etw *dat* halten; **to ~ nothing of doing sth** nichts dabei finden, etw zu tun ④ (*expect*) **I thought as much!** das habe ich mir schon gedacht! ⑤ (*intend*) ■**to ~ of doing sth** erwägen, etw zu tun ⑥ (*come up with*) ■**to ~ of sth** sich *dat* etw ausdenken; (*develop*) **to ~ of an idea/ solution** auf eine Idee/Lösung kommen ⑦ (*remember*) **I can't ~ when/where/who** ... ich weiß nicht mehr, wann/wo/wer ... ⑧ (*reflect*) [nach]denken, überlegen; **that'll give him something to ~ about** das sollte ihm zu denken geben; **I haven't seen him for weeks, in fact, come to ~ of it, since March** ich habe ihn seit Wochen nicht mehr gesehen, wenn ich es mir recht überlege, seit März nicht; **to ~ better of sth** sich *dat* etw anders überlegen; **to ~ for oneself** selbständig denken ⑨ (*imagine*) ■**to ~ of sth** sich *dat* etw vorstellen ⑩ (*have in one's mind*) ■**to ~ of sb/sth** an jdn/etw *akk* denken ⑪ (*take into account*) ■**to ~ of sth** etw bedenken ▸ **to be unable to hear oneself ~** sein eigenes Wort nicht mehr verstehen **III.** *vt* <thought, thought> ① (*hold an opinion*) denken, glauben; **to ~ the world of sb/sth** große Stücke auf jdn/etw halten; **to ~ to oneself that ...** [bei] sich *dat* denken, dass ... ② (*consider to be*) **who do you ~ you are?** für wen hältst du dich eigentlich?; **to ~ it [un]likely that ...** es für [un]wahrscheinlich halten, dass ... ③ (*intend*) **I ~ I'll go for a walk** ich denke, ich mache einen Spaziergang ④ (*remember*) ■**to ~ to do sth** daran denken, etw zu tun ⑤ (*find surprising, strange, foolish*) **to ~ [that] I loved him!** kaum zu glauben, dass ich ihn einmal geliebt habe! ◆**think about** *vi* ① (*have in one's mind*) denken (an) ② (*reflect*) nachdenken (über) ③ (*consider*) ■**to ~ about sth** sich *dat* etw überlegen; **to [not] ~ twice about sth** sich *dat* etw [nicht] zweimal überlegen ◆**think ahead** *vi* vorausdenken; (*be foresighted*) sehr vorausschauend sein ◆**think back** *vi* zurückdenken (**to** an); ■**to ~ back over sth** sich *dat* etw noch einmal vergegenwärtigen ◆**think on** *vt* NBrit, Am (*fam*) nachdenken (über) ◆**think out** *vt* ① (*prepare carefully*) durchdenken; **a well thought out plan** ein gut durchdachter Plan ② (*plan*) vorausplanen ③ (*come up with*) sich *dat* ausdenken; (*develop*) entwickeln ◆**think over** *vt* überdenken; **I'll ~ it over** ich überleg's mir noch mal ◆**think through** *vt* [gründlich] durchdenken ◆**think up** *vt* (*fam*) sich *dat* ausdenken

think·er [ˈθɪŋkəʳ] *n* Denker(in) *m(f)*

think·ing [ˈθɪŋkɪŋ] **I.** *n no pl* ① (*using thought*) Denken *nt*; **to do some ~ about sth** sich *dat* über etw *akk* Gedanken machen ② (*reasoning*) Überlegung *f*; **good ~!** **that's a brilliant idea!** nicht schlecht! eine geniale Idee! ③ (*opinion*) Meinung *f*; **to my way of ~** meiner Ansicht nach **II.** *adj attr* denkend, vernünftig

'think tank *n* (*fig*) Expertenkommission *f*

thin·ner [ˈθɪnəʳ] **I.** *n* Verdünnungsmittel *nt*; **paint ~** Farbverdünner *m* **II.** *adj comp of* **thin**

thin·ness [ˈθɪnnəs] *n no pl* ① (*not fat*) Magerkeit *f* ② (*fig: lack of depth*) Dünnheit *f*

thin-ˈskinned *adj* empfindlich, sensibel

third [θɜːd] **I.** *n* ① (*number 3*) Dritte(r, s); **George the T~** Georg der Dritte; **the ~ of September** der dritte September ② (*frac-*

tion) Drittel *nt* ③ (*gear position*) dritter Gang ④ MUS Terz *f* ⑤ BRIT UNIV (*class of degree*) dritter [akademischer] Grad **II.** *adj* dritte(r, s); ~ **best** drittbeste(r, s); **the ~ time** das dritte Mal

third 'age *n* ■the ~ das dritte Leben [*o* Alter]
third de·'gree *n* Polizeimaßnahme *f* (*zur Erzwingung eines Geständnisses*); **to get the ~** (*hum fam*) verhört werden; **to give sb the ~** (*fam*) jdn in die Mangel nehmen
third-de·gree 'burn *n* Verbrennung *f* dritten Grades **third·ly** ['θɜːdli] *adv* drittens
third 'par·ty I. *n* dritte Person; LAW Dritte(r) *f(m)*; POL dritte Partei **II.** *adj attr* Haftpflicht-; ~ **accident insurance** Unfall-Fremdversicherung **third-par·ty in·'sur·ance** *n no pl* Haftpflichtversicherung *f* **third-par·ty lia·'bil·i·ty** *n no pl* Haftpflicht *f*; **to be covered for ~** haftpflichtversichert sein **third 'per·son** *n* ① (*person*) dritte Person; LAW Dritte(r) *f(m)* ② LING dritte Person
third-'rate *adj* minderwertig **Third 'World** *n* ■the ~ die Dritte Welt; ~ **country** Drittweltland *nt*

thirst [θɜːst] *n no pl* ① (*need for a drink*) Durst *m*; **to die of ~** verdursten; **to quench one's ~** seinen Durst löschen ② (*strong desire*) Verlangen *nt*; **to have a ~ for adventure** abenteuerlustig sein; ~ **for knowledge** Wissensdurst *m*; ~ **for power** Machtgier *f*
thirsty ['θɜːsti] *adj* durstig; **gardening is ~ work** Gartenarbeit macht durstig; ■**to be ~ for sth** nach etw *dat* hungern
thir·teen [θɜːˈtiːn] **I.** *n* Dreizehn *f*; *see also* **eight II.** *adj* dreizehn; *see also* **eight**
thir·teenth [θɜːˈtiːn(t)θ] **I.** *n* ① (*order*) ■the ~ der/die/das Dreizehnte; *see also* **eighth** ② (*date*) **the ~** der Dreizehnte; *see also* **eighth** ③ (*fraction*) Dreizehntel *nt*; *see also* **eighth II.** *adj* dreizehnte(r, s); *see also* **eighth III.** *adv* als Dreizehnte(r, s); *see also* **eighth**
thir·ti·eth ['θɜːtiəθ] **I.** *n* ① (*after twenty-ninth*) Dreißigste(r, s); *see also* **eighth** ② (*date*) **the ~** der Dreißigste; *see also* **eighth** ③ (*fraction*) Dreißigstel *nt*; *see also* **eighth II.** *adj* dreißigste(r, s); *see also* **eighth III.** *adv* als Dreißigste(r, s); *see also* **eighth**
thir·ty ['θɜːti] **I.** *n* ① (*number*) Dreißig *f*; *see also* **eight** ② (*age*) **to be in one's thirties** in den Dreißigern sein ③ (*time period*) ■**the thirties** *pl* die dreißiger Jahre ④ (*speed*) **he was doing ~ kph** er fuhr gerade dreißig **II.** *adj* dreißig; *see also* **eight**
this [ðɪs, ðəs] **I.** *adj attr* ① (*close in space*) diese(r, s); **can you sign ~ form [here] for me?** kannst du dieses Formular für mich unterschreiben? ② (*close in future*) diese(r, s); **I'll do it ~ Monday/week/month/year** ich erledige es diesen Montag/diese Woche/diesen Monat/dieses Jahr; (*of today*) ~ **morning/evening** heute Morgen/Abend; ~ **minute** sofort ③ (*referring to specific*) diese(r, s); **don't listen to ~ guy** hör nicht auf diesen Typen; **by ~ time** dann ④ (*fam: a*) diese(r, s); ~ **lady came up to me and asked me where I got my tie** da kam so eine Frau auf mich zu und fragte mich nach meiner Krawatte ▸ **watch ~ space** BRIT man darf gespannt sein **II.** *pron* ① (*the thing here*) das; ~ **is my purse not yours** das ist mein Geldbeutel, nicht deiner; **is ~ your bag?** ist das deine Tasche? ② (*the person here*) das; ~ **is my husband, Stefan** das ist mein Ehemann Stefan; ~ **is the captain speaking** hier spricht der Kapitän ③ (*this matter here*) das; **what's ~?** was soll das?; **what's all ~ about?** was soll das [Ganze] hier?; ~ **is what I was talking about** davon spreche ich ja ④ (*present time*) **how can you laugh at a time like ~?** wie kannst du in einem solchen Moment lachen? ⑤ (*with an action*) das; **every time I do ~, it hurts** jedes Mal, wenn ich das mache, tut es weh; **like ~** so ⑥ (*the following*) das; **listen to ~ ... how does it sound?** hör dir das an ... wie klingt das? ▸ ~ **and that** (*fam*) dies und das **III.** *adv* so; **he's not used to ~ much attention** er ist so viel Aufmerksamkeit nicht gewöhnt; ~ **far and no further** (*also fig*) bis hierher und nicht weiter

this·tle ['θɪsl] *n* Distel *f*
tho' [ðəʊ] *conj short for* **though** obwohl
thong [θɒŋ] *n* ① (*strip of leather*) Lederband *nt* ② (*part of whip*) Peitschenschnur *f* ③ (*G-string panty*) Tanga *m* ④ AM, AUS (*flip-flop*) ■**~s** *pl* [Zehen]sandalen *pl*, Badeschuhe *pl* (*mit Leder- oder Plastikriemen zwischen ersten beiden Zehen*)
tho·rax <*pl* -**es** *or* **-races**> ['θɔːræks, *pl* -rəsiːz] *n* ANAT Brustkorb *m*
thorn [θɔːn] *n* ① (*prickle*) Dorn *m* ② (*bush with prickles*) Dornenstrauch *m* ③ (*nuisance*) Ärgernis *nt* ▸ **to be a ~ in sb's side** jdm ein Dorn im Auge sein; **there is no rose without a ~** (*prov*) keine Rose ohne Dornen *prov*
thorny ['θɔːni] *adj* ① (*with thorns*) dornig ② (*difficult*) schwierig; **issue** heikel
thor·ough ['θʌrə] *adj* ① (*detailed*) genau, exakt ② (*careful*) sorgfältig, gründlich; *reform* durchgreifend ③ *attr* (*complete*) komplett; **it was a ~ waste of time** das war reine Zeitverschwendung
'thor·ough·bred I. *n* Vollblut[pferd] *nt* **II.** *adj* ① *horse* reinrassig, Vollblut- ② (*fam:*

excellent) rassig **thor·ough·fare** *n* (*form*) Durchgangsstraße *f*; **"no ~"** „keine Durchfahrt" **'thor·ough·go·ing** *adj* (*form*) ❶ (*complete*) gründlich ❷ *attr* (*absolute*) radikal; **a ~ idiot** ein Vollidiot *m pej* **thor·ough·ly** ['θʌrəli] *adv* ❶ (*in detail*) genau, sorgfältig ❷ (*completely*) völlig; **to ~ enjoy sth** etw ausgiebig genießen **thor·ough·ness** ['θʌrənəs] *n no pl* Gründlichkeit *f*, Sorgfältigkeit *f*

those [ðəʊz] **I.** *adj det* ❶ *pl of* **that** (*to identify specific persons/things*) diese; **how much are ~ brushes?** wie viel kosten die Bürsten da? ❷ *pl of* **that** (*familiar referent*) jene; **where are ~ children of yours?** wo sind deine Kinder? ❸ *pl of* **that** (*singling out*) **I like ~ biscuits with the almonds in them** ich mag die Kekse mit den Mandeln drinnen **II.** *pron pl of* **that** ❶ (*the things over there*) diejenigen; **what are ~?** was ist das?; **these peaches aren't ripe, try ~ on the table** diese Pfirsiche sind noch nicht reif, versuch' die auf dem Tisch ❷ (*the people over there*) die; **are my kids over there das sind meine Kinder da drüben** ❸ (*past times*) damals; **~ were the days** das war eine tolle Zeit ❹ (*the people*) ▪ **~ who ...** diejenigen, die ...; ▪ **one of ~** (*belonging to a group*) eine(r) davon; **to be one of ~ who ...** eine(r) von denen sein, die ..., zu denen gehören, die ... ❺ (*the ones*) diejenigen; **my favourite chocolates are ~ which have cherries inside them** meine Lieblingspralinen sind die mit Kirschen

thou[1] [ðaʊ] *pron pers* DIAL (*old: you*) du
thou[2] <*pl* -> [ðaʊ] *n* (*fam*) ❶ *abbrev of* **thousand** ❷ *abbrev of* **thousandth**

though [ðəʊ] **I.** *conj* ❶ (*despite the fact that*) obwohl ❷ (*however*) [je]doch ❸ (*fam: nevertheless*) dennoch; **the report was fair, ~** der Bericht war trotz allem fair ❹ (*if*) ▪ **as ~** als ob **II.** *adv* trotzdem

thought [θɔːt] **I.** *n* ❶ *no pl* (*thinking*) Nachdenken *nt*, Überlegen *nt*; **food for ~** Denkanstöße *pl*; **freedom of ~** Gedankenfreiheit *f*; **train of ~** Gedankengang *m*; **to be deep in ~** tief in Gedanken versunken sein; **to give sth some ~** sich *dat* Gedanken über etw *akk* machen ❷ (*opinion, idea*) Gedanke *m*; **I've just had a ~** mir ist eben was eingefallen; **to spare a ~ for sb/sth** an jdn/etw *akk* denken ▸ **a penny for your ~s!** (*saying*) ich wüsste zu gern, was du gerade denkst!; **it's the ~ that counts** (*fam*) der gute Wille zählt **II.** *vt, vi pt, pp of* **think**

thought·ful ['θɔːtfəl] *adj* ❶ (*considerate*) aufmerksam ❷ (*mentally occupied*) nachdenklich ❸ (*careful*) sorgfältig **thought·less** ['θɔːtləs] *adj* ❶ (*inconsiderate*) rücksichtslos ❷ (*without thinking*) unüberlegt **thought-'out** *adj* durchdacht **'thought-pro·vok·ing** *adj* nachdenklich stimmend; **she made some very ~ remarks** ihre Bemerkungen gaben mir zu denken

thou·sand ['θaʊzənd] **I.** *n* ❶ *no pl* (*number*) Tausend *f*; **as a father, he's one in a ~** er ist ein fantastischer Vater; **one ~/two ~** [ein]tausend/zweitausend ❷ *no pl* (*year*) **two ~ and five** [das Jahr] zweitausend und fünf ❸ *no pl* (*quantity*) **a ~ pounds** [ein]tausend Pfund ❹ *pl* (*lots*) ▪ **~s** Tausende *pl* **II.** *adj det, attr* tausend; **I've said it a ~ times** ich habe es jetzt unzählige Male gesagt ▸ **the sixty-four <u>dollar</u> question** die [alles] entscheidende Frage

thou·sandth ['θaʊzən(d)θ] **I.** *n* (*in series*) Tausendste(r, s); (*fraction*) Tausendstel *nt* **II.** *adj* tausendste(r, s); ▪ **the ~ ...** der/die/das tausendste ...; **a ~ part** ein Tausendstel *nt*; **the ~ time** das tausendste Mal

thrash [θræʃ] **I.** *vt* ❶ (*beat*) verprügeln; **to get ~ed** Prügel beziehen ❷ (*fam: defeat*) haushoch schlagen **II.** *vi* (*liter*) rasen ♦ **thrash out** *vt* ❶ (*fam: discuss*) ausdiskutieren ❷ (*produce by discussion*) aushandeln **thrash·ing** ['θræʃɪŋ] *n* Prügel *pl*; **to give sb a [good] ~** jdm eine [anständige] Tracht Prügel verpassen

thread [θred] **I.** *n* ❶ *no pl* (*for sewing*) Garn *nt* ❷ (*fibre*) Faden *m*, Faser *f* ❸ (*theme*) roter Faden; **to lose the ~** [of what one is saying] den Faden verlieren ❹ (*groove*) Gewinde *nt*; (*part of groove*) Gewindegang *m* ❺ INET Thread *m* **II.** *vt* ❶ (*put through*) einfädeln; **she ~ed her way through the crowd** sie schlängelte sich durch die Menge; **to ~ a needle** einen Faden in eine Nadel einfädeln ❷ (*put onto a string*) auffädeln; **to ~ beads onto a chain** Perlen auf eine Kette aufreihen

'thread·bare *adj* ❶ *material* abgenutzt; *clothes* abgetragen; *carpet* abgelaufen; (*fig*) *argument* fadenscheinig ❷ *person, building* schäbig ❸ (*too often used*) abgedroschen

threat [θret] *n* ❶ (*warning*) Drohung *f*; **death ~** Morddrohung *f*; **an empty ~** eine leere Drohung ❷ LAW (*menace*) Bedrohung *f* ❸ *no pl* (*potential danger*) Gefahr *f*, Bedrohung *f*; **~ of war** Kriegsgefahr *f*; **to pose a ~ to sb/sth** eine Gefahr für jdn/etw *akk* darstellen; ▪ **to be under ~ of sth** von etw *dat* bedroht sein

threat·en ['θretən] **I.** *vt* ❶ (*warn*) ▪ **to ~ sb** jdn bedrohen, jdm drohen; ▪ **to ~ sb with sth** jdm mit etw *dat* drohen; (*with weapon*) jdn mit etw *dat* bedrohen; **to ~ sb with vio-**

threatening–throng 832

lence jdm Gewalt androhen ❷ *(be a danger)* gefährden, eine Bedrohung sein (für) ❸ *(present risk)* **the sky ~s rain** am Himmel hängen dunkle Regenwolken **II.** *vi* drohen; ■ **to ~ to do sth** damit drohen, etw zu tun

threat·en·ing ['θretᵊnɪŋ] *adj* ❶ *(hostile)* drohend, Droh-; **~ behaviour** Drohungen *pl*; **~ letter** Drohbrief *m* ❷ *(menacing)* bedrohlich; **clouds** dunkel; **~ behaviour** LAW Bedrohung *f*

three [θriː] **I.** *n* ❶ *(number)* Drei *f*; *see also* **eight** ❷ *(quantity)* drei; **in ~s** in Dreiergruppen ❸ *(score)* Drei *f*; CARDS Drei *f*; **the ~ of diamonds** die Karodrei ❹ *(the time)* drei [Uhr]; **at ~ pm** um drei Uhr [nachmittags], um fünfzehn Uhr; *see also* **eight** ❺ *(the third)* drei; **lesson/number ~** Lektion/ [Haus]nummer drei ▸ **two's company, ~'s a crowd** drei sind einer zu viel **II.** *adj* drei; **I'll give you ~ guesses** dreimal darfst du raten; *see also* **eight** ▸ **~ cheers!** *(also iron)* das ist ja großartig! *a. iron;* **to be ~ sheets to the wind** total durch den Wind sein *f*

three-'cor·nered *adj* ❶ *(triangular)* dreieckig; **~ hat** Dreispitz *m;* **~ arrangement** Dreiecksvereinbarung *f* ❷ SPORTS Drei-; **~ battle** Dreikampf *m* **three-'D** *adj (fam) short for* **three-dimensional** 3-D· **three-di·men·sion·al** *adj* dreidimensional **three·fold** *adj* dreifach **'three-part** *adj attr* dreistimmig **three·pen·ny 'bit** *n* BRIT *(hist)* Dreipencestück *nt* **'three-piece I.** *adj* ❶ *(of three items)* dreiteilig ❷ *(of three people)* Dreimann- **II.** *n* Dreiteiler *m* **three-piece 'suit** *n (man's)* Dreiteiler *m;* (lady's) dreiteiliges Ensemble **'three-ply I.** *adj* ❶ *(of three layers)* **wood** dreischichtig; **tissue** dreilagig ❷ *(of three strands)* **~ wool** Dreifachwolle *f* **II.** *n no pl (wool)* Dreifachwolle *f;* (wood) dreischichtiges Spanholz **three-'quar·ter I.** *adj attr* dreiviertel; **~ portrait** Halbbild *nt* **II.** *n* SPORTS *(in rugby)* Dreiviertelspieler *m* **three·some** ['θriːsəm] *n* ❶ *(three people)* Dreiergruppe *f;* **as a ~** zu dritt ❷ *(fam: sexual act)* Dreier *m* fam ❸ SPORTS *(in golf)* Dreier *m* **three-'wheel·er** *n (car)* dreirädriges Auto; *(tricycle)* Dreirad *nt*

thresh [θreʃ] **I.** *vt* **crop** dreschen; **person** verprügeln **II.** *vi* ❶ *(beat)* ■ **to ~ at sth** auf etw *akk* einschlagen ❷ *see* **thrash II**

'thresh·ing ma·chine *n* AGR Dreschmaschine *f*

thresh·old ['θreʃ(h)əʊld] *n* ❶ *(of doorway)* [Tür]schwelle *f* ❷ *(beginning)* Anfang *m*, Beginn *m;* (limit) Grenze *f*, Schwelle *f;* **I have a low boredom ~** ich langweile mich sehr schnell; **~ country** Schwellenland *nt;* **pain ~** Schmerzgrenze *f;* **tax ~** *esp* BRIT Steuereingangsstufe *f* ❸ PHYS, COMPUT Schwellenwert *m*

threw [θruː] *pt of* **throw**

thrice [θraɪs] *adv (old)* dreimal

thrift [θrɪft] *n* ❶ *no pl* ❶ *(use of resources)* Sparsamkeit *f* ❷ *(plant)* Grasnelke *f*

thrifty ['θrɪfti] *adj* sparsam

thrill [θrɪl] **I.** *n* ❶ *(wave of emotion)* Erregung *f;* (titillation) Nervenkitzel *m;* **the ~ of the chase** der besondere Reiz der Jagd ▸ **all the ~s and spills** all der Nervenkitzel und all die Aufregung **II.** *vt* ❶ *(excite)* erregen; *(fascinate)* faszinieren; *(frighten)* Angst machen; *(delight)* entzücken

thrill·er ['θrɪlə^r] *n* Thriller *m* **thrill·ing** ['θrɪlɪŋ] *adj* aufregend; *story* spannend; **~ sight** überwältigender Anblick

thrive <-d *or* throve, -d *or* thriven> [θraɪv] *vi* gedeihen; *business* florieren; **she seems to ~ on stress and hard work** Stress und harte Arbeit scheinen ihr gut zu tun

thriv·ing ['θraɪvɪŋ] *adj* **it's a ~ community** das ist eine gut funktionierende Gemeinschaft; **business is ~** das Geschäft floriert

throat [θrəʊt] *n* ❶ *(inside the neck)* Rachen *m*, Hals *m;* **to have a sore ~** Halsschmerzen haben; **to clear one's ~** sich räuspern ❷ *(front of the neck)* Kehle *f*, Hals *m;* **to cut sb's ~** jdm die Kehle durchschneiden; **to grab sb by the ~** jdn an der Kehle packen; *(hold attention)* jdn packen ▸ **to have a frog in one's ~** einen Frosch im Hals haben; **to have a lump in one's ~** einen Kloß im Hals haben; **to be at each other's ~s** sich *dat* in den Haaren liegen; **to jump down sb's ~** jdn anschnauzen

throaty ['θrəʊti] *adj* ❶ *(harsh-sounding)* kehlig, rau ❷ *(hoarse)* heiser, rau

throb [θrɒb] **I.** *n* Klopfen *nt*, Hämmern *nt;* of heart, pulse Pochen *nt;* of bass, engine Dröhnen *nt* **II.** *vi* <-bb-> klopfen; *pulse, heart* pochen; *bass, engine* dröhnen; **his head ~bed** er hatte rasende Kopfschmerzen; **a ~bing pain** ein pochender Schmerz

throes [θrəʊz] *npl* **death ~** Todeskampf *m;* **the ~ of passion** die Qualen der Leidenschaft; **to be in the ~ of sth** mitten in etw *dat* stecken; **to be in the final ~** *(fig)* in den letzten Zügen liegen

throm·bo·sis <*pl* -ses> [θrɒm'bəʊsɪs, *pl* -siːz] *n* Thrombose *f*

throne [θrəʊn] *n* Thron *m;* REL Stuhl *m;* **heir to the ~** Thronerbe(in) *m(f);* **to ascend to the ~** den Thron besteigen

throng [θrɒŋ] **I.** *n* +*sing/pl vb* [Menschen]menge *f;* **~s of people** Scharen *pl* von Menschen **II.** *vt* sich drängen (in); **visitors ~ed the narrow streets** die engen Straßen wimmelten nur so von Besuchern

III. *vi* the public is ~ing to see the new musical die Besucher strömen in Massen in das neue Musical; ■to ~ **into sth** in etw *akk* hineinströmen

throt·tle ['θrɒtl] **I.** *n* ❶ AUTO Drosselklappe *f* ❷ (*speed*) **at full/half ~** mit voller/halber Geschwindigkeit; (*fig*) mit Volldampf/halbem Einsatz **II.** *vt* ❶ AUTO **to ~ the engine** Gas wegnehmen ❷ (*try to strangle*) würgen; (*strangle*) erdrosseln ❸ (*stop, hinder*) drosseln ◆**throttle back I.** *vi* den Motor drosseln **II.** *vt* drosseln

through [θruː] **I.** *prep* ❶ (*from one side to other*) durch; **we drove ~ the tunnel** wir fuhren durch den Tunnel ❷ (*in*) durch; **her words kept running ~ my head** ihre Worte gingen mir ständig durch den Kopf ❸ *esp* AM (*up until*) bis; **she works Monday ~ Thursday** sie arbeitet von Montag bis Donnerstag ❹ (*during*) während; **they drove ~ the night** sie fuhren durch die Nacht ❺ (*because of*) wegen, durch; **I can't hear you ~ all this noise** ich kann dich bei diesem ganzen Lärm nicht verstehen ❻ (*into pieces*) **he cut ~ the string** er durchschnitt die Schnur ❼ (*by means of*) über; **I got my car ~ my brother** ich habe mein Auto über meinen Bruder bekommen; **~ chance** durch Zufall ❽ (*at*) durch; **she looked ~ her mail** sie sah ihre Post durch; **to go ~ sth** etw durchgehen ❾ (*suffer*) durch; **to go ~ a hard time/a transition** eine harte Zeit/eine Übergangsphase durchmachen ❿ (*to the finish*) **to get ~ sth** etw durchstehen ⓫ (*to be viewed by*) **the bill went ~ parliament** der Gesetzentwurf kam durchs Parlament ⓬ (*into*) **we were cut off halfway ~ the conversation** unser Gespräch wurde mittendrin unterbrochen ⓭ MATH (*divided into*) durch; **five ~ ten is two** Zehn durch Fünf gibt Zwei **II.** *adj* ❶ *pred* (*finished*) fertig; **we're ~** (*finished relationship*) mit uns ist es aus; (*finished job*) es ist alles erledigt ❷ *pred* (*successful*) durch; ■**to be ~** bestanden haben; **Henry is ~ to the final** Henry hat sich für das Finale qualifiziert ❸ *attr* TRANSP (*without stopping*) durchgehend; **~ station** Durchgangsbahnhof *m* ❹ *attr* (*of room*) Durchgangs- **III.** *adv* ❶ (*to a destination*) durch; **the train goes ~ to Hamburg** der Zug fährt bis nach Hamburg durch ❷ (*from beginning to end*) [ganz] durch; **Paul saw the project ~ to its completion** Paul hat sich bis zum Abschluss um das Projekt gekümmert; **to be halfway ~ sth** etw halb durch haben; **to think sth ~** etw durchdenken ❸ (*from one side to another*) ganz durch ❹ (*from outside to inside*) durch und durch, völlig; **cooked ~** durchgegart; **soaked ~** völlig durchnässt

through·'out [θruː'aʊt] **I.** *prep* ❶ (*all over in*) **people ~ the country** Menschen im ganzen Land ❷ (*at times during*) während; **several times ~ the year** mehrmals während des Jahres; **~ the performance** die ganze Vorstellung über **II.** *adv* (*in all parts*) vollständig ❸ (*the whole time*) die ganze Zeit [über] **'through·put** *n no pl* Verarbeitungsmenge *f*; COMPUT Datendurchlauf *m* **'through tick·et** *n* Fahrkarte *f* für die gesamte Strecke **through 'traf·fic** *n no pl* Durchgangsverkehr *m*; **"no ~!"** "keine Durchfahrt!" **'through train** *n* durchgehender Zug **'through·way** *n* AM Autobahn *f*

throve *pt of* **thrive**

throw [θrəʊ] **I.** *n* ❶ (*act of throwing*) Wurf *m*; **a stone's ~** [away] (*fig*) nur einen Steinwurf von hier ❷ SPORTS (*in wrestling, cricket*) Wurf *m* ❸ (*fam: each*) **~ a** pro Stück; **they're charging nearly £100 a ~ for concert tickets!** eine Konzertkarte kostet fast 100 Pfund! ❹ (*furniture cover*) Überwurf *m* **II.** *vi* <threw, thrown> werfen **III.** *vt* <threw, thrown> ❶ (*propel with arm*) werfen; (*hurl*) schleudern; ■**to ~ sb sth** jdm etw zuwerfen; **to ~ a punch at sb** jdm einen Schlag versetzen ❷ (*pounce upon*) ■**to ~ oneself onto sb/sth** sich auf jdn stürzen/ auf etw *akk* werfen ❸ SPORTS (*in wrestling*) zu Fall bringen; **rider** abwerfen ❹ (*of dice*) **to ~ a dice** würfeln ❺ (*direct*) zuwerfen; **to ~ a glance at sb/sth** einen Blick auf jdn/etw *akk* werfen; ■**to ~ oneself at sb** (*embrace*) sich jdm an den Hals werfen; (*attack*) sich auf jdn stürzen ❻ (*dedicate*) ■**to ~ oneself into sth** sich in etw *akk* stürzen ❼ (*move violently*) ■**to ~ sth against sth** etw gegen etw *akk* schleudern ❽ ART (*pottery*) töpfern; **hand-~n pottery** handgetöpferte Keramik ❾ (*cause*) **to ~ a shadow over sth** einen Schatten auf etw *akk* werfen ❿ (*show emotion*) **to ~ a fit** (*fam*) einen Anfall bekommen; **to ~ a tantrum** einen Wutanfall bekommen ⓫ (*give*) **to ~ a party** eine Party geben ⓬ (*fam: confuse*) durcheinanderbringen ⓭ (*give birth*) **to ~ a calf/cub/lamb/ piglet** ein Kalb/Junges/Lamm/Ferkel werfen ▶ **to ~ caution to the wind** eine Warnung in den Wind schlagen; **people who live in glass houses shouldn't ~ stones** (*saying*) wer im Glashaus sitzt, sollte nicht mit Steinen werfen ◆**throw away I.** *vt* ❶ (*discard*) wegwerfen ❷ (*waste*) verschwenden; **to ~ money away on sth** Geld für etw *akk* zum Fenster hinauswerfen ❸ (*in card games*) **to ~ away ○ a card** eine Karte abwerfen **II.** *vi* (*in card games*) abwerfen

◆**throw back** vt ① (*move with force*) to ~ one's hair/head back seine Haare/den Kopf nach hinten werfen ② (*open*) to ~ the curtains back die Vorhänge aufreißen ③ (*drink*) whisky hinunterstürzen ④ (*reflect*) reflektieren ⑤ *esp passive* (*delay*) ■ to ~ sb ⊃ back jdn zurückwerfen ◆**throw down** vt ① (*throw from above*) herunterwerfen; to ~ oneself down sich niederwerfen ② (*deposit forcefully*) hinwerfen; to ~ down one's weapons die Waffen strecken ③ (*drink quickly*) hinunterstürzen; (*eat quickly*) hinunterschlingen ▸ to ~ down the gauntlet to sb jdm den Fehdehandschuh hinwerfen ◆**throw in** I. vt ① (*put into*) ■ to ~ sth in|to| sth etw in etw akk [hinein]werfen ② (*include in price*) ■ to ~ sth ⊃ in etw gratis dazugeben ③ (*throw onto pitch*) ball einwerfen ④ (*put into*) to ~ in a comment eine Bemerkung einwerfen ⑤ (*give up*) to ~ in one's hand aufgeben; CARDS aussteigen *fam* ▸ to ~ in the towel das Handtuch werfen II. vi (*in Ball*) einwerfen ◆**throw off** vt ① (*remove forcefully*) herunterreißen *fam*; *clothing* schnell ausziehen ② (*jump*) ■ to ~ oneself off sth sich von etw *dat* hinunterstürzen ③ (*cause to lose balance*) to ~ sb off balance jdn aus dem Gleichgewicht bringen ④ (*escape*) ■ to ~ ⊃ off jdn abschütteln ⑤ (*radiate*) ■ to ~ energy/heat/warmth ⊃ off Energie/Hitze/Wärme abgeben ◆**throw on** vt ① (*place*) werfen (auf); ~ a log on the fire, will you? legst du bitte noch einen Scheit aufs Feuer? ② (*pounce upon*) ■ to ~ oneself on sb sich auf jdn stürzen; ■ to ~ oneself on|to| sth sich auf etw akk niederwerfen ③ (*get dressed*) eilig anziehen ④ (*cast*) to ~ light on a crime ein Verbrechen aufklären; to ~ suspicion on|to| sb den Verdacht auf jdn lenken ◆**throw out** vt ① (*fling outside*) hinauswerfen ② (*eject*) hinauswerfen; (*dismiss*) entlassen ③ (*discard*) wegwerfen; to ~ out a case einen Fall abweisen ④ (*offer*) äußern; to ~ out an idea/a suggestion eine Idee/einen Vorschlag in den Raum stellen ⑤ (*emit*) abgeben; heat, warmth *also* ausstrahlen ⑥ (*of plant*) to ~ out a leaf/root/shoot ein Blatt/eine Wurzel/einen Keim treiben ⑦ SPORTS (*in cricket, baseball*) abwerfen ▸ to ~ the baby out with the bath water das Kind mit dem Bade ausschütten ◆**throw over** vt ① (*propel across top*) ■ to ~ sth over sth etw über etw akk werfen ② (*fam: pass*) ~ that book over here, can you? könntest du mir bitte das Buch zuwerfen? ③ (*cover*) ■ to ~ sth over one's shoulder (*carry*) etw schultern; (*discard*) etw hinter sich akk werfen ◆**throw together** vt ① (*fam: make quickly*) to ~ a meal together eine Mahlzeit zaubern ② (*cause to meet*) zusammenbringen ◆**throw up** I. vt ① (*project upwards*) hochwerfen; to ~ up one's hands die Hände hochreißen ② (*deposit on beach*) anschwemmen ③ (*build quickly*) schnell errichten ④ (*fam: vomit*) erbrechen II. vi (*fam*) sich übergeben

'**throw·a·way** ['θrəʊəweɪ] I. *adj attr* ① (*disposable*) wegwerfbar; ~ razor Einwegrasierer *m*; ~ culture Wegwerfkultur *f* ② (*unimportant*) achtlos dahingeworfen *attr* II. *n usu pl* Wegwerfgut *nt*

'**throw-back** *n* Rückschritt *m* **throw·er** ['θrəʊəʳ] *n* Töpferscheibe *f* '**throw-in** *n* SPORTS Einwurf *m* **throw·ing** ['θrəʊɪŋ] *n no pl* ① (*hurling action*) Werfen *nt* ② (*of clay*) Töpfern an der Drehscheibe

thrown [θrəʊn] *pp of* throw

thru [θruː] *prep, adv usu* AM (*fam*) *see* through

thrum [θrʌm] I. *vt* <-mm-> herumklimpern *pej fam* (auf) II. *vi* <-mm-> *engine, machine* dröhnen III. *n no pl* ① (*thrumming sound*) Geklimper *nt pej fam* ② (*machines*) Dröhnen *nt*

thrush¹ <*pl* -es> [θrʌʃ] *n* ORN Drossel *f*

thrush² <*pl* -es> [θrʌʃ] *n* MED Soor *m*; (*of vagina*) Pilzinfektion *f*

thrust [θrʌst] I. *n* ① (*forceful push*) Stoß *m* ② *no pl* (*impetus, purpose*) Stoßrichtung *f*; the main ~ of an argument die Hauptaussage eines Arguments ③ *no pl* TECH Schubkraft *f* II. *vi* <thrust, thrust> to ~ at sb with a knife nach jdm mit einem Messer stoßen III. *vt* <thrust, thrust> ① (*push with force*) to ~ the money into sb's hand jdm das Geld in die Hand stecken ② (*compel to do*) ■ to ~ sth [up|on sb jdm etw auferlegen ■ to ~ oneself [up|on sb sich jdm aufdrängen ③ (*stab, pierce*) stechen ④ (*impel*) hineinstoßen; she was suddenly ~ into a position of responsibility sie wurde plötzlich in eine sehr verantwortungsvolle Position hineingedrängt

thrust·ing ['θrʌstɪŋ] *adj* zielstrebig

thru·way *n esp* AM *see* throughway

thud [θʌd] I. *vi* <-dd-> dumpf aufschlagen II. *n* dumpfer Schlag; ~ of hooves/shoes Geklapper *nt* von Hufen/Schuhen

thug [θʌg] *n* Schlägertyp *m pej*

thumb [θʌm] I. *n* Daumen *m* ▸ to stand out like a sore ~ unangenehm auffallen; to be under sb's ~ unter jds Fuchtel stehen; to twiddle one's ~ Däumchen drehen *fam* II. *vt* (*hitchhike*) to ~ a lift/ride per Anhalter fahren, trampen ② (*mark by handling*) abgreifen; **well-~ed** abgegriffen **III.** *vi* (*glance through*) **to ~ through a newspaper** durch die Zeitung blättern

thumb-'in·dex *n* Daumenregister *nt* **'thumb·nail** *n* Daumennagel *m* **thumbnail 'sketch** *n* Abriss *m* **'thumb·screw** *n usu pl* Daumenschraube *f* **'thumb·tack** *n* AM, AUS (*drawing-pin*) Reißnagel *m* **'thumb-typ·er** *n* Daumentipper(in) *m/f*

thump [θʌmp] **I.** *n* dumpfer Knall; **to give sb a ~** jdm eine knallen **II.** *vt* schlagen **III.** *vi* ◆ **to ~ on sth** auf etw *akk* schlagen; *heart* klopfen

thump·ing ['θʌmpɪŋ] (*fam*) **I.** *adj* kolossal; **to have a ~ headache** grässliches Kopfweh haben; **to tell ~ lies** faustdicke Lügen verbreiten *fam* **II.** *adv* unglaublich *fam*

thun·der ['θʌndə'] **I.** *n no pl* ❶ METEO Donner *m*; **clap of ~** Donnerschlag *m*; **rumble of ~** Donnergrollen *nt* ❷ (*loud sound*) Getöse *nt* ❸ (*angry expression*) **his face was like ~** sein Gesicht war bitterböse ▶ **to steal sb's ~** jdm die Schau stehlen **II.** *vi* ❶ (*make rumbling noise*) donnern; ■ **to ~ by** vorbeidonnern ❷ (*declaim*) schreien; ■ **to ~ about sth** sich lautstark über etw *akk* äußern **III.** *vt* brüllen

'thun·der·bolt *n* ❶ (*lightning*) Blitzschlag *m*; **the news came like a ~** die Nachricht schlug wie eine Bombe ein ❷ SPORTS (*powerful shot*) Bombe *f sl* ▶ **to drop a ~ on sb** jdm einen Schock versetzen **'thun·der·clap** *n* Donnerschlag *m* **'thun·der·cloud** *n usu pl* Gewitterwolke *f* **thun·der·ing** ['θʌndərɪŋ] **I.** *n no pl* Donnern *nt* **II.** *adj* ❶ (*extremely loud*) tosend; *voice* dröhnend ❷ (*enormous*) enorm; *success also* riesig **thun·der·ous** ['θʌndərəs] *adj attr* donnernd; **~ applause** Beifallsstürme *pl* **'thun·der·storm** *n* Gewitter *nt* **'thun·der·struck** *adj pred* wie vom Donner gerührt

thun·dery ['θʌndəri] *adj* gewittrig

Thurs·day ['θɜːzdeɪ] *n* Donnerstag *m*; *see also* **Tuesday**

thus [ðʌs] *adv* ❶ (*therefore*) folglich ❷ (*in this way*) so

thwart [θwɔːt] *vt* vereiteln; *escape* verhindern; *plan* durchkreuzen; **to ~ sb's efforts** jds Bemühungen vereiteln

thy [ðaɪ] *adj poss* DIAL (*old*) dein

thyme [taɪm] *n no pl* Thymian *m*

thy·roid ['θaɪrɔɪd] **I.** *n* Schilddrüse *f* **II.** *adj attr* Schilddrüsen-

ti·ara [tiˈɑːrə] *n* Tiara *f*

tibia <*pl* -biae> ['tɪbɪə, *pl* -biːː] *n* Schienbein *nt*

tic [tɪk] *n* nervöses Zucken

tick¹ [tɪk] *n* ZOOL Zecke *f*

tick² [tɪk] **I.** *n* ❶ (*sound of watch*) Ticken *nt kein pl*; **'~ tock'** (*fam*) ‚ticktack'; **hold on [just] a ~** BRIT (*fam*) warte einen Moment ❷ (*mark*) Haken *m*; **to put a ~ against sth** neben etw *dat* einen Haken setzen **II.** *vi* ticken ▶ **what makes sb ~** was jdn bewegt **III.** *vt* abhaken ◆ **tick off** *vt* ❶ (*mark with tick*) abhaken; **to ~ off sth on one's fingers** etw an den Fingern abzählen ❷ BRIT, AUS (*fam: reproach*) schelten ❸ AM (*fam: irritate*) auf die Palme bringen ◆ **tick over I.** *vi esp* BRIT ❶ TECH (*operate steadily*) auf Leerlauf geschaltet sein ❷ (*function at minimum level*) am Laufen halten **II.** *vt* **to keep things ~ing over** die Dinge am Laufen halten

tick·er ['tɪkə'] *n* (*fam*) Pumpe *f sl*

'tick·er tape *n no pl* ❶ (*paper strip*) Lochstreifen *m* ❷ (*confetti*) Konfetti *nt* **tick·ertape pa·'rade** *n* AM Konfettiparade *f*

tick·et ['tɪkɪt] *n* ❶ (*card*) Karte *f*; **cinema/concert ~** Kino-/Konzertkarte *f*; **cloakroom ~** Garderobenmarke *f*; **lottery ~** Lottoschein *m*; **plane ~** Flugticket *nt*; **season ~** Dauerkarte *f*, Saisonkarte *f*; **return ~** Rückfahrkarte *f* ❷ (*means of progress*) Chance *f*; **her incredible memory was her ~ to success** ihr unglaublich gutes Gedächtnis ebnete ihr den Weg zum Erfolg ❸ (*price tag*) Etikett *nt*; **price ~** Preisschild *nt* ❹ (*notification of offence*) Strafzettel *m*; **parking ~** Strafzettel *m* für Falschparken ▶ **just the ~** (*dated*) passt perfekt

'tick·et agen·cy *n* Kartenbüro *nt* **'tick·et·col·lec·tor** *n* (*on the train*) Schaffner(in) *m(f)*; (*on the platform*) Bahnsteigschaffner(in) *m(f)* **'tick·et count·er** *n* Fahrkartenschalter *m* **'tick·et hold·er** *n* Kartenbesitzer(in) *m(f)* **'tick·et ma·chine** *n* Fahrkartenautomat *m* **'tick·et-of·fice** *n* RAIL Fahrkartenschalter *m*; THEAT Vorverkaufsschalter *m* **'tick·et tout** *n* BRIT Schwarzhändler(in) *m(f)* (*für Eintrittskarten*)

tick·ing ['tɪkɪŋ] **I.** *n no pl* ❶ *of clock* Ticken *nt* ❷ (*for mattress*) Matratzenüberzug *m* **II.** *adj* tickend; **~ bomb** Zeitbombe *f*

tick·ing-off <*pl* tickings-> *n* BRIT (*fam*) Tadel *m*; **to get a ~ from sb** von jdm getadelt werden

tick·le ['tɪkl] **I.** *vi* kitzeln **II.** *vt* ❶ (*touch lightly*) kitzeln ❷ (*fam: appeal to sb*) **to ~ sb's fancy** jdn reizen ❸ (*amuse*) **to be ~d that …** sich darüber amüsieren, dass … ▶ **to be ~d pink** (*fam*) vor Freude völlig aus dem Häuschen sein **III.** *n no pl* ❶ (*itching sensation*) Jucken *nt* ❷ (*action causing laughter*) **to give sb a ~** jdn amüsieren ❸ (*irritating cough*) **a ~ in one's throat** ein Kratzen *nt*

im Hals
tick·lish ['tɪklɪʃ] *adj* ① (*sensitive to tickling*) kitzlig ② (*awkward*) heikel
tid·al ['taɪdᵊl] *adj* von Gezeiten abhängig; ~ **basin** Tidebecken *nt*; ~ **harbour** den Gezeiten unterworfener Hafen
'tid·al wave *n* Flutwelle *f*; (*fig*) Flut *f*
tid·bit *n* AM *see* **titbit**
tid·dly ['tɪdli] *adj* ① (*fam: tiny*) winzig ② BRIT, AUS (*dated fam: slightly drunk*) beschwipst
tid·dly·wink ['tɪdliwɪŋk] *n* ① (*flat disc*) Spielstein *m* ② (*game*) ■ ~ **s** *pl* Flohhüpfen *nt* kein *pl*
tide [taɪd] *n* ① (*of sea*) Gezeiten *pl*; **flood** ~ Springflut *f*; **high** ~ Flut *f*; **low** ~ Ebbe *f*; **strong** ~ starke Strömung; **the** ~ **is in/out** es ist Flut/Ebbe ② (*main trend of opinion*) öffentliche Meinung; **the** ~ **has turned** die Meinung ist umgeschlagen; **to stem the** ~ **of events** den Lauf der Dinge aufhalten; **to swim against/with the** ~ gegen den/mit dem Strom schwimmen ③ (*powerful trend*) Welle *f* ◆ **tide over** *vt* über die Runden helfen
'tide·land *n* AM (*mud-flats*) Watt *nt*
'tide·mark *n* ① (*mark left by tide*) Gezeitenmarke *f* ② *esp* BRIT (*on bath*) schwarzer Rand
tidi·ness ['taɪdɪnəs] *n no pl* Ordnung *f*
tidy ['taɪdi] I. *adj* ① (*in order*) ordentlich; **neat and** ~ sauber und ordentlich ② (*fam: considerable*) beträchtlich; ~ **sum** hübsche Summe II. *n* ① BRIT (*little receptacle*) Abfallbehälter *m* ② (*period of cleaning*) **he gave his room a good** ~ er räumte sein Zimmer gründlich auf III. *vt* aufräumen
tie [taɪ] I. *n* ① (*necktie*) Krawatte *f*; **bow** ~ Fliege *f* ② (*cord*) Schnur *f* ③ *pl* (*links*) **diplomatic** ~**s** diplomatische Beziehungen; **family** ~**s** Familienbande *pl* ④ (*equal score*) Punktegleichstand *m* kein *pl* ⑤ BRIT (*match in a competition*) Ausscheidungsspiel *nt* ⑥ (*structural support*) Schwelle *f* II. *vi* <-y-> ① (*fasten*) schließen ② (*equal in points*) ■ **to** ~ **with sb/sth** denselben Platz wie jd/etw belegen III. *vt* <-y-> ① (*fasten together*) **to** ~ **sb's hands** jds Hände fesseln; **to** ~ **a knot** einen Knoten machen; **to** ~ **one's |shoe|laces** *sich dat* die Schuhe [*o* ÖSTERR, DIAL Schuhbänder] zubinden ② (*restrict*) ■ **to** ~ **sb by/to sth** jdn durch/an etw *akk* binden ③ (*restrict in movement*) ■ **to** ~ **sb to sth/somewhere** an etw *akk*/einen Ort gebunden sein ▶ **to be** ~**d to sb's apron strings** (*pej*) an jds Rockzipfel hängen; **sb's hands are** ~**d** jds Hände sind gebunden; **to** ~ **the knot** sich das Ja-Wort geben ◆ **tie back** *vt* zurückbinden ◆ **tie down** *vt* ① (*secure to ground*) festbinden ② (*restrict*) ■ **to be** ~**d down** gebunden sein; ■ **to** ~ **sb down to sth** (*fam*) jdn auf etw *akk* festlegen ③ MIL (*restrict mobility of*) binden ◆ **tie in** *vi* ■ **to** ~ **in with sth** mit etw *dat* übereinstimmen ◆ **tie up** *vt* ① (*bind*) festbinden; *hair* hochbinden ② (*delay*) aufhalten; ■ **to be** ~**d up by sth** durch etw *akk* aufgehalten werden ③ (*busy*) ■ **to be** ~**d up** beschäftigt sein ④ *capital, money* binden ⑤ (*have to do with*) ■ **to be** ~**d up with sth** mit etw *dat* zusammenhängen ▶ **to** ~ **up some loose ends** etw erledigen
'tie-break·er, BRIT **'tie-break** *n* Verlängerung *f*; TENNIS Tiebreak *m o nt* **'tie clip** *n* Krawattennadel *f* **'tie-in** *n* Verbindung *f* **tie-on 'la·bel** *n* Etikett *nt* **'tie-pin** *n* Krawattennadel *f*
tier [tɪə^r] I. *n* ① (*row*) Reihe *f*; (*level*) Lage *f*; ~ **of management** Managementebene *f* II. *vt* (*next to each other*) aufreihen; (*on top of each other*) aufschichten
'tie-up *n* ① (*connection*) Verbindung *f* ② (*fam: traffic jam*) Stau *m* ③ (*delay*) Verspätung *f*
tiff [tɪf] *n* (*fam*) Plänkelei *f*; **lovers'** ~ Ehekrach *m*; **to have a** ~ eine Meinungsverschiedenheit haben
ti·ger ['taɪɡə^r] *n* Tiger *m* ▶ **to have a** ~ **by the tail** vor einer unerwartet schwierigen Situation stehen
tight [taɪt] I. *adj* ① (*firm*) fest; *clothes* eng ② (*close together*) dicht; **in** ~ **formation** in geschlossener Formation ③ (*stretched tautly*) gespannt; *muscle* verspannt ④ (*severe*) streng; *bend* eng; *budget* knapp; ~ **spot** (*fig*) Zwickmühle *f*; **to keep a** ~ **hold on sth** etw streng kontrollieren ⑤ *face, voice* angespannt ⑥ (*hard-fought, keenly competitive*) knapp; ~ **finish** knapper Zieleinlauf ▶ **to keep a** ~ **rein over sb** jdn fest an die Kandare nehmen; **to run a** ~ **ship** ein strenges Regime führen II. *adv* **pred** straff; **to hang on** ~ **to sb/sth** sich an jdm/etw *dat* festklammern; **to close/seal sth** ~ etw fest verschließen/versiegeln ▶ **sleep** ~ schlaf gut
tight·en ['taɪtᵊn] I. *vt* ① (*make tight*) festziehen; *rope* festbinden; *screw* anziehen ② (*increase pressure*) verstärken; **to** ~ **one's grip on sth** den Druck auf etw *akk* verstärken ▶ **to** ~ **one's belt** den Gürtel enger schnallen; **to** ~ **the reins** die Zügel anziehen II. *vi* straff werden; *sb's lips* ~ jd kneift die Lippen zusammen ▶ **a noose** ~**s around sb's neck** die Schlinge um jds Hals wird enger
tight·'fist·ed *adj* (*pej fam*) geizig **tight-'fit·ting** *adj* eng anliegend **tight-'lipped** *adj* ① (*compressing lips*) schmallippig ② (*saying little*) *silence* eisig; ■ **to be** ~ **about sth**

wortkarg auf etw *akk* reagieren **tight·ness** ['taɪtnəs] *n no pl* ❶ (*firmness, strength*) Festigkeit *f* ❷ (*close fitting*) enge Passform ❸ (*tight sensation*) Spannen *nt* **'tight·rope** *n* Drahtseil *nt;* **to walk the ~** auf dem Drahtseil tanzen; **diplomatic/legal ~** (*fig*) diplomatischer/rechtlicher Drahtseilakt **'tight·rope walk·er** *n* Seiltänzer(in) *m(f)*

tights [taɪts] *npl* ❶ (*leggings*) Strumpfhose *f;* **pair of ~** Strumpfhose *f* ❷ Am, Aus (*for dancing/aerobics etc.*) Leggings *pl*, Gymnastikhose *f*

tight·wad ['taɪtwɑːd] *n* Am, Aus (*pej sl*) Geizkragen *m*

ti·gress <*pl* -es> ['taɪgres] *n* (*female tiger*) Tigerin *f*

tike *n see* **tyke**

tile [taɪl] **I.** *n* Fliese *f;* **roof ~** Dachziegel *m* ▶ **to have a night** [**out**] **on the ~s** Brit die Stadt unsicher machen **II.** *vt* fliesen

til·er ['taɪlə^r] *n* Fliesenleger(in) *m(f)*

till¹ [tɪl] **I.** *prep see* **until II.** *conj see* **until**

till² [tɪl] *n* Kasse *f* ▶ **to be caught with one's hand in the ~** auf frischer Tat ertappt werden

till³ [tɪl] *vt soil* bestellen

till·er ['tɪlə^r] *n* Ruderpinne *f;* **at the ~** am Ruder

tilt [tɪlt] **I.** *n* ❶ (*slope*) Neigung *f* ❷ (*movement of opinion*) Schwenk *m* ▶ [**at**] **full ~** mit voller Kraft **II.** *vt* neigen; **to ~ the balance in favour of sth/sb** einen Meinungsumschwung zugunsten einer S./Person *gen* herbeiführen **III.** *vi* ❶ (*slope*) sich neigen ❷ (*movement of opinion*) ■ **to ~ away from sth/sb** sich von etw *dat*/jdm abwenden; ■ **to ~ towards sth/sb** sich etw/jdm zuwenden

tim·ber ['tɪmbə^r] **I.** *n* ❶ *no pl esp* Brit (*wood for building*) Bauholz *nt;* **to fell ~** Holz fällen; **for ~** für kommerzielle Nutzung ❷ (*elongated piece of wood*) Holzplanke *f* **II.** *interj* **"T~!"** „Achtung, Baum!"

tim·bered ['tɪmbəd] *adj* Fachwerk-

'tim·ber·line *n* Am (*treeline*) Baumgrenze *f*

'tim·ber mer·chant *n* Holzhändler(in) *m(f)*

time [taɪm] **I.** *n* ❶ *no pl* (*considered as a whole*) Zeit *f;* **~ stood still** die Zeit stand still; **over the course of ~** im Lauf[e] der Zeit; **as ~ goes by** im Lauf[e] der Zeit; **for all ~** für immer; **in ~** mit der Zeit; **over ~** im Lauf[e] der Zeit ❷ *no pl* (*period, duration*) Zeit *f;* **~'s up** (*fam*) die Zeit ist um; **it will take some ~** es wird eine Weile dauern; **breakfast/holiday ~** Frühstücks-/Urlaubszeit *f;* **extra ~** sports Verlängerung *f;* **free ~** [*or* **spare**] Freizeit *f;* **injury ~** Brit sports Nachspielzeit *f;* **to have ~ on one's hands** viel Zeit zur Verfügung haben; **period of ~** Zeitraum *m;* **in one week's ~** in einer Woche; **some/a long ~ ago** vor einiger/langer Zeit; **to pass the ~** sich *dat* die Zeit vertreiben; **to be pressed for ~** in Zeitnot sein; **to take one's ~** sich *dat* Zeit lassen; **for a long/short ~** [für] lange/kurze Zeit; **for the ~ being** vorläufig; **in no ~** [**at all**] im Nu ❸ (*pertaining to clocks*) **what's the ~?** wie spät ist es?; **the ~ is 8.30** es ist 8.30 Uhr; **to tell the ~** die Uhr lesen ❹ (*specific time or hour*) Zeit *f;* **he recalled the ~ when they had met** er erinnerte sich daran, wie sie sich kennen gelernt hatten; **this ~ tomorrow/next month** morgen/nächsten Monat um diese Zeit ❺ (*occasion*) Mal *nt;* **for the first ~** zum ersten Mal; **some other ~** ein andermal; **from ~ to ~** ab und zu ❻ (*frequency*) Mal *nt;* **~ and** [**~**] **again** immer [und immer] wieder; **three/four ~s a week** drei/vier Mal in der Woche; **three ~s as much** dreimal so viel; **for the hundredth/thousandth/umpteenth ~** zum hundertsten/tausendsten/x-ten Mal ❼ *no pl* (*correct moment*) **it's ~ for bed** es ist Zeit, ins Bett zu gehen; [**and**] **about ~** [**too**] Brit, Aus (*yet to be accomplished*) wird aber auch [langsam] Zeit!; (*already accomplished*) wurde aber auch [langsam] Zeit!; **in** [**good**] **~** rechtzeitig; **on ~** pünktlich ❽ *usu pl* (*era, lifetime*) Zeit *f;* **~s are changing** die Zeiten ändern sich; **at his ~ of life** in seinem Alter; **to be behind the ~s** seiner Zeit hinterherhinken; **in former/medieval ~s** früher/im Mittelalter ❾ (*schedule*) **arrival/departure ~** Ankunfts-/Abfahrtszeit *f* ❿ (*hour registration method*) **Greenwich Mean T~** Greenwicher Zeit *f* ⓫ sports Zeit *f;* **record ~** Rekordzeit *f* ⓬ math **two ~s five is ten** zwei mal fünf ist zehn ⓭ *no pl* mus Takt *m;* **to get out of ~** aus dem Takt kommen; **to keep ~** den Takt halten; **in three-four ~** im Dreivierteltakt ⓮ (*remunerated work*) **part ~** Teilzeit *f;* **short ~** Brit Kurzarbeit *f;* **to have ~ off** frei haben ⓯ ([*not*] *like*) **to not have much ~ for sb** jdn nicht mögen; **to have a lot of ~ for sb** großen Respekt vor jdm haben ▶ **~ is of the essence** die Zeit drängt; **~ flies** [**when you're having fun**] (*saying*) wie die Zeit vergeht!; **~ is money** (*prov*) Zeit ist Geld; [**only**] **~ will tell** (*saying*) erst die Zukunft wird es zeigen; **~ and tide wait for no man** (*prov*) man muss sich die Gelegenheiten beim Schopf[e] packen **II.** *vt* ❶ (*measure duration*) ■ **to ~ sb over 100 metres** jds Zeit beim 100-Meter-Lauf nehmen ❷ (*choose best moment for*) ■ **to ~ sth** den richtigen Zeitpunkt wählen (für) ❸ (*arrange when sth* *should happen)* ■ **to ~ sth** to ... etw so planen, dass ...

'time bomb *n (also fig)* Zeitbombe *f* **'time card** *n* AM Stechkarte *f* **'time clock** *n* Stechuhr *f* **'time-con·sum·ing** *adj* zeitintensiv **'time dif·fer·ence** *n* Zeitunterschied *m* **'time·keep·er** *n* ❶ SPORTS Zeitnehmer *m* ❷ *(clock, watch)* Zeitmesser *m;* **to be a bad/good ~** *person* sein Zeitsoll nie/immer erfüllen **'time lag** *n* Zeitdifferenz *f* **'time-lapse** *adj attr film, photography* Zeitraffer- **time·less** ['taɪmləs] *adj* ❶ *(not dated) book, dress, values* zeitlos ❷ *(unchanging) landscape, beauty* immer während *attr* **'time lim·it** *n* Zeitbeschränkung *f* **'time lock I.** *n* ❶ *(on a safe)* Zeitschloss *nt;* (on a computer) Abschaltzeit *f* **II.** *vt* mit einem Zeitschloss versehen

time·ly ['taɪmli] *adj* rechtzeitig; *remark* passend; **~ arrival** Ankunft *f* zur rechten Zeit; **in a ~ manner** rasch

'time-out I. *n <pl* times- *or* -s> SPORTS Auszeit *f* **II.** *interj* AM Stopp

tim·er ['taɪmər] *n* ❶ *(for lights, VCR)* Timer *m; (for cooking eggs)* Eieruhr *f* ❷ *(time recorder)* Zeitmesser *m; (person)* Zeitnehmer(in) *m(f)* ❸ AM *(time switch)* Zeitschalter *m*

'time-sav·ing *adj* Zeit sparend **'time scale** *n* Zeitrahmen *m;* **~ of events** zeitliche Abfolge von Ereignissen **'time share** *n* Timeshare-Projekt *nt* **'time-shar·ing** *n no pl* Timesharing *nt* **'time sheet** *n* Arbeitsblatt *nt* **'time switch** *n* BRIT, AUS Zeitschalter *m* **'time·ta·ble I.** *n* ❶ *(for bus, train)* Fahrplan *m; (for events, project)* Programm *nt; (for appointments)* Zeitplan *m* ❷ BRIT, AUS *(at school/university)* Stundenplan *m* **II.** *vt usu passive* planen **'time-worn** *adj* abgenutzt; *excuse* abgedroschen **'time zone** *n* Zeitzone *f*

tim·id <-er, -est *or* more -, most ~> ['tɪmɪd] *adj* ängstlich; *(shy)* schüchtern; *(lacking courage)* zaghaft

ti·mid·i·ty [tɪˈmɪdəti] *n no pl* Ängstlichkeit *f; (shyness)* Schüchternheit *f; (lack of courage)* Zaghaftigkeit *f*

tim·ing ['taɪmɪŋ] *n* ❶ *no pl (of words, actions)* Timing *nt;* **perfect ~!** genau zum richtigen Zeitpunkt!, perfektes Timing! ❷ *no pl (musical rhythm)* Einsatz *m* ❸ *no pl* AUTO Steuerung *f* der Kraftstoffverbrennung ❹ *(measuring of time)* Zeitabnahme *f; of a race, runners also* Stoppen *nt kein pl; (in factories)* Zeitkontrolle *f*

tim·or·ous ['tɪmərəs] *adj (form, liter: shy)* schüchtern; *(fearful)* ängstlich

tim·pa·ni ['tɪmpəni] *npl* MUS Pauken *pl*

tin [tɪn] **I.** *n* ❶ *no pl (metal)* Zinn *nt* ❷ *esp* BRIT *(can)* Büchse *f*, Dose *f* ❸ *(for baking)* Backform *f;* **cake ~** Kuchenform *f* **II.** *vt* <-nn-> *esp* BRIT eindosen, in Dosen konservieren

tin 'can *n* Blechdose *f*

tinc·ture ['tɪŋktʃər] *n* Tinktur *f*

tin·der ['tɪndər] *n no pl* Zunder *m;* **~-dry** staubtrocken

'tin·foil ['tɪnfɔɪl] *n no pl* Alufolie *f*

ting [tɪŋ] **I.** *adv* **to go ~** ,bing' machen **II.** *n* Klingen *nt kein pl* **III.** *vi* klingen

tinge [tɪndʒ] **I.** *n* ❶ *(of colour)* Hauch *m;* **~ of red** [leichter] Rotstich *m* ❷ *(of emotion)* Anflug *m kein pl* **II.** *vt usu passive* ❶ *(with an emotion)* **~d with admiration/regret** mit einer Spur von Bewunderung/Bedauern ❷ *(with colours)* **to be ~d with orange** mit Orange [leicht] getönt sein

tin·gle ['tɪŋgl] **I.** *vi* kribbeln; **to ~ with desire** vor Verlangen brennen; **to ~ with excitement** vor Aufregung zittern; **sb's spine ~s** jdm läuft ein Schauer über den Rücken **II.** *n no pl* Kribbeln *nt*

tin 'god *n (fam)* Abgott *m pej;* **little ~** kleiner Gott **tin 'hat** *n* Stahlhelm *m* **'tin·horn** *esp* AM **I.** *adj attr* angeberisch **II.** *n* Angeber(in) *m(f)*

tink·er ['tɪŋkər] **I.** *n* ❶ *(attempt to repair)* **to have a ~ with sth** an etw *dat* herumbasteln ❷ *(repairman)* wandernder Kesselflicker *hist;* BRIT *(pej: gypsy)* Zigeuner(in) *m(f)* **II.** *vi* ■ **to ~ [around] [with sth]** [an etw *dat*] herumbasteln

tin·kle ['tɪŋkl] **I.** *vi* ❶ *(make sound)* piano klimpern; *bell* klingeln; *fountain* plätschern ❷ *(fam: urinate)* Pipi machen **II.** *vt* **~ a bell** mit einer Glocke klingeln **III.** *n* ❶ *(of bell)* Klingen *nt kein pl; (of water)* Plätschern *nt kein pl;* **to give sb a ~** *(dated fam)* jdn anklingeln ❷ *(fam: urine)* Pipi *nt*

tinned [tɪnd] *adj* BRIT, AUS konserviert; **~ fruit** Dosenfrüchte *pl;* **~ milk** Büchsenmilch *f*

tin·ny ['tɪni] *adj* ❶ *recording* blechern ❷ *taste, food* nach Blech schmeckend *attr*

'tin-open·er *n* BRIT, AUS Dosenöffner *m* **tin·'plate** *n no pl* Zinnblech *nt*

tin·sel ['tɪn(t)səl] *n no pl* ❶ *(for magic wand)* Flitter *m; (for Christmas tree)* Lametta *nt* ❷ *(fig: sth showy)* Prunk *m*

tint [tɪnt] **I.** *n* ❶ *(hue)* Farbton *m;* **warm ~** warme Farbe ❷ *(dye)* Tönung *f* **II.** *vt hair* tönen

tiny ['taɪni] *adj* winzig; **teeny ~** klitzeklein

tip¹ [tɪp] **I.** *vt* <-pp-> ❶ *(attach to extremity of)* **mountains ~ped with snow** Berge *pl* mit schneebedeckten Gipfeln ❷ *(dye one's* *hair*) **to** ~ **one's hair** sich *dat* die Spitzen färben **II.** *n* (*pointed end*) Spitze *f*; **asparagus** ~ Spargelspitze *f* ▸ **the** ~ **of the iceberg** die Spitze des Eisbergs; **it's on the** ~ **of my tongue** es liegt mir auf der Zunge ◆ **tip off** *vt* einen Tipp geben ◆ **tip out I.** *vi* herauskippen **II.** *vt* ausleeren ◆ **tip over** *vt*, *vi* umschütten, umkippen ◆ **tip up** *vt*, *vi* kippen; *seat* hochklappen

tip² [tɪp] **I.** *n* BRIT ❶ (*garbage dump*) Deponie *f* ❷ (*fam: mess*) Saustall *m* *pej* *sl* **II.** *vt* <-pp-> ❶ (*empty out*) ▪ **to** ~ **sth into sth** etw in etw *akk* ausschütten ❷ *impers* **it's** ~ **ping** [it] **down** BRIT, AUS (*fam*) es gießt ❸ (*tilt*) neigen; **to** ~ **the balance** den Ausschlag geben; **to** ~ **the window** das Fenster kippen ❹ (*touch*) antippen; **to** ~ **one's cap** an den Hut tippen **III.** *vi* <-pp-> ❶ BRIT (*dump*) "**No** ~**ping**" „Müll ablagern verboten" ❷ (*tilt*) umkippen

tip³ [tɪp] **I.** *n* ❶ (*money*) Trinkgeld *nt*; **to leave a 10%** ~ 10 % Trinkgeld geben ❷ (*suggestion*) Rat[schlag] *m*, Tipp *m*; **helpful/useful** ~ hilfreicher/nützlicher Tipp; **take a** ~ **from me ...** wenn du mich fragst, ... **II.** *vt* <-pp-> ❶ (*give money to*) Trinkgeld geben ❷ *esp* BRIT (*predict*) tippen (auf); **he is being** ~**ped as the next Prime Minister** er gilt als der nächste Premierminister **III.** *vi* <-pp-> Trinkgeld geben

'tip-off *n* (*fam*) Tipp *m*

tip·ple ['tɪpl] **I.** *vi* (*drink alcohol*) trinken **II.** *vt* beer, champagne süffeln *fam* **III.** *n* (*fam*) **white wine is her** ~ sie trinkt am liebsten Weißwein

tip·ster ['tɪpstəʳ] *n* (*in sports*) Tippgeber(in) *m(f)*; (*to authorities*) Informant(in) *m(f)*

tip·sy ['tɪpsi] *adj* beschwipst

tip·toe ['tɪptəʊ] **I.** *n* **on** ~[**s**] auf Zehenspitzen **II.** *vi* auf Zehenspitzen gehen; ▪ **to** ~ **in/out** hinein-/hinausschleichen

tip-'top *adj* (*fam*) Spitzen-, Spitze *präd*, tipptopp

'tip-up seat *n* Klappsitz *m*

ti·rade [taɪ'reɪd] *n* Tirade *f* *geh*; **angry** ~ Schimpfkanonade *f*

tire¹ ['taɪəʳ] **I.** *vt* ermüden; **to** ~ **oneself doing sth** von etw *dat* müde werden **II.** *vi* müde werden; ▪ **to** ~ **of sth/sb** etw/jdm die satthaben; **to never** ~ **of doing sth** nie müde werden, etw zu tun

tire² ['taɪəʳ] *n* AM *see* **tyre**

tired <-er, -est *or* more ~, most ~> ['taɪəd] *adj* ❶ (*exhausted*) müde ❷ (*bored with*) **to be sick and** ~ **of sth/sb** von etw/jdm die Nase gestrichen voll haben *fam* ❸ (*overused*) *excuse* lahm; *phrase* abgedroschen

tired·ness ['taɪədnəs] *n* no pl Müdigkeit *f*

tire·less ['taɪələs] *adj* unermüdlich (**in** bei)

tire·some ['taɪəsəm] *adj* mühsam; *habit* unangenehm

tir·ing ['taɪərɪŋ] *adj* ermüdend

'tis [tɪz] (*old*) = **it is** *see* **be**

tis·sue ['tɪʃu:, -sju:] *n* ❶ (*for wrapping*) Seidenpapier *nt* ❷ (*for wiping noses*) Tempo® *nt* ❸ *no pl* (*of animals or plants*) Gewebe *nt*

tit [tɪt] *n* ❶ (*bird*) Meise *f*; **blue** ~ Blaumeise *f* ❷ (*vulg: breast*) Titte *f* ▸ ~ **for tat** wie du mir, so ich dir; **to get on sb's** ~**s** BRIT (*sl*) jdm auf den Sack gehen *derb*

ti·tan·ic [taɪ'tænɪk] *adj* gigantisch

ti·ta·nium [tɪ'teɪniəm] *n no pl* Titan *nt*

tit·bit ['tɪtbɪt] *n* *esp* BRIT (*snack*) Leckerbissen *m* ❷ *usu pl* (*of information*) Leckerbissen *m*; **juicy** ~**s** pikante Einzelheiten

tit·il·late ['tɪtɪleɪt] **I.** *vt* anregen; **to** ~ **the palate** den Gaumen kitzeln **II.** *vi* erregen

tit·il·la·tion [,tɪtɪ'leɪʃən] *n* *no pl* (*sexual*) Erregung *f*; (*intellectual*) Anregung *f*

tit·i·vate ['tɪtɪveɪt] **I.** *vi* sich zurechtmachen **II.** *vt* ▪ **to** ~ **oneself** sich fein machen

ti·tle ['taɪtl] **I.** *n* ❶ *of book, film* Titel *m* ❷ (*film credits*) ▪ ~**s** *pl* Vor-/Nachspann *m* ❸ (*status, rank*) Titel *m*; **job** ~ Berufsbezeichnung *f* ❹ (*in sports event*) Titel *m* ❺ *no pl* Rechtsanspruch *m* (**to** auf); (*to a car*) Fahrzeugbrief *m*; (*to a house, property*) Eigentumsrecht *nt* **II.** *vt* *book, film* betiteln

ti·tle 'deed *n* LAW Eigentumsurkunde *f* **'ti·tle-hold·er** *n* Titelverteidiger(in) *m(f)* **'ti·tle page** *n* Titelblatt *nt* **'ti·tle role** *n* Titelrolle *f* **'ti·tle track** *n* Titelsong *m*

tit·ter ['tɪtəʳ] **I.** *vi* kichern **II.** *n* Gekicher *nt* kein pl

'tit·tle-tat·tle *n* *no pl* (*fam*) Geschwätz *nt* *pej*

tiz·zy ['tɪzi] *n* *no pl* (*fam*) Aufregung *f*; **to get oneself in a real** ~ sich schrecklich aufregen

TNT [,ti:en'ti:] *n* *no pl* CHEM *abbrev of* **trinitrotoluene** TNT *nt*

to [tu:, tu, tə] **I.** *prep* ❶ (*moving towards*) in, nach, zu; **she walked over** ~ **the window** sie ging [hinüber] zum Fenster; **they go** ~ **work on the bus** sie fahren mit dem Bus zur Arbeit; **we moved** ~ **Germany last year** wir sind letztes Jahr nach Deutschland gezogen; ~ **the north/south** nördlich/südlich; **from place** ~ **place** von Ort zu Ort ❷ (*attending regularly*) zu, in; **she goes** ~ **university** sie geht auf die Universität ❸ (*inviting to*) zu; **I've asked them** ~ **dinner** ich habe sie zum Essen eingeladen ❹ (*in direction of*) auf; **she pointed** ~ **a distant spot on the horizon** sie zeigte auf einen fernen Punkt am Horizont ❺ (*in contact with*) an; **cheek** ~ **cheek** Wange an Wange ❻ (*attached to*) an; **tie the lead** ~ **the fence**

mach die Leine am Zaun fest ❼ (*with indirect object*) ■ **~ sb/sth** jdm/etw *dat;* **give that gun ~ me** gib mir das Gewehr; **to be married ~ sb** mit jdm verheiratet sein; **to tell/show sth ~ sb** jdm etw erzählen/zeigen ❽ (*with respect to*) zu; **and what did you say ~ that?** und was hast du dazu gesagt? ❾ (*in response*) auf ❿ (*belonging to*) zu; **the keys ~ his car** seine Autoschlüssel ⓫ (*compared to*) mit; **I prefer beef ~ seafood** ich ziehe Rindfleisch Meeresfrüchten vor ⓬ (*in scores*) zu ⓭ (*until*) bis, zu; **unemployment has risen ~ almost 8 million** die Arbeitslosigkeit ist auf fast 8 Millionen angestiegen ⓮ (*expressing change of state*) zu; **he converted ~ Islam** er ist zum Islam übergetreten; **he drank himself ~ death** er trank sich zu Tode ⓯ (*to point in time*) bis; **and ~ this day ...** und bis auf den heutigen Tag ... ⓰ (*including*) **from morning ~ night** von morgens bis abends ⓱ BRIT (*in clock times*) vor, bis SÜDD; **it's twenty ~ six** es ist zwanzig vor sechs ⓲ (*causing*) zu; **~ my relief/horror/astonishment** zu meiner Erleichterung/meinem Entsetzen/meinem Erstaunen ⓳ (*according to*) für; **if it's acceptable ~ you** wenn Sie einverstanden sind; **what's it ~ you?** (*fam*) was geht dich das an? ⓴ (*serving*) für; **economic adviser ~ the president** Wirtschaftsberater des Präsidenten ㉑ (*in honour of*) auf; **here's ~ you!** auf dein/Ihr Wohl!; **the record is dedicated ~ her mother** die Schallplatte ist ihrer Mutter gewidmet ㉒ (*per*) **the odds are 2 ~ 1 that you'll lose** die Chancen stehen 2 zu 1, dass du verlierst ㉓ (*as a result of*) von ㉔ (*roughly*) bis ㉕ MATH (*defining exponent*) hoch; **ten ~ the power of three** zehn hoch drei ▶ **there's not much ~ it** das ist nichts Besonderes **II.** *to form infin* ❶ (*expressing future intention*) **I'll have ~ tell him** ich werde es ihm sagen müssen; **to be about ~ do sth** gerade etw tun wollen ❷ (*forming requests*) zu; **he told me ~ wait** er sagte mir, ich solle warten; **I asked her ~ give me a call** ich bat sie, mich anzurufen ❸ (*expressing wish*) zu; **I'd love ~ live in New York** ich würde nur zu gern in New York leben; **would you like ~ dance?** möchten Sie tanzen? ❹ (*omitting verb*) **would you like to go?** — **yes, I'd love ~** möchtest du hingehen? – ja, sehr gern ❺ *after adj* (*to complete meaning*) **I'm sorry ~ hear that** es ist tut mir leid, das zu hören; **easy ~ use** leicht zu bedienen ❻ (*expressing purpose*) **she's gone ~ pick Jean up** sie ist Jean abholen gegangen ❼ (*expressing intent*) **we tried ~ help** wir versuchten zu helfen; **he managed ~ escape** es gelang ihm zu entkommen ❽ (*after wh- words*) **I don't know what ~ do** ich weiß nicht, was ich tun soll; **I don't know where ~ begin** ich weiß nicht, wo ich anfangen soll ❾ (*introducing clause*) **~ be honest** um ehrlich zu sein **III.** *adv* zu; **to push the door ~** die Tür anlehnen; **to come ~** zu sich *dat* kommen

toad [təʊd] *n* Kröte *f*

toad-in-the-'hole *n* BRIT *in Teig gebackene Wurst* '**toad·stool** *n* Giftpilz *m*

toady ['təʊdi] (*pej*) **I.** *n* Speichellecker *m* **II.** *vi* <-ie-> ■ **to ~ to sb** vor jdm kriechen

to and 'fro I. *adv* hin und her; (*back and forth*) vor und zurück **II.** *vi* (*move*) ■ **to be toing and froing** vor- und zurückgehen; (*be indecisive*) hin und her schwanken

toast [təʊst] **I.** *n* ❶ *no pl* (*bread*) Toast *m;* **slice of ~** Scheibe *f* Toast ❷ (*when drinking*) Toast *m*, Trinkspruch *m;* **to drink a ~ to sb/sth** auf jdn/etw *akk* trinken **II.** *vt* ❶ (*cook over heat*) *nuts* rösten; *bread, muffin* toasten ❷ (*warm up*) **to ~ oneself by the fire** sich am Feuer wärmen ❸ (*drink to*) trinken (auf)

toast·er ['təʊstər] *n* Toaster *m*

'**toast·mas·ter** *n* ein Mann/eine Frau, der/die Tischredner ankündigt und Toasts ausspricht

'**toast rack** *n* Toastständer *m*

to·bac·co [təˈbækəʊ] *n no pl* Tabak *m*

to·bac·co·nist [təˈbækənɪst] *n* Tabakwarenhändler(in) *m(f)*

-to-be [təˈbiː] *in compounds* (*boss-, husband-*) zükünftige(r, s) *attr;* **bride-~** zükünftige Braut; **mother-~** werdende Mutter

to·bog·gan [təˈbɒgən] **I.** *n* Schlitten *m*, Rodel *f* ÖSTERR **II.** *vi* Schlitten fahren, rodeln

to·'bog·gan run *n*, **to·'bog·gan slide** *n* Rodelbahn *f*

toby ['təʊbi] *n*, **toby jug** *n* Figurkrug *m*

tod [tɒd] *n no pl* BRIT (*fam*) **to be on one's ~** allein sein

to·day [təˈdeɪ] **I.** *adv* ❶ (*on this day*) heute ❷ (*nowadays*) heutzutage **II.** *n no pl* ❶ (*this day*) heutiger Tag; **what's ~'s date?** welches Datum haben wir heute?; **~'s paper** Zeitung *f* von heute ❷ (*present period of time*) Heute *nt;* **cars/computers/youth of ~** Autos *pl*/Computer *pl*/Jugend *f* von heute

tod·dle ['tɒdl] *vi child* wackeln; *adult* schlappen *fam*

tod·dler ['tɒdlər] *n* Kleinkind *nt*

tod·dy ['tɒdi] *n* Toddy *m*

to-do [təˈduː] *n usu sing* (*fam*) ❶ (*fuss*) Getue *nt pej;* **to make a great ~ about sth** ein großes Theater um etw *akk* machen ❷ (*confrontation*) Wirbel *m*

toe [təʊ] **I.** n ❶ (on foot) Zehe f ❷ (of sock, shoe) Spitze f ▸ **to keep sb on their ~s** jdn auf Zack halten; **to step on sb's ~s** jdm nahetreten **II.** vt **to ~ the party line** der Parteilinie folgen **III.** vi ▪**to ~ in/out** X-/O-Beine haben

'**toe cap** n Schuhkappe f '**toe·hold** n ❶ (in climbing) Halt m für die Zehen ❷ (starting point) Ausgangspunkt m; **to get a ~ in** Fuß fassen '**toe·nail** n Zehennagel m

tof·fee n ['tɒfi] Toffee nt, Sahnebonbon nt

'**tof·fee ap·ple** n kandierter Apfel '**tof·fee-nosed** adj Brit (pej fam) hochnäsig

to·geth·er [təˈgeðə^r] **I.** adv ❶ (with each other) zusammen, **close ~** nah beisammen ❷ (collectively) zusammen, gemeinsam; **all ~ now** jetzt alle miteinander ❸ (as to combine) **to add sth ~** etw zusammenzählen; **to go ~** zusammenpassen ❹ (in relationship) zusammen; **to be [back] ~** [wieder] zusammen sein; **to get ~** zusammenkommen ❺ (simultaneously) gleichzeitig **II.** adj (fam) ausgeglichen

to·geth·er·ness [təˈgeðənəs] n no pl Zusammengehörigkeit f; **feeling of ~** Zusammengehörigkeitsgefühl nt

tog·gle ['tɒgl] **I.** n ❶ (switch) Kippschalter m; comput (key) Umschalttaste f ❷ (fastener) Knebel m **II.** vi comput hin und herschalten

'**tog·gle switch** n Kippschalter m

Togo ['təʊgəʊ] n Togo nt

To·go·lese [ˌtəʊgəʊˈliːz] **I.** adj togoisch **II.** n Togoer(in) m(f)

toil [tɔɪl] **I.** n no pl Mühe f; **hard/honest ~** harte/ehrliche Arbeit **II.** vi ❶ (work hard) hart arbeiten ❷ (go with difficulty) **to ~ up a hill** sich einen Hügel hoch schleppen **III.** vt **to ~ one's way through sth** sich durch etw akk durcharbeiten

toi·let ['tɔɪlɪt] n ❶ (lavatory) Toilette f, Klo nt fam; **to go to the ~** esp Brit auf die Toilette gehen; **to flush the ~** spülen ❷ no pl (dated: preparation) Toilette f geh

'**toi·let bag** n Kulturbeutel m, Toilettentasche f '**toi·let pa·per** n Toilettenpapier nt **toi·let·ries** ['tɔɪlɪtriz] npl Toilettenartikel pl '**toi·let·ries bag** n Kulturbeutel m '**toi·let roll** n Brit, Aus Rolle f Toilettenpapier '**toi·let soap** n Toilettenseife f '**toi·let wa·ter** n no pl Eau nt de Toilette

to·ken ['təʊkən] **I.** n ❶ (symbol) Zeichen nt; **a ~ of sb's affection** ein Zeichen für jds Zuneigung ❷ Brit, Aus (voucher) Gutschein m ❸ (money substitute) Chip m ▸ **by the same ~** aus demselben Grund **II.** adj ❶ (symbolic) nominell; **fine, gesture, resistance** symbolisch ❷ (pej: an appearance of) Schein-; **a ~ offer** ein Pro-Forma-Angebot nt; **the ~ black/woman** der/die Alibischwarze/die Alibifrau

told [təʊld] pt, pp of tell

tol·er·able ['tɒlərəbl] adj erträglich; (fairly good) annehmbar

tol·er·ably ['tɒlərəbli] adv recht, ganz

tol·er·ance ['tɒlər(ə)n(t)s] n ❶ no pl (openmindedness) Toleranz f (of/towards gegenüber) ❷ (capacity to endure) Toleranz f, Widerstandsfähigkeit f (to gegen); **~ to alcohol/a drug** Alkohol-/Medizinverträglichkeit f; **pain-~ threshold** Schmerzschwelle f ❸ (in quantity, measurement) Toleranz f

tol·er·ant ['tɒlərənt] adj ❶ (open-minded) tolerant (of/towards gegenüber) ❷ (resistant) **person** widerstandsfähig; **plant** resistent (of gegen)

tol·er·ate ['tɒləreɪt] vt ❶ (accept) tolerieren; **I won't ~ lying** Lügen werde ich nicht dulden; ▪**to ~ sb** jdn ertragen ❷ (resist) **heat, pain, stress** aushalten; **of plant: cold, insects** widerstehen; **drug** vertragen

tol·era·tion [ˌtɒləˈreɪʃ^ən] n no pl Toleranz f

toll[1] [təʊl] n ❶ (for motorways etc.) Maut f ❷ Am (for phone call) [Fernsprech]gebühr f ❸ no pl (deaths, loss) Tribut m; **death ~** Opferzahl f; **to take its ~ [on sb/sth]** seinen/ihren Tribut [von jdm/etw dat] fordern

toll[2] [təʊl] vt, vi bell läuten

'**toll bridge** n Mautbrücke f '**toll call** n Am Ferngespräch nt '**toll-free** adj gebührenfrei '**toll·house** n Mautstelle f '**toll road** n Mautstraße f

tom [tɒm] n (male animal) Männchen nt; (cat) Kater m

to·ma·to <pl -es> [təˈmɑːtəʊ] n Tomate f, Paradeiser m ÖSTERR

to·ma·to ketch·up n no pl Tomatenketchup nt

tomb [tuːm] n Grab nt; (mausoleum) Gruft f; (below ground) Grabkammer f

tom·bo·la [tɒmˈbəʊlə] n Brit, Aus Tombola f

tom·boy ['tɒmbɔɪ] n Wildfang m

tomb·stone ['tuːmstəʊn] n Grabstein m

tom·cat ['tɒmkæt] n Kater m

tome [təʊm] n (usu hum) Schmöker m fam

tom·fool·ery [ˌtɒmˈfuːl^əri] n no pl Albernheit f

tom·my gun ['tɒmi-] n Maschinenpistole f

tomo·graph ['təʊməgræf] n MED ❶ (device) Tomograph m ❷ (image) Tomographie f

to·mog·ra·phy [təˈmɒgrəfi] n no pl MED Tomographie f

to·mor·row [təˈmɒrəʊ] **I.** adv morgen **II.** n morgiger Tag; **~'s problems/technology/youth** Probleme pl/Technologie f/Jugend f von morgen; **~ morning** morgen früh; **~ week** Brit morgen in einer Woche; **a**

better ~ eine bessere Zukunft ▸ **~ is another day** (*saying*) morgen ist auch noch ein Tag; **who knows what ~ will bring?** wer weiß, was die Zukunft bringt?

tom-tom ['tɒmtɒm] *n* Tamtam *nt*

ton <*pl* - *or* -**s**> [tʌn] *n* ❶ (*unit of measurement*) Tonne *f*; **long ~** 1016,05 *kg*; **short ~** 907,185 *kg* ❷ (*fam: very large amount*) **how much money does he have? — ~s** wie viel Geld besitzt er? — jede Menge; **to weigh a ~** Unmengen wiegen ▸ **to come down on sb like a ~ of bricks** jdn völlig fertigmachen

tone [təʊn] I. *n* ❶ (*of instrument*) Klang *m* ❷ (*manner of speaking*) Ton *m*; **an apologetic/a disrespectful ~** ein entschuldigender/respektloser Ton ❸ (*voice*) **to speak in hushed ~s** mit gedämpfter Stimme sprechen ❹ (*character*) Ton *m*; **to lower/raise the ~ of sth** der Qualität einer S. *gen* schaden/die Qualität einer S. *gen* heben ❺ (*of colour*) Farbton *m* ❻ *no pl* (*of muscles*) Tonus *m fachspr* ❼ MUS (*difference in pitch*) Ton *m*; **half/whole ~** Halb-/Ganzton *m* ❽ (*of telephone*) Ton *m*; **dialling** [*or* AM **dial**] **~** Wählton *m*; **engaged** [*or* AM **busy**] **~** Besetztzeichen *nt* II. *vt* **to ~ the body/muscles** den Körper/die Muskeln fit halten III. *vi* ■ **to ~ with sth** mit etw *dat* harmonieren ◆**tone down** *vt* abmildern; *colour, sound* abschwächen; *criticism, language, protests* mäßigen ◆**tone in** *vi* sich anpassen ◆**tone up** I. *vt muscles* kräftigen II. *vi* sich in Form bringen

'tone con·trol *n* Klangregler *m*

tone-'deaf *adj* ■ **to be ~** unmusikalisch sein

tone·less ['təʊnləs] *adj* (*liter*) tonlos **'tone poem** *n* Tondichtung *f*

ton·er ['təʊnə^r] *n* ❶ (*for skin*) Gesichtswasser *nt* ❷ (*for photographs*) Toner *m*

Tonga ['tɒŋə] *n* Tonga *nt*

Tong·an ['tɒŋən] I. *adj* tongaisch II. *n* ❶ (*person*) Tongaer(in) *m(f)* ❷ LING Tongasprache *f*

tongs [tɒŋz] *npl* Zange *f*; **fire ~** Feuerzange *f*

tongue [tʌŋ] I. *n* ❶ (*mouth part*) Zunge *f*; **have you lost your ~?** hat es dir die Sprache verschlagen?; **to bite one's ~** sich *dat* in die Zunge beißen ❷ (*tongue-shaped object*) **~ of land** Landzunge *f* ❸ (*language*) Sprache *f* ❹ *no pl* (*expressive style*) Ausdrucksweise *f*; **to have a sharp ~** eine spitze Zunge haben ▸ **to say sth ~ in cheek** etw als Scherz meinen; **to set ~s wagging** Gerede verursachen II. *vt* MUS mit Zungenschlag spielen

'tongue-tied *adj* sprachlos; **to be/get ~ with surprise** vor Überraschung kein Wort herausbekommen **'tongue twist·er** *n* Zungenbrecher *m*

ton·ic¹ ['tɒnɪk] *n* ❶ (*medicine*) Tonikum *nt geh* ❷ (*sth that rejuvenates*) Erfrischung *f*

ton·ic² ['tɒnɪk] MUS I. *n* ■ **the ~** der Grundton II. *adj* Grundton-; **~ chord** Grundakkord *m*

ton·ic³ ['tɒnɪk] *n*, **ton·ic wa·ter** *n* Tonic|water|

to·night [təˈnaɪt] I. *adv* (*during today's night*) heute Abend; (*till after midnight*) heute Nacht II. *n* (*today's night*) der heutige Abend

ton·nage ['tʌnɪdʒ] *n no pl* Tonnage *f*

tonne <*pl* -**s** *or* -> [tʌn] *n* Tonne *f*

ton·sil·li·tis [ˌtɒn(t)sᵊˈlaɪtɪs] *n no pl* Mandelentzündung *f*

ton·sils ['tɒn(t)sᵊlz] *npl* MED Mandeln *pl*

too [tuː] *adv* ❶ (*overly*) *big, heavy, small* zu; **to be ~ bad** wirklich schade sein; **far ~ difficult** viel zu schwierig; **to be ~ good to be true** zu schön um wahr zu sein ❷ (*very*) sehr; **my mother hasn't been ~ well recently** meiner Mutter geht es in letzter Zeit nicht allzu gut; **to not be ~ sure if ...** sich *dat* nicht ganz sicher sein, ob ... ❸ (*also*) auch; **me ~!** ich auch! ❹ (*moreover*) überdies ❺ AM (*fam: said for emphasis, to contradict*) sehr wohl; **I'm not going to school today — you are ~!** ich gehe heute nicht in die Schule – und ob du gehst! ▸ **~ right!** AUS stimmt genau!

took [tʊk] *vt, vi pt of* **take**

tool [tuːl] I. *n* ❶ (*implement*) Werkzeug *nt* ❷ (*aid*) Mittel *nt* ❸ (*pej: instrument*) Marionette *f* ❹ (*occupational necessity*) Instrument *nt*; **to be a ~ of the trade** zum Handwerkszeug gehören II. *vt* bearbeiten

'tool bag *n* Werkzeugtasche *f* **'tool bar** *n* COMPUT Symbolleiste *f* **'tool box** *n* Werkzeugkiste *f* **'tool chest** *n*, **'tool kit** *n* Werkzeugkasten *m* **'tool·mak·er** *n* Werkzeugmacher(in) *m(f)* **'tool shed** *n* Geräteschuppen *m*

toot [tuːt] I. *n* Hupen *nt kein pl*; **to give a ~** hupen II. *vt* ❶ (*sound*) anhupen; **to ~ a horn** auf die Hupe drücken ❷ (*fam: blow wind instrument*) blasen (in) III. *vi* (*honk*) hupen

tooth <*pl* **teeth**> [tuːθ, *pl* tiːθ] *n* ❶ (*in mouth*) Zahn *m*; **to bare one's teeth** die Zähne fletschen; **to brush one's teeth** die Zähne putzen; **to grind one's teeth** mit den Zähnen knirschen *a. fig*; **to grit one's teeth** die Zähne zusammenbeißen ❷ *usu pl* (*of comb*) Zinke *f*; *of saw* |Säge|zahn *m*; *of cog* Zahn *m* ▸ **to fight ~ and nail** [*or* **to do sth**] mit aller Macht [um etw *akk*] kämpfen; **to be** [a bit] **long in the ~** in die Jahre gekommen sein; **to get one's teeth into sth** sich in etw *akk* hineinstürzen

'tooth·ache *n no pl* Zahnschmerzen *pl* **'tooth·brush** *n* Zahnbürste *f* **'tooth·paste** *n no pl* Zahnpasta *f* **'tooth·pick** *n* Zahnstocher *m* **tooth·some** ['tu:θsəm] *adj* köstlich **'tooth tour·ism** *n no pl* Zahntourismus *m*

toothy ['tu:θɪ] *adj* zähnefletschend; **a ~ grin** ein breites Grinsen

too·tle ['tu:tl] *vi (fam)* ■ **to ~ along** dahinzockeln

toots [tʊts] *n esp* AM *(fam)* Süße *f*

top¹ [tɒp] *n* Kreisel *m*

top² [tɒp] **I.** *n* ❶ *(highest part)* oberes Ende, Spitze *f*; **of mountain** [Berg]gipfel *m*; **of tree** [Baum]krone *f*; **from ~ to bottom** von oben bis unten; **to get on ~ of sth** etw in den Griff bekommen ❷ *(upper surface)* Oberfläche *f*; **there was a pile of books on ~ of the table** auf dem Tisch lag ein Stoß Bücher ❸ *no pl (highest rank)* Spitze *f*; **to be at the ~ of the class** Klassenbeste(r) *f(m)* sein ❹ FASHION Top *nt* ❺ *(head end)* of bed, table Kopfende *nt*; **to live at the ~ of a street** am Ende der Straße wohnen ❻ *(lid)* Deckel *m* ❼ *(in addition to)* **on ~ of that ...** obendrein ... ▸ **~ off the ~ of one's head** *(fam)* aus dem Stegreif; **from ~ to toe** von Kopf bis Fuß; **the Big T~** das Großzelt; **to go over the ~** übereragieren **II.** *adj attr (highest)* oberste(r, s); **~ floor** oberstes Stockwerk; **the ~ rung of the ladder** *(fig)* die Spitze der Karriereleiter ❷ *(best)* beste(r, s); **sb's ~ choice** jds erste Wahl ❸ *(most successful)* Spitzen-; **~ athlete** Spitzensportler(in) *m(f)* ❹ *(maximum)* höchste(r, s); **~ speed** Höchstgeschwindigkeit *f* **III.** *adv* BRIT **to come ~ [of the class]** Klassenbeste(r) *f(m)* sein **IV.** *vt* <-pp-> ❶ *(be at top of)* anführen ❷ *(cover)* überziehen **(with** mit) ❸ *(surpass)* übertreffen ❹ *esp* BRIT *(sl: kill)* umbringen ◆ **top off** *vt* ❶ FOOD *(give topping to)* garnieren ❷ *esp* AM, AUS *(conclude satisfactorily)* abrunden; *(more than satisfactorily)* krönen ◆ **top up** *vt* ❶ *(fill up again)* nachfüllen; ■ **to ~ sb up** *(fam)* jdm nachschenken ❷ *(bring to a certain level)* aufbessern

to·paz ['təʊpæz] *n* Topas *m*

'top·coat *n* ❶ *(outer layer)* Deckanstrich *m* ❷ *(paint)* Deckfarbe *f* **top 'copy** *n* Original[manuskript] *nt* **top 'dog** *n* (AM) Boss *m fam* **top 'draw·er** *n* ❶ *(uppermost drawer)* oberste [Schub]lade ❷ *esp* BRIT *(fam: social position)* Oberschicht *f* **top ex·'ecu·tive** *n* Topmanager(in) *m(f)* **'top-flight** *adj attr* beste(r, s) **top 'hat** *n* Zylinder *m* **top-'heavy** *adj* ❶ *(usu pej: unbalanced)* kopflastig ❷ *(fam: big-breasted)* **a ~ woman** eine Frau mit großem Vorbau

top·ic ['tɒpɪk] *n* Thema *nt*

top·i·cal ['tɒpɪkəl] *adj* ❶ *(currently of interest)* aktuell ❷ *(by topics)* thematisch ❸ MED *(applied locally)* lokal

top·i·cal·ity [ˌtɒpɪ'kæləti] *n no pl* Aktualität *f*

top·less ['tɒpləs] **I.** *adj* oben ohne *präd*, barbusig **II.** *adv* **to go ~** oben ohne gehen

'top-lev·el *adj* Spitzen-; **~ negotiations, talks** Spitzentop **'load·er** *n* Toplader *m* **top 'man·age·ment** *n usu no pl* Topmanagement *nt* **'top·most** *adj attr* oberste(r, s) **'top-notch** *adj (fam)* erstklassig **'top note** *n (fig)* Kopfnote *f (eines Parfüms)*

to·pog·ra·pher [tə'pɒgrəfə'] *n* Vermessungsingenieur(in) *m(f)*

topo·graphi·cal [ˌtɒpə(ʊ)'græfɪkəl] *adj* topographisch

to·pog·ra·phy [tə'pɒgrəfi] *n no pl* Topographie *f*

top·per ['tɒpə'] *n (fam)* Zylinder *m*

top·ping ['tɒpɪŋ] *n* Garnierung *f*

top·ple ['tɒpl] **I.** *vt* ❶ *(knock over)* umwerfen ❷ POL *(overthrow)* stürzen **II.** *vi* stürzen; **prices fallen** ◆ **topple over I.** *vt* umwerfen **II.** *vi* umfallen, stürzen *(über)*

top 'price *n* Höchstpreis *m* **top pri·'or·i·ty** *n* höchste Priorität *f* **top 'qual·ity** *n* Spitzenqualität *f* **top-'rank·ing** *adj* Spitzen-; **~ university** Eliteuniversität *f* **'top·sail** *n* Toppsegel *nt* **top 'sala·ry** *n* Spitzengehalt *nt* **top 'se·cret** *adj streng* geheim **'top-sell·ing** *adj attr* meistverkauft **'top·soil** *n no pl* Mutterboden *m* **top 'speed** *n* Höchstgeschwindigkeit *f* **'top·spin** *n no pl* SPORTS Topspin *m*

top·sy-tur·vy [ˌtɒpsi'tɜ:vi] *(fam)* **I.** *adj* chaotisch **II.** *adv* **to turn sth ~** etw auf den Kopf stellen

torch [tɔ:tʃ] **I.** *n* <*pl* -es> ❶ AUS, BRIT *(handheld light)* Taschenlampe *f* ❷ *(burning stick)* Fackel *f*; Olympic **~ olympisches** Feuer; **to pass the ~ [to sb]** [jdm] den Stab übergeben; *(fig)* etw [an jdn] weitergeben ❸ AM *(blowlamp)* Lötlampe *f* ▸ **to carry a ~ for sb** nach jdm schmachten **II.** *vt (fam)* in Brand setzen

'torch·light I. *n no pl* Fackelschein *m* **II.** *adj attr* Fackel-

tore [tɔ:'] *vi, vt pt of* **tear**

tor·ment ['tɔ:ment] **I.** *n* ❶ *(mental suffering)* Qual *f* ❷ *(physical pain)* starke Schmerzen *pl*; ■ **to be in ~** unter starken Schmerzen leiden ❸ *(torture)* Tortur *f* **II.** *vt (cause to suffer)* quälen; **to be ~ed by grief** großen Kummer haben

tor·men·tor [tɔ:'mentə'] *n* Peiniger(in) *m(f)*

torn [tɔ:n] **I.** *vi, vt pp of* **tear II.** *adj pred (unable to choose)* [innerlich] zerrissen

tor·na·do [tɔːˈneɪdəʊ] *n* <*pl* -s *or* -es> Tornado *m*

tor·pe·do [tɔːˈpiːdəʊ] MIL, NAUT I. *n* <*pl* -es> Torpedo *m* II. *vt* torpedieren

tor·pid [ˈtɔːpɪd] *adj* (*form*) träge

tor·por [ˈtɔːpə^r] *n no pl* (*form*) Trägheit *f*; (*hibernation*) Winterschlaf *m*

torque [tɔːk] *n no pl* PHYS Drehmoment *nt*

tor·rent [ˈtɒrənt] *n* ❶ (*large amount of water*) Sturzbach *m*; ~s (*of rain*) sintflutartige Regenfälle; **to come down in ~s** in Strömen gießen ❷ (*large amount*) Strom *m*

tor·ren·tial [təˈren(t)ʃəl] *adj* sintflutartig

tor·sion [ˈtɔːʃən] *n no pl* MECH, MED Verdrehung *f*

tor·so [ˈtɔːsəʊ] *n* ❶ (*body*) Rumpf *m* ❷ (*statue*) Torso *m*

tor·toise [ˈtɔːtəs] *n* [Land]schildkröte *f*

ˈtor·toise-shell I. *n no pl* Schildpatt *nt* **II.** *adj attr* Schildpatt-

tor·tuous [ˈtɔːtʃʊəs] *adj* gewunden; (*complicated*) umständlich; *process* langwierig

tor·ture [ˈtɔːtʃə^r] **I.** *n* ❶ *no pl* (*act of cruelty*) Folter *f*; **mental ~** seelischer Folter ❷ (*painful suffering*) Qual *f*, Tortur *f* **II.** *vt* ❶ (*cause suffering to*) foltern ❷ (*greatly disturb*) quälen; ▪ **to be ~d by sth** von etw *dat* gequält werden

tor·tur·er [ˈtɔːtʃ^ərə^r] *n* Folterer *m*

Tory [ˈtɔːri] POL **I.** *n* BRIT (*British Conservative*) Tory *m* (*Angehöriger der britischen konservativen Partei*); ▪ **the Tories** *pl* die Tories *pl* **II.** *adj* Tory-

tosh [tɒʃ] *n no pl* BRIT (*dated fam*) Unsinn *m*

toss <*pl* -es> [tɒs] **I.** *n* Wurf *m*; **to win/lose the ~** den Münzwurf gewinnen/verlieren ▸ **I don't care a ~** BRIT (*fam*) das ist mir piepegal **II.** *vt* ❶ (*throw*) werfen; (*fling*) schleudern; *horse* abwerfen; **to ~ one's head** den Kopf zurückwerfen; **to ~ a coin** eine Münze werfen ❷ (*move up and down*) hin und her schleudern; FOOD schwenken; *pancake* wenden (*durch Hochwerfen*) ▸ **to ~ one's hat in the ring** *esp* AM in den Wahlkampf einsteigen **III.** *vi* knobeln (**for** um) ▸ **to ~ and turn** sich hin und her wälzen ◆**toss about**, **toss around** *vt* hin und her werfen; (*fig*) *proposal* zur Debatte stellen ◆**toss away** *vt* wegwerfen ◆**toss off** *vi* BRIT, AUS (*vulg, sl*) sich *dat* einen runterholen ◆**toss out** *vt* ❶ (*throw out*) hinauswerfen ❷ (*offer unsolicited*) *remark* rauslassen *fam*; *suggestion* einwerfen ◆**toss up** *vi* eine Münze werfen

ˈtoss-up *n* ❶ (*uncertain situation*) ungewisse Situation; ▪ **to be a ~** [noch] offen sein ❷ (*tossing a coin*) Werfen *nt* einer Münze

tot [tɒt] *n* ❶ (*fam: small child*) Knirps *m* ❷ *esp* BRIT (*small amount of alcohol*) Schlückchen *nt* ◆**tot up I.** *vt* (*fam*) zusammenrechnen **II.** *vi* ausmachen; **that ~s up to £20** das macht zusammen 20 Pfund

to·tal [ˈtəʊt^əl] **I.** *n* Gesamtsumme *f*; **a ~ of 21 horses were entered for the race** im Ganzen wurden 21 Pferde zum Rennen zugelassen; **in ~** insgesamt **II.** *adj attr* (*complete*) gesamt ❷ (*absolute*) völlig; *disaster* rein; **to be a ~ stranger** vollkommen fremd sein **III.** *vt* <BRIT -ll- *or* AM *usu* -l-> ❶ (*add up*) zusammenrechnen; **their debts ~ £8,000** ihre Schulden belaufen sich auf 8.000 Pfund ❷ AM (*fam*) **to ~ a car** einen Wagen zu Schrott fahren ◆**total up** *vt* zusammenrechnen

to·tali·tar·ian [tə(ʊ)ˌtælɪˈteəriən] *adj* POL totalitär

to·tali·tar·ian·ism [tə(ʊ)ˌtælɪˈteəriənɪz^əm] *n no pl* POL Totalitarismus *m*

to·tal·ity [tə(ʊ)ˈtælɪti] *n no pl* ❶ (*whole amount*) Gesamtheit *f* ❷ (*total eclipse*) totale Verfinsterung

to·tal·ly [ˈtəʊt^əli] *adv* völlig

tote¹ [təʊt] *n no pl* SPORTS ▪ **the ~** das Toto

tote² [təʊt] *vt esp* AM (*fam*) schleppen

ˈtote bag *n* Einkaufstasche *f*

to·tem [ˈtəʊtəm] *n* Totem *nt*

tot·ter [ˈtɒtə^r] *vi* wanken; **to ~ towards extinction** kurz vor dem Aussterben sein

tot·tery [ˈtɒt^əri] *adj* wack[e]lig; *person* zittrig

tou·can [ˈtuːkæn] *n* Tukan *m*

touch [tʌtʃ] **I.** *n* <*pl* -es> ❶ *no pl* (*ability to feel*) Tasten *nt*; **the sense of ~** der Tastsinn; **the material was soft to the ~** das Material fühlte sich weich an ❷ (*instance of touching*) Berührung *f*; **at the ~ of a button** auf Knopfdruck ❸ *no pl* (*communication*) Kontakt *m*; **to be in ~ with sb/sth** mit jdm/etw *dat* in Kontakt sein ❹ *no pl* (*skill*) Gespür *nt* ❺ *no pl* (*small amount*) **a ~ of irony** eine Spur Ironie; **a ~ of flu** (*fam*) eine leichte Grippe ❻ *no pl* (*rather*) ▪ **a ~** ziemlich ❼ (*valuable addition*) Ansatz *m*; **the final ~** der letzte Schliff ❽ *no pl* FBALL Aus *nt* ▸ **to be a soft ~** (*fam*) leichtgläubig sein **II.** *vt* ❶ (*feel with fingers*) berühren, anfassen; **to ~ the brake** auf die Bremse steigen *fam* ❷ (*come in contact with*) in Berührung kommen (mit); (*border*) grenzen (an) ❸ (*move emotionally*) bewegen ❹ (*deal with*) anpacken ▸ **to ~ a** [**raw**] **nerve** einen wunden Punkt berühren; **not to ~ sb/sth with a barge** [*or* AM **ten-foot**] **pole** jdm/etw meiden wie die Pest; ▪ **~ wood** BRIT wenn alles gut geht **III.** *vi* ❶ (*feel with fingers*) berühren ❷ (*come in contact*) sich berühren ◆**touch at** *vi* NAUT **to ~ at a port** in einem Hafen anlegen ◆**touch down** vi AVIAT landen ◆**touch in** vt ART skizzieren ◆**touch off** vt auslösen ◆**touch on, touch upon** vi ansprechen ◆**touch up** vt ❶ (improve) auffrischen; photograph retuschieren ❷ BRIT (fam: assault sexually) ■**to** ~ **sb up** jdn begrapschen pej

touch-and-'go adj unentschieden; ■**to be** ~ **whether ...** auf Messers Scheide stehen, ob ...

'**touch·down** n ❶ (landing) Landung f ❷ esp AM SPORTS (scoring play) Versuch m

touched [tʌtʃt] adj pred gerührt

touchi·ness ['tʌtʃɪnəs] n no pl (fam) ❶ (sensitive nature) Überempfindlichkeit f ❷ (delicacy) Empfindlichkeit f

touch·ing ['tʌtʃɪŋ] I. adj berührend II. n Berühren nt kein pl

touch-'sen·si·tive adj COMPUT Touch-; ~ **screen** Touchscreen m '**touch·stone** n Kriterium nt geh (**for** für) '**touch-type** vi blind schreiben

touchy ['tʌtʃi] adj (fam) ❶ (oversensitive) person empfindlich ❷ (delicate) situation, topic heikel

tough [tʌf] I. adj ❶ (strong) robust; ~ **plastic** Hartplastik m ❷ (hardy) person, animal zäh; **to be as** ~ **as old boots** nicht unterzukriegen sein ❸ (stringent) law streng ❹ (hard to cut) meat zäh; **to be as** ~ **as old boots** [or AM also **shoe leather**] zäh wie Schuhsohlen sein ❺ (difficult) schwierig, hart; climate rau; competition hart; winter streng ❻ (violent) rau, brutal ❼ (fam: unlucky) **that's a bit** ~ **!** da hast du wirklich Pech!; ~ **luck!** so ein Pech! a. iron II. n esp AM (fam) Rowdy m pej

tough·en ['tʌfən] I. vt ❶ (strengthen) verstärken; ~**ed glass** gehärtetes Glas ❷ (make difficult to cut) hart werden lassen II. vi stärker werden

tough·ness ['tʌfnəs] n no pl ❶ (strength) Härte f, Robustheit f ❷ (determination) Entschlossenheit f ❸ (of meat) Zähheit f

tou·pee ['tu:peɪ] n Toupet nt

tour [tʊər, tɔːr] I. n ❶ (journey) Reise f, Tour f; **guided** ~ Führung f; **sightseeing** ~ Rundfahrt f ❷ (spell of duty) Tournee f; **lecture** ~ Vortragsreise f; **to be/go on** ~ auf Tournee sein/gehen II. vt ❶ (travel around) bereisen ❷ (visit professionally) besuchen ❸ (perform) **to** ~ **Germany** eine Deutschlandtournee machen III. vi ■**to** ~ [**with sb**] [mit jdm] auf Tournee gehen

tour·ing ['tʊərɪŋ, 'tɔː-] I. adj attr THEAT, MUS Tournee-; ~ **company** Wandertheater nt II. n Reisen nt kein pl; **to do some** ~ herumreisen

tour·ism ['tʊərɪzəm, 'tɔː-] n no pl Tourismus m; **mass** ~ Massentourismus m

'**tour·ism boy·cott** n Tourismusboykott m

tour·ist ['tʊərɪst, 'tɔː-] n ❶ (traveller) Tourist(in) m/f ❷ AUS, BRIT (member of sports team) Mitglied nt einer Tourneemannschaft

'**tour·ist agen·cy** n Reisebüro nt '**tour·ist bu·reau** n Fremdenverkehrsamt nt '**tour·ist class** n Touristenklasse f '**tour·ist des·ti·na·tion** n Reiseziel nt '**tour·ist guide** n ❶ (book) Reiseführer m ❷ (person) Fremdenführer(in) m/f '**tour·ist in·dus·try** n Tourismusindustrie f **tour·ist in·for·ma·tion of·fice** n, '**tour·ist of·fice** n Touristeninformation f '**tour·ist sea·son** n Hauptsaison f '**tour·ist tick·et** n Touristenkarte f '**tour·ist visa** n Reisevisum nt

tour·na·ment ['tɔːnəmənt, 'tʊə-] n SPORTS Turnier m

'**tour op·era·tor** n Reiseveranstalter m

tou·sle ['taʊzl] vt hair zerzausen

tou·sled ['taʊzld] adj zerzaust

tout [taʊt] I. n (pej) Schwarzhändler(in) m/f) II. vt ❶ (advertise) Reklame machen (für); ■**to** ~ **sb as sth** jdn als etw preisen ❷ BRIT (pej: sell unofficially) unter der Hand verkaufen III. vi ■**to** ~ **for sth/sb** um etw akk/jdn werben

tow[1] [təʊ] n (fibre) Werg nt

tow[2] [təʊ] I. n Schleppen nt kein pl; **to give sb a** ~ jdn abschleppen; **to have sb in** ~ jdn im Schlepptau haben II. vt ziehen; vehicle abschleppen

to·ward(s) [təˈwɔːd(z)] prep ❶ (in direction of) in Richtung; **she walked** ~ **him** sie ging auf ihn zu; **he leaned** ~ **her** er lehnte sich zu ihr ❷ (near) nahe; **we're well** ~ **the front of the queue** wir sind nahe dem Anfang der Schlange ❸ (just before) gegen; ~ **midnight/the end of the year** gegen Mitternacht/Ende des Jahres ❹ (to goal of) **to count** ~ **sth** auf etw akk angerechnet werden ❺ (to trend of) zu ❻ (to be used for) für; **he has given me some money** ~ **it** er hat mir etwas Geld dazugegeben

'**tow bar** n Abschleppstange f '**tow boat** n AM NAUT Schlepper m

tow·el ['taʊəl] I. n Handtuch nt; **paper** ~ Papiertuch nt; **tea** ~ Geschirrtuch nt ▸ **to throw in the** ~ das Handtuch werfen II. vt <-ll-> **to** ~ **sth dry** etw trockenreiben

tow·el·ling ['taʊəlɪŋ], AM **tow·el·ing** n no pl Frottee nt o m

tow·er ['taʊər] n Turm m; office ~ Bürohochhaus nt ▸ **a** ~ **of strength** ein Fels in der Brandung ◆**tower above, tower over** vi aufragen; ■**to** ~ **above sb/sth** jdn/etw überragen

'tower block n BRIT Hochhaus nt
tow·er·ing ['taʊərɪŋ] adj ① (very high) hochaufragend ② (very great) überragend
town [taʊn] n ① (small city) Stadt f; **home ~** Heimatstadt f; **no art** (residential or working location) Stadt f; ■ **to be in ~** in der Stadt sein ② (downtown) ■ **[the]** ~ das Zentrum, die Stadt; **to go to ~** ins Zentrum fahren ▶ **to go to ~ [on sth]** sich [bei etw dat] ins Zeug legen
town 'cen·tre n ■ **the ~** das Stadtzentrum
town 'clerk n Magistratsbeamte(r), -beamtin m, f **town 'coun·cil** n Stadtrat m **town 'coun·cil·lor** n Stadtrat, -rätin m, f **town 'hall** n Rathaus nt **'town house** n ① (residence) Stadthaus nt ② esp AM (row house) Reihenhaus nt **town 'plan·ning** n no pl Stadtplanung f **'town·scape** ['taʊnskeɪp] n Stadtbild nt; (picture of town) Stadtansicht f
'towns·folk npl Stadtbevölkerung f kein pl
town·ship ['taʊnʃɪp] n ① AM, CAN (local government) Gemeinde f ② SA (settlement for blacks) Township f (von Schwarzen bewohnte abseits der Stadt gelegene Siedlung)
'towns·peo·ple npl Stadtbevölkerung f kein pl
'tow truck n AM, AUS Abschleppwagen m
tox·ae·mia [tɒk'si:miə], esp AM **tox·emia** n no pl Blutvergiftung f
tox·ic ['tɒksɪk] adj giftig; **~ waste** Giftmüll m
toxi·col·o·gy [ˌtɒksɪ'kɒlədʒi] n no pl Toxikologie f
tox·in ['tɒksɪn] n Toxin nt
toy [tɔɪ] n Spielzeug nt; **cuddly ~** Kuscheltier nt ◆ **toy with** vt ① (consider) herumspielen (mit); idea spielen (mit); food herumstochern (in) ② (not treat seriously) spielen
'toy·shop n Spielwarengeschäft nt
trace [treɪs] I. n ① (sign) Zeichen nt, Spur f; **to disappear without a ~** spurlos verschwinden ② (slight amount) Spur f; **~s of cocaine/poison** Kokain-/Giftspuren pl; **~ of a smile** Anflug m eines Lächelns ③ (electronic search) Aufzeichnung f ④ (measurement line) Aufzeichnung f ⑤ esp AM (path) [Trampel]pfad m ⑥ (in math) Kurve f II. vt ① (follow trail) auffinden; ■ **to ~ sb** jds Spur verfolgen ② (track back) phone call, computer virus zurückverfolgen ③ (through paper) nachmalen ④ (take route) **to ~ a path** einem Weg folgen
trace·able ['treɪsəbl] adj zurückverfolgbar
'trace el·e·ment n Spurenelement nt
trac·er ['treɪsə'] n ① MIL Leuchtspurgeschoss nt ② (transmission device) Sender m ③ (monitoring programme) Überwachungsprogramm nt
trac·ery ['treɪsəri] n ① no pl (ornamental work) Maßwerk nt ② (pattern) Filigranmuster nt
tra·chea <pl -s or -chae> [trə'kiə, pl -i] n Luftröhre f
trac·ing ['treɪsɪŋ] n Skizze f
'trac·ing pa·per n no pl Pauspapier nt
track [træk] I. n ① (path) Weg m, Pfad m ② (rails) ■ **~s** pl Gleise pl, Schienen pl ③ (for curtains) Schiene f ④ AM RAIL (platform) Bahnsteig m ⑤ usu pl (mark) Spur f; of deer Fährte f; **tyre ~s** Reifenspuren pl; **to cover one's ~s** seine Spuren verwischen ⑥ (path) of hurricane Bahn f; of comet [Lauf]bahn f; of airplane Route f ⑦ no pl (course) Weg m; **to get one's life back on ~** sein Leben wieder in die Reihe bringen; **to be on the right/ wrong ~** auf dem richtigen/falschen Weg sein ⑧ SPORTS for running Laufbahn f; for race cars Piste f; for bikes Radrennbahn f ⑨ no pl (athletics) Leichtathletik f ⑩ (piece of music) Stück nt; (in film) Soundtrack m ⑪ (on a bulldozer, tank) Kette f ⑫ ELEC Leiter m ▶ **to be off the beaten ~** abgelegen sein; **to keep ~ of sb/sth** jdn/etw im Auge behalten; **to lose ~ of sb/sth** (lose contact) jdn/etw aus den Augen verlieren; **to lose ~** (be confused about) den Überblick verlieren; (not keep up to date) nicht mehr auf dem Laufenden sein; **to make ~s** (fam) sich aufmachen; **to stop in one's ~s** vor Schreck erstarren II. vt ① (pursue) verfolgen; **to ~ an animal** die Fährte eines Tieres verfolgen; ■ **to ~ sb** jds Spur verfolgen ② (find) aufspüren ◆ **track away** vi camera abschwenken ◆ **track down** vt aufspüren; reference, piece of information ausfindig machen ◆ **track in I.** vt AM mud, dirt hereintragen II. vi camera heranfahren ◆ **track up** vt AM **to ~ up ○ the house** Schmutzspuren im Haus hinterlassen
track and 'field n no pl SPORTS Leichtathletik f
'track ball n COMPUT Rollkugel f
'track·er dog n Spürhund m **'track event** n SPORTS Laufwettbewerb m **'track·ing sta·tion** n AEROSP Bodenstation f **'track 'rec·ord** n ① SPORTS Streckenrekord m ② (of company, person) Erfolgsbilanz f **'track shoe** n Laufschuh m **'track·suit** n Trainingsanzug m
tract¹ [trækt] n Traktat nt o m geh (on sth)
tract² [trækt] n ① (area of land) Gebiet nt; AM (property) Grundstück nt ② ANAT (bodily system) Trakt m; **respiratory ~** Atemwege pl
trac·table ['træktəbl] adj (form) person, child lenkbar; metal formbar; problem lösbar
trac·tion ['trækʃən] n no pl ① of car, wheels Bodenhaftung f ② MECH (pulling) Antrieb m ③ (medical treatment) Strecken nt; **to be**

traction engine – trail behind

in ~ im Streckverband liegen
'trac·tion en·gine n Zugmaschine f
trac·tor ['træktəʳ] n Traktor m
trad [træd] adj BRIT, AUS (fam) short for **traditional** traditionell
trade [treɪd] I. n ❶ no pl (buying and selling) Handel m ❷ no pl (business activity) Umsatz m ❸ (type of business) Branche f; **building** ~ Baugewerbe nt ❹ no pl (particular business) ■ **the** ~ die Branche ❺ (handicraft) Handwerk nt; **to learn a** ~ ein Handwerk erlernen ❻ AM SPORTS (transfer) Transfer m ❼ (trade wind) ■ **the** ~ s pl der Passat II. vi ❶ (exchange goods) tauschen (**with** mit) ❷ (do business) Geschäfte machen ❸ STOCKEX (be bought and sold) handeln III. vt ❶ (exchange) austauschen; **to** ~ **bets** Wetten abschließen; **to** ~ **places** [**with sb**] [mit jdm] den Platz tauschen; **to** ~ **insults/ punches** Beleidigungen/Schläge austauschen ❷ STOCKEX (buy and sell) handeln (mit)
◆ **trade in** vt in Zahlung geben
'trade agree·ment n Handelsabkommen nt **'trade as·so·ci·a·tion** n Wirtschaftsverband m **'trade bal·ance** n Handelsbilanz f **'trade bar·ri·er** n Handelsschranke[n] f/pl **'trade cy·cle** n Konjunkturzyklus m **trade di'rec·to·ry** n Branchenverzeichnis nt **trade 'dis·count** n Händlerrabatt m **'trade fair** n Messe f **'trade gap** n Außenhandelsdefizit nt
'trade-in I. n Tauschware f II. adj attr Eintausch-
'trade-in value n Gebrauchtwert m
trade 'jour·nal n Handelsblatt nt **'trademark** n ❶ (of company) Warenzeichen nt ❷ (of person, music) charakteristisches Merkmal **'trade name** n Markenname m **'trade-off** n Einbuße f **'trade pol·i·cy** n Handelspolitik f **trade 'press** n no pl Wirtschaftspresse f **'trade price** n BRIT Großhandelspreis m
trad·er ['treɪdəʳ] n ❶ (person) Händler(in) m(f); STOCKEX Wertpapierhändler(in) m(f) ❷ (ship) Handelsschiff nt
'trade reg·is·ter n Handelsregister nt **'trade route** n Handelsweg m **trade 'se·cret** n Betriebsgeheimnis nt
trades·man ['treɪdzmən] n (shopkeeper) Händler m; (craftsman) Handwerker m; (supplier) Lieferant m
'trades·peo·ple npl Händler pl
trade 'sur·plus n Handelsbilanzüberschuss m **trade 'un·ion** n Gewerkschaft f **trade 'un·ion·ism** n no pl Gewerkschaftswesen nt **trade 'un·ion·ist** n Gewerkschaftler(in) m(f) **'trade war** n Handelskrieg m **'trade wind** n Passat m

trad·ing ['treɪdɪŋ] n no pl Handel m; **Sunday** ~ BRIT Offenhalten nt der Geschäfte am Sonntag
'trad·ing es·tate n BRIT Industriegelände nt **'trad·ing floor** n Börsenparkett nt **'trading li·cence** n Gewerbekonzession f
tra·di·tion [trəˈdɪʃən] n ❶ no pl (customary behaviour) Tradition f ❷ (custom) Tradition f, Brauch m ❸ (style) Tradition f, Stil m ❹ (in religion) Überlieferung f
tra·di·tion·al [trəˈdɪʃənəl] adj traditionell; person konservativ **tra·di·tion·al·ism** [trəˈdɪʃənəlɪzəm] n Traditionalismus m geh **tra·di·tion·al·ist** [trəˈdɪʃənəlɪst] I. n Traditionalist(in) m(f) geh II. adj traditionalistisch geh
traf·fic ['træfɪk] I. n no pl ❶ (vehicles) Verkehr m; **air/rail** ~ Luft-/Bahnverkehr m; **to get stuck in** ~ im Verkehr stecken bleiben ❷ (on telephone) Fernsprechverkehr m; **data** ~ COMPUT Datenverkehr m ❸ (in illegal items) illegaler Handel (**in** mit); **drug** ~ Drogenhandel m II. vi <-ck-> handeln; **to** ~ **in arms** Waffenhandel betreiben; **to** ~ **in drugs** mit Drogen handeln
'traf·fic ac·ci·dent n Verkehrsunfall m **'traf·fic-calm·ing** BRIT I. n no pl Verkehrsberuhigung f II. adj attr ~ **measures** verkehrsberuhigende Maßnahmen **'traf·fic cir·cle** n AM Kreisverkehr m **'traf·fic is·land** n ❶ (pedestrian island) Verkehrsinsel f ❷ AM (central reservation) Mittelstreifen m **'traf·fic jam** n Stau m
traf·fick·er ['træfɪkəʳ] n (pej) Händler(in) m(f); **arms** ~ Waffenschieber(in) m(f); **drug** ~ Drogenhändler(in) m(f)
'traf·fic lane n Fahrstreifen m **'traf·fic light** n Ampel f **'traf·fic regu·la·tion** n Straßenverkehrsordnung f **'traf·fic sign** n Verkehrszeichen nt **'traf·fic war·den** n BRIT Verkehrspolizist(in) m(f)
trag·e·dy ['trædʒədi] n Tragödie f; **it's a** ~ **that ...** es ist tragisch, dass ...
trag·ic ['trædʒɪk] adj tragisch; **he's a** ~ **actor** er spielt tragische Rollen
tragi·com·edy [ˌtrædʒɪˈkɒmədi] n Tragikomödie f
trail [treɪl] I. n ❶ (path) Weg m, Pfad m ❷ (track) Spur f; ■ **to be on the** ~ **of sth/sb** etw/jdm auf der Spur sein; ~ **of dust/ smoke** Staubwolke f/Rauchfahne f II. vt ■ **to** ~ **sb** (follow) jdm auf der Spur sein ❷ (in a competition) hinter jdm liegen III. vi ❶ (drag) schleifen; (plant) sich ranken ❷ (be losing) zurückliegen ❸ (move sluggishly) ■ **to** ~ [**after sb**] [hinter jdm her] trotten
◆ **trail away** vi verstummen ◆ **trail behind** I. vi zurückbleiben II. vt hinterherlaufen

trail off *vi* verstummen
trail·blaz·er [-ˌbleɪzə'] *n* Wegbereiter(in) *m(f)*
trail·blaz·ing ['treɪlbleɪzɪŋ] *adj attr* bahnbrechend
trail·er ['treɪlə'] *n* ① (*wheeled container*) Anhänger *m* ② AM (*caravan*) Wohnwagen *m* ③ (*advertisement*) Trailer *m*
'trail·er camp, **'trail·er park** *n* AM Wohnwagenabstellplatz *m*
'trail·wear *n no pl* Outdoor-Kleidung *f*
train [treɪn] **I.** *n* ① RAIL Zug *m*; **to board a ~** in einen Zug einsteigen; **to change ~s** umsteigen ② (*series*) Serie *f*; **~ of thought** Gedankengang *m* ③ (*retinue*) Gefolge *nt kein pl*; (*procession*) Zug *m* ④ (*part of dress*) Schleppe *f* **II.** *vi* trainieren (**for** für) **III.** *vt* ① (*teach*) ausbilden *dat*; **to ~ sb for sth** jdn für etw *akk* ausbilden; **to ~ dogs** Hunde abrichten ② HORT *roses, vines* ziehen ③ (*point at*) **to ~ a gun/light on sb/sth** eine Waffe/ein Licht auf jdn/etw *akk* richten
'train ac·ci·dent *n* Zugunglück *nt* **'train driv·er** *n* Lokführer(in) *m(f)*
trained [treɪnd] *adj* ① (*educated*) ausgebildet; *animal* abgerichtet ② (*expert*) *ear, eye* geschult; *voice* ausgebildet
trainee [ˌtreɪˈniː] **I.** *n* Auszubildende(r) *f(m)*, Trainee *m* **II.** *adj* ~ **manager** Management-Trainee *m*; ~ **teacher** Referendar(in) *m(f)*
trainee·ship ['treɪniːʃɪp] *n* Praktikum *nt*
train·er ['treɪnə'] *n* ① (*teacher*) Trainer(in) *m(f)*; (*of animals*) Dresseur(in) *m(f)*; (*in circus*) Dompteur, Dompteuse *m, f* ② BRIT (*shoe*) Turnschuh *m*
train·ing ['treɪnɪŋ] **I.** *n no pl* ① (*education*) Ausbildung *f*; *of new employee* Schulung *f*; *of dogs* Abrichten *nt* ② SPORTS (*practice*) Training *nt*; **to be in ~ for sth** für etw *akk* trainieren **II.** *adj attr* Schulungs-
'train·ing camp *n* SPORTS Trainingscamp *nt* **'train·ing col·lege** *n* BRIT Lehrerbildungsanstalt *f* **'train·ing course** *n* Vorbereitungskurs *m* **'train·ing pro·gramme** *n*, AM **'train·ing pro·gram** *n* Ausbildungsprogramm *nt* **'train·ing ship** *n* Schulschiff *nt*
'train ser·vice *n no pl* Zugverkehr *m*; (*between two towns*) [Eisen]bahnverbindung *f*
traipse [treɪps] *vi* latschen *fam*
trait [treɪ, treɪt] *n* Eigenschaft *f*; **character ~** Charakterzug *m*; **genetic ~** genetisches Merkmal
trai·tor ['treɪtə'] *n* Verräter(in) *m(f)*
trai·tor·ous ['treɪtərəs] *adj* verräterisch
tra·jec·tory [trəˈdʒektəri] *n* PHYS Flugbahn *f*; MATH Kurve *f*
tram [træm] *n* BRIT, AUS Straßenbahn *f*

'tram·line *n* BRIT, AUS ① (*route*) Straßenbahnlinie *f* ② (*tracks*) ■ ~**s** *pl* Straßenbahnschienen *pl* ③ SPORTS (*boundary lines*) ■ ~**s** *pl* Seitenlinien *pl*
tram·mel ['træməl] *n* ① (*liter*) ■ ~**s** *pl* (*restrictions*) Fesseln *pl* ② (*net*) Schleppnetz *nt*
tramp [træmp] **I.** *vi* (*walk*) marschieren; (*walk heavily*) trampeln **II.** *vt* **you're ~ing dirt and mud all over the house!** du schleppst den Schmutz und Matsch durch das ganze Haus! **III.** *n* ① (*poor person*) Vagabund(in) *m(f)*, Sandler(in) *m(f)* ÖSTERR ② *no pl* (*stomping sound*) schwere Schritte *pl* ③ *no pl* (*tiring walk*) Fußmarsch *m* ④ *esp* AM (*pej: woman*) Flittchen *nt*
tram·ple ['træmpl] **I.** *vt* niedertrampeln; *grass, flowers, crops* zertrampeln; **to be ~d to death** zu Tode getrampelt werden **II.** *vi* ■ **to ~ on sth** auf etw *dat* herumtrampeln
tram·po·line [ˈtræmpəliːn] *n* Trampolin *nt*
'tram·way *n* (*rails*) Straßenbahnschienen *pl*; (*system*) Straßenbahnnetz *nt*
trance [trɑːn(t)s] *n* ① (*mental state*) Trance *f* ② *no pl* (*music*) Trance-Musik *f*
tran·ny ['træni] *n esp* BRIT (*sl*) *short for* **transistor radio** Transistorradio *nt*
tran·quil ['træŋkwɪl] *adj setting* ruhig; *voice, expression* gelassen
tran·quil·li·ty *n* AM *see* **tranquillity tran·quil·ize** *vt* AM *see* **tranquillize tran·quil·iz·er** *n* AM *see* **tranquillizer tran·quil·li·ty** [træŋˈkwɪləti] *n no pl* Ruhe *f*, Gelassenheit *f*
tran·quil·lize ['træŋkwɪlaɪz] *vt* ■ **to ~ sb/ an animal** jdn/ein Tier ruhigstellen **tran·quil·liz·er** [ˈtræŋkwɪlaɪzə'] *n* Beruhigungsmittel *nt*
trans·act [trænˈzækt] **I.** *vt deal* abschließen; *negotiations* durchführen **II.** *vi* **to ~ with sb** mit jdm verhandeln
trans·ac·tion [trænˈzækʃən] *n* ① ECON Transaktion *f*; **business ~** Geschäft *nt* ② (*published report*) ■ ~**s** *pl* Sitzungsbericht *m*
trans·al·pine [trænˈzælpaɪn] *adj* transalpin
trans·at·lan·tic [ˌtrænzətˈlæntɪk], **trans·At·lan·tic** *adj* transatlantisch; **a ~ voyage** eine Reise über den Atlantik; **our ~ allies/ partners** (*said by British*) unsere amerikanischen Alliierten/Partner; (*said by Americans*) unsere britischen Alliierten/Partner
trans·ceiv·er [trænˈsiːvə'] *n* Sende- und Empfangsgerät *nt*
trans·cend [trænˈsend] *vt* ① (*go beyond*) hinausgehen (über); *barriers* überschreiten ② (*surpass*) überragen
trans·cen·dent [trænˈsendənt] *adj* ① (*supreme*) *authority, being* übernatürlich ② (*exceptional*) *love, genius* überragend ③ (*in philosophy*) transzendent *geh*

trans·cen·den·tal [ˌtræn(t)senˈdentəl] *adj* transzendent[al] *geh*

trans·con·ti·nen·tal [ˌtræns͵kɒntɪˈnentəl] *adj* transkontinental

tran·scribe [trænˈskraɪb] *vt* ❶ *(put in written form)* conversation, recording protokollieren ❷ MUS transkribieren ❸ LING transkribieren; **to ~ shorthand** Kurzschrift [in Langschrift] übertragen ❹ BIOL transkribieren, übertragen

tran·script [ˈtrænskrɪpt] *n* ❶ *(copy)* Abschrift *f* ❷ *(in genetics)* Transkription *f* ❸ AM *(school records)* ■ **-s** *pl* Zeugnisse *pl*

tran·scrip·tion [trænˈskrɪpʃən] *n* ❶ *(copy)* Abschrift *f*, Protokoll *nt* ❷ *no pl (putting into written form)* Abschrift *f*; BIOL, LING, MUS Transkription *f*; *of genetic information also* Übertragung *f*

trans·duc·er [trænzˈdjuːsər] *n* ELEC Wandler *m*

tran·sept [trænˈ(t)sept] *n* ARCHIT Querschiff *nt*

trans·fer I. *vt* <-rr-> [træn(t)sˈfɜː^rː] ❶ *money* überweisen ❷ *(re-assign)* versetzen; **to ~ power** die Macht abgeben; **to ~ responsibility** die Verantwortung übertragen ❸ *(redirect)* übertragen; **to ~ a call** ein Gespräch weiterleiten ❹ *(change ownership)* überschreiben (**to** auf) ❺ SPORTS *(sell)* verkaufen **II.** *vi* <-rr-> [træn(t)sˈfɜːr] ❶ *(change job)* employee überwechseln; *(change club, university)* wechseln (**to** in/nach) ❷ *(change bus)* umsteigen ❸ *(change system)* umstellen **III.** *n* ❶ *no pl (process of moving)* of hospital patients, prisoners Verlegung *f* (**to** in/nach) ❷ *(reassignment) of money* Überweisung *f*; **~ of ownership** Übertragung *f* eines Besitzes; **~ of power** Machtübertragung *f* ❸ *(at work)* Versetzung *f*; of teams, clubs Transfer *m* ❹ *no pl (distribution)* Transfer *m* ❺ SPORTS *(player)* Transferspieler(in) *m(f)* ❻ *(ticket)* Umsteige[fahr]karte *f* ❼ *(pattern)* Abziehbild *nt*

trans·fer·able [træn(t)sˈfɜːrəbl] *adj* übertragbar **trans·fer·ence** [trɑːn(t)sˈfɜːrən(t)s, ˈtræn(t)sfɜːrənts] *n no pl* ❶ *(act of changing)* Übergabe *f* ❷ PSYCH *of emotions* Übertragung *f* ❸ *of property, stocks, money* Überschreibung *f*

trans·fig·ure [træn(t)sˈfɪɡər] *vt* verwandeln (**into** in)

trans·fix [træn(t)sˈfɪks] *vt usu passive* ■ **to be ~ed with sth/sb** von etw *dat*/jdm fasziniert sein; **to be ~ed with horror** starr vor Entsetzen sein

trans·form [træn(t)sˈfɔːm] *vt* ❶ *(change)* verwandeln ❷ ELEC transformieren ❸ MATH umwandeln

trans·for·ma·tion [ˌtræn(t)sfəˈmeɪʃən] *n* ❶ *(great change)* Verwandlung *f* ❷ *(in theatre)* Verwandlungsszene *f* ❸ ELEC Transformation *f* ❹ MATH Umwandlung *f*

trans·form·er [træn(t)sˈfɔːmər] *n* ELEC Transformator *m*

trans·fuse [træn(t)sˈfjuːz] *vt* ❶ MED blood übertragen ❷ *(impart)* respect vermitteln

trans·fu·sion [træn(t)sˈfjuːʒən] *n* ❶ *no pl* MED Transfusion *f*; **blood ~** Bluttransfusion *f* ❷ *(fig)* Investition *f*

trans·gress [trænzˈɡres] **I.** *vt (form)* **to ~ a law** ein Gesetz übertreten **II.** *vi* ❶ *(form: break rule)* die Regeln verletzen ❷ REL sündigen

trans·gres·sion [trænzˈɡreʃən] *n* ❶ *no pl (form: violation)* Übertretung *f*; **~ of the law** Gesetzesverstoß *m* ❷ REL *(sin)* Sünde *f*

trans·gres·sor [trænzˈɡresər] *n* ❶ *(form: violator)* Schuldige(r) *f(m)* ❷ REL *(sinner)* Sünder(in) *m(f)*

tran·si·ent [ˈtrænziənt] **I.** *adj* ❶ *(temporary)* vergänglich ❷ *(mobile)* **~ population** nicht ansässiger Teil der Bevölkerung **II.** *n* Durchreisende(r) *f(m)*

tran·sis·tor [trænˈzɪstər] *n* ELEC Transistor *m*

tran·sis·tor·ize [trænˈzɪstəraɪz] *vt* ELEC transistorisieren

tran·sit [ˈtrænsɪt] **I.** *n* ❶ *no pl of people, goods* Transit *m* ❷ *(crossing)* Transit *m* ❸ AM *(public transport)* öffentliches Verkehrswesen; **mass ~** öffentlicher Nahverkehr **II.** *vt* durchqueren

ˈtran·sit busi·ness *n* Transitgeschäft *nt* **ˈtran·sit camp** *n* Auffanglager *nt* **ˈtran·sit desk** *n* AVIAT Transitschalter *m*

tran·si·tion [trænˈzɪʃən] *n* Übergang *m*; ■ **to be in ~** in einer Übergangsphase sein

tran·si·tion·al [trænˈzɪʃənəl] *adj* Übergangs-

tran·si·tive [ˈtræn(t)sətɪv] LING **I.** *adj* transitiv **II.** *n* Transitiv *nt*

ˈtran·si·tion lounge *n* Transitraum *m*

tran·si·to·ry [ˈtræn(t)sɪtəri] *adj* vergänglich **ˈtran·sit pas·sen·ger** *n* Transitreisende(r) *f(m)* **ˈtran·sit vi·sa** *n* Transitvisum *nt*

trans·lat·able [trænzˈleɪtəbl] *adj* übersetzbar

trans·late [trænzˈleɪt] **I.** *vt* ❶ *(change language)* übersetzen; **to ~ sth from Greek into Spanish** etw aus dem Griechischen ins Spanische übersetzen ❷ *(adapt)* adaptieren ❸ *(make a reality)* umsetzen **II.** *vi* ❶ *(change words)* übersetzen; **to ~ from Hungarian into Russian** aus dem Ungarischen ins Russische übersetzen ❷ *(transfer)* sich umsetzen lassen

trans·la·tion [trænzˈleɪʃən] *n* ❶ *(of text, word)* Übersetzung *f* ❷ *no pl (process)* Über-

setzen *nt* ③ (*conversion*) Umsetzung *f*
trans·la·tor [trænzˈleɪtə^r] *n* Übersetzer(in) *m(f)*
trans·lit·er·a·tion [trænzˌlɪtə^rˈeɪʃ^ən] *n* LING Transliteration *f* (**into** in)
trans·lu·cent [trænzˈluːs^ənt] *adj* lichtdurchlässig; (*fig*) *writing, logic, prose* klar; *skin* durchsichtig
trans·mi·gra·tion [ˌtrænzmaɪˈgreɪʃ^ən] *n* ① *of soul* Seelenwanderung *f* ② (*emigration*) Auswanderung *f*
trans·mis·si·ble [trænzˈmɪsəbl] *adj* übertragbar
trans·mis·sion [trænzˈmɪʃ^ən] *n* ① *no pl* (*act of broadcasting*) Übertragen *nt* ② (*broadcast*) Sendung *f* ③ *no pl of disease* Übertragung *f*; *of hereditary disease* Vererbung *f* ④ (*in car engine*) Getriebe *nt*
trans·ˈmis·sion speed *n* COMPUT Übertragungsgeschwindigkeit *f*
trans·mit <-tt-> [trænzˈmɪt] **I.** *vt* ① MED (*pass on*) übertragen ② (*impart*) übermitteln; *knowledge* vermitteln **II.** *vi* senden
trans·mit·ter [trænzˈmɪtə^r] *n* Sender *m*
trans·ˈmit·ting sta·tion *n* Sendestation *f*
trans·mo·gri·fy <-ie-> [trænzˈmɒgrɪfaɪ] *vt* verwandeln (**into** in)
trans·mu·ta·tion [ˌtrænzmjuːˈteɪʃ^ən] *n* (*form: change*) Umwandlung *f*; *of elements, metals, species* Transmutation *f*
trans·mute [trænzˈmjuːt] (*form*) **I.** *vt* verwandeln (**into** in) **II.** *vi* ① (*change completely*) ▪ **to ~ into sth** sich in etw *akk* verwandeln ② (*spec*) transmutieren (**into** zu)
trans·ocean·ic [ˌtrænzəʊsiˈænɪk] *adj attr people, cultures aus Übersee nach n; communications, flight* Übersee-
tran·som [ˈtræn(t)səm] *n* ① (*on boat*) Querbalken *m* ② AM *fanlight*) Oberlicht *nt*
trans·par·en·cy [trænsˈpær^ən(t)si] *n* ① *no pl* (*quality*) Lichtdurchlässigkeit *f* ② (*slide*) Dia *nt* ③ *no pl* (*obviousness*) Durchschaubarkeit *f*
trans·par·ent [trænsˈpær^ənt] *adj* ① (*see-through*) durchsichtig ② (*fig*) transparent geh
tran·spi·ra·tion [ˌtræn(t)spɪˈreɪʃ^ən] *n no pl* BIOL Transpiration *f* geh; (*sweat*) Schwitzen *nt*
tran·spire [trænˈspaɪə^r] *vi* ① (*occur*) passieren, sich ereignen ② (*become known*) sich herausstellen ③ BIOL transpirieren geh; *person also* schwitzen
trans·plant I. *vt* [trænˈsplɑːnt] ① (*re-plant*) umpflanzen ② MED (*from donor*) transplantieren ③ (*relocate*) umsiedeln **II.** *n* [ˈtræn(t)splɑːnt] ① (*surgery*) Transplantation *f* ② (*organ*) Transplantat *nt* ③ (*plant*) umgesetzte Pflanze
trans·plan·ta·tion [ˌtræn(t)splɑːnˈteɪʃ^ən] *n no pl* Transplantation *f* (**from** von)
trans·port I. *vt* [trænˈspɔːt] ① (*carry*) transportieren, befördern ② (*remind*) ▪ **to ~ sb to a place/time** jdn an einen Ort/in eine Zeit versetzen **II.** *n* [ˈtræn(t)spɔːt] ① *no pl* (*conveying*) Transport *m*, Beförderung *f* ② *no pl* (*traffic*) Verkehrsmittel *nt*; **means of ~** Transportmittel *nt*; **public ~** öffentliche Verkehrsmittel *pl* ③ (*vehicle*) [Transport]fahrzeug *nt*
trans·port·able [trænˈspɔːtəbl] *adj* transportabel
trans·por·ta·tion [ˌtræn(t)spɔːˈteɪʃ^ən] *n no pl* ① (*conveying*) Transport *m*, Beförderung *f* ② *esp* AM, AUS (*traffic*) Transportmittel *nt*, Verkehrsmittel *nt*; **to provide ~** ein Beförderungsmittel zur Verfügung stellen **'trans·port café** *n* BRIT Fernfahrerraststätte *f* **trans·port·er** [trænˈspɔːtə^r] *n* Transporter *m*
trans·pose [trænˈspəʊz] *vt* ① (*form: swap*) *numbers* vertauschen ② (*form: relocate*) versetzen ③ MUS transponieren ④ MATH umstellen
trans·sex·u·al [trænˈsekʃʊəl] **I.** *n* Transsexuelle(r) *f(m)* **II.** *adj* transsexuell
trans·verse [trænzˈvɜːs] *adj* TECH quer laufend; **~ beam** Querbalken *m*
trans·ves·tite [trænzˈvestaɪt] *n* Transvestit *m*
trap [træp] **I.** *n* ① (*snare*) Falle *f*; **to set a ~** eine Falle aufstellen ② (*trick*) Falle *f*; (*ambush*) Hinterhalt *m*; **to fall into a ~** in die Falle gehen ③ BRIT (*fam!: mouth*) Klappe *f* ④ (*part of drain*) Siphon *m* ⑤ (*hist: carriage*) [zweirädriger] Einspänner **II.** *vt* <-pp-> ① (*snare*) ▪ **to ~ an animal** ein Tier [in einer Falle] fangen ② *usu passive* (*confine*) ▪ **to be ~ped** eingeschlossen sein; **to feel ~ped** sich gefangen fühlen ③ (*trick*) in die Falle locken; ▪ **to ~ sb into sth/doing sth** jdn dazu bringen, etw zu tun ④ (*catch*) ▪ **to ~ one's finger in the door** sich *dat* den Finger in der Tür einklemmen; **to ~ a nerve** sich *dat* einen Nerv einklemmen
'trap·door *n* ① (*door*) Falltür *f*; THEAT Versenkung *f* (**into** in) ② COMPUT Fangstelle *f*
tra·peze [trəˈpiːz] *n* Trapez *nt*
tra·pezium <*pl* -s *or* -zia> [trəˈpiːziəm, *pl* -ziə] *n* BRIT, AUS, AM **trap·ezoid** [ˈtræpɪzɔɪd] *n* MATH Trapez *nt*
trap·per [ˈtræpə^r] *n* Trapper(in) *m(f)*; **fur ~** Pelztierjäger(in) *m(f)*
trap·pings [ˈtræpɪŋz] *npl* Drumherum *nt kein pl fam* (**of** +*gen*); **the ~ of power** die Insignien *pl* der Macht
Trap·pist [ˈtræpɪst] *n*, **Trap·pist ˈmonk** *n*

Trappist *m*

'trap·shoot·ing *n no pl* Tontaubenschießen *nt*

trash [træʃ] **I.** *n no pl* ❶ AM (*waste*) Müll *m*, Abfall *m* ❷ AM (*pej fam: people*) Gesindel *nt* ❸ (*pej fam: junk*) Ramsch *m* ❹ (*pej fam: art*) Kitsch *m*, Plunder *m*; (*literature*) Schund *m* ❺ (*pej fam: nonsense*) Mist *m* **II.** *vt* (*fam*) ❶ (*wreck*) kaputt machen; *place* verwüsten ❷ (*criticize*) auseinandernehmen ❸ AM (*sl: to speak badly about*) ■ **to ~ sb** über jdn herziehen

'trash can *n* AM (*dustbin*) Mülltonne *f*

trashy ['træʃi] *adj* (*pej fam*) wertlos; **~ novels** Kitschromane *pl*

trau·ma ['trɔ:mə] *n* <*pl* -s *or* -ta> ❶ *no pl* (*shock*) Trauma *nt* ❷ MED (*injury*) Trauma *nt*

trau·mat·ic [trɔ:ˈmætɪk] *adj* ❶ (*disturbing*) traumatisierend; *experience* traumatisch ❷ (*upsetting*) furchtbar

trau·ma·tize ['trɔ:mətaɪz] *vt usu passive* ■ **to be ~d by sth** durch etw *akk* traumatisiert sein

trav·el ['trævəl] **I.** *vi* <BRIT -ll- *or* AM *usu* -l-> ❶ (*journey*) *person* reisen; (*by air*) fliegen; **to ~ on business** geschäftlich reisen; **to ~ by car/train** mit dem Auto/Zug fahren ❷ (*move*) sich [fort]bewegen ❸ (*react to travelling*) **to ~ well/badly** *person* lange Reisen vertragen/nicht vertragen; *freight* lange Transporte vertragen/nicht vertragen **II.** *vt* <BRIT -ll- *or* AM *usu* -l-> **to ~ a country/the world** ein Land/die Welt bereisen **III.** *n* ❶ *no pl* (*travelling*) Reisen *nt* ❷ *pl* (*journey*) ■ **~s** *pl* Reise *f*

'trav·el agen·cy *n* Reisebüro *nt* **'trav·el agent** *n* Reisebürokaufmann, Reisebürokauffrau *m*, *f* **'trav·el al·low·ance** *n* Reisekostenzuschuss *m* **'trav·el bu·reau** *n* Reisebüro *nt* **'trav·el card** *n* Tages-/Wochen-/Monatskarte *f*; (*for train also*) Netzkarte *f* **'trav·el cot** *n* BRIT Kinderreisebett[chen] *nt* **trav·el·eled** *adj* AM *see* **travelled**

trav·el·er *n* AM *see* **traveller**

'trav·el ex·penses *npl* Reisekosten *pl* **'trav·el guide** *n* Reiseführer *m* **trav·el·ing** *n* AM *see* **travelling** **'trav·el in·sur·ance** *n no pl* Reiseversicherung *f*; (*for cancellations*) Reiserücktrittsversicherung *f*

trav·elled ['trævəld] *adj* **widely ~** weit gereist; **a little-/much-/well-~ route** eine wenig/viel/gut befahrene Strecke

trav·el·ler ['trævələr] *n* ❶ (*organized*) Reisende(r) *f(m)* ❷ BRIT (*gypsy*) Zigeuner(in) *m(f)* **trav·el·ler's 'cheque** *n* Reisescheck *m*

trav·el·ling ['trævəlɪŋ] *n no pl* Reisen *nt*

'trav·el·ling bag *n* Reisetasche *f* **trav·el·ling 'cir·cus** *n* Wanderzirkus *m* **trav·el·ling 'crane** *n* Rollkran *m* **trav·el·ling ex·hi·ˈbi·tion** *n* Wanderausstellung *f* **trav·el·ling 'sales·man** *n* Vertreter(in) *m(f)*

trav·el·ogue ['trævəlɒg] *n, esp* AM **trav·el·og** *n* (*book*) Reisebericht *m*; (*film*) Reisebeschreibung *f*

'trav·el·sick *adj* reisekrank **'trav·el sick·ness** *n no pl* Reisekrankheit *f*

trav·erse [trəˈvɜ:s] **I.** *vt* (*form*) ❶ (*travel*) bereisen ❷ (*consider*) *subject* beleuchten ❸ (*cross*) *foundation* überspannen ❹ (*in mountaineering*) *ice, slope* queren, traversieren **II.** *n* ❶ (*in mountaineering*) Queren *nt* ❷ ARCHIT Querbalken *m*

trav·es·ty ['trævəsti] *n* Karikatur *f*; (*burlesque*) Travestie *f*

trawl [trɔ:l] **I.** *vt* ❶ (*fish*) mit dem Schleppnetz fangen ❷ (*search*) ■ **to ~ sth [for sth]** etw [nach etw *dat*] durchkämmen **II.** *vi* ❶ (*fish*) ■ **to ~ [for sth]** mit dem Schleppnetz [nach etw *dat*] fischen ❷ (*search*) ■ **to ~ through sth** *data* etw durchsuchen **III.** *n* ❶ (*net*) Schleppnetz *nt* ❷ (*fishing*) Trawl *nt* ❸ (*search*) Suche *f*; (*process*) [Ab]suchen *nt kein pl* (**for** nach)

trawl·er ['trɔ:lər] *n* Trawler *m*

tray [treɪ] *n* ❶ (*for serving*) Tablett *nt* ❷ *esp* BRIT (*for papers*) Ablage *f*; **in-~/out-~** Ablage für Posteingänge-/ausgänge

treach·er·ous ['tretʃərəs] *adj* ❶ (*esp old: deceitful*) verräterisch; (*disloyal*) treulos ❷ (*dangerous*) tückisch; *sea, weather* trügerisch

treach·ery ['tretʃəri] *n no pl* (*esp old*) Verrat *m*

trea·cle ['tri:kl] *n no pl* BRIT ❶ (*black*) Melasse *f* ❷ (*golden*) Sirup *m*

trea·cly ['tri:kli] *adj* ❶ (*sticky*) sirupartig ❷ (*pej: sentimental*) zuckersüß

tread [tred] **I.** *vi* <trod *or* AM *also* treaded, trodden *or* AM, AUS trod> ❶ (*step*) treten; **to ~ carefully** vorsichtig auftreten; ■ **to ~ in/on sth** in/auf etw *akk* treten ❷ (*maltreat*) ■ **to ~ on sb** jdn treten ▶ **to ~ carefully** vorsichtig vorgehen **II.** *vt* <trod *or* AM *also* treaded, trodden *or* AM, AUS trod> ■ **to ~ sth down** *grass* etw niedertreten; **to ~ water** Wasser treten **III.** *n* ❶ *no pl* (*walking*) Tritt *m*, Schritt *m* ❷ (*step*) Stufe *f* ❸ (*profile*) *of tyre* [Reifen]profil *nt*; *of shoe* [Schuh]profil *nt*

trea·dle ['tredl] *n* Pedal *nt*

tread·mill ['tredmɪl] *n* ❶ (*hist: wheel*) Tretmühle *f* ❷ (*exerciser*) Heimtrainer *m* ❸ (*boring routine*) Tretmühle *f fam*; **the same old ~** derselbe alte Trott

trea·son ['tri:zən] *n no pl* [Landes]verrat *m*;

trea·son·a·ble ['tri:zənəbl] *adj*, **trea·son·ous** ['tri:zənəs] *adj (form)* verräterisch

treas·ure ['treʒəʳ] **I.** *n* ① *no pl (hoard)* Schatz *m* ② *(valuables)* ■ ~s *pl* Schätze *pl* ③ *(fam: person)* Schatz *m* **II.** *vt* [hoch]schätzen; **to ~ the memory/memories of sb/sth** die Erinnerung[en] an jdn/etw *akk* bewahren

'treas·ure house *n* ① *(building)* Schatzhaus *nt* ② *(room)* Schatzkammer *f* ③ *(collection)* Fundgrube *f* **'treas·ure hunt** *n* Schatzsuche *f*

treas·ur·er ['treʒərəʳ] *n* Schatzmeister(in) *m(f)*; *of club* Kassenwart(in) *m(f)*

'treas·ure trove *n* ① *(find)* Schatzfund *m* ② *(collection)* Fundgrube *f*

treas·ury ['treʒəri] *n* ① *(office)* ■ **the ~** die Schatzkammer ② *(funds)* ■ **the ~** die Kasse ③ *no pl* POL ■ **the T~** das Finanzministerium

treas·ury 'bill *n* AM [kurzfristiger] Schatzwechsel **treas·ury 'bond** *n* AM [langfristige] Schatzanleihe **treas·ury 'note** *n* AM [mittelfristiger] Schatzschein **Treas·ury 'Sec·re·tary** *n* AM Finanzminister(in) *m(f)*

treat [tri:t] **I.** *vt* ① *(handle)* behandeln; **to ~ sb like royalty** für jdn den roten Teppich ausrollen; **to ~ sb/sth badly** jdn/etw schlecht behandeln ② *(regard)* betrachten (**as** als); **to ~ sth with contempt** etw mit Verachtung begegnen ③ MED *(heal)* behandeln; **he was being ~ed for a skin disease** er war wegen einer Hautkrankheit in Behandlung ④ *usu passive (process)* material behandeln (**with** mit); *sewage* klären ⑤ *(pay for)* ■ **to ~ sb** [**to sth**] jdn [zu etw *dat*] einladen; ■ **to ~ oneself** [**to sth**] sich *dat* etw gönnen **II.** *vi (fam: pay)* einen ausgeben; **Jack's ~ing!** Jack gibt einen aus! **III.** *n* ① *(event)* [**it's**] **my ~** das geht auf meine Rechnung; ■ **it is a ~ to do sth** es ist ein Vergnügen, etw zu tun ② *no pl* BRIT *(fam: very well)* **to work a ~** gut funktionieren

trea·tise ['tri:tɪz] *n* Abhandlung *f* (**on** über)

treat·ment ['tri:tmənt] *n* ① *no pl (handling)* Behandlung *f* ② *usu sing (cure)* Behandlung *f* (**for** gegen); **a course of ~** eine Behandlungsmethode; **to respond to ~** auf eine Behandlung ansprechen ③ *no pl (processing)* Behandlung *f*; *of waste* Verarbeitung *f*

trea·ty ['tri:ti] *n* Vertrag *m* (**between** zwischen, **on** über, **with** mit); **peace ~** Friedensvertrag *m*; **to ratify/sign a ~** einen Vertrag ratifizieren/schließen

tre·ble ['trebl] **I.** *adj* ① *(three)* dreifach ② *attr (high-pitched) notes* Diskant-; **~ voice** Sopranstimme *f* **II.** *adv* ① *(three)* das Dreifache ② *(high-pitched)* **to sing ~** hoch singen **III.** *vt* verdreifachen **IV.** *vi price* sich verdreifachen **V.** *n* Sopran *m*

tre·ble 'clef *n* MUS Violinschlüssel *m*

tree [tri:] *n* Baum *m*; **money doesn't grow on ~s** Geld wächst nicht an Bäumen ▶ **to be out of one's ~** nicht [mehr] ganz dicht sein

'tree frog *n* Laubfrosch *m* **'tree house** *n* Baumhaus *nt* **'tree·less** ['tri:ləs] *adj* baumlos **'tree·line** *n no pl* ■ **the ~** die Baumgrenze **'tree-lined** *adj* von Bäumen gesäumt **'tree sur·geon** *n* Baumchirurg(in) *m(f)* **'tree·tops** *npl* ■ **the ~** die [Baum]wipfel *pl* **'tree trunk** *n* Baumstamm *m*

tre·foil ['trefɔɪl] *n* ① BOT Dreiblatt *nt* ② ARCHIT Dreipass *m*

trek [trek] **I.** *vi* <-kk-> wandern; **to go ~king** wandern gehen **II.** *vt (fam)* latschen **III.** *n* Wanderung *f*; *(long way)* Marsch *m*

trel·lis ['trelɪs] **I.** *n* <*pl* -es> Gitter *nt*; *(for plants)* Spalier *nt* **II.** *vt* HORT ■ **to ~ vines** Reben am Spalier ziehen

trem·ble ['trembl] **I.** *vi* zittern; *lip, voice* beben; **to ~ with anger/cold** vor Wut/Kälte zittern; **to ~ like a leaf** zittern wie Espenlaub **II.** *n* Zittern *nt*

tre·men·dous [trɪ'mendəs] *adj* ① *(big)* enorm; *crowd, scope* riesig; *help* riesengroß *fam*; *success* enorm ② *(good)* klasse *fam*

tremo·lo <*pl* -s> ['treməloʊ] *n* Tremolo *nt*

trem·or ['treməʳ] *n* ① *(shiver)* Zittern *nt*; MED Tremor *m* ② *(earthquake)* Beben *nt* ③ *(thrill)* Schauer *m*; **a ~ of excitement** ein aufgeregtes Beben ④ *(fluctuation)* Schwanken *nt*

tremu·lous ['tremjələs] *adj hand* zitternd; *voice* zittrig

trench <*pl* -es> [tren(t)ʃ] *n* ① *(hole)* Graben *m* ② MIL Schützengraben *m*

trench·ant ['tren(t)ʃənt] *adj (form)* energisch; *criticism, wit* scharf **'trench coat** *n* Trenchcoat *m* **trench 'war·fare** *n no pl* Grabenkrieg *m*

trend [trend] *n* ① *(tendency)* Trend *m*, Tendenz *f*; **downward/upward ~** Abwärts-/Aufwärtstrend *m* ② *(style)* Mode *f*, Trend *m*; **the latest ~** der letzte Schrei *fam*

'trend·meis·ter *n (sl)* Trendsetter(in) *m(f)* **'trend·set·ter** ['trend,setəʳ] *n* Trendsetter(in) *m(f)*

trendy ['trendi] *adj* modisch, in *fam*

trepi·da·tion [,trepɪ'deɪʃən] *n no pl (form)* Ängstlichkeit *f*; **a feeling of ~** ein beklommenes Gefühl

tres·pass **I.** *n* <*pl* -es> ['trespəs] ① LAW *(intrusion)* unbefugtes Betreten ② *(old: sin)* Sünde *f* (**against** gegen) **II.** *vi* ['trespəs] ① *(intrude)* unbefugt eindringen; **to ~ on sb's land** jds Land unerlaubt betreten ② *(old: sin)* ■ **to ~ against sb** gegen jdn sündigen

tres·pass·er ['trespəsə'] n Eindringling m; "~s will be prosecuted!" „unbefugtes Betreten wird strafrechtlich verfolgt!"

tres·tle ['tresl] n [Auflage]bock m

tres·tle 'ta·ble n auf Böcke gestellter Tisch

tri·ad ['traɪæd] n MUS Dreiklang m

tri·al [traɪəl] **I.** n ❶ (in court) Prozess m, [Gerichts]verhandlung f; **~ by jury** Schwurgerichtsverhandlung f; **to go to ~** vor Gericht gehen; **to stand ~** vor Gericht stehen ❷ (test) Probe f, Test m; **clinical ~s** klinische Tests pl; **to be on ~** product getestet werden; (employee) auf Probe eingestellt sein ❸ (problem) Problem nt; (nuisance) Plage f; ■ **to be a ~ to sb** eine Plage für jdn sein; **~s and tribulations** Schwierigkeiten pl ❹ (competition) Qualifikationsspiel nt **II.** vt <-ll- or -l-> drugs testen

'tri·al flight n Testflug m **'tri·al pe·ri·od** n Probezeit f **tri·al sepa·'ra·tion** n Trennung f auf Probe

tri·an·gle ['traɪæŋgl] n ❶ (shape) Dreieck nt ❷ (object) dreieckiges Objekt ❸ (percussion) Triangel f ❹ AM (setsquare) Zeichendreieck nt

tri·an·gu·lar [traɪ'æŋgjələ'] adj dreieckig

trib·al ['traɪbəl] adj ❶ (ethnic) Stammes- ❷ (fam: group) attitudes Gruppen-

trib·al·ism ['traɪbəlɪzəm] n no pl ❶ (organization) Stammesorganisation f ❷ (loyalty) Stammesverbundenheit f

tri·band ['traɪbænd] adj mobile phone mit Triband-Funktion nach n

tribe [traɪb] n + sing/pl vb ❶ (community) Stamm m ❷ (fam: group) Sippe f

tribes·man n Stammesangehöriger m

tribu·la·tion [ˌtrɪbjə'leɪʃən] n ❶ no pl (state) Leiden nt ❷ usu pl (cause) Kummer m

tri·bu·nal [traɪ'bju:nəl] n ❶ (court) Gericht nt ❷ (investigative body) Untersuchungsausschuss m

trib·une¹ ['trɪbjuːn] n (hist) ~ [of the people] [Volks]tribun m

trib·une² ['trɪbjuːn] n ❶ (dais) Tribüne f ❷ REL (throne) Bischofsthron m

tribu·tary ['trɪbjətəri] **I.** n Nebenfluss m **II.** adj (form: secondary) Neben-

trib·ute ['trɪbjuːt] n ❶ (respect) Tribut m; **to pay ~ to sb/sth** jdm/etw Tribut zollen geh ❷ no pl (beneficial result) ■ **to be a ~ to sb/sth** jdm/etw Ehre machen

trick [trɪk] **I.** n ❶ (ruse) Trick m; **to play a ~ on sb** jdm einen Streich spielen ❷ (knack) Kunstgriff m; **he knows all the ~s of the trade** er ist ein alter Hase ❸ (illusion) **a ~ of the light** eine optische Täuschung ❹ (cards) Stich m; **to take a ~** einen Stich machen ▸ **the oldest ~ in the book** der älteste Trick, den es gibt; **to be up to one's [old] ~s again** wieder in seine [alten] Fehler verfallen; **a dirty ~** ein gemeiner Trick; **not to miss a ~** keine Gelegenheit auslassen; **to do the ~** (fam) klappen fam **II.** adj attr ❶ (deceptive) question Fang- ❷ (acrobatic) Kunst- **III.** vt ❶ (deceive) täuschen; **to ~ sb into doing sth** jdn dazu bringen, etw zu tun ❷ (fool) reinlegen fam

trick·ery ['trɪkəri] n no pl (pej) Betrug m; (repeated) Betrügerei f

trick·le ['trɪkl] **I.** vi ❶ (flow) sickern; (in drops) tröpfeln; tear kullern ❷ (come) in kleinen Gruppen kommen ❸ (become known) durchsickern **II.** vt tröpfeln, träufeln **III.** n ❶ (flow) Rinnsal nt geh; (in drops) of blood Tropfen pl ❷ (few, little) ■ **a ~ of people/things** wenige Leute/Sachen ◆ **trickle away** vi ❶ water langsam abfließen ❷ (fig: stop gradually) versiegen

trick·ster ['trɪkstə'] n (pej) Schwindler(in) m(f)

tricky ['trɪki] adj ❶ (deceitful) betrügerisch ❷ (sly) raffiniert ❸ (awkward) situation schwierig ❹ (fiddly) verzwickt fam ❺ (skilful) geschickt

tri·cy·cle ['traɪsɪkl] n Dreirad nt

tri·dent ['traɪdənt] n ❶ (fork) Dreizack m ❷ (missile) ■ **T~** Trident f (ballistische Rakete, die von U-Booten abgefeuert wird)

tried [traɪd] vi, vt pt, pp of try

tri·en·nial [traɪ'enɪəl] adj dreijährlich

tri·er ['traɪə'] n Kämpfernatur f

tri·fle ['traɪfl] n ❶ BRIT (dessert) Trifle nt (Biskuitdessert mit Obst und Schlagsahne) ❷ (form: petty thing) Kleinigkeit f ❸ (money) ■ **a ~** ein paar Cent pl ❹ + adj (form: slightly) **I'm a ~ surprised about your proposal** ich bin über deinen Vorschlag etwas erstaunt

tri·fling ['traɪflɪŋ] adj (form) unbedeutend; sum of money geringfügig

trig [trɪg] n no pl (fam) short for trigonometry Trigonometrie f

trig·ger ['trɪgə'] **I.** n ❶ (gun part) Abzug m; **to pull the ~** abdrücken ❷ (start) Auslöser m (**for** für) **II.** vt auslösen

'trig·ger-hap·py <more trigger-happy, most trigger-happy> adj ❶ (shooting) schießfreudig ❷ (using force) schießwütig

trigo·nom·etry [ˌtrɪgə'nɒmɪtri] n no pl Trigonometrie f

trike [traɪk] n short for tricycle Dreirad nt

tri·lat·er·al [traɪ'lætərəl] adj ❶ POL trilateral ❷ MATH dreiseitig

tril·by ['trɪlbi] n esp BRIT [weicher] Filzhut

tri·lin·gual [traɪ'lɪŋgwəl] adj dreisprachig

trill [trɪl] **I.** n ❶ (chirp) Trillern nt ❷ MUS

(*note*) Triller *m* **II.** *vi* trillern; *lark* tirilieren *geh* **III.** *vt* ① MUS trillern ② LING **to ~ one's r's** das R rollen

tril·lion ['trɪljən] *n* ① <*pl* - *or* -s> (*10¹²*) Billion *f* ② *pl* (*fam: many*) ■ **~s** *pl* Tausende *pl* (**of** von)

tril·ogy ['trɪlədʒi] *n* Trilogie *f*

trim [trɪm] **I.** *n no pl* ① (*cutting*) Nachschneiden *nt* ② (*edging*) Applikation *f* ③ AVIAT, NAUT Trimmung *f* **II.** *adj* <-mer, -mest> ① (*neat*) ordentlich; *lawn* gepflegt ② (*slim*) schlank **III.** *vt* <-mm-> ① (*cut*) [nach]schneiden; *beard, hedge* stutzen ② (*reduce*) kürzen; *costs also* verringern ③ (*decorate*) schmücken (**with** mit) ④ AVIAT [aus]trimmen ◆ **trim down** *vi* abnehmen ◆ **trim off** *vt* ① (*cut*) abschneiden ② (*reduce*) kürzen

trim·ming ['trɪmɪŋ] *n* ① *no pl* (*cutting*) Nachschneiden *nt* ② (*pieces*) ■ **~s** *pl* Abfälle *pl* ③ *usu pl* (*edging*) Besatz *m* ④ (*accompaniment*) ■ **the ~s** *pl* das Zubehör; **turkey with all the ~s** Truthahn *m* mit allem Drum und Dran

Trini·dad ['trɪnɪdæd] *n no pl* Trinidad *nt*

Trini·dad·ian [ˌtrɪnɪˈdædiən] **I.** *adj* trinidadisch **II.** *n* Trinidader(in) *m(f)*

trini·ty ['trɪnɪti] *n no pl* ■ **the [Holy] T~** die [Heilige] Dreifaltigkeit

trin·ket ['trɪŋkɪt] *n* ① (*bauble*) wertloser Schmuckgegenstand ② (*rubbish*) ■ **~s** *pl* Plunder *m kein pl*

trio <*pl* -s> ['triəʊ] *n* Trio *nt* (**of** von)

trip [trɪp] **I.** *n* ① (*journey*) Reise *f*, Fahrt *f*; **round ~** Rundreise *f* ② *esp* BRIT (*outing*) Ausflug *m* ③ (*stumble*) Stolpern *nt* ④ (*self-indulgence*) **an ego ~** ein Egotrip *m* ⑤ (*hallucination*) Trip *m sl* **II.** *vi* <-pp-> ① (*unbalance*) stolpern ② (*be uttered*) **to ~ off the tongue** leicht von der Zunge gehen ③ (*fam: be on drugs*) auf einem Trip sein *sl* **III.** *vt* <-pp-> ① (*unbalance*) ■ **to ~ sb** jdm ein Bein stellen ② *switch* anschalten ◆ **trip over** *vt* ① (*be hindered*) stolpern (über); **to ~ over one's own feet** über seine eigenen Füße stolpern ② (*mispronounce*) **to ~ over one's words** über seine Worte stolpern ◆ **trip up** **I.** *vt* ① (*unbalance*) ■ **to ~ up** ⟲ **sb** jdm ein Bein stellen ② (*foil*) zu Fall bringen **II.** *vi* ① (*stumble*) stolpern ② (*blunder*) einen Fehler machen

tri·par·tite [ˌtraɪˈpɑːtaɪt] *adj* ① (*form: three-part*) *structure* dreiteilig ② POL *meetings, coalition* Dreiparteien-

tripe [traɪp] *n no pl* ① (*food*) Kutteln *pl* ② (*nonsense*) Quatsch *m*

tri·ple ['trɪpl] **I.** *adj* ① *attr* (*threefold*) dreifach ② *attr* (*of three parts*) Dreier- **II.** *adv* dreimal so viel **III.** *vt* verdreifachen **IV.** *vi* sich verdreifachen

'tri·ple jump *n no pl* Dreisprung

tri·plet ['trɪplət] *n* ① *usu pl* (*baby*) Drilling *m* ② MUS Triole *f*

trip·li·cate ['trɪplɪkət] *adj attr* (*form*) *samples* dreifach; **in ~** in dreifacher Ausfertigung

tri·pod ['traɪpɒd] *n* Stativ *nt*

trip·per ['trɪpə'] *n esp* BRIT Ausflügler(in) *m(f)*

'trip·ping *adj* trippelnd

trip·tych ['trɪptɪk] *n* Triptychon *nt*

tri·sect [traɪˈsekt] *vt* dreiteilen

trite [traɪt] *adj* (*pej*) platt; *cliché* abgedroschen

tri·umph ['traɪəm(p)f] **I.** *n* ① (*victory*) Triumph *m*, Sieg *m* (**for** für, **over** über) ② (*feat*) **a ~ of engineering/medicine** ein Triumph *m* der Ingenieurskunst/Medizin ③ *no pl* (*joy*) Siegesfreude *f* **II.** *vi* ① (*win*) triumphieren (**over** über) ② (*exult*) ■ **to ~ over sb** über jdn triumphieren

tri·um·phal [traɪˈʌm(p)fᵊl] *adj* triumphal

tri·um·phant [traɪˈʌm(p)fənt] *adj* ① (*victorious*) siegreich ② (*successful*) erfolgreich ③ (*exulting*) *smile* triumphierend

trivia ['trɪviə] *npl* Lappalien *pl*

triv·ial ['trɪviəl] *adj* ① (*unimportant*) trivial; *issue* belanglos; *details* bedeutungslos ② (*petty*) kleinlich

trivi·al·ity [ˌtrɪviˈælətɪ] *n* ① *no pl* (*unimportance*) Belanglosigkeit *f* ② (*unimportant thing*) Trivialität *f* **trivi·al·ize** ['trɪviᵊlaɪz] *vt* (*pej*) trivialisieren

trod [trɒd] *pt, pp of* **tread I, II**

trod·den ['trɒdᵊn] *pp of* **tread I, II**

trog·lo·dyte ['trɒglə(ʊ)daɪt] *n* ① (*cave dweller*) Höhlenbewohner(in) *m(f)* ② (*loner*) Einsiedler(in) *m(f)*

Tro·jan ['trəʊdʒᵊn] **I.** *n* Trojaner(in) *m(f)*; **to work like a ~** arbeiten wie ein Pferd *fam* **II.** *adj* trojanisch

trol·ley ['trɒli] *n esp* BRIT, AUS ① (*cart*) Karren *m*; **luggage ~** Gepäckwagen *m*; **shopping ~** Einkaufswagen *m* ② *esp* BRIT, AUS (*table*) Servierwagen *m* ③ AM (*tram*) Straßenbahn *f* ▶ **to be off one's ~** *esp* BRIT, AUS nicht mehr ganz dicht sein

'trol·ley·bus *n* Oberleitungsbus *m* **'trol·ley car** *n* AM (*tram*) Straßenbahn *f*

trol·lop ['trɒləp] *n* (*pej*) Flittchen *nt*

trom·bone [trɒmˈbəʊn] *n* ① (*instrument*) Posaune *f* ② (*player*) Posaunist(in) *m(f)*

trom·bon·ist [trɒmˈbəʊnɪst] *n* Posaunist(in) *m(f)*

troop [truːp] **I.** *n* ① (*group*) Truppe *f*; *of animals* Schar *f*; *of soldiers* Trupp *m*; **cavalry ~** Schwadron *f* ② (*soldiers*) ■ **~s** *pl* Truppen *pl*

II. vi ▪ to ~ off abziehen fam **III.** vt Brit to ~ the colour die Fahnenparade abhalten

'troop car·ri·er n Truppentransporter m

troop·er ['tru:pə^r] n ❶ (soldier) [einfacher] Soldat ❷ Am (police officer) state ~ Polizist(in) m(f)

tro·phy ['trəʊfi] n ❶ (prize) Preis m ❷ (memento) Trophäe f; **war ~** Kriegsbeute f kein pl

trop·ic ['trɒpɪk] n ❶ (latitude) Wendekreis m ❷ (hot region) **the ~s** pl die Tropen pl

trop·i·cal ['trɒpɪk^əl] adj ❶ (of tropics) Tropen-; **~ hardwoods** tropische Harthölzer ❷ weather tropisch

tropo·sphere ['trɒpə(ʊ)sfɪə^r] n no pl sci Troposphäre f

trot [trɒt] **I.** n ❶ no pl (pace) Trab m; of horse Trott; **to be at a ~** horse traben ❷ (fam: diarrhoea) ▪ **the ~s** pl Dünnpfiff m **II.** vi <-tt-> ❶ (walk) trotten; horse traben ❷ (ride) im Trab reiten ❸ (run) laufen **III.** vt <-tt-> horse traben lassen ◆ **trot along** vi traben ◆ **trot off** vi (fam) losziehen ◆ **trot out** vi [of doing sth] sich dat die Mühe machen, [etw zu tun] ❹ no pl (physical ailment) stomach ~ Magenbeschwerden pl ❺ no pl (malfunction) Störung f, engine ~ Motorschaden m ❻ (strife) Unruhe f **II.** vt ❶ (form: cause inconvenience) ▪ **to ~ sb for sth** jdn um etw akk bemühen geh ❷ (cause worry) beunruhigen; (grieve) bekümmern; **to be [deeply] ~ed by sth** wegen einer S. gen tief beunruhigt sein ❸ (cause pain) plagen **III.** vi sich bemühen

trot·ter ['trɒtə^r] n ❶ (food) ▪ **~s** pl Schweinshaxen pl ❷ (horse) Traber m

trou·ble ['trʌbl] **I.** n ❶ no pl (difficulties) Schwierigkeiten pl; (annoyance) Ärger m; **to be in/get into ~** in Schwierigkeiten sein/geraten; **to spell ~** (fam) nichts Gutes bedeuten; **to stay out of ~** sauber bleiben hum fam ❷ (problem) Problem nt; (cause of worry) Sorge f; **the only ~ is that we ...** der einzige Haken [dabei] ist, dass wir ... ❸ no pl (inconvenience) Umstände pl, Mühe f; **it's no ~ at all** das macht gar keine Umstände; **to go to the ~ [of doing sth]** sich dat die Mühe machen, [etw zu tun]

trou·bled ['trʌbld] adj ❶ (beset) situation bedrängt; times unruhig ❷ (worried) besorgt

'trou·ble-free adj problemlos **'trou·ble·mak·er** n Unruhestifter(in) m(f) **'trou·ble·shoot·ing** n no pl ❶ (fixing) Fehler-/Störungsbeseitigung f ❷ (mediation) Vermittlung f **trou·ble·some** ['trʌblsəm] adj schwierig **'trou·ble spot** n Unruheherd m

trough [trɒf] n ❶ (bin) Trog m ❷ (low) Tiefpunkt m; (in economy) Talsohle f ❸ meteo Trog m

troupe [tru:p] n + sing/pl vb theat Truppe f

troup·er ['tru:pə^r] n ❶ (actor) **an old ~** ein alter Hase fam ❷ (reliable) treue Seele

'trouser clip ['traʊzə-] n Hosenklammer f **'trou·ser leg** n Hosenbein nt

trou·sers ['traʊzəz] npl Hose f; **a pair of ~** eine Hose ▶ **to wear the ~** die Hosen anhaben fam

'trou·ser suit n Brit Hosenanzug m

trous·seau <pl -s or -x> ['tru:səʊ, pl -səʊz] n (dated) Aussteuer f kein pl

trout [traʊt] n <pl -s or -> Forelle f

'trout farm n Forellenzucht f

trow·el ['traʊəl] n ❶ for building Maurerkelle f ❷ for gardening kleiner Spaten

Troy [trɔɪ] n no pl (hist) Troja nt

'troy weight n Troygewicht nt

tru·an·cy ['tru:ən(t)si] n no pl [Schule]schwänzen nt

tru·ant ['tru:ənt] **I.** n Schulschwänzer(in) m(f) fam; **to play ~** [from school] esp Brit, Aus [die Schule] schwänzen fam **II.** adj schwänzend **III.** vi esp Brit, Aus [die Schule] schwänzen fam

truce [tru:s] n Waffenstillstand m (**between** zwischen)

truck[1] [trʌk] **I.** n ❶ (lorry) Last[kraft]wagen m; **pickup ~** Lieferwagen m ❷ Brit (train) Güterwagen m **II.** vt esp Am per Lastwagen transportieren

truck[2] [trʌk] n no pl ▶ **to have no ~ with sb/sth** (fam) mit jdm/etw nichts zu tun haben

'truck driv·er n, **truck·er** ['trʌkə^r] n Lastwagenfahrer(in) m(f); (long-distance) Fernfahrer(in) m(f) **'truck farm·ing** n no pl Am, Can Gemüseanbau m **truck·ing** ['trʌkɪŋ] n no pl Am, Aus Lkw-Transport m **'truck·ing com·pa·ny** n Am, Aus Spedition[sfirma] f

tru·cu·lence ['trʌkjələn(t)s] n no pl ❶ (aggression) Wildheit f ❷ (defiance) Aufsässigkeit f

tru·cu·lent ['trʌkjələnt] adj ❶ (aggressive) wild ❷ (defiant) aufsässig

trudge [trʌdʒ] **I.** vi ❶ (walk) wandern; **to ~ along/down sth** etw entlang-/hinunterlatschen fam ❷ (work) ▪ **to ~ through sth** etw durchackern **II.** n ❶ (walk) [anstrengender] Fußmarsch ❷ (work) mühseliger Weg

true [tru:] **I.** adj <-r, -st> ❶ (not false) wahr; **it is ~** [to say] that ... es stimmt, dass ...; **to ring ~** glaubhaft klingen ❷ (exact) richtig; aim genau ❸ attr (actual) echt, wahr, wirklich; **~ love** wahre Liebe ❹ (loyal) treu; ▪ **to be ~ to sb/sth/oneself** jdm/etw/sich dat treu sein; **to be ~ to one's word** zu seinem Wort stehen ❺ attr (conforming) echt; **in ~ Hollywood style** in echter Hollywoodmanier ▶ **sb's ~ colours** jds wahres Gesicht;

~ **to** form wie zu erwarten **II.** *adv* ❶ *(admittedly)* stimmt ❷ *(exactly)* genau ◆**true up** *vt machinery* genau einstellen; *wheel* einrichten

'true-blue *adj attr* ❶ *(loyal)* treu ❷ *(typical)* waschecht *fam* **true-'heart·ed** *adj servant* treu **'true-life** *adj* lebensecht **'true·love** *n* ■sb's ~ jds Geliebte(r) *f(m)*

truf·fle ['trʌfl] *n* Trüffel *f o m*

tru·ism ['tru:ɪzᵊm] *n* ❶ Binsenweisheit *f*; *(platitude)* Plattitüde *f geh*

tru·ly ['tru:li] *adv* ❶ *(not falsely)* wirklich, wahrhaftig ❷ *(genuinely)* wirklich, echt ❸ *(very)* wirklich ❹ *(form: sincerely)* ehrlich, aufrichtig; **Yours ~**, *(in private letter)* dein(e)/Ihr(e) ▶ **yours ~** *(fam)* meine Wenigkeit *hum*

trump [trʌmp] **I.** *n* ❶ *(card)* Trumpf *m* ❷ *(suit)* ■~s *pl* Trumpf *m*, Trumpffarbe *f* ▶ **to come up ~s** BRIT Glück haben; *(help out)* die Situation retten **II.** *vt* ❶ *(cards)* übertrumpfen ❷ *(better)* ausstechen ◆**trump up** *vt* erfinden

trum·pet ['trʌmpɪt] **I.** *n* ❶ *(instrument)* Trompete *f* ❷ *of elephant* Trompeten *nt* **II.** *vi* trompeten **III.** *vt* *(esp pej)* ausposaunen *fam*

trum·pet·er ['trʌmpɪtəʳ] *n* Trompeter(in) *m(f)*

trun·cate [trʌŋ'keɪt] *vt* kürzen

trun·cheon ['trʌn(t)ʃᵊn] *n* BRIT, AUS Schlagstock *m*

trun·dle ['trʌndl] *vi* to ~ along *(proceed leisurely)* zuckeln

trunk [trʌŋk] *n* ❶ *(stem)* Stamm *m* ❷ *(body)* Rumpf *m* ❸ *(of elephant)* Rüssel *m* ❹ *(box)* Schrankkoffer *m* ❺ AM *(boot of car)* Kofferraum *m* ❻ *(for swimming)* ■~s *pl* Badehose *f*

'trunk call *n* BRIT *(dated)* Ferngespräch *nt*

'trunk road *n* BRIT Fern[verkehrs]straße *f*

truss [trʌs] **I.** *n* ❶ *(belt)* Bruchband *nt* ❷ ARCHIT *(frame)* Gerüst *nt* **II.** *vt* fesseln; **to ~ poultry** Geflügel dressieren ◆**truss up** *vt* fesseln

trust [trʌst] **I.** *n* ❶ *no pl (belief)* Vertrauen *nt* ❷ *no pl (responsibility)* **a position of ~** ein Vertrauensposten *m*; ■**in sb's ~** in jds Obhut *f* ❸ *(arrangement)* Treuhand *f kein pl*; **investment ~** Investmentfonds *m*; **to set up a ~** eine Treuhandschaft übernehmen ❹ *(trustees)* Treuhandgesellschaft *f*; **charitable ~** Stiftung *f* ❺ AM *(union)* Ring *m*; BRIT *(trust company)* Trust *m* ❻ AM *(bank name)* Zusatz bei Banknamen **II.** *vt* ❶ *(believe, rely on)* vertrauen (auf); ■**to ~ sb to do sth** jdm zutrauen, dass er/sie etw tut; ■**to ~ sb with sth** jdm etw anvertrauen ▶ **~ her/him/you etc. to do that!** *(fam)* das musste sie/er/musstest du natürlich machen! *iron* **III.** *vi*

❶ *(form: believe)* ■**to ~ in sb/sth** auf jdn/etw vertrauen ❷ *(form: hope)* ■**to ~ [that]** ... hoffen, [dass] ...

trus·ta·far·i·an [ˌtrʌstəˈfeərɪən] *n (pej sl)* reicher weißer Jugendlicher, der sich wie ein Rastafarier aufmacht und einen jamaikanischen Lebensstil nachahmt

trust·ed ['trʌstɪd] *adj attr* ❶ *(loyal)* getreu *geh* ❷ *(proved)* bewährt

trus·tee [trʌs'ti:] *n* Treuhänder(in) *m(f)*; **board of ~s** Kuratorium *nt*

trust·ful ['trʌstfᵊl] *adj see* **trusting**   **'trust fund** *n* Treuhandfonds *m*   **trust·ing** ['trʌstɪŋ] *adj* ❶ *(artless)* vertrauensvoll ❷ *(gullible)* leichtgläubig   **trust·wor·thi·ness** ['trʌstˌwɜ:ðɪnəs] *n no pl* ❶ *(honesty)* Vertrauenswürdigkeit *f* ❷ *(accuracy)* Zuverlässigkeit *f*   **trust·wor·thy** ['trʌstˌwɜ:ði] *adj* ❶ *(honest)* vertrauenswürdig ❷ *(accurate)* zuverlässig

trusty ['trʌsti] *adj attr (hum)* ❶ *(reliable)* zuverlässig ❷ *(loyal) servant* getreu *liter*

truth <*pl* -s> [tru:θ] *n* ❶ *no pl (not falsity)* Wahrheit *f* (**of** über); **there is some/no ~ in what she says** es ist etwas/nichts Wahres an dem, was sie sagt ❷ *no pl (facts)* die Wahrheit *(about/of* über*)* ❸ *(principle)* **the ~** Grundprinzip *nt*

truth·ful ['tru:θfᵊl] *adj* ❶ *(true)* wahr ❷ *(sincere)* ehrlich ❸ *(not lying)* ehrlich ❹ *(accurate)* wahrheitsgetreu   **truth·ful·ness** ['tru:θfᵊlnəs] *n no pl* ❶ *(veracity)* Wahrhaftigkeit *f* ❷ *(sincerity)* Ehrlichkeit *f* ❸ *(accuracy)* Wahrheit *f*

try [traɪ] **I.** *n* ❶ *(attempt)* Versuch *m*; **to give sth a ~** etw ausprobieren ❷ *(in rugby)* Versuch *m* **II.** *vi* <-ie-> ❶ *(attempt)* versuchen ❷ *(make an effort)* sich bemühen **III.** *vt* <-ie-> ❶ *(attempt)* versuchen; **to ~ one's best** sein Bestes versuchen; **to ~ one's luck** sein Glück versuchen ❷ *(test by experiment)* probieren, versuchen ❸ *(sample)* [aus]probieren ❹ *(put to test)* auf die Probe stellen; **to ~ sb's patience** jds Geduld auf die Probe stellen ❺ *(put on trial)* vor Gericht stellen ◆**try on** *vt clothes* anprobieren ▶ **to ~ on ⟳ sth for size** AM, AUS etw versuchsweise ausprobieren ◆**try out** *vt.* ausprobieren; ■**to ~ out ⟳ sb** jdn testen **II.** *vi* AM, AUS **to ~ out for a post/a role/a team** sich auf einen Posten/in einer Rolle/ bei einer Mannschaft versuchen

try·ing ['traɪɪŋ] *adj* ❶ *(annoying)* anstrengend ❷ *(difficult) time* schwierig

'try-out *n* ❶ SPORTS Testspiel *nt* ❷ *(test run)* Erprobung *f*; *of play* Probevorstellung *f*

tsar [zɑ:ʳ] *n* BRIT, AUS Zar *m*; **drug ~** Drogenzar *m*

tsa·ri·na [zɑːˈriːnə] n BRIT, AUS Zarin f
tsar·ist BRIT, AUS **I.** adj zaristisch **II.** n Zarist(in) m/f
tset·se fly [ˈtetsi-] n Tsetsefliege f
T-shirt [ˈtiːʃɜːt] n T-Shirt nt
tsp <pl - or -s> n abbrev of **teaspoon** Teel.
T-square [ˈtiːskweə^r] n Reißschiene f
tsu·na·mi [tsuːˈnɑːmi] n Tsunami m
tub [tʌb] n ① (vat) Kübel m ② (fam: bath) [Bade]wanne f ③ (carton) Becher m ④ (pej fam: boat) Kahn m
tu·ba [ˈtjuːbə] n Tuba f
tub·by [ˈtʌbi] adj pummelig
tube [tjuːb] n ① (pipe) Röhre f; (bigger) Rohr nt; inner ~ Schlauch m; test ~ Reagenzglas nt ② (container) Tube f ③ BIOL Röhre f; bronchial ~ s Bronchien pl ④ no pl BRIT (fam: railway) ■the ~ die [Londoner] U-Bahn ⑤ no pl AM (fam: TV) ■the ~ die Glotze sl ⑥ AUS (fam: can) Dose f [Bier]; (bottle) Flasche f [Bier] ▸ to go down the ~[s] den Bach runter gehen fam
tu·ber [ˈtjuːbə^r] n BOT Knolle f
tu·ber·cu·lar [tjuːˈbɜːkjələ^r] adj tuberkulös
tu·ber·cu·lo·sis [tjuːˌbɜːkjəˈləʊsɪs] n no pl Tuberkulose f
tu·ber·cu·lous [tjuːˈbɜːkjələs] adj tuberkulös
'tube sta·tion n U-Bahnstation f
'tub-thump·er n (pej fam) Demagoge(in) m/f
TUC [ˌtiːjuːˈsiː] n no pl BRIT abbrev of **Trades Union Congress:** ■the ~ ≈ der DGB, ≈ der ÖGB ÖSTERR
tuck [tʌk] **I.** n ① (pleat) Abnäher m; (ornament) Biese f ② MED **a tummy ~** Operation, bei der am Bauch Fett abgesaugt wird **II.** vt ① (fold) stecken; **to ~ sb into bed** jdn ins Bett [ein]packen ② (stow) verstauen; **to ~ one's legs under one** seine Beine unterschlagen ◆**tuck away** vt ① (stow) verstauen; (hide) verstecken ② usu passive (lie) **to be ~ed away somewhere** irgendwo versteckt liegen ◆**tuck in I.** vt ① (fold) hineinstecken; **to ~ in one's shirt** sein Hemd in die Hose stecken ② (put to bed) zudecken ③ (fam: hold in) **to ~ in ○ one's tummy** seinen Bauch einziehen **II.** vi (fam: eat) reinhauen
tuck·er [ˈtʌkə^r] (fam) **I.** n no pl AUS Essen nt **II.** vt AM fix und fertig machen
'tuck shop n BRIT (dated) Schulkiosk m (für Snacks und Süßwaren)
Tues·day [ˈtjuːzdeɪ] n Dienstag m; [on] ~ afternoon/evening/morning/night [am] Dienstagnachmittag/-abend/-morgen/-nacht; **on ~ afternoons/evenings/mornings/nights** dienstagnachmittags/-abends/-morgens/-nachts; **a week/fortnight on ~** Dienstag in einer Woche/zwei Wochen; **a week/fortnight last ~** Dienstag vor einer Woche/zwei Wochen; **every ~** jeden Dienstag; **last/next/this ~** [am] letzten/[am] nächsten/diesen Dienstag; **~ before last/after next** vorletzten/übernächsten Dienstag; **one ~** an einem Dienstag; [on] ~ [am] Dienstag; **on ~ 4th March** [or esp AM **March 4**] am Dienstag, den 4. März; [on] ~s dienstags
tuft [tʌft] n Büschel nt
tug [tʌg] **I.** n ① (pull) Ruck m (at an); **to give sth a ~** an etw dat zerren ② (boat) Schlepper m **II.** vt <-gg-> ziehen **III.** vi <-gg-> zerren (at an)
tu·i·tion [tjuˈɪʃ^ən] n no pl ① esp BRIT (teaching) Unterricht m (in in) ② esp AM (tuition fee) Studiengebühr f; of school Schulgeld nt kein pl
tu·i·tion fee n esp BRIT Studiengebühr f; of school Schulgeld nt kein pl
tu·lip [ˈtjuːlɪp] n Tulpe f
tum·ble [ˈtʌmbl] **I.** vi ① (fall) fallen; (faster) stürzen ② (rush) stürzen ③ prices [stark] fallen **II.** n ① (fall) Sturz m; **to take a ~** stürzen ② of prices Sturz m ◆**tumble down I.** vi building einstürzen **II.** vt hinabstürzen ◆**tumble over I.** vi (unbalance) hinfallen; (collapse) umfallen **II.** vt stürzen (über)
'tum·ble-down adj attr building baufällig
tum·ble 'dri·er, tum·ble 'dry·er n Wäschetrockner m
tum·bler [ˈtʌmblə^r] n ① (glass) [Trink]glas nt ② (acrobat) Bodenakrobat(in) m/f ③ (dryer) Wäschetrockner m
tum·ble·weed [ˈtʌmblwiːd] n no pl Steppenhexe f
tu·mes·cent [tjuːˈmes^ənt] adj ANAT anschwellend
tum·my [ˈtʌmi] n (fam) Bauch m
'tum·my ache n (fam) Bauchweh nt kein pl
tu·mour [ˈtjuːmə^r] n BRIT, AUS, AM **tu·mor** n Geschwulst f, Tumor m
tu·mult [ˈtjuːmʌlt] n ① (noise) Krach m ② (disorder) Tumult m; ■**to be in ~ over sth** sich wegen einer S. gen or dat in Aufruhr befinden ③ (uncertainty) Verwirrung f
tu·mul·tu·ous [tjuːˈmʌltjʊəs] adj ① (loud) lärmend; applause stürmisch ② (confused) turbulent ③ (excited) aufgeregt
tun [tʌn] n ① (vat) Fass nt ② (measure) Tonne f
tu·na [ˈtjuːnə] n ① <pl -s or -> (fish) Thunfisch m ② no pl (meat) Thunfisch m
tun·dra [ˈtʌndrə] n no pl Tundra f
tune [tjuːn] **I.** n ① (melody) Melodie f ② no pl (pitch) ■**to be in/out of ~** richtig/falsch

tune in–turn

spielen ❸ BRIT TECH Einstellung *f*; **to give a car a ~** einen Wagen neu einstellen ❹ (*amount*) ■ **to the ~ of £2 million** in Höhe von 2 Millionen Pfund ▶ **to change one's ~** einen anderen Ton anschlagen **II.** *vt* ❶ MUS stimmen ❷ RADIO, AUTO einstellen **III.** *vi* [sein Instrument/die Instrumente] stimmen ◆ **tune in I.** *vi* ❶ RADIO, TV einschalten; **to ~ in to a channel/station** einen Kanal/Sender einstellen ❷ (*fam: be sensitive to sth*) ■ **to be ~d in to sth** eine Antenne für etw *akk* haben **II.** *vt* AUS RADIO, TV einschalten ◆ **tune up I.** *vi* [sein Instrument/die Instrumente] stimmen **II.** *vt* ❶ AUTO einstellen ❷ MUS stimmen

tune·ful ['tju:nfᵊl] *adj* melodisch **tune·less** ['tju:nləs] *adj* unmelodisch

tun·er ['tju:nə*] *n* ❶ TECH (*for selecting stations*) Empfänger *m* ❷ MUS (*person*) Stimmer(in) *m(f)*

'tune-up *n* TECH Einstellung *f*; **to give a car a ~** einen Wagen neu [aus]einstellen

tung·sten ['tʌŋ(k)stən] *n no pl* Wolfram *m*

tu·nic ['tju:nɪk] *n* Kittel *m*; HIST Tunika *f*

tun·ing ['tju:nɪŋ] *n no pl* ❶ MUS Stimmen *nt*; (*correctness of pitch*) Klangreinheit *f* ❷ TECH Einstellen *nt*

'tun·ing fork *n* Stimmgabel *f*

Tu·ni·sia [tju:'nɪziə] *n* Tunesien *nt*

Tu·ni·sian [tju:'nɪziən] **I.** *n* Tunesier(in) *m(f)* **II.** *adj* tunesisch

tun·nel ['tʌnᵊl] **I.** *n* Tunnel *m*; ZOOL, BIOL Gang *m* ▶ **to see** [the] **light at the end of the ~** das Licht am Ende des Tunnels sehen **II.** *vi* <BRIT -ll- *or* AM *usu* -l-> einen Tunnel graben; **to ~ under a river** einen Fluss untertunneln **III.** *vt* <BRIT -ll- *or* AM *usu* -l-> graben; **to ~ one's way out** sich herausgraben

tun·ny <*pl* - *or* -nies> ['tʌni] *n* (*fam*) Thunfisch *m*

tup·pence ['tʌpᵊn(t)s] *n no pl* BRIT (*fam*) zwei Pence; (*fig*) **not give ~ for sth** keinen Pfifferling auf etw *akk* geben

tup·pen·ny ['tʌpᵊni] *adj attr* BRIT (*dated*) *coin* Zwei-Pence-

tur·ban ['tɜːbən] *n* Turban *m*

tur·bid ['tɜːbɪd] *adj* ❶ *liquid* trüb ❷ *clouds* dicht ❸ *emotions, thoughts* verworren

tur·bine ['tɜːbaɪn] *n* Turbine *f*

'tur·bo·charged *adj* TECH mit Turboaufladung *nach n* ❷ (*sl: energetic*) Turbo-

'tur·bo·charg·er *n* Turbolader *m* **'tur·bo en·gine** *n* Turbomotor *m* **'tur·bo·jet** *n* ❶ (*engine*) Turbojet *m* ❷ (*aircraft*) Turbojet-Flugzeug *nt*

tur·bot <*pl* - *or* -s> ['tɜːbət] *n* Steinbutt *m*

tur·bu·lence ['tɜːbjələn(t)s] *n no pl* Turbulenz *f*; **air ~** Turbulenzen *pl*

tur·bu·lent ['tɜːbjələnt] *adj* turbulent, stürmisch; *see also* unruhig

turd [tɜːd] *n* (*vulg, sl*) Scheißhaufen *m derb*

tu·reen [təˈriːn] *n* FOOD Terrine *f*

turf <*pl* -s *or* BRIT *usu* turves> [tɜːf] **I.** *n* ❶ *no pl* (*grassy earth*) Rasen *m* ❷ (*square of grass*) Sode *f*; **to lay ~s** Rasen[flächen] anlegen ❸ (*fam: personal territory*) Revier *nt*; (*field of expertise*) Spezialgebiet *f* **II.** *vt* Rasen verlegen

'turf ac·count·ant *n* BRIT (*form: bookmaker*) Buchmacher(in) *m(f)*

tur·gid ['tɜːdʒɪd] *adj* ❶ (*form: swollen*) [an]geschwollen ❷ *speech, style* schwülstig

Turk [tɜːk] *n* Türke(in) *m(f)*

tur·key ['tɜːki] *n* ❶ ZOOL Pute(r) *f/m*; ❷ *no pl* (*meat*) Truthahn *m*, Putenfleisch *nt*

Tur·key ['tɜːki] *n no pl* GEOG Türkei *f*

Turk·ish ['tɜːkɪʃ] **I.** *adj* türkisch **II.** *n* Türkisch *nt*

tur·moil ['tɜːmɔɪl] *n* Tumult *m*, Aufruhr *m*; **her mind was in a ~** sie war völlig durcheinander

turn [tɜːn] **I.** *n* ❶ (*rotation*) *of wheel* Drehung *f*; **give the screw a couple of ~s** drehen Sie die Schraube einige Male ❷ (*change in direction*) Kurve *f*; SPORTS Wende *f*; **"no left/right ~"** „Links/Rechts abbiegen verboten"; (*fig*) **things took an ugly ~** die Sache nahm eine üble Wendung ❸ (*changing point*) **the ~ of the century** die Jahrhundertwende ❹ (*allotted time*) **it's my ~ now!** jetzt bin ich dran!; **to do sth in ~** sie abwechselnd tun ❺ ([*dis*]*service*) **to do sb a good/bad ~** jdm einen guten/schlechten Dienst erweisen ❻ (*not appropriate*) **out of ~** unangebracht ❼ (*round in coil, rope*) Umwickelung *f* ❽ (*cooked perfectly*) **to be done to a ~** gut durch[gebraten] sein ▶ **one good ~ deserves another** (*saying*) eine Hand wäscht die andere; **to be on the ~** sich wandeln; *milk* einen Stich haben; *leaves* gelb werden **II.** *vt* ❶ (*rotate*) *knob, screw* drehen ❷ (*switch direction*) wenden, drehen; **to ~ round the corner** um die Ecke biegen; **to ~ the course of history** den Gang der Geschichte [ver]ändern ❸ (*aim*) ■ **to ~ sth on sb** *lamp, hose, gun* etw auf jdn richten; **to ~ one's attention to sth** seine Aufmerksamkeit etw zuwenden ❹ + *adj* (*cause to become*) **the shock ~ed her hair grey overnight** durch den Schock wurde sie über Nacht grau ❺ (*cause to feel nauseous*) **to ~ sb's stomach** jdm den Magen umdrehen ❻ (*change*) ■ **to ~ sth/sb into sth** etw/jdn in etw *akk* umwandeln ❼ (*reverse*) *garment, mattress* wenden, umdrehen; **to ~ the page** umblättern ❽ (*send*) **to ~ a dog on sb** einen

Hund auf jdn hetzen ❺ TECH *wood* drechseln; *metal* drehen ▸ **to ~ one's back on sb/sth** sich von jdm/etw *dat* abwenden; **to ~ the other cheek** die andere Wange hinhalten; **to ~ a blind eye to sth** die Augen vor etw *dat* verschließen; **to ~ the tables [on sb]** den Spieß umdrehen **III.** *vi* ❶ *(rotate)* sich drehen; *person* sich umdrehen; **to ~ upside down** *boat* umkippen; *car* sich überschlagen ❷ *(switch direction) person* sich umdrehen; *car* wenden; *(in bend)* abbiegen; *wind* drehen; *(fig)* sich wenden; **to ~ on one's heel** auf dem Absatz kehrtmachen ❸ *(for aid or advice)* **to ~ to sb for help/money** jdn um Hilfe/Geld bitten ❹ *(change)* werden; *milk* sauer werden; *leaves* sich verfärben; *luck* sich wenden; **his face ~ed green** er wurde ganz grün im Gesicht; ▪ **to ~ into sth** zu etw *dat* werden ❺ *(turn attention to)* ▪ **to ~ to sth** *conversation, subject* sich etw zuwenden ❻ *(attain particular age)* **to ~ 20/40** 20/40 werden ❼ *(pass particular hour)* **it had already ~ed eleven** es war schon kurz nach elf ❽ *(make feel sick)* **this smell makes my stomach ~** bei diesem Geruch dreht sich mir der Magen um ▸ **to ~ [over] in one's grave** sich im Grabe umdrehen; **to ~ tattle-tail** AM *(fam)* petzen ◆**turn against I.** *vi* sich auflehnen (gegen) **II.** *vt* ▪ **to ~ sb against sb/sth** jdn gegen jdn/etw *dat* aufwiegeln ◆**turn away I.** *vi* sich abwenden **II.** *vt* ❶ *(move)* wegrücken; **to ~ one's face away** seinen Blick abwenden ❷ *(refuse entry)* abweisen ❸ *(deny help)* abweisen ◆**turn back I.** *vi* [wieder] zurückgehen; *(fig)* **there's no ~ing back now!** jetzt gibt es kein Zurück [mehr]! **II.** *vt* ❶ *(send back)* zurückschicken; *(at frontier)* zurückweisen ❷ *(fold) bedcover* zurückschlagen ❸ *(put back)* **to ~ back** ↻ **the clocks** die Uhren zurückstellen; **to ~ back time** *(fig)* die Zeit zurückdrehen ◆**turn down** *vt* ❶ *(reject)* abweisen; *proposal, offer, invitation* ablehnen ❷ *(reduce level)* niedriger stellen; *(make quieter)* leiser stellen ❸ *(fold)* umschlagen; *blanket* zurückschlagen; *collar* herunterschlagen ◆**turn in I.** *vt* ❶ *(give to police etc.)* abgeben ❷ *(submit) assignment* einreichen; **to ~ in good results** gute Ergebnisse abliefern ❸ *(fam: to the police)* ▪ **to ~ sb** ↻ in jdn verpfeifen; **to ~ oneself in to the police** sich der Polizei stellen ❹ *(inwards)* nach innen drehen **II.** *vi* ❶ *(fam: go to bed)* sich in die Falle hauen ❷ *(drive in)* einbiegen ❸ *(inwards)* **his toes ~ in when he walks** er läuft über den großen Onkel *fam* ◆**turn off I.** *vt* ❶ *(switch off)* abschalten; *engine, power* abstellen; *gas* abdrehen; *light* ausmachen; *radio, TV* ausschalten ❷ *(cause to lose interest)* ▪ **to ~ off sb** jdm die Lust nehmen; *(be sexually unappealing)* jdn abtörnen *sl* **II.** *vi (leave one's path)* abbiegen; **to ~ off the path** den Weg verlassen ◆**turn on I.** *vt* ❶ *(switch on) air conditioning, computer, radio* einschalten; *gas, heat* aufdrehen; *light* anmachen ❷ *(fam: excite)* anmachen; *(sexually also)* antörnen *sl* ❸ *(start to use)* einschalten; **to ~ on the charm** seinen Charme spielen lassen **II.** *vi* ❶ *(switch on)* einschalten ❷ *(attack)* ▪ **to ~ on sb** auf jdn losgehen ◆**turn out I.** *vi* ❶ *(work out)* sich entwickeln; **how did it ~ out?** wie ist es gelaufen? *fam* ❷ *(be revealed)* sich herausstellen; **it ~ed out that ...** es stellte sich heraus, dass ... ❸ *(come to)* erscheinen ❹ *(point)* sich nach außen drehen **II.** *vt* ❶ *(switch off) radio, TV* ausschalten; *gas* abstellen; *light* ausmachen ❷ *(kick out)* [hinaus]werfen *fam;* **to ~ sb out on the street** jdn auf die Straße setzen *fam* ❸ *(empty contents)* [aus]leeren; **to ~ out one's pockets** die Taschen umdrehen ❹ *(produce)* produzieren ❺ *(turn outwards)* **she ~s her feet out** sie läuft nach außen ◆**turn over I.** *vi* ❶ *(move) person* sich umdrehen; *boat* kentern; *car* sich überschlagen ❷ *(sell)* laufen ❸ *(operate) engine* laufen; *(start)* anspringen ❹ BRIT *(change TV channel)* umschalten ❺ *(feel nauseous)* **at the mere thought of it my stomach ~ed over** schon bei dem Gedanken daran drehte sich mir der Magen um ❻ *(in book)* umblättern **II.** *vt* ❶ *(move)* umdrehen; *mattress* wenden; *page* umblättern; *soil* umgraben ❷ *(delegate responsibility)* ▪ **to ~ over** ↻ **sth to sb** jdm etw übertragen ❸ *(give)* ▪ **to ~ sth** ↻ **over to sb** jdm etw [über]geben ❹ *(ponder)* sorgfältig überdenken; **to ~ sth over in one's mind** sich *dat* etw durch den Kopf gehen lassen ▸ **to ~ over a new leaf** einen [ganz] neuen Anfang machen ◆**turn up I.** *vi* ❶ *(show up)* erscheinen ❷ *(become available)* sich ergeben; *solution* sich finden ❸ *(occur in)* auftreten ❹ *(happen)* passieren **II.** *vt* ❶ *(increase volume) music* lauter machen; *heat* höher stellen ❷ *(hem clothing)* aufnähen ❸ *(point to face upwards) collar* hochschlagen; **one's palms** nach oben drehen ❹ *(find)* finden; **I'll see if I can ~ up something for you** ich schau mal, ob ich etwas für Sie finden kann

'turn·about *n* Umschwung *m* **'turn·around** *n no pl* ❶ *(improvement)* Wende *f; of health* Besserung *f; of company* Aufschwung *m; (sudden reversal)* Kehrtwendung *f* ❷ COMM Bearbeitungszeit *f* ❸ AVIAT ~ **time** Wartezeit *f (eines Flugzeugs am Boden* *zwischen zwei Flügeln*) **'turn·coat** *n* Überläufer(in) *m(f)*

turn·er ['tɜːnə] *n* Drechsler(in) *m(f)*

turn·ing ['tɜːnɪŋ] *n* ❶ (*road*) Abzweigung *f* ❷ *no pl* (*changing direction*) Abbiegen *nt*

'turn·ing point *n* Wendepunkt *m*

tur·nip ['tɜːnɪp] *n* [Steck]rübe *f*

turn·key ['tɜːnkiː] *adj attr* schlüsselfertig; ~ **housing unit** Fertigbau *m;* ~ **system** Fertigteilsystem *nt*

'turn-off ['tɜːnɒf] *n* ❶ (*sth unappealing*) Gräuel *nt* ❷ (*sth sexually unappealing*) **to be a real** ~ abstoßend sein **'turn·out** ['tɜːnaʊt] *n no pl* ❶ (*attendance*) Teilnahme *f* (for an) ❷ POL Wahlbeteiligung *f* **'turn·over** ['tɜːnˌəʊvə'] *n* ❶ (*rate change in staff*) Fluktuation *f geh* ❷ (*volume of business*) Umsatz *m;* **annual** ~ Jahresumsatz *m* ❸ (*rate of stock movement*) Absatz *m* ❹ FOOD **apple** ~ Apfeltasche *f* **'turn·pike** *n* AM Mautschranke *f* **'turn·round** *n no pl* BRIT *see* **turnaround** **'turn·stile** *n* SPORTS Drehkreuz *nt* **'turn·ta·ble** *n* ❶ TECH, RAIL Drehscheibe *f* ❷ (*on record player*) Plattenteller *m* **'turn-up** ['tɜːnʌp] *n esp* BRIT Aufschlag; **trouser** ~ Hosenaufschlag *m* ▶ **to be a** ~ **for the book[s]** mal ganz was Neues sein *fam*

tur·pen·tine ['tɜːpəntaɪn] *n no pl* Terpentin *nt*

tur·pi·tude ['tɜːpɪtjuːd] *n no pl* (*form*) Verworfenheit *f*

turps [tɜːps] *n no pl* (*fam*) *short for* **turpentine** Terpentin *nt*

tur·quoise ['tɜːkwɔɪz] I. *n* ❶ (*stone*) Türkis *m* ❷ (*colour*) Türkis *nt* II. *adj* türkis[farben]

tur·ret ['tʌrɪt] *n* [Mauer]turm *m;* **bomber's/ship's** ~ Geschützturm *f* eines Bombers/eines Schiffes; **tank's** ~ Panzerturm *m*

tur·tle <*pl - or -s*> ['tɜːtl] *n* Schildkröte *f*

'tur·tle·dove *n* Turteltaube *f* **'tur·tle·neck** *n* ❶ BRIT Stehkragen *m;* (*pullover*) Stehkragenpullover *m* ❷ AM (*polo neck pullover*) Rollkragenpullover *m*

tusk [tʌsk] *n* Stoßzahn *m*

tus·sle ['tʌsl] I. *vi* ❶ (*scuffle*) sich balgen (**with** mit) ❷ (*quarrel*) ■ **to** ~ [**with sb**] **over sth** [mit jdm] über etw *akk* streiten II. *n* ❶ (*struggle*) Rauferei *f* ❷ (*quarrel*) Streiterei *f* (**for** um, **over** wegen)

tus·sock ['tʌsək] *n* [Gras]büschel *nt*

tut [tʌt] *interj* (*pej*) ~ na, na!

tu·te·lage ['tjuːtɪlɪdʒ] *n no pl* [An]leitung *f*

tu·tor ['tjuːtə'] I. *n* (*giving extra help*) Nachhilfelehrer(in) *m(f)*; (*private teacher*) Privatlehrer(in) *m(f)*; BRIT UNIV (*supervising teacher*) Tutor(in) *m(f)* II. *vt* (*in addition to school lessons*) Nachhilfestunden geben; (*private tuition*) Privatunterricht erteilen

tu·to·ri·al [tjuːˈtɔːrɪəl] *n* Tutorium *nt geh*

tux·edo [tʌkˈsiːdoʊ] *n* AM (*dinner jacket*) Smoking *m*

TV [ˌtiːˈviː] *n* ❶ (*appliance*) *abbrev of* **television** Fernseher *m* ❷ *no pl* (*programming*) *abbrev of* **television** Fernsehen *nt*

twad·dle ['twɒdl] *n no pl* (*fam*) Unsinn *m*

twang [twæŋ] I. *n no pl* ❶ (*sound*) Doing *nt;* **to give sth a** ~ an etw *dat* zupfen ❷ LING (*nasal accent*) Näseln *nt* II. *vt* zupfen III. *vi* einen sirrenden Ton von sich geben

tweak [twiːk] I. *vt* ❶ (*pull sharply*) zupfen ❷ (*adjust*) ■ **to** ~ **sth** etw gerade ziehen; **this proposal still needs some** ~**ing** an diesem Vorschlag muss noch etwas gefeilt werden II. *n* Zupfen *nt kein pl*

'tweak·able *adj* feinjustierbar

twee [twiː] *adj esp* BRIT (*fam or pej*) niedlich

tweed [twiːd] *n* ❶ *no pl* (*cloth*) Tweed *m* ❷ (*clothes*) ■ ~**s** *pl* Tweedkleidung *f kein pl*

tweedy ['twiːdi] *adj* ❶ (*made of tweed*) Tweed- ❷ (*casually rich*) elegant im Stil des englischen Landadels

'tween·ager, 'tween·ie [twiːni] *n* (*fam*) *8 bis 12 Jahre altes Kind*

tweet [twiːt] I. *vi* piepsen II. *n* Piepsen *nt kein pl*

tweet·er ['twiːtə'] *n* TECH Hochtonlautsprecher *m*

tweez·ers ['twiːzəz] *npl* Pinzette *f*

twelfth [twelfθ] I. *adj* zwölfte(r, s) II. *adv* als zwölfte(r, s) III. *n* ■ **the** ~ der/die/das Zwölfte

twelve [twelv] I. *adj* zwölf; *see also* **eight** II. *n* Zwölf *f;* **the England** ~ SPORTS die England-Zwölf; *see also* **eight**

twen·ti·eth ['twentiɪθ] I. *adj* zwanzigste(r, s) II. *adv* an zwanzigster Stelle III. *n* ■ **the** ~ der/die/das Zwanzigste

twen·ty ['twenti] I. *adj* zwanzig; *see also* **eight** II. *n* Zwanzig *f; see also* **eight**

twerp [twɜːp] *n* (*pej sl*) Blödmann *m fam*

twice [twaɪs] I. *adv* zweimal; ~ **a day** zweimal täglich II. *adj* doppelt

twid·dle ['twɪdl] I. *vt* [herum]drehen (an); **to** ~ **one's thumbs** Däumchen drehen II. *vi* [herum]drehen (**with** an) III. *n* [Herum]drehen *nt kein pl*

twig[1] [twɪg] *n* ❶ (*of tree*) Zweig *m* ❷ (*skinny person*) Bohnenstange *f*

twig[2] <-gg-> [twɪg] (*fam*) I. *vt* kapieren II. *vi* ❶ (*understand*) kapieren ❷ (*realize*) ■ **to** ~ **to** ~ **sth** etw merken

twi·light ['twaɪlaɪt] *n no pl* Dämmerung *f,* Zwielicht *nt;* **the** ~ **of sb's life** jds Lebensabend

twin [twɪn] I. *n* ❶ (*one of two siblings*) Zwilling *m*; (*similar or connected thing*) Pendant *nt geh*; **identical/fraternal ~s** eineiige/zweieiige Zwillinge ❷ (*room*) Zweibettzimmer *nt* **II.** *adj* ❶ (*born at the same time*) Zwillings- ❷ (*connected*) miteinander verbunden **III.** *vt* <-nn-> ■ **to ~ sth** [**with sth**] etw [mit etw *dat*] [partnerschaftlich] verbinden **IV.** *vi* <-nn-> eine Städtepartnerschaft bilden

twin 'bed *n* Einzelbett *nt* (*eines von zwei gleichen Betten*) **twin 'broth·er** *n* Zwillingsbruder *m*

twine [twaɪn] **I.** *vi* (*twist around*) ■ **to ~ around sth** sich um etw *akk* schlingen; ■ **to ~ up sth** sich an etw *dat* hochranken **II.** *vt* ■ **to ~ sth together** etw ineinanderschlingen **III.** *n no pl* Schnur *f*

twinge [twɪndʒ] *n* Stechen *nt kein pl*; **a ~ of fear** eine leise Furcht; **a ~ of guilt** ein Anflug *m* eines schlechten Gewissens; **a ~ of pain** ein stechender Schmerz

twin·kle ['twɪŋkl] **I.** *vi* funkeln **II.** *n no pl* Funkeln *nt*; **to do sth with a ~ in one's eye** etw mit einem [verschmitzten] Augenzwinkern tun

twin·kling ['twɪŋklɪŋ] **I.** *adj* ❶ *eyes, light, star* funkelnd ❷ *tap dancer* leichtfüßig **II.** *n no pl* kurzer Augenblick ▶ **to do sth in the ~ of an eye** etw im Handumdrehen tun

twin·ning ['twɪnɪŋ] *n no pl* gemeinsame Durchführung

twin 'room *n* Zweibettzimmer *nt* **'twin·set** *n* BRIT, AUS Twinset *nt* **twin 'sis·ter** *n* Zwillingsschwester *f* **twin 'town** *n* BRIT Partnerstadt *f*

twirl [twɜːl] **I.** *vi* wirbeln **II.** *vt* rotieren lassen; (*in dancing*) ■ **to ~ sb** jdn [herum]wirbeln **III.** *n* Wirbel *m*; (*in dancing*) Drehung *f*; **give us a ~** dreh dich doch mal

twist [twɪst] **I.** *vt* ❶ (*wind*) [ver]drehen; ■ **to ~ sth on/off** etw auf-/zudrehen ❷ (*coil*) herumwickeln (**around** um) ❸ (*sprain*) sich verrenken ❹ (*fig: manipulate*) verdrehen; **don't ~ my words!** dreh mir nicht die Worte im Mund her! ▶ **to ~ sb's arm** auf jdn Druck ausüben; **to ~ sb** [**a**]**round one's** [**little**] **finger** jdn um den kleinen Finger wickeln **II.** *vi* ❶ (*squirm*) sich winden; **to ~ in pain** *person* sich vor Schmerz krümmen; *face* sich vor Qual/Schmerz verzerren; **to ~ and turn** *road* sich schlängeln ❷ (*dance*) twisten **III.** *n* ❶ (*rotation*) Drehung *f*; **to give sth a ~** etw [herum]drehen ❷ (*sharp bend*) Kurve *f* ❸ (*unexpected change*) Wendung *f*; **a cruel ~ of fate** eine grausame Wendung des Schicksals ❹ (*dance*) ■ **the ~** der Twist ▶ **to send sb round the ~** BRIT (*fam*) jdn verrückt machen

twist·ed ['twɪstɪd] *adj* ❶ (*bent and turned*) verdreht; **~ ankle** gezerrter Knöchel ❷ (*winding*) verschlungen; *path* gewunden ❸ (*perverted*) verdreht **twist·er** ['twɪstə^r] *n* Tornado *m*

twisty ['twɪsti] *adj* (*fam*) *road* kurvenreich; *path* gewunden

twit [twɪt] *n esp* BRIT (*pej fam*) Trottel *m*

twitch ['twɪtʃ] **I.** *vi* zucken **II.** *vt* ❶ (*jerk*) zucken (mit); ■ **to ~ one's nose** *rabbit* schnuppern ❷ (*tug quickly*) zupfen **III.** *n* <*pl* -es> ❶ (*jerky spasm*) **to have a** [**nervous**] **~** nervöse Zuckungen haben ❷ (*quick tug*) Ruck *m*; **a ~ of the reins** ein rasches Ziehen an den Zügeln

twit·ter ['twɪtə^r] **I.** *vi* ❶ (*chirp*) zwitschern ❷ (*talk rapidly*) ■ **to ~ away** vor sich hinplappern **II.** *n* Gezwitscher *nt kein pl*

two [tuː] **I.** *adj* zwei; **are you ~ coming over?** kommt ihr zwei 'rüber?; **~** [**o'clock**] zwei [Uhr]; **to break sth in ~** etw entzwei brechen; **to cut sth in ~** etw durchschneiden; **the ~ of you** ihr beide; *see also* eight ▶ **to throw in one's ~ cents worth** AM, AUS seinen Senf dazugeben; **~'s company three's a crowd** (*prov*) drei sind einer zu viel; **~ can play at that game** wie du mir, so ich dir *prov*; **to be ~ of a kind** aus dem gleichen Holz geschnitzt sein; **to be in ~ minds** hin- und hergerissen sein; **there are no ~ ways about it** es gibt keine andere Möglichkeit; **to put ~ and ~ together** (*fam*) zwei und zwei zusammenzählen; **it takes ~ to tango** (*prov*) dazu gehören immer zwei **II.** *n* Zwei *f*; *see also* eight

'two-bit *adj attr* AM (*pej fam*) billig *pej* **two-di·'men·sion·al** *adj* zweidimensional; (*pej*) *character, plot* flach **'two-door I.** *adj attr* AUTO zweitürig **II.** *n* zweitüriges Auto **'two-edged** *adj* (*also fig*) zweischneidig **'two-faced** *adj* (*pej*) falsch

two·fold ['tuːfəʊld] **I.** *adj* (*double*) zweifach; (*with two parts*) zweiteilig **II.** *adv* (*double*) zweifach; **to increase sth ~** etw verdoppeln **'two-part** *adj attr* zweiteilig **two-par·ty 'sys·tem** *n* Zweiparteiensystem *nt* **two·pence** ['tʌpən(t)s] *n* BRIT zwei Pence; (*fig*) **this thing isn't worth ~** dieses Ding ist keinen Pfifferling wert **two-pen·ny** ['tʌpəni] *adj attr* BRIT ❶ (*dated: worth two pennies*) **~ piece** Zweipencestück *nt* ❷ (*fam: worthless*) wertlos **'two-phase** *adj attr* ELEC Zweiphasen- **'two-piece** *n* ❶ (*suit*) Zweiteiler *m* ❷ (*bikini*) Bikini *m* **two-'seat·er** *n* (*car, sofa*) Zweisitzer *m*

two·some ['tuːsəm] *n* ❶ (*duo*) Duo *nt*; (*couple*) Paar *nt* ❷ (*dance for two*) Paartanz *m*; (*game for two*) Spiel *nt* für zwei Personen

two-stroke – ugliness

'two-stroke *n* (*car, engine*) Zweitakter *m*
'two-tiered *adj* (*two levels*) zweistufig; (*pej: two standards*) Zweiklassen- **'two-time I.** *vt* (*fam*) ■ to ~ sb [with sb] jdn [mit jdm] betrügen **II.** *adj* zweifach **'two-way** *adj attr* ① (*traffic*) ~ street/tunnel Straße *f*/Tunnel *m* mit Gegenverkehr ② *conversation, process* wechselseitig ③ ELEC ~ switch Wechselschalter *m* **two-way 'ra·di·o** *n* Funksprechgerät *nt*
TXT [tekst] *vt* TELEC *short for* text: ■ to ~ sth etw texten
'TXT mes·sag·ing *n no pl* TELEC *short for* text messaging Versenden *nt* von SMS-Nachrichten
ty·coon [taɪˈkuːn] *n* [Industrie]magnat(in) *m(f)*
tyke [taɪk] *n* ① BRIT, AUS (*fam: mischievous child*) Gör *nt oft pej* ② AM (*small child*) kleines Kind ③ (*dog*) Hund *m*; (*mongrel*) Mischling[shund] *m*
tym·pa·num <*pl* -s *or* tympana> [ˈtɪmpənəm, *pl* -nə] *n* ① ANAT Paukenhöhle *f* im Mittelohr ② ARCHIT Tympanon *nt*
type [taɪp] **I.** *n* ① (*kind*) Art *f*; *of hair, skin* Typ *m*; *of food, vegetable* Sorte *f*; **for all different skin ~s** für jeden Hauttyp ② (*character*) Typ *m*; ■ to be one's ~ jds Typ sein *fam*; quiet/reserved ~ ruhiger/zurückhaltender Typ ③ TYPO (*lettering*) Schriftart *f*; italic ~ Kursivschrift *f* **II.** *vt* ① (*write with machine*) tippen ② (*categorize*) typisieren *geh* ③ (*be example for*) typisch sein (für) **III.** *vi* Maschine schreiben ◆ **type out** *vt* tippen ◆ **type up** *vt report* erfassen
'type·cast *vt irreg, usu passive* FILM, THEAT (*pej*) ■ to be ~ auf eine Rolle festgelegt sein/werden **'type·face** *n no pl* Schrift[art] *f* **'type·script** *n* Maschine geschriebenes Manuskript **'type·set·ter** *n* TYPO ① (*machine*) Setzmaschine *f* ② (*printer*) [Schrift]setzer(in) *m(f)* **'type·set·ting** TYPO **I.** *n no pl* Setzen *nt* **II.** *adj attr* (*machine, technique*) Satz- **'type·write** *vt irreg* tippen **'type·writ·er** *n* Schreibmaschine *f* **'type·writ·er rib·bon** *n* Farbband *nt* **'type·writ·ten** *adj* Maschine geschrieben
ty·phoid [ˈtaɪfɔɪd], **ty·phoid 'fe·ver** *n no pl* Typhus *m*
ty·phoon [taɪˈfuːn] *n* Taifun *m*
ty·phus [ˈtaɪfəs] *n no pl* Typhus *m*
typ·i·cal [ˈtɪpɪkəl] *adj* typisch; *symptom also* charakteristisch (**of** für)
typ·i·cal·ly [ˈtɪpɪkli] *adv* typisch; ~, ... normalerweise ...
typ·i·fy <-ie-> [ˈtɪpɪfaɪ] *vt* kennzeichnen; (*symbolize*) ein Symbol sein (für)
typ·ing [ˈtaɪpɪŋ] **I.** *n no pl* Tippen *nt* **II.** *adj* *attr* Tipp-; ~ error Tippfehler *m*
typ·ist [ˈtaɪpɪst] *n* Schreibkraft *f*
ty·pog·ra·pher [taɪˈpɒgrəfə^r] *n* [Schrift]setzer(in) *m(f)*
ty·po·graph·ic(al) [ˌtaɪpə(ʊ)ˈgræfɪkəl] *adj* typografisch
ty·pog·ra·phy [taɪˈpɒgrəfi] *n no pl* Typografie *f*
ty·ran·ni·cal [tɪˈrænɪkəl] *adj* (*pej*) tyrannisch; ~ regime Tyrannei *f*
tyr·an·nize [ˈtɪrənaɪz] *vt* tyrannisieren
tyr·an·ny [ˈtɪrəni] *n* Tyrannei *f*
ty·rant [ˈtaɪrənt] *n* Tyrann(in) *m(f)*; (*bossy man*) [Haus]tyrann *m pej*; (*bossy woman*) [Haus]drachen *m pej fam*
tyre [taɪə^r] *n* Reifen *m*; spare ~ Ersatzreifen *m*
'tyre gauge *n* Reifendruckmesser *m* **'tyre pres·sure** *n no pl* Reifendruck *m*
Ty·rol [tɪˈrəʊl] *n no pl* GEOG ■ the ~ Tirol *nt*
tzar [zɑːʳ] *n see* tsar
'T-zone *n* T-Zone *f*

Uu

U <*pl* -'s *or* -s>, **u** <*pl* -'s> [juː] *n* ① (*letter*) U *nt; see also* **A 1** ② (*sl: you*) du
U¹ [juː] *n* ① BRIT (*for general audience*) jugendfrei ② CHEM *see* uranium U *nt*
U² [juː] AM, AUS (*fam*) *abbrev of* university Uni *f*
UAE [juːerˈiː] *n abbrev of* United Arab Emirates VAE
ubiq·ui·tous [juːˈbɪkwɪtəs] *adj* allgegenwärtig
ubiq·ui·ty [juːˈbɪkwɪti] *n no pl* (*form*) Allgegenwart *f*
U-boat [ˈjuːbəʊt] *n* U-Boot *nt*
ud·der [ˈʌdə^r] *n* Euter *nt*
UDI [ˌjuːdiːˈaɪ] *n abbrev of* unilateral declaration of independence einseitige Unabhängigkeitserklärung
UEFA [juːˈeɪfə] *n no pl*, + *sing/pl vb* SPORTS *acr for* Union of European Football Associations UEFA *f*
UFO [ˌjuːeˈfəʊ] *n* <*pl* s *or* -'s> *abbrev of* unidentified flying object UFO *nt*
Ugan·da [juːˈgændə] *n* Uganda *nt*
Ugan·dan [juːˈgændən] **I.** *n* Uganda(in) *m(f)* **II.** *adj* ugandisch
ugh [ʊg, ʊh] *interj* (*fam*) igitt!
ugli·ness [ˈʌglɪnəs] *n no pl* Hässlichkeit *f*;

(*fig also*) Scheußlichkeit *f*

ug·ly ['ʌgli] *adj* ❶ (*not attractive*) hässlich; **to be ~ as sin** hässlich wie die Nacht sein; **to feel/look ~** sich hässlich fühlen/hässlich aussehen ❷ (*unpleasant*) *scene* hässlich; *weather* scheußlich; *rumours* übel; *mood* unerfreulich; *look* böse; *thought* schrecklich; **the ~ truth** die unangenehme Wahrheit; (*terrible*) die schreckliche Wahrheit; **to turn ~** eine üble Wendung nehmen

UHF [ju:eɪtʃ'ef] *n abbrev of* **ultrahigh frequency** UHF

UHT [ju:eɪtʃ'ti:] *adj abbrev of* **ultra-heat-treated**: ~ **milk** H-Milch *f*

UK [ju:'keɪ] *n abbrev of* **United Kingdom**: ■ **the ~** das Vereinigte Königreich

Ukraine [ju:'kreɪn] **I.** ■ **the ~** die Ukraine

Ukrain·ian [ju:'kreɪniən] **I.** *n* ❶ (*person*) Ukrainer(in) *m(f)* ❷ (*language*) Ukrainisch *nt* **II.** *adj* ukrainisch

uku·lele [ju:kə'leɪli] *n* Ukulele *f*

ul·cer ['ʌlsə^r] *n* ❶ MED Geschwür *nt*; **stomach ~** Magengeschwür *nt* ❷ (*blemish*) Schandfleck *m*, Makel *m*

ul·cer·ate ['ʌlsəreɪt] *vi* ulzerieren *fachspr* **ul·cer·ous** ['ʌlsərəs] *adj* geschwürig

ul·lage ['ʌlɪdʒ] *n no pl* die Menge, die in einem Flüssigkeitsbehälter bis zum Gefülltsein fehlt; (*liquid loss*) Flüssigkeitsschwund *m*; (*in brewery*) Restbier *nt*

ulna <*pl* -nae *or* -s> ['ʌlnə, *pl* -ni:] *n* Elle *f*

Ul·ster ['ʌlstə^r] *n no pl* Nordirland *nt*, Ulster *nt*

ul·te·ri·or [ʌl'tɪəriə^r] *adj* ❶ (*secret*) versteckt; ~ **measures** geheime Maßnahmen; ~ **motive** Hintergedanke *m* ❷ (*form: subsequent*) weitere(r, s); (*coming later*) spätere(r, s) ❸ (*form: beyond scope*) ■ **to be ~ to sth** für etw *akk* nicht von Bedeutung sein

ul·ti·mate ['ʌltɪmət] **I.** *adj attr* ❶ (*unbeatable*) beste(r, s) ❷ (*highest degree*) höchste(r, s); *deterrent, weapon* wirksamste(r, s) ❸ (*final*) letzte(r, s); *decision also* endgültig; *effect* eigentlich; **the ~ destination** das Endziel; **the ~ truth** die letzte Wahrheit ❹ (*fundamental*) grundsätzlich; *aim, cause* eigentlich; **the ~ problem** das Grundproblem **II.** *n* (*the best*) ■ **the ~** das Nonplusultra; (*highest degree*) **the ~ in happiness** das größte Glück; **the ~ of bad taste** der Gipfel der Geschmacklosigkeit

ul·ti·mate·ly ['ʌltɪmətli] *adv* (*in the end*) letzten Endes; (*eventually*) letztlich

ul·ti·ma·tum <*pl* -ta *or* -tums> [ʌltɪ'meɪtəm] *n* Ultimatum *nt*; **to give sb an ~** jdm ein Ultimatum stellen

ul·ti·mo ['ʌltɪməʊ] *adj* ECON (*dated*) des vergangenen Monats *nach n*

ultra·high 'fre·quen·cy *n no pl* Ultrahochfrequenz *f* **ultra·ma·'rine I.** *adj* ultramarin[blau] **II.** *n no pl* Ultramarin[blau] *nt* **ultra-'mod·ern** *adj* hypermodern **ultra·pre·'cise** *adj* äußerst genau **ultra-re·'li·able** *adj* extrem zuverlässig **ultra-'short wave** *n* Ultrakurzwelle *f* **ultra-'son·ic** *adj* Ultraschall- **'ultra·sound** *n no pl* Ultraschall *m* **ultra·sound 'pic·ture** *n* Ultraschallbild *nt* **ultra·vio·let** *adj* ultraviolett; ~ **lamp** UV-Lampe *f*; ~ **rays** ultraviolette Strahlen

Ulysses ['ju:lɪsi:z] *n* Odysseus *kein art*

um·bel ['ʌmbəl] *n* Dolde *f*

um·ber ['ʌmbə^r] **I.** *adj* umbra[braun] **II.** *n no pl* Umbra *nt*

um·bili·cal [ʌm'bɪlɪkəl] *adj attr* ❶ MED Nabel- ❷ AEROSP Versorgungs-, Verbindungs-

um·bili·cal 'cord *n* ❶ MED, ANAT Nabelschnur *f*; **to cut the ~** die Nabelschnur durchschneiden ❷ AEROSP Versorgungskabel *nt*

um·brage ['ʌmbrɪdʒ] *n no pl* (*form*) Anstoß *m*; **to take ~ at sth** Anstoß an etw *dat* nehmen

um·brel·la [ʌm'brelə] **I.** *n* ❶ (*protection from rain*) Regenschirm *m*; **folding ~** Knirps® *m*; (*sun protection*) Sonnenschirm *m* ❷ (*protection*) Schutz *m*; MIL Jagdschutz *m* **II.** *adj* ❶ *stand, handle* Schirm-; ~ **cover** Schirmhülle *f* ❷ POL, ADMIN (*including many elements*) Dach-; ~ **fund** FIN Investmentfonds *m*

um·brel·la or·gani·'za·tion *n* Dachorganisation *f*

um·pire ['ʌmpaɪə^r] **I.** *n* ❶ SPORTS Schiedsrichter(in) *m(f)* ❷ (*arbitrator*) Schlichter(in) *m(f)* **II.** *vt game, match* leiten

ump·teen [ʌm(p)'ti:n] *adj* (*fam*) zig; **to do sth ~ times** etw zigmal tun

ump·teenth [ʌm(p)'ti:nθ] *adj* (*fam*) x-te(r, s)

UN [ju:'en] *n abbrev of* **United Nations**: ■ **the ~** die UN[O]; **ambassador to the ~** UN[O]-Botschafter(in) *m(f)*; **the ~ General Assembly** die UN-Vollversammlung; ~ **peace-keeping mission** UNO-Friedensmission *f*; ~ **Security Council** UN-Sicherheitsrat *m*; ~ **troops** UNO-Truppen *pl*

un·abashed [ˌʌnə'bæʃt] *adj* unverschämt

un·abat·ed [ˌʌnə'beɪtɪd] *adj* (*form*) unvermindert

un·able [ʌn'eɪbl] *adj* unfähig; **he was ~ to look her in the eye** er konnte ihr nicht in die Augen schauen

un·abridged [ˌʌnə'brɪdʒd] *adj* LIT, PUBL ungekürzt

un·ac·cep·table [ˌʌnək'septəbl] *adj behaviour, excuse* inakzeptabel; *offer* unannehmbar; *conditions* untragbar; **the ~ face of sth**

un·ac·com·pa·nied [ˌʌnəˈkʌmpənɪd] *adj* ❶ (*without companion*) ohne Begleitung *nach n, präd; baggage* herrenlos ❷ MUS ohne Begleitung *nach n;* ~ **flute** Soloflöte *f*

un·ac·count·able [ˌʌnəˈkaʊntəbl] *adj* ❶ (*not responsible*) nicht verantwortlich ❷ (*inexplicable*) unerklärlich; **for some ~ reason** aus unerfindlichen Gründen

un·ac·count·ed for [ˌʌnəˈkaʊntɪdˌfɔːʳ] *adj* ❶ (*unexplained*) ungeklärt; **~ absence from work** unentschuldigtes Fehlen bei der Arbeit ❷ (*not included in count*) nicht erfasst; (*missing*) fehlend *attr; person* vermisst

un·ac·cus·tomed [ˌʌnəˈkʌstəmd] *adj* ❶ (*seldom seen*) selten ❷ (*new*) ungewohnt; **to be ~ to doing sth** es nicht gewohnt sein, etw zu tun

un·ac·knowl·edged [ˌʌnəkˈnɒlɪdʒd] *adj* unbeachtet; (*unrecognized*) nicht anerkannt; **to remain ~** unbeachtet bleiben

un·ad·dressed [ˌʌnəˈdrest] *adj* ❶ *envelope* nicht adressiert ❷ *question* unbeantwortet

un·adorned [ˌʌnəˈdɔːnd] *adj* (*plain*) schlicht; *story* nicht ausgeschmückt; *beauty* natürlich; *truth* ungeschminkt

un·adul·ter·at·ed [ˌʌnəˈdʌltəreɪtɪd] *adj* (*absolute*) unverfälscht; *alcohol* rein; **~ nonsense** blanker Unsinn; **the ~ truth** die reine Wahrheit

un·ad·ven·tur·ous [ˌʌnədˈventʃərəs] *adj person* wenig unternehmungslustig; *life* unspektakulär; *style* einfallslos

un·ad·vis·able [ˌʌnədˈvaɪzəbl] *adj* nicht empfehlenswert

un·af·fect·ed [ˌʌnəˈfektɪd] *adj* ❶ (*unchanged*) unberührt; (*unmoved*) unbeeindruckt; MED nicht angegriffen; (*not influenced*) nicht beeinflusst ❷ (*down to earth*) natürlich; *manner* ungekünstelt; (*sincere*) echt

un·afraid [ˌʌnəˈfreɪd] *adj* unerschrocken; ■ **to be ~ of sb/sth** vor jdm/etw *dat* keine Angst haben

un·aid·ed [ʌnˈeɪdɪd] *adj* ohne fremde Hilfe *nach n*

un·alike [ˌʌnəˈlaɪk] *adj* unähnlich

un·al·loyed [ˌʌnəˈlɔɪd] *adj* ❶ (*liter: complete*) rein; *pleasure* ungetrübt ❷ *metal* rein

un·al·tered [ʌnˈɔːltəd] *adj* unverändert; **to leave sth ~** etw lassen, wie es ist

un·am·bigu·ous [ˌʌnæmˈbɪɡjuəs] *adj* unzweideutig; *statement* eindeutig

un-Amer·i·can [ˌʌnəˈmerɪkən] *adj* (*pej*) unamerikanisch; **~ activities** ≈ Landesverrat *m* (*gegen den amerikanischen Staat gerichtete Umtriebe*)

una·nim·i·ty [ˌjuːnəˈnɪməti] *n no pl* Einstimmigkeit *f*

unan·i·mous [juːˈnænɪməs] *adj* einstimmig

un·an·nounced [ˌʌnəˈnaʊn(t)st] I. *adj* ❶ (*without warning*) unangekündigt; (*unexpected*) unerwartet; **~ visitor** unerwarteter Gast; (*not wanted*) ungebetener Gast ❷ (*not made known*) unangekündigt II. *adv* unangemeldet; (*unexpected*) unerwartet

un·an·swer·able [ʌnˈɑːn(t)sərəbl] *adj* ❶ (*without an answer*) unbeantwortbar; ■ **to be ~** nicht zu beantworten sein ❷ (*form: irrefutable*) unwiderlegbar; *proof* eindeutig

un·an·swered [ʌnˈɑːn(t)səd] *adj* unbeantwortet

un·ap·pe·tiz·ing [ʌnˈæpətaɪzɪŋ] *adj* unappetitlich

un·ap·proach·able [ˌʌnəˈprəʊtʃəbl] *adj* unzugänglich; *person also* unnahbar

un·armed [ʌnˈɑːmd] *adj* (*without weapons*) unbewaffnet; (*not prepared*) unvorbereitet

un·ashamed [ˌʌnəˈʃeɪmd] *adj* schamlos; *attitude* unverhohlen; ■ **to be ~ of sth** sich einer S. *gen* überhaupt nicht schämen

un·asked [ʌnˈɑːskt] I. *adj* ❶ (*not questioned*) ungefragt; **an ~ question** eine Frage, die keiner zu stellen wagt ❷ (*not requested*) ❶ **~-for** ungebeten II. *adv* ❶ (*spontaneously*) spontan ❷ (*unwanted*) ungebeten

un·as·sign·able [ˌʌnəˈsaɪnəbl] *adj* LAW nicht übertragbar

un·as·sum·ing [ˌʌnəˈsjuːmɪŋ] *adj* (*approv*) bescheiden

un·at·tached [ˌʌnəˈtætʃt] *adj* ❶ (*not connected*) einzeln ❷ (*independent*) unabhängig ❸ (*not in relationship*) ungebunden

un·at·tain·able [ˌʌnəˈteɪnəbl] *adj* unerreichbar; **an ~ dream** ein ferner Traum

un·at·tend·ed [ˌʌnəˈtendɪd] *adj* ❶ (*alone*) unbegleitet; *child, baggage* unbeaufsichtigt; **to leave sth/sb ~** etw/jdn allein lassen ❷ (*not taken care of*) unerledigt; (*unmanned*) nicht besetzt; **to go ~** *patient, wound* unbehandelt bleiben

un·at·trac·tive [ˌʌnəˈtræktɪv] *adj* unattraktiv; *place also* ohne Reiz *nach n, präd; personality* wenig anziehend

un·author·ized [ʌnˈɔːθəraɪzd] *adj* nicht autorisiert; *person* unbefugt *attr;* **to obtain ~ access to sth** sich *dat* unbefugt Zugang zu etw *dat* verschaffen

un·avail·able [ˌʌnəˈveɪləbl] *adj* ❶ (*not in*) nicht verfügbar; *person* nicht erreichbar; (*busy*) nicht zu sprechen ❷ (*not for the public*) [der Öffentlichkeit] nicht zugänglich ❸ (*in relationship*) ■ **to be ~** vergeben sein

un·avail·ing [ˌʌnəˈveɪlɪŋ] *adj* (*liter*) vergeblich

un·avoid·able [ˌʌnəˈvɔɪdəbl] *adj* unver-

meidlich
un·aware [ˌʌnəˈweəʳ] *adj* ■**to be/be not ~ of sth** sich *dat* einer S. *gen* nicht/durchaus bewusst sein
un·awares [ˌʌnəˈweəz] *adv* unerwartet; **to catch sb ~** jdn überraschen
un·bal·anced [ʌnˈbælən(t)st] *adj* ❶ (*uneven*) schief; *account* nicht ausgeglichen; *economy* unausgeglichen; JOURN einseitig; *diet* unausgewogen ❷ (*unstable*) labil; **mentally ~** psychisch labil
un·bar <-rr-> [ʌnˈbɑːʳ] *vt* entriegeln
un·bear·able [ʌnˈbeərəbl] *adj* unerträglich
un·beat·able [ʌnˈbiːtəbl] *adj* (*approv*) ❶ (*sure to win*) unschlagbar; *army* unbesiegbar ❷ (*perfect*) unübertrefflich; *value, quality* unübertroffen
un·beat·en [ʌnˈbiːtⁿn] *adj* ungeschlagen; *army* unbesiegt
un·be·com·ing [ˌʌnbɪˈkʌmɪŋ] *adj* ❶ (*not flattering*) unvorteilhaft ❷ *behaviour* unschön; (*unseemly*) unschicklich
un·be·known [ʌnbɪˈnəʊn], **un·be·knownst** [ʌnbɪˈnəʊnst] *adv* (*form*) ■**~ to sb** ohne jds Wissen; **~ to anyone he was leading a double life** kein Mensch ahnte, dass er ein Doppelleben führte
un·be·lief [ˌʌnbɪˈliːf] *n no pl* ❶ (*surprise and shock*) Ungläubigkeit *f* ❷ (*faithlessness*) Unglaube *m*
un·be·liev·able [ˌʌnbɪˈliːvəbl] *adj* ❶ (*surprising*) unglaublich ❷ (*fam: extraordinary*) sagenhaft
un·be·liev·er [ˌʌnbɪˈliːvəʳ] *n* Ungläubige(r) *f(m)*
un·be·liev·ing [ˌʌnbɪˈliːvɪŋ] *adj* ungläubig
un·bend [ʌnˈbend] **I.** *vt* <-bent, -bent> strecken; *wire* gerade biegen **II.** *vi* <-bent, -bent> ❶ (*straighten out*) [wieder] gerade werden; *person* sich aufrichten ❷ (*relax*) sich entspannen; (*become less reserved*) auftauen
un·bend·ing [ʌnˈbendɪŋ] *adj* (*form*) unnachgiebig; *will* unbeugsam
un·bi·as(s)ed [ʌnˈbaɪəst] *adj* unparteiisch; *judge* nicht befangen; *opinion, report* objektiv
un·bid·den [ʌnˈbɪdⁿn] *adj, adv* (*liter*) ungebeten
un·bind <-bound, -bound> [ʌnˈbaɪnd] *vt* losbinden
un·bleached [ʌnˈbliːtʃt] *adj* ungebleicht
un·blink·ing [ʌnˈblɪŋkɪŋ] *adj gaze* starr
un·blush·ing [ʌnˈblʌʃɪŋ] *adj* schamlos
un·bolt [ʌnˈbəʊlt] *vt* entriegeln
un·born [ʌnˈbɔːn] **I.** *adj* ❶ (*not yet born*) ungeboren ❷ (*future*) künftig; **~ generations** kommende Generationen **II.** *n* ■**the ~** *pl* ungeborene Kinder
un·bos·om [ʌnˈbʊzəm] *vt* (*old*) ❶ (*reveal*) enthüllen ❷ (*confide in*) ■**to ~ oneself to sb** jdm sein Herz ausschütten
un·bound·ed [ʌnˈbaʊndɪd] *adj* grenzenlos; *ambition* maßlos; *hope* unbegrenzt
un·bowed [ʌnˈbaʊd] *adj pred* ❶ (*erect*) erhoben ❷ (*not submitting*) ungebrochen
un·break·able [ʌnˈbreɪkəbl] *adj* (*unable to be broken*) unzerbrechlich; *code* nicht zu knacken; *habit* fest verankert; *promise* bindend; *record* nicht zu brechen; *rule* unumstößlich; *silence* undurchdringlich
un·brib·able [ʌnˈbraɪbəbl] *adj* unbestechlich
un·bri·dled [ʌnˈbraɪdld] *adj* ❶ (*unrestrained*) ohne Zügel ❷ (*form or liter: not controlled*) ungezügelt; *ambition, greed* hemmungslos; *passion* zügellos
un·Brit·ish [ʌnˈbrɪtɪʃ] *adj* unbritisch
un·brok·en [ʌnˈbrəʊkⁿn] *adj* ❶ (*not broken*) unbeschädigt; *spirit* ungebrochen; **an ~ promise** ein gehaltenes Versprechen ❷ (*continuous*) stetig; *peace* beständig; **an ~ night's sleep** ein ungestörter Schlaf ❸ *record* ungebrochen ❹ (*not tamed*) **an ~ horse** ein nicht zugerittenes Pferd
un·buck·le [ʌnˈbʌkl] *vt* aufschnallen; *seatbelt* öffnen
un·bur·den [ʌnˈbɜːdⁿn] *vt* ❶ (*unload*) ■**to ~ an animal/sb** einem Tier/jdm die Lasten abnehmen ❷ (*fig*) ■**to ~ oneself [of sth]** sich [von etw *dat*] befreien; ■**to ~ oneself to sb** [jdm] sein Herz ausschütten; **to ~ one's sorrows** seine Sorgen abladen
un·busi·ness·like [ʌnˈbɪznɪslaɪk] *adj* unprofessionell
un·but·ton [ʌnˈbʌtⁿn] *vt, vi* aufknöpfen
un·ˈcalled for *adj pred*, **un·ˈcalled-for** [ʌnˈkɔːldfɔːʳ] *adj attr* unnötig; **an ~ remark** eine unpassende Bemerkung
un·can·ny [ʌnˈkæni] *adj* unheimlich; **an ~ knack** eine außergewöhnliche Fähigkeit; **an ~ likeness** eine unglaubliche Ähnlichkeit
un·cared for *adj pred*, **un·cared-for** [ʌnˈkeədfɔːʳ] *adj attr* ungepflegt
un·car·pet·ed [ʌnˈkɑːpɪtɪd] *adj* nicht mit Teppich ausgelegt
un·ceas·ing [ʌnˈsiːsɪŋ] *adj* (*form*) unaufhörlich; **~ efforts/support** unablässige Anstrengungen/Unterstützung
un·cer·emo·ni·ous [ˌʌnˌserɪˈməʊniəs] *adj* ❶ (*abrupt*) rüde *pej*; **an ~ refusal** eine unsanfte Abfuhr ❷ (*informal*) locker
un·cer·tain [ʌnˈsɜːtⁿn] *adj* ❶ (*unsure*) unsicher; ■**to be ~ of sth** sich *dat* einer S. *gen* nicht sicher sein; ■**to be ~ whether/when/why/what ...** nicht sicher sein, ob/

wann/warum/was ...; **in no ~ terms** klar und deutlich ❸ (*unpredictable*) ungewiss; **an ~ future** eine ungewisse Zukunft ❹ (*volatile*) unstet; **an ~ temper** ein launenhaftes Gemüt

un·cer·tain·ty [ʌnˈsɜːtªnti] *n* ❶ (*unpredictability*) Unbeständigkeit *f* ❷ *no pl* (*doubtfulness*) Ungewissheit *f*; Zweifel *m* (**about** über) ❸ *no pl* (*hesitancy*) Unsicherheit *f*

un·chal·lenged [ʌnˈtʃælɪndʒd] *adj* unangefochten; (*not opposed*) unwidersprochen; **to go ~** unangefochten bleiben; **to pass ~** MIL passieren, ohne angehalten zu werden

un·changed [ʌnˈtʃeɪndʒd] *adj* ❶ (*unaltered*) unverändert ❷ (*not replaced*) nicht [aus]gewechselt

un·char·ac·ter·is·tic [ʌnkærəktªrˈɪstɪk] *adj* untypisch (**of** für)

un·chari·table [ʌnˈtʃærɪtəbl] *adj* ❶ (*severe*) unbarmherzig ❷ (*unkind*) unfair; ■**to be ~ [of sb] to do sth** gemein [von jdm] sein, etw zu tun

un·checked [ʌnˈtʃekt] *adj* ❶ (*unrestrained*) unkontrolliert; **~ passion/violence** hemmungslose Leidenschaft/Gewalt; **to continue ~** ungehindert weitergehen ❷ (*not examined*) ungeprüft ❸ *ticket* nicht kontrolliert

un·chris·tian [ʌnˈkrɪstʃən] *adj* unchristlich

un·civ·il [ʌnˈsɪvªl] *adj* unhöflich

un·clad [ʌnˈklæd] *adj* (*form*) unbekleidet

un·claimed [ʌnˈkleɪmd] *adj winnings* nicht beansprucht; *letter, baggage* nicht abgeholt

un·clas·si·fied [ʌnˈklæsɪfaɪd] *adj* ❶ (*not ordered or arranged*) nicht klassifiziert ❷ (*not secret*) nicht geheim

un·cle [ˈʌŋkl] *n* Onkel *m*

un·clean [ʌnˈkliːn] *adj* ❶ (*unhygienic*) verunreinigt ❷ (*form: taboo*) unrein ❸ (*impure*) schmutzig

un·clear [ʌnˈklɪər] *adj* ❶ (*not certain*) unklar; ■**to be ~ about sth** in Bezug auf etw *akk* nicht sicher sein ❷ (*vague*) vage; **an ~ statement** eine unklare Aussage

un·clut·tered [ʌnˈklʌtəd] *adj* ❶ (*tidy*) aufgeräumt ❷ (*fig*) **an ~ mind** ein freier Kopf

un·col·lect·ed [ˌʌnkəˈlektɪd] *adj* ❶ *fare, tax* nicht erhoben ❷ *baggage, mail* nicht abgeholt ❸ LIT nicht in den gesammelten Werken enthalten

un·com·fort·able [ʌnˈkʌm(p)ftəbl] *adj* ❶ (*causing discomfort*) unbequem ❷ (*ill at ease*) **to feel ~** sich unwohl fühlen ❸ (*uneasy, awkward*) unbehaglich; **an ~ silence** eine gespannte Stille; **an ~ situation/predicament** eine missliche Situation/Lage

un·com·mit·ted [ˌʌnkəˈmɪtɪd] *adj* ❶ (*undecided*) unentschieden ❷ (*not dedicated*) **to be ~ to a cause/relationship** einer Sache/Beziehung halbherzig gegenüberstehen

un·com·mon [ʌnˈkɒmən] *adj* ❶ (*rare*) selten; *name also* ungewöhnlich ❷ (*dated form: exceptional*) außergewöhnlich; **with ~ interest** mit ungeteiltem Interesse

un·com·mon·ly [ʌnˈkɒmənli] *adv* ❶ (*unusually*) ungewöhnlich ❷ (*exceptionally*) äußerst

un·com·mu·ni·ca·tive [ˌʌnkəˈmjuːnɪkətɪv] *adj* verschlossen; **to be ~ about sth/sb** wenig über etw *akk*/jdn sprechen

un·com·pro·mis·ing [ʌnˈkɒmprəmaɪzɪŋ] *adj* kompromisslos; **to take an ~ stand** eindeutig Stellung beziehen

un·con·cerned [ˌʌnkənˈsɜːnd] *adj* ❶ (*not worried*) unbekümmert; ■**to be ~ about sth/sb** sich *dat* keine Sorgen über etw *akk*/jdn machen ❷ (*indifferent*) desinteressiert; ■**to be ~ with sth/sb** nicht an etw *dat*/jdm interessiert sein

un·con·di·tion·al [ˌʌnkənˈdɪʃªnªl] *adj* bedingungslos; *love also* rückhaltlos

un·con·firmed [ˌʌnkənˈfɜːmd] *adj* unbestätigt

un·con·gen·ial [ˌʌnkənˈdʒiːniəl] *adj* ❶ *person* unsympathisch ❷ (*unpleasant*) unangenehm; *climate* unwirtlich; **~ conditions** wenig zusagende Bedingungen

un·con·nect·ed [ˌʌnkəˈnektɪd] *adj* unzusammenhängend

un·con·scion·able [ʌnˈkɒn(t)ʃªnəbl] *adj* (*form*) unzumutbar

un·con·scious [ʌnˈkɒn(t)ʃəs] **I.** *adj* ❶ MED bewusstlos; **~ state** Bewusstlosigkeit *f*; **to knock sb ~** jdn bewusstlos schlagen ❷ PSYCH unbewusst; **the ~ mind** das Unterbewusste ❸ (*unaware*) unabsichtlich; ■**to be ~ of sth** sich *dat* einer S. *gen* nicht bewusst sein **II.** *n no pl* PSYCH **the ~** das Unterbewusstsein

un·con·scious·ly [ʌnˈkɒn(t)ʃəsli] *adv* unbewusst

un·con·scious·ness [ʌnˈkɒn(t)ʃəsnəs] *n no pl* ❶ MED Bewusstlosigkeit *f* ❷ (*unawareness*) Unbewusstheit *f*

un·con·si·dered [ˌʌnkənˈsɪdəd] *adj* unüberlegt

un·con·sti·tu·tion·al [ʌnˌkɒn(t)stɪˈtjuːʃªnªl] *adj* verfassungswidrig

un·con·sum·mat·ed [ˌʌnˌkɒn(t)səmeɪtɪd] *adj* nicht umgesetzt; *marriage* nicht vollzogen

un·con·test·ed [ˌʌnkənˈtestɪd] *adj* ❶ (*unchallenged*) unbestritten; **an ~ claim** ein unstreitiger Anspruch ❷ LAW unangefochten; **an ~ divorce** eine einvernehmliche Scheidung

un·con·trol·lable [ˌʌnkənˈtrəʊləbl] *adj* unkontrollierbar; *bleeding, urge* unstillbar; *child* unzähmbar

un·con·trolled [ˌʌnkənˈtrəʊld] *adj* unkontrolliert; *children, dogs* unbeaufsichtigt; **~ aggression** unbeherrschte Aggressivität

un·con·tro·ver·sial [ˌʌnˌkɒntrəˈvɜːʃ^əl] *adj* unumstritten

un·con·vinced [ˌʌnkənˈvɪn(t)st] *adj* nicht überzeugt (**of** von)

un·con·vinc·ing [ˌʌnkənˈvɪn(t)sɪŋ] *adj* ❶ *(not persuasive)* nicht überzeugend; **rather ~** wenig überzeugend ❷ *(not credible)* unglaubwürdig

un·cooked [ʌnˈkʊkt] *adj* roh

un·co·op·er·a·tive [ˌʌnkəʊˈɒp^ərətɪv] *adj* unkooperativ

un·cork [ʌnˈkɔːk] *vt* ❶ *bottle* entkorken ❷ *(let out)* **to ~ one's feelings** aus sich *dat* herausgehen

un·cor·rob·o·rat·ed [ˌʌnkəˈrɒbəreɪtɪd] *adj* unbestätigt

un·count·able [ʌnˈkaʊntəbl] *adj* ❶ *(not countable)* **an ~ noun** ein unzählbares Hauptwort; *(countless)* zahllos; **an ~ number of people** unzählige Menschen

un·cou·ple [ʌnˈkʌpl] *vt* ❶ MECH abkuppeln (**from** von) ❷ *(fig)* trennen

un·couth [ʌnˈkuːθ] *adj* ungehobelt

un·cov·er [ʌnˈkʌvə^r] *vt* ❶ *(lay bare)* freilegen; **to ~ a wound** den Verband von einer Wunde nehmen ❷ *(disclose)* entdecken; **to ~ a scandal/secret** einen Skandal/ein Geheimnis aufdecken

un·crit·i·cal [ʌnˈkrɪtɪk^əl] *adj* unkritisch; ▪ **to be ~ of sth/sb** gegenüber etw *dat*/jdm eine unkritische Einstellung haben

un·crowned [ʌnˈkraʊnd] *adj (also fig)* ungekrönt

unc·tion [ˈʌŋkʃ^ən] *n* REL Salbung *f*; **extreme ~** letzte Ölung

unc·tu·ous [ˈʌŋktjʊəs] *adj (pej form: obsequious)* salbungsvoll

unc·tu·ous·ness [ˈʌŋktjʊəsnəs] *n (form)* salbungsvolles Gehabe

un·cut [ʌnˈkʌt] *adj* ❶ *(not cut)* ungeschnitten; *drugs* unverschnitten; *diamond* ungeschliffen ❷ *(not shortened)* ungekürzt

un·dat·ed [ʌnˈdeɪtɪd] *adj* undatiert

un·daunt·ed [ʌnˈdɔːntɪd] *adj usu pred* unerschrocken; **to remain ~** unverzagt bleiben

un·de·ceive [ˌʌndɪˈsiːv] *vt (liter)* ▪ **to ~ sb [of sth]** jdn [über etw *akk*] aufklären

un·de·cid·ed [ˌʌndɪˈsaɪdɪd] *adj* ❶ *(hesitant)* unentschlossen; ▪ **to be ~ about sth** sich *dat* über etw *akk* [noch] unklar sein ❷ *(not settled)* offen; **an ~ vote** eine unentschiedene Abstimmung

un·de·clared [ˌʌndɪˈkleəd] *adj* ❶ FIN nicht deklariert ❷ *(not official)* nicht erklärt; **an ~ war** ein Krieg *m* ohne Kriegserklärung

un·de·fined [ˌʌndɪˈfaɪnd] *adj* ❶ *(not defined)* unbestimmt ❷ *(lacking clarity)* vage

un·de·liv·er·able [ˌʌndɪˈlɪv^ərəbl] *adj* unzustellbar

un·de·liv·ered [ˌʌndɪˈlɪvəd] *adj* nicht zugestellt

un·de·mand·ing [ˌʌndɪˈmɑːndɪŋ] *adj* anspruchslos

un·demo·crat·ic [ˌʌndeməˈkrætɪk] *adj* undemokratisch

un·de·mon·stra·tive [ˌʌndɪˈmɒn(t)strətɪv] *adj* zurückhaltend

un·de·ni·able [ˌʌndɪˈnaɪəbl] *adj* unbestritten; **~ evidence** eindeutiger Beweis

un·de·ni·ably [ˌʌndɪˈnaɪəbli] *adv* unbestreitbar

un·der [ˈʌndə^r] **I.** *prep* ❶ *(below)* unter +*dat*; *with verbs of motion* unter +*akk*; **he walked ~ the bridge** er lief unter die Brücke; **he stood ~ a bridge** er stand unter einer Brücke; **~ water/the surface** unter Wasser/der Oberfläche ❷ *(supporting)* unter +*dat*; **to break ~ the weight** unter dem Gewicht zusammenbrechen ❸ *(less than)* unter +*dat*; **to cost ~ £5** weniger als fünf Pfund kosten; **those ~ the age of 30** diejenigen, die jünger sind als 30 ❹ *(governed by)* unter +*dat*; **~ the supervision of sb** unter jds Aufsicht; **they are ~ strict orders** sie haben strenge Anweisungen; **to be ~ sb's influence** unter jds Einfluss stehen ❺ *(in condition/state of)* unter +*dat*; **~ arrest/oath/pressure/suspicion** unter Arrest/Eid/Druck/Verdacht; **~ repair** in Reparatur; **~ [no] circumstances** unter [keinen] Umständen ❻ *(in accordance to)* gemäß +*dat* ❼ *(referred to as)* unter +*dat*; **to write ~ a pseudonym** unter einem Pseudonym schreiben ❽ *(in category of)* unter +*dat* ▶ [**already**] **~ way** [bereits] im Gange; **to get ~ way** anfangen **II.** *adv* ❶ *(sink)* **to go ~** untergehen; *company* Pleite machen ❷ *(below specified age)* **suitable for kids of five and ~** geeignet für Kinder von fünf Jahren und darunter ▶ **to get out from ~** sich aufrappeln **III.** *adj pred* ▪ **to be ~** unter Narkose sein

un·der·a·chieve *vi* weniger leisten als erwartet **under·ˈact I.** *vi* [in einer Rolle] zu verhalten spielen **II.** *vt* ▪ **to ~ sth** etw zu schwach wiedergeben **under·ˈage** *adj* minderjährig; **~ drinking** der Genuss von Alkohol durch Minderjährige **under·ˈbid** *vb* ⟨-bid, -bid⟩ **I.** *vi* ein zu niedriges Angebot machen **II.** *vt* unterbieten **under·ˈcap·i·tal·ized** *adj* FIN mit zu geringer Kapitalausstattung *nach n*; ▪ **to be ~** zu wenig Kapital haben **ˈunder·car·riage** *n usu sing* AVIAT Fahrwerk *nt* **under·ˈcharge** *vt, vi* zu wenig berechnen

'under·clothes *npl,* **'under·cloth·ing** *n no pl* (*form*) Unterwäsche *f* **'under·coat** *n* ① *no pl* (*paint*) Grundierung *f* ② (*fur*) Wollhaarkleid *nt* **'under·cov·er I.** *adj attr* geheim; *detective* verdeckt; ~ **police officer** Geheimpolizist(in) *m(f)* **II.** *adv* geheim **'under·cur·rent** *n* ① (*of sea, river*) Unterströmung *f* ② (*fig*) Unterton *m* **under·'cut** <-cut, -cut> *vt* ① (*charge less*) unterbieten ② (*undermine*) untergraben **under·de·'vel·oped** *adj* unterentwickelt; ~ **country** Entwicklungsland *nt;* **an ~ resource** ein unzureichend ausgebeuteter Rohstoff **'under·dog** *n* Außenseiter(in) *m(f); societal* ~ Außenseiter(in) *m(f)* der Gesellschaft; **to side with the ~** den Außenseiter/die Außenseiterin unterstützen **under·'done** *adj* (*undercooked*) nicht gar; *meat* blutig **under·em·'ployed** *adj* ① *person* unterbeschäftigt ② *thing* ■ **to be ~** nicht voll genutzt werden **under·e'quipped** *adj* unzureichend ausgerüstet **under·'es·ti·mate I.** *vt* unterschätzen **II.** *n* zu geringe Schätzung ergeben **III.** *n* Unterbewertung *f* **under·ex·'pose** *vt* PHOT unterbelichten **under·ex·'po·sure** *n no pl* PHOT Unterbelichtung *f* **under·'fed** *adj* unterernährt **'under·felt** *n no pl* BRIT Filzunterlage *f* **'under·floor** *adj esp* BRIT Unterboden-; ~ **heating** Fußbodenheizung *f* **under·'foot** *adv* unter den Füßen; **it was very muddy ~** der Weg war sehr schlammig; **to trample sb/sth ~** jdn/etw mit Füßen treten **under·'fund** *vt* unterfinanzieren **under·'fund·ing** *n no pl* Unterfinanzierung *f* **'under·gar·ment** *n* Unterbekleidung *f* **under·'go** <-went, -gone> *vt* **to ~ a change** eine Veränderung durchmachen; **to ~ surgery** sich einer Operation unterziehen **under·'gradu·ate I.** *n no pl* Student(in) *m(f)*
'under·ground I. *adj* ① GEOG unterirdisch; ~ **cable** Erdkabel *nt* ② POL Untergrund-; ~ **movement** Untergrundbewegung *f* ③ *attr* RAIL U-Bahn-; ~ **station** U-Bahn-Station *f* **II.** *adv* ① GEOG unter der Erde ② POL **to go ~** in den Untergrund gehen **III.** *n* ① *no pl esp* BRIT RAIL U-Bahn *f;* ■ **by ~** mit der U-Bahn ② POL ■ **the ~** der Untergrund, die Untergrundbewegung
'under·ground 'rail·way *n* Untergrundbahn *f*
'under·growth *n no pl* Dickicht *nt; dense ~* dichtes Gestrüpp **'under·hand I.** *adj* ① BRIT (*devious*) hinterhältig; ~ **dealings** betrügerische Machenschaften ② AM *service* mit der Hand von unten *nach* **II.** *adv* AM *service* mit der Hand von unten **under·in·'sure** *vt* unterversichern **'under·lay I.** *n no pl* BRIT, AUS Unterlage *f* **II.** *vt pt of* underlie **under·'lie**

un·der·'line *vt* ① (*draw a line beneath*) unterstreichen; **to ~ sth in red** etw rot unterstreichen ② (*emphasize*) betonen **un·der·ling** ['ʌndəlɪŋ] *n* Handlanger *m pej* **un·der·'ly·ing** *adj attr* ① GEOG tiefer liegend ② (*real, basic*) zugrunde liegend; **the ~ reason for sth** der Grund für etw *akk* **un·der·'manned** *adj* unterbesetzt **un·der·'man·ning** *n no pl* Unterbesetzung *f* **'un·der·men·tioned** *adj attr esp* BRIT (*form*) unten genannt
un·der·'mine *vt* ① (*tunnel under*) untertunneln; *river bank* unterhöhlen ② (*weaken*) untergraben; *currency, confidence* schwächen; *health* schädigen; *hopes* zunichtemachen
un·der·most ['ʌndəməʊst] *adj* ■ **the ~ …** der/die/das unterste …
un·der·neath [ˌʌndəˈniːθ] **I.** *prep* unter +*dat; with verbs of motion* unter +*akk* **II.** *adv* darunter **III.** *n no pl* ■ **the ~** die Unterseite **IV.** *adj* untere(r, s)
un·der·'nour·ished *adj* unterernährt **un·der·'paid** *adj* unterbezahlt **'un·der·pants** *npl* Unterhose *f* **'un·der·pass** <*pl* -es> *n* Unterführung *f* **un·der·'pay** <-paid, -paid> *vt usu passive* unterbezahlen **un·der·per·'form I.** *vi* eine [unerwartet] schlechte Leistung erbringen **II.** *vt* hinter den Erwartungen zurückbleiben **un·der·'play** ① (*play down*) herunterspielen ② THEAT zurückhaltend spielen **un·der·'popu·lat·ed** *adj* unterbevölkert **un·der·'privi·leged I.** *adj* unterprivilegiert **II.** *n* ■ **the ~** *pl* die Unterprivilegierten *pl* **un·der·'rate** *vt* unterschätzen **un·der·re·pre·'sent·ed** *adj* unterrepräsentiert **un·der·'score** *vt* ① (*put a line under*) unterstreichen ② (*emphasize*) betonen **'un·der·seal** *esp* BRIT **I.** *n* AUTO Unterbodenschutz *m kein pl* **II.** *vt* AUTO mit Unterbodenschutz versehen **un·der·'sell** <-sold, -sold> *vt* ① (*offer cheaper*) unterbieten; **to ~ the competition** die Konkurrenz unterbieten; **to ~ goods** Waren unter Preis verkaufen ② (*undervalue*) unterbewerten; ■ **to ~ oneself** sich unter Wert verkaufen pej **'un·der·shirt** *n* AM Unterhemd *nt* **'un·der·side** *n usu sing* Unterseite *f* **un·der·'signed** <*pl ->* *n* (*form*) ■ **the ~** der/die Unterzeichnete; **we, the ~,** wir, die Unterzeichneten **un·der·'size(d)** *adj* zu klein **'un·der·skirt** *n* Unterrock *m* **un·der·'staffed** *adj* unterbesetzt
un·der·stand <-stood, -stood> [ˌʌndəˈstænd] **I.** *vt* ① (*perceive meaning*) verstehen; **to not ~ a single word** kein einziges Wort verstehen; **to ~ one another** sich verstehen; **to make oneself understood** sich verständlich machen ② (*comprehend*

understanding

signalling understanding | Verstehen signalisieren

(Yes,) I understand!	(Ja, ich) verstehe!
Exactly!	Genau!
Yes, I appreciate that.	Ja, das kann ich gut verstehen.

signalling non-comprehension | Nicht-Verstehen signalisieren

What do you mean by that?	Was meinen Sie damit?
Excuse me?/Pardon? – I didn't quite catch that.	Wie bitte? – Das habe ich eben akustisch nicht verstanden.
Could you repeat that, please?	Könnten Sie das bitte noch einmal wiederholen?
I don't (quite) understand that.	Das verstehe ich nicht (ganz).
(I'm sorry, but) I didn't understand that.	(Es tut mir leid, aber) das hab ich eben nicht verstanden.
I don't quite follow you.	Ich kann Ihnen nicht ganz folgen.
I don't understand!	Versteh ich nicht!
I don't get it! (*fam*)	Kapier ich nicht! (*fam*)

---

significance) begreifen ❸ (*sympathize with*) ■to ~ sb/sth für jdn/etw *akk* Verständnis haben ❹ (*empathize*) ■to ~ sb sich in jdn einfühlen können ❺ (*be informed*) ■to ~ [that] ... hören, dass ...; **to give sb to ~ that** ... jdm zu verstehen geben, dass ... ❻ (*believe, infer*) **he is understood to have paid £3 million for the picture** er soll 3 Millionen Pfund für das Bild bezahlt haben; **as I ~ it** ... so, wie ich es sehe ... ❼ (*be generally accepted*) ■**to be understood that** ... klar sein, dass ...; **in this context, 'America' is understood to refer to the United States** in diesem Kontext sind mit 'Amerika' selbstverständlich die Vereinigten Staaten gemeint **II.** *vi* ❶ (*comprehend*) verstehen, kapieren *fam* ❷ (*infer*) ■**to ~ from sth that** ... aus etw *dat* schließen, dass ... ❸ (*be informed*) ■**to ~ from sb that** ... von jdm hören, dass ...

under·stand·able [ˌʌndəˈstændəbl] *adj* verständlich **under·stand·ing** [ˌʌndəˈstændɪŋ] **I.** *n* ❶ *no pl* (*comprehension*) Verständnis *nt;* **to be beyond sb's ~** über jds Verständnis *nt* hinausgehen ❷ (*agreement*) Übereinkunft *f;* **to come to an ~** zu einer Übereinkunft kommen; **a tacit ~** ein stillschweigendes Abkommen ❸ *no pl* (*harmony*) Verständigung *f;* **a spirit of ~** eine verständnisvolle Atmosphäre ❹ *no pl* (*condition*) Bedingung *f;* **to do sth on the ~ that** ... etw unter der Bedingung machen, dass ... ❺ *no pl* (*form: intellect*) Verstand *m* **II.** *adj* verständnisvoll

under·'state [ˌʌndəˈsteɪt] *vt* abschwächen; **to ~ the case** untertreiben **under·'stat·ed** [ˌʌndəˈsteɪtɪd] *adj* ❶ (*downplayed*) untertrieben ❷ (*restrained*) zurückhaltend; *elegance* schlicht **'under·state·ment** [ˌʌndəˈsteɪtmənt] *n* Untertreibung *f,* Understatement *nt* **under·'stocked** *adj* ungenügend bestückt; *shelves* halb leer

under·stood [ˌʌndəˈstʊd] *pt, pp of* **understand**

'under·sto·rey <*pl* -s> [ˌʌndəˈstɔːri] *n* BOT Unterholz *nt kein pl*

'under·study [ˈʌndəˌstʌdi] THEAT **I.** *n* Zweitbesetzung *f* **II.** *vt* <-ie-> ■**to ~ sb** jdn als Zweitbesetzung vertreten

under·take <-took, -taken> [ˌʌndəˈteɪk] *vt* ❶ (*set about, take on*) durchführen; *journey* unternehmen; **to ~ an offensive** in die Offensive gehen ❷ (*form: guarantee*) ■**to ~ to do sth** sich verpflichten, etw zu tun; ■**to ~ [that]** ... garantieren, [dass] ...

under·tak·er [ˈʌndəˌteɪkə*r*] *n* ❶ (*person*) Leichenbestatter(in) *m(f)* ❷ (*firm*) Bestattungsinstitut *nt*

under·tak·ing [ˌʌndəˈteɪkɪŋ] n ❶ (*project*) Unternehmung f; **noble ~** edles Unterfangen *iron geh* ❷ (*form: pledge*) Verpflichtung f; **to honour one's ~** seiner Verpflichtung nachkommen

under-the-ˈcount·er I. *adj attr* illegal II. *adv* unter der Hand

ˈunder·tone n ❶ *no pl* (*voice*) gedämpfte Stimme; **to say sth in an ~** etw mit gedämpfter Stimme sagen ❷ (*insinuation*) Unterton m **under·ˈused** *adj*, **under-ˈuti·lized** *adj* nicht [voll] ausgelastet **under·ˈvalue** vt unterbewerten; *person* unterschätzen **ˈunder·wa·ter** I. *adj* Unterwasser- II. *adv* unter Wasser **ˈunder·wear** n *no pl* Unterwäsche f **under·ˈweight** *adj* untergewichtig **under·ˈworked** *adj* ❶ (*insufficiently used*) nicht [voll] ausgelastet ❷ (*insufficiently challenged*) zu wenig gefordert **ˈunder·world** n ❶ *no pl* (*criminal milieu*) Unterwelt f ❷ (*afterworld*) ■ **the U~** die Unterwelt **under·ˈwrite** <-wrote, -written> vt **to ~ an insurance policy** die Haftung für eine Versicherung übernehmen; **to ~ a loan** für einen Kredit bürgen **ˈunder·writ·er** n (*of insurance*) Versicherer m

un·de·sir·able [ˌʌndɪˈzaɪ(ə)rəbl] I. *adj* unerwünscht; **an ~ character** ein windiger Typ *pej fam* II. *n usu pl* unerwünschte Person

un·de·tect·ed [ˌʌndɪˈtektɪd] *adj* unentdeckt

un·de·vel·oped [ˌʌndɪˈveləpt] *adj* ❶ (*not built on or used*) unerschlossen ❷ BIOL, BOT unausgereift ❸ ECON unterentwickelt ❹ PHOT nicht entwickelt ❺ PSYCH gering ausgeprägt

un·did [ʌnˈdɪd] *pt of* **undo**

un·dies [ˈʌndɪz] *npl* (*fam*) Unterwäsche f *kein pl*

un·dis·closed [ˌʌndɪsˈkləʊzd] *adj* nicht veröffentlicht; *amount, location, source* geheim; **an ~ address** eine Geheimadresse

un·dis·cov·ered [ˌʌndɪsˈkʌvəd] *adj* unentdeckt

un·dis·put·ed [ˌʌndɪsˈpjuːtɪd] *adj* unumstritten

un·dis·tin·guished [ˌʌndɪsˈtɪŋgwɪʃt] *adj* mittelmäßig *meist pej*

un·dis·turbed [ˌʌndɪsˈtɜːbd] *adj* ❶ (*untouched*) unberührt ❷ (*uninterrupted*) ungestört ❸ (*unconcerned*) nicht beunruhigt

un·di·vid·ed [ˌʌndɪˈvaɪdɪd] *adj* ❶ (*not split*) ungeteilt ❷ (*concentrated*) uneingeschränkt; **~ attention** ungeteilte Aufmerksamkeit

un·do <-did, -done> [ʌnˈduː] I. *vt* ❶ (*unfasten*) öffnen; *buttons, zip* aufmachen ❷ (*cancel*) rückgängig machen; **to ~ the damage** den Schaden beheben; **to ~ the good work** die gute Arbeit zunichtemachen ❸ (*ruin*) zugrunde richten ▶ **what's done cannot be ~ne** (*saying*) Geschehenes kann man nicht mehr ungeschehen machen II. *vi button* aufgehen

un·do·ing [ʌnˈduːɪŋ] n *no pl* Ruin m; **to be sb's ~** jds Ruin m sein

un·done [ʌnˈdʌn] I. *vt pp of* **undo** II. *adj* ❶ (*not fastened*) offen; **to come ~** aufgehen ❷ (*unfinished*) unvollendet

un·doubt·ed [ʌnˈdaʊtɪd] *adj* unbestritten

un·doubt·ed·ly [ʌnˈdaʊtɪdli] *adv* zweifellos

un·dreamed of *adj pred*, **un·dreamed-of** [ʌnˈdriːmd,ɒv] *adj attr*, **un·dreamt of** *adj pred*, **un·dreamt-of** [ʌnˈdrem(p)t,ɒv] *adj attr* unvorstellbar; *success* ungeahnt

un·dress [ʌnˈdres] I. *vt* ausziehen; **to ~ sb with one's eyes** (*fig*) jdn mit den Augen ausziehen II. *vi* sich ausziehen III. *n no pl* (*hum*) **in a state of ~** spärlich bekleidet

un·dressed [ʌnˈdrest] *adj pred* unbekleidet; **to get ~** sich ausziehen

un·due [ʌnˈdjuː] *adj* (*form*) ungebührlich; **to cause ~ alarm** die Pferde scheu machen; **~ pressure** übermäßiger Druck

un·du·late [ˈʌndjəleɪt] *vi* (*form*) auf und ab verlaufen

un·du·lat·ing [ˈʌndjəleɪtɪŋ] *adj* (*form*) ❶ (*moving like a wave*) wallend ❷ (*shaped like waves*) **hills/landscape** sanft geschwungene Hügel/Landschaft

un·du·ly [ʌnˈdjuːli] *adv* unangemessen; *concerned* übermäßig

un·dy·ing [ʌnˈdaɪɪŋ] *adj attr* (*liter*) unvergänglich; *devotion* unerschütterlich; *love* ewig

un·earned [ʌnˈɜːnd] *adj* ❶ (*undeserved*) unverdient ❷ (*not worked for*) nicht erarbeitet; **~ income** (*from real estate*) Besitzeinkommen *nt*; (*from investments*) Kapitaleinkommen *nt*

un·earth [ʌnˈɜːθ] *vt* ❶ (*dig up*) ausgraben ❷ (*discover*) entdecken; *truth* ans Licht bringen; *person* ausfindig machen

un·earth·ly [ʌnˈɜːθli] *adj* ❶ (*eerie*) gespenstisch; *beauty* übernatürlich; *noise* grässlich ❷ (*fam: inconvenient*) unmöglich *meist pej*; **at some ~ hour** zu einer unchristlichen Zeit ❸ (*not from the earth*) nicht irdisch

un·ease [ʌnˈiːz], **un·easi·ness** [ʌnˈiːzɪnəs] n *no pl* Unbehagen *nt* (**over/at** über)

un·easy [ʌnˈiːzi] *adj* ❶ (*anxious*) besorgt; *smile* gequält; ■ **to be/feel ~ about sth/sb** sich in Bezug auf etw *akk*/jdn unbehaglich fühlen ❷ (*causing anxiety*) unangenehm; *feeling* ungut; *relationship* gespannt; *suspicion* beunruhigend ❸ (*insecure*) unsicher

un·eco·nom·ic [ˌʌnˌiːkəˈnɒmɪk] *adj* unwirtschaftlich

un·edu·cat·ed [ʌnˈedʒʊkeɪtɪd] I. *adj* ungebildet II. *n* ■ **the ~** *pl* die ungebildete Bevölkerungsschicht

un·emo·tion·al [ˌʌnɪˈməʊʃᵊnᵊl] *adj* ❶ *(not feeling emotions)* kühl ❷ *(not revealing emotions)* emotionslos

un·em·ploy·able [ˌʌnɪmˈplɔɪəbl] *adj* unvermittelbar

un·em·ployed [ˌʌnɪmˈplɔɪd] **I.** *n* ▪ **the** ~ *pl* die Arbeitslosen *pl* **II.** *adj* arbeitslos

un·em·ploy·ment [ˌʌnɪmˈplɔɪmənt] *n no pl* ❶ *(state)* Arbeitslosigkeit *f* ❷ *(rate)* Arbeitslosenrate *f*; **long-/short-term** ~ Langzeit-/Kurzzeitarbeitslosigkeit *f*; **mass** ~ Massenarbeitslosigkeit *f* ❸ AM *(unemployment insurance)* Arbeitslosengeld *nt*

un·em·ˈploy·ment ben·efit *n* BRIT, AUS, AM
un·em·ploy·ment com·pen·ˈsa·tion *n no pl*, AM **un·em·ploy·ment in·ˈsur·ance** *n no pl* Arbeitslosenunterstützung *f*, Arbeitslosengeld *nt*; **to claim** ~ Arbeitslosengeld beziehen

un·end·ing [ʌnˈendɪŋ] *adj* endlos

un·en·light·ened [ˌʌnɪnˈlaɪtᵊnd] *adj* ❶ *(not wise or insightful)* unklug; *person also* ignorant ❷ *(subject to superstition)* unaufgeklärt ❸ *(missing the higher level)* einfallslos ❹ *(not informed)* ahnungslos; **to remain** ~ im Dunkeln tappen *fam*

un·en·vi·able [ʌnˈenviəbl] *adj* wenig beneidenswert

un·equal [ʌnˈiːkwəl] *adj* ❶ *(different)* unterschiedlich; ~ **triangle** ungleichseitiges Dreieck ❷ *(unjust)* ungerecht; *contest* ungleich; *relationship* einseitig; ~ **treatment** Ungleichbehandlung *f* ❸ *(inadequate)* ▪ **to be** ~ **to sth** etw nicht gewachsen sein

un·equalled [ʌnˈiːkwəld], AM **un·equaled** *adj* unübertroffen

un·equiv·o·cal [ˌʌnɪˈkwɪvəkᵊl] *adj* unmissverständlich; *success* eindeutig

un·err·ing [ʌnˈɜːrɪŋ] *adj* unfehlbar

UNESCO, Unesco [juːˈneskəʊ] *n no pl acr for* United Nations Educational, Scientific and Cultural Organization UNESCO *f*

un·eth·i·cal [ʌnˈeθɪkᵊl] *adj* unmoralisch

un·even [ʌnˈiːvᵊn] *adj* ❶ *(not flat or level)* uneben; *road* holprig ❷ *(unequal)* ungleich; ~ **bars** AM *(in gymnastics)* Stufenbarren *m* ❸ *(unfair)* unterschiedlich; *contest* ungleich; ~ **treatment** Ungleichbehandlung *f* ❹ *(of inadequate quality)* uneinheitlich ❺ *(erratic)* unausgeglichen; *performances* schwankend ❻ MED unregelmäßig ❼ *(odd)* ungerade

un·event·ful [ˌʌnɪˈventfᵊl] *adj* ereignislos

un·ex·am·pled [ˌʌnɪɡˈzɑːmpld] *adj (form)* unvergleichlich

un·ex·cep·tion·able [ˌʌnɪkˈsepʃᵊnəbl] *adj* untadelig; *behaviour* tadellos

un·ex·cep·tion·al [ˌʌnɪkˈsepʃᵊnᵊl] *adj* nicht außergewöhnlich

un·ex·cit·ing [ˌʌnɪkˈsaɪtɪŋ] *adj* ❶ *(commonplace)* durchschnittlich ❷ *(uneventful)* ereignislos

un·ex·pect·ed [ˌʌnɪkˈspektɪd] **I.** *adj* unerwartet; *opportunity* unvorhergesehen; *windfall* unverhofft; **[to take] an** ~ **turn** eine unvorhergesehene Wendung [nehmen] **II.** *n no pl* ▪ **the** ~ das Unerwartete; **life is full of the** ~ das Leben ist voller Überraschungen

un·ex·plained [ˌʌnɪkˈspleɪnd] *adj* unerklärt

un·ex·plod·ed [ˌʌnɪkˈspləʊdɪd] *adj* nicht detoniert

un·ex·ploit·ed [ˌʌnɪkˈsplɔɪtɪd] *adj* nicht ausgeschöpft

un·ex·pressed [ˌʌnɪkˈsprest] *adj* unausgesprochen

un·ex·pres·sive [ˌʌnɪkˈspresɪv] *adj* ausdruckslos

un·ex·pur·gat·ed [ʌnˈekspəɡeɪtɪd] *adj* unzensiert

un·fail·ing [ʌnˈfeɪlɪŋ] *adj* ❶ *(dependable)* beständig; *loyalty* unerschütterlich ❷ *(continuous)* unerschöpflich

un·fair [ʌnˈfeər] *adj* ungerecht

un·faith·ful [ʌnˈfeɪθfᵊl] *adj* ❶ *(adulterous)* untreu ❷ *(disloyal)* illoyal *geh* ❸ *(form: inaccurate)* ungenau

un·fal·ter·ing [ʌnˈfɔːltᵊrɪŋ] *adj* unbeirrbar; **with** ~ **steps** mit festem Schritt

un·fa·mil·iar [ˌʌnfəˈmɪljər] *adj* ❶ *(new)* unvertraut; *experience* ungewohnt; *place* unbekannt; ▪ **to be** ~ **to sb** jdm fremd sein ❷ *(unacquainted)* ▪ **to be** ~ **with sth** mit etw *dat* nicht vertraut sein

un·fash·ion·able [ʌnˈfæʃᵊnəbl] *adj* unmodisch

un·fas·ten [ʌnˈfɑːsᵊn] **I.** *vt button, belt* öffnen; *jewellery* abnehmen; **do not** ~ **your seatbelts until the aircraft has come to a complete stop** bleiben Sie angeschnallt, bis das Flugzeug zum Stillstand gekommen ist **II.** *vi* aufgehen

un·fath·om·able [ʌnˈfæðəməbl] *adj* ❶ *(too deep to measure)* unergründlich ❷ *(inexplicable)* unverständlich

un·fa·vor·able *adj* AM *see* **unfavourable**

un·fa·vour·able [ʌnˈfeɪvᵊrəbl] *adj* ❶ *(adverse)* ungünstig; *comparison* unvorteilhaft; *decision* negativ ❷ *(disadvantageous)* nachteilig; **to appear in an** ~ **light** in einem ungünstigen Licht erscheinen

un·feel·ing [ʌnˈfiːlɪŋ] *adj* gefühllos

un·feigned [ʌnˈfeɪnd] *adj* aufrichtig; *surprise* echt

un·fet·tered [ʌnˈfetəd] *adj* ❶ *(form: not restricted)* uneingeschränkt ❷ *(unchained)* nicht gefesselt

un·filled [ʌnˈfɪld] *adj* leer; *position, job* offen
un·fin·ished [ʌnˈfɪnɪʃt] *adj* ❶ (*incomplete*) unvollendet; ~ **business** (*also fig*) offene Fragen *pl* ❷ *esp* AM (*rough, without finish*) unlackiert
un·fit [ʌnˈfɪt] *adj* ❶ (*unhealthy*) nicht fit; **to be ~ for work/military service** arbeits-/dienstuntauglich sein ❷ (*incompetent*) ungeeignet (**for** für); ■ **to be ~ to do sth** unfähig sein, etw zu tun ❸ (*unsuitable*) ungeeignet (**for** für); **to be ~ for human consumption** nicht zum Verzehr geeignet sein
un·flag·ging [ʌnˈflægɪŋ] *adj* unermüdlich; *optimism* ungebrochen
un·flap·pable [ʌnˈflæpəbl] *adj* (*fam*) unerschütterlich; ■ **to be ~** nicht aus der Ruhe zu bringen sein
un·flinch·ing [ʌnˈflɪn(t)ʃɪŋ] *adj* unerschrocken; *determination* unbeirrbar; *report* wahrheitsgetreu; *support* beständig
un·fold [ʌnˈfəʊld] I. *vt* ❶ (*open out*) entfalten; *piece of furniture* aufklappen ❷ *ideas, plans* darlegen; *story* entwickeln II. *vi* ❶ (*develop*) sich entwickeln ❷ (*become revealed*) enthüllt werden ❸ (*become unfolded*) aufgehen
un·fore·see·able [ˌʌnfɔːˈsiːəbl] *adj* unvorhersehbar
un·fore·seen [ˌʌnfɔːˈsiːn] *adj* unvorhergesehen
un·for·get·table [ˌʌnfəˈgetəbl] *adj* unvergesslich
un·for·giv·able [ˌʌnfəˈgɪvəbl] *adj* unverzeihlich; **an ~ sin** eine Todsünde
un·for·tu·nate [ʌnˈfɔːtʃənət] I. *adj* ❶ (*unlucky*) unglücklich; **to be ~ that ...** ungünstig sein, dass ... ❷ (*regrettable*) bedauerlich; *manner* ungeschickt ❸ (*adverse*) unglücksselig; ~ **circumstances** unglückliche Umstände II. *n* (*form or hum*) Unglücksselige(r) *f(m)*
un·for·tu·nate·ly [ʌnˈfɔːtʃənətli] *adv* unglücklicherweise
un·found·ed [ʌnˈfaʊndɪd] *adj* unbegründet
un·freeze <-froze, -frozen> [ʌnˈfriːz] *vt, vi* auftauen; *assets* freigeben
un·fre·quent·ed [ˌʌnfrɪˈkwentɪd] *adj* wenig besucht
un·friend·ly [ʌnˈfrendli] *adj* unfreundlich; (*hostile*) feindlich; **environmentally ~** umweltschädlich
un·ful·filled [ˌʌnfʊlˈfɪld] *adj* ❶ (*not carried out*) unvollendet; *promise* unerfüllt ❷ (*unsatisfied*) unausgefüllt; *life* unerfüllt
un·ful·filled 'or·der *n* nicht ausgeführter Auftrag
un·furl [ʌnˈfɜːl] I. *vt* ausrollen; *banner, flag* entfalten; *umbrella* aufspannen; *sail* setzen II. *vi* sich öffnen
un·fur·nished [ʌnˈfɜːnɪʃt] I. *adj* unmöbliert II. *n* BRIT (*fam*) unmöbliertes Zimmer
un·gain·ly [ʌnˈgeɪnli] *adj* unbeholfen
un·gen·er·ous [ʌnˈdʒenərəs] *adj* knausrig *pej fam*
un·gen·tle·man·ly [ʌnˈdʒentlmənli] *adj* ungalant *geh*
un·get-at·able [ˌʌngetˈætəbl] *adj* (*sl*) unerreichbar
un·god·ly [ʌnˈgɒdli] *adj* (*pej*) ❶ *attr* (*fam: unreasonable*) unerhört; **at some ~ hour** zu einer unchristlichen Zeit ❷ (*impious*) gottlos
un·gov·ern·able [ʌnˈgʌvənəbl] *adj* *country* unregierbar; *temper* unkontrollierbar
un·grace·ful [ʌnˈgreɪsfəl] *adj* plump
un·gra·cious [ʌnˈgreɪʃəs] *adj* (*form*) unhöflich; *behaviour* unfreundlich
un·grate·ful [ʌnˈgreɪtfəl] *adj* undankbar
un·grudg·ing [ʌnˈgrʌdʒɪŋ] *adj* ❶ (*without reservation*) bereitwillig; *admiration* rückhaltlos; *encouragement* großzügig ❷ (*not resentful*) neidlos
un·grudg·ing·ly [ʌnˈgrʌdʒɪŋli] *adv* großzügig
un·guard·ed [ʌnˈgɑːdɪd] *adj* ❶ (*not defended or watched*) unbewacht; *border* offen ❷ (*careless, unwary*) unvorsichtig; **in an ~ moment** in einem unbedachten Augenblick
un·guent [ˈʌŋgwənt] *n* (*spec*) Salbe *f*
un·hal·lowed [ʌnˈhæləʊd] *adj* ❶ (*not consecrated*) ungeweiht ❷ (*unholy*) unheilig *veraltend o hum*
un·hap·py [ʌnˈhæpi] *adj* ❶ (*sad*) unglücklich ❷ (*unfortunate*) unglückselig; *coincidence* unglücklich
un·harmed [ʌnˈhɑːmd] *adj* unversehrt; **to escape ~** unversehrt davonkommen
UNHCR [ˌjuːenetʃsiːˈɑːe] *n no pl abbrev of* **United Nations High Commission for Refugees** Der Hohe Flüchtlingskommissar der Vereinten Nationen
un·healthy [ʌnˈhelθi] *adj* ❶ (*unwell*) kränklich ❷ (*harmful to health*) ungesund ❸ (*fam: dangerous*) gefährlich ❹ (*morbid*) krankhaft
un·heard [ʌnˈhɜːd] *adj* ungehört
un·'heard-of *adj* ❶ (*unknown*) unbekannt ❷ (*unthinkable*) undenkbar
un·help·ful [ʌnˈhelpfəl] *adj* nicht hilfsbereit; *behaviour, comment* nicht hilfreich
un·hinge [ʌnˈhɪndʒ] *vt* ❶ (*take off hinges*) aus den Angeln heben ❷ (*make crazy*) aus der Fassung bringen
un·holy [ʌnˈhəʊli] *adj* ❶ (*wicked*) ruchlos ❷ REL gottlos; ❸ (*outrageous*) **to get up at some ~ hour** zu einer unchristlichen Zeit aufstehen ❹ (*dangerous*) gefährlich; **an ~ alliance** eine unheilige Alli-

anz *a. hum*
un·hook [ʌnˈhʊk] *vt* ❶ (*remove from hook*) abhängen; *fish* vom Haken nehmen ❷ *clothing* aufmachen
un·hoped-for [ʌnˈhəʊptˌfɔːʳ] *adj* unverhofft
un·horse [ʌnˈhɔːs] *vt* abwerfen
un·hurt [ʌnˈhɜːt] *adj* unverletzt
UNICEF *n*, **Unicef** [ˈjuːnɪsef] *n no pl acr for* **United Nations (International) Children's (Emergency) Fund** UNICEF *f*
uni·corn [ˈjuːnɪkɔːn] *n* Einhorn *nt*
uni·cul·ture [ˈjuːnɪkʌltʃəʳ] *n* Einheitskultur *f*
un·iden·ti·fied [ˌʌnaɪˈdentɪfaɪd] *adj* ❶ (*unknown*) nicht identifiziert ❷ (*not yet made public*) unbekannt
un·iden·ti·fied fly·ing 'ob·ject *n* unbekanntes Flugobjekt
uni·fi·ca·tion [ˌjuːnɪfɪˈkeɪʃən] *n no pl* Vereinigung *f*
uni·form [ˈjuːnɪfɔːm] **I.** *n* ❶ (*clothing*) Uniform *f* ❷ Am (*fam: uniformed policeman*) Polizist(in) *m/f* **II.** *adj* ❶ (*same*) einheitlich ❷ (*quality, treatment*) gleich bleibend; *temperature, rate* konstant; *colour, design* einförmig; *scenery* gleichförmig
uni·form·ity [ˌjuːnɪˈfɔːməti] *n no pl* ❶ (*sameness*) Einheitlichkeit *f*; (*constancy*) Gleichmäßigkeit *f* ❷ (*monotony*) Eintönigkeit *f*
uni·fy [ˈjuːnɪfaɪ] *vt*, *vi* [sich] vereinigen
uni·lat·er·al [ˌjuːnɪˈlætəʳrəl] *adj* einseitig
un·im·agi·nable [ˌʌnɪˈmædʒɪnəbl] *adj* unvorstellbar
un·im·peach·able [ˌʌnɪmˈpiːtʃəbl] *adj* (*form*) untadelig
un·im·por·tant [ˌʌnɪmˈpɔːtənt] *adj* unwichtig
un·in·formed [ˌʌnɪnˈfɔːmd] *adj* uninformiert
un·in·hab·it·able [ˌʌnɪnˈhæbɪtəbl] *adj* ❶ (*unlivable in*) unbewohnbar ❷ (*unlivable on*) unbesiedelbar
un·in·hab·it·ed [ˌʌnɪnˈhæbɪtɪd] *adj* ❶ (*not lived in*) unbewohnt ❷ (*not lived on*) unbesiedelt
un·in·hib·it·ed [ˌʌnɪnˈhɪbɪtɪd] *adj* ungehemmt
un·in·jured [ʌnˈɪndʒəd] *adj* unverletzt
un·in·stall [ˌʌnɪnˈstɔːl] *vt* ■ to ~ sth etw deinstallieren
un·in·sured [ˌʌnɪnˈʃʊəd] *adj* ■ to be ~ against sth [gegen etw *akk*] nicht versichert sein
un·in·tel·li·gent [ˌʌnɪnˈtelɪdʒənt] *adj* unintelligent
un·in·tel·li·gible [ˌʌnɪnˈtelɪdʒəbl] *adj* unverständlich
un·in·ten·tion·al [ˌʌnɪnˈten(t)ʃənəl] *adj* unabsichtlich; *humour* unfreiwillig
un·in·ten·tion·al·ly [ˌʌnɪnˈten(t)ʃənəli] *adv* unabsichtlich
un·in·ter·est·ed [ʌnˈɪntrəstɪd] *adj* uninteressiert; ■ to be ~ in sth/sb kein Interesse an etw *dat*/jdm haben
un·in·ter·est·ing [ʌnˈɪntrəstɪŋ] *adj* uninteressant
un·in·ter·rupt·ed [ˌʌnˌɪntəʳrʌptɪd] *adj* ununterbrochen; *rest, view* ungestört; *growth* beständig
un·ion [ˈjuːnjən] *n* ❶ *no pl* (*state*) Union *f*; **monetary ~** Währungsunion *f* ❷ (*act*) Vereinigung *f* ❸ + *sing/pl vb* (*organization*) Verband *m*; (*trade union*) Gewerkschaft *f*; **student['s'] ~** Studentenunion *f* (*universitäre Einrichtung zur studentischen Betreuung*) ❹ (*form: marriage*) Verbindung *f* ❺ (*harmony*) **to live in perfect ~** in völliger Harmonie leben **un·ion·ist** [ˈjuːnjənɪst] *n* ❶ (*trade unionist*) Gewerkschaftler(in) *m/f* ❷ Brit pol **U~** Unionist(in) *m/f* **un·ion·ize** [ˈjuːnjənaɪz] *vt*, *vi* [sich] gewerkschaftlich organisieren **Un·ion 'Jack** *n* Union Jack *m* (*britische Nationalflagge*)
Un·ion of Ser·bia and Mon·te·ne·gro *n* Serbien und Montenegro *nt*
unique [juːˈniːk] *adj* ❶ (*only one*) einzigartig; *characteristic* besondere(r, s); **the coral is ~ to this reef** die Koralle ist nur an diesem Riff heimisch; **to be ~ in doing sth** als Einzige(r) *f(m)* etw tun ❷ (*fam: exceptional*) einzigartig; *opportunity* einmalig
unique·ness [juːˈniːknəs] *n no pl* Einzigartigkeit *f* **u'nique·ness theo·rem** *n* MATH Eindeutigkeitssatz *m*
uni·sex [ˈjuːnɪseks] *adj* für Männer und Frauen; FASHION Unisex-
uni·son [ˈjuːnɪsən] **I.** *n no pl* ❶ MUS Gleichklang *m*; **to sing in ~** einstimmig singen ❷ (*simultaneously*) **to do sth in ~** gleichzeitig dasselbe tun ❸ (*in agreement*) **to act in ~** in Übereinstimmung handeln **II.** *adj attr* MUS einstimmig
unit [ˈjuːnɪt] *n* ❶ (*standard of quantity*) Einheit *f*; **~ of currency** Währungseinheit *f* ❷ + *sing/pl vb* (*group of people*) Abteilung *f*; **anti-terrorist ~** Antiterroreinheit *f* ❸ (*part*) Teil *m*, Einheit *f* ❹ (*element of furniture*) Element *nt* ❺ MECH Einheit *f*; **central processing ~** Zentraleinheit *f* ❻ Am, Aus (*apartment*) Wohnung *f* ❼ MATH Einer *m*
'unit cost *n* COMM Kosten *pl* pro Einheit
unite [juːˈnaɪt] **I.** *vt* ❶ (*join together*) vereinigen (**with** mit) ❷ (*bring together*) verbinden (**with** mit) **II.** *vi* ❶ (*join in common cause*) sich vereinigen, sich zusammentun ❷ (*join together*) sich verbinden
unit·ed [juːˈnaɪtɪd] *adj* ❶ (*joined together*) vereinigt; **~ Germany** wiedervereinigtes

Deutschland ❷ (*joined in common cause*) **to present a ~ front** Einigkeit demonstrieren; **~ in grief** in Trauer vereint ▶ **~ we stand, divided we fall** (*saying*) nur gemeinsam sind wir stark

Unit·ed Arab 'Emir·ates *npl* ■ **the ~** die Vereinigten Arabischen Emirate **Unit·ed 'King·dom** *n* ■ **the ~** das Vereinigte Königreich **Unit·ed 'Na·tions** *n* ■ **the ~** die Vereinten Nationen *pl* **Unit·ed 'States** *n* + *sing vb* ■ **the ~** [**of America**] die Vereinigten Staaten *pl* [von Amerika]

'unit price *n* COMM Preis *m* pro Einheit

unit 'trust *n* BRIT FIN Investmentfonds *m*

unity ['juːnətɪ] *n usu no pl* ❶ (*oneness*) Einheit *f* ❷ (*harmony*) Einigkeit *f*

Univ. *abbrev of* **University** Univ.

uni·ver·sal [ˌjuːnɪ'vɜːsəl] *adj* universell; *agreement* allgemein; **~ language** Weltsprache *f*; **a ~ truth** eine allgemein gültige Wahrheit

uni·verse ['juːnɪvɜːs] *n* ❶ ASTRON ■ **the ~** das Universum ❷ LIT Schauplatz *m* ❸ *no pl* (*fig*) Welt *f*

uni·ver·sity [ˌjuːnɪ'vɜːsətɪ] *n* Universität *f*

uni·ver·sity edu·ca·tion *n* Hochschulbildung *f* **uni·ver·sity gradu·ate** *n* Akademiker(in) *m(f)* **uni·ver·sity 'lec·ture** *n* Vorlesung *f* **uni·ver·sity 'lec·tur·er** *n* Hochschuldozent(in) *m(f)* **uni·ver·sity stu·dent** *n* Student(in) *m(f)* **uni·ver·sity town** *n* Universitätsstadt *f*

un·just [ʌn'dʒʌst] *adj* ungerecht

un·jus·ti·fi·able [ʌnˌdʒʌstɪ'faɪəbl] *adj* nicht zu rechtfertigen *präd*

un·jus·ti·fied [ʌn'dʒʌstɪfaɪd] *adj* ungerechtfertigt; *complaint* unberechtigt

un·just·ly [ʌn'dʒʌstlɪ] *adv* (*pej*) ❶ (*in an unjust manner*) ungerecht ❷ (*wrongfully*) zu Unrecht

un·kempt [ʌn'kem(p)t] *adj* ungepflegt; *hair* ungekämmt

un·kind [ʌn'kaɪnd] *adj* ❶ (*not kind*) unfreundlich, gemein ❷ *pred* (*not gentle*) **to be ~ to hair/skin/surfaces** die Haare/die Haut/Oberflächen angreifen

un·kind·ly [ʌn'kaɪndlɪ] *adv* unfreundlich; **she speaks ~ of him** sie hat für ihn kein gutes Wort übrig

un·know·ing [ʌn'nəʊɪŋ] *adj* ahnungslos

un·known [ʌn'nəʊn] **I.** *adj* unbekannt; **~ to me, ...** ohne mein Wissen ... **II.** *n* ❶ (*sth not known*) Ungewissheit *f*; MATH Unbekannte *f*; ■ **the ~** das Unbekannte ❷ (*sb not widely familiar*) Unbekannte(r) *f(m)*

un·law·ful [ʌn'lɔːfəl] *adj* rechtswidrig; **~ possession of sth** illegaler Besitz einer S. *gen*

un·lead·ed [ʌn'ledɪd] *adj* unverbleit; *petrol* bleifrei

un·learn [ʌn'lɜːn] *vt* verlernen; *habit* sich *dat* abgewöhnen

un·leash [ʌn'liːʃ] *vt dog* von der Leine lassen; **she ~ed the full force of her anger on him** sie ließ ihre ganze Wut an ihm aus; **to ~ a storm of protest** einen Proteststurm auslösen

un·leav·ened [ʌn'levənd] *adj* **~ bread** ungesäuertes Brot

un·less [ʌn'les] *conj* wenn ... nicht, außer ... wenn; **~ I'm mistaken** wenn ich mich nicht irre; **he won't come ~ he has time** er wird nicht kommen, außer wenn er Zeit hat; **don't promise anything ~ you're 100 per cent sure** mach' keine Versprechungen, es sei denn, du bist hundertprozentig sicher

un·li·censed [ʌn'laɪsən(t)st] *adj* ohne Lizenz *nach n*; *car* nicht zugelassen *präd*; *restaurant* ohne Konzession; BRIT ohne Schankkonzession

un·like [ʌn'laɪk] **I.** *adj pred* (*not similar*) unähnlich **II.** *prep* ❶ (*different from*) **to be ~ sb/sth** jdm/etw nicht ähnlich sein ❷ (*in contrast to*) im Gegensatz zu ❸ (*not normal for*) **to be ~ sb/sth** für jdn/etw *akk* nicht typisch sein

un·like·ly [ʌn'laɪklɪ] *adj* ❶ (*improbable*) unwahrscheinlich; **it seems ~ that ...** es sieht nicht so aus, als ... ❷ (*unconvincing*) nicht überzeugend; **an ~ couple** ein seltsames Paar

un·lim·it·ed [ʌn'lɪmɪtɪd] *adj* ❶ (*not limited*) unbegrenzt; *visibility* uneingeschränkt ❷ (*very great*) grenzenlos

un·list·ed [ʌn'lɪstɪd] *adj* ❶ (*not on stock market*) nicht notiert; *securities* unnotiert; **~ market** geregelter Freiverkehr ❷ AM, AUS (*not in phone book*) nicht verzeichnet; **to have an ~ number** nicht im Telefonbuch stehen

un·load [ʌn'ləʊd] **I.** *vt* ❶ *vehicle* entladen; *container, boot of car* ausladen; *dishwasher* ausräumen ❷ (*fam: get rid of*) abstoßen; *rubbish* abladen ❸ (*unburden*) **to ~ one's worries on sb** jdm etwas vorjammern *pej* **II.** *vi* ❶ (*remove contents*) abladen ❷ (*discharge goods*) entladen; *ship* löschen ❸ (*fam: relieve stress*) Dampf ablassen; ■ **to ~ on sb** jdm sein Herz ausschütten

un·lock [ʌn'lɒk] *vt* ❶ (*release a lock*) aufschließen ❷ (*release*) freisetzen; **to ~ the imagination** der Fantasie freien Lauf lassen ❸ *mystery* lösen

un·locked [ʌn'lɒkt] *adj* unverschlossen

un·looked-for *adj attr*, **un·looked for** [ʌn'lʊktfɔː*r*] *adj pred* unerwartet; *problem* unvorhergesehen

un·lucky [ʌnˈlʌki] *adj* ❶ (*unfortunate*) glücklos; **he's always been ~** er hat immer Pech; **to be ~ at cards/in love** Pech im Spiel/in der Liebe haben ❷ (*bringing bad luck*) ■ **to be ~** Unglück bringen; **~ day** Unglückstag *m*

un·man·age·able [ʌnˈmænɪdʒəbl] *adj* unkontrollierbar; *children* außer Rand und Band *präd*; **to become ~ situation** außer Kontrolle geraten

un·manned [ˈʌnmænd] *adj* AEROSP unbemannt

un·man·ner·ly [ʌnˈmænəli] *adj* (*form*) *behaviour* ungehörig; *language* salopp

un·marked [ʌnˈmɑːkt] *adj* ❶ (*uninjured*) unverletzt; (*without mark, stain*) unbeschädigt ❷ (*without distinguishing signs*) nicht gekennzeichnet; *grave* namenlos; **~ [police] car** Zivilfahrzeug *nt* der Polizei

un·mar·ried [ʌnˈmærɪd] *adj* unverheiratet

un·mask [ʌnˈmɑːsk] *vt* entlarven; (*uncover*) aufdecken

un·matched [ʌnˈmætʃt] *adj* ❶ (*unequalled*) unübertroffen ❷ (*extremely great*) gewaltig

un·men·tion·able [ʌnˈmen(t)ʃənəbl] *adj* unaussprechlich; ■ **to be ~** tabu sein

un·men·tioned [ʌnˈmen(t)ʃənd] *adj* unerwähnt

un·mind·ful [ʌnˈmaɪndfəl] *adj* (*form*) ■ **to be ~ of sth** auf etw *akk* keine Rücksicht nehmen

un·mis·tak(e)·able [ʌnmɪˈsteɪkəbl] *adj* unverkennbar; *symptom* eindeutig

un·mit·i·gat·ed [ʌnˈmɪtɪgeɪtɪd] *adj* absolut; *contempt* voll; *disaster* total

un·moved [ʌnˈmuːvd] *adj usu pred* unbewegt; (*emotionally*) ungerührt

un·named [ʌnˈneɪmd] *adj* ungenannt

un·natu·ral [ʌnˈnætʃərəl] *adj* ❶ (*contrary to nature*) unnatürlich; PSYCH abnorm; *sexual practices* pervers ❷ (*not normal*) ungewöhnlich

un·nec·es·sar·i·ly [ʌnˌnesəˈserɪli] *adv* unnötigerweise; **~ complex** unnötig kompliziert

un·nec·es·sary [ʌnˈnesəsri] *adj* ❶ (*not necessary*) unnötig ❷ (*uncalled for*) überflüssig

un·nerve [ʌnˈnɜːv] *vt* nervös machen

un·nerv·ing [ʌnˈnɜːvɪŋ] *adj* entnervend

un·no·ticed [ʌnˈnəʊtɪst] *adj pred* unbemerkt; **to go ~ that ...** nicht bemerkt werden, dass ...

un·num·bered [ʌnˈnʌmbəd] *adj* ❶ (*not marked*) nicht nummeriert; *house* ohne Hausnummer *nach n*; *page* ohne Zahl *nach n* ❷ (*form: countless*) unzählig

un·ob·tain·able [ʌnəbˈteɪnəbl] *adj* unerreichbar

un·ob·tru·sive [ˌʌnəbˈtruːsɪv] *adj* unaufdringlich; *make-up* dezent

un·oc·cu·pied [ʌnˈɒkjəpaɪd] *adj* ❶ (*uninhabited*) unbewohnt ❷ (*not under military control*) nicht besetzt; *country* unbesetzt ❸ *seat* frei

un·of·fi·cial [ˌʌnəˈfɪʃəl] *adj* inoffiziell; **in an ~ capacity** inoffiziell; **~ strike** BRIT wilder Streik

un·or·gan·ized [ʌnˈɔːgənaɪzd] *adj* unorganisiert

un·or·tho·dox [ʌnˈɔːθədɒks] *adj* unkonventionell; *method* ungewöhnlich

un·pack [ʌnˈpæk] *vt, vi* auspacken; *car* ausladen

un·paid [ʌnˈpeɪd] *adj* unbezahlt; *invoice also* ausstehend

un·pal·at·able [ʌnˈpælətəbl] *adj* ❶ (*not tasty*) ■ **to be ~** schlecht schmecken ❷ (*distasteful*) unangenehm

un·par·al·leled [ʌnˈpærəleɪd] *adj* (*form*) einmalig; *success* noch nie da gewesen

un·par·lia·men·tary [ˌʌnˌpɑːləˈmentəri] *adj* unparlamentarisch

un·per·turbed [ˌʌnpəˈtɜːbd] *adj* nicht beunruhigt; ■ **to be ~ by sth** sich durch etw *akk* nicht aus der Ruhe bringen lassen

un·pick [ʌnˈpɪk] *vt* ❶ (*undo sewing*) auftrennen ❷ (*reverse*) zunichtemachen

un·placed [ʌnˈpleɪst] *adj* SPORTS unplatziert

un·pleas·ant [ʌnˈplezənt] *adj* ❶ (*not pleasing*) unangenehm ❷ (*unfriendly*) unfreundlich; *relations* frostig

un·pleas·ant·ness [ʌnˈplezəntnəs] *n* ❶ *no pl* (*quality*) Unerfreulichkeit *f*; ❷ *no pl* (*unfriendly feelings*) Unstimmigkeit[en] *f*[*pl*] ❸ (*instance*) Gemeinheit *f*

un·plug <-gg-> [ʌnˈplʌg] *vt* ❶ (*disconnect from mains*) ausstecken ❷ *drain, pipe* reinigen

un·plumbed [ʌnˈplʌmd] *adj* ❶ (*not known*) unergründet; *mystery* ungelöst ❷ (*not plumbed*) ohne Wasserleitungen *nach n*

un·pol·ished [ʌnˈpɒlɪʃt] *adj* ❶ (*not polished*) unpoliert ❷ (*not refined*) ungehobelt

un·pol·lut·ed [ˌʌnpəˈluːtɪd] *adj* unverschmutzt; *water* sauber

un·popu·lar [ʌnˈpɒpjələ] *adj* ❶ (*not liked*) unbeliebt ❷ (*not widely accepted*) unpopulär; **to be ~** wenig Anklang finden

un·popu·lar·ity [ˌʌnˌpɒpjəˈlærəti] *n no pl* of *person* Unbeliebtheit *f*; of *policies* Unpopularität *f*

un·prac·ti·cal [ʌnˈpræktɪkəl] *adj* ❶ (*impractical*) unpraktisch ❷ (*not feasible*) unpraktikabel ❸ (*lacking skill*) unpraktisch

un·prac·tised [ʌnˈpræktɪst] *adj*, AM **un·prac·ticed** *adj* (*form*) unerfahren

unprecedented–unrelieved

un·prec·edent·ed [ʌn'presɪdᵊntɪd] *adj* noch nie da gewesen; *action* beispiellos; **on an ~ scale** in bislang ungekanntem Ausmaß

un·pre·dict·able [ˌʌnprɪ'dɪktəbl] *adj* ❶ (*impossible to anticipate*) unvorhersehbar; *weather* unberechenbar ❷ (*moody*) unberechenbar

un·preju·diced [ʌn'predʒədɪst] *adj* ❶ (*not prejudiced*) unvoreingenommen; *opinion* objektiv ❷ (*not prejudiced against race*) ohne [Rassen]vorurteile *nach n*

un·pre·medi·tat·ed [ˌʌnpri:'medɪteɪtɪd] *adj* unüberlegt; **~ crime** LAW nicht vorsätzliches Verbrechen

un·pre·ten·tious [ˌʌnprɪ'ten(t)ʃəs] *adj* bescheiden; *tastes* einfach

un·prin·ci·pled [ʌn'prɪn(t)səpld] *adj* skrupellos; *person* ohne Skrupel *nach n*

un·pro·duc·tive [ˌʌnprə'dʌktɪv] *adj* unproduktiv; *business* unrentabel; *land* unfruchtbar; *negotiation* unergiebig

un·pro·fes·sion·al [ˌʌnprə'feʃᵊnəl] *adj* (*pej*) ❶ (*amateurish*) unprofessionell ❷ (*beneath serious consideration*) unseriös ❸ (*contrary to professional ethics*) gegen die Berufsehre *präd*; **~ conduct** berufswidriges Verhalten; (*against colleagues*) unkollegiales Verhalten

un·prof·it·able [ʌn'prɒfɪtəbl] *adj* ❶ (*not making a profit*) keinen Gewinn abwerfen; **to be ~ investment** Fehlinvestition *f* ❷ (*unproductive*) unproduktiv

un·prompt·ed [ʌn'prɒm(p)tɪd] *adj* unaufgefordert

un·pro·tect·ed [ˌʌnprə'tektɪd] *adj* ❶ (*exposed to harm*) schutzlos ❷ (*without safety guards*) unbewacht ❸ (*without a condom*) *sex* ungeschützt

un·pro·'vid·ed for *adj pred* unversorgt *präd*; **to leave sb ~ in one's will** jdn in seinem Testament nicht bedenken

un·pro·voked [ˌʌnprə'vəʊkt] *adj* grundlos

un·pub·lished [ʌn'pʌblɪʃt] *adj* unveröffentlicht

un·punc·tual [ʌn'pʌŋktʃuːəl] *adj* unpünktlich

un·quali·fied [ʌn'kwɒlɪfaɪd] *adj* ❶ (*without appropriate qualifications*) unqualifiziert, ungeeignet; **to be ~ for sth** für etw *akk* nicht qualifiziert sein ❷ (*unreserved*) bedingungslos; *denial* strikt; *success* voll; **an ~ disaster** eine Katastrophe grenzenlosen Ausmaßes

un·ques·tion·able [ʌn'kwestʃənəbl] *adj* fraglos; *evidence, fact* unumstößlich; *honesty* unzweifelhaft

un·ques·tion·ably [ʌn'kwestʃənəbli] *adv* zweifellos

un·ques·tion·ing [ʌn'kwestʃənɪŋ] *adj* bedingungslos; *obedience* absolut

un·quote ['ʌnkwəʊt] *vi* quote ... ~ Zitatanfang ... Zitatende, sie sind, in Anführungszeichen, ‚nur gute Freunde'

un·quot·ed [ʌn'kwəʊtɪd] *adj* STOCKEX nicht notiert

un·rav·el <BRIT -ll- *or* AM *usu* -l-> [ʌn'rævᵊl] **I.** *vt* ❶ (*unknit, undo*) auftrennen ❷ (*untangle*) entwirren; *knot* aufmachen ❸ (*solve*) enträtseln; *mystery* lösen ❹ (*destroy*) zunichtemachen **II.** *vi* sich auftrennen

un·read·able [ʌn'riːdəbl] *adj* (*pej*) ❶ (*illegible*) unleserlich ❷ (*badly written*) schwer zu lesen *präd*

un·real [ʌn'rɪəl] *adj* ❶ (*not real*) unwirklich ❷ (*sl: astonishingly good*) unmöglich *fam*

un·re·al·is·tic [ˌʌnrɪə'lɪstɪk] *adj* ❶ (*not realistic*) unrealistisch, realitätsfern ❷ (*not convincing*) nicht realistisch

un·re·al·ized [ʌn'rɪəlaɪzd] *adj* ❶ (*not realized*) nicht verwirklicht ❷ (*not turned into money*) unrealisiert

un·rea·son·able [ʌn'riːzᵊnəbl] *adj* ❶ (*not showing reason*) unvernünftig; **it's not ~ to assume that ...** es ist nicht abwegig anzunehmen, dass ... ❷ (*unfair*) übertrieben; *demand* überzogen; **don't be so ~!** **he's doing the best he can** verlang nicht so viel! er tut sein Bestes

un·rea·son·ing [ʌn'riːzᵊnɪŋ] *adj* unbegründet

un·re·deemed [ˌʌnrɪ'diːmd] *adj* nicht ausgeglichen; REL *sinner* unerlöst

un·re·fined [ˌʌnrɪ'faɪnd] *adj* ❶ (*not chemically refined*) nicht raffiniert; **~ sugar/oil** Rohzucker *m*/Rohöl *nt* ❷ (*not socially polished*) unkultiviert; *manners* rüde

un·re·flect·ing [ˌʌnrɪ'flektɪŋ] *adj* (*form*) unbedacht

un·reg·is·tered [ʌn'redʒɪstəd] *adj* nicht registriert; *birth* nicht eingetragen; *mail* nicht eingeschrieben

un·re·lat·ed [ˌʌnrɪ'leɪtɪd] *adj* ❶ (*not relatives*) nicht [miteinander] verwandt ❷ (*not logically connected*) nicht zusammenhängen (**to** mit)

un·re·lent·ing [ˌʌnrɪ'lentɪŋ] *adj* ❶ (*not yielding*) unerbittlich; *opponent* unbeugsam; **to be ~ in sth** in etw *dat* nicht nachlassen ❷ (*incessant*) unaufhörlich; *pressure* konstant; *rain* anhaltend; **to be ~** nicht nachlassen ❸ (*form: unmerciful*) gnadenlos

un·re·li·abil·ity [ˌʌnrɪlaɪə'bɪlɪti] *n no pl* Unzuverlässigkeit *f*

un·re·li·able [ˌʌnrɪ'laɪəbl] *adj* unzuverlässig

un·re·lieved [ˌʌnrɪ'liːvd] *adj* ❶ (*depressingly unvarying*) ununterbrochen; *poverty* unvermindert; *pressure, stress* anhaltend; *bore-*

dom dauernd ❷ *(not helped)* unvermindert
un·re·mark·able [ˌʌnrɪˈmɑːkəbl] *adj* nicht bemerkenswert
un·re·mit·ting [ˌʌnrɪˈmɪtɪŋ] *adj (form)* unablässig; ▪ **to be ~ in sth** in etw *dat* beharrlich sein
un·re·peat·able [ˌʌnrɪˈpiːtəbl] *adj* nicht wiederholbar
un·re·pen·tant [ˌʌnrɪˈpentənt] *adj* reue[e]los; ▪ **to be ~** keine Reue zeigen
un·re·quit·ed [ˌʌnrɪˈkwaɪtɪd] *adj (form or hum)* unerwidert
un·re·served [ˌʌnrɪˈzɜːvd] *adj* ❶ *(without reservations)* uneingeschränkt; *support* voll ❷ *(not having been reserved)* nicht reserviert; *seat* frei ❸ *(not standoffish)* offen; **~ friendliness** Herzlichkeit *f*
un·re·serv·ed·ly [ˌʌnrɪˈzɜːvɪdli] *adv* vorbehaltlos; **to apologize ~** sich ohne Einschränkungen entschuldigen
un·re·solved [ˌʌnrɪˈzɒlvd] *adj* ❶ *(not settled)* ungelöst; *tension* anhaltend ❷ *pred (undecided)* unentschlossen
un·rest [ʌnˈrest] *n no pl* Unruhen *pl*; **ethnic/social ~** ethnische/soziale Spannungen
un·re·strained [ˌʌnrɪˈstreɪnd] *adj* uneingeschränkt; *criticism* hart; *laughter* ungehemmt; *praise* unumschränkt
un·re·strict·ed [ˌʌnrɪˈstrɪktɪd] *adj* uneingeschränkt; *access* ungehindert
un·ripe [ʌnˈraɪp] *adj* unreif
un·ri·valled [ʌnˈraɪvəld] *adj* einzigartig
un·roll [ʌnˈrəʊl] **I.** *vt poster* aufrollen **II.** *vi* sich abrollen [lassen]
un·ruf·fled [ʌnˈrʌfld] *adj* ❶ *(not agitated)* gelassen ❷ *(not ruffled up)* unzerzaust; *feathers* glatt; *hair* ordentlich
un·ru·ly <-ier, -iest *or* more ~, most ~> [ʌnˈruːli] *adj* ❶ *(disorderly)* ungebärdig; *crowd* aufrührerisch ❷ *children* außer Rand und Band; *hair* nicht zu bändigen
un·sad·dle [ʌnˈsædl] *vt* ❶ *(remove saddle)* absatteln ❷ *(unseat)* abwerfen
un·safe [ʌnˈseɪf] *adj* ❶ *(dangerous)* unsicher; *animal* gefährlich; ▪ **to be ~ to do sth** gefährlich sein, etw zu tun; **~ sex** ungeschützter Sex ❷ *pred (in danger)* nicht sicher ❸ BRIT LAW *conviction* unhaltbar
un·said [ʌnˈsed] **I.** *adj (form)* ungesagt; **to leave sth ~** etw ungesagt lassen **II.** *vt pt, pp of* unsay
un·sala·ried [ʌnˈsæləʳrɪd] *adj* unbezahlt; **~ position** Tätigkeit ohne Monatsgehalt
un·sal(e)·able [ʌnˈseɪləbl] *adj* unverkäuflich
un·sat·is·fac·tory [ˌʌnˌsætɪsˈfæktəʳri] *adj* ❶ *(not satisfactory)* unzureichend; *answer* unbefriedigend ❷ *(grade)* ungenügend
un·sat·is·fied [ʌnˈsætɪsfaɪd] *adj* ❶ *(not content)* unzufrieden; **to leave sb/sth ~** jdn/etw nicht befriedigen ❷ *(not convinced)* nicht überzeugt; **to be ~ with sth** sich mit etw *dat* nicht zufriedengeben ❸ *(not sated)* nicht gesättigt

un·sa·voury [ʌnˈseɪvəʳri] *adj*, AM **un·sa·vory** *adj* ❶ *(unpleasant to the senses)* unappetitlich ❷ *(disgusting)* widerlich ❸ *(socially offensive)* fragwürdig; *area* übel; *reputation* zweifelhaft; *character* zwielichtig
un·say <-said, -said> [ʌnˈseɪ] *vt* ungesagt machen ▶ **what's said cannot be unsaid** *(prov)* gesagt ist gesagt
un·scathed [ʌnˈskeɪðd] *adj* unverletzt; **to emerge ~ from sth** *(fig)* etw unbeschadet überstehen
un·sche·duled [ʌnˈʃedjuːld] *adj* außerplanmäßig; *stop* außerfahrplanmäßig
un·schooled [ʌnˈskuːld] *adj (form)* ❶ *(uninstructed)* nicht ausgebildet (**in** in), nicht vertraut (**in** mit) ❷ *horse* undressiert
un·screened [ʌnˈskriːnd] *adj* ❶ *(not checked)* unkontrolliert ❷ *(not broadcast)* nicht ausgestrahlt
un·screw [ʌnˈskruː] **I.** *vt* ❶ *(remove screws)* abschrauben ❷ *(to open)* aufschrauben; *lid* abschrauben **II.** *vi (take off by unscrewing)* sich abschrauben lassen; *(open)* aufschrauben
un·script·ed [ʌnˈskrɪptɪd] *adj* improvisiert; **~ speech** Stegreifrede *f*
un·scru·pu·lous [ʌnˈskruːpjələs] *adj (pej)* skrupellos
un·seal [ʌnˈsiːl] *vt (dated)* ❶ *(open)* entsiegeln ❷ *(tell)* enthüllen
un·sealed [ʌnˈsiːld] *adj* ❶ *(not sealed)* unversiegelt ❷ *(open)* nicht zugeklebt
un·seat [ʌnˈsiːt] *vt* ❶ *(remove from power)* ▪ **to ~ sb** jdn seines Amtes entheben ❷ *(throw)* abwerfen
un·se·cured [ˌʌnsɪˈkjʊəd] *adj* ❶ FIN ungesichert; **an ~ loan** Blankokredit *m* ❷ *(unfastened)* unbefestigt
un·see·ing [ʌnˈsiːɪŋ] *adj (form)* blind; **to look at sb with ~ eyes** jdn mit leerem Blick anstarren
un·seem·ly [ʌnˈsiːmli] *adj (form or dated)* unschicklich; *behaviour* ungehörig
un·seen [ʌnˈsiːn] *adj* ungesehen, unbemerkt
un·self·ish [ʌnˈselfɪʃ] *adj* selbstlos
un·ser·vice·able [ʌnˈsɜːvɪsəbl] *adj* unnütz; *appliances* unbrauchbar
un·set·tle [ʌnˈsetl] *vt* ❶ *(make nervous)* verunsichern ❷ *(make unstable)* stören
un·set·tled [ʌnˈsetld] *adj* ❶ *(unstable)* instabil; *political climate* unruhig; *weather* unbeständig ❷ *(troubled)* unruhig ❸ *(unresolved)* noch anstehend ❹ *(queasy)* gereizt ❺ *(with-*

out settlers) unbesiedelt

un·set·tling [ʌnˈsetlɪŋ] *adj* ❶ (*causing nervousness*) beunruhigend; **to have the ~ feeling that ...** das ungute Gefühl haben, dass ... ❷ (*causing disruption*) ■ **to be ~** jdn/einen aus der Bahn werfen ❸ COMM destabilisierend

un·shak·able [ʌnˈʃeɪkəbl] *adj*, **un·shake·able** *adj belief, feeling* unerschütterlich; *alibi* felsenfest; **to have ~ faith in sth** fest an etw *akk* glauben

un·shaved [ʌnˈʃeɪvd] *adj*, **un·shav·en** [ʌnˈʃeɪvᵊn] *adj* unrasiert

un·shod [ʌnˈʃɒd] *adj* (*form*) unbeschuht

un·shrink·able [ʌnˈʃrɪŋkəbl] *adj* ■ **to be ~** nicht einlaufen

un·shrink·ing [ʌnˈʃrɪŋkɪŋ] *adj* furchtlos

un·sight·ly <-ier, -iest *or more* ~, *most* ~> [ʌnˈsaɪtli] *adj* unansehnlich

un·signed [ʌnˈsaɪnd] *adj* ❶ (*lacking signature*) nicht unterschrieben; *painting* unsigniert ❷ (*not under contract*) nicht unter Vertrag stehend *attr*

un·skilled [ʌnˈskɪld] *adj* ❶ (*not having skill*) ungeschickt ❷ (*not requiring skill*) ungelernt; **~ job** Tätigkeit *f* für ungelernte Arbeitskräfte; **~ work** Hilfsarbeiten *pl*

un·so·cia·ble [ʌnˈsəʊʃəbl] *adj person* ungesellig; *place* nicht einladend

un·so·cial [ʌnˈsəʊʃl] *adj* ❶ BRIT (*socially inconvenient*) nicht sozialverträglich; **to work ~ hours** außerhalb der normalen Arbeitszeiten arbeiten ❷ (*antisocial*) asozial *pej* ❸ (*not seeking company*) unsozial

un·sold [ʌnˈsəʊld] *adj* unverkauft

un·so·lic·it·ed [ˌʌnsəˈlɪsɪtɪd] *adj* unerbeten; *advice* ungebeten

un·solved [ʌnˈsɒlvd] *adj mystery, problem* ungelöst; *murder* unaufgeklärt

un·so·phis·ti·cat·ed [ˌʌnsəˈfɪstɪkeɪtɪd] *adj* ❶ (*lacking knowledge*) naiv; *taste* einfach ❷ (*uncomplicated*) einfach ❸ (*genuine*) unverfälscht

un·sound [ʌnˈsaʊnd] *adj* ❶ (*unstable*) instabil ❷ *argument* nicht stichhaltig; *judgement* anfechtbar ❸ (*unreliable*) unzuverlässig ❹ (*unhealthy*) ungesund; **to be of ~ mind** unzurechnungsfähig sein

un·spar·ing [ʌnˈspeərɪŋ] *adj* ❶ (*merciless*) schonungslos ❷ (*form: lavish*) großzügig; **to be ~ in one's efforts** keine Mühen scheuen

un·speak·able [ʌnˈspiːkəbl] *adj* unbeschreiblich

un·speci·fied [ʌnˈspesɪfaɪd] *adj* unspezifiziert; (*not named*) [namentlich] nicht genannt

un·spoiled [ʌnˈspɔɪld] *adj*, **un·spoilt** [ʌnˈspɔɪlt] *adj* BRIT *person* natürlich; *child* nicht verwöhnt; *landscape* unberührt; *view* unverbaut

un·spok·en [ʌnˈspəʊkᵊn] *adj* unausgesprochen; *agreement* stillschweigend

un·sta·ble [ʌnˈsteɪbl] *adj* ❶ (*not firm*) nicht stabil; *piece of furniture* wack[e]lig ❷ (*fig*) instabil; *future* ungewiss; **~ society** instabile Gesellschaft; **emotionally ~** [psychisch] labil

un·steady [ʌnˈstedi] *adj* ❶ (*unstable*) nicht stabil; *piece of furniture* wack[e]lig; **to be ~ on one's feet** wack[e]lig auf den Beinen sein ❷ (*wavering*) zittrig ❸ *footsteps, heartbeat* unregelmäßig

un·stressed [ʌnˈstrest] *adj* ❶ LING unbetont ❷ (*not worried*) unbelastet

un·stuck [ʌnˈstʌk] *adj* (*no longer stuck*) **to come ~** sich [ab]lösen; (*fam: waver*) ins Schleudern geraten; (*fam: fail*) scheitern

un·stud·ied [ʌnˈstʌdid] *adj* (*form: natural*) ungezwungen; *response* spontan

un·sub·stan·tial [ˌʌnsəbˈstæn(t)ʃᵊl] *adj* unwesentlich; (*immaterial*) körperlos

un·sub·stan·ti·at·ed [ˌʌnsəbˈstæn(t)ʃieɪtɪd] *adj* unbegründet

un·suc·cess·ful [ˌʌnsəkˈsesfᵊl] *adj* erfolglos; *attempt* vergeblich; *candidate* unterlegen; ■ **to be ~ in sth** bei etw *dat* keinen Erfolg haben

un·suit·able [ʌnˈsjuːtəbl] *adj* nicht geeignet

un·sul·lied [ʌnˈsʌlid] *adj* ❶ (*form: not tarnished*) unbefleckt; *reputation* makellos ❷ (*dated: pure*) unberührt

un·sung [ʌnˈsʌŋ] *adj* unbesungen; *achievements* unbeachtet; **an ~ hero** ein Held *m*, von dem niemand spricht

un·sure [ʌnˈʃʊəʳ] *adj* unsicher; ■ **to be ~ how/what/when/whether/why ...** nicht genau wissen, wie/was/wann/ob/warum ...; ■ **to be ~ about sth** sich *dat* einer S. *gen* nicht sicher sein; ■ **to be ~ of oneself** kein Selbstvertrauen haben

un·sus·pect·ing [ˌʌnsəˈspektɪŋ] *adj* ahnungslos

un·sus·tain·able [ˌʌnsəˈsteɪnəbl] *adj* ❶ (*not maintainable*) nicht aufrechtzuerhalten ❷ (*damaging to ecology*) umweltschädigend

un·swerv·ing [ʌnˈswɜːvɪŋ] *adj commitment, loyalty* unerschütterlich

un·sym·pa·thet·ic [ˌʌnsɪmpəˈθetɪk] *adj* ❶ (*not showing sympathy*) ohne Mitgefühl *nach n, präd* ❷ (*not showing approval*) verständnislos; ■ **to be ~ toward sth** für etw *akk* kein Verständnis haben

un·tan·gle [ʌnˈtæŋgl] *vt* entwirren *a. fig*; *mystery* lösen

un·tapped [ʌnˈtæpt] *adj market* nicht erschlossen; *resources* ungenutzt

un·taxed [ʌnˈtækst] *adj income* steuerfrei; (*tax not paid for*) unversteuert

un·ten·able [ʌnˈtenəbl] *adj* (*form*) nicht vertretbar

un·ten·ant·ed [ʌnˈtenəntɪd] *adj house* unbewohnt

un·think·able [ʌnˈθɪŋkəbl] **I.** *adj* ❶ (*unimaginable*) undenkbar ❷ (*shocking*) unfassbar **II.** *n no pl* ■ the ~ das Unvorstellbare

un·think·ing [ʌnˈθɪŋkɪŋ] *adj* unbedacht; (*unintentional*) unabsichtlich

un·thought of [ʌnˈθɔːtɒv] *n pred*, **un·thought-of** *adj attr* unvorstellbar; *detail* nicht bedacht

un·ti·di·ness [ʌnˈtaɪdɪnəs] *n no pl* Unordnung *f*; *of person, dress* Unordentlichkeit *f*

un·ti·dy [ʌnˈtaɪdi] *adj* ❶ (*disordered*) unordentlich; *appearance* ungepflegt ❷ (*not well organized*) unsystematisch; *thesis also* konzeptlos

un·tie <-y-> [ʌnˈtaɪ] *vt* ❶ (*undo*) lösen; *shoelaces* aufbinden ❷ *boat* losbinden; *parcel* aufschnüren

un·til [ʌnˈtɪl] **I.** *prep* ❶ (*up to*) bis; **two more days ~ Easter** noch zwei Tage bis Ostern ❷ (*beginning at*) bis; **we didn't eat ~ midnight** wir aßen erst um Mitternacht **II.** *conj* (*esp form*) ❶ (*up to time when*) bis; **I laughed ~ tears rolled down my face** ich lachte, bis mir die Tränen kamen ❷ (*not before*) ■ **to not do sth ~ ...** etw erst [dann] tun, wenn ...; **he didn't have a girlfriend ~ he was thirty-five** er hatte erst mit 35 eine Freundin; **not ~ he's here** erst wenn er da ist

un·time·ly [ʌnˈtaɪmli] *adj* (*form*) ❶ (*inopportune*) ungelegen ❷ (*premature*) verfrüht

un·to [ˈʌntuː] *prep* ❶ (*to*) zu; **for ~ us a child is born** denn uns ist ein Kind geboren ❷ (*until*) bis; **~ this day** bis zum heutigen Tage

un·told [ʌnˈtəʊld] *adj* ❶ *attr* (*immense*) unsagbar; *damage* immens; *misery* unsäglich; *wealth* unermesslich ❷ (*not told*) ungesagt

un·touched [ʌnˈtʌtʃt] *adj* ❶ (*not touched*) unberührt ❷ (*not eaten/drunk*) nicht angerührt ❸ (*not affected*) ■ **to be ~ by sth** von etw *dat* nicht betroffen sein; **to leave sth ~** etw verschont lassen ❹ (*indifferent*) ungerührt ❺ (*not mentioned*) unerwähnt

un·to·ward [ˌʌntəˈwɔːd] *adj* (*form*) ❶ (*unfortunate*) ungünstig; **unless anything ~ happens** wenn nichts dazwischenkommt ❷ *remark* unpassend

un·trained [ʌnˈtreɪnd] *adj* ungeübt; *eye* ungeschult

un·trans·fer·able [ˌʌntræn(t)sˈfɜːrəbl] *adj* LAW nicht übertragbar

un·trans·lat·able [ˌʌntræn(t)sˈleɪtəbl] *adj* unübersetzbar

un·treat·ed [ʌnˈtriːtɪd] *adj* unbehandelt; **~ sewage** ungeklärte Abwässer

un·tried [ʌnˈtraɪd] *adj* ❶ (*not tested*) ungetestet ❷ (*form: inexperienced*) unerfahren ❸ LAW noch nicht verhandelt; *case* unerledigt

un·trou·bled [ʌnˈtrʌbld] *adj* sorglos; ■ **to be ~ by sth** sich von etw *dat* nicht beunruhigen lassen

un·true [ʌnˈtruː] *adj* ❶ (*false*) unwahr, falsch ❷ *pred* (*not faithful*) untreu; ■ **to be ~ to sb/sth** jdm/etw untreu sein

un·trust·wor·thy [ʌnˈtrʌstˌwɜːði] *adj* unzuverlässig

un·truth [ʌnˈtruːθ] *n* ❶ (*lie*) Unwahrheit *f*; **to tell an ~** (*euph*) flunkern *fam* ❷ *no pl* (*quality*) Falschheit *f*

un·truth·ful [ʌnˈtruːθfəl] *adj* unwahr; (*tending to tell lies*) unaufrichtig

un·turned [ʌnˈtɜːnd] *adj* nicht umgedreht; *soil* nicht umgegraben

un·tu·tored [ʌnˈtjuːtəd] *adj* (*form*) ungeschult

un·used¹ [ʌnˈjuːzd] *adj* (*not used*) unbenutzt; *clothes* ungetragen; **to go ~** nicht genutzt werden

un·used² [ʌnˈjuːst] *adj pred* (*not accustomed*) ■ **to be ~ to sth** an etw *akk* nicht gewöhnt sein

un·usu·al [ʌnˈjuːʒəl] *adj* ❶ (*not habitual*) ungewöhnlich; (*for a person*) untypisch ❷ (*remarkable*) außergewöhnlich

un·usu·al·ly [ʌnˈjuːʒəli] *adv* ungewöhnlich; **~ for me, ...** ganz gegen meine Gewohnheit ...

un·ut·ter·able [ʌnˈʌtərəbl] *adj* (*form*) unsäglich; *suffering* unbeschreiblich

un·var·nished [ʌnˈvɑːnɪʃt] *adj* ❶ (*not coated with varnish*) unlackiert ❷ (*straightforward*) einfach; *truth* ungeschminkt

un·veil [ʌnˈveɪl] **I.** *vt* ❶ (*remove covering*) enthüllen; *face* entschleiern ❷ (*present to public*) der Öffentlichkeit vorstellen **II.** *vi* den Schleier abnehmen

un·versed [ʌnˈvɜːst] *adj pred* (*form*) nicht versiert (**in** in)

un·waged [ʌnˈweɪdʒd] BRIT **I.** *adj* ❶ (*out of work*) arbeitslos ❷ (*unpaid*) unbezahlt **II.** *n* ■ **the ~** *pl* die Arbeitslosen *pl*

un·want·ed [ʌnˈwɒntɪd] *adj* unerwünscht; *clothes* abgelegt; *advice* ungebeten; *child* ungewollt

un·war·rant·ed [ʌnˈwɒrəntɪd] *adj* (*form*) ❶ (*not justified*) ungerechtfertigt; *fears* unbegründet; *criticism* unberechtigt ❷ (*not authorized*) unrechtmäßig

un·wa·ver·ing [ʌnˈweɪvərɪŋ] *adj* unerschütterlich; *determination* eisern

un·wed [ʌnˈwed] *adj* (*dated*) unverheiratet

un·welcome [ʌnˈwelkəm] *adj* unwillkommen; *news* unerfreulich; **to make sb feel ~** jdm das Gefühl geben, nicht willkommen zu sein

un·well [ʌnˈwel] *adj pred* unwohl; ■ **sb is ~** jdm geht es nicht gut; **to feel ~** sich unwohl fühlen

un·wieldy [ʌnˈwiːldi] *adj* ❶ (*cumbersome*) unhandlich; *piece of furniture* sperrig ❷ (*ineffective*) unüberschaubar; *system* schwerfällig

un·will·ing [ʌnˈwɪlɪŋ] *adj* widerwillig; ■ **to be ~ to do sth** nicht gewillt sein, etw zu tun

un·will·ing·ly [ʌnˈwɪlɪŋli] *adv* ungern

un·wind <unwound, unwound> [ʌnˈwaɪnd] **I.** *vi* ❶ (*unroll*) sich abwickeln ❷ (*relax*) sich entspannen **II.** *vt* abwickeln

un·'wired *adj* drahtlos

un·wise [ʌnˈwaɪz] *adj* unklug

un·wit·ting [ʌnˈwɪtɪŋ] *adj* ❶ (*unaware*) ahnungslos ❷ (*unintentional*) unbeabsichtigt

un·wit·ting·ly [ʌnˈwɪtɪŋli] *adv* ❶ (*without realizing*) unwissentlich ❷ (*unintentionally*) unbeabsichtigt

un·wont·ed [ʌnˈwəʊntɪd] *adj attr* (*form*) ungewohnt

un·work·able [ʌnˈwɜːkəbl] *adj* undurchführbar

un·world·ly [ʌnˈwɜːldli] *adj* ❶ (*spiritually-minded*) weltabgewandt ❷ (*naive*) weltfremd ❸ (*not of this world*) nicht von dieser Welt *präd*

un·wor·thy [ʌnˈwɜːði] *adj* (*pej*) ❶ (*not deserving*) unwürdig; **to be ~ of interest** nicht von Interesse sein ❷ (*unacceptable*) nicht würdig

un·wrap <-pp-> [ʌnˈræp] *vt* ❶ (*remove wrapping*) auspacken ❷ (*reveal*) enthüllen

un·writ·ten [ʌnˈrɪtn] *adj* nicht schriftlich fixiert; *agreement* stillschweigend; *law* ungeschrieben; **~ traditions** mündliche Überlieferungen

un·yield·ing [ʌnˈjiːldɪŋ] *adj* ❶ *ground* hart; ■ **to be ~** nicht nachgeben ❷ (*resolute*) unnachgiebig; *opposition* hartnäckig

un·zip <-pp-> [ʌnˈzɪp] *vt* ❶ (*open zip*) den Reißverschluss aufmachen ❷ COMPUT auspacken

up [ʌp] **I.** *adv* ❶ (*to higher position*) nach oben, hinauf; **hands ~!** Hände hoch!; **the water had come ~ to the level of the windows** das Wasser war bis auf Fensterhöhe gestiegen; **four flights ~** vier Etagen höher; **halfway ~** auf halber Höhe; **~ and ~** immer höher; **to get/stand ~** aufstehen ❷ (*erect*) aufrecht; **lean it ~ against the wall** lehnen Sie es gegen die Wand ❸ (*out of bed*) auf; **to be ~ late** lange aufbleiben; **~ and about** auf den Beinen ❹ (*northwards*) hinauf, herauf; **~ north** oben im Norden ❺ (*at higher place*) oben; **farther ~** weiter oben; **~ here/there** hier/da oben; **I live on the next floor ~** ich wohne ein Stockwerk höher ❻ (*toward*) ■ **~ to sb/sth** auf jdn/etw *akk* zu; **she went ~ to the counter** sie ging zum Schalter; **to walk ~ to sb** auf jdn zugehen ❼ (*in high position*) an der Spitze; **he's ~ there with the best** er zählt zu den Besten; **she's something high ~ in the company** sie ist ein hohes Tier in der Firma ❽ (*higher in price or number*) höher; **[from] £50 ~** ab 50 Pfund aufwärts; **for children aged 13 and ~** für Kinder ab 13 Jahren geeignet ❾ (*to point of*) **~ until** [*or to*] bis; **~ to £300** bis zu 300 Pfund ❿ (*in opposition to*) **to be ~ against sb/sth** es mit jdm/etw *dat* zu tun haben ⓫ (*depend on*) **to be ~ to sb** von jdm abhängen; **I'll leave it ~ to you** ich überlasse dir die Entscheidung ⓬ (*contrive*) **to be ~ to sth** etw vorhaben; **to be ~ to no good** nichts Gutes im Schilde führen ⓭ (*be adequate*) **to be ~ to sth** einer Sache *dat* gewachsen sein; **to be ~ to doing sth** in der Lage sein, etw zu tun; **to not be ~ to much** nicht viel taugen ⓮ AM (*apiece*) pro Person; **the score was 3 ~ at half-time** bei Halbzeit stand es 3 [für] beide ▪ **to be ~ with the clock** gut in der Zeit liegen; **to be ~ to the ears in problems** bis zum Hals in Schwierigkeiten stecken **II.** *prep* ❶ (*to higher position*) hinauf, herauf; **~ the ladder/mountain/stairs** die Leiter/den Berg/die Treppe hinauf ❷ (*along*) [*just*] **~ the road** ein Stück die Straße hinauf; **~ and down** auf und ab ❸ (*against flow*) **~ the river** flussauf[wärts] ❹ (*at top of*) **he's ~ that ladder** er steht dort oben auf der Leiter ❺ AUS, BRIT (*fam: at*) **I'll see you ~ the pub later** wir sehen uns später in der Kneipe ▸ **to be ~ the creek [without a paddle]** [schön] in der Klemme sitzen; **~ hill and down dale** bergauf und bergab; **~ top** BRIT (*fam*) im Kopf; **~ yours!** (*vulg*) Ihr könnt/du kannst mich mal! **III.** *adj* ❶ *attr* (*moving upward*) nach oben ❷ *pred* (*leading*) in Führung ❸ *pred* (*more intense*) **the wind is ~** der Wind hat aufgedreht ❹ *pred* (*functioning properly*) funktionstüchtig; **do you know when the server will be ~ again?** weißt du, wann der Server wieder in Betrieb sein wird? ❺ *pred* (*finished*) vorbei, um; **your time is ~!** Ihre Zeit ist um! ❻ *pred* (*fam: happening*) **something is ~** irgendetwas ist im Gange; **what's ~?** was ist los? ❼ *pred* (*informed*) **how well ~ are you in Spanish?** wie fit bist du in Spanisch? *fam* ❽ *pred* (*scheduled*) **to be ~ for sale** zum

Verkauf stehen ❾ *pred* LAW **to be ~ for trial** *person* vor Gericht stehen; *case* verhandelt werden ❿ *pred (interested in)* **who's ~ for a walk?** wer hat Lust auf einen Spaziergang? **IV.** *n (fam: good period)* Hoch *nt;* **~s and downs** Höhen und Tiefen *pl* ▶ **to be on the ~ and ~** BRIT, AUS *(fam: be improving)* im Aufwärtstrend begriffen sein **V.** *vi* <-pp-> *(fam)* ■**to ~ and do sth** etw plötzlich tun **VI.** *vt* <-pp-> ❶ *(increase)* erhöhen; *price, tax* anheben; **to ~ the stakes** den Einsatz erhöhen ❷ *glass* erheben

up-and-com·ing *adj attr* aufstrebend

up·beat [ˈʌpbiːt] **I.** *n* MUS Auftakt *m* **II.** *adj (fam)* optimistisch; *mood* fröhlich

up·braid [ʌpˈbreɪd] *vt (form)* tadeln

up·bring·ing [ˈʌpˌbrɪŋɪŋ] *n usu sing* Erziehung *f*

up·com·ing *adj esp* AM bevorstehend

up·coun·try I. *adv* [ˌʌpˈkʌntri] landeinwärts **II.** *adj* [ˈʌpˈkʌntri] im Landesinneren **III.** *n* [ˈʌpˌkʌntri] *no pl* das Landesinnere

up·date I. *vt* [ʌpˈdeɪt] ❶ *(modernize)* aktualisieren; COMPUT ein Update machen; *hardware* nachrüsten ❷ *(inform)* auf den neuesten Stand bringen; *(permanently)* auf dem Laufenden halten **II.** *n* [ˈʌpdeɪt] Aktualisierung *f*, Update *nt*

'up·draught *n* Zug *m;* AVIAT Aufwind *m*

up·end [ʌpˈend] **I.** *vt* ❶ *(raise)* hochkant stellen **II.** *vi* ❶ *(rise on end)* sich aufstellen ❷ *(submerge head)* tauchen

up·front [ʌpˈfrʌnt] *adj (fam)* ❶ *pred (frank)* offen; **to be ~ about sth** etw offen sagen ❷ *attr (advance)* Voraus-; **~ payment** Anzahlung *f*

up·grade [ʌpˈgreɪd] **I.** *vt* ❶ *(improve quality)* verbessern; COMPUT erweitern; *hardware* nachrüsten ❷ *(raise in rank)* befördern **II.** *n* ❶ COMPUT Aufrüsten *nt* ❷ *(version)* verbesserte Version; **a software ~** eine verbesserte Version einer Software ❸ AM *(slope)* Steigung *f*

up·grade·able [ʌpˈgreɪdəbl] *adj* COMPUT aufrüstbar

up·heav·al [ʌpˈhiːvəl] *n no pl (change)* Aufruhr *m;* **political ~** politische Umwälzung[en] ❷ GEOL Erhebung *f*

up·hill [ʌpˈhɪl] **I.** *adv* bergauf **II.** *adj* ❶ *(ascending)* bergauf ❷ *(difficult)* mühselig; **~ battle** harter Kampf **III.** *n* Steigung *f*

up·hold <-held, -held> [ʌpˈhəʊld] *vt* aufrechterhalten; *traditions* pflegen; *verdict* bestätigen; **to ~ the law** das Gesetz [achten und] wahren

up·hol·ster [ʌpˈhəʊlstər] *vt* ❶ *furniture* [auf]polstern; *(cover)* beziehen ❷ *(furnish)* ausstatten

up·hol·ster·er [ʌpˈhəʊlstərər] *n* Polsterer, Polsterin *m, f*

up·hol·stery [ʌpˈhəʊlstri] *n no pl* ❶ *(padding)* Polsterung *f;* *(covering)* Bezug *m* ❷ *(activity)* Polstern *nt*

UPI [ˌjuːpiːˈaɪ] *n* AM *abbrev of* **United Press International** UPI

up·keep [ˈʌpkiːp] *n no pl* ❶ *(maintenance)* Instandhaltung *f* ❷ *(cost)* Instandhaltungskosten *pl* ❸ *of person* Unterhalt *m;* *of animals* Haltungskosten *f*

up·land [ˈʌplənd] **I.** *adj attr* Hochland-; **~ plain** Hochebene *f* **II.** *n* ■ **the ~s** *pl* das Hochland *kein pl*

up·lift [ˈʌplɪft] **I.** *vt* ❶ *(raise)* anheben; *soil* aufwerfen ❷ *(inspire)* [moralisch] aufrichten **II.** *n* ❶ *(elevation)* Aufschwung *m* ❷ GEOL Hebung *f* ❸ *(influence)* Erbauung *f*

up·lift·ing [ʌpˈlɪftɪŋ] *adj (form)* erbaulich

'up·load *vt* COMPUT laden

up·mar·ket [ˌʌpˈmɑːkɪt] *esp* BRIT **I.** *adj goods* hochwertig; *consumer* anspruchsvoll; **~ hotel** Luxushotel *nt* **II.** *adv* in der gehobenen Preisklasse; **to go ~** exklusiver werden

upon [əˈpɒn] *prep (usu form)* ❶ *(on top of)* auf +*dat;* *with verbs of motion* auf +*akk* ❷ *(around)* an +*dat;* **the ring ~ my finger** der Ring an meinem Finger ❸ *(hanging on)* an +*dat* ❹ *(at time of)* bei +*dat;* **~ arrival** bei Ankunft; **once ~ a time** [es war einmal] vor langer Zeit ❺ *(form: through medium of)* auf +*akk;* **~ paper** auf Papier ❻ *(with base in)* auf +*akk;* **he swore ~ his word** er schwor bei seinem Wort ❼ *(concerning)* **don't try to force your will ~ me** versuch' nicht, mir deinen Willen aufzuzwingen; **we settled ~ a price** wir einigten uns auf einen Preis

up·per [ˈʌpər] **I.** *adj attr* ❶ *(higher, further up)* obere(r, s); *arm, lip etc.* Ober-; **~ part of the body** Oberkörper *m* ❷ *rank* höhere(r, s); **the ~ middle class** die gehobene Mittelschicht ❸ *location* höher gelegen; **the U~ Rhine** der Oberrhein **II.** *n* ❶ *(part of shoe)* Obermaterial *nt* ❷ *(sl: drug)* Aufputschmittel *nt*

up·per 'case *n* TYPO ■ **in ~** in Großbuchstaben **up·per 'class** *n + sing/pl vb* Oberschicht *f* **'up·per·class** *adj* der Oberschicht *nach n;* **in ~** in den gehobenen Kreisen **'up·per·cut** *n* BOXING Aufwärtshaken *m* **up·per 'deck** *n* Oberdeck *nt*

up·per·most [ˈʌpəməʊst] **I.** *adj* ❶ *(highest, furthest up)* oberste(r, s), höchste(r, s) ❷ *(most important)* wichtigste(r, s); **to be ~ in one's mind** jdn am meisten beschäftigen **II.** *adv* ganz oben

up·pish [ˈʌpɪʃ] *adj,* **up·pi·ty** [ˈʌpɪti] *adj* hochmütig; *reaction* schnippisch

up·right ['ʌpraɪt] **I.** adj ❶ (vertical) senkrecht; (erect) aufrecht; ~ **freezer** Gefrierschrank m ❷ (honest) anständig **II.** adv (vertical) kerzengerade **III.** n ❶ (perpendicular) [Stütz]pfeiler m ❷ FBALL Pfosten m

up·ris·ing ['ʌp,raɪzɪŋ] n Aufstand m; **popular** ~ Volkserhebung f

up·roar ['ʌprɔ:ʳ] n no pl ❶ (noise) Lärm m ❷ (protest) Aufruhr m

up·roari·ous [ʌp'rɔ:riəs] adj ❶ (loud and disorderly) stürmisch; crowd lärmend; laughter schallend ❷ (extremely amusing) urkomisch

up·root [ʌp'ru:t] vt ❶ (extract from ground) herausreißen; tree entwurzeln ❷ (remove from one's home) aus der gewohnten Umgebung herausreißen; ■ **to** ~ **oneself** seine Heimat verlassen ❸ (eradicate) ausmerzen

up·set I. vt [ʌp'set] ❶ (push over) umwerfen; boat zum Kentern bringen; glass umstoßen ❷ (psychologically unsettle) aus der Fassung bringen; (distress) mitnehmen; ■ **to** ~ **oneself** sich aufregen ❸ (throw into disorder) durcheinanderbringen ❹ (cause pain) **to** ~ **sb's stomach** jdm auf den Magen schlagen ▶ **to** ~ **the apple cart** (fam) alle Pläne über den Haufen werfen **II.** adj [ʌp'set] ❶ (up-ended) umgestoßen ❷ pred (nervous) aufgeregt; (angry) aufgebracht; (distressed) bestürzt; (sad) traurig; ■ **to be** ~ [**that**] ... traurig sein, dass ...; **to be** ~ **to hear/read/see that** ... mit Bestürzung hören/lesen/sehen, dass ... ❸ (fam: bilious) **to have an** ~ **stomach** sich dat den Magen verdorben haben **III.** n ['ʌpset] ❶ no pl (trouble) Ärger m; (argument) Verstimmung f; (psychological) Ärgernis nt; ■ **to be an** ~ **to sb** jdn mitnehmen; **to have an** ~ eine Meinungsverschiedenheit haben ❷ (unwelcome surprise) unliebsame Überraschung ❸ (fam) **stomach** ~ Magenverstimmung f

'up·set price n AM Mindestpreis m **up·set·ting** [ʌp'setɪŋ] adj erschütternd; (saddening) traurig; (annoying) ärgerlich

up·shot ['ʌpʃɒt] n no pl [End]ergebnis nt

up·side 'down I. adj ❶ (inverted position) auf dem Kopf stehend attr; **that picture is** ~ das Bild hängt verkehrt herum ❷ (very confused) verkehrt **II.** adv (inverted position) verkehrt herum; **to turn sth** ~ (also fig) etw auf den Kopf stellen

up·stage I. adj [ʌp'steɪdʒ] THEAT im hinteren Bühnenbereich nach n **II.** adv [ʌp'steɪdʒ] THEAT nach hinten; **to look** ~ in Richtung Bühnenhintergrund schauen **III.** vt ['ʌpsteɪdʒ] ■ **to** ~ **sb** jdm die Schau stehlen

up·stairs [ʌp'steəz] **I.** adj oben präd, obe-

re(r, s) attr **II.** adv (upward movement) nach oben; (higher position) oben **III.** n no pl Obergeschoss nt

up·stand·ing [ʌp'stændɪŋ] adj ❶ (honest) aufrichtig ❷ (erect) groß gewachsen; (strong) kräftig ❸ BRIT (form: stand up) ■ **to be** ~ sich erheben

up·start ['ʌpstɑ:t] n (usu pej) Emporkömmling m

up·state AM **I.** adj im ländlichen Norden [des Bundesstaates] präd; **in** ~ **New York** im ländlichen Teil New Yorks **II.** adv in den/im ländlichen Norden [des Bundesstaates]

up·stream [ʌp'stri:m] **I.** adj **the** ~ **part of the river** der obere Teil des Flusses **II.** adv flussaufwärts; **to swim** ~ gegen den Strom schwimmen

up·surge ['ʌpsɜ:dʒ] n rasche Zunahme; ~ **of attention** steigende Aufmerksamkeit; **the** ~ **of violence** die stark zunehmende Gewalt

up·swing ['ʌpswɪŋ] n ECON Aufschwung m; ■ **to be on the** ~ ansteigen

up·take ['ʌpteɪk] n no pl ❶ (absorption) Aufnahme f ❷ BRIT, AUS (level of usage) Nutzungsgrad m ▶ **to be quick/slow on the** ~ (fam) schnell schalten/schwer von Begriff sein

up·tight [ʌp'taɪt] adj (fam) ❶ (nervous) nervös; (anxious) ängstlich; **to be/get** ~ [**about sth**] [wegen einer S. gen] nervös sein/werden ❷ (stiff in outlook) verklemmt

'up-to-date adj attr zeitgemäß; information, report aktuell

up-to-the-'min·ute adj hochaktuell

up·town AM **I.** adv **to live in** ~ **Manhattan** im nördlichen/vornehmen Teil Manhattans leben **II.** adv (in residential area) in den [nördlichen] Wohngebieten; (with affluent connotations) im Villenviertel **III.** n (residential area) Wohnviertel nt; (wealthy area) Villenviertel nt

up·trend ['ʌptrend] n esp AM Aufwärtstrend m

up·turn ['ʌptɜ:n] n Aufschwung m; ~ **in the economy** Konjunkturaufschwung m

up·turned ['ʌptɜ:nd] adj nach oben gewendet; table umgeworfen; boat gekentert; ~ **nose** Stupsnase f

up·ward ['ʌpwəd] **I.** adj usu AM Aufwärts-; ~ **movement** Aufwärtsbewegung f **II.** adv nach oben; **from childhood** ~ von Kindheit an

up·ward·ly ['ʌpwədli] adv nach oben, aufwärts

up·ward·ly 'mo·bile adj ■ **to be** ~ ehrgeizig daran arbeiten, in der Gesellschaft aufzusteigen; **he belongs to the new** ~ **generation** er gehört zu der neuen aufstrebenden

Generation **up·wards** ['ʌpwədz] *adv* nach oben, aufwärts **up·ward 'trend** *n* Aufwärtstrend *m*; ~ **in inflation** Inflationsstoß *m*

ura·nium [jʊəˈreɪniəm] *n no pl* Uran *nt*

Ura·nus ['jʊərənəs] *n no art* ASTRON Uranus *m*

ur·ban ['ɜːbən] *adj attr* städtisch; ~ **area** Stadtgebiet *nt*; ~ **decay** (*in centre*) Verfall *m* der Innenstadt; (*in residential area*) Verslumung *f*; ~ **population** Stadtbevölkerung *f*; ~ **redevelopment** Stadtsanierung *f*; ~ **sprawl** Zersiedelung *f*

ur·bane [ɜːˈbeɪn] *adj* weltmännisch; *manner* kultiviert

ur·ban·ity [ɜːˈbænəti] *n no pl* weltmännische Art

ur·ban·i·za·tion [ˌɜːbənaɪˈzeɪʃən] *n no pl* Verstädterung *f*

ur·ban·ize ['ɜːbənaɪz] *vt* verstädtern

ur·chin ['ɜːtʃɪn] *n street* ~ Straßenkind *nt*; (*boy*) Gassenjunge *m*

urethra <*pl* -s *or* -rae> [jʊəˈriːθrə, *pl* -riː] *n* ANAT Harnröhre *f*

urge [ɜːdʒ] **I.** *n* (*strong desire*) Verlangen *nt* (**for** nach); (*compulsion*) Drang *m* (**for** nach); PSYCH Trieb *m*; **to get the** ~ **to do sth** Lust bekommen, etw zu tun; **irresistible** ~ unwiderstehliches Verlangen; **sexual** ~ Sexual-/Geschlechtstrieb *m*; **to give in to the** ~ **to do sth** dem Verlangen, etw zu tun, nicht widerstehen können **II.** *vt* ❶ (*try to persuade*) ■**to** ~ **sb** [**to do sth**] jdn drängen, etw zu tun] ❷ (*advocate*) ■**to** ~ **sth** auf etw *akk* dringen, zu etw *dat* drängen; **I** ~ **you to reconsider your decision** ich rate Ihnen dringend, Ihren Beschluss zu überdenken; **to** ~ **caution/vigilance** zur Vorsicht/Wachsamkeit mahnen ❸ (*form: persuade to accept*) ■**to** ~ **sth on sb** jdn zu etw *dat* drängen ◆**urge on** *vt* ■**to** ~ **sb [to do sth]** jdn [dazu] antreiben[, etw zu tun]

ur·gen·cy ['ɜːdʒən(t)si] *n no pl* ❶ (*top priority*) Dringlichkeit *f*; *of problem, situation also* Vordringlichkeit *f*; **to be a matter of** ~ äußerst dringend sein ❷ (*insistence*) Eindringlichkeit *f*

ur·gent ['ɜːdʒənt] *adj* ❶ (*imperative*) dringend; *situation* brisant; (*on letter*) ‚eilt'; **to be in** ~ **need of sth** dringend etw benötigen ❷ (*insistent*) eindringlich; *steps* eilig; *plea* deutlich

ur·gent·ly ['ɜːdʒəntli] *adv* ❶ (*imperatively*) dringend ❷ (*insistently*) eindringlich

uri·nal [jʊəˈraɪnəl, -rɪ-] *n* ❶ (*men's toilet*) Pissoir *nt* ❷ (*for patient*) Uringlas *nt*

uri·nary ['jʊərɪnəri] *adj* Harn-; ~ **diseases** Erkrankungen *pl* der Harnwege

uri·nate ['jʊərɪneɪt] *vi* urinieren

urine ['jʊərɪn] *n no pl* Urin *m*

URL [ˌjuːɑːˈel] *n abbrev of* **uniform resource locator** URL *m*

urn [ɜːn] *n* ❶ (*garden ornament*) Krug *m*; (*for remains*) [Grab]urne *f* ❷ (*for drinks*) großer, hoher Metallbehälter mit Deckel für heiße Getränke; **tea** ~ Teekessel *m*

Uru·guay ['jʊərəɡwaɪ] *n no pl* Uruguay *nt*

us [ʌs, əs] *pron* ❶ (*object of we*) uns *in dat o akk*; **let** ~ **know** lassen Sie es uns wissen; **both/many of** ~ wir beide/viele von uns; **it's** ~ wir sind's; **older than** ~ älter als wir; **them and** ~ (*fam*) gleicher als gleich; ~ **against them** (*fam*) wir gegen sie ❷ AUS, BRIT (*fam: me*) mir *in dat*, mich *in akk*; **give** ~ **a kiss** gib' mir einen Kuss ❸ AM (*fam: to, for ourselves*) uns

USA [ˌjuːesˈeɪ] *n no pl* ❶ (*country*) *abbrev of* **United States of America**; ■**the** ~ die USA *pl* ❷ (*army*) *abbrev of* **United States Army** Armee *f* der USA

USAF [ˌjuːeseɪˈef] *n no pl abbrev of* **United States Air Force** Luftwaffe *f* der Vereinigten Staaten

us·age ['juːsɪdʒ] *n* ❶ *no pl* (*handling*) Gebrauch *m*; (*consumption*) Verbrauch *m* ❷ *no pl* (*customary practice*) Usus *m geh*; **it's common** ~ ... es ist allgemein üblich ... ❸ *of term, word* Verwendung *f*, Gebrauch *m* ❹ *no pl* (*manner of using language*) Sprachgebrauch *m*

USB [ˌjuːesˈbiː] *n* COMPUT, INET *acr for* **Universal Serial Bus** USB

use I. *vt* [juːz] ❶ (*make use of, utilize*) benutzen; *building, chance, one's skills, talent* nutzen; *method, force* anwenden; *dictionary, idea* verwenden; *poison, gas, chemical warfare* einsetzen; **I could** ~ **some help** ich könnte etwas Hilfe gebrauchen; **I could** ~ **a drink now** ich könnte jetzt einen Drink vertragen; **I've got to** ~ **the toilet** ich muss auf die Toilette; **to** ~ **drugs** Drogen nehmen; **to** ~ **swear words** fluchen; **to** ~ **sth against sb** etw gegen jdn verwenden ❷ (*employ*) einsetzen; ~ **your head** jetzt schalt doch mal dein Hirn ein! *sl*; ~ **your imagination!** lass doch mal deine Fantasie spielen!; **to** ~ **common sense** seinen gesunden Menschenverstand benutzen; **to** ~ **discretion/tact** diskret/taktvoll sein ❸ (*get through, consume*) verbrauchen; **we've** ~**d nearly all the bread** wir haben fast kein Brot mehr; **this radio** ~**s 1.5 volt batteries** für dieses Radio braucht man 1,5 Volt Batterien ❹ (*manipulate*) benutzen; (*exploit*) ausnutzen ❺ (*form: treat in stated way*) **to** ~ **sb badly/well** jdn schlecht/gut behandeln **II.** *n* [juːs] ❶ (*application, employment*) Verwendung *f* (**for** für); *of dictionary also* Benutzung *f*; *of talent, experi-*

ence Nutzung *m; of force, method* Anwendung *f; of poison, gas, labour* Einsatz *m;* **don't throw that away, you'll find a ~ for it one day** wirf das nicht weg – eines Tages wirst du es schon noch irgendwie verwenden können; **to lose the ~ of sth** *finger, limb* etw nicht mehr benutzen können; **the ~ of alcohol/drugs** der Alkohol-/Drogenkonsum; **directions for ~** Gebrauchsanweisung *f;* **for ~ in an emergency** für den Notfall; **for ~ in case of fire** bei Feuer; **for external ~ only** nur zur äußerlichen Anwendung; **for private ~ only** nur für den Privatgebrauch; **to be no longer in ~** nicht mehr benutzt werden; **to find a ~ for sth** für etw *akk* Verwendung finden; **to fall out of ~** nicht mehr benutzt werden; **to make ~ of sth** etw benutzen; *experience, talent* etw nutzen; **can you make ~ of that?** kannst du das gebrauchen? ❷ (*consumption*) Verwendung *f* ❸ (*usefulness*) Nutzen *m;* **can I be of any ~?** kann ich vielleicht irgendwie behilflich sein?; **what's the ~ of shouting?** was bringt es denn herumzuschreien?; **what's the ~** was soll's? *fam;* **to be no/not much ~ to sb** jdm nichts/nicht viel nützen; **is this of any ~ to you?** kannst du das vielleicht gebrauchen?; **it's no ~ [doing sth]** es hat keinen Zweck[, etw zu tun] ❹ (*right to use*) **to have the ~ of sth** *room, car* etw benutzen dürfen ❺ (*custom*) Brauch *m* ❻ (*out of order*) ■ **to be out of [**or AM, AUS **usu no tin] ~** nicht funktionieren ◆ **use up** *vt strength, energy* verbrauchen; (*completely*) [völlig] aufbrauchen; **I was tired and ~d up** ich war müde und ausgebrannt

used¹ [ju:st] *vt only in past* **he ~ to teach** er hat früher unterrichtet; **my father ~ to say ...** mein Vater sagte [früher] immer, ...; **did you use to work in banking?** haben Sie früher im Bankgewerbe gearbeitet?; **you didn't use to like wine** früher mochtest du keinen Wein

used² [ju:zd] *adj* ❶ (*not new*) gebraucht; **~ clothes** Secondhandkleidung *f* ❷ (*familiar with*) gewohnt; ■ **to be ~ to sth** etw gewohnt sein; **to become ~ to sth** sich an etw *akk* gewöhnen

use·ful ['ju:sfəl] *adj* ❶ (*practical, functional*) nützlich (**for** für); **to make oneself ~** sich nützlich machen ❷ (*advantageous*) wertvoll; **to come in ~** gut zu gebrauchen sein ❸ (*effective*) hilfreich; *discussion* ergiebig ❹ (*fam: competent*) gut; **he's a ~ person to know if you get into trouble** es ist ganz gut, ihn zu kennen, wenn man in Schwierigkeiten gerät; **to be ~ with a drill** gut mit der Bohrmaschine umgehen können **use·ful·ness** ['ju:sfəlnəs] *n no pl* Nützlichkeit *f; of con-* *tribution, information also* Brauchbarkeit *f;* (*applicability*) Verwendbarkeit *f* **use·less** ['ju:sləs] *adj* ❶ (*pointless*) sinnlos; ■ **it's ~ [doing sth]** es ist sinnlos[, etw zu tun] ❷ (*fam: incompetent*) zu nichts zu gebrauchen *präd;* **he's a ~ goalkeeper** er taugt nichts als Torwart ❸ (*unusable*) unbrauchbar; **to be ~** nichts taugen; **to render sth ~** etw unbrauchbar machen

user ['ju:zə^r] *n* Benutzer(in) *m(f); of software, system also* Anwender(in) *m(f); of electricity, gas* Verbraucher(in) *m(f);* **drug ~** Drogenkonsument(in) *m(f)*

user-'friend·ly *adj* benutzerfreundlich **user 'inter·face** *n* Benutzeroberfläche *f* **user 'pro·gram** *n* Anwenderprogramm *nt* **user 'soft·ware** *n* Anwendersoftware *f*

US-'friend·ly <-ier, -iest> *adj* **~ governments** den USA wohlgesonnene Regierungen

ush·er ['ʌʃə^r] **I.** *n* ❶ (*in theatre, church*) Platzanweiser(in) *m(f)* ❷ LAW Gerichtsdiener(in) *m(f);* (*escort*) Zeremonienmeister(in) *m(f)* **II.** *vt* **to ~ sb into a room/to his seat** jdn in einen Raum hineinführen/zu seinem Platz führen

ush·er·ette [ˌʌʃərˈet] *n* Platzanweiserin *f*

USP [ˌjuːesˈpiː] *n* BRIT ECON *abbrev of* **unique selling proposition** USP *m*

USS [ˌjuːesˈes] *n before n* MIL *abbrev of* **United States Ship** Schiff aus den Vereinigten Staaten

USSR [ˌjuːesesˈɑː^r] *n* (*hist*) *abbrev of* **Union of Soviet Socialist Republics** UdSSR *f*

usu·al ['juːʒəl] **I.** *adj* üblich, normal; **to find sth in its ~ place** etw an seinem gewohnten Platz vorfinden; **later/less/more than ~** später/weniger/mehr als sonst; **as** [**per**] **~** wie üblich **II.** *n* (*fam: regular drink*) ■ **the ~** das Übliche

usu·al·ly ['juːʒəli] *adv* normalerweise

usu·fruct ['juːsjʊfrʌkt] *n no pl* LAW Nießbrauch *m fachspr*

usu·rer ['juːʒərə^r] *n esp* LAW Wucherer, Wucherin *m, f*

usu·ri·ous [juːˈzjʊəriəs] *adj esp* LAW wucherisch; **~ rates** Wucherzinsen *pl*

usurp [juːˈzɜːp] *vt* ❶ (*take position*) sich *dat* widerrechtlich aneignen; *power* an sich *akk* reißen ❷ (*supplant*) verdrängen

usurp·er [juːˈzɜːpə^r] *n* Usurpator(in) *m(f) geh*

usu·ry ['juːʒəri] *n no pl esp* LAW Wucher *m*

USW [ˌjuːesˈdʌbljuː] *n abbrev of* **ultrashort waves** UKW

uten·sil [juːˈten(t)səl] *n* Utensil *nt;* **kitchen ~s** Küchengeräte *pl*

uter·ine ['juːtəraɪn] *adj* Gebärmutter-

uter·us <*pl* -ri *or* -es> ['juːtərəs] *n* Gebärmutter *f*

uti·li·tar·i·an [ˌjuːtɪlɪ'teəriən] *adj* ❶ (*philosophy*) utilitaristisch ❷ (*functional*) funktionell

util·i·ty [juː'tɪləti] **I.** *n* ❶ (*usefulness*) Nützlichkeit *f* ❷ *usu pl* (*public service*) Leistungen *pl* der öffentlichen Versorgungsbetriebe; ~ **bill** [Ab]rechnung *f* der öffentlichen Versorgungsbetriebe **II.** *adj* (*useful*) Mehrzweck-; ~ **vehicle** Mehrzweckfahrzeug *nt*

u'til·ity room *n* Raum, in dem Haushaltsgeräte, wie z.B. Waschmaschine und Trockner stehen, und der ebenfalls als Vorratskeller dient

uti·li·za·tion [ˌjuːtɪlar'zeɪʃən] *n no pl* (*form*) Verwendung *f;* ECON Auslastung *f*

uti·lize ['juːtɪlaɪz] *vt* nutzen

ut·most ['ʌtməʊst] **I.** *adj attr* größte(r, s); **with the ~ care/precision** so sorgfältig/genau wie möglich; **with the ~ caution/reluctance** mit äußerster Vorsicht/Zurückhaltung; **of the ~ importance** von äußerster Wichtigkeit **II.** *n no pl* ▪ **the ~** das Äußerste (**in** an); ▪ **at the ~** höchstens; ▪ **to the ~** bis zum Äußersten; **to try one's ~** sein Bestes geben

Uto·pia [juː'təʊpiə] *n no pl* Utopia *nt*

uto·pian [juː'təʊpiən] *adj* utopisch

ut·ter¹ ['ʌtə'] *adj attr* vollkommen; **in ~ disbelief** völlig ungläubig; ~ **fool** Vollidiot(in) *m(f) fam;* ~ **nonsense** absoluter Blödsinn; **a complete and ~ waste of time** eine totale Zeitverschwendung

ut·ter² ['ʌtə'] *vt* ❶ (*liter: make a noise*) von sich *dat* geben; **no one ~ed a sound** keiner brachte einen Ton heraus; **to ~ a groan** stöhnen; **without ~ing a word** ohne ein Wort zu sagen; (*liter: put into words*) sagen; *curse, threat* ausstoßen; *oath* schwören; *prayer* sprechen; *warning* aussprechen

ut·ter·ance ['ʌtərən(t)s] *n* ❶ (*form: statement*) Äußerung *f;* **a child's first ~s** die ersten Worte eines Kindes ❷ *no pl* (*form: act of speaking*) Sprechen *nt*

ut·ter·ly ['ʌtəli] *adv* vollkommen; **to be ~ convinced that ...** vollkommen [davon] überzeugt sein, dass ...; **to find sb/sth ~ irresistible** jdn/etw absolut unwiderstehlich finden

ut·ter·most ['ʌtəməʊst] *n, adj* see **utmost**

U-turn ['juːtɜːn] *n* ❶ (*of a car*) Wende *f;* **to do a ~** wenden ❷ (*change of plan*) Kehrtwendung *f*

UV [ˌjuː'viː] *abbrev of* **ultraviolet** UV

UVF [ˌjuː'viːef] *n abbrev of* **Ulster Volunteer Force** UVF

uvu·la <*pl* -lae> ['juːvjələ, *pl* -liː] *n* ANAT [Gaumen]zäpfchen *nt*

uxo·ri·ous [ʌk'sɔːriəs] *adj* (*form*) husband blind ergeben

V <*pl* -'s *or* -s> *n*, **v** <*pl* -'s> [viː] *n* ❶ (*letter of alphabet*) V *nt*, v *nt; see also* **A** 1 ❷ (*Roman numeral*) V (*römisches Zahlzeichen für 5*) ❸ (*shape*) V *nt;* **V-shaped neck** V-Ausschnitt *m*

v [viː] **I.** *adv abbrev of* **very II.** *n* LING *abbrev of* **verb** v **III.** *prep abbrev of* **verse, verso, versus** vs.

vac [væk] **I.** *n* ❶ BRIT (*fam*) *short for* **vacation** Semesterferien *pl* ❷ (*fam*) *short for* **vacuum cleaner** Staubsauger *m* ❸ (*fam*) *short for* **vacuum clean: to give sth a ~** etw [staub]saugen **II.** *vt* <-cc-> (*fam*) *short for* **vacuum clean** [staub]saugen

va·can·cy ['veɪkən(t)si] *n* ❶ (*unoccupied room*) freies Zimmer; **'vacancies'** ,Zimmer frei'; **'no vacancies'** ,belegt' ❷ (*appointment*) freier Termin ❸ (*employment*) freie Stelle; **to fill a ~** eine [freie] Stelle besetzen ❹ *no pl* (*emptiness*) Leere *f; of expression* Leere *f; of look* Ausdruckslosigkeit *f* ❺ (*lack of thought*) Gedankenlosigkeit *f*

va·cant ['veɪkənt] *adj* ❶ (*empty*) *bed, chair, seat* frei; *house* unbewohnt; *plot* [*of land*] unbebaut; (*on toilet door*) **'~'** ,frei' ❷ (*employment*) unbesetzt; **to fall ~** frei werden ❸ (*unfilled time*) frei ❹ (*expressionless*) leer; ~ **stare** ausdrucksloser Blick

va·cate [və'keɪt] *vt* räumen; *job, position, post* aufgeben; *place, seat* frei machen

va·ca·tion [və'keɪʃən] **I.** *n* ❶ AM (*proper holiday*) Ferien *pl,* Urlaub *m;* **to take a ~** Urlaub machen; ▪ **to be on ~** im Urlaub sein ❷ UNIV Semesterferien *pl;* LAW Gerichtsferien *pl;* AM, AUS SCH (*school holidays*) [Schul]ferien *pl* ❸ *no pl* (*relinquish*) Räumung *f* eines Hauses; ~ **of a post** Aufgabe *f* eines Postens **II.** *vi* AM Urlaub machen

va·ca·tion·er [veɪ'keɪʃənə'] *n* AM Urlauber(in) *m(f)*

vac·ci·nate ['væksɪneɪt] *vt* impfen (**against** gegen)

vac·ci·na·tion [ˌvæksɪ'neɪʃən] *n* [Schutz]impfung *f* (**against** gegen)

vac·cine ['væksiːn] *n* Impfstoff *m*

vac·il·late ['væsəleɪt] *vi* schwanken
vac·il·la·tion [ˌvæsəl'eɪʃən] *n* Schwanken *nt kein pl*
va·cu·ity [væk'juːəti] *n* ① *no pl* (*pej: vacancy of mind*) Leere *f*; (*brainlessness*) Geistlosigkeit *f*; (*lack of expression*) Ausdruckslosigkeit *f* ② (*inane remarks*) ■**vacuities** *pl* Plattheiten *pl*
vacu·ous ['vækjuəs] *adj* ① (*inane*) *person, question* geistlos; *remark also* nichts sagend ② (*expressionless*) *look, expression* ausdruckslos, leer
vacuum <*pl* -s *or form* -cua> ['vækjuːm, *pl* -kjuə] **I.** *n* ① (*area without gas/air*) Vakuum *nt* ② (*fig: gap*) Vakuum *nt*, Lücke *f*; **to fill/leave a ~** eine Lücke füllen/hinterlassen ③ <*pl* -s> (*Hoover*) Staubsauger *m* **II.** *vt* [staub]saugen; ■**to ~ up** ⊃ **sth** etw aufsaugen
'vacuum bot·tle *n*, **'vacuum flask** *n esp* BRIT Thermosflasche *f* **'vacuum clean·er** *n* Staubsauger *m* **'vacuum-pack·aged** *adj*, **'vacuum-packed** *adj* vakuumverpackt **'vacuum suc·tion** *n* Vakuumabsaugung *f*
vaga·bond ['vægəbɒnd] **I.** *n* (*dated*) Vagant *m* **II.** *adj* umherziehend *attr*, vagabundierend *attr*
va·gary ['veɪgəri] *n* ① (*caprice, whimsy*) Laune *f*, Kaprize *f* ÖSTERR ② (*fig*) ■**vagaries** *pl* (*unpredictable change*) Launen *pl*; **the vagaries of life** die Wechselfälle *pl* des Lebens
va·gi·na [və'dʒaɪnə] *n* ANAT Vagina *f*, Scheide *f*
va·gran·cy ['veɪgrənsi] *n no pl* ① (*homelessness*) Obdachlosigkeit *f* ② (*dated*) Landstreicherei *f*
va·grant ['veɪgrənt] **I.** *n* ① (*dated*) Landstreicher(in) *m(f)* ② (*homeless person*) Obdachlose(r) *f(m)* **II.** *adj* vagabundierend
vague [veɪg] *adj* ① (*not distinct*) ungenau, vage; *figure, shape* verschwommen, undeutlich ② (*imprecise*) *person* zerstreut; ■**to be ~ about sth** sich [nur] vage zu etw *dat* äußern
vague·ness ['veɪgnəs] *n no pl* ① (*imprecision*) Unbestimmtheit *f* ② (*absent-mindedness*) Zerstreutheit *f*
vain [veɪn] *adj* ① (*pej: conceited*) eingebildet; (*about one's looks*) eitel ② (*futile*) sinnlos; *hope* töricht ③ (*unsuccessful*) *attempt, effort* vergeblich; **in ~** vergeblich, umsonst
vain·glo·ri·ous [ˌveɪn'glɔːriəs] *adj* (*pej liter*) dünkelhaft; *behaviour* überheblich; *manner* hochnäsig
va·lance ['væləns] *n* ① (*on bed*) Volant *m* ② AM (*on curtain rail*) Querbehang *m*
vale [veɪl] *n* ① (*liter: valley*) Tal *nt* ② (*place name*) **the V~ of Evesham/York** das Tal von Evesham/York
val·edic·tion [ˌvælɪ'dɪkʃən] *n* (*form*) Abschiedsrede *f*
val·edic·tory [ˌvælɪ'dɪktəri] *adj* Abschieds-; AM (*upon finishing school*) **~ address** Abschiedsrede *f*
va·lence ['veɪləns], **va·len·cy** ['veɪlənsi] *n* CHEM, PHYS Valenz *f fachspr*; **~ band/bond** Verbindungs-/Bindungswertigkeit *f fachspr*
Va·len·cia [və'len(t)ʃə] *n* Valencia *nt*
val·en·tine ['væləntaɪn] *n* Person, die am Valentinstag von ihrem Verehrer/ihrer Verehrerin beschenkt wird; **the message on the card said "be my ~!"** auf der Karte stand: „sei mein Schatz am Valentinstag!"
'Val·en·tine's Day *n* Valentinstag *m*
va·leri·an [və'lɪəriən] *n* Baldrian *m*
val·et ['væleɪ] **I.** *n* ① (*esp hist: private servant*) Kammerdiener *m* ② (*car parker*) Person, die Autos (*meist im Hotel*) einparkt **II.** *vt* BRIT **to ~ a car** ein Auto waschen; (*on the inside*) den Innenraum eines Autos reinigen
'val·et ser·vice *n* BRIT Hotelwäscherei *f*
val·etu·di·nar·ian [ˌvælɪtjuːdɪ'neəriən] *n* (*esp form*) ① (*hypochondriac*) Hypochonder(in) *m(f)*; (*health fanatic*) Gesundheitsapostel *m hum, pej fam* ② (*in poor health*) kränkelnde Person
val·iant ['væliənt] *adj* (*approv*) mutig; *effort* kühn; *resistance* tapfer; *warrior* wacker
val·id ['vælɪd] *adj* ① (*well-founded*) begründet; (*worthwhile*) berechtigt; *argument* stichhaltig; *criticism* gerechtfertigt; *reason* triftig ② (*still in force*) *passport, qualification* gültig; LAW (*contractually binding*) rechtskräftig
vali·date ['vælɪdeɪt] *vt* ① (*officially approve*) anerkennen ② (*verify, authenticate*) bestätigen
va·lid·ity [və'lɪdəti] *n no pl* ① (*authentication*) Gültigkeit *f*; (*value*) Wert *m* ② (*significance*) Bedeutung *f*
val·ley ['væli] *n* Tal *nt*
val·our ['vælər], AM **val·or** *n no pl* (*approv form*) Wagemut *m*
valu·able ['væljuəbl] *adj* wertvoll; *gems* kostbar
valu·a·tion [ˌvælju'eɪʃən] *n* ① (*instance*) Schätzwert *m* ② *no pl* (*act*) Schätzung *f* ③ FIN Bewertung *f*, Wertansatz *m*
valu·a·tor ['væljueɪtər] *n* Schätzer(in) *m(f)*
value ['væljuː] **I.** *n* ① *no pl* (*significance*) Wert *m*, Bedeutung *f*; **to be of little ~** wenig Wert haben; **to place a high ~ on sth** auf etw *akk* großen Wert legen ② *no pl* (*financial worth*) Wert *m*; **that restaurant is ~ for money** in diesem Restaurant bekommt man etwas für sein Geld ③ (*monetary value*) Wert

m ❹ *(moral ethics)* ■ **~s** *pl* Werte *pl*, Wertvorstellungen *pl*; **moral ~s** Moralvorstellungen *pl* **II.** *vt* ❶ *(deem significant)* schätzen; **to ~ sb as a friend** jdn als Freund schätzen ❷ *(estimate financial worth)* schätzen; ■ **to have sth ~d** etw schätzen lassen

value 'add·ed tax *n* Mehrwertsteuer *f*

valued ['vælju:d] *adj (approv form)* geschätzt

value·less ['vælju:ləs] *adj* wertlos

valu·er ['vælju:əʳ] *n esp* BRIT Schätzer(in) *m(f)*

valve [vælv] *n* ❶ *(control device)* Ventil *nt* ❷ *(body part)* Klappe *f* ❸ *(wind instrument part)* Ventil *nt*

vamp[1] [væmp] *vi* MUS improvisieren

vamp[2] [væmp] *n (woman)* Vamp *m*

vam·pire ['væmpaɪəʳ] *n* Vampir *m*

van [væn] *n* ❶ *(vehicle)* Transporter *m*; **delivery ~** Lieferwagen *m* ❷ AM *(car type)* Kleinbus *m*; *(smaller)* Minibus *m* ❸ BRIT *(railway)* **luggage ~** Gepäckwagen *m*

van·dal ['vændəl] *n* Vandale *m pej*

van·dal·ism ['vændəlɪzəm] *n no pl* Vandalismus *m* **van·dal·ize** ['vændəlaɪz] *vt* mutwillig zerstören; *building* verwüsten; *vehicle* demolieren

vane [veɪn] *n* Propellerflügel *m*

van·guard ['vænɡɑ:d] *n no pl* ❶ *(esp form: advance guard)* Vorhut *f*; *(advance elements)* Spitze *f* ❷ *(fig: leader)* **he sees himself as being in the ~ of economic reform** er glaubt, dass er zu den Vorreitern der Wirtschaftsreform gehört

va·nil·la [vəˈnɪlə] **I.** *n no pl* Vanille *f* **II.** *adj* Vanille-; **~ ice cream** Vanilleeis *nt*

van·ish ['vænɪʃ] *vi* ❶ *(disappear)* verschwinden; **to ~ into thin air** sich in Luft auflösen; **to ~ without trace** spurlos verschwinden ❷ *(cease to exist)* verloren gehen; **a ~ed era/past** ein verflossenes Zeitalter/eine vergangene Zeit; **to see one's hopes ~ing** seine Hoffnungen schwinden sehen

'van·ish·ing cream *n (dated)* Pflegecreme *f* **'van·ish·ing point** *n* ❶ *(horizon)* Fluchtpunkt *m* ❷ *(fig)* Nullpunkt *m*

van·ity ['vænəti] *n no pl* Eitelkeit *f*

'van·ity bag *n* Schminktasche *f* **'van·ity case** *n* Kosmetikkoffer *m*

van·quish ['væŋkwɪʃ] *vt (esp liter)* bezwingen

van·tage ['vɑ:ntɪdʒ] *n* Aussichtspunkt *m*

'van·tage point *n* ❶ *(outlook)* Aussichtspunkt *m* ❷ *(fig: ideological perspective)* Blickpunkt *m*

Va·nu·atu [ˌvænuˈɑːtu:] *n no pl* Vanuatu *nt*

vap·id ['væpɪd] *adj (pej)* banal

va·por *n* AM *see* **vapour**

va·pori·za·tion [ˌveɪpəraɪˈzeɪʃən] *n (slow)* Verdunstung *f*; *(quick)* Verdampfung *f*

va·por·ize ['veɪpəraɪz] **I.** *vt* verdampfen **II.** *vi (slowly)* verdunsten; *(quickly)* verdampfen **va·por·iz·er** ['veɪpəraɪzəʳ] *n* Inhalator *m*

va·pour ['veɪpəʳ] *n (steam)* Dampf *m*; *(breath)* Atem[hauch] *m*; **water ~** Wasserdampf *m*

'va·pour pres·sure *n no pl* Gasdruck *m* **'va·pour trail** *n* Kondensstreifen *m*

varia·bil·ity [ˌveəriəˈbɪləti] *n no pl* Veränderlichkeit *f*

vari·able ['veəriəbl] **I.** *n* Variable *f* **II.** *adj* variabel, veränderlich; *quality* wechselhaft; *weather* unbeständig

vari·ance ['veəriən(t)s] *n* ❶ *no pl (form: at odds)* ■ **to be at ~ with sth** mit etw *dat* nicht übereinstimmen ❷ *no pl (variation)* Abweichung *f* ❸ AM LAW *(special permission)* Sondergenehmigung *f*

vari·ant ['veəriənt] **I.** *n* Variante *f* **II.** *adj attr* variierend, unterschiedlich

varia·tion [ˌveəriˈeɪʃən] *n* ❶ *no pl (variability)* Abweichung *f* ❷ *(difference)* Schwankung[en] *f[pl]* ❸ LIT, MUS Variation *f* **(on** über)

vari·cose ['værɪkə(ʊ)s] *adj* varikös *esp fachspr;* **~ veins** Krampfadern *pl*

var·ied ['veərid] *adj* unterschiedlich; *career* bewegt; *group* bunt gemischt

varie·gat·ed ['veərɪɡeɪtɪd] *adj* ❶ *(with variety)* vielfältig ❷ *(multicoloured)* mischfarbig; BOT panaschiert *fachspr;* **~ leaves** bunte Blätter

va·ri·ety [vəˈraɪəti] *n* ❶ *no pl (absence of monotony)* Vielfalt *f*; *(in a job also)* Abwechslungsreichtum *m*; ECON Auswahl *f* ❷ *no pl (differing from one another)* Verschiedenartigkeit *f* ❸ *no pl* **a ~ of courses** verschiedene Kurse; **in a ~ of ways** auf vielfältige Weise ❹ *(category)* Art *f*; BIOL Spezies *f*; **a new ~ of tulip/sweetcorn** eine neue Tulpen-/Maissorte ❺ *no pl (entertainment)* Varietee *nt*

va·'ri·ety show *n* Varieteeshow *f* **va·'ri·ety thea·tre** *n* BRIT Varieteetheater *nt*

vari·fo·cal [ˌveərɪfəʊkəl] *adj lenses, glasses* Gleitsicht-

vari·ous ['veəriəs] *adj* verschieden

var·mint ['vɑːmɪnt] *n* AM Schädling *m*; *(fig fam: mischievous person)* Tunichtgut *m*

var·nish ['vɑːnɪʃ] **I.** *n <pl -es>* Lack *m*; *(on painting)* Firnis *m* **II.** *vt* lackieren

var·sity ['vɑːsəti] *n* BRIT *(fam)* Uni *f*

vary <-ie-> ['veəri] **I.** *vi* ❶ *(differ)* variieren, verschieden sein; **to ~ greatly** stark voneinander abweichen ❷ *(change)* sich verändern; *(fluctuate)* schwanken **II.** *vt* variieren; **to ~ one's diet** abwechslungsreich essen

vary·ing ['veəriɪŋ] *adj (different)* unterschiedlich; *(fluctuating)* variierend; *costs*

schwankend

vas·cu·lar ['væskjələʳ] *adj* BOT, MED vaskulär *fachspr*

vase [vɑːz] *n* Vase *f*

vas·sal ['væsəl] *n* ① (*hist: feudal subject*) Vasall *m* ② (*fig, pej: puppet*) Marionette *f*

vas·sal·age ['væsəlɪdʒ] *n no pl* (*hist*) Vasallentum *nt*

vast [vɑːst] *adj* gewaltig, riesig; *country* weit; *majority* überwältigend

vast·ly ['vɑːstlɪ] *adv* wesentlich, erheblich; ~ **superior** haushoch überlegen **vast·ness** ['vɑːstnəs] *n no pl* riesige Ausmaße *pl*

vat [væt] *n* (*for beer, wine*) Fass *nt*; (*with open top*) Bottich *m*

VAT [ˌviːeɪˈtiː] *n no pl* BRIT *abbrev of* **value added tax** MwSt *f*

Vati·can ['vætɪkən] I. *n no pl* ■ **the** ~ der Vatikan II. *adj attr* Vatikan-, des Vatikans *nach n*

vau·de·ville ['vɑːdvɪl] *n no pl* AM (*old: variety theatre*) Varietee *nt*

vault [vɔːlt] I. *n* ① (*arch*) Gewölbebogen *m* ② (*ceiling*) Gewölbe *nt* ③ (*strongroom*) Tresorraum *m*; (*safe repository*) Magazin *nt* ④ (*in church*) Krypta *f*; (*at cemeteries*) Gruft *f* ⑤ (*jump*) Sprung *m* II. *vt* (*jump*) ■ to ~ **sth** über etw *akk* springen; *athletics* etw überspringen III. *vi* springen (**over** über)

vault·ed ['vɔːltɪd] *adj* gewölbt

vault·ing ['vɔːltɪŋ] I. *n no pl* Wölbung *f* II. *adj attr* (*fig*) rasch ansteigend; *ambition* skrupellos; *costs* explodierend

'**vault·ing horse** *n* Sprungpferd *nt* '**vault·ing pole** *n* Stab *m* (*für Stabhochsprung*)

vaunt [vɔːnt] *vt* preisen

VC [ˌviːˈsiː] *n* BRIT *abbrev of* **Victoria Cross** Viktoriakreuz *nt* (*Tapferkeitsmedaille*)

VCR [ˌviːsiːˈɑːr] *n* AM *abbrev of* **video cassette recorder** Videorekorder *m*

VD [ˌviːˈdiː] *n no pl* MED (*dated*) *abbrev of* **venereal disease** Geschlechtskrankheit *f*

VDU [ˌviːdiːˈjuː] *n abbrev of* **visual display unit** Sichtgerät *nt*

VE [ˌviːˈiː] *abbrev of* **Victory in Europe** Sieg *m* in Europa; **VE Day** Tag an dem der Sieg der Alliierten im Zweiten Weltkrieg in Europa gefeiert wird

veal [viːl] *n no pl* Kalbfleisch *nt*

vec·tor ['vektəʳ] *n* ① (*changing quantity*) Vektor *m* ② (*disease transmitter*) Überträger *m*

veer [vɪəʳ] *vi* ① (*alter course*) abdrehen ② (*alter goal*) umschwenken; ■ to ~ **back and forth between sth** zwischen etw *dat* hin und her pendeln; ■ to ~ **towards sth** auf etw *akk* hinsteuern; **to** ~ **from one's usual opinions** von seiner üblichen Meinung abgehen

veg¹ [vedʒ] *n no pl* (*fam*) *short for* **vegetable(s)** Gemüse *nt*; **fruit and** ~ **stall/shop** Obst- und Gemüsestand *m*/-laden *m*

veg² [vedʒ] *vi* (*fam*) ■ to ~ **out** herumhängen

ve·gan ['viːɡən] I. *n* Veganer(in) *m(f)* II. *adj* vegan; **to turn** ~ Veganer(in) *m(f)* werden

veg·eta·ble ['vedʒtəbl] I. *n* ① (*plant*) Gemüse *nt*; **fresh fruit and** ~**s** frisches Obst und Gemüse ② (*as opposed to animal and mineral*) Pflanze *f* ③ (*fig, pej: inactive person*) Faulpelz *m fam* ④ (*fig, pej fam: severely disabled person*) Scheintote(r) *f(m)*; **to be a** ~ vor sich *dat* hin vegetieren

'**veg·eta·ble fat** *n* pflanzliches Fett '**veg·eta·ble gar·den** *n* Gemüsegarten *m* **veg·eta·ble 'king·dom** *n no pl* Pflanzenreich *nt* '**veg·eta·ble oil** *n* pflanzliches Öl

veg·etar·ian [ˌvedʒɪˈteərɪən] I. *n* Vegetarier(in) *m(f)* II. *adj* vegetarisch; **to go** ~ Vegetarier(in) *m(f)* werden

veg·etate ['vedʒɪteɪt] *vi* vegetieren

veg·eta·tion [ˌvedʒɪˈteɪʃən] *n no pl* (*in general*) Pflanzen *pl*; (*in specific area*) Vegetation *f*

veg·gie·bur·ger ['vedʒɪˌbɜːgəʳ] *n* Gemüseburger *m*

ve·he·mence ['viːəmən(t)s] *n no pl* Vehemenz *f*

ve·he·ment ['viːəmənt] *adj* vehement, heftig; *critic* scharf

ve·hi·cle ['vɪəkl] *n* ① (*transport*) Fahrzeug *nt* ② (*fig: means of expression*) Vehikel *nt* (**for** für)

ve·hi·cle reg·is·'tra·tion cen·tre *n* BRIT Kfz-Zulassungsstelle *f* **ve·hi·cle reg·is·'tra·tion num·ber** *n* Kfz-Kennzeichen *nt*

ve·hicu·lar [vɪˈkjələʳ] *adj attr* (*form*) Fahrzeug-; ~ **access** Zufahrt *f*

veil [veɪl] I. *n* ① (*also fig*) Schleier *m* II. *vt* ① *usu passive* (*cover by veil*) ■ to be ~**ed** verschleiert sein; ■ to ~ **oneself** sich verschleiern ② (*fig: cover*) verschleiern; **he tried to** ~ **his contempt by changing the subject** er versuchte seine Verachtung zu verbergen, indem er das Thema wechselte ③ (*envelop*) einhüllen

veiled [veɪld] *adj* ① (*wearing a veil*) verschleiert ② (*fig: concealed*) verschleiert; *criticism, hint, threat* versteckt

vein [veɪn] *n* ① (*blood vessel*) Vene *f* ② BOT, ZOOL, MIN Ader *f* ③ (*fig: element*) Spur *f* ④ *usu sing* (*style*) Stil *m*

veined [veɪnd] *adj* geädert

Vel·cro® ['velkrəʊ] *n no pl* Klettverschluss *m*

veld *n*, **veldt** [velt] *n* Steppe *f*

ve·loc·ity [vɪˈlɒsətɪ] I. *n* (*form*) Geschwindigkeit *f* II. *adj attr* Geschwindigkeits-

vel·vet ['velvɪt] *n no pl* Samt *m*

vel·vet·een [ˌvelvɪ'tiːn] *n no pl* Veloursamt *m*
vel·vety ['velvɪtɪ] *adj* (*fig*) samtig
ve·nal ['viːnəl] *adj* (*pej form*) bestechlich; *character* verdorben; *regime, ruler* korrupt
ve·nal·ity [viː'nælətɪ] *n no pl* (*pej form*) Korruption *f*
vend [vend] *vt* verkaufen
ven·det·ta [ven'detə] *n* Vendetta *f*
'vend·ing ma·chine *n* Automat *m*
ven·dor ['vendɔː'] *n* ❶ (*street seller*) Straßenverkäufer(in) *m(f)* ❷ (*form: seller of real estate*) Verkäufer(in) *m(f)*
ven·due ['venduː] *n* AM (*public auction*) Auktion *f*
ve·neer [vəˈnɪə'] *n* ❶ (*covering layer*) Furnier *nt* ❷ *no pl* (*fig: false front*) Fassade *f*
ven·er·able ['venərəbl] *adj* ❶ (*approv: deserving respect*) ehrwürdig; *family* angesehen; *tradition* alt ❷ (*esteemed through age*) *ruins* altehrwürdig ❸ (*very old*) *age* ehrwürdig ❹ *no pl* ■**the V~** (*Anglican archdeacon's title*) Hochwürden
ven·er·ate ['venəreɪt] *vt* (*form*) verehren, bewundern (**for** für)
ven·er·a·tion [ˌvenərˈeɪʃən] *n no pl* Verehrung *f*
ve·ne·real [vəˈnɪərɪəl] *adj* MED venerisch *fachspr*; **~ disease** Geschlechtskrankheit *f*
Ve·netian 'blind *n* Jalousie *f*
Ven·ezu·e·la [ˌvenɪˈzweɪlə] *n no pl* Venezuela *nt*
venge·ance ['vendʒən(t)s] *n no pl* ❶ (*revenge*) Rache *f*; **to exact ~** Rache üben; **to take/vow ~** Rache nehmen/schwören ❷ (*fig: great energy*) ■**with a ~** mit voller Kraft
ve·nial ['viːnɪəl] *adj* (*form*) verzeihlich; *sin* harmlos
veni·son ['venɪsən] *n no pl* Rehfleisch *nt*
ven·om ['venəm] *n no pl* (*toxin*) Gift *nt*; (*fig: viciousness*) Bosheit *f*
ven·om·ous ['venəməs] *adj* giftig *a. fig*
ve·nous ['viːnəs] *adj* ANAT, MED venös *fachspr*
vent [vent] **I.** *n* ❶ (*gas outlet*) Abzug *m*; **air ~** Luftschacht *m* ❷ FASHION (*opening*) Schlitz *m* ❸ (*fig: release of feelings*) Ventil *nt*; **to give ~ to one's anger/rage** seinem Ärger/seiner Wut Luft machen; **to give ~ to one's feelings** seinen Gefühlen Ausdruck geben **II.** *vt* ■**to ~ sth** etw *dat* Ausdruck geben; **to ~ one's anger on sb** seine Wut an jdm auslassen *fam* **III.** *vi* Dampf ablassen *fam*
ven·ti·late ['ventɪleɪt] *vt* ❶ (*with air*) lüften ❷ (*form: verbalize*) ■**to ~ sth** etw *dat* Ausdruck verleihen *geh*
ven·ti·la·tion [ˌventɪˈleɪʃən] *n no pl* Belüftung *f*
ven·ti·la·tion duct *n* Belüftungsschacht *m*
ven·ti·la·tor ['ventɪleɪtə'] *n* ❶ (*air outlet*) Abzug *m*; (*device for freshening air*) Ventilator *m* ❷ (*breathing apparatus*) Beatmungsgerät *nt*
ven·tri·cle ['ventrɪkl] *n* Herzkammer *f*
ven·trilo·quist [ven'trɪləkwɪst] *n* Bauchredner(in) *m(f)*
ven·ture ['ventʃə'] **I.** *n* Projekt *nt*; ECON Unternehmen *nt*; **joint ~** Jointventure *nt fachspr* **II.** *vt* (*dare to express*) ■**to ~ sth** etw vorsichtig äußern; **to ~ an opinion** sich *dat* erlauben, seine Meinung zu sagen **III.** *vi* sich vorwagen
'ven·ture capi·tal *n no pl* Risikokapital *nt*
ven·ture·some ['ventʃəsəm] *adj* ❶ (*adventurous*) *person* wagemutig; *entrepreneur* risikofreudig ❷ (*risky*) riskant; *journey* gefährlich
venue ['venjuː] *n* ❶ (*location for event*) Veranstaltungsort *m*; (*for competition*) Austragungsort *m* ❷ AM LAW (*location for trial*) Verhandlungsort *m*
Ve·nus ['viːnəs] *n no pl* Venus *f*
ve·rac·ity [vəˈræsəti] *n no pl* (*form*) Aufrichtigkeit *f*; *of an alibi* Glaubwürdigkeit *f*
ve·ran·da(h) [vəˈrændə] *n* Veranda *f*
verb [vɜːb] *n* Verb *nt*; **intransitive/transitive ~** intransitives/transitives Verb
ver·bal ['vɜːbəl] **I.** *adj* ❶ (*oral*) mündlich ❷ (*pertaining to verb*) ■**~ noun** Verbalsubstantiv *nt* **II.** *n* BRIT (*sl*) ■**~ s** *pl* mündliche Aussage
ver·bal·ize ['vɜːbəlaɪz] **I.** *vt* ausdrücken **II.** *vi* sich verbal ausdrücken; **to start to ~** *children* anfangen zu sprechen **ver·bal·ly** ['vɜːbəli] *adv* verbal, mündlich
ver·ba·tim [vɜːˈbeɪtɪm] **I.** *adj* wörtlich **II.** *adv* wortwörtlich
ver·bi·age ['vɜːbɪɪdʒ] *n no pl* (*pej form*) Worthülsen *pl*; (*in a speech*) Floskeln *pl*
ver·bose [vɜːˈbəʊs] *adj* (*pej*) wortreich; *speech* weitschweifig
ver·bos·ity [vɜːˈbɒsəti] *n no pl* (*pej*) Wortfülle *f*
ver·dant ['vɜːdənt] *adj* (*liter*) fruchtbar; *garden* üppig; *lawn* sattgrün
ver·dict ['vɜːdɪkt] *n* ❶ (*judgement*) Urteil *nt*; **~ of guilty** [with extenuating circumstances] Schuldspruch *m* [mit mildernden Umständen]; **~ of not guilty** Freispruch *m*; **unanimous ~** einstimmiges Urteil; **to deliver a ~** ein Urteil verkünden ❷ (*opinion*) Urteil *nt*; **to give a ~ on sth** ein Urteil über etw *akk* fällen
ver·di·gris ['vɜːdɪɡrɪs] *n no pl* Grünspan *m*
verge [vɜːdʒ] *n* ❶ (*physical edge*) Rand *m*; **on the ~ of the desert** am Rand der Wüste ❷ *esp* BRIT (*ribbon next to road*) [seitlicher]

Grünstreifen ③ (*fig: brink*) ■ **to be on the ~ of sth** am Rande von etw *dat* stehen; **to be on the ~ of collapse** kurz vor dem Zusammenbruch stehen ◆ **verge on** *vi* ■ **to ~ on sth** etw *dat* nahe sein; **to ~ on the ridiculous** ans Lächerliche grenzen

ver·ger ['vɜːdʒəʳ] *n esp* BRIT Küster(in) *m(f)*

veri·fi·able [ˌverɪ'faɪəbl] *adj* verifizierbar *geh*; *fact* überprüfbar; *theory* nachweisbar

veri·fi·ca·tion [ˌverɪfɪ'keɪʃən] *n no pl* Verifizierung *f geh*; (*checking*) Überprüfung *f*

veri·fy <-ie-> ['verɪfaɪ] *vt* verifizieren *geh*; (*check*) überprüfen; (*confirm*) belegen

veri·si·mili·tude [ˌverɪsɪ'mɪlɪtjuːd] *n no pl* (*form*) Wahrhaftigkeit *f*; *of a painting* Wirklichkeitsnähe *f*; *of a story also* Authentizität *f*

veri·table ['verɪtəbl] *adj attr* wahr; **a ~ war of words** das reinste Wortgefecht

ver·mi·cel·li [ˌvɜːmɪ'tʃeli] *npl* ① (*pasta*) Fadennudeln *pl* ② BRIT (*in baking*) Schokosplitter *pl*

ver·mi·cide ['vɜːmɪsaɪd] *n* MED Wurmmittel *nt*

ver·mil·(l)ion [vəˈmɪljən] I. *n* Zinnoberrot *nt* II. *adj* zinnoberrot

ver·min ['vɜːmɪn] *npl* (*pej: animals*) Schädlinge *pl*; (*persons*) nutzloses Pack *pej*; **to control ~** Ungeziefer bekämpfen

ver·min·ous ['vɜːmɪnəs] *adj attr* (*pej*) voller Ungeziefer *nach n*

ver·mouth ['vɜːməθ] *n no pl* Wermut *m*

ver·nacu·lar [vəˈnækjələʳ] I. *n* Umgangssprache *f*; (*dialect*) Dialekt *m*; (*jargon*) Jargon *m* II. *adj* (*of language*) umgangssprachlich; (*as one's mother tongue*) muttersprachlich ② ARCHIT *building* funktional; MUS volksnah

ver·nal 'equi·nox *n* Frühlingsäquinoktium *nt fachspr*

ver·ru·ca <*pl* -s *or* -ae> [vəˈruːkə, *pl* -kiː] *n* Warze *f*

ver·sa·tile ['vɜːsətaɪl] *adj actor, athlete* vielseitig; *material* vielseitig verwendbar

ver·sa·til·ity [ˌvɜːsə'tɪləti] *n no pl* (*flexibility*) Vielseitigkeit *f*; (*adjustability*) Anpassungsfähigkeit *f*; *of a device* vielseitige Verwendbarkeit

verse [vɜːs] *n* ① *no pl* (*poetical writing*) Dichtung *f*; *volume of ~* Gedichtband *m*; **in ~** in Versen *m* ② (*stanza of poetry*) *also* MUS Strophe *f* ③ (*of scripture*) Vers *m*

versed [vɜːst] *adj* (*form*) **to be [well] ~ in sth** (*knowledgeable about*) in etw *dat* [sehr] versiert sein *geh*; (*familiar with*) sich mit etw *dat* [gut] auskennen

ver·si·fy ['vɜːsɪfaɪ] I. *vi* dichten II. *vt* in Versform bringen

ver·sion ['vɜːʃən, -ʒən] *n* ① (*account*) Version *f*; (*description*) Darstellung *f* ② (*variant*) Version *f*; *of book, text, film* Fassung *f*; **abridged ~** Kurzfassung *f*; **revised ~** revidierte Ausgabe ③ (*translation*) **English-language ~** englischsprachige Ausgabe

ver·sion·ing ['vɜːʃənɪŋ] *n no pl* FILM, COMPUT Versioning *nt* (*per Computer seine eigene Version eines Films erstellen*)

ver·so ['vɜːsəʊ] *n* ① PUBL (*left-hand page*) linke Seite; (*back of page*) Verso *nt fachspr* ② (*reverse side*) Rückseite *f*; *of coin also* Revers *m fachspr*

ver·sus ['vɜːsəs] *prep* gegen

ver·te·bra <*pl* -brae> ['vɜːtɪbrə, *pl* -briː] *n* Wirbel *m*

ver·te·bral ['vɜːtɪbrəl] *adj* ANAT, MED Wirbel-

ver·te·brate ['vɜːtɪbreɪt] BIOL I. *n* Wirbeltier *nt* II. *adj attr* Wirbel-

ver·tex <*pl* -es *or* -tices> ['vɜːteks, *pl* -tɪsiːz] *n* ① MATH Scheitel[punkt] *m* ② (*highest point*) Spitze *f*

ver·ti·cal ['vɜːtɪkəl] I. *adj* senkrecht, vertikal; *cliffs* senkrecht abfallend II. *n* ① (*vertical line*) Senkrechte *f*, Vertikale *f geh* ② (*of ski slopes*) Abfahrt *f*

ver·tigi·nous [vɜː'tɪdʒɪnəs] *adj* (*form*) ① (*causing vertigo*) Schwindel erregend ② (*dizzy*) schwindlig

ver·ti·go ['vɜːtɪɡəʊ] *n no pl* (*feeling*) Schwindel *m*; MED Gleichgewichtsstörung *f*

verve [vɜːv] *n no pl* Begeisterung *f*, Verve *f geh*

very ['veri] I. *adv* ① (*extremely*) sehr, außerordentlich; **there's nothing ~ interesting on TV tonight** es kommt nichts besonders Interessantes heute Abend im Fernsehen; **how are you? — ~ well, thanks** wie geht es dir? – sehr gut, danke ② (*to a great degree*) sehr; **~ much**; sehr viel; **to feel ~ much at home** sich ganz wie zu Hause fühlen; **not ~ much** ... nicht besonders ... ③ **+ superl** (*to add force*) aller-; **the ~ best** der/die/das Allerbeste; **the ~ best of friends** die allerbesten Freunde; **to do the ~ best one can** sein Allerbestes geben; **at the ~ most/least** allerhöchstens/zumindest; **the ~ next day** schon am nächsten Tag; **the ~ same** genau der/die/das Gleiche ④ (*I agree*) **~ well** [also] gut II. *adj attr* genau; **at the ~ bottom** zuunterst; **at the ~ end of sth** ganz am Ende einer S. *gen*; **the ~ fact that ...** allein schon die Tatsache, dass ...; **the ~ thought ...** allein der Gedanke ...; **they're the ~ opposite of one another** sie sind völlig unterschiedlich

Very light ['veri, 'vɪəri] *n* Leuchtkugel *f* **Very pis·tol** ['veri, 'vɪəri] *n* Leuchtpistole *f*

vesi·cle ['vesɪkl] *n* (*blister*) *also* GEOL Blase *f*; (*pustule*) Pustel *f*; (*fluid-filled sac*) *also* BOT

Bläschen *nt;* (*cyst*) Zyste *f*
ves·pers ['vespəz] *npl* REL Vesper *f*
ves·sel ['vesəl] *n* ❶ NAUT (*form*) Schiff *nt* ❷ (*form: for liquid*) Gefäß *nt* ❸ (*liter: person*) **he saw his son as a ~ for his own ambitions** in seinem Sohn sollten sich seine eigenen Ambitionen verwirklichen ❹ ANAT, BOT Gefäß *nt*
vest [vest] **I.** *n* ❶ BRIT (*underwear*) Unterhemd *nt* ❷ *esp* AM (*outer garment*) Weste *f* ❸ (*jersey*) Trikot *nt* ❹ AM, AUS (*waistcoat*) [Anzug]weste *f* ❺ BRIT (*T-shirt*) ~ [**top**] ärmelloses T-Shirt **II.** *vt* (*form*) ❶ *usu passive* (*give*) **to be ~ed with the power to do sth** berechtigt sein, etw zu tun ❷ (*place*) **control has been ~ed in local authorities** die Aufsicht liegt bei den örtlichen Behörden; **to ~ one's hopes in sb/sth** seine Hoffnungen auf jdn/etw setzen **III.** *vi* LAW **a property ~s in sb** ein Besitz geht auf jdn über
ves·ti·bule ['vestɪbjuːl] *n* (*form*) ❶ (*foyer*) Vorraum *m;* (*in a hotel, big building*) Eingangshalle *f;* (*in a theatre*) Foyer *nt* ❷ AM (*porch*) Veranda *f*
ves·tige ['vestɪdʒ] *n* ❶ (*trace*) Spur *f;* (*remainder*) Überrest *m* ❷ (*fig*) **there is no ~ of hope** es gibt keinerlei Hoffnung mehr; **there's not a ~ of truth in what she says** es ist kein Körnchen Wahrheit an dem, was sie sagt; **to remove the last ~ of doubt** den letzten Rest Zweifel ausräumen
vest·ments ['ves(t)mənts] *npl* ❶ (*for clergy*) Messgewand *nt;* (*for special occasion*) Ornat *m geh* ❷ (*hist: official clothes*) Amtstracht *f*
'**vest-pock·et** *adj attr* AM ❶ (*pocket-size*) Westentaschen-, im Westentaschenformat *nach n* ❷ (*very small*) Miniatur-, Mini-
ves·try ['vestri] *n* Sakristei *f*
vet[1] [vet] **I.** *n* (*animal doctor*) Tierarzt, Tierärztin *m, f* **II.** *vt* <-tt-> ❶ (*examine*) überprüfen ❷ *usu passive* (*screen*) ■ **to be ~ted** [auf Herz und Nieren] [über]prüft werden *fam*
vet[2] [vet] *n* AM MIL (*fam*) *short for* **veteran** Veteran(in) *m(f)*
vetch [vetʃ] *n* Wicke *f*
vet·er·an ['vetərən] **I.** *n* ❶ (*experienced person*) Veteran(in) *m(f),* alter Hase *hum* ❷ (*ex-military*) Veteran(in) *m(f)* **II.** *adj attr* (*experienced*) erfahren; (*of many years' standing*) langjährig; (*of an actor*) altgedient
vet·er·an 'car *n* BRIT Oldtimer *m*
'**Vet·er·ans Day** *n* AM 11. November, an dem als staatlicher Feiertag die Kriegsveteranen geehrt werden und der Kriegsopfer gedacht wird
vet·eri·nar·ian [ˌvetərɪ'neriən] *n* AM (*vet*) Tierarzt, Tierärztin *m, f*
vet·eri·nary ['vetərɪnəri] *adj attr* tierärztlich; ~ **medicine** Tiermedizin *f*
veto ['viːtəu] **I.** *n* <*pl* **-es**> ❶ (*nullification*) Veto *nt;* ~ **of a measure** Veto *nt* gegen eine Maßnahme; **presidential ~** Veto *nt* des Präsidenten ❷ (*right of refusal*) Vetorecht *nt;* **to have the power of ~** das Vetorecht haben; **to put a ~ on sth** *esp* BRIT (*fig*) etw verbieten **II.** *vt* ■ **to ~ sth** ❶ (*officially refuse*) ein Veto gegen etw *akk* einlegen ❷ (*forbid*) etw untersagen
vex [veks] *vt* verärgern
vexa·tion [vek'seɪʃən] *n no pl* (*dated*) Ärger *m*
vexa·tious [vek'seɪʃəs] *adj* (*dated*) ärgerlich; *child* unausstehlich; *problem* leidig; LAW schikanös
v. g. *abbrev of* **very good** sehr gut
VHF [ˌviːeɪtʃ'ef] **I.** *n no pl abbrev of* **very high frequency** UKW *f;* ■ **on ~** auf UKW **II.** *adj attr abbrev of* **very high frequency** UKW-
via ['vaɪə] *prep* ❶ (*through*) über; **the flight goes ~ Frankfurt** der Flug geht über Frankfurt ❷ (*using*) per, via; **sent ~ email** per Email geschickt
vi·abil·ity [ˌvaɪə'bɪləti] *n no pl* ❶ BIOL Lebensfähigkeit *f* ❷ *of businesses* Rentabilität *f* ❸ (*feasibility*) Realisierbarkeit *f*
vi·able ['vaɪəbəl] *adj* ❶ (*successful*) existenzfähig; *of a company* rentabel ❷ (*feasible*) machbar; *alternative* durchführbar ❸ BIOL (*able to sustain life*) lebensfähig; (*able to reproduce*) zeugungsfähig
via·duct ['vaɪədʌkt] *n* Viadukt *m o nt;* (*bridge*) Brücke *f*
vibes [vaɪbz] *npl* (*fam*) ❶ (*vibrations*) Schwingungen *pl;* (*general feeling*) Klima *nt* ❷ (*vibraphone*) Vibraphon *nt*
vi·brant ['vaɪbrənt] *adj* ❶ *person* lebhaft; (*dynamic*) dynamisch ❷ *atmosphere, place* lebendig ❸ ECON *economy* boomende Wirtschaft ❹ *colour* leuchtend ❺ *sound* sonor; *performance* temperamentvoll
vi·bra·phone ['vaɪbrəfəʊn] *n* Vibraphon *nt*
vi·brate [vaɪ'breɪt] **I.** *vi* ❶ (*pulsate*) vibrieren; *person* zittern; **to ~ with emotion** vor Erregung zittern ❷ *sound* nachklingen **II.** *vt* vibrieren lassen; MUS zum Schwingen bringen
vi·bra·tion [vaɪ'breɪʃən] *n* Vibration *f; of earthquake* Erschütterung *f;* PHYS Schwingung *f*
vi·bra·tor [vaɪ'breɪtə] *n* Vibrator *m*
vic·ar ['vɪkə] *n* Pfarrer *m*
vic·ar·age ['vɪkərɪdʒ] *n* Pfarrhaus *nt*
vi·cari·ous [vɪ'keəriəs] *adj* ❶ (*through another person*) nachempfunden; *pleasure* indirekt; ~ **satisfaction** Ersatzbefriedigung *f;* **to**

get a ~ thrill out of sth sich an etw *dat* aufgeilen *sl* ❸ (*form: delegated*) stellvertretend
vice¹ [vaɪs] *n* ❶ (*moral weakness*) Laster *nt* ❷ *no pl* (*immoral behaviour*) Lasterhaftigkeit *f* ❸ LAW Sittlichkeitsdelikt *nt*
vice² [vaɪs] *n* (*tool*) Schraubstock *m*
vice-'chair·man *n* stellvertretende(r) Vorsitzende(r) **vice-'chan·cel·lor** *n* (*senior official*) Vizekanzler(in) *m/f*; BRIT UNIV Rektor(in) *m/f* **Vice 'Pres·i·dent** *n*, **vice-'pres·i·dent** *n* Vizepräsident(in) *m/f*
vice ver·sa [ˌvaɪsɪ'vɜːsə] *adv* umgekehrt
vi·cin·i·ty [vɪ'sɪnətɪ] *n* (*nearness*) Nähe *f*; (*surrounding area*) Umgebung *f*; ■ **in the ~ [of sth]** in der Nähe [einer S. *gen*]; (*fig*) **they paid in the ~ of £3 million for their latest new player** sie haben um die 3 Millionen Pfund für ihren jüngsten Neuzugang gezahlt
vi·cious ['vɪʃəs] *adj* ❶ (*malicious*) boshaft, gemein; *attack* heimtückisch; *crime, murder* grauenhaft; *dog* bissig; *fighting* brutal; *gossip* gehässig ❷ (*causing pain*) grausam ❸ (*nasty*) gemein ❹ (*fig: powerful*) schrecklich; *wind* heftig
vi·cious 'cir·cle *n*, **vi·cious 'cy·cle** *n* Teufelskreis *m*; **to be caught in a ~** in einen Teufelskreis geraten
vi·cis·si·tude [vɪ'sɪsɪtjuːd] *n* (*form*) steter Wandel; ■ **~s** *pl of circumstances* Unbeständigkeit *f*; **the ~s of life** die Launen *pl* des Schicksals
vic·tim ['vɪktɪm] *n* ❶ (*sb, sth harmed*) Opfer *nt*; **to fall ~ to sb/sth** jdm/etw zum Opfer fallen ❷ (*sufferer of illness*) **Max fell ~ to the flu** Max hat die Grippe erwischt *fam*; *cancer* ~ Krebskranke(r) *f(m)* ❸ (*fig*) **to fall ~ to sb's charms** jds Charme *m* erliegen; **to be a ~ of fortune** dem Schicksal ausgeliefert sein
vic·tim·ize ['vɪktɪmaɪz] *vt* ungerecht behandeln; (*pick at*) schikanieren
vic·tor ['vɪktə'] *n* (*person*) Sieger(in) *m/f*; **to emerge [as] the ~** als Sieger/Siegerin hervorgehen
Victoria Cross [vɪkˌtɔːrɪə'krɒs] höchste Tapferkeitsauszeichnung in Großbritannien
Vic·to·rian [vɪk'tɔːrɪən] **I.** *adj* ❶ (*era*) viktorianisch ❷ (*fig, pej: prudish*) prüde ❸ AUS (*of or from Victoria*) aus Viktoria nach *n* **II.** *n* Viktorianer(in) *m/f*; (*fig, pej*) prüder Mensch
vic·to·ri·ous [vɪk'tɔːrɪəs] *adj* siegreich; **to emerge ~** als Sieger/Siegerin hervorgehen
vic·tory ['vɪktərɪ] *n* Sieg *m* (**against** über); **to win a ~ [in sth]** [bei etw *dat*] einen Sieg erringen
vict·ual·ler ['vɪtl̩ə'] *n* **licensed ~** Gastwirt, der eine Lizenz für den Verkauf von Alkohol hat
vid [vɪd] *n* (*fam*) *short for* **video** Video *nt*
vi·deli·cet [vɪ'diːlɪset] *adv* (*form*) nämlich
video ['vɪdɪəʊ] **I.** *n* ❶ *no pl* (*recording*) Video *nt* ❷ (*tape*) Videokassette *f* ❸ (*recorded material*) Videoaufnahme *f* ❹ (*of pop group*) Video *nt* ❺ BRIT (*recorder*) Videorekorder *m* **II.** *vt* auf Video aufnehmen
'video cam·era *n* Videokamera *f* **'video cas·sette** *n* Videokassette *f* **video 'con·fer·ence** *n* Videokonferenz *f* **'video game** *n* Videospiel *nt* **'video·phone** *n* Bildtelefon *nt* **'video re·cord·er** *n* Videorekorder *m* **'video set** *n* Videogerät *nt* **video sur-'veil·lance** *n no pl* Videoüberwachung *f* **'video·tape I.** *n* ❶ (*cassette*) Videokassette *f* ❷ *no pl* (*tape*) Videoband *nt* ❸ (*recorded material*) Videoaufnahme *f* **II.** *vt* auf Video aufnehmen **'video·text** *n* Videotext *n* **'video trans·mis·sion** *n* Videoübertragung *f* **'video trans·mit·ter** *n* Videosender *m*
vie <-y-> [vaɪ] *vi* wetteifern; (*in commerce, business*) konkurrieren; ■ **to ~ [with sb] for sth** [mit jdm] um etw *akk* wetteifern
Vi·en·na [vɪ'enə] *n* Wien *nt*
Vi·en·nese [ˌvɪə'niːz] **I.** *n* <*pl* -> Wiener(in) *m/f* **II.** *adj* Wiener-, wienerisch
Vi·et·cong <*pl* -> ['vjet'kɒŋ] *n* Vietkong *m*
Vi·et·nam ['vjet'næm] *n* Vietnam *nt*
Vi·et·nam·ese [ˌvjetnə'miːz] **I.** *adj* vietnamesisch **II.** *n* ❶ (*language*) Vietnamesisch *nt* ❷ (*person*) Vietnamese(in) *m/f*
view [vjuː] **I.** *n* ❶ *no pl* (*sight*) Sicht *f*; **in full ~ of all the spectators** vor den Augen aller Zuschauer; **to come into ~** sichtbar werden; **to disappear from ~** [in der Ferne] verschwinden; **to hide from ~** sich dem Blick entziehen ❷ (*panorama*) [Aus]blick *m*; **he paints rural ~s** er malt ländliche Motive; **he lifted his daughter up so that she could get a better ~** er hob seine Tochter hoch, so dass sie besser sehen konnte; **to afford a ~** einen Blick bieten ❸ (*opportunity to observe*) Besichtigung *f* ❹ *no pl* (*for observation*) **to be on ~** ausgestellt werden; **to be on ~ to the public** der Öffentlichkeit zugänglich sein ❺ (*opinion*) Ansicht *f*, Meinung *f* (**about/on** über); **it's my ~ that the price is much too high** meiner Meinung nach ist der Preis viel zu hoch; **point of ~** Standpunkt *m*; **from my point of ~ ...** meiner Meinung nach ...; **world ~** Weltanschauung *f*; **to share a ~** gleicher Meinung sein; ■ **in sb's ~** jds Ansicht *f* nach ❻ (*fig: perspective*) Ansicht *f*; **from the money point of ~, the plan is very attractive but from the work point of ~, it's a disaster** vom Finanziellen her ge-

sehen ist der Plan sehr verlockend, aber von der Arbeit her ist er eine Katastrophe; **we take a very serious ~ of the situation** wir nehmen die Situation ernst; ■ **in ~ of sth** angesichts einer S. *gen;* ■ **with a ~ to doing sth** mit der Absicht, etw zu tun **II.** *vt* ❶ (*watch*) ■ **to ~ sth** etw betrachten; (*as a spectator*) etw zusehen [*o bes* SÜDD, ÖSTERR, SCHWEIZ zuschauen] ❷ (*fig: consider*) betrachten; **we ~ the situation with concern** wir betrachten die Lage mit Besorgnis; **to ~ sth from a different angle** etw aus einem anderen Blickwinkel betrachten ❸ (*inspect*) ■ **to ~ sth** sich *dat* etw ansehen

view·er ['vju:ə'] *n* ❶ (*person*) [Fernseh]zuschauer(in) *m(f)* ❷ (*for film*) Filmbetrachter *m*; (*for slides*) Diabetrachter *m* **'view·find·er** *n* PHOT [Bild]sucher *m* **view·ing** ['vju:ɪŋ] *n no pl* ❶ (*inspection*) Besichtigung *f* ❷ FILM Anschauen *nt;* TV Fernsehen *nt* **'view·point** *n* ❶ (*fig: opinion*) Standpunkt *m;* (*aspect*) Gesichtspunkt *m* ❷ (*place*) Aussichtspunkt *m*

vig·il ['vɪdʒɪl] *n* [Nacht]wache *f*

vig·i·lance ['vɪdʒɪləm(t)s] *n no pl* Wachsamkeit *f*

vig·i·lant ['vɪdʒɪlənt] *adj* wachsam; **to be ~ about/for sth** auf etw *akk* achten

vi·gnette [vɪ'njet] *n* Vignette *f*

vig·or *n no pl* AM, AUS *see* **vigour**

vig·or·ous ['vɪgᵊrəs] *adj* ❶ (*energetic*) energisch; *speech* feurig; **we went for a ~ walk** wir machten einen strammen Spaziergang ❷ SPORTS *exercises* intensiv ❸ (*flourishing*) kräftig; **~ health** robuste Gesundheit

vig·our ['vɪgə'] *n no pl* (*liveliness*) Energie *f*, [Tat]kraft *f*; (*vitality*) Vitalität *f*; **to do sth with ~** etw mit vollem Eifer tun ❷ (*forcefulness*) Ausdruckskraft *f*

vile [vaɪl] *adj* ❶ (*nasty*) gemein, niederträchtig ❷ (*fam: disgusting*) abscheulich; **~ language** unflätige Sprache; **to smell ~** stinken

vil·i·fy <-ie-> ['vɪlɪfaɪ] *vt* verleumden

vil·la ['vɪlə] *n* ❶ (*rural residence*) Villa *f* ❷ BRIT (*holiday home*) Ferienhaus *nt* ❸ BRIT (*Victorian, Edwardian house*) Einfamilienhaus *nt*

vil·lage ['vɪlɪdʒ] *n* ❶ (*settlement*) Dorf *nt* ❷ + *sing/pl vb* (*populace*) Dorfbevölkerung *f*

vil·lage com·'mun·ity *n* Dorfgemeinschaft *f* **vil·lage 'green** *n* Dorfwiese *f* **vil·lage 'inn** *n* Dorfgasthaus *nt*

vil·lag·er ['vɪlɪdʒə'] *n* Dorfbewohner(in) *m(f)*

vil·lain ['vɪlən] *n* ❶ (*lawbreaker*) Verbrecher(in) *m(f)* ❷ (*in novel, film*) Schurke *m*; (*capable of bad behaviour*) Bösewicht *m*

vil·lain·ous ['vɪlənəs] *adj* schurkisch; (*mean*) gemein; *deed* niederträchtig

vil·lainy ['vɪləni] *n no pl* Schurkerei *f*; (*meanness*) Gemeinheit *f*

vinai·grette [ˌvɪnɪ'gret] *n*, **vinai·grette 'dress·ing** *n no pl* Vinaigrette *f*

vin·di·cate ['vɪndɪkeɪt] *vt* ❶ (*justify*) ■ **to ~ sth** etw rechtfertigen; (*as a spectator*) etw zusehen ❷ (*support*) *theory* bestätigen ❸ (*clear of blame, suspicion*) ■ **to ~ sb** jdn rehabilitieren

vin·di·ca·tion [ˌvɪndɪ'keɪʃᵊn] *n no pl* ❶ (*justification*) Rechtfertigung *f*; **in ~ of sth** zur Rechtfertigung einer S. *gen* ❷ (*act of clearing blame*) Rehabilitierung *f*

vin·dic·tive [vɪn'dɪktɪv] *adj* nachtragend; (*longing for revenge*) rachsüchtig

vine [vaɪn] *n* ❶ (*grape plant*) Weinrebe *f* ❷ (*climbing plant*) Rankengewächs *nt*

'vine fruit *n usu pl* getrocknete Weinbeeren *f\|pl\|*

vin·egar ['vɪnɪgə'] *n no pl* Essig *m*

vin·egary ['vɪnɪgᵊri] *adj* ❶ (*of taste*) sauer ❷ (*full of vinegar*) Essig- ❸ (*fig: of attitude*) säuerlich; (*critical, unkind*) scharf

vine·yard ['vɪnjəd] *n* ❶ (*where vines grow*) Weinberg *m* ❷ (*area*) Weinanbaugebiet *nt*

vin·tage ['vɪntɪdʒ] **I.** *n* ❶ (*wine*) Jahrgangswein *m* ❷ (*wine year*) Jahrgang *m* **II.** *adj* ❶ FOOD Jahrgangs- ❷ (*of classic quality*) erlesen; **this film is ~ Disney** dieser Film ist ein Disneyklassiker ❸ BRIT, AUS AUTO Oldtimer-; **~ car** Oldtimer *m*

vint·ner ['vɪntnə'] *n* Weinhändler(in) *m(f)*

vi·nyl ['vaɪnᵊl] *n* ❶ *no pl* (*material, record*) Vinyl *nt* ❷ (*type of plastic*) Vinoplast *m*

vio·la¹ [vi'əʊlə] *n* MUS Viola *f*, Bratsche *f*

vio·la² [vaɪələ] *n* BOT Veilchen *nt*

vio·late ['vaɪəleɪt] *vt* ❶ (*not comply with*) *ceasefire agreement* brechen; **to ~ a law/rule** gegen ein Gesetz/eine Regel verstoßen; *regulation* verletzen ❷ (*enter, cross illegally*) ■ **to ~ sth** in etw *akk* eindringen ❸ (*not respect*) **to ~ sb's privacy/rights** jds Privatsphäre *f*/Rechte *pl* verletzen ❹ (*form: rape*) vergewaltigen

vio·la·tion [ˌvaɪə'leɪʃᵊn] *n* ❶ *of rules, the law* Verletzung *f*, Verstoß *m* ❷ (*rape*) Vergewaltigung *f* ❸ *of holy places* Entweihung *f*

vio·lence ['vaɪələn(t)s] *n no pl* ❶ (*behaviour*) Gewalt *f* (**against** gegen); **act of ~** Gewalttat *f*; **to use ~ against sb** Gewalt gegen jdn anwenden ❷ (*force*) Heftigkeit *f*; **we were all surprised at the ~ of his anger** wir waren alle vom Ungestüm seines Zorns überrascht

vio·lent ['vaɪələnt] *adj* ❶ (*brutal*) gewalttätig; *person also* brutal; **~ crime** Gewaltverbrechen *nt*; *death* gewaltsam ❷ (*powerful*) at-

tack, blow, pain heftig; *(fig, pej) colour* grell; *argument* heftig; *contrast* krass; **to have a ~ temper** jähzornig sein

vio·let ['vaɪələt] **I.** *n* ❶ *(colour)* Violett *nt* ❷ BIOL Veilchen *nt* **II.** *adj* violett

vio·lin [ˌvaɪə'lɪn] *n* Violine *f*, Geige *f*

vio·lin·ist [vaɪə'lɪnɪst] *n* Geiger(in) *m(f)*

vio·lon·cel·lo [ˌvaɪələn'tʃeləʊ] *n (form)* Violoncello *nt*

V.I.P., VIP [ˌviːaɪ'piː] **I.** *n abbrev of* **very important person** Promi *m fam* **II.** *adj attr abbrev of* **very important person** *(area, tent)* VIP-

vi·per ['vaɪpə'] *n* ❶ ZOOL Viper *f* ❷ *(fig, liter: person)* Natter *f*; *(esp a woman)* Schlange *f*

vi·ra·go <*pl* -s *or* -es> [vɪ'rɑːgəʊ] *n* ❶ *(pej: shrew)* Xanthippe *f* ❷ *(dated: warrior)* Amazone *f*

vir·gin ['vɜːdʒɪn] **I.** *n* ❶ *(sexually inexperienced person)* Jungfrau *f* ❷ *(inexperienced person)* unbeschriebenes Blatt *fam* **II.** *adj attr* ❶ *(chaste)* jungfräulich ❷ *(fig: unexplored)* jungfräulich, unerforscht; **~ territory** Neuland *nt* ❸ *(liter: untouched)* jungfräulich; *forest* unberührt

vir·gin·al ['vɜːdʒɪnəl] *adj* jungfräulich **vir·gin 'for·est** *n* Urwald *m*

vir·gin·ity [və'dʒɪnəti] *n no pl* Jungfräulichkeit *f*

Vir·go ['vɜːgəʊ] *n no art* ASTROL Jungfrau *f*

vir·ile ['vɪraɪl] *adj (approv)* ❶ *(full of sexual energy)* potent; *(masculine)* männlich ❷ *(energetic) voice* kraftvoll

vi·ril·ity [vɪ'rɪləti] *n no pl (approv)* ❶ *(sexual vigour)* Potenz *f*; *(masculinity)* Männlichkeit *f* ❷ *(vigour)* Kraft *f*

vi·rol·ogy [vaɪə'rɒlədʒi] *n no pl* Virologie *f*

vir·tual ['vɜːtʃuəl] *adj* ❶ *(almost certain)* so gut wie, quasi; **snow brought the whole of Guernsey to a ~ standstill yesterday** der Schnee brachte gestern ganz Guernsey praktisch zum Stillstand; **to be a ~ unknown** praktisch unbekannt sein ❷ COMPUT, PHYS virtuell

vir·tu·al·ly ['vɜːtʃuəli] *adv* ❶ *(almost)* praktisch, eigentlich, so gut wie ❷ COMPUT virtuell **vir·tual 'of·fice** *n* virtuelles Büro **vir·tual re·'al·ity** *n no pl* virtuelle Realität **vir·tual 'shop·ping mall** *n* virtuelle Einkaufspassage **vir·tual 'stor·age** *n no pl* virtueller Speicher

vir·tue ['vɜːtjuː, -tʃuː] *n* ❶ *(good quality)* Tugend *f* ❷ *no pl (morality)* Tugendhaftigkeit *f* ❸ *(advantage)* Vorteil *m* ❹ *no pl (benefit)* Nutzen *m* ❺ *(hist: chastity)* Keuschheit *f* ❻ *(form: because of)* ■ **by ~ of sth** wegen einer S. *gen*

vir·tu·os·ity [ˌvɜːtjuː'ɒsəti, -tʃuː-] *n no pl (form)* Virtuosität *f*

vir·tu·o·so [ˌvɜːtjuː'əʊsəʊ, -tʃuː-, *pl* -si] **I.** *n* <*pl* -s *or* -si> Virtuose(in) *m(f)* **II.** *adj* virtuos

vir·tu·ous ['vɜːtʃuəs, -tjuː-] *adj* ❶ *(morally good)* tugendhaft; *(upright)* rechtschaffen ❷ *(pej: morally better)* moralisch überlegen; *(self-satisfied)* selbstgerecht

viru·lence ['vɪruːlən(t)s] *n no pl* ❶ MED Virulenz *f fachspr* ❷ *(form: bitterness)* Schärfe *f*; *(maliciousness)* Bösartigkeit *f*

viru·lent ['vɪruːlənt] *adj* ❶ MED virulent *fachspr; poison* stark ❷ *(form: fierce)* bösartig; *critic* scharf

vi·rus ['vaɪ(ə)rəs] *n* <*pl* -es> ❶ MED Virus *nt*; **~ infection** Virusinfektion *f* ❷ COMPUT Virus *m*

visa ['viːzə] *n* Visum *nt*; **entry/exit ~** Einreise-/Ausreisevisum *nt*

vis-à-vis [ˌviːzɑː'viː] *prep* ❶ *(concerning)* bezüglich, wegen ❷ *(in comparison with)* gegenüber

vis·cera ['vɪsərə] *npl* Eingeweide *pl*

vis·cose ['vɪskəʊs] *n no pl* Viskose *f*

vis·cos·ity ['vɪskɒsəti] *n no pl* Zähflüssigkeit *f*

vis·count ['vaɪkaʊnt] *n* Viscount *m*

vis·count·ess <*pl* -es> [ˌvaɪkaʊn'tɛs] *n* Viscountess *f*

vis·cous ['vɪskəs] *adj* zähflüssig

vise *n* AM *see* **vice**[1]

vis·ibil·ity [ˌvɪsə'bɪləti] *n no pl* ❶ *(of view)* Sichtweite *f*; **good/poor ~** gute/schlechte Sicht ❷ *(being seen)* Sichtbarkeit *f*

vis·ible ['vɪsəbl] *adj* ❶ *(able to be seen)* sichtbar; **to be barely ~** kaum zu sehen sein; **to be clearly ~** deutlich sichtbar sein ❷ *(fig)* sichtbar; *(imminent)* deutlich

vi·sion ['vɪʒən] *n* ❶ *no pl (sight)* Sehvermögen *nt*; **to have blurred ~** verschwommen sehen ❷ *(mental image)* Vorstellung *f*; **~ of the future** Zukunftsvision *f* ❸ *(supernatural experience)* Vision *f* ❹ *no pl (forethought)* Weitblick *m* ❺ *(esp hum: beautiful sight)* **she emerged from the bedroom, a ~ in cream silk** sie kam aus dem Schlafzimmer heraus, ein Traum in cremefarbener Seide; **to be a real ~** traumhaft sein

vi·sion·ary ['vɪʒənəri] **I.** *adj* ❶ *(future-orientated)* visionär *geh* ❷ *(not realistic)* unrealistisch; *(imagined)* eingebildet **II.** *n* ❶ *(religious prophet)* Seher(in) *m(f)* ❷ *(social prophet)* Visionär(in) *m(f) geh*

vi·sit ['vɪzɪt] **I.** *n* ❶ *(stopping by)* Besuch *m*; **to have a ~ from sb** von jdm besucht werden; **to pay a ~ to sb** jdn besuchen; *(for professional purposes)* jdn aufsuchen ❷ AM (*fam: chat*) Plauderei *f* **II.** *vt* ❶ (*stop by*) besuchen ❷ (*for professional purposes*) aufsuchen **III.** *vi* ❶ (*stopping by*) einen Besuch machen; ■ **to ~ with sb** AM sich mit jdm treffen ❷ AM (*fam: chat*) ein Schwätzchen halten

vis·ita·tion [ˌvɪzɪˈteɪʃ^ən] *n* ❶ (*supernatural experience*) Erscheinung *f* ❷ *no pl* (*stopping by*) Besuch *m* ❸ (*official visit*) offizieller Besuch *f* (*hum fam*) Heimsuchung *f hum* ❹ *no pl* AM (*for child*) ≈ Besuchszeit *f*; (*right to see child*) Besuchsrecht *nt* ❺ REL Heimsuchung *f*

ˈvis·it·ing hours *npl* Besuchszeiten *pl* **vis·it·ing pro·ˈfes·sor** *n* Gastprofessor(in) *m(f)*

visi·tor [ˈvɪzɪtə^r] *n* Besucher(in) *m(f)*; (*in a hotel*) Gast *m*

vi·sor [ˈvaɪzə^r] *n* ❶ (*part of helmet*) Visier *nt* ❷ AM (*brim of cap*) Schild *nt* ❸ AUTO Sonnenblende *f*

vis·ta [ˈvɪstə] *n* ❶ (*view*) Aussicht *f*, Blick *m* ❷ *usu pl* (*fig: mental view*) Perspektiven *pl*

vis·ual [ˈvɪʒuəl] **I.** *adj* visuell, Seh-; **– im·agery** Bildersymbolik *f* **II.** *n* ■ ~ **s** *pl* Bildmaterial *nt*

visu·al·ize [ˈvɪʒuəlaɪz] *vt* ■ **to ~ sth** ❶ (*imagine*) sich *dat* etw vorstellen; (*sth of the past*) sich *dat* etw vergegenwärtigen ❷ (*foresee*) etw erwarten

vi·tal [ˈvaɪt^əl] *adj* ❶ (*essential*) unerlässlich; (*more dramatic*) lebensnotwendig; **to play a ~ part** eine entscheidende Rolle spielen; **to be of ~ importance** von entscheidender Bedeutung sein; ■ **it is ~ that ...** es ist von entscheidender Bedeutung, dass ... ❷ (*approv form: energetic*) vital, lebendig

vi·tal·ity [vaɪˈtæləti] *n no pl* (*approv*) ❶ (*energy*) Vitalität *f* ❷ (*durability*) Dauerhaftigkeit *f* **vi·tal·ize** [ˈvaɪtəlaɪz] *vt* beleben

vita·min [ˈvɪtəmɪn] *n* Vitamin *nt*

ˈvita·min de·fi·cien·cy *n no pl* Vitaminmangel *m* **ˈvita·min tab·lets** *npl* Vitamintabletten *pl*

vit·reous [ˈvɪtriəs] *adj attr* Glas-

vit·ri·fy [ˈvɪtrɪfaɪ] *vt esp passive* zu Glas schmelzen

vit·ri·ol [ˈvɪtriəl] *n no pl* ❶ CHEM (*dated: sulphuric acid*) Vitriolsäure *f* ❷ (*fig: criticism*) Schärfe *f*

vit·ri·ol·ic [ˌvɪtriˈɒlɪk] *adj* ❶ *criticism* scharf; *remark* beißend ❷ CHEM vitriolhaltig

vi·tu·per·ate [vɪˈtjuːp^əreɪt] (*form*) **I.** *vt* schelten **II.** *vi* schmähen *veraltend*

vi·tu·pera·tion [vɪˌtjuːpəˈreɪʃ^ən] *n no pl* (*form*) Schmähungen *pl geh*

vi·va·cious [vɪˈveɪʃəs] *adj* (*lively*) lebhaft; (*cheerful*) munter

vi·vac·ity [vɪˈvæsəti] *n no pl* Lebhaftigkeit *f*; (*cheerfulness*) Munterkeit *f*

vi·var·ium <*pl* -**s** *or* -**ria**> [vɪˈveəriəm, *pl* -riə] *n* Vivarium *nt fachspr*

viva voce [ˌvaɪvəˈvəʊsi] **I.** *n* mündliche Prüfung **II.** *adv* mündlich

viv·id [ˈvɪvɪd] *adj* ❶ *account, description* anschaulich, lebendig ❷ (*of mental ability*) lebhaft; **to have ~ memories of sth** sich lebhaft an etw *akk* erinnern können ❸ *colours* kräftig

vivi·sect [ˈvɪvɪsekt] *vt* vivisezieren *fachspr* **vivi·sec·tion** [ˌvɪvɪˈsekʃ^ən] *n no pl* Vivisektion *f fachspr*

vix·en [ˈvɪks^ən] *n* Füchsin *f*

viz, viz. *adv* (*dated*) nämlich

vo·cabu·lary [vəˈkæbjəl^əri] *n* Vokabular *nt*, Wortschatz *m;* (*words*) Vokabeln *pl;* (*glossary*) Wörterverzeichnis *nt*

vo·cal [ˈvəʊk^əl] **I.** *adj* ❶ (*of voice*) stimmlich; *communication* mündlich ❷ (*outspoken*) laut; ■ **to be ~** sich freimütig äußern; *minority* lautstark; **to become ~** laut werden ❸ (*communicative*) gesprächig **II.** *n* ❶ MUS Vokalpartie *f fachspr* ❷ (*singer*) Sänger(in) *m(f)*

vo·cal·ist [ˈvəʊk^əlɪst] *n* Sänger(in) *m(f)* **vo·cal·ize** [ˈvəʊk^əlaɪz] LING **I.** *vi* vokalisieren *fachspr* **II.** *vt* ❶ (*make sound*) in Töne umsetzen ❷ (*put into words*) aussprechen; (*of thoughts, ideas*) in Worte fassen ❸ (*in phonetics*) vokalisieren *fachspr*

vo·ca·tion [və(ʊ)ˈkeɪʃ^ən] *n* ❶ (*calling*) Berufung *f*; **to have a ~ for sth** sich zu etw *dat* berufen fühlen ❷ *usu sing* (*trade*) Beruf *m*

vo·ca·tion·al [və(ʊ)ˈkeɪʃ^ən^əl] *adj* beruflich; **~ training** Berufsausbildung *f*

vo·cif·er·ate [və(ʊ)ˈsɪfəreɪt] **I.** *vi* lautstark protestieren (**against** gegen) **II.** *vt* lautstark zum Ausdruck bringen

vo·cif·era·tion [vəʊˌsɪfəˈreɪʃən] *n* (*form*) Aufschrei *m*

vo·cif·er·ous [və(ʊ)ˈsɪf^ərəs] *adj* lautstark; (*impetuous*) vehement

vod·ka [ˈvɒdkə] *n* Wodka *m*

vogue [vəʊg] *n* Mode *f*; ■ **to be in ~/out of ~** in Mode/aus der Mode sein; **to be back in ~** wieder Mode sein

voice [vɔɪs] **I.** *n* ❶ (*of person*) Stimme *f*; **at the top of one's ~** in voller Lautstärke; **hushed ~** gedämpfte Stimme; (*whisper*) Flüsterstimme *f*; **inner ~** innere Stimme; **sb's ~ is breaking** jd ist im Stimmbruch; **to keep one's ~ down** leise sprechen; **to lower/raise one's ~** seine Stimme senken/erheben ❷ (*ability to speak, sing*) Artikulationsfähigkeit *f* ❸ (*opinion*) Stimme *f*; **to make one's ~ heard** sich *dat* Gehör verschaffen ❹ (*agency expressing opinion*) Stimme *f*; **to**

give sb a ~ jdm ein Mitspracherecht einräumen ⓹ MUS Stimmlage *f* **II.** *vt* ■ **to ~ sth** etw zum Ausdruck bringen; *complaint* vorbringen; *desire* aussprechen

voice-'ac·ti·vat·ed *adj* **~ dialling** Wählen *nt* mittels Spracheingabe **'voice box** *n* (*fam*) Kehlkopf *m* **voice-'ca·pa·ble** *adj* ELEC mit Sprachbefehl **nach** *n* **'voice com·mand** *n* Sprachbefehl *m*

voiced [vɔɪst] *adj* LING stimmhaft

voice·less ['vɔɪsləs] *adj* stumm *a. fig*; (*lacking power*) ohne Mitspracherecht **nach** *n*; LING stimmlos

'voice-over *n* TV, FILM Begleitkommentar *m* fachspr

void [vɔɪd] **I.** *n* Leere *f* kein *pl a. fig*; (*in building*) Hohlraum *m*; ■ **into the ~** ins Leere **II.** *adj* ⓵ (*invalid*) nichtig ⓶ (*liter: lacking in*) **he's completely ~ of charm** er hat absolut keinen Charme ⓷ (*form*) *position* frei ⓸ *action, speech* nutzlos; **to render sth ~** etw zunichtemachen **III.** *vt esp* AM (*declare invalid*) aufheben

vol *n abbrev of* **volume** Bd.; (*measure*) vol.

vol·a·tile ['vɒlətaɪl] **I.** *adj* ⓵ (*changeable*) unbeständig; (*unstable*) instabil ⓶ (*explosive*) *situation* explosiv ⓷ CHEM flüchtig **II.** *n usu sg* sich schnell verflüchtigende Substanz

vol·can·ic [vɒl'kænɪk] *adj* ⓵ GEOL vulkanisch, Vulkan- *m* ⓶ (*fig*) *emotion* aufbrausend

vol·ca·no <*pl* -oes *or* -os> [vɒl'keɪnəʊ] *n* Vulkan *m*; (*of emotion*) Pulverfass *nt fig*

vole [vəʊl] *n* Wühlmaus *f*

vo·li·tion [və(ʊ)'lɪʃn] *n no pl* (*form*) Wille *m*

vol·ley ['vɒli] **I.** *n* ⓵ (*salvo*) Salve *f* ⓶ (*hail*) Hagel *m*; **~ of bullets** Kugelhagel *m* ⓷ (*fig: onslaught*) Flut *f* ⓸ TENNIS Volley *m*; FBALL Volleyschuss *m* **II.** *vi* TENNIS einen Volley schlagen; FBALL einen Volley schießen **III.** *vt* ⓵ TENNIS, FBALL **to ~ a ball** einen Ball volley nehmen ⓶ (*fig: let fly*) **to ~ a series of questions/remarks** eine Reihe von Fragen/Bemerkungen loslassen

vol·ley·ball ['vɒlibɔːl] *n no pl* Volleyball *m*

volt [vəʊlt, vɒlt] *n* Volt *nt*

volt·age ['vəʊltɪdʒ] *n* Spannung *f*; **high/low ~** Hoch-/Niederspannung *f*

'volt·age de·tec·tor *n* ELEC Spannungsdetektor *m* **'volt·age drop** *n* ELEC Spannungsabfall *m*

volte-face <*pl* volte-faces> [,vɒlt'fæs] *n usu sing* (*also fig liter*) Kehrtwendung *f*

vol·uble ['vɒljəbl] *adj* (*fluent*) redegewandt ⓶ (*pej: talkative*) redselig

vol·ume ['vɒljuːm] *n* ⓵ *no pl* (*space*) Volumen *nt* ⓶ *no pl* (*amount*) Umfang *m* ⓷ *no pl* (*sound level*) Lautstärke *f* ⓸ (*control dial*) Lautstärkeregler *m*; **to turn the ~ down/up** leiser/lauter machen ⓹ (*book/of set*) Band *m*

'vol·ume con·trol, 'vol·ume regu·la·tor *n* Lautstärkeregler *m*

vo·lu·mi·nous [və'luːmɪnəs] *adj* (*form*) *clothes* weit [geschnitten]; *written account* umfangreich; *writer* produktiv

vol·un·tary ['vɒləntəri] **I.** *adj* freiwillig; *counsellor, teacher, work* ehrenamtlich; **~ work for the Red Cross** ehrenamtliche Tätigkeit für das Rote Kreuz **II.** *n* MUS Orgelsolo *nt*

vol·un·tary eutha·'na·sia *n* freiwillige Euthanasie **vol·un·tary or·gani·'za·tion** *n* + *sing/pl vb* Freiwilligenorganisation *f* **vol·un·tary re·'dun·dan·cy** *n* freiwilliges Ausscheiden

vol·un·teer [,vɒləntɪə'] **I.** *n* ⓵ (*unpaid worker*) ehrenamtlicher Mitarbeiter/ehrenamtliche Mitarbeiterin ⓶ (*willing person*) Freiwillige(r) *f(m)* **II.** *vt* ■ **to ~ oneself for sth** sich freiwillig zu etw *dat* melden; **to ~ information** bereitwillig Informationen geben; **to ~ one's services** seine Dienste anbieten **III.** *vi* ⓵ (*offer one's services*) ■ **to ~ to do sth** sich [freiwillig] anbieten, etw zu tun ⓶ (*join*) **to ~ for the army** sich freiwillig zur Armee melden

vo·lup·tu·ous [və'lʌptʃuəs] *adj* (*approv*) üppig; *woman also* kurvenreich; *lips* sinnlich; (*sumptuous*) verschwenderisch

vol·ute [və(ʊ)'luːt] **I.** *n* ⓵ ARCHIT Volute *f* fachspr ⓶ (*marine gastropod*) Meeresschnecke *f* ⓷ (*snail's shell*) Schneckenhaus *nt* **II.** *adj* spiralförmig

vom·it ['vɒmɪt] **I.** *vi* [sich] erbrechen **II.** *vt* ⓵ (*of person, animal*) ■ **to ~ [up]** ⊂ **sth** etw erbrechen ⓶ (*fam: of machine*) ■ **to ~ sth** ⊂ **[out]** etw ausspucken **III.** *n no pl* Erbrochene(s) *nt*

voo·doo ['vuːduː] *n no pl* ⓵ (*black magic*) Voodoo *m* ⓶ (*fam: jinx*) Hexerei *f*; (*magic spell*) Zauber *m*

vo·ra·cious [və'reɪʃəs] *adj* (*liter*) gefräßig; (*fig*) gierig

vo·rac·i·ty [və'ræsəti] *n no pl* Gefräßigkeit *f*; (*fig*) Gier *f* (**for** nach)

vor·tex <*pl* -es *or* -tices> ['vɔːteks, *pl* -tsiːz] *n* ⓵ (*whirlwind*) Wirbel *m* ⓶ (*whirlpool*) Strudel *m*

vote [vəʊt] **I.** *n* ⓵ (*expression of choice*) Stimme *f*; **to cast one's ~** seine Stimme abgeben ⓶ (*election*) Abstimmung *f*; **to hold a ~** eine Abstimmung durchführen ⓷ (*of group*) Stimmen *pl* ⓸ *no pl* (*right*) **the ~** das Wahlrecht **II.** *vi* ⓵ (*elect candidate, measure*) wählen; **to ~ in an election** zu einer Wahl gehen; ■ **to ~ against/for sb/sth** gegen/für jdn/etw stimmen ❷ *(formally choose)* ▪ **to ~ to do sth** dafür stimmen, etw zu tun ❸ *(formally decide)* ▪ **to ~ on sth** über etw *akk* abstimmen; **to ~ on a proposal** über einen Vorschlag abstimmen **III.** *vt* ❶ *(elect)* ▪ **to ~ sb in** jdn wählen; **to ~ sb into office** jdn ins Amt wählen; **to ~ sb out (of office)** jdn [aus dem Amt] abwählen ❷ *(propose)* ▪ **to ~ that ...** vorschlagen, dass ... ❸ *(declare)* **she was ~d the** winner sie wurde zur Siegerin erklärt ♦ **vote down** *vt* niederstimmen

vot·er ['vəʊtəʳ] *n* Wähler(in) *m(f)*

vot·er reg·is·'tra·tion *n* Eintragung *f* ins Wählerverzeichnis **vot·er 'turn·out** *n* Wahlbeteiligung *f*

vot·ing ['vəʊtɪŋ] **I.** *adj attr* wahlberechtigt **II.** *n no pl* Wählen *nt*

'vot·ing booth *n* Wahlkabine *f* **'vot·ing box** <-es> *n* Wahlurne *f* **'vot·ing ma·chine** *n esp* AM Wahlmaschine *f*

vouch [vaʊtʃ] *vi* ▪ **to ~ for sb/sth** sich für jdn/etw verbürgen; ▪ **to ~ that ...** dafür bürgen, dass ...

vouch·er ['vaʊtʃəʳ] *n* AUS, BRIT Gutschein *m*; **gift ~** Geschenkgutschein *m*; **luncheon ~** Essensmarke *f*; **school ~** AM öffentliches Mittel, die in Amerika bereitgestellt werden, damit Eltern ihre Kinder in Privatschulen schicken können

vow [vaʊ] **I.** *vt* geloben *geh* **II.** Versprechen *nt*; ▪ **~s** *pl (of marriage)* Eheversprechen *nt*; *(of religious order)* Gelübde *nt geh*; **to take a ~** ein Gelübde ablegen *geh*; **to take a ~ to do sth** geloben, etw zu tun *geh*

vow·el [vaʊəl] *n* Vokal *m*, Selbstlaut *m*

voy·age ['vɔɪɪdʒ] **I.** *n* Reise *f*; *(by sea)* Seereise *f*; **~ of discovery** *(also fig)* Entdeckungsreise *f* **II.** *vi (liter or dated)* reisen

voy·ag·er ['vɔɪɪdʒəʳ] *n* Reisende(r) *f(m)*; *(by sea)* Seereisende(r) *f(m)*; *(in space)* Raumfahrer(in) *m(f)*

vo·yeur [vwɑː'jɜːʳ] *n (pej)* Voyeur(in) *m(f)*

VP [ˌviː'piː] *n abbrev of* **Vice President** Vizepräsident(in) *m(f)*

VTOL ['viːtɒl] *abbrev of* **vertical take-off and landing**: **~ aircraft** Senkrechtstarter *m (Flugzeug, das senkrecht starten und landen kann)*

vul·can·ite ['vʌlkənaɪt] *n no pl* Hartgummi *m o nt*

vul·can·i·za·tion [ˌvʌlkənaɪ'zeɪʃən] *n no pl* Vulkanisierung *f*

vul·can·ize ['vʌlkənaɪz] *vt* vulkanisieren

vul·gar ['vʌlɡəʳ] *adj* ordinär, vulgär; *(of bad taste)* abgeschmackt

vul·gar·i·ty [vʌl'ɡærəti] *n no pl* Vulgarität *f geh*; *(bad taste)* Geschmacklosigkeit *f* **vul·gar·ize** ['vʌlɡəraɪz] *vt* vulgarisieren *geh*

Vul·gate ['vʌlɡeɪt] *n* ▪ **the ~** die Vulgata

vul·ner·able ['vʌlnərəbl] *adj* verletzlich; ▪ **to be ~ to sth** anfällig für etw *akk* sein; **to be ~ to attack/criticism** Angriffen/Kritik ausgesetzt sein; **to be in a ~ position** in einer prekären Lage sein; **~ spot** schwache Stelle; **to feel ~** sich verwundbar fühlen

vul·ture ['vʌltʃəʳ] *n (also fig)* Geier *m a. fig*

vul·va <*pl* -s *or* vulvae> ['vʌlvə, *pl* -viː] *n* ANAT Vulva *f*

vy·ing ['vaɪɪŋ] *pp of* **vie**

W w

W <*pl* -'s *or* -s>, **w** <*pl* -'s> ['dʌbljuː] *n* W *nt*, w *nt*; *see also* **A** 1

W¹ **I.** *adj* ❶ *abbrev of* **West** W- ❷ *abbrev of* **western** I **II.** *n no pl abbrev of* **West** W

W² <*pl* -> *n abbrev of* **Watt** W

wack¹ [wæk] *n* NBRIT, DIAL Kumpel *m fam*

wack² [wæk] *n* AM *(fam)* ❶ *(person)* Querkopf *m* ❷ *no pl (nonsense)* Blödsinn *m*

wacky ['wæki] *adj (fam) person* verrückt; *place* skurril

wad [wɒd] *n* ❶ *(mass)* Knäuel *nt*; *(for stuffing)* Pfropfen *m*; *of cotton wool* Wattebausch *m* ❷ *(bundle) of banknotes* Bündel *nt*; *of forms* Stoß *m*; **~s [pl] of money** *(fam)* schöne Stange Geld

wad·ding ['wɒdɪŋ] *n no pl (packaging)* Watte *f*; *(for stuffing)* Polstermaterial *nt*

wad·dle ['wɒdl] **I.** *vi* watscheln **II.** *n no pl* Watschelgang *m*

wade [weɪd] **I.** *n usu sing* Waten *nt kein pl* **II.** *vi* ❶ *(walk in water)* waten; **to ~ into the river/the sea** in den Fluss/das Meer hineinwaten ❷ *(fig: deal with)* ▪ **to ~ through sth** sich durch etw *akk* durchkämpfen **III.** *vt* ▪ **to ~ sth** etw durchwaten

wad·er ['weɪdəʳ] *n* ❶ *(bird)* Watvogel *m* ❷ *(boots)* ▪ **~s** *pl* Watstiefel *pl*

wa·fer ['weɪfəʳ] *n* ❶ *(biscuit)* Waffel *f*; *(extremely thin)* Oblate *f* ❷ *(for Holy Communion)* Hostie *f*

wa·fer-'thin *adj* hauchdünn

waf·fle¹ ['wɒfl] *(pej)* **I.** *vi (fam: talk, write)* ▪ **to ~ on** schwafeln **II.** *n no pl (speech, writing)* Geschwafel *nt fam*

waf·fle² ['wɒfl] *n (breakfast food)* Waffel *f*

'waf·fle iron *n* Waffeleisen *nt*

waft [wɒft] *(liter)* **I.** *vi* schweben; **to ~ through the air** *smell* durch die Luft ziehen;

sound in der Luft liegen **II.** *vt* **to be ~ed by the wind** vom Wind getragen werden

wag [wæg] **I.** *vt* <-gg-> **to ~ one's finger** mit dem Finger drohen; **to ~ one's tail** *dog* mit dem Schwanz wedeln **II.** *vi* <-gg-> wedeln **III.** *n usu sing* Wackeln *nt kein pl; of the head* Schütteln *nt kein pl; of the tail* Wedeln *nt kein pl*

wage [weɪdʒ] **I.** *n* Lohn *m;* **to get a decent/good/low ~** anständig/gut/wenig verdienen **II.** *vt (form)* **to ~ war against/for sb/sth** gegen/für jdn/etw zu Felde ziehen; **to ~ war on sb** gegen jdn Krieg führen; **to ~ war on sth** *(fig)* gegen etw *akk* vorgehen

'wage ad·just·ment *n* Lohnangleichung *f* **'wage bill** *n* Lohnrechnung *f* **'wage claim**, **'wage de·mand** *n* BRIT, AUS Lohnforderung *f* **'wage costs** *npl* Lohnkosten *pl* **'wage dis·pute** *n* Lohnstreitigkeit *f* **'wage earn·er** *n* Lohnempfänger(in) *m(f)* **'wage freeze** *n* Lohnstopp *m;* **to impose a ~** einen Lohnstopp verhängen **'wage in·crease** *n* Lohnerhöhung *f* **'wage lev·el** *n* Lohnniveau *nt* **'wage ne·go·ti·a·tion** *n* Lohnverhandlung *f* **'wage pack·et** *n* AUS, BRIT ❶ *(pay)* Lohn *m* ❷ *(envelope)* Lohntüte *f*

wa·ger ['weɪdʒə^r] **I.** *n* ❶ *(bet)* Wette *f* ❷ *(stake)* [Wett]einsatz *m* **II.** *vt* ■ **to ~ that ...** wetten, dass ...; **to ~ one's life/reputation** sein Leben/Ansehen aufs Spiel setzen

'wage scale *n* Lohnskala *f* **'wages clerk** *n* Lohnbuchhalter(in) *m(f)* **'wage slip** *n* Lohnzettel *m* **'wages pol·i·cy** <-ies> *n* Lohnpolitik *kein pl* **'wage work·er** *n* AM Lohnempfänger(in) *m(f)*

wag·gle ['wægl] **I.** *n* Wackeln *nt kein pl* **II.** *vt* ■ **to ~ sth** mit etw *dat* wackeln **III.** *vi* wackeln

wag·gly ['wægli] *adj* wack[e]lig

wag·(g)on ['wægən] *n* ❶ *(cart)* Wagen *m; (wooden cart)* Karren *m* ❷ AUS, BRIT *(for freight)* Wagon *m;* **goods ~** Güterwagon *m* ▸ **to be on the ~** *(fam)* trocken sein; **to fall off the ~** *(fam)* wieder zur Flasche greifen

waif [weɪf] *n* ❶ *(very thin female)* Bohnenstange *f* ❷ *(child)* verwahrlostes Kind ❸ *(animal)* streunendes Tier ▸ **~s and strays** Heimatlose *pl*

wail [weɪl] **I.** *vi* jammern; *siren* heulen; *wind* pfeifen **II.** *vt* ■ **to ~ that ...** jammern, dass ... **III.** *n* Gejammer *nt kein pl; of sirens* Geheul *nt kein pl*

wail·ing ['weɪlɪŋ] *adj* jammernd; **~ cries** Klagegeschrei *nt;* **~ sirens** heulende Sirenen

Wail·ing 'Wall *n no pl* ■ **the ~** die Klagemauer

waist [weɪst] *n* Taille *f; of skirts, trousers* Bund *m*

'waist·band *n* Bund *m* **'waist·coat** *n* BRIT Weste *f* **waist-'deep I.** *adj* bis zur Taille [reichend] **II.** *adv* bis zur Taille **'waist·line** *n* Taille *f*

wait [weɪt] **I.** *n no pl* Warten *nt* **(for** auf) ▸ **to lie in ~** [for sb] [jdm] auflauern **II.** *vi* ❶ *(bide one's time)* warten **(for** auf); **~ a minute!** Moment mal!; **I can't ~** ich kann's kaum erwarten ❷ *(be delayed)* warten ❸ *(express warning)* [**just**] **you ~!** warte [du] nur! **III.** *vt* AM *(serve)* **to ~ a meal for sb** mit dem Essen auf jdn warten ▸ **to ~ one's turn** warten, bis man an der Reihe ist ◆**wait about**, **wait around** *vi* warten ◆**wait behind** *vi* zurückbleiben ◆**wait in** *vi* zu Hause warten ◆**wait on I.** *vi* noch länger warten **II.** *vt* ■ **to ~ on sb** jdn bedienen ◆**wait up** *vi* ❶ *(not go to bed)* ■ **to ~ up for sb** wegen jdm aufbleiben ❷ AM *(wait)* ■ **~ up!** warte mal!

wait·er ['weɪtə^r] *n* Bedienung *f,* Kellner *m;* **~!** Herr Ober!

wait·ing ['weɪtɪŋ] *n no pl* ❶ *(time)* Warten *nt* **(for** auf) ❷ BRIT *(parking)* **"no ~"** „Halten verboten" ❸ *(by waiter, waitress)* Bedienen *nt*

'waiting game *n* **to play a ~** zunächst einmal abwarten **'waiting list** *n* Warteliste *f* **'waiting room** *n* Wartezimmer *nt*

wait·ress <*pl* -es> ['weɪtrɪs] *n* Kellnerin *f,* Bedienung *f*

waive [weɪv] *vt (form)* verzichten auf +*akk; a fee* erlassen; *an objection* fallen lassen; *right* verzichten auf +*akk*

waiv·er ['weɪvə^r] *n* ❶ *(document)* Verzichterklärung *f* ❷ *(agreement)* Erlass *m; (repeal)* Außerkraftsetzung *f*

wake¹ [weɪk] *n* NAUT Kielwasser *nt;* AEROSP Turbulenz *f;* ■ **in the ~ of sth** *(fig)* infolge einer S. *gen*

wake² [weɪk] *n (vigil)* Totenwache *f*

wake³ [weɪk] <woke *or* waked, woken *or* waked> [weɪk] **I.** *vi* aufwachen **II.** *vt (rouse)* aufwecken ▸ **to ~ the dead** die Toten auferwecken ◆**wake up I.** *vi* aufwachen *a. fig* ▸ **~ up and smell the coffee!** AM *(saying fam)* wach endlich auf und sieh den Tatsachen ins Auge! **II.** *vt* aufwecken

wake·ful ['weɪkfəl] *adj (form)* ❶ *(sleepless)* **~ night** schlaflose Nacht; ■ **to be ~** nicht schlafen können ❷ *(vigilant)* wach, wachsam; **to feel ~** sich munter fühlen

wak·en ['weɪkən] *vi (form)* aufwachen

wakey ['weɪki] *interj* fam ■ **~ ~!** aufwachen!

Wales [weɪlz] *n no pl* Wales *nt*

walk [wɔːk] **I.** *n* ❶ *(going on foot)* Gehen *nt; (as recreation)* Spaziergang *m;* **it's a five**

minute ~ es sind fünf Minuten [zu Fuß] ❷ (*promenade*) Spaziergang *m*; (*path in rural area*) Wanderweg *m* ▸ **~ of life** soziale Schicht *f* **II.** *vt* ❶ (*go on foot*) **to ~ the streets** (*wander*) durch die Straßen gehen; (*be a prostitute*) auf den Strich gehen *sl* ❷ (*accompany*) **to ~ sb home** jdn nach Hause bringen ❸ (*take for a walk*) **to ~ the dog** den Hund ausführen ❹ BRIT (*fam: succeed easily*) spielend meistern **III.** *vi* ❶ (*go on foot*) zu Fuß gehen ❷ (*for recreation*) spazieren gehen ❸ (*fig fam: go missing*) Beine bekommen *fam* ▸ **to ~ before one can <u>run</u>** laufen lernen, bevor man springt ◆ **walk about** *vi*, **walk around** *vi* herumlaufen ◆ **walk away** *vi* ❶ (*steal*) mitgehen lassen *fam*; (*easily win*) spielend gewinnen ❷ (*escape unhurt*) **to ~ away from an accident** einen Unfall unverletzt überstehen ◆ **walk in** *vi* hereinkommen; ■ **to ~ in on sb/sth** bei jdm/etw hereinplatzen *fam* ◆ **walk off I.** *vt* **to ~ off a meal** einen Verdauungsspaziergang machen **II.** *vi* ❶ (*leave*) weggehen ❷ ■ **to ~ off with sth** (*steal*) etw mitgehen lassen *fam*; (*easily win*) etw spielend gewinnen ◆ **walk on** *vi* THEAT eine Nebenrolle spielen ◆ **walk out** *vi* ❶ (*leave*) gehen; ■ **to ~ out on sb** jdn im Stich lassen; **to ~ out of a meeting** eine Sitzung [aus Protest] verlassen ❷ (*go on strike*) streiken ◆ **walk over** *vt* (*fig*) **to ~ [all] over sb** jdn ausnutzen [*o bes* SÜDD, ÖSTERR ausnützen] ◆ **walk through** *vt* ❶ (*accompany*) ■ **to ~ sb through sth** etw mit jdm durchgehen ❷ THEAT ■ **to ~ through sth** etw [ein]üben

'**walk·able** *n district, housing, area* zu Fuß erreichbar

'**walk·about** *n esp* BRIT (*fam*) Rundgang *m* ▸ **to go ~** (*hum*) *person* verschwinden; *object* sich selbständig machen '**walk·away** *n* AM leichter Sieg; **to win in a ~** einen leichten Sieg davontragen **walk·er** ['wɔːkə] *n* ❶ (*person on foot*) Fußgänger(in) *m(f)*; (*for recreation*) Spaziergänger(in) *m(f)* ❷ (*as sport*) Geher(in) *m(f)* **walk·er·'on** *n* Statist(in) *m(f)*

walkie-talkie [ˌwɔːkiˈtɔːki] *n* [tragbares] Funksprechgerät, Walkie-Talkie *nt*

'**walk·in** *adj* begehbar; **~ wardrobe** begehbarer Kleiderschrank

'**walk·ing** ['wɔːkɪŋ] **I.** *n no pl* Gehen *nt*; (*as recreation*) Spaziergehen *nt* **II.** *adj attr* ❶ (*of movement on foot*) Geh-; **to be within ~ distance** zu Fuß erreichbar sein ❷ (*human*) wandelnd; **to be a ~ encyclopaedia** ein wandelndes Lexikon sein *hum fam*

'**walk·ing frame** *n* AUS, BRIT Gehhilfe *f* '**walk·ing shoes** *npl* Wanderschuhe *pl* '**walk·ing stick** *n* Spazierstock *m*; (*for old people*) Stock *m*; (*for invalids*) Krücke *f* '**walk·ing tour** *n* ❶ (*in town*) [Stadt]rundgang *m* (**of/through** durch) ❷ (*in the countryside*) Wanderung *f*

Walk·man® <*pl* **-men** *or* **-s**> ['wɔːkmən, *pl* -mən] *n* Walkman® *m*

'**walk-on** *adj attr* THEAT, FILM Statist(in) *m(f)*; **~ part** [*or* **role**] Statistenrolle *f* '**walk·out** *n* Arbeitsniederlegung *f*; **to stage a ~** aus Protest die Arbeit niederlegen '**walk·over** *n* (*easy victory*) leichter Sieg, Spaziergang *m fam* '**walk-through** *n* Probe *f* '**walk·way** *n* [Fuß]weg *m*; **moving ~** Laufband *nt*

wall [wɔːl] *n* ❶ *of a house, around a plot* Mauer *f*; *of a room* Wand *f*; **city ~** Stadtmauer *f*; **the Berlin W~** (*hist*) die Berliner Mauer *hist*; **the Great W~ of China** die Chinesische Mauer ❷ MED, ANAT Wand *f* ❸ *of a tyre* Mantel *m* ❹ (*barrier*) Mauer *f* ▸ **to have one's <u>back</u> to the ~** mit dem Rücken an der Wand stehen; **~s have <u>ears</u>** (*saying*) die Wände haben Ohren; **to be a <u>fly</u> on the ~** Mäuschen spielen; **to <u>drive</u> sb up the ~** jdn zur Weißglut treiben ◆ **wall in** *vt usu passive* ummauern ◆ **wall off** *vt usu passive* durch eine Mauer abtrennen ◆ **wall up** *vt* ❶ (*imprison*) einmauern ❷ (*fill in*) zumauern

'**wall bars** *npl* Sprossenwand *f* '**wall chart** *n* Schautafel *f* '**wall clock** *n* Wanduhr *f*

wal·let ['wɒlɪt] *n* ❶ (*for money*) Brieftasche *f* ❷ *esp* BRIT (*for documents*) Dokumentenmappe *f*

'**wall·flow·er** *n* ❶ HORT Goldlack *m* ❷ (*fam: woman*) Mauerblümchen *nt* '**wall hanging** *n* Wandteppich *m*

Wal·lis and Fu·tu·na [ˌwɒlɪsəndfuːˈtjuːnə] *n* ■ **the ~ Islands** die Wallis- und -Futuna-Inseln *pl*

'**wall map** *n* Wandkarte *f*

Wal·loon [wɒˈluːn] *n* ❶ (*person*) Wallone, Wallonin *m*, *f* ❷ *no pl* (*language*) Wallonisch *nt*

wal·lop ['wɒləp] (*fam*) **I.** *vt* ❶ (*hit*) schlagen ❷ (*fig: win*) jdn haushoch besiegen **II.** *n* Schlag *m*

wal·lop·ing ['wɒləpɪŋ] **I.** *adj attr* (*fam*) ❶ (*hum: very big*) riesig ❷ AM (*very good*) super **II.** *n usu sing* **to give sb a ~** jdm eine Tracht Prügel verpassen

wal·low ['wɒləʊ] **I.** *n usu sing* Bad *nt a. fig* **II.** *vi* ■ **to ~ in sth** sich in etw *dat* wälzen; **to ~ in luxury** im Luxus baden; **to ~ in self-pity** vor Selbstmitleid zerfließen

'**wall·pa·per I.** *n* Tapete *f*; **a roll of ~** eine Tapetenrolle; **to put up ~** tapezieren **II.** *vt* tapezieren '**wall sock·et** *n* [Wand]steckdose *f*

'Wall Street n no pl die Wall Street [o Wallstreet]

wall-to-'wall adj ❶(covering floor) ~ **carpet** Teppichboden m ❷(fig: continuous) ständig; ~ **coverage** Berichterstattung f rund um die Uhr

wal·nut ['wɔːlnʌt] n ❶(nut) Walnuss f ❷(tree) Walnussbaum m ❸no pl (wood) Nussbaumholz nt

wal·rus <pl - or -es> ['wɔːlrəs] n Walross nt

waltz [wɒls] **I.** n <pl -es> Walzer m **II.** ❶(dance) Walzer tanzen ❷(fam: walk confidently) ~ **to** ~ **up to sb** auf jdn [einfach] zugehen ◆ **waltz in** vi hereintanzen fam ◆ **waltz off** vi abtanzen fam ◆ **waltz out** vi (fam) abrauschen; **to** ~ **out of the room** aus dem Zimmer rauschen

wan <-nn-> [wɒn] adj light fahl; face blass; smile matt

wand [wɒnd] n Zauberstab m; **to wave one's magic** ~ (also fig) den Zauberstab schwingen a. fig

wan·der ['wɒndəʳ] **I.** n usu sing (fam) Bummel m **II.** vt **to** ~ **the streets** (leisurely) durch die Straßen schlendern; (being lost) durch die Straßen irren **III.** vi ❶(lose concentration) **my attention is** ~**ing** ich bin nicht bei der Sache ❷(become confused) **her mind is beginning to** ~ sie wird allmählich wirr [im Kopf fam]

wan·der·er ['wɒndərəʳ] n Wandervogel m hum veraltet **wan·der·ing** ['wɒndərɪŋ] adj attr ❶(nomadic) wandernd; minstrel, tinker fahrend; people, tribe nomadisierend ❷(not concentrating) abschweifend; (rambling) wirr **wan·der·ings** ['wɒndərɪŋz] npl (travels) Reisen pl; (walks) Streifzüge pl

wane [weɪn] **I.** vi abnehmen; interest, popularity schwinden **II.** n no pl **to be on the** ~ im Abnehmen begriffen sein geh; interest, popularity [dahin]schwinden geh

wan·gle ['wæŋgl] vt (fam) deichseln; **to** ~ **one's way into sth** sich in etw akk [hinein]mogeln; **to** ~ **one's way out of sth** sich aus etw dat herauswinden

want [wɒnt] **I.** n ❶(need) Bedürfnis nt; **to be in** ~ **of sth** etw benötigen ❷no pl (lack) Mangel m; **for** ~ **of anything better to do,** ... da ich nichts Besseres zu tun hatte, ...; **to live in** ~ Not leiden; **for** ~ **of sth** aus Mangel an etw dat **II.** vt ❶(wish) wünschen, wollen; (politely) mögen; ■ **to** ~ **sb to do sth** wollen, dass jd etw tut; **to** ~ **sth done** wünschen, dass etw getan wird; **to be** ~**ed by the police** polizeilich gesucht werden; ■ **to** ~ **to do sth** etw tun wollen; **what do you** ~ **to eat?** was möchtest du essen? ❷(need) brauchen; **you'll** ~ **a coat on** du wirst einen Mantel brauchen ❸(fam: should) sollen; **you** ~ **to turn left here** Sie müssen hier links abbiegen ▶ **waste not,** ~ **not** (prov) spare in der Zeit, dann hast du in der Not prov

want·age ['wɑːntɪdʒ] n usu sing AM (need) Mangel m kein pl

want·ing ['wɒntɪŋ] adj pred ❶(be required) ■ **to be** ~ fehlen ❷(deficient) **to be found to be** ~ sich als unzulänglich erweisen

wan·ton ['wɒntən] adj ❶(wilful) leichtfertig; ~ **destruction** mutwillige Zerstörung; ~ **disregard** völlige Gleichgültigkeit ❷(liter: capricious) übermütig, launenhaft

WAP [wɒp] n INET acr for **Wireless Application Protocol** WAP nt

war [wɔːʳ] n ❶ no pl (armed conflict) Krieg m; **state of** ~ Kriegszustand m; **the cold** ~ (hist) der Kalte Krieg; **the Great W**~ der Erste Weltkrieg; **to declare** ~ **on sb/sth** jdm/etw den Krieg erklären; **to go to** ~ in den Krieg ziehen; **to wage** ~ **against sb/sth** gegen jdn/etw Krieg führen; **at** ~ (also fig) im Kriegszustand ❷(conflict) Kampf m; **class** ~ esp BRIT Klassenkampf m; **price/trade** ~ Preis-/Handelskrieg m ▶ **to have been in the** ~**s** esp BRIT [ziemlich] ramponiert aussehen fam

'war atroc·ities npl Kriegsgräuel pl geh, Kriegsverbrechen pl **'war baby** n ❶(child) Kriegskind nt ❷AM (fam: bond) Aktie, die durch einen Krieg an Wert gewinnt

war·ble ['wɔːbl] vi bird trillern; (hum) person trällern

war·bler ['wɔːbləʳ] n ❶(songbird) Grasmücke f; (any singing bird) Singvogel m ❷(hum: person) Sänger(in) m/f

'war bond n Kriegsanleihe f **'war bul·letin** n Kriegsbericht m **'war cor·res·pond·ent** n Kriegsberichterstatter(in) m/f **'war crime** n Kriegsverbrechen nt **'war crimi·nal** n Kriegsverbrecher(in) m/f **'war cry** n Schlachtruf m

ward [wɔːd] n ❶(in hospital) Station f ❷BRIT (political area) Wahlbezirk m ❸AM (in prison) [Gefängnis]trakt m ◆ **ward off** vt abwehren

war·den ['wɔːdən] n ❶(building manager) [Heim]leiter(in) m/f ❷BRIT, AUS (head of a college) Rektor(in) m/f ❸AM (prison governor) Gefängnisdirektor(in) m/f ❹(public official) **park** ~ Parkwächter(in) m/f; **traffic** ~ BRIT Verkehrspolizist(in) m/f

war·der ['wɔːdəʳ] n esp BRIT [Gefängnis]aufseher(in) m/f

war·dress <pl -es> ['wɔːdrɪs] n esp BRIT [Gefängnis]aufseherin f

ward·robe ['wɔːdrəʊb] n ❶(cupboard) [Kleider]schrank m ❷no pl (clothes) Garde-

robe *f*
'ward·robe trunk *n* Schrankkoffer *m*
ward·ship ['wɔːdʃɪp] *n no pl* Vormundschaft *f* (**of** für)
'war ef·fort *n* Kriegsanstrengungen *pl*
ware·house ['weəhaʊs] *n* Lagerhaus *nt*
'ware·house keep·er *n* Lagerverwalter(in) *m(f)*
wares [weəz] *npl* Ware[n] *f[pl]*
war·fare ['wɔːfeə] *n no pl* Krieg[s]führung *f*
'war game *n* Kriegsspiel *nt* **'war·head** ['wɔːhed] *n* Sprengkopf *m*
war·i·ly ['weərɪli] *adv* vorsichtig; (*suspiciously*) misstrauisch
war·like ['wɔːlaɪk] *adj* ❶ (*military*) kriegerisch ❷ (*hostile*) militant **'war·lord** *n* Kriegsherr *m*
warm [wɔːm] **I.** *adj* ❶ (*not cool*) warm ❷ (*affectionate*) warm; *person* warmherzig; *welcome* herzlich ❸ *clothes* warm ❹ *usu attr colours* warm ❺ *usu pred* (*close guess*) ■ **to be ~** nahe dran sein *fam* **II.** *n* **to come into the ~** ins Warme kommen; **to have a ~** sich [auf]wärmen **III.** *vt* wärmen; **to ~ the soup** die Suppe aufwärmen ▶ **to ~ the heart** das Herz erwärmen ❶ (*grow to like*) with **to ~ to[wards] sb/sth** sich für jdn/etw erwärmen ◆ **warm up I.** *vi* ❶ *engine, machine* warm laufen ❷ (*limber up*) sich aufwärmen **II.** *vt engine* warm laufen lassen; *room* erwärmen; *food* aufwärmen
warm-'blood·ed *adj* warmblütig **'warm front** *n* METEO Warmfront *f* **warm-'heart·ed** *adj* warmherzig **warm·ly** ['wɔːmli] *adv* ❶ (*of heat*) **to dress ~** sich warm anziehen ❷ (*affectionately*) herzlich **warm 'start** *n* COMPUT Warmstart *m*
warmth [wɔːmθ] *n no pl* ❶ (*heat*) Wärme *f* ❷ (*affection*) Herzlichkeit *f*
'warm-up *n* SPORTS **to have a ~** sich aufwärmen
warn [wɔːn] **I.** *vi* warnen (**of** vor) **II.** *vt* warnen (**about** vor); ■ **to ~ sb not to do sth** jdn davor warnen, etw zu tun; ■ **to ~ that ...** darauf hinweisen, dass ...
warn·ing ['wɔːnɪŋ] *n* ❶ *no pl* (*notice*) Warnung *f* ❷ (*threat*) Drohung *f* ❸ (*lesson*) **let it be a ~ to you!** lass dir das eine Lehre sein! ❹ (*of dangers, risks*) Warnung *f* (**about/on** vor); **a word of ~** ein guter Rat; **to issue a ~** [**about sth**] [vor etw *dat*] warnen ❺ (*a caution*) Verwarnung *f*
'warn·ing light *n* Warnleuchte *f* **'warn·ing shot** *n* Warnschuss *m* **'warn·ing sign** *n* ❶ (*signboard*) Warnschild *nt* ❷ *usu pl* (*symptom*) Anzeichen *nt*
warp [wɔːp] **I.** *vi wood* sich verziehen **II.** *vt wood* verziehen **III.** *n* ❶ (*in wood*) verzogene Stelle ❷ (*in space travel*) **time ~** Zeitverwerfung *f* ❸ *no pl* (*threads*) **~ and weft** Kette und Schuss
'war·paint *n no pl* (*also hum*) Kriegsbemalung *f* **'war·path** *n no pl* Kriegspfad *m*; **to be on the ~** (*hum fam*) auf dem Kriegspfad sein
warped [wɔːpt] *adj* ❶ (*bent*) verzogen ❷ (*fig: perverted*) verschroben *pej*
war·rant ['wɒrənt] **I.** *n* ❶ (*document*) [Vollziehungs]befehl *m*; **arrest-/search ~** Haft-/Durchsuchungsbefehl *m*; **to execute a ~** AM (*form*) einen Befehl ausführen ❷ FIN Bezugsrecht *nt* ❸ *no pl* (*justification*) Rechtfertigung *f* **II.** *vt* ❶ (*justify*) rechtfertigen ❷ (*form: guarantee*) garantieren
war·ran·tee [ˌwɒrənˈtiː] *n* Garantienehmer(in) *m(f)*
'war·rant of·fic·er *n* ranghöchster Unteroffizier
war·ran·tor ['wɒrəntɔː] *n* Garantiegeber(in) *m(f)*
war·ran·ty ['wɒrənti] *n* Garantie *f*; **extended ~** verlängerte Garantiezeit
war·ren ['wɒrən] *n* ❶ (*burrows*) Kaninchenbau *m* ❷ (*maze*) Labyrinth *nt*
'war·ring ['wɔːrɪŋ] *adj attr* **the ~ factions** die Krieg führenden Parteien
war·ri·or ['wɒriə] *n* (*usu hist*) Krieger *m*
War·saw ['wɔːsɔː] *n* Warschau *nt*
War·saw Pact [ˌwɔːsɔːˈpækt] *n*, **War·saw Trea·ty** *n* (*hist*) ■ **the ~** der Warschauer Pakt
'war·ship ['wɔːʃɪp] *n* Kriegsschiff *nt*
wart [wɔːt] *n* Warze *f*; **~s and all** (*fig fam*) mit all seinen/ihren Fehlern und Schwächen
'wart·hog ['wɔːthɒg] *n* Warzenschwein *nt*
'war·time *n no pl* Kriegszeit[en] *f[pl]* **'war·torn** *adj usu attr* vom Krieg erschüttert
warts-and-all [ˌwɔːtsænd(ə)ˈɔːl] *adj attr* umfassend, mit allen Vor- und Nachteilen *nach n*
'war-weary *adj* kriegsmüde
wary ['weəri] *adj* vorsichtig; ■ **to be ~ about** [*or* **of**] **doing sth** etw nur ungern tun; ■ **to be ~ of sb/sth** sich vor jdm/etw in Acht nehmen
'war zone *n* Kriegsgebiet *nt*
was [wɒz, wəz] *pt of* **be**
wash [wɒʃ] **I.** *n* <*pl* **-es**> ❶ *usu sing* (*cleaning, laundering*) Waschen *nt kein pl*; **to have a ~** sich waschen ❷ *no pl* (*clothes*) ■ **to do a ~** eine Wäsche waschen; **to be in the ~** in der Wäsche sein ❸ *usu sing* (*thin layer*) [Farb]überzug *m* ▶ **it'll all come out in the ~** (*fam*) das wird sich alles klären **II.** *vt* ❶ (*clean*) waschen; *dishes* abwaschen, spülen; *wound* spülen ❷ *usu passive* (*sweep*) **to be ~ed ashore** an Land gespült werden ▶

to ~ one's hands of sb/sth mit jdm/etw nichts zu tun haben wollen; to ~ one's dirty linen in public (pej) seine schmutzige Wäsche in aller Öffentlichkeit waschen **III.** vi (clean oneself) sich waschen ▶ sth won't ~ with sb etw hat keinerlei Wirkung bei jdm ◆ **wash away** vt ❶ (sweep off, erode) wegspülen ❷ (fig: eliminate) to ~ away sb's sins jdn von seinen Sünden reinwaschen ❸ (clean) auswaschen ◆ **wash down** vt ❶ (swallow) hinunterspülen ❷ (clean) waschen ❸ usu passive (carry off) herabschwemmen ◆ **wash off I.** vi sich abwaschen lassen **II.** vt abwaschen ◆ **wash out I.** vi (clean inside) auswaschen ❷ (remove) herauswaschen ❸ (launder) [aus]waschen ❹ usu passive ■ **to be ~ed out** event ins Wasser fallen fam ◆ **wash over** vi ❶ (flow over) ■ **to ~ over sb/sth** über jdn/etw [hinweg]spülen ❷ (fig: overcome) überkommen ❸ (fig: have no effect) **it makes no difference what I say, it just ~es over them** es ist ganz egal, was ich sage, es prallt einfach an ihnen ab ◆ **wash up I.** vi ❶ (clean dishes) abspülen, abwaschen ❷ (wash oneself) sich waschen **II.** vt (sea) anspülen

wash·able ['wɒʃəbl] adj **machine-~** waschmaschinenfest

wash-and-wear adj bügelfrei '**wash·ba·sin** n Waschbecken nt '**wash·board** n (dated) Waschbrett nt '**wash·bowl** n AM (washbasin) Waschbecken nt '**wash·cloth** n AM (face cloth) Waschlappen m '**wash·day** n Waschtag m '**wash·down** n Wäsche f; **to give sb a ~** jdn waschen; **to give sth a ~** etw abwaschen

washed-out [ˌwɒʃt'aʊt] adj ❶ clothes verwaschen ❷ (tired) fertig fam

wash·er ['wɒʃəʳ] n ❶ AM (washing machine) Waschmaschine f ❷ (ring) Unterlegscheibe f; (for sealing) Dichtung f

wash-'hand ba·sin n Waschbecken nt '**wash house** n Waschhaus nt

wash·ing ['wɒʃɪŋ] n no pl Wäsche f; **to do the ~** [Wäsche] waschen

'**wash·ing ma·chine** n Waschmaschine f '**wash·ing pow·der** n BRIT Waschpulver nt '**wash·ing soda** n no pl Bleichsoda nt

Wash·ing·ton [ˌwɒʃɪŋtən] n (US state) Washington nt

Wash·ing·ton D.C. n (US city) Washington nt

wash·ing-'up n no pl BRIT, AUS ❶ (cleaning dishes) **to do the ~** abspülen, abwaschen ❷ (dishes) Abwasch m

wash·ing-'up ba·sin n BRIT Spülbecken nt **wash·ing-'up bowl** n BRIT Spülschüssel f

wash·ing-'up liq·uid n BRIT Spülmittel nt '**wash leath·er** n ❶ no pl (material) Waschleder nt ❷ (to clean windows) Fensterleder nt '**wash·out** n no pl sing (fam) Reinfall m '**wash·room** n AM Toilette f

wasn't ['wɒzənt] = **was not** see **be**

wasp [wɒsp] n Wespe f

wasp·ish ['wɒspɪʃ] adj giftig fam, gehässig pej '**wasps' nest** n Wespennest nt **wasp·'waist·ed** adj mit einer Wespentaille nach n

wast·age ['weɪstɪdʒ] n no pl ❶ (misuse) Verschwendung f ❷ BRIT, AUS (cutting workforce) natürlicher Arbeitskräfteabgang ❸ (product wasted) Ausschuss m

waste [weɪst] **I.** n ❶ no pl (misuse) Verschwendung f; **~ of effort** vergeudete Mühe; **~ of energy/money/time** Energie-/Geld-/Zeitverschwendung f; **~ of resources** Vergeudung f von Ressourcen; **to lay ~ to the land** das Land verwüsten ❷ no pl (unwanted matter) Abfall m; **household/industrial ~** Haushalts-/Industriemüll m; **to go to ~** verkommen ❸ (excrement) Exkremente pl **II.** vt (misuse) verschwenden; **don't ~ my time!** stiehl mir nicht meine wertvolle Zeit!; **to ~ one's breath** sich dat seine Worte sparen können ❷ AM (sl) ■ **to ~ sb** jdn umlegen fam **III.** vi ▶ **~ not, want not** (prov) spare in der Zeit, dann hast du in der Not ◆ **waste away** vi dahinsiechen geh; (get thinner) immer dünner werden

'**waste·bas·ket** n AM Papierkorb m '**waste dis·pos·al** n no pl Abfallbeseitigung f, Müllentsorgung f **waste-dis·'pos·al unit** n AM Müllschlucker m **waste·ful** ['weɪs(t)fəl] adj ■ **to be ~ of sth** verschwenderisch mit etw dat umgehen **waste 'heat** n no pl TECH Abwärme f fachspr '**waste·land** n ❶ (neglected land) unbebautes Land ❷ (fig: unproductive area) Öde f **waste 'man·age·ment** n no pl Abfallwirtschaft f '**waste·pa·per** n no pl Papiermüll m; (for recycling) Altpapier nt '**waste·pa·per bas·ket** n, BRIT, AUS also '**waste·pa·per bin** n Papierkorb m '**waste pipe** n Abflussrohr nt **waste 'prod·uct** n Abfallprodukt nt

wast·er ['weɪstəʳ] n ❶ (wasteful person) Verschwender(in) m(f) ❷ BRIT (fam: good-for-nothing) Taugenichts m pej

waste re·'pro·cess·ing n no pl Müllwiederaufbereitung f '**waste sepa·ra·tion** n no pl Mülltrennung f **waste 'steam** n no pl Abdampf m

wast·ing ['weɪstɪŋ] adj attr schwächend; **muscle-~ disease** muskelschwächende Krankheit

wast·rel ['weɪstrəl] n (liter) Nichtsnutz m pej veraltend

watch [wɒtʃ] **I.** *n* ❶ (*on wrist*) Armbanduhr *f*; (*on chain*) Taschenuhr *f* ❷ *no pl* (*observation*) Wache *f*; **on** ~ auf Wache; **to be under** [close] ~ unter [strenger] Bewachung stehen; **to keep close** ~ **over sb/sth** über jdn/etw sorgsam wachen ❸ (*period of duty*) Wache *f* ❹ (*unit*) Wacheinheit *f* **II.** *vt* ❶ (*look at*) beobachten; **I** ~ **ed him get into a taxi** ich sah, wie er in ein Taxi stieg; **to** ~ **TV** fernsehen; **to** ~ **the world go by** die [vorbeigehenden] Passanten beobachten ❷ (*keep vigil*) ■ **to** ~ **sb/sth** auf jdn/etw aufpassen; **to** ~ **sb/sth like a hawk** jdn/etw mit Argusaugen bewachen *geh* ❸ (*be careful about*) ~ **it!** pass auf!; ~ **yourself!** sieh dich vor!; **to** ~ **one's weight** auf sein Gewicht achten ▸ ~ **this space!** mach dich auf etwas gefasst!; **to** ~ **one's step** aufpassen **III.** *vi* ❶ (*look*) zusehen, zuschauen ❷ (*be attentive*) aufpassen ◆ **watch out** *vi* ❶ (*keep lookout*) ■ **to** ~ **out for sb/sth** nach jdm/etw Ausschau halten ❷ (*beware of*) ~ **out!** Achtung!

'**watch·band** *n* AM, AUS Uhr[arm]band *nt*
'**watch·dog** *n* ❶ (*guard dog*) Wachhund *m* ❷ (*fig: organization*) Überwachungsgremium *nt*; (*state-controlled*) Aufsichtsbehörde *f*

watch·er ['wɒtʃə*r*] *n* (*watching person*) Zuschauer(in) *m(f)*; (*observer*) Beobachter(in) *m(f)*

watch·ful ['wɒtʃfəl] *adj* wachsam
'**watch·mak·er** [-ˌmeɪkə*r*] *n* Uhrmacher(in) *m(f)* '**watch·man** *m* Wachmann *m*; **night** ~ Nachtwächter *m* '**watch·strap** *n esp* BRIT Uhr[arm]band *nt* '**watch·tow·er** *n* Wachturm *m* '**watch·word** *n usu sing* ❶ (*slogan*) Parole *f* ❷ (*password*) Kennwort *nt*

wa·ter ['wɔːtə*r*] **I.** *n* ❶ *no pl* Wasser *nt* ❷ (*urine*) **to pass** ~ Wasser lassen ❸ (*area of water*) ■ ~**s** *pl* Gewässer *pl*; **the** ~**s of the Rhine** die Wasser des Rheins; **coastal** ~**s** Küstengewässer *pl* ❹ MED ~ **on the brain** Wasserkopf *m*; ~ **on the knee** Kniegelenkerguss *m* ❺ (*amniotic fluid*) Fruchtwasser *nt* ▸ **blood is thicker than** ~ (*prov*) Blut ist dicker als Wasser; **to be** ~ **under the bridge** Schnee von gestern sein; **to be** [like] ~ **off a duck's back** an jdm einfach abprallen; **to take to sth like a duck to** ~ sich bei etw *dat* gleich in seinem Element fühlen; **like a fish out of** ~ wie ein Fisch auf dem Trockenen; **to keep one's head above** ~ sich über Wasser halten; **come hell or high** ~ komme was [da] wolle **II.** *vt* bewässern; *farm animals* tränken; *garden* sprengen; *flowers, plants* gießen **III.** *vi* ❶ (*produce tears*) tränen ❷ (*salivate*) **my mouth is watering** mir läuft das Wasser im Munde zusammen

'**wa·ter·bird** *n* Wasservogel *m* **wa·ter** '**boat·man** *n* ZOOL Rückenschwimmer *m* '**wa·ter·borne** *adj* ❶ (*transported*) ~ **attack** Angriff *m* zu Wasser; ~ **trade** Handelsschifffahrt *f* ❷ (*transmitted*) ~ **disease** durch das Wasser übertragene Krankheit '**wa·ter bot·tle** *n* Wasserflasche *f* '**wa·ter butt** *n* BRIT Regentonne *f* '**wa·ter can·non** *n* Wasserwerfer *m* '**wa·ter car·ri·er** *n* ❶ *esp* BRIT ASTROL ■ **the** ~ der Wassermann ❷ (*water pipe*) Wasserleitung *f* '**wa·ter cart** *n* (*hist*) Wasserkarren *m* '**wa·ter clos·et** *n* WC *nt* '**wa·ter col·our**, AM '**wa·ter col·or I.** *n* ❶ (*paint*) Aquarellfarbe *f* ❷ (*picture*) Aquarell *nt* **II.** *adj usu attr* Aquarell- '**wa·ter con·tent** *n* Wassergehalt *m* '**wa·ter-cooled** *adj* wassergekühlt '**wa·ter·course** *n* Wasserlauf *m* '**wa·ter·craft** *n* (*liter: vessel*) Wasserfahrzeug *nt* '**wa·ter·cress** *f no pl* BOT Brunnenkresse *f* '**wa·ter cure** *n* MED Wasserkur *f* '**wa·ter·fall** *n* Wasserfall *m* '**wa·ter·fowl** *n* ZOOL (*one bird*) Wasservogel *m* '**wa·ter·front** *n* (*bank, shore*) Ufer *nt*; (*area*) Hafengebiet *nt* '**wa·ter gauge** *n* Wasserstandsmesser *m* '**wa·ter heat·er** *n* Heißwassergerät *nt* '**wa·ter hole** *n* Wasserloch *nt* '**wa·ter hose** *n* Wasserschlauch *m* '**wa·ter ice** *n* Sorbet *nt*

wa·ter·ing ['wɔːtərɪŋ] *n of land* Bewässerung *f*; *of garden* Sprengen *nt*; *of plants* Gießen *nt* '**wa·ter·ing can** *n* Gießkanne *f* '**wa·ter·ing place** *n* (*fam: watering hole*) Wasserstelle *f*
wa·ter·less ['wɔːtələs] *adj* wasserlos; ~ **desert** trockene Wüste
'**wa·ter lev·el** *n* ❶ *of surface water* Wasserstand *m*; *of river* Pegel[stand] *m* ❷ *of groundwater* Grundwasserspiegel *m* '**wa·ter lily** *n* Seerose *f*, Teichrose *f* '**wa·ter line** *n no pl* NAUT Wasserlinie *f*; GEOL Grundwasserspiegel *m* '**wa·ter·logged** *adj ship* voll gelaufen; *ground* feucht
Wa·ter·loo [ˌwɔːtə'luː] *n* ▸ **to meet one's** ~ ein Fiasko erleiden
'**wa·ter main** *n* Haupt[wasser]leitung *f* '**wa·ter·man** *n* ❶ (*ferryman*) Fährmann *m* ❷ SPORTS Ruderer *m* '**wa·ter·mark** *n* ❶ (*showing tide level*) Wasser[stands]marke *f* ❷ (*on paper*) Wasserzeichen *nt* '**wa·ter·mel·on** *n* Wassermelone *f* '**wa·ter me·ter** *n* Wasserzähler *m* '**wa·ter pipe** *n* ❶ (*conduit*) Wasserleitung *f* ❷ (*hookah*) Wasserpfeife *f* '**wa·ter pis·tol** *n* Wasserpistole *f* '**wa·ter pol·lu·tion** *n* Wasserverschmutzung *f*; *of sea, river* Gewässerverschmutzung *f*; *of drinking water* Trinkwasserbelastung *f* '**wa·ter polo** *n* Wasserball *m kein pl* '**wa·ter pow·er** *n no pl* Wasserkraft *f* '**wa·ter pres·sure** *n* Wasserdruck *m* '**wa·ter·proof**

water-repellent – way

I. *adj* wasserdicht II. *n esp* BRIT (*coat*) Regenmantel *m* III. *vt* wasserundurchlässig machen **wa·ter·re·'pel·lent** *adj* Wasser abweisend **'wa·ter·shed** *n* ❶ (*high ground*) Wasserscheide *f* ❷ (*fig: great change*) Wendepunkt *m* **'wa·ter short·age** *n* Wassermangel *m kein pl* **'wa·ter·side** *n no pl* (*beside lake*) Seeufer *nt*; (*beside river*) Flussufer *nt*; (*beside sea*) Strand *m* **'wa·ter-ski** I. *vi* Wasserski fahren II. *n* Wasserski *m* **'wa·ter sof·ten·er** *n* Wasserenthärter *m* **wa·ter-'sol·uble** *adj* wasserlöslich **'wa·ter sup·ply** *n usu sing* (*for area*) Wasservorrat *m*; (*for households*) Wasserversorgung *f* **'wa·ter 'sup·ply pipe** *n* Wasserzuleitung *f* **wa·ter 'supply point** *n* Wasserentnahmestelle *f* **'wa·ter·ta·ble** *n* Grundwasserspiegel *m* **'wa·ter tank** *n* Wassertank *m* **'wa·ter·tight** ['wɔːtətaɪt] *adj* ❶ (*impermeable*) wasserdicht ❷ (*fig*) *agreement* wasserdicht; *argument* unanfechtbar **'wa·ter tow·er** *n* Wasserturm *m* **'wa·ter va·pour** *n*, AM **'wa·ter va·por** *n* Wasserdampf *m* **'wa·ter vole** *n* Schermaus *f* **'wa·ter wave** *n* Wasserwelle *f* **'wa·ter·way** *n* Wasserstraße *f*, Schifffahrtsweg *m* **'wa·ter·works** *npl* ❶ (*facility*) Wasserwerk *nt* ❷ (*fam: in body*) [Harn]blase *f* ▸ **to turn on the ~** (*pej*) losheulen

wa·tery *adj*, *more*, *most or* -ier, -iest> ['wɔːtəri] *adj* ❶ (*pej: bland, thin*) *drink* wässrig ❷ *light*, *sun* fahl; *smile* müde

watt *n* ELEC, PHYS Watt *nt*

watt·age ['wɒtɪdʒ] *n no pl* ELEC Wattzahl *f*

wave [weɪv] I. *n* ❶ *of water* Welle *f* ❷ (*fig: feeling*) ~ **of emotion** Gefühlswallung *f*; ~ **of fear/panic/sympathy** Welle *f* der Angst/Panik/Sympathie ❸ (*series*) ~ **of redundancies** Entlassungswelle *f*; ~ **of terrorism** Terrorwelle *f* ❹ (*hand movement*) Wink *m*; **to give sb a ~** jdm [zu]winken ❺ (*hairstyle*) Welle *f* ❻ PHYS Welle *f* II. *vi* ❶ (*greet*) winken; **I ~d at him across the room** ich winkte ihm durch den Raum zu ❷ (*sway*) *field of grass* wogen *geh*; *flag* wehen ❸ (*be wavy*) sich wellen III. *vt* ❶ (*signal with*) **to ~ sb goodbye** jdm zum Abschied [nach]winken ❷ (*swing*) **to ~ a magic wand** einen Zauberstab schwingen ❸ (*make wavy*) **to ~ one's hair** sich *dat* das Haar wellen ◆ **wave aside** *vt* **to ~ aside an idea/an objection/a suggestion** eine Idee/einen Einwand/Vorschlag abtun ◆ **wave down** *vt* anhalten ◆ **wave on** *vt* **wave the policeman ~d the traffic on** der Polizist winkte den Verkehr durch ◆ **wave through** *vt* durchwinken

'wave·band *n* Wellenbereich *m* **'wave·length** *n* PHYS Wellenlänge *f* ▸ **to be on the same ~** auf derselben Wellenlänge liegen

'wave pow·er *n* Wellenkraft *f*

wa·ver ['weɪvəʳ] *vi* ❶ (*lose determination*) wanken; *concentration*, *support* nachlassen ❷ (*become unsteady*) *eyes* flackern; *voice* beben ❸ (*be indecisive*) schwanken; ■ **to ~ over sth** sich *dat* etw hin- und herüberlegen

wa·ver·er ['weɪvəʳəʳ] *n* Unentschlossene(r) *f(m)* **wa·ver·ing** ['weɪvəʳrɪŋ] *adj usu attr* ❶ (*unsteady*) *flame*, *candle* flackernd; *courage* wankend; *voice* zitternd ❷ (*indecisive*) unentschlossen; *between two options* schwankend

wavy ['weɪvi] *adj* wellig; *hair* gewellt; ~ **pattern** Wellenmuster *nt*

wax[1] [wæks] I. *n* ❶ (*substance*) Wachs *nt*; *candle* ~ Kerzenwachs *nt* ❷ (*for polishing*) Wachs *nt*; (*for shoes*) Schuhcreme *f* ❸ (*inside ear*) Ohrenschmalz *nt* II. *vt* ❶ (*polish*) wachsen; *floorboards* bohnern; *shoes* wichsen ❷ (*remove hair*) enthaaren

wax[2] [wæks] *vi* ❶ *moon* zunehmen; **to ~ and wane** zu- und abnehmen ❷ (*liter*) **to ~ lyrical** [**about sth**] [über etw *akk*] ins Schwärmen geraten

'wax pa·per *n* Butterbrotpapier *nt* **'wax·work** *n* Wachsfigur *f*

waxy ['wæksi] *adj* ❶ (*like wax*) Wachs-, aus Wachs *nach* ❷ BRIT *potatoes* fest kochend

way [weɪ] I. *n* ❶ (*road*) Weg *m*; **one-~ street** Einbahnstraße *f* ❷ (*route*) **oh, I must be on my ~** oh, ich muss mich auf den Weg machen!; **on the ~ in/out ...** beim Hineingehen/Hinausgehen ...; **I'm on my ~ out** ich bin gerade am Gehen; **"W~ In/Out"** „Eingang/Ausgang"; **we have to go by ~ of Copenhagen** wir müssen über Kopenhagen fahren; **"give ~"** BRIT „Vorfahrt [beachten]"; **to ask the ~** nach dem Weg fragen; **to be on the ~** *letter*, *baby* unterwegs sein; **to be out of the ~** abgelegen sein; **to find one's around** (*fig*) sich zurechtfinden; **to get under ~** in Gang kommen; **to go out of one's ~ to do sth** einen Umweg machen, um etw zu tun; (*fig*) sich bei etw *dat* besondere Mühe geben; **to go separate ~s** getrennte Wege gehen; **to go the wrong ~** sich verlaufen; (*in car*) sich verfahren; **to lead the ~** vorausgehen; **to lose one's ~** sich verirren; **to pay one's ~** (*fig*) für sich *akk* selbst aufkommen; **to show sb the ~** jdm den Weg zeigen ❸ (*fig: be just doing*) **to be [well] on the ~ to doing sth** auf dem besten Weg[e] sein, etw zu tun ❹ (*distance*) Weg *m*, Strecke *f*; **I'll support you all the ~** du hast meine volle Unterstützung; **to be a long/ short ~ off** (*in space*) weit entfernt/sehr nahe sein; (*in time*) fern/nahe sein; **to go a long ~** (*fig*) lange reichen; **to have come a**

long ~ (fig) es weit gebracht haben ❺ (facing direction) **"this ~ up"** „hier oben"; **this ~ round** so herum; **to be the wrong ~ up** auf dem Kopf stehen ❻ (direction) **which ~ are you going?** in welche Richtung gehst du?; **this ~, please!** hier entlang bitte!; **down my ~** bei mir in der Nähe ❼ (manner) Art f, Weise f; **that's just the ~ it is** so ist das nun einmal; **the ~ things are going ...** so wie sich die Dinge entwickeln ...; **I did it my ~** ich habe es gemacht, [so] wie ich es für richtig hielt; **this is definitely not the ~ to do it** so macht man das auf gar keinen Fall!; **it's always the ~!** es ist doch echt immer dasselbe! fam; **to see the error of one's ~s** seine Fehler einsehen; **~ of life** Lebensweise f; **one ~ or another** so oder so; **no ~** auf gar keinen Fall ❽ (respect) Weise f, Hinsicht f; **in a ~** in gewisser Weise; **in many/some ~s** in vielerlei/gewisser Hinsicht ❾ no pl (free space) Weg m, Platz m; **to be in sb's ~** jdm im Weg sein a. fig; **to get out of sb's/sth's ~** jdm/ etw aus dem Weg gehen; **to keep out of the ~** wegbleiben ❿ (method) Art f [und Weise]; **don't worry, we'll find a ~!** keine Sorge, wir werden einen Weg finden!; **~s and means** Mittel und Wege; **to have a ~ with children** gut mit Kindern umgehen können ⓫ (habit) Art f; **that's the ~ of the world** das ist nun mal der Lauf der Dinge; **to fall into bad ~s** in schlechte Angewohnheiten verfallen ⓬ no pl (condition) Zustand m; **to be in a bad ~** in schlechter Verfassung sein ⓭ (desire) **to have one's [own] ~** seinen Willen bekommen ▶ **the ~ to a man's heart is through his stomach** (prov) [die] Liebe [des Mannes] geht durch den Magen prov; **where there's a will, there's a ~** (prov) wo ein Wille ist, ist auch ein Weg prov; **there are no two ~s about it** daran gibt es keinen Zweifel; **by the ~** übrigens **II.** adv (fam: used for emphasis) weit; **to be ~ past sb's bedtime** (fam) für jdn allerhöchste Zeit zum Schlafengehen sein

'way·bill n (list of passengers) Passagierliste f; (list of goods) Frachtbrief m **way·lay** <-laid, -laid> [ˌweɪˈleɪ] vt ❶ (hum) abfangen ❷ (attack) überfallen **way 'out** n Ausgang m **way·'out** adj (sl: unconventional) irre, abgefahren **'way·side** n (beside road) Straßenrand m; **to fall by the ~** (fig) auf der Strecke bleiben

way·ward ['weɪwəd] adj (wilful) eigenwillig; **~ child** widerspenstiges Kind

WC [ˌdʌbljuːˈsiː] n Brit abbrev of **water closet** WC nt

we [wiː, wi] pron gen ❶ (1st person plural) wir; **if you don't hurry up, ~'ll be late** wenn du dich nicht beeilst, kommen wir zu spät ❷ (speaker/writer for group) wir; **in this section ~ discuss ...** in diesem Abschnitt besprechen wir .. ❸ (all people) wir; **~ all ...** wir alle ... ❹ (form: royal I) wir; **the royal ~** das königliche Wir

weak [wiːk] adj ❶ (not strong) schwach; coffee, tea dünn; **to be/go ~ at the knees** weiche Knie haben/bekommen ❷ (ineffective) leader unfähig; argument, attempt schwach ❸ (below standard) schwach

weak·en ['wiːkən] **I.** vi (become less strong) schwächer werden, nachlassen; (become less resolute) schwächer werden **II.** vt schwächen **weak·ling** ['wiːklɪŋ] n (pej) Schwächling m **weak·ly** ['wiːkli] adv ❶ (without strength) schwach, kraftlos ❷ (unconvincingly) schwach, matt **weak-mind·ed** [-ˈmaɪndɪd] adj (pej) ❶ (lacking determination) unentschlossen; (weak-willed) willensschwach ❷ (mentally deficient) schwachsinnig **weak·ness** <pl -es> ['wiːknəs] n ❶ no pl (physical frailty) Schwäche f ❷ (area of vulnerability) Schwachstelle f ❸ (flaw) Schwäche f ❹ (strong liking) Schwäche f (for für)

weal [wiːl] n Schwiele f, Striemen m

wealth [welθ] n no pl ❶ (money) Reichtum m; (fortune) Vermögen nt ❷ (large amount) Fülle f; **to have a ~ of sth** reich an etw dat sein

'wealth crea·tion n, **'wealth gen·era·tion** n Vermögensbildung f **'wealth tax** n Vermögenssteuer f

wealthy ['welθi] **I.** adj reich, wohlhabend **II.** n ■ **the ~** pl die Reichen pl

wean [wiːn] vt ❶ a baby abstillen; an animal entwöhnen ❷ (make independent of) ■ **to ~ sb off sth** jdm etw abgewöhnen

weap·on ['wepən] n (also fig) Waffe f; **nuclear ~s** Atomwaffen pl

wea·pon·ry ['wepənri] n no pl Waffen pl

wear [weə^r] **I.** n ❶ (clothing) Kleidung f ❷ (amount of use) Gebrauch m; **signs of ~** Abnutzungserscheinungen pl; **I feel a bit the worse for ~** ich fühle mich etwas angeschlagen; **~ and tear** Verschleiß m **II.** vt <wore, worn> (have on body) tragen; **she had nothing to ~ to the party** sie hatte für die Party nichts anzuziehen ▶ **to ~ one's heart on one's sleeve** das Herz auf der Zunge tragen; **to ~ the trousers** [or Am **pants**] die Hosen anhaben **III.** vi <wore, worn> (get thinner) clothes abtragen; machine parts abnutzen ◆**wear away** vi sich abnutzen ◆**wear down** vt ❶ (reduce) abtragen ❷ (make weak and useless) abnutzen ❸ (fig: tire) fertigmachen fam; (weaken) resistance zermürben ◆**wear off** vi effect nachlassen

◆**wear on** *vi time* sich hinziehen ◆**wear out** I. *vi* sich abnutzen II. *vt* erschöpfen
wear·able ['weərəbl] *adj* tragbar **wear·ing** ['weərɪŋ] *adj* ermüdend
weari·some ['wɪərɪsəm] *adj* (*form*) ❶ (*tiring*) ermüdend ❷ (*boring*) langweilig
weary ['wɪəri] I. *adj* ❶ (*tired*) müde ❷ (*bored*) gelangweilt; (*unenthusiastic*) lustlos; **to be ~ of sth** etw leid sein; **~ of life** lebensmüde II. *vt* <-ie-> (*liter*) ❶ (*make tired*) ermüden ❷ (*make bored*) langweilen III. *vi* <-ie-> ■ **to ~ of sth** von etw *dat* genug haben
wea·sel ['wiːzəl] *n* Wiesel *nt*
weath·er ['weðəʳ] I. *n no pl* METEO Wetter *nt*; (*climate*) Witterung *f*; **in all ~s** bei jedem Wetter ▶ **to make <u>heavy</u> ~ of sth** sich *dat* mit etw *dat* schwertun; **to be <u>under</u> the ~** angeschlagen sein *fam* II. *vi object* verwittern; *person* altern III. *vt* ❶ *usu passive wood* auswittern; *skin* gerben ❷ (*survive*) **to ~ the storm** *ship* dem Sturm trotzen
'**weath·er-beat·en** *adj* ❶ (*of person*) *face, hands, skin* wettergegerbt ❷ (*of object*) verwittert '**weath·er·board** I. *n* ❶ *usu pl* (*protective board*) [Dach]schindel[n] *f*[*pl*] ❷ *no pl* (*covering of boards*) Verschalung *f* ❸ (*over window*) Überdachung *f* II. *vt* abdichten; (*panel*) verschalen '**weath·er-bound** *adj* wetterbedingt behindert '**weath·er bu·reau** *n* AM Wetteramt *nt* '**weath·er chart** *n* Wetterkarte *f* '**weath·er·cock** *n* Wetterhahn *m* '**weath·er con·di·tions** *npl* Witterungsverhältnisse *pl* '**weath·er fore·cast** *n* Wettervorhersage *f* '**weath·er·ing** ['weðərɪŋ] *n no pl* Verwitterung *f* '**weath·er·man** *n* Wettermann *m* *fam* '**weath·er·proof** *adj* wetterfest
weave [wiːv] I. *vt* <wove *or* AM *also* weaved, woven *or* AM *also* weaved> ❶ *cloth* weben ❷ (*also fig: intertwine things*) ■ **to ~ sth together** etw zusammenflechten ❸ (*also fig: move*) **to ~ one's way through sth** sich *dat* einen Weg durch etw *akk* bahnen II. *vi* <wove *or* AM *also* weaved, woven *or* AM *also* weaved> ❶ (*produce cloth*) weben ❷ (*also fig: move*) sich durchschlängeln ▶ **to <u>get</u> weaving** BRIT (*dated fam: hurry*) Gas geben; (*begin action*) loslegen III. *n* Webart *f*
weav·er ['wiːvəʳ] *n* Weber(in) *m(f)*
'**weav·er bird** *n* Webervogel *m*
web [web] *n* ❶ (*woven net trap*) Netz *nt*; **spider['s] ~** Spinnennetz *nt*; **to spin a ~** ein Netz spinnen ❷ (*fig: network*) Netzwerk *nt*; **a ~ of deceit/intrigue** ein Netz *nt* von Betrug/Intrigen ❸ COMPUT ■ **the ~** das Netz
'**web brows·er** *n* COMPUT [Web-]Browser *m*
web-foot·ed [-'fʊtɪd] *adj* mit Schwimmfüßen *nach n* '**web·log** *n* INET Weblog *nt* '**web·mas·ter** ['webmɑːstəʳ] *n* INET, COMPUT Web-Administrator(in) *m(f)* **web-off·set 'print·ing** *n no pl* Rotationsdruck *m* '**web page** *n*, '**web·site** *n* COMPUT Website *f* '**web surf·er** *n* COMPUT Internetsurfer(in) *m(f)* **Web-wise** *adj attr* **~ consumers** mit dem Internet vertraute Verbraucher **web·zine** ['webziːn] *n* INET Webzine *nt*
wed <wedded *or* wed, wedded *or* wed> [wed] I. *vt* ❶ (*dated: marry*) ■ **to ~ sb** jdn ehelichen *veraltend* ❷ (*fig: unite*) ■ **to ~ sth and sth** etw mit etw *dat* vereinen II. *vi* sich vermählen *geh*
we'd [wiːd, wɪd] ❶ = **we had** *see* **have** I, II ❷ = **we would** *see* **would**
wed·ded ['wedɪd] I. *adj attr* verheiratet; **~ bliss** Eheglück *nt*; **lawful ~ wife** rechtmäßig angetraute Ehefrau II. *pt*, *pp of* **wed**
wed·ding ['wedɪŋ] *n* Hochzeit *f*
'**wed·ding an·ni·ver·sa·ry** *n* Hochzeitstag *m* '**wed·ding break·fast** *n* BRIT Hochzeitsessen *nt* '**wed·ding cake** *n no pl* Hochzeitstorte *f* '**wed·ding day** *n* Hochzeitstag *m* '**wed·ding dress** *n* Brautkleid *nt* '**wed·ding guest** *n* Hochzeitsgast *m* '**wed·ding night** *n* Hochzeitsnacht *f* '**wed·ding pres·ent** *n* Hochzeitsgeschenk *nt* '**wed·ding ring** *n* Ehering *m*, Trauring *m*
wedge [wedʒ] I. *n* ❶ (*tapered block*) Keil *m* ❷ (*fig*) **a ~ of bread/cake** ein Stück *nt* Brot/Kuchen ▶ **the <u>thin</u> end of the ~** der Anfang vom Ende II. *vt* ❶ (*jam into*) einkeilen ❷ (*keep in position*) **to ~ sth closed/open** etw mithilfe eines Keils geschlossen halten/offen halten
wed·lock ['wedlɒk] *n no pl* Ehe *f*; ■ **out of ~** außerehelich; **to be born in/out of ~** ehelich/unehelich geboren sein
Wednes·day ['wenzdeɪ] *n* Mittwoch *m*; *see also* **Tuesday**
wee [wiː] I. *adj attr* SCOT (*fam*) winzig; **a ~ bit** ein [*fam* klitze]kleines bisschen II. *n no pl* (*childspeak fam*) ■ **~ [-~]** Pipi *nt* III. *vi* (*childspeak fam*) Pipi machen
weed [wiːd] I. *n* ❶ (*plant*) Unkraut *nt kein pl* ❷ BRIT (*pej fam: person*) Schwächling *m* ❸ *no pl* (*sl: marijuana*) Gras *nt* II. *vt* **to ~ the garden** den Garten jäten III. *vi* [Unkraut] jäten
'**weed·kill·er** *n* Unkrautvernichtungsmittel *nt*
weedy ['wiːdi] *adj* ❶ (*full of weeds*) von Unkraut überwachsen ❷ BRIT (*pej fam: of person*) [spindel]dürr
week [wiːk] *n* ❶ (*seven days*) Woche *f*; **for ~s [on end]** wochenlang; **last ~** letzte Wo-

week·day *n* Wochentag *m*; ■ **on ~s** an Wochentagen, wochentags **week·'end** *n* Wochenende *nt*; ■ **this ~** (*present*) dieses Wochenende; (*future*) kommendes Wochenende; ■ **at** [*or* AM, AUS **on**] **the ~** am Wochenende, an den Wochenenden **week·'end·er** *n* Wochenendausflügler(in) *m(f)* **week·end 'war·ri·or** *n* Sonntagssportler(in) *m(f)*

week·ly ['wi:kli] **I.** *adj* wöchentlich; **~ magazine** Wochenzeitschrift *f*; **bi·~** zweimal wöchentlich **II.** *adv* wöchentlich; **to exercise ~** wöchentlich trainieren; **to meet ~** sich jede Woche treffen **III.** *n* (*magazine*) Wochenzeitschrift *f*; (*newspaper*) Wochenzeitung *f*

weeny ['wi:ni] *adj* (*fam*) klitzeklein

weep [wi:p] **I.** *vi* <wept, wept> ❶ (*also liter: cry*) weinen; (*sob*) schluchzen; **to ~ with joy/sorrow** vor Freude/Kummer weinen ❷ (*secrete liquid*) nässen **II.** *vt* <wept, wept> **to ~ tears of joy/sorrow** Freudentränen/Tränen des Kummers weinen **III.** *n no pl* (*liter*) Weinen *nt*; **to have a** [good] **~** sich [ordentlich] ausweinen

weep·ing ['wi:pɪŋ] **I.** *adj attr* ❶ (*of person*) weinend ❷ (*of wound*) nässend **II.** *n no pl* Weinen *nt* **weep·ing 'wil·low** *n* Trauerweide *f*

w.e.f. *abbrev of* **with effect from** gültig ab

weigh [weɪ] **I.** *vi* ❶ (*in measurement*) wiegen ❷ (*fig: be important*) **to ~ heavily** eine große Bedeutung haben ❸ (*distress*) ■ **to ~ on sb** auf jdm lasten **II.** *vt* ❶ (*measure*) wiegen ❷ (*consider*) **to ~ sth against sth** etw gegen etw *akk* abwägen ◆ **weigh down** *vt* ❶ (*to burden*) niederdrücken; ■ **to be ~ed down with sth** schwer mit etw *dat* beladen sein ❷ (*fig: worry*) **she felt ~ed down by worries** sie fühlte sich von Sorgen erdrückt ◆ **weigh in** *vi* ❶ (*be weighed*) **to ~ in at 60 kilos** 60 Kilo auf die Waage bringen ❷ (*fam: intervene*) sich einschalten; ■ **to ~ in with sth** *opinion*, *proposal* etw einbringen ◆ **weigh out** *vt* abwiegen ◆ **weigh up** *vt* ❶ (*consider*) abwägen ❷ (*evaluate*) einschätzen

'weigh·bridge *n* Brückenwaage *f* **'weigh-in** *n no pl* SPORTS Wiegen *nt*

weight [weɪt] **I.** *n* ❶ *no pl* (*heaviness*) Gewicht; **to lose/put on ~** ab-/zunehmen ❷ (*unit of heaviness*) **to lift a heavy ~** ein schweres Gewicht heben ❸ (*metal piece*) **to lift ~s** Gewicht[e] heben ❹ *no pl* (*importance*) Gewicht *nt*, Bedeutung *f*; **to carry ~** ins Gewicht fallen ▶ **to take the ~ off one's feet** es sich *dat* bequem machen; **to be worth one's ~ in gold** sein Gewicht in Gold wert sein; **to throw one's ~ about** (*fam*) seinen Einfluss geltend machen **II.** *vt* ■ **to ~ sth down** etw beschweren

'weight·bear·ing *adj exercise, activity* unter Einsatz des eigenen Körpergewichts [als Belastungsreiz] nach **weight·ing** ['weɪtɪŋ] *n no pl* ❶ BRIT (*additional allowance*) Zulage *f* ❷ MATH Gewichtung *f* ❸ (*importance*) Bedeutung *f* **weight·less** ['weɪtləs] *adj* schwerelos **weight·less·ness** ['weɪtləsnəs] *n no pl* Schwerelosigkeit *f* **'weight·lift·er** *n* Gewichtheber(in) *m(f)* **'weight·lift·ing** *n no pl* Gewichtheben *nt* **weighty** ['weɪti] *adj* ❶ (*heavy*) schwer ❷ (*fig: important*) [ge]wichtig; **~ issues** wichtige Angelegenheiten

weir [wɪə^r] *n* Wehr *nt*

weird [wɪəd] *adj* (*fam*) seltsam, komisch; (*crazy*) irre; **that's ~** das ist aber merkwürdig **weirdo** ['wɪədəʊ] *n* (*fam: person*) seltsame Person

wel·come ['welkəm] **I.** *vt* ❶ (*greet gladly*) willkommen heißen ❷ (*be glad of*) begrüßen **II.** *n* ❶ (*act of friendly reception*) **to give sb a warm ~** jdm einen herzlichen Empfang bereiten ❷ (*expression of approval*) Zustimmung *f* ▶ **to outstay one's ~** länger bleiben, als man erwünscht ist **III.** *adj* ❶ (*gladly received*) willkommen; **to make sb very ~** jdn sehr freundlich aufnehmen ❷ (*wanted*) willkommen; **~ chance** willkommene Gelegenheit ❸ (*willingly permitted*) **you're ~ to use the garage while we're away** Sie können gerne unsere Garage benutzen, solange wir nicht da sind ❹ (*replying to thanks*) **thank you very much — you're ~** vielen Dank – nichts zu danken **IV.** *interj* **~ to Birmingham** [herzlich] willkommen in Birmingham **wel·com·ing** ['welkəmɪŋ] *adj* Begrüßungs-; **~ smile** freundliches Lächeln

weld [weld] **I.** *vt* (*join material*) schweißen; ■ **to ~ sth together** etw zusammenschweißen **II.** *n* Schweißnaht *f*

weld·er ['weldə^r] *n* Schweißer(in) *m(f)* **weld·ing** ['weldɪŋ] *n no pl* Schweißen *nt* **'weld·ing torch** *n* Schweißbrenner *m*

wel·fare ['welfeə^r] *n no pl* ❶ (*state of health, happiness*) Wohlergehen *nt* ❷ (*state aid*) Sozialhilfe *f*; **~ policy** Gesundheits- und Sozialpolitik *f*; ■ **to be on ~** AM von [der] Sozialhilfe leben

'wel·fare pay·ments *npl* AM Sozialabgaben *pl* **'wel·fare ser·vices** *npl* ❶ (*state support*) Sozialleistungen *pl* ❷ + *sing vb* (*office*)

Sozialamt *nt* **wel·fare 'state** *n* Sozialstaat *m*, Wohlfahrtsstaat *m* oft pej **'wel·fare to work** *n no pl* Regierungsmaßnahme, die Arbeitslose und Fürsorgeempfänger veranlassen soll, Arbeit zu suchen **'wel·fare work** *n no pl* Fürsorgearbeit *f* **'wel·fare work·er** *n* Sozialarbeiter(in) *m(f)*

we'll [wi:l, wil] == **we will** *see* **will**¹

well¹ [wel] **I.** *adj* <better, best> *usu pred* ① (*healthy*) gesund; **to be alive and ~** gesund und munter sein; **to feel ~** sich gut fühlen; **to get ~** gesund werden; **get ~ soon!** gute Besserung! ② (*okay*) **all's ~ here** ist alles in Ordnung; **all being ~, we should arrive on time** wenn alles gut geht, müssten wir pünktlich ankommen; **all ~ and good** gut und schön; **that's all very ~ but ...** das ist [ja] alles schön und gut, aber ...; **it's just as ~ that ...** es ist [nur] gut, dass ... ③ (*sensible*) **it would be as ~ to do sth** es wäre ratsam, etw zu tun ▶ **all's ~ that ends ~** (*prov*) Ende gut, alles gut *prov* **II.** *adv* <better, best> ① (*in a good way*) gut; **~ spotted!** gut aufgepasst!; **[that was] ~ put** gut ausgedrückt; **~ done!** gut gemacht!, super! *fam*; **to be money ~ spent** gut angelegtes Geld sein; **to mean ~** gut meinen; **as ~ as sb/sth** so gut wie jd/etw ② (*favourably*) gut; **to speak ~ of sb/sth** nur Gutes über jdn/etw sagen ③ (*thoroughly*) gut; **to know sb ~** jdn gut kennen ④ (*very much*) **to cost ~ over/under £ 100** weit über/unter 100 Pfund kosten ⑤ (*used for emphasis*) [sehr] wohl; **I should damn ~ hope so!** (*fam*) das will ich [aber auch] stark hoffen!; **to be ~ aware of sth** sich *dat* einer S. durchaus bewusst sein; **to be ~ over forty** weit über vierzig sein; **to be ~ worth it/an attempt** es/einen Versuch wert sein; **~ and truly** ganz einfach ⑥ (*justifiably*) wohl; **you may ~ ask!** das kann man wohl fragen!; **I couldn't very ~ refuse the offer** ich konnte das Angebot ja wohl schlecht ablehnen ⑦ (*probably*) gut; **it may ~ be that ...** es ist gut möglich, dass ... ⑧ (*very*) völlig, total *fam* ⑨ (*also*) **as ~** auch; (*and*) **... as ~ as ...** sowie **III.** *interj* (*introducing, continuing a statement*) nun [ja], also; (*showing hesitation*) tja *fam*; (*showing surprise*) **~ |, ~|!** sieh mal einer an!; **oh ~, it doesn't matter** ach [was], das macht doch nichts **IV.** *n no pl* **to wish sb ~** jdm alles Gute wünschen

well² [wel] *n* ① (*for water*) Brunnen *m* ② (*for mineral*) Schacht *m;* **oil ~** Ölquelle *f* ◇ ARCHIT (*for stairs*) Treppenhaus *nt;* (*for lift*) Fahrstuhlschacht *m* ◆ **well up** *vi* ■ **to ~ [up] out of sth** aus etw *dat* hervorquellen; **tears ~ed up in her eyes** Tränen stiegen ihr in die Augen; (*fig*) **pride ~ed up in his chest** Stolz schwellte seine Brust *geh*

well-ad·'vised *adj pred* (*form*) ■ **to be ~ to do sth** gut beraten sein, etw zu tun **well-ap·'point·ed** *adj* (*form*) gut ausgestattet **well-'bal·anced** *adj* ① (*not one-sided*) *article, report* objektiv; *team* harmonisch ② *diet, meal* ausgewogen ③ *person* ausgeglichen **well-be·'haved** *adj child* artig; *dog* brav **well-'be·ing** *n no pl* Wohlbefinden *nt;* **a feeling of ~** ein wohliges Gefühl **well-'bred** *adj* ① (*with good manners*) wohlerzogen *geh*; (*refined*) gebildet ② (*dated: from high society*) aus gutem Hause **well-brought-'up** *adj* gut erzogen **well-'chos·en** *adj* gut gewählt; **[to say] a few ~ words** ein paar passende Worte [sagen] **well-con·'nect·ed** *adj* ■ **to be ~** gute Beziehungen haben; **a ~ family** eine angesehene Familie **well-de·'served** *adj* wohlverdient **well-de·'vel·oped** *adj* gut entwickelt; **a ~ sense of humour** ein ausgeprägter Sinn für Humor **well-dis·'posed** *adj* wohlgesinnt; ■ **to be ~ to[wards] sb/sth** jdm/etw wohlgesinnt sein **well-'done** *adj* ① *meat* gut durch[gebraten] ② *work* gut gemacht **well-'dressed** *adj* gut gekleidet **well-'earned** *adj* wohlverdient **well-'edu·cat·ed** *adj* gebildet **well-'fed** *adj* (*having good food*) [ausreichend] mit Nahrung versorgt; (*result of good feeding*) wohlgenährt **well-'found·ed** *adj* [wohl]begründet; **~ fears/suspicions** [wohl]begründete Ängste/Vermutungen **well-'groomed** *adj* gepflegt **well-'heeled I.** *adj* (*fam*) [gut] betucht **II.** *n* ■ **the ~** *pl* die Wohlhabenden *pl*

wel·lie ['weli] *n esp* BRIT (*fam*) *short for* **wellington** [**boot**] Gummistiefel *m*

well-in·'formed *adj* (*approv*) gut informiert; **to be ~ on a subject** über ein Thema gut Bescheid wissen

wel·ling·ton ['welɪŋtən] *n esp* BRIT, **wel·ling·ton 'boot** *n esp* BRIT Gummistiefel *m*

well-in·'ten·tioned *adj* gut gemeint **well-'kept** *adj property* gepflegt ② (*not revealed*) **a ~ secret** ein gut gehütetes Geheimnis **well-'knit** *adj* **a ~ group** eine fest gefügte Gruppe; **a ~ plot/story** eine gut durchdachte Handlung/Geschichte **well-'known** *adj* (*widely known*) [allgemein] bekannt; (*famous*) berühmt **well-'man·nered** *adj* wohlerzogen **well-'mean·ing** *adj* wohlmeinend; **~ advice/comments** gut gemeinte Ratschläge/Kommentare **well-'meant** *adj* gut gemeint **well-'nigh** [ˌwelˈnaɪ] *adv* beinah[e]; **to be ~ impossible** praktisch unmöglich sein **well-'off I.** *adj* <better-, best-> ① (*wealthy*) wohlhabend ② *pred* (*for-*

tunate) gut dran *fam;* **to not know when one is ~** nicht wissen, wie gut es einem geht **II.** *n* ■**the ~** *pl* die Wohlhabenden *pl* **well-'oiled** *adj* ❶ *attr (functioning)* gut funktionierend ❷ *pred (euph fam: inebriated)* betrunken **well·'or·ga·nized** *adj* gut organisiert **well-'paid** *adj* gut bezahlt **well-'placed** *adj* gut platziert; **a ~ remark** die richtige Bemerkung zum richtigen Zeitpunkt **well-pro·'por·tioned** *adj* wohlproportioniert **well-'read** *adj* ❶ *(knowledgeable)* [sehr] belesen ❷ *(frequently read)* viel gelesen *attr* **well-'spok·en** *adj (speaking pleasantly)* höflich; *(articulate or refined in speech)* beredt **well-'thought-of** *adj (highly regarded)* angesehen; *(recognized)* anerkannt **well-'timed** *adj* zeitlich gut gewählt; **his remark was ~** seine Bemerkung kam zur rechten Zeit **well-to-'do** *(fam)* **I.** *adj* [gut] betucht **II.** *n* ■**the ~** *pl* die [Gut]betuchten *pl* **well-'turned** *adj (of speech act)* wohlgesetzt *geh* **'well-wish·er** *n (supportive person)* Sympathisant(in) *m(f); (person who wishes well)* wohlwollender Freund/wohlwollende Freundin **well-'worn** *adj* ❶ *(damaged by wear) clothes* abgetragen; *object* abgenützt ❷ *(fig: overused)* abgedroschen *fam*

wel·ly ['weli] *n esp* BRIT *(fam)* short for **wellington** Gummistiefel *m*

Welsh [welʃ] **I.** *adj* walisisch **II.** *n* ❶ *no pl (Celtic language)* Walisisch *nt* ❷ *(inhabitants, people of Wales)* ■**the ~** *pl* die Waliser *pl*

'Welsh·man *n* Waliser *m* **'Welsh·wom·an** *n* Waliserin *f*

welt [welt] *n* ❶ *usu pl (scar)* Striemen *m* ❷ *of shoe* Rahmen *m* **II.** *vt* verprügeln

wel·ter·weight ['weltəweɪt] *n* Weltergewicht *nt*

wend [wend] *vt (liter)* **to ~ one's way home** sich auf den Heimweg machen

went [went] *pt of* **go**

wept [wept] *pt, pp of* **weep**

were [wɜː, wə'] *pt of* **be**

we're [wɪə'] = **we are** *see* **be**

weren't [wɜːnt] = **were not** *see* **be**

west [west] **I.** *n no pl* ❶ *(direction)* ■W~ Westen *m;* **~-facing** westwärts; **to be to the ~ of sth** westlich von etw *dat* liegen ❷ *(of the US)* **the Wild W~** der Wilde Westen ❸ *+ sing/pl vb* POL *(western hemisphere)* ■**the W~** die westliche Welt; *(the Occident)* das Abendland ❹ POL *(hist: non-communist countries)* ■**the W~** der Westen; **East-W~ relations** Ost-West-Beziehungen *pl* **II.** *adj* westlich; **the ~ coast of Ireland** die Westküste Irlands; **to be due ~ of sth** genau westlich von etw *dat* liegen **III.** *adv* westwärts; **to go/head/travel ~** nach Westen gehen/ziehen/reisen

'west·bound *adj* in Richtung Westen **West 'End I.** *n no pl* ■**the ~** das [Londoner] Westend **II.** *adj attr (of central London)* **the ~ theatres** die Theater *pl* des Londoner Westends

west·er·ly ['westəli] *adj* westlich; **~ gales/ winds** Weststürme *pl*/-winde *pl*

west·ern ['westən] **I.** *adj* GEOG West-, westlich; **~ Europe** Westeuropa *nt* **II.** *n (film)* Western *m*

west·ern·er ['westənə'] *n* ❶ *(person from western hemisphere)* Abendländer(in) *m(f)* ❷ POL Person *f* aus dem Westen **west·ern·ize** ['westənaɪz] **I.** *vt* verwestlichen **II.** *vi* sich dem Westen anpassen **Wes·tern Sa·moa** [sə'məʊə] *n* Westsamoa *nt*

West 'Ger·ma·ny *n no pl (hist)* Westdeutschland *nt* **West·min·ster 'Ab·bey** *n* Westminster Abbey *f* **west·ward(s)** ['wes(t)wəd(z)] *adj* westlich; *road* nach Westen

wet [wet] **I.** *adj* <-tt-> ❶ *(saturated)* nass; ■**~ through** [völlig] durchnässt ❷ *(covered with moisture)* feucht ❸ *(not yet dried)* "**~ paint!**" "frisch gestrichen!" ❹ *(rainy)* regnerisch ❺ BRIT *(pej: feeble)* schlapp ▶ **to be a ~ blanket** ein Spielverderber/eine Spielverderberin sein **II.** *vt* <-tt-, wet *or* wetted, wet *or* wetted> ❶ *(moisten)* anfeuchten; *(saturate)* nass machen ❷ *(urinate)* **to ~ the bed** das Bett nass machen **III.** *n no pl* ❶ *(rain)* ■**the ~** die Nässe ❷ *no pl (liquid)* Flüssigkeit *f; (moisture)* Feuchtigkeit *f*

'wet nurse *n (usu hist)* Amme *f* **'wet room** *n* Nasszelle *f* **'wet·suit** *n* Taucheranzug *m*

wet·ting ['wetɪŋ] *n no pl* ❶ *(making wet)* **to get a ~** nass werden ❷ *(urination)* **bed ~** Bettnässen *nt*

we've [wiːv, wɪv] = **we have** *see* **have I, II**

whack [(h)wæk] **I.** *vt (fam)* ❶ *(hit)* schlagen ❷ *(defeat)* [haushoch] besiegen **II.** *n* ❶ *(blow)* Schlag *m;* **to give sb/an animal a ~** jdm/einem Tier einen Schlag versetzen ❷ *no pl (fam)* **to pay full ~** den vollen Satz bezahlen ❸ *no pl (fam: deal)* **a fair ~** ein fairer Handel ▶ **to be out of ~** AM, AUS nicht in Ordnung sein; **to have a ~ at sth** *(fam)* etw mal versuchen

whacked [(h)wækt] *adj pred (fam: exhausted)* kaputt

whack·ing ['(h)wækɪŋ] **I.** *adj attr* riesig **II.** *adv* enorm; **a ~ big kiss** ein dicker Kuss **III.** *n* BRIT, AUS Prügel *pl*

whacko ['(h)wækəʊ] *adj (sl)* durchgeknallt

whale [(h)weɪl] *n* ZOOL Wal *m* ▶ **to have a ~ of a time** eine großartige Zeit haben

whal·ing ['(h)weɪlɪŋ] *n no pl* Walfang *m*

wham [(h)wæm] **I.** *interj* (*fam*) ❶ (*as sound effect*) ~, **zap!** zack, peng! ❷ (*emphasis for sudden action*) wumm **II.** *vi* <-mm-> ■ **to - into sth** in etw *akk* [hinein]krachen

whang [(h)wæŋ] *interj* (*fam*) ~! boing!

wharf <*pl* **wharves** *or* **-s**> [(h)wɔːf, *pl* (h)wɔːvz] *n* Kai *m*

wharf·age ['wɔːfɪdʒ] *n* NAUT Kaigebühr *f*; (*for repairs*) Werftgebühr *f*

what [(h)wɒt] **I.** *pron* ❶ *interrog* (*asking for specific information*) was; ~ **is your name?** wie heißt du?; ~ **are you looking for?** wonach suchst du?; ~ **on earth ...?** (*fam*) was in aller Welt ...?; ~ **about sb/sth?** (*fam*) was ist mit jdm/etw?; ~ **about taking a few days off?** wie wäre es mit ein paar Tagen Urlaub?; ~ **for?** (*why*) wofür?; (*fam*: *why is sth being done?*) warum; ~ **is sb/sth like?** wie ist jd/etw?; ~ **if ...?** was ist, wenn ...?; **so** ~? na und? ❷ *relative* (*thing or things that*) was; **I can't decide ~ to do next** ich kann mich nicht entschließen, was ich als nächstes tun soll; ~**'s more ...** darüber hinaus ... ❸ *relative* (*used as an introduction*) **you'll never guess ~ ...** du wirst es nie erraten ... ❹ *relative* (*whatever*) was; **do ~ you can but I don't think anything will help** tu, was du kannst, aber glaub' nicht, dass etwas hilft ❺ *in exclamations* was; **is he smart or ~!** ist er intelligent oder was! ► **to have ~ it takes** ausgesprochen fähig sein; **Judith knows ~'s ~** Judith kennt sich aus; **and ~ not** (*often pej fam*) was sonst noch alles **II.** *adj* ❶ (*which*) welche(r, s); ~ **time is it?** wie spät ist es?; ~ **sort of** was für ein(e) ❷ (*used for emphasis*) was für; ~ **a day!** was für ein Tag!; ~ **luck!** was für ein Glück!; ~ **a pity!** wie schade! **III.** *adv* (*to what extent?*) was; ~ **does it matter?** was macht's? *fam* **IV.** *interj* ❶ (*fam*: *pardon?*) ~? **I can't hear you** was? ich hör dich nicht ❷ (*showing surprise or disbelief*) ~! **you left him there alone!** was? du hast ihn da allein gelassen?

what·ever [(h)wɒt'evəʳ] **I.** *pron* ❶ (*anything that*) was [auch immer]; **I eat ~ I want** ich esse, was ich will; ~ **you do, don't tell him** ganz gleich, was du machst, aber erzähl ihm nichts davon; ~ **that means** was auch immer das heißen soll ❷ (*fam*: *that or something else*) wie du willst ❸ (*no matter what*) was auch immer; ~ **happens** was auch passieren mag ❹ *interrog* ~ **are you talking about?** worüber in Gottes Namen sprichst du? **II.** *adj* ❶ (*any*) was auch immer; **take ~ action is needed** mach, was auch immer nötig ist ❷ (*regardless of*) gleichgültig welche(r, s); **we'll go ~ the weather** wir fahren bei jedem Wetter **III.** *adv* ❶ *with neg* (*whatsoever*) überhaupt ❷ (*fam*: *no matter what happens*) auf jeden Fall **what·not** ['(h)wɒtnɒt] *n no pl* (*fam*) überhaupt; **he has no respect for authority** = er hat überhaupt keinen Respekt vor Autorität; **I have no idea** = ich habe nicht die leiseste Idee

wheat [(h)wiːt] *n no pl* Weizen *m* ► **to separate the ~ from the chaff** die Spreu vom Weizen trennen

'**wheat belt** *n esp* AM Weizengürtel *m* (*extensives Weizenanbaugebiet*) '**wheat·germ** *n no pl* Weizenkeim *m*

wheel [wiːl] **I.** *n* ❶ (*circular object*) Rad *nt*; **front/rear ~** Vorder-/Hinterrad *nt* ❷ (*for steering*) Steuer *nt*; AUTO Steuerrad *nt*; ■ **to be at the ~** am Steuer sitzen ❸ (*vehicle*) ■ ~**s** *pl* (*fam*) fahrbarer Untersatz *hum* ❹ (*fig: cycle, process*) Kreis *m*; **the ~ of fortune** das Glücksrad (*fig*) ■ ~**s** *pl* (*workings*) Räder *pl*; **to set the ~s in motion** die Sache in Gang bringen ❺ (*at fairground*) the [big] ~ das Riesenrad **II.** *vt* ■ **to ~ sth** etw rollen; **to ~ a pram along** einen Kinderwagen schieben **III.** *vi* kreisen ► **to ~ and deal** (*pej fam*) mauscheln ◆ **wheel around**, **wheel round** *vi* BRIT, AUS sich schnell umdrehen; (*esp out of shock*) herumfahren

'**wheel·bar·row** *n* Schubkarre *f* '**wheel brace** *n* Kreuzschlüssel *m* '**wheel·chair** *n* Rollstuhl *m* '**wheel clamp I.** *n esp* BRIT, AUS Parkkralle *f* **II.** *vt* **to ~ a car** ein Auto mit einer Parkkralle festsetzen

wheel·er-deal·er [ˌ(h)wiːləˈdiːləʳ] *n* (*pej fam*: *tricky person*) Schlitzohr *nt*

'**wheel·house** ['(h)wiːlhaʊs] *n* NAUT Ruderhaus *nt*

wheelie *n* Wheelie *m sl* (*Fahren auf dem Hinterrad*)

'**wheelie bin** *n* BRIT, AUS Mülltonne *f* auf Rollen

wheel·ing ['(h)wiːlɪŋ] *n no pl* ~ **and deal·ing** (*pej fam*) Mauschelei *f*; (*shady deals and actions*) Gemauschel *nt*

wheeze [(h)wiːz] **I.** *vi* keuchen **II.** *n* Keuchen *nt kein pl*

wheezy ['(h)wiːzi] *adj* keuchend; **to get all ~** zu keuchen anfangen

whelp [(h)welp] *n* (*old*) ❶ (*puppy*) Welpe *m* ❷ (*young animal*, *cub*) Junge(s) *nt*

when [(h)wen] **I.** *adv* ❶ *interrog* (*at what time*) wann; ~ **do you want to go?** wann möchtest du gehen?; **since ~ ...?** seit wann ...? ❷ *interrog* (*in what circumstances*) wann ❸ *relative* (*in following circumstances*) wenn; (*at which, on which*) wo; **there are times ~ ...** es gibt Momente, wo ... **II.** *conj* ❶ (*at, during the time*) als; **I loved that film ~ I was a child** als Kind liebte ich diesen Film ❷ (*after*) wenn; **call me ~ you've finished** ruf mich an, wenn du fertig bist ❸ (*whenever*) wenn ❹ (*and just then*) als; **I was just getting into the bath ~ the telephone rang** ich stieg gerade in die Badewanne, als das Telefon läutete ❺ (*considering that*) wenn; **how can you say you don't like something ~ you've never even tried it?** wie kannst du sagen, dass du etwas nicht magst, wenn du es nie probiert hast?

whence [(h)wen(t)s] *adv* (*old*) ❶ *interrog* (*form: from what place*) woher ❷ *relative* (*form: from where*) wo ❸ *relative* (*form: as a consequence*) daraus

when·ev·er [(h)wen'evəʳ] **I.** *conj* ❶ (*on whatever occasion*) wann auch immer ❷ (*every time*) jedes Mal, wenn ... **II.** *adv* ❶ (*at whatever time*) wann auch immer; **~ possible** wenn möglich ❷ *interrog* (*when*) wann denn [nur]

where [(h)weəʳ] *adv interrog* (*what place, position*) wo; **~ does he live?** wo wohnt er?; **~ are you going?** wohin gehst du? ❷ *relative* (*at that place which*) wo; **Bradford, ~ Phil comes from ...** Bradford, wo Phil herkommt ... ▶ **to know/see ~ sb's coming from** wissen/verstehen, was jd meint

where·abouts I. *n* ['(h)weərəbaʊts] + *sing/pl vb, no pl* Aufenthaltsort *m*; **do you know the ~ of my silver pen?** weißt du, wo mein Silberfüller hingekommen ist? **II.** *adv* [,(h)weərə'baʊts] (*fam*) wo [genau]; **~ in Manchester do you live?** wo genau in Manchester wohnst du? **where·as** [(h)weə'ræz] *conj* ❶ (*in contrast to*) während, wo[hin]gegen ❷ LAW (*considering that*) in Anbetracht dessen, dass ... **where·by** [(h)weəʳ'baɪ] *conj* (*form*) wodurch, womit **where·in** [(h)weə'rɪn] *conj* (*old form, liter: in which*) worin **where·so·ev·er** [,(h)weəsəʊ'evəʳ] (*form*) **I.** *conj* (*form*) ❶ (*at which place*) wo [auch] immer ❷ (*to which place*) wohin [auch] immer **II.** *adv* wo [nur] **where·upon** [,(h)weərə'pɒn] *conj* (*form*) worauf[hin]

wher·ev·er [(h)weə'revəʳ] **I.** *conj* ❶ (*in, to whatever place*) wohin auch immer ❷ (*in all places*) wo auch immer **II.** *adv* ❶ (*in every case*) wann immer; **~ possible** wenn möglich ❷ *interrog* (*where*) wo [nur]; **~ did you find that?** wo hast du nur diesen Hut gefunden? ❸ (*fam: any similar place*) wo auch immer

where·with·al ['(h)weəwɪðɔːl] *n no pl* ■ **the ~** die [erforderlichen] Mittel *pl*

whet <-tt-> [(h)wet] *vt* ❶ (*stimulate*) **to ~ sb's appetite** [**for sth**] jdm Appetit [auf etw *akk*] machen ❷ (*old: sharpen*) *knife* wetzen **wheth·er** ['(h)weðəʳ] *conj* ❶ (*if*) ob; **to ask ~** fragen, ob; **she can't decide ~ to tell him** sie kann sich nicht entscheiden, ob sie es ihm sagen soll ❷ (*no difference if*) **~ you like it or not** ob es dir [nun] gefällt oder nicht 'whet·stone *n* Wetzstein *m*

whew [fjuː] *interj* (*fam*) puh

whey [(h)weɪ] *n no pl* Molke *f*

which [(h)wɪtʃ] **I.** *pron* ❶ *interrog* (*one of choice*) welche(r, s); **~** [**one**] **is mine?** welches gehört mir? ❷ *relative* (*with defining clause*) der/die/das; **a conference in Vienna ~ ended on Friday** eine Konferenz in Wien, die am Freitag geendet hat ❸ *relative* (*with non-defining clause*) was; **she says it's Anna's fault, ~ is rubbish** sie sagt, es sei Annas Schuld, was aber Blödsinn ist; **at** [*or* **upon**] **~ ...** woraufhin ❹ *after prep* der/die/das; **is that the film in ~ he kills his mother?** ist das der Film, in dem er seine Mutter umbringt? **II.** *adj* ❶ *interrog* (*what one*) welche(r, s); **~ doctor did you see?** bei welchem Arzt warst du? ❷ *relative* (*used to introduce more info*) der/die/das; **it might be made of plastic, in ~ case you could probably carry it** es könnte aus Plastik sein – in dem Fall könntest du es wahrscheinlich tragen

which·ev·er [(h)wɪtʃ'evəʳ] **I.** *pron* ❶ (*any one*) wer/was auch immer; **which bar would you prefer to meet in?** — **~, it doesn't matter to me** in welcher Bar sollen wir uns treffen? – wo du willst – mir ist es egal ❷ (*regardless of which*) was/wer auch immer **II.** *adj attr* ❶ (*any one*) ■ **~ ...** der-/die-/dasjenige, der/die/das ...; **choose ~ brand you prefer** wähle die Marke, die du lieber hast ❷ (*regardless of which*) egal welche(r, s), welche(r, s) ... auch immer; **~ way** wie auch immer

whiff [(h)wɪf] **I.** *n usu sing* (*smell*) Hauch *m* kein *pl* **II.** *vi* BRIT (*fam*) ■ **to ~** [**of sth**] [nach etw *dat*] müffeln DIAL

whiffy ['(h)wɪfi] *adj* BRIT (*sl*) muffig *fam*

Whig [(h)wɪg] *n* (*hist: British party*) ■ **the ~s** *pl* die Whigs *pl* (*ehemalige Vertreter der liberalen Politik in England*)

while [(h)waɪl] **I.** *n no pl* Weile *f*; **all the ~** die ganze Zeit [über]; **a ~ ago** vor einer Weile; **in a ~** in Kürze; **to be worth** [**the**] **~** die Mühe wert sein **II.** *conj* ❶ (*during which time*) während ❷ (*although*) obwohl; **~ I fully**

whilst – whistle

understand your point of view, ... wenn ich Ihren Standpunkt auch vollkommen verstehe, ... ❸ *(however)* wo[hin]gegen **III.** *vi* **~ away the time** sich *dat* die Zeit vertreiben

whilst [waɪlst] *conj* BRIT *(form) see* **while**

whim [(h)wɪm] *n* Laune *f*; **to indulge sb's every ~** jds Launen ertragen; **[to do sth] on a ~** [etw] aus einer Laune heraus [tun]

whim·per [ˈ(h)wɪmpəʳ] **I.** *vi person* wimmern; *dog* winseln **II.** *n of person* Wimmern *nt kein pl*; *of dog* Winseln *nt kein pl* **whim·sey, whim·sy** [ˈ(h)wɪmzi] *n (pej)* ❶ *no pl (fancifulness)* Spleenigkeit *f* ❷ *(whim)* Laune *f* **whim·si·cal** [ˈ(h)wɪmzɪkəl] *adj* ❶ *(fanciful)* skurril *geh* ❷ *(capricious)* launenhaft **whim·si·cal·ity** [ˌ(h)wɪmzɪˈkæləti] *n no pl* ❶ *(fanciful quality)* Skurrilität *f geh* ❷ *(capriciousness)* Launenhaftigkeit *f*

whine [(h)waɪn] **I.** *vi (make complaining sound)* jammern; *animal* jaulen; *engine* heulen **II.** *n usu sing of child* Jammern *nt kein pl*; *of animal* Jaulen *nt kein pl*; *of engine* Heulen *nt kein pl*

whinge [(h)wɪndʒ] **I.** *n usu sing (griping)* Gejammer *nt pej fam* **II.** *vi* BRIT, AUS *(pej fam)* meckern

whin·ny [ˈ(h)wɪni] *vi* wiehern **II.** *n* Wiehern *nt kein pl*

whip [(h)wɪp] **I.** *n* ❶ *(for hitting)* Peitsche *f* ❷ BRIT POL *(person)* Einpeitscher(in) *m(f)* ❸ *no pl* FOOD Creme *f* **II.** *vt* <-pp-> ❶ *(hit)* [mit der Peitsche] schlagen; *a horse* die Peitsche geben ❷ FOOD *cream, egg whites* schlagen ❸ AM *(fam: defeat)* [vernichtend] schlagen ◆ **whip away** *vt* wegziehen, wegreißen ◆ **whip off** *vt clothes* vom Leib reißen; *tablecloth* wegziehen ◆ **whip out** *vt (take out quickly)* zücken ◆ **whip up** *vt* ❶ *(excite)* **to ~ up support** Unterstützung finden ❷ *(fam: cook or make quickly)* zaubern *fig, hum*

'whip·cord *n* ❶ *no pl (for whips)* Peitschenschnur *f* ❷ FASHION Whipcord *m fachspr*

whip 'hand *n* **to get/hold the ~** die Oberhand gewinnen/haben **'whip·lash** *n* ❶ *(flexible part of whip)* Peitschenschnur *f* ❷ *(blow)* Peitschenhieb *m* ❸ *no pl* MED *(injury to neck)* **~ [injury]** Schleudertrauma *nt*

whipped [(h)wɪpt] *adj* ❶ FOOD *(beaten to firmness)* geschlagen; **~ cream** Schlagsahne *f*, Schlagobers *nt* ÖSTERR, Schlagrahm *m* SCHWEIZ ❷ *attr (hit)* verprügelt

whip·per·in <*pl* whippers-in> [ˌ(h)wɪpəˈrɪn] *n* HUNT Pikör *m fachspr*

'whip·per·snap·per *n (hum fam) young ~* Grünschnabel *m oft pej*

whip·pet [ˈ(h)wɪpɪt] *n* ZOOL Whippet *m*

whip·ping [ˈ(h)wɪpɪŋ] *n* ❶ *no pl (hitting with whip)* [Aus]peitschen *nt kein pl* ❷ *(hard physical beating)* **to get/give a ~** Prügel beziehen/austeilen

'whip·ping boy *n* Prügelknabe *m* **'whip·ping cream** *n no pl* Schlagsahne *f*, Schlagobers *nt* ÖSTERR, Nidel *m o f* SCHWEIZ **'whip·ping top** *n* Kreisel *m*

'whip-round *n* BRIT *(fam)* **to have a ~ [for sb]** [für jdn] sammeln

whir *n*, AM *see* **whirr**

whirl [(h)wɜːl] **I.** *vi, vt* wirbeln **II.** *n* ❶ *no pl (movement)* Wirbel *m*; *(action, of dust)* Wirbeln *nt* ❷ *(activity)* Trubel *m* ❸ *(overwhelmed)* **my head's in a ~** mir schwirrt der Kopf

whirli·gig [ˈ(h)wɜːlɪgɪg] *n* ❶ *(spinning top)* Kreisel *m* ❷ *no pl (fig: sth hectic/changing)* Wechselspiel *nt*

whirl·pool [ˈ(h)wɜːlpuːl] *n* ❶ *(fig: situation)* Trubel *m*, Wirbel *m* ❷ *(pool)* Whirlpool *m*; *(in river, sea)* Strudel *m* ◆ **whirl·wind** [ˈ(h)wɜːlwɪnd] *n* METEO Wirbelwind *m*

whirly·bird [ˈ(h)wɜːrlibɜːrd] *n* AM *(dated: helicopter)* Hubschrauber *m*

whirr [(h)wɜːʳ] **I.** *vi insects* summen; *machine parts* surren **II.** *n usu sing of insects* Summen *nt kein pl*; *of machines* Surren *nt kein pl*

whisk [(h)wɪsk] **I.** *n (kitchen tool)* Schneebesen *m*; **electric ~** [elektrisches] Rührgerät **II.** *vt* ❶ *cream, egg whites* schlagen ❷ *(take, move quickly)* **I was ~ed off to hospital** ich wurde ins Krankenhaus überwiesen

whisk·er [ˈ(h)wɪskəʳ] *n* ❶ *usu pl (of animal)* Schnurrhaar[e] *nt[pl]* ❷ **~ ~s** *pl (beard)* Bartstoppeln *pl*; *(moustache)* Schnurrbart *m* ▶ **by a ~** um Haaresbreite, haarscharf; **within a ~ [of sth]** in unmittelbarer Nähe [einer S. *gen*]

whis·key *esp* AM, IRISH, **whis·ky** [ˈ(h)wɪski] *n* BRIT, AUS *no pl (drink)* Whisk[e]y *m*

whis·per [ˈ(h)wɪspəʳ] **I.** *vi* flüstern; ■ **to ~ to sb** mit jdm flüstern **II.** *vt* **to ~ sth [in sb's ear]** etw [in jds Ohr] flüstern **III.** *n* ❶ *(soft speaking)* Flüstern *nt kein pl*, Geflüster *nt kein pl*; **to speak in a ~** etw im Flüsterton sagen ❷ *usu sing (trace)* Spur *f no pl (fig liter: soft rustle)* Rascheln *f*

whis·per·ing [ˈ(h)wɪspərɪŋ] **I.** *n no pl (talking very softly)* Flüstern *nt*, Geflüster *nt* **II.** *adj attr* ❶ *(talking softly)* flüsternd ❷ *(rustling)* raschelnd

'whis·per·ing cam·paign *n (pej)* Verleumdungskampagne *f*

whist [(h)wɪst] *n no pl* Whist *nt*; **a game of ~** eine Partie Whist

whis·tle [ˈ(h)wɪsl] **I.** *vi* ❶ *person* pfeifen; ■ **to ~ at sb** hinter jdm herpfeifen ❷ *wind, kettle* pfeifen ❸ *bird* zwitschern **II.** *vt* pfeifen

III. *n* ❶ *no pl* (*sound*) *also of wind* Pfeifen *nt*; *of referee* Pfiff *m*; **as clean as a ~** blitzsauber ❷ (*device*) Pfeife *f*; referee's ~ Trillerpfeife *f* ▸ **to wet one's ~** sich *dat* die Kehle anfeuchten *fam*

whit [(h)wɪt] *n no pl* (*old form*) **not a ~** keinen Deut; **not a ~ of sense** keinen Funken Verstand

white [(h)waɪt] **I.** *n* ❶ *no pl* (*colour*) Weiß *nt* ❷ *usu pl* (*part of eye*) Weiße(s) *nt* ❸ *of egg* Eiweiß *nt*, Eiklar *nt* ÖSTERR ❹ (*person*) Weiße(r) *f/m*) **II.** *adj* (*colour*) weiß; **black and ~** schwarz-weiß ❷ (*in coffee*) mit Milch ❸ FOOD ▸ **bread** Weißbrot *nt*; ~ **pepper/rum/sugar** weißer Pfeffer/Rum/Zucker ❹ (*Caucasian*) weiß; (*pale-skinned*) hellhäutig ▸ **as ~ as a sheet** weiß wie die Wand, kreidebleich

'white·bait [-beɪt] *n no pl* (*young sprat*) junge Sprotte; (*young herring*) junger Hering **'white·col·lar** *adj* ~ **job** Schreibtischposten *m*; ~ **worker** Angestellte(r) *f/m* **white 'cor·pus·cle** *n* MED weißes Blutkörperchen **white 'el·ephant** *n* (*useless object*) Fehlinvestition *f*; (*unwanted property*) lästiger Besitz **white 'en·sign** *n* NAUT Fahne der Royal Navy **white 'feath·er** *n* BRIT **to show the ~feather** BRIT sich feig[e]e benehmen **white 'flag** *n* weiße Fahne **'white goods** *npl* ❶ (*household appliances*) Haushaltsgeräte *pl* ❷ (*old: household linens*) Weißwäsche *f kein pl*

'White·hall *n* ❶ (*offices of Britain's government*) Whitehall ❷ (*fig: government of Britain*) Whitehall

white 'heat *n no pl* (*also fig*) Weißglut *f* **white 'horse** *n* ❶ (*animal*) Schimmel *m* ❷ BRIT (*liter: of waves*) ▪~s *pl* Schaumkronen *pl*

'White House *n no pl* **the ~** ❶ (*US President's residence*) das Weiße Haus ❷ (*fig: US government*) das Weiße Haus

white 'lead *n no pl* Bleiweiß *nt* **white 'lie** *n* Notlüge *f* **'white meat** *n* helles Fleisch

whit·en ['(h)waɪtən] **I.** *vt* weiß machen; *shoe, wall* weißen, weißeln ÖSTERR, SCHWEIZ, SÜDD; **she's had her teeth ~ed** sie hat ihre Zähne bleichen lassen **II.** *vi* weiß werden

whit·en·er ['(h)waɪtənə'] *n no pl* (*for coffee*) Kaffeeweißer *m*; (*for shoes*) Schuhweiß *nt* **whit·en·ing** ['(h)waɪtənɪŋ] *n* Schuhweiß *nt* **'white-out** *n* ❶ (*blizzard*) Schneesturm *n no pl* AM, AUS (*for erasing*) Tipp-Ex® *nt* **white 'pa·per** *n* BRIT, AUS POL Weißbuch *nt* **'white sale** *n* Weißwäscheverkauf *m* **white 'slave** *n* (*pej*) Prostitutionssklavin *f* **white 'spir·it** *n no pl* BRIT Terpentinersatz *m* **'white·thorn** *n* Weiß-dorn *m* **white 'tie I.** *adj* mit Frackzwang nach *n* **II.** *n* ❶ (*bowtie*) weiße Fliege ❷ (*full evening dress*) Frack *m* **'white·wash I.** *n* ❶ *no pl* (*solution*) Tünche *f* ❷ (*pej: cover-up*) Schönfärberei *f* **II.** *vt* ❶ (*paint*) weiß anstreichen; *walls* tünchen ❷ (*pej, fig: conceal*) schönfärben **white-wa·ter 'raft·ing** *n no pl* Wildwasserfahren *nt* **white 'wine** *n* Weißwein *m*

whith·er ['(h)wɪðə'] *adv* (*old*) wohin

whit·ing[1] <*pl* -> ['(h)waɪtɪŋ] *n* (*fish*) Weißfisch *m*

whit·ing[2] ['(h)waɪtɪŋ] *n no pl* (*substance*) Schlämmkreide *f*

Whit 'Mon·day *n* Pfingstmontag *m*

Whit·sun ['(h)wɪtsən] *n* Pfingsten *nt*; **at ~** an Pfingsten **Whit 'Sun·day** *n* Pfingstsonntag *m* **'Whit·sun·tide** ['(h)wɪtsəntaɪd] *n* Pfingsten *nt*

whit·tle ['(h)wɪtl] *vt* ▸**to ~ sth** etw schnitzen ◆ **whittle down** *vt* reduzieren

whizz [(h)wɪz], AM **whiz I.** *vi* ❶ (*fam*) **to ~ by** vorbeijagen ❷ (*fig*) *time* rasen; **the holidays just ~ed past** die Ferien vergingen im Nu ❸ AM (*sl: urinate*) pinkeln *fam* **II.** *vt* FOOD [mit dem Mixer] verrühren **III.** *n* ❶ *usu sing* (*approv fam: expert*) Genie *nt*; **computer ~** Computerass *nt* ❷ AM (*sl*) **to take a ~** pinkeln *fam*

whiz(z) kid *n* Wunderkind *nt*, Genie *nt* oft hum

who [huː] *pron* ❶ *interrog* (*which person*) wer; ~ **did this?** wer war das?; ~ **'s she?** wer ist sie? ❷ *interrog* (*whom*) wem *in dat*, wen *in akk*; ~ **do you want to talk to?** mit wem möchten Sie sprechen? ❸ *interrog* (*unknown person*) wer; ~ **knows?** wer weiß? ❹ *relative* (*with defining clause*) der/die/das; **I think it was your dad ~ phoned** ich glaube, das war dein Vater, der angerufen hat ❺ *relative* (*with non-defining clause*) der/die/das; **he rang Chris, ~ was a good friend** er rief Chris an, der ein guter Freund war

whoa [(h)wəʊ] *interj* ❶ (*command to stop horse*) brr, hoo ❷ (*fig fam: used to slow or stop*) langsam

who·dun·(n)it [ˌhuːˈdʌnɪt] *n* (*fam*) Krimi *m* **who·ever** [huːˈevə'] *pron* ❶ *relative* wer auch immer; **come out, ~ you are** kommen Sie heraus, wer auch immer Sie sind ❷ *interrog* (*who on earth*) wer; ~ **told you that?** wer hat dir das erzählt?; ~ **does he think he is?** wer glaubt er denn, dass er ist?

whole [həʊl] **I.** *adj* ❶ (*entire*) ganz, gesamt; **this ~ thing is ridiculous!** das Ganze ist ja lächerlich!; **the ~ [wide] world** die ganze [weite] Welt ❷ (*in one piece*) ganz, heil; (*in-*

tact) intakt ❸ (*fam: emphasize amount*) **flying is a ~ lot cheaper these days** Fliegen ist heutzutage sehr viel billiger **II.** *n* ❶ (*entire thing*) ■ **the ~** das Ganze ❷ *no pl* (*entirety*) ■ **a ~ of** ein Ganzes *nt* ❸ (*in total*) **as a ~** als Ganzes [betrachtet] **III.** *adv* ganz; **a ~ new approach** ein ganz neuer Ansatz

'**whole·food** *n* BRIT ❶ *no pl* (*unprocessed food*) Vollwertkost *f* ❷ (*unprocessed food products*) ■**~s** *pl* Vollwertprodukte *pl*

'**whole·food shop** *n* BRIT Reformhaus *nt*

'**whole·grain** *adj esp* BRIT, AUS Vollkorn-; **~ bread** Vollkornbrot *nt* **whole-heart·ed** [-'hɑ:tɪd] *adj* ❶ (*sincere*) aufrichtig; (*cordial*) herzlich ❷ (*committed*) engagiert

'**whole·meal I.** *n* BRIT Vollkornmehl *nt* **II.** *adj* BRIT Vollkorn-; **~ bread** Vollkornbrot *nt* **whole·sale** ['həʊlseɪl] **I.** *adj* ❶ *attr* ~ **business** Großhandel *m* ❷ (*usu pej: on large scale*) Massen-; **~ reform** umfassende Reform **II.** *adv* ❶ (*at bulk price*) zum Großhandelspreis ❷ (*in bulk*) in Großmengen **whole·sal·er** ['həʊlseɪlə^r] *n* Großhändler(in) *m(f)* **whole·some** ['həʊlsəm] *adj* (*approv: promoting well-being*) wohltuend; (*healthy*) gesund; **clean ~ fun** einfacher harmloser Spaß **whole·tone 'scale** *n* Ganztonleiter *f* '**whole·wheat I.** *n no pl* Voll[korn]weizen *m* **II.** *adj* bread, pasta Voll[korn]weizen-; **~ flour** Weizenvollkornmehl *nt*

who'll [huːl] = **who will** *see* **who**

whol·ly ['həʊl(l)i] *adv* ganz, völlig; **to be ~ aware of sth** sich *dat* einer S. *gen* vollkommen bewusst sein

whom [huːm] *pron* (*form*) ❶ *interrog, after vb or prep* wem *dat*, wen *akk*; **~ did he marry?** wen hat er geheiratet? ❷ *relative* der/die/das; **all/none/several/some of ~** ... alle/keiner von denen/mehrere/einige, die ...

whoop [(h)wuːp] **I.** *vi* jubeln **II.** *n* ❶ (*shout of excitement*) Jauchzer *m*; **to give a ~ of triumph** einen Triumphschrei loslassen ❷ *of* object Aufheulen *nt* ❸ *of* cough Keuchen *nt*

whoo·pee I. *interj* [(h)wʊ'piː] juchhe, hurra; (*iron*) toll; **oh, ~, another letter to type up!** super, noch ein Brief zum Abtippen! **II.** *n* [(h)wuːpi] *no pl* **to make ~** (*have sex*) es tun

'**whoop·ing cough** *n no pl* Keuchhusten *m*

whoops [(h)wʊps] *interj* (*fam*) hoppla; **~ a daisy** (*childspeak*) hopsala

whop I. *vt* <-pp-> *esp* AM (*fam*) ❶ (*strike*) schlagen; **to ~ sb one** jdm eine reinhauen ❷ (*defeat*) **to ~ sb** jdn schlagen **II.** *n usu sing esp* AM (*fam*) Knall *m*

whop·per ['(h)wɒpə^r] *n* (*hum fam*) ❶ (*huge thing*) Apparat *m sl*; **that's a ~ of a fish** das ist ja ein Riesenfisch ❷ (*lie*) faustdicke Lüge; **to tell sb a ~** jdm einen Bären aufbinden

whop·ping ['(h)wɒpɪŋ] (*fam*) **I.** *adj* saftig; **~ lie** faustdicke Lüge **II.** *n* AM ❶ (*beating*) Prügel *pl* ❷ (*defeat*) Schlappe *f*

whore [hɔː^r] *n* (*pej*) ❶ (*female prostitute*) Nutte *f sl* ❷ (*fam: promiscuous woman*) Flittchen *nt*

whorl [(h)wɜːl] *n* (*liter*) Windung *f*

whor·tle·ber·ry ['(h)wɜːtl̩,beri] *n* Heidelbeere *f*

who's [huːz] = **who is, who has** *see* **who**

whose [huːz] **I.** *adj* ❶ (*in questions*) wessen; **~ round is it?** wer ist dran? ❷ (*indicating possession*) dessen; **she's the woman ~ car I crashed into** sie ist die Frau, in deren Auto ich gefahren bin **II.** *pron, adj, interrog* wessen; **~ is this bag?** wessen Tasche ist das?

why [(h)waɪ] **I.** *adv* ❶ (*for what reason*) warum; **~ did he say that?** warum hat er das gesagt? ❷ (*for that reason*) **the reason ~ I ...** der Grund, warum ich ... **II.** *interj esp* AM (*dated*) **~, if it isn't old Georgie Frazer!** na, wenn das nicht der alte Georgie Frazer ist!

wib·ble ['wɪbl̩] *n no pl* Unsinn *m*

wick [wɪk] *n* Docht *m* ▶ **to get on sb's ~** BRIT (*fam*) jdm auf den Keks gehen

wick·ed ['wɪkɪd] **I.** *adj* ❶ (*evil*) böse ❷ (*cunning*) raffiniert ❸ (*very bad*) cough schlimm ❹ (*approv sl: excellent*) saugut **II.** *n* ■ **the ~** die Bösen *pl* ▶ **there's no rest for the ~** (*saying*) es gibt keine Ruhe für die Schuldigen **III.** *interj* (*approv sl*) super *fam*

wick·er ['wɪkə^r] *n no pl* Korbgeflecht *nt*

wick·er 'bot·tle *n* Korbflasche *f* **wick·er 'fur·ni·ture** *n no pl* Korbmöbel *pl* '**wick·er·work** *n no pl* ❶ (*material*) Korbmaterial *nt* ❷ (*articles*) Korbwaren *pl*

wick·et ['wɪkɪt] *n* BRIT ❶ (*target in cricket*) Tor *nt*, Wicket *nt fachspr* ❷ (*area in cricket*) Spielbahn *f* ▶ **to be on a <u>sticky</u> ~** (*fam*) in der Klemme stecken

'**wick·et-keep·er** *n* BRIT Torwächter(in) *m(f)*

wide [waɪd] **I.** *adj* ❶ (*broad*) breit ❷ (*considerable*) enorm, beträchtlich ❸ (*very open*) geweitet; eyes groß ❹ (*after n* (*with a width of*) breit ❺ (*varied*) breit gefächert; **a ~ range of goods** ein großes Sortiment an Waren **II.** *adv* weit; **~ apart** weit auseinander; **~ open** weit geöffnet

'**wide-an·gle**, **wide-an·gle 'lens** *n* PHOT Weitwinkelobjektiv *nt* **wide-a'wake** *adj* hellwach '**wide boy** *n* BRIT (*pej fam*) Gauner *m* **wide-'eyed** *adj* mit großen Augen nach *n*; (*fig*) blauäugig

wide·ly ['waɪdli] *adv* ❶ (*broadly*) breit ❷ (*extensively*) weit; **~ accepted/admired/believed** weithin akzeptiert/bewundert/geglaubt ❸ (*considerably*) beträchtlich; ~ **differing aims** völlig verschiedene Ziele

wid·en ['waɪdən] **I.** *vt* (*make broader*) verbreitern; (*make wider*) erweitern; (*make larger*) vergrößern **II.** *vi* (*become broader*) *river, smile* breiter werden

wide-'open *adj* ❶ (*undecided*) völlig offen ❷ (*vulnerable, exposed*) anfällig **'widescreen** *adj attr television* Breitbild-; *film* Breitwand-; *monitor* Widescreen- **'widespread** *adj* weit verbreitet; **there is ~ speculation that ...** es wird weithin spekuliert, dass ...

wid·ow ['wɪdəʊ] **I.** *n* (*woman*) Witwe *f* **II.** *vt usu passive* ▪ **to be ~ed** zur Witwe/zum Witwer werden

wid·owed ['wɪdəʊd] *adj* verwitwet

wid·ow·er ['wɪdəʊəʳ] *n* Witwer *m* **wid·ow·hood** ['wɪdəʊhʊd] *n no pl* (*state*) *of women* Witwenschaft *f*; *of men* Witwerschaft *f selten* **wid·ow's al·'low·ance** *n* Witwenunterstützung *f* **wid·ow's 'peak** *n* spitz zulaufender Haaransatz in der Stirnmitte **wid·ow's 'pen·sion** *n* Witwenrente *f*

width [wɪtθ] *n* ❶ *no pl* (*measurement*) Breite *f*; *of clothes* Weite *f*; **to be five metres** [*or* AM **meters**] ~ fünf Meter breit sein ❷ (*unit*) Breite *f*; **to come in different ~s** unterschiedlich breit sein ❸ *no pl* (*fig: scope, range*) Größe *f*

wield [wiːld] *vt* ▪ **to** ~ **sth** *tool, weapon* etw schwingen; **to** ~ **authority/influence/power over sb/sth** Autorität/Einfluss/Macht über jdn/etw ausüben

wife <*pl* **wives**> [waɪf] *n* [Ehe]frau *f*, Gattin *f form o hum* ▪ **the world and his ~** BRIT (*saying*) Gott und die Welt *fam*

wife·ly ['waɪfli] *adj* einer Ehefrau *nach n*; **her ~ duties** ihre Pflichten als Ehefrau

wig [wɪɡ] *n* Perücke *f*

wig·gle ['wɪɡl] **I.** *vt, vi* wackeln **II.** *n* ❶ (*movement*) Wackeln *nt kein pl*; **she walks with a sexy ~ the world** – sie hat einen sexy Gang *fam* ❷ *esp* AM (*fam: hurry*) **to get a ~ on** einen Zahn zulegen

wig·wam ['wɪɡwæm] *n* Wigwam *m*

wild [waɪld] **I.** *adj* ❶ (*not domesticated*) wild; *cat, duck, goose* Wild- ❷ (*uncultivated*) *country, landscape* rau, wild; **~ flowers** wild wachsende Blumen ❸ (*uncivilized*) *people* unzivilisiert; *behaviour* undiszipliniert ❹ (*uncontrolled*) unbändig; (*disorderly*) *hair, lifestyle* wirr ❺ (*stormy*) *wind, weather* rau, stürmisch ❻ (*excited*) wild, ungezügelt; (*not sensible*) verrückt *fam*; **in ~ rage** in blinder Wut ❼ (*fam: angry*) wütend ❽ (*fam: enthusiastic*) ▪ **to be ~ about sb/sth** auf jdn/etw ganz wild sein ❾ (*not accurate*) ungezielt; (*imaginative*) wild; **beyond one's ~est dreams** mehr als man sich *dat* je erträumt hat ▸ **~ horses couldn't make me do sth** keine zehn Pferde könnten mich dazu bringen, etw zu tun **II.** *adv* wild; **to run ~** *child, person* sich *dat* selbst überlassen sein; *animals* frei herumlaufen **III.** *n* ❶ (*natural environment*) ▪ **the ~** die Wildnis ❷ (*fig: remote places*) ▪ **the ~s** *pl* die Pampa *f kein pl oft hum fam*

wild 'boar *n* ZOOL Wildschwein *nt* **'wild card** ['waɪldkɑːd] *n* ❶ CARDS Joker *m* ❷ COMPUT Wildcard *f* **'wild·cat I.** *n* ZOOL Wildkatze *f a. fig* **II.** *adj attr* ❶ *esp* AM (*very risky*) riskant ❷ ECON (*unofficial*) ~ **company** Schwindelfirma *f*

wil·der·ness <*pl* -es> ['wɪldənəs] *n usu no pl* ❶ (*wild, unpopulated area*) Wildnis *f*; (*desert*) Wüste *f* ❷ (*fam: overgrown area*) wild wachsendes Stück Land

'wild·fire *n no pl* Lauffeuer *nt*; **to spread like ~** (*fig*) sich wie ein Lauffeuer verbreiten **'wild·fowl** *n* Federwild *nt kein pl*; FOOD Wildgeflügel *nt kein pl* **wild 'goose** <-geese> *n* Wildgans *f* **wild-'goose chase** *n* (*hopeless search*) aussichtslose Suche; (*pointless venture*) fruchtloses Unterfangen **'wild·life I.** *n no pl* [natürliche] Tier- und Pflanzenwelt **II.** *adj club, photography* Natur-; **~ reserve** Wildreservat *nt*

wild·ly ['waɪldli] *adv* ❶ (*in uncontrolled way*) wild; (*boisterously*) unbändig; **to behave ~** sich wie wild aufführen *fam*; **to talk ~** wirres Zeug reden *fam* ❷ (*haphazardly*) ungezielt; **to guess ~** [wild] drauflosraten *fam* ❸ (*fam: extremely*) äußerst; (*totally*) völlig; **~ exaggerated** maßlos übertrieben; **~ improbable/inaccurate** höchst unwahrscheinlich/ungenau

wild·ness ['waɪldnəs] *n no pl* ❶ (*natural state*) Wildheit *f* ❷ (*behaviour*) Wildheit *f*; (*lack of control*) Unkontrolliertheit *f* ❸ (*haphazardness*) Ungezieltheit *f*; (*rashness*) Unüberlegtheit *f*

wiles [waɪlz] *npl* (*form*) Trick *m*, Schliche *pl*; **to use all one's ~** mit allen Tricks arbeiten

wil·ful ['wɪlfəl] *adj* ❶ *usu attr* (*deliberate*) bewusst, absichtlich; *damage* mutwillig ❷ (*self-willed*) eigensinnig; (*obstinate*) starrsinnig

wili·ness ['waɪlɪnəs] *n no pl* Listigkeit *f*, Schläue *f*

will¹ <*would, would*> [wɪl] **I.** *aux vb* ❶ (*in future tense*) werden; **do you think he ~ come?** glaubst du, dass er kommt? ❷ (*in immediate future*) **we'll be off now** wir fahren jetzt; **I'll answer the telephone** ich gehe ans Telefon ❸ (*with tag question*) **you won't forget to tell him, ~ you?** du vergisst aber nicht, es ihm zu sagen, oder?; **they'll have got home by now, won't they?** sie müssten mittlerweile zu Hause sein, nicht? ④ (*expressing intention*) werden; **I ~ always love you** ich werde dich immer lieben ⑤ (*in requests, instructions*) ~ **you stop that!** hör sofort damit auf!; **~ you sit down?** setzen Sie sich doch! ⑥ (*expressing willingness*) **anyone like to volunteer for this job? — we ~!** meldet sich jemand freiwillig für diese Arbeit? – ja, wir!; **I keep asking him to play with me, but he won't** ich frage ihn ständig, ob er mit mir spielt, aber er will nicht ⑦ (*expressing facts*) **fruit ~ keep longer in the fridge** Obst hält sich im Kühlschrank länger ⑧ (*expressing persistence*) **accidents ~ happen** Unfälle passieren nun einmal ⑨ (*expressing likelihood*) **that'll be Rosa** das wird Rosa sein **II.** vi (*form*) wollen; **as you ~** wie du willst

will² [wɪl] **I.** n ① no pl (*faculty*) Wille m; **strength of ~** Willensstärke f; **to lose the ~ to live** den Lebenswillen verlieren ② no pl (*desire*) Wille m; **against sb's ~** gegen jds Willen ③ LAW letzter Wille, Testament nt ▸ **where there's a ~, there's a way** (*saying*) wo ein Wille ist, ist auch ein Weg *prov*; **with the best ~ in the world** beim besten Willen **II.** vt **to ~ sb to do sth** jdn [durch Willenskraft] dazu bringen, etw zu tun; **I was ~ing you to win** ich habe mir ganz fest gewünscht, dass du gewinnst

will·ful *adj* AM *see* **wilful**

William ['wɪljəm] n Wilhelm m

wil·lies ['wɪliz] *npl* (*fam*) **sb gets/has the ~** jd kriegt Zustände

will·ing ['wɪlɪŋ] **I.** *adj* ① *pred* (*not opposed*) bereit, gewillt *geh*; ■ **to be ~ to do sth** bereit sein, etw zu tun ② (*enthusiastic*) willig ▸ **the spirit is ~ but the flesh is weak** (*saying*) der Geist ist willig, doch das Fleisch ist schwach *prov* **II.** *n no pl* BRIT **to show ~** [seinen] guten Willen zeigen

will·ing·ness ['wɪlɪŋnəs] *n no pl* (*readiness*) Bereitschaft f; (*enthusiasm*) Bereitwilligkeit f

will-o'-the-wisp [ˌwɪləðə'wɪsp] n ① (*light*) Irrlicht nt ② (*fig: elusive thing*) Trugbild nt

wil·low ['wɪləʊ] n BOT Weide f

wil·lowy ['wɪləʊi] *adj person* gertenschlank

'will pow·er *n no pl* Willenskraft f

willy-nilly [ˌwɪli'nɪli] *adv* ① (*like it or not*) wohl oder übel ② (*haphazardly*) aufs Geratewohl

wilt¹ [wɪlt] vi ① (*droop*) *plants* [ver]welken ② (*lose energy*) *person* schlappmachen *fam* ③ (*lose confidence*) den Mut verlieren

wilt² [wɪlt, ᵊlt] (*old*) 2nd pers sing *of* **will**

wily ['waɪli] *adj* listig; *deception, plan* raffiniert; *person also* gewieft

wimp [wɪmp] (*pej*) **I.** n (*fam*) Waschlappen m **II.** vi (*fam*) ■ **to ~ out** (*shirk*) kneifen; (*give in*) den Schwanz einziehen

win [wɪn] **I.** vt <won, won> ① (*be victorious*) gewinnen; **to ~ an election** eine Wahl gewinnen; **to ~ a victory** einen Sieg erringen ② (*obtain*) gewinnen, bekommen; **to ~ sb's approval** jds Anerkennung finden; **to ~ sb's heart/love** jds Herz/Liebe gewinnen; **to ~ recognition** Anerkennung finden ③ (*extract*) *ore, coal* abbauen; *oil* gewinnen ▸ **[you] ~ some, [you] lose some** (*saying*) mal gewinnt man, mal verliert man; **you can't ~ them all** (*saying*) man kann nicht immer Glück haben **II.** vi <won, won> gewinnen; **to ~ hands down** (*fam*) spielend gewinnen ▸ **may the best man ~** möge der Beste gewinnen **III.** n Sieg m; **away/home ~** Auswärts-/Heimsieg m ◆ **win back** vt ■ **to ~ back** ◯ *sth* etw zurückgewinnen ◆ **win over** vt (*persuade*) überzeugen; (*gain support*) für *sich akk* gewinnen ◆ **win round** vt BRIT überzeugen ◆ **win through** vi (*letztlich*) Erfolg haben

wince [wɪn(t)s] **I.** n Zusammenzucken nt **II.** vi zusammenzucken

winch [wɪn(t)ʃ] **I.** n <pl -es> (*for lifting, pulling*) Winde f **II.** vt mit einer Winde [hoch]ziehen

wind¹ [wɪnd] **I.** n ① (*current of air*) Wind m; *gust of ~* Windböe f; **to see which way the ~ is blowing** (*also fig*) sehen, woher der Wind weht; **to go/run like the ~** laufen/rennen wie der Wind ② no pl (*breath*) Atem m ③ no pl (*meaningless words*) **he's full of ~** er ist ein Schaumschläger ④ no pl (*flatulence*) Blähungen pl ⑤ MUS ■ **the ~s** die [Blech]bläser(innen) mpl(fpl) ⑥ (*scent*) Witterung f; **to get ~ of sth** (*fig*) von etw *dat* Wind bekommen ▸ **to be three sheets in the ~** völlig betrunken sein **II.** vt ① (*knock breath out*) ■ **to ~ sb** jdm den Atem nehmen ② BRIT **to ~ a baby** ein Baby ein Bäuerchen machen lassen

wind² [waɪnd] **I.** n ① (*bend*) Windung f; *of river* Schleife f; *of road* Kurve f ② (*turn*) Umdrehung f; **to give sth a ~** etw aufziehen **II.** vt <wound, wound> ① (*wrap*) wickeln; *a film* spulen; **to ~ wool/yarn into a ball** Wolle/Garn zu einem Knäuel aufwickeln ② (*cause to function*) *a clock, watch* aufziehen ③ (*turn*) winden, kurbeln ④ (*cause to move*) spulen; **to ~ a film/tape back[wards]/forwards** einen Film/ein Band zurück-/vorspulen **III.** vi <wound, wound> ① (*meander*) *stream, road* sich schlängeln ❷ (*coil*) sich wickeln ◆ **wind down I.** vt ❶ (*lower*) *a car window* herunterkurbeln ❷ (*gradually reduce*) zurückschrauben; *a business* auflösen; ECON *production* drosseln **II.** vi ❶ (*become less active*) ruhiger werden; *business* nachlassen; *party* an Schwung verlieren ❷ (*cease*) auslaufen ❸ (*relax after stress*) [sich] entspannen ◆ **wind up I.** vt ❶ (*raise*) hochziehen; *a car window* hochkurbeln ❷ TECH aufziehen; *clock, watch* aufziehen ❸ BRIT (*fam*) ■ **to ~ up ○ sb** (*tease*) jdn aufziehen; (*annoy*) jdn auf die Palme bringen; **to get wound up** sich aufregen ❹ (*bring to an end*) abschließen; *debate, meeting, speech* beenden ❺ BRIT, AUS ECON *a company* auflösen **II.** vi ❶ (*fam: end up*) enden; **to ~ up in prison** im Gefängnis landen ❷ (*bring to an end*) schließen; (*conclude*) abschließend bemerken

'**wind·bag** n (*pej fam: excessive talker*) Schwätzer(in) *m/f)* '**wind·break** n Windschutz *m* '**wind cone** n Windsack *m* '**wind en·er·gy** n no pl Windenergie *f* '**wind·er** ['waɪndə'] n ❶ (*winding device*) Aufziehschraube *f*; (*for clock*) Schlüssel *m*; (*on watch*) Krone *f* '**wind·fall** n ❶ (*fruit*) ■ **~s** pl Fallobst nt kein pl ❷ (*money*) warmer [Geld]regen *fam* '**wind farm** n Windpark *m* '**wind gen·er·a·tor** n Windgenerator *m*

wind·ing ['waɪndɪŋ] **I.** *adj course, path, river* gewunden; *road* kurvenreich **II.** n ❶ no pl *of course* Windung *f* ❷ ELEC (*coils*) Wicklung *f*; *of machinery* Aufwickeln *nt*

'**wind·ing rope** n Wickelseil *nt* '**wind·ing sheet** n Leichentuch *nt* '**wind·ing 'stair·case** n Wendeltreppe *f* '**wind·ing 'up** n no pl BRIT, AUS ECON [Geschäfts]auflösung *f*; *of a company's affairs* Abwicklung *f*

'**wind in·stru·ment** n Blasinstrument *nt* '**wind·jam·mer** ['wɪn(d)ˌdʒæmə'] n Windjammer *m* '**wind·lass** ['wɪndləs] n <pl -es> Winde *f*; NAUT Winsch *f fachspr* '**wind·mill** n (*for grinding*) Windmühle *f* ❷ (*wind turbine*) Windrad *nt*

win·dow ['wɪndəʊ] n ❶ (*in building*) Fenster *nt*; **bay ~** Erkerfenster *nt*; **French ~** Verandatür *f* ❷ *of shop* Schaufenster *nt* ❸ *of vehicle* [Fenster]scheibe *f*; **rear ~** Heckscheibe *f* ❹ *of ticket office* Schalter *m* ❺ (*fig: opportunity*) Gelegenheit *f* ❻ COMPUT Fenster *nt*

'**win·dow box** n Blumenkasten *m* '**win·dow clean·er** n ❶ (*person*) Fensterputzer(in) *m(f)* ❷ no pl (*detergent*) Glasreiniger *m* '**win·dow dis·play** n Schaufensterauslage *f* '**win·dow dis·play com·pe·ti·tion** n Schaufensterwettbewerb *m* '**win·dow dress·ing** n no pl ❶ (*in shop*) Schaufensterdekoration *f* ❷ (*swindle*) Augenwischerei *f pej* '**win·dow en·ve·lope** n Fenster[brief]umschlag *m* '**win·dow frame** n Fensterrahmen *m* '**win·dow pane** n Fensterscheibe *f* '**win·dow-shop·ping** n no pl Schaufensterbummel *m* '**win·dow sill** n (*inside*) Fensterbank *f*; (*outside*) Fenstersims *m o nt*

'**wind·pipe** n Luftröhre *f*

'**wind pow·er** n no pl (*force of wind*) Windkraft *f* ❷ ECOL Windenergie *f* '**wind·screen** n BRIT, AUS Windschutzscheibe *f* '**wind·screen wip·er** n BRIT, AUS Scheibenwischer *m* '**wind·shield** n AM (*windscreen*) Windschutzscheibe *f* '**wind·sock** n Windsack *m* '**wind·surf·er** ['wɪn(d)ˌsɜːfə'] n Windsurfer(in) *m(f)* '**wind·surf·ing** ['wɪn(d)ˌsɜːfɪŋ] n no pl Windsurfen *nt* '**wind·swept** *adj* ❶ (*exposed*) dem Wind ausgesetzt; *beach, coast* windgepeitscht ❷ *appearance* [vom Wind] zersaust '**wind tun·nel** n Windkanal *m* '**wind tur·bine** n Windturbine *f*

wind·ward ['wɪn(d)wəd] NAUT **I.** *adj* **the ~side** die Windseite **II.** *adv* gegen den Wind **III.** n Windseite *f*

windy[1] ['wɪndi] *adj* ❶ METEO windig; **a ~ street** eine zugige Straße ❷ (*of digestion*) blähend

windy[2] ['waɪndi] *adj* (*curvy*) gewunden; (*meandering*) sich schlängelnd; *road* kurvenreich

wine [waɪn] **I.** n Wein *m*; **red/white ~** Rot-/Weißwein *m* **II.** vt **to ~ and dine sb** jdn fürstlich bewirten **III.** vi **to ~ and dine** fürstlich essen

'**wine bot·tle** n Weinflasche *f* '**wine cool·er** n Weinkühler *m* '**wine glass** n Weinglas *m* '**wine-grow·er** [-ˌgrəʊə'] n Winzer(in) *m(f)* '**wine-grow·ing** [-ˌgrəʊɪŋ] **I.** n no pl Wein[an]bau *m* **II.** *adj attr* Wein[an]bau-; **~ area** Weingegend *f* '**wine list** n Weinkarte *f* '**wine mer·chant** n esp BRIT Weinhändler(in) *m(f)* '**wine press** n [Wein]kelter *f*

win·ery ['waɪnəri] n esp AM Weinkellerei *f* '**wine tast·ing** n Weinprobe *f* '**wine wait·er** n BRIT Weinkellner(in) *m(f)*

wing [wɪŋ] n ❶ ZOOL *of bird* Flügel *m*; **to take sb under one's ~** (*also fig*) jdn unter seine Fittiche nehmen *a. fig fam* ❷ AVIAT Flügel *m*, Tragfläche *f* ❸ ARCHIT *of building* Flügel *m* ❹ FBALL Flügel *m*; **to play left/right ~** links/rechts Außen spielen ❺ THEAT **to be waiting in the ~s** in den Kulissen warten ❻ **+** *sing/pl vb* POL **the left/right ~** der linke/rechte Flügel

'**wing chair** n Ohrensessel *m* **wing com·'mand·er** n BRIT MIL Oberstleutnant(in) *m(f)* (*der Luftwaffe*); AM Geschwaderkommo-

winged [wɪŋd] *adj* ① ZOOL mit Flügeln *nach n* ② *(with projections)* Flügel-

wing·er ['wɪŋəʳ] *n* FBALL *(on the left wing)* Linksaußen *m;* *(on the right wing)* Rechtsaußen *m*

'wing nut *n* Flügelmutter *f* **'wing·span** *n* Flügelspannweite *f*

wink [wɪŋk] **I.** *vi* ① *(close one eye)* zwinkern; ■to ~ at sb jdm zuzwinkern ② *(twinkle)* light blinken; *star* funkeln ③ BRIT AUTO blinken **II.** *vt* to ~ one's eye [mit den Augen] zwinkern **III.** *n* [Augen]zwinkern *nt;* to give sb a ~ jdm zuzwinkern ▶ in the ~ of an eye in einem Augenblick; to not sleep a ~ kein Auge zutun; to take forty ~s ein Nickerchen machen

wink·er ['wɪŋkəʳ] *n* BRIT AUTO Blinker *m*

win·ner ['wɪnəʳ] *n* ① *(sb that wins)* Gewinner(in) *m(f);* *(in competition)* Sieger(in) *m(f)* ② SPORTS *(fam: goal)* Siegestor *nt;* *(shot)* [Sieges]treffer *m* ③ *(fam: successful thing)* Knaller *m;* ▶ to be onto a ~ das große Los gezogen haben

win·ning ['wɪnɪŋ] **I.** *adj* ① *attr (that wins)* Gewinn-; *(in competition)* Sieger-; *(victorious)* siegreich; to play one's ~ card *(fig)* sein Ass ausspielen; on the ~ side auf der Gewinnerseite; to be on a ~ streak eine Glückssträhne haben ② *(charming)* gewinnend **II.** ■ ~s *pl* Gewinn *m*

win·now ['wɪnəʊ] *vt* ① AGR *grain* reinigen ② *(fig: sift)* sichten ③ ■to ~ [down] ○ sth etw aussortieren

win·some ['wɪnsəm] *adj* *(liter)* person, looks reizend; *charm, smile* gewinnend

win·ter ['wɪntəʳ] **I.** *n* Winter *m;* ■in [the] ~ im Winter **II.** *vi animals* überwintern; *person* den Winter verbringen

win·ter 'sports *npl* Wintersport *m* kein *pl* **'win·ter·time** *n* no *pl* Winterzeit *f*

win·t(e)ry ['wɪntri] *adj* ① *(typical of winter)* winterlich ② *(fig: unfriendly)* greeting, smile frostig; *look* eisig

win-'win situ·a·tion *n* *(fam)* eine Situation, in der man nur gewinnen kann

WIP [ˌdʌbljuːɑːˈpiː] *n abbrev of* **work in progress** laufende Arbeiten *pl*

wipe [waɪp] **I.** *vt* ① *(clean)* abwischen; *feet* abtreten; *nose* putzen ② *(dry)* hands, dishes abtrocknen ③ *(erase)* cassette, disk löschen ▶ to ~ the floor with sb *(fam)* jdn fertigmachen **II.** *vi* BRIT, AUS abtrocknen **III.** *n* ① *(act of cleaning)* Wischen *nt;* to give the floor a ~ den [Fuß]boden [auf]wischen ② *(tissue)* Reinigungstuch *nt* ◆ **wipe down** *vt* abwischen; *(with water)* abwaschen; *(rub)* abreiben ◆ **wipe off** *vt* ① *(clean)* wegwischen; *(from hand, shoes, surface)* abwischen ② *(erase)* löschen ③ *(destroy)* **to be ~d off the face of the earth** von der Erdoberfläche verschwinden ▶ to ~ the smile off sb's face dafür sorgen, dass jdm das Lachen vergeht ◆ **wipe out I.** *vt* ① *(clean inside of)* auswischen ② *(destroy)* auslöschen; how can we ~ out world poverty? wie können wir die Armut in der Welt beseitigen?; to ~ out a disease eine Krankheit ausrotten ③ *(sl: murder)* beseitigen **II.** *vi esp* AM, AUS *(fam: have accident)* einen Unfall bauen ◆ **wipe up I.** *vt* aufwischen; *(dry)* abtrocknen **II.** *vi*

wire ['waɪəʳ] **I.** *n* ① *no pl (metal thread)* Draht *m* ② ELEC *(electric cable)* Leitung *f* ③ AM ELEC *(hidden microphone)* Wanze *f* ▶ to get one's ~s crossed aneinander vorbeireden; to be a live ~ *(fam)* ein Energiebündel sein *m* **II.** *vt* ① *(fasten with wire)* ■to ~ sth to sth etw mit Draht an etw *akk* binden ② ELEC *(fit with cable)* mit elektrischen Leitungen versehen ③ *esp* AM to ~ sb money jdm telegrafisch Geld überweisen ④ *esp* AM *(dated: send telegram to)* telegrafieren **III.** *vi* telegrafieren

'wire·cut·ters [a pair of] ~ eine Drahtschere **wire-haired 'ter·ri·er** *n* Drahthaarterrier *m*

wire·less ['waɪələs] **I.** *n* <*pl* -es> BRIT *(dated)* ① *(set)* Radioapparat *m,* Radio *nt* ② *no pl (radio)* ■on the ~ im Rundfunk **II.** *adj (lacking wire)* drahtlos; *(radio)* Funk-, Radio-

wire·less·ly ['waɪələsli] *adv* COMPUT, INET drahtlos **wire·less 'net·work·ing** *n* COMPUT drahtlose Vernetzung **'wire·less op·era·tor** *n* AVIAT Funker(in) *m(f)* **'wire·less set** *n* BRIT Radioapparat *m,* Radio *nt*

'wire·photo *n* ① *(process)* Bildtelegrafie *f* ohne *pl* ② *(picture)* Bildtelegramm *nt* **wire·pull·er** [-ˌpʊləʳ] *n esp* AM *(fam)* Drahtzieher(in) *m(f)* **'wire·pull·ing** *n no pl esp* AM *(fam)* Drahtziehen *nt;* to do some ~ seine Beziehungen spielen lassen **wire·tap·ping** [-ˌtæpɪŋ] *n no pl* Abhören *nt* von Telefonleitungen **'wire trans·fer** *n* AM telegrafische Geldüberweisung

wir·ing ['waɪərɪŋ] *n no pl* ELEC ① *(system of wires)* elektrische Leitungen *pl* ② *(electrical installation)* Stromverlegen *nt;* to do the ~ die elektrischen Leitungen verlegen

'wir·ing dia·gram *n* Schaltplan *m*

wiry ['waɪəri] *adj* ① *(rough-textured)* drahtig; *hair* borstig ② *(fig: lean and strong)* drahtig

wis·dom ['wɪzdəm] *n no pl* ① *(good judgement)* Weisheit *f;* in her ~ ... *(iron)* in ihrer grenzenlosen Weisheit ...; with the ~ of

hindsight im Nachhinein ❷ (*sensibleness*) Klugheit *f* ❸ (*sayings*) weise Sprüche *pl*; **words of ~** (*also iron*) weise Worte
'wis·dom tooth *n* Weisheitszahn *m*
wise¹ [waɪz] **I.** *adj* ❶ (*having knowledge and sagacity*) weise, klug; **the Three W~ Men** REL die drei Weisen [aus dem Morgenland]; **to be older and ~r** durch Schaden klug geworden sein ❷ (*showing sagacity*) klug; **~ words** weise Worte *a. pej*; (*sensible*) vernünftig; **a ~ choice** eine gute Wahl; **a ~ decision** eine weise Entscheidung ❹ *pred* (*experienced*) **to be worldly ~** weltklug sein ❺ *pred* (*fam: aware*) **to get ~ to sb** jdn durchschauen; **to get ~ to sth** etw spitzkriegen ❻ *esp* AM (*fam: cheeky*) **to act ~** dreist sein ► **early to bed and early to rise makes a man healthy, wealthy and ~** (*saying*) ≈ Morgenstund' hat Gold im Mund *prov* **II.** *n* **the ~** *pl* die Weisen *pl* ♦ **wise up** *vi esp* AM (*fam*) ■ **to ~ up** aufwachen *fig*; ■ **to ~ up to sb** jdn durchschauen; ■ **to ~ up to sth** etw spitzkriegen
wise² [waɪz] *n no pl* (*dated*) Weise *f*; **in no ~** keinesfalls **wise·crack** ['waɪzkræk] **I.** *n* Witzelei[en] *f*[*pl*] **II.** *vi* witzeln **'wise guy** *n* (*pej fam*) Klugschwätzer *m* **wise·ly** ['waɪzli] *adv* ❶ (*showing wisdom*) weise *geh*; **to speak ~** weise Worte sprechen *geh* ❷ (*sensibly*) klug, vernünftig; **to invest one's money ~** sein Geld schlau investieren; **to act ~** sich klug verhalten
wish [wɪʃ] **I.** *n* <*pl* -es> ❶ (*desire*) Wunsch *m*, Verlangen *nt*; **to have a ~** sich *dat* etwas wünschen ❷ (*thing desired*) Wunsch *m*; **to grant sb a ~** jdm einen Wunsch erfüllen; **to make a ~** sich *dat* etwas wünschen ❸ (*regards*) ■ **~es** *pl* Grüße *pl*; **with best ~es** mit den besten Wünschen; (*at end of letter*) mit herzlichen Grüßen **II.** *vt* ❶ (*be desirous*) wünschen; (*expressing annoyance*) wollen, dass ...; **whatever you ~** was immer du möchtest ❷ (*form: want*) **I ~ to make a complaint** ich möchte mich beschweren ❸ (*make a magic wish*) ■ **to ~ [that]** ... sich *dat* wünschen, dass ...; **I ~ you were here** ich wünschte, du wärst hier ❹ (*express wishes*) ■ **to ~ sb sth** jdm etw wünschen; **to ~ sb happy birthday** jdm zum Geburtstag gratulieren **III.** *vi* ❶ (*want*) wollen, wünschen; [just] **as you ~** [ganz] wie Sie wünschen ❷ (*make a wish*) wünschen
'wish·bone ['wɪʃbəʊn] *n* Gabelbein *nt* **wish·ful** **'think·ing** *n no pl* Wunschdenken *nt* **'wish list** *n* Wunschliste *f*
wishy-washy ['wɪʃi,wɒʃi] *adj* (*pej*) ❶ *person* lasch; *argument* schwach ❷ (*weak and watery*) *colours* verwaschen; *drink* wässrig; *food* fad[e]
wisp [wɪsp] *n* (*small bundle*) Büschel *nt*; **~s of cloud** (*fig*) Wolkenfetzen *pl*; **~ of hair** Haarsträhne *f*; **~s of smoke** (*fig*) [kleine] Rauchfahnen
wispy ['wɪspi] *adj* dünn; *person* schmächtig; *hair* strähnig; *clouds* Wolkenfetzen *pl*
wis·te·ria [wɪˈstɪəriə] *n no pl* BOT Glyzin[i]e *f*
wist·ful ['wɪs(t)fʊl] *adj note, smile* wehmütig; *glance, look* sehnsüchtig; **to feel ~** Wehmut empfinden *geh*
wit [wɪt] *n* ❶ *no pl* (*humour*) Witz *m*; **biting/dry ~** beißender/trockener Humor ❷ *no pl* (*intelligence*) Verstand *m* ❸ (*practical intelligence*) ■ **~s** *pl* geistige Fähigkeiten; **to be at one's ~s' end** mit seiner Weisheit am Ende sein; **to frighten sb out of his/her ~s** jdn zu Tode erschrecken; **to have/keep one's ~s about one** seine fünf Sinne beisammenhaben/zusammenhalten ❹ (*funny person*) geistreiche Person
witch <*pl* -es> [wɪtʃ] *n* ❶ (*woman with magic powers*) Hexe *f* ❷ (*pej fam: ugly or unpleasant woman*) [alte] Hexe
'witch·craft *n no pl* Hexerei *f* **'witch doc·tor** *n* Medizinmann *m* **witch·ery** ['wɪtʃəri] *n no pl* Hexerei *f* **'witch-hunt** *n* Hexenjagd *f* **'witch·ing hour** *n* ■ **the ~** die Geisterstunde
with [wɪθ] *prep* **with** +*dat* ❶ (*having, containing*) **~ a little luck** mit ein wenig Glück ❷ (*accompanied by*) **~ friends** mit Freunden ❸ (*together with*) **to talk ~ sb** mit jdm reden ❹ (*concerning*) **to have something/nothing to do ~ sb/sth** etwas/nichts mit jdm/etw zu tun haben ❺ (*expressing manner*) **~ a look of surprise** mit einem erstaunten Gesichtsausdruck ❻ (*in addition to*) **~ that ...** [und] damit ... ❼ (*in proportion to*) **the value could decrease ~ time** der Wert könnte mit der Zeit sinken ❽ (*in direction of*) **~ the current/tide/wind** mit der Strömung/der Flut/dem Wind ❾ (*using*) **she paints ~ watercolours** sie malt mit Wasserfarben ❿ (*in circumstances of, while*) **~ things the way they are** so wie die Dinge sind ⓫ (*in a state of*) vor +*dat*; **she was shaking ~ rage** sie zitterte vor Wut ⓬ (*despite*) bei +*dat*; **~ all her faults** bei all ihren Fehlern ⓭ (*in company of*) bei +*dat*; **to stay ~ relatives** bei Verwandten übernachten ⓮ (*in support of*) **I agree ~ you 100%** ich stimme dir 100 % zu ⓯ (*to match*) **to go ~ sth** zu etw *dat* passen ⓰ (*on one's person*) bei +*dat*, an +*dat*; **do you have a pen ~ you?** hast du einen Stift bei dir? ⓱ (*fam: denoting comprehension*) **are you ~ me?** verstehst du?

with·draw <-drew, -drawn> [wɪðˈdrɔː] **I.** vt ❶ *(remove)* herausziehen; **to ~ one's hand** seine Hand zurückziehen ❷ *(from bank account)* abheben ❸ *(take back)* coins, notes, stamps aus dem Verkehr ziehen; BRIT goods zurückrufen; *a team, troops* abziehen ❹ *(cancel) an accusation* zurücknehmen; LAW *a charge* fallen lassen; *funding* einstellen; **to ~ one's statement** LAW seine Aussage zurückziehen; **to ~ one's support for sth** etw nicht mehr unterstützen **II.** vi ❶ *(leave, retreat)* MIL *also* sich zurückziehen ❷ *(stop taking part in)* **to ~ from college** vom College abgehen; **to ~ from public life** sich aus dem öffentlichen Leben zurückziehen ❸ *(fig: become incommunicative)* sich zurückziehen

with·draw·al [wɪðˈdrɔːəl] *n* ❶ FIN [Geld]abhebung *f* ❷ MIL Rückzug *m* ❸ *no pl (taking back)* Zurücknehmen *nt;* (cancel) Zurückziehen *nt;* of *consent, support, funds* Entzug *m;* BRIT ECON *of goods for sale* Rückruf *m;* of *allegation* Widerruf *m;* of *action* Zurückziehen *nt;* of *charge* Fallenlassen *nt;* (from *a contract)* Rücktritt *m* ❹ *no pl* SPORTS Abzug *m* (**from** von) ❺ *no pl (fig: distancing from others)* Rückzug *m* in sich akk selbst ❻ *no pl from drugs* Entzug *m* **with·ˈdraw·al symp·toms** *npl* Entzugserscheinungen *pl*

with·er [ˈwɪðə'] **I.** vi ❶ *(of plants)* verdorren ❷ *person* verfallen; **to ~ with age** mit dem Alter an Vitalität verlieren ❸ *(fig) interest* nachlassen **II.** vt *age cannot ~ her* das Alter kann ihr nichts anhaben

with·er·ing [ˈwɪðərɪŋ] **I.** *adj* ❶ *(destructive)* **~ fire** verzehrendes Feuer *geh* ❷ *(contemptuous)* vernichtend; **to give sb a ~ look** jdn vernichtend anblicken **II.** *n no pl* ❶ *(becoming shrivelled)* Verdorren *nt* ❷ *(becoming less)* Abnahme *f*

with·hold <-held, -held> [wɪθˈhəʊld] *vt* ❶ *(not give)* zurückhalten; **to ~ sth from sb** jdm etw vorenthalten; **to ~ information** Informationen verschweigen ❷ *(not pay)* etw nicht zahlen; **to ~ benefit payments** Leistungen nicht auszahlen

with·in [wɪˈðɪn] **I.** *prep* innerhalb +*gen* ❶ *(form: inside of, confined by)* **~ the EU** innerhalb der EU ❷ *(in limit of)* **~ earshot/ reach/sight** in Hör-/Reich-/Sichtweite ❸ *(in less than)* **~ hours/minutes/six months** innerhalb von Stunden/Minuten/ sechs Monaten ❹ *(in accordance to)* **~ the law/the rules** innerhalb des Gesetzes/der Regeln ❺ *(in group of)* **~ society** innerhalb der Gesellschaft **II.** *adv* innen; **"cleaning personnel wanted, enquire ~"** „Raumpflegepersonal gesucht, Näheres im Geschäft"; ■ **from ~** von innen [heraus]

with·out [wɪˈðaʊt] **I.** *prep* ❶ *(not having, not wearing)* ohne; **she looks much better ~ make-up** sie sieht ohne Make-up viel besser aus ❷ *(no occurrence of)* ohne; **~ delay/ warning** ohne Verzögerung/[Vor]warnung ❸ *(no feeling of)* ohne; **~ conviction** ohne Überzeugung ❹ *(not with)* ohne; **~ sugar** ohne Zucker **II.** *adv (liter: on the outside)* außen; ■ **from ~** von außen

with·stand <-stood, -stood> [wɪðˈstænd, wɪθ-] *vt* ■ **to ~ sb/sth** jdm/etw standhalten; **to ~ temptation** der Versuchung widerstehen; **to ~ rough treatment** eine unsanfte Behandlung aushalten

wit·ness [ˈwɪtnəs] **I.** *n* <*pl* -es> ❶ *(observer)* Zeuge, Zeugin *m, f* (**to** +*gen*); **~ [to a marriage]** Trauzeuge, -zeugin *m, f;* **~ [of sb giving testimony]** Zeuge, Zeugin *m, f;* **character ~** Leumundszeuge, -zeugin *m, f;* **expert ~** Gutachter(in) *m(f);* **key ~ for the defence** Hauptentlastungszeuge, -zeugin *m, f* ❷ *no pl (form: proof)* Zeugnis *nt geh;* **to bear ~ to sth** von etw *dat* zeugen *geh* ❹ REL *(of belief)* Bekenntnis *nt* **II.** *vt* ❶ *(see)* beobachten; ■ **to ~ sb doing sth** sehen, wie jd etw tut ❷ *(experience)* miterleben ❸ *(attest)* bestätigen; **to ~ a will** ein Testament als Zeuge/Zeugin unterschreiben ❹ *usu passive* ■ **as ~ed by sth** *(demonstrated)* wie etw zeigt **ˈwit·ness box** *n esp* BRIT, *esp* AM **ˈwit·ness stand** *n* Zeugenstand *m kein pl*

wit·ty [ˈwɪti] *adj (clever)* geistreich; *(funny)* witzig

wiz·ard [ˈwɪzəd] **I.** *n* ❶ *(magician)* Zauberer *m* ❷ *(expert)* Genie *nt oft hum;* **computer/ financial ~** Computer-/Finanzgenie *nt* **II.** *adj* BRIT *(dated fam)* prima

wiz·ard·ry [ˈwɪzədri] *n no pl* ❶ *(expertise)* Zauberei *f* ❷ *(also hum: equipment)* **high- tech/technical ~** hochtechnologische/technische Wunderdinge *pl hum*

wiz·ened [ˈwɪzənd] *adj person* verhutzelt; *face, skin* runz[e]lig; *apple* schrump[e]lig

WMD [ˌdʌbljuːemˈdiː] *n abbrev of* **weapons of mass destruction** Massenvernichtungswaffen *pl*

w/o *prep abbrev of* **without** o.

wob·ble [ˈwɒbl] **I.** *vi* ❶ *(move)* wackeln; *wheel* eiern *fam;* *double chin, jelly, fat* schwabbeln *fam;* *knees* zittern, schlottern ❷ *(tremble) voice* zittern ❸ ECON *(fig: fluctuate) prices, shares* schwanken *fig* **II.** *vt* rütteln **III.** *n* ❶ *usu sing (movement)* Wackeln *nt kein pl* ❷ *usu sing (sound)* Vibrieren *nt kein pl;* *of a voice* Zittern *nt kein pl* ❸ ECON *(fig)* Schwankung *f*

wob·bly [ˈwɒbli] **I.** *adj* ❶ *(unsteady)* wack[e]lig; **I've got a ~ tooth** bei mir wackelt ein Zahn; **to draw a ~ line** einen zittrigen Strich ziehen ❷ (*wavering*) *voice* zittrig **II.** *n* BRIT (*fam*) **to throw a ~** einen Wutanfall kriegen

woe [wəʊ] *n* ❶ *no pl* (*liter: unhappiness*) Kummer *m*; **~ betide you if ...** wehe dir, wenn ... ❷ (*form*) **~s** *pl* (*misfortunes*) Nöte *pl*

woe·be·gone ['wəʊbɪɡɒn] *adj* (*liter*) *expression* kummervoll; **to look ~** bekümmert aussehen **woe·ful** ['wəʊfəl] *adj* ❶ (*deplorable*) beklagenswert; *ignorance, incompetence* erschreckend; *standard* erbärmlich ❷ (*liter: sad*) traurig; **~ tidings** schlechte Nachrichten

wog [wɒɡ] *n* (*pej· sl*) ❶ BRIT, AUS (*dark-skinned person*) ≈ Kanake, Kanakin *m, f* ❷ AUS (*non-English-speaking immigrant*) Ausländer(in) *m(f)*

wok [wɒk] *n* Wok *m*

woke [wəʊk] *vt, vi pt of* **wake**

wok·en [ˈwəʊkən] *vt, vi pp of* **wake**

wolf [wʊlf] **I.** *n* <*pl* wolves> Wolf *m* ▶ **to cry ~** blinden Alarm schlagen **II.** *vt* (*fam: gobble up*) ■**to ~** [**down**] **sth** etw verschlingen

'**wolf cub** *n* (*young wolf*) Wolfsjunge(s) *nt*
'**wolf·hound** *n* Wolfshund *m* '**wolf whistle** *n* bewundernder Pfiff; **to give sb a ~** jdm nachpfeifen

wom·an *n* <*pl* women> ['wʊmən, *pl* wɪmɪn] ❶ (*female human*) Frau *f* ❷ (*fam: used as term of address*) Weib *pej* ❸ (*fam: man's female partner*) Frau *f*; **the other ~** die Geliebte ▶ **hell knows no fury like a ~ scorned** (*saying*) die Hölle [selbst] kennt nicht solche Wut wie eine zurückgewiesene Frau

wom·an·hood ['wʊmənhʊd] *n no pl* (*female adulthood*) Frausein *nt*; **to reach ~** eine Frau werden

wom·an·ish ['wʊmənɪʃ] *adj* (*pej*) weibisch
wom·an·ize ['wʊmənaɪz] *vi* Frauengeschichten haben *fam* **wom·an·iz·er** ['wʊmənaɪzər] *n* Weiberheld *m pej* **wom·an·kind** [ˌwʊmənˈkaɪnd] *n no pl* (*dated form*) das weibliche Geschlecht, die Frauen *pl* **wom·an·ly** ['wʊmənli] *adj* ❶ (*of character*) weiblich; **~ virtues** weibliche Tugenden ❷ (*of body*) fraulich

womb [wuːm] *n* Mutterleib *m*; MED Gebärmutter *f*

wom·en·folk ['wɪmɪnfəʊk] *npl* Frauen *pl*
'**wom·en's cen·tre** *n* Frauenzentrum *nt*
'**wom·en's lib** *n* [-ˈlɪb] (*dated fam*) *short for* **women's liberation** Frauen[rechts]bewegung *f* **wom·en's ref·uge** *n* BRIT, AUS, AM **wom·en's shel·ter** *n* Frauenhaus *nt*

won [wʌn] *vt, vi pt, pp of* **win**
won·der ['wʌndər] **I.** *vt* ❶ (*ask oneself*) sich fragen; **it makes you ~ why they ...** man fragt sich [schon], warum sie ... ❷ (*feel surprise*) ■**to ~ that ...** überrascht sein, dass ... **II.** *vi* ❶ (*ask oneself*) sich fragen; **why do you ask? — I was just ~ing** warum fragst du? – ach, nur so; ■**to ~ about sb/sth** sich Gedanken über jdn/etw machen; ■**to ~ about doing sth** darüber nachdenken, ob man etw tun sollte ❷ (*feel surprise*) ■**to ~ at sb/sth** sich über jdn/etw wundern; (*astonished*) über jdn/etw erstaunt sein **III.** *n* ❶ *no pl* (*feeling*) Staunen *nt*, Verwunderung *f* ❷ (*marvel*) Wunder *nt*; **no ~ ...** kein Wunder, dass ...; **~s** [**will**] **never cease!** (*iron*) es geschehen noch Zeichen und Wunder! *hum*; **the Seven W~s of the world** die sieben Weltwunder; **to work ~s** [wahre] Wunder wirken

'**won·der boy** *n* (*iron, hum fam*) Wunderknabe *m* '**won·der drug** *n* Wundermittel *nt* **won·der·ful** ['wʌndəfəl] *adj* wunderbar, wundervoll '**won·der·land** *n* Wunderland *nt*; **winter ~** winterliche Märchenlandschaft **won·der·ment** ['wʌndəmənt] *n no pl* Verwunderung *f*, Erstaunen *nt*

won·ky ['wɒŋki] *adj* BRIT, AUS (*fam*) ❶ (*unsteady*) wack[e]lig *a. fig* ❷ (*askew*) schief

wont [wəʊnt] (*form*) **I.** *adj pred* gewohnt **II.** *n no pl* (*hum*) Gewohnheit *f*; **as is her/his ~** wie er/sie zu tun pflegt

won't [wəʊnt] = **will not** *see* **will**[1]

woo [wuː] *vt* ❶ (*attract*) **to ~ customers/ voters** Kunden/Wähler umwerben; ■**to ~ sb with sth** jdn mit etw dat locken ❷ (*dated: court*) ■**to ~ sb** jdn umwerben

wood [wʊd] *n* ❶ *no pl* (*material from trees*) Holz *nt*; **block of ~** Holzklotz *m*; **plank of ~** [Holz]brett *nt* ❷ (*type of timber*) Holz *nt* ❸ (*forest*) **~s** *pl* Wald *m* ❹ *no pl* (*container*) [Holz]fass *nt* ▶ **in our neck of the ~s** in unseren Breiten; **sb can't see the ~**[**s**] **for the trees** jd sieht den Wald vor [lauter] Bäumen nicht *prov fam*; **touch ~!** unberufen!; **to not be out of the ~** (*not out of critical situation*) noch nicht über den Berg sein *fam*; (*not out of difficulty*) noch nicht aus dem Schneider sein *fam*

wood 'al·co·hol *n no pl* CHEM Methanol *nt*
wood·bine ['wʊdbaɪn] *n* BOT ❶ (*wild honeysuckle*) Geißblatt *nt* ❷ AM (*Virginia creeper*) Wilder Wein

'**wood·carv·er** *n* Holzschnitzer(in) *m(f)*
'**wood·craft** *n no pl esp* AM ❶ (*outdoor skills*) Fähigkeiten/Kenntnisse zum Überleben in freier Natur ❷ (*artistic skill*) Geschick *nt* für das Arbeiten mit Holz '**wood·cut** *n*

ART Holzschnitt m '**wood·cut·ter** n (dated) Holzfäller m

wood·ed ['wʊdɪd] adj bewaldet; ~ area Waldgebiet nt

wood·en ['wʊdən] adj ❶ (made of wood) Holz-, hölzern, aus Holz nach ❷ (fig, pej: stiff) movements hölzern; smile ausdruckslos

'**wood·land I.** n ■ ~ [or ~s] Wald m **II.** adj animals, flora Wald- **wood 'pan·el·ling** n no pl Holzverkleidung f '**wood·peck·er** n Specht m '**wood·pile** n Holzstoß m '**wood pre·ser·va·tive** n Holzschutzmittel nt '**wood pulp** n no pl Zellstoff m, Holzschliff m fachspr '**wood·shed I.** n Holzschuppen m **II.** vi <-dd-> AM (fam) intensiv üben '**wood·wind** MUS **I.** n ❶ (instrument) Holzblasinstrument nt ❷ + sing/pl vb ■ the ~ (orchestra section) die Holzbläser pl **II.** adj instrument Holzblas-; ~ music Musik f von Holzbläsern '**wood·work** n no pl ❶ (parts of building) Holzwerk nt ❷ BRIT (carpentry) Tischlern nt; (business) Tischlerei f; SCH ≈ Werkunterricht m (mit Holz als Werkstoff) ❸ BRIT SPORTS (fam) ■ the ~ (goal post) der Pfosten; (cross bar) die Latte ▶ to come out of the ~ ans Licht kommen '**wood·worm** <pl -> ❶ (larva) Holzwurm m ❷ (damage) Wurmfraß m

woody ['wʊdi] adj ❶ HORT holzig, Holz- ❷ (woody) holzig ❸ (wooded) bewaldet

woof[1] [wʊf] **I.** n Bellen nt **II.** vi dog bellen; "~, ~" "wau, wau"

woof[2] [wu:f] n BRIT (in weaving) Schuss m fachspr

woof·er ['wʊfəʳ] n Tieftonlautsprecher m

wool [wʊl] **I.** n no pl ❶ (sheep's fleece) Wolle f ❷ (fibre from fleece) Wolle f; ball of ~ Wollknäuel nt ▶ to pull the ~ over sb's eyes jdm Sand in die Augen streuen fam **II.** adj (made of wool) blanket, coat, lining Woll-

wool·en adj AM see **woollen wool·gath·er·ing** ['wʊlˌgæðəʳɪŋ] **I.** n no pl Träumen nt **II.** vi ■ to be ~ [vor sich akk hin]träumen **wool·len** ['wʊlən] adj wollen, aus Wolle nach ❶; ~ dress Wollkleid nt **wool·ly** ['wʊli] **I.** adj ❶ (made of wool) Woll-, wollen; ~ hat Wollmütze f ❷ (vague) verschwommen; mind, ideas verworren; thoughts kraus **II.** n BRIT (dated fam: jumper) Wollpulli m '**wool trade** n Wollhandel m

wooly adj AM see **woolly I**

woozy ['wu:zi] adj (fam: dizzy) benommen; (drunk) beschwipst fam

wop [wɒp] n (pej! sl) Spaghettifresser(in) m(f)

word [wɜːd] **I.** n ❶ (unit of language) Wort nt; hush, not a ~! pst, keinen Mucks!; or ~s to that effect oder so ähnlich; in other ~s mit anderen Worten; the spoken/written ~ das gesprochene/geschriebene Wort; to be too stupid for ~s unsagbar dumm sein; in a ~ um es kurz zu sagen ❷ no pl (short conversation) [kurzes] Gespräch; (formal) Unterredung f; to have a ~ with sb [about sth] mit jdm [über etw akk] sprechen; to exchange a few ~s with sb ein paar Worte mit jdm wechseln; to have a quiet ~ with sb jdn zur Seite nehmen ❸ no pl (news) Nachricht f; (message) Mitteilung f; ~ has it that ... es geht das Gerücht, dass ...; to get ~ of sth [from sb] etw [von jdm] erfahren ❹ no pl (order) Kommando nt; to give the ~ den Befehl geben ❺ (remark) Bemerkung f; ~ of warning Warnung f ❻ no pl (promise) Wort nt, Versprechen nt; to go back on/keep one's ~ sein Wort brechen/halten ❼ no pl (statement of facts) it's her ~ against mine es steht Aussage gegen Aussage; to take sb's ~ for it [that ...] jdm glauben, dass ... ❽ (lyrics) ■ ~s pl Text m ▶ by ~ of mouth mündlich; sb cannot get a ~ in edgeways [or AM edgewise] (fam) jd kommt überhaupt nicht zu Wort; from the ~ go vom ersten Moment an; to have ~s with sb eine Auseinandersetzung mit jdm haben; my ~! du meine Güte! **II.** vt ■ to ~ sth etw formulieren

'**word break** n [Silben]trennung f '**word di·vi·sion** n no pl [Silben]trennung f '**word·ing** ['wɜːdɪŋ] n no pl ❶ (words used) Formulierung f ❷ (manner of expression) Formulieren nt '**word·less** ['wɜːdləs] adj wortlos, ohne Worte '**word or·der** n no pl Wortstellung f '**word-'per·fect** adj pred textsicher '**word·play** n no pl Wortspiel nt '**word pro·cess·ing** n no pl Textverarbeitung f '**word 'pro·ces·sor** n COMPUT ❶ (computer) Textverarbeitungssystem nt ❷ (program) Textverarbeitungsprogramm nt '**word wrap** n no pl COMPUT [automatischer] Zeilenumbruch

wordy ['wɜːdi] adj (pej) langatmig, weitschweifig

wore [wɔːʳ] vt, vi pt of **wear**

work [wɜːk] **I.** n ❶ no pl (useful activity) Arbeit f; good ~! (fig) gute Arbeit!; it's hard ~ doing sth (strenuous) es ist anstrengend, etw zu tun; (difficult) es ist schwierig, etw zu tun; to be at ~ doing sth [gerade] damit beschäftigt sein, etw zu tun ❷ no pl (employment) Arbeit f; to look for ~ auf Arbeitssuche sein; to be in ~ eine Stelle haben; to be out of ~ arbeitslos sein ❸ no pl (place of employment) Arbeit f, Arbeitsplatz m; to be at ~ bei der Arbeit sein; **to be off** ~ frei haben; (*due to illness*) sich krankgemeldet haben; **to commute to** ~ pendeln ❹ (*construction, repairs*) ~s *pl* Arbeiten *pl;* **building/road ~s** Bau-/Straßenarbeiten *pl* ❺ *no pl* (*result, product*) Arbeit *f;* (*act*) Werk *nt;* **this is the ~ of professional thieves** das ist das Werk professioneller Diebe ❻ ART, LIT, MUS Werk *nt;* **~s of art** Kunstwerke *pl* ❼ (*factory*) ■ **~s** + *sing/pl vb* Werk *nt,* Fabrik *f* ❽ (*fam: everything*) ■ **the ~s** *pl* das ganze Drum und Dran *kein pl* **II.** *adj* ■ **~s canteen, inspection** Werks-; **~s premises** Werksgelände *nt* **III.** *vi* ❶ (*do a job*) arbeiten; **to ~ like a slave** [*or* AM, AUS **dog**] wie ein Sklave [*o* Tier] schuften *fam;* **to ~ hard** hart arbeiten; **to ~ together** zusammenarbeiten ❷ (*be busy, active*) arbeiten; ■ **to ~ at** [*or* **on**] **sth** an etw *dat* arbeiten; ■ **to ~ for** [*or* **towards**] **sth** auf etw *akk* hinwirken ❸ (*have an effect*) sich auswirken; ■ **to ~ in sb's favour** sich zu jds Gunsten auswirken ❹ (*function*) funktionieren; **generator, motor** laufen; **my cell phone doesn't ~** mein Handy geht nicht ❺ (*be successful*) funktionieren, klappen *fam;* **plan, tactics** aufgehen ❻ **medicine, pill** wirken **IV.** *vt* ❶ (*make work*) **to ~ oneself to death** (*fam*) sich zu Tode arbeiten ❷ (*operate*) **machine** bedienen; **piece of equipment** betätigen ❸ (*move*) **to ~ one's way down a list** eine Liste durchgehen; **to ~ one's way up** sich hocharbeiten; **to ~ sth free/loose** etw losbekommen/lockern ❹ (*bring about*) bewirken; **to ~ miracles** [wahre] Wunder vollbringen ❺ (*mix, rub*) ■ **to ~ sth into sth** etw in etw *akk* einarbeiten; **food** etw mit etw *dat* vermengen ❻ (*cultivate*) **to ~ the land** das Land bewirtschaften ❼ (*pay for by working*) **to ~ one's way through university** sich *dat* sein Studium finanzieren ▶ **to ~ one's <u>fingers</u> to the bone** [**for sb**] (*fam*) sich *dat* [für jdn] den Rücken krumm arbeiten; **to ~ a <u>treat</u>** BRIT (*fam*) prima funktionieren ◆**work around** *vi* (*fam*) ❶ (*approach cautiously*) ■ **to ~ around to sth** sich an etw *akk* herantasten ❷ (*bring oneself*) ■ **to ~ around to doing sth** sich dazu aufraffen, etw zu tun ◆**work away** *vi* vor sich *akk* hinarbeiten ◆**work for** *vt* ❶ (*be employed by*) **to ~ for sb/sth** für jdn/etw arbeiten ❷ (*appeal to*) ■ **to** [**not**] **~ for sb** jdm [nicht] zusagen ◆**work in** *vt* (*mix in, rub in*) einarbeiten; *food* hineingeben; (*on one's skin*) einreiben; AGR *fertilizer, manure* einarbeiten ◆**work off** *vt* (*counter effects of*) abarbeiten; **to ~ off surplus energy** überschüssige Energie loswerden; ❷ (*pay by working*) *a debt, a loan* abtragen ◆**work out I.** *vt* ❶ (*calculate*) errechnen, ausrechnen ❷ (*develop*) ausarbeiten; **to ~ out a solution** eine Lösung erarbeiten ❸ (*understand*) verstehen ❹ (*figure out*) ■ **to ~ out** ○ **sth** hinter etw *akk* kommen ❺ (*solve itself*) **things usually ~ themselves out** die Dinge erledigen sich meist von selbst **II.** *vi* ❶ (*amount to*) **that ~s out at 154 litres per day** das macht 154 Liter am Tag; **to ~ out cheaper/more expensive** billiger/teurer kommen ❷ (*develop*) sich entwickeln; (*progress*) laufen *fam;* **to ~ out for the best** sich zum Guten wenden; **to ~ out badly** schiefgehen *fam;* **to ~ out well** gut laufen *fam* ❸ (*do exercise*) trainieren ◆**work over** *vt* (*fam*) ■ **to ~ over** ○ **sb** jdn zusammenschlagen ◆**work round** *vi* (*fam*) ❶ (*approach cautiously*) **what are you ~ing round to?** (*fam*) worauf willst du hinaus? ❷ (*bring oneself*) ■ **to ~ round to doing sth** sich dazu aufraffen, etw zu tun ◆**work through I.** *vt* durcharbeiten; *traumas, difficulties, problems* aufarbeiten **II.** *vi* ❶ (*not stop*) durcharbeiten ❷ (*deal with*) ■ **to ~ through sth** sich durch etw *akk* durcharbeiten ◆**work to** *vt* **to ~ to a deadline** auf einen Termin hinarbeiten; **to ~ to rule** Dienst nach Vorschrift tun ◆**work up I.** *vt* ❶ (*generate*) **to ~ up an appetite** Appetit bekommen; **to ~ up courage** sich *dat* Mut machen ❷ (*upset, make angry*) ■ **to ~ oneself/sb up** sich/jdn aufregen; **to ~ sb up into a rage** jdn in Rage bringen ❸ (*develop*) **to ~ up a sweat** ins Schwitzen kommen ❹ (*prepare*) ■ **to ~ oneself up to sth** sich auf etw *akk* vorbereiten **II.** *vi* ❶ (*progress to*) ■ **to ~ up to sth** sich zu etw *dat* hocharbeiten ❷ (*get ready for*) ■ **to ~ up to sth** auf etw *akk* zusteuern *fig*

work·a·ble ['wɜːkəbl] *adj* ❶ (*feasible*) durchführbar; **~ compromise** vernünftiger Kompromiss ❷ (*able to be manipulated*) bearbeitbar; **~ land** AGR bebaubares Land

work·a·day ['wɜːkədeɪ] *adj* ❶ (*of job*) Arbeits- ❷ (*not special*) alltäglich

work·a·hol·ic [ˌwɜːkəˈhɒlɪk] *n* (*fam*) Arbeitssüchtige(r) *f(m)*, Arbeitstier *nt fig, oft pej*

'work·bag *n* Handarbeitsbeutel *m* **'work·bench** *n* Werkbank *f* **'work·book** *n* Arbeitsbuch *nt* **'work camp** *n esp* AM *Lager in dem Freiwillige gemeinnützige Arbeiten verrichten* **'work·day** *n* AM, AUS ❶ (*time at work*) Arbeitstag *m* ❷ (*not holiday*) Werktag *m*

work·er ['wɜːkə'] *n* ❶ (*not executive*) Arbeiter(in) *m(f);* **blue-collar ~** [Fabrik]arbeiter(in) *m(f);* **white-collar ~** [Büro]angestellte(r) *f(m);* ■ **the ~s** *pl* POL die

Arbeiter *pl* ❷ (*sb who works hard*) Arbeitstier *nt fam* ❸ (*insect*) Arbeiterin *f*
'work eth·ic *n* Arbeitsethos *nt* **'work·force** *n* + *sing/pl vb* Belegschaft *f*, Betriebspersonal *nt* **'work·horse** *n* Arbeitstier *nt fig, oft pej*
work·ing ['wɜːkɪŋ] **I.** *adj attr* ❶ (*employed*) berufstätig ❷ (*pertaining to work*) Arbeits-; ~ **conditions** Arbeitsbedingungen *pl*; ~ **hour/hours** Arbeitsstunde *f*/-zeit *f* ❸ (*functioning*) funktionierend; ~ **order** Betriebsfähigkeit *f*; **in** ~ **order** betriebsfähig ❹ (*basic*) Arbeits-; **to have a** ~ **knowledge of sth** in etw *dat* Grundkenntnisse haben **II.** *n* ❶ *no pl* (*activity*) Arbeiten *nt*, Arbeit *f* ❷ *no pl* MIN (*extracting minerals*) Abbau *m* ▶ **the ~s of fate** die Wege des Schicksals
work·ing 'class *n* + *sing/pl vb* ▪ **the ~** die Arbeiterklasse *kein pl* **'work·ing-class** *adj* der Arbeiterklasse *nach n*; **a ~ family** eine Arbeiterfamilie **work·ing 'day** *n esp* BRIT ❶ (*time at work*) Arbeitstag *m* ❷ (*not holiday*) Werktag *m* **work·ing-'out** *n no pl* MATH Rechenweg *m* **work·ing-'over** *n* (*fam*) Abreibung *f*
'work·load *n* Arbeitspensum *nt kein pl*; TECH Leistungsumfang *m* **'work·man** *n* ❶ (*craftsman*) Handwerker *m* ❷ (*worker*) Arbeiter *m* **'work·man·like** *adj* ❶ (*approv: skilful*) fachmännisch ❷ (*pej: sufficient*) annehmbar **work·man·ship** ['wɜːkmənʃɪp] *n no pl* Verarbeitung[squalität] *f*; **fine/shoddy/solid ~** feine/schludrige/solide Verarbeitung **work of 'art** *n* Kunstwerk *nt* **'work·out** *n* SPORTS Fitnesstraining *nt* **'work per·mit** *n* Arbeitserlaubnis *f*, Arbeitsgenehmigung *f* **'work·place** *n* Arbeitsplatz *m*
works com·'mit·tee *n*, **works 'coun·cil** *n* Betriebsrat *m*
'work·shar·ing *n* Arbeitsteilung *f* **'work·shop** *n* ❶ (*room*) Werkstatt *f* ❷ (*meeting*) Workshop *m*; **weekend ~** Wochenendseminar *nt* **'work-shy** *adj* BRIT (*pej*) arbeitsscheu
works 'man·ag·er *n* Betriebsleiter(in) *m(f)* **works 'out·ing** *n* Betriebsausflug *m*
'work·sta·tion *n* ❶ COMPUT Workstation *f fachspr* ❷ (*work area*) Arbeitsplatz *m* **'work·table** *n* Arbeitstisch *m*; MECH Werktisch *m*; (*for sewing*) Nähtisch *m* **'work·top** *n* BRIT Arbeitsfläche *f* **work-to-'rule** *n esp* BRIT Dienst *m* nach Vorschrift **'work·week** *n* AM Arbeitswoche *f*
world [wɜːld] *n* ❶ *no pl* (*earth*) ▪ **the ~** die Welt [*o* Erde] *f* ❷ (*planet*) Welt *f*; **beings from other ~s** Außerirdische *pl* ❸ (*society*) the ancient/modern ~ die antike/moderne Welt; **the industrialized ~** die Industriegesellschaft; **the ~ to come** die Nachwelt ❹ *usu sing* (*domain*) **the Catholic/Christian/Muslim ~** die katholische/christliche/moslemische Welt ❺ *no pl* (*life*) **to be in a ~ of one's own** in seiner eigenen Welt sein ▶ **sb has the ~ at his/her feet** jdm liegt die Welt zu Füßen; <u>money</u> **makes the ~ go** [a]**round** Geld regiert die Welt *prov;* **the ~ is your** <u>oyster</u> die Welt steht dir offen; **to be ~s apart** Welten auseinanderliegen; **to mean** [**all**] **the ~ to sb** jds Ein und Alles sein; **to be out of this ~** (*fam*) himmlisch sein; **not for** [**all**] **the ~** nie im Leben; **how/what/who in the ~** wie/was/wer um alles in der Welt
World 'Bank *n no pl* ▪ **the ~** die Weltbank **'world-beat·er** *n* ❶ der/die/das Weltbeste **'world-class** *adj* von Weltklasse *nach n* **world 'con·gress** *n* Weltkongress *m* **World 'Cup** *n* ❶ (*competition*) Weltmeisterschaft *f*; (*in soccer*) Fußballweltmeisterschaft *f* ❷ (*trophy*) Worldcup *m*, Weltpokal *m* **world-'fa·mous** *adj* weltberühmt **world 'lan·guage** *n* Weltsprache *f* **world·ly** ['wɜːldli] *adj* ❶ *attr* (*physical*) weltlich; ~ **goods** materielle Güter ❷ (*experienced*) weltgewandt **world o'pin·ion** *n* Meinung *f* der Weltöffentlichkeit **world popu·'la·tion** *n no pl* Weltbevölkerung *f* **world 'pow·er** *n* Weltmacht *f* **world 'rec·ord** *n* Weltrekord *m* **'World's Fair** *n* Weltausstellung *f* **'world-shak·ing**, **'world-shat·ter·ing** *adj* welbewegend **'world view** *n* PHILOS Weltanschauung *f* **world 'war** *n* Weltkrieg *m*; **W~ W~** I/II 1./2. Weltkrieg *m* **'world-weary** *adj* lebensmüde **world-'wide** [ˌwɜːld'waɪd] **I.** *adj* weltweit; **of ~ reputation** von Weltruf *nach n* **II.** *adv* weltweit; **to travel ~** die ganze Welt bereisen **World Wide Web** *n no pl* COMPUT ▪ **the ~** das World Wide Web, das Internet
worm [wɜːm] **I.** *n* ❶ ZOOL Wurm *m*; (*larva*) Larve *f*; (*maggot*) Made *f* ❷ MED **to have ~s** Würmer haben ❸ TECH (*in gear*) Schnecke *f fachspr* **II.** *vt* ❶ (*wriggle*) **to ~ one's way through the crowd** sich *dat* seinen Weg durch die Menge bahnen ❷ (*fig, pej: insinuate into*) **to ~ oneself into someone's heart** sich in jds Herz einschleichen ❸ (*treat for worms*) **an animal** entwurmen **III.** *vi* **to ~ through the crowd/people** sich durch die Menge/Menschen zwängen
'worm-eat·en *adj* wurmstichig **'worm·hole** *n* ❶ (*burrow*) Wurmloch *nt* ❷ PHYS Wurmloch *nt*
wormy ['wɜːmi] *adj* ❶ (*full of worms*) animal von Würmern befallen; *fruit, vegetable* wurmig ❷ (*damaged by worms*) wurmstichig
worn [wɔːn] **I.** *vt, vi pp of* **wear II.** *adj*

① (*damaged*) abgenutzt; *carpet* abgetreten; *clothing, furniture* abgewetzt; *shoes* durchgelaufen; *tyres* abgefahren ② (*exhausted*) *person* erschöpft

worn 'out *adj pred*, **'worn-out** *adj attr* ① (*exhausted*) *person* erschöpft ② (*damaged*) *clothes* verschlissen; *shoes also* durchgelaufen ③ (*fig: used too often*) *idea*, *method* abgedroschen

wor·ried ['wʌrɪd] *adj* (*concerned*) besorgt; ■ **to be ~ about sb/sth** sich *dat* um jdn/etw Sorgen machen; ■ **to be ~ that ...** Angst haben, dass ...; **to be ~ to death** verrückt vor Sorge sein

wor·ri·some ['wʌrɪsəm] *adj* beunruhigend; *problem* drückend

wor·ri·some·ly ['wʌrɪsəmli] *adv* Am besorgniserregend

wor·ry ['wʌri] I. *vi* <-ie-> (*be concerned*) sich *dat* Sorgen machen (**about** um); **I'm sorry — don't ~** tut mir leid — das macht doch nichts; **don't ~, we'll be right back!** keine Sorge, wir sind gleich zurück!; **to be ~!** (*fam*) keine Sorge [o Angst]! II. *vt* <-ie-> ① (*cause worry*) beunruhigen ② (*bother*) stören III. *n no pl* ① (*state of anxiety*) Sorge *f*, Besorgnis *f* ② (*source of anxiety*) Sorge *f*; **financial worries** finanzielle Sorgen; **to be a major/minor ~ for sb** jdm ernste/kaum Sorgen machen

wor·ry·ing ['wʌriɪŋ] *adj* Besorgnis erregend, beunruhigend

worse [wɜːs] I. *adj comp of* **bad** ① (*not as good*) schlechter; (*more difficult, unpleasant*) schlimmer; **~ luck!** (*fam*) so ein Pech!; **and to make matters ~ ...** und was alles noch schlimmer macht, ...; ▶ **not to <u>things</u> have happened at sea!** es gibt Schlimmeres!; **[a bit] the ~ for wear** (*fam*) [ziemlich] mitgenommen II. *adv comp of* **badly** ① (*less well*) schlechter; (*more seriously*) schlimmer; **he did ~ than he was expecting in the exams** er schnitt beim Examen schlechter als erwartet ab ② (*to introduce statement*) **even ~, ...** was noch schlimmer ist, ... III. *n no pl* ① (*condition*) ■ **the ~** das Schlechtere; **to change for the ~** schlechter werden ② (*circumstance*) Schlimmeres *nt*

wors·en ['wɜːsᵊn] I. *vi* sich verschlechtern II. *vt* verschlechtern

wor·ship ['wɜːʃɪp] I. *n no pl* ① (*homage*) Verehrung *f*; **act of ~** Anbetung *f* ② (*religious service*) Gottesdienst *m* ③ (*adoration*) Verehrung *f*; **money ~** Geldgier *f pej* ④ *BRIT* (*form: title*) **Your W~** (*to judge*) Euer Ehren II. *vt* <*BRIT* -pp- *or Am usu* -p-> ① (*revere*) **to ~ a deity** einer Gottheit huldigen *geh* ② (*adore*) vergöttern ③ (*be obsessed with*) besessen sein; **to ~ money** geldgierig sein ▶ **to ~ the ground sb walks on** jdn abgöttisch verehren III. *vi* <*BRIT* -pp- *or Am usu* -p-> beten; **to ~ in a church/mosque/synagogue/temple** in einer Kirche/einer Moschee/einer Synagoge/einem Tempel zu Gott beten

wor·ship·er *n Am also see* **worshipper**

wor·ship·per ['wɜːʃɪpə(r)] *n* ① (*person going to church*) Kirchgänger(in) *m(f)*; (*believer*) Gläubige(r) *f/m)*; **devil ~** Teufelsanbeter(in) *m(f)*

worst [wɜːst] I. *adj superl of* **bad** ① (*of poorest quality*) ■ **the ~ ...** der/die/das schlechteste ... ② (*least pleasant*) schlechteste(r, s) ③ (*most dangerous*) übelste(r, s), schlimmste(r, s) ④ (*least advantageous*) ungünstigste(r, s) II. *adv superl of* **badly** ① (*most severely*) am schlimmsten ② (*least well*) am schlechtesten ③ (*to introduce sth*) **~ of all ...** und was am schlimmsten war, ... III. *n no pl* ■ **the ~** der/die/das Schlimmste; ■ **at ~** schlimmstenfalls ▶ **to be at one's ~** sich von seiner schlechtesten Seite zeigen

worst·ed ['wustɪd] *n no pl* Kammgarn *nt*

worth [wɜːθ] I. *adj pred* ① (*of monetary value*) wert; **to be ~ one's weight in gold** Gold wert sein ② (*deserving*) wert; **to be ~ a try/visit** einen Versuch/Besuch wert sein ③ (*advisable*) [lohnens]wert; **it's ~ remembering that ...** man sollte daran denken, dass ... ▶ **if a <u>thing</u> is ~ doing, it's ~ doing well** (*saying*) wenn schon, denn schon *fam;* **to be ~ sb's while doing sth** sich für jdn auszahlen, etw zu tun; **to be [well] ~ it** die Mühe wert sein; **to do sth for all one is ~** etw mit aller Kraft tun II. *n no pl* ① (*monetary value*) Wert *m;* **to get one's money's ~** etw für sein Geld bekommen ② (*merit*) Bedeutung *f*, Wert *m;* **of comparable/dubious/little ~** von vergleichbarem/zweifelhaftem/geringem Wert

worth·less ['wɜːθləs] *adj* wertlos *a. fig*

worth·while [ˌwɜːθˈ(h)waɪl] *adj* lohnend; ■ **to be ~** sich lohnen; **that's hardly ~** das ist kaum der Mühe wert

wor·thy ['wɜːði] *adj* ① (*form: estimable*) würdig; **to donate to a ~ cause** für einen wohltätigen Zweck spenden; **~ principles** achtbare Prinzipien ② (*meriting*) **~ of attention/praise** beachtens-/lobenswert ③ *pred* (*suitable*) würdig

would [wʊd] *aux vb* ① (*in indirect speech*) **they promised that they ~ help** sie versprachen zu helfen ② (*to express condition*) **what ~ you do if ...?** was würdest du tun, wenn ...? ③ (*to express inclination*) **I'd go**

myself, but I'm too busy ich würde [ja] selbst gehen, aber ich bin zu beschäftigt; **sb ~ rather** [*or* **sooner**] **do sth** jd würde lieber etw tun ❹ (*polite request*) **if you ~ just wait a moment ...** wenn Sie einen kleinen Moment warten, ... ❺ (*expressing opinion*) **I ~ imagine that ...** ich könnte mir vorstellen, dass ...; **I ~n't have thought that ...** ich hätte nicht gedacht, dass ... ❻ (*express regularity*) immer [wieder]; **the bus ~ be late when I'm in a hurry** der Bus kommt immer zu spät, wenn ich es eilig habe; **he ~ say that, wouldn't he?** er sagt das immer, nicht wahr?

'would-be I. *adj attr* Möchtegern- *pej* **II.** *n* Möchtegern *m pej*

wouldn't ['wʊdənt] = **would not** *see* **would**

wound¹ [wuːnd] **I.** *n* ❶ (*injury*) Wunde *f*; **gunshot/stab/war~** Schuss-/Stich-/Kriegsverletzung *f* ❷ (*fig: psychological hurt*) Wunde *f*, Kränkung *f*; **to reopen old ~s** alte Wunden wiederaufreißen **II.** *vt* ❶ (*physically*) verletzen, verwunden; **to ~ sb badly/ fatally/mortally** jdn schwer/schlimm/tödlich verletzen ❷ (*fig: psychologically*) kränken; **to ~ sb deeply** jdn tief verletzen

wound² [waʊnd] *vt, vi pt, pp of* **wind**

wound·ed ['wuːndɪd] **I.** *adj* ❶ (*physically*) verletzt, verwundet ❷ (*fig: psychologically*) gekränkt, verletzt **II.** *n* ▪**the ~** *pl* die Verletzten *pl*; MIL die Verwundeten *pl*

wove [waʊv] *vt, vi pt of* **weave**

wov·en ['waʊvən] **I.** *vt, vi pp of* **weave II.** *adj* ❶ (*on loom*) gewebt; **~ fabric** Gewebe *nt* ❷ (*intertwined*) basketwork, wreath geflochten ❸ (*complex*) verwickelt

wow [waʊ] (*fam*) **I.** *interj* wow *sl*, toll! *fam*, super! *sl* **II.** *vt* ▪**to ~ sb** jdn hinreißen

WPC [ˌdʌbljuːpiːˈsiː] *n* BRIT *abbrev of* **Woman Police Constable** Wachtmeisterin *f*

wpm *abbrev of* **words per minute** WpM

wraith [reɪθ] *n* ❶ (*liter*) ❶ (*spirit*) Geist *m* ❷ (*insubstantial person*) Gespenst *nt* ❸ (*faint trace*) Spur *f*

wran·gle ['ræŋgl] **I.** *vi* streiten; ▪**to ~ about sth** um etw *akk* rangeln **II.** *vt* AM (*care for*) *cattle, horses* hüten **III.** *n* Gerangel *nt* (**about/over** um); **a legal ~** ein Rechtsstreit *m*

wrap [ræp] **I.** *n* ❶ FASHION (*covering*) Umhang *m*; (*stole*) Stola *f* ❷ *no pl* (*packaging*) Verpackung *f* ❸ *usu pl* (*fig: veil of secrecy*) **to keep sth under ~s** etw unter Verschluss halten ❹ FILM (*fam*) **it's a ~** die Szene ist im Kasten ❺ (*meal*) Tortillawrap *m* **II.** *vt* <-pp-> ❶ (*cover*) einpacken; (*in paper*) einwickeln ❷ (*draw round*) ▪**to ~**

sth around sb/sth etw um jdn/etw wickeln ❸ (*place around*) **to ~ one's arms around sb** die Arme um jdn schlingen ❹ COMPUT **to ~ text/words** Texte/Wörter umbrechen ▶ **to ~ sb [a]round one's little finger** jdn um den kleinen Finger wickeln **III.** *vi* <-pp-> ❶ COMPUT umbrechen ❷ FILM (*fam*) die Dreharbeiten beenden ◆ **wrap up I.** *vt* ❶ (*completely cover*) einwickeln ❷ (*dress warmly*) warm einpacken ❸ (*conclude*) abschließen; **to ~ up a deal** einen Handel unter Dach und Fach bringen **II.** *vi* (*fig: preoccupy*) ▪**to be ~ped up in sb/sth** mit jdm/etw ganz beschäftigt sein

wrap·around ['ræpəraʊnd] **I.** *adj* ❶ (*curving*) herumgezogen ❷ FASHION Wickel-; **~ skirt** Wickelrock *m* **II.** *n* ❶ FASHION Wickelrock *m* ❷ COMPUT Zeilenumbruch *m*

wrap·per ['ræpə'] *n* ❶ (*packaging*) Verpackung *f*; **sweet** [*or* AM **candy**] **~** Bonbonpapier *nt* ❷ (*for book*) [Schutz]umschlag *m* ❸ *esp* AM (*for cigars*) Deckblatt *nt* ❹ AM (*robe*) Umhang *m*

'wrap·ping pa·per *n no pl* (*for package*) Packpapier *nt*; (*for present*) Geschenkpapier *nt*

wrath [rɒθ] *n no pl* (*liter or dated*) Zorn *m*; **to incur sb's ~** sich *dat* jds Zorn zuziehen

wrath·ful ['rɒθfəl] *adj* (*liter or dated*) zornig

wreak [riːk] *vt* (*form*) ❶ (*cause*) ▪**to ~ damage** [*or* **havoc**] [**on sth**] Schaden [an etw *dat*] anrichten ❷ (*inflict*) **to ~ revenge on sb** sich an jdm rächen

wreath [riːθ] *n* Kranz *m* (**of** aus); **laurel ~** Lorbeerkranz *m*

wreathe [riːð] (*liter*) **I.** *vt usu passive* ❶ (*encircle*) umwinden; **~d in cloud** in Wolken gehüllt ❷ (*form into wreath*) zu einem Kranz flechten **II.** *vi* sich kräuseln; **the smoke ~d upwards** der Rauch stieg in Kringeln auf

wreck [rek] **I.** *n* ❶ (*destruction of boat*) Schiffbruch *m* ❷ (*boat*) [Schiffs]wrack *nt* ❸ (*ruined vehicle*) Wrack *nt* ❹ (*disorganized remains*) Trümmerhaufen *m*, Ruine *f* ❺ (*accident*) Unfall *m* ❻ (*person*) **to be a complete/nervous ~** ein totales/nervliches Wrack sein **II.** *vt* ❶ (*sink*) ▪**to be ~ed ship** Schiffbruch erleiden ❷ (*destroy*) zerstören ❸ (*fig: spoil*) ruinieren; *chances, hopes plans* zunichtemachen; **to ~ sb's life** jds Leben zerstören; **to ~ a marriage** eine Ehe zerrütten

wreck·age ['rekɪdʒ] *n no pl* Wrackteile *pl*, Trümmer *pl a. fig* **wreck·er** ['rekə'] *n* ❶ (*person who destroys*) Zerstörer(in) *m(f)* ❷ *esp* AM (*salvager*) Bergungsarbeiter(in) *m(f)* ❸ AM (*breakdown truck*) Abschleppwagen *m*

wren [ren] *n* Zaunkönig *m*
wrench [ren(t)ʃ] **I.** *n* <*pl* -es> ❶ *usu sing* (*twisting*) Ruck *m* ❷ *usu sing* (*fig: pain caused by a departure*) Trennungsschmerz *m* ❸ *esp* AM (*spanner*) Schraubenschlüssel *m*; **screw ~** Franzose *m* **II.** *vt* ❶ (*twist*) ■ **to ~ sb/sth from sb** jdm/etw entreißen *a. fig*; **to ~ free** losreißen; ■ **to ~ off** abreißen ❷ (*injure*) *a muscle* zerren; *a joint* verrenken ❸ (*turn*) **to ~ a bolt/nut** eine Schraube/Mutter drehen
wres·tle ['resl] **I.** *vi* ❶ SPORTS ringen ❷ (*fig: struggle*) ■ **to ~ with sth** mit etw *dat* ringen **II.** *vt* SPORTS ringen; **to ~ sb to the ground** jdn zu Boden bringen **III.** *n* ❶ (*contest*) Ringkampf *m* ❷ (*fig: struggle*) Ringen *nt kein pl*
wres·tler ['reslə*r*] *n* Ringer(in) *m(f)*; **professional ~** Profiringer(in) *m(f)*; **Sumo ~** Sumoringer(in) *m(f)*
wres·tling ['reslɪŋ] *n no pl* Ringen *nt*
'wres·tling bout, 'wres·tling match *n* Ringkampf *m*
wretch <*pl* -es> [retʃ] *n* ❶ (*unfortunate person*) **poor ~** armer Kerl *fam* ❷ (*fam: mean person*) **miserable ~** Schweinehund *m pej*
wretch·ed ['retʃɪd] *adj* ❶ (*unhappy*) unglücklich; **to feel ~** sich elend fühlen ❷ (*very bad*) schlimm; *state, condition* jämmerlich; **she had a ~ life as a child** sie hatte eine schreckliche Kindheit ❸ (*to express anger*) verflixt; **it's a ~ nuisance!** so ein Mist!
wrick *n, vt* AM *see* **rick**[2]
wrig·gle ['rɪɡl] **I.** *vi* ❶ (*twist and turn*) sich winden; **to ~ free [of sth]** sich [aus etw *dat*] herauswinden ❷ (*move*) schlängeln ► **to ~ off the hook** (*fam*) sich herausreden; **to ~ out of doing sth** (*fam*) sich davor drücken, etw zu tun **II.** *vt* **to ~ one's toes in the sand** die Zehen in den Sand graben **III.** *n usu sing* Schlängeln *nt*
wring <wrung, wrung> [rɪŋ] **I.** *n usu sing* [Aus]wringen *nt* **II.** *vt* ❶ (*twist*) auswringen ❷ (*break*) **to ~ sb's/an animal's neck** (*also fig*) jdm/einem Tier den Hals umdrehen ❸ (*squeeze*) **to ~ sb's hand** jdm fest die Hand drücken ❹ (*obtain*) ■ **to ~ sth out of sb** etw aus jdm herauspressen ► **to ~ one's hands** die Hände ringen
wring·er ['rɪŋə*r*] *n* Wäschemangel *f* ► **to put sb through the ~** (*fam*) jdn in die Mangel nehmen
wrin·kle ['rɪŋkl] **I.** *n* ❶ (*in a material*) Knitterfalte *f*; (*in the face*) Falte *f*, Runzel *f* ❷ (*fam: difficulty*) **to iron out the ~s** einige Unklarheiten beseitigen **II.** *vt* zerknittern ► **to ~ one's brow** die Stirn runzeln; **to ~ [up] one's nose at sth** über etw *akk* die Nase rümpfen **III.** *vi* material zerknittern; *face,*

skin Falten bekommen; *fruit* schrumpeln
wrin·kled ['rɪŋkld] *adj clothes* zerknittert; *face, skin* faltig, runzlig; *fruit* verschrumpelt
'wrinkle-free *adj* knitterfrei
wrist [rɪst] *n* ANAT Handgelenk *nt*; **to slash one's ~s** sich *dat* die Pulsadern aufschneiden
'wrist·band *n* ❶ (*strap*) Armband *nt* ❷ (*absorbent material*) Schweißband *nt* **wrist·let** ['rɪs(t)lɪt] *n* ❶ (*bracelet*) Armreif *m* ❷ (*handcuff*) Handschelle *f* **'wrist·watch** *n* Armbanduhr *f*
writ[1] [rɪt] *n* ❶ (*legal notice*) [gerichtliche] Verfügung; **a ~ of summons** eine [schriftliche] Vorladung; **to issue a ~ against sb** jdn vorladen ❷ *esp* BRIT (*Crown document*) Wahlausschreibung *f* für das Parlament ❸ *no pl* (*form: authority*) **~ of law** Gesetzgebungshoheit *f*
writ[2] [rɪt] *vt, vi* (*old*) *pt, pp of* **write**
write <wrote, written *or old* writ> [raɪt] **I.** *vt* ❶ (*make letters*) schreiben; **to ~ a letter to sb** jdm einen Brief schreiben ❷ (*complete*) *a cheque, a prescription, a receipt* ausstellen; *one's will* aufsetzen ❸ CAN, SA SCH **to ~ a test** einen Test schreiben ❹ (*compose*) *a book, a song* schreiben; ■ **to ~ sb [that …]** BRIT [*or* AM **to ~ sb [that …]**] jdm schreiben[, dass …]; **to ~ sth in English** etw auf Englisch verfassen ❺ (*add*) ■ **to ~ sth into a contract** etw in einen Vertrag aufnehmen ❻ COMPUT ■ **to ~ sth to sth** etw auf etw *dat* speichern ► **to be nothing to ~ home about** nichts Weltbewegendes sein **II.** *vi* ❶ (*make letters*) schreiben; **to know how to read and ~** Lesen und Schreiben können ❷ COMPUT speichern ◆ **write away** ■ **to ~ away for sth** etw [schriftlich] anfordern ◆ **write back** *vt, vi* zurückschreiben ◆ **write down** *vt* ❶ (*record*) aufschreiben ❷ FIN abschreiben ◆ **write in I.** *vt* (*put in*) ■ **to ~ in** ⟳ **sth** (*in text*) etw einfügen; (*in form*) etw eintragen **II.** *vi* schreiben; **he wrote in expressing his dissatisfaction with recent programming** er schickte einen Brief, um seine Unzufriedenheit mit dem momentanen Programm auszudrücken ◆ **write off I.** *vi* ■ **to ~ off for sth** etw [schriftlich] anfordern **II.** *vt* ❶ (*dismiss*) abschreiben *fam* ❷ FIN *an asset, a debt* abschreiben ❸ BRIT (*destroy*) **to ~ off a car** ein Auto zu Schrott fahren *fam* ❹ (*send*) *a letter* abschicken ◆ **write out** *vt* ❶ (*remove*) streichen; THEAT, FILM *character in play, series* einen Abgang schaffen; **to ~ sb out of one's will** jdn aus seinem Testament streichen ❷ (*write in full*) ausschreiben ❸ (*put in writing*) aufschreiben ❹ (*fill out*) *cheque* ausstellen ◆ **write up** *vt* ❶ (*put in written form*) *an article, notes* ausarbeiten

❷ (*critique*) **to ~ up a concert/film/play** eine Kritik zu einem Konzert/Film/Stück schreiben ❸ AM (*report*) aufschreiben *fam*

'write-in *adj* AM POL **a ~ candidate** ein nachträglich auf der Liste hinzugefügter Kandidat; **a ~ campaign** eine Wahlkampagne, bei der man einen Kandidaten wählen kann, den man nachträglich auf den Stimmzettel dazuschreibt **'write-off** *n* ❶ BRIT (*vehicle*) **to be a complete ~** ein absoluter Totalschaden sein ❷ (*worthless person*) Versager(in) *m(f)*; (*worthless event*) Reinfall *m* ❸ FIN Abschreibung *f* **'write-pro·tect·ed** *adj* COMPUT schreibgeschützt

writ·er ['raɪtəʳ] *n* ❶ (*person who writes*) Verfasser(in) *m(f)* ❷ (*author*) *of books, films, plays* Autor(in) *m(f)*; *sports* ~ Sportreporter(in) *m(f)*; *travel* ~ Reiseschriftsteller(in) *m(f)*

writer-in-'resi·dence *n* <*pl* -s-in-residence> Schriftsteller, der Gast ist an einer Universität oder einer anderen Institution und ev. dort Workshops veranstaltet

'write-up *n of play, film* Kritik *f*; *of book also* Rezension *f*

writhe [raɪð] *vi* ❶ (*squirm*) sich winden ❷ (*fig: emotionally*) beben; **she ~d in suppressed fury** sie bebte innerlich vor unterdrückter Wut

writ·ing ['raɪtɪŋ] *n* ❶ *no pl* (*skill*) Schreiben *nt*; ■ **in ~** schriftlich ❷ *no pl* (*occupation*) Schriftstellerei *f* ❸ *no pl* (*literature*) Literatur *f* ❹ (*written works*) ■ **~s** *pl* Schriften *pl* ❺ *no pl* (*handwriting*) [Hand]schrift *f* ▸ **the ~ is on the wall** die Stunde hat geschlagen; **to read the ~ on the wall** die Zeichen der Zeit erkennen

'writ·ing desk *n* Schreibtisch *m* **'writ·ing pad** *n* Schreibblock *m* **'writ·ing pa·per** *n no pl* Schreibpapier *nt*

writ·ten ['rɪtⁿn] **I.** *vt, vi pp of* **write II.** *adj* schriftlich; **the ~ word** das geschriebene Wort ▸ **to be ~ in the stars** in den Sternen stehen; **to have sth ~ all over one's face** jdm steht etw ins Gesicht geschrieben

wrong [rɒŋ] **I.** *adj* ❶ (*not correct*) falsch; **it's all ~** das ist völlig verkehrt; **sorry, you've got the ~ number** tut mir leid, Sie haben sich verwählt; **he got the answer ~** er hat die falsche Antwort gegeben; **to be proved ~** widerlegt werden; ■ **to be ~ about sth** sich bei etw *dat* irren ❷ *pred* (*amiss*) **is there anything ~?** stimmt etwas nicht?; **what's ~ with you today?** was ist denn heute mit dir los? ❸ (*morally reprehensible*) verwerflich *geh*; **it was ~ of her to ...** es war nicht richtig von ihr, ... ❹ *pred* (*not functioning properly*) **something's ~ with the television** irgendetwas stimmt mit dem Fernseher nicht ▸ **to get out of bed on the ~ side** mit dem linken Fuß zuerst aufstehen; **to get hold of the ~ end of the stick** etw in den falschen Hals bekommen *fam*; **to fall into the ~ hands** in die falschen Hände geraten **II.** *adv* ❶ (*incorrectly*) falsch; **to spell sth ~** etw falsch buchstabieren ❷ (*in a morally reprehensible way*) falsch ❸ (*amiss*) **to go ~** *things* schiefgehen *fam*; *people* vom rechten Weg abkommen **III.** *n* ❶ *no pl* (*moral reprehensibility*) **to know right from ~** richtig und falsch unterscheiden können ❷ *no pl* (*unjust action*) Unrecht *nt* ▸ **to be in the ~** (*mistaken*) sich irren; (*reprehensible*) im unrecht sein **IV.** *vt usu passive* (*form: treat unjustly*) ■ **to ~ sb** jdm unrecht tun; (*judge character unjustly*) jdn falsch einschätzen

wrong·do·er [-,duːəʳ] *n* Übeltäter(in) *m(f)* **wrong·do·ing** [-,duːɪŋ] *n no pl* Übeltat *nt*; *police* ~ Fehlverhalten *nt* der Polizei; **to accuse sb of ~** jdm Fehlverhalten vorwerfen **wrong·ful** ['rɒŋfəl] *adj* unrechtmäßig **wrong-'head·ed** *adj* (*pej*) *person* querköpfig *pej*; *idea, plan* hirnverbrannt *fam* **wrong·ly** ['rɒŋli] *adv* ❶ (*mistakenly*) fälschlicherweise ❷ (*unjustly*) **to ~ convict sb of a crime** jdn zu Unrecht verurteilen ❸ (*incorrectly*) falsch

wrote [rəʊt] *vt, vi pt of* **write**

wrought [rɔːt] *adj* ❶ (*form: crafted*) [aus]gearbeitet; (*conceived*) [gut] durchdacht; *piece of writing* [gut] konzipiert ❷ *attr* (*beaten out*) *silver, gold* gehämmert

wrought 'iron I. *n no pl* Schmiedeeisen *nt* **II.** *adj pred* schmiedeeisern **wrought 'up** *adj usu pred* beunruhigt, aufgeregt

wrung [rʌŋ] *vt pt, pp of* **wring**

wry <-ier, -iest *or* -er, -est> [raɪ] *adj usu attr* (*dry and ironic*) *comments, humour* trocken; *smile* bitter

WSW *abbrev of* **west southwest** WSW

wt *n abbrev of* **weight** Gew.

WW *n abbrev of* **World War** Weltkrieg *m*

WWF [ˌdʌblju:ˌdʌblju:'ef] *n no pl abbrev of* **Worldwide Fund for Nature:** ■ **the ~** der WWF

X — year

X <*pl* -s *or* -'s>, **x** <*pl* -'s> [eks] *n* X *nt*, x *nt*; *see also* **A 1**

x [eks] **I.** *vt* **Am to** ~ [out] [aus]streichen **II.** *n* ❶ MATH x *nt*; **x-axis** x-Achse *f* ❷ (*symbol for kiss*) Kusssymbol, etwa am Briefende; **all my love, Katy** ~~~ alles Liebe, Gruß und Kuss, Katy

X 'chro·mo·some *n* X-Chromosom *nt*

xeno·pho·bia [ˌzenə(ʊ)ˈfəʊbɪə] *n no pl* Fremdenhass *m*

xeno·phob·ic [ˌzenə(ʊ)ˈfəʊbɪk] *adj* fremdenfeindlich

Xer·ox® *n* Kopie *f*

Xmas [ˈkrɪs(t)məs, ˈeksməs] (*fam*) **I.** *n* <*pl* -es> *short for* **Christmas** Weihnachten *nt* **II.** *adj* Weihnachts-

'X-rat·ed *adj* (*hist*) **an** ~ **film** [*or* **movie**] ein Film, der für Jugendliche unter 18 (*in den USA unter 17*) Jahren nicht zugelassen ist

X-ray [ˈeksreɪ] **I.** *n* ❶ (*radiation*) Röntgenstrahl *m* ❷ (*examination*) Röntgenuntersuchung *f*; **to give sb an** ~ jdn röntgen; **to go for** [*or* **have**] **an** ~ sich röntgen lassen ❸ (*picture*) Röntgenbild *nt* ❹ *no pl* (*hospital department*) Röntgenabteilung *f* **II.** *adj* Röntgen-; ~ **vision** (*fig*) Röntgenblick *m* **III.** *vt* röntgen

xy·lo·phone [ˈzaɪləfəʊn] *n* Xylophon *nt*

Y y

Y <*pl* -s *or* -'s>, **y** <*pl* -'s> [waɪ] *n* Y *nt*, y *nt*; *see also* **A 1**

y [waɪ] *n* ❶ MATH y *nt*; **y-axis** y-Achse *f*

yacht [jɒt] *n* Jacht *f*

yacht·ing [ˈjɒtɪŋ] *n no pl* Segeln *nt*; **to go** ~ segeln gehen **'yachts·man** *n* (*owner*) Jachtbesitzer *m*; (*person sailing*) Segler *m*; **round-the-world** ~ Weltumsegler *m*

yack [jæk] *vi* (*sl*) quasseln

yak [jæk] **I.** *n* ❶ Jak *m* **II.** *vi* <-kk-> (*sl*) quasseln

yam [jæm] *n* ❶ (*African vegetable*) Jamswurzel *f* ❷ AM Süßkartoffel *f*

yank [jæŋk] (*fam*) **I.** *n* Ruck *m*. **II.** *vt* ■ **to** ~ **sth** an etw *dat* [ruckartig] ziehen **III.** *vi* ■ **to** ~ [**on sth**] [an etw *dat*] zerren ♦ **yank out** *vt* herausreißen; *tooth* ziehen; **to be** ~**ed out of bed** (*fig*) aus dem Bett geworfen werden

Yank [jæŋk] *n* (*fam*) Ami *m*

yap [jæp] **I.** *vi* <-pp-> ❶ *dog* kläffen ❷ (*pej fam*) *person* quasseln **II.** *n no pl* Kläffen *nt*

yard¹ [jɑːd] *n* ❶ (*3 feet*) Yard *nt*; **a list a** ~ **long** (*fig*) eine ellenlange Liste; ~**s and** ~**s of material** meterweise Stoff; **to sell sth by the** ~ etw in Yards verkaufen ❷ NAUT Rah[e] *f*

yard² [jɑːd] *n* ❶ (*paved area*) Hof *m* ❷ (*work site*) Werksgelände *nt*; (*for storage*) Lagerplatz *m*; (*dockyard*) [Schiffs]werft *f* ❸ AM (*garden*) Garten *m*

'yard·stick *n* ❶ (*measuring tool*) Zollstock *m* ❷ (*standard*) Maßstab *m*

yarn [jɑːn] *n* ❶ *no pl* (*for knitting, weaving*) Wolle *f*; (*for sewing*) Garn *nt* ❷ (*story*) Geschichte *f*; (*tall story*) *of sailor* Seemannsgarn *nt*; *of hunter* Jägerlatein *nt*; *of angler* Anglerlatein *nt*; **to spin** [**sb**] **a** ~ [jdm] eine Lügengeschichte erzählen

yaw [jɔː] **I.** *vi ship* gieren; *plane* ausbrechen **II.** *n no pl* Gieren *nt*

yawl [jɔːl] *n* Jolle *f*

yawn [jɔːn] **I.** *vi* gähnen *a. fig* **II.** *vt* **to** ~ **one's head off** (*fam*) hemmungslos gähnen **III.** *n* ❶ (*sign of tiredness*) Gähnen *nt kein pl* ❷ (*fig fam*) [stink]langweilige Angelegenheit; **I thought the film was a big** ~ ich fand den Film stinklangweilig

yawn·ing [ˈjɔːnɪŋ] *adj* gähnend *a. fig*

yd *n abbrev of* **yard¹**

yea [jeɪ] *adv* (*form*) ~ **or nay** ja oder nein

yeah [jeə] *adv* (*fam: yes*) ja[wohl]; ~**?** ach wirklich?; **oh** ~**!** [*or* ~, ~**!**] (*iron*) klar!, ganz bestimmt!

year [jɪəʳ] *n* ❶ (*twelve months*) Jahr *nt*; **how much does he earn a** ~**?** wie viel verdient er im Jahr?; **the time of the** ~ die Jahreszeit; **five times a** ~ fünfmal im [*o* pro] Jahr; **two** ~**s' work** zwei Jahre Arbeit; **all** [**the**] ~ **round** das ganze Jahr über; **last/next/this** ~ letztes/nächstes/dieses Jahr; **he retires in March of next** ~ er geht im März nächsten Jahres in Rente; **for two** ~**s** zwei Jahre lang; ~ **by** ~ Jahr für Jahr ❷ (*age, time of life*) [Lebens]jahr *nt*; **a two-**~**-old child** ein zweijähriges Kind ❸ (*fam: indefinite time*) ■ ~**s** *pl* Jahre *pl*; **in,** ~ **aus, Jahr ein**; **for** ~**s** (*since a long time ago*) seit Jahren; (*for a long time*) jahrelang; **over the** ~**s** mit den Jahren ❹ (*academic year*) SCH Schuljahr *nt*; UNIV Studienjahr *nt*; (*group*) Klasse *f*; **she was in the** ~ **above** [*or* AM **ahead of**]/**below** [*or* AM **behind**] **me at school** sie war in der Schule ein Jahr über/unter mir; **a three-**~ **course** ein dreijähriger Kurs; **the** ~ **9 pupils** BRIT die Neuntklässler *pl*; **a first-**~

student ein Student/eine Studentin im ersten Studienjahr; **the second-~s** die Schüler, Schülerinnen *mpl, fpl* der zweiten Klasse ▶ **to take ~s off sb** jdn jünger wirken lassen

'year·book *n* ❶ PUBL Jahresausgabe *f* ❷ AM SCH, UNIV Jahrbuch *nt* **'year-long** *adj* (*lasting one year*) einjährig; (*lasting for years*) jahrelang **year·ly** ['jɪəlɪ] *adj, adv* jährlich; **twice-~** zweimal pro Jahr

yearn [jɜːn] *vi* **to ~ for sb/sth** sich nach jdm/etw sehnen

yearn·ing ['jɜːnɪŋ] *n* Sehnsucht *f*

yeast [jiːst] *n no pl* Hefe *f*

yell [jel] **I.** *n* ❶ (*loud shout*) [Auf]schrei *m*; **to let out a ~** einen Schrei ausstoßen ❷ AM (*chant*) Schlachtruf *m* **II.** *vi* gellend schreien; **she ~ed at me to catch hold of the rope** sie schrie mir zu, das Seil zu packen; **the teacher was ~ing at the class** der Lehrer schrie die Klasse an; ■ **to ~ at sb/sth** jdm/etw rufen; **to ~ for help** um Hilfe rufen; **to ~ at each other** sich anschreien; **to ~ out** aufschreien **III.** *vt* ■ **to ~ sth [at sb]** [jdm] etw laut [zu]rufen

yel·low ['jeləʊ] **I.** *adj* ❶ (*colour*) gelb; (*with age*) *paper* vergilbt; **bright ~** knallgelb ❷ (*fam: cowardly*) feige; **to have a ~ streak** feige sein **II.** *n no pl* (*colour*) Gelb *nt*; **to paint sth ~** etw gelb streichen ❷ (*shade of yellow*) Gelbton *m* **III.** *vi* vergilben

yel·low 'fe·ver *n no pl* Gelbfieber *nt* **yel·low·ish** ['jeləʊɪʃ] *adj* gelblich **yel·low·ness** ['jeləʊnəs] *n no pl* gelbe Farbe **Yel·low 'Pages**® *npl + sing vb* ■ **the ~** die Gelben Seiten

yelp [jelp] **I.** *vi dog* kläffen, aufjaulen; *of person* aufschreien **II.** *n dog* Gebell *nt*, Gejaule *nt*; *person* Schrei *m*; **~ of pain** Schmerzensschrei *m*

yen[1] [<*pl* ->] [jen] *n* FIN Yen *m*

yen[2] [jen] *n* (*fam*) Faible *nt*; **to have a ~ to do sth** den Drang haben, etw zu tun

yep [jep] *adv* (*fam*) ja

Ye·re·van [jerəvɑːn] *n* Eriwan *nt*

yes [jes] **I.** *adv* ❶ (*affirmative*) ja; **~ sir/madam** [*or* AM **ma'am**] jawohl; **~ please** ja bitte; **to say ~ [to sth]** ja [zu etw *dat*] sagen, etw bejahen ❷ (*contradicting a negative*) aber ja [doch]; **I'm not a very good cook — ~, you are** ich bin kein sehr guter Koch — ach was, bist du doch; **she didn't really mean it — oh ~ she did!** sie hat es nicht so gemeint — oh doch, das hat sie! **II.** *n* <*pl* -es> Ja *nt;* **was that a ~ or a no?** war das ein Ja oder ein Nein? **III.** *vt* <-ss-> AM ■ **to ~ sb** jdm nach dem Mund reden

'yes-man *n* (*pej*) Jasager *m*

yes·ter·day ['jestədeɪ] **I.** *adv* gestern; **~ afternoon** gestern Nachmittag; **the day before ~** vorgestern **II.** *n no pl* Gestern *nt*; **this is ~'s paper** das ist die Zeitung von gestern

'yes·ter·tech *adj* technisch veraltet

yet [jet] **I.** *adv* ❶ (*up to now*) bis jetzt; **as ~** bis jetzt; **+** *superl;* **the best ~** der/die/das Beste bisher ❷ (*already*) schon; **is it time to go ~? — no, not ~** ist es schon Zeit zu gehen? — nein, noch nicht ❸ (*in the future, still*) noch; **the best is ~ to come** das Beste kommt [erst] noch; **not ~** noch nicht; **she won't be back for a long time ~** sie wird noch lange nicht zurück sein; **to have ~ to do sth** noch etw tun müssen ❹ (*even*) [sogar] noch; **+** *comp;* **~ bigger/more beautiful** noch größer/schöner ❺ (*despite that*) trotzdem; (*but*) aber [auch]; (*in spite of everything*) schon ❻ (*in addition*) **he came back from rugby with ~ another black eye** er kam vom Rugby wieder mal mit einem blauen Auge nach Hause; **~ again** schon wieder **II.** *conj* doch

yew [juː] *n* Eibe *f*

Yid·dish ['jɪdɪʃ] *n no pl* Jiddisch *nt*

yield [jiːld] **I.** *n* ❶ AGR Ertrag *m* ❷ MIN Ausbeute *f* ❸ FIN [Zins]ertrag *m*; **initial ~s** anfängliche Gewinne **II.** *vt* ❶ (*produce*) hervorbringen; *cereals, fruit* erzeugen; *information, results* liefern ❷ FIN abwerfen; **the bonds are currently ~ing 6-7%** die Pfandbriefe bringen derzeit 6-7 % ❸ (*concede*) **to ~ ground to sb** jdm [gegenüber] nachgeben; **to ~ a point to sb** jdm ein Zugeständnis machen; (*in discussion*) jdm in einem Punkt Recht geben; (*in competition*) einen Punkt an jdn abgeben **III.** *vi* (*give way*) ■ **to ~ [to sb/sth]** [jdm/etw] [gegenüber] nachgeben; (*give right of way*) ■ **to ~ to sb** jdm den Vortritt lassen ♦ **yield up** *vt* ❶ (*surrender*) aufgeben; *rights* abtreten ❷ (*reveal*) *secret* lüften

yield·ing ['jiːldɪŋ] *adj* ❶ (*pliable*) dehnbar ❷ (*compliant*) nachgiebig

YMCA [ˌwaɪemsiːˈeɪ] *n abbrev of* **Young Men's Christian Association** CVJM *m*

yob [jɒb] *n* BRIT, AUS, **yob·bo** <*pl* -os *or* -oes> ['jɒbəʊ] *n* BRIT, AUS (*fam*) Rabauke *m*, Rüpel *m*

yob·bish ['jɒbɪʃ] *adj* BRIT (*fam*) *behaviour* rowdyhaft

yo·del ['jəʊdəl] **I.** *vi, vt* <BRIT -ll- *or* AM *usu* -l-> jodeln **II.** *n* Jodler *m*

yoga ['jəʊgə] *n no pl* Yoga *nt*

yo·ghourt *n,* **yo·gurt** ['jəʊgət] *n* Joghurt *m o nt*

yoke [jəʊk] **I.** *n* (*for pulling*) Joch *nt a. fig;* (*for carrying*) Tragjoch *nt* **II.** *vt* ❶ (*fit with*

yoke) ■ **to ~ an animal** ein Tier ins Joch spannen; **to ~ animals to a plough** Tiere vor einen Pflug spannen ❷ *(fig)* ■ **to ~ sth together** etw [miteinander ver]koppeln

yo·kel ['jəʊkəl] *n (pej)* Tölpel *m*; **country ~** Bauerntölpel *m*

yolk [jəʊk] *n* Eigelb *nt*

yon·der ['jɒndə'] *(liter)* **I.** *adv* dort drüben **II.** *adj* jene(r, s) … dort [drüben]

you [juː, jʊ, jə] *pron* ❶ *(singular)* du *in nomin,* dich *in akk,* dir *in dat; (polite form)* Sie *in nomin, akk,* Ihnen *in dat;* **~ painted that yourself?** das hast du selbst gemalt?; **if I were ~** wenn ich du/Sie wäre, an deiner/Ihrer Stelle; **that dress just isn't ~!** das Kleid passt einfach nicht zu dir! ❷ *(plural)* ihr *in nomin,* euch *in akk, dat; (polite form)* Sie *in nomin, akk,* Ihnen *in dat;* **~ Americans/kids!** ihr Amerikaner/Kinder!; **how many of ~ are there?** wie viele seid ihr?; **I can't stand ~ men!** ich kann euch Männer nicht ausstehen!; **are ~ two ready?** seid ihr zwei [*o* beide] fertig? ❸ *(one)* man; **~ learn from experience** aus Erfahrung wird man klug; **~ meet a lot of people through work** in der Arbeit trifft man viele Menschen; **it's not good for ~** das ist nicht gesund; **~ never know** man weiß nie

you'll [juːl] = **you will** *see* **will**[1]

young [jʌŋ] **I.** *adj* jung; *(title)* ■ **the Y~er** der/die Jüngere; **I'm not as ~ as I was** ich bin nicht mehr der Jüngste; **she's a very ~ forty** für vierzig sieht sie sehr jung aus; **she's ~ for sixteen** für sechzehn ist sie noch recht kindlich; **the night is still ~** die Nacht ist noch jung; **this is John, our ~est** das ist John, unser Jüngster; **~ children** kleine Kinder; **to be ~ at heart** im Herzen jung [geblieben] sein **II.** *npl (young people)* ■ **the ~** die jungen Leute ■ ZOOL Junge *pl*

young·ster ['jʌŋ(k)stə'] *n (fam)* Jugendliche(r) *f(m)*; der junge Leute

your [jɔː', jʊə'] *adj poss* ❶ *(of you, singular)* dein(e); *(plural)* euer/eure; *(polite form)* Ihr(e) ❷ *(one's)* sein(e); **it's enough to break ~ heart** es bricht einem förmlich das Herz; *(referring to sb else)* **~ average German** *(fam)* der durchschnittliche Deutsche

you're [jɔː', jʊə'] = **you are** *see* **be**

yours [jɔːz] *pron poss* ❶ *(belonging to you)* deine(r, s); *(polite form)* Ihre(r, s); **this is my plate and that one's ~** das ist mein Teller und der da ist deiner; **is this pen ~?** ist das dein Stift?; **the choice is ~** Sie haben die Wahl; **what's ~?** *(to drink)* was möchtest du [trinken]?; **you and ~** du und deine Familie; **that recipe of ~ was wonderful!** dein Rezept war wunderbar!; **it's no business of ~** das geht dich nichts an ❷ *(at end of letter)* **Y~ sincerely** [*or* **faithfully**], … mit freundlichen Grüßen, … ▶ **up ~!** *(vulg)* leck mich!; **~ truly** *(fam)* ich

your·self <*pl* **yourselves**> [jɔː'self] *pron* ❶ *(singular)* dich *in akk,* dir *in dat; (plural)* euch; *(polite form, sing/pl)* sich; **how would you describe ~?** wie würden Sie sich beschreiben?; **please help ~** bitte bedienen Sie sich; **help yourselves, boys** bedient euch, Jungs; **do you always talk to ~ like that?** sprichst du immer so mit dir selbst?; **see for ~** sieh selbst ❷ *(oneself)* sich; **you tell ~ everything's all right** man sagt sich, dass alles in Ordnung ist; **you should love others like you love ~** man soll andere lieben wie sich selbst; **to be ~** du selbst sein; **~ for sixteen** etw für dich [*o* sich] allein haben ❸ *(personally)* selbst; **you can do that ~** du kannst das selbst machen; **to be ~** sei ganz natürlich; **just be ~** sei ganz natürlich; **to not be ~** nicht du selbst sein; **to feel/see/taste/try sth for ~** etw selbst fühlen/sehen/kosten/versuchen; **to look ~** wie du selbst aussehen; ■ **[all] by ~** [ganz] allein; **you ~ …** du selbst … ▶ **how's ~?** wie geht's?; **I'm fine, thanks, and [how's] ~?** mir geht's gut, danke, und selbst?

youth [juːθ] *n* ❶ *no pl (period)* Jugend *f* ❷ *(young man)* junger Mann, Jugendliche(r) *m* ❸ *(young people)* **the ~ of today** die Jugend von heute

'youth club *n* Jugendzentrum *nt* **youth·ful** ['juːθfəl] *adj* jugendlich; **~ good looks** jugendlich-hübsche Erscheinung **'youth hos·tel** *n* Jugendherberge *f*

you've [juːv] = **you have** *see* **have I, II**

yowl [jaʊl] **I.** *vi* jaulen **II.** *n* Gejaule *nt*

yo-yo <*pl* -os> ['jəʊjəʊ] *n* Jo-Jo *nt;* **to go up and down like a ~** rauf- und runterschnellen

yuan [juːˈæn] *n* FIN Yüan *m*

yuc·ky ['jʌki] *adj (fam)* ek[e]lig

Yu·go·slav ['juːɡə(ʊ)slɑːv] *(hist)* **I.** *adj* jugoslawisch **II.** *n* Jugoslawe, Jugoslawin *m, f*

Yu·go·sla·via [juːɡə(ʊ)ˈslɑːviə] *n no pl (hist)* Jugoslawien *nt;* **the former ~** das ehemalige Jugoslawien

Yu·go·sla·vian [juːɡə(ʊ)ˈslɑːviən] **I.** *adj (hist)* jugoslawisch; **to be ~** Jugoslawe, Jugoslawin *m, f* sein **II.** *n (hist)* Jugoslawe, Jugoslawin *m, f*

yuk·ky *adj see* **yucky**

Yu·kon Ter·ri·to·ry [ˈjuːkɒn ˈterɪtəri] *n* Yukon Territory *nt*

'yule log *n* ❶ *(log)* großes Holzscheit, das zur Weihnachtszeit im offenen Feuer brennt ❷ *(cake)* Schokoladenkuchen in der Form eines Holzscheits, der zur Weihnachtszeit ge-

gessen wird
Yule·tide ['juːltaɪd] *n* (*liter*) Weihnachtszeit *f;* ~ **greetings** Weihnachtsgrüße *pl*
yum·my ['jʌmi] *adj* (*fam*) lecker *a. fig*
yup·pie ['jʌpi] *n* Yuppie *m*

Zz

Z <*pl* -s *or* -'s>, **z** <*pl* -'s> [zed] *n* Z *nt*, z *nt*; *see also* **A 1** ▸ **to** catch [*or* get] **some ~'s** Am ein Nickerchen machen
z [zed] *n* MATH Z *nt*; **~-axis** Z-Achse *f*
zany ['zeɪni] *adj* (*fam*) ulkig
zap [zæp] (*fam*) **I.** *vt* <-pp-> ❶ (*destroy*) ▪ **to ~ sb** jdn erledigen; ▪ **to ~ sth** etw kaputtmachen ❷ (*send fast*) blitzschnell übermitteln ❸ Am FOOD (*delete*) löschen **II.** *vi* <-pp-> ❶ (*go fast*) düsen ❷ (*change channels*) zappen **III.** *n no pl* Am Pep *m* **IV.** *interj* schwupps!
'**zap·ping** *n* (*fam*) Zappen *nt fam*
zeal [ziːl] *n no pl* Eifer *m*
zeal·ot ['zelət] *n* (*usu pej*) Fanatiker(in) *m(f)*
zeal·ous ['zeləs] *adj* ❶ (*eager*) [über]eifrig ❷ (*enthusiastic*) leidenschaftlich
ze·bra <*pl* -s *or* -> ['zebrə] *n* Zebra *nt*
zeb·ra 'cross·ing *n* BRIT, AUS Zebrastreifen *m*
ze·nith ['zenɪθ] *n* Zenit *m a. fig*
ze·ro ['zɪərəʊ] **I.** *n* <*pl* -os *or* -oes> ❶ MATH Null *f* ❷ (*temperature*) Gefrierpunkt *m;* **10 degrees above/below ~** zehn Grad über/unter Null **II.** *adj* **his prospects are ~** seine Aussichten sind gleich Null; **at ~ extra cost** ohne zusätzliche Kosten; **at ~ gravity** bei Schwerelosigkeit; **~ growth** Nullwachstum *nt;* **~ hour** die Stunde Null **III.** *vt* auf Null einstellen ◆ **zero in** *vi* ❶ (*aim precisely*) **to ~ in on a target** ein Ziel anvisieren ❷ (*fig*) sich konzentrieren (**on** auf)
zero-day 'threat *n* Null-Tag-Bedrohung *f* **zero-e'mis·sion** *adj attr* AUTO Zero-Emissions-, mit extrem geringem Schadstoffausstoß *nach n* **zero-'rat·ed** *adj* BRIT FIN von der Mehrwertsteuer befreit **zero 'tol·er·ance** *n no pl* LAW Nulltoleranz *f*
zest [zest] *n no pl* ❶ (*enthusiasm*) Eifer *m;* **~ for life** Lebensfreude *f* ❷ (*stimulation*) [An]reiz *m,* Würze *f* ❸ FOOD **lemon ~** Zitronenschale *f*

zig·zag ['zɪgzæg] **I.** *n* Zickzack *m;* **in a ~** im Zickzack **II.** *adv* im Zickzack **III.** *vi* <-gg-> sich im Zickzack bewegen; **line, path** im Zickzack verlaufen
zinc [zɪŋk] *n no pl* Zink *nt*
zip [zɪp] **I.** *n* ❶ BRIT (*zipper*) Reißverschluss *m;* **to do up a ~** einen Reißverschluss zumachen ❷ *no pl* (*fam: vigour*) Schwung *m* **II.** *pron* Am (*fam: nothing*) null; **I know ~ about computers** ich habe null Ahnung von Computern; **they have done ~ about it** sie haben bisher rein gar nichts unternommen **III.** *vt* <-pp-> **would you mind helping me to ~** [up] **my dress?** könntest du mir vielleicht helfen, den Reißverschluss an meinem Kleid zuzumachen?; **they ~ped themselves into their sleeping bags** sie zogen die Reißverschlüsse an ihren Schlafsäcken zu; **to ~ sth together** etw mit einem Reißverschluss zusammenziehen ▸ **to ~ one's lip** den Mund halten **IV.** *vi* <-pp-> ❶ (*fasten*) **it ~s** [up] **at the back** es hat hinten einen Reißverschluss ❷ (*go quickly*) rasen, flitzen; **to ~ through** *job* im Eiltempo erledigen
'**zip code** *n* Am (*postal code*) ≈ Postleitzahl *f*
zip 'fast·en·er *n* BRIT, Am, AUS **zip·per** ['zɪpə'] *n* Reißverschluss *m*
zip·py ['zɪpi] *adj* (*fam*) spritzig
zo·di·ac ['zəʊdiæk] *n* ASTROL **sign of the ~** Tierkreiszeichen *nt*
zom·bie ['zɒmbi] *n* Zombie *m*
zone [zəʊn] **I.** *n* Zone *f;* **combat/war ~** Kampf-/Kriegsgebiet *nt;* **danger ~** Gefahrenzone *f;* **earthquake ~** Erdbebenregion *f;* **no-fly ~** Flugverbotszone *f;* **no-parking ~** Parkverbotszone *f;* **wheat ~** Weizengürtel *m* **II.** *vt* in [Nutzungs]zonen aufteilen
zon·ing ['zəʊnɪŋ] **I.** *n no pl* Bodenordnung *f* **II.** *adj* **~ law** Baugesetz *nt;* **~ restriction** Planungsbeschränkung *f*
zoo [zuː] *n* Zoo *m*
zoo·logi·cal [ˌzəʊə(ʊ)'lɒdʒɪk*ə*l] *adj* zoologisch
zo·olo·gist [zuː'ɒlədʒɪst] *n* Zoologe, Zoologin *m, f*
zo·ol·ogy [zuː'ɒlədʒi] *n no pl* Zoologie *f*
zoom [zuːm] **I.** *n* **~** [lens] Zoom[objektiv] *nt* **II.** *vi* (*fam*) ❶ (*move very fast*) rasen; ▪ **to ~ ahead** [*or* off] davonsausen; (*in a race*) vorpreschen; ▪ **to ~ past** vorbeirasen; (*fig*) **year** rasend schnell vergehen ❷ PHOT zoomen ◆ **zoom in** *vi* [nahe] heranfahren, heranzoomen; ▪ **to ~ in on sth** auf etw *akk* [ein]schwenken ◆ **zoom out** *vi* wegzoomen
zuc·chi·ni <*pl* -s *or* -> [zʊ'kiːni] *n* Am, AUS Zucchini *f*

A — Abbildung

A

A [aː], **a** <-, - *o* -s, -s> *nt* ❶ (*Buchstabe*) A, a; **ein großes A/ein kleines a** a capital A/a small a; **~ wie Anton** A for Andrew BRIT, A as in Abel AM ❷ MUS A, a; **A-Dur/a-Moll** A major/A minor ▶ **wer ~ sagt, muss auch B sagen** (*prov*) if you make your bed, you've got to lie in it, BRIT *a.* in for a penny, in for a pound *prov*; **das ~ und [das] O** the be-all and end-all; **von ~ bis Z** from beginning to end

à [a] *präp* at; **20 Flaschen ~ 8 Euro** 20 bottles at 8 euros each

AA <-> *nt kein pl* ❶ *Abk von* **Auswärtiges Amt** ≈ FCO BRIT, ≈ State Department AM ❷ *ohne Art Abk von* **Anonyme Alkoholiker** AA

Aa·chen <-s> [ˈaːxn̩] *nt* Aachen

Aal <-[e]s, -e> [aːl] *m* eel

aa·len [ˈaːlən] *vr* (*fam*) ■ **sich ~** to stretch out; **sich in der Sonne ~** to bask in the sun

aal·glatt [ˈaːlɡlat] **I.** *adj* slippery **II.** *adv* artfully

a. a. O. *Abk von* **am angegebenen Ort** loc. cit.

Aar·gau <-s> [ˈaːɐ̯ɡaʊ] *m* Aargau

Aas <-es> [aːs] *nt* ❶ *pl* **Aase** (*Tierleiche*) carrion ❷ *pl* **Äser** (*fam männliche Person*) bastard, AM *a.* jerk; (*weibliche Person*) bitch

Aas·fres·ser <-s, -> *m* carrion-eating animal

Aas·gei·er *m* vulture *a. pej*

ab [ap] **I.** *adv* ❶ (*weg, entfernt*) off; **zur Post geht es links ~** the post office is off to the left; **weit ~ sein** to be far away; **das liegt weit ~ vom Weg** that's far off the beaten track ❷ (*abgetrennt*) off; ~ **sein** (*fam*) to be broken [off]; **mein Knopf ist ab** I've lost a button; **erst muss die alte Farbe ~** first you have to remove the old paint ❸ (*in Befehlen*) off; **~ ins Bett!** off to bed!; **~ sofort** as of now; **~ und zu** now and then **II.** *präp* ❶ (*räumlich*) from; ~ **Köln** from Cologne ❷ (*zeitlich*) from; **~ wann …?** from when …? ❸ (*von … aufwärts*) from; **Kinder ~ 14 Jahren** children from the age of 14 up ❹ SCHWEIZ (*nach der Uhrzeit*) past; **Viertel ~ 8** quarter past eight ❺ SCHWEIZ (*von*) on; **~ Kassette** on cassette

ab·län·dern *vt* to amend (in to); *Programm* to change; *Strafe* to revise

Ab·än·de·rung *f* amendment; *einer Strafe* revision

ab·än·de·rungs·fä·hig *adj* amendable

ab·lar·bei·ten I. *vt* ❶ (*durch Arbeit tilgen*) to work off *sep* ❷ (*der Reihe nach erledigen*) to work through **II.** *vr* ■ **sich ~** (*fam*) to work like a madman

Ab·art [ˈapʔaːɐ̯t] *f* ❶ BIOL mutation *spec* ❷ BOT variety

ab·ar·tig I. *adj* ❶ (*abnorm*) abnormal; (*pervers a.*) perverted ❷ (*sl: verrückt*) mad **II.** *adv* (*abnorm*) abnormally

Abb. *Abk von* **Abbildung** Fig.

Ab·bau <-s> *m kein pl* ❶ (*Förderung*) mining; **der ~ von Bodenschätzen** mining for mineral resources ❷ (*Verringerung*) cut; **ein ~ der Produktion** a cutback in production ❸ (*allmähliche Beseitigung*) revocation; **der ~ von Vorurteilen** the breaking down of prejudices

ab·bau·bar *adj* CHEM, MED degradable; **biologisch ~** biodegradable

ab|bau·en I. *vt* ❶ BERGB to mine ❷ (*demontieren*) to dismantle ❸ (*verringern*) to reduce ❹ (*schrittweise beseitigen*) CHEM, MED to break down *sep* **II.** *vi* Kräfte, Konzentration to flag; (*geistig nachlassen*) to deteriorate

Ab·bau·pro·dukt *nt* break-down product

ab|bei·ßen *irreg* **I.** *vt* to bite [off] **II.** *vi* to take a bite; **möchtest du mal ~?** would you like a bite?

ab|bei·zen *vt* to strip

ab|be·kom·men* *vt irreg* ❶ (*seinen Anteil erhalten*) to get one's share; **die Hälfte von etw** *dat* **~** to receive half of sth ❷ (*durch etw getroffen werden*) to get; **Prügel ~** to get a beating ❸ (*fam: beschädigt werden*) to get damaged ❹ (*fam: verletzt werden*) to be injured ❺ (*entfernen können*) to get off

ab|be·stel·len* *vt* to cancel sth; **du kannst den Klempner wieder ~** you can tell the plumber he needn't come anymore

Ab·be·stel·lung *f* cancellation

ab|be·zah·len* I. *vt* to pay off *sep* **II.** *vi* to pay in instalments; **an dem Auto muss ich noch 16 Monate lang ~** I have another 16 month's instalments to make on the car

ab|bie·gen *irreg* **I.** *vt haben* (*fam*) ■ **etw ~** to get out of sth; *Plan* to forestall **II.** *vi sein* ❶ (*nach links/rechts fahren*) to turn; [**nach**] **links/rechts ~** to turn left/right ❷ (*eine Biegung machen*) to bend; **die Straße biegt ab** there's a bend in the road

Ab·bie·ge·spur *f* turn-off [*or* AM turning] lane

Ab·bild *nt* image; (*im Spiegel*) reflection

ab|bil·den *vt* (*fotografisch wiedergeben*) to copy; ■ **jdn ~** to portray sb; *Landschaft* to depict; **auf dem Foto war der Tatort abgebildet** the photo showed the scene of the crime

Ab·bil·dung <-, -en> *f* ❶ (*Illustration*) illustration ❷ (*bildliche Wiedergabe*) image, diagram; **siehe ~ 3.1** see figure 3.1 ❸ *(das Abbilden)* depiction

ab|bin·den *irreg vt* ❶ *(abschnüren)* **etw ~** to put a tourniquet on sth ❷ *Soße* to thicken ❸ *(losbinden)* to untie; *Krawatte* to undo

ab|bla·sen *vt irreg* ❶ *(fam: absagen)* to call off ❷ *(durch Blasen entfernen)* to blow away

ab|blät·tern *vi sein* to peel [off]

ab|blen·den *vt, vi* ❶ AUTO to dip [*or* AM dim] the lights ❷ FILM to fade out

Ab·blend·licht *nt* AUTO dipped [*or* AM dimmed] headlights

ab|blit·zen *vi sein (fam)* ■ **bei jdm ~** to not get anywhere with sb; **jdm ~ lassen** to turn sb down

ab|blo·cken **I.** *vt* to block **II.** *vi* to refuse to talk about sth

ab|bre·chen *irreg* **I.** *vt haben* ❶ *(von etw lösen)* to break off *sep* ❷ *(abbauen)* to dismantle; *Lager, Zelt* to strike ❸ *(niederreißen)* to pull down *sep* ❹ *(vorzeitig beenden)* to stop; *Beziehung* to break off; *Streik* to call off; *Übertragung* to interrupt; **das Studium ~** to drop out of college [*or* BRIT *a*. university]; **den Urlaub ~** to cut short one's holidays **II.** *vi* ❶ *sein Zweig* to break off ❷ *(aufhören)* to stop ❸ *(beendet werden)* to cease; *Beziehung* to end; **etw ~ lassen** to break off sth

ab|brem·sen *vt, vi* to slow down *sep*

ab|bren·nen *irreg* **I.** *vt haben* ❶ *(durch Verbrennen beseitigen)* to burn off *sep* ❷ *(niederbrennen)* to burn down *sep* ❸ *(brennen lassen)* to burn; *Feuerwerk, Rakete* to let off *sep* **II.** *vi sein (niederbrennen)* to burn down

ab|brin·gen *vt irreg* ■ **jdn von etw** *dat* **~** get sb to give up sth; *(abraten)* to change sb's mind about sth; ■ **jdm davon ~, etw zu tun** to prevent sb [from] doing sth; **jdn vom Kurs ~** to throw sb off course; **jdn vom Thema ~** to get sb away from the subject

ab|brö·ckeln *vi sein* to crumble (**von** away from)

Ab·bruch *m* ❶ *kein pl (das Niederreißen)* demolition ❷ *kein pl (Beendigung)* breaking off; *einer Therapie a.* ceasing; *des Studiums* dropping out ▶ **einer S.** *dat* **keinen ~ tun** to not spoil sth

ab·bruch·reif *adj* ❶ *(baufällig)* dilapidated ❷ SCHWEIZ *(schrottreif)* ready for the scrap heap *präd*

Ab·bruch·woh·nung *f* hovel, squalid apartment

ab|bu·chen *vt* ❶ *(vom Konto)* to debit (**von** from) ❷ *(verzeichnen)* ■ **etw als etw ~** to write sth off as sth

Ab·bu·chung *f* direct debit; *(abgebuchter Betrag)* debit

ab|bürs·ten *vt* to brush off *sep*; **einen An-** **zug ~** to brush down a suit

ab|bü·ßen *vt* to serve

ab|che·cken [-tʃɛkn] *vt (fam)* ❶ *(kontrollieren, prüfen)* to check out *sep* ❷ *(absprechen)* ■ **etw mit jdm ~** to confirm sth with sb

Abc-Schüt·ze, -Schüt·zin [a:be:'tseː-] *m, f (Schulanfänger)* school starter

ABC-Waf·fen [a:be:'tseː-] *pl* nuclear, biological and chemical [*or* NBC] weapons *pl*

ab|dan·ken *vi* ❶ *(zurücktreten)* to resign ❷ *(auf den Thron verzichten)* to abdicate

Ab·dan·kung <-, -en> *f* ❶ *(Rücktritt)* resignation ❷ *(Thronverzicht)* abdication ❸ SCHWEIZ *(Trauerfeier)* funeral service

ab|de·cken *vt* ❶ *(abnehmen)* to take off *sep*; *Bett* to strip; *Tisch* to clear ❷ *(aufmachen)* to uncover *sep*; *(den Deckel abnehmen)* to remove the cover from sth ❸ *Gebäude* to lift the roof off ❹ *(bedecken)* to cover [over] ❺ *(ausgleichen)* to cover; **die Kosten werden von der Firma abgedeckt** the cost will be met by the company

Ab·de·ckung *f* ❶ *(Material zum Abdecken)* cover ❷ *kein pl (das Bedecken)* covering *no pl*

ab|dich·ten *vt* ❶ *(dicht machen)* to seal; *Leck* to plug ❷ *(isolieren)* to proof (**gegen** against); *gegen Feuchtigkeit* to damp proof

Ab·dich·tung *f* ❶ *(Dichtung)* seal ❷ *(Isolierung)* proofing ❸ *kein pl (das Abdichten)* sealing; *eines Lecks* plugging

ab|drän·gen *vt* to push

ab|dre·hen **I.** *vt haben* ❶ *(abstellen)* to turn off *sep* ❷ *(abtrennen)* to twist [off] ❸ FILM to finish [filming] **II.** *vi sein o haben* ❶ *(Richtung ändern)* to turn [off]; **nach Norden ~** to turn to the north ❷ PSYCH *(fam)* to go crazy

ab|drif·ten *vi sein* ❶ *(abgetrieben werden)* to drift [off] ❷ *(sl: abgleiten)* to drift

Ab·druck¹ <-drücke> *m* ❶ *(abgedrückte Spur)* print ❷ *(Umriss)* impression

Ab·druck² <-drucke> *m* ❶ *(Veröffentlichung)* printing ❷ *kein pl (das Abdrucken)* reprint

ab|dru·cken *vt* to print

ab|drü·cken **I.** *vt* ❶ *(fam: umarmen)* to hug ❷ MED to clamp ❸ *(abfeuern)* to fire **II.** *vi (feuern)* to shoot

ab|dun·keln *vt* ❶ *(abschirmen)* to dim ❷ *(dunkler machen)* to darken; *Fenster* to black out ❸ *(dunkler werden lassen)* to tone down

ab|eb·ben *vi sein* to subside; **der Straßenlärm ebbt ab** the noise from the street dies down

abend^ALT ['a:bn̩t] *adv s.* **Abend 1**

Abend <-s, -e> ['a:bn̩t] *m* ❶ *(Tageszeit)* evening; **'n ~!** (*fam*) evening!; **gestern/morgen ~** yesterday/tomorrow evening; **guten ~!** good evening!; **jdm guten ~ sagen** [*o* **wünschen**] to wish sb good evening, to say good evening to sb; **heute ~** tonight, this evening; **übermorgen ~** the evening after next; **vorgestern ~** the evening before last; **jeden ~** every evening; **letzten ~** yesterday evening, last night; **am** [*o* **den**] **nächsten ~** tomorrow evening; **~ sein/werden** to be/get dark; **um 20 Uhr ist es ja schon ~!** it's already dark at 8 o'clock!; **es wird so langsam ~** the evening's beginning to draw in; **zu ~ essen** to eat dinner; **am ~** in the evening; **der Unfall geschah am ~ des 13.** the accident occurred on the evening of the 13th; **~ für** [*o* **um**] **~** every night, night after night; **gegen ~** towards evening; **den ganzen ~ über** the whole evening, all evening; **des ~s** (*geh: abends*) in the evening; **eines ~s** [*on*] one evening ❷ (*Vorabend*) eve *liter;* **der ~ des Geschehens** the eve of the events ❸ (*abendliche Freizeit*) evening; **ein bunter ~** (*Unterhaltungsveranstaltung*) an entertainment evening ▶ **je später der ~, desto schöner die Gäste** (*prov, hum*) some guests are worth waiting for! *hum*

Abend·an·dacht *f* evening service **Abend·brot** *nt* supper **Abend·däm·me·rung** *f* dusk **Abend·es·sen** *nt* dinner **abend·füllend** *adj* all-night *attr*, lasting the whole evening *präd* **Abend·kas·se** *f* evening box-office **Abend·kleid** *nt* evening dress **Abend·kurs** *m* evening class **Abend·land** *nt kein pl* (*geh*) ■**das ~** the Occident **abend·ländisch** I. *adj* (*geh*) occidental II. *adv* (*geh*) occidentally

abend·lich ['a:bntlɪç] I. *adj* evening II. *adv* for the evening; **es war schon um drei Uhr ~ kühl** there was already an evening chill at three o'clock

Abend·mahl *nt* [Holy] Communion; **das Letzte ~** the Last Supper; **das ~ empfangen** (*geh*) to receive [Holy] Communion **Abend·programm** *nt* evening programme **Abend·rot** ['a:bntro:t] *nt* (*geh*) [red] sunset; **im ~** in the evening glow

abends ['a:bnts] *adv* in the evening

Abend·schu·le *f* evening school **Abend·son·ne** *f kein pl* sunset **Abend·ständchen** *nt* serenade **Abend·stun·de** *f meist pl* evening [hour]; **in den frühen ~n** in the early hours of the evening **Abend·vor·stellung** *f* FILM evening showing; THEAT evening performance

Aben·teu·er <-s, -> ['a:bntɔyɐ] *nt* ❶ (*aufregendes Erlebnis*) adventure ❷ (*Liebesabenteuer*) fling; **auf ~ aus sein** to be looking for a fling *fam* ❸ (*risikoreiches Unternehmen*) venture

Aben·teu·er·fe·ri·en *pl* adventure holiday **aben·teu·er·lich** ['a:bntɔyɐlɪç] I. *adj* ❶ (*abenteuerlustig*) adventurous ❷ (*fantastisch*) fantastic[al] ❸ (*wild romantisch*) exotic ❹ (*unglaublich*) preposterous II. *adv* ❶ (*fantastisch*) fantastic[al] ❷ (*wild romantisch*) exotically

Aben·teu·er·lust *f* thirst for adventure **aben·teu·er·lus·tig** *adj* adventurous **Aben·teu·er·ro·man** *m* adventure novel **Aben·teu·er·spiel·platz** *m* adventure playground

Aben·teu·rer, Aben·teu·(r)e·rin <-s, -> ['a:bntɔyrɐ, -tɔy(r)ərɪn] *m, f* adventurer

aber ['a:bɐ] I. *konj* (*jedoch*) but; **~ dennoch ...** but in spite of this ...; **oder ~** or else II. *part* ❶ (*jedoch, dagegen*) but; **ich habe ~ keine Zeit!** but I haven't got any time!; **ein Pils, ~ 'n bisschen plötzlich!** a lager and a bit quick about it! ❷ (*wirklich*) really; **das ist ~ schön!** that really is wonderful! ❸ (*empört*) oh; **~ Hannelore, reiß dich doch endlich zusammen!** [oh] Hannelore, pull yourself together!; **~ hallo!** Excuse me! ▶ **~ selbstverständlich** but of course; **~ ja!** yes [of course]!, BRIT *a.* rather! *form*; **~ nein!** goodness, no!; **~, ~!** now, now!

Aber <-s, - *o fam* -s> ['a:bɐ] *nt* but *fam;* **ein ~ haben** to have a catch; **kein ~!** no buts!

Aber·glau·be *m* ❶ (*falscher Glaube*) superstition ❷ (*fam: Unsinn*) rubbish BRIT, nonsense AM

aber·gläu·bisch ['a:bɐglɔybɪʃ] *adj* superstitious

aber·hun·dert, Aber·hun·dert[RR] *adj* (*geh*) hundreds upon hundreds of **Aber·hun·der·te** *pl* (*geh*) hundreds upon hundreds of

ab·er·ken·nen* ['ap'ʔɛrkɛnən] *vt irreg* ■**jdm etw ~** to divest sb of sth *form*

Ab·er·ken·nung <-, -en> *f* divestiture *form*

aber·mals ['a:bɐma:ls] *adv* once again

ab·ern·ten *vt* to harvest

aber·tau·send, Aber·tau·send[RR] *adj* (*geh*) thousands upon thousands; **Tausend und A~tausend** thousands upon thousands **Aber·tau·sen·de** *pl* (*geh*) thousands upon thousands

Abf. *Abk von* **Abfahrt** dep.

ab·fahr·be·reit *adj s.* **abfahrtbereit**

ab|fah·ren *irreg* I. *vi sein* ❶ (*losfahren*) to depart ❷ SKI to ski down ❸ (*abgewiesen werden*) ■**jdn ~ lassen** to turn sb down ❹ (*sl*) ■**auf jdn/etw ~** to be crazy about sb/sth II. *vt* ❶ *sein o haben* ■**etw ~** to [drive along and] check sth ❷ *haben* (*abnutzen*) to wear down sep

Ab·fahrt f ① (*Wegfahren*) departure ② (*Autobahnabfahrt*) exit ③ SKI (*Talfahrt*) run; (*Abfahrtsstrecke*) slope

ab·fahrt·be·reit *adj* ready to depart *präd*

Ab·fahrts·lauf *m* SKI downhill [event] **Ab·fahrts·zeit** f departure time

Ab·fall¹ *m* rubbish *esp* BRIT, garbage AM, trash *esp* AM, refuse *form*

Ab·fall² *m kein pl* REL renunciation

Ab·fall·auf·be·rei·tung <-> f kein pl waste processing **Ab·fall·be·häl·ter** *m* waste container; (*kleiner*) waste bin **Ab·fall·be·sei·ti·gung** f ① (*Beseitigung von Müll*) refuse disposal ② (*städtisches Reinigungsamt*) town refuse collection service BRIT, municipal waste collection AM **Ab·fall·ei·mer** *m* [rubbish] bin BRIT, garbage [*or* AM trash] can

ab|fal·len *vi irreg sein* ① (*herunterfallen*) to fall off ② (*schlechter sein*) to fall behind ③ (*übrig bleiben*) to be left over ④ (*schwinden*) to vanish ⑤ *Gelände* to slope; ■ ~ *d* declining ⑥ (*sich vermindern*) to decrease; *Temperatur* to drop

Ab·fall·ent·sor·gung f waste disposal; *industriell* waste management **Ab·fall·hau·fen** *m* rubbish [*or* AM garbage] heap

ab·fäl·lig I. *adj* derogatory; *Lächeln* derisive **II.** *adv* (*in abfälliger Weise*) disparagingly; sich ~ über jdn/etw äußern to make disparaging remarks about sb/sth

Ab·fall·pro·dukt *nt* ① CHEM waste product ② (*Nebenprodukt*) by-product **Ab·fall·sor·tie·rung** f kein pl sifting of refuse **Ab·fall·stoff** *m meist pl* waste product **Ab·fall·ton·ne** f rubbish bin BRIT, trash can **Ab·fall·ver·mei·dung** f waste reduction **Ab·fall·ver·wer·tung** f recycling of waste

ab|fan·gen *vt irreg* ① (*vor dem Ziel einfangen*) to intercept ② (*abwehren*) to ward off *sep* ③ (*mildernd auffangen*) to cushion

ab|fär·ben *vi* ① (*die Farbe übertragen*) to run (**auf** into) ② (*fig: sich übertragen*) ■ **auf jdn** ~ to rub off on sb

ab|fas·sen *vt* to write

ab|fau·len *vi sein Blätter* to rot away

ab|fe·dern I. *vt haben* ① (*durch Federn dämpfen*) to cushion ② (*abmildern*) to mitigate **II.** *vi sein o haben* ① (*hoch federn*) to bounce ② (*zurückfedern*) to land

ab|fei·ern **I.** *vt* (*fam*) **Überstunden** ~ *to take time off by using up hours worked overtime* **II.** *vi* (*tanzen*) to dance the night away; (*trinken*) to drink the night away

ab|fer·ti·gen *vt* ① (*fertig machen*) to process ② (*be- und entladen*) *Flugzeug* to prepare for take-off; *Lastwagen* to clear for departure; *Schiff* to prepare to sail ③ (*bedienen*) to serve; *Passagiere* to handle ④ (*kontrollieren und passieren lassen*) to clear ⑤ (*abspeisen*) to fob off (**mit** with) ⑥ (*behandeln*) to treat

Ab·fer·ti·gung f ① (*Bearbeitung für den Versand*) processing ② (*Abfertigungsstelle*) check-in counter ③ (*Bedienung*) service ④ (*Kontrolle*) check

Ab·fer·ti·gungs·hal·le f check-in hall **Ab·fer·ti·gungs·schal·ter** *m* check-in counter

ab|feu·ern *vt* to fire; *Flugkörper, Granate* to launch

ab|fin·den *irreg* **I.** *vt* ① (*entschädigen*) to compensate (**mit** with) ② (*zufrieden stellen*) to palm off (**mit** with) **II.** *vr* ■ **sich mit jdm/etw** ~ (*fam*) to put up with sb/sth

Ab·fin·dung <-, -en> f compensation; (*bei Entlassung*) severance pay; (*wegen Rationalisierungsmaßnahmen*) redundancy [*or* AM severance] payment

ab|fla·chen I. *vi sein* (*sinken*) to drop **II.** *vt haben* to flatten **III.** *vr haben* ■ **sich** ~ to level off

ab|flau·en *vi sein* ① (*schwächer werden*) to subside; (*zurückgehen*) to decrease; *Interesse* to wane; (*nachgeben*) to drop ② (*sich legen*) to abate

ab|flie·gen *vi irreg sein* to depart [by plane]

ab|flie·ßen *vi irreg sein* ① (*wegfließen*) to flow away; ■ **von etw** *dat* ~ to run off [of] sth; ■ **aus etw** *dat* ~ to drain away from sth ② (*sich entleeren*) to empty

Ab·flug *m* departure

ab·flug·be·reit *adj* ready for departure *präd* **Ab·flug·hal·le** f departure lounge **Ab·flug·zeit** f flight departure time

Ab·flussᴿᴿ <-es, -flüsse> *m*, **Ab·fluß**ᴬᴸᵀ <-sses, -flüsse> *m* ① (*Abflussstelle*) drain; *eines Flusses* outlet; (*Rohr*) drain pipe ② *kein pl* (*das Abfließen*) drainage

Ab·fluss·rei·ni·gerᴿᴿ *m* drain cleaner **Ab·fluss·rin·ne**ᴿᴿ f drainage channel **Ab·fluss·rohr**ᴿᴿ *nt* ① (*Kanalrohr*) drain pipe ② (*Einleitungsrohr*) outlet pipe

Ab·fol·ge f (*geh*) sequence

Ab·fra·ge <-, -n> f INFORM query

ab|fra·gen *vt* ① (*prüfen*) to test; ■ **jdn etw** ~ *Vokabel, Chemie, etc.* to test sb on sth ② INFORM to call up

Ab·fuhr <-, -en> f ① (*Zurückweisung*) snub; **jdm eine** ~ **erteilen** to snub sb ② SPORT crushing defeat

ab|füh·ren I. *vt* ① (*wegführen*) to lead away; ~! take him/her away! ② FIN (*abgeben*) to pay ③ (*ableiten*) to expel **II.** *vi* ① MED to loosen the bowels ② (*wegführen*) to turn off (**von** of)

Ab·führ·mit·tel *nt* laxative

Ab·füh·rung f FIN payment

ab|fül·len *vt* ① *Flüssigkeit* to fill (**in** into); (*in Flaschen*) to bottle ② (*sl: betrunken machen*) to get drunk

Ab·ga·be¹ *f kein pl* ① (*Tätigkeit*) giving; *einer Erklärung* issuing; *eines Urteils* passing ② (*Einreichung*) submission ③ (*das Abliefern*) giving in ④ (*Abstrahlung*) emission ⑤ SPORT (*Abspiel*) pass; (*Verlust*) loss

Ab·ga·be² *f* ① (*Gebühr*) [additional] charge ② (*Steuer*) tax

ab·ga·be(n)·frei I. *adj* non-taxable **II.** *adv* tax-free **ab·ga·be(n)·pflich·tig** *adj* taxable

Ab·ga·be·ter·min *m* deadline for submission

Ab·gang <-gänge> *m* ① *kein pl* (*Schul~*) leaving; (*Ausscheiden aus einem Amt*) retirement from office ② *kein pl* (*das Verlassen der Bühne*) exit ③ SPORT (*Absprung*) dismount ④ ÖSTERR (*Fehlbetrag*) deficit

Ab·gangs·zeug·nis *nt* [school-]leaving certificate BRIT, diploma AM

Ab·gas *nt* exhaust *no pl*

ab·gas·arm *adj* low-emission **Ab·gas·ka·ta·ly·sa·tor** *m* catalytic converter **Ab·gas·son·der·un·ter·su·chung** *f* exhaust emission check

ab|ge·ben *irreg* **I.** *vt* ① (*übergeben*) to give (**an** to); (*einreichen*) to submit (**an** to) ② (*hinterlassen*) ■ *etw* ~ to leave sth; *Gepäck* to check sth in; **den Mantel an der Garderobe** ~ to leave one's coat in the cloakroom ③ (*verschenken*) to give away ④ (*überlassen*) ■ **jdm etw** ~ to give sb sth; ■ *etw* [**an jdn**] ~ to hand over sth [to sb] ⑤ (*teilen*) **jdm die Hälfte von etw** ~ to go halves [on sth] with sb; **jdm nichts** ~ to not share with sb ⑥ (*erteilen*) *Erklärung, Urteil* to make; *Gutachten* to submit; *Stimme* to cast ⑦ (*brauchbar sein*) to be useful for; **der alte Stoff könnte noch ein Kleid für dich** ~ you might get a dress out of the old material ⑧ (*darstellen*) to be; **die perfekte Hausfrau** ~ to be the perfect wife; **eine traurige Figur** ~ to cut a sorry figure ⑨ (*feuern*) **einen Schuss** [**auf jdn**] ~ to fire a shot [at sb] ⑩ (*ausströmen lassen*) to emit ⑪ SPORT *Ball* to pass (**an** to); *Punkt* to concede **II.** *vr* ① (*sich beschäftigen*) ■ **sich mit jdm** ~ to look after sb; ■ **sich mit etw** *dat* ~ to spend [one's] time on sth ② (*sich einlassen*) ■ **sich mit jdm** ~ to associate with sb

ab·ge·brannt *adj* (*fam*) broke, BRIT *a.* skint
ab·ge·brüht *adj* (*fam*) unscrupulous
ab·ge·dro·schen *adj* (*pej fam*) hackneyed; **ein ~er Witz** an old joke
ab·ge·fah·ren *adj* (*sl*) ① (*außergewöhnlich, schräg*) way-out ② (*begeistert*) cool
ab·ge·fuckt ['apɡəfʊkt] *adj* (*sl*) fucked-up

attr, fucked up *präd*
ab·ge·hackt I. *adj* broken; **~e Worte** clipped words **II.** *adv* **~ sprechen** to speak in a clipped manner

ab·ge·han·gen *adj* hung

ab|ge·hen¹ *irreg* **I.** *vi sein* ① (*sich lösen*) to come off ② (*abgeschickt werden*) to be sent [off]; ■ **~d** outgoing ③ (*abzweigen*) to branch off (**von** from) ④ (*abweichen*) to deviate (**von** from); **von seiner Meinung nicht ~** to stick to one's opinion ⑤ (*fam: fehlen*) ■ **jdm ~** to be lacking in sb **II.** *vt sein* (*entlanggehen und abmessen*) to pace out

ab|ge·hen² *vi irreg sein* ① (*verlaufen*) to go ② *impers* to be happening; **auf der Party ist irre 'was abgegangen** (*sl*) the party was really happening

ab·ge·ho·ben *adj* ① (*weltfremd*) far from reality *präd* ② (*verstiegen*) fanciful; **eine ~e Vorstellung** a high-flown idea

ab·ge·kar·tet *adj* (*fam*) rigged; **eine ~e Sache sein** to be a put-up job; **ein ~es Spiel treiben** to play a double game

ab·ge·klärt I. *adj* prudent **II.** *adv* prudently

ab·ge·le·gen *adj* remote

ab·ge·neigt *adj* (*ablehnend*) ■ **einer S.** *dat* **~ sein** to be opposed to sth; ■ **einer S.** *dat* **nicht ~ sein** to not be averse to sth; ■ **nicht ~ sein**[, **etw zu tun**] to not be averse [to doing sth]

Ab·ge·ord·ne·te(r) ['apɡəʔɔrdnətə, -te] *f(m) dekl wie adj* Member of Parliament

Ab·ge·ord·ne·ten·haus *nt* POL ≈ House of Commons BRIT, ≈ House of Representatives AM **Ab·ge·ord·ne·ten·sitz** *m* parliamentary seat

ab·ge·ris·sen *adj* ① (*zerlumpt*) tattered ② (*heruntergekommen*) scruffy ③ (*unzusammenhängend*) incoherent

Ab·ge·sand·te(r) *f(m) dekl wie adj* envoy

ab·ge·schie·den I. *adj* (*geh*) isolated **II.** *adv* in isolation

Ab·ge·schie·den·heit <-> *f kein pl* isolation

ab·ge·schla·gen *adj* ① SPORT (*abgedrängt*) lagging behind *after n* ② POL, ÖKON outstripped

ab·ge·schlos·sen I. *adj* ① (*isoliert*) secluded ② *attr* (*separat*) separate ③ (*umgeben*) enclosed **II.** *adv* (*isoliert*) in seclusion **III.** *pp von* abschließen

ab·ge·schmackt ['apɡəʃmakt] **I.** *adj* tasteless **II.** *adv* tastelessly

ab·ge·schnit·ten I. *adj* isolated; **von der Welt ~** cut off from the rest of civilization **II.** *adv* in isolation

ab·ge·se·hen I. *adj* **es auf jdn ~ haben** (*jdn schikanieren wollen*) to have it in for sb;

(*an jdm interessiert sein*) to have a thing for sb; **es auf etw** *akk* **~ haben** to have one's eye on sth; **du hast es nur darauf ~, mich zu ärgern** you're just out to annoy me **II.** *adv* ■ **~ davon, dass ...** apart from the fact that ...; ■ **~ von jdm/etw** except for sb/sth

ab·ge·spannt *adj, adv* weary, tired out

ab·ge·stan·den I. *adj* stale; *Limonade* flat **II.** *adv* stale; **die Limonade schmeckt ziemlich ~** the lemonade tastes quite flat

ab·ge·stor·ben *adj* MED numb

ab·ge·tra·gen *adj* worn *attr*, worn out *präd*

ab·ge·tre·ten *adj* worn *attr*, worn down *präd*

ab·ge·wetzt *adj* worn

ab|ge·win·nen* *vt irreg* ❶ (*als Gewinn abnehmen*) ■ **[jdm]** *etw* **~** to win sth [off sb] ❷ (*etwas Positives finden*) ■ **einer S.** *dat* **etw/nichts ~** to get sth/not get anything out of sth

ab·ge·wo·gen *adj* well-considered

ab|ge·wöh·nen* *vt* ■ **jdm** *etw* **~** to break sb of sth; **diese Frechheiten werde ich dir schon noch ~!** I'll teach you to be cheeky!; ■ **sich** *dat* **etw ~** to give up sth

ab·ge·zehrt *adj* emaciated

ab|gie·ßen *vt irreg* to pour off *sep*

Ab·glanz *m kein pl* reflection

ab|glei·ten *vi irreg sein* (*geh*) ❶ (*abrutschen*) to slip (**von** off); (*fig*) to decline; *Person* to go downhill ❷ (*abschweifen*) to stray (**von** from, **in** into) ❸ (*absinken*) to slide ❹ (*abprallen*) ■ **an jdm ~** to bounce off sb

Ab·gott, -göt·tin *m, f* idol

ab·göt·tisch *adj* inordinate

ab|gra·sen *vt* ❶ (*abfressen*) to graze on ❷ (*fam: absuchen*) to comb

ab|gren·zen I. *vt* ❶ (*einfrieden*) to enclose; ■ **etw [gegen etw** *akk*] **~** to close sth off [from sth] ❷ (*eingrenzen*) to differentiate; **diese Begriffe lassen sich schwer gegeneinander ~** it is difficult to differentiate between these terms **II.** *vr* ■ **sich [gegen jdn/etw] ~** to distinguish oneself [from sb/sth]

Ab·gren·zung <-, -en> *f* ❶ *kein pl* (*das Einfrieden*) enclosing ❷ (*Einfriedung*) boundary; (*Zaun*) enclosure ❸ (*fig: Eingrenzung*) definition ❹ (*das Abgrenzen*) disassociation

Ab·grund *m* ❶ (*steil abfallender Hang*) precipice; (*Schlucht*) abyss ❷ (*Verderben*) abyss; **am Rande des ~s stehen** to be on the brink of disaster; **ein ~ tut sich auf** an abyss is opening up

ab·grund·häss·lich^{RR} *adj* ugly as sin *präd*

ab·grund·tief ['apgrʊntˈtiːf] *adj* ❶ (*äußerst groß*) profound ❷ (*äußerst tief*) bottomless

ab|gu·cken I. *vt* (*von jdm kopieren*) to copy (**von** from); **bei ihm kann man sich so manchen Trick ~** you can learn lots of tricks from him **II.** *vi* to copy (**bei** from)

Ab·guss^{RR} <-es, Abgüsse> *m*, **Ab·guß**^{ALT} <-sses, Abgüsse> *m* ❶ (*Nachbildung*) cast ❷ (*Ausguss*) drain|pipe|; **etwas in den ~ kippen** to tip sth down the drain

ab|ha·cken *vt* to chop down; *Finger* to chop off

ab|ha·ken *vt* ❶ (*mit einem Häkchen markieren*) to tick off ❷ (*einen Schlussstrich darunter machen*) to forget; **die Affäre ist abgehakt** the affair is over and done with

ab|hal·ten *vt irreg* ❶ (*hindern*) ■ **jdn von etw** *dat* **~** to keep sb from sth; ■ **sich ~ lassen** to be deterred (**von** by) ❷ *Hitze* to protect from; *Insekten* to deter ❸ (*veranstalten*) to hold; *Demonstration* to stage

ab|han·deln¹ *vt* ❶ (*abkaufen*) to buy [after having haggled] ❷ (*herunterhandeln*) ■ **20 Euro [von etw** *dat*] **~** to get 20 euros knocked off [sth]

ab|han·deln² *vt* to deal with

ab·han·den|kom·men [apˈhandn̩kɔmən] *adv* to become lost; **mir ist meine Geldbörse ~** I've lost my purse

Ab·hand·lung *f* ❶ (*gelehrte Veröffentlichung*) paper ❷ (*das Abhandeln*) dealing

Ab·hang *m* inclination

ab|hän·gen¹ **I.** *vt haben* ❶ (*abnehmen*) to take down ❷ (*abkoppeln*) to uncouple ❸ (*hinter sich lassen*) ■ **jdn ~** to lose sb **II.** *vi* (*meist pej sl*) to laze about

ab|hän·gen² *vi irreg* ❶ *haben* (*abhängig sein*) to depend (**von** on); **das hängt davon ab** that [all] depends ❷ *haben* (*auf jdn angewiesen sein*) to be dependent (**von** on)

ab·hän·gig *adj* ❶ (*bedingt*) ■ **von etw** *dat* **~ sein** to depend on sth ❷ (*angewiesen*) ■ **von jdm ~ sein** to be dependent on sb ❸ (*süchtig*) addicted; ■ **[von etw] ~ sein** to be addicted [to sth] ❹ LING subordinate; **ein ~er Nebensatz** a subordinate clause

Ab·hän·gi·ge(r) *f(m) dekl wie adj* ❶ (*Süchtige(r)*) addict ❷ (*abhängiger Mensch*) dependant

Ab·hän·gig·keit <-, -en> *f* ❶ *kein pl* (*Bedingtheit, Angewiesensein*) dependence ❷ (*Sucht*) addiction

Ab·hän·gig·keits·ver·hält·nis *nt* relationship of dependence

ab|här·ten *vt, vi* to harden (**gegen** to)

Ab·här·tung <-> *f kein pl* ❶ (*das Abhärten*) hardening ❷ (*Widerstandsfähigkeit*) resistance

ab|hau·en¹ *vt* ❶ <hieb ab *o fam* haute ab, abgehauen> (*abschlagen*) to chop down; ■ **etw ~** to chop sth off ❷ <haute ab, abgehauen> (*durch Schlagen entfernen*) to break off *sep*

ab|hau·en² <haute ab, abgehauen> *vi sein* (*sich davonmachen*) to do a runner BRIT, to skip out of town AM; **hau ab!** get lost!

ab|he·ben *irreg* **I.** *vi* ❶ LUFT to take off (**von** from) ❷ (*den Hörer abnehmen*) to answer [the phone] ❸ KARTEN to pick [up] **II.** *vt irreg* ❶ *Geld* to withdraw ❷ *Karte* to take ❸ *Masche* to cast off **III.** *vr* ■ **sich von jdm/etw ~** to stand out from sb/sth

ab|hef·ten *vt* to file [away *sep*]

ab|hei·len *vi Wunde* to heal [up]

ab|hel·fen *vi irreg* **einer S.** *dat* ~ to remedy sth

ab|het·zen **I.** *vr* ■ **sich ~** to stress oneself out **II.** *vt* ■ **jdn/etw ~** to push sb/sth

Ab·hil·fe *f kein pl* remedy; **~ schaffen** to do something about it

ab|ho·beln *vt* ❶ (*durch Hobeln entfernen*) to plane off *sep* ❷ (*glatt hobeln*) to plane smooth

ab·hol·be·reit *adj* ready for collection [*or* AM to be picked up] *präd*

ab|ho·len *vt* ❶ (*kommen und mitnehmen*) to collect ❷ (*treffen und mitnehmen*) to pick up *sep*

Ab·hol·markt *m* furniture superstore (*where customers purchase transport goods themselves*) **Ab·hol·preis** *m* price without delivery

ab|hol·zen *vt* to chop down *sep; Baum* to fell; *Wald* to clear

Ab·hol·zung <-, -en> *f* deforestation

Ab·hör·ak·ti·on *f* bugging campaign **Ab·hör·an·la·ge** *f* bugging system

ab|hor·chen *vt* to listen to; ■ **jdn ~** to auscultate sb

ab|hö·ren *vt* ❶ (*belauschen*) to bug ❷ (*überwachen*) to observe; ■ **jds Telefon ~** to monitor sb's telephone [line] ❸ SCH to test ❹ MED to auscultate ❺ *Tonband* to listen to

ab|hun·gern *vr* ❶ (*fam: durch Hungern verlieren*) ■ **sich ~** to starve oneself; **sich 10 Kilo ~** to lose 10 kilos [by not eating] ❷ (*sich mühselig absparen*) ■ **sich dat etw ~** to scrape together sth *sep*

Abi <-s, -s> ['abi] *nt* (*fam*) kurz für **Abitur**

Abi·tur <-s, selten -e> [abi'tu:ɐ] *nt* Abitur (*school examination usually taken at the end of the 13th year and approximately equivalent to the British A level/American SAT exam*); [**das**] **~ machen** to do [one's] Abitur

Abi·tu·ri·ent(in) <-en, -en> [abitu'riɛnt] *m(f)* Abitur student (*student who has passed the Abitur*)

Abi·tur·zeug·nis *nt* Abitur certificate

Abk. *f Abk von* **Abkürzung** abbr.

ab|kap·seln *vr* (*sich ganz isolieren*) ■ **sich ~** to cut oneself off (**von** from)

ab|kas·sie·ren* **I.** *vt* ❶ (*fam: schnell, leicht verdienen*) to receive sth ❷ (*abrechnen*) **das Essen ~** to ask sb to settle the bill for a meal **II.** *vi* ❶ (*fam: finanziell profitieren*) to clean up (**bei** in); **kräftig ~** to make a tidy sum ❷ (*abrechnen*) ■ **bei jdm ~** to hand sb the bill; **darf ich bei Ihnen ~?** could I ask you to settle up?

ab|kau·en *vt* **sich die Fingernägel ~** to bite one's nails

ab|kau·fen *vt* ❶ (*von jdm kaufen*) ■ **jdm etw ~** to buy sth off sb ❷ (*fam: glauben*) ■ **jdm etw ~** to buy sth off sb; **das kaufe ich dir nicht ab!** I don't buy that!

Ab·kehr <-> *f kein pl* rejection; *vom Glauben* renunciation; *von der Familie* estrangement

ab|keh·ren **I.** *vt* ❶ (*geh: abwenden*) **das Gesicht ~** to avert one's gaze ❷ (*abfegen*) to sweep away **II.** *vr* (*geh*) ■ **sich ~** to turn away

ab|kip·pen *vt* to dump

ab|klap·pern *vt* (*fam*) ■ **etw [nach etw** *dat*] **~** to go round sth [looking for sth]; **ich habe die ganze Gegend nach dir abgeklappert** I've been looking for you everywhere

ab|klä·ren *vt* ■ **etw [mit jdm] ~** to clear sth up [with sb]; [**mit jdm**] **~, ob ...** to check [with someone] whether ...

Ab·klatsch <-[e]s, -e> *m* (*pej*) pale imitation

ab|klem·men *vt* ❶ (*abquetschen*) to crush ❷ *Nabelschnur* to clamp ❸ *Kabel* to disconnect

ab|klin·gen *vi irreg sein* ❶ (*leiser werden*) to fade away ❷ (*schwinden*) to subside

ab|klop·fen *vt* ❶ (*durch Klopfen abschlagen*) to knock off ❷ (*durch Klopfen vom Staub reinigen*) ■ **etw ~** to beat the dust out of sth; **den Schmutz von einer Jacke ~** to tap off the dust from a jacket ❸ MED to tap ❹ (*fam: untersuchen*) to check [out]

ab|knal·len *vt* (*sl*) to blast

ab|kni·cken **I.** *vt haben* ❶ (*durch Knicken abbrechen*) to break off ❷ (*umknicken*) to fold over; *Blume* to knock over **II.** *vi sein* ❶ (*umknicken und abbrechen*) to break off ❷ (*abzweigen*) to branch off

ab|knöp·fen *vt* ❶ (*durch Knöpfen entfernen*) to unbutton ❷ (*fam: listig abwerben*) ■ **jdm etw ~** to get sth off sb

ab|knut·schen *vt* (*fam*) to snog BRIT; ■ **sich ~** to neck, to snog BRIT

ab|ko·chen *vt* to boil

ab|kom·man·die·ren* *vt* ❶ MIL to post; **er wurde an die Front abkommandiert** he was posted to the Front ❷ (*befehlen*) ■ **jdn** [**zu etw**] **~** to order sb [to do sth]

ab|kom·men *vi irreg sein* ❶ (*versehentlich abweichen*) to go off; *von der Straße* to veer

Abkommen – ablehnend

off; *vom Weg* to stray from ❷ (*aufgeben*) give up; **von einer Angewohnheit** ~ to break a habit; **von einer Meinung** ~ to change one's mind; ■ **davon** ~, **etw zu tun** to stop doing sth ❸ (*sich vom Eigentlichen entfernen*) to digress (**von** from)

Ab·kom·men <-s, -> *nt* agreement; **das Münchner** ~ HIST the Treaty of Munich; **ein** ~ **abschließen** to conclude an agreement

ab|kömm·lich *adj* available; ■ **nicht** ~ **sein** to be unavailable

Ab·kömm·ling <-s, -e> *m* ❶ (*geh: Nachkomme*) descendant ❷ (*Sprössling*) offspring *no pl*

ab|kön·nen *vt irreg* (*fam*) ❶ (*leiden können*) ■ **jdn/etw nicht** ~ to not be able to stand sb/sth ❷ (*vertragen*) **nicht viel** ~ to not [be able to] take a lot

ab|kop·peln I. *vt* ❶ (*abhängen*) to uncouple (**von** from) ❷ RAUM to undock II. *vr* (*fam*) ■ **sich von etw** *dat* ~ to sever one's ties with sth

ab|krat·zen I. *vt haben* to scratch off *sep;* ■ **etw** [**von etw** *dat*] ~ to scrape sth [off sth] II. *vi sein* (*sl*) to kick the bucket

ab|krie·gen *vt* (*fam*) *s.* **abbekommen**

ab|küh·len I. *vi sein* ❶ (*kühl werden*) to cool [down] ❷ (*an Intensität verlieren*) to cool [off]; *Begeisterung* to wane II. *vt haben* (*kühler werden lassen*) to leave to cool III. *vr impers haben* ■ **sich** ~ to cool off; *Wetter* to become cooler IV. *vi impers haben* to become cooler

Ab·küh·lung *f* ❶ (*Verminderung der Wärme*) cooling; **sich** *dat* **eine** ~ **verschaffen** to cool oneself down ❷ (*Verringerung der Intensität*) cooling off

Ab·kunft <-> *f kein pl* (*geh*) **einer bestimmten** ~ **sein** to be of [a] particular origin; **sie ist asiatischer** ~ she is of Asian descent

ab|kür·zen I. *vt* ❶ (*eine Kurzform benützen*) to abbreviate ❷ (*etw kürzer machen*) to cut short II. *vi* (*einen kürzeren Weg nehmen*) to take a shorter route

Ab·kür·zung *f* ❶ (*abgekürzter Begriff*) abbreviation ❷ (*abgekürzter Weg*) short cut ❸ (*Verkürzung*) cutting short

Ab·kür·zungs·ver·zeich·nis *nt* list of abbreviations

ab|küs·sen *vt* to smother in kisses

ab|la·den *vt irreg* ❶ (*deponieren*) to dump ❷ (*entladen*) to unload ❸ (*absetzen*) ■ **jdn** ~ drop sb off ❹ (*abreagieren*) **seinen Ärger bei jdm** ~ to take out one's anger on sb ❺ (*abwälzen*) ■ **etw auf jdn** ~ to shift sth on to sb

Ab·la·ge *f* ❶ (*Möglichkeit zum Deponieren*) storage place ❷ (*Akten-~*) filing cabinet ❸ SCHWEIZ (*Annahmestelle*) delivery point; (*Zweigstelle*) branch [office]

ab|la·gern I. *vt haben* (*deponieren*) to dump II. *vi sein o haben* (*durch Lagern ausreifen lassen*) ■ **etw** ~ **lassen** to let sth mature III. *vr haben* ■ **sich** ~ to be deposited

Ab·la·ge·rung *f* ❶ (*Sedimentbildung*) sedimentation ❷ (*Sediment*) sediment ❸ (*Inkrustierung*) incrustation BRIT, encrustation AM ❹ *kein pl* (*das Ablagern zum Reifen*) maturing

Ab·lass^{RR} <-es, Ablässe> *m*, **Ab·laß**^{ALT} <-sses, Ablässe> ['aplas, *pl* 'aplɛsə] *m* ❶ REL indulgence ❷ (*fam*) outlet valve

ab|las·sen *irreg* I. *vt* ❶ (*abfließen lassen*) to let out *sep; Dampf* to let off; *Öl, Wasser* to drain ❷ (*leerlaufen lassen*) **das Wasser aus etw** *dat* ~ to drain the water from sth II. *vi* (*in Ruhe lassen*) ■ **von jdm** ~ to let sb be

Ab·lauf[1] *m* ❶ (*Verlauf*) course; *von Verbrechen, Unfall* sequence of events ❷ (*das Verstreichen*) passing; **nach** ~ **von 10 Tagen** after 10 days

Ab·lauf[2] *m* ❶ (*geh: das Ablaufen*) draining ❷ (*Abflussrohr*) outlet pipe

ab|lau·fen I. *vi irreg sein* ❶ (*abfließen*) to run (**aus** out of); **das Badewasser** ~ **lassen** to let the bath water out ❷ (*sich leeren*) to empty ❸ (*trocken werden*) to stand [to dry] ❹ (*ungültig werden*) to expire; ■ **abgelaufen** expired ❺ (*zu Ende gehen*) to run out; **das Verfallsdatum dieses Produkts ist abgelaufen** this product has passed its sell-by date ❻ (*verlaufen*) to proceed II. *vt irreg* ❶ *Schuhe* to wear down *sep* ❷ (*abgehen*) to walk

ab|le·cken *vt* ❶ *Blut, Marmelade* to lick off ❷ *Finger, Teller* to lick [clean]

ab|le·gen I. *vt* ❶ (*deponieren*) to put ❷ (*archivieren*) to file [away] ❸ *Kleider* **Sie können Ihren Mantel dort drüben** ~ you can put your coat over there ❹ (*ausrangieren*) to cast aside ❺ (*absolvieren, vollziehen, leisten*) to take; **ein Geständnis** ~ to confess; *Eid* to swear; *Prüfung* to pass ❻ KARTEN to discard II. *vi* ❶ NAUT to [set] sail; **die Fähre legt gleich ab** the ferry's just leaving ❷ (*ausziehen*) to take off *sep*

Ab·le·ger <-s, -> *m* ❶ BOT shoot; **einen** ~ **ziehen** to take a cutting ❷ (*Filiale*) branch ❸ (*Sprössling*) offspring

ab|leh·nen I. *vt* ❶ (*zurückweisen*) to turn down; *Antrag* to reject; ■ **jdn** ~ to reject sb ❷ (*sich weigern*) ■ **es** ~ **etw zu tun** to refuse to do sth ❸ (*missbilligen*) to disapprove of II. *vi* (*nein sagen*) to refuse

ab|leh·nend I. *adj* negative II. *adv* negatively; ■ **jdm/etw** ~ **gegenüberstehen** to dis-

Ab·leh·nung <-, -en> f ❶ (*Zurückweisung*) rejection ❷ (*Missbilligung*) disapproval; **auf ~ stoßen** (*wird abgelehnt*) to be rejected; (*wird missbilligt*) to meet with disapproval

ab·leis·ten vt (*absolvieren*) to serve; *Probezeit* to complete

ab·lei·ten I. vt ❶ (*umleiten*) to divert; *Blitz* to conduct ❷ LING to derive [from] ❸ MATH *Funktion* to differentiate; *Gleichung* to deduce ❹ (*logisch folgern*) to deduce [from sth] **II.** vr ❶ LING ■ **sich ~** to stem [from] ❷ (*logisch folgern*) ■ **sich ~** to be derived [from]

Ab·lei·tung f ❶ (*Umleitung*) diversion ❷ LING derivation; (*abgeleitetes Wort*) derivative ❸ MATH differentiation ❹ (*Folgerung*) deduction

ab·len·ken I. vt ❶ (*zerstreuen*) to divert; **Gartenarbeit lenkt ihn ab** working in the garden takes his mind off things ❷ (*abbringen*) to distract (**von** from); ■ **sich von etw** *dat* **~ lassen** to be distracted by sth ❸ (*eine andere Richtung geben*) to divert ❹ PHYS *Licht* to refract; *Strahlen* to deflect **II.** vi ❶ (*ausweichen*) to change the subject ❷ (*Aufmerksamkeit entziehen*) to distract

Ab·len·kung f ❶ (*Zerstreuung*) diversion; **zur ~** in order to relax ❷ (*Störung*) distraction

Ab·len·kungs·ma·nö·ver nt diversionary tactic

ab·le·sen irreg vt, vi ❶ *Messgeräte, Strom* to read ❷ (*nach Vorlage vortragen*) to read (**von** from); ❸ (*folgern*) to read (**aus** from)

ab·lich·ten vt (*fam: fotografieren*) to take a photo

ab·lie·fern vt ❶ (*abgeben*) to turn in *sep* ❷ (*liefern*) to deliver (**bei** to) ❸ (*fam: nach Hause bringen*) ■ **jdn ~** to hand sb over

ab·lö·sen I. vt ❶ (*abmachen*) to remove (**von** from); *Pflaster* to peel off *sep* ❷ (*abwechseln*) ■ **sich ~** to take turns (**bei** at); **sich bei der Arbeit ~** to work in shifts; **einen Kollegen ~** to take over from a colleague; **die Wache ~** to change the guard ❸ (*fig: an die Stelle von etw treten*) to replace **II.** vr (*abgehen*) ■ **sich ~** to peel off

Ab·lö·se·sum·me f transfer fee

Ab·lö·sung f ❶ (*Auswechslung*) relief; **die ~ der Schichtarbeiter** change of shift; **die ~ der Wache** the changing of the guard ❷ (*Ersatzmann*) replacement ❸ (*Entlassung*) dismissal ❹ (*das Ablösen*) removal; *Farbe, Lack* peeling off; (*Abtrennung*) separation

ab·lot·sen, **ab·luch·sen** [-lʊksn̩] vt (*fam*) ■ **jdm etw ~** [*o* **luchsen**] to wangle sth out of sb

ABM <-, -s> [aːbeːˈɛm] f *Abk von* **Arbeitsbeschaffungsmaßnahme** job creation scheme [*or* AM plan]

ab·ma·chen vt ❶ (*entfernen*) to take off; **er machte dem Hund das Halsband ab** he took the dog's collar off ❷ (*vereinbaren*) ■ **etw** [**mit jdm**] **~** to arrange sth [with sb]; ■ **abgemacht** arranged; ■ **abgemacht!** agreed! ❸ (*klären*) to sort out *sep*; **wir sollten das lieber unter uns ~** we should better settle this between ourselves

Ab·ma·chung <-, -en> f (*Vereinbarung*) agreement; **sich** [**nicht**] **an eine ~ halten** to [not] carry out an agreement *sep*

ab·ma·gern vi *sein* to grow thin; ■ **abgemagert** very thin; **die Flüchtlinge waren völlig abgemagert** the refugees were emaciated

Ab·ma·ge·rungs·kur f diet

Ab·mah·nung f warning, BRIT *a.* caution *form*

ab·ma·len vt to paint (**von** from)

Ab·marsch m march off; **fertig machen zum ~!** ready to march!

ab·mel·den I. vt ❶ (*den Austritt anzeigen*) ■ **jdn** [**von etw**] **~** to cancel sb's membership [of sth] [*or* AM [in sth]]; **jdn von einer Schule ~** to withdraw sb from a school ❷ (*Außerbetriebnahme anzeigen*) **ein Fernsehgerät/Radio ~** to cancel a TV/radio licence; **ein Auto ~** to cancel a car's registration; **das Telefon ~** to have the phone disconnected ❸ (*fam*) ■ **bei jdm abgemeldet sein** no longer be of interest to sb; **er ist endgültig bei mir abgemeldet** I've had it with him **II.** vr (*seinen Umzug anzeigen*) ■ **sich ~** to give [official] notification of a change of address

Ab·mel·dung f ❶ *vom Auto* request to deregister a car; *vom Fernsehgerät, Radio* cancellation; *vom Telefon* disconnection ❷ (*Anzeige des Umzugs*) [official] notification of a change of address ❸ (*fam*) change of address form

ab·mes·sen vt irreg ❶ (*ausmessen*) to measure ❷ (*abschätzen*) **etw ~ können** to be able to assess sth

Ab·mes·sung f *meist pl* measurements; (*von dreidimensionalen Objekten a.*) dimensions

ABM-Kraft f ÖKON employee on job creation scheme

ab·mon·tie·ren* vt to remove; **die Einbauküche musste abmontiert werden** the built-in kitchen had to be dismantled

ABM-Stel·le f position assisted by job creation scheme [*or* AM plan]

ab·mü·hen vr ■ **sich ~** to work hard (**mit** at); ■ **sich mit jdm ~** to take a lot of trouble with sb; ■ **sich ~ etw zu tun** to try hard to do sth

ab·murk·sen vt (*sl: umbringen*) to bump off *sep*

Abneigung ausdrücken

Antipathie ausdrücken

Ich mag ihn nicht (besonders).

Ich finde diesen Typ unmöglich.

Das ist ein (richtiges) Arschloch. (vulg)

Ich kann ihn nicht leiden/ausstehen/riechen. (fam)

Diese Frau geht mir auf den Geist/Wecker/Keks. (fam)

expressing antipathy

I don't like him (very much).

I think that bloke is just impossible.

He's an (a real) arsehole. (vulg)

I cannot stand/bear him.

That woman gets on my nerves.

Langeweile ausdrücken

Wie langweilig!/Sowas von langweilig!

Ich schlaf gleich ein! (fam)/
Das ist ja zum Einschlafen!

Der Film ist ja zum Gähnen. (fam)

Diese Disco ist total öde.

expressing boredom

How boring!/Talk about boring!

I'll nod off in a minute! (fam)/
It's enough to send you to sleep!

The film is (just) one big yawn.

This nichtclub is dead boring.

Abscheu ausdrücken

Igitt!

Du widerst mich an!

Das ist geradezu widerlich!

Das ist (ja) ekelhaft!

Das ekelt mich an.

expressing disgust

Yuk!

You make me sick!

That is absolutely revolting!

That is (quite) disgusting!

That makes me sick.

---

ab·na·beln I. vt (jds Nabelschnur durchtrennen) to cut the umbilical cord **II.** vr (Bindungen kappen) ■ **sich [von jdm/etw] ~** to become independent [of sb/sth]

ab·na·gen vt ❶ (blank nagen) to gnaw clean ❷ (durch Nagen abessen) to gnaw (**von** off)

Ab·nä·her <-s, -> m MODE dart

Ab·nah·me¹ <-s, -n> ['apna:mə] f ❶ (Verringerung) reduction [of] ❷ (das Nachlassen) loss; **~ der Kräfte** weakening

Ab·nah·me² <-s, -n> ['apna:mə] f ❶ von Ware acceptance ❷ eines Fahrzeug inspection and approval

ab|neh·men¹ vi irreg ❶ (Gewicht verlieren) to lose weight ❷ (sich verringern) to decrease ❸ (nachlassen) to diminish; **die Nachfrage hat stark abgenommen** demand has dropped dramatically

ab|neh·men² vt irreg ❶ (wegnehmen) ■ **jdm etw ~** to take sth [away] from sb sep ❷ (herunternehmen) to take down sep; Hut take off ❸ Telefonhörer to pick up sep ❹ (tragen helfen) ■ **jdm etw ~** to take sth [from sb] ❺ (a. fig: abkaufen) ■ **jdm etw ~** to buy sth [from sb] ❻ (übernehmen) ■ **jdm etw ~** to take on sth for sb; **deine Arbeit kann ich dir nicht ~** I can't do your work for you ❼ KARTEN to take ❽ (begutachten und genehmigen) to approve; **eine Prüfung ~** to examine sb

Ab·neh·mer(in) <-s, -> m(f) (Käufer) customer

Ab·nei·gung f ❶ (Widerwillen) ■ **~ gegen jdn/etw** dislike of sb/sth; **sie ließ ihn ihre ~ deutlich spüren** she didn't hide her dislike of him ❷ (Widerstreben) **eine ~ haben, etw zu tun** to be reluctant to do sth

ab|ni·cken vt (fam) ■ **etw ~** to give sth the nod

ab·norm [ap'nɔrm] adj, **ab·nor·mal** ['apnɔrmaːl] adj bes ÖSTERR, SCHWEIZ abnormal

ab|nut·zen, ab|nüt·zen SÜDD, ÖSTERR **I.** vt to wear out; ■ **abgenutzt** worn; **der Teppich ist an manchen Stellen ziemlich abge-**

nutzt the carpet is fairly worn in places **II.** *vr* ❶ (*im Gebrauch verschleißen*) ■ **sich ~** [*o* **abnützen**] to wear ❷ (*an Wirksamkeit verlieren*) ■ **sich ~** to lose effect; ■ **abgenutzt** worn-out; **abgenutzte Phrasen** hackneyed phrases

Ab·nut·zung <-, -en> *f*, **Ab·nüt·zung** <-, -en> *f* SÜDD, ÖSTERR (*Verschleiß durch Gebrauch*) wear and tear

Ab·nut·zungs·er·schei·nun·gen *pl* signs of wear; **Abnutzungs- und Verschleißerscheinungen** signs of wear and tear

Abo <-s, -s> ['abo] *nt* MEDIA (*fam*) *kurz für* **Abonnement** subscription; (*Theater~*) season ticket [*or* AM tickets]

A-Bom·be ['aːbɔmbə] *f* MIL (*Atombombe*) atomic [*or* nuclear] bomb

Abon·ne·ment <-s, -s> [abɔnə'māː] *nt* subscription; **etw im ~ beziehen** to subscribe to sth

Abon·nent(in) <-en, -en> [abɔ'nɛnt] *m(f)* subscriber

abon·nie·ren* [abɔ'niːrən] *vt haben* to subscribe to

ab|ord·nen *vt* to delegate (**zu** to); (*abkommandieren*) to detail (**zu** for); **er wurde nach Berlin abgeordnet** he was posted to Berlin

Ab·ord·nung *f* delegation

Abort <-s, -e> [a'bɔrt] *m* MED (*Fehlgeburt*) miscarriage

ab|pas·sen *vt* ❶ (*abwarten*) to wait for; **die richtige Gelegenheit ~** to bide one's time ❷ (*timen*) **etw gut ~** to time sth well ❸ (*abfangen*) to waylay

ab|pau·sen *vt* to trace sth (**von** from)

ab|pfei·fen *irreg* **I.** *vt* to stop by blowing a whistle; *Spiel* to blow the final whistle **II.** *vi* to blow the whistle

Ab·pfiff *m* the [final] whistle

ab|pla·gen *vr* ■ **sich** [**mit etw** *dat*] **~** to struggle [with sth]; **er hat sich sein ganzes Leben lang abgeplagt** he slaved away his whole life; **sie plagt sich ab mit ihren schweren Einkaufstaschen** she struggles with her heavy shopping bags

Ab·prall <-[e]s, *selten* -e> *m* rebound, ricochet

ab|pral·len *vi sein* ❶ (*zurückprallen*) to rebound (**von** off) ❷ (*nicht treffen*) ■ **an jdm ~** to bounce off sb

ab|pum·pen *vt* to pump (**aus** out of)

ab|put·zen *vt* to clean; ■ **jdm etw ~** to clean sb's sth; ■ [**sich** *dat*] **etw ~** to clean sth; **putz dir die Schuhe ab!** wipe your shoes!; ■ **etw** [**von etw** *dat*] **~** to wipe sth [off sth]

ab|quä·len *vr* ❶ (*sich abmühen*) ■ **sich ~** to struggle (**mit** with); **was quälst du dich so**

ab? why are you making things so difficult for yourself? ❷ (*sich mühsam abringen*) ■ **sich** *dat* **etw ~** to force sth; **er quälte sich ein Grinsen ab** he managed to force a grin

ab|qua·li·fi·zie·ren *vt* to scorn *fam*; ■ **etw ~** to dismiss sth [out of hand]

ab|ra·ckern *vr* (*fam: sich abmühen*) ■ **sich** [**mit etw** *dat*] **~** to slave [over/away at sth]; ■ **sich für jdn/etw ~** to work one's fingers to the bone for sb/sth

ab|rah·men *vt* Milch **~** to skim milk; **alles ~** (*fig*) to cream off everything

ab|ra·sie·ren* *vt* ❶ (*durch Rasieren entfernen*) to shave [off] *sep* ❷ (*fam: dem Erdboden gleichmachen*) to raze to the ground

ab|ra·ten *vi irreg* ■ **jdm** [**von etw**] **~** to advise sb [against sth]; **von diesem Arzt kann ich Ihnen nur ~** I really can't recommend that doctor

ab|räu·men *vt* to clear; **nach dem Essen räumte sie das Geschirr ab** after the meal she cleared the table; **beim Kegelturnier räumte sie kräftig ab** at the skittles tournament she really cleaned up

ab|re·a·gie·ren* ['apreagiːrən] **I.** *vt* Wut, Frust to work off **II.** *vr* ■ **sich ~** to calm down

ab|rech·nen I. *vi* ❶ (*abkassieren*) to settle up; **am Ende der Woche rechnet der Chef ab** the boss does the accounts at the end of the week; ■ **mit jdm ~** to settle up with sb ❷ (*zur Rechenschaft ziehen*) ■ **mit jdm ~** to call sb to account; ■ [**miteinander**] **~** to settle the score [with each other] **II.** *vt* (*abziehen*) to deduct (**von** from)

Ab·rech·nung *f* ❶ (*Erstellung der Rechnung*) calculation of a bill; **die ~ machen** to add up the bill ❷ (*Aufstellung*) itemized bill ❸ (*Rache*) pay off; **der Tag der ~** the day of reckoning; **endlich war die Stunde der ~ gekommen** the time for revenge had finally come

Ab·re·de *f* (*geh*) **etw in ~ stellen** to deny sth

ab|re·gen *vr* (*fam*) ■ **sich ~** to calm down; **reg dich ab!** keep your shirt [*or* BRIT hair] on!

ab|rei·ben *vt irreg* ❶ (*abwischen*) to rub off; **bitte reib dir doch nicht immer die Hände an der Hose ab!** please don't always wipe your hands on your trousers! ❷ (*durch Reiben säubern*) to rub down; *Autolack, Fenster* to polish ❸ (*trocknen*) to rub down; **er rieb das Baby mit einem Frotteehandtuch ab** he dried the baby with a terry towel

Ab·rei·bung *f* (*fam*) ❶ (*Prügel*) a good thump *fam*; **dafür hast du eine ~ verdient!** you deserve to get clobbered! ❷ (*Tadel*) criticism

Ab·rei·se *f kein pl* departure

ab|rei·sen *vi sein* to depart
ab|rei·ßen *irreg* **I.** *vt haben* ❶ *(durch Reißen abtrennen)* to tear **(von** off**);** *Blumen* to pull off; ■ **sich** *dat* **etw ~** to tear off sth *sep* ❷ *(niederreißen)* to tear down **II.** *vi sein* ❶ *(von etw losreißen)* to tear off ❷ *(aufhören)* to break off; ■ **nicht ~** to go on and on; **der Strom der Flüchtlinge riss nicht ab** the stream of refugees did not end; **einen Kontakt nicht ~ lassen** to not lose contact
Ab·reiß·ka·len·der *m* tear-off calendar
ab|rich·ten *vt (dressieren)* to train
ab|rie·geln *vt* ❶ *(absperren)* to cordon off *sep* ❷ *(versperren)* to bolt
Ab·rie·ge·lung <-, -en>, **Ab·rieg·lung** <-, -en> *f (Absperrung)* cordoning off
ab|rin·gen *irreg* **I.** *vt (abzwingen)* ■ **jdm etw ~** to force sth out of sb; **dem Meer Land ~** to wrest land from the sea **II.** *vr (sich abquälen)* ■ **sich** *dat* **etw ~** to force [oneself to do sth]; **er rang sich ein Grinsen ab** he forced a grin
Ab·riss^{RR1} <-e, -es> *m*, **Ab·riß**^{ALT} <-sses, -sse> *m kein pl (Abbruch)* demolition; **die Planierraupe begann mit dem ~ des Gebäudes** the bulldozer began to tear down the building
Ab·riss^{RR2} <-e, -es> *m*, **Ab·riß**^{ALT} <-sses, -sse> *m (Übersicht)* summary; ■ **ein ~ einer S.** *gen* an outline of sth
ab|rü·cken **I.** *vi sein* ❶ *(sich distanzieren)* ■ **von etw/jdm ~** to distance oneself from sth/sb ❷ *(abmarschieren)* to march off ❶ *(hum: weggehen)* to go away ❷ *(wegrücken)* to move away **II.** *vt haben (wegschieben)* to move away **(von** from**)**
Ab·ruf *m* ❶ *(Bereitschaft)* **auf ~** on alert ❷ INFORM recall ❸ ÖKON **auf ~** on call purchase
ab|ruf·be·reit **I.** *adj* ❶ *(einsatzbereit)* on alert ❷ *(abholbereit)* ready for collection ❸ *(verfügbar)* disposable **II.** *adv* ❶ *(einsatzbereit)* on alert ❷ *(abholbereit)* ready for collection
ab|ru·fen *vt irreg* ❶ *(wegrufen)* ■ **jdn ~** to call sb away **(von** from**)** ❷ *(liefern lassen)* ■ **etw [bei jdm] ~** to have sth delivered [by sb] ❸ INFORM to retrieve **(aus** from**)**
ab|run·den *vt* ❶ *(auf einen vollen Betrag kürzen)* ■ **auf etw** *akk* **~** to round down [to sth]; ■ **abgerundet** rounded down ❷ *(perfektionieren)* to round off
abrupt [aˈbrʊpt] **I.** *adj* abrupt **II.** *adv* abruptly
ab|rüs·ten *vt, vi* ❶ MIL to disarm **(um** by, **auf** to**)** ❷ BAU to remove the scaffolding
Ab·rüs·tung *f kein pl* disarmament
Ab·rüs·tungs·ver·hand·lun·gen *pl* disarmament negotiations

ab|rut·schen *vi sein* ❶ *(abgleiten)* to slip **(an** on, **von** from**)** ❷ *(fig: sich verschlechtern)* to drop **(auf** to**)** ❸ *(fig: herunterkommen)* to go downhill
Abs. *m Abk von* **Absatz** par.
ABS <-> [aːbeːˈɛs] *nt Abk von* **Antiblockiersystem** ABS
ab|sa·cken *vi sein* ❶ *(einsinken)* to subside ❷ LUFT to drop ❸ *(fam: sich verschlechtern)* to drop **(auf** to**)**; **sie ist in ihren Leistungen sehr abgesackt** her performance has deteriorated considerably ❹ *Blutdruck* to sink
Ab·sa·ge *f* ❶ *(negativer Bescheid)* refusal; **auf eine Bewerbung** a rejection; **jdm eine ~ erteilen** *(geh)* to refuse sb ❷ *(Ablehnung)* ■ **eine ~ an etw** *akk* a rejection of sth
ab|sa·gen **I.** *vt* ❶ *(rückgängig machen)* to cancel **II.** *vi* **eine Einladung von jdm ~** to decline sb's invitation; **ich muss leider ~** I'm afraid I'll have to cry off; **hast du ihr schon abgesagt?** have you told her you're not coming?
ab|sä·gen *vt* ❶ *(abtrennen)* to saw off *sep;* *Baum* to saw down *sep* ❷ *(fam: um seine Stellung bringen)* ■ **jdn ~** to give sb the chop [*or* AM ax]
ab|sah·nen *vt, vi (fam: sich verschaffen)* to cream off *sep* ❷ *Milch* to skim
ab|sat·teln **I.** *vt* **ein Pferd ~** to unsaddle a horse **II.** *vi (fig: aufhören)* to stop
Ab·satz¹ *m* ❶ *(Schuh~)* heel ❷ *(Abschnitt)* paragraph; **einen ~ machen** to begin a paragraph ❸ *(Treppen~)* landing ▶ **auf dem ~ kehrtmachen** to turn on one's heel
Ab·satz² *m* sales *pl;* **~ finden** to find a market
Ab·satz·flau·te *f* ÖKON period of slack sales
Ab·satz·markt *m* market
ab·satz·wei·se *adv (Absatz für Absatz)* paragraph by paragraph
ab|sau·gen *vt* ❶ *(durch Saugen entfernen)* to draw off ❷ *(mit dem Staubsauger reinigen)* to vacuum
ab|scha·ben *vt* ❶ *(entfernen)* to scrape **(von** off**)** ❷ *(verschleißen)* to wear through; **ein abgeschabter Mantel** a tattered coat
ab|schaf·fen *vt* ❶ *(außer Kraft setzen)* to do away with sth; *Gesetz* to repeal ❷ *(weggeben)* to get rid of
Ab·schaf·fung *f* ❶ *(das Abschaffen)* abolition; **die ~ eines Gesetzes** the repeal of a law ❷ *(Weggabe)* disposal
ab|schal·ten **I.** *vt (abstellen)* to turn off **II.** *vi (fam: nicht mehr aufmerksam sein)* to switch off **III.** *vr* ■ **sich ~** to disconnect
ab|schät·zen *vt* ❶ *(einschätzen)* to assess; **ich kann ihre Reaktion schlecht ~** I can't even guess at her reaction; **es ist nicht abzu-**

schätzen ... it's not possible to say ... ❷ *(ungefähr schätzen)* to estimate

ab·schät·zig ['apʃɛtsɪç] **I.** *adj* disparaging **II.** *adv* disparagingly; **sich ~ über jdn/etw äußern** to make disparaging remarks about sb/sth

ab|schau·en *vt* SÜDD, ÖSTERR, SCHWEIZ ❶ *(nachahmen)* **das hast du sicher von ihm abgeschaut!** I bet you learnt that from him! ❷ SCH *(abschreiben)* to crib [from sb] *fam*

Ab·schaum *m kein pl (pej)* scum *no pl*

ab|schei·den *irreg vt haben* ❶ MED to secrete ❷ *(separieren)* to separate

Ab·scheu <-[e]s> ['apʃɔy] *m kein pl (Ekel)* revulsion **(vor** against); **sie konnte ihren ~ vor Spinnen kaum verbergen** she could hardly conceal her loathing for spiders

ab·scheu·lich [apˈʃɔylɪç] *adj* ❶ *(entsetzlich)* revolting; *Verbrechen* horrifying ❷ *(fam: unerträglich)* dreadful

Ab·scheu·lich·keit <-, -en> *f* ❶ *kein pl (Scheußlichkeit)* atrociousness ❷ *(schreckliche Sache)* atrocity; **kriegerische ~en** atrocities of war

ab|schi·cken *vt* to send [off]; *Brief* to post [*or* AM mail]

ab|schie·ben *irreg* **I.** *vt haben* ❶ *(ausweisen)* to deport ❷ *(abwälzen)* ■**etw auf jdn ~** to pass sth on to sb; **die Schuld auf jdn ~** to shift the blame onto sb; **er versucht immer, die Verantwortung auf andere abzuschieben** he's always trying to pass the buck *fam* **II.** *vi sein (sl)* to push off; **komm, schieb jetzt ab!** go on, get lost!

Ab·schie·be·stopp *m* deportation prevention

Ab·schie·bung *f* deportation

Ab·schied <-[e]s, -e> ['apʃiːt] *m* ❶ *(Trennung)* farewell; **der ~ fiel ihr nicht leicht** she found it difficult to say goodbye; **von jdm ~ nehmen** to say goodbye to sb; **von etw** *dat* **~ nehmen** to part with sth; **zum ~ as** a token of farewell *liter;* **sie gab ihm zum ~ einen Kuss** she gave him a goodbye kiss ❷ *(Entlassung)* **seinen ~ nehmen** to resign

Ab·schieds·be·such *m* farewell visit **Ab·schieds·brief** *m* farewell letter **Ab·schieds·fei·er** *f* farewell party **Ab·schieds·gruß** *m* goodbye **Ab·schieds·kuss**ᴿᴿ *m* goodbye kiss **Ab·schieds·sze·ne** *f* farewell scene

ab|schie·ßen *vt irreg* ❶ *(durch Schüsse zerstören)* to shoot; *Flugzeug* to shoot down; *Panzer* to disable ❷ *(abfeuern)* to fire [off] **(auf** at); *Böller* to let off BRIT, to shoot off AM; *Rakete, Torpedo* to launch

ab|schir·men *vt* ❶ *(schützen)* to isolate **(von** from); ■**abgeschirmt** isolated ❷ *(verdecken, dämpfen)* to shield; *Licht* to shade

Ab·schir·mung <-, -en> *f* ❶ *(Schutz)* isolation ❷ *(Dämpfen, Zurückhalten)* protection; *von Licht* shading; **eine ~ aus Blei** a lead screen

ab|schlach·ten *vt* to slaughter

ab|schlaf·fen *vi sein (fam)* to droop; ■**abgeschlafft** dog-tired; **abgeschlaffte Typen** dead beats; **sie wirkt in letzter Zeit ziemlich abgeschlafft** she's been looking quite frazzled recently

Ab·schlag *m* ❶ *(Preisnachlass)* discount ❷ *(Vorschuss)* ■**ein ~ auf etw** *akk* an advance payment on sth ❸ FBALL kickout; *(beim Golf)* tee-off; *(~fläche)* tee; *(beim Hockey)* bully[-off]

ab|schla·gen *irreg vt* ❶ *(durch Schlagen abtrennen)* to knock (off); *Ast* to knock down; **jdm den Kopf ~** to chop off sb's head ❷ *(fällen)* to cut down ❸ *(ablehnen)* ■**jdm etw ~** to deny sb sth; *Einladung, Wunsch* to turn down; **er kann keinem etwas ~** he can't refuse anybody anything ❹ SPORT ■**abgeschlagen sein** to have fallen behind; **die Konkurrenz war weit abgeschlagen** the competitors were totally wiped out

ab·schlä·gig ['apʃlɛːgɪç] *adj* negative; **ein ~er Bescheid** a negative reply; **etw ~ bescheiden** *(geh)* to turn down sth

Ab·schlag(s)·zah·lung *f (Vorschusszahlung)* part payment

ab|schlei·fen *irreg vt* to sand [down]

Ab·schlepp·dienst *m* breakdown [*or* AM towing] service

ab|schlep·pen **I.** *vt Fahrzeug, Schiff* to tow [away] ❷ *(fam: mitnehmen)* to pick up; **jede Woche schleppt er eine andere ab** he comes home with a different girl every week **II.** *vr (fam: sich beim Tragen abmühen)* ■**sich ~** to struggle (**mit** with)

Ab·schlepp·fahr·zeug *nt* breakdown [*or* AM tow] truck **Ab·schlepp·seil** *nt* tow rope **Ab·schlepp·wa·gen** *m* recovery vehicle BRIT, tow truck AM

ab|schlie·ßen *irreg* **I.** *vt* ❶ *(verschließen)* to lock ❷ *(isolieren)* to seal; **luftdicht ~** to put an airtight seal on sth ❸ *(beenden)* to finish; *mit einer Diplomprüfung* to graduate; **ein abgeschlossenes Studium** completed studies; *Diskussion* to end ❹ *(vereinbaren)* ■**etw ~** to agree to sth; *Geschäft* to close; *Versicherung* to take out; *Vertrag* to sign; *Wette* to place **II.** *vi* ❶ *(zuschließen)* to lock up ❷ *(Schluss machen)* ■**mit etw/jdm ~** to be through with sb/sth; **er hatte mit dem Leben abgeschlossen** he no longer wanted to live

ab·schlie·ßend I. *adj* closing; **einige ~e Bemerkungen machen** to make a few closing remarks **II.** *adv* finally; **~ möchte ich noch etwas anmerken** finally I would like to point something out

Ab·schluss^{RR} <-es, Abschlüsse> *m*, **Ab·schluß**^{ALT} <-sses, Abschlüsse> *m* ❶ *kein pl* (*Ende*) conclusion; ■ **etw zum ~ bringen** to bring sth to a conclusion; **zum ~ kommen** to draw to a conclusion; **kurz vor dem ~ stehen** to be shortly before the end; **zum ~ möchte ich Ihnen allen danken** finally, I would like to thank you all ❷ (*abschließendes Zeugnis*) final certificate from educational establishment; **ohne ~ haben Bewerber keine Chance** applicants without a certificate don't stand a chance; **viele Schüler verlassen die Schule ohne ~** a lot of pupils leave school without taking their final exams; **welchen ~ haben Sie?** what is your final qualification? ❸ (*das Abschließen, Vereinbarung*) settlement; **einer Versicherung** taking out; **eines Vertrags** signing ❹ (*Geschäft*) deal; **ich habe den ~ so gut wie in der Tasche!** I've got the deal just about sewn up! ❺ (*Jahresabrechnung*) accounts, books

Ab·schluss·prü·fung^{RR} *f* ❶ SCH final exam[s], finals ❷ ÖKON statutory balance sheet audit, audit of annual accounts BRIT **Ab·schluss·zeug·nis**^{RR} *nt* leaving certificate BRIT, diploma AM

ab|schme·cken *vt, vi* ❶ (*würzen*) to season ❷ (*versuchen*) to taste

ab|schmin·ken *vt* ❶ (*Schminke entfernen*) ■ **sich ~** to take off one's make-up; ■ **abgeschminkt** without make-up ❷ *fam:* (*aufgeben*) ■ **sich** *dat* **etw ~** to give sth up; **das können Sie sich ~!** you can forget about that!; **das habe ich mir schon längst abgeschminkt** I gave that idea up ages ago

ab|schnal·len I. *vt* (*losschnallen*) to unbuckle; **nach der Landung schnallte ich mich ab** after the landing I undid the seat belt **II.** *vi* (*sl*) ❶ (*nicht verstehen können*) to be lost ❷ (*fassungslos sein*) to be thunderstruck; **da schnallst du ab!** it's incredible!

ab|schnei·den *irreg* **I.** *vt* ❶ (*durch Schneiden abtrennen*) to cut [off]; **könntest du mir ein Stück Brot ~?** could you slice me a piece of bread? ❷ (*unterbrechen, absperren*) **jdm den Fluchtweg ~** to cut off sb's escape route; **jdm den Weg ~** to intercept sb; **jdm das Wort ~** to cut sb short ❸ (*isolieren*) **jdn von der Außenwelt ~** to cut sb off from the outside world **II.** *vi* (*fam*) to perform; **bei etw** *dat* **gut/schlecht ~** to do well/badly at sth; **wie hast du bei der Prüfung abgeschnitten?** how did you do in the exam?; **sie schnitt bei der Prüfung als Beste ab** she got the best mark in the exam

Ab·schnitt *m* ❶ (*abtrennbarer Teil*) counterfoil BRIT, stub AM ❷ (*Zeit-*) phase, period; **ein neuer ~ der Geschichte** a new era in history; **es begann ein neuer ~ in seinem Leben** a new chapter of his life began ❸ (*Unterteilung*) part; **einer Autobahn** section ❹ MIL sector ❺ MATH segment

ab|schöp·fen *vt* ❶ (*herunternehmen*) to skim off ❷ **Gewinne** to cream off

ab|schot·ten ['apʃɔtn] *vt* ❶ NAUT to build in watertight doors and hatches ❷ (*isolieren*) to cut off; **der Präsident wurde durch seine Leibwächter abgeschottet** the president was guarded by his bodyguards; ■ **sich ~** to isolate oneself

ab|schrau·ben *vt* to unscrew; **der Deckel lässt sich nicht ~** I can't unscrew the lid

ab|schre·cken *vt* ❶ (*abhalten*) ■ **jdn** [**von etw** *dat*] **~** to put sb off [sth]; **er ließ sich nicht von seinem Plan ~** he wasn't put off from carrying out his plan ❷ KOCHK to rinse with cold water **II.** *vi* (*abschreckend sein*) to deter

ab·schre·ckend I. *adj* ❶ (*abhaltend, warnend*) deterrent; **ein ~es Beispiel** a warning; **die hohen Geldstrafen sollen ~ wirken** the high fines are designed to be a powerful deterrent ❷ (*abstoßend*) abhorrent **II.** *adv* (*abhaltend*) **~ wirken** to act as a deterrent

Ab·schre·ckung <-, -en> *f* deterrent; **als ~ dienen** to act as a deterrent

ab|schrei·ben *irreg* **I.** *vt* ❶ (*handschriftlich kopieren*) to copy; **Mönche haben die alten Handschriften abgeschrieben** monks transcribed the old scripts ❷ (*plagiieren*) ■ **etw** [**bei jdm**] **~** to copy sth [from sb]; **das hast du doch aus dem Buch abgeschrieben!** you copied that from the book! ❸ FIN to write off ❹ (*verloren geben*) to write off; **bei jdm abgeschrieben sein** (*fam*) to be out of favour with sb; **ich bin bei ihr endgültig abgeschrieben** she's washed her hands of me **II.** *vi* to copy (**von** from); **er hatte seitenweise abgeschrieben** he plagiarized entire pages; **wo hat sie das abgeschrieben?** where did she get that from?

Ab·schrei·bung *f* ❶ (*steuerliche Geltendmachung*) deduction ❷ (*Wertminderung*) depreciation

Ab·schrift *f* duplicate

ab|schür·fen *vt* **Haut** to graze

Ab·schür·fung <-, -en> *f* (*Schürfwunde*) graze

Ab·schuss^{RR} <-es, Abschüsse> *m*, **Ab·schuß**^{ALT} <-sses, Abschüsse> *m* ❶ (*das*

Abfeuern) firing; *einer Rakete* launch; **fertig machen zum ~!** stand by to fire! ❷ (*das Abschießen*) shooting down ❸ JAGD **Fasane sind zum ~ freigegeben** it's open season for pheasants ❹ SPORT [goal] kick

ab·schüs·sig ['apʃʏsɪç] *adj* steep

Ab·schuss·lis·te^{RR} *f* hit list; **bei jdm auf der ~ stehen** (*fam*) to be on sb's hit list **Ab·schuss·ram·pe**^{RR} *f* launch[ing] pad

ab|schüt·teln *vt* to shake off; **es gelang ihm, seine Verfolger abzuschütteln** he succeeded in shaking off his pursuers; **sie versuchte, ihre Müdigkeit abzuschütteln** she tried to ward off sleep

ab|schüt·ten *vt* ❶ (*abgießen*) to pour off ❷ (*Kochwasser wegschütten*) to drain; *Kartoffeln* to strain

ab|schwä·chen I. *vt* ❶ (*weniger drastisch machen*) to tone down ❷ (*vermindern*) to reduce **II.** *vr* ■ **sich ~** ❶ (*leiser werden*) to quieten [*or* AM quiet] down ❷ (*an Intensität verlieren*) to get weaker ❸ (*sich vermindern*) to diminish; **die Inflation hat sich deutlich abgeschwächt** inflation has decreased markedly

ab|schwat·zen *vt*, **ab|schwät·zen** *vt* SÜDD (*fam*) ■ **jdm etw ~** to talk sb into parting with sth; **diesen Tisch habe ich meiner Oma abgeschwatzt** I talked my grandmother into giving me this table

ab|schwei·fen *vi sein* (*abweichen*) to deviate (**von** from); **vom Thema ~** to digress [from a topic]; **bitte schweifen Sie nicht ab!** please stick to the point

ab|schwel·len *vi irreg sein* ❶ (*sich zurückbilden*) to subside; **sein Knöchel ist abgeschwollen** the swelling has gone down in his ankle ❷ (*geh: leiser werden*) to fade away

ab|schwö·ren *vi irreg* ■ **einer S.** *dat* **~** ❶ (*etw aufgeben*) to give up sth; **dem Alkohol ~** to abstain from alcohol ❷ (*sich durch Schwur von etw lossagen*) to renounce sth

ab|seg·nen *vt* (*fam: genehmigen*) to bless; ■ **etw von jdm ~ lassen** to get sb's blessing on sth

ab·seh·bar ['apze:baːɐ̯] *adj* foreseeable; **das Ende ist nicht ~** the end is not in sight; **in ~er Zeit** in the foreseeable future

ab|se·hen *irreg* I. *vt* ❶ (*voraussehen*) to predict; **ist die Dauer des Verfahrens abzusehen?** can you say how long the trial will last? ❷ (*fam: abgucken*) ■ **jdm etw ~** to imitate sb; **diesen Tanzschritt habe ich mir bei meiner Schwester abgesehen** I got this dance step from my sister **II.** *vi* (*übergehen*) **von etw** *dat* **~** to ignore sth; ■ **davon ~, etw zu tun** to refrain from doing sth

ab|sei·len I. *vr* (*fam: verschwinden*) ■ **sich ~** to clear off **II.** *vt* to let down on a rope, to abseil [*or* AM rappel]

ab|sein^{ALT} *vi irreg s.* ab

ab·seits ['apzaɪts] **I.** *adv* ❶ (*entlegen*) off the beaten track ❷ SPORT ■ **~ sein** to be offside **II.** *präp* (*entfernt von etw*) ■ **~ einer S.** *gen* at a distance from sth; **das Haus liegt ein wenig ~ der Straße** the house isn't far from the road

Ab·seits <-, -> ['apzaɪts] *nt* ❶ SPORT offside; **im ~ stehen** to be offside ❷ (*auswegslose Situation*) end of the line; **im ~ stehen** to be on the edge; **Langzeitarbeitslose geraten oft ins soziale ~** the long-term unemployed are often marginalized

ab·seits|hal·ten *vr* ■ **sich ~** to be aloof

ab·seits|ste·hen *vi* to stand on the sidelines

ab|sen·den *vt reg o irreg* to send [*or* BRIT post] [*or* AM mail] (**an** to)

Ab·sen·der(in) <-s, -> *m/f*) sender

ab|ser·vie·ren* I. *vi* (*Geschirr abräumen*) to clear the table **II.** *vt* ❶ (*abräumen*) to clear ❷ (*fam: loswerden*) to get rid of; **sich von jdm ~ lassen** to let oneself be pushed around ❸ (*sl: umbringen*) to bump off

ab·setz·bar *adj* ❶ (*verkäuflich*) saleable; **nicht ~ sein** to be unsaleable ❷ (*steuerlich zu berücksichtigen*) tax-deductible ❸ (*des Amtes zu entheben*) removable [from office]

ab|set·zen I. *vt* ❶ (*des Amtes entheben*) to remove [from office]; *Herrscher* to depose; *König, Königin* to dethrone ❷ (*abnehmen*) *Brille* to take off ❸ (*hinstellen*) to put down ❹ (*aussteigen lassen*) ■ **jdn ~** to drop sb off; **wo kann ich dich ~?** where shall I drop you off? ❺ (*verkaufen*) to sell ❻ FIN ■ **etw ~** to deduct sth (**von** from) ❼ *Theaterstück* to cancel ❽ *Medikament* to stop taking ❾ *Feder* to take off the paper; *Glas* to take from one's lips ❿ (*kontrastieren*) ■ **Dinge voneinander ~** to define things [from one another] **II.** *vr* ■ **sich ~** ❶ *Dreck, Staub* to settle ❷ CHEM, GEOL to be deposited ❸ (*fam: verschwinden*) to clear out; **sich ins Ausland ~** to clear out of the country ❹ (*Abstand vergrößern*) to get away (**von** from) ❺ (*sich unterscheiden*) to stand out (**von** against); **die Silhouette des Doms setzte sich gegen den roten Abendhimmel ab** the silhouette of the cathedral stood out against the red evening sky **III.** *vi* (*innehalten*) to pause

ab|si·chern I. *vr* ■ **sich ~** to cover oneself (**gegen** against); **sich vertraglich ~** to cover oneself by signing a contract **II.** *vt* ❶ (*garantieren*) to guarantee ❷ (*sicher machen*) to secure; **du solltest das Fahrrad am besten mit einem Schloss ~** it is best to secure the bicycle with a lock

Absicht ausdrücken

nach Absicht fragen | asking about intention

Was bezwecken Sie damit?	What are you trying to achieve by that?
Was hat das alles für einen Zweck?	What's the point of all this?
Was wollen Sie damit behaupten/sagen?	What are you trying to say?

Absicht ausdrücken | expressing intent

Ich werde diesen Monat noch das Wohnzimmer tapezieren.	I'm **going** to wallpaper the living room this month.
Ich habe für nächstes Jahr eine Reise nach Italien **vor/geplant**.	I'm **planning** a trip to Italy next year.
Ich beabsichtige, eine Klage gegen die Firma zu erheben. (*form*)	**I intend** to institute proceedings against the company. (*form*)
Ich habe bei dem Menü als Dessert eine Mousse au Chocolat **ins Auge gefasst**.	The mousse au chocolat **has rather caught my eye**.
Ich habe mir in den Kopf gesetzt, den Pilotenschein zu machen.	**I've set my mind on** getting a pilot's licence.

Absichtslosigkeit ausdrücken | expressing lack of intention

Das war nicht von mir beabsichtigt.	I didn't intend that.
Das liegt mir fern.	That's the last thing I want to do.
Ich habe **nicht die Absicht**, dir irgendwelche Vorschriften zu machen.	**I'm not interested** in telling you what you should or should not do.
Ich habe es nicht auf Ihr Geld **abgesehen**.	**I am not after** your money.

Ab·sicht <-, -en> *f* intention; **das war nicht meine ~!** I didn't mean to do it!; **mit den besten ~en** with the best of intentions; **ernste ~en haben** to have honourable intentions; **die ~ haben, etw zu tun** to have the intention of doing sth; **~ sein** to be intentional; **in der ~, etw zu tun** with a view to doing sth; **er folgte ihr in der ~, sie zu berauben** he followed her with intent to rob her; **eine ~ verfolgen** to pursue a goal; **mit/ohne ~** intentionally/unintentionally

ab·sicht·lich ['apzɪçtlɪç] **I.** *adj* deliberate, intentional **II.** *adv* deliberately, on purpose

ab|sin·ken *vi irreg sein* ❶ (*sich verringern*) to drop (**auf** to) ❷ (*sich verschlechtern*) to deteriorate; **das Niveau ist abgesunken** the standard has fallen off ❸ (*tiefer sinken*) to sink ❹ (*sich senken*) to subside (**um** by)

ab|sit·zen *irreg* **I.** *vt haben* (*verbringen*) to sit out; *Haftstrafe* to serve **II.** *vi sein vom Pferd* to dismount

ab·so·lut [apzo'lu:t] **I.** *adj* ❶ (*uneingeschränkt*) absolute; **~e Ruhe** complete calm ❷ (*nicht relativ*) absolute; **~e Mehrheit** absolute majority **II.** *adv* (*fam*) absolutely; **~ nicht** positively not; **~ nichts** absolutely nothing

Ab·so·lu·ti·on <-, -en> [apzolu'tsi̯oːn] *f* REL absolution; **die ~ erteilen** to grant absolution

Ab·so·lu·tis·mus <-> [apzolu'tɪsmʊs] *m kein pl* absolutism *no pl*

ab·so·lu·tis·tisch I. *adj* absolutist **II.** *adv* in an absolutist manner; **~ regieren** to rule absolutely

Ab·sol·vent(in) <-en, -en> [apzɔl'vɛnt] *m(f)* graduate

absolvieren* [apzɔl'viːrən] *vt* ❶ (*bestehen*) to [successfully] complete; *Prüfung* to pass; **welche Schule haben Sie absolviert?** which school did you go to? ❷ (*ableisten*) to do sth

ab·son·der·lich [ap'zɔndɐlɪç] **I.** *adj* peculiar **II.** *adv* peculiarly

Ab·son·der·lich·keit <-, -en> f kein pl (*Merkwürdigkeit*) strangeness; von Verhalten oddness ❷ (*merkwürdige Eigenart*) peculiarity

ab|son·dern I. vt ❶ (*ausscheiden*) to secrete ❷ (*isolieren*) to isolate; ■ **jdn von jdm ~** to separate sb from sb **II.** vr ■ **sich ~** ❶ (*sich isolieren*) to keep oneself apart ❷ (*ausgeschieden werden*) to be secreted

Ab·son·de·rung <-, -en> f ❶ kein pl (*Isolierung*) isolation ❷ kein pl (*Vorgang des Absonderns*) discharge ❸ (*abgeschiedener Stoff*) secretion

ab·sor·bie·ren* [apzɔrˈbiːrən] vt to absorb

ab|spal·ten I. vr ■ **sich ~** to split away/off (**von** from); **viele Gebiete der ehemaligen Sowjetunion haben sich abgespaltet** many areas have split away from the former Soviet Union **II.** vt ❶ (*etw durch Spalten trennen*) to chop off ❷ CHEM to separate (**von** from)

Ab·spann <-[e]s, -e> m FILM, TV credits pl

ab|spe·cken I. vi (*fam: abnehmen*) to slim down **II.** vt (*fam: reduzieren*) ■ **etw ~** to reduce the size of sth

ab|spei·chern vt to store; **eine Datei auf eine Diskette ~** to save a file onto [a] disk

ab|spei·sen vt **jdn ~** to fob sb off sep; **sich von jdm ~ lassen** to be fobbed off by sb

ab·spens·tig [ˈapʃpɛnstɪç] adj **jdm etw ~ machen** to take sth away from sb; **er hat mir meine Verlobte abspenstig gemacht** he has stolen my fiancée from me

ab|sper·ren I. vt ❶ (*versperren*) to cordon off (**mit** with); **die Unfallstelle wurde von der Polizei abgesperrt** the police cordoned off the scene of the accident ❷ (*abstellen*) *Strom, Wasser* to cut off ❸ SÜDD (*zuschließen*) to lock **II.** vi SÜDD (*die Tür verschließen*) to lock up

Ab·sper·rung f ❶ (*das Absperren*) cordoning off; (*durch Absperrgitter*) fencing-off ❷ (*Sperre*) cordon; **durch Polizei** police cordon

ab|spie·len I. vr (*ablaufen*) ■ **sich ~** to happen; **was hat sich hier abgespielt?** what happened here? **II.** vt ❶ (*laufen lassen*) to play ❷ *Ball* to pass

Ab·spra·che f agreement; **eine ~ treffen** to come to an agreement; **nach ~** as agreed

ab|spre·chen irreg **I.** vt ❶ (*verabreden*) to arrange ❷ (*vorher vereinbaren*) to agree on ❸ (*streitig machen, aberkennen*) ■ **jdm etw ~** to deny sb sth **II.** vr ■ **sich mit jdm ~** to come to an agreement with sb (**wegen** about)

ab|sprin·gen vi irreg sein ❶ (*fam: sich zurückziehen*) to bale out (**von** of) ❷ (*hinunterspringen*) to jump (**von** from); **mit dem Fallschirm** to parachute ❸ (*von etw hoch springen*) **mit dem rechten Fuß ~** to take off on the right foot ❹ (*sich lösen*) to come off ❺ (*abprallen*) to rebound; **von einer Mauer ~** to bounce back from a wall

Ab·sprung m ❶ (*Sprung aus einer Höhe*) jump ❷ (*fam: Ausstieg*) getting out; **den ~ schaffen** to make a getaway; **den ~ verpassen** to miss the boat ❸ LUFT take-off ❹ SKI jump

ab|spü·len I. vt ❶ (*unter fließendem Wasser reinigen*) to rinse ❷ (*durch einen Wasserstrahl entfernen*) to wash off **II.** vi (*spülen*) to do the dishes, BRIT a. to wash up

ab|stam·men vi kein pp ❶ (*herkommen*) to descend (**von** from) ❷ LING to stem (**von** from)

Ab·stam·mung <-, -en> f (*Abkunft*) origins pl; **adeliger ~ sein** to be of noble birth; **sie muss französicher ~ sein** she must be of French extraction

Ab·stand m ❶ (*räumliche Distanz*) distance; **der ~ von hier zur Mauer beträgt 2 Meter** the distance between here and the wall is 2 metres; **ein ~ von 20 Metern** a distance of 20 metres; **mit knappem/weitem ~** at a small/great distance; **in einigem ~** at some distance; **einen ~ einhalten** to keep a distance; **~ halten** to maintain a distance; **fahr nicht so dicht auf, halte ~!** don't drive so close, leave a space!; **mit ~** by a long way ❷ (*zeitliche Distanz*) interval; **in kurzen/regelmäßigen Abständen** at short/regular intervals ❸ (*innere Distanz*) aloofness ❹ SPORT **mit zwei Punkten ~** with a two-point margin; **mit [großem] ~ führen** to lead by a [wide] margin ❺ (*geh*) **von etw** dat **~ nehmen** to decide against sth; **davon ~ nehmen, etw zu tun** to refrain from doing sth

ab|stat·ten [ˈapʃtatn̩] vt (*geh*) ■ **jdm etw ~** to do sth dutifully or officially; **jdm einen Bericht über etw** akk **~** to give a report on sth to sb; **jdm einen Besuch ~** to pay sb a visit

ab|stau·ben vt, vi ❶ (*fam: ergattern*) to rip off (**von** from); **das alte Gemälde habe ich bei meinen Großeltern abgestaubt** I liberated that painting from my grandparents ❷ (*vom Staub befreien*) to dust

ab|ste·chen irreg **I.** vt to stab to death; ■ **ein Tier ~** to slit an animal's throat **II.** vi (*sich abheben*) to stand out (**von** from)

Ab·ste·cher <-s, -> m ❶ (*Ausflug*) trip ❷ (*Umweg*) detour ❸ (*Exkurs*) ■ **ein ~ in etw** akk a sidestep into sth

ab|ste·cken vt ❶ (*markieren*) to mark out;

ab|ste·hen *vi irreg* to stick out; **er hat abstehende Ohren** his ears stick out

Ab·stei·ge *f* (*schäbiges Hotel*) dive, dosshouse BRIT, flophouse AM

ab|stei·gen *vi irreg sein* ❶ (*heruntersteigen*) to dismount; **von einer Leiter ~** to get down off a ladder ❷ (*fam*) **in einem Hotel ~** to stay in a hotel ❸ (*seinen Status verschlechtern*) to go downhill; **beruflich/gesellschaftlich ~** to slide down the job/social ladder ❹ SPORT to be relegated ❺ (*im Gebirge*) to descend

ab|stel·len *vt* ❶ (*ausschalten*) to switch off *sep* ❷ (*Zufuhr unterbrechen*) ■ **etw ~** to cut sth off *sep*; **den Haupthahn ~** to turn off the mains [*or* AM main tap] ❸ (*absetzen*) to put down ❹ (*aufbewahren*) **etw [bei jdm] ~** to leave sth [with sb]; **Gepäckstücke können hier abgestellt werden** luggage can be deposited here ❺ (*parken*) to park; **wo stellst du dein Auto immer ab?** where do you park? ❻ (*unterbinden*) to stop sth ❼ (*abordnen*) ■ **jdn für etw** *akk***/zu etw** *dat* **~** to send sb to sth

Ab·stell·gleis *nt* siding **Ab·stell·kam·mer** *f* broom closet, BRIT *a.* box room **Ab·stell·raum** *m* storeroom, BRIT *a.* box room

ab|stem·peln *vt* ❶ (*mit einem Stempel versehen*) to stamp ❷ (*pej*) ■ **jdn [als etw] ~** to brand sb [as sth]

ab|ster·ben *vi irreg sein* ❶ *Zellen, Blätter* to die ❷ *Finger, Zehen* to go numb

Ab·stieg <-[e]s, -e> *m* ❶ (*das Hinabklettern*) descent ❷ (*Niedergang*) decline; **der berufliche/gesellschaftliche ~** descent down the job/social ladder ❸ SPORT relegation

ab|stil·len *vt, vi* *Baby* to stop breast-feeding

ab|stim·men I. *vi* (*die Stimme abgeben*) to vote; **[über etw** *akk***] ~ lassen** to have a vote [on sth] **II.** *vt* ❶ (*anpassen*) ■ **Dinge aufeinander ~** to co-ordinate things [with each other]; *Farben, Kleidung* to match ❷ RADIO to tune ❸ (*mechanisch einstellen*) to adjust; **die Sitze sind genau auf seine Größe abgestimmt** the seats are adjusted to fit his size

Ab·stim·mung *f* ❶ (*Stimmabgabe*) vote (**über** on); **etw zur ~ bringen** to put sth to the vote; **geheime ~** secret ballot ❷ (*harmonische Kombination*) co-ordination; **die ~ der Farben ist sehr gelungen** the colours are well-matched ❸ RADIO tuning ❹ (*Anpassung durch mechanische Einstellung*) adjustment

ab·sti·nent [apsti'nɛnt] **I.** *adj* ❶ (*enthaltsam*) abstinent; ■ **~ sein** to be a teetotaller ❷ (*sexuell enthaltsam*) celibate **II.** *adv* ❶ (*enthaltsam*) abstinently ❷ (*sexuell enthaltsam*) in celibacy

Ab·sti·nenz <-> [apsti'nɛnts] *f kein pl* ❶ (*das Abstinentsein*) abstinence ❷ (*sexuelle Enthaltsamkeit*) celibacy

Ab·sti·nenz·ler(in) <-s, -> *m(f)* (*pej*) teetotaller

ab|sto·ßen *irreg* **I.** *vt* ❶ MED to reject ❷ (*nicht eindringen lassen*) to repel; **Wasser ~d** water-repellent ❸ (*anwidern*) to repel ❹ (*durch einen Stoß abschlagen*) to chip off ❺ (*verkaufen*) to get rid of ❻ (*durch Stöße abnutzen*) to damage; **an Büchern sind oft die Ecken abgestoßen** the corners of books are often bent and damaged ❼ (*wegstoßen*) to push away (**von** from); **mit dem Ruder stieß er das Boot vom Ufer ab** using the rudder he shoved off from the bank ❽ (*abwerfen*) **die Schlange stieß die Haut ab** the snake shed its skin **II.** *vr* ❶ (*abfedern und hochspringen*) to jump (**von** from) ❷ (*durch Stöße ramponiert werden*) to become damaged **III.** *vi* (*anwidern*) **sich von etw** *dat* **abgestoßen fühlen** to be repelled by sth

ab·sto·ßend I. *adj* ❶ (*widerlich*) repulsive ❷ (*für Flüssigkeiten undurchlässig*) repellent **II.** *adv* (*widerlich*) in a repulsive way; **~ aussehen** to look repulsive; **~ riechen** to smell disgusting

ab|stot·tern *vt* (*fam: nach und nach bezahlen*) to pay by instalments, BRIT *a.* to buy sth on the never-never

ab·stra·hie·ren* [apstra'hiːrən] *vt, vi* to abstract

ab·strakt [ap'strakt] **I.** *adj* abstract **II.** *adv* in the abstract; **etw zu ~ darstellen** to present sth too much in the abstract

Ab·strak·ti·on <-, -en> *f* (*abstraktes Denken*) abstraction

ab|strei·fen *vt* ❶ (*abziehen*) to take off ❷ (*säubern*) *Füße* to wipe

ab|strei·ten *vt irreg* ❶ (*leugnen*) to deny; **er stritt ab, sie zu kennen** he denied knowing her ❷ (*absprechen*) ■ **jdm etw ~** to deny sb sth; **das kann man ihr nicht ~** you can't deny her that

Ab·strich *m* ❶ *pl* (*Kürzungen*) cuts; **~e machen** to make cuts; (*Kompromisse*) to lower one's sights (**bei** in) ❷ MED swab

ab·strus [ap'struːs] *adj* (*geh*) abstruse

ab|stu·fen *vt* ❶ (*nach Intensität staffeln*) to shade; ■ **abgestuft** shaded ❷ (*terrassieren*) to terrace ❸ (*nach der Höhe staffeln*) to grade

Ab·stu·fung <-, -en> *f* ❶ (*Staffelung*) grading; **die ~ der Gehälter** the grading of sala-

ab|stump·fen vi sein ① (stumpf werden) to blunt ② (fig) to become inured (**gegen** to), to dull

Ab·sturz m ① (Sturz in die Tiefe) fall; von Flugzeug crash ② (fam: Misserfolg) fall from grace ③ (Zusammenbruch) collapse; von Computer crash

ab|stür·zen vi sein ① Person to fall; Flugzeug to crash ② INFORM to crash ③ (fam: Misserfolg haben) to fall from grace ④ (fam: betrunken sein) to get blind drunk

Ab·sturz·stel·le f ① LUFT crash site ② (Stelle eines Bergsteigerunfalls) location of the fall

ab|stüt·zen vt to support (**mit** with); **sich durch Krücken ~** to support oneself on crutches

ab|su·chen vt ① (durchstreifen) to search (**nach** for) ② (untersuchen) to examine; **wir haben den Baum nach Schädlingen abgesucht** we've examined the tree for pests

ab·surd [apˈzʊrt] adj absurd; **~es Theater** theatre of the absurd

Ab·sur·di·tät f <-, -en> f absurdity

Ab·szess[RR] <-es, -sse> m, **Ab·szeß**[ALT] <-sses, -sse> [apsˈtsɛs] m MED abscess

Abt, Äb·tis·sin <-[e]s, Äbte> [apt, ɛpˈtɪsɪn, pl ˈɛptə] m, f abbot masc, abbess fem

Abt. f Abk von **Abteilung** dept.

ab|tan·zen vi (sl) boogie fam, get down [on the dance floor]

ab|tas·ten vt ① (tastend untersuchen) to search (**nach** for); **jdn nach Waffen ~** to frisk sb for weapons ② INFORM to scan ③ (sondieren) **jdn ~** to sound sb out; ■ **sich ~** to size one another up; **den Feind ~** to size up the enemy

ab|tau·en vt haben to thaw; Kühlschrank to defrost

Ab·tei <-, -en> f abbey

Ab·teil nt compartment

ab|tei·len vt to divide off (**von** from)

Ab·tei·lung¹ f ① (Teil einer Organisation) department; eines Krankenhauses ward ② MIL section

Ab·tei·lung² f kein pl (Abtrennung) dividing off

Ab·tei·lungs·lei·ter(in) m(f) einer Verkaufsabteilung department[al] manager; einer Firma head of department

ab|tip·pen vt (fam) to type [up sep]

Äb·tis·sin <-, -nen> [ɛpˈtɪsɪn] f fem form von **Abt**

ab|tö·ten vt ① (zum Absterben bringen) to kill off sep ② (zum Erlöschen bringen) ■ **etw [in jdm] ~** to deaden sth [in sb]

ab|tra·gen irreg vt ① (abnutzen) to wear out ② (geh: abräumen) Geschirr to clear away sep ③ (entfernen) Boden to clear away ④ Mauer to take down sep ⑤ GEOG to wash away sep

ab|trans·por·tie·ren* vt to transport [away]

ab|trei·ben irreg **I.** vt haben ein Kind to have an abortion **II.** vi sein (in eine andere Richtung treiben) to be carried [away]; **das Boot trieb weit vom Kurs ab** the boat was driven a long way off course

Ab·trei·bung <-, -en> f abortion

Ab·trei·bungs·pil·le f morning-after pill

ab|tren·nen vt ① (ablösen) to detach (**von** from); **hier ~** detach here ② (abteilen) to divide off sep (**von** from) ③ (gewaltsam vom Körper trennen) ■ **etw ~** to cut sth off sep

ab|tre·ten irreg **I.** vt haben ① (übertragen) ■ **etw ~** to sign over sth sep; Rechte to transfer; Land to cede ② (fam: überlassen) ■ **jdm etw ~** to give sth to sb; **er hat ihr seinen Platz abgetreten** he gave up his seat to her ③ (durch Betreten abnutzen) to wear out ④ (durch Treten entfernen) to stamp off sep **II.** vi sein ① (zurücktreten) to step down; Monarch to abdicate; Politiker to resign ② THEAT von der Bühne to exit [the stage] ③ (fam: sterben) to make one's [last] exit ④ MIL to stand down; **~!** dismissed! **III.** vr haben sich dat **seine Schuhe ~** to wipe off one's shoes sep

Ab·tre·ter <-s, -> m (fam) doormat

Ab·tre·tung <-, -en> f signing over; von Rechten transferring; von Gebiet ceding

ab|trock·nen vt, vi to dry; ■ **sich ~** to dry oneself; Geschirr to dry the dishes, to dry up BRIT

ab|trop·fen vi sein to drain; ■ **etw ~ lassen** to leave sth to drain

ab·trün·nig [ˈaptrʏnɪç] adj renegade; Provinz, Staat rebel; ■ **jdm/einer S.** dat **~ werden** to be disloyal to sb/sth; **seinem Glauben ~ werden** to renounce one's faith

Ab·trün·ni·ge(r) f(m) dekl wie adj renegade; REL apostate

ab|tun vt irreg to dismiss (**mit** with, **als** as); **etw mit einem Achselzucken/Lächeln ~** to dismiss sth with a shrug/laugh, to shrug/laugh sth off

ab|tup·fen vt ① (durch Tupfen entfernen) to dab away; **sich** dat **den Schweiß von der Stirn ~** to dab the sweat from one's brow ② (durch Tupfen reinigen) to swab; Wunde to clean

ab·tur·nen [-tøːɐ̯nən] vi (sl) to be a pain in the neck

ab|ver·lan·gen* vt to demand

ab|wä·gen vt irreg ■ **etw [gegeneinander]**

abwählen – abwerfen

~ to weigh sth up [against sth else]; **seine Worte gut ~** to choose one's words carefully; **Vor- und Nachteile ~** to weigh [up] the disadvantages and advantages

ab|wäh·len *vt Person* to vote out [of office]; *Schulfach* to drop

ab|wäl·zen *vt* ■ *etw* [**auf jdn**] ~ to unload sth [on to sb]; *Kosten* to pass on; *Verantwortung* to shift

ab|wan·deln *vt* to adapt; *Vertrag* to modify

ab|wan·dern I. *vi sein* ❶ (*sich von einem Ort entfernen*) to go away ❷ (*auswandern*) to migrate; **die ländliche Bevölkerung wanderte in die Städte ab** the rural population migrated to the towns ❸ (*fam: überwechseln*) ■ **zu jdm ~** to move to sb **II.** *vt ein Gebiet* to walk all over

Ab·wan·de·rung *f* migration

ab|war·ten *vt, vi* to wait [for]; **das bleibt abzuwarten** that remains to be seen; **sie konnte es einfach nicht mehr ~** she simply couldn't wait any longer; **wart' mal ab!** [just] [you] wait and see!

ab·war·tend I. *adj* expectant; **eine ~e Haltung einnehmen** to adopt a policy of wait and see **II.** *adv* expectantly; **sich ~ verhalten** to behave cautiously

ab·wärts ['apvɛrts] *adv* downhill; **vom Chef ~ sind alle anwesend** from the boss down everyone is present; **es geht mit jdm/etw ~** sb/sth is going downhill

ab·wärts·kom·pa·ti·bel *adj* INFORM downward compatible **Ab·wärts·trend** *m* downhill trend

Ab·wasch[1] <-[e]s> *m kein pl* ❶ (*Spülgut*) dirty dishes *pl*, BRIT *a.* washing-up ❷ (*das Spülen*) washing the dishes, washing-up BRIT; **den ~ machen** to do the dishes, BRIT *a.* to wash up, BRIT *a.* to do the washing-up ▶ **das geht in einem ~** (*fam*) you can kill two birds with one stone *prov*

Ab·wasch[2] <-, -en> *f* ÖSTERR (*Spülbecken*) sink

ab·wasch·bar *adj* washable

ab|wa·schen *irreg* **I.** *vt* ❶ (*spülen*) to wash up ❷ (*durch Waschen entfernen*) to wash off; **sie wusch ihrer Tochter den Schmutz vom Gesicht ab** she washed the dirt off her daughter's face ❸ (*reinigen*) ■ **sich ~** to wash oneself **II.** *vi* to do the dishes, BRIT *a.* to wash up, BRIT *a.* to do the washing-up; **hilfst du mir mal beim A~?** will you help me do the washing-up?

Ab·was·ser <-wässer> *nt* waste water; *von Industrieanlagen* effluent

Ab·was·ser·auf·be·rei·tung *f* sewage treatment **Ab·was·ser·ka·nal** *m* sewer **Ab·was·ser·lei·tung** *f* waste pipe

ab|wech·seln *vi, vr* ■ **sich ~** ❶ (*im Wechsel handeln*) to take turns ❷ (*im Wechsel erfolgen*) to alternate; **Sonne und Regen wechselten sich ab** it alternated between sun and rain

ab·wech·selnd *adv* alternately; **in der Nacht hielten die vier ~ Wache** the four took turns to stand guard during the night

Ab·wech·se·lung <-, -en>, **Ab·wechs·lung** <-, -en> *f* change; **die ~ lieben** to like a bit of variety; **zur ~** for a change

ab·wechs·lungs·hal·ber *adv* for variety's sake **ab·wechs·lungs·los** *adj* unchanging **ab·wechs·lungs·reich** *adj* varied

Ab·weg *m meist pl* **jdn auf ~e führen** to lead sb astray; **auf ~e geraten** to go astray; (*moralisch*) to stray from the straight and narrow

ab·we·gig ['apveːgɪç] *adj* ❶ (*unsinnig*) absurd; *Idee* far-fetched; *Verdacht* unfounded ❷ (*merkwürdig*) strange

Ab·wehr *f kein pl* ❶ (*inneres Widerstreben*) resistance; **seine Pläne stießen auf starke ~** his plans met [with] strong resistance ❷ MIL repelling ❸ (*Spionage~*) counterespionage ❹ SPORT (*Verteidigung*) defence; (*die Abwehrspieler*) defenders ❺ (*Widerstand gegen Krankheit*) protection

ab|weh·ren I. *vt* ❶ MIL to repel ❷ SPORT to fend off; *Ball* to clear ❸ (*abwenden*) to turn away; *Gefahr, Unheil, Verdacht* to avert; *Vorwurf* to fend off **II.** *vi* ❶ (*ablehnen*) to refuse ❷ SPORT to clear

Ab·wehr·kräf·te *pl* the body's defences **Ab·wehr·me·cha·nis·mus** *m* PSYCH, MED defence mechanism **Ab·wehr·re·ak·ti·on** *f* defensive reaction **Ab·wehr·spie·ler(in)** *m(f)* SPORT defender

ab|wei·chen *vi irreg sein* ❶ (*abkommen*) to deviate (**von** from) ❷ (*sich unterscheiden*) ■ **von jdm/etw ~** to differ from sb/sth

ab·wei·chend *adj* different

Ab·wei·chung <-, -en> *f* ❶ (*Unterschiedlichkeit*) difference; *einer Auffassung* deviation ❷ (*das Abkommen*) deviation ❸ TECH zulässige ~ tolerance

ab|wei·sen *vt irreg* ❶ (*wegschicken*) to turn away; **sich [von jdm] nicht ~ lassen** to not take no for an answer [from sb] ❷ (*ablehnen*) to turn down *sep*; *Antrag, Bitte* to deny; ■ **jdn ~** to reject sb ❸ *Klage* to dismiss

ab·wei·send *adj* cold

ab|wen·den *reg o irreg* **I.** *vr* ■ **sich ~** to turn away **II.** *vt* ❶ (*verhindern*) **eine Katastrophe ~** to avert a catastrophe ❷ (*zur Seite wenden*) **die Augen ~** to avert one's gaze

ab|wer·ben *vt irreg* to entice away

ab|wer·fen *irreg* **I.** *vt* ❶ (*herunterfallen las-*

sen) to drop; *Blätter, Nadeln* to shed ❷ *Reiter* to throw ❸ FIN, ÖKON *Gewinn* to yield; *Zinsen* to bear ❹ (*geh: abschütteln*) to cast off sth *sep* ❺ *Karte* to discard **II.** *vi* ❶ (*beim Hochsprung*) to knock down the bar ❷ FBALL to throw the ball out

ab|wer·ten *vt* ❶ (*Kaufwert vermindern*) to devalue (**um** by); ■ **abgewertet** devalued ❷ (*Bedeutung mindern*) to debase

ab·wer·tend *I. adj* derogatory **II.** *adv* derogatorily; **ein Wort ~ gebrauchen** to use a word in a derogatory way

Ab·wer·tung *f* ❶ (*Minderung der Kaufkraft*) devaluation ❷ (*Wertminderung*) debasement

ab·we·send ['apveːznt] *adj* ❶ (*geh*) absent ❷ (*geistes~*) absent-minded

Ab·we·sen·heit <-, selten -en> *f* ❶ (*Fehlen*) absence; **durch ~ glänzen** (*iron fam*) to be conspicuous by one's absence; **in ~ von jdm** in sb's absence ❷ (*Geistes~*) absent-mindedness

ab|wi·ckeln I. *vt* ❶ (*von etw wickeln*) to unwind ❷ (*erledigen*) to deal with; *Auftrag* to process; *Geschäft* to carry out **II.** *vr* (*glatt vonstattengehen*) ■ **sich ~** to run smoothly

ab|wie·gen *vt irreg* to weigh [out]

ab|wim·meln *vt* (*fam*) ■ **jdn ~** to get rid of sb; ■ **etw ~** to get out of [doing] sth

ab|win·ken *vi* to signal one's refusal

ab|wi·schen *vt* to wipe (**von** from); **sich** *dat* **die Tränen ~** to dry one's tears; **sich** *dat* **den Schweiß von der Stirn ~** to mop the sweat from one's brow

Ab·wurf *m* ❶ (*das Hinunterwerfen*) dropping; *von Ballast* shedding ❷ (*das Abgeworfenwerden*) throwing ❸ (*Speerwerfen*) throwing; (*beim Fußball*) throw-out

ab|wür·gen *vt* (*fam*) ❶ *Motor* to stall the engine ❷ (*im Keim ersticken*) to nip in the bud; ■ **jdn ~** (*unterbrechen*) to cut sb short; **jdn mitten im Satz ~** to cut sb off right in the middle of a sentence

ab|zah·len *vt* ❶ (*zurückzahlen*) to pay off ❷ (*in Raten bezahlen*) to pay in instalments; ■ **abgezahlt** paid for *präd*; **unser Haus ist endlich abbezahlt** we've finally paid off the house

ab|zäh·len *vt, vi* to count [out]; ■ **abgezählt** exact; **bitte das Fahrgeld abgezählt bereithalten** please tender [the] exact fare

Ab·zah·lung *f* ❶ (*Rückzahlung*) paying off ❷ (*Bezahlung auf Raten*) repayment

Ab·zei·chen *nt* ❶ (*Ansteckxnadel*) badge ❷ MIL insignia of rank

ab|zeich·nen I. *vt* ❶ (*durch Zeichnen wiedergeben*) to copy ❷ (*signieren*) to initial **II.** *vr* ❶ (*erkennbar werden*) ■ **sich ~** to become apparent ❷ (*Umrisse erkennen lassen*)

■ **sich ~** to show

Ab·zieh·bild *nt* TECH transfer

ab|zie·hen *irreg* **I.** *vi* ❶ *sein* MIL to withdraw (**aus** from) ❷ *sein* (*fam: weggehen*) to go away; **zieh ab!** clear off! ❸ *sein* (*durch Luftzug entfernen*) to clear (**aus** from) ❹ *sein* METEO to move away **II.** *vt haben* ❶ (*einbehalten*) to deduct (**von** from); **Steuern und Sozialabgaben werden direkt vom Gehalt abgezogen** tax and national insurance are deducted directly from the wages ❷ MATH to subtract (**von** from) ❸ FIN *Kapital* to withdraw ❹ MIL *Truppen* to withdraw ❺ (*etw durch Ziehen entfernen*) *Bett* to strip; *Schlüssel* to take out; *einem Tier das Fell* to skin ❻ SCHWEIZ (*ausziehen*) to take off **III.** *vr* SCHWEIZ (*sich ausziehen*) ■ **sich ~** to undress

ab|zie·len *vi* ❶ (*anspielen*) ■ **auf etw** *akk* **~** to get at sth *fam* ❷ (*im Visier haben*) ■ **auf jdn/etw ~** to aim at sb/sth

Ab·zo·cke <-> ['aptsɔkə] *f kein pl* (*pej fam*) profiteering, price gouging AM

ab|zo·cken I. *vt* (*sl*) ■ **jdn ~** to fleece sb **II.** *vi* (*sl*) to clean up

Ab·zug *m* ❶ (*das Abziehen*) deduction ❷ FOTO print ❸ MIL withdrawal; **jdm freien ~ gewähren** to grant sb safe passage ❹ FIN *von Kapital* withdrawal ❺ (*Luft~*) vent; (*Dunst~*) extractor [fan]; (*über einem Herd*) extractor hood ❻ (*Vorrichtung an einer Waffe*) trigger

ab·züg·lich ['aptsyːklɪç] *präp* ■ **~ einer S.** *gen* minus sth

ab·zugs·frei *adj* tax-free

Ab·zugs·hau·be *f* extractor hood

ab|zwei·gen I. *vi sein* to branch off; **hinter der Kurve zweigt die Goethestraße nach links ab** Goethestraße turns off to the left after the bend **II.** *vt haben* (*fam*) to set aside *sep* (**von** from)

Ab·zwei·gung <-, -en> *f* ❶ (*Straßengabelung*) turning ❷ (*Nebenlinie einer Strecke*) branch line

Ac·ces·soire <-s, -s> [aksɛˈsŏaːɐ̯] *nt meist pl* accessory

Ace·ton <-s, -e> [atseˈtoːn] *nt* acetone

ach [ax] **I.** *interj* ❶ (*jammernd, ärgerlich*) oh no!; **~, das sollte doch schon lange erledigt sein!** oh no! that was supposed to have been done ages ago!; **~ je!** oh dear [me]!; **~, rutsch mir doch den Buckel runter!** oh, go [and] take a running jump! ❷ (*also*) oh!; **~, so ist das also ...** oh, so that's how it is ... ❸ (*aha*) [oh,] I see!; **~ so, ich verstehe!** oh, I see!; **~ wirklich?** really? ❹ (*ganz und gar nicht*) **~ was!** come on! **II.** *adv* (*geh*) **sie glaubt von sich, sie sei ~ wie schön** she thinks she's oh so beautiful

Ach <-s, -[s]> [ax] *nt* (*Ächzen*) groan ▸ **mit**

Achse–achtmal 954

~ **und Krach** (*fam*) by the skin of one's teeth
Ach·se <-, -n> ['aksə] *f* ❶ AUTO axle ❷ (*Linie*) axis ▶ **auf ~ sein** (*fam*) to be on the move
Ach·sel <-, -n> ['aks|] *f* ❶ ANAT armpit ❷ (*fam: Schulter*) shoulder; **mit den ~n zucken** to shrug one's shoulders
Ach·sel·haa·re *pl* armpit hair **Ach·sel·höh·le** *f* armpit **Ach·sel·zu·cken** <-> *nt kein pl* shrug [of the shoulders] **ach·sel·zu·ckend I.** *adj* shrugging **II.** *adv* with a shrug [of the shoulders]
Ach·sen·bruch *m* broken axle
acht[1] <-, -en> [axt] *adj* eight; **~ mal drei sind gleich 24** eight times three is 24; **das kostet ~ Euro** that costs eight euros; **die Linie ~ fährt zum Bahnhof** the No. 8 goes to the station; **es steht ~ zu drei** the score is eight three [*or* 8-3]; **~ [Jahre alt] sein/werden** to be/turn eight [years old]; **mit ~ [Jahren]** at the age of eight, at eight [years old], as an eight-year-old; **~ Uhr sein** to be eight o'clock; **gegen ~ [Uhr]** [at] about eight [o'clock]; **um ~** at eight [o'clock]; **... [Minuten] nach/vor ~** ... [minutes] past/to eight [o'clock]; **kurz nach/vor ~ [Uhr]** just after/before eight [o'clock]; **alle ~ Tage** [regularly] every week; **heute/Freitag in ~ Tagen** a week today/on Friday; **heute/Freitag vor ~ Tagen** a week ago today/on Friday
acht[2] [axt] *adv* **wir waren zu ~** there were eight of us
Acht[1] <-, -en> [axt] *f* ❶ (*Zahl*) eight ❷ (*etw von der Form einer 8*) **ich habe eine ~ im Vorderrad** my front wheel is buckled; **auf dem Eis eine ~ laufen** to skate a figure of eight on the ice ❸ KARTEN **die Kreuz-~** the eight of clubs ❹ (*Verkehrslinie*) ■ **die ~** the [number] eight
Acht[RR2] [axt] *f* **~ geben** to be careful; **sie gab genau ~, was der Professor sagte** she paid careful attention to what the professor said; **auf jdn/etw ~ geben** to look after sb/sth; **etw außer ~ lassen** to not take sth into account; **sich [vor jdm/etw] in ~ nehmen** to be wary [of sb/sth]
acht·bar *adj* (*geh*) respectable
ach·te(r, s) ['axtə, -tə, -təs] *adj* ❶ (*nach dem siebten kommend*) eighth; **an ~r Stelle** [in] eighth [place]; **die ~ Klasse** third year of senior school BRIT, eighth grade AM ❷ (*Datum*) eighth; **heute ist der ~** it's the eighth today; **am ~n September** on the eighth of September
Ach·te(r) ['axtə] *f/m*) *dekl wie adj* ❶ (*Person*) ■ **der/die/das ~** the eighth; **du bist jetzt der ~, der fragt** you're the eighth person to ask; **als ~ an der Reihe** [*o* **dran**] **sein** to be the eighth [in line]; **~[r] sein/werden** to be/finish [in] eighth [place]; **als ~r durchs Ziel gehen** he finished eighth, he crossed the line in eighth place; **jeder ~** every eighth person, one in eight [people] ❷ (*bei Datumsangabe*) ■ **der ~** [*o geschrieben* **der 8.**] the eighth spoken, the 8th written; ■ **am ~n** on the eighth ❸ (*Namenszusatz*) **Karl der ~** [*o geschrieben* **Karl VIII**] Karl the Eighth spoken [*or written* Karl VIII]
Acht·eck ['axtʔɛk] *nt* octagon **acht·eckig** *adj* octagonal, eight-sided *attr*
ach·tel ['axt|] *adj* eighth
Ach·tel <-s, -> ['axt|] *nt* eighth
Ach·tel·fi·na·le *nt* round of the last sixteen **Ach·tel·no·te** *f* MUS quaver
ach·ten ['axtn̩] **I.** *vt* (*schätzen*) to respect **II.** *vi* ❶ (*aufpassen*) **~ auf jdn/etw** to look after sb/sth ❷ (*be~*) ■ **auf jdn/etw ~** to pay attention to sb/sth; **darauf ~, etw zu tun** to remember to do sth; **achtet aber darauf, dass ihr nichts umwerft!** be careful not to knock anything over!
äch·ten ['ɛçtn̩] *vt* ❶ (*verdammen*) to ostracize ❷ HIST (*proskribieren*) ■ **jdn ~** to outlaw sb
ach·tens ['axtn̩s] *adv* eighthly
Ach·ter·bahn *f* roller-coaster
ach·ter·lei ['axtɐ'laɪ] *adj* eight [different]; **~ Brot/Käse** eight [different] kinds of bread/cheese; **in ~ Farben/Größen** in eight [different] colours/sizes
acht·fach, 8-fach ['axtfax] **I.** *adj* eightfold; **die ~e Menge** eight times the amount; **bei ~er Vergrößerung** enlarged eight times; **in ~er Ausfertigung** eight copies of **II.** *adv* eightfold, eight times over
acht|ge·ben[ALT] *vi irreg* to be careful; **sie gab genau ~, was der Professor sagte** she paid careful attention to what the professor said; **auf jdn/etw ~** to look after sb/sth
acht·hun·dert ['axt'hʊndɐt] *adj* eight hundred
acht·jäh·rig, 8-jäh·rig[RR] ['axtjɛːrɪç] *adj* ❶ (*Alter*) eight-year-old *attr*, eight years old *präd*; **das ~e Jubiläum einer S.** *gen* the eighth anniversary of sth ❷ (*Zeitspanne*) eight-year *attr*; **eine ~e Amtszeit** an eight-year tenure
acht·kan·tig *adj* MATH octagonal ▶ **jdn ~ hinauswerfen** (*fam*) to throw sb out on his ear
acht·los I. *adj* careless **II.** *adv* without noticing; **~ ging er an ihr vorbei** he went past her without noticing
Acht·lo·sig·keit <-> *f* ❶ (*Unachtsamkeit*) carelessness ❷ (*unachtsames Verhalten*) thoughtlessness
acht·mal, 8-mal[RR] ['axtmaːl] *adv* eight

times; **~ so viel/so viele** eight times as much/as many

acht·sam ['axtza:m] **I.** *adj* (*geh*) careful; ■ **~ sein** to be careful **II.** *adv* (*geh*) carefully; **bitte gehen Sie sehr ~ damit um!** please take great care with this!

Acht·sam·keit <-> *f kein pl* (*geh*) care

Acht·stun·den·tag [axt'ʃtʊndn̩ta:k] *m* eight-hour day

acht·stün·dig, 8-stün·dig^{RR} ['axtʃtʏndɪç] *adj* eight-hour *attr*, lasting eight hours *präd*

acht·tä·gig, 8-tä·gig^{RR} ['axttɛ:gɪç] *adj* eight-day *attr*, lasting eight days *präd*

acht·tau·send ['axt'tauznt] *adj* ① (*Zahl*) eight thousand ② (*fam:* €*8000*) eight grand *no pl*, eight thou *no pl sl*, eight G's [*or* K's] *no pl* AM *sl*

Acht·und·sech·zi·ger(in) <-s, -> *m(f)* sb who took an active part in the demonstrations and student revolts of 1968

Ach·tung¹ ['axtʊŋ] *interj* ■ **~!** ① (*Vorsicht*) watch out!; **„~ Lebensgefahr!"** "danger [to life]!"; **„~ Stufe!"** "mind the step" ② (*Aufmerksamkeit*) [your] attention please! ▸ **~, fertig, los!** ready, steady, go!

Ach·tung² <-> ['axtʊŋ] *f kein pl* respect (**vor** for); **|keine| ~ vor jdm/etw haben** to have [no] respect for sb/sth; **alle ~!** well done!

Äch·tung <-, -en> *f* ① (*Verfemung*) ostracism ② (*Verdammung*) condemnation ③ HIST (*Erklärung der Acht*) outlawing

Ach·tungs·er·folg *m* reasonable success

acht·zehn ['axtse:n] *adj* eighteen; **ab ~ frei|gegeben| sein** *Film* for eighteens and over; ■ **~ Uhr** 6pm, 1800hrs *written*, eighteen hundred hours *spoken; s. a.* **acht**¹

acht·zig ['axtsɪç] *adj* ① (*Zahl*) eighty; **die Linie ~ fährt zum Bahnhof** the No. 80 goes to the station; **~ |Jahre alt| sein** to be eighty [years old]; **mit ~ |Jahren|** at the age of eighty, at eighty [years old], as an eighty-year-old; **über ~ sein** to be over eighty; **Mitte ~ sein** to be in one's mid-eighties ② (*fam: Stundenkilometer*) eighty [kilometres an hour]; **|mit| ~ fahren** to do eighty [kilometres an hour] ▸ **jdn auf ~ bringen** (*fam*) to make sb's blood boil, to make sb flip his/her lid; **auf ~ sein** (*fam*) to be hopping mad *fam*

Acht·zig <-> ['axtsɪç] *f* eighty

acht·zi·ger, 80er ['axtsɪgɐ] *adj attr* ① (*das Jahrzehnt von 80 bis 90*) **die ~ Jahre** the eighties, the '80s ② (*aus dem Jahr -80 stammend*) [from] '80; **ein ~ Jahrgang** an '80 vintage

acht·zig·ste(r, s) ['axtsɪçstə, -tə, -təs] *adj* eightieth; *s. a.* **achte(r, s)**

äch·zen ['ɛçtsn̩] *vi* ① (*stöhnen*) to groan ② (*knarren*) to creak

Acker <-s, Äcker> ['akɐ, *pl* 'ɛkɐ] *m* field

A·cker·bau *m kein pl* [arable] farming; **~ betreiben** to farm [the land] **A·cker·land** *nt kein pl* arable [farm]land

ackern ['akɐn] *vi* ① (*fam: hart arbeiten*) to slog away ② (*das Feld bestellen*) to till the soil

A·cker·sa·lat *m* DIAL lamb's lettuce

Acryl <-s> [a'kry:l] *nt* acrylic

Ac·tion <-> ['ɛkʃn̩] *f* (*fam*) action; **jede Menge ~** loads of action; **~ geladen** action packed

Ac·tion·film *m* action film

a. D. [a:'de:] *Abk von* **außer Dienst** retd.

A. D. [a:'de:] *Abk von* **Anno Domini** AD

ADAC <-> [a:de:ʔa:'tse:] *m kein pl Abk von* **Allgemeiner Deutscher Automobil-Club** German automobile club, ≈ AA BRIT, ≈ RAC BRIT, ≈ AAA AM

ad ac·ta [at 'akta] *adv* **etw ~ legen** (*geh*) to consider sth [as] finished

Adams·ap·fel *m* Adam's apple **Adams·kos·tüm** *nt* ▸ **im ~** (*hum fam*) in one's birthday suit

Adap·ta·ti·on <-, -en> [adapta'tsi̯o:n] *f* (*fachspr*) adaptation

Adap·ter <-s, -> [a'daptɐ] *m* adapter

adap·tie·ren* [adap'ti:rən] **I.** *vt* ① (*umarbeiten*) to adapt (**für** for) ② ÖSTERR (*herrichten*) to renovate **II.** *vr* ■ **sich an etw** *akk* **~** to adapt to sth

adä·quat [adɛ'kva:t] *adj* adequate; *Position, Stellung* suitable; **~e Kritik** valid criticism; ■ **einer S.** *dat* **~ sein** to be appropriate to sth

ad·die·ren* [a'di:rən] **I.** *vt* to add up *sep*; ■ **etw zu etw** *dat* **~** to add sth to sth **II.** *vi* to add; **ich habe mich beim A~ vertan** I've made a mistake counting

Ad·di·ti·on <-, -en> [adi'tsi̯o:n] *f* addition

Ad·di·tiv <-s, -e> [adi'ti:f, *pl* adi'ti:və] *nt* additive

ade [a'de:] *interj* SÜDD goodbye

Adel <-s> ['a:dl̩] *m kein pl* nobility, aristocracy; **~ verpflichtet** noblesse oblige; **jdm den ~ verleihen** to bestow a title on sb, to raise sb to the peerage BRIT; **alter ~** ancient nobility; **von ~** of noble birth

ade·lig ['a:dəlɪç] *adj s.* **adlig**

Ade·li·ge(r) ['a:dəlɪgə, -gə] *f(m) dekl wie adj s.* **Adlige(r)**

adeln ['a:dl̩n] *vt* ① (*den Adel verleihen*) to bestow a title on ② (*geh: auszeichnen*) to ennoble

Adels·ti·tel *m* title [of nobility]

Ader <-, -n> ['a:dɐ] *f* ① (*Vene*) vein; (*Schlagader*) artery ② (*Begabung*) **eine ~ für etw** *akk* **haben** to have a talent for sth; **eine künstlerische ~ haben** to have an artistic bent

Ader·lass[RR] <-es, -lässe> *m*, **Ader·laß**[ALT] <-lasses, -lässe> *m* ❶ (*geh: fühlbarer Verlust*) drain ❷ MED (*veraltet*) bleeding

ADFC [a:de:ʔɛftse:] *m Akr von* **Allgemeiner Deutscher Fahrrad-Club** ≈ Royal Cycling Club

adi·eu [aˈdjøː] *interj* (*geh*) *s.* **ade**

Ad·jek·tiv <-s, -e> [ˈatjɛktiːf, *pl* -iːvə] *nt* adjective

ad·jek·ti·visch [ˈatjɛktiːvɪʃ] **I.** *adj* adjectival **II.** *adv* adjectivally

Ad·ler <-s, -> [ˈaːdlɐ] *m* eagle

Ad·ler·na·se *f* aquiline nose

ad·lig [ˈaːdlɪç] *adj* aristocratic, noble; ■ **~ sein** to have a title

Ad·li·ge(r) [ˈaːdlɪɡə, -ɡe] *f(m) dekl wie adj* aristocrat, nobleman *masc*, noblewoman *fem*

Ad·mi·nis·tra·ti·on <-, -en> [atmɪnɪstraˈtsjoːn] *f* administration

ad·mi·nis·tra·tiv [atmɪnɪstraˈtiːf] **I.** *adj* administrative **II.** *adv* administratively

Ad·mi·ral(in) <-s, -e *o* Admiräle> [atmiˈraːl, *pl* -rɛːlə] *m(f)* admiral

adop·tie·ren [adɔpˈtiːrən] *vt* to adopt

Adop·ti·on <-, -en> [adɔpˈtsjoːn] *f* adoption; **ein Kind zur ~ freigeben** to put a child up for adoption

Adop·tiv·el·tern [adɔpˈtiːf-] *pl* adoptive parents **Adop·tiv·kind** *nt* adopted child

Adr. *f Abk von* **Adresse** addr.

Ad·re·na·lin <-s> [adrenaˈliːn] *nt kein pl* adrenalin *no pl*

Ad·re·na·lin·spie·gel *m* adrenalin level **Ad·re·na·lin·stoß** *m* rush of adrenalin

Ad·res·sat(in) <-en, -en> [adrɛˈsaːt] *m(f)* (*geh: Empfänger*) addressee

Ad·ress·buch[RR] *nt* ❶ (*amtliches Adressverzeichnis*) directory ❷ (*Notizbuch für Adressen*) address book

Ad·res·se <-, -n> [aˈdrɛsa] *f* ❶ (*Anschrift*) address ❷ INFORM (*Kennzeichen für einen Speicherplatz einer Datei*) address ❸ (*Name*) **eine gute ~** a leading name ▶ **bei jdm [mit etw *dat*] an der falschen/richtigen ~ sein** to have addressed the wrong/right person [with sth]; **sich an die falsche/richtige ~ wenden** (*fam*) to knock at the wrong/right door

ad·res·sie·ren* [adrɛˈsiːrən] *vt* to address (**an** to)

ad·rett [aˈdrɛt] **I.** *adj* (*hübsch, gepflegt*) smart **II.** *adv* smartly; **sie ist immer ~ gekleidet** she's always neatly turned out

Ad·ria <-> [ˈaːdria] *f* Adriatic [Sea]

ad·ri·a·tisch [adriˈaːtɪʃ] *adj* Adriatic; ■ **das ~ e Meer** the Adriatic Sea

Ad·vent <-s, -e> [atˈvɛnt] *m* Advent [season]; ■ **im ~** during [the] Advent [season]; **erster ~** first Sunday in Advent

Ad·vents·ka·len·der *m* Advent calendar **Ad·vents·kranz** *m* Advent wreath **Ad·vents·zeit** *f* Advent [season]

Ad·verb <-s, -ien> [atˈvɛrp, *pl* -bjən] *nt* adverb

ad·ver·bi·al [atvɛrˈbjaːl] **I.** *adj* adverbial **II.** *adv* adverbially

Ad·vo·kat(in) <-en, -en> [atvoˈkaːt] *m(f)* ❶ ÖSTERR, SCHWEIZ (*Rechtsanwalt*) lawyer, solicitor BRIT, attorney AM ❷ (*geh: Fürsprecher*) advocate

Ad·vo·ka·tur <-, -en> [atvokaˈtuːɐ] *f* SCHWEIZ ❶ (*Amt eines Advokaten*) legal profession ❷ (*Kanzlei eines Advokaten*) lawyer's office

Ae·ro·bic <-s> [ɛˈroːbɪk] *nt kein pl* aerobics + *sing/pl vb*

Ae·ro·dy·na·mik [aerodyˈnaːmɪk] *f* aerodynamics + *sing/pl vb* **ae·ro·dy·na·misch** [aerodyˈnaːmɪʃ] **I.** *adj* aerodynamic **II.** *adv* aerodynamically

Af·fä·re <-, -n> [aˈfɛːrə] *f* ❶ (*Angelegenheit*) business *no pl* ❷ (*Liebesabenteuer*) [love] affair ❸ (*unangenehmer Vorfall*) affair; (*Skandal*) scandal; **in eine ~ verwickelt sein** to be involved in an affair ▶ **sich aus der ~ ziehen** (*fam*) to wriggle out of a sticky situation

Af·fe <-n, -n> [ˈafə] *m* ❶ (*Tier*) ape, monkey ❷ (*sl: blöder Kerl*) twit; **ein eingebildeter ~** (*fam*) a conceited ass ▶ **ich glaub', mich laust der ~!** (*fam*) I think my eyes are deceiving me!

Af·fekt <-[e]s, -e> [aˈfɛkt] *m* affect; **im ~ handeln** to act in the heat of the moment

Af·fekt·hand·lung *f* act committed in the heat of the moment

af·fek·tiert [afɛkˈtiːɐt] **I.** *adj* (*pej geh*) affected **II.** *adv* (*pej geh*) affectedly

af·fen·ar·tig *adj* apelike, like a monkey *präd* **af·fen·geil** [ˈafn̩ɡail] *adj* (*sl*) wicked **Af·fen·hit·ze** [ˈafn̩hɪtsə] *f* (*fam*) scorching heat **Af·fen·kä·fig** *m* monkey cage **Af·fen·schan·de** *f* (*fam*) it's a sin *fam* **Af·fen·tem·po** *nt* (*fam*) breakneck speed; **in einem ~** at breakneck speed **Af·fen·the·a·ter** *nt* (*fam*) (*furchtbare Umstände*) [sheer] farce ▶ **[wegen etw *gen*] ein ~ machen** (*fam*) to make a right [*or* AM real] fuss [about sth] **Af·fen·zahn** *m* (*sl*) breakneck speed

Af·fi·che <-, -n> [aˈfiʃə] *f* SCHWEIZ (*Plakat*) poster

af·fig [ˈafɪç] **I.** *adj* (*pej fam*) affected **II.** *adv* (*pej fam*) affectedly

Af·fin <-, -nen> [ˈɛfɪn] *f fem form von* **Affe 1**

Af·front <-s, -s> [aˈfrõː] *m* (*geh*) affront

Af·gha·ne, Af·gha·nin <-n, -n> [afˈɡaːnə,

-'ga:nɪn] *m*, *f* Afghan; *s. a.* **Deutsche(r)**
af·gha·nisch [afˈgaːnɪʃ] *adj* Afghan; *s. a.* deutsch
Af·gha·nis·tan <-s> [afˈgaːnɪstaːn] *nt* Afghanistan; *s. a.* **Deutschland**
Afri·ka <-s> [ˈaːfrika] *nt* Africa
Afri·ka·ner(in) <-s, -> [afriˈkaːnɐ] *m(f)* African; ■ ~ **sein** to be [an] African
afri·ka·nisch [afriˈkaːnɪʃ] *adj* African
Afro-ame·ri·ka·ner(in) [ˈaːfro-] *m(f)* Afro-American
afro-ame·ri·ka·nisch [ˈaːfro-] *adj* Afro-American
Afro-look^RR, **Afro Look**^ALT <-s, -s> [ˈaːfroluk] *m* Afro[-look]
Af·ter <-s, -> [ˈaftɐ] *m* (*geh*) anus
Af·ter-Shave^RR, **Af·ter·shave**^RR, **Af·ter-shave**^ALT <-[s], -s> [ˈaːftɐʃeːf] *nt* aftershave
AG <-, -s> [aːˈgeː] *f Abk von* **Aktiengesellschaft** plc, public limited company BRIT, [stock] corporation AM
Ägä·is <-> [ɛˈgɛːɪs] *f* the Aegean [Sea]
Aga·ve <-, -n> [aˈgaːvə] *f* agave
Agent(in) <-en, -en> [aˈgɛnt] *m(f)* ❶ (*Spion*) spy ❷ (*Generalvertreter*) agent
Agen·tur <-, -en> [agɛnˈtuːɐ̯] *f* agency
Agen·tur·be·richt *m* [news] agency report
Agen·tur·mel·dung *f* agency report
Ag·glo·me·ra·ti·on <-, -en> [aglomeraˈtsi̯oːn] *f* SCHWEIZ (*Ballungsraum*) conurbation
Ag·gre·gat <-[e]s, -e> [agreˈgaːt] *nt* unit; (*Stromaggregat*) power unit
Ag·gres·si·on <-, -en> [agrɛˈsi̯oːn] *f* aggression; ~**en gegen jdn/etw empfinden** to feel aggressive towards sb/sth
ag·gres·siv [agrɛˈsiːf] **I.** *adj* aggressive **II.** *adv* aggressively
Ag·gres·si·vi·tät <-, -en> [agrɛsiviˈtɛːt] *f* aggressiveness
agie·ren* [aˈgiːrən] *vi* (*geh*) to act
agil [aˈgiːl] *adj* (*geh*) agile
Agi·ta·ti·on <-, -en> [agitaˈtsi̯oːn] *f* agitation
Agi·ta·tor, Agi·ta·to·rin <-en, -toren> [agiˈtaːtoːɐ̯, -ˈtoːrɪn, *pl* -ˈtoːrən] *m*, *f* agitator
agi·ta·to·risch [agitaˈtoːrɪʃ] **I.** *adj* inflammatory **II.** *adv* for purposes of agitation
Ago·nie <-, -n> [agoˈniː, *pl* -ˈniːən] *f* (*geh*) death throes *npl*
Agrar·flä·che *f* agrarian land **Agrar·markt** *m* agricultural market **Agrar·po·li·tik** *f* agricultural policy **Agrar·wirt·schaft** *f* agricultural economy
Ägyp·ten <-s> [ɛˈgʏptn̩] *nt* Egypt
Ägyp·ter(in) <-s, -> [ɛˈgʏptɐ] *m(f)* Egyptian; ■ ~ **sein** to be [an] Egyptian
ägyp·tisch [ɛˈgʏptɪʃ] *adj* Egyptian

ah [aː] *interj* ❶ (*sieh an*) ah, oh; ~, **jetzt verstehe ich** ah, now I understand; ~, **da kommt ja unser Essen!** oh look, here comes our food ❷ (*Ausdruck von Wohlbehagen*) mmm; ~, **das schmeckt lecker!** mmm, that tastes lovely!
Ah *Abk von* **Amperestunde** ampere-hour
aha [aˈhaː] *interj* ❶ (*ach so*) aha; ~, **ich verstehe!** aha, I understand ❷ (*sieh da*) look!
Aha-Er·leb·nis [aˈhaː-] *nt* PSYCH aha experience
ahn·den [ˈandn̩] *vt* (*geh*) to punish
Ah·ne, Ah·ne <-n, -n> [ˈaːnə] *m*, *f* (*geh*) ancestor *masc*, ancestress *fem*
äh·neln [ˈɛːnl̩n] *vt* to resemble; **du ähnelst meiner Frau** you remind me of my wife
ah·nen [ˈaːnən] *vt* ❶ (*vermuten*) to suspect; **na, ahnst du jetzt, wohin wir fahren?** well, have you guessed where we're going yet? ❷ (*voraussehen*) ■ **etw** ~ to have a premonition of sth ❸ (*er-*) to guess [at]; **das kann/konnte ich doch nicht** ~**!** how can/could I know that?; **ohne es zu** ~ without suspecting; **etwas/nichts** ~ to have an/no idea (**von** about)
Ah·nen·for·schung *f* genealogy **Ah·nen·rei·he** *f* ancestral line **Ah·nen·ta·fel** *f* genealogical table
ähn·lich [ˈɛːnlɪç] **I.** *adj* similar; ■ ~ **wie jd/etw sein** to be similar to sb/sth; ■ [**etwas**] **Ähnliches** [something] similar **II.** *adv* (*vergleichbar*) similarly; ■ **jdm** ~ **sehen** to look like sb ▶ **das sieht ihm/ihr** [**ganz**] ~**!** (*fam*) that's just like him/her *fam*
Ähn·lich·keit <-, -en> *f* ❶ (*ähnliches Aussehen*) resemblance; **man konnte eine gewisse** ~ **feststellen** there was a certain similarity; **sie hat eine große** ~ **mit ihrem Vater** she bears a great resemblance to her father ❷ (*Vergleichbarkeit*) similarity ❸ (*ähnliche Züge*) ■ **mit jdm/etw** ~ **haben** to resemble sb/sth ❹ (*vergleichbar sein*) ■ **mit etw** *dat* ~ **haben** to be similar to sth
Ah·nung <-, -en> *f* ❶ (*Vorgefühl*) premonition; ~**en haben** to have premonitions ❷ (*Vermutung*) suspicion; **es ist eher so eine** ~ it's more of a hunch *fam* ❸ (*Idee*) idea; **keine** ~ **haben** to have no idea; **keine blasse** ~ **haben** to not have the faintest idea; **hast du eine** ~**!** (*iron fam*) that's what you think!; ~**/keine** ~ [**von etw** *dat*] **haben** to understand/to not understand [sth]; **man merkt gleich, dass sie** ~ **hat** you can see straight away that she knows what she's talking about; **keine** ~**!** (*fam*) [I've] no idea!
ah·nungs·los I. *adj* ❶ (*etw nicht ahnend*) unsuspecting ❷ (*unwissend*) ignorant **II.** *adv* unsuspectingly

Ahorn <-s, -e> ['a:hɔrn] *m* ① (*Baum*) maple [tree] ② (*Holz*) maple [wood]

Äh·re <-, -n> ['ɛːrə] *f* ① (*Samenstand*) ear ② (*Blütenstand*) spike

Aids <-> [eːts] *nt Akr von* Acquired Immune Deficiency Syndrome Aids **Aids·er·re·ger** *m* Aids virus **Aids·hil·fe** *f* Aids relief **aids·in·fi·ziert** *adj* infected with Aids *pred* **Aids·in·fi·zier·te(r)** *f(m) dekl wie adj* person infected with Aids **aids·krank** *adj* suffering from Aids **Aids·kran·ke(r)** *f(m) dekl wie adj* person suffering from Aids **Aids·test** *m* Aids test **Aids·über·tra·gung** *f* Aids transmission **Aids·vi·rus** *nt* Aids virus

Air·bag <-s, -s> ['ɛːɐ̯bɛk] *m* airbag **Air·bus** ['ɛːɐ̯bʊs] *m* airbus

Aja·tol·lah <-s, -s> [aja'tɔla] *m* Ayatollah

Aka·de·mie <-, -en> [akade'miː, *pl* -'miːən] *f* ① (*Fachhochschule*) college ② (*wissenschaftliche Vereinigung*) academy

Aka·de·mi·ker(in) <-s, -> [aka'deːmikɐ] *m(f)* ① (*Hochschulabsolvent*) graduate ② (*Hochschullehrkraft*) academic

aka·de·misch [aka'deːmɪʃ] **I.** *adj* academic **II.** *adv* ~ **gebildet sein** to be academically educated

Aka·zie <-, -n> [a'kaːtsi̯ə] *f* ① (*Acacia*) acacia ② (*Robinia pseudoacacia*) robinia

ak·kli·ma·ti·sie·ren* [aklimati'ziːrən] *vr* ① (*sich gewöhnen*) ■ **sich ~** to become acclimatized ② (*sich einleben*) to get used to sth **Ak·kli·ma·ti·sie·rung** <-, -en> *f* acclimatization

Ak·kord¹ <-[e]s, -e> [a'kɔrt, *pl* -kɔrdə] *m* chord

Ak·kord² <-[e]s, -e> [a'kɔrt, *pl* -kɔrdə] *m* piece-work; ■ **im ~ arbeiten** to be on piece-work

Ak·kord·ar·beit *f* piece-work

Ak·kor·de·on <-s, -s> [a'kɔrdeɔn] *nt* accordion

Ak·ku <-s, -s> ['aku] *m* (*fam*) *kurz für* **Akkumulator** accumulator, [storage] battery

ak·ku·rat [aku'raːt] **I.** *adj* ① (*sorgfältig*) meticulous ② (*exakt*) accurate **II.** *adv* ① (*sorgfältig*) meticulously ② (*exakt*) accurately

Ak·ku·sa·tiv <-s, -e> ['akuzatiːf, *pl* -tiːvə] *m* accusative [case]

Ak·ku·sa·tiv·ob·jekt *nt* accusative object

Ak·ne <-, -n> ['aknə] *f* acne

ak·qui·rie·ren [akvi'riːrən] *vt* ① (*veraltet: erwerben*) to acquire ② ÖKON (*werben*) *Aufträge* to procure; **Kunden ~** to win clients

akri·bisch [a'kriːbɪʃ] **I.** *adj* (*geh*) meticulous **II.** *adv* (*geh*) meticulously

Akro·bat(in) <-en, -en> [akro'baːt] *m(f)* acrobat

Akro·ba·tik <-> [akro'baːtɪk] *f kein pl* ① (*Körperbeherrschung und Geschicklichkeit*) acrobatic skill ② (*Diszplin*) acrobatics + *sing vb*

akro·ba·tisch *adj* acrobatic

Akro·nym <-s, -e> [akro'nyːm] *nt* acronym

Akt¹ <-[e]s, -e> [akt] *m* ① (*Darstellung eines nackten Menschen*) nude [painting] ② (*Handlung*) act; **ein ~ der Rache** an act of revenge ③ (*Zeremonie*) ceremony ④ (*Aufzug eines Theaterstücks*) act

Akt² <-[e]s, -en> [akt] *m* ÖSTERR (*Akte*) file

Ak·te <-, -n> ['aktə] *f* file; **die ~ Borgfeld** the Borgfeld file; **etw zu den ~n legen** (*ablegen*) to file sth away; (*als erledigt betrachten*) to lay sth to rest

Ak·ten·kof·fer *m* briefcase **ak·ten·kun·dig** *adj* ① (*mit dem Inhalt der Akte vertraut sein*) familiar with the records *präd* ② (*in Akten vermerkt*) on record ▶ **sich ~ machen** to make oneself familiar with the records **Ak·ten·ord·ner** *m* file binder **Ak·ten·schrank** *m* filing cabinet **Ak·ten·ta·sche** *f* briefcase **Ak·ten·zei·chen** *nt* file reference [number]

Akt·fo·to *nt* nude photograph

Ak·tie <-, -n> ['aktsi̯ə] *f* BÖRSE share, stock *esp* AM; **die ~n stehen gut/schlecht** (*einen guten Kurs haben*) the shares are doing well/badly; (*fig: die Umstände sind vorteilhaft*) things are/aren't looking good

Ak·ti·en·fonds *m* share fund **Ak·ti·en·ge·sell·schaft** *f* ÖKON public limited company BRIT, [stock] corporation AM **Ak·ti·en·in·dex** *m* share index **Ak·ti·en·kurs** *m* share [*or* AM *a.* stock] price **Ak·ti·en·markt** *m* stock market

Ak·ti·on <-, -en> [ak'tsi̯oːn] *f* ① (*Handlung*) action; **in ~ sein** to be [constantly] in action; **in ~ treten** to come into action ② (*Sonderverkauf*) sale ③ (*Militär- ·, Werbe~*) campaign

Ak·ti·o·när(in) <-s, -e> [aktsi̯o'nɛːɐ̯] *m(f)* FIN shareholder, AM *a.* stockholder

Ak·ti·ons·preis *m* special offer **Ak·ti·ons·ra·di·us** *m* ① (*Reichweite*) radius of action ② (*Wirkungsbereich*) sphere of activity

ak·tiv [ak'tiːf] **I.** *adj* active; (*berufstätig*) working; ■ **in etw** *dat* **~ sein** to be active in sth **II.** *adv* actively

Ak·tiv <-s, *selten* -e> [ak'tiːf, *pl* -tiːvə] *nt* LING active [voice]

Ak·ti·va [ak'tiːva] *pl* ÖKON assets; **~ und Passiva** assets and liabilities

ak·ti·vie·ren* [akti'viːrən] *vt* ① (*anspornen*) ■ **jdn ~** to get sb moving ② (*aktiver gestalten*) to intensify ③ (*stimulieren*) to stimulate ④ (*in Gang setzen*) to activate; **einen Prozess ~** to set a process in motion

Ak·ti·vie·rung <-, -en> f activation; **dieses Mittel dient zur ~ der körpereigenen Abwehrkräfte** this preparation serves to activate the body's defences

Ak·ti·vist(in) <-en, -en> [akti'vɪst] m(f) activist

Ak·ti·vi·tät <-, -en> [aktivi'tɛːt] f ① (*Tätigkeit*) activity; **~[en] entfalten** to be active ② (*Funktion*) function

Akt·ma·le·rei f nude painting **Akt·mo·dell** nt nude model

ak·tu·a·li·sie·ren* vt to update; ■ **aktualisiert** updated

Ak·tu·a·li·sie·rung <-, -en> [aktuali'ziːrʊŋ] f update

Ak·tu·a·li·tät <-, -en> [aktuali'tɛːt] f ① (*Gegenwartsinteresse*) topicality ② pl (*geh: aktuelle Ereignisse*) current events

ak·tu·ell [ak'tuɛl] adj ① (*gegenwärtig*) topical; **die ~sten Nachrichten** the latest news; **~e Vorgänge** current events; ■ **Aktuelles** topicalities, news ② (*modern*) latest; **solche Schuhe sind schon lange nicht mehr ~** shoes like that haven't been in fashion for ages

Akt·zeich·nung f nude drawing

Aku·pres·sur <-, -en> [akuprɛ'suːɐ] f acupressure

aku·punk·tie·ren* [akupʊŋk'tiːrən] vt, vi to perform acupuncture [on sb]

Aku·punk·tur <-, -en> [akupʊŋktuːɐ] f acupuncture

Akus·tik <-> [a'kʊstɪk] f kein pl acoustics + pl vb; **der Raum hat eine gute ~** the room has good acoustics

akus·tisch [a'kʊstɪʃ] **I.** adj acoustic **II.** adv acoustically; **ich habe dich rein ~ nicht verstanden** I just didn't hear what you said

akut [a'kuːt] adj ① (*plötzlich auftretend*) acute ② (*dringend*) urgent

AKW <-s, -s> [aːkaː'veː] nt Abk von **Atomkraftwerk**

Ak·zent <-[e]s, -e> [ak'tsɛnt] m ① (*Aussprache*) accent; **mit ~ sprechen** to speak with an accent ② LING (*Zeichen*) accent ③ (*Betonung*) stress ④ (*Schwerpunkt*) emphasis; **den ~ auf etw** akk **legen** to emphasize sth; **~e setzen** (*Vorbilder schaffen*) to set [new] trends

ak·zent·frei adj, adv without an accent

ak·zen·tu·ie·ren* [aktsɛntu'iːrən] vt (*geh*) ① (*betonen*) to emphasize ② (*hervorheben*) to accentuate

ak·zep·ta·bel [aktsɛp'taːbl] adj acceptable (**für** to)

Ak·zep·tanz <-> [aktsɛp'tants] f acceptance

ak·zep·tie·ren* [aktsɛp'tiːrən] vt, vi to accept

Ala·bas·ter <-s, -> [ala'bastɐ] m alabaster

Alarm <-[e]s, -e> [a'larm] m ① (*Warnsignal*) alarm; ■ **~ schlagen** to raise the alarm ② (*Alarmzustand*) alert; ■ **bei ~** during an alert; ■ **~!** alert!

Alarm·an·la·ge f alarm [system] **Alarm·be·reit·schaft** f stand-by; ■ **~ haben** to be on stand-by; ■ **in ~ sein** to be on stand-by; **jdn/etw in ~ versetzen** to put sb/sth on stand-by

alar·mie·ren* [alar'miːrən] vt ① (*zum Einsatz rufen*) to call out ② (*aufschrecken*) to alarm

Alar·mis·mus <-> [alar'mɪsmʊs] m kein pl (*pej*) alarmism

Alar·mist(in) <-en, -en> [alar'mɪst] m(f) alarmist

alar·mis·tisch adj (*pej geh*) alarmist

Alarm·sig·nal nt alarm signal **Alarm·stu·fe** f state of alert

Alaska [a'laska] nt Alaska

Al·ba·ner(in) <-s, -> [al'baːnɐ] m(f) Albanian; s. a. **Deutsche(r)**

Al·ba·ni·en <-s> [al'baːnjən] nt Albania; s. a. **Deutschland**

al·ba·nisch [al'baːnɪʃ] adj Albanian; s. a. **deutsch**

Al·ba·tros <-, -se> ['albatrɔs] m albatross

Al·ben [albən] pl von **Album**

al·bern¹ ['albɐn] **I.** adj ① (*kindisch*) childish ② (*lächerlich*) trivial **II.** adv childishly

al·bern² ['albɐn] vi to fool around

Al·bern·heit <-, -en> f ① (*kindisches Wesen*) childishness ② (*Lächerlichkeit*) triviality ③ (*kindische Handlung*) tomfoolery

Al·bi·no <-s, -s> [al'biːno] m albino

Alb·traumᴿᴿ m nightmare

Al·bum <-s, Alben> ['albʊm, pl 'albən] nt album

Al·che·mie <-> [alçə'miː], **Al·chi·mie** <-> [alçi'miː] f bes ÖSTERR alchemy

al den·te [al 'dɛntə] adj al dente ([*of pasta*] *tender but still firm when bitten*)

Al·ge <-, -n> ['algə] f alga

Al·ge·bra <-> ['algebra] f algebra

Al·gen·pest f ÖKOL plague of algae

Al·ge·ri·en <-s> [al'geːrjən] nt Algeria; s. a. **Deutschland**

Al·ge·ri·er(in) <-s, -> m(f) Algerian; s. a. **Deutsche(r)**

al·ge·risch [al'geːrɪʃ] adj Algerian; s. a. **deutsch**

Al·go·rith·mus <-, -men> [algo'rɪtmʊs] m algorithm

ali·as ['aːli̯as] adv alias

Ali·bi <-s, -s> ['aːlibi] nt ① (*Aufenthaltsnachweis zur Tatzeit*) alibi ② (*Vorwand*) excuse

Ali·bi·funk·ti·on f use as an alibi; ■ [**nur**] **~**

Alien – Alleinherrscher

haben to [only] serve as an alibi
Alien <-, -s> ['eɪlɪən] m alien
Ali·men·te [ali'mɛntə] pl maintenance no pl, alimony no pl AM
Al·ko·hol <-s, -e> ['alkoho:l] m alcohol
Al·ko·hol·ein·fluss[RR] m (geh) influence of alcohol; **unter ~ stehen** to be under the influence of alcohol [or BRIT a. drink] **Al·ko·hol·ein·wir·kung** f influence of alcohol **Al·ko·hol·fah·ne** f (fam) alcohol breath; ■**ei·ne ~ haben** to smell of alcohol **al·ko·hol·frei** adj non-alcoholic **Al·ko·hol·ge·halt** m alcohol[ic] content **Al·ko·hol·ge·nuss**[RR] m (geh) consumption of alcohol **al·ko·hol·hal·tig** adj alcoholic
Al·ko·ho·li·ker(in) <-s, -> [alko'ho:likɐ] m(f) alcoholic; **~ sein** to be [an] alcoholic; **Anonyme ~** Alcoholics Anonymous
al·ko·ho·lisch [alko'ho:lɪʃ] adj alcoholic
al·ko·ho·li·siert [alkoholi'zi:ɐnt] **I.** adj (geh) inebriated **II.** adv (geh) inebriatedly
Al·ko·ho·lis·mus <-> [alkoho'lɪsmʊs] m alcoholism
Al·ko·hol·kon·sum m consumption of alcohol **al·ko·hol·krank** adj alcoholic **Al·ko·hol·lei·che** f (hum fam) alcohol casualty, person in an alcohol-induced stupor **Al·ko·hol·miss·brauch**[RR] m kein pl alcohol abuse **Al·ko·hol·pe·gel** m (hum), **Al·ko·hol·spie·gel** m level of alcohol in one's blood **Al·ko·hol·pro·blem** nt (fam) drink problem **al·ko·hol·süch·tig** adj alcoholic **Al·ko·hol·sün·der(in)** m(f) (fam) [convicted] drunk driver fam **Al·ko·hol·test** m breath test fam **Al·ko·hol·ver·bot** nt ban on alcohol, esp AM prohibition **Al·ko·hol·ver·gif·tung** f alcohol poisoning **Al·ko·hol·wir·kung** f effect of alcohol
all [al] pron indef all; ■ **~ jds ...** all sb's ....; **sie gab ihnen ~ ihr Geld** she gave them all her money; ■ **~ der/die/das/dies ...** all the/this ...; **~ dies soll umsonst gewesen sein?** all this was for nothing?
All <-s> [al] nt kein pl space
all·abend·lich [al'ʔa:bntlɪç] **I.** adj regular evening attr; **der ~e Spaziergang** the regular evening walk **II.** adv every evening
Al·lah ['ala:] m REL Allah
all·dem [al'de:m] pron all that; **trotz ~** in spite of that
al·le ['alə] adj präd (fam: gegessen) ■ **~ sein** to be all gone; **etw ~ machen** to finish sth off sep
al·le(r, s) ['alə, -lɐ, -ləs] pron indef ❶ attr (mit Singular); **er hat ~s Geld verloren** he's lost all his money; **[ich wünsche dir] ~s Gute** [I wish you] all the best; (mit Plural) all, all the; **ich bitte ~e Anwesenden** I call on all those present ❷ substantivisch ■ **~** all of you, everyone, all of them; **und damit sind ~ gemeint** and that means everyone; **ihr seid ~ beide Schlitzohren!** you're both a couple of crafty devils!; **wir haben ~ kein Geld mehr** none of us have any money left; ■ **~ die[jeni·gen], die** everyone, who ❸ substantivisch (~ Dinge) ■**alles** everything; **ist das schon ~s?** is that all? ❹ substantivisch (insgesamt) ■**alles** all [that]; **das ist doch ~s Unsinn** that's all nonsense ❺ (bei Zeit und Maßangaben) every; **~ fünf Minuten** every five minutes; **das ist ~s** that's everything; **auf einmal** all at once; **redet nicht ~ auf einmal** don't all speak at once; **in ~ m** in everything; **~s in ~ m** (insgesamt betrachtet) all in all; (zusammengerechnet) in all; **trotz ~m** in spite of everything; **über ~s** above all else; **vor ~m** (insbesondere) above all; (hauptsächlich) primarily; **was habt ihr im Urlaub so ~s gemacht?** what did you get up to on holiday?; **was er ~s so weiß** the things he knows; **~s, was ich weiß, ist ...** all I know is that ...; **wer war ~s da?** who was there? ▶ **[wohl] nicht mehr ~ haben** (fam) to be mad; **~ für einen und einer für ~** all for one and one for all
Al·lee <-, -n> [a'le:, pl -le:ən] f avenue
al·lein [a'lajn], **al·lei·ne** [a'lajnə] (fam) **I.** adj präd ❶ (ohne andere) alone; **jdn ~ lassen** to leave sb alone; **wir sind jetzt endlich ~** we're on our own at last; **sind Sie ~ oder in Begleitung?** are you by yourself or with someone? ❷ (einsam) lonely ❸ (ohne Hilfe) on one's own; **für sich ~** by oneself; **er arbeitet lieber für sich ~** he prefers to work alone ▶ **für sich ~ [genommen]** in itself **II.** adv ❶ (bereits) just; **~ der Schaden war schon schlimm genug** the damage alone was bad enough; **der Gedanke daran ~** the mere thought of it ❷ (ausschließlich) exclusively; **das ist ~ deine Entscheidung** it's your decision [and yours alone] ❸ (ohne Hilfe) by oneself; **er kann sich schon ~ anziehen** he can already dress himself; **~ erziehend sein** to be a single parent; **von ~** by itself/oneself; **ich wäre auch von ~ darauf gekommen** I would have thought of it myself ❹ (unbegleitet) unaccompanied; (isoliert) alone; **sich ~ gelassen fühlen** to feel abandoned; **~ stehend** single
Al·lein·er·be, -er·bin m, f sole heir masc [or fem heiress] **Al·lein·er·zie·hen·de(r)** f(m) dekl wie adj single parent **Al·lein·gang** <-gänge> m (fam) solo effort; **etw im ~ machen** to do sth on one's own **Al·lein·herr·schaft** f absolute power **Al·lein·herr·scher(in)** m(f) (geh) absolute ruler

al·lei·nig [a'lainɪç] **I.** *adj attr* sole **II.** *adv* (*geh*) solely

Al·lein·sein *nt kein pl* solitariness; (*Einsamkeit*) loneliness; **manche Menschen macht das ~ nichts aus** some people don't mind being alone **al·lein·ste·hend**ᴬᴸᵀ *adj* single **Al·lein·ste·hen·de(r)** *f(m) dekl wie adj* unmarried person **Al·lein·un·ter·hal·ter(in)** *m(f)* solo entertainer

al·le·mal ['alə'ma:l] *adv* ❶ (*ohne Schwierigkeit*) without any trouble; **was er kann, kann ich ~** whatever he can do, I can do, too ❷ (*in jedem Fall*) **ein für ~** once and for all

al·len·falls ['alən'fals] *adv* at [the] most, at best

al·ler·bes·te(r, s) ['alɐ'bɛstə, -tə, -təs] *adj* very best; **ich wünsche dir das Allerbeste** I wish you all the best; **es ist das A~, zu schweigen** it's best to keep quiet

al·ler·dings ['alɐ'dɪŋs] *adv* ❶ (*jedoch*) although; **ich rufe dich an, ~ erst morgen** I'll call you, although not till tomorrow ❷ (*in der Tat*) definitely; **~!** indeed!, Aᴍ *a.* you bet! *fam;* **hast du mit ihm gesprochen? — ~!** did you speak to him? — I certainly did!

al·ler·ers·te(r, s) ['alɐ'ʔe:ɐ̯stə, -tə, -təs] *adj* the [very] first; ▪ **als A~r** the first; ▪ **als A~s** first of all **al·ler·frü·hes·tens** *adv* at the [very] earliest

Al·ler·gie <-, -n> [alɐ'gi:, -pl -gi:ən] *f* allergy; **~ auslösend** allergenic; **eine ~ [gegen etw] haben** to have an allergy [to sth]

Al·ler·gie·test *m* allergy test

Al·ler·gi·ker(in) <-s, -> [a'lɛrgikɐ] *m(f)* person suffering from an allergy

al·ler·gisch [a'lɛrgɪʃ] **I.** *adj* allergic (**gegen** to) **II.** *adv* ❶ ᴍᴇᴅ **~ reagieren** to have an allergic reaction (**auf** to) ❷ (*abweisend*) **~ auf etw** *akk* **reagieren** to get hot under the collar about sth

al·ler·hand ['alɐ'hant] *adj* (*fam*) all sorts of; (*ziemlich viel*) a great deal of; **ich habe noch ~ zu tun** I've still got so much to do ▶ **das ist ja ~!** that's a bit rich! [*or* Aᴍ much]

Al·ler·hei·li·gen <-s> [alɐ'hailɪgn̩] *nt* All Saints' Day

al·ler·lei ['alɐ'lai] *adj* ❶ *substantivisch* (*viel*) a lot; **ich muss noch ~ erledigen** I still have a lot to do ❷ *attr* (*viele Sorten*) all sorts of

al·ler·letz·te(r, s) ['alɐ'lɛtstə, -tə, -təs] *adj* ❶ (*ganz letzte*) [very] last; ▪ **der/die A~** the [very] last [person]; ▪ **das A~** the [very] last thing ❷ (*allerneueste*) latest ❸ (*allerjüngste*) recently ▶ **das Allerletzte sein** (*fam*) to be beyond the pale!; **er ist das Allerletzte!** he's just vile! **al·ler·liebs·te(r, s)** ['alɐ'li:pstə, -tə, -təs] *adj* ❶ (*Lieblings-*) favourite ❷ (*meistgeliebt*) dearest; ▪ **am ~n** most [of all]; **mir wäre es am ~n wenn …** I would prefer it if … **al·ler·meis·te(r, s)** ['alɐ'maistə, -tə, -təs] *adj* most generalization, the most comparison; **im Urlaub verbringt er die ~ Zeit mit Angeln** on holiday he spends most of his time fishing; ▪ **das A~** most; **das A~ habe ich schon fertig** I've done most of it already; ▪ **die A~n** most people; ▪ **am ~n** most of all

al·ler·neu·es·te(r, s) ['alɐ'nɔyəstə, -tə, -təs] *adj,* **al·ler·neus·te(r, s)** ['alɐ'nɔystə, -tə, -təs] *adj* latest; **auf dem ~n Stand** state-of-the-art; ▪ **das Allerneueste** the latest; ▪ **am ~n** the newest

Al·ler·see·len <-s> ['alɐ'ze:lən] *nt* All Souls' Day

al·ler·seits ['alɐ'zaits] *adv* ❶ (*bei allen*) on all sides; **sie war ~ ein gerne gesehener Gast** she was a welcome guest everywhere ❷ (*an alle*) everyone; **„Abend, ~!"** "evening, everyone!"

al·ler·spä·tes·tens *adv* at the latest **al·ler·we·nigs·te(r, s)** *adj* ❶ (*wenigste: zählbar*) fewest; (*unzählbar*) least; **in den ~n Fällen** in only a very few cases; **das ~ Geld** the least money; ▪ **am ~n** the least ❷ (*mindeste*) least; **das ~ wäre non gewesen, sich zu entschuldigen** the least he could have done was to apologize **Al·ler·wer·tes·te** ['alɐ've:ɐ̯təstə] *m dekl wie adj* (*hum*) behind

al·le·samt ['alə'zamt] *adv* all [of them/you/us]; **die Politiker sind doch ~ korrupt** politicians are corrupt to a man

Al·les·fres·ser <-s, -> *m* ʙɪᴏʟ omnivore **Al·les·kle·ber** *m* general purpose glue

allg. *attr Abk von* allgemein

All·gäu <-s> ['algɔy] *nt* **das ~** the Allgäu (*German Alpine region*)

all·ge·gen·wär·tig *adj* ❶ ʀᴇʟ (*geh*) omnipresent ❷ (*überall gegenwärtig*) ubiquitous

all·ge·mein ['algə'main] **I.** *adj* ❶ *attr* (*alle betreffend*) general; **von ~em Interesse sein** to be of interest to everyone; **~e Vorschriften** universal regulations; **das ~e Wahlrecht** universal suffrage ❷ *attr* (*allen gemeinsam*) general; **zur ~en Überraschung** to everyone's surprise; **das ~e Wohl** the common good ❸ (*nicht spezifisch*) general; **die Frage war ~er Natur** the question was of a rather general nature ▶ **im A~en** (*normalerweise*) generally speaking; (*insgesamt*) on the whole **II.** *adv* ❶ (*allerseits, überall*) generally; **~ bekannt sein** to be common knowledge; **~ gültig** general; **~ verständlich** intelligible to everybody; **~ zugänglich sein** to be open to the general public ❷ (*nicht spezifisch*) generally **All·ge·mein·be·fin·den** *nt* general health; **danke,**

All·ge·mein·bil·dung *f kein pl* general education **all·ge·mein·gül·tig**^ALT *adj attr* general, universally applicable **All·ge·mein·gül·tig·keit** *f* [universal] validity **All·ge·mein·heit** <-> ['algə'majnhajt] *f kein pl* ① (*Öffentlichkeit*) general public ② (*Undifferenziertheit*) generality **All·ge·mein·me·di·zin** *f* general medicine **all·ge·mein·ver·ständ·lich**^ALT *adj* intelligible to everybody **All·ge·mein·wis·sen** *nt* general knowledge **All·ge·mein·wohl** *nt* welfare of the general public **All·ge·mein·zu·stand** *m* general health

All·heil·mit·tel *nt* cure-all

Al·li·anz <-, -en> [a'ljants] *f* alliance

Al·li·ga·tor <-s, -toren> [ali'ga:toːɐ̯] *m* alligator

al·li·iert [ali'iːɐ̯t] *adj attr* allied

Al·li·ier·te(r) [ali'iːɐ̯tə, -te] *f(m) dekl wie adj* ally; ■ **die ~n** the Allies

all·jähr·lich ['al'jɛːɐ̯lɪç] **I.** *adj attr* annual **II.** *adv* annually

All·macht [a'almaxt] *f kein pl* unlimited power; REL omnipotence

all·mäch·tig [al'mɛçtɪç] *adj* all-powerful; REL omnipotent

all·mäh·lich [al'mɛːlɪç] **I.** *adj attr* gradual **II.** *adv* ① (*langsam*) gradually; **~ geht er mir auf die Nerven** he's beginning to get on my nerves ② (*endlich*) **wir sollten jetzt ~ gehen** it's time we left; **es wurde auch ~ Zeit!** about time too!

All·rad·an·trieb *m* four-wheel drive

all·sei·tig ['alzajtɪç] **I.** *adj* widespread **II.** *adv* **~ interessiert sein** to be interested in everything; **~ begabt sein** to be an all-round talent

all·seits ['alzajts] *adv* ① (*überall*) everywhere ② (*rundum*) in every respect

All·tag ['alta:k] *m* ① (*Werktag*) working day BRIT, workday AM ② (*Realität*) everyday life

all·täg·lich ['altɛːklɪç] *adj* ① *attr* (*tagtäglich*) daily, everyday ② (*gang und gäbe*) usual; **diese Probleme sind bei uns ~** these problems are part of everyday life here ③ (*gewöhnlich*) ordinary

all·tags ['alta:ks] *adv* on workdays

Al·lü·ren [a'lyːrən] *pl* ① (*geziertes Verhalten*) affectation ② (*Starallüren*) airs and graces

all·wis·send ['al'vɪsn̩t] *adj* ① (*fam: umfassend informiert*) knowing it all ② REL omniscient

All·wis·sen·heit <-> ['al'vɪsn̩hajt] *f kein pl* omniscience

all·zu ['altsuː] *adv* all too; **~ früh** far too early; **ruf mich am Sonntag an, aber bitte nicht ~ früh!** call me on Sunday, but not too early!; **magst du Fisch? — nicht ~ gern** do you like fish? — not very much; **~ oft** only too often; **nicht ~ oft** not [all] too often; **~ sehr** too much; **nicht ~ gerne** reluctantly; **fühlst du dich nicht gut? — nicht ~ sehr!** are you all right? — not really; **~ viel** too much

all·zu·gern^ALT *adv s.* **allzu all·zu·sehr**^ALT *adv s.* **allzu all·zu·viel**^ALT *adv s.* **allzu**

All·zweck·hal·le *f* [multipurpose] hall **All·zweck·rei·ni·ger** *m* general-purpose cleaner

Alm <-, -en> [alm] *f* mountain pasture

Al·mo·sen <-s, -> ['almoːzn̩] *nt* ① (*pej: geringer Betrag*) pittance ② (*geh: Spende*) alms

Al·pa·ka <-s, -s> [al'paka] *nt* alpaca

Al·pen ['alpn̩] *pl* ■ **die ~** the Alps

Al·pen·pass^RR *m* alpine pass **Al·pen·veil·chen** *nt* cyclamen **Al·pen·vor·land** [alpn̩'foːɐ̯lant] *nt* foothills *pl* of the Alps

Al·pha·bet <-[e]s, -e> [alfa'beːt] *nt* alphabet

al·pha·be·tisch [alfa'beːtɪʃ] *adj* alphabetical

al·pha·be·ti·sie·ren* [alfabeti'ziːrən] *vt* to put into alphabetical order; ■ **jdn ~** to teach sb to read and write

al·pha·nu·me·risch [alfanu'meːrɪʃ] *adj* INFORM alphanumeric **Al·pha·strah·len** *pl* NUKL alpha rays

al·pin [al'piːn] *adj* alpine

Al·pi·nis·mus <-> [alpi'nɪsmʊs] *m kein pl* SPORT alpinism

Alp·traum ['alptraʊ̯m] *m* nightmare

als [als] *konj* ① (*in dem Moment, da*) when, as; **ich kam, ~ er ging** I came as he was leaving; **gleich, ~ ...** as soon as ...; **damals, ~ ...** in the days when ...; **gerade ~ ...** just when ... ② *nach comp* than; **der Bericht ist interessanter ~ erwartet** the report is more interesting than would have been expected ③ (*geh: wie*) as; **alles andere ~ ...** everything but ...; **anders ~ jd sein** to be different from sb; **niemand anders ~ ...** (*a. hum, iron*) none other than ...; **sie haben andere Verfahren ~ wir** they have different procedures from ours ④ (*in Modalsätzen*) ■ **~...**, **~ habe/könne/sei/würde ...** as if; **es sieht aus, ~ würde es bald schneien** it looks like snow; **~ ob ich das nicht wüsste!** as if I didn't know that! ⑤ (*ausschließend*) **du bist noch zu jung, ~ dass du dich daran erinnern könntest** you're too young to be able to remember that ⑥ (*in der Eigenschaft von etw*) as; **schon ~ Kind hatte er immer Albträume** even as a child, he had nightmares; **sich ~ wahr/falsch erweisen** to prove to be true/false

als·bald [als'balt] *adv* (*geh*) presently

als·bal·dig [als'baldɪç] *adj* (*geh*) immediate

al·so ['alzo] **I.** *adv* (*folglich*) so, therefore *form*; **es regnet, ~ bleiben wir zu Hause** it's raining, so we'll stay at home **II.** *part* ❶ (*nun ja*) well ❷ (*tatsächlich*) so; **er hat ~ doch nicht die Wahrheit gesagt!** so he wasn't telling the truth after all! ❸ (*aber*) **~, jetzt habe ich langsam genug von deinen Eskapaden!** now look here, I've had enough of your escapades! ❹ (*na*) **~ gut** [well,] all right; **~ dann, ...!** so ..., well then ...; **~ dann, mach's gut!** oh well, take care! ▶ **~ doch!** you see!; **na ~!** just as I thought!; **wird's bald? na ~!** get moving! at last!

Als·ter·was·ser *nt* (*Mixgetränk aus Bier und Limonade*) ≈ shandy

alt <älter, älteste(r,s)> [alt] *adj* ❶ (*betagt*) old; **ich möchte mit dir ~ werden** I'd like to grow old with you; **älter sein/werden** to be/get older; **tja, man wird eben älter!** well, we're all getting on!; **älter als jd werden** to live longer than sb; **für etw** *akk* **zu ~ sein** to be too old for sth; **jdm zu ~ sein** to be too old for sb; **A~ und Jung** young and old alike; **~ genug sein to be old enough** (**für/zu** for) ❷ (*ein bestimmtes Alter habend*) old; **er ist 21 Jahre ~** he's 21 [years old]; **wie ~ ist er? — er ist 18 Monate ~** how old is he? — he's 18 months [old]; **darf ich fragen, wie ~ Sie sind?** may I ask how old you are?; **er wird dieses Jahr 21 Jahre ~** he'll be 21 [years old] this year; **Ende Mai wurde sie 80 Jahre ~** she turned 80 at the end of May; [**etwas**] **älter als jd sein** to be [slightly] older than sb; **älter/am ältesten sein** to be the older/the oldest; **der/die Ältere/Älteste** the older/the oldest ❸ (*aus früheren Zeiten stammend*) ancient ❹ *attr* (*langjährig*) old; **~e diplomatische Beziehungen** long-standing diplomatic relations ❺ (*gebraucht*) old ❻ (*nicht mehr frisch*) old; **~es Brot** stale bread ❼ *attr* (*abgelagert*) mature; **~er Wein** vintage wine ❽ *attr* **du ~er Geizhals!** you old skinflint! *fam*; **~es Haus!** old mate! ❾ *attr* (*frühere*) **der/die/das A~e ...** the same old ...; **du bist ganz der A~e geblieben** you're still your old self; **er war nie wieder der A~e** he was never the same again ▶ **~ aussehen** (*fam: dumm dastehen*) to look a [or AM like a] complete fool [or BRIT a. a proper charlie]; **ich werde heute nicht ~!** (*fam*) I won't stay up late tonight

Alt <-s, -e> [alt] *m* MUS alto

Al·tar <-s, -täre> [al'taːɐ, *pl* al'tɛːrə] *m* altar

Alt·arm *m* oxbow lake **alt·ba·cken** *adj* ❶ (*nicht mehr frisch*) stale ❷ (*altmodisch*) old-fashioned

Alt·bau <-bauten> *m* old building **Alt·bau·woh·nung** *f* flat [or AM apartment] in an old building

alt·be·kannt ['altbəˈkant] *adj* well-known **alt·be·währt** ['altbəˈvɛːɐt] *adj* ❶ (*seit langem bewährt*) well-tried ❷ (*lange gepflegt*) well-established; **eine ~e Freundschaft** a long-standing friendship **Alt·bier** *nt* top-fermented dark beer

Alt·bun·des·kanz·ler(**in**) *m(f)* former German chancellor **alt·deutsch** ['altdɔytʃ] **I.** *adj* traditional German **II.** *adv* in traditional German style

Al·te(**r**) ['altə, -tə] *f/m dekl wie adj* ❶ (*fam: alter Mann*) old geezer; (*alte Frau*) old dear; **die ~n** the older generation, the old folks *fam* ❷ (*fam: Ehemann, Vater*) old man; (*Mutter*) old woman; **meine/die ~e** (*Ehefrau*) the old wife *fam*; **die/jds ~n** (*Eltern*) the/ sb's old folks ❸ (*fam: Vorgesetzte(r)*) **der/die ~** the boss ❹ *pl* (*die Ahnen*) **die ~n** the ancients

alt·ein·ge·ses·sen *adj* old-established **Alt·ei·sen** *nt* scrap iron

Al·ten·heim *nt* Altersheim **Al·ten·hil·fe** *f* geriatric welfare **Al·ten·pfle·ge** *f* care for the elderly **Al·ten·pfle·ge·heim** *nt* old people's home **Al·ten·pfle·ger**(**in**) *m(f)* geriatric nurse **Al·ten·wohn·heim** *nt* sheltered housing

Al·ter <-s, -> ['altɐ] *nt* ❶ (*Lebensalter*) age; **wenn du erst mal mein ~ erreicht hast, ...** when you're as old as I am, ...; **in jds** *dat* **~** at sb's age; **mittleren ~s** middle-aged; **in jds ~ sein** to be the same age as sb; **er ist in meinem ~** he's my age ❷ (*Bejahrtheit*) old age; **er hat keinen Respekt vor dem ~** he doesn't respect his elders; **im ~** in old age ▶ **~ schützt vor Torheit nicht** (*prov*) there's no fool like an old fool *prov*

äl·ter ['ɛltɐ] *adj comp von* **alt** ❶ *attr* (*schon betagt*) somewhat older; **~e Mitbürger** senior citizens

al·tern ['altɐn] *vi sein o selten haben* ❶ (*älter werden*) to age; **das Altern** the process of ageing ❷ (*sich abnutzen*) to age; **das Altern** the ageing-process ❸ (*reifen*) to mature

al·ter·na·tiv [altɐnaˈtiːf] **I.** *adj* alternative; **~e Liste** Green Party Faction in Berlin **II.** *adv* **~ leben** to live an alternative lifestyle

Al·ter·na·ti·ve <-n, -n> [altɐnaˈtiːvə] *f* alternative; **die ~ haben, etw zu tun** to have the alternative of doing sth

Al·ter·na·tiv·rei·sen·de(**r**) *f/m dekl wie adj* TOURIST alternative traveller

al·ters *adv* **von** [*o seit*] **~ her** (*geh*) of old; **das ist schon von ~ her bei uns so Sitte** that's a time-honoured custom here

Al·ters·ar·mut *f kein pl* old-age poverty **al·**

al·ters·be·dingt *adj* due to old age; **~e Kurzsichtigkeit** myopia caused by old age; ■ **~ sein** to be caused by old age **Al·ters·beschwer·den** *pl* complaints *pl* of old age **Al·ters·be·zü·ge** *pl* benefits for senior citizens **Al·ters·er·schei·nung** *f* symptom of old age **Al·ters·ge·nos·se, -ge·nos·sin** *m, f* person of the same age **Al·ters·gren·ze** *f* ❶ (*altersbedingtes Einstellungslimit*) age limit ❷ (*Beginn des Rentenalters*) retirement age **Al·ters·grün·de** *pl* reasons of age; ■ **aus ~n** by reason of age **Al·ters·grup·pe** *f* age group **Al·ters·heim** *nt* old people's home, Am a. home for senior citizens **Al·ters·py·ra·mi·de** *f* SOZIOL age pyramid **Al·ters·ren·te** *f*, **Al·ters·ru·he·geld** *nt* (*geh*) old-age pension BRIT, social security AM **al·ters·schwach** *adj* ❶ (*gebrechlich*) frail ❷ (*fam: abgenutzt*) decrepit **Al·ters·schwä·che** *f kein pl* ❶ (*Gebrechlichkeit*) infirmity ❷ (*fam: schwere Abnutzung*) decrepitude **al·ters·spe·zi·fisch** *adj* age-related **Al·ters·stu·fe** *f* ❶ (*Altersgruppe*) age group ❷ (*Lebensabschnitt*) stage of life **Al·ters·un·ter·schied** *m* age difference **Al·ters·ver·sor·gung** *f* retirement pension; (*betrieblich*) pension scheme (*von* AM *plan*)

Al·ter·tum <-> ['altetu:m] *nt kein pl* antiquity; **das Ende des ~s** the end of the ancient world

al·ter·tüm·lich ['altety:mlɪç] *adj* ❶ (*veraltet*) dated ❷ (*archaisch*) ancient; LING archaic

Al·ter·tums·wert *m* antique value ► **schon ~ haben** (*hum fam*) to be an antique

Al·te·rung <-, -en> *f* ageing

Al·te·rungs·pro·zess^{RR} *m* ageing process

äl·tes·te(r, s) ['ɛltəstə, -tɐ, -təs] *adj superl von* **alt** oldest

Äl·tes·te(r) ['ɛltəstə, -tɐ] *f(m) dekl wie adj* the oldest; **ich glaube, mit 35 sind wir hier die ~n** I think that, at 35, we're the oldest here; ■ **die ~n** REL, HIST the elders *pl*

Äl·tes·ten·rat *m* council of elders; (*in der BRD*) parliamentary advisory committee (*consisting of members of all parties whose task it is to assist the President of the Bundestag*)

Alt·ge·rät *nt* second-hand equipment

Alt·glas *nt* glass for recycling **Alt·glas·con·tai·ner** *m* bottle bank BRIT, glass-recycling collection point AM

alt·grie·chisch *adj* classical Greek **alt·her·ge·bracht** ['alt·he:ɐɡəbraxt], **alt·her·kömm·lich** ['alt·he:ɐkœmlɪç] *adj* traditional; **eine ~e Sitte** an ancient custom; ■ **etwas Althergebrachtes** a tradition **Alt·hoch·deutsch** ['altho:xdɔytʃ] *nt dekl wie adj* Old High German **Alt·klei·der·samm·lung** *f* collection of used clothes **alt·klug** ['alt·klu:k] *adj* precocious

ält·lich ['ɛltlɪç] *adj* oldish

Alt·ma·te·ri·al *nt* waste material **Alt·me·tall** *nt* scrap metal **alt·mo·disch** I. *adj* old-fashioned; (*rückständig*) old-fangled II. *adv* **~ gekleidet** dressed in old-fashioned clothes; **~ eingerichtet** furnished in an old-fashioned style **Alt·öl** *nt* used oil

Alt·pa·pier *nt* waste paper **Alt·pa·pier·samm·lung** *f* waste paper collection

Alt·schul·den *pl* POL, ÖKON public debt left behind by the former GDR **Alt·stadt** *f* old town centre **Alt·stim·me** *f* alto; (*Frauenstimme*) contralto [voice]

Alt·stoff *m* waste material **Alt·stoff·con·tai·ner** *m* waste container; (*für wiederverwertbare Stoffe*) recycling bin

Alt·wa·ren·händ·ler(in) *m(f)* second-hand dealer

Alt·wei·ber·fas(t)·nacht *f* DIAL part of the carnival celebrations: last Thursday before Ash Wednesday, when women assume control **Alt·wei·ber·som·mer** [alt'vajbɐzɔmɐ] *m* Indian summer

Alu¹ ['a:lu] *nt kurz für* **Aluminium**

Alu² ['a:lu] *f (fam) kurz für* **Arbeitslosenunterstützung** dole BRIT, unemployment benefit AM

Alu·fel·ge *f* aluminium [*or* AM aluminum] [wheel] rim **Alu·fo·lie** *f* tin foil

Alu·mi·ni·um <-s> [alu'mi:nĭʊm] *nt kein pl* aluminium BRIT, aluminum AM

Alz·hei·mer <-s> ['altshajmɐ] *m (fam)*, **Alz·hei·mer·krank·heit**^{RR} *f kein pl* Alzheimer's [disease]; ■ **~ haben** to suffer from Alzheimer's [disease]

am [am] = **an dem** ❶ *zur Bildung des Superlativs* **ich fände es ~ besten, wenn ...** I think it would be best if ...; **es wäre mir ~ liebsten, wenn ...** I would prefer it if ...; **~ schnellsten/schönsten sein** to be [the] fastest/most beautiful ❷ (*fam: beim*) **ich bin ~ Schreiben!** I'm writing!

Amal·gam <-s, -e> [amal'ga:m] *nt* amalgam

Ama·teur(in) <-s, -e> [ama'tø:ɐ̯] *m(f)* amateur

Ama·teur·li·ga *f* amateur league

Ama·zo·nas <-> [ama'tso:nas] *m* Amazon

Am·bi·en·te <-> [am'bi̯ɛntə] *nt kein pl* (*geh*) ambience

Am·bi·ti·on <-, -en> [ambi'tsi̯o:n] *f meist pl* ambition; **~[en] haben** to be ambitious

am·bi·ti·o·niert [ambitsi̯o'ni:rt] *adj* (*geh*) ambitious

am·bi·va·lent [ambiva'lɛnt] *adj* (*geh*) ambivalent; **~e Gefühle haben** to have mixed feelings

Am·boss[RR] <-es, -e> m, **Am·boß**[ALT] <-sses, -sse> ['ambɔs] m anvil

am·bu·lant [ambu'lant] **I.** adj **ein ~er Patient** an out-patient **II.** adv **jdn ~ behandeln** to treat sb as an out-patient

Am·bu·lanz <-, -en> [ambu'lants] f ❶ (im Krankenhaus) out-patient department ❷ (Unfallwagen) ambulance

Amei·se <-, -n> ['aːmaɪzə] f ant

Amei·sen·bär m anteater **Amei·sen·hau·fen** m anthill **Amei·sen·säu·re** f formic acid

amen ['aːmɛn, 'aːmən] interj amen

Amen <-s, -> ['aːmɛn, 'aːmən] nt Amen ▸ **so sicher wie das ~ in der Kirche** (fam) as sure as eggs are eggs; **sein ~ zu etw** dat **geben** to give one's blessing to sth

Ame·ri·ka <-s> [a'meːrika] nt ❶ (Kontinent) America ❷ (USA) the USA, the United States, the States fam

Ame·ri·ka·ner(in) <-s, -> [ameri'kaːnɐ] m(f) American

ame·ri·ka·nisch [ameri'kaːnɪʃ] adj ❶ (der USA) American; **der Mississippi ist der längste ~e Fluss** the Mississippi is the longest river in the USA ❷ (des ~en Kontinents) American

ame·ri·ka·ni·sie·ren* [amerikani'ziːrən] vt to Americanize

Ame·ri·ka·nis·mus <-, -men> [ameri·ka'nɪsmʊs] m LING Americanism

Ame·thyst <-[e]s, -e> [ame'tyst] m amethyst

Ami <-s, -s> ['ami] m ❶ (fam: US-Bürger) Yank ❷ (sl: US-Soldat) GI

Ami·no·säu·re f amino acid

Am·me <-, -n> ['amə] f wet nurse

Am·men·mär·chen nt (fam) old wives' tale

Am·mo·ni·ak <-s> [amo'niak, 'amoniak] nt kein pl ammonia

Am·ne·sie <-, -n> [amne'ziː, pl -ziːən] f amnesia

Am·nes·tie <-, -n> [amnɛs'tiː, pl -tiːən] f amnesty; **eine ~ verkünden** to declare [BRIT a. an] amnesty

am·nes·tie·ren* [amnɛs'tiːrən] vt to grant [BRIT a. an] amnesty

Amö·be <-, -n> [a'møːbə] f amoeba

Amok <-s> ['amɔk] m ~ **fahren/laufen** to run amok

Amok·läu·fer(in) m(f) madman

amo·ra·lisch ['amoːraːlɪʃ] adj ❶ (unmoralisch) immoral ❷ (außerhalb moralischer Werte) amoral

Amor·ti·sa·ti·on <-, -en> [amɔrtiza'tsi̯oːn] f (Deckung vor Ertrag) amortization

amor·ti·sie·ren* [amɔrti'ziːrən] **I.** vt ÖKON **eine Investition ~** to amortize an investment **II.** vr ■ **sich ~** to pay for itself

amou·rös [amu'røːs] adj (geh) amorous

Am·pel <-, -n> ['ampl] f traffic lights npl; **die ~ ist auf rot gesprungen** the lights have turned red; **du hast eine rote ~ überfahren** you've just driven through a red light

Am·pere <-[s], -> [am'peːɐ̯] nt amp, ampere form

Am·pere·me·ter [ampeːɐ̯'meːtɐ] nt ammeter

Am·phe·ta·min <-s, -e> [amfeta'miːn] nt amphetamine

Am·phi·bie <-, -n> [am'fiːbi̯ə, pl -fiːbi̯ən] f amphibian

Am·phi·the·a·ter [am'fiːteaːtɐ] nt amphitheatre

Am·pul·le <-, -n> [am'pʊlə] f ampoule

Am·pu·ta·ti·on <-, -en> [amputa'tsi̯oːn] f amputation

am·pu·tie·ren* [ampu'tiːrən] vt, vi to amputate

Am·sel <-, -n> ['amzl] f blackbird

Amt <-[e]s, Ämter> [amt, pl 'ɛmtɐ] nt ❶ (Behörde) office, department; **aufs ~ gehen** (fam) to go to the authorities; **Auswärtiges ~** Foreign Office BRIT, State Department AM ❷ (öffentliche Stellung) post; (hohe, ehrenamtliche Stellung) office; **im ~ sein** to be in office; **ein ~ antreten** to take up one's post; **für ein ~ kandidieren** to be a candidate for a post; **ein ~ innehaben** to hold an office ❸ (offizielle Aufgabe) [official] duty; **seines ~es walten** (geh) to carry out one's duty; **von ~s wegen** officially

Äm·ter·häu·fung f holding of multiple posts **am·tie·ren*** [am'tiːrən] vi ❶ (ein Amt innehaben) to hold office (**als** as); ■ **~d** official ❷ (fungieren) ■ **als etw ~** to act [as] sth

amt·lich I. adj official **II.** adv officially

Amts·an·tritt m assumption of office **Amts·arzt, -ärz·tin** m, f ADMIN ≈ medical officer **Amts·deutsch** nt (pej) officialese pej **Amts·eid** m oath of office **Amts·ent·he·bung** f, **Amts·ent·set·zung** f SCHWEIZ dismissal, removal from office **Amts·ge·richt** nt ≈ magistrates' [court] court **Amts·hand·lung** f (geh) official duty **Amts·miss·brauch**[RR] m abuse of authority **Amts·pe·ri·o·de** f term of office **Amts·rich·ter(in)** m(f) ≈ magistrate BRIT, district court judge AM **Amts·spra·che** f ❶ kein pl (Amtsdeutsch) official language ❷ (offizielle Landessprache) official language **Amts·weg** m official channels pl; **auf dem ~** through official channels **Amts·zeit** f period of office

Amu·lett <-[e]s, -e> [amu'lɛt] nt amulet

amü·sant [amy'zant] **I.** adj amusing **II.** adv

amüsieren – anbellen

entertainingly; **sich ~ unterhalten** to have an amusing conversation

amü·sie·ren* [amyˈziːrən] **I.** vr ■ **sich ~** enjoy oneself; **amüsiert euch gut!** have a good time!; ■ **sich mit jdm ~** to have a good time with sb; ■ **sich über jdn/etw ~** to laugh about sb/sth **II.** vt ■ **jdn ~** to amuse sb; **dein Benehmen amüsiert mich nicht sehr!** I don't find your behaviour very amusing!

Amü·sier·vier·tel nt red light district

an [an] **I.** präp ❶ (direkt bei) at; **der Knopf ~ der Maschine** the button on the machine; **nahe ~ der Autobahn** close to the motorway [or Am freeway]; **~ dieser Stelle** in this place, on this spot ❷ (in Berührung mit) on; **er nahm sie ~ der Hand** he took her by the hand ❸ (auf/bei) at; **sie arbeitet am Finanzamt** she works for the Inland Revenue ❹ (zur Zeit von) on; **~ den Abenden** in the evenings; **~ jenem Morgen** that morning; **~ Weihnachten** at Christmas; (25. Dezember) on Christmas Day ❺ (verbunden mit einer Sache/Person) about; **das Angenehme ~ etw** dat the pleasant thing about sth; **was ist ~ ihm so besonders?** what's so special about him? ❻ (nebeneinander) **Tür ~ Tür wohnen** to be next-door neighbours ❼ SCHWEIZ (auf) on; (bei) at; (in) in; **das kam gestern am Fernsehen** it was on television yesterday ❽ räumlich **er setzte sich ~ den Tisch** he sat down at the table; **die Hütte war ~ den Fels gebaut** the hut was built on the rocks; **bis ~ etw** akk **reichen** to reach as far as sth; **er schrieb etw ~ die Tafel** he wrote sth on the board ❾ (sich wendend) to; **~ das Telefon gehen** to answer the telephone ❿ zeitlich (sich bis zu etw erstreckend) of, about; **sie dachten nicht ~ Morgen** they didn't think about tomorrow ⓫ SCHWEIZ (zu) to **II.** adv ❶ (ungefähr) ■ **~ die ...** about ❷ (fam: angeschaltet) on; **Licht a.** to be burning ❸ (zeitlich) **von jetzt ~** from now on

Ana·bo·li·kum <-s, -ka> [anaˈboːlikʊm] nt anabolic steroid

ana·chro·nis·tisch [anakreoˈnɪstɪʃ] adj (geh) anachronistic

anal [aˈnaːl] **I.** adj anal **II.** adv anally; **~ verkehren** to have anal intercourse

ana·log [anaˈloːk] **I.** adj ❶ (entsprechend) analogous ❷ INFORM analog **II.** adv ❶ (entsprechend) analogously ❷ INFORM as an analog

Ana·lo·gie <-, -n> [analoˈgiː, pl -giːən] f analogy

An·al·pha·bet(in) <-en, -en> [anʔalfaˈbeːt] m(f) illiterate

An·al·pha·be·te·ntum <-s> [anʔalfaˈbeːtn̩tuːm] nt, **An·al·pha·be·tis·mus** <-> [anʔalfabeˈtɪsmʊs] m kein pl illiteracy

An·al·pha·be·tin <-, -nen> f fem form von Analphabet

Anal·ver·kehr m anal sex

Ana·ly·se <-, -n> [anaˈlyːzə] f analysis

ana·ly·sie·ren* [analyˈziːrən] vt to analyze

Ana·ly·ti·ker(in) <-s, -> [anaˈlyːtikɐ] m(f) (geh) analyst

ana·ly·tisch [anaˈlyːtɪʃ] **I.** adj (geh) analytic **II.** adv analytically

Anä·mie <-, -n> [anɛˈmiː, pl -miːən] f MED anaemia

Ana·nas <-, - o -se> [ˈananas] f pineapple

Anar·chie <-, -n> [anarˈçiː, pl -çiːən] f anarchy

Anar·chis·mus <-> [anarˈçɪsmʊs] m kein pl anarchism no pl

Anar·chist(in) <-en, -en> [anarˈçɪst] m(f) anarchist

anar·chis·tisch adj anarchic

An·äs·the·sie <-, -n> [anʔɛstɛˈziː, pl -ziːən] f anaesthesia

Ana·to·li·en <-s> [anaˈtoːliən] nt Anatolia

Ana·to·mie <-, -n> [anatoˈmiː, pl -miːən] f anatomy

ana·to·misch [anaˈtoːmɪʃ] **I.** adj anatomic **II.** adv anatomically

an|bag·gern vt (sl) to chat up BRIT, to hit on AM

an|bah·nen I. vt (geh: in die Wege leiten) ■ **etw ~** to prepare [the ground] for sth **II.** vr ❶ (sich andeuten) to be in the offing ❷ (sich entwickeln) ■ **sich ~** to be in the making; **zwischen ihnen bahnt sich etwas an** there's sth going on there

an|bän·deln [ˈanbɛndl̩n] vi (Liebesbeziehung beginnen) to take up with sb

An·bau¹ m kein pl AGR cultivation

An·bau² <-bauten> m ❶ (Nebengebäude) extension BRIT, annex AM ❷ kein pl (das Errichten) building

an|bau·en vt, vi ❶ Gemüse to grow ❷ Gebäude to build an extension

Anb·au·flä·che f AGR ❶ (zum Anbau geeignete Fläche) land suitable for cultivation ❷ (bebaute Ackerfläche) acreage **An·bau·ge·biet** nt AGR area [of cultivation]

An·be·ginn m (geh) beginning; **seit ~ [einer S. gen]** since the beginning [of sth]

an·bei [anˈbai] adv enclosed; **~ die erbetenen Prospekte** please find enclosed the requested brochure

an|bei·ßen irreg **I.** vi to take the bait **II.** vt ■ **etw ~** to take a bite of sth ▶ **zum Anbeißen** (fam) fetching BRIT, hot AM sl

an|be·lan·gen* vt (geh) **was jdn/etw anbelangt, ...** as far as sb/sth is concerned...

an|bel·len vt to bark at

anbieten

nach Wünschen fragen, etwas anbieten | asking people what they want, offering something

Kann ich Ihnen helfen?/Was darf's sein?	Can I help you?/What'll it be?
Haben Sie irgendeinen Wunsch?	Would you like anything?
Was hättest du denn gern?	What would you like?/do you fancy? (*fam*)
Was möchtest/magst du essen/trinken?	What would you like to eat/drink?
Wie wär's mit einer Tasse Kaffee? (*fam*)	How about a cup of coffee?
Darf ich Ihnen ein Glas Wein **anbieten**?	May I offer you a glass of wine?
Sie können gern mein Telefon benutzen.	You're welcome to use my phone.

Angebote annehmen | accepting offers

Ja, bitte./Ja, gern.	Yes please./I'd love one.
Danke, das ist nett/lieb von dir.	Thanks, that's kind of you.
Ja, das wäre nett.	Yes, that would be kind.
Oh, das ist aber nett!	Oh, that's nice of you!

Angebote ablehnen | turning down offers

Nein, danke!	No, thanks!
Aber das ist doch nicht nötig!	But that's not necessary!/You shouldn't have!
Das kann ich doch nicht annehmen!	I can't (possibly) accept this!

---

an|be·rau·men* ['anbəraumən] *vt* (*geh*) *Termin* to fix

an|bie·ten *vt* ❶ REL to worship ❷ (*verehren*) to adore

An·be·tracht *m* ■ **in** ~ **einer S.** *gen* in view of

an|bie·dern ['anbi:dɐn] *vr* (*pej*) ■ **sich** [**bei jdm**] ~ to curry favour with sb; ■ ~ **d** crawling

an|bie·ten *irreg* **I.** *vt* ■ [**jdm**] **etw** ~ to offer [sb] sth **II.** *vr* ❶ (*sich zur Verfügung stellen*) ■ **sich** ~ to offer one's services; **darf ich mich Ihnen als Stadtführer** ~? my services as guide are at your disposal; ■ **sich** ~, **etw zu tun** to offer to do sth ❷ (*naheliegen*) ■ **sich** ~ to be just the right thing (**für** for); **eine kleine Pause würde sich jetzt** ~ a little break would be just the thing now

An·bie·ter(in) *m(f)* supplier

an|bin·den *vt irreg* ❶ (*festbinden*) to tie (**an** to) ❷ (*durch Pflichten einschränken*) ■ **jdn** ~ to tie sb down ❸ TRANSP to connect (**an** to)

An·blick *m* sight; **einen erfreulichen** ~ **bieten** to be a welcoming sight; **das war kein schöner** ~! it was not a pretty sight!; **beim** ~ **einer S.** *gen* at the sight of

an|bli·cken *vt* to look at

An·bre·chen *irreg* **I.** *vi sein* to begin; *Tag* to dawn; *Winter, Abend* to set in; *Dunkelheit, Nacht* to fall; **wir redeten bis der Tag anbrach** we talked until the break of day **II.** *vt haben* ❶ (*zu verbrauchen beginnen*) to open; **die Vorräte** ~ to break into supplies; ■ **angebrochen** opened ❷ (*teilweise brechen*) to chip sth

an|bren·nen *irreg* **I.** *vi sein* to burn; ■ **etw** ~ **lassen** to let sth burn; **es riecht hier so angebrannt** it smells of burning in here ▶ **nichts** ~ **lassen** (*fam*) to not hesitate **II.** *vt haben* to ignite

an|brin·gen *vt irreg* ❶ (*befestigen*) to fix (**an** to) ❷ (*montieren*) *Gerät* to install; *Regal* to put up ❸ (*vorbringen*) to introduce ❹ (*fam:*

herbeibringen) to bring [along]
An·bruch *m kein pl* (*geh*) **bei ~ des Tages** at the break of day; **bei ~ der Dunkelheit** at dusk
an|brül·len *vt, vi* to shout [at]
An·cho·vis <-, -> ['an'ço:vɪs] *f* anchovy
An·dacht <-, -en> ['andaxt] *f* prayer service; **voller ~** (*geh*) in rapt devotion
an·däch·tig ['andɛçtɪç] **I.** *adj* ❶ REL devout ❷ (*ehrfürchtig*) reverent; (*in Gedanken versunken*) rapt **II.** *adv* ❶ REL devoutly ❷ (*hum: ehrfürchtig*) reverently; (*inbrünstig*) raptly
an|dau·ern *vi* to continue; **Gespräche zu go on**
an·dau·ernd I. *adj* continuous **II.** *adv* continuously; **jetzt schrei mich nicht ~ an** stop shouting at me all the time
An·den ['andn̩] *pl* Andes *npl*
An·den·ken <-s, -> *nt* ❶ (*Souvenir*) souvenir ❷ (*Erinnerungsstück*) keepsake ❸ *kein pl* (*Erinnerung*) memory; **zum ~ an jdn** in memory of
an·de·re(r, s) ['andərə, -rə, -rəs] *pron indef* ❶ *adjektivisch* (*abweichend*) different, other; **das ist eine ~ Frage** that's another question; **das ~ Geschlecht** the opposite sex; **ein ~s Mal** another time ❷ *adjektivisch* (*weitere*) other; **haben Sie noch ~ Fragen?** have you got any more questions? ❸ *substantivisch* (*sonstige*) more, others; **es gibt noch ~, die warten!** there are others waiting!; ■**das/der/die ~** the other; ■**ein ~ r/eine ~/ein ~ s** [an]other; **eines ist schöner als das ~!** each one is more beautiful than the last! ❹ *substantivisch* (*sonstige Menschen*) others; ■**der/die ~** the other [one]; ■**ein ~ r/ eine ~** someone else; ■**die ~ n** the others; **alle ~ n** all the others; **wir ~ n** the rest of us; **jede/jeder ~** anybody else; **keine ~/kein ~ r als ...** nobody but ...; **weder den einen/ die eine noch den ~ n/die ~ n** neither one of them; **einer nach dem ~ n, eine nach der ~ n** one after the other; **der eine oder ~** one or two people ❺ *substantivisch* (*Abweichendes*) other things *pl*; **das T-Shirt ist schmutzig — hast du noch ein ~ s** that T-shirt is dirty — have you got another one?; ■**etwas/nichts ~ s** [*o* A~s] something/anything else; **das ist natürlich etwas ~ s!** that's a different matter altogether; **das ist etwas ganz ~ s!** that's something quite different; **es bleibt uns nichts ~ s übrig** there's nothing else we can do; **lass uns von etwas ~ m sprechen** let's talk about something else; **alles ~ als ...** anything but ...; **ein[e]s nach dem ~ n** first things first; **so kam eins zum ~ n** one thing led to another; **unter ~ m ... ...** amongst other things

an·de·ren·falls ['andərənfals] *adv* otherwise **an·de·ren·orts** ['andərənʔɔrts] *adv* (*geh*) elsewhere
an·de·rer·seits ['andərəzaɪts] *adv* on the other hand
an·der·mal ['andɛmaːl] *adv* ■**ein ~** another time
än·dern ['ɛndɐn] *vt, vr* ❶ (*verändern*) to change; **ich kann es nicht ~** I can't do anything about it; **[s]eine Meinung ~** to change one's mind; **daran kann man nichts ~** there's nothing you can do about it; **es hat sich nichts geändert** nothing's changed ❷ MODE to alter
an·dern·falls ['andɐnfals] *adv s.* **anderenfalls an·dern·orts** ['andɐnʔɔrts] *adv s.* **anderenorts**
an·ders ['andɐs] *adv* ❶ (*verschieden*) differently; ■**~ als ...** different to [*or* AM *a.* than] ...; **~ als sonst** different than usual; **es sich** *dat* **~ überlegen** to change one's mind; **~ denkend** dissenting ❷ (*sonst*) otherwise; **~ kann ich es mir nicht erklären** I can't think of another explanation; **jemand ~** somebody else; **niemand ~** nobody else; **es ging leider nicht ~** I'm afraid I couldn't do anything about it ▶ **nicht ~ können** (*fam*) to be unable to help it; **jdm wird ganz ~** to feel dizzy
an·ders·ar·tig ['andɐsʔaːɐtɪç] *adj* different
an·ders·den·kendᴬᴸᵀ *adj attr* dissenting
An·ders·den·ken·de(r) *f(m) dekl wie adj* dissident **an·ders·far·big I.** *adj* of a different colour **II.** *adv* a different colour; **~ lackiert** painted a different colour **an·ders·gläu·big** *adj* of a different faith **an·ders·he·rum** ['andɐshɛrʊm], **an·ders·rum** ['andɐsrʊm] **I.** *adv* the other way round **II.** *adj präd* (*fam: homosexuell*) gay **an·ders·wo** ['andɐsvoː] *adv* ❶ (*an einer anderen Stelle*) somewhere else ❷ (*an anderen Orten*) elsewhere
an·dert·halb ['andɐt'halp] *adj* one and a half; **~ Stunden** an hour and a half
Än·de·rung <-, -en> *f* ❶ (*Abänderung*) change; *eines Gesetzes* amendment; *eines Entwurfs* modification; ■**die ~ an etw** *dat* the alteration to sth; **eine ~/~ en an etw** *dat* **vornehmen** to change sth; **geringfügige ~ en** slight alterations; **„~ en vorbehalten"** "subject to change" ❷ MODE alteration
Än·de·rungs·schnei·der(in) *m(f)* ≈ tailor *masc*, ≈ seamstress *fem* **Än·de·rungs·vor·schlag** <*pl* -vorschläge> *m* proposed change **Än·de·rungs·wunsch** <*pl* -wünsche> *m* proposed changes
an·der·wei·tig ['andɐvaɪtɪç] **I.** *adj attr* other **II.** *adv* ❶ (*mit anderen Dingen*) with other

matters ❷ (*von anderer Seite*) somewhere else ❸ (*bei anderen Leuten*) ~ **verpflichtet sein** to have other commitments ❹ (*an einen anderen*) to somebody else ❺ (*anders*) in a different way

an|deu·ten I. *vt* ❶ (*erwähnen*) to indicate ❷ (*zu verstehen geben*) ▪ **jdm** etw ~ to imply sth [to sb] ❸ KUNST, MUS to outline II. *vr* ▪ **sich** ~ to be signs of sth

An·deu·tung *f* hint; **eine** ~ **fallen lassen** to drop a hint; **bei der geringsten** ~ **von etw** *dat* at the first sign of sth; **eine versteckte** ~ an insinuation; **eine** ~ **machen** to make a remark

an·deu·tungs·wei·se *adv* ❶ (*indirekt*) as an indication of ❷ (*rudimentär*) as an intimation

An·dor·ra <-s> [an'dɔra] *nt* GEOG Andorra

An·dor·ra·ner(in) <-s, -> [andɔ'ra:nɐ] *m(f)* Andorran

an·dor·ra·nisch *adj* Andorran

An·drang *m kein pl* rush

an·dre(r, s) ['andrə, -drə, -drəs] *adj s*. **andere(r, s)**

an|dre·hen *vt* ❶ (*anstellen*) to turn sth on ❷ (*fam: verkaufen*) ▪ **jdm** etw ~ to flog sb sth; ▪ **sich** *dat* etw ~ **lassen** to be flogged sth

an·drer·seits ['andreʦajts] *adv s*. **andererseits**

an|dro·hen *vt* ▪ **jdm** etw ~ to threaten sb with sth

an|ecken *vi sein* (*fam*) to put people's backs up

an|eig·nen *vr* ▪ **sich** *dat* etw ~ ❶ (*an sich nehmen*) to take sth ❷ (*sich vertraut machen*) to learn ❸ (*sich angewöhnen*) to pick up *sep*

an·ei·nan·der [an?aj'nandɐ] *adv* ❶ (*jeder an den anderen*) to one another; ~ **denken** to think about each other; ~ **vorbeireden** to talk at cross purposes ❷ (*zusammen*) together

an·ei·nan·der|fü·gen *vr, vt* etw ~ to put sth together **an·ei·nan·der|ge·ra·ten** *vi irreg sein* to have a fight [*or* BRIT *a*. row] **an·ei·nan·der|rei·hen** I. *vt* ▪ etw ~ to string sth together II. *vr* ▪ **sich** ~ to follow one another **an·ei·nan·der|schmie·gen** *vr* ▪ **sich** ~ to cuddle

Anek·do·te <-, -n> [anɛk'do:tə] *f* anecdote

an|ekeln *vt* ▪ **jdn** ~ to make sb sick; ▪ **von etw** *dat* angeekelt sein to be disgusted by sth

Ane·mo·ne <-, -n> [ane'mo:nə] *f* BOT anemone

an·er·kannt *adj* recognized

an|er·ken·nen* ['an?ɛɐ̯kɛnən] *vt irreg* ❶ (*offiziell akzeptieren*) to recognize (**als** as); *Kind* to acknowledge; *Forderung* to accept ❷ (*würdigen*) to appreciate ❸ (*gelten lassen*) to accept; *Meinung* to respect

an·er·ken·nend I. *adj* acknowledging; **ein** ~ **er Blick** a look of acknowledg[e]ment II. *adv* in acknowledg[e]ment

an·er·ken·nens·wert *adj* commendable

An·er·ken·nung *f* ❶ (*offizielle Bestätigung*) recognition; ~ **finden** to gain recognition ❷ (*lobende Zustimmung*) praise

an|er·zie·hen* *vt irreg* ▪ **jdm** etw ~ to teach sb sth; ▪ **anerzogen sein** to be acquired

an|fa·chen *vt* (*geh*) ❶ (*zum Brennen bringen*) to kindle ❷ (*schüren*) to arouse

an|fah·ren *irreg* I. *vi sein* to drive off; *Zug* to draw in II. *vt haben* ❶ (*beim Fahren streifen*) to hit ❷ *irreg* (*schelten*) ▪ **jdn** ~ to snap at sb ❸ TRANSP to call at; **einen Hafen** ~ to pull in at a port

An·fahrt <-, -en> *f* journey [to]

An·fall <-[e]s, -fälle> *m* ❶ MED attack; **einen Herz~ haben** to have a heart attack; **epileptischer** ~ epileptic fit ❷ (*Wutanfall*) fit of rage; **der kriegt einen** ~**, wenn er das mitbekommt!** he's going to go round the bend when he hears about this! ❸ (*Anwandlung*) ▪ **in einem** ~ **von etw** *dat* in a fit of sth

an|fal·len I. *vi irreg sein* ❶ (*entstehen*) to arise ❷ *Kosten* incur ❸ (*sich anhäufen*) to accumulate; *Arbeit a*. to pile up II. *vt irreg* (*angreifen*) to attack

an·fäl·lig *adj* to be prone (**für** to); AUTO, TECH temperamental

An·fäl·lig·keit <-> *f meist sing* ❶ (*anfällige Konstitution*) delicateness; ▪ **die** ~ **für etw** *akk* susceptibility to sth ❷ AUTO, TECH temperamental nature

An·fang <-[e]s, -fänge> *m* ❶ (*Beginn*) beginning, start; **... und das ist erst der** ~ ... and that's just the start; **den** ~ **machen** to make a start (**mit** with); **einen neuen** ~ **machen** to make a fresh start; ~ **September/der Woche** at the beginning of September/the week; **der Täter war ca**. ~ **40** the perpetrator was in his early 40s; **von** ~ **bis Ende** from start to finish; **am** ~ (*zu Beginn*) in the beginning; (*anfänglich*) to begin with; **von** ~ **an** from the [very] start ❷ (*Ursprung*) origin[s] *usu pl* ▸ **der** ~ **vom Ende** the beginning of the end; **aller** ~ **ist schwer** (*prov*) the first step is always the hardest

an|fan·gen *irreg vt, vi* ❶ (*beginnen*) to begin; ▪ **etw** ~ to start sth (**mit** with); ❷ *Packung Kekse* to start ❸ (*machen*) **etw anders** ~ to do sth differently; **etwas mit etw/jdm** ~ **können** (*fam*) to be able to do sth with sth/sb; **jd kann mit etw/jdm nichts** ~ (*fam*) sth/sb is [of] no use to sb; **was soll ich damit**

~? what am I supposed to do with that?; **mit jdm ist nichts anzufangen** nothing can be done with sb; **nichts mit sich** *dat* **anzufangen wissen** to not know what to do with oneself

An·fän·ger(in) <-s, -> *m(f)* beginner; (*im Straßenverkehr*) learner [*driver*] BRIT, student driver AM; ~ **sein** to be a novice; **ein blutiger ~ sein** (*fam*) to be an absolute beginner

An·fän·ger·kur·sus *m* beginners' course

an·fäng·lich I. *adj attr* initial *attr* **II.** *adv* (*geh*) initially

an·fangs I. *adv* at first **II.** *präp* SCHWEIZ at the start of

An·fangs·buch·sta·be *m* initial [letter] **An·fangs·schwie·rig·kei·ten** *pl* initial difficulties *pl* **An·fangs·sta·di·um** *nt* initial stage[s] *usu pl* **An·fangs·zeit** *f* early stages *pl*

an|fas·sen I. *vt* ❶ (*berühren*) to touch ❷ (*behandeln*) to treat ▶ **zum A~** (*fam*) approachable **II.** *vi* ■ **mit ~** to lend a hand **III.** *vr* (*sich anfühlen*) to feel; **es fasst sich rau an** it feels rough

an|fau·chen *vt* ❶ *Katze* to spit at ❷ (*fig fam*) to snap at

an·fecht·bar *adj* contestable

an|fech·ten *vt irreg* ❶ JUR to contest ❷ (*nicht anerkennen*) to dispute

an|fer·ti·gen *vt* to make; ■ **sich** *dat* **etw ~ lassen** to have sth made

An·fer·ti·gung <-, -en> *f* making [up]

an|feuch·ten *vt* to moisten

an|feu·ern *vt* ❶ (*ermutigen*) to cheer on ❷ (*anzünden*) to light

an|fle·hen *vt* to beg (**um** for)

an|flie·gen *irreg vt, vi haben* to fly to; ■ **beim A~** in the approach; **angeflogen kommen** (*fam*) to come flying in

An·flug <-[e]s, -flüge> *m* ❶ LUFT approach ❷ (*fig: Andeutung*) hint; (*Anfall*) fit

an|for·dern *vt* ❶ (*die Zusendung erbeten*) to request; *Katalog* to order ❷ (*beantragen*) to ask for

An·for·de·rung <-, -en> *f kein pl* (*das Anfordern*) request; *Katalog* ordering; ■ **auf ~** on request ❷ *meist pl* (*Anspruch*) demands; **~en [an jdn] stellen** to place demands [on sb]; **du stellst zu hohe ~en** you're too demanding

An·fra·ge <-, -n> *f* inquiry; ■ **auf ~** on request

an|fra·gen *vi* to ask (**um** for)

an|freun·den ['anfrɔyndn̩] *vr* ❶ (*Freunde werden*) ■ **sich mit jdm ~** to make friends with sb; ■ **sich ~** to become friends ❷ (*fig: schätzen lernen*) ■ **sich mit jdm/etw ~** to get to like sb/sth ❸ (*fig: sich zufriedenge-* *ben*) ■ **sich mit etw** *dat* **~** to get used to the idea of sth

an|fü·gen *vt* to add

an|füh·len *vr* **sich etw weich ~** to feel soft

An·fuhr *f* transportation

an|füh·ren *vt* ❶ (*vorangehen*) to lead ❷ (*fig: zitieren*) to quote; *Beispiel, Grund* to give ❸ (*fig: benennen*) to name

An·füh·rer(in) <-s, -> *m(f)* leader; *von Truppen* commander

An·füh·rungs·strich *m*, **An·füh·rungs·zei·chen** *nt meist pl* quotation mark[s], BRIT *a.* inverted comma[s]; **Anführungsstriche** [*o* **Anführungszeichen**] **unten/oben** quote/unquote

An·ga·be <-, -n> *f* ❶ *meist pl* (*Mitteilung*) details *pl*; **es gibt bisher keine genaueren ~n** there are no further details to date; **~n machen** to give details (**über/zu** about); **~n zur Person** (*geh*) personal details ❷ *kein pl* (*Prahlerei*) boasting ❸ SPORT (*Aufschlag*) service

an|gaf·fen *vt* (*pej*) to gape [*or* BRIT *a.* gawp] [*or* AM *a.* gawk] at

an|ge·ben *irreg* **I.** *vt* ❶ (*nennen*) to give; **seinen Namen ~** to give one's name; **jdn als Zeugen ~** to cite sb as a witness ❷ (*zitieren*) to quote ❸ (*behaupten*) to claim ❹ (*deklarieren*) to declare ❺ (*anzeigen*) to indicate ❻ (*bestimmen*) to set; **das Tempo ~** to set the pace; **Takt** to give **II.** *vi* (*prahlen*) to boast (**mit** about)

An·ge·ber(in) <-s, -> *m(f)* show-off, poser

An·ge·be·rei <-, -en> [angeːbəˈraɪ] *f* (*fam*) showing-off

An·ge·be·rin <-, -nen> *f fem form von* **Angeber**

an·ge·be·risch I. *adj* pretentious **II.** *adv* pretentiously

An·ge·be·te·te(r) *f(m) dekl wie adj* (*geh*) beloved

an·geb·lich ['angeːplɪç] **I.** *adj attr* alleged **II.** *adv* allegedly; **er hat ~ nichts gewusst** apparently, he didn't know anything about it

an·ge·bo·ren *adj* ❶ MED congenital ❷ (*fig fam*) innate

An·ge·bot <-[e]s, -e> *nt* ❶ (*Anerbieten*) offer ❷ FIN (*Versteigerungsgebot*) bid; (*Offerte*) offer ❸ *kein pl* (*Warenangebot*) range of goods; **~ und Nachfrage** supply and demand ❹ (*Sonderangebot*) special offer; **im ~** on special offer

an·ge·bracht *adj* ❶ (*sinnvoll*) sensible ❷ (*angemessen*) suitable

an·ge·gos·sen *adj* ▶ **wie ~ sitzen** (*fam*) to fit like a glove

an·ge·grif·fen I. *adj* frail; *Nerven* raw **II.** *adv* **~ aussehen** to look exhausted

an·ge·hei·tert ['angəhaɪtɐt] *adj* (*fam*) tipsy
an|ge·hen *irreg* **I.** *vi* ■ *sein* (*beginnen*) to start; (*zu funktionieren*) to come on ❷ (*bekämpfen*) to fight (**gegen** against) **II.** *vt* ■ *haben o* SÜDD, ÖSTERR *sein* (*in Angriff nehmen*) to tackle ❷ *haben* (*betreffen*) to concern; **was geht mich das an?** what's that got to do with me?; **das geht dich einen Dreck an!** (*fam*) that's none of your [damn] business; **was mich angeht, ...** as far as I am concerned, ...
an·ge·hend *adj* prospective
an|ge·hö·ren* *vi* to belong to
An·ge·hö·ri·ge(r) *f(m) dekl wie adj* ❶ (*Familienangehörige(r)*) relative; **die nächsten ~n** the next of kin ❷ (*Mitglied*) member
An·ge·klag·te(r) *f(m) dekl wie adj*
An·gel <-, -n> ['aŋl] *f* ❶ (*zum Fische fangen*) fishing-rod and line, AM *a*. fishing pole ❷ (*Türangel*) hinge ▸ **etw aus den ~n heben** (*fam*) to turn sth upside down
An·ge·le·gen·heit <-, -en> *f meist sing* matter; **in welcher ~ wollten Sie ihn sprechen?** in what concerning did you want to speak to him?; **sich um seine eigenen ~en kümmern** to mind one's own business; **in eigener ~** on a private matter; **jds ~ sein** to be sb's responsibility
an·ge·lernt *adj* ❶ (*eingearbeitet*) semi-skilled ❷ (*oberflächlich gelernt*) acquired
An·gel·ha·ken *m* fish-hook
an·geln ['aŋln] **I.** *vi* ❶ (*Fische fangen*) to fish; ■ [das] **A~** fishing ❷ (*zu greifen versuchen*) to fish [around] (**nach** for) **II.** *vt* to catch; **sich** *dat* **einen Mann ~** (*fam*) to catch oneself a man
An·gel·punkt *m* crucial point
An·gel·ru·te *f* fishing rod
An·gel·sach·se, -säch·sin <-n, -n> ['aŋlzaksə, -zɛksɪn] *m, f* Anglo-Saxon
an·ge·mes·sen I. *adj* (*entsprechend*) fair; ■ **einer S.** *dat* **~ sein** to be proportionate to sth ❷ (*passend*) appropriate **II.** *adv* ❶ (*entsprechend*) proportionately ❷ (*passend*) appropriately
an·ge·nehm I. *adj* pleasant; *Nachricht* good; *Wetter* agreeable ▸ **das A~e mit dem Nützlichen verbinden** to mix business with pleasure; [**sehr**] **~!** (*geh*) pleased to meet you! **II.** *adv* pleasantly
an·ge·nom·men I. *adj* assumed; *Kind* adopted **II.** *konj* assuming
an·ge·passt^{RR}, **an·ge·paßt**^{ALT} *adj, adv* conformist
an·ge·regt I. *adj* animated **II.** *adv* animatedly; **sie diskutierten ~** they had an animated discussion
an·ge·sagt *adj* scheduled

an·ge·schla·gen *adj* (*fig fam*) weak[ened] (**von** by); *Gesundheit* poor
an·ge·se·hen *adj* respected; *Firma* of good standing
An·ge·sicht <-[e]s, -er> *nt* (*geh*) countenance; **von ~ zu ~** face to face
an·ge·sichts *präp* ■ **~ einer S.** *gen* in the face of sth
an·ge·spannt I. *adj* tense; *Situation* critical **II.** *adv* **~ wirken** to seem tense; **etw ~ verfolgen** to follow sth tensely
an·ge·stammt *adj* (*geerbt*) hereditary; (*überkommen*) traditional
an·ge·staubt *adj* (*fig*) outdated; **~e Ansichten** antiquated views
An·ge·stell·te(r) *f(m) dekl wie adj* employee
an·ge·strengt I. *adj* ❶ *Gesicht* strained ❷ (*intensiv*) hard **II.** *adv* (*intensiv*) hard; **~ diskutieren** to discuss intensively
an·ge·tan *adj* ■ **von jdm/etw ~ sein** to be taken with sb/sth
an·ge·trun·ken *adj* slightly drunk
an·ge·wandt *adj attr* applied
an·ge·wie·sen *adj* dependent (**auf** on)
an|ge·wöh·nen* *vt* ■ **sich** *dat* **etw ~** to get into the habit of [doing] sth
An·ge·wohn·heit <-, -en> *f* habit
an·ge·wur·zelt *adj* **wie ~ dastehen** to stand rooted to the spot
an·ge·zeigt *adj* (*geh*) appropriate
An·gi·na <-, Anginen> [aŋ'giːna, *pl* -nən] *f* MED angina; **~ Pectoris** angina pectoris
an|glei·chen *irreg* **I.** *vt* to bring sth into line **II.** *vr* ■ **sich ~** to adapt oneself (+*dat* to)
An·glei·chung *f* ❶ (*Anpassung*) adaptation ❷ (*gegenseitige Anpassung*) becoming alike
Ang·ler(in) <-s, -> ['aŋlɐ] *m(f)* angler
an|glie·dern *vt* ■ **etw ~** to incorporate sth (+*dat* into)
An·glie·de·rung *f* ❶ (*Anschluss*) incorporation ❷ (*Annexion*) annexation
an·gli·ka·nisch [aŋgli'kaːnɪʃ] *adj* Anglican; **die ~e Kirche** the Church of England
An·glist(in) <-en, -en> ['aŋlɪst] *m(f)* ❶ (*Wissenschaftler*) Anglist ❷ (*Student*) student of English [language and literature]
An·glis·tik <-> [aŋ'glɪstɪk] *f kein pl* study of English [language and literature]
An·gli·zis·mus <-, -men> [aŋgli'tsɪsmʊs] *m* LING anglicism
an·glo·ame·ri·ka·nisch [aŋglo-] *adj* Anglo-American
an|glot·zen *vt* (*fam: anstarren*) to gape [*or* BRIT *a*. gawp] [*or* AM *a*. gawk] at
an·greif·bar *adj* contestable
an|grei·fen *irreg vt, vi* ❶ MIL, SPORT to attack; ■ **angegriffen** under attack *präd* ❷ (*schädigen*) to damage sth; ■ [**etw ist**] **angegriffen**

Angst/Sorge ausdrücken

Angst/Befürchtungen ausdrücken | expressing anxiety/fears

Ich habe (da) ein ungutes Gefühl.	I've got a bad feeling (about this).
Mir schwant nichts Gutes. (*fam*)	I've got a bad feeling.
Ich rechne mit dem Schlimmsten.	I'm expecting the worst.
Diese Menschenmengen **machen mir Angst**.	These crowds **terrify me**.
Diese Rücksichtslosigkeit **beängstigt mich**.	This thoughtlessness **frightens me**.
Ich habe Angst, dass du dich verletzen könntest.	**I'm scared/afraid** you will hurt yourself.
Ich habe Angst vorm Zahnarzt.	I'm scared/afraid of the dentist.
Ich habe Bammel/Schiss vor der Prüfung. (*fam*)	I'm worried to death about the exam. (*fam*)

Sorge ausdrücken | expressing concern

Sein Gesundheitszustand macht mir große Sorgen.	I am very worried about his health.
Ich mache mir Sorgen um dich.	I am worried about you.
Die steigenden Arbeitslosenzahlen **beunruhigen mich**.	**I'm concerned about** the rising unemployment figures.
Die Sorge um ihn **bereitet mir schlaflose Nächte**.	**I'm having sleepless nights** worrying about him.

[sth is] weakened ③ (*zersetzen*) to corrode ④ (*beeinträchtigen*) to affect; ■ **angegriffen sein** to be exhausted
An·grei·fer(in) <-s, -> *m(f)* ① MIL attacker ② *meist pl* SPORT attacking player
an|gren·zen *vi* to border (**an** on)
an·gren·zend *adj attr* bordering; **die ~en Bauplätze** the adjoining building sites
An·griff *m* ① MIL attack; **zum ~ übergehen** (*fig*) to go on the offensive ② SPORT (*Vorgehen*) attack; (*die Angriffsspieler*) forwards *pl*; **im ~ spielen** to play in attack ► **~ ist die beste Verteidigung** (*prov*) offence is the best defence *prov*; **etw in ~ nehmen** to tackle sth
An·griffs·flä·che *f* target **An·griffs·lust** *f kein pl* ① (*angriffslustige Einstellung*) aggressiveness ② (*Aggressivität*) aggression **an·griffs·lus·tig** *adj* aggressive **An·griffs·punkt** *m* target
an|grin·sen *vt* to grin at
Angst <-, Ängste> [aŋst, *pl* 'ɛŋstə] *f* ① (*Furcht*) fear; ■ **die ~ vor jdm/etw** the fear of sb/sth; **~ bekommen** (*fam*) to become frightened; **~ [vor etw** *dat*] **haben** to be afraid [of sth]; **~ um etw haben** *akk* to be worried about sth; **jdm ~ machen** to frighten sb; **aus ~, etw zu tun** for fear of doing sth; **vor ~** by fear; **~ und Schrecken verbreiten** to spread fear and terror ② (*seelische Unruhe*) anxiety

angst *adj* afraid **Angst·ha·se** *m* (*fig fam*) scaredy-cat
ängs·ti·gen ['ɛŋstɪgn̩] **I.** *vt* ① (*in Furcht versetzen*) to frighten ② (*beunruhigen*) to worry **II.** *vr* ■ **sich ~** ① (*Furcht haben*) to be afraid ② (*sich sorgen*) to worry
ängst·lich ['ɛŋstlɪç] *adj* ① (*verängstigt*) frightened ② (*besorgt*) worried
Ängst·lich·keit <-> *f kein pl* ① (*Furchtsamkeit*) fear ② (*Besorgtheit*) anxiety
Angst·ma·cher, -ma·che·rin *m, f* (*pej*) scaremonger **Angst·ma·che·rei** <-> ['aŋstmaxərai] *f kein pl* (*pej*) scaremongering **Angst·schweiß** *m* cold sweat
an|gu·cken *vt* (*fam*) to look at
an|gur·ten *vt* to strap in; ■ **sich ~** to fasten one's seat belt, AM *a.* to buckle up
an|ha·ben *vt irreg* ① *Kleidung* to have on ② (*Schaden zufügen*) **jdm nichts ~ können**

to be unable to harm sb

an·haf·ten vi (sich zugehörig fühlen) to belong to; **einer Idee ~** to adhere to an idea

an·hal·ten¹ irreg **I.** vi ❶ (stoppen) to stop ❷ (innehalten) to pause **II.** vt ❶ (stoppen) to bring to a stop ❷ (anleiten) ■ **jdn [zu etw** dat] ~ to teach sb [to do sth]; ■ **angehalten sein, etw zu tun** to be encouraged to do sth; **per ~ fahren** to hitch-hike

an·hal·ten² vi irreg (fortdauern) to continue

an·hal·tend adj continuous; **Lärm** incessant; **Schmerz** persistent; **die ~e Hitzewelle** the continuing heatwave

An·hal·ter(in) <-s, -> ['anhaltɐ] m(f) hitch-hiker; **per ~ fahren** to hitch-hike

An·halts·punkt m clue

an·hand [an'hant] präp on the basis of

An·hang <-[e]s, -hänge> m ❶ (Nachtrag) appendix ❷ kein pl (Angehörige) [close] family, dependants ❸ kein pl (Gefolgschaft) followers

an·hän·gen I. vt ❶ a. BAHN (ankuppeln) to couple (**an** to) ❷ (daran hängen) to hang [up] (**an** on) ❸ (hinzufügen) to add; ■ **angehängt** final ❹ (fig fam: übertragen) ■ **jdm etw ~** to pass sth on to sb ❺ (fig fam: anlasten) ■ **jdm etw ~** to blame sth on sb **II.** vr **sich ~** to follow **III.** vi irreg (fig) ❶ (anhaften) **jdm hängt etw an** sth sticks to sb ❷ (sich zugehörig fühlen) to belong to; **einer Idee ~** to adhere to an idea

An·hän·ger <-s, -> m ❶ AUTO trailer ❷ (Schmuckstück) pendant ❸ (Gepäckanhänger) label

An·hän·ger(in) <-s, -> m(f) (fig) ❶ SPORT fan ❷ (Gefolgsmann) follower, supporter

An·hän·ger·schaft <-> f kein pl ❶ (Gefolgsleute) followers pl, supporters pl ❷ SPORT fans pl

an·häng·lich ['anhɛŋlɪç] adj (sehr an jdm hängend) devoted; (sehr zutraulich) friendly

An·häng·lich·keit <-> f kein pl ❶ (anhängliche Art) devotion ❷ (Zutraulichkeit) trusting nature

an·hau·chen vt to breathe on

an·hau·en vt irreg (sl) ❶ (ansprechen) to accost ❷ (erbitten) to tap (**um** for)

an·häu·fen vt, vr ❶ (aufhäufen) to pile up ❷ (fig: ansammeln) to accumulate

An·häu·fung <-, -en> f ❶ (das Aufhäufen) piling up ❷ (fig: das Ansammeln) accumulation

an·he·ben irreg vt ❶ (hochheben) to lift [up] ❷ (erhöhen) to increase

An·he·bung <-, -en> f increase; **die ~ der Preise** the increase in prices

an·hef·ten vt ❶ (daran heften) to attach ❷ (anstecken) to pin on

an·heim|fal·len vi irreg sein (geh) **jdm/** **etw ~** to fall victim to sb/sth

an·heu·ern vt, vi NAUT to sign on

An·hieb m **auf ~** (fam) straight away; **das kann ich nicht auf ~ sagen** I couldn't say off the top of my head

an·him·meln vt (fam) to idolize

An·hö·he <-, -n> f high ground

an·hö·ren I. vt ❶ (zuhören) ■ **[sich** dat] **etw ~** to listen to sth ❷ (mithören) **Geheimnis [mit] ~** to overhear a secret ❸ (anmerken) ■ **jdm etw ~** to hear sth in sb['s voice]; **dass er Däne ist, hört man ihm aber nicht an!** you can't tell from his accent that he's Danish! **II.** vr (klingen) ■ **sich ~** to sound; **Ihr Angebot hört sich gut an** your offer sounds good

An·hö·rung <-, -en> f hearing

Ani·ma·teur(in) <-s, -e> [anima'tø:ɐ̯] m(f) host masc [or fem hostess]

ani·mie·ren* [ani'mi:rən] vt, vi to encourage

Anis <-[es], -e> [a'ni:s, 'a(:)nɪs] m ❶ (Pflanze) anise ❷ (Gewürz) aniseed

Ank. Abk von **Ankunft** arr.

an·kämp·fen vi to fight (**gegen** against); **sie kämpfte gegen ihre Tränen an** she fought back her tears

An·kauf <-[e]s, -käufe> m buy

an·kau·fen vt, vi to buy

An·ker <-s, -> ['aŋkɐ] m anchor; **vor ~ gehen** to drop anchor [somewhere]; **den ~ lichten** to weigh anchor; **vor ~ liegen** to lie at anchor

an·kern ['aŋkɐn] vi ❶ (Anker werfen) to drop anchor ❷ (vor Anker liegen) to lie at anchor

An·ker·platz m anchorage

an·ket·ten vt, vi to chain up (**an** to)

An·kla·ge <-, -n> f ❶ kein pl (gerichtliche Beschuldigung) charge; **gegen jdn ~ [wegen** gen] **erheben** to charge sb [with sth]; **unter ~ stehen** to be charged ❷ (Anklagevertretung) prosecution ❸ (Beschuldigung) accusation

An·kla·ge·bank f JUR dock; **auf der ~ sitzen** to be in the dock

an·kla·gen vt ❶ JUR to charge ❷ (beschuldigen) to accuse ❸ (fig: anprangern) to denounce

an·kla·gend I. adj ❶ (anprangernd) denunciatory ❷ (eine Beschuldigung beinhaltend) accusatory **II.** adv (als Anklage) accusingly

An·klä·ger(in) <-s, -> m(f) JUR prosecutor

An·kla·ge·schrift f JUR indictment

An·klang <-[e]s, -klänge> m approval; **~ finden** to meet with approval

an·kle·ben I. vt haben to stick on **II.** vi sein to stick; ■ **an etw** akk o dat **angeklebt sein** to be stuck [on]to sth

an·klei·den vt (geh) to dress

An·klei·de·raum *m* changing room
an·kli·cken *vt* INFORM to click on
an·klop·fen *vi* to knock
an·knab·bern *vt* (*fam*) to gnaw [away] at
an·knip·sen *vt* (*fam*) to flick on *fam*
an·knüp·fen **I.** *vt* to tie (**an** to) **II.** *vi* (*fig*) ■ **an etw** *akk* ~ to resume sth; **an ein altes Argument** ~ to take up an old argument
an·kom·men *irreg* **I.** *vi sein* ❶ TRANSP to arrive; **seid ihr gut angekommen?** did you arrive safely? ❷ (*angelangen*) ■ **bei etw** *dat* ~ to reach sth ❸ (*fam: Anklang finden*) ■ **[bei jdm]** ~ **Sache** to go down well [with sb]; *Person* to make an impression [on sb] ❹ (*sich durchsetzen*) ■ **gegen jdn/etw** ~ to get the better of sb/sth ❺ (*fam: darauf ansprechen*) **kommen Sie mir bloß nicht schon wieder damit an!** don't start harping on about that again! **II.** *vi impers sein* ❶ (*wichtig sein*) ■ **auf etw** *akk* ~ sth matters; ■ **es kommt darauf an, dass ...** what matters is that ... ❷ (*von etw abhängen*) ■ **auf jdn/etw** ~ to be dependent on sb/sth; **das kommt darauf an** it depends; ■ **darauf** ~, **dass/ob** it depends on/on whether ❸ (*riskieren*) **es auf etw** *akk* ~ **lassen** to risk sth
An·kömm·ling <-s, -e> *m* newcomer
an·kot·zen *vt* ❶ (*derb: anwidern*) to make sick ❷ (*derb: bespucken*) to puke [all] over
an·krei·den *vt* ■ **jdm etw** ~ to hold sth against sb
an·kreu·zen *vt* to mark with a cross
an·kün·di·gen *vt* ❶ (*ansagen*) to announce ❷ (*voraussagen*) to predict
An·kün·di·gung <-, -en> *f* ❶ (*Ansage, Anzeige*) announcement ❷ (*Avisierung*) advance notice ❸ (*Vorzeichen*) advance warning
An·kunft <-, -künfte> ['aŋkʊnft, *pl* -kʏnftə] *f* arrival
An·kunfts·hal·le *f* arrivals [lounge] **An·kunfts·zeit** *f* time of arrival; **geschätzte ~** estimated time of arrival
an·kur·beln *vt* ❶ ÖKON to boost ❷ AUTO to start [up]
An·kur·be·lung <-, -en> *f* ÖKON boost
an·lä·cheln *vt* to smile at
an·la·chen *vr* (*fam*) ■ **sich** *dat* **jdn** ~ to pick sb up
An·la·ge <-, -n> *f* ❶ (*Produktionsgebäude*) plant ❷ BAU (*das Errichten*) building, construction ❸ (*Grün-*) park ❹ SPORT facilities *pl* ❺ (*Stereo-*) sound system; (*Telefon-*) telephone system ❻ (*technische Vorrichtung*) plant *no pl*; **sanitäre ~n** (*geh*) sanitary facilities ❼ (*Kapital-*) investment ❽ (*Beilage zu einem Schreiben*) enclosure ❾ *meist pl* (*Veranlagung*) disposition

an·lan·gen *vt haben* ❶ (*betreffen*) **was jdn/ etw anlangt, ...** as far as sb/sth is concerned, ... ❷ SÜDD (*anfassen*) to touch
An·lassᴿᴿ <-es, -lässe> *m*, **An·laß**ᴬᴸᵀ <-sses, -lässe> ['anlas, *pl* 'anlɛsə] *m* ❶ (*Grund*) reason; **es besteht ~ zu etw** *dat* there are grounds for sth; **es besteht kein ~ zu etw** *dat*/, **etw zu tun** there are no grounds for sth/to do sth; **[jdm] ~ zu etw** *dat* **geben** to give [sb] grounds for sth; **einen/ keinen ~ haben, etw zu tun** to have grounds/no grounds to do sth; **etw zum ~ nehmen, etw zu tun** to use sth as an opportunity to do sth; **aus diesem ~** for this reason; **aus keinem besonderen ~** for no particular reason; **aus gegebenem ~** with good reason ❷ (*Gelegenheit*) occasion; **dem ~ entsprechend** to fit the occasion; **bei jedem ~** at every opportunity
an·las·sen *irreg* **I.** *vt* ❶ AUTO to start [up] ❷ (*fam: anbehalten*) to keep on ❸ (*fam: in Betrieb lassen*) to leave on **II.** *vr* (*fam*) ❶ (*anfangen*) to start ❷ (*sich entwickeln*) to develop
An·las·ser <-s, -> *m* AUTO starter [motor]
an·läss·lichᴿᴿ, **an·läß·lich**ᴬᴸᵀ ['anlɛslɪç] *präp* ■ ~ **einer S.** *gen* on the occasion of
an·las·ten *vt* ■ **jdm etw** ~ to blame sb for sth
An·lauf <-[e], -läufe> *m* ❶ SPORT run-up; ~ **nehmen** to take a run-up; **mit/ohne** ~ with/without a run-up ❷ (*fig: Versuch*) attempt; **beim ersten/zweiten ~** at the first/ second attempt; **noch einen ~ nehmen** to make another attempt
an·lau·fen *irreg* **I.** *vi sein* ❶ (*beginnen*) to begin ❷ SPORT to take a run-up ❸ *Brillengläser, Glasscheibe* to steam up ❹ (*oxidieren*) to tarnish ❺ (*sich verfärben*) to change colour; **vor Wut rot ~** to turn purple with rage **II.** *vt* **haben den Hafen ~** to put into port
An·lauf·schwie·rig·keit *f meist pl* teething problem *fig*, initial dificulty **An·lauf·stel·le** *f* refuge
An·laut *m* LING initial sound
an·le·gen **I.** *vt* ❶ (*erstellen*) to compile; *Liste* to draw up ❷ *Garten, Park* to lay out ❸ *Vorrat* to lay in ❹ (*investieren*) to invest (**in** in) ❺ (*fig*) ■ **es auf etw** *akk* ~ to risk sth ❻ (*daran legen*) to place (**an** against) ❼ (*geh: anziehen*) to don; ■ **jdm etw** ~ to put sth on sb ❽ (*ausrichten*) to structure (**auf** for); **etw auf eine bestimmte Dauer ~** to plan sth [to last] for a certain period **II.** *vi* ❶ NAUT (*festmachen*) to berth ❷ (*zielen*) to aim (**auf** at) **III.** *vr* ■ **sich mit jdm ~** to pick an argument with sb
An·le·ge·platz *m* dock
an·leh·nen **I.** *vt* ❶ (*daran lehnen*) to lean

[against]; ■ **angelehnt sein** to be propped up ❷ *Tür* to leave ajar **II.** *vr* ❶ (*sich daran lehnen*) to lean (**an** against) ❷ (*fig*) ■ **sich an etw** *akk* ~ *Text* to follow sth

An|leh·nung <-, -en> *f* **in** ~ **an jdn/etw** following sb/sth

an·leh·nungs·be·dürf·tig *adj* needing affection *präd*

an|lei·ern *vt* (*fam: im Gang setzen*) to get going

An|lei·he <-, -n> *f* FIN (*Kredit*) loan; (*Wertpapier*) bond

an|lei·ten *vt* to instruct

An|lei·tung <-, -en> *f* ❶ (*Gebrauchs~*) instructions *pl;* **unter jds** *dat* ~ under sb's guidance ❷ (*das Anleiten*) instruction

an|ler·nen *vt* to train

an|le·sen *irreg* **I.** *vt* (*den Anfang von etw lesen*) to start to read **II.** *vr* (*sich durch Lesen aneignen*) ■ **sich** *dat* **etw** ~ to learn sth by reading

an|lie·fern *vt* to deliver

an|lie·gen *vi irreg* ❶ (*zur Bearbeitung anstehen*) to be on the agenda ❷ MODE to fit tightly; ■ ~**d** tight-fitting ❸ (*nicht abstehen*) to lie flat; ■ ~**d** flat (**an** against)

An|lie·gen <-s, -> *nt* ❶ (*Bitte*) request; **ein** ~ [**an jdn**] **haben** to have a request to make [of sb] ❷ (*Angelegenheit*) matter

an·lie·gend *adj* ❶ (*beiliegend*) enclosed ❷ (*angrenzend*) adjacent

An|lie·ger <-s, -> *m* ❶ (*Anwohner*) resident; ~ **frei** residents only ❷ (*Anrainer*) neighbour

an|lo·cken *vt* to attract; *Tier* to lure

an|lü·gen *vt irreg* to lie to

Anm. *f Abk von* **Anmerkung**

An·ma·che <-> *f kein pl* (*sl: plumper Annäherungsversuch*) come-on

an|ma·chen *vt* ❶ (*einschalten*) to turn on ❷ (*anzünden*) to light ❸ *Salat* to dress ❹ (*sl: aufreizen*) to turn on ❺ (*sl: aufreißen wollen*) to pick up; (*rüde ansprechen*) to have a go at sb

an|mai·len ['anmeɪlən] *vt* TELEK ■ **jdn** ~ to [e-]mail sb

an|ma·len I. *vt* to paint; **mit Buntstiften** ~ to colour in with pencils **II.** *vr* (*fam: sich schminken*) ■ **sich** ~ to paint one's face **III.** *vi* (*anzeichnen*) to mark

an|ma·ßen *vr* ■ **sich** *dat* **etw** ~ to claim sth [unduly] for oneself; **was maßen Sie sich an!** what right do you [think you] have!

an·ma·ßend ['anma:snt] *adj* arrogant

An·ma·ßung <-, -en> *f* arrogance

An·mel·de·ge·bühr *f* registration fee

an|mel·den I. *vt* ❶ (*ankündigen*) to announce; **wen darf ich** ~**?** who shall I say is calling?; **ich bin angemeldet** I have an appointment ❷ (*vormerken lassen*) to enrol (**bei at, zu** in) ❸ ADMIN to register ❹ (*geltend machen*) to assert; **Bedenken** ~ to make [one's] misgivings known ❺ FIN (*anzeigen*) to declare **II.** *vr* ■ **sich** ~ ❶ (*ankündigen*) to give notice of a visit; (**bei** to) ❷ (*sich eintragen lassen*) to apply (**zu** for) ❸ (*sich einen Termin geben lassen*) to make an appointment

an·mel·de·pflich·tig *adj präd* ■ ~ **sein** to be obliged to have a licence

An·mel·dung <-, -en> *f* ❶ (*vorherige Ankündigung*) [advance] notice [of a visit]; **ohne** ~ without an appointment ❷ SCH enrolment ❸ (*Registrierung*) registration; **die** ~ **eines Fernsehers** the licensing of a television ❹ (*Anmelderaum*) reception

an|mer·ken *vt* ❶ (*bemerken*) to notice; **er ließ sich nichts anmerken** he didn't let it show ❷ (*eine Bemerkung machen*) to add ❸ (*notieren*) to make a note of

An·mer·kung <-, -en> *f* ❶ (*Erläuterung*) note ❷ (*Fußnote*) footnote ❸ (*Kommentar*) comment

An·mo·de·ra·ti·on *f* TV continuity [*or* AM voiceover] announcement

an|mo·de·rie·ren *vt* ■ **etw** ~ to deliver a piece to camera

an|mot·zen *vt* (*fam*) ■ **jdn** ~ to bite sb's head off

An·mut <-> ['anmu:t] *f kein pl* (*geh*) ❶ (*Grazie*) grace[fulness] ❷ (*liebliche Schönheit*) beauty

an·mu·tig *adj* (*geh*) ❶ (*graziös*) graceful ❷ (*hübsch anzusehen*) beautiful

an|nä·hen *vt* to sew on

an|nä·hern I. *vr* ■ **sich** [**einander** *dat*] ~ to come closer [to one another] **II.** *vt* ■ **aneinander** ~ to bring into line with each other

an·nä·hernd I. *adj* approximate **II.** *adv* approximately; **es kamen nicht ~ so viele Besucher wie erwartet** nowhere near as many spectators came as had been expected

An·nä·he·rung <-, -en> *f* convergence

An·nä·he·rungs·ver·such *m* advance[s] *esp pl;* ~ **e machen** to make advances

an·nä·he·rungs·wei·se *adv* approximately; ■ **nicht** ~ nowhere near

An·nah·me <-, -n> ['anna:mə] *f* ❶ (*Vermutung*) assumption; **von einer** ~ **ausgehen** to proceed on the assumption; **in der** ~**, [dass]** ... on the assumption [that] ❷ *kein pl* (*geh: das Annehmen*) acceptance ❸ (*Annahmestelle*) reception

An·nah·me·stel·le *f* ❶ (*Lottoannahmestelle*) outlet selling lottery tickets ❷ (*Abgabestelle für Altmaterialien/Müll*) [rubbish [*or* AM garbage]] dump ❸ (*Stelle für die Annahme*) counter

An·na·len *pl* annals; **in die ~ eingehen** to go down in the annals [of history]
an·nehm·bar I. *adj* ❶ (*akzeptabel*) acceptable ❷ (*nicht übel*) reasonable **II.** *adv* reasonably
an|neh·men *irreg* **I.** *vt* ❶ (*entgegennehmen*) to accept (**von** from) ❷ ÖKON (*in Auftrag nehmen*) to take [on] ❸ (*akzeptieren*) to accept ❹ (*meinen*) ▪ **etw [von jdm] ~** to think sth [of sb] ❺ (*voraussetzen*) to assume ❻ (*sich zulegen*) to adopt ❼ (*zulassen*) *Patienten, Schüler* to take on ❽ (*sich entwickeln*) **der Konflikt nimmt immer schlimmere Ausmaße an** the conflict is taking a turn for the worse ❾ (*adoptieren*) to adopt **II.** *vr* ❶ (*sich kümmern*) ▪ **sich jds gen ~** to look after sb ❷ (*erledigen*) ▪ **sich einer S. gen ~** to take care of sth
An·nehm·lich·keit <-, -en> *f meist pl* ❶ (*Bequemlichkeit*) convenience ❷ (*Vorteil*) advantage
an·nek·tie·ren* [anɛkˈtiːrən] *vt* to annex
An·no *adv*, **an·no** [ˈano] *adv* ÖSTERR (*im Jahre*) in the year ▸ **von ~ dazumal** (*fam*) from the year dot BRIT, from long ago AM
an·non·ce <-, -n> [aˈnõːsə] *f* MEDIA advertisement, ad[vert] *fam*
an·non·cie·ren* [anõˈsiːrən] **I.** *vi* to advertise **II.** *vt* (*geh*) to announce
an·nul·lie·ren* [anʊˈliːrən] *vt* JUR to annul
Ano·de <-, -n> [aˈnoːdə] *f* PHYS anode
an|lö·den [ˈanˌʔøːdn̩] *vt* (*fam*) ▪ **etw/jd ödet jdn an** sth/sb bores sb silly
ano·mal [anoˈmaːl] *adj* abnormal
Ano·ma·lie <-, -n> [anomaˈliː, *pl* -ˈliːən] *f* ❶ (*Missbildung*) abnormality ❷ (*Unregelmäßigkeit*) anomaly
ano·nym [anoˈnyːm] **I.** *adj* anonymous; **~ bleiben** to remain anonymous **II.** *adv* anonymously
ano·ny·mi·sie·ren* [anonymiˈziːrən] *vt* to make sth anonymous
Ano·ny·mi·tät <-> [anonymiˈtɛːt] *f kein pl* anonymity
Ano·rak <-s, -s> [ˈanorak] *m* anorak
an|ord·nen *vt* ❶ (*festsetzen*) to order ❷ (*ordnen*) to arrange (**nach** according to)
An·ord·nung <-, -en> *f* ❶ (*Verfügung*) order; **auf ~ seines Arztes** on [his] doctor's orders ❷ (*systematische Ordnung*) order
an·or·ga·nisch [ˈanʔɔrgaˌnɪʃ] *adj* CHEM inorganic
anor·mal [ˈanɔrmaːl] *adj* (*fam*) *s.* **anomal** abnormal
an|pa·cken I. *vt* (*fam*) ❶ (*anfassen*) to touch ❷ (*beginnen*) to tackle; **packen wir's an!** let's get started! **II.** *vi* (*fam*) ❶ (*anfassen*) to take hold of ❷ (*mithelfen*) ▪ **jd packt [mit] an** sb lends a hand
an|pas·sen I. *vt* ❶ (*adaptieren*) to adapt (**an** to) ❷ (*entsprechend verändern*) ▪ **etw einer S.** *dat* ~ to adjust sth to sth **II.** *vr* ❶ (*sich darauf einstellen*) ▪ **sich ~** to adjust ❷ (*sich angleichen*) ▪ **sich jdm/einer S. ~** to fit in with sb/sth; (*gesellschaftlich*) to conform to sth
An·pas·sung <-, *selten* -en> *f* ❶ (*Abstimmung*) adaptation (**an** to); **mangelnde ~** maladaptation ❷ (*Erhöhung*) adjustment ❸ (*Angleichung*) conformity *no art* (**an** to)
an·pas·sungs·fä·hig *adj* adaptable **An·pas·sungs·fä·hig·keit** *f* adaptability (**an** to) **An·pas·sungs·schwie·rig·kei·ten** *pl* difficulties in adapting
an|pei·len *vt* ❶ TELEK to take a bearing on ❷ (*fam: ansteuern wollen*) to head for ❸ (*fam: anvisieren*) to set one's sights on
an|pfei·fen *irreg vi, vt* to blow the whistle
An·pfiff *m* ❶ SPORT ~ **[des Spiels]** whistle [to start the game]; FBALL *a.* kick-off ❷ (*fam: Rüffel*) ticking-off BRIT, chewing-out AM
an|pflan·zen *vt* (*setzen*) to plant; (*anbauen*) to grow
an|pflau·men *vt* (*fam*) ▪ **jdn ~** to make fun of sb
an|pir·schen *vr* ❶ (*sich vorsichtig nähern*) ▪ **sich [an ein Tier] ~** to stalk [an animal] ❷ (*fam: sich anschleichen*) ▪ **sich an jdn ~** to creep up on sb
an|pö·beln *vt* (*fam*) ▪ **jdn ~** to get snotty with sb
an|pran·gern [ˈanpraŋɐn] *vt* to denounce
an|prei·sen *vt irreg* to extol
An·pro·be *f* fitting
an|pro·bie·ren* *vt*, *vi* to try on *sep*
an|pum·pen *vt* (*fam*) ▪ **jdn [um etw** *akk*] **~** to cadge [sth] from sb
an|quat·schen *vt* (*fam*) to speak to; (*anbaggern*) to chat up *sep* [*or* AM hit on]
An·rai·ner·staat *m* neighbouring country; **die ~en Deutschlands** the countries bordering on Germany
an|rech·nen *vt* ❶ (*gutschreiben*) to take sth into consideration; **die 2000 Euro werden auf die Gesamtsumme angerechnet** the 2000 euros will be deducted from the total ❷ (*in Rechnung stellen*) ▪ **jdm etw ~** to charge sb with sth ❸ (*bewerten*) ▪ **jdm etw als Fehler ~** to count sth as a mistake; (*fig*) to consider sth as a fault on sb's part; **dass er ihr geholfen hat, rechne ich ihm hoch an** I think very highly of him for having helped her
An·recht *nt* ▪ **das/ein ~ auf etw** *akk* **haben** to have the/a right to sth
An·re·de *f* form of address

an·re·den I. *vt* jdn ~ to address sb **II.** *vi* ■ gegen jdn ~ to argue against sb

an·re·gen I. *vt* ❶ (*ermuntern*) ■ jdn [zu etw *dat*] ~ to encourage sb [to do sth]; jdn zum Nachdenken ~ to make sb ponder ❷ (*geh: vorschlagen*) to suggest ❸ (*stimulieren*) to stimulate; den Appetit ~ to stimulate the appetite **II.** *vi* (*beleben*) to be a stimulant

an·re·gend *adj* ❶ (*stimulierend*) stimulating ❷ (*sexuell stimulierend*) sexually arousing

An·re·gung *f* ❶ (*Vorschlag*) idea; auf jds ~ at sb's suggestion ❷ (*Impuls*) stimulus ❸ *kein pl* (*Stimulierung*) stimulation

an|rei·chern ['anraɪçɐn] *vt* ❶ (*gehaltvoller machen*) to enrich ❷ CHEM ■ etw ~ to add sth (mit to)

An·rei·se *f* ❶ (*Anfahrt*) journey [here/there] ❷ (*Ankunft*) arrival

an|rei·sen *vi sein* ❶ (*ein Ziel anfahren*) to travel [here/there] ❷ (*eintreffen*) to arrive

An·reiz *m* incentive

an|rem·peln *vt* to bump into

an|ren·nen *vi irreg sein* ■ gegen etw *akk* ~ to storm sth

An·rich·te <-, -n> *f* (*Büfett*) sideboard ❷ (*Raum*) pantry

an|rich·ten *vt* ❶ (*zubereiten*) to prepare ❷ (*geh*) es ist angerichtet dinner etc. is served ❸ (*fam: anstellen*) Unfug ~ to get up to mischief; was hast du da wieder angerichtet! what have you done now! ❹ *Schaden, Unheil* to cause

an·rü·chig ['anrʏçɪç] *adj* indecent

An·ruf *m* (*Telefonanruf*) [telephone] call

An·ruf·be·ant·wor·ter <-s, -> *m* answering machine, BRIT *a.* answerphone

an|ru·fen *irreg vt, vi* ❶ (*telefonisch kontaktieren*) to call [on the telephone], to phone; ■ angerufen werden to get a telephone call ❷ JUR (*appellieren*) to appeal to ❸ (*beschwören*) to call on

An·ru·fer(in) <-s, -> *m(f)* caller

an|rüh·ren *vt* ❶ (*verneint*) (*konsumieren*) ■ etw nicht ~ to not touch sth ❷ (*geh: berühren*) to touch; rühr mich ja nicht an! don't you touch me! ❸ (*ansprechen*) to touch on ❹ (*durch Rühren zubereiten*) to mix; *Soße* to blend

ans [ans] = **an das** *s.* **an**

An·sa·ge *f* announcement

an|sa·gen I. *vt* ❶ (*ankündigen*) to announce ❷ (*fam: erforderlich sein*) ■ angesagt sein to be called for; (*in Mode sein*) to be in **II.** *vr* ■ sich ~ to announce a visit **III.** *vi* (*eine Ansage machen*) to do the announcements

An·sa·ger(in) <-s, -> ['anza:gɐ] *m(f)* ❶ (*Sprecher*) announcer ❷ (*Conférencier*) host BRIT, emcee AM

an|sam·meln I. *vt* ❶ (*anhäufen*) to accumulate; *Vorräte* to build up ❷ FIN (*akkumulieren*) *Zinsen* to accrue ❸ MIL **Truppen** ~ to concentrate troops **II.** *vr* ■ sich ~ (*sich versammeln*) to gather ❷ (*sich anhäufen*) *Staub* to collect; *Krimskrams, Müll* to accumulate ❸ (*sich aufstauen*) to build up

An·samm·lung *f* ❶ (*Haufen*) crowd ❷ (*Aufhäufung*) accumulation ❸ (*Aufstauung*) build-up

an·säs·sig ['anzɛsɪç] *adj* (*geh*) resident; in einer Stadt ~ sein to be resident in a city

An·satz *m* ❶ (*Basis*) base; *von Haar* hairline; im ~ basically ❷ (*erster Versuch*) ■ der/ein ~ zu etw *dat* the/an [initial] attempt at sth ❸ (*Ausgangspunkt*) first sign[s *pl*]

An·satz·punkt *m* starting point

an·satz·wei·se *adv* basically; ~ richtig sein to be basically correct

an|sau·fen *vr irreg* ■ sich *dat* einen [Rausch] ~ (*sl*) to get plastered [*or* BRIT pissed] [*or* AM hammered]

an|schaf·fen I. *vt* ❶ (*kaufen*) to buy sth; ■ sich *dat* etw ~ to buy oneself sth ❷ (*fam: zulegen*) Kinder ~ to have children; [sich *dat*] eine Freundin ~ to find [oneself] a girlfriend **II.** *vi* (*sl:* ~ gehen) to be on the game BRIT, to hook AM *pej fam*

An·schaf·fung <-, -en> *f* purchase; eine ~ machen to make a purchase

an|schal·ten *vt* to switch on

an|schau·en I. *vt* to look at; *Film* to watch **II.** *vr* sich *dat* etw [genauer] ~ to take a [closer] look at sth

an·schau·lich I. *adj* illustrative; [jdm] etw ~ machen to illustrate sth [to sb] **II.** *adv* vividly

An·schau·lich·keit <-> *f kein pl* vividness; *einer Beschreibung* graphicness

An·schau·ung <-, -en> *f* view; eine ~ teilen to share a view

An·schau·ungs·ma·te·ri·al *nt* visual aids *pl*

An·schein *m* appearance; den ~ erwecken, als [ob] ... to give the impression that ...; den ~ haben, als [ob] ... to seem that ...; allem ~ nach to all appearances

an·schei·nend *adv* apparently

an|schei·ßen *vt irreg* (*sl*) ❶ (*zurechtweisen*) to give a dressing down [*or* BRIT *a.* bollocking] ❷ (*betrügen*) to screw

an|schi·cken *vr* (*geh*) ■ sich ~, etw zu tun to prepare to do sth

an|schie·ben *vt irreg* Fahrzeug to push

an|schie·ßen *irreg* **I.** *vt* (*durch Schuss verletzen*) to shoot and wound **II.** *vi* ■ angeschossen kommen to come shooting along

An·schiss^RR <-es, -e> *m*, **An·schiß**^ALT

<-sses, -sse> m (sl) dressing down, BRIT a. bollocking

An·schlag m ❶ (*Überfall*) assassination; (*ohne Erfolg*) attempted assassination; ■ **einen ~ auf verüben** to make an attack; **einem ~ zum Opfer fallen** to be assassinated; **einen ~ auf jdn vorhaben** (*hum fam*) to have a request for sb ❷ *am Klavier* touch, action; *an der Schreibmaschine* stroke; **200 Anschläge die Minute** ≈ 40 words a minute ❸ (*Plakat*) placard ❹ (*Widerstand*) **etw bis zum ~ durchdrücken** to push sth right down; **er trat das Gaspedal durch bis zum ~** he floored it *fam*

An·schlag·brett nt notice [*or* AM bulletin] board

an|schla·gen *irreg* **I.** vt haben ❶ *Aushang, Plakat* to put up ❷ MUS *Taste, Akkord* to strike ❸ (*beschädigen: Splitter abschlagen*) to chip; (*einen Sprung, Riss verursachen*) to crack ❹ ÖSTERR (*anzapfen*) **ein Fass ~** to tap a barrel **II.** vi ❶ sein (*anprallen*) ■ **mit etw** *dat* ~ to knock sth (**an** on) ❷ haben *Hund* to bark ❸ haben (*wirken*) to have an effect

an|schlei·chen vr *irreg* ■ **sich an jdn/etw ~** to creep up on sb/up to sth

an|schlep·pen vt ❶ (*mitbringen*) to drag along ❷ *Fahrzeug* to tow-start

an|schlie·ßen *irreg* **I.** vt ❶ TECH to connect (**an** to) ❷ (*mit Schnappschloss befestigen*) to padlock ❸ (*hinzufügen*) to add ❹ (*anketten*) to chain; **jdn an Händen und Füßen ~** to chain sb hand and foot **II.** vr ❶ (*sich zugesellen*) ■ **sich jdm ~** to join sb ❷ (*beipflichten*) ■ **sich jdm/einer S.** *dat* **~** to fall in with sb/sth; **dem schließe ich mich an** I think I'd go along with that ❸ (*sich beteiligen*) ■ **sich einer S.** *dat* **~** to associate with sth ❹ (*angrenzen*) to adjoin; **sich unmittelbar ~** to directly adjoin

an|schlie·ßend I. *adj* (*darauf folgend*) following; **die ~e Diskussion** the ensuing discussion **II.** *adv* afterwards

An·schluss[RR] <-es, Anschlüsse> m, **An·schluß**[ALT] <-sses, Anschlüsse> m ❶ TELEK connection; (*weiterer ~*) extension; **der ~ ist gestört** there's a disturbance on the line; **„kein ~ unter dieser Nummer"** "the number you are trying to call is not available" ❷ TECH (*das Anschließen*) connecting ❸ (*anschließend*) **im ~ an etw** *akk* after sth ❹ *kein pl* (*Kontakt*) contact; **~ finden** to make friends; **~ suchen** to want to make friends ❺ BAHN, LUFT (*Verbindung*) connection; **~ [nach London/München] haben** to have a connection [to London/Munich]; **den ~ verpassen** to miss one's connecting train/flight; (*fig*) to miss the boat

an|schmie·gen vr ■ **sich [an jdn/etw] ~** to cuddle up [to sb/sth]; *Katze, Hund* to nestle [-up to sb/into sth]

an|schmieg·sam *adj* ❶ (*anlehnungsbedürftig*) affectionate ❷ (*weich*) soft

an|schnal·len vt ❶ AUTO, LUFT (*den Sicherheitsgurt anlegen*) ■ **sich ~** to fasten one's seat belt ❷ (*sich etw festschnallen*) to strap on

An·schnall·pflicht f obligatory wearing of seat belts

an|schnau·zen vt (*fam*) to bawl at

an|schnei·den vt *irreg* ❶ *Brot, Fleisch* to cut ❷ *Thema* to touch on

An·scho·vis <-, -> [anˈʃoːvɪs] f s. Anchovis

an|schrau·ben vt to screw (**an** to)

an|schrei·ben *irreg* **I.** vt ❶ (*an eine Tafel*) to write (**an** on) ❷ (*an eine Person*) ■ **jdn ~** to write to sb **II.** vi (*fam*) ■ **~ lassen** to buy on credit [*or* BRIT a. tab]

an|schrei·en vt *irreg* to shout at

An·schrift f address

an|schul·di·gen vt ■ **jdn [einer S.** *gen*] **~** to accuse sb [of sth]

An·schul·di·gung <-, -en> f accusation

an|schwär·zen vt (*fam*) ■ **jdn ~** ❶ (*schlechtmachen*) to blacken sb's name ❷ (*denunzieren*) to run sb down

an|schwei·gen vt *irreg* to say nothing; ■ **sich ~** to say nothing to each other

an|schwel·len vi *irreg sein* ❶ (*eine Schwellung bilden*) to swell [up]; ■ **angeschwollen sein** to be swollen ❷ *Fluss* to swell, to rise ❸ (*lauter werden*) to rise

An·schwel·lung f ❶ MED slight swelling ❷ (*zunehmende Lautstärke*) *Beifall* roar ❸ (*zunehmend mehr Wasser*) *Fluss* rising levels

an|schwem·men vt, vi to wash up

an|schwin·deln vt (*fam*) to tell fibs

an|se·hen *irreg* vt ❶ (*ins Gesicht sehen*) to look at; **jdn böse ~** to give sb an angry look ❷ (*betrachten*) to take a look at; **etw genauer ~** to take a closer look at sth; **hübsch anzusehen sein** to be pretty to look at; *Film* to watch; *Theaterstück, Fußballspiel* to see ❸ (*halten*) ■ **etw für etw** *akk* **~** to consider sth [as being] sth ❹ (*ablesen können*) **jdm sein Alter nicht ~** sb doesn't look his/her age; **ihre Erleichterung war ihr deutlich anzusehen** her relief was obvious ❺ (*hinnehmen*) ■ **etw [mit] ~** to stand by and watch sth; **das kann ich nicht länger mit ~** I can't stand it any more ▶ **sieh mal einer an!** (*fam*) well, well, what a surprise! *fam*, BRIT a. well I never!

An·se·hen <-s> nt kein pl reputation; **[bei jdm] [ein großes] ~ genießen** to enjoy a [good] reputation [with sb]; **an ~ verlieren** to

an·sehn·lich *adj* ① (*beträchtlich*) considerable; **eine ~e Leistung** an impressive performance ② (*stattlich*) good-looking

an|sei·len I. *vt* to fasten with a rope; ■ **sich ~** to fasten a rope to oneself; ■ **angeseilt sein** to be roped together

an|sen·gen I. *vt haben* to singe **II.** *vi sein* to be[come] singed

an|set·zen I. *vt* ① (*anfügen*) to attach (**an** to) ② (*daran setzen*) to place in position; *Trinkgefäß* to raise to one's lips; **wo muss ich den Wagenheber ~?** where should I put the jack? ③ (*veranschlagen*) to estimate ④ (*auf jdn hetzen*) **jdn auf jdn/etw ~** to put sb on[to] sb/sth; **Hunde auf jdn ~** to put dogs on sb's trail **II.** *vi* ① (*beginnen*) to start; **zum Überholen ~** to start to overtake ② (*dick werden*) to put on weight

An·sicht <-, -en> *f* ① (*Meinung*) view, opinion; **in etw** *dat* **geteilter ~ sein** to have a different view of sth; **ich bin ganz Ihrer ~** I agree with you completely; **der gleichen ~ sein** to be of the same opinion; **der ~ sein, dass ...** to be of the opinion that ...; **meiner ~ nach** in my opinion ② (*Abbildung*) view; **zur ~** for inspection

An·sichts·kar·te *f* [picture] postcard **An·sichts·sa·che** *f* [*reine*] **~ sein** to be [purely] a matter of opinion; ■ **das ist ~!** (*fam*) that's a matter of opinion!

an|sie·deln I. *vt* ① (*ansässig machen*) to settle; *Tierart* to introduce ② (*etablieren*) to establish **II.** *vr* ■ **sich ~** ① (*sich niederlassen*) to settle ② BIOL (*entstehen*) to establish itself/themselves

An·sied·lung *f* ① (*Siedlung*) settlement ② (*das Ansiedeln*) introduction ③ (*Etablierung*) establishment

an·sons·ten [anˈzɔnstn̩] *adv* ① (*im Übrigen*) otherwise ② (*iron: sonst*) **~ hast du nichts zu kritisieren?** anything else to criticize?; **aber ~ geht's dir gut?** you're not serious! ③ (*im anderen Fall*) otherwise; (*bedrohlicher*) else

an|span·nen *vt* ① (*zusammenziehen*) to tighten; *Muskeln* to tense ② (*überanstrengen*) to strain; **jdn [zu sehr] ~** to [over]tax sb ③ (*mit Zugtieren bespannen*) to hitch; *Pferd* to harness; *Ochsen* to yoke [up]

An·span·nung *f* strain; (*körperlich*) effort

An·spiel <-s> *nt kein pl* ① (*Spielbeginn: Schach*) first move; SPORT start of play ② SPORT pass

an|spie·len I. *vi* (*etw andeuten*) to allude (**auf** to); (*böse*) to insinuate; **worauf willst du ~?** what are you driving at? **II.** *vt* SPORT to pass the ball to

An·spie·lung <-, -en> *f* allusion (**auf** to); (*böse*) insinuation

an|spit·zen *vt* ① (*spitz machen*) to sharpen ② (*fam: antreiben*) to egg on

An·sporn <-[e]s> *m kein pl* incentive; **innerer ~** motivation

an|spor·nen *vt* to spur on (**zu** to); *Spieler* to cheer on

An·spra·che *f* speech; **eine ~ halten** to make a speech

an·sprech·bar *adj präd* ① (*zur Verfügung stehend*) available ② (*bei Bewusstsein*) responsive ③ (*zugänglich sein*) ■ **auf etw** *akk* **~ sein** to respond to sth; **sie ist heute nicht ~** you can't talk to her at all today

an|spre·chen *irreg* **I.** *vt* ① (*anreden*) to speak to ② (*mit Namen nennen*) (**mit Peter/seinem Namen**) **~** to address sb [as Peter/by his name] ③ (*meinen*) to concern; **damit sind wir alle angesprochen** this concerns us all ④ (*erwähnen*) to mention ⑤ (*gefallen*) ■ **jdn ~** to appeal to sb **II.** *vi* ① (*reagieren*) to respond (**auf** to) ② (*Anklang finden*) to appeal to sb

an·spre·chend *adj* appealing; *Umgebung* pleasant

An·sprech·part·ner(in) *m(f)* contact

an|sprin·gen *irreg* **I.** *vi sein* ① *Motor* to start ② (*fam: reagieren*) ■ **auf etw** *akk* **~** to jump at sth **II.** *vt haben* to jump on; *Raubtiere* to pounce on; *Hund* to jump up at

An·spruch *m* ① JUR (*Recht*) claim; **einen ~ auf etw** *akk* **erheben** to make a claim for sth; **einen ~ auf etw** *akk* **haben** to be entitled to sth ② *pl* (*Anforderungen*) demands (**an** on); **den Ansprüchen [voll/nicht] gerecht werden** to [fully/not] meet the requirements; **Ansprüche stellen** to be exacting; **hohe Ansprüche [an jdn/etw] stellen** to place great demands on sb/sth; **etw [für sich] in ~ nehmen** to claim sth [for oneself]; **jds Hilfe in ~ nehmen** to enlist sb's help; **jdn in ~ nehmen** to preoccupy sb; **sehr in ~ genommen** to be very busy ③ *pl* (*Wünsche*) requirements

an·spruchs·los *adj* ① (*keine Ansprüche habend*) modest ② (*trivial*) trivial ③ (*pflegeleicht*) undemanding **An·spruchs·lo·sig·keit** <-> *f kein pl* ① (*anspruchsloses Wesen*) modesty ② (*Trivialität*) triviality ③ (*Pflegeleichtigkeit*) undemanding nature **an·spruchs·voll** *adj* ① (*besondere Anforderungen habend*) demanding; **sehr ~** fastidious ② (*geistige Ansprüche stellend*) demanding; *Geschmack, Lesestoff, Film a.* highbrow ③ (*qualitativ hochwertig*) high-quality

an|spu·cken *vt* to spit at

an|sta·cheln *vt* ▪ jdn ~ to drive sb (zu to)
An·stalt <-, -en> ['anʃtalt] *f* ❶ MED institute ❷ SCH (*geh*) institution ❸ (*öffentliche Einrichtung*) institute; **öffentliche ~** public institution
An·stand *m kein pl* decency; **keinen ~ haben** to have no sense of decency; **~ an etw** *dat* **nehmen** to object to sth; **ohne ~** (*geh*) without objection
an·stän·dig I. *adj* ❶ (*gesittet*) decent ❷ (*ehrbar*) respectable ❸ (*fam: ordentlich*) proper **II.** *adv* ❶ (*gesittet*) decently; **sich ~[er] benehmen** to behave oneself; **~ sitzen** to sit up straight ❷ (*fam: ausgiebig*) properly; **~ ausschlafen/essen** to get a decent meal/ a good night's sleep
an·stan·dig·er·wei·se *adv* out of decency
An·stän·dig·keit <-> *f kein pl* ❶ (*Ehrbarkeit*) respectability ❷ (*Sittsamkeit*) decency
An·stands·be·such *m* duty call **An·stands·da·me** *f* (*veraltet*) chaperon[e] **an·stands·hal·ber** *adv* out of politeness **an·stands·los** *adv* without difficulty
an|star·ren *vt* to stare at; **was starrst du mich so an?** what are you staring at?
an·statt [an'ʃtat] **I.** *präp* instead of **II.** *konj* ▪ **~ etw akk zu tun** instead of doing sth
an|stau·en I. *vt* to dam up **II.** *vr* ▪ **sich ~** to bank; *Blut* to congest
an|ste·chen *vt irreg* ❶ KOCHK to prick ❷ (*durch Hineinstechen öffnen*) to lance ❸ (*in etw stechen*) to puncture ❹ *Fass* to tap
an|ste·cken I. *vt* ❶ (*befestigen*) to pin on ❷ *Fingerring* to put on ❸ *Zigarette* to light [-up] ❹ (*in Brand stecken*) to set on fire ❺ (*infizieren*) to infect (**mit** with); **ich möchte dich nicht ~** I don't want to give it to you **II.** *vr* (*sich infizieren*) ▪ **sich [bei jdm] ~** to catch sth [from sb] **III.** *vi* ❶ (*infektiös sein*) to be infectious; **sich leicht/schnell ~** to catch illnesses easily ❷ (*fig: sich übertragen*) to be contagious
an·ste·ckend *adj* ❶ MED infectious; (*durch Berührung*) contagious ❷ (*fig: sich leicht übertragend*) contagious
An·ste·ckung <-, *selten* -en> *f* infection; (*durch Berührung*) contagion
An·ste·ckungs·ge·fahr *f* risk of infection
an|ste·hen *vi irreg haben o* SÜDD *sein* ❶ (*Schlange stehen*) to queue [*or* AM line] [-up] (**nach** for) ❷ (*zu erledigen sein*) **steht bei dir heute etwas an?** are you planning on doing anything today; **~de Fragen** questions on the agenda
an|stei·gen *vi irreg sein* ❶ (*sich erhöhen*) to go up (**auf** to, **um** by); ▪ **~d** increasing ❷ (*steiler werden*) to ascend; **stark/steil ~** to ascend steeply; ▪ **~d** ascending *attr*

an·stel·le [an'ʃtɛlə] *präp* instead of
an|stel·len I. *vt* ❶ (*einschalten*) to turn on ❷ (*beschäftigen*) to employ ❸ (*geh: durchführen*) **Betrachtungen/Vermutungen [über etw** *akk*] **~** to make observations [on sth]/assumptions [about sth]; **Nachforschungen [über etw** *akk*] **~** to conduct enquiries [into sth] ❹ (*fam: bewerkstelligen*) to manage; **etw geschickt ~** to bring sth off ❺ (*fam: anrichten*) **Blödsinn ~** to get up to nonsense; **was hast du da wieder angestellt?** what have you done now? *fam;* **dass ihr mir ja nichts anstellt!** see to it that you don't get up to anything! **II.** *vr* **sich ~** ❶ (*Schlange stehen*) to queue [up] BRIT, to line up AM; **sich hinten ~** to join the back of the queue [*or* AM line[-up]] ❷ (*fam: sich verhalten*) to act; **sich dumm ~** to act as if one is stupid ❸ (*wehleidig sein*) to make a fuss; **stell dich nicht [so] an!** don't go making a fuss!
An·stel·lung *f* post
An·stich *m* tapping
An·stieg <-[e]s, -e> ['anʃtiːk] *m* ❶ (*Aufstieg*) ascent ❷ *kein pl* (*Steigung*) incline ❸ *kein pl* (*das Ansteigen*) rise
an|stif·ten *vt* ❶ (*anzetteln*) to instigate ❷ (*veranlassen*) **jdn zu einem Verbrechen ~** to incite sb to commit a crime; ▪ **jdn [dazu] ~, etw zu tun** to incite sb to do sth
An·stif·ter(in) *m(f)* instigator (**zu** of)
An·stif·tung *f* ▪ **~ eines Verbrechens** instigation of a crime; ▪ **~ einer Person** incitement of a person
an|stim·men I. *vt* ❶ *Lied* to begin singing ❷ (*zu spielen anfangen*) to start playing ❸ (*erheben*) **ein Geschrei ~** to start screaming; **Gelächter ~** to burst out laughing **II.** *vi* (*den Grundton angeben*) to give the keynote
An·stoß *m* (*Ansporn*) impetus (**zu** for); **den ~ zu etw** *dat* **bekommen** to be encouraged to do sth; **jdm den ~ geben, etw zu tun** to encourage sb to do sth ❷ (*geh: Ärgernis*) annoyance; **~ erregen** to cause annoyance; **an etw** *dat* **~ nehmen** to take offence ❸ SPORT (*Spielbeginn*) start of the game; (*Billard*) break; (*Fußball*) kick off; (*Eishockey*) face-off ❹ SCHWEIZ (*Angrenzung*) ▪ **~ an etw** *akk* border to sth
an|sto·ßen *irreg* **I.** *vi* ❶ *sein* (*gegen etw stoßen*) **mit dem Kopf an etw** *akk* **o dat ~** to bump one's head on sth ❷ *haben* (*einen Toast ausbringen*) to drink (**auf** to); **lasst uns ~!** let's drink to it/that! **II.** *vt haben* ❶ (*leicht stoßen*) to bump ❷ (*in Gang setzen*) to set in motion **III.** *vr haben* **sich** *dat* **den Kopf/ Arm ~** to knock one's head/arm
an·stö·ßig I. *adj* offensive; **ein ~er Witz** an

offensive [*or* Brit *a.* a blue] joke **II.** *adv* offensively

an|strah·len *vt* ❶ *(mit Scheinwerfer anleuchten)* Gebäude to floodlight; Menschen, Szene to train a spotlight on ❷ *(strahlend ansehen)* to beam at

an|stre·ben *vt* to strive for

an|strei·chen *vt irreg* ❶ *(mit Farbe bestreichen)* to paint; **etw neu/frisch ~** to give sth a new/fresh coat of paint ❷ *(markieren)* to mark sth; **etw rot ~** to mark sth in red

An·strei·cher(in) <-s, -> *m(f)* [house]painter

an|stren·gen I. *vr* ■ **sich ~** ❶ *(sich intensiv einsetzen)* to exert oneself (**bei** in, **für** for); **sich mehr ~** to make a greater effort ❷ *(sich besondere Mühe geben)* to try hard **II.** *vt* ❶ *(strapazieren)* **jdn ~** to tire sb out ❷ *(intensiv beanspruchen)* to strain; Geist, Muskeln to exert

an·stren·gend *adj* strenuous; *(geistig)* taxing; *(körperlich)* exhausting; **das ist ~ für die Augen** it's a strain on the eyes

An·stren·gung <-, -en> *f* ❶ *(Kraftaufwand)* exertion *no pl* ❷ *(Bemühung)* effort; **mit letzter ~** with one last effort

An·strich *m* ❶ *kein pl (das Anstreichen)* painting ❷ *(Farbüberzug)* coat [of paint]

An·sturm *m* ❶ *(Andrang)* rush (**auf** on) ❷ MIL onslaught ❸ *(geh: das Aufwallen)* surge

An·ta·go·nist(in) <-en, -en> *m(f)* antagonist

Ant·ark·tis <-> [ant'ʔarktɪs] *f* Antarctic

ant·ark·tisch [ant'ʔarktɪʃ] *adj* Antarctic *attr*

an|tas·ten *vt* ❶ *(beeinträchtigen)* jds Ehre/Würde **~** to offend against sb's honour/dignity; jds Privileg/Recht **~** to encroach [up]on sb's privilege/right ❷ *(anbrechen)* to use; Vorräte **~** to break into supplies ❸ *(leicht berühren)* to touch

An·teil ['antajl] *m* ❶ *(Teil)* share (**an** of); **~ an einem Werk** contribution to a work; **der ~ an Asbest** the proportion of asbestos ❷ *(geh: Mitgefühl)* sympathy (**an** for) ❸ *(Beteiligung)* interest (**an** in); **~ an etw** *dat* **haben** to take part in sth; **~ an etw** *dat* **nehmen** to show an interest in sth

an·tei·lig, an·teil·mä·ßig *adj* proportionate

An·teil·nah·me <-> ['antajlnaːmə] *f kein pl (Beileid)* sympathy (**an** with)

An·ten·ne <-, -n> [an'tɛnə] *f* aerial

An·thra·zit <-s, *selten* -e> [antra'tsiːt] *m* anthracite

An·thro·po·lo·gie <-> [antropolo'giː] *f kein pl* anthropology

An·ti·al·ko·ho·li·ker(in) [anti'ʔalko'hoːlɪkɐ] *m(f)* teetotaller **an·ti·al·ko·ho·lisch** *adj* anti-alcohol *attr* **an·ti·ame·ri·ka·nisch** *adj* anti-American **an·ti·au·to·ri·tär** [anti'ʔautori'tɛːɐ̯] *adj* anti[-]authoritarian **An·ti·ba·by·pil·le** [anti'beːbipɪlə] *f (fam)* the pill **an·ti·bak·te·ri·ell I.** *adj* antibacterial **II.** *adv* antibacterially; **~ wirken** to work as an antibacterial agent

An·ti·bi·o·ti·kum <-s, -biotika> [anti'bi̯oːtikʊm, *pl* -ka] *nt* antibiotic

An·ti·blo·ckier·sys·tem [antibloˈkiːɐ̯-] *nt* anti-lock [braking] system, ABS **An·ti·de·pres·si·vum** <-s, -va> [antidɛprɛˈsiːvʊm, *pl* -va] *nt* antidepressant **An·ti·fal·ten·creme** *f* anti-wrinkle cream **An·ti·fa·schis·mus** [antifaˈʃɪsmʊs] *m* antifascism **An·ti·fa·schist(in)** [antifaˈʃɪst] *m(f)* antifascist **an·ti·fa·schis·tisch** *adj* antifascist

an·tik [an'tiːk] *adj* ❶ *(als Antiquität anzusehen)* antique ❷ *(aus der Antike stammend)* ancient; **~e Kunst** ancient art forms *pl*

An·ti·ke <-> [an'tiːkə] *f kein pl* antiquity; **der Mensch/die Kunst der ~** man/the art of the ancient world

an·ti·kle·ri·kal [antikleriˈkaːl, 'antiklerikaːl] *adj* anticlerical **An·ti·kör·per** *m* MED antibody **An·ti·kriegs·be·we·gung** ['anti-] *f* POL peace movement

An·ti·lo·pe <-, -n> [anti'loːpə] *f* antelope

An·ti·pa·thie <-, -n> [antipa'tiː, *pl* -'tiːən] *f* antipathy (**gegen** to)

an|tip·pen *vt (kurz berühren)* ■ **jdn ~** to give sb a tap; ■ **etw ~** to touch sth

An·ti·qua·ri·at <-[e]s, -e> [antikva'ri̯aːt] *nt* second-hand bookshop [*or* Am *a.* bookstore]

an·ti·qua·risch [anti'kvaːrɪʃ] *adj (alt)* antiquarian; *(von modernen Büchern)* second-hand

an·ti·quiert [anti'kviːɐ̯t] *adj (pej)* antiquated, Am *a.* horse-and-buggy *attr*

An·ti·qui·tät <-, -en> [antikvi'tɛːt] *f* antique **An·ti·qui·tä·ten·ge·schäft** *nt* antiques shop

An·ti·se·mit(in) [antize'miːt] *m(f)* anti-Semite; **~[in] sein** to be anti-Semitic **an·ti·se·mi·tisch** [antize'miːtɪʃ] *adj* anti-Semitic **An·ti·se·mi·tis·mus** <-> [antizemi'tɪsmʊs] *m kein pl* anti-Semitism **an·ti·sep·tisch** [anti'zɛptɪʃ] *adj* antiseptic **An·ti·ter·ror·ein·heit** *f* antiterrorist squad **An·ti·ter·ror·krieg** *m* MIL war on terror **An·ti·vi·ren·pro·gramm** *nt* INFORM anti-virus [program]

an·ti·zi·pie·ren* [antitsiˈpiːrən] *vt (geh)* to anticipate

Ant·litz <-es, -e> ['antlɪts] *nt (poet)* countenance

an|tör·nen ['antœrnən] **I.** *vt (sl)* to give a kick **II.** *vi (sl)* ■ **angetörnt sein** to be [on a] high

Antwort verweigern

Antwort verweigern	refusing to answer
Sag ich nicht! (*fam*)	Not telling! (*fam*)
Das kann ich dir (leider) nicht sagen.	(I'm afraid) I can't tell you.
Dazu möchte ich nichts sagen.	I don't want to say anything about it.
Ich möchte mich zu dieser Angelegenheit nicht äußern. (*form*)	I don't wish to comment on the matter. (*form*)

An·trag <-[e]s, -träge> ['antra:k, *pl* 'antrɛːgə] *m* ❶ (*Beantragung*) application; **einen ~ stellen** to put in an application (**auf** for); **auf jds ~** at sb's request ❷ (*Formular*) application form (**auf** for) ❸ JUR petition; **einen ~ stellen** to file a petition (**auf** for) ❹ POL (*Vorschlag zur Abstimmung*) motion ❺ (*Heiratsantrag*) [marriage] proposal; **jdm einen ~ machen** to propose [to sb]

an|tra·gen *vt irreg* (*geh*) ▪ **jdm etw ~** to offer sb sth; ▪ **jdm ~, etw zu tun** to suggest that sb does sth

An·trags·for·mu·lar *nt* application form

An·trag·stel·ler(in) <-s, -> *m(f)* (*geh*) applicant **An·trag·stel·lung** <-> *f kein pl* application

an|tref·fen *vt irreg* ❶ (*treffen*) to catch; **jdn beim Putzen ~** to catch sb cleaning ❷ (*vorfinden*) to come across

an|trei·ben *irreg* **I.** *vt haben* ❶ (*vorwärtstreiben*) to drive [on] ❷ (*drängen*) to urge; (*aufdringlicher*) to push ❸ TECH to drive ❹ (*veranlassen*) ▪ **jdn ~, etw zu tun** to drive sb [on] to do sth **II.** *vi sein* (*angeschwemmt werden*) to be washed up

an|tre·ten *irreg* **I.** *vt haben* ❶ (*beginnen*) to begin ❷ (*übernehmen*) to take up; **seine Amtszeit ~** to take office; **ein Erbe ~** to come into an inheritance; **eine Stellung ~** to take up a post ❸ *Motorrad* to kick-start **II.** *vi sein* ❶ (*sich aufstellen*) to line up; MIL to fall in ❷ (*erscheinen*) to appear ❸ SPORT (*zum Wettkampf erscheinen*) to compete (**zu** in)

An·trieb *m* ❶ AUTO, LUFT drive (+*gen* art) ❷ (*motivierender Impuls*) energy *no indef art;* **aus eigenem ~** (*fig*) on one's own initiative; **jdm [neuen] ~ geben** (*fig*) to give sb the/a new impetus

An·triebs·kraft *f* TECH [driving] power **An·triebs·wel·le** *f* TECH drive shaft

an|trin·ken *irreg* **I.** *vt* (*fam*) **die Flasche ~** to drink a little from the bottle; **eine angetrunkene Flasche** an opened bottle **II.** *vr* (*fam*)

sich *dat* **einen [Schwips] ~** to get [oneself] tiddly [*or* AM tipsy] *fam*

An·tritt *m kein pl* ❶ (*Beginn*) start ❷ (*Übernahme*) **nach ~ seines Amtes/der Erbschaft** after assuming office/coming into the inheritance ❸ SPORT spurt

An·tritts·be·such *m* first courtesy call **An·tritts·re·de** *f* maiden speech

an|tun *vt irreg* ❶ (*zufügen*) ▪ **jdm etwas/nichts ~** to do something/not to do anything to sb; **tu mir das nicht an!** (*hum fam*) spare me, please!; **sich** *dat* **etwas ~** (*Selbstmord begehen*) to kill oneself ❷ (*gefallen*) **es jdm angetan haben** to appeal to sb

Ant·wort <-, -en> ['antvɔrt] *f* ❶ (*Beantwortung*) answer (**auf** to); **jdm [eine] ~ geben** to give sb an answer ❷ (*Reaktion*) response (**auf** to); **als ~ auf etw** *akk* in response to sth ▶ **keine ~ ist auch eine ~** (*prov*) no answer is an answer

ant·wor·ten ['antvɔrtn̩] *vi* ❶ (*als Antwort geben*) to answer, to reply; **ich kann Ihnen darauf leider nichts ~** unfortunately I cannot give you an answer to that; **mit Ja/Nein ~** to answer yes/no; **schriftlich ~** to answer in writing ❷ (*reagieren*) to respond (**mit** with)

Ant·wort·schrei·ben *nt* (*geh*) reply

an|ver·trau·en* ['anfɐɐ̯traʊ̯ən] **I.** *vt* ▪ **jdm etw ~** ❶ (*vertrauensvoll übergeben*) to entrust sb with sth ❷ (*vertrauensvoll erzählen*) to confide sth to sb **II.** *vr* ▪ **sich jdm** *dat* **~** to confide in sb

an|vi·sie·ren* *vt* ❶ (*ins Visier nehmen*) to sight ❷ (*geh: ins Auge fassen*) to set one's sights on

an|wach·sen *vi irreg sein* ❶ (*festwachsen*) to grow ❷ (*zunehmen*) to increase (**auf** to)

An·walt, An·wäl·tin <-[e]s, -wälte> ['anvalt, 'anvɛltɪn, *pl* 'anvɛltə] *m, f* ❶ (*Rechtsanwalt*) lawyer, solicitor BRIT, attorney AM; **sich** *dat* **einen ~ nehmen** to engage the services of a lawyer ❷ (*geh: Fürsprecher*) advocate

An·walts·bü·ro nt ① s. Anwaltskanzlei ② (*Anwaltssozietät*) law firm, BRIT a. firm of solicitors

An·walt·schaft <-, *selten* -en> f ① (*Vertretung eines Klienten*) case; **eine ~ übernehmen** to take on a case ② (*Gesamtheit der Anwälte*) legal profession

An·walts·kanz·lei f lawyer's [*or* AM law] office, law firm **An·walts·kos·ten** pl legal expenses

An·wand·lung f mood; **aus einer ~ heraus** on an impulse; **~en bekommen** (*fam*) to go into fits; **in einer ~ von Großzügigkeit** in a fit of generosity

An·wär·ter(in) m(f) candidate (**auf** for); SPORT contender (**auf** for)

An·wart·schaft <-, *selten* -en> f candidature (**auf** for)

an|wei·sen vt *irreg* ① (*beauftragen*) ■ **jdn ~|, etw zu tun|** to order sb to do sth ② (*anleiten*) to instruct

An·wei·sung f ① (*Anordnung*) order; **~ haben, etw zu tun** to have instructions to do sth; **auf |jds|** ~ on [sb's] instruction ② (*Anleitung*) instruction ③ (*Gebrauchsanweisung*) instructions pl

an·wend·bar adj applicable (**auf** to); **in der Praxis ~** practicable

an|wen·den vt *reg o irreg* ① (*gebrauchen*) to use (**bei** on) ② (*übertragen*) to apply (**auf** to)

An·wen·der(in) <-s, -> m(f) INFORM user

an·wen·der·freund·lich adj INFORM user-friendly **an·wen·der·ori·en·tiert** adj INFORM user-oriented **An·wen·der·pro·gramm** nt INFORM application program **An·wen·der·soft·ware** <-, -s> f application software

An·wen·dung f ① (*Gebrauch*) use; **~ finden** (*geh*) to be used ② (*Übertragung*) application (**auf** to) ③ (*therapeutische Maßnahme*) administration

An·wen·dungs·be·reich m area of application

an|wer·ben vt *irreg* to recruit (**für** for)

An·we·sen <-s, -> nt (*geh*) estate

an·we·send adj present *präd*; ■ **~ sein** to be present (**bei** at); **nicht ganz ~ sein** (*hum fam*) to be a million miles away

An·we·sen·de(r) f(m) *dekl wie adj* person present; ■ **die ~n** those present

An·we·sen·heit <-> f *kein pl* presence; *von Studenten* attendance; **in jds ~** in sb's presence

an|wi·dern ['anvi:dɐn] vt to nauseate; ■ **angewidert** nauseated *attr*

An·woh·ner(in) <-s, -> m(f) [local] resident

An·woh·ner·park·platz m resident parking

An·zahl f *kein pl* number

an|zah·len vt ① (*als Anzahlung geben*) to pay a deposit of; **500 Euro waren schon angezahlt** a deposit of 500 euros has already been paid ② (*eine Anzahlung auf den Preis von etw leisten*) to pay a deposit on

An·zah·lung f ① (*angezahlter Betrag*) deposit; **eine ~ machen** to pay a deposit ② (*erster Teilbetrag*) first instalment

an|zap·fen vt ① (*Flüssigkeit durch Zapfen entnehmen*) to tap ② ELEK, TELEK (*fam*) **eine Telefonleitung ~** to tap a telephone line

An·zei·chen nt sign; MED symptom

An·zei·ge <-, -n> f ① (*Strafanzeige*) charge (**wegen** for) ② (*Bekanntgabe bei Behörde*) notification ③ (*Inserat*) ad[vertisement] ④ (*Bekanntgabe*) announcement ⑤ (*das Anzeigen*) display ⑥ TECH (*Instrument*) gauge

an|zei·gen vt ① (*Strafanzeige erstatten*) ■ **jdn |wegen etw** *gen*| **~** to report sb [for sth] ② (*angeben*) to indicate; (*digital*) to display; **diese Uhr zeigt auch das Datum an** this watch also shows the date ③ (*erkennen lassen*) ■ **jdm ~, dass ...** to indicate to sb that ...

An·zei·gen·an·nah·me f ① (*Stelle für die ~*) advertising sales department ② (*Erfassung einer Anzeige*) advertising sales **An·zei·gen·blatt** nt advertiser **An·zei·gen·teil** m advertising section

An·zei·ge·ta·fel f LUFT, BAHN departure and arrivals board; SPORT scoreboard

an|zet·teln vt ① (*vom Zaun brechen*) **Blödsinn ~** to be up to mischief; *Schlägerei, Streit* to provoke ② (*in Gang setzen*) to instigate

an|zie·hen *irreg* **I.** vt ① *Kleidungsstück* to put on *sep*; *Person* to dress; ■ **sich ~** to get dressed; **sich leger/schick/warm ~** to put on casual/smart/warm clothing ② (*straffen*) to pull tight ③ (*festziehen*) to tighten; **die Bremse ~** to apply the brake ④ *Arm, Bein* to draw up ⑤ (*anlocken*) to attract; **sich von jdm/etw angezogen fühlen** to be attracted to sb/sth ⑥ SCHWEIZ (*beziehen*) **das Bett frisch ~** to change the bed **II.** vi ① (*sich in Bewegung setzen*) *Zugtier* to start pulling ② (*beschleunigen*) to accelerate ③ FIN (*ansteigen*) to rise

an·zie·hend adj attractive

An·zie·hung f ① (*verlockender Reiz*) attraction ② *kein pl* s. Anziehungskraft 1

An·zie·hungs·kraft f ① PHYS (*Gravitation*) [force of] attraction; **~ der Erde** [force of] gravitation ② (*Verlockung*) appeal; **auf jdn eine ~ ausüben** to appeal to sb

An·zug[1] m ① (*Herrenanzug*) suit; **ein einreihiger/zweireihiger ~** a single-/double-breasted suit ② SCHWEIZ (*Bezug*) duvet cover; **Anzüge fürs Bett** linen *no pl*

An·zug² m kein pl approach; **im ~ sein** to be on the way; MIL to be approaching; *Bedrohung, Gefahr* to be in the offing

an·züg·lich ['antsy:klɪç] adj ① (*schlüpfrig*) insinuating ② (*zudringlich*) personal; ■ **~ werden** to get personal

An·züg·lich·keit <-> f kein pl suggestiveness no pl ② kein pl (*Zudringlichkeit*) advances pl ③ (*zudringliche Handlung*) pushiness no pl

an|zün·den vt ① *Feuer* to light ② *Haus* to set on fire ③ *Zigarette* to light

an|zwei·feln vt to question

AOL [a:o:'ɛl] INFORM *Abk von* **America Online** AOL

apart [a'part] adj striking

Apart·heid <-> [a'pa:ɐ̯thaɪt] f kein pl POL apartheid no pl, no indef art

Apart·ment <-s, -s> [a'partmənt] nt flat BRIT, apartment AM

Apa·thie <-, -n> [apa'ti:, pl -'ti:ən] f apathy; MED listlessness

apa·thisch [a'pa:tɪʃ] **I.** adj apathetic; MED listless **II.** adv apathetically; MED listlessly

Ape·ri·tif <-s, -s *o* -e> [aperi'ti:f] m aperitif

Ap·fel <-s, Äpfel> ['apfl̩, pl 'ɛpfl̩] m apple ▶ **der ~ fällt nicht weit vom Stamm** (*prov*) like father, like son; **in den sauren ~ beißen** (*fam*) to bite the bullet

Ap·fel·baum m apple tree **Ap·fel·ku·chen** m apple pie **Ap·fel·mus** nt apple sauce **Ap·fel·saft** m apple juice

Ap·fel·si·ne <-, -n> [apfl̩'zi:nə] f (*Frucht*) orange; (*Baum*) orange tree

Ap·fel·stru·del m apple strudel **Ap·fel·wein** m cider

apo·dik·tisch [apo'dɪktɪʃ] (*geh*) **I.** adj apodictic **II.** adv apodictically

apo·li·tisch ['apoliˌtɪʃ] adj apolitical

Apos·tel <-s, -> [a'pɔstl̩] m apostle

Apos·tel·ge·schich·te f kein pl Acts pl of the Apostles

Apo·stroph <-s, -e> [apo'stro:f] m apostrophe

Apo·the·ke <-, -n> [apo'te:kə] f pharmacy, BRIT a. [dispensing] chemist's

apo·the·ken·pflich·tig adj available only at the pharmacy [*or* BRIT a. chemist's]

Apo·the·ker(in) <-s, -> [apo'te:kɐ] m(f) pharmacist, BRIT a. [dispensing] chemist

App. *Abk von* **Appartement** apartment *esp* AM, flat BRIT

Ap·pa·rat <-[e]s, -e> [apa'ra:t] m ① TECH apparatus no pl form; (*kleineres Gerät*) gadget ② (*Telefon*) telephone; **am ~ bleiben** to hold the line; **am ~!** speaking! ③ (*sl: großer Gegenstand*) whopper

Ap·pa·ra·tur <-, -en> [apara'tu:ɐ̯] f [piece of] equipment no pl

Ap·par·te·ment <-s, -s> [aparta'mã:] nt ① (*Zimmerflucht*) suite [of rooms] ② *s.* **Apartment**

Ap·pell <-s, -e> [a'pɛl] m ① (*Aufruf*) appeal; **einen ~ an jdn richten** to make an appeal to sb ② MIL roll call; **zum ~ antreten** to line up for roll call

ap·pel·lie·ren* [apɛ'li:rən] vi ① (*sich auffordernd an jdn wenden*) to appeal ② (*etw wachrufen*) **an jds** *dat* **Vernunft ~** to appeal to sb's common sense ③ SCHWEIZ (*Berufung einlegen*) ■ **gegen etw** *akk* **~** to appeal against sth

Ap·pen·zell <-s> [apn̩'tsɛl] nt Appenzell

Ap·pe·tit <-[e]s> [ape'ti:t] m kein pl (*Lust auf Essen*) appetite; **~ [auf etw** *akk*] **haben** to feel like [having] [sth]; **[jdm] ~ machen** to whet sb's appetite; **den ~ anregen** to work up an/one's appetite; **jdm den ~ [auf etw** *akk*] **verderben** (*fam*) to spoil sb's appetite; **guten ~!** enjoy your meal!

ap·pe·tit·an·re·gend adj ① (*appetitlich*) appetizing ② (*appetitfördernd*) **ein ~es Mittel** an appetite stimulant **Ap·pe·tit·hap·pen** m canapé **ap·pe·tit·hem·mend** adj appetite suppressant

ap·pe·tit·lich I. adj ① (*Appetit anregend*) appetizing ② (*fam: Lust anregend*) tempting **II.** adv appetizingly, temptingly

Ap·pe·tit·lo·sig·keit <-> f kein pl lack of appetite

Ap·pe·tit·züg·ler <-s, -> m appetite suppressant

ap·plau·die·ren* [aplaʊ'di:rən] vi (*geh*) to applaud

Ap·plaus <-es, *selten* -e> [a'plaʊs, pl -'plaʊzə] m (*geh*) applause no pl; **stehender ~** standing ovation

Après-Ski <-s> [aprɛ'ʃi:] nt après-ski

Ap·ri·ko·se <-, -n> [apri'ko:zə] f (*Frucht*) apricot; (*Baum*) apricot tree

April <-s, *selten* -e> [a'prɪl] m April; *s. a.* **Februar** ▶ **jdn in den ~ schicken** to make an April fool of sb; **~! ~!** (*fam*) April fool!

April·scherz m April fool's trick **April·wetter** nt April weather

apro·pos [apro'po:] adv ① (*übrigens*) by the way ② (*was ... angeht*) **~ Männer, ...** talking of men, ...

Ap·sis <-, -siden> ['apsɪs, pl a'psi:dn̩] f ① ARCHIT (*Chorabschluss*) apse ② (*im Zelt*) bell

Aquä·dukt <-[e]s, -e> [akvɛ'dʊkt] m *o* nt ARCHÄOL aqueduct

Aqua·ma·rin <-s, -e> [akvama'ri:n] m aquamarine **aqua·ma·rin·blau** adj aquamarine

Aqua·pla·ning <-s> [akva'plaːnɪŋ] *nt kein pl* aquaplaning *no pl*

Aqua·rell <-s, -e> [akva'rɛl] *nt* watercolour [painting]

Aqua·ri·um <-s, -rien> [a'kvaːri̯ʊm, *pl* -ri̯ən] *nt* aquarium

Äqua·tor <-s> [ɛ'kvaːtoːɐ̯] *m kein pl* equator

äqui·va·lent [ɛkviva'lɛnt] *adj* (*geh*) equivalent

Äqui·va·lent <-s, -e> [ɛkviva'lɛnt] *nt* equivalent

Ar <-s, -e> [aːɐ̯] *nt o m* (*100 m²*) are

Ära <-, Ären> ['ɛːra, *pl* 'ɛːrən] *f* (*geh*) era

Ara·ber(in) <-s, -> ['arabɐ] *m(f)* Arab

Ara·bi·en <-s> [a'raːbi̯ən] *nt* Arabia

ara·bisch [a'raːbɪʃ] *adj* ❶ GEOG (*zu Arabien gehörend*) Arabian; **A~ es Meer** Arabian Sea ❷ LING Arabic; **auf ~** in Arabic

Ar·beit <-, -en> ['arbaɪ̯t] *f* ❶ (*Tätigkeit*) work *no pl, no indef art;* **gute/schlechte ~ leisten** to do a good/bad job; **etw in ~ haben** to be working on sth; **in ~ sein** work is in progress on sth; **bei der ~ sein** to be working; **jdm ~ machen** to make work for sb; **sich an die ~ machen** to get down to working; **an die ~!** get to work! ❷ (*Arbeitsplatz*) job; **er fand ~ als Kranfahrer** he got a job as a crane driver; **wir fahren mit dem Fahrrad zur ~** we cycle to work ❸ (*handwerkliches Produkt*) handiwork (*schriftliches Werk*) work ❺ SCH (*Klassenarbeit*) test; **eine ~ schreiben** to do a test ❻ *kein pl* (*Mühe*) troubles *pl;* **sich an ~ machen** to go to trouble (**mit** with) ❼ (*Aufgabe*) job ▸ **erst die ~, dann das Vergnügen** (*prov*) business before pleasure *prov*

ar·bei·ten ['arbaɪ̯tn] **I.** *vi* ❶ (*tätig sein*) to work; **an etw** *dat* **~** to be working on sth ❷ (*berufstätig sein*) to have a job ❸ TECH (*funktionieren*) to work ❹ MED (*funktionieren*) to function ❺ *Holz* to warp **II.** *vr* **sich irgendwohin ~** to work one's way somewhere **III.** *vt* ❶ (*herstellen*) ▪ **etw** [**aus etw** *dat*] **~** to make sth [from sth]; **von Hand ~** to make sth by hand ❷ (*tun*) ▪ **etwas/nichts ~** to do sth/nothing

Ar·bei·ter(in) <-s, -> *m(f)* (*Industrie*) [blue-collar] worker; (*Landwirtschaft*) labourer

Ar·bei·ter·be·we·gung *f* POL labour movement **Ar·bei·ter·fa·mi·lie** *f* working-class family

Ar·bei·te·rin <-, -nen> *f fem form von* **Arbeiter**

Ar·bei·ter·schaft <-> *f kein pl* work force + *sing/pl vb* **Ar·bei·ter·vier·tel** *nt* working-class area **Ar·bei·ter·wohl·fahrt** *f kein pl* ▪ **die ~** the workers' welfare union

Ar·beit·ge·ber(in) <-s, -> *m(f)* employer **Ar·beit·ge·ber·an·teil** *m* employer's contribution

Ar·beit·ge·be·rin <-, -nen> *f fem form von* **Arbeitgeber**

Ar·beit·ge·ber·ver·band *m* employers' association

Ar·beit·neh·mer(in) *m(f)* employee **Ar·beit·neh·mer·an·teil** *m* employee's contribution

Ar·beit·neh·me·rin <-, -nen> *f fem form von* **Arbeitnehmer**

Ar·beits·ab·lauf *m* work routine

ar·beit·sam *adj* (*geh o veraltend*) industrious

Ar·beits·amt *nt* (*veraltet*) job centre BRIT, employment office AM **Ar·beits·auf·wand** *m* expenditure of energy; **was für ein ~!** what a lot of work! **ar·beits·auf·wän·dig**[RR] *adj* labour-intensive **Ar·beits·auf·wan·des** *pl* **Ar·beits·zeit** *f* working hours **Ar·beits·be·din·gun·gen** *pl* working conditions *pl* **Ar·beits·be·schaf·fungs·maß·nah·me** *f* job creation scheme [*or* AM plan] **Ar·beits·ei·fer** *m* enthusiasm for one's work **Ar·beits·ein·stel·lung** *f* walkout **Ar·beits·ein·tei·lung** *f* work allocation **Ar·beits·er·laub·nis** *f* work permit **Ar·beits·er·leich·te·rung** *f* saving of labour; **zur ~** to facilitate work **Ar·beits·es·sen** *nt* business lunch/dinner **ar·beits·fä·hig** *adj* ❶ (*tauglich*) able to work ❷ (*funktionsfähig*) viable **Ar·beits·gang** <-gänge> *m* ❶ (*Produktionsabschnitt*) production stage; (*Bearbeitungsabschnitt*) stage [of operation] ❷ *s.* **Arbeitsablauf Ar·beits·ge·mein·schaft** *f* working party; SCH study-group **Ar·beits·ge·richt** *nt* industrial tribunal **Ar·beits·grup·pe** *f* team **ar·beits·in·ten·siv** *adj* labour-intensive **Ar·beits·kampf** *m* industrial action **Ar·beits·klei·dung** *f* work clothes *pl* **Ar·beits·kli·ma** *nt* working atmosphere **Ar·beits·kol·le·ge, -kol·le·gin** *m, f* colleague **Ar·beits·kraft** *f* ❶ *kein pl* (*Leistungskraft*) work capacity; **die menschliche ~** human labour ❷ (*Mitarbeiter*) worker **Ar·beits·kreis** *m* working group **Ar·beits·la·ger** *nt* labour camp **Ar·beits·lohn** *m* wages *pl*

ar·beits·los *adj* unemployed

Ar·beits·lo·se(r) *f(m) dekl wie adj* unemployed person; ▪ **die ~n** the unemployed

Ar·beits·lo·sen·geld *nt* unemployment benefit, BRIT *fam a.* the dole **Ar·beits·lo·sen·hil·fe** *f* unemployment aid **Ar·beits·lo·sen·quo·te** *f* unemployment figures *pl* **Ar·beits·lo·sen·un·ter·stüt·zung** *f kein pl* (*hist*) unemployment benefit, BRIT *fam a.* the dole **Ar·beits·lo·sen·ver·si·che·rung**

f unemployment insurance, National Insurance BRIT **Ar·beits·lo·sen·zah·len** *pl* unemployment figures *pl* **Ar·beits·lo·sen·zif·fer** *f* unemployment figures *pl*
Ar·beits·lo·sig·keit <-> *f kein pl* unemployment *no indef art, + sing vb*
Ar·beits·man·gel *m* lack of work **Ar·beits·markt** *m* job market **Ar·beits·mit·tel** *nt* material required for work **Ar·beits·mo·ral** *f* work morale **Ar·beits·nie·der·le·gung** *f* walkout **Ar·beits·ober·flä·che** *f* INFORM user interface **Ar·beits·pen·sum** *nt* work quota
Ar·beits·platz *m* ❶ (*Arbeitsstätte*) workplace; **am ~** at work ❷ (*Stelle*) job; **freier ~** vacancy **Ar·beits·platz·be·schaf·fungs·maß·nah·me** *f* POL s. Arbeitsbeschaffungsmaßnahme **Ar·beits·platz·si·che·rung** *f kein pl* safeguarding of jobs *no pl* **Ar·beits·platz·tei·lung** *f* job-sharing **Ar·beits·platz·wech·sel** *m* change of employment
Ar·beits·pro·be *f* sample of one's work **Ar·beits·recht** *nt* industrial law **ar·beits·reich** *adj* busy **Ar·beits·rich·ter(in)** *m(f)* judge in an industrial tribunal **ar·beits·scheu** *adj* (*pej*) work-shy **Ar·beits·spei·cher** *m* INFORM main memory **Ar·beits·stät·te** *f* (*geh*) place of work **Ar·beits·stel·le** *f* job **Ar·beits·su·che** *f* search for employment; **auf ~ sein** to be job-hunting **Ar·beits·tag** *m* working day; **ein harter ~ a** hard day at work **Ar·beits·tei·lung** *f* job-sharing
Ar·beit·su·chen·de(r) *f(m) dekl wie adj* job-seeker
ar·beits·un·fä·hig I. *adj* unfit for work; **jdn ~ schreiben** to write sb a sick note **II.** *adv* off sick **Ar·beits·un·fä·hig·keit** *f* inability to work **Ar·beits·un·fall** *m* work-related accident **Ar·beits·ver·hält·nis** *nt* contractual relationship between employer and employee; **in einem ~ stehen** to be in employment **Ar·beits·ver·mitt·lung** *f* ❶ (*Vermittlung einer Beschäftigung*) arrangement of employment ❷ (*Abteilung im Arbeitsamt*) job centre ❸ (*Vermittlungsagentur*) employment agency **Ar·beits·ver·trag** *m* contract of employment **Ar·beits·ver·wei·ge·rung** *f* refusal to work **Ar·beits·wei·se** *f* (*Vorgehensweise bei der Arbeit*) working method; (*Funktionsweise von Maschinen*) mode of operation **ar·beits·wil·lig** *adj* willing to work **Ar·beits·wo·che** *f* working week **Ar·beits·wut** *f* (*fam*) work mania **ar·beits·wü·tig** *adj* (*fam*) ■**~ sein** to be suffering from work mania
Ar·beits·zeit *f* ❶ (*tägliche betriebliche Ar-*

beit) working hours *pl*; **gleitende ~** flexitime, AM *a.* flextime ❷ (*benötigte Zeit*) required [working] time **Ar·beits·zeit·ver·kür·zung** *f* reduction of working hours
Ar·beits·zeug·nis *nt* reference **Ar·beits·zim·mer** *nt* study
ar·cha·isch [arˈçaːɪʃ] *adj* archaic
Ar·chä·o·lo·ge, Ar·chä·o·lo·gin <-n, -n> [arçeoˈloːgə, -ˈloːgɪn] *m, f* archaeologist, *esp* AM archeologist
Ar·chä·o·lo·gie <-> [arçeoloˈgiː] *f kein pl* archaeology, *esp* AM archeology
Ar·chä·o·lo·gin <-, -nen> [arçeoˈloːgɪn] *f fem form von* Archäologe
ar·chä·o·lo·gisch [arçeoˈloːgɪʃ] *adj, adv* archaeological, *esp* AM archeological
Ar·che <-, -n> [ˈarçə] *f* ark; **die ~ Noah** REL Noah's Ark
ar·che·ty·pisch *adj* archetypal
Ar·chi·tekt(in) <-en, -en> [arçiˈtɛkt] *m(f)* architect
ar·chi·tek·to·nisch [arçitɛkˈtoːnɪʃ] **I.** *adj* architectural **II.** *adv* from an architectural point of view
Ar·chi·tek·tur <-, -en> [arçitɛkˈtuːɐ̯] *f* architecture
Ar·chiv <-s, -e> [arˈçiːf, *pl* -və] *nt* archives *pl*
Ar·chi·var(in) <-s, -e> [arçiˈvaːɐ̯] *m(f)* archivist
ar·chi·vie·ren* [arçiˈviːrən] *vt* MEDIA to archive
Are·al <-s, -e> [areˈaːl] *nt* ❶ (*Gebiet*) area ❷ (*Grundstück*) grounds *pl*
Ären [ˈɛːrən] *pl von* Ära
Are·na <-, Arenen> [aˈreːna, *pl* -nən] *f* ❶ (*Manege*) [circus-]ring ❷ SPORT arena ❸ (*Stierkampfarena*) [bull-]ring ▶ **in die ~ steigen** to enter the ring
arg <ärger, ärgste> [ark] **I.** *adj bes* SÜDD ❶ (*schlimm*) bad; **im A~en liegen** to be at sixes and sevens; **etw noch ärger machen** to make sth worse ❷ *attr* (*groß*) Enttäuschung great ❸ *attr* (*stark*) Raucher heavy **II.** *adv* SÜDD (*fam: sehr*) badly; **tut es ~ weh?** does it hurt badly?; **er hat dazu ~ lang gebraucht** he took a terribly long time for it
Ar·gen·ti·ni·en <-s> [argɛnˈtiːnjən] *nt* Argentina; *s. a.* Deutschland
Ar·gen·ti·ni·er(in) <-s, -> [argɛnˈtiːnjɐ] *m(f)* Argentinian; *s. a.* Deutsche(r)
ar·gen·ti·nisch [argɛnˈtiːnɪʃ] *adj* Argentinian; *s. a.* deutsch
Är·ger <-s> [ˈɛrgɐ] *m kein pl* ❶ (*Wut*) anger ❷ (*Unannehmlichkeiten*) trouble; **~ bekommen** to get into trouble; **~ haben** to have problems; **[jdm] ~ machen** to cause [sb] trouble; **zu jds ~** to sb's annoyance
är·ger·lich I. *adj* ❶ (*verärgert*) annoyed

Ärger ausdrücken

Unzufriedenheit ausdrücken | expressing dissatisfaction

Unzufriedenheit ausdrücken	expressing dissatisfaction
Das entspricht nicht meinen Erwartungen.	That doesn't come up to my expectations.
Ich hätte erwartet, dass Sie sich nun mehr Mühe geben.	I would have expected you to take more trouble.
So hatten wir es nicht vereinbart.	That's not what we agreed.

Verärgerung ausdrücken | expressing annoyance

Verärgerung ausdrücken	expressing annoyance
Das ist (ja) unerhört!	That's an outrage!
Eine Unverschämtheit ist das!/So eine Frechheit!	That's outrageous!/What a cheek!
Das ist doch wohl die Höhe!	That's the limit!
Das darf doch wohl nicht wahr sein!	That can't be true!
Das nervt! (*fam*)	It's a pain in the neck. (*fam*)
Das ist ja nicht mehr zum Aushalten! (*fam*)	It's become unbearable!/I can't stand it! (*fam*)

(**über** about); (*sehr verärgert*) infuriated; **jdn ~ machen** to annoy sb ❷ (*unangenehm*) unpleasant **II.** *adv* (*verärgert*) annoyed; (*nervig*) annoyingly; **sie sah mich ~ an** she looked at me crossly

är·gern ['ɛrgɐn] **I.** *vt* ❶ (*ungehalten machen*) to annoy (**mit** with); **ich ärgere mich, dass ich nicht hingegangen bin** I'm annoyed with myself for not having gone ❷ (*reizen*) to tease (**wegen** about) **II.** *vr* (*ärgerlich sein*) ▪**sich ~** to be annoyed (**über** about)

Är·ger·nis <-, -se> *nt kein pl* (*Anstoß*) offence; **ein ~ sein** to be a terrible nuisance

Arg·list <-> *f kein pl* (*geh*) cunning

arg·lis·tig I. *adj* (*geh*) cunning **II.** *adv* cunningly

arg·los *adj* innocent

ärgs·te(r, s) ['ɛrkstə, -tɐ, -təs] *adj superl von* **arg**

Ar·gu·ment <-[e]s, -e> [argu'mɛnt] *nt* argument; **das ist kein ~** (*unsinnig sein*) that's a poor argument; (*keine Entschuldigung*) that's no excuse

Ar·gu·men·ta·ti·on <-, -en> [argumɛnta'tsi̯oːn] *f* argumentation *no pl*

ar·gu·men·tie·ren* *vi* to argue; ▪**mit etw** *dat* **~** to use sth as an argument

Arg·wohn <-s> ['arkvoːn] *m kein pl* suspicion; **jds ~ erregen** to arouse sb's suspicion[s]

arg·wöh·nen ['arkvøːnən] *vt* (*geh*) to suspect

arg·wöh·nisch ['arkvøːnɪʃ] **I.** *adj* suspicious **II.** *adv* suspiciously

Arie <-, -n> ['aːri̯ə] *f* MUS aria

Ari·er(in) <-s, -> ['aːri̯ɐ] *m(f)* ❶ LING (*Indogermane*) Aryan ❷ HIST Aryan

arisch ['aːrɪʃ] *adj* ❶ LING Indo-Germanic ❷ HIST Aryan

Aris·to·krat(in) <-en, -en> [arɪsto'kraːt] *m(f)* aristocrat

Aris·to·kra·tie <-, -n> [arɪstokra'tiː, *pl* -'tiːən] *f* aristocracy

Aris·to·kra·tin <-, -nen> *f fem form von* **Aristokrat**

aris·to·kra·tisch *adj* aristocratic

Arith·me·tik <-> [arɪt'meːtɪk] *f kein pl* arithmetic *no pl*

arith·me·tisch [arɪt'meːtɪʃ] **I.** *adj* arithmetic **II.** *adv* arithmetically

Ar·ka·de <-, -n> [ar'kaːdə] *f* ARCHIT ❶ (*Torbogen*) archway ❷ *pl* (*Bogengang*) arcade ❸ (*überdachte Einkaufsstraße*) [shopping] arcade

Ark·tis <-> ['arktɪs] *f* Arctic

ark·tisch ['arktɪʃ] *adj* arctic

arm <ärmer, ärmste> [arm] *adj* ❶ (*besitzlos*) poor ❷ (*gering*) sparse; **~ an etw** *dat* **sein** to be somewhat lacking in sth ❸ (*fam*) **~ dran sein** to have a hard time of it

Arm <-[e]s, -e> [arm] *m* ANAT arm; **jdn im ~ halten** to hold sb in one's arms; **sich** *dat* **in**

Ar·ma·tur <-, -en> [arma'tuːɐ̯] f meist pl ① TECH (Mischbatterie mit Hähnen) fitting ② AUTO (Kontrollinstrument) instrument

Ar·ma·tu·ren·brett nt AUTO dashboard

Arm·band <-bänder> nt ① (Uhrarmband) [watch] strap ② (Schmuckarmband) bracelet

Arm·band·uhr f [wrist-]watch

Arm·bin·de f ① (Armschlinge) sling ② (Abzeichen) armband

Ar·me(r) f(m) dekl wie adj (besitzloser Mensch) poor person ▶ [ach,] du/Sie ~(r)! (iron) poor you!

Ar·mee <-, -n> [ar'meː, pl -meːən] f army; **die rote ~** the Red Army

Är·mel <-s, -> ['ɛrml] m sleeve; **sich** dat **die ~ hochkrempeln** to roll up one's sleeves ▶ **etw aus dem ~ schütteln** (fam) to produce/do sth just like that

Är·mel·auf·schlag m MODE cuff **Är·mel·ka·nal** m Channel; ■ **der ~** the English Channel

är·mel·los adj sleeveless

Ar·men·haus nt HIST poorhouse

Ar·me·ni·en <-s> [ar'meːni̯ən] nt Armenia; s. a. **Deutschland**

Ar·me·ni·er(in) <-s, -> [ar'meːni̯ɐ] m(f) Armenian; s. a. **Deutsche(r)**

ar·me·nisch [ar'meːnɪʃ] adj Armenian; s. a. **deutsch** **Ar·men·vier·tel** nt poor district

är·mer ['ɛrmɐ] adj comp von **arm**

Arm·leh·ne f armrest **Arm·leuch·ter** m ① (mehrarmiger Leuchter) chandelier ② (pej fam: Dummkopf) idiot

ärm·lich ['ɛrmlɪç] I. adj ① (von Armut zeugend) poor; (Kleidung) shabby ② (dürftig) meagre II. adv (kümmerlich) poorly

arm·se·lig adj ① (primitiv) shabby ② (dürftig) miserable ③ (meist pej: unzulänglich) pathetic

ärm·ste(r, s) adj superl von **arm**

Ar·mut <-> ['armuːt] f kein pl ① (Bedürftigkeit) poverty ② (Verarmung) ■ **die ~ an etw** dat the lack of sth; **geistige ~** intellectual poverty

Ar·muts·flücht·ling m economic refugee

Ar·muts·gren·ze f poverty line; **unterhalb der ~ leben** to live below the poverty line **Ar·muts·zeug·nis** nt ▶ **ein ~ für jdn sein** to be the proof of sb's shortcomings

Aro·ma <-s, Aromen o -s o -ta> [a'roːma, pl -mata] nt ① (Geruch) aroma; (Geschmack) taste, flavour ② CHEM (Aromastoff) [artificial] flavouring

Aro·ma·stoff m flavouring

Aro·ma·the·ra·pie f aromatherapy

aro·ma·tisch [aro'maːtɪʃ] I. adj aromatic; (wohlschmeckend) flavoursome BRIT, flavorful AM II. adv ① (voller Aroma) aromatic ② (angenehm schmeckend) savoury

aro·ma·ti·sie·ren* [aromati'ziːrən] vt to aromatize

Ar·ran·ge·ment <-s, -s> [arãʒə'mãː] nt (geh) arrangement

ar·ran·gie·ren* [arã'ʒiːrən] I. vt to arrange; ■ ~, **dass** ... to arrange, so that ... II. vr ① (übereinkommen) ■ **sich** [mit jdm] ~ to come to an arrangement [with sb] ② (sich abfinden) ■ **sich** [mit etw dat] ~ to come to terms [with sth]

Ar·rest <-[e]s, -s> [a'rɛst] m JUR ① (Freiheitsentzug) detention ② (Beschlagnahme) **dinglicher ~** attachment

ar·re·tie·ren* [arɛ'tiːrən] vt (feststellen) to lock

ar·ro·gant [aro'gant] I. adj arrogant II. adv arrogantly

Ar·ro·ganz <-> [aro'gants] f kein pl arrogance

Arsch <-[e]s, Ärsche> [arʃ, pl 'ɛrʃə] m (derb) ① (Hintern) arse BRIT, ass AM, BRIT a. bum ② (blöder Kerl) [stupid] bastard, BRIT sl a. bugger ▶ **am ~ der Welt** (sl) out in the sticks; **jdm in den ~ kriechen** to brownnose sb; **jdn [mal] am ~ lecken können** sb can get stuffed sl; **leck mich [damit] am ~!** (verpiss dich) fuck off!, BRIT a. get stuffed!, AM a. kiss my ass!; (verdammt noch mal) fuck it!, BRIT fam a. [oh] bugger [it]!; **im ~ sein** (sl) to be fucked[-up]; **jdn [o jdm] in den ~ treten** (sl: einen Tritt versetzen) to kick sb's arse [or AM ass]; (jdn antreiben) to give sb a [good] kick up the arse [or AM ass] fam; **[von jdm] den ~ voll bekommen** (sl) to get a [bloody [or AM hell of a]] good hiding [from sb]

Arsch·ba·cke f (derb) [bum-]cheek BRIT, [butt-]cheek AM **Arsch·kar·te** f (derb) ▶ **die ~ ziehen** to draw the short straw **Arsch·krie·cher(in)** m(f) (pej sl) arselicker BRIT, ass-kisser AM **Arsch·loch** nt (vulg) arsehole BRIT, asshole AM **Arsch·tritt** m (sl) kick up the arse

Ar·sen <-s> [ar'zeːn] nt kein pl CHEM arsenic no pl

Ar·se·nal <-s, -e> [arzeˈnaːl] nt arsenal

Art <-, -en> [aːɐ̯t, pl 'aːɐ̯tn] f ① (Sorte) sort, kind ② (Methode) way; **eine merkwürdi-**

Art. – asphaltieren

ge ~ an odd way; **auf diese ~ und Weise** [in] this way ❸ (*Wesens~*) nature ❹ (*Verhaltensweise*) behaviour; **das ist doch keine ~!** (*fam*) that's no way to behave! ❺ BIOL species ❻ (*Stil*) style ▶ **nach ~ des Hauses** à la maison; **einzig sein in seiner ~** to be the only one of its kind; **aus der ~ schlagen** (*Familie*) to go a different way

Art. *Abk von* **Artikel**

Ar·ten·reich·tum <-s> *m kein pl* BIOL abundance of species **Ar·ten·schutz** *m* protection of species **Ar·ten·ster·ben** *nt kein pl* extinction of the species **Ar·ten·viel·falt** <-> *f kein pl* BIOL abundance of species

Art·er·hal·tung *f* survival of the species

Ar·te·rie <-, -n> [ar'te:riə] *f* artery

Ar·te·ri·en·ver·kal·kung *f*, **Ar·te·rio·skle·ro·se** <-, -n> [arterioskle'ro:zə] *f* hardening of the arteries

art·fremd *adj* uncharacteristic **art·ge·mäß** *adj s.* artgerecht **Art·ge·nos·se, -ge·nos·sin** *m, f* BIOL plant/animal of the same species **art·ge·recht** *adj, adv* appropriate to a species

ar·tig ['a:ɐtɪç] *adj* well-behaved; **sei schön ~!** be good!

Ar·tig·keit <-, -en> *f kein pl* (*veraltend*) courteousness *no pl*

Ar·ti·kel <-s, -> [ar'ti:kl, ar'tɪkl] *m* ❶ MEDIA (*Zeitungs~*) article; (*Eintrag*) entry ❷ ÖKON (*Ware*) item ❸ LING article

Ar·ti·ku·la·ti·on <-, -en> [artikulatsio:n] *f* (*geh*) enunciation

ar·ti·ku·lie·ren* [artiku'li:rən] **I.** *vt* (*geh*) to enunciate **II.** *vr* (*geh*) **sich gut/schlecht ~** to articulate oneself well/badly

Ar·til·le·rie <-, *selten* -n> ['artiləri:, *pl* -ri:ən] *f* artillery

Ar·ti·scho·cke <-, -n> [arti'ʃɔkə] *f* artichoke

Ar·tist(in) <-, -nen> [ar'tɪst] *m(f)* (*Zirkuskunst etc.*) performer

ar·tis·tisch *adj* ❶ (*Zirkuskunst betreffend*) spectacular ❷ (*überaus geschickt*) skilful

art·ver·wandt *adj* BIOL of similar species

Arz·nei <-, -en> [a:ɐts'naɪ] *f* medicine

Arz·nei·fla·sche *f* medicine bottle **Arz·nei·for·mel** *f* medical formula

Arz·nei·mit·tel *nt* drug **Arz·nei·mit·tel·ab·hän·gig·keit** *f* drug addiction **Arz·nei·mit·tel·al·ler·gie** *f* drug allergy **Arz·nei·mit·tel·ge·setz** *nt* law governing the manufacture and prescription of drugs **Arz·nei·mit·tel·her·stel·ler** *m* drug manufacturer **Arz·nei·mit·tel·miss·brauch**^{RR} *m* drug abuse **Arz·nei·mit·tel·sucht** *f* prescription drug addiction **Arz·nei·mit·tel·ver·gif·tung** *f* prescription drug overdose

Arz·nei·pflan·ze *f* medicinal plant

Arzt, Ärz·tin <-es, Ärzte> [a:ɐtst, 'ɛ:ɐtstɪn, *pl* 'ɛɐtstə] *m, f* doctor; **~ für Allgemeinmedizin** general practitioner, GP; **behandelnder ~** personal doctor

Arzt·be·such *m* ❶ (*Besuch des Arztes*) doctor's visit ❷ (*Aufsuchen eines Arztes*) visit to the doctor

Ärz·te·kam·mer *f* General Medical Council BRIT, medical association AM

Ärz·te·schaft <-> *f kein pl* medical profession

Arzt·hel·fer(in) *m(f)* [doctor's] receptionist

Ärz·tin <-, -nen> ['ɛ:ɐtstɪn] *f fem form von* **Arzt**

Arzt·kos·ten *pl* medical costs *pl*

ärzt·lich ['ɛ:ɐtstlɪç] **I.** *adj* medical **II.** *adv* medically; **sich ~ behandeln lassen** to get medical advice

Arzt·pra·xis *f* doctor's surgery

As <-ses, -se> [as] *nt* KARTEN *s.* **Ass**

As·best <-[e]s> [as'bɛst] *nt kein pl* asbestos *no pl*

asch·blond *adj* ash-blond

Asche <-, -n> ['aʃə] *f* ash

A·schen·bahn *f* SPORT cinder track **A·schen·be·cher** *m* ashtray **Aschen·brö·del** <-s> ['aʃnbrøːdl] *nt kein pl*, **Aschen·put·tel** <-> ['aʃnpʊtl] *nt kein pl* LIT Cinderella

Ascher <-s, -> ['aʃɐ] *m* (*fam*) *s.* **Aschenbecher**

Ascher·mitt·woch [aʃɐ'mɪtvɔx] *m* REL Ash Wednesday

asch·grau *adj* ash-grey

ASCII-Code <-s, -s> *m* ASCII code

Äser ['ɛːzɐ] *pl von* **Aas**

ase·xu·ell ['azɛksŭɛl] *adj* asexual

Asi·at [a'zia:t], **Asi·a·te, Asi·a·tin** <-en, -en> [a'zia:t(ə), a'zia:tɪn] *m, f* Asian

asi·a·tisch [a'zia:tɪʃ] *adj Sprache, Kultur* Asian; (*Asien betreffend*) Asiatic

Asi·en <-s> ['a:ziən] *nt* Asia

As·ke·se <-> [ak'keːzə] *f kein pl* (*geh*) asceticism *no pl*

As·ket(in) <-en, -en> [as'keːt] *m(f)* (*geh*) ascetic

as·ke·tisch **I.** *adj* ascetic **II.** *adv* ascetically

aso·zi·al ['azotsia:l] **I.** *adj* antisocial **II.** *adv* antisocialy

A·so·zi·a·le(r) *f(m) dekl wie adj* (*pej*) social misfit

As·pekt <-[e]s, -e> [as'pɛkt] *m* (*geh*) aspect; **unter diesem ~ betrachtet** looking at it from this aspect

As·phalt <-[e]s, -e> [as'falt] *m* asphalt *no pl*

As·phalt-Cow·boy <-s, -s> *m* urban cowboy

as·phal·tie·ren* [asfal'tiːrən] *vt* to asphalt

As·pi·rin® <-s, -> [aspi'ri:n] *nt* aspirin

AssRR <-es, -e>, **Aß**ALT <-sses, -sse> [as] *nt* ace ▸ [noch] **ein ~ im Ärmel haben** to have an ace up one's sleeve

aß [a:s] *imp von* **essen**

As·si·mi·la·ti·on <-, -en> [asimila'tsi̯o:n] *f* ❶ BIOL, CHEM photosynthesis ❷ (*geh: Anpassung*) assimilation

as·si·mi·lie·ren* [asimi'li:rən] **I.** *vr* (*geh*) ▪ **sich an etw** *akk* **~** to assimilate oneself into sth **II.** *vt* BIOL, CHEM to photosynthesize

As·sis·tent(in) <-en, -en> [asɪs'tɛnt] *m(f)* assistant

As·sis·tenz·arzt, -ärz·tin *m, f* assistant physician BRIT, resident [doctor] AM **As·sis·tenz·trai·ner, -trai·ne·rin** *m, f* SPORT assistant coach

as·sis·tie·ren* [asɪs'ti:rən] *vi* to assist (**bei** with)

As·so·zi·a·ti·on <-, -en> [asotsi̯a'tsi̯o:n] *f* (*geh*) association

as·so·zi·ie·ren* [asotsi'i:rən] *vt* (*geh*) to associate

Ast <-[e]s, Äste> [ast, *pl* 'ɛstə] *m* branch ▸ **auf dem absteigenden ~ sein** (*fam*) sb/sth is going downhill; **den ~ absägen, auf dem man sitzt** to dig one's own grave; **sich** *dat* **einen ~ lachen** (*sl*) to double up with laughter

As·ter <-, -n> ['astɐ] *f* Michaelmas daisy

Ast·ga·bel *f* fork of a tree

Äs·thet(in) <-en, -en> [ɛs'te:t] *m(f)* (*geh*) aesthete

Äs·the·tik <-> [ɛs'te:tɪk] *f kein pl* aesthetics *pl*

äs·the·tisch [ɛs'te:tɪʃ] *adj* (*geh*) aesthetic

Asth·ma <-s> ['astma] *nt kein pl* asthma *no pl*

Asth·ma·ti·ker(in) <-s, -> [ast'ma:tikɐ] *m(f)* asthmatic

asth·ma·tisch [ast'ma:tɪʃ] **I.** *adj* asthmatic **II.** *adv* asthmatically

ast·rein *adj* ❶ (*fam: moralisch einwandfrei*) straight ❷ (*sl: spitze*) fantastic

As·tro·lo·ge, As·tro·lo·gin <-n, -n> [astro'lo:gə, -'lo:gɪn] *m, f* astrologer

As·tro·lo·gie <-> [astrolo'gi:] *f kein pl* astrology *no pl*

As·tro·lo·gin <-, -nen> *f fem form von* **Astrologe**

as·tro·lo·gisch [astro'lo:gɪʃ] **I.** *adj* astrological **II.** *adv* astrologically

As·tro·naut(in) <-en, -en> [astro'naʊt] *m(f)* astronaut

As·tro·nom(in) <-en, -en> [astro'no:m] *m(f)* astronomer

As·tro·no·mie <-> [astrono'mi:] *f kein pl* astronomy *no pl*

As·tro·no·min <-, -nen> *f fem form von* **Astronom**

as·tro·no·misch [astro'no:mɪʃ] *adj* ASTRON astronomical; (*fig: riesig*) astronomical

Asyl <-s, -e> [a'zy:l] *nt* asylum; **das Recht auf ~** the right to asylum; **um ~ bitten** (*geh*) to apply for [political] asylum; **jdm ~ gewähren** to grant sb [political] asylum

Asy·lant(in) <-en, -en> [azy'lant] *m(f) s.* **Asylbewerber**

Asyl·an·ten·wohn·heim *nt* home for asylum-seekers

Asyl·an·trag *m* application for political asylum **Asyl·be·wer·ber(in)** *m(f)* applicant for [political] asylum **Asyl·recht** *nt* right of political asylum **Asyl·su·chen·de(r)** *f(m) dekl wie adj* asylum seeker

Asym·me·trie [azyme'tri:] *f* asymmetry

asym·me·trisch ['azyme:trɪʃ] *adj* asymmetric

Ate·lier <-s, -s> [atə'li̯e:] *nt* KUNST studio

Atem <-s> ['a:təm] *m kein pl* ❶ (*Atemluft*) breath; **den ~ anhalten** to hold one's breath; **~ holen** to take a breath; **wieder zu ~ kommen** to catch one's breath; **nach ~ ringen** to be gasping for breath; **außer ~** out of breath ❷ (*das Atmen*) breathing ▸ **den längeren ~ haben** to have the whip hand; **jdn in ~ halten** to keep sb on their toes; **jdm den ~ verschlagen** to take sb's breath away

atem·be·rau·bend *adj* breath-taking **Atem·be·schwer·den** *pl* breathing difficulties *pl* **Atem·ge·rät** *nt* respirator; (*von Taucher, Feuerwehr*) breathing apparatus **Atem·läh·mung** *f* respiratory paralysis **atem·los** **I.** *adj* ❶ (*außer Atem*) breathless ❷ (*perplex*) speechless **II.** *adv* breathlessly **Atem·not** *f* shortness of breath *no pl* **Atem·pau·se** *f* ❶ (*um Luft zu schöpfen*) pause for breath ❷ (*kurze Unterbrechung*) breather **Atem·still·stand** *m* respiratory arrest **Atem·we·ge** *pl* ANAT respiratory tracts *pl* **Atem·wegs·er·kran·kung** *f* MED respiratory disease

Atem·zug *m* breath ▸ **in einem ~** in one breath

Athe·is·mus <-> [ate'ɪsmʊs] *m kein pl* atheism *no pl*

Athe·ist(in) <-en, -en> [ate'ɪst] *m(f)* atheist

athe·is·tisch *adj* atheist

Athen <-s> [a'te:n] *nt* Athens

Äther <-s> ['ɛ:tɐ] *m kein pl* CHEM ether *no pl* ▸ **etw in den ~ schicken** RADIO to put sth on the air; **über den ~** over the air

äthe·risch [ɛ'te:rɪʃ] *adj* ethereal

Äthi·o·pi·en <-s> [ɛti̯o:pi̯ən] *nt* Ethiopia; *s. a.* **Deutschland**

Äthi·o·pi·er(in) <-s, -> [ɛti̯o:pi̯ɐ] *m(f)*

Ethiopian; *s. a.* **Deutsche(r)**
äthi·o·pisch [ɛˈtiːopɪʃ] *adj* Ethiopian; *s. a.* **deutsch**
Ath·let(in) <-en, -en> [atˈleːt] *m(f)* athlete
ath·le·tisch [atˈleːtɪʃ] *adj* athletic
At·lan·ten [atˈlantn̩] *pl von* **Atlas**
Atlantik <-s> [atˈlantɪk] *m* Atlantic
at·lan·tisch [atˈlantɪʃ] *adj* Atlantic; **ein ~es Hoch** a high-pressure area coming from the Atlantic
At·las <-*o* -ses, Atlanten *o* -se> [ˈatlas, *pl* atˈlantn̩, ˈatlasə] *m* atlas
at·men [ˈaːtmən] *vi, vt* to breathe
At·men [ˈaːtmən] *nt kein pl* respiration *no pl spec*
At·mo·sphä·re <-, -n> [atmoˈsfɛːrə] *f* atmosphere
at·mo·sphä·risch [atmoˈsfɛːrɪʃ] *adj* atmospheric
At·mung <-> *f kein pl* breathing *no pl*
at·mungs·ak·tiv *adj* MODE breathable
Ät·na <-[s]> [ˈɛtna] *m* **der ~** Mount Etna
Atoll <-s, -e> [aˈtɔl] *nt* atoll
Atom <-s, -e> [aˈtoːm] *nt* atom
Atom·an·griff *m* nuclear attack
ato·mar [atoˈmaːɐ̯] **I.** *adj* ① MIL (*Atomwaffen betreffend*) nuclear weapons ② TECH with nuclear power; ■ **~ an·getrieben sein** to be nuclear-powered
Atom·bom·be *f* nuclear bomb **Atom·bom·ben·ex·plo·si·on** *f* nuclear explosion **Atom·bom·ben·ver·such** *m* nuclear [weapons] test
Atom·bun·ker *m* nuclear fall-out shelter **Atom·ener·gie** *f* nuclear energy **Atom·ex·plo·si·on** *f* (*nuclear*) explosion **Atom·for·schungs·zen·trum** *nt* nuclear research centre **Atom·geg·ner(in)** *m(f)* person who is against nuclear power **Atom·in·dust·rie** *f* nuclear industry
ato·mi·sie·ren* [atomiˈziːrən] *vt* to atomize
Atom·kern *m* PHYS nucleus **Atom·kraft** *f kein pl* nuclear power **Atom·kraft·werk** *nt* nuclear power station **Atom·krieg** *m* nuclear war **Atom·macht** *f* POL, MIL nuclear power
Atom·müll *m* nuclear waste
Atom·müll·la·ge·rung^{ALT} <-> *f kein pl s.* Atommülllagerung **Atom·müll·end·la·ger** *nt* nuclear waste disposal site **Atom·müll·la·ge·rung**^{RR} <-> *f kein pl* nuclear waste disposal *no pl*
Atom·phy·sik *f* nuclear physics + *sing vb* **Atom·pro·gramm** *nt* nuclear [*or* atomic] programme **Atom·ra·ke·te** *f* nuclear missile **Atom·re·ak·tor** *m* nuclear reactor **Atom·spal·tung** *f* nuclear fission **Atom·spreng·kopf** *m* nuclear warhead

Atom·test *m* MIL nuclear [weapons] test **Atom·test·stopp**^{RR} *m* nuclear test ban
Atom·uhr *f* TECH atomic watch
Atom·waf·fe *f* MIL nuclear weapon **atom·waf·fen·frei** *adj* POL nuclear-free
Atom·zeit·al·ter *nt kein pl* nuclear age
Atom·zer·fall *m kein pl* radioactive decay
Atri·um <-s, Atrien> [ˈaːtriʊm, *pl* -triən] *nt* ARCHIT atrium
ätsch [ɛːtʃ] *interj* (*fam*) ha-ha; **du hast verloren, ~** [bätsch]! ha-ha, you lost!
At·ta·cke <-, -n> [aˈtakə] *f* ① (*Angriff*) attack (**gegen** against) ② (*Anfall*) fit
at·ta·ckie·ren* [ataˈkiːrən] *vt* to attack
At·ten·tat <-[e]s, -e> [ˈatn̩taːt] *nt* (*Mordanschlag*) an attempt on sb's life; (*mit tödlichem Ausgang*) assassination; **ein ~ auf jdn verüben** to make an attempt on sb's life; (*mit tödlichem Ausgang*) to assassinate sb
At·ten·tä·ter(in) [ˈatn̩tɛːtɐ] *m(f)* assassin
At·test <-[e]s, -e> [aˈtɛst] *nt* (*ärztliche Bescheinigung*) certificate; **jdm ein ~** [über etw *akk*] **ausstellen** to certify sth for sb
at·tes·tie·ren* [atɛsˈtiːrən] *vt* (*ärztliche bescheinigen*) to certify ② (*bescheinigen*) to confirm
At·ti·tü·de <-, -n> [atiˈtyːdə] *f meist pl* (*geh*) posture
At·trak·ti·on <-, -en> [atrakˈtsi̯oːn] *f* attraction
at·trak·tiv [atrakˈtiːf] *adj* attractive
At·trak·ti·vi·tät <-, -en> [atraktiviˈtɛːt] *f kein pl* attractiveness *no pl*
At·trap·pe <-, -n> [aˈtrapə] *f* dummy
At·tri·but <-[e]s, -e> [atriˈbuːt] *nt* (*geh*) ① LING attribute ② (*Kennzeichen*) symbol
at·tri·bu·tiv [atribuˈtiːf] *adj* LING attributive
aty·pisch [ˈaːtypɪʃ] *adj* atypical
ät·zen [ˈɛtsn̩] **I.** *vi* ① (*versetzend sein*) to corrode ② (*sl*) to make catty remarks **II.** *vt* KUNST to etch
ät·zend *adj* ① (*zerfressend wirkend*) corrosive ② *Geruch* pungent ③ (*sl: sehr übel*) lousy
au [au] *interj* ① (*bei Schmerz*) ouch ② (*bei Freude*) **~ ja!** (*fam*) oh yeah!
aua [ˈaua] *interj s.* **au 1**
Au·ber·gi·ne <-, -n> [obɛrˈʒiːnə] *f* aubergine BRIT, egg-plant AM
auch [aux] *adv* ① (*ebenfalls*) too, also, as well; **ich habe Hunger, du ~?** I'm hungry, you too?; **... ~ nicht!** not ... either, ... neither, nor ...; **ich gehe nicht mit! — ich ~ nicht!** I'm not coming! — nor am I!; **wenn du nicht hingehst, gehe ich ~ nicht** if you don't go, I won't either ② (*sogar*) even; **der Chef hat immer Recht, ~ wenn er Unrecht hat!** the boss is always right, even

when he's wrong!; ~ **wenn** even if; **so schnell sie ~ laufen mag** however fast she may run ...; **wie dem ~ sei** whatever ❸ *(tatsächlich)* too; **ich habe das nicht nur gesagt, ich meine das ~** [so]! I didn't just say it, I mean it too! ▶ ~ **das noch!** that's all I need!

Au·di·enz <-, -en> [auˈdiɛnts] *f* audience
Au·dio·kas·set·te *f* audio cassette **au·dio·vi·su·ell** [audioviˈzuɛl] *adj* audio-visual
Au·di·to·ri·um <-s, -rien> [audiˈtoːriʊm, *pl* -riən] *nt* ❶ SCH auditorium ❷ *(Zuhörerschaft)* audience
Au·er·hahn [ˈauɐhaːn] *m* ORN [male/cock] capercaillie
auf [auf] **I.** *präp* ❶ *+dat* on, upon *form;* ~ **dem Stuhl** on the chair ❷ *+akk (in Richtung)* on, onto; **sie fiel ~ den Rücken** she fell on[to] her back ❸ *(in Bezug ~ Inseln)* **wann fliegst du ~ die Kanaren?** when are you flying to the Canaries?; **Kingston liegt ~ Jamaica** Kingston is in Jamaica ❹ *+akk (zur)* to; **er muss ~ die Post** he has to go to the post office ❺ *+dat* at; **sein Geld ist ~ der Bank** his money is in the bank; **er arbeitet ~ dem Finanzamt** he works at the tax office ❻ *+akk (einen Zeitpunkt festlegend)* on; **Heiligabend fällt ~ einen Dienstag** Christmas Eve falls on a Tuesday; **die Konferenz muss ~ morgen verlegt werden** the conference has to be postponed until tomorrow ❼ *+akk (beschränkend)* to; ~ **den Millimeter genau** exact to a millimetre ❽ *+akk (während)* on; ~ **der Busfahrt wurde es einigen schlecht** some people felt sick on the bus ride ❾ *+akk (als Reaktion)* at; ~ **seine Bitte** [hin] at his request ❿ *+akk (zu einem Anlass)* to; **wollen wir ~ das Fest gehen?** shall we go to the party? **II.** *adv* ❶ *(fam: geöffnet)* ~ **sein** to be open ❷ *(fam: nicht mehr im Bett)* ~ **sein** to be up ▶ ~ **und ab** up and down; ~ **und davon** *(fort)* up and away **III.** *interj* ❶ *(los)* ~ **nach Kalifornien!** let's go to California! ❷ *(aufgesetzt)* on; **Helme auf!** helmets on! **IV.** *konj (geh: Äußerung eines Wunsches)* ▪ ~ **dass ...** that ...

auf|ar·bei·ten *vt* ❶ *(renovieren)* to refurbish ❷ *(bearbeiten)* to get through ❸ *(bewältigen) Vergangenheit* to reappraise
auf|at·men *vi* ❶ *(durchatmen)* to breathe ❷ *(seine Erleichterung zeigen)* to heave a sigh of relief
auf|bah·ren [ˈaufbaːrən] *vt* to lay out in state
Auf·bau *m kein pl* ❶ *(das Zusammenbauen)* assembling ❷ *(Schaffung) eines Landes* the building; *eines sozialen Netzes* the creation ❸ *(Wiedererrichtung)* reconstruction ❹ *(Struktur)* structure

auf|bau·en I. *vt* ❶ *(zusammenbauen)* to assemble ❷ *(hinstellen)* to set out *sep* ❸ *(schaffen)* to create ▪ **sich** *dat* **etw ~** to build up sth *sep* ❹ *(basieren)* to base *(auf* on) ❺ *(herstellen)* **eine Verbindung ~** to make a connection ❻ *(eine Struktur haben)* ▪ **aufgebaut sein** to be structured **II.** *vr* ❶ *(fam)* ▪ **sich vor jdm ~** to stand up in front of sb ❷ *(sich bilden)* to build up
Auf·bau·kurs *m (in der Oberstufe)* sixth form course BRIT; *(Spezialisierung)* continuation course
auf|bäu·men *vr* ▪ **sich ~** ❶ *(sich ruckartig aufrichten)* to convulse; *Pferd* to rear [up] ❷ *(geh: sich auflehnen)* to revolt *(gegen against)*
auf|bau·schen *vt* ❶ *(übertreibend darstellen)* to blow up *sep (zu* into) ❷ *(blähen)* to fill
auf|be·geh·ren* *vi* ❶ *(geh)* to rebel *(gegen against)* ❷ SCHWEIZ *(protestieren)* to protest *(gegen against)*
auf|be·hal·ten* *vt irreg* to keep on *sep*
auf|be·kom·men* *vt irreg (fam)* ▪ **etw ~** ❶ *(öffnen)* to get sth open ❷ *(zu erledigen erhalten) Hausaufgaben* to get sth as homework
auf|be·rei·ten* *vt* ❶ *(verwendungsfähig machen)* to process; *Trinkwasser* to purify ❷ *Text* to edit
Auf·be·rei·tung <-, -en> *f* ❶ *(das Aufbereiten)* processing; *von Wasser* the purification ❷ *(Bearbeitung)* editing
auf|bes·sern *vt* to improve; *Gehalt* to increase
Auf·bes·se·rung <-, -en> *f* improvement
auf|be·wah·ren* *vt* ❶ *(in Verwahrung nehmen)* to keep ❷ *(lagern)* to store
Auf·be·wah·rung <-, -en> *f* [safe]keeping
auf|bie·ten *vt irreg* to muster; *Truppen* to call in
auf|bin·den *vt irreg* ❶ *(öffnen, lösen)* to untie ❷ *(auf etw befestigen)* to fasten; **sich** *dat* **etw auf den Rücken ~** to hitch sth on[to] one's back ❸ *(fam: weismachen)* ▪ **jdm etw ~** to make sb fall for sth
auf|blä·hen I. *vt* ❶ *(füllen)* to fill out *sep;* ▪ **aufgebläht** inflated ❷ MED to distend ❸ *(aufbauschen, übersteigern)* to inflate **II.** *vr* ▪ **sich ~** ❶ *(sich füllen)* to fill ❷ MED to become distended ❸ *(pej: sich wichtigmachen)* to puff oneself up
auf|bla·sen *irreg* **I.** *vt* to inflate; *Luftballon* to blow up *sep* **II.** *vr* ▪ **sich ~** *(pej: sich wichtigmachen)* to puff oneself up; ▪ **aufgeblasen** [sein] [to be] puffed-up
auf|blei·ben *vi irreg sein* ❶ *(nicht zu Bett gehen)* to stay up ❷ *(geöffnet bleiben)* to stay

auf|blen·den vi, vt ❶ AUTO to turn up the headlights sep ❷ FOTO to increase the aperture

auf|bli·cken vi ❶ (nach oben sehen) to look up (zu at) ❷ (als Vorbild verehren) ■ zu jdm ~ to look up to sb

auf|blit·zen vi to flash

auf|blü·hen vi sein ❶ Blume to bloom ❷ (aufleben) to blossom out

auf|brau·chen vt to use up sep; ■ sich ~ to get used up

auf|brau·sen vi sein ❶ (wütend werden) to flare up ❷ (schäumen) to fizz [up]

auf·brau·send adj quick-tempered

auf|bre·chen irreg **I.** vt haben to break open sep; ein Auto ~ to break into a car **II.** vi sein ❶ (aufplatzen) to break up; Wunde to open ❷ (sich auf den Weg machen) to start off; ich glaube, wir müssen ~ I think we've got to go

auf|bre·zeln vr (fam) to get all dolled up

auf|brin·gen vt irreg ❶ (bezahlen) to pay; Geld to raise ❷ (mobilisieren) to summon [-up sep] ❸ (erzürnen) to irritate ❹ (auftragen) to apply (auf to)

Auf·bruch m kein pl departure; **das Zeichen zum ~ geben** to give the signal to set off

Auf·bruchs·stim·mung f ❶ (vor dem Aufbrechen) atmosphere of departure; **in ~ sein** to be wanting to go; **hier herrscht schon ~** it's all breaking up ❷ (Stimmung der Erneuerung) atmosphere of awakening

auf|brü·hen vt to brew up sep

auf|brum·men vt (fam) ■ jdm etw ~ to land sb with sth

auf|bür·den vt (geh) ❶ (jdn mit etw belasten) ■ jdm etw ~ to encumber sb with sth ❷ (jdm geben) Verantwortung to burden with

auf|de·cken vt ❶ (enthüllen) to uncover ❷ (bloßlegen) to expose; Fehler to discover ❸ KARTEN **die Karten ~** to show one's cards ❹ (zurückschlagen) to fold down sep

auf|don·nern vr (pej fam) ■ **sich ~** to doll [or BRIT a. tart] oneself up

auf|drän·gen I. vt ■ **jdm etw ~** to force sth on sb **II.** vr ■ **sich jdm ~** to impose oneself on sb; **ich will mich nicht ~** I don't want to impose [myself]

auf|dre·hen I. vt ❶ (durch Drehen öffnen) to turn on sep; Flasche, Ventil to open; Schraubverschluss to unscrew ❷ (fam: lauter stellen) to turn up sep; **voll aufgedreht** turned up full präd **II.** vi (fam) ❶ (loslegen) to get going; ■ **aufgedreht sein** to be full of go ❷ (beschleunigen) [voll] ~ to floor the accelerator

auf·dring·lich adj ❶ (forsch) obtrusive, importunate; Person insistent; ■ ~ **werden** to become obtrusive ❷ Geruch pungent

Auf·dring·lich·keit <-, -en> f ❶ (Zudringlichkeit) obtrusiveness no pl ❷ (zu intensive Art) pungency no pl ❸ (grelle Gestaltung) loudness no pl

auf|drü·cken vt ❶ Tür to push open sep ❷ Stempel to press on ❸ (fam) ■ **jdm etw ~** Pflicht, Aufgabe, Arbeit to impose sth on sb

auf·ei·nan·der [auf?ai'nandɐ] adv ❶ (räumlich) on top of each other ❷ (zeitlich) after each other ❸ (gegeneinander) ~ **losgehen** to hit away at each other ❹ (wechselseitig auf den anderen) ~ **angewiesen sein** to be dependent on each other; ~ **zugehen** to approach each other

auf·ei·nan·der|fol·gen vi sein to follow each other; **dicht ~** to come thick and fast

auf·ei·nan·der|sto·ßen vi irreg sein to clash

Auf·ent·halt <-[e]s, -e> ['aufɛnthalt] m ❶ (das Verweilen) stay ❷ (das Wohnen) residence ❸ (Aufenthaltsort) place of residence ❹ BAHN (Wartezeit) stop[over]; **wie lange haben wir in Köln ~?** how long do we stop [for] in Cologne?

Auf·ent·halts·er·laub·nis f residence permit **Auf·ent·halts·ge·neh·mi·gung** f residence permit **Auf·ent·halts·ort** m whereabouts + sing/pl vb **Auf·ent·halts·raum** m day room; (in Firma) recreation room

auf|er·le·gen* ['auf?ɛɐ̯leːgn̩] vt (geh) ■ **jdm etw ~** to impose sth on sb

auf|er·ste·hen* vi irreg sein REL to rise from the dead; Christus to rise again

Auf·er·ste·hung <-, -en> f REL resurrection; **Christi ~** the Resurrection [of Christ]

auf|es·sen irreg vt, vi to eat up sep

auf|fah·ren irreg vi sein ❶ (darauf fahren) ■ **auf jdn/etw ~** to run into sb/sth ❷ (näher heranfahren) to drive up (auf to); **zu dicht ~** to tailgate ❸ (hochschrecken) to start [up] ❹ (aufbrausen) to fly into a rage

Auf·fahrt f ❶ (Autobahn~) [motorway [or AM freeway]] slip [or AM ramp] road ❷ kein pl (das Hinauffahren) climb ❸ (ansteigende Zufahrt) drive[way] ❹ SCHWEIZ s. **Himmelfahrt**

Auf·fahr·un·fall m collision; (von mehreren Fahrzeugen) pile-up

auf|fal·len vi irreg sein ❶ (positiv bemerkt werden) [jdm] [positiv] ~ to make a positive impression on sb ❷ (negativ bemerkt werden) to attract attention; **nur nicht ~!** don't go attracting attention!; [unangenehm] ~ to make a bad impression ❸ (besonders bemerkt werden) to stand out ❹ (als auffallend

auffordern

jemanden auffordern | asking someone

jemanden auffordern	asking someone
Kannst du grade mal kommen?	Can you just come here for a minute?
Besuch mich doch mal.	Do come and visit me.
Denk dran, mich heute Abend anzurufen.	Don't forget to phone me this evening.
Ich muss Sie bitten, den Raum zu verlassen. (*form*)	I must ask you to leave the room.

zu gemeinsamem Handeln auffordern	inviting someone to join in a shared activity
Auf geht's! (*fam*)	Let's go! (*fam*)
An die Arbeit!/Fangen wir mit der Arbeit an!	(Let's get) to work!/Let's get down to work!
Lasst uns mal in Ruhe darüber reden.	Let's just talk about it calmly.
Wollen wir jetzt nicht endlich mal damit anfangen?	Shall we finally make a start on it?

verlangen	demanding
Ich will/bestehe darauf, dass du gehst.	I want you to go/insist (that) you go.
Ich verlange eine Erklärung von Ihnen.	I demand an explanation from you.
Das ist das Mindeste, was man verlangen kann.	That is the least one can expect.

---

bemerkt werden) **ist Ihnen etwas Ungewöhnliches aufgefallen?** did you notice anything unusual?; **der Fehler fällt nicht besonders auf** the mistake is not all that noticeable; ■ **jdm ~, dass ...** sb has noticed that ...

auf·fal·lend I. *adj* conspicuous; **~e Ähnlichkeit** striking likeness; **das A~|st|e an ihm sind die roten Haare** the [most] striking thing about him is his red hair **II.** *adv* (*in ~er Weise*) strangely

auf|fäl·lig I. *adj* conspicuous; ■ **an jdm ~ sein** to be noticeable about sb; ■ **etwas A~es** something conspicuous **II.** *adv* conspicuously

auf|fan·gen *vt irreg* ❶ (*einfangen, mitbekommen*) to catch ❷ (*kompensieren*) to offset ❸ (*sammeln*) to collect ❹ (*abfangen*) to cushion ❺ (*abwehren*) to block

Auf·fang·la·ger *nt* reception camp

auf|fas·sen *vt* to interpret (**als** as); **etw falsch ~** to misinterpret sth

Auf·fas·sung *f* opinion; **ich bin der ~, dass ...** I think [that]...; **nach jds ~** in sb's opinion

Auf·fas·sungs·ga·be *f kein pl* perception
auf·find·bar *adj* ■ **etw ist [nicht] ~** sth can[not] be found
auf|fin·den *vt irreg* to find
auf|flie·gen *vi irreg sein* ❶ *Vogel* to fly up ❷ *Tür* to fly open ❸ (*fam: öffentlich bekannt werden*) to be busted; *Betrug, Machenschaften* to be blown; ■ **jdn/etw ~ lassen** to blow sb/sth
auf|for·dern *vt* ■ **jdn ~, etw zu tun** to ask sb to do sth; **wir fordern Sie auf, ...** you are requested ...; **jdn zum Tanz ~** to ask sb to dance
Auf·for·de·rung *f* request; (*stärker*) demand; **~ zum Tanz** invitation to dance
auf|fors·ten [ˈaʊffɔrstn̩] **I.** *vt* to [re]afforest; ■ **das A~** afforestation **II.** *vi* to plant trees
Auf·fors·tung *f* afforestation; (*wieder*) reforestation
auf|fres·sen *irreg vt, vi* ❶ (*verschlingen*) to eat up *sep; Beute* to devour ❷ (*fig: erschöpfen*) to exhaust
auf|fri·schen I. *vt haben* ❶ *Beziehung* to renew; *Erinnerung* to refresh; *Kenntnisse* to

polish up *sep;* **sein Französisch ~** to brush up one's French *sep* ❷ *Anstrich sep* ❸ *Vorräte* to replenish **II.** *vi sein* ◊ *haben* **Wind** to freshen, to pick up

Auf·fri·schungs·kurs *m* refresher course

auf|füh·ren I. *vt* ❶ *Theaterstück* to perform ❷ (*auflisten*) to list; **etw im Einzelnen ~** to itemize sth; *Beispiele, Zeugen* to cite **II.** *vr* (*sich benehmen*) to behave; **sich so ~, als ob ...** to act as if ...

Auf·füh·rung *f* ❶ (*Darbietung*) performance ❷ (*Auflistung*) listing; *von Beispielen, Zeugen* citing; **einzelne ~** itemization

auf|fül·len *vt, vi* ❶ (*vollständig füllen*) to fill up *sep* ❷ (*nachfüllen*) to top up *sep*

Auf·ga·be¹ <-, -n> *f* ❶ (*Pflicht*) job, task ❷ *meist pl* (*Übungs-*) exercise; (*Haus-*) homework *no pl* ❸ (*zu lösendes Problem*) question; **eine schwierige ~ lösen** to solve a difficult problem ❹ (*Zweck*) purpose

Auf·ga·be² <-> *f kein pl* ❶ (*Verzicht auf weiteren Kampf*) surrender ❷ (*Einstellung*) giving up ❸ (*das Abbrechen*) abandonment

auf|ga·beln *vt* ❶ (*fam: kennen lernen*) to pick up sb *sep* ❷ (*mit der Forke aufladen*) to fork up *sep*

Auf·ga·ben·be·reich *m,* **Auf·ga·ben·ge·biet** *nt* area of responsibility

Auf·gang <-gänge> *m* ❶ (*das Erscheinen*) rising; *von Planeten a.* ascent ❷ (*Treppe*) staircase

auf|ge·ben *irreg* **I.** *vt* ❶ *Aufgabe* to give ❷ *Gepäck* to register; LUFT to check in ❸ *Brief, Päckchen* to post [*or* AM mail] ❹ (*in Auftrag geben*) to place ❺ (*mit etw aufhören*) to give up *sep;* **eine Gewohnheit ~** to break with a habit; *Stellung* to resign ❻ (*fallen lassen*) to drop ❼ (*verloren geben*) ■ **jdn ~** to give up with sb ❽ (*vorzeitig beenden*) to abandon **II.** *vi* (*sich geschlagen geben*) to give up; MIL to surrender

auf·ge·bla·sen I. *pp von* **aufblasen II.** *adj* (*mit Luft gefüllt*) blown-up; (*pej: eingebildet, arrogant*) self-important

Auf·ge·bot *nt* ❶ (*aufgebotene Menschenmenge*) crowd; *von Polizei, Truppen contingent form* ❷ (*Heiratsankündigung*) notice of [an] intended marriage; **das ~ bestellen** to give notice of one's intended marriage

auf·ge·bracht I. *adj* outraged (**über** with) **II.** *adv* in outrage

auf·ge·dreht I. *pp von* **aufdrehen II.** *adj* (*fam: lebhaft*) in high spirits

auf·ge·dun·sen *adj* bloated; *Gesicht* puffy

auf|ge·hen *vi irreg sein* ❶ (*langsam sichtbar werden*) to rise; *Planeten a.* to ascend ❷ (*sich öffnen*) to open; (*Vorhang*) to rise; *Knoten, Reißverschluss etc.* to come undone ❸ (*klar werden*) ■ **jdm ~** to dawn on sb ❹ MATH to work out ❺ (*seine Erfüllung finden*) ■ **in etw** *dat* **~** to be taken up in sth ❻ (*aufkeimen*) to sprout ❼ *Teig* to rise

auf·ge·ho·ben *adj* [**bei jdm**] **gut/schlecht ~ sein** to be/to not be in good hands [with sb]

auf|gei·len *vt* (*sl*) to work up *sep* **II.** *vr* (*sl*) ■ **sich** [**an jdm/etw**] **~** to get off [on sb/sth]

auf·ge·klärt *adj* enlightened; (*sexualkundlich*) to know the facts of life

auf·ge·kratzt *adj* (*fam*) full of beans

auf·ge·legt *adj* **gut/schlecht ~ sein** to be in a good/bad mood; [**dazu**] **~ sein, etw zu tun** to feel like doing sth

auf·ge·löst *adj* ■ **~ sein** to be beside oneself

auf·ge·regt I. *adj* (*erregt*) excited; (*durcheinander*) flustered **II.** *adv* excitedly

auf·ge·schlos·sen *adj* open-minded

Auf·ge·schlos·sen·heit <-> *f kein pl* open-mindedness *no pl*

auf·ge·schmis·sen *adj* (*fam*) ■ **~ sein** to be in a fix

auf·ge·setzt *adj s.* **aufsetzen I 5**

auf·ge·weckt *adj* bright

auf|gie·ßen *vt irreg* ❶ (*nachfüllen*) to pour in *sep* ❷ *Kaffee, Tee* to make

auf|glie·dern I. *vt* to subdivide (**in** into); *in Unterpunkte* to itemize sth **II.** *vr* ■ **sich in etw** *akk* **~** to subdivide into sth

Auf·glie·de·rung *f* breakdown

auf|grei·fen *vt irreg* ❶ (*festnehmen*) to pick up *sep* ❷ (*weiterverfolgen*) to take up *sep; Gespräch* to continue

auf·grund *präp,* **auf Grund** (ˈaʊfgrʊnt] + *gen* ■ **einer S.** *gen* owing to sth

Auf·gussᴿᴿ <-es, Aufgüsse> *m,* **Auf·guß**ᴬᴸᵀ <-sses, Aufgüsse> *m* ❶ PHARM [herbal] brew ❷ (*in der Sauna*) a preparation of herbs suspended in water for vaporization on hot stones in a sauna

auf|ha·ben *irreg* **I.** *vt* (*fam*) ❶ (*geöffnet haben*) to leave open *sep* ❷ *Hut, Mütze* to wear ❸ (*aufgeknöpft haben*) to have open *sep* ❹ SCH (*aufbekommen haben*) to have [to do *sep*] **II.** *vi* (*fam*) to be open

auf|hal·sen *vt* (*fam*) ■ **jdm etw ~** to saddle sb with sth

auf|hal·ten *irreg* **I.** *vt* ❶ (*abhalten*) to keep back (**bei** from) ❷ (*am Weiterkommen hindern*) to hold up *sep* ❸ (*zum Halten bringen*) to stop *sep* ❹ (*fam: offen hinhalten*) to hold open *sep;* **die Hand ~** to hold out one's hand *sep* **II.** *vr* ❶ (*verweilen*) ■ **sich ~** to stay; ■ **sich bei etw** *dat* **~** to dwell on sth ❷ (*sich weiterhin befassen*) ■ **sich mit jdm/etw ~** to spend time [dealing] with sb/sth; **mit de-**

nen halte ich mich nicht länger auf I'll not waste any more time with them

auf|hän·gen I. vt ❶ (daran hängen) to hang up; **die Wäsche ~** to hang out the washing [or laundry] AM ❷ (durch Erhängen töten) to hang II. vr **sich ~** to hang oneself (**an** from)

Auf·hän·ger <-s, -> m ❶ (Schlaufe zum Aufhängen) loop ❷ (fam: Anknüpfungspunkt) peg

auf|he·ben irreg I. vt ❶ (vom Boden nehmen) to pick up sep ❷ (aufrichten) to lift up sep ❸ (aufbewahren) to put aside sep; (nicht wegwerfen) to keep ❹ (widerrufen) to abolish; Urteil to quash II. vr (sich ausgleichen) ■ **sich ~** to offset each other

Auf·he·ben <-s> nt kein pl [**nicht**] **viel ~[s]** [**von etw** dat] **machen** to [not] make a lot of fuss [about sth]

Auf·he·bung <-, -en> f ❶ (das Aufheben) abolition; von Urteil reversal ❷ (Beendigung) lifting

auf|hei·tern vt to cheer up sep

Auf·hei·te·rung <-, -en> f ❶ (Erheiterung) cheering up ❷ METEO bright period

auf|hel·len I. vt ❶ (blonder, heller machen) to lighten sth ❷ (klarer machen) to throw light upon sth II. vr **sich ~** (sonniger werden) to brighten [up]

auf|het·zen vt (pej) to incite (**gegen** against)

auf|ho·len I. vt (wettmachen) to make up sep; **versäumten Lernstoff ~** to catch up on II. vi to catch up; Läufer, Rennfahrer to make up ground

auf|hor·chen vi to prick up one's ears

auf|hö·ren vi to stop; **hör endlich auf!** [will you] stop it!; **plötzlich ~** to stop dead; ■ **~, etw zu tun** to stop doing sth

auf|hüb·schen ['aʊfhʏpʃn] vt (iron fam) ■ **jdn/etw ~** to make sb/sth look good; (schönen) Bilanz to massage sth; (verschönern) Gebäude to prettify sth

auf|kau·fen vt to buy up sep

auf|kei·men vi sein ❶ (sprießen) to germinate ❷ (geh: sich zaghaft zeigen) to bud

auf·klapp·bar adj hinged; **~es Verdeck** fold[-]down top

auf|klap·pen vt, vi haben ❶ Buch to open [up sep]; Liegestuhl to unfold; Messer to unclasp; Verdeck to fold back sep ❷ Kragen to turn up sep

auf|klä·ren I. vt ❶ (erklären) to clarify; Irrtum, Missverständnis to resolve ❷ (aufdecken) to solve; Verbrechen to clear up ❸ (informieren) to inform (**über** about); ■ **aufgeklärt sein** to be informed ❹ (sexuell informieren) to explain the facts of life II. vr ■ **sich ~** ❶ Geheimnis, Irrtum etc. to resolve itself ❷ (sonniger werden) to brighten [up]

Auf·klä·rer <-s, -> m ❶ MIL reconnaissance plane ❷ PHILOS philosopher of the Enlightenment

Auf·klä·rung f ❶ (Erklärung) clarification; von Irrtum, Missverständnis resolution ❷ (Aufdeckung) solution (+gen/**von** to); von Verbrechen clearing up ❸ (Information) information (**über** about) ❹ (sexuelle Information) sex education ❺ PHILOS ■ **die ~** the Enlightenment

Auf·klä·rungs·be·darf m kein pl need for information **Auf·klä·rungs·kam·pag·ne** f information campaign

auf|klat·schen vt (sl: verprügeln) to beat up

auf|kle·ben vt to stick (**auf** on); (mit Leim) to glue sep; Briefmarke to put on sep

Auf·kle·ber m sticker; (für Briefumschläge, Pakete usw.) adhesive label

auf|knöp·fen vt to unbutton; Knopf to undo

auf|ko·chen I. vt haben to bring sth to the [or AM a] boil II. vi sein to come to the [or AM a] boil

auf|kom·men vi irreg sein ❶ (finanziell begleichen) ■ **für etw** akk **~** to pay for sth ❷ (Unterhalt leisten) ■ **für jdn ~** to pay for sb's upkeep ❸ (entstehen) to arise; von Nebel to come down; Regen to set in; Wind to rise; ■ **etw ~ lassen** to give rise to sth ❹ (aufsetzen) to land (**auf** on); **hart/weich ~** to have a hard/soft landing

Auf·kom·men <-s, -> nt ❶ kein pl (Entstehung) emergence; einer Mode a. rise ❷ (das Auftreten) appearance; von Wind rising

auf|krat·zen vt ❶ (durch Kratzen öffnen) to scratch open sep ❷ (sich durch Kratzen verletzen) ■ **sich ~** to scratch oneself sore

auf|krei·schen vi to shriek

auf|krem·peln vt to roll up sep

auf|kreu·zen vi sein (fam) to turn up

auf|krie·gen vt (fam) s. aufbekommen

Aufl. f Abk von Auflage ed.

auf|la·chen vi to [give a] laugh

auf|la·den vt irreg ❶ (darauf laden) to load (**auf** on[to]) ❷ (aufbürden) ■ **jdm etw ~** to burden sb with sth ❸ ELEK to charge II. vr ELEK ■ **sich ~** to become charged

Auf·la·ge <-, -n> f ❶ (gedruckte Exemplare) edition; **verbesserte ~** revised edition ❷ (Auflagenhöhe) number of copies; von Zeitung circulation ❸ (Produktion) [series] production ❹ (Bedingung) condition; **die ~ haben, etw zu tun** to be obliged to do sth ❺ (Polster) pad ❻ (Überzug) plating no pl

Auf·la·ge(n)·hö·he f (von Buch) number of copies published; von Zeitung circulation

auf|las·sen vt irreg ❶ (fam: offen lassen) to leave open sep ❷ (fam: aufbehalten) to leave on sep; **soll ich meinen Hut ~?** should I

auf|lau·ern vi ~ jdm ~ to lie in wait for sb; (anschließend angreifen, ansprechen) to waylay sb

Auf·lauf[1] m KOCH savoury or sweet dish baked in the oven

Auf·lauf[2] m (Menschen~) crowd

auf|lau·fen vi irreg sein ① (sich ansammeln) to accumulate ② (auf Grund laufen) to run aground ③ (aufprallen) ■ auf jdn/etw ~ to run into sb/sth ④ (scheitern) to fail; ■ jdn ~ lassen (fam) to drop sb in it

auf|le·ben vi sein ① (munter werden) to liven up ② (neuen Lebensmut bekommen) to find a new lease of [or AM on] life ③ (geh: sich erneut bemerkbar machen) to revive

auf|le·gen vt ① (herausgeben) to publish; **ein Buch neu ~** to reprint a book; (neue Bearbeitung) to bring out a new edition ② (produzieren) to launch ③ TELEK **den Hörer ~** to hang up ④ (nachlegen) **Holz/Kohle ~** to put on more wood/coal sep

auf|leh·nen vr to revolt (**gegen** against)

auf|le·sen vt irreg (fam) ① (aufheben) to pick up ② (finden und mitnehmen) **jdn [von der Straße] ~** to pick sb up [off the street]

auf|leuch·ten vi sein o haben ① to light up

auf|lis·ten vt to list

auf|lo·ckern I. vt ① (abwechslungsreicher machen) to liven up sep ② (zwangloser machen) to ease ③ (weniger streng machen) to soften ④ (von Verspannungen befreien) to loosen up sep; (vor Leibesübungen) to limber up sep ⑤ (lockern) to loosen [up sep]; **die Erde ~** to break up the earth **II.** vr ■ **sich ~** ① SPORT (sich von Verspannungen befreien) to loosen up; (vor Leibesübungen) to limber up ② (sich zerstreuen) to break up; **aufgelockerte Bewölkung** thinning cloudcover

Auf·lo·cke·rung f ① (das Erleichtern) **zur ~ des Unterrichtsstoffes** [in order] to liven up the lesson; **zur ~ der Atmosphäre** to ease the atmosphere ② (Beseitigung von Verspannungen) loosening up; (vor Leibesübungen) limbering up

auf|lö·sen I. vt ① (in Flüssigkeit lösen) to dissolve ② (aufklären) to clear up sep ③ (aufheben) to disband; *Parlament* to dissolve ④ *Konto* to close ⑤ *Haushalt* to break up sep ⑥ FOTO to resolve ⑦ MATH to [re]solve **II.** vr ■ **sich ~** ① (in Flüssigkeit zergehen) to dissolve ② (sich zersetzen) to disintegrate ③ (sich klären) to resolve itself ④ (sich zerstreuen) to break up sep; *Nebel a.* to lift ⑤ (verschwinden) **sich [in nichts/Luft] ~** to disappear [into thin air]

Auf·lö·sung f ① (Beendigung des Bestehens) disbanding; *vom Parlament* dissolution ② (Zerstreuung) dispersal ③ (Klärung) clearing up ④ FIN closing ⑤ (Bildqualität) resolution ⑥ *von Haushalt* breaking up ⑦ (das Zergehen) dissolving

auf|ma·chen I. vt ① (fam: öffnen) to open ② (fam: lösen) to undo ③ (gestalten) to make up sep ④ (darstellen) to feature; **etw groß ~** to give sth a big spread **II.** vi (die Tür öffnen) to open the door (ein Geschäft [er]öffnen) to open up **III.** vr ① (sich anschicken) ■ **sich [dazu] ~, etw zu tun** to get ready to do sth ② (aufbrechen) to set out; **sich in die Kneipe ~** to set out for the pub

Auf·ma·chung <-, -en> f ① (Kleidung) turnout ② (Gestaltung von Buch) presentation ③ (Gestaltung von Seite, Zeitschrift) layout

auf·merk·sam I. adj ① (alles genau bemerkend) attentive; ■ **~ werden** to take notice (**auf** of); **jdn auf etw** akk **~ machen** to draw sb's attention to sth ② (zuvorkommend) attentive; **[das ist] sehr ~ [von Ihnen]!** [that's] most kind [of you] **II.** adv attentively; (beobachtend) observantly

Auf·merk·sam·keit <-, -en> f ① kein pl (aufmerksames Verhalten) attention ② kein pl (Zuvorkommenheit) attentiveness ③ (Geschenk) token [gift]

auf|mi·schen vt (sl) ① (neu mischen) to remix ② (verprügeln) to lay into sl

auf|mö·beln vt (fam) ① (restaurieren) to do up sep ② (aufmuntern) to cheer up sep

auf|mu·cken vi (fam) to kick [out] (**gegen** against)

auf|muck·sen vi (fam) ■ **gegen etw** akk **~** to protest against sth

auf|mun·tern vt ① (aufheitern) to cheer up sep ② (beleben) to liven up sep ③ (Mut machen) to encourage

auf·mun·ternd I. adj encouraging **II.** adv encouragingly

Auf·mun·te·rung <-, -en> f ① (Aufheiterung) cheering up ② (Ermutigung) encouragement ③ (Belebung) livening up

auf·müp·fig adj (fam) ■ **~ sein/werden** to be rebellious

Auf·nah·me <-, -n> f ① (Fotografie) photo[graph]; **von jdm/etw eine ~ machen** to take a photo[graph] of sb/sth ② (Tonband~) [tape-]recording; **von jdm/etw eine ~ machen** to record sb/sth [on tape] ③ (Beginn) start; *von Tätigkeit a.* taking up; *von Beziehung, Verbindung a.* establishment ④ kein pl (Absorption) absorption ⑤ (Verleihung der Mitgliedschaft) admission ⑥ (Auflistung) inclusion (**in** in) ⑦ (Reaktion) reception; ■ **die ~ einer S.** gen **bei jdm** sb's reception of sth

auf·nah·me·fä·hig adj ■ **für etw** akk **~ sein** to be able to grasp sep **Auf·nah·me·**

ge·bühr f membership fee **Auf·nah·me·la·ger** nt POL, SOZIOL refugee camp **Auf·nah·me·prü·fung** f entrance examination
auf|**neh·men** vt irreg ❶ (fotografieren) to photograph ❷ (filmen) to film ❸ (aufzeichnen) to record ❹ (unterbringen) ■ jdn [bei sich dat] ~ to take in sb sep ❺ (beitreten lassen) to admit ❻ (geistig registrieren) to grasp ❼ (auflisten) to include ❽ (beginnen) to begin; Tätigkeit to take up sep; **Kontakt mit jdm ~** to contact sb ❾ (absorbieren) to absorb ❿ (auf etw reagieren) to receive ⓫ (niederschreiben) to take down sep; Telegramm to take ⓬ (fassen) to contain ⓭ (aufheben) to pick up sep ⓮ NORDD (aufwischen) to wipe up sep ▶ **es mit jdm/etw ~ [können]** to be a match for sb/sth (**an in**)
auf|**nö·ti·gen** vt to force sth on sb
auf|**op·fern** vr ■ **sich ~** to sacrifice oneself (**für** for)
auf·op·fernd adj s. aufopferungsvoll
Auf·op·fe·rung f sacrifice
auf·op·fe·rungs·voll I. adj (hingebungsvoll) devoted **II.** adv with devotion
auf|**pas·sen** vi ❶ (aufmerksam sein) to pay attention; **genau ~** to pay close attention; ■ **pass auf!** (sei aufmerksam) [be] careful!; (Vorsicht) watch [or BRIT a. mind] out! ❷ (beaufsichtigen) to keep an eye (**auf** on); **auf die Kinder ~** to mind the children
Auf·pas·ser(in) <-s, -> m(f) (pej: Aufseher) watchdog; (bei Prüfung) invigilator BRIT, proctor AM; (Wächter) guard
auf|**peit·schen** vt ❶ (aufhetzen) to inflame sb sep; (stärker) to whip up sb sep into a frenzy ❷ (aufbranden lassen) to whip up sep; **das aufgepeitschte Meer** the wind-lashed sea
auf|**pep·pen** ['aʊfpɛpn̩] vt (sl) to jazz up sep
auf|**plat·zen** vi sein to burst open; Wunde to open up; ■ **aufgeplatzt** burst
auf|**plus·tern** vt (aufrichten) to ruffle [up] sep **II.** vr ■ **sich ~** ❶ (das Gefieder aufrichten) to ruffle [up sep] its feathers ❷ (pej fam: sich wichtigmachen) to puff oneself up
auf|**pop·pen** ['aʊfpɔpn̩] vi INFORM Fenster to pop up
Auf·prall <-[e]s, -e> m impact
auf|**pral·len** vi sein **auf etw** akk o dat] **~** to hit sth; Mensch, Fahrzeug a. to run into sth
Auf·preis m extra charge; **gegen ~** for an extra charge
auf|**pro·bie·ren*** vt Hut, Brille to try [on sep]
auf|**pum·pen** vt to pump up sep; ■ **aufgepumpt** inflated
auf|**put·schen I.** vt ❶ (aufwiegeln) to stir up sep (**gegen** against) ❷ (jds Leistungsfähigkeit steigern) to stimulate **II.** vr ■ **sich ~ [mit etw**

dat] ~ to pep oneself up [with sth]
Auf·putsch·mit·tel nt stimulant
auf|**quel·len** vi irreg sein to swell [up]; ■ **aufgequollen** swollen; **aufgequollenes Gesicht** puffy face
auf|**raf·fen I.** vr ❶ (sich mühselig erheben) ■ **sich ~** to pull oneself up ❷ (sich mühselig entschließen) ■ **sich zu etw** dat **~** to bring oneself to do sth **II.** vt ❶ (schnell aufheben) to snatch up sep ❷ (raffen) to gather up sep
auf|**ra·gen** vi sein o haben to rise (**über** above); (sehr hoch) to tower [up] over, to tower up
auf|**rap·peln** vr (fam) ■ **sich ~** ❶ (wieder zu Kräften kommen) to recover ❷ s. aufraffen I
auf|**räu·men I.** vt (Ordnung machen) to tidy up sep; Schrank to clear out sep; Schreibtisch to clear [up] sep; Spielsachen to clear away sep; ■ **aufgeräumt sein** to be [neat and] tidy **II.** vi ❶ (Ordnung machen) to tidy up ❷ (etw beseitigen) ■ **mit etw** dat **~** to do away with sth
Auf·räu·mungs·ar·bei·ten pl clear[ing]-up operations
auf·recht ['aʊfrɛçt] adj, adv upright
auf·rech·ter|**hal·ten*** ['aʊfrɛçt?ɛɐhaltn̩] vt irreg ❶ (daran festhalten) to maintain; Anklage to uphold; **seine Behauptung ~** to stick to one's view; **seine Entscheidung ~** to abide by one's decision ❷ (bestehen lassen) to keep up sep ❸ (moralisch stützen) ■ **jdn ~** to keep sb going **Auf·rech·ter·hal·tung** f ❶ (das Aufrechterhalten) maintenance; von Anklage upholding; von Behauptung sticking (+gen to); von Entscheidung abiding (+gen by) ❷ (das weitere Bestehenlassen) continuation
auf|**re·gen I.** vt (erregen) to excite; (verärgern) to annoy; (nervös machen) to make nervous; (bestürzen) to upset; **reg mich nicht auf!** stop getting on my nerves! **II.** vr (sich erregen) ■ **sich ~** to get worked up (**über** about); **reg dich nicht so auf!** don't get [yourself] so worked up!
auf·re·gend adj exciting
Auf·re·gung f ❶ (aufgeregte Erwartung) excitement no pl ❷ (Beunruhigung) agitation no pl; **nur keine ~!** don't get flustered; **in heller ~** in utter confusion; **jdn/etw in ~ versetzen** to get sb/sth into a state fam
auf·rei·bend adj wearing
auf|**rei·hen I.** vt to string (**auf** on) **II.** vr ■ **sich ~** to line up
auf|**rei·ßen** irreg **I.** vt haben ❶ (durch Reißen öffnen) to tear open sep; (ruckartig öffnen) to fling open sep ❷ Augen, Mund to open wide ❸ (sl: aufgabeln) to pick up sep **II.** vi sein Hose to rip (**an** at); Naht to split;

Wolkendecke to break up

auf|rei·zen *vt* ① (*erregen*) to excite; (*stärker*) to inflame ② (*provozieren*) to provoke

auf·rei·zend I. *adj* ① (*erregend*) exciting ② (*sexuell provokant*) provocative; *Unterwäsche a.* sexy *fam* **II.** *adv* (*sexuell provokant*) provocatively

auf|rich·ten I. *vt* ① (*in aufrechte Lage bringen*) to put upright ② (*aufstellen*) to erect ③ (*geh: Mut machen*) ■ **jdn [wieder] ~** to give fresh courage to sb **II.** *vr* ■ **sich ~** (*gerade stehen*) to stand up [straight]; (*gerade sitzen*) to sit up [straight]; (*aus gebückter Haltung*) to straighten up

auf·rich·tig I. *adj* honest; *Gefühl* sincere; *Liebe* true **II.** *adv* sincerely

Auf·rich·tig·keit <-> *f kein pl* sincerity *no pl*

auf|rol·len *vt* ① (*zusammenrollen*) to roll up *sep*; *Kabel* to coil [up *sep*], to wind up *sep* (**auf** on) ② (*entrollen*) to unroll ③ (*erneut aufgreifen*) ■ **etw wieder ~** to re[-]open sth

auf|rü·cken *vi sein* ① (*weiterrücken*) to move up; (*auf einer Bank a.*) to budge up BRIT *fam* ② (*avancieren*) to be promoted (**zu** to)

Auf·ruf *m* (*Appell*) appeal; **letzter ~ für alle Passagiere** last call for all passengers ② INFORM, COMPUT; *von Daten a.* retrieval

auf|ru·fen *irreg* **I.** *vt* ① *Zeuge, Schüler* to call [out] ② (*auffordern*) ■ **jdn ~, etw zu tun** to request sb to do sth ③ INFORM to call up *sep*; *Daten* to retrieve **II.** *vi* ■ **zu etw** *dat* **~** to call for sth

Auf·ruhr <-[e]s, -e> ['aufruːɐ] *m* ① *kein pl* (*geh: Erregung*) turmoil *no pl*; (*in der Stadt/im Volk*) unrest *no pl, no indef art*; **jdn in ~ versetzen** to throw sb into a turmoil ② (*Aufstand*) revolt

auf·rüh·re·risch *adj* ① *attr* (*rebellisch*) rebellious; (*meuternd*) mutinous ② (*aufwiegelnd*) inflammatory

auf|run·den *vt* to round up *sep* (**auf** to); **etw auf einen glatten Betrag ~** to bring up *sep* sth to a round figure; ■ **aufgerundet** rounded up

auf|rüs·ten *vi, vt* ① (*das [Militär]potenzial verstärken*) to [re]arm ② (*hochwertiger machen*) to upgrade

Auf·rüs·tung *f* arming *no pl*, armament *no pl*; **die atomare ~** nuclear armament

auf|rüt·teln *vt* to rouse (**aus** from)

aufs [aufs] ① (*fam*) = **auf das** *s.* **auf** ② + *superl* ~ **entschiedenste/grausamste** most decisively/cruelly

auf|sa·gen *vt* to recite

auf|sam·meln *vt* to gather [up *sep*]; (*Fallengelassenes*) to pick up *sep*

auf·säs·sig ['aufzɛsɪç] *adj* ① (*widerspenstig*) unruly ② (*widersetzlich*) rebellious

Auf·satz¹ *m* (*Aufbau*) top part; **ein abnehmbarer ~** a removable top section

Auf·satz² *m* (*Text*) essay

auf|sau·gen *vt reg o irreg* ① *Flüssigkeit* to soak up *sep* ② (*mit dem Staubsauger*) to vacuum up *sep* ③ (*in sich aufnehmen*) to absorb

auf|schau·en *vi* (*geh*) *s.* **aufblicken**

auf|scheu·chen *vt* ① *Tiere* to frighten away *sep* ② (*fam: jds Ruhe stören*) to disturb

auf|schich·ten *vt* to stack

auf|schie·ben *vt irreg* ① (*durch Schieben öffnen*) to slide open *sep*; *Riegel* to push back *sep* ② (*verschieben*) to postpone (**auf** until) ▶ **aufgeschoben ist nicht aufgehoben** (*prov*) there'll be another opportunity

Auf·schlag *m* ① (*Aufprall*) impact *no pl* ② SPORT service *no pl*; ■ **haben** to be serving ③ (*Aufpreis*) extra charge ④ MODE (*von Ärmel*) cuff; (*von Hose*) turn-up BRIT, cuff AM; (*von Mantel*) lapel

auf|schla·gen *irreg* **I.** *vi* ① *sein* (*auftreffen*) to strike; **das Flugzeug schlug in einem Waldstück auf** the plane crashed into a wood; **mit dem Kopf [auf etw** *akk* **o dat] ~** to hit one's head [on sth] ② *sein Tür* to burst open ③ *haben* (*sich verteuern*) to rise (**um** by) ④ *haben* SPORT to serve **II.** *vt haben* ① (*aufklappen*) to open; **Seite 35 ~** to turn to page 35 ② (*durch Schläge aufbrechen*) to break open *sep* ③ (*aufbauen*) to put up *sep* ④ (*verteuern*) to raise (**um** by) ⑤ (*umlegen*) to turn back *sep*; *Ärmel* to roll up *sep*; *Kragen* to turn up *sep*

auf|schlie·ßen *irreg* **I.** *vt* to unlock **II.** *vi* ① (*öffnen*) ■ **jdm ~** to unlock the door [for sb] ② (*näher rücken*) to move up

auf|schlit·zen *vt* to slash [open *sep*]

Auf·schluss^RR <-es, Aufschlüsse> *m*, **Auf·schluß**^ALT <-sses, Aufschlüsse> *m* information *no pl*; **[jdm] ~ [über jdn/etw] geben** to give [sb] information [about sb/sth]

auf|schlüs·seln *vt* ① (*detaillieren*) to classify (**nach** according to) ② (*erläutern*) to explain

auf·schluss·reich^RR, **auf·schluß·reich**^ALT *adj* informative; (*enthüllend*) revealing

auf|schnap·pen *vt* (*fam*) ① (*mitbekommen*) to pick up *sep*; **einzelne Worte ~** to catch the odd word *sep* ② (*durch Zuschnappen fangen*) to catch

auf|schnei·den *irreg* **I.** *vt* ① (*in Scheiben schneiden*) to slice ② (*tranchieren*) to carve ③ (*auseinanderschneiden*) to cut open *sep* ④ MED to lance **II.** *vi* (*fam*) to boast

Auf·schnei·der(in) *m(f)* (*fam*) boaster

Auf·schnitt *m kein pl* (*aufgeschnittene Wurst*) assorted sliced cold meats *pl*, cold cuts *npl* AM; (*aufgeschnittener Käse*) assorted sliced cheese[s *pl*]

auf|schnü·ren *vt* to untie; *Paket* to unwrap; *Schuh* to unlace

auf|schrau·ben *vt* to unscrew; *Flasche* to take the cap off

auf|schre·cken I. *vt* <schreckte auf, aufgeschreckt> *haben* to startle (**aus** from) **II.** *vi* <schreckte o schrak auf, aufgeschreckt> *sein* to start [up] (**aus** from)

Auf·schrei *m* ① (*schriller Schrei*) scream ② (*Lamento*) outcry

auf|schrei·ben *vt irreg* to write down *sep*; ■ **sich** *dat etw* ~ to make a note of sth

auf|schrei·en *vi irreg* to shriek

Auf·schrift *f* inscription

Auf·schub *m* ① (*Verzögerung*) delay (+*gen* in); (*das Hinauszögern*) postponement ② (*Stundung*) grace *no pl, no art*; *jdm* ~ gewähren to allow sb grace

auf|schüt·ten *vt* ① (*nachgießen*) to pour on *sep* ② (*aufhäufen*) to heap up *sep*

auf|schwat·zen, **auf|schwät·zen** *vt* DIAL (*fam*) ■ **jdm etw** ~ to fob sth off on sb; ■ **sich** *dat etw* ~ **lassen** to get talked into taking sth

Auf·schwung *m* ① (*Auftrieb*) impetus *no pl, no indef art*; *jdm neuen* ~ geben to give sb fresh impetus ② (*Aufwärtstrend*) upswing ③ SPORT swingup

auf|se·hen *vi irreg* ① (*hochsehen*) to look up (**von** from, **zu** at) ② (*bewundern*) ■ **zu jdm** ~ to look up to sb

Auf·se·hen <-s> *nt kein pl* sensation; *ohne* [*großes*] ~ without any [real] fuss; *etw erregt* [*großes*] ~ sth causes a [great] sensation; ~ *erregend* sensational

auf·se·hen·er·re·gend[ALT] *adj* sensational

Auf·se·her(in) <-s, -> *m(f)* ① (*Gefängnis*~) [prison] guard, BRIT *a.* warder ② (*die Aufsicht führende Person*) supervisor; (*Museums*~) attendant

auf|sein[ALT] *vi irreg sein* (*fam*) *s.* auf II 1, 2, 3

auf·sei·ten [aʊfˈzajtn̩] *präp* +*gen* ■ ~ *einer S. gen* on the part of sth

auf|set·zen I. *vt* ① *Hut* to put on *sep* ② (*auf den Herd stellen*) to put on *sep* ③ (*auf den Boden aufkommen lassen*) to put down *sep*; *ich kann den Fuß nicht richtig* ~ I can't put any weight on my foot ④ (*verfassen*) to draft ⑤ (*zur Schau tragen*) to put on *sep*; *ein aufgesetztes Lächeln* a false smile **II.** *vr* ■ **sich** ~ to sit up **III.** *vi* to land (**auf** on)

Auf·sicht <-, -en> *f* ① *kein pl* (*Überwachung*) supervision (**über** of); *jdn ohne* ~ *lassen* to leave sb unsupervised ② (*Aufsicht führende Person*) person in charge; (*bei einer Prüfung*) invigilator BRIT, proctor AM

Auf·sichts·pflicht *f* obligatory supervision (*legal responsibility to look after sb, esp children*); (*die elterliche* ~) parental responsibility **Auf·sichts·rat** *m* supervisory board

auf|sit·zen *vi irreg* ① *sein* (*auf ein Pferd*) to mount ② *haben* NAUT (*festsitzen*) to run aground (**auf** on)

auf|span·nen *vt* ① (*ziehen*) to stretch out *sep*; *Seil* to put up *sep* ② *Schirm* to open ③ (*aufziehen*) to stretch (**auf** on[to])

auf|spa·ren *vt* to save

auf|sper·ren *vt* ① (*aufreißen*) to open wide *sep* ② SÜDD, ÖSTERR (*aufschließen*) to unlock

auf|spie·len *vr* (*fam*) ■ **sich** ~ to give oneself airs

auf|spie·ßen *vt* ① (*daraufstecken*) to skewer; *etw mit der Gabel* ~ to stab one's fork into sth ② (*durchbohren*) to run through (**mit** with)

auf|sprin·gen *vi irreg sein* ① (*hoch springen*) to leap up ② (*auf etw springen*) to jump (**auf** on[to]) ③ (*sich abrupt öffnen*) to burst open ④ (*aufplatzen*) to crack; *Lippen, Haut a.* to chap ⑤ (*auftreffen*) to bounce

auf|spü·ren *vt* ① (*auf der Jagd entdecken*) to scent ② (*ausfindig machen*) to track down *sep*

auf|sta·cheln *vt* ■ **jdn** [**zu etw** *dat*] ~ to incite sb [to do sth]; ■ **jdn gegen jdn** ~ to turn sb against sb

Auf·stand *m* rebellion; *einen* ~ *niederschlagen* to quell a rebellion

auf|stän·disch *adj* rebellious; (*meuternd*) mutinous

Auf·stän·di·sche(r) *f(m) dekl wie adj* rebel; (*einer politischen Gruppe a.*) insurgent

auf|sta·peln *vt* to stack [up *sep*]

auf|stau·en I. *vt* to dam **II.** *vr* ■ **sich** ~ ① (*sich stauen*) to be dammed up ② (*sich ansammeln*) to be bottled up

auf|ste·hen *vi irreg sein* ① (*sich erheben*) to stand up (**von** from) ② (*das Bett verlassen*) to get up ③ (*fam: offen sein*) to be open ► *da musst du früher* ~! (*fig fam*) you'll have to do better than that!

auf|stei·gen *vi irreg sein* ① (*sich in die Luft erheben*) to soar [up]; *Flugzeug* to climb; *Ballon* to ascend ② (*besteigen*) ■ [**auf etw** *akk*] ~ to get on [sth] ③ (*befördert werden*) to be promoted (**zu** to) ④ (*den sportlichen Rang verbessern*) to go up (**in** into) ⑤ (*entstehen*) ■ **in jdm** ~ to well up in sb ⑥ (*hochklettern*) to climb up

auf|stel·len I. *vt* ① (*aufbauen*) to put up *sep*; *Maschine* to install; *Denkmal* to erect; *Falle* to set ② (*ausarbeiten, erstellen*) to draw up *sep*; *Theorie* to elaborate; *Rechnung* to make out; *Tabelle* to compile ❸ (*nominieren*) to nominate ❹ (*postieren*) to post ❺ *Mannschaft* to organize; *Truppen* to raise ❻ *Rekord* to set ❼ (*aufrichten*) to prop up *sep* ❽ SCHWEIZ (*aufmuntern*) to pick up *sep* **II.** *vr* (*sich hinstellen*) ▪ **sich ~** to stand; *Wachen* to be posted; **sich hintereinander ~** to line up; **sich im Kreis ~** to form a circle

Auf·stel·lung <-> *f kein pl* ❶ (*Errichtung*) erection *no pl*; (*von Maschine*) installation *no pl* ❷ (*Ausarbeitung*) drawing up *no pl*; *von Theorie* elaboration *no pl* ❸ (*Erstellung*) making [out] *no pl*; *von Rechnung* making out *no pl*; *von Tabelle* compiling *no pl* ❹ (*Nominierung*) nomination *no pl* ❺ (*Postierung*) posting; **~ nehmen** to take up position ❻ *von Mannschaft* drawing up *no pl*; *von Truppen* raising *no pl* ❼ SPORT (*Auswahl*) team ❽ (*Erzielung*) setting *no pl*

Auf·stieg <-[e]s, -e> ['aʊfʃtiːk] *m* ❶ (*Verbesserung*) rise; **sozialer ~** social advancement; **den ~ ins Management schaffen** to work one's way up into the management ❷ (*Weg zum Gipfel*) climb (**auf up**) ❸ SPORT promotion (**in** to) ❹ LUFT ascent

Auf·stiegs·chan·ce *f* prospect of promotion
Auf·stiegs·mög·lich·keit *f* career prospect

auf|stö·bern *vt* ▪ **jdn ~** to track down sb *sep*; **etw ~** to discover sth

auf|sto·cken *vt* ❶ (*zusätzlich erhöhen*) to increase; **das Team ~** to expand the team ❷ (*erhöhen*) **etw um ein Stockwerk/zwei Stockwerke ~** to add another storey/another two storeys on[to] sth

auf|sto·ßen *irreg* **I.** *vi* ❶ *haben* (*rülpsen*) to burp; **das Essen stößt mir immer noch auf** the food is still repeating on me ❷ *sein* (*fam: übel vermerkt werden*) **jdm sauer/übel ~** to stick in sb's craw **II.** *vt haben* to push open **III.** *vr haben* ▪ **sich** *dat* **etw ~** *Kopf, Knie* to hit one's sth

auf|stüt·zen *vr* ▪ **sich [auf etw** *akk***] ~** to support oneself [on sth]; *Gebrechliche a.* to prop oneself up [on sth]

auf|su·chen *vt* (*geh*) ❶ (*besuchen*) ▪ **jdn ~** to go to [see] sb ❷ (*geh: irgendwohin gehen*) ▪ **etw ~** to go to sth

Auf·takt *m* ❶ (*Beginn*) start; (*Vorbereitung*) prelude (**zu/für** to); **den ~ zu etw** *dat* **bilden** to mark the beginning of sth ❷ MUS upbeat

auf|tan·ken *vt, vi* to fill up *sep*; *Flugzeug* to refuel

auf|tau·chen *vi sein* ❶ (*an die Oberfläche kommen*) to surface; *Taucher a.* to come up ❷ (*zum Vorschein kommen*) to turn up; *verlorener Artikel a.* to be found ❸ (*plötzlich da sein*) to suddenly appear ❹ (*sichtbar werden*) to appear (**aus** out of)

auf|tau·en *vi sein* ❶ *Eis* to thaw ❷ (*fig*) to open up **II.** *vt haben* to thaw [out *sep*]

auf|tei·len *vt* ❶ (*aufgliedern*) to divide [up *sep*] (**in** into) ❷ (*verteilen*) to share out *sep* (**unter** between)

Auf·tei·lung *f* division (**in** into)

auf|ti·schen *vt* ❶ (*servieren*) to serve ❷ (*fam: erzählen*) to tell; **jdm Lügen ~** to give sb a pack of lies

Auf·trag <-[e]s, Aufträge> ['aʊftraːk, *pl* 'aʊftrɛːgə] *m* ❶ (*Beauftragung*) contract; (*an Freiberufler*) commission ❷ (*Bestellung*) [sales] order (**über** for) ❸ (*Anweisung*) orders *pl*; **jdm den ~ geben, etw zu tun** to instruct sb to do sth; **im ~** by order of sb; **in jds ~** on sb's instructions; (*für jdn*) on sb's behalf ❹ *kein pl* (*geh: Mission*) mission; **„~ erledigt!"** "mission accomplished"

auf|tra·gen *irreg* **I.** *vt* ❶ (*aufstreichen*) to apply (**auf** to) ❷ (*in Auftrag geben*) ▪ **jdm etw ~** to instruct sb to do sth ❸ (*durch Tragen abnutzen*) to wear out *sep* **II.** *vi* ❶ (*dick aussehen lassen*) to be bulky ❷ (*übertreiben*) ▪ **dick ~** to lay it on thick

Auf·trag·ge·ber(in) *m(f)* client **Auf·trags·kil·ler(in)** <-s, -> [-kɪlɐ] *m(f)* JUR (*pej fam*) contract [*or* hired] killer **Auf·trags·la·ge** *f* order position

auf|trei·ben *vt irreg* (*fam*) ▪ **jdn/etw ~** to get hold of sb/sth

auf|tren·nen *vt* to undo

auf|tre·ten *irreg* **I.** *vi sein* ❶ (*den Fuß aufsetzen*) to walk ❷ (*eintreten*) to occur; *Schwierigkeiten* to arise ❸ (*erscheinen*) to appear [on the scene *a. pej*] (**als** as); **geschlossen ~** to appear as one body; **gegen jdn/etw als Zeuge ~** to give evidence against sb/sth ❹ (*in einem Stück spielen*) to appear [on the stage] (**als** as) ❺ (*sich benehmen*) to behave **II.** *vt haben* to kick open *sep*

Auf·tre·ten <-s,> *nt kein pl* ❶ (*Benehmen*) behaviour *no pl* ❷ (*Manifestation*) occurrence ❸ (*Erscheinen*) appearance

Auf·trieb *m* ❶ *kein pl* PHYS buoyancy *no pl*; LUFT lift *no pl* ❷ *kein pl* (*Aufschwung*) upswing ❸ *kein pl* (*frischer Schwung*) impetus *no pl*; **jdm neuen ~ geben** to give sb fresh impetus

Auf·tritt *m* ❶ (*Erscheinen*) appearance ❷ (*Erscheinen auf der Bühne*) entrance

auf|trumpf·en *vi* to show sb what one is made of

auf|tun *irreg* **I.** *vr* ▪ **sich ~** to open [up] **II.** *vt* (*sl: ausfindig machen*) to find

auf|wa·chen *vi sein* to wake [up]

auf|wach·sen [-ks-] *vi irreg sein* to grow up

auf|wal·len *vi sein* ① (*leicht aufkochen*) to be brought to the [or Am a] boil ② (*geh: aufsteigen*) ■ **in jdm ~** to surge [up] [with/in sb
Auf·wand <-[e]s> ['aufvant] *m kein pl* ① (*Einsatz*) expenditure *no pl*; **der ~ war umsonst** it was a waste of energy/money/time ② (*aufgewendeter Luxus*) extravagance; **[großen] ~ treiben** to be [very] extravagant
aufwändig^{RR} **I.** *adj* ① (*teuer und luxuriös*) lavish; **~es Material** costly material[s *pl*] ② (*umfangreich*) costly, expensive **II.** *adv* lavishly
Auf·wands·ent·schä·di·gung *f* expense allowance
auf|wär·men I. *vt* ① *Essen* to heat up *sep* ② (*fam*) *Thema* to drag up *sep* **II.** *vr* **sich ~** ① (*bei Kälte*) to warm oneself [up] ② (*die Muskulatur auflockern*) to warm up
auf·wärts ['aufvɛrts] *adv* ① (*nach oben*) up, upward[s]; **den Fluss ~** upstream; **es geht [mit jdm/etw] ~** things are looking up [for sb/sth]; ■ **von etw** *dat* **~** from sth upward[s] ② (*bergauf*) uphill
Auf·wärts·ent·wick·lung *f* upward trend (+*gen* in) **auf·wärts·kom·pa·ti·bel** *adj* INFORM upward compatible **Auf·wärts·trend** *m*, **Auf·wärts·ten·denz** *f* upward trend
auf|wa·schen *vt irreg* DIAL (*abwaschen*) to wash the dishes, BRIT *a*. to wash up ▶ **das ist [dann] ein A~** (*fam*) [that way] we can kill two birds with one stone
auf|we·cken *vt* to wake [up *sep*]
auf|wei·chen *vt*, *vi haben* ① (*morastig machen*) to make sodden ② (*weich machen*) to soak ③ (*geh: lockern*) to weaken
auf|wei·sen *vt irreg* ① (*erkennen lassen*) to show ② (*durch etw gekennzeichnet sein*) to contain ③ (*aufzeigen*) ■ **etw aufzuweisen haben** to have sth to show [for oneself]
auf|wen·den *vt irreg o reg* ① (*einsetzen*) to use; **viel Energie ~, etw zu tun** to put a lot of energy into doing sth ② (*ausgeben*) to spend
auf·wen·dig *adj*, *adv s*. **aufwändig**
auf|wer·fen *irreg vt* ① (*zur Sprache bringen*) to raise ② (*aufhäufen*) to build [up *sep*]
auf|wer·ten *vt* ① (*im Wert erhöhen*) to revalue (**um** by) ② (*höher werten*) to increase the value of sth
Auf·wer·tung <-, -en> *f* ① (*das Aufwerten*) revaluation (**um** by) ② (*höhere Bewertung*) enhancement
auf|wi·ckeln *vt* ① (*aufrollen*) to roll up *sep*; **sich die Haare ~** to put curlers in one's hair ② *Verband* to unwind
auf|wie·geln ['aufvi:gln] *vt* to stir up *sep*; **Leute gegeneinander ~** to set people at each other's throats

auf|wie·gen *vt irreg* to compensate for
Auf·wind *m* ① *kein pl* (*Aufschwung*) impetus *no pl*; **[neuen] ~ bekommen** to be given fresh impetus ② LUFT upcurrent, updraught
auf|wir·beln *vi*, *vt* to swirl up
auf|wi·schen *vt*, *vi* to wipe [up *sep*]
auf|wüh·len *vt* ① (*aufwerfen*) to churn [up *sep*] ② (*geh: stark bewegen*) ■ **jdn** [**innerlich**] **~** to stir up *sep* sb; ■**-d** stirring; (*stärker*) devastating; ■ **aufgewühlt** agitated; (*stärker*) turbulent
auf|zäh·len *vt* to list
Auf·zäh·lung <-, -en> *f* list; *von Gründen, Namen a*. enumeration
auf|zäu·men *vt* to bridle; **etw von hinten aufzäumen** (*fig fam*) to set about sth the wrong way
auf|zeich·nen *vt* ① (*aufnehmen*) to record (**auf** on); **mit dem Videorekorder** to video ② (*als Zeichnung erstellen*) to draw (**auf** on) ③ (*notieren*) to note [down *sep*]
Auf·zeich·nung *f* ① (*Aufnahme*) recording *no pl*, *no indef art*; (*auf Band a*.) taping *no pl*, *no indef art*; (*auf Videoband a*.) videoing *no pl*, *no indef art* ② (*Zeichnung*) drawing ③ *meist pl* (*Notizen*) notes
auf|zei·gen *vt* ■ **jdm**|**~, dass/wie ...** *dat* to show [sb] that/how ...; (*nachweisen a*.) to demonstrate [to sb] that/how ...
auf|zie·hen *irreg* **I.** *vt haben* ① (*durch Ziehen öffnen*) to open; *Reißverschluss* to undo; *Schnürsenkel* to untie; *die Vorhänge* to draw back ② (*aufkleben*) to mount (**auf** on) ③ (*befestigen und festziehen*) to fit; **Saiten auf eine Gitarre ~** to string a guitar ④ (*spannen*) to wind up *sep* ⑤ (*großziehen*) to raise ⑥ (*fam: verspotten*) to tease (**mit** about) ⑦ (*veranstalten*) to set up *sep* ⑧ (*fam: gründen*) to start up *sep* ⑨ (*durch Einsaugen füllen*) to draw up *sep* **II.** *vi sein* (*sich nähern*) to gather
Auf·zucht *f kein pl* raising *no pl*, *no indef art*
Auf·zug¹ *m* ① (*Fahrstuhl*) lift BRIT, elevator AM; **~ fahren** to take the lift ② *kein pl* (*das Nahen*) gathering *no pl*, *no indef art* ③ (*Akt*) act
Auf·zug² *m kein pl* (*pej fam*) get-up
auf|zwin·gen *irreg vt* ■ **jdm etw ~** to force sth on sb

Aug·ap·fel ['auk?apfl] *m* eyeball; **jdn/etw wie seinen ~ hüten** to cherish sb/sth like life itself
Au·ge <-s, -n> ['augə] *nt* ① (*Sehorgan*) eye; **mit bloßem ~** with the naked eye; **gute/ schlechte ~n** [**haben**] [to have] good/poor eyesight *sing*; **auf einem ~ schielen/blind sein** to have a squint/to be blind in one eye; **mit offenen ~n schlafen** to daydream; **mir**

wurde schwarz vor ~n everything went black; **ein sicheres ~ für etw** *akk* haben to have a good eye for sth; **da blieb kein ~ trocken** (*hum fam*) there wasn't a dry eye in the place; **man muss seine ~n überall haben** (*fam*) you need eyes in the back of your head; **mit verbundenen ~n** blindfolded; **so weit das ~ reicht** as far as the eye can see; **jdn/etw im ~ behalten** (*beobachten*) to keep an eye on sb/sth; (*sich vormerken*) to keep sb/sth in mind; **etw ins ~ fassen** to contemplate sth; **geh mir aus den ~n!** get out of my sight!; **ein ~ auf jdn/etw geworfen haben** to have one's eye on sth; **ein ~ auf jdn/etw haben** to keep an eye on sb/sth; **jdn nicht aus den ~n lassen** to not let sb out of one's sight; **ein ~ riskieren** (*fam*) to risk a glance; **jdm in die ~n sehen** to look into sb's eyes; **ins ~ springen** to catch the eye; **ich traute meinen ~n nicht!** I couldn't believe my eyes; **etw aus den ~n verlieren** to lose track of sth; **sich aus den ~n verlieren** to lose contact; **~ in ~** face to face; **vor aller ~n** in front of everybody ❷ (*Punkt beim Würfeln*) point ❸ (*Keimansatz*) eye ▸ **das ~ des Gesetzes** (*hum*) the [arm of the] law + *sing/pl vb*; **aus den ~n, aus dem Sinn** out of sight, out of mind *prov*; **mit einem blauen ~ davonkommen** (*fam*) to get off lightly; **vor jds geistigem ~** in sb's mind's eye; **jdm schöne ~n machen** to make eyes at sb; **unter vier ~n** in private; **jdm jeden Wunsch an den ~n ablesen** to anticipate sb's every wish; **jdm jdn/etw aufs ~ drücken** (*fam*) to force sb/sth on sb; **ins ~ gehen** (*fam*) to backfire; **[große] ~n machen** (*fam*) to be wide-eyed [*or* BRIT *a. fam* gobsmacked]; **die ~n vor etw** *dat* **verschließen** to close one's eyes to sth; **ein ~/beide ~n zudrücken** (*fam*) to turn a blind eye; **kein ~ zutun** (*fam*) to not sleep a wink; **~n zu und durch** (*fam*) take a deep breath and get to it

Au·gen·arzt, -ärz·tin *m, f* eye specialist **Au·gen·auf·schlag** *m* look **Au·gen·blick** ['aʊɡn̩blɪk] *m* moment; **im ersten ~** for a moment; **im letzten ~** at the [very] last moment; **~ mal!** just a minute!

au·gen·blick·lich ['aʊɡn̩blɪklɪç] **I.** *adj* ❶ (*sofortig*) immediate ❷ (*derzeitig*) present ❸ (*einen Augenblick dauernd*) momentary **II.** *adv* ❶ (*sofort*) immediately; (*herausfordernd*) at once, this minute ❷ (*zurzeit*) at present

Au·gen·braue *f* eyebrow; **die ~n hochziehen** to raise one's eyebrows
au·gen·fäl·lig obvious
Au·gen·far·be *f* colour of [one's] eyes **Au·gen·heil·kun·de** *f* ophthalmology *spec*
Au·gen·hö·he *f* ■ **in ~** at eye level **Au·gen·höh·le** *f* [eye] socket **Au·gen·klap·pe** *f* eye-patch; ■ **~n** (*für Pferd*) blinkers *pl* BRIT, blinders *pl* AM **Au·gen·licht** *nt kein pl* (*geh*) [eye]sight *no pl*, *no art* **Au·gen·lid** *nt* eyelid **Au·gen·maß** *nt kein pl* eye for distance[s]; **[ein] gutes/[ein] schlechtes ~ haben** to have a good/no eye for distance[s]; **nach ~** by eye

Au·gen·merk <-s> *nt kein pl* attention *no pl, no art*

Au·gen·op·ti·ker(in) *m(f)* (*geh*) *s.* Optiker **Au·gen·rän·der** *pl* rims of the/one's eyes **Au·gen·rin·ge** *pl* rings under sb's/the eyes *pl* **Au·gen·schein** *m kein pl* ❶ (*Anschein*) appearance; **dem ~ nach** by all appearances; **jdn/etw in ~ nehmen** to look closely at sb/sth ❷ SCHWEIZ (*Lokaltermin*) visit to the scene of the crime

au·gen·schein·lich ['aʊɡn̩ʃaɪnlɪç] **I.** *adj* obvious **II.** *adv* obviously

Au·gen·trop·fen *pl* eye drops *npl* **Au·gen·wei·de** *f* feast for one's eyes; **nicht gerade eine ~** a bit of an eyesore **Au·gen·win·kel** *m* corner of the eye **Au·gen·wi·sche·rei** <-, -en> *f* (*pej*) eyewash *no pl, no indef art* **Au·gen·zeu·ge, -zeu·gin** *m, f* eyewitness; ■ **~ bei etw** *dat* **sein** to be an eyewitness to sth **Au·gen·zwin·kern** *nt kein pl* blinking *no pl, no indef art*; (*mit einem Augenzwinkern*) winking *no pl, no indef art* **au·gen·zwin·kernd** *adv* with a wink

Au·gust <-[e]s, -e> [aʊˈɡʊst] *m* August; *s. a.* Februar

Auk·ti·on <-, -en> [aʊkˈtsi̯oːn, *pl* -ˈtsi̯oːnən] *f* auction

Auk·ti·o·na·tor, Auk·ti·o·na·to·rin <-s, -toren> [aʊktsi̯oˈnaːtoːɐ̯, -ˈtoːrɪn, *pl* -ˈtoːrən] *m, f* auctioneer

Auk·ti·ons·haus *nt* auctioneers *pl*
Au·la <-, Aulen> ['aʊla, *pl* 'aʊlən] *f* [assembly] hall
Au-pair-Mäd·chen [oˈpɛːɐ̯-], **Au-pair-mäd·chen**ᴿᴿ [oˈpɛːɐ̯-] *nt* au pair [girl]
Au·ra <-> ['aʊra] *f kein pl* (*geh*) aura
aus [aʊs] **I.** *präp* ❶ (*von innen nach außen*) out of; **~ dem Fenster/der Tür** out of the window/door; **das Öl tropfte ~ dem Fass** the oil was dripping from the barrel; **Zigaretten ~ dem Automaten** cigarettes from a machine ❷ (*die zeitliche Herkunft bezeichnend*) from; **~ dem 17. Jahrhundert stammen** to be [from the] 17th century ❸ (*auf Ursache deutend*) **~ Dummheit/Angst/Verzweiflung** out of stupidity/fear/desperation; **~ einer Laune heraus** on a whim ❹ (*von*) from; **~ dem Englischen** from [the] English; **~ München kommen** to be from Munich

❺ *(unter Verwendung von etw hergestellt)* [made] of **II.** *adv* ❶ *(fam: gelöscht)* out ❷ *(ausgeschaltet)* off ❸ *(zu Ende)* ■ ~ **sein** to have finished; *Krieg* to have ended; *Schule* to be out; **mit etw** *dat* **ist es** ~ sth is over; ~ **und vorbei sein** to be over and done with ❹ *(außerhalb)* ■ ~ **sein** SPORT to be out

Aus <-> [aʊs] *nt kein pl* ❶ FBALL out of play *no pl, no art*; *(seitlich)* touch *no pl, no art*; **ins** ~ **gehen** to go out of play; *(seitlich a.)* to go into touch ❷ *(Ende)* end

aus|ar·bei·ten *vt* to work out *sep*; *(verbessern)* to perfect; *System, Theorie* to elaborate; *Text* to prepare

aus|ar·ten *vi sein* ❶ *(zu etw werden)* to degenerate (**in** into) ❷ *(ausfallend werden)* to get out of hand

aus|at·men *vi, vt* to exhale

aus|ba·den *vt (fam)* to pay [*or* BRIT *a.* carry the can] for

Aus·bau <-bauten> *m* ❶ *kein pl (das Ausbauen)* extension *no pl* (**zu** into) ❷ *kein pl (das Herausmontieren)* removal *no pl* (**aus** from) ❸ *kein pl (die Festigung)* strengthening *no pl*

aus|bau·en *vt* ❶ *Gebäude* to extend (**zu** into); *(innen)* to fit out *sep* ❷ *(herausmontieren)* to remove (**aus** from) ❸ *(vertiefen)* to cultivate (**zu** to)

aus·bau·fä·hig *adj* ❶ *(fam: viel versprechend)* promising ❷ *(erweiterungsfähig)* expandable ❸ *(sich vertiefen lassend)* that can be built up ❹ *(möglich zu entfernen)* removable

aus|bei·ßen *vr irreg* ■ **sich** *dat* **einen Zahn [an etw** *dat*] ~ to break a tooth [on sth]

aus|bes·sern *vt* to mend

Aus·bes·se·rung <-, -en> *f* mending *no pl*

aus|beu·len I. *vt* ■ **etw** ~ ❶ *(nach außen wölben)* to make sth bulge; *(verschleißen)* to make sth [go] baggy; ■ **ausgebeult** baggy ❷ *Kotflügel* to remove dents **II.** *vr* ■ **sich** ~ to go baggy

Aus·beu·te <-, -n> *f* ❶ *(Förderung)* gains *pl*; ■ **die** ~ **an etw** *dat* the yield in sth ❷ *(Gewinn)* profits *pl*

aus|beu·ten *vt* to exploit

Aus·beu·ter(in) <-s, -> *m(f) (pej)* exploiter

Aus·beu·tung <-, -en> *f* exploitation *no pl*

aus|be·zah·len* *vt* ❶ *(zahlen)* ■ **etw** ~ to pay out *sep* sth ❷ *(bezahlen)* ■ **jdn** ~ to pay off sb *sep*

aus|bil·den *vt* ❶ *(beruflich qualifizieren)* to train (**in** in); *(unterrichten a.)* to instruct; *(akademisch)* to educate; **jdn zum Arzt** ~ to train sb to be a doctor; ■ **ausgebildeter** qualified ❸ *(entwickeln)* to develop

Aus·bil·der(in) <-s, -> *m(f)*, **Aus·bild·ner(in)** <-s, -> *m(f)* ÖSTERR, SCHWEIZ trainer; MIL instructor

Aus·bil·dung <-, en> *f* ❶ *(Schulung)* training *no pl, no indef art*; *(Unterricht)* instruction *no pl, no indef art*; *(akademisch)* education *no pl*; *von Rekruten* drilling *no pl*; **in der** ~ **sein** to be in training; *(akademisch)* to still be at university [*or* college] BRIT, to still be in school [*or* college] AM ❷ *(Entwicklung)* development *no pl*

Aus·bil·dungs·platz *m* place to train

aus|bla·sen *vt irreg* to blow out *sep*

aus|blei·ben *vi irreg sein* to fail to appear; *Regen, Schnee* to hold off

aus|blen·den *vt (fam) Problem* to blend out *sep*

Aus·blick *m* ❶ *(Aussicht)* view; **ein Zimmer mit** ~ **aufs Meer** a room overlooking the sea ❷ *(Zukunftsvision)* prospect

aus|bor·gen *vt* ❶ *(fam: verleihen)* to lend ❷ *(fam: sich ausleihen)* to borrow

aus|bre·chen *irreg vi sein* ❶ *(entkommen)* to escape (**aus** from) ❷ *(sich befreien)* to break away (**aus** from) ❸ *Vulkan* to erupt ❹ *Feuer, Sturm* to break out ❺ *(Gefühl zeigen)* **in Gelächter/Tränen** ~ to burst into laughter/tears

Aus·bre·cher(in) <-s, -> *m(f)* escapee

aus|brei·ten I. *vt* ❶ *Decke, Landkarte* to spread [out *sep*] ❷ *(einzelne Gegenstände)* to lay out *sep* ❸ *Arme, Flügel* to spread [out *sep*] ❹ *(darlegen)* to enlarge [up]on **II.** *vr* ■ **sich** ~ ❶ *(sich erstrecken)* to spread [out] (**in** in, **nach** towards) ❷ *(übergreifen)* to spread (**auf** to, **über** over) ❸ *(fam: sich breit machen)* to spread oneself out

Aus·brei·tung <-, -en> *f* spread *no pl* (**auf** to)

Aus·bruch *m* ❶ *(das Ausbrechen)* escape (**aus** from); *von Gefangenen a.* breakout (**aus** from) ❷ *(Beginn)* outbreak ❸ *(Eruption)* eruption ❹ *(fam: Entladung)* outburst

aus|brü·ten *vt* to hatch

aus|büch·sen *vi (fam: abhauen)* to push off

aus|bü·geln *vt* ❶ *(durch Bügeln glätten)* to iron out *sep* ❷ *(fam: wettmachen)* to make good *sep*

Aus·bund *m kein pl* paragon *no pl* (**an** of)

aus|bür·gern ['aʊsbʏrɡɐn] *vt* to expatriate

Aus·bür·ge·rung <-, -en> *f* expatriation

aus|bürs·ten *vt* to brush [out]

Aus·dau·er *f kein pl* ❶ *(Beharrlichkeit)* perseverance *no pl*; *(Hartnäckigkeit a.)* persistence *no pl* ❷ *(Durchhaltevermögen)* stamina *no pl*; *(im Ertragen)* endurance *no pl*

aus·dau·ernd I. *adj* ❶ *(beharrlich)* persevering; *(hartnäckig a.)* persistent ❷ *(Durchhaltevermögen besitzend)* with stamina; *(im Er-*

aus·deh·nen I. vr ① (größer werden) to expand ② (sich ausbreiten) to spread (**auf** to, **über** over); ■ausgedehnt extensive **II.** vt ① (verlängern) to extend (**bis zu** up to, **über** by) ② (erweitern, vergrößern) to expand (**auf** to)

Aus·deh·nung f ① (Verlängerung) extension (+gen to/of) ② (Ausbreitung) spread[ing] no pl (**auf** to) ③ (Erweiterung, Vergrößerung) expansion no pl ④ (Fläche) area; **eine ~ von 10.000 km² haben** to cover an area of 10,000 km²

aus|den·ken vr irreg ■**sich** dat **etw ~** to think up sth sep; **eine Überraschung ~** to plan a surprise

aus|die·nen vi (fam) ■**ausgedient** wornout, BRIT fam a. clapped-out; ■**ausgedient haben** to have had its day

aus|dis·ku·tie·ren* vt to discuss fully

aus|dre·hen vt (fam) to turn off

Aus·druck¹ <-drücke> m ① (Bezeichnung) expression; ■**Ausdrücke** swear words pl ② kein pl (Gesichts~) [facial] expression ③ kein pl (Zeichen) ■**als ~ der Dankbarkeit** as an expression of one's gratitude; **etw zum ~ bringen** to express sth

Aus·druck² <-drucke> m [computer] printout; **einen ~ [von etw** dat**] machen** to run off sep a copy [of sth]

aus|dru·cken vt to print [out sep]

aus|drü·cken I. vt ① (bekunden) to express ② (formulieren) to put into words; **anders ausgedrückt** in other words; **einfach ausgedrückt** put simply ③ (zeigen) to show ④ (auspressen) to squeeze ⑤ **Zigarette** to stub out sep **II.** vr ■**sich ~** to express oneself; **sich falsch ~** to use the wrong word; **sich gewandt ~** to be very articulate

aus·drück·lich [ˈaʊsdrʏklɪç] **I.** adj attr explicit **II.** adv explicitly; (besonders) particularly

aus·drucks·los adj inexpressive; Gesicht expressionless; (ungerührt) impassive; Blick vacant **aus·drucks·voll** adj expressive

Aus·drucks·wei·se f mode of expression

aus·ei·nan·der [aʊsʔaɪˈnandɐ] adv ① (räumlich) ■**~ sein** to be wide apart ② (zeitlich) **ein Jahr ~ sein** to be a year apart in age

aus·ei·nan·der|be·kom·men* vt irreg ■**etw ~** to be able to get sth apart **aus·ei·nan·der|bie·gen** vt irreg ■**etw ~** to bend apart sth sep **aus·ei·nan·der|bre·chen** irreg vi, vt sein to break apart; ■**etw ~** to break sth in two **aus·ei·nan·der|brin·gen** vt irreg (fam) ■**jdn ~** to separate sb **aus·ei·nan·**

der|fal·len vi irreg sein to fall apart **aus·ei·nan·der|fal·ten** vt to unfold **aus·ei·nan·der|ge·hen** vi irreg sein ① (sich auflösen) to disperse; (sich verzweigen) to diverge; (fam: dick werden) to [start to] fill out a. hum ② (fam: getrennt) Beziehung to break up; Ehe a. to fall apart; Meinungen to differ; (sich trennen) to part **aus·ei·nan·der|hal·ten** vt irreg ■**etw ~** to distinguish between sth **aus·ei·nan·der|neh·men** vt irreg ■**etw ~** (demontieren) to take apart sth sep; (zerpflücken) to tear apart sth sep **aus·ei·nan·der|set·zen** vt, vi ■**jdm etw ~** to explain sth to sb; ■**sich mit etw** dat **~** to tackle sth

Aus·ei·nan·der·set·zung <-, -en> [aʊsʔaɪˈnandɐzɛtsʊŋ] f ① (Streit) argument ② (Beschäftigung) ■**die ~ mit etw** dat the examination of sth

aus·ei·nan·der|trei·ben irreg vt, vi sein o haben ■**jdn/etw ~** to disperse sb/sth

aus·er·ko·ren adj (geh) chosen

aus·er·le·sen I. adj select **II.** adv particularly

aus|er·wäh·len* vt (geh) to choose (**zu** for)

aus·fahr·bar adj extendable; Antenne retractable

aus|fah·ren irreg **I.** vt haben ① (spazieren fahren) to take [out sep] for a drive ② (ausliefern) to deliver ③ TECH (ausstrecken) to extend; Fahrgestell to lower **II.** vi sein ① (spazieren fahren) to go [out] for a drive ② (sich verlängern) Antenne to extend; Fahrgestell to lower

Aus·fahrt f ① (Spazierfahrt) drive; **eine ~ machen** to go for a drive ② (Hof~, Garagen~) exit; (mit Tor) gateway; „**~ freihalten!**" "keep clear"; (Autobahn~) slip road BRIT, exit [ramp] AM

Aus·fall m ① (Fehlbetrag) deficit; (Verlust) loss ② (das Versagen) failure; AUTO breakdown; (Produktions~) stoppage; MED failure ③ kein pl (das Nichtstattfinden) cancellation; (das Fehlen) absence ④ LING dropping

aus|fal·len vi irreg sein ① (herausfallen) to fall out ② (nicht stattfinden) to be cancelled; ■**etw ~ lassen** to cancel sth ③ (nicht funktionieren) Niere to fail; Motor to break down ④ (entfallen) to be lost ⑤ (nicht zur Verfügung stehen) to be absent (**bei** for, **wegen** owing to); (ausscheiden) to drop out; Rennwagen a. to retire ⑥ MODE **groß/klein ~** to be large/small ⑦ (werden) to turn out

aus·fal·lend, aus·fäl·lig I. adj abusive **II.** adv **sich ~ ausdrücken** to use abusive language

Aus·fall·stra·ße f arterial road

aus|fech·ten vt irreg to fight [out sep]

aus|fe·gen vt to sweep [out sep]

aus|fei·len *vt* ❶ *(wegfeilen)* to file down *sep* ❷ *(den letzten Schliff geben)* to polish [up *sep*]; ■ **ausgefeilt** polished

aus|fer·ti·gen *vt (geh)* to draft; *Pass* to issue; *Rechnung* to make out *sep*

Aus·fer·ti·gung *f (geh)* ❶ *kein pl (Ausstellung)* drawing up, drafting; *einer Rechnung* making out; *von Pass a.* issuing ❷ *(Abschrift)* copy; **in doppelter ~** as two copies

aus·fin·dig *adj* ■ **jdn/etw ~ machen** to locate sb/sth

aus|flie·ßen *vi irreg sein* to leak out (**aus of**)

aus|flip·pen ['aʊsflɪpn̩] *vi sein (fam)* ❶ *(wütend werden)* to freak out, Brit *a.* to do one's nut ❷ *(sich wahnsinnig freuen)* to jump for joy ❸ *(überschnappen)* to lose it [completely]; ■ **ausgeflippt** freaky; ■ **Ausgeflippte[r]** freak

Aus·flucht <-, Ausflüchte> *f* excuse; **Ausflüchte machen** to make excuses

Aus·flug *m* ❶ outing, excursion; *Schul-* school trip; **einen ~ machen** to go on an outing ❷ *(Exkurs)* excursion (**in** into)

Aus·flüg·ler(in) <-s, -> ['aʊsfly:klɐ] *m(f)* tripper; *(für einen Tag)* day-tripper

Aus·flugs·lo·kal *nt* tourist café **Aus·flugs·ort** *m* pleasure resort

Aus·fluss[RR] <-es, Ausflüsse> *m*, **Aus·fluß**[ALT] <-sses, Ausflüsse> *m* ❶ *(Ausflussstelle)* outlet ❷ *kein pl* MED discharge

aus|for·mu·lie·ren *vt Gedanken* to tidy up *sep*; *Text* to formulate in words

aus|fra·gen *vt* to question

aus|fran·sen *vi sein* to fray

aus|fres·sen *vt irreg (fam)* ■ **etwas/nichts ausgefressen haben** to have done something/nothing wrong

Aus·fuhr <-, -en> *f kein pl (Export)* export[ation]; *(~ handel)* exports *pl*

Aus·fuhr·be·stim·mun·gen *pl* export regulations *pl*

aus|füh·ren *vt* ❶ *(durchführen)* to carry out *sep*; *Befehl* to execute; **einen Elfmeter/Freistoß ~** to take a penalty/free kick ❷ *(spazieren gehen mit)* to take out *sep* ❸ *(exportieren)* to export (**in** to) ❹ *(erläutern)* to explain; *(darlegen)* to set out *sep*

aus·führ·lich ['aʊsfy:ɐ̯lɪç, aʊs'fy:ɐ̯lɪç] **I.** *adj* detailed **II.** *adv* in detail; **sehr ~** in great detail; **~ -er** in more detail

Aus·führ·lich·keit <-> *f kein pl* detail[edness]; *von Erklärung* fullness; **in aller ~** in [great] detail

Aus·füh·rung *f* ❶ *kein pl (Durchführung)* carrying out; *von Befehl* execution; *von Elfmeter, Freistoß* taking; *eines Gesetzes* implementation ❷ *(Qualität)* quality; *von Möbel a.* workmanship; *(Modell)* model ❸ *kein pl (Darlegung, Erklärung)* explanation ❹ *meist pl (Bericht)* report

Aus·fuhr·zoll *m* export duty

aus|fül·len *vt* ❶ *Formular* to fill in *sep* ❷ *(befriedigen)* to satisfy ❸ *(Zeit in Anspruch nehmen)* ■ **etw ~** to take up *sep* all of sth; ■ **seine Zeit ~** to fill up *sep* one's time (**mit** with) ❹ *(stopfen)* to fill (**mit** with)

Aus·ga·be *f* ❶ *kein pl (Austeilung)* distribution; *(Aushändigung a.)* handing out; *von Befehl, Fahrkarte, Dokument* issuing ❷ MEDIA, LIT edition; *von Zeitschrift a.* issue; **alte ~ -n** back issues; *(Version)* version ❸ *pl (Kosten)* expenses

Aus·ga·be·ge·rät *nt* INFORM output drive

Aus·ga·ben·be·leg *m* FIN receipt [for expenditure]

Aus·gang *m* ❶ *(Weg nach draußen)* exit (**+gen** from) ❷ *(Erlaubnis zum Ausgehen)* permission to go out; MIL pass; **~ haben** to have permission to go out; MIL to be on leave ❸ *kein pl (Ende)* end; *einer Epoche a.* close; *von Film, Roman a.* ending; *(Ergebnis)* outcome ❹ *pl (ausgehende Post)* outgoing mail *no pl, no indef art*; *(ausgehende Waren)* outgoing goods *pl*

Aus·gangs·ba·sis *f kein pl* basis **Aus·gangs·po·si·ti·on** *f* starting position **Aus·gangs·punkt** *m* starting point; *einer Reise a.* departure **Aus·gangs·sper·re** *f* MIL *(für die Bevölkerung)* curfew; *(für Soldaten)* confinement to barracks

aus|ge·ben *vt irreg* ❶ *(aufwenden)* to spend (**für** on) ❷ *(austeilen)* to distribute (**an** to); *(aushändigen a.)* to hand out *sep*; *Ausweis, Fahrkarte* to issue; *Spielkarten* to deal ❸ *(fam: spendieren)* ■ **[jdm] etw ~** to treat sb to sth; **eine Runde ~** to buy a round; **[jdm] einen ~** *(fam)* to buy sb a drink ❹ *(darstellen)* ■ **sich als jd/etw ~** to pass oneself off as sb/sth

aus·ge·brannt *adj* drained, Brit *a.* knackered *fam!*; *(geistig erschöpft a.)* burned-out

aus·ge·bucht *adj* booked up

aus·ge·bufft ['aʊsɡəbʊft] *adj (fam)* shrewd, Brit *a.* fly

Aus·ge·burt *f* ❶ *(Gebilde)* monstrous product; **eine ~ der Fantasie** a product of a diseased imagination *pej* ❷ *(pej: Geschöpf, Kreatur)* monster; **eine ~ der Hölle** a fiend from hell

aus·ge·dehnt I. *pp von* **ausdehnen II.** *adj* ❶ *(lang)* long ❷ *(groß)* extensive

aus·ge·fal·len *adj* unusual; *(sonderbar)* weird

aus·ge·gli·chen *adj* equable

Aus·ge·gli·chen·heit <-> *f kein pl* evenness; *Mensch* level-headedness

aus|ge·hen vi irreg sein ❶ (aus dem Haus gehen) to go out ❷ (aufhören zu brennen) to go out ❸ Haare to fall out ❹ (herrühren) ■ **von jdm ~** to come from sb ❺ (seinen Ursprung haben) ■ **von etw dat ~** to lead from sth; ■ **etw geht von jdm/etw aus** sb/sth radiates sth ❻ (enden) to end; ■ **gut/schlecht ~** to turn out well/badly; Buch, Film to have a happy/sad ending ❼ (annehmen) ■ **davon ~, dass ...** to start out from the fact that ...; **es ist davon auszugehen, dass ...** it can be assumed that ...; **davon kann man nicht ~** you can't go by that ❽ (zu Grunde legen) ■ **von etw dat ~** to take sth as a basis

Aus·geh·mei·le f (fam) entertainment quarter, party district

aus·ge·hun·gert adj ❶ (fam: sehr hungrig) starved ❷ (ausgezehrt) emaciated

aus·ge·klü·gelt adj ingenious

aus·ge·kocht adj (pej fam) cunning

aus·ge·las·sen adj wild; Kinder boisterous

Aus·ge·las·sen·heit <-, selten -en> f wildness; von Kindern boisterousness

aus·ge·macht adj ❶ (entschieden) ■ **es ist ~, dass ...** it is agreed that ... ❷ attr (fam: eingefleischt) complete

aus·ge·mer·gelt adj emaciated; Gesicht gaunt

aus·ge·nom·men konj except; **wir kommen, ~ es regnet** we'll come, but only if it doesn't rain; **ich nicht ~** myself not excepted

aus·ge·po·wert [-ˈɡəpɐʊɐt] adj (fam) washed out, BRIT a. done in pred fam

aus·ge·prägt adj distinctive; Interesse pronounced; Stolz deep-seated

aus·ge·rech·net [ˈaʊsɡəʀɛçnət] adv ❶ personenbezogen (gerade) ■ **~ jd/jdn/jdm** sb of all people; **warum muss das ~ mir passieren?** why does it have to happen to me [of all people]? ❷ zeitbezogen (gerade) ■ **~ jetzt** now of all times; ■ **~ gestern/heute** yesterday/today of all days; ■ **dann war ich nicht zu Hause** right then I was not in, of course; **~, als wir ins Bett gehen wollten, ...** just when we wanted to go to bed, ...

aus·ge·schla·fen adj (fam) sharp

aus·ge·schlos·sen adj präd **es ist nicht ~, dass ...** it is just possible that ...; ■ **[völlig] ~** [that's] [completely] out of the question

aus·ge·schnit·ten adj Kleid, Bluse low-cut

aus·ge·spro·chen I. adj (positive Eigenschaft bezeichnend) distinct; (negative Eigenschaft bezeichnend) extreme; (ausgeprägt) pronounced; ■ **es Pech haben** ~ to have really bad luck II. adv really

aus·ge·stor·ben adj ❶ (erloschen) extinct ❷ (verlassen) ■ **[wie] ~ sein** to be deserted

aus·ge·sucht I. adj ❶ (erlesen) choice ❷ (gewählt) well-chosen II. adv extremely

aus·ge·wach·sen adj ❶ (voll entwickelt) fully grown ❷ (fam: komplett) utter

aus·ge·wo·gen adj balanced

aus·ge·zeich·net [ˈaʊsɡətsaɪçnət, ˈaʊsɡəˈtsaɪçnət] I. adj excellent II. adv extremely well; **mir geht es ~** I'm feeling just great

aus·gie·big [ˈaʊsɡiːbɪç] I. adj extensive; Mahlzeit substantial; Mittagsschlaf long; ■ **von etw dat ~en Gebrauch machen** to make full use of sth II. adv extensively; **~ schlafen** to have a good [long] sleep

aus|gie·ßen vt irreg ❶ (entleeren) to empty; (weggießen) to pour away sep ❷ (füllen) to fill [in sep] (mit with)

Aus·gleich <-[e]s, selten -e> m ❶ (das Ausgleichen) balancing ❷ (das Wettmachen) eines Fehlers, Schadens compensation ❸ (das Korrigieren) balancing; von Unebenheiten evening out ❹ (Vermittlung) conciliation ❺ (Kompensierung) ■ **er treibt zum ~ Sport** he does sport to keep fit; **zum willkommenen ~ von etw** dat as a welcome change from sth ❻ **kein pl** SPORT equalizer, tie AM; **den ~ erzielen** to equalize, to tie [the score] AM; TENNIS deuce

aus|glei·chen irreg I. vt ❶ (glattstellen) to balance (durch with); Schulden to settle ❷ (wettmachen) to compensate for ❸ (ausbalancieren) to reconcile II. vi ❶ SPORT to equalize, to tie the score AM ❷ (vermitteln) to prove conciliatory; Mensch to act as a mediator III. vr ■ **sich ~** to balance out

Aus·gleichs·tor nt, **Aus·gleichs·tref·fer** m equalizer, tying goal AM

aus|gra·ben vt irreg ❶ (aus der Erde graben) to dig up sep; Altertümer to excavate; Leiche to disinter ❷ (hervorholen) to dig out sep; alte Geschichten to bring up sep

Aus·gra·bung f ❶ **kein pl** (das Ausgraben) digging up; einer Leiche disinterment ❷ (Grabungsarbeiten) excavation [pl]; (Grabungsort) excavation site; (Grabungsfund) [archaeological] find

aus|gren·zen vt to exclude (aus from)

Aus·gren·zung <-> f **kein pl** exclusion (aus from)

aus|gu·cken vt (fam) ■ **[sich** dat**] jdn/etw ~** to set one's sights on sb/sth

Aus·guss[RR] <-es, Ausgüsse> m, **Aus·guß**[ALT] <-sses, Ausgüsse> m ❶ (Spüle) sink ❷ (Tülle) spout

aus|ha·ben irreg I. vt (fam) ❶ (ausgezogen haben) to have taken off sep ❷ (beendet haben) to have finished II. vi (fam) to get off [school]

aus|hal·ten *irreg* **I.** *vt* ❶ *(ertragen können)* to bear; **hältst du es noch eine Stunde aus?** can you hold out another hour?; **die Kälte ~** to endure the cold; **es ist nicht [länger] auszuhalten** it's [getting] unbearable; **es lässt sich [mit jdm] ~** it's bearable [being with sb]; **es lässt sich [hier] ~** it's not a bad place ❷ *(standhalten)* to be resistant to; **eine hohe Temperatur ~** to withstand a high temperature; **viel ~** to take a lot; **den Druck ~** to [with]stand the pressure ❸ *(fam: Unterhalt leisten)* ■ **jdn ~** to keep sb **II.** *vi* to hold out

aus|han·deln *vt* to negotiate

aus|hän·di·gen ['aʊshɛndɪgn̩] *vt* ■ **jdm etw ~** to hand over *sep* sth to sb; *Preis* to give; *Urkunde* to surrender

Aus·hang *m* notice; *(das Aushängen)* posting; **etw durch ~ bekannt geben** to put up a notice about sth

aus|hän·gen I. *vt* ❶ *(durch Aushang bekannt machen)* to put up *sep*; *Plakat* to post ❷ *(aus den Angeln heben)* to unhinge; *Haken* to unhook **II.** *vi irreg* to be/have been put up; **am schwarzen Brett ~** to be on the notice board

Aus·hän·ge·schild *nt* ❶ *(Reklametafel)* sign [board] ❷ *(Renommierstück)* showpiece

aus|har·ren *vi* to wait [patiently]; **auf seinem Posten ~** to stand by one's post

aus|hau·chen *vt (geh)* ❶ *(Luft schwach ausstoßen)* to exhale ❷ *(sterben)* **sein Leben ~** to breathe one's last

aus|he·ben *vt irreg* ❶ *(ausgraben)* to excavate; *Graben, Grab* to dig ❷ *(hochgehen lassen)* to bust *fam*

aus|he·cken *vt (fam)* to hatch; **[neue] Streiche ~** to think up new tricks

aus|hel·fen *vi irreg* to help out *sep (mit* with)

aus|heu·len *(fam)* **I.** *vi* to have finished crying **II.** *vr* to have a good cry; ■ **sich bei jdm ~** to have a good cry on sb's shoulder

Aus·hil·fe *f* ❶ *(vorübergehende Hilfe)* temporary help; **[bei jdm] zur ~ arbeiten** to temp [for sb] *fam* ❷ *(vorübergehende Hilfskraft)* temporary worker

aus·hilfs·wei·se *adv* on a temporary basis

aus|höh·len *vt* ❶ *(unterspülen)* to erode; *(Inneres herausmachen)* to hollow out *sep* ❷ *(untergraben)* to undermine; *(erschöpfen)* to weaken

aus|ho·len *vi* ❶ *(Schwung nehmen)* ■ **[mit etw *dat*] ~** to swing back [sth] *sep*; **[mit der Hand] ~** to take a swing; **weit ~** to take a big swing; **zum Schlag ~** to draw back *sep* one's arm/fist etc. for a blow; **mit dem Schläger ~** to swing one's club/racket etc. ❷ *(ausschweifen)* to beat about the bush

aus|hor·chen *vt (fam)* ■ **jdn ~** to sound out *sep* sb *(über* about)

aus|keh·ren *vt* ❶ to sweep away *sep;* **das Haus ~** to sweep [out *sep*] the house **II.** *vi* to do the sweeping

aus|ken·nen *vr irreg* ❶ *(sich gut zurechtfinden)* ■ **sich ~** to know one's way around ❷ *([gute] Kenntnisse besitzen)* ■ **sich [in etw *dat*] ~** to know a lot [about sth]

aus|kip·pen *vt (fam)* to empty [out *sep*] *(auf/über* on[to])

aus|klam·mern *vt* to ignore

Aus·klang <-> *m kein pl* conclusion; **zum ~ des Abends** to conclude the evening

aus·klapp·bar *adj* folding; *(mit Scharnieren)* hinged

aus|klap·pen *vt* to open out

aus|klei·den *vt* ❶ *(beziehen)* to line *(mit* with) ❷ *(geh: entkleiden)* to undress; ■ **sich ~** to get undressed

aus|klin·gen *vi irreg sein (geh)* to conclude *(mit* with); *Abend, Feier a.* to finish off with sth

aus|klop·fen *vt* to beat the dust out of sth; *Teppich* to beat; *Pfeife* to knock out *sep*

aus|klü·geln *vt (fam)* to work out *sep* to perfection; ■ **ausgeklügelt** cleverly thought-out

aus|knip·sen *vt (fam)* to switch off

aus|kno·beln *vt* to work out *sep*

aus|ko·chen *vt* ❶ KOCHK. to boil [down *sep*] ❷ *(in kochendes Wasser legen)* to boil [clean]; *Instrumente, Spritzen* to sterilize ❸ *(fam: sich ausdenken)* to cook up *sep fam*

aus|kom·men *vi irreg sein* ❶ *(ausreichend haben)* ■ **mit etw *dat* ~** to get by on sth; ■ **ohne jdn/etw ~** to manage without sb/sth; *(nicht benötigen)* to go without sb/sth ❷ *(sich mit jdm vertragen)* ■ **mit jdm [gut] ~** to get on well with sb ❸ ÖSTERR *(entkommen)* to escape

Aus·kom·men <-s> *nt kein pl* livelihood; **sein ~ haben** to get by

aus|kos·ten *vt* ❶ *(genießen)* to make the most of sth; **das Leben ~** to enjoy life to the full; **den Moment/seine Rache ~** to savour the moment/one's revenge ❷ *(fam: mitmachen, probieren)* to have one's fill of sth

aus|kot·zen *(derb)* **I.** *vt, vi* to puke [up *sep*] **II.** *vr* ■ **sich ~** to throw up

aus|kra·men *vt (hervorholen)* to unearth; *(fig: alte Geschichten)* to bring up *sep*

aus|krat·zen *vt* to scrape out *sep*

aus|krie·gen *vt (fam)* ❶ *(ausziehen können)* to get off *sep* ❷ *(beenden)* to finish [off]

aus|ku·geln *vt* to dislocate

aus|kund·schaf·ten *vt* ❶ *(herausfinden)* to find out ❷ *(ausfindig machen)* to find; MIL to reconnoitre

Aus·kunft <-, Auskünfte> ['aʊskʊnft, *pl* -kʏnftə] *f* ❶ (*Information*) information *no pl, no indef art* (**über** about); ▪ **eine ~** a bit of information; ▪ **nähere ~** more information; **Auskünfte** [**über jdn/etw**] [**bei jdm**] **einholen** to make [some] enquiries [to sb] [about sb/sth]; [**jdm**] **eine ~ geben** to give sb some information ❷ (*~ sschalter*) information office/desk; (*am Bahnhof a.*) enquiry office/desk; (*Fernsprech~*) directory enquiries *pl, no art* BRIT, the operator AM

aus|kup·peln *vi* AUTO to declutch

aus|ku·rie·ren* (*fam*) **I.** *vt* to cure [completely] **II.** *vr* ▪ **sich ~** to get better

aus|la·chen *vt* to laugh at; (*höhnisch*) to jeer at

aus|la·den *irreg* **I.** *vt* ❶ (*entladen*) to unload; NAUT *a.* to discharge ❷ (*fam: Einladung widerrufen*) ▪ **jdn ~** to tell sb not to come; (*förmlich*) to cancel sb's invitation **II.** *vi* to spread; *Dach, Balkon* to protrude

Aus·la·ge <-, -n> *f* ❶ *pl* (*im Schaufenster ausgestellte Ware*) display ❷ (*Schaufenster*) shop window; (*Schaukasten*) showcase ❸ *pl* (*zu erstattender Geldbetrag*) disbursement ❹ *pl* (*Ausgaben, Unkosten*) expenses *npl*

Aus·land <-[e]s> ['aʊslant] *nt kein pl* ▪ [**das**] **~** foreign countries *pl*; ▪ **aus dem ~** from abroad; ▪ **ins/im ~** abroad

Aus·län·der(in) <-s, -> ['aʊslɛndɐ] *m(f)* foreigner; JUR alien

Aus·län·der·be·auf·trag·te(r) *f(m) dekl wie adj* official assigned to the integration of foreign immigrants **aus·län·der·feind·lich I.** *adj* racist **II.** *adv* **sich ~ ausdrücken** to use racist expressions **Aus·län·der·feind·lich·keit** *f* racism

Aus·län·de·rin <-, -nen> *f fem form von* Ausländer

Aus·län·der·po·li·tik *f* policy on foreigners **Aus·län·der·wahl·recht** *nt* voting rights for foreigners *pl* **Aus·län·der·wohn·heim** *nt* home for immigrants

aus·län·disch ['aʊslɛndɪʃ] *adj* ❶ *attr* foreign; BOT exotic ❷ (*fremdländisch*) exotic

Aus·lands·auf·ent·halt *m* stay abroad **Aus·lands·be·zie·hun·gen** *f pl* POL foreign relations **Aus·lands·ein·satz** *m* MIL foreign [military] deployment **Aus·lands·ge·spräch** *nt* TELEK international call **Aus·lands·kor·res·pon·dent(in)** *m(f)* foreign correspondent **Aus·lands·kran·ken·schein** *m* ≈ E107 BRIT (*health insurance document for overseas travel*)

aus|las·sen *irreg* **I.** *vt* ❶ (*weglassen*) to omit; (*überspringen*) to skip; (*verpassen*) to miss ❷ (*abreagieren*) ▪ **etw an jdm ~** to vent sth on sb ❸ KOCHK *Butter* to melt; *Speck* to render down *sep* ❹ (*fam: ausgeschaltet lassen*) to keep switched off ❺ ÖSTERR (*loslassen*) to let go of; (*aus einem Käfig etc. freilassen*) to let out *sep* **II.** *vr* (*pej*) ▪ **sich über jdn/etw ~** to go on about sb/sth *pej* **III.** *vi* ÖSTERR to let go

Aus·las·sung <-, -en> ['aʊslasʊŋ] *f kein pl* omission

Aus·las·sungs·punk·te *pl* ellipsis *spec*, suspension points

aus|las·ten *vt* ❶ (*voll beanspruchen*) to use to capacity; ▪ [**voll**] **ausgelastet** [**sein**] [to be] running to capacity *pred;* **teilweise ausgelastet** running at partial capacity *pred;* **ausgelastete Kapazitäten** capacity working ❷ (*voll fordern*) to occupy fully

Aus·lauf <-[e]s> *m* ❶ *kein pl* (*Bewegungsfreiheit*) exercise; (*für Tiere*) space to move about in; (*für Kinder*) room to run about ❷ (*Ausfluss*) outlet

aus|lau·fen *irreg vi sein* ❶ (*herauslaufen*) to run out (**aus** of); (*wegen Undichtheit*) to leak out; (*Inhalt austreten lassen*) to leak ❷ (*Hafen verlassen*) to [set] sail (**nach** for) ❸ (*nicht fortgeführt werden*) to be discontinued ❹ (*enden*) to end; *Vertrag* to expire ❺ (*zum Stillstand kommen*) to come to a stop; *Läufer a.* to ease off

Aus·läu·fer *m* ❶ METEO *Hochdruckgebiet* ridge; *Tiefdruckgebiet* trough ❷ *meist pl* (*Vorberge*) foothills *npl* ❸ BOT runner

Aus·lauf·mo·dell *nt* discontinued model **aus|lau·gen** *vt* to exhaust

Aus·laut *m* LING final position

aus|le·ben I. *vr* ▪ **sich ~** to live it up **II.** *vt* (*geh*) ▪ **etw ~** to realize sth

aus|lee·ren *vt* (*ausgießen*) to empty [out *sep*]; (*auslassen*) to dump; ▪ **etw über jdm/etw ~** to pour sth over sb/sth

aus|le·gen *vt* ❶ (*ausbreiten*) to lay out *sep*; (*verlegen*) to put down ❷ (*bedecken*) to cover (**mit** with); (*auskleiden*) to line (**mit** with); *Teppich* to lay down *sep* ❸ (*deuten*) to interpret ❹ (*leihen*) ▪ **jdm etw ~** to lend sb sth; **sie hat das Geld für das Paket ausgelegt** she paid [the money] for the package ❺ (*konzipieren, vorsehen*) to design (**für** for)

Aus·le·gung <-, -en> *f* (*Deutung*) interpretation; (*Erklärung*) explanation **Aus·le·gungs·sa·che** *f* matter of interpretation

aus|lei·ern I. *vt haben* (*fam*) to wear out *sep* **II.** *vi sein* to wear out; ▪ **ausgeleiert** [**sein**] [to be] worn [out]

Aus·lei·he <-, -n> *f* ❶ (*das Ausleihen*) lending ❷ (*Schalter*) issuing desk

aus|lei·hen *irreg* **I.** *vt* ▪ **etw ~** to lend sth **II.** *vr* ▪ **sich** *dat* **etw ~** to borrow sth

aus|ler·nen vi to finish one's studies; ■ **ausgelernt** qualified ▶ **man lernt [eben] nie aus** (prov) [you] live and learn prov

Aus·le·se <-, -n> f ① (die Elite) the chosen few + pl vb ② (Wein) superior wine (made from selected grapes) ③ kein pl (Auswahl) ■ **eine ~ von etw** dat a selection of sth; **die natürliche ~** natural selection

aus|le·sen irreg vt, vi to finish reading

aus|lie·fern vt ① (liefern) to deliver (an to) ② (überstellen) to hand over sep (an to) ③ (preisgeben) ■ **jdm/etw ausgeliefert sein** to be at sb's mercy

Aus·lie·fe·rung f ① von Waren delivery ② von Menschen handing over; an ein anderes Land extradition

aus|lie·gen vi irreg ① (zum Verkauf liegen) to be displayed ② (bereitliegen) to be [made] available (für to/for); Zeitungen a. to be laid out; Schlinge to be down

aus|lo·ben vt to offer as a reward (für for)

aus|löf·feln vt to spoon up sep; (aufessen) Teller to empty ▶ **etw ~ müssen** (fig fam) to take the consequences

aus|log·gen vt INFORM to log off

aus|lö·schen vt ① (löschen) to extinguish ② (beseitigen) to obliterate ③ (geh: tilgen) to blot out sep

aus|lo·sen I. vt ■ **jdn/etw ~** to draw sb/sth **II.** vi to draw lots

aus|lö·sen vt ① (in Gang setzen) to set off sep; Bombe to trigger off ② (bewirken) Aufstand to unleash; Begeisterung to arouse; Beifall to elicit; Erleichterung, allergische Reaktion to cause ③ (einlösen) to redeem; Gefangene to release; (durch Lösegeld) to ransom

Aus·lö·ser <-s, -> m ① FOTO [shutter] release ② PSYCH trigger mechanism ③ (fam: Anlass) trigger

Aus·lo·sung f draw

aus|ma·chen vt ① (löschen) to extinguish; (ausschalten) to turn off sep; Motor to switch off sep ② (ermitteln) to determine; (entdecken) to make out sep ③ (vereinbaren) to agree [up]on; ■ **ausgemacht** agreed ④ (betragen) to amount to ⑤ (bewirken) ■ **kaum etwas ~** to hardly make any difference; ■ **nichts ~** to not make any difference; ■ **viel ~** to make a big difference; **was macht es schon aus?** what difference does it make? ⑥ (bedeuten) ■ **es macht jdm nichts/viel aus, etw zu tun** sb doesn't mind doing sth/it matters a great deal to sb to do sth; **macht es Ihnen etwas aus, wenn ...?** do you mind if ...?; **ja, es macht mir viel aus** yes, I do mind very much

aus|ma·len vr ■ **sich** dat **etw ~** to imagine sth

Aus·maß nt ① (Fläche) area; **das ~ von etw** dat **haben** to cover the area of sth; **von geringem ~ sein** to be small in area; (Größe) size; ■ **die ~e** the dimensions ② (Umfang) extent no pl; **Besorgnis erregende/größere ~e annehmen** to assume alarming/greater proportions

aus|mer·zen [-mɛrtsn̩] vt to exterminate; Unkraut to eradicate

aus|mes·sen vt irreg to measure [out]

aus|mis·ten I. vt ① (vom Mist befreien) to muck out sep ② (fam: von Überflüssigem befreien) to tidy out sep; alte Bücher to throw out sep; Zimmer to clean out sep **II.** vi ① (den Mist hinausschaffen) to muck out ② (fam: Überflüssiges hinausschaffen) to have a clean-out BRIT, to clean up AM

aus|mus·tern vt ① (aussortieren) to take out sep of service; Möbel to discard ② MIL (entlassen) to discharge

Aus·nah·me <-, -n> [ˈaʊsnaːmə] f exception ▶ **~n bestätigen die Regel** (prov) the exception proves the rule prov

Aus·nah·me·fall m exception[al case] **Aus·nah·me·ge·neh·mi·gung** f special licence **Aus·nah·me·si·tu·a·ti·on** f special situation; POL state of emergency **Aus·nah·me·zu·stand** m POL state of emergency; **den ~ verhängen** to declare a state of emergency (über in)

aus·nahms·los adv without exception

aus·nahms·wei·se adv as a special exception; **darf ich das machen? — ~!** may I do that? — just this once!; **heute ging er ~ eine Stunde früher** today he left an hour earlier [for a change]

aus|neh·men irreg **I.** vt ① (ausweiden) to gut; Geflügel to draw ② (ausschließen) to exempt (von from) ③ (fam: viel Geld abnehmen) ■ **jdn ~** to fleece sb fam; (beim Glücksspiel) to clean out sb sep fam ④ ÖSTERR (erkennen) ■ **jdn/etw ~** to make out sep sb/sth **II.** vr (geh) **sich gut/schlecht ~** to look good/bad

aus·neh·mend I. adj (geh) exceptional **II.** adv exceptionally; **das gefällt mir ~ gut** I like it very much indeed

aus|nüch·tern vi, vr vi: sein, vr: haben ■ **[sich** akk**] ~** to sober up

aus|nut·zen vt ① (ausbeuten) to exploit ② (sich zunutze machen) to make the most of; **jds Leichtgläubigkeit ~** to take advantage of sb's gullibility

aus|pa·cken I. vt to unpack; Geschenk to unwrap **II.** vi ① (Koffer, Kisten ~) to unpack ② (fam: gestehen) to talk

aus|peit·schen vt to whip

aus|pfei·fen vt irreg to boo off the stage/to boo at

aus|plau·dern vt to let out

aus|plün·dern vt ❶ (ausrauben) to plunder; Laden to loot ❷ (hum: leer räumen) to raid

aus|po·sau·nen* vt (fam) to broadcast

aus|pres·sen vt ❶ (her~) to squeeze out sep; frisch ausgepresst freshly pressed ❷ (ausbeuten) to squeeze dry [or BRIT hum a. until the pips squeak] ❸ (brutal ausfragen) to press

aus|pro·bie·ren* I. vt to try [out sep] II. vi ■ ~, ob/wie ... to see whether/how ...

Aus·puff <-[e]s, -e> m exhaust [pipe], AM a. tailpipe

Aus·puff·rohr nt exhaust [pipe], AM a. tailpipe

aus|pum·pen vt ❶ (leer pumpen) to pump out sep ❷ (fam: völlig erschöpfen) to drain; ■ ausgepumpt sein to be completely drained

aus|quar·tie·ren* vt to move out sep (in into)

aus|quet·schen vt ❶ (auspressen) to squeeze out sep; **Orangen ~** to press oranges ❷ (fam: forciert ausfragen) ■ **jdn ~** to pump sb [for information]; Polizei to grill sb

aus|ra·die·ren* vt ❶ (mit Radiergummi entfernen) to rub out sep ❷ (vernichten) to wipe out sep

aus|ran·gie·ren* vt to throw out sep

aus|ras·ten vi sein ❶ (herausspringen) to come out ❷ (hum fam: wild werden) to go ape-shit, to throw a wobbly BRIT, to have a spaz AM

aus|rau·ben vt to rob

aus|rau·fen vt Haare to tear out sep

aus|räu·men vt ❶ (her~) to move out sep; (leer räumen) to clear out sep ❷ (beseitigen) to clear up sep; Zweifel to dispel

aus|rech·nen vt to calculate

Aus·re·de f excuse; **eine faule ~** a feeble excuse

aus|re·den I. vi to finish speaking II. vt ■ **jdm etw ~** to talk sb out of sth III. vr bes ÖSTERR ■ **sich ~** to have a heart-to-heart [talk]

aus|rei·chen vi to be sufficient (**für** for); **es muss für uns alle ~** it will have to do for us all

aus·rei·chend I. adj sufficient; Kenntnisse, Leistungen adequate; ■ **nicht ~** insufficient/inadequate; SCH satisfactory II. adv sufficiently

Aus·rei·se f departure [from a/the country]; **jdm die ~ verweigern** to prohibit sb from leaving the country

Aus·rei·se·er·laub·nis, **Aus·rei·se·ge·neh·mi·gung** f exit permit

aus|rei·sen vi sein to leave the country; (endgültig) to emigrate; **nach Israel ~** to go/emigrate to Israel

Aus·rei·se·vi·sum [-vi:-] nt exit visa

aus|rei·ßen irreg I. vt haben to pull out sep; Haare to tear out sep; Blätter to pull off sep II. vi sein ❶ (fam: davonlaufen) to run away ❷ (einreißen) to split

Aus·rei·ßer(in) <-s, -> m(f) (fam) runaway

aus|rei·ten irreg I. vi sein to ride out II. vt haben ■ **ein Pferd ~** to take out a horse sep

aus|ren·ken vt to dislocate

aus|rich·ten I. vt ❶ (übermitteln) ■ **jdm etw ~** to tell sb sth; **jdm eine Nachricht ~** to pass on sep the news to sb; **kann ich etwas ~?** can I give him/her a message?; **richten Sie ihr einen Gruß [von mir] aus** give her my regards ❷ (veranstalten) to organize; Fest to arrange ❸ (erreichen) ■ **bei jdm etwas/nichts ~** to achieve something/nothing with sb ❹ (einstellen) to align (**auf** with); (abstellen) to gear (**auf** to) ❺ ÖSTERR (schlechtmachen) ■ **jdn ~** to run down sep [or AM a. badmouth] sb ❻ SCHWEIZ (zahlen) ■ **jdm etw ~** to pay sb sth II. vr (sich nach etw richten) ■ **sich an etw** dat **~** to orientate oneself to sth

Aus·rich·tung <-> f kein pl ❶ (Orientierung) orientation (**an** to) ❷ (Einstellung) orientating (**auf** to) ❸ (Organisieren) organization; einer Hochzeit arrangements pl (+gen for)

Aus·ritt m ride [out]; (das Ausreiten) riding out

aus|rol·len I. vt haben ❶ (entrollen) to roll out sep; Kabel to run out sep ❷ (flach walzen) to roll out sep II. vi sein Flugzeug to taxi to a standstill; Fahrzeug to coast to a stop

aus|rot·ten vt to exterminate; Termiten to destroy; Unkraut to wipe out sep; Ideen, Religion to eradicate

Aus·rot·tung <-, -en> f extermination

aus|rü·cken vi sein ❶ Truppen, Polizei to turn out; Feuerwehr to go out on a call ❷ (fam: ausreißen) to make off

Aus·ruf m cry; **ein ~ des Entsetzens** a cry of horror; **etw durch ~ bekannt machen** to proclaim sth

aus|ru·fen vt irreg ❶ (rufend nennen) to call out sep; Haltestelle, Streik to call; Krieg to declare; ■ **jdn ~** to put out a call for sb ❷ (ernennen) **jdn zum König ~** to proclaim sb king

Aus·ru·fe·zei·chen nt, **Aus·ru·fungs·zei·chen** nt, **Aus·ruf·zei·chen** nt ÖSTERR, SCHWEIZ LING exclamation mark [or AM point]

aus|ru·hen vi, vr to [take a] rest; ■ **ausgeruht [sein]** [to be] well rested

aus·rüs·ten *vt* to equip; *Fahrzeug, Schiff* to fit out *sep*

Aus·rüs·tung <-> *f* ❶ *kein pl* (*das Ausrüsten*) equipping; *Fahrzeug, Schiff* fitting out ❷ (*Ausrüstungsgegenstände*) equipment *no pl*; *Expedition a.* tackle; (*Kleidung*) outfit *no pl*

aus·rut·schen *vi sein* ❶ (*ausgleiten*) to slip (**auf** on); **sie ist ausgerutscht** she slipped ❷ (*entgleiten*) ■ jdm ~ to slip [out of sb's hand]; **mir ist die Hand ausgerutscht** my hand slipped

Aus·rut·scher <-s, -> *m* (*fam*) slip-up

Aus·saat *f* ❶ *kein pl* (*das Säen*) sowing ❷ (*Saat*) seed *no pl*

aus·sä·en *vt* to sow

Aus·sa·ge *f* a. JUR (*Darstellung*) statement; (*Zeugen~*) evidence *no pl*; **die ~ verweigern** *Angeklagter* to refuse to make a statement; *Zeuge* to refuse to testify; **eine ~ machen** to make a statement; **~ steht gegen ~** it's one person's word against another's ❷ (*Tenor*) message

aus·sa·ge·kräf·tig *adj* convincing

aus·sa·gen I. *vt* ■ etw ~ [über jdn/etw] ~ ❶ (*darstellen*) to say sth [about sb/sth] ❷ JUR to give sth in evidence about sb/sth **II.** *vi* JUR *Zeuge* to testify (**vor** before); *Angeklagter, Beschuldigter* to make a statement; ■ für/gegen jdn ~ to give evidence in sb's favour/against sb

Aus·satz <-es> *m kein pl* MED (*veraltet*) leprosy *no art*

Aus·sät·zi·ge(r) *f(m) dekl wie adj* (*veraltet o fig*) leper

aus·sau·gen *vt* ❶ (*leer saugen*) ■ etw ~ to suck sth [dry] ❷ (*ausbeuten*) ■ jdn ~ to drain sb dry

aus·schal·ten *vt* ❶ (*abstellen*) to turn off *sep* ❷ (*eliminieren*) to eliminate

Aus·schank <-[e]s, -schänke> *m* ❶ (*Schankraum*) taproom; (*Schanktisch*) bar ❷ *kein pl* (*Getränkeausgabe*) serving of drinks

Aus·schau *f* ■ ~ halten to keep an eye out (**nach** for)

aus·schau·en *vi* ❶ (*Ausschau halten*) ■ nach jdm/etw ~ to look for sb/sth ❷ DIAL, SÜDD, ÖSTERR *s.* aussehen ❸ (*fam*) ■ wie schaut's aus? how's things?; **wie schaut's aus, kommst du mit?** so what do you say, are you coming along?

aus·schei·den *irreg* **I.** *vi sein* ❶ (*nicht weitermachen*) to retire (**aus** from); *aus Verein* to leave ❷ SPORT to drop out (**aus** of) ❸ (*nicht in Betracht kommen*) to be ruled out **II.** *vt haben* ❶ (*aussondern*) to take out *sep* ❷ (*absondern*) to excrete; *Organ* to secrete

Aus·schei·dung <-, -en> *f* ❶ *kein pl* (*das Absondern*) excretion; *eines Organs* secretion ❷ *pl* (*Exkremente*) excrement *no pl, no indef art* ❸ SPORT (*Vorkampf*) qualifying contest; FBALL qualifying round

aus·schen·ken I. *vt* ❶ (*eingießen*) ■ jdm etw ~ to pour sb sth ❷ (*servieren*) to serve (**an** to) **II.** *vi* to serve the drinks

aus·sche·ren *vi sein* to pull out; (*ausschwenken*) to swing out

aus·schil·dern *vt* ■ etw ~ to signpost sth; ■ ausgeschildert sein to be signposted

aus·schimp·fen *vt* ■ jdn ~ to tell sb off, AM *a.* to give sb hell

aus·schlach·ten *vt* ❶ (*Verwertbares ausbauen*) to cannibalize ❷ (*fam: ausnutzen*) to exploit

aus·schla·fen *irreg* **I.** *vt* ■ etw ~ to sleep off sth *sep* **II.** *vi, vr* ■ [sich] ~ to have a good [night's] sleep

Aus·schlag *m* ❶ MED rash ❷ (*einer Nadel*) deflection; [**bei etw** *dat*] **den ~ geben** (*fig*) to be the decisive factor for sth

aus·schla·gen *irreg* **I.** *vt haben* ❶ (*ablehnen*) to turn down *sep*; (*höflicher*) to decline; *Erbschaft* to disclaim; ■ jdm etw ~ to refuse sb sth ❷ (*auskleiden*) to line (**mit** with) ❸ (*her-*) to knock out *sep* **II.** *vi* ❶ *haben* (*los-, zuschlagen*) to strike out (**mit** with); [**mit den Hufen**] ~ to kick ❷ *sein o haben* to deflect; *Wünschelrute* to dip ❸ *sein o haben* (*sprießen*) to come out; *Bäume a.* to come into leaf

aus·schlag·ge·bend *adj* decisive; [**für jdn**] **von ~er Bedeutung** [**sein**] [to be] of prime importance [for sb]

aus·schlie·ßen *vt irreg* ❶ (*entfernen*) to exclude (**aus** from); (*als Strafe a.*) to bar; **die Öffentlichkeit** [**von etw** *dat*] **~** JUR to hold sth in camera; (*spec*) to exclude the public [from sth]; *Mitglied* to expel; (*vorübergehend*) to suspend; *Spieler* to disqualify ❷ (*für unmöglich halten*) to rule out *sep* ❸ (*aussperren*) ■ jdn/sich ~ to lock out *sep* sb/lock oneself out

aus·schließ·lich ['ausʃliːslɪç] **I.** *adj attr* exclusive **II.** *adv* exclusively; **darüber habe ~ ich zu bestimmen** I'm the one to decide on this matter **III.** *präp* excluding; (*geschrieben a.*) excl[.]

aus·schlüp·fen *vi sein* to hatch out (**aus** of)

Aus·schluss[RR] <-es, Auschlüsse> *m*, **Aus·schluß**[ALT] <-sses, Auschlüsse> *m* exclusion; *von Mitglied* expulsion; (*vorübergehend*) suspension; *von Spieler* disqualification; **unter ~ der Öffentlichkeit stattfinden** JUR to be closed to the public

aus·schmü·cken *vt* ❶ (*dekorieren*) to deco-

aus|schnei·den *vt irreg* to cut out *sep* (**aus** of)

Aus·schnitt *m* ❶ (*Zeitungs~*) clipping ❷ MATH sector ❸ (*ausgeschnittener Teil*) neckline; **ein tiefer ~** a low neckline; **jdm in den ~ schauen** to look down sb's dress ❹ (*Teil*) part (**aus** of); *aus einem Gemälde, Foto* detail; *aus einem Roman* excerpt; *aus einem Film* clip

aus|schöp·fen *vt* ❶ (*leeren*) to empty; *Boot* to bale out *sep*; *Suppe* to ladle out *sep*; *Wasser* to scoop out *sep* ❷ (*vollen Gebrauch machen*) **etw [voll] ~** to make full use of one's sth; *Möglichkeiten, Reserven* to exhaust; **ein Thema ~** to go into a subject thoroughly

aus|schrei·ben *vt irreg* ❶ (*ungekürzt schreiben*) to write out *sep* ❷ (*bekannt machen*) to announce; (*um Angebote zu erhalten*) to invite tenders for; *Stelle* to advertise; **Wahlen ~** to call an election, BRIT *a.* to go to the country

Aus·schrei·bung <-, -en> *f* announcement; (*für Angebote*) invitation to tender; *einer Stelle* advertisement (**von** for); *von Neuwahlen* the calling of a new election

Aus·schrei·tung <-, -en> *f meist pl* riot[s *pl*]

Aus·schuss^(RR1) <-es, Ausschüsse> *m*, **Aus·schuß**^(ALT) <-sses, Ausschüsse> *m* committee

Aus·schuss^(RR2) <-es> *m*, **Aus·schuß**^(ALT) <-sses, Ausschüsse> *m kein pl* (*fam*) rejects *pl*

aus|schüt·teln *vt* to shake out

aus|schüt·ten I. *vt* ❶ (*ausleeren*) to empty ❷ (*verschütten*) to spill ❸ FIN (*auszahlen*) to distribute **II.** *vr* (*fam*) ■ **sich vor Lachen ~** to split one's sides laughing *fig*

Aus·schüt·tung <-, -en> *f* FIN distribution; (*das Ausschütten*) distribution of dividends

aus|schwei·fend *adj Leben* hedonistic; *Fantasie* wild

Aus·schwei·fung <-, -en> *f meist pl* excess

aus|schwei·gen *vr irreg* ■ **sich ~** to remain silent; **sich eisern ~** to maintain a stony silence

aus|schwen·ken I. *vt haben* ❶ (*ausspülen*) to rinse out *sep* ❷ (*zur Seite schwenken*) to swing out **II.** *vi sein* to wheel

aus|schwit·zen *vt* to sweat out *sep*

aus|seh·en *vi irreg* to look; ■ **~ wie …** to look like …; **es sieht gut/schlecht aus** things are looking good/not looking too good; **nach Schnee/Regen ~** to look as if it is going to snow/rain; **nach etwas/nichts aussehen** to look good/not look anything special; **seh' ich so aus?** what do you take me for?; **wie sieht's aus?** (*fam*) how's things? [*or* BRIT *a.* tricks]

Aus·se·hen <-s> *nt* appearance; ■ **dem ~ nach** judging by appearances

au·ßen ['aʊsn̩] *adv* on the outside; **er spielt links/rechts ~** he is playing on the outside left/right; ■ **nach ~** outwards; ■ **von ~** from the outside; **~ vor sein** to be left out; **jdn/etw ~ vorlassen** to leave sb/sth out; **nach ~ hin** outwardly

Au·ßen·be·leuch·tung *f* exterior lighting

Au·ßen·be·zirk *m* outer district **Au·ßen·bord·mo·tor** *m* outboard [motor]

aus|sen·den *vt irreg* (*geh*) ❶ (*ausschicken*) to send out ❷ (*ausstrahlen*) to broadcast

Au·ßen·dienst *m* employment as a sales representative; **im ~ sein** to work as a sales representative; **~ machen** to work outside the office **Au·ßen·han·del** *m* foreign trade **Au·ßen·mi·nis·ter(in)** *m(f)* foreign minister, foreign secretary BRIT, Secretary of State AM **Au·ßen·mi·nis·te·ri·um** *nt* foreign ministry, Foreign Office BRIT, State Department AM **Au·ßen·po·li·tik** ['aʊsn̩politiːk] *f* foreign policy **au·ßen·po·li·tisch** ['aʊsn̩politɪʃ] **I.** *adj* foreign policy *attr*; **~er Sprecher** foreign policy spokesman **II.** *adv* as regards foreign policy **Au·ßen·sei·te** *f* outside; *Gebäude* exterior

Au·ßen·sei·ter(in) <-s, -> *m(f)* (*a. fig*) outsider

Au·ßen·spie·gel *m* AUTO [out]side mirror **Au·ßen·stän·de** *pl* ÖKON debts outstanding **Au·ßen·ste·hen·de(r)** *f(m) dekl wie adj* outsider **Au·ßen·stel·le** *f* branch **Au·ßen·stür·mer(in)** *m(f)* FBALL wing **Au·ßen·tem·pe·ra·tur** *f* outside temperature **Au·ßen·welt** *f* outside world **Au·ßen·wirt·schaft** *f* ÖKON foreign trade

au·ßer ['aʊsɐ] **I.** *präp* +*dat o gen* ❶ (*abgesehen von*) apart from ❷ (*zusätzlich zu*) in addition to ❸ (*nicht in*) out of; **~ Betrieb/Sicht/Gefahr sein** to be out of order/sight/danger ▶ **[über jdn/etw] ~ sich** *dat* **sein** to be beside oneself [about sb/sth] **II.** *konj* ■ **~ dass** except that; ■ **~ [wenn]** except [when]

au·ßer·dem ['aʊsɐdeːm] *adv* besides

äu·ße·re(r, s) ['ɔʏsərə, -rɐ, -rəs] *adj* ❶ (*außerhalb gelegen*) outer; *Verletzung* external ❷ (*von außen wahrnehmbar*) exterior ❸ (*außenpolitisch*) external

Äu·ße·re(s) ['ɔʏsərə, -rəs] *nt dekl wie adj* outward appearance

au·ßer·ehe·lich I. *adj* extramarital; *Kind* illegitimate **II.** *adv* illegitimately **au·ßer·eu·ro·pä·isch** *adj attr* non-European **au·ßer·ge·richt·lich** *adj, adv* out of court *attr*

außergewöhnlich–ausspielen 1014

ßer·ge·wöhn·lich [ˈaʊsɐɡəˈvøːnlɪç] **I.** *adj* unusual; *Leistung* extraordinary; *Mensch* remarkable **II.** *adv* extremely

au·ßer·halb [ˈaʊsɐhalp] **I.** *adj* outside; ~ **stehen** to be on the outside; **von** ~ from out of town **II.** *präp* outside; ~ **der Sprechstunde** outside [of] surgery/visiting, etc. hours

au·ßer·ir·disch *adj* extraterrestrial; ■ **A**~**e** extraterrestrials

äu·ßer·lich [ˈɔysɐlɪç] *adj* ❶ (*außen befindlich*) external ❷ (*oberflächlich*) superficial

Äu·ßer·lich·keit <-, -en> *f* ❶ (*Oberflächlichkeit*) superficiality; (*Formalität*) formality ❷ *pl* (*oberflächliche Details*) trivialities *pl*

äu·ßern [ˈɔysɐn] **I.** *vr* ❶ (*Stellung nehmen*) ■ **sich** [**zu etw** *dat*] ~ to say something [about sth]; **sich über jdn/etw abfällig** ~ to make disparaging comments about sb/sth ❷ (*sich manifestieren*) ■ **sich** ~ to manifest itself **II.** *vt* (*sagen*) to say; (*zum Ausdruck bringen*) to utter; *Kritik* to voice; *Wunsch* to express

au·ßer·or·dent·lich [ˈaʊsɐˈʔɔrdn̩tlɪç] **I.** *adj* extraordinary **II.** *adv* extraordinarily

au·ßer·orts *adv* SCHWEIZ, ÖSTERR out of town

au·ßer·plan·mä·ßig [ˈaʊsɐplaːnmɛːsɪç] *adj* unscheduled; *Ausgaben, Kosten* non-budgetary

äu·ßerst [ˈɔysɐst] *adv* extremely

au·ßer·stan·de [ˈaʊsɐˈʃtandə] *adj* ■ ~**, etw zu tun** unable to do sth

äu·ßers·te(r, s) *adj* ❶ (*entfernteste*) outermost; **am** ~**n Ende der Welt** at the farthest point of the globe; **der** ~ **Norden/Süden** the extreme north/south ❷ (*späteste*) latest possible ❸ (*höchste*) utmost; **von** ~**r Wichtigkeit** of supreme importance; **der** ~ **Preis** the last price

Äu·ßers·te(s) *nt dekl wie adj* **auf das** ~ **gefasst sein** to be prepared for the worst; **bis zum** ~**n gehen** to go to any extreme

äu·ßers·ten·falls [ˈɔysɐstn̩ˈfals] *adv* at the most

au·ßer·ta·rif·lich *adj* non-union

Äu·ße·rung <-, -en> *f* ❶ (*Bemerkung*) comment ❷ (*Zeichen*) expression

aus|set·zen I. *vt* ❶ (*im Stich lassen*) to abandon ❷ *Pflanzen* to plant out; *Wild, Fische* to release ❸ (*preisgeben*) ■ **jdn/etw einer S.** *dat* ~ to expose sb/sth to sth ❹ (*unterbrechen*) to interrupt ❺ (*bemängeln*) ■ **an etw** *dat* **etwas auszusetzen haben** to find fault with sth; **was hast du an ihr auszusetzen?** what don't you like about her?; **daran ist nichts auszusetzen** there's nothing wrong with that **II.** *vi* ❶ (*aufhören*) to take a break (**bei** from); (*bei Spiel*) to sit [sth] out; **eine Runde aussetzen** to miss a turn ❷ (*versagen*) to stop; *Motor* to fail ❸ (*unterbrechen*) ■ **mit etw** *dat* ~ to interrupt sth; **ohne auszusetzen** non-stop **III.** *vi impers* (*fam: ausrasten*) **auf einmal setzte es bei ihm aus** all of a sudden he snapped

Aus·set·zer <-s, -> *m* TECH (*fam*) abrupt failure of a machine or one of its functions during operation

Aus·sicht *f* ❶ (*Blick*) view; ■ **die** ~ **auf etw** *akk* the view overlooking sth ❷ (*Chance*) prospect; ■ **die** ~ **auf etw** *akk* the chance of sth; **keine** ~**en** [**auf etw** *akk*] **haben** to have no chance [of sth]; **etw in** ~ **haben** to have good prospects of sth; **jdm etw in** ~ **stellen** to promise sb sth; **das sind ja schöne** ~**en!** (*iron fam*) what a prospect!

aus·sichts·los *adj* hopeless

Aus·sichts·lo·sig·keit <-> *f kein pl* hopelessness

Aus·sichts·platt·form *f* viewing platform

Aus·sichts·punkt *m* viewpoint **aus·sichts·reich** *adj* promising **Aus·sichts·turm** *m* lookout tower

aus|sie·ben *vt* ❶ (*mit Sieb entfernen*) to strain (**aus** out of) ❷ (*aussondern*) to sift (**aus** out of)

aus|sie·deln *vt* to evacuate

Aus·sied·ler(in) *m(f)* emigrant; (*Evakuierter*) evacuee

aus|sit·zen *vt* to sit out

aus|söh·nen [ˈaʊszøːnən] **I.** *vt* ■ **jdn mit jdm/etw** ~ to reconcile sb with sb/to sth **II.** *vr* ■ **sich mit jdm/etw** ~ to become reconciled with sb/to sth; ■ **sich** ~ to make up

Aus·söh·nung <-, -en> *f* reconciliation (**mit** with)

aus|son·dern *vt* to select

aus|sor·gen *vi* ■ **ausgesorgt haben** to be set up for life *fam*

aus|sor·tie·ren* *vt* to sort out

aus|span·nen I. *vi* to relax **II.** *vt* ❶ *Pferd* to unharness (**aus** from); *Ochse* to unyoke ❷ (*ausbreiten*) to spread out; *Seil, Leine* to put up ❸ (*herausdrehen*) to take out (**aus** of) ❹ (*fam*) **jdm die Freundin/den Freund** ~ to pinch sb's girlfriend/boyfriend

aus|sper·ren *vt* ■ **jdn** ~ to lock sb out; ■ **sich** ~ to lock oneself out

Aus·sper·rung <-, -en> *f* ÖKON lockout

aus|spie·len I. *vt* ❶ KARTEN to play ❷ (*als Preis aussetzen*) *Lotterie* to pay out ❸ (*aufwiegeln*) ■ **jdn gegen jdn** ~ to play sb off against sb **II.** *vi* ❶ KARTEN (*das Spiel eröffnen*) to lead; (*Karte ablegen*) to play a card; **einen Trumpf** ~ to play a trump [card] ❷ (*verspielen*) ■ [**bei jdm**] **ausgespielt haben** to have had it [with sb] *fam*

aus|spi·o·nie·ren* vt to spy out

Aus·spra·che f ❶ (*Akzent*) pronunciation; (*Art des Artikulierens*) articulation; **eine feuchte ~ haben** to splutter when one speaks ❷ (*Unterredung*) talk

aus|spre·chen irreg **I.** vt ❶ (*artikulieren*) to pronounce ❷ (*äußern*) to express; **ein Lob ~** to give a word of praise; **Warnung** to issue ❸ (*ausdrücken*) ■ **jdm etw ~** to express sth to sb **II.** vr **sich ~** ❶ (*sein Herz ausschütten*) to talk things over ❷ (*Stellung nehmen*) ■ **sich für/gegen jdn/etw ~** to voice one's support for/opposition against sb/sth ❸ LING to be pronounced **III.** vi to finish [speaking]

Aus·spruch m remark; (*geflügeltes Wort*) saying

aus|spu·cken I. vt ❶ (*ausspeien*) to spit out ❷ (*fam: auswerfen*) to spew out; (*herausgeben*) to cough up *sep* ❸ (*fam: gestehen*) to spit out **II.** vi to spit

aus|spü·len vt to wash out

aus|staf·fie·ren* vt (*fam*) ❶ (*ausstatten*) to fit out (**mit** with) ❷ (*einkleiden*) to rig [*or esp* BRIT kit] out (**mit** in)

Aus·stand m ❶ (*Streik*) **im ~ sein** to be on strike; **in den ~ treten** to go on strike, BRIT *a*. to take industrial action ❷ SCHWEIZ, ÖSTERR, SÜDD (*Ausscheiden aus Stelle o Schule*) going away *no pl*, leaving BRIT *no pl*; **seinen ~ geben** to hold a going-away [*or* BRIT leaving] party

aus|stat·ten ['aʊsʃtatn̩] vt ❶ (*versorgen*) to provide (**mit** with) ❷ (*einrichten*) to furnish (**mit** with) ❸ (*versehen*) to equip (**mit** with)

Aus·stat·tung <-, -en> f ❶ *kein pl* (*Ausrüstung*) equipment; (*das Ausrüsten*) equipping *no pl* ❷ (*Einrichtung*) furnishings *pl* ❸ (*Aufmachung*) features *pl*

aus|ste·chen vt irreg ❶ (*entfernen, herausnehmen*) **Auge** to poke out; **Plätzchen** to cut out; **Unkraut** to dig out ❷ (*fam: übertreffen und verdrängen*) ■ **jdn ~** to outdo sb

aus|ste·hen irreg **I.** vt ❶ (*ertragen*) to endure; **jdn/etw nicht ~ können** to not be able to stand sb/sth ❷ (*durchmachen*) to go through; **ausgestanden sein** (*vorbei sein*) to be all over [and done with] **II.** vi (*noch nicht da sein*) to be due; **die Antwort steht seit 5 Wochen aus** the reply has been due for 5 weeks

aus|stei·gen vi irreg sein ❶ (*aus einem Fahrzeug*) to get off; **aus einem Auto ~** to get out of a car; **du kannst mich dort ~ lassen** you can let me out over there; **„Endstation, alles ~!"** "Last stop, all change!" ❷ (*aufgeben*) to drop out (**aus** of); SPORT to retire (**aus** from); (*sich zurückziehen*) to withdraw (**aus** from)

aus|stel·len I. vt ❶ (*zur Schau stellen*) to display; (*auf Messe, in Museum*) to exhibit ❷ (*ausschreiben*) **[jdm] eine Rechnung ~** to issue [sb] an invoice; **sie ließ sich die Bescheinigung ~** she had the certificate made out in her name ❸ (*ausschalten*) to switch off *sep* **II.** vi (*sich an einer Ausstellung beteiligen*) to exhibit

Aus·stel·ler(in) <-s, -> m(f) ❶ (*auf Messe*) exhibitor ❷ FIN **Scheck** drawer; ADMIN (*ausstellende Behörde o. Stelle*) issuer

Aus·stel·lung f ❶ (*Kunst~, Messe*) exhibition ❷ *kein pl* (*das Ausschreiben*) **Scheck** making out; **Rezept, Rechnung** writing out; (*Ausfertigung*) issue

Aus·stel·lungs·ge·län·de nt exhibition site **Aus·stel·lungs·hal·le** f exhibition hall

aus|ster·ben vi irreg sein to die out; **Geschlecht, Spezies** to become extinct

Aus·steu·er <-, -n> f dowry

Aus·stieg <-[e]s, -e> m ❶ (*Öffnung zum Aussteigen*) exit ❷ (*das Aufgeben*) ■ **der ~ aus etw** dat abandoning sth; **der ~ aus der Kernenergie** abandoning [of] nuclear energy

aus|stop·fen vt to stuff

aus|sto·ßen vt irreg ❶ (*hervorbringen*) to eject (**in** into); **Gase** to emit ❷ (*von sich geben*) **Seufzer** to utter; **Schrei** to give [out]; **Laute** to make ❸ (*herausstoßen, ausschließen*) to expel (**aus** from) ❹ (*produzieren*) to turn out

aus|strah·len I. vt haben ❶ (*abstrahlen, verbreiten*) to radiate; **Licht, Wärme** to give off; **Radioaktivität** to emit ❷ RADIO, TV (*senden*) to transmit **II.** vi sein ❶ (*abstrahlen*) to radiate; **bes Licht, Wärme** to be given off; **Radioaktivität** to be emitted ❷ (*sich ausdehnen*) ■ **in etw** akk **~ Schmerz** to extend to sth ❸ (*übergehen*) ■ **auf jdn/etw ~** to spread out to sb/sth

Aus·strah·lung f ❶ (*besondere Wirkung*) radiance; **eine besondere ~ haben** to have a special charisma ❷ RADIO, TV broadcast[ing]

aus|stre·cken I. vt to extend (**nach** to); **seine Fühler ~** to put out one's antennae; (*fig*) to make enquiries; **Hände, Beine** to stretch out **II.** vr (*sich räkeln*) ■ **sich ~** to stretch oneself out

aus|strei·chen vt irreg ❶ (*durch Streichen ungültig machen*) to cross out *sep* ❷ (*glätten*) to smooth out *sep* ❸ (*ausschmieren*) to smooth over (**mit** with)

aus|streu·en vt to scatter

aus|strö·men I. vi sein ❶ (*herausfließen*) to stream (**aus** out of); (*entweichen*) **Dampf, Gas** to escape (**aus** from) ❷ (*ausgehen*) ■ **von etw** dat **~** to be given off from sth ❸ (*ausstrahlen*) to radiate (**von** from) **II.** vt

aussuchen–Ausweg 1016

haben ❶ (*austreten lassen*) to give off ❷ (*verbreiten*) to radiate

aus|su·chen *vt* to choose (**für** for); ■ [sich dat] etw ~ to choose sth; ■ [sich dat] jdn ~ to pick sb

Aus·tausch *m* exchange; **im ~ gegen etw** *akk* in exchange for sth

aus·tausch·bar *adj* interchangeable; *defekte Teile, Mensch* replaceable

aus|tau·schen I. *vt* ❶ (*ersetzen*) to replace (**gegen** with) ❷ (*miteinander wechseln*) to exchange **II.** *vr* (*über jdn/etw sprechen*) ■ **sich ~** to exchange stories (**über** about)

Aus·tausch·schü·ler(in) *m(f)* exchange pupil **Aus·tausch·stu·dent(in)** *m(f)* exchange student

aus|tei·len *vt* to distribute (**an** to); *Befehle* to issue; *Essen* to serve; *Karten* to deal [out]

Aus·ter <-, -n> ['austɐ] *f* oyster **Aus·tern·pilz** *m* Chinese mushroom

aus|to·ben *vr* ■ **sich ~** (*sich abregen*) to let off steam; (*sich müde toben*) to romp around; (*ein wildes Leben führen*) to sow one's wild oats *fam!*; (*seine Neigungen ausleben*) to let one's hair down

aus|tra·gen *vt irreg* ❶ (*zu Fuß zustellen*) to deliver ❷ (*stattfinden lassen*) to hold; **einen Streit mit jdm ~** to have it out with sb ❸ (*bis zur Geburt behalten*) to carry to [the full] term

Aus·tra·li·en <-s> [aus'tra:liən] *nt* Australia; *s. a.* **Deutschland**

Aus·tra·li·er(in) <-s, -> [aus'tra:liɐ] *m(f)* Australian; *s. a.* **Deutsche(r)**

aus·tra·lisch [aus'tra:lɪʃ] *adj* Australian; *s. a.* **deutsch**

aus|trei·ben *irreg* **I.** *vt* ❶ REL (*vertreiben*) to exorcise ❷ (*rücksichtslos abgewöhnen*) ■ **jdm etw ~** to knock sth out of sb *fam* **II.** *vi* BOT to sprout

Aus·trei·bung <-, -en> *f* REL exorcism

aus|tre·ten *irreg* **I.** *vi sein* ❶ (*herausdringen*) to come out (**aus** of); *Blut, Eiter etc.* a. to issue (**aus** from); *Öl* to leak (**aus** from); *Gas* to escape (**aus** from) ❷ (*fam: zur Toilette gehen*) to go to the loo BRIT *fam* [*or* AM bathroom] ❸ (*ausscheiden*) to leave **II.** *vt haben* ❶ (*auslöschen*) to stamp out ❷ *Schuhe* to wear out

aus|trick·sen *vt* (*fam*) to trick

aus|trin·ken *irreg* **I.** *vt* ■ **etw ~** to finish sth **II.** *vi* to drink up

Aus·tritt *m* ❶ *kein pl* (*das Herauskommen*) issue; *Flüssigkeit* leakage; *Gas, Radioaktivität* escape; *Geschoß* exit ❷ (*das Ausscheiden*) departure (**aus** from)

aus|trock·nen I. *vi sein* to dry out; *Brot, Fluss, Käse, Kuchen* to dry up; *Haut* to dehydrate; *Kehle* to become parched **II.** *vt* ❶ *haben* (*trockenlegen*) to dry out ❷ (*trocken machen*) to dehydrate; *Kehle* to parch

aus|tüf·teln *vt* (*fam: geschickt ausarbeiten*) to work out; (*sich ausdenken*) to think up

aus|ü·ben *vt* ❶ *Beruf* to practise; *Amt* to hold; *Aufgabe, Funktion* to perform; *Macht, Recht* to exercise ❷ *Druck, Einfluss* to exert (**auf** on); *Wirkung* to have (**auf** on)

Aus·ü·bung *f kein pl* ❶ (*das Praktizieren*) practising *no pl*; (*das Innehaben*) *Amt* holding *no pl*; *Aufgabe, Funktion* performing *no pl*; **in ~ eines Amtes** (*geh*) in the line of duty ❷ (*die Entfaltung einer Wirkung*) exertion ❸ (*das Verwalten*) exercise

aus|u·fern ['aus?u:fɐn] *vi sein* to escalate (**zu** into)

Aus·ver·kauf *m* ❶ ÖKON (*Räumung des Lagers*) clearance sale ❷ (*pej: Verrat*) sell-out

aus·ver·kauft *adj* sold out

Aus·wahl *f* ❶ (*Warenangebot*) selection (**an** of); **die ~ haben** to have the choice; **zur ~ stehen** to choose from; **eine ~ [unter** *dat* ...] **treffen** to make one's choice [from ...] ❷ SPORT representative team

aus|wäh·len *vt, vi* to choose (**unter** from)

Aus·wahl·me·nü *nt* INFORM menu bar **Aus·wahl·ver·fah·ren** *nt* selection process

Aus·wan·de·rer, -wan·de·rin *m, f* emigrant

aus|wan·dern *vi sein* to emigrate (**nach** to)

Aus·wan·de·rung *f* emigration

aus·wär·tig ['ausvɛrtɪç] *adj attr* ❶ (*nicht vom Ort*) from out of town ❷ POL foreign; **Minister des A~en** (*geh*) Foreign Minister, Foreign Secretary BRIT

aus·wärts ['ausvɛrts] *adv* ❶ (*außerhalb des Ortes*) out of town; SPORT away; **das Spiel fand ~ statt** it was an away game; **~ essen** to eat out ❷ (*nach außen*) outwards

Aus·wärts·spiel *nt* SPORT away game

aus|wa·schen *vt irreg* ❶ (*durch Waschen entfernen*) to wash out (**aus** from) ❷ (*durch Spülen säubern*) to rinse ❸ GEOL (*herausspülen*) to flush out

aus·wech·sel·bar *adj* (*untereinander ~*) interchangeable; (*ersetzbar*) replaceable

aus|wech·seln [-ks-] *vt* to replace (**gegen** with); *Spieler* to substitute (**gegen** for) ▸ **wie ausgewechselt [sein]** [to be] a different person

Aus·wech·sel·spie·ler(in) *m(f)* SPORT substitute

Aus·wech·se·lung <-, -en>, **Aus·wechs·lung** <-, -en> *f* replacement; SPORT substitution

Aus·weg *m* way out (**aus** of); **der letzte ~**

aus·weg·los *adj* hopeless

aus|wei·chen *vi irreg sein* ❶ (*vermeiden*) ■ [etw *dat*] ~ to get out of the way [of sth] ❷ (*zu entgehen versuchen*) to evade; ~ **d** evasive ❸ (*als Alternative beschreiten*) ■ **auf etw** *akk* ~ to fall back on sth [as an alternative]

Aus·weich·ma·nö·ver *nt* ❶ AUTO, LUFT evasive manoeuvre ❷ (*Ausflucht*) evasion **Aus·weich·mög·lich·keit** *f* means of getting out of the way; (*Alternative*) alternative

aus|wei·nen *vr* ■ **sich** ~ to have a good cry

Aus·weis <-es, -e> ['aʊsvaɪs] *m* (*Personal-/Firmen-~*) identity card, I.D.; (*Berechtigungs-~*) pass; (*Mitglieds/Leser/Studenten-~*) card, I.D.; (*Blinden-~, Behinderten-~*) identification card

aus|wei·sen *irreg* **I.** *vt* (*abschieben*) to deport **II.** *vr* ❶ (*sich identifizieren*) ■ **sich** ~ to identify oneself; **können Sie sich ~?** do you have any means of identification? ❷ SCHWEIZ (*nachweisen*) ■ **sich über etw** *akk* ~ to have proof of sth

Aus·weis·kon·trol·le *f* identity check **Aus·weis·pa·pie·re** *pl* identity papers *pl*

Aus·wei·sung *f* ADMIN deportation

aus|wei·ten I. *vt* ❶ (*weiter machen*) to stretch ❷ (*umfangreicher machen*) to expand **II.** *vr* ❶ (*weiter werden*) ■ **sich** ~ to stretch [out] ❷ (*sich ausdehnen*) to extend ❸ (*eskalieren*) ■ **sich** ~ to escalate

Aus·wei·tung <-, -en> *f* ❶ (*Ausdehnung*) stretching *no pl* ❷ (*das Auswachsen*) escalation

aus·wen·dig *adv* [off] by heart; **etw** ~ **können** to know sth [off] by heart

aus|wer·fen *vt irreg* ❶ Asche, Lava to eject ❷ Netz, Leine to cast out

aus|wer·ten *vt* ❶ (*nutzbar machen*) to utilize ❷ (*evaluieren*) to evaluate; Statistiken, Daten to analyze

Aus·wer·tung *f* ❶ (*Nutzbarmachung*) utilization ❷ (*Evaluierung*) evaluation; (*von Statistiken*) analysis

aus|wi·ckeln *vt* to unwrap (**aus** from)

aus|wir·ken *vr* ■ **sich** ~ to have an effect (**auf** on)

Aus·wir·kung *f* (*Wirkung*) effect; (*Folge*) consequence; **negative ~en haben** to have negative repercussions

aus|wi·schen *vt* ❶ (*durch Wischen löschen*) to wipe ❷ (*sauber wischen*) to wipe clean *sep* ▶ **jdm eins auswischen** (*fam*) to get one's own back on sb

aus|wrin·gen *vt irreg* to wring out *sep*

Aus·wuchs *m* ❶ MED growth ❷ (*Missstand*) excess

Aus·wurf *m kein pl* ❶ MED phlegm ❷ GEOL (*das Auswerfen*) ejection, eruption

aus|zah·len I. *vt* ❶ (*Betrag aushändigen*) to pay out ❷ (*abfinden*) to pay off *sep*; Kompagnon, Miterben to buy out *sep* **II.** *vr* (*sich lohnen*) ■ **sich [für jdn]** ~ to pay [off] [for sb]

aus|zäh·len *vt* to count

Aus·zah·lung *f* ❶ (*Aushändigung als Zahlung*) paying out ❷ (*Abfindung*) paying off; *eines Kompagnons, Miterbens* buying out

aus|zeich·nen I. *vt* ❶ (*mit Preisschild versehen*) to price ❷ (*ehren*) to honour; **jdn durch einen Preis** ~ to give sb an award; **jdn durch einen Orden** ~ to decorate sb with a medal ❸ (*positiv hervorheben*) ■ **jdn** ~ to distinguish sb [from all others] **II.** *vr* ■ **sich** ~ to stand out

Aus·zeich·nung *f* ❶ *kein pl* (*das Auszeichnen von Ware*) labelling ❷ *kein pl* (*das Ehren*) honouring *no pl*; (*mit Orden, Würde*) decoration; (*mit Preis*) awarding *no pl* ❸ (*Preisetikett an Ware*) price tag ❹ (*Ehrung*) honour; (*Orden*) decoration; (*Preis*) award; **[etw] mit** ~ **bestehen** to pass [sth] with distinction

Aus·zeit *f* SPORT time out

aus·zieh·bar *adj* extendable [*or* BRIT *a*. -ible]; ~ **e Antenne** telescopic aerial; ~ **er Tisch** pull-out table

aus|zie·hen *irreg* **I.** *vt haben* ❶ (*ablegen*) ■ [**sich** *dat*] **etw** ~ to take off *sep* sth ❷ (*entkleiden*) to undress ❸ (*herausziehen*) to pull out *sep* ❹ (*verlängern*) to extend **II.** *vi sein* ❶ (*Wohnung aufgeben*) to move out (**aus** of) ❷ (*ausrücken*) to set out

Aus·zieh·tisch *m* pull-out table

Aus·zu·bil·den·de(r) *f(m) dekl wie adj* trainee

Aus·zug *m* ❶ (*das Umziehen*) move; **der** ~ **aus Ägypten** REL the Exodus from Egypt ❷ (*das Hinausschreiten*) procession ❸ (*Ausschnitt, Exzerpt*) excerpt; *Buch a.* extract ❹ (*Konto-~*) statement ❺ PHARM extract (**aus** of)

aus·zugs·wei·se *adv, adj* in excerpts [*or* extracts]

au·tark [aʊ'tark] *adj* ÖKON self-sufficient

Au·tar·kie <-, -n> [aʊtar'kiː, *pl* -kiːən] *f* ÖKON autarky

au·then·tisch [aʊ'tɛntɪʃ] *adj* authentic

Au·then·ti·zi·tät <-> [aʊtɛntitsi'tɛːt] *f kein pl* authenticity

Au·to <-s, -s> ['aʊto] *nt* car; ~ **fahren** to drive [a car]; (*als Mitfahrer*) to drive [by car]; **mit dem** ~ **fahren** to go by car

Au·to·at·las *m* road atlas

Au·to·bahn *f* motorway BRIT, freeway AM; (*in Deutschland a.*) autobahn **Au·to·bahn·**

auf·fahrt f motorway slip-road BRIT, freeway on ramp AM **Au·to·bahn·aus·fahrt** f motorway slip-road BRIT, freeway exit AM **Au·to·bahn·(be·nut·zungs·)ge·bühr** f [motorway] toll **Au·to·bahn·drei·eck** nt motorway junction **Au·to·bahn·kreuz** nt motorway intersection **Au·to·bahn·rast·stät·te** f motorway services f BRIT, services pl AM

Au·to·bat·te·rie f car battery

Au·to·bio·gra·fie[RR], **Au·to·bio·gra·phie** [autobiogra'fi:] f autobiography

Au·to·bom·be f car bomb **Au·to·bus** ['autobus] m ⟨veraltet⟩ bus **Au·to·car** ['autoka:ɐ] m SCHWEIZ bus

Au·to·di·dakt(in) <-en, -en> [autodi'dakt] m(f) self-educated person

au·to·di·dak·tisch I. adj self-taught **II.** adv autodidactically

Au·to·fah·rer(in) m(f) [car] driver **Au·to·fahrt** f car journey **Au·to·fried·hof** m ⟨fam⟩ car dump

au·to·gen [auto'ge:n] adj PSYCH **~es Training** relaxation through self-hypnosis

Au·to·gramm <-s, -e> [auto'gram] nt autograph

Au·to·händ·ler(in) m(f) car dealer[ship] **Au·to·kar·te** f road map

Auto·kenn·zei·chen <-, -> nt number plate BRIT, license plate AM; ⟨Länderkennzeichen⟩ international number [or AM license] plate code **Au·to·ki·no** ['autoki:no] nt drive-in cinema

Au·to·krat(in) <-en, -en> [auto'kra:t] m(f) autocrat

Au·to·kra·tie <-, -n> [autokra'ti:, pl -'ti:ən] f autocracy

Au·to·kra·tin <-, -nen> f fem form von Autokrat

au·to·kra·tisch adj autocratic

Au·to·mat <-en, -en> [auto'ma:t] m ❶ ⟨Geld~⟩ cash dispenser; ⟨Musik~⟩ jukebox; ⟨Spiel~⟩ slot-machine; ⟨Verkaufs~⟩ vending machine ❷ ELEK [automatic] cut-out

Au·to·ma·tik[1] <-> [auto'ma:tɪk] f ❶ ⟨Steuerungs~⟩ automatic system ❷ ⟨Automatikgetriebe in Fahrzeugen⟩ automatic transmission

Au·to·ma·tik[2] <-s, -s> [auto'ma:tɪk] m ⟨Wagen mit Automatikgetriebe⟩ automatic

au·to·ma·tisch [auto'ma:tɪʃ] adj automatic

au·to·ma·ti·sie·ren* [automati'zi:rən] vt to automate

Au·to·ma·ti·sie·rung <-, -en> f automation

Au·to·me·cha·ni·ker(in) m(f) car mechanic

Au·to·mo·bil <-s, -e> [automo'bi:l] nt ⟨veraltet geh⟩ automobile

Au·to·mo·bil·her·stel·ler m car manufacturer **Au·to·mo·bil·in·dust·rie** f car industry

au·to·nom [auto'no:m] adj POL autonomous **Au·to·no·me(r)** f(m) dekl wie adj POL independent

Au·to·no·mie <-, -n> [autono'mi:, pl -'mi:ən] f POL autonomy

Au·to·no·mie·ver·hand·lun·gen pl negotiations on autonomy pl

Au·to·num·mer f car [registration] number

Au·to·pi·lot ['autopilo:t] m LUFT autopilot

Au·to·psie <-, -n> [aut'psi:, pl -'psi:ən] f MED autopsy

Au·tor, Au·to·rin <-s, -toren> ['auto:ɐ, -'to:rɪn, pl -'to:rən] m, f author

Au·to·ra·dio nt car radio; ⟨mit Kassettenspieler⟩ car stereo **Au·to·rei·fen** m car tyre **Au·to·ren·nen** nt motor race; ⟨Rennsport⟩ motor racing

Au·to·rin <-, -nen> [au'to:rɪn] f fem form von Autor

au·to·ri·sie·ren* [autori'zi:rən] vt to authorize; **ich habe ihn dazu autorisiert** I gave him authorization for it; ■**autorisiert** authorized

au·to·ri·tär [autori'tɛ:ɐ] adj authoritarian

Au·to·ri·ta·ris·mus <-> m kein pl POL, SOZIOL authoritarianism

Au·to·ri·tät <-, -en> [autori'tɛ:t] f authority

Au·to·schlan·ge f queue [or AM line] of cars

Au·to·schlos·ser(in) m(f) auto mechanic

Au·to·schlüs·sel m car key **Au·to·skoo·ter** <-s, -> [-sku:tɐ] m bumper car

Au·to·stopp ['autoʃtɔp] m hitch-hiking

Au·to·sug·ges·ti·on [autozugɛsti̯o:n] f PSYCH autosuggestion

Au·to·te·le·fon nt car phone **Au·to·un·fall** m car accident **Au·to·ver·leih** m, **Au·to·ver·mie·tung** f car rental firm **Au·to·werk·statt** f garage, car repair shop

autsch [autʃ] interj ⟨fam⟩ ouch

avan·cie·ren* [avã'si:rən] vi sein ⟨geh⟩ to advance ⟨zu to⟩

Avant·gar·de <-, -n> [avã'gardə] f ⟨geh⟩ avant-garde

avant·gar·dis·tisch adj avant-garde

Aver·si·on <-, -en> [avɛr'zi̯o:n] f aversion ⟨gegen to⟩

Avo·ca·do <-, -s> [avo'ka:do] f avocado

axi·al [a'ksi̯a:l] adj TECH axial

Axi·om <-s, -e> [a'ksi̯o:m] nt axiom

Axt <-, Äxte> [akst, pl 'ɛkstə] f axe ▶ **die ~ im Haus erspart den Zimmermann** ⟨prov⟩ self-help is the best help

Aza·lee <-, -n> [atsa'le:ə] f, **Aza·lie** <-, -n> [a'tsa:li̯ə] f BOT azalea

Azo·ren [a'tso:rən] pl GEOG ■**die ~** the Azores npl

Az·te·ke, Az·te·kin <-n, -n> [ats'te:kə, -'te:kɪn] *m, f* HIST Aztec

Azu·bi [a'tsu:bi, 'a(:)tsubi] *m* <-s, -s>, *f* <-, -s> *kurz für* **Auszubildende(r)** trainee

B b

B, b <-, - *o fam* -s, -s> [be:] *nt* ❶ (*Buchstabe*) B [*or* b]; *s. a.* **A 1** ❷ MUS B flat; ■**b** (*Erniedrigungszeichen*) flat; *s. a.* **A 2**

bab·beln ['babl̩n] *vi, vt* (*fam*) to babble; (*viel reden a.*) to chatter

Ba·by <-s, -s> ['be:bi] *nt* baby

Ba·by·klap·pe ['be:bi-] *f* hatch or container in which unwanted babies can be left anonymously **Ba·by·pau·se** ['be:bi-] *f* (*fam*) parental leave *no pl* **ba·by·sit·ten** ['be:bizɪtn̩] *vi meist infin* to babysit **Ba·by·sit·ter(in)** <-s, -> ['be:bizɪɐ̯tɐ] *m(f)* babysitter **Ba·by·speck** *m* (*hum fam*) puppy fat Brit, baby fat Am **Ba·by·strich** <-[e]s> *m* child prostitution **Ba·by·tra·ge·ta·sche** *f* carrycot, baby carrier Am **Ba·by·zel·le** *f* mini[ature] cell [battery]

Bach <-[e]s, Bäche> [bax, *pl* 'bɛçə] *m* brook, creek Am; (*kleiner a.*) stream ▶ **den ~ runtergehen** (*fam*) to go down the drain

Bach·stel·ze <-, -n> *f* wagtail

Back·blech *nt* baking tray

Back·bord <-[e]s> ['bakbɔrt] *nt kein pl* NAUT port [side]

back·bord(s) *adv* NAUT on the port side

Ba·cke <-, -n> ['bakə] *f* ❶ (*Wange*) cheek ❷ (*fam: Po-*) buttock ❸ KOCHK [pork] cheek ❹ (*von Schraubstock*) jaw; (*Brems-*) shoe; (*am Fahrrad*) block ▶ **au ~!** (*veraltet fam*) oh dear!

ba·cken <backt *o* bäckt, backte *o veraltet* buk, gebacken> ['bakn̩] *vt, vi* (*im Ofen*) to bake; (*in Fett*) to fry (**in** with)

Ba·cken·kno·chen *m* ANAT cheekbone **Ba·cken·zahn** *m* back tooth

Bä·cker(in) <-s, -> ['bɛkɐ] *m(f)* ❶ (*Mensch*) baker; **beim ~** at the baker's [shop] ❷ (*Bäckerei*) bakery

Bä·cke·rei <-, -en> [bɛkə'raɪ] *f* ❶ (*Bäckerladen*) baker's [shop]; (*Backstube*) bakery ❷ ÖSTERR (*Gebäck*) small pastries and biscuits

Bä·cke·rin <-, -nen> *f fem von* **Bäcker**
Bä·cker·meis·ter(in) *m(f)* master baker

Back·fisch ['bakfɪʃ] *m* ❶ (*gebackener Fisch*) fried fish in batter ❷ (*veraltet: Teenager*) teenage girl **Back·form** *f* baking tin; (*Kuchenform a.*) cake tin

Back·ground <-s, -s> [-graʊnt] *m* background; (*Musik*) background music

Back·mi·schung *f* cake mixture **Back·ofen** ['bakʔo:fn̩] *m* oven; **heiß wie in einem ~** like an oven

Back·pfei·fe *f* DIAL slap in the face

Back·pul·ver *nt* baking powder **Back·rohr** *nt* ÖSTERR, **Back·röh·re** *f* oven

Back·slash <-s, -s> ['bɛkslɛʃ] *m* INFORM backslash

Back·stein *m* BAU [red]brick

Back·stu·be *f* bakery

Back·up <-s, -s> ['bɛkʌp] *nt o m* INFORM backup [copy]

Back·wa·ren *pl* bakery produce

Bad <-[e]s, Bäder> [ba:t, *pl* 'bɛ:də] *nt* ❶ (*eingelassenes Badewasser*) bath; **jdm/sich ein ~ einlassen** to run sb/oneself a bath ❷ (*das Baden*) bathing; **ein ~ nehmen** to take a bath ❸ (*Badezimmer*) bathroom ❹ (*Schwimm-*) swimming pool [*or* Brit bath[s]] ❺ (*Badeort: Heil-~*) spa; (*See-*) seaside resort ▶ **ein ~ in der Menge** a walkabout

Ba·de·an·stalt *f* swimming pool **Ba·de·an·zug** *m* swimming costume **Ba·de·ho·se** *f* swimming trunks *npl* **Ba·de·kap·pe** *f* swimming cap **Ba·de·lat·schen** *pl* (*fam*) flip-flops *pl* **Ba·de·man·tel** *m* bathrobe **Ba·de·meis·ter(in)** *m(f)* [pool] attendant; (*am Strand*) lifeguard

ba·den ['ba:dn̩] **I.** *vi* ❶ (*ein Wannenbad nehmen*) to have a bath ❷ (*schwimmen*) to swim (**in** in); **~ gehen** to go for a swim ▶ **[bei/mit etw** *dat*] **~ gehen** (*fam*) to come a cropper [doing/with sth] **II.** *vt* ❶ (*ein Bad geben*) ■**jdn ~** to bath sb; **sich ~** to have a bath ❷ MED to bathe (**in** in)

Ba·den-Würt·tem·berg <-s> ['ba:dn̩-vʏrtəmbɛrk] *nt* Baden-Württemberg

Ba·de·ort *m* seaside resort; (*Kurort*) spa resort **Ba·de·schuh** *m* flip flop **Ba·de·tuch** *nt* bath towel **Ba·de·wan·ne** *f* bath [tub] **Ba·de·was·ser** *nt* bath water **Ba·de·zim·mer** *nt* bathroom

Bad·min·ton <-> ['bɛtmɪntən] *nt* badminton

baff [baf] *adj präd* (*fam*) ■**~ sein** to be flabbergasted

BAFöG <-> *nt*, **Ba·fög** <-> ['ba:fœk] *nt kein pl Akr von* **Bundesausbildungsförderungsgesetz** [student] grant; **~ bekommen** to receive a grant

Ba·ga·tel·le <-, -n> [baga'tɛlə] *f* trifle, bagatelle *dated*

ba·ga·tel·li·sie·ren* [bagatɛli'zi:rən] *vt, vi*

Ba·ga·tell·scha·den *m* minor damage
to trivialize
Ba·ga·tell·scha·den *m* minor damage
Bag·dad <-s> ['bakdat] *nt* Bag[h]dad
Ba·gel <-s, -s> ['beɪgəl] *m* KOCHK bagel
Bag·ger <-s, -> ['bagɐ] *m* BAU excavator
bag·gern ['bagɐn] *vi* ❶ BAU to dig ❷ (*Volleyball*) to dig ❸ (*sl*) to flirt
Bag·ger·see *m* artificial lake formed in gravel pit
Ba·guette <-s, -s> [ba'gɛt] *nt* baguette
Ba·ha·mas [ba'ha:mas] *pl* ■ **die** ~ the Bahamas *pl*
Bahn <-, -en> [ba:n] *f* ❶ (*Eisen~*) train; (*Straßen~*) tram; (*Verkehrsnetz, Verwaltung*) railway[s]; **mit der ~** by train ❷ SPORT track; *Schwimmbecken* lane ❸ ASTRON orbit, path ❹ (*Stoff~, Tapeten~*) strip ❺ (*Weg, Lauf*) course; TRANSP (*Fahr~*) lane ▶ **freie ~ [für etw] haben** to have the go-ahead [for sth]; **in geregelten ~en verlaufen** to take an orderly course; **etw in die richtigen ~en lenken** to lead sth in the right channels; **auf die schiefe ~ kommen** to get off the straight and narrow; **sich** *dat* **eine ~ brechen** to force one's way, to make headway; **einer S.** *dat* **~ brechen** to blaze the trail for sth; **jdn aus der ~ werfen** to get sb off course
Bahn·be·am·te(r), -be·am·tin *m, f* railway official **Bahn·bre·chend** *adj* ground-breaking **Bahn·bus** *m* TRANSP rail coach **Bahn·Card** <-, -s> [-kaːd] *f* BAHN ≈ railcard BRIT **Bahn·damm** *m* railway embankment
bah·nen *vt* to pave a way; *Flussbett* to carve; **sich** *dat* **einen Weg durch etw** *akk* ~ to fight one's way through sth
Bahn·fahrt *f* train journey **Bahn·gleis** *nt* railway line
Bahn·hof *m* [railway] station ▶ **nur [noch] ~ verstehen** (*hum fam*) to not have the foggiest [idea]; **jdm einen großen ~ bereiten** to give sb [the] red carpet treatment
Bahn·hofs·hal·le *f* station concourse **Bahn·hofs·vor·stand** *m* ÖSTERR, SCHWEIZ, **Bahn·hofs·vor·ste·her(in)** *m(f)* stationmaster
Bahn·li·nie *f* railway line **Bahn·po·li·zei** *f* railway police **Bahn·schran·ke** *f*, **Bahn·schran·ken** *m* ÖSTERR level crossing barrier **Bahn·steig** <-[e]s, -e> *m* [station] platform **Bahn·steig·kan·te** *f* platform edge
Bahn·über·gang *m* level crossing **Bahn·un·ter·füh·rung** *f* railway [*or* AM railroad]] underpass **Bahn·ver·bin·dung** *f* [rail] connection **Bahn·wär·ter(in)** *m(f)* level crossing attendant
Bah·re <-, -n> ['baːrə] *f* stretcher; (*Toten~*) bier
Bai <-, -en> ['baɪ] *f* GEOG bay

Bai·ser <-s, -s> [bɛ'zeː] *nt* meringue
Baisse <-, -n> ['bɛːsə] *f* BÖRSE slump
Ba·jo·nett <-[e]s, -e> [bajo'nɛt] *nt* MIL bayonet
Bak·te·rie <-, -n> [bak'teːriə] *f meist pl* bakterium
bak·te·ri·ell [baktə'riɛl] *adj* MED bacterial, bacteria *attr*
Bak·te·ri·o·lo·ge, Bak·te·ri·o·lo·gin <-n, -n> [bakteri̯o'loːgə, -'loːgɪn] *m, f* bacteriologist
Bak·te·ri·o·lo·gie <-> [bakteri̯olo'giː] *f kein pl* bacteriology *no pl*
Bak·te·ri·o·lo·gin <-, -nen> *f fem form von* **Bakteriologe**
bak·te·ri·o·lo·gisch [bakteri̯o'loːgɪʃ] *adj* bacteriological
Ba·lan·ce <-, -n> [ba'lãːsə] *f* balance
ba·lan·cie·ren* [balã'siːrən] *vi, vt* to balance (**auf on, über** across)
bald [balt] **I.** *adv* soon; **komm ~ wieder!** come back soon!; **wird's ~?** (*fam*) move it!; **so ~ wie möglich** as soon as possible; **bis ~!** see you later!; **~ darauf** soon after[wards]; **nicht so ~** not as soon **II.** *konj* (*geh*) ■ **~ ..., ~ ...** one moment ..., the next ...; **~ hier, ~ da** now here, now there
Bal·da·chin <-s, -e> ['baldaxiːn] *m* canopy
Bäl·de ['bɛldə] *f* **in ~** in the near future
bal·dig ['baldɪç] *adj attr* speedy; **wir hoffen auf Ihr ~es Kommen!** we hope to see you soon!
bal·digst *adv* (*geh*) as soon as possible
bald·mög·lichst *adv* as soon as possible
Bal·dri·an <-s, -e> ['baldriaːn] *m* BOT valerian
Ba·le·a·ren [bale'aːrən] *pl* ■ **die ~** the Balearic Islands *pl*
Balg¹ <-[e]s, Bälge> [balk, *pl* 'bɛlgə] *m* ❶ (*Blase~*) bellows *npl* ❷ (*Tierhaut*) pelt
Balg² <-[e]s, Bälger> [balk, *pl* 'bɛlgə] *m o nt* (*pej fam*) brat
bal·gen ['balgn] *vr* ■ **sich [um etw** *akk*] ~ to scrap [over sth]
Bal·ge·rei <-, -en> [balgə'raɪ] *f* scrap
Bal·kan <-s> ['balkaːn] *m* ❶ (*Halbinsel, Länder*) ■ **der ~** the Balkans *pl*; **auf dem ~** on the Balkans ❷ (*Balkangebirge*) Balkan Mountains *pl*
Bal·kan·län·der *pl* Balkan States
Bal·ken <-s, -> ['balkn] *m* ❶ (*Holz~*) beam ❷ (*Stahl~*) girder ❸ (*Stütz~*) prop ❹ MUS bar ❺ SPORT beam ▶ **lügen, dass sich die ~ biegen** (*fam*) to lie through one's teeth
Bal·ken·de·cke *f* wood-beam ceiling **Bal·ken·waa·ge** *f* beam balance
Bal·kon <-s, -s *o* -e> [bal'kɔŋ, bal'koː] *m* ❶ ARCHIT balcony ❷ THEAT dress circle

Bal·kon·pflan·ze f balcony plant **Bal·kon·tür** f French window[s]

Ball[1] <-[e]s, Bälle> [bal, pl 'bɛlə] m (zum Spielen) ball; **am ~ sein** to have the ball; **jdm den ~ zuspielen** to feed sb the ball ▸ **am ~ bleiben** to stay on the ball fig; **bei jdm am ~ bleiben** to keep in with sb fig; **am ~ sein** to be on the ball fig; **jdm den ~ zuspielen** to feed sb lines fig

Ball[2] <-[e]s, Bälle> [bal, pl 'bɛlə] m (Tanzfest) ball; (mit Mahl a.) dinner-dance BRIT

Bal·la·de <-, -n> [baˈlaːdə] f ballad

Bal·last <-[e]s, selten -e> ['balast, baˈlast] m NAUT, LUFT ballast; (fig) burden

Bal·last·stof·fe pl roughage sing

bal·len ['balən] I. vt to press together [into a ball]; Papier to crumple [into a ball]; Faust to clench II. vr ■ **sich ~** to crowd [together]; Wolken to gather

Bal·len <-s, -> ['balən] m ❶ (rundlicher Packen) bale ❷ (an Hand o Fuß) ball; (bei Tieren) pad

Bal·le·ri·na[1] <-, Ballerinen> [baləˈriːna, pl -ˈriːnən] f ballerina

Bal·le·ri·na[2] <-s, Ballerinas> [baləˈriːna] m (Schuh) court shoe BRIT, pump AM

bal·lern ['balərn] I. vi (fam) ❶ (schießen) to shoot; **zu Silvester wird viel geballert** there are lots of fireworks on New Year's Eve ❷ (knallen, poltern) to bang; **gegen die Tür ~** to bang on the door II. vt (sl: zuschlagen) **jdm eine ~** to sock sb one

Bal·lett <-[e]s, -e> [baˈlɛt] nt ❶ (Tanz) ballet ❷ (Tanzgruppe) ballet [company]; **zum ~ gehen** to become a ballet dancer; **beim ~ sein** to be with the ballet

Bal·lett·tän·zer(in)[RR] m(f)/ ballet dancer

Ball·jun·ge m TENNIS ball boy

Ball·kleid nt ball dress

Ball·mäd·chen nt TENNIS fem form von **Balljunge** ball girl

Bal·lon <-s, -s o -e> [baˈlɔŋ, baˈlõː] m ❶ (Luft~) balloon ❷ (bauchiger Glasbehälter) carboy ❸ (sl: Kopf) nut BRIT, bean AM

Bal·lon·fahrt f ■ **auf ~ gehen** to go up in a [hot air] balloon

Ball·saal m ballroom

Ball·spiel nt ball game **Ball·spie·len** <-s> nt kein pl playing ball

Bal·lung <-, -en> f ❶ (Ansammlung) concentration ❷ (Verdichtung) accumulation

Bal·lungs·ge·biet nt, **Bal·lungs·raum** m conurbation **Bal·lungs·zen·trum** nt centre of population; **industrielles ~** centre of industry

Ball·wech·sel m rally

Bal·sam <-s, -e> ['balzaːm] m ❶ (Salbe) balsam ❷ (fig) balm; **~ für die Seele sein** to be like balm for the soul

bal·sa·mie·ren [balzaˈmiːrən] vt ❶ (vor Verwesung schützen) to embalm ❷ (geh: einölen) to anoint

Bal·te <-en, -en> ['baltə] m Balt, person from the Baltic; s. a. **Deutsche(r)**

Bal·ti·kum <-s> ['baltɪkʊm] nt ■ **das ~** the Baltic states

bal·tisch ['baltɪʃ] adj Baltic

Ba·lus·tra·de <-, -n> [balʊsˈtraːdə] f balustrade

bal·zen ['baltsn] vi to perform a courtship display

Bam·bus <-ses o -, -se> ['bambʊs] m bamboo

Bam·bus·rohr nt bamboo cane **Bam·bus·spros·sen** pl bamboo shoots pl

Bam·mel <-s> ['baml] m (fam) ■ **~ vor jdm/etw haben** to be scared of sb/sth

ba·nal [baˈnaːl] adj banal; Angelegenheit, Ausrede trivial; Bemerkung trite; Thema commonplace

ba·na·li·sie·ren* [banaliˈziːrən] vt (geh) to trivialize

Ba·na·li·tät <-, -en> [banaliˈtɛːt] f ❶ kein pl (banale Beschaffenheit) banality; eines Themas, einer Angelegenheit triviality ❷ meist pl (banale Äußerung) platitude

Ba·na·ne <-, -n> [baˈnaːnə] f banana

Ba·na·nen·scha·le f banana skin

Ba·nau·se <-n, -n> [baˈnau̯zə] m (pej) philistine

band [bant] imp von **binden**

Band[1] <-[e]s, Bänder> [bant, pl 'bɛndɐ] nt ❶ (Streifen Gewebe) ribbon a. fig; (Hut~) hatband; (Schürzen~) apron string ❷ (Mess~) measuring tape ❸ (Metall~) metal band ❹ (Verpackungs~) packaging tape ❺ (Ton~) [recording] tape; **etw auf ~ aufnehmen** to tape [record] sth ❻ (Fließ~) conveyor belt; **am ~ arbeiten** to work on an assembly line; **am laufenden ~** (fam) non-stop ❼ meist pl ANAT ligament; **sich** dat **die Bänder zerren** to strain ligaments ❽ BAU (Baubeschlag) hinge ❾ (gegenseitige Beziehung) bond; **zarte ~e knüpfen** to start a romance

Band[2] <-[e]s, Bände> [bant, pl 'bɛndə] m volume; **Bände füllen** to fill volumes ▸ **Bände sprechen** (fam) to speak volumes

Band[3] <-, -s> [bɛnt] f MUS band

Ban·da·ge <-, -n> [banˈdaːʒə] f bandage ▸ **mit harten ~n kämpfen** (fam) to fight with no holds barred

ban·da·gie·ren* [bandaˈʒiːrən] vt to bandage

Band·auf·nah·me f tape-recording **Band·brei·te** f ❶ (geh) range; **eine ~ von ... bis ... haben** to range from ... to ... ❷ RADIO, INET

bandwidth
Ban·de¹ <-, -n> ['bandə] *f* (*Gruppe*) gang
Ban·de² <-, -n> ['bandə] *f* SPORT barrier; *eines Billardtisches* cushion; *einer Reitbahn* boards
Ban·de·ro·le <-, -n> [bandəˈroːlə] *f* revenue stamp
Bän·der·riss^{RR} ['bɛndɐ-] *m* MED torn ligament
bän·di·gen ['bɛndɪɡn̩] *vt* ❶ (*zähmen*) to tame ❷ (*niederhalten, zügeln*) to bring under control; *Haare* to control; *Naturgewalten* to harness
Ban·dit(in) <-en, -en> [banˈdiːt] *m(f)* bandit; **einarmiger ~** one-armed bandit
Band·maß *nt* tape measure **Band·nu·del** *f* tagliatelle *no pl* **Band·schei·be** *f* ANAT [intervertebral] disc; **es an den ~n haben** *(fam)* to have a slipped disc **Band·wurm** *m* tapeworm
bang <er *o* bänger, -ste *o* bängste> [baŋ] *adj* (*geh*) scared; *Schweigen* uneasy; **es ist/wird jdm ~ |zumute|** to be/become uneasy
Ban·ge <-> ['baŋə] *f* **jdm ~ machen** to scare sb; **[nur] keine ~!** (*fam*) don't be afraid!; (*keine Sorge*) don't worry!
ban·gen ['baŋən] *vi* (*geh*) ❶ (*sich ängstigen*) ■ **um jdn/etw ~** to worry about sb/sth; **um jds Leben ~** |**alle| durch die ~** (*fam*) to fear for sb's life ❷ (*Angst haben*) to be scared
Bang·la·desch, Bang·la·desh <-> [baŋlaˈdɛʃ] *nt* Bangladesh; *s. a.* **Deutschland**
Bank¹ <-, Bänke> [baŋk, *pl* 'bɛŋkə] *f* ❶ (*Sitzmöbel*) bench; (*Garten~*) [garden] seat; (*Anklage~*) dock; **auf der Anklage~** in the dock; (*Schul~*) desk; **in der ersten ~** in the front row ❷ (*bankförmige Anhäufung*) bank; (*Austern~*) bed; (*Korallen~*) reef; (*Sand~*) sandbank, sandbar; (*Wolken~*) bank of clouds ▶ **etw auf die lange ~ schieben** (*fam*) to put sth off; **|alle| durch die ~** (*fam*) every single one [of them]
Bank² <-, -en> [baŋk] *f* ❶ FIN bank; **auf der ~** in the bank; **ein Konto bei einer ~ haben** to have an account with a bank ❷ (*Kasse*) bank; **die ~ sprengen** to break the bank
Bank·an·ge·stell·te(r) *f(m) dekl wie adj* bank employee **Bank·au·to·mat** *m* [automated] cash dispenser, automated teller machine, ATM **Bank·di·rek·tor, -di·rek·to·rin** *m, f* bank manager
Ban·ker(in) <-s, -> ['bɛŋkɐ] *m(f)* (*fam*) banker
Ban·kett <-[e]s, -e> [baŋˈkɛt] *nt* banquet
Bank·ge·heim·nis *nt* [the bank's duty to maintain] confidentiality **Bank·ge·schäf·te** *pl* banking transactions *pl*
Ban·kier <-s, -s> [baŋˈkiːɐ] *m* banker
Bank·kauf·mann, -frau *m, f* [qualified] bank clerk **Bank·kon·to** *nt* bank account **Bank·kre·dit** *m* bank loan **Bank·leit·zahl** *f* bank sorting code [number] **Bank·no·te** *f* banknote **Bank·raub** *m* bank robbery **Bank·räu·ber(in)** *m(f)* bank robber
bank·rott [baŋkˈrɔt] *adj* bankrupt
Bank·rott <-[e]s, -e> [baŋkˈrɔt] *m* bankruptcy; **~ machen** to go bankrupt
bank·rott|ge·hen *vi irreg sein* to go bankrupt
Bank·schließ·fach *nt* safe-deposit box **Bank·über·fall** *m* bank raid **Bank·über·wei·sung** *f* bank transfer **Bank·ver·bin·dung** *f* banking arrangements; **wie ist Ihre ~?** what are the particulars of your bank account? **Bank·we·sen** *nt kein pl* banking
Bann <-[e]s> [ban] *m* ❶ (*geh*) spell; **in jds ~** *akk*/**in den ~ einer S.** *gen* **geraten** to come under sb's/sth's spell; **jdn in ~ halten** (*geh*) to hold sb in one's spell; **jdn in seinen ~ ziehen** to cast a spell over sb; **im ~ einer S.** *gen* **stehen** to be under the spell of sth ❷ HIST excommunication; **den ~ über jdn aussprechen** to excommunicate sb
ban·nen ['banən] *vt* ❶ (*geh: faszinieren*) to entrance; **|wie| gebannt** [as though] entranced ❷ (*vertreiben*) to exorcize; *Gefahr* to avert
Ban·ner <-s, -> ['banɐ] *nt* banner
bar [baːɐ] *adj* ❶ (*in Banknoten oder Münzen*) cash; **[in] ~ bezahlen** to pay [in] cash; **gegen ~** for cash ❷ *attr* (*rein*) pure; *Unsinn* utter ❸ *präd* (*geh: ohne*) ■ **~ einer S.** *gen* devoid of sth
bar, Bar <-s, -s> [baːɐ] *nt als Maßeinheit* bar
Bär(in) <-en, -en> [bɛːɐ] *m(f)* bear; **stark wie ein ~** (*fam*) strong as an ox; **wie ein ~ schlafen** (*fam*) to sleep like a log; **der Große/Kleine ~** the Great/Little Bear ▶ **jdm einen ~en aufbinden** (*fam*) to have [*or* AM put] sb on
Ba·ra·cke <-, -n> [baˈrakə] *f* shack
Bar·bar(in) <-en, -en> [barˈbaːɐ] *m(f)* ❶ (*pej*) barbarian ❷ HIST Barbarian
Bar·ba·rei <-, -en> [barbaˈraj] *f* (*pej*) ❶ (*Unmenschlichkeit*) barbarity ❷ *kein pl* (*Kulturlosigkeit*) barbarism
Bar·ba·rin <-> *f fem form von* **Barbar**
bar·ba·risch [barˈbaːrɪʃ] **I.** *adj* ❶ (*pej: unmenschlich*) barbarous; *Folter* brutal ❷ (*fam: grässlich*) barbaric ❸ (*fam: unerhört*) dreadful ❹ HIST barbarian **II.** *adv* ❶ (*grausam*) brutally ❷ (*fam: entsetzlich*) dreadfully
bär·bei·ßig ['bɛɐbajsɪç] *adj* (*fam*) grumpy

Bar·be·kannt·schaft *f* acquaintance formed in a bar, random pickup *fam*
Bar·bier <-s, -e> [bar'biːɐ̯] *m* (*veraltet*) barber
Bar·code <-s, -s> ['baːkoːt] *m* INFORM bar code
Bar·da·me *f* barmaid
Bä·ren·dienst *m* ▶ jdm einen ~ **erweisen** to do sb a bad turn **Bä·ren·hun·ger** *m* a massive appetite; **einen ~ haben** (*fam*) to be famished **Bä·ren·kräf·te** *pl* the strength of an ox **bä·ren·stark** *adj* ❶ (*fam:* äußerst *stark*) as strong as an ox *pred* ❷ (*sl: toll*) dead
Ba·rett <-[e]s, -e *o* -s> [ba'rɛt] *m* beret; (*von Geistlichem*) biretta; (*von Richter*) cap; (*von Professor*) mortarboard
bar·fuß ['baːɐ̯fuːs] *adj präd* barefoot[ed]
barg [bark] *imp von* **bergen**
Bar·geld *nt* cash
bar·geld·los I. *adj* cashless **II.** *adv* without using cash **Bar·geld·um·stel·lung** *f* circulation of a new currency; (*auf Euro*) introduction of the Euro in cash form
Bar·ho·cker *m* bar stool
Bä·rin <-, -nen> *f fem form von* **Bär**
Ba·ri·ton <-s, -e> [ba(ː)riton] *m* baritone
Ba·ri·um <-s> ['baːri̯ʊm] *nt kein pl* barium *no pl*
Bar·kas·se <-, -n> [bar'kasə] *f* launch
Bar·kauf *m* cash purchase
Bar·ke <-, -n> ['barkə] *f* skiff
Bar·kee·per(in) <-s, -> ['baːɐ̯kiːpɐ] *m(f)*, **Bar·mann** *m* bartender
barm·her·zig [barm'hɛrtsɪç] *adj* compassionate; ■ ~ **sein** to show compassion; **eine ~ e Tat** an act of compassion
Barm·her·zig·keit <-> *f kein pl* mercy *no pl*; **~ üben** (*geh*) to show mercy
Bar·mi·xer(in) <-s, -> *m(f)* barman
ba·rock [ba'rɔk] *adj* ❶ KUNST, ARCHIT baroque ❷ (*üppig*) baroque; *Figur* ample; *Sprache* florid ❸ (*pompös*) extravagant
Ba·rock <-[s]> [ba'rɔk] *nt o m kein pl* baroque *no pl*
Ba·ro·me·ter <-s, -> [baro'meːtɐ] *nt* barometer; **das ~ fällt/steigt** the barometer is falling/rising
Ba·ron(in) <-s, -e> [ba'roːn] *m(f)* baron
Bar·ren¹ <-s, -> ['barən] *m* SPORT parallel bars *pl*
Bar·ren² <-s, -> ['barən] *m* bar, ingot
Bar·ri·e·re <-, -n> [ba'ri̯eːrə] *f* (*a. fig*) barrier
Bar·ri·ka·de <-, -n> [bari'kaːdə] *f* barricade ▶ [für etw *akk*] **auf die ~n gehen** (*fam*) to man the barricades [for sth]
barsch [barʃ] **I.** *adj* curt **II.** *adv* curtly
Barsch <-[e]s, -e> [barʃ] *m* perch

Bar·scheck *m* FIN open cheque BRIT, cashable check AM
barst [barst] *imp von* **bersten**
Bart <-[e]s, Bärte> [baːɐ̯t, *pl* 'bɛːɐ̯tə] *m* ❶ (*Voll~*) beard; **sich** *dat* **etw in den ~ brummeln** (*fam*) to mumble sth [into one's beard]; **sich** *dat* **einen ~ wachsen lassen** to grow a beard ❷ (*Schnurr~*) moustache ❸ ZOOL whiskers ❹ (*Schlüssel~*) bit ▶ **beim ~ e des Propheten** cross my heart; **jdm um den ~ gehen** (*fam*) to butter sb up; **einen ~ haben** (*fam*) to be as old as the hills
bär·tig ['bɛːɐ̯tɪç] *adj* bearded
bart·los *adj* beardless **Bart·stop·peln** *pl* stubble *sing* **Bart·wuchs** *m* growth of beard; (*Frau*) facial hair
Bar·ver·mö·gen *nt* cash assets **Bar·zah·lung** *f* payment in cash
Ba·sar <-s, -e> [ba'zaːɐ̯] *m* bazaar
Ba·se¹ <-, -n> ['baːzə] *f* CHEM base
Ba·se² <-, -n> ['baːzə] *f* ❶ (*veraltet*) s. **Cousine** ❷ SCHWEIZ s. **Tante**
Base·ball <-s> ['bɛɪsbɔːl] *m kein pl* baseball
Ba·sel <-s> ['baːzl̩] *nt* Basle
Ba·sen *pl von* **Basis**, **Base**
ba·sie·ren* [ba'ziːrən] *vi, vt* to be based (**auf** on)
Ba·si·li·ka <-, Basiliken> [ba'ziːlika, *pl* ba'ziːlikən] *f* basilica
Ba·si·li·kum <-s> [ba'ziːlikʊm] *nt kein pl* basil
Ba·sis <-, Basen> ['baːzɪs, *pl* 'baːzn̩] *f* ❶ (*Grundlage*) basis ❷ POL (*die Parteimitglieder/die Bürger*) grass roots ■ **die ~** the grass roots ❸ ARCHIT base ❹ MIL base
ba·sisch ['baːzɪʃ] **I.** *adj* CHEM basic **II.** *adv* CHEM as a base
Ba·sis·wis·sen *nt kein pl* basic knowledge
Bas·ke, Bas·kin <-n, -n> ['baskə, 'baskɪn] *m, f* Basque; *s. a.* **Deutsche(r)**
Bas·ken·land *nt* ■ **das ~** Basque region
Bas·ken·müt·ze *f* beret
Bas·ket·ball <-s> ['baː(ː)skətbal] *m kein pl* basketball
Bas·kin <-, -nen> *f fem form von* **Baske**
bas·kisch ['baskɪʃ] *adj* Basque; *s. a.* **deutsch**
Bass[RR] <-es, Bässe> *m*, **Baß**[ALT] <-sses, Bässe> [bas, *pl* 'bɛsə] *m* ❶ MUS bass (*voice*); (*Sänger*) bass ❷ MUS bass [notes *pl*]
Bas·sin <-s, -s> [ba'sɛ̃ː] *nt* ❶ (*Schwimmbecken*) pool ❷ (*Garten~*) pond
Bas·sist(in) <-en, -en> [ba'sɪst] *m(f)* ❶ (*Sänger*) bass (*singer*) ❷ (*Spieler eines Bassinstrumentes*) [double] bass player
Bass·schlüs·sel[RR] *m* bass clef
bas·ta ['basta] *interj* [**und damit**] ~ ! [and that's] enough!
Bas·tard <-[e]s, -e> ['bastart] *m* ❶ (*fam:*

basteln – Bauherr 1024

mieser Kerl) bastard ❷ (*uneheliches Kind*) bastard ❸ (*Hybride*) hybrid

bas·teln ['bastln̩] **I.** vi ❶ (*als Hobby*) to do handicrafts ❷ (*sich zu schaffen machen*) ■ **an etw** *dat* ~ to work on sth; **er bastelt am Computer herum** he's fiddling around with the computer **II.** vt (*handwerklich fertigen*) to make; *Gerät* to build; ■ **sich** *dat* **etw** ~ to make oneself sth

Bas·ti·on <-, -en> [bas'tjo:n] *f* bastion

Bast·ler(in) <-s, -> *m(f)* handicraft enthusiast; **ein guter ~ sein** to be good with one's hands

bat [ba:t] *imp von* **bitten**

Ba·tail·lon <-s, -e> [batal'jo:n] *nt* battalion

Ba·tik <-, -en> ['ba:tɪk] *f* batik

Ba·tist <-[e]s, -e> [ba'tɪst] *m* batiste

Bat·te·rie <-, -n> [batə'ri:, *pl* -'ri:ən] *f* ❶ ELEK battery ❷ TECH (*Misch~*) regulator ❸ (*fam: Ansammlung*) row ❹ MIL battery

Bat·te·rie·be·trieb *m* battery operation; **auf ~ laufen** to run on batteries **bat·te·rie·be·trie·ben** *adj* battery-powered **Bat·te·rie·hal·tung** <-> *f kein pl* battery farming

Bat·zen <-s, -> ['batsn̩] *m* (*Klumpen*) lump; *Erde* clod; **ein schöner ~ [Geld]** (*fam*) a pile [of money]

Bau¹ <-[e]s, -ten> [bau, *pl* 'bautn̩] *m* ❶ *kein pl* (*das Bauen*) building *no pl*; **im ~ sein** to be under construction ❷ *kein pl* (*Körper~*) build ❸ (*Gebäude*) building; (*~werk*) construction ❹ *kein pl* (*fam: Baustelle*) building site; **auf dem ~ arbeiten** to work on a building site ❺ *kein pl* MIL (*sl: Arrest*) guardhouse, BRIT *a.* glasshouse

Bau² <-[e]s, -e> [bau] *m* (*Erdhöhle*) burrow; (*Biber~*) [beaver] lodge; (*Dachs~*) sett; (*Fuchs~*) earth; (*Wolfs~*) lair

Bau·ab·schnitt *m* stage [of construction] **Bau·amt** *nt* building control department **Bau·ar·bei·ten** *pl* building work *sing*; **wegen ~ gesperrt** closed for repair work **Bau·ar·bei·ter(in)** *m(f)* building [*or* AM construction] worker

Bauch <-[e]s, Bäuche> [baux, *pl* 'bɔyçə] *m* ❶ (*Unterleib*) stomach, tummy *fam*; KOCHK belly; (*Fett~*) paunch; **einen dicken ~ bekommen** to develop a paunch; **sich** *dat* **den ~ vollschlagen** (*fam*) to stuff oneself ❷ (*bauchiger Teil*) belly; **im ~ eines Schiffes** in the bowels of a boat ▶ **aus dem hohlen ~ [heraus]** (*fam*) off the top of one's head; **aus dem ~** (*fam*) from the heart; **voller ~ studiert nicht gern** (*prov*) you can't study on a full stomach

Bauch·fleisch *nt* belly **Bauch·ge·fühl** *nt kein pl* (*fam*) gut feeling *fam* **Bauch·höh·le** *f* abdominal cavity

bau·chig ['bauxɪç] *adj* bulbous

Bauch·la·den *m* vendor's tray **Bauch·lan·dung** *f* (*fam*) belly-landing ▶ **eine ~ mit etw** *dat* **machen** to make a flop of sth **Bauch·na·bel** *m* navel, belly button *fam* **Bauch·red·ner(in)** *m(f)* ventriloquist **Bauch·schmer·zen** *pl* stomach ache; (*fig fam*) ~ **kriegen** to get butterflies in one's tummy **Bauch·speck** *m* ❶ (*Fleischstück*) streaky bacon ❷ (*Fettansatz*) spare tyre **Bauch·spei·chel·drü·se** *f* ANAT pancreas **Bauch·tanz** *m* belly-dance **Bauch·tän·ze·rin** *f* belly-dancer **Bauch·weh** *nt s.* **Bauchschmerzen**

Bau·denk·mal *nt* architectural monument

bau·en ['bauən] **I.** vt ❶ (*errichten, herstellen*) to build ❷ (*zusammen~*) to construct; *Auto, Flugzeug* to build; *Violine* to make ❸ (*fam: verursachen*) *Mist* ~ to mess things up; **einen Unfall ~** to cause an accident **II.** *vi* ❶ (*ein Haus errichten lassen*) to build a house ❷ (*vertrauen*) ■ **auf jdn/etw ~** to rely on sb/sth

Bau·er, Bäu·e·rin¹ <-n *o selten* -s, -n> ['bauɐ, 'bɔyərɪn] *m, f* ❶ (*Landwirt*) farmer ❷ HIST (*Vertreter einer Klasse*) peasant ❸ (*pej: ungehobelter Mensch*) yokel ❹ (*Schachspiel*) pawn ▶ **die dümmsten ~n ernten die größten Kartoffeln** (*prov fam*) fortune favours fools; **was der ~ nicht kennt, [das] frisst er nicht** (*prov fam*) people don't change their lifelong eating habits

Bau·er² <-s, -> ['bauɐ] *nt o selten m* (*Vogelkäfig*) [bird] cage

Bäu·er·chen <-s, -> *nt* (*Kindersprache*) burp

Bäu·e·rin <-, -nen> ['bɔyərɪn] *f* ❶ *fem form von* **Bauer** ❷ (*Frau des Bauern*) farmer's wife

bäu·er·lich I. *adj* ❶ (*ländlich*) rural; **~e Sitten** rustic customs ❷ (*rustikal*) country **II.** *adv* ❶ (*agrarisch*) rural ❷ (*rustikal*) ~ **eingerichtet** decorated with rustic charm

Bau·ern·fän·ger *m* (*pej fam*) con-man **Bau·ern·haus** *nt* farmhouse **Bau·ern·hof** *m* farm **Bau·ern·re·gel** *f* country saying **bau·ern·schlau** *adj* crafty **Bau·ern·schläue** *f* native cunning **Bau·ern·ver·band** *m* farmer's association

bau·fäl·lig *adj* dilapidated **Bau·fir·ma** *f* building firm **Bau·ge·län·de** *nt* construction site **Bau·ge·neh·mi·gung** *f* planning consent **Bau·ge·rüst** *nt* scaffolding **Bau·ge·sell·schaft** *f* construction company **Bau·ge·wer·be** *nt kein pl* building trade **Bau·gru·be** *f* foundation ditch **Bau·grund·stück** *nt* plot of land **Bau·herr, -her·rin** *m, f* client for whom a building is being built **Bau·holz** nt timber BRIT, lumber AM **Bau·in·ge·ni·eur(in)** m(f) civil engineer **Bau·jahr** nt ① (*Jahr der Errichtung*) year of construction ② (*Produktionsjahr*) year of manufacture **Bau·kas·ten** m construction set; (*für Kleinkinder*) box of building blocks **Bau·klotz** m building block ▶ **Bauklötze staunen** (*fam*) to be flabbergasted **Bau·kon·zern** m building [*or* construction] company **Bau·land** ['baʊlant] nt building land **Bau·lärm** m kein pl construction noise **Bau·lei·ter(in)** m(f) [building] site manager, BRIT a. clerk of [the] works

bau·lich I. adj structural; **sich in einem guten/schlechten ~en Zustand befinden** to be structurally sound/unsound; **wegen ~er Maßnahmen bleibt das Gebäude geschlossen** the building is closed due to renovations **II.** adv structurally

Baum <-[e]s, Bäume> [baʊm, pl 'bɔʏmə] m ① (*Pflanze*) tree; **der ~ der Erkenntnis** the Tree of Knowledge; **Bäume ausreißen können** (*fig fam*) to be full of energy ② INFORM (*Such~*) tree [structure] ▶ **einen alten ~ soll man nicht verpflanzen** (*prov*) old people should be left in familiar surroundings

Bau·markt m ① (*Geschäft für Baubedarf*) DIY superstore, building supplies store AM ② (*Baugewerbe*) construction market **Bau·ma·te·ri·al** nt building material

Baum·be·stand m [stock of] trees

Bau·meis·ter(in) m(f) ① (*Techniker im Bauwesen*) master builder ② (*geh: Erbauer*) builder, architect

bau·meln ['baʊmln] vi ① (*hin und her schaukeln*) to dangle (**an** from) ② (*sl: erhängt werden*) to swing

Baum·gren·ze f tree line **Baum·kro·ne** f treetop **Baum·rin·de** f [tree] bark **Baum·schu·le** f tree nursery **Baum·stamm** m tree-trunk **Baum·ster·ben** nt dying[-off] of trees **Baum·struk·tur** f INFORM tree structure **Baum·stumpf** m tree stump **Baum·wip·fel** m treetop **Baum·wol·le** f cotton **Baum·zucht** f arboriculture spec

Bau·ord·nung f building regulations pl **Bau·plan** m building plans pl; **genetischer ~** genetic structure **Bau·pla·nung** f [construction] project planning **Bau·platz** m site **Bau·ru·i·ne** f (*fam*) unfinished building which has been abandoned

Bausch <-es, Bäusche *o* -e> [baʊʃ, pl 'bɔʏʃə] m ① Watte ball ② (*von Stoff*) puff; (*von Vorhang*) pleat ▶ **in – und Bogen** lock, stock and barrel

bau·schig adj full; *Hose* baggy

Bau·schutt m building rubble **bau·spa·ren** vi nur infin to save with a building society [*or* AM savings and loan association] **Bau·spar·kas·se** f building society BRIT, savings and loan association AM **Bau·spar·ver·trag** m savings contract with a building society [*or* AM savings and loan association] **Bau·stein** m ① (*Material zum Bauen*) building stone ② (*Bestandteil*) element ③ INFORM chip **Bau·stel·le** f building site; (*auf Straßen*) roadworks BRIT npl, [road] construction site AM; „Betreten der – verboten" "No entry to unauthorized persons" **Bau·stil** m architectural style **Bau·stoff** m building material **Bau·sub·stanz** f fabric; **historische ~** historic building stock **Bau·teil** nt part of a building; (*von Maschine*) component; **fertiges ~** prefabricated element

Bau·ten pl *von* Bau¹

Bau·un·ter·neh·men nt builder, building contractor **Bau·un·ter·neh·mer(in)** m(f) builder **Bau·vor·ha·ben** nt construction project **Bau·wei·se** f ① (*Art des Bauens*) method of building ② (*Baustil*) style **Bauwerk** nt building; (*von Brücke usw.*) construction

Bau·xit <-s, -e> [baʊˈksiːt] m bauxite

Bay·er(in) <-n, -n> ['baɪɐ] m(f) Bavarian; *s. a.* Deutsche(r)

bay·e·risch ['baɪərɪʃ] adj Bavarian; *s. a.* deutsch

Bay·ern <-s> ['baɪɐn] nt Bavaria; *s. a.* Deutschland

bay·risch ['baɪrɪʃ] adj *s.* bayerisch

Bd. *Abk von* Band vol.

be·ab·sich·ti·gen* [bəˈʔapzɪçtɪgn̩] vt ① (*intendieren*) to intend; **das hatte ich nicht beabsichtigt** I didn't mean to do that! ② (*geh: planen*) to plan

be·ach·ten* [bəˈʔaxtn̩] vt ① (*befolgen*) to observe, *Anweisung, Rat* to follow; **die Vorfahrt ~** to yield [right of way], BRIT a. to give way ② (*darauf achten*) to notice ③ (*berücksichtigen*) **bitte ~ Sie, dass ...** please note that ...

be·ach·tens·wert adj remarkable; ■ **~ sein, dass/wie** to be worth noting that/how

be·acht·lich I. adj considerable; *Erfolg, Leistung* notable; *Verbesserung* marked; **B~es leisten** to achieve a considerable amount **II.** adv ① (*deutlich*) considerably ② (*bemerkenswert*) remarkably

Be·ach·tung f observance; **die strikte ~ der Vorschriften** compliance with [the] regulations; **~ finden** to receive attention; **keine ~ finden** to be ignored; **jdm ~ schenken** to pay attention to sb; **einer S.** *dat* **keine ~ schenken** to pay no attention to sth

Be·am·te(r), **Be·am·tin** [bəˈʔamtə, -ˈʔamtɪn] m, f dekl wie adj public official; (*Polizei~ r*)

police officer; (*Post~r*) post-office official; (*Staats~r*) civil servant; (*Zoll~r*) customs officer; **~ auf Lebenszeit** civil servant

Be·am·ten·be·lei·di·gung *f* insulting an official **Be·am·ten·lauf·bahn** *f* civil service career

Be·am·ten·tum <-[e]s> *nt kein pl* civil service

Be·am·ten·ver·hält·nis *nt* status as a civil servant

be·am·tet [bəˈʔamtət] *adj* appointed on a permanent basis

Be·am·tin <-, -nen> *f fem form von* **Beamte(r)**

be·ängs·ti·gen* *vt* (*geh*) to alarm

be·ängs·ti·gend I. *adj* alarming; **etwas B~es haben** to be a cause for alarm **II.** *adv* alarmingly

be·an·spru·chen [bəˈʔanʃpruxn̩] *vt* ❶ (*fordern*) to claim ❷ (*brauchen*) to require; *Zeit, Platz* to take up ❸ (*Anforderungen an jdn stellen*) ■ **jdn ~** to make demands on sb; **ich will Sie nicht länger ~** I don't want to take up any more of your time; ■ **etw ~** to demand sth; **jds Gastfreundschaft/Zeit ~** to make demands on sb's hospitality/time; **jds Geduld ~** to try sb's patience ❹ (*belasten*) to put under stress

Be·an·spru·chung <-, -en> *f* ❶ (*das Fordern*) claim (*+gen* to) ❷ (*Inanspruchnahme*) demands *pl* (*+gen* on) ❸ (*Belastung*) use; **berufliche/physische/psychologische ~** job-related/physical/psychological stress; **übermäßige ~ einer Maschine** subjecting a machine to excessive load

be·an·stan·den [bəˈʔanʃtandn̩] *vt* ■ **etw ~** to complain about sth; **er findet an allem was zu ~** he always finds sth to complain about; **das ist beanstandet worden** there have been complaints about that; **beanstandete Waren** goods about which there have been complaints

Be·an·stan·dung <-, -en> *f* complaint

be·an·tra·gen* *vt* ❶ (*durch Antrag erbitten*) to apply for ❷ POL to propose

be·ant·wor·ten* *vt* to answer; **schwer zu ~** difficult to answer; ■ **etw mit etw** *dat* **~** to respond to sth with sth

Be·ant·wor·tung <-, -en> *f* answer

be·ar·bei·ten* *vt* ❶ (*behandeln*) ■ **etw ~** to work on sth; *Holz* ~ to work wood; **etw mit einer Chemikalie ~** to treat sth with a chemical ❷ (*sich befassen mit*) to deal with; *Bestellung* to process; *Fall* to work on ❸ (*redigieren*) to revise ❹ (*fam: auf jdn einwirken*) ■ **jdn ~** to work on sb; **wir haben ihn so lange bearbeitet, bis er zusagte** we worked on him until he agreed ❺ *Feld* to cultivate ❻ (*adaptieren*) to arrange (**für** for)

Be·ar·bei·ter(in) *m(f)* ❶ (*Sach~*) person [responsible for] dealing with sth ❷ (*bearbeitender Autor*) editor ❸ MUS (*adaptierender Komponist*) arranger

Be·ar·bei·tung <-, -en> *f* ❶ (*das Behandeln*) working [on] ❷ (*das Bearbeiten*) handling; **die ~ eines Falles** to handle a case; **die ~ eines Antrags** to deal with an application ❸ (*das Redigieren*) editing; **das ist eine neue ~ des Buchs** that's a new edition of the book ❹ (*adaptierte Fassung*) adaptation

Be·ar·bei·tungs·ge·bühr *f* administrative charge

be·arg·wöh·nen* *vt* to regard with suspicion

Beat <-[s]> [biːt] *m kein pl* beat [music]

be·at·men* *vt* ❶ (*jdm Sauerstoff zuführen*) to give artificial respiration to; (*während einer Operation*) to ventilate ❷ ÖKOL (*mit Sauerstoff anreichern*) *Gewässer* to oxygenate

be·auf·sich·ti·gen* [bəˈʔaufzɪçtɪɡn̩] *vt* to supervise; *Kinder* to mind [*or* AM look after]; *Prüfung* to invigilate [*or* AM proctor]

be·auf·tra·gen* *vt* **jdn mit etw** *dat* ~ to give sb the task of doing sth; *Architekt, Künstler* to commission; *Firma* to hire [*or* BRIT *a.* engage]; ■ **jdn ~, etw zu tun** to ask sb to do sth

Be·auf·trag·te(r) *f(m) dekl wie adj* representative

be·äu·gen* *vt* (*fam*) to eye up

be·bau·en* *vt* ❶ (*mit einem Gebäude versehen*) ■ **etw ~** to build on sth; **dicht bebaut sein** to be heavily built-up ❷ (*bestellen*) to cultivate sth (**mit** with)

Be·bau·ung <-, -en> *f* ❶ (*das Bebauen*) development; **der Konzern plant die ~ des Grundstückes** the firm plans to develop this site ❷ (*Bauten*) buildings ❸ (*das Bestellen*) cultivation

be·ben [ˈbeːbn̩] *vi* ❶ (*zittern*) to tremble ❷ (*erbeben*) to quiver (**vor** with); *Lippen* to tremble; *Knie* to shake

Be·ben <-s, -> [ˈbeːbn̩] *nt* ❶ (*Erd~*) earthquake ❷ (*Zittern*) trembling ❸ (*leichtes Zittern*) quivering

be·bil·dern* [bəˈbɪldɐn] *vt* to illustrate (**mit** with)

Be·cher <-s, -> [ˈbɛçɐ] *m* ❶ (*Trinkgefäß*) glass; (*aus Plastik*) beaker; (*für Wein*) goblet; (*für Tee/Kaffee*) mug ❷ (*becherförmige Verpackung*) carton; **ein ~ Eis** a carton of ice-cream ❸ SCHWEIZ (*Bierglas*) mug

be·chern [ˈbɛçɐn] *vi* (*hum fam*) to booze [away]

be·cir·cen* [bəˈtsɪrtsn̩] *vt s.* **bezirzen**

Be·cken <-s, -> [ˈbɛkn̩] *nt* ❶ (*Bassin*) basin;

(*Spül~*) sink; (*von Toilette*) bowl, BRIT *a*. pan; (*Schwimm~*) pool ❷ ANAT pelvis ❸ GEOL basin ❹ MUS cymbals *pl*

be·dacht [bəˈdaxt] **I.** *adj* ❶ (*überlegt*) cautious ❷ (*Wert auf etw legen*) ■ **auf etw** *akk* **~ sein** to be concerned about sth **II.** *adv* carefully

Be·dacht <-s> [bəˈdaxt] *m* **mit ~** (*geh*) carefully; (*vorsichtig*) in a carefully considered way; (*absichtlich*) deliberately

be·däch·tig [bəˈdɛçtɪç] **I.** *adj* ❶ (*ohne Hast*) deliberate ❷ (*besonnen*) thoughtful **II.** *adv* ❶ (*ohne Hast*) deliberately; **~ sprechen** to speak in measured tones ❷ (*besonnen*) carefully

be·dan·ken* *vr* to express thanks; ■ **sich bei jdm ~** to thank sb (**für** for); **ich bedanke mich!** thank you!

Be·darf <-[e]s> [bəˈdarf] *m kein pl* need (**an** for); **der tägliche ~ an Vitaminen** daily requirement of vitamins; **Dinge des täglichen ~s** everyday necessities; **jds ~ ist gedeckt** sb's requirements are covered; **kein ~!** (*fam*) no thanks!; **keinen ~ an etw** *dat* **haben** to have no need for sth; **bei ~** if required; **[je] nach ~** as required

Be·darfs·fall *m* **im ~** (*geh*) if necessary

be·dau·er·lich *adj* regrettable; **sehr ~!** how unfortunate!; ■ **~ sein, dass ...** to be unfortunate that ...

be·dau·er·li·cher·wei·se *adv* unfortunately

be·dau·ern *vt* ❶ (*schade finden*) to regret; **wir ~, Ihnen mitteilen zu müssen...** we regret to have to inform you... ❷ (*bemitleiden*) to feel sorry [for]; **er ist zu ~** he is to be pitied

Be·dau·ern <-s> *nt kein pl* regret; **zu jds größtem ~** to sb's [great] regret

be·dau·ernd I. *adj* sympathetic **II.** *adv* sympathetically

be·dau·erns·wert *adj*, **be·dau·erns·wür·dig** *adj* (*geh*) pitiful; **ein ~er Zwischenfall** an unfortunate incident

be·de·cken* I. *vt* (*zudecken*) to cover **II.** *vr* (*bewölken*) ■ **sich ~** to cloud over

be·deckt *adj präd* (*bewölkt*) overcast ▶ **sich [in etw** *dat*] **~ halten** to keep a low profile

Be·de·ckung *f* ❶ (*das Bedecken*) covering ❷ MIL (*Schutz*) escort ❸ (*das Bedeckende*) covering

be·den·ken* *irreg* **I.** *vt* ❶ (*in Betracht ziehen*) to consider; **[jdm] etw zu ~ geben** (*geh*) to ask [sb] to consider sth; **[jdm] zu ~ geben, dass ...** to ask [sb] to keep in mind that ...; **wenn man es recht bedenkt, ...** if you think about it properly...; **das will wohl bedacht sein** (*geh*) that calls for careful consideration ❷ (*geh: zukommen lassen*) **alle wurden großzügig bedacht** everyone was generously catered for ❸ (*geh*) ■ **jdn mit etw** *dat* **~** to meet sb with sth; **sie wurde mit viel Lob bedacht** they heaped praise on her **II.** *vr* (*geh: sich besinnen*) to reflect

Be·den·ken <-s, -> *nt* ❶ *meist pl* (*Zweifel*) doubt; **moralische ~** moral scruples; **jdm kommen ~** sb has second thoughts; **ohne ~** without hesitation ❷ *kein pl* (*das Überlegen*) consideration

be·den·ken·los I. *adv* ❶ (*ohne Überlegung*) without hesitation ❷ (*skrupellos*) unscrupulously **II.** *adj* unhesitating

be·den·kens·wert *adj* worthy of consideration

be·denk·lich *adj* ❶ (*fragwürdig*) questionable ❷ (*Besorgnis erregend*) disturbing; *Gesundheitszustand* serious ❸ (*besorgt*) apprehensive

Be·denk·zeit *f* time to think about sth

be·deu·ten* *vt* ❶ (*auf bestimmte Weise definiert sein*) to signify ❷ (*besagen*) to mean; **was bedeutet dieses Symbol?** what does this symbol signify?; **das hat nichts zu ~** that doesn't mean anything ❸ (*versinnbildlichen*) to symbolize ❹ (*wichtig sein*) ■ **[jdm] etw ~** to mean sth [to sb]; **du bedeutest mir sehr viel** you mean a lot to me ❺ (*geh: zu verstehen geben*) to indicate to

be·deu·tend I. *adj* ❶ (*wichtig*) important; *Person* eminent; *Politiker* leading; **eine ~e Rolle spielen** to play a significant role ❷ (*beachtlich*) considerable **II.** *adv* considerably

be·deut·sam I. *adj* ❶ (*wichtig*) important; *Entscheidung, Verbesserung* significant ❷ (*viel sagend*) meaningful **II.** *adv* meaningfully

Be·deu·tung <-, -en> *f* ❶ (*Sinn*) meaning; **in wörtlicher/übertragener ~** in the literal/figurative sense ❷ (*Wichtigkeit*) significance; **[für jdn/etw] von ~ sein** to be of importance [for sb/sth]; **einer S.** *dat* **~ beimessen** to attach importance to sth; **nichts von ~** nothing important ❸ (*Geltung*) importance

be·deu·tungs·los *adj* ❶ (*ohne große Wirkung*) insignificant ❷ (*nichts besagend*) meaningless **Be·deu·tungs·lo·sig·keit** <-> *f kein pl* insignificance *no pl* **be·deu·tungs·voll** *adj s*. bedeutsam **Be·deu·tungs·wan·del** *m* change in meaning

be·die·nen* I. *vt* ❶ *Kunde, Gast* to serve; **werden Sie schon bedient?** are you being served?; (*sich alles bringen lassen*) **sich [von jdm] ~ lassen** to be waited on [by sb] ❷ *Maschine* to operate ❸ FIN (*die Zinsen von etw zahlen*) **einen Kredit ~** to service [*or* AM pay interest on] a loan ❹ KARTEN to play; **eine Far-**

bedienerfreundlich–beeinträchtigen 1028

be ~ to follow suit ⑤ (*pej fam: fördern*) *Klischee, Vorurteil, Ressentiment* to encourage ▶ **bedient sein** (*fam*) to have had enough; **mit etw** *dat* **gut/schlecht bedient sein** to be well-/ill-served by sth **II.** *vi* ❶ (*sich um den Gast kümmern*) to serve; **wird hier nicht bedient?** is there no-one serving here? ❷ (*Kartenspiel*) to follow suit **III.** *vr* ❶ (*sich Essen nehmen*) ■ **sich ~** to help oneself to; **sich mit einem Stück Kuchen ~** to help oneself to a piece of cake; **~ Sie sich!** help yourself! ❷ (*geh: gebrauchen*) ■ **sich einer S.** *gen ~* to make use of sth

be·die·ner·freund·lich *adj* user-friendly

Be·diens·te·te(r) *f/m) dekl wie adj* ❶ (*Angestellte(r) im öffentlichen Dienst*) employee ❷ *meist pl* (*veraltet: Dienstboten*) servant

Be·die·nung <-, -en> *f* ❶ (*Kellner*) waiter, waitress ❷ *kein pl* (*Handhabung*) operation ❸ *kein pl* (*das Bedienen*) service; **~ inbegriffen** service included ❹ FIN servicing BRIT, interest payments AM; *eines Kredites* debt service

Be·die·nungs·an·lei·tung *f* operating instructions *pl* **Be·die·nungs·feh·ler** *m* operator['s] error

be·din·gen* [bə'dɪŋən] *vt* ❶ (*verursachen*) to cause; ■ **durch etw** *akk* **bedingt sein** to be a result of sth ❷ (*verlangen*) to require

be·dingt I. *adj* ❶ (*eingeschränkt*) qualified ❷ JUR conditional ❸ MED *Reaktion, Reiz* conditioned **II.** *adv* ❶ (*eingeschränkt*) to some extent; **~ gültig** of limited validity ❷ JUR SCHWEIZ, ÖSTERR (*mit Bewährungsfrist*) conditionally

Be·din·gung <-, -en> *f* ❶ (*Voraussetzung*) condition; **[es] zur ~ machen, dass ...** to make it a condition that ...; **[jdm] eine ~ stellen** to set a condition [on sb]; **unter der ~, dass ...** on condition that ...; **[nur] unter einer ~** [only] on one condition; **unter welcher ~?** on what condition?; **zu günstigen/ungünstigen ~en** on favourable/unfavourable terms; **unter gewissen ~en** in certain conditions ❷ *pl* ÖKON terms ❸ *pl* (*Umstände*) conditions

be·din·gungs·los I. *adj* unconditional; *Gehorsam, Treue* unquestioning **II.** *adv* unconditionally; **jdm ~ gehorchen** to obey sb unquestioningly; **jdm ~ vertrauen** to trust sb blindly

be·drän·gen* *vt* ❶ (*bestürmen*) to pester (**mit** with); ■ **jdn ~, etw zu tun** to pressure sb into doing sth ❷ ([*seelisch*] *belasten*) to burden sb

Be·dräng·nis <-ses, -se> [bə'drɛŋnɪs] *f* (*geh*) difficulties *pl*; **in finanzieller ~ sein** to be in financial difficulties; **jdn in ~ bringen** to get sb into trouble; **in ~ sein/geraten** to be/get into difficulties

be·dro·hen* *vt* ❶ (*mit etw drohen*) to threaten (**mit** with) ❷ (*gefährden*) to endanger; ■ **durch etw** *akk* **bedroht sein** to be threatened [by sth]

be·droh·lich I. *adj* threatening **II.** *adv* alarmingly

Be·dro·hung *f* ❶ (*Drohung*) threat (+*gen* to) ❷ (*das Bedrohen*) threat (+*gen* of)

be·dru·cken *vt* ■ **etw ~** to print on sth

be·drü·cken* *vt* **jdn ~** to depress sb; **was bedrückt dich?** what's troubling you?

be·drü·ckend *adj* depressing; *Stimmung* oppressive

be·drückt *adj* depressed; **~es Schweigen** oppressive silence

Be·du·i·ne, Be·du·i·nin <-n, -n> [bedu'i:nə, -'i:nɪn] *m, f* Bed[o]uin

be·dür·fen <bedurfte, bedurft> *vi* (*geh*) ■ **einer S.** *gen ~* to require sth; **es bedarf keiner weiteren Erklärung** no further explanation is necessary

Be·dürf·nis <-ses, -se> [bə'dʏrfnɪs] *nt* ❶ (*Bedarf*) need; **die ~se des täglichen Lebens** everyday needs; **das ~ haben, etw zu tun** to feel the need to do sth; **es ist jdm ein ~, etw zu tun** (*geh*) it is sb's need to do sth ❷ *kein pl* (*Verlangen*) desire ▶ **ein dringendes ~** (*euph*) a call of nature *usu hum*

Be·dürf·nis·an·stalt *f* **öffentliche ~** (*geh o veraltend*) public convenience *esp* BRIT *form* [*or* AM restroom]

be·dürf·tig *adj* needy *attr*, in need *pred*; ■ **die B~en** the needy + *pl vb*

Be·dürf·tig·keit <-> *f kein pl* (*geh*) need, neediness *no pl*

Beef·steak <-s, -s> ['bi:fste:k, -ʃte:k] *nt bes* NORDD steak; **deutsches ~** beefburger

be·eh·ren* *vt* (*geh*) to honour (**mit** with)

be·ei·den* [bə'ʔaɪdn̩] *vt*, **be·ei·di·gen** [bə'ʔaɪdɪɡn̩] *vt* **etw ~** to swear to sth

be·ei·len* *vr* ■ **sich ~, etw zu tun** to hurry [up]; ■ **sich ~, etw zu tun** to hurry to do sth

be·ein·dru·cken* [bə'ʔaɪndrʊkn̩] *vt* to impress (**mit** with); **sich** [**von etw** *dat*] **nicht ~ lassen** to not be impressed [by sth]

be·ein·dru·ckend *adj* impressive

be·ein·fluss·bar^RR, **be·ein·fluß·bar**^ALT *adj* easily influenced *pred*

be·ein·flus·sen* [bə'ʔaɪnflʊsn̩] *vt* to influence; ■ **durch etw** *akk* **beeinflusst sein** to be influenced by sth

Be·ein·flus·sung <-, -en> *f* influence

be·ein·träch·ti·gen* [bə'ʔaɪntrɛçtɪɡn̩] *vt* to disturb; *Reaktionsvermögen, Leistungsfähigkeit* to impair; *persönliche Entfaltung* to interfere with; *Kreativität* to curb; *Verhältnis* to damage; *Genuss* to detract from; **jdn in seiner Freiheit ~** to restrict sb's freedom; **ein Verhältnis ~** to damage a relationship; ■ **~d** adverse

Be·ein·träch·ti·gung <-, -en> *f Freiheit* restriction; *Genuss* detracting (+*gen* from); *Kreativität* curbing; *Qualität* reduction (+*gen* in); *Reaktionsvermögen* impairing; *Verhältnis* damaging

be·en·den* *vt* to end

Be·en·di·gung <-> *f kein pl* ending; (*Schluss*) conclusion

be·en·gen* <-, -en> *f* completion

be·en·gen* *vt* to restrict; (*fig*) to stifle; **etw als ~d empfinden** to find sth confining; **kleine Zimmer ~ mich irgendwie** small rooms somehow make me feel confined; **~de Kleidung** tight clothing; ■ **jdn ~** to make sb feel confined

be·er·ben* *vt* to be heir to

be·er·di·gen* [bəˈʔeːɐdɪɡn̩] *vt* to bury

Be·er·di·gung <-, -en> *f* funeral

Be·er·di·gungs·fei·er *f* funeral service **Be·er·di·gungs·in·sti·tut** *nt* funeral parlour, undertaker's

Bee·re <-, -n> [ˈbeːrə] *f* berry

Bee·ren·aus·le·se *f* wine whose characteristic richness derives from noble rot induced by the use of overripe grapes

Beet <-[e]s, -e> [beːt] *nt* bed; (*Blumen~*) flowerbed; (*Gemüse~*) vegetable patch

Bee·te <-, -n> [ˈbeːtə] *f s*. Bete

be·fä·hi·gen* [bəˈfɛːɪɡn̩] *vt* ■ **jdn dazu ~, etw zu tun** to enable sb to do sth

be·fä·higt [bəˈfɛːɪçt] *adj* qualified; ■ **für etw** *akk* **~ sein** to be competent at sth

Be·fä·hi·gung <-> *f kein pl* qualification[s]

be·fahl [bəˈfaːl] *imp von* befehlen

be·fahr·bar *adj* passable; NAUT navigable; **nicht ~** impassable; NAUT unnavigable

be·fah·ren* **I.** *vt irreg Straße, Weg* to drive along; **diese Straße darf nur in einer Richtung ~ werden** this road is only open in one direction; **eine Strecke ~** to use a route; **alle sieben Meere ~** to sail the seven seas **II.** *adj* used; **kaum/stark ~ sein** to be little/much used; **eine viel ~e Kreuzung** a busy junction

Be·fall <-[e]s> *m kein pl* HORT infestation

be·fal·len* *vt irreg* ⓘ MED to infect; **von etw** *dat* **~ werden** to be infected by sth ⓘ HORT to infest ⓘ (*geh*) **jdn ~** to overcome sb; **von Müdigkeit ~ werden** to feel tired

be·fan·gen [bəˈfaŋən] *adj* ⓘ (*gehemmt*) inhibited ⓘ JUR (*voreingenommen*) biased [*or* BRIT *a.* biassed]; **jdn als ~ ablehnen** to challenge [*or* AM *a.* disqualify] sb on grounds of bias

Be·fan·gen·heit <-> *f kein pl* ⓘ (*Gehemmtheit*) inhibition ⓘ JUR (*Voreingenommenheit*) bias

be·fas·sen* *vr* ■ **sich mit etw** *dat* **~** to concern oneself with sth; *mit einer Angelegenheit* to look into; *mit einem Problem* to tackle; ■ **sich mit jdm ~** to spend time with sb

Be·fehl <-[e]s, -e> [bəˈfeːl] *m* ⓘ (*Anweisung*) order; **einen ~ ausführen** to carry out an order; **~ ausgeführt!** MIL mission accomplished!; **einen ~ befolgen** to obey an order; **einen ~ erlassen** to issue [*or* AM *a.* hand down] an order; **jdm einen ~ geben, etw zu tun** to order sb to do sth; **Sie haben mir überhaupt keine ~e zu geben!** I won't take orders from you!; **den ~ [über etw** *akk*] **haben** to have command [of sth]; **auf ~ handeln** to act under orders; **einen ~ verweigern** to disobey an order; **auf ~** under orders; **~ von oben** orders from above; **zu ~** (*veraltend*) yes, sir ⓘ INFORM, MED command

be·feh·len <befahl, befohlen> [bəˈfeːlən] **I.** *vt* ⓘ (*den Befehl geben*) to order; **von dir lasse ich mir nichts ~!** I won't take orders from you! ⓘ (*beordern*) ■ **jdn zu jdm/etw ~** to summon sb to sb/sth; **Sie sind zum General befohlen worden!** you've been summoned to the General! **II.** *vi* ⓘ MIL ■ **über jdn/etw ~** to be in command of sb/sth ⓘ (*Anordnungen erteilen*) ■ **~, dass ...** to order that ...

be·feh·li·gen* [bəˈfeːlɪɡn̩] *vt* MIL to command

Be·fehls·emp·fän·ger(in) *m(f)* one who takes an order **Be·fehls·form** *f* LING imperative **be·fehls·ge·mäß** *adj*, *adv* as ordered *pred* **Be·fehls·ge·walt** *f* MIL command; **jds ~ unterstehen** to be under sb's command **Be·fehls·ha·ber(in)** <-s, -> [bəˈfeːlshaːbɐ] *m(f)* MIL commander **Be·fehls·ver·wei·ge·rung** *f* MIL refusal to obey orders **Be·fehls·zei·le** *f* INFORM command line

be·fein·den* [bəˈfaɪndn̩] *vt* (*geh*) to attack; *Land* to be hostile towards

be·fes·ti·gen* *vt* ⓘ (*anbringen*) to fasten (**an** to); *Boot* to tie up ⓘ BAU *Fahrbahn*, *Straße* to make up [*or* pave]; *Böschung* to stabilize; *Damm, Deich* to reinforce ⓘ MIL to fortify; *Grenze* to strengthen

Be·fes·ti·gung <-, selten -en> *f* ⓘ (*das Anbringen*) fixing ⓘ BAU stabilizing, making up BRIT, paving ⓘ (*zu Verteidigungszwecken*) reinforcement ⓘ MIL fortification

be·feuch·ten* *vt* to moisten (**mit** with); *Bügelwäsche* to dampen

be·fiehlt [bəˈfiːlt] *3. pers sing pres von* **befehlen**

be·fin·den* *irreg* **I.** *vr* ❶ *(sich aufhalten)* ■ **sich irgendwo ~** to be somewhere; **unter den Geiseln ~ sich zwei Deutsche** there are two Germans amongst the hostages ❷ *(in einem bestimmten Zustand sein)* **sich in bester/schlechter Laune ~** to be in an excellent/a bad mood; **sich in guten Händen ~** to be in good hands ❸ *(geh: sich fühlen)* ■ **sich ... ~** to feel ... **II.** *vi (geh)* ■ **über jdn/etw ~** to decide [on] sb/sth **III.** *vt (geh: halten)* ■ **etw für etw** *akk* **~** to consider sth [to be] sth; **jdn [für] schuldig/unschuldig ~** to find sb guilty/not guilty

Be·fin·den <-s> *nt kein pl* [state of] health; *eines Kranken* condition; **er hat sich nach deinem ~ erkundigt** he asked how you were

be·find·lich [bəˈfɪntlɪç] *adj meist attr (geh)* ❶ *(sich an einer Stelle befindend)* situated ❷ *(sich in einem Zustand befindend)* **das im Umlauf ~e Geld** the money in circulation; **die im Bau ~en Häuser** those houses currently being built

Be·find·lich·keit <-, -en> *f* mental state

be·fin·gern* *vt (fam)* to finger

be·flag·gen* *vt* to [be]deck with flags; *Schiff* to dress

be·fle·cken* *vt* to stain (**mit** with); *etw mit Farbe ~* to get paint [stains] on sth; **jds Ehre ~** to slur sb's honour

be·flei·ßi·gen* [bəˈflaɪsɪɡn̩] *vr (geh)* ■ **sich einer S.** *gen* **~** to strive for sth

be·flis·sen [bəˈflɪsn̩] **I.** *adj (geh)* keen **II.** *adv* keenly

Be·flis·sen·heit <-> *f kein pl* keenness *no pl*

be·flü·geln* *vt (geh)* ❶ *(anregen)* to inspire; **die Fantasie ~** to fire the imagination ❷ *(schneller werden lassen)* ■ **etw beflügelt jdn** sth spurs sb on

be·foh·len [bəˈfoːlən] *pp von* **befehlen**

be·fol·gen* *vt Rat* to follow; *Vorschrift* to obey

be·för·dern* *vt* ❶ *(transportieren)* to transport; **sie wurden mit dem Bus zum Tagungsort befördert** they were taken by bus to the conference venue ❷ *(jds Dienststellung anheben)* to promote (**zu** to) ❸ *(iron fam)* **jdn nach draußen ~** to escort sb outside

Be·för·de·rung *f* ❶ *(Transport)* transport[ation] ❷ *(dienstliches Aufrücken)* promotion (**zu** to)

Be·för·de·rungs·mit·tel *nt* means of transport

be·frach·ten* *vt* ❶ *(beladen)* to load (**mit** with) ❷ *(fig geh)* to overload (**mit** with)

be·fra·gen* *vt* ❶ *(Fragen stellen)* to question (**zu** about) ❷ *(konsultieren)* to consult (**in** about); **jdn nach seiner Meinung ~** to ask sb for his/her opinion

Be·frag·te(r) *f(m) dekl wie adj* person questioned; **die Befragten** those questioned

Be·fra·gung <-, -en> *f* ❶ *(das Befragen)* questioning; *JUR* examination ❷ *(Konsultierung)* consultation ❸ *(Umfrage)* survey, [opinion] poll

be·frei·en* **I.** *vt* ❶ *(freilassen)* to free (**aus** from) ❷ *(unabhängig machen)* to liberate (**von** from) ❸ *(von etw Störendem frei machen)* to clear (**von** of); **seine Schuhe vom Dreck ~** to remove the dirt from one's shoes ❹ **jdn von etw** *dat* *(erlösen)* to free sb from sth; *(freistellen)* to excuse sb from sth; *(jdm etw abnehmen)* to relieve sb of sth; **jdn vom Wehrdienst ~** to exempt sb from military service **II.** *vr* ❶ *(freikommen)* ■ **sich ~** to escape (**aus** from) ❷ *(etw abschütteln)* ■ **sich ~** to free oneself (**von** from), to rid oneself [of sth]

Be·frei·er(in) <-s, -> *m(f)* liberator

Be·frei·ung <-, selten -en> *f* ❶ *(Freilassen)* release ❷ *(Befreien aus der Unterdrückung)* liberation ❸ *(Freistellung)* exemption (**von** from) ❹ *(Erlösung)* release ❺ *(Erleichterung)* relief

Be·frei·ungs·be·we·gung *f* liberation movement **Be·frei·ungs·front** *f* liberation front **Be·frei·ungs·kampf** *m* struggle for freedom **Be·frei·ungs·or·ga·ni·sa·ti·on** *f* liberation organization

be·frem·den* **I.** *vt* ■ **jdn ~** to disconcert sb; **ich war von ihrem Verhalten etwas befremdet** I was somewhat disconcerted by her behaviour **II.** *vi* to be disconcerting

Be·frem·den <-s> *nt kein pl* disconcertment; **zu jds** *dat* **~** to sb's disconcertment

be·frem·dend *adj*, **be·fremd·lich** [bəˈfrɛmtlɪç] *adj (geh)* disconcerting

be·freun·den* [bəˈfrɔyndn̩] *vr* ■ **sich mit jdm ~** to make friends with sb

be·freun·det *adj* ❶ *(freundlich gesinnt)* friendly; **das ~e Ausland** friendly [foreign] countries *pl* ❷ *(Freund sein)* **mit jdm ~ sein** to be friends with sb

be·frie·den* [bəˈfriːdn̩] *vt POL (geh)* **ein Land ~** to bring peace to a country

be·frie·di·gen* [bəˈfriːdɪɡn̩] **I.** *vt (zufrieden stellen)* to satisfy; *Ansprüche, Wünsche* to fulfil; **leicht/schwer zu ~ sein** to be easily/not easily satisfied **II.** *vi (zufrieden stellend sein)* to be satisfactory; **diese Lösung befriedigt nicht** this is an unsatisfactory solution **III.** *vr (sexuell)* ■ **sich [selbst] ~** to masturbate

be·frie·di·gend *adj* satisfactory; ■ **~ sein** to be satisfying

Be·frie·di·gung <-> *f kein pl* satisfaction; **zur ~ deiner Neugier** to satisfy your curiosity; **zu jds ~ sein** to be to sb's satisfaction

be·fris·ten* *vt* to limit (**auf** to)

be·fris·tet *adj* restricted; ÖKON, JUR *a.* fixed-term; *Stelle, Tätigkeit* fixed-term; *Vertrag* of limited duration; *Visum* temporary; **eine ~e Aufenthaltsgenehmigung** *a residence permit valid for a restricted period of time;* ■ **auf etw** *akk* **~ sein** to be valid for sth; ÖKON, JUR to be limited [to sth]

Be·fris·tung <-, -en> *f* restriction; (*Zeitbegrenzung*) time limit

be·fruch·ten* *vt* ❶ (*Befruchtung erzielen*) to fertilize; *Frau* to impregnate; *Blüte* to pollinate; **künstlich ~** to inseminate artificially ❷ (*fig: fördernd anregen*) to stimulate

Be·fruch·tung <-, -en> *f* fertilization; *Blüte* pollination; **künstliche ~ Mensch** in vitro fertilization, IVF; *Tier* artificial insemination, AI

Be·fruch·tungs·kli·nik *f* MED fertility clinic

Be·fug·nis <-ses, -se> [bəˈfuːknɪs] *f* authorization *no pl;* **zu etw** *dat* **keine ~ haben** to not be authorized to do sth

be·fugt [bəˈfuːkt] *adj* (*geh*) authorized; ■ **zu etw** *dat* **~ sein** to be authorized to do sth

be·füh·len* *vt* to feel

Be·fund <-[e]s, -e> *m* MED result[s *pl*]; **ohne ~** negative

be·fürch·ten* *vt* to fear; ■ **~, dass ...** to be afraid that ...; **nichts zu ~ haben** to have nothing to fear; **wie befürchtet** as feared

Be·fürch·tung <-, -en> *f meist pl* fear; **seine ~en waren unbegründet** his fears were unfounded; **ich hatte die schlimmsten ~en** I feared the worst; **die ~ haben, dass ...** to fear that ...

be·für·wor·ten* [bəˈfyːɐ̯vɔrtn̩] *vt* to be in favour of

Be·für·wor·ter(in) <-s, -> *m(f)* supporter

be·gabt [bəˈgaːpt] *adj* ■ **für etw** *akk* **~/nicht ~ sein** to have/not have a gift for sth; **sie ist künstlerisch/musikalisch sehr ~** she's very artistic/musical; **er ist vielseitig ~** he's an all-round talent

Be·ga·bung <-, -en> *f* gift; **eine [besondere] ~ für etw** *akk* **haben** to have a [special] gift for sth

be·gann [bəˈgan] *imp von* **beginnen**

be·gat·ten* I. *vt* ZOOL ■ **ein Weibchen ~** to mate with a female II. *vr* ■ **sich ~** to mate

be·ge·ben* *vr irreg* (*geh*) ❶ (*gehen*) ■ **sich irgendwohin ~** to proceed somewhere; **sich zur Ruhe ~** to retire; **sich nach Hause ~** to set off home ❷ (*beginnen*) ■ **sich an etw** *akk* **~** to commence sth ❸ (*sich einer S. aussetzen*) ■ **sich in etw** *akk* **~** to expose oneself to sth; **sich in ärztliche Behandlung ~** to undergo medical treatment

Be·ge·ben·heit <-, -en> *f* (*geh*) event

be·geg·nen* [bəˈgeɡnən] *vi sein* ❶ (*treffen*) ■ **jdm ~** to meet sb; ■ **sich** *dat* **~** to meet ❷ (*antreffen*) ■ **einer S.** *dat* **~** to encounter sth ❸ (*geh: entgegentreten*) *Person* to treat; *Sache* to face; *Vorschlag a.* to respond to

Be·geg·nung <-, -en> *f* ❶ (*Zusammenkunft*) meeting ❷ SPORT encounter ❸ (*das Kennenlernen*) encounter (**mit** with)

Be·geg·nungs·stät·te *f* meeting place

be·geh·bar *adj* passable on foot; **begehbarer Kleiderschrank** walk-in wardrobe

be·ge·hen* *vt irreg* ❶ (*verüben*) to commit; *Fehler* to make; **eine Dummheit ~** to do sth foolish ❷ (*betreten*) to walk across/along/into ❸ (*geh: feiern*) to celebrate; **ein Fest ~** to hold a celebration

be·geh·ren* [bəˈɡeːən] *vt* (*geh*) ❶ (*nach jdm verlangen*) ■ **jdn ~** to desire sb ❷ (*zu besitzen wünschen*) to covet; **alles, was das Herz begehrt** everything the heart could wish for

Be·geh·ren <-s, *selten* -> [bəˈɡeːən] *nt* ❶ (*geh: Verlangen*) desire ❷ (*veraltet: Wunsch*) wish

be·geh·rens·wert *adj* desirable

be·gehr·lich *adj* (*geh*) longing

be·gehrt *adj* ❶ (*sehr umworben*) [much] sought-after; *Frau, Mann* desirable; *Junggeselle* eligible; *Preis* [much-]coveted ❷ (*beliebt, gefragt*) popular

be·geis·tern I. *vt* to fill sb with enthusiasm (**für** for); **das Stück hat die Zuschauer begeistert** the audience were enthralled by the play; **er konnte alle für seinen Plan ~** he managed to win everybody [over] to his plan; **sie ist für nichts zu ~** you can't interest her in anything II. *vr* ■ **sich für jdn/etw ~** to be enthusiastic about sb/sth

be·geis·tert I. *adj* enthusiastic; **sie ist eine ~e Opernliebhaberin** she is an ardent opera fan; ■ **[von etw** *dat*] **~ sein** to be thrilled [by sth] II. *adv* enthusiastically

Be·geis·te·rung <-> *f kein pl* enthusiasm (**für** for); **es herrschte helle ~** everyone was wildly enthusiastic; **~ auslösen** to arouse enthusiasm; **jdn in ~ versetzen** to arouse sb's enthusiasm; **mit ~** enthusiastically; **er hat das Buch mit ~ gelesen** he really enjoyed the book

be·geis·te·rungs·fä·hig *adj* able to get enthusiastic *pred;* *Publikum* appreciative **Be·geis·te·rungs·sturm** *m* storm of enthusiasm

Be·gier·de <-, -n> [bəˈɡiːɐ̯də] *f* (*geh*) desire (**nach** for)

be·gie·rig I. *adj* ① (*gespannt*) eager (**auf** for) ② (*verlangend*) longing ③ (*sexuell verlangend*) lascivious **II.** *adv* ① (*gespannt*) eagerly ② (*verlangend*) longingly ③ (*sexuell verlangend*) lasciviously

be·gie·ßen* *vt irreg* ① (*überschütten*) ■ **etw [mit etw** *dat*] ~ to pour [sth] over sth ② (*fam: feiern*) to celebrate [with a drink]; **das muss begossen werden!** that calls for a drink!

Be·ginn <-[e]s> [bəˈɡɪn] *m kein pl* beginning, start; **zu** ~ at the beginning

be·gin·nen <begann, begonnen> [bəˈɡɪnən] *vi, vt* ① (*anfangen*) to begin (**mit** with) ② (*eine Arbeit aufnehmen*) ■ **als etw** ~ to start out as sth

be·gin·nend *adj attr* ① (*sich ankündigend*) incipient ② (*einsetzend*) beginning

be·glau·bi·gen* [bəˈɡlaʊbɪɡn̩] *vt* to authenticate; **etw notariell** ~ to attest sth by a notary, AM *a.* to notarize sth; **eine beglaubigte Kopie** a certified [*or* AM *a.* exemplified] copy

Be·glau·bi·gung <-, -en> *f* ① JUR certification ② POL *von Botschafter* accreditation

be·glei·chen* *vt irreg* (*geh*) *Schulden* to pay; *Rechnung* to settle

Be·gleit·brief *m* covering [*or* AM cover] letter

be·glei·ten* *vt* ■ **jdn** ~ (*a. fig*) to accompany sb; **jdn zur Tür** ~ to take sb to the door; ■ **etw** ~ to escort sth; **unsere guten Wünsche** ~ **dich!** our best wishes go with you!; **jdn auf dem Klavier begleiten** to accompany sb on the piano

Be·glei·ter(in) <-s, -> *m(f)* ① (*begleitender Mensch*) companion ② MUS accompanist

Be·gleit·er·schei·nung *f* ① (*gemeinsam auftretendes Phänomen*) concomitant *form* ② MED (*accompanying*) symptom **Be·gleit·mu·sik** *f* ① (*Hintergrundmusik*) [musical] accompaniment, background music; (*im Film*) incidental music ② (*sl: begleitende Aktionen*) incidentals *pl* **Be·gleit·per·son** *f* escort **Be·gleit·um·stän·de** *pl* attendant circumstances *pl*

Be·glei·tung <-, -en> *f* ① (*das Begleiten*) company; (*für eine Frau*) escort; **kommst du allein oder in** ~? are you coming on your own or with someone?; **in** [**jds** *gen*] ~ accompanied by sb; **ohne** ~ unaccompanied ② (*Begleiter(in)*) companion ③ (*Gefolge*) entourage ④ MUS accompaniment; **er bat sie um** ~ **auf dem Klavier** he asked her to accompany him on the piano; **ohne** ~ **spielen** to play unaccompanied

be·glü·cken* *vt* (*geh*) ① (*glücklich stimmen*) to make happy ② (*hum: sexuell befriedigen*) to bestow favours on sb *hum fam*

be·glückt I. *adj* happy **II.** *adv* happily

be·glück·wün·schen* *vt* to congratulate (**zu** on); **lass dich** ~! congratulations!

be·gna·det* [bəˈɡnaːdət] *adj* (*geh*) gifted

be·gna·di·gen* [bəˈɡnaːdɪɡn̩] *vt* to pardon; (*bei Todesurteil*) to reprieve

Be·gna·di·gung <-, -en> *f* reprieve; **um** ~ **bitten** to petition for a pardon

Be·gna·di·gungs·ge·such *nt* JUR plea for [a] reprieve

be·gnü·gen* [bəˈɡnyːɡn̩] *vr* ① (*sich mit etw zufriedengeben*) ■ **sich mit etw** *dat* ~ to be content with sth ② (*sich beschränken*) ■ **sich damit** ~**, etw zu tun** to be content to do sth; **er begnügte sich mit ein paar kurzen Worten** he restricted himself to a few short words

Be·go·nie <-, -n> [beˈɡoːni̯ə] *f* begonia

be·gon·nen [bəˈɡɔnən] *pp von* **beginnen**

be·gra·ben* *vt irreg* ① (*beerdigen*) to bury ② *Hoffnung, Plan* to abandon ③ (*beenden*) **einen Streit** ~ to bury the hatchet; **die Sache ist** ~ **und vergessen** the matter is dead and buried

Be·gräb·nis <-ses, -se> [bəˈɡrɛpnɪs] *nt* burial

be·gra·di·gen* [bəˈɡraːdɪɡn̩] *vt* BAU to straighten [out]

be·greif·bar *adj* comprehensible; **leicht/schwer** ~ easy/difficult to understand

be·grei·fen* *irreg* **I.** *vt* ① (*verstehen*) to understand; (*erfassen*) to comprehend; ■ ~**, dass** ... to realize that ...; **kaum zu** ~ **sein** to be incomprehensible; **ich begreife nicht ganz, was du damit meinst** I don't quite get what you're driving at; **begreife das, wer will!** that's beyond me! ② (*für etw halten*) to regard (**als** as) **II.** *vi* (*verstehen*) to understand; **langsam/schnell** ~ to be slow/quick on the uptake **III.** *vr* ■ **sich als etw** ~ to consider oneself to be sth

be·greif·lich *adj* understandable; **jdm etw** ~ **machen** to make sth clear to sb

be·greif·li·cher·wei·se *adv* understandably

be·gren·zen* *vt* ① *a.* BAU to mark the border of sth ② (*beschränken*) to limit (**auf** to); **die Geschwindigkeit auf ... km/h** ~ to impose a speed limit of ... km/h

be·grenzt I. *adj* limited; **in einem zeitlich** ~ **en Rahmen** in a limited time frame; **mein Aufenthalt hier ist zeitlich nicht** ~ there is no time limit on my stay **II.** *adv* with limits; **nur** ~ **möglich sein** to be only partially possible

Be·grenzt·heit <-> *f kein pl* limitedness *no pl* (+*gen* of)

Be·gren·zung <-, -en> *f* ① *a.* BAU (*Begrenzen*) limiting; (*Grenze*) boundary ② (*fig: das Beschränken*) restriction ③ BAU (*Grenze*)

boundary

Be·griff <-[e]s, -e> m ❶ (*Terminus*) term; **ein ~ aus der Philosophie** a philosophical term ❷ (*Vorstellung, Auffassung*) idea; **keinen ~ von etw** *dat* **haben** to have no idea about sth; **sich** *dat* **einen ~ von etw** *dat* **machen** to have an idea of sth; **jdm ein/kein ~ sein** to mean sth/nothing to sb; **Harald Maier? Ist mir kein ~** Harald Maier? I've never heard of him; **für jds** *akk* **~ e** in sb's opinion ❸ (*Inbegriff*) epitome *no pl*; **dieser Markenname ist zu einem ~ für Qualität geworden** this brand name has become the quintessence of quality ❹ (*Verständnis*) **schnell/schwer von ~ sein** (*fam*) to be quick/slow on the uptake ▶ **im ~ sein, etw zu tun** to be on the point of doing sth

be·grif·fen *adj* (*geh*) ■ **in etw** *dat* **~ sein** to be in the process of [doing] sth

be·griff·lich *adj attr* conceptual

be·griffs·stut·zig *adj* slow on the uptake

Be·griffs·stut·zig·keit <-> *f kein pl* slow-wittedness *no pl*

be·grün·den* *vt* ❶ (*Gründe angeben*) ■ **etw ~** to give reasons for sth; *Ablehnung, Forderung* to justify; *Behauptung, Klage, Verdacht* to substantiate ❷ (*gründen*) *Firma* to found

Be·grün·der(in) *m(f)* founder

be·grün·det *adj* well-founded; **eine ~e Aussicht auf Erfolg** a reasonable chance of success; **in etw** *dat* **~ liegen** to be the result of sth

Be·grün·dung <-, -en> *f* ❶ (*Angabe von Gründen*) reason; ■ **als ~ einer S.** *gen* as the reason for sth ❷ JUR grounds ❸ (*geh: das Gründen*) foundation

be·grü·nen* *vt* to cover with greenery

be·grü·ßen* *vt* ❶ (*willkommen heißen*) to greet; **ich begrüße Sie!** welcome!; ■ **jdn als etw** *akk* **~** to greet sb as sth; **jdn bei sich** *dat* **zu Hause ~ dürfen** to have the pleasure of welcoming sb into one's home; **wir würden uns freuen, Sie bald wieder an Bord ~ zu dürfen** we look forward to welcoming you on board again soon ❷ (*gutheißen*) to welcome; **es ist zu ~, dass ...** it is to be welcomed that ... ❸ SCHWEIZ (*ansprechen*) ■ **jdn/etw ~** *dat* to approach sb/sth

be·grü·ßens·wert *adj* welcome; ■ **es ist ~ dass ...** it is to be welcomed that ...; **es wäre ~ wenn ...** it would be desirable if ...

Be·grü·ßung <-, -en> *f* greeting; **offizielle ~** official welcome; **zur ~ erhielt jeder Gast ein Glas Sekt** each guest was welcomed with a glass of sparkling wine; **jdm zur ~ die Hand schütteln** to greet sb with a handshake

Be·grü·ßungs·an·spra·che *f* speech of welcome

be·gu·cken* *vt* (*fam*) to [have a] look at

be·güns·ti·gen* [bəˈɡʏnstɪɡn̩] *vt* to favour; **von etw** *dat* **begünstigt werden** to be helped by sth; *Export, Wachstum* to boost

Be·güns·ti·gung <-, -en> *f* ❶ (*Förderung*) *Pläne, Projekte* favouring *no pl*; (*positive Beeinflussung*) encouragement ❷ (*das Bevorzugen*) preferential treatment

be·gut·ach·ten* *vt* ❶ (*fachlich prüfen*) to examine (**auf** for); **etw ~ lassen** to get sth examined ❷ (*fam*) **jdn/etw ~** to have a look at sb/sth

Be·gut·ach·tung <-, -en> *f* assessment; *eines Gebäudes* survey

be·gü·tert [bəˈɡyːtɐt] *adj* (*geh*) affluent

be·haart [bəˈhaːɐ̯t] *adj* hairy; **stark/schwach ~ sein** to be thickly/thinly covered with hair

Be·haa·rung <-, -en> *f* hair

be·hä·big [bəˈhɛːbɪç] *adj* ❶ (*gemütlich, geruhsam*) placid; (*langsam, schwerfällig*) ponderous ❷ (*dicklich*) portly ❸ SCHWEIZ (*stattlich*) imposing

be·haf·tet *adj* ■ **mit etw** *dat* **~ sein** to be marked with sth; (*mit Makel*) to be flawed with sth; **mit Problemen ~ sein** to be fraught with problems

be·ha·gen* [bəˈhaːɡn̩] *vi* ■ **etw behagt jdm** sth pleases sb; **es behagt ihm nicht, so früh aufzustehen** he doesn't like getting up so early

Be·ha·gen <-s> [bəˈhaːɡn̩] *nt kein pl* contentment *no pl*

be·hag·lich [bəˈhaːklɪç] **I.** *adj* ❶ (*gemütlich*) cosy; **es sich** *dat* **~ machen** to make oneself comfortable ❷ (*genussvoll*) contented **II.** *adv* ❶ (*gemütlich*) cosily ❷ (*genussvoll*) contentedly

Be·hag·lich·keit <-> *f kein pl* cosiness *no pl*

be·hal·ten* *vt integ* ❶ (*in seinem Besitz lassen*) to keep; **wozu willst du das alles ~!** why hang on to all this! ❷ (*nicht preisgeben*) **etw für sich ~** to keep sth to oneself ❸ (*bewahren*) to maintain; **die Nerven ~** to keep one's nerve ❹ (*im Gedächtnis bewahren*) to remember; **ich habe leider seinen Namen nicht ~** sorry, I cannot remember his name; **etw im Kopf ~** to keep sth in one's head ❺ (*dortlassen, wo es ist*) **den Hut auf dem Kopf ~** to keep one's hat on ❻ (*zurückbehalten*) ■ **etw ~** to be left with sth (**von** from)

Be·häl·ter <-s, -> *m* container

be·häm·mert *adj* (*sl*) *s.* **bescheuert**

be·händ[RR] [bəˈhɛnt], **be·hän·de**[RR] [bəˈhɛndə] **I.** *adj* (*geh*) nimble **II.** *adv* nimbly

be·han·deln* vt ① (damit umgehen) to treat (mit with); jdn gut/schlecht ~ to treat sb well/badly; jdn mit Nachsicht ~ to be lenient with sb; jdn wie ein kleines Kind ~ to treat sb like a child; etw vorsichtig ~ to handle sth with care ② (bearbeiten) to treat (mit with); chemisch behandelt chemically treated ③ (abhandeln) Antrag, Punkt to deal with

be·hän·di·gen vt SCHWEIZ to get hold of

Be·hand·lung <-, -en> f treatment

Be·hand·lungs·kos·ten pl cost of treatment **Be·hand·lungs·me·tho·de** f method of treatment **Be·hand·lungs·raum** m, **Be·hand·lungs·zim·mer** nt treatment room

be·hän·gen* vt ① (aufhängen) to hang (mit with); Weihnachtsbaum to decorate; Wände mit Bildern ~ to hang walls with pictures ② (pej fam) ■ sich ~ mit Schmuck to festoon oneself

be·har·ren* vi to insist (auf on); auf seiner Meinung ~ to persist with one's opinion

be·harr·lich I. adj insistent; (ausdauernd) persistent **II.** adv persistently; ~ schweigen to persist in remaining silent

Be·harr·lich·keit <-> f kein pl insistence

be·hau·en vt Holz to hew, to axe; Stein to cut; (mit einem Meißel) to chisel

be·haup·ten [bəˈhauptn̩] **I.** vt ① (äußern) to claim; wer das behauptet, lügt! whoever says that is lying!; ■ von jdm ~, dass ... to say of sb that ...; es wird behauptet, dass ... it is said that ... ② (aufrechterhalten) to maintain; seinen Vorsprung gegen jdn ~ to maintain one's lead over sb **II.** vr ■ sich ~ to assert oneself (gegen over); sich gegen die Konkurrenz ~ können to be able to survive against one's competitors; Agassi konnte sich gegen Sampras ~ Agassi held his own against Sampras

Be·haup·tung <-, -en> f ① (Äußerung) assertion; eine ~ aufstellen to make an assertion ② (Durchsetzen) maintaining no pl

Be·hau·sung <-, -en> f (hum geh) accommodation

be·he·ben* vt irreg ① (beseitigen) to remove; Fehler, Mangel to rectify; Missstände to remedy; Schaden, Funktionsstörung to repair ② FIN ÖSTERR Geld ~ to withdraw money

Be·he·bung <-, -en> f ① (Beseitigung) removal; eines Fehlers/Mangels rectification; eines Schadens, einer Störung repair ② FIN ÖSTERR Geld withdrawal

be·hei·ma·tet [bəˈhaimaːtət] adj ① (ansässig) ■ ~ sein to be resident ② BOT, ZOOL native; in Kalifornien ~ sein to be native to California

be·hei·zen* vt to heat (mit with)

Be·helf <-[e]s, -e> [bəˈhɛlf] m [temporary] replacement

be·hel·fen* vr irreg sich dat mit etw dat ~ [müssen] to [have to] make do with sth; ■ sich dat ~ [können] to manage

be·helfs·mä·ßig I. adj temporary **II.** adv temporarily

be·hel·li·gen* [bəˈhɛlɪɡn̩] vt ■ jdn [mit etw dat] ~ to bother sb [with sth]

be·hend^ALT [bəˈhɛnt], **be·hen·de**^ALT [bəˈhɛndə] adj, adv s. behänd[e]

be·her·ber·gen* vt to accommodate

be·herr·schen* I. vt ① (gut können) to have mastered; sein Handwerk ~ to be good at one's trade; ein Instrument ~ to play an instrument well; eine Sprache ~ to have good command of a language; alle Tricks ~ to know all the tricks; etw aus dem Effeff ~ (fam) to know sth inside out ② (als Herrscher regieren) to rule ③ (im Griff haben) to control; ein Fahrzeug ~ to have control over a vehicle ④ (prägen, dominieren) to dominate ⑤ (unter Einfluss von etw stehen) ■ von etw dat beherrscht werden to be ruled by sth **II.** vr ■ sich ~ to control oneself

be·herrscht I. adj [self-]controlled **II.** adv with self-control

Be·herr·schung <-> f kein pl ① (das Gutkönnen) mastery ② (Selbst~) self-control; die ~ verlieren to lose one's self-control ③ (das Kontrollieren) control

be·her·zi·gen* [bəˈhɛrtsɪɡn̩] vt to take to heart; Rat to heed

be·herzt adj (geh) intrepid

be·hilf·lich [bəˈhɪlflɪç] adj ■ jdm ~ sein to help sb

be·hin·dern* vt ① (hinderlich sein) ■ jdn ~ to obstruct [or hinder] sb; ■ etw ~ to hinder sth ② (hemmen) to hamper

be·hin·dert adj disabled; geistig/körperlich ~ mentally/physically disabled [or dated handicapped]

Be·hin·der·te(r) f(m) dekl wie adj disabled [or dated handicapped] person; ■ die B~n the disabled [or dated handicapped]; geistig/körperlich ~ mentally/physically disabled person

be·hin·der·ten·ge·recht adj suitable for the disabled **Be·hin·der·ten·park·platz** m parking place for the disabled

Be·hin·de·rung <-, -en> f ① (das Behindern) obstruction; es muss mit ~en gerechnet werden delays are to be expected ② (körperliche Einschränkung) disability, handicap dated; geistige/körperliche ~ mental/physical disability

Be·hör·de <-, -n> [bəˈhøːɐ̯də] f ① (Dienst-

stelle) department ❷ (*fam*) town council ❸ (*Amtsgebäude*) [local] council offices

be·hörd·lich [bəˈhøːɐ̯tlɪç] **I.** *adj* official **II.** *adv* officially; **~ genehmigt** authorized by the authorities

be·hü·ten* *vt* ❶ (*schützend bewachen*) to watch over ❷ (*bewahren*) to protect (*vor from*); **jdn vor einem Fehler ~** to save sb from a mistake

be·hut·sam [bəˈhuːtzaːm] **I.** *adj* (*geh*) gentle **II.** *adv* (*geh*) gently; **jdm etw ~ beibringen** to break sth to sb gently

Be·hut·sam·keit <-> *f kein pl* (*geh*) care

bei [baɪ] *präp +dat* ❶ (*räumlich*) ■ **~ jdm** (*in jds Wohn-/Lebensbereich*) with sb; (*in jds Unternehmensbereich*) in; (*in einem Geschäft*) at; (*in jds Werk*) in; **am Wochenende sind sie ~ ihm** at the weekend they will be at his place; **~ uns zu Hause** at our house; **ich war ~ meinen Eltern** I was at my parents' [house]; **~ wem nimmst du Klavierstunden?** who do you have your piano lessons with?; **seit wann bist du eigentlich ~ dieser Firma?** how long have you been working for this company?; **~ Familie Schmidt** (*Briefanschrift*) c/o Schmidt; **beim Bäcker/Friseur** at the baker's/hairdresser's ❷ (*räumlich*) **etw ~ sich** *dat* **haben** to have sth with one; **ich habe gerade kein Geld ~ mir** I haven't any money on me at the moment ❸ (*räumlich*) ■ **~ etw** *dat* (*in der Nähe von*) near sth; (*Berührung*) by; (*dazwischen, darunter*) among; **Böblingen ist eine Stadt ~ Stuttgart** Böblingen is a town near Stuttgart; **~ dem Zugunglück starben viele Menschen** many people died in the train crash; **die Unterlagen sind ~ den Akten** the papers are among the files ❹ (*Zeitspanne: während*) during; (*Zeitspanne: Zeitpunkt betreffend*) at ❺ (*während einer Tätigkeit*) while; **störe mich bitte nicht ~ der Arbeit!** please stop disturbing me when I'm working! ❻ (*Begleitumstände*) by; **wir aßen ~ Kerzenlicht** we had dinner by candlelight; **~ dieser Hitze/Kälte** in such a heat/cold; **~ Wind und Wetter** come rain or shine ❼ (*im Falle von etw*) in case of; **„bei Feuer Scheibe einschlagen"** "in case of fire break glass" ❽ (*trotz*) ■ **~ all/aller ...** in spite of all; **~ alledem ...** for all that ... ▶ **nicht [ganz] ~ sich** *dat* **sein** (*fam*) to be not [quite] oneself

bei|be·hal·ten* *vt irreg* ❶ (*weiterhin behalten*) to maintain; *Tradition, Brauch* to uphold; *Meinung* to stick to ❷ (*fortsetzen*) *Diät* to keep to; *Geschwindigkeit* to maintain; *Therapie* to continue

Bei·be·hal·tung <-> *f kein pl* ❶ (*das Beibehalten*) *Gewohnheit, Methode* maintenance ❷ (*das Fortsetzen*) *Richtung* keeping to

Bei·boot *nt* tender (*vessel attendant on others*)

bei|brin·gen *vt irreg* ❶ (*fam: eine schlechte Nachricht übermitteln*) **jdm etw [schonend]** ~ to break sth [gently] to sb ❷ (*fam: lehren*) to teach ❸ (*zufügen*) ■ **jdm etw ~** to inflict sth on sb; **jdm eine Niederlage ~** to inflict a defeat on sb ❹ (*beschaffen*) to produce

Beich·te <-, -n> [ˈbaɪçtə] *f* confession; **die ~ ablegen** (*geh*) to make one's confession; **jdm die ~ abnehmen** to hear sb's confession

beich·ten [ˈbaɪçtn̩] **I.** *vt* ■ **[jdm] etw ~** to confess sth [to sb] **II.** *vi* to confess; **~ gehen** to go to confession

Beicht·ge·heim·nis *nt* seal of confession **Beicht·stuhl** *m* confessional **Beicht·va·ter** *m* (*veraltend*) father confessor *a. fig*

bei·de [ˈbaɪdə] *pron* ❶ (*alle zwei*) both; **sie hat ~ Kinder gleich lieb** she loves both children equally; **~ Mal[e]** both times; ■ **ihr ~** the two of you; **ihr ~ solltet euch wieder vertragen!** you two really should make up again!; ■ **euch ~n** both of you ❷ (*ich und du*) ■ **uns ~n** both of us; ■ **wir ~** the two of us ❸ (*die zwei*) ■ **die ~n** both [of them]; **die ~n vertragen sich sehr gut** they both get on very well; **die ersten/letzten ~n ...** the first/last two ...; **einer von ~n** one of the two (*sowohl dies als auch jenes*) ■ **~ s** both; **~ s ist möglich** both are possible

bei·de·mal^ALT *adv s.* **beide 1**

bei·der·lei [ˈbaɪdɐlaɪ] *adj attr* both

bei·der·sei·tig [ˈbaɪdɐzaɪtɪç] *adj* on both sides; *Abkommen* bilateral; *Vertrauen, Einverständnis, Zufriedenheit* mutual

bei·der·seits [ˈbaɪdɐzaɪts] *adv* on both sides

beid·sei·tig [ˈbaɪdzaɪtɪç] *adj, adv* on both sides; *Beschichtung* double-sided

bei·ei·nan·der [baɪʔaɪˈnandɐ] *adv* together ▶ **gut/schlecht ~ sein** (*fam körperlich*) to be in good/bad shape; (*geistig*) to be/not be all there

bei·ei·nan·der|ha·ben *vt irreg* (*fam*) ■ **etw [wieder] ~** (*fam*) to have [got] sth together [again] **bei·ei·nan·der|lie·gen** *vi irreg* to lie together **bei·ei·nan·der|sit·zen** *vi irreg* to sit together **bei·ei·nan·der|ste·hen** *vi irreg* to stand together

Bei·fah·rer(in) *m(f)* (*Passagier neben dem Fahrer*) front-seat passenger; (*zusätzlicher Fahrer*) co-driver

Bei·fah·rer·air·bag [-ˈæːɐ̯bæk] *m* passenger airbag **Bei·fah·rer·sitz** *m* [front] passenger seat

Bei·fall <-[e]s> *m* *kein pl* ① (*Applaus*) applause; ~ **klatschen** to applaud ② (*Zustimmung*) approval; ~ **heischend** (*geh*) looking for approval; [jds *akk*] ~ **finden** to meet with [sb's] approval

bei·fäl·lig **I.** *adj* approving **II.** *adv* approvingly; **er nickte** ~ **mit dem Kopf** he nodded approvingly

Bei·falls·sturm *m* storm of applause

bei|fü·gen *vt* ① (*mitsenden*) to enclose ② (*hinzufügen*) to add

Bei·ga·be <-, -n> *f* *sing* (*das Hinzufügen*) addition ② *o pl* (*Beilage*) side dish

beige [beːʃ, ˈbeːʒə] *adj* beige

bei|ge·ben *vt irreg* ① (*mitsenden*) to enclose ② (*hinzufügen*) to add

Bei·ge·schmack *m* ① (*zusätzlicher Geschmack*) [after]taste ② (*fig*) overtone[s]

Bei·heft *nt* (*zusätzlich beigelegtes Heft*) supplement; SCH answer book

Bei·hil·fe *f* ① (*finanzielle Unterstützung*) financial assistance; (*nicht rückzuerstattende Förderung*) grant; (*Subvention*) subsidy ② JUR **jdn wegen** ~ **zum Mord anklagen** to charge sb with acting as an accessory to murder

bei|kom·men *vi irreg sein* ① (*mit jdm fertig werden*) ▪ **jdm/einer S.** *dat* ~ to sort out sb/sth *sep* ② DIAL (*endlich kommen*) to come ③ DIAL (*erreichen können*) ▪ **irgendwo** ~ to reach somewhere; **die Öffnung ist so eng, dass man mit der Zange nicht beikommt** the opening is too narrow to reach with the pliers

Beil <-[e]s, -e> [baɪl] *nt* ① (*Werkzeug*) [short-handled] axe ② HIST (*Fallbeil*) blade [of a guillotine]; (*Richt*~) executioner's axe

beil. *Abk von* **beiliegend**

Bei·la·ge *f* ① (*beigelegte Speise*) side dish, *esp* AM side order ② (*das Beilegen*) enclosure (**zu** in) ③ (*Beiheft*) supplement, addition; (*beigelegtes Werbematerial*) insert ④ ÖSTERR (*Anlage*) enclosure

bei·läu·fig **I.** *adj* passing **II.** *adv* ① (*nebenbei*) in passing; **etw** ~ **erwähnen** to mention sth in passing ② ÖSTERR (*ungefähr*) about

bei|le·gen *vt* ① (*dazulegen*) ▪ **einer S.** *dat* **etw** *akk* ~ to insert sth in sth; **einem Brief einen Rückumschlag** ~ to enclose an SAE [*or* AM SASE] in a letter ② (*schlichten*) to settle; **lass uns die Sache** ~! let's settle the matter

Bei·le·gung <-, -en> *f* ① JUR (*Schlichtung*) settlement ② (*selten: Beilage*) enclosure ③ NAUT mooring

bei·lei·be [baɪlˈlaɪbə] *adv* on no account; ~ **nicht!** certainly not

Bei·leid *nt kein pl* condolence[s *pl*]; [**mein**] **herzliches** ~ [you have] my heartfelt sympathy; **jdm** [**zu etw** *dat*] **sein** ~ **aussprechen** to offer sb one's condolences [on sth]

Bei·leids·kar·te *f* condolence card

bei|lie·gen *vi irreg* ▪ **einer S.** *dat* ~ to be appended to sth; (*einem Brief, Paket*) to be enclosed in sth

bei·lie·gend *adj* enclosed; ~ **finden Sie ...** (*geh*) please find enclosed ...

beim [baɪm] = **bei dem** ① (*Aufenthalt in jds Geschäftsräumen*) ~ **Arzt/Bäcker/Friseur** at the doctor's/baker's/hairdresser's ② (*eine Tätigkeit ausführend*) **jdn** ~ **Arbeiten stören** to disturb sb working

bei|men·gen *vt* to add

bei|mes·sen *vt irreg* **einer S.** *dat* **Bedeutung/Wert** ~ to attach importance/value to sth

bei|mi·schen *vt s.* **beimengen**

Bein <-[e]s, -e> [baɪn] *nt* ① (*Körperteil*) leg; **die** ~**e ausstrecken/spreizen/übereinanderschlagen** to stretch [out]/part/cross one's legs; **das** ~ **heben** *Hund* to lift a leg; **jdm** [**wieder**] **auf die** ~**e helfen** to help sb back on his feet; **wieder auf die** ~**e kommen** to get back on one's feet [again]; **unsicher auf den** ~**en sein** to be unsteady on one's feet; **jdm ein** ~ **stellen** to trip up sb *sep*; **von einem** ~ **aufs andere treten** to shift from one foot to the other; **sich** *dat* **die** ~**e vertreten** to stretch one's legs ② (*Hosen*~) leg ③ (*Knochen*) bone ▶ **die** ~**e unter den Arm nehmen** (*fam*) to take to one's heels; **sich** *dat* **die** ~**e in den Bauch stehen** (*fam*) to be standing until one is ready to drop; **mit beiden** ~**en auf dem Boden stehen** to have both feet on the ground; **mit einem** ~ **im Grabe stehen** to have one foot in the grave; **die** ~**e unter jds Tisch strecken** (*fam*) to have one's feet under sb's table; **mit dem linken** ~ **zuerst aufgestanden sein** to have got out of bed on the wrong side; **sich** *dat* [**bei etw** *dat*] **kein** ~ **ausreißen** (*fam*) to not bust a gut [over sth]; ~ **bekommen** (*fam*) to go for a walk on its own; **immer wieder auf die** ~**e fallen** (*fam*) to always land on one's feet; **alles, was** ~**e hat, ...** (*fam*) everything on two legs ...; **sich kaum noch auf den** ~**en halten können** to be hardly able to stand on one's [own two] feet; **jdm** [**wieder**] **auf die** ~**e helfen** to help sb back on his feet; **wieder auf die** ~ **kommen** (*wieder gesund werden*) to be up on one's feet again; (*sich wirtschaftlich wieder erholen*) to recover one's economic state; **jdm** ~**e machen** (*fam*) to give sb a kick in the arse [*or* AM ass]; **sich auf die** ~**e machen** (*fam*) to get a move on; **auf den** ~**en**

sein (*in Bewegung sein*) to be on one's feet; (*auf sein*) to be up and about; **auf eigenen ~en stehen** to be able to stand on one's own two feet; **etw auf die ~e stellen** to get sth going

bei·nah ['baɪnaː, ˌbaɪ'naː, baɪ'naː] *adv*, **bei·na·he** ['baɪnaːə, ˌbaɪ'naːə, baɪ'naːə] *adv* almost

Bei·na·me *m* epithet

Bein·bruch *m* ❶ (*Bruch eines Beines*) fracture of the leg; **das ist kein ~!** (*fig fam*) it's not as bad as all that! ❷ (*fam: Patient mit einem ~*) broken leg

be·in·hal·ten* [bəˈʔɪnhaltn] *vt* (*geh*) to contain

Bein·pro·the·se *f* artificial leg

bei|ord·nen *vt* ■ **jdm jdn ~** to assign sb to sb

Bei|pack·zet·tel *m* instruction leaflet

bei|pflich·ten *vi* ■ **jdm ~** to agree with sb (**in** on)

Bei·rat *m kein pl* advisory board

be·ir·ren* *vt* ■ **sich [nicht] ~ lassen** to [not] let oneself be put off

bei·sam·men [baɪˈzamən] *adv* ❶ (*zusammen*) together; **~ sein** to be [all] together ❷ (*fam: geistig rege*) **[nicht] gut ~ sein** to [not] be with it

bei·sam·men|seinᴬᴸᵀ *vi irreg sein s.* **beisammen**

Bei·sam·men·sein *nt* get-together

Bei·schlaf *m* sexual intercourse (**zwischen** between); **außerehelicher ~** adultery

Bei·sein *nt* ■ **in jds ~** in sb's presence

bei·sei·te [baɪˈzaɪtə] *adv* to one side

bei·sei·te|ge·hen *vi irreg sein* to step aside

bei·sei·te|le·gen *vt* ■ **etw ~** (*weglegen*) to put sth to one side; (*etw sparen*) to put aside sth *sep*

bei|set·zen *vt* (*geh*) to inter; *Urne* to install

Bei·set·zung <-, -en> *f* (*geh*) interment; *einer Urne* installing [in its resting place]

Bei·sit·zer·in <-s, -> *m(f)* ❶ ᴊᴜʀ associate judge [*or* Bʀɪᴛ *spec a*. puisne] ❷ (*Kommissionsmitglied*) assessor

Bei·spiel <-[e]s, -e> ['baɪʃpiːl] *nt* example; **anschauliches ~** illustration; **praktisches ~** demonstration; **mit gutem ~ vorangehen** to set a good example; **sich** *dat* **an jdm ein ~ nehmen** to take a leaf out of sb's book; **zum ~** for example; **wie zum ~** such as

bei·spiel·haft *adj* ❶ (*vorbildlich*) exemplary ❷ (*typisch*) typical (**für** of) **bei·spiel·los** *adj* ❶ (*unerhört*) outrageous ❷ (*ohne vorheriges Beispiel*) unprecedented (**in** in) **Bei·spiel·satz** *m* example [sentence]

bei·spiels·wei·se *adv* for example

bei·ßen <biss, gebissen> ['baɪsn̩] I. *vt* ■ **jdn ~** to bite sb; **etwas/nichts zu ha-** ben (*fam*) to have something/nothing to eat; **er wird dich schon nicht ~!** (*fig*) he won't bite you II. *vi* ❶ (*mit den Zähnen*) ■ **auf/in etw** *akk* **~** to bite into sth; **die Fische wollen heute nicht ~** the fish aren't biting today ❷ (*brennend sein*) to sting; *Säure* to burn; **in den Augen ~** to make one's eyes sting ■ **an etw** *dat* **zu ~ haben** to have sth to chew over III. *vr* ❶ (*mit den Zähnen*) ■ **sich** *akk* **o** *dat* **auf etw** *akk* **~** to bite one's sth ❷ (*nicht harmonieren*) ■ **sich [mit etw** *dat***] ~** to clash [with sth]

bei·ßend *adj* ❶ (*scharf*) pungent; *Qualm* acrid ❷ (*brennend*) burning ❸ (*ätzend*) caustic

Beiß·zan·ge *f* ᴅɪᴀʟ *s.* **Kneifzange**

Bei·stand *m kein pl* (*Unterstützung*) support; (*Hilfe*) assistance; *von Priester* attendance; **ärztlicher ~** medical aid; **jdm ~ leisten** to give sb one's support ❷ (*helfender Mensch*) assistant; **seelischer ~** sb who gives emotional support ❸ ᴊᴜʀ legal adviser

bei|ste·hen *vi irreg* ■ **jdm ~** to stand by sb

bei|steu·ern *vt* to contribute (**zu** to); **seinen Teil ~** to contribute one's share

bei|stim·men *vi s.* **zustimmen**

Bei·strich *m bes* ÖSTERR comma

Bei·trag <-[e]s, -träge> ['baɪtraːk, *pl* 'baɪtrɛːɡə] *m* ❶ (*Mitglieds~*) fee; (*Versicherungs~*) premium ❷ (*Artikel*) article ❸ (*Mitwirkung*) contribution; **einen ~ zu etw** *dat* **leisten** to make a contribution to sth ❹ ꜱᴄʜᴡᴇɪᴢ (*Subvention*) subsidy

bei|tra·gen I. *vi irreg* ■ **zu etw** *dat* **~** to contribute to sth II. *vt* to contribute (**zu** to); **seinen Teil zur Rettung der Hungernden ~** to do one's part to help the starving

bei·trags·pflich·tig *adj* liable to pay contribution **Bei·trags·satz** *m* membership rate **Bei·trags·zeit** *f* contribution period

bei|tre·ten *vi irreg sein* ❶ (*Mitglied werden*) to join [as a member] ❷ ᴘᴏʟ to enter into

Bei·tritt *m* ❶ (*das Beitreten*) entry (**zu** into) ❷ ᴘᴏʟ (*Anschluss*) accession (**zu** to)

Bei·tritts·er·klä·rung *f* confirmation of membership

Bei·wa·gen *m* sidecar

Bei·werk *nt* (*geh*) embellishment[s *pl*]

bei|woh·nen *vi* (*geh*) ■ **einer S.** *dat* **~** to be present at sth

Bei·ze¹ <-, -n> ['baɪtsə] *f* ❶ (*Beizmittel*) stain[ing agent] ❷ (*Marinade*) marinade

Bei·ze² <-, -n> ['baɪtsə] *f* ᴅɪᴀʟ (*fam: Kneipe*) pub Bʀɪᴛ, bar Aᴍ

bei·zei·ten [baɪˈtsaɪtn̩] *adv* in good time; **das hättest du mir aber ~ sagen müssen!** you should have told me that earlier

bei·zen ['baɪtsn̩] *vt* ❶ (*mit Beizmittel*) to stain ❷ (*marinieren*) to marinade

be·ja·hen* [bəˈjaːən] *vt* ❶ (*mit Ja beantworten*) to answer in the affirmative ❷ (*gutheißen*) to approve [of]
be·ja·hend I. *adj* affirmative **II.** *adv* affirmatively
be·jahrt [bəˈjaːɐt] *adj* (*geh*) ❶ (*älter*) elderly, advanced in years *pred* ❷ (*hum: von Tier: alt*) aged
be·jam·mern* *vt* to lament
be·jam·merns·wert *adj* lamentable
be·ju·beln* *vt* to cheer; ■ **bejubelt werden** to be met with cheering
be·ka·keln* *vt* DIAL to discuss
be·kämp·fen* *vt* ■ **jdn/etw ~** ❶ (*gegen jdn/etw kämpfen*) to fight [against] sb/sth; ■ **sich** [**gegenseitig**] ~ to fight one another ❷ (*durch Maßnahmen eindämmen*) to combat ❸ (*auszurotten suchen*) to control
Be·kämp·fung <-, *selten* -en> *f* ❶ (*das Bekämpfen*) fighting (+*gen* against) ❷ (*versuchte Eindämmung*) combatting; **zur ~ der Drogenkriminalität** to combat drug-related crime ❸ (*versuchte Ausrottung*) controlling
be·kannt [bəˈkant] *adj* ❶ (*allgemein gekannt*) well-known; **etw ~ geben** to announce sth; (*von der Presse*) to publish sth.; **jdn ~ machen** (*berühmt*) to make sb famous; **etw ~ machen** (*öffentlich*) to make sth known to the public; **für etw** *akk* **~ sein** to be well-known for sth; **~ werden** to become famous ❷ (*nicht fremd, vertraut*) familiar; **ist dir dieser Name ~?** are you familiar with this name?; **allgemein ~ sein** to be common knowledge; **jdn/sich** [**mit jdm**] **~ machen** to introduce sb/oneself [to sb]; **mit jdm ~ sein** to be acquainted with sb; **jdm ~ vorkommen** to seem familiar to sb
Be·kann·te(r) *f*(*m*) *dekl wie adj* acquaintance; **ein guter ~r** a friend
Be·kann·ten·kreis *m* circle of acquaintances
be·kann·ter·ma·ßen *adv* (*geh*) *s.* **bekanntlich**
Be·kannt·ga·be *f* announcement; (*von der Presse*) publication
be·kannt|ge·benᴬᴸᵀ *vt irreg* to announce; (*von der Presse*) to publish
Be·kannt·heit <-> *f kein pl* fame *no pl*
Be·kannt·heits·grad *m* degree of fame
be·kannt·lich *adv* as is [generally] known
be·kannt|ma·chenᴬᴸᵀ *vt* (*öffentlich*) to make known to the public
Be·kannt·ma·chung <-, -en> *f* ❶ *kein pl* (*das Bekanntmachen*) announcement; (*der Öffentlichkeit*) publicizing; (*durch Fernsehen*) broadcasting; (*von der Presse*) publication; **öffentliche ~** public announcement ❷ (*Anschlag etc*) notice
Be·kannt·schaft <-, -en> *f* ❶ *kein pl* (*das Bekanntsein*) acquaintance; **jds ~ machen** to make sb's acquaintance *a. iron;* **mit etw** *dat* **~ machen** (*iron*) to get to know sth ❷ (*fam: Bekanntenkreis*) acquaintances *pl*
be·keh·ren* **I.** *vt* ■ **jdn** [**zu etw** *dat*] **~** (*fig liter*) to convert sb [to sth] **II.** *vr* ■ **sich** [**zu etw** *dat*] **~** (*fig liter*) to be[come] converted [to sth]
Be·keh·rung <-, -en> *f* conversion
be·ken·nen* *irreg* **I.** *vt* ❶ (*eingestehen*) to confess ❷ (*öffentlich dafür einstehen*) to bear witness to **II.** *vr* ■ **sich zu jdm/etw ~** to declare one's support for sb/sth; **sich zu einem Glauben ~** to profess a faith; **sich zu einem Irrtum ~** to admit to a mistake; **sich zu einer Tat ~** to confess to a deed; **sich zu einer Überzeugung ~** to stand up for one's convictions
Be·kennt·nis *nt* ❶ (*Eingeständnis*) confession ❷ (*das Eintreten für etw*) declared belief (**zu** in). ❸ REL (*Konfession*) [religious] denomination
be·kla·gen* **I.** *vt* to lament; **bei dem Unglück waren 23 Tote zu ~** the accident claimed 23 lives **II.** *vr* ■ **sich ~** to complain (**über** about); **man hat sich bei mir über Sie beklagt** I have received a complaint about you
be·kla·gens·wert *adj* lamentable; *Irrtum, Versehen* unfortunate
Be·klag·te(r) *f*(*m*) *dekl wie adj* JUR defendant
be·klau·en* *vt* (*fam*) to rob
be·kle·ckern* **I.** *vt* (*fam*) to stain **II.** *vr* (*fam*) **sich** [**mit Brei/Soße**] **~** to spill porridge/sauce all down oneself
be·kleck·sen *vt* to splatter
be·klei·den* *vt* (*geh*) ❶ (*innehaben*) to fill ❷ (*geh*) ■ **sich ~** to dress oneself
Be·klei·dung *f* ❶ (*Kleidungsstück*) clothing *no pl, no indef art* ❷ (*geh: das Innehaben*) tenure
Be·klei·dungs·stück *nt* (*geh*) *s.* **Kleidungsstück**
be·klem·mend I. *adj* ❶ (*beengend*) claustrophobic ❷ (*beängstigend*) oppressive **II.** *adv* oppressively
Be·klem·mung <-, -en> *f* constriction
be·klom·men [bəˈklɔmən] **I.** *adj* anxious; (*von Mensch a.*) uneasy **II.** *adv* anxiously
Be·klom·men·heit <-> *f kein pl* anxiety; (*von Mensch a.*) uneasiness *no pl*
be·kloppt [bəˈklɔpt] *adj* (*sl*) *s.* **bescheuert**
Be·klopp·te(r) <-n, -n> *f*(*m*) *dekl wie adj* (*fam*) idiot
be·knackt [bəˈknakt] *adj* (*sl*) *s.* **bescheuert**
be·knien* *vt* (*fam*) ■ **jdn ~** [**, etw zu tun**] to beg sb [to do sth]

be·ko·chen* vt to cook for

be·kom·men* irreg **I.** vt haben ❶ (erhalten) ■ etw [von jdm] ~ to receive sth [from sb]; *Genehmigung, Mehrheit* to obtain; *Massage, Spritze* to be given; *Ohrfeige* to get; **ich habe das zum Geburtstag ~** I received this for my birthday; **sie bekommt 21 Euro die Stunde** she earns 21 euros an hour; **ich bekomme noch 4000 Euro von dir** you still owe me 4000 euros; **was ~ Sie dafür?** how much is it?; **von der Schokolade kann sie einfach nicht genug ~!** she just can't get enough of that chocolate!; **Ärger/Schwierigkeiten ~** to get into trouble/difficulties; **eine Ermäßigung ~** to qualify for a reduction; **etw in die Hände ~** *(fam)* to get hold of sth ❷ *(erreichen)* **den Bus ~** to catch the bus ❸ *(serviert erhalten)* ■ **etw ~** to be served with sth; **ich bekomme ein Bier** I'd like a beer; **wer bekommt das Steak?** who ordered the steak?; **was ~ Sie?** what would you like? ❹ *(entwickeln)* **eine Erkältung ~** to catch a cold; **eine Glatze/graue Haare ~** to go bald/to go grey; **Heimweh ~** to get homesick; **Lust ~, etw zu tun** to feel like doing sth; **Zähne ~** to be teething ❺ *mit Infinitivkonstruktion* **etw zu essen/trinken ~** to get sth to eat/drink; **etw zu hören/sehen ~** to get to hear/see sth; **der wird von mir etwas zu hören ~!** *(fam)* I'll give him a piece of my mind! ❻ *mit pp o adj* **etw gemacht ~** to get sth done; **etw bezahlt ~** to get paid for sth; **etw geschenkt ~** to be given sth [as a present] ❼ *(dazu bringen)* **jdn dazu ~, etw zu tun** to get sb to do sth; **er ist einfach nicht ins Bett zu ~** he just won't go to bed **II.** vi **jdm [gut]/schlecht ~** to do sb good/to not do sb any good; *Essen* to agree/to disagree with sb

be·kömm·lich [bəˈkœmlɪç] *adj* ❶ *(leicht verdaulich)* [easily] digestible ❷ *(wohltuend)* beneficial

be·kös·ti·gen* [bəˈkœstɪɡn̩] *vt* to feed

be·kräf·ti·gen* *vt* ❶ *(bestätigen)* to confirm **(durch/mit** by); **etw noch einmal ~** to reaffirm sth ❷ *(bestärken)* to corroborate; *Vorhaben* to support; ■ **jdn in etw** *dat* **~** to strengthen sb's sth

Be·kräf·ti·gung <-, -en> *f* confirmation

be·krän·zen* *vt* ❶ *(mit einem Kranz)* to crown with a wreath ❷ *(mit Girlanden)* to adorn with garlands

be·kreu·zi·gen* *vr* **sich [vor jdm/etw] ~** to cross oneself [on seeing sb/sth]

be·krie·gen* *vt* ■ **sich** *(gegenseitig)* **~** to be warring [with one another]; ■ **jdn/etw ~** to wage war on sb/sth

be·krit·teln *vt* to find fault; *Argument* to pick holes in

be·krit·zeln* *vt* to scribble; *(schmieren)* to scrawl

be·küm·mern* *vi impers* ■ **es bekümmert jdn** it worries sb

be·küm·mert *adj* worried **(über** about); *(erschüttert)* distressed **(über** with)

be·kun·den* [bəˈkʊndn̩] *vt* to express; **Interesse [an etw** *akk***] ~** to express interest [in sth]; **Sympathie [für etw** *akk***] ~** to express interest [in sth]/a liking [for sth]

be·lä·cheln* *vt* to smile at; ■ **belächelt werden** to be a target of ridicule

be·la·chen* *vt* to laugh at

be·la·den*¹ *irreg vt* ❶ *(mit Ladung versehen)* to load [up *sep*] ❷ *(Last aufbürden)* to burden **(mit** with)

be·la·den*² *adj* ❶ *(mit einer Last versehen)* loaded; *(von Menschen a.)* laden **(mit** with) ❷ *(belastet)* burdened **(mit** with)

Be·lag <-[e]s, Beläge> [bəˈlaːk, *pl* bəˈlɛːɡə] *m* ❶ *(aufgelegte Esswaren)* topping; *von Brot* spread ❷ *(Zahn~)* film; *(Zungen~)* fur ❸ *(Schicht)* coating ❹ *(Brems~)* lining ❺ *(Fußboden~)* covering; *(Straßen~)* surface

Be·la·ge·rer <-s, -> *m* besieger

be·la·gern* *vt* to besiege; ■ **belagert sein/werden** to be/come under siege

Be·la·ge·rungs·zu·stand *m* state of siege; **den ~ verhängen** to proclaim a state of siege

be·läm·mert^RR [bəˈlɛmət] *adj (sl)* sheepish

Be·lang <-[e]s, -e> [bəˈlaŋ] *m* ❶ *kein pl (Bedeutung, Wichtigkeit)* ■ **ohne ~ sein** to be of no importance; ■ **von ~ sein** to be of importance; ■ **etw/nichts von ~** something/nothing important ❷ *pl (Interessen, Angelegenheiten)* interests; **jds ~e vertreten** to represent the interests of sb ❸ *kein pl (geh: Hinsicht)* matter

be·lan·gen* *vt* JUR **jdn [wegen etw** *gen***] ~** to prosecute sb [for sth]

be·lang·los *adj (unwichtig)* unimportant; *(nebensächlich)* irrelevant

Be·lang·lo·sig·keit <-, -en> *f* ❶ *kein pl (belanglose Beschaffenheit)* unimportance ❷ *(Unwichtigkeit)* triviality

be·las·sen* *vt irreg* ❶ *(es bei etw bewenden lassen)* ■ **es bei etw** *dat* **~** to leave it at sth; **~ wir es dabei!** let's leave it at that ❷ *(stehen lassen)* **etw an seinem Platz ~** to leave sth in its place

be·last·bar *adj* ❶ *(zu belasten)* loadable; ■ **bis zu etw** *dat* **~ sein** to have a maximum load of sth ❷ *(fig: beanspruchbar)* **kein Mensch ist unbegrenzt ~** nobody can take work/abuse indefinitely; **unter Stress ist ein Mitarbeiter weniger ~** stress reduces an employee's working capacity; **die Nerven**

sind nur bis zu einem bestimmten Grad ~ the nerves can only take so much; **Training macht das Herz ~er** training strengthens the heart ③ (*mit Schadstoffen zu belasten*) able to withstand contamination ④ FIN (*zu überziehen*) **wie hoch ist mein Konto ~?** what is the limit on my account?

Be·last·bar·keit <-, -en> *f* ① (*Fähigkeit, Lasten auszuhalten*) load-bearing capacity ② (*Beanspruchbarkeit*) ability to take stress; *von Gedächtnis* capacity; *von Organen, Körper* maximum resilience ③ FIN (*Besteuerbarkeit*) ability to pay taxes

be·las·ten* *vt* ① (*mit Last beschweren*) to load (**mit** with) ② (*bedrücken*) ■ **jdn/etw ~** to burden sb/sth; **jdn** [**schwer**] **~** to weigh [heavily] on one's mind; ■ **~d** crippling ③ (*leistungsmäßig beanspruchen*) to strain; **jdn/etw zu sehr belasten** to overstrain sb/sth ④ JUR ■ **jdn ~** to incriminate sb; **~des Material** incriminating evidence ⑤ (*beschweren*) to burden with ⑥ (*ökologisch beanspruchen*) to pollute ⑦ FIN *Konto* to debit; **etw mit einer Hypothek ~** to mortgage sth

be·läs·ti·gen* [bəˈlɛstɪɡn] *vt* ■ **jdn ~** (*jdm lästig werden*) to bother sb; (*zudringlich werden*) to pester sb

Be·läs·ti·gung <-, -en> *f* annoyance *no pl*

Be·las·tung <-, -en> *f* ① (*das Belasten*) loading *pl* (*Gewicht*) load; **die maximale ~ des Aufzugs** the maximum load for the lift [*or* AM elevator] ③ (*Anstrengung*) burden ④ (*Last*) burden ⑤ ÖKOL pollution *no pl, no indef art* ⑥ JUR incrimination ⑦ (*das Beschweren*) burden ⑧ (*leistungsmäßige Beanspruchung*) strain (**für** on) ⑨ FIN charge (+*gen* on) ⑩ FIN (*Beschwerung mit Hypothek*) mortgage; (*Hypothek*) mortgage ⑪ FIN (*Schulden a.*) encumbrance *form;* (*steuerliche Beanspruchung*) burden

Be·las·tungs·ma·te·ri·al *nt* JUR incriminating evidence **Be·las·tungs·pro·be** *f* ① (*Erprobung der Belastbarkeit*) load[ing] test ② (*Erprobung der Beanspruchbarkeit*) endurance test; (*Zerreißprobe*) tolerance test; **einer ~ ausgesetzt sein** to be put to the test

Be·las·tungs·zeu·ge, -zeu·gin *m, f* JUR witness for the prosecution

be·laubt [bəˈlaʊpt] *adj* in leaf *pred*

be·lau·ern* *vt* ① (*lauernd beobachten*) *Tier* to observe unseen ② (*argwöhnisch beobachten*) to watch secretly

be·lau·fen* *vr irreg* ■ **sich auf etw** *akk* **~** to amount to sth; **der Schaden belief sich auf Millionen** the damage ran into millions

be·lau·schen* *vt* to eavesdrop on

be·le·ben* **I.** *vt* ① (*anregen, ankurbeln*) to stimulate ② (*erfrischen*) to make feel better ③ (*zum Leben erwecken*) to bring [back] to life ④ (*lebendiger gestalten*) to put life into; *Unterhaltung* to liven up **II.** *vr* ■ **sich ~** ① (*sich mit Leben füllen*) to come to life ② (*lebhafter werden*) to light up ③ (*stimuliert werden*) to become stimulated **III.** *vi* ① (*munter machen*) to pick one up ② (*erfrischen*) to make one feel better

be·le·bend *adj* ① (*anregend*) invigorating ② (*erfrischend*) refreshing

be·lebt [bəˈleːpt] *adj* ① (*bevölkert*) busy ② (*lebendig*) animate

Be·le·bung <-, -en> *f* stimulation

Be·leg <-[e]s, -e> [bəˈleːk, *pl* bəˈleːɡə] *m* ① (*Quittung*) receipt; **kann ich einen ~ haben?** may I have a receipt? ② (*Unterlage*) proof *no art, no pl* ③ (*Quellennachweis*) example

be·le·gen* *vt* ① (*mit Belag versehen*) **ein Brot mit etw ~** to spread sth on a slice of bread; **belegte Brote** open sandwiches ② (*beweisen*) to verify; *Behauptung, Vorwurf* to substantiate; *Zitat* to give a reference for ③ (*auferlegen*) ■ **jdn mit etw** *dat* **~** to impose sth on sb ④ SCH to enrol for ⑤ (*okkupieren*) to occupy; ■ **belegt sein** to be occupied; **ist der Stuhl hier schon belegt?** is this chair free? ⑥ (*innehaben*) **den vierten Platz ~** to take fourth place; **einen höheren Rang ~** to be ranked higher

Be·leg·ex·em·plar *nt* specimen copy

Be·leg·schaft <-, -en> *f* (*Beschäftigte*) staff; (*aus Arbeitern*) workforce

Be·leg·schafts·ak·ti·o·när, -ak·ti·o·nä·rin *m, f* ÖKON, FIN employee stock [*or* BRIT share] owner

be·legt *adj* ① (*mit Belag überzogen*) coated ② (*rau*) hoarse

be·leh·ren* *vt* ■ **jdn ~** ① (*informieren, aufklären*) to inform sb; **jdn eines besseren ~** to teach sb otherwise ② (*von Meinung abbringen*) to convince sb that he/she is wrong; (*von einer falschen Ansicht abbringen*) to disabuse sb *form;* **sich von jdm ~ lassen** to listen to sb ③ JUR (*ausführlich informieren*) to advise (**über** of)

be·leh·rend **I.** *adj* didactic **II.** *adv* didactically

Be·leh·rung <-, -en> *f* ① (*belehrender Rat*) explanation; **deine ~en kannst du dir sparen!** there's no need to lecture me *fam* ② (*Verweis*) lesson ③ JUR caution

be·leibt [bəˈlaɪpt] *adj* (*geh*) corpulent

be·lei·di·gen* [bəˈlaɪdɪɡn] *vt* ① (*schmähen*) ■ **jdn ~** to insult sb ② (*empfindlich beeinträchtigen*) to offend

be·lei·di·gend **I.** *adj* insulting **II.** *adv* insultingly

Be·lei·di·gung <-, -en> f ❶ (*das Beleidigen*) offence (+*gen* to); JUR defamation ❷ (*Schmähung*) insult; **etw als [eine] ~ auffassen** to take sth as an insult ❸ (*Missachtung*) affront (+*gen*/**für** to)

be·lei·hen* vt irreg to lend money on

be·lem·mert^ALT adj (sl) s. **belämmert**

be·le·sen [bə'le:zn] adj well-read

be·leuch·ten* vt ❶ (*durch Licht erhellen*) to light ❷ (*anstrahlen*) to light up sep ❸ (*geh: betrachten*) to throw light on

Be·leuch·tung <-, selten -en> f ❶ (*das Beleuchten*) lighting ❷ (*künstliches Licht*) light; (*Lichter*) lights pl; **die ~ der Straßen** street lighting ❸ (*geh: das Betrachten*) elucidation

Bel·gi·en <-s> ['bɛlgjən] nt Belgium; s. a. **Deutschland**

Bel·gi·er(in) <-s, -> ['bɛlgiɐ] m(f) Belgian; s. a. **Deutsche(r)**

bel·gisch ['bɛlgɪʃ] adj Belgian; s. a. **deutsch**

Bel·grad <-s> ['bɛlgra:t] nt Belgrade

be·lich·ten* vt FOTO to expose

Be·lich·tung f FOTO exposure

Be·lich·tungs·mes·ser m light meter **Be·lich·tungs·zeit** f exposure [time]

be·lie·ben* I. vt (*iron*) ■ **~, etw zu tun** to like doing sth II. vi (*geh*) **was/wie es jdm beliebt** as sb likes

Be·lie·ben <-s> nt kein pl [**ganz**] **nach ~** just as you/they etc. like

be·lie·big [bə'li:bɪç] I. adj any; [**irgend**]**eine/jede ~e Zahl** any number at all; **nicht jede ~e Zahl** not every number; ■ **etwas B~es** anything at all; ■ **jeder B~e** anyone at all; ■ **irgendein B~er** just anybody II. adv **~ häufig/lange/spät/viele** as often/long/late/many as you like; **etw ~ verändern** to change sth at will

be·liebt [bə'li:pt] adj popular (**bei** with); **sich** [**bei jdm**] ~ **machen** to make oneself popular [with sb]

Be·liebt·heit <-> f kein pl popularity no pl; **sich großer~ erfreuen** to enjoy great popularity

be·lie·fern* vt to supply (**mit** with)

Be·lie·fe·rung f delivery

bel·len ['bɛlən] vi to bark

Bel·le·tris·tik <-> [bɛle'trɪstɪk] f kein pl belles lettres npl

be·loh·nen* vt to reward (**mit** with, **für** for)

Be·loh·nung <-, -en> f ❶ (*das Belohnen*) rewarding ❷ (*Lohn*) reward; **eine ~** [**für etw** akk] **aussetzen** to offer a reward [for sth]

be·lüf·ten* vt to ventilate

Be·lüf·tung f ❶ kein pl (*das Belüften*) ventilating ❷ ELEK ventilation no indef art

Be·lüf·tungs·an·la·ge f ventilation system

Be·lüf·tungs·schacht m ventilation shaft

be·lü·gen* irreg vt **jdn ~** to lie to sb; ■ **sich** [**selbst**] ~ to deceive oneself

be·lus·ti·gen* vt to amuse (**mit** with); **was belustigt dich?** what's amusing you?; ■ **~d** amusing

be·lus·tigt [bə'lʊstɪçt] I. adj amused II. adv in amusement

Be·lus·ti·gung <-, -en> f (*geh*) amusement; **zu jds ~** for sb's amusement

be·mäch·ti·gen* vr [bə'mɛçtɪgn] (*geh*) ❶ (*in seine Gewalt bringen*) ■ **sich jds/einer S. ~** to take hold of sb/sth ❷ (*überkommen*) ■ **sich jds ~** to come over sb

be·ma·keln* vt to find fault with

be·ma·len* vt **etw** [**mit etw** dat] **~** to paint [sth on] sth

Be·ma·lung <-, -en> f ❶ (*das Bemalen*) painting ❷ (*aufgetragene Farbe*) paint (+*gen* on) ❸ (*Kriegs~*) war paint

be·män·geln* vt [bə'mɛŋln] vt to find fault with

be·man·nen* vt NAUT, RAUM to man; ■ [**nicht**] **bemannt** [un]manned

be·mannt [bə'mant] I. pp von **bemannen** II. adj manned, occupied; **~e Raumfahrt** manned space flight

be·merk·bar adj noticeable; **es ist kein Unterschied ~** I can't see any difference; **sich bei jdm** [**durch etw** akk] **~ machen** to attract sb's attention [by doing sth]; **sich ~ machen** to make itself felt (**durch** with)

be·mer·ken* vt ❶ (*wahrnehmen*) to notice ❷ (*äußern*) **etwas/nichts** [**zu etw** dat] **~** to have sth/nothing to say [to sth]

be·mer·kens·wert I. adj remarkable II. adv remarkably

Be·mer·kung <-, -en> f remark; **eine ~** [**über etw** akk] **machen** to remark on sth; **eine ~ fallen lassen** to drop a remark

be·mes·sen* irreg I. vt **jdm etw ~** to determine sth for sb; **großzügig/knapp ~ sein** to be generous/not very generous II. vr (*geh*) ■ **sich nach etw** dat **~** to be proportionate to sth

Be·mes·sung f determination

Be·mes·sungs·grund·la·ge f FIN assessment basis

be·mit·lei·den* [bə'mɪtlaidn] vt to pity; ■ **sich** [**selbst**] **~** to feel sorry for oneself; **sie ist zu ~** she is to be pitied

be·mit·lei·dens·wert adj pitiable

be·mü·hen* I. vr ❶ (*sich Mühe geben*) ■ **sich ~** to try hard; **sich vergebens ~** to try in vain; **~ Sie sich nicht** don't bother yourself ❷ (*sich kümmern*) **sich um jdn ~** to court sb ❸ (*zu erlangen suchen*) **sich um eine Stelle ~** to try hard to get a job ❹ (*geh:*

gehen) **sich zur Tür ~** to proceed to the door **II.** *vt* (*geh*) **jdn ~** to send for sb

Be·mü·hen <-s> *nt kein pl* (*geh*) efforts *pl* (**um** for)

be·müht *adj* keen; ■ **um etw** *akk* **~ sein** to try hard to do sth

Be·mü·hung <-, -en> *f* effort; **danke für Ihre ~en** thank you for your trouble

be·mü·ßigt [bəˈmyːsɪçt] *adj* **sich ~ fühlen, etw zu tun** (*meist iron geh*) to feel obliged to do sth

be·mut·tern* [bəˈmʊtɐn] *vt* to mother

be·nach·bart [bəˈnaxbaːɐ̯t] *adj* ❶ (*in der Nachbarschaft gelegen*) nearby; (*nebenan*) neighbouring *attr*; **das ~e Haus** the house next door ❷ (*angrenzend*) adjoining

be·nach·rich·ti·gen* [bəˈnaːxrɪçtɪgn̩] *vt* to inform; (*amtlich*) to notify (**von** of)

Be·nach·rich·ti·gung <-, -en> *f* notification (**von** of, **über** about)

be·nach·tei·li·gen* [bəˈnaːxtaɪlɪgn̩] *vt* ❶ (*schlechter behandeln*) to put at a disadvantage; (*wegen Rasse, Geschlecht, Glaube*) to discriminate against ❷ (*zum Nachteil gereichen*) ■ **jdn ~** to handicap sb

Be·nach·tei·lig·te(r) *f(m) dekl wie adj* victim; ■ **der/die ~ sein** to be at a disadvantage

Be·nach·tei·li·gung <-, -en> *f* ❶ (*das Benachteiligen*) ■ **die ~ einer Person** *gen*/**von jdm** discriminating against sb ❷ (*benachteiligter Zustand*) discrimination

be·ne·beln* *vt* (*fam*) to befuddle; *Narkose, Sturz a.* to daze; *Dämpfe, Duft, Rauch a.* to make sb's head reel; ■ **benebelt** (*fam*) befuddled; (*durch Alkohol a.*) tipsy *fam*; (*durch Schlag*) dazed

benebelt [bəˈneːblt] **I.** *pp von* **benebeln II.** *adj* (*fam*) dazed; (*im Alkoholrausch*) woozy

Be·ne·fiz·kon·zert *nt* charity concert

be·neh·men* *vr irreg* **sich ~** to behave [oneself]; **benimm dich!** behave yourself!; **sich gut ~** to behave well; **sich schlecht ~** to behave badly

Be·neh·men <-s> *nt kein pl* manners *npl*; **kein ~ haben** to have no manners

be·nei·den* *vt* **jdn** [**um etw** *akk*] **~** to envy sb [sth]

be·nei·dens·wert I. *adj* enviable **II.** *adv* (*wunderbar*) amazingly

Be·ne·lux·län·der, **Be·ne·lux·staa·ten** [ˈbeːnelʊks-] *pl* Benelux countries

be·nen·nen* *vt irreg* to name (**nach** after); *Gegenstände ~* to denote objects

Be·nen·nung <-, -en> *f* ❶ (*das Benennen*) naming ❷ (*das Namhaftmachen*) nomination; *von Zeugen* calling ❸ (*Bezeichnung*) name

be·net·zen* *vt* (*geh*) to moisten; *mit Tau, Tränen* to cover

Ben·gel <-s, -[s]> [ˈbɛŋl] *m* ❶ (*frecher Junge*) rascal ❷ (*niedlicher Junge*) **ein süßer** [**kleiner**] **~** a dear [*or* AM cute] little boy ▶ **den ~ hoch werfen** SCHWEIZ (*hoch greifen*) to aim high

Be·nimm <-s> [bəˈnɪm] *m kein pl* (*fam*) manners *npl*

Be·nimm·re·gel *f* [rule of] etiquette *no pl*

be·nom·men [bəˈnɔmən] *adj* dazed; **jdn ~ machen** to befuddle sb

Be·nom·men·heit <-> *f kein pl* daze[d state]; **ein Gefühl von ~** a dazed feeling

be·no·ten* [bəˈnoːtn̩] *vt* ❶ (*mit Zensur versehen*) to mark; **ihr Aufsatz wurde mit „sehr gut" benotet** her essay was given an A ❷ (*durch eine Zensur einstufen*) to assess

be·nö·ti·gen* *vt* to need; **etw dringend ~** to be in urgent need of sth

be·nut·zen* *vt*, **be·nüt·zen*** *vt* DIAL ❶ (*gebrauchen*) **etw** [**als etw**] **~** to use sth [as sth]; ■ **das B~** the use; **nach dem B~** after use; ■ **benutzt** used; **den Aufzug ~** to take the lift; **die benutzte Literatur** the literature consulted ❷ (*verwerten*) *Literatur* to consult ❸ (*wahrnehmen*) to seize ❹ (*für seine Zwecke ausnutzen*) ■ **jdn ~** to take advantage of sb; **sich benutzt fühlen** to feel [that one has been] used

Be·nut·zer(in) <-s, -> *m(f)*, **Be·nüt·zer(in)** <-s, -> *m(f)* DIAL ❶ (*benutzender Mensch*) borrower; (*mit Leihgebühr*) hirer BRIT, person renting AM; (*einer Bibliothek*) reader ❷ INFORM user

be·nut·zer·de·fi·niert [-'---definiːɐ̯t] *adj* INFORM user-defined **Be·nut·zer·ebe·ne** *f* INFORM user interface **be·nut·zer·freund·lich I.** *adj* user-friendly **II.** *adv* in a user-friendly manner **Be·nut·zer·hand·buch** *nt* user manual

Be·nut·ze·rin, **Be·nüt·ze·rin** <-, -nen> *f fem form von* **Benutzer**

Be·nut·zer·kon·to *nt* INFORM user account **Be·nut·zer·na·me** *m* INFORM user name **Be·nut·zer·ober·flä·che** *f* INFORM user interface **be·nut·zer·un·freund·lich** *adj* non-user-friendly

Be·nut·zung *f*, **Be·nüt·zung** *f* DIAL ❶ (*Gebrauch*) use; **jdm etw zur ~ überlassen** to put sth at sb's disposal; **etw in ~ haben/nehmen** (*geh*) to be/start using sth ❷ (*Verwertung*) consultation

Be·nut·zungs·ge·bühr *f* hire [*or* AM rental] charge

Ben·zin <-s, -e> [bɛnˈtsiːn] *nt* ❶ (*Kraftstoff*) petrol BRIT, gas[oline] AM; **~ sparendes Auto**

economical car ❷ (*Lösungsmittel*) benzine **Ben·zin·feu·er·zeug** *nt* petrol lighter **Ben·zin·ka·nis·ter** *m* petrol canister **Ben·zin·preis** *m* the price of fuel **Ben·zin·pum·pe** *f* fuel pump **Ben·zin·tank** *m* petrol tank **Ben·zin·ver·brauch** *m* fuel consumption

Ben·zol <-s, -e> [bɛnˈtsoːl] *nt* benzene; (*im Handel erhältlich*) BRIT *usu* benzol[e]

be·ob·acht·bar *adj* observable

be·ob·ach·ten* [bəˈʔoːbaxtn̩] *vt* ❶ (*genau betrachten*) to observe; ▪ jdn [bei etw *dat*] ~ to watch sb [doing sth]; **gut beobachtet!** well spotted! ❷ (*observieren*) ▪ [durch jdn] beobachtet werden to be kept under the surveillance [of sb]; ▪ jdn [durch jdn] ~ lassen to put sb under the surveillance [of sb]; sich [von jdm] auf Schritt und Tritt beobachtet fühlen to feel that one is being dogged by sb ❸ (*bemerken*) ▪ etw an jdm ~ to notice sth in sb

Be·ob·ach·ter(in) <-s, -> *m(f)* observer; **ein guter ~** a keen observer

Be·ob·ach·tung <-, -en> *f* ❶ (*das Beobachten*) observation ❷ (*Observierung*) surveillance ❸ *meist pl* (*Ergebnis des Beobachtens*) observations *pl*

Be·ob·ach·tungs·ga·be *f* talent for observation; **eine gute ~ haben** to have a very keen eye

be·or·dern* [bəˈʔɔrdɐn] *vt* ▪ jdn zu jdm ~ to send sb to sb; **jdn zu sich ~** to send for sb; ▪ jdn irgendwohin ~ to order sb to go somewhere

be·pa·cken* *vt* to load up *sep*; ▪ **bepackt** loaded

be·pflan·zen* *vt* to plant; ▪ **bepflanzt** planted

be·quat·schen* *vt* (*fam*) ❶ (*bereden*) ▪ etw [mit jdm] ~ to talk over sth *sep* [with sb] ❷ (*überreden*) ▪ jdn ~[, etw zu tun] to talk sb into doing sth

be·quem [bəˈkveːm] I. *adj* ❶ (*angenehm*) comfortable; **es sich** *dat* **~ machen** to make oneself comfortable ❷ (*leicht zu bewältigen*) easy ❸ (*leicht zu handhaben*) manageable ❹ (*im Umgang angenehm*) easy-going ❺ (*pej: träge*) idle II. *adv* ❶ (*leicht*) easily ❷ (*angenehm*) comfortably

be·que·men* [bəˈkveːmən] *vr* (*geh*) ❶ (*sich zu etw verstehen*) ▪ **sich zu etw** *dat* **~** to bring oneself to do sth; (*herablassend*) to condescend to do sth *a. iron* ❷ (*sich begeben*) ▪ **sich zu jdm/etw ~** to come/go to sb/sth

Be·quem·lich·keit <-, -en> *f* ❶ (*Behaglichkeit*) comfort ❷ (*Trägheit*) idleness; **aus [reiner] ~** out of [sheer] laziness

be·rap·pen* [bəˈrapn̩] *vt* (*fam*) to fork out *sep* (**für** for)

be·ra·ten*¹ *irreg* I. *vt* ❶ (*Rat geben*) ▪ jdn [in etw *dat*] ~ to advise sb [on sth]; **jdn finanziell ~** to give sb financial advice; ▪ sich [von jdm] ~ lassen to ask sb's advice ❷ (*besprechen*) ~ to discuss; POL to debate II. *vi* ▪ [mit jdm über etw *akk*] ~ to discuss sth with sb III. *vr* ▪ sich [über jdn/etw] ~ to discuss sb/sth; **das Kabinett wird sich heute ~** the cabinet will be meeting today for talks

be·ra·ten*² *adj* advised; **gut/schlecht ~ sein, etw zu tun** to be well-/ill-advised to do sth

be·ra·tend I. *adj* advisory II. *adv* in an advisory capacity; **jdm ~ zur Seite stehen** to act in an advisory capacity to sb

Be·ra·ter(in) <-s, -> *m(f)* advisor; (*in politischen Sachen a.*) counsellor; (*Fach~*) consultant

be·rat·schla·gen* [bəˈraːtʃlaːɡn̩] *vt, vi* to discuss

Be·ra·tung <-, -en> *f* ❶ (*das Beraten*) advice ❷ (*Besprechung*) discussion; POL debate ❸ (*beratendes Gespräch*) consultation

Be·ra·tungs·stel·le *f* advice centre

be·rau·ben* *vt* ❶ (*bestehlen*) to rob ❷ (*geh: gewaltsam entziehen*) ▪ jdn einer S. *gen* ~ to deprive sb of sth

be·rau·schen* I. *vt* (*geh*) to intoxicate; *Alkohol a.* to inebriate; *Geschwindigkeit etc* to exhilarate II. *vr* ▪ **sich an etw** *dat* **~** to become intoxicated by sth

be·rau·schend *adj* intoxicating

be·re·chen·bar [bəˈrɛçnbaːɐ̯] *adj* ❶ (*zu berechnen*) calculable; **das ist nicht ~** that is incalculable ❷ (*einzuschätzen*) predictable

Be·re·chen·bar·keit <-> *f kein pl* ❶ (*berechenbare Beschaffenheit*) calculability ❷ (*Einschätzbarkeit*) predictability

be·rech·nen* *vt* ❶ (*ausrechnen*) to calculate ❷ (*in Rechnung stellen*) to charge; **das hat er mir mit 135 Euro berechnet** he charged me 135 euros for it ❸ (*im Voraus abwägen*) ▪ etw ~ to calculate the effect of sth

be·rech·nend *adj* (*pej*) scheming

Be·rech·nung *f* ❶ (*Ausrechnung*) calculation; **nach meiner ~** according to my calculations ❷ (*das Berechnen*) charge ❸ (*das Abwägen im Voraus*) calculated effect[s *pl*] ❹ (*pej*) scheming; **aus ~** in cold deliberation

be·rech·ti·gen* [bəˈrɛçtɪɡn̩] *vt* ▪ jdn zu etw *dat* ~ (*bevollmächtigen*) to entitle sb to [do] sth; **sich zu etw** *dat* **berechtigt fühlen** to feel justified in doing sth ❷ (*Anlass geben*) to give sb grounds for sth

be·rech·tigt [bəˈrɛçtɪçt] *adj* justifiable; *Frage, Hoffnung, Anspruch* legitimate; *Vorwurf*

just
be·rech·tig·ter·wei·se *adv* (*geh*) legitimately
Be·rech·ti·gung <-, *selten* -en> *f* ① (*Befugnis*) authority; **die/keine ~ haben, etw zu tun** to have the/no authorization to do sth ② (*Rechtmäßigkeit*) justifiability
be·re·den* I. *vt* to discuss II. *vr* ■ **sich [über etw** *akk***] ~** to discuss sth; **wir ~ uns noch** we are still discussing it
Be·red·sam·keit <-> *f kein pl* (*geh*) eloquence *no pl*
be·redt [bəˈreːt] *adj* (*geh*) eloquent
Be·reich <-[e]s, -e> *m* ① (*Gebiet*) area; **im ~ des Möglichen liegen** to be within the realms of possibility ② (*Sach~*) field; **in jds ~ fallen** *akk* to be within sb's field
be·rei·chern* [bəˈraɪçɐn] I. *vr* ■ **sich [an etw** *dat***] ~** to grow rich [on sth] II. *vt* ① (*erweitern*) to enlarge ② (*vertiefen*) to enrich ③ (*innerlich reicher machen*) ■ **etw bereichert jdn** sb gains a lot from sth
Be·rei·che·rung <-, -en> *f* ① (*Erweiterung*) enrichment; *von Sammlung* enlargement; (*Gewinn*) gain ② (*innerer Gewinn*) **das Gespräch mit Ihnen war mir eine ~** I gained a lot from our conversation
be·rei·fen *vt Wagen, Fahrrad* to put on [new] tyres
Be·rei·fung <-, -en> *f* AUTO set of tyres
be·rei·ni·gen* *vt* to resolve; **eine Meinungsverschiedenheit ~** to settle differences
be·rei·sen* *vt* ■ **etw ~** to travel around sth; **die Welt ~** to travel the world
be·reit [bəˈraɪt] *adj meist präd* ① (*fertig*) ■ **[für etw** *akk***] ~ sein** to be ready [for sth]; (*vorbereitet*) to be prepared for sth; **haltet euch für den Abmarsch ~!** get ready to march; **etw ~ haben** to have sth at the ready ② (*willens*) ■ **zu etw** *dat* **~ sein** to be prepared to do sth; **sich ~ erklären, etw zu tun** to agree to do sth; **sich zu etw** *dat* **~ finden** to be willing to do sth
be·rei·ten* *vt* ■ (*machen*) ■ **jdm etw ~** to cause sb sth; *Freude, Überraschung* to give; **jdm Kopfschmerzen ~** to give sb a headache (*geh*: *zu~*) to prepare; **das Bett ~** to make [up *sep*] the bed
be·reit|hal·ten *vt irreg* ① (*griffbereit haben*) to have ready ② (*in petto haben*) to have in store **be·reit|le·gen** *vt* to lay out *sep* ready
be·reit|lie·gen *vi irreg* ① (*abholbereit liegen*) to be ready ② (*griffbereit liegen*) to be within reach **be·reit|ma·chen** *vt* ■ **sich [für jdn/etw] ~** to get ready [for sb/sth]
be·reits [bəˈraɪts] *adv* (*geh*) already; **~ damals** even then

Be·reit·schaft <-, -en> [bəˈraɪtʃaft] *f* ① *kein pl* willingness; **seine ~ zu etw** *dat* **erklären** to express one's willingness to do sth ② *kein pl* (*Bereitschaftsdienst*) emergency service; **~ haben** *Apotheke* to provide emergency services; *Arzt, Feuerwehr* to be on call; (*im Krankenhaus*) to be on duty; *Beamter* to be on duty; *Polizei, Soldaten* to be on standby ③ (*Einheit der Bereitschaftspolizei*) squad [of police]
Be·reit·schafts·arzt, -ärz·tin *m, f* doctor on duty **Be·reit·schafts·dienst** *m* emergency service; *von Apotheker a.* after-hours service
be·reit|ste·hen *vi irreg* to be ready; *Truppen* to stand by **be·reit|stel·len** *vt* ① (*zur Verfügung stellen*) to provide ② (*vorbereitend hinstellen*) to make ready ③ BAHN **einen zusätzlichen Zug ~** to run an extra train ④ MIL to put on standby **Be·reit·stel·lung** *f* provision **be·reit·wil·lig I.** *adj* (*gerne helfend*) willing; *Verkäufer* obliging ② (*gerne gemacht*) given willingly **II.** *adv* readily **Be·reit·wil·lig·keit** <-> *f kein pl* willingness *no pl*; *von Verkaufspersonal* obligingness *no pl*
be·reu·en* *vt* to regret; **seine Missetaten/Sünden ~** to repent of one's misdeeds/sins; **das wirst du noch ~!** you'll be sorry [for that]!
Berg <-[e]s, -e> [bɛrk] *m* ① GEOG mountain; (*kleiner*) hill; **den ~ hinauf/hinunter** uphill/downhill; **am ~ liegen** to lie at the foot of the hill; **über ~ und Tal** up hill and down dale *dated* ② (*große Menge*) ■ **~ e von etw** *dat* piles of sth; **~ e von Papier** mountains of paper ▶ **wenn der ~ nicht zum Propheten kommt, muss der Prophet zum ~ e kommen** (*prov*) if the mountain won't come to Mahomet, [then] Mahomet must go to the mountain *prov*; **über alle ~ e sein** (*fam*) to be miles away; **mit etw** *dat* **hinterm ~ halten** to keep quiet about sth; **am ~ sein** SCHWEIZ to not have a clue; **über den ~ sein** (*fig*) to be out of the woods; **die Patientin ist noch nicht über den ~** the patient's state is still critical
berg·ab [bɛrkˈʔap] *adv* (*a. fig*) downhill; **mit seinem Geschäft geht es ~** (*fig*) his business is going downhill
Berg·ab·hang *m* mountainside
Ber·ga·mot·te <-, -n> [bɛrgaˈmɔtə] *f* BOT bergamot [orange]
Berg·ar·bei·ter(in) *m(f)* miner **berg·auf** [bɛrkˈʔaʊf] *adv* uphill; **es geht wieder ~** (*fig*) things are looking up; **es geht mit dem Geschäft wieder ~** business is looking up
Berg·bahn *f* mountain railway; (*Seilbahn*) funicular railway **Berg·bau** *m kein pl*

Bergbesteigung – Beruf

■ der ~ mining **Berg·be·stei·gung** f mountain climb **Berg·be·woh·ner(in)** m(f) mountain dweller **Berg·dorf** nt mountain village

ber·gen <barg, geborgen> ['bɛrgn̩] vt ❶ (*retten*) to rescue (**aus** from); *Giftstoffe, Tote* to recover; *Schiff* to salvage ❷ (*in Sicherheit bringen*) to remove ❸ (*geh: enthalten*) to hold ❹ (*mit sich bringen*) to involve ❺ (*geh: verbergen*) to hide sth (**in** in); **sie barg ihren Kopf an seiner Schulter** she buried her face in his shoulder

Berg·füh·rer(in) m(f) mountain guide **Berg·gip·fel** m mountain top **Berg·hüt·te** f mountain hut

ber·gig ['bɛrgɪç] adj hilly; (*gebirgig*) mountainous

Berg·ket·te f mountain range **Berg·land** nt hilly country; (*gebirgig*) mountainous country

Berg·ler(in) <-s, -> ['bɛrklɐ] m(f) (*fam*) inhabitant of a mountainous area

Berg·pre·digt f *kein pl* REL ■ **die ~** the Sermon on the Mount **Berg·rü·cken** m mountain ridge **Berg·rutsch** m landslide, BRIT a. landslip **Berg·schuh** m climbing boot **Berg·stei·gen** nt mountaineering **Berg·stei·ger(in)** m(f) mountain climber **Berg·tour** f [mountain] climb **Berg·und-Tal-Fahrt** f roller coaster ride; **das war die reinste ~** it was like being on a roller coaster

Ber·gung <-, -en> f ❶ (*Rettung*) rescuing; *einer Schiff[sladung]* salvaging ❷ (*das Bergen*) removing; *von Toten* recovering

Ber·gungs·ar·bei·ten f rescue work *no pl, no indef art;* von Schiff[sladung] salvage work *no pl, no indef art* **Ber·gungs·mann·schaft** f rescue team; *von Schiff[sladung]* salvage team

Berg·wacht f mountain rescue service **Berg·wand** f mountain face **Berg·wan·de·rung** f mountain hike, BRIT a. hill-walk **Berg·werk** nt mine

Be·richt <-[e]s, -e> [bə'rɪçt] m report; (*Zeitungs- a.*) article (**+gen** by); [**jdm**] **~ [über etw** *akk*] **erstatten** (*geh*) to report [to sb] on sth **be·rich·ten*** I. vt ■ **jdm etw ~** to tell sb [sth]; **falsch/recht berichtet** SCHWEIZ wrong/right; **bin ich falsch/recht berichtet, wenn ich annehme ...?** am I wrong/right in assuming ...? II. vi ❶ ■ **über etw** *akk*| **~** to report on sth; **wie unser Korrespondent berichtet** according to our correspondent; **wie soeben berichtet wird, sind die Verhandlungen abgebrochen worden** we are just receiving reports that the negotiations have been broken off ❷ (*Bericht erstatten*) ■ **jdm ~** to tell sb (**über** about); **es wird berichtet, dass ...** it's going the rounds that ... ❸ SCHWEIZ (*erzählen*) to talk

Be·richt·er·stat·ter(in) <-s, -> m(f) reporter; (*Korrespondent*) correspondent **Be·richt·er·stat·tung** f (*Reportage*) ■ **die ~** reporting (**über** on); (*Bericht*) report

be·rich·ti·gen* [bə'rɪçtɪgn̩] vt, vi ❶ (*korrigieren*) to correct ❷ JUR to rectify

Be·rich·ti·gung <-, -en> f ❶ (*Korrektur*) correction ❷ JUR rectification ❸ (*schriftliche Korrekturarbeit*) corrections pl

be·rie·seln* vt ❶ (*rieselnd bewässern*) to spray ❷ (*fig fam*) ■ **von etw** *dat* **berieselt werden** to be exposed to a constant stream of sth

Be·rie·se·lung <-, -en> f ❶ (*das Berieseln*) spraying ❷ (*fam*) ■ **die ~ durch etw** *akk* the constant stream of sth

be·rit·ten adj mounted, on horseback *pred;* **~ e Polizei** mounted police + *sing/pl vb*

Ber·lin <-s> [bɛr'liːn] nt Berlin

Ber·li·ner[1] <-s, -> [bɛr'liːnɐ] m DIAL (*süßes Stückchen*) ■ − **[Pfannkuchen]** doughnut BRIT, donut AM

Ber·li·ner[2] [bɛr'liːnɐ] adj attr (*aus Berlin*) Berlin

Ber·li·ner(in) <-s, -> [bɛr'liːnɐ] m(f) Berliner

Ber·mu·das[1] [bɛr'muːdas] pl ■ **die ~** Bermuda *no art,* + *sing vb;* **auf den ~** in Bermuda

Ber·mu·das[2] [bɛr'muːdas], **Ber·mu·da·shorts** [bɛr'muːdaʃɔːɐ̯ts, -ʃɔrts] pl Bermuda[short]s

Bern <-s> [bɛrn] nt Bern[e]

Ber·ner ['bɛrnɐ] adj attr Berne[se]

Ber·ner(in) <-s, -> ['bɛrnɐ] m(f) Bernese

Bern·har·di·ner <-s, -> [bɛrnhar'diːnɐ] m Saint Bernard [dog]

Bern·stein ['bɛrnʃtain] m *kein pl* amber

Ber·ser·ker <-s, -> [bɛr'zɛrkɐ] m HIST berserker; (*Irrer*) madman

bers·ten <barst, geborsten> ['bɛrstn̩] vi sein (*geh*) ❶ (*platzen*) to explode; *Ballon* to burst; *Glas, Eis* to break; *Erde* to burst open; **zum B~ voll** (*fam*) full to bursting[-point] ❷ (*fig*) ■ **vor etw** *dat* ~ to burst with sth

be·rüch·tigt [bə'rʏçtɪçt] adj ❶ (*in schlechtem Ruf stehend*) notorious ❷ (*gefürchtet*) feared

be·rück·sich·ti·gen* [bə'rʏkzɪçtɪgn̩] vt ❶ (*beachten*) to take into consideration ❷ (*rücksichtsvoll anerkennen*) to allow for ❸ (*positiv bedenken*) to consider

Be·rück·sich·ti·gung <-> f *kein pl* consideration; **unter ~ einer S.** *gen* in consideration of sth

Be·ruf <-[e]s, -e> [bə'ruːf] m job; **ein akademischer ~** an academic profession; **ein**

freier ~ a profession; **ein handwerklicher ~** a trade; **ein gewerblicher ~** a commercial trade; **sie ist Ärztin von ~** she's a doctor; **was sind Sie von ~?** what do you do [for a living]?; **einen ~ ergreifen** to take up an occupation; **seinen ~ verfehlt haben** to have missed one's vocation; **von ~s wegen** because of one's job

be·ru·fen[1] *adj* ① *(kompetent)* qualified ② *(ausersehen)* ■ **zu etw dat ~ sein** to have a vocation for sth; **er ist zu Großem ~** he's meant for greater things; **sich ~ fühlen, etw zu tun** to feel called to do sth

be·ru·fen[*2] *irreg* **I.** *vt (ernennen)* ■ **jdn zu etw** *dat* **~** to appoint sb to sth; **jdn auf einen Lehrstuhl ~** to offer sb a chair **II.** *vr* ■ **sich auf jdn/etw ~** to refer to sb/sth **III.** *vi* JUR ÖSTERR *(Berufung einlegen)* to [lodge an] appeal

be·ruf·lich I. *adj* professional; **~e Aussichten** career prospects; **~e Laufbahn** career **II.** *adv* as far as work is concerned; **sich ~ weiterbilden** to undertake further training; **~ unterwegs sein** to be away on business; **~ verhindert sein** to be detained by work; **was macht sie ~?** what does she do for a living?

Be·rufs·ar·mee *f* regular army **Be·rufs·aus·bil·dung** *f* [professional] training; *(zum Handwerker)* apprenticeship **Be·rufs·aus·sich·ten** *pl* career prospects *pl* **be·rufs·be·dingt** *adj* occupational **Be·rufs·be·ra·ter(in)** *m(f)* careers advisor **Be·rufs·be·ra·tung** *f (Beratungsstelle)* careers [*or* AM career] advisory service; *(das Beraten)* careers [*or* AM career] advice **Be·rufs·be·zeich·nung** *f* [official] job title **Be·rufs·bild** *nt* job outline *(analysis of an occupation as a career)* **be·rufs·er·fah·ren** *adj* [professionally] experienced **Be·rufs·er·fah·rung** *f* work experience **be·rufs·fremd** *adj* with no experience of [*or* AM in] a field **Be·rufs·ge·heim·nis** *nt* professional confidentiality **Be·rufs·ge·nos·sen·schaft** *f* professional association **Be·rufs·grup·pe** *f* occupational group **Be·rufs·klei·dung** *f* work[ing] clothes *npl* **Be·rufs·krank·heit** *f* occupational disease **Be·rufs·le·ben** *nt* working life **be·rufs·mä·ßig I.** *adj* professional **II.** *adv* professionally; **etw ~ machen/betreiben** to do sth on a professional basis **Be·rufs·pend·ler, -pend·le·rin** *m, f* commuter **Be·rufs·pra·xis** *f kein pl* professional practice **Be·rufs·ri·si·ko** *nt* occupational hazard **Be·rufs·schu·le** *f* vocational school, technical college **Be·rufs·sol·dat(in)** *m(f)* professional soldier **Be·rufs·sport·ler(in)** *m(f)* professional [sportsman/sportswoman] **be·rufs·tä·tig** *adj* working; ■ **~ sein** to have a job; **sie ist nicht mehr ~** she's left work **Be·rufs·tä·ti·ge(r)** *f(m) dekl wie adj* working person; ■ **die ~n** the working people; **~e Mutter** working mother **be·rufs·un·fä·hig** *adj* disabled; **zu 10 % ~ sein** to have a 10% occupational disability **Be·rufs·un·fä·hig·keit** *f* occupational incapacity **Be·rufs·un·fall** *m* occupational accident **Be·rufs·ver·band** *m* professional organization **Be·rufs·ver·bot** *nt official debarment from one's occupation;* **~ haben** to be banned from one's occupation **Be·rufs·ver·kehr** *m* rush-hour traffic **Be·rufs·wahl** *f kein pl* choice of career **Be·rufs·wech·sel** *m* change of occupation

Be·ru·fung <-, -en> *f* ① JUR appeal; **in die ~ gehen** to lodge an appeal ② *(Angebot für ein Amt)* appointment; **eine ~ auf einen Lehrstuhl erhalten** to be offered a chair ③ *(innerer Auftrag)* vocation ④ *(das Sichbeziehen)* **unter ~ auf jdn/etw** with reference to sb/sth

Be·ru·fungs·in·stanz *f* court of appeal **Be·ru·fungs·kla·ge** *f* appeal

be·ru·hen* *vi* ■ **auf etw** *dat* **~** to be based on sth; **die ganze Angelegenheit beruht auf einem Irrtum** the whole affair is due to a mistake; **etw auf sich** *dat* **~ lassen** to drop sth

be·ru·hi·gen* [bəˈruːɪɡn] **I.** *vt* ① *(beschwichtigen)* to reassure; *Gewissen, Gedanken* to ease ② *(ruhig machen)* to calm [down]; *Nerven* to soothe; *Schmerzen* to ease; **den Verkehr ~** to introduce traffic calming measures; **dieses Getränk wird deinen Magen ~** this drink will settle your stomach **II.** *vr* ■ **sich ~** ① *(ruhig werden)* to calm down; *politische Lage* to stabilize; *Meer* to grow calm ② *(abflauen) Unwetter, Nachfrage* to die down; *Krise* to ease off

be·ru·hi·gend I. *adj* ① *(ruhig machend)* reassuring; *Musik, Bad, Massage* soothing ② MED *(ruhigstellend)* sedative **II.** *adv* reassuringly; *Spritze, Medikament* with a sedative effect

be·ru·higt [bəˈruːɪçt] **I.** *adj* relieved; **dann bin ich ~!** that's a relief! **II.** *adv* with an easy mind

Be·ru·hi·gung <-, -en> *f* ① *(das Beschwichtigen)* reassurance ② *(das Beruhigen)* soothing; **geben Sie der Patientin etwas zur ~** give the patient something to calm her; **ein Mittel zur ~** a sedative; **zu jds** *dat* **~** to reassure sb; **sehr zu meiner ~** much to my relief ③ *(das Beruhigtsein)* calming [down]

Be·ru·hi·gungs·mit·tel *nt* sedative **Be·ru·hi·gungs·pil·le** *f* tranquillizer

be·rühmt [bəˈryːmt] *adj* famous (**für** for)

beruhigen

beruhigen | calming down

beruhigen	calming down
Nur keine Panik/Aufregung!	Don't panic/get excited!
Machen Sie sich keine Sorgen.	Don't you worry about a thing.
Keine Angst, das werden wir schon hinkriegen.	Don't worry, we'll manage (it) all right.
Abwarten und Tee trinken. (fam)	We'll just have to wait and see (what happens).
Es wird schon werden.	It'll be all right.
Alles halb so schlimm.	It's not as bad as all that.
Ganz ruhig bleiben!	Stay calm!/Keep cool! (fam)

be·rühmt-be·rüch·tigt adj notorious
Be·rühmt·heit <-, -en> f ❶ (Ruf) fame; ~ erlangen to rise to fame ❷ (berühmter Mensch) celebrity
be·rüh·ren* vt ❶ (Kontakt haben) to touch; bitte nicht ~! Please, do not touch! ❷ (seelisch bewegen) to move; **das berührt mich überhaupt nicht!** I couldn't care less! ❸ (kurz erwähnen) to allude to
Be·rüh·rung <-, -en> f ❶ (Kontakt) contact, touch; jdn mit etw dat in ~ bringen to bring sb into contact with sth; mit jdm/etw in ~ kommen (physisch) to brush up against sb/sth; (in Kontakt kommen) to come into contact with sb/sth ❷ (Erwähnung) allusion
Be·rüh·rungs·angst f meist pl fear of contact **Be·rüh·rungs·bild·schirm** m touchscreen **Be·rüh·rungs·punkt** m ❶ (Punkt der Übereinstimmung) point of contact ❷ MATH tangential point
bes. adv s. besonders esp.
be·sa·gen* vt to mean; **das will noch nicht viel ~** that doesn't mean anything
be·sagt [bəˈzaːkt] I. vt pp von besagen II. adj attr (geh) aforementioned
be·sai·ten [bəˈzaitn̩] vt Instrument to string
be·sa·men* [bəˈzaːmən] vt Tier to inseminate; Pflanze to pollinate
be·sänf·ti·gen* [bəˈzɛnftɪɡn̩] I. vt to soothe; **sie war nicht zu ~** she was inconsolable II. vr ■ sich ~ to calm down; Sturm, Unwetter to die down
be·sänf·ti·gend adj soothing
Be·sänf·ti·gung <-, -en> f soothing
Be·satz <-es, Besätze> [bəˈzats, pl bəˈzɛtsə] m (Borte) trimming
Be·sat·zung <-, -en> [bəˈzatsʊŋ] f ❶ (Mannschaft) crew ❷ MIL occupation; (Besatzungsarmee) occupying army; (Verteidigungstruppe) troops
Be·sat·zungs·ge·biet nt occupied territory
Be·sat·zungs·macht f occupying power
Be·sat·zungs·zo·ne f occupation zone
be·sau·fen* vr irreg (sl) ■ sich ~ to get sloshed [or BRIT a. legless]
Be·säuf·nis <-ses, -se> nt booze-up
be·säu·selt adj (fam) tipsy
be·schä·di·gen* vt to damage; ■ [leicht/ schwer] beschädigt [slightly/badly] damaged
Be·schä·di·gung f damage no pl
be·schaf·fen*[1] I. vt ■ [jdm] etw ~ to get sth [for sb]; **eine Waffe ist nicht so leicht zu ~** a weapon is not so easy to come by II. vr ■ sich dat etw ~ to get sth; **du musst dir Arbeit ~** you've got to find yourself a job
be·schaf·fen[2] adj (geh) ■ so ~ sein, dass ... to be made in such a way that ...; **die Straße ist schlecht/gut ~** the road is in bad/ good repair
Be·schaf·fen·heit <-> f kein pl composition; Zustand state; Material structure, quality; Körper constitution; Psyche make-up; ■ je nach ~ von etw dat according to the nature of sth
Be·schaf·fung <-> f kein pl obtaining (von of)
be·schäf·ti·gen* [bəˈʃɛftɪɡn̩] I. vr ❶ (sich Arbeit verschaffen) ■ sich [mit etw dat] ~ to occupy oneself [with sth]; **hast du genug, womit du dich ~ kannst?** have you got enough to do? ❷ (sich befassen) ■ sich mit jdm ~ to pay attention to sb; ■ sich mit etw dat ~ to deal with sth; **er hat sich schon immer mit Briefmarken beschäftigt** he's al-

ways been into stamps **II.** vt ❶ (*innerlich in Anspruch nehmen*) ■ **jdn ~** to be on sb's mind; **mit einer Frage/einem Problem beschäftigt sein** to be preoccupied with a question/problem ❷ (*anstellen*) ■ **jdn ~** to employ sb ❸ (*eine Tätigkeit geben*) ■ **jdm** [**mit etw** *dat*] **~** to keep sb busy [with sth]

be·schäf·tigt [bəˈʃɛftɪçt] *adj* ❶ (*befasst*) busy (**mit** with) ❷ (*angestellt*) employed (**als** as); **wo bist du ~?** where do you work?

Be·schäf·tig·te(r) *f(m) dekl wie adj* employee

Be·schäf·ti·gung <-, -en> *f* ❶ (*Anstellung*) employment *no pl,* job ❷ (*Tätigkeit*) occupation ❸ (*Auseinandersetzung*) consideration (**mit** with), ❹ (*das Beschäftigen anderer*) occupation **Be·schäf·ti·gungs·la·ge** *f* [situation on the] job market **be·schäf·ti·gungs·los** *adj* (*arbeitslos*) unemployed **Be·schäf·ti·gungs·maß·nah·me** *f* ÖKON job-creation scheme **Be·schäf·ti·gungs·po·li·tik** *f* employment policy **Be·schäf·ti·gungs·the·ra·pie** *f* occupational therapy

be·schä·men* *vt* ■ **jdn ~** to shame sb; **es beschämt mich, zuzugeben ...** I'm ashamed to admit ...

be·schä·mend *adj* ❶ (*schändlich*) shameful ❷ (*demütigend*) humiliating

be·schämt *adj* ashamed; (*verlegen*) shamefaced; ■ **von etw** *dat* **~ sein** to be embarrassed by sth

be·schat·ten* *vt* ❶ (*überwachen*) ■ **jdn ~** to shadow sb ❷ (*geh: mit Schatten bedecken*) to shade

Be·schat·tung <-, *selten* -en> *f* ❶ (*Überwachung*) shadowing ❷ (*das Schattenwerfen*) shade

be·schau·en* *vt* ❶ *Fleisch* to inspect ❷ DIAL (*betrachten*) to look at

be·schau·lich I. *adj* peaceful; **ein ~es Leben führen** to lead a contemplative life **II.** *adv* peacefully

Be·schau·lich·keit <-> *f kein pl* tranquillity *no pl*

Be·scheid <-[e]s, -e> [bəˈʃaɪt] *m* information *no pl, no indef art;* answer; **~ erhalten** to be informed; **jdm** [**über etw** *akk*] **~ geben** to inform sb [about sth]; **jdm ordentlich ~ sagen** (*fam*) to give sb a piece of one's mind; **ich habe noch keinen ~** I still haven't heard anything; **gut ~ wissen** to be well-informed; [**über etw** *akk*] **~ wissen** to know [about sth]; **Geheimnis ~ sein** to be in the know

be·schei·den¹ [bəˈʃaɪdn̩] **I.** *adj* ❶ (*genügsam, einfach*) modest; **ein ~es Leben führen** to lead a humble life; **aus ~en Verhältnissen kommen** to have a humble background; **nur eine ~e Frage** just one small question ❷ (*fam: gering*) meagre ❸ (*euph fam: beschissen*) lousy, BRIT *a.* bloody-awful; **seine Leistung war eher ~** his performance was rather lousy **II.** *adv* ❶ (*selbstgenügsam*) modestly ❷ (*einfach*) plainly

be·schei·den*² [bəˈʃaɪdn̩] *irreg* **I.** *vt* ❶ (*geh: entscheiden*) to come to a decision about ❷ (*geh*) ■ **jdm ist etw beschieden** sth falls to sb's lot **II.** *vr* (*geh*) ■ **sich ~** to be content (**mit** with)

Be·schei·den·heit <-> *f kein pl* ❶ (*Genügsamkeit*) modesty; **in aller ~** in all modesty; **bei aller ~** with all due modesty; [**nur**] **keine falsche ~!** no false modesty [now]! ❷ (*Einfachheit*) plainness ❸ (*Geringfügigkeit*) paucity *form*

be·schei·ni·gen* [bəˈʃaɪnɪɡn̩] *vt* ■ **jdm etw ~** to certify sth for sb *form;* (*quittieren*) to provide sb with a receipt; ■ **jdm**| **~, dass ...** to confirm to sb in writing that ...; ■ **sich** *dat* **etw ~ lassen** to have sth certified

Be·schei·ni·gung <-, -en> *f* certification

be·schei·ßen* *irreg* **I.** *vt* (*sl*) ■ **jdn ~** to rip sb off **II.** *vi* (*sl*) ■ [**bei etw** *dat*] **~** to cheat [at sth]

be·schen·ken* **I.** *vt* ❶ **jdn** [**mit etw** *dat*] **~** to give sb sth [as a present]; **reich beschenkt werden** to be showered with presents **II.** *vr* ■ **sich** [**gegenseitig**] **~** to give each other presents

be·sche·ren* **I.** *vt* ❶ (*zu Weihnachten*) to give a Christmas present ❷ ■ **jdm etw ~** to give sb sth **II.** *vi* to give each other Christmas presents

Be·sche·rung <-, -en> *f* giving of Christmas presents ▸ [**das ist ja**] **eine <u>schöne</u> ~!** (*iron*) this is a pretty kettle of fish!; **jetzt <u>haben</u> wir die ~!** well, there you are! haven't I told you!

be·scheu·ert I. *adj* (*fam*) ❶ (*blöd*) screwy, BRIT *a.* daft *fam;* **dieser ~ e Kerl** that daft idiot; **der ist etwas ~** he's got a screw loose *fam* ❷ (*unangenehm*) stupid; **so was ~es!** how stupid! **II.** *adv* (*fam*) stupidly; **du siehst total ~ aus** you look really daft; ■ **sich ~ anstellen** to act like an idiot

be·schich·ten* *vt* to coat (**mit** with); **mit Kunststoff beschichtet** laminated

Be·schich·tung *f* coating; BAU lining

be·schie·ßen* *vt irreg* ❶ (*mit Schüssen bedenken*) to shoot at ❷ PHYS to bombard

be·schil·dern* *vt* (*mit Schildchen versehen*) to label; (*mit Verkehrsschild versehen*) to signpost; **gut/schlecht beschildert** [**sein**] [to be] well/badly signposted

Be·schil·de·rung <-, -en> *f* ❶ (*das Beschildern*) labelling; ADMIN (*geh*) signposting

be·schimp·fen* I. vt to insult (als as, mit with); **jdn aufs Übelste ~** to abuse sb in the worst possible manner II. vr ■ **sich** [**gegenseitig**] **~** to insult each other

Be·schimp·fung <-, -en> f ❶ (das Beschimpfen) abuse no pl; Person abuse (+gen of), swearing (+gen at) ❷ (Schimpfwort) insult

Be·schiss^{RR} <-es> m kein pl, **Be·schiß**^{ALT} <-sses> m kein pl (sl) rip-off

be·schis·sen I. adj (sl) lousy, BRIT a. bloody-awful II. adv (sl) in a lousy fashion; **es geht ihr wirklich ~** she's having a miserable time of it; **~ behandelt werden/aussehen** to be treated/to look like a piece of shit

Be·schlag <-[e]s, Beschläge> [bəˈʃlaːk, pl bəˈʃlɛːɡə] m ❶ Koffer lock; Buch clasp; Tür, Fenster, Möbelstück fitting ❷ (Belag) film; Metall tarnish; Glasscheibe steam ▶ **etw/jdn in ~ nehmen** to monopolize sth/sb; **jd wird in ~ genommen** sb's hands are full [with sth]

be·schla·gen irreg I. vt haben ❶ (mit metallenem Zierrat versehen) **Schuhe ~** to put metal tips on shoes; **etw mit Ziernägeln ~** to stud sth ❷ Pferd to shoe II. vi sein Spiegel, Scheibe to mist up; Silber to tarnish

be·schlag·nah·men* [bəʃlaˈknaːmən] vt ❶ (konfiszieren) to seize; **Ihr Pass ist beschlagnahmt** your passport has been confiscated; Fahrzeug to impound ❷ (fam: mit Beschlag belegen) to commandeer ❸ (zeitlich in Anspruch nehmen) [**von etw** dat] **beschlagnahmt sein** to be taken up [with sth]

Be·schlag·nah·mung f JUR confiscation

be·schlei·chen* vt irreg (geh: überkommen) ■ **jdn** to come over sb

be·schleu·ni·gen* [bəʃˈlɔynɪɡn̩] vt, vi to accelerate; Tempo to increase; Schritte to quicken; Vorgang, Reaktion to speed up

Be·schleu·ni·gung <-, -en> f acceleration no pl

be·schlie·ßen* irreg I. vt ❶ (entscheiden über) to decide; **ein Gesetz ~** to pass a motion ❷ (geh: beenden) to conclude; **ich möchte meine Rede mit einem Zitat ~** I would like to conclude my speech with a quote II. vi (einen Beschluss fassen) ■ **über etw** akk **~** to decide on sth

be·schlos·sen adj decided; **das ist ~e Sache** the matter is settled

Be·schluss^{RR} <-es, Beschlüsse> m, **Be·schluß**^{ALT} <-sses, Beschlüsse> m decision; (Gerichts~) order of court; **der Stadtrat hat einen ~ gefasst** the town council has passed a resolution; **einen ~ fassen** to reach a decision; **auf jds** akk **~** on sb's authority; **auf ~ des Parlaments** by order of parliament

be·schluss·fä·hig^{RR} adj quorate; ■ **~ sein** to have a quorum **be·schluss·un·fä·hig**^{RR} adj inquorate

be·schmie·ren* I. vt ❶ (bestreichen) **ein** [**Stück**] **Brot ~** to butter [a slice of] bread; **das Gesicht mit Creme ~** to put cream on one's face ❷ (besudeln) **du bist da am Kinn ja ganz beschmiert** you've got something smeared on your chin; **etw mit Gekritzel ~** to scribble [all] over sth II. vr ■ **sich ~** to get oneself dirty

be·schmut·zen* I. vt ❶ (schmutzig machen) to dirty ❷ (in den Schmutz ziehen) to blacken II. vr ■ **sich ~** to get oneself dirty

be·schnei·den* vt irreg ❶ (zurechtschneiden) to cut; (stutzen) to clip; HORT to prune ❷ MED, REL to circumcise ❸ (beschränken) to curtail

Be·schnei·dung <-, -en> f ❶ (das Zurechtschneiden) cutting; (das Stutzen) clipping; HORT pruning ❷ MED, REL circumcision ❸ (das Beschränken) curtailment

be·schnit·ten adj circumcised

be·schnüf·feln* I. vt ❶ (Schnuppern von Tieren) to sniff at ❷ (pej fam: bespitzeln) to check out II. vr ■ **sich** [**gegenseitig**] **~** Tiere to sniff each other; (fig) Menschen to size one another up

be·schnup·pern* vt ❶ Tiere to sniff ❷ (fam: prüfend kennen lernen) to size up

be·schö·ni·gen* [bəˈʃøːnɪɡn̩] vt to gloss over

be·schrän·ken* I. vt ❶ (begrenzen) to limit (**auf** to) ❷ (einschränken) to curtail; **jdn in seinen Rechten ~** to curtail sb's rights II. vr ■ **sich** [**auf etw** akk] **~** to restrict oneself [to sth]; **sich auf das Wesentliche ~** to keep to the essential points

be·schränkt adj ❶ (eingeschränkt, knapp) restricted; Sicht low; **finanziell/räumlich/zeitlich ~ sein** to have a limited amount of cash/space/time; **Gesellschaft mit ~er Haftung** limited [liability] company BRIT [or AM corporation] ❷ (dumm) limited; (engstirnig) narrow-minded

Be·schrän·kung <-, -en> f restriction

be·schrei·ben* vt irreg ❶ (darstellen) to describe; **nicht zu ~ sein** to be indescribable; **ich kann dir nicht ~, wie erleichtert ich war** I can't tell you how relieved I was ❷ Bahn, Kreis to describe

Be·schrei·bung f ❶ (das Darstellen) description; eines Handlungsablaufs account; **eine kurze ~** sketch; **das spottet jeder ~** it beggars description ❷ (fam: Beipackzettel)

be·schrei·ten* vt irreg (geh) ❶ (begehen) to walk on ❷ (einschlagen) **einen Weg ~** to follow a course

be·schrif·ten* [bə'ʃrɪftn̩] vt (mit Inschrift versehen) to inscribe; (mit Aufschrift versehen) to label; Etiketten to write labels; Bild to give a caption to; Karton to mark

Be·schrif·tung <-, -en> f ❶ (das Beschriften) labelling; Kuvert addressing; Etiketten writing ❷ (Aufschrift) inscription

be·schul·di·gen* [bə'ʃʊldɪɡn̩] vt **jdn [einer S. gen] ~** to accuse sb [of sth]

Be·schul·dig·te(r) f(m) dekl wie adj accused

Be·schul·di·gung <-, -en> f accusation

Be·schuss^{RR} <-es> m kein pl, **Be·schuß**^{ALT} <-sses> m kein pl fire; (durch Granaten, Raketen) shelling; (durch schwere Geschütze) bombardment; **unter ~ geraten** to come under fire; **jdn/etw unter ~ nehmen** (a. fig) to attack sb/sth; (mit Maschinengewehren) to fire at sb/sth; (mit Granaten, Raketen) to shell sb/sth

be·schüt·zen* vt to protect (**vor** from); (mit dem eigenen Körper) to shield; **~ -d** protective

Be·schüt·zer(in) <-s, -> m(f) protector

be·schwat·zen* vt (fam) ❶ (überreden) to talk round; (schmeichelnd) to wheedle ❷ (bereden) to chat [or BRIT a. have a chinwag] about

Be·schwer·de <-, -n> [bə'ʃveːɐ̯də] f ❶ (Beanstandung, Klage) complaint; **Grund zur ~ haben** to have grounds for complaint ❷ JUR appeal ❸ pl MED complaint form; **~ mit etw dat haben** to have problems with sth; **mein Magen macht mir ~n** my stomach is giving me trouble

be·schwer·de·frei adj MED healthy **Be·schwer·de·füh·rer(in)** m(f) (geh) person lodging a complaint; JUR complainant

be·schwe·ren* [bə'ʃveːrən] **I.** vr ❶ (sich beklagen) **sich ~** to complain (**über** about); **ich kann mich nicht ~** I can't complain ❷ (fig: sich belasten) **sich [mit etw dat] ~** to encumber oneself [with sth] **II.** vt ❶ (mit Gewicht versehen) to weight [down] ❷ (belasten) **jdn ~** to get sb down

be·schwer·lich adj difficult, exhausting; Reise arduous; **das Laufen ist für ihn sehr ~** walking is hard for him

be·schwich·ti·gen* [bə'ʃvɪçtɪɡn̩] vt to soothe

be·schwich·ti·gend I. adj soothing **II.** adv soothingly

Be·schwich·ti·gung <-, -en> f soothing

be·schwin·deln* vt (fam) ❶ (belügen) to tell fibs ❷ (betrügen) to con

be·schwin·gen* vt to get going; **die Musik beschwingte uns** the music elated us

be·schwingt **I.** adj lively; Mensch a. vivacious **II.** adv chirpily; **sich ~ fühlen** to feel elated

be·schwip·sen vt (fam) **jdn ~** to make sb tipsy

be·schwipst [bə'ʃvɪpst] adj (fam) tipsy

be·schwö·ren* vt irreg ❶ (beeiden) to swear [to]; **~ kann ich das nicht** I wouldn't like to swear to it ❷ (anflehen) to beg ❸ (magisch hervorbringen) to conjure up; Geister, Tote to raise; (bezwingend) to exorcize; Schlange to charm

be·see·len* [bə'zeːlən] vt ❶ (durchdringen) to animate ❷ (mit innerem Leben erfüllen) to breathe life into

be·se·hen* irreg vt to look at; **etw näher ~** to inspect sth closely

be·sei·ti·gen* [bə'zaitɪɡn̩] vt ❶ (entfernen) to dispose of; Zweifel to dispel; Missverständnis to clear up; **sich leicht ~ lassen** to be easily removed; Schnee, Hindernis to clear away; Fehler to eliminate; Ungerechtigkeiten to abolish ❷ (euph: umbringen) to eliminate

Be·sei·ti·gung <-> f kein pl ❶ (das Beseitigen) disposal; Farben/Spuren/Regime removal; Zweifel dispelling; Missverständnis clearing-up ❷ (euph: Liquidierung einer Person) elimination

Be·sen <-s, -> ['beːzn̩] m ❶ (Kehr~) broom; (kleiner) brush; Hexe broomstick ❷ KOCH whisk ❸ (pej sl: kratzbürstige Frau) old bag ❹ SÜDD (fam) Swabian vineyard's own public bar selling its wine, signalled by a broom hanging outside the door ▶ **neue ~ kehren gut** (prov) a new broom sweeps clean prov; **ich fresse einen ~, wenn ...** (fam) I'll eat my hat if ...

Be·sen·stiel m broomstick ▶ **als habe jd einen ~ verschluckt** as stiff as a poker

be·ses·sen [bə'zɛsn̩] adj ❶ REL possessed (**von** by) ❷ (unter einem Zwang stehend) **~ sein** to be obsessed (**von** with); **wie ~** like mad

Be·ses·sen·heit <-> f kein pl ❶ REL possession ❷ (Wahn) obsession

be·set·zen* vt ❶ (belegen) to reserve; Stühle, Plätze to occupy; Leitung to engage BRIT, to keep busy AM; **besetz schon mal zwei Plätze für uns** keep two places for us ❷ (okkupieren) to occupy; (bemannen) to man; Haus to squat in; **zehn Leute haben das Gebäude besetzt** ten people are squatting in the building ❸ (ausfüllen) **einen Posten ~** to fill a post; **eine Rolle ~** THEAT to cast sb in a role ❹ (dekorieren) to trim (**mit** with)

Be·setzt·zei·chen *nt* engaged [*or* AM busy] tone

Be·set·zung <-, -en> *f* ❶ (*Vergeben einer Stelle*) appointment (**mit** of); FILM, THEAT casting (**mit** of) ❷ (*alle Mitwirkende*) Film, Stück cast; *Mannschaft* line-up; **die zweite ~** THEAT understudy; SPORT substitute ❸ (*Okkupierung*) *Land, Gebiet* occupation; *Haus* squatting [in]; *Amt, Stelle* filling

be·sich·ti·gen* [bəˈzɪçtɪgn̩] *vt* (*ansehen*) to visit; *Sehenswürdigkeit a.* to have a look at; *Betrieb* to have a tour of; *Haus, Wohnung* to view; *Schule* to inspect; **Truppen** to review

Be·sich·ti·gung <-, -en> *f* visiting; (*der Sehenswürdigkeiten, Haus etc.*) viewing; **eine ~ der Sehenswürdigkeiten** a sightseeing tour; **die ~ einer Stadt** a tour of a town

be·sie·deln* *vt* (*bevölkern*) to settle; (*kolonisieren*) to colonize; *mit Tieren* to populate

Be·sie·de·lung, Be·sied·lung <-, -en> *f* settlement; (*Kolonisierung*) colonization; *Ballungsraum, Landstrich, etc* population; **dichte/dünne ~** dense/sparse population

be·sie·geln* *vt* to seal

be·sie·gen* *vt* ❶ (*schlagen*) to beat; *Land* to conquer; **sich [für] besiegt erklären** to admit defeat ❷ (*überwinden*) to overcome

Be·sieg·te(r) *f(m) dekl wie adj* loser; ■ **die Besiegten** the defeated [*or liter* vanquished]

be·sin·nen* *vr irreg* ❶ (*überlegen*) ■ **sich ~** to think [for a moment]; **sich anders ~** to change one's mind [about sth]; **nach kurzem B~** after brief consideration ❷ (*an etw denken*) ■ **sich [auf jdn/etw] ~** to think [about sb/sth]; (*auf Vergangenes*) to remember; **wenn ich mich recht besinne** if I remember rightly

be·sinn·lich [bəˈzɪnlɪç] *adj* thoughtful; (*geruhsam*) leisurely; **er verbrachte einige ~e Tage im Kloster** he spent a few days of contemplation in the monastery

Be·sin·nung <-> *f kein pl* ❶ (*Bewusstsein*) consciousness *no pl*; **die ~ verlieren** to faint; **[wieder] zur ~ kommen** to come round; **jdn [wieder] zur ~ bringen** to revive sb; (*fig*) to bring sb round ❷ (*Reflexion*) reflection; **zur ~ kommen** to gather one's thoughts

be·sin·nungs·los *adj* ❶ (*ohnmächtig*) unconscious; ■ **~ werden** to pass out ❷ (*blind*) insensate; *Wut* blind **Be·sin·nungs·lo·sig·keit** <-> *f kein pl* unconsciousness *no pl*

Be·sitz <-es> [bəˈzɪts] *m kein pl* ❶ (*Eigentum*) property; *Vermögen* possession ❷ AGR land; (*Landsitz, Gut*) estate ❸ (*das Besitzen*) possession; **von etw** *dat* **~ ergreifen** (*geh*) to take possession of sth; **in den ~ einer S.** *gen* **gelangen** to come into possession of sth; **jds** *gen* **~ sein** to be sb's property; **im ~ von etw** *dat* **sein** (*geh*) to be in possession of sth; **in jds** *akk* **~ übergehen** to pass into sb's possession; **in staatlichem/privatem ~** state-owned/privately-owned

be·sit·zen* *vt irreg* ❶ (*Eigentümer sein*) to own ❷ (*haben, aufweisen*) to have [got]; **die Frechheit ~, etw zu tun** to have the cheek to do sth; **jds** *gen* **Vertrauen ~** to have sb's confidence

Be·sit·zer(in) <-s, -> *m(f)* owner; *eines Geschäfts etc.* proprietor; *einer Eintrittskarte* holder; **der rechtmäßige ~** the rightful owner; **den ~ wechseln** to change hands

be·sitz·er·grei·fendALT *adj* possessive **be·sitz·los** *adj* poor

Be·sitz·tum <-s, -tümer> *nt* property *no pl*; *Land* estate

be·sof·fen [bəˈzɔfn̩] *adj* (*sl*) sloshed, BRIT *a.* pissed; **total ~** dead drunk

Be·sof·fe·ne(r) *f(m) dekl wie adj* (*sl*) drunk

be·soh·len* *vt Schuhe* to sole

be·sol·den* [bəˈzɔldn̩] *vt* ADMIN to pay

Be·sol·dung <-, -en> *f* ADMIN salary

be·son·de·re(r, s) [bəˈzɔndərə, -ərə, -ərəs] *adj* ❶ (*ungewöhnlich*) unusual; (*eigentümlich*) peculiar; (*außergewöhnlich*) particular; **ganz ~** very special; **von ~r Schönheit** of exceptional beauty ❷ (*speziell*) special; **ein ~s Interesse an etw** *dat* **haben** to be especially interested in sth; **von ~r Bedeutung** of great significance; **[einen] ~n Wert auf etw** *akk* **legen** to attach great importance to sth ❸ (*zusätzlich, separat, gesondert*) special [kind of]

Be·son·der·heit <-, -en> *f* (*Merkmal*) feature; (*Außergewöhnlichkeit*) special quality; (*Eigentümlichkeit*) peculiarity

be·son·ders [bəˈzɔndɐs] *adv* ❶ *intensivierend* (*außergewöhnlich*) particularly; **~ viel** a great deal; **nicht ~ klug/fröhlich** not particularly bright/happy ❷ (*vor allem*) in particular, above all ❸ (*speziell*) specially; **nicht ~ sein** (*fam*) nothing out of the ordinary; **jd fühlt sich nicht ~** (*fam*) sb feels not too good

be·son·nen [bəˈzɔnən] **I.** *adj* sensible **II.** *adv* sensibly

Be·son·nen·heit <-> *f kein pl* calmness *no pl*

be·sor·gen* *vt* ❶ (*beschaffen*) to get; **sich** *dat* **einen Job ~** to find oneself a job ❷ (*kaufen*) to buy ❸ (*erledigen*) to see to; *Angelegenheiten* to look after; **den Haushalt ~** to run the household ▶ **es jdm ~** (*fam: jdn verprügeln*) to give sb a thrashing; **ich habe es ihm richtig besorgt** I really let him have it; (*jdm die Meinung sagen*) to give sb a piece of

one's mind; (*derb: jdn sexuell befriedigen*) to give it to sb
Be·sorg·nis <-ses, -se> [bəˈzɔrknɪs] *f* ① (*Sorge*) concern; **jds** *akk* **~ erregen** to cause sb's concern; **~ erregend** worrying; **kein Grund zur ~!** no need to worry! ② (*Befürchtung*) misgivings *pl*, fears *pl*
be·sorg·nis·er·re·gendᴬᴸᵀ *adj* worrying
be·sorgt [bəˈzɔrkt] *adj* ① (*voller Sorge*) worried (**wegen/um** about); **ein ~es Gesicht machen** to look troubled ② (*fürsorglich*) ■ **um jdn/etw ~ sein** to be anxious about sb/sth
Be·sor·gung <-, -en> *f* ① (*Einkauf*) errand[s]; **~en machen** to do some errands; (*das Kaufen*) purchase *form* ② (*das Erledigen*) Geschäfte, Aufgaben management [of affairs]
be·span·nen* *vt* ① (*überziehen*) to cover (**mit** with); **einen Schläger neu ~** to restring a racket ② (*Zugtiere anspannen*) to harness
be·spiel·bar *adj* ① Kassette capable of being recorded on ② SPORT Platz fit for playing on
be·spie·len* *vt* ① Kassette, Tonband to record ② SPORT Platz to play on
be·spit·zeln* *vt* to spy on
be·spre·chen* *irreg vt* ① (*erörtern*) ■ **etw [mit jdm] ~** to discuss sth [with sb]; **wie besprochen** as agreed ② (*rezensieren*) to review ③ (*aufnehmen*) ■ **etw ~** to make a recording on sth (**mit** of)
Be·spre·chung <-, -en> *f* ① (*Konferenz*) meeting; (*Unterredung*) discussion ② (*Rezension*) review
be·sprit·zen* *vt* to splash (**mit** with)
bes·ser [ˈbɛsɐ] **I.** *adj comp von* **gut** ① (*höher*) better; Qualität superior; ■ **etwas B~es** sth better; **nichts B~es** nothing better; **Sie finden nichts B~es!** you won't find anything better!; **nicht ~ als ...** no better than ...; ■ **etw wird ~** sth is getting better ② (*sozial höhergestellt*) better-off ▶ **jdn eines B~en belehren** to put sb right; **ich lasse mich gerne eines B~en belehren** I'm willing to admit I'm wrong; **sich eines B~en besinnen** to think better of sth; **B~es zu tun haben** to have other things to do **II.** *adv comp von* **gut, wohl** ① (*nicht mehr schlecht*) better; **es geht jdm** ~ MED sb is better; **es geht [einer S. *dat*] ~** sth is doing better ② (*fam: lieber*) better; **dem solltest du ~ aus dem Wege gehen!** it would be better if you avoided him! ▶ **~ [gesagt]** (*richtiger*) rather; **es ~ haben** to be better off; **es kommt noch ~** (*iron fam*) you haven't heard the half of it!; **jd täte ~ daran ...** sb would do better to ...; **jd will alles ~ wissen** sb knows better; **um so ~!** (*fam*) all the better!

bes·ser·ge·henᴬᴸᵀ *vi impers, irreg sein* **es geht jdm besser** MED sb is better; **es geht [einer S. *dat*] besser** sth is going better
Bes·ser·ge·stell·te(r) <-n, -n> *f(m) dekl wie adj* better off person
bes·sern [ˈbɛsɐn] **I.** *vr* ■ **sich ~** to improve; **sein [Gesundheits]zustand hat sich gebessert** he has recovered **II.** *vt* ■ **jdn ~** to reform sb; ■ **etw ~** to improve upon sth
Bes·se·rung <-> *f kein pl* improvement; **gute ~!** get well soon!; **auf dem Weg der ~ sein** to be on one's way to recovery; **hiermit gelobe ich ~** from now on I'm a reformed character
Bes·ser·ver·die·nen·de(r) *f(m) dekl wie adj* high earner **Bes·ser·wis·ser(in)** <-s, -> *m(f)* (*pej*) know-all **Bes·ser·wis·se·rei** <-> *f kein pl* (*pej*) know-all manner; **verschone uns mit deiner ständigen ~!** spare us this little Mr/Miss Know-it-all attitude of yours! **Bes·ser·wis·se·rin** <-, -nen> *f fem form von* Besserwisser **bes·ser·wis·se·risch I.** *adj* (*pej*) know-all **II.** *adv* (*pej*) like a know-all
Bess·rung <-> *f s.* Besserung
Be·stand <-[e]s, ände> *m* ① (*Fortdauer*) survival; **~ haben** to be long-lasting ② (*vorhandene Menge*) supply (**an** of); Vieh [live]stock; Kapital assets *pl*; Wertpapiere holdings *pl*; Bäume stand [of trees]; ■ **aufnehmen** (*a. fig*) to take stock
be·stan·den *adj* ① (*erfolgreich absolviert*) passed ② (*mit Pflanzen bewachsen*) covered with trees *pred*, tree-covered *attr* ③ SCHWEIZ (*alt, bejahrt*) advanced in years *pred*
be·stän·dig *adj* ① *attr* (*ständig*) constant ② (*gleich bleibend*) consistent; Wetter settled ③ (*widerstandsfähig*) ■ **~ sein** to be resistant (**gegen** to); **hitze~** heat-resistant ④ (*dauerhaft*) long-lasting
Be·stän·dig·keit <-> *f kein pl* ① (*das Anhalten*) persistence; Wetter continuation ② (*gleich bleibende Eigenschaft*) consistency; Liebende constancy ③ (*Widerstandsfähigkeit*) resistance (**gegen** to)
Be·stands·auf·nah·me *f* ① ÖKON stocktaking; **[eine] ~ machen** to take stock; (*in Gastronomie oder Haushalt*) to make an inventory ② (*fig: Bilanz*) taking stock; **[eine] ~ machen** to weigh up sth
Be·stand·teil *m* part; SCI component; **notwendiger ~** essential part; **sich in seine ~e auflösen** to fall apart; **etw in seine ~e zerlegen** to take sth to pieces
be·stär·ken* *vt* ■ **jdn [in etw *dat*] ~** to encourage sb['s sth]; **jdn in seinem Vorhaben ~** to confirm sb in their intention; **jdn in**

einem Verdacht ~ to reinforce sb's suspicion **Be·stär·kung** *f* ❶ (*Unterstützung*) support ❷ (*Erhärtung*) confirmation

be·stä·ti·gen* [bəˈʃtɛːtɪgn̩] *vt* (*für zutreffend erklären*) to confirm; **ein Alibi ~** to corroborate an alibi; **die Richtigkeit einer S. gen ~** to verify sth; **jdn** [**in etw** *dat*] ~ to support sb [in sth]; **ein ~des Kopfnicken** a nod of confirmation ❷ (*quittieren*) to certify; *Empfang* to confirm ❸ ADMIN **jdn im Amt ~** to confirm sb in office

Be·stä·ti·gung <-, -en> *f* ❶ (*das Bestätigen*) confirmation; *Richtigkeit, Echtheit* verification; *Gesetz, Vertrag* ratification; **~/keine ~ finden** (*geh*) to be validated/to not be validated; **er sucht doch bloß ~!** he's merely trying to boost his ego! ❷ (*bestätigendes Schriftstück*) written confirmation, certification

Be·stä·ti·gungs·schrei·ben *nt* FIN letter of acknowledg[e]ment

be·stat·ten* [bəˈʃtatn̩] *vt* (*geh*) ❶ (*beerdigen*) to bury; **sie wird auf dem alten Friedhof bestattet** she will be laid to rest in the old cemetery ❷ (*verbrennen*) to cremate

Be·stat·tung <-, -en> *f* (*geh*) *s*. Beerdigung

Be·stat·tungs·in·sti·tut *nt*, **Be·stat·tungs·un·ter·neh·men** *nt* (*geh*) funeral parlour

be·stäu·ben* *vt* ❶ KOCHK to dust ❷ BOT to pollinate

Be·stäu·bung <-, -en> *f* BOT pollination

be·stau·nen* *vt* to admire

best·be·zahlt *adj attr* highest paid

bes·te(r, s) [ˈbɛstə, ˈbɛstɐ, ˈbɛstəs] **I.** *adj superl von* **gut** *attr* best; **sich ~r Gesundheit erfreuen** to be in the best of health; **in ~r Laune** in the best of spirits; **mit den ~n Wünschen** with all best wishes **II.** *adv* ❶ (*auf Platz eins*) ▪**am ~n +** *vb* best ❷ (*ratenswerterweise*) ▪**am ~n** it would be best if ...; **es wäre an ~n, wenn Sie jetzt gingen** you had better go now ▶ **das ist am ~n so!** it's all for the best!

be·ste·chen* *irreg* **I.** *vt Beamte, etc.* to bribe (**mit** with) **II.** *vi* (*Eindruck machen*) to be impressive; ▪**durch etw** *akk* ~ to win people over with sth; **das Auto besticht durch seine Form** the appeal of the car lies in its shape

be·ste·chend I. *adj* captivating; *Angebot* tempting; *Gedanke* fascinating; *Lächeln* winning; *Schönheit* entrancing; *Geist* brilliant **II.** *adv* winningly

be·stech·lich [bəˈʃtɛçlɪç] *adj* corrupt

Be·stech·lich·keit <-> *f kein pl* corruptibility

Be·ste·chung <-, -en> *f* bribery; **sich durch ~ von etw** *dat* **freikaufen** to bribe one's way out of sth

Be·ste·chungs·geld *nt meist pl* bribe **Be·ste·chungs·ver·such** *m* attempt to bribe

Be·steck <-[e]s, -e> [bəˈʃtɛk] *nt* ❶ (*Ess~*) cutlery *n sing* ❷ (*Instrumentensatz*) set of instruments; *Heroinsüchtige* kit

be·ste·hen* *irreg* **I.** *vt* ❶ (*erfolgreich abschließen*) to pass (**mit** with); **sie bestand ihre Prüfung mit Auszeichnung** she passed her exam with distinction; **eine Probe ~** to stand the test [of sth]; **etw nicht ~** to fail sth; **die Prüfer ließen ihn nicht ~** the examiners failed him ❷ (*durchstehen*) to come through [in one piece]; *Kampf* to win ❸ (*andauern*) **etw ~ lassen** to retain sth **II.** *vi* ❶ (*existieren*) to exist; **es besteht kein Zweifel** there is no doubt; **es ~ gute Aussichten, dass ...** the prospects of ... are good; **es besteht die Gefahr, dass ...** there is a danger of ...; **besteht noch Hoffnung?** is there still a chance?; **~ bleiben** (*weiterhin existieren*) to last; (*weiterhin gelten*) *Versprechen, Wort* to remain ❷ *mit Zeitangabe* to exist; **das Unternehmen besteht seit 50 Jahren** the company is 50 years old ❸ (*sich zusammensetzen*) to consist (**aus** of); *Material* to be made (**aus** of) ❹ (*beinhalten*) ▪**in etw** *dat* ~ to consist in sth; **das Problem besteht darin, dass ...** the problem is that ...; **der Unterschied besteht darin, dass ...** the difference lies in ... ❺ (*standhalten*) to survive ❻ (*durchkommen*) to pass ❼ (*insistieren*) ▪**auf etw** *dat* ~ to insist on sth; ▪**darauf ~, dass ...** to insist that ...; **wenn Sie darauf ~!** if you insist!; **auf einer Meinung ~** to stick to an opinion

Be·ste·hen <-s> *nt kein pl* ❶ (*Vorhandensein*) existence (+*gen* of) ❷ (*Beharren*) insistence (**auf** on) ❸ (*das Durchkommen*) *Prüfung* passing; *Probezeit* successful completion; *schwierige Situation* surviving; *Gefahr* overcoming

be·ste·hend *adj* (*existierend*) existing; (*geltend*) current

be·steh·len* *vt irreg* to steal from; **man hat mich bestohlen!** I've been robbed!

be·stei·gen* *vt irreg* ❶ (*auf etw klettern*) to climb [up onto]; *Podest* to get up onto; *Thron* to ascend ❷ *Pferd, Fahrrad, Motorrad* to mount ❸ *Bus* to get on; *Taxi, Auto* to get into; *Flugzeug* to board; *Schiff* to go on board ❹ (*begatten*) ZOOL to cover; ▪**jdn ~** (*sl*) to mount sb *sl*

be·stel·len* *vt* ❶ (*in Auftrag geben*) to order (**bei** from); *Zeitung* to subscribe to ❷ (*reservieren*) to reserve ❸ (*ausrichten*) to tell sb; **[jdm] Grüße ~** to send [sb] one's regards;

können Sie ihr etwas ~? may I leave a message for her? ❹ (*kommen lassen*) to ask to come; *Taxi* to call; ■ **bestellt sein** to have an appointment ❺ AGR (*bearbeiten*) to cultivate; *Acker* to plant ▶ **wie bestellt und nicht abgeholt** (*hum fam*) standing around, making the place look untidy; **mit etw dat ist es schlecht bestellt** sth is in a bad way; **um meine Finanzen ist es schlecht bestellt** my finances are in a bad way

Be·stell·num·mer *f* order number **Be·stell·schein** *m* order form

Be·stel·lung <-, -en> *f* ❶ (*das Bestellen, bestellte Ware*) order; **eine ~ aufgeben** to make an order; **auf ~ arbeiten** to work to order; **etw auf ~ machen** to make sth to order ❷ (*Übermittlung*) delivery ❸ AGR cultivation ❹ ADMIN appointment ▶ **wie auf ~** in the nick of time

bes·ten ['bɛstn] *adv s.* **beste(r, s)**
bes·ten·falls ['bɛstn̩'fals] *adv* at best
bes·tens ['bɛstn̩s] *adv* very well; **~ vorsorgen** to take very careful precautions
be·steu·ern* *vt* to tax
Be·steu·e·rung <-, -en> *f* taxation
Best·form *f bes* SPORT top form
bes·ti·a·lisch [bɛs'tiaːlɪʃ] **I.** *adj* atrocious; *Gestank* vile; *Schmerzen* excruciating **II.** *adv* (*fam*) dreadfully; **~ stinken** to stink to high heaven *fig*
be·sti·cken* *vt* to embroider
Bes·tie <-, -n> ['bɛstiə] *f* ❶ (*reißendes Tier*) beast *form* ❷ (*grässlicher Mensch*) brute
be·stim·men* **I.** *vt* ❶ (*festsetzen*) to decide on; *Preis, Ort, Zeit* to fix; *Grenze* to set ❷ (*prägen*) to set the tone for; **Wälder ~ das Landschaftsbild** forests characterize the scenery ❸ (*beeinflussen*) to influence; **durch etw akk bestimmt werden** to be determined by sth ❹ (*wissenschaftlich feststellen*) to categorize; *Pflanzen, Tiere* to classify; *Bedeutung, Herkunft* to determine; *Begriff* to define ❺ (*vorsehen*) **jdn zu etw dat ~** to make sb sth; **füreinander bestimmt** meant for each other; **etw ist für jdn bestimmt** sth is for sb **II.** *vi* ❶ (*befehlen*) to be in charge ❷ (*verfügen*) **über jdn/etw ~** to control sb/sth
be·stim·mend **I.** *adj* decisive **II.** *adv* decisively
be·stimmt [bə'ʃtɪmt] **I.** *adj* ❶ (*nicht genau genannt*) certain ❷ (*speziell, genau genannt*) particular; **ganz ~e Vorstellungen** very particular ideas; ■ **etwas B~es** something [in] particular ❸ (*festgesetzt*) fixed; (*klar, deutlich*) exact; **ein ~er Tag** the appointed day; **ein ~er Artikel** LING a definite article ❹ (*entschieden*) *Auftreten* firm **II.** *adv* ❶ (*sicher*) definitely; **etw ganz ~ wissen** to be positive about sth; **~ nicht** certainly not ❷ (*entschieden*) determinedly

Be·stimmt·heit <-> *f kein pl* determination; *von Angaben, Daten* precision; **etw in aller ~ ablehnen** to categorically refuse sth; **etw mit ~ sagen können** to be able to state sth definitely

Be·stim·mung <-, -en> *f* ❶ (*Vorschrift*) regulation ❷ *kein pl* (*Zweck*) purpose ❸ (*Schicksal*) destiny ❹ (*das Bestimmen*) determining; *Preis, Grenze, Limit* fixing; *Zeit, Ort* appointing; *Landesgrenze* establishment; *Alter, Herkunft* determination; *Begriff* definition; *Bäume, etc* classification; **adverbiale ~** LING adverbial [phrase]

Be·stim·mungs·ort *m* destination
Best·leis·tung *f* best performance; **jds** *gen* **persönliche ~** sb's personal best **best·mög·lich** ['bɛst'møːklɪç] *adj* best possible; **das ~e tun** to do one's best

Best.-Nr. *f* ÖKON *Abk von* **Bestellnummer**
be·stra·fen* *vt* to punish (**mit** by/with); **mit einer Geldstrafe** to fine; **mit einer Gefängnisstrafe** to sentence; *Spieler* to penalize; **etw wird mit Gefängnis bestraft** sth is punishable by imprisonment
Be·stra·fung <-, -en> *f* punishment; *Spieler* penalization; (*mit Gefängnis*) sentencing; (*mit Gebühr*) fining; **zur ~** as a punishment
be·strah·len* *vt* ❶ MED (*mit Strahlen behandeln*) to treat with radiotherapy ❷ (*beleuchten*) to illuminate
Be·strah·lung *f* MED (*das Bestrahlen*) radiotherapy; (*Sitzung*) radiotherapy session
Be·stre·ben *nt* endeavour[s]; **das ~ haben, etw zu tun** to make every effort to do sth
be·strebt *adj* ■ **~ sein, etw zu tun** to be keen to do sth
be·strei·chen* *vt irreg* ❶ (*beschmieren*) to smear (**mit** with); *mit Öl* to oil; *mit Butter* to butter ❷ (*einpinseln*) to coat (**mit** with); *mit Farbe* to paint
be·strei·ken* *vt* to take strike action [*or* AM go on strike] against; **dieser Betrieb wird bestreikt** there is a strike in progress at this company
be·streit·bar *adj* disputable; **nicht ~** indisputable
be·strei·ten* *vt irreg* ❶ (*leugnen*) to deny; *Behauptung* to reject; **es lässt sich nicht ~, dass ...** it cannot be denied that ... ❷ (*finanzieren*) to finance; *Kosten* to cover; **seinen Unterhalt ~** to earn a living ❸ (*tragen, gestalten*) to run; *Gespräch* to carry
be·streu·en* *vt* to strew; *mit Puderzucker* to dust; *mit Zucker* to sprinkle; *mit Kies* to gravel

Best·sel·ler <-s, -> ['bɛstsɛlɐ] m bestseller
Best·sel·ler·au·tor(in) m(f) bestselling author **Best·sel·ler·lis·te** f bestseller list
be·stür·men* vt to bombard
be·stür·zen* vt to upset
be·stürzt I. adj dismayed (**über** by); **zutiefst ~** deeply dismayed **II.** adv in a dismayed [or disturbed] manner; **sie riss ia die Augen auf, als sie entdeckte, dass ihr Geldbeutel gestohlen worden war** her eyes widened in shock as she discovered that her purse had been stolen
Be·stür·zung <-> f kein pl consternation no pl; **~ auslösen** to arouse [great] consternation
Best·zeit f best time
Be·such <-[e]s, -e> [bəˈzuːx] m ① (das Besuchen) visit (**bei** to); **jdm einen ~ abstatten** to pay sb a visit; (kurz) to call on sb; **[bei jdm] auf ~ sein** to be on a visit [to sb]; **ich bin hier nur zu ~** I'm just visiting ② (Besucher) visitor[s]; (eingeladen) guest[s]; **hoher ~** important visitor[s]
be·su·chen* vt ① (zu Besuch kommen) to visit; **besuch mich bald mal wieder!** come again soon! ② (aufsuchen) to go to ③ (teilnehmen) to attend
Be·su·cher(in) <-s, -> m(f) ① visitor, guest; Kino, Theater cinema/theatre goer; Sportveranstaltung spectator; **ein regelmäßiger ~** a frequenter ② (Teilnehmer) participant
Be·suchs·zeit f visiting hours pl
be·su·deln* vt (geh) ① (beschmieren) to besmear; **sich ~** to soil oneself; **jetzt habe ich meine Bluse mit Kaffee besudelt** now I've got coffee all over my blouse ② (herabwürdigen) to besmirch
be·tagt [bəˈtaːkt] adj (geh) aged, advanced in years pred
be·tas·ten* vt to feel; MED to palpate
Be·ta·strah·lung f NUKL beta radiation
be·tä·ti·gen* **I.** vt (drücken) to press; (umlegen) to operate; Bremse to apply **II.** vr **sich ~** to busy oneself; **sich politisch ~** to be politically active; **sich sportlich ~** to exercise
Be·tä·ti·gung <-, -en> [bəˈtɛːtɪɡʊŋ] f ① (Aktivität) activity; (berufliche Tätigkeit) work ② (das Drücken) pressing; von Bremse application; von Knopf pushing; (das Umlegen o Ziehen) operation; (das Einschalten) activation
Be·tä·ti·gungs·feld nt field of activity
be·tat·schen* vt (pej fam) to paw
be·täu·ben* [bəˈtɔybn̩] vt ① (narkotisieren) to anaesthetize; **die Entführer betäubten ihr Opfer** the kidnappers drugged their victim; **er wankte wie betäubt umher** he staggered around [as if] in a daze ② MED (unempfindlich machen) to deaden; Schmerz to kill; **wie betäubt** [as if] paralyzed ③ (ruhigstellen) to silence fig; Emotionen to suppress; Gewissen to ease; **seinen Kummer mit Alkohol ~** to drown one's sorrows in drink
Be·täu·bung <-, -en> f ① (das Narkotisieren) anaesthetization ② (das Betäuben) deadening; von Schmerz killing ③ MED (Narkose) anaesthetic; **örtliche ~** local anaesthetic
Be·täu·bungs·mit·tel nt drug
Be·te <-, selten -n> ['beːtə] f **rote ~** beetroot
be·tei·li·gen* [bəˈtailɪɡn̩] **I.** vt to give sb a share (**an** in) **II.** vr **sich** [**an etw** dat] **~** to participate [in sth]; **an einem Unternehmen** to have a stake in
be·tei·ligt [bəˈtailçt] adj **an etw** dat **~ sein** ① (mit dabei) to be involved in sth ② FIN, ÖKON to hold a stake in sth
Be·tei·lig·te(r) f(m) dekl wie adj person involved
Be·tei·li·gung <-, -en> f ① (Teilnahme) participation (**an** in) ② (Anteil) stake (**an** in); (das Beteiligen) share (**an** in)
be·ten ['beːtn̩] **I.** vi to pray (**für** for, **zu** to) **II.** vt to recite
be·teu·ern* [bəˈtɔyɐn] vt **jdm ~, dass ...** to protest to sb that ...; **seine Unschuld ~** to protest one's innocence
Be·teu·e·rung <-, -en> f protestation
be·ti·teln* vt ① (anreden) to address (**als** as); **er möchte gerne** [**als**] **Herr Professor betitelt werden** he would like to be addressed as 'Professor' ② (mit Titel versehen) to [en]title
Be·ton <-s, selten -s> [beˈtɔŋ, beˈtɔː, beˈtoːn] m concrete
be·to·nen* vt ① (hervorheben) to stress; Figur to accentuate ② LING (akzentuieren) to stress
be·to·nie·ren* [betoˈniːrən] vt to concrete; **betoniert** concrete
Be·ton·klotz m ① (Klotz aus Beton) concrete block ② (pej: grässlicher Betonbau) concrete monstrosity **Be·ton·mi·scher** <-s, -> m concrete-mixer
be·tont I. adj emphatic; **~e Höflichkeit** studied politeness **II.** adv markedly
Be·to·nung <-, -en> f ① kein pl (das Hervorheben) accentuation ② LING stress ③ (Gewicht) emphasis
be·tö·ren* [bəˈtøːrən] vt to bewitch
be·tö·rend adj bewitching
betr. adj, adv Abk von **betreffend, betreffend, betreffs** re, ref.
Be·tracht <-[e]s> [bəˈtraxt] m kein pl **in ~ kommen** to be considered; **etw außer ~**

lassen to disregard sth; **jdn/etw in ~ ziehen** to consider sb/sth

be·trach·ten* vt ① (*anschauen*) to look at; **bei näherem B~** on closer examination ② (*halten für*) to regard (**als** as); **Sie sich als fristlos gekündigt!** consider yourself sacked!

Be·trach·ter(in) <-s, -> m(f) observer

be·trächt·lich [bəˈtrɛçtlɪç] I. adj considerable; *Schaden* extensive II. adv considerably

Be·trach·tung <-, -en> f ① (*das Anschauen*) contemplation; **bei näherer ~** on closer examination ② (*Überlegung, Untersuchung*) consideration; **seine ~en zu diesem Thema sollten Sie unbedingt lesen** you really ought to read his discourse on this matter

Be·trach·tungs·wei·se f way of looking at things

Be·trag <-[e]s, Beträge> [bəˈtraːk, pl bəˈtrɛːɡə] m amount

be·tra·gen* irreg I. vi to be; **die Rechnung beträgt 10 Euro** the bill comes to 10 euros II. vr ▪ **sich irgendwie ~** to behave in a certain manner

Be·tra·gen <-s> nt kein pl behaviour; SCH conduct

be·trau·en* vt to entrust (**mit** with)

be·trau·ern* vt to mourn

Be·treff <-[e]s, -e> [bəˈtrɛf] m (*geh: Bezug*) reference; **Betreff: Ihr Schreiben vom 23.6.** Re: your letter of June 23

be·tref·fen* vt irreg ① (*angehen*) ▪ **jdn ~** to concern sb; ▪ **etw ~** to affect sth; **was das betrifft, ...** as far as that is concerned; **„Betrifft: ..."** "Re: ..." ② (*geh: widerfahren*) to befall ③ (*geh: seelisch treffen*) to affect

be·tref·fend adj attr ① (*bewusst*) in question pred; **die ~e Person** the person in question ② (*angehend*) concerning

Be·tref·fen·de(r) f(m) dekl wie adj person in question

be·treffs [bəˈtrɛfs] präp (*geh*) concerning

be·trei·ben* vt irreg ① (*vorantreiben*) to proceed ② (*ausüben*) to carry on; *Laden, Firma* to run ③ (*sich beschäftigen mit*) to do ④ (*in Gang halten*) to operate ⑤ (*antreiben*) to power (**mit** with); **das U-Boot wird atomar betrieben** the submarine is nuclear-powered

Be·trei·ber(in) <-s, -> m/f (*person who runs sth*); (*Firma, Träger*) operator

be·tre·ten*¹ vt irreg ① (*hineingehen*) to enter; (*auf etw treten*) to walk on; (*steigen auf*) to step onto; *Spielfeld* to take; *Bühne* to come on; *Podium* to mount ② (*das Begehen*) ▪ **[das] B~** walking [on sth]; **beim B~ eines Raumes** on entering a room; **„B~ [des Rasens] verboten!"** "keep off [the grass]!";

„B~ für Unbefugte verboten" "no entry to unauthorized persons"

be·tre·ten*² I. adj embarrassed II. adv embarrassedly

be·treu·en* [bəˈtrɔyən] vt ① (*sich kümmern um*) to look after ② (*verantwortlich sein für*) to be responsible for

Be·treu·er(in) <-s, -> m(f) person who looks after sb; JUR custodian of persons of full age

Be·treu·ung <-, -en> f ① (*das Betreuen*) looking after; *von Patienten* care ② (*Betreuer*) nurse

Be·trieb <-[e]s, -e> [bəˈtriːp] m ① *Firma* company ② (*die Belegschaft*) workforce ③ *kein pl* (*Betriebsamkeit*) activity; **heute war nur wenig/herrschte großer ~** it was very quiet/busy today ④ (*Tätigkeit*) operation; **die Straßenbahnen nehmen morgens um 5 Uhr ihren ~ auf** the trams start running at 5 o'clock in the morning; (*Ablauf*) production process; **etw in ~ nehmen** to put sth into operation; **die neue Produktionsstraße soll im Herbst in ~ genommen werden** the new production line is expected to be put into operation in autumn; **eine Maschine in ~ setzen** to start up a machine; **außer ~** out of order; **in ~** in operation

be·trieb·lich [bəˈtriːplɪç] I. adj attr (*den Betrieb betreffend*) operational; (*vom Betrieb geleistet*) company; **das ist eine rein ~e Angelegenheit** that is purely an internal matter; **betriebliche Altersversorgung** company pension plan II. adv (*durch den Betrieb der Firma*) operationally

be·trieb·sam [bəˈtriːpzaːm] I. adj busy II. adv busily

Be·trieb·sam·keit <-> f kein pl business

Be·triebs·an·ge·hö·ri·ge(r) f(m) dekl wie adj employee **Be·triebs·an·lei·tung** f operating instructions pl **Be·triebs·arzt, -ärz·tin** m, f company doctor **Be·triebs·aus·flug** m staff [or BRIT works] [or AM office] outing **Be·triebs·be·dingt** adj company; **~e Kündigung** lay-off **be·triebs·be·reit** adj ready for operation; **in ~em Zustand** in running order **be·triebs·ei·gen** adj company[-owned] **Be·triebs·fe·ri·en** pl [annual] works [or AM company] holidays pl **be·triebs·fer·tig** adj ÖKON in working order **Be·triebs·fest** nt office party **Be·triebs·ge·heim·nis** nt trade secret **Be·triebs·ge·län·de** nt company grounds pl **Be·triebs·hof** m depot **Be·triebs·in·tern** adj s. betrieblich **Be·triebs·kli·ma** nt working atmosphere **Be·triebs·kos·ten** pl operating costs; *von Maschine* running costs **Be·triebs·lei·tung** f management **Be·triebs·prü·fung** f FIN tax audit (*regular audit of a*

company and its accounts by the tax authorities)
Be·triebs·rat *m* POL employee representative committee, BRIT *a.* works council
Be·triebs·rat, -rä·tin *m, f* POL employee representative, BRIT *a.* member of a works council **Be·triebs·schlie·ßung** *f* company closure **Be·triebs·schluss**^{RR} *m* end of business hours; **nach ~** after work **Be·triebs·still·le·gung**^{RR} *f s.* Betriebsschließung **Be·triebs·stö·rung** *f* interruption of operation **Be·triebs·sys·tem** *nt* INFORM operating system **Be·triebs·un·fall** *m* ≈ industrial accident (*accident at or on the way to or from work*) **Be·triebs·ver·samm·lung** *f* works [*or* AM company] meeting **Be·triebs·wirt(in)** *m(f)* graduate in business management **Be·triebs·wirt·schaft** *f* business management **Be·triebs·wirt·schafts·leh·re** *f kein pl* business management
be·trịn·ken* *vr irreg* **sich [mit etw** *dat*] **~** to get drunk [on sth]
be·trọf·fen I. *imp von* betreffen **II.** *adj* ❶ (*bestürzt*) shocked; **~es Schweigen** stunned silence ❷ (*angehen*) ▪ **[von etw** *dat*] **~ sein** to be affected [by sth] **III.** *adv* with dismay
Be·trọf·fe·ne(r) *f(m) dekl wie adj* person affected
Be·trọf·fen·heit <-> *f kein pl* shock
be·trü·ben* *vt* to sadden
be·trüb·lich [bəˈtryːplɪç] *adj* distressing
Be·trüb·nis <-, -se> [bəˈtryːpnɪs] *f* (*geh*) sorrow
be·trübt *adj* sad (**über** about)
Be·trug <-[e]s, SCHWEIZ Beträge> [bəˈtruːk, *pl* bəˈtryːgə] *m* fraud
be·trü·gen* *irreg* **I.** *vt* ❶ (*vorsätzlich täuschen*) to cheat (**um** out of); ▪ **betrogen** cheated; **ich fühle mich betrogen!** I feel betrayed! ❷ (*durch Seitensprung*) ▪ **jdn ~** to be unfaithful to sb **II.** *vr* (*sich etw vormachen*) ▪ **sich ~** to deceive oneself
Be·trü·ger(in) <-s, -> [bəˈtryːgɐ] *m(f)* con man
Be·trü·ge·rei <-, -en> [bətryːgəˈraɪ] *f* (*pej*) ❶ (*ständiges Betrügen*) swindling ❷ (*ständige Seitensprünge*) cheating
Be·trü·ge·rin <-, -nen> *f fem form von* Betrüger
be·trü·ge·risch [bəˈtryːgərɪʃ] *adj* (*pej*) deceitful; **in ~er Absicht** JUR with intent to defraud
be·trụn·ken [bəˈtrʊŋkn̩] **I.** *adj* drunken *attr*, drunk *pred* **II.** *adv* drunkenly
Bett <-[e]s, -en> [bɛt] *nt* ❶ (*Schlafstätte*) bed; (*Lagerstatt a.*) resting place; **jdn ins ~**

bringen to put sb to bed; **ins ~ gehen** to go to bed; **jdn aus dem ~ holen** to get sb out of bed; **das ~ hüten müssen** to be confined to [one's] bed; **ins ~ machen** to wet the bed; **jdn ins ~ stecken** (*fam*) to pack sb off to bed; **an jds** *dat* **~** at sb's bedside ❷ (*Ober~*) duvet ❸ (*Fluss~*) [river] bed ▶ **sich ins gemachte ~ legen** to have everything handed to one on a plate
Bett·be·zug *m* duvet cover **Bett·couch** *f* sofa bed **Bett·de·cke** *f* blanket; (*Steppdecke*) duvet
bet·tel·arm [ˈbɛtl̩ʔarm] *adj* destitute
Bet·te·lei <-, -en> [bɛtəˈlaɪ] *f* (*pej*) begging
Bet·tel·mönch *m* mendicant friar
bet·teln [ˈbɛtl̩n] *vi* to beg (**um** for)
Bet·tel·stab *m* **jdn an den ~ bringen** to reduce sb to beggary
bet·ten [ˈbɛtn̩] **I.** *vt* ❶ (*hinlegen*) to lay down ❷ (*liter*) ▪ **in etw** *akk* **gebettet sein** to be nestled in sth **II.** *vr* **wie man sich bettet, so liegt man** (*prov*) as you make your bed, so you must lie on it
Bett·ge·flüs·ter *nt* pillow talk **Bett·ge·schich·te** *f* ❶ (*sexuelles Verhältnis*) [love] affair ❷ MEDIA (*sl*) ≈ sex scandal (*gossip story on the sex lives of the rich and famous*)
Bett·ge·stell *nt* bedstead **Bett·hup·ferl** <-s, -> *nt* ≈ bedtime treat (*sweets given to children before they go to bed*) **Bett·kan·te** *f* edge of the bed ▶ **den/die würde ich nicht von der ~ stoßen!** (*euph fam*) I wouldn't say 'no' to him/her! **bett·lä·ge·rig** *adj* bedridden, confined to bed *pred* **Bett·la·ken** *nt s.* Betttuch **Bett·lek·tü·re** *f* bedtime reading
Bett·ler(in) <-s, -> [ˈbɛtlɐ] *m(f)* beggar
Bett·näs·ser(in) <-s, -> *m(f)* bed-wetter **bett·reif** *adj* (*fam*) ready for bed *pred* **Bett·ru·he** *f* bed rest **Bett·schwe·re** *f* ▶ **die nötige ~ haben** (*fam*) to be ready for bed **Bett·tuch**^{RR}, **Bettuch**^{ALT} [ˈbɛttuːx] *nt* sheet **Bett·wä·sche** *f* bedlinen **Bett·zeug** *nt* bedding
be·tucht [bəˈtuːxt] *adj* (*fam*) well off
be·tüd·deln [bəˈtyːdl̩n] *vt* (*fam*) ▪ **jdn ~** to [molly]coddle sb
be·tu·lich [bəˈtuːlɪç] **I.** *adj* ❶ (*übertrieben besorgt*) fussing ❷ (*gemächlich*) leisurely **II.** *adv* in a leisurely manner
be·tup·pen* *vt* DIAL (*fam*) ▪ **jdn [um etw** *akk*] **~** to con sb [out of sth]
Beu·ge·haft *f* JUR coercive detention
beu·gen [ˈbɔygn̩] **I.** *vt* ❶ (*neigen*) to bend; *Kopf* to bow ❷ LING (*konjugieren*) to conjugate; (*deklinieren*) to decline **II.** *vr* ❶ (*sich neigen*) ▪ **sich irgendwohin ~** to bend in a certain direction; **sich aus dem Fenster ~** to

lean out of the window; **er saß über seine Manuskripte gebeugt** he sat hunched over his manuscripts ❷ *(sich unterwerfen)* ■ **sich [jdm/einer S.] ~** to submit [to sb/sth]; **ich werde mich der Mehrheit ~** I will bow to the majority

Beu·gung <-, -en> f ❶ *(das Beugen)* bending ❷ PHYS *(Ablenkung)* diffraction ❸ LING *von Adjektiv, Substantiv* declension; *von Verb* conjugation

Beu·le <-, -n> ['bɔylə] f ❶ *(Delle)* dent ❷ *(Schwellung)* bump

Beu·len·pest f MED bubonic plague

be·un·ru·hi·gen* [bəˈʔʊnruːɪɡn̩] vt to worry

be·un·ru·hi·gend adj disturbing

Be·un·ru·hi·gung <-, selten -en> f concern

be·ur·kun·den* [bəˈʔuːɐ̯kʊndn̩] vt to certify

be·ur·lau·ben* [bəˈʔuːɐ̯laʊbn̩] vt ❶ *(Urlaub geben)* to give time off; **können Sie mich für eine Woche ~?** can you give me a week off? ❷ ADMIN *(suspendieren)* to suspend; **Sie sind bis auf weiteres beurlaubt** you are suspended until further notice ❸ SCH ■ **sich ~ lassen** to go on a sabbatical

Be·ur·lau·bung <-, -en> f ❶ *(das Beurlauben)* time off **(von** from) ❷ ADMIN *(Suspendierung)* suspension **(von** from) ❸ SCH *(Entpflichtung)* sabbatical **(von** from) ❹ MIL *(fam: Urlaubsschein)* pass

be·ur·tei·len* vt ❶ *(einschätzen)* to judge ❷ *(abschätzen)* to assess; *(kritisch einschätzen)* to review; *Kunst-, Wertgegenstand* to appraise

Be·ur·tei·lung <-, -en> f ❶ *(das Beurteilen)* assessment ❷ *(Kritik)* review; *(Einschätzung)* appraisal ❸ SCH *(schriftliches Urteil)* [school] report; ADMIN [progress] report

Beu·te <-> ['bɔytə] f kein pl ❶ *(Jagd~)* prey fig; **eine leichte ~** [an] easy prey ❷ *(erbeutete Dinge)* haul; **[fette] ~ machen** to make a [big] haul

Beu·tel <-s, -> ['bɔytl̩] m ❶ *(Tasche)* bag; *Tabak* pouch ❷ *(fam: Geld~)* purse ❸ ZOOL pouch

beu·teln ['bɔytl̩n] vt *(fam)* to shake **Beu·tel·tier** nt marsupial

be·völ·kern* [bəˈfœlkɐn] **I.** vt ❶ *(beleben)* to fill ❷ *(besiedeln)* to inhabit **II.** vr ■ **sich mit ... ~** to fill up with ...

Be·völ·ke·rung <-, -en> f population

Be·völ·ke·rungs·dich·te f population density **Be·völ·ke·rungs·ent·wick·lung** <-> f kein pl population development **Be·völ·ke·rungs·ex·plo·si·on** f population explosion **Be·völ·ke·rungs·rück·gang** m decrease in population **Be·völ·ke·rungs·schicht** f class [of society] **Be·völ·ke·rungs·zahl** f population **Be·völ·ke·rungs·zu·wachs** m population growth

be·voll·mäch·ti·gen* vt to authorize **(zu** to)

Be·voll·mäch·tig·te(r) f(m) dekl wie adj authorized representative; POL plenipotentiary

Be·voll·mäch·ti·gung <-, selten -en> f authorization

be·vor [bəˈfoːɐ̯] konj ❶ *(solange)* until; **nicht ~** not until ❷ *(ehe)* before

be·vor·mun·den* [bəˈfoːɐ̯mʊndn̩] vt to treat like a child; **ich lasse mich nicht mehr ~, ich will selbst entscheiden!** I won't be ordered about any more, I want to make up my own mind!

Be·vor·mun·dung <-, -en> f being treated like a child

be·vor·ste·hen vi irreg ❶ *(zu erwarten haben)* ■ **jdm ~** to await sb; **der schwierigste Teil steht dir erst noch bevor!** the most difficult part is yet to come!; **uns steht ein harter Winter bevor** a hard winter is in store for us ❷ *(in Kürze eintreten)* ■ **etw steht bevor** sth is approaching

be·vor·zu·gen* [bəˈfoːɐ̯tsuːɡn̩] vt ❶ *(begünstigen)* to favour *(over)*; **keines unserer Kinder wird bevorzugt** none of our children receive preferential treatment; **hier wird niemand bevorzugt!** there's no favouritism around here! ❷ *(den Vorzug geben)* to prefer

be·vor·zugt [bəˈfoːɐ̯tsuːkt] **I.** adj ❶ *(privilegiert)* privileged ❷ *(beliebteste[r,s])* favourite **II.** adv **etw ~ abfertigen** to give sth priority; **jdn ~ behandeln** to give sb preferential treatment

Be·vor·zu·gung <-, -en> f ❶ *(das Bevorzugen)* preference **(vor** over) ❷ *(bevorzugte Behandlung)* preferential treatment

be·wa·chen* vt to guard

be·wach·sen*¹ [bəˈvaksn̩] vt irreg to grow over

be·wach·sen*² [bəˈvaksn̩] adj overgrown

Be·wa·chung <-, -en> f ❶ *(das Bewachen)* guarding; **unter [strenger] ~** under [close] guard ❷ *(Wachmannschaft)* guard

be·waff·nen* vt to arm **(mit** with)

Be·waff·nung <-, -en> f kein pl ❶ *(das Bewaffnen)* arming ❷ *(Gesamtheit der Waffen)* weapons pl

be·wah·ren* vt ❶ *(schützen)* to save **(vor** from); **vor etw dat bewahrt bleiben** to be spared sth; ■ **jdn davor ~, etw zu tun** to save sb from doing sth ❷ *(geh: aufheben)* to keep ❸ *(erhalten, behalten)* ■ **[sich dat] etw ~** to keep sth ▶ **das Gesicht ~** to save face; **Gott bewahre!** *(fam)* [good] Lord no!

be·wäh·ren* vr ■ **sich ~** to prove itself; **unsere Freundschaft hat sich bewährt** our friendship has stood the test of time

be·wahr·hei·ten* [bəˈvaːɐ̯haɪtn̩] vr ■ **sich ~** to come true

be·währt adj tried and tested; *Mitarbeiter* reliable

Be·wäh·rung <-, -en> f JUR probation; **eine Strafe zur ~ aussetzen** to suspend a sentence; **~ bekommen** to be put on probation

Be·wäh·rungs·frist f JUR period of probation

Be·wäh·rungs·hel·fer(in) m(f) JUR probation officer **Be·wäh·rungs·pro·be** f [acid] test ▸ **eine ~ bestehen** to stand the test; **jdn/etw einer ~ unterziehen** to put sb/sth to the test

be·wäl·ti·gen* [bəˈvɛltɪɡn̩] vt ❶ (*meistern*) to cope with; *Schwierigkeiten* to overcome; **diese kurze Strecke kann ich zu Fuß ~** I'll be able to manage this short distance on foot ❷ (*verarbeiten*) to digest; (*überwinden*) to get over; *Vergangenheit* to come to terms with

Be·wäl·ti·gung <-, -en> f ❶ (*das Meistern*) coping with; *von Schwierigkeiten* overcoming; *einer Strecke* covering ❷ (*Verarbeitung*) getting over; *der Vergangenheit* coming to terms with; *von Eindrücken* digesting

be·wan·dert [bəˈvandɐt] adj well-versed (**in** in)

Be·wandt·nis [bəˈvantnɪs] f **mit jdm/etw hat es eine besondere ~** sth has a particular reason

be·wäs·sern* vt *Feld* to irrigate; *Garten* to water

Be·wäs·se·rung <-, -en> f ❶ AGR irrigation ❷ HORT watering

be·we·gen*¹ [bəˈveːɡn̩] **I.** vt ❶ (*regen, rühren*) to move ❷ (*beschäftigen*) to concern; (*innerlich aufwühlen*) to move ❸ (*bewirken*) to achieve **II.** vr ■ **sich ~** ❶ (*sich fortbewegen*) to move ❷ (*sich körperlich betätigen*) to [take some] exercise ❸ (*variieren, schwanken*) to range; **der Preis bewegt sich um 3000 Euro** the price is around 3,000 euros ❹ (*sich ändern*) to change

be·we·gen*² <bewog, bewogen> [bəˈveːɡn̩] vt (*veranlassen*) ■ **jdn dazu ~, etw zu tun** to move sb to do sth

Be·weg·grund m motive (+*gen* for)

be·weg·lich [bəˈveːklɪç] adj ❶ (*zu bewegen*) movable; *Glieder* supple; **Ostern und Pfingsten sind ~e Feiertage** Easter and Whitsun are movable holidays ❷ (*manövrierfähig*) manoeuvrable; (*mobil*) mobile ❸ (*geistig wendig*) quick-minded

Be·weg·lich·keit <-> f kein pl ❶ (*geistige Wendigkeit*) mental agility ❷ (*bewegliche Beschaffenheit*) suppleness no pl ❸ (*Mobilität*) mobility no pl

be·wegt adj ❶ (*sich bewegend*) choppy ❷ (*lebhaft*) eventful ❸ (*innerlich gerührt*) moved; **mit ~er Stimme** in an emotional voice

Be·we·gung <-, -en> f ❶ (*Hand~*) gesture; (*körperliche Aktion*) movement; **keine [falsche] ~!** no false move!; SCI, TECH motion; *von schwerem Gegenstand* moving; *der Planeten* movements pl ❷ (*körperliche Betätigung*) exercise; **jdn in ~ bringen** to get sb moving ❸ (*Ergriffenheit*) emotion ❹ KUNST, POL movement ❺ (*Dynamik, Änderung*) change; **jdn in ~ halten** to keep sb moving; **in ~ sein** *Mensch* to be on the move; **ich war heute den ganzen Tag in ~** I was on the go all day today; **in eine S.** *akk* **kommt ~** progress is being made; **sich in ~ setzen** to start moving; **etw in ~ setzen** to get sth going

Be·we·gungs·ab·lauf m sequence of movements **Be·we·gungs·ar·mut** f MED lack of [voluntary] movement **Be·we·gungs·frei·heit** f freedom to move **be·we·gungs·los** adj (*reglos*) motionless; (*unbewegt*) still **Be·we·gungs·man·gel** m *kein pl* lack of exercise **Be·we·gungs·mel·der** m motion detector **be·we·gungs·un·fä·hig I.** adj unable to move **II.** adj paralyzed

be·weih·räu·chern* [bəˈvaɪ̯rɔɪ̯çɐn] vt ❶ REL to [in]cense ❷ (*pej: in den Himmel heben*) to praise to the skies

be·wei·nen* vt to weep over

Be·weis <-es, -e> [bəˈvaɪ̯s] m ❶ JUR (*Nachweis*) proof; **den ~ [für etw** *akk*] **erbringen** to provide conclusive proof [of sth] ❷ (*Zeichen*) sign; **als/zum ~** as a sign

Be·weis·auf·nah·me f JUR hearing evidence

be·weis·bar adj provable

be·wei·sen* *irreg* **I.** vt ❶ (*nachweisen*) to prove; **was zu ~ war** which was to be proved; **was [noch] zu ~ wäre** which remains to be proved ❷ (*erkennen lassen*) to show; ■**~, dass ...** to show that ... **II.** vr (*sich zeigen*) ■ **sich ~** to show [itself]

Be·weis·füh·rung f JUR giving [of] evidence **Be·weis·kraft** f *kein pl* JUR evidential value **be·weis·kräf·tig** adj JUR of evidential value *pred* **Be·weis·la·ge** f evidence **Be·weis·ma·te·ri·al** nt JUR [body of] evidence **Be·weis·stück** nt JUR exhibit

be·wen·den vt *impers* ■ **es bei etw** *dat* **~ lassen** to leave it at sth

be·wer·ben* **I.** vr *irreg* ■ **sich ~** to apply (**auf** in response to, **bei** to, **um** for) **II.** vt to advertise

Be·wer·ber(in) <-s, -> m(f) applicant

Be·wer·bung *f* ❶ (*Beantragung einer Einstellung*) application ❷ (*Bewerbungsschreiben*) [letter of] application ❸ (*werbliche Maßnahmen*) advertising

Be·wer·bungs·ge·spräch *nt* [job] interview **Be·wer·bungs·schrei·ben** *nt* [letter of] application **Be·wer·bungs·un·ter·la·gen** *pl* documents in support of an application **Be·wer·bungs·ver·fah·ren** *nt* application procedure

be·wer·fen* *vt irreg* to throw at; **der Lehrer wurde mit Schneebällen beworfen** the teacher was pelted with snowballs

be·werk·stel·li·gen* [bəˈvɛrkʃtɛlɪgn̩] *vt* ❶ (*zuwege bringen*) to manage ❷ (*pej fam: anstellen*) to do

be·wer·ten* *vt* to assess; *Kunstobjekt* to value; **der Aufsatz wurde mit befriedigend bewertet** the essay was given the mark "satisfactory"; ▪ **jdn/etw nach etw** *dat* ~ to judge sb/sth according to sth; ▪ **etw zu hoch/niedrig ~** to overvalue/undervalue sth

Be·wer·tung *f* assessment; *von Besitz* valuation; SCH marking

Be·wer·tungs·maß·stab *m* FIN assessment criterion

be·wil·li·gen* *vt* to approve; FIN to grant; *Stipendium* to award

Be·wil·li·gung <-, -en> *f* ❶ (*das Bewilligen*) approval; *von Mitteln, Kredit* granting; *von Stipendium* awarding ❷ (*schriftliche Genehmigung*) approval

be·wir·ken* *vt* ❶ (*verursachen*) to cause ❷ (*erreichen*) **etwas ~** to achieve sth

be·wir·ten* *vt* to entertain (**mit** with); **mit was darf ich euch denn ~?** what can I offer you?; **wir haben 20 Personen zu ~!** we've got ten people to cater for

be·wirt·schaf·ten* *vt* ❶ (*betreiben*) to run ❷ AGR (*bestellen*) to work

Be·wirt·schaf·tung <-, -en> *f* ❶ (*das Betreiben*) running ❷ AGR (*die Bestellung*) working; *Felder* cultivation

Be·wir·tung <-, -en> *f* entertaining

be·wog [bəˈvoːk] *imp von* **bewegen²**

be·wo·gen *pp von* **bewegen²**

be·wohn·bar *adj* habitable

be·woh·nen* *vt* to live in; **das Haus wird schon seit Jahren nicht mehr bewohnt** the house has not been lived in for years; *Gegend, Insel* to inhabit

Be·woh·ner(in) <-s, -> *m(f)* (*Einwohner*) inhabitant; *von Haus, Zimmer* occupant

be·wöl·ken* *vr* **sich** ~ to cloud over

be·wölkt *adj* cloudy; **heute wird es leicht ~ sein** it will be partly cloudy today

Be·wöl·kung <-, -en> *f* cloud cover

Be·wun·de·rer, Be·wun·de·rin <-s, -> [bəˈvʊndrɐ, bəˈvʊndərɪn] *m, f* admirer

be·wun·dern* *vt* to admire (**wegen** for); **was ich an dir bewundere ist …** what I admire about you is …

be·wun·derns·wert *adj*, **be·wun·derns·wür·dig** *adj* (*geh*) admirable (**an** about)

Be·wun·de·rung <-, *selten* -en> *f* admiration

Be·wund·rer, Be·wund·re·rin <-s, -> [bəˈvʊndrɐ, bəˈvʊndərɪn] *m, f s.* **Bewunderer**

be·wusst^RR, **be·wußt**^ALT [bəˈvʊst] **I.** *adj* ❶ *attr* (*vorsätzlich*) wilful ❷ *attr* (*überlegt*) considered ❸ *attr* (*überzeugt*) committed ❹ (*im Bewusstsein vorhanden*) ▪ **sich** *dat* **einer S.** *gen* **~ sein** to be aware of sth; ▪ **jdm ~ sein** to be clear to sb ❺ *attr* (*bekannt, besagt*) in question *pred* **II.** *adv* ❶ (*überlegt*) **~ leben** to live with great awareness ❷ (*vorsätzlich*) deliberately ❸ (*klar*) **jdm etw ~ machen** to make sb realize sth; **sich** *dat* **etw ~ machen** to realize sth

be·wusst·los^RR, **be·wußt·los**^ALT [bəˈvʊstloːs] **I.** *adj* unconscious **II.** *adv* unconsciously **Be·wusst·lo·sig·keit**^RR, **Be·wußt·lo·sig·keit**^ALT <-> *f kein pl* unconsciousness *no pl* ▸ **bis zur ~** (*fam*) ad nauseam

Be·wusst·sein^RR <-s>, **Be·wußt·sein**^ALT *nt kein pl* ❶ (*bewusster Zustand*) consciousness *no pl;* **bei [vollem] ~ sein** to be [fully] conscious; **er wurde bei vollem ~ operiert** he was operated on while fully conscious ❷ PHILOS, PSYCH **etw aus dem ~ verdrängen** to banish sth from one's mind; **jdm etw ins ~ rufen** to remind sb of sth ❸ (*das Wissen um etw*) awareness *no pl* **Be·wusst·seins·stö·rung**^RR *f* disturbance of consciousness **Be·wusst·seins·ver·än·de·rung**^RR *f* change of awareness

bez.¹ *Abk von* **bezahlt** paid

bez.² *Abk von* **bezüglich** re.

be·zahl·bar *adj* affordable

be·zah·len* **I.** *vt* to pay; *Rechnung* settle; **ich bezahle den Wein!** I'll pay for the wine! **II.** *vi* to pay; **[Herr Ober,] [bitte] ~!** waiter, the bill please!

Be·zah·lung *f* ❶ (*das Bezahlen*) payment; *von Schulden a.* settlement; *von Getränken, Speisen* paying for ❷ (*Lohn, Gehalt*) pay; **ohne/gegen ~** without payment/for payment

be·zäh·men* *vt* (*geh*) to keep under control; *Durst, Hunger* to master; *Neugierde* to restrain

be·zau·bern* *vt, vi* to enchant

be·zeich·nen* **I.** *vt* ❶ (*benennen*) to call ❷ (*bedeuten*) to denote ❸ (*genau beschrei-*

be·zeich·nend *adj* typical (**für** of)

be·zeich·nen·der·wei·se *adv* typically

Be·zeich·nung *f* ❶ (*Ausdruck*) term ❷ (*Kennzeichnung*) marking; (*Beschreibung*) description

be·zeu·gen* *vt* (*als Zeuge bestätigen*) to testify to; (*bestätigen*) to attest

be·zich·ti·gen* [bəˈtsɪçtɪɡn̩] *vt* ■ **jdn** [**einer S.** *gen*] ~ to accuse sb [of sth]

be·zie·hen* *irreg* **I.** *vt* ❶ (*mit Bezug versehen*) to cover; **die Bettwäsche neu** ~ to change the bed[linen] ❷ (*in etw einziehen*) to move into ❸ (*einnehmen*) to take up; *Standpunkt* adopt ❹ (*sich beschaffen*) to obtain (**von** from); **eine Zeitschrift** ~ to subscribe to a magazine ❺ (*erhalten*) to receive (**von** from) ❻ SCHWEIZ (*einziehen*) to collect ❼ (*in Beziehung setzen*) to apply sth (**auf** to) **II.** *vr* ❶ (*sich bedecken*) ■ **sich** ~ to cloud over ❷ (*betreffen, sich berufen*) ■ **sich auf jdn/etw** ~ to refer to sb/sth

Be·zie·her(in) <-s, -> *m(f)* FIN drawer; (*Abonnent*) subscriber

Be·zie·hung <-, -en> [bəˈtsiːʊŋ] *f* ❶ (*Verhältnis*) relationship (**zu** with); **diplomatische ~en** diplomatic relations; (*sexuell*) [sexual] relationship; **menschliche ~en** human relations ❷ (*Verbindung*) **es besteht keine Beziehung zwischen ihnen** there is no connection between them; **etw zu etw** *dat* **in ~ setzen** to connect sth with sth ❸ *meist pl* (*fördernde Bekanntschaften*) **~en haben** to have connections; **seine ~en spielen lassen** to pull [some] strings ❹ (*Hinsicht*) respect; **in jeder ~** in every respect; **in mancher ~** in many respects ❺ (*Zusammenhang*) connection; **in keiner ~ zueinander stehen** to have no connection with one another

be·zie·hungs·ge·stört *adj* PSYCH (*fam*) dysfunctional **Be·zie·hungs·kis·te** *f* (*sl*) relationship

be·zie·hungs·los *adj* unconnected

Be·zie·hungs·pro·ble·me *pl* relationship problems *pl* **Be·zie·hungs·stö·rung** *f* PSYCH relationship [*or* relational] disorder

be·zie·hungs·wei·se *konj* or rather

be·zif·fern* [bəˈtsɪfɐn] **I.** *vt* (*in Zahlen ausdrücken*) to estimate (**auf** at) **II.** *vr* (*sich belaufen*) ■ **sich auf etw** *akk* ~ to come to sth

Be·zirk <-[e]s, -e> [bəˈtsɪrk] *m* ❶ (*Gebiet*) district ❷ ÖKON (*Vertretungsgebiet*) region ❸ ADMIN ÖSTERR, SCHWEIZ (*Verwaltungs~*) [administrative] district

be·zir·zen* [bəˈtsɪrtsn̩] *vt* (*fam*) to bewitch

be·zug^ALT [bəˈtsuːk] *s.* Bezug 8

Be·zug <-[e]s, Bezüge> [bəˈtsuːk, *pl* bəˈtsyːɡə] *m* ❶ (*Kissen~*) pillowcase; (*Bett~*) duvet cover ❷ (*Bezugsstoff*) covering ❸ (*das Beziehen*) purchasing ❹ (*das Erhalten*) drawing; SCHWEIZ (*das Einziehen*) collection ❺ *pl* (*Einkünfte*) income *sing* ❻ (*Verbindung*) *s.* Beziehung 2 ❼ SCHWEIZ (*das Beziehen*) moving in[to] ❽ (*geh: Berufung*) reference; **~ auf etw** *akk* **nehmen** to refer to sth ❾ (*Hinsicht*) ■ **in ~ auf etw** *akk* with regard to sth

be·züg·lich [bəˈtsyːklɪç] **I.** *präp* (*geh*) regarding **II.** *adj* LING relative; **das ~e Fürwort** the relative pronoun

Be·zug·nah·me <-, -n> *f* **unter ~ auf etw** *akk* (*geh*) with reference to sth

be·zugs·fer·tig *adj* ready to move into **Be·zugs·per·son** *f* PSYCH, SOZIOL ≈ role model (*a person on whom sb models their thinking and behaviour due to their personal relationship*) **Be·zugs·quel·le** *f* source of supply

be·zu·schus·sen* [bəˈtsuːʃʊsn̩] *vt* to subsidize

be·zwe·cken* [bəˈtsvɛkn̩] *vt* to aim to achieve (**mit** with); **was willst du damit ~?** what do you hope to achieve by doing that?

be·zwei·feln* *vt* to question; ■ **~, dass ...** to doubt that ...

be·zwin·gen* *irreg vt* ❶ (*besiegen*) to defeat ❷ (*überwinden*) to capture; *Berg* to conquer ❸ (*bezähmen*) to keep under control; *Durst, Hunger, Schmerz* to master; *Emotionen* to overcome; *Neugierde* to restrain

BGB <-> [beːɡeːˈbeː] *nt kein pl Abk von* **Bürgerliches Gesetzbuch** *the German civil code*

BH <-[s], -[s]> [beːˈhaː] *m Abk von* **Büstenhalter** bra

Bhf. *m Abk von* **Bahnhof** stn.

bi [biː] *adj präd* (*sl*) bi *pred sl*

BI [beːˈiː] *f Abk von* **Bürgerinitiative** POL [citizens'] action group

Bi·ath·lon <-s, -s> [ˈbiːatlɔn] *nt* biathlon

bib·bern [ˈbɪbɐn] *vi* (*fam*) to tremble (**vor** with); (*vor Kälte*) to shiver; ■ **um etw** *akk* ~ to fear for sth

Bi·bel <-, -n> [ˈbiːbl̩] *f* Bible

bi·bel·fest *adj* well-versed in the Bible *pred*

Bi·bel·stel·le *f* passage from the Bible

Bi·ber <-s, -> [ˈbiːbɐ] *m* beaver

Bi·bli·o·gra·fie^RR <-, -n> [biblioɡraˈfiː, *pl* -ˈfiːən] *f* bibliography

bi·bli·o·gra·fie·ren*^RR [biblioɡraˈfiːrən] *vt* ❶ (*bibliografisch verzeichnen*) to record in a bibliography ❷ (*bibliografische Daten feststellen*) to take the bibliographic details

Bi·bli·o·gra·phie <-, -n> [bibliogra'fiː, *pl* -'fiːən] *f s.* **Bibliografie**

bi·bli·o·gra·phie·ren* [bibliogra'fiːrən] *vt s.* **bibliografieren**

Bi·bli·o·thek <-, -en> [biblio'teːk] *f* library

Bi·bli·o·the·kar(in) <-s, -e> [bibliote'kaːɐ̯] *m(f)* librarian

bi·blisch ['biːblɪʃ] *adj* biblical

Bi·det <-s, -s> [bi'deː] *nt* bidet

bie·der ['biːdɐ] *adj* ① (*pej: einfältig*) conventional ② (*brav*) plain; *Geschmack* conservative

Bie·der·mann <-männer> ['biːdəman, *pl* -mɛnɐ] *m* (*pej*) upright citizen

bie·gen <bog, gebogen> ['biːgn̩] **I.** *vt haben* ① (*Form verändern*) to bend ② LING ÖSTERR (*flektieren*) to inflect ▶ **auf B~ oder Brechen** (*fam*) by hook or by crook **II.** *vi sein* (*abbiegen*) to turn; **bei der Ampel biegst du links ab** turn left at the lights; (*umbiegen*) to curve; **die Straße biegt scharf nach links** the road curves sharply to the left **III.** *vr haben* **sich ~** ① (*sich krümmen*) to bend ② (*sich verziehen*) to go out of shape; **im Wind bogen sich die Bäume** the trees swayed in the wind

bieg·sam ['biːkzaːm] *adj* ① (*elastisch*) supple ② (*flexibel*) flexible ③ (*leicht zu biegen*) ductile

Bieg·sam·keit <-> *f* ① (*Elastizität*) suppleness *no pl* ② (*Flexibilität*) ductility

Bie·gung <-, -en> *f* ① (*Kurve*) bend; **eine ~ machen** to turn ② LING ÖSTERR (*Flexion*) inflection

Bie·ne <-, -n> ['biːnə] *f* bee

Bie·nen·honig *m* bees' honey **Bie·nen·kö·nigin** *f* queen bee **Bie·nen·schwarm** *m* swarm of bees **Bie·nen·stich** *m* ① (*Stich einer Biene*) bee sting ② (*Kuchen*) flat cake with an almond and sugar coating and a custard or cream filling **Bie·nen·stock** *m* beehive **Bie·nen·volk** *nt* bee colony **Bie·nen·wa·be** *f* honeycomb **Bie·nen·wachs** *nt* beeswax **Bie·nen·zucht** *f* bee-keeping **Bie·nen·züch·ter(in)** *m(f)* bee-keeper

Bi·en·na·le <-, -n> [biɛ'naːlə] *f* KUNST, FILM biennial arts exhibition or show

Bier <-[e]s, -e> [biːɐ̯] *nt* beer; **~ vom Fass** draught beer; **dunkles/helles ~** dark/light beer ▶ **das ist dein ~** (*fam*) that's your business; **das ist nicht mein ~** (*fam*) that's nothing to do with me

Bier·bauch *m* (*fam*) beer belly **Bier·braue·rei** *f* brewery

Bier·de·ckel *m* beer mat **Bier·do·se** *f* beer can **bier·ernst** ['biːɐ̯ʔɛrnst] *adj* (*fam*) dead[ly] serious **Bier·fass**[RR] *nt* beer barrel **Bier·fla·sche** *f* beer bottle **Bier·gar·ten** *m* beer garden **Bier·glas** *nt* beer glass **Bier·he·fe** *f kein pl* brewer's yeast **Bier·knei·pe** *f* pub BRIT, bar AM **Bier·krug** *m* (*aus Glas*) tankard; (*aus Steingut*) stein **Bier·lau·ne** *f* (*fam*) ▶ **aus einer ~ heraus** in a high-spirited mood [after a few beers] **Bier·lei·che** *f* (*fam*) [sb who is dead] drunk [due to drinking beer] **Bier·schaum** *m* head **Bier·schinken** *m* KOCHK ham sausage (*type of sausage containing large pieces of ham*) **Bier·zelt** *nt* beer tent

Biest <-[e]s, -er> [biːst] *nt* (*fam*) ① (*pej: lästiges Insekt*) [damn] bug; (*bösartiges Tier*) creature ② (*pej: bösartiger Mensch*) beast; **sie kann manchmal ein ~ sein** sometimes she can be a [right] bitch

bies·tig I. *adj* (*fam*) beastly **II.** *adv* nastily

bie·ten <bot, geboten> ['biːtn̩] **I.** *vt* ① (*anbieten*) to offer ② (*geben*) to give; *Gewähr* to provide; *Sicherheit, Schutz* to provide ③ (*aufweisen*) to have ④ (*zeigen, darbieten*) ▪ **[jdm] etw ~** to present [sb] with sth ⑤ (*pej: zumuten*) ▪ **jdm etw ~** to serve sth up to sb; **so etwas ließe sich mir nicht ~!** I wouldn't stand for it! **II.** *vi* ① KARTEN (*ansagen*) to bid ② (*ein Angebot machen*) [to make a] bid **III.** *vr haben* **sich ~** ① (*sich anbieten*) ▪ **sich [jdm] ~** to present itself [to sb] ② (*zumuten*) ▪ **sich *dat* etw nicht ~ lassen** to not stand for sth

Bi·ga·mie <-, -n> [biga'miː, *pl* -'miːən] *f* bigamy

Bi·ga·mist(in) <-en, -en> [biga'mɪst] *m(f)* bigamist

bi·gott [bi'gɔt] *adj* (*frömmelnd*) devout; (*scheinheilig*) hypocritical

bi·ken ['bajkn̩] *vi* SPORT (*sl*) ① (*Fahrrad fahren*) to go biking ② (*Motorrad fahren*) to go biking

Bi·ki·ni <-s, -s> [bi'kiːni] *m* bikini

Bi·lanz <-, -en> [bi'lants] *f* ① ÖKON balance sheet ② (*Ergebnis*) end result; **[die] ~ [aus etw *dat*] ziehen** (*fig*) to take stock [of sth]

bi·lan·zie·ren* [bilan'tsiːrən] *vi, vt* ÖKON to balance

Bi·lanz·prü·fer(in) *m(f)* auditor

bi·la·te·ral ['biːlateraːl] *adj* bilateral

Bild <-[e]s, -er> [bɪlt, *pl* 'bɪldɐ] *nt* ① (*Fotografie*) photo[graph]; **ein ~ machen** to take a photo[graph] ② KUNST (*Zeichnung*) drawing; (*Gemälde*) painting ③ TV, FILM picture ④ (*Anblick, Ansicht*) scene; **es bot sich ein herrliches ~** there was an excellent view; **die hungernden Kinder boten ein ~ des Elends** the starving children were a pathetic sight ⑤ (*Metapher*) image ▶ **ein ~ für [die] Götter** (*fam*) a sight for sore eyes; **sich *dat* von jdm/etw ein ~ machen** to form an opinion about sb/sth; **im ~e sein** to be in

Bildband–Billigwaren

the picture
Bild·band <-bände> *m* book of pictures
Bild·da·tei *f* INFORM photo file
bil·den ['bɪldn̩] **I.** *vt* ❶ (*hervorbringen*) to form; **ein Insektenstich kann eine Schwellung ~** an insect bite can cause a swelling ❷ (*formen*) to form; *Ausschuss* to set up ❸ (*darstellen*) to make up; *Gefahr, Problem* to constitute ❹ (*mit Bildung versehen*) to educate ❺ KUNST to make (**aus** from) **II.** *vr* ❶ (*entstehen*) ■**sich ~** to develop; CHEM to form; BOT to grow ❷ (*sich Bildung verschaffen*) ■**sich ~** to educate oneself ❸ (*sich formen*) ■**sich** *dat* **eine Meinung ~** to form an opinion **III.** *vi* to broaden the mind

Bil·der·bo·gen *m* pictorial broadsheet **Bil·der·buch** *nt* picture book **Bil·der·ga·le·rie** *f* art gallery **Bil·der·ge·schich·te** *f* picture story **Bil·der·rah·men** *m* picture frame **Bil·der·rät·sel** *nt* picture puzzle **Bil·der·schrift** *f* pictographic system of writing **Bil·der·sturm** *m* HIST iconoclasm **Bil·der·ver·bot** *nt* REL image prohibition (*rule prohibiting the depiction of certain figures in some religions*)

Bild·flä·che *f* FILM, FOTO projection surface ▸ **auf der ~ erscheinen** (*fam*) to appear on the scene; **von der ~ verschwinden** (*fam*) to disappear from the scene **Bild·funk** *m* facsimile transmission
bild·haft I. *adj* vivid; *Beschreibung* graphic **II.** *adv* vividly
Bild·hau·er(in) <-s, -> ['bɪlthaʊɐ] *m(f)* sculptor
Bild·hau·e·rei <-> *f kein pl* sculpture *no pl, no art*
Bild·hau·e·rin <-, -nen> *f fem form von* **Bildhauer**
bild·hübsch ['bɪlt'hʏpʃ] *adj* as pretty as a picture
Bild·lauf·leis·te *f* INFORM scroll bar **Bild·lauf·pfeil** *m* INFORM scroll arrow
bild·lich I. *adj* figurative; **ein ~er Ausdruck** a figure of speech **II.** *adv* figuratively; **~ gesprochen** metaphorically speaking; **sich** *dat* **etw ~ vorstellen** to picture sth
Bild·nis <-ses, -se> ['bɪltnɪs, *pl* -nɪsə] *nt* (*geh*) portrait
Bild·qua·li·tät *f* TV, FILM picture quality; FOTO print quality **Bild·re·por·ta·ge** *f* photographic report; TV photographic documentary **Bild·röh·re** *f* TV picture tube **Bild·schär·fe** *f* TV, FOTO definition *no pl, no indef art*
Bild·schirm *m* TV, INFORM screen **Bild·schirm·ar·beit** *f* VDU work *no pl, no indef art* **Bild·schirm·ge·rät** *nt* visual display unit **Bild·schirm·scho·ner** *m* screen saver **Bild·schirm·text** *m* TELEK videotext
bild·schön ['bɪlt'ʃøːn] *adj s.* **bildhübsch**
Bild·stel·le *f* picture and film archive **Bild·stö·rung** *f* TV interference *no pl, no indef art* **Bild·te·le·fon** *nt* videophone

Bil·dung <-, -en> *f* ❶ *kein pl* (*Kenntnisse*) education *no pl*; **~/keine ~ haben** to be educated/uneducated ❷ *kein pl* ANAT development *no pl* ❸ BOT forming *no pl* ❹ LING *Satz* forming *no pl* ❺ *kein pl* (*Zusammenstellung*) formation *no pl; eines Fonds/Untersuchungsausschusses* setting up *no pl* ❻ *kein pl* (*Erstellung*) forming *no pl*

Bil·dungs·bür·ger(in) *m(f)* member of the educated classes **Bil·dungs·ein·rich·tung** *f* (*geh*) educational establishment **Bil·dungs·fer·ne** *f kein pl* SOZIOL lack of education **Bil·dungs·gut** *nt* facet of general education **Bil·dungs·lü·cke** *f* gap in one's education **Bil·dungs·ni·veau** *nt* level of education **Bil·dungs·po·li·tik** *f* education policy **Bil·dungs·re·form** *f* reform of the education system **Bil·dungs·rei·se** *f* educational trip **Bil·dungs·stand** *m s.* **Bildungsniveau Bil·dungs·sys·tem** *nt* education system **Bil·dungs·ur·laub** *m* educational holiday **Bil·dungs·weg** *m* course of education; **auf dem zweiten ~** through evening classes

Bild·ver·ar·bei·tung *f* TYPO, INFORM image processing **Bild·zu·schrift** *f* reply with a photograph enclosed
bi·lin·gu·al [bilɪŋ'gua:l] *adj* bilingual
Bil·lard <-s, -e *o* ÖSTERR -s> ['bɪljart] *nt* billiards *+ sing vb*
Bil·lard·ku·gel *f* billiard ball **Bil·lard·stock** *m* billiard cue **Bil·lard·tisch** *m* billiard table
Bil·lett <-[e]s, -s *o* -e> [bɪl'jɛ(t)] *nt* ❶ SCHWEIZ (*Fahrkarte*) ticket ❷ SCHWEIZ (*Eintrittskarte*) admission ticket AM ❸ ÖSTERR (*Glückwunschkarte*) greetings [*or* AM greeting] card
Bil·li·ar·de <-, -n> [bɪ'ljardə] *f* thousand trillion
bil·lig ['bɪlɪç] **I.** *adj* cheap; **es jdm ~er machen** to reduce sth for sb **II.** *adv* cheaply; **~ abzugeben** going cheap ▸ **~ davonkommen** (*fam*) to get off lightly
Bil·lig·an·bie·ter *m* supplier of cheap products **Bil·lig·ar·bei·ter(in)** *m(f)* cheap labourer
bil·li·gen ['bɪlɪɡn̩] *vt* to approve of
Bil·lig·flug *m* cheap flight **Bil·lig·li·nie** *f* low-cost airline **Bil·lig·lö·sung** *f* cheap solution **Bil·lig·pro·dukt** *nt* cheap product
Bil·li·gung <-, *selten* -en> *f* approval **Bil·lig·wa·ren** *pl* low-quality merchandise, cheap goods *pl*

Bil·li·on <-, -en> [bɪˈljoːn] f trillion
Bim·bam [ˈbɪmbam] m ▶ **ach du heiliger ~!** (fam) good grief!
bim·meln [ˈbɪmln̩] vi (fam) to ring
Bims·stein [ˈbɪmsʃtaɪn] m ❶ GEOL pumice stone ❷ BAU breeze block
bin [bɪn] 1. pers sing pres von **sein**
bi·när [biˈnɛːɐ̯] adj binary
Bin·de <-, -n> [ˈbɪndə] f ❶ MED bandage; (Schlinge) sling ❷ (Monats~) sanitary towel [or Am napkin] ❸ (Armband) armband
Bin·de·ge·we·be nt ANAT connective tissue
Bin·de·glied nt [connecting] link
Bin·de·haut f ANAT conjunctiva **Bin·de·haut·ent·zün·dung** f MED conjunctivitis no pl, no indef art
Bin·de·mit·tel nt binder; KOCHK a. thickener
bin·den <band, gebunden> [ˈbɪndn̩] I. vt ❶ (durch Binden zusammenfügen) to bind; **bindest du mir bitte die Krawatte?** can you do [up] my tie [for me], please? ❷ (fesseln, befestigen) to tie [up sep] (an to); **sie band sich ein Tuch um den Kopf** she tied a shawl round her head ❸ CHEM, KOCHK to bind ▶ **jdm sind die Hände gebunden** sb's hands are tied II. vr (sich verpflichten) ■ **sich an jdn/etw ~** to commit oneself to sb/sth
bin·dend adj binding
Bin·de·strich m hyphen **Bin·de·wort** nt LING conjunction
Bind·fa·den m string
Bin·dung <-, -en> f ❶ (Verbundenheit) bond (an to) ❷ (Verpflichtung) commitment; **eine vertragliche ~ eingehen** to enter into a binding contract ❸ SKI binding
bin·nen [ˈbɪnən] präp +dat o gen (geh) within; **~ kurzem** shortly
Bin·nen·ge·wäs·ser nt inland water no indef art **Bin·nen·ha·fen** m inland port **Bin·nen·land** [ˈbɪnənlant] nt landlocked country **Bin·nen·markt** m domestic market; **der [Europäische] ~** the Single [European] Market **Bin·nen·meer** nt inland sea **Bin·nen·schiff·fahrt**^RR f inland navigation **Bin·nen·see** m lake
Bin·se <-, -n> [ˈbɪnzə] f BOT rush ▶ **in die ~n gehen** (fam) Vorhaben to fall through; Veranstaltung to be a washout fam; Unternehmen to go down the drain fam; Geld to go up in smoke
Bin·sen·wahr·heit f, **Bin·sen·weis·heit** f truism
Bio·ab·fall m ÖKOL organic waste [matter]
bio·ak·tiv [bioʔakˈtiːf] adj biologically active **Bio·brenn·stoff** m bio-fuel **Bio·che·mie** [bioçeˈmiː] f biochemistry **bio·che·misch** [bioˈçemɪʃ] adj biochemical **bio·dy·na·misch** [biodyˈnaːmɪʃ] adj organic
Bio·e·lek·tri·zi·tät f kein pl bioelectricity no pl **Bio·e·ner·gie** f kein pl bioenergy no pl **Bio·gas** nt biogas
Bi·o·gra·fie^RR <-, -n> [biograˈfiː, pl -ˈfiːən] f ❶ (Buch) biography ❷ (Lebenslauf) life [history]
bi·o·gra·fisch^RR [bioˈgraːfɪʃ] adj biographical
Bi·o·gra·phie <-, -n> [biograˈfiː, pl -ˈfiːən] f s. **Biografie**
bi·o·gra·phisch [bioˈgraːfɪʃ] adj s. **biografisch**
Bio·kost f organic food **Bio·la·den** m health-food shop [or Am usu store] **Bio·land·bau** kein pl m AGR, ÖKOL organic farming
Bi·o·lo·ge, **Bi·o·lo·gin** <-n, -n> [bioˈloːgə, -ˈloːgɪn] m, f biologist
Bi·o·lo·gie <-> [bioloˈgiː] f kein pl biology no pl, no indef art
Bi·o·lo·gin <-, -nen> f fem form von **Biologe**
bi·o·lo·gisch I. adj biological; (natürliche) natural II. adv biologically; **~ abbaubar** biodegradable **Bio·me·cha·nik** f kein pl biomechanics + sing vb
Bi·o·me·trie <-> [biomeˈtriː] f kein pl biometry
Bi·o·me·trie-Aus·weis m biometric passport
Bio·müll m organic waste **Bio·phy·sik** [biofyˈziːk] f biophysics + sing vb
Bio·rhyth·mus m biorhythm **Bio·sphä·re** [bioˈsfɛːra] f ÖKOL biosphere **Bio·tech·nik** [bioˈtɛçnɪk] f bioengineering no pl **Bio·ton·ne** f bio-bin
Bi·o·top <-s, -e> [bioˈtoːp] nt ÖKOL biotope
Bio·treib·stoff m biofuel **Bio·waf·fe** f biological weapon **Bio·wasch·mit·tel** nt biological detergent
BIP nt ÖKON Abk von **Bruttoinlandsprodukt** GDP
birgt [bɪrkt] 3. pers sing pres von **bergen**
Bir·ke <-, -n> [ˈbɪrkə] f birch [tree]
Birk·huhn nt black grouse
Bir·ma <-s> [ˈbɪrma] nt Burma; s. a. **Deutschland**
Birn·baum m ❶ (Baumart) pear tree ❷ kein pl (~ holz) pear-wood no pl, no indef art
Bir·ne <-, -n> [ˈbɪrnə] f ❶ (Frucht) pear ❷ E-LEK (veraltend) [light] bulb ❸ (fam: Kopf) nut; **eine weiche ~ haben** (sl) to be soft in the head
bir·nen·för·mig adj pear-shaped
bis [bɪs] I. präp +akk ❶ zeitlich (sich an einen genannten Zeitpunkt erstreckend) till, until; **ich zähle ~ drei** I'll count [up] to three; (nicht später als) by; ■**von ... ~ ...** from ... until...; **~ morgen** see you tomor-

row; **~ bald** see you soon; **~ dahin/dann** by then; **~ jetzt** up to now; **wann bleibst du? how long are you staying [for]?** ❷ *räumlich* as far as; **er musterte ihn von oben ~ unten** he looked him up and down; **~ dort-hin/dahin** to; **~ hierher** up to this point; **~ wo/wohin ...?** where ... to? ❸ (*errei-chend*) up to; **die Tagestemperaturen stei-gen ~ [zu] 30°C** daytime temperatures rise to 30°C; **Kinder ~ sechs Jahre** children up to the age of six **II.** *adv* ❶ *zeitlich* till, until; **~ gegen 8 Uhr** until about 8 o' clock; **bis der Bau dürfte ~ Weihnachten fertig sein** the construction work should be finished by Christmas ❷ *räumlich* into, to; **die Äste rei-chen ~ ans Haus** the branches reach right up to the house ❸ (*mit Ausnahme von*) ■ **~ auf** [*o* SCHWEIZ *zeitlich* (*bevor*)] except [for] **III.** *konj* ❶ (*beiordnend*) to; **400 – 500 Gramm Schinken** 400 to 500 grams of ham ❷ *unter-ordnend: zeitlich* (*bevor*) by the time, till, un-til; **~ es dunkel wird, möchte ich zu Hau-se sein** I want to be home by the time it gets dark; **ich warte noch, ~ es dunkel wird** I'll wait until it gets dark

Bi·sam <-s, -e *o* -s> ['bi:zam] *m* ❶ MODE musquash *no pl* ❷ *no pl* (*Moschus*) musk *no pl*

Bi·sam·rat·te *f* muskrat

Bis·ca·ya *f* GEOG *s.* **Biskaya**

Bi·schof, Bi·schö·fin <-s, Bischöfe> ['bɪ-ʃɔf, 'bɪʃœ-fɪn, *pl* 'bɪʃœfə] *m, f* bishop

bi·schöf·lich ['bɪʃœflɪç, 'bɪʃøːflɪç] *adj* episco-pal

Bi·schofs·amt *nt* episcopate **Bi·schofs·sitz** *m* bishop's seat **Bi·schofs·stab** *m* bish-op's crook

bi·se·xu·ell [bizɛˈksu̯ɛl, ˈbiː-] *adj* bisexual

bis·her [bɪsˈheːɐ̯] *adv* until now; (*momen-tan*) currently

Bis·ka·ya <-> [bɪsˈkaːja] *f* **~ die** ~ [the Bay of] Biscay

Bis·kuit <-[e]s, -s *o* -e> [bɪsˈkviːt, bɪsˈkyiːt] *nt o m* sponge

bis·lang [bɪsˈlaŋ] *adv s.* **bisher**

Bis·marck·he·ring ['bɪsmark-] *m* Bismarck herring

Bi·son <-s, -e> ['biːzɔn] *m* bison

biss[RR]**, biß**[ALT] [bɪs] *imp von* **beißen**

Biss[RR] <-es, -e>, **Biß**[ALT] <-sses, -sse> [bɪs] *m* ❶ (*das Zubeißen, Bisswunde*) bite ❷ (*sl: engagierter Einsatz*) drive; **~ haben** to have drive

biss·chen[RR]**, biß·chen**[ALT] ['bɪsçən] *pron indef* ❶ *in der Funktion eines Adjektivs* ■ **ein ~ ...** a bit of ...; ■ **kein ~ ...** not one [lit-tle] bit of ...; ■ **das ~ ...** the little bit of ... ❷ *in der Funktion eines Adverbs* ■ **ein ~ ...** a bit; **das war ein ~ dumm von ihr!** that was a little stupid of her!; ■ **kein ~ ...** not the slightest bit ...

Bis·sen <-s, -> ['bɪsn̩] *m* morsel; **kann ich einen ~ von deinem Brötchen haben?** can I have a bite of your roll?; **er brachte keinen ~ herunter** he couldn't eat a thing ▶ **ihm blieb der ~ im Hals stecken** his throat contracted with fear; **sich** *dat* **jeden ~ vom Munde absparen** to scrimp and scrape

bis·sig ['bɪsɪç] *adj* ❶ (*gerne zubeißend*) vi-cious; „**[Vorsicht,] ~ er Hund!**" "beware of [the] dog!" ❷ (*sarkastisch*) caustic; *Kritik* scathing; **sie hat eine sehr ~e Art** she's very sarcastic

Biss·wun·de[RR] *f* bite

bist [bɪst] *2. pers sing pres von* **sein**

Bis·tum <-s, -tümer> ['bɪstuːm, *pl* -tyːmə] *nt* bishopric

bis·wei·len [bɪsˈvai̯lən] *adv* (*geh*) at times

Bit <-[s], -[s]> [bɪt] *nt* INFORM bit

bit·te ['bɪtə] *interj* ❶ ((*höflich*) *auffordernd*) please; **~ nicht!** no, please!; **ja, ~?** (*am Tele-fon*) hello?; **tun Sie [doch] ~ ...** won't you please ... ❷ (*Dank erwidernd*) **danke für die Auskunft! — ~ [, gern geschehen]** thanks for the information — you're [very] wel-come!; **danke, dass du mir geholfen hast! — ~ [, gern geschehen]**! thanks for helping me — not at all!; **danke schön! — bitte schön! — ~ schön, war mir ein Vergnügen!** thank you! — don't mention it, my pleasure!; **Entschuldi-gung! — ~!** I'm sorry! — that's all right! ❸ (*anbietend*) **~ schön** here you are ❹ (*um Wiederholung bittend*) **~?** könnten Sie die Nummer noch einmal wiederholen? sor-ry, can you repeat the number? ❺ (*drückt Er-staunen aus*) **wie ~?** I beg your pardon? ❻ (*drückt aus, dass etw nicht unerwartet war*) **na ~!** what did I tell you!; **na ~, habe ich schon immer gewusst** there you are, I knew it all along ❼ (*sarkastisch*) **ich brau-che dein Geld nicht — ~, wie du willst!** I don't need your money — fair enough, as you wish!

Bit·te <-, -n> ['bɪtə] *f* request (**um** for); **eine ~ äußern** to make a request; **ich hätte eine ~ an Sie** if you could do me one favour; **sich mit einer ~ an jdn wenden** to make a re-quest to sb; **auf jds ~** *akk* at sb's request

bit·ten <bat, gebeten> ['bɪtn̩] **I.** *vt* ❶ (*Wunsch äußern*) ■ **jdn [um etw** *akk*] **~** to ask sb [for sth]; **könnte ich dich um einen Gefallen ~?** could I ask you a favour?; **die Passagiere werden gebeten sich anzu-schnallen** passengers are requested to fasten their seatbelts ❷ (*einladen*) ■ **jdn zu etw** *dat* **~** to ask sb for sth; **darf ich dich auf ein**

bitten

bitten / requesting

Kannst/Könntest du bitte mal den Müll runterbringen?	**Can/Could you please** take the rubbish down?
Bitte sei so gut und bring mir meine Jacke.	**Be a love and** bring me my jacket. *(fam)*
Wärst du so nett und würdest mir die Zeitung mitbringen?	**Would you be good enough to** bring me back a paper?
Würden Sie bitte so freundlich sein und Ihr Gepäck etwas zur Seite rücken?	**Would you mind** moving your luggage slightly to one side?
Darf ich Sie bitten, Ihre Musik etwas leiser zu stellen?	**Could I ask you** to turn your music down a little?

um Hilfe bitten / asking for help

Kannst du mir einen Gefallen tun?	**Could you do me favour?**
Darf/Dürfte ich Sie um einen Gefallen bitten?	**Can/Could I ask you a favour?**
Könntest du mir bitte helfen?	**Could you help me please?**
Könnten Sie mir bitte behilflich sein?	**Could you give me a hand please?**
Ich wäre Ihnen dankbar, wenn Sie mir dabei helfen könnten.	**I would be grateful if** you could give me hand with this.

Glas Wein zu mir ~? may I ask you home for a glass of wine?; **darf ich [euch] zu Tisch ~?** may I ask you to come and sit down at the table? ❸ *(auffordern)* ▪ **jdn irgendwohin ~** to ask sb to go somewhere; **ich muss Sie ~ mitzukommen** I must ask you to come with me ▶ **sich nicht [lange] ~ lassen** to not have to be asked twice **II.** *vi* ❶ *(eine Bitte aussprechen)* ▪ **um etw** *akk* ~ to ask for sth; **um Hilfe ~** to ask for help; **darf ich einen Augenblick um Aufmerksamkeit ~?** may I have your attention for a moment, please?; **darf ich [um den nächsten Tanz] ~?** may I have the pleasure [of the next dance]?; *(dringend wünschen)* ~ to beg for sth; **um Verzeihung ~** to beg for forgiveness ❷ *(hereinbitten)* ▪ **jd lässt ~** sb will see sb ▶ ~ **und betteln** *(fam)* to beg and plead; **wenn ich ~ darf!** if you wouldn't mind!

bit·ter ['bɪtɐ] **I.** *adj* ❶ *(herb)* bitter; *Schokolade* plain ❷ *(schmerzlich)* bitter; *Reue* deep; *Verlust, Wahrheit* painful ▶ **bis zum ~ en Ende** to the bitter end **II.** *adv* bitterly; **es war ~ kalt** it was bitterly cold; **etw ~ bereuen** to regret sth bitterly

bit·ter·bö·se ['bɪtɐ'bø:zə] *adj* furious **bit·ter·ernst** ['bɪtɐ'ʔɛrnst] *adj* extremely serious; ▪ **jdm ist es mit etw** *dat* ~ sb is deadly serious about sth **bit·ter·kalt** ['bɪtɐ'kalt] *adj attr* bitterly cold

Bit·ter·keit <-> *f kein pl* bitterness *no pl*

Bit·ter Le·mon <-[s], -> ['bɪtɐ 'lɛmən] *nt* bitter lemon

bit·ter·lich I. *adj* slightly bitter **II.** *adv* bitterly

Bit·ter·stoff *m* bitter principle **bit·ter·süß** ['bɪtɐ'zy:s] *adj* bittersweet *a. fig*

Bịtt·schrift *f (veraltend)* plead

Bịtt·stel·ler(in) <-s, -> *m(f)* petitioner

Bi·wak <-s, -s *o* -e> ['bi:vak] *nt* bivouac

bi·zarr [bi'tsar] *adj* bizarre

Bi·zeps <-es, -e> ['bi:tsɛps] *m* biceps

BKA <-> [be:ka:'ʔa:] *nt kein pl Abk von* **Bundeskriminalamt**

Bla·bla <-s> [bla'bla:] *nt kein pl (pej fam)* waffle

Black-out^RR <-s, -s>, **Black-out** <-s, -s> ['blɛk?aʊt, 'blɛk'ʔaʊt, blɛk'ʔaʊt] *m* ❶ *(Gedächtnislücke)* lapse of memory ❷ *(Bewusstseinsverlust, Stromausfall)* blackout

Blag <-s, -en> *nt* DIAL *(pej)*, **Bla·ge** <-, -n> ['bla:g(ə)] *f* DIAL *(pej)* brat *pej*

blä·hen ['blɛ:ən] **I.** *vt* ❶ *(mit Luft füllen)* to fill [out] ❷ ANAT to distend **II.** *vr* ▪ **sich ~** *(sich*

Blähung–Blazer

mit Luft füllen) to billow; ANAT to dilate **III.** vi (*blähen wirken*) to cause flatulence

Blä·hung <-, -en> f meist pl flatulence no pl, no indef art; **~en haben** to have flatulence

bla·ma·bel [bla'maːbl̩] adj (geh) shameful; *Situation* embarrassing

Bla·ma·ge <-, -n> [bla'maːʒə] f (geh) disgrace no pl

bla·mie·ren* [bla'miːrən] **I.** vt to disgrace **II.** vr ■ **sich ~** to make a fool of oneself

blan·chie·ren* [blã'ʃiːrən] vt KOCHK to blanch

blank [blaŋk] **I.** adj ❶ (*glänzend, sauber*) shining ❷ (*abgescheuert*) shiny ❸ (*rein*) pure; (*total*) utter; **in der Stadt herrschte das ~e Chaos** utter chaos reigned in the town ❹ (*nackt, bloß*) bare; ÖSTERR, SÜDD (*ohne Mantel*) without a coat ▶ **präd** (*fam*) **~ sein** to be broke **II.** adv (*glänzend*) **~ gewetzt** shiny; **~ poliert** brightly polished

Blan·ko·scheck m blank cheque **Blan·ko·voll·macht** f carte blanche

Bla·se <-, -n> ['blaːzə] f ❶ ANAT bladder; **sich dat die ~ erkälten** to get a chill on the bladder ❷ MED blister; **sich dat ~n laufen** to get blisters on one's feet ❸ (*Hohlraum*) bubble; **~n werfen** to form bubbles; *Anstrich* to blister; *Tapete, heiße Masse* to bubble ❹ (*Sprechblase*) speech bubble

Bla·se·balg <-[e]s, -bälge> m bellows npl

bla·sen <bläst, blies, geblasen> ['blaːzn̩] vi, vt ❶ (*Luft ausstoßen*) to blow (**auf** on) ❷ MUS ■ **auf etw** akk/**in etw** akk **~** to play sth; **der Jäger blies in sein Horn** the hunter sounded his horn

Bla·sen·ent·zün·dung f inflammation of the bladder **Bla·sen·schwä·che** f bladder weakness **Bla·sen·tee** m herbal tea to relieve bladder problems

Blä·ser(in) <-s, -> ['blɛːzɐ] m(f) MUS wind player; ■ **die ~** the wind section

bla·siert [bla'ziːɐ̯t] adj (*pej geh*) arrogant

Blas·in·stru·ment nt wind instrument **Blas·ka·pel·le** f brass band **Blas·mu·sik** f brass-band music

Blas·phe·mie <-, -n> [blasfe'miː, pl -'miːən] f (geh) blasphemy

Blas·rohr nt blowpipe

blassRR, **blaß**ALT [blas] adj ❶ (*bleich*) pale; **~ um die Nase sein** to be green about the gills *hum*; **~ vor Neid werden** to go green with envy ❷ (*hell, matt*) pale; *Schrift* faint; **er trug ein Hemd in einem ~en Grün** he wore a pale-green shirt ❸ (*schwach*) vague; *Erinnerung* dim ❹ (*ohne ausgeprägte Züge o Eigenschaften*) ~ **wirken** to seem colourless

Bläs·se <-, -n> ['blɛsə] f ❶ (*blasse Beschaffenheit*) paleness no pl ❷ (*Farblosigkeit*) colourlessness no pl

bläss·lichRR, **bläß·lich**ALT ['blɛslɪç] adj palish

bläst [blɛːst] 3. pers sing pres von **blasen**

Blatt <-[e]s, Blätter> [blat, pl 'blɛtɐ] nt ❶ BOT leaf ❷ (*Papierseite*) sheet; **vom ~ singen/spielen** MUS to sight-read ❸ (*Seite*) page; KUNST print ❹ (*Zeitung*) paper ❺ (*von Werkzeugen*) blade ❻ KARTEN hand; **ein gutes ~** a good hand ▶ **kein ~ vor den Mund nehmen** to not mince one's words; [**noch**] **ein unbeschriebenes ~ sein** (*unerfahren sein*) to be inexperienced; (*unbekannt sein*) to be an unknown quantity; **das ~ hat sich gewendet** things have changed

Blatt·ader f leaf vein

Blätt·chen <-s, -> ['blɛtçən] nt dim von **Blatt 1, 2**

blät·tern ['blɛtɐn] vi ❶ (*flüchtig lesen, umblättern*) ■ **[in etw dat] ~** *Buch, Zeitschrift* to flick through sth ❷ (*abbröckeln*) to flake [off]

Blät·ter·teig m flaky pastry

Blatt·fall <-s> m kein pl falling no pl of leaves **Blatt·gold** nt gold leaf no pl, no indef art **Blatt·grün** nt chlorophyll no pl, no indef art **Blatt·laus** f aphid **Blatt·pflan·ze** f foliate plant **Blatt·sa·lat** m lettuce **Blatt·stiel** m BOT stalk **Blatt·werk** nt kein pl (geh) foliage no pl

blau [blau̯] adj ❶ (*Farbe*) blue ❷ (*blutunterlaufen*) bruised; **ein ~er Fleck** a bruise; **schnell ~e Flecken bekommen** to bruise quickly; **ein ~es Auge** a black eye ❸ KOCHK **Forelle ~** blue trout ❹ meist präd (*fam: betrunken*) plastered

blau·äu·gig adj ❶ (*blaue Augen habend*) blue-eyed ❷ (*naiv*) naïve **Blau·bee·re** f s. **Heidelbeere**

Blaue <-n> nt kein pl ■ **das ~** the blue ▶ **jdm das ~ vom Himmel [herunter] versprechen** (*fam*) to promise sb the earth; **ins ~ hinein** (*fam*) at random; **eine Fahrt ins ~** a mystery tour

Blau·fuchs m blue fox **blau·grau** adj blue-grey **blau·grün** adj blue-green **Blau·helm** m (sl) blue beret **Blau·kraut** nt SÜDD, ÖSTERR red cabbage

bläu·lich adj bluish

Blau·licht nt flashing blue light **blau·ma·chen** vi (*fam: krankfeiern*) to go [or AM call in] sick; SCH to play truant [or AM hook[e]y] **Blau·mann** <-männer> m (*fam*) blue overalls, boiler suit BRIT **Blau·mei·se** f blue tit **Blau·säu·re** f CHEM hydrocyanic acid **Blau·schim·mel·kä·se** m blue cheese **blau·schwarz** adj blue-black **Blau·wal** m blue whale

Bla·zer <-s, -> ['bleːzɐ] m blazer

Blech <-[e]s, -e> [blɛç] nt ❶ kein pl (Material) sheet metal no pl, no indef art ❷ (Blechstück) metal plate ❸ (Back~) [baking] tray
Blech·blas·in·stru·ment nt MUS brass instrument **Blech·do·se** f tin
ble·chen ['blɛçn̩] vt, vi (fam) to fork out (**für** for)
ble·chern I. adj ❶ attr (aus Blech) metal ❷ (hohl klingend) tinny; Stimme hollow II. adv tinnily; ~ **klingen** to sound tinny
Blech·la·wi·ne f (pej fam) river of metal **Blech·scha·den** m AUTO damage no pl, no indef art to the bodywork **Blech·trom·mel** f tin drum
Blei <-[e]s, -e> [blai̯] nt ❶ kein pl (Metall) lead no pl, no indef art ❷ (Lot) plumb [bob]
Blei·be <-, -n> ['blai̯bə] f place to stay
blei·ben <blieb, geblieben> ['blai̯bn̩] vi sein ❶ (verweilen) to stay; **wo bleibst du so lange?** what has been keeping you all this time?; **wo sie nur so lange bleibt?** wherever has she got to?; **der Kranke muss im Bett ~** the patient must stay in bed; ■ **an etw** dat **~** to remain at sth; **unter sich ~ wollen** to wish to be alone; **~ Sie bitte am Apparat!** hold the line, please! ❷ (nicht ... werden) **unbeachtet ~** to go unnoticed; **mein Brief ist bis jetzt unbeantwortet geblieben** so far I have received no reply to my letter; (weiterhin sein) to remain; **die Lage blieb weiterhin angespannt** the situation remained tense; **wach ~** to stay awake ❸ (andauern) to last; **hoffentlich bleibt die Sonne noch eine Weile** I do hope the sunshine lasts for a while yet ❹ meist Vergangenheit (hinkommen) **wo ist meine Brieftasche geblieben?** where has my wallet got to? ❺ (verharren) ■ **bei etw** dat **~** to stick to sth; **bleibt es bei unserer Abmachung?** does our arrangement still stand? ❻ (übrig~) **eine Möglichkeit bleibt uns noch** we still have one possibility left; **es blieb mir keine andere Wahl** I was left with no other choice ❼ (ver~) to remain; **es bleibt abzuwarten, ob sich die Lage bessern wird** it remains to be seen if the situation will improve ▶ **das bleibt unter uns** that's [just] between ourselves; **sieh zu, wo du bleibst!** you're on your own!
blei·bend adj lasting
Blei·be·recht nt kein pl POL right of residence
bleich [blai̯ç] adj pale; ■ **~ werden** to go pale
blei·chen <bleichte o veraltet blich, gebleicht> ['blai̯çn̩] vt to bleach
Bleich·ge·sicht nt ❶ (fam) pale face ❷ (Weiße(r)) paleface **Bleich·mit·tel** nt bleach no pl
blei·ern ['blai̯ɐn] I. adj ❶ attr (aus Blei) lead

❷ (grau wie Blei) leaden ❸ (schwer lastend) heavy II. adv heavily
blei·frei adj lead-free **blei·hal·tig** adj containing lead **Blei·kris·tall** nt lead crystal no pl, no indef art **blei·schwer** ['blai̯ˈʃveːɐ̯] adj s. **bleiern 3**
Blei·stift m pencil **Blei·stift·spit·zer** m pencil sharpener **Blei·stift·zeich·nung** f pencil drawing
Blen·de <-, -n> ['blɛndə] f ❶ FILM, FOTO (Öffnung) aperture; (Vorrichtung) diaphragm; (Einstellungsposition) f-stop, aperture ❷ (Lichtschutz) blind ❸ ARCHIT blind window/arch etc. ❹ MODE trim
blen·den ['blɛndn̩] I. vt ❶ (vorübergehend blind machen) to dazzle ❷ (hinters Licht führen) to deceive (**durch** with) II. vi (zu grell sein) to be dazzling; **mach die Vorhänge zu, es blendet!** close the curtains, the light's dazzling!; **~-d weiß** dazzling white III. vi impers to produce a lot of glare
blen·dend I. adj brilliant; **~er Laune sein** to be in a sparkling mood II. adv wonderfully; **sich ~ amüsieren** to have great fun
blen·dend·weiß^ALT adj attr s. **blenden II**
Blen·der(in) <-s, -> m/f(n) fraud
Blen·dung <-, -en> f dazzling no pl
Bles·se <-, -n> ['blɛsə] f (weißer Fleck) blaze
Bles·sur <-, -en> [blɛˈsuːɐ̯] f (geh) wound
Blick <-[e]s, -e> [blɪk] m ❶ (das Blicken) look; **er warf einen ~ aus dem Fenster** he glanced out of the window; **auf den ersten ~** at first sight; **auf den zweiten ~** on closer inspection; **jds ~ ausweichen** to avoid sb's gaze; **den ~ auf jdn/etw heften** (geh) to fix one's eyes on sb/sth; **einen ~ auf jdn/etw werfen** to glance at sb/sth; **~e miteinander wechseln** to exchange glances; **jdn keines ~es würdigen** (geh) to not deign to look at sb; **alle ~e auf sich ziehen** akk to attract attention; **auf einen ~** at a glance ❷ (~ richtung) eyes pl; **ihr Blick fiel auf die Kirche** the church caught her eye; **den ~ heben** to raise one's eyes; **den ~ senken** to lower one's eyes ❸ (Augenausdruck) look in one's eye; **in ihrem ~ lag Auswegslosigkeit** there was a look of hopelessness in her eyes; **er musterte sie mit finsterem ~** he looked at her darkly ❹ (Aus~) view; **ein Zimmer mit ~ auf den Strand** a room overlooking the beach ❺ (Urteilskraft) eye; **einen ~ für etw** akk **haben** to have an eye for sth; **seinen ~ für etw** akk **schärfen** to sharpen one's awareness of sth ▶ **einen ~ hinter die Kulissen werfen** to take a look behind the scenes; **wenn ~e töten könnten!** (fam) if looks could kill!; **den bösen ~ haben** to

have the evil eye; **etw aus dem ~ <u>verlieren</u>** to lose sight of sth; **etw im ~ haben** to have an eye on sth; **<u>mit</u> ~ auf** with regard to *form*
bli·cken ['blɪkn̩] **I.** *vi* ❶ *(schauen)* to look (**auf** at), to have a look (**auf** at); **er blickte kurz aus dem Fenster** he glanced [briefly] out of the window ❷ *(sich zeigen)* **sich ~ lassen** to put in an appearance; **sie hat sich hier nicht wieder ~ lassen** she hasn't shown up here again **II.** *vt* (*sl: verstehen*) to understand
Blick·fang *m* eye-catcher **Blick·feld** *nt* field of view **Blick·kon·takt** *m* visual contact; **~ haben** to have eye contact **Blick·punkt** *m* ❶ *(Standpunkt)* point of view ❷ *(Fokus)* **im ~ |der Öffentlichkeit] stehen** to be the focus of [public] attention **Blick·rich·tung** *f* direction of sight; **in jds ~ sein** in sb's line of sight **Blick·win·kel** *m* ❶ *(Perspektive)* perspective ❷ *(Gesichtspunkt)* point of view
blind [blɪnt] **I.** *adj* blind; ▪ **~ werden** to go blind; **sie ist auf einem Auge ~** she's blind in one eye; ▪ **vor etw** *dat* **~ sein** to be blinded by sth; **~er Passagier** stowaway **II.** *adv* blindly; **er griff ~ ein Buch aus dem Regal heraus** he took a book at random from the shelf
Blind·be·wer·bung *f* speculative application
Blind·darm *m* appendix **Blind·darm·ent·zün·dung** *f* MED appendicitis
Blind Date ['blaɪnt 'deɪt] *nt* blind date
Blin·de(r) *f(m) dekl wie adj* blind woman *fem*, blind man *masc*, blind person
Blin·de·kuh ['blɪndəku:] *f kein art* blind man's buff *no art*
Blin·den·hund *m* guide dog **Blin·den·schrift** *f* Braille *no art*
Blind·flug *m* ❶ LUFT blind flight ❷ *(fig)* process of trial and error **Blind·gän·ger** <-s, -> *m* MIL dud **blind·gläu·big I.** *adj* credulous **II.** *adv* blindly
Blind·heit <-> *f kein pl* blindness *no pl*
blind·lings ['blɪntlɪŋs] *adv* blindly
Blind·schlei·che <-, -n> ['blɪntʃlaɪçə] *f* slowworm
blind·wü·tig I. *adj* raging, in a blind fury *pred*; **ein ~er Angriff** a frenzied attack **II.** *adv* in a blind fury
blin·ken ['blɪŋkn̩] *vi* ❶ *(funkeln)* to gleam ❷ *(Blinkzeichen geben)* to flash; **mit der Lichthupe ~** to flash one's [head]lights; *(zum Abbiegen)* to indicate
Blin·ker <-s, -> ['blɪŋkɐ] *m* ❶ AUTO indicator ❷ *(blinkender Metallköder)* spoon[bait]
Blink·licht *nt* ❶ TRANSP flashing light ❷ *(fam) s.* Blinker 1 **Blink·zei·chen** *nt* flashing signal; **~ geben** to flash a signal

blin·zeln ['blɪntsl̩n] *vi* ❶ *(unfreiwillig zusammenkneifen)* to blink; *(geblendet)* to squint ❷ *(zwinkern)* to wink
Blitz <-es, -e> [blɪts] *m* ❶ *(Blitzstrahl)* lightning *no pl, no indef art*; *(Blitzeinschlag)* lightning strike; **vom ~ getroffen werden** to be struck by lightning; **der ~ schlägt in etw** *akk* **[ein]** lightning strikes sth ❷ *(das Aufblitzen)* flash ❸ FOTO flash ▸ **wie ein ~ aus heiterem <u>Himmel</u>** like a bolt from the blue; **wie ein geölter ~** *(fam)* like greased lightning; **wie vom ~ <u>getroffen</u>** thunderstruck; **wie ein ~ einschlagen** to come as a bombshell; **wie der ~** *(fam)* like lightning
Blitz·ab·lei·ter <-s, -> *m* lightning conductor **Blitz·ak·ti·on** *f* lightning operation **blitz·ar·tig I.** *adj* lightning *attr* **II.** *adv* like lightning; **er ist ~ verschwunden** he disappeared as quick as a flash
blitz·blank ['blɪts'blaŋk] *adj* squeaky clean
blit·zen ['blɪtsn̩] **I.** *vb impers* **es blitzte** there was [a flash of] lightning **II.** *vi* ❶ *(strahlen)* to sparkle ❷ *(funkeln)* to flash (**vor** with) ❸ FOTO *(fam)* to flash **III.** *vt* *(fam: im Radarfalle)* ▪ **geblitzt werden** to be zapped
Blit·zes·schnel·le ['blɪtsəsˈʃnɛlə] *f* lightning speed *no pl, no indef art*
Blitz·ge·rät *nt* FOTO flash unit **blitz·ge·scheit** *adj (fam)* brilliant **Blitz·licht** *nt* FOTO flash[light] **blitz·sau·ber** ['blɪts'zaʊbɐ] *adj (fam)* sparkling clean **Blitz·schlag** *m* lightning strike **blitz·schnell** ['blɪts'ʃnɛl] *adj s.* blitzartig
Bliz·zard <-s, -s> ['blɪzɐt] *m* blizzard
Block¹ <-[e]s, Blöcke> [blɔk], *pl* blœkə *m (Form)* block
Block² <-[e]s, Blöcke *o* -s> [blɔk], *pl* blœkə *m* ❶ *(Häuser~)* block; *(großes Mietshaus)* block [of flats] BRIT, apartment building AM ❷ *(Papierstapel)* book; **ein ~ Briefpapier** a pad of writing paper ❸ POL *(politischer Bund)* bloc; *(Fraktion)* faction
Blo·cka·de <-, -n> [blɔˈkaːdə] *f* ❶ *(Wirtschafts~)* blockade; **über etw** *akk* **eine ~ verhängen** to impose a blockade on sth ❷ MED block ❸ *(Denkhemmung)* mental block
blo·cken ['blɔkn̩] *vt* ❶ *(verhindern)* to block [*or* stall] ❷ SÜDD *(bohnern)* to polish
Block·flö·te *f* recorder **Block·frei·heit** *f* POL non-alignment **Block·hüt·te** *f* log cabin
blo·ckie·ren* [blɔˈkiːrən] **I.** *vt* to block; *Stromzufuhr* to interrupt; *Verkehr* to stop **II.** *vi Bremse, Räder* to lock
Block·satz *m* TYPO justification **Block·schrift** *f* block capitals *pl*
blöd [bløːt], **blö·de** ['bløːdə] **I.** *adj (fam)* ❶ *(veraltend: dumm)* silly; *(schwachsinnig)*

feeble-minded ②(*unangenehm*) disagreeable; *Situation* awkward; **ein ~es Gefühl** a funny feeling; **zu ~!** how annoying!; (*ekelhaft*) nasty **II.** *adv* (*fam*) idiotically; **was stehst du hier noch so ~ rum?** why are you still standing around here like an idiot?; **frag doch nicht so ~!** don't ask such stupid questions!; **er hat sich wirklich ~ angestellt** he made such a stupid fuss; **glotz doch nicht so ~!** don't gawp at me like an idiot!; **sich ~ anstellen** to act stupid

Blö·de·lei <-, -en> *f* (*fam*) ① (*das Blödeln*) messing about *no pl, no indef art*; **lass endlich diese ~!** will you stop messing about! ② (*Albernheit*) silly prank

blö·deln ['blø:dln] *vi* (*fam*) to tell silly jokes

blö·der·wei·se *adv* (*fam*) stupidly

Blöd·heit <-, -en> *f* ① (*Dummheit*) stupidity *no pl* ② (*blödes Verhalten*) foolishness *no pl* ③ (*alberne Bemerkung*) stupid remark

Blö·di·an <-[e]s, -e> ['blø:dja:n] *m*, **Blödmann** *m* (*fam*) idiot

Blöd·sinn *m kein pl* (*pej fam*) ① (*Quatsch*) nonsense *no pl, no indef art*; **machen Sie keinen ~!** don't mess about! ② (*Unfug*) silly tricks *pl*

blöd·sin·nig ['blø:tzınıç] *adj* (*pej fam*) idiotic

blö·ken ['blø:kn] *vi* to bleat

blond [blɔnt] *adj* blond[e]; (*hellgelb*) fair-haired

blon·die·ren* [blɔn'di:rən] *vt* (*blond färben*) to bleach

Blon·di·ne <-, -n> [blɔn'di:nə] *f* blonde

bloß [blo:s] **I.** *adj* ① (*unbedeckt*) bare; **mit ~em Oberkörper** stripped to the waist ② *attr* (*alleinig*) mere; (*allein schon*) **schon der ~e Gedanke machte ihn rasend** the very thought made him furious **II.** *adv* (*nur*) only; **was er ~ hat?** whatever is the matter with him?; **nicht ~ ..., sondern auch ...** not only ..., but also ... **III.** *part* (*verstärkend*) **lass mich ~ in Ruhe!** just leave me in peace!

Blö·ße <-, -n> ['blø:sə] *f* (*geh*) bareness *no pl*; (*Nacktheit*) nakedness *no pl* ▶ **sich dat eine/keine ~ geben** to show a/not show any weakness

bloß||le·gen *vt* ① (*ausgraben*) to uncover ② (*enthüllen*) to bring to light **bloß||stel·len** *vt* ① (*verraten*) to expose ② (*blamieren*) to show up *sep*

blub·bern ['blʊbɐn] *vi* (*fam*) to bubble

Blue·jeans <-, -> ['blu:dʒi:ns] *pl* [blue] jeans

Blues <-, -> [blu:s] *m* MUS blues + *sing vb*

bluf·fen ['blʊfn, 'blafn, 'blœfn] *vi* (*täuschen*) to bluff

blü·hen ['bly:ən] **I.** *vi* ① (*Blüten haben*) to bloom ② (*florieren*) to flourish ③ (*fam*) ▪ **jdm ~** to be in store for sb; **dann blüht dir aber was!** then you'll be for it! **II.** *vi impers* ▪ **es blüht** there are flowers; **im Süden blüht es jetzt schon überall** everything is in blossom in the south

blü·hend *adj* ① (*in Blüte sein*) blossoming ② (*strahlend*) radiant ③ (*prosperierend*) flourishing ④ (*fam*) **eine ~ Fantasie haben** to have a fertile imagination

Blu·me <-, -n> ['blu:mə] *f* ① (*blühende Pflanze*) flower; (*Topf-*) pot plant ② (*Duftnote*) bouquet ③ (*Bierschaumkrone*) head ▶ **jdm etw durch die ~ sagen** to say sth in a roundabout way to sb

Blu·men·beet *nt* flowerbed **Blu·men·er·de** *f* potting compost **Blu·men·kas·ten** *m* flower-box **Blu·men·kohl** *m kein pl* cauliflower **Blu·men·la·den** *m* flower shop **Blu·men·strauß** <-sträuße> *m* bouquet of flowers **Blu·men·topf** *m* ① (*Topf*) flowerpot ② (*Pflanze*) [flowering] pot plant **Blu·men·va·se** *f* flower vase **Blu·men·zwie·bel** *f* bulb

blu·mig *adj* flowery

Blu·se <-, -n> ['blu:zə] *f* blouse

Blut <-[e]s> [blu:t] *nt kein pl* ① (*Körperflüssigkeit*) blood *no pl, no indef art*; **~ reinigend** blood-cleansing; **~ stillend** MED styptic; **jdm ~ abnehmen** to take a blood sample from sb; **es wurde viel ~ vergossen** there was a lot of bloodshed; **es fließt ~** blood is being spilled ② (*Geblüt*) blood; (*Erbe a.*) inheritance ▶ **jdm steigt das ~ in den Kopf** the blood rushes to sb's head; **~ und Wasser schwitzen** (*fam*) to sweat blood [and tears]; **blaues ~ haben** to have blue blood; **böses ~ schaffen** to cause bad blood; **frisches ~** new blood; [**nur**] **ruhig ~!** [just] calm down!; [**einem**] **ins ~ gehen** to get into one's blood; **~ geleckt haben** to have developed a liking for sth; **jdm im ~ liegen** to be in sb's blood

Blut·ab·nah·me *f* blood taking; **ich gehe heute zur ~** I'm going for a blood test today **Blut·al·ko·hol·spie·gel** *m* blood alcohol level **blut·arm** ['blu:t'ʔarm] *adj* MED anaemic **Blut·ar·mut** *f* MED anaemia **Blut·bad** *nt* bloodbath; **ein ~ anrichten** to create carnage **Blut·bahn** *f* bloodstream **Blut·bank** <-banken> *f* blood bank **Blut·bild** *nt* MED blood count **Blut·bil·dung** *f* blood formation *spec* **Blut·bla·se** *f* blood blister **Blut·druck** *m kein pl* blood pressure *no pl, no indef art*

Blü·te <-, -n> ['bly:tə] *f* ① (*Pflanzenteil*) bloom; *Baum* blossom; **in ~ stehen** to be in [full] bloom; **~ treiben** to [be in] bloom; *Baum* to [be in] blossom ② (*Blütezeit*)

blooming *no pl* ❸ *(fam: falsche Banknote)* dud ❹ *(hoher Entwicklungsstand)* heyday *usu sing*; **in jeder Zivilisation gibt es eine Zeit der ~** every civilization has its heyday; **in der ~ seiner Jahre stehen** to be in the prime of life ▶ **merkwürdige ~n treiben** to take on strange forms

Blut·egel *m* leech

blu·ten ['blu:tn̩] *vi* to bleed (**an/aus** from)

Blü·ten·blatt *nt* petal **Blü·ten·kelch** *m* calyx **Blü·ten·staub** *m* pollen *no pl, no indef art*

Blut·ent·nah·me *f* taking of a blood sample **blü·ten·weiß** *adj* sparkling white

Blu·ter(in) <-s, -> ['blu:tɐ] *m(f)* MED haemophiliac

Blut·er·guss[RR] <-es, -ergüsse> *m*, **Blut·er·guß**[ALT] <-sses, -ergüsse> *m* bruise

Blu·te·rin <-, -nen> *f fem form von* Bluter

Blu·ter·krank·heit *f* MED haemophilia *no pl, no art*

Blü·te·zeit *f* ❶ *(Zeit des Blühens)* blossoming *no pl* ❷ *(Zeit hoher Blüte)* heyday

Blut·fak·tor *m* blood factor **Blut·fleck** *m* bloodstain **Blut·ge·fäß** *nt* blood vessel **Blut·ge·rinn·sel** *nt* blood clot **Blut·ge·rin·nung** *f* clotting of the blood **Blut·grup·pe** *f* blood group **Blut·hoch·druck** *m* high blood pressure **Blut·hund** *m* bloodhound

blu·tig ['blu:tɪç] **I.** *adj* ❶ *(blutend)* bloody; *(blutbefleckt)* bloodstained ❷ KOCHK underdone; **sehr ~** rare ❸ *(mit Blutvergießen verbunden)* bloody **II.** *adv* bloodily

blut·jung ['blu:t'jʊŋ] *adj* very young **Blut·kon·ser·ve** *f* unit of stored blood **Blut·kör·per·chen** *nt* blood corpuscle; **rote/weiße ~** red/white [blood] corpuscles **Blut·krebs** *m* MED leukaemia **Blut·kreis·lauf** *m* [blood] circulation *no pl, no indef art* **Blut·la·che** *f* pool of blood **blut·leer** *adj* ❶ *(ohne Blut)* bloodless, drained of blood *pred* ❷ MED anaemic **Blut·oran·ge** *f* blood orange **Blut·plas·ma** *nt* blood plasma *no pl, no indef art* **Blut·plätt·chen** <-s, -> *nt* blood platelet **Blut·pro·be** *f* ❶ *(Entnahme)* blood sample ❷ *(Untersuchung)* blood test **Blut·ra·che** *f* blood vendetta **blut·rot** *adj* blood-red **blut·rüns·tig** ['blu:trʏnstɪç] *adj* bloodthirsty **Blut·sau·ger** *m* ZOOL bloodsucker

Bluts·bru·der *m* blood brother **Bluts·brü·der·schaft** *f* blood brotherhood

Blut·schan·de *f* incest **Blut·spen·de** *f* unit of blood [from a donor] **Blut·spen·der(in)** *m(f)* blood donor **Blut·spur** *f* trail of blood; **~ en** traces of blood **blut·stil·lend**[ALT] *adj* MED styptic

Bluts·trop·fen *m* drop of blood **bluts·ver·wandt** *adj* related by blood *pred* **Bluts·ver·wand·te(r)** *f(m) dekl wie adj* blood relation **Bluts·ver·wandt·schaft** *f* blood relationship

Blut·tat *f (geh)* bloody deed **Blut·test** *m* blood test **Blut·trans·fu·si·on** *f* blood transfusion **blut·über·strömt** *adj* streaming with blood *pred*

Blu·tung <-, -en> *f* ❶ *(das Bluten)* bleeding *no pl, no indef art*; **innere ~en** internal bleeding ❷ *(Menstruation)* [**monatliche**] **~** menstruation

blut·un·ter·lau·fen *adj* suffused with blood *pred*; **~e Augen** bloodshot eyes **Blut·un·ter·su·chung** *f* blood test **Blut·ver·gie·ßen** <-s> *nt kein pl (geh)* bloodshed *no pl, no indef art* **Blut·ver·gif·tung** *f* blood poisoning *no indef art* **Blut·ver·lust** *m* loss of blood **Blut·wä·sche** *f* MED haemodialysis **Blut·wurst** *f* black pudding BRIT, blood sausage AM **Blut·zu·cker·spie·gel** *m* MED blood sugar level **Blut·zu·cker·wert** *m* MED blood sugar count

BLZ <-> [be:?ɛl'tsɛt] *f Abk von* Bankleitzahl

b-Moll <-s, -> ['be:mɔl, 'bɛr'mɔl] *nt kein pl* MUS B flat minor

Bö <-, -en> [bøː] *f* gust

Boa <-, -s> ['boːa] *f* ZOOL, MODE boa

Bob <-s, -s> [bɔp] *m* bob[sleigh] BRIT, bob[sled] AM

Bock¹ <-[e]s, Böcke> [bɔk, *pl* 'bœkə] *m* ❶ ZOOL buck; *(Schafs~)* ram; *(Ziegen~)* billy-goat ❷ AUTO ramp ❸ SPORT buck ❹ *(Kutsch~)* box ▶ **alter ~** *(fam)* old goat; **sturer ~** *(fam)* stubborn sod; **~ [auf etw *akk*] haben** *(sl)* to fancy [sth]; **einen ~ schießen** *(fam)* to drop a clanger

Bock² <-s, -> [bɔk] *nt*, **Bock·bier** *nt* bock beer *(type of strong beer)*

bo·cken ['bɔkn̩] *vi* ❶ *(störrisch sein)* to refuse to move ❷ *(fam: sich ruckartig bewegen)* to lurch along ❸ *(fam: trotzig sein)* to act up

bo·ckig ['bɔkɪç] *adj (fam)* stubborn

Bock·mist *m (sl)* bullshit

Bocks·horn ['bɔkshɔrn] *nt* ▶ **sich [von jdm] ins ~ jagen lassen** *(fam)* to be intimidated by sb

Bock·sprin·gen *nt kein pl* SPORT vaulting *no pl, no art*; **~ spielen** to play leapfrog **Bock·wurst** *f* bockwurst *(type of sausage)*

Bo·den <-s, Böden> ['boːdn̩, *pl* bøːdn̩] *m* ❶ *(Erdreich, Acker)* soil; **magerer/fetter ~** barren/fertile soil ❷ *(Erdoberfläche)* ground ❸ *kein pl (Territorium)* land; **auf britischem ~** on British soil ❹ *(Fläche, auf der man sich bewegt)* ground; *(Fußboden)* floor; *(Teppichboden)* carpet; **zu ~ gehen** Boxer to go down; **jdn zu ~ reißen** to drag sb to the ground; **jdn zu ~ schlagen** to floor sb ❺ *(Dachboden)* loft; **auf dem ~** in the loft ❻ *(Grund)* bottom; *eines Gefäßes a.* base ❼ *(Grundlage)* **auf dem ~ der Tatsachen bleiben** to stick to the facts ▸ **festen ~ unter den Füßen haben** *(nach einer Schiffsreise)* to be back on terra firma; *(sich seiner Sache sicher sein)* to be sure of one's ground; **den ~ unter den Füßen verlieren** *(die Existenzgrundlage verlieren)* to feel the ground fall from beneath one's feet; *(haltlos werden)* to have the bottom drop out of one's world; **am ~ zerstört sein** *(fam)* to be devastated; **an ~ gewinnen** *(einholen)* to gain ground; *(Fortschritte machen)* to make headway; **an ~ verlieren** to lose ground; **etw [mit jdm] zu ~ reden** SCHWEIZ to chew over sth *sep* [with sb]; **aus dem ~ schießen** to sprout up; **etw aus dem ~ stampfen** to build sth overnight; **jd wäre am liebsten in den ~ versunken** sb wishes the ground would open up and swallow them; **durch alle Böden [hindurch]** SCHWEIZ at all costs

Bo·den·be·lag *m* floor covering **Bo·den·be·las·tung** *f* ÖKOL pollution of the ground **Bo·den·ero·si·on** *f* erosion of the earth's surface **Bo·den·frost** *m* ground frost *no pl* **Bo·den·haf·tung** *f* ❶ AUTO wheel grip ❷ *(fig)* grounding; **die ~ verlieren** to lose one's grounding

bo·den·los I. *adj* ❶ *(fam: unerhört)* outrageous; **das ist eine ~ e Frechheit!** that's absolutely outrageous! ❷ *(sehr tief)* bottomless; **ein ~ er Abgrund** an abyss II. *adv* extremely

Bo·den·ne·bel *m* ground fog **Bo·den·of·fen·si·ve** *f* MIL ground offensive **Bo·den·per·so·nal** *nt* LUFT ground crew **Bo·den·pro·be** *f* soil sample **Bo·den·re·form** *f* JUR agrarian reform **Bo·den·satz** *m* sediment; *von Kaffee* grounds *npl* **Bo·den·schät·ze** *pl* mineral resources *pl* **Bo·den·see** *m* **der ~** Lake Constance

bo·den·stän·dig *adj* ❶ *(lange ansässig)* long-established ❷ *(unkompliziert)* uncomplicated

Bo·den·sta·ti·on *f* RAUM ground station **Bo·den·streit·kräf·te** *pl* MIL ground forces *pl* **Bo·den·tur·nen** *nt kein pl* floor exercises *pl* **Bo·dy·buil·ding** <-s> [-bɪldɪŋ] *nt kein pl* bodybuilding *no pl* **Bo·dy-Mass-In·dex** ['bɔdimæsɪndɛks] *m* MED body mass index **Böe** <-, -n> ['bø:ə] *f* gust [of wind]; *(stärker, oft mit Regen)* squall

bog [bo:g] *imp von* **biegen**

Bo·gen <-s, - *o* ÖSTERR, SCHWEIZ, SÜDD Bögen> ['bo:gn̩, *pl* 'bø:gn̩] *m* ❶ *(gekrümmte Linie)* curve; *eines großen Flusses a.* sweep; MATH arc; **in hohem ~** in a high arc; **einen ~ fahren** to execute a turn; **einen ~ machen** to curve [round] ❷ *(Blatt Papier)* sheet [of paper] ❸ *(Schusswaffe)* bow; **Pfeil und ~** bow and arrow[s *pl*] ❹ MUS bow ❺ ARCHIT arch ▸ **in hohem ~ hinausfliegen** *(fam)* to be turned out; **den ~ heraushaben** *(fam)* to have got the hang of it; **einen [großen] ~ um jdn/ etw machen** to steer [well] clear of sb/sth; **den ~ überspannen** to overstep the mark

bo·gen·för·mig *adj* arched **Bo·gen·gang** <-gänge> *m* ARCHIT archway **Bo·gen·schie·ßen** *nt kein pl* SPORT archery *no pl* **Bo·gen·schüt·ze, -schüt·zin** *m, f* SPORT archer; HIST *a.* bowman

Böh·men <-s> ['bø:mən] *nt* Bohemia **böh·misch** ['bø:mɪʃ] *adj* Bohemian

Boh·ne <-, -n> ['bo:nə] *f* bean; **dicke/grüne/rote/weiße ~n** broad/French/kidney/ haricot beans; **blaue ~** purple runner bean **Boh·nen·kaf·fee** *m* ❶ *(gemahlen)* real coffee ❷ *(ungemahlen)* unground coffee [beans *pl*] **Boh·nen·stan·ge** *f* beanpole *also hum* **Boh·nen·sup·pe** *f* bean soup

boh·nern ['bo:nɐn] *vt, vi* to polish **Boh·ner·wachs** [-vaks] *nt* floor polish **boh·ren** ['bo:rən] I. *vt* ❶ *Loch* to bore; *(mit Bohrmaschine)* to drill; *Brunnen* to sink ❷ *(hineinstoßen)* to sink (**in** into); **er bohrte ihm das Messer in den Bauch** he plunged the knife into his stomach II. *vi* ❶ *(mit dem Bohrer arbeiten)* to drill ❷ *(stochern)* **in der Nase ~** to pick one's nose; **mit dem Finger im Ohr ~** to poke one's finger in one's ear ❸ *(fam: drängen)* ▪ **so lange ~, bis ...** to keep on asking until ...

boh·rend *adj* gnawing; *Blick* piercing; *Fragen* probing

Boh·rer <-s, -> *m* ❶ *(fam: Schlagbohrmaschine)* drill ❷ *(Handbohrer)* gimlet ❸ *(Zahnbohrer)* [dentist's] drill

Bohr·in·sel *f* drilling rig; *(Öl a.)* oil rig **Bohr·loch** *nt* ❶ *(das in das Gestein vorgetriebene Loch)* borehole ❷ *(gebohrtes Loch)* drill hole **Bohr·ma·schi·ne** *f* drill[ing machine] **Bohr·turm** *m* derrick

Boh·rung <-, -en> *f* ❶ *(das Bohren)* drilling (**nach** for) ❷ *(Bohrloch)* bore[hole]

bö·ig ['bø:ɪç] I. *adj* gusty; *Wetter* windy II. *adv* **auffrischender Westwind** a freshening westerly

Boi·ler <-s, -> *m* ['bɔylɐ] *m* hot-water tank; **den ~ anstellen** to turn on the water heater **Bo·je** <-, -n> ['bo:jə] *f* buoy

Bo·le·ro <-s, -s> [bo'le:ro] *m* ❶ MUS *(a. Tanz)* bolero ❷ *(Kleidungsstück)* bolero **Bo·li·vi·a·ner(in)** <-s, -> [boli'vi̯a:nɐ] *m(f)* Bolivian; *s. a.* **Deutsche(r)**

bo·li·vi·a·nisch [bolivˈi̯anɪʃ] *adj* Bolivian; *s. a.* **deutsch**

Bo·li·vi·en <-s> [boˈliːvi̯ən] *nt* Bolivia; *s. a.* **Deutschland**

Böl·ler <-s, -> [ˈbœlɐ] *m* ❶ MIL saluting gun ❷ *(fam: Feuerwerkskörper)* firework, banger BRIT, firecracker AM

Boll·werk [ˈbɔlvɛrk] *nt* (*geh*) bulwark

Bol·sche·wis·mus <-> [bɔlʃeˈvɪsmʊs] *m kein pl* **der ~** Bolshevism

bol·sche·wis·tisch *adj* Bolshevist, Bolshevik *attr*

Bol·zen <-s, -> [ˈbɔltsn̩] *m* TECH ING; (*mit Gewinde*) bolt

Bom·bar·de·ment <-s, -s> [bɔmbardəˈmãː] *nt* ❶ MIL bombardment ❷ (*geh*) deluge (**von** of)

bom·bar·die·ren* [bɔmbarˈdiːrən] *vt* ❶ (*auf ein Ziel abwerfen*) to bomb; (*mit Granaten*) to shell ❷ (*fam: überschütten*) to bombard

Bom·bar·die·rung <-, -en> *f* ❶ MIL bombing; (*mit Granaten*) bombardment ❷ (*fam*) bombardment

bom·bas·tisch *adj* (*pej*) ❶ (*schwülstig*) bombastic ❷ (*pompös*) pompous

Bom·be <-, -n> [ˈbɔmbə] *f* ❶ (*Sprengkörper*) bomb; **wie eine ~ einschlagen** to come as a bombshell; **eine ~ legen** MIL to plant a bomb ❷ (*Gelbbombe*) strongbox ❸ SPORT (*sl: harter Schuss*) cracker ▶ **lebende ~** human bomb; **die ~ platzen lassen** to drop the bombshell

Bom·ben·an·griff *m*, **Bom·ben·an·schlag** *m* bomb strike **Bom·ben·at·ten·tat** *nt* bomb attack **Bom·ben·dro·hung** *f* bomb scare **Bom·ben·er·folg** *m* (*fam*) smash hit **Bom·ben·ge·schäft** *nt* (*fam*) roaring business **bom·ben·si·cher** [ˈbɔmbn̩zɪçɐ] **I.** *adj* ❶ MIL bombproof ❷ (*fam*) sure; **ein ~er Tipp** a dead cert **II.** *adv* **~ lagern** to place in a bombproof store **Bom·ben·stim·mung** *f kein pl* (*fam*) ■ **in ~ sein** to be in a brilliant mood; **auf der Party herrschte eine ~** the place was jumping

Bom·ber <-s, -> [ˈbɔmbɐ] *m* (*fam*) bomber

bom·big [ˈbɔmbɪç] *adj* (*fam*) fantastic

Bon <-s, -s> [bɔŋ, bõː] *m* ❶ (*Kassenzettel*) receipt ❷ (*Gutschein*) voucher

Bon·bon <-s, -s> [bɔŋˈbɔŋ, bõˈbõː] *m o* ÖSTERR *nt* ❶ (*Süßigkeit*) sweet BRIT, candy AM ❷ (*etwas Besonderes*) treat

Bon·go <-, -s> [ˈbɔŋgo] *f*, **Bon·go·trom·mel** <-, -n> *f* bongo [drum]

Bonn <-s> [bɔn] *nt* Bonn

Bon·ner [ˈbɔnɐ] *adj attr* Bonn

Bon·ner(in) <-s, -> [ˈbɔnɐ] *m(f)* inhabitant of Bonn

Bon·sai <-[s], -s> [ˈbɔnzaj] *m* bonsai

Bo·nus <- *o* -ses, - *o* -se *o* Boni> [ˈboːnʊs, *pl* ˈboːni] *m* ❶ FIN bonus ❷ SCH, SPORT (*Punktvorteil*) bonus points *pl*

Bo·nus·mei·le *f* LUFT airmile

Bon·ze <-n, -n> [ˈbɔntsə] *m* (*pej*) bigwig

Boom <-s, -s> [buːm] *m* ❶ ÖKON boom ❷ (*Hausse*) bull movement; (*starke Nachfrage*) rise

boo·men [ˈbuːmən] *vi* ÖKON to [be on the] boom

Boot <-[e]s, -e> [boːt] *nt* boat; (*Segel-*) yacht; **~ fahren** to go boating

Boots·fahrt *f* boat trip **Boots·flücht·ling** *m* ■ **-e** boat people **Boots·haus** *nt* boathouse **Boots·mann** <-leute> *m* NAUT boˈ[ˈ]sun; MIL petty officer **Boots·ver·leih** *m* boat hire

Bor <-s> [boːɐ̯] *nt kein pl* boron *no pl*

Bord¹ <-[e]s> [bɔrt] *m* **an ~** aboard; **an ~ gehen** to board; **über ~ gehen** to go overboard; **von ~ gehen** *Lotse* to leave the plane/ship; *Passagier a.* to disembark; **Mann über ~!** man overboard!

Bord² <-[e]s, -e> [bɔrt] *nt* shelf

Bord³ <-[e]s, -e> [bɔrt] *nt* SCHWEIZ (*Rand*) ledge; (*Böschung*) embankment

Bord·buch *nt* logbook **Bord·com·pu·ter** *m* RAUM, LUFT onboard computer; AUTO trip computer **Bord·elek·tro·nik** *f kein pl* LUFT on-board electronics

Bor·dell <-s, -e> [bɔrˈdɛl] *nt* brothel

Bord·kar·te *f* boarding card **Bord·per·so·nal** *nt kein pl* crew *no pl*

Bord·stein *m*, **Bord·stein·kan·te** *f* kerb

Bor·dü·re <-, -n> [bɔrˈdyːrə] *f* border

bor·gen [ˈbɔrgn̩] *vt* ❶ (*sich leihen*) to borrow ❷ (*verleihen*) to lend

Bor·ke <-, -n> [ˈbɔrkə] *f* BOT bark

Bor·ken·kä·fer *m* bark beetle

bor·niert [bɔrˈniːɐ̯t] *adj* (*pej*) bigoted

Bör·se <-, -n> [ˈbœrzə] *f* ❶ (*Wertpapierhandel*) stock market; (*Gebäude*) stock exchange; **an die ~ gehen** to go public; **an der ~ [gehandelt]** [traded] on the exchange; **an der ~ notiert werden** to be quoted on the stock exchange; **an der ~ spekulieren** to speculate on the stock exchange ❷ (*veraltend: Geldbörse*) purse; (*für Männer*) wallet

Bör·sen·be·richt *m* market report **Bör·sen·gang** *m* stock market flotation *no pl* **Bör·sen·krach** *m* [stock market] crash **Bör·sen·kurs** *m* market price **Bör·sen·mak·ler(in)** *m(f)* stockbroker **bör·sen·no·tiert** *adj* FIN *Firma* listed [on the stock exchange] **Bör·sen·spe·ku·lant(in)** *m(f)* speculator [on the stock market], BRIT *a.* stockjobber *fam* **Bör·sen·start** *m* stock

Börsianer–Boxkampf 1074

market flotation [of an enterprise]
Bör·si·a·ner(in) <-s, -> [bœr'zjaːnɐ] *m(f)* (*fam*) ❶ (*Börsenmakler*) broker ❷ (*Spekulant an der Börse*) speculator
Bors·te <-, -n> ['bɔrstə] *f* bristle
bors·tig ['bɔrstɪç] *adj* bristly
Bor·te <-, -n> ['bɔrtə] *f* border
Bor·was·ser *nt kein pl* boric acid solution
bös·ar·tig *adj* ❶ (*tückisch*) malicious; *Tier* vicious ❷ MED malignant; *Krankheit* pernicious
Bö·schung <-, -en> ['bœʃʊŋ] *f* embankment; *eines Flusses, einer Straße a.* bank
bö·se ['bøːzə] **I.** *adj* ❶ (*sittlich schlecht*) bad; (*stärker*) evil, wicked; ~ **Absicht** malice; **das war keine ~ Absicht!** no harm intended!; **jdm B~s tun** to cause sb harm ❷ *attr* (*unangenehm, übel*) bad; **~s Blut schaffen** to cause bad blood; **ein ~s Ende nehmen** (*geh*) to end in disaster; **~ Folgen haben** to have dire consequences; **eine ~ Geschichte** a nasty affair; **jdm einen ~n Streich spielen** to play a nasty trick on sb; **eine ~ Überraschung erleben** to have an unpleasant surprise; **ein ~ Zufall** a terrible coincidence; **nichts B~s ahnen** to not suspect anything is wrong; **sich zum B~n wenden** to take an unpleasant turn; **mir schwant B~s** I don't like the look of this ❸ (*verärgert*) angry; (*stärker*) furious; **ein ~s Gesicht machen** to scowl ❹ (*fam: unartig*) naughty ❺ (*gefährlich, schlimm*) nasty; *Unfall* terrible; (*schmerzend, entzündet*) sore ▸ **den ~n Blick haben** to have the evil eye; **B~s im Schilde führen** to be up to no good **II.** *adv* ❶ (*übelwollend*) evilly; **~ lächeln** to give an evil smile; **das habe ich nicht ~ gemeint** I meant no harm ❷ (*fam: sehr, schlimm*) badly; **sich ~ irren** to make a serious mistake; **~ ausgehen** to end in disaster; **~ [für jdn] aussehen** to look bad [for sb]
Bö·se·wicht <-[e]s, -er *o* -e> ['bøːzəvɪçt] *m* ❶ (*hum fam*) little devil ❷ (*veraltend: Schurke*) villain
bos·haft ['bɔshaft] **I.** *adj* malicious **II.** *adv* **~ grinsen** to give an evil grin
Bos·heit <-, -en> *f* malice *no pl*; (*Bemerkung*) nasty remark; **aus [lauter] ~** out of [pure] malice
Bos·ni·en <-s> ['bɔsniən] *nt* Bosnia; *s. a.* **Deutschland**
Bos·ni·en-Her·ze·go·wi·na <-s> *nt*, **Bosnien und Herzegowina** <-s> *nt* ÖSTERR Bosnia-Herzegovina; *s. a.* **Deutschland**
Bos·ni·er(in) <-s, -> ['bɔsniɐ] *m(f)* Bosnian; *s. a.* **Deutsche(r)**
Boss^RR <-es, -e> *m*, **Boß**^ALT <-sses, -sse> [bɔs] *m* boss
Bos·sing <-s> ['bɔsɪŋ] *nt kein pl* SOZIOL harassment [of employees]
bös·wil·lig I. *adj* malevolent; JUR wilful **II.** *adv* malevolently
Bös·wil·lig·keit <-> *f kein pl* malevolence *no pl*
bot [boːt] *imp von* **bieten**
Bo·ta·nik <-> [bo'taːnɪk] *f kein pl* botany *no pl*
bo·ta·nisch [bo'taːnɪʃ] *adj* botanical; **~er Garten** Botanical Gardens *pl*
Bo·te, Bo·tin <-n, -n> ['boːtə, 'boːtɪn] *m, f* ❶ (*Kurier*) courier; (*mit Nachricht*) messenger; (*Zeitungs~*) paperboy *masc*, papergirl *fem*; (*Laufbursche*) errand boy; *bes* SÜDD (*Post~*) postman ❷ (*geh: Anzeichen*) herald
Bo·ten·gang <-gänge> *m* errand; **einen ~ machen** to run an errand
Bo·tin <-, -nen> *f fem form von* **Bote**
Bo·tox ['boːtɔks] *nt* botox
Bot·schaft <-, -en> ['boːtʃaft] *f* ❶ (*Nachricht*) news *no pl, no indef art*; **hast du schon die freudige ~ gehört?** have you heard the good news yet?; **eine ~ erhalten** to receive a message; **jdm eine ~ hinterlassen** to leave sb a message, communication; **die Frohe ~** REL the Gospel ❷ (*ideologische Aussage*) message ❸ (*Gesandtschaft*) embassy
Bot·schaf·ter(in) <-s, -> *m(f)* ambassador
Bot·tich <-[e]s, -e> ['bɔtɪç] *m* tub; (*für Wäsche*) washtub
Bouil·lon <-, -s> [bʊl'jɔŋ, bʊl'jøː] *f* [beef] bouillon; (*Restaurant*) consommé
Boule·vard <-s, -s> [bulə'vaːɐ̯] *m* boulevard
Boule·vard·pres·se *f* (*fam*) yellow press
Boule·vard·zei·tung *f* tabloid
Bour·geoi·sie <-, -n> [bʊrʒoa'ziː, *pl* 'ziːən] *f* (*veraltend geh*) bourgeoisie
Bou·tique <-, -n> [bu'tiːk] *f* boutique
Bow·le <-, -n> ['boːlə] *f* ❶ (*Getränk*) punch *no pl* ❷ (*Schüssel*) punchbowl
Bow·ling <-s, -s> ['boːlɪŋ] *nt* [tenpin] bowling *no pl, no art*
Box <-, -en> [bɔks] *f* ❶ (*Behälter*) box ❷ (*fam: Lautsprecher*) loudspeaker ❸ (*abgeteilter Raum*) compartment; (*Stand im Stall*) box [stall] ❹ (*für Rennwagen*) pit
bo·xen ['bɔksn̩] **I.** *vi* to box; ■ **gegen jdn ~** to fight sb **II.** *vt* (*schlagen*) to punch **III.** *vr* (*fam*) to have a punch-up BRIT [*or* AM fist fight] with sb
Bo·xen <-s> ['bɔksn̩] *nt kein pl* boxing *no art*
Bo·xer(in) <-s, -> ['bɔksɐ] *m(f)* boxer *pl*
Bo·xer-Shorts, Bo·xershorts [-ʃoːɐ̯ts, -ʃɔrts] *pl* boxer shorts *npl*
Box·hand·schuh *m* boxing glove **Box·kampf** *m* ❶ (*Einzelkampf*) bout ❷ (*Boxen*) boxing *no art*

Boy·kott <-[e]s, -e *o* -s> [bɔrˈkɔt] *m* boycott
boy·kot·tie·ren* [bɔrkɔˈtiːrən] *vt* to boycott
brab·beln [ˈbrabl̩n] *vt* (*fam*) to mumble; *Säugling* to gurgle
brach[1] [braːx] *imp von* **brechen**
brach[2] [braːx] *adv* ❶ ~ **liegen** (*unbebaut sein*) to lie fallow ❷ ~ **liegen** (*ungenutzt sein*) to be left unexploited
bra·chi·al [braˈxi̯aːl] *adj* ❶ MED brachial ❷ (*geh: roh*) **mit ~er Gewalt vorgehen** to use brute force
Brach·land *nt* fallow [land]
brach·te [ˈbraxtə] *imp von* **bringen**
Brain·stor·ming <-s> [ˈbreːnstɔːɡmɪŋ] *nt kein pl* brainstorming session
Bran·che <-, -n> [ˈbrãːʃə] *f* ❶ (*Wirtschaftszweig*) line of business ❷ (*Tätigkeitsbereich*) field
Bran·chen·buch *nt* classified directory, ≈ Yellow Pages **Bran·chen·ver·zeich·nis** *nt* classified directory
Brand <-[e]s, Brände> [brant, *pl* ˈbrɛndə] *m* ❶ (*Feuer*) fire; **in ~ geraten** to catch fire; **etw in ~ stecken** to set sth alight; *Gebäude* to set sth on fire ❷ *von Keramik* firing ❸ (*fam: großer Durst*) raging thirst; **einen ~ haben** (*fam*) to be parched ❹ MED gangrene *no art, no pl* BOT blight
brand·ak·tu·ell *adj* (*fam*) highly topical; *Buch* hot off the press; *CD, Schallplatte* very recent; *Thema, Frage* red-hot **Brand·an·schlag** *m* arson attack **Brand·bla·se** *f* burn blister **brand·ei·lig** *adj* (*fam*) extremely urgent
bran·den [ˈbrandn̩] *vi* to break (**an/gegen** against)
Bran·den·burg <-s> [ˈbrandn̩bʊrk] *nt* Brandenburg
Brand·herd *m* source of the fire **Brand·ka·ta·stro·phe** *f* conflagration **Brand·mal** <-s, -e> *nt* brand **brand·mar·ken** *vt* to brand (**als** as) **brand·neu** [ˈbrantnɔy] *adj* (*fam*) brand new **Brand·scha·den** *m* fire damage *no pl* **Brand·schutz** *m kein pl* fire safety *no art, no pl,* protection against fire **Brand·stif·ter(in)** *m(f)* arsonist **Brand·stif·tung** *f* arson *no pl*
Bran·dung <-, -en> *f* surf
Brand·ur·sa·che *f* cause of the fire **Brand·wun·de** *f* burn
Bran·dy <-s, -s> [ˈbrɛndi] *m* brandy
brann·te [ˈbrantə] *imp von* **brennen**
Brannt·wein [ˈbrantvaɪn] *m* (*geh*) spirits *pl*
Bra·si·li·a·ner(in) <-s, -> [braziˈli̯aːne] *m(f)* Brazilian; *s. a.* **Deutsche(r)**
bra·si·li·a·nisch [braziˈli̯aːnɪʃ] *adj* Brazilian; *s. a.* **deutsch**
Bra·si·li·en <-s> [braˈziːli̯ən] *nt* Brazil; *s. a.* Deutschland
Brat·ap·fel *m* baked apple
bra·ten <brät, briet, gebraten> [ˈbraːtn̩] *vt, vi* (*in der Pfanne*) to fry; (*am Spieß*) to roast
Bra·ten <-s, -> [ˈbraːtn̩] *m* roast [meat *no pl, no art*]; **kalter ~** cold meat ▶ **ein fetter ~** (*fam*) a good catch; **den ~ riechen** (*fam*) to smell a rat *fam*
Bra·ten·saft *m* dripping BRIT, drippings AM **Bra·ten·so·ße** *f* gravy
Brat·hähn·chen *nt,* **Brat·hendl** <-s, -[n]> *nt* ÖSTERR, SÜDD grilled chicken **Brat·he·ring** *m* fried herring **Brat·kar·tof·feln** *pl* fried potatoes *pl* **Brat·pfan·ne** *f* frying pan **Brat·rost** *m* grill
Brat·sche <-, -n> [ˈbraːtʃə] *f* viola
Brat·wurst *f* ❶ (*zum Braten bestimmte Wurst*) [frying] sausage ❷ (*gebratene Wurst*) [fried] sausage
Brauch <-[e]s, Bräuche> [braʊx, *pl* ˈbrɔyçə] *m* custom; **nach altem ~** according to custom; [**bei jdm so**] **~ sein** to be customary [with sb]
brauch·bar *adj* ❶ (*geeignet*) suitable; **nicht ~ sein** to be of no use ❷ (*ordentlich*) useful
brau·chen [ˈbraʊxn̩] **I.** *vt* ❶ (*benötigen*) to need; **wozu brauchst du das?** what do you need that for?; **ich brauche bis zum Bahnhof eine Stunde** I need an hour to get to the station ❷ DIAL (*geh: gebrauchen*) to use; **kannst du die Dinge ~?** can you find a use for these?; **das könnte ich jetzt gut ~** I could do with that right now ❸ (*fam: verbrauchen*) to use **II.** *modal vb* (*müssen*) to need; ■ **etw nicht [zu] tun ~** to not need to do sth; **du hättest doch nur etwas [zu] sagen ~** you need only have said something **III.** *vt impers* SCHWEIZ, SÜDD ■ **es braucht etw** sth is needed; **es braucht noch ein bisschen Salz** a little more salt is needed
Brauch·tum <-[e]s, *selten* -tümer> *nt* customs *pl;* **ein altes ~** a tradition
Braue <-, -n> [ˈbraʊə] *f* [eye]brow
brau·en [ˈbraʊən] *vt* ❶ *Bier* to brew ❷ (*fam: zubereiten*) to make; *Zaubertrank* to concoct
Brau·er(in) <-s, -> [ˈbraʊe] *m(f)* brewer
Brau·e·rei <-, -en> [braʊəˈraɪ] *f* ❶ (*Braubetrieb*) brewery ❷ *kein pl* (*das Brauen*) brewing *no pl*
Brau·e·rin <-, -nen> *f fem form von* **Brauer**
Brau·haus *nt* [privately-owned] brewery
braun [braʊn] *adj* ❶ (*Farbe*) brown; (*brünett*) brunet[te]; (*von der Sonne*) [sun-]tanned ❷ (*pej: nationalsozialistisch*) Nazist, Nazi *attr;* ■ **die B~en** *pl* the Brownshirts *pl*
Braun·bär *m* brown bear
Bräu·ne <-> [ˈbrɔynə] *f kein pl* [sun]tan
bräu·nen [ˈbrɔynən] **I.** *vt* ❶ (*braun werden*

lassen) to tan ❷ KOCHK to brown **II.** *vi* ❶ (*braun werden*) to go brown; (*von Sonne, UV-Strahlung*) to tan ❷ KOCHK to turn brown **III.** *vr* ■sich ~ (*sich sonnen*) to get a tan; (*braun werden*) to go brown

Braun·koh·le *f* brown coal

Brau·se <-, -n> ['braʊzə] *f* ❶ DIAL (*veraltend: Dusche*) shower ❷ (*Aufsatz von Gießkannen*) spray [attachment], sprinkler ❸ (*Limonade*) lemonade; (*Brausepulver*) sherbet powder

brau·sen ['braʊzn̩] *vi* ❶ *haben* (*tosen*) to roar; (*von Wind, Wellen*) to howl ❷ *sein* (*fam: rasen*) to storm; (*von Wagen*) to race

Brau·se·ta·blet·te *f* effervescent tablet

Braut <-, Bräute> [braʊt, *pl* 'brɔʏtə] *f* ❶ (*bei Hochzeit*) bride ❷ (*veraltend: Verlobte*) fiancée ❸ (*veraltend sl: junge Frau, Freundin*) girl, BRIT *fam a.* bird

Braut·füh·rer *m* bride's male attendant

Bräu·ti·gam <-s, -e> ['brɔʏtɪɡam, 'brɔʏtɪ-] *m* ❶ (*bei Hochzeit*) [bride]groom ❷ (*veraltend: Verlobter*) fiancé

Braut·jung·fer *f* bridesmaid **Braut·kleid** *nt* wedding dress **Braut·leu·te** *pl*, **Braut·paar** *nt* ❶ (*bei Hochzeit*) bride and groom + *pl vb* ❷ (*veraltend: Verlobte*) engaged couple **Braut·schau** *f* **auf ~ gehen** (*hum*) to go looking for a wife

brav [braːf] **I.** *adj* ❶ (*folgsam*) good; **sei schön ~!** be a good boy/girl ❷ (*bieder*) plain ❸ (*rechtschaffen*) worthy **II.** *adv* ❶ (*folgsam*) **geh ~ spielen!** be a good boy/girl, and go and play ❷ (*rechtschaffen*) worthily

bra·vo ['braːvo] *interj* well done

Bra·vour <-> [bra'vuːɐ̯], **Bra·vur**ᴿᴿ [bra'vuːɐ̯] *f kein pl* (*geh*) ❶ (*Meisterschaft*) brilliance *no pl*; **mit ~** (*meisterlich*) with style; (*mit Elan*) with spirit ❷ (*Kühnheit*) gallantry

BRD <-> [beːʔɛrˈdeː] *f Abk von* **Bundesrepublik Deutschland** FRG

Break·dance <-[s]> ['breːkdaːns] *m kein pl* break-dance

Brech·durch·fall *m* vomiting and diarrhoea *no art* **Brech·ei·sen** *nt* crowbar; **etw mit einem ~ aufbrechen** to crowbar sth [open]

bre·chen <bricht, brach, gebrochen> ['brɛçn̩] **I.** *vt haben* ❶ (*zer-*) to break; *Schiefer, Marmor* to cut; (*im Steinbruch*) to quarry ❷ *Abmachung, Vertrag* to break; *Eid* to violate; **sein Schweigen ~** to break one's silence ❸ *Lichtstrahl* to refract **II.** *vi* ❶ *sein* (*auseinander*) to break [apart]; **~d voll sein** (*fam*) to be jam-packed ❷ *haben* (*Verbindung beenden*) to break [with] ❸ (*sich erbrechen*) to be sick **III.** *vr haben* (*abgelenkt werden*) ■**sich** [**an etw** *dat*] **~** to break [against sth]; PHYS to be refracted [at sth]; (*von Ruf, Schall*) to rebound [off sth]

Bre·cher <-s, -> ['brɛçɐ] *m* breaker

Brech·mit·tel *nt* emetic [agent] **Brech·reiz** *m kein pl* nausea *no pl, no art*

Bre·chung <-, -en> *f* (*von Wellen*) breaking; PHYS diffraction; (*von Schall*) rebounding

Brei <-[e]s, -e> [braɪ] *m* ❶ (*dickflüssiges Nahrungsmittel*) mash *no pl* ❷ (*zähe Masse*) paste ▶ **um den** [**heißen**] **~ herumreden** to beat about the bush *fam*

brei·ig ['braɪɪç] *adj* pulpy

breit [braɪt] **I.** *adj* ❶ (*flächig ausgedehnt*) wide; *Nase* flattened; *Schultern* broad; **etw ~[er] machen** to widen sth; **x cm ~ sein** to be x cm wide ❷ (*ausgedehnt*) wide; **ein ~es Publikum** a wide audience; **die ~e Öffentlichkeit** the general public; **~e Zustimmung** wide[-ranging] approval ❸ *Dialekt* broad ❹ DIAL (*sl: betrunken*) smashed **II.** *adv* ❶ (*flach*) flat ❷ (*ausgedehnt*) **sich ~ machen** to spread oneself [out]; (*sich ausbreiten*) to spread; (*sich verbreiten*) to pervade ❸ (*umfangreich*) **~ gebaut** strongly built; **sich ~ hinsetzen** to plump down ❹ (*gedehnt*) broadly

breit·bei·nig *adj* **in ~er Stellung** with one's legs apart; **ein ~er Gang** a rolling gait

Brei·te <-, -n> ['braɪtə] *f* ❶ (*die breite Beschaffenheit*) width; **von x cm ~** x cm in width ❷ (*Ausgedehntheit*) wide range ❸ (*Gedehntheit*) breadth ❹ (*von Dialekt, Aussprache*) broadness

Brei·ten·grad *m* [degree of] latitude

breit·flä·chig *adj Phänomen, Problem* large-scale

breit·ma·chenᴬᴸᵀ *vr* (*fam: ausgedehnt*) **sich ~** to spread oneself [out]; (*sich ausbreiten*) to spread; (*sich verbreiten*) to pervade

breit·ran·dig *adj* wide-rimmed; *Hut* broad-brimmed **breit·schla·gen** *vt irreg* (*fam*) to talk round; ■**sich ~ lassen** to let oneself be talked round **breit·schul·te·rig**, **breit·schult·rig** *adj* broad-shouldered *attr* **breit·tre·ten** *vt irreg* (*fam: zu ausgiebig erörtern*) to go on about **breit·wal·zen** *vt* (*fam*) *s.* **breittreten**

Bre·men <-s> ['breːmən] *nt* Bremen

Brems·ba·cke *f* brake shoe

Brem·se¹ <-, -n> ['brɛmzə] *f* (*Bremsvorrichtung*) brake; **die ~n sprechen gut an** the brakes respond well; **auf die ~ treten** to put on the brakes

Brem·se² <-, -n> ['brɛmzə] *f* (*Stechfliege*) horsefly

brem·sen ['brɛmzn̩] **I.** *vi* ❶ (*die Bremse betätigen*) to brake ❷ (*hinauszögern*) to put on the brakes *fam* **II.** *vt* ❶ AUTO (*ab-*) to brake

Brems·flüs·sig·keit f brake fluid **Brems·klotz** m AUTO brake pad **Brems·licht** nt stop light **Brems·pe·dal** nt brake pedal **Brems·spur** f skid marks pl

Brem·sung <-, -en> f braking no art

Brems·weg m braking distance

brenn·bar adj combustible

Brenn·ele·men·te pl fuel elements pl

bren·nen <brannte, gebrannt> ['brɛnən]. vi ❶ (in Flammen stehen) to be on fire; **lichterloh ~** to be ablaze ❷ (angezündet sein) to burn; Streichholz to strike; Feuerzeug to light ❸ ELEK (fam: an sein) to be on; Lampe a. to be burning; ■ etw ~ lassen to leave sth on ❹ (schmerzen) to be sore; **auf der Haut ~** to burn the skin ❺ (auf etw sinnen) **darauf ~, etw zu tun** to be dying to do sth II. vi impers **es brennt!** fire! fire!; **in der Fabrik brennt es** there's a fire in the factory; **wo brennt's denn?** (fig) where's the fire? III. vt ❶ (rösten) to roast ❷ (destillieren) to distil ❸ (härten) to burn ❹ (auf-) to burn

bren·nend I. adj ❶ (quälend) scorching ❷ (sehr groß) Frage urgent; Wunsch fervent II. adv (fam: sehr) incredibly

Bren·ner <-s, -> ['brɛnɐ] m TECH burner

Bren·ner(in) <-s, -> ['brɛnɐ] m(f) (Beruf) distiller

Bren·ne·rei <-, -en> [brɛnə'raɪ] f distillery

Bren·ne·rin <-, -nen> f fem form von Brenner

Brennes·selᴬᴸᵀ ['brɛnnɛsl] f s. Brennnessel

Brenn·glas nt burning glass **Brenn·holz** nt firewood no pl **Brenn·ma·te·ri·al** nt [heating] fuel **Brenn·nes·sel**ᴿᴿ ['brɛnnɛsl] f MATH stinging nettle **Brenn·punkt** m ❶ PHYS focal point ❷ MATH focus ❸ (Zentrum) focus; **im ~ [des Interesses] stehen** to be the focus [of interest] **Brenn·spi·ri·tus** m methylated spirit **Brenn·stab** m fuel rod **Brenn·stoff** m fuel

Brenn·wei·te f PHYS focal length

brenz·lig ['brɛntslɪç] adj (fam) dicey; **die Situation wird mir zu ~** things are getting too hot for me

Bre·sche <-, -n> ['brɛʃə] f breach; **[für jdn] in die ~ springen** (fig) to step in [for sb]

Bre·ta·gne <-> [bre'tanjə, brə'tanjə] f ■ **die ~** Brittany

Bre·to·ne, Bre·to·nin <-n, -n> [bre'toːnə, -'toːnɪn] m, f Breton; s. a. **Deutsche(r)**

bre·to·nisch [bre'toːnɪʃ] adj Breton; s. a. deutsch

Brett <-[e]s, -er> [brɛt] nt ❶ (Holzplatte) [wooden] board; (Planke) plank; **etw mit ~ern vernageln** to board sth up; (Sprungbrett) [diving-]board; (Regalbrett) shelf; **schwarzes ~** noticeboard ❷ (Spielbrett) [game]board ❸ pl (Skier) skis pl ▶ **ein ~ vorm Kopf haben** (fam) to be slow on the uptake

bret·tern ['brɛtɐn] vi sein (fam) to hammer; **die Straße entlang ~** to tear up the road

Bret·ter·zaun m wooden fence; (an Baustellen) hoarding

Brett·spiel nt board game

Bre·zel <-, -n> [ˈbreːtsl] f pretzel

bricht [brɪçt] 3. pers pres von **brechen**

Bridge <-> [brɪdʒ] nt kein pl bridge no pl

Brief <-[e]s, -e> [briːf] m ❶ (Poststück) letter; **blauer ~** (Kündigung) letter of dismissal; SCH school letter notifying parents that their child must repeat the year; **ein offener ~** an open letter ❷ (in der Bibel) epistle

Brief·be·schwe·rer <-s, -> m paperweight **Brief·block** m writing pad **Brief·bo·gen** m [sheet of] writing paper **Brief·bom·be** f letter bomb **Brief·freund(in)** m(f) pen pal, BRIT a. penfriend **Brief·ge·heim·nis** nt privacy of correspondence

Brie·fing <-s, -s> ['briːfɪŋ] nt MIL, ÖKON briefing

Brief·kas·ten m (Hausbriefkasten) letter box BRIT, mailbox AM; (Postbriefkasten) postbox BRIT, mailbox AM, BRIT a. pillar box; **elektronischer ~** INFORM electronic mailbox; **ein toter ~** a dead-letter box **Brief·kas·ten·fir·ma** f letter-box company

Brief·kopf m letterhead

brief·lich adj in writing pred, by letter pred

Brief·mar·ke f [postage] stamp **Brief·mar·ken·au·to·mat** m stamp[-dispensing] machine **Brief·mar·ken·samm·ler(in)** m(f) stamp collector **Brief·mar·ken·samm·lung** f stamp collection

Brief·öff·ner m letter opener **Brief·pa·pier** nt letter paper **Brief·ta·sche** f wallet, AM a. billfold **Brief·tau·be** f carrier pigeon **Brief·trä·ger(in)** m(f) postman masc, postwoman fem **Brief·um·schlag** m envelope **Brief·waa·ge** f letter scales npl **Brief·wahl** f postal vote BRIT, absent[ee] ballot AM **Brief·wech·sel** m correspondence

briet [briːt] imp von **braten**

Bri·ga·de <-, -n> [bri'gaːdə] f MIL brigade

Bri·kett <-s, -s o selten -e> [bri'kɛt] nt briquette

bril·lant [brɪl'jant] adj brilliant

Bril·lant <-en, -en> [brɪl'jant] m brilliant

Bril·lanz <-> [brɪl'jants] f kein pl ❶ (meisterliche Art) brilliance ❷ (von Lautsprecher)

Briefe

Anrede in Briefen

Liebe/r ...,
Hallo, ...!/Hi, ...! (fam)
Liebe/r Frau/Herr ...,
Sehr geehrte/r Frau/Herr ..., (form)
Sehr geehrte Damen und Herren ...

forms of address in letters

Dear ...,
Hello, ...!/Hi, ...!
Dear Mr/Mrs ...,
Dear Mrs/Mr ...,
Dear Sir or Madam,

Schlussformeln in Briefen

Tschüss! (fam)/Ciao! (fam)
Alles Gute! (fam)
Herzliche/Liebe Grüße (fam)
Viele Grüße
Mit (den) besten Grüßen
Mit freundlichen Grüßen (form)

ending a letter

Bye!/Cheerio!
All the best!
Kind regards/With love from ...
Best wishes,
Yours,
Yours sincerely/faithfully, (form)

---

bounce ⑤ (*Bildschärfe*) quality
Bril·le <-, -n> ['brɪlə] *f* ① (*Sehhilfe*) glasses *npl*; ■ **eine** ~ a pair of glasses; [**eine**] ~ **tragen** to wear glasses ② (*Toilettenbrille*) [toilet] seat
Bril·len·etui *nt* glasses case **Bril·len·gestell** *nt* spectacles frame **Bril·len·glas** *nt* lens **Bril·len·schlan·ge** *f* ① ZOOL [spectacled] cobra ② (*pej fam*) four-eyes **Bril·len·trä·ger(in)** *m(f)* person wearing glasses
Bril·li <-s, -s> ['brɪli] *m* (*hum fam*) [big] diamond
bril·lie·ren* [brɪl'jiːrən] *vi* (*geh*) to scintillate (**mit**) with)
Brim·bo·ri·um <-s> [brɪm'boːriʊm] *nt* kein pl (*pej fam*) fuss (**um** about)
brin·gen <brachte, gebracht> ['brɪŋən] *vt* ① (*tragen*) ■ **[jdm] etw ~** to bring [sb] sth; **den Müll nach draußen ~** to take out the rubbish [*or* AM garbage]; **etw hinter sich ~** to get sth over and done with; **etw mit sich ~** to involve sth; **es nicht über sich ~, etw zu tun** not to be able to bring oneself to do sth ② (*mitteilen*) ■ **jdm eine Nachricht ~** to bring sb news ③ (*befördern, begleiten*) **jdn nach Hause ~** to take sb home; **die Kinder ins Bett ~** to put the children to bed ④ (*senden*) to broadcast; TV to show ⑤ (*versetzen*) **jdn ins Bedrängnis ~** to get sb into trouble; **jdn ins Gefängnis ~** to put sb in prison; **jdn ins Grab ~** to be the death of sb; **jdn in Schwierigkeiten ~** to put sb into a difficult position; **jdn zur Verzweiflung ~** to make sb desperate ⑥ (*rauben*) ■ **jdn um etw** *akk* **~** to rob sb of sth; **jdn um den Verstand ~** to drive sb mad ⑦ (*ein~*) to bring in; **das bringt nicht viel Geld** that won't bring [us] in much money; (*er~*) to produce ⑧ (*bewegen*) ■ **jdn dazu ~, etw zu tun** to get sb to do sth ⑨ *mit substantiviertem vb* (*bewerkstelligen*) **jdn zum Laufen/Singen/Sprechen ~** to make sb run/sing/talk; **jdn zum Schweigen ~** to silence sb; **etw zum Brennen/Laufen ~** (*sl: machen*) **einen Hammer ~** (*fam*) to drop a bombshell; **das kannst du doch nicht ~!** you can't [go and] do that! ⑪ (*fam: gut sein*) **sie/es bringt's** she's/it's got what it takes; **das bringt er nicht** he's not up to it; **das bringt nichts** it's pointless; **das bringt's nicht** that's useless
bri·sant [bri'zant] *adj* explosive
Bri·sanz <-, -en> [bri'zants] *f* explosive nature
Bri·se <-, -n> ['briːzə] *f* breeze
Bri·tan·ni·en <-s> [bri'tanjən] *nt* HIST Britannia; (*Großbritannien*) Britain; *s. a.* **Deutschland**
Bri·te, Bri·tin <-n, -n> ['briːtə, 'brɪtə, 'briːtɪn, 'brɪtɪn] *m, f* Briton, Brit *fam*; **wir sind ~n** we're British; *s. a.* **Deutsche(r)**
bri·tisch ['brɪtɪʃ, 'briːtɪʃ] *adj* British, Brit *attr*

fam; s. a. **deutsch**
brö·cke·lig ['brœkəlɪç] *adj* ❶ *(zerbröckelnd)* crumbling *attr* ❷ *(leicht bröckelnd)* crumbly
brö·ckeln ['brœkln] *vi* to crumble
Bro·cken <-s, -> ['brɔkn] *m* ❶ *(Bruchstück)* chunk; **ein harter ~ sein** *(fam)* to be a tough nut ❷ *pl* **ein paar ~ Russisch** a smattering of Russian ❸ *(fam: massiger Mensch)* hefty bloke [*or* AM guy]
bro·deln ['broːdln] *vi (aufwallen)* to bubble; *(von Lava a.)* to seethe
Bro·kat <-[e]s, -e> [broˈkaːt] *m* brocade
Bro·ker(in) <-s, -> ['broːkɐ] *m(f)* FIN broker
Brok·ko·li ['brɔkoli] *pl* broccoli *no pl, no indef art*
Brom <-s> [broːm] *nt kein pl* bromine *no pl*
Brom·bee·re ['brɔmbeːrə] *f* ❶ *(Strauch)* blackberry bush ❷ *(Frucht)* blackberry
Brom·beer·strauch *m s.* **Brombeere 1**
Bron·chi·al·ka·tarrRR, **Bron·chi·al·ka·tarrh** *m* bronchial catarrh
Bron·chie <-, -n> ['brɔnçiə, -çiən] *f meist pl* bronchial tube
Bron·chi·tis <-, Bronchitiden> [brɔnˈçiːtɪs, *pl* -çiˈtiːdn] *f* bronchitis *no art*
Bron·ze <-, -n> ['brõːsə] *f* bronze **Bron·ze·me·dail·le** [-medaljə] *f* bronze medal
bron·zen ['brõːsn, 'brɔŋsn] *adj (aus Bronze)* bronze *attr*, of bronze *pred* ❷ *(von ~ er Farbe)* bronze[-coloured]
Bron·ze·zeit *f* ■ **die** ~ the Bronze Age
Bro·sche <-, -n> ['brɔʃə] *f* brooch
Bro·schü·re <-, -n> [brɔˈʃyːrə] *f* brochure
Brö·sel <-s, -> ['brøːzl] *m* DIAL crumb
Brot <-[e]s, -e> [broːt] *nt* bread *no pl*; **alt[backen]es ~** stale bread; **das ist unser tägliches[es] ~** *(fig)* that's our stock-in-trade; *(Laib)* loaf [of bread]; **ein ~ mit Honig/Käse** a slice of bread and honey/cheese; **belegtes ~** open sandwich; **sich** *dat* **sein ~ verdienen** to earn one's living
Brot·auf·strich *m* [sandwich] spread **Brot·be·lag** *m* topping
Bröt·chen <-s, -> ['brøːtçən] *nt* [bread] roll ▶ **sich** *dat* **seine ~ verdienen** *(fam)* to earn one's living
Bröt·chen·ge·ber *m (hum fam)* provider
Brot·ein·heit *f* MED carbohydrate unit **Brot·er·werb** *m* [way of earning one's] living **Brot·kas·ten** *m* bread bin **Brot·korb** *m* bread basket **Brot·kru·me** *f*, **Brot·krü·mel** *m* breadcrumb **brot·los** *adj* out of work *pred* **Brot·mes·ser** *nt* bread knife **Brot·rin·de** *f* [bread] crust **Brot·schnei·de·ma·schi·ne** *f* bread slicer **Brot·zeit** *f* DIAL ❶ *(Pause)* tea break ❷ *(Essen)* snack
brow·sen ['braʊzn] *vi* INFORM to browse
Brow·ser <-s, -> ['braʊzɐ] *m* INFORM browser
Bruch <-[e]s, Brüche> [brʊx, *pl* ˈbryːçə] *m* ❶ *(das Brechen)* violation, infringement; *eines Vertrags* infringement; *Vertrauens* breach ❷ *(von Beziehung, Partnern)* rift; **mit Tradition** break; **in die Brüche gehen** to break up ❸ MED *(Knochenbruch)* fracture; **ein komplizierter ~** a compound fracture; *(Eingeweidebruch)* hernia; **sich** *dat* **einen ~ heben** to give oneself a hernia ❹ MATH fraction ❺ *(zerbrochene Ware)* breakage; **zu ~ gehen** to get broken ❻ *(sl: Einbruch)* break-in; **einen ~ machen** *(sl)* to do a break-in, AM *a.* to bust a joint
Bruch·bu·de *f (pej fam)* dump **bruch·fest** *adj* unbreakable
brü·chig ['brʏçɪç] *adj* ❶ *(bröckelig)* friable; *Pergament* brittle; *Leder* cracked ❷ *Stimme* cracked ❸ *(ungefestigt)* fragile
Bruch·lan·dung *f* crash-landing; **eine ~ machen** to crash-land **Bruch·rech·nen** *nt* fractions *pl* **Bruch·stück** *nt* ❶ *(abgebrochenes Stück)* fragment ❷ *(von Lied, Rede etc: schriftlich)* fragment; *(mündlich)* snatch **bruch·stück·haft I.** *adj* fragmentary **II.** *adv* in fragments; *(mündlich)* in snatches **Bruch·teil** *m* fraction; **im ~ einer Sekunde** in a split second **Bruch·zahl** *f* MATH fraction
Brü·cke <-, -n> ['brʏkə] *f* ❶ *(Bauwerk)* bridge; **alle ~n hinter sich** *dat* **abbrechen** *(fig)* to burn [all] one's bridges behind one ❷ NAUT [captain's] bridge ❸ *(Zahnbrücke)* [dental] bridge ❹ *(Teppich)* rug ❺ SPORT bridge
Brü·cken·bau <-bauten> *m* bridge-building *no art* **Brü·cken·pfei·ler** *m* [bridge] pier **Brü·cken·schlag** *m kein pl* bridging *no art*; **das war der erste ~** that forged the first link **Brü·cken·tag** *m extra day off to bridge single working day between a bank holiday and the weekend*
Bru·der <-s, Brüder> ['bruːdɐ, *pl* ˈbryːdɐ] *m* ❶ *(Verwandter)* brother; ■ **die Brüder Schmitz/Grimm** the Schmitz brothers/the Brothers Grimm ❷ *(Mönch)* brother; **~ Cadfael** Brother Cadfael ❸ *(pej fam: Kerl)* bloke BRIT, guy AM
Bru·der·krieg *m* war between brothers
brü·der·lich I. *adj* fraternal **II.** *adv* like brothers; **~ teilen** to share and share alike
Brü·der·lich·keit <-> *f kein pl* fraternity *no pl*
Bru·der·mord *m* fratricide
Bru·der·schaft <-, -en> *f* REL fraternity
Brü·der·schaft <-, -en> *f* intimate friendship; **mit jdm ~ schließen** to make close friends with sb; **mit jdm ~ trinken** to agree to use the familiar "du" [over a drink]

Brü·he <-, -n> ['bry:ə] f ❶ (Suppe) [clear] soup ❷ (fam: Flüssigkeit) **schmutzige ~** sludge; (Schweiß) sweat ❸ (pej fam: Getränk) slop

brü·hen ['bry:ən] vt **einen Kaffee/Tee ~** to make coffee/tea

brüh·warm ['bry:'varm] **I.** adj (fam) Neuigkeiten hot **II.** adv (fam) **etw ~ weitererzählen** to immediately start spreading sth around **Brüh·wür·fel** m stock cube

brül·len ['brYlən] **I.** vi ❶ (schreien) to roar (**vor** with); (weinen) to bawl; **brüll doch nicht so!** don't shout like that! ❷ (von Löwe) to roar; (von Stier) to bellow; (von Affe) to howl **II.** vt ▪ **jdm etw ins Ohr ~** to shout sth in sb's ear

Brumm·bär ['brʊm-] m (fam) ❶ (Kindersprache: Bär) teddy bear ❷ (brummiger Mann) crosspatch fam

brum·meln ['brʊmln] vi, vt (fam) to mumble

brum·men ['brʊmən] **I.** vi ❶ (von Insekt, Klingel) to buzz; (von Bär) to growl; (von Wagen, Motor) to drone; (von Bass) to rumble; (von Kreisel) to hum ❷ (beim Singen) to drone ❸ (fam: in Haft sein) to be doing time ❹ (murren) to grumble ❺ Geschäft, Wirtschaft to boom **II.** vt to mumble

Brum·mer <-s, -> m (fam) ❶ (Insekt) Fliege bluebottle; Hummel bumble-bee ❷ (Lastwagen) juggernaut

brum·mig ['brʊmɪç] adj (fam) grouchy fam

Brumm·schä·del m (fam) headache; (durch Alkohol a.) hangover; **einen ~ haben** to be hung over

Brunch <-[e]s, -[e]s o -e> [brantʃ] nt brunch

brun·chen [brantʃn] vi to brunch

brü·nett [bry'nɛt] adj brunet[te]

Brun·nen <-s, -> ['brʊnən] m ❶ (Wasserbrunnen) well; **einen ~ bohren** to sink a well ❷ (ummauertes Wasserbecken) fountain

Brun·nen·schacht m well shaft

Brunst <-, Brünste> [brʊnst, pl 'brynstə] f (~zeit) rutting season

brüns·tig ['brYnstɪç] adj ❶ (von männlichem Tier) rutting; (von weiblichem Tier) on [or AM in] heat pred ❷ (hum: sexuell begierig) horny

brüsk [brYsk] adj brusque

brüs·kie·ren* [brYs'ki:rən] vt to snub

Brüs·sel <-s> ['brYsl] nt Brussels

Brüs·se·ler adj Brussels; **~ Spitzen** Brussels lace no pl, no art

Brüs·se·ler(in) <-s, -> m(f) inhabitant of Brussels

Brust <-, Brüste> [brʊst, pl 'brystə] f ❶ (Brustkasten) chest; **es auf der ~ haben** (fam) to have chest trouble; **schwach auf der ~ sein** (hum fam: eine schlechte Kondition haben) to have a weak chest; (an Geldmangel leiden) to be a bit short ❷ (weibliche ~) breast; **einem Kind die ~ geben** to breast-feed a baby ❸ KOCHK breast; (von Rind) brisket ▶ **einen zur ~ nehmen** to have a quick drink; **[sich** dat**] jdn zur ~ nehmen** (fam) to take sb to task

Brust·bein nt ANAT breastbone **Brust·beu·tel** m money bag [worn round the neck]

brüs·ten ['brYstn] vr **sich ~** to boast (**mit** about)

Brust·fell nt ANAT pleura **Brust·kas·ten** m chest **Brust·korb** m ANAT chest **Brust·krebs** m breast cancer **Brust·mus·kel** m pectoral muscle **Brust·schwim·men** nt breast-stroke **Brust·ta·sche** f breast pocket **Brust·um·fang** m chest measurement; (von Frau) bust measurement

Brüs·tung <-, -en> ['brYstʊŋ] f ❶ (Balkonbrüstung etc) parapet ❷ (Fensterbrüstung) breast

Brust·war·ze f nipple

Brut <-, -en> [bru:t] f ❶ kein pl (das Brüten) brooding no pl ❷ (die Jungen) brood; (von Hühnern) clutch; (von Bienen) nest ❸ kein pl (pej: Gesindel) mob

bru·tal [bru'ta:l] **I.** adj ❶ (roh) brutal; **ein ~er Kerl** a brute ❷ (fam: besonders groß, stark) bastard attr sl; **~e Kopfschmerzen haben** (fam) to have a throbbing headache; **eine ~e Niederlage** a crushing defeat **II.** adv ❶ (roh, ohne Rücksicht) brutally ❷ (fam: sehr) **das tut ~ weh** it hurts like hell; **das war ~ knapp!** that was damned close!; **~ viel[e]** a hell of a lot

Bru·ta·li·tät <-, -en> [brutali'tɛ:t] f ❶ kein pl (Rohheit) brutality ❷ kein pl (Schonungslosigkeit) cruelty ❸ (Gewalttat) brutal act

Brut·ap·pa·rat m incubator

brü·ten ['bry:tn] vi ❶ (über den Eiern sitzen) to brood; (von Hühnern a.) to sit ❷ (grübeln) to brood (**über** over)

Brü·ter <-s, -> m NUKL [nuclear] breeder; **schneller ~** fast breeder

Brut·kas·ten m MED incubator **Brut·platz** m breeding place; (von Hühnern) hatchery **Brut·stät·te** f ❶ (Nistplatz) breeding ground (+gen for) ❷ (geh: Herd) breeding ground (+gen for)

brut·to ['brʊto] adv [in the] gross; **3800 Euro ~ verdienen** to have a gross income of 3800 euros

Brut·to·ein·kom·men nt gross income **Brut·to·ge·halt** nt gross salary **Brut·to·ge·winn** m gross profit **Brut·to·in·lands·pro·dukt** nt gross domestic product, GDP

Bru̱t·to·lohn m gross wage **Bru̱t·to·so·zi·al·pro·dukt** nt gross national product, GNP
bru̱t·zeln ['brʊtsl̩n] **I.** vi (braten) to sizzle **II.** vt to fry
BSE [beːʔɛsˈʔeː] f MED Abk von **bovine spongiforme Enzephalopathie** BSE
BSP [beːʔɛsˈpeː] nt Akr von **Bruttosozialprodukt** GNP
btto Abk von **brutto** gr.
Btx [beːteːˈʔɪks] Abk von **Bildschirmtext** VTX
Bub <-en, -en> [buːp, pl buːbn̩] m SÜDD, ÖSTERR, SCHWEIZ boy, BRIT a. cock
Bu̱·be <-n, -n> ['buːbə] m (Spielkarte) jack
Bu̱·ben·streich m childish prank
Buch <-[e]s, Bücher> [buːx, pl ˈbyːçɐ] nt ❶ (Band) book; **ein ~ mit sieben Siegeln** (fig) a closed book; **du redest wie ein ~** (fam) you never stop talking; **ein Gentleman, wie er im ~e steht** the very model of a gentleman ❷ meist pl ÖKON (Geschäftsbuch) books pl; **die Bücher fälschen** to cook the books fam; **jdm die Bücher führen** to keep sb's accounts; **über etw** akk **~ führen** to keep a record of sth; **über die Bücher gehen** SCHWEIZ to balance the books ❸ REL (Schrift) Book
Buch·bin·der(in) <-s, -> m(f) bookbinder
Buch·bin·de·rei <-, -en> f ❶ (Betrieb eines Buchbinders) bookbindery ❷ kein pl (das Buchbinden) ▪ **die ~** bookbinding no pl
Buch·bin·de·rin <-, -nen> f fem form von **Buchbinder**
Buch·druck m kein pl letterpress printing no art **Buch·dru·cker(in)** m(f) [letterpress] printer
Bu̱·che <-, -n> ['buːxə] f ❶ (Baum) beech [tree] ❷ (Holz) beech [wood]
Buch·ecker <-, -n> f beechnut
bu̱·chen ['buːxn̩] vt ❶ (vorbestellen) to book ❷ ÖKON (ver~) to enter (**als** as) ❸ (registrieren) to register ❹ (fam: sich zurechnen) ▪ **etw als Erfolg ~** to mark up a success
Bu̱·chen·holz nt beech[wood]
Bü·cher·bord <-e> nt, **Bü·cher·brett** nt bookshelf
Bü·che·rei <-, -en> [byːçəˈraɪ̯] f [lending] library
Bü·cher·re·gal nt bookshelf (**im** on) **Bü·cher·schrank** m bookcase **Bü·cher·sen·dung** f ❶ (Paket mit Büchern) consignment of books ❷ (Versendungsart) book post no indef art **Bü·cher·wurm** m (hum) bookworm
Buch·fink m chaffinch
Buch·füh·rung f bookkeeping no pl; **einfache/doppelte ~** single-/double-entry bookkeeping **Buch·hal·ter(in)** m(f) bookkeeper **buch·hal·te·risch** adj bookkeeping attr

Buch·hal·tung f ❶ (Rechnungsabteilung) accounts department ❷ s. **Buchführung**
Buch·han·del m book trade; **im ~ erhältlich** available in bookshops **Buch·händ·ler(in)** m(f) bookseller **Buch·hand·lung** f bookshop
Buch·ma·cher(in) m(f) bookmaker
Buch·mes·se f book fair **Buch·prü·fer(in)** m(f) auditor **Buch·prü·fung** f audit
Buchs·baum ['bʊks-] m box[-tree]
Buch·se <-, -n> ['bʊksə] f ❶ ELEK jack ❷ TECH bushing
Büch·se <-, -n> ['bʏksə] f ❶ (Dose) tin BRIT, can AM ❷ (Sammelbüchse) collecting-box ❸ (Jagdgewehr) rifle
Büch·sen·milch f evaporated milk no pl **Büch·sen·öff·ner** m can-opener, BRIT a. tin-opener
Buch·sta·be <-n[s], -n> ['buːxʃtaːbə] m (Druckbuchstabe) character, letter; **fetter ~** bold character; **in großen ~n** in capitals; **in kleinen ~n** in small letters
buch·sta·ben·ge·treu adj literal
buch·sta·bie·ren* [buːxʃtaˈbiːrən] vt to spell
buch·stäb·lich ['buːxʃtɛːplɪç] **I.** adj literal **II.** adv (geradezu) literally
Buch·stüt·ze f book-end
Bucht <-, -en> [bʊxt] f bay; **die Deutsche ~** the Heligoland Bight
Bu·chung <-, -en> ['buːxʊŋ] f ❶ (Reservierung) booking ❷ FIN (Verbuchung) posting
Buch·wei·zen m buckwheat
Bu̱·ckel <-s, -> ['bʊkl̩] m ❶ (fam: Rücken) back; **einen [krummen] ~ machen** to arch one's back ❷ (fam: kleine Bergkuppe) hill ❸ (fam) hunchback, humpback ❹ (kleine Wölbung) bump ❺ HIST (eines Schildes) boss ▸ **etw auf dem ~ haben** (fam) to have been through sth; **das Auto hat schon einige Jahre auf dem ~** the car has been around for a good few years; **rutsch mir [doch] den ~ runter!** (fam) get off my back!
bu̱·ckeln ['bʊkl̩n] vi ❶ (einen Buckel machen) to arch one's back ❷ (pej: sich devot verhalten) to crawl (**vor** up to)
bü·cken ['bʏkn̩] vr **sich** [nach etw dat] **~** to bend down [to pick sth up]
Bück·ling <-s, -e> ['bʏklɪŋ] m ❶ (Fisch) smoked herring ❷ (hum fam: Verbeugung) bow
Bu·da·pest <-s> ['buːdapɛst] nt Budapest
bud·deln ['bʊdl̩n] **I.** vi (fam: graben) to dig [up] **II.** vt DIAL (ausgraben) to dig [out]
Bud·dhis·mus <-> [bʊˈdɪsmʊs] m kein pl Buddhism no pl
Bud·dhist(in) <-en, -en> [bʊˈdɪst] m(f) Buddhist

bud·dhis·tisch adj Buddhist

Bu·de <-, -n> ['buːdə] f ① (Hütte) [wooden] cabin; (Baubude) [builder's] hut BRIT, trailer [on a construction site] AM; (Kiosk) kiosk ② (fam: Wohnung) digs npl BRIT, pad AM; **sturmfreie ~ haben** (fam) to have the place to oneself ▶ **jdm fällt die ~ auf den Kopf** (fam) sb feels claustrophobic; **[jdm] die ~ auf den Kopf stellen** (fam bei einer Feier) to have a good old rave-up [in sb's house] BRIT sl, to trash sb's house AM sl; (beim Durchsuchen) to turn the house upside-down; **jdm die ~ einrennen** (fam) to buy everything in sight in sb's shop BRIT, to clear out sb's store AM

Bud·get <-s, -s> [byˈdʒeː] nt budget

bud·ge·tie·ren* [bydʒeˈtiːrən] vt to draw up a budget for

Bü·fett <-[e]s, -s o -e> [byˈfɛː] nt, **Buf·fet** <-s, -s> [byˈfeː] nt bes ÖSTERR, SCHWEIZ ① (Essen) buffet ② (Anrichte) sideboard ③ SCHWEIZ (Bahnhofsgaststätte) station restaurant

Büf·fel <-s, -> ['bʏfl] m buffalo

büf·feln ['bʏfln] vt (fam: pauken) to swot up on [or AM cram for]

Bug <-[e]s, Büge o -e> [buːk, pl 'byːgə] m ① NAUT bow; LUFT nose ② KOCHK (Rind) shoulder, blade; (Schwein) hand of pork

Bü·gel <-s, -> ['byːgl] m ① (Kleiderbügel) coat hanger ② (Griff einer Handtasche) handle ③ (Griff einer Säge) frame ④ (Einfassung) edging ⑤ (Brillenbügel) leg [of glasses] ⑥ (Steigbügel) stirrup ⑦ (beim Schlepplift) grip

Bü·gel·brett nt ironing board **Bü·gel·ei·sen** <-s, -> nt iron **Bü·gel·fal·te** f crease **bü·gel·frei** adj crease-free

bü·geln ['byːgln] vt, vi to iron

bug·sie·ren* [buˈksiːrən] vt ① (fam: mühselig bewegen) to shift ② (fam: drängen) to shove ③ NAUT (schleppen) to tow

buh [buː] interj boo

bu·hen ['buːən] vi (fam) to boo

Buh·mann <-männer> m (fam) scapegoat, AM a. fall guy

Büh·ne <-, -n> ['byːnə] f ① (Spielfläche) stage; **auf der ~ stehen** to be on the stage; **von der ~ abtreten** to leave the scene; **hinter der ~** behind the scenes ② (Theater) theatre ③ (Tribüne) stand ④ (Hebebühne) hydraulic lift ⑤ DIAL (Dachboden) attic ▶ **etw über die ~ bringen** (fam) to get sth over with; **über die ~ gehen** (fam: abgewickelt werden) to take place

Büh·nen·be·ar·bei·tung f stage adaptation **Büh·nen·bild** nt scenery **Büh·nen·bild·ner(in)** <-s, -> m(f) scene-painter **büh·nen·reif** adj ① THEAT fit for the stage ② (iron: theatralisch) dramatic **Büh·nen·stück** nt [stage] play **büh·nen·wirk·sam** THEAT **I.** adj dramatically effective **II.** adv in a dramatically effective manner

Buh·ruf m [cry of] boo

Bu·ka·rest <-s> ['buːkarɛst] nt Bucharest

Bu·kett <-s, -s o -e> [buˈkɛt] nt bouquet

Bu·let·te <-, -n> [buˈlɛtə] f DIAL (Frikadelle) meat ball

Bul·ga·re, Bul·ga·rin <-n, -n> [bʊlˈgaːrə, -ˈgaːrɪn] m, f Bulgarian; s. a. **Deutsche(r)**

Bul·ga·ri·en <-s> [bʊlˈgaːriən] nt Bulgaria; s. a. **Deutschland**

Bul·ga·rin <-, -nen> f fem form von **Bulgare**

bul·ga·risch [bʊlˈgaːrɪʃ] adj Bulgarian; s. a. **deutsch**

Bull·au·ge ['bʊl-] nt porthole **Bull·dog·ge** f bulldog **Bull·do·zer** <-s, -> ['bʊldoːzə] m bulldozer

Bul·le <-n, -n> ['bʊlə] m ① (männliches Tier) bull ② (sl: Polizist) cop[per] fam; ▪ **die ~ n** pl the [Old] Bill + sing/pl vb BRIT sl, the cops pl AM sl ③ (fam: starker Mann) hulk

Bul·len·hit·ze f kein pl (fam) stifling heat no pl **bul·len·stark** adj beefy, as strong as an ox pred; **das ist ja ~!** (fam) that's fantastic!

Bul·le·rei f (pej) cops pl

Bul·le·tin <-s, -s> [bylˈtɛ̃ː] nt bulletin

bul·lig ['bʊlɪç] adj (fam) hulking

Bu·me·rang <-s, -s o -e> ['buːməraŋ] m ① (Wurfholz) boomerang ② (Eigentor) own goal BRIT, goal scored against your own team AM

Bum·mel <-s, -> ['bʊml] m stroll; **einen ~ machen** to go for a stroll

Bum·me·lei <-> [bʊməˈlaɪ] f kein pl (pej fam) dilly-dallying

bum·meln ['bʊmln] vi ① sein (spazieren gehen) to stroll; **~ gehen** to go for a stroll ② haben (fam: trödeln) to dilly-dally

Bum·mel·streik m go-slow **Bum·mel·zug** m (fam) local [passenger] train

bums [bʊms] interj bang

bum·sen ['bʊmzn] **I.** vi impers haben (fam: dumpf krachen) ▪ **es bumst** there is a bang **II.** vi ① sein (prallen, stoßen) to bang (**auf** into, **gegen** against) ② haben (derb: koitieren) ▪ **[mit jdm] ~** to screw sb, BRIT a. to have it off [with sb]

BUND <-s> m kein pl Akr von **Bund für Umwelt und Naturschutz Deutschland** German conservation agency

Bund¹ <-[e]s, Bünde> [bʊnt, pl ˈbʏndə] m ① (Vereinigung, Gemeinschaft) association ② (die Bundesrepublik Deutschland) ▪ **der ~** the Federal Republic of Germany; **~ und Länder** the Federation and the [German] States (Länder); SCHWEIZ (Eidgenos-

senschaft) confederation ③ (*Konföderation*) confederation ④ (*fam: Bundeswehr*) ■ **der ~** the [German] army; **beim ~ sein** to be doing one's military service ⑤ (*Einfassung*) waistband

Bund² <-[e]s, -e> [bʊnt, 'bʊndə] *pl nt* bundle; KOCHK bunch

Bünd·chen <-s, -> ['bʏntçən] *nt* (*Abschluss am Ärmel*) cuff; (*Abschluss am Halsausschnitt*) neckband

Bün·del <-s, -> ['bʏndl] *nt* bundle

bün·deln *vt* ① (*zusammenschnüren*) to tie in[to] bundles; *Karotten* to tie in[to] bunches ② ORN (*konzentrieren*) to concentrate

Bun·des·agen·tur für Ar·beit *f* BRD employment office, ≈ job centre BRIT

Bun·des·an·stalt *f* federal institute; **~ für Arbeit** Federal Employment Office **Bun·des·aus·bil·dungs·för·de·rungs·ge·setz** *nt* federal law concerning the promotion of education and training **Bun·des·bahn** *f* **die [Deutsche] ~** German Federal Railway, ≈ British Rail BRIT, ≈ Amtrak AM **Bun·des·bank** *f* Federal Bank of Germany **Bun·des·be·hör·de** *f* Federal authority [*or* AM agency] **Bun·des·bür·ger(in)** *m(f)* German citizen **Bun·des·ge·biet** *nt* BRD, ÖSTERR federal territory **Bun·des·ge·nos·se, -ge·nos·sin** *m, f* ally **Bun·des·ge·richt** *nt* SCHWEIZ [Swiss] Federal Court **Bun·des·ge·richts·hof** *m* BRD Federal German supreme court (*highest German court of appeal*) **Bun·des·ge·setz·blatt** *nt* JUR BRD, ÖSTERR Federal Law Gazette, ≈ Statutes of the Realm BRIT, ≈ United States Statutes at large AM **Bun·des·grenz·schutz** *m* BRD German Border Police **Bun·des·haupt·stadt** *f* federal capital **Bun·des·in·nen·mi·nis·ter(in)** *m(f)* German Minister of the Interior **Bun·des·kanz·ler(in)** *m(f)* BRD German Chancellor; ÖSTERR Austrian Chancellor; SCHWEIZ Head of the Federal Chancellery **Bun·des·kanz·ler·amt** *nt* POL Federal Chancellor's Office (*responsible for planning, control and coordination of the Bundeskanzler's functions and duties*) **Bun·des·kanz·le·rin** *f fem form von* Bundeskanzler **Bun·des·kar·tell·amt** *nt kein pl* Federal Cartel Office **Bun·des·kri·mi·nal·amt** *nt* Federal Criminal Police Office (*central organization for combatting and investigating crime*) **Bun·des·land** *nt* federal state; (*nur BRD*) Land; **die alten/neuen Bundesländer** former West/East Germany **Bun·des·li·ga** *f kein pl* German football [*or* AM soccer] league **Bun·des·mi·nis·ter(in)** *m(f)* BRD, ÖSTERR federal minister [of Germany/Austria] **Bun·des·mi·nis·te·ri·um** *nt* BRD, ÖSTERR federal ministry **Bun·des·post** *f kein pl* Federal Post Office (*German Postal Service*) **Bun·des·prä·si·dent(in)** *m(f)* BRD, ÖSTERR President of the Federal Republic of Germany/Austria; SCHWEIZ President of the Confederation **Bun·des·rat** *m* ① BRD, ÖSTERR Bundesrat (*Upper House of Parliament*) ② *kein pl* SCHWEIZ Federal Council (*executive body*) **Bun·des·re·gie·rung** *f* federal government **Bun·des·re·pub·lik** *f* federal republic; **die ~ Deutschland** the Federal Republic of Germany **Bun·des·staat** *m* ① (*Staatenbund*) confederation ② (*Gliedstaat*) federal state; **im ~ Kalifornien** in the state of California **Bun·des·stra·ße** *f* BRD, ÖSTERR ≈ A road BRIT, ≈ interstate [highway] AM

Bun·des·tag *m kein pl* BRD Bundestag (*Lower House of Parliament*) **Bun·des·tags·ab·ge·ord·ne·te(r)** *f(m) dekl wie adj* Member of the Bundestag **Bun·des·tags·wahl** *f* Bundestagselection

Bun·des·trai·ner(in) *m(f)* BRD [German] national coach **Bun·des·ver·dienst·kreuz** *nt* BRD Order of Merit of the Federal Republic of Germany, ≈ OBE BRIT

Bun·des·ver·fas·sungs·ge·richt *nt kein pl* BRD Federal Constitutional Court (*supreme legal body that settles issues relating to the basic constitution*) **Bun·des·ver·fas·sungs·rich·ter, -rich·te·rin** *m, f* Judge of the German Federal Constitutional Court

Bun·des·ver·samm·lung *f* POL ① BRD Federal Assembly ② SCHWEIZ Swiss Parliament **Bun·des·wehr** *f* Federal Armed Forces **bun·des·weit** *adj, adv* throughout Germany *pred*

Bund·fal·ten·ho·se *f* trousers [*or* AM *a.* pants] *pl* with a pleated front

bün·dig ['bʏndɪç] *adj* ① (*bestimmt*) concise ② (*schlüssig*) conclusive ③ (*in gleicher Ebene*) level

Bünd·nis <-ses, -se> ['bʏntnɪs] *nt* alliance; **~ 90** Bündnis 90 (*political party comprising members of the citizens' movements of former East Germany*)

Bünd·nis·grü·ne *pl* Green party alliance

Bun·ga·low <-s, -s> ['bʊŋgalo:] *m* bungalow

Bun·gee·jum·ping <-s> ['bandʒɪdʒampɪŋ] *nt kein pl*, **Bun·gee·sprin·gen** ['bandʒɪʃprɪŋən] *nt kein pl* bungee jumping *no pl*

Bun·ker <-s, -> ['bʊŋkɐ] *m* ① (*Schutzraum*) bunker; (*Luftschutzbunker*) air-raid shelter ② (*beim Golf*) bunker ③ (*sl: Gefängnis*) slammer

bun·kern ['bʊŋkɐn] *vt* to hoard

bunt [bʊnt] **I.** *adj* ① (*farbig*) colourful ② (*un-*

geordnet) muddled; (*vielfältig*) varied **II.** *adv* ❶ (*farbig*) colourfully; (*gestreift*) with colourful stripes *pl*; ~ **kariert** with a coloured check [pattern] ❷ (*ungeordnet*) in a muddle; ~ **gemischt** (*abwechslungsreich*) diverse; (*vielfältig*) varied ▶ **es zu ~ treiben** (*fam*) to go too far; **jdm wird es zu ~** (*fam*) sb has had enough **bunt·ge·mischt**ᴬᴸᵀ *adj attr* (*abwechslungsreich*) diverse; (*vielfältig*) varied **Bunt·sand·stein** *m* ❶ BAU red sandstone ❷ GEOL Bunter **Bunt·specht** *m* great spotted woodpecker **Bunt·stift** *m* coloured pencil **Bunt·wä·sche** *f* colour wash

Bür·de <-, -n> ['byrdə] *f* (*geh*) ❶ (*Last*) load ❷ (*Beschwernis*) burden

Burg <-, -en> [bʊrk] *f* castle

Bür·ge, Bür·gin <-n, -n> ['byrgə, 'byrgɪn] *m*, *f* guarantor

bür·gen *vi* ❶ (*einstehen für*) to act as guarantor; ■ **für jdn ~** to act as sb's guarantor ❷ (*garantieren*) to guarantee

Bür·ger(in) <-s, -> ['byrgɐ] *m(f)* citizen

Bür·ger·be·geh·ren *nt* BRD public petition for a referendum **Bür·ger·be·we·gung** *f* citizens' movement **bür·ger·fern** *adj* non-citizen-friendly, not in touch with the people *pred*

Bür·ge·rin <-, -nen> *f* *fem form von* **Bürger**

Bür·ger·ini·ti·a·ti·ve *f* citizens' group **Bür·ger·krieg** *m* civil war **Bür·ger·kriegs·ähn·lich** *adj* similar to civil war *pred* **Bür·ger·kriegs·flücht·ling** *m* civil war refugee **bür·ger·lich** ['byrgɐlɪç] *adj* ❶ *attr* (*den Staatsbürger betreffend*) civil; ~**e Pflicht** civic duty ❷ (*dem Bürgerstand angehörend*) bourgeois *pej*

Bür·ger·meis·ter(in) ['byrgɐmaɪstɐ] *m(f)* mayor; **der regierende ~ von Hamburg** the governing Mayor of Hamburg **bür·ger·nah** *adj* citizen-friendly, in touch with the people *pred* **Bür·ger·nä·he** *f kein pl* citizen-friendliness *no pl* **Bür·ger·pflicht** *f* civic duty **Bür·ger·recht** *nt meist pl* civil right **Bür·ger·recht·ler(in)** <-s, -> *m(f)* civil rights activist **Bür·ger·rechts·be·we·gung** *f* civil rights *pl* movement **Bür·ger·schaft** <-, -en> *f* POL ❶ (*die Bürger*) citizenry ❷ (*Bürgervertretung*) ≈ city-state parliament (*in the states of Bremen and Hamburg*) **Bür·ger·steig** <-[e]s, -e> *m* pavement BRIT, sidewalk AM **Bür·ger·tum** <-s> *nt kein pl* bourgeoisie + *sing/pl vb* **Bür·ger·ver·samm·lung** *f* citizen's meeting

Bür·gin <-, -nen> *f* *fem form von* **Bürge**

Burg·ru·i·ne *f* castle ruin

Bürg·schaft <-, -en> *f* JUR ❶ (*gegenüber Gläubigern*) guaranty; **die ~ für jdn übernehmen** to act as sb's guarantor ❷ (*Haftungssumme*) security

Bur·gund <-[s]> [bʊr'gʊnt] *nt* Burgundy **bur·gun·disch** [bʊr'gʊndɪʃ] *adj* Burgundy **Bur·ka** <-, -s> ['bʊrka] *f* REL burka

bur·lesk [bʊr'lɛsk] *adj* burlesque

Bü·ro <-s, -s> [by'ro:] *nt* office

Bü·ro·an·ge·stell·te(r) *f(m) dekl wie adj* office worker **Bü·ro·ar·beit** *f* office work **Bü·ro·be·darf** *m* office supplies *pl* **Bü·ro·ge·bäu·de** *nt* office building **Bü·ro·haus** *nt* office block **Bü·ro·kauf·mann, -kauf·frau** *m*, *f* office administrator [with commercial training] **Bü·ro·klam·mer** *f* paper clip

Bü·ro·krat(in) <-en, -en> [byro'kra:t] *m(f)* (*pej*) bureaucrat

Bü·ro·kra·tie <-, -n> [byrokra'ti:, *pl* -'ti:ən] *f* bureaucracy

Bü·ro·kra·tin <-, -nen> *f fem form von* **Bürokrat**

bü·ro·kra·tisch **I.** *adj* ❶ *attr* bureaucratic ❷ (*pej*) involving a lot of red tape **II.** *adv* bureaucratically

Bü·ro·raum *m* office **Bü·ro·stun·den** *pl*, **Bü·ro·zeit** *f* office hours *pl*

Bur·sche <-n, -n> ['bʊrʃə] *m* ❶ (*Halbwüchsiger*) adolescent ❷ (*fam: Kerl*) so-and-so BRIT, character AM ❸ (*fam: Exemplar*) specimen

Bur·schen·schaft <-, -en> *f* SCH ≈ fraternity (*student's duelling association with colours*)

bur·schi·kos [bʊrʃi'ko:s] **I.** *adj* (*salopp*) casual; (*Mensch*) laid-back; ~**es Mädchen** tomboy **II.** *adv* casually

Bürs·te <-, -n> ['byrstə] *f* brush

bürs·ten ['byrstn̩] *vt* to brush

Bus <-ses, -se> [bʊs, *pl* 'bʊsə] *m* AUTO bus; (*Reisebus*) coach, AM *usu* bus

Bus·bahn·hof *m* bus station

Busch <-[e]s, Büsche> [bʊʃ, *pl* 'byʃə] *m* ❶ (*Strauch*) shrub ❷ (*Buschwald*) bush ❸ (*Strauß*) bunch; (*selten: Büschel*) tuft ▶ **mit etw** *dat* **hinter dem ~ halten** (*fam*) to keep sth to oneself; ■ **da ist etw im ~** sth is up; **bei jdm auf den ~ klopfen** (*fam*) to sound sb out

Busch·boh·ne *f* dwarf [*or* AM bush] bean **Bü·schel** <-s, -> ['byʃl̩] *nt* tuft

bü·schel·wei·se *adv* in tufts

bu·schig *adj* bushy

Busch·mes·ser *nt* machete

Bu·sen <-s, -> ['bu:zn̩] *m* ❶ (*weibliche Brust*) bust ❷ (*Oberteil eines Kleides*) top ❸ (*geh: Innerstes*) breast *liter*

Bu·sen·freund(in) *m(f)* buddy

Bus·fah·rer(in) *m(f)* bus driver **Bus·hal·te·**

stel·le f bus stop **Bus·li·nie** f bus route
Bus·sard <-s, -e> ['bʊsart, pl 'bʊsardə] m buzzard
Bu·ße <-, -n> ['buːsə] f ❶ kein pl penance no pl; ~ **tun** to do penance ❷ (Geldbuße) fine
Bus·sel <-s, -(n)> ['bʊsəl] nt s. Busserl
bü·ßen ['byːsn̩] I. vt ❶ (bezahlen) to pay for; **das wirst du mir ~!** I'll make you pay for that! ❷ SCHWEIZ (mit einer Geldbuße belegen) to fine II. vi (leiden) to suffer (**für** because of); **dafür wird er mir ~!** I'll make him suffer for that!
Bü·ßer(in) <-s, -> m(f) penitent
Bus·se(r)l <-s, -[n]> ['bʊsəl] nt SÜDD, ÖSTERR (fam) kiss
Buß·geld nt (Geldbuße) fine, BRIT a. penalty (imposed for traffic and tax offences)
Buß·geld·be·scheid m notice of a fine, BRIT a. penalty notice
Bus·si <-> ['bʊsi] nt SÜDD, ÖSTERR kiss
Buß·tag m day of repentance; **Buß- und Bettag** day of prayer and repentance (on the Wednesday before Advent)
Büs·te <-, -n> ['bʏstə] f bust
Büs·ten·hal·ter m bra[ssiere]
Bus·ver·bin·dung f bus service
Bu·tan·gas nt butane gas
Butt <-[e]s, -e> [bʊt] m butt
Büt·te <-, -n> ['bʏtə] f DIAL tub
Büt·ten·re·de f DIAL humorous speech (made from the barrel-like platform at a carnival)
But·ter <-> ['bʊtɐ] f kein pl butter no pl
▸ **weich wie ~** as soft as can be; **alles** [ist] **in ~** (fam) everything is hunky-dory
But·ter·blu·me f buttercup **But·ter·brot** nt slice of buttered bread **But·ter·brot·pa·pier** nt greaseproof paper **But·ter·milch** f buttermilk **But·ter·schmalz** nt clarified butter **but·ter·weich** ['bʊtɐ'vaɪ̯ç] I. adj really soft II. adv softly
But·ton <-s, -s> ['batn̩] m badge
But·zen·schei·be f bullion point sheet
b. w. Abk von bitte wenden PTO
BWL [beːveːˈʔɛl] f Abk von **Betriebswirtschaftslehre**
Byte <-s, -s> [baɪ̯t] nt byte
by·zan·ti·nisch [bytsanˈtiːnɪʃ] adj Byzantine
By·zanz <-> [byˈtsants] nt Byzantium
bzw. adv Abk von **beziehungsweise**

C c

C, c <-, - o fam -s, -s> [tseː] nt ❶ (Buchstabe) C, c; s. a. **A 1** ❷ MUS C, c; **das hohe ~** top c; s. a. **A 2**
C [tseː] Abk von **Celsius** C
ca. Abk von **circa** approx., ca.
Ca·brio <-s, -s> [ˈkaːbrio] nt, **Ca·brio·let** <-[s], -s> [kabrioˈleː] nt s. Kabriolett
Ca·fé <-s, -s> [kaˈfeː] nt café
Ca·fe·te·ria <-, -s> [kafetaˈriːa] f cafeteria
Cal·ci·um <-s> [ˈkaltsiʊm] nt kein pl s. Kalzium
Call·boy [ˈkɔːlbɔɪ̯] m male version of a call girl **Call·girl** <-s, -s> [-gœrl] nt call girl
Cam·cor·der <-s, -> [ˈkamkɔrdɐ] m camcorder
Ca·mem·bert <-s, -s> [ˈkamɑ̃mbɛːɐ̯] m Camembert
Ca·mi·on <-s, -s> [kaˈmjɔ̃] m SCHWEIZ lorry BRIT, truck AM
Camp <-s, -s> [kɛmp] nt camp
cam·pen [ˈkɛmpn̩] vi to camp
cam·pie·ren* [kamˈpiːrən] vi ❶ s. kampieren ❷ ÖSTERR, SCHWEIZ to camp
Cam·ping <-s> [ˈkɛmpɪŋ] nt kein pl camping
Cam·ping·aus·rüs·tung f camping equipment **Cam·ping·bus** m camper **Cam·ping·platz** m campsite
Can·na·bis <-> [ˈkanabɪs] m kein pl cannabis no pl
Cap·puc·ci·no <-[s], -[s]> [kapʊˈtʃiːno] m cappuccino
Car <-s, -s> [kaːɐ̯] m SCHWEIZ kurz für **Autocar** bus
Ca·ra·van <-s, -s> [ˈka(ː)ravan] m caravan
Car-Sha·ring <-s>, **Car·sha·ring** <-s> [ˈkaːɐ̯ʃɛːɐ̯rɪŋ] nt kein pl car sharing
Car·toon <-s, -s> [karˈtuːn] m cartoon
Ca·sa·no·va <-s, -s> [kazaˈnoːva] m Casanova
cash [kɛʃ] adv cash
Cash <-s> [kɛʃ] nt kein pl cash no pl
Ca·si·no <-s, -s> [kaˈziːno] nt s. Kasino
Cas·tor·trans·port <-> m kein pl trans-port[ation] of radioactive material
Ca·yenne·pfef·fer [kaˈjɛn-] m cayenne pepper
CD <-, -s> [tseːˈdeː] f Abk von **Compactdisc** CD
CD-Bren·ner m CD rewriter **CD-Play·er** <-s, -> [tseːˈdeːpleːɐ] m CD player **CD-ROM** <-, -s> [tseːˈdeːrɔm] f CD-ROM **CD-ROM-Lauf·werk** nt CD-ROM drive **CD-**

Spie·ler *m* CD player
CDU <-> [tseːdeːˈʔuː] *f Abk von* **Christlich-Demokratische Union** CDU
Cel·list(in) <-en, -en> [tʃɛˈlɪst] *m(f)* cellist
Cel·lo <-s, -s *o* Celli> [ˈtʃɛlo] *nt* cello
Cel·lo·phan® <-s> [tsɛloˈfaːn] *nt kein pl* cellophane *no pl*
Cel·si·us [ˈtsɛlzi̯ʊs] *no art* Celsius
Cem·ba·lo <-s, -s *o* Cembali> [ˈtʃɛmbalo, *pl* ˈtʃɛmbali] *nt* cembalo
Cent <-(s), -(s)> [sɛnt] *m* cent
Ces, ces <-, -> [tsɛs] *nt* MUS C flat
Cha·mä·le·on <-s, -s> [kaˈmɛːleɔn] *nt* chameleon
Cham·pa·gner <-s, -> [ʃamˈpanjə] *m* champagne
Cham·pi·gnon <-s, -s> [ˈʃampɪnjɔn] *m* mushroom
Cham·pi·on <-s, -s> [ˈtʃɛmpi̯ən] *m* champion
Chan·ce <-, -n> [ˈʃãːsə] *f* chance; **die ~n pl stehen gut/schlecht** there's a good chance/there's little chance
Chan·cen·gleich·heit *f kein pl* equal opportunities *pl* **chan·cen·los** *adj* no chance; **~ gegen jdn/etw sein** to not stand a chance against sb/sth
Chan·son <-s, -s> [ʃãˈsõː] *nt* chanson
Cha·os <-> [ˈkaːɔs] *nt kein pl* chaos *no pl*
Cha·ot(in) <-en, -en> [kaˈoːt] *m(f)* chaotic person
cha·o·tisch [kaˈoːtɪʃ] **I.** *adj* chaotic **II.** *adv* chaotically
Cha·rak·ter <-s, -tere> [kaˈraktɐ] *m* character; **~ haben** to have strength of character; **eines Gesprächs** nature *no indef art*
Cha·rak·ter·ei·gen·schaft *f* characteristic
Cha·rak·ter·feh·ler *m* character defect
cha·rak·ter·fest *adj* with strength of character *pred*; **~ sein** to have strength of character
cha·rak·ter·lich I. *adj* of sb's character *pred* **II.** *adv* in character, as far as sb's character is concerned *pred*
cha·rak·ter·los I. *adj* despicable **II.** *adv* despicably **Cha·rak·ter·schwä·che** *f* weakness of character **Cha·rak·ter·schwein** *nt* bad lot **Cha·rak·ter·stär·ke** *f* strength of character **Cha·rak·ter·zug** *m* characteristic
char·mant [ʃarˈmant] **I.** *adj* charming **II.** *adv* charmingly
Charme <-s> [ʃarm] *m kein pl* charm
Char·meur <-s, -e> [ʃarˈmøːɐ̯] *m(f)* charmer
Char·ta <-, -s> [ˈkarta] *f* charter
Char·ter <-s, -s> [ˈtʃartɐ] *m* charter
Char·ter·flug [ˈtʃartɐ-] *m* charter flight **Char·ter·ma·schi·ne** *f* charter [aeroplane] [*or* AM airplane]
char·tern [ˈtʃartɐn] *vt* to charter
Charts [tʃaːts] *pl* charts *pl*
Chas·sis <-, -> [ʃaˈsiː] *nt* chassis
Chat <-s, -s> [tʃɛt] *m* INFORM chat
chat·ten [ˈtʃɛtn̩] *vi* INET to chat
Chauf·feur(in) <-s, -e> [ʃɔˈføːɐ̯] *m(f)* chauffeur
chauf·fie·ren* [ʃɔˈfiːrən] *vt* ▪ **jdn ~** to drive sb
Chaus·see <-, -n> [ʃɔˈseː] *f* Avenue
Chau·vi <-s, -s> [ˈʃoːvi] *m* (*sl*) [male] chauvinist [pig] *pej*
Chau·vi·nis·mus <-> [ʃoviˈnɪsmʊs] *m kein pl* chauvinism *no pl*
Chau·vi·nist(in) <-en, -en> [ʃoviˈnɪst] *m(f)* chauvinist
chau·vi·nis·tisch [ʃoviˈnɪstɪʃ] **I.** *adj* chauvinistic **II.** *adv* chauvinistically
che·cken [ˈtʃɛkn̩] *vt* ❶ (*überprüfen*) to check ❷ (*sl: begreifen*) ▪ **etw ~** to get sth
Check-in <-s, -s> [ˈtʃɛkʔɪn] *m o nt* check-in
Check·lis·te [ˈtʃɛk-] *f* checklist
Check-up <-s, -s> [ˈtʃɛkap] *m* check-up
Chef(in) <-s, -s> [ʃɛf] *m(f)* head; (*einer Firma*) manager, boss *fam*
Chefarzt, -ärz·tin *m, f* head doctor **Chef·eta·ge** *f* management floor
Che·fin <-, -nen> *f fem form von* **Chef**
Chef·koch, -kö·chin *m, f* chief cook **Chef·re·dak·teur(in)** *m(f)* editor-in-chief **Chef·se·kre·tär(in)** *m(f)* manager's secretary
Che·mie <-> [çeˈmiː] *f kein pl* chemistry *no pl*
Che·mie·fa·ser *f* man-made fibre **Che·mie·kon·zern** *nt* chemical manufacturer **Che·mie·müll** *m kein pl* chemical waste
Che·mi·ka·lie <-, -n> [çemiˈkaːli̯ə] *f meist pl* chemical
Che·mi·ker(in) <-s, -> [ˈçeːmikɐ] *m(f)* chemist
che·misch [ˈçeːmɪʃ] **I.** *adj* chemical **II.** *adv* chemically
Che·mo·the·ra·pie *f* chemotherapy
chic [ʃɪk] *adj s.* **schick**
Chi·co·rée <-s> [ˈʃikore] *m kein pl* chicory *no pl*

Chif·fre <-, -n> ['ʃɪfrə] f ① (*Kennziffer*) box number ② (*Zeichen*) cipher
chif·frie·ren* [ʃɪ'fri:rən] *vt* to [en]code
Chi·le <-s> ['tʃi:le] *nt* Chile; *s. a.* **Deutschland**
Chi·le·ne, Chi·le·nin <-n, -n> [tʃi'le:nə, -'le:nɪn] *m, f* Chilean; *s. a.* **Deutsche(r)**
chi·le·nisch [tʃi'le:nɪʃ] *adj* Chilean; *s. a.* **deutsch**
Chi·li <-s> ['tʃi:li] *m kein pl* chilli
Chi·li-Sau·ce <-, -n> ['tʃi:lizo:sə] *f* chilli sauce
chil·len ['tʃɪlən] *vi* (*sl*) to chill [out]
Chi·na <-s> ['çi:na] *nt* China; *s. a.* **Deutschland**
Chi·na·kohl *m* Chinese cabbage **Chi·na·res·tau·rant** *nt* Chinese [restaurant]
Chi·ne·se, Chi·ne·sin <-n, -n> [çi'ne:zə, -'ne:zɪn] *m, f* Chinese [person]; *s. a.* **Deutsche(r)**
chi·ne·sisch [çi'ne:zɪʃ] *adj* Chinese ▸ ~ **für jdn sein** (*fam*) to be double Dutch to sb; *s. a.* **deutsch**
Chip <-s, -s> [tʃɪp] *m* ① INFORM [micro]chip ② (*Jeton*) chip ③ *meist pl* KOCHK crisp *usu pl* BRIT, chip *usu pl* AM
Chip·kar·te *f* smart card
Chir·urg(in) <-en, -en> [çi'rʊrk] *m(f)* surgeon
Chir·ur·gie <-, -n> [çirʊr'gi:] *f kein pl* surgery *no pl*
Chir·ur·gin <-, -nen> *f fem form von* **Chirurg**
chir·ur·gisch [çi'rʊrgɪʃ] **I.** *adj* surgical **II.** *adv* surgically
Chlor <-s> [klo:ɐ] *nt kein pl* chlorine *no pl*
chlo·ren ['klo:rən] *vt* to chlorinate
Chlo·rid <-s, -e> [klo'ri:t] *f* CHEM chloride *no pl*
Chlo·ro·form <-s> [kloro'fɔrm] *nt kein pl* chloroform *no pl* **Chlo·ro·phyll** <-s> [kloro'fyl] *nt kein pl* chlorophyll *no pl*
Chlor·was·ser·stoff *m* hydrogen chloride
Choke <-s, -s> [tʃoʊk] *m* choke
Cho·le·ra <-> ['ko:lera] *f kein pl* cholera *no pl*
Cho·le·ri·ker(in) <-s, -> [ko'le:rikɐ] *m(f)* choleric person
cho·le·risch [ko'le:rɪʃ] *adj* choleric
Cho·les·te·rin <-s> [çɔlɛste'ri:n] *nt kein pl* cholesterol *no pl*
Cho·les·te·rin·spie·gel *m* cholesterol level
Chop·suey^{RR} <-(s), -s> [tʃɔ'psu:i] *nt* chop suey
Chor <-[e]s, Chöre> [ko:ɐ, *pl* 'kørə] *m* ① (*Gruppe von Sängern*) choir ② MUS chorus; **im** ~ in chorus
Cho·ral <-s, Choräle> [ko'ra:l, *pl* ko'rɛ:lə] *m* chorale

Cho·re·o·graf(in)^{RR} <-en, -en> [koreo'gra:f] *m(f)* choreographer
Cho·re·o·gra·fie^{RR} <-, -n> [koreogra'fi:] *f* choreography
Cho·re·o·gra·fin^{RR} <-, -nen> *f fem form von* **Choreograf**
cho·re·o·gra·fisch^{RR} [koreo'gra:fɪʃ] *adj* choreographic
Cho·re·o·graph(in) <-en, -en> [koreo'gra:f] *m(f) s.* **Choreograf**
Cho·re·o·gra·phie <-, -n> [koreogra'fi:] *f s.* **Choreografie**
Cho·re·o·gra·phin <-, -nen> *f fem form von* **Choreograf**
cho·re·o·gra·phisch [koreo'gra:fɪʃ] *adj s.* **choreografisch**
Chor·kna·be *m* choirboy
Cho·se <-, -n> ['ʃo:zə] *f* (*fam*) ① (*Angelegenheit*) thing, affair ② (*Zeug*) stuff; ■ **die** [**ganze**] ~ the whole lot
Chr. *Abk von* **Christus, Christi** Christ
Christ(in) <-en, -en> [krɪst] *m(f)* Christian
Christ·baum *m* DIAL Christmas tree
Chris·ten·heit <-> *f kein pl* Christendom *no pl*
Chris·ten·tum <-s> *nt kein pl* Christianity *no pl*
Chris·ti ['krɪsti] *gen von* **Christus**
Chris·tin <-, -nen> *f fem form von* **Christ**
Christ·kind *nt* ① (*Jesus*) Christ child ② (*weihnachtliche Gestalt*) Christ child, who brings Christmas presents for Children on 24th December; **ans ~ glauben** to believe in Father Christmas
christ·lich I. *adj* Christian; **C~-Demokratische Union** [*o* **CDU**] Christian Democratic Union, CDU; **C~-Soziale Union** [*o* **CSU**] Christian Social Union **II.** *adv* in a Christian manner
Christ·mes·se *f,* **Christ·met·te** *f* Christmas mass
Chris·tus <Christi, *dat - o geh* Christo, *akk - o geh* Christum> ['krɪstʊs] *m* Christ; **nach ~** AD; **vor ~** BC; **Christi Himmelfahrt** Ascension
Chrom <-s> [kro:m] *nt kein pl* chrome *no pl*
chro·ma·tisch [kro'ma:tɪʃ] *adj* MUS, ORN chromatic
Chro·mo·som <-s, -en> [kromo'zo:m] *nt* chromosome
Chro·nik <-, -en> ['kro:nɪk] *f* chronicle
chro·nisch ['kro:nɪʃ] *adj* chronic; ■ **etw ist bei jdm** ~ sb has [a] chronic [case of] sth; **ein ~ kranker Mensch** a chronically ill person
Chro·nist(in) <-en, -en> [kro'nɪst] *m(f)* chronicler
Chro·no·lo·gie <-> [kronolo'gi:] *f kein pl*

① *(zeitliche Abfolge)* sequence ② *(Zeitrechnung)* chronology
chro·no·lo·gisch [krono'lo:gɪʃ] **I.** *adj* chronological **II.** *adv* chronologically, in chronological order
Chro·no·me·ter <-s, -> [krono-] *nt* chronometer
Chry·san·the·me <-, -n> [kryzan'te:mə] *f* chrysanthemum
cir·ca ['tsɪrka] *adv s.* **zirka**
Cir·cus <-, -se> ['tsɪrkʊs] *m* circus
Cis, cis <-, -> [tsɪs] *nt* MUS C sharp
Ci·ty <-, -s> ['sɪti] *f* city [centre] BRIT, downtown AM
cl *Abk von* **Zentiliter** cl
Clan <-s, -s> [kla:n] *m* ① *(Stamm)* clan ② *(Clique)* clique
clean [kli:n] *adj präd (sl)* ▪ **~ sein** to be clean
Cle·men·ti·ne <-, -n> [klemɛn'ti:nə] *f* clementine
cle·ver ['klɛvɐ] **I.** *adj* ① *(aufgeweckt)* smart, bright ② *(raffiniert)* cunning **II.** *adv* ① *(geschickt)* artfully ② *(pej)* cunningly
Clinch <-[e]s> [klɪntʃ] *m kein pl* clinch; [**mit jdm**] **im ~ liegen** *(fig)* to be in dispute [with sb]
Clip <-s, -s> [klɪp] *m* ① *(Klemme)* clip ② *(Ohrschmuck)* clip-on [earring] ③ *(Videoclip)* video
Cli·que <-, -n> ['klɪkə] *f* ① *(Freundeskreis)* circle of friends ② *(pej)* clique
Clou <-s, -s> [klu:] *m* ① *(Glanzpunkt)* highlight ② *(Kernpunkt)* crux ③ *(Pointe)* punch line
Clown(in) <-s, -s> [klaʊn] *m(f)* clown ▸ **sich zum ~ machen** to make a fool of oneself; **den ~ spielen** to play the clown
Club <-s, -s> [klʊp] *m s.* **Klub**
cm *Abk von* **Zentimeter** cm
c-Moll <-s> ['tse:mɔl] *nt kein pl* MUS C flat minor
Coach <-[s], -s> [koʊtʃ] *m* coach
Co·ca ['ko:ka] *nt* <-[s], -s>, *f* <-, -s> *(fam)* Coke®
Co·ca-Co·la® <-, -(s)> [koka'ko:la] *f* Coca-Cola®
Cock·pit <-s, -s> ['kɔkpɪt] *nt* cockpit
Cock·tail <-s, -s> ['kɔkte:l] *m* cocktail
Cock·tail·bar *f* cocktail bar
Code <-s, -s> [ko:t] *m s.* **Kode**
Co·dex <-es *o* -, -e *o* Codices> ['ko:dɛks, *pl* 'ko:dɪtse:s] *m s.* **Kodex**
co·die·ren* [ko'di:rən] *vt* to code
Co·die·rung <-, -en> *f s.* **Kodierung**
Co·gnac® <-s, -s> ['kɔnjak] *m* cognac
Coif·feu·se <-, -n> [koa'føzə] *f* SCHWEIZ hairdresser
Co·la ['ko:la] *nt* <-[s], -s>, *f* <-, -s> *(fam)*

Coke® *fam*
Col·la·ge <-, -n> [kɔ'la:ʒə] *f* collage
Col·lege <-[s], -s> ['kɔlɪdʒ] *nt* college
Colt® <-s, -s> [kɔlt] *m* Colt
Come-backᴿᴿ, **Come·back** <-[s], -s> [kam'bɛk] *nt* comeback; **ein ~ feiern** to enjoy a comeback
Co·mic <-s, -s> ['kɔmɪk] *m meist pl* comic
Co·mic·heft <-(e)s, -e> ['kɔmɪk-] *nt* comic
Com·pact·discᴿᴿ, **Com·pact Disc** <-, -s> [kɔm'pɛkt-] *f* compact disc
Com·pu·ter <-s, -s> [kɔm'pju:tɐ] *m* computer; **[etw] auf ~ umstellen** to computerize [sth]
com·pu·ter·ge·ne·riert *adj* computer-generated **com·pu·ter·ge·steu·ert I.** *adj* computer-controlled **II.** *adv* under computer control **com·pu·ter·ge·stützt** *adj* computer-aided
com·pu·te·ri·sie·ren* [kɔmpjutəri'zi:rən] *vt* to computerize
com·pu·ter·les·bar *adj* machine-readable **Com·pu·ter·lin·gu·ist(in)** *m(f)* computer linguist **Com·pu·ter·lin·gu·is·tik** *f* computer linguistics + *sing vb*
com·pu·tern* [kɔm'pju:tɐn] *vi (fam)* to compute
Com·pu·ter·pro·gramm *nt* [computer] programme **Com·pu·ter·si·mu·la·ti·on** *f* computer simulation **Com·pu·ter·spiel** *nt* computer game **Com·pu·ter·sys·tem** *nt* computer system **com·pu·ter·un·ter·stützt** *adj* computer-aided **Com·pu·ter·vi·rus** *m* computer virus
Com·tes·se <-, -n> [kö'tɛs] *f* countess
Con·fé·ren·cier <-s, -s> [köferã'sie:] *m* compère
Con·sul·ting·fir·ma [kɔn'zaltɪŋ-] *f* consulting firm
Con·tai·ner <-s, -> [kɔn'te:nɐ] *m* container
Con·tai·ner·schiff *nt* container ship
Coo·kie <-s, -s> ['kʊkɪ] *nt* INET cookie
cool [ku:l] *adj (sl)* ① *(gefasst)* calm and collected ② *(sehr zusagend)* cool
Co·pi·lot(in) ['ko:pilo:t] *m(f)* co-pilot
Co·py·right <-s, -s> ['kɔpiraɪt] *nt* copyright
Cord <-s> [kɔrt] *m kein pl* cord[uroy]
Cor·don bleu <- -, -s -s> [kɔrdö'blø] *nt* veal cutlet filled with boiled ham and cheese and covered in breadcrumbs
Cor·ner <-s, -> ['kɔ:ɐ̯nɐ] *m* ÖSTERR, SCHWEIZ *(Eckball)* corner
Corn·flakes® ['kɔ:ɐ̯nfle:ks] *pl* cornflakes *pl*
Cor·ni·chon <-s, -s> [kɔrni'ʃõ:] *nt* pickled gherkin
Cor·ti·son <-s> [kɔrti'zo:n] *nt kein pl* cortisone *no pl*
Cos·ta Ri·ca <-s> ['kɔsta 'ri:ka] *nt* Costa Ri-

ca; *s. a.* **Deutschland**
Couch <-, -es *o* -en> [kaʊtʃ] *f* SÜDD couch
Couch·gar·ni·tur *f* three-piece suite, AM *a.* couch set **Couch·tisch** *m* coffee table
Count-down^RR, **Count·down** <-s, -s> ['kaʊnt'daʊn] *m o nt* countdown
Coup <-s, -s> [kuː] *m* coup; **einen ~ lan·den** to score a coup
Cou·pé <-s, -s> [kuˈpeː] *nt* ❶ (*Sportlimousine*) coupé ❷ ÖSTERR (*Zugabteil*) compartment
Cou·pon <-s, -s> [kuˈpõː] *m* coupon
Cou·rage <-> [kuˈraːʒə] *f kein pl* courage *no pl*
cou·ra·giert [kuraˈʒiːɐ̯t] I. *adj* bold II. *adv* boldly
Cou·sin <-s, -s> [kuˈzɛ̃ː] *m*, **Cou·si·ne** <-, -n> [kuˈziːnə] *f* cousin
Cou·vert <-s, -s> [kuˈveːɐ̯] *nt* (*veraltet*) ❶ (*Bettbezug*) cover ❷ (*Briefumschlag*) *s.* **Kuvert**
Co·ver <-s, -s> ['kavɐ] *nt* ❶ (*Titelseite*) [front] cover ❷ (*Plattenhülle*) [record] sleeve
co·vern ['kavɐn] *vt* MUS to cover
Co·ver·ver·si·on <-, -en> ['kavɐ-] *f* MUS cover version
Cow·boy <-s, -s> ['kaʊbɔy] *m* cowboy
Crack^1 <-s, -s> [krɛk] *m* (*ausgezeichneter Spieler*) ace
Crack^2 <-s> [krɛk] *nt kein pl* (*Rauschgift*) crack *no pl*
Crash·kurs ['krɛʃ-] *m* crash course
Creme <-, -s> [krɛːm, krɛːm] *f* ❶ (*Salbe*) cream ❷ (*Sahnespeise*) mousse
creme·far·ben *adj* cream **Creme·tor·te** *f* cream cake
cre·mig *adj* creamy
Crêpe <-s, -e *o* -s> [krɛp] *m s.* **Krepp**^1
Creuz·feld-Ja·kob-Krank·heit ['krɔyts-fɛlt-] *f* MED Creutzfeldt-Jakob disease
Crew <-, -s> [kruː] *f* crew
Crois·sant <-s, -s> [kroaˈsãː] *nt* croissant
Cou·pier <-s, -s> [kruˈpi̯eː] *m* croupier
crui·sen ['kruːzn̩] *vi* (*fam*) to cruise, to go cruising *fam*
Crunch <-[e]s, -[e]s> [kranʃ, krantʃ] *m* SPORT stomach crunch
C-Schlüs·sel [tseː-] *m* C clef
CSU <-> [tseːɛsˈʔuː] *f Abk von* **Christlich-Soziale Union** CSU
Cup <-s, -s> [kap] *m* cup
Cur·ry <-s, -s> ['kœri] *m o nt* curry
Cur·ry·wurst *f* a sausage served with curry-flavoured ketchup and curry powder
Cur·sor <-s, -> ['køːɐ̯zɐ] *m* cursor
Cut·ter(in <-s, -> ['katɐ] *m(f)* cutter
CVP <-> [tseːfaʊˈpeː] *f kein pl* SCHWEIZ *Abk von* **Christlichdemokratische Volkspartei**

Christian-Democratic People's Party
Cy·ber·ca·fé *nt* cyber [*or* Internet] café **Cy·ber·cash** <-s> ['saɪbɐkɛʃ] *nt* cyber cash *no pl* **Cy·ber·geld** ['saɪbɐ-] *nt* INFORM cybermoney **Cy·ber·Pa·trol®** <-(s), -s> ['saɪbɐpɛtrl] *m* INFORM CyberPatrol® **Cy·ber·sex** <-> *m kein pl* cybersex *no pl* **Cy·ber·space** <-, -s> [-speɪs] *m kein pl* cyberspace *no pl*

D d

D, d <-, - *o fam* -s, -s> [deː] *nt* ❶ (*Buchstabe*) D, d; *s. a.* **A 1** ❷ MUS D, d; *s. a.* **A 2**
da [daː] I. *adv* ❶ (*örtlich: dort*) there; **~ bist du ja!** there you are!; **~ drüben/hinten/vorne** over there; **~ draußen/drinnen** out there; (*hier*) here; **~ sein** to be here; **der/die/das ... ~** this/that ... [over here]; **~, wo ...** where; **ach, ~ ...!** oh, there ...! ❷ (*dann*) then ❸ (*daraufhin*) and [then]; **von ~ an herrschte endlich Ruhe** after that it was finally quiet ❹ (*fam*) in such a case (*usually not translated*); **~ bin ich ganz deiner Meinung** I completely agree with you II. *interj* here!; [he,] **Sie ~!** [hey,] you there! III. *konj* ❶ *kausal* (*weil*) as, since ❷ *temporal* (*geh*) when
da·be·hal·ten* ['daːbəhaltn̩] *vt irreg* **jdn ~** to keep sb here/there

da·bei [daˈbaɪ] *adv* ❶ (*örtlich*) with [it/them]; **die Rechnung war nicht ~** the bill was not enclosed; **direkt/nahe ~** right next/near to it ❷ (*zeitlich*) at the same time; (*dadurch*) as a result; (*währenddessen*) while doing it; **die ~ entstehenden Kosten sind sehr hoch** the resulting costs are very high ❸ (*anwesend, beteiligt*) there; **~ sein** to be there; (*mitmachen*) to take part; **er war bei dem Treffen ~** he was there at the meeting ❹ (*außerdem*) on top of it all, besides AM ❺ (*damit verbunden*) through it/them; **ich habe mir nichts ~ gedacht** I didn't mean anything by it; **was hast du dir denn ~ gedacht?** what were you thinking of?; **da ist [doch] nichts ~** (*das ist doch nicht schwierig*) there's nothing to it; (*das ist nicht schlimm*) there's no harm in it; **das Dumme/Schöne ~ ist, ...** the stupid/good thing about it is ...

da·bei·blei·ben *vi irreg sein* **bei jdm ~** to stay with sb; **bei etw** *dat* **~** to carry on with sth **da·bei·ha·ben** *vt irreg*, Zusammen-

schreibung nur bei infin und pp ▸ **etw ~** to have sth on oneself; **jdn ~** to have sb with oneself **da·bei|sein**^ALT *vi irreg sein s.* **dabei 1, 3 da·bei|ste·hen** *vi irreg* [mit] **~** *dat* to be there; (*untätig a.*) to stand there

da|blei·ben *vi irreg sein* to stay [on]; **halt, bleib da!** wait!

Dach <-[e]s, Dächer> ['dax, *pl* 'dɛçɐ] *nt* (*Gebäudeteil, a. Auto*) roof; [**mit jdm**] **unter einem ~ wohnen** to live under the same roof [as sb]; **unterm ~ wohnen** to live in an attic room/flat [*or* AM *a.* apartment]; [**k**]**ein ~ über dem Kopf haben** (*fam*) to [not] have a roof over one's head ▸ [**von jdm**] **eins aufs ~ kriegen** (*fam: geohrfeigt werden*) to get a clout round [*or* AM slap upside] the head [from sb]; (*getadelt werden*) to be given a talking to [by sb]; **jdm aufs ~ steigen** (*fam*) to jump down sb's throat

Dach·bal·ken *m* roof beam **Dach·bo·den** *m* attic **Dach·de·cker**(**in**) <-s, -> *m(f)* roofer **Dach·fens·ter** *nt* skylight **Dach·first** *m* [roof] ridge **Dach·ge·päck·trä·ger** *m* roof rack **Dach·ge·schoss**^RR *nt* attic storey **Dach·kam·mer** *f* attic room **Dach·kon·zern** *m* ÖKON holding company **Dach·la·wi·ne** *f* sein Auto ist von einer **~** verschüttet worden his car was buried by snow that fell from the roof **Dach·rin·ne** *f* gutter

Dachs <-es, -e> [daks] *m* badger

Dach·scha·den *m* einen **~ haben** (*fam*) to have a screw loose

Däch·sin ['dɛksɪn] *f fem form von* **Dachs**

Dach·stuhl *m* roof truss

dach·te ['daxtə] *imp von* **denken**

Dach·ver·band *m* umbrella organization **Dach·woh·nung** *f* attic flat [*or* AM *a.* apartment] **Dach·zie·gel** *m* [roofing] tile

Dackel <-s, -> ['dakl] *m* dachshund

Da·da·is·mus <-> [dada'ɪsmʊs] *m kein pl* Dadaismus

da·durch [da'dʊrç] *adv* ❶ *örtlich* through [it/them]; (*emph*) through there ❷ *kausal* (*aus diesem Grund*) so; (*auf diese Weise*) in this way ❸ (*deswegen*) ■**~, dass ...** because ...

da·für [da'fyːɐ] I. *adv* ❶ (*für das*) for it/this/that; **ein Beispiel ~** an example; **warum ist er böse? er hat doch keinen Grund ~** why's he angry? he has no reason to be; **es ist ein Beweis ~, dass ...** it's proof that ...; **~ bin ich ja da/Lehrer** that's what I'm here for/that's why I'm a teacher; **bezahle Sie nicht ~, dass Sie nur rumstehen!** I'm not paying you just to stand around; **ich kann mich nicht ~ begeistern** I can't get enthusiastic about it; **er interessiert sich nicht ~** he is not interested [in it/that]; **ich**

werde ~ sorgen, dass ... I'll make sure that ...; **ich kann nichts ~!** I can't help it! ❷ (*als Gegenleistung*) in return ❸ (*andererseits*) **in Mathematik ist er schlecht, ~ kann er gut Fußball spielen** he's bad at maths, but he makes up for it at football; **er ist zwar nicht kräftig, ~ aber intelligent** he may not be strong, but he's intelligent for all that ❹ (*im Hinblick darauf*) ■**~, dass ...** seeing [that] ... II. *adj präd* ■**~ sein** to be for it/that

da·für|kön·nen *vi irreg* **er kann nichts dafür** it's not his fault

da·ge·gen [da'geːgn̩] I. *adv* ❶ (*gegen etw*) against it ❷ (*als Einwand, Ablehnung*) against it/that; **~ müsst ihr was tun** you must do something about it; **etwas/nichts ~ haben** to object/to not object; **haben Sie was ~, wenn ich rauche?** do you mind if I smoke?; **ich habe nichts ~** [**einzuwenden**] that's fine by me ❸ (*als Gegenmaßnahme*) **das ist gut/hilft ~** it's good for it; **~ lässt sich nichts machen** nothing can be done about it ❹ (*verglichen damit*) compared with it/that/them II. *adj präd* against; ■**~ sein** to be against it III. *konj* **er ist mit der Arbeit schon fertig, sie ~ hat erst die Hälfte geschafft** he's already finished the work, whereas she has only just finished half of it

da·ge·gen|hal·ten *vt irreg* **ich habe nichts dagegenzuhalten** I have no objection[s] [to it]

da|ha·ben *vt irreg, Zusammenschreibung nur bei infin und pp* ❶ **etw ~** (*vorrätig haben*) to have sth in stock; (*zur Hand haben*) to have sth ❷ (*zu Besuch haben*) ■**jdn ~** to have sb come to visit

da·heim [da'haɪm] *adv* SÜDD, ÖSTERR, SCHWEIZ (*zu Hause*) at home

da·her ['daːheːɐ] I. *adv* ❶ (*von dort*) from there ❷ (*aus diesem Grunde*) [**von**] **~ ...** that's why ...; [**von**] **~ hat er das** that's where he got it from; [**von**] **~ weißt du es also!** so that's how you know that; **das/eine Form kommt ~, dass ...** that is because ... /the cause of sth is that ... ❸ DIAL (*hierher*) here/there II. *konj* (*deshalb*) [and] that's why

da·her·ge·lau·fen *adj* **jeder ~e Kerl** (*pej*) any [old] Tom, Dick or Harry **da·her|re·den** I. *vi* to talk away II. *vt* ■**etw ~** to say sth without thinking

da·hin [da'hɪn] I. *adv* ❶ (*an diesen Ort*) there; **kommst du mit ~?** are you coming too?; **ist es noch weit bis ~?** is there still far to go?; **bis ~ müssen Sie noch eine Stunde zu Fuß gehen** it'll take an hour to walk there ❷ (*in dem Sinne*) **er äußerte sich ~ gehend, dass ...** he said something to the effect that ... ❸ (*soweit*) **du bringst es noch**

~, dass ich mich vergesse! you'll soon make me forget myself!; es ist ~ gekommen, dass ... things have got to the stage where ... ④ (*zeitlich*) ■ bis ~ until then II. *adj präd* (*zerbrochen*) ■ ~ sein to be broken

da·hin·ge·stellt [daˈhɪŋɡəʃtɛlt] *adj* ■ ~ sein/bleiben to be/remain an open question **da·hin|sa·gen** *vt* to say sth without [really] thinking **da·hin|schlep·pen** *vr* ■ sich ~ ① (*sich vorwärtsschleppen*) to drag oneself along ② (*schleppend vorangehen*) to drag on

da·hin·ten [daˈhɪntn̩] *adv* over there

da·hin·ter [daˈhɪntɐ] *adv* ① (*hinter dem/der*) behind it/that/them etc. ② (*anschließend*) beyond ③ (*fig*) **es ist nichts ~** there's nothing to it; **es ist da was ~** there's more to it/him/her etc. than meets the eye ④ (*fig*) **sich ~ klemmen** to buckle down **da·hin·ter|kom·men**^ALT *vi irreg sein* (*fam*) ~|, **was/wie/warum ...**| to find out [what/how/why ...]; (*begreifen*) to figure out what/how/why ...

da·hin|ve·ge·tie·ren [-ve-] *vi sein* to vegetate

Dah·lie <-, -n> [ˈdaːli̯ə] *f* dahlia

dallas·sen *vt irreg* ① (*verweilen lassen*) ■ **jdn ~** to leave sb here/there ② (*überlassen*) ■ **jdm etw ~** to leave sb sth

dal·li [ˈdali] *adv* (*fam*) **..., aber ~!** ..., and be quick about it!; **hau ab, aber ~!** get lost, go on, quick!

da·ma·lig [ˈdaːmaːlɪç] *adj attr* at that time *pred*

da·mals [ˈdaːmaːls] *adv* then, at that time; ■ **seit ~** since then

Da·mast <-[e]s, -e> [daˈmast] *m* damask

Da·me <-, -n> [ˈdaːmə, *pl* ˈdaːmən] *f* ① (*geh*) lady; **die ~ des Hauses** the lady of the house; **meine ~n und Herren!** ladies and gentlemen! ② (*~spiel*) draughts + *sing vb* BRIT, checkers + *sing vb* AM ③ (*bei Schach, Karten*) queen

Da·me·brett [ˈdaːməbrɛt] *nt* draught[s]board

Da·men·be·glei·tung *f* female company **Da·men·be·kannt·schaft** *f* lady friend **Da·men·be·such** *m* lady visitor[s] **Da·men·bin·de** *f* sanitary towel [*or* AM napkin] **Da·men·fahr·rad** *nt* lady's bicycle **Da·men·fri·seur** *m* ladies' hairdresser

da·men·haft I. *adj* ladylike *a. pej* II. *adv* like a lady

Da·men·mann·schaft *f* ladies' team **Da·men·mo·de** *f* ladies' fashion[s] **Da·men·o·ber·be·klei·dung** *f kein pl* ladies' wear **Da·men·sat·tel** *m* side-saddle **Da·men·sitz** *m* ■ **im ~** [reiten] [to ride] side-saddle **Da·men·toi·let·te** *f* ladies **Da·men·wahl** *f* ladies' choice

Da·me·spiel *nt* ■ [das] ~ [a game of] draughts BRIT + *sing vb* **Dame·stein** *m* king

Dam·hirsch [ˈdamhɪrʃ] *m* fallow deer; (*männliches Tier*) fallow buck

da·misch [ˈdaːmɪʃ] *adj* SÜDD, ÖSTERR (*fam*) ① (*dämlich*) stupid ② *präd* (*schwindelig*) dizzy

da·mit [daˈmɪt] I. *adv* ① (*mit diesem Gegenstand*) with it/that; **was soll ich ~?** what am I supposed to do with that? ② (*mit dieser Angelegenheit*) **meint er mich ~?** does he mean me?; **weißt du, was sie ~ meint?** do you know what she means by that?; **~ sieht es heute schlecht aus** today is a bad day for it; **er konnte mir nicht sagen, was es ~ auf sich hat** he couldn't tell me what it was all about; **ist Ihre Frage ~ beantwortet?** has that answered your question?; **musst du immer wieder ~ ankommen?** must you keep on about it?; **ich habe nichts ~ zu tun** I have nothing to do with it; **hör auf ~!** pack it in!; **~ hat es noch Zeit** there's no hurry for that ③ *bei Verben* **sind Sie ~ einverstanden?** do you agree to that?; **~ hatte ich nicht gerechnet** I hadn't reckoned on that; **sie fangen schon ~ an, das Haus abzureißen** they're already starting to pull down the house; **~ fing alles an** everything started with that ④ (*bei Befehlen*) with it; **her ~!** give it to me!; **genug ~!** that's enough [of that]! II. *konj* so that

däm·lich [ˈdɛːmlɪç] I. *adj* (*pej fam*) ① (*dumm*) stupid ② (*ungeschickt*) annoying II. *adv* (*pej fam*) **sich ~ anstellen** to be awkward

Däm·lich·keit <-, -en> *f* (*pej fam*) ① *kein pl* (*dummes Verhalten*) stupidity ② (*dumme Bemerkung*) stupid [*or* AM *a.* dumb] remark

Damm <-[e]s, Dämme> [ˈdam, *pl* ˈdɛmə] *m* ① (*Stau~*) dam; (*Deich*) dyke ② (*fig*) barrier (**gegen** against/to) ▶ **wieder auf dem ~ sein** to be up on one's legs again

däm·men [ˈdɛmən] *vt* to insulate

däm·m(e)·rig [ˈdɛm(ə)rɪç] *adj* ① (*gering leuchtend*) dim ② (*dämmernd*) ■ ~ **werden** to be/get dark

Däm·mer·licht *nt* gloom

däm·mern [ˈdɛmɐn] I. *vi* ① *Tag, Morgen* to dawn; *Abend* to approach ② (*begreifen*) ■ **jdm ~** to [gradually] dawn on sb II. *vi impers* ■ **es dämmert** (*morgens*) dawn is breaking; (*abends*) dusk is falling

Däm·me·rung <-, -en> *f* twilight; (*Abend~*) dusk; (*Morgen~*) dawn

däm·me·rig [ˈdɛmrɪç] *adj s.* dämmerig

Dä·mon <-s, Dämonen> [ˈdɛːmɔn, *pl* dɛˈmoːnən] *m* demon

dä·mo·nisch [dɛˈmoːnɪʃ] *adj* demonic

Dampf <-[e]s, Dämpfe> [ˈdampf, *pl* ˈdɛmpfə] *m* steam *no pl*; **unter ~ stehen** to be under steam; **~ ablassen** (*a. fig*) to let off steam

Dampf·bad *nt* steam bath **Dampf·bü·gel·ei·sen** *nt* steam iron

Dampf·druck *m* steam pressure

damp·fen [ˈdampfn̩] *vi* ❶ *haben* (*Dampf abgeben*) to steam; *Kochtopf a.* to give off steam; *Bad, Essen* steaming-hot ❷ *sein* (*sich unter Dampf fortbewegen*) to steam; *Zug a.* to puff

dämp·fen [ˈdɛmpfn̩] *vt* ▪ **etw ~** ❶ (*mit Dampf kochen*) to steam sth ❷ (*mit Dampf glätten*) to press sth with a steam iron ❸ (*akustisch abschwächen*) to muffle sth; **seine Stimme ~** to lower one's voice ❹ (*mäßigen*) to dampen sth

Damp·fer <-s, -> [ˈdampfɐ] *m* steamship ▸ **auf den falschen ~ sein** (*fig fam*) to be barking up the wrong tree

Dämp·fer <-s, -> [ˈdɛmpfɐ] *m* MUS, TECH damper ▸ **jdm einen ~ aufsetzen** to dampen sb's spirits

Dampf·koch·topf *m* pressure cooker **Dampf·kraft·werk** *nt* steam[-driven] power station **Dampf·lo·ko·mo·ti·ve** *f* steam engine **Dampf·ma·schi·ne** *f* steam engine **Dampf·plau·de·rer, -plau·de·rin** <-s, -> *m, f* (*hum fam*) windbag **Dampf·schiff** *nt s.* Dampfer **Dampf·tur·bi·ne** *f* steam turbine **Dampf·wal·ze** *f* steamroller

da·nach [daˈnaːx] *adv* ❶ *zeitlich* after it/that; (*nachher a.*) afterwards; **ein paar Minuten ~ war er schon wieder da** a few minutes later he was back ❷ *örtlich* behind [her/him/it/them etc.]; **als Erster ging der Engländer durchs Ziel und gleich ~ der Russe** the Englishman finished first, immediately followed by the Russian ❸ (*in bestimmte Richtung*) towards it/them; **~ greifen** to [make a] grab at it ❹ (*dementsprechend*) accordingly; (*laut dem*) according to that ❺ (*zumute*) ▪ **jdm ist ~/nicht ~** sb feels/doesn't feel like it ❻ (*nach dieser Sache*) **sie sehnte sich ~** she longed for it/that

Dä·ne, Dä·nin <-n, -n> [ˈdɛːnə, ˈdɛːnɪn] *m, f* Dane

da·ne·ben [daˈneːbn̩] *adv* ❶ (*neben jdm/etw*) next to her/him/it/that etc.; **links/rechts ~** (*neben Gegenstand*) to the left/right of it/them; (*neben Mensch*) to her/his left/right; **wir wohnen [im Haus] ~** we live [in the house] next door; **~!** missed! ❷ (*verglichen damit*) compared with her/him/it/that etc. ❸ (*außerdem*) in addition [to that] ❹ (*unangemessen*) ▪ **~ sein** to be inappropriate

da·ne·ben|be·neh·men* *vr irreg* (*fam*) ▪ **sich ~** to make an exhibition of oneself **da·ne·ben|ge·hen** *vi irreg sein* ❶ (*das Ziel verfehlen*) to miss; *Pfeil, Schuss a.* to miss its/their mark ❷ (*scheitern*) to go wrong **da·ne·ben|lie·gen** *vi irreg* (*fam*) ▪ **jd liegt daneben** sb is wide of the mark; **er liegt mit seiner Vermutung richtig daneben** his suspicion is way off mark

Dä·ne·mark <-s> [ˈdɛːnəmark] *nt* Denmark

Dä·nin [ˈdɛːnɪn] *f s.* Däne

dä·nisch [ˈdɛːnɪʃ] *adj* Danish

dank [daŋk] *präp* (*a. iron*) thanks to

Dank <-[e]s> [daŋk] *m kein pl* ❶ (*Anerkennung für Geleistetes*) ▪ **jds ~** sign of sb's gratitude ❷ (*Dankbarkeit*) gratitude; **besten/herzlichen/schönen/tausend/vielen ~** thank you very much; **jdm ~ schulden** to owe sb a debt of gratitude; **als ~ für etw** *akk* in grateful recognition of sth; **[das ist] der [ganze] ~ dafür!** that is/was all the thanks one gets/got!

dank·bar [ˈdaŋkbaːɐ̯] *adj* ❶ (*dankend*) grateful; ▪ **jdm ~ sein** to be grateful to sb ❷ (*anspruchslos*) *Stoff* hard-wearing

Dank·bar·keit <-> *f kein pl* gratitude

dan·ke *interj* thank you, thanks *fam*; (*nicht nötig*) no thank you

dan·ken [ˈdaŋkn̩] **I.** *vi* ▪ **[jdm] ~** to express one's thanks [to sb]; **nichts zu ~** you're welcome **II.** *vt* ▪ **jdm etw ~** to repay sb for sth; **wie kann ich Ihnen das jemals ~?** how can I ever thank you?

dan·kens·wert [ˈdaŋknsveːɐ̯t] *adj* commendable

Dan·ke·schön <-s> *nt kein pl* thank you; **[jdm] ein herzliches ~ sagen** to express heartfelt thanks sb

Dank·sa·gung *f* note of thanks

dann [dan] *adv* ❶ (*danach*) then; **noch eine Woche, ~ ist Weihnachten** another week till Christmas; ▪ **~ und wann** now and then ❷ (*zu dem Zeitpunkt*) ▪ **immer ~, wenn ...** always when ... ❸ (*unter diesen Umständen*) then; ▪ **wenn ..., ~ ...** if ..., [then] ...; **etw nur ~ tun, wenn ...** to do sth only when ...; **ich habe keine Lust mehr — ~ hör doch auf!** I'm not in the mood any more — well stop then!; **also ~ bis morgen** see you tomorrow then; **~ erst recht nicht!** in that case no way!; ▪ **selbst ~** even then ❹ (*außerdem*) ▪ **~ ... und ~ auch noch ...** on top of that

dar·an [daˈran] *adv* ❶ (*räumlich*) **halte deine Hand ~!** put your hand against it; **etw ~ kleben/befestigen** to stick/fasten sth to it; **~ riechen** to smell it; **~ vorbei** past it

sich bedanken	
sich bedanken	**thanking**
Danke!	Thank you!/Thanks!
Danke sehr/Danke schön!/Vielen Dank!	Thank you very much!/Many thanks!
Tausend Dank!	Thanks a million!
Danke, das ist sehr lieb von dir!	Thank you, that's very kind of you!
Vielen (herzlichen) Dank!	Thank you very much!
Ich bedanke mich (recht herzlich)!	Thank you very much (indeed)!
auf Dank reagieren	**reacting to being thanked**
Bitte!	You're welcome!
Bitte schön!/Gern geschehen!/Keine Ursache!	You're welcome!/My pleasure./Don't mention it.
Bitte, bitte!/Aber bitte, das ist doch nicht der Rede wert!	Not at all!/Please don't mention it!
(Aber) das hab ich doch gern getan!/Das war doch selbstverständlich!	(Not at all,) it was a pleasure!/The pleasure was mine!/I was happy to do it!
dankend anerkennen	**acknowledging gratefully**
Vielen Dank, du hast mir sehr geholfen.	Many thanks, you've been a great help.
Wo wären wir ohne dich!	What would we do without you!
Ohne deine Hilfe hätten wir es nicht geschafft.	We would not have managed it without your help.
Sie waren uns eine große Hilfe.	You were a great help to us.
Ich weiß Ihr Engagement sehr zu schätzen.	I very much appreciate your commitment.

❷ (*zeitlich*) im Anschluss ~ following that/this ❸ (*an dieser Sache*) kein Interesse ~ no interest in it/that; ein Mangel ~ a lack of it; kein Wort ist wahr ~! not a word of it is true; es ändert sich nichts ~ it won't change; es ändert sich nichts ~ it won't change; ~ arbeiten/ersticken to work/choke on it/that; sich ~ beteiligen/~ interessiert sein to take part/be interested in it/that; denk ~! bear it/that in mind; sich ~ erinnern/~ zweifeln to remember/doubt it/that; ~ sterben to die of it; das Dumme/Gute/Schöne ~ ist, dass ... the stupid/good/nice thing about it is that ...

dar·an·ge·hen *vi irreg sein* to set about it

dar·an|ma·chen *vr (fam)* ▪ sich ~ to set about it **dar·an|set·zen** [da'ranzɛtsn̩] **I.** *vt* alles ~, etw zu tun to spare no effort to do sth **II.** *vr* ▪ sich ~ to set about it

dar·auf [da'rauf] *adv* ❶ (*räumlich*) on it/that/them etc.; ~ folgend following; etw ~ legen to lay sth on top; ~ schlagen to hit it ❷ (*zeitlich*) after that; bald ~ shortly afterwards; am Abend ~ the next evening; im Jahr ~ [in] the following year ❸ (*infolgedessen*) consequently ❹ (*auf das*) ~ antworten/reagieren to reply/react to it; etw ~ sagen to say sth to it/this/that; ein Recht ~ a right to it; wir müssen ~ Rücksicht nehmen we must take that into consideration; ~ bestehen to insist [on it]; sich ~ freuen to look forward to it; ~ reinfallen to fall for it; stolz ~ sein to be proud of it; sich ~ verlassen to rely on it; sich ~ vorbereiten to prepare for it

dar·auf·fol·gend^{ALT} *adj attr s.* darauf 1

dar·auf·hin ['da:raufhɪn] *adv* ❶ (*infolgedes-*

dar·aus [daˈraʊs] *adv* ❶ (*aus Gefäß o Raum*) out of it/that/them; **etw ~ entfernen** to remove sth from it ❷ (*aus diesem Material*) out of it/that/them ❸ (*aus dieser Tatsache*) **~ ergibt sich/folgt, dass ...** the result of which is that ...

dar|bie·ten [ˈdaːɐ̯biːtn̩] *irreg* **I.** *vt* (*geh*) ■ **jdm] etw ~** to perform sth [before sb] **II.** *vr* ■ **sich jdm ~** Gelegenheit, Möglichkeit to offer itself to sb

Dar·bie·tung <-, -en> [ˈdaːɐ̯biːtʊŋ] *f* performance

dar·in [daˈrɪn] *adv* ❶ (*in dem/der*) in there; (*in vorher Erwähntem*) in it/them; **was steht ~ [geschrieben]?** what does it say? ❷ (*in dem Punkt*) in that respect

dar|le·gen [ˈdaːɐ̯leːɡn̩] *vt* ■ **jdm] etw ~** to explain sth [to sb]

Dar·le·h(e)n <-s, -> [ˈdaːɐ̯leːən] *nt* loan

Darm <-[e]s, Därme> [darm, *pl* ˈdɛrmə] *m* intestine

Darm·grip·pe *f* gastric flu **Darm·spie·ge·lung** *f* MED enteroscopy **Darm·ver·schluss**[RR] *m* intestinal obstruction

dar|stel·len [ˈdaːɐ̯ʃtɛlən] **I.** *vt* ❶ (*wiedergeben*) *a.* THEAT ■ **jdn/etw ~** to portray sb/sth ❷ (*beschreiben*) to describe ❸ (*bedeuten*) to represent **II.** *vr* ❶ (*zeigen*) **sich [jdm] ~** to appear [to sb] ❷ (*ausgeben als*) ■ **sich als jd/etw ~** to show oneself to be sth

Dar·stel·ler(in) <-s, -> [ˈdaːɐ̯ʃtɛlɐ] *m/f)* actor; ■ **in actress**

Dar·stel·lung <-, -en> [ˈdaːɐ̯ʃtɛlʊŋ] *f* ❶ *kein pl* (*das Wiedergeben im Bild*) portrayal ❷ *kein pl* THEAT performance ❸ (*das Schildern*) representation *no pl*

dar·ü·ber [daˈryːbɐ] *adv* ❶ (*räumlich*) over it/that/them; (*direkt auf etw*) on top [of it/that]; (*oberhalb von etw*) above [it/that/them]; (*über etw hinweg*) over [it/that/them] ❷ (*hinsichtlich einer Sache*) about it/that/them; **sich ~ wundern, was ...** to be surprised at what ... ❸ (*währenddessen*) in the meantime; (*dabei und deswegen*) in the process ❹ (*über diese Grenze hinaus*) above [that] **dar·ü·ber|ste·hen**[ALT] *vi irreg* (*fig*) to be above it [all]

dar·um [daˈrʊm] *adv* ❶ (*deshalb*) that's why; **~?** because of that?; **~!** (*fam*) [just] because! ❷ (*um das*) **~ bitten** to ask for it/that; **es geht nicht ~, wer zuerst kommt** it's not a question of who comes first; **~ geht es ja gerade!** that's just it!; **~ herumreden** to beat around the bush; **sich ~ streiten** to argue over it/that ❸ (*räumlich*) ■ **~ [herum]** around it

dar·un·ter [daˈrʊntɐ] *adv* ❶ (*räumlich*) under it/that; (*unterhalb von etw*) below [it/that]; **~ hervorgucken/-springen/-sprudeln** to look/jump/gush out [from underneath] ❷ (*unterhalb von etw*) lower; **Schulkinder im Alter von 12 Jahren und jünger** = schoolchildren of 12 years and younger ❸ (*dazwischen*) among[st] them ❹ (*unter dieser Angelegenheit*) **~ leiden** to suffer under it/that; **was verstehst du ~?** what do you understand by it/that?; **~ kann ich mir nichts vorstellen** it doesn't mean anything to me

das [das] *def, sing nt* **I.** *art* (*allgemein*) the; **~ Buch/Haus/Schiff** the book/house/ship **II.** *pron dem, sing nt* ❶ *attr, betont* **~ Kind war es!** it was that child! ❷ (*hinweisend*) **was ist denn ~?** (*fam*) what on earth is that/this?; **~ da** that one [there]; **~ hier** this one [here] **III.** *pron rel, sing nt* that; (*Person a.*) who/whom *form;* (*Gegenstand, Tier a.*) which; **ich hörte/sah ein Auto, ~ um die Ecke fuhr** I heard/saw a car driving around the corner; **das Mädchen, ~ gut singen kann, ...** the girl who can sing well ...; *s. a.* **der**

da|sein[ALT] [ˈdaːzaɪn] *vi irreg sein s.* **da 1**

Da·sein <-s> [ˈdaːzaɪn] *nt kein pl* ❶ (*Leben, Existenz*) existence ❷ (*Anwesenheit*) presence

Da·seins·be·rech·ti·gung *f* right to exist *no pl*

da|sit·zen [ˈdaːzɪtsn̩] *vi irreg* to sit there

das·je·ni·ge [ˈdasjeːnɪɡə] *pron dem s.* **derjenige**

dass[RR], **daß**[ALT] [das] *konj* ❶ *mit Subjektsatz* that ❷ *mit Objektsatz* **ich habe gehört, ~ du Vater geworden bist** I've heard [that] you've become a father; **nicht verstehen, ~ ...** to not understand how ... ❸ *mit Attributivsatz* **vorausgesetzt, ~ ...** providing [that] ...; **die Tatsache, ~ ...** the fact that ... ❹ *mit Kausalsatz* that; **dadurch, ~ ...** because ... ❺ *mit Konsekutivsatz* that ❻ (*in Warnungen*) **sieh/seht zu, ~ ...!** see that ...; (*nachdrücklicher:*) see to it [that] ...

das·sel·be [dasˈzɛlbə] *pron dem s.* **derselbe**

da|ste·hen [ˈdaːʃteːən] *vi irreg* ❶ (*untätig ~*) to stand there; **dumm ~** to stand there stupidly ❷ (*erscheinen*) **besser/anders/gut/schlecht ~** to be in a better/different/good/bad position

Da·tei <-, -n> [daˈtaɪ] *f* [data] file

Da·tei·na·me *m* filename

Da·ten[1] [ˈdaːtn̩] *pl von* **Datum**

Da·ten[2] [ˈdaːtn̩] *pl* data

Da·ten·ab·ruf *m* data retrieval **Da·ten·auf·be·rei·tung** *f* data editing **Da·ten·au·to-**

bahn f information highway **Da·ten·bank** <-banken> f database **Da·ten·ein·ga·be** f data entry **Da·ten·er·fas·sung** f data collection **Da·ten·fern·über·tra·gung** f remote data transmission **Da·ten·flut** f flood of data **Da·ten·for·mat** nt data format **Da·ten·hand·schuh** m dataglove **Da·ten·klau** <-s> m kein pl (fam) data theft **Da·ten·miss·brauch**ᴿᴿ m data misuse **Da·ten·netz** nt data network **Da·ten·pfle·ge** f data administration **Da·ten·satz** nt record **Da·ten·schutz** m data [privacy] protection **Da·ten·schutz·be·auf·trag·te(r)** f(m) controller for data protection **Da·ten·schüt·zer(in)** m(f) (fam) data watchdog **Da·ten·si·cher·heit** f kein pl data protection **Da·ten·si·che·rung** f [data] backup **Da·ten·trä·ger** m data medium **Da·ten·ty·pist(in)** m(f) keyboarder **Da·ten·über·tra·gung** f data transmission **Da·ten·ver·ar·bei·tung** f data processing no pl, no art

da·tie·ren* [daˈtiːrən] **I.** vt to date **II.** vi to date from

Da·tiv <-s, -e> [ˈdaːtiːf, pl ˈdaːtiːvə] m dative [case]

Da·tiv·ob·jekt nt dative object

da·to [ˈdaːto] adv (geh) **bis ~** to date

Dat·tel <-, -n> [ˈdatl̩, pl ˈdatl̩n] f date

Dat·tel·pal·me f date [palm]

Da·tum <-s, Daten> [ˈdaːtʊm, pl ˈdaːtn̩] nt date; **des Poststempels** date as postmark; **ein Wagen älteren ~s** an older model of car; **was für ein/welches ~ haben wir heute?** what's the date today?; **ein Brief ohne ~** an undated letter; **der Brief trägt das ~ vom 7. Mai** the letter is dated 7 May

Dau·er <-> [ˈdaʊ̯ɐ] f kein pl long pl (+gen of); **von Aufenthalt** length; **von kurzer ~ sein** to be short-lived; **auf die ~** in the long run; **diesen Lärm kann auf die ~ keiner ertragen** nobody can stand this noise for any length of time

Dau·er·ar·beits·lo·sig·keit f kein pl long-term unemployment **Dau·er·auf·trag** m standing order **Dau·er·be·schäf·ti·gung** f permanent employment no pl **Dau·er·be·trieb** m kein pl continuous operation **Dau·er·bren·ner** m (fam) ❶ (Ofen) slow-burning stove ❷ Theater /Musikstück long runner **Dau·er·er·folg** f continuous success **Dau·er·frost** m long period of frost

dau·er·haft I. adj ❶ (haltbar) durable ❷ (beständig) lasting **II.** adv permanently

Dau·er·kar·te f season ticket **Dau·er·lauf** m jog

dau·ern [ˈdaʊ̯ɐn] vi ❶ (anhalten) to last; **dieser Krach dauert jetzt schon den ganzen Tag** this racket has been going on all day now; **der Film dauert 3 Stunden** the film is 3 hours long ❷ (Zeit erfordern) to take; **das dauert wieder, bis er endlich fertig ist!** he always takes such a long time to get ready; **vier Stunden? das dauert mir zu lange** four hours? that's too long for me; **das dauert und dauert!** (fam) it's taking ages [and ages]

dau·ernd [ˈdaʊ̯ɐnt] **I.** adj (ständig) constant; Freundschaft lasting **II.** adv ❶ (ständig) constantly ❷ (immer wieder) **etw ~ tun** to keep [on] doing sth

Dau·er·scha·den m long-term damage **Dau·er·stel·lung** f permanent post **Dau·er·stress**ᴿᴿ m continuous stress **Dau·er·the·ma** nt permanent topic **Dau·er·wel·le** f perm **Dau·er·wir·kung** f long-lasting effect **Dau·er·zu·stand** m permanent state of affairs

Däum·chen <-s, -> [ˈdɔʏmçən] nt dim von **Daumen** (Kindersprache) [little] thumb ▸ **~ drehen** (fam) to twiddle one's thumbs

Dau·men <-s, -> [ˈdaʊ̯mən] m thumb; **am ~ lutschen** to suck one's thumb ▸ **jdm die ~ drücken** to keep one's fingers crossed [for sb]

Dau·ne <-, -n> [ˈdaʊ̯nə] f down no pl

Dau·nen·de·cke f duvet

Da·vis·cupᴿᴿ, **Da·vis-Cup** <-[s]> [ˈdeːvɪskap] m, **Da·vis·po·kal**ᴿᴿ, **Da·vis-Pokal** m (Tennispokal) ▸ **der ~** the Davis Cup

da·von [daˈfɔn] adv ❶ (von diesem Ort/dieser Person) **etw ~ lösen/trennen** to loosen/separate sth from it/that; **~ loskommen** to come off it/that; **jdn ~ heilen** to heal sb of it/that; **links/rechts ~** to the left/right of it/that/them ❷ (von dieser Sache) **~ ausgehen, dass ...** to presume that ...; **etwas/nichts ~ haben** to have sth/nothing of it; **das Gegenteil ~** the opposite of it/that; **das kommt ~!** you've/he's etc. only got yourself/himself etc. to blame!; **es hängt ~ ab, ob/dass ...** it depends on whether ...; **~ stirbst du nicht!** it won't kill you! ❸ (von dieser Sache/Menge) **sich ~ ernähren** to subsist on it/that; **~ essen/trinken** to eat/drink [some] of it/that; **die Hälfte/ein Teil/ein Pfund ~** half/a part/a pound of it/that/them ❹ (von dieser Angelegenheit) **~ hören/sprechen/wissen** to hear/speak/know of it/that/them; **was hältst du ~?** what do you think of it/that/them?; **~ weiß ich nichts** I don't know anything about that; **genug ~!** enough [of this/that]!

da·von|flie·gen vi irreg sein (geh) to fly away; Vögel a. to fly off **da·von|ge·hen** vi irreg sein to go [away] **da·von|ja·gen I.** vt haben (verscheuchen) **jdn ~** to drive sb away; Kinder, Tiere to chase sb away **II.** vi *sein* (*schnell wegfahren*) to roar off **da·von|kom·men** *vi irreg sein* **mit dem Leben ~** to escape with one's life; **mit einem blauen Auge/einem Schock ~** to come away with no more than a black eye/a shock **da·von|lau·fen** *vi irreg sein* ■ **jdm ~** ① (*weglaufen*) to run away from sb ② (*jdn abhängen*) to run ahead of sb ③ (*überraschend verlassen*) to run out on sb **da·von|ma·chen** *vr* ■ **sich ~** to slip away **da·von|schlei·chen** *irreg* **I.** *vi sein* (*leise weggehen*) to slink away **II.** *vr haben* ■ **sich ~** to steal away **da·von|steh·len** *vi irreg* (*geh*) *s.* davonschleichen **da·von|tra·gen** *vt irreg* ① (*weg-/fortbringen*) ■ **jdm/etw ~** to take sb/sth away ② (*geh*) *Preis* to carry off; *Ruhm* to achieve; *Sieg* to score ③ (*geh*) *Prellungen/Verletzungen/Knochenbrüche ~* to suffer bruising/injury/broken bones

da·vor [daˈfoːɐ̯, ˈdaːfoːɐ̯] *adv*, **da·vor** [ˈdaːfoːɐ̯] *adv* ① (*vor einer Sache*) in front [of it/that/them]; **~ musst du links abbiegen** you have to make a left turn before it ② (*zeitlich vorher*) before [it/that/them/etc.] ③ *mit vb* (*in Hinblick auf*) **ich ekele mich ~** I'm disgusted by it; **er hat Angst ~** he's afraid of it/that; **er hatte mich ~ gewarnt** he warned me about that

da·zu [daˈtsuː, ˈdaːtsuː] *adv*, **da·zu** [ˈdaːtsuː] *adv* ① (*zu dem gehörend*) with it ② (*außerdem*) at the same time ③ (*zu diesem Ergebnis*) **wie konnte es nur ~ kommen?** how could that happen?; **~ reicht das Geld nicht** we/I haven't enough money for that; **im Gegensatz ~** contrary to this; **im Vergleich ~** in comparison to that ④ (*zu dieser Sache*) **ich würde dir ~ raten** I would advise you to do that; **ich bin noch nicht ~ gekommen** I haven't got round to it yet; **es gehört viel Mut ~** that takes a lot of courage ⑤ (*dafür*) **ich bin ~ nicht bereit** I'm not prepared to do that; **~ ist es da** that's what it's there for; **~ habe ich keine Lust** I don't feel like it; **kein Recht ~ haben, etw zu tun** to have no right to do sth ⑥ (*darüber*) **er hat sich noch nicht ~ geäußert** he hasn't commented on it yet; **was meinst du ~?** what do you think about it/that?

da·zu|ge·ben *vt irreg* to add **da·zu|ge·hö·ren*** *vi* ① (*zu der Sache gehören*) to belong [to it/etc.] ② (*nicht wegzudenken sein*) be a part of it **da·zu·ge·hö·rig** [daˈtsuːgəhøːrɪç] *adj attr* to go with it/them *pred*, which goes/go with it/them *pred* **da·zu|ge·sel·len*** *vr* ■ **sich ~** to join them/him/you/us/etc. **da·zu|kom·men** *vi irreg sein* ① (*hinzukommen*) to arrive; (*zufällig*) to happen to arrive ② (*hinzugefügt werden*) to be added **da·zu|ler·nen** *vt* **einiges ~** to learn a few [new] things **da·zu|rech·nen** *vt* to add on **da·zu|set·zen I.** *vt* ① (*zu jdm setzen*) **kann ich mich ~?** do you mind if I join you? ② (*dazuschreiben*) to add **II.** *vr* ■ **sich** [zu jdm] **~** to sit down [at sb's table] **da·zu|tun** *vt irreg* (*fam*) to add

Da·zu·tun <-> *nt kein pl* ■ **ohne jds** *akk* **~** without sb's intervention

da·zwi·schen [daˈtsvɪʃn̩] *adv* ① (*zwischen zwei Dingen*) [in] between; (*darunter*) among[st] them ② (*zeitlich*) in between **da·zwi·schen|fah·ren** [daˈtsvɪʃn̩faːrən] *vi irreg sein* ① (*eingreifen*) to intervene ② (*unterbrechen*) to interrupt **da·zwi·schen|fun·ken** *vi* (*fam*) ■ **jdm ~** to mess sth up [for sb] *sep* **da·zwi·schen|kom·men** *vi irreg sein* **wenn nichts dazwischenkommt!** if all goes to plan!; **leider ist [mir] etwas dazwischengekommen** I'm afraid something has come up **da·zwi·schen|re·den** *vi* ■ **jdm ~** to interrupt [sb] **da·zwi·schen|tre·ten** *vi irreg sein* to intervene

DB <-> *f Abk von* **Deutsche Bahn** German Railways

DDR <-> [deːdeːˈʔɛr] *f* HIST *Abk von* **Deutsche Demokratische Republik**: ■ **die ~** the GDR

Deal <-s, -s> [diːl] *m* deal

dea·len [ˈdiːlən] *vi* (*sl*) ■ **[mit etw** *dat*] **~** to deal [sth]

Dea·ler(in) <-s, -> [ˈdiːlɐ] *m(f)* dealer

De·ba·kel <-s, -> [deˈbaːkl̩] *nt* (*geh*) debacle, shutout AM

De·bat·te <-, -n> [deˈbatə] *f* debate; (*schwächer*) discussion; **zur ~ stehen** to be under discussion; **das steht hier nicht zur ~** that's beside the point

de·bat·tie·ren* [debaˈtiːrən] *vt* to debate; (*schwächer*) to discuss

De·büt <-s, -s> [deˈbyː] *nt* debut

de·chif·frie·ren* [deʃɪˈfriːrən] *vt* to decode

Deck <-[e]s, -s> [dɛk] *nt* deck

Deck·blatt *nt* ① BOT bract *spec* ② (*Titelblatt*) title page

De·cke <-, -n> [ˈdɛkə] *f* ① (*Zimmerdecke*) ceiling ② (*Tischdecke*) tablecloth ③ (*Wolldecke*) blanket; (*Bettdecke*) cover ④ (*Belag*) surface ▶ **jdm fällt die ~ auf den Kopf** sb feels really cooped in; **an die ~ gehen** to hit the roof

De·ckel <-s, -> [ˈdɛkl̩] *m* ① (*Verschluss*) lid; *von Glas, Schachtel a.* top ② (*Buchdeckel*) cover ▶ **jdm eins auf den ~ geben** to give sb a clip round the earhole

de·cken [ˈdɛkn̩] **I.** *vt* ① (*bedecken*) to cover ② *Dach* to tile ③ *Tisch* to set ④ (*verheimli-*

Deckenbeleuchtung–dekorieren

chen) ▪ **jdn ~** to cover up for sb; ▪ **etw ~** to cover up sth *sep* ⑤ *Nachfrage* to meet; *Kosten* to cover ⑥ *Tier* to cover; *Stute* to serve **II.** *vi* (*überdecken*) **diese Farbe deckt besser** this paint gives a better cover **III.** *vr* ▪ **sich ~** *Aussagen* to correspond

De·cken·be·leuch·tung *f* ceiling lights *pl*

Deck·man·tel *m* (*fig*) ▪ **unter dem ~ einer S.** *gen* under the guise of sth

Deck·na·me *m* code name

De·ckung <-, -en> *f* ① (*Schutz*) cover; **volle ~!** take cover!; **jdm ~ geben** to give sb cover ② (*Protektion*) backing *no pl* ③ ÖKON *von Kosten* defrayment *form*; *von Nachfrage* meeting; *von Darlehen* security

de·ckungs·gleich *adj* concurrent

De·co·der <-s, -> ['de:koːdɐ] *m* decoder

De·es·ka·la·ti·on [deʔɛskala'tsi̯oːn] *f* de-escalation

de·es·ka·lie·rend *adv* calmingly

de fac·to [de:'fakto] *adv* de facto

de·fekt [de'fɛkt] *adj* faulty

De·fekt <-[e]s, -e> [de'fɛkt] *m* defect

de·fen·siv [defɛn'ziːf] **I.** *adj* defensive **II.** *adv* defensively

De·fen·si·ve <-, -n> [defɛn'ziːvə] *f kein pl* **in die ~ gehen** to go on the defensive

de·fi·nie·ren* [defi'niːrən] *vt* to define

De·fi·ni·ti·on <-, -en> [defini'tsi̯oːn] *f* definition

de·fi·ni·tiv [defini'tiːf] **I.** *adj* (*genau*) definite; (*endgültig a.*) definitive **II.** *adv* (*genau*) definitely; (*endgültig a.*) definitively

De·fi·zit <-[e]s, -e> ['de:fitsɪt] *nt* deficit

De·fla·ti·on <-, -en> [defla'tsi̯oːn] *f* deflation

de·for·mie·ren* [defɔr'miːrən] *vt* to deform

def·tig ['dɛftɪç] *adj Mahlzeit* substantial; *Witz* coarse

De·gen <-s, -> ['deːgn̩] *m* ([*Sport-*]*Waffe*) épée; HIST rapier

de·ge·ne·rie·ren* [degene'riːrən] *vi* to degenerate

de·gra·die·ren* [degra'diːrən] *vt* MIL to demote

dehn·bar *adj* ① (*flexibel*) elastic ② (*interpretierbar*) flexible

deh·nen ['deːnən] **I.** *vt* ① (*ausweiten*) to stretch ② MED to dilate **II.** *vr* ▪ **sich ~** to stretch

Deich <-[e]s, -e> [daɪ̯ç] *m* dyke

Deich·sel <-, -n> ['daɪ̯ksl̩] *f* shaft; (*Doppeldeichsel*) shafts *pl*

deich·seln ['daɪ̯ksl̩n] *vt* (*fam*) ▪ **etw ~** to wangle sth

dein [daɪ̯n] *pron poss* ① *adjektivisch* your; **herzliche Grüße, ~e Anita** with best wishes, yours/love Anita ② *substantivisch* (*veraltend*) yours; thine; **behalte, was ~ ist** keep what is yours

dei·ne(r, s) ['daɪ̯nə] *pron poss, substantivisch* (*der/die/das dir Gehörende*) yours; **du und die ~n** you and yours; **tu du dein Teil und ich das ~** you do your bit; **kümmere du dich um das ~** you mind your own affairs

dei·ner ['daɪ̯nɐ] *pron pers gen von* **du** (*geh*) **wir werden uns ~ erinnern** we will remember you

dei·ner·seits ['daɪ̯nɐzaɪ̯ts] *adv* ① (*auf deiner Seite*) for your part ② (*von dir aus*) on your part

dei·nes·glei·chen ['daɪ̯nəs'glaɪ̯çn̩] *pron* (*pej*) the likes of you; ▪ **du und ~** you and your sort

dei·net·hal·ben ['daɪ̯nəthalbm̩] *adv* (*veraltend*), **dei·net·we·gen** ['daɪ̯nətveːgn̩] *adv* (*wegen dir*) because of you; (*dir zuliebe*) for your sake **dei·net·wil·len** ['daɪ̯nətvɪlən] *adv* ▪ **um ~** for your sake; (*als Erwiderung auf Bitte*) seeing that it's you *hum*

dei·ni·ge ['daɪ̯nɪgə] *pron poss, substantivisch* (*veraltend adj*) (*der/die/das dir Gehörende*) yours ② (*deine Angehörigen*) ▪ **die ~n** your family + *sing/pl vb* ③ (*das in deiner Macht stehende*) **tu du das ~** you do your bit

deins ['daɪ̯ns] *pron poss* yours

Dé·jà-vu-Er·leb·nis [deʒa'vyː-] *nt* déjà vu

De·ka·de <-, -n> [de'kaːdə] *f* decade

de·ka·dent [deka'dɛnt] *adj* decadent

De·ka·denz <-> [deka'dɛnts] *f kein pl* decadence

De·kan(in) <-s, -e> [de'kaːn] *m(f)* dean

De·ka·nat <-[e]s, -e> [deka'naːt] *nt* (*Amtssitz*) office of a/the dean; REL deanery

De·ka·nin <-, -nen> [de'kaːnɪn] *f fem form von* **Dekan**

de·kla·mie·ren* [dekla'miːrən] *vt, vi* (*geh*) to recite

de·kla·rie·ren* [dekla'riːrən] *vt* to declare

De·kli·na·ti·on <-, -en> [deklina'tsi̯oːn] *f* LING declension

de·kli·nie·ren* [dekli'niːrən] *vt* to decline

de·ko·die·ren* [dekoˈdiːrən] *vt* to decode

De·kol·le·té <-s, -s> [dekɔl'teː], **De·kolletee**^RR [dekɔl'teː] *nt* ① (*Körperpartie*) cleavage ② MODE low-cut neckline

De·kor <-s, -s *o* -e> [de'koːɐ̯] *m o nt* pattern

De·ko·ra·teur(in) <-s, -e> [dekora'tøːɐ̯] *m(f)* (*Schaufenster~*) window dresser

De·ko·ra·ti·on <-, -en> [dekora'tsi̯oːn] *f* decoration

de·ko·ra·tiv [dekora'tiːf] **I.** *adj* decorative **II.** *adv* decoratively

de·ko·rie·ren* [deko'riːrən] *vt* to decorate (**mit** with)

De·kret <-[e]s, -e> [de'kre:t] *nt* decree *form*

De·le·ga·ti·on <-, -en> [delega'tsi̯o:n] *f* delegation

de·le·gie·ren* [dele'gi:rən] *vt* to delegate (**an** to)

De·le·gier·te(r) *f(m)* delegate

Del·fin^{RR} <-s, -e> [dɛl'fi:n] *m s.* Delphin

de·li·kat [deli'ka:t] *adj* ❶ (*wohlschmeckend*) delicious ❷ (*heikel*) sensitive ❸ (*empfindlich*) delicate

De·li·ka·tes·se <-, -n> [delika'tɛsə] *f* delicacy

De·li·ka·tes·sen·ge·schäft *nt* delicatessen

De·likt <-[e]s, -e> [de'lɪkt] *nt* JUR ❶ (*Vergehen*) offence ❷ (*Straftat*) crime

De·lin·quent(in) <-en, -en> [delɪŋ'kvɛnt] *m(f)* (*geh*) offender

De·li·ri·um <-s, -rien> [de'li:ri̯ʊm, *pl* de'li:ri̯ən] *nt* delirium

Del·le <-, -n> ['dɛlə] *f* dent

Del·phin <-s, -e> [dɛl'fi:n] *m* dolphin

Del·ta <-s, -s *o* Delten> ['dɛlta, *pl* 'dɛltn̩] *nt* delta

dem [de:m] **I.** *pron* dem dat von **der, das** ❶ *attr* (*diesem*) to that ❷ *mit prep* **hinter ~ Baum** behind that tree ❸ *substantivisch* (*jenem Mann*); (*unter mehreren*) that one **II.** *pron rel dat von* **der, das**: ■ **der, ~ ...** the one/man/etc. that/[to etc.] which/who/[to etc.] whom

De·ma·go·ge, De·ma·go·gin <-n, -n> [dema'go:gə, -'go:gɪn] *m, f* demagogue

De·ma·go·gie <-, -n> [demago'gi:, *pl* demago'gi:ən] *f* demagoguism

De·ma·go·gin <-, -nen> [dema'go:gɪn] *f fem form von* Demagoge

de·ma·go·gisch [dema'go:gɪʃ] *adj* demagogic

de·mas·kie·ren* [demas'ki:rən] *vt* (*geh*) to expose (**als** as)

De·men·ti <-s, -s> [de'mɛnti] *nt* [official] denial

de·men·tie·ren* [demɛn'ti:rən] *vt* to deny

dem·ent·spre·chend ['de:mʔɛnt'ʃprɛçn̩t] **I.** *adj* appropriate **II.** *adv* correspondingly; (*demnach*) accordingly; **sich ~ äußern** to utter words to that effect; **~ bezahlt werden** to be paid commensurately *form*

dem·ge·gen·über ['de:mgeːgn̩ʔy:bɐ] *adv* in contrast

De·mis·si·on <-, -en> [demɪ'si̯o:n] *f* resignation

dem·nach ['de:mna:x] *adv* therefore

dem·nächst [de:m'nɛ:çst] *adv* soon

De·mo <-, -s> ['de:mo] *f* (*fam*) demo

De·mo·krat(in) <-en, -en> [demo'kra:t] *m(f)* democrat

De·mo·kra·tie <-, -n> [demokra'ti:, *pl* demokra'ti:ən] *f* democracy

De·mo·kra·tin <-, -nen> [demo'kra:tɪn] *f fem form von* Demokrat

de·mo·kra·tisch [demo'kra:tɪʃ] **I.** *adj* democratic **II.** *adv* democratically

de·mo·kra·ti·sie·ren* [demokrati'zi:rən] *vt* to democratize

De·mo·kra·ti·sie·rung <-, -en> *f* democratization

de·mo·lie·ren* [demo'li:rən] *vt* to wreck

De·mons·trant(in) <-en, -en> [demɔn'strant] *m(f)* demonstrator

De·mons·tra·ti·on <-, -en> [demɔns-tra'tsi̯o:n] *f* demonstration (**für** in support of, **gegen** against)

de·mons·tra·tiv [demɔnstra'ti:f] **I.** *adj* demonstrative **II.** *adv* demonstratively

De·mons·tra·tiv·pro·no·men *nt* demonstrative pronoun

de·mons·trie·ren* [demɔn'stri:rən] *vi, vt* to demonstrate (**für** in support of, **gegen** against)

de·mon·tie·ren* [demɔn'ti:rən] *vt* to dismantle; *Reifen* to take off *sep*

de·mo·ra·li·sie·ren* [demorali'zi:rən] *vt* to demoralize

de·mo·ti·viert ['de:motivi:rt] *adj* demotivated

dem·sel·ben *pron dat von* derselbe, dasselbe the same [one]; (*Person*) the same [person]

De·mut <-> ['de:mu:t] *f kein pl* humility *no pl* (**gegenüber** before)

de·mü·tig ['de:my:tɪç] **I.** *adj* humble **II.** *adv* humbly

de·mü·ti·gen ['de:my:tɪɡn̩] *vt* to humiliate

De·mü·ti·gung <-, -en> *f* humiliation *no pl, no indef art*

dem·zu·fol·ge ['de:mtsu'fɔlɡə] **I.** *konj* (*laut dem*) according to which; (*aufgrund dessen*) owing to which **II.** *adv* therefore

den [de:n] **I.** *pron* ❶ *akk von* **der** the ❷ *dat pl von* **der, die, das** **II.** *pron dem akk von* **der** *attr* (*jenen Gegenstand/Mensch*) **~ da** [drüben] that one [over] there; (*Mann a.*) him [over] there **III.** *pron rel akk von* **der** that

de·nen ['de:nən] **I.** *pron dem dat pl von* **der, die, das** to them; *mit prep* **von** **II.** *pron rel dat pl von* **der, die, das** to whom; (*von Sachen*) to which

Den Haag <-s> [den 'ha:k] *m* The Hague

Denk·an·stoß *m* **jdm einen ~ geben** to give sb food for thought **Denk·auf·ga·be** *f* [brain-]teaser

denk·bar I. *adj* conceivable **II.** *adv* **das ~ beste/schlechteste Wetter** the best/worst possible weather

den·ken <dachte, gedacht> ['dɛŋkn̩] **I.** *vi* ① (*überlegen*) to think (**an** of); **langsam/schnell ~** to be a slow/quick thinker; **jdm zu ~ geben** to give sb food for thought; **das gab mir zu ~** that made me think ② (*meinen*) to think, to reckon *fam;* **was denkst du?** what do you say?; **ich denke nicht** I don't think so; **ich denke schon** I think so; **an wie viel hatten Sie denn gedacht?** how much were you thinking of? ③ (*urteilen*) to think (**über** about); **wie ~ Sie darüber?** what's your view [of it]?; **ich denke genauso darüber** that's exactly what I think; **kleinlich/liberal ~** to be petty-/liberal-minded ④ (*sich erinnern*) **solange ich ~ kann** [for] as long as I can remember; **die wird noch an mich ~!** she won't forget me in a hurry! **II.** *vt* ① (*überlegen*) **etw ~** to think of sth; **was denkst du jetzt?** what are you thinking [of]?; **es ist kaum zu ~** it's hard to imagine ② (*glauben*) **wer hätte das [von ihr] gedacht?** who'd have thought it [of her]?; **was sollen bloß die Leute ~!** what will people think!; **ich habe das ja gleich gedacht!** I [just] knew it! ③ (*bestimmen*) ■ **für jdn/etw gedacht sein** to be meant for sb/sth ④ (*sich vorstellen*) to imagine; **das habe ich mir gleich gedacht!** I thought as much [from the start]! ⑤ (*beabsichtigen*) **ich habe mir nichts Böses dabei gedacht[, als ...]** I meant no harm [when ...]; **sie denkt sich nichts dabei** she doesn't think anything of it

Den·ken <-s> ['dɛŋkn̩] *nt kein pl* ① (*das Überlegen*) thinking *no pl* ② (*Denkweise*) [way of] thinking; **positives ~** positive thinking; **zu klarem ~ kommen** to start thinking clearly

Den·ker(in) <-s, -> *m(f)* thinker

denk·faul *adj* [mentally] lazy **Denk·feh·ler** *m* error in one's/the logic

Denk·mal <-s, Denkmäler> ['dɛŋkma:l, *pl* 'dɛŋkmɛ:lə] *nt* monument (**für** to); **jdm ein ~ setzen** to erect a memorial/statue to sb **Denk·mal·schutz** *m* protection of historical monuments; **unter ~ stehen** to be listed **Denk·pau·se** *f* pause for thought **Denk·wei·se** *f* way of thinking **denk·wür·dig** *adj* memorable **Denk·zettel** *m* (*fam*) **jdm einen ~ verpassen** to give sb a warning [he/she/etc. won't forget in a hurry]

denn ['dɛn] **I.** *konj* ① (*weil*) because; **~ sonst** otherwise ② (*jedoch*) ■ **es sei ...[, dass] ...** unless ... ③ (*als*) **kräftiger/schöner/etc. ~ je** stronger/more beautiful/etc. than ever **II.** *adv* NORDD (*fam: dann*) then **III.** *part gewöhnlich nicht übersetzt* (*eigentlich*) **hast du ~ immer nicht genug?** have you still not had enough?; **wie geht's ~ so?** how's it going [then]?; **wo bleibt sie ~?** where's she got to?; **was soll das ~?** what's all this [then]?; **wieso ~?** why?

den·noch ['dɛnɔx] *adv* still, nonetheless *form*

De·no·mi·na·ti·on <-, -en> [denomina'tsi̯oːn] *f* (*Konfession*) [religious] denomination; (*einer Banknote*) denomination of a bank note

De·no·mi·nie·rung *f s.* **Denomination**

den·sel·ben *f. pron akk von* **derselbe** the same [one]; *auf männliche Personen bezogen a.* the same man/boy/etc. **II.** *pron dat von* **dieselben** the same [ones] + *pl vb; auf männliche Personen bezogen a.* the same men/boys/etc. **III.** *pron akk von* **derselbe** the same ... **IV.** *pron dat von* **dieselben** the same ...

De·nun·zi·ant(in) <-en, -en> [denʊn'tsi̯ant] *m(f)* informer

de·nun·zie·ren* [denʊn'tsiːrən] *vt* to denounce (**als** as)

Deo <-s, -s> ['deːo] *nt* (*fam*) deodorant

De·o·do·rant <-s, -s *o* -e> [de?odo'rant] *nt* deodorant

Deo·rol·ler *m* roll-on [deodorant] **Deo·spray** *nt o m* deodorant spray

De·par·te·ment <-s, -s> [departə'mãː] *nt* (*in Frankreich*) département *spec;* (*in der Schweiz*) department

De·pe·sche <-, -n> [de'pɛʃə] *f* (*veraltet*) telegram BRIT, wire AM

de·pla·ciert [depla'siːɐ̯t] *adj*, **de·plat·ziert**[RR] [depla'tsiːɐ̯t] *adj*, **de·pla·ziert**[ALT] [depla'tsiːɐ̯t] *adj* misplaced

De·po·nie <-, -n> [depo'niː, *pl* depo'niːən] *f* disposal site

de·po·nie·ren* [depo'niːrən] *vt* to deposit

de·por·tie·ren* [depɔr'tiːrən] *vt* to deport

De·pot <-s, -s> [de'poː] *nt* ① (*Lager*) depot ② (*Stahlkammer*) [bank's] strongroom ③ (*für Straßenbahnen, Omnibusse*) [bus/tram] depot ④ SCHWEIZ (*Flaschenpfand*) deposit

Depp <-en *o* -s, -e[n]> ['dɛp] *m* SÜDD, ÖSTERR, SCHWEIZ (*fam*) twit

De·pres·si·on <-, -en> [deprɛ'si̯oːn] *f* PSYCH, ÖKON depression

de·pres·siv [deprɛ'siːf] **I.** *adj* depressive; (*deprimiert*) depressed **II.** *adv* **~ gestimmt/veranlagt sein** to be depressed/be prone to depression

de·pri·mie·ren* [depri'miːrən] *vt* ■ **jdn ~** to depress sb

De·pu·tier·te(r) *f(m)* deputy

der¹ ['deːɐ̯] **I.** *art def, sing* ① (*auf eine männliche Person/Tier/Sache bezogen*) the; **~ Nachbar/Hengst** the neighbour/stallion; **~ Käse/Salat** the cheese/salad ② (*fam: mit*

Eigennamen) ~ **Papa hat's mir erzählt** dad told me; ~ **Andreas lässt dich grüßen** Andreas sends his love **II.** *art def gen sing von* **die¹, I** (*auf eine weibliche Person/Tier/Sache bezogen*) **die Hände ~ Frau** the woman's hands; **die Augen ~ Maus** the eyes of the mouse; **die Augen ~ Katze** the cat's eyes; **die Form ~ Tasse** the cup's shape; **die Form ~ Schüssel** the shape of the bowl **III.** *art def dat sing von* **die¹, I** ❶ (*allgemein*) **an ~ Tür klopfen** to knock at the door; **an ~ Decke hängen** to hang from the ceiling; **er gab ~ Großmutter den Brief** he gave his grandmother the letter ❷ (*fam: in Verbindung mit Eigennamen*) **ich werde es ~ Anette sagen** I'll tell Anette **IV.** *art gen pl von* **die¹,** II *des;* **die Wohnung ~ Eltern** my/his/her etc parents' flat; **das Ende ~ Ferien** the end of the holidays

der² [deːɐ̯] **I.** *pron dem, m sing* (*auf eine männliche Person/Tier/Sache bezogen*) that; **~ Mann/Hengst** [**da**] that man/stallion [there]; **~ Angeber!** that show-off!; **~ mit den roten Haaren** him with the red hair; **~ und joggen?** him, jogging?; **~ hier/da** this/that one; **~, den ich meine** the one I mean; **beißt ~?** does he bite? **II.** *pron rel, m sing* who, that **III.** *pron dem gen sing von* **die²,** I (*auf eine weibliche Person/Tier/Sache bezogen*) that **IV.** *pron dat sing von* **die²,** I: **das Fahrrad gehört ~ Frau** [**da**] the bike belongs to that woman [over] there **V.** *pron dem gen pl von* **die¹,** II: **die Farbe ~ Blüten** [**da**] the colour of those flowers [over] there **VI.** *pron dem o rel, m sing* **~ dafür verantwortlich ist** the man who is responsible for that **VII.** *pron rel dat sing von* **die²,** III: **die Freundin, mit ~ ich mich gut verstehe** the friend with whom I get on so well; **die Katze, ~ er zu fressen gibt** the cat which he feeds; **die Hitze, unter ~ sie leiden** the heat they're suffering from

der·art ['deːɐ̯ʔaːɐ̯t] *adv* ❶ *vor vb* **sich ~ benehmen, dass ...** to behave so badly that ... ❷ *vor adj* **~ ekelhaft/heiß/etc. sein, dass ...** to be so disgusting/hot/etc. that ...; **sie ist eine ~ unzuverlässige Frau, dass ...** she is such an unreliable woman that ...

der·ar·tig ['deːɐ̯ʔaːɐ̯tɪç] **I.** *adj* such; [**etwas**] **D~es habe ich noch nie gesehen** I've never seen anything like it **II.** *adv* such

derb [dɛrp] **I.** *adj* ❶ (*grob*) coarse; *Manieren* rough; *Ausdrucksweise, Witz* crude ❷ (*fest*) strong **II.** *adv* ❶ (*heftig*) roughly ❷ (*grob*) crudely

Der·by ⟨-s, -s⟩ ['dɛrbi] *nt* derby (*horse race for three-year-olds*)

de·re·gu·lie·ren* [dereguliˈrən] *vt Markt, Arbeitsverhältnisse* to deregulate

de·ren ['deːrən] **I.** *pron dem gen pl von* **die, das** their **II.** *pron rel* ❶ *gen sing von* **die** whose; *auf Gegenstand bezogen* a. of which ❷ *gen pl von* **der, die, das** *auf Personen bezogen* whose; *auf Sachen bezogen* a. of which

de·rent·hal·ben [deːrəntˈhalbn̩] *adv* (*veraltet*), **de·rent·we·gen** [deːrəntˈveːɡn̩] *adv* on whose account; *auf Sachen bezogen* because of which **de·rent·wil·len** [ˈdeːrəntvɪlən] *adv* **um ~** *auf Personen bezogen* for whose sake; *auf Sachen bezogen* for the sake of which

de·rer ['deːre] *pron gen pl von* **dem** *pron* **der, die, das:** **~, die ...** of those who ...

der·ge·stalt ['deːɐ̯ɡəʃtalt] *adv* (*geh*) thus; **etw ~ tun, dass ...** to do sth to such an extent that ...

der·glei·chen [deːɐ̯ˈɡlaɪ̯çn̩] *pron dem* ❶ *adjektivisch* such, like that *pred,* of that kind *pred* ❷ *substantivisch* that sort of thing; **nichts ~** nothing like it; **ich will nichts ~ hören!** I don't want to hear any of it

der·je·ni·ge ['deːɐ̯jeːnɪɡə], **die·je·ni·ge** ['diːjeːnɪɡə], **das·je·ni·ge** ⟨*gen* desjenigen, derjenigen, desjenigen, *pl* denjenigen; *dat* demjenigen, derjenigen, demjenigen, *pl* denjenigen; *akk* denjenigen, diejenige, dasjenige, *pl* diejenigen⟩ ['dasjeːnɪɡə] *pron dem* ❶ *substantivisch* ['dasjeːnɪɡə] *pron dem* ❶ *substantivisch* **der/den .../diejenige, die ...** *auf Personen bezogen* the one who ...; *auf Sachen bezogen* the one that ...; **diejenigen/denjenigen, die ...** *auf Personen bezogen* the ones who ...; *auf Gegenstände bezogen* the ones which... ❷ *adjektivisch* (*geh*) that; **derjenige Mann, der ...** that man who ...

der·lei ['deːɐ̯laɪ̯] *pron* such, like that *pred*

der·ma·ßen ['deːɐ̯maːsn̩] *adv* **eine ~ lächerliche Frage** such a ridiculous question; **jdn ~ unter Druck setzen, dass ...** to put sb under so much pressure that ...

der·sel·be [deːɐ̯ˈzɛlbə], **die·sel·be** [diːˈzɛlbə], **das·sel·be** ⟨*gen* desselben, derselben, desselben, *pl* derselben; *dat* demselben, derselben, demselben, *pl* denselben; *akk* denselben, dieselbe, dasselbe, *pl* dieselben⟩ [dasˈzɛlbə] *pron dem* ❶ (*ebender, ebendie, ebendas*) ❶ **~ + substantiv** the same + *noun* ❷ *substantivisch* (*fam*) the same; **ein und ~** one and the same; **nicht schon wieder dasselbe!** not this [stuff *fam*] again!

der·wei·l(en) [deːɐ̯ˈvaɪ̯l(ən)] **I.** *adv* meanwhile **II.** *konj* (*veraltend*) whilst

der·zeit ['deːɐ̯tsaɪ̯t] *adv* SÜDD, ÖSTERR at present

der·zei·tig ['de:ɐ̯tsaɪtɪç] *adj attr* present; *(aktuell a.)* current

des[1] ['dɛs] *pron def gen von* **der, das: das Aussehen ~ Kindes/Mannes** the child's/man's appearance; **ein Zeichen ~ Unbehagens** a sign of uneasiness

des[2] <-> *nt*, **Des** <-> ['dɛs] *nt kein pl* MUS D flat

De·sas·ter <-s, -> [de'zaste] *nt* disaster

De·ser·teur(in) <-s, -e> [dezɛr'tø:ɐ] *m(f)* deserter

de·ser·tie·ren* [dezɛr'ti:rən] *vi sein o selten haben* ■ **von etw ~** to desert [sth]

des·glei·chen [dɛs'glaɪçn̩] *adv* likewise

des·halb ['dɛs'halp] *adv* ❶ *(daher)* therefore ❷ *(aus dem Grunde)* because of it; **~ frage ich ja** that's why I'm asking; **also ~!** so that's why!

De·sign <-s, -s> [di'zaɪn] *nt* design

De·si·gner(in) <-s, -> [di'zaɪnɐ] *m(f)* designer

De·si·gner·dro·ge *f* designer drug

De·si·gne·rin <-, -nen> [de'zaɪnərɪn] *f fem form von* **Designer**

De·si·gner·mo·de *f kein pl* designer fashion

Des·in·fek·ti·on <-, -en> [dɛsʔɪnfɛk'tsi̯o:n, dezɪnfɛk'tsi̯o:n] *f* disinfection

Des·in·fek·ti·ons·mit·tel *nt* disinfectant; *(für Wunden a.)* antiseptic

des·in·fi·zie·ren* [dɛsʔɪnfi'tsi:rən, dezɪnfi'tsi:rən] *vt* to disinfect

Des·in·te·res·se ['dɛsʔɪntərɛsə, -'dɛ-zɪntərɛsə] *nt* indifference **(an** towards)

des·in·te·res·siert ['dɛsʔɪntərɛsi:ɐ̯t, -dɛ-zɪntərɛsi:ɐ̯t] *adj* indifferent **(an** to)

des·o·ri·en·tiert [dɛsʔɔri̯ɛn'ti:ɐ̯t, dezʔɔ-] *adj* disorientated

Des·o·ri·en·tie·rung [dɛsʔɔ-, dezʔɔ-] *f* disorientation

Des·pot(in) <-en, -en> [dɛs'po:t] *m(f)* despot

des·po·tisch [dɛs'po:tɪʃ] **I.** *adj* despotic **II.** *adv* despotically

des·sel·ben [dɛs'zɛlbn̩] *pron gen von* **derselbe, dasselbe** the same [one]; *(Person)* the same [person]

des·sen ['dɛsn̩] **I.** *pron dem gen von* **der**[2], **das** his/its; **~ ungeachtet** *(geh)* notwithstanding this **II.** *pron rel gen von* **der**[2], **das** whose; *(von Sachen a.)* of which

Des·sert <-s, -s> [dɛ'se:ɐ̯, dɛ'sɛ:ɐ̯] *nt* dessert

Des·sous <-, -> [dɛ'su:, *pl* dɛ'su:s] *nt meist pl* undergarment

de·sta·bi·li·sie·ren [destabili'zi:rən] *vt* to destabilize

De·stil·lat <-[e]s, -e> [dɛstɪ'la:t] *nt* distillation

de·stil·lie·ren* [dɛstɪ'li:rən] *vt* to distil

des·to ['dɛsto] *konj* **~ besser** all the better; **~ eher** the earlier; **~ schlimmer!** so much the worse!

de·struk·tiv [destrʊk'ti:f] *adj* destructive

des·we·gen ['dɛs've:gən] *adv s.* **deshalb**

De·tail <-s, -s> [de'taɪ, de'ta:j] *nt* detail; **im ~** in detail; **ins ~ gehen** to go into detail[s]; *(sich daranmachen)* to get down to details

de·tail·liert [deta'ji:ɐ̯t] **I.** *adj* detailed **II.** *adv* in detail

De·tek·tei <-, -en> [detɛk'taɪ] *f* [private] detective agency

De·tek·tiv(in) <-s, -e> [detɛk'ti:f, *pl* detɛk'ti:və] *m(f)* ❶ *(Privat~)* private investigator ❷ *(Zivilfahnder)* plain-clothes policeman

de·tek·ti·visch [detɛk'ti:vɪʃ] **I.** *adj* **~e Kleinarbeit** detailed detection work **II.** *adv* like a detective

De·tek·tiv·ro·man *m* detective novel

De·to·na·ti·on <-, -en> [detona'tsi̯o:n] *f* explosion; *(nur hörbar vernommen a.)* blast

de·to·nie·ren* [deto'ni:rən] *vi sein* to detonate

Deut [dɔyt] *m meist in Verbindung mit Verneinung* **keinen ~ wert sein** to be not worth tuppence; **um keinen ~ [besser]** not one bit [better]

deu·ten ['dɔytn̩] **I.** *vt* ■ **jdm etw ~** to interpret sth [for sb]; **die Zukunft ~** to read the future; **etw falsch ~** to misinterpret sth **II.** *vi* ❶ *(zeigen)* ■ **auf jdn/etw ~** to point at sb/sth; **mit dem [Zeige]finger auf jdn/etw ~** to point [one's finger] at sb/sth ❷ *(hinweisen)* to point **(auf** to)

deut·lich ['dɔytlɪç] **I.** *adj* ❶ *(klar)* clear; *Umrisse* distinct ❷ *(eindeutig)* clear; **das war ~!** that was clear enough! **II.** *adv* ❶ *(klar)* clearly; **etw ~ fühlen** to distinctly feel sth ❷ *(eindeutig)* clearly; **sich ~ ausdrücken** to make oneself clear; **~ fühlen, dass ...** to have the distinct feeling that ...

Deut·lich·keit <-, -en> *f* ❶ *kein pl (Klarheit)* clarity ❷ *(Eindeutigkeit)* plainness; **[jdm] etw in aller ~ sagen** to make sth perfectly clear [to sb]

deutsch ['dɔytʃ] *adj* ❶ *(Deutschland betreffend)* German; **~er Abstammung sein** to be of German origin; **~e Gründlichkeit** German thoroughness [*or* efficiency]; **die ~e Sprache** German, the German language; **die ~e Staatsbürgerschaft besitzen** [*o* **haben**] to have German citizenship, to be a German citizen; **das ~e Volk** the Germans, the German people[s *pl*]; **die ~e Wiedervereinigung** German Reunification, the reunification of Germany; **~ denken** to have a [very] German way of thinking; **ty-**

pisch ~ sein to be typically German ❷ LING German; **die ~e Schweiz** German-speaking Switzerland; **~ sprechen** to speak [in] German; **~ sprechen können** to [be able to] speak German; **etw ~ aussprechen** to pronounce sth with a German accent, to give sth a German pronunciation ▶ **mit jdm ~ reden** [*o* **sprechen**] (*fam*) to be blunt with sb, to speak bluntly with sb

Deutsch ['dɔytʃ] *nt dekl wie adj* ❶ LING German; **können Sie ~?** do you speak/understand German?; **~ lernen/sprechen** to learn/speak German; **er spricht akzentfrei ~** he speaks German without an accent; **sie spricht fließend ~** she speaks German fluently, her German is fluent; **er spricht ein sehr gepflegtes ~** his German is very refined; **~ verstehen/kein ~ verstehen** to understand/not understand [a word of [*or* any]] German; **~ sprechend** German-speaking, who speak/speaks German; **auf ~** in German; **sich auf ~ unterhalten** to speak [*or* converse] in German; **etw auf ~ sagen/ aussprechen** to say/pronounce sth in German; **in ~ abgefasst sein** (*geh*) to be written in German; **etw in ~ schreiben** to write sth in German; **zu ~** in German ❷ (*Fach*) German; **~ unterrichten** [*o* **geben**] to teach German ▶ **auf gut ~ [gesagt]** (*fam*) in plain English; **nicht mehr ~** [*o* **kein ~ mehr**] **verstehen** (*fam*) to not understand plain English

Deut·sche(r) *f/m*) *dekl wie adj* German; **er hat eine ~ geheiratet** he married a German [woman]; ■**die ~n** the Germans; **~ sein** to be [a] German, to be from Germany; **[schon] ein halber ~r sein** to be German by formation

Deutsch·land <-s> ['dɔytʃlant] *nt* Germany; **aus ~ kommen** to come from Germany; **in ~ leben** to live in Germany **deutsch·spra·chig** ['dɔytʃʃpraːxɪç] *adj* ❶ (*Deutsch sprechend*) German-speaking ❷ (*in deutscher Sprache*) German[-language] *attr* **deutsch·sprach·lich** ['dɔytʃʃpraːxlɪç] *adj* German *attr* **deutsch·stäm·mig** *adj* of German origin *pred*

Deu·tung <-, -en> ['dɔytʊŋ] *f* interpretation
De·vi·se <-, -n> [de'viːzə] *f* motto
De·vi·sen·han·del *m* foreign currency exchange
De·zem·ber <-s, -> [de'tsɛmbɐ] *m* December; *s. a.* **Februar**
de·zent [de'tsɛnt] **I.** *adj* discreet; *Farbe* subdued **II.** *adv* discreetly
de·zen·tral [detsɛn'traːl] **I.** *adj* decentralized **II.** *adv* **etw ~ entsorgen** to send sth to a decentralized disposal system

de·zen·tra·li·sie·ren* [detsɛntrali'ziːrən] *vt* to decentralize
De·zer·nat <-[e]s, -e> [detsɛr'naːt] *nt* department
De·zer·nent(in) <-en, -en> [detsɛr'nɛnt] *m(f)* department head
De·zi·li·ter [detsi'liːtɐ] *m o nt* decilitre *spec*
de·zi·mal [detsi'maːl] *adj* decimal
De·zi·mal·stel·le *f* decimal place **De·zi·mal·sys·tem** *nt* decimal system
De·zi·me·ter [detsi'meːtɐ] *m o nt* decimetre
de·zi·mie·ren* [detsi'miːrən] *vt* to decimate
DFÜ <-> [deːɛfˈyː] *f kein pl Abk von* **Datenfernübertragung**
DGB <-s> [deːgeːˈbeː] *m Abk von* **Deutscher Gewerkschaftsbund**; ■**der ~** the Federation of German Trade Unions
d. h. *Abk von* **das heißt** i.e.
Dia <-s, -s> ['diːa] *nt* slide
Di·a·be·tes <-> [dia'beːtɛs] *m kein pl* diabetes
Di·a·be·ti·ker(in) <-s, -> [dia'beːtikɐ] *m(f)* diabetic
di·a·bo·lisch [dia'boːlɪʃ] (*geh*) **I.** *adj* diabolical **II.** *adv* fiendishly
Di·a·dem <-s, -e> [dia'deːm] *nt* diadem
Di·a·gno·se <-, -n> [dia'knoːzə] *f* diagnosis
di·a·gnos·ti·zie·ren* [diagnɔsti'tsiːrən] *vt* ■**etw ~** to diagnose sth
di·a·go·nal [diago'naːl] *adj* diagonal
Di·a·go·na·le <-, -n> [diago'naːlə] *f* diagonal [line]
Di·a·gramm <-s, -e> [dia'gram] *nt* diagram
Di·a·kon(in) <-s *o* -en, -e[n]> [dia'koːn] *m(f)* deacon
Di·a·ko·nie <-> [diako'niː] *f kein pl* **die ~** social welfare work
Di·a·ko·nin <-, -nen> [dia'koːnɪn] *f fem form von* **Diakon**
Di·a·ko·nis·se <-, -n> [diako'nɪsə] *f*, **Di·a·ko·nis·sin** <-, -nen> [diako'nɪsɪn] *f* deaconess
Di·a·lekt <-[e]s, -e> [dia'lɛkt] *m* dialect
di·a·lek·tal [dialɛk'taːl] *adj* dialectal
Di·a·lek·tik <-> [dia'lɛktɪk] *f kein pl* dialectics + *sing vb*
Di·a·log <-[e]s, -e> [dia'loːk, *pl* dia'loːgə] *m* dialogue
Di·a·log·be·reit·schaft *f kein pl* openness to dialogue **Di·a·log·fens·ter** *nt* INFORM pop-up window
Di·a·mant <-en, -en> [dia'mant] *f* diamond
Di·a·mant·ring *m* diamond ring
Dia·pro·jek·tor *m* slide projector
Di·ät <-, -en> [di'ɛːt] *f* diet; **~ halten** to keep to a diet; **auf ~ sein** (*fam*) to be on a diet; **jdn auf ~ setzen** (*fam*) to put sb on a diet
di·ä·te·tisch [diɛ'teːtɪʃ] *adj* dietetic

Di·ät·kur *f* dietary cure
Dia·vor·trag *nt* slide show
dich ['dɪç] **I.** *pron pers akk von* **du** you **II.** *pron refl* yourself
dicht ['dɪçt] **I.** *adj* ① (*eng beieinander*) dense; *Haar* thick ② (*undurchdringlich*) dense; *Verkehr* heavy ③ (*wasser-*) watertight; **die Fenster sind wieder ~** the windows are sealed again now; **nicht mehr ~ sein** to leak ▸ **nicht ganz ~ sein** (*pej fam*) to be off one's head *pej fam* **II.** *adv* ① (*örtlich*) closely; **~ auffahren** to tailgate; **~ gedrängt** squeezed together; **~ übersät** thickly strewn; **~ vor jdm** just in front of sb; **~ beieinander/hintereinander** close together ② (*zeitlich*) **~ bevorstehen** to be coming up soon ③ (*sehr stark*) densely; **~ mit Efeu bewachsen sein** to be covered with ivy
Dich·te <-, -n> ['dɪçtə] *f* density
dich·ten¹ ['dɪçtn̩] *vt, vi* to write poetry
dich·ten² ['dɪçtn̩] *vt* (*dicht machen*) to seal
Dich·ter(in) <-s, -> ['dɪçtɐ] *m(f)* poet
dich·te·risch ['dɪçtərɪʃ] **I.** *adj* poetic[al] **II.** *adv* poetically
dicht·ge·drängtᴬᴸᵀ *adj attr s.* **dicht II 1**
dicht|hal·ten ['dɪçthaltn̩] *vi irreg* (*sl*) (*fam*) to keep one's mouth shut **dicht|ma·chen** *vt, vi* (*fam*) to close
Dich·tung <-, -en> ['dɪçtʊŋ] *f* ① *kein pl* (*Dichtkunst*) poetry ② TECH seal[ing]
dick ['dɪk] **I.** *adj* ① (*von großem Umfang*) fat; *Backen* chubby; *Stamm, Buch* thick; *Limousine* big ② (*fam: beträchtlich*) big fat ③ *nach Maßangabe* **5 Meter ~** 5 metres thick ④ (*fam: schwer*) big; **ein ~es Lob [für etw] bekommen** to be praised highly [for sth] ⑤ (*geschwollen*) swollen; *Beule* big ⑥ (*zähflüssig*) thick ⑦ (*fam*) *Freunde* close ▸ **mit jdm durch ~ und dünn gehen** to go through thick and thin with sb **II.** *adv* ① (*warm*) warmly ② (*fett*) heavily ③ (*reichlich*) thickly; **etw zu ~ auftragen** to lay sth on with a trowel ④ (*fam*) **mit jdm ~[e] befreundet sein** to be as thick as thieves with sb ▸ **jdn/etw ~[e] haben** (*fam*) to be sick of sb/sth; **~ auftragen** (*pej fam*) to lay it on with a trowel
dick·bäu·chig *adj* pot-bellied **Dick·darm** *m* colon
Di·cke <-, -n> ['dɪkə] *f* thickness
dick·fel·lig *adj* (*pej fam*) thick-skinned **dick·flüs·sig** *adj* thick
Dick·häu·ter <-s, -> *m* (*hum fam*) ① (*Tier*) pachyderm ② (*fig*) **ein ~ sein** to have a thick skin
Di·ckicht <-[e]s, -e> ['dɪkɪçt] *nt* thicket
Dick·kopf *m* (*fam*) **ein ~ sein/einen ~ haben** to be stubborn

dick·köp·fig *adj* obstinate
dick·lich *adj* ① (*etwas dick*) chubby ② (*dickflüssig*) thick
Dick·schä·del *m* (*fam*) *s.* **Dickkopf Dick·wanst** *m* (*pej fam*) fatso, butterball
Di·dak·tik <-, -en> [di'daktɪk] *f* didactics + *sing vb*
di·dak·tisch [di'daktɪʃ] **I.** *adj* didactic **II.** *adv* didactically
die¹ ['diː] **I.** *art def, sing fem* ① (*allgemein*) the; **~ Mutter/Pflanze/Theorie** the mother/plant/theory ② (*bei Eigennamen*) **~ Donau** the Danube; **~ Schweiz/Türkei** Switzerland/Turkey ③ (*fam: vor Personennamen*) **ich bin ~ Susi** I'm Susi **II.** *pron dem, sing fem* ① *attr, betont* **~ Frau war es!** it was that woman! ② (*fam: ersetzt Pronomen*) **wo ist deine Schwester? —~ kommt gleich** where's your sister? – she'll be here soon **III.** *pron rel, sing fem* that; (*Person a.*) who/whom *form*; (*Gegenstand, Tier a.*) which; **eine Geschichte, ~ Millionen gelesen haben** a story [that has been] read by millions; **die Königin, ~ vierzig Jahre herrschte, ...** the queen who reigned for forty years ...; *s. a.* **der**
die² **I.** *art def, pl* **~ Männer/Mütter/Pferde** the men/mothers/horses **II.** *pron dem, pl* ① (*hinweisend*) **~ waren es!** it was them!; **welche Bücher? – da? oder ~ hier?** which books? those [ones] [there]? or these [ones] [here]? ② (*wiederholend*) **die Schmidts? ~ sind nicht da** the Schmidts? they're not there ③ (*fam: ersetzt Pronomen*) **gute Fragen! aber wie können wir ~ beantworten?** good questions! but how can we answer them? **III.** *pron rel, pl* that; (*Person a.*) who/whom *form*; (*Gegenstand, Tier a.*) which; **ich sah zwei Autos, ~ um die Ecke fuhren** I saw two cars driving around the corner; **die Abgeordneten, ~ dagegen stimmten, ...** the MPs who voted against ...
Dieb(in) <-[e]s, -e> ['diːp, *pl* 'diːbə] *m(f)* thief
die·bisch ['diːbɪʃ] **I.** *adj* ① (*stehlend*) thieving ② (*fam*) **mit ~er Freude** with fiendish joy **II.** *adv* **sich ~ [über etw *akk*] freuen** to take a mischievous pleasure in sth
Dieb·stahl <-[e]s, -stähle> ['diːpʃtaːl, *pl* -ʃtɛːlə] *m* theft **Dieb·stahl·si·che·rung** *f* anti-theft device
die·je·ni·ge ['diːjeːnɪɡə] *pron dem s.* **derjenige**
Die·le <-, -n> ['diːlə] *f* ① (*Vorraum*) hall ② NORDD central living room ③ (*Fußbodenbrett*) floorboard
die·nen ['diːnən] *vi* ① (*nützlich sein*) ▪ **einer S.** *dat* **~** to be [important] for sth; **jds In-**

teressen ~ to serve sb's interests; **einem guten Zweck ~** to be for a good cause ❷ (*behilflich sein*) **womit kann ich Ihnen ~?** how can I help you?; **jdm ist mit etw** *dat* **nicht/kaum gedient** sth is of no/little use to sb ❸ (*verwendet werden*) ▪ **[jdm] als etw ~** to serve [sb] as sth; **einem Zweck ~** to serve a purpose

Die·ner <-s, -> ['diːnɐ] *m* (*fam: Verbeugung*) bow

Die·ner(in) <-s, -> ['diːnɐ] *m(f)* servant

Die·ner·schaft <-, -en> *f* [domestic] servants *pl*

dien·lich *adj* useful

Dienst <-[e]s, -e> ['diːnst] *m* ❶ *kein pl* (*berufliche Tätigkeit*) work; **~ haben** to be at work; **im ~** at work ❷ *kein pl* (*Arbeitszeit*) **während/nach dem ~** during/outside working hours ❸ *kein pl* (*Amt*) diplomatischer **~** diplomatic service; **öffentlicher ~** civil service ❹ *kein pl* (*Bereitschafts~*) **~ haben** to be on call; **der ~ habende Arzt** the doctor on duty ❺ (*unterstützende Tätigkeit*) services *npl;* **jdm einen [guten] ~ erweisen** to do sb a good turn; **sich in den ~ einer S.** *gen* **stellen** to embrace a cause; **im ~[e] einer S.** *gen* **stehen** to be at the service of sth; **seinen ~ versagen** to fail

Diens·tag ['diːnstaːk] *m* Tuesday; **wir haben heute ~** it's Tuesday today; **treffen wir uns ~?** shall we get together on Tuesday?; **in der Nacht [von Montag] auf** [*o* **zu**] **~ on** Monday night, in the early hours of Tuesday morning; **in acht Tagen ~** a week on Tuesday, Tuesday week BRIT; **~ vor acht Tagen** a week last [*or* BRIT *a.* (ago) on] Tuesday, Tuesday before last; **diesen** [*o* **am diesem**] **~** this Tuesday; **eines ~s** one Tuesday; **den ganzen ~ über** all day Tuesday; **jeden ~** every Tuesday; **letzten** [*o* **vorigen**] **~** last Tuesday; **seit letzten** [*o* **letztem**] **~** since last Tuesday; **[am] nächsten ~** next Tuesday; **ab nächsten** [*o* **nächstem**] **~** from next Tuesday [on]; **am ~** on Tuesday; **[am] ~ früh** early Tuesday [morning]; **an ~en** on Tuesdays; **an einem ~** one [*or* on a] Tuesday; **am ~, den 4. März** (*Datumsangabe: geschrieben*) on Tuesday 4th March [*or* AM March 4]; (*gesprochen*) on Tuesday the 4th of March [*or* AM March 4th]

diens·tag·abends^{RR} *adv* [on] Tuesday evenings

diens·tags ['diːnstaks] *adv* [on] Tuesdays; **~ abends/nachmittags/vormittags** [on] Tuesday evenings/afternoons/mornings

Dienst·an·wei·sung *f* (*civil*) service regulations *pl* **Dienst·aus·weis** *m* official identity card **Dienst·bo·te, -bo·tin** *m, f* (*veraltend*) [domestic] servant **Dienst·ei·fer** *m* assiduousness **dienst·frei** *adj* **~er Tag** day off **Dienst·ge·heim·nis** *nt* official secret **Dienst·grad** *m* (*Rangstufe*) grade; MIL rank **dienst·ha·bend**^{ALT} *adj attr s.* **Dienst 1** **Dienst·jahr** *nt meist pl* year of service

Dienst·leis·tung *f meist pl* services *npl* **Dienst·leis·tungs·abend** *m* (*hist*) late night shopping (*formerly Thursday nights when stores were open until 8.30 p.m.*) **Dienst·leis·tungs·be·ruf** *m* job in the service industries **Dienst·leis·tungs·ge·sell·schaft** *f* ÖKON service economy **Dienst·leis·tungs·ge·wer·be** *nt,* **Dienst·leis·tungs·in·dus·trie** *f* service industries sector **dienst·lich** I. *adj* official II. *adv* **~ unterwegs sein** to be away on business

Dienst·mäd·chen *nt* (*veraltend*) maid **Dienst·per·so·nal** *nt kein pl* service personnel **Dienst·plan** *m* [work] schedule **Dienst·rei·se** *f* business trip **Dienst·schluss**^{RR} *m* closing time **Dienst·stel·le** *f* department **Dienst·stun·den** *pl* office hours *npl* **Dienst·vor·schrift** *f* service regulations *pl* **Dienst·wa·gen** *m* company car **Dienst·zeit** *f* ❶ ADMIN length of service ❷ (*Arbeitszeit*) working hours *pl*

dies ['diːs] *pron dem* ❶ (*das hier*) this ❷ (*das da*) that [one]; **~es Benehmen gefällt mir ganz und gar nicht!** I don't like that kind of behaviour at all!; **~ und das** this and that ❸ *pl* (*diese hier*) these ❹ *pl* (*diese da*) those

dies·be·züg·lich ['diːsbətsyːklɪç] I. *adj* (*geh*) relating to this II. *adv* with respect to this

die·se(r, s) ['diːzə] *pron dem* ❶ *substantivisch* (*der/die/das hier*) this one ❷ *substantivisch* (*der/die/das dort*) that one ❸ *substantivisch, pl* (*die hier*) these [ones] ❹ *substantivisch, pl* (*die dort*) those [ones] ❺ *attr, sing* (*der/die/das hier*) this; [**nur**] **~s eine Mal** [just] this once ❻ *attr, pl* (*die hier*) these ❼ *attr, sing* (*der/die/das dort*) that; **~ und jenes** this and that ❽ *attr, pl* (*die dort*) those

Die·sel¹ <-s> ['diːzl] *m kein pl* (*fam*) diesel

Die·sel² <-s, -> ['diːzl] *m* ❶ (*Wagen mit Dieselmotor*) diesel ❷ (*Motor*) s. **Dieselmotor**

die·sel·be [diːˈzɛlbə] *pron dem s.* **derselbe**

Die·sel·mo·tor *m* diesel engine **Die·sel·öl** *nt* diesel

die·ser ['diːzɐ] *pron,* **die·ses** ['diːzəs] *pron dem s.* **diese(r, s)**

die·sig ['diːzɪç] *adj* misty

dies·jäh·rig ['diːsjɛːrɪç] *adj attr* this year's

dies·mal ['diːsmaːl] *adv* this time

dies·seits ['diːszaɪts] *präp* ▪ **~ einer S.** *gen* this side of sth

Dies·seits <-> ['diːszaɪts] *nt kein pl* earthly existence

Diet·rich <-s, -e> ['diːtrɪç] *m* picklock

Dif·fe·ren·ti·al <-s, -e> [dɪfərɛn'tsi̯aːl] *nt s.* **Differenzial**

Dif·fe·renz <-, -en> [dɪfəˈrɛnts] *f* ❶ (*Unterschied*) difference ❷ *meist pl* (*Meinungsverschiedenheit*) difference of opinion

Dif·fe·ren·zi·al^{RR} <-s, -e> *nt* differential

Dif·fe·ren·zi·al·rech·nung^{RR} *f* differential calculus

dif·fe·ren·zie·ren* [dɪfərɛn'tsiːrən] **I.** *vt* (*geh: modifizieren*) to modify **II.** *vi* (*geh: Unterschiede machen*) ■ [**bei etw**] ~ to discriminate [in doing sth]

dif·fe·ren·ziert I. *adj* (*geh: fein unterscheidend*) discriminating **II.** *adv* (*geh*) **etw** ~ **beurteilen** to differentiate in making judgements

di·gi·tal [digi'taːl] **I.** *adj* digital **II.** *adv* digitally

di·gi·ta·li·sie·ren* [digitali'ziːrən] *vt* to digitize

Di·gi·tal·ka·me·ra *f* digital camera

Dik·tat <-[e]s, -e> [dɪk'taːt] *nt* ❶ (*in der Schule*) dictation; **ein** ~ **schreiben** to do a dictation ❷ (*geh: Gebot*) dictate[s]

Dik·ta·tor, Dik·ta·to·rin <-s, -toren> [dɪk'taːtoːɐ̯, -'toːrɪn, *pl* -'toːrən] *m, f* despot

dik·ta·to·risch [dɪkta'toːrɪʃ] **I.** *adj* dictatorial **II.** *adv* like a dictator

Dik·ta·tur <-, -en> [dɪkta'tuːɐ̯] *f* dictatorship

dik·tie·ren* [dɪk'tiːrən] *vt* to dictate

Dik·tier·ge·rät *nt* Dictaphone®

Di·lem·ma <-s, -s *o* -ta> [di'lɛma, *pl* di'lɛmata] *nt* (*geh*) dilemma

Di·let·tant(in) <-en, -en> [dilɛ'tant] *m(f)* dilettante

di·let·tan·tisch [dilɛ'tantɪʃ] **I.** *adj* amateurish **II.** *adv* (*pej*) amateurishly

Dill <-s, -e> ['dɪl] *m* dill

Di·men·si·on <-, -en> [dimɛn'zi̯oːn] *f* dimension

DIN® <-> [diːn] *f kein pl Akr von* **D**eutsche **I**ndustrie-**N**ormen DIN®

Di·nar <-s, -e> [di'naːɐ̯] *m* dinar

Ding <-[e]s, -e *o fam* -er> ['dɪŋ] *nt* ❶ (*Gegenstand*) thing ❷ (*Mädchen*) **ein junges** ~/**junge** ~**er** (*fam*) a young thing/young things ❸ (*fam: Zeug*) stuff; **krumme** ~**er drehen** to do sth dodgy ❹ (*Angelegenheit*) matters *pl*; **es geht nicht mit rechten** ~**en zu** there's sth fishy about sth; **unverrichteter** ~**e** without carrying out one's intention; **das ist** [**ja**] **ein** ~ **!** (*fam*) that's a bit much! BRIT; **so wie die** ~**e liegen** as things stand [at the moment]; **über den** ~**en stehen** to be above it all; **das ist nicht so ganz mein** ~ that's not really my thing

ding·fest *adj* **jdn** ~ **machen** to put sb behind bars

Dings¹ <-> ['dɪŋs] *nt kein pl* (*fam: Sache*) whatsit BRIT

Dings² <-> ['dɪŋs] *m o f kein pl* (*fam: Person*) **Herr** ~ Mr What's-his-name; **Frau** ~ Mrs What's-her-name

Dings·bums <-> ['dɪŋsbʊms] *nt kein pl* (*fam*) s. **Dings**

Dings·da¹ <-> ['dɪŋsdaː] *nt kein pl s.* **Dings**¹

Dings·da² <-> ['dɪŋsdaː] *m o f kein pl s.* **Dings**²

Dink <-s, -s> ['dɪŋk] *m meist pl* SOZIOL *Akr von* **d**ouble **i**ncome, **n**o **k**ids dinky

Di·no·sau·ri·er [dino'zaʊri̯ɐ] *m* dinosaur

Di·o·de <-, -n> [di'oːdə] *f* diode

Di·op·trie <-, -n> [dɪɔp'triː, *pl* -'triːən] *f* dioptre

Diph·the·rie <-, -n> [dɪfte'riː, *pl* -'riːən] *f* diphtheria

Diph·thong <-s, -e> [dɪf'tɔŋ] *m* diphthong

Dipl. ['dɪpl] *Abk von* **Dipl**om

Dipl.-Ing. ['dɪpl ɪŋ] *Abk von* **Dipl**om**ing**enieur

Di·plom <-s, -e> [di'ploːm] *nt* (*Hochschulzeugnis*) degree; (*Zeugnis, Urkunde*) diploma; **ein** ~ [**in etw** *dat*] **machen** (*Hochschulstudium*) to get a degree [in sth]; (*Ausbildung*) to get a diploma [in sth]

Di·plom·ar·beit *f* thesis [for a degree]

Di·plo·mat(in) <-en, -en> [diplo'maːt] *m(f)* diplomat

Di·plo·ma·tie <-> [diploma'tiː] *f kein pl* diplomacy

Di·plo·ma·tin <-, -nen> [diplo'maːtɪn] *f fem form von* **Diplomat**

di·plo·ma·tisch [diplo'maːtɪʃ] **I.** *adj* diplomatic **II.** *adv* diplomatically

Di·plom·in·ge·ni·eur(in) [-ɪnʒeni̯øːɐ̯] *m(f)* qualified engineer **Di·plom·prü·fung** *f* final exam[ination]s *pl*

dir ['diːɐ̯] *pron* ❶ *pers dat von* **du** you; *nach prep;* **hinter/neben/über/unter/vor** ~ behind/next to/above/under/in front of you ❷ *refl dat von* **sich** you

di·rekt [di'rɛkt] **I.** *adj* direct; *Übertragung* live **II.** *adv* ❶ (*geradezu*) almost; **das war ja** ~ **lustig** that was actually funny for a change ❷ (*ausgesprochen*) exactly; **etw nicht** ~ **verneinen** to not really deny sth; **etw** ~ **zugeben** to admit sth outright; **das war ja** ~ **genial!** that was just amazing! ❸ (*unverblümt*) directly; **bitte sei etwas** ~**er!** don't beat about the bush! ❹ (*mit Ortsangabe*) direct[ly]; **diese Straße geht** ~ **zum Bahnhof** this road goes straight to the station ❺ (*unverzüglich*) immediately

Di·rekt·bank *f* telephone and internet based

commercial bank **Di·rekt·flug** *m* direct flight

Di·rek·ti·on <-, -en> [dirɛkˈtsi̯oːn] *f* ❶ (*Leitung*) management; (*Vorstand*) board of directors ❷ SCHWEIZ (*Ressort*) department

Di·rek·tor, Di·rek·to·rin <-s, -toren> [diˈrɛktoːɐ̯, -ˈtoːrɪn, *pl* -ˈtoːrən] *m*, *f* ❶ SCH head BRIT ❷ (*Leiter eines Unternehmens*) manager ❸ (*Leiter einer öffentlichen Einrichtung*) director

Di·rek·to·ri·um <-s, -rien> [dirɛkˈtoːri̯ʊm, *pl* dirɛkˈtoːri̯ən] *nt* board of directors

Di·rek·tri·ce <-, -n> [dirɛkˈtriːsə] *f* manager in the clothing industry who is a qualified tailor and who designs clothes

Di·rekt·saft *m* KOCHK pressé juice BRIT, juice not from concentrate AM **Di·rekt·über·tra·gung** *f* live broadcast **Di·rekt·ver·bin·dung** *f* direct train [*or* flight] **Di·rekt·zu·griff** *m* kein *pl* direct memory access

Di·ri·gent(in) <-en, -en> [diriˈgɛnt] *m(f)* conductor

di·ri·gie·ren* [diriˈgiːrən] *vt*, *vi* MUS to conduct

Dirndl <-s, -> [ˈdɪrndl] *nt* ❶ (*kleid*) dirndl ❷ SÜDD, ÖSTERR (*Mädchen*) lass BRIT, gal AM

Dir·ne <-, -n> [ˈdɪrnə] *f* (*geh*) prostitute

dis <-, -> *nt*, **Dis** <-, -> [dɪs] *nt* D sharp

Disc·jo·ckey [ˈdɪskdʒɔke, -dʒɔki] *m* disc jockey

Dis·co <-, -s> [ˈdɪsko] *f* (*fam*) s. **Disko**

Dis·ket·te <-, -n> [dɪsˈkɛta] *f* disk

Dis·ket·ten·lauf·werk *nt* disk drive

Disk·jo·ckey [ˈdɪskdʒɔke, -dʒɔki] *m* disc jockey

Dis·ko <-, -s> [ˈdɪsko] *f* (*fam*) s. **Disko**

Dis·kont <-s, -e> [dɪsˈkɔnt] *m* ❶ (*Rabatt*) discount ❷ s. **Diskontsatz**

Dis·kont·satz *m* bank rate

Dis·ko·thek <-, -en> [dɪskoˈteːk] *f* discotheque BRIT

Dis·kre·panz <-, -en> [dɪskreˈpants] *f* (*geh*) discrepancy

dis·kret [dɪsˈkreːt] I. *adj* ❶ (*vertraulich*) confidential ❷ (*unauffällig*) discreet II. *adv* ~ **behandeln** to treat confidentially; **sich ~ verhalten** to behave discreetly

Dis·kre·ti·on <-> [dɪskreˈtsi̯oːn] *f* kein *pl* (*geh*) discretion

dis·kri·mi·nie·ren* [dɪskrimiˈniːrən] *vt* ▪ **jdn ~** to discriminate against sb

dis·kri·mi·nie·rend *adj* discriminatory

Dis·kri·mi·nie·rung <-, -en> *f* discrimination

Dis·kus <-, -se *o* Disken> [ˈdɪskʊs, *pl* ˈdɪskʊsə, ˈdɪskən] *m* discus

Dis·kus·si·on <-, -en> [dɪskʊˈsi̯oːn] *f* discussion

Dis·kus·wer·fen <-s> *nt* kein *pl* discus throwing

dis·ku·tie·ren* [dɪskuˈtiːrən] *vt*, *vi* to discuss

Dis·play <-s, -s> [ˈdɪsˈpleː] *nt* display

Dis·po·kre·dit [ˈdɪspo-] *m* (*fam*) s. **Dispositionskredit**

dis·po·nie·ren* [dɪspoˈniːrən] *vi* (*geh*) ▪ **[frei] über etw** *akk* **~** to dispose [at will] of sth

Dis·po·si·ti·on <-, -en> [dɪspoziˈtsi̯oːn] *f* disposal; **jdm/etw zu seiner ~ haben** to have sb/sth at one's disposal; **zur ~ stehen** to be available

Dis·po·si·ti·ons·kre·dit *m* overdraft facility

Dis·put <-[e]s, -e> [dɪsˈpuːt] *m* (*geh*) dispute

Dis·qua·li·fi·ka·ti·on <-, -en> [dɪskvalifikaˈtsi̯oːn] *f* disqualification

dis·qua·li·fi·zie·ren* [dɪskvalifiˈtsiːrən] *vt* to disqualify (**wegen** for, **für** for)

Dis·ser·ta·ti·on <-, -en> [dɪsɛrtaˈtsi̯oːn] *f* dissertation

Dis·si·dent(in) <-en, -en> [dɪsiˈdɛnt] *m(f)* dissident

Dis·so·nanz <-, -en> [dɪsoˈnants] *f* disharmony

dis·so·zi·al [dɪsotsi̯aːl] *adj* PSYCH *Verhalten*, *Störung* dissocial, extremely antisocial

Dis·tanz <-, -en> [dɪsˈtants] *f* distance; ~ **wahren** to keep one's distance

dis·tan·zie·ren* [dɪstanˈtsiːrən] *vr* ▪ **sich ~** to distance oneself (**von** from)

dis·tan·ziert I. *adj* (*geh: zurückhaltend*) distant II. *adv* distantly; **sich ~ verhalten** to be aloof

Dis·tel <-, -n> [ˈdɪstl] *f* thistle

Dis·trikt <-[e]s, -e> [dɪsˈtrɪkt] *m* district

Dis·zi·plin <-, -en> [dɪstsiˈpliːn] *f* discipline

dis·zi·pli·na·risch [dɪstsipliˈnaːrɪʃ] I. *adj* disciplinary II. *adv* **gegen jdn ~ vorgehen** to take disciplinary action against sb

Dis·zi·pli·nar·ver·fah·ren *nt* disciplinary hearing

dis·zi·pli·niert [dɪstsipliˈniːɐ̯t] I. *adj* (*geh*) disciplined II. *adv* (*geh*) in a disciplined way

dis·zi·plin·los I. *adj* undisciplined II. *adv* in an undisciplined way

Di·va <-, -s *o* Diven> [ˈdiːva, *pl* ˈdiːvən] *f* ≈ prima donna (*actress or singer whose theatrical airs and graces make her a subject of discussion*)

Di·ver·genz <-, -en> [divɛrˈgɛnts] *f* divergence

di·ver·gie·ren* [divɛrˈgiːrən] *vi* to diverge (**von** from)

di·vers [diˈvɛrs] *adj attr* diverse

Di·ver·si·fi·zie·rung *f* ÖKON diversification

Di·vi·den·de <-, -n> [diviˈdɛndə] *f* dividend

di·vi·die·ren* [divi'di:rən] *vt, vi* ▪ **etw ~** to divide sth (**durch** by)

Di·vi·si·on <-, -en> [divi'zjo:n] *f* division

Di·wan <-s, -e> ['di:va:n] *m* (*veraltend*) divan

DKP <-> [de:ka:'pe:] *f Abk von* **Deutsche Kommunistische Partei** *German communist party*

d.M. *Abk von* **dieses Monats** of this month

DM <-, -> [de:'ɛm] *kein art* (*hist*) *Abk von* **Deutsche Mark** Deutschmark

d-Moll <-s> ['de:mɔl] *nt kein pl* MUS D flat minor

D-Netz [de:-] *nt network for mobile telephones throughout Europe*

DNS <-> [de:?ɛn'ɛs] *f Abk von* **Desoxyribonukleinsäure** DNA

doch [dɔx] **I.** *konj* (*jedoch*) but, however **II.** *adv* (*emph*) ❶ (*dennoch*) even so; **zum Glück ist aber ~ nichts passiert** fortunately, nothing happened ❷ (*einräumend*) **du hattest ~ Recht** you were right after all ❸ (*Widerspruch ausdrückend*) **du gehst jetzt ins Bett — nein! — ~!** go to bed now — no! — yes! ❹ (*ja*) yes; **hat es dir nicht gefallen? — ~[, ~]!** didn't you enjoy it? — yes, I did! **III.** *part* ❶ (*Nachdruck verleihend*) **es war ~ nicht so wie Du dachtest** it turned out not to be the way you thought it was; **du weißt ja ~ immer alles besser!** you always know better!; **das war ~ gar nicht schlimm, oder?** it wasn't so bad, was it?; **jetzt komm ~ endlich** come on!; **seid ~ endlich still** for goodness' sake, be quiet!; **sei ~ nicht immer so geizig** don't be so stingy; **sie will dir kündigen! — soll sie ~, das macht mir auch nichts aus** she's going to sack you! — let her, I don't care; **du weißt ~, wie es ist** you know how it is ❷ (*Unmut ausdrückend*) **das ist ~ gar nicht wahr** that's not true!; **das ist ~ wirklich eine Frechheit!** what a cheek!; **du hast ihr ~ nicht etwa von unserem Geheimnis erzählt?** you haven't gone and told her our secret? *fam* ❸ (*noch*) **wie war ~ [gleich] Ihr Name?** sorry, what did you say your name was?; **das ist Ihnen aber ~ bekannt gewesen, oder?** but you knew that, didn't you?

Docht <-[e]s, -e> ['dɔxt] *m* wick

Dock <-s, -s *o* -e> ['dɔk] *nt* dock

Dog·ge <-, -n> ['dɔɡə] *f* mastiff

Dog·ma <-s, -men> ['dɔɡma, *pl* 'dɔɡmən] *nt* dogma

dog·ma·tisch [dɔ'ɡma:tɪʃ] *adj* (*geh*) dogmatic

Doh·le <-, -n> ['do:lə] *f* jackdaw

Dok·tor, Dok·to·rin <-s, -toren> ['dɔktoːɐ̯, -'toːrɪn, *pl* -'toːrən] *m, f a.* MED doctor; **er ist ~ der Physik** he's got a PhD in physics; **den ~ machen** to do one's doctorate

Dok·to·rand(in) <-en, -en> [dɔkto'rant, *pl* dɔkto'randn̩] *m(f)* doctoral candidate

Dok·tor·ar·beit *f* doctoral dissertation

Dok·to·rin <-, -nen> [dɔk'to:rɪn] *f fem form von* **Doktor**

Dok·tor·ti·tel *m* doctorate

Dok·trin <-, -en> [dɔk'tri:n] *f* doctrine

Do·ku·ment <-[e]s, -e> [doku'mɛnt] *nt* document

Do·ku·men·tar·film *m* documentary film

do·ku·men·ta·risch [dokumɛn'ta:rɪʃ] **I.** *adj* documentary **II.** *adv* **etw ~ beweisen** to prove sth by providing documentary evidence

Do·ku·men·ta·ti·on <-, -en> [dokumɛnta'tsjo:n] *f* documentation

do·ku·men·tie·ren* [dokumɛn'ti:rən] *vt* to document

Do·ku-Soap <-, -s> [doku'soʊp] *f* docusoap, fly-on-the-wall documentary

Dolch <-[e]s, -e> ['dɔlç] *m* dagger

Dol·lar <-[s], -s> ['dɔlaɐ̯] *m* dollar

Dol·lar·kurs *m* dollar rate

dol·met·schen ['dɔlmɛtʃn̩] *vi, vt* to interpret

Dol·met·scher(in) <-s, -> ['dɔlmɛtʃɐ] *m(f)* interpreter

Do·lo·mi·ten [dolo'mi:tn̩] *pl* ■ **die ~** the Dolomites

Dom <-[e]s, -e> ['do:m] *m* ❶ (*große Kirche*) cathedral ❷ ARCHIT dome

Do·mä·ne <-, -n> [do'mɛ:nə] *f* domain

do·mi·nant [domi'nant] *adj* dominant; *Mensch* domineering

Do·mi·nan·te <-, -n> [domi'nantə] *f* dominant

Do·mi·nanz <-, -en> [domi'nants] *f* dominance

do·mi·nie·ren* [domi'ni:rən] *vi, vt* to dominate (**in** in)

Do·mi·ni·ka·ni·sche Re·pu·blik *f* Dominican Republic

Do·mi·no <-s, -s> ['do:mino] *nt* dominoes + *sing vb*

Do·mi·zil <-s, -e> [domi'tsi:l] *nt* (*geh*) residence

Dom·pfaff <-en *o* -s, -en> ['do:mpfaf] *m* bullfinch

Domp·teur(in) <-s, -e> [dɔmp'tø:ɐ̯] *m(f)*, **Domp·teu·se** <-, -n> [dɔmp'tø:zə] *f* animal trainer

Do·nau <-> ['do:naʊ̯] *f* ■ **die ~** the Danube

Don·ner <-s, *selten* -> ['dɔnɐ] *m* thunder

don·nern ['dɔnɐn] **I.** *vi impers haben* to thunder; **hörst du, wie es donnert?** can you hear the thunder? **II.** *vi* ❶ *haben* (*poltern*) to bang ❷ *sein* (*krachend prallen*) to crash (**gegen/in** into) ❸ *sein* (*sich polternd bewegen*) **ein schwerer Laster donnerte heran** a heavy lorry came thundering by

Don·ners·tag ['dɔnɛstaːk] *m* Thursday; *s. a.* **Dienstag**

don·ners·tag·abendsᴿᴿ *adv* [on] Thursday evenings

don·ners·tags *adv* [on] Thursdays

Don·ner·wet·ter ['dɔnɐvɛtɐ] *nt* (*fam*) ❶ (*Schelte*) unholy row Bʀɪᴛ, an awful bawling out Aᴍ ❷ (*alle Achtung!*) I'll be damned! ❸ (*in Ausrufen*) [**zum**] ~! damn it!

doof <doofer *o* döfer, doofste *o* döfste> ['doːf] *adj* (*fam*) ❶ (*blöd*) stupid ❷ (*verflixt*) damn; **das Ganze wird mir langsam zu ~** I'm beginning to find the whole business ridiculous

Doof·heit <-, -en> *f* (*fam*) stupidity

Doof·kopp <-s, -köppe> [-kɔp, *pl* -kœpə] *m*, **Doof·mann** <-s, -männer> *m* (*sl*) twit

Dope <-s, -s> [doːp] *nt* (*sl*) pot

do·pen ['doːpn, 'dɔpn] *vt* to dope

Do·ping <-s, -s> ['doːpɪŋ] *nt illicit use of drugs before sporting events*

Do·ping·kon·trol·le ['doːpɪŋ-] *f*, **Do·ping·test** ['doːpɪŋ-] *m* drugs test **Do·ping·mit·tel** ['doːpɪŋ-] *nt* [performance-enhancing] drug

Dop·pel <-s, -> ['dɔpl] *nt* ❶ (*Duplikat*) duplicate ❷ sᴘᴏʀᴛ doubles; **gemischtes ~** mixed doubles

Dop·pel·be·las·tung *f* double burden **Dop·pel·bett** *nt* double bed **Dop·pel·bür·ger(in)** *m(f)* ᴘᴏʟ *bes* sᴄʜᴡᴇɪᴢ person with dual nationality

Dop·pel·de·cker <-s, -> *m* ❶ (*Flugzeug*) biplane ❷ (*fam: Omnibus*) double-decker [bus]

dop·pel·deu·tig ['dɔpldɔytɪç] *adj* ambiguous

Dop·pel·fens·ter *nt* double glazing

Dop·pel·gän·ger(in) <-s, -> [-gɛŋɐ] *m(f)* look-alike

Dop·pel·glas·fens·ter *nt* window with double glazing **Dop·pel·haus** *nt* two semi-detached houses *pl* Bʀɪᴛ, duplex house Aᴍ **Dop·pel·kinn** *nt* double chin **dop·pel·kli·cken** *vi* to double-click **Dop·pel·le·ben** *nt* double life **Dop·pel·mo·ral** *f* double standards *pl* **Dop·pel·mord** *m* double murder **Dop·pel·na·me** *m* (*Nachname*) double-barrelled [*or* Aᴍ hyphenated] [sur]name **Dop·pel·punkt** *m* colon **Dop·pel·ste·cker** *m* twin socket

dop·pelt ['dɔplt] **I.** *adj* ❶ (*zweite*) second; *Staatsangehörigkeit* dual ❷ (*zweifach*) double; **aus ~em Grunde** for two reasons; **einem ~en Zweck dienen** to serve a dual purpose; **~ so viel** twice as much/many ❸ (*verdoppelt*) doubled; **mit ~em Einsatz arbeiten** to double one's efforts **II.** *adv* ❶ *direkt vor adj* (*zweimal*) twice ❷ (*zweifach*) twice; **~ sehen** to see double; **~ und dreifach** doubly [and more] ❸ (*umso mehr*) doubly ▶ **gemoppelt hält besser!** (*fam*) better [to be] safe than sorry

Dop·pel·ver·die·ner(in) *m(f)* ❶ (*Person mit zwei Einkünften*) double wage earner ❷ *pl* (*Paar mit zwei Gehältern*) double-income couple **Dop·pel·wäh·rungs·pha·se** *f* ғɪɴ dual currency phase **Dop·pel·zent·ner** *m* ≈ 2 hundredweights Bʀɪᴛ (*100 kilos*) **Dop·pel·zim·mer** *nt* double [room]

Dorf <-[e]s, Dörfer> [dɔrf, *pl* 'dœrfɐ] *nt* village Bʀɪᴛ, Aᴍ *usu* [small] town; **das Olympische ~** the Olympic village; **auf dem ~** in the country; **vom ~** from the country

Dorf·be·woh·ner(in) *m(f)* villager **Dorf·schaft** <-, -en> *f* sᴄʜᴡᴇɪᴢ village Bʀɪᴛ, [small] town Aᴍ **Dorf·trot·tel** *m* (*fam*) village idiot

Dorn¹ <-[e]s, -en> [dɔrn] *m* thorn ▶ **jdm ein ~ im Auge sein** to be a thorn in sb's side

Dorn² <-[e]s, -e> [dɔrn] *m* ❶ (*Metallstift*) [hinged] spike ❷ (*Werkzeug*) awl

Dorn·busch *m* thorn bush **Dor·nen·kro·ne** *f* crown of thorns

dor·nig ['dɔrnɪç] *adj* thorny

Dorn·rös·chen <-> [-'røːsçən] *nt kein pl* Sleeping Beauty

dör·ren ['dœrən] **I.** *vt haben* ■ etw ~ to dry [out] sth *sep* **II.** *vi sein* to wither

Dörr·obst *nt* dried fruit

Dorsch <-[e]s, -e> [dɔrʃ] *m* cod

dort ['dɔrt] *adv hinweisend* there; **schau mal ~!** look at that!; **~ drüben** over there; **von ~** from there; **von ~ aus** from there

dort·her ['dɔrt'heːɐ] *adv* from there

dort·hin ['dɔrt'hɪn] *adv* there; **bis ~** up to there; **wie weit ist es bis ~?** how far is it to there?

dort·hin·aus ['dɔrthɪn'naus] *adv* (*dahinaus*) there ▶ **bis ~** (*fam*) awfully; **das ärgert mich bis ~!** that drives me up the wall!

dort·hin·ein *adv* over there

dor·tig ['dɔrtɪç] *adj attr* local

Dose <-, -n> ['doːzə] *f* ❶ (*Büchse*) box; (*Blech~*) tin Bʀɪᴛ, can Aᴍ ❷ (*Steck~*) socket

Do·sen *pl von* **Dosis**

dö·sen ['døːzn] *vi* (*fam*) to doze

Do·sen·bier *nt kein pl* canned beer **Do·sen·milch** *f* condensed milk **Do·sen·mu·sik** *f* (*hum fam*) canned music **Do·sen·öff·ner** *m* tin opener **Do·sen·pfand** *nt kein pl* [beverage] can deposit **Do·sen·sup·pe** *f* canned soup

do·sie·ren* [doˈziːrən] *vt* to measure out *sep*

Do·sie·rung <-, -en> f dosage
Do·sis <-, Dosen> ['do:zɪs, pl 'do:zn̩] f dose
Dös·kopp <-s, -köppe> [-kɔp] m NORDD (fam) dope
Dos·sier <-s, -s> [dɔ'sie:] nt dossier
Dot·com-Un·ter·neh·men ['dɔtkɔm-] nt dotcom [business]
do·tie·ren* [do'ti:rən] vt ❶ (honorieren) eine Stelle [mit etw] ~ to remunerate a position [with sth] ❷ (ausstatten) mit 10000 Euro dotiert sein to be worth 10,000 Euro
Dot·ter <-s, -> ['dɔtɐ] m o nt yolk
Dot·ter·blu·me f marsh marigold
dou·beln ['du:bln̩] I. vt ■ jdn ~ to double for sb II. vi to work as a double
Dou·ble <-s, -s> ['du:bl] nt double
Down·link ['daunlɪŋk] nt TELEK downlink
Down·load <-s, -s> ['daunloʊd] m download **down·loa·den** ['daunloʊdn̩] vt INFORM ■ etw ~ to download sth (von from)
Down·syn·drom nt Down's syndrome
Do·zent(in) <-en, -en> [do'tsɛnt] m(f) lecturer
do·zie·ren* [do'tsi:rən] vi to lecture
Dr. Abk von Doktor Dr
Dra·che <-n, -n> ['draxə] m dragon
Dra·chen <-s, -> ['draxn̩] m ❶ (Spielzeug) kite; **einen ~ steigen lassen** to fly a kite ❷ (Fluggerät) hang-glider ❸ (fam: zänkisches Weib) dragon
Dra·chen·flie·ger(in) m(f) hang-glider
Drach·me <-, -n> ['draxmə] f drachma
Dra·gée, Dra·gee <-s, -s> [dra'ʒe:] nt ❶ PHARM sugar-coated pill ❷ KOCHK sugar-coated sweet BRIT
Draht <-[e]s, Drähte> ['dra:t, pl 'drɛ:tə] m wire ■ **zu jdm einen guten ~ haben** to be on good terms with sb
Draht·bürs·te f wire brush **Draht·esel** nt (fam) bike **Draht·git·ter** nt wire grating
drah·tig adj wiry
draht·los adj wireless; **~es Telefon** mobile [tele]phone BRIT, cellular [tele]phone AM
Draht·seil nt wire cable **Draht·seil·bahn** f cable railway, gondola AM
Draht·zaun m wire fence **Draht·zie·her(in)** <-s, -> m(f) sb pulling the strings
dra·ko·nisch [dra'ko:nɪʃ] I. adj (unbarmherzig hart) Draconian II. adv harshly
drall ['dral] adj well-rounded; Mädchen shapely
Dra·ma <-s, -men> ['dra:ma, pl 'dra:mən] nt drama
Dra·ma·ti·ker(in) <-s, -> [dra'ma:tikɐ] m(f) dramatist
dra·ma·tisch [dra'ma:tɪʃ] I. adj dramatic II. adv dramatically
dra·ma·ti·sie·ren* [dramati'zi:rən] vt ❶ LIT to dramatize ❷ (fig: übertreiben) to express sth in a dramatic way
Dra·ma·turg(in) <-en, -en> [drama'tʊrk, pl drama'tʊrgn̩] m(f) dramaturg[e]
Dra·ma·tur·gie <-, -en> [dramatʊr'gi:, pl dramatʊr'gi:ən] f ❶ (Lehre des Dramas) dramaturgy ❷ (Bearbeitung eines Dramas) dramatization
Dra·ma·tur·gin <-, -nen> [drama'tʊrgɪn] f fem form von **Dramaturg**
dran ['dran] adv (fam) ❶ (daran) [**zu**] **früh/spät ~ sein** to be [too] early/late; **sie ist besser ~ als er** she's better off than he is; **schlecht ~ sein** (gesundheitlich) to be off colour; (schlechte Möglichkeiten haben) to have a hard time [of it] ❷ (an der Reihe sein) **jetzt bist du ~!** now it's your turn!; **wer ist als Nächster ~?** who's next? ❸ (zutreffen) ■ **etw ~ sein** an etw dat to be sth in it; **nichts ~ sein** an etw dat to be nothing in sth
dran|blei·ben vi irreg sein (fam) ❶ (dicht an jdm bleiben) ■ **an jdm ~** to keep close to sb ❷ (am Telefon bleiben) to hold the line BRIT, to hold AM
drang ['draŋ] imp von **dringen**
Drang <-[e]s, Dränge> ['draŋ, pl 'drɛŋə] m longing; **ein starker ~** a strong desire; **einen ~ haben[, etw zu tun]** to feel an urge [to do sth]
dran|ge·hen vi irreg sein (fam) ■ **[an etw akk] ~** to touch [sth]
Drän·ge·lei <-, -en> [drɛŋə'laɪ] f (pej fam) ❶ (lästiges Drängeln) jostling ❷ (lästiges Drängen) nagging
drän·geln ['drɛŋln̩] I. vi (fam) to push II. vt, vi (fam) ■ **jdn ~** to pester [sb]
drän·gen ['drɛŋən] I. vi ❶ (schiebend drücken) to push; **durch die Menge ~** to force one's way through the crowd ❷ (fordern) ■ **auf etw** akk **~** to insist on sth; **warum drängst du so zur Eile?** why are you in such a hurry? ❸ (pressieren) **die Zeit drängt** time is running out; **es drängt nicht** there's no hurry II. vt ❶ (schiebend drücken) to push ❷ (auffordern) ■ **jdn ~, etw zu tun** to pressurize sb into doing sth ❸ (treiben) ■ **jdn [zu etw** dat**] ~** to force sb [to sth]; ■ **jdn ~, etw zu tun** to compel sb to do sth; **sich [von jdm] gedrängt fühlen** to feel pressurized [or AM pressured] by sb III. vr **sich ~** to crowd; **vor dem Kino drängten sich die Leute** there was a throng of people in front of the cinema; **sich nach vorne ~** to press forwards
drang·sa·lie·ren* [draŋza'li:rən] vt ■ **jdn ~** to plague sb (mit with)
dran|hal·ten irreg I. vt (fam: an etw halten) ■ **etw [an etw** akk**] ~** hold sth up [to sth]

II. *vr* (*fam: sich ranhalten*) ▪ **sich ~** to keep at it **dran|hän·gen I.** *vt* (*fam*) ❶ (*an etw hängen*) ▪ **etw [an etw** *akk*] **~** to hang sth [on sth] ❷ (*mehr aufwenden*) ▪ **etw ~** to add on sth **II.** *vi irreg* (*fam: an etw hängen*) ▪ **[an etw** *dat*] **~** to hang [on sth] **III.** *vr* (*fam: verfolgen*) ▪ **sich [an jdn] ~** to stick close [to sb] **dran|kom·men** *vi irreg sein* (*fam*) ❶ (*an die Reihe kommen*) **Sie kommen noch nicht dran** it's not your turn yet; **warte bis du drankommst** wait your turn ❷ (*aufgerufen werden*) **bei der Lehrerin komme ich nie dran** this teacher never asks me anything ❸ DIAL (*erreichen können*) ▪ **[an etw** *akk*] **~** to reach [sth] **dran|krie·gen** *vt* (*fam*) ▪ **jdn ~** ❶ (*zu etw veranlassen*) to get sb to do sth ❷ (*reinlegen*) to take sb in **dran|las·sen** *vt irreg* (*fam*) ❶ (*an etw belassen*) ▪ **etw [an etw** *dat*] **~** to leave sth [on sth] ❷ *s.* **ranlassen dran|neh·men** *vt irreg* (*fam*) ▪ **jdn ~** ❶ (*zur Mitarbeit auffordern*) to ask sb ❷ (*zur Behandlung nehmen*) to take sb **dran|set·zen I.** *vt* (*fam*) ❶ (*anfügen*) to add (an to) ❷ (*einsetzen*) **wir müssen alles ~!** we must make every effort ! ❸ (*beschäftigen*) ▪ **jdn ~** to put sb onto the job [*or* it] **II.** *vr* (*fam: sich nahe an etw setzen*) ▪ **sich an jdn ~** to sit [down] next to sb

dra·pie·ren* [draˈpiːrən] *vt* to drape (**um** around, **mit** with)

dras·tisch [ˈdrastɪʃ] **I.** *adj* drastic **II.** *adv* drastically

drauf [ˈdraʊf] *adv* (*fam*) on it [*or* them] ▶ **etw ~ haben** (*fam: etw beherrschen*) to be well up on sth; **~ und dran sein, etw zu tun** to be on the verge of doing sth; **gut/komisch/schlecht ~ sein** to feel good/strange/bad

drauf|be·kom·men* *vt irreg* (*fam*) ▪ **etw [auf etw** *akk*] **~** to fit sth on [to sth] ▶ **eins ~** to get a smack BRIT, to get it AM

Drauf·gän·ger(in) <-s, -> [ˈdraʊfgɛŋɐ] *m(f)* go-getter *fam*

drauf·gän·ge·risch [ˈdraʊfgɛŋərɪʃ] *adj* go-getting *fam*

drauf|ge·hen [ˈdraʊfgeːən] *vi irreg sein* (*sl*) ❶ (*sterben*) to kick the bucket ❷ (*verbraucht werden*) to be spent ❸ (*kaputtgehen*) **ein paar Gläser gehen bei solchen Veranstaltungen immer drauf** a few glasses always get broken at functions like these **drauf|ha·ben** *vt irreg* (*fam*) ▪ **etwas/nichts/viel ~** to know sth/nothing/a lot **drauf|hau·en** *vi irreg* (*fam*) **jdm eins ~** to hit sb **drauf|kom·men** *vi irreg sein* (*fam*) ❶ (*herausbekommen*) to figure it out ❷ (*sich erinnern*) to remember **drauf|krie·gen** *vt* (*fam*) *s.* **draufbekommen draufllas·sen** *vt irreg* (*fam*) ▪ **etw [auf etw** *dat*] **~** to leave sth on [sth]

drauf|le·gen *vt* (*fam*) ❶ (*zusätzlich geben*) **wenn Sie noch 5000 ~, können Sie das Auto haben!** for another 5,000 the car is yours! ❷ (*auf etw legen*) ▪ **etw [auf etw** *akk*] **~** to put sth on [sth]

drauf·los *adv* [*nur*] **immer feste ~!** (*drauf*) keep it up!; (*voran*) [just] keep at it!

drauf·los|ar·bei·ten *vi* (*fam*) to get straight down to work **drauf·los|ge·hen** *vi irreg sein* (*fam: ohne Ziel*) to set off **drauf·los|re·den** *vi* (*fam*) to start talking **drauf·los|schla·gen** *vi irreg* (*fam*) ▪ **auf jdn ~** to hit out at sb

drauf|ma·chen *vt* (*fam*) ▪ **etw [auf etw** *akk*] **~** to put sth on [sth] ▶ **einen ~** (*fam*) to paint the town red **draufsein**ALT *vi irreg sein* (*fam*) *s.* **drauf Drauf·sicht** *f* top view **drauf|ste·hen** *vi irreg* (*fam*) ❶ (*auf etw stehen*) to stand (**auf** on) ❷ (*gedruckt/geschrieben stehen*) **ich kann nicht lesen, was da auf dem Etikett draufsteht** I can't read what it says on the label **drauf|sto·ßen** *ir·reg* **I.** *vi sein* (*fam*) to come to it **II.** *vt haben* (*fam*) ▪ **jdn ~** to point it out to sb **drauf|zah·len** *vi* (*fam*) (*drauflegen*) ▪ **etw [auf etw** *akk*] **~** to add sth [to sth] ▶ **~ müs·sen** (*eine Einbuße erleiden*) to make a loss

draus [ˈdraʊs] *adv* (*fam*) *s.* **daraus**

drau·ßen [ˈdraʊsn̩] *adv* (*fam*) ❶ (*im Freien*) outside; **nach ~** outside; **von ~** from outside ❷ (*weit entfernt*) out there

drech·seln [ˈdrɛksl̩n] *vt*, *vi* to turn

Drechs·ler(in) <-s, -> [ˈdrɛkslɐ] *m(f)* turner

Dreck <-[e]s> [ˈdrɛk] *m kein pl* ❶ (*Erde*) dirt; (*Schlamm*) mud ❷ (*Schund*) rubbish BRIT, trash AM ▶ **~ am Stecken haben** to have a skeleton in the cupboard [*or* AM *usu* closet]; **jdn wie den letzten ~ behandeln** to treat sb like dirt; **sich einen ~ um jdn/etw kümmern** to not give a damn about sb/sth; **jdn/etw durch den ~ ziehen** to drag sb's name/sth through the mud; **einen ~ wert sein/wissen** to not be worth/know a damn thing

Dreck·ar·beit *f* (*fam*) menial work **Dreck·fin·ger** *pl* (*fam*) dirty fingers [*or esp* AM hands] *pl* **Dreck·fink** *m* ❶ (*fam: Kind*) mucky pup BRIT, grubby urchin AM ❷ (*fam: unmoralischer Mensch*) dirty [*or* filthy] beggar

dre·ckig I. *adj* ❶ (*schmutzig*) dirty ❷ (*fam: gemein, abstoßend*) dirty; *Verräter* lowdown **II.** *adv* (*fam*) nastily ▶ **jdm geht es ~** sb feels terrible; (*finanziell schlecht dastehen*) sb is badly off; (*Übles bevorstehen*) sb is [in] for it

Dreck·loch *nt* (*fam*) dump **Dreck·nest** *nt* (*fam*) hole **Dreck·pfo·ten** *pl* (*fam*) grubby paws *pl* **Dreck·sack** *m* (*sl*) bastard

Drecks·ar·beit *f* (*fam*) *s.* Dreckarbeit
Dreck·sau *m* (*sl*) filthy swine **Dreck·schwein** *nt* (*fam*) *s.* Drecksau
Drecks·kerl *m* (*fam*) *s.* Drecksack
Dreck·spatz *m* (*fam*) mucky pup
Dreh <-s, -s *o* -e> ['dreː] *m* (*fam*) trick ▶ **den [richtigen] ~ heraushaben** (*fam*) to get the hang of it
Dreh·ar·beit *f meist pl* shooting *no pl* **Dreh·bank** <-bänke> *f* lathe
dreh·bar *adj, adv* revolving; **~er Sessel/Stuhl** swivel chair
Dreh·blei·stift *m* propelling [*or* AM mechanical] pencil **Dreh·buch** *nt* screenplay **Dreh·buch·au·tor(in)** *m(f)* screenplay writer
dre·hen ['dreːən] **I.** *vt* ❶ (*herumdrehen*) to turn ❷ *Zigarette* to roll ❸ FILM to shoot ❹ (*stellen*) **das Radio lauter/leiser ~** to turn the radio up/down ❺ (*sl: hinkriegen*) to manage ▶ **wie man es auch dreht und wendet** no matter how you look at it **II.** *vi* ❶ FILM to shoot ❷ (*stellen*) ■ **an etw** *dat* ~ to turn sth ❸ (*wenden*) to turn round ❹ *Wind* to change **III.** *vr* ❶ (*rotieren*) **sich ~** to turn ❷ (*wenden*) **sich zur Seite/auf den Bauch/nach rechts ~** to turn to the side/on to one's stomach/to the right ❸ (*betreffen*) ■ **sich um jdn/etw ~** to be about sb/sth; **das Gespräch dreht sich um Sport** the conversation revolves around sport; ■ **sich darum ~, dass ...** the point is that ... ▶ **jdm dreht sich alles** sb's head is spinning
Dre·her(in) <-s, -> ['dreːɐ] *m(f)* lathe operator
Dreh·kreuz *nt* turnstile **Dreh·or·gel** *f* barrel organ **Dreh·ort** *m* location **Dreh·schei·be** *f* ❶ (*sich drehende Vorrichtung*) revolving disc ❷ (*Töpferscheibe*) potter's wheel **Dreh·stuhl** *m* swivel chair **Dreh·tür** *f* revolving door
Dre·hung <-, -en> *f* revolution; **eine ~ machen** to turn
Dreh·wurm *m* ▶ **einen ~ haben** (*fam*) to feel giddy **Dreh·zahl** *f* [number of] revolutions *pl*
drei [draɪ] *adj* three; **~ viertel** three quarters; **es ist ~ viertel vier** it's quarter to four; *s. a.* acht[1] ▶ **aussehen, als könne man nicht bis ~ zählen** to look pretty empty-headed
Drei <-, -en> [draɪ] *f* ❶ (*Zahl*) three ❷ (*Zeugnisnote*) C
drei·di·men·si·o·nal *adj* three-dimensional
Drei·eck [ˈdraɪʔɛk] *nt* triangle
drei·eckig, 3-eckig[RR] [ˈdraɪʔɛkɪç] *adj* triangular **Drei·ecks·ver·hält·nis** *nt* love triangle
drei·ein·halb [ˈdraɪʔaɪnˈhalp] *adj* three and a half

Drei·ei·nig·keit <-> [draɪˈʔaɪnɪçkaɪt] *f kein pl s.* Dreifaltigkeit
drei·er·lei [ˈdraɪɐlaɪ] *adj attr* three [different]; *s. a.* achterlei
drei·fach, 3-fach [ˈdraɪfax] **I.** *adj* threefold; **die ~e Menge** three times the amount; *s. a.* achtfach **II.** *adv* threefold, three times over; *s. a.* achtfach
Drei·fal·tig·keit <-> [draɪˈfaltɪçkaɪt] *f kein pl* Trinity
drei·hun·dert [ˈdraɪˈhʊndɐt] *adj* three hundred
drei·jäh·rig, 3-jäh·rig[RR] *adj* ❶ (*Alter*) three-year-old *attr*, three years old *pred*; *s. a.* achtjährig 1 ❷ (*Zeitspanne*) three-year *attr*; *s. a.* achtjährig 2
Drei·kampf *m* three-event [athletics] competition (*100-metre sprint, long jump and shot put*) **Drei·kä·se·hoch** <-s, -s> [ˈdraɪkɛːzəhoːx] *m* (*hum fam*) little fellow [*or* AM *guy*] **Drei·kö·ni·ge** [draɪˈkøːnɪɡə] *pl* Epiphany *no pl* **Drei·län·der·eck** *nt* region where three countries meet
drei·mal, 3-mal[RR] [ˈdraɪmaːl] *adv* three times ▶ **~ darfst du raten!** (*fam*) I'll give you three guesses
drein [draɪn] *adv* (*fam: in das hinein*) in there
drein|bli·cken [ˈdraɪnblɪkn̩] *vi* look **drein|re·den** *vi* DIAL ■ **jdm [bei etw** *dat*] ~ ❶ (*dazwischenreden*) to interrupt sb [during/in sth] ❷ (*sich einmischen*) to interfere in sb else's business **drein|schau·en** *vi s.* dreinblicken
Drei·rad *nt* tricycle **Drei·satz** *m kein pl* rule of three
drei·ßig [ˈdraɪsɪç] *adj* thirty; *s. a.* achtzig 1, 2
Drei·ßig <-, -en> [ˈdraɪsɪç] *f* thirty
drei·ßig·jäh·rig, 30-jäh·rig[RR] [ˈdraɪsɪçjɛːrɪç] *adj attr* ❶ (*Alter*) thirty-year-old *attr*, thirty years old *pred* ❷ (*Zeitspanne*) thirty-year *attr*
drei·ßigs·te(r, s) *adj* thirtieth; *s. a.* achte(r, s)
dreist [draɪst] *adj* (*pej*) brazen
drei·stel·lig, 3-stel·lig[RR] *adj* three-figure *attr*
Dreis·tig·keit <-, -en> *f* brazenness
Drei·ta·ge·bart *m* designer stubble
drei·tau·send [ˈdraɪˈtaʊzn̩t] *adj* three thousand **drei·tei·lig, 3-tei·lig**[RR] *adj* three-part; *Besteck* three-piece
drei·vier·tel[ALT] *adj, adv s.* drei, viertel **drei·vier·tel·lang** [draɪˈfiːɐtlˈlaŋ] *adj* three-quarter [length] **Drei·vier·tel·stun·de** [ˈdraɪfɪrtlˈʃtʊndə] *f* three-quarters of an hour, AM *usu* 45 minutes **Drei·vier·tel·**

takt [draɪˈfiːrtl̩takt] m three-four [or AM three-quarter] time

Drei·zack <-s, -e> m trident

drei·zehn [ˈdraɪtseːn] adj thirteen; ~ Uhr 1pm; s. a. **acht**[1] ▸ jetzt **schlägt's aber ~** (fam) enough is enough

drei·zehn·te(r, s) adj thirteenth; s. a. **achte(r, s)**

Drei·zim·mer·woh·nung [draɪˈtsɪməvoːnʊŋ] f three-room flat [or AM apartment]

Dres. pl Abk von **doctores** Drs pl (PhDs)

Dre·sche <-> [ˈdrɛʃə] f kein pl (fam) thrashing, AM licking; ~ **kriegen** to get a thrashing

dre·schen <drischt, drosch, gedroschen> [ˈdrɛʃn̩] **I.** vt ❶ AGR to thresh ❷ (fam: prügeln) to thrash **II.** vi ❶ AGR to thresh ❷ (fam: schlagen) to hit out

Dresch·ma·schi·ne f threshing machine

Dres·den <-s> [ˈdreːsdn̩] nt Dresden

dres·sie·ren* [drɛˈsiːrən] vt ▸ **ein Tier [darauf] ~, etw akk zu tun** to train an animal to do sth

Dres·sing <-s, -s> [ˈdrɛsɪŋ] nt dressing

Dress·man <-s, -men> [ˈdrɛsmən] m male model

Dres·sur <-, -en> [drɛˈsuːɐ̯] f training

drib·beln [ˈdrɪbl̩n] vi to dribble

drif·ten [ˈdrɪftn̩] vi sein (a. fig) to drift

Drill <-[e]s> [ˈdrɪl] m kein pl drill

Drill·boh·rer m drill

dril·len [ˈdrɪlən] vt to drill

Dril·ling <-s, -e> [ˈdrɪlɪŋ] m triplet

drin [drɪn] adv (fam) ❶ (darin) in it ❷ (drinnen) inside; **ich bin hier ~** I'm in here ▸ **bei jdm ist alles ~** anything is possible with sb; **für jdn ist noch alles ~** anything is still possible for sb

drin·gen <drang, gedrungen> [ˈdrɪŋən] vi ❶ sein (stoßen) **durch/in etw akk ~** to penetrate sth; **durch die Bewölkung/den Nebel ~** to pierce the clouds/fog ❷ sein (vor~) ▸ **an etw akk/zu jdm ~** to get through to sth/sb; **an die Öffentlichkeit ~** to leak to the public ❸ haben (auf etw bestehen) ▸ **auf etw akk ~** to insist on sth ❹ sein (bestürmen) ▸ **mit etw dat] in jdn ~** to press sb [with sth]

drin·gend [ˈdrɪŋənt] **I.** adj (schnell erforderlich) urgent, pressing; **etw ~ machen** (fam) to make sth a priority **II.** adv ❶ (schnellstens) urgently ❷ (nachdrücklich) strongly ❸ (unbedingt) absolutely; **ich muss dich ~ sehen** I really need to see you

dring·lich [ˈdrɪŋlɪç] adj s. **dringend 1**

Dring·lich·keit <-> f kein pl urgency

drin·hän·gen vi irreg (fam) s. **drinstecken 3**

Drink <-s, -s> [ˈdrɪŋk] m drink

drin·nen [ˈdrɪnən] adv (in einem Raum) inside; **dort/hier ~** in there/here; (im Haus) indoors

drin|**sein**ALT vi irreg (fam) s. **drin** **drin·ste·cken** vi (fam) ▸ **in etw dat** – ❶ (sich darin befinden) to be in sth ❷ (investiert sein) to go into sth ❸ (verwickelt sein) to be mixed up in sth **drin·ste·hen** vi (in etw stehen) to be in it ❹ (verzeichnet sein) ▸ **in etw dat ~** to be in sth

dritt [drɪt] adv **wir waren zu ~** there were three of us

drit·te(r, s) [ˈdrɪtə] adj third; **die ~ Klasse** primary three BRIT, third grade AM; s. a. **achte(r, s)**

drit·tel [ˈdrɪtl̩] adj third

Drit·tel <-s, -> [ˈdrɪtl̩] nt third

drit·tens [ˈdrɪtn̩s] adv thirdly

Drit·te-Welt-La·den m Third World import store (shop which sells products from the Third World countries to support them)

Drit·te-Welt-Land nt Third World country

dritt·klas·sig adj (pej) third-rate

Dritt·land nt meist pl third [or non-member] country

DRK <-> [deːʔɛrˈkaː] nt Abk von **Deutsches Rotes Kreuz** German Red Cross

dro·ben [ˈdroːbn̩] adv (geh) up there

Dro·ge <-, -n> [ˈdroːɡə] f a. PHARM drug; **~n nehmen** to take drugs

dro·gen·ab·hän·gig adj addicted to drugs pred; ▸ **~ sein** to be a drug addict **Dro·gen·ab·hän·gi·ge(r)** f(m) drug addict **Dro·gen·ab·hän·gig·keit** f drug addiction **Dro·gen·be·kämp·fung** f kein pl war on drugs **Dro·gen·han·del** m drug trade **Dro·gen·kon·sum** m drug-taking **Dro·gen·kon·su·ment(in)** m(f) drug consumer [or AM user] **Dro·gen·miss·brauch**RR m kein pl drug abuse **Dro·gen·sucht** f s. Drogenabhängigkeit **dro·gen·süch·tig** adj s. drogenabhängig **Dro·gen·süch·ti·ge(r)** f(m) s. Drogenabhängige(r) **Dro·gen·sze·ne** f drug scene **Dro·gen·to·te(r)** f(m) sb who died of drug abuse

Dro·ge·rie <-, -n> [droɡəˈriː, pl droɡəˈriːən] f chemist's [shop] BRIT, drugstore AM

Dro·gist(in) <-en, -en> [droˈɡɪst] m(f) chemist

Droh·brief m threatening letter

dro·hen [ˈdroːən] **I.** vi ❶ (be~) to threaten (**mit** with) ❷ (unangenehmerweise bevorstehen) to threaten; **es droht ein Gewitter** a storm is threatening; **ein neuer Krieg droht** there is the threat of renewed war; **dir droht Gefahr/der Tod** you're in danger/mortal danger **II.** vb aux ▪ **~, etw zu tun** to be in danger of doing sth

dro·hend I. *adj* ❶ *(einschüchternd)* threatening ❷ *(bevorstehend)* impending **II.** *adv* threateningly

Droh·ne <-, -n> ['dro:nə] *f* drone

dröh·nen ['drø:nən] *vi* ❶ *(dumpf klingen)* to roar; *Donner* to rumble; *Lautsprecher, Musik, Stimme* to boom ❷ *(dumpf widerhallen)* **jdm dröhnt der Kopf/dröhnen die Ohren** sb's head is/ears are ringing ❸ *(dumpf vibrieren)* to reverberate

Dro·hung <-, -en> ['dro:ʊŋ] *f* threat

drol·lig ['drɔlɪç] *adj* ❶ *(belustigend)* amusing ❷ *(niedlich)* sweet *esp* BRIT, cute *esp* AM

Dro·me·dar <-s, -e> [drome'daːɐ̯] *nt* dromedary

Drops <-, - *o* -e> ['drɔps] *m o nt* fruit drop

drosch [drɔʃ] *imp von* **dreschen**

Drosch·ke <-, -n> ['drɔʃkə] *f (veraltend)* hackney cab

Dros·sel <-, -n> ['drɔsl] *f* thrush

dros·seln ['drɔsln] *vt* ❶ *(kleiner stellen)* to decrease; *Heizung* to turn down ❷ *(verringern)* ▪ **etw ~** *Einfuhr, Produktion, Tempo* to reduce sth

drü·ben ['dry:bn̩] *adv* over there

drü·ber ['dry:bɐ] *adv (fam)* across [there]

Druck¹ <-[e]s, Drücke> ['drʊk, *pl* 'drʏkə] *m* ❶ *a.* PHYS pressure; **unter ~ stehen** to be under pressure; **jdn unter ~ setzen** to put pressure on sb ❷ *(das Drücken)* pressure; **die Raketen werden durch einen ~ auf jenen Knopf dort gestartet** the missiles are released by pressing this button ❸ *(sl: Rauschgiftspritze)* fix

Druck² <-[e]s, -e> ['drʊk] *m* ❶ TYPO printing ❷ *(bedruckter Stoff)* print

Druck·blei·stift *m* propelling [*or* AM mechanical] pencil **Druck·buch·sta·be** *m* in **~n** in block capitals

Drü·cke·ber·ger <-s, -> *m (pej fam)* shirker

dru·cken ['drʊkn̩] *vt, vi* to print

drü·cken ['drʏkn̩], **du·cken** ['dʊkn̩] DIAL **I.** *vt* ❶ *(pressen)* to press; *Knopf* to push; ▪ **etw aus etw** *dat* **~** to squeeze sth from sth ❷ *(umarmen)* to hug ❸ *(schieben)* **er drückte den Hut in die Stirn** he pulled his hat down over his forehead ❹ *(ein Druckgefühl auslösen)* ▪ **jdn ~** to be too tight for sb; **die Schuhe ~ mich** the shoes are pinching my feet ❺ *(herabsetzen)* to lower ❻ *(be-)* ▪ **jdn ~** to weigh heavily on sb **II.** *vi* ❶ *(Druck hervorrufen)* to pinch ❷ *(pressen)* ▪ **auf etw** *akk* **~** to press [sth] ❸ METEO to be oppressive ❹ *(bedrückend sein)* to weigh heavily ❺ *(negativ beeinträchtigen)* ▪ **auf etw** *akk* **~** to dampen sth **III.** *vr* ❶ *(sich quetschen)* **sich an die Wand ~** to squeeze up against the wall; **sich in einen Hausgang ~** to huddle in a doorway ❷ *(fam)* ▪ **sich [vor etw** *dat*] **~** to dodge [sth]

drü·ckend *adj* heavy; *Armut* grinding [*or esp* AM extreme]; *Sorgen* serious; *Stimmung, Hitze* oppressive

Dru·cker <-s, -> *m* INFORM printer

Dru·cker(in) <-s, -> *m(f)* printer

Drü·cker <-s, -> *m* ❶ ELEK [push-]button ❷ *(Abzug)* trigger ❸ TECH *(Klinke)* handle; *(am Türschloss)* latch ▶ **auf den letzten ~** at the last minute; **am ~ sein** to be in charge

Dru·cke·rei <-, -en> [drʊkə'raɪ] *f* printer's

Dru·cke·rin <-, -nen> *f fem form von* **Drucker**

Dru·cker·laub·nis *f* imprimatur

Dru·cker·schwär·ze *f* printer's ink **Dru·cker·trei·ber** *m* printer driver

Druck·er·zeug·nis *nt* printed work *(any piece of printed material)* **Druck·feh·ler** *m* typographical error **druck·frisch** *adj* hot off the press *pred*

Druck·ge·schwür *nt* MED bedsore **Druck·ka·bi·ne** *f* pressurized cabin **Druck·knopf** *m* press-stud BRIT, stud fastener AM

Druck·kos·ten *pl* printing costs *pl*

Druck·luft *f kein pl* compressed air

Druck·ma·schi·ne *f* printing press

Druck·mes·ser *m* pressure gauge **Druck·mit·tel** *nt* **jdn/etw als ~ benutzen** to use sb/sth as a means of exerting pressure

druck·reif *adj* ready for publication *pred* **Druck·sa·che** *f* printed matter **Druck·schrift** *f* **in ~ schreiben** to print

druck·sen ['drʊksn̩] *vi (fam)* to be indecisive

Druck·stel·le *f* mark [where pressure has been applied] **Druck·ver·band** *m* pressure bandage **Druck·wel·le** *f* shock wave

drum ['drʊm] *adv (fam)* **... ~ frage ich ja!** ... that's why I'm asking! ▶ **das D~ und Dran** the whole works

Drum·her·um <-s> ['drʊmhɛ'rʊm] *nt kein pl (fam)* ▪ **das [ganze] ~** all the trappings

drun·ten ['drʊntn̩] *adv* DIAL *(da unten)* down there

drun·ter ['drʊntɐ] *adv (fam)* ❶ *(unter einem Gegenstand)* underneath ❷ *(unter diesem Begriff)* **da kann ich mir nichts ~ vorstellen** that means nothing to me ▶ **alles geht ~ und drüber** everything is at sixes and sevens

Drü·se <-, -n> ['dry:zə] *f* gland

Dschi·ha·dis·mus <-> [dʒiha'dɪsmʊs] *m kein pl (militanter Islamismus)* jihadism

Dschun·gel <-s, -> ['dʒʊŋl] *m* jungle

Dschun·ke <-, -n> ['dʒʊŋkə] *f* junk

dt(sch). *adj Abk von* **deutsch** G

du <*gen* deiner, *dat* dir, *akk* dich> ['duː] *pron pers* ❶ *2. pers sing* you; **bist ~ das, Peter?** is it you Peter?; ▪ **... und ~?** what about you?

❷ (man) you; ob ~ willst oder nicht, ... whether you like it or not, ...
Du <-[s], -[s]> ['du:] nt you, "du" (familiar form of address); **jdm das ~ anbieten** to suggest that sb use the familiar form of address
Du·al·sys·tem nt binary system
Dü·bel <-s, -> ['dy:bl̩] m plug
du·bi·os [du'bjo:s] adj (geh) dubious
du·cken ['dʊkn̩] I. vr ❶ (sich rasch bücken) **den Kopf ~** to duck one's head ❷ (pej: sich unterwürfig zeigen) ■ **sich ~** to humble oneself II. vt ❶ (einziehen) to duck ❷ (unterdrücken) ■ **jdn ~** to oppress sb
Duck·mäu·ser(in) <-s, -> ['dʊkmɔyzɐ] m(f) (pej) yes-man
du·deln ['du:dl̩n] I. vi (pej fam) to drone [on]; Lautsprecher to blare II. vt ■ **etw ~** to drone [sth] on and on
Du·del·sack ['du:dl̩zak] m MUS bagpipes pl
Du·ell <-s, -e> [du'ɛl] nt duel
du·el·lie·ren* [duɛ'li:rən] vr ■ **sich ~** to [fight a] duel
Du·ett <-[e]s, -e> [du'ɛt] nt duet
Duft <-[e]s, Düfte> ['dʊft, pl 'dʏftə] m (pleasant) smell; einer Blume, eines Parfüms scent; von Essen, Kaffee, Gewürzen aroma
duf·te ['dʊftə] adj DIAL (fam) great
duf·ten ['dʊftn̩] vi ■ **nach etw** dat **duften** to smell [of sth]
duf·tend adj attr fragrant
Duft·stoff m aromatic substance; BIOL scent
Duft·wol·ke f cloud of perfume
dul·den ['dʊldn̩] I. vi (geh) to suffer II. vt to tolerate
duld·sam ['dʊltza:m] adj tolerant (gegenüber towards/of)
Dul·dung <-, selten -en> f toleration
dumm <dümmer, dümmste> ['dʊm] I. adj ❶ (geistig beschränkt) stupid ❷ (unklug) foolish ❸ (albern) silly; ■ **jdm zu ~ sein/werden** to be/become too much for sb ❹ (ärgerlich) Gefühl nasty; Geschichte, Sache unpleasant; **es ist zu ~, dass er nicht kommen kann** (fam) [it's] too bad that he can't come; **zu ~, jetzt habe ich mein Geld vergessen!** [oh] how stupid [of me], I've forgotten my money II. adv stupidly; **frag nicht so ~** – don't ask such stupid questions ▶ ~ **dastehen** to look stupid; **sich ~ stellen** to act stupid; **jdn für ~ verkaufen** (fam) to take sb for a ride
dumm·dreist ['dʊmdraɪst] adj impudent
Dum·me(r) f/m (fam) idiot; **einen ~n finden** to find some idiot; **der ~ sein** to be left holding the baby
Dum·me·jun·gen·streich [dʊmə'jʊŋənʃtraɪç] m (fam) silly prank

dum·mer·wei·se adv ❶ (leider) unfortunately ❷ (unklugerweise) stupidly
Dumm·heit <-, -en> f ❶ kein pl (geringe Intelligenz) stupidity ❷ kein pl (unkluges Verhalten) foolishness no pl ❸ (unkluge Handlung) foolish action
Dumm·kopf m (pej fam) idiot
dumpf [dʊmpf] I. adj ❶ (hohl klingend) dull; Geräusch, Ton muffled ❷ (unbestimmt) vague; Gefühl sneaking; Schmerz dull ❸ (feucht-muffig) musty; Atmosphäre, Luft oppressive II. adv **die Lautsprecher klingen ~** the loudspeakers sound muffled
Dum·ping·preis ['dampɪŋ-] m dumping price
Dü·ne <-, -n> ['dy:nə] f dune
Dung <-[e]s> ['dʊŋ] m kein pl dung no pl
Dün·ge·mit·tel nt fertilizer
dün·gen ['dʏŋən] vt, vi to fertilize (mit with)
Dün·ger <-s, -> m fertilizer
dun·kel ['dʊŋkl̩] I. adj ❶ (düster) dark ❷ (tief) deep ❸ (unklar) vague ❹ (pej: zwielichtig) shady; **ein dunkles Kapitel der Geschichte** a dark chapter in history ▶ **noch im D~n liegen** to remain to be seen; **im D~n tappen** to be groping around in the dark II. adv darkly
Dun·kel <-s> ['dʊŋkl̩] nt kein pl (geh) darkness
dun·kel·blau ['dʊŋkl̩blaʊ] adj dark blue **dun·kel·blond** adj light brown **dun·kel·grün** adj dark green **dun·kel·haa·rig** adj dark-haired
dun·kel·häu·tig adj dark-skinned
Dun·kel·heit <-> f kein pl darkness no pl; **bei einbrechender ~** at nightfall
Dun·kel·kam·mer f darkroom **dun·kel·rot** adj dark red **Dun·kel·zif·fer** f number of unreported cases
dünn ['dʏn] I. adj ❶ (von geringer Stärke) thin; **~es Buch** slim volume ❷ (nicht konzentriert) weak; Suppe watery ❸ MODE light; Schleier, Strümpfe fine ❹ (spärlich) thin II. adv sparsely
Dünn·darm m small intestine
dünn·flüs·sig adj runny **dünn|ma·chen** vr (fam) ■ **sich ~** to make oneself scarce
Dünn·pfiff <-[e]s> m kein pl (fam) the runs npl **Dünn·schiss**^RR, **Dünn·schiß**^ALT m (sl) the shits npl
Dunst <-[e]s, Dünste> ['dʊnst, pl 'dʏnstə] m ❶ (leichter Nebel) haze; (durch Abgase) fumes npl ❷ (Dampf) steam ❸ (Geruch) smell; (Ausdünstung) odour
Dunst·ab·zugs·hau·be f extractor hood
düns·ten ['dʏnstn̩] vt to steam; Fleisch to braise
Dunst·glo·cke f pall [or AM blanket] of smog

duns·tig ['dʊnstɪç] *adj* ① METEO hazy ② *Kneipe* stuffy

Dunst·kreis *m* (*geh*) entourage **Dunst·schleier** *m* [thin] layer of haze **Dunst·wol·ke** *f* cloud of smog

Duo <-s, -s> ['du:o] *nt* ① (*Paar*) duo ② MUS duet

Du·pli·kat <-[e]s, -e> [dupli'ka:t] *nt* duplicate

Dur <-, -> ['du:ɐ] *nt* MUS major; **in ~** in a major key

durch [dʊrç] **I.** *präp* ① (*räumlich hindurch*) through; **~ den Fluss waten** to wade across the river; **mitten ~ etw** through the middle of sth ② (*per*) by; **jdm etw ~ die Post schicken** to send sth to sb by post ③ (*vermittels*) by [means of]; ~ [**einen**] **Zufall** by chance ④ (*zeitlich hindurch*) throughout; **damit kommen wir nicht ~ den Winter** we won't last the winter with that ⑥ MATH **27 ÷ 3 macht 9** 27 divided by 3 is 9 **II.** *adv* ① (*fam*) **es ist schon 12 Uhr ~** it's already past 12 [o'clock]; **der Zug ist vor zwei Minuten ~** the train went two minutes ago ② (*fertig*) **~ sein** to be done ③ (*kaputt*) **~ sein** (*durchgescheuert*) to be worn out; (*durchgetrennt*) to be through ▶ **jdm ~ und ~ gehen** to go right through sb; **jdm/etw ~ und ~ kennen** to know sb/sth like the back of one's hand

durch|a·ckern ['dʊrçʔakɐn] **I.** *vt* (*fam*) ▪**etw ~** to plough through sth **II.** *vr* (*fam*) ▪**sich** [**durch etw** *akk*] **~** to plough one's way [through sth] **durch|ar·bei·ten** ['dʊrçʔarbaitn̩] **I.** *vt* ▪**etw ~** (*sich mit etw beschäftigen*) to go through sth **II.** *vi* to work through **III.** *vr* ▪**sich durch etw** *akk* **~** ① (*durch Erledigung bearbeiten*) to work one's way through sth ② (*durchschlagen*) to fight one's way through sth **durch|at·men** ['dʊrçʔa:tmən] *vi* to breathe deeply

durch·aus ['dʊrçʔaus, dʊrç'ʔaus], *adv* ① (*unbedingt*) definitely ② (*wirklich*) quite ③ (*völlig*) thoroughly; **~ gelungen** highly successful ④ (*keineswegs*) ▪**~ nicht** by no means; **wenn er das ~ nicht tun will ...** if he absolutely refuses to do it ... ⑤ (*sicherlich*) ▪**~ kein ...** by no means; **~ kein schlechtes Angebot** not a bad offer [at all]

durch|bei·ßen ['dʊrçbaisn̩] *irreg* **I.** *vt* ▪**etw ~** to bite through sth **II.** *vr* (*fam*) ▪**sich** [**durch etw** *akk*] **~** to struggle one's way through [sth] **durch|be·kom·men*** ['dʊrçbəkɔmən] *vt irreg* (*fam*) ① (*durchtrennen*) ▪**etw ~** to cut through sth ② *s.* **durchbringen durch|bie·gen** ['dʊrçbi:ɡn̩] *irreg* **I.** *vt* to bend **II.** *vr* ▪**sich ~** to sag **durch|blät·tern** ['dʊrçblɛtɐn], **durch·blät·tern*** [dʊrç'blɛtɐn] *vt* ▪**etw ~** to leaf through sth **Durch·blick** ['dʊrçblɪk] *m* (*fam*) overall view; **den ~** [**bei etw** *dat*] **haben** to know what's going on [in sth] **durch|bli·cken** ['dʊrçblɪkn̩] *vi* ① (*hindurchsehen*) ▪[**durch etw** *akk*] **~** to look through [sth] ② (*geh: zum Vorschein kommen*) to show ③ (*fam: den Überblick haben*) to know what's going on ④ (*andeuten*) **etw ~ lassen** to hint at sth

durch·blu·ten [dʊrç'blu:tn̩] *vt* ANAT ▪**etw ~** to supply sth with blood; **mangelhaft/ungenügend durchblutet** with poor circulation **Durch·blu·tung** [dʊrç'blu:tʊŋ] *f* circulation **Durch·blu·tungs·stö·rung** *f* circulatory problem

durch·boh·ren* [dʊrç'bo:rən] *vt* ▪**etw** [**mit etw** *dat*] **~** to pierce sth [with sth]

durch|boh·ren² ['dʊrçbo:rən] **I.** *vt* ▪**etw durch etw** *akk* **~** to drill sth through sth **II.** *vr* ▪**sich durch etw** *akk* **~** to go through sth **durch|bo·xen** ['dʊrçbɔksn̩] **I.** *vt* (*fam*) ▪**etw ~** to push sth through sth **II.** *vr* (*fam*) ▪**sich nach oben ~** to fight one's way up **durch|bra·ten** ['dʊrçbra:tn̩] *irreg vt haben* ▪**etw ~** to cook sth until it is well done

durch|bre·chen¹ ['dʊrçbrɛçn̩] *irreg* **I.** *vt haben* ▪**etw ~** to break sth in two **II.** *vi sein* ① (*entzweibrechen*) **unter dem Gewicht ~** to break in two under the weight [of sth] ② (*einbrechen*) ▪[**bei etw** *dat*] **~** to fall through [while doing sth] ③ (*hervorkommen*) ▪[**durch etw** *akk*] **~** to appear [through sth]; **Zähne** to come through; **Sonne** to break through [the clouds] ④ (*sich zeigen*) to reveal itself ⑥ MED to burst

durch·bre·chen*² [dʊrç'brɛçn̩] *vt irreg* ▪**etw ~** ① (*gewaltsam durch etw dringen*) to crash through sth ② (*überwinden*) to break through sth **durch|bren·nen** ['dʊrçbrɛnən] *vi irreg* ① ELEK to burn out; **Sicherung** to blow ② (*fam*) ▪[**jdm**] **~** to run away [from sb] **durch|brin·gen** ['dʊrçbrɪŋən] *vt irreg* ① (*für Unterhalt sorgen*) to support; ▪**sich ~** to get by ② (*ausgeben*) to get through sth **durch·bro·chen** [dʊrç'brɔçn̩] *adj* MODE open-work *attr* **Durch·bruch** ['dʊrçbrʊx] *m* ⓐ MIL breakthrough ② (*das Hindurchkommen*) appearance; **Zahn** coming through *no pl* ⑤ MED rupture ④ (*durchgebrochene Öffnung*) opening **durch|che·cken** ['dʊrtʃɛkn̩] *vt* ① (*fam*) **sich ~ lassen** to have a check-up ② LUFT ▪**etw ~** to check sth in

durch·dacht *adj* thought-out

durch|den·ken ['dʊrçdɛŋkn̩], **durch·den·ken*** [dʊrç'dɛŋkn̩] *vt irreg* ▪**etw ~** *irreg* to think sth through **durch|dis·ku·tie·ren***

['dʊrçdɪskutiːrən] *vt* to discuss sth thoroughly **durch|drän·geln** ['dʊrçdrɛŋln] *vr* (*fam*), **durch|drän·gen** ['dʊrçdrɛŋən] *vr* ■ **sich [durch etw** *akk*] ~ to push one's way through [sth] **durch|dre·hen** ['dʊrçdreːən] **I.** *vi* ❶ AUTO to spin ❷ (*fam*) to crack up **II.** *vt* KOCHK to mince

durch|drin·gen¹ ['dʊrçdrɪŋən] *vi irreg sein* ❶ (*durch etw dringen*) to come through ❷ (*erreichen*) ■ **zu jdm** ~ to get as far as sb **durch·drin·gen*²** [dʊrç'drɪŋən] *vt irreg* ❶ *Kälte* to penetrate ❷ (*geh*) **jdn** ~ to pervade sb

durch·drin·gend *adj* piercing; *Geruch* pungent; *Gestank* penetrating; *Kälte, Wind* biting; *Schmerz* excruciating

durch|drü·cken ['dʊrçdrʏkn] *vt* ❶ (*erzwingen*) ■ **etw** ~ to push sth through ❷ (*straffen*) to straighten sth

durch·drun·gen [dʊrç'drʊŋən] *adj präd* ■ **von etw** *dat* ~ **sein** to be imbued with sth **durch|dür·fen** ['dʊrçdʏrfn] *vi irreg* (*fam*) to be allowed through

durch·ein·an·der [dʊrçʔaɪ̯'nande] *adj präd* (*fam*) ■ ~ **sein** ❶ (*nicht ordentlich*) to be in a mess ❷ (*fam: verwirrt*) to be confused

Durch·ein·an·der [dʊrçʔaɪ̯'nande] *nt* ‹-s› *kein pl* ❶ (*Unordnung*) mess ❷ (*Wirrwarr*) confusion

durch·ein·an·der|brin·gen *vt irreg* ■ **etw** ~ to get sth in a mess; (*verwechseln*) to mix up sth *sep* **durch·ein·an·der|ge·ra·ten*** *vi irreg sein* to get mixed up **durch·ein·an·der|re·den** *vi* to all talk at once

durch|fah·ren¹ ['dʊrçfaːrən] *vi irreg sein* ❶ (*fahrend durchbrechen*) ■ **durch etw** *akk* ~ to crash through sth ❷ (*nicht anhalten*) **bei Rot** ~ to drive straight through the red light; **die Nacht** ~ to drive through the night ❸ (*unterqueren*) ■ **unter etw** *dat* ~ to travel under sth

durch·fah·ren*² [dʊrç'faːrən] *vt irreg* ■ **jdn** ~ ❶ (*plötzlich bewusst werden*) to flash through sb's mind ❷ (*von Empfindung ergriffen werden*) to go through sb

Durch·fahrt ['dʊrçfaːrt] *f* ❶ (*Öffnung zum Durchfahren*) entrance; ~ **bitte freihalten** please do not obstruct ❷ (*das Durchfahren*) ~ **verboten** no thoroughfare; **auf der** ~ **sein** to be passing through **Durch·fahrts·stra·ße** *f* through road

Durch·fall ['dʊrçfal] *m* diarrhoea **durch|fal·len** ['dʊrçfalən] *vi irreg sein* ❶ (*durch etw stürzen*) ■ **durch etw** *akk* ~ to fall through [sth] ❷ (*fam*) **bei einer Prüfung** ~ to fail an exam

durch|fei·ern¹ ['dʊrçfaɪ̯ɐn] *vi* (*fam*) to celebrate non-stop

durch·fei·ern*² ['dʊrçfaɪ̯ɐn] *vt* ■ **etw** ~ to celebrate sth without a break **durch|fin·den** ['dʊrçfɪndn] *vi, vr irreg* ■ (**durch etw** *akk*) ~ to find one's way [through sth]; **bei diesem Durcheinander finde ich langsam nicht mehr durch** I'm finding it increasingly hard to keep track in this chaos

durch|flie·gen¹ ['dʊrçfliːgn] *vi irreg sein* ❶ LUFT to fly non-stop ❷ (*fam: nicht schaffen*) ■ **durch etw** *akk* ~ *Prüfung* to fail sth

durch·flie·gen*² [dʊrç'fliːgn] *vt irreg* ■ **etw** ~ to fly through sth

durch|flie·ßen¹ ['dʊrçfliːsn] *vi irreg sein* to flow through

durch·flie·ßen*² [dʊrç'fliːsn] *vt irreg* ■ **etw** ~ to flow through sth **durch·for·schen*** [dʊrç'fɔrʃn] *vt* ❶ (*durchstreifen*) to explore ❷ (*durchsuchen*) ■ **etw** ~ to search through sth (**nach** for) **durch·fors·ten*** ['dʊrçfɔrstn] *vt* (*fam*) ■ **etw** ~ to sift through sth (**nach** for) **durch|fra·gen** ['dʊrçfraːgn] *vr* ■ **sich** ~ to find one's way by asking **durch|fres·sen** ['dʊrçfrɛsn] *irreg* **I.** *vr* ❶ (*korrodieren*) ■ **sich [durch etw** *akk*] ~ to corrode [sth] ❷ *Tier* ■ **sich [durch etw** *akk*] ~ to eat [its way] through [sth] ❸ (*pej*) ■ **sich [bei jdm** *dat*] ~ to live on sb's hospitality **II.** *vt* ■ **etw frisst durch etw** *akk* **durch** sth eats through sth; *Rost, Säure, etc.* sth corrodes through sth

durch·führ·bar *adj* feasible

durch|füh·ren ['dʊrçfyːrən] **I.** *vt* ❶ (*verwirklichen*) ■ **etw** ~ to carry out sth ❷ (*hindurchführen*) **jdn [durch etw** *akk*] ~ to guide sb round [sth] **II.** *vi* ■ **durch etw** *akk* ~ to run through sth

Durch·füh·rung *f* carrying out *no pl*

durch|füt·tern ['dʊrçfʏtɐn] *vt* (*fam*) to support

Durch·gang ['dʊrçgaŋ] *m* ❶ (*Passage*) path[way] ❷ (*das Durchgehen*) entry; **kein** ~! no thoroughfare!; (*an Türen*) no entry!

durch·gän·gig ['dʊrçgɛŋɪç] **I.** *adj* universal **II.** *adv* universally

Durch·gangs·la·ger *nt* transit camp **Durch·gangs·stra·ße** *f* through road **Durch·gangs·ver·kehr** *m* through traffic **durch|ge·ben** ['dʊrçgeːbn] *vt irreg* **die Lottozahlen** ~ to read the lottery numbers; **eine Meldung** ~ to make an announcement **durch·ge·fro·ren** *adj* frozen stiff *pred* **durch|ge·hen** ['dʊrçgeːən] *irreg* **I.** *vi sein* ❶ (*gehen*) ■ **durch etw** *akk*] ~ to go through [sth] ❷ (*fam: ohne Unterbrechung andauern*) to last ❸ (*durchdringen*) ■ **durch jdn/etw** ~ to penetrate sth ❹ (*angenommen werden*) to go through; *Antrag* to be carried; *Gesetz* to be passed ❺ (*fam: weglaufen*) to bolt ⓺ *(gehalten werden)* ■ **für etw** *akk* **~** to be taken [*or* Am pass] for sth ▶ **[jdm] etw lassen** to let sb get away with sth **II.** *vt sein o haben* ⓵ *(nach unten hängen)* to sag ⓶ *(fam: erschlafft sein)* to be drained ⓷ *(fam: deprimiert sein)* to be down

durch|ge·hend ['dʊrçɡeːənt] **I.** *adj* ⓵ *(nicht unterbrochen)* continuous ⓶ BAHN direct **II.** *adv* **~ geöffnet** open right through **durch·ge·knallt** *adj* (*sl*) ■ **~ sein** to have gone crazy **durch|grei·fen** ['dʊrçɡraɪfn̩] *vi irreg* **I.** ⓵ *(wirksam vorgehen)* to take drastic action ⓶ *(hindurchgreifen)* to reach through **durch·grei·fend I.** *adj* drastic **II.** *adv* radically **durch|gu·cken** ['dʊrçɡʊkn̩] *vi* (*fam*) *s.* **durchblicken 1, 2 durch|ha·ben** ['dʊrçhaːbn̩] *vt irreg* (*fam*) ■ **etw ~** ⓵ *(durchgelesen haben)* to be through [reading] sth ⓶ *(durchgearbeitet haben)* to have finished sth ⓷ *(durchtrennt haben)* to have got through sth **durch|hal·ten** ['dʊrçhaltn̩] *irreg* **I.** *vt* ■ **etw ~** ⓵ *(ertragen)* to stand sth ⓶ *(beibehalten)* to keep up sth *sep;* **das Tempo ~** to be able to stand the pace ⓷ *(aushalten)* to [with]stand sth **II.** *vi* to hold out

Durch·hal·te·ver·mö·gen *nt* stamina

durch|hän·gen ['dʊrçhɛŋən] *vi irreg* ⓵ *(nach unten hängen)* to sag ⓶ *(fam: erschlafft sein)* to be drained ⓷ *(fam: deprimiert sein)* to be down

Durch·hän·ger <-s, -> *m* einen [totalen] **~ haben** (*fam*) to be on a [real] downer

durch|hau·en ['dʊrçhaʊən] *irreg* **I.** *vt* ⓵ *(spalten)* to split sth [in two] ⓶ (*fam*) ■ **jdn ~** to give sb a good hiding **II.** *vr* ■ **sich ~** to get by **durch|hel·fen** ['dʊrçhɛlfn̩] *irreg vi* ■ **jdm [durch etw** *akk*] **~** to help sb through [sth] **durch|hö·ren** *vt* ⓵ *(heraushören)* to detect ⓶ *(durch etw hören)* to hear

durch|käm·men[^1] ['dʊrçkɛmən] *vt* ■ **etw ~** *Haar* to comb through sth *sep*

durch·käm·men[^2] ['dʊrçkɛmən] *vt* ■ **etw** [**nach jdm**] **~** to comb sth [for sb] **durch|kämp·fen** ['dʊrçkɛmpfn̩] **I.** *vt* ■ **etw ~** to force through sth *sep* **II.** *vr* ⓵ *(mühselig durchackern)* ■ **sich ~** to battle one's way through ⓶ *(sich durchringen)* ■ **sich zu etw** *dat* **~** to bring oneself to do sth **durch|kau·en** ['dʊrçkaʊən] *vt* ⓵ *(gründlich kauen)* ■ **etw ~** to chew sth thoroughly ⓶ (*fam*) ■ **etw ~** to discuss sth thoroughly **durch|kom·men** ['dʊrçkɔmən] *vi irreg sein* ⓵ *(durchfahren)* ■ [**durch etw** *akk*] **~** to come through [sth] ⓶ *Regen, Sonne* to come through ⓷ *Charakterzug* to become noticeable ⓸ *(Erfolg haben)* ■ **mit etw** *dat* **~** to get away with sth ⓹ *(gelangen)* to get through [*sep* sth]; **ich komme mit meiner Hand nicht durch das Loch durch** I can't get my hand through the hole ⓺ *(Prüfung bestehen)* to pass ⓻ *(überleben)* to pull through **durch|kön·nen** [*dʊrçkœnən*] *vi irreg* (*fam*) ■ *s.* **durchgehen**

durch|kreu·zen[^*1] ['dʊrçkrɔʏtsn̩] *vt* ⓵ *(vereiteln)* to foil ⓶ *(durchqueren)* to cross

durch|kreu·zen[^2] ['dʊrçkrɔʏtsn̩] *vt* ■ **etw ~** to cross out sth *sep* **durch|krie·chen** ['dʊrçkriːçn̩] *vi irreg sein* to crawl through **durch|krie·gen** *vt* (*fam*) *s.* **durchbekommen durch|las·sen** ['dʊrçlasn̩] *vt irreg* ⓵ *(vorbei lassen)* ■ **jdn/etw ~** to let sb/sth through ⓶ *(durchdringen lassen)* ■ **etw ~** to let through sth *sep* ⓷ *(fam: durchgehen lassen)* ■ **jdm etw ~** to let sb get away with sth **durch·läs·sig** ['dʊrçlɛsɪç] *adj* porous (**für** to)

durch|lau·fen[^1] ['dʊrçlaʊfn̩] *irreg* **I.** *vi sein* ⓵ *(durcheilen)* ■ [**durch etw** *akk*] **~** to run through [sth] ⓶ *(durchrinnen)* ■ [**durch etw** *akk*] **~** to run through [sth] ⓷ *(im Lauf passieren)* ■ **durch etw** *akk* **~** to run through sth **II.** *vt haben* ■ **etw ~** to wear through sth *sep*

durch·lau·fen[^*2] ['dʊrçlaʊfn̩] *vt irreg* ⓵ *(im Lauf durchqueren)* to run through ⓶ *(zurücklegen)* to cover **durch·le·ben**[^*] ['dʊrçleːbn̩] *vt* **schwere Zeiten ~** to go through hard times **durch·lei·den**[^*] ['dʊrçlaɪdn̩] *vt irreg* to endure **durch|le·sen** ['dʊrçleːzn̩] *vt irreg* to read through *sep*

durch·leuch·ten[^*1] ['dʊrçlɔʏçtn̩] *vt* ⓵ *(röntgen)* ■ **jdn ~** to X-ray sb ⓶ *(fam: kritisch betrachten)* to investigate

durch|leuch·ten[^2] ['dʊrçlɔʏçtn̩] *vi* ■ **durch etw** *akk* **~** to shine through [sth] **durch|lüf·ten** ['dʊrçlʏftn̩] **I.** *vt* ■ **etw ~** to air sth thoroughly; **einen Raum ~** to air out a room **II.** *vi* to air thoroughly **durch|ma·chen** ['dʊrçmaxn̩] **I.** *vt* ■ **etw ~** ⓵ *(erleiden)* to go through sth ⓶ *(durchlaufen)* **eine Ausbildung ~** to go through training **II.** *vi* (*fam*) ⓵ *(durchfeiern)* **die ganze Nacht ~** to make a night of it ⓶ *(durcharbeiten)* to work right through **Durch·marsch** ['dʊrçmarʃ] *m* **auf dem ~ sein** to be marching through **durch|mar·schie·ren**[^*] ['dʊrçmarʃiːrən] *vi sein* to march through

Durch·mes·ser <-s, -> ['dʊrçmɛsɐ] *m* diameter

durch|mo·geln (*fam*) **I.** *vr* ■ **sich ~** to wangle one's way through; **sich an der Grenze ~** to smuggle oneself across the border **II.** *vt* ■ **jdn/etw ~** to smuggle through sb/sth *sep* **durch|müs·sen** ['dʊrçmʏsn̩] *vi irreg* (*fam*) ⓵ *(durchgehen müssen)* ■ [**durch etw** *akk*] **~** to have to go through [sth] ⓶ *(durchmachen müssen)* ■ **durch etw** *akk*

~ to have to go through sth **durch·näs·sen*** [dʊrçˈnɛsn̩] vt to drench **durch|neh·men** [ˈdʊrçneːmən] vt irreg to do **durch|pau·sen** [ˈdʊrçpaʊzn̩] vt to trace **durch|pro·bie·ren*** vt ■ etw ~ to try sth in turn **durch|que·ren*** [dʊrçˈkveːrən] vt to cross **durch|ras·seln** vi sein (sl) s. **durchfallen 2 durch|rech·nen** [ˈdʊrçrɛçnən] vt to calculate; (überprüfen) to check thoroughly **durch|reg·nen** [ˈdʊrçreːgnən] vi impers ① (Regen durchlassen) ■ **durch etw** akk] ~ to rain through [sth] ② (ununterbrochen regnen) to rain continuously **Durch·rei·se** [ˈdʊrçraɪzə] f journey through; **auf der ~ sein** to be passing through

durch|rei·sen¹ [ˈdʊrçraɪzn̩] vi sein ■ [**durch etw** akk] ~ to pass through [sth]

durch·rei·sen*² [dʊrçˈraɪzn̩] vt **die ganze Welt ~** to travel all over the world **durch|rei·ßen** [ˈdʊrçraɪsn̩] irreg I. vt haben ■ **etw [in der Mitte]** ~ to tear sth in two II. vi sein ■ **[in der Mitte]** ~ to tear [in half] **durch|rin·gen** [ˈdʊrçrɪŋən] vr irreg ■ **sich zu etw** dat ~ to finally manage to do sth; **sich zu einer Entscheidung ~** to force oneself to [make] a decision **durch|ros·ten** [ˈdʊrçrɔstn̩] vi sein to rust through **durch|ru·fen** vi irreg (fam) to give sb a ring [or AM usu call] **durch|rüh·ren** vt ■ **etw ~** to stir sth well **durch|rüt·teln** [ˈdʊrçrʏtl̩n] vt ■ **jdn ~** ① (gründlich rütteln) to shake sb violently ② (hin und her schaukeln) to shake sb about

durchs [dʊrçs] (fam) = **durch das** s. **durch**

Durch·sa·ge [ˈdʊrçzaːgə] f message; (Radioansage) announcement

durch|sa·gen [ˈdʊrçzaːgn̩] vt ① (übermitteln) to announce ② (mündlich weitergeben) ■ **etw ~** to pass on sep sth

durch|sä·gen vt ■ **etw ~** to saw through sth sep

durch·schau·bar [dʊrçˈʃaʊbaːɐ̯] adj obvious; **leicht ~** easy to see through; **schwer ~** enigmatic

durch·schau·en*¹ [dʊrçˈʃaʊən] vt ■ **jdn ~** to see through sb

durch|schau·en² [ˈdʊrçʃaʊən] vt s. **durchsehen durch|schei·nen** [ˈdʊrçʃaɪnən] vi irreg ① Licht, Sonne to shine through ② Farbe, Muster to show [through] **durch|schie·ben** vt irreg to push through sep **durch|schla·fen** [ˈdʊrçʃlaːfn̩] vi irreg to sleep through [it]; (ausschlafen) to get a good night's sleep

Durch·schlag [ˈdʊrçʃlaːk] m ① (Kopie) copy ② (Sieb) colander

durch|schla·gen¹ [ˈdʊrçʃlaːgn̩] irreg I. vt haben ① (durchbrechen) to split [in two]; **eine Wand ~** to knock a hole through a wall ② (durchtreiben) Nagel to knock through II. vi sein (durchdringen) ■ **durch etw** akk] ~ to come through [sth]; Geschoss a. ■ **auf etw** akk] ~ to have an effect [on sth] III. vr haben ■ **sich ~** ① (Dasein fristen) to struggle along ② (ans Ziel gelangen) to make one's way through

durch·schla·gen*² [dʊrçˈʃlaːgn̩] vt irreg ■ **etw ~** to chop through sth

durch·schla·gend [ˈdʊrçʃlaːgnt] adj ① (überwältigend) sweeping; Erfolg huge; **eine ~e Wirkung haben** to be extremely effective ② (überzeugend) convincing; Beweis conclusive

Durch·schlag·pa·pier nt carbon paper **Durch·schlags·kraft** f ① (Wucht) penetration ② (fig) effectiveness

durch|schlän·geln vr ■ **sich ~** Mensch to thread one's way through; **sich durch ein Tal ~** Fluss to meander through a valley **durch|schleu·sen** [ˈdʊrçʃlɔyzn̩] vt (fam) to smuggle through sep

durch|schnei·den¹ [ˈdʊrçʃnaɪdn̩] vt irreg ■ **etw ~** to cut sth through

durch·schnei·den*² [dʊrçˈʃnaɪdn̩] vt irreg ■ **etw ~** ① (entzweischneiden) to cut sth in two ② (geh: laut durchdringen) to pierce sth **Durch·schnitt** [ˈdʊrçʃnɪt] m average; **im ~** on average; **über/unter dem ~ liegen** to be above/below average

durch·schnitt·lich [ˈdʊrçʃnɪtlɪç] I. adj ① (Mittelwert betreffend) average attr ② (mittelmäßig) ordinary II. adv ① (im Schnitt) on average ② (mäßig) moderately; **~ intelligent** of average intelligence

Durch·schnitts·al·ter nt average age **Durch·schnitts·ein·kom·men** nt average income **Durch·schnitts·ge·schwin·dig·keit** f average speed **Durch·schnitts·mensch** m average person **Durch·schnitts·tem·pe·ra·tur** f average temperature

Durch·schrift f [carbon] copy

Durch·schuss^RR [ˈdʊrçʃʊs] m ① (durchgehender Schuss) **es war ein glatter ~** the shot had passed clean through ② TYPO (Zwischenraum) leading spec

durch|schüt·teln [ˈdʊrçʃʏtl̩n] vt ① (anhaltend schütteln) ■ **etw ~** to shake sth thoroughly ② (kräftig rütteln) ■ **jdn ~** to give sb a good shaking **durch·schwit·zen*** [dʊrçˈʃvɪtsn̩], **durch|schwit·zen** [ˈdʊrçʃvɪtsn̩] vt ■ **etw ~** to soak sth in sweat

durch|se·hen [ˈdʊrçzeːən] irreg I. vt to go over II. vi to look through **durch|sein**^ALT vi

irreg sein (*fam*) *s.* **durch II 1, II 2, II 3**
durch|set·zen[1] ['dʊrçzɛtsn̩] **I.** *vt* ❶ (*erzwingen*) *Maßnahmen* to impose; *Reformen* to carry out; *Ziel* to achieve; **seinen Willen [gegen jdn]** ~ to get one's own way [with sb] ❷ (*bewilligt bekommen*) ■ **etw [bei jdm]** ~ to get sb to agree to sth; **etw bei der Mehrzahl** ~ to get sth past the majority **II.** *vr* ❶ (*sich Geltung verschaffen*) ■ **sich** ~ to assert oneself; ■ **sich mit etw** *dat* ~ to be successful with sth ❷ (*Gültigkeit erreichen*) ■ **sich** ~ to gain acceptance; *Trend* to catch on
durch·set·zen[*2] ['dʊrçzɛtsn̩] *vt* ■ **etw mit etw** *dat* ~ to infiltrate sth with sth
Durch·set·zungs·ver·mö·gen <-s> *nt kein pl* assertiveness
Durch·sicht ['dʊrçzɪçt] *f* inspection; **zur** ~ for inspection
durch·sich·tig ['dʊrçzɪçtɪç] *adj* ❶ (*transparent*) transparent ❷ (*offensichtlich*) obvious
durch|si·ckern ['dʊrçzɪkɐn] *vi sein* ❶ (*Flüssigkeit*) ■ **durch etw** *akk*] ~ to seep through [sth] ❷ (*allmählich bekannt werden*) **Informationen** ~ **lassen** to leak information
durch|spie·len *vt* ❶ *Musik-/Theaterstück* to play/act through *sep* once ❷ (*durchdenken*) to go through **durch|spre·chen** ['dʊrçʃprɛçn̩] *vt irreg* ■ **etw** ~ to discuss sth thoroughly
durch·ste·chen* [dʊrç'ʃtɛçn̩] *vt irreg* to pierce **durch|ste·hen** ['dʊrçʃteːən] *vt irreg* ❶ (*ertragen*) to get through; *Qualen* to endure; *Schwierigkeiten* to cope ❷ (*standhalten*) to [with]stand **durch|stei·gen** ['dʊrçʃtaɪɡn̩] *vi irreg sein* ❶ ■ **durch etw** *akk*] ~ to climb through [sth] ❷ (*fam: verstehen*) ■ **bei etw** *dat* ~ to get sth; **da soll mal einer ~!** just let someone try and understand that lot! **durch|stel·len I.** *vt* **ein Gespräch** ~ to put a call through **II.** *vi* **soll ich** ~? shall I put the call through? **durch·stö·bern*** [dʊrç'ʃtøːbɐn], **durch|stö·bern** ['dʊrçʃtøːbɐn] *vt* ■ **etw** ~ to rummage through sth (**nach**)
durch·sto·ßen[*1] [dʊrç'ʃtoːsn̩] *vt irreg* ❶ (*durchbohren*) to go through; (*Pfahl a.*) to impale ❷ (*durchbrechen*) **die feindlichen Linien** ~ to break the enemy lines
durch|sto·ßen[2] ['dʊrçʃtoːsn̩] *irreg* **I.** *vi sein* ■ [**bis zu etw** *dat*] ~ to penetrate [as far as sth] **II.** *vt haben* **einen Pfahl durch etw** *akk* ~ to drive a stake through sth
durch|strei·chen ['dʊrçʃtraɪçn̩] *vt irreg* ❶ *Fehler* to cross out ❷ (*geh*) *s.* **durch·streifen durch·strei·fen*** [dʊrç'ʃtraɪfn̩] *vt* (*geh*) ■ **etw** ~ to roam through sth
durch|strö·men[1] ['dʊrçʃtrøːmən] *vi sein* to stream through
durch·strö·men* [dʊrç'ʃtrøːmən] *vt* (*geh*) ❶ (*durchfließen*) to flow through ❷ (*durchdringen*) ■ **jdn** ~ to flow through sb
durch·su·chen* [dʊrç'zuːxn̩] *vt* ■ **jdn** ~ to search sb (**nach**)
Durch·su·chung <-, -en> [dʊrç'zuːxʊŋ] *f* search
durch·trai·niert *adj* thoroughly fit **durch|tre·ten** ['dʊrçtreːtn̩] *irreg* **I.** *vt haben* ❶ (*fest betätigen*) **die Bremse** ~ to step on the brakes ❷ (*abnutzen*) to wear through *sep* **II.** *vi sein* ■ [**durch etw** *akk*) ~ to seep through [sth]
durch·trie·ben [dʊrç'triːbn̩] *adj* crafty
durch·wach·sen [dʊrç'vaksn̩] *adj* ❶ *Speck* streaky ❷ *präd* (*mittelmäßig*) so-so
Durch·wahl *f* ❶ (*fam: -nummer*) extension number ❷ (*das Durchwählen*) direct dialling *no pl, no art*
durch|wäh·len ['dʊrçvɛːlən] **I.** *vi* to dial direct **II.** *vt* ■ **etw** ~ to dial sth direct
durch·weg ['dʊrçvɛk] *adv,* **durchwegs** ['dʊrçveːks] *adv* ÖSTERR without exception
durch|wüh·len[1] ['dʊrçvyːlən] **I.** *vt* **ein Haus** ~ to ransack a house **II.** *vr* ■ **sich** [**durch etw** *akk*] ~ ❶ (*sich durcharbeiten*) to plough through [sth] ❷ (*durch Wühlen gelangen*) to burrow through [sth]
durch·wüh·len* [dʊrç'vyːlən] *vt* ❶ (*durchstöbern*) to comb sth (**nach**) ❷ (*aufwühlen*) to dig up sth *sep* **durch|wursch·teln**, **durch|wurs·teln** *vr* (*sl*) ■ **sich** ~ to muddle through BRIT **durch|zäh·len** ['dʊrçtsɛːlən] *vt, vi* to count out *sep*
durch·zie·hen* [dʊrç'tsiːən] *irreg* **I.** *vt haben* (*fam: vollenden*) ■ **etw** ~ to see sth through **II.** *vi sein* ■ [**durch etw** *akk*] ~ to come through [sth]; *Truppe a.* to march through [sth] **III.** *vr haben* ■ **sich durch etw** *akk* ~ to occur throughout sth **durch·zu·cken*** [dʊrç'tsʊkn̩] *vt* ❶ (*geh*) ■ **etw** ~ to flash across sth ❷ (*plötzlich ins Bewusstsein kommen*) ■ **jdn** ~ to flash through sb's mind
Durch·zug ['dʊrçtsuːk] *m* ❶ *kein pl* (*Luftzug*) draught ❷ *von Truppen* march through
dür·fen ['dʏrfn̩] **I.** *modal vb* <darf, durfte, dürfen> ❶ (*Erlaubnis haben*) ■ **etw** [**nicht**] **tun** ~ to [not] be allowed to do sth ❷ *verneint* **wir** ~ **den Zug nicht verpassen** we mustn't miss the train; **du darfst ihm das nicht übelnehmen** you mustn't hold that against him ❸ *im Konjunktiv* (*sollen*) ■ **das/es dürfte ...** that/it should ...; **es dürfte wohl das Beste sein, wenn ...** it would probably be best when ... **II.** *vi* <darf, durfte, gedurft> **darf ich nach draußen?** may I go outside?; **sie hat nicht gedurft** she wasn't allowed to

III. *vt* <darf, durfte, gedurft> ▪ etw ~ to be allowed to do sth; **darfst du das?** are you allowed to?

dürf·tig ['dʏrftɪç] **I.** *adj* ① (*kärglich*) paltry; *Unterkunft* poor ② (*pej: schwach*) poor; *Ausrede* feeble; *Kenntnisse* scanty ③ (*spärlich*) sparse **II.** *adv* scantily

dürr [dʏr] *adj* ① (*trocken*) dry; **~es Laub** withered leaves ② (*mager*) [painfully] thin

Dür·re <-, -n> ['dʏrə] *f* drought *no pl*

Dür·re·ka·ta·stro·phe *f* catastrophic drought

Durst <-[e]s> ['dʊrst] *m kein pl* thirst *no pl*; ▪ ~ **haben** to be thirsty; **seinen ~ [mit etw dat] löschen** to quench one's thirst [with sth]

durs·ten ['dʊrstn̩] *vi* (*geh*) to be thirsty

dürs·ten ['dʏrstn̩] (*geh*) **I.** *vt impers* ① (*Durst haben*) ▪ **jdn dürstet [es]** sb is thirsty ② (*inständig verlangen*) ▪ **es dürstet jdn nach etw** *dat* sb thirsts for sth **II.** *vi* ▪ **nach etw** *dat* ~ to be thirsty for sth

durs·tig ['dʊrstɪç] *adj* thirsty

durst·lö·schend *adj* thirst-quenching
durst·stil·lend *adj* thirst-quenching
Durst·stre·cke *f* lean period

Du·sche <-, -n> ['du:ʃə] *f* shower; **unter die ~ gehen** to have a shower

du·schen ['du:ʃn̩] **I.** *vi* to shower **II.** *vr* ▪ **sich ~** to have a shower **III.** *vt* ▪ **jdn ~** to give sb a shower

Dusch·gel *nt* shower gel **Dusch·ka·bi·ne** *f* shower cubicle

Dü·se <-, -n> ['dy:zə] *f* ① TECH nozzle ② LUFT jet

Du·sel <-s> ['du:zl̩] *m kein pl* (*fam*) ① (*unverdientes Glück*) ▪ **haben** to be lucky ② SCHWEIZ, SÜDD ▪ **im ~** (*benommen*) in a daze; (*angetrunken*) tipsy

dü·sen ['dy:zn̩] *vi sein* (*fam: fahren*) to race; (*schnell gehen*) to dash

Dü·sen·an·trieb *m* jet propulsion *no pl, no art* **Dü·sen·flug·zeug** *nt* jet [aircraft]

dus·se·lig ['dʊsəlɪç], **duss·lig**[RR] ['dʊslɪç], **duß·lig**[ALT] ['dʊslɪç] (*fam*) **I.** *adj* daft **II.** *adv* ① (*dämlich*) **sich ~ anstellen** to act stupidly ② (*enorm viel*) **sich ~ arbeiten** to work oneself silly

düs·ter ['dy:ste] *adj* ① (*finster*) gloomy ② (*bedrückend*) melancholy ③ (*schwermütig*) black

Dut·zend <-s, -e> ['dʊtsn̩t, *pl* 'dʊtsn̩də] *nt* dozen

dut·zen·d(e)·mal *adv* (*fam*) dozens of times

dut·zend·fach I. *adj* dozens of **II.** *adv* dozens of times

dut·zend·wei·se ['dʊtsn̩tvaɪzə] *adv* by the dozen

du·zen ['du:tsn̩] *vt* ▪ **jdn ~** to address sb as "Du"; **sich [von jdm] ~ lassen** to allow sb to be on familiar terms with oneself

DV <-> [de:'faʊ] *f Abk von* **Datenverarbeitung** DP

DVD-Play·er <-s, -> [-ple:ɐ] *m* DVD player

Dy·na·mik <-> [dy'na:mɪk] *f kein pl* PHYS dynamics + *sing vb*

dy·na·misch [dy'na:mɪʃ] **I.** *adj* dynamic **II.** *adv* dynamically

Dy·na·mit <-s> [dyna'mi:t] *nt kein pl* dynamite

Dy·na·mo <-s, -s> [dy'na:mo] *m* dynamo

Dy·nas·tie <-, -n> [dynas'ti:, *pl* dynas'ti:ən] *f* dynasty

D-Zug ['de:tsu:k] *m* (*veraltend*) express

E e

E, e <-, - *o fam* -s, -s> [e:] *nt* ① (*Buchstabe*) E, e; *s. a.* **A 1** ② MUS E, e; *s. a.* **A 1**

Eau de Co·lo·gne <-> ['o:dəkɔˈlɔnjə] *nt kein pl* eau de Cologne *no pl* BRIT, Cologne AM

Eb·be <-, -n> ['ɛbə] *f* ebb tide; (*Wasserstand*) low water; **~ und Flut** the tides *pl*; **bei ~** at low tide

eben[1] ['e:bn̩] **I.** *adj* ① (*flach*) flat ② (*glatt*) level **II.** *adv* evenly

eben[2] ['e:bn̩] **I.** *adv* ① *zeitlich* just ② (*nun einmal*) just; **das ist ~ so** that's [just] the way it is ③ (*gerade noch*) just [about] ④ (*kurz*) **mal ~** for a minute **II.** *part* ① (*genau das*) precisely ② (*Abschwächung von Verneinung*) **das ist nicht ~ billig** it's not exactly cheap

Eben·bild *nt* image

eben·bür·tig ['e:bn̩bʏrtɪç] *adj* equal (**an** in); **einander [nicht] ~ sein** to be [un]evenly matched

eben·da ['e:bn̩'da:] *adv* ① (*genau dort*) exactly there ② (*bei Zitat*) ibidem; (*geschrieben a.*) ibid[.] **eben·da·rum** [e:bn̩'da:rʊm] *adv* for that very reason **eben·der** [e:bn̩'de:ɐ̯] *pron*, **eben·die** [e:bn̩'di:] *pron*, **eben·das** [e:bn̩'das] *pron* he/she/it **eben·des·halb** [e:bn̩'dɛs'halp] *adv*, **eben·des·we·gen** [e:bn̩dɛs've:gn̩] *adv s.* ebendarum **eben·die·se(r, s)** [e:bn̩'di:zə] *pron* (*geh*) he/she/it

Ebe·ne <-, -n> [e:bənə] *f* ① (*Tief-*) plain; (*Hoch-*) plateau ② MATH, PHYS plane ③ (*fig*) **auf wissenschaftlicher ~** at the scientific

level
eben·falls [eːbn̩fals] *adv* as well; **danke, ~!** thanks, [and] the same to you
Eben·maß *nt kein pl* (*geh*) regularity
eben·mä·ßig **I.** *adj* evenly proportioned **II.** *adv* symmetrically
eben·so [eˈbn̩zoː] *adv* ① (*genauso*) just as; **~ gern [wie]** just as well/much [as]; **~ gut** [just] as well; **~ lang[e]** just as long; **~ oft** just as often; **~ sehr** just as much; **~ viel** just as much; **~ wenig** just as little ② (*auch*) as well
eben·so·gernᴬᴸᵀ *adv s*. ebenso 1 **eben·so·gut**ᴬᴸᵀ *adv s*. ebenso 1 **eben·so·lan·g[e]**ᴬᴸᵀ *adv s*. ebenso 1 **eben·so·oft**ᴬᴸᵀ [-ʔɔft] *adv s*. ebenso 1 **eben·so·sehr**ᴬᴸᵀ *adv s*. ebenso 1 **eben·so·viel**ᴬᴸᵀ *adv s*. ebenso 1 **eben·so·we·nig**ᴬᴸᵀ *adv s*. ebenso 1
Eber <-s, -> [ˈeːbɐ] *m* boar
eb·nen [ˈeːbnən] *vt* (*eben machen*) to level [off] ▶ **jdm/etw den Weg ~** to pave the way for sb/sth
E-Busi·ness <-> [ˈiːˌbɪznɪs] *f kein pl* INET e-business
EC <-s, -s> [eːˈtseː] *m* ① *Abk von* **Eurocity** Eurocity train ② FIN *Abk von* **Electronic Cash** electronic cash ③ HIST *Abk von* **Euroscheck** Eurocheque
Echo <-s, -s> [ˈɛço] *nt* ① (*Effekt*) echo ② (*Reaktion*) response (**auf** to); **ein [großes] ~ finden** to meet with a [big] response
E·cho·lot *nt* sonar
Ech·se <-, -n> [ˈɛksə] *f* saurian *spec*
echt [ɛçt] **I.** *adj* ① (*nicht künstlich*) real; (*nicht gefälscht*) genuine; Haarfarbe natural; Silber, Gold pure ② *Freundschaft, Schmerz* sincere ③ (*typisch*) typical ④ *Farben* fast ⑤ (*wirklich*) real **II.** *adv* ① (*typisch*) typically ② (*fam: wirklich*) really
Echt·heit <-> *f kein pl* ① (*das Echtsein*) authenticity ② (*Aufrichtigkeit*) sincerity
Eck <-[e]s, -e> [ɛk] *nt* ① ÖSTERR, SÜDD (*Ecke*) corner ② SPORT corner [of the goal] ▶ **über ~** diagonally
EC-Kar·te *f* ① HIST Eurocheque card ② (*Debitkarte*) cash card, cash-point card
Eck·ball *m* SPORT corner
Ecke <-, -n> [ˈɛkə] *f* ① (*spitze Kante*) corner; (*Tisch~*) edge ② (*Straßen~*) corner; **gleich um die ~** just round [*or* AM around] the corner ③ (*Zimmer~*) corner ④ (*fam: Gegend*) area ⑤ SPORT corner ▶ **jdn um die ~ bringen** (*fam*) to do sb in; **jdn in die ~ drängen** (*fam*) to push sb aside; **an allen ~n und Enden** (*fam*) everywhere
eckig [ˈɛkɪç] *adj* ① (*nicht rund*) square; *Gesicht* angular ② (*ungelenk*) jerky
Eck·pfei·ler *m* ① (*liter*) corner pillar ② (*fig*) cornerstone **Eck·stein** *m* [ˈɛkʃtaɪn] *m* cornerstone **Eck·zahn** *m* canine [tooth]
ECO·FIN-Rat [ˈɛːkofinaːt] *m kein pl* FIN ECOFIN council
E-Com·merce <-> [ˈiːˈkɔmɐːs] *m kein pl* INET e-commerce
Ecu <-[s], -[s]> [eˈkyː] *m*, **ECU** <-, -> [eˈkyː] *m* (*hist*) *Akr von* **European Currency Unit** ECU
Ecu·a·dor [ekuaˈdoːɐ̯], **Eku·a·dor** <-s> [ekuaˈdoːɐ̯] *nt* Ecuador; *s. a.* **Deutschland**
Ecu·a·do·ri·a·ner(in) <-s, -> [ekuadoˈri̯aːne] *m(f)* Ecuadorean; *s. a.* **Deutsche(r)**
ecu·a·do·ri·a·nisch [ekuadoˈri̯aːnɪʃ] *adj* Ecuadorean; *s. a.* **deutsch**
edel [ˈeːdl̩] **I.** *adj* ① (*großherzig*) generous ② (*hochwertig*) fine ③ (*aristokratisch*) noble **II.** *adv* nobly
Edel·frau *f* noblewoman **Edel·gas** *nt* inert gas **Edel·kas·ta·nie** *f* sweet chestnut **Edel·mann** <-leute> [ˈeːdlman, *pl* -lɔytə] *m* nobleman **Edel·me·tall** *nt* precious metal **Edel·mut** [ˈeːdlmuːt] *m kein pl* (*geh*) magnanimity *no pl*
edel·mü·tig [ˈeːdlmyːtɪç] **I.** *adj* (*geh*) magnanimous **II.** *adv* magnanimously
Edel·stahl *m* stainless steel **Edel·stein** *m* precious stone **Edel·tan·ne** *f* silver fir
Edel·weiß <-[es], -e> [ˈeːdlvaɪs] *nt* BOT edelweiss
Edikt <-[e]s, -e> [eˈdɪkt] *nt* edict
edi·tie·ren* [ediˈtiːrən] *vt* INFORM to edit
Edi·ti·on <-, -en> [editsi̯oːn] *f* (*die Ausgabe*) edition
Edu·tain·ment <-s> [ɛdjuˈteːnmənt] *nt kein pl* edutainment
EDV <-> [eːdeːˈfaʊ] *f* INFORM *Abk von* **elektronische Datenverarbeitung** EDP **EDV-ge·stützt** [eːdeːˈfaʊ-] *adj* EDP-assisted
Efeu <-s> [ˈeːfɔy] *m kein pl* ivy *no pl, no indef art*
Eff·eff <-> [ˈɛfˈʔɛf] *nt kein pl* **etw aus dem ~ beherrschen** to know sth backwards
Ef·fekt <-[e]s, -e> [ɛˈfɛkt] *m* ① (*Wirkung*) effect; **im ~** in the end ② FILM ■ **-e** special effects
Ef·fek·ten [ɛˈfɛktn̩] *pl* securities *pl*
ef·fek·tiv [ɛfɛkˈtiːf] **I.** *adj* ① (*wirksam*) effective ② *attr* (*tatsächlich*) actual *attr* **II.** *adv* ① (*wirksam*) effectively ② (*tatsächlich*) actually
Ef·fek·ti·vi·tät <-> [ɛfɛktiviˈtɛːt] *f kein pl* effectiveness *no pl*
ef·fekt·voll *adj* effective
ef·fi·zi·ent [ɛfiˈtsi̯ɛnt] (*geh*) **I.** *adj* efficient **II.** *adv* efficiently
EG <-> [eːˈgeː] *f* ① (*hist*) *Abk von* **Europäi-**

sche Gemeinschaft EC ❷ ÖKON *Abk von* **eingetragene Genossenschaft** registered cooperative society

egal [e'gaːl] (*fam*) **I.** *adj* ■ **jdm ~ sein** to be all the same to sb; **das ist mir ~** I don't mind; (*unhöflicher*) I couldn't care less ► **~, was/wie/wo/warum ...** no matter what/how/where/why ... **II.** *adv* ❶ DIAL (*gleich*) identically; **~ groß/lang** identical in size/length ❷ DIAL (*ständig*) constantly

Eg·ge <-, -n> ['ɛɡə] *f* harrow

Ego·is·mus <-, -ismen> [eɡo'ɪsmʊs] *m* ego[t]ism

Ego·ist(in) <-en, -en> [eɡo'ɪst] *m(f)* ego[t]ist

ego·is·tisch [eɡo'ɪstɪʃ] **I.** *adj* ego[t]istical **II.** *adv* ego[t]istically

Ego-Shooter <-s, -> ['eːɡoʃuːtɐ] *m* first-person shooter **Ego·trip** <-s, -s> ['eːɡotrɪp] *m* **auf dem ~ sein** (*fam*) to be on an ego trip **Ego·zen·tri·ker(in)** <-s, -> [eɡo'tsɛntrikɐ] *m(f)* (*geh*) egocentric

ego·zen·trisch [eɡo'tsɛntrɪʃ] *adj* (*geh*) egocentric

EG-Staat [eː'ɡeːʃtaːt] *m* EC country

eh[1] ['eː] *interj* (*sl*) ❶ (*Anrede*) hey ❷ (*was?*) eh?

eh[2] [eː] **I.** *adv bes* ÖSTERR, SÜDD (*sowieso*) anyway ► **seit ~ und je** since time immemorial; **wie ~ und je** as always **II.** *konj s.* **ehe**

ehe ['eːə] *konj* before; **~ das Wetter nicht besser wird ...** until the weather changes for the better ...

Ehe <-, -n> ['eːə] *f* marriage

ehe·ähn·lich *adj* **in einer ~en Gemeinschaft leben** to cohabit **Ehe·bett** *nt* double bed **Ehe·bre·cher(in)** <-s, -> ['eːəbrɛçɐ] *m(f)* adulterer *masc*, adulteress *fem* **Ehe·bruch** *m* adultery; **~ begehen** to commit adultery **Ehe·frau** *f fem form von* **Ehemann** wife

Ehe·gat·te *m* (*geh*) ❶ *s.* **Ehemann** ❷ *pl* (*Ehepartner*) ■ **die ~n** [married] partners *pl* **Ehe·gat·ten·split·ting** [-ʃplɪtɪŋ, -ˌsplɪtɪŋ] *nt* separate taxation for man and wife

Ehe·gat·tin *f* (*geh*) *fem form von* **Ehegatte** **Ehe·krach** *m* (*fam*) marital row [*or* AM fight] **Ehe·le·ben** *nt kein pl* married life **Ehe·leu·te** *pl* (*geh*) married couple *+ sing/pl vb*

ehe·lich ['eːəlɪç] **I.** *adj* marital; *Kind* legitimate **II.** *adv* legitimately

ehe·los *adv* unmarried

ehe·ma·lig ['eːəmaːlɪç] *adj attr* former

ehe·mals ['eːəmaːls] *adv* (*geh*) formerly

Ehe·mann <-männer> *m* husband **Ehe·paar** *nt* [married] couple *+ sing/pl vb*

eher ['eːɐ] *adv* ❶ (*früher*) sooner ❷ (*wahrscheinlicher*) more likely ❸ (*mehr*) more ❹ (*lieber*) rather; **soll ich ~ am Abend hingehen?** would it be better if I went in the evening?

Ehe·ring *m* wedding ring **Ehe·schei·dung** *f* divorce **Ehe·schlie·ßung** *f* (*geh*) marriage ceremony

ehest ['eːəst] *adv* ÖSTERR (*baldigst*) as soon as possible

ehes·te(r, s) I. *adj attr* earliest **II.** *adv* ■ **am ~n** ❶ (*am wahrscheinlichsten*) [the] most likely ❷ (*zuerst*) the first

ehes·tens ['eːəstn̩s] *adv* ❶ (*frühestens*) at the earliest ❷ ÖSTERR (*baldigst*) *s.* **ehest**

Ehe·ver·mitt·lung *f kein pl* arrangement of marriages **Ehe·ver·spre·chen** *nt* promise of marriage **Ehe·ver·trag** *m* marriage contract

ehr·bar ['eːɐbaːɐ̯] *adj* respectable

Ehr·be·griff *m kein pl* sense of honour

Eh·re <-, -n> ['eːrə] *f* honour; **ihm zu ~n** in his honour; **eine große ~** a great honour; **jdm eine ~ sein** to be an honour for sb; **jdm die letzte ~ erweisen** (*geh*) to pay sb one's last respects; **sich** *dat* **die ~ geben, etw zu tun** (*geh*) to have the honour of doing sth; **etw in ~n halten** to cherish sth; **was verschafft mir die ~?** (*geh o iron*) to what do I owe the honour?; **jdm wird die ~ zuteil, etw zu tun** sb is given the honour of doing sth ► **auf ~ und Gewissen** on my/his etc. honour; **habe die ~!** ÖSTERR, SÜDD (*ich grüße Sie!*) [I'm] pleased to meet you; **mit wem habe ich die ~?** (*geh o iron*) with whom do I have the honour [of speaking]?

eh·ren ['eːrən] *vt* to honour (**mit/durch** with); **dieser Besuch ehrt uns sehr** we are very much honoured by this visit

Eh·ren·amt *nt* honorary post **eh·ren·amt·lich I.** *adj* **~e Tätigkeiten** voluntary work **II.** *adv* on a voluntary basis **Eh·ren·bür·ger(in)** *m(f)* honorary citizen **Eh·ren·dok·tor, -dok·to·rin** *m, f* honorary doctor **Eh·ren·gast** *m* guest of honour

eh·ren·haft ['eːrənhaft] **I.** *adj* honourable **II.** *adv* honourably

Eh·ren·ko·dex *m* SOZIOL code of honour **Eh·ren·mal** *nt* [war] memorial **Eh·ren·mann** *m* man of honour **Eh·ren·mord** *m* JUR honour [*or* AM honor] killing **Eh·ren·platz** *m* place of honour **Eh·ren·ret·tung** *f* retrieval of one's honour; **zu jds ~** in sb's defence **Eh·ren·run·de** *f* ❶ SPORT lap of honour ❷ SCH (*fam: Wiederholung einer Klasse*) repeating a year **Eh·ren·sa·che** *f* matter of honour **Eh·ren·tag** *m* special day **Eh·ren·ur·kun·de** *f* certificate of honour

eh·ren·voll *adj* honourable

eh·ren·wert *adj s.* **ehrbar**

Eh·ren·wort <-worte> *nt* word of honour

ehr·er·bie·tig (geh) **I.** adj deferential **II.** adv deferentially

Ehr·furcht f kein pl respect; (fromme Scheu) reverence; **vor jdm/etw ~ haben** to have [great] respect for sb/sth

ehr·fürch·tig ['eːɐ̯fʏrçtɪç], **ehr·furchts·voll I.** adj reverent **II.** adv reverentially

Ehr·ge·fühl nt kein pl sense of honour

Ehr·geiz ['eːɐ̯gaɪ̯ts] m kein pl ambition

ehr·gei·zig ['eːɐ̯gaɪ̯tsɪç] adj ambitious

ehr·lich ['eːɐ̯lɪç] **I.** adj honest; **~e Besorgnis/Zuneigung** genuine concern/affection; **es ~ mit jdm meinen** to have good intentions towards sb **II.** adv ❶ (legal, vorschriftsmäßig) ~ **spielen** to play fair; **~ verdientes Geld** honestly earned money ❷ (fam: wirklich) honestly ▶ **~ gesagt ...** to be [quite] honest ...

Ehr·lich·keit f kein pl ❶ (Aufrichtigkeit) sincerity ❷ (Zuverlässigkeit) honesty

ehr·los I. adj dishonourable **II.** adv dishonourably

Ehr·lo·sig·keit <-> f kein pl dishonourableness

Eh·rung <-, -en> f honour

Ehr·wür·den <bei Voranstellung -[s] o bei Nachstellung -> ['eːɐ̯vyrdn̩] m kein pl, ohne art REL Reverend

ehr·wür·dig ['eːɐ̯vʏrdɪç] adj venerable

Ei <-[e]s, -er> ['aɪ̯] nt ❶ (Vogel~, Schlangen~) egg; **faules ~** rotten egg; **ein hartes/hart gekochtes ~** a hard-boiled egg; **ein weiches/weich gekochtes Ei** a soft-boiled egg; **aus dem ~ kriechen** to hatch [out]; **ein ~ legen** to lay an egg ❷ (Eizelle) ovum ❸ pl (sl: Hoden) balls pl ❹ pl (sl: Geld) = quid no pl BRIT fam, = bucks pl AM fam ▶ **jdn wie ein rohes ~ behandeln** to handle sb with kid gloves; **sich gleichen wie ein ~ dem anderen** to be as [a]like as two peas in a pod; **wie aus dem ~ gepellt** (fam) [to be] dressed up to the nines

Ei·be <-, -n> ['aɪ̯bə] f BOT yew [tree]

Ei·che <-, -n> ['aɪ̯çə] f (a. Holz) oak

Ei·chel <-, -n> ['aɪ̯çl̩] f ❶ BOT acorn ❷ ANAT glans

ei·chen ['aɪ̯çn̩] vt to gauge; Instrument, Messgerät to calibrate

Eich·hörn·chen ['aɪ̯çhœrnçən] nt, **Eich·kätz·chen** ['aɪ̯çkɛtsçən] nt DIAL squirrel

Eid <-[e]s, -e> ['aɪ̯t, pl 'aɪ̯də] m oath; **an ~es statt erklären** to declare solemnly; **einen ~ ablegen** to swear an oath; **unter ~ [stehen]** [to be] under oath

eid·brü·chig adj oath-breaking; ■ ~ **werden** to break one's oath

Ei·dech·se <-, -n> ['aɪ̯dɛksə] f lizard

ei·des·statt·lich I. adj JUR in lieu of [an] oath; **~e Erklärung** affirmation in lieu of [an] oath **II.** adv JUR **etw ~ erklären** to declare sth under oath

Eid·ge·nos·se, -ge·nos·sin ['aɪ̯tɡənɔsə, -ɡənɔsɪn] m, f Swiss [citizen] **Eid·ge·nos·sen·schaft** f **Schweizerische ~** the Swiss Confederation

eid·ge·nös·sisch ['aɪ̯tɡənœsɪʃ] adj Swiss

eid·lich ['aɪ̯tlɪç] **I.** adj [made] under oath **II.** adv under oath

Ei·dot·ter m o nt egg yolk

Ei·er·be·cher m egg cup **Ei·er·ku·chen** m pancake **Ei·er·li·kör** m egg liqueur

ei·ern ['aɪ̯ɐn] vi (fam) to wobble

Ei·er·scha·le f eggshell **Ei·er·stock** m ANAT ovary **Ei·er·tanz** m (fam) treading carefully fig; [um etw akk] **einen [regelrechten] ~ aufführen** to tread [very] carefully [in sth] **Ei·er·uhr** f egg timer

Ei·fer <-s> ['aɪ̯fɐ] m kein pl enthusiasm ▶ **im ~ des Gefechts** (fam) in the heat of the moment

ei·fern ['aɪ̯fɐn] vi (geh) ❶ (wettern) ■ **gegen etw** akk ~ to rail against sth ❷ (veraltend: streben) ■ **nach etw** dat ~ to strive for sth

Ei·fer·sucht ['aɪ̯fɐzʊxt] f kein pl jealousy; **aus ~** out of jealousy

ei·fer·süch·tig ['aɪ̯fɐzʏçtɪç] adj jealous

Ei·fer·suchts·sze·ne f **jdm eine ~ machen** to make a scene [in a fit of jealousy]

Eif·fel·turm ['aɪ̯fl̩tʊrm] m kein pl ■ **der ~** the Eiffel Tower

eif·rig ['aɪ̯frɪç] **I.** adj keen; Leser, Sammler avid **II.** adv eagerly; **~ lernen/üben** to learn/practise assiduously

Ei·gelb <-s, -e o bei Zahlenangabe -> nt egg yolk

ei·gen ['aɪ̯ɡn̩] adj ❶ (jdm gehörig) own; **seine ~e Meinung/Wohnung haben** to have one's own opinion/flat; **etw sein E~ nennen** (geh) to own sth ❷ (separat) **mit ~em Eingang** with a separate entrance ❸ (typisch) **mit der ihr ~en Optimismus ...** with her characteristic optimism ... ❹ (eigenartig) peculiar

Ei·gen·art ['aɪ̯ɡn̩ʔaːɐ̯t] f ❶ (besonderer Wesenszug) characteristic ❷ (Flair) individuality

ei·gen·ar·tig ['aɪ̯ɡn̩ʔaːɐ̯tɪç] **I.** adj strange **II.** adv strangely; **~ aussehen** to look strange

Ei·gen·be·darf m ❶ (der eigene Bedarf) **zum ~** for one's [own] personal use ❷ JUR **~ geltend machen** to declare that one needs a house for oneself

Ei·gen·bröt·ler(in) <-s, -> ['aɪ̯ɡn̩brøːtlɐ] m(f) loner

ei·gen·bröt·le·risch ['aɪ̯ɡn̩brøːtlərɪʃ] adj

reclusive

Ei·gen·dy·na·mik *f* momentum of its/their own
ei·gen·hän·dig ['aignhɛndɪç] **I.** *adj* personal; *Brief* handwritten; *Testament* holographic **II.** *adv* personally **Ei·gen·heim** *nt* home of one's own
Ei·gen·heit <-, -en> *f* s. Eigenart
Ei·gen·in·i·ti·a·ti·ve *f* in ~ on one's own initiative **Ei·gen·ka·pi·tal** *nt* (*einer Firma*) equity capital **Ei·gen·lie·be** *f* self-love **ei·gen·mäch·tig** ['aignmɛçtɪç] **I.** *adj* highhanded **II.** *adv* high-handedly
Ei·gen·na·me *m* LING proper noun
Ei·gen·nutz <-es> *m kein pl* self-interest
ei·gen·nüt·zig ['aignnʏtsɪç] **I.** *adj* selfish **II.** *adv* selfishly
Ei·gen·pro·duk·ti·on *f* aus ~ home-produced; (*Obst, Gemüse*) home-grown
ei·gens ['aigns] *adv* [e]specially
Ei·gen·schaft <-, -en> ['aignʃaft] *f* ❶ (*Charakteristik*) quality ❷ (*Funktion*) capacity
Ei·gen·schafts·wort <-wörter> *nt* LING adjective
ei·gen·sin·nig ['aignzɪnɪç] **I.** *adj* stubborn **II.** *adv* stubbornly
ei·gen·stän·dig ['aignʃtɛndɪç] **I.** *adj* independent **II.** *adv* independently
ei·gent·lich ['aigntlɪç] **I.** *adj* ❶ (*wirklich*) real; *Wesen* true ❷ (*ursprünglich*) original **II.** *adv* ❶ (*normalerweise*) really; **da hast du ~ Recht** you may be right there ❷ (*wirklich*) actually **III.** *part* (*überhaupt*) **was fällt dir ~ ein!** what [on earth] do you think you're doing!; **was wollen Sie ~ hier?** what do you [actually] want here?; **was ist ~ mit dir los?** what [on earth] is wrong with you?; **wie alt bist du ~?** [exactly] how old are you?
Ei·gen·tor *nt* own goal
Ei·gen·tum <-s> ['aigntu:m] *nt kein pl* property; **jds geistiges ~** sb's intellectual property
Ei·gen·tü·mer(in) <-s, -> ['aignty:mɐ] *m(f)* owner
ei·gen·tüm·lich ['aignty:mlɪç] **I.** *adj* ❶ (*merkwürdig*) strange ❷ (*geh: typisch*) ■ **jdm/einer S.** *gen* ~ characteristic of sb/sth **II.** *adv* strangely; **~ aussehen** to look odd
Ei·gen·tüm·lich·keit <-, -en> *f* ❶ (*Besonderheit*) characteristic ❷ (*Eigenheit*) peculiarity
Ei·gen·tums·woh·nung *f* owner-occupied flat, condominium AM
ei·gen·ver·ant·wort·lich I. *adj* with sole responsibility *pred* **II.** *adv* on one's own authority **Ei·gen·ver·ant·wor·tung** *f* personal responsibility **ei·gen·wil·lig** ['aignvɪlɪç] *adj* ❶ (*eigensinnig*) stubborn ❷ (*unkonventionell*) unconventional
eig·nen ['aignən] *vr* ■ **sich für etw** *akk* ~ to be suited to sth; ■ **etw eignet sich zu etw** *dat* sth can be used as sth

Eig·nung <-, -en> ['aignʊŋ] *f* suitability
Eig·nungs·prü·fung *f*, **Eig·nungs·test** *m* aptitude test
Eil·be·schluss^{RR} *m* JUR quick decision **Eil·bo·te, -bo·tin** *m, f* express messenger; **per ~n** by express delivery **Eil·brief** *m* express letter
Ei·le <-> ['ailə] *f kein pl* haste; **etw hat ~** sth is urgent; **in ~ sein** to be in a hurry; **in der ~** in the hurry; **nur keine ~!** there's no rush!
Ei·lei·ter <-s, -> *m* ANAT Fallopian tube
ei·len ['ailən] **I.** *vi* ❶ *sein* (*schnell gehen*) ■ **irgendwohin ~** to hurry somewhere ❷ *haben* (*dringlich sein*) ■ **etw eilt** sth is urgent; **eilt!** urgent! **II.** *vi impers haben* ■ **es eilt** it's urgent
Eil·gut *nt kein pl* express freight *no pl*
ei·lig ['ailɪç] **I.** *adj* ❶ (*schnell*) hurried ❷ (*dringend*) urgent; **es ~ haben** to be in a hurry **II.** *adv* quickly
Eil·tem·po *nt* **im ~** (*fam*) as quickly as possible **Eil·zug** *m* BAHN ≈ fast stopping train
Ei·mer <-s, -> ['aimɐ] *m* bucket ▸ **etw ist im ~** sth is bust [*or* AM kaputt]

ein¹ ['ain] *adv* (*eingeschaltet*) on; **E~/Aus** on/off

ein² ['ain], **ei·ne** ['ainə], **ein** ['ain] **I.** *adj* one; **mir fehlt noch ~ Cent** I need another cent ▸ **~ für alle Mal** once and for all; **jds E~ und Alles sein** to mean everything to sb; **~ und derselbe/dieselbe/dasselbe** one and the same **II.** *art indef* ❶ (*einzelner*) a/an; **~e Hitze ist das hier!** it's very hot [in] here!; **was für ~ Lärm!** what a noise! ❷ (*jeder*) a/an
Ein·ak·ter <-s, -> ['ain?aktɐ] *m* THEAT one-act play
ein·an·der [ai'nandɐ] *pron* each other; **die Aussagen widersprechen ~ [nicht]** the statements are [not] mutually contradictory
ein|ar·bei·ten I. *vr* ■ **sich [in etw** *akk*] **~** to get used to [sth] **II.** *vt* ❶ (*praktisch vertraut machen*) ■ **jdn [in etw** *akk*] **~** to train sb [for sth] ❷ (*einfügen*) ■ **etw [in etw** *akk*] **~** to add sth in[to sth] ❸ ÖSTERR (*nachholen*) *Zeitverlust* to make up [for] sth
Ein·ar·bei·tungs·zeit *f* training period
ein·ar·mig ['ain?armɪç] *adj* one-armed
ein|äschern ['ain?ɛʃɐn] *vt Leiche* to cremate
ein|at·men *vt, vi* to breathe in *sep*
ein·äu·gig ['ain?ɔygɪç] *adj* one-eyed
Ein·bahn·stra·ße *f* one-way street
ein|bal·sa·mie·ren* *vt Leiche* to embalm
Ein·band <-bände> ['ainbant, *pl* -bɛndə] *m* [book] cover
ein·bän·dig ['ainbɛndɪç] *adj* VERLAG one-

volume *attr*

Ein·bau <-bauten> *m* ❶ *kein pl* (*das Einbauen*) fitting *no pl*; *einer Batterie, eines Motors* installation *no pl* ❷ *meist pl* (*eingebautes Teil*) fitting *usu pl*

ein|bau·en *vt* ❶ (*installieren*) ■ etw [in etw *akk*] ~ to build sth in[to sth]; *Batterie, Motor* to install sth in[to sth]; ■ **eingebaut** built-in ❷ (*fam: einfügen*) ■ etw [in etw *akk*] ~ to incorporate sth [into sth]

Ein·bau·kü·che *f* fitted kitchen **Ein·bau·schrank** *m* fitted cupboard; (*im Schlafzimmer*) built-in wardrobe

ein|be·hal·ten* *vt irreg Abgaben, Steuern* to withhold

ein|be·ru·fen* *vt irreg* ❶ (*zusammentreten lassen*) to convene ❷ MIL to conscript

Ein·be·ru·fung *f* ❶ (*das Einberufen*) convention ❷ MIL call-up papers *pl* BRIT, draft card AM

ein|bet·ten *vt* to embed (**in** in)

Ein·bett·zim·mer *nt* single room

ein|be·zie·hen* *vt irreg* to include (**in** in)

ein|bie·gen *vi irreg sein* to turn (**in** into); **er bog [nach links] in eine Fußgängerpassage ein** he turned [left] into a pedestrian precinct

ein|bil·den *vr* ❶ (*fälschlicherweise glauben*) ■ sich *dat* etw ~ to imagine sth; ■ sich *dat* ~, dass ... to think that ... ❷ (*stolz sein*) ■ sich *dat* etw auf etw *akk* ~ to be proud of sth; **darauf brauchst du dir nichts einzubilden** that's nothing to write home about ▶ **was bildest du dir eigentlich ein?** (*fam*) what's got into your head?

Ein·bil·dung *f* ❶ *kein pl* (*Fantasie*) imagination ❷ *kein pl* (*Arroganz*) conceitedness

Ein·bil·dungs·kraft *f kein pl* [powers of] imagination

ein|bin·den *vt irreg* ❶ VERLAG ■ etw ~ to bind sth (**in** in) ❷ (*einbeziehen*) ■ jdn/etw ~ to integrate sb/sth (**in** into)

ein|blen·den I. *vt* to insert; *Geräusche, Musik* to dub in **II.** *vr* ■ sich ~ (*sich einschalten*) to interrupt; (*sich dazuschalten*) to link up

Ein·blick *m* insight; **jdm ~ in etw *akk* gewähren** to allow sb to look at sth; (*fig*) to allow sb to gain an insight into sth; **~ in etw *akk* gewinnen** to gain an insight into sth; **~ in etw *akk* haben** to be able to see into sth; (*informiert sein*) to have an insight into th

ein|bre·chen *irreg* **I.** *vi* ❶ *sein o haben* (*Einbruch verüben*) to break in ❷ *sein Dämmerung, Nacht* to fall ❸ *sein* (*nach unten durchbrechen*) to fall through ❹ *sein* (*einstürzen*) to cave in **II.** *vt haben* to break down *sep*

Ein·bre·cher(in) <-s, -> *m(f)* burglar

ein|brin·gen *irreg* **I.** *vt* ❶ (*eintragen*) to bring; **Zinsen ~** to earn interest ❷ (*einfließen lassen*) **Kapital in ein Unternehmen ~** to contribute capital to a company; **seine Erfahrung ~** to bring one's experience to bear in sth ❸ *Ernte* to bring in ❹ (*vorschlagen*) **einen Antrag ~** to table a motion **II.** *vr* ■ sich ~ to contribute

ein|bro·cken *vt* (*fam*) ■ jdm etw ~ to land sb in it

Ein·bruch ['aɪnbrʊx, *pl* aɪnbrʏçə] *m* ❶ JUR break-in ❷ (*das Eindringen*) penetration ❸ *Mauer* collapse ❹ (*plötzlicher Beginn*) onset; **bei ~ der Dunkelheit** [at] nightfall

ein|buch·ten ['aɪnbʊxtn̩] *vt* (*fam*) ■ jdn ~ to lock [*or* BRIT *sl* bang] sb up

ein|bud·deln *vt* (*fam*) to bury; ■ sich ~ to dig oneself in

ein|bür·gern ['aɪnbʏrɡɐn] **I.** *vt* ❶ ADMIN ■ jdn ~ to naturalize sb ❷ (*heimisch werden*) ■ **eingebürgert werden** to become established **II.** *vr* (*übernommen werden*) ■ sich ~ to become established

Ein·bür·ge·rung <-, -en> *f* ADMIN naturalization

Ein·bür·ge·rungs·an·trag *m* application for naturalization

Ein·bu·ße *f* loss; **mit etw *dat* ~n erleiden** to suffer losses [on sth]

ein|bü·ßen I. *vt* to lose **II.** *vi* ■ an etw *dat* ~ to lose sth

ein|che·cken [-tʃɛkn̩] **I.** *vi* to check in; ■ **in etw *akk* ~** to check into sth **II.** *vt* ■ etw/jdn ~ to check in sth/sb *sep*

ein|cre·men ['aɪŋkreːmən] *vt* ■ sich *dat* etw ~ to put cream on sth; ■ sich [mit etw *dat*] ~ to put cream on [oneself]

ein|däm·men *vt* to dam; **die Ausbreitung einer Krankheit ~** to check the spread of a disease

ein|de·cken I. *vr* ■ sich [mit etw *dat*] ~ to stock up [on sth] **II.** *vt* (*fam: überhäufen*) ■ **jdn mit etw *dat* ~** to swamp sb with sth

ein·deu·tig ['aɪndɔytɪç] **I.** *adj* ❶ (*unmissverständlich*) unambiguous ❷ (*unzweifelhaft*) clear **II.** *adv* ❶ (*unmissverständlich*) unambiguously ❷ (*klar*) clearly

ein|deut·schen ['aɪndɔytʃn̩] *vt* to Germanize

ein|di·cken ['aɪndɪkn̩] **I.** *vt haben* KOCHK to thicken **II.** *vi sein* to thicken

ein·di·men·si·o·nal *adj* one-dimensional

ein|dö·sen *vi sein* (*fam*) to doze off

ein|drän·gen *vi sein* ❶ (*bedrängen*) ■ **auf jdn ~** to crowd around sb *fig* ❷ (*sich aufdrängen*) to crowd in on sb *fig*

ein|drin·gen *vi irreg sein* ❶ (*einbrechen*) ■ **in etw *akk* ~** to force one's way into sth

eindringlich–einfließen ❷ (*vordringen*) ■ **in etw** *akk* ~ to force one's way into sth; MIL to penetrate [into] sth ❸ (*hineindringen*) ■ **in etw** *akk* ~ to penetrate [into] sth ❹ (*bestürmen*) ■ **auf jdn** ~ to besiege sb

ein·dring·lich I. *adj* (*nachdrücklich*) powerful **II.** *adv* strongly

Ein·dring·ling <-s, -e> ['aɪndrɪŋlɪŋ] *m* intruder

Ein·druck <-drücke> ['aɪndrʊk, *pl* -drʏkə] *m* ❶ (*Vorstellung*) impression; **den ~ erwecken, dass ...** to give the impression that ...; **einen ~ gewinnen** to gain an impression; **den ~ haben, dass ...** to have the impression that ...; **einen großen ~ auf jdn machen** to make a big impression on sb ❷ (*selten: eingedrückte Spur*) imprint

ein|drü·cken I. *vt* (*nach innen drücken*) to push in *sep*; *Kotflügel* to dent; *Fenster* to break **II.** *vr* (*einen Abdruck hinterlassen*) ■ **sich in etw** *akk* ~ to make an imprint in sth

ein·drück·lich ['aɪndrʏklɪç] *adj* SCHWEIZ (*eindrucksvoll*) impressive

ein·drucks·voll I. *adj* impressive **II.** *adv* impressively

ei·ne(r, s) ['aɪnə] *pron indef* ❶ (*jemand*) someone, somebody; **~s von den Kindern** one of the children; **die ~n sagen das eine, die anderen gerade das Gegenteil** one lot say one thing, the other lot say exactly the opposite ❷ (*fam: man*) one; **und das soll noch ~r glauben?** and I'm expected to swallow that? ❸ (*ein Punkt*) ■ **~s** one thing; **~s muss klar sein** let's make one thing clear; **~s sag ich dir** I'll tell you one thing

ein|eb·nen *vt* to level

ein·ei·ig ['aɪnʔaɪɪç] *adj* BIOL identical

ein·ein·halb ['aɪn?aɪn'halp] *adj* one and a half

ein|en·gen ['aɪnɛŋən] *vt* ❶ (*beschränken*) ■ **jdn in etw** *dat* ~ to restrict sb in sth ❷ (*drücken*) ■ **jdn** ~ to restrict sb's movement[s] ❸ (*begrenzen*) ■ **etw** ~ to restrict sth

ei·ner ['aɪnə] *pron s.* **eine(r, s)**

ei·ner·lei ['aɪnɐ'laɪ] *adj präd* (*egal*) **das ist mir ganz ~** it's all the same to me

ei·ner·seits ['aɪnɐzaɪts] *adv* **... andererseits ...** on the one hand ..., on the other hand ...

ein·fach ['aɪnfax] **I.** *adj* ❶ (*leicht*) easy, simple; **es sich** *dat* **[mit etw** *dat***] zu ~ machen** to make it too easy for oneself [with sth] ❷ (*gewöhnlich*) simple; **ein ~es Hemd** a plain shirt ❸ (*nur einmal gemacht*) single; **eine ~e Fahrkarte** a one-way [*or* BRIT single] ticket **II.** *adv* (*leicht*) easily; **es ist nicht ~ zu verstehen** it's not easy to understand **III.**

part ❶ (*ohne weiteres*) simply, just ❷ *mit Verneinung* (*zur Verstärkung*) simply, just; **he, du kannst doch nicht ~ weggehen!** hey, you can't just leave [like that]!

Ein·fach·heit <-> *f kein pl* ❶ (*Unkompliziertheit*) straightforwardness ❷ (*Schlichtheit*) plainness ▶ **der ~ halber** for the sake of simplicity

ein|fä·deln ['aɪnfɛ:dḷn] **I.** *vt* ❶ (*Faden*) to thread; **eine Nadel ~** to thread a needle ❷ (*fam: anbahnen*) to engineer *fig* **II.** *vi* SKI to become entangled in a gate **III.** *vr* AUTO ■ **sich ~** to filter in

ein|fah·ren *irreg* **I.** *vi sein* (*hineinfahren*) **auf einem Gleis ~** to arrive at a platform; **in einen Hafen ~** to sail into a harbour **II.** *vt haben* ❶ (*kaputtfahren*) to [drive into and] knock down sth *sep* ❷ *Antenne, Objektiv* to retract ❸ *Gewinne* to make ❹ *Heu, Korn* to bring in

Ein·fahrt *f kein pl* ❶ (*das Einfahren*) entry; **die ~ eines Zuges** the arrival of a train ❷ (*Zufahrt*) entrance; **~ freihalten!** [please] keep [entrance] clear!

Ein·fall ['aɪnfal] *m* ❶ (*Idee*) idea ❷ MIL (*das Eindringen*) ■ **in etw** *akk* invasion of sth ❸ (*das Eindringen*) incidence

ein|fal·len *vi irreg sein* ❶ (*in den Sinn kommen*) ■ **etw fällt jdm ein** sb thinks of sth; **sich** *dat* **etw ~ lassen** to think of sth; **was fällt Ihnen ein!** what do you think you're doing! ❷ (*in Erinnerung kommen*) ■ **etw fällt jdm ein** sb remembers sth ❸ (*einstürzen*) to collapse ❹ (*eindringen*) ■ **in ein Land ~** to invade a country ❺ (*einsetzen*) ■ **in etw** *akk* ~ *Chor, Instrument* to join in [sth]; (*dazwischenreden*) to interrupt [sth] ❻ (*Wangen*) to become hollow

ein·falls·los *adj* unimaginative **II.** *adv* unimaginatively **ein·falls·reich I.** *adj* imaginative **II.** *adv* imaginatively **Ein·falls·reich·tum** *m kein pl* imaginativeness

Ein·falt <-> ['aɪnfalt] *f kein pl* naivety

ein·fäl·tig ['aɪnfɛltɪç] **I.** *adj* naive **II.** *adv* naively

Ein·falts·pin·sel *m* (*pej fam*) simpleton

Ein·fa·mi·li·en·haus *nt* single family house

ein|fan·gen *irreg* **I.** *vt* ■ **jdn/ein Tier [wieder] ~** to [re]capture sb/an animal **II.** *vr* (*fam*) ■ **sich** *dat* **etw ~** to catch sth

ein·far·big *adj* in one colour

ein|fas·sen *vt* ■ **etw ~** ❶ (*umgeben*) to border sth; *Garten* to enclose sth ❷ (*umsäumen*) to hem sth ❸ *Diamant* to set sth

ein|fet·ten *vt* to grease

ein|fin·den *vr irreg* (*geh*) ■ **sich [irgendwo] ~** to arrive [somewhere]

ein|flie·ßen *vi irreg sein* ❶ (*als Zuschuss ge-*

währt werden)) ▪ **in etw** akk **~** to pour in[to sth] ❷ (anmerken) **~ lassen, dass ...** to let slip that ... ❸ METEO ▪ **in etw** akk **~** to move into sth

ein|flö·ßen vt ❶ (langsam eingeben) ▪ **jdm etw ~** to give sb sth ❷ (erwecken) **jdm Angst/Vertrauen ~** to instil fear/confidence in sb

Ein·flug·schnei·se f approach path

Ein·fluss^RR <-es, Einflüsse> m, **Ein·fluß**^ALT <-sses, Einflüsse> m ❶ (Einwirkung) influence; **auf etw** akk/**jdn ~ haben** to have an influence on sth/sb; **unter jds ~ geraten** to fall under sb's influence; **unter dem ~ von jdm/etw stehen** to be under sb's influence [or the influence of sb/sth] ❷ (Beziehungen) influence; **seinen ~ geltend machen** to use one's influence

ein·fluss·reich^RR adj influential

ein|for·dern vt (geh) ▪ **etw [von jdm] ~** to demand payment of sth [from sb]; **von jdm ein Versprechen ~, etw zu tun** to keep sb to their promise to do sth

ein·för·mig ['aɪnfœrmɪç] **I.** adj monotonous; Landschaft uniform **II.** adv monotonously

ein|frie·den ['aɪnfriːdn̩] vt (geh) to enclose (**mit** with)

ein|frie·ren irreg **I.** vi sein ❶ (zufrieren) to freeze up ❷ (von Eis eingeschlossen werden) ▪ **in etw** dat **~** to freeze into sth **II.** vt haben ❶ (konservieren) to [deep-]freeze ❷ (suspendieren) to suspend; Projekt to shelve ❸ ÖKON to freeze

ein|fü·gen **I.** vt ▪ **etw [in etw** akk**] ~** ❶ (einpassen) to fit sth in[to sth] ❷ (einfließen lassen) to add sth [to sth] **II.** vr ▪ **sich [in etw** akk**] ~** ❶ (sich anpassen) to adapt [oneself] [to sth] ❷ (hineinpassen) to fit in [with sth]

ein|füh·len vr ▪ **sich in jdn ~** to empathize with sb; ▪ **sich in etw** akk **~** to get into the spirit of sth

ein·fühl·sam **I.** adj sensitive; Worte understanding; Mensch empathetic **II.** adv sensitively

Ein·füh·lungs·ver·mö·gen nt empathy

Ein·fuhr ['aɪnfuːɐ̯] f importation

Ein·fuhr·be·stim·mun·gen pl import regulations pl

ein|füh·ren vt ❶ (importieren) to import ❷ (bekannt machen) ▪ **etw ~** to introduce sth; Artikel, Firma to establish ❸ (vertraut machen) **jdn ~** to introduce sb (**in** to) ❹ (hineinschieben) ▪ **etw ~** to insert sth (**in** into) **II.** vi ▪ **in etw** akk **~** to serve as an introduction into sth; **~de Worte** introductory words

Ein·füh·rung f introduction

Ein·füh·rungs·preis m introductory price

Ein·fuhr·zoll m import duty

Ein·ga·be <-, -en> f ❶ (Petition) petition (**an** to) ❷ kein pl Arznei administration ❸ kein pl Daten, Informationen entry

Ein·ga·be·da·ten pl INFORM input data usu + sing vb **Ein·ga·be·tas·te** f INFORM enter-key, return-key

Ein·gang <-gänge> ['aɪŋɡaŋ, pl -ɡɛŋə] m ❶ (Tür, Tor, Zugang) entrance; eines Waldes opening; **„kein ~!"** "no entry!" ❷ pl (eingetroffene Sendungen) incoming mail ❸ kein pl (Erhalt) receipt; **beim ~** on receipt ❹ kein pl (Beginn) start

ein·gän·gig **I.** adj ❶ (einprägsam) catchy ❷ (verständlich) comprehensible **II.** adv clearly

ein·gangs ['aɪŋɡaŋs] **I.** adv at the start **II.** präp at the start of

Ein·gangs·hal·le f entrance hall

ein|ge·ben irreg vt ❶ (verabreichen) ▪ **jdm etw ~** to give sb sth ❷ INFORM ▪ **etw ~** to input sth (**in** into) ❸ (geh: inspirieren) ▪ **jdm etw ~** to put sth into sb's head

ein·ge·bil·det adj ❶ (pej: hochmütig) conceited (**auf** about) ❷ (imaginär) imaginary

ein·ge·bo·ren ['aɪŋɡəboːrən] adj native

Ein·ge·bo·re·ne(r) f(m) native

Ein·ge·bung <-, -en> f (Inspiration) inspiration; **einer plötzlichen ~ folgend** acting on a sudden impulse

ein·ge·fah·ren adj well-worn

ein·ge·fal·len adj hollow; Gesicht gaunt

ein·ge·fleischt ['aɪŋɡəflaɪʃt] adj attr confirmed; **ein ~er Kommunist** a dyed-in-the-wool communist BRIT

ein|ge·hen irreg vi sein ❶ (Aufnahme finden) **in die Geschichte ~** to go down in history ❷ (ankommen) to be received [or arrive [somewhere]]; **soeben geht bei mir eine wichtige Meldung ein** I am just receiving an important report ❸ ([ab]sterben) to die (**an** of); Laden to go bust fam ❹ (aufgenommen werden) ▪ **jdm ~** to be grasped by sb; **ihm will es nicht ~** he can't grasp it; **es will mir einfach nicht ~, wieso** I just can't see why ❺ (einlaufen) to shrink ❻ (sich beschäftigen mit) ▪ **auf etw** akk/**jdn ~** to deal with sth/to pay some attention to sb ❼ (zustimmen) ▪ **auf etw** akk **~** to agree to sth; (sich einlassen) to accept sth **II.** vt sein ▪ **etw ~** to enter into sth; **ein Risiko ~** to take a risk; **ich gehe jede Wette ein, dass er wieder zu spät kommt** I'll bet [you] anything that he'll arrive late again; **eine Ehe mit jdm ~** to be joined in marriage with sb

ein·ge·hend ['aɪŋɡəʔɛnt] **I.** adj detailed; Prüfung extensive; **~e Untersuchungen** comprehensive surveys **II.** adv in detail

Ein·ge·mach·te(s) nt dekl wie adj KOCHK preserved fruit ▶ **es geht ans ~** (fam) the crunch has come

ein·ge·schnappt adj (fam) ■ **~ sein** to be miffed

ein·ge·schrie·ben I. adj registered II. adv **~ schicken** to send as registered post [or AM mail]

ein·ge·spannt adj präd ■ **[sehr] ~ sein** to be [very] busy

ein·ge·spielt adj working well together; **eine ~e Mannschaft** a team that plays well together; ■ **aufeinander ~ sein** to be used to one another

Ein·ge·ständ·nis ['aɪŋɡəʃtɛntnɪs] nt admission

ein|ge·ste·hen* irreg I. vt ■ **[jdm] etw ~** to admit sth [to sb] II. vr ■ **sich** dat **~, dass ...** to admit to oneself that ...; **sich** dat **etw nicht ~ wollen** to be unable to accept sth; **sich** dat **nicht ~ wollen, dass ...** to refuse to accept that ...

ein·ge·stellt adj ❶ (gesinnt) **fortschrittlich/ökologisch ~** progressively/environmentally minded; **jd ist gegen jdn ~** sb is set against sb ❷ (vorbereitet) **auf etw** akk **~ sein** to be prepared for sth; **ich war nur auf 3 Personen ~** I was only expecting three people

ein·ge·tra·gen adj Mitglied, Verein, Warenzeichen registered

Ein·ge·wei·de <-s, -> ['aɪŋɡəvaɪdə] nt meist pl entrails npl

Ein·ge·weih·te(r) f(m) initiate

ein|ge·wöh·nen* vr ■ **sich ~** to settle in

Ein·ge·wöh·nung f settling in

ein|gie·ßen vt irreg ■ **[jdm] etw ~** to pour [sb] sth (in into)

ein·glei·sig ['aɪnɡlaɪzɪç] adj single-track

ein|glie·dern I. vt ❶ (integrieren) ■ **jdn ~** to integrate sb (in into) ❷ ADMIN, POL (einbeziehen) ■ **etw ~** to incorporate sth (in into) II. vr ■ **sich ~** to integrate oneself (in into)

Ein·glie·de·rung f ❶ (Integration) integration ❷ ADMIN, POL incorporation

ein|gra·ben irreg I. vt ■ **etw ~** to bury sth II. vr ❶ (sich verschanzen) ■ **sich ~** to dig [oneself] in ❷ (sich einprägen) **sich in jds Gedächtnis ~** to engrave itself on sb's memory ❸ (eindringen) ■ **sich in etw** akk **~** to dig into sth

ein|gra·vie·ren* ['aɪnɡravi:rn] vt to engrave (in in on)

ein|grei·fen vi irreg ❶ (einschreiten) to intervene (in in) ❷ TECH (sich hineinschieben) ■ **in etw** akk **~** to mesh with sth

Ein·greif·trup·pe f intervention force

ein|gren·zen vt ■ **etw ~** to limit sth (auf to)

Ein·griff m ❶ (Einschreiten) intervention (in in) ❷ MED operation

ein|ha·ken I. vt ■ **etw [in etw** akk**] ~** to hook sth in[to sth] II. vi (fam) ■ **[bei etw** dat**] ~** to butt in [on sth] III. vr ■ **sich [bei jdm] ~** to link arms [with sb]

Ein·halt ['aɪnhalt] m kein pl **jdm/einer S.** dat **~ gebieten** (geh) to put a stop to sb/sth

ein|hal·ten irreg I. vt ■ **etw ~** to keep to sth; **eine Diät/einen Vertrag ~** to keep to a diet/treaty; **die Spielregeln/Vorschriften ~** to obey the rules; **Verpflichtungen ~** to meet commitments II. vi (geh) ■ **[mit etw** dat**] ~** to stop [doing sth]

Ein·hal·tung <-, -en> f keeping; von Spielregeln, Vorschriften obeying; **die ~ von Verpflichtungen** meeting commitments

ein|han·deln I. vt ■ **etw gegen etw** akk **~** to barter sth for sth II. vr (fam) **sich eine Krankheit ~** to catch a disease

ein·hän·dig ['aɪnhɛndɪç] I. adj one-handed II. adv with one hand

ein|hän·gen I. vt ❶ (einsetzen) ■ **etw ~** to hang sth; Fenster to fit ❷ Hörer to hang up II. vr ■ **sich [bei jdm] ~** to link arms [with sb]

ein|hef·ten vt ■ **etw ~** ❶ (einordnen) to file sth ❷ (einnähen) to tack in sth sep

ein·hei·misch ['aɪnhaɪmɪʃ] adj ❶ (ortsansässig) local ❷ BOT, ZOOL indigenous

Ein·hei·mi·sche(r) f(m) (Ortsansässige[r]) local; (Inländer) native [citizen]

ein|hei·ra·ten vi ■ **in etw** akk **~** to marry into sth

Ein·heit <-, -en> ['aɪnhaɪt] f unity

ein·heit·lich ['aɪnhaɪtlɪç] I. adj ❶ (gleich) uniform ❷ (in sich geschlossen) integrated; Front united II. adv **~ gekleidet** dressed the same; **~ handeln** to act in a similar way

Ein·heits·preis m standard price **Ein·heits·wäh·rung** f single currency

ein|hei·zen vi ❶ (gründlich heizen) to turn the heater on ❷ (fam: die Meinung sagen) ■ **jdm ~** to haul [or AM rake] sb over the coals

ein·hel·lig ['aɪnhɛlɪç] I. adj unanimous II. adv unanimously

ein|ho·len I. vt ❶ (einziehen) to pull in sep; Fahne, Segel to lower ❷ Genehmigung to ask for ❸ (erreichen, nachholen) ■ **jdn/etw ~** to catch up with sb/sth ❹ (wettmachen) ■ **etw ~** to make up sth II. vt, vi DIAL (einkaufen) to go shopping

Ein·horn ['aɪnhɔrn] nt unicorn

ein|hül·len vt (geh) ■ **jdn/etw ~** to wrap [-up] sb/sth (in in)

ein·hun·dert ['aɪn'hʊndɐt] adj (geh) one hundred

ei·nig ['aɪnɪç] adj ❶ (geeint) united ❷ präd (einer Meinung) ■ **sich** dat **[über etw** akk**]**

~ **sein** to be in agreement [on sth]; ■ **sich** *dat* [**darüber**] ~ **sein, dass ...** to be in agreement that ...

ei·ni·ge(r, s) ['aınıgə] *pron indef* ❶ *sing, adjektivisch* (*ziemlich*) some; **aus ~r Entfernung** [from] some distance away; **nach ~r Zeit** after some time; **das wird ~s Geld kosten** that will cost quite a bit of money; (*etwas*) a little ❷ *sing, substantivisch* (*viel*) ■ **~s** quite a lot; **ich könnte dir ~s über ihn erzählen** I could tell you a thing or two about him; **das wird aber ~s kosten!** that will cost a pretty penny! ❸ *pl, adjektivisch* (*mehrere*) several; **mit Ausnahme ~r weniger** with a few exceptions; **an ~n Stellen** in some places; **vor ~n Tagen** a few days ago ❹ *pl, substantivisch* (*Menschen*) some; **~ von euch** some of you; (*Dinge*) some; **~ wenige** a few

ei·ni·gen ['aınıgn̩] **I.** *vt* (*einen*) to unite **II.** *vr* (*sich einig werden*) ■ **sich ~** to agree (**auf** on)

ei·ni·ger·ma·ßen ['aınıgɐ'ma:sn̩] *adv* ❶ (*ziemlich*) fairly ❷ (*leidlich*) all right

Ei·nig·keit <-> ['aınıçkaıt] *f kein pl* ❶ (*Eintracht*) unity ❷ (*Übereinstimmung*) agreement; **es herrscht ~ darüber, dass ...** there is agreement that ...

Ei·ni·gung <-, -en> *f* ❶ POL unification ❷ (*Übereinstimmung*) agreement (**über** on)

ein|imp·fen *vt* ■ **jdm etw ~** to drum sth into sb

ein|ja·gen *vt* **jdm Angst/Furcht/Schrecken ~** to scare/frighten/terrify sb

ein·jäh·rig, 1-jäh·rig^{RR} ['aınjɛ:rɪç] *adj* ❶ (*Alter*) one-year-old *attr*, one year old *pred*; *s. a.* **achtjährig 1** ❷ BOT annual ❸ (*Zeitspanne*) one-year *attr*, [of] one year *pred*; *s. a.* **achtjährig 2**

ein|kal·ku·lie·ren*** *vt* ■ **etw** [**mit**] **~** to take sth into account

ein|kas·sie·ren*** *vt* ■ **etw ~** ❶ (*kassieren*) to collect sth ❷ (*fam: wegnehmen*) to confiscate sth

Ein·kauf *m* ❶ (*das Einkaufen*) shopping (**von** of); **Einkäufe machen** to do one's shopping ❷ (*eingekaufter Artikel*) purchase

ein|kau·fen I. *vt* (*käuflich erwerben*) to buy **II.** *vi* to shop; **~ gehen** to go shopping **III.** *vr* (*einen Anteil erwerben*) ■ **sich in etw** *akk* **~** to buy [one's way] into sth

Ein·käu·fer(in) *m(f)* buyer

Ein·kaufs·bum·mel *m* shopping trip **Ein·kaufs·pa·last** *m* (*iron*) retail palace **Ein·kaufs·pas·sa·ge** [-pasa:ʒə] *f* shopping arcade BRIT **Ein·kaufs·preis** *m* purchase price **Ein·kaufs·ta·sche** *f* shopping bag **Ein·kaufs·wa·gen** *m* [shopping] trolley [*or* AM cart] **Ein·kaufs·zei·le** *f* row of shops [*or* AM *usu* stores]; (*Haupteinkaufsstraße*) high [*or* AM main] street **Ein·kaufs·zen·trum** *nt* [out-of-town] shopping centre **Ein·kaufs·zet·tel** *m* shopping list

ein|keh·ren *vi sein* ❶ (*veraltend: besuchen*) ■ [**in etw** *dat*] **~** to stop off [at sth] ❷ (*geh: kommen*) to set in; **der Herbst kehrt** [**wieder**] **ein** autumn is setting in [again]

ein|kla·gen *vt* JUR ■ **etw ~** to sue for sth

ein|klam·mern *vt* ■ **etw ~** to put sth in brackets

Ein·klang *m* (*geh*) harmony; **in ~ mit etw** *dat* **stehen** to be in accord with sth

ein|kle·ben *vt* ■ **etw ~** to stick sth in

ein|klei·den *vt* ■ **sich** [**neu**] **~** to fit out oneself with a [new] set of clothes

ein|klem·men *vt* ❶ (*quetschen*) catch, trap; **die Fahrerin war hinter dem Steuer eingeklemmt** the driver was pinned behind the [steering] wheel ❷ (*festdrücken*) ■ **etw ~** to clamp sth

ein|ko·chen KOCHK **I.** *vt haben* to preserve **II.** *vi sein* to thicken

Ein·kom·men <-s, -> *nt* income *no pl*

ein·kom·mens·schwach *adj* low-income *attr* **ein·kom·mens·stark** *adj* high-income *attr*

Ein·kom·men·steu·er *f* income tax

ein|krei·sen *vt* ❶ (*einkringeln*) to circle ❷ (*umschließen*) ■ **jdn/ein Tier ~** to surround sb/an animal

ein|krie·gen *vr* (*fam*) **sich nicht** [**mehr**] **~** [**können**] to not be able to contain oneself [any more]; **krieg dich wieder ein!** get a grip on yourself!

Ein·künf·te ['aınkʏnftə] *pl* income *no pl*

ein|la·den ['aınla:dn̩] *irreg vt* ❶ (*Hochzeit, Party*) to invite (**zu** to); **darf ich Sie zu einem Wein ~?** can I get you a glass of wine? ❷ (*Gegenstände*) to load (**in** in[to])

ein·la·dend I. *adj* (*auffordernd*) inviting *attr* ❷ (*appetitlich*) appetizing **II.** *adv* invitingly

Ein·la·dung *f* invitation

Ein·la·ge <-, -n> *f* ❶ (*eingezahltes Geld*) deposit ❷ FIN investment ❸ (*Schuh~*) insole ❹ THEAT interlude ❺ (*Beilage*) enclosure; (*in Zeitung*) supplement ❻ (*provisorische Zahnfüllung*) temporary filling

ein|la·gern *vt* to store

Ein·lass^{RR} <-es, Einlässe> *m*, **Ein·laß**^{ALT} <-sses, Einlässe> ['aınlas, *pl* 'aınlɛsə] *m* admission; **sich** *dat* **~** [**in etw** *akk*] **verschaffen** to gain admission [to sth]; (*mit Gewalt*) to force one's way in[to sth]

ein|las·sen *irreg* **I.** *vt* ❶ (*eintreten lassen*) ■ **jdn ~** to let sb in ❷ (*einlaufen lassen*) **jdm**

einladen

einladen	inviting
Besuch mich doch, ich würde mich sehr freuen.	**Do come and visit (me),** I'd be delighted.
Nächsten Samstag lasse ich eine Party steigen. **Kommst du auch?** (*fam*)	I'm having a party next Saturday. **Will you come?**
Darf ich Sie zu einem Arbeitsessen **einladen?**	**May I take you out for** a working lunch/dinner?
Ich würde Sie gern zum Abendessen **einladen.**	**I'd like to invite you round** (at home)/**out** (in a restaurant) for dinner.

ein Bad ~ to run sb a bath ③ (*einfügen*) ■ **etw ~** to set sth (in in) **II.** *vr* ① (*auf etw eingehen*) ■ **sich auf etw** *akk* **~** to get involved in sth; *Abenteuer* to embark on sth; *Kompromiss* to accept sth ② (*bes pej: Kontakt aufnehmen*) ■ **sich mit jdm ~** to get involved with sb

Ein·lauf *m* ① MED enema ② *kein pl* SPORT finish

ein‖lau·fen *irreg* **I.** *vi sein* ① (*schrumpfen*) to shrink ② (*Badewasser*) to run ③ SPORT **in die Zielgerade ~** to enter the finishing straight; **als Erster ~** to come in first ④ (*einfahren*) ■ **[in etw** *akk*] **~** to arrive; **das Schiff läuft in den Hafen ein** the ship is sailing into harbour **II.** *vt haben* **Schuhe ~** to wear shoes in

ein‖le·ben *vr* ■ **sich ~** to settle in

ein‖le·gen *vt* ① (*hineintun*) ■ **etw [in etw** *akk*] **~** to put sth in [sth]; **eine CD ~** to put on a CD ② AUTO **den zweiten Gang ~** to change into second [gear] ③ KOCHK ■ **etw [in etw** *akk*] **~** to pickle sth [in sth] ④ (*zwischendurch machen*) **eine Pause ~** to take a break ⑤ (*einreichen*) **ein Veto ~** to exercise a veto; **einen Protest ~** to lodge a protest; JUR **Berufung ~** to [lodge an] appeal ⑥ *Geld* to deposit ⑦ (*intarsieren*) to inlay

ein‖lei·ten *vt* ① (*in die Wege leiten*) **Schritte [gegen jdn] ~** to take steps [against sb]; JUR **einen Prozess ~** to start proceedings ② MED to induce ③ (*eröffnen*) ■ **etw ~** to open [or commence] sth ④ (*hineinfließen lassen*) ■ **etw in etw** *akk* **~** to empty sth into sth

ein·lei·tend I. *adj* introductory **II.** *adv* as an introduction

Ein·lei·tung *f* (*a. Vorwort*) introduction; *eines Verfahrens* institution; *einer Untersuchung* opening

ein‖len·ken *vi* ① (*nachgeben*) to give way (**in** in), to make concessions (**in** in) ② (*einbiegen*) *Straße* to turn (**in** into)

ein‖leuch·ten *vi* ■ **[jdm] ~** to make sense [to sb]; **das leuchtet mir ein** I can see that

ein·leuch·tend **I.** *adj* evident; *Argument* convincing; *Erklärung* plausible **II.** *adv* clearly

ein‖lie·fern *vt* ① (*stationär aufnehmen lassen*) ■ **jdn ~** to admit sb ② (*aufgeben*) ■ **etw ~** to hand sth in

Ein·lie·fe·rung *f* ① MED admission ② *Brief, Paket* handing-in

ein‖lo·chen *vt* ① (*fam: inhaftieren*) ■ **jdn ~** to lock sb up ② (*Golf*) to hole [out] BRIT

ein‖log·gen ['aɪnlɔgn] *vi* ■ **[sich] ~** to log in

ein‖lö·sen *vt* ① *Scheck* to honour [*or* AM cash] ② *Pfand* to redeem (**bei** from) ③ *Versprechen* to honour

ein‖lul·len ['aɪnlʊlən] *vt* ■ **jdn ~** ① (*schläfrig machen*) to lull sb to sleep ② (*willfährig machen*) to lull sb into a false sense of security

ein‖ma·chen **I.** *vt* to preserve; **etw in Essig ~** to pickle sth **II.** *vi* to preserve [sth]

Ein·mach·glas *nt* [preserving] jar

ein·mal¹, 1-mal^RR ['aɪnmaːl] *adv* ① (*ein Mal*) once ② (*ein einziges Mal*) once; **~ am Tag/in der Woche/im Monat** once a day/week/month; **auf ~** all of a sudden; (*an einem Stück*) all at once; **~ mehr** once again; **wieder ~** [once] again ③ (*mal*) first; **~ sagst du dies und dann wieder das** first you say one thing and then another ④ (*früher*) once; **es war ~** once upon a time; **das war ~!** that's over! ⑤ (*später*) sometime; **ich will ~ Pilot werden** I want to be a pilot [some day] ▶ **~ ist <u>keinmal</u>** (*prov*) just once doesn't count

ein·mal² ['aɪnmaːl] *part* ① (*eben*) **so liegen die Dinge nun ~** that's the way things are; **alle ~ herhören!** listen, everyone!; **sag ~, ist das wahr?** tell me, is it true? ② (*einschränkend*) **nicht ~** not even; **er hat sich nicht ~ bedankt** he didn't even say thank you

Ein·mal·eins <-> [ainmaːlˈʔains] *nt kein pl* ▪ **das ~** [multiplication] tables *pl*

ein·ma·lig [ˈainmaːlɪç] **I.** *adj* ❶ *(nicht wiederkehrend)* unique ❷ *(fam: ausgezeichnet)* outstanding **II.** *adv (besonders)* really; **~ gut** exceptional

Ein·mal·sprit·ze *f* disposable syringe

Ein·mann·be·trieb *m* ❶ *(Einzelunternehmen)* one-man business ❷ TRANSP one-man operation

Ein·marsch *m* ❶ *(das Einmarschieren)* invasion (**in** of) ❷ *(Einzug)* entrance (**in** into)

ein|mar·schie·ren* *vi sein* ▪ **in etw** *akk* **~** ❶ *(in etw marschieren)* to invade sth ❷ *(einziehen)* to march into sth

ein|mi·schen *vr* ▪ **sich ~** to interfere (**bei/in** in)

Ein·mi·schung *f* interference

ein·mo·to·rig *adj Flugzeug* single-engined

ein|mün·den *vi sein* ▪ **in etw** *akk* **~** ❶ *(auf etw führen)* to lead into sth ❷ *(in etw münden)* to flow into sth

Ein·mün·dung *f eines Flusses* confluence

ein·mü·tig [ˈainmyːtɪç] **I.** *adj* unanimous **II.** *adv* unanimously

Ein·nah·me <-, -n> [ˈainnaːmə] *f* ❶ FIN earnings; *bei einem Geschäft* takings *npl* BRIT ❷ *kein pl Arzneimittel, Mahlzeiten* taking ❸ *(Eroberung)* capture

Ein·nah·me·quel·le *f* source of income

ein|neh·men *vt irreg* ❶ *Geld* to take; *Steuern* to collect ❷ *(zu sich nehmen)* to take; *Mahlzeit* to have ❸ *(geh) Platz* to take ❹ *Standpunkt* to hold ❺ SPORT to hold ❻ *(erobern)* to take ❼ *(beeinflussen)* **jdn für sich ~** to win favour with sb; **jdn gegen sich/jdn/etw ~** to turn sb against oneself/sb/sth ❽ *Raum* to take up

ein·neh·mend [ˈainneːmənt] *adj* engaging; ▪ **etwas E~es** something charming

ein|ni·cken *vi sein (fam)* to doze off

ein|nis·ten *vr* ❶ *(sich niederlassen)* ▪ **sich bei jdm ~** to ensconce oneself [with sb] ❷ *Ungeziefer* ▪ **sich ~** to nest

Ein·ö·de [ˈainʔøːdə] *f* wasteland

ein|ord·nen *vt* ❶ *(einsortieren)* ▪ **etw ~** to organize sth ❷ *(klassifizieren)* ▪ **jdn/etw ~** to classify sb/sth **II.** *vr* ❶ *(sich einfügen)* ▪ **sich ~** to integrate (**in** into) ❷ *(Fahrspur wechseln)* ▪ **sich links/rechts ~** to get into the left-/right-hand lane

ein|pa·cken I. *vt* ❶ *(verpacken)* ▪ **etw ~** to wrap sth; *(um zu verschicken)* to pack sth ❷ *(einstecken)* ▪ **jdm etw ~** to pack sth [for sb] ❸ *(fam: einmummeln)* ▪ **jdn ~** to wrap sb up **II.** *vi (Koffer etc. füllen)* to pack [one's things] [up] ▶ **~ können** *(fam)* to pack up

and go home

ein|par·ken *vi, vt* to park

ein|pas·sen I. *vt* ▪ **etw ~** to fit sth (**in** into) **II.** *vr* ▪ **sich ~** to integrate (**in** into)

ein|pen·deln *vr* ▪ **sich ~** *Währung, Preise* to level off

ein|pen·nen *vi sein (fam)* to drop [or doze] off

Ein·per·so·nen·haus·halt *m* *(geh)* one-person household

ein|pfer·chen *vt* to cram in; *Tiere* to pen (**in** in)

ein|pflan·zen *vt* ❶ *(Pflanze)* to plant (**in** in) ❷ MED ▪ **[jdm] etw ~** to implant sth [in sb]

ein|pla·nen *vt* to plan; ▪ **etw [mit] ~** to take sth into consideration

ein|prä·gen I. *vr* ❶ *(sich etw einschärfen)* ▪ **sich** *dat* **etw ~** to fix sth in one's memory ❷ *(im Gedächtnis haften)* ▪ **sich jdm ~** *Bilder, Eindrücke, Worte* to be imprinted on sb's memory **II.** *vt* ▪ **jdm etw ~** to drum sth into sb's head

ein·präg·sam [ˈainprɛːkzaːm] *adj* easy to remember *pred*; *Melodie* catchy

ein|prü·geln I. *vt (fam)* ▪ **jdm etw ~** to knock sth into sb **II.** *vi (fam: immer wieder prügeln)* ▪ **auf jdn ~** to beat up sb *sep*

ein|quar·tie·ren* [ˈainkvartiːrən] **I.** *vt* ❶ *(unterbringen)* ▪ **jdn ~** to put sb up ❷ MIL ▪ **jdn irgendwo ~** to billet sb somewhere **II.** *vr* ▪ **sich bei jdm ~** to move in with sb

ein|rah·men *vt* to frame

ein|ras·ten *vi sich* to click home

ein|räu·men *vt* ❶ *(in etw räumen)* to put sth away (**in** in); *Bücher ins Regal* **~** to put books on the shelf ❷ *(mit Möbeln füllen) Zimmer* to arrange ❸ *(zugestehen)* ▪ **[jdm gegenüber] etw ~** to concede sth [to sb] ❹ *(gewähren)* ▪ **jdm etw ~** *Frist, Kredit* to give sb sth

ein|rech·nen *vt* ❶ *(mit einbeziehen)* ▪ **jdn [mit] ~** to include sb; ▪ **etw [mit] ~** to allow for sth ❷ *(als inklusiv rechnen)* ▪ **etw [mit] ~** to include sth

ein|re·den I. *vt* ▪ **jdm etw ~** to talk sb into thinking sth **II.** *vi (bedrängen)* ▪ **auf jdn ~** to keep on at sb *fam* **III.** *vr* ▪ **sich** *dat* **etw ~** to talk oneself into thinking sth

ein|rei·ben *vt irreg* **jdn mit Sonnenöl ~** to put suntan oil on sb; **sich mit Salbe ~** to rub cream in[to oneself]

ein|rei·chen *vt a.* JUR ▪ **etw [bei jdm] ~** to submit sth [to sb]; **etw schriftlich ~** to submit sth in writing; **seine Kündigung ~** to hand in one's resignation

ein|rei·hen I. *vt (zuordnen)* ▪ **jdn/etw unter etw** *akk* **~** to classify sb/sth under sth **II.** *vr (sich einfügen)* ▪ **sich in etw** *akk* **~** to join

sth
Ein·rei·se f entry [into a country]
Ein·rei·se·ge·neh·mi·gung f entry permit
ein|rei·sen vi sein (gehen) to enter; **in ein Land ~** to enter a country
Ein·rei·se·ver·bot nt refusal of entry **Ein·rei·se·vi·sum** nt [entry] visa
ein|rei·ßen irreg **I.** vi sein ① (einen Riss bekommen) to tear; Haut to crack ② (fam: zur Gewohnheit werden) to become a habit; **etw ~ lassen** to let sth become a habit **II.** vt haben ① (niederreißen) to tear down sep ② (mit Riss versehen) to tear
ein|ren·ken ['aɪnrɛŋkn̩] **I.** vt ① MED ▪[jdm] **etw ~** to set sth [for sb] ② (fam: bereinigen) ▪**etw [wieder] ~** to straighten sth out [again] **II.** vr (fam: ins Lot kommen) ▪**sich wieder ~** to sort itself out
ein|ren·nen irreg **I.** vr (fam: sich anstoßen) ▪**sich** dat **den Kopf an der Wand ~** to bang one's head against the wall **II.** vt (fam: einstoßen) ▪**etw ~** to break down sth sep
ein|rich·ten I. vt ① (möblieren) to furnish; Praxis to fit out sep ② (gründen) to set up sep; **einen Lehrstuhl ~** to establish a chair ③ Konto to open ④ (arrangieren) ▪**es ~, dass ...** arrange it so that ...; **es lässt sich ~** that can be arranged ⑤ MED **einen gebrochenen Arm ~** to set a broken arm ⑥ (vorbereitet sein) ▪**auf etw** akk **eingerichtet sein** to be prepared for sth **II.** vr ① (sich möblieren) **ich richte mich weiß ein** I'm furnishing my flat in white; **ich richte mich völlig neu ein** I'm completely refurnishing my home ② (sich einbauen) ▪**sich** dat **etw ~** to install sth ③ (sich der Lage anpassen) ▪**sich ~** to adapt [to a situation] ④ (sich einstellen) ▪**sich auf etw** akk **~** to be prepared for sth
Ein·rich·tung <-, -en> f ① (Wohnungs~) [fittings and] furnishings npl; (Ausstattung) fittings npl ② (das Möblieren) furnishing; (das Ausstatten) fitting-out ③ (das Installieren) installation ④ (Eröffnung) opening; eines Lehrstuhles establishment ⑤ FIN opening ⑥ TRANSP establishment ⑦ (Institution) organization
Ein·rich·tungs·ge·gen·stand m Wohnung furnishings npl, fittings npl; Labor, Apotheke, Praxis piece of equipment
ein|rol·len I. vr haben ▪**sich ~** to curl up **II.** vi sein (einfahren) to pull in
ein|ros·ten vi sein ① (rostig werden) to rust; ▪**eingerostet** rusty ② (ungelenkig werden) to get stiff; ▪**eingerostet** stiff
ein|rü·cken I. vi sein ① MIL ▪**[in etw** akk**] ~** to march [into sth]; ▪**etw ~ lassen** Truppen to send sth ② MIL (eingezogen werden) ▪**[zu etw** dat**] ~** to join up [to sth] **II.** vt haben to indent
eins ['aɪns] **I.** adj one; s. a. **acht¹** ▶ **~ A** (fam) first class; **es kommt ~ zum anderen** it's [just] one thing after another **II.** adj präd ① (eine Ganzheit) [all] one ② (egal) ▪**etw ist jdm ~** sth is all one to sb ③ (einig) ▪**~ mit jdm/sich/etw** dat **sein** to be [at] one with sb/oneself/sth ▶ **das ist alles ~** it's all the same [thing]
Eins <-, -en> ['aɪns] f one
ein·sam ['aɪnzaːm] **I.** adj ① (verlassen) lonely, lonesome AM ② (vereinzelt) solitary ③ (abgelegen) isolated ④ (menschenleer) deserted; **eine ~e Insel** a desert island ⑤ (fam: absolut) absolute; **es war ~e Spitze!** it was absolutely fantastic! **II.** adv (abgelegen) ▪**~ leben** to live a solitary life; **~ liegen** to be situated in a remote place
Ein·sam·keit <-, selten -en> f ① (Verlassenheit) loneliness ② (Abgeschiedenheit) remoteness
ein|sam·meln vt ▪**etw ~** ① (sich aushändigen lassen) to collect [in sep] sth ② (aufsammeln) to pick up sth sep
Ein·satz <-, Einsätze> m ① (eingesetzte Leistung) effort; **unter ~ aller seiner Kräfte** with a superhuman effort; **unter ~ ihres Lebens** by putting her own life at risk ② beim Glücksspiel bet ③ FIN deposit ④ (Verwendung) use; von Truppen deployment; **zum ~ kommen** to be deployed ⑤ (Aktion) assignment; **im ~ sein** to be on duty; (Aktion militärischer Art) campaign; **im ~ sein** to be in action ⑥ MUS entry; **den ~ geben** to cue sth in ⑦ (eingesetztes Teil) inset ⑧ (eingelassenes Stück) insert
ein·satz·be·reit adj ready for use pred; Menschen ready for action; MIL ready for combat pred **Ein·satz·be·reit·schaft** f readiness for action; von Maschinen readiness for use; **in ~ sein** to be on standby **Ein·satz·freu·de** f enthusiasm **Ein·satz·wa·gen** m (Polizeifahrzeug) squad car
ein|sau·gen vt to suck; Luft to inhale
ein|scan·nen [-skɛnən] vt INFORM to scan
ein|schal·ten I. vt ① (in Betrieb setzen) to switch on sep ② (hinzuziehen) ▪**jdn ~** to call in sb sep **II.** vr ▪**sich ~ in etw** akk**~** ① RADIO, TV to tune in[to sth] ② (sich einmischen) to intervene [in sth]
Ein·schalt·quo·te f [audience] ratings npl
ein|schär·fen I. vt (zu etw ermahnen) ▪**jdm etw ~** to impress on sb the importance of sth; ▪**jdm ~, etw zu tun** to tell sb to do sth **II.** vr ▪**sich** dat **etw ~** to remember sth
ein|schät·zen vt to assess, to judge; **Sie haben ihn richtig eingeschätzt** your opinion

of him was right; **du solltest sie nicht falsch ~** don't misjudge her; **jdn/etw zu hoch ~** to overrate sb/sth; **jdn/etw zu niedrig ~** to underrate sb/sth

Ein·schät·zung *f* assessment; *einer Person* opinion

ein|schen·ken *vt* ■ **jdm etw ~** to pour sb sth

ein|sche·ren *vi* to merge

ein|schi·cken *vt* ■ **etw ~** to send sth in (**an** to)

ein|schie·ben *vt irreg* ❶ *(in etw schieben)* ■ **etw ~** to insert sth (**in** into) ❷ *(zwischendurch einfügen)* ■ **etw ~** to fit sth in; **einen Termin ~** to squeeze in an appointment

ein|schif·fen I. *vt* ■ **jdn/etw ~** to take sb/sth on board II. *vr (an Bord gehen)* ■ **sich ~** to embark

einschl. *Abk von* **einschließlich** incl.

ein|schla·fen *vi irreg sein* ❶ *(in Schlaf fallen)* ■ **[bei etw** *dat***] ~** to fall asleep [during sth]; **schlaf nicht ein!** *(fam)* wake up! ❷ *(taub werden)* to go to sleep ❸ *(nachlassen)* to peter out

ein|schlä·fern ['ainʃlɛːfɐn] *vt* ❶ *(jds Schlaf herbeiführen)* ■ **jdn ~** to lull sb to sleep ❷ *(schläfrig machen)* ■ **jdn ~** to send sb to sleep ❸ MED ■ **jdn ~** to put sb to sleep ❹ *([schmerzlos] töten)* ■ **ein Tier ~** to put an animal to sleep

ein·schlä·fernd ['ainʃlɛːfɐnt] *adj* ❶ MED **ein ~es Mittel** a sleep-inducing drug ❷ *(langweilig)* ■ **~ sein** to have a soporific effect

Ein·schlag *m* ❶ METEO *eines Blitzes* striking ❷ MIL shot; *einer Granate* burst of shellfire; *einer Kugel* bullet hole ❸ *(Anteil)* strain

ein|schla·gen *irreg* I. *vt haben* ❶ *(in etw schlagen)* ■ **etw ~** to hammer sth in *sep* ❷ *(durch Schläge öffnen)* **eine Tür ~** to break down *sep* a door; ■ **eingeschlagen** smashed-in ❸ *(zerschmettern)* **jdm die Nase ~** to smash sb's nose; **jdm die Zähne ~** to knock sb's teeth out ❹ *(einwickeln)* ■ **etw ~** to wrap sth ❺ *Laufbahn, Weg* to choose; **eine bestimmte Richtung ~** to go in a particular direction ❻ AUTO to turn ❼ MODE to take in II. *vi* ❶ *sein o haben* ■ **[in etw** *akk***] ~** Blitz to strike [sth] ❷ *sein Granaten* to fall ❸ *sein o haben (durchschlagende Wirkung)* to have an impact; **die Nachricht hat eingeschlagen wie eine Bombe!** the news has caused a sensation! ❹ *haben (einprügeln)* ■ **auf jdn ~** to hit sb; ■ **auf etw** *akk* **~** to pound [on] sth [with one's fists] ❺ *haben (Anklang finden)* to catch on

ein·schlä·gig ['ainʃlɛːgɪç] I. *adj (entsprechend)* relevant II. *adv* JUR in this connection; **~ vorbestraft** previously convicted

ein|schlei·chen *vr irreg* ■ **sich [in etw** *akk***] ~** ❶ *(in etw schleichen)* to sneak in[to sth] ❷ *(unbemerkt auftreten)* to creep in[to sth]

ein|schlep·pen *vt* ■ **etw ~** NAUT to tow sth in; *Krankheiten, Ungeziefer* to bring sth in

ein|schlie·ßen *vt irreg* ❶ *(in einen Raum schließen)* ■ **jdn ~** to lock sb up; **sich ~** to lock oneself in ❷ *(wegschließen)* ■ **etw ~** to lock sth away ❸ *(einbegreifen)* ■ **jdn ~** to include sb ❹ *(einkesseln)* ■ **jdn/etw ~** to surround sb/sth

ein·schließ·lich ['ainʃliːslɪç] I. *präp (inklusive)* ■ **~ einer S.** *gen* including sth II. *adv (inbegriffen)* inclusive

ein|schmei·cheln *vr* ■ **sich [bei jdm] ~** to ingratiate oneself [with sb]

ein·schmei·chelnd *adj* fawning

ein|schmie·ren *vt* ❶ *(einölen)* to lubricate ❷ *(einreiben)* **etw mit Salbe ~** to rub cream into sth ❸ *(beschmutzen)* **sich mit Dreck ~** to cover oneself with dirt

ein|schnap·pen *vi sein* ❶ *(ins Schloss fallen)* to click shut ❷ *(fam: beleidigt sein)* to get in a huff; **eingeschnappt** in a huff *pred*

ein|schnei·den *irreg* I. *vt* ■ **etw ~** *Papier, Stoff* to make a cut in sth II. *vi (schmerzhaft eindringen)* ■ **in etw** *akk* **~** to cut into sth

ein·schnei·dend ['ainʃnaidnt] *adj* **eine ~e Veränderung** a drastic change; **eine ~e Wirkung** a far-reaching effect

Ein·schnitt *m* ❶ MED incision ❷ *(eingeschnittene Stelle)* cut ❸ *(Zäsur)* turning-point

ein|schrän·ken ['ainʃrɛŋkn̩] I. *vt* ■ **etw ~** ❶ *(reduzieren)* to cut [back on] sth ❷ *(beschränken)* to curb sth II. *vr* ■ **sich ~** to cut back (on)

Ein·schrän·kung <-, -en> *f* ❶ *(Beschränkung)* restriction ❷ *(Vorbehalt)* reservation ❸ *(das Reduzieren)* reduction

ein|schrei·ben *irreg* I. *vt* to register II. *vr* ❶ *(sich eintragen)* ■ **sich ~** to put one's name down, to enroll AM; **sich in eine Liste ~** to put one's name on a list ❷ SCH ■ **sich ~** to register; **sich bei einer Universität ~** to register at a university

Ein·schrei·ben *nt* registered post [*or* AM letter]; **etw per ~ schicken** to send sth by registered post

Ein·schrei·bung *f* registration, enrolment

ein|schrei·ten *vi irreg sein* to take action **(gegen** against)

Ein·schub *m* insertion

ein|schüch·tern ['ainʃʏçtɐn] *vt* ■ **jdn ~** to intimidate sb

Ein·schüch·te·rungs·ver·such *m* attempt to intimidate

ein|schu·len *vt* to enrol at [primary] school

Ein·schuss^{RR} <-es, Einschüsse> *m*, **Ein·schuß**^{ALT} <-sses, Einschüsse> *m* (*Schussloch*) bullet hole; (*Einschussstelle*) entry point of a bullet

ein|schwei·ßen *vt* ① (*versiegeln*) *Nahrungsmittel, Bücher* to seal, to shrink-wrap ② TECH (*durch Schweißen einfügen*) to weld

ein·seh·bar *adj Gelände, Raum* visible

ein|se·hen *vt irreg* ① (*begreifen*) to see ② (*geh: prüfen*) to examine ③ (*in etw hineinsehen*) ▪ etw ~ to look into sth [from outside]

ein|sei·fen *vt* to soap; jdn mit Schnee ~ to rub snow into sb's face

ein·sei·tig ['aɪnzaɪtɪç] **I.** *adj* ① (*eine Person betreffend*) one-sided; ▪ etwas E~es something one-sided; JUR, POL unilateral ✦ MED one-sided; **eine ~e Lähmung** paralysis of one side of the body ③ (*beschränkt*) one-sided; **eine ~e Ernährung** an unbalanced diet ④ (*voreingenommen*) bias[s]ed **II.** *adv* ① (*auf einer Seite*) on one side ② (*beschränkt*) in a one-sided way ③ (*parteiisch*) from a one-sided point of view

Ein·sei·tig·keit <-, *selten* -en> *f* ① (*Voreingenommenheit*) bias ② (*Beschränktheit*) one-sidedness; *Ernährung* imbalance

ein|sen·den *vt irreg* ▪ etw ~ to send sth (**an** to)

Ein·sen·der(in) *m(f)* sender

Ein·sen·de·schluss^{RR} *m* closing date [for entries]

Ein·ser·schü·ler(in) *m(f)* SCH (*fam*) straight-A student [*or* BRIT *a.* pupil]

ein·setz·bar *adj* applicable; **universell ~** all-purpose

ein|set·zen I. *vt* ① (*einfügen*) to insert ② (*einnähen*) ▪ etw [in etw *akk*] ~ to sew sth in[to sth]; **einen Ärmel ~** to set in a sleeve ③ *Kommission* to set up ④ (*ernennen*) ▪ jdn [als etw *akk*] ~ to appoint [*or* AM instal] sb [as sth] ⑤ (*zum Einsatz bringen*) ▪ jdn/etw [gegen jdn] ~ to use sb/sth [against sb]; SPORT to bring on *sep* ⑥ (*aufbieten*) to use; **das Leben [für etw *akk*] ~** to put one's life at risk [for sth] ⑦ (*wetten*) to bet, to wager **II.** *vi* ① (*anheben*) to start [up] ② MUS to begin to play **III.** *vr* ① (*sich engagieren*) ▪ sich ~ to make an effort; **sich voll ~** to make every effort ② (*sich verwenden für*) ▪ sich für jdn/etw ~ to support sb/sth; ▪ sich dafür ~, dass ... to speak out in favour of sth

Ein·sicht *f* ① (*Vernunft*) sense; (*Erkenntnis*) insight; **jdn zur ~ bringen** to make sb see sense ② (*prüfende Durchsicht*) ▪ **in etw *akk* nehmen** to have access to sth

ein·sich·tig ['aɪnzɪçtɪç] *adj* ① (*verständlich*) understandable; **ein ~er Grund** a valid reason ② (*vernünftig*) reasonable

Ein·sicht·nah·me <-, -n> *f* (*geh: Einsicht 2.*) **von Akten** inspection (**in** of)

Ein·sied·ler(in) ['aɪnziːdlɐ] *m(f)* hermit

ein·sil·big ['aɪnzɪlbɪç] *adj a.* LING monosyllabic

ein|sin·ken *vi irreg sein Morast, Schnee etc.* to sink in; *Boden* to cave in

ein|sor·tie·ren* *vt* to sort [out]; *Dokumente* to file away

ein|span·nen *vt* ① (*heranziehen*) ▪ **jdn [für etw *akk*] ~** to rope sb in [for sth] ② (*in etw spannen*) to insert; (*in einen Schraubstock*) to clamp ③ *Tiere* to harness ④ (*viel zu tun haben*) ▪ **sehr eingespannt sein** to be very busy

ein|spa·ren *vt* ① (*ersparen*) to save ② (*kürzen*) ▪ etw ~ to save on sth

Ein·spa·rung <-, -en> *f* ① (*das Einsparen*) saving ② (*Kürzung*) cutting down

ein|sper·ren *vt* ① (*in etw sperren*) ▪ **jdn/ein Tier ~** to lock sb/an animal up ② (*inhaftieren*) ▪ **jdn ~** to lock sb up

ein|spie·len I. *vr* ① (*einstellen*) ▪ **sich ~** *Methode, Regelung* to get going [properly] ② (*sich aneinander gewöhnen*) ▪ **sich aufeinander ~** to get used to each other ③ SPORT ▪ **sich ~** to warm up **II.** *vt* ① FILM ▪ **etw ~** to bring sth in; *Produktionskosten* to cover sth ② RADIO, TV *Wetter, Interview* to start

ein·spra·chig *adj* monolingual

ein|sprin·gen *vi irreg sein* (*fam*) ① (*vertreten*) ▪ **[für jdn] ~** to stand in [for sb] ② (*aushelfen*) ▪ **[mit etw *dat*] ~** to help out [with sth]

Ein·spruch *m* (*Protest*) *a.* JUR objection; **~ abgelehnt!** objection overruled!; **dem ~ wird stattgegeben!** objection sustained!; **[gegen etw *akk*] ~ erheben** to lodge an objection [against sth]; **~ einlegen gegen** *Entscheidung, Urteil* to appeal (**gegen** against)

ein·spu·rig ['aɪnʃpuːrɪç] **I.** *adj* ① TRANSP one-lane ② (*pej*) one-track mind **II.** *adv* ① TRANSP **die Straße ist nur ~ befahrbar** only one lane of the road is open ② (*pej*) **er denkt so ~** he's so blinkered

einst ['aɪnst] *adv* ① (*früher*) once ② (*geh: in Zukunft*) one day

Ein·stand *m bes* SÜDD, ÖSTERR (*Arbeitsanfang*) start of a new job; **seinen ~ geben** to celebrate starting a new job ② TENNIS deuce

ein|ste·cken *vt* ① (*in die Tasche stecken*) **er hat das Geld einfach eingesteckt!** he's just pocketed the money!; **stecken Sie ihren Revolver mal wieder ein!** put your revolver away! ② *Brief* to post ③ (*fam: hinnehmen*) ▪ etw ~ to put up with sth ④ (*verkraften*) ▪ etw ~ to take sth ⑤ ELEK ▪ etw ~ to plug in

ein|ste·hen *vi irreg sein* ① (*sich verbürgen*) ■ **für jdn/etw ~** to vouch for sb/sth ② (*aufkommen*) ■ **für etw** *akk* **~** to take responsibility for sth

ein|stei·gen *vi irreg sein* ■ [**in etw** *akk*] **~** ① (*besteigen*) to get on [sth]; **in ein Auto/Taxi ~** to get in[to] a car/taxi ② (*fam: hineinklettern*) to climb in[to sth] ③ ÖKON to buy into sth ④ (*sich engagieren*) to go into sth; **in eine Bewegung ~** to get involved in a movement

ein·stell·bar *adj* adjustable

ein|stel·len I. *vt* ① (*anstellen*) to employ ② (*beenden*) to stop; *Suche* to call off; *Projekt* to shelve ③ MIL to stop; **das Feuer ~** to cease fire ④ FOTO to adjust; **etw auf eine Entfernung ~** to focus ⑥ ELEK to set ⑦ TV, RADIO to tune ⑧ TECH to adjust; **etw in der Höhe ~** to adjust the height of sth ⑨ (*hineinstellen*) **das Auto in die Garage ~** to put the car into the garage ⑩ SPORT **den Rekord ~** to equal the record **II.** *vr* ① (*auftreten*) **sich ~** *Bedenken* to begin; MED *Fieber, Symptome* to develop ② (*sich anpassen*) **sich auf jdn/etw** *akk* **~** to adapt to sb/sth; **sich auf etw** *akk* **~** to adjust to sth ③ (*sich vorbereiten*) **sich auf etw** *akk* **~** to prepare oneself for sth ④ (*geh: sich einfinden*) **sich ~** to arrive **III.** *vi* (*beschäftigen*) to take on people

ein·stel·lig *adj* single-digit *attr*

Ein·stel·lung *f* ① (*Anstellung*) taking on ② (*Beendigung*) stopping; **~ einer Suche** abandoning of a search ③ FOTO adjustment ④ ELEK setting ⑤ TV, RADIO tuning ⑥ FILM take ⑦ (*Gesinnung*) attitude; **eine ganz andere ~ haben** to think differently; **politische/religiöse ~en** political/religious opinions

Ein·stich *m* ① (*das Einstechen*) insertion ② (*Einstichstelle*) puncture

Ein·stieg <-[e]s, -e> ['ainʃtiːk, *pl* 'ainʃtiːgə] *m* ① *kein pl* (*das Einsteigen*) getting in; "**~ nur vorn!**" "entry only at the front!" ② (*Tür zum Einsteigen*) *Bahn* door; *Bus a.* entrance; *Panzer* hatch ③ (*Aufnahme*) start; **der ~ in die Kernenergie** to adopt a nuclear energy programme

Ein·stiegs·dro·ge *f* soft drug (*which can supposedly lead on to harder drugs*)

eins·tig ['ainstɪç] *adj attr* former *attr*

ein|stim·men I. *vi* ■ [**in etw** *akk*] **~** to join in [sth] **II.** *vt* (*innerlich einstellen*) ■ **jdn auf etw** *akk* **~** to get sb in the right frame of mind for sth

ein·stim·mig[1] ['ainʃtɪmɪç] **I.** *adj* MUS **ein ~es Lied** a song for one voice **II.** *adv* MUS in unison

ein·stim·mig[2] ['ainʃtɪmɪç] **I.** *adj* unanimous **II.** *adv* unanimously

ein·stö·ckig ['ainʃtœkɪç] *adj* single-storey *attr*

Ein·strah·lung <-, -en> *f* METEO irradiation

ein|streu·en *vt* ■ **etw ~** ① (*einflechten*) to work sth in; **geschickt eingestreute Bemerkungen** shrewdly placed remarks ② (*ganz bestreuen*) to scatter sth

ein|stu·die·ren* *vt* to rehearse

ein|stu·fen ['ainʃtuːfn] *vt* ① (*eingruppieren*) ■ **jdn in etw** *akk* **~** to put sb in sth ② (*zuordnen*) ■ **etw in etw** *akk* **~** to categorize sth as sth

ein·stün·dig, 1-stün·dig[RR] *adj* one-hour *attr*, lasting one hour *pred*

Ein·sturz *m* collapse; *Decke a.* caving-in; *Mauer* falling-down; **etw zum ~ bringen** to cause sth to collapse

ein|stür·zen *vi sein* ① (*zusammenbrechen*) to collapse; *Decke a.* to cave in ② (*heftig eindringen*) ■ **auf jdn ~** to overwhelm sb

Ein·sturz·ge·fahr *f kein pl* danger of collapse

einst·wei·len ['ainst'vailən] *adv* ① (*vorläufig*) for the time being ② (*in der Zwischenzeit*) in the meantime

einst·wei·lig ['ainst'vailɪç] *adj attr* temporary

ein·tä·gig, 1-tä·gig[RR] *adj* one-day *attr*, lasting one day *pred*

Ein·tags·flie·ge *f* ① ZOOL mayfly ② (*von kurzer Dauer*) nine days' wonder

ein|tau·chen I. *vt haben* ■ **jdn ~** to immerse sb (**in** in); ■ **etw ~** to dip sth in **II.** *vi sein* ■ [**in etw** *akk*] **~** to plunge in[to sth]

ein|tau·schen *vt* ■ **etw ~** ① (*tauschen*) to exchange sth (**gegen** for) ② (*umtauschen*) to [ex]change sth (**gegen** for)

ein·tau·send ['ain'tauzn̩t] *adj* one thousand

ein|tei·len *vt* ① (*unterteilen*) ■ **etw in etw** *akk* **~** to divide sth up into sth ② (*sinnvoll aufteilen*) ■ **etw ~** to plan sth [out]; ■ [**sich** *dat*] **etw ~** *Geld, Vorräte, Zeit* to be careful with sth ③ (*für etw verpflichten*) ■ **jdn zu etw** *dat* **~** to assign sb to sth **II.** *vi* (*fam: haushalten*) to budget

Ein·tei·lung *f* ① (*Aufteilung*) management ② (*Verpflichtung*) ■ **jds ~ zu etw** *dat* sb's assignment to sth

ein|tip·pen *vt* ■ **etw ~** to key sth in

ein·tö·nig ['aintøːnɪç] **I.** *adj* monotonous **II.** *adv* monotonously; **~ klingen** to sound monotonous

Ein·tö·nig·keit <-> *f kein pl* monotony

Ein·topf *m*, **Ein·topf·ge·richt** *nt* stew

Ein·tracht <-> ['aintraxt] *f kein pl* harmony

ein·träch·tig ['aintrɛçtɪç] **I.** *adj* harmonious **II.** *adv* harmoniously

Ein·trag <-[e]s, Einträge> ['aintraːk, pl 'aintrɛːɡə] m ❶ *kein pl* (*Vermerk*) note; ~ **ins Logbuch** entry in the logbook ❷ (*im Nachschlagewerk*) entry ❸ ADMIN record

ein|tra·gen *vt irreg* ❶ (*einschreiben*) ■ jdn ~ to enter sb (**in** in); ■ **sich** ~ to write one's name (**in** in) ❷ (*amtlich registrieren*) to register ❸ (*einzeichnen*) ■ **etw** ~ to note sth ❹ (*geh: einbringen*) ■ **jdm etw** ~ to earn sb sth

ein·träg·lich ['aintrɛːklɪç] *adj* lucrative

Ein·tra·gung <-, -en> *f* JUR (*form*) entry, registration

ein|tref·fen *vi irreg sein* ❶ (*ankommen*) to arrive ❷ (*in Erfüllung gehen*) to come true; **die Katastrophe traf doch nicht ein** the catastrophe didn't happen after all

ein|trei·ben *vt irreg sein* ■ **etw** [**von jdm**] ~ to collect sth [from sb]

ein|tre·ten *irreg* **I.** *vi* ❶ *sein* (*betreten*) to enter ❷ *sein* (*beitreten*) Partei, Verein to join [sth] ❸ *sein* (*sich ereignen*) to occur; **sollte der Fall ~, dass ...** if it should happen that ... ❹ *sein* (*sich einsetzen*) ■ **für jdn/etw** ~ to stand up for sb/sth ❺ *haben* (*wiederholt treten*) ■ **auf jdn/ein Tier** ~ to kick sb/an animal [repeatedly] **II.** *vt haben* ■ **etw** ~ to kick sth in

ein|trich·tern ['aintrɪçtɐn] *vt* (*fam*) ■ **jdm etw** ~ to drum sth into sb

Ein·tritt m ❶ (*geh: das Betreten*) ■ **jds** ~ **in etw** *akk* sb's entrance into sth; ~ **verboten** no admission ❷ (*Beitritt*) ■ **jds** ~ **in etw** *akk* sb's joining sth ❸ (*Eintrittsgeld*) admission; ~ **frei** admission free ❹ (*Beginn*) onset; **bei/vor** ~ **der Dunkelheit** when/before darkness falls; **nach** ~ **der Dunkelheit** after dark; **der** ~ **des Todes** (*geh*) death **Ein·tritts·kar·te** *f* [admission] ticket **Ein·tritts·preis** *m* admission charge

ein|tru·deln *vi sein* (*fam*) to show up

ein|tun·ken *vt* DIAL (*eintauchen*) to dip, to dunk

ein|ü·ben *vt* to practise; Rolle, Stück to rehearse

ein|ver·lei·ben* ['ainfɐlaibn] **I.** *vt* ■ **etw einer S.** *dat* ~ Gebiet, Land to incorporate sth into sth **II.** *vr* ■ **sich** *dat* **etw** ~ ❶ ÖKON to incorporate sth ❷ (*hum fam: verzehren*) to put sth away

Ein·ver·neh·men <-s> *nt kein pl* agreement; **in gegenseitigem** ~ by mutual agreement; **im** ~ **mit jdm** in agreement with sb

ein·ver·stan·den ['ainfɐʃtandn] *adj präd* ■ ~ **sein** to agree (**mit** with); ~! OK! *fam*

Ein·ver·ständ·nis ['ainfɐʃtɛntnɪs] *nt* ❶ (*Zustimmung*) consent ❷ (*Übereinstimmung*) agreement; **in gegenseitigem** ~ by mutual agreement

Ein·wahl·kno·ten *m* INFORM, TELEK point of presence **Ein·wahl·num·mer** *f* INET dial-up number

Ein·wand <-[e]s, Einwände> ['ainvant, pl 'ainvɛndə] *m* objection (**gegen** to)

Ein·wan·de·rer, -wan·d[r]e·rin *m, f* immigrant

ein|wan·dern *vi sein* to immigrate

Ein·wan·de·rung *f* immigration (**nach** to, **in** into)

Ein·wan·de·rungs·ge·setz *nt* immigration laws *usu pl* **Ein·wan·de·rungs·po·li·tik** *f kein pl* immigration policy

ein·wand·frei ['ainvantfrai] *adj* ❶ (*tadellos*) flawless; Obst perfect; Qualität excellent; Benehmen impeccable ❷ (*unzweifelhaft*) irrefutable

ein·wärts ['ainvɛrts] *adv* inwards

ein|wech·seln ['ainvɛksln] *vt* ❶ Währung to change (**in** into) ❷ SPORT ■ **jdn** [**für jdn**] ~ to bring on sb [for sb] *sep*

Ein·weg·fla·sche *f* non-returnable bottle **Ein·weg·ka·me·ra** *f* disposable camera

ein|wei·chen *vt* ■ **etw** [**in etw** *dat*] ~ to soak sth [in sth]

ein|wei·hen *vt* ❶ (*offiziell eröffnen*) ■ **etw** ~ to open sth [officially] ❷ (*vertraut machen*) ■ **jdn** ~ to initiate sb (**in** into); **jdn in ein Geheimnis** ~ to let sb in on a secret

Ein·wei·hung <-, -en> *f* ❶ (*das Eröffnen*) inauguration ❷ (*das Vertrautmachen*) initiation

Ein·wei·hungs·fei·er *f* inauguration

ein|wei·sen *vt irreg* ❶ (*unterweisen*) ■ **jdn** ~ to brief sb (**in** about) ❷ MED to refer; **jdn ins Krankenhaus** ~ to send sb to hospital

ein|wen·den *vt irreg* ■ **etw** [**gegen etw** *akk*] ~ to object [to sth]; **etwas** [**gegen etw**] **einzuwenden haben** to have an objection [to sth]; **dagegen lässt sich nichts** ~ there can be no objection to that

ein|wer·fen *irreg* **I.** *vt* ■ **etw** ~ ❶ Brief to post [*or* AM mail] sth ❷ (*durch Wurf zerschlagen*) to break sth; **eine Fensterscheibe** ~ to smash a window ❸ SPORT to throw sth in ❹ (*etw zwischendurch bemerken*) to throw sth in; **sie warf ein, dass ...** she pointed out that ... **II.** *vi* ❶ SPORT to throw in ❷ (*zwischendurch bemerken*) ■ ~, **dass ...** to throw in that ...

ein|wi·ckeln *vt* ❶ (*in etw wickeln*) ■ **etw** ~ to wrap [up] sth ❷ (*fam: überlisten*) ■ **jdn** ~ to take sb in

ein|wil·li·gen ['ainvɪlɪɡn] *vi* ■ [**in etw** *akk*] ~ to consent [to sth]

Ein·wil·li·gung <-, -en> *f* consent

ein|wir·ken *vi* ❶ (*beeinflussen*) ■ **auf jdn/etw** ~ to have an effect on sb/sth; **etw auf**

Einwirkung – einzigartig

einwilligen	
einwilligen	**consenting**
Einverstanden!/Okay!/Abgemacht!	Agreed!/Okay!/It's a deal!
Kein Problem!	No problem!
Geht in Ordnung!	That's all right!
Wird gemacht!/Mach ich!	Will do!/I'll do that!

sich ~ lassen to let sth soak in ❷ PHYS, CHEM (*Wirkung entfalten*) ■ **auf etw** *akk* ~ to react to sth; **etw ~ lassen** to let sth work in
Ein·wir·kung *f* ❶ (*Beeinflussung*) influence (**auf** on) ❷ PHYS, CHEM **nach ~ der Salbe** when the ointment has worked in
Ein·woh·ner(in) <-s, -> ['aɪnvoːnɐ] *m(f)* inhabitant
Ein·woh·ner·mel·de·amt *nt* residents' registration office **Ein·woh·ner·zahl** *f* population
Ein·wurf *m* ❶ (*geh: das Hineinstecken*) *Münzen* insertion; **~ 2 Euro** insert 2 euros [into the slot]; *Briefe, Pakete* posting ❷ SPORT throw-in ❸ (*Zwischenbemerkung*) interjection ❹ (*schlitzartige Öffnung*) slit
Ein·zahl ['aɪntsaːl] *f* LING singular
ein|zah·len *vt* to pay [in]; ■ **etw auf ein Konto ~** to pay sth into an account
Ein·zah·lung *f* FIN deposit
ein|zäu·nen ['aɪntsɔʏnən] *vt* ■ **etw ~** to fence sth in
ein|zeich·nen *vt* ■ **etw ~** to draw sth in (**auf** on); **ist die Straße in der Karte eingezeichnet?** is the road marked on the map?
Ein·zel <-s, -> ['aɪntsl] *nt* TENNIS singles + *sing vb*; **im ~** at singles
Ein·zel·fahr·schein *m* single ticket BRIT, one-way ticket AM **Ein·zel·fall** *m* individual case; **im ~** in each case **Ein·zel·fra·ge** *f meist pl* detailed question **Ein·zel·gän·ger(in)** <-s, -> *m(f)* (*Mensch, Tier*) loner
Ein·zel·haft *f* solitary confinement **Ein·zel·han·del** *m* retail trade **Ein·zel·händ·ler(in)** *m(f)* retailer
Ein·zel·heit <-, -en> *f* detail
Ein·zel·kind *nt* only child
ein·zeln ['aɪntsln] **I.** *adj* ❶ (*für sich allein*) individual ❷ (*Detail*) **an E~es erinnere ich mich noch gut** I can remember some things very well; ■ **im E~en** in detail ❸ (*individuell*) individual; ■ **der/die E~e** the individual; **als E~er** as an individual; **was kann ein E~er schon dagegen ausrichten?** what

can one person do on his own?; **jede(r, s) E~e** each individual ❹ (*allein stehend*) single; **im Feld stand eine ~e Eiche** a solitary oak tree stood in the field ❺ *pl* (*einige wenige*) a few ❻ *pl* METEO **~e Schauer** scattered showers **II.** *adv* (*separat*) separately
Ein·zel·per·son *f* (*geh*) single person **Ein·zel·stück** *nt* unique object **Ein·zel·teil** *nt* (*einzelnes Teil*) separate part; (*Ersatzteil*) spare part; **etw in seine ~e zerlegen** to take sth to pieces **Ein·zel·zim·mer** *nt* single room
ein|zie·hen *irreg* **I.** *vt haben* ❶ *Beiträge, Gelder* to collect ❷ (*aus dem Verkehr ziehen*) to withdraw ❸ (*beschlagnahmen*) ■ **etw ~** to take sth away ❹ MIL **jdn** [**zum Militär**] **~** to conscript [*or* AM draft] sb [into the army] ❺ (*nach innen ziehen*) ■ **etw ~** to take sth in ❻ ZOOL ■ **etw ~** to retract sth ❼ (*entgegengesetzt bewegen*) ■ **etw ~** to draw in sth; **die Schulter ~** to hunch one's shoulder; **den Kopf ~** to duck one's head; **der Hund zog den Schwanz ein** the dog put its tail between its legs ❽ *Antenne, Periskop* to retract ❾ (*beziehen*) ■ **etw ~** to thread sth ❿ BAU **eine Wand ~** to put in a wall ⓫ (*einsaugen*) ■ **etw ~** to draw up sth; **Luft ~** to breathe in **II.** *vi sein* ❶ (*in etw ziehen*) ■ **bei jdm ~** to move in with sb ❷ SPORT, MIL (*einmarschieren*) ■ **in etw** *akk* **~** to march into sth ❸ (*Flüssigkeit*) ■ [**in etw** *akk*] **~** to soak [into sth]
ein·zig ['aɪntsɪç] **I.** *adj* ❶ *attr* only ❷ (*alleinige*) ■ **der/die E~e** the only one; ■ **das E~e** the only thing; **kein ~er Gast blieb nach dem Essen** not one solitary guest stayed behind after the meal ❸ (*fam: unglaublich*) ■ **ein ~er/eine ~e/ein ~es ...** a complete...; **seine Wohnung ist eine ~e Sauerei** his flat is an absolute disgrace **II.** *adv* (*ausschließlich*) only; **es liegt ~ und allein an Ihnen** it is entirely up to you
ein·zig·ar·tig ['aɪntsɪçʔaːɐ̯tɪç] **I.** *adj* unique **II.** *adv* astoundingly

Ein·zig·ar·tig·keit <-> f kein pl uniqueness

Ein·zug m ① (*das Einziehen*) move (**in** into) ② POL **bei dieser Wahl gelang der Partei der ~ ins Parlament** at this election the party won seats in Parliament ③ (*Einmarsch*) entry ④ FIN collection

Ein·zugs·ge·biet nt *eines Flusses* drainage basin

ein|zwän·gen I. vt jdn ~ to constrain sb II. vr sich [in etw dat] eingezwängt fühlen to feel constricted [in sth]

Eis <-es> ['ajs] nt kein pl ① (*gefrorenes Wasser*) ice ② (*Eisdecke*) ice ③ (*Eiswürfel*) ice [cube]; **eine Cola mit ~, bitte!** a coke with ice, please; **einen Whisky mit ~, bitte!** a whisky on the rocks, please; (*Nachtisch*) ice [cream]; **~ am Stiel** ice[d] lolly BRIT, Popsicle® AM ▶ **das ~ brechen** to break the ice; **etw auf ~ legen** (*fam*) to put something on hold

Eis·bahn f SPORT ice rink **Eis·bär** m polar bear **Eis·be·cher** m ① (*Pappbecher*) [icecream] tub; (*Metallschale*) sundae dish ② (*Eiscreme*) sundae **Eis·bein** nt KOCHK knuckle of pork **Eis·berg** m iceberg **Eis·blu·me** f meist pl frost pattern **Eis·bre·cher** m NAUT icebreaker

Ei·schnee m beaten egg white

Eis·creme [-kre:m], **Eis·krem** [-kre:m] f ice cream **Eis·die·le** f ice cream parlour

Ei·sen <-s, -> ['ajzn] nt kein pl iron ▶ **mehrere ~ im Feuer haben** (*fam*) to have more than one iron in the fire; **zum alten ~ gehören** (*fam*) to be on the scrap heap; **ein heißes ~** a hot potato; **ein heißes ~ anfassen** to take the bull by the horns; **man muss das ~ schmieden, solange es heiß ist** (*prov*) one must strike while the iron is hot

Ei·sen·bahn ['ajznba:n] f train **Ei·sen·bahn·brü·cke** f railway [*or* AM railroad] bridge **Ei·sen·bah·ner(in)** <-s, -> m(f) (*fam*) railway employee, railroader AM **Ei·sen·bahn·fäh·re** f train ferry **Ei·sen·bahn·netz** nt rail[way] network, railroad network AM **Ei·sen·bahn·tun·nel** m railway tunnel **Ei·sen·bahn·über·füh·rung** f für Kfz railway [*or* AM railroad] overpass; für Fußgänger footbridge **Ei·sen·bahn·un·ter·füh·rung** f [railway] underpass, [railroad] underpass AM **Ei·sen·bahn·wa·gen** m (*Personen~*) railway carriage BRIT, passenger car AM; (*Güter~*) goods wagon BRIT, freight car AM

ei·sen·hal·tig ['ajznhaltɪç] adj, **ei·sen·häl·tig** ['ajznhɛltɪç] adj ÖSTERR iron bearing; ▪ **~ sein** to contain iron **Ei·sen·in·dus·trie** f iron industry **Ei·sen·man·gel** m MED iron deficiency **Ei·sen·stan·ge** f iron bar **Ei·sen·trä·ger** m iron girder

Ei·sen·wa·ren pl hardware no pl, no art **Ei·sen·wa·ren·hand·lung** f ironmonger's [shop] BRIT, hardware store AM

ei·sern ['ajzɐn] I. adj ① attr CHEM iron ② (*unnachgiebig*) iron ③ attr (*für Notfälle*) iron; **jds ~e Reserve** sb's nest egg II. adv resolutely

Ei·ses·käl·te f icy cold

Eis·fach nt freezer compartment **Eis·flä·che** f [surface of the] ice **eis·ge·kühlt** adj ice-cold **Eis·glät·te** f black ice **Eis·hei·li·gen** ['ajshajlɪɡn̩] pl ▪ **die [drei] ~n** 3 saints' days, about 12th-14th May, which are often cold and after which further frost is rare **Eis·ho·ckey** nt ice hockey

ei·sig ['ajzɪç] I. adj ① (*bitterkalt*) icy ② (*abweisend*) icy; Schweigen frosty ③ (*jäh*) chilling; **ein ~er Schreck durchfuhr sie** a cold shiver ran through her II. adv coolly

Eis·kaf·fee m ① (*selten*) iced coffee ② (*Kaffee mit Vanilleeis und Schlagsahne*) chilled coffee with vanilla ice cream and whipped cream **eis·kalt** ['ajskalt] I. adj ① (*bitter kalt*) ice-cold ② (*kalt und berechnend*) cold-blooded ③ (*dreist*) cool; **eine ~e Abfuhr bekommen** to be snubbed by sb II. adv ① (*kalt und berechnend*) coolly; **sie macht das ~** she does it without turning a hair **Eis·krat·zer** m ice scratch **Eis·kunst·lauf** m figure-skating **eis|lau·fen** vi to ice-skate **Eis·lauf** <-s> nt kein pl ice skating **Eis·läu·fer(in)** m(f) ice-skater **Eis·meer** ['ajsme:ɐ̯] nt polar sea; **Nördliches/Südliches ~** Arctic/Antarctic Ocean **Eis·pi·ckel** m ice pick

Ei·sprung m ovulation

Eis·re·gen m sleet **Eis·schnell·lauf**^{RR} m speed skating **Eis·schol·le** f ice floe **Eis·schrank** m (*veraltend*) s. Kühlschrank **Eis·wür·fel** m ice cube **Eis·zap·fen** m icicle **Eis·zeit** f Ice Age

ei·tel ['ajtl] adj vain; (*eingebildet*) conceited **Ei·tel·keit** <-, -en> ['ajtlkajt] f vanity

Ei·ter <-s> ['ajtɐ] m kein pl pus no pl, no indef art

ei·te·rig ['ajtərɪç] adj Ausfluss purulent; Geschwür, Pickel, Wunde festering; ▪ **~ sein** to fester

ei·tern ['ajten] vi to fester

ei·trig ['ajtrɪç] adj s. eiterig

Ei·weiß ['ajvajs] nt ① CHEM protein ② KOCHK [egg] white **Ei·zel·le** f ovum

Eja·ku·la·ti·on <-, -en> [ejakulaˈtsi̯oːn] f ejaculation

eja·ku·lie·ren* [ejakuˈliːrən] vi to ejaculate

Ekel[1] <-s> ['eːkl̩] m kein pl disgust; **~ erregend** revolting; **vor ~** in disgust

Ekel[2] <-s, -> ['eːkl̩] nt (*fam*) revolting person

ekel·er·re·gendᴬᴸᵀ *adj* revolting
ekel·haft I. *adj* ❶ (*widerlich*) disgusting ❷ (*fam: fies*) nasty **II.** *adv* ❶ (*widerlich*) disgusting ❷ (*fam: fies*) horribly
eke·lig <-er, -ste> ['eːkəlɪç] *adj s.* **ekelhaft**
ekeln ['eːkln̩] **I.** *vt* ▪ jdn ~ to disgust sb **II.** *vt impers* es ekelt mich vor diesem Geruch this smell is disgusting **III.** *vr* ▪ sich vor etw *dat* ~ to find sth disgusting
EKG <-s, -s> [eːkaːˈgeː] *nt* MED *Abk von* Elektrokardiogramm ECG
Eklat <-s, -s> [eˈklaː] *m* (*geh*) sensation; es kam zu einem ~ a dispute broke out
ekla·tant <-er, -este> [eklaˈtant] *adj* (*geh*) *Beispiel* striking; *Fall* spectacular; *Fehler* glaring
Ek·lip·se <-, -n> [eˈklɪpsə] *f* ASTRON eclipse
Ek·sta·se <-, -n> [ɛkˈstaːzə] *f* ecstasy
Ek·zem <-s, -e> [ɛkˈtseːm] *nt* eczema
Elan <-s> [eˈlaːn] *m kein pl* vigour
elas·tisch [eˈlastɪʃ] **I.** *adj* ❶ (*flexibel*) flexible; *Federkern* springy; *Stoff, Binde* stretchy ❷ (*spannkräftig*) *Gelenk, Muskel, Mensch* supple; *Gang* springy **II.** *adv* supply
Elas·ti·zi·tät <-, -en> [elastitsiˈtɛːt] *meist sing f* ❶ (*elastische Beschaffenheit*) elasticity ❷ *eines Muskels* suppleness
El·be <-> [ˈɛlbə] *f* river Elbe
Elb-Flo·renz, Elb·flo·renzᴿᴿ *nt* (*hum fam*) Florence on the Elbe (*nickname for Dresden*)
Elch <-[e]s, -e> [ɛlç] *m* elk
Elec·tro·nic Ban·king <-> [ɛlɛktrɔˌnɪkˈbɛŋkɪŋ] *nt kein pl* electronic banking
Elec·tro·nic Cash [ɪlɛkˈtrɔnɪkˈkæʃ] *nt kein pl* electronic cash **Elec·tro·nic Pu·bli·shing** [ɪlɛkˈtrɔnɪkˈpʌblɪʃɪŋ] *nt kein pl* electronic publishing
Ele·fant <-en, -en> [eleˈfant] *m* elephant
Ele·fan·ten·run·de *f* MEDIA, POL clash of the titans, meeting of [political] giants [*or* heavyweights] (*election-night discussion involving top-level politicians, broadcast simultaneously on the two main TV networks*)
ele·gant [eleˈgant] **I.** *adj* elegant **II.** *adv* ❶ MODE elegantly ❷ (*geschickt*) nimbly; er zog sich ~ aus der Affäre he deftly extricated himself from the incident
Ele·ganz <-> [eleˈgants] *f kein pl* ❶ (*geschmackvolle Erscheinung*) elegance ❷ (*Gewandtheit*) deftness
Elek·trik <-, -en> [eˈlɛktrɪk] *f* electrical system
Elek·tri·ker(in) <-s, -> [eˈlɛktrɪkɐ] *m(f)* electrician
elek·trisch [eˈlɛktrɪʃ] *adj* electric; ~e Geräte electrical appliances
elek·tri·sie·ren* [elɛktriˈziːrən] **I.** *vt* ❶ (*fig*) to electrify ❷ (*aufladen*) to charge with electricity **II.** *vr* (*einen elektrischen Schlag bekommen*) ▪ sich ~ to give oneself an electric shock; wie elektrisiert [as if he had been] electrified
Elek·tri·zi·tät <-> [elɛktritsiˈtɛːt] *f kein pl* electricity
Elek·tri·zi·täts·werk *nt* (*Anlage*) [electric] power station
Elek·tro·au·to *nt* electric car
Elek·tro·de <-, -n> [elɛkˈtroːdə] *f* electrode
Elek·tro·ge·rät *nt* electrical appliance **Elek·tro·ge·schäft** *nt* electrical shop [*or* AM store] **Elek·tro·herd** [eˈlɛktroheːɐ̯t] *m* electric cooker **Elek·tro·in·gen·ieur(in)** [-ɪnʒenjøːɐ̯] *m(f)* electrical engineer **Elek·tro·in·stal·la·teur(in)** *m(f)* electrician **Elek·tro·kar·dio·gramm** [elɛktrokardi̯oˈgram] *nt* MED electrocardiogram, ECG **Elek·tro·lok** *f* electric locomotive **Elek·tro·ma·gnet** [eˈlɛktromagneːt] *m* electromagnet **elek·tro·ma·gne·tisch I.** *adj* electromagnetic **II.** *adv* electromagnetically **Elek·tro·mo·tor** [eˈlɛktroˌmoːtoːɐ̯] *m* electric motor
Elek·tron <-s, -tronen> [ˈeːlɛktrɔn, eˈlɛktrɔn, elɛkˈtroːn] *nt* electron
Elek·tro·nen·mi·kro·skop *nt* electron microscope
Elek·tro·nik <-, -en> [elɛkˈtroːnɪk] *f kein pl* electronics + *sing vb*
elek·tro·nisch [elɛkˈtroːnɪʃ] **I.** *adj* electronic **II.** *adv* electronically
Elek·tro·ra·sie·rer *m* electric razor **Elek·tro·schock** [eˈlɛktroʃɔk] *m* electroshock **Elek·tro·smog** [-smɔk] *m* electrosmog **Elek·tro·tech·nik** [elɛktroˈtɛçnɪk] *f* electrical engineering **Elek·tro·tech·ni·ker(in)** *m(f)* ❶ (*mit Hochschulabschluss*) electrical engineer ❷ (*Elektriker*) electrician **Elek·tro·zaun** [eˈlɛktrotsaʊ̯n] *m* electric fence
Ele·ment <-[e]s, -e> [eleˈmɛnt] *nt* element
ele·men·tar [elemɛnˈtaːɐ̯] *adj* ❶ (*wesentlich*) elementary ❷ (*urwüchsig*) elemental
elend [ˈeːlɛnt] **I.** *adj* ❶ (*beklagenswert*) miserable ❷ (*krank*) wretched; ~ aussehen to look awful; mir wird ganz ~, wenn ich daran denke just thinking about it makes me feel sick ❸ (*erbärmlich*) dreadful ❹ (*gemein*) miserable **II.** *adv* (*fam*) awfully
Elend <-[e]s> [ˈeːlɛnt] *nt kein pl* misery
Elends·vier·tel *nt* slums *pl*
elf [ɛlf] *adj* eleven; *s. a.* **acht**¹
Elf¹ <-, -en> [ɛlf] *f* ❶ (*Zahl*) eleven ❷ FBALL team [*or* eleven]
Elf² <-en, -en> [ɛlf] *m*, **El·fe** <-, -n> [ˈɛlfə] *f* elf
El·fen·bein [ˈɛlfn̩baɪ̯n] *nt* ivory **el·fen·bein·far·ben** *adj* ivory-coloured **El·fen·bein·küs·te** [ˈɛlfn̩baɪ̯nkʏstə] *f* Ivory Coast

Elf·me·ter [ɛlfmeːtɐ] *m* penalty [kick]; **einen ~ schießen** to take a penalty; **einen ~ verschießen** to miss a penalty; **einen ~ verwandeln** to score from a penalty **Elf·me·ter·schie·ßen** *nt* penalty

elf·te(r, s) ['ɛlftə] *adj* ❶ (*Zahl*) eleventh; *s. a.* **achte(r, s) 1** ❷ (*bei Datumsangabe*) eleventh, 11th; *s. a.* **achte(r, s) 2**

eli·mi·nie·ren* [elimiˈniːrən] *vt* to eliminate

eli·tär [eliˈtɛːɐ̯] *adj* elitist

Eli·te <-, -n> [eˈliːtə] *f* elite

Eli·te·ein·heit *f*, **Eli·te·trup·pe** *f* MIL elite troops *pl* **Eli·te·uni·ver·si·tät** *f* elite university

Eli·xier <-s, -e> [elɪkˈsiːɐ̯] *nt* elixir

Ell·bo·gen·ge·sell·schaft *f* dog-eat-dog society

El·len·bo·gen <-bogen> [ˈɛlənboːgn̩] *m* elbow **El·len·bo·gen·mensch** *m* ruthless person **el·len·lang** *adj* (*fam*) incredibly long; **ein ~er Kerl** an incredibly tall bloke

El·lip·se <-, -n> [ɛˈlɪpsə] *f* MATH ellipse; LING ellipsis

E-Lok <-, -s> [ˈeːlɔk] *f* electric locomotive

El Sal·va·dor <-s> [ɛl zalvaˈdoːɐ̯] *nt* El Salvador; *s. a.* **Deutschland**

El·sass[RR] <- *o* -es> *nt*, **El·saß**[ALT] <- *o* -sses> [ˈɛlzas] *nt* ▪ **das ~** Alsace

El·säs·ser(in) <-s, -> [ˈɛlzɛsɐ] *m(f)* inhabitant of Alsace

el·säs·sisch [ˈɛlzɛsɪʃ] *adj* ❶ GEOG Alsatian ❷ LING Alsatian

El·sass-Loth·rin·gen[RR] *nt* Alsace-Lorraine

Els·ter <-, -n> [ˈɛlstɐ] *f* ORN magpie

el·ter·lich *adj* parental

El·tern [ˈɛltɐn] *pl* parents *pl*

El·tern·haus *nt* ❶ (*Familie*) family ❷ (*Haus*) [parental] home **El·tern·teil** *m* parent

Email <-s, -s> [eˈmai̯, eˈmaːj] *nt* enamel

E-Mail <-, -s> [ˈiːmeːl] *f* e-mail, email

E-Mail-A·dres·se [ˈiːmeːl-] *f* e-mail address **Email·le** <-, -n> [eˈmaljə, eˈmai̯, eˈmaːj] *f s.* **Email**

E-Mail-Pro·gramm [ˈiːmeːl-] *nt* e-mail program

Eman·ze <-, -n> [eˈmantsə] *f* (*fam*) women's libber

Eman·zi·pa·ti·on <-, -en> [emantsipaˈtsi̯oːn] *f* ❶ (*Gleichstellung der Frau*) emancipation ❷ (*Befreiung aus Abhängigkeit*) liberation

eman·zi·pa·to·risch [emantsipaˈtoːrɪʃ] *adj* (*geh*) emancipatory

eman·zi·pie·ren* [emantsiˈpiːrən] *vr* ▪ **sich ~** to emancipate oneself

eman·zi·piert *adj* emancipated

Em·bar·go <-s, -s> [ɛmˈbargo] *nt* embargo

Em·blem <-[e]s, -e> [ɛmˈbleːm, ãˈbleːm] *nt* ❶ (*Zeichen*) emblem ❷ (*Sinnbild*) symbol

Em·bo·lie <-, -n> [ɛmboˈliː, *pl* ɛmboˈliːən] *f* embolism

Em·bryo <-s, -s *o* -bryonen> [ˈɛmbryo, *pl* ɛmbryˈoːnən] *m o* ÖSTERR *nt* embryo

em·bry·o·nal [ɛmbryoˈnaːl] *adj* ❶ MED, BIOL embryonic ❷ (*in Ansätzen*) embryonic

Em·bry·o·nen·schutz [ɛmbryˈoːnən-] *m* embryo protection

Emi·grant(in) <-en, -en> [emiˈgrant] *m(f)* ❶ (*Auswanderer*) emigrant ❷ (*politischer Flüchtling*) emigré

Emi·gra·ti·on <-, -en> [emigraˈtsi̯oːn] *f* emigration

emi·grie·ren* [emiˈgriːrən] *vi sein* to emigrate

Emi·rat <-[e]s, -e> [emiˈraːt] *nt* emirate; **die Vereinigten Arabischen ~e** the United Arab Emirates, U.A.E.

Emis·si·on <-, -en> [emɪˈsi̯oːn] *f* emission

emit·tie·ren* [emɪˈtiːrən] *vt* ❶ FIN (*Wertpapiere ausgeben*) to issue ❷ ÖKOL, PHYS (*ausstoßen*) to emit

Em·men·ta·ler <-s, -> [ˈɛməntaːlɐ] *m* Emment[h]al[er] [cheese]

e-Moll <-s> [ˈeːmɔl] *nt kein pl* MUS E flat minor

Emo·ti·con <-s, -s> [eˈmoːtikɔn] *nt* emoticon

Emo·ti·on <-, -en> [emoˈtsi̯oːn] *f* emotion

emo·ti·o·nal I. *adj* emotional **II.** *adv* emotionally

emo·ti·o·nell *adj s.* **emotional**

emo·ti·ons·ge·la·den *adj* emotionally charged

em·pa·thisch [ɛmˈpaːtɪʃ] *adj* PSYCH (*geh*) empathic

emp·fahl [ɛmˈpfaːl] *imp von* **empfehlen**

emp·fand [ɛmˈpfant] *imp von* **empfinden**

Emp·fang <-[e]s, Empfänge> [ɛmˈpfaŋ, *pl* ɛmˈpfɛŋə] *m* ❶ TV, RADIO reception ❷ (*das Entgegennehmen*) receipt; **etw in ~ nehmen** to take receipt of sth ❸ (*Hotelrezeption*) reception [desk] ❹ (*Begrüßung*) reception; **jdn in ~ nehmen** to greet sb; **einen ~ geben** to give a reception

emp·fan·gen <empfing, empfangen> [ɛmˈpfaŋən] *vt* ❶ RADIO, TV to receive ❷ (*begrüßen*) **jdn mit etw** *dat* **~** to receive sb with sth; **sie empfingen den Sprecher mit lauten Buhrufen** they greeted the speaker with loud boos

Emp·fän·ger(in) <-s, -> [ɛmˈpfɛŋɐ] *m(f)* ❶ (*Adressat*) addressee; **~ unbekannt** not known at this address ❷ FIN payee

Emp·fän·ger <-s, -> [ɛmˈpfɛŋɐ] *m* RADIO, TV (*geh*) receiver

emp·fäng·lich [ɛmˈpfɛŋlɪç] *adj* ▪ **für etw**

akk ~ **sein** ① (*zugänglich*) to be receptive to sth ② (*beeinflussbar, anfällig*) to be susceptible to sth

Emp·fäng·nis <-> [ɛmˈpfɛŋnɪs] *f pl selten* conception

Emp·fäng·nis·ver·hü·tung *f* contraception

Emp·fangs·be·schei·ni·gung *f,* **Emp·fangs·be·stä·ti·gung** *f* [confirmation of] receipt **Emp·fangs·chef(in)** *m(f)* head receptionist **Emp·fangs·da·me** *f* receptionist

emp·feh·len <empfahl, empfohlen> [ɛmˈpfeːlən] **I.** *vt* ▪[jdm] etw ~ to recommend sth to sb; **dieses Hotel ist zu ~** this hotel is [to be] recommended **II.** *vr impers* ▪**es empfiehlt sich, etw zu tun** it is advisable to do sth **III.** *vr* (*geh*) ▪**sich ~** to take one's leave

emp·feh·lens·wert *adj* ① (*wert, empfohlen zu werden*) recommendable ② (*ratsam*) ▪**es ist ~**, it is advisable to do sth

Emp·feh·lung <-, -en> *f* ① (*Vorschlag*) recommendation ② (*Referenz*) reference; **auf ~ von jdm** on the recommendation of sb ③ (*geh*) **mit den besten ~en** with best regards

Emp·feh·lungs·schrei·ben *nt* letter of recommendation

emp·fiehl [ɛmˈpfiːl] *imp sing von* **empfehlen**

emp·fin·den <empfand, empfunden> [ɛmˈpfɪndn̩] *vt* ① (*fühlen*) to feel; **Abscheu/Furcht vor etw** *dat* ~ to loathe/fear sth ② (*auffassen*) ▪**jdn/etw als etw** *akk* ~ to feel sb/sth to be sth

emp·find·lich [ɛmˈpfɪntlɪç] **I.** *adj* ① (*auf Reize leicht reagierend*) sensitive (**gegen** to) ② (*leicht verletzbar*) sensitive; (*reizbar*) touchy ③ (*anfällig*) Gesundheit delicate; **~ gegen Kälte** sensitive to cold **II.** *adv* ① (*sensibel*) **auf etw** *akk* ~ **reagieren** to be very sensitive to sth ② (*spürbar*) severely; **es ist ~ kalt** it's bitterly cold

Emp·find·lich·keit <-> *f kein pl* ① (*Feinfühligkeit*) sensitiveness ② (*Verletzbarkeit*) sensitivity; (*Reizbarkeit*) touchiness ③ (*Anfälligkeit*) delicateness

emp·find·sam [ɛmˈpfɪntzaːm] *adj* ① (*von feinem Empfinden*) sensitive; (*einfühlsam*) empathetic ② (*sentimental*) *Geschichte* sentimental

Emp·find·sam·keit <-> *f kein pl* (*Feinfühligkeit*) sensitivity

Emp·fin·dung <-, -en> *f* ① (*Wahrnehmung*) perception ② (*Gefühl*) emotion

emp·fing [ɛmˈpfɪŋ] *imp von* **empfangen**

emp·foh·len [ɛmˈpfoːlən] **I.** *pp von* **empfehlen II.** *adj* **sehr ~** highly recommended

emp·fun·den [ɛmˈpfʊndn̩] *pp von* **empfinden**

em·por [ɛmˈpoːɐ̯] *adv* (*geh*) upwards

em·por|ar·bei·ten *vr* (*geh*) ▪**sich ~** to work one's way up (**zu** to)

Em·po·re <-, -n> [ɛmˈpoːrə] *f* ARCHIT gallery

em·pö·ren* [ɛmˈpøːrən] **I.** *vt* ▪**jdn ~** to fill sb with indignation **II.** ▪**sich ~** to be outraged; **sie empörte sich über sein Benehmen** his behaviour outraged her

em·pö·rend *adj* outrageous

Em·por·kömm·ling <-s, -e> [-kœmlɪŋ] *m* (*pej*) upstart

em·por|ra·gen *vi sein o haben* (*geh*) ▪**über etw** *akk*) ~ to tower above sth **em·por|stei·gen** *irreg* **I.** *vi sein* (*geh*) to rise; **Zweifel stiegen in ihm empor** doubts rose in his mind; *Rauch* to rise [up] **II.** *vt sein* (*geh*) ▪**etw ~** to climb [up] sth

em·pört I. *adj* scandalized (**über** by) **II.** *adv* indignantly

Em·pö·rung <-, -en> *f kein pl* ▪**~ über jdn/etw** *akk* indignation about sb/sth

em·sig [ˈɛmzɪç] **I.** *adj* busy; **~e Ameisen** hard-working ants **II.** *adv* industriously; **überall wird ~ gebaut** they are busy building everywhere

Emu <-s, -s> [ˈeːmu] *m* ORN emu

End·ab·rech·nung *f* final account **End·be·trag** *m* final amount

En·de <-s, -n> [ˈɛndə] *nt* ① (*Schluss*) end; **~ August/des Monats/~ 2001** the end of August/the month/2001; **sie ist ~ 1948 geboren** she was born at the end of 1948; **~ 20 sein** to be in one's late 20s; **ein böses ~ nehmen** to come to a bad end; **bei etw** *dat* **kein ~ finden** (*fam*) to not stop doing sth; **dem ~ zu gehen** to draw to a close; **damit muss es jetzt ein ~ haben** this must stop now; *einer S. dat ein* **~ machen** to put an end to sth; **ein ~ nehmen** (*fam*) to come to an end; **das nimmt gar kein ~** there's no end to it; **am ~** (*fam*) finally; **am ~ sein** (*fam*) to be at the end of one's tether; **mit etw** *dat* **am ~ sein** to run out of sth; **Fehler ohne ~** any number of mistakes; **Qualen ohne ~** endless suffering; **etw zu ~ bringen** to complete sth; **etw zu ~ lesen** to finish reading sth; **zu ~ sein** to be finished; **etw geht zu ~** sth is nearly finished; **alles geht mal zu ~** nothing lasts forever ② FILM, LIT ending ③ (*räumliches ~*) end; **ans ~** at the end ▸ **am ~ der Welt** (*fam*) at the back of beyond; **das dicke ~** (*fam*) the worst; **~ gut, alles gut** (*prov*) all's well that ends well; **letzten ~es** when all is said and done

End·ef·fekt [ˈɛntʔɛfɛkt] *m* ▪**im ~** (*fam*) in the end

en·den [ˈɛndn̩] *vi* ① *haben* (*nicht mehr wei-*

terführen) end; **nicht ~ wollend** endless ❷ *haben* (*auslaufen*) expire ❸ *haben* LING ■ **auf etw** *akk* **~** to end with sth ❹ *sein* (*fam: landen*) end [up] ■ *haben* (*zu etw führen*) **das wird böse ~!** that will end in tears!; **das wird schlimm ~** sb will come to a bad end

End·er·geb·nis *nt* final result **end·gül·tig** I. *adj* final; *Antwort* definitive II. *adv* finally; **~ entscheiden** to decide once and for all; **sich ~ trennen** to separate for good **End·gül·tig·keit** <-> *f kein pl* finality **End·hal·te·stel·le** *f* final stop

En·di·vie <-, -n> [ɛn'diːvi̯ə] *f* endive
En·di·vi·en·sa·lat *m* endive

End·kampf *m* SPORT final **End·la·ger** *nt* ÖKOL permanent disposal site **end·la·gern** *vt* ÖKOL **etw** [*irgendwo*] **~** to permanently store sth [somewhere] **End·la·ge·rung** *f* permanent disposal

end·lich ['ɛntlɪç] I. *adv* ❶ (*nunmehr*) at last; **lass mich ~ in Ruhe!** can't you leave me in peace!; **hör ~ auf!** will you stop that!; **komm doch ~!** get a move on! ❷ (*schließlich*) finally; **na ~!** (*fam*) at [long] last! II. *adj* ASTRON, MATH finite

end·los I. *adj* endless II. *adv* interminably **End·lo·sig·keit** *f kein pl* infinity
End·los·pa·pier *nt* INFORM continuous paper
End·pha·se *f* final stage **End·pro·dukt** *nt* end product **End·run·de** *f* SPORT final round; *einer Fußballmeisterschaft* finals *pl*; *eines Autorennens* final lap **End·sil·be** *f* final syllable **End·spiel** *nt* SPORT final **End·spurt** *m* final spurt **End·sta·di·um** *nt* final stage; MED terminal stage **End·sta·ti·on** *f* terminus **End·sum·me** *f* [sum] total

En·dung <-, -en> *f* ending

End·ver·brau·cher(in) *m(f)* end-user **End·zif·fer** *f* final number **End·zu·stand** *m* final state

Ener·gie <-, -n> [enɛr'giː, *pl* -'giːən] *f* ❶ PHYS energy; **~ sparend** energy-saving ❷ (*Tatkraft*) energy; **viel ~ haben** to be full of energy; **wenig ~ haben** to lack energy

Ener·gie·be·darf *m* energy requirement[s] **Ener·gie·ge·win·nung** *f kein pl* generation of energy **Ener·gie·quel·le** *f* source of energy **Ener·gie·spa·ren** *nt* energy saving **Ener·gie·spar·lam·pe** *f* energy-saving [electric] bulb **Ener·gie·spar·maß·nah·me** *f* energy-saving measure **Ener·gie·ver·brauch** *m* energy consumption **Ener·gie·ver·schwen·dung** *f kein pl* energy waste **Ener·gie·ver·sor·gung** *f* energy supply **Ener·gie·vor·kom·men** *nt* energy source **Ener·gie·vor·rä·te** *pl* energy supplies *pl*

ener·gisch [e'nɛrgɪʃ] I. *adj* ❶ (*Tatkraft ausdrückend*) energetic ❷ (*entschlossen*) firm II. *adv* vigorously

Ener·gy-Drink ['ɛnədʒɪdrɪŋk] *m* energy drink

eng [ɛŋ] I. *adj* ❶ (*schmal*) narrow ❷ (*knapp sitzend*) tight ❸ (*beengt*) cramped ❹ (*wenig Zwischenraum habend*) close together *pred* ❺ (*intim*) close ❻ (*eingeschränkt*) limited; **im ~eren Sinn** in the stricter sense; **in die ~ere Wahl kommen** to be short-listed; **die Hochzeit fand in ~em Familienkreis statt** the wedding was attended by close relatives only II. *adv* ❶ (*knapp*) **ein ~ anliegendes Kleid** a close-fitting dress; **eine ~ anliegende Hose** very tight trousers; **[jdm] etw ~ er machen** *Kleidungsstück* to take sth in [for sb] ❷ (*dicht*) densely; **~ nebeneinanderstehen** to stand close to each other ❸ (*intim*) closely; **~ befreundet sein** to be close friends ❹ (*akribisch*) **etwas zu ~ sehen** to take too narrow a view of sth; **du siehst das zu ~** there's more to it than that

En·ga·ge·ment <-s, -s> [āgaʒə'māː] *nt* ❶ (*Eintreten*) commitment (**für** to) ❷ THEAT engagement

en·ga·gie·ren* [āga'ʒiːrən] I. *vt* **jdn ~** to engage sb; **wir engagierten ihn als Leibwächter** we took him on as a bodyguard II. *vr* **sich [für jdn/etw] ~** to be committed [to sb/sth]; ■ **sich dafür ~, dass ...** to support the idea that ...

en·ga·giert [āga'ʒiːɐt] *adj* (*geh*) politisch/sozial **~** politically/socially committed; **ökologisch ~ sein** to be involved in ecological matters

eng·an·lie·gendALT *adj attr Kleid* close-fitting; *Hose* very tight **eng·be·freun·det**ALT *adj attr* **~ sein** to be close friends

En·ge <-, -n> ['ɛŋə] *f* ❶ *kein pl* (*schmale Beschaffenheit*) narrowness ❷ *kein pl* (*Beschränktheit*) confinement

En·gel <-s, -> ['ɛŋl] *m* angel

En·gel(s)·ge·duld *f* **eine [wahre] ~ haben** to have the patience of a saint **En·gel(s)·zun·gen** *pl* **[wie] mit ~ reden** to use all one's powers of persuasion

eng·her·zig *adj* ■ **[in etw** *dat*] **~ sein** to be petty [about sth]

Eng·land <-s> ['ɛŋlant] *nt* England; *s. a.* **Deutschland**

Eng·län·der(in) <-s, -> ['ɛŋlɛndɐ] *m(f)* Englishman *masc*, Englishwoman *fem*; ■ **die ~** the English

eng·lisch ['ɛŋlɪʃ] *adj* English; *s. a.* **deutsch**
Eng·lisch ['ɛŋlɪʃ] *nt dekl wie adj* English; **auf ~** in English; *s. a.* **Deutsch**

eng·ma·schig ['ɛŋmaʃɪç] *adj* close-meshed **Eng·pass**RR <-es, Engpässe>, **Eng·paß**ALT <-sses, Engpässe> *m* ❶ GEOG [narrow) pass ❷ (*Fahrbahnverengung*) bottleneck ❸ (*Verknappung*) bottleneck

eng·stir·nig ['ɛŋʃtɪrnɪç] **I.** *adj* narrow-minded **II.** *adv* narrow-mindedly; **~ denken/handeln** to think/act in a narrow-minded way

En·kel(in) <-s, -> ['ɛŋkl] *m(f)* grandchild

En·kel <-s, -> ['ɛŋkl] *m* DIAL (*Fußknöchel*) ankle

En·kel·kind *nt* grandchild **En·kel·sohn** *m* (*geh*) grandson **En·kel·toch·ter** *f* (*geh*) *fem form von* **Enkelsohn** granddaughter

enorm [e'nɔrm] **I.** *adj* enormous; *Summe* vast **II.** *adv* (*fam*) tremendously; **~ viel/viele** an enormous amount/number

en pas·sant [ãpa'sã:] *adv* en passant

En·sem·ble <-s, -s> [ã'sãbl] *nt* ensemble

ent·ar·ten* [ɛnt'aːɐ̯tn] *vi sein* ■ [**zu etw** *dat*] **~** to degenerate [into sth]

ent·beh·ren* [ɛnt'beːrən] **I.** *vt* ❶ (*ohne auskommen*) ■ **jdn/etw ~ können** to be able to do without sb/sth ❷ (*geh: vermissen*) ■ **jdn/etw ~** to miss sb/sth **II.** *vi* (*geh*) to go without

ent·behr·lich *adj* dispensable

Ent·beh·rung <-, -en> *f meist pl* privation

ent·bin·den* *irreg* **I.** *vt* ❶ MED to deliver; ■ **[von einem Kind] entbunden werden** to give birth to a baby ❷ (*dispensieren, befreien*) ■ **jdn von etw** *dat* **~** to release sb from sth **II.** *vi* to give birth

Ent·bin·dung *f* delivery

Ent·bin·dungs·kli·nik *f* maternity clinic

Ent·bin·dungs·sta·ti·on *f* maternity ward

ent·blö·ßen* [ɛnt'bløːsn̩] *vt* (*geh*) ■ **etw ~** to expose sth; ■ **sich ~** to take one's clothes off

ent·bren·nen* *vi irreg sein* (*geh: ausbrechen*) to break out

ent·de·cken* *vt* ❶ (*zum ersten Mal finden*) to discover ❷ (*ausfindig machen*) ■ **jdn/etw ~** to find sb/sth; *Fehler* to spot

Ent·de·cker(in) <-s, -> [ɛnt'dɛkɐ] *m(f)* discoverer

Ent·de·ckung *f* discovery

Ent·de·ckungs·rei·se *f* voyage of discovery

En·te <-, -n> ['ɛntə] *f* ❶ ORN duck ❷ (*fam: Zeitungs~*) canard ❸ AUTO (*fam: Citroen 2 CV*) "deux-chevaux" ▶ **lahme ~** (*fam*) slowcoach

ent·eh·ren* *vt* ■ **jdn/etw ~** to dishonour sb/sth

ent·eig·nen* *vt* JUR ■ **jdn ~** to dispossess sb

Ent·eig·nung <-, -en> *f* JUR dispossession

ent·er·ben* *vt* ■ **jdn ~** to disinherit sb

En·te·rich <-s, -e> ['ɛntərɪç] *m* ORN drake

en·tern ['ɛntɐn] *vt haben* to board; **ein Schiff ~** to board a ship [with violence]

En·ter·tai·ner(in) <-s, -> [ɛntɐ'teːnɐ] *m(f)* entertainer

ent·fa·chen* [ɛnt'faxn̩] *vt* (*geh*) ❶ (*zum Brennen bringen*) to kindle; *Brand* to start ❷ (*entfesseln*) to provoke; *Leidenschaft* to arouse

ent·fah·ren* *vi irreg sein* ■ **jdm** sth escapes sb's lips

ent·fal·len* *vi irreg sein* ❶ (*dem Gedächtnis entschwinden*) ■ **jdm ~** to slip sb's mind ❷ (*wegfallen*) to be dropped ❸ (*als Anteil zustehen*) ■ **auf jdn ~** to be allotted to sb ❹ (*geh: herunterfallen*) ■ **jdm ~** to slip from sb's hand[s]

ent·fal·ten* **I.** *vt* ❶ (*auseinanderfalten*) *Landkarte, Brief* to unfold ❷ (*beginnen, entwickeln*) *Fähigkeiten, Kräfte* to develop ❸ (*darlegen*) ■ **etw ~** to set sth forth ❹ (*zur Geltung bringen*) to display **II.** *vr* ❶ (*sich öffnen*) ■ **sich [zu etw** *dat*] **~** *Blüte, Fallschirm* to open [into sth] ❷ (*sich voll entwickeln*) ■ **sich ~** to develop to the full

Ent·fal·tung <-, -en> *f* ❶ (*das Entfalten*) unfolding ❷ (*Entwicklung*) development; **zur ~ kommen** to develop

ent·fär·ben* **I.** *vt* ■ **etw ~** to remove the colour from sth **II.** *vr* ■ **sich ~** to lose its colour

ent·fer·nen* [ɛnt'fɛrnən] **I.** *vt* ❶ (*beseitigen*) ■ **etw ~** to remove sth (**aus/von** from) ❷ MED **jdm den Blinddarm ~** to take out sb's appendix ❸ (*weit abbringen*) ■ **jdn von etw** *dat* **~** to take sb away from sth **II.** *vr* ❶ (*weggehen*) ■ **sich ~** to go away (**von/aus** from); **sich vom Weg ~** to go off the path ❷ (*nicht bei etw bleiben*) ■ **sich von etw** *dat* **~** to depart from sth

ent·fernt I. *adj* ❶ (*weitläufig*) distant ❷ (*gering*) *Ähnlichkeit* slight; *Ahnung* vague ❸ (*abgelegen*) remote; **7 Kilometer von hier ~** 7 kilometres [away] from here; **zu weit ~** too far [away] **II.** *adv* vaguely; **weit davon ~ sein, etw zu tun** to not have the slightest intention of doing sth

Ent·fer·nung <-, -en> *f* ❶ (*Distanz*) distance ❷ ADMIN (*geh: Ausschluss*) **~ aus dem Amt** removal from office

ent·fes·seln* *vt* (*auslösen*) to unleash

ent·feuch·ter <-s, -> *m* dehumidifier

ent·flam·men* [ɛnt'flamən] **I.** *vt haben* ❶ (*anzünden*) to light ❷ *Leidenschaft* to [a]rouse **II.** *vr haben* ❶ (*sich entzünden*) ■ **sich ~** to ignite; **das Gasgemisch hat sich entflammt** the gas mixture burst into flames ❷ (*sich begeistern*) **sie entflammte sich für seine Idee** she was filled with enthusiasm for his idea **III.** *vi sein* (*geh: plötzlich entstehen*) **ein Kampf um die Macht ist entflammt** a struggle for power has broken out

ent·flie·hen* vi irreg sein (geh) ▪[aus etw dat] ~ to escape from sth

ent·frem·den* [ɛntˈfrɛmdn] I. vt to estrange; ▪etw seinem Zweck ~ to use sth for a different purpose; (falscher Zweck) to use sth for the wrong purpose II. vr ▪sich jdm ~ to become estranged from sb

Ent·frem·dung <-, -en> f estrangement

ent·füh·ren* vt ▪jdn ~ to abduct sb; Fahrzeug, Flugzeug to hijack

Ent·füh·rer(in) m(f) kidnapper; eines Fahrzeugs/Flugzeugs hijacker

Ent·füh·rung f kidnapping; eines Fahrzeugs/Flugzeugs hijacking

ent·ge·gen [ɛntˈgeːɡn̩] I. adv (geh) towards II. präp against; ~ **meiner Bitte** contrary to my request

ent·ge·gen|brin·gen vt irreg (bezeigen) ▪jdm etw ~ to display sth towards sb; einer Idee Interesse ~ to show interest in an idea

ent·ge·gen|fah·ren vi irreg sein ▪jdm ~ to go to meet sb **ent·ge·gen|fie·bern*** vi ▪einer S. dat ~ to feverishly look forward to sth

ent·ge·gen|ge·hen vi irreg sein ▪jdm ~ to go to meet sb; **dem Ende/seiner Vollendung ~** to near an end/completion; **dem sicheren Tod ~** to face certain death

ent·ge·gen·ge·setzt [ɛntˈgeːɡŋ̍ɡəzɛtst] I. adj ⓵ (gegenüberliegend) opposite ⓶ (einander widersprechend) opposing; Auffassungen conflicting II. adv ~ **denken/handeln** to think/do the exact opposite

ent·ge·gen|hal·ten vt irreg ⓵ (in eine bestimmte Richtung halten) ▪jdm etw ~ to hold out sth towards sb ⓶ (einwenden) jdm einen Einwand ~ to express an objection to sb; einem Vorschlag einen anderen ~ to counter one suggestion with another

ent·ge·gen|kom·men [ɛntˈgeːɡŋ̍kɔmən] vi irreg sein ⓵ (in jds Richtung kommen) ▪jdm ~ to come to meet sb ⓶ (Zugeständnisse machen) ▪jdm/einer S. dat ~ to accommodate sb/sth ⓷ (entsprechen) ▪jdm/einer S. dat ~ to fit in with sb/sth

Ent·ge·gen·kom·men <-s, -> [ɛntˈgeːɡŋ̍kɔmən] nt ⓵ (gefällige Haltung) cooperation ⓶ (Zugeständnis) concession

ent·ge·gen·kom·mend adj obliging

ent·ge·gen|lau·fen vi irreg sein ⓵ (in jds Richtung laufen) ▪jdm ~ to run to meet sb ⓶ (im Gegensatz stehen) ▪einer S. dat ~ to run counter to sth

ent·ge·gen|neh·men vt irreg ▪etw ~ Lieferung to receive sth; **nehmen Sie meinen Dank entgegen** (form) please accept my gratitude

ent·ge·gen|schla·gen vi irreg sein ▪jdm ~ to meet sb

ent·ge·gen|se·hen vi irreg ⓵ (geh: erwarten) ▪einer S. dat ~ to await sth ⓶ (in jds Richtung sehen) ▪jdm/etw ~ to watch sb/sth

ent·ge·gen|set·zen I. vt ▪einer S. dat etw ~ to oppose sth with sth; einer Forderung etw ~ to counter a claim; einer S. dat Alternativen ~ to put forward alternatives to sth II. vr ▪sich einer S. dat ~ to resist sth

ent·ge·gen|ste·hen vi irreg ▪einer S. dat ~ to stand in the way of sth

ent·ge·gen|stel·len vr ▪sich jdm/einer S. dat ~ to resist sth/sb

ent·ge·gen|steu·ern vi to act against; Entwicklung, Trend to counter; **dem Altern ~** to counteract the ageing process

ent·ge·gen|tre·ten vi irreg sein ⓵ (in den Weg treten) ▪jdm ~ to walk up to sb ⓶ (sich zur Wehr setzen) ▪einer S. dat ~ to counter sth

ent·ge·gen|wir·ken vi ▪einer S. dat ~ to oppose sth

ent·geg·nen* [ɛntˈgeːɡnən] vt to reply

Ent·geg·nung <-, -en> f reply

ent·ge·hen* vi irreg sein ⓵ (entkommen) ▪jdm/einer S. dat ~ to escape sb/sth ⓶ (nicht bemerkt werden) ▪etw entgeht jdm sth escapes sb['s notice] ⓷ (versäumen) ▪sich dat etw ~ lassen to miss sth

ent·geis·tert [ɛntˈɡaɪstɐt] I. adj dumbfounded II. adv in amazement

Ent·gelt <-[e]s, -e> [ɛntˈɡɛlt] nt ⓵ (Bezahlung) payment; (Entschädigung) compensation ⓶ (Gebühr) **gegen ~** for a fee; **ohne ~** for nothing

ent·gif·ten* [ɛntˈɡɪftn̩] vt ⓵ ÖKOL to decontaminate ⓶ MED to detoxify; Blut to purify

ent·glei·sen* [ɛntˈɡlaɪzn̩] vi sein ⓵ (aus den Gleisen springen) to be derailed; **etw zum E~ bringen** to derail sth ⓶ (geh: ausfallend werden) to make a gaffe

Ent·glei·sung <-, -en> f ⓵ (das Entgleisen) derailment ⓶ (Taktlosigkeit) gaffe

ent·glei·ten* vi irreg sein ⓵ (geh: aus den Händen gleiten) ▪etw entgleitet jdm sb loses his/her grip on sth ⓶ (verloren gehen) ▪jdm ~ to slip away from sb

ent·grä·ten* [ɛntˈɡrɛːtn̩] vt to bone

ent·haa·ren* vt to depilate

Ent·haa·rung <-, -en> f depilation

Ent·haa·rungs·creme f depilatory cream

ent·hal·ten* irreg I. vt ⓵ (in sich haben) to contain ⓶ (umfassen) to include (**in** in) II. vr (verzichten) to refrain; **sich des Alkohols/Rauchens ~** to abstain from alcohol/smoking

ent·halt·sam [ɛntˈhaltzaːm] I. adj [self-]restrained; (genügsam) abstinent; (keusch) chaste II. adv **völlig ~ leben** to live a completely abstinent life

Ent·halt·sam·keit <-> f kein pl abstinence; (sexuelle Abstinenz) chastity

Ent·hal·tung f POL abstention
ent·här·ten* vt to soften
ent·haup·ten* [ɛntˈhaʊptn̩] vt jdn ~ (durch Scharfrichter) to behead sb; (durch Unfall) to decapitate sb
ent·he·ben* vt irreg jdn einer S. gen ~ ❶ (suspendieren) to relieve sb of sth ❷ (geh: entbinden) to release sb from sth
ent·hem·men* I. vt (von Hemmungen befreien) jdn ~ to make sb lose their inhibitions II. vi (enthemmend wirken) to have a disinhibiting effect
ent·hemmt I. adj disinhibited II. adv uninhibitedly
ent·hül·len* vt [jdm] etw ~ ❶ (aufdecken) to reveal sth [to sb] ❷ (von einer Bedeckung befreien) to unveil sth [to sb]
Ent·hül·lung <-, -en> f ❶ (die Aufdeckung) disclosure; von Skandal, Lüge exposure no pl, no indef art ❷ (das Enthüllen) von Denkmal, Gesicht unveiling
Ent·hül·lungs·jour·na·lis·mus <-> f kein pl investigative journalism
En·thu·si·as·mus <-> [ɛntuˈzi̯asmʊs] m kein pl enthusiasm
en·thu·si·as·tisch I. adj enthusiastic II. adv enthusiastically
ent·jung·fern [ɛntˈjʊŋfɐn] vt jdn ~ to deflower sb
ent·kal·ken* vt to decalcify
ent·ker·nen* [ɛntˈkɛrnən] vt etw ~ ❶ (von Kernen befreien) to stone sth; Apfel to core sth ❷ ARCHIT to remove the core of sth
ent·kno·ten* vt to untie
ent·kof·fe·i·niert [ɛntkɔfeiˈniːɐ̯t] adj decaffeinated
ent·kom·men* vi irreg sein to escape
Ent·kom·men <-> nt kein pl escape; es gibt [für jdn] kein ~ aus etw dat there is no escape [for sb] from sth
ent·kor·ken* [ɛntˈkɔrkn̩] vt to uncork
ent·kräf·ten* [ɛntˈkrɛftn̩] vt ❶ (kraftlos machen) jdn ~ (durch Anstrengung) to weaken sb; (durch Krankheit) to debilitate sb form ❷ (widerlegen) etw ~ to refute sth
Ent·kri·mi·na·li·sie·rung [ɛntkriminaliˈziːrʊŋ] f JUR decriminalization
ent·la·den* irreg I. vt ❶ (Ladung herausnehmen) to unload ❷ ELEK to drain II. vr ❶ (zum Ausbruch kommen) sich ~ Gewitter, Sturm to break ❷ ELEK sich ~ Akku, Batterie to run down ❸ (fig: plötzlich ausbrechen) sich ~ Begeisterung, Zorn etc. to be vented
ent·lang [ɛntˈlaŋ] I. präp (längs) along; den Fluss ~ along the river II. adv an etw dat ~ along sth; hier ~ this/that way
ent·lang|fah·ren vt irreg sein ❶ Straße to drive along ❷ (eine Linie nachziehen) to trace **ent·lang|ge·hen** irreg I. vt sein (zu Fuß folgen) etw ~ to go along sth II. vi sein an etw dat ~ ❶ (parallel zu etw gehen) to go along the side of sth ❷ (parallel zu etw verlaufen) to run alongside sth
ent·lar·ven* [ɛntˈlarfn̩] vt jdn/etw [als etw akk] ~ Dieb, Spion to expose sb/sth [as sth]; sie entlarvte sich als Lügnerin she showed herself to be a liar
ent·las·sen* vt irreg ❶ (kündigen) jdn ~ (Stellen abbauen) to make sb redundant; (gehen lassen) to dismiss sb ❷ MED, MIL to discharge sb; die Schüler wurden ins Berufsleben ~ the pupils left school to start working life ❸ (geh: entbinden) jdn aus etw dat ~ to release sb from sth
Ent·las·sung <-, -en> f (Kündigung) redundancy [notice] BRIT, pink slip AM
Ent·las·sungs·grund m grounds pl for dismissal
ent·las·ten* vt ❶ JUR jdn [von etw dat] ~ to clear sb [of sth] ❷ (von einer Belastung befreien) jdn ~ to relieve sb
Ent·las·tung <-, -en> f ❶ JUR exoneration; zu jds ~ in sb's defence ❷ (das Entlasten) relief; zu jds ~ in order to lighten sb's load
ent·lau·fen*¹ vi irreg sein jdm ~ to run away from sb
ent·lau·fen² adj (entflohen) escaped; (weggelaufen) on the run
ent·le·di·gen* [ɛntˈleːdɪɡn̩] vr sich einer S. gen ~ ❶ (geh: ablegen) to put sth down; Kleidungsstück to remove sth ❷ (loswerden) to get rid of sth
ent·lee·ren* vt to empty
ent·le·gen [ɛntˈleːɡn̩] adj remote
ent·lei·hen* vt irreg etw ~ to borrow sth (von/aus from)
ent·lo·cken* vt jdm etw ~ to elicit sth from sb
ent·loh·nen* vt jdn [für etw akk] ~ ❶ (bezahlen) to pay sb [for sth] ❷ (entgelten) to reward sb [for sth]
Ent·loh·nung <-, -en> f payment
ent·mach·ten* [ɛntˈmaxtn̩] vt jdn/etw ~ to disempower sb/sth
ent·mi·li·ta·ri·sie·ren* [ɛntmilitariˈziːrən] vt to demilitarize
ent·mün·di·gen* [ɛntˈmʏndɪɡn̩] vt jdn ~ lassen to have sb declared legally incapable
Ent·mün·di·gung <-, -en> f JUR legal incapacitation
ent·mu·ti·gen* [ɛntˈmuːtɪɡn̩] vt jdn ~ to discourage sb; sich ~ lassen to be discouraged
Ent·nah·me <-, -n> [ɛntˈnaːmə] f removal; von Blut extraction
ent·neh·men* vt irreg ❶ (herausnehmen)

■ etw ~ to take sth (+*dat* from) ❷ MED ■ jdm etw ~ to extract sth from sb ❸ (*fig: aus etw schließen*) ■ etw aus etw *dat* ~ to infer sth from sth *form;* aus etw *dat* ~, dass ... to gather from sth that ...

ent·nervt I. *adj* (*der Nerven beraubt*) nerve-[w]racked; (*der Kraft beraubt*) enervated **II.** *adv* out of nervous exhaustion

ent·pup·pen* [ɛntˈpʊpn̩] *vr* (*fig: sich enthüllen*) ■ sich [als etw *akk*] ~ to turn out to be sth

ent·rah·men* *vt* to skim

ent·rei·ßen* *vt irreg* ❶ (*wegreißen*) ■ jdm etw ~ to snatch sth [away] from sb ❷ (*geh: retten*) ■ jdn einer S. *dat* ~ to rescue sb from sth

ent·rich·ten* *vt* (*geh*) *Gebühren, Steuern* to pay

Ent·rin·nen *nt* es gab kein ~ mehr there was no escape

ent·rin·nen* *vi irreg sein* (*geh: entkommen*) ■ jdm/etw ~ to escape from sb/sth

ent·rückt *adj* enraptured

ent·rüm·peln* *vt* ■ etw ❶ (*von Gerümpel befreien*) to clear sth out *sep* ❷ (*fig: von Unnützem befreien*) to tidy sth up *sep*

ent·rüs·ten* I. *vt* (*empören*) ■ jdn ~ to make sb indignant; (*stärker*) to outrage sb **II.** *vr* (*sich empören*) ■ sich über jdn/etw ~ to be indignant about sb/sth; (*stärker*) to be outraged by sb/sth

ent·rüs·tet *I. adj* indignant (**über** about/at) **II.** *adv* indignantly

Ent·rüs·tung *f* indignation (**über** about)

ent·sa·gen* *vi* (*geh*) ■ einer S. *dat* ~ to renounce sth

ent·schä·di·gen* *vt* ■ jdn [für etw *akk*] ~ ❶ (*Schadensersatz leisten*) to compensate sb [for sth] ❷ (*ein lohnender Ausgleich sein*) to make up to sb [for sth]

Ent·schä·di·gung *f* compensation

ent·schär·fen* *vt* (*a. fig*) ■ etw ~ to defuse sth

ent·schei·den* *irreg* **I.** *vt* ❶ (*beschließen*) to decide; (*gerichtlich*) to rule ❷ (*endgültig klären*) to settle **II.** *vi* (*beschließen*) to decide (**über** on); **hier entscheide ich!** I make the decisions here!; ■ für/gegen jdn/etw ~ to decide in favour/against sb/sth; (*gerichtlich*) to rule in favour/against sb/sth **III.** *vr* ❶ (*eine Entscheidung treffen*) ■ sich [dazu] ~ to decide ❷ (*sich herausstellen*) **es hat sich noch nicht entschieden, wer die Stelle bekommen wird** it hasn't been decided who will get the job

ent·schei·dend [ɛntˈʃaɪdn̩t] **I.** *adj* ❶ (*ausschlaggebend*) decisive ❷ (*gewichtig*) crucial **II.** *adv* (*in entschiedenem Maße*) decisively

Ent·schei·dung *f* ❶ (*Beschluss*) decision; **die ~ liegt bei jdm** it is for sb to decide; **vor einer ~ stehen** to be confronted with a decision; **jdn vor eine ~ stellen** to leave a decision to sb; **eine ~ treffen** to make a decision ❷ JUR ruling

ent·schei·dungs·freu·dig *adj* willing to make a decision

ent·schie·den [ɛntˈʃiːdn̩] **I.** *pp von* **entscheiden II.** *adj* ❶ (*entschlossen*) resolute ❷ (*eindeutig*) definite **III.** *adv* ❶ (*entschlossen*) **den Vorschlag lehne ich ganz ~ ab** I categorically reject the proposal ❷ (*eindeutig*) **diesmal bist du ~ zu weit gegangen** this time you've definitely gone too far

Ent·schie·den·heit <-, -en> *f* determination; **etw mit [aller] ~ ablehnen** to refuse sth flatly; **mit ~ dementieren** to deny categorically

ent·schla·cken* [ɛntˈʃlakn̩] **I.** *vt* (*von Schlacken befreien*) to purify **II.** *vi* (*entschlackend wirken*) to have a purifying effect

ent·schlie·ßen* *vr irreg* (*sich entscheiden*) ■ sich ~ to decide (**für/zu** on); **sich zu nichts ~ können** to be unable to make up one's mind

Ent·schlie·ßung *f* (*geh: Entschluss*) decision

ent·schlos·sen [ɛntˈʃlɔsn̩] **I.** *pp von* **entschließen II.** *adj* (*zielbewusst*) determined; **fest ~** absolutely determined; **etw kurz ~ tun** [to decide] to do sth straight away; **zu allem ~** determined to do anything **III.** *adv* resolutely

Ent·schlos·sen·heit <-> *f kein pl* determination

ent·schlüp·fen* *vi* ❶ (*entkommen*) ■ [jdm] ~ to escape [from sb] ❷ (*fig: entfahren*) ■ etw entschlüpft jdm *Bemerkung, Worte* sb lets sth slip

Ent·schluss^RR <-es, Entschlüsse> *m*, **Ent·schluß**^ALT <-sses, Entschlüsse> [ɛntˈʃlʊs] *m* decision; **aus eigenem ~ handeln** to act on one's own initiative; **jds fester ~ sein, etw [nicht] zu tun** to be sb's firm intention [not] to do sth; **seinen ~ ändern** to change one's mind; **einen ~ fassen** to make a decision; **zu einem ~ kommen** to reach a decision; **zu keinem ~ kommen** to be unable to come to a decision

ent·schlüs·seln* [ɛntˈʃlʏsl̩n] *vt* to decode

ent·schluss·freu·dig^RR *adj* decisive

ent·schuld·bar [ɛntˈʃʊltbaːɐ̯] *adj* excusable

ent·schul·di·gen* [ɛntˈʃʊldɪɡn̩] **I.** *vi* (*als Höflichkeitsformel*) ~ **Sie** excuse me **II.** *vr* ❶ (*um Verzeihung bitten*) ■ sich ~ to

sich entscheiden

nach Entschlossenheit fragen / asking about strength of opinion

Sind Sie sicher, dass Sie das wollen?	Are you sure you want it/that?
Haben Sie sich das gut überlegt?	Have you considered it carefully?
Wollen Sie nicht lieber dieses Modell?	Wouldn't you rather have this model?

Entschlossenheit ausdrücken / expressing determination

Ich habe mich entschieden: Ich werde an der Feier nicht teilnehmen.	I have decided to give the celebration a miss.
Ich habe mich dazu durchgerungen, ihr alles zu sagen.	I have made up my mind to tell her everything.
Wir sind (fest) entschlossen, nach Australien auszuwandern.	We are (absolutely) determined to emigrate to Australia.
Ich lasse mich von nichts/niemandem davon abbringen, es zu tun.	Nothing/Nobody is going to stop me doing it.
Ich werde auf keinen Fall kündigen.	On no account shall I hand in my notice.

Unentschlossenheit ausdrücken / expressing indecision

Ich weiß noch nicht, was ich tun soll.	I don't know what I should do.
Wir sind uns noch im Unklaren darüber, was wir tun werden.	We are still unsure about what we are going to do.
Ich bin mir noch unschlüssig, ob ich die Wohnung mieten soll oder nicht.	I can't decide whether or not to take the flat.
Ich habe mich noch nicht entschieden.	I haven't decided yet.
Ich bin noch zu keinem Entschluss darüber gekommen.	I haven't reached a decision about it yet.

---

apologize ❷ (*eine Abwesenheit begründen*) ■**sich ~** to ask to be excused **III.** *vt* ❶ (*als verzeihlich begründen*) ■**etw mit etw** *dat* **~** to use sth as an excuse for sth ❷ (*eine Abwesenheit begründen*) ■**jdn bei jdm ~** to ask sb to excuse sb ❸ (*als verständlich erscheinen lassen*) ■**etw ~** to excuse sth

ent·schul·di·gend *adj* apologetic

Ent·schul·di·gung <-, -en> *f* ❶ (*Bitte um Verzeihung*) apology; [**jdn**] [**wegen etw** *dat*] **um ~ bitten** to apologize [to sb] [for sth] ❷ (*Begründung, Rechtfertigung*) **als ~ für etw** *akk* as an excuse for sth; **was haben Sie zu Ihrer ~ zu sagen?** what have you got to say in your defence? ❸ (*als Höflichkeitsformel*) **~!** sorry! ❹ SCH note

ent·schwin·den* *vi irreg sein* (*geh*) ❶ (*verschwinden*) to vanish ❷ (*rasch vergehen*) to pass quickly

ent·sen·den* *vt irreg o reg* ■**jdn ~** to send sb; *Boten* to dispatch sb

Ent·sen·dung *f* (*von Abgeordneten*) dispatch

ent·set·zen* **I.** *vt* (*in Grauen versetzen*) ■**jdn ~** to horrify sb **II.** *vr* (*die Fassung verlieren*) ■**sich ~** to be horrified (**über** at)

Ent·set·zen <-s> *nt kein pl* (*Erschrecken*) horror; **voller ~** filled with horror; **mit ~** horrified

ent·setz·lich [ɛntˈzɛtslɪç] **I.** *adj* ❶ (*schrecklich*) dreadful ❷ (*fam: sehr stark*) terrible **II.** *adv* ❶ (*in furchtbarer Weise*) terribly; **~ aussehen** to look awful ❷ *intensivierend* (*fam*) awfully

ent·setzt I. *adj* horrified; **■~ sein** to be horrified (**über** by) **II.** *adv* (*großes Entsetzen zeigend*) **sie schrie ~ auf** she let out a horrified scream

ent·si·chern* *vt* ■**etw ~** to release the safety catch on sth

sich entschuldigen

zugeben, eingestehen | admitting, confessing

Ich bin schuld daran.	It's my fault.
Ja, es war mein Fehler.	Yes, it was my mistake.
Da habe ich Mist gebaut. (*sl*)	I've really messed that/things up (*fam*).
Ich gebe es ja zu: Ich habe zu vorschnell gehandelt.	I admit I acted too hastily.
Sie haben Recht, ich hätte mir die Sache gründlicher überlegen **sollen**.	You are right, I should have given the matter more consideration.

sich entschuldigen | apologizing

(Oh,) das hab ich nicht gewollt! –	(Oh,) I didn't mean to do that!
Das tut mir leid!	I'm sorry!
Entschuldigung!/Verzeihung!/Pardon!	Excuse me!/Sorry!/I beg your pardon!
Entschuldigen Sie bitte!	Please excuse me!/I'm sorry!
Das war nicht meine Absicht. (*form*)	That wasn't my intention. (*form*)
Ich muss mich dafür wirklich entschuldigen.	I really must apologize.

auf Entschuldigungen reagieren | accepting apologies

Schon okay! (*fam*)/Das macht doch nichts!	That's okay!/It doesn't matter at all!
Keine Ursache!/Macht nichts!	That's all right!/Never mind!
Machen Sie sich darüber keine Gedanken.	Don't worry about it.
Lass dir da mal keine grauen Haare wachsen. (*fam*)	Don't lose any sleep over it. (*fam*)

ent·sin·nen* *vr irreg* (*geh*) to remember; **wenn ich mich recht entsinne** if I remember correctly

ent·sor·gen* *vt* ÖKOL ① (*wegschaffen*) ■ **etw ~** to dispose of sth ② (*von Abfallstoffen befreien*) ■ **eine Stadt ~** to dispose of a town's waste

Ent·sor·gung <-, -en> *f* waste disposal

ent·span·nen* I. *vr* ■ **sich ~** ① (*relaxen*) to unwind ② (*sich glätten*) to relax ③ POL *a.* (*sich beruhigen*) to ease II. *vt* ■ **etw ~** ① (*lockern*) to relax sth ② (*Spannung beseitigen*) to ease sth

Ent·span·nung *f* ① (*innerliche Ruhe*) relaxation; **zur ~** for relaxation ② POL easing of tension

Ent·span·nungs·übung *f meist pl* relaxation exercise

ent·spre·chen* *vi irreg* ■ **einer S.** *dat* **~** ① (*übereinstimmen*) to correspond to sth ② (*genügen*) to fulfil sth ③ (*geh: nachkommen*) to comply with sth

ent·spre·chend [ɛntˈʃprɛçnt] I. *adj* ① (*angemessen*) appropriate ② (*zuständig*) relevant II. *präp* in accordance with

Ent·spre·chung <-, -en> *f* equivalence

ent·sprin·gen* *vi irreg sein* ■ **einer S.** *dat* **~** ① GEOG to rise from sth ② (*seinen Ursprung haben*) to spring from sth

ent·stam·men* *vi sein* ■ **einer S.** *dat* **~** ① (*aus etw stammen*) to come from sth ② (*aus einer bestimmten Zeit stammen*) to originate from sth; (*abgeleitet sein*) to be derived from sth

ent·ste·hen* *vi irreg sein* ■ **[aus etw** *dat***/durch etw** *akk***] ~** ① (*zu existieren begin-*

nen) to come into being [from sth] ❷ (verursacht werden) to arise [from sth] ❸ CHEM (sich bilden) to be produced [from/through sth] ❹ (sich ergeben) to arise [from sth]
Ent·ste·hung <-, -en> f ❶ (das Werden) creation; des Lebens origin; eines Gebäudes construction ❷ CHEM formation
ent·stei·gen* vi irreg sein (geh) ■ einer S. dat ~ ❶ (aussteigen) to alight from sth form ❷ (aufsteigen) Dampf, Rauch to rise from sth
ent·stel·len* vt ❶ (verunstalten) to disfigure ❷ (verzerren) der Schmerz entstellte ihre Züge her features were contorted with pain ❸ (verzerrt wiedergeben) etw entstellt wiedergeben to distort sth
Ent·stel·lung f ❶ (entstellende Narbe) disfigurement ❷ (Verzerrung) der Tatsachen, Wahrheit distortion
ent·stö·ren* vt ■ etw ~ ❶ TELEK (von Störungen befreien) to eliminate interference in sth ❷ ELEK (von Interferenzen befreien) to fit a suppressor to sth
ent·strö·men* vi sein (geh) ■ einer S. dat ~ to pour out of sth; Gas, Luft to escape from sth
ent·täu·schen* I. vt ❶ (Erwartungen nicht erfüllen) ■ jdn ~ to disappoint sb ❷ (nicht entsprechen) jds Hoffnungen ~ to dash sb's hopes; jds Vertrauen ~ to betray sb's trust II. vi (enttäuschend sein) to be disappointing
ent·täu·schend adj disappointing
ent·täuscht I. adj disappointed (über about, von by) II. adv disappointedly
Ent·täu·schung f disappointment; jdm eine ~ bereiten to disappoint sb
ent·thro·nen* vt (geh) ■ jdn ~ to dethrone sb
ent·waff·nen* [ɛntˈvafnən] vt (a. fig) ■ jdn ~ to disarm sb
ent·waff·nend I. adj disarming II. adv disarmingly
Ent·war·nung f all-clear
ent·wäs·sern* vt ❶ AGR, BAU to drain ❷ MED to dehydrate
Ent·wäs·se·rung <-, -en>, **Ent·wäss·rung** <-, -en> f ❶ (von Moor, Gelände) drainage ❷ (Kanalisation) drainage [system] ❸ CHEM dehydration
ent·we·der [ɛntˈveːdɐ] konj ~ ... oder ... either ... or; ~ oder! yes or no!
ent·wei·chen* vi irreg sein ■ aus etw dat ~ ❶ (sich verflüchtigen) to leak [from sth] ❷ (geh: fliehen) to escape [from sth]
ent·wei·hen* vt ■ etw ~ to desecrate sth
ent·wen·den* vt (geh o hum) ■ [jdm] etw ~ to purloin sth [from sb]
ent·wer·fen* vt irreg ❶ (zeichnerisch gestalten) to sketch ❷ (designen) to design ❸ (im Entwurf erstellen) to draft
ent·wer·ten* vt ❶ (ungültig machen) to invalidate; Banknoten to demonetize ❷ (weniger wert machen) Preise to devalue
Ent·wer·tung f invalidation; (Wertminderung) devaluation
ent·wi·ckeln* I. vt ❶ (erfinden, entwerfen) a. FOTO to develop ❷ CHEM (entstehen lassen) to produce II. vr ❶ (zur Entfaltung kommen) ■ sich [zu etw dat] ~ to develop [into sth] ❷ (vorankommen) na, wie entwickelt sich euer Projekt? well, how is your project coming along? ❸ CHEM (entstehen) ■ sich ~ to be produced
Ent·wick·ler <-s, -> m FOTO developer
Ent·wick·lung <-, -en> f ❶ (das Entwickeln, das Entwerfen) a. FOTO development; [noch] in der ~ sein to be [still] in the development stage ❷ (das Vorankommen) progression ❸ CHEM (Entstehung) generation ❹ ÖKON, POL trend
Ent·wick·lungs·hel·fer(in) m(f) development aid worker **Ent·wick·lungs·hil·fe** f ❶ (Unterstützung unterentwickelter Länder) development aid ❷ (finanzielle Zuwendungen an Staaten) foreign aid **Ent·wick·lungs·land** nt developing country **Ent·wick·lungs·stu·fe** f stage of development
ent·wir·ren* [ɛntˈvɪrən] vt ■ etw ~ ❶ (auflösen) to disentangle sth ❷ (klar machen) to sort sth out sep
ent·wi·schen* vi sein to escape
ent·wöh·nen* [ɛntˈvøːnən] vt ❶ (der Mutterbrust) einen Säugling ~ to wean an infant ❷ (nicht mehr gewöhnt sein) er war jeglicher Ordnung völlig entwöhnt he had grown unaccustomed to any kind of order
ent·wür·di·gen* vt ■ jdn ~ to degrade sb
ent·wür·di·gend I. adj degrading II. adv degradingly
Ent·wurf m ❶ (Skizze) sketch ❷ (Design) design ❸ (schriftliche Planung) draft; im ~ sein to be in the planning stage
ent·wur·zeln* vt ❶ (aus dem Boden reißen) ■ etw ~ to uproot sth ❷ (heimatlos machen) ■ jdn ~ to uproot sb
ent·zie·hen* irreg I. vt ❶ ADMIN (aberkennen) ■ jdm etw ~ to withdraw sth from sb; jdm den Führerschein ~ to revoke sb's driving licence [or AM driver's license] ❷ (nicht länger geben) ■ jdm etw ~ to withdraw sth from sb II. vr ❶ (sich losmachen) to evade; sie wollte ihn streicheln, doch er entzog sich ihr she wanted to caress him, but he resisted her ❷ (nicht berühren) das entzieht sich meiner Kenntnis that's beyond my knowledge

Ent·zie·hungs·kur f cure for an addiction
ent·zif·fern* [ɛnt'tsɪfɐn] vt to decipher
ent·zü·cken* vt (begeistern) ■ jdn ~ to delight sb; [von etw dat] wenig entzückt sein (iron) not to be very pleased [about sth]
Ent·zü·cken <-s> nt kein pl delight; [über etw akk] in ~ geraten to go into raptures [over sth]
ent·zü·ckend [ɛnt'tsykn̩t] adj delightful
Ent·zug <-[e]s> m kein pl ❶ ADMIN revocation ❷ MED withdrawal; (Entziehungskur) withdrawal treatment
Ent·zugs·er·schei·nung f withdrawal symptom usu pl **Ent·zugs·kli·nik** f detoxification clinic
ent·zünd·bar adj inflammable; leicht ~ highly inflammable
ent·zün·den I. vt (geh: anzünden) to light II. vr ❶ MED ■ sich ~ to become inflamed ❷ (in Brand geraten) ■ sich ~ to catch fire ❸ (fig: aufflackern) ■ sich an etw dat ~ to be sparked off by sth; Begeisterung to be kindled by sth
ent·zün·det adj MED inflamed
ent·zünd·lich [ɛnt'tsʏntlɪç] adj ❶ (infektiös) inflammatory ❷ (entzündbar) inflammable
Ent·zün·dung f MED inflammation
ent·zwei [ɛnt'tsvaɪ] adj präd in two [pieces]; (zersprungen) broken
ent·zwei·en* [ɛnt'tsvaɪən] I. vt to cause people to fall out II. vr (sich überwerfen) ■ sich mit jdm ~ to fall out with sb
ent·zwei·ge·hen vi irreg sein to break [in two]
En·zy·klo·pä·die <-, -n> [ɛntsyklopɛ'diː, pl -'diːən] f encyclopaedia, encyclopedia esp AM
en·zy·klo·pä·disch [ɛntsyklo'pɛːdɪʃ] I. adj encyclopaedic, encyclopedic esp AM II. adv encyclopaedically, encyclopedically esp AM
En·zym <-s, -e> [ɛn'tsyːm] nt enzyme
Epen ['eːpən] pl von **Epos**
Epi·de·mie <-, -n> [epide'miː, pl -'miːən] f MED epidemic
Epi·lep·sie <-, -n> [epilɛ'psiː, pl -'psiːən] f epilepsy
Epi·lep·ti·ker(in) <-s, -> [epi'lɛptikɐ] m(f) epileptic
epi·lep·tisch [epi'lɛptɪʃ] I. adj epileptic II. adv to have a tendency towards epileptic fits
Epi·log <-s, -e> [epi'loːk, pl epi'loːɡə] m epilogue
episch ['eːpɪʃ] adj epic
Epi·so·de <-, -n> [epi'zoːdə] f episode
Epi·zen·trum [epi'tsɛntrʊm] nt epicentre
Epo·che <-, -n> [e'pɔxa] f epoch
Epos <-, Epen> ['eːpɔs, pl 'eːpən] nt epic

er <gen seiner, dat ihm, akk ihn> ['eːɐ̯] pron pers he; **sie ist ein Jahr jünger als ~** she is a year younger than him; **nicht möglich, ~ ist es wirklich!** unbelievable, it really is him!; **wenn ich ~ wäre,...** if I were him...
er·ach·ten* [ɛɐ̯'ʔaxtn̩] vt (geh) **es als Pflicht ~** to consider it to be one's duty
Er·ach·ten <-s> [ɛɐ̯'ʔaxtn̩] nt kein pl **mei·nes ~s** in my opinion
er·ah·nen* vt (geh) to guess; ■ etw ~ lassen to give an idea of sth
er·ar·bei·ten* vt ❶ (durch Arbeit erwerben) ■ [sich dat] etw ~ Vermögen to work for sth ❷ (erstellen) ■ etw ~ Entwurf to work out sth
Erb·an·la·ge f meist pl hereditary factor
er·bar·men* [ɛɐ̯'barmən] I. vt (leidtun) ■ jdn ~ to arouse sb's pity II. vr ■ sich jds/einer S. gen ~ to take pity on sb/sth
Er·bar·men <-s> [ɛɐ̯'barmən] nt kein pl pity; ■ ~ mit jdm [haben] to [have] pity for sb; **ohne ~** merciless[ly]
er·bärm·lich [ɛɐ̯'bɛrmlɪç] I. adj (pej) ❶ (fam: gemein) miserable ❷ (furchtbar) terrible; **~e Angst haben** to be terribly afraid ❸ (jämmerlich) Zustand wretched; [in etw dat] ~ **aussehen** (fam) to look terrible [in sth] II. adv (pej) ❶ (gemein) abominably ❷ (fam: furchtbar) terribly
er·bar·mungs·los [ɛɐ̯'barmʊŋsloːs] I. adj merciless II. adv mercilessly
er·bau·en* I. vt ❶ (errichten) to build ❷ (seelisch bereichern) ■ jdn ~ to uplift sb ❸ (fam: begeistert sein) ■ [von etw dat] **er·baut sein** to be enthusiastic [about sth]; **sie ist von meiner Idee nicht besonders er·baut** she isn't exactly thrilled with my idea II. vr (sich innerlich erfreuen) ■ sich an etw dat ~ to be uplifted by sth
Er·bau·er(in) <-s, -> m(f) architect
er·bau·lich adj (geh) edifying
Er·bau·ung <-, -en> f ❶ (Errichtung) building ❷ (seelische Bereicherung) edification
Er·be <-s> ['ɛrbə] nt kein pl ❶ (Erbschaft) inheritance no pl ❷ (fig: Hinterlassenschaft) legacy
Er·be, Er·bin <-n, -n> ['ɛrbə, 'ɛrbɪn] m, f JUR heir masc, heiress fem
er·be·ben* vi sein (geh) ❶ (beben) to tremble ❷ (zittern) ■ [vor etw dat] ~ to shake [with sth]
er·ben ['ɛrbn̩] I. vt ■ etw [von jdm] ~ to inherit sth [from sb] II. vi (Erbe sein) to receive an inheritance
er·beu·ten* [ɛɐ̯'bɔytn̩] vt ■ etw ~ ❶ (als Beute erhalten) to get away with sth ❷ (als Kriegsbeute bekommen) to capture sth ❸ (als Beute fangen) to carry off sth sep
Erb·fak·tor m hereditary factor **Erb·feh·ler**

m BIOL hereditary defect **Erb·fol·ge** *f* [line of] succession **Erb·gut** *nt kein pl* genetic make-up

Er·bin <-, -nen> ['ɛrbɪn] *f fem form von* **Erbe** heiress

er·bit·tert I. *adj* bitter **II.** *adv* bitterly
Er·bit·te·rung <-> *f kein pl* bitterness
Erb·krank·heit *f* hereditary disease
er·blas·sen* *vi sein (erbleichen)* ■ **[vor etw** *dat]* ~ to go pale [with sth]; ■ **jdn** ~ **lassen** to make sb go pale
Erb·las·ser(in) <-s, -> ['ɛrblasɐ] *m(f)* JUR testator
er·blei·chen* *vi sein (geh)* ■ **[vor etw** *dat]* ~ to go pale [with sth]
erb·lich ['ɛrplɪç] **I.** *adj* hereditary **II.** *adv* by inheritance; **Krampfadern sind ~ bedingt** varicose veins are inherited
er·bli·cken* *vt (geh)* ■ **jdn/etw** ~ to catch sight of sb/sth
er·blin·den* ['ɛɐ̯'blɪndn̩] *vi sein* ■ **[durch etw** *akk]* ~ to go blind [as a result of sth]
Er·blin·dung <-, -en> *f* loss of sight
er·blü·hen* *vi sein (geh)* to bloom
Erb·mas·se *f* genetic make-up **Erb·on·kel** *m (hum fam)* rich uncle
er·bost [ɛɐ̯'boːst] *adj (geh)* ■ ~ **sein über jdn/etw** *akk* to be furious about sth/sb
er·bre·chen *irreg* **I.** *vt (ausspucken)* ■ **etw** ~ to bring up sth *sep;* **etw bis zum E~ tun** *(pej fam)* to do sth ad nauseam **II.** *vi (den Mageninhalt erbrechen)* to throw up *sl* **III.** *vr (sich übergeben)* ■ **sich** ~ to be sick
Erb·recht *nt* law of inheritance
er·brin·gen* *vt irreg* ● *(aufbringen)* a. FIN to raise; **eine hohe Leistung** ~ to perform well ❷ *(als Resultat zeitigen)* to produce ❸ JUR to produce
Erb·schaft <-, -en> ['ɛrpʃaft] *f* inheritance; **eine** ~ **antreten** to come into an inheritance
Erb·schlei·cher(in) <-s, -> *m(f)* legacy-hunter
Erb·se <-, -n> ['ɛrpsə] *f* pea
Erb·sen·sup·pe *f* pea soup **Erb·sen·zäh·ler(in)** *m(f) (pej sl)* pedant
Erb·sün·de *f* original sin **Erb·tan·te** *f (hum fam)* rich aunt
Erd·ach·se ['eːɐ̯daksə] *f* earth's axis
er·dacht [ɛɐ̯'daxt] *adj* invented
Erd·an·zie·hung *f kein pl* gravitational pull of the earth **Erd·ap·fel** *m* SÜDD, ÖSTERR *(Kartoffel)* potato **Erd·at·mo·sphä·re** *f* earth's atmosphere **Erd·ball** *m (geh)* s. **Erdkugel**
Erd·be·ben *nt* earthquake
Erd·bee·re ['eːɐ̯tbeːrə] *f* strawberry
Erd·be·völ·ke·rung *f* population of the earth **Erd·bo·den** *m* ground; **etw dem ~ gleichmachen** to raze sth to the ground; **als hätte ihn/sie der ~ verschluckt** as if the earth had swallowed him/her up

Er·de <-, -n> ['eːɐ̯də] *f* ● *kein pl (Welt)* earth; **auf der ganzen ~** in the whole world ❷ *(Erdreich)* earth; **fruchtbare ~** fertile soil ❸ *(Boden)* ground; **auf der ~** on the ground; **zu ebener ~** at street level ❹ ELEK *(Erdung)* earth ■ **jdn unter die ~ bringen** to be the death of sb

er·den ['eːɐ̯dn̩] *vt* ELEK to earth
er·den·ken* *vt irreg* to devise
er·denk·lich *adj attr* conceivable; **alles E~e tun** to do everything conceivable
erd·far·ben *adj* earth-coloured **Erd·gas** *nt* natural gas **Erd·ge·schoss**^RR *nt* ground [*or* AM first] floor; **im ~** on the ground [*or* AM first] floor
er·dich·ten* *vt (geh)* to fabricate
er·dig ['eːɐ̯dɪç] **I.** *adj* ● *(nach Erde riechend/schmeckend)* earthy ❷ *(mit Erde beschmutzt)* muddy **II.** *adv* ~ **schmecken** to have an earthy taste
Erd·ku·gel *f* globe **Erd·kun·de** *f* geography **Erd·nuss**^RR *f (Pflanze und Frucht)* peanut **Erd·ober·flä·che** *f* surface of the earth
Erd·öl *nt* oil **Erd·öl·vor·kom·men** *nt* oil deposit
Erd·reich *nt* earth
er·dreis·ten* [ɛɐ̯'draɪstn̩] *vr* ■ **sich** ~ to take liberties; ■ **sich ~, etw zu tun** to have the audacity to do sth
er·dröh·nen* *vi sein* ■ **[von etw** *dat]* ~ to resound [with sth]
er·dros·seln* *vt* ■ **jdn** ~ to strangle sb
er·drü·cken* *vt* ● *(zu Tode drücken)* ■ **jdn/ein Tier** ~ to crush sb/an animal to death ❷ *(fam: Eigenständigkeit nehmen)* ■ **jdn [mit etw** *dat]* ~ to stifle sb [with sth] ❸ *(sehr stark belasten)* ■ **jdn** ~ to overwhelm sb
Erd·rutsch *m (fig a.: überwältigender Wahlsieg)* landslide **Erd·stoß** *m* seismic shock
Erd·teil *m* continent
er·dul·den* *vt* ■ **etw** ~ *Kränkungen, Leid* to endure sth
Erd·um·dre·hung *f* rotation of the earth **Erd·um·krei·sung** *f* orbit around the earth **Erd·um·lauf·bahn** *f* [earth] orbit **Erd·um·se·ge·lung** *f* circumnavigation of the earth
Er·dung <-, -en> *f* ● ELEK ● *(das Erden)* earthing ❷ *(Strom leitende Verbindung)* earth
er·ei·fern *vr* ■ **sich [über etw** *akk]* ~ to get worked up [about sth]
er·eig·nen* *vr* ■ **sich** ~ to occur
Er·eig·nis <-ses, -se> [ɛɐ̯'ʔaɪgnɪs, *pl* -nɪsə] *nt* event; *(etw Besonderes)* occasion; **bedeutendes/historisches ~** important/historical incident
er·eig·nis·los I. *adj* uneventful **II.** *adv* un-

eventfully
er·eig·nis·reich *adj* eventful
er·ei·len* *vt* (*geh*) ▪ jdn ereilt etw sth overtakes sb
Erek·ti·on <-, -en> [ɛrɛkˈtsi̯oːn] *f* erection
Ere·mit(in) <-en, -en> [ereˈmiːt] *m(f)* hermit
er·fah·ren¹ [ɛɐˈfaːrən] *irreg* **I.** *vt* ❶ (*zu hören bekommen*) ▪ etw [über jdn/etw] ~ to hear sth [about sb/sth]; ▪ etw ~ to learn of sth ❷ (*geh: erleben*) to experience **II.** *vi* (*Kenntnis erhalten*) ▪ von etw *dat*/über etw *akk* ~ to learn of sth
er·fah·ren² [ɛɐˈfaːrən] *adj* (*versiert*) experienced; ▪ ~ sein to be experienced (in in)
Er·fah·rung <-, -en> *f* ❶ (*prägendes Erlebnis*) experience (mit of); die ~ machen, dass ... to find that ...; nach meiner ~ in my experience ❷ (*Übung*) experience; jahrelange ~ years of experience ❸ (*Kenntnis*) etw in ~ bringen to find out sth *sep*
Er·fah·rungs·aus·tausch *m* exchange of experiences
er·fah·rungs·ge·mäß *adv* in sb's experience; ~ ist ... experience shows ...
Er·fah·rungs·wert *m meist pl* empirical value *spec*
er·fas·sen* *vt* ❶ (*mitreißen*) ▪ etw/jdn ~ *Auto, Strömung* to catch sth/sb ❷ (*befallen*) ▪ jdn ~ to seize sb; sie wurde von Furcht erfasst she was seized by fear ❸ (*begreifen*) to understand; genau, du hast's erfasst! exactly, you've got it! ❹ (*registrieren*) to record ❺ (*eingeben*) *Daten, Text* to enter
Er·fas·sung *f* ❶ (*Registrierung*) recording ❷ *Daten, Text* entering
er·fin·den* *vt irreg* to invent
Er·fin·der(in) [ɛɐˈfɪndɐ] *m(f)* inventor
er·fin·de·risch [ɛɐˈfɪndərɪʃ] *adj* inventive
Er·fin·dung <-, -en> *f* invention; eine ~ machen to invent sth
Er·fin·dungs·ga·be *f* inventiveness
Er·folg <-[e]s, -e> [ɛɐˈfɔlk, *pl* -fɔlɡə] *m* ❶ (*positives Ergebnis*) success; ~ versprechend promising; wenig ~ versprechend sein to promise little; etw ist ein voller ~ sth is a complete success; ~ [mit etw *dat*] haben to be successful [with sth]; viel ~! good luck! ❷ (*Folge*) result, outcome; mit dem ~, dass ... with the result that ...
er·fol·gen* *vi sein* (*geh*) to occur; bisher ist auf meine Anfrage keine Antwort erfolgt so far there has been no reply to my enquiry
er·folg·los [ˈɛɐfɔlkloːs] *adj* ❶ (*ohne Erfolg*) unsuccessful ❷ (*vergeblich*) futile
Er·folg·lo·sig·keit <-> *f kein pl* ❶ (*mangelnder Erfolg*) lack of success; [etw ist] zur ~ verdammt [sth is] condemned to failure ❷ (*Vergeblichkeit*) futility
er·folg·reich *adj* successful
Er·folgs·aus·sich·ten *pl* prospects *pl* of success **Er·folgs·au·tor(in)** *m(f)* best-selling author **Er·folgs·bi·lanz** *f* success record **Er·folgs·den·ken** <-s> *nt kein pl* positive thinking **Er·folgs·druck** *m kein pl* performance pressure **Er·folgs·er·leb·nis** *nt* sense of achievement **Er·folgs·mensch** *m* successful person **Er·folgs·re·zept** *nt* (*fam*) recipe for success
er·folg·ver·spre·chendᴬᴸᵀ *adj s.* Erfolg 1
er·for·der·lich [ɛɐˈfɔrdɐlɪç] *adj* necessary; alles E-e veranlassen to do everything necessary
er·for·dern *vt* to require
Er·for·der·nis <-ses, -se> [ɛɐˈfɔrdɐnɪs] *nt* requirement (für for)
er·for·schen* *vt* ❶ (*durchstreifen und untersuchen*) to explore ❷ (*prüfen*) to investigate; *Gewissen* to examine
Er·for·schung *f* ❶ (*das Erforschen*) exploration ❷ (*das Prüfen*) investigation
er·fra·gen* *vt* ▪ etw [von jdm] ~ to ask [sb] about sth; *Einzelheiten* to obtain
er·freu·en* **I.** *vt* (*freudig stimmen*) ▪ jdn ~ to please sb **II.** *vr* ❶ (*Freude haben*) ▪ sich an etw *dat* ~ to take pleasure in sth ❷ (*geh: genießen*) ▪ sich einer S. *gen* ~ to enjoy sth
er·freu·lich [ɛɐˈfrɔylɪç] *L. adj* pleasant; *Nachricht* welcome; etw ist alles andere als ~ sth is not welcome news by any means **II.** *adv* happily
er·freu·li·cher·wei·se *adv* happily
er·frie·ren* *vi irreg sein* ❶ (*durch Frost eingehen*) to be killed by frost ❷ *Gliedmassen* to get frostbitten; ▪ erfroren frozen ❸ (*an Kälte sterben*) to freeze to death
er·fri·schen* **I.** *vt* ▪ jdn ~ to refresh sb **II.** *vi* (*abkühlen*) to be refreshing **III.** *vr* (*sich abkühlen*) ▪ sich ~ to refresh oneself
er·fri·schend *adj* refreshing
Er·fri·schung <-, -en> *f* ❶ (*Abkühlung, Belebung*) refreshment *no pl* ❷ (*erfrischendes Getränk*) refreshment; zur ~ as refreshments
Er·fri·schungs·ge·tränk *nt* refreshment
Er·fri·schungs·tuch *nt* tissue wipe
er·fül·len* **I.** *vt* ❶ (*ausführen*) to fulfil; mein altes Auto erfüllt seinen Zweck my old car serves its purpose ❷ (*durchdringen*) ▪ von Ekel erfüllt wandte sie sich ab filled with disgust she turned away ❸ (*anfüllen*) to fill **II.** *vr* (*sich bewahrheiten*) ▪ sich ~ to come true
Er·fül·lung *f* ❶ (*die Ausführung*) realization; *von Traum, Verpflichtung* fulfilment; *von Amtspflichten* execution; in ~ einer S. *gen* (*geh*) in the performance of sth ❷ (*innere Be-*

friedigung) fulfilment; **etw geht in ~** sth comes true

er·gän·zen* [ɛɐ̯ˈɡɛntsn̩] *vt* ▪ **etw ~** to supplement sth; *Vorräte* to replenish sth; (*vollenden*) to complete sth; ▪ **sie ~ sich** they complement each other

er·gän·zend I. *adj* additional; **eine ~e Bemerkung** a further comment **II.** *adv* additionally

Er·gän·zung <-, -en> *f* ❶ (*das Auffüllen*) replenishment; *einer Sammlung* completing; **zur ~ einer S.** *gen* for the completion of sth ❷ (*das Hinzufügen*) supplementing ❸ (*Zusatz*) addition

Er·gän·zungs·fut·ter *nt* AGR feed supplement

er·gat·tern* [ɛɐ̯ˈɡaten] *vt* (*fam*) ▪ **etw ~** to get hold of sth

er·gau·nern* [ɛɐ̯ˈɡaʊnen] *vt* (*fam*) ▪ **sich** *dat* **etw ~** to obtain sth by underhand means

er·ge·ben*¹ *irreg* **I.** *vt* ❶ MATH ▪ **etw ~** to amount to sth ❷ (*als Resultat haben*) ▪ **etw ergibt etw** sth produces sth; ▪ **~, dass ...** to reveal that ... **II.** *vr* ❶ (*kapitulieren*) ▪ **sich** [**jdm**] **~** to surrender [to sb] ❷ (*sich fügen*) ▪ **sich in etw** *akk* **~** to submit to sth; **sich in sein Schicksal ~** to resign oneself to one's fate ❸ (*sich hingeben*) **sich dem Glücksspiel ~** to take to gambling; **einer S.** *dat* **~ sein** to be addicted to sth ❹ (*daraus folgen*) ▪ **sich aus etw** *dat* **~** to result from sth **III.** *vr impers* (*sich herausstellen*) ▪ **es ergibt sich, dass ...** it transpires that ...

er·ge·ben² *adj* ❶ (*demütig*) humble ❷ (*treu*) devoted

Er·ge·ben·heit <-> *f kein pl* ❶ (*Demut*) humility ❷ (*Treue*) devotion

Er·geb·nis <-ses, -se> [ɛɐ̯ˈɡeːpnɪs, *pl* -nɪsə] *nt a.* SPORT result; **zu dem ~ führen, dass ...** to result in...; **zu einem/keinem ~ kommen** to reach/fail to reach a conclusion; **im ~** ultimately

er·geb·nis·los *adj* without result

er·ge·hen* *irreg* **I.** *vi sein* ❶ (*geh: abgesandt werden*) ▪ **[an jdn] ~** to be sent [to sb] ❷ (*offiziell erlassen*) ▪ **etw ~ lassen** to issue sth ❸ (*geduldig hinnehmen*) **etw über sich ~ lassen** to endure sth **II.** *vi impers sein* (*widerfahren*) ▪ **es ergeht jdm in einer bestimmten Weise** sb gets on in a certain way **III.** *vr haben* **er erging sich in Schmähungen** he poured forth a tirade of abuse

er·gie·big [ɛɐ̯ˈɡiːbɪç] *adj* ❶ (*sparsam im Verbrauch*) economical ❷ (*nützlich*) productive

er·gie·ßen *irreg* **I.** *vt* (*verströmen*) to pour over; (*geh*) to pour forth ❶ (*in großer Menge fließen*) to pour [out]; **der Nil ergießt sich ins Mittelmeer** the Nile flows into the Mediterranean

er·göt·zen* [ɛɐ̯ˈɡœtsn̩] **I.** *vt* (*geh: vergnügen*) ▪ **jdn ~** to amuse sb **II.** *vr* (*sich vergnügen*) ▪ **sich** [**an etw** *dat*] **~** to derive pleasure [from sth]

er·grau·en* *vi sein* to turn grey

er·grei·fen* *vt irreg* ❶ (*fassen*) to seize ❷ (*dingfest machen*) ▪ **jdn ~** to apprehend sb ❸ (*übergreifen*) *Feuer* to engulf ❹ (*fig: wahrnehmen*) ▪ **etw ~** to seize sth ❺ (*in die Wege leiten*) *Maßnahmen* to take ❻ (*gefühlsmäßig bewegen*) ▪ **jdn ~** to seize sb; (*Angst*) to grip sb

er·grei·fend *adj* moving

Er·grei·fung <-, -en> *f* ❶ (*Festnahme*) capture ❷ (*Übernahme*) seizure

er·grif·fen [ɛɐ̯ˈɡrɪfn̩] *adj* moved

er·grün·den* *vt* to fathom

Er·guss^{RR} <-es, Ergüsse> *m*, **Er·guß**^{ALT} <-sses, Ergüsse> *m* ❶ (*Ejakulation*) ejaculation ❷ MED bruise

er·ha·ben [ɛɐ̯ˈhaːbn̩] *adj* ❶ (*feierlich stimmend*) *Gedanken* lofty; *Anblick* awe-inspiring; *Augenblick* solemn; *Schönheit* sublime ❷ (*über etw stehend*) ▪ **über etw** *akk* **~ sein** to be above sth; **über jede Kritik/jeden Vorwurf ~ sein** to be above criticism/reproach

Er·ha·ben·heit <-> *f kein pl* grandeur; *eines Augenblicks* solemnity; *von Schönheit* sublimity

Er·halt <-[e]s> *m kein pl* (*geh*) ❶ (*das Bekommen*) receipt; **den ~ von etw** *dat* **bestätigen** (*geh*) to confirm receipt of sth ❷ (*das Aufrechterhalten*) maintenance

er·hal·ten* *irreg* **I.** *vt* ❶ (*bekommen*) to receive; *Befehl* to be issued with; **den Auftrag ~, etw zu tun** to be given the task of doing sth ❷ (*erteilt bekommen*) ▪ **etw ~** to receive sth; **ein Lob/eine Strafe [für etw** *akk*] **~** to be praised/punished [for sth] ❸ (*eine Vorstellung gewinnen*) **einen Eindruck [von jdm/etw] ~** to gain an impression [of sb/sth] ❹ (*bewahren*) to maintain; [*durch etw akk*] **~ bleiben** to be preserved [by sth] ❺ BAU to preserve ❻ (*sich halten*) **sich gesund ~** to keep [oneself] healthy ❼ (*bewahrt bleiben*) ▪ **sich ~** to remain preserved

er·hält·lich [ɛɐ̯ˈhɛltlɪç] *adj* obtainable

Er·hal·tung *f kein pl* ❶ (*das Erhalten*) preservation ❷ (*Aufrecht~*) maintenance

er·hän·gen* **I.** *vt* ▪ **jdn ~** to hang sb **II.** *vr* ▪ **sich ~** to hang oneself

er·här·ten* **I.** *vt* ▪ **etw ~** to support sth **II.** *vr* ▪ **sich ~** to be reinforced

er·ha·schen* *vt* ❶ (*ergreifen*) to grab ❷ (*wahrnehmen*) to catch

er·he·ben* *irreg* **I.** *vt* ❶ (*hochheben*) to raise

❷ *(einfordern)* ■ etw ~ to levy sth ❸ *Daten, Informationen* to gather ❹ *(zum Ausdruck bringen)* **ein Geschrei/Gejammer** ~ to kick up a fuss/to start whing[e]ing; *Protest* to voice; *Einspruch* to raise **II.** *vr* ■ **sich** ~ ❶ *(aufstehen)* to get up **(von** from) ❷ *(sich auflehnen)* to rise up *[or* revolt] **(gegen** against) ❸ *(aufragen)* to rise up **(über** above) ❹ *(entstehen, aufkommen)* to start; *Brise* to come up; *Wind* to pick up; *Sturm* to blow up

er·he·bend *adj (geh)* uplifting

er·heb·lich [ɛɐ̯ˈheːplɪç] **I.** *adj* ❶ *(beträchtlich)* considerable; *Nachteil, Vorteil* great; *Störung, Verspätung* major; *Verletzung* serious ❷ *(relevant)* relevant **II.** *adv* considerably

Er·he·bung *f* ❶ *(Aufstand)* uprising ❷ *von Abgaben, Steuern* levying ❸ *(amtliche Ermittlung)* gathering; **eine** ~ **[über etw** *akk*] **machen** to carry out a survey [on sth]

er·hei·tern* [ɛɐ̯ˈhaɪtɐn] **I.** *vt (belustigen)* ■ **jdn** ~ to amuse sb **II.** *vr (heiter werden)* ■ **sich** ~ to light up; *(Wetter)* to brighten up

Er·hei·te·rung <-, *selten* -en> *f* amusement

er·hel·len* [ɛɐ̯ˈhɛlən] **I.** *vt* ❶ **etw** ~ ❶ *(hell machen)* to light up sth ❷ *(klären)* to throw light on sth **II.** *vr* ■ **sich** ~ to clear

er·hit·zen* [ɛɐ̯ˈhɪtsn̩] **I.** *vt* ❶ *(heiß machen)* ■ **etw** ~ to heat up sth ❷ *(zum Schwitzen bringen)* ■ **jdn** ~ to make sb sweat **II.** *vr (sich erregen)* ■ **sich** ~ to get excited **(an** about)

er·hof·fen* *vt* ■ **[sich** *dat]* **etw** ~ to hope for sth

er·hö·hen* [ɛɐ̯ˈhøːən] **I.** *vt* ■ **etw** ~ ❶ *(höher machen)* to raise sth **(um** by) ❷ *(anheben)* to increase sth **(auf** to, **um** by) ❸ *(verstärken)* to heighten sth ■ MUS to sharpen sth **II.** *vr* ■ **sich** ~ ❶ *(steigen)* to increase **(auf** to, **um** by) ❷ *(sich verstärken)* to increase

er·höht *adj* ❶ *(verstärkt)* high; *Herzschlag, Puls* rapid ❷ *(gesteigert)* increased

Er·hö·hung <-, -en> *f* ❶ *(Steigerung)* increase ❷ *(Anhebung)* raising ❸ *(Verstärkung)* heightening

er·ho·len* *vr* ■ **sich** ~ ❶ *(wieder zu Kräften kommen)* to recover **(von** from) ❷ *(ausspannen)* to take a break **(von** from) ❸ BÖRSE to rally

er·hol·sam [ɛɐ̯ˈhoːlzaːm] *adj* relaxing

Er·ho·lung <-> *f kein pl* relaxation; **zur** ~ **irgendwo hinfahren** to go somewhere to relax

Er·ho·lungs·ge·biet *nt* recreation area **Er·ho·lungs·wert** *m kein pl* recreational value

er·hö·ren* *vt (geh) Bitte* to grant; *Flehen, Gebete* to answer

eri·gie·ren* [eriˈɡiːrən] *vi* to become erect

er·in·nern* [ɛɐ̯ˈʔɪnɐn] **I.** *vt* ❶ *(zu denken veranlassen)* ■ **jdn an etw** *akk* ~ to remind sb about sth ❷ *(denken lassen)* ■ **jdn an jdn/etw** ~ to remind sb of sb/sth **II.** *vr (sich entsinnen)* ■ **sich an jdn/etw** ~ to remember sb/sth; **wenn ich mich recht erinnere, ...** if I remember correctly...; **soweit ich mich ~ kann** as far as I can remember **III.** *vi* ❶ *(in Erinnerung bringen)* ■ **an jdn/etw** ~ to be reminiscent of sb/sth *form* ❷ *(ins Gedächtnis rufen)* ■ **daran ~, dass ...** to point out that ...

Er·in·ne·rung <-, -en> *f* ❶ *(Gedächtnis)* memory; **zur** ~ **an etw** *akk* in memory of sth ❷ *pl (Eindrücke von Erlebnissen)* memories *pl;* ~**en austauschen** to talk about old times ❸ *(geh: Mahnung)* reminder

er·käl·ten* [ɛɐ̯ˈkɛltn̩] *vr* ■ **sich** ~ to catch a cold

er·käl·tet I. *adj* ~ **sein** to have a cold *pred* **II.** *adv* **du hörst dich** ~ **an** you sound as if you've got a cold

Er·käl·tung <-, -en> *f* cold; **eine** ~ **bekommen** to catch a cold

Er·käl·tungs·krank·heit *f* cold

er·kämp·fen* *vt* ■ **[sich** *dat]* **etw** ~ to obtain sth [with some effort]; **es war ein hart erkämpfter zweiter Platz** it was a hard-won second place

er·kau·fen* *vt* ❶ *(durch Bezahlung erhalten)* to buy ❷ *(durch Opfer erlangen)* **etw teuer** ~ to pay dearly for sth

er·kenn·bar *adj* ❶ *(sichtbar)* discernible ❷ *(wahrnehmbar)* ❸ **für jdn/etw** ~ **sein** to be perceptible to sb/sth **(an** from)

er·ken·nen* *irreg* **I.** *vt* ❶ *(wahrnehmen)* ■ **jdn/etw** ~ to discern sb/sth ❷ *(identifizieren)* ■ **jdn/etw** ~ to recognize sb/sth **(an** by); **sich [jdm] [als jd] zu ~ geben** to reveal one's identity [to sb]; ■ **sich [selbst]** ~ to understand oneself ❸ *(einsehen)* ■ **etw** ~ to recognize sth; **einen Irrtum** ~ to realize one's mistake ❹ *(feststellen)* to detect **II.** *vi* ❶ *(wahrnehmen)* ■ ~ **ob/um was/wen ...** to see whether/what/who ... ❷ *(einsehen)* ■ ~, **dass/wie ...** to realize that/how ...; ~ **lassen, dass ...** to show that ... ❸ JUR ■ **auf etw** *akk* ~ to pronounce sth

er·kennt·lich [ɛɐ̯ˈkɛntlɪç] *adj* grateful; ■ **sich** ~ **zeigen** to show one's appreciation **(für** for)

Er·kennt·nis [ɛɐ̯ˈkɛntnɪs] *f* ❶ *(Einsicht)* insight; **zu der** ~ **kommen, dass ...** to realize that ... ❷ PHILOS, PSYCH *(das Erkennen)* understanding

Er·ken·nungs·zei·chen *nt* identification mark

Er·ker <-s, -> [ˈɛrkɐ] *m* oriel

er·klär·bar *adj* explicable

er·klä·ren* I. *vt* ❶ *(erläutern)* ■ **[jdm] etw** ~

erlauben

um Erlaubnis bitten | asking for permission

Darf ich Sie kurz stören/unterbrechen? — May I interrupt for a moment?

Haben/Hätten Sie was dagegen, wenn ich das Fenster aufmache? — Would you mind if I opened the window?

Sind Sie damit einverstanden, wenn ich im Juli Urlaub nehme? — Is it all right with you if I take my holidays in July?

erlauben | permitting

Wenn du mit deinen Hausaufgaben fertig bist, **darfst du** raus spielen. — **You can** go out to play when you have finished your homework.

Sie **dürfen** gern hereinkommen. — **You are welcome** to come in.

In diesem Bereich **dürfen** Sie rauchen. — You **may** smoke in this area.

Wenn Sie möchten, können Sie hier parken. — You can park here, **if you like.**

---

to explain sth [to sb] ❷ (*interpretieren*) ■ **jdm** etw ~ to interpret sth [to sb] ❸ (*bekannt geben*) to announce ❹ (*offiziell bezeichnen*) ■ **jdn für** akk ~ to pronounce sb sth; **jdn für vermisst** ~ to declare sb missing **IV.** vr ❶ (*sich deuten*) ■ **sich** dat **etw** ~ to understand sth; **wie** ~ **Sie sich, dass ...** how do you explain that ... ❷ (*sich aufklären*) ■ **sich** ~ to become clear ❸ (*sich bezeichnen*) ■ **sich irgendwie** ~ to declare oneself sth

er·klä·rend I. adj explanatory **II.** adv as an explanation

er·klär·lich adj explainable

er·klärt adj attr declared

Er·klä·rung f ❶ (*Darlegung*) explanation ❷ (*Mitteilung*) statement; **eine** ~ [**zu etw** dat] **abgeben** (*geh*) to make a statement [about sth]

er·klin·gen* vi irreg sein (*geh*) to sound

er·kran·ken* vi ■ [**an etw** dat] ~ to be taken ill [with sth]

Er·kran·kung <-, -en> f illness

er·kun·den* [ɛɐ̯ˈkʊndn̩] vt ■ **etw** ~ ❶ (*auskundschaften*) to scout out sth sep ❷ (*in Erfahrung bringen*) to discover sth

er·kun·di·gen* [ɛɐ̯ˈkʊndɪɡn̩] vr ■ **sich** [**nach jdm/etw**] ~ to ask [about sb/sth]; **du musst dich vorher** ~ you have to find out beforehand

Er·kun·di·gung <-, -en> f enquiry BRIT, inquiry AM; ~**en** [**über jdn/etw**] **einholen** (*geh*) to make enquiries [*or* AM inquiries] [about sb/sth]

Er·kun·dung <-, -en> f MIL reconnaissance

er·lan·gen* [ɛɐ̯ˈlaŋən] vt (*geh*) to obtain

Er·lass^{RR} <-es, -e *o* ÖSTERR Erlässe> *m*, **Er·laß**^{ALT} <-sses, -sse *o* ÖSTERR Erlässe> [ɛɐ̯ˈlas, *pl* ɛɐ̯ˈlɛsə] *m* ❶ (*Verfügung*) decree ❷ (*das Erlassen*) remission

er·las·sen* vt irreg ❶ (*verfügen*) to issue ❷ (*von etw befreien*) ■ **jdm etw** ~ to remit sb's sth

er·lau·ben* [ɛɐ̯ˈlaʊbn̩] **I.** vt ❶ (*gestatten*) ■ **jdm etw** ~ to allow sb to do sth ❷ (*geh: zulassen*) **ich komme, soweit es meine Zeit erlaubt** if I have enough time, I'll come ▶ ~ **Sie mal!** what do you think you're doing? **II.** vr ❶ (*sich gönnen*) ■ **sich** dat **etw** ~ to allow oneself sth ❷ (*geh: wagen*) **wenn ich mir die folgende Bemerkung ~ darf** if I might venture to make the following comment ❸ (*sich herausnehmen*) ■ **sich** dat ~ , **etw zu tun** to take the liberty of doing sth

Er·laub·nis <-, *selten* -se> f ❶ (*Genehmigung*) permission; [**jdn**] **um** ~ **bitten** to ask [sb's] permission; **jdm die** ~ **geben** [**etw zu tun**] to give sb permission [to do sth] ❷ (*genehmigendes Schriftstück*) permit

er·laucht [ɛɐ̯ˈlaʊxt] adj illustrious

er·läu·tern* vt ■ [**jdm**] **etw** ~ to explain sth [to sb]

er·läu·ternd I. adj explanatory **II.** adv as an explanation

Er·läu·te·rung <-, -en> f explanation

Er·le <-, -n> f [ˈɛrlə] f alder

er·le·ben* vt ❶ (*im Leben mitmachen*) ■ **etw** ~ to live to see sth ❷ (*erfahren*) to ex-

Erleichterung ausdrücken

Erleichterung ausdrücken	expressing relief
Bin ich froh, dass es so gekommen ist!	I'm so glad it turned out like this!
Mir fällt ein Stein vom Herzen!	That's a weight off my mind!
Ein Glück, dass du gekommen bist!	It's lucky you came!
Gott sei Dank!	Thank God!
Geschafft!	Done it!
Endlich!	At last!

perience; **was hast du denn alles in Dänemark erlebt?** what did you do/see in Denmark? ❸ (*durchmachen*) ■ etw ~ to go through sth; **eine [große] Enttäuschung ~** to be [bitterly] disappointed; **einen Misserfolg ~** to experience failure; **eine Niederlage ~** to suffer defeat ❹ (*mit ansehen*) ■ es ~, **dass/wie ...** to see that/how ... ❺ (*kennen lernen*) **so wütend habe ich ihn noch nie erlebt** I've never seen him so furious

Er·leb·nis <-ses, -se> [ɛɐ̯'leːpnɪs, pl -nɪsə] nt experience

er·le·di·gen [ɛɐ̯'leːdɪgn̩] **I.** vt ❶ (*ausführen*) ■ etw ~ to carry out sth; **zu ~** to be done ❷ (*fam: erschöpfen*) ■ **jdn ~** to wear sb out ❸ (*sl: umbringen*) ■ **jdn ~** to bump sb off **II.** vr ■ **etw erledigt sich [von selbst]** sth sorts itself out [on its own]

er·le·digt [ɛɐ̯'leːdɪçt] adj präd ❶ (*fam: erschöpft*) shattered ❷ (*fam: am Ende*) ■ **erledigt sein** to have had it ❸ (*abgehakt*) ■ **etw ist [für jdn] erledigt** something is over and done with [as far as sb is concerned]; (*schon vergessen*) sth is forgotten [as far as sb is concerned]; **für mich ist er ~** he's history as far as I'm concerned

Er·le·di·gung <-, -en> f ❶ (*Ausführung*) dealing with ❷ (*Besorgung*) purchase; **ich habe noch ein paar ~en zu machen** I still have to buy a few things

er·le·gen* vt ❶ (*zur Strecke bringen*) ■ **ein Tier ~** to bag an animal *spec* ❷ ÖSTERR (*bezahlen*) to pay

er·leich·tern* [ɛɐ̯'laɪçtɐn] vt ❶ (*ertragbarer machen*) ■ etw ~ to make sth easier ❷ (*innerlich beruhigen*) ■ **jdn ~** to be of relief to sb ❸ (*fam: beklauen*) ■ **jdn um etw akk ~** to relieve sb of sth

Er·leich·te·rung <-, -en> f ❶ (*Linderung*) relief; **jdm ~ verschaffen** to bring/give sb relief ❷ kein pl (*Beruhigung*) relief; **zu jds ~** to sb's relief ❸ (*Vereinfachung*) simplification; **zur ~ der Aufgabe ...** to simplify the task ...

er·lei·den* vt irreg ■ etw ~ to suffer sth
er·ler·nen* vt ■ etw ~ to learn sth
er·le·sen adj exquisite
er·leuch·ten* vt ■ etw ~ to light [up] sth
Er·leuch·tung <-, -en> f (*Inspiration*) inspiration

er·lie·gen* vi irreg sein ■ **einer S.** dat ~ ❶ (*verfallen*) to fall prey to sth ❷ (*geh: zum Opfer fallen*) to fall victim to sth ■ **zum E~ kommen** to come to a standstill

er·lischt [ɛɐ̯'lɪʃt] 3. pers pres von **erlöschen**
Er·lös <-es, -e> [ɛɐ̯'løːs] m proceeds npl
er·lö·schen <erlischt, erlosch, erloschen> vi sein ❶ (*zu brennen aufhören*) to stop burning ❷ (*vergehen*) to fizzle out ❸ (*seine Gültigkeit verlieren*) to expire; **Ansprüche** become invalid

er·lö·sen* vt ■ **jdn ~** ❶ (*befreien*) to release sb (**aus/von** from) ❷ REL to redeem sb (**aus/von** from)

er·lö·send I. adj relieving **II.** adv in a relieving manner pred

Er·lö·sung f ❶ (*Erleichterung*) relief ❷ REL redemption

er·mäch·ti·gen* [ɛɐ̯'mɛçtɪgn̩] vt ■ **jdn [zu etw** dat**] ~** to authorize sb [to do sth]
Er·mäch·ti·gung <-, -en> f authorization
er·mah·nen* vt ❶ (*warnend mahnen*) ■ **jdn ~** to warn sb; ■ **jdn ~, etw zu tun** to tell sb to do sth ❷ (*anhalten*) ■ **jdn zu etw** dat **~** to admonish sb to do sth

Er·mah·nung f warning
Er·man·g(e)·lung <-> f kein pl ■ **in ~ einer S.** gen (*geh*) in the absence of sth
er·mä·ßi·gen* vt to reduce
Er·mä·ßi·gung <-, -en> f reduction
er·mat·ten* [ɛɐ̯'matn̩] **I.** vt haben (*geh*) ■ **jdn ~** to exhaust sb; ■ **[von etw** dat**] ermattet sein** to be exhausted [by sth] **II.** vi sein (*geh*) to tire

er·mat·tet *adj (geh)* exhausted
er·mes·sen* *vt irreg* ■ etw ~ to comprehend sth
Er·mes·sen <-s> *nt kein pl* discretion; **nach jds ~** in sb's estimation; **nach menschlichem ~** as far as one can tell; **in jds ~ liegen** to be at sb's discretion
Er·mes·sens·fra·ge *f* matter of discretion
er·mit·teln* **I.** *vt* ■ etw ~ ① (*herausfinden*) to find out sth *sep*; ■ jdn ~ to establish sb's identity ② (*errechnen*) to determine sth; ■ jdn ~ Gewinner to decide [on] **II.** *vi* (*eine Untersuchung durchführen*) ■ gegen jdn ~ to investigate [sb]
Er·mitt·lung <-, -en> *f* ① *kein pl* (*das Ausfindigmachen*) determining ② (*Untersuchung*) investigation
Er·mitt·lungs·ver·fah·ren *nt* preliminary proceedings
er·mög·li·chen* [ɛɐ̯ˈmøːklɪçn̩] *vt* ■ jdm etw ~ to enable sb to do sth; ■ es ~, etw zu tun (*geh*) to make it possible for sth to be done
er·mor·den* *vt* ■ jdn ~ to murder sb
Er·mor·dung <-, -en> *f* murder
er·mü·den* [ɛɐ̯ˈmyːdn̩] **I.** *vt haben* ■ jdn ~ to tire sb [out] **II.** *vi sein* ① (*müde werden*) to become tired ② TECH to wear
er·mü·dend *adj* tiring
Er·mü·dung <-, *selten* -en> *f* ① (*das Ermüden*) tiredness ② TECH wearing
Er·mü·dungs·er·schei·nung *f* sign of tiredness
er·mun·tern* [ɛɐ̯ˈmʊntɐn] *vt* ① (*ermutigen*) ■ jdn [zu etw *dat*] ~ to encourage sb [to do sth] ② (*beleben*) ■ jdn ~ to perk sb up
Er·mun·te·rung <-, -en> *f* encouragement
er·mu·ti·gen* [ɛɐ̯ˈmuːtɪɡn̩] *vt* ■ jdn [zu etw *dat*] ~ to encourage sb [to do sth]
er·mu·ti·gend **I.** *adj* encouraging **II.** *adv* encouragingly
Er·mu·ti·gung <-, -en> *f* encouragement
er·näh·ren* **I.** *vt* ① (*mit Nahrung versorgen*) ■ jdn/ein Tier ~ to feed sb/an animal ② (*unterhalten*) ■ jdn ~ to support sb **II.** *vr* ① (*sich speisen*) ■ sich von etw *dat* ~ to live on sth; **du musst dich vitaminreicher ~!** you need more vitamins in your diet! ② (*sich unterhalten*) ■ sich [von etw *dat*] ~ to support oneself [by doing sth]
Er·näh·rer(in) <-s, -> [ɛɐ̯ˈnɛːrɐ] *m(f)* breadwinner
Er·näh·rung <-> *f kein pl* ① (*das Ernähren*) feeding ② (*Nahrung*) diet ③ (*Unterhalt*) support
Er·näh·rungs·be·ra·ter(in) *m(f)* nutritionist **Er·näh·rungs·ge·wohn·hei·ten** *pl* eating habits *npl* **Er·näh·rungs·wis·sen·schaft** *f* nutritional science **Er·näh·rungs·wis·sen·schaft·ler(in)** *m(f)* nutritionist
er·nen·nen* *vt irreg* ■ jdn [zu etw *dat*] ~ to appoint sb [as sth]
Er·nen·nung *f* appointment (**zu** as); **~ eines Stellvertreters** nomination of a deputy
er·neu·er·bar *adj* renewable
er·neu·ern* [ɛɐ̯ˈnɔyɐn] *vt* ① (*auswechseln*) to replace ② (*renovieren*) to renovate; **Fenster, Leitungen** to repair ③ (*verlängern*) to renew ④ (*restaurieren*) to restore
Er·neu·e·rung *f* ① (*das Auswechseln*) changing ② (*Renovierung*) renovation; **~ der Heizung/Leitungen** repair to the heating system/pipes ③ (*Verlängerung*) renewal ④ (*Restaurierung*) restoration
er·neut [ɛɐ̯ˈnɔyt] **I.** *adj attr* repeated **II.** *adv* again
er·nied·ri·gen* [ɛɐ̯ˈniːdrɪɡn̩] *vt* ■ jdn/sich ~ to demean sb/oneself
Er·nied·ri·gung <-, -en> *f* humiliation
ernst [ˈɛrnst] *adj* ① (*gravierend*) serious; **diesmal ist es etwas B~es** it's serious this time; **~ bleiben** to keep a straight face ② (*aufrichtig*) genuine; **ich bin der ~en Ansicht dass ...** I genuinely believe that ...; **~ gemeint** serious; **es ~ meinen** (*mit jdm/etw*) to be serious [about sb/sth]; **jdn/etw ~ nehmen** to take sb/sth seriously ③ *Anlass* solemn
Ernst·fall *m* emergency; **im ~** in an emergency
ernst·ge·meint[ALT] *adj attr* serious
ernst·haft **I.** *adj* ① (*gravierend*) serious ② (*aufrichtig*) sincere **II.** *adv* seriously
Ernst·haf·tig·keit <-> *f kein pl* seriousness
ernst·lich **I.** *adj attr* serious **II.** *adv* seriously
Ern·te <-, -n> [ˈɛrntə] *f* harvest
Ern·te·(dank·)fest *nt* harvest festival AM *a.*, Thanksgiving
ern·ten [ˈɛrntn̩] *vt* ① (*einbringen*) to harvest ② (*erzielen*) *Lob, Spott* to earn; *Anerkennung* to gain; *Applaus* to win
er·nüch·tern* [ɛɐ̯ˈnʏçtɐn] *vt* ■ jdn ~ ① (*wieder nüchtern machen*) to sober up sb *sep* ② (*in die Realität zurückholen*) to bring sb back to reality
Er·nüch·te·rung <-, -en> *f* disillusionment
Er·o·be·rer, Er·o·b(r)e·rin <-s, -> *m, f* conqueror
er·o·bern* [ɛɐ̯ˈʔoːbɐn] *vt* ① (*mit Waffengewalt besetzen*) to conquer ② (*durch Bemühung erlangen*) ■ etw ~ to win sth [with some effort]
Er·o·be·rung <-, -en> *f* ① (*das Erobern*) conquest ② (*erobertes Gebiet*) conquered territory
er·öff·nen* **I.** *vt* ① (*zugänglich machen*) to

open ②(*beginnen*) to open; **etw für eröffnet erklären** (*geh*) to declare sth open ③(*hum: mitteilen*) ■**jdm etw ~** to reveal sth to sb ④(*beginnen*) to commence; **das Feuer [auf jdn] eröffnen** to open fire [on sb] **II.** *vr*(*sich bieten*) ■**sich jdm ~** to open up [*or* one's heart] to sb

Er·öff·nung *f* ①(*das Eröffnen*) opening ②(*das Einleiten*) opening ③(*Beginn*) commencing ④(*geh: Mitteilung*) revelation

ero·gen [ero'ge:n] *adj* erogenous

er·ör·tern* [ɛɐ̯'œrtɐn] *vt* ■**etw ~** to discuss sth [in detail]

Er·ör·te·rung <-, -en> *f* discussion

Ero·si·on <-, -en> [ero'zi̯o:n] *f* erosion

Ero·tik <-> [e'ro:tɪk] *f kein pl* eroticism

ero·tisch [e'ro:tɪʃ] *adj* erotic

Er·pel <-s, -> ['ɛrpl] *m* drake

er·picht [ɛɐ̯'pɪçt] *adj* ■**auf etw** *akk* **~ sein** to be after sth; ■**[nicht] darauf ~ sein, etw zu tun** to [not] be interested in doing sth

er·press·bar^{RR} *adj* subject to blackmail

er·pres·sen* *vt* ①(*durch Drohung nötigen*) ■**jdn ~** to blackmail sb ②(*abpressen*) ■**etw [von jdm] ~** to extort sth [from sb]

Er·pres·ser(in) <-s, -> *m(f)* blackmailer

er·pres·se·risch [ɛɐ̯'prɛsərɪʃ] **I.** *adj* extortive **II.** *adv* in an extortive manner

Er·pres·sung <-, -en> *f* blackmail

Er·pres·sungs·ver·such *m* attempted blackmail *no pl*

er·pro·ben* *vt* to test

er·probt *adj* ①(*erfahren*) experienced ②(*zuverlässig*) reliable

Er·pro·bung <-, -en> *f* trial

er·quick·lich *adj* (*iron geh*) joyous *iron liter*

er·ra·ten* *vt irreg* to guess

er·rech·nen* *vt* to calculate

er·reg·bar *adj* ①(*leicht aufzuregen*) excitable ②(*sexuell zu erregen*) easily aroused

er·re·gen* **I.** *vt* ①(*aufregen*) ■**jdn ~** to irritate sb ②(*sexuell anregen*) ■**jdn ~** to arouse sb ③(*hervorrufen*) ■**etw ~** to engender *form* **II.** *vr* ■**sich über jdn/etw ~** to get annoyed about sb/sth

Er·re·ger <-s, -> *m* pathogen

Er·re·gung *f* ①(*erregter Zustand*) irritation ②(*sexuell erregter Zustand*) arousal

er·reich·bar *adj* ①(*telefonisch zu erreichen*) ■**für jdn] ~ sein** to be able to be reached [by sb] ②(*zu erreichen*) **die Hütte ist zu Fuß nicht ~** the hut cannot be reached on foot

er·rei·chen* *vt* ①(*rechtzeitig hinkommen*) to catch ②(*antreffen*) ■**jdn ~** to reach sb ③(*eintreffen*) ■**etw ~** to reach sth ④(*erzielen*) to reach; **ich weiß immer noch nicht, was du ~ willst** I still don't know what you want to achieve ⑤(*einholen*) ■**jdn ~** to catch up with sb ⑥(*bewirken*) ■**etw [bei jdm] ~** to get somewhere [with sb] ⑦(*an etw reichen*) ■**etw ~** to reach sth

er·rich·ten* *vt* ■**etw ~** ①(*aufstellen*) to erect sth *form* ②(*erbauen*) to erect sth *form* ③(*begründen*) to found sth

er·rin·gen* *vt irreg* ■**etw ~** to win sth [with a struggle]

er·rö·ten* *vi sein* to blush

Er·run·gen·schaft <-, -en> [ɛɐ̯'rʊŋənʃaft] *f* achievement

Er·satz <-es> [ɛɐ̯'zats] *m kein pl* ①(*ersetzender Mensch*) substitute; (*ersetzender Gegenstand*) replacement ②(*Entschädigung*) compensation

Er·satz·bank *f* SPORT bench **Er·satz·be·frie·di·gung** *f* vicarious satisfaction **Er·satz·dienst** *m* non-military service for conscientious objectors **Er·satz·dro·ge** *f* substitute drug **Er·satz·lö·sung** *f* alternative solution **Er·satz·mann** <-männer *o* -leute> *m* substitute **Er·satz·mit·tel** *nt* substitute **Er·satz·rei·fen** *m* spare wheel **Er·satz·schlüs·sel** *m* spare key **Er·satz·spie·ler(in)** *m(f)* substitute **Er·satz·teil** *nt* spare part **er·satz·wei·se** *adv* as an alternative

er·sau·fen* *vi irreg sein* (*sl*) to drown

er·schaf·fen *vt irreg* (*geh*) ■**jdn/etw ~** to create sb/sth

Er·schaf·fung *f* creation

er·schau·dern* *vi sein* (*geh*) to shudder

er·schei·nen* *vi irreg sein* ①(*auftreten*) to appear ②(*sichtbar werden*) to be able to be seen ③(*veröffentlicht werden*) to come out ④(*sich verkörpern*) ■**jdm ~** *Geist* to appear to sb ⑤(*scheinen*) **das erscheint mir recht weit hergeholt** this seems quite far-fetched to me

Er·schei·nen <-s> *nt kein pl* ①(*das Auftreten*) appearance ②(*die Verkörperung*) appearance ③(*die Veröffentlichung*) publication

Er·schei·nung <-, -en> *f* ①(*Phänomen*) phenomenon ②(*Persönlichkeit*) ■**eine bestimmte ~** a certain figure ③(*Vision*) vision ▶ **in ~ treten** to appear

Er·schei·nungs·bild *nt* appearance

er·schie·ßen* *irreg vt* ■**jdn ~** to shoot sb dead

Er·schie·ßung <-, -en> *f* shooting

er·schlaf·fen* [ɛɐ̯'ʃlafn̩] *vi sein* ①(*schlaff werden*) to become limp ②(*die Straffheit verlieren*) to become loose ③(*welk werden*) to wither

er·schla·gen*[1] *vt* ■**jdn ~** *irreg* ①(*totschlagen*) to beat sb to death ②(*durch Darauffal-*

len töten) to fall [down] and kill sb [in the process] ❸ (*überwältigen*) to overwhelm sb

er·schla·gen² *adj* (*fam*) ■ ~ **sein** to be knackered BRIT

er·schlei·chen* *vr irreg* **sich** *dat* **etw** ~ to fiddle sth

er·schlie·ßen* *irreg vt* ❶ *Land* to develop ❷ (*nutzbar machen*) ■ **jdm] etw** ~ to exploit sth [for sb]

Er·schlie·ßung *f* ❶ (*das Zugänglichmachen*) development ❷ (*das Nutzbarmachen*) tapping

er·schöp·fen* I. *vt* ❶ (*ermüden*) ■ **jdn** ~ to exhaust sb ❷ (*aufbrauchen*) ■ **etw** ~ to exhaust sth II. *vr* ❶ (*zu Ende gehen*) ■ **sich** ~ to run out ❷ (*etw umfassen*) ■ **sich in etw** *dat* ~ to consist only of sth

er·schöp·fend I. *adj* ❶ (*zur Erschöpfung führend*) exhausting ❷ (*ausführlich*) exhaustive II. *adv* exhaustively

Er·schöp·fung <-, *selten* -en> *f* exhaustion

er·schos·sen [ɛɐ̯ˈʃɔsn̩] *adj* (*fam*) knackered BRIT

er·schrak [ɛɐ̯ˈʃraːk] *imp von* **erschrecken** II

er·schre·cken I. *vt* <erschreckte, erschreckt> *haben* ❶ (*in Schrecken versetzen*) ■ **jdn** ~ to shock sb II. *vi* <erschrickt, erschreckte *o* erschrak, erschreckt *o* erschrocken> *sein* ■ [vor jdm/etw] ~ to get a fright [from sb/sth] III. *vr* <erschrickt, erschreckte, erschreckt *o* erschrocken> *haben* (*fam*) ■ **sich** [**über etw** *akk*] ~ to be shocked [by sth]

er·schre·ckend I. *adj* alarming II. *adv* ❶ (*schrecklich*) terrible ❷ (*fam: unglaublich*) incredibly

er·schrickt 3. *pers pres von* **erschrecken**

er·schro·cken I. *pp von* **erschrecken** II, III II. *adj* alarmed III. *adv* with a start *pred*

er·schüt·tern [ɛɐ̯ˈʃʏtɐn] *vt* ❶ (*zum Beben bringen*) to shake ❷ (*in Frage stellen*) to shake; *Ansehen* to damage; *Glaubwürdigkeit* to undermine ❸ (*tief bewegen*) ■ **jdn** ~ to shake sb

er·schüt·ternd *adj* distressing

er·schüt·tert *adj* shaken (**über** by)

Er·schüt·te·rung <-, -en> *f* ❶ (*erschütternde Bewegung*) shake ❷ (*das Erschüttern*) shaking ❸ (*seelische Ergriffenheit*) distress

er·schwe·ren* [ɛɐ̯ˈʃveːrən] *vt* ■ **[jdm] etw** ~ to make sth more difficult [for sb]

er·schwe·rend I. *adj* complicating II. *adv* ■ ~ **kommt noch hinzu ...** to make matters worse...

er·schwin·deln* *vt* to obtain by fraud; ■ **etw von jdm** ~ to con sth out of sb

er·schwing·lich [ɛɐ̯ˈʃvɪŋlɪç] *adj* affordable

er·se·hen* *vt irreg* (*geh*) ■ **etw aus etw** *dat* ~ to see sth from sth

er·seh·nen* *vt* (*geh*) ■ **etw** ~ to long for sth; **ersehnt** longed for

er·setz·bar [ɛɐ̯ˈzɛtsbaːɐ̯] *adj* replaceable

er·set·zen* *vt* ❶ (*austauschen*) ■ **etw** [**durch etw** *akk*] ~ to replace sth [with sth] ❷ (*vertreten*) ■ **jdn/etw** ~ to replace sb/sth ❸ (*erstatten*) ■ **jdm etw** ~ to reimburse sb for sth

er·sicht·lich *adj* apparent; ■ **aus etw** *dat* ~ **sein, dass ...** to be apparent from sth that ...

er·spa·ren* *vt* ❶ (*von Ärger verschonen*) ■ **jdm etw** ~ to spare sb sth; **jdm bleibt etw/nichts erspart** sb is spared sth/not spared anything ❷ (*durch Sparen erwerben*) ■ [**sich** *dat*] **etw** ~ to save up [to buy] sth

Er·spar·nis <-, -se> [ɛɐ̯ˈʃpaːɐ̯nɪs, *pl* -nɪsə] *f* ❶ *kein pl* (*Einsparung*) ■ **eine ~ an etw** *dat* a saving in sth ❷ *meist pl* (*erspartes Geld*) savings *npl*

Er·spar·te(s) *nt* savings *npl*

erst [eːɐ̯st] I. *adv* ❶ (*zuerst*) [at] first ❷ (*nicht früher als*) only; **wecken Sie mich bitte ~ um 8 Uhr!** please don't wake me until 8 o'clock!; ~ **als ...** only when ...; ~ **wenn** only if ❸ (*bloß*) only II. *part* (*verstärkend*) **an deiner Stelle würde ich ~ gar nicht anfangen** if I was in your shoes I wouldn't even start ▶ **recht** all the more

er·star·ren* *vi sein* ❶ (*fest werden*) to solidify ❷ (*starr werden*) to freeze

er·stat·ten* [ɛɐ̯ˈʃtatn̩] *vt* ❶ (*ersetzen*) ■ **jdm] etw** ~ to reimburse [sb] for sth ❷ (*geh: mitteilen*) **Anzeige** ~ to report a crime; **Anzeige gegen jdn** ~ to report sb

Er·stat·tung <-, -en> *f von Auslagen, Unkosten* reimbursement

Erst·auf·füh·rung *f* première

er·stau·nen* *vt haben* ■ **jdn** ~ to amaze sb; **dieses Angebot erstaunt mich** this offer amazes me

Er·stau·nen *nt* amazement; **jdn in ~ versetzen** to amaze sb

er·staun·lich [ɛɐ̯ˈʃtaʊ̯nlɪç] I. *adj* amazing *pl* II. *adv* amazingly

er·staun·li·cher·wei·se *adv* amazingly

er·staunt I. *adj* amazed; ■ **über jdn/etw]** ~ **sein** to be amazed [by sb/sth] II. *adv* in amazement

erst·bes·te(r, s) *adj attr* first; ■ **der/die/das E~** the next best

ers·te(r, s) *adj* ❶ (*an erster Stelle kommend*) first; **das E~, was ...** the first thing that ...; **die ~ Klasse** primary one BRIT, first grade AM; *s. a.* **achte(r, s) 1** ❷ (*Datum*) first, 1st; *s. a.* **achte(r, s) 2** ❸ (*führend*) lead-

Ers·te(r) ['ɛrstə] f(m) ① (an erster Stelle kommend) first; s. a. **Achte(r) 1** ② (bei Datumsangabe) **der ~** [o geschrieben **der 1.**] the first spoken, the 1st written; s. a. **Achte(r) 2** ③ (Namenszusatz) Ludwig **der ~** geschrieben Ludwig the First; Ludwig I. geschrieben Louis I; s. a. **Achte(r) 3** ④ (beste) the best

er·ste·chen* vt irreg ▪ jdn ~ to stab sb to death

er·ste·hen* [ɛɐ̯ˈʃteːən] irreg **I.** vt haben (fam) ▪ etw ~ to pick up sth sep **II.** vi sein (geh: neu entstehen) to be rebuilt

Ers·te·Hil·fe-Kas·ten [eːɐ̯stəˈhɪlfəkastn̩] m first-aid box

er·stei·gern vt to buy [at an auction]

er·stel·len* vt ① (geh: errichten) to build ② Liste, Plan to draw up

ers·tens ['eːɐ̯stn̩s] adv firstly

ers·te·re(r, s) adj **der/die/das E~** the former

er·sti·cken* **I.** vt haben ① (durch Erstickung töten) ▪ jdn ~ to suffocate sb ② (erlöschen lassen) to extinguish ③ (dämpfen) to deaden ④ (unterdrücken) to crush **II.** vi sein ① (durch Erstickung sterben) **an etw** dat ~ to choke to death on sth ② (erlöschen) to go out ③ (übermäßig viel haben) ▪ **in etw** dat ~ to drown in sth

Er·sti·ckung <-> f kein pl suffocation

erst·klas·sig ['eːɐ̯stklasɪç] adj first-class

Erst·kon·takt m ÖKON initial approach

erst·ma·lig ['eːɐ̯stmaːlɪç] **I.** adj first **II.** adv (geh) s. **erstmals**

erst·mals ['eːɐ̯stmaːls] adv for the first time

erst·ran·gig ['eːɐ̯straŋɪç] adj ① (sehr wichtig) major ② (erstklassig) first-class

er·stre·ben* vt (geh) ▪ etw ~ to strive for sth

er·stre·bens·wert [ɛɐ̯ˈʃtreːbn̩sveːɐ̯t] adj worth striving for pred

er·stre·cken* vr ① (sich ausdehnen) ▪ sich [über etw akk] ~ to extend [over sth] ② (betreffen) ▪ sich auf etw akk ~ to include sth **II.** vt SCHWEIZ (verlängern) ▪ etw ~ to extend sth

er·stun·ken [ɛɐ̯ˈʃtʊŋkn̩] adj ▶ **das ist ~ und erlogen** (fam) that's a pack of lies

er·su·chen* vt (geh) ▪ jdn um etw akk ~ to request sth from sb

er·tap·pen* **I.** vt ▪ jdn [bei etw dat] ~ to catch sb [doing sth] **II.** vr ▪ sich bei etw dat ~ to catch oneself doing sth

er·tei·len* vt (geh) ▪ [jdm] etw ~ to give [sb] sth

er·tö·nen* vi sein (geh) ① (zu hören sein) to sound ② (widerhallen) ▪ **von etw** dat ~ to resound with sth

Er·trag <-[e]s, Erträge> [ɛɐ̯ˈtraːk, pl ɛɐ̯ˈtrɛːɡə] m ① (Ernte) yield; **~ bringen** to bring yields ② meist pl (Einnahmen) revenue; **~ bringen** to bring in revenue

er·tra·gen* vt irreg to bear; **nicht zu ~ sein** to be unbearable

er·träg·lich [ɛɐ̯ˈtrɛːklɪç] adj bearable; **schwer ~ sein** to be difficult to cope with

er·trag·reich adv productive; Land fertile

er·trän·ken* vt ▪ jdn/ein Tier ~ to drown sb/an animal

er·träu·men* vt ▪ [sich dat] etw ~ to dream about sth

er·trin·ken* vi irreg sein to drown

er·trot·zen* vt (geh) ▪ [sich dat] etw ~ to obtain by forceful means

er·üb·ri·gen* [ɛɐ̯ˈʔyːbrɪɡn̩] **I.** vr ▪ **sich ~** to be superfluous; ▪ **es erübrigt sich, etw zu tun** it is not necessary to do sth **II.** vt (aufbringen) ▪ etw ~ **können** Geld, Zeit to spare sth

eru·ie·ren* [eruˈiːrən] vt (geh) ① (in Erfahrung bringen) ▪ etw ~ to find out sth sep ② ÖSTERR, SCHWEIZ (ausfindig machen) ▪ **jdn ~** to find sb

er·wa·chen* vi sein (geh) to wake up; **aus einer Ohnmacht ~** to come to; ▪ **von etw** dat ~ to be woken by sth ▶ **ein böses E~** a rude awakening

er·wach·sen*¹ [ɛɐ̯ˈvaksn̩] vi irreg sein (geh) **jdm ~ Kosten** [aus etw dat] sb incurs costs [as a result of sth]

er·wach·sen*² [ɛɐ̯ˈvaksn̩] adj adult

Er·wach·se·ne(r) f(m) adult

Er·wach·se·nen·bil·dung [ɛɐ̯ˈvaksenən-] f adult education **Er·wach·se·nen·straf·recht** nt kein pl JUR adult criminal law

er·wä·gen* vt irreg to consider

Er·wä·gung <-, -en> f consideration; **etw in ~ ziehen** to consider sth

er·wäh·nen* vt to mention; ▪ **jdm gegenüber ~, dass ...** to mention [to sb] that ...

er·wäh·nens·wert adj worth mentioning pred

Er·wäh·nung <-, -en> f mentioning

er·wär·men* **I.** vt to warm [up] **II.** vr ① (warm werden) ▪ **sich ~** to warm up ② (sich begeistern) ▪ **sich für jdn/etw ~** to work up enthusiasm for sb/sth

Er·wär·mung <-, -en> f warming [up]

er·war·ten* **I.** vt ① (entgegensehen) to expect ② (auf etw warten) ▪ etw ~ to wait for sth ③ (voraussetzen) ▪ etw von jdm ~ to expect sth from sb; ▪ **von jdm ~, dass ...** to expect sb to do sth ④ (mit etw rechnen) ▪ **etw erwartet einen** sth awaits one; **etw war zu ~** sth was to be expected; **wider E~** contrary to [all] expectation[s] **II.** vr (sich versprechen) ■**sich** *dat* **etw von jdm/etw ~** to expect sth from [*or* of] sb/sth

Er·war·tung <-, -en> *f* ❶ *kein pl* (*Ungeduld*) anticipation ❷ *pl* (*Hoffnung*) expectations *pl*; **jds ~en gerecht werden** to live up to sb's expectations; **voller ~** full of expectation; **den ~en entsprechen** to fulfil the expectations

Er·war·tungs·druck <-[e]s> *m kein pl* **unter ~ stehen** to be under pressure to perform **er·war·tungs·ge·mäß** *adv* as expected **Er·war·tungs·hal·tung** *f* expectation **Er·war·tungs·ho·ri·zont** *m* level of expectations **er·war·tungs·voll I.** *adj* expectant, full of expectation *pred* **II.** *adv* expectantly

er·we·cken* *vt* ❶ (*hervorrufen*) ■**etw ~** to arouse sth; **den Eindruck ~, ...** to give the impression ...; **Zweifel ~** to raise doubts ❷ (*geh: aufwecken*) ■**jdn ~** to wake sb

er·wei·chen* [ɛɐ̯ˈvaɪçn̩] *vt* ■**jdn ~** to make sb change their mind; **sich ~ lassen** to let oneself be persuaded

er·wei·sen* *irreg* **I.** *vt* ❶ (*nachweisen*) to prove ❷ (*zeigen*) ■**etw wird ~, dass/ob ...** sth will show that/whether ... ❸ (*geh: entgegenbringen*) **jdm einen Dienst/Gefallen ~** to do somebody a service/favour **II.** *vr* ❶ (*sich herausstellen*) **dieser Mitarbeiter hat sich als zuverlässig erwiesen** this employee has proved himself reliable ❷ (*sich zeigen*) **sie sollte sich dankbar [ihm gegenüber] ~** she should be grateful [to him]

er·wei·tern* [ɛɐ̯ˈvaɪtɐn] **I.** *vt* ■**etw ~** ❶ *Straße,Kleidung* to widen (**um** by) ❷ (*vergrößern*) to expand sth (**um** by) ❸ (*umfangreicher machen*) to increase sth (**um** by) **II.** *vr* ❶ (*sich verbreitern*) ■**sich ~** to widen (**um** by) ❷ MED, ANAT ■**sich ~** to dilate

Er·wei·te·rung <-, -en> *f* ❶ (*Verbreiterung*) *Anlagen, Fahrbahn* widening ❷ (*Vergrößerung*) expansion ❸ (*Ausweitung*) increase ❹ MED, ANAT dilation

Er·werb <-[e]s, -e> [ɛɐ̯ˈvɛrp, *pl* ɛɐ̯ˈvɛrbə] *m* ❶ *kein pl* (*geh: Kauf*) purchase ❷ (*berufliche Tätigkeit*) occupation

er·wer·ben* *vt irreg* ❶ (*kaufen*) ■**etw ~** to purchase sth ❷ (*an sich bringen*) ■**etw** [**durch etw** *akk*] **~** to acquire sth [through sth] ❸ (*gewinnen*) ■**sich** *dat* **etw ~** to earn sth; **jds Vertrauen ~** to win sb's trust

er·werbs·fä·hig *adj* (*geh*) fit for gainful employment *pred* **er·werbs·los** *adj* (*geh*) unemployed **er·werbs·tä·tig** *adj* working **Er·werbs·tä·tig·keit** <-> *f kein pl* employment **er·werbs·un·fä·hig** *adj* (*geh*) unfit for gainful employment

er·wi·dern* [ɛɐ̯ˈviːdɐn] *vt* ❶ (*antworten*) ■[**jdm**] **etw** [**auf etw** *akk*] **~** to give [sb] a reply [to sth]; **auf meine Frage erwiderte sie ...** she replied to my question by saying ... ❷ (*zurückgeben*) ■**etw ~** to return sth

Er·wi·de·rung <-, -en> *f* ❶ (*Antwort*) reply ❷ (*das Erwidern*) returning

er·wie·se·ner·ma·ßen [ɛɐ̯viːzənɐˈmaːsn̩] *adv* as has been proved

er·wirt·schaf·ten* *vt* to make

er·wi·schen* [ɛɐ̯ˈvɪʃn̩] *vt* (*fam*) ❶ (*ertappen*) ■**jdn** [**bei etw** *dat*] **~** to catch sb [doing sth] ❷ (*ergreifen, erreichen*) ■**jdn/etw ~** to catch sb/sth

er·wor·ben *adj* acquired

er·wünscht [ɛɐ̯ˈvn̩ʃt] *adj* ❶ (*gewünscht*) desired ❷ (*willkommen*) welcome; *Anwesenheit* desirable

er·wür·gen* *vt* to strangle

Erz <-es, -e> [ˈeːɐ̯ts] *nt* ore

er·zäh·len* **I.** *vt* ❶ (*anschaulich berichten*) to explain ❷ (*sagen*) to tell; [**jdm**] **seine Erlebnisse ~** to tell [sb] about one's experiences; **was erzählst du da?** what are you saying?; **es wird erzählt, dass ...** there is a rumour that ▶ **das kannst du sonst wem ~** (*fam*) tell me another! BRIT; **dem/der werd ich was ~!** (*fam*) I'll give him/her a piece of my mind! **II.** *vi* to tell a story/stories

Er·zäh·ler(in) [ɛɐ̯ˈtsɛːlɐ] *m(f)* storyteller; (*Schriftsteller*) author; (*Romanperson*) narrator

Er·zäh·lung *f* ❶ (*Geschichte*) story ❷ *kein pl* (*das Erzählen*) telling

Erz·bi·schof, Erz·bi·schö·fin [ˈɛrtsbɪʃɔf, ˈɛrtsbɪʃœfɪn] *m, f* archbishop **Erz·en·gel** [ˈɛrtsʔɛŋl] archangel

er·zeu·gen* *vt bes* ÖSTERR (*produzieren*) to produce ❷ ELEK, SCI to generate ❸ (*hervorrufen*) to create

Er·zeu·ger(in) <-s, -> *m(f)* ❶ *bes* ÖSTERR (*geh: Produzent*) producer ❷ (*hum fam: Vater*) father

Er·zeug·nis <-ses, -se> [ɛɐ̯ˈtsɔykn̩s] *nt* product

Er·zeu·gung <-, -en> *f kein pl* ELEK, SCI generation ❷ (*Produktion*) production

Erz·feind(in) *m(f)* arch-enemy **Erz·ge·bir·ge** [ˈɛrtsɡəbɪrɡə] *nt* Erzgebirge (*mountain range on the border between Germany and the Czech Republic*) **Erz·her·zog(in)** [ˈɛrtshɛrtsoːk, ˈɛrtshɛrtsoːɡɪn] *m(f)* archduke *masc*, archduchess *fem*

er·zieh·bar *adj* educable; **schwer ~ sein** to have behavioural problems

er·zie·hen* *vt irreg* ❶ (*aufziehen*) ■**jdn ~** to bring up sb *sep* ❷ (*anleiten*) ■**jdn zu etw** *dat* **~** to teach sb to be sth

Er·zie·her(in) <-s, -> [ɛɐ̯ˈtsiːɐ] *m(f)* teacher

er·zie·he·risch *adj* educative

Er·zie·hung *f kein pl* ❶ (*das Erziehen*) education *no pl* ❷ (*Aufzucht*) upbringing

er·zie·hungs·be·rech·tigt *adj* acting as legal guardian *pred* **Er·zie·hungs·be·rech·tig·te(r)** *f(m)* legal guardian **Er·zie·hungs·geld** *nt* child benefit (*paid for at least 6 months after the child's birth to compensate the parent who takes time off work to look after the child*) **Er·zie·hungs·jahr** *nt* year taken off work after the birth of a child to look after the child **Er·zie·hungs·me·tho·de** *f* method of education **Er·zie·hungs·ur·laub** *m* maternity [*or* paternity] leave, *a period of up to three years taken by either the father or the mother after the birth* **Er·zie·hungs·wis·sen·schaft** *f kein pl* educational studies *npl* **Er·zie·hungs·wis·sen·schaft·ler(in)** *m(f)* educationalist BRIT, educational theorist AM

er·zie·len* *vt* ❶ (*erreichen*) to achieve; *Einigung* ~ to reach ❷ SPORT ▪ *etw* ~ to score sth (**gegen** against); **eine Bestzeit/einen Rekord** ~ to establish a personal best/record

erz·kon·ser·va·tiv *adj* ultra-conservative

er·zür·nen* *vt* (*geh*) ▪ *jdn* ~ to anger sb

er·zwin·gen* *vt irreg* ▪ *etw* [**von jdm**] ~ to force sth from sb; **eine Entscheidung** ~ to force an issue; **ein Geständnis** [**von jdm**] ~ to make sb confess; [**von jdm**] **ein Zugeständnis** ~ to wring a concession [from sb]

es <*gen* seiner, *dat* ihm, *akk* es> [ɛs] *pron pers, unbestimmt* ❶ (*das, diese: auf Dinge bezogen*) it; **wer ist da? — ich bin** ~ who's there? — it's me ❷ *auf vorangehenden Satzinhalt bezogen* it; **kommt er auch?** — **ich hoffe** ~ is he coming too? — I hope so ❸ *rein formales Subjekt* **jdm gefällt** ~, **etw zu tun** sb likes doing sth; ~ **gefällt mir** I like it; ~ **friert mich** I am cold; ~ **freut mich, dass ...** I am pleased that ... ❹ *rein formales Objekt* **er hat** ~ he's got it made ❺ *Subjekt bei unpersönlichen Ausdrücken* ▪ **klopft** there's a knock at the door; **hat** ~ **geklingelt?** did somebody ring?; ~ **regnet** it's raining ❻ *Einleitewort mit folgendem Subjekt* ~ **geschieht manchmal ein Wunder** a miracle happens sometimes; ~ **waren Tausende** there were thousands

Esche <-, -n> [ˈɛʃə] *f* ash

Esel(in) <-s, -> [ˈeːzl] *m(f)* ❶ (*Tier*) donkey ❷ *nur m* (*fam: Dummkopf*) idiot

Esels·brü·cke *f* (*fam*) aide-memoire **Esels·ohr** *nt* dog-ear

Es·ka·la·ti·on <-, -en> [ɛskalaˈtsi̯oːn] *f* escalation

es·ka·lie·ren* [ɛskaˈliːrən] *vi, vt* to escalate (**zu** into)

Es·ka·pa·de <-, -n> [ɛskaˈpaːdə] *f* escapade

Es·ki·mo, -frau <-s, -s> [ˈɛskimo] *m, f* Eskimo

Es·kor·te <-, -n> [ɛsˈkɔrtə] *f* escort

Eso·te·rik <-> [ezoˈteːrɪk] *f kein pl* ▪ **die** ~ esotericism

eso·te·risch [ezoˈteːrɪʃ] *adj* esoteric

Es·pe <-, -n> [ˈɛspə] *f* aspen

Es·pen·laub *nt* aspen leaves *pl*; **zittern wie** ~ to be shaking like a leaf

Es·pe·ran·to <-s> [ɛspeˈranto] *nt* Esperanto

Es·pres·so <-[s], -s *o* Espressi> [ɛsˈprɛso, *pl* ɛsˈpresi] *m* espresso

Es·prit <-s> [ɛsˈpriː] *m kein pl* (*geh*) wit

Es·say <-s, -s> [ˈɛse, ɛˈseː] *m o nt* essay

ess·bar[RR], **eß·bar**[ALT] *adj* edible; **nicht** ~ inedible

es·sen <isst, aß, gegessen> [ˈɛsn] **I.** *vt* (*Nahrung zu sich nehmen*) to eat; ~ **Sie gern Äpfel?** do you like apples?; *etw* **zum Nachtisch** ~ to have sth for dessert ▶ **gegessen sein** (*fam*) to be dead and buried **II.** *vi* **griechisch/italienisch** ~ to have a Greek/an Italian meal; **kalt/warm** ~ to have a cold/hot meal; ~ **gehen** (*zum E~ gehen*) to go to eat; (*im Lokal speisen*) to eat out; **in diesem Restaurant kann man gut** ~ this restaurant does good food

Es·sen <-s, -> [ˈɛsn] *nt* ❶ (*Mahlzeit*) meal; **zum** ~ **bleiben** to stay for lunch/dinner ❷ (*Nahrung*) food *no pl, no indef art*

Es·sen(s)·mar·ke *f* meal voucher [*or* AM ticket] **Es·sens·zeit** *f* mealtime

es·sen·ti·ell [ɛsɛnˈtsi̯ɛl] *adj, adv s.* **essenziell**

Es·senz <-, -en> [ɛˈsɛnts] *f* essence

es·sen·zi·ell[RR] [ɛsɛnˈtsi̯ɛl] **I.** *adj* essential **II.** *adv* essentially

Ess·ge·wohn·hei·ten[RR] *pl* eating habits *pl*

Es·sig <-s, -e> [ˈɛsɪç, *pl* ˈɛsɪgə] *m* vinegar

Es·sig·gur·ke *f* [pickled] gherkin **Es·sig·säu·re** *f* acetic acid

Ess·kas·ta·nie[RR] *f* [-kastaˈniə] *f* sweet chestnut **Ess·löf·fel**[RR] *m* ❶ (*Essbesteck*) soup spoon ❷ (*Maßeinheit beim Kochen*) tablespoon **Ess·stö·rung**[RR] *f meist pl* eating disorder **Ess·sucht**[RR] *f kein pl* compulsive eating **Ess·wa·ren**[RR] *pl* food *no pl, no indef art*, provisions **Ess·zim·mer**[RR] *nt* dining room

Es·te, Es·tin <-n, -nen> [ˈeːstə, ˈeːstɪn] *m, f* Estonian; *s. a.* **Deutsche(r)**

Est·land <-s> [ˈeːstlant] *nt* Estonia; *s. a.* **Deutschland**

est·nisch [ˈeːstnɪʃ] *adj* Estonian; *s. a.* **deutsch**

Es·tra·gon <-s> [ˈɛstragɔn] *m kein pl*

tarragon

ES-Zel·le [eːˈɛstsɛlə] f Abk von **embryonale Stammzelle** BIOL, MED embryonic stem cell

eta·blie·ren* [etaˈbliːrən] (geh) **I.** vt to establish **II.** vr ■ **sich ~** to establish oneself

eta·bliert adj (geh) established

Eta·blis·se·ment <-s, -s> [etablɪsəˈmãː] nt (geh) establishment

Eta·ge <-, -n> [eˈtaːʒə] f floor; **auf der 5. ~** on the 5th floor BRIT, on the 6th floor AM

Eta·gen·bett [eˈtaːʒən-] nt bunk bed **Eta·gen·woh·nung** [eˈtaːʒən-] f flat BRIT, apartment AM, *occupying a whole floor*

Etap·pe <-, -n> [eˈtapə] f ① (Abschnitt) **in ~n arbeiten** to work in stages ② (Teilstrecke) leg ③ MIL communications zone

Etat <-s, -s> [eˈtaː] m budget

etc. [ɛtˈtseːtera] Abk von **et cetera** etc.

ete·pe·te·te [ˈeːtəpeˈteːtə] adj präd (fam) finicky

Ethik <-> [ˈeːtɪk] f kein pl ① (Wissenschaft) ethics + sing vb ② (moralische Haltung) ethics npl ③ (bestimmte Werte) ethic; **christliche ~** Christian ethic

ethisch [ˈeːtɪʃ] adj ethical

eth·nisch [ˈɛtnɪʃ] adj ethnic

Eth·no·lo·ge, Eth·no·lo·gin [ɛtnoˈloːgə, ɛtnoˈloːgɪn] m, f ethnologist

Eth·no·lo·gie <-, -n> [ɛtnoloˈgiː, pl -ˈgiːən] f kein pl ethnology no pl

Eth·no·lo·gin [ɛtnoˈloːgɪn] f fem form von **Ethnologe**

Eti·kett <-[e]s, -e> [etiˈkɛt] nt ① (Preisschild) price tag ② (Aufnäher) label

Eti·ket·te <-, -n> [etiˈkɛtə] f (geh) etiquette

eti·ket·tie·ren* [etikɛˈtiːrən] vt **etw ~** to label sth; **Preis** to price-tag sth

et·li·che(r, s) [ˈɛtlɪçə] pron indef ③ adjektivisch, sing o pl quite a lot of; **Mal** (geh) several times ② substantivisch, pl quite a few ③ substantivisch, sing ■ **-s** quite a lot; **um ~ älter/größer als jdn** quite a lot older/bigger than sb

Etui <-s, -s> [ɛˈtviː, eˈtỹiː] nt case; (verziert a.) etui

et·wa [ˈɛtva] **I.** adv ① (ungefähr, annähernd) about; **in ~** more or less; **so ~** roughly like this ② (zum Beispiel) **wie ~ mein Bruder** like my brother for instance **II.** part ① (womöglich) **ist das ~ alles, was Sie haben?** are you trying to tell me that's all you've got?; **soll das ~ heißen, dass ...?** is that supposed to mean [that] ...?; **willst du ~ schon gehen?** [surely] you don't want to go already! ② (Verstärkung der Verneinung) **ist das ~ nicht wahr?** do you mean to say it's not true?

et·wa·ig [ɛtˈvaːɪç] adj attr any

et·was [ˈɛtvas] pron indef ① substantivisch (eine unbestimmte Sache) something; (bei Fragen) anything; **hast du ~?** are you feeling all right?; **merken Sie ~?** do you notice anything?; **das will ~ heißen** that's saying something ② adjektivisch (nicht näher bestimmt) something; (bei Fragen) anything; **~ anderes** something else; **~ Dummes/Neues** something stupid/new; **[noch] ~ Geld/Kaffee** some [more] money/coffee ③ adverbial (ein wenig) a little; **du könntest dich ruhig ~ anstrengen** you might make a bit of an effort

Et·was <-> [ˈɛtvas] nt kein pl **ein hartes/spitzes/... ~** something hard/sharp/...; **das gewisse ~** that certain something; **ein winziges ~** a tiny little thing

Ety·mo·lo·gie <-, -n> [etymoloˈgiː, pl -ˈgiːən] f etymology no pl

ety·mo·lo·gisch [etymoˈloːgɪʃ] adj etymological

EU [eːˈuː] f Abk von **Europäische Union** EU

EU-Bei·tritt m joining of the EU **EU-Bür·ger(in)** m(f) EU citizen, citizen of the EU

euch [ɔyç] **I.** pron pers akk o dat von **ihr** you; **ein Freund/eine Freundin von ~** a friend of yours **II.** pron refl **beeilt ~!** hurry [up]!; **macht ~ fertig!** get [fam yourselves] ready!; **wascht ~!** get [fam yourselves] washed!; **putzt ~ die Zähne!** brush your teeth!

eu·er [ˈɔyɐ] pron poss your; **es ist ~/eu[e]re/~-[e]s** it's yours; **viele Grüße, ~ Martin!** best wishes, [yours,] Martin

eue·re(r, s) [ˈɔyərə] pron poss s. **eure(r, s)**

EU-Gip·fel m, **EU-Gip·fel·tref·fen** nt EU summit

Eu·ka·lyp·tus <-, -lypten> [ɔykaˈlʏptʊs] m ① (Baum) eucalyptus [tree] ② (Öl) eucalyptus [oil]

EU-Kom·mis·si·on f EU Commission **EU-Land** nt EU country

Eu·le <-, -n> [ˈɔylə] f owl

EU-Mi·nis·ter(in) m(f) EU minister **EU-Mit·glieds·land** nt EU member-state

Eu·nuch <-en, -en> [ɔyˈnuːx] m eunuch

Eu·pho·rie <-, -n> [ɔyfoˈriː, pl -ˈriːən] f euphoria

eu·pho·risch [ɔyˈfoːrɪʃ] adj euphoric

Eu·ra·tom <-> [ɔyraˈtoːm] f Akr von **Europäische Atomgemeinschaft** Euratom

eu·re(r, s) [ˈɔyrə] pron poss your; ■ **der/die/das) E~** yours; **Grüße von ~r Kathrin** Best regards, Yours, Kathrin; **tut ihr das E~** you do your bit

eu·rer·seits [ˈɔyrɐˈzaɪts] adv (soweit es euch angeht) for your part; (von eurer Seite aus) on your part

eu·res·glei·chen [ˈɔyrəsˈglaɪçn̩] pron (pej)

euretwegen – EWWU-Teilnehmerstaat 1164

your like

eu·ret·we·gen ['ɔyrət've:gn̩] *adv* (*wegen euch*) because of you; (*euch zuliebe*) for your sake[s]

eu·ret·wil·len ['ɔyrətvɪlən] *adv* for your sake

eurige(r, s) ['ɔyrɪgə, -gə, -gəs] *pron* (*geh*) yours; *geh für* **eu(e)re(r, s)**: **der/die/das ~** yours; **die ~ in** those near and dear to you

Eu·ro ['ɔyro] *m* (*Währungseinheit*) euro **Eu·ro·bank·no·te** *f* euro (bank)note **Eu·ro·cent** *m* cent **Eu·ro·cheque** [-ʃɛk] *m* HIST *s.* Eurocheck **Eu·ro·ci·ty** ['ɔyrosɪti], **Eu·ro·ci·ty·zug**^RR ['ɔyrosɪti-] *m* Eurocity train (*connecting major European cities*) **Eu·ro-Ein·füh·rungs·ge·setz** *nt* law concerning the introduction of the euro **Eu·ro·geld** *nt* eurocurrency

Eu·ro·kra·tie *f* POL eurocracy

Eu·ro·mark *f kein pl* FIN euromark **Eu·ro·mün·ze** *f* euro coin

Eu·ro·pa <-s> [ɔy'ro:pa] *nt* Europe **Eu·ro·pa·ab·ge·ord·ne·te(r)** *f(m)* Member of the European Parliament, MEP

Eu·ro·pä·er(in) <-s, -> [ɔyro'pɛ:ɐ] *m(f)* European

Eu·ro·pa·fra·ge *f* POL European question **eu·ro·pä·isch** [ɔyro'pɛ:ɪʃ] *adj* European; **E~e Einheitswährung** single European currency, euro; **E~e Gemeinschaft** [*o* **EG**] European Community, EC; **E~er Gerichtshof** European Court of Justice; **E~es Parlament** European Parliament; **E~er Rat** European Council; **E~e Union** European Union, EU; **E~es Währungssystem** [*o* **EWS**] European Monetary System, EMS; **E~e Währungsunion** [*o* **EWU**] European Monetary Union, EMU; **E~e Wirtschaftsgemeinschaft** [*o* **EWG**] European Economic Community, EEC, [European] Common Market; **E~er Wirtschaftsraum** [*o* **EWR**] European Economic Area, EEA; **E~e Zentralbank** [*o* **EZB**] European Central Bank, ECB

Eu·ro·pä·i·sie·rung *f kein pl* POL Europeanization

Eu·ro·pa·meis·ter(in) *m(f)* (*als Einzelner*) European champion; (*als Team, Land*) European champions *pl* **Eu·ro·pa·meis·ter·schaft** *f* European championship **Eu·ro·pa·par·la·ment** *nt* ■ **das ~** the European Parliament **Eu·ro·pa·po·kal** *m* European cup **Eu·ro·pa·rat** *m kein pl* Council of Europe *no pl, no indef art*

Eu·ro·pa·wah·len *pl* European elections *pl* **Eu·ro·pol** ['ɔyropɔl] *f* Europol **Eu·ro·scheck** *m* HIST Eurocheque **Eu·ro·skep·ti·ker(in)** *m(f)* Euro-sceptic **Eu·ro·tun·nel** *m* Channel tunnel **Eu·ro·vi·si·on** [ɔyrovi'zi̯o:n] *f* Eurovision **Eu·ro·zo·ne** <-> *f*

kein pl Euro-zone

Eu·ter <-s, -> ['ɔytɐ] *nt o m* udder

Eu·tha·na·sie <-> [ɔytana'zi:] *f kein pl* euthanasia *no pl, no art*, mercy killing *fam*

EU-Ver·ord·nung *f* EU decree **EU-Vertrag** *m* JUR Treaty of Rome

ev. *adj Abk von* **evangelisch**

e.V., E.V. [e:'fau] *m Abk von* **eingetragener Verein** registered association

eva·ku·ie·ren* [evaku'i:rən] *vt* ❶ (*an sicheren Ort bringen*) **jdn/etw ~** to evacuate sb/remove sth (**aus** from, **in/auf** to) ❷ (*auslagern*) to remove (**in** to)

Eva·ku·ie·rung <-, -en> [-va-] *f* evacuation

Evan·ge·le <-n, -n> [evaŋ'ge:lə] *m o f* (*oft pej fam*) evangelical

evan·ge·lisch [evaŋ'ge:lɪʃ] *adj* Protestant; ■ **~ sein** to be a Protestant

Evan·ge·li·um <-s, -lien> [evaŋ'ge:li̯ʊm, *pl* -li̯ən] *nt* Gospel; (*fig*) gospel

Even·tu·a·li·tät <-, -en> [evɛntu̯ali'tɛ:t] *f* eventuality

even·tu·ell [evɛn'tu̯ɛl] **I.** *adj attr* possible; **bei ~en Rückfragen wenden Sie sich bitte an die Direktion** if you have any queries please contact the management **II.** *adv* possibly

Evo·lu·ti·on <-, -en> [evolu'tsi̯o:n] *f* evolution

evtl. *adj, adv Abk von* **eventuell**

E-Werk ['e:vɛrk] *nt s.* **Elektrizitätswerk**

EWI <-[s]> [e:ve:'i:] *nt kein pl Abk von* **Europäisches Währungsinstitut** EMI

ewig ['e:vɪç] **I.** *adj* ❶ (*immer während*) eternal ❷ (*pej fam: ständig*) **~es Gejammer** never-ending moaning and groaning **II.** *adv* ❶ (*dauernd*) eternally; (*seit jeher*) always; **~ bestehen** to have always existed; (*für immer*) forever ❷ (*fam: ständig*) always ❸ (*fam: lange Zeitspanne*) for ages; **das dauert** [**ja**] **~!** it's taking ages [and ages]! *fam*

Ewig·ges·tri·ge(r) *f(m)* stick-in-the-mud

Ewig·keit <-, -en> ['e:vɪçkait] *f* eternity; **eine** [**halbe**] **~ dauern** (*hum fam*) to last an age; **bis in alle ~** (*für alle Zeit*) for ever; (*wer weiß wie lange*) soll ich vielleicht bis in alle **~ warten?** am I supposed to wait for ever?; **seit ~en** (*fam*) for ages

EWS <-> [e:ve:'ɛs] *nt kein pl Abk von* **Europäisches Währungssystem** EMS

EWU <-> [e:ve:'u:] *f Abk von* **Europäische Währungsunion** EMU

EWWU [e:ve:ve:'ʔu:] *f kein pl* EU *Abk von* **Europäische Wirtschafts- und Währungsunion** EEMU

EWWU-Teil·neh·mer·land *nt*, **EWWU-Teil·neh·mer·staat** *m* EEMU member state

ex ['ɛks] *adv etw* **[auf]** ~ **trinken** to down sth in one ▶ ~ **und hopp** (*fam*) here today, gone tomorrow

ex·akt [ɛ'ksakt] **I.** *adj* exact; **das ist** ~, **was ich gemeint habe** that's precisely what I meant **II.** *adv* exactly; ~ **arbeiten** to be accurate in one's work

Ex·a·men <-s, - *o* Examina> [ɛ'ksa:mən, *pl* ɛ'ksa:mina] *nt* **mündliches** ~ oral exam[ination]; **schriftliches** ~ [written] exam[ination]; **das** ~ **bestehen** to pass one's finals; **durch das** ~ **fallen** to fail [in] one's finals; ~ **machen** to do one's finals

exe·ku·tie·ren* [ɛksekuˈtiːrən] *vt* (*geh*) ▪ **jdn** ~ to execute sb

Exe·ku·ti·on <-, -en> [ɛksekuˈtsi̯oːn] *f* (*geh*) execution

Exe·ku·ti·ve <-n, -n> [ɛksekuˈtiːvə] *f* JUR executive authority

Ex·em·pel <-s, -> [ɛˈksɛmpl̩] *nt* (*geh*) [warning] example; **an jdm/mit etw** *akk* **ein** ~ **statuieren** to make an example of sb/use sth as a warning

Ex·em·plar <-s, -e> [ɛksɛmˈplaːɐ̯] *nt* specimen; (*Ausgabe*) *Buch, Heft* copy; *Zeitung* issue

ex·em·pla·risch [ɛksɛmˈplaːrɪʃ] **I.** *adj* exemplary **II.** *adv* as an example

ex·er·zie·ren* [ɛksɛrˈtsiːrən] **I.** *vi* MIL to drill **II.** *vt* ▪ **etw** ~ to practise sth

Ex·hi·bi·ti·o·nis·mus <-> [ɛkshibitsi̯oˈnɪsmʊs] *m kein pl* exhibitionism *no pl*

Ex·hi·bi·ti·o·nist <-en, -en> [ɛkshibitsi̯oˈnɪst] *m(f)* exhibitionist

ex·hu·mie·ren* [ɛkshuˈmiːrən] *vt* (*geh*) to exhume

Exil <-s, -e> [ɛˈksiːl] *nt* exile; **ins** ~ **gehen** to go into exile

Exis·ten·ti·a·lis·mus <-> [ɛksɪstɛntsi̯aˈlɪsmʊs] *m kein pl s.* Existenzialismus

exis·ten·ti·ell [ɛksɪstɛntsi̯ɛl] *adj* (*geh*) *s.* existenziell

Exis·tenz <-, -en> [ɛksɪsˈtɛnts] *f* ① *kein pl* (*das Vorhandensein*) existence *no pl* ② (*Lebensgrundlage, Auskommen*) livelihood; **eine gesicherte** ~ a secure livelihood ③ (*Dasein, Leben*) life; **eine gescheiterte** ~ a failure [in life]; **sich eine neue** ~ **aufbauen** to create a new life for oneself

Exis·tenz·angst *f* (*geh*) fear of being unable to make ends meet **Exis·tenz·be·rech·ti·gung** *f kein pl* right to exist **Exis·tenz·grün·der(in)** *m(f)* founder of a new business **Exis·tenz·grund·la·ge** *f* basis of one's livelihood

Exis·ten·zi·a·lis·mus^RR <-> [ɛksɪstɛntsi̯aˈlɪsmʊs] *m kein pl* existentialism *no pl*

exis·ten·zi·ell^RR [ɛksɪstɛntsi̯ɛl] *adj* (*geh*) existential

Exis·tenz·kampf *m* struggle for survival **Exis·tenz·mi·ni·mum** *nt* subsistence level **Exis·tenz·recht** *nt kein pl* right to existence **Exis·tenz·si·che·rung** *f kein pl* securing a basic living; **das Einkommen reicht gerade für unsere** ~ **aus** we just about manage to get by on this income

exis·tie·ren* [ɛksɪsˈtiːrən] *vi* ① (*vorhanden sein*) to exist ② (*sein Auskommen haben*) ▪ **[von etw** *dat*] ~ to live [on sth]

ex·klu·siv [ɛksklu'ziːf] *adj* exclusive

ex·kom·mu·ni·zie·ren* [ɛkskɔmuniˈtsiːrən] *vt* to excommunicate

Ex·kre·ment <-[e]s, -e> [ɛkskreˈmɛnt] *nt meist pl* (*geh*) excrement *no pl*

Ex·kurs [ɛksˈkʊrs] *m* digression

Ex·kur·si·on <-, -en> [ɛkskʊrˈzi̯oːn] *f* (*geh*) study trip BRIT, SCH field trip

Ex·ma·tri·ku·la·ti·on <-, -en> [ɛksmatrikulaˈtsi̯oːn] *f* removal of sb's name from the university register

ex·ma·tri·ku·lie·ren* [ɛksmatrikuˈliːrən] **I.** *vt* ▪ **jdn** ~ to take sb off the university register **II.** *vr* ▪ **sich** ~ to have one's name taken off the university register

Exot(in) <-en, -en> [ɛˈksoːt] *m(f)* ① (*aus fernem Land: Mensch*) exotic foreigner; (*Pflanze oder Tier*) exotic [plant/animal] ② (*fam: Rarität, ausgefallenes Exemplar*) rarity; (*Person*) eccentric

exo·tisch [ɛˈksoːtɪʃ] *adj* ① (*aus fernem Land*) exotic ② (*fam: ausgefallen*) unusual

ex·pan·die·ren* [ɛkspanˈdiːrən] *vi* to expand

Ex·pan·si·on <-, -en> [ɛkspanˈzi̯oːn] *f* expansion

Ex·pe·di·ti·on <-, -en> [ɛkspediˈtsi̯oːn] *f* expedition

Ex·pe·ri·ment <-[e]s, -e> [ɛksperiˈmɛnt] *nt* experiment; **ein** ~/~**e machen** to carry out an experiment/experiments

ex·pe·ri·men·tell [ɛksperimɛnˈtɛl] **I.** *adj* experimental **II.** *adv* by [way of] experiment

ex·pe·ri·men·tie·ren* [ɛksperimɛnˈtiːrən] *vi* ▪ **[an/mit etw** *dat*] ~ to experiment [on/with sth]

Ex·per·te, Ex·per·tin <-n, -n> [ɛksˈpɛrtə, ɛksˈpɛrtɪn] *m, f* expert

Ex·per·ten·aus·schuss^RR *m*, **Ex·per·ten·grup·pe** *f* panel of experts **Ex·per·ten·be·richt** *m* experts' report **Ex·per·ten·ein·schät·zung** *f* expert *no pl* opinion

Ex·per·ti·se <-, -n> [ɛkspɛrˈtiːzə] *f* expert's report

ex·pli·zit [ɛkspliˈtsiːt] *adj* (*geh*) explicit

ex·plo·die·ren* [ɛksploˈdiːrən] *vi sein* to explode *a. fig*; **die Kosten/Preise** ~ (*fig*)

costs/prices are rocketing

Ex·plo·si·on <-, -en> [ɛksploˈzi̯oːn] f explosion a. fig; **etw zur ~ bringen** to detonate sth

ex·plo·si·ons·ar·tig adv explosively **Ex·plo·si·ons·ge·fahr** f danger of explosion

ex·plo·siv [ɛksploˈziːf] adj explosive

Ex·po·nat <-[e]s, -e> [ɛkspoˈnaːt] nt exhibit

Ex·po·nent <-en, -en> [ɛkspoˈnɛnt] m MATH exponent

Ex·po·nent(in) <-en, -en> [ɛkspoˈnɛnt] m(f) exponent, advocate

Ex·port <-[e]s, -e> [ɛksˈpɔrt] m kein pl export

Ex·port·ar·ti·kel m exported article; pl exports

Ex·por·teur(in) <-s, -e> [ɛkspɔrˈtøːɐ] m(f) exporter

Ex·port·fir·ma f export firm

ex·por·tie·ren* [ɛkspɔrˈtiːrən] vt to export

Ex·port·schla·ger m (fam) export hit

Ex·press^RR <-es> m kein pl, **Ex·preß**^ALT <-sses> [ɛksˈprɛs] m kein pl ❶ (Eilzug) express [train] ❷ (schnell) **etw per ~ senden** to send sth [by] express [delivery]

Ex·pres·si·o·nis·mus <-> [ɛksprɛsi̯oˈnɪsmʊs] m kein pl expressionism no pl, no indef art

ex·pres·si·o·nis·tisch adj expressionist[ic]

Ex·press·stra·ße f SCHWEIZ expressway

ex·qui·sit [ɛkskviˈziːt] (geh) I. adj exquisite II. adv exquisitely

Ex·ten·si·on <-, -en> [ɛkstɛnˈzi̯oːn] f (geh) extension

ex·tern [ɛksˈtɛrn] adj external

ex·tra [ˈɛkstra] adv ❶ (besonders) extra ❷ (zusätzlich) extra; **ich gebe Ihnen noch ein Exemplar ~** I'll give you an extra copy ❸ (eigens) just; **du brauchst mich nicht ~ anzurufen, wenn du ankommst** you don't need to call me just to say you've arrived ❹ (fam: absichtlich) on purpose; **etw ~ machen** to do sth on purpose ❺ (gesondert) separately; **etw ~ berechnen** to charge sth separately

Ex·tra·blatt nt special supplement

Ex·trakt <-[e]s, -e> [ɛksˈtrakt] m o nt extract

ex·tra·va·gant [ɛkstravaˈgant, ˈɛkstravagant] I. adj extravagant II. adv extravagantly; **~ angezogen** flamboyantly dressed

Ex·tra·va·ganz <-, -en> [ɛkstravaˈgants] f extravagance; **von Kleidung** a. flamboyance

ex·tra·ver·tiert [ɛkstravɛrˈtiːɐt] adj extrovert[ed]

Ex·tra·wurst f ❶ (fam: Sonderwunsch) **jdm eine ~ braten** to make an exception for sb ❷ ÖSTERR (Lyoner) pork [or veal] sausage

ex·trem [ɛksˈtreːm] I. adj extreme; **~e Anforderungen** excessive demands; **eine ~e Belastung für jdn darstellen** to be an excessive burden on sb II. adv (sehr) extremely; **~ links/rechts** POL ultra-left/right

Ex·trem·fall m extreme [case]; **im ~** in the extreme case

Ex·tre·mis·mus <-, selten -men> [ɛkstreˈmɪsmʊs] m extremism no pl, no indef art

Ex·tre·mist(in) <-en, -en> [ɛkstreˈmɪst] m(f) extremist

ex·tre·mis·tisch adj extremist

Ex·tre·mi·tä·ten [ɛkstremiˈtɛːtn̩] pl extremities npl

Ex·trem·sport m extreme sport **Ex·trem·sport·art** f adventure sport

ex·tro·ver·tiert [ɛkstrovɛrˈtiːɐt] adj s. extravertiert

Ex·tro·ver·tiert·heit [ɛkstrovɛrˈtiːɐthait] f kein pl PSYCH extrovertedness

ex·zel·lent [ɛkstsɛˈlɛnt] (geh) I. adj excellent II. adv excellently; **sich ~ fühlen** to feel on top form; **~ schmecken** to taste delicious

Ex·zel·lenz <-, -en> [ɛkstsɛˈlɛnts] f Excellency; **Seine/Euer ~** His/Your Excellency

ex·zen·trisch [ɛksˈtsɛntrɪʃ] adj (geh) eccentric

Ex·zess^RR <-es, -e> m meist pl, **Ex·zeß**^ALT <-sses, -sse> [ɛksˈtsɛs] m meist pl excess; **etw bis zum ~ treiben** to take sth to extremes

ex·zes·siv [ɛkstsɛˈsiːf] adj (geh) excessive

Eye·li·ner <-s, -> [ˈaɪlaɪnɐ] m eyeliner

EZB <-> [eːtsɛtˈbeː] f kein pl FIN Abk von **Europäische Zentralbank** ECB

EZU <-> [eːtsɛtˈʔuː] f kein pl Abk von **Europäische Zahlungsunion** EPU

E-Zug [ˈeːtsuːk] m kurz für **Eilzug** express train

F f

F, f <-, - o fam -s, -s> [ɛf] nt ❶ (Buchstabe) F, f; s. a. **A 1** ❷ MUS F, f; s. a. **A 2**

f. ❶ Abk von **folgende [Seite]** [the] following [page] ❷ Abk von **für**

Fa. Abk von **Firma** Co.

Fa·bel <-, -n> [ˈfaːbl̩] f LIT fable

fa·bel·haft [ˈfaːblhaft] I. adj marvellous II. adv marvellously

Fa·bel·tier nt, **Fa·bel·we·sen** nt mythical creature

Fa·brik <-, -en> [fa'bri:k] *f* factory

Fa·bri·kant(in) <-en, -en> [fabri'kant] *m(f)* ❶ (*Fabrikbesitzer*) industrialist ❷ (*Hersteller*) manufacturer

Fa·brik·ar·bei·ter(in) *m(f)* industrial worker

Fa·bri·kat <-[e]s, -e> [fabri'ka:t] *nt* ❶ (*Marke*) make ❷ (*Produkt*) product; (*Modell*) model

Fa·bri·ka·ti·on <-, -en> [fabrika'tsi̯oːn] *f* production

Fa·bri·ka·ti·ons·feh·ler *m* manufacturing defect

Fa·brik·ge·län·de *nt* factory site **Fa·brik·hal·le** *f* factory building **fa·brik·neu** *adj* brand-new

fa·bri·zie·ren* [fabri'tsiːrən] *vt* to manufacture

Fa·cet·te <-, -n> [fa'sɛtə] *f* facet

Fach <-[e]s, Fächer> [fax, *pl* fɛçɐ] *nt* ❶ *Tasche* pocket; *Schrank* shelf; (*Ablegefach*) pigeonhole; *Automat* drawer ❷ (*Sachgebiet*) subject; **vom ~ sein** to be a specialist; **ich bin nicht vom ~** that's not my line

Fach·ar·bei·ter(in) *m(f)* skilled worker

Fach·arzt, -ärz·tin *m, f* specialist (**für** in)

Fach·aus·druck *m* technical term; **juristischer ~** legal term

fä·cheln ['fɛçl̩n] *vt, vi* (*geh*) to fan

Fä·cher <-s, -> ['fɛçɐ] *m* fan

Fach·frau *f fem form von* **Fachmann fach·fremd** *adj* Aufgabe outside one's field; *Mitarbeiter* untrained **Fach·ge·biet** *nt* [specialist] field **Fach·ge·schäft** *nt* specialist shop **Fach·han·del** *m* specialist [*or* retail] trade **Fach·händ·ler(in)** *m(f)* specialist supplier **Fach·hoch·schu·le** *f* ≈ technical college of higher education **Fach·idi·ot(in)** *m(f)* (*pej sl*) blinkered specialist BRIT (*a specialist who is not interested in anything outside his/her field*) **Fach·kennt·nis** *f meist pl* specialized knowledge **Fach·kraft** *f* qualified employee **fach·kun·dig I.** *adj* informed; ■ **~ sein** to be an expert **II.** *adv* **jdn ~ beraten** to give sb informed advice **Fach·leu·te** *pl* experts *pl*

fach·lich I. *adj* ❶ (*fachbezogen*) specialist ❷ (*kompetent*) informed **II.** *adv* professionally; **sich ~ qualifizieren** to gain qualifications in one's field

Fach·li·te·ra·tur *f* specialist literature **Fach·mann, -frau** <-leute *o selten* -männer> *m, f* expert, specialist **fach·män·nisch I.** *adj* expert **II.** *adv* professionally; **jdn ~ beraten** to give sb expert advice **Fach·pres·se** *f* specialist publications *pl* **Fach·rich·tung** *f* subject area

Fach·schaft <-, -en> *f* students *pl* of a/the department

Fach·schu·le *f* technical college

fach·sim·peln [faxzɪmpl̩n] *vi* (*fam*) to talk shop

Fach·spra·che *f* technical jargon **fach·über·grei·fend** *adj* interdisciplinary

Fachwerk *nt kein pl* half-timbering

Fach·werk·haus *nt* half-timbered house

Fach·wis·sen *nt* specialized knowledge **Fach·wort** *nt* technical word **Fach·wör·ter·buch** *nt* specialist [*or* AM technical] dictionary; **ein medizinisches ~** a dictionary of medical terms **Fach·zeit·schrift** *f* specialist journal; (*für bestimmte Berufe*) trade journal

Fa·ckel <-, -n> ['fakl̩] *f* torch

fa·ckeln ['fakl̩n] *vi* (*fam*) to dither [about]

fa·de ['faːdə], **fad** [faːt] *adj* SÜDD, ÖSTERR ❶ *Essen* bland; *Geschmack* insipid ❷ (*langweilig*) dull

Fa·den <-s, Fäden> ['faːdn̩, *pl* fɛdn̩] *m* ❶ (*Woll~, Zwirn~*) thread; **dünner/dicker ~** fine/coarse thread ❷ MED stitch; **die Fäden ziehen** to remove the stitches ▶ **der rote ~** the central theme; **den ~ verlieren** to lose the thread

fa·den·schei·nig ['faːdn̩ʃainɪç] *adj* ❶ (*pej: nicht glaubhaft*) poor ❷ (*abgetragen*) threadbare

Fad·heit <-> ['faːthait] *f kein pl* (*pej: Fadesein*) insipidness; (*fig*) banality

Fa·gott <-[e]s, -e> [fa'gɔt] *nt* bassoon

fä·hig ['fɛːɪç] *adj* able, competent; (*imstande*) capable; ■ **zu etw** *dat* **[nicht] ~ sein** to be [in]capable of sth; **zu allem ~ sein** to be capable of anything

Fä·hig·keit <-, -en> *f* ability *no pl*

fahl [faːl] *adj* (*geh*) pale

fahn·den ['faːndn̩] *vi* to search (**nach** for)

Fahn·dung <-, -en> *f* search (**nach** for); **eine ~ nach jdm einleiten** to conduct a search for sb, to put out an APB on sb AM

Fahn·dungs·fo·to *nt* photo of a wanted person, mug-shot *sl* **Fahn·dungs·lis·te** *f* wanted [persons] list

Fah·ne <-, -n> ['faːnə] *f* ❶ (*Banner*) flag ❷ (*fig fam: Alkoholgeruch*) smell of alcohol *no indef art;* **eine ~ haben** to smell of alcohol ▶ **mit fliegenden ~n zu jdm [über]wechseln** to go over to sb quite openly

Fahn·en·eid *m* MIL oath of allegiance **Fah·nen·flucht** *f kein pl* MIL desertion; **~ begehen** to desert **fah·nen·flüch·tig** *adj* MIL **~ sein** to be a deserter **Fah·nen·mast** *m* flagpole

Fahr·aus·weis *m* ❶ (*Fahrkarte*) ticket ❷ SCHWEIZ (*Führerschein*) driving licence **Fahr·bahn** *f* road; **von der ~ abkommen** to leave the road

fahr·bar *adj* mobile; **ein ~er Büroschrank** an office cabinet on castors

Fäh·re <-, -n> ['fɛːrə] *f* ferry

fah·ren <fährt, fuhr, gefahren> ['faːrən] **I.** *vi* ❶ *sein* (*sich fortbewegen: als Fahrgast*) to go; **mit dem Bus/Zug ~** to go by bus/train; (*als Fahrer*) to drive; **mit dem Auto ~** to drive, to go by car; **links/rechts ~** to drive on the left/right; **gegen etw** *akk* **~** to drive into sth; **wie lange fährt man von hier nach Basel?** how long does it take to get to Basel from here?; **dieser Wagen fährt sehr schnell** this car can go very fast; **mein Auto fährt nicht** my car won't go ❷ *sein* (*losfahren*) to go, to leave; **wir ~ in 5 Minuten** we'll be going in 5 minutes ❸ *sein* (*verkehren*) to run; **die Bahn fährt alle 20 Minuten** the train runs every 20 minutes ❹ *sein* (*reisen*) to go; **in Urlaub ~** to go on holiday ❺ *sein* (*blitzschnell bewegen*) **aus dem Bett ~** to leap out of bed; **was ist denn in dich gefahren?** what's got into you? ❻ *sein o haben* (*streichen*) **sich** *dat* **mit der Hand über die Stirn ~** to pass one's hand over one's brow **II.** *vt* ❶ *haben* (*lenken*) to drive; *Fahrrad, Motorrad* to ride ❷ *sein Fahrrad/Motorrad ~* to ride a bicycle/motorbike; **Schlittschuh ~** to skate ❸ *haben* (*verwenden*) **Sommerreifen ~** to use normal tyres ❹ *haben* (*befördern*) to take; **ich fahr' dich nach Hause** I'll take you home ❺ *sein* (*eine bestimmte Geschwindigkeit haben*) **90 km/h ~** to be doing 55 m.p.h. **III.** *vr haben* **der Wagen fährt sich gut** it's nice to drive this car

Fah·rer(in) <-s, -> ['faːrɐ] *m(f)* ❶ (*Auto~*) driver; (*Motorrad~*) motorbike rider, biker *fam* ❷ (*Chauffeur*) driver

Fah·rer·flucht *f* hit-and-run offence

Fah·rer·laub·nis *f* (*geh*) driving licence BRIT, driver's license AM

Fah·rer·sitz *m* driver's seat

Fahr·gast *m* passenger **Fahr·geld** *nt* fare **Fahr·ge·le·gen·heit** *f* lift **Fahr·ge·mein·schaft** *f* **eine ~ bilden** to share a car to work, to car pool AM **Fahr·ge·stell** *nt s.* Fahrwerk

fah·rig ['faːrɪç] *adj* jumpy; *Bewegung* nervous; (*unkonzentriert*) distracted

Fahr·kar·te *f* ticket (**nach** to)

Fahr·kar·ten·au·to·mat *m* ticket machine **Fahr·kar·ten·schal·ter** *m* ticket office

fahr·läs·sig ['faːɐ̯lɛsɪç] **I.** *adj* negligent; **grob ~** reckless **II.** *adv* negligently; **~ handeln** to act with negligence

Fahr·läs·sig·keit <-, -en> *f* negligence *no pl*; **grobe ~** recklessness

Fahr·leh·rer(in) *m(f)* driving instructor

Fahr·leis·tung *f* ❶ *eines Autos* road performance *no pl* ❷ *von Kraftstoff* economy

Fähr·mann <-männer *o* -leute> *m* ferryman

Fahr·plan *m* ❶ (*Tabelle*) timetable, schedule AM ❷ (*fam: Programm*) plans *pl*

fahr·plan·mä·ßig I. *adj* scheduled **II.** *adv* as scheduled; (*rechtzeitig a.*) on time

Fahr·pra·xis *f kein pl* driving experience *no pl* **Fahr·preis** *m* fare **Fahr·preis·er·mä·ßi·gung** *f* fare reduction **Fahr·prü·fung** *f* driving test

Fahr·rad ['faːɐ̯raːt] *nt* [bi]cycle, bike *fam*; **~ fahren** to ride a bicycle, to cycle

Fahr·rad·fah·rer(in) *m(f)* cyclist **Fahr·rad·ket·te** *f* bicycle chain **Fahr·rad·ku·rier(in)** *m(f)* bicycle courier **Fahr·rad·stän·der** *m* [bi]cycle stand, kick stand AM **Fahr·rad·weg** *m* [bi]cycle path, cycleway

Fahr·schein *m* ticket

Fahr·schein·au·to·mat *m* ticket machine

Fahr·schu·le *f* ❶ (*Firma*) driving school; **in die ~ gehen** to take driving lessons ❷ (*Unterricht*) driving lessons *pl* **Fahr·schü·ler(in)** *m(f)* learner [*or* AM student] driver

Fahr·spur *f* [traffic] lane **Fahr·stil** *m* style of driving

Fahr·stuhl *m* lift BRIT, elevator AM

Fahr·stuhl·mu·sik *f* MUS (*pej*) elevator [*or* hotel lobby] music

Fahr·stun·de *f* driving lesson

Fahrt <-, -en> [faːɐ̯t] *f* ❶ (*das Fahren*) journey; (*kurze*) run; (*fig*) green light ❷ (*Fahrgeschwindigkeit*) speed; NAUT **volle/halbe ~ voraus!** full/half speed ahead!; AUTO, BAHN **mit voller ~** at full speed ❸ (*Reise*) journey; **gute ~!** [have a] safe journey!; **eine einfache ~** a single [*or* AM one-way] [ticket]; **eine ~ ins Blaue** a mystery tour ▶ **in ~ kommen/sein** (*fam: wütend werden/sein*) to get/be riled [up] *fam*; (*in Schwung kommen*) to get/have got going

fährt [fɛːɐ̯t] *3. pers von* fahren

fahr·taug·lich *adj* fit to drive *pred*

Fähr·te <-, -n> ['fɛːɐ̯tə] *f* trail, tracks *pl*; **jdn auf die richtige ~ bringen** (*fig*) to put sb on the right track; **jdn auf eine falsche ~ locken** (*fig*) to throw sb off the scent; **auf der falschen/richtigen ~ sein** (*fig*) to be on the wrong/right track

Fahr·ten·buch *nt* driver's log; (*Tagebuch*) diary of a trip **Fahr·ten·schrei·ber** *m* tachometer, *esp* BRIT tachograph

Fahrt·kos·ten *pl* travelling expenses *npl*

Fahrt·rich·tung *f* direction of travel; **entgegen der/in ~ sitzen** *Bus* to sit facing backwards/the front; *Zug* to sit with one's back to the engine/facing the engine

fahr·tüch·tig *adj Fahrzeug* roadworthy;

Mensch fit to drive *pred* **Fahr(t)·wind** *m* headwind

fahr·un·tüch·tig *adj Mensch* unfit to drive *pred; Fahrzeug* unroadworthy **Fahr·ver·bot** *nt* driving ban **Fahr·ver·hal·ten** *nt kein pl Fahrer* behaviour behind the wheel; *Fahrzeug* vehicle dynamics *pl* **Fahr·werk** *nt* ❶ LUFT landing gear *no pl* ❷ AUTO chassis **Fahr·zeit** *f* journey time

Fahr·zeug <-s, -e> *nt* vehicle **Fahr·zeug·brief** *m* registration document **Fahr·zeug·hal·ter(in)** *m(f)* vehicle owner **Fahr·zeug·pa·pie·re** *pl* registration papers *npl* **Fahr·zeug·schein** *m* motor vehicle registration certificate

Fai·ble <-s, -s> ['fɛːbl̩] *nt* (*geh*) liking; **ein ~ für etw** *akk* **haben** to be partial to sth

fair [fɛːɐ̯] *adj* fair; ■ **[jdm gegenüber] ~ sein** to be fair [to sb]; **das ist nicht ~!** that's not fair!

Fair·ness^RR, **Fair·neß**^ALT <-> ['fɛːɐ̯nɛs] *f kein pl* fairness *no pl*

Fair·play <-> ['fɛːɐ̯'pleː] *nt kein pl* fairness; *a.* SPORT fair play

Fake·fur <-s> ['feːkfɜːr] *nt kein pl* MODE fake fur

Fa·kir <-s, -e> ['faːkiːɐ̯] *m* fakir

Fak·si·mi·le <-s, -s> [fak'ziːmile] *nt* facsimile

Fak·ten [faktn̩] *pl* facts *pl*

Fak·ten·hu·ber(in) ['faktn̩huːbɐ] *m(f)* (*pej o iron sl*) anorak BRIT, wonk AM

fak·tisch [faktɪʃ] **I.** *adj attr* real **II.** *adv* basically

Fak·tor <-s, -toren> ['faktoːɐ̯, *pl* fak'toːrən] *m* factor

Fak·tum <-s, Fakten> ['faktʊm, *pl* 'faktn̩] *nt* (*geh*) [*proven*] fact; **harte Fakten** hard facts

Fa·kul·tät <-, -en> [fakʊl'tɛːt] *f* faculty

fa·kul·ta·tiv [fakʊlta'tiːf] *adj* (*geh*) optional

Fal·ke <-n, -n> ['falkə] *m* falcon, hawk

Fall <-[e]s, Fälle> [fal, *pl* 'fɛlə] *m* ❶ *kein pl* (*Sturz*) fall; **der freie ~** free fall; **jdn zu ~ bringen** (*geh*) to make sb fall ❷ (*Untergang*) downfall; *Festung* fall; **eine Regierung zu ~ bringen** to bring down a government ❸ (*Umstand, Angelegenheit*) case, circumstance; **ein hoffnungsloser ~ sein** to be a hopeless case; **klarer ~!** (*fam*) you bet!; [**nicht] der ~ sein** [not] to be the case; **auf alle Fälle** in any case; (*unbedingt*) at all events; **auf keinen ~** never, under no circumstances; **für alle Fälle** just in case; **gesetzt den ~, dass ...** assuming [that]...; **im günstigsten/schlimmsten ~[e]** at best/ worst; **in diesem ~** in this case; **von ~ zu ~** from case to case ❹ JUR, MED case ■ [**nicht] jds ~ sein** (*fam*) [not] to be sb's cup of tea

Fall·beil *nt* guillotine

Fal·le <-, -n> ['falə] *f* trap; **~n stellen** to set traps; **jdm in die ~ gehen** to fall into sb's trap; **jdn in eine ~ locken** to lure sb into a trap; **in der ~ sitzen** to be trapped

fal·len <fällt, fiel, gefallen> ['falən] *vi sein* ❶ (*herunterfallen*) *Person* to fall; *Gegenstand* to drop; **etw ~ lassen** to drop sth; **sich aufs Bett ~ lassen** to flop onto the bed ❷ *Beil* to fall; *Klappe, Vorhang* to drop; *Hammer* to come down ❸ (*stolpern*) ■ **über etw** *akk* **~** to trip over sth ❹ (*fam: nicht bestehen*) ■ **durch etw** *akk* **~** to fail [or AM *fam* flunk] sth; **jdn durch eine Prüfung ~ lassen** to fail sb in an exam ❺ *Preise* to fall; *Temperatur* to drop; *Fieber, Wasserstand* to go down ❻ (*im Krieg*) to be killed ❼ (*stattfinden*) ■ **auf etw** *akk* **~** to fall on sth; **der 1. April fällt auf einen Montag** April 1st falls on a Monday ❽ (*ergehen*) to be reached ❾ SPORT *Tor* to be scored ❿ *Schuss* to be fired ⓫ (*verlauten*) to be spoken; **sein Name fiel mehrere Male** his name was mentioned several times; **eine Bemerkung ~ lassen** to drop a remark ⓬ (*aufgeben*) **jdn/etw ~ lassen** to abandon sb/sth

fäl·len ['fɛlən] *vt* ❶ (*umhauen*) to fell ❷ (*entscheiden*) to reach; **ein Urteil ~** to reach a verdict

fal·len|las·sen^*ALT *vt irreg* **jdn/etw ~** to abandon sb/sth

Fall·ge·schwin·dig·keit *f* PHYS speed of fall **Fall·gru·be** *f* pit[fall]

fäl·lig ['fɛlɪç] *adj* ❶ (*anstehend*) due *usu pred* ❷ (*fam: dran sein*) ■ **~ sein** to be [in] for it

Fäl·lig·keit <-, -en> *f* FIN settlement date

Fall·obst *nt kein pl* windfall

falls [fals] *konj* if

Fall·schirm *m* parachute; **mit dem ~ abspringen** to parachute

Fall·schirm·sprin·gen *nt* parachuting **Fall·schirm·sprin·ger(in)** *m(f)* parachutist

fällt [fɛlt] *3. pers pres von* **fallen**

Fall·tür *f* trapdoor

falsch [falʃ] **I.** *adj* ❶ (*verkehrt*) wrong; **~e Vorstellung** wrong idea; **bei jdm an den F~en/die F~e geraten** to pick the wrong person in sb; **Sie sind hier falsch** (*Ort*) you are in the wrong place; (*am Telefon*) you have the wrong number ❷ (*unzutreffend*) false ❸ (*unecht*) fake; **~es Geld** counterfeit money ❹ (*pej: hinterhältig*) two-faced ❺ (*unaufrichtig*) false **II.** *adv* wrongly; **etw ~ aussprechen** to mispronounce sth; **jdn ~ informieren** to misinform sb; **alles ~ machen** to do everything wrong

Falsch·aus·sa·ge *f* JUR false testimony

fäl·schen ['fɛlʃn] vt to forge; ÖKON to falsify; *Geld* to counterfeit

Fäl·scher(in) <-s, -> m(f) forger; *Geld* counterfeiter

Falsch·fahrer(in) m(f) person driving on the wrong side of the road **Falsch·geld** nt kein pl counterfeit money no pl

Falsch·heit <-> f kein pl falseness

fälsch·lich I. adj ① (*irrtümlich*) mistaken ② (*unzutreffend*) false II. adv s. **fälschlicherweise**

fälsch·li·cher·wei·se adv ① (*irrtümlicherweise*) mistakenly ② (*zu Unrecht*) wrongly

falsch·lie·gen vi irreg to be wrong **Falsch·mel·dung** f false report **Falsch·mün·zer(in)** <-s, -> m(f) counterfeiter **Falsch·par·ker(in)** m(f) parking offender **falsch·spie·len** vi to cheat **Falsch·spie·ler(in)** m(f) cheat; (*professioneller ~*) [card]sharp[er] BRIT, card shark AM

Fäl·schung <-, -en> f forgery

fäl·schungs·si·cher adj forgery-proof

Falt·blatt nt leaflet

Fal·te <-, -n> ['faltə] f ① (*in Kleidung*) crease; **~n bekommen** to get creased; **etw in ~n legen** to pleat sth ② (*in Stoff*) fold; **~n werfen** to fall in folds ③ (*Haut~*) wrinkle; **die Stirn in ~n legen** to furrow one's brows

fal·ten ['faltn] vt to fold; **die Stirn ~** to furrow one's brow

fal·ten·frei adj (*Stoffart*) skintight; (*Gesicht*) smooth **Fal·ten·rock** m pleated skirt **Fal·ten·wurf** m MODE fall of the folds

Fal·ter <-s, -> ['faltɐ] m (*Tag~*) butterfly; (*Nacht~*) moth

fal·tig ['faltɪç] adj ① *Kleidung* creased ② *Haut* wrinkled

falz·en ['faltsn] vt to fold

fa·mi·li·är [fami'liɛːɐ] adj ① (*die Familie betreffend*) family attr; **aus ~en Gründen** for family reasons ② (*zwangslos*) familiar; **in ~er Atmosphäre** in an informal atmosphere

Fa·mi·lie <-, -n> [fa'miːliə] f family; **aus guter ~ sein** to come from a good family; **eine vierköpfige ~** a family of four; **in der ~ bleiben** to stay in the family; **zur ~ gehören** to be one of the family; **eine ~ gründen** (*geh*) to start a family; **~ haben** (*fam*) to have a family; **das liegt in der ~** it runs in the family; **„~ Lang"** "The Lang Family"

Fa·mi·li·en·an·ge·hö·ri·ge(r) f|m dekl wie adj relative **Fa·mi·li·en·an·schluss**ᴿᴿ m kein pl **eine Unterkunft mit ~** accommodation with a family where one is treated as a member of the family **Fa·mi·li·en·fei·er** f family party **Fa·mi·li·en·kreis** m family circle **Fa·mi·li·en·le·ben** nt kein pl family life no pl **Fa·mi·li·en·mit·glied** nt member of the family **Fa·mi·li·en·na·me** m surname, last name **Fa·mi·li·en·ober·haupt** nt head of the family **Fa·mi·li·en·pla·nung** f family planning no art **Fa·mi·li·en·stand** m marital status **Fa·mi·li·en·va·ter** m father **Fa·mi·li·en·zu·sam·men·füh·rung** f organized family reunion **Fa·mi·li·en·zu·wachs** m addition to the family

fa·mos [fa'moːs] adj (*veraltend fam*) capital

Fan <-s, -s> [fɛn] m fan; (*Fußball~ a.*) supporter

Fa·na·ti·ker(in) <-s, -> [fa'naːtikɐ] m(f) fanatic; **ein politischer ~** an extremist; **ein religiöser ~** a religious fanatic

fa·na·tisch [fa'naːtɪʃ] I. adj fanatical II. adv fanatically

Fa·na·tis·mus <-> [fana'tɪsmʊs] m kein pl fanaticism

Fan·club ['fɛnklʊb] m s. **Fanklub**

fand ['fant] imp von **finden**

Fan·fa·re <-, -n> [fan'faːrə] f fanfare

Fang <-[e]s, Fänge> [faŋ, pl 'fɛŋə] m ① kein pl (*das Fangen*) catching ② kein pl (*Beute*) catch; *Fisch* haul ▶ **einen guten ~ machen** to make a good catch

Fang·arm m tentacle

Fän·ge ['fɛŋə] pl von **Fang**

fan·gen <fängt, fing, gefangen> ['faŋən] I. vt to catch II. vi **F~ spielen** to play catch III. vr (*das Gleichgewicht wiedererlangen*) **sich ~** to catch oneself; (*seelisch*) to pull oneself together [again]

Fang·flot·te f fishing fleet **Fang·fra·ge** f trick question **Fang·schal·tung** f interception circuit

fängt [fɛŋt] *3. pers pres von* **fangen**

Fan·klub ['fɛnklʊp] m fan club

Fan·ta·sie <-, -n> [fanta'ziː, pl -'ziːən] f ① kein pl (*Einbildungsvermögen*) imagination no pl ② meist pl (*Fantasterei*) fantasy

Fan·ta·sie·ge·bil·deᴿᴿ nt fantastic form

fan·ta·sie·losᴿᴿ adj unimaginative

Fan·ta·sie·lo·sig·keitᴿᴿ <-> f kein pl lack of imagination no pl

fan·ta·sie·renᴿᴿ* [fanta'ziːrən] I. vi to fantasize (**von** about) II. vt to imagine

fan·ta·sie·vollᴿᴿ adj [highly] imaginative

Fan·tast(in)ᴿᴿ <-en, -en> m(f) dreamer **Fan·tas·te·rei**ᴿᴿ <-, -en> f (*Fantasterei*) fantasy

Fan·tas·til·li·ar·deᴿᴿ <-, -n> [fantastɪ'liardə] f (*hum fam*) gazillion

Fan·tas·tinᴿᴿ <-, -nen> f fem form von **Fantast**

fan·tas·tischᴿᴿ I. adj ① (*fam: toll*) fantastic ② attr (*unglaublich*) incredible ③ (*geh*) unreal II. adv ① (*fam: toll*) fantastically ② (*unglaublich*) incredibly

FAQ [ɛfʔeːɐ'kjuː] pl INFORM *Abk von* **Fre-**

quently Asked Questions FAQ
Farb·ab·zug *m* FOTO colour print **Farb·band** <-bänder> *nt* typewriter ribbon **Farb·bild·schirm** *m* colour screen **Farb·druck** *m* (*Druckverfahren*) colour printing; (*Bild*) colour print
Far·be <-, -n> ['farbə] *f* ❶ (*Farbton*) colour; **sanfte ~n** soft hues ❷ (*Anstreichmittel*) paint; (*Färbemittel*) dye ❸ KARTEN suit; **~ bedienen** to follow suit ▸ **~ bekennen** to come clean; **bekommen** to get a [sun]tan
farb·echt *adj* colourfast
Fär·be·mit·tel *nt* dye
fär·ben ['fɛrbn̩] **I.** *vt* ❶ (*andersfarbig machen*) to dye ❷ (*etw eine bestimmte Note geben*) ■**rassistisch gefärbt sein** to have racist overtones **II.** *vi* (*ab~*) to run **III.** *vr* ■**sich ~** to change colour; **die Blätter ~ sich gelb** the leaves are turning yellow
far·ben·blind *adj* colour blind **Far·ben·pracht** *f* (*geh*) blaze of colour **Far·ben·spiel** *nt* play of colours
Fär·ber(in) <-s, -> ['fɛrbɐ] *m(f)* dyer
Fär·be·rei <-, -en> [fɛrbəˈraɪ] *f* dye-works
Farb·fern·se·hen *nt* colour television **Farb·film** *m* colour film **Farb·fo·to** *nt* colour photograph
far·big ['farbɪç] **I.** *adj* ❶ (*bunt*) coloured; **eine ~e Postkarte** a colour postcard ❷ (*anschaulich*) colourful ❸ *attr* (*Hautfarbe betreffend*) coloured **II.** *adv* ❶ (*bunt*) in colour ❷ (*anschaulich*) colourfully
Far·bi·ge(r) *f(m) dekl wie adj* coloured person
Farb·kas·ten *m* paint box **Farb·ko·pie·rer** *m* colour copier
farb·lich ['farplɪç] **I.** *adj* colour **II.** *adv* in colour
farb·los ['farploːs] *adj* ❶ (*ohne Farbe*) colourless; **Lippenstift** clear ❷ (*langweilig*) dull
Farb·scan·ner *m* colour scanner **Farb·ska·la** *f* colour range **Farb·stift** *m* coloured pen **Farb·stoff** *m* ❶ (*Färbemittel*) dye; (*in Nahrungsmitteln*) artificial colouring ❷ (*Pigment*) pigment **Farb·ton** *m* shade
Fär·bung <-, -en> *f* ❶ *kein pl* (*das Färben*) colouring ❷ (*Tönung*) shade; (*von Blättern*) hue ❸ (*Einschlag*) bias
Far·ce <-, -n> ['farsə] *f* farce
Farm <-, -en> [farm] *f* farm
Far·mer(in) <-s, -> ['farmɐ] *m(f)* farmer
Farn <-[e]s, -e> [farn] *m*, **Farn·kraut** *nt* fern
Fa·san <-s, -e[n]> [faˈzaːn] *m* pheasant
Fa·sching <-s, -e *o* -s> ['faʃɪŋ] *m* SÜDD, ÖSTERR (*Fastnacht*) carnival
Fa·schis·mus <-> [faˈʃɪsmʊs] *m kein pl* fascism

Fa·schist(in) <-en, -en> [faˈʃɪst] *m(f)* fascist
fa·schis·tisch [faˈʃɪstɪʃ] *adj* fascist
Fa·se·lei <-, -en> [fazəˈlaɪ] *f* (*pej fam*) drivel
fa·seln ['faːzl̩n] **I.** *vi* (*pej fam*) to babble; **hör auf zu ~!** stop babbling on! **II.** *vt* (*pej fam*) ■**etw ~** to spout on about sth
Fa·ser <-, -n> ['faːzɐ] *f* fibre
fa·se·rig ['faːzərɪç] *adj* fibrous **Fa·ser·stift** *m* felt-tip [pen]
fas·rig ['faːzrɪç] *adj s.* **faserig**
Fass[RR] <-es, Fässer> *nt*, **Faß**[ALT] <-sses, Fässer> [fas, *pl* fɛsɐ] *nt* barrel; **vom ~** on draught; **Bier vom ~** draught beer; **Wein vom ~** wine from the wood ▸ **ein ~ ohne Boden** a bottomless pit; **das ~ zum Überlaufen bringen** to be the final straw
Fas·sa·de <-, -n> [faˈsaːdə] *f* façade, front; **nur ~ sein** (*fig*) to be just [a] show
fass·bar[RR], **faß·bar**[ALT] *adj* ❶ (*konkret*) tangible ❷ (*verständlich*) comprehensible
Fass·bier[RR] *nt* draught beer
fas·sen ['fasn̩] **I.** *vt* ❶ (*ergreifen*) to grasp; **jdn am Arm ~** to seize sb's arm; **jdn bei der Hand ~** to take sb by the hand ❷ *Täter* to apprehend ❸ (*zu etw gelangen*) to take; *Entschluss, Vorsatz* to make; **keinen klaren Gedanken ~ können** not able to think clearly ❹ (*begreifen*) to comprehend; **er konnte sein Glück kaum fassen** he could scarcely believe his luck; **[das ist] nicht zu ~!** it's incredible ❺ (*etw enthalten*) to contain ❻ (*ein~*) to mount (**in in**) **II.** *vi* ❶ (*greifen*) to grip; *Zahnrad, Schraube* to bite ❷ (*berühren*) to touch; **sie fasste in das Loch** she felt inside the hole ❸ *von Hund* **fass!** get [him/her]! **III.** *vr* ■**sich ~** to pull oneself together; **sich kaum mehr ~ können** to scarcely be able to contain oneself
Fas·set·te[RR] <-, -n> [faˈsɛtə] *f s.* **Facette**
Fasson <-, -s> [faˈsõː] *f* shape
Fas·sung <-, -en> *f* ❶ (*Rahmen*) mounting ❷ (*Brillengestell*) frame ❸ ELEK socket ❹ (*Bearbeitung*) version ❺ *kein pl* (*Selbstbeherrschung*) composure; **die ~ bewahren** to maintain one's composure; **jdn aus der ~ bringen** to unsettle sb; **etw mit ~ tragen** to bear sth calmly; **trag es mit ~** don't let it get to you; **die ~ verlieren** to lose one's self-control
fas·sungs·los I. *adj* staggered **II.** *adv* in bewilderment; **~ zusehen, wie ...** to watch in shocked amazement as ...
Fas·sungs·lo·sig·keit <-> *f kein pl* complete bewilderment
Fas·sungs·ver·mö·gen *nt* capacity
fast [fast] *adv* almost, nearly; **~ nie** hardly ever

fas·ten ['fastn̩] vi to fast

Fas·ten·kur f diet **Fas·ten·mo·nat** m REL month of fasting **Fas·ten·zeit** f REL Lent, period of fasting

Fast Food^{RR}, **Fast-food**^{RR}, **Fast food**^{ALT} <-> ['fa:stfu:t] nt kein pl fast food

Fast·nacht ['fastnaxt] f kein pl DIAL carnival

Fas·zi·na·ti·on <-> [fastsina'tsio:n] f kein pl fascination

fas·zi·nie·ren* [fastsi'ni:rən] vt, vi to fascinate; **was fasziniert dich so an ihm?** why do you find him so fascinating?

fas·zi·nie·rend adj fascinating

fa·tal [fa'ta:l] adj (geh) ① (verhängnisvoll) fatal; ~**e Folgen haben** to have fatal repercussions ② (peinlich) awkward; **in eine ~e Lage geraten** to be in an awkward position

Fa·ta·lis·mus <-> [fata'lɪsmʊs] m kein pl (geh) fatalism

fa·ta·lis·tisch adj (geh) fatalistic

Fa·ta Mor·ga·na <- -, - Morganen o -s> ['fa:ta mɔr'ga:na, pl -'ga:nən] f ① (Luftspiegelung) mirage ② (Wahnvorstellung) fata morgana

Fat·wa <-, -s> ['fatva] f REL fatwa

Fatz·ke <-n o -s, -n> ['fatskə] m (pej fam) pompous twit

fau·chen ['fau̯xn̩] vi ① (Tierlaut) to hiss ② (wütend zischen) to spit

faul [fau̯l] adj ① (nicht fleißig) lazy ② (verfault) rotten ③ (pej fam: nicht einwandfrei) feeble; Kompromiss shabby; ■ **an etw** dat **ist etw ~** something is fishy about sth

Fäu·le <-> ['fɔy̯lə] f kein pl (geh: Fäulnis) rot; (Zahn~) [tooth] decay

fau·len ['fau̯lən] vi sein o haben to rot; Wasser to stagnate

fau·len·zen ['fau̯lɛntsn̩] vi to laze about; ■ **das F~** lazing about

Fau·len·zer(in) <-s, -> ['fau̯lɛntsɐ] m(f) (pej) layabout

Fau·len·ze·rei <-, selten -en> [fau̯lɛntsə'rai̯] f (pej) idleness

Faul·heit <-> f kein pl laziness

fau·lig ['fau̯lɪç] adj rotten; Geruch, Geschmack foul; Wasser stagnant

Fäul·nis <-> ['fɔy̯lnɪs] f kein pl decay, rot

Faul·pelz m (pej fam) lazybones **Faul·tier** nt ① (Tier) sloth ② (fam) s. Faulpelz

Fau·na <-, Faunen> ['fau̯na, pl 'fau̯nən] f fauna

Faust <-, Fäuste> [fau̯st, pl 'fɔy̯stə] f fist; **die ~ ballen** to clench one's fist ▶ **wie die ~ aufs Auge passen** (nicht passen) to clash horribly; (perfekt passen) to be a perfect match; **auf eigene ~** off one's own bat

Fäust·chen <-s, -> ['fɔy̯stçən] nt dim von Faust little fist ▶ **sich** dat **ins ~ lachen** (fam) to laugh up one's sleeve

faust·dick ['fau̯stdɪk] adj (fam) (unerhört) whopping; **das ist eine ~e Lüge!** that's a real whopper! ▶ **es ~ hinter den Ohren haben** to be a sly dog **Faust·hand·schuh** m mitten **Faust·re·gel** f rule of thumb **Faust·schlag** m blow

Faux·pas <-, -> [fo'pa] m (geh) faux pas

fa·vo·ri·sie·ren* [favori'zi:rən] vt (geh) to favour

Fa·vo·rit(in) <-en, -en> [favo'ri:t, pl -'ri:tn̩] m(f) favourite

Fax <-, -e> [faks] nt ① (Schriftstück) fax ② (Gerät) fax [machine]

fa·xen ['faksn̩] vi, vt to fax

Fa·xen ['faksn̩] pl ① (Albereien) clowning around; **lass die ~!** stop clowning around!; **~ machen** (sl: Schwierigkeiten machen) to give sb trouble ② (fam: Grimassen) grimaces pl; **~ machen** to make faces ▶ **die ~ dick[e] haben** (fam) to have had it up to here

Fax·mo·dem nt fax modem

Fa·zit <-s, -s o -e> ['fa:tsɪt] nt result; **das ~ aus etw** dat **ziehen** to sum up sth sep; (Bilanz ziehen) to take stock of sth

FCKW <-s, -s o -> [ɛftseka:'ve:] m Abk von Fluorchlorkohlenwasserstoff CFC

FCKW-frei adj CFC-free

FDP <-> [ɛfde:'pe:] f Abk von Freie Demokratische Partei FDP

Feb·ru·ar <-[s], selten -e> ['fe:brua:ɐ̯] m February; **Anfang/Ende ~** at the beginning/end of February; **Mitte ~** in the middle of February, mid-February; **~ sein** to be February; **~ haben** to be February; **jetzt haben wir schon ~ und ich habe noch immer nichts geschafft** it's February already and I still haven't achieved anything; **im ~** in February; **im Laufe des ~s** [o **des Monats ~**] during the course of February, in February; **im Monat ~** in [the month of] February; **in den ~ fallen/legen** to be in February/to schedule for February; **diesen ~** this February; **jeden ~** every February; **bis in den ~ [hinein]** until [well] into February; **den ganzen ~ über** for the whole of February; **am 14. ~** (Datumsangabe: geschrieben) on [the] 14th February [or February 14th] BRIT, on February 14 AM; (gesprochen) on the 14th of February [or AM February the 14th]; **am Freitag, dem** [o **den**] **14. Februar** on Friday, February [the] 14th; **Dorothee hat am 12. ~ Geburtstag** Dorothee's birthday is on February 12th; **auf den 14. ~ fallen/legen** to fall on/to schedule for February 14th; **Hamburg, den 14. ~ 2000** Hamburg, 14th February 2000 BRIT, Hamburg, February 14, 2000 esp AM

fech·ten <fechtet o ficht, focht, gefochten> ['fɛçtn̩] *vi* to fence (**mit** with, **gegen** against)
Fech·ten <-s> ['fɛçtn̩] *nt kein pl* fencing
Fech·ter(in) <-s, -> ['fɛçtɐ] *m(f)* fencer
Fecht·meis·ter(in) *m(f)* SPORT fencing master

Fe·der <-, -n> ['feːdɐ] *f* ① (*Teil des Gefieders*) feather ② (*Schreib~*) nib; **zur ~ greifen** to put pen to paper; **aus jds ~ stammen** to come from sb's pen ③ (*elastisches Metallteil*) spring ④ (*Bett*) **noch in den ~n liegen** (*fam*) to still be in bed; **raus aus den ~n!** (*fam*) rise and shine! ▶ **sich mit fremden ~n schmücken** to take the credit for sb else's efforts
Fe·der·ball *m* ① *kein pl* (*Spiel*) badminton ② (*Ball*) shuttlecock **Fe·der·bett** *nt* duvet BRIT, comforter AM **Fe·der·busch** *m* ① (*auf Vogelkopf*) crest ② (*auf Kopfbedeckung*) plume **fe·der·füh·rend** *adj* in charge **Fe·der·ge·wicht** *nt kein pl* SPORT featherweight **Fe·der·hal·ter** *m* fountain pen **fe·der·leicht** ['feːdɐ'laiçt] *adj* as light as a feather *pred* **Fe·der·le·sen** *nt* **ohne langes ~** without further ado; **ohne viel ~s** without much ceremony
fe·dern ['feːdɐn] **I.** *vi* ① (*nachgeben*) to be springy ② SPORT to flex **II.** *vt* **etw ~** to fit sth with suspension
fe·dernd *adj* springy
Fe·de·rung <-, -en> *f* springing; (*für Auto a.*) suspension
Fe·der·vieh *nt* (*fam*) poultry **Fe·der·zeich·nung** *f* pen-and-ink drawing
Fee <-, -n> [feː, *pl* 'feːən] *f* fairy
Feed-back[RR], **Feed·back** <-s, -s> ['fiːtbɛk] *nt* feedback *no indef art, no pl*
Fee·ling <-s> ['fiːlɪŋ] *nt kein pl* ① (*Gefühl*) feeling ② (*Gefühl für etw*) feel; **ein ~ für etw** *akk* **haben** to have a feel for sth
Fe·ge·feuer ['feːgə-] *nt* purgatory
fe·gen ['feːgn̩] **I.** *vt haben* ① (*kehren*) to sweep ② SCHWEIZ (*feucht wischen*) to wipe **II.** *vi* ① *haben* (*ausfegen*) to sweep up ② *sein* (*fam: schnell fahren*) to tear; **er kam um die Ecke gefegt** he came tearing round the corner
Feh·de <-, -n> ['feːdə] *f* feud; **mit jdm in ~ liegen** (*geh*) to be feuding with sb
fehl [feːl] *adj* **~ am Platz** out of place
Fehl·alarm *m* false alarm **Fehl·an·zei·ge** *f* (*fam*) dead loss **fehl·be·setzt** *adj* **Rolle, Schauspieler** miscast **Fehl·be·trag** *m* ① FIN (*fehlender Betrag*) shortfall ② ÖKON (*Defizit*) deficit **Fehl·bil·dung** *f* abnormality; MED deformity **Fehl·di·a·gno·se** *f* wrong diagnosis **Fehl·ein·schät·zung** *f* misjudgement
feh·len ['feːlən] **I.** *vi* ① (*nicht vorhanden sein*) **etw fehlt** sth is missing ② (*abhandengekommen sein*) **jdm fehlt etw** sb is missing sth ③ (*abwesend sein*) to be missing (**in** from); **unentschuldigt ~** to be absent without an excuse ④ (*schmerzlich vermisst sein*) **jd fehlt jdm** sb misses sb ⑤ (*an etw leiden*) **nein, mir fehlt wirklich nichts** no, there is nothing the matter with me; **fehlt Ihnen etwas?** is there anything wrong with you? **II.** *vi impers* ① (*abhandengekommen sein*) to be missing ② (*mangeln*) **jdm fehlt es an etw** *dat* sb is lacking sth; **jdm fehlt an nichts** (*geh*) sb wants for nothing ▶ **es fehlt nicht viel, und ...** ... almost ...; **weit gefehlt!** way off the mark!; **wo fehlt 's?** what's the matter?
Fehl·ent·schei·dung *f* wrong decision
Feh·ler <-s, -> ['feːlɐ] *m* ① (*Irrtum*) error, mistake; **einen ~ machen** [*o* **begehen**] to make a mistake; **jds ~ sein** to be sb's fault ② (*Mangel*) defect ③ (*schlechte Eigenschaft*) fault; **jeder hat [seine] ~** everyone has [their] faults
feh·ler·frei *adj s.* **fehlerlos**
feh·ler·haft *adj* ① (*mangelhaft*) poor; (*bei Waren*) defective ② (*falsch*) incorrect
feh·ler·los *adj* faultless, perfect
Feh·ler·mel·dung *f* INFORM error message **Feh·ler·quel·le** *f* source of error **Feh·ler·su·che** *f* INFORM troubleshooting
Fehl·funk·ti·on *f* defective function **Fehl·ge·burt** *f* miscarriage **Fehl·griff** *m* mistake; **einen ~ tun** to make a mistake **Fehl·in·for·ma·ti·on** *f* incorrect information *no indef art, no pl* **Fehl·in·ves·ti·ti·on** *f* bad investment **Fehl·kon·struk·ti·on** *f* (*pej*) flawed product; **eine totale ~ sein** to be extremely badly designed **Fehl·pla·nung** *f* bad planning **Fehl·schlag** *m* failure **fehl·schla·gen** *vi irreg sein* to fail **Fehl·schluss**[RR] *m* **den ~ ziehen** to draw the wrong conclusion **Fehl·start** *m* ① LUFT faulty launch ② SPORT false start **Fehl·tritt** *m* (*geh*) ① (*Fauxpas*) lapse ② (*Ehebruch*) indiscretion **Fehl·ver·hal·ten** *nt* inappropriate behaviour **Fehl·zün·dung** *f* misfiring; **~ haben** to misfire
Fei·er <-, -n> ['faiɐ] *f* celebration; **zur ~ des Tages** in honour of the occasion
Fei·er·abend ['faiɐʔaːbn̩t] *m* ① (*Arbeitsschluss*) end of work; **hoffentlich ist bald ~** I hope it's time to go home soon; **für mich ist jetzt ~** I'll call it a day!; **~!** that's it for today!; **~ machen** to finish work for the day; **nach ~** after work ② (*Zeit nach Arbeitsschluss*) evening; **schönen Feierabend!** have a nice evening!
fei·er·lich ['faiɐlɪç] **I.** *adj* ① (*erhebend*) cer-

emonial; *Anlass* formal ❷ *(nachdrücklich)* solemn ▶ **nicht mehr ~ sein** *(fam)* to go beyond a joke **II.** *adv* ❶ *(würdig)* formally ❷ *(nachdrücklich)* solemnly

Fei·er·lich·keit <-, -en> *f* ❶ *kein pl (würdevolle Beschaffenheit)* solemnity ❷ *meist pl (Feier)* celebrations

fei·ern ['faɪɐn] *vt, vi* ❶ *(festlich begehen)* to celebrate; **eine Party ~** to have a party ❷ *(umjubeln)* to acclaim

Fei·er·tag ['faɪɐtaːk] *m* holiday

fei·er·tags ['faɪɐtaːks] *adv* on holidays

fei·ge ['faɪɡə] *adj* cowardly; **los, sei nicht ~!** come on, don't be a coward!

Fei·ge <-, -n> ['faɪɡə] *f* fig

Fei·gen·baum *m* fig tree **Fei·gen·blatt** *nt* fig leaf

Feig·heit <-, -en> *f kein pl* cowardice

Feig·ling <-s, -e> ['faɪklɪŋ] *m (pej)* coward

Fei·le <-, -n> ['faɪlə] *f* file

fei·len ['faɪlən] **I.** *vt* to file **II.** *vi* ■ **an etw** *dat* **~** ❶ *(mit einer Feile bearbeiten)* to file sth ❷ *(verbessern)* to polish sth

feil·schen ['faɪlʃn] *vi (pej)* to haggle (**um** over)

Feil·spä·ne *m* TECH filings *pl*

fein [faɪn] **I.** *adj* ❶ *(nicht grob)* fine; *(zart)* delicate ❷ *(vornehm)* distinguished; **sich** *dat* **für etw** *akk* **zu ~ sein** sth is beneath one; **sich ~ machen** to get dressed up *(von hoher Qualität)* exquisite; **das F~ste vom F~en** the best [of the best]; **vom F~sten** of the highest quality; *(rein)* pure; **aus ~em Gold** made out of pure gold ❹ *(fam: anständig)* decent; *(iron)* fine; **du bist mir ja ein ~er Freund!** you're a fine friend! ❺ *(~sinnig)* keen; **eine ~e Nase haben** to have a very keen sense of smell ❻ *Humor* delicate; *Ironie* subtle ❼ *(fam: erfreulich)* fine, great ▶ **~ raus sein** to be in a nice position **II.** *adv* ❶ *(genau)* precise; **~ säuberlich** accurate ❷ *(zart, klein)* finely; **~ gemahlen** fine-ground ❸ *(elegant)* **sich ~ machen** to dress up

Feind(in) <-[e]s, -e> ['faɪnt, *pl* 'faɪndə] *m(f)* ❶ *(Gegner)* enemy; **sich** *dat* **jdn zum ~ machen** to make an enemy of sb ❷ *(Opponent)* opponent; ■ **ein ~ einer S.** *gen* an opponent of sth

Feind·bild *nt* concept of an/the enemy

feind·lich *adj* ❶ *(gegnerisch)* enemy *attr* ❷ *(feindselig)* hostile; ■ **jdm ~ gegenüberstehen** to be hostile to sb

Feind·schaft <-, -en> *f kein pl* animosity, hostility

feind·se·lig ['faɪntzeːlɪç] **I.** *adj* hostile **II.** *adv* hostilely; **sich ~ verhalten** to behave in a hostile manner

Feind·se·lig·keit <-, -en> *f* ❶ *kein pl (feindselige Haltung)* hostility ❷ *pl (Kampfhandlungen)* hostilities *npl*

fein·füh·lend *adj* sensitive, delicate **fein·füh·lig** ['faɪnfyːlɪç] *adj* sensitive **Fein·ge·fühl** *nt kein pl* sensitivity; **etw verlangt viel ~** sth requires a great deal of tact **fein·glie·de·rig** ['faɪnɡliːdərɪç], **fein·glied·rig** ['faɪnɡliːdrɪç] *adj* delicate

Fein·heit <-, -en> *f* ❶ *(Feinkörnigkeit)* fineness; *(Zartheit)* delicacy ❷ *(Scharfsinnigkeit)* acuteness ❸ *(Dezentheit)* subtle ❹ *pl (Nuancen)* subtleties

fein·kör·nig *adj* ❶ *(aus kleinen Teilen)* fine-grained ❷ FOTO fine-grain **Fein·kost·ge·schäft** *nt* delicatessen **Fein·me·cha·nik** *f* precision engineering

Fein·schme·cker(in) <-s, -> *m(f)* gourmet

Fein·schme·cker·re·stau·rant [-rɛstoˈrãː] *nt* GASTR gourmet restaurant

fein·sin·nig *adj* sensitive **Fein·wä·sche** *f* delicates *npl* **Fein·wasch·mit·tel** *nt* mild detergent

feist [faɪst] *adj* fat

fei·xen ['faɪksn] *vi (fam)* to smirk

Feld <-[e]s, -er> [fɛlt, *pl* 'fɛldɐ] *nt* ❶ *(offenes Gelände, Acker)* field; **auf freiem ~** in the open country ❷ *(abgeteilte Fläche)* section, field; *(auf Spielbrett)* square ❸ *kein pl (Schlacht~)* [battle]field; **im ~** in battle ❹ *(Bereich)* area; **ein weites ~ sein** to be a broad subject ▶ **das ~ räumen** to quit the field; **jdm das ~ überlassen** to leave the field open to sb; **gegen etw** *akk* **zu ~e ziehen** *(geh)* to campaign against sth

Feld·ar·beit *f* work in the fields **Feld·bett** *nt* camp bed **Feld·fla·sche** *f* canteen **Feld·for·schung** *f* field research **Feld·frucht** <-, -früchte> *f meist pl* arable crop **Feld·herr(in)** *m(f)* MIL, HIST general, strategist **Feld·kü·che** *f* MIL field kitchen **Feld·la·ger** *nt (Heerlager)* encampment **Feld·la·za·rett** *nt* MIL field hospital **Feld·mar·schall(in)** ['fɛltmarʃal] *m(f)* field marshal **Feld·maus** *f* field mouse **Feld·post** *f* MIL forces' postal service **Feld·sa·lat** *m* lamb's lettuce

Feld·ste·cher <-s, -> *m* binoculars *npl*

Feld·we·bel(in) <-s, -> ['fɛltveːbl̩] *m(f)* sergeant-major

Feld·weg *m* field path

Feld·zug *m* campaign

Fel·ge <-, -n> ['fɛlɡə] *f* rim

Fell <-[e]s, -e> [fɛl] *nt (Tierhaut)* fur; **einem Tier das ~ abziehen** to skin an animal ▶ **jdm das ~ über die Ohren ziehen** *(fam)* to take sb to the cleaners; **ein dickes ~ haben** *(fam)* to be thick-skinned

Fel·la·tio <-> [fɛˈlaːtsi̯o] f kein pl fellatio no pl
Fels <-en, -en> [fɛls] m ❶ (geh) cliff ❷ (Gestein) rock
Fels·block <-blöcke> m boulder
Fels·sen <-s, -> [ˈfɛlzn̩] m cliff
fel·sen·fest [ˈfɛlsn̩ˈfɛst] **I.** adj rock solid, steadfast **II.** adv steadfastly; **~ von etw** dat **überzeugt sein** to be firmly convinced of sth
Fels·ge·stein nt rock
fel·sig [ˈfɛlzɪç] adj rocky
Fels·spal·te f cleft in the rock **Fels·vor·sprung** m ledge **Fels·wand** f rock face
fe·mi·nin [femiˈniːn] adj feminine
Fe·mi·nis·mus <-> [femiˈnɪsmʊs] m kein pl feminism no pl
Fe·mi·nist(in) <-en, -en> [femiˈnɪst] m(f) feminist
fe·mi·nis·tisch adj feminist
Fen·chel <-s> [ˈfɛnçl̩] m kein pl BOT fennel no pl
Fens·ter <-s, -> [ˈfɛnstɐ] nt window ▸ **weg vom ~ sein** (fam) to be out of the running
Fens·ter·bank <-bänke> f window-sill **Fens·ter·brett** nt window-sill **Fens·ter·brief·um·schlag** m window envelope **Fens·ter·flü·gel** m casement **Fens·ter·glas** nt window glass **Fens·ter·he·ber** <-s, -> m window regulator **Fens·ter·la·den** m [window] shutter **Fens·ter·le·der** nt shammy (leather)
fens·terln [ˈfɛnstɐln] vi SÜDD, ÖSTERR to climb in one's lover's window
Fens·ter·platz m window seat **Fens·ter·put·zer(in)** <-s, -> m(f) window cleaner **Fens·ter·rah·men** m window frame **Fens·ter·schei·be** f window pane
Fe·ri·en [ˈfeːri̯ən] pl ❶ (Schulferien) [school] holidays pl BRIT, [school] summer vacation AM; **die großen ~** the summer holidays pl BRIT; **~ haben** to be on holiday [or AM vacation] ❷ (Urlaub) holidays pl, vacation AM; **in die ~ fahren** to go on holiday [or AM vacation]
Fe·ri·en·gast m holiday-maker **Fe·ri·en·haus** nt holiday home **Fe·ri·en·kurs** m vacation course BRIT, summer school AM **Fe·ri·en·la·ger** nt holiday camp **Fe·ri·en·ort** m holiday resort **Fe·ri·en·park** m TOURIST holiday park BRIT, tourist resort AM **Fe·ri·en·tag** m holiday **Fe·ri·en·woh·nung** f holiday flat BRIT, vacation apartment AM **Fe·ri·en·zeit** f holiday period
Fer·kel <-s, -> [ˈfɛrkl̩] nt ❶ (junges Schwein) piglet ❷ (pej fam: unsauberer Mensch) pig ❸ (pej fam: obszöner Mensch) filthy pig
Fer·ke·lei <-, -en> f (pej fam: Unsauberkeit) mess

fer·keln [ˈfɛrkl̩n] vi ❶ (Ferkel werfen) to litter ❷ (Dreck machen) to make a mess
Fer·ment <-s, -e> [fɛrˈmɛnt] nt (veraltend) enzyme
fern [fɛrn] **I.** adj ❶ (räumlich entfernt) far-away, far off; Länder distant; **von ~ beobachten** to observe from afar; **von ~ betrachtet** viewed from a distance ❷ (zeitlich entfernt) distant; **in nicht allzu ~er Zeit** in the not too distant future **II.** präp + dat far [away] from
Fern·be·die·nung f remote control **fern|blei·ben** vi irreg sein (geh) to stay away **Fern·blick** m vista, distant view
Fer·ne <-, selten -n> [ˈfɛrnə] f ❶ (Entfernung) distance; **aus der ~** from a distance; **in der ~** in the distance ❷ (geh: ferne Länder) distant lands; **in der ~** abroad ❸ (längst vergangen) [schon] **in weiter ~ liegen** it already happened such a long time ago ❹ (in ferner Zukunft) [noch] **in weiter ~ liegen** there is still a long way to go
fer·ner [ˈfɛrnɐ] **I.** adj ❶ comp von fern more distant ❷ (künftig, weiter) in [the] future; **in der ~en Zukunft** in the distant future ▸ **un·ter ~ liefen** (fam) to be a runner-up **II.** konj furthermore
Fern·fah·rer(in) m(f) long-distance lorry [or AM truck] driver **Fern·flug** m long-distance flight **Fern·ge·spräch** nt long-distance call **fern·ge·steu·ert** adj remote-controlled **Fern·glas** nt [pair of] binoculars **fern|gu·cken** vi (fam: fernsehen) to watch TV **fern|hal·ten** irreg vt, vr ■ **sich von jdm/etw ~** to keep away from sb/sth **Fern·hei·zung** f district heating **Fern·ko·pie** f s. Telefax **Fern·kurs** m correspondence course **Fern·lei·tung** f TELEK long-distance line **fern|len·ken** vt to operate by remote control **Fern·len·kung** f remote control **Fern·licht** nt full beam BRIT, high beams AM; **mit ~ fahren** to drive on full beam BRIT, to drive with your high beams on AM; **~ an haben** to be on full beam BRIT, to have your high beams on AM **fern|lie·gen** vi irreg (außer Frage) **etw liegt jdm fern** sth is far from sb's mind; **jdm liegt es fern, etw zu tun** to be far from sb's thoughts to do sth; **jdm nicht ~** to not be far from one's thoughts
Fern·mel·de·amt nt telephone exchange **Fern·mel·de·dienst** m telecommunications service **Fern·mel·de·tech·nik** f kein pl telecommunications engineering no pl **Fern·mel·de·we·sen** nt kein pl telecommunications + sing vb
fern·münd·lich adj (geh) by telephone
Fern·ost [ˈfɛrnˈʔɔst] kein art **aus/in/nach ~** from/in/to the Far East

fern·öst·lich ['fɛrn'ʔœstlɪç] *adj* Far Eastern **Fern·rohr** *nt* telescope **Fern·schrei·ben** *nt* telex [message] **Fern·schrei·ber** *m* telex [machine] **fern·schrift·lich** *adj* by telex

Fern·seh·an·sa·ger(in) *m(f)* television announcer **Fern·seh·an·stalt** *f* broadcasting company **Fern·seh·an·ten·ne** *f* television aerial **Fern·seh·ap·pa·rat** *m* (*geh*) *s.* Fernseher

Fern·se·hen <-s> ['fɛrnze:ən] *nt kein pl* television *no pl*; **das ~ bringt nur Wiederholungen** they're only showing repeats on the TV; **beim ~ arbeiten** to work in television; **im ~ kommen** to be on television

fern|se·hen ['fɛrnze:ən] *vi irreg* to watch television

Fern·se·her <-s, -> *m* television [set]

Fern·seh·film *m* television movie **Fern·seh·ge·bühr** *f meist pl* television licence fee **Fern·seh·in·ter·view** *nt* (*geh*) television interview **Fern·seh·in·ter·view** *nt* televised interview **Fern·seh·jour·na·list(in)** *m(f)* television reporter **Fern·seh·ka·me·ra** *f* television camera **Fern·seh·koch, -kö·chin** *m, f* MEDIA, TV TV chef **Fern·seh·nach·rich·ten** *pl* television news + *sing vb* **Fern·seh·pre·di·ger(in)** *m(f)* televangelist AM **Fern·seh·pro·gramm** *nt* ❶ (*Programm im Fernsehen*) television programme ❷ (*Kanal*) [television] channel **Fern·seh·sen·der** *m* television station **Fern·seh·sen·dung** *f* television programme **Fern·seh·spiel** *nt* television play **Fern·seh·turm** *m* television tower **Fern·seh·über·tra·gung** *f* television broadcast **Fern·seh·zeit·schrift** *f* television guide

Fern·sicht *f* view; **bei guter ~** by good visibility

Fern·sprech·amt *nt* (*form*) telephone exchange **Fern·sprech·an·la·ge** *f* (*geh*) telephone **Fern·sprech·an·sa·ge·dienst** *m* telephone information service

Fern·spre·cher ['fɛrnʃprɛçɐ] *m* telephone **Fern·sprech·ge·bühr** *f* (*geh*) telephone charges *pl* **Fern·sprech·teil·neh·mer(in)** *m(f)* (*form: Besitzer eines Telefons*) telephone owner

fern|steu·ern *vt* to operate by remote control **Fern·steu·e·rung** *f* remote control **Fern·stra·ße** *f* highway, motorway BRIT, freeway AM, interstate AM **Fern·stu·di·um** *nt* correspondence course **Fern·uni·ver·si·tät** *f* Open University **Fern·ver·kehr** *m* long-distance traffic **Fern·wär·me** *f kein pl* district heating *spec* **Fern·weh** <-[e]s> *nt kein pl* (*geh*) wanderlust *no pl* **Fern·ziel** *nt* long-term objective

Fer·se <-, -n> ['fɛrzə] *f* (*Teil des Fußes*) heel ▶ **sich jdm an die ~n hängen** to stick close to sb; **jdm [dicht] auf den ~n sein** to be [hot] on sb's tail

fer·tig ['fɛrtɪç] **I.** *adj* ❶ (*abgeschlossen*) finished; **etw ~ haben** to have finished sth; **mit etw** *dat* **~ sein** to be finished with sth; **mit etw** *dat* **~ werden** to finish sth ❷ (*bereit*) ready; **ich bin schon lange ~!** I've been ready for ages! ❸ (*fam: erschöpft*) exhausted, knackered BRIT *sl* ❹ (*fam: Beziehung beendet*) ■ **mit jdm ~ sein** to be through with sb **II.** *adv* ❶ (*zu Ende*) **etw ~ bekommen** to complete sth; **etw ~ machen** to finish sth; **etw ~ stellen** to finish [or complete] sth ❷ (*bereit*) **sich ~ machen** to get ready [for sth] ▶ **auf die Plätze, ~, los!** on your marks, get set, go!, ready, steady, go!

Fer·tig·bau <-bauten> *m* ❶ *kein pl* (*Bauweise*) prefabricated construction *no pl* ❷ (*Gebäude*) prefab

Fer·tig·bau·wei·se *f kein pl* prefabricated building *no pl*

fer·tig|brin·gen *vt irreg* (*fig*) **der bringt es ~ und verlangt auch noch Geld!** and he even has the cheek to ask for money

fer·ti·gen ['fɛrtɪgn̩] *vt* (*geh*) to manufacture

Fer·tig·ge·richt *nt* instant meal **Fer·tig·haus** *nt* prefabricated house

Fer·tig·keit <-, -en> *f* ❶ *kein pl* (*Geschicklichkeit*) skill ❷ *pl* (*Fähigkeiten*) competence

fer·tig|ma·chen *vt* (*fig*) ■ **etw macht jdn fertig** (*zermürben*) sth wears out sb *sep*; ■ **jdn ~** (*schikanieren*) to wear sb down *sep*; (*sl: zusammenschlagen*) to beat up sb *sep*

Fer·tig·nah·rung *f* convenience food **Fer·tig·pro·dukt** *nt* finished product **Fer·tig·stel·lung** *f* completion **Fer·tig·teil** *nt* prefabricated component

Fer·ti·gung <-, -en> *f* manufacture

Fes <-, -> [fɛs] *nt* MUS F flat

fesch [fɛʃ] *adj* SÜDD, ÖSTERR (*fam: flott*) smart

Fes·sel <-, -n> ['fɛsl̩] *f* ❶ (*Schnur*) bond; (*Kette*) shackles *npl*; **jdm ~ n anlegen** to tie sb up; **seine ~ n sprengen** to throw off one's chains *fig* ❷ ANAT (*von Mensch*) ankle; (*von Huftier*) pastern

fes·seln ['fɛsl̩n] *vt* ❶ (*Fesseln anlegen*) to bind, to tie [up] (**an** to) ❷ (*faszinieren*) to captivate

fes·selnd *adj* captivating

fest [fɛst] **I.** *adj* ❶ (*hart, stabil*) strong; tough; *Schuhe* sturdy ❷ (*nicht flüssig*) solid; (*erstarrt*) solidified ❸ (*sicher, entschlossen*) firm; *Zusage* definite ❹ (*kräftig*) firm; *Händedruck* sturdy ❺ (*nicht locker*) tight ❻ (*konstant*) permanent; (*~ gesetzt*) fixed; (*dauerhaft*) lasting; *Freund, Freundin* steady **II.** *adv* ❶ (*kräftig*) firmly; **jdn ~ an sich drücken** to give someone a big hug ❷ (*nicht locker*) tightly; **~ anziehen** to screw in tightly; **~ treten** to tread down *sep*; **~ ziehen** to tighten ❸ (*mit Nachdruck*) definitely; **jdm etw ~ versprechen** to make sb a firm promise ❹ (*dauernd*) permanently; **Geld ~ anlegen** to invest in a fixed term deposit; **~ angestellt sein** to have a permanent job

Fest <-[e]s, -e> [fɛst] *nt* ❶ (*Feier*) celebration; **ein ~ geben** to have a party ❷ (*Feiertag*) feast; **frohes ~!** Happy Christmas/Happy Easter, etc. ▶ **man soll die ~e feiern, wie sie fallen** (*prov*) one should make hay while the sun shines

Fest·akt *m* ceremony **fest·an·ge·stellt**ᴬᴸᵀ *adj* **~ sein** to have a permanent job **Festan·ge·stell·te(r)** *f(m) dekl wie adj* permanent employee **Fest·an·stel·lung** *f* steady employment **festlbei·ßen** *vr irreg* ■ **sich ~** ❶ (*sich verbeißen*) to get a firm grip with one's teeth ❷ (*nicht weiterkommen*) to get stuck (**an** on) **festlbin·den** *vt irreg* to tie (**an** to)

fes·te ['fɛstə] *adv* (*fam*) like mad

Fest·es·sen *nt* banquet **festlfah·ren** *vr irreg* ■ **sich ~** to get stuck **festlfrie·ren** *vi irreg sein* to freeze [solid] (**an** to)

Fest·geld *nt* FIN fixed-term deposit **Festgeld·kon·to** *nt* FIN term account

festlha·ken I. *vt* (*mit einem Haken befestigen*) to hook (**an** to) **II.** *vr* (*hängen bleiben*) ■ **sich an/in etw** *dat* **~** to get caught on/in sth **festlhal·ten** *irreg* **I.** *vt* ❶ (*fest ergreifen*) to grab (**an** by) ❷ (*gefangen halten*) to detain ❸ (*konstatieren*) to record **II.** *vi* ■ **an etw** *dat* **~** to adhere to sth **III.** *vr* ■ **sich ~** to hold on (**an** to)

fes·ti·gen ['fɛstɪgn̩] **I.** *vt* to strengthen; *Freundschaft* to establish; *Stellung* secure **II.** *vr* ■ **sich ~** to become more firmly established

Fes·ti·ger <-s, -> *m* setting lotion

Fes·tig·keit <-> ['fɛstɪçkaɪt] *f kein pl* ❶ (*Stabilität*) strength *no pl* ❷ (*Entschlossenheit*) resoluteness ❸ (*Standhaftigkeit*) firmness

Fes·ti·val <-s, -s> ['fɛstɪvl̩] *nt* festival

festlklam·mern I. *vt* (*mit Klammern befestigen*) to clip (**an** to) **II.** *vr* ■ **sich ~** (*nicht mehr loslassen*) to cling (**an** to) **festlkle·ben I.** *vt haben* (*durch Kleben befestigen*) to stick [on]; *festgeklebt sein* to be stuck on **II.** *vi sein* (*klebend haften*) to stick (**an** to) **Festland** ['fɛstlant] *nt kein pl* ❶ (*Kontinent etc.*) continent ❷ (*feste Erdoberfläche*) dry land **festlle·gen I.** *vt* ❶ (*bestimmen*) to determine; **~, dass ...** to stipulate that ... ❷ (*bindend verpflichten*) to tie down (**auf** to); **er will sich nicht ~ lassen** he does not want to commit himself to anything **II.** *vr* (*sich verpflichten*) ■ **sich ~** to commit oneself (**auf** to)

fest·lich I. *adj* festive **II.** *adv* festively; **~ gekleidet sein** to be dressed up

Fest·lich·keit <-, -en> *f* festivity

festlle·gen *vi irreg* ❶ (*festgesetzt sein*) to be determined; **die Termine liegen jetzt fest** the schedules have now been fixed ❷ (*nicht weiterkönnen*) to be stranded **festlma·chen I.** *vt* ❶ (*befestigen*) to fasten (**an** to) ❷ (*vereinbaren*) to arrange ❸ (*ableiten*) to link (**an** to) **II.** *vi* NAUT to tie up

Fest·mahl *nt* (*geh*) feast

festlna·geln *vt* ❶ (*mit Nägeln befestigen*) to nail (**an** to) ❷ (*fam: festlegen*) ■ **jdn ~** to nail sb down (**auf** to)

Fest·nah·me <-, -n> ['fɛstnaːmə] *f* arrest **festlneh·men** *vt irreg* to take into custody; **Sie sind festgenommen** I'm arresting you **Fest·netz** *nt* ground[-based] network

Fest·plat·te *f* INFORM hard disk **Fest·platten·lauf·werk** *nt* INFORM hard disk drive

Fest·re·de *f* official speech; **die ~ halten** to give a formal address **Fest·saal** *m* banquet hall

festlschnal·len I. *vt* to strap in *sep* **II.** *vr* ■ **sich ~** to fasten one's seat belt, AM *a.* to buckle up **festlschrau·ben** *vt* to screw on *sep*

Fest·schrift *f* commemorative publication **festlset·zen I.** *vt* (*bestimmen*) to determine **II.** *vr* (*fest anhaften*) ■ **sich ~** to collect **festlsit·zen** *vi irreg* to be stuck

Fest·spie·le *pl* festival **Fest·spiel·haus** *nt* festival theatre

festlste·hen *vi irreg* ❶ (*festgelegt sein*) to be certain; **steht das Datum schon fest?** has the date been fixed already? ❷ (*sicher sein*) to be firm; **~, dass ...** to be certain that ... **fest·stell·bar** *adj* ❶ (*herauszufinden*) ■ **~ sein** to be ascertainable ❷ (*arretierbar*) lockable **festlstel·len** *vt* ❶ (*ermitteln*) to identify; **den Täter ~** to identify the guilty party ❷ (*bemerken*) to detect ❸ (*diagnostizieren*) ■ **[bei jdm] etw ~** to diagnose sb with sth; **zu meinem Erstaunen muss ich ~, dass ...** I am astounded to see that ... ❹ (*arretieren*) to lock

Fest·stel·lung *f* ❶ (*Bemerkung*) remark ❷ (*Ermittlung*) ascertainment ❸ (*Beobachtung*) observation; **die ~ machen, dass ...** to see that ... ❹ (*Ergebnis*) **zu der ~ kommen, dass ...** to come to the conclusion that ...

Fest·tag *m* ❶ (*Ehrentag*) special day ❷ (*Feiertag*) holiday

Fes·tung <-, -en> ['fɛstʊŋ] *f* fortress

fest·ver·zins·lich *adj* fixed-interest

fest|zie·hen *vt irreg s.* fest II 2 **Fest·zins** *m* fixed interest

Fest·zug *m* procession, parade

Fe·te <-, -n> ['fe:tə] *f* party; **eine ~ machen** to have a party

Fe·tisch <-[e]s, -e> ['fe:tɪʃ] *m* fetish

Fe·ti·schis·mus <-> [fetɪ'ʃɪsmʊs] *m kein pl* fetishism *no def art*

Fe·ti·schist(in) <-en, -en> [feti'ʃɪst] *m(f)* fetishist

fett [fɛt] *adj* ❶ (*~ haltig*) fatty ❷ (*pej: dick*) fat ❸ TYPO bold; **~ gedruckt** in bold [type] *pred* ❹ (*üppig*) Ackerboden fertile; (*fam*) Beute rich

Fett <-[e]s, -e> [fɛt] *nt* ❶ (*~ gewebe*) fat; **~ ansetzen** Mensch to gain weight; Tier to put on fat ❷ (*zum Schmieren*) grease; **pflanzliches/tierisches ~** vegetable/animal fat ▶ **sein ~ abbekommen** (*fam*) to get one's come-uppance

fett·arm *adj* low-fat **Fett·au·ge** *nt* fatty globule **Fett·druck** *m* bold [type]

fet·ten ['fɛtn̩] **I.** *vt* (*ein~*) to grease **II.** *vi* (*Fett absondern*) to become greasy

Fett·fleck, Fett·fle·cken *m* grease mark **fett·ge·druckt**^ALT *adj attr* in bold [type] *pred* **Fett·ge·halt** *m* fat content **fett·hal·tig** *adj* fatty

fet·tig ['fɛtɪç] *adj* greasy

Fett·kloß *m* (*pej*) fatso **fett·lei·big** ['fɛtlaɪbɪç] *adj* (*geh*) corpulent **Fett·lei·big·keit** *f* (*geh*) corpulence **fett·lös·lich** *adj* fat-soluble **Fett·näpf·chen** *nt* ▶ **ins ~ treten** to put one's foot in it **Fett·pols·ter** *nt* (*fam*) cushion of fat **Fett·sack** *m* (*sl*) fatso **Fett·säu·re** *f* fatty acid **Fett·schicht** *f* layer of fat **Fett·sucht** *f kein pl* obesity **fett·süch·tig** *adj* MED [chronically] obese **Fett·wanst** *m* (*pej*) fatso

fet·zen ['fɛtsn̩] *vt haben* ❶ (*reißen*) to rip ❷ (*fam: prügeln*) ■ **sich ~** to tear each other apart

Fet·zen <-s, -> ['fɛtsn̩] *m* ❶ (*Stück*) scrap; Haut patch; **etw in ~ reißen** to tear sth to pieces ❷ (*Ausschnitt*) snatches *pl* BRIT, fragments AM ❸ (*sl: billiges Kleid*) rag ▶ **... dass die ~ fliegen** (*fam*) ... like mad

fet·zig ['fɛtsɪç] *adj* (*sl: mitreißend*) fantastic; Musik hot; (*schick, flott*) trendy; Typ cool

feucht [fɔyçt] *adj* ❶ (*leicht nass*) damp; Hände, Stirn clammy; Augen misty ❷ Klima, Luft humid

feucht·fröh·lich ['fɔyçt'frø:lɪç] **I.** *adj* (*hum fam*) merry **II.** *adv* (*hum fam*) merrily

Feuch·tig·keit <-> ['fɔyçtɪçkaɪt] *f kein pl* ❶ (*leichte Nässe*) dampness *no pl* ❷ (*Wassergehalt*) moisture *no pl*; Luft humidity *no pl*

Feuch·tig·keits·creme [-kre:m] *f* moisturizing cream **Feuch·tig·keits·ge·halt** *m* moisture content; **der ~ der Luft** the humidity in the air **Feuch·tig·keits·lo·ti·on** *f* moisturizing lotion

feucht·kalt *adj* damp and cold **feucht·warm** *adj* warm and humid **Feucht·wie·se** *f* marshland

feu·dal [fɔy'da:l] *adj* ❶ HIST feudal ❷ (*fam*) magnificent; Essen sumptuous

Feu·dal·herr *m* feudal lord **Feu·dal·herr·schaft** *f*, **Feu·da·lis·mus** <-> [fɔyda'lɪsmʊs] *m kein pl* feudalism

Feu·er <-s, -> ['fɔyɐ] *nt* ❶ (*Flamme*) fire; **das olympische ~** the Olympic flame; **~ speien** to spit fire; Vulkan to spew out fire; Drachen to breathe fire; **~ machen** to make a fire; **am ~** by the fire ❷ (*für Zigarette*) **jdm ~ geben** to give sb a light; **~ haben** to have a light ❸ (*Kochstelle*) **etw vom ~ nehmen** to take sth off the heat ❹ (*Brand*) fire; **~ fangen** to catch [on] fire ❺ MIL (*Beschuss*) fire; **~ frei!** open fire!; **das ~ einstellen** to cease fire; **das ~ eröffnen** to open fire ▶ **~ und Flamme [für etw] sein** (*fam*) to be enthusiastic [about sth]; **jdm ~ unter dem Hintern machen** to put a rocket under sb; **wie ~ brennen** to sting like mad; **für jdn durchs ~ gehen** to go through hell and high water for sb; **mit dem ~ spielen** to play with fire

Feu·er·alarm *m* fire alarm **Feu·er·be·fehl** *m* MIL order to fire **feu·er·be·stän·dig** *adj* fireproof **Feu·er·be·stat·tung** *f* cremation **Feu·er·ei·fer** *m* zeal[ousness] **feu·er·fest** *adj* fireproof; Geschirr ovenproof **Feu·er·ge·fahr** *f* fire hazard **feu·er·ge·fähr·lich** *adj* [in]flammable **Feu·er·ge·fecht** *nt* MIL gun fight **Feu·er·lei·ter** *f* ❶ (*Fluchtweg*) fire escape ❷ (*auf einem Feuerwehrauto*) [fire engine's] ladder **Feu·er·lö·scher** *m* fire extinguisher **Feu·er·mel·der** <-s, -> *m* fire alarm

feu·ern I. *vi* to fire (**auf** at) **II.** *vt* (*fam*) ❶ (*werfen*) to fling ❷ (*fam: entlassen*) to sack; ■ **gefeuert werden** to get the sack

Feu·er·pau·se *f* MIL cease-fire **Feu·er·pro·be** *f* acid test **feu·er·rot** [fɔyɐ'ro:t] *adj* ❶ (*Farbe*) fiery red; Haar flaming [red] ❷ (*sich schämen*) ■ **~ werden** to turn crimson **Feu·er·schlu·cker(in)** <-s, -> *m(f)* fire-eater **feu·er·si·cher** ['fɔyɐzɪçɐ] *adj* ❶ (*widerstandsfähig gegen Feuer*) fireproof ❷ (*geschützt vor Feuer*) safe from fire *pred* **feu·er·spei·end**^ALT *adj attr* Vulkan spewing fire; Drachen fire-breathing **Feu·er·stein** *m* flint **Feu·er·stel·le** *f* fireplace; (*draußen*) campfire site **Feu·er·tau·fe** *f* baptism of fire

Feu·e·rung <-, -en> f ❶ kein pl (Brennstoff) fuel ❷ (Heizung) heating system, heater Am
Feu·er·ver·si·che·rung f fire insurance
Feu·er·wa·che f fire station **Feu·er·waf·fe** f firearm **Feu·er·was·ser** nt (fam) firewater
Feu·er·wehr <-, -en> f fire brigade + sing/pl vb
Feu·er·wehr·au·to nt fire engine **Feu·er·wehr·lei·ter** f fire ladder **Feu·er·wehr·mann, -frau** <-leute o -männer> m, f firefighter
Feu·er·werk nt fireworks npl **Feu·er·werks·kör·per** m firework
Feu·er·zeug nt lighter
Feuil·le·ton <-s, -s> [fœjə'tõ:] nt (Zeitungsteil) culture section
feu·rig ['fɔyrɪç] adj fiery
ff. [ɛf'ɛf] Abk von folgende Seiten: [auf] Seite 200 ~ pages [or pp[.]] 200 ff[.]
FH [ɛf'haː] f Akr von Fachhochschule
Fi·as·ko <-s, -s> ['fjasko] nt (fam) fiasco
Fi·bel <-, -n> ['fiːbl] f ❶ (Lesebuch) primer ❷ ARCHÄOL fibula
ficht [fɪçt] 3. pers pres von **fechten**
Fich·te <-, -n> [ˈfɪçtə] f spruce
Fick <-s, -s> [fɪk] m (vulg) fuck
fi·cken ['fɪkn̩] (vulg) **I.** vi to fuck; **das F~ fucking II.** vt ■ jdn ~ to fuck sb; ■ **gefickt werden** to get fucked
fick·rig, fi·cke·rig DIAL **I.** adj fidgety **II.** adv in a fluster
fi·del [fiˈdeːl] adj (fam) jolly
Fi·dschi <-s> [ˈfɪdʒi] nt Fiji
Fi·dschi·in·seln pl Fiji Islands pl
Fie·ber <-s, -> [ˈfiːbɐ] nt fever; ~ **haben** to have a temperature; [jdm] **das** ~ **messen** to measure sb's temperature
Fie·ber·an·fall m bout of fever **fie·ber·frei** adj free of fever pred
fie·ber·haft I. adj feverish **II.** adv feverishly
Fie·ber·kur·ve f temperature curve
fie·bern [ˈfiːbɐn] vi ❶ (Fieber haben) to have a temperature ❷ (aufgeregt sein) to be in a fever
fie·ber·sen·kend adj fever-reducing **Fie·ber·ther·mo·me·ter** nt [clinical] thermometer
fie·brig [ˈfiːbrɪç] adj feverish
Fie·del <-, -n> [ˈfiːdl̩] f (veraltet) fiddle
fie·deln [ˈfiːdl̩n] vt, vi to fiddle
fiel [fiːl] imp von **fallen**
fies [fiːs] adj (pej fam) ❶ (abstoßend) horrible; (gemein) mean ❷ (ekelhaft) disgusting
Fies·ling <-s, -e> m (fam) [mean] bastard
fif·ty-fif·ty [ˈfɪftiˈfɪfti] adv (fam) fifty-fifty; ~ [mit jdm] **machen** to go fifty-fifty [with sb]
Fi·gur <-, -en> f [fiˈɡuːɐ̯] f ❶ (Gestalt) figure; auf seine ~ **achten** to watch one's figure ❷ FILM, LIT character ▶ **eine gute/jämmerliche** ~ **machen** to cut a good/sorry figure
fi·gu·ra·tiv [fiɡuraˈtiːf] **I.** adj figurative **II.** adv figuratively
Fi·gu·ri·ne <-, -n> [fiɡuˈriːnə] f KUNST figurine
Fi·gur·pro·ble·me pl weight problems pl
Fik·ti·on <-, -en> [fɪkˈtsjoːn] f (geh) fiction
fik·tiv [fɪkˈtiːf] adj (geh) fictitious
Fi·let <-s, -s> [fiˈleː] nt fillet
Fi·let·steak [fiˈleːsteːk] nt fillet steak
Fi·li·a·le <-, -n> [fiˈljaːlə] f branch
Fi·li·al·lei·ter(in) m(f) branch manager
Film <-[e]s, -e> [fɪlm] m ❶ (Spiel~) film, movie Am ❷ FOTO film ❸ (~ branche) film industry; **beim** ~ **arbeiten** to work in the film industry ❹ (dünne Schicht) film
Film·ar·chiv nt film archives pl **Film·ate·lier** nt film studio
Fil·me·ma·cher(in) m(f) film-maker
fil·men [ˈfɪlmən] vt, vi to film
Film·fest·spie·le nt pl film festival nsing **Film·ge·schäft** nt kein pl movie business no pl
fil·misch [ˈfɪlmɪʃ] **I.** adj cinematic **II.** adv from a cinematic point of view
Film·ka·me·ra f film [or Am movie] camera
Film·mu·sik f soundtrack **Film·pro·du·zent(in)** m(f) film [or Am movie] producer
Film·pro·jek·tor m film projector **Film·re·gis·seur(in)** m(f) film [or Am movie] director **film·reif** adv with movie-star elegance
Film·riss[RR] m (sl) mental blackout; ■ **einen** ~ **haben** to have a mental blackout
Film·schau·spie·ler(in) m(f) film [or Am movie] actor masc [or fem actress] **Film·star** m film [or Am movie] star **Film·the·a·ter** nt (geh) cinema, movie theater Am **Film·ver·leih** m film distributors pl **Film·vor·füh·rer(in)** m(f) projectionist **Film·vor·füh·rung** f film showing **Film·vor·schau** f [film] preview
Fil·ter <-s, -> [ˈfɪltɐ] nt o m filter
Fil·ter·an·la·ge f filter **Fil·ter·kaf·fee** m filter [or Am drip] coffee **Fil·ter·mund·stück** nt filter tip
fil·tern [ˈfɪltɐn] vt to filter
Fil·ter·pa·pier nt filter paper **Fil·ter·tü·te** f filter bag **Fil·ter·zi·ga·ret·te** f filter cigarette
fil·trie·ren* [fɪlˈtriːrən] vt to filter
Filz <-es, -e> [fɪlts] m ❶ (Stoff) felt ❷ POL (pej) spoils system
fil·zen [ˈfɪltsn̩] **I.** vi to felt **II.** vt (fam: durchsuchen) to frisk
Fil·zer <-s, -> [ˈfɪltsɐ] m (fam) felt-tip [pen]
Filz·hut m trilby **Filz·stift** m felt-tip [pen]

Fim·mel <-s, -> ['fɪml] *m (fam)* mania; **den ~ haben, etw zu tun** to have a thing about doing sth

Fi·na·le <-s, -s *o* -> [fi'naːlə] *nt* final

Fi·nanz·amt *nt* tax [and revenue] office; ■ **das ~** the Inland Revenue BRIT, Internal Revenue Service AM **Fi·nanz·aus·gleich** *m* ≈ revenue sharing AM *(redistribution of revenue between government, federal states (Länder) and local authorities)* **Fi·nanz·be·am·te(r), -be·am·tin** *m, f* tax official **Fi·nanz·be·ra·ter(in)** *m(f)* s. Steuerberater

Fi·nan·zen [fi'nantsn] *pl* ❶ *(Einkünfte)* finances *npl* ❷ *(Geldmittel)* means *npl*; **jds ~ übersteigen** to be beyond sb's means

Fi·nanz·ge·richt *nt* tax court

fi·nan·zi·ell [finan'tsi̯ɛl] **I.** *adj* financial **II.** *adv* financially

Fi·nan·zier <-s, -s> [finan'tsi̯eː] *m (geh)* financier

fi·nan·zier·bar *adj* able to be financed

fi·nan·zie·ren* [finan'tsiːrən] *vt (bezahlen)* to finance; *(sich leisten können)* to be able to afford

Fi·nan·zie·rung <-, -en> *f* financing

Fi·nan·zie·rungs·plan *m* financing plan

Fi·nanz·kauf *m* FIN instalment purchase **fi·nanz·kräf·tig** *adj* financially strong **Fi·nanz·markt** *m* financial market **Fi·nanz·mi·nis·ter(in)** *m(f)* finance minister, chancellor of the exchequer BRIT, secretary of the treasury AM **Fi·nanz·mi·nis·te·ri·um** *nt* tax and finance ministry, treasury BRIT, Department of the Treasury AM **Fi·nanz·pla·nung** *f* fiscal planning **Fi·nanz·po·li·tik** *f kein pl* financial policy/policies **Fi·nanz·schwach** *adj* financially weak **Fi·nanz·sprit·ze** *f* cash infusion **Fi·nanz·ver·wal·tung** *f* financial administration **Fi·nanz·wirt·schaft** *f kein pl* public finance

fin·den <fand, gefunden> ['fɪndn̩] **I.** *vt* ❶ *(entdecken)* to find; **es muss doch irgendwo zu ~ sein!** it has to be found somewhere!; **einen Vorwand [für etw** *akk*] **~** to find an excuse [for sth]; ■ **etw an jdm ~** to see sth in sb ❷ *(erhalten)* to find; **[reißenden] Absatz ~** to sell [like hot cakes]; **Berücksichtigung ~** to be taken into consideration; **Unterstützung ~** to receive support; **Zustimmung [bei jdm] ~** to meet with approval [from sb] ❸ *(empfinden)* **wie findest du das?** what do you think [of that]?; **ich finde, die Ferien sind zu kurz** I find that the holidays are too short; **jdn blöd/nett ~** to think [that] sb is stupid/nice; **es kalt/warm ~** to find it cold/warm ▶ **nichts an etw** *dat* **~** to not think much of sth; **nichts dabei ~, etw zu tun** to think nothing of doing sth **II.** *vi* ❶ *(den Weg ~)* ■ **zu jdm/etw ~** to find one's way to sb/sth; **zu sich** *dat* **selbst ~** to find oneself ❷ *(meinen)* to think; **~ Sie?** [do] you think so? **III.** *vr* ■ **sich ~** ❶ *(wiederauftauchen)* to turn up ❷ *(zu verzeichnen sein)* to be found; **es fand sich niemand, der es tun wollte** there was nobody to be found who wanted to do it ❸ *(in Ordnung kommen)* to sort itself out

Fin·der(in) <-s, -> *m(f)* finder; **der ehrliche ~** the honest finder

Fin·der·lohn *m* reward for the finder

fin·dig ['fɪndɪç] *adj* resourceful

fing [fɪŋ] *imp von* fangen

Fin·ger <-s, -> ['fɪŋɐ] *m* finger; **der kleine ~** the little finger, the pinkie AM *fam*; **~ weg!** hands off!; **jdm mit dem ~ drohen** to wag one's finger at sb; **den ~ heben** to lift one's finger; **jdm auf die ~ klopfen** *(fig fam)* to give sb a rap across the knuckles; **mit den ~n schnippen** *(fam)* to snap one's fingers; **mit dem ~ auf jdn/etw zeigen** to point [one's finger] at sb/sth ▶ **etw in die ~ bekommen** *(fam)* to get one's fingers on sth; **überall seine ~ im Spiel haben** *(fam)* to have a finger in every pie; **wenn man ihm den kleinen ~ gibt, [dann] nimmt er [gleich] die ganze Hand** *(prov)* give him an inch and he'll take a mile; **jdn juckt es in den ~n[, etw zu tun]** *(fam)* sb is itching to do sth; **keinen ~ krummmachen** *(fam)* to not lift a finger; **lange ~ machen** *(hum fam)* to be light-fingered; **die ~ von jdm/etw lassen** *(fam)* to keep away from sb/sth; **sich** *dat* **etw aus den ~n saugen** *(fam)* to conjure up sth *sep;* **sich** *dat* **nicht die ~ schmutzig machen** to not get one's hands dirty; **jdm auf die ~ sehen** *(fam)* to keep a watchful eye on sb; **jdn um den [kleinen] ~ wickeln** *(fam)* to wrap sb [a]round one's little finger

Fin·ger·ab·druck *m* fingerprint **Fin·ger·breit** <-, -> *m* finger['s] breadth ▶ **keinen ~** not an inch **fin·ger·dick I.** *adj* as thick as a finger *pred* **II.** *adv* fingerthick **Fin·ger·far·be** *f* finger paint **fin·ger·fer·tig** *adj* nimble-fingered **Fin·ger·fer·tig·keit** *f* dexterity **Fin·ger·hut** *m* ❶ *(fürs Nähen)* thimble ❷ BOT foxglove **Fin·ger·kup·pe** *f* fingertip

fin·gern ['fɪŋɐn] **I.** *vi* to fiddle (**mit/an** with) **II.** *vt* ■ **etw aus etw** *dat* **~** to fish sth out of sth

Fin·ger·na·gel *m* fingernail; **an den Fingernägeln kauen** to bite one's nails

Fin·ger·spit·ze *f* fingertip **Fin·ger·spit·zen·ge·fühl** *nt kein pl* fine feeling *no pl;* **~/kein ~ haben** to be tactful/tactless

Fin·ger·zeig <-s, -e> *m* hint

fin·gie·ren* [fɪŋ'giːrən] *vt* to fake; ■ **fingiert**

bogus
Fink <-en, -en> [fɪŋk] *m* finch
Fin·ne <-, -n> ['fɪnə] *f (Flosse)* fin
Fin·ne, Fin·nin <-n, -n> ['fɪnə, 'fɪnɪn] *m, f* Finn, Finnish man/woman/boy/girl; ■ ~ **sein** to be Finnish
fin·nisch ['fɪnɪʃ] *adj* Finnish
Finn·land ['fɪnlant] *nt* Finland
fins·ter ['fɪnstɐ] *adj* ❶ *(düster)* dark; **das ~e Mittelalter** the Dark Ages *npl* ❷ *(mürrisch)* grim ❸ *(unheimlich)* sinister
Fins·ter·nis <-, -se> ['fɪnstɐnɪs] *f* darkness *no pl*
Fin·te <-, -n> ['fɪntə] *f* subterfuge
Fir·le·fanz <-es> ['fɪrləfants] *m kein pl (fam)* ❶ *(Krempel)* trumpery ❷ *(Quatsch)* nonsense *no art, no pl*
firm [fɪrm] *adj präd* ■ **in etw** *dat* ~ **sein** to have a sound knowledge of sth
Fir·ma <-, Firmen> ['fɪrma, *pl* 'fɪrmən] *f* company
Fir·ma·ment <-s> [fɪrma'mɛnt] *nt kein pl* ■ **das ~** the firmament
fir·men ['fɪrmən] *vt* to confirm
Fir·men ['fɪrmən] *pl von* **Firma**
fir·men·ei·gen *adj* company *attr*; ■ ~ **sein** to belong to the company **Fir·men·grün·dung** *f* formation of a business **Fir·men·in·ha·ber(in)** *m(f)* owner of a company **Fir·men·lei·tung** *f* company management **Fir·men·wa·gen** *m* company car **Fir·men·zei·chen** *nt* company logo, trademark
Firm·ling <-s, -e> ['fɪrmlɪŋ] *m* candidate for confirmation
Fir·mung <-, -en> *f* confirmation
Firn <-[e]s, -e> [fɪrn] *m* firn
Fir·nis <-ses, -se> ['fɪrnɪs] *m* [oil-]varnish
First <-[e]s, -e> [fɪrst] *m* roof ridge
Fis <-, -> [fɪs] *nt* MUS F sharp
Fisch <-[e]s, -e> [fɪʃ] *m* ❶ *(Tier)* fish ❷ *kein pl* ASTROL Pisces *no art, no pl* ▶ **weder ~ noch Fleisch sein** to be neither fish nor fowl; **ein großer ~** a big fish; **ein kleiner ~** one of the small fry
Fisch·au·ge *nt* fish eye **Fisch·damp·fer** *m* trawler
fi·schen ['fɪʃn] *vi* to fish; ■ **das F~** fishing *no art, no pl*
Fi·scher(in) <-s, -> ['fɪʃɐ] *m(f)* fisher, fisherman *masc*, fisherwoman *fem*
Fi·scher·boot *nt* fishing boat **Fi·scher·dorf** *nt* fishing village
Fi·sche·rei <-> [fɪʃə'raɪ] *f kein pl* fishing *no art, no pl*
Fi·scher·netz *nt* fishing net
Fisch·fang *m kein pl* fishing *no art, no pl* **Fisch·fi·let** [-file:] *nt* fillet of fish **Fisch·grün·de** *pl* fisheries *npl* **Fisch·händ·ler(in)** *m(f)* ÖKON fishmonger BRIT, fish dealer AM **Fisch·kon·ser·ve** *f* canned [*or* BRIT *a.* tinned] fish **Fisch·kut·ter** *m* fishing cutter **Fisch·mehl** *nt* fish meal **Fisch·mes·ser** *nt* fish knife **Fisch·ot·ter** *m* otter **fisch·reich** *adj* ~**es Gewässer** rich fishing grounds **Fisch·stäb·chen** *nt* fish-finger BRIT, fish stick AM **Fisch·ster·ben** *nt* dying of fish; *(als Statistik)* fish mortality *no indef art, no pl* **Fisch·sup·pe** *f* fish soup **Fisch·zucht** *f* fish-farming
fis·ka·lisch [fɪs'ka:lɪʃ] *adj* fiscal
Fis·kus <-, -se *o* Fisken> ['fɪskʊs, *pl* 'sɪskən] *m* ■ **der ~** the treasury, BRIT exchequer
Fi·so·le <-, -n> [fi'zo:lə] *f* ÖSTERR green bean
fit [fɪt] *adj präd* fit; **sich ~ halten** to keep fit
Fit·ness^RR, **Fit·neß**^ALT <-> ['fɪtnɛs] *f kein pl* fitness *no art, no pl*
Fit·ness·cen·ter^RR [-sɛntɐ] *nt* gym **Fit·ness·ge·rät**^RR ['fɪtnɛs-] *nt* SPORT fitness [*or* gym] equipment *no pl* **Fit·ness·stu·dio**^RR *nt s.* **Fitnesscenter**
Fit·tich <-[e]s, -e> ['fɪtɪç] *m (liter)* wing ▶ **jdn unter die ~e nehmen** *(hum)* to take sb under one's wing
fix [fɪks] **I.** *adj* ❶ *(feststehend)* fixed ❷ *(fam: flink)* quick; ~ **gehen** to not take long; ~ **machen** to hurry up ▶ ~ **und fertig sein** *(erschöpft)* to be exhausted; *(am Ende)* to be at the end of one's tether **II.** *adv* quickly
Fi·xa ['fɪksa] *pl von* **Fixum**
fi·xen ['fɪksn] *vi (sl)* to fix
Fi·xer(in) <-s, -> ['fɪksɐ] *m(f) (sl)* fixer BRIT, junkie AM
fi·xie·ren* [fɪ'ksi:rən] *vt* ❶ *(anstarren)* to fix one's eyes on ❷ PSYCH ■ **auf etw** *akk* **fixiert sein** to be fixated on sth ❸ FOTO to fix ❹ *(geh: festlegen)* to fix ❺ SCHWEIZ *(befestigen)* to fix
Fi·xie·rung <-, -en> *f* ❶ *(Festlegung)* specification ❷ PSYCH *(Ausrichtung)* fixation
Fix·kos·ten *pl* fixed costs *pl*
Fi·xum <-s, Fixa> ['fɪksʊm, *pl* 'fɪksa] *nt* basic salary; *(Zuschuss)* fixed allowance
Fjord <-[e]s, -e> [fjɔrt] *m* fjord
FKK [ɛfka:'ka:] *kein art Abk von* **Freikörperkultur**
FKK-Strand *m* nudist beach
flach [flax] *adj* ❶ *(eben)* flat; *(nicht hoch)* low; *(nicht steil)* gentle; ~ **abfallen** to slope down gently; **sich ~ hinlegen** to lie [down] flat ❷ *(nicht tief)* shallow; ~ **atmen** to take shallow breaths
Flach·bild·schirm *m* flat screen **flach·brüs·tig** *adj* flat-chested **Flach·dach** *nt* flat roof **Flach·druck** *m* TYPO ❶ *kein pl (Verfahren)* planography *no pl* ❷ *(Produkt)* planograph

Flä·che <-, -n> ['flɛçə] f ❶ (flache Außenseite) surface; (Würfel~) face ❷ (Gebiet) expanse; (mit Maßangaben) area

Flä·chen·aus·deh·nung f surface area **flä·chen·de·ckend** adj covering the needs pred **Flä·chen·in·halt** m [surface] area **Flä·chen·maß** nt [unit of] square measure **Flä·chen·still·le·gung**^RR f AGR laying land fallow **Flä·chen·streik** m general strike

flach|fal·len vi sep irreg sein (fam) to not come off

flä·chig ['flɛçɪç] adj ❶ (breit) flat ❷ (ausgedehnt) extensive

Flach·land nt lowland **flach|le·gen** (fam) **I.** vt to knock out sep **II.** vr ■ sich ~ (sich hinlegen) to lie down; (flach hinfallen) to fall flat [on one's face] **flach|lie·gen** vi irreg (fam) to be laid up [in bed] **Flach·mann** m (fam) hipflask

Flachs <-es> [flaks] m kein pl ❶ (Pflanze) flax no art, no pl ❷ (fam: Witzelei) kidding no art, no pl fam; **ohne ~** joking aside

flachs·blond adj flax-coloured

fla·ckern ['flakɐn] vi to flicker

Fla·den <-s, -> ['flaːdn̩] m ❶ KOCHK round flat dough-cake ❷ (fam: breiige Masse) flat blob; (Kuh~) cowpat

Fla·den·brot nt round flat loaf [of bread], ≈ Turkish bread, no art, no pl

Flag·ge <-, -n> ['flagə] f flag; **die englische ~ führen** to fly the English flag ▶ **~ zeigen** to nail one's colours to the mast

flag·gen [flagn̩] vi to fly a flag

Flagg·schiff nt flagship

fla·grant [flaˈgrant] adj (geh) flagrant

Flair <-s> [flɛːɐ̯] nt o selten m kein pl (geh) aura

Fla·kon <-s, -s> [flaˈkõː] nt o m (geh) flacon

flam·bie·ren* [flamˈbiːrən] vt to flambé[e]

Fla·me, Fla·min o **Flä·min** <-n, -n> ['flaːmə, flaːmɪn, flɛːmɪn] m, f Fleming, Flemish man/woman/boy/girl

Fla·min·go <-s, -s> [flaˈmɪŋgo] m flamingo

flä·misch ['flɛːmɪʃ] adj Flemish

Flam·me <-, -n> ['flamə] f flame; **in ~n aufgehen** to go up in flames; **etw auf großer/kleiner ~ kochen** to cook sth on a high/low heat

flam·mend adj (liter) flaming

Flam·men·wer·fer <-s, -> m flamethrower

Flan·dern <-s> ['flandɐn] nt Flanders + sing vb

Fla·nell <-s, -e> [flaˈnɛl] m flannel

fla·nie·ren* [flaˈniːrən] vi sein o haben to stroll

Fla·nier·mei·le f (fam) promenade

Flan·ke <-, -n> ['flaŋkə] f ❶ ANAT flank ❷ FBALL cross

flan·kie·ren* [flaŋˈkiːrən] vt to flank

Flansch <-[e]s, -e> [flanʃ] m TECH flange

flap·sen ['flapsn̩] vi (fam) to joke

flap·sig ['flapsɪç] (fam) **I.** adj cheeky BRIT; Bemerkung offhand **II.** adv cheekily BRIT

Fla·sche <-, -n> ['flaʃə] f ❶ (Behälter) bottle; **etw in ~n füllen** to bottle sth; **einem Kind die ~ geben** to bottle-feed a child; **aus der ~ trinken** to drink straight from the bottle ❷ (fam: Versager) dead loss; (einfältiger Mensch) pillock BRIT, dork AM

Fla·schen·bier nt bottled beer **Fla·schen·gä·rung** f fermentation in the bottle **Fla·schen·ge·stell** nt bottle rack **Fla·schen·hals** m bottleneck **Fla·schen·öff·ner** m bottle-opener **Fla·schen·pfand** nt deposit on a bottle **Fla·schen·post** f message in a bottle **Fla·schen·zug** m TECH block and tackle

Flasch·ner(in) <-s, -> m(f) SÜDD, SCHWEIZ (Klempner) plumber

Flat·rate <-, -s> [ˈflɛtreɪt] f INET flat rate

flat·ter·haft adj (pej) fickle

Flat·ter·haf·tig·keit <-> f kein pl (pej) fickleness no pl

Flat·ter·mann <-männer> m (hum fam) chicken

flat·tern ['flatɐn] vi ❶ haben (mit den Flügeln) to flap ❷ haben (vom Wind bewegt) to flutter; lange Haare to stream ❸ sein (fam: zugestellt werden) **heute flatterte eine Rechnung ins Haus** a bill landed on the mat today ❹ haben AUTO (hin und her schlagen) to wobble, to shimmy AM

Flat·ter·satz m unjustified text

flau [flaʊ] adj ❶ (leicht unwohl) queasy ❷ (träge) Geschäft slack

Flaum <-[e]s> [flaʊm] m kein pl down no art, no pl

Flausch <-[e]s, -e> ['flaʊʃ] m fleece no pl

flau·schig adj fleecy

Flau·sen ['flaʊzən] pl (fam) nonsense nsing; **~ im Kopf haben** to have crazy ideas; **jdm die ~ austreiben** to get sb to return to reality

Flau·te <-, -n> ['flaʊtə] f ❶ (Windstille) calm no pl ❷ (mangelnde Nachfrage) lull

Flech·te <-, -n> ['flɛçtə] f BOT, MED lichen

flech·ten <flocht, geflochten> ['flɛçtn̩] vt to plait (**zu** into); Korb, Kranz to weave (**zu** into)

Flecht·werk nt kein pl wickerwork no art, no pl

Fleck <-[e]s, -e o -en> [flɛk] m ❶ (Schmutz~) stain; **~en machen** to stain ❷ (dunkle Stelle) mark; **ein blauer ~** a bruise ❸ (Stelle) spot; place; **sich nicht vom ~ rühren** to not move [an inch]

Fleck·chen <-s, -> nt ❶ dim von **Fleck**

mark ❷ (*Gegend*) **ein schönes ~ Erde** a nice little spot

Fle·cken <-s, -> ['flɛkn̩] *m* ❶ (*veraltet: Markt~*) small town ❷ *s.* **Fleck 1, 2**

Fle·cken·was·ser *nt* stain remover

fle·ckig ['flɛkɪç] *adj* ❶ (*befleckt*) marked, stained ❷ (*voller dunkler Stellen*) blemished; *Haut* blotchy

Fle·der·maus ['fleːdɐmaʊ̯s] *f* bat

Fleece <-> [fliːs] *nt kein pl* fleece *no pl*

Fle·gel <-s, -> ['fleːgl̩] *m* (*pej: Lümmel*) lout, yob[bo] BRIT

Fle·gel·al·ter *nt* adolescence *no indef art, no pl*

Fle·ge·lei <-, -en> [fleːgə'laɪ̯] *f* (*pej*) uncouthness *no art, no pl*

fle·gel·haft *adj* (*pej*) uncouth

fle·hen ['fleːən] *vi* (*geh*) to beg (**um** for)

fle·hent·lich ['fleːəntlɪç] **I.** *adj* (*geh*) pleading **II.** *adv* pleadingly

Fleisch <-[e]s> [flaɪ̯ʃ] *nt kein pl* ❶ (*Nahrungsmittel*) meat *no art, no pl*; **~ fressend** carnivorous ❷ (*Gewebe*) flesh *no indef art, no pl* ▸ **jds eigen[es] ~ und Blut** (*geh*) sb's own flesh and blood; **jdm in ~ und Blut übergehen** to become sb's second nature; **sich** *dat o akk* **ins eigene ~ schneiden** to cut off one's nose to spite one's face

Fleisch·brü·he *f* ❶ (*Bouillon*) bouillon ❷ (*Fond*) meat stock

Flei·scher(in) <-s, -> ['flaɪ̯ʃɐ] *m(f)* butcher

Flei·sche·rei <-, -en> [flaɪ̯ʃə'raɪ̯] *f* butcher's [shop BRIT]

fleisch·far·ben *adj* flesh-coloured **fleisch·fres·send**ᴬᴸᵀ *adj* carnivorous

flei·schig ['flaɪ̯ʃɪç] *adj* fleshy

Fleisch·kä·se *m* meatloaf **Fleisch·klöß·chen** *nt* [small] meatball

fleisch·lich *adj attr* ❶ (*von Fleisch*) consisting of meat *pred* ❷ (*sexuell*) carnal, of the flesh *pred*

Fleisch·pas·te·te *f* meat vol-au-vent [*or* BRIT pasty] **Fleisch·spieß** *m* meat skewer **Fleisch·to·ma·te** *f* beef[steak] tomato **Fleisch·wolf** *m* mincer BRIT, grinder AM **Fleisch·wun·de** *f* flesh wound **Fleisch·wurst** *f* ≈ pork sausage

Fleiß <-[e]s> [flaɪ̯s] *m kein pl* industriousness *no art, no pl* ▸ **mit ~** sʊᴅᴅ on purpose; **ohne ~ kein Preis** (*prov*) success doesn't come easily

flei·ßig ['flaɪ̯sɪç] **I.** *adj* ❶ (*hart arbeitend*) industrious ❷ (*Fleiß zeigend*) diligent ❸ (*fam: eifrig*) keen **II.** *adv* ❶ (*arbeitsam*) diligently ❷ (*fam: unverdrossen*) assiduously

flen·nen ['flɛnən] *vi* (*pej fam*) to blubber

Flep·pe <-, -n> ['flɛpə] *f* (*sl*) driving licence BRIT, driver's license AM

flet·schen ['flɛtʃn̩] *vt* **die Zähne ~** to bare one's/its teeth

fle·xi·bel [flɛ'ksiːbl̩] *adj* ❶ (*anpassungsfähig*) flexible ❷ (*elastisch*) pliable

fle·xi·bi·li·sie·ren *vt* to adapt; **die Arbeitszeit ~** to introduce flexible working hours

Fle·xi·bi·li·tät <-> [flɛksibili'tɛːt] *f kein pl* ❶ (*Anpassungsfähigkeit*) flexibility *no art, no pl* ❷ (*Elastizität*) pliability *no art, no pl*

Fle·xi·on <-, -en> [flɛ'ksi̯oːn] *f* (*Deklinieren*) inflection; (*Konjugieren*) conjugation

flicht *imp sing und 3. pers sing pres von* **flechten**

fli·cken ['flɪkn̩] *vt* to mend; *Fahrradschlauch* to patch [*up sep*]

Fli·cken <-s, -> ['flɪkn̩] *m* patch

Flick·werk *nt kein pl* (*pej*) **ein ~ sein** to have been carried out piecemeal **Flick·zeug** *nt kein pl* ❶ (*für Fahrräder*) [puncture] repair kit ❷ (*Nähzeug*) sewing kit

Flie·der <-s, -> ['fliːdɐ] *m* lilac

flie·der·far·ben *adj* lilac

Flie·ge <-, -n> ['fliːgə] *f* ❶ (*Insekt*) fly ❷ ᴹᴼᴅᴱ bow tie ▸ **zwei ~n mit einer Klappe schlagen** (*fam*) to kill two birds with one stone; **die ~ machen** to leg it

flie·gen <flog, geflogen> ['fliːgn̩] *vi sein* ❶ (*durch die Luft*) to fly ❷ (*sl: hinausgeworfen werden*) to get kicked out ❸ (*fam: fallen*) to fall

flie·gend *adj attr* mobile

Flie·gen·fän·ger *m* flypaper **Flie·gen·ge·wicht** *nt kein pl* flyweight *no indef art, no pl* **Flie·gen·git·ter** *nt* flyscreen BRIT, screen AM **Flie·gen·klat·sche** *f* fly swatter **Flie·gen·pilz** *m* fly agaric *no indef art, no pl*

Flie·ger <-s, -> *m* (*fam*) plane

Flie·ger(in) <-s, -> *m(f)* (*Pilot*) pilot, airman *masc*, airwoman *fem*

Flie·ger·alarm *m* air-raid warning **Flie·ger·staf·fel** *f* ᴹɪʟ (*Einheit der Luftwaffe*) air force squadron

flie·hen <floh, geflohen> ['fliːən] *vi sein* to flee; **aus dem Gefängnis** to escape

Flieh·kraft *f kein pl* centrifugal force

Flie·se <-, -n> ['fliːzə] *f* tile

flie·sen ['fliːzn̩] *vt* to tile

Flie·sen·le·ger(in) <-s, -> *m(f)* tiler

Fließ·band <-bänder> *nt* assembly line; (*Förderband*) conveyer [belt]; **am ~ arbeiten** to work on the production line

Fließ·band·ar·beit *f* work on a production line

flie·ßen <floss, geflossen> ['fliːsn̩] *vi sein* to flow

flie·ßend **I.** *adj* ❶ (*flüssig*) fluent ❷ (*übergangslos*) fluid **II.** *adv* ❶ (*bei Wasser*) **~ warmes und kaltes Wasser** running hot and cold water ❷ *(ohne zu stocken)* fluently; **~ Französisch sprechen** to speak fluent French

flim·mer·frei *adj* flicker[-]free **Flim·mer·kis·te** *f (fam)* box BRIT, boob tube AM

flim·mern ['flɪmɐn] *vi* ❶ *(unruhig leuchten)* to flicker ❷ *(flirren)* to shimmer

flink [flɪŋk] *adj* quick

Flin·te <-, -n> ['flɪntə] *f* shotgun ▸ **die ~ ins Korn werfen** *(fam)* to throw in the towel

Flip·per <-s, -> ['flɪpɐ] *m* pinball machine

flip·pern ['flɪpɐn] *vi* to play pinball

flip·pig *adj (fam)* hip

Flirt <-s, -s> [flœːɐ̯t] *m* flirt[ation]

flir·ten ['flœɐ̯tn̩] *vi* to flirt

Flirt·fak·tor [flœɐ̯tˈfaktoːɐ̯, ˈflɪrt-] *m kein pl (fam)* flirt factor

Flit·tchen <-s, -> ['flɪtçən] *nt (pej fam)* slut

Flit·ter <-s, -> ['flɪtɐ] *m* ❶ *(Pailletten)* sequins *pl* ❷ *kein pl (pej: Tand)* trash *no art, no pl*

Flit·ter·wo·chen *pl* honeymoon *nsing*

flit·zen ['flɪtsn̩] *vi sein* to dash

flocht [flɔxt] *imp von* **flechten**

Flo·cke <-, -n> ['flɔkə] *f* ❶ *(Schnee~)* snowflake ❷ *(Staub~)* ball of fluff

flo·ckig ['flɔkɪç] *adj* fluffy

flog ['floːk] *imp von* **fliegen**

Floh <-[e]s, Flöhe> [floː, *pl* ˈfløːə] *m* flea ▸ **jdm einen ~ ins Ohr setzen** to put an idea into sb's head

floh ['floː] *imp von* **fliehen**

Floh·markt *m* flea market

Flop <-s, -s> [flɔp] *m (fam)* flop

Flop·py Disc[RR], **Flop·py Disk**[RR], **Flop·py disk**[ALT] [ˈflɔpidɪsk] *f* INFORM floppy disk

Flo·ra <-, Floren> [ˈfloːra, *pl* ˈfloːrən] *f* flora *npl*

Flo·renz <-> [floˈrɛnts] *nt kein pl* Florence

Flo·rett <-[e]s, -e> [floˈrɛt] *nt* foil

flo·rie·ren* [floˈriːrən] *vi* to flourish; **~-d** flourishing

Flo·rist(in) <-en, -en> [floˈrɪst] *m(f)* florist

Flos·kel <-, -n> ['flɔskl̩] *f* set phrase

Floß <-es, Flöße> [floːs, *pl* ˈfløːsə] *nt* raft

floss[RR], **floß**[ALT] ['floːs] *imp von* **fließen**

Flos·se <-, -n> ['flɔsə] *f* ❶ *(Fisch~)* fin ❷ *(Schwimm~)* flipper

Flö·te <-, -n> ['fløːtə] *f* ❶ *(Musikinstrument)* pipe; *(Quer~)* flute; *(Block~)* recorder ❷ *(Kelchglas)* flute [glass]

flö·ten ['fløːtn̩] *vi, vt* ❶ *(Flöte spielen)* to play the flute ❷ *(hum fam: süß sprechen)* to warble ▸ **etw geht jdm** ~ sb loses sth

flö·ten|ge·hen[ALT] *vi irreg sein (sl)* s. **flöten 3 Flö·ten·spie·ler(in)** *m(f)* piper; *(Quer~)* flute player; *(Block~)* recorder player **Flö·ten·ton** *m* sound of a flute

Flö·tist(in) <-en, -en> [fløˈtɪst] *m(f)* flautist

flott [flɔt] **I.** *adj* ❶ *(zügig)* quick; **ein ~es Tempo** [a] high speed; **aber ein bisschen ~!** *(fam)* make it snappy! ❷ *(schwungvoll)* lively ❸ *(schick)* smart **II.** *adv* ❶ *(zügig)* fast ❷ *(schick)* smartly

Flot·te <-, -n> ['flɔtə] *f* fleet

Flot·ten·ab·kom·men *nt* naval treaty **Flot·ten·stütz·punkt** *m* naval base

flott|ma·chen *vt* to get back in working order; **ein Auto ~** to get a car back on the road

flott·weg ['flɔtvɛk] *adv (fam)* non-stop

Flöz <-es, -e> [fløːts] *nt* BERGB seam

Fluch <-[e]s, Flüche> [fluːx, *pl* ˈflyːçə] *m* curse, oath *dated*

flu·chen ['fluːxn̩] *vi* to curse (**auf**/**über** at)

Flucht <-, -en> [flʊxt] *f* escape (**vor** from); **jdm glückt die ~** sb escapes [successfully]; ■ **die ~ ergreifen** *(geh)* to take flight; **auf der ~ sein** to be on the run; **jdn in die ~ schlagen** to put sb to flight ▸ **die ~ nach vorn antreten** to take the bull by the horns

flucht·ar·tig I. *adj* hasty **II.** *adv* hastily, in a hurry

flüch·ten ['flʏçtn̩] **I.** *vi sein* to flee; *(aus der Gefangenschaft, einer Gefahr)* to escape **II.** *vr haben* ❶ *(Schutz suchen)* ■ **sich [vor etw** *dat*] **~** to seek refuge [from sth] ❷ ■ **sich in etw** *akk* **~** to take refuge in sth; **sich in Ausreden ~** to resort to excuses

Flucht·fahr·zeug *nt* getaway car **Flucht·ge·fahr** *f* **bei jdm besteht ~** sb is always trying to escape **Flucht·hil·fe** *f* escape aid

flüch·tig ['flʏçtɪç] **I.** *adj* ❶ *(geflüchtet)* fugitive *attr*; ■ **~ sein** to be a fugitive ❷ *(kurz)* fleeting, brief ❸ *(oberflächlich)* cursory; **eine ~e Bekanntschaft** a passing acquaintance **II.** *adv* ❶ *(kurz)* briefly ❷ *(oberflächlich)* cursorily; **jdn ~ kennen** to have met sb briefly

Flüch·tig·keit <-> *f kein pl* ❶ *(Kürze)* briefness *no pl* ❷ *(Oberflächlichkeit)* cursoriness *no pl*

Flüch·tig·keits·feh·ler *m* careless mistake

Flücht·ling <-s, -> ['flʏçtlɪŋ] *m* refugee

Flücht·lings·la·ger *nt* refugee camp **Flücht·lings·strom** *m* flood of refugees

Flucht·punkt *m* vanishing point **Flucht·ver·such** *m* attempted escape **Flucht·weg** *m* escape route

Flug <-[e]s, Flüge> [fluːk, *pl* ˈflyːɡə] *m* flight; **der ~ zum Mond** the journey to the moon ▸ **wie im ~[e]** in a flash

Flug·ab·wehr *f* air defence **Flug·ab·wehr·ra·ke·te** *f* anti-aircraft missile

Flug·angst *f* fear of flying **Flug·auf·kom·men** *nt kein pl* air traffic *no pl* **Flug·bahn** *f* flight path; *(Kreisbahn)* orbit; *einer Kugel,*

Rakete trajectory **Flug·be·glei·ter(in)** *m(f)* steward *masc*, stewardess *fem* **Flug·blatt** *nt* leaflet, flyer **Flug·da·ten·schrei·ber** *m s.* Flugschreiber **Flug·dau·er** *f* flying time
Flü·gel <-s, -> ['fly:gl] *m* ❶ (*zum Fliegen*) wing; (*Hubschrauber~*) rotor ❷ TECH sail *spec* ❸ (*seitlicher Teil*) wing; *eines Altars* sidepiece; *eines Fensters* casement ❹ (*Konzert~*) grand piano. ► **die ~ <u>hängen</u> lassen** (*fam*) to lose heart
Flü·gel·mut·ter <-muttern> *f* butterfly nut
Flü·gel·schrau·be *f* wing bolt; (*Mutter*) wing nut **Flü·gel·tür** *f* double door
Flug·feld *nt* airfield **Flug·gast** *m* passenger
flüg·ge ['flʏgə] *adj präd* fledged; **~ sein** (*fig fam*) to be ready to leave the nest
Flug·ge·schwin·dig·keit *f* (*von Flugzeug*) flying speed; (*von Rakete, Geschoss*) velocity; (*von Vögeln*) speed of flight **Flug·ge·sell·schaft** *f* airline **Flug·ha·fen** *m* airport **Flug·hö·he** *f* altitude **Flug·ka·pi·tän(in)** *m(f)* captain **Flug·kör·per** *m* projectile **Flug·leh·rer(in)** *m(f)* flying instructor **Flug·lei·tung** *f* air-traffic control **Flug·li·nie** *f* ❶ (*Strecke*) air route ❷ (*Fluggesellschaft*) airline **Flug·lot·se, -lot·sin** *m, f* flight controller **Flug·ob·jekt** *nt* **unbekanntes ~** unidentified flying object, UFO **Flug·plan** *m* flight plan **Flug·platz** *m* airfield **Flug·rei·se** *f* flight; **eine ~ machen** to travel by air
flugs [flʊks] *adv* (*veraltend*) at once
Flug·schein *m* ❶ (*Pilotenschein*) pilot's licence ❷ (*Ticket*) [plane] ticket **Flug·schnei·se** *f* flight path **Flug·schrei·ber** *m* flight recorder, black box *fam* **Flug·si·cher·heit** *f kein pl* air safety *no pl* **Flug·si·che·rung** *f* flight control **Flug·si·mu·la·tor** *m* flight simulator **Flug·stre·cke** *f* ❶ (*Distanz*) flight route ❷ (*Etappe*) leg ❸ (*Route*) route **flug·taug·lich** *adj* fit to fly *pred* **Flug·ti·cket** *nt* [plane] ticket **Flug·ver·bin·dung** *f* [flight] connection
Flug·ver·bot *nt* LUFT (*Menschen*) flying ban; (*Flugzeug*) aircraft grounding **Flug·ver·bots·zo·ne** *f* no-fly zone
Flug·ver·kehr *m* air traffic **Flug·waf·fe** *f* SCHWEIZ Swiss Air Force **Flug·zeit** *f* flight time
Flug·zeug <-[e]s, -e> *nt* [aero]plane BRIT, [air]plane AM; **mit dem ~** by [aero]plane
Flug·zeug·ab·sturz *m* plane crash **Flug·zeug·bau** *m kein pl* aircraft construction **Flug·zeug·be·sat·zung** *f* flight crew **Flug·zeug·ent·füh·rer(in)** *m(f)* [aircraft] hijacker **Flug·zeug·ent·füh·rung** *f* [aircraft] hijacking **Flug·zeug·hal·le** *f* hangar **Flug·zeug·ka·ta·stro·phe** *f* air disaster **Flug·zeug·trä·ger** *m* aircraft carrier **Flug·zeug·un·glück** *nt* plane crash

Fluk·tu·a·ti·on <-, -en> [flʊktuaˈtsi̯oːn] *f* (*geh*) fluctuation
fluk·tu·ie·ren* [flʊktuˈiːrən] *vi* (*geh*) to fluctuate
Flun·der <-, -n> ['flʊndɐ] *f* flounder
Flun·ke·rei <-, -en> [flʊŋkəˈrai̯] *f* (*fam*) ❶ *kein pl* (*das Flunkern*) fibbing ❷ (*kleine Lüge*) fib
flun·kern ['flʊŋkɐn] *vi* (*fam*) to fib
Flunsch <-[e]s, -e> [flʊnʃ] *m* (*fam*) **einen ~ ziehen/machen** to pout
Flu·or <-s> ['fluːoːɐ̯] *nt kein pl* fluorine *no pl*
Flu·or·chlor·koh·len·was·ser·stoff *m* chlorofluorocarbon, CFC
flu·o·res·zie·ren* [fluorɛsˈtsiːrən] *vi* to fluoresce
flu·o·res·zie·rend *adj* fluorescent
Flu·o·rid <-[e]s, -e> [fluoˈriːt] *nt* fluoride
Flu·or·koh·len·was·ser·stoff *m* fluorocarbon
Flup·pe <-, -n> ['flʊpə] *f* (*sl*) fag BRIT *fam*, ciggie *fam*
Flur¹ <-[e]s, -e> [fluːɐ̯] *m* corridor; (*Hausflur*) entrance hall
Flur² <-, -en> [fluːɐ̯] *f* ❶ (*Gebiet*) plot ❷ (*geh: freies Land*) open fields *pl* ► **allein auf weiter ~ sein** to be [all] on one's tod BRIT
Flur·be·rei·ni·gung *f* reallocation of agricultural land **Flur·scha·den** *m* damage to [fields and] crops
Flu·se <-, -n> ['fluːzə] *f* piece of fluff
Fluss^{RR} <-es, Flüsse> *m*, **Fluß**^{ALT} <-sses, Flüsse> [flʊs, *pl* 'flʏsə] *m* ❶ (*Wasserlauf*) river; **jdn über den ~ setzen** to ferry sb across the river; **am ~** next to the river ❷ (*Verlauf*) flow; **sich im ~ befinden** to be in a state of flux
fluss·ab^{RR} [flʊsˈʔap] *adv*, **fluss·ab·wärts**^{RR} [flʊsˈʔapvɛrts] *adv* downriver
Fluss·arm^{RR} *m* arm of a river **fluss·auf·wärts**^{RR} [flʊsˈʔaʊ̯fvɛrts] *adv* upriver **Fluss·be·gra·di·gung**^{RR} *f* river straightening **Fluss·bett**^{RR} *nt* riverbed **Fluss·bie·gung**^{RR} *f* bend in/of the river **Fluss·di·a·gramm**^{RR} *nt* flow chart
flüs·sig ['flʏsɪç] **I.** *adj* ❶ (*nicht fest*) liquid; *Glas, Stahl* molten; **etw ~ machen** to melt sth; **~ werden** to melt ❷ (*fließend*) flowing; *Verkehr* moving ❸ FIN (*fam*) liquid; **[nicht] ~ sein** [not] to have a lot of money **II.** *adv* ❶ flowingly; **~ lesen** to read effortlessly; **~ sprechen** to speak fluently
Flüs·sig·gas *nt* liquid gas
Flüs·sig·keit <-, -en> *f* ❶ (*flüssiger Stoff*) liquid, fluid ❷ *kein pl* (*fließende Beschaffenheit*) liquidity; *Rede* fluency **Flüs·sig·sei·fe**

f liquid soap

Fluss·krebs^(RR) *m* crayfish **Fluss·lauf**^(RR) *m* course of a river **Fluss·mün·dung**^(RR) *f* river mouth **Fluss·nie·de·rung**^(RR) *f* fluvial plain **Fluss·pferd**^(RR) *nt* hippopotamus **Fluss·schiff·fahrt**^(RR), **Fluss·schif·fahrt**^(ALT) *f* river navigation **Fluss·ufer**^(RR) *nt* river bank

flüs·tern ['flʏstɐn] *vi, vt* to whisper; **miteinander ~** to whisper to one another; ■ **man flüstert, dass ...** rumour has it that ...

Flüs·ter·ton *m* whisper; **im ~** in whispers

Flut <-, -en> [fluːt] *f* ❶ *(angestiegener Wasserstand)* high tide; **die ~ geht zurück** the tide is going out; **es ist ~** the tide's in; **die ~ kommt** the tide is coming in; **bei ~** at high tide ❷ *meist pl (Wassermassen)* torrent ❸ *(große Menge)* **eine ~ von etw** *dat* a flood of sth

flu·ten ['fluːtn̩] *vi, vt* to flood

Flut·hil·fe *f* flood relief **Flut·ka·ta·stro·phe** *f* flood disaster **Flut·licht** *nt kein pl* floodlight **Flut·op·fer** *nt* flood victim

flut·schen ['flʊtʃn̩] **I.** *vi sein (fam: rutschen)* to slip **II.** *vi impers sein o haben (fam: gut verlaufen)* to go smoothly

Flut·wel·le *f* tidal wave

f-Moll <-s, -> ['ɛfmɔl] *nt kein pl* MUS F flat minor

focht [fɔxt] *imp von* **fechten**

Fö·de·ra·lis·mus <-> [fødera'lɪsmʊs] *m kein pl* federalism *no pl*

fö·de·ra·lis·tisch [fødera'lɪstɪʃ] *adj* federalist

Fö·de·ra·ti·on <-, -en> [føderaˈtsi̯oːn] *f* federation

foh·len ['foːlən] *vi* to foal

Foh·len <-s, -> ['foːlən] *nt* foal

Föhn <-[e]s, -e> [føːn] *m* ❶ *(Wind)* föhn ❷ *(Haartrockner)* hair-dryer

föh·nen ['føːnən] *vt* to blow-dry

Föhn·wel·le^(RR) *f* blow-dried hairstyle

Fo·kus <-, -se> ['foːkʊs] *m* focus

Fol·ge <-, -n> ['fɔlɡə] *f* ❶ *(Auswirkung)* consequence; **etw zur ~ haben** to result in sth; **böse/unangenehme ~n nach sich ziehen** to have nasty/unpleasant consequences; **als ~ von etw** *dat* as a consequence/result of sth ❷ *(Abfolge)* series; *von Bildern, Tönen a.* sequence; **in rascher ~** in quick succession ❸ *(Teil einer TV-Serie)* episode ❹ *(geh: einer Aufforderung nachkommen)* **~ leisten** to comply with

Fol·ge·er·schei·nung *f* consequence

fol·gen ['fɔlɡn̩] *vi* ❶ *sein (nachgehen, als Nächstes kommen)* to follow; **~ Sie mir unauffällig!** follow me quietly; **es folgt die Ziehung der Lottozahlen** the lottery draw will follow; ■ **auf etw** *akk* **~** to come after sth; **wie folgt** as follows ❷ *haben (gehorchen)* to be obedient; **einem Befehl ~** to follow ❸ *sein (verstehen)* **jdm/einer S. ~ können** to be able to follow sb/sth ❹ *sein (sich richten nach)* **einer Politik ~** to pursue a policy; **einem Vorschlag ~** to act on a suggestion ❺ *sein (hervorgehen)* ■ **aus etw** *dat* **folgt, dass ...** the consequences of sth are that ...

fol·gend ['fɔlɡn̩t] *adj* following; ■ **F~es** the following; ■ **im F~en** in the following

fol·gen·der·ma·ßen ['fɔlɡndɐˈmaːsn̩] *adv* as follows

fol·gen·los *adj präd* without consequence

fol·gen·schwer *adj* serious; *Entscheidung* momentous

fol·ge·rich·tig *adj* logical

fol·gern ['fɔlɡɐn] **I.** *vt* to conclude (**aus** from) **II.** *vi* to draw a conclusion; **vorschnell ~** to jump to conclusions

Fol·ge·rung <-, -en> *f* conclusion; **eine ~ aus etw** *dat* **ziehen** to draw a conclusion from sth

Fol·ge·scha·den *m* consequential loss **Fol·ge·zeit** *f* following period

folg·lich ['fɔlklɪç] *adv* therefore

folg·sam ['fɔlkzaːm] *adj* obedient

Fo·lie <-, -n> ['foːli̯ə] *f* ❶ *(Plastik~)* [plastic] film; *(Metall~)* foil ❷ *(Projektor~)* slide

Folk·lo·re <-> [ˈfɔlkˈloːra] *f kein pl* folklore

folk·lo·ris·tisch *adj* folkloristic

Fol·ter <-, -n> ['fɔltɐ] *f* torture ▶ **jdn auf die ~ spannen** to keep sb on tenterhooks

Fol·ter·bank <-bänke> *f* rack **Fol·ter·kam·mer** *f* torture chamber

fol·tern ['fɔltɐn] *vt* to torture

Fol·te·rung <-, -en> *f* torture

Fon ['fɔːn] *nt (fam) kurz für* **Telefon** phone

Fön® [føːn], **Föhn**^(RR) <-[e]s, -e> [føːn] *m* hair-dryer

Fonds <-, -> [fõː, *pl* fõːs] *m* FIN *(Geldreserve)* fund; *(Kapital)* funds *pl*

Fonds·ma·na·ger(in) [ˈfõːmɛnɪdʒɐ] *m(f)* BÖRSE fund manager

Fon·due <-s, -s> [fõˈdyː] *nt* fondue

fö·nen^(ALT) ['føːnən] *vt s.* **föhnen**

Fo·no·ty·pist(in)^(RR) <-en, -en> [fono-] *m(f) s.* **Phonotypist**

Font <-s, -s> [fɔnt] *m* INFORM font

Fon·tä·ne <-, -n> [fɔnˈtɛːnə] *f* fountain

fop·pen ['fɔpn̩] *vt (fam)* ■ **jdn ~** to pull sb's leg

Fo·ra ['foːra] *pl von* **Forum**

for·cie·ren* [fɔrˈsiːrən] *vt (geh)* to push ahead with; *Export, Produktion* to boost

För·de <-, -n> ['fœːɐ̯də] *f* firth

För·der·band <-bänder> *nt* conveyor belt

För·de·rer, För·de·rin <-s, -> *m, f* sponsor

För·der·gel·der *pl* ADMIN development funds
För·der·korb *m* hoisting cage
för·der·lich *adj* useful
För·der·mit·tel *nt* winding means
for·dern ['fɔrdən] **I.** *vt* ❶ (*verlangen*) to demand ❷ (*erfordern*) to require (**von** of/from) ❸ (*kosten*) to claim; **der Flugzeugabsturz forderte 123 Menschenleben** the plane crash claimed 123 lives ❹ (*Leistung abverlangen*) to make demands on ❺ (*herausfordern*) to challenge; **jdn zum Duell/Kampf ~** to challenge sb to a duel/fight **II.** *vi* (*verlangen*) to make demands; ▪**von jdm ~, dass ...** to demand [of sb] that ...
för·dern ['fœrdən] *vt* ❶ (*unterstützen*) to support; *Karriere, Talent* to further; ▪**jdn ~ Gönner, Förderer** to sponsor ❷ (*förderlich sein*) to help along; MED to stimulate ❸ (*steigern*) to promote; *Konjunktur, Umsatz* to boost ❹ (*abbauen*) to mine for; *Erdöl* to drill for
för·dernd I. *adj* overbearing **II.** *adv* in a domineering manner *pred*
För·de·schacht *m* winding shaft **För·der·turm** *m* winding tower
For·de·rung <-, -en> *f* (*nachdrücklicher Wunsch*) demand; **jds ~ erfüllen** to meet sb's demands; **einer ~ nachkommen** to act as requested; **~en [an jdn] stellen** to make demands [on sb] ❷ ÖKON debt claim ❸ (*Erfordernis*) requirement
För·de·rung <-, -en> *f* ❶ (*Unterstützung*) support ❷ (*das Fördern*) promotion ❸ MED (*Anregung*) stimulation ❹ BERGB mining; **die ~ von Erdöl** drilling for oil
Fo·rel·le <-, -n> [foˈrɛlə] *f* trout
Fo·ren ['foːrən] *pl von* Forum
Fo·ren·mas·ter <-s, -> [ˈfoːrənmastɐ] *m* INET forum moderator
Form <-, -en> [fɔrm] *f* ❶ (*äußere Gestalt*) shape; **etw in ~ bringen** to knock sth into shape; **seine ~ verlieren** to lose shape ❷ (*Kunst~*) form ❸ (*Substanz, Ausmaße*) **annehmen** to take shape; **in ~ von etw** *dat* in the form of sth ❹ (*Art und Weise*) form; **in mündlicher/schriftlicher ~** verbally/in writing ❺ (*fixierte Verhaltensweise*) conventions *pl*; **sich in aller ~ entschuldigen** to apologize formally; **die ~ wahren** (*geh*) to remain polite ❻ (*Kondition*) form, shape *fam*; **in ~ bleiben** to stay in form; **nicht in ~ sein** to be out of shape; **in guter/schlechter ~** in good/bad shape ❼ (*Gussform*) mould
for·mal [fɔrˈmaːl] **I.** *adj* ❶ (*Gestaltung betreffend*) formal ❷ (*Formsache betreffend*) technical **II.** *adv* ❶ (*der äußeren Gestaltung nach*) formally ❷ (*nach Vorschriften*) technically

For·ma·lie <-, -n> [fɔrˈmaːli̯ə] *f meist pl* formality
For·ma·li·tät <-, -en> [fɔrmaliˈtɛːt] *f* formality
For·mat <-[e]s, -e> [fɔrˈmaːt] *nt* ❶ (*Größenverhältnis*) format; **im ~ DIN A 4** in A 4 format ❷ (*Niveau*) quality; **internationales ~** international standing; **[kein] ~ haben** to have [no] class
for·ma·tie·ren* [fɔrmaˈtiːrən] *vt* to format
For·ma·tie·rung *f* formatting
For·ma·ti·on <-, -en> [fɔrmaˈtsi̯oːn] *f* formation
form·bar *adj* malleable
form·be·stän·dig *adj* dimensionally stable
For·mel <-, -n> ['fɔrml̩] *f* ❶ (*Kürzel*) formula ❷ (*Wortlaut*) wording ❸ (*kurz gefasster Ausdruck*) set phrase
for·mell [fɔrˈmɛl] **I.** *adj* ❶ (*offiziell*) official ❷ (*förmlich*) formal **II.** *adv* ❶ (*offiziell*) officially ❷ *s.* formal 2
for·men [ˈfɔrmən] *vt* ❶ (*modellieren, prägen*) to mould (**aus** from); **wohl geformt** well formed ❷ (*bilden*) to form
For·men·leh·re *f* ❶ LING morphology ❷ MUS musical form
Form·feh·ler *m* ❶ (*Verstoß gegen Vorschriften*) irregularity ❷ (*Verstoß gegen Etikette*) breach of etiquette
for·mie·ren* [fɔrˈmiːrən] **I.** *vr* ▪**sich ~** ❶ (*sich ordnen*) to form up ❷ (*sich bilden*) to form **II.** *vt* **etw ~** to form sth; **eine Mannschaft ~** to position the players of a team
For·mie·rung <-, -en> *f* formation
förm·lich [ˈfœrmlɪç] **I.** *adj* ❶ (*offiziell*) official ❷ (*unpersönlich*) formal **II.** *adv* ❶ (*unpersönlich*) formally ❷ (*geradezu*) really
Förm·lich·keit <-, -en> *f kein pl* formality
form·los *adj* ❶ (*gestaltlos*) formless; (*die äußere Gestalt betreffend*) shapeless ❷ (*zwanglos*) informal
Form·sa·che *f* formality; **eine [reine] ~ sein** to be a [mere] formality **form·schön** *adj* well-shaped **Form·tief** *nt* low; **ein ~ haben** to experience a low
For·mu·lar <-s, -e> [fɔrmuˈlaːɐ̯] *nt* form
for·mu·lie·ren* [fɔrmuˈliːrən] *vt* to formulate; **... wenn ich es mal so ~ darf** ... if I might put it like that
For·mu·lie·rung <-, -en> *f* ❶ *kein pl* (*das Formulieren*) wording ❷ (*textlicher Ausdruck*) formulation
form·voll·en·det I. *adj* perfect[ly shaped] **II.** *adv* perfectly
forsch [fɔrʃ] **I.** *adj* bold **II.** *adv* boldly
for·schen [ˈfɔrʃn̩] *vi* to research; ▪**nach jdm/etw ~** to search for sb/sth

for·schend I. *adj* inquiring II. *adv* inquiringly

For·scher(in) <-s, -> *m(f)* ① (*Wissenschaftler*) researcher ② (*Forschungsreisender*) explorer

For·schung <-, -en> *f* research; **die moderne ~** modern research; **~ und Lehre** research and teaching

For·schungs·ar·beit *f* ① (*Tätigkeit*) research [work] ② (*Veröffentlichung*) research paper **For·schungs·er·geb·nis** *nt* result of the research **For·schungs·la·bor** *nt* research laboratory **For·schungs·park** *m* research park **For·schungs·rei·se** *f* expedition **For·schungs·zen·trum** *nt* research centre

Forst <-[e]s, -e[n]> [fɔrst] *m* [commercial] forest

Forst·amt *nt* forestry office [*or* AM service]
Förs·ter(in) <-s, -> ['fœrstɐ] *m(f)* forester
Forst·haus *nt* forester's house **Forst·wirt(in)** *m(f)* forestry *no pl* **Forst·wirt·schaft** *f* kein *pl* forestry *no pl*

fort [fɔrt] *adv* ① (*weg*) away; **nur ~ von hier!** (*geh*) let's get away! ② (*weiter*) **und so ~** and so on; **in einem ~** constantly

Fort <-s, -s> [foːɐ̯] *nt* fort

fort·an [fɔrt'ʔan] *adv* (*geh*) henceforth

Fort·be·stand *m kein pl* continued existence *no pl* **fort|be·ste·hen*** *vi irreg* to survive **fort|be·we·gen*** *vt, vr* ■**sich** ~ to move

Fort·be·we·gung *f kein pl* movement **Fort·be·we·gungs·mit·tel** *nt* means of locomotion

fort|bil·den *vt* ■**sich** ~ to take [further] education courses; ■**jdn** ~ to provide sb with further education

Fort·bil·dung *f kein pl* [further] training **Fort·bil·dungs·kurs** *m*, **Fort·bil·dungs·kur·sus** *m* [further] training course

fort|blei·ben *vi irreg sein* to stay away (**von** from) **fort|brin·gen** ['fɔrtbrɪŋən] *vt irreg* ① (*wegbringen*) to take away *sep*; *Brief, Paket* to post [*or esp* AM mail] ② (*bewegen*) to move **Fort·dau·er** *f* continuation *no pl* **fort|dau·ern** *vi* to continue **fort·dau·ernd** I. *adj* continuous II. *adv* continuously

for·te ['fɔrtə] *adv* ① MUS forte ② PHARM extra

fort|ent·wi·ckeln* *vt, vr* to develop [further] **Fort·ent·wick·lung** *f* development **fort|fah·ren** *vi* ① *sein* (*wegfahren*) to go [away/off] ② *haben o sein* (*weiterreden, -machen*) to continue **fort|fal·len** *vi irreg sein* ■**etw fällt fort** sth does not apply **fort|flie·gen** *vi sein* to fly away **fort|füh·ren** *vt* ① (*fortsetzen*) to continue ② (*wegführen*) to lead away **Fort·gang** *m kein pl* ① (*weiterer Verlauf*) continuation *no pl* ② (*Weggang*) departure **fort|ge·hen** *vi sein* to go away **fort·ge·schrit·ten** *adj* advanced; **im ~en Alter** at an advanced age **Fort·ge·schrit·te·ne(r)** *f(m) dekl wie adj* advanced student **Fort·ge·schrit·te·nen·kurs** *m*, **Fort·ge·schrit·te·nen·kur·sus** *m* advanced course **fort·ge·setzt** *adj* constant **fort|ja·gen** *vt haben* to chase away **fort|kom·men** *vi sein* ① (*fam: wegkommen*) to get out of/away (**aus/von** from); **mach, dass du fortkommst!** (*fam*) get lost! ② (*abhandenkommen*) to go missing **Fort·kom·men** *nt* progress **fort|kön·nen** *vi irreg* to be able to go **fort|las·sen** *vt irreg* ① (*weggehen lassen*) to let go ② (*weg-/auslassen*) to leave out **fort|lau·fen** *vi irreg sein* to run away; ■**jdm ~** to go missing; **uns ist unsere Katze fortgelaufen** our cat has gone missing; (*verlassen*) to leave **fort·lau·fend** I. *adj* (*ständig wiederholt*) continual; (*ohne Unterbrechung*) continuous II. *adv* (*ständig*) constantly; (*in Serie*) consecutively **fort|müs·sen** *vi irreg* to have to go

fort|pflan·zen *vr* ■**sich** ~ to reproduce **Fort·pflan·zung** *f kein pl* reproduction *no pl* **fort·pflan·zungs·fä·hig** *adj* able to reproduce *pred* **Fort·pflan·zungs·kli·nik** *f* MED IVF [*or* fertility] clinic

fort|räu·men *vt* to clear away *sep* **fort|rei·ßen** *vt irreg* ■**etw mit sich** *dat* ~ to sweep away sth *sep* **fort|ren·nen** *vi irreg sein* (*fam*) to run away **fort|schaf·fen** *vt* to get rid of **fort|sche·ren** *vr* ■**sich** ~ to clear off **fort|schi·cken** *vt* to send away **fort|schrei·ten** *vi irreg sein* to progress

Fort·schritt ['fɔrtʃrɪt] *m* ① (*Schritt nach vorn*) step forward; [**gute**] **~e machen** to make progress *no pl* ② (*Verbesserung*) improvement

fort·schritt·lich I. *adj* progressive II. *adv* progressively

Fort·schritt·lich·keit <-> *f kein pl* progressiveness

fort·schritts·feind·lich *adj* anti-progressive
fort|set·zen *vt, vi* to continue

Fort·set·zung <-, -en> ['fɔrtzɛtsʊŋ] *f* ① *kein pl* (*das Fortsetzen*) continuation *no pl* ② *eines Buches, Films* sequel; *einer Fernsehserie, eines Hörspiels* episode; **„~ folgt"** "to be continued"

Fort·set·zungs·ro·man *m* serialized novel **fort|steh·len** *vr irreg* ■**sich** ~ to steal away *sep* **fort|tra·gen** *vt irreg* to carry away *sep* **fort|trei·ben** *irreg* I. *vt haben* ① (*verjagen*) to chase away ② (*an einen anderen Ort treiben*) to sweep away II. *vi sein* to drift away **fort·wäh·rend** ['fɔrtvɛːrənt] I. *adj attr* constant II. *adv* constantly **fort|wer·fen** *vt irreg* to throw away sep **fort|wol·len** vi to want to leave **fort|zie·hen** irreg **I.** vt haben to pull away **II.** vi sein to move [away]

Fo·rum <-s, Foren o Fora> ['fo:rʊm, pl 'fo:rən, pl 'fo:ra] nt ① (Personenkreis) audience ② pl (öffentliche Diskussion) public discussion ③ (Ort für öffentliche Diskussion) forum ④ INET [discussion] forum

fos·sil [fɔ'si:l] adj attr fossil
Fos·sil <-s, -ien> [fɔ'si:l, pl -iən] nt fossil
Fö·ten ['fø:tən] pl von Fötus
Fo·to <-s, -s> ['fo:to] nt photograph, photo fam; **ein ~ [von jdm/etw] machen** to take a photo [of sb/sth]
Fo·to·al·bum nt photo album **Fo·to·ap·pa·rat** m camera **Fo·to-CD** f photo CD
fo·to·gen [foto'ge:n] adj photogenic
Fo·to·graf(in) <-en, -en> [foto'gra:f] m(f) photographer
Fo·to·gra·fie <-, -n> [fotogra'fi:, pl fotogra'fi:ən] f ① kein pl (Verfahren) photography no pl ② (Bild) photograph
fo·to·gra·fie·ren* [fotogra'fi:rən] **I.** vt ■ jdn/etw ~ to take a photograph of sb/sth; **sich ~ lassen** to have one's photograph taken **II.** vi to take photographs
fo·to·gra·fisch [foto'gra:fɪʃ] **I.** adj photographic **II.** adv photographically
Fo·to·ko·pie [fotoko'pi:] f photocopy **fo·to·ko·pie·ren*** [fotoko'pi:rən] vt to photocopy
Fo·to·ko·pie·rer m photocopier **Fo·to·la·bor** ['fo:tomodɛl] nt photographic laboratory **Fo·to·mo·dell** ['fo:tomodɛl] nt photographic model **Fo·to·mon·ta·ge** f photo montage **Fo·to·shoo·ting** <-s, -s> [-'ʃu:tɪŋ] nt FOTO [photo] shoot **Fo·to·syn·the·se**[RR] f photosynthesis
Fö·tus <-[ses], Föten o -se> ['fø:tʊs, pl 'fø:tən, pl 'fø:tʊsə] m foetus
Fot·ze <-, -n> ['fɔtsə] f (vulg) cunt
Foul <-s, -s> [faʊl] nt foul
fou·len ['faʊlən] vt, vi to foul
Fo·yer <-s, -s> [foa'je:] nt foyer
Fr. Abk von **Frau** Mrs, Ms (feminist address)
Fracht <-, -en> [fraxt] f ① (Ladung) cargo ② (Beförderungspreis) carriage
Fracht·brief m consignment note
Fracht·er <-s, -> ['fraxtɐ] m cargo boat
Fracht·gut nt freight **Fracht·kos·ten** pl carriage [costs] **Fracht·raum** m Schiff cargo hold; Flugzeug cargo compartment **Fracht·schiff** nt cargo boat; (groß) cargo ship **Fracht·ver·kehr** m goods traffic no pl
Frack <-[e]s, Fräcke o -s> [frak, pl 'frɛkə] m tails npl; **einen ~ tragen** to wear tails; **im ~** in tails
Frack·sau·sen <-s> nt ~ **haben/bekommen** (fam) to be/become scared stiff
Fra·ge <-, -n> ['fra:gə] f ① (zu beantwortende Äußerung) question; **eine ~ zu etw** dat **haben** to have a question about sth; **jdm eine ~ stellen** to ask sb a question ② (Problem) question, problem, issue; **keine ~** no problem; **ohne ~** without doubt; **die großen ~en unserer Zeit** the great issues of our time; **eine strittige ~** a contentious issue; **ungelöste ~en** unsolved issues; **~en aufwerfen** to prompt questions ③ (Betracht) **in ~ kommen** to be worthy of consideration; **für diese Aufgabe kommt nur ein Spezialist in ~** only an expert can be considered for this task; **nicht in ~ kommen** to be out of the question

Fra·ge·bo·gen m questionnaire
fra·gen ['fra:gn̩] **I.** vi to ask; **man wird ja wohl noch ~ dürfen** (fam) I was only asking; **ohne [lange] zu ~** without asking [a lot of] questions; ■ **nach jdm ~** to ask for sb; **nach der Uhrzeit ~** to ask the time; **nach dem Weg ~** to ask for directions; **nach jds Gesundheit ~** to enquire about sb's health **II.** vr ■ **sich**, **ob/wann/wie ...** to wonder whether/when/how ...; ■ **es fragt sich, ob ...** it is doubtful whether ... **III.** vt ■ **[jdn] etwas ~** to ask [sb] sth
Fra·ge·rei <-, -en> [fra:gə'raɪ] f (pej) questions pl; **deine ~ geht mir auf die Nerven!** your stupid questions are getting on my nerves!
Fra·ge·satz m LING interrogative clause **Fra·ge·stel·lung** f ① (Formulierung) formulation of a question ② (Problem) problem **Fra·ge·wort** nt LING interrogative particle **Fra·ge·zei·chen** nt question mark
fra·gil [fra'gi:l] adj fragile
frag·lich ['fra:klɪç] adj ① (fragwürdig) suspect ② (unsicher) doubtful ③ attr (betreffend) in question pred; **zur ~en Zeit** at the time in question
frag·los ['fra:klo:s] adv unquestionably
Frag·ment <-[e]s, -e> [fra'gmɛnt] nt fragment
frag·men·ta·risch [fragmɛn'ta:rɪʃ] **I.** adj fragmentary **II.** adv in fragments
frag·wür·dig ['fra:kvvrdɪç] adj (pej) dubious
Frak·ti·on <-, -en> [frak'tsio:n] f ① POL parliamentary party, congressional faction AM ② (Sondergruppe) faction pej
Frak·ti·ons·vor·sit·zen·de(r) f(m) dekl wie adj chairman of a parliamentary party
Frame <-s, -s> [fre:m] m o nt INFORM frame
Franc <-, -s o bei Zahlenangabe -> [frã:] m franc
frank [frank] adv frank; **~ und frei antworten** to give a frank answer
Fran·ke, Frän·kin <-n, -n> ['fraŋkə, 'frɛŋkɪn] m, f Franconian; HIST Frank

fragen

Informationen erfragen | obtaining information

Wie komme ich am besten zum Bahnhof?	What's the best way to the station?
Können Sie mir sagen, wie spät es ist?	Could you tell me what time it is?
Gibt es hier in der Nähe ein Café?	Is there a café anywhere round here?
Ist die Wohnung noch zu haben?	Is the flat still available?
Kennst/Weißt du einen guten Zahnarzt?	Can you recommend a good dentist?
Kennst du dich mit Autos aus?	Do you know anything about cars?
Weißt du Näheres über diese Geschichte?	Do you have any details about this story?

um Erlaubnis bitten | asking permission

Darf ich hereinkommen?	May I come in?
Störe ich gerade?	Am I disturbing you?

nach Meinungen fragen | asking someone's opinion

Was hältst du von dem neuen Gesetz?	What do you think of the new law?
Glaubst du, das ist so richtig?	Do you think that's right?
Hältst du das für möglich?	Do you think it's possible?
Meinst du, sie hat Recht?	Do you reckon she's right? *(fam)*

Fran·ken <-s, -> ['fraŋkn̩] *m* ❶ (*Währung*) franc ❷ (*Region*) Franconia
Frank·furt <-s> ['fraŋkfʊrt] *nt* Frankfurt
fran·kie·ren* [fraŋ'kiːrən] *vt* to stamp; (*mit Frankiermaschine*) to frank
Fran·kie·rung <-, -en> *f* ❶ (*das Frankieren*) franking ❷ (*Porto*) postage
frän·kisch ['frɛŋkɪʃ] *adj* Franconian *hist; s. a.* deutsch
fran·ko ['fraŋko] *adv* ÖKON prepaid
Frank·reich <-s> ['fraŋkraɪç] *nt* France; *s. a.* Deutschland
Fran·se <-, -n> ['franzə] *f* fringe
fran·sig ['franzɪç] *adj* frayed
Fran·zo·se <-n, -n> [fran'tsoːzə] *m* adjustable spanner
Fran·zo·se, Fran·zö·sin <-n, -n> [fran'tsoːzə, fran'tsøːzɪn] *m, f* Frenchman *masc*, Frenchwoman *fem*; ~ **sein** to be French; ■**die ~n** the French; *s. a.* Deutsche(r)
fran·zö·sisch [fran'tsøːzɪʃ] *adj* French; ~**es** Bett double bed; *s. a.* deutsch
Fran·zö·sisch [fran'tsøːzɪʃ] *nt dekl wie adj* French; **auf** ~ in French; *s. a.* Deutsch
frap·pie·ren* [fra'piːrən] *vt* (*geh: überraschen*) to amaze
frä·sen ['frɛːzn̩] *vt* to mill; *Holz* to sink
Fräs·ma·schi·ne *f* mortising machine
Fraß <-es, *selten* -e> [fraːs] *m* (*pej fam: schlechtes Essen*) muck
fraß [fraːs] *imp von* fressen
Frat·ze <-, -n> ['fratsə] *f* ❶ (*hässliches Gesicht*) grotesque face ❷ (*Grimasse*) grimace; [**jdm**] **eine ~ schneiden** to pull a face [at sb]
frau [fraʊ̯] *pron one* (*feminist alternative to the German masculine form man*)
Frau <-, -en> [fraʊ̯] *f* ❶ (*weiblicher Mensch*) woman ❷ (*Ehefrau*) wife ❸ (*Anrede*) Mrs, Ms (*feminist version of Mrs*); ~ **Doktor** Doctor; **gnädige ~** (*geh*) my dear lady
Frau·en·arzt, -ärz·tin *m, f* gynaecologist
Frau·en·be·we·gung *f kein pl* women's movement *no pl* **frau·en·feind·lich** *adj* anti-women **Frau·en·för·de·rung** *f* promotion of women **Frau·en·grup·pe** *f* women's group **Frau·en·haus** *nt* women's refuge **Frau·en·heil·kun·de** *f* gynaecology **Frau·en·held** *m* ladies' man **Frau·en·kli·nik** *f* gynaecological clinic **Frau·en·quo·te** *f* proportion of women (*working in a certain sector*) **Frau·en·recht·ler(in)** <-s, -> *m(f)*

women's rights' activist **Frau·en·ta·xi** *nt* women's taxi (*driven by female taxi drivers for women only*) **Frau·en·ver·ste·her** *m* (*iron fam*) *a man who is in touch with his feminine side hum* **Frau·en·wahl·recht** *nt* women's suffrage **Frau·en·zim·mer** *nt* (*pej: Frau*) bird

Fräu·lein <-s, - *o* -s> ['frɔylain] *nt* (*fam*) ❶ (*veraltend: unverheiratete Frau*) young [unmarried] woman ❷ (*veraltend: Anrede*) Miss

frau·lich ['fraulɪç] *adj* womanly

Freak <-s, -s> [fri:k] *m* (*fam*) freak

frea·kig ['fri:kɪç] *adj* (*ausgeflippt*) freaky

frech [frɛç] **I.** *adj* ❶ (*dreist*) cheeky Brit, fresh Am ❷ (*kess*) daring; *Frisur* peppy **II.** *adv* ❶ (*dreist*) cheekily Brit, freshly Am ❷ (*kess*) daringly; **~ angezogen sein** to be provocatively dressed

Frech·dachs *m* (*fam*) cheeky [little] monkey

Frech·heit <-, -en> *f* ❶ *kein pl* (*Dreistigkeit*) impudence; (*Unverfrorenheit*) barefacedness; **die ~ haben, etw zu tun** to have the nerve to do sth ❷ (*freche Äußerung*) cheeky remark Brit; (*freche Handlung*) insolent behaviour

free-clim·ben^RR, **free-clim·ben**^ALT ['fri:klaiman] *vi* to free-climb

Fre·gat·te <-, -n> [fre'gatə] *f* frigate

frei [frai] **I.** *adj* ❶ (*nicht gefangen, unabhängig*) free; **~e Meinungsäußerung** freedom of speech; **~e(r) Mitarbeiter(in)** freelance[r]; **aus ~en Stücken** of one's own free will; **sich von etw** *dat* **~ machen** to free oneself from sth ❷ (*freie Zeit*) **~ haben** to have time off; **er hat heute ~** he's got today off; **eine Woche ~ haben** to have a week off; **~ nehmen** to take time off ❸ (*verfügbar*) available ❹ (*nicht besetzt*) free; *Stelle, Zimmer* vacant; **ist dieser Platz ~?** is this seat taken? ❺ (*kostenlos*) free; „**Eintritt ~**" "admission free"; „**Lieferung ~ Haus**" "free home delivery" ❻ (*ohne etw*) ■ **~ von etw** *dat* **sein** to be free of sth ❼ (*ohne Hilfsmittel*) off-the-cuff; *Rede* impromptu ❽ (*auslassen*) **eine Zeile ~ lassen** to leave a line free ❾ (*offen*) *Gelände* open ❿ (*ungezwungen*) free and easy; **ich bin so ~** (*geh*) if I may ⓫ (*unbekleidet*) bare; **sich ~ machen** to get undressed ⓬ (*ungefähr*) **~ nach ...** roughly quoting... **II.** *adv* ❶ (*unbeeinträchtigt*) freely; **er läuft immer noch ~ herum!** he is still on the loose!; **~ atmen** to breathe easy ❷ (*uneingeschränkt*) casually; **sich ~ bewegen können** to be able to move in an uninhibited manner ❸ (*nach eigenem Belieben*) **erfunden** to be completely made up ❹ (*ohne Hilfsmittel*) **~ sprechen** to speak off-the-cuff; **~ in der Luft schweben** to hover unsupported in the air ❺ (*nicht gefangen*) **~ laufend** *Tiere* free-range; **~ lebend** living in the wild

Frei·bad *nt* outdoor swimming pool **frei|be·kom·men*** *vt irreg* ❶ (*fam: nicht arbeiten müssen*) **einen Tag ~** to be given a day off ❷ (*befreien*) **jdn ~ bekommen** to have sb released **Frei·be·ruf·ler(in)** <-s, -> *m(f)* freelance[r] **frei·be·ruf·lich** *adj* freelance **Frei·be·trag** *m* allowance **Frei·bier** *nt* free beer **Frei·brief** *m* charter ▶ **etw als einen ~ für etw** *dat* **betrachten** to see sth as carte blanche to do sth

Frei·e(r) *f(m) dekl wie adj* freeman

Frei·er <-s, -> *m* ❶ (*Kunde einer Hure*) punter Brit, John Am ❷ (*veraltet: Bewerber*) suitor

Frei·ex·em·plar *nt* free copy **Frei·gän·ger(in)** <-s, -> *m(f)* prisoner on day-release **frei|ge·ben** *irreg vt* ❶ (*nicht mehr zurückhalten*) to unblock; (*zur Verfügung stellen*) to make accessible ❷ (*Urlaub geben*) to give time off

frei·ge·big ['fraigəbɪç] *adj* generous

Frei·ge·big·keit <-> *f kein pl* generosity

frei|ha·ben *vi irreg* to have time off; **ich habe heute frei** I've got the day off today **Frei·ha·fen** *m* free port **frei|hal·ten** *vt irreg* ❶ (*nicht versperren*) to keep clear ❷ (*reservieren*) to save

Frei·han·del *m* free trade **Frei·han·dels·zo·ne** *f* free trade area

frei·hän·dig ['fraihɛndɪç] *adj* ❶ (*ohne Hände*) with no hands *pred* ❷ (*ohne Hilfsmittel*) freehand

Frei·heit <-, -en> ['fraihait] *f* ❶ *kein pl* (*das Nichtgefangensein*) freedom *no pl*; **in ~ sein** to have escaped ❷ ([*Vor*]*recht*) liberty; **sich** *dat* **die ~ nehmen, etw zu tun** to take the liberty of doing sth; **dichterische ~** poetic licence; **alle ~en haben** to be free to do as one pleases

frei·heit·lich *adj* liberal

Frei·heits·be·rau·bung *f* unlawful detention **Frei·heits·drang** *m* urge to be free **Frei·heits·kampf** *m* struggle for freedom **Frei·heits·sta·tue** *f* ■ **die ~** the Statue of Liberty **Frei·heits·stra·fe** *f* prison sentence

frei·he·raus [fraihɛ'raus] *adv* frankly **Frei·kar·te** *f* free ticket **frei|kau·fen** *vt* ❶ (*loskaufen*) ■ **jdn ~** to pay for sb's release; ■ **sich ~** to buy one's freedom ❷ (*entledigen*) ■ **sich von etw** *dat* **~** to buy one's way out of sth **frei|kom·men** *vi irreg sein* to be freed (**aus** from) **Frei·kör·per·kul·tur** *f kein pl* nudism *no pl*

Frei·land *nt* open land **Frei·land·ge·mü·se** *nt* vegetables grown outdoors

frei|las·sen *vt irreg* to free
Frei·las·sung <-, -en> *f* release
Frei·lauf *m Fahrrad* free-wheeling mechanism; *Maschinen* free-running mechanism **frei|le·gen** *vt* to uncover **Frei·lei·tung** *f* overhead line
frei·lich ['fraılıç] *adv* ❶ (*allerdings*) though, however ❷ *bes* SÜDD (*natürlich*) of course
Frei·licht·büh·ne *f* open-air theatre
Frei·los *nt* free draw **frei|ma·chen I.** *vt* (*frankieren*) to stamp **II.** *vi* (*fam: nicht arbeiten*) to take time off
Frei·mau·rer ['fraımaʊrɐ] *m* Freemason
frei·mü·tig ['fraımy:tıç] *adj* frank
Frei·mü·tig·keit <-> *f kein pl* frankness no pl
Frei·raum *m* freedom **frei·schaf·fend** *adj attr* freelance **frei|schau·feln** *vt* to shovel free **frei|schwim·men** *vr irreg* to get one's swimming certificate **frei|set·zen** *vt* to release **Frei·set·zung** <-, -en> *f* release **frei|spre·chen** *vt irreg* JUR to acquit **Frei·sprech·mi·kro·fon** *nt* wireless headset
Frei·spruch *m* acquittal; **auf ~ plädieren** to plead for an acquittal **Frei·staat** *m* free state **frei|ste·hen** *vi irreg* ▪ jdm steht es frei, etw zu tun sb is free to do sth **frei|stel·len** *vt* ❶ (*selbst entscheiden lassen*) ▪ jdm etw ~ to leave sth up to sb ❷ (*befreien*) to release, to exempt; jdn vom Wehrdienst ~ to exempt sb from military service ❸ (*euph: entlassen*) ▪ jdn ~ to make sb redundant **Frei·stoß** *m* free kick
Frei·tag <- [e]s, -e> ['fraıta:k, *pl* -ta:gə] *m* Friday; *s. a.* Dienstag
frei·tags [fraıta:ks] *adv* [on] Fridays
Frei·tags·pre·digt *f* REL Friday sermon
Frei·tod *m* (*euph*) suicide **Frei·trep·pe** *f* flight of stairs **Frei·übung** *f* SPORT exercise
freiweg *adv* (*fam*) cooly
Frei·wild *nt* fair game
frei·wil·lig ['fraıvılıç] **I.** *adj* voluntary **II.** *adv* voluntarily; **sich ~ versichern** to take out voluntary insurance
Frei·wil·li·ge(r) ['fraıvılıgə, 'fraıvılıgɐ] *f(m) dekl wie adj* volunteer
Frei·wil·lig·keit <-> *f kein pl* voluntary nature
Frei·wurf *m* free throw **Frei·zei·chen** *nt* ringing tone
Frei·zeit *f* free time, leisure [time]
Frei·zeit·ak·ti·vi·tä·ten *pl* leisure time activities *pl* **Frei·zeit·ein·rich·tung** *f* leisure facility **Frei·zeit·ge·sell·schaft** *f* SOZIOL leisure society **Frei·zeit·ge·stal·tung** *f* free-time activities **Frei·zeit·in·dust·rie** *f* leisure industry **Frei·zeit·klei·dung** *f* leisure wear **Frei·zeit·park** *m* amusement park

frei·zü·gig *adj* ❶ (*großzügig*) generous ❷ (*moralisch liberal*) liberal; (*offenherzig*) revealing *a. hum*
Frei·zü·gig·keit <-> *f kein pl* ❶ (*Großzügigkeit*) generosity ❷ (*lockere Einstellung*) liberalness ❸ (*Freiheit in der Wahl des Wohnortes*) freedom of movement
fremd [frɛmt] *adj* ❶ (*anderen gehörig*) somebody else's ❷ (*fremdländisch*) Länder, Sitten foreign; *bes* ADMIN alien ❸ (*unbekannt*) strange, unfamiliar; **ich bin hier ~** I'm not from round here
fremd·ar·tig ['frɛmtʔaːɐ̯tıç] *adj* (*ungewöhnlich*) strange; (*exotisch*) exotic
Fremd·ar·tig·keit <-> *f kein pl* (*Ungewöhnlichkeit*) strangeness no pl; (*exotische Art*) exoticism no pl
fremd·be·stimmt *adj* heteronomous
Fremd·be·stim·mung *f* SOZIOL, POL foreign control
Frem·de <-> ['frɛmdə] *f kein pl* (*geh*) ▪ **die ~** foreign parts *npl*; **in der ~ sein** to be abroad
frem·den·feind·lich *adj* hostile to strangers *pred*, xenophobic **Frem·den·feind·lich·keit** *f* hostility to strangers, xenophobia **Frem·den·füh·rer(in)** *m(f)* [tourist] guide **Frem·den·le·gi·on** *f kein pl* [French] Foreign Legion
Fremd·ent·sor·ger *m* (*Entsorgungsfirma*) waste disposal firm
Frem·den·ver·kehr *m* tourism *no indef art, no pl* **Frem·den·ver·kehrs·amt** *nt* tourist office **Frem·den·ver·kehrs·ver·ein** *m* tourist association **Frem·den·zim·mer** *nt s.* Gästezimmer
fremd|ge·hen *vi irreg sein* (*fam*) to be unfaithful
Fremd·heit <-, *selten* -en> *f* strangeness
Fremd·herr·schaft *f kein pl* foreign rule
Fremd·kör·per *m* ❶ MED foreign body ❷ (*fig*) alien element **fremd·län·disch** ['frɛmtlɛndıʃ] *adj* foreign, exotic
Fremd·spra·che *f* foreign language
Fremd·spra·chen·kor·res·pon·dent(in) *m(f)* bilingual secretary **Fremd·spra·chen·se·kre·tär(in)** *m(f)* multilingual secretary
fremd·spra·chig *adj* foreign-language *attr* **fremd·sprach·lich** *adj* foreign-language *attr* **Fremd·ver·schul·den** *nt* JUR third-party responsibility **Fremd·wort** *nt* borrowed word **Fremd·wör·ter·buch** *nt* dictionary of borrowed words
fre·quen·tie·ren* [frekvɛn'tiːrən] *vt* (*geh*) to frequent
Fre·quenz [fre'kvɛnts] *f* frequency
Fres·ko <-s, Fresken> ['frɛsko, *pl* 'frɛskən] *nt* fresco

Freude/Begeisterung ausdrücken

Freude ausdrücken | expressing pleasure

Wie schön, dass du gekommen bist! | It's great of you to come!

Ich bin sehr froh, dass wir uns wieder sehen. | I'm so glad to see you again.

Sie haben mir damit eine große Freude bereitet. | You have made me very happy (by doing that).

Ich könnte vor lauter Freude in die Luft springen. (*fam*) | I could jump for joy!

Begeisterung ausdrücken | expressing enthusiasm

Fantastisch! | Fantastic!

Toll! (*fam*)/Wahnsinn! (*sl*)/Super! (*sl*)/Cool! (*sl*)/Krass! (*sl*) | Great!/Amazing! (*fam*)/Super! (*fam*)/Cool! (*fam*)/Wicked! (*sl*)

Auf diesen Sänger fahre ich voll ab. (*sl*) | I'm really into this singer. (*fam*)

Ich bin ganz hin und weg. (*fam*) | I'm completely bowled over. (*fam*)

Ihre Darbietung hat mich richtig mitgerissen. | I got really carried away by her performance.

Fres·sa·li·en [frɛˈsaːli̯ən] *pl* (*fam*) grub *no indef art, no pl*

Fress·at·ta·cke^RR *f* PSYCH (*fam*) attack of the munchies

Fres·se <-, -n> [ˈfrɛsə] *f* (*derb*) ① (*Mund*) gob ② (*Gesicht*) mug ▸ **die ~ halten** to shut one's gob; **jdm die ~ polieren** to smash sb's face in

fres·sen <fraß, gefressen> [ˈfrɛsn̩] **I.** *vi* ① (*von Tieren*) to eat ② (*pej derb: von Menschen*) to guzzle ③ (*fig: langsam zerstören*) to eat away (**an** at) **II.** *vt* ① *Tiere* to eat; (*sich ernähren*) to feed on; **etw leer ~** to lick sth clean ▸ (*fig: verbrauchen*) to gobble up sth *sep* ▸ **jdn zum F~ gernhaben** (*fam*) sb is good enough to eat; **ich werd' dich schon nicht gleich ~** (*fam*) I'm not going to eat you

Fres·sen <-s> [ˈfrɛsn̩] *nt kein pl* ① (*Tierfutter*) food ② (*pej sl: Fraß*) muck; (*Festessen*) blowout ▸ **ein gefundenes ~ für jdn sein** (*fam*) to be handed to sb on a plate

Fres·se·rei <-, -en> [frɛsəˈraɪ̯] *f* (*pej sl*) guzzling

Fress·korb^RR *m* (*fam*) food hamper [*or* AM basket] **Fress·napf**^RR *m* [feeding] bowl **Fress·sack**^RR *m* (*fam*) greedyguts BRIT

Frett·chen <-s, -> [ˈfrɛtçən] *nt* ferret

Freu·de <-, -n> [ˈfrɔʏdə] *f* pleasure, joy, delight; **was für eine ~, dich wiederzusehen!** what a pleasure to see you again!; **~ an etw** *dat* **haben** to derive pleasure from sth; **jdm eine ~ machen** to make sb happy; **etw macht jdm ~** sb enjoys sth; **vor ~ weinen** to weep for joy; **zu unserer großen ~** to our great delight ▸ **Freud und Leid mit jdm teilen** to share one's joys and sorrows with sb

Freu·den·fest *nt* [joyful] celebration **Freu·den·ge·schrei** *nt* cries of joy **Freu·den·haus** *nt* brothel **Freu·den·mäd·chen** *nt* (*veraltend*) prostitute **Freu·den·sprung** *m* joyful leap; **einen ~ machen** to jump for joy **Freu·den·tanz** *m* dance of joy; **einen ~ aufführen** to dance with joy **Freu·den·trä·nen** *pl* tears of joy

freu·de·strah·lend I. *adj nicht präd* beaming [with delight] **II.** *adv* joyfully

freu·dig [ˈfrɔʏdɪç] **I.** *adj* ① (*voller Freude*) joyful; **in ~er Erwartung** in joyful expectation ② (*erfreulich*) pleasant **II.** *adv* with joy; **~ überrascht** pleasantly surprised

freud·los [ˈfrɔʏtloːs] *adj* cheerless

freu·en [ˈfrɔʏən] **I.** *vr* ① (*voller Freude sein*) ■ **sich ~** to be pleased (**über** about); ■ **sich für jdn ~** to be pleased for sb; ■ **sich mit jdm ~** to share sb's happiness ② (*freudig erwarten*) ■ **sich auf etw** *akk* **~** to look forward to sth ▸ **sich zu früh ~** to get one's hopes up too soon **II.** *vt impers* ■ **es freut mich, dass ...** I'm pleased that ...

Freund(in) <-[e]s, -e> ['frɔynt, 'frɔyndɪn, *pl* 'frɔyndə] *m(f)* ❶ (*Kamerad*) friend ❷ (*intimer Bekannter*) boyfriend; (*intime Bekannte*) girlfriend; **jdn zum ~ haben** to be [going out] with sb ❸ (*fig: Anhänger*) lover; **ein ~ der Natur** a lover of nature; **kein ~ von vielen Worten sein** to not be one for talking much

Freun·des·kreis *m* circle of friends; **im engsten ~** with one's closest friends

freund·lich ['frɔyntlɪç] **I.** *adj* ❶ (*liebenswürdig*) kind; **das ist sehr ~ von Ihnen** that's very kind of you ❷ (*hell, heiter*) pleasant; *Himmel* beckoning; *Ambiente* friendly; *Farben* cheerful; **bitte recht ~!** smile please! ❸ (*wohlwollend*) friendly **II.** *adv* in a friendly way, kindly

freund·li·cher·wei·se *adv* kindly; **er trug uns ~ die Koffer** he was kind enough to carry our cases

Freund·lich·keit <-, -en> *f* ❶ *kein pl* (*Art*) friendliness *no pl, no indef art* ❷ (*Handlung*) kindness ❸ *meist pl* (*Bemerkung*) kind word

Freund·schaft <-, -en> *f kein pl* friendship; **~ schließen** to make friends; **in aller ~** in all friendliness

freund·schaft·lich I. *adj* friendly **II.** *adv* **jdm ~ auf die Schulter klopfen** to give sb a friendly slap on the back; **jdm ~ gesinnt sein** to be well-disposed towards sb

Freund·schafts·dienst *m* favour to a friend **Freund·schafts·preis** *m* [special] price for a friend **Freund·schafts·spiel** *nt* friendly match

Fre·vel <-s, -> ['fre:fl] *m* (*geh*) ❶ (*Verstoß*) heinous crime ❷ REL sacrilege

fre·vel·haft *adj* outrageous

Frev·ler(in) <-s, -> ['fre:flɐ] *m(f)* REL (*geh*) sinner

Frie·de <-ns, -n> ['fri:də] *m* peace; **~ seiner Asche** God rest his soul

Frie·den <-s, -> ['fri:dn̩] *m* ❶ (*Gegenteil von Krieg*) peace; **~ schließen** to make peace; **im ~** in peacetime ❷ (*Friedensschluss*) peace treaty ❸ (*Harmonie*) peace, tranquillity; **der häusliche ~** domestic harmony; **~ stiften** to bring about peace ❹ (*Ruhe*) peace [and quiet]; **um des lieben ~s willen** (*fam*) for the sake of peace and quiet; **jdn in ~ lassen** to leave sb in peace; **ich traue dem ~ nicht** (*fam*) there's something fishy going on

Frie·dens·be·mü·hun·gen *pl* efforts to bring about peace *pl* **Frie·dens·be·we·gung** *f* peace movement **Frie·dens·bruch** *m* POL violation of the peace **Frie·dens·ein·satz** *m* MIL peacekeeping troops *pl* **Frie·dens·ge·sprä·che** *pl* peace talks *pl* **Frie·dens·kon·fe·renz** *f* peace conference **Frie·dens·macht** *f* political power which is opposed to war **Frie·dens·marsch** *m* peace march **Frie·dens·no·bel·preis** *m* Nobel peace prize **Frie·dens·pfei·fe** *f* peace pipe **Frie·dens·po·li·tik** *f* policy of peace **Frie·dens·pro·zess**^{RR} *m* peace process **Frie·dens·rich·ter(in)** *m(f)* ❶ (*Einzelrichter in USA, Großbritannien*) justice of the peace, JP ❷ SCHWEIZ (*Laienrichter*) lay justice **Frie·dens·si·che·rung** *f* keeping of the peace **Frie·dens·tau·be** *f* dove of peace **Frie·dens·trup·pen** *pl* peacekeeping force[s *npl*] **Frie·dens·ver·hand·lun·gen** *pl* peace negotiations **Frie·dens·ver·trag** *m* peace treaty **Frie·dens·zeit** *f* period of peace; **in ~en** in peacetime

fried·fer·tig *adj* peaceable

Fried·fer·tig·keit *f kein pl* peaceableness *no pl*

Fried·hof *m* graveyard; (*in Städten*) cemetery

fried·lich ['fri:tlɪç] **I.** *adj* ❶ (*gewaltlos*) peaceful ❷ (*friedfertig*) peaceable; *Tier* placid ❸ (*friedvoll*) peaceful **II.** *adv* peacefully; **einen Konflikt ~ lösen** to settle a conflict amicably

fried·lie·bend *adj* peace-loving

frie·ren <fror, gefroren> ['fri:rən] **I.** *vi* ❶ haben (*sich kalt fühlen*) ■ **jd friert** sb is cold ❷ *sein* (*gefrieren*) to freeze **II.** *vi impers haben* ■ **es friert** it's freezing

Fries <-es, -e> [fri:s, *pl* 'fri:zə] *m* ARCHIT friese

Frie·se, Frie·sin <-n, -n> ['fri:zə, 'fri:zɪn] *m*, *f* Fri[e]sian; *s. a.* **Deutsche(r)**

frie·sisch ['fri:zɪʃ] *adj* Fri[e]sian; *s. a.* **deutsch**

Fries·land ['fri:slant] *nt* Friesland

fri·gid [fri'gi:t], **fri·gi·de** [fri'gi:də] *adj* frigid

Fri·ka·del·le <-, -n> [frika'dɛlə] *f* rissole BRIT, meatball AM

Fri·kas·see <-s, -s> [frika'se:] *nt* fricassee

frisch [frɪʃ] **I.** *adj* ❶ (*noch nicht alt*) fresh ❷ (*neu, rein*) fresh, clean; **sich ~ machen** to freshen up ❸ *Farbe* wet ❹ (*gesund*) *Hautfarbe* fresh, healthy; **~ und munter sein** (*fam*) to be [as] fresh as a daisy ❺ (*kühl*) *Wind* fresh, cool **II.** *adv* (*gerade erst, neu*) freshly; **die Betten ~ beziehen** to change the beds; **~ ge·backen** freshly-baked; **~ gestrichen** newly painted

Fri·sche <-> ['frɪʃə] *f kein pl* ❶ *Backwaren, Obst, etc* freshness ❷ *von Farbe* wetness ❸ (*Kühle*) freshness, coolness ❹ (*Sauberkeit*) freshness, cleanness ❺ (*Fitness*) health; **in alter ~** (*fam*) as always

Frisch·fleisch *nt* fresh meat **frisch·ge·ba·cken** *adj Ehepaar* newly married

Frisch·hal·te·box *f* airtight container **Frisch·hal·te·fo·lie** *f* cling film
Frisch·kä·se *m* cream cheese **Frischmilch** *f* fresh milk
frisch·weg [frɪʃˈvɛk] *adv* straight out
Fri·seur(in) <-s, -e> [friˈzøːɐ̯] *m(f)*, **Fri·seu·se** <-, -n> [friˈzøːzə] *f* hairdresser; (*Herrenfriseur*) barber; **zum ~ gehen** to go to the hairdresser's/barber's
Fri·seur·sa·lon [friˈzøːɐ̯zaˌlɔŋ] *m* hairdresser's
fri·sie·ren* [friˈziːrən] *vt* ❶ (*formend kämmen*) **jdn ~** to do sb's hair; **elegant frisiert sein** to have an elegant hairstyle ❷ (*fig fam: fälschen*) to fiddle; *Bericht, Beweis* to doctor ❸ *Auto, Mofa* to soup up *sep*
Fri·sier·sa·lon *m* hair stylist['s]; (*für Damen*) hairdresser's BRIT; (*für Herren*) barber's [shop]
Fri·sör <-s, -e> [friˈzøːɐ̯] *m s.* **Friseur**
Fri·sö·se <-, -n> [friˈzøːzə] *f fem form von* **Friseur**
friss^RR, **friß**^ALT *imp sing von* **fressen**
Frist <-, -en> [frɪst] *f* ❶ (*Zeitspanne*) period; **festgesetzte ~** fixed time; **gesetzliche ~** statutory period; **innerhalb einer ~ von zwei Wochen** within [a period of] two weeks ❷ (*Aufschub*) respite; (*bei Zahlung*) extension
fris·ten [ˈfrɪstn̩] *vt* **sein Dasein ~** to eke out an existence **frist·los I.** *adj* instant **II.** *adv* without notice; **jdn ~ entlassen** to fire sb on the spot
Fri·sur <-, -en> [friˈzuːɐ̯] *f* hairstyle
Frit·ten [ˈfrɪtn̩] *pl* (*fam*) chips BRIT, fries AM
frit·tie·ren^RR*, **fritieren**^ALT* [frɪˈtiːrən] *vt* to [deep-]fry
fri·vol [friˈvoːl] *adj* ❶ (*anzüglich*) suggestive ❷ (*leichtfertig*) frivolous
Frl. *nt Abk von* **Fräulein** (*veraltend*) Miss
froh [froː] *adj* ❶ (*erfreut*) happy; **~ sein** to be pleased (**über** with/about); **~ gelaunt** cheerful ❷ (*erfreulich*) pleasing ❸ (*glücklich*) **~ e Feiertage!** have a pleasant holiday!; **~e Ostern!** Happy Easter!; **~e Weihnachten!** Merry Christmas!
fröh·lich [ˈfrøːlɪç] **I.** *adj* ❶ (*heiter*) cheerful ❷ (*glücklich*) *s.* **froh 3 II.** *adv* cheerfully
Fröh·lich·keit <-> *f kein pl* cheerfulness *no pl*
Froh·na·tur *f* (*geh*) ❶ (*Wesensart*) cheerful nature ❷ (*Mensch*) cheerful soul **Froh·sinn** *m kein pl s.* **Frohnatur 1**
fromm <frömmer *o* -er, frömmste *o* -ste> [frɔm] *adj* ❶ (*gottesfürchtig*) devout ❷ (*religiös*) religious
Fröm·me·lei <-, -en> [frœməˈlaɪ̯] *f* (*pej*) false piety
fröm·meln [ˈfrœml̩n] *vi* (*pej*) to affect piety

Fröm·mig·keit <-> [ˈfrœmɪçkaɪ̯t] *f kein pl* devoutness *no pl*
Fron <-, -en> [froːn] *f* (*geh*) drudge[ry]
Fron·ar·beit *f* SCHWEIZ unpaid voluntary work
frö·nen [ˈfrøːnən] *vi* (*geh*) **einer S.** *dat* **~** to indulge in sth
Fron·leich·nam <-[e]s> [froːnˈlaɪ̯çnaːm] *m kein pl, meist ohne art* [the Feast of] Corpus Christi
Front <-, -en> [frɔnt] *f* ❶ (*Vorderseite*) face, front, frontage ❷ MIL front; **in vorderster ~ stehen** to be in the front line ❸ (*Opposition*) **~ gegen jdn/etw machen** to make a stand against sb/sth ▸ **klare ~en schaffen** to clarify one's position
fron·tal [frɔnˈtaːl] **I.** *adj attr* frontal; *Zusammenstoß* head-on **II.** *adv* frontally; **~ zusammenstoßen** to collide head-on
Fron·tal·zu·sam·men·stoß *m* head-on collision
Front·an·trieb *m* front-wheel drive **Front·schei·be** *f* AUTO windscreen BRIT, windshield AM **Front·wech·sel** *m* (*fig*) about-turn
fror [froːɐ̯] *imp von* **frieren**
Frosch <-[e]s, Frösche> [frɔʃ, *pl* ˈfrœʃə] *m* frog ▸ **einen ~ im Hals haben** (*fam*) to have a frog in one's throat
Frosch·kö·nig *m* Frog Prince **Frosch·mann** *m* (*Taucher*) frogman **Frosch·per·spek·ti·ve** *f* worm's-eye view **Frosch·schen·kel** *m* frog's leg
Frost <-[e]s, Fröste> [frɔst, *pl* ˈfrœstə] *m* frost; **~ abbekommen** to get frostbitten
Frost·beu·le *f* chilblain **Frost·bo·den** *m* frozen ground; (*ständig*) permafrost
frös·teln [ˈfrœstl̩n] *vi* to shiver
fros·tig [ˈfrɔstɪç] *adj* frosty
Frost·scha·den *m* frost damage **Frost·schutz·mit·tel** *nt* antifreeze
Frot·tee <-s, -s> [frɔˈteː] *nt o m* terry towelling [*or* AM cloth]
frot·tie·ren* [frɔˈtiːrən] *vt* to rub down *sep*
frot·zeln [ˈfrɔtsl̩n] *vi* (*fam*) to tease
Frucht <-, Früchte> [frʊxt, *pl* ˈfrʏçtə] *f* fruit; **kandierte Früchte** candied fruit *no pl, no indef art*; **Früchte tragen** to bear fruit *no pl*
frucht·bar [ˈfrʊxtbaːɐ̯] *adj* fertile
Frucht·bar·keit <-> *f kein pl* fertility
Frucht·bla·se *f* ANAT amniotic sac
fruch·ten [ˈfrʊxtn̩] *vi meist negiert* **nichts/wenig ~** to be of no/little use
Frucht·fleisch *nt* [fruit] pulp
fruch·tig *adj* fruity
frucht·los *adj* (*fig*) fruitless
Frucht·saft *m* fruit juice **Frucht·was·ser** *nt* MED amniotic fluid **Frucht·zu·cker** *m* fructose

früh [fry:] **I.** *adj* early; ~ **am Morgen** early in the morning; **der ~e Goethe** the young Goethe; **ein ~er Picasso** an early Picasso **II.** *adv* early; **Montag ~** Monday morning; **~ genug** in good time; **sich zu ~ freuen** to coo too soon; **von ~ bis spät** from morning till night

Früh·auf·ste·her(in) <-s, -> *m(f)* early riser
Früh·bu·chung *f* TRANSP early booking
Früh·dienst *m* early duty
Frü·he <-> ['fry:ə] *f kein pl* **in aller ~** at the crack of dawn; SÜDD, ÖSTERR **in der ~** early in the morning

frü·her ['fry:ɐ] **I.** *adj* ① (*vergangen*) earlier; **in ~en Zeiten** in former times ② (*ehemalig*) former; *Adresse* previous; **~e Freundin** ex[-girlfriend] **II.** *adv* ① (*eher*) earlier; **~ geht's nicht** it can't be done any earlier; **~ oder später** sooner or later ② (*ehemals*) **ich kenne ihn ~** [mal] **gekannt** I used to know him; **~ war das alles anders** things were different in the old days; **Erinnerungen an ~** memories of times gone by; **von ~** from former times

Früh·er·ken·nung *f* early diagnosis
frü·hes·tens *adv* at the earliest
frü·hest·mög·lich *adj attr* earliest possible
Früh·ge·burt *f* ① (*zu frühe Geburt*) premature birth ② (*zu früh geborenes Kind*) premature baby

Früh·jahr ['fry:jaːɐ] *nt* spring **Früh·jahrs·mü·dig·keit** *f* springtime lethargy
früh·kind·lich *adj* **~e Entwicklung** development in early childhood
Früh·ling <-s, -e> ['fry:lɪŋ] *m* spring[time]; **es wird ~** spring is coming
Früh·lings·an·fang *m* first day of spring
Früh·lings·ge·fühl *nt meist pl* spring feeling ► **~ haben** (*hum fam*) to be frisky
früh·lings·haft *adj* springlike
Früh·lings·rol·le *f* spring [*or* AM egg] roll
Früh·lings·sup·pe *f* spring vegetable soup
früh·mor·gens [fry:'mɔrgn̩s] *adv* early in the morning **Früh·ne·bel** *m* early morning mist **Früh·pen·si·on** *f* early retirement **Früh·pen·si·o·nie·rung** *f* early retirement **früh·reif** *adj* precocious **Früh·rent·ner(in)** *m(f)* person who has retired early **Früh·schicht** *f* morning shift; **~ haben** to be on the morning shift **Früh·schop·pen** *m* morning pint BRIT, eye-opener AM **Früh·sport** *m* [early] morning workout **Früh·sta·di·um** *nt* early stage **Früh·start** *m* SPORT false start; **~ machen** to jump the gun

Früh·stück <-s, -e> ['fry:ʃtʏk] *nt* breakfast; **zum ~** for breakfast; **zweites ~** midmorning snack

früh·stü·cken ['fry:ʃtʏkn̩] **I.** *vi* to have [one's] breakfast **II.** *vt* ■ **etw ~** to have sth for breakfast

Früh·stücks·fern·se·hen *nt* breakfast television **Früh·stücks·pau·se** *f* morning break
Früh·werk *nt kein pl* eines Künstlers early work **Früh·zeit** *f* early days; **die ~ einer Kultur** the early period of a culture **früh·zei·tig** ['fry:tsaɪtɪç] **I.** *adj* early **II.** *adv* ① (*früh genug*) in good time; **möglichst ~** as soon as possible ② (*vorzeitig*) prematurely

Frust <-[e]s> [frʊst] *m kein pl* (*fam*) frustration *no indef art, no pl*; **einen ~ haben** to be frustrated

frus·ten *vt* (*fam*) ■ **jdn frustet es** sth is frustrating sb; **das hat mich total gefrustet** I found that very frustrating

Frus·tra·ti·on <-, -en> [frʊstra'tsi̯oːn] *f* frustration

frus·trie·ren* [frʊs'triːrən] *vt* (*fam*) ■ **jdn frustriert etw** sth is frustrating sb
frus·trie·rend *adj* frustrating

F-Schlüs·sel ['ɛf-] *m* MUS F clef

Fuchs, Füch·sin <-es, Füchse> [fʊks, 'fʏksɪn, *pl* 'fʏksə] *m,f* ① (*Tier*) fox; (*weibliches Tier*) vixen ② (*fam: schlauer Mensch*) cunning [old] devil

Fuchs·bau *m* fox's earth
fuch·sen ['fʊksn̩] *vt* (*fam*) ■ **jdn fuchst etw** sth is riling sb
Füch·sin ['fʏksɪn] *f fem form von* Fuchs vixen
fuchs·rot ['fʊksroːt] *adj* (*Haare*) ginger; (*Pferd*) chestnut **Fuchs·schwanz** *m* ① (*Schwanz des Fuchses*) [fox's] tail ② (*Säge*) [straight back] handsaw
fuchs·teu·fels·wild ['fʊksˈtɔyf|s'vɪlt] *adj* (*fam*) mad as hell

Fuch·tel <-, -n> ['fʊxtl̩] *f* ÖSTERR (*fam*) shrew; **unter jds ~ stehen** to be [well] under sb's control

fuch·teln ['fʊxtl̩n] *vi* (*fam*) ■ **mit etw** *dat* **~** to wave sth about [wildly]; (*drohend*) to brandish sth

fuff·zig ['fʊftsɪç] (*fam*) *s.* **fünfzig**
Fuff·zi·ger <-s, -> ['fʊftsɪɡɐ] *m* DIAL fifty-cent piece

Fug [fuːk] *m* **mit ~ und Recht** (*geh*) with complete justification

Fu·ge <-, -n> ['fuːɡə] *f* join; **aus den ~n geraten** (*fig*) to be out of joint

fü·gen ['fy:ɡn̩] **I.** *vt* ① (*anfügen*) to add; **Wort an Wort ~** to string words together ② (*geh: bewirken*) ■ **etw fügt etw** sth ordains sth **II.** *vr* ① (*sich unterordnen*) ■ **sich ~** to toe the line; **sich jdm ~** to bow to sb; **sich den Anordnungen ~** to obey instructions ② (*akzeptieren*) ■ **sich in etw** *akk*

~ to submit to sth ❸ ([*hinein*]*passen*) ■ **sich in etw** *akk* ~ to fit into sth ❹ *impers* (*geh: geschehen*) **es wird sich schon alles ~** it'll all work out in the end

füg·sam ['fy:kza:m] *adj* (*geh*) obedient

Fü·gung <-, -en> *f* stroke of fate; **eine ~ des Schicksals** an act of fate; **eine göttliche ~** divine providence *no indef art, no pl*; **eine glückliche ~** a stroke of luck

fühl·bar *adj* noticeable

füh·len ['fy:lən] **I.** *vt* to feel (**nach** for) **II.** *vr* ❶ (*das Empfinden haben*) **wie ~ Sie sich?** how are you feeling?; **sich besser ~** to feel better ❷ (*sich einschätzen*) ■ **sich als jd ~** to regard oneself as sb

Füh·ler <-s, -> *m* ❶ (*Tastorgan*) antenna; (*von Schnecke*) horn ❷ (*Messfühler*) sensor ▶ **die ~** [**nach etw** *dat*] **ausstrecken** (*fam*) to put out [one's] feelers [towards sth]

fuhr ['fu:ɐ̯] *imp von* **fahren**

Fuh·re <-, -n> ['fu:rə] *f* [cart]load

füh·ren ['fy:rən] **I.** *vt* ❶ (*geleiten*) to take (**zu** to, **durch** through, **über** across); (*vorangehen*) to lead; **jdn durch ein Museum ~** to show sb round a museum; **was führt Sie zu mir?** (*geh*) what brings you to me? ❷ (*leiten*) *Geschäft* to run; *Armee* to command; *Gruppe* to lead ❸ (*lenken*) ■ **jdn ~** to lead sb (**auf** to); **jdn auf Abwege ~** to lead sb astray ❹ (*registriert haben*) **jdn auf einer Liste ~** to have a record of sb on a list ❺ (*handhaben*) *Bogen, Pinsel* to wield; *Kamera* to guide; **etw zum Mund**[**e**] **~** to raise sth to one's mouth ❻ (*geh*) *Titel, Namen* to bear ❼ (*geh: haben*) ■ **etw mit sich** *dat* **~** to carry sth ❽ (*im Angebot haben*) to stock **II.** *vi* ❶ (*in Führung liegen*) **mit drei Punkten ~** to have a lead of three points ❷ (*verlaufen*) *Weg, etc* to lead; *Kabel* to run ❸ (*als Ergebnis haben*) ■ **zu etw** *dat* **~** to lead to sth; **das führt zu nichts** (*fam*) that will come to nothing

füh·rend *adj* leading *attr*; **der ~e Wissenschaftler auf diesem Gebiet** the most prominent scientist in this field

Füh·rer <-s, -> ['fy:rɐ] *m* (*Buch*) guide[book]

Füh·rer(in) <-s, -> ['fy:rɐ] *m(f)* ❶ (*Leiter*) leader; ■ **der ~** HIST (*Hitler*) the Führer ❷ (*Fremdenführer*) guide ❸ (*geh: Lenker*) driver

Füh·rer·haus *nt* AUTO [driver's] cab

Füh·rer·schein *m* driving licence BRIT, driver's license AM; **den ~ machen** (*das Fahren lernen*) to learn to drive; (*die Fahrprüfung ablegen*) to take one's driving test **Füh·rer·schein·ent·zug** *m* driving ban

Fuhr·park *m* fleet [of vehicles]

Füh·rung <-, -en> *f* ❶ *kein pl* (*Leitung*) leadership; MIL command ❷ *kein pl* (*die Direktion*) management ❸ (*Besichtigung*) guided tour (**durch** of) ❹ *kein pl* (*Vorsprung*) lead; (*in einer Liga o. Tabelle*) leading position; **in ~ gehen** to go into the lead; **in ~ liegen** to be in the lead ❺ *kein pl* (*Betragen*) conduct; **bei guter ~** on good conduct ❻ TECH (*Schiene*) guide ❼ *kein pl* (*das fortlaufende Eintragen*) **die ~ der Akten** keeping the files

Füh·rungs·ebe·ne *f* top level [management]

Füh·rungs·eli·te *f* POL leadership elite

Füh·rungs·eta·ge *f* management level

Füh·rungs·kraft *f* executive [officer] **Füh·rungs·qua·li·tä·ten** *pl* leadership qualities *pl* **Füh·rungs·spit·ze** *f* higher echelons *pl*; (*von Unternehmen*) top[-level] management

Füh·rungs·stil *m* style of leadership; (*in einer Firma*) management style **Füh·rungs·zeug·nis** *nt* good-conduct certificate; **polizeiliches ~** clearance certificate BRIT

Fuhr·un·ter·neh·men [fu:ɐ̯-] *nt* haulage business BRIT, trucking company AM **Fuhr·werk** [fu:ɐ̯-] *nt* wag[g]on; (*mit Pferden*) horse and cart

Fül·le <-> ['fʏlə] *f kein pl* ❶ (*Körperfülle*) portliness ❷ (*Intensität*) richness; (*Volumen*) *Haar* volume ❸ (*Menge*) wealth; ■ **eine ~ von etw** *dat* a whole host of sth; **in** [**Hülle und**] **~** in abundance

fül·len ['fʏlən] **I.** *vt* ❶ (*voll machen*) to fill ❷ KOCHK to stuff ❸ (*einfüllen*) ■ **etw in etw** *akk* **~** to put sth into sth; **etw in Flaschen ~** to bottle sth **II.** *vr* ■ **sich ~** to fill [up]

Fül·ler <-s, -> ['fʏlɐ] *m* fountain pen; (*mit Tintenpatrone*) cartridge pen

Füll·fe·der·hal·ter *m s.* **Füller**

Füll·ge·wicht *nt* ❶ ÖKON net weight ❷ (*Fassungsvermögen*) maximum load

fül·lig ['fʏlɪç] *adj* ❶ (*rundlich*) plump ❷ (*voluminös*) **eine ~e Frisur** a bouffant hairstyle

Füll·sel ['fʏlzl] *nt* filler *no indef art, no pl*

Fül·lung <-, -en> *f* stuffing

Fum·mel <-s, -> [fʊml] *m* (*sl*) cheap frock

Fum·me·lei <-, -en> *f* (*fam*) fumbling

fum·meln ['fʊmln] *vi* (*fam*) ❶ (*hantieren*) to fumble [around] ❷ (*Petting betreiben*) to pet

Fund <-[e]s, -e> [fʊnt, *pl* 'fʊndə] *m* ❶ *kein pl* (*geh: das Entdecken*) discovery ❷ (*das Gefundene*) find; **einen ~ machen** (*geh*) to make a find

Fun·da·ment <-[e]s, -e> [fʊnda'mɛnt] *nt* foundation[s *npl*]; **das ~ für etw** *akk* **sein** to form a basis for sth

fun·da·men·tal [fʊndamɛn'ta:l] **I.** *adj* fundamental **II.** *adv* fundamentally

Fun·da·men·ta·lis·mus <-> [fʊndamɛnta'lɪsmʊs] *m kein pl* fundamentalism *no indef art, no pl*

fun·da·men·ta·lis·tisch *adj* fundamentalist

Fund·bü·ro *nt* lost property office BRIT, lost-and-found office AM **Fund·gru·be** *f* treasure trove

fun·die·ren [fʊnˈdiːrən] *vt* ❶ *(finanziell sichern)* to strengthen financially ❷ *(untermauern)* to underpin ❸ *(geh: festigen)* to sustain

fun·diert *adj* sound; **gut ~** well founded; **schlecht ~** unsound

fün·dig [ˈfʏndɪç] *adj* **~ werden** to discover what one is looking for

Fund·sa·che *f* found object; *(in Fundbüro)* piece of lost property; ■ **~n** lost property *no pl, no indef art*

fünf [fʏnf] *adj* five; *s. a.* **acht¹**

Fünf <-, -en> [fʏnf] *f* ❶ *(Zahl)* five; *s. a.* **Acht¹** ❷ *(Zeugnisnote)* "unsatisfactory", ≈ E BRIT

Fün·fer <-s, -> [ˈfʏnfɐ] *m* SCH *(fam: Note: mangelhaft)* "unsatisfactory", ≈ "E" BRIT

fün·fer·lei [ˈfʏnfɐˈlai̯] *adj attr* five [different]; *s. a.* **achterlei**

fünf·fach, 5-fach [ˈfʏnffax] **I.** *adj* fivefold; **die ~e Menge** five times the amount; *s. a.* **achtfach II.** *adv* fivefold, five times over; *s. a.* **achtfach**

Fünf·hun·dert [ˈfʏnfˈhʊndɐt] *adj* five hundred

Fünf·ling <-s, -e> *m* quin[tuplet]

fünf·mal, 5-mal^RR *adv* five times

Fünf·mark·stück *nt* five-mark piece **Fünf·pfen·nig·stück** *nt* five-pfennig piece

Fünf·pro·zent·hür·de *f* POL five-percent hurdle

Fünf·ta·ge·wo·che *f* five-day week

fünf·tau·send [ˈfʏnfˈtau̯znt] *adj* five thousand

fünf·te(r, s) [ˈfʏnftə, ˈfʏnftɐ, ˈfʏnftəs] *adj* fifth, 5th; *s. a.* **achte(r, s)**

fünf·tel [ˈfʏnftl] *adj* fifth

Fünf·tel <-s, -> [ˈfʏnftl] *nt* fifth

fünf·tens [ˈfʏnftn̩s] *adv* fifth[ly], in [the] fifth place

Fünf·und·drei·ßig·stun·den·wo·che, 35-Stun·den·Wo·che *f* thirty-five-hour week

fünf·zehn [ˈfʏnftseːn] *adj* fifteen; **~ Uhr** 3pm; *s. a.* **acht¹**

fünf·zehn·te(r, s) *adj* fifteenth; *s. a.* **achte(r, s)**

fünf·zig [ˈfʏnftsɪç] *adj* fifty; *s. a.* **achtzig 1, 2**

Fünf·zig <-, -en> [ˈfʏnftsɪç] *f* fifty

Fünf·zig·mark·schein *m* fifty-mark note **Fünf·zig·pfen·nig·stück** *nt* fifty-pfennig piece

fünf·zigs·te(r, s) *adj* fiftieth; *s. a.* **achte(r, s)**

fun·gie·ren* [fʊŋˈgiːrən] *vi* ■ **etw fungiert als etw** sth functions as sth

Fun·gi·zid <-s, -e> [fʊŋgiˈtsiːt, *pl* -ˈtsiːdə] *nt* fungicide

Funk <-s> [fʊŋk] *m kein pl* radio; **etw über ~ durchgeben** to announce sth on the radio

Funk·ama·teur(in) *m(f)* radio ham **Funk·aus·stel·lung** *f* radio and television exhibition

Fünk·chen <-s, -> [ˈfʏŋçən] *nt* ❶ *dim von* **Funke** [tiny] spark ❷ *(geringes Maß)* **es besteht kein ~ Hoffnung** there's not a scrap of hope; **ein/kein ~ Wahrheit** *gen* a grain/not a shred of truth

Fun·ke *f* found *s. a.* **Funken**

Fun·ke <-ns, -n> [ˈfʊŋkə], **Fun·ken** <-s, -> [ˈfʊŋkn̩] *m* ❶ *(glimmendes Teilchen)* spark; **~n sprühen** to emit sparks; **der zündende ~** *(fig)* the vital spark ❷ *(geringes Maß)* scrap; **ein ~ [von] Anstand** a scrap of decency; **ein ~ Hoffnung** a gleam of hope

fun·keln [ˈfʊŋkln̩] *vi* to sparkle; *Edelsteine, Gold* to glitter

fun·kel·na·gel·neu [ˈfʊŋklˈnaːɡlˈnɔy̯] *adj* *(fam)* spanking-new

fun·ken [ˈfʊŋkn̩] **I.** *vt* to radio; **SOS ~** to send out *sep* an SOS **II.** *vi* ❶ *(senden)* to radio; **um Hilfe ~** to radio for help ❷ *(Funken sprühen)* to spark ❸ *(sich verlieben)* **zwischen den beiden hat's gefunkt** those two have really clicked **III.** *vi impers (fam: verstehen)* to click; **endlich hat es bei ihm gefunkt!** it finally clicked [with him]

Fun·ker(in) <-s, -> *m(f)* radio operator

Funk·ge·rät *nt* ❶ *(Sende- und Empfangsgerät)* RT unit ❷ *(Sprechfunkgerät)* walkie-talkie **Funk·han·dy** *nt* personal mobile radio **Funk·haus** *nt* studios *pl* **Funk·loch** *nt* [signal] shadow **Funk·mast** *m* TECH, TELEK radio [antenna] mast **Funk·sig·nal** *nt* radio signal **Funk·sprech·ge·rät** *nt* walkie-talkie **Funk·spruch** *m* radio message **Funk·sta·ti·on** *f* radio station **Funk·stil·le** *f* radio silence; **bei jdm herrscht ~** *(fig)* sb is [completely] incommunicado **Funk·strei·fe** *f* [police] radio patrol **Funk·ta·xi** *nt* radio taxi **Funk·tech·nik** *f* radio technology **Funk·te·le·fon** *nt* cordless [tele]phone

Funk·ti·on <-, -en> [fʊŋkˈtsi̯oːn] *f* ❶ *kein pl (Zweck)* function ❷ *(Stellung)* position; **in jds ~ als etw** in sb's capacity as sth ❸ MATH function ❹ *(Benützbarkeit)* function; **außer/in ~ sein** [not] to be working

funk·ti·o·nal [fʊŋktsi̯oˈnaːl] *adj s.* **funktionell**

Funk·ti·o·när(in) <-s, -e> [fʊŋktsi̯oˈnɛːɐ̯] *m(f)* official; **ein hoher ~** a high-ranking official

funk·ti·o·nell [fʊŋktsi̯oˈnɛl] *adj* ❶ MED functional ❷ *(funktionsgerecht)* practical

funk·ti·o·nie·ren* [fʊŋktsi̯oˈniːrən] *vi*

❶ *(betrieben werden, aufgebaut sein)* to work; *Maschine a.* to operate ❷ *(reibungslos ablaufen, intakt sein)* to work [out]; *Organisation* to run smoothly

funk·ti·ons·fä·hig *adj* in working order *pred; Anlage* operative; **voll ~** fully operative, in full working order **Funk·ti·ons·tas·te** *nt* function key **funk·ti·ons·tüch·tig** *adj s.* **funktionsfähig Funk·ti·ons·wei·se** *f* functioning *no pl*

Funk·turm *m* radio tower **Funk·ver·bin·dung** *f* radio contact **Funk·ver·kehr** *m* radio communication *no art* **Fun·sport·art** ['fʌn-] *f* extreme sport

für [fyːɐ̯] *präp +akk* ❶ *(Zweck betreffend)* ■ **~ jdn/etw** for sb/sth; **sind Sie ~ den Gemeinsamen Markt?** do you support the Common Market?; **~ was ist denn dieses Werkzeug?** DIAL what's this tool [used] for?; **~ ganz** SCHWEIZ *(für immer)* for good; **~ sich bleiben** to remain by oneself ❷ *(als jd) adj s.* **~ ihr Alter ist sie noch rüstig** she's still sprightly for her age ❸ MED *(gegen)* for; **gut ~ Migräne** good for migraine ❹ *(zugunsten)* for, in favour of; **was Sie da sagen, hat manches ~ sich** there's something in what you're saying ❺ *(in Austausch mit)* for; **er hat es ~ 45 Euro bekommen** he got it for 45 euros ❻ *(statt)* for, instead of ❼ *(als etw)* **ich halte sie ~ intelligent** I think she is intelligent ❽ *mit 'was'* **was ~ ein Blödsinn!** what nonsense!; **was ~ ein Pilz ist das?** what kind of mushroom is that?

Für <-> [fyːɐ̯] *nt* **das ~ und Wider** the pros and cons

Für·bit·te ['fyːɐ̯bɪtə] *f* intercession

Fur·che <-, -n> ['fʊrçə] *f* ❶ *(Ackerfurche)* furrow ❷ *(Wagenspur)* rut

fur·chen ['fʊrçn̩] *vt (geh)* to furrow

Furcht <-> ['fʊrçt] *f kein pl* fear; **~ [vor jdm/etw] haben** to fear sb/sth; **hab' keine ~!** don't be afraid!; **~ erregend** terrifying; **aus ~ vor jdm/etw** for fear of sb/sth

furcht·bar I. *adj* terrible **II.** *adv* terribly

fürch·ten ['fʏrçtn̩] **I.** *vt* to fear; **jdn das F~ lehren** to teach sb the meaning of fear; ■ **zum F~** *(furchtbar)* frightful; ■ **~, dass ...** to fear that ... **II.** *vr* ■ **sich ~** to be afraid (**vor** of); **sich im Dunkeln ~** to be afraid of the dark

fürch·ter·lich *adj s.* **furchtbar**

furcht·er·re·gendᴬᴸᵀ *adj* terrifying

furcht·los I. *adj* fearless **II.** *adv* fearlessly, without fear

Furcht·lo·sig·keit <-> *f kein pl* fearlessness *no pl*

furcht·sam ['fʊrçtzaːm] *adj (geh)* fearful

Furcht·sam·keit <-, *selten* -en> *f (geh)* fearfulness *no pl*

für·ein·an·der [fyːɐ̯ʔaɪ̯'nandɐ] *adv* for each other; **~ einspringen** to help each other out

Fu·rie <-, -n> ['fuːri̯ə] *f* ❶ *(pej: wütende Frau)* hellcat ❷ *(mythisches Wesen)* fury

Fur·nier <-s, -e> [fʊr'niːɐ̯] *nt* veneer

fur·nie·ren* [fʊr'niːrən] *vt* to veneer

Fu·ro·re [fu'roːrə] ▶ **~ machen** to cause a sensation

Für·sor·ge ['fyːɐ̯zɔrɡə] *f kein pl* ❶ *(Betreuung)* care ❷ *(fam: Sozialamt)* welfare services *npl* ❸ *(fam: Sozialhilfe)* social security *no art,* welfare AM; **von der ~ leben** to live on benefits

Für·sor·ge·pflicht *f* employer's obligation *to provide welfare services*

für·sorg·lich ['fyːɐ̯zɔrklɪç] **I.** *adj* considerate (**zu** towards) **II.** *adv* with care

Für·sorg·lich·keit <-> *f kein pl* care

Für·spra·che ['fyːɐ̯ʃpraːxə] *f* recommendation

Für·spre·cher(in) ['fyːɐ̯ʃpreçɐ] *m(f)* ❶ *(Interessenvertreter)* advocate ❷ JUR SCHWEIZ *(Anwalt)* barrister BRIT, attorney AM

Fürst(in) <-en, -en> [fʏrst] *m(f)* ❶ *(Adliger)* prince ❷ *(Herrscher)* ruler

Fürs·ten·tum *nt* principality; **das ~ Monaco** the principality of Monaco

Fürs·tin <-, -nen> *f fem form von* **Fürst** *(Adlige)* princess; *(Herrscherin)* ruler

fürst·lich ['fʏrstlɪç] **I.** *adj* ❶ *(den Fürsten betreffend)* princely ❷ *(fig: prächtig)* lavish **II.** *adv* lavishly; **~ speisen** to eat like a lord

Furt <-, -en> ['fʊrt] *f* ford

Fu·run·kel <-s, -> [fu'rʊŋkl̩] *nt o m* boil

Furz <-[e]s, Fürze> [fʊrts, *pl* 'fʏrtsə] *m (derb)* fart

fur·zen ['fʊrtsn̩] *vi (derb)* to fart

Fu·sel <-s, -> ['fuːzl̩] *m (pej)* rotgut, hooch AM

Fu·si·on <-, -en> [fu'zi̯oːn] *f* ❶ ÖKON merger ❷ PHYS fusion

fu·si·o·nie·ren* [fuzi̯o'niːrən] *vi* ÖKON to merge (**zu** into, **mit** with)

Fuß <-es, Füße> [fuːs, *pl* 'fyːsə] *m* ❶ *(Körperteil)* foot; **gut/schlecht zu ~ sein** to be steady/not so steady on one's feet; **etw ist zu ~ zu erreichen** sth is within walking distance; **zu ~ gehen** to walk, to go on foot; **jdm auf die Füße treten** to stand on sb's feet; *(fig: jdn beleidigen)* to step on sb's toes; **bei ~!** *(Befehl für Hunde)* heel! ❷ SÜDD, ÖSTERR *(Bein)* leg ❸ *(Sockel)* base; *(vom Schrank, Berg)* foot ❹ *kein pl (Längenmaß)* foot; **sie ist sechs ~ groß** she's six feet tall; **ein sechs ~ großer Mann** a six-foot man ▶ **keinen ~ vor die Tür setzen** to not set foot outside; **auf eigenen Füßen stehen** to stand on one's own two feet; **jdn auf dem falschen ~ erwischen** to catch sb unprepared; **sich auf freiem ~[e] befinden** to be free; *Ausbrecher* to be at large; **auf großem ~[e] leben** to live the high life; **kalte Füße bekommen** to get cold feet; **auf wackligen Füßen stehen** to rest on shaky foundations; **sich** *dat* **die Füße wund laufen** (*fam*) to run one's legs off; **jdm zu Füßen fallen** to go down on one's knees to sb; [**festen**] **~ fassen** to gain a [firm] foothold; **jdm zu Füßen liegen** to lie at sb's feet; **sich** *dat* **die Füße vertreten** to stretch one's legs

Fuß·ball ['fu:sbal] *m* ❶ *kein pl* (*Spiel*) football BRIT, soccer AM ❷ (*Ball*) football BRIT, soccer ball AM

Fuß·bal·ler(in) <-s, -> ['fu:sbalɐ] *m(f)* (*fam*) footballer

Fuß·ball·fan *m* football fan **Fuß·ball·mann·schaft** *f* football team **Fuß·ball·platz** *m* football pitch BRIT, soccer field AM **Fuß·ball·spiel** *nt* football match **Fuß·ball·spie·ler(in)** *m(f)* football player **Fuß·ball·sta·di·on** *nt* football stadium **Fuß·ball·ver·ein** *m* football club **Fuß·ball·welt·meis·ter·schaft** *f* football world championship[s]

Fuß·bank <-bänke> *f* footrest

Fuß·bo·den *m* floor **Fuß·bo·den·be·lag** *m* floor covering

Fuß·breit <-> ['fu:sbrajt] *m kein pl* ❶ (*Breite des Fußes*) width of a foot ❷ (*fig: bisschen*) inch; **keinen ~ weichen** to not budge an inch **Fuß·brem·se** *f* footbrake

Fus·sel <-s, -> ['fʊsl] *m* fluff *no pl*; **ein(e) ~** a bit of fluff

fus·se·lig ['fʊsəlɪç] *adj* fluffy *attr*; full of fluff *pred*

fus·seln ['fʊsln] *vi* to get fuzzy

fu·ßen ['fu:sn] *vi* to rest (**auf** on)

Fuß·en·de *nt* foot

Fuß·gän·ger(in) <-s, -> *m(f)* pedestrian **Fuß·gän·ger·brü·cke** *f* footbridge **Fuß·gän·ger·strei·fen** *m* SCHWEIZ, **Fuß·gän·ger·über·weg** *m* pedestrian crossing **Fuß·gän·ger·zo·ne** *f* pedestrian precinct

Fuß·ge·lenk *nt* ankle **fuß·läu·fig** *adj* (*zu Fuß*) on foot

fuss·lig[RR] ['fʊslɪç], **fuß·lig**[ALT] ['fʊslɪç] *adj s.* **fusselig**

Fuß·marsch *m* ❶ MIL march ❷ (*anstrengender Marsch*) long hike **Fuß·mat·te** *f* doormat **Fuß·na·gel** *m* toenail **Fuß·no·te** *f* LIT footnote **Fuß·pfle·ge** *f* care of one's feet; (*professionell*) pedicure **Fuß·pilz** *m kein pl* athlete's foot **Fuß·soh·le** *f* sole **Fuß·spit·ze** *f* toes *pl* **Fuß·spur** *f meist pl* footprints *pl* **Fuß·stap·fen** <-s, -> *m* footprint; **in jds**

~ treten (*fig*) to follow in sb's footsteps **Fuß·tritt** *m* kick **Fuß·volk** *nt kein pl* ❶ MIL (*veraltet*) infantry *pl* ❷ (*pej: bedeutungslose Masse*) **das ~** the rank and file **Fuß·weg** *m* ❶ (*Pfad*) footpath ❷ (*beanspruchte Zeit zu Fuß*) **es sind nur 15 Minuten ~** it's only 15 minutes walk **Fuß·zei·le** *f* INFORM footer

futsch [fʊtʃ] *adj präd* bust; **~ sein** to have had it

Fut·ter[1] <-s, -> ['fʊtɐ] *nt* ([*tierische*] *Nahrung*) [animal] feed; *von Pferd, Vieh a.* fodder

Fut·ter[2] <-s, -> ['fʊtɐ] *nt kein pl* (*Innenstoff*) lining

Fut·te·ral <-s, -e> [fʊtəˈraːl] *nt* case

füt·tern[1] ['fʏtɐn] *vt* to feed

füt·tern[2] ['fʏtɐn] *vt* (*mit Stofffutter versehen*) to line

fut·tern ['fʊtɐn] **I.** *vi* (*hum fam*) to stuff oneself **II.** *vt* (*hum fam*) ▪ **etw ~** to scoff sth

Fut·ter·napf *m* [feeding] bowl **Fut·ter·pflan·ze** *f* fodder crop

Füt·te·rung <-, -en> *f* feeding

Fut·ter·zu·satz *m* AGR feed supplement

Fu·tur <-s, -e> [fuˈtuːɐ̯] *nt* LING future [tense]

Fu·tu·ris·mus <-> [futuˈrɪsmʊs] *m kein pl* futurism *no pl*

fu·tu·ris·tisch [futuˈrɪstɪʃ] *adj* futurist[ic]

G g

G, g <-, - *o fam* -s, -s> [ge:] *nt* ❶ (*Buchstabe*) G, g; *s. a.* **A 1** ❷ MUS G, g; *s. a.* **A 2**

g *Abk von* **Gramm** g

gab [gaːp] *imp von* **geben**

Ga·be <-, -n> ['gaːbə] *f* ❶ (*geh: Geschenk*) gift; **eine milde ~** alms *pl* ❷ (*Begabung*) gift; **die ~ haben, etw zu tun** to have a [natural] gift of doing sth ❸ SCHWEIZ (*Preis, Gewinn*) prize

Ga·bel <-, -n> ['gaːbl] *f* ❶ (*Essens~*) fork ❷ (*Heu~, Mist~*) pitchfork ❸ (*Rad~*) fork ❹ TELEK cradle; **du hast den Hörer nicht richtig auf die ~ gelegt** you haven't replaced the receiver properly

ga·beln ['gaːbln] *vr* ▪ **sich ~** to fork

Ga·bel·stap·ler <-s, -> [-ˌʃtaːplɐ] *m* fork-lift truck

Ga·be·lung <-, -en> ['gaːbəlʊŋ] *f* fork

ga·ckern ['gakɐn] *vi* ❶ *Huhn* to cluck ❷ (*fig fam*) to cackle

gaf·fen ['gafn] *vi* (*pej fam*) to gape (**nach** at); **was gaffst du so?** what are you gawping at!

Gaf·fer(in) <-s, -> *m(f)* (*pej*) gaper
Gag <-s, -s> [gɛk] *m* (*fam*) gag
Ga·ge <-, -n> ['gaːʒə] *f* fee
gäh·nen ['gɛːnən] *vi* to yawn; **ein ~es Loch** a gaping hole
Ga·la <-, -s> ['gaːla] *f* ❶ *kein pl* formal dress *no pl*; (*fam*) **sich in ~ schmeißen** to get all dressed up [to the nines] ❷ (*Vorstellung*) gala performance
ga·lak·tisch [ga'laktɪʃ] *adj* galactic
ga·lant [ga'lant] *adj* (*veraltend*) chivalrous
Ga·la·xie <-, -n> [galak'siː, *pl* galak'siːən] *f* galaxy
Ga·lee·re <-, -n> [ga'leːrə] *f* galley
Ga·le·rie <-, -n> [galə'riː, *pl* -'riːən] *f* ❶ ARCHIT gallery ❷ (*Gemälde~*) art gallery; (*Kunsthandlung*) art dealer's ❸ ÖSTERR, SCHWEIZ (*Tunnel mit fensterartigen Öffnungen*) gallery
Ga·le·rist(in) <-en, -en> [galə'rɪst] *m(f)* proprietor of a gallery
Gal·gen <-s, -> ['galgən] *m* gallows + *sing vb*
Gal·gen·frist *f* (*fam*) stay of execution **Gal·gen·hu·mor** *m* gallows humour
Ga·li·läa <-s> [gali'lɛːa] *nt kein pl* Galilee
Gal·le <-, -n> ['galə] *f* ❶ (*~nblase*) gall bladder ❷ (*Gallenflüssigkeit*) bile
Gal·len·bla·se *f* gall bladder **Gal·len·stein** *m* gallstone
gal·lert·ar·tig [ga'lɛrt-] *adj* gelatinous
gal·lisch [galɪʃ] *adj* Gallic; *s. a.* **deutsch**
Ga·lopp <-s, -s *o* -e> [ga'lɔp] *m* gallop
ga·lop·pie·ren [galɔ'piːrən] *vi sein o haben* to gallop
galt ['galt] *imp von* **gelten**
gal·va·nisch [gal'vaːnɪʃ] *adj* galvanic
gal·va·ni·sie·ren [galvani'ziːrən] *vt* to galvanize
Gam·bia <-s> ['gambi̯a] *nt* the Gambia; *s. a.* **Deutschland**
Game·boy <-s, -s> ['geːmbɔy] *m* Gameboy®
Game·show <-, -s> ['geːmʃoː] *f* game show
Gam·ma <-[s], -s> ['gama] *nt* gamma
Gam·ma·strah·len *pl* gamma rays *pl*
gam·me·lig ['gaməlɪç] *adj* (*pej fam*) ❶ (*ungenießbar*) bad; **ein ~es Stück Käse** a piece of stale cheese ❷ (*unordentlich*) scruffy; **~ herumlaufen** to walk around looking scruffy
gam·meln ['gamln] *vi* ❶ (*ungenießbar werden*) to go off ❷ (*herumhängen*) to laze around
Gäm·se^{RR} <-, -n> ['gɛmzə] *f* chamois
gang ['gaŋ] *adj* **~ und gäbe sein** to be the norm
Gang¹ <-[e]s, Gänge> ['gaŋ, *pl* 'gɛŋə] *m* ❶ *kein pl* (*~art*) walk; **ich erkenne ihn schon am ~** I recognize him from the way he walks; **sie beschleunigte ihren ~** she quickened her pace; **er verlangsamte seinen ~** he slowed down; **aufrechter ~** upright carriage; **einen schnellen ~ haben** to walk quickly; **einen unsicheren ~ haben** to be unsteady on one's feet ❷ (*Weg*) walk; **sein erster ~ war der zum Frühstückstisch** the first thing he did was to go to the breakfast table; **ich traf sie auf dem ~ zum Arzt** I bumped into her on the way to the doctor's; (*Besorgung*) errand; **einen ~ machen** to go on an errand; **einen schweren ~ tun** to do sth difficult ❸ *kein pl* TECH **den Motor in ~ halten** to keep the engine running; **ihre Uhr hat einen gleichmäßigen ~** her clock operates smoothly; (*a. fig*) **etw in ~ bringen** to get sth going; (*a. fig*) **in ~ kommen** to get off the ground ❹ (*Ablauf*) course; **alles geht wieder seinen gewohnten ~** everything is proceeding as normal again; **im ~[e] sein** to be underway ❺ (*in einer Speisenfolge*) course ❻ AUTO gear; (*Fahrrad a.*) speed; **einen ~ einlegen** to engage a gear; **hast du den zweiten ~ drin?** (*fam*) are you in second gear?; **in den 2. ~ schalten** to change into 2nd gear ❼ (*eingefriedeter Weg*) passageway; (*Korridor*) corridor; *Theater, Flugzeug, Laden* aisle
Gang² <-, -s> [gɛŋ] *f* (*Bande*) gang
Gang·art *f* walk; *der Pferdes* pace
gang·bar *adj* ❶ (*begehbar*) passable ❷ (*fig*) practicable
gän·geln ['gɛŋln] *vt* (*pej*) ■ **jdn ~** to treat sb like a child
gän·gig ['gɛŋɪç] *adj* ❶ (*üblich*) common ❷ (*gut verkäuflich*) in demand; **die ~ste Ausführung** the bestselling model ❸ (*im Umlauf befindlich*) current; **die ~e Währung** the local currency
Gang·men·ta·li·tät *f* gang mentality
Gang·schal·tung *f* gears *pl*
Gangs·ter <-s, -> ['gɛŋstɐ] *m* (*pej*) gangster
Gang·way <-, -s> ['gɛŋveː] *f* gangway
Ga·no·ve <-n, -n> [ga'noːvə] *m* (*pej fam*) crook
Gans <-, Gänse> ['gans, *pl* 'gɛnzə] *f* goose; **blöde ~** (*pej fam*) silly goose
Gän·se·blüm·chen *nt* daisy **Gän·se·füß·chen** *pl* (*fam*) inverted commas *pl* **Gän·se·haut** *f kein pl* goose-pimples *pl*, goose bumps *esp* AM *pl*; **eine ~ kriegen** (*fam*) to get goose-pimples [*or esp* AM bumps] **Gän·se·le·ber·pas·te·te** *f* pâté de foie gras **Gän·se·marsch** *m kein pl* **im ~** in single file
Gän·se·rich <-s, -e> ['gɛnzərɪç] *m* gander
ganz ['gants] **I.** *adj* ❶ (*vollständig*) all; **die ~e Wahrheit** the whole truth; **die ~e Zeit**

the whole time; **es regnet schon den ~en Tag** it's been raining all day; **ist das Ihre ~e Auswahl an CDs?** are those all the CDs you've got?; **diese Verordnung gilt in ~ Bayern** this regulation applies to the whole of Bavaria; **wir fuhren durch ~ Italien** we travelled all over Italy ❷ (*unbestimmtes Zahlwort*) **eine ~e Drehung** a complete turn; **eine ~e Menge** quite a lot; **eine ~e Note** a semibreve; **~e Zahl** whole number ❸ (*fam: unbeschädigt*) intact; **etw wieder ~ machen** to mend sth; **wieder ~ sein** to be mended ❹ (*fam: nicht mehr als*) no more than **II.** *adv* ❶ (*sehr, wirklich*) really; **das war ~ lieb von dir** that was really kind of you; **etwas ~ Dummes** something really stupid; **das hast du ja ~ toll hinbekommen!** (*iron*) you've made a really good job of that!; **besonders** particularly; **ist das auch ~ bestimmt die Wahrheit?** are you sure you're telling the whole truth? ❷ (*ziemlich*) quite ❸ (*vollkommen*) completely; **du bist ~ nass** you're all wet; **~ und gar** completely; **~ und gar nicht** not at all; **etw ~ lesen** to read sth from cover to cover; **~ allein sein** to be all alone; **das ist mir ~ gleich** it's all the same to me; **ich muss diesen Wagen haben, ~ gleich, was er kostet!** I must have this car, no matter what it costs; **~ wie Sie wünschen/meinen** just as you wish/think best ❹ (*räumliche Position ausdrückend*) **~ hinten/vorne** right at the back/front

Gan·ze(s) *nt* ❶ (*alles zusammen*) whole; **etw als ~ sehen** to see sth as a whole; **was macht das ~?** how much is that all together?; **im ~n** on the whole ❷ (*die ganze Angelegenheit*) the whole business; **das ~ hängt mir zum Halse heraus** I've had it up to here with everything!; **das ist nichts ~s und nichts Halbes** that's neither one thing nor the other ▶ **aufs ~ gehen** (*fam*) to go for broke; **es geht [für jdn] ums ~** everything is at stake [for sb]

Ganz·heit <-, *selten* -en> *f* (*Einheit*) unity; (*Vollständigkeit*) entirety

ganz·heit·lich **I.** *adj* integral *attr* **II.** *adv* in all; **etw ~ betrachten** to look at sth in its entirety

gänz·lich ['gɛntslɪç] **I.** *adj* (*selten*) complete **II.** *adv* completely

ganz·tä·gig **I.** *adj* all-day; **~e Betreuung** round-the-clock supervision; **eine ~e Stelle** a full-time job **II.** *adv* all day

Ganz·tags·be·treu·ung *f* full-time childcare **Ganz·tags·schu·le** *f* full-time day school

ganz·tei·lig ['gantstaɪlɪç] *adj Badeanzug, Kostüm* one-piece

gar¹ ['gaːɐ̯] *adj* KOCHK done

gar² ['gaːɐ̯] *adv* ❶ (*überhaupt*) at all, whatsoever; **~ keine[r]** no one whatsoever; **~ keinen/keine/keines** none whatsoever; **hattest du denn ~ keine Angst?** weren't you frightened at all?; **~ nicht** not at all; **er hat sich ~ nicht gefreut** he wasn't at all pleased; **~ nichts** nothing at all [*or* whatsoever]; **~ niemand** no one at all [*or* whatsoever] ❷ ÖSTERR, SCHWEIZ, SÜDD (*sehr*) really

Ga·ra·ge <-, -n> [ga'raːʒə] *f* garage

Ga·rant(in) <-en, -en> [ga'rant] *m(f)* guarantor

Ga·ran·tie <-, -n> [garan'tiː, *pl* -'tiːən] *f* guarantee

ga·ran·tie·ren* [garan'tiːrən] *vt, vi* to guarantee

Ga·ran·tie·schein *m* guarantee [certificate]

Gar·aus ['gaːɐ̯ʔaʊ̯s] *m* ▶ **jdm den ~ machen** (*fam*) to bump sb off; **einer S.** *dat* **den ~ machen** to put an end to sth

Gar·be <-, -n> ['garbə] *f* ❶ (*Getreidebündel*) sheaf ❷ MIL **eine ~ abgeben** to fire a short burst

Gar·de <-, -n> ['gardə] *f* guard

Gar·de·ro·be <-, -n> [gardə'roːbə] *f* ❶ (*Kleiderablage*) hall-stand; (*Aufbewahrungsraum*) cloakroom ❷ *kein pl* (*geh: Kleidung*) wardrobe ❸ THEAT (*Ankleideraum*) dressing-room

Gar·de·ro·ben·stän·der *m* hat-stand

Gar·di·ne <-, -n> [gar'diːnə] *f* net curtain ▶ **hinter schwedischen ~n** (*fam*) behind bars

ga·ren ['gaːrən] *vt, vi* to cook

gä·ren ['gɛːrən] *vi sein o haben* ❶ (*sich in Gärung befinden*) to ferment ❷ (*fig*) to seethe; **etw gärt in jdm** sth is making sb seethe

Garn <-[e]s, -e> [garn] *nt* thread

Gar·ne·le <-, -n> [gar'neːlə] *f* prawn

gar·nie·ren* [gar'niːrən] *vt* ■ **etw ~** ❶ KOCHK to garnish sth (**mit** with) ❷ (*fig*) to embellish sth (**mit** with)

Gar·ni·tur <-, -en> [garni'tuːɐ̯] *f* set

gars·tig ['garstɪç] *adj* (*veraltend*) ❶ (*ungezogen*) bad; *Kind* naughty ❷ (*abscheulich*) horrible

Gar·ten <-s, Gärten> ['gartn̩, *pl* 'gɛrtn̩] *m* garden; **botanischer/zoologischer ~** botanical/zoological gardens

Gar·ten·ar·beit *f* gardening *no pl* **Gar·ten·ar·chi·tekt(in)** *m(f)* landscape gardener **Gar·ten·bau** *m kein pl* horticulture *no pl* **Gar·ten·fest** *nt* garden party **Gar·ten·haus** *nt* summer house; (*Geräteschuppen*) [garden] shed **Gar·ten·lau·be** *f* (*Pergola*) arbour **Gar·ten·lo·kal** *nt* open-air restaurant **Gar·ten·sche·re** *f* pruning shears *npl* **Gar·ten·zaun** *m* garden fence **Gar·ten·**

zwerg *m* garden gnome

Gärt·ner(in) <-s, -> ['gɛrtnɐ] *m(f)* gardener

Gärt·ne·rei <-, -en> [gɛrtnə'raɪ] *f (für Setzlinge)* nursery; *(für Obst, Gemüse, Schnittblumen)* market garden

Gä·rung <-, -en> ['gɛːrʊŋ] *f* fermentation

Gas <-es, -e> [gaːs, *pl* 'gaːzə] *nt* ❶ *(luftförmiger Stoff)* gas ❷ *(fam)* ~ **geben** to accelerate; **gib'** ~ **!** put your foot down!

Gas·bren·ner *m* gas burner **Gas·feu·er·zeug** *nt* gas lighter **Gas·flam·me** *f* gas flame **Gas·fla·sche** *f* gas canister **gas·för·mig** *adj* gaseous **Gas·hahn** *m* gas tap **Gas·hei·zung** *f* gas heating **Gas·herd** *m* gas cooker **Gas·kam·mer** *f* HIST gas chamber **Gas·ko·cher** *m* camping stove **Gas·la·ter·ne** *f* gas [street] lamp **Gas·lei·tung** *f* gas main **Gas·mann** *m (fam)* gasman **Gas·mas·ke** *f* gas mask **Gas·ofen** *m* gas oven **Gas·pe·dal** *nt* accelerator [pedal] **Gas·pis·to·le** *f* tear gas gun

Gas·se <-, -n> ['gasə] *f* ❶ *(schmale Straße)* alley[way] ❷ ÖSTERR *(Straße)* street; **auf der** ~ on the street; **über die** ~ to take away

Gast <-es, Gäste> ['gast, *pl* 'gɛstə] *m* ❶ *(eingeladene Person)* guest; **bei jdm zu** ~ **sein** *(geh)* to be sb's guest[s] ❷ *(Besucher einer fremden Umgebung)* ~ **in einer Stadt/ einem Land sein** to be a visitor to a city/ country ❸ *(Besucher eines Lokals, Hotels)* customer; **wir bitten alle Gäste, ihre Zimmer bis spätestens 12 Uhr zu räumen** all guests are kindly requested to vacate their rooms by midday

Gast·ar·bei·ter(in) *m(f)* guest worker

Gäs·te·buch *nt* visitors' book **Gäs·te·zim·mer** *nt* spare room

gast·freund·lich *adj* hospitable **Gast·freund·schaft** *f* hospitality **Gast·ge·ber(in)** <-s, -> *m(f)* host *masc,* hostess *fem* **Gast·ge·wer·be** *nt* catering industry **Gast·haus, Gasthof** *m* inn

gas·tie·ren* [gas'tiːrən] *vi* to make a guest appearance

Gast·land *nt* host country

gast·lich ['gastlɪç] *(geh)* **I.** *adj* hospitable **II.** *adv* hospitably

Gas·tri·tis <-, Gastritiden> [gas'triːtɪs, *pl* gastriti:dn] *f* gastritis

Gas·tro·no·mie <-,-n> [gastrono'miː, *pl* -'miːən] *f* ❶ *(geh: Gaststättengewerbe)* catering trade ❷ *(geh: Kochkunst)* gastronomy

gas·tro·no·misch *adj* gastronomic

Gast·spiel *nt* guest performance **Gast·stät·te** *f* restaurant **Gast·wirt(in)** *m(f)* restaurant manager; *einer Kneipe* landlord *masc,* landlady *fem* **Gast·wirt·schaft** *f s.* **Gaststätte**

Gas·ver·gif·tung *f* gas poisoning **Gas·werk** *nt* gasworks + *sing vb* **Gas·zäh·ler** *m* gas meter

Gat·te, Gat·tin <-n, -n> ['gatə, 'gatɪn] *m, f (geh)* spouse

Gat·ter <-s, -> ['gatɐ] *nt (Holzzaun)* fence

Gat·tung <-, -en> ['gatʊŋ] *f* ❶ BIOL genus ❷ KUNST, LIT genre

GAU <-s, -s> [gau] *m Akr von* **größter anzunehmender Unfall** MCA

Gau·di <-> ['gaudi] *f o nt kein pl* ÖSTERR, SÜDD *(fam: Spaß)* fun; **sich** *dat* **eine** ~ **aus etw** *dat* **machen** to get a kick out of doing sth

Gauk·ler(in) <-s, -> ['gauklɐ] *m(f) (veraltet)* travelling performer

Gaul <-[e]s, Gäule> ['gaul, *pl* 'gɔylə] *m (pej)* nag

Gau·men <-s, -> ['gaumən] *m* palate

Gau·men·freu·de *f (geh)* culinary delight

Gau·ner(in) <-s, -> ['gaunɐ] *m(f)* ❶ *(Betrüger)* crook ❷ *(Schelm)* rogue ❸ *(fam: gerissener Kerl)* crafty customer

Gau·ne·rei <-, -en> [gaunə'raɪ] *f* cheating *no pl*

Ga·zel·le <-, -n> [ga'tsɛlə] *f* gazelle

ge·ar·tet [gə'ʔaːɐtət] *adj* ❶ *(veranlagt)* natured ❷ *(beschaffen)* constituted; **dieser Fall ist anders** ~ the nature of this problem is different

Ge·äst <-[e]s> [gə'ʔɛst] *nt kein pl* branches *pl*

geb. *Abk von* **geboren** née

Ge·bäck <-[e]s, -e> [gə'bɛk] *nt pl selten (Plätzchen)* biscuits *pl; (Teilchen)* pastries *pl; (kleine Kuchen)* cakes *pl*

ge·ba·cken *pp von* **backen**

Ge·bälk <-[e]s, -e> [gə'bɛlk] *nt pl selten* timberwork *no pl*

ge·ballt I. *adj* ❶ *(konzentriert)* concentrated ❷ *(zur Faust gemacht)* ~ **e Fäuste** clenched fists **II.** *adv* in concentration; **solche Probleme treten immer** ~ **auf** these kinds of problems never occur singly

ge·bannt *adj (gespannt)* fascinated; **mit** ~**em Interesse** with fascination; **vor Schreck** ~ rigid with fear; **wie** ~ as if spellbound

ge·bar [gə'baːɐ] *imp von* **gebären**

Ge·bär·de <-, -n> [gə'bɛːɐdə] *f* gesture

ge·bär·den* [gə'bɛːɐdn̩] *vr haben* ■ **sich** ~ to behave

ge·bä·ren <gebiert, gebar, geboren> [gə'bɛːrən] **I.** *vt* ❶ *(zur Welt bringen)* ■ **geboren werden** to be born; **das Kind wurde einen Monat zu früh geboren** the child was born four weeks premature ❷ *(eine natürliche Begabung haben)* ■ **zu etw** *dat* **geboren sein** to be born to sth; **er ist zum**

ge·bär·fä·hig *adj* capable of child-bearing
Ge·bär·mut·ter <-mütter> *f* womb
ge·bauch·pin·selt [gəˈbaʊxpɪnzlt] *adj (hum fam)* flattered
Ge·bäu·de <-s, -> [gəˈbɔʏdə] *nt* ① *(Bauwerk)* building ② *(Gefüge)* structure; **ein ~ von Lügen** a web of lies
ge·baut *adj* built; ▪**gut/stark ~ sein** to be well-built
Ge·bein <-[e]s, -e> [gəˈbaɪn] *nt* ▪**~ e** *pl* bones *pl*; **eines Heiligen** relics *pl*
Ge·bell(e) <-s> [gəˈbɛl(ə)] *nt* kein pl *(pej fam)* incessant barking
ge·ben <gibt, gab, gegeben> [ˈgeːbn̩] **I.** *vt* ① *(reichen)* **jdm etw ~** to give sth to sb, to give sth to sb; **ich würde alles darum ~, ihn noch einmal zu sehen** I would give anything to see him again; *(beim Kartenspiel)* to deal; **du hast mir 3 Joker gegeben** you've dealt me 3 jokers; **wer gibt jetzt?** whose turn is it to deal? ② *(schenken)* to give [as a present] ③ *(mitteilen)* **jdm seine Telefonnummer ~** to give sb one's telephone number; **er ließ sich die Speisekarte ~** he asked for the menu ④ *(verkaufen)* **jdm etw ~** to get sb sth; **~ Sie mir bitte fünf Brötchen** I'd like five bread rolls please; *(bezahlen)* **ich gebe Ihnen 500 Euro für das Bild** I'll give you 500 euros for the picture ⑤ *(spenden)* ▪**etw gibt jdm etw** sth gives [sb] sth; *Schutz, Schatten* to provide ⓺ ▪**jdm jdn ~** to put sb through to sb; **~ Sie mir bitte Frau Schmidt** can I speak to Mrs Smith, please ⑦ *(stellen)* **eine Aufgabe/ein Problem/ein Thema ~** to set a task/problem/topic ⑧ *Pressekonferenz* to hold ⑨ *(zukommen lassen)* **jdm einen Namen ~** to name a person; **jdm ein Interview ~** to grant sb an interview ⑩ *(feiern)* **ein Fest ~** to give a party ⑪DIAL *(abgeben)* **etw/jdn irgendwohin ~** to send sth/sb somewhere; **sein Auto in [die] Reparatur ~** to have one's car repaired ⑫KOCHK **Wein in die Soße ~** to add wine to the sauce ⑬ *(ergeben)* **sieben mal sieben gibt neunundvierzig** seven times seven equals forty-nine; **keinen Sinn ~** that makes no sense ⑭ *(äußern)* ▪**etw von sich** *dat* **~** to utter sth ▸ **jdm etw zu tun ~** to give sb sth to do; **nichts auf etw** *akk* **~** to think nothing of sth; **ich gebe nicht viel auf die Gerüchte** I don't pay much attention to rumours; **es jdm ~** *(fam)* to let sb have it **II.** ① KARTEN to deal ② SPORT to serve; **du gibst!** it's your serve **III.** *vt impers* ① *(gereicht werden)* **hoffentlich gibt es bald was zu essen!** I hope there's something to eat soon!; **was gibt es zum Frühstück?** what's for breakfast?; **freitags gibt es bei uns immer Fisch** we always have fish on Fridays ② *(eintreten)* **heute gibt es noch Regen** it'll rain today; **hat es sonst noch etwas gegeben, als ich weg war?** has anything else happened while I was away; **gleich gibt es was** *(fam)* there's going to be trouble ③ *(existieren, passieren)* **das gibt es nicht!** *(fam)* no way!; **ein Bär mit zwei Köpfen? das gibt es nicht!** a bear with two heads? there's no such thing!; **das gibt es doch nicht!** *(fam)* that's unbelievable; **was gibt es?** *(fam)* what's up **IV.** *vr* ① *(nachlassen)* ▪**etw gibt sich** sth eases [off]; *(sich erledigen)* to sort itself out; **das gibt sich** it will sort itself out; **das wird sich geben ~** it will all work out [for the best] ② *(sich benehmen, aufführen)* **sie gab sich sehr überrascht** she acted very surprised; **nach außen gab er sich heiter** outwardly he behaved cheerfully; **sie gibt sich, wie sie ist** she doesn't try to be anything she isn't; **sich von der besten Seite ~** to show one's best side
Ge·bet <-[e]s, -e> [gəˈbeːt] *nt* prayer
Ge·bet·buch *nt* prayer book
ge·be·ten [gəˈbeːtn̩] *pp von* **bitten**
Ge·bets·käpp·chen *nt* REL *(fam: jüdisch)* skullcap; *(islamisch)* prayer cap
ge·bets·müh·len·haft I. *adj (pej fam)* constant **II.** *adv (pej fam)* constantly **Ge·bets·ni·sche** *f* REL mihrab **Ge·bets·ruf** *m* REL call to prayer
ge·biert [gəˈbiːɐ̯t] *3. pers pres von* **gebären**
Ge·biet <-[e]s, -e> [gəˈbiːt] *nt* ① *(Fläche)* area; *(Region a.)* region; *(Staats~)* territory ② *(Fach)* field
ge·bie·ten* [gəˈbiːtn̩] *irreg (geh)* **I.** *vt* ① *(befehlen)* ▪**jdm] etw ~** to command [sb] to do sth; **Einhalt ~** to put an end to sth ② *(verlangen, erfordern)* ▪**etw ~** to demand sth; **es ist Vorsicht geboten** care must be taken **II.** *vi* ① *(herrschen)* ▪**über jdn/etw ~** to have control over sb/sth ② *(verfügen)* ▪**über etw** *akk* **~** to have sth at one's disposal
Ge·bie·ter(in) <-s, -> *m(f) (veraltet geh)* lord
ge·bie·te·risch [gəˈbiːtərɪʃ] *(geh)* **I.** *adj* domineering **II.** *adv* domineeringly, in a domineering manner
Ge·bil·de <-s, -> [gəˈbɪldə] *nt* ① *(Ding)* thing ② *(Form)* shape; *(Struktur)* structure ③ *(Muster)* pattern ④ *(Schöpfung)* creation
ge·bil·det *adj* educated; **ein ~er Mensch** a cultured person
Ge·bir·ge <-s, -> [gəˈbɪrgə] *nt* mountains *pl*
ge·bir·gig [gəˈbɪrgɪç] *adj* mountainous
Ge·bissRR <-es, -e> *nt*, **Ge·biß**ALT <-sses,

-sse> nt ①(*Zähne*) [set of] teeth ②(*Zahnprothese*) dentures npl
ge·bis·sen [gə'bɪsn̩] pp von **beißen**
ge·bla·sen pp von **blasen**
ge·blie·ben [gə'bli:bn̩] pp von **bleiben**
ge·bo·gen [gə'bo:gn̩] I. pp von **biegen** II. adj bent
ge·bo·ren [gə'bo:rən] I. pp von **gebären** II. adj **der ~e Koch sein** to be a born cook
ge·bor·gen [gə'bɔrgn̩] I. pp von **bergen** II. adj safe
Ge·bor·gen·heit <-> f kein pl security
ge·bors·ten [gə'bɔrstn̩] pp von **bersten**
Ge·bot <-[e]s, -e> [gə'bo:t] nt ①(*Gesetz*) law; (*Verordnung*) decree ② REL **die zehn ~e** the ten commandments ③ (geh: *Erfordernis*) requirement; **das ~ der Stunde** the dictates of the moment ④ ÖKON bid; **gibt es ein höheres ~?** does anyone bid more?
ge·bo·ten [gə'bo:tn̩] I. ① pp von **gebieten** ② pp von **bieten** II. adj (geh: *notwendig*) necessary; (*angebracht*) advisable
Ge·brab·bel <-s> [gə'brabl̩] nt kein pl (pej fam) jabbering
ge·bracht [gə'braxt] pp von **bringen**
ge·brannt [gə'brant] I. pp von **brennen** II. adj burned, burnt; **~e Mandeln** roasted almonds
ge·bra·ten pp von **braten**
Ge·bräu <-[e]s, -e> [gə'brɔy] nt (pej) concoction
Ge·brauch <-[e]s, Gebräuche> [gə'braux, pl gə'brɔyçə] m ① kein pl (*Verwendung*) use; (*Anwendung*) application; **zum äußerlichen/innerlichen ~** to be applied externally/to be taken internally; **etw in ~ haben** to be in use; **von etw** dat **~ machen** to make use of sth; **vor ~ schütteln** shake well before use ② usu pl **Sitten und Gebräuche** manners and customs
ge·brau·chen* [gə'brauxn̩] vt ①(*verwenden*) to use; **nicht mehr zu ~ sein** to be no longer [of] any use; **das kann ich gut ~** I can really use that; **zu nichts zu ~ sein** to be no use at all ②(fam: *benötigen*) **dein Wagen könnte eine Wäsche ~** your car could do with a wash again
ge·bräuch·lich [gə'brɔyçlɪç] adj ①(*allgemein üblich*) customary; (*in Gebrauch*) in use ②(*herkömmlich*) conventional
Ge·brauchs·an·wei·sung f operating instructions **Ge·brauchs·ge·gen·stand** m basic commodity
ge·braucht adj second-hand
Ge·braucht·markt m second-hand market **Ge·braucht·wa·gen** m second-hand car
Ge·bre·chen <-s, -> [gə'brɛçn̩] nt (geh) affliction

ge·brech·lich [gə'brɛçlɪç] adj frail
ge·bro·chen I. pp von **brechen** II. adj (*völlig entmutigt*) broken III. adv imperfectly; **sie sprach nur ~ Deutsch** she only spoke broken German
Ge·brü·der [gə'bry:dɐ] pl (veraltet) brothers
Ge·brüll <-[e]s> [gə'brʏl] nt kein pl Löwe roaring; (pej) *Kind* bawling; *Mensch* screaming
Ge·bühr <-, -en> [gə'by:ɐ] f charge; (*Honorar, Beitrag*) fee; **~ [be]zahlt Empfänger** postage to be paid by addressee; **eine ~ erheben** to levy a charge
ge·büh·ren* [gə'by:rən] (geh) I. vi (*zukommen*) **jdm/etw gebührt etw** sb/sth deserves sth; **ihm gebührt unsere Anerkennung** he deserves our recognition II. vr ■ **sich ~** to be fitting; **wie es sich gebührt** as is fitting
ge·büh·rend I. adj (*zustehend*) due; (*angemessen*) appropriate II. adv (*angemessen*) appropriately
Ge·büh·ren·ein·zugs·zen·tra·le f collection centre for radio and television licence fees
ge·büh·ren·frei adj, adv free of charge
ge·büh·ren·pflich·tig I. adj subject to a charge; **~e Verwarnung** fine; **~e Straße** toll road II. adv **jdn ~ verwarnen** to fine sb
ge·bun·den [gə'bundn̩] I. pp von **binden** II. adj **~es Buch** hardcover; **~e Preise** controlled prices; **durch Verpflichtungen ~ sein** to be tied down by duties; **anderweitig ~ sein** to be otherwise engaged; **vertraglich ~ sein** to be bound by contract
Ge·burt <-, -en> [gə'bu:ɐ̯t] f ①(*Entbindung*) birth; **bei der ~** at the birth; **von ~ an** from birth ②(*Abstammung*) birth; **von ~ Deutscher sein** to be German by birth; **von niedriger/hoher ~ sein** to be of low/noble birth
Ge·bur·ten·kon·trol·le f kein pl birth control **Ge·bur·ten·rück·gang** m decline in the birth rate **Ge·bur·ten·schwach** adj **ein ~er Jahrgang** a year in which there is a low birth rate **Ge·bur·ten·stark** adj with a high birth rate **Ge·bur·ten·zahl** f birth rate
ge·bür·tig [gə'bʏrtɪç] adj by birth; **er ist ~er Londoner** he is a native Londoner
Ge·burts·da·tum nt date of birth **Ge·burts·hil·fe** f kein pl obstetrics **Ge·burts·jahr** nt year of birth **Ge·burts·ort** m place of birth **Ge·burts·sta·ti·on** f obstetrics ward
Ge·burts·tag m birthday; (*Geburtsdatum*) date of birth; **herzlichen Glückwunsch zum ~** happy birthday to you; **[seinen/jds] ~ feiern** to celebrate one's/sb's birthday; **jdm**

zum/zu jds ~ gratulieren to wish sb a happy birthday; wann hast du ~? when is your birthday? **Ge·burts·tags·ge·schenk** nt birthday present **Ge·burts·tags·kind** nt (hum) birthday boy/girl

Ge·burts·ter·min m due date **Ge·burts·ur·kun·de** f birth certificate

Ge·büsch <-[e]s, -e> [gə'bʏʃ] nt bushes pl; (Unterholz) undergrowth

ge·dacht [gə'daxt] ① pp von **denken** ② pp von **gedenken**

Ge·dächt·nis <-ses, -se> [gə'dɛçtnɪs, pl gə'dɛçtnɪsə] nt ① (Informationsspeicher im Gehirn) memory; **ein gutes/schlechtes ~ [für etw akk] haben** to have a good/poor memory [for sth]; **sein ~ anstrengen** to make a real effort to remember sth; **etw im ~ behalten** to remember sth; **jds ~ entfallen** to slip one's mind; **sein ~ verlieren** to lose one's memory ② (Gedenken) memory; **zum ~ der Toten** in remembrance of the dead

Ge·dächt·nis·ver·lust m kein pl loss of memory

ge·dämpft adj **~er Schall/~e Stimme** muffled echo/voice; **~es Licht/~e Farbe** muted light/colour; **~er Aufprall** softened impact

Ge·dan·ke <-ns, -n> [gə'daŋkə] m ① (das Gedachte, Überlegung) thought; **der bloße ~ an jdn/etw** the mere thought of sb/sth; **in ~n vertieft** deep in thought; **sich mit einem ~n vertraut machen** to get used to an idea; **jdn auf einen ~n bringen** to put an idea into sb's head; **jds ~n lesen** to read sb's thoughts; **sich dat über etw akk ~n machen** to be worried about sth; **mit seinen ~en woanders sein** to have one's mind on sth else ② (Einfall) idea; **einen ~n in die Tat umsetzen** to put a plan into action; **jdm kommt ein ~** sb hits upon an idea; **mir kommt da gerade ein ~!** I've just had an idea!; **mit dem Gedanken spielen, etw zu tun** to toy with the idea of doing sth ③ (Begriff) concept

Ge·dan·ken·aus·tausch m exchange of ideas **Ge·dan·ken·frei·heit** f kein pl freedom of thought no pl **Ge·dan·ken·gang** m train of thought **Ge·dan·ken·los** I. adj thoughtless II. adv thoughtlessly **Ge·dan·ken·strich** m dash **Ge·dan·ken·über·tra·gung** f telepathy no indef art **ge·dan·ken·ver·lo·ren** adj, adv lost in thought

ge·dank·lich [gə'daŋklɪç] adj intellectual; **die ~e Klarheit** of thought; **in keinem ~en Zusammenhang stehen** to be disjointed

Ge·deck <-[e]s, -e> [gə'dɛk] nt cover; **die**

~e abräumen to clear the table

ge·deckt I. pp von **decken** II. adj muted

Ge·deih [gə'daɪ] ▸ **auf ~ und Verderb** for better or [for] worse

ge·dei·hen <gedieh, gediehen> [gə'daɪən] vi sein ① (sich gut entwickeln) to flourish ② (vorankommen) to make headway

ge·den·ken* [gə'dɛŋkn̩] vi irreg (geh) ① (ehrend zurückdenken) ▪jds/einer S. gen ~ to remember sb/sth ② (beabsichtigen) ▪~, etw zu tun to intend to do sth

Ge·den·ken <-s> [gə'dɛŋkn̩] nt kein pl memory; **zum ~ an jdn/etw** akk in memory of sb/sth

Ge·denk·fei·er f commemorative ceremony **Ge·denk·mi·nu·te** f minute's silence **Ge·denk·stät·te** f memorial **Ge·denk·stun·de** f hour of commemoration **Ge·denk·tag** m day of remembrance

Ge·dicht <-[e]s, -e> [gə'dɪçt] nt poem

ge·die·gen [gə'di:gn̩] adj ① (rein) pure ② (solide gearbeitet) high quality ③ (geschmackvoll) tasteful ④ (gründlich) **~e Kenntnisse haben** to have sound knowledge ⑤ (verlässlich) **ein ~er Mensch** an upright person

ge·dieh [gə'di:] imp von **gedeihen**

ge·die·hen [gə'di:ən] pp von **gedeihen**

Ge·döns <-es> [gə'dø:ns] nt kein pl NORDD (fam) ① (Krempel) stuff ② (Aufheben) **viel ~ [um etw akk] machen** to make a lot of fuss [about sth]; **was soll das ganze ~?** what's all the fuss about?

Ge·drän·ge <-s> [gə'drɛŋə] nt kein pl ① (drängende Menschenmenge) crowd ② (das Drängen) jostling

ge·dro·schen [gə'drɔʃn̩] pp von **dreschen**

ge·drun·gen [gə'drʊŋən] I. pp von **dringen** II. adj stocky

Ge·duld <-> [gə'dʊlt] f kein pl patience; **jds ~ ist erschöpft** sb has lost patience; **hab' ~!** be patient!; **mit jdm/etw ~ haben** to be patient with sb/sth; **keine ~ [zu etw** dat**] haben** to have no patience [with sth]; **die ~ verlieren** to lose one's patience

ge·dul·den* [gə'dʊldn̩] vr ▪**sich ~** to be patient

ge·dul·dig [gə'dʊldɪç] adj patient

Ge·dulds·fa·den m ▸ **jdm reißt der ~** (fam) sb is at the end of his/her tether **Ge·dulds·pro·be** f test of one's patience

ge·durft [gə'dʊrft] pp von **dürfen**

ge·ehrt adj honoured; **sehr ~e Damen, sehr ~e Herren!** ladies and gentlemen!; (Anrede in Briefen) **sehr ~e Damen und Herren!** Dear Sir or Madam

ge·eig·net [gə'ʔaɪgnət] adj suitable; **jetzt ist nicht der ~e Augenblick, darüber zu**

sprechen it's not the right time to talk about it; ■**für etw** akk/**zu etw** dat **~ sein** to be suited to sth

Ge·fahr <-, -en> [gəˈfaːɐ̯] f danger; **jdn in ~ bringen** to endanger sb; **eine ~ darstellen** to pose a threat; **außer ~ sein** to be out of danger; **in ~ sein** to be in danger; **auf eigene ~** at one's own risk; **sich in ~ begeben** to put oneself at risk; **~ laufen, etw zu tun** to run the risk of doing sth; **auf die ~ hin, etw zu tun** at the risk of doing sth

ge·fähr·den* [gəˈfɛːɐ̯dn̩] vt ■**sich/jdn/etw ~** to endanger oneself/sb/sth; **den Erfolg einer S.** gen **~** to jeopardize the success of sth

Ge·fähr·dung <-, -en> f threat

ge·fah·ren pp von **fahren**

Ge·fah·ren·herd m source of danger

ge·fähr·lich [gəˈfɛːɐ̯lɪç] **I.** adj dangerous; (risikoreich) risky **II.** adv dangerously; **~ aussehen** to look dangerous

ge·fahr·los [gəˈfaːɐ̯loːs] adj safe

Ge·fähr·te, Ge·fähr·tin <-n, -n> [gəˈfɛːɐ̯tə, gəˈfɛːɐ̯tɪn] m, f (geh) companion

Ge·fäl·le <-s, -> [gəˈfɛlə] nt ❶ (Neigungsgrad) gradient; (Land) slope; (Fluss) drop ❷ (fig: Unterschied) difference

ge·fal·len <gefiel, gefallen> [gəˈfalən] **I.** vi ■**jdm ~** to please sb; **gefällt dir mein Kleid?** do you like my dress?; **die Sache gefällt mir nicht** (fam) I don't like the look of that **II.** vr ■**sich** dat **etw ~ lassen** (fam) to put up with sth; (etw akzeptabel finden) to be happy with sth

Ge·fal·len[1] <-s, -> [gəˈfalən] m favour; **jdm um einen ~ bitten** to ask sb for a favour; **jdm einen ~ tun** to do sb a favour

Ge·fal·len[2] <-s> [gəˈfalən] nt kein pl (geh) pleasure; **an etw** dat **~ finden** to enjoy sth

Ge·fal·le·ne(r) f(m) soldier killed in action

ge·fäl·lig [gəˈfɛlɪç] adj ❶ (hilfsbereit) helpful; **sich jdm ~ zeigen** to show oneself willing to help ❷ (ansprechend) pleasant ❸ (gewünscht) **Zigarette ~?** would you care for a cigarette? form

Ge·fäl·lig·keit <-, -en> f ❶ (Gefallen) favour; **jdm eine ~ erweisen** to do sb a favour ❷ kein pl (Hilfsbereitschaft) helpfulness; **aus ~** out of the kindness of one's heart

ge·fäl·ligst [gəˈfɛlɪçst] adv (euph, pej fam) kindly; **würden Sie mich ~ ausreden lassen!** would you kindly let me finish [speaking]!

ge·fan·gen [gəˈfaŋən] **I.** pp von **fangen II.** adj ❶ (in Gefangenschaft) **jdn ~ halten** to hold sb captive; **ein Tier ~ halten** to keep an animal in captivity; **jdn ~ nehmen** MIL to take sb prisoner; (verhaften) to arrest sb ❷ (beeindruckt) **jdn ~ halten** to captivate sb; **ihre Bücher nehmen mich ganz ~** I find her books captivating

Ge·fan·ge·ne(r) f(m) captive; (im Gefängnis) prisoner; (im Krieg) prisoner of war; **~ machen** to take prisoners

ge·fan·gen|hal·tenALT vt irreg s. **gefangen II Ge·fan·gen·nah·me** <-, -n> f ❶ MIL capture ❷ (Verhaftung) arrest **ge·fan·gen|neh·men**ALT vt irreg s. **gefangen II**

Ge·fan·gen·schaft <-, selten -en> f captivity; **in ~ geraten** to be taken prisoner; **in ~ gehalten werden** to be kept in captivity

Ge·fäng·nis <-ses, -se> [gəˈfɛŋnɪs, pl gəˈfɛŋnɪsə] nt ❶ (Haftanstalt) prison, jail; **im ~ sein** to be in prison; **ins ~ kommen** to be sent to prison ❷ kein pl (Haftstrafe) imprisonment no pl; **zwei Jahre ~ bekommen** to get two years imprisonment

Ge·fäng·nis·stra·fe f prison sentence **Ge·fäng·nis·wär·ter(in)** m(f) prison officer

Ge·fa·sel <-s> [gəˈfaːzl̩] nt kein pl (pej fam) drivel

Ge·fäß <-es, -e> [gəˈfɛːs] nt ❶ (Behälter) container ❷ (Ader) vessel

ge·fasstRR, **ge·faßt**ALT **I.** adj ❶ (beherrscht) composed ❷ (eingestellt) ■**auf etw** akk **~ sein** to be prepared for sth; **sich auf etw** akk **~ machen** to prepare oneself for sth **II.** adv calmly

Ge·fäß·ver·en·gung f vascular constriction **Ge·fäß·ver·kal·kung** f vascular sclerosis

Ge·fecht <-[e]s, -e> [gəˈfɛçt] nt (a. fig) battle

ge·feit [gəˈfaɪ̯t] adj ■**gegen etw** akk **~ sein** to be immune to sth

Ge·fie·der <-s, -> [gəˈfiːdɐ] nt plumage no indef art, no pl

ge·fie·dert [gəˈfiːdɐt] adj (geh) feathered

Ge·flecht <-[e]s, -e> [gəˈflɛçt] nt ❶ (Flechtwerk) wickerwork ❷ (Gewirr) tangle

ge·flis·sent·lich [gəˈflɪsn̩tlɪç] adv (geh) deliberately

ge·floch·ten [gəˈflɔxtn̩] pp von **flechten**

ge·flo·gen [gəˈfloːgn̩] pp von **fliegen**

ge·flo·hen [gəˈfloːən] pp von **fliehen**

ge·flos·sen [gəˈflɔsn̩] pp von **fließen**

Ge·flü·gel <-s> [gəˈflyːgl̩] nt kein pl poultry no indef art, no pl

ge·flü·gelt [gəˈflyːgl̩t] adj winged

Ge·flüs·ter <-s> [gəˈflʏstɐ] nt kein pl whispering

ge·foch·ten [gəˈfɔxtn̩] pp von **fechten**

Ge·fol·ge <-s, -> [gəˈfɔlgə] nt retinue

Ge·folg·schaft <-, -en> f ❶ (Anhängerschaft) following no pl ❷ HIST retinue ❸ kein pl (veraltend: Treue) allegiance (**gegenüber** to); **jdm ~ leisten** to obey sb

ge·fragt *adj* in demand *pred*
ge·frä·ßig [gəˈfrɛːsɪç] *adj* ❶ (*fressgierig*) voracious ❷ (*pej: unersättlich*) greedy
ge·fres·sen [gəˈfrɛsn̩] *pp von* **fressen**
ge·frie·ren* [gəˈfriːrən] *vi irreg sein* to freeze **Ge·frier·fach** *nt* freezer compartment **ge·frier·ge·trock·net** *adj* freeze-dried **Ge·frier·punkt** *m* freezing point; **über/unter dem ~** above/below freezing **Ge·frier·schrank** *m* upright freezer **Ge·frier·tru·he** *f* chest freezer
ge·fro·ren [gəˈfroːrən] *pp von* **frieren**, **gefrieren**
Ge·fü·ge <-s, -> [gəˈfyːgə] *nt* (*geh*) structure
ge·fü·gig [gəˈfyːgɪç] *adj* compliant; **[sich *dat*] jdn ~ machen** to make sb submit to one's will
Ge·fühl <-[e]s, -e> [gəˈfyːl] *nt* ❶ (*Sinneswahrnehmung*) feeling ❷ (*seelische Empfindung, Instinkt*) feeling; **das [...] ~ haben, dass/als ob ...** to have the [...] feeling that/as though ...; **ich werde das ~ nicht los, dass ...** I cannot help feeling that ...; **etw im ~ haben** to feel sth instinctively; **mein ~ täuscht mich nie** my instinct is never wrong; **jds ~e erwidern** to return sb's affections ❸ (*Sinn*) sense; **ein ~ für etw *akk* [haben]** [to have] a feeling for sth; **ein ~ für Zahlen/Kunst/Musik** a feeling for figures/art/music; **ein ~ für Gerechtigkeit** a sense of justice
ge·fühl·los I. *adj* ❶ (*ohne Sinneswahrnehmung*) numb ❷ (*herzlos*) insensitive **II.** *adv* insensitively
Ge·fühls·aus·bruch *m* emotional outburst **ge·fühls·be·tont** *adj* emotional **Ge·fühls·du·se·lei** <-, -en> [-duːzəˈlaj] *f* (*pej fam*) mawkishness **ge·fühls·kalt** *adj* cold **ge·fühls·mä·ßig** *adv* instinctively **Ge·fühls·re·gung** *f* [stirring of] emotion **Ge·fühls·sa·che** *f* matter of instinct
ge·fühl·voll I. *adj* (*empfindsam*) sensitive **II.** *adv* with feeling
Ge·fum·mel <-s> [gəˈfʊml] *nt kein pl* (*fam*) ❶ (*lästiges Hantieren*) fiddling ❷ (*sexuelle Berührung*) groping *fam*
ge·fun·den [gəˈfʊndn̩] *pp von* **finden**
ge·gan·gen [gəˈɡaŋən] *pp von* **gehen**
ge·ge·ben [gəˈɡeːbn̩] **I.** *pp von* **geben II.** *adj* ❶ (*geeignet*) right ❷ (*vorhanden*) given; **unter den ~en Umständen** under these circumstances
ge·ge·be·nen·falls [gəˈɡeːbənənˈfals] *adv* if necessary
Ge·ge·ben·heit <-, -en> *f meist pl* (*die Realitäten*) fact; **die wirtschaftlichen/sozialen ~en** the economic/social conditions

ge·gen [ˈɡeːɡn̩] **I.** *präp +akk* ❶ (*wider*) against; **ich brauche etwas ~ meine Erkältung** I need sth for my cold ❷ (*ablehnend*) ■~ **jdn/etw sein** to be against sb/sth ❸ (*entgegen*) contrary to; **~ alle Vernunft** against all reason ❹ JUR, SPORT versus ❺ (*an*) against; **~ die Wand stoßen** to run into the wall; **~ die Tür schlagen** to hammer on the door ❻ (*gegenüber*) towards, to ❼ (*für*) for; **~ Kaution/Quittung** against a deposit/receipt ❽ (*verglichen mit*) compared with ❾ (*ungefähr*) **~ Morgen/Mittag/Abend** towards morning/afternoon/evening **II.** *adv* **er kommt ~ drei Uhr an** he's arriving around three o'clock
Ge·gen·an·griff *m* counterattack **Ge·gen·an·zei·ge** *f* contraindication **Ge·gen·ar·gu·ment** *nt* counterargument **Ge·gen·bei·spiel** *nt* counterexample **Ge·gen·be·weis** *m* counterevidence; **[jdm] den ~ [zu etw *dat*] erbringen** to furnish [sb] with evidence to the contrary
Ge·gend <-, -en> [ˈɡeːɡn̩t, *pl* ˈɡeːɡn̩dən] *f* ❶ (*Gebiet*) region; **durch die ~ laufen/fahren** (*fam*) to stroll about/drive around ❷ (*Wohngegend*) area, neighbourhood ❸ (*Nähe*) area; **in der Münchner ~** in the Munich area
Ge·gen·dar·stel·lung *f* ❶ MEDIA reply ❷ (*gegensätzliche Darstellung*) account [of sth] from an opposing point of view; **eine ~ machen** to dispute [sth]
ge·gen·ein·an·der [ˈɡeːɡn̩ʔajˈnandɐ] *adv* against each other; **etwas ~ haben** (*fam*) to have against each other
ge·gen·ein·an·an·hal·ten *vt irreg* to hold up side by side **ge·gen·ein·an·der·pral·len** *vi sein* to collide
Ge·gen·fahr·bahn *f* oncoming lane **Ge·gen·ge·wicht** *nt* counterweight **Ge·gen·gift** *nt* antidote **ge·gen·läu·fig** *adj* ❶ TECH contra-rotating ❷ (*entgegengesetzt*) **eine ~e Entwicklung/Tendenz** a reverse development/trend **Ge·gen·leis·tung** *f* **eine/keine ~ erwarten** to expect something/nothing in return **Ge·gen·lie·be** *f kein pl* **[bei jdm] auf keine/wenig ~ stoßen** to meet with no/little approval [from sb] **Ge·gen·maß·nah·me** *f* countermeasure **Ge·gen·mit·tel** *nt* (*gegen Gift*) antidote; (*gegen Krankheit*) remedy (**gegen** for) **Ge·gen·of·fen·si·ve** *f* s. **Gegenangriff Ge·gen·re·for·ma·ti·on** *f* HIST Counter-Reformation **Ge·gen·rich·tung** *f* opposite direction
Ge·gen·satz *m* ❶ (*Gegenteil*) opposite; **im scharfen ~ zu etw *dat* stehen** to be in sharp conflict with sth; **der [genaue] ~ zu jdm sein** to be the [exact] opposite of sb; **im**

~ zu jdm/etw *dat* unlike sb/sth ❷ *pl* differences; **unüberbrückbare Gegensätze** irreconcilable differences ▸ **Gegensätze ziehen sich an** (*prov*) opposites attract

ge·gen·sätz·lich ['geːɡn̩zɛtslɪç] **I.** *adj* conflicting; *Menschen, Temperamente* different **II.** *adv* differently

Ge·gen·sätz·lich·keit <-, -en> *f* difference[s]

Ge·gen·schlag *m* retaliation **Ge·gen·sei·te** *f* other side

ge·gen·sei·tig ['geːɡn̩zaɪtɪç] **I.** *adj* mutual; **in ~er Abhängigkeit stehen** to be mutually dependent **II.** *adv* mutually; **sich ~ beschuldigen/helfen** to accuse/help each other

Ge·gen·sei·tig·keit <-> *f kein pl* mutuality; **auf ~ beruhen** to be mutual

Ge·gen·spie·ler(in) *m(f)* opposite number **Ge·gen·sprech·an·la·ge** *f* two-way intercom

Ge·gen·stand <-[e]s, Gegenstände> *m* ❶ (*Ding*) object ❷ (*Thema*) subject

ge·gen·ständ·lich ['geːɡn̩ʃtɛntlɪç] KUNST **I.** *adj* representational **II.** *adv* representationally

ge·gen·stands·los *adj* ❶ (*unbegründet*) unfounded ❷ (*hinfällig*) invalid; **bitte betrachten Sie dieses Schreiben als ~,** falls ... please disregard this notice if ...

Ge·gen·stück *nt* companion piece; **jds ~ sein** to be sb's opposite **Ge·gen·teil** ['geːɡn̩taɪl] *nt* opposite; **im ~!** on the contrary!

ge·gen·tei·lig ['geːɡn̩taɪlɪç] **I.** *adj* opposite **II.** *adv* to the contrary

ge·gen·über [ɡeːɡn̩'ʔyːbɐ] **I.** *präp* +*dat* ❶ (*örtlich*) **jdm/einer S.** *dat* ~ opposite sb/sth ❷ (*in Bezug auf*) ▪**jdm/einer S.** *dat* ~ towards sb/sth ❸ (*vor ...*) ▪**jdm** ~ in front of sb ❹ (*im Vergleich zu*) ▪**jdm** ~ in comparison with sb **II.** *adv* opposite; **die Leute von ~** the people [from] opposite

Ge·gen·über <-, -> [ɡeːɡn̩'ʔyːbɐ] *nt* ❶ (*Mensch*) person opposite ❷ (*Terrain*) land opposite

ge·gen·über·lie·gend *adj attr* opposite **ge·gen·über|ste·hen** *irreg* **I.** *vi* ❶ (*zugewandt stehen*) ▪**jdm** ~ to stand opposite sb ❷ (*eingestellt sein*) ▪**jdm/einer S.** *dat* [...] ~ to have a [...] attitude towards sb/sth; **jdm feindlich gegenüberstehen** to be ill disposed towards sb **II.** *vr* ▪**sich** *dat* **als etw** ~ to face each other as sth **ge·gen·über|stel·len** *vt* ❶ (*konfrontieren*) ▪**jdm jdn** ~ to confront sb with sb ❷ (*vergleichen*) ▪**einer S.** *dat* **etw** ~ to compare sth with sth **Ge·gen·über·stel·lung** *f* ❶ (*Konfrontation*) confrontation ❷ (*Vergleich*) comparison

Ge·gen·ver·kehr *m* oncoming traffic **Ge·gen·vor·schlag** *m* counterproposal

Ge·gen·wart <-> ['geːɡn̩vart] *f kein pl* ❶ (*jetziger Augenblick*) present ❷ (*heutiges Zeitalter*) present [day]; **die Literatur/Kunst/Musik der ~** contemporary literature/art/music ❸ LING present [tense] ❹ (*Anwesenheit*) presence

ge·gen·wär·tig ['geːɡn̩vɛrtɪç] **I.** *adj* ❶ *attr* (*derzeitig*) present ❷ (*heutig*) present[-day]; **zur ~en Stunde** at the present time; **der ~e Tag** this day ❸ (*geh: erinnerlich*) **die Adresse ist mir im Augenblick nicht ~** I cannot recall the address at the moment ❹ (*präsent*) ▪**irgendwo/in etw** *dat* ~ **sein** to be ever-present somewhere/in sth **II.** *adv* currently

Ge·gen·wehr *f* resistance; **[keine] ~ leisten** to put up [no] resistance **Ge·gen·wert** *m* equivalent; **im ~ von etw** *dat* to the value of sth **Ge·gen·wind** *m* headwind **ge·gen|zeich·nen** *vt* to countersign **Ge·gen·zug** *m* counter[move]; **im ~ [zu etw** *dat*] as a counter[move] [to sth]

ge·ges·sen [ɡəˈɡɛsn̩] *pp von* essen
ge·gli·chen [ɡəˈɡlɪçn̩] *pp von* gleichen
ge·glit·ten [ɡəˈɡlɪtn̩] *pp von* gleiten
ge·glom·men [ɡəˈɡlɔmən] *pp von* glimmen

Geg·ner(in) <-s, -> ['geːɡnɐ] *m(f)* ❶ (*Feind*) enemy ❷ (*Gegenspieler*) *a.* SPORT opponent

geg·ne·risch *adj attr* opposing
Geg·ner·schaft <-, -en> *f* opposition
ge·gol·ten [ɡəˈɡɔltn̩] *pp von* gelten
ge·go·ren [ɡəˈɡoːrən] *pp von* gären
ge·gos·sen [ɡəˈɡɔsn̩] *pp von* gießen
ge·gra·ben *pp von* graben
ge·grif·fen [ɡəˈɡrɪfn̩] *pp von* greifen
Ge·grö·le <-s> [ɡəˈɡrøːlə] *nt kein pl* (*pej fam*) raucous bawling
Ge·ha·be <-s> [ɡəˈhaːbə] *nt kein pl* (*pej fam:* Getue) fuss; (*Gebaren*) affectation
Ge·hack·te(s) *nt* mince[d meat] BRIT, ground[meat] AM; **~s von Schwein/Rind** minced [*or* AM ground] pork/beef
Ge·halt¹ <-[e]s, Gehälter> [ɡəˈhalt, *pl* ɡəˈhɛltɐ] *nt o* ÖSTERR ❸ salary
Ge·halt² <-[e]s, -e> [ɡəˈhalt] *m* (*Anteil*) content; ▪**der ~ an etw** *dat* the ... content
ge·hal·ten [ɡəˈhaltn̩] *pp von* halten
ge·halt·los *adj* ❶ (*nährstoffarm*) non-nutritious ❷ (*oberflächlich*) insubstantial
Ge·halts·ab·rech·nung *f* salary statement, pay slip **Ge·halts·emp·fän·ger(in)** *m(f)* salaried employee **Ge·halts·er·hö·hung** *f* pay rise **Ge·halts·kon·to** *nt* account into which a salary is paid **Ge·halts·vor·stel**

lung f salary expectation

ge·halt·voll adj ❶ (nahrhaft) nutritious, nourishing ❷ (gedankliche Tiefe aufweisend) stimulating

ge·han·di·kapt [gəˈhɛndikɛpt] adj handicapped (**durch** by)

ge·han·gen [gəˈhaŋən] pp von **hängen**

ge·häs·sig [gəˈhɛsɪç] I. adj spiteful II. adv spitefully

Ge·häs·sig·keit <-, -en> f ❶ kein pl (Boshaftigkeit) spite[fulness] ❷ (gehässige Bemerkung) spiteful remark

ge·hau·en pp von **hauen**

ge·häuft I. adj ❶ (hoch gefüllt) heaped ❷ (wiederholt) repeated II. adv in large numbers

Ge·häu·se <-s, -> [gəˈhɔyzə] nt ❶ (Schale) casing; (Kamera a.) body ❷ (Schneckengehäuse) shell ❸ (Kerngehäuse) core

geh·be·hin·dert adj leicht/stark ~ sein to have a slight/severe mobility handicap

Ge·he·ge <-s, -> [gəˈheːɡə] nt enclosure

ge·heim [gəˈhaɪm] I. adj secret II. adv secretly; ~ **abstimmen** to vote by secret ballot; **etw** [**vor jdm**] ~ **halten** to keep sth secret [from sb]

Ge·heim·agent(in) m(f) secret agent **Ge·heim·dienst** m secret service BRIT, intelligence service AM **Ge·heim·dienst·lich** adj secret service attr **ge·heim|hal·ten**^ALT vt irreg s. **geheim II**

Ge·heim·nis <-ses, -se> [gəˈhaɪmnɪs, pl gəˈhaɪmnɪsə] nt ❶ (Wissen) secret; **vor jdm keine ~se haben** to have no secrets from sb; **aus etw** dat **ein/kein ~ machen** to make a [big]/no secret of sth; **ein offenes ~** an open secret ❷ (Rätsel) **das ~ einer S.** gen the secret of sth; **das ~ des Lebens** the mystery of life

Ge·heim·nis·krä·mer(in) <-s, -> m(f) (fam) mystery-monger **Ge·heim·nis·krä·me·rei** [gəˌhaɪmnɪskrɛːməˈraɪ] f (pej fam) secretiveness **ge·heim·nis·krä·me·risch** [gəˈhaɪmnɪskrɛːmərɪʃ] adj (pej) secretive **ge·heim·nis·voll** I. adj mysterious II. adv mysteriously

Ge·heim·num·mer f ❶ TELEK ex-directory number ❷ (geheime Kombination) secret combination **Ge·heim·po·li·zei** f secret police **Ge·heim·sa·che** f classified information **Ge·heim·schrift** f code **Ge·heim·tipp**^RR m inside tip **Ge·heim·tür** f secret door **Ge·heim·waf·fe** f secret weapon **Ge·heim·zahl** f FIN PIN number

Ge·heiß <-es> [gəˈhaɪs] nt kein pl (geh) behest; **auf jds ~** at sb's behest

ge·hei·ßen pp von **heißen**

ge·hemmt I. adj inhibited II. adv **sich ~ be-**

nehmen to act self-consciously; ~ **sprechen** to speak with inhibitions

ge·hen <ging, gegangen> [ˈɡeːən] I. vi sein ❶ (sich fortbewegen) to go; (zu Fuß) to walk; **geh schon!** go on!; ~ **wir!** let's go!; ~ **wir oder fahren wir mit dem Auto?** shall we walk or drive?; **gehst du heute in die Stadt/auf die Post?** are you going to town/to the post office today?; **wann geht er nach Paris/ins Ausland?** when is he going to Paris/abroad?; **in Urlaub ~** to go on holiday [or AM vacation]; **auf die andere Straßenseite ~** to cross over to the other side of the street; [**im Zimmer**] **auf und ab ~** to pace up and down [the room]; ▪**in/an etw** akk ~ to go into/to sth; **ans Telefon ~** to answer the telephone; **zu jdm/etw ~** to go to sb/sth; **wie lange geht man bis zur Post?** how far is it to the post office? ❷ (besuchen) **zu jdm ~** to go and visit sb; **ins Theater/in die Kirche/Messe/Schule ~** to go to the theatre/to church/mass/school; **zu einem Vortrag/zu einer Messe/zur Schule ~** to go to a lecture/to a [trade] fair/to school; **an die Uni ~** to go to university; **aufs Gymnasium/auf einen Lehrgang ~** to go to [a] grammar school/on a course; **schwimmen/tanzen/einkaufen/schlafen ~** to go swimming/dancing/shopping/to bed ❸ (tätig werden) **in die Industrie/Politik/Computerbranche ~** to go into industry/politics/computers; **in die Gewerkschaft ~** to join the union; **zum Film/Radio/Theater/zur Oper ~** to go into films/radio/on the stage/become an opera singer ❹ (weggehen) to go; (abfahren a.) to leave; **ich muss jetzt ~** I have to be off; **wann geht der Zug nach Hamburg?** when does the train to Hamburg leave?; **heute geht leider keine Fähre mehr** there are no more ferries today, I'm afraid ❺ (führen) **die Brücke geht über den Fluss** the bridge crosses the river; **ist das die Straße, die nach Oberstdorf geht?** is that the road to Oberstdorf?; **wohin geht dieser Weg?** where does this path lead to? ❻ (ausscheiden) **gegangen werden** (hum fam) to be given the sack ❼ (funktionieren) to work; **meine Uhr geht nicht mehr** my watch has stopped ❽ (sich bewegen) **ich hörte, wie die Tür ging** I heard the door [go]; **diese Schublade geht schwer** this drawer is stiff ❾ (gelingen) **wie ist die Prüfung gegangen?** how did the exam go?; **zurzeit geht alles drunter und drüber** things are a bit chaotic right now; **versuch's einfach, es geht ganz leicht** just try it, it's really easy; **kannst du mir bitte erklären, wie das Spiel geht?** can you please explain the rules of the game to me?; **wie soll das denn bloß ~?** just how is that supposed to work? ⑩ ÖKON **das Geschäft geht vor Weihnachten immer gut** business is always good before Christmas; **wie ~ die Geschäfte?** how's business?; (*sich verkaufen*) to sell ⑪ (*hineinpassen*) **es ~ über 450 Besucher in das neue Theater** the new theatre holds over 450 people; **wie viele Leute ~ in deinen Wagen?** How many people [can] fit in[to] your car? ⑫ (*dauern*) **dieser Film geht drei Stunden** this film lasts three hours; **der Film geht schon über eine Stunde** the film started over an hour ago ⑬ (*reichen*) **das Wasser geht einem bis zur Hüfte** the water comes up to one's hips; **der Rock geht ihr bis zum Knie** the skirt goes down to her knee; **in die Tausende ~** to run into [the] thousands ⑭ KOCHK *Teig* to rise ⑮ (*sich kleiden*) ■ **in etw** *dat* **~** to wear sth; (*verkleidet sein*) ■ **als etw ~** to go as sth; **bei dem Nieselregen würde ich nicht ohne Schirm ~** I wouldn't go out in this drizzle without an umbrella; **sie geht auch im Winter nur mit einer dunklen Brille** she wears dark glasses even in winter ⑯ (*ertönen*) to ring ⑰ (*möglich sein*) **haben Sie am nächsten Mittwoch Zeit? — nein, das geht [bei mir] nicht** are you free next Wednesday? — no, that's no good [for me]; **das geht doch nicht!** that's not on!; **ich muss mal telefonieren - geht das?** I have to make a phone call - would that be alright?; **nichts geht mehr** (*beim Roulette*) no more bets; (*hoffnungslos sein*) there's nothing more to be done (*lauten*) **wie geht nochmal der Spruch?** what's that saying again?, how does the saying go? ⑱ (*anfassen*) **um ihre Schulden zu bezahlen, musste sie an ihr Erspartes ~** she had to raid her savings to pay off her debts; **wer ist dieses Mal an meinen Computer gegangen?** who's been messing around with my computer this time? ⑳ (*zufallen*) ■ **an jdn ~** to go to sb ㉑ (*beeinträchtigen*) **das geht [mir] ganz schön an die Nerven** that really gets on my nerves; **das geht an die Kraft** that takes it out of you ㉒ (*gerichtet sein*) ■ **an jdn ~** to be addressed to sb; **das geht nicht gegen Sie, aber die Vorschriften!** this isn't aimed at you, it's just the rules!; **das geht gegen meine Prinzipien** that is against my principles ㉓ (*fam: liiert sein*) ■ **mit jdm ~** to go out with sb ㉔ (*urteilen*) ■ **nach etw** *dat* **~** to go by sth (*überschreiten*) **zu weit ~** to go too far; **das geht zu weit!** that's just too much! ㉖ (*übersteigen*) **über jds Geduld ~** to exhaust sb's patience; **das geht einfach über meine finanziellen Möglichkeiten** I just don't have the finances for that ㉗ (*fam: akzeptabel sein*) **er geht gerade noch, aber seine Frau ist furchtbar** he's just about OK but his wife is awful; **wie ist das Hotel? — es geht [so]** how's the hotel? — it's ok ▶ **wo jd geht und steht** (*fam*) wherever sb goes; **jdm über alles ~** to mean more to sb than anything else; **es geht nichts über jdn/etw** *akk* there's nothing like sb/sth; **[ach] geh, ...!** (*fam*) [oh] come on, ...!; ÖSTERR, SÜDD **geh, was du nicht sagst!** go on, you're kidding! **II.** *vi impers sein* ❶ + *adv* (*sich befinden*) **wie geht es Ihnen? — danke, mir geht es gut!** how are you? — thank you, I am well!; **nach der Spritze ging es ihr gleich wieder besser** she soon felt better again after the injection; **wie geht's denn [so]?** (*fam*) how's it going? ❷ + *adv* (*verlaufen*) **wie war denn die Prüfung? — ach, es ging ganz gut** how was the exam? — oh, it went quite well ❸ (*sich handeln um*) **um was geht's denn?** what's it about then?; **worum geht es in diesem Film?** what is this film about?; **es geht hier um eine wichtige Entscheidung** there is an important decision to be made here ❹ (*wichtig sein*) **worum geht es dir eigentlich?** what are you trying to say?; **es geht mir nur um die Wahrheit** I'm only interested in the truth; **es geht mir ums Prinzip** it's a matter of principle ❺ (*ergehen*) **mir ist es ähnlich/genauso/nicht anders gegangen** it was the same/the same/no different with me; **lass es dir/lasst es euch gut ~!** look after yourself! ❻ (*sich machen lassen*) **das wird kaum ~, wir sind über Weihnachten verreist** that won't be possible, we're away for Christmas; **ich werde arbeiten, solange es geht** I shall go on working as long as possible; **geht es, oder soll ich dir tragen helfen?** can you manage, or shall I help you carry it/them ❼ (*nach jds Kopf ~*) **wenn es nach mir ginge** if it were up to me; **es kann nicht immer alles nach dir ~** you can't always have things your own way ▶ **geht's noch!?** SCHWEIZ (*iron*) are you crazy?! **III.** *vt sein* **ich gehe immer diesen Weg/diese Straße** I always walk this way/take this road **IV.** *vr haben* ❶ *impers* **in diesen Schuhen geht es sich bequem** these shoes are very comfortable for walking ❷ (*sich nicht beherrschen*) **sich ~ lassen** to lose one's self-control; (*nachlässig sein*) to let oneself go

ge·hen|las·senᴬᴸᵀ* *vr, vt irreg* **sich ~** to lose one's self-control; (*nachlässig sein*) to let oneself go

ge·heu·er [gəˈhɔyɐ] *adj* **[jdm] nicht [ganz] ~**

sein to seem [a bit] suspicious [to sb]; **jdm ist nicht ganz ~ [bei etw** *dat*] sb feels a little uneasy [about sth]; **irgendwo ist es nicht ~** somewhere is eerie

Ge·hil·fe, Ge·hil·fin <-n, -n> [gə'hɪlfə, gə'hɪlfɪn] *m, f* assistant

Ge·hirn <-[e]s, -e> [gə'hɪrn] *nt* brain

ge·hirn·am·pu·tiert *adj* (*hum*) ■ **~ sein** to be out of one's mind **Ge·hirn·er·schüt·te·rung** *f* concussion **Ge·hirn·haut·ent·zün·dung** *f* meningitis **Ge·hirn·schlag** *m* stroke **Ge·hirn·tu·mor** *m* brain tumour **Ge·hirn·wä·sche** *f* brainwashing *no indef art, no pl* **Ge·hirn·zel·le** *f* brain cell

ge·ho·ben [gə'ho:bn̩] **I.** *pp von* **heben II.** *adj* ❶ LING **sich ~ ausdrücken** to use elevated language ❷ (*höher*) senior ❸ **Stimmung** festive

Ge·höft [gə'hœft, gə'hø:ft], **Ge·höft** <-[e]s, -e> [gə'hø:ft] *nt* farm[stead]

ge·hol·fen [gə'hɔlfn̩] *pp von* **helfen**

Ge·hör <-[e]s, *selten* -e> [gə'hø:ɐ̯] *nt* hearing; **das ~ verlieren** to go deaf; **jdm/einer S.** *dat* [**kein**] **~ schenken** [not] to listen to sb/sth; **sich ~ verschaffen** to make oneself heard; **nach dem ~ spielen** to play by ear

ge·hor·chen [gə'hɔrçn̩] *vi* ❶ (*gefügig sein*) to obey ❷ (*reagieren*) ■ **jdm ~** to respond to sb

ge·hö·ren* [gə'hø:rən] **I.** *vi* ❶ (*jds Eigentum sein*) ■ **jdm ~** to belong to sb; **ihm ~ mehrere Häuser** he owns several houses ❷ (*jdm zugewandt sein*) ■ **jdm/einer S.** *dat* **~** to belong to sb/sth; **ihre ganze Liebe gehört ihrem Sohn** she gives all her love to her son ❸ (*den richtigen Platz haben*) **die Kinder ~ ins Bett** the children should be in bed; **wohin ~ die Hemden?** where do the shirts go? ❹ (*angebracht sein*) **dieser Vorschlag gehört nicht zum Thema/hierher** this suggestion is not to the point/is not relevant here ❺ (*Mitglied sein*) ■ **zu jdm/einer S.** *dat* **~** to belong to sb/sth; **zur Familie ~** to be one of the family ❻ (*Teil sein von*) ■ **zu etw** *dat* **~** to be part of sth; **gehört zu der Hose denn kein Gürtel?** shouldn't there be a belt with these trousers? ❼ (*Voraussetzung, nötig sein*) **zu dieser Arbeit gehört viel Konzentration** this work requires a lot of concentration; **es gehört viel Mut dazu, ...** it takes a lot of courage to ...; **dazu gehört nicht viel** that doesn't take much; **dazu gehört [schon] etwas** that takes some doing; **dazu gehört [schon etwas] mehr** there's a bit more to it than that! ❽ DIAL **er meint, dass sie ganz einfach wieder zurückgeschickt ~** he thinks they ought simply to be sent back again **II.** *vr* ■ **sich ~** to be fitting; **wie es sich gehört** as is right and proper;

sich [einfach/eben] nicht ~ to be [simply/just] not good manners

ge·hö·rig [gə'hø:rɪç] **I.** *adj* ❶ *attr* (*fam: beträchtlich*) good *attr;* **eine ~ e Achtung vor jdm haben** to have a healthy respect for sb; **jdm einen ~en Schrecken einjagen** to give sb a good fright; **jdm eine ~ e Tracht Prügel verpassen** to give sb a good thrashing ❷ *attr* (*entsprechend*) proper ❸ (*geh: gehörend*) ■ **zu etw** *akk* **~** belonging to sth; **nicht zur Sache ~ sein** not to be relevant **II.** *adv* (*fam*) **jdn ~ ausschimpfen** to tell sb well and truly off; **du hast dich ~ getäuscht** you are very much mistaken

Ge·hör·lo·se(r) *f(m)* (*geh*) deaf person

ge·hor·sam [gə'ho:ɐ̯za:m] **I.** *adj* obedient **II.** *adv* obediently

Ge·hor·sam <-s> [gə'ho:ɐ̯za:m] *m kein pl* obedience

Geh·steig *m s.* **Bürgersteig**

Ge·hu·pe <-s> [gə'hu:pə] *nt kein pl* (*pej*) honking

Geh·weg *m* ❶ *s.* **Bürgersteig** ❷ (*Fußweg*) walk

Gei·er <-s, -> ['gajɐ] *m* vulture

Gei·ge <-, -n> ['gajgə] *f* violin, fiddle *fam* ▶ **die erste ~ spielen** to call the tune; **die zweite ~ spielen** to play second fiddle

gei·gen ['gajgn̩] **I.** *vi* to play the violin **II.** *vt* ■ **etw ~** to play sth on the violin

Gei·ger(in) <-s, -> ['gajgɐ] *m(f)* violinist

Gei·ger·zäh·ler *m* Geiger counter

geil ['gajl] **I.** *adj* ❶ (*lüstern*) lecherous; ■ **~ auf jdn sein** to have the hots for sb; **jdn ~ machen** to make sb horny ❷ (*sl: toll*) wicked **II.** *adv* ❶ (*lüstern*) lecherously ❷ (*sl*) wicked

Gei·sel <-, -n> ['gajzl̩] *f* hostage; **jdn als ~ nehmen** to take sb hostage

Gei·sel·nah·me <-, -n> *f* hostage-taking **Gei·sel·neh·mer(in)** <-s, -> *m(f)* hostage-taker

Geiß <-, -en> ['gajs] *f* SÜDD, ÖSTERR, SCHWEIZ [nanny-]goat

Geiß·bock *m* SÜDD, ÖSTERR, SCHWEIZ (*Ziegenbock*) billy goat

Gei·ßel <-, -n> ['gajsl̩] *f* scourge

gei·ßeln ['gajsl̩n] *vt* ❶ (*mit der Geißel schlagen*) ■ **jdn/sich ~** to flagellate sb/oneself ❷ (*anprangern*) ■ **etw ~** to castigate sth

Geist <-[e]s, -er> ['gajst] *m* ❶ *kein pl* (*Vernunft*) mind ❷ *kein pl* (*Esprit*) wit; **~ haben** to have esprit ❸ (*Denker*) mind ❹ *kein pl* (*Wesen, Sinn, Gesinnung*) spirit ❺ (*körperloses Wesen*) ghost; **gute/böse ~er** good/evil spirits; **der Heilige ~** the Holy Ghost ▶ **von allen guten ~ern verlassen sein** (*fam*) to have taken leave of one's senses; **jdm auf**

den ~ **gehen** (*fam*) to get on sb's nerves; den ~ **aufgeben** (*fig fam*) to give up the ghost; **etw im ~e vor sich** *dat* **sehen** to picture sth

Geis·ter·bahn *f* ghost train **Geis·ter·fah·rer(in)** *m(f)* (*fam*) *sb driving down a road (often a motorway) in the wrong direction* **geis·ter·haft I.** *adj* ghostly **II.** *adv* eerily **Geis·ter·hand** *f* ▶ **wie** von ~ as if by magic **geis·tern** ['gaɪstɐn] *vi sein* ① (*herumgehen*) ■ **durch etw** *akk* ~ to wander through sth like a ghost ② (*spuken*) ■ **durch etw** *akk* ~ to haunt sth; **es geistert immer noch durch die Köpfe** it still haunts people's minds **Geis·ter·stun·de** *f* witching hour **geis·tes·ab·we·send I.** *adj* absent-minded **II.** *adv* absent-mindedly **Geis·tes·blitz** *m* (*fam*) brainwave, brainstorm **Geis·tes·ge·gen·wart** *f* presence of mind **geis·tes·ge·gen·wär·tig I.** *adj* quick-witted **II.** *adv* with great presence of mind **geis·tes·ge·stört** *adj* mentally disturbed **Geis·tes·hal·tung** *f* attitude [of mind] **geis·tes·krank** *adj* mentally ill **Geis·tes·krank·heit** *f* mental illness **geis·tes·ver·wandt** *adj* ~ **sein** to be kindred spirits **Geis·tes·wis·sen·schaf·ten** *pl* humanities **Geis·tes·wis·sen·schaft·ler(in)** *m(f)* ① (*Wissenschaftler*) humanities scholar ② (*Student*) humanities student **Geis·tes·zu·stand** *m* state of mind

geis·tig ['gaɪstɪç] **I.** *adj* ① (*verstandesmäßig*) mental ② (*spirituell*) spiritual **II.** *adv* ① (*verstandesmäßig*) mentally; ~ **anspruchslos** intellectually undemanding ② MED ~ **behindert/zurückgeblieben** mentally handicapped/retarded

geist·lich ['gaɪstlɪç] **I.** *adj* ① (*religiös*) religious ② (*kirchlich*) ecclesiastical; *Amt* religious; ~ **er Beistand** spiritual support **II.** *adv* spiritually

Geist·li·che(r) *f(m)* clergyman *masc*, woman priest *fem*

geist·los *adj* ① (*dumm*) witless ② (*einfallslos*) inane

geist·reich *adj* ① (*intellektuell anspruchsvoll*) intellectually stimulating ② *Mensch* witty

Geiz <-es> ['gaɪts] *m kein pl* miserliness **gei·zen** ['gaɪtsn̩] *vi* ■ **mit etw** *dat* ~ ① (*knauserig sein*) to be mean with sth ② (*zurückhaltend sein*) to be sparing with sth

Geiz·hals *m* miser

gei·zig ['gaɪtsɪç] *adj* stingy, miserly

Geiz·kra·gen *m* (*fam*) *s*. Geizhals

Ge·jam·mer <-s> [gəˈjamɐ] *nt kein pl* (*pej fam*) yammering

ge·kannt [gəˈkant] *pp von* kennen

Ge·ki·cher <-s> [gəˈkɪçɐ] *nt kein pl* (*pej fam*) giggling

Ge·kläf·fe <-s> [gəˈklɛfə] *nt kein pl* (*pej*) yapping

Ge·klap·per <-s> [gəˈklapɐ] *nt kein pl* (*pej fam*) clatter[ing]

Ge·klim·pe <-s> [gəˈklɪmpə] *nt kein pl* (*pej fam*) ① (*auf dem Klavier*) plonking ② (*mit Saiteninstrument*) twanging

Ge·klir·r(e) <-s> <-[e]s> [gəˈklɪr(ə)] *nt kein pl* clinking

ge·klom·men [gəˈklɔmən] *pp von* klimmen

ge·klun·gen [gəˈklʊŋən] *pp von* klingen

ge·knickt *adj* (*fam*) glum

ge·knif·fen [gəˈknɪfn̩] *pp von* kneifen

ge·kom·men *pp von* kommen

ge·konnt [gəˈkɔnt] **I.** *pp von* können **II.** *adj* accomplished

Ge·krit·zel <-s> [gəˈkrɪtsl̩] *nt kein pl* (*pej*) ① (*Gekritzeltes*) scrawl ② (*lästiges Kritzeln*) scrawling

ge·kro·chen [gəˈkrɔxn̩] *pp von* kriechen

ge·künst·lich *adj* (*pej*) artificial; ~**es Lächeln** forced smile; *Sprache, Benehmen* affected

Gel <-s, -e> [geːl] *nt* gel

Ge·la·ber(e) <-s> [gəˈlaːbə] *nt kein pl* (*pej fam*) blabbering

Ge·läch·ter <-s, -> [gəˈlɛçtɐ] *nt* laughter

ge·lack·mei·ert [gəˈlakmaɪɐt] *adj* (*fam*) ■ ~ **sein** to be the one who has been conned

ge·la·den **I.** *pp von* laden **II.** *adj* (*fam*) ■ ~ **sein** to be furious

Ge·la·ge <-s, -> [gəˈlaːgə] *nt* binge

ge·lähmt **I.** *pp von* lähmen **II.** *adj* paralyzed

Ge·län·de <-s, -> [gəˈlɛndə] *nt* ① (*Land*) terrain ② (*bestimmtes Stück Land*) site

Ge·län·der <-s, -> [gəˈlɛndɐ] *nt* railing[s]; (*Treppengeländer*) banister[s]

Ge·län·de·ren·nen *nt* cross-country race

Ge·län·de·wa·gen *m* off-road vehicle

ge·lang [gəˈlaŋ] *imp von* gelingen

ge·lan·gen* [gəˈlaŋən] *vi sein* ① (*hinkommen*) **ans Ziel/an den Bestimmungsort** ~ to reach one's destination; **in die falschen Hände** ~ to fall into the wrong hands ② (*erwerben*) ■ **zu etw** *dat* ~ to achieve sth; *Ruhm, Reichtum* to gain ③ SCHWEIZ ■ **an jdn** ~ to turn to sb (**mit** about)

ge·lang·weilt *adj, adv* bored

ge·las·sen **I.** *pp von* lassen **II.** *adj* calm **III.** *adv* calmly

Ge·las·sen·heit <-> *f kein pl* calmness

Ge·la·ti·ne <-> [ʒelaˈtiːnə] *f kein pl* gelatin[e]

Ge·lau·fen *pp von* laufen

ge·läu·fig [gəˈlɔʏfɪç] *adj* familiar

ge·launt [gəˈlaʊnt] *adj präd* ■ **...** ~ **sein** to be in a ... mood

Ge·läu·t(e) <-[e]s> [gə'lɔyt(ə)] *nt kein pl* chiming

gelb ['gɛlp] *adj* yellow

Gelb <-s, - *o* -s> ['gɛlp] *nt* ❶ (*gelbe Farbe*) yellow ❷ (*bei Verkehrsampel*) amber

Gelb·fie·ber *nt* yellow fever

gelb·lich ['gɛlplɪç] *adj* yellowish

Gẹlb·sucht *f kein pl* jaundice

Geld <-[e]s, -er> ['gɛlt, *pl* 'gɛldɐ] *nt kein pl* money; **bares** ~ cash; ~ **wie Heu haben** (*fam*) to have money to burn; **ins** ~ **gehen** (*fam*) to cost a pretty penny; **etw zu** ~ **machen** (*fam*) to turn sth into money ▸ **das** ~ **zum Fenster hinauswerfen** to throw money down the drain; **jdm das** ~ **aus der Tasche ziehen** to squeeze money out of sb; **in** ~ **schwimmen** to be rolling in money

Gẹld·an·ge·le·gen·heit *f meist pl* money matter **Gẹld·an·la·ge** *f* [financial] investment **Gẹld·au·to·mat** *m* cashpoint, automated teller machine, ATM **Gẹld·be·trag** *m* sum **Gẹld·beu·tel** *m* SÜDD *s.* Geldbörse **Gẹld·bör·se** *f* ÖSTERR (*sonst dated Portmonee*) purse **Gẹld·bu·ße** *f* fine **Gẹld·druck·ma·schi·ne** *f* (*fig fam*) goldmine **Gẹld·ent·wer·tung** *f* currency depreciation

Gẹl·der *pl* moneys *pl*

Gẹld·ge·ber(in) <-s, -> *m(f)* [financial] backer **geld·gie·rig** *adj* avaricious **Gẹld·in·sti·tut** *nt* financial institution **Gẹld·ma·che·rei** <-, -> *f kein pl* (*pej*) moneymaking **Gẹld·quel·le** *f* financial source **Gẹld·schein** *m* banknote, bill AM **Gẹld·schrank** *m* safe **Gẹld·schwie·rig·kei·ten** *pl* financial difficulties *pl* **Gẹld·sor·gen** *pl* money troubles *pl* **Gẹld·spen·de** *f* [monetary] donation **Gẹld·spiel·au·to·mat** *m* slot machine **Gẹld·stra·fe** *f* fine **Gẹld·stück** *nt* coin **Gẹld·ver·le·gen·heit** *f* financial embarrassment *no pl;* **in** ~ **en sein** to be short of money **Gẹld·ver·schwen·dung** *f* waste of money **Gẹld·wä·sche** *f* money-laundering **Gẹld·wech·sel** *m* foreign exchange **Gẹld·wert** *m* ❶ (*Kaufkraft*) value of a currency ❷ (*eines Gegenstandes*) cash value

Ge·lee <-s, -s> [ʒe'le:, ʒə'le:] *m o nt* jelly

ge·le·gen [gə'le:gn] **I.** *pp von* **liegen II.** *adj* (*passend*) convenient; **jdm** ~ **kommen** to come at the right time for sb

Ge·le·gen·heit <-, -en> [gə'le:gnhait] *f* ❶ (*günstiger Moment*) opportunity; **bei passender** ~ when the opportunity arises; **die** ~ **haben, etw zu tun** to have the opportunity of doing sth ❷ (*Anlass*) occasion; **bei dieser** ~ on this occasion ▸ **die** ~ **beim Schopf[e] fassen** to seize the opportunity with both hands

Ge·le·gen·heits·ar·beit *f* casual work **Ge·le·gen·heits·ar·bei·ter(in)** *m(f)* casual labourer **Ge·le·gen·heits·kauf** *m* bargain [purchase]

ge·le·gent·lich [gə'le:gntlɪç] **I.** *adj attr* occasional **II.** *adv* ❶ (*manchmal*) occasionally ❷ (*bei Gelegenheit*) **wenn Sie** ~ **in der Nachbarschaft sind ...** if you happen to be around here ...

ge·leh·rig [gə'le:rɪç] **I.** *adj* quick to learn **II.** *adv* **sich** ~ **anstellen** to be quick to learn

ge·lehrt *adj* ❶ (*gebildet*) learned ❷ (*wissenschaftlich*) scholarly

Ge·leit <-[e]s, -e> [gə'lait] *nt* **freies** ~ safe-conduct; **jdm das** ~ **geben** (*geh*) to escort sb; **jdm das letzte** ~ **geben** (*fig geh*) to pay one's last respects to sb

ge·lei·ten* [gə'laitn] *vt* (*geh*) to escort

Ge·leit·schutz *m* escort; **jdm/einer S.** *dat* ~ **geben** to escort sb/sth **Ge·leit·wort** <-s, -e> *nt* preface

Ge·lenk <-[e]s, -e> [gə'lɛŋk] *nt* ANAT, TECH joint

Ge·lenk·ent·zün·dung *f* arthritis

ge·len·kig [gə'lɛŋkɪç] *adj* supple

ge·lernt *adj* skilled *attr;* (*qualifiziert*) trained *attr*

ge·le·sen *pp von* **lesen**

Ge·lieb·te(r) *f(m)* lover

ge·lie·fert *adj* (*fam*) ■ ~ **sein** to have had it

ge·lie·hen [gə'li:ən] *pp von* **leihen**

ge·lin·d(e) [gə'lɪnt, gə'lɪndə] *adj* ❶ (*geh: mild*) mild; *Regen, Frost* light ❷ (*fam: heftig*) awful ▸ ~ **gesagt** to put it mildly

ge·lin·gen <gelang, gelungen> [gə'lɪŋən] *vi sein* ■ **jdm gelingt es, etw zu tun** sb manages to do sth; ■ **jdm gelingt es nicht, etw zu tun** sb fails to do sth

Ge·lin·gen <-s> [gə'lɪŋən] *nt kein pl* (*geh*) success; **auf gutes** ~! success!

ge·lit·ten [gə'lɪtn] *pp von* **leiden**

gell·[e] ['gɛl(ə)] *interj* SÜDD, SCHWEIZ right?

gel·len ['gɛlən] *vi* [*laut*] ~ to ring [loudly]

gel·lend I. *adj* piercing **II.** *adv* piercingly; ~ **um Hilfe schreien** to scream for help

ge·lo·ben* [gə'lo:bn] *vt* (*geh*) ■ **jdm**] **etw** ~ to vow sth [to sb]; **jdm Gefolgschaft** ~ to swear [one's] allegiance to sb; **ein einsichtigeres Verhalten** ~ to swear to behave more reasonably

Ge·löb·nis <-ses, -se> [gə'lø:pnɪs, *pl* gə'lø:pnɪsə] *nt* (*geh*) vow; **ein** ~ **ablegen** to take a vow

ge·lo·gen [gə'lo:gn] *pp von* **lügen**

ge·löst *adj* relaxed

gel·ten <gilt, galt, gegolten> ['gɛltn] **I.** *vi* ❶ (*gültig sein*) ■ **für jdn**] ~ *Regelung* to be valid [for sb]; *Bestimmungen* to apply [to sb];

Gesetz to be in force ❷ (*bestimmt sein für*) ■ **jdm/einer S.** *dat* ~ to be meant for sb/sth; *Buhrufe* to be aimed at sb/sth; *Frage* to be directed at sb ❸ (*zutreffen*) ■ **für jdn** ~ to go for sb ❹ (*gehalten werden*) ■ **als etw** ~ to be regarded as sth ▶ **etw ~ lassen** to accept sth; **für diesmal werde ich es ausnahmsweise ~ lassen** I'll let it go this time **II.** *vi impers* (*geh*) **es gilt, etw zu tun** it is necessary to do sth; **jetzt gilt es zusammenzuhalten** it is now a matter of sticking together; **es gilt!** you're on!; **das gilt nicht!** that's not allowed!

gel·tend *adj attr* (*gültig*) current; (*vorherrschend*) prevailing; **einen Einwand ~ machen** to raise an objection; **Ansprüche/Forderungen ~ machen** to make claims/demands; **sich ~ machen** to make itself noticeable

Gel·tung <-, -en> *f* ❶ (*Gültigkeit*) validity *no indef art, no pl*; **~ erlangen/haben** to become/be valid ❷ (*Ansehen*) prestige *no indef art, no pl*; **etw zur ~ bringen** to show off *sep* sth to [its] advantage; **sich/einer S. dat ~ verschaffen** to establish one's position/to enforce sth

Gel·tungs·be·dürf·nis *nt kein pl* need for admiration **Gel·tungs·drang** *m kein pl* need for recognition

Ge·lüb·de <-s, -> [gə'lʏpdə] *nt* (*geh*) vow

ge·lun·gen [gə'luŋən] **I.** *pp von* **gelingen II.** *adj attr* successful

ge·mäch·lich [gə'mɛːçlɪç] **I.** *adj* leisurely; *Leben* quiet **II.** *adv* leisurely; **~ frühstücken** to have a leisurely breakfast

Ge·mahl(in) <-s, -e> [gə'maːl] *m(f)* (*geh*) spouse

Ge·mäl·de <-s, -> [gə'mɛːldə] *nt* painting **Ge·mäl·de·ga·le·rie** *f* picture gallery

ge·mäß [gə'mɛːs] **I.** *präp +dat* in accordance with; **~ § 198** according to § 198 **II.** *adj* ■ **jdm/einer S.** *dat* ~ appropriate to sb/sth; **einem Anlass ~e Kleidung** clothes suitable for the occasion; **eine seinen Fähigkeiten ~e Beschäftigung** a job suited to one's abilities

ge·mäßigt *adj* ❶ METEO temperate ❷ (*moderat*) moderate

Ge·mäu·er <-s> [gə'mɔʏɐ] *nt kein pl* (*geh*) walls *pl*; (*Ruine*) ruins *pl*

Ge·me·cker <-s> [gə'mɛkɐ], **Ge·me·cke·re** <-s> [gə'mɛkərə], **Ge·meck·re** <-s> [gə'mɛkrə] *nt kein pl* (*pej*) ❶ (*Tier*) bleating[s *pl*] ❷ (*fam: Nörgelei*) whinging

ge·mein [gə'maɪn] **I.** *adj* ❶ (*niederträchtig*) mean ❷ (*böse*) nasty ❸ *attr, kein comp/superl* BOT, ZOOL common ❹ *präd* (*geh: gemeinsam*) ■ **jdm/einer S.** *dat* **~ sein** to be common to sb/sth; **etw mit jdm/etw ~ haben** to have sth in common with sb/sth **II.** *adv* (*fam*) horribly

Ge·mein·de <-, -n> [gə'maɪndə] *f* (*Kommune*) municipality ❷ (*Pfarr~*) parish; (*Gläubige a.*) parishioners *pl*

Ge·mein·de·haus *nt* REL parish rooms *pl* **Ge·mein·de·ord·nung** *f* by[e-]laws *pl* BRIT, municipal ordinance *no pl* AM **Ge·mein·de·rat**[1] *m* district council **Ge·mein·de·rat, -rä·tin**[2] *m, f* (~ *smitglied*) district councillor BRIT, councilman AM **Ge·mein·de·schwes·ter** *f* REL *parish nun operating as visiting nurse to the elderly and sick* **Ge·mein·de·ver·wal·tung** *f* district council **Ge·mein·de·zen·trum** *nt* REL parish rooms *pl*

ge·mein·ei·gen·tum *nt* common property **ge·mein·ge·fähr·lich** *adj* constituting a public danger *pred form*; **ein ~er Krimineller** a dangerous criminal **Ge·mein·gut** *nt kein pl* common property *no pl*

Ge·mein·heit <-, -en> *f* ❶ *kein pl* (*Niedertracht*) meanness *no art, no pl* ❷ (*niederträchtiges Handeln*) meanness *no art, no pl*; **so eine ~!** that was a mean thing to do/say!; (*Bemerkung*) mean remark

ge·mein·hin *adv* generally

ge·mein·nüt·zig [gə'maɪnnʏtsɪç] *adj* charitable **Ge·mein·platz** *m* commonplace

ge·mein·sam [gə'maɪnzaːm] **I.** *adj* ❶ (*mehreren gehörend*) common; *Konto* joint; *Freund* mutual ❷ (*von mehreren unternommen*) joint *attr*; **etw ~ haben** to have sth in common **II.** *adv* jointly

Ge·mein·sam·keit <-, -en> *f* common ground *no art, no pl*

Ge·mein·schaft <-, -en> *f* ❶ POL community; **in ~ mit jdm/etw** *dat* together with sb/sth ❷ *kein pl* (*gegenseitige Verbundenheit*) sense of community *no pl*

ge·mein·schaft·lich *adj s.* **gemeinsam**

Ge·mein·schafts·ar·beit *f* teamwork *no art, no pl* **Ge·mein·schafts·ge·fühl** *nt kein pl* sense of community *no pl* **Ge·mein·schafts·kun·de** *f kein pl* social studies + *sing vb* **Ge·mein·schafts·pra·xis** *f* joint practice **Ge·mein·schafts·pro·duk·ti·on** *f kein pl* joint production ❷ MEDIA, FILM co-production *spec* **Ge·mein·schafts·raum** *m* common room **Ge·mein·schafts·sinn** *m kein pl* SOZIOL community spirit

ge·mein·ver·ständ·lich *adj s.* **allgemeinverständlich Ge·mein·wohl** *nt* ■ **das ~** the public welfare; **dem ~ dienen** to be in the public interest

Ge·men·ge <-s, -> [gə'mɛŋə] *nt* ❶ (*Mi-*

schung) mixture (**aus** of) ❷ (*Gewühl*) crowd ❸ (*Durcheinander*) jumble *no pl*
ge·mes·sen [gəˈmɛsn̩] **I.** *pp von* **messen** **II.** *adj* (*geh*) proper; (*würdig langsam*) measured
Ge·met·zel <-s, -> [gəˈmɛtsl̩] *nt* bloodbath
ge·mie·den [gəˈmiːdn̩] *pp von* **meiden**
Ge·misch <-[e]s, -e> [gəˈmɪʃ] *nt* mixture (**aus** of)
ge·mischt *adj* mixed
ge·mocht [gəˈmɔxt] *pp von* **mögen**
ge·mol·ken [gəˈmɔlkn̩] *pp von* **melken**
ge·mop·pelt [gəˈmɔpl̩t] *adj* ▸ **doppelt ~** (*fam*) the same thing twice over
Ge·mot·ze <-s> [gəˈmɔtsə] *nt kein pl* (*fam*) nagging
Gem·se^{ALT} <-, -n> [ˈgɛmzə] *f s.* **Gämse**
Ge·mun·kel <-s> [gəˈmʊŋkl̩] *nt kein pl* rumour
Ge·mur·mel <-s> [gəˈmʊrml̩] *nt kein pl* murmuring; (*unverständlich*) mumbling
Ge·mü·se <-s, *selten* -> [gəˈmyːzə] *nt* vegetables *pl*; ▪ **ein ~** a vegetable **Ge·mü·se·an·bau** *m* vegetable-growing; (*für den Handel*) market gardening BRIT, truck farming AM **Ge·mü·se·gar·ten** *m* kitchen garden **Ge·mü·se·händ·ler(in)** *m(f)* greengrocer **Ge·mü·se·schä·ler** *m* vegetable peeler
ge·musst^{RR}, **ge·mußt**^{ALT} [gəˈmʊst] *pp von* **müssen**
ge·mus·tert *adj* patterned; **grün und braun ~ sein** to have a green and brown pattern
Ge·müt <-[e]s, -er> [gəˈmyːt] *nt* ❶ (*Seele*) soul ❷ (*Mensch*) soul ❸ (*Emotionen*) feelings *pl*; **sich** *dat* **etw zu ~[e] führen** (*hum: etw einnehmen*) to indulge in sth; (*etw beherzigen*) to take sth to heart; **jdm aufs ~ schlagen** to get to sb *fam*; **etwas fürs ~** (*hum*) something sentimental
ge·müt·lich I. *adj* ❶ (*bequem*) comfortable, comfy *fam*; **es sich/jdm** *dat* **~ machen** to make oneself/sb comfortable ❷ (*gesellig*) pleasant; (*ungezwungen*) informal **II.** *adv* ❶ (*gemächlich*) leisurely ❷ (*behaglich*) comfortably
Ge·müt·lich·keit <-> *f kein pl* cosiness *no art, no pl*; (*Ungezwungenheit*) informality *no art, no pl*; **in aller ~** at one's leisure
Ge·müts·be·we·gung *f* [signs *pl* of] emotion **ge·müts·krank** *adj* emotionally disturbed **Ge·müts·mensch** *m* (*fam*) good-natured person **Ge·müts·re·gung** *f s.* **Ge·mütsbewegung Ge·müts·ru·he** *f* calmness *no pl*; **in aller ~** (*fam*) in one's own time **Ge·müts·ver·fas·sung** *f*, **Ge·müts·zu·stand** *m* mood
Gen <-s, -e> [geːn] *nt* gene

ge·nannt [gəˈnant] *pp von* **nennen**
ge·nas [gəˈnaːs] *imp von* **genesen**
ge·nau [gəˈnau̯] **I.** *adj* ❶ (*exakt*) exact; **man weiß noch nichts G~es** nobody knows any details as yet ❷ (*gewissenhaft*) meticulous **II.** *adv* exactly; **~ in der Mitte** right in the middle; **~ genommen** strictly speaking; **etw ~ er betrachten** to take a closer look at sth; **etw [nicht] ~ wissen** to [not] know sth for certain; **sie ist ~ die richtige Frau für diesen Job** she's just the right woman for the job ▸ **es [nicht] ~ nehmen** to [not] be very particular; **wenn man es ~ nimmt** strictly speaking
ge·nau·ge·nom·men^{ALT} *adv* strictly speaking
Ge·nau·ig·keit <-> [gəˈnau̯ɪçkai̯t] *f kein pl* exactness; *Daten* accuracy; (*Sorgfalt*) meticulousness
ge·nau·so [gəˈnau̯zoː] *adv* just the same; **mir geht es ganz ~** I feel exactly the same; **~ kalt/klein wie ...** just as cold/small as ...; **~ gut/viel/wenig** just as well/much/little
Gen·darm <-en, -en> [ʒanˈdarm, ʒãˈdarm] *m* ÖSTERR (*Polizist*) gendarme
Gen·dar·me·rie <-, -n> [ʒandarməˈriː, ʒãdarməˈriː, ˈriːən] *f* ÖSTERR (*Polizeistation*) gendarmerie
Gen·de·fekt *m* BIOL, MED genetic defect
ge·nehm [gəˈneːm] *adj* (*geh*) acceptable; ▪ **jdm [nicht] ~ sein** to [not] be agreeable to sb; **wenn es ~ ist** if that is agreeable
ge·neh·mi·gen* [gəˈneːmɪgn̩] **I.** *vt* ▪ [**jdm**] **etw ~** to grant [sb] permission for sth; **„genehmigt"** "approved" **II.** *vr* ▪ **sich** *dat* **etw ~** to indulge in sth
Ge·neh·mi·gung <-, -en> *f* ❶ (*das Genehmigen*) approval *no art, no pl* ❷ (*Berechtigungsschein*) permit
ge·neigt *adj* (*geh*) ▪ **~ sein, etw zu tun** to be inclined to do sth
Ge·ne·ra [ˈgɛnera] *pl von* **Genus**
Ge·ne·ral(in) <-[e]s, -e *o* Generäle> [genəˈraːl, *pl* genəˈrɛːlə] *m(f)* general
Ge·ne·ral·di·rek·tor(in) *m(f)* director general **Ge·ne·ral·kon·su·lat** *nt* consulate general **Ge·ne·ral·pro·be** *f* THEAT dress rehearsal; MUS final rehearsal **Ge·ne·ral·sek·re·tär(in)** *m(f)* general secretary **Ge·ne·ral·stab** *m* general staff + *sing/pl vb* **Ge·ne·ral·streik** *m* general strike **Ge·ne·ral·über·ho·lung** <-> *f kein pl* complete overhaul **Ge·ne·ral·un·ter·su·chung** *f* MED complete check-up **Ge·ne·ral·ver·samm·lung** *f* general meeting
Ge·ne·ra·ti·on <-, -en> [genəraˈtsi̯oːn] *f* generation
Ge·ne·ra·ti·o·nen·ver·trag *m* younger generation's commitment to provide for the ol-

der generation, i.e. in form of pensions
Ge·ne·ra·ti·ons·kon·flikt *m* generation gap **Ge·ne·ra·ti·ons·wech·sel** *m* ① SOZIOL change of generation ② BIOL alternation of generations
Ge·ne·ra·tor <-s, -toren> [genəˈraːtoːɐ̯, *pl* genəraˈtoːrən] *m* generator
ge·ne·rell [genəˈrɛl] **I.** *adj* general **II.** *adv* generally
ge·ne·rie·ren* [genəˈriːrən] *vt* to generate
ge·nervt I. *pp von* **nerven II.** *adj* (*fam*) irritated
ge·ne·sen <genas, genesen> [gəˈneːzn̩] *vi sein* (*geh*) to recover (**von** from)
Ge·ne·sung <-, *selten* -en> [gəˈneːzʊŋ] *f* (*geh*) convalescence *no pl*
Ge·ne·tik <-> [geˈneːtɪk] *f kein pl* genetics + *sing vb*
ge·ne·tisch [geˈneːtɪʃ] *adj* genetic
Genf <-s> [ˈɡɛnf] *nt* Geneva
Gen·for·scher(in) *m(f)* genetic researcher **Gen·for·schung** *f* genetic research
ge·ni·al [geˈn̯iaːl] *adj* ① (*überragend*) brilliant; (*erfinderisch*) ingenious ② *Idee* inspired
Ge·ni·a·li·tät <-> [geniali'tɛːt] *f kein pl* ① (*überragende Art*) genius *no pl* ② (*Erfindungsreichtum*) ingenuity *no art, no pl*
Ge·nick <-[e]s, -e> [gəˈnɪk] *nt* neck ▸ jdm **das** ~ **brechen** (*fig*) to finish sb
Ge·nie <-s, -s> [ʒeˈniː] *nt* genius
ge·nie·ren* [ʒeˈniːrən] *vr* ■ **sich** ~ to be embarrassed; **sich für etw** *akk* ~ to be embarrassed about sth; ~ **Sie sich nicht!** don't be shy!
ge·nieß·bar *adj* (*essbar*) edible; (*trinkbar*) drinkable
ge·nie·ßen <genoss, genossen> [gəˈniːsn̩] *vt* ① (*auskosten*) ■ **etw** ~ to enjoy sth; (*bewusst kosten*) to savour sth ② (*essen*) ■ **etw** ~ to eat sth ▸ **nicht zu** ~ **sein** (*fam*) to be unbearable
Ge·nie·ßer(in) <-s, -> *m(f)* gourmet
ge·nie·ße·risch I. *adj* appreciative **II.** *adv* with pleasure
Ge·nie·streich [ʒeˈniː] *m* (*iron fam*) a stroke of genius
ge·ni·tal [geniˈtaːl] *adj* genital
Ge·ni·tal·be·reich *m* genital area
Ge·ni·ta·li·en [geniˈtaːliən] *pl* genitals *npl*
Ge·ni·tiv <-s, -e> [ˈɡeːnitiːf, *pl* ˈɡeːnitiːvə] *nt* genitive [case]
Gen·ma·ni·pu·la·ti·on *f* genetic manipulation
ge·nom·men [gəˈnɔmən] *pp von* **nehmen**
ge·normt *adj* standardized
ge·noss[RR], **ge·noß**[ALT] [gəˈnɔs] *imp von* **genießen**

Ge·nos·se, Ge·nos·sin <-n, -n> [gəˈnɔsə, gəˈnɔsɪn] *m, f* comrade
ge·nos·sen [gəˈnɔsn̩] *pp von* **genießen**
Ge·nos·sen·schaft <-, -en> [gəˈnɔsn̩ʃaft] *f* cooperative
ge·nos·sen·schaft·lich I. *adj* cooperative **II.** *adv* ~ **organisiert** organized as a cooperative
Ge·nos·sin [gəˈnɔsɪn] *f fem form von* **Genosse**
ge·nö·tigt *adj* forced; ■ ~ **sein, etw zu tun** to be forced to do sth; **sich** ~ **sehen, etw zu tun** to feel obliged to do sth
ge·no·zi·dal [genotsiˈdaːl] *adj* (*geh*) genocidal
Gen·re <-s, -s> [ˈʒãːrə] *nt* genre
Gen·so·ja *nt kein pl* genetically engineered soya beans **Gen·tech·nik** *f* genetic engineering *no art, no pl* **Gen·tech·ni·ker(in)** *m(f)* genetic engineer
gen·tech·nik·frei *adj* BIOL GM-free BRIT, not genetically engineered AM
gen·tech·nisch I. *adj* ~**e Methoden** methods in genetic engineering **II.** *adv* **etw** ~ **manipulieren** to genetically manipulate sth
Gen·tech·no·lo·gie *f* genetic engineering *no art, no pl*
ge·nug [gəˈnuːk] *adv* enough; [**von etw** *dat*] ~ **haben** to have had enough [of sth]; **jetzt ist**[ʼs] **aber** ~! that's enough!
Ge·nü·ge <-> [gəˈnyːɡə] *f kein pl* **zur** ~ [quite] enough; (*oft genug*) often enough
ge·nü·gen* [gəˈnyːɡn̩] *vi* ① (*ausreichen*) ■ [**jdm**] ~ to be enough [for sb]; ■ **für jdn** ~ to be enough for sb ② (*gerecht werden*) ■ **einer S.** *dat* ~ to fulfil sth
ge·nü·gend [gəˈnyːɡn̩t] *adv* enough
ge·nüg·sam [gəˈnyːkzaːm] **I.** *adj* (*bescheiden*) modest; (*pflegeleicht*) undemanding **II.** *adv* modestly
Ge·nug·tu·ung <-, *selten* -en> [gəˈnuːktuːʊŋ] *f* satisfaction
ge·nu·in [genuˈiːn] (*geh*) **I.** *adj* genuine **II.** *adv* genuinely
Ge·nus <-, Genera> [ˈɡɛnʊs, *pl* ˈɡɛnera] *nt* gender
Ge·nuss[RR] <-es, Genüsse> *m*, **Ge·nuß**[ALT] <-sses, Genüsse> [gəˈnʊs, *pl* gəˈnʏsə] *m* ① (*Köstlichkeit*) [culinary] delight ② *kein pl* (*geh: das Zusichnehmen*) consumption *no art, no pl* ③ (*das Genießen*) enjoyment; **in den** ~ **einer S.** *gen* **kommen** to enjoy sth; (*aus etw Nutzen ziehen a.*) to benefit from sth; **etw mit** ~ **tun** to do sth with relish
ge·nüss·lich[RR], **ge·nüß·lich**[ALT] **I.** *adj* pleasurable **II.** *adv* with relish
Ge·nuss·mit·tel[RR] *nt* luxury foods, alcohol and tobacco

ge·nuss·voll^{RR}, **ge·nuß·voll**^{ALT} **I.** *adv* essen, trinken with relish **II.** *adj* (genüsslich) appreciative; (erfreulich) highly enjoyable

Ge·o·graf(in)^{RR} <-en, -en> [geoˈgraːf] *m(f)* s. Geograph

Ge·o·gra·fie^{RR} <-> [geograˈfiː] *f kein pl* s. Geographie

geografisch^{RR} [geoˈgraːfɪʃ] *adj* s. geographisch

Ge·o·graph(in) <-en, -en> [geoˈgraːf] *m(f)* geographer

Ge·o·gra·phie <-> [geograˈfiː] *f kein pl* geography *no art, no pl*

ge·o·gra·phisch [geoˈgraːfɪʃ] *adj* geographic[al]

Ge·o·lo·ge, Ge·o·lo·gin <-n, -n> [geoˈloːɡə, geoˈloːɡɪn] *m, f* geologist

Ge·o·lo·gie <-> [geoloˈɡiː] *f kein pl* geology *no art, no pl*

ge·o·lo·gisch [geoˈloːɡɪʃ] *adj* geological

Ge·o·me·trie <-> [geomeˈtriː] *f kein pl* geometry *no art, no pl*

ge·o·me·trisch [geoˈmeːtrɪʃ] *adj* geometric

Geo·öko·lo·gie [geoˌøkoloˈɡiː] *f* geoecology **Ge·o·phy·sik** [geofyˈziːk] *f* geophysics *no art, + sing vb*

Ge·or·gi·en <-s> [geˈɔrɡiən] *nt* Georgia; s. a. Deutschland

Ge·or·gi·er(in) <-s, -> [geˈɔrɡiɐ] *m(f)* Georgian; s. a. Deutsche(r)

ge·or·gisch [geˈɔrɡɪʃ] *adj* Georgian; s. a. deutsch

Geo·ther·mik [geoˈtɛrmɪk] *f* geothermal studies *pl* **geo·ther·misch** [geoˈtɛrmɪʃ] *adj* geothermal

Ge·päck <-[e]s> [gəˈpɛk] *nt kein pl* luggage *no pl,* baggage *no pl esp* AM

Ge·päck·ab·fer·ti·gung *f* luggage [*or esp* AM baggage] check-in *no pl* **Ge·päck·ab·la·ge** *f* luggage rack **Ge·päck·an·nah·me** ● *kein pl* (Vorgang) checking-in of luggage [*or esp* AM baggage] *no pl* ● (Schalter) luggage [*or esp* AM baggage] check-in **Ge·päck·auf·be·wah·rung** *f* left-luggage office BRIT, baggage room AM **Ge·päck·aus·ga·be** *f* luggage reclaim BRIT, baggage pickup AM **Ge·päck·kon·trol·le** *f* luggage [*or* AM *esp* baggage] check **Ge·päck·netz** *nt* luggage rack **Ge·päck·stück** *nt* piece of luggage [*or* AM *esp* baggage] **Ge·päck·trä·ger** *m* (am Fahrrad) carrier **Ge·päck·trä·ger(in)** *m(f)* baggage handler **Ge·päck·wa·gen** *m* luggage van BRIT, baggage car AM

Ge·pard <-s, -e> [ˈɡeːpart, *pl* ˈɡeːpardə] *m* cheetah

ge·pfef·fert *adj* (fam) ● (überaus hoch) steep ● (schwierig) tough

ge·pfif·fen [gəˈpfɪfn̩] *pp von* pfeifen

ge·pflegt I. *adj* ● (nicht vernachlässigt) well looked after; Aussehen well-groomed; Garten well-tended; Park well-kept ● (fam: kultiviert) civilized; Ausdrucksweise cultured ● (erstklassig) first-rate **II.** *adv* ● (kultiviert) sich ~ ausdrücken to have a cultured way of speaking ● (erstklassig) ~ essen gehen to go to a first-rate restaurant

Ge·pflo·gen·heit <-, -en> [gəˈpfloːɡn̩haɪt] *f* (geh) habit

ge·pierct [-pi:ɐ̯st] *adj* pierced

Ge·plän·kel <-s> [gəˈplɛŋkl̩] *nt kein pl* squabble *fam*

Ge·plap·per <-s> [gəˈplapɐ] *nt kein pl* chatter[ing] *no pl*

Ge·plärr <-[e]s> [gəˈplɛr] *nt,* **Ge·plär·re** <-s> [gəˈplɛrə] *nt kein pl* (pej fam) bawling *no def art, no pl*

Ge·plät·scher <-s> [gəˈplɛtʃɐ] *nt kein pl* splashing *no def art, no pl*

Ge·plau·der <-s> [gəˈplaʊdɐ] *nt kein pl* chatter[ing]

ge·prie·sen [gəˈpriːzn̩] *pp von* preisen

ge·punk·tet *adj* ● (aus Punkten bestehend) dotted ● (mit Punkten versehen) spotted

ge·quält I. *adj* forced **II.** *adv* ~ lachen/seufzen to give a forced smile/sigh

Ge·quas·sel <-s> [gəˈkvasl̩] *nt kein pl* (pej fam) yacking

Ge·quat·sche <-s> [gəˈkvatʃə] *nt kein pl* (pej sl) gabbing *no pl*

ge·quol·len [gəˈkvɔlən] *pp von* quellen

ge·ra·de [gəˈraːdə] **I.** *adj* ● (nicht krumm) straight; (aufrecht) upright; etw ~ biegen to straighten out *sep;* etw ~ halten to hold sth straight; ~ sitzen to sit up straight; ~ stehen to stand up straight ● (opp: ungerade) even **II.** *adv* (fam) ● (im Augenblick, soeben) just; haben Sie ~ einen Moment Zeit? do you have time just now?; da du ~ da bist, ... just while you're here, ...; ich wollte mich ~ ins Bad begeben, da ... I was just about to get into the bath when ...; der Bus ist uns ~ vor der Nase weggefahren! we've just missed the bus!; da wir ~ von Geld sprechen, ... talking of money, ... ● (knapp) just; sie verdient ~ so viel, dass sie davon leben kann she earns just enough for her to live on; sie hat die Prüfung ~ so bestanden she only just passed the exam; ich kam ~ [noch] rechtzeitig I came just in time ● (genau) just; ~ heute hab' ich an dich gedacht I was thinking of you only today **III.** *part* (ausgerechnet) warum ~ er/ich? why him/me of all people?; ~ heute/morgen today/tomorrow of all days; warum ~ jetzt? why now of all times?; ~ du solltest dafür Verständnis haben you

Ge·ra·de <-n, -n> [gəˈraːdə] f ❶ MATH straight line ❷ SPORT straight

ge·ra·de·aus [gəraːdəˈʔaʊs] adv straight ahead; **~ fahren** to drive straight on

ge·ra·de·bie·gen vt irreg ❶ (in gerade Form biegen) s. **gerade** I 1 ❷ (fam: in Ordnung bringen) to straighten out sth sep

ge·ra·de·her·aus [gəraːdəhɛˈraʊs] **I.** adj präd (fam) straightforward **II.** adv (fam) frankly

ge·rä·dert adj (fam) ▶ **wie ~ sein** to be completely exhausted

ge·ra·de·ste·hen vi irreg ❶ (aufrecht stehen) s. **gerade** I 1 ❷ (einstehen) ■ **für jdn/etw ~** to answer for sb/sth **ge·ra·de·wegs** [gəˈraːdəveːks] adv straight; **~ nach Hause** straight home

ge·ra·de·zu [gəˈraːdətsuː] adv really

Ge·rad·heit <-> f kein pl sincerity

ge·rad·li·nig adj, adv straight

ge·ram·melt adv ▶ **voll** (fam) jam-packed

Ge·ran·gel <-s> [gəˈraŋl] nt kein pl ❶ (Balgerei) scrapping no art, no pl; (Geschubse) tussle ❷ (Auseinandersetzung) quarrelling no art

Ge·ra·nie <-, -n> [geˈraːni̯ə] f geranium

ge·rann [gəˈran] imp von **gerinnen**

ge·rannt [gəˈrant] pp von **rennen**

Ge·rät <-[e]s, -e> [gəˈrɛːt] nt ❶ (Vorrichtung) device, gadget; (Garten~) tool ❷ ELEK, TECH appliance ❸ SPORT (Turn~) [piece of] apparatus ❹ kein pl (Ausrüstung) equipment no pl; eines Handwerkers tools pl

ge·ra·ten¹ <gerät, geriet, geraten> [gəəaˈtn] vi sein ❶ (zufällig gelangen) **in schlechte Gesellschaft/eine Schlägerei/einen Stau ~** to get into bad company/a fight/a traffic jam ❷ (unbeabsichtigt kommen) **unter einen Lastwagen ~** to fall under a lorry [or AM truck]; **in einen Sturm ~** to get caught in a storm ❸ (sich konfrontiert sehen mit) ■ **in etw** akk **~** to get into sth; **in Armut ~** to end up in poverty; **in eine Falle ~** to fall into a trap; **in Gefangenschaft ~** to be taken prisoner; **in Schulden/Schwierigkeiten/eine Situation ~** to get into debt[s]/difficulties/a situation ❹ (erfüllt werden von) **in Furcht/Verlegenheit/Wut ~** to get scared/embarrassed/angry; **in Panik ~** to start to panic ❺ (beginnen, etw zu tun) **in Bewegung ~** to begin to move; **in Brand ~** to catch fire; **ins Schleudern ~** to get into a skid; **ins Schwärmen/Träumen ~** to fall into a rapture/dream; **ins Stocken ~** to come to a halt; **in Vergessenheit ~** to fall into oblivion ❻ (ausfallen) **der Pulli ist mir zu groß ~** my jumper turned out too big; **das Essay ist zu kurz ~** the essay turned out too short ❼ (gelingen) **das Soufflé ist mir ~/mir nicht ~** my soufflé turned out/didn't turn out well; **alle meine Kinder sind gut ~** all my children turned out well ❽ (fam: kennen lernen) ■ **an jdn ~** to come across sb ❾ (arten) ■ **nach jdm ~** to take after sb

ge·ra·ten² [gəˈraːtn] **I.** pp von **raten II.** adj (geh) advisable

Ge·ra·te·wohl [gəraːtəˈvoːl, gəraːtəvoːl] nt ▶ **aufs ~** (fam: auf gut Glück) on the offchance; (willkürlich) randomly

ge·raum [gəˈraʊm] adj attr (geh) some attr; **vor ~er Zeit** some time ago; **seit ~er Zeit** for some time

ge·räu·mig [gəˈrɔʏmɪç] adj spacious

Ge·räusch <-[e]s, -e> [gəˈrɔʏʃ] nt sound; (unerwartet, unangenehm a.) noise

ge·räusch·arm adj low-noise spec **ge·räusch·emp·find·lich** adj sensitive to noise pred **Ge·räusch·ku·lis·se** f background noise no pl

ge·räusch·los I. adj silent **II.** adv silently

ge·räusch·voll I. adj loud **II.** adv loudly

ger·ben [ˈɡɛrbn] vt to tan

Ger·ber(in) <-s, -> [ˈɡɛrbɐ] m(f) tanner

Ger·be·rei <-, -en> [gɛrbəˈraɪ] f tannery

ge·recht [gəˈrɛçt] **I.** adj (rechtgemäß) just; ■ **~ sein** to be fair [or just] ❷ (verdient) just; **einen ~en Lohn** (Geld) a fair wage; (Anerkennung) a just reward ❸ (berechtigt) **eine ~e Sache** a just cause ❹ (angemessen beurteilen) ■ **jdm/einer S.** dat **~ werden** to do justice to sb/sth ❺ (eine Aufgabe erfüllen) ■ **einer S.** dat **~ werden** to fulfill sth; **Erwartungen ~ werden** to meet expectations **II.** adv justly

ge·recht·fer·tigt adj justified

Ge·rech·tig·keit <-> [gəˈrɛçtɪçkaɪt] f kein pl ❶ (das Gerechtsein) justice no art, no pl ❷ (Unparteilichkeit) fairness no art, no pl ▶ **ausgleichende ~** poetic justice

Ge·rech·tig·keits·ge·fühl nt, **Ge·rech·tig·keits·sinn** m kein pl sense of justice

Ge·re·de <-s> [gəˈreːdə] nt kein pl gossip no indef art, no pl; (Geschwätz) talk no indef art, no pl; **kümmere dich nicht um das ~ der Leute** don't worry about what [other] people say

ge·re·gelt adj regular

ge·reizt I. adj (verärgert) irritated; (nervös) edgy **II.** adv touchily

Ge·richt¹ <-[e]s, -e> [gəˈrɪçt] nt (Speise) dish

Geringschätzung ausdrücken

Geringschätzung/Missfallen ausdrücken	expressing disdain/displeasure
Ich halte nicht viel von dieser Theorie.	I don't think much of this theory.
Davon halte ich gar/überhaupt nichts.	I don't think much of that at all./ I'm not in the least impressed by that.
Komm mir bloß nicht mit Psychologie! (*fam*)	Don't give me any of that psychology nonsense!
(Es tut mir leid, aber) **ich habe für** diese Typen **nichts übrig**. (*fam*)	(I'm sorry but) **I've got no time for** people like that.
Ich kann mit moderner Kunst **nichts anfangen**. (*fam*)	Modern art **doesn't do a thing for me** (*fam*)/**is not my cup of tea**.

Ge·richt² <-[e]s, -e> [gə'rɪçt] *nt* ❶ JUR court [of justice]; (*Gebäude*) law courts *pl*; **jdn/einen Fall vor ~ bringen** to take sb/a case to court ❷ (*die Richter*) court ▸ **das Jüngste ~** REL Judg[e]ment Day; **mit jdm ins ~ gehen** to sharply criticize sb

ge·richt·lich I. *adj attr* judicial II. *adv* legally; **~ gegen jdn vorgehen** to take sb to court

Ge·richts·ak·ten *pl* court records *pl*

Ge·richts·bar·keit <-, -en> *f* jurisdiction

Ge·richts·be·schluss^{RR} *m* court decision

Ge·richts·hof *m* law court, court of law *esp* AM; **der Europäische ~** the European Court of Justice **Ge·richts·kos·ten** *pl* court fees **Ge·richts·me·di·zin** *f* forensic medicine *no art, no pl* **Ge·richts·saal** *m* courtroom **Ge·richts·stand** *m* court of jurisdiction **Ge·richts·ver·fah·ren** *nt* legal proceedings *pl*; **ein ~ gegen jdn einleiten** to take legal proceedings against sb **Ge·richts·ver·hand·lung** *f* trial; (*zivil*) hearing **Ge·richts·voll·zie·her(in)** <-s, -> *m(f)* bailiff BRIT, U.S Marshal AM

ge·rie·ben [gə'riːbn̩] *pp von* **reiben**

ge·riet [gə'riːt] *imp von* **geraten¹**

ge·ring [gə'rɪŋ] I. *adj* ❶ (*niedrig*) low; *Anzahl, Menge* small; **von ~em Wert** of little value; **nicht das G~ste** nothing at all; **das stört mich nicht im G~sten** it doesn't disturb me in the slightest [bit] ❷ (*unerheblich*) slight; *Bedeutung* minor; *Chance* slim II. *adv* **jdn/etw ~ schätzen** to have a low opinion of sb/sth

ge·ring·fü·gig [gə'rɪŋfyːɡɪç] I. *adj* insignificant; *Betrag, Einkommen* small; *Unterschied* slight; *Vergehen, Verletzung* minor II. *adv* slightly

Ge·ring·fü·gig·keit <-, -en> *f* insignificance *no indef art, no pl*

ge·ring|schät·zen^{ALT} *vt* **jdn/etw ~ schätzen** to have a low opinion of sb/sth

ge·ring·schät·zig [gə'rɪŋʃɛtsɪç] I. *adj* contemptuous II. *adv* disparagingly

Ge·ring·schät·zung *f kein pl* contempt[uousness] *no indef art, no pl*

ge·rin·nen <gerann, geronnen> [gə'rɪnən] *vi sein* to coagulate; *Blut a.* to clot; *Milch a.* to curdle

Ge·rinn·sel <-s, -> [gə'rɪnzl̩] *nt* [blood] clot

Ge·rin·nung <-, *selten* -en> *f* coagulation *no pl*; *von Blut a.* clotting *no art, no pl*; *von Milch a.* curdling *no art, no pl*

Ge·rip·pe <-s, -> [gə'rɪpə] *nt* skeleton

ge·ris·sen [gə'rɪsn̩] I. *pp von* **reißen** II. *adj* (*fam*) crafty; *Plan* cunning

Ge·ris·sen·heit <-> *f kein pl* (*fam*) cunning *no art, no pl*

ge·rit·ten [gə'rɪtn̩] *pp von* **reiten**

Ger·ma·ne, Ger·ma·nin <-n, -n> [gɛrˈmaːnə, gɛrˈmaːnɪn] *m, f* Teuton

ger·ma·nisch [gɛrˈmaːnɪʃ] *adj* ❶ HIST Teutonic ❷ LING Germanic

Ger·ma·nis·tik <-> [gɛrmaˈnɪstɪk] *f kein pl* German [studies *npl*]

gern(e) <lieber, am liebsten> ['gɛrn(ə)] *adv* ❶ (*freudig*) with pleasure; **ich mag ihn sehr ~** I like him a lot; **etw ~ tun** to like doing/to do sth; **seine Arbeit ~ machen** to enjoy one's work; **etw ~ essen** to like [eating] sth; **ich hätte ~ gewusst, ...** I would like to know ... ❷ (*ohne weiteres*) **das kannst du ~ haben** you're welcome to [have] it; **das glaube ich ~** I can quite believe that! ▸ **~ geschehen!** don't mention it!

ge·ro·chen [gə'rɔxn̩] *pp von* **riechen**

Ge·röll <-[e]s, -e> [gə'rœl] *nt* scree *no pl*

spec, talus; (*größer*) boulders *pl*

ge·ron·nen [gəˈrɔnən] *pp von* **rinnen, gerinnen**

Gers·te <-, -n> [ˈgɛrstə] *f* barley *no art, no pl*

Gers·ten·korn *nt* ❶ BOT barleycorn ❷ MED sty[e]

Ger·te <-, -n> [ˈgɛrtə] *f* switch

Ge·ruch <-[e]s, Gerüche> [gəˈrʊx, *pl* gəˈrʏçə] *m* smell; *einer Blume, eines Parfüms* scent; (*Gestank*) stench

ge·ruch·los *adj* odourless **Ge·ruchs·be·läs·ti·gung** *f* **das ist eine ~** the smell is a real nuisance **Ge·ruchs·sinn** *m kein pl* sense of smell

Ge·rücht <-[e]s, -e> [gəˈrʏçt] *nt* rumour; **etw für ein ~ halten** (*fam*) to have [one's] doubts about sth; **ein ~ in die Welt setzen** to start a rumour

Ge·rüch·te·kü·che *f* rumour-mongers *pl*

ge·ru·fen *pp von* **rufen**

ge·ruh·sam I. *adj* peaceful **II.** *adv* leisurely

Ge·rüm·pel <-s> [gəˈrʏmpl̩] *nt kein pl* junk *no indef art, no pl*

Ge·run·di·um <-s, -ien> [geˈrʊndiʊm, *pl* geˈrʊndiən] *nt* gerund *spec*

ge·run·gen [gəˈrʊŋən] *pp von* **ringen**

Ge·rüst <-[e]s, -e> [gəˈrʏst] *nt* ❶ BAU scaffold[ing *no pl*] ❷ (*Grundplan*) framework

ges, Ges <-, -> [ˈgɛs] *nt* MUS G flat

ge·sal·zen [gəˈzaltsn̩] **I.** *pp von* **salzen II.** *adj* (*fam: übertreuert*) steep

ge·samt [gəˈzamt] *adj attr* whole, entire; *Kosten* total

Ge·samt·an·sicht *f* general view **Ge·samt·aus·ga·be** *f* complete edition **Ge·samt·be·trag** *m* total [amount] **Ge·samt·bild** *nt* overall picture **ge·samt·deutsch** [gəˈzamtdɔʏtʃ] *adj* all-German **Ge·samt·ein·druck** *m* overall impression **Ge·samt·er·geb·nis** *nt* overall outcome **Ge·samt·ge·wicht** *nt* AUTO laden weight

Ge·samt·heit <-> *f kein pl* totality; **in seiner ~** in its entirety

Ge·samt·kos·ten *pl* total costs **Ge·samt·schu·le** *f* ≈ comprehensive school **Ge·samt·sum·me** *f* total [amount] **Ge·samt·über·sicht** *f* general survey **Ge·samt·ver·brauch** *m kein pl* total consumption **Ge·samt·werk** *nt* complete works *pl* **Ge·samt·wert** *m* total value **Ge·samt·zu·sam·men·hang** *m* general context

ge·sandt [gəˈzant] *pp von* **senden²**

Ge·sand·te(r) [gəˈzantə] *f(m)*, **Ge·sand·tin** [gəˈzantɪn] *f* envoy

Ge·sandt·schaft <-, -en> [gəˈzantʃaft] *f* embassy

Ge·sang <-[e]s, Gesänge> [gəˈzaŋ, *pl* gəˈzɛŋə] *m* ❶ *kein pl* (*das Singen*) singing *no art, no pl* ❷ (*Lied*) song; **ein Gregorianischer ~** a Gregorian chant

Ge·sang·buch *nt* hymn book

Ge·sangs·ein·la·ge *f* MUS musical insert

Ge·sang·ver·ein *m* choral society

Ge·säß <-es, -e> [gəˈzɛːs] *nt* bottom

ge·schaf·fen *pp von* **schaffen²**

Ge·schäft <-[e]s, -e> [gəˈʃɛft] *nt* ❶ (*Laden*) shop, AM *usu* store ❷ (*Gewerbe, Handel*) business; [**mit jdm**] **~e machen** to do business [with sb]; **mit jdm ins ~ kommen** (*eine einmalige Transaktion*) to do a deal with sb; (*dauerhaftes Geschäft*) to do business with sb; **wie gehen die ~e?** how's business? ❸ (*Geschäftsabschluss*) deal; **ein ~ machen** to do [*or esp* AM make] a deal; **ein gutes ~ machen** to get a good bargain ❹ DIAL (*Firma*) work; **ich gehe um 8 Uhr ins ~** I go to work at 8 o'clock ❺ DIAL (*große, mühsame Arbeit*) job *fam* ❻ (*Angelegenheit*) business ▸ **klei·nes/großes ~** (*fam*) number one/number two

ge·schäf·tig [gəˈʃɛftɪç] **I.** *adj* busy **II.** *adv* busily

ge·schäft·lich [gəˈʃɛftlɪç] **I.** *adj* business *attr* **II.** *adv* on business; **~ verreist** away on business

Ge·schäfts·ab·schluss^RR *m* conclusion of a deal **Ge·schäfts·be·din·gun·gen** *pl* terms and conditions of trade **Ge·schäfts·be·richt** *m* company report **Ge·schäfts·be·zie·hung** *f* business connection; **gute ~en** good business relations **Ge·schäfts·brief** *m* business letter **Ge·schäfts·buch** *nt* accounts *pl* **Ge·schäfts·es·sen** *nt* business lunch/dinner **ge·schäfts·fä·hig** *adj* legally competent **Ge·schäfts·frau** *f fem form von* **Geschäftsmann** businesswoman *fem* **Ge·schäfts·freund(in)** *m(f)* business associate **ge·schäfts·füh·rend** *adj attr* acting **Ge·schäfts·füh·rer(in)** *m(f)* ❶ ADMIN manager ❷ (*in einem Verein*) secretary **Ge·schäfts·füh·rung** *f s.* **Geschäftsleitung Ge·schäfts·jahr** *nt* financial year **Ge·schäfts·kos·ten** *pl* expenses *pl*; **auf ~** on expenses **Ge·schäfts·le·ben** *nt* business life **Ge·schäfts·lei·tung** *f* management **Ge·schäfts·mann** *m* businessman **Ge·schäfts·ord·nung** *f* procedural rules **Ge·schäfts·part·ner(in)** *m(f)* business partner **Ge·schäfts·rei·se** *f* business trip **Ge·schäfts·rei·sen·de(r)** *f(m)* business traveller **ge·schäfts·schä·di·gend I.** *adj* damaging to [the interests of] a/the company **II.** *adv* in a way that may be bad for business **Ge·schäfts·schluss**^RR *m* ❶ (*Ladenschluss*) closing time ❷ (*Büroschluss*) nach ~ after work **Ge·schäfts·sinn** *m* business sense **Ge·schäfts·stel·le** *f* (*Büro*) office; *einer Bank, Firma* branch **Ge·schäfts·stun·den** *pl* business hours; *eines Büros* office hours; *eines Ladens* opening hours **ge·schäfts·tüch·tig** *adj* business-minded **Ge·schäfts·ver·bin·dung** *f* s. Geschäftsbeziehung **Ge·schäfts·vier·tel** *nt* business district **Ge·schäfts·wa·gen** *m* company car **Ge·schäfts·zeit** *f* opening hours **Ge·schäfts·zim·mer** *nt* office

ge·schah [gəˈʃaː] *imp von* geschehen

ge·sche·hen <geschah, geschehen> [gəˈʃeːən] *vi sein* ❶ (*stattfinden*) to happen; **es muss etwas ~** something's got to be done ❷ (*ausgeführt werden*) to be carried out ❸ (*widerfahren*) ▪ **jdm geschieht etw** sth happens to sb; **das geschieht dir recht!** it serves you right! ❹ (*verfahren werden*) **als sie ihn sah, war es um sie ~** she was lost the moment she set eyes on him; **es ist um etw** *akk* **~** sth is shattered; **nicht wissen, wie einem geschieht** to not know what is happening [to one]

Ge·sche·hen <-s, -> [gəˈʃeːən] *nt* events *pl*

ge·scheit [gəˈʃaɪt] *adj* clever; **du bist wohl nicht [recht] ~?** (*fam*) are you off your head?; **sei ~!** be sensible!; **aus etw** *dat* **nicht ~ werden** to be unable to make head or tail of sth

Ge·schenk <-[e]s, -e> [gəˈʃɛŋk] *nt* present; **jdm ein ~ machen** to give sb a present ▸ **ein ~ des Himmels sein** to be heaven sent; (*eine Rettung sein*) to be a godsend

Ge·schenk·gut·schein *m* gift voucher **Ge·schenk·pa·pier** *nt*, **Ge·schenks·pa·pier** *nt* ÖSTERR gift wrap

Ge·schich·te <-, -n> [gəˈʃɪçtə] *f* ❶ *kein pl* (*Historie*) history; **Alte/Mittlere/Neue ~** ancient/medieval/modern history; **~ machen** to make history ❷ (*Erzählung*) story ❸ (*fam: Angelegenheit, Sache*) business; **die ganze ~** the whole lot; **schöne ~n!** (*iron*) that's a fine state of affairs!

ge·schicht·lich [gəˈʃɪçtlɪç] **I.** *adj* ❶ (*die Geschichte betreffend*) historical ❷ (*bedeutend*) historic **II.** *adv* historically; **~ bedeutsam** of historic importance

Ge·schichts·buch *nt* history book **Ge·schichts·schrei·bung** *f* historiography

Ge·schick[1] <-[e]s> [gəˈʃɪk] *nt kein pl* skill

Ge·schick[2] <-[e]s, -e> [gəˈʃɪk] *nt* (*Schicksal*) fate

Ge·schick·lich·keit <-> *f kein pl* skill

ge·schickt **I.** *adj* skilful; *Verhalten* diplomatic; ▪ **mit den Händen ~ sein** to be clever with one's hands **II.** *adv* skilfully

ge·schie·den [gəˈʃiːdn̩] **I.** *pp von* scheiden **II.** *adj* divorced

ge·schie·nen [gəˈʃiːnən] *pp von* scheinen

Ge·schirr <-[e]s, -e> [gəˈʃɪr] *nt* ❶ *kein pl* (*Haushaltsgefäße*) dishes *pl* ❷ (*Service*) [tea/dinner] service ❸ (*Riemenzeug*) harness

Ge·schirr·schrank *m* china cupboard **Ge·schirr·spül·ma·schi·ne** *f* dishwasher **Ge·schirr·spül·mit·tel** *nt* washing-up liquid BRIT, dish soap AM **Ge·schirr·tuch** *nt* tea towel BRIT, dish cloth AM

ge·schis·sen [gəˈʃɪsn̩] *pp von* scheißen

ge·schla·fen *pp von* schlafen

ge·schla·gen *pp von* schlagen

Ge·schlecht <-[e]s, -er> [gəˈʃlɛçt] *nt* ❶ *kein pl* BIOL gender; **das andere ~** the opposite sex; **beiderlei ~s** of both sexes; **männlichen/weiblichen ~s** (*geh*) male/female; **das schwache/starke ~** (*hum*) the weaker/stronger sex ❷ (*Sippe*) family ❸ LING gender

ge·schlecht·lich [gəˈʃlɛçtlɪç] **I.** *adj* sexual **II.** *adv* sexually

Ge·schlechts·akt *m* sexual intercourse *no pl* **Ge·schlechts·hor·mon** *nt* sex hormone **Ge·schlechts·krank·heit** *f* sexually transmitted disease **Ge·schlechts·le·ben** *nt kein pl* sexual habits **Ge·schlechts·or·gan** *nt* sexual organ **Ge·schlechts·rei·fe** *f* sexual maturity **Ge·schlechts·teil** *nt* genitals *npl* **Ge·schlechts·trieb** *m* sex drive **Ge·schlechts·um·wand·lung** *f* sex change **Ge·schlechts·ver·kehr** *m* sexual intercourse

ge·schli·chen [gəˈʃlɪçn̩] *pp von* schleichen

ge·schlif·fen [gəˈʃlɪfn̩] **I.** *pp von* schleifen[2] **II.** *adj* polished

ge·schlos·sen [gəˈʃlɔsn̩] **I.** *pp von* schließen **II.** *adj* ❶ (*gemeinsam*) united; *Ablehnung* unanimous ❷ (*nicht geöffnet*) closed **III.** *adv* (*einheitlich*) unanimously

ge·schlun·gen [gəˈʃlʊŋən] *pp von* schlingen

Ge·schmack <-[e]s, Geschmäcke> [gəˈʃmak, *pl* gəˈʃmɛka, *pl* gəˈʃmɛkə] *m* ❶ *kein pl* (*Aroma*) taste ❷ (*Geschmackssinn*) sense of taste ❸ (*ästhetisches Empfinden*) taste; **einen guten/keinen guten ~ haben** to have good/bad taste; **etw ist nicht mein/nach meinem ~** sth is not to my taste; **auf den ~ kommen** to acquire a taste for sth; **für meinen ~** for my taste ▸ **über ~ lässt sich [nicht] streiten** (*prov*) there's no accounting for taste

ge·schmack·lich *adj, adv* in terms of taste

ge·schmack·los *adj* ❶ KOCHK bland ❷ (*taktlos*) tasteless

Ge·schmack·lo·sig·keit <-, -en> *f* ❶ *kein pl* (*Taktlosigkeit*) *a.* KOCHK tastelessness

❷ *(taktlose Bemerkung)* tasteless remark

Ge·schmacks·sa·che *f* ~ **sein** to be a matter of taste **Ge·schmacks·ver·ir·rung** *f (pej)* bad taste

ge·schmack·voll I. *adj* tasteful **II.** *adv* tastefully

ge·schmei·dig [gəˈʃmaɪdɪç] **I.** *adj* ❶ *(schmiegsam)* sleek; *Haar, Fell* silky; *Haut* soft; **~es Leder** supple leather; *Masse, Teig* smooth ❷ *(biegsam)* supple **II.** *adv (biegsam)* supply

ge·schmis·sen [gəˈʃmɪsn̩] *pp von* schmeißen

ge·schmol·zen [gəˈʃmɔltsn̩] *pp von* schmelzen

Ge·schnet·zel·te(s) *nt* thin strips of meat

ge·schnie·gelt [gəˈʃniːɡl̩t] *adj* **~ und gebügelt** *(fam)* dressed to the nines *pred*

ge·schnit·ten [gəˈʃnɪtn̩] *pp von* schneiden

ge·scho·ben [gəˈʃoːbn̩] *pp von* schieben

ge·schol·ten [gəˈʃɔltn̩] *pp von* schelten

Ge·schöpf <-[e]s, -e> [gəˈʃœpf] *nt* ❶ *(Lebewesen)* creature ❷ *(Fantasiefigur)* creation

ge·scho·ren [gəˈʃoːrən] *pp von* scheren¹

Ge·schoss^RR <-es, -e> *nt*, **Ge·schoß**^ALT <-sses, -sse> [gəˈʃɔs] *nt* ❶ *(Stockwerk)* floor, storey ❷ MIL projectile ❸ *(Wurfgeschoss)* missile

ge·schos·sen [gəˈʃɔsn̩] *pp von* schießen

ge·schraubt I. *adj (pej)* affected **II.** *adv* affectedly

Ge·schrei <-s> [gəˈʃraɪ] *nt kein pl* ❶ *(Schreien)* shouting; *(schrill)* shrieking ❷ *(fam: Lamentieren)* fuss *no pl*

ge·schrie·ben [gəˈʃriːbn̩] *pp von* schreiben

ge·schrie(·e)n [gəˈʃriː(ə)n] *pp von* schreien

ge·schrit·ten [gəˈʃrɪtn̩] *pp von* schreiten

ge·schun·den [gəˈʃʊndn̩] *pp von* schinden

Ge·schütz <-es, -e> [gəˈʃʏts] *nt* gun; **schweres ~ auffahren** *(a. fig)* to bring up the big guns

Ge·schwa·fel <-s> [gəˈʃvaːfl̩] *nt kein pl (fam)* waffle *no pl* BRIT

Ge·schwätz <-es> [gəˈʃvɛts] *nt (pej)* ❶ *(dummes Gerede)* waffle *no pl* BRIT ❷ *(Klatsch)* gossip *no pl*

ge·schwät·zig [gəˈʃvɛtsɪç] *adj (pej)* talkative

Ge·schwät·zig·keit <-> *f kein pl (pej)* talkativeness

ge·schwei·ge [gəˈʃvaɪɡə] *konj* ■ **~ [denn]** never mind, let alone

ge·schwie·gen [gəˈʃviːɡn̩] *pp von* schweigen

ge·schwind [gəˈʃvɪnt] **I.** *adj* SÜDD *(rasch)* swift **II.** *adv* quickly

Ge·schwin·dig·keit <-, -en> [gəˈʃvɪndɪçkaɪt] *f* speed

Ge·schwin·dig·keits·be·gren·zung *f*, **Ge·schwin·dig·keits·be·schrän·kung** *f* speed limit **Ge·schwin·dig·keits·über·schrei·tung** *f* exceeding the speed limit

Ge·schwis·ter [gəˈʃvɪstɐ] *pl* brothers and sisters *pl*

ge·schwol·len [gəˈʃvɔlən] **I.** *pp von* schwellen **II.** *adj (pej)* pompous **III.** *adv* in a pompous way

ge·schwom·men [gəˈʃvɔmən] *pp von* schwimmen

ge·schwo·ren [gəˈʃvoːrən] **I.** *pp von* schwören **II.** *adj attr* sworn *attr*

Ge·schwo·re·ne(r) *f(m)* juror; **die ~n** the jury

Ge·schwulst <-, Geschwülste> [gəˈʃvʊlst, *pl* gəˈʃvʏlstə] *f* tumour

ge·schwun·den [gəˈʃvʊndn̩] *pp von* schwinden

ge·schwun·gen [gəˈʃvʊŋən] **I.** *pp von* schwingen **II.** *adj* curved

Ge·schwür <-s, -e> [gəˈʃvyːɐ̯] *nt* abscess; **Magen~** stomach ulcer

ge·se·hen *pp von* sehen

Ge·sel·le, Ge·sel·lin <-n, -n> [gəˈzɛlə, gəˈzɛlɪn] *m, f* ❶ *(Handwerksgeselle)* journeyman ❷ *(Kerl)* chap BRIT, guy AM

ge·sel·len* *vr (geh)* ❶ *(sich anschließen)* ■ **sich zu jdm ~** to join sb ❷ *(hinzukommen)* ■ **sich zu etw** *dat* **~** to add to sth

Ge·sel·len·prü·fung *f* examination at the end of an apprenticeship

ge·sel·lig [gəˈzɛlɪç] **I.** *adj* sociable; *Abend* convivial; **ein ~es Beisammensein** a friendly get-together **II.** *adv* ■ **~ zusammensitzen** to sit together and chat

Ge·sel·lig·keit <-, -en> *f* gregariousness

Ge·sel·lin <-, -nen> [gəˈzɛlɪn] *f fem form von* Geselle

Ge·sell·schaft <-, -en> [gəˈzɛlʃaft] *f* ❶ *(Gemeinschaft)* society ❷ ÖKON company BRIT, corporation AM ❸ *(Fest)* party ❹ *(Kreis von Menschen)* group of people; **sich** [mit etw *dat*] **in guter ~ befinden** to be in good company [with sth]; **in schlechte ~ geraten** to get in with the wrong crowd; **jdm ~ leisten** to join sb ❺ *(Umgang)* company

Ge·sell·schaf·ter(in) <-s, -> *m(f) (Teilhaber)* shareholder

ge·sell·schaft·lich *adj* social

ge·sell·schafts·fä·hig *adj* socially acceptable **Ge·sell·schafts·schicht** *f* social class **Ge·sell·schafts·spiel** *nt* party game **Ge·sell·schafts·ver·trag** *m* ÖKON partnership agreement

ge·ses·sen [gəˈzɛsn̩] *pp von* sitzen

Ge·setz <-es, -e> [gəˈzɛts] *nt* law
Ge·setz·buch *nt* statute book; **Bürgerliches ~** Civil Code **Ge·setz·ent·wurf** *m* draft legislation
ge·set·zes·treu *adj* law-abiding **Ge·setzes·vor·la·ge** *f* s. Gesetzentwurf
ge·setz·ge·bend *adj attr* legislative
Ge·setz·ge·ber <-s, -> *m* legislature
Ge·setz·ge·bung <-, -en> *f* legislation
ge·setz·lich [gəˈzɛtslɪç] **I.** *adj* legal; *Verpflichtung* statutory **II.** *adv* legally
ge·setz·los *adj* lawless
ge·setz·mä·ßig I. *adj* ❶ (*gesetzlich*) lawful ❷ (*regelmäßig*) regular **II.** *adv* (*einem Naturgesetz folgend*) according to the law of nature; (*rechtmäßig*) lawfully
Ge·setz·mä·ßig·keit <-, -en> *f* ❶ (*Gesetzlichkeit*) legality ❷ (*Rechtmäßigkeit*) legitimacy ❸ (*Regelmäßigkeit*) regularity
ge·setzt I. *adj* dignified **II.** *konj* (*angenommen, ...*) ■ **~, ...** assuming that ...; (*vorausgesetzt, dass ...*) providing that ...
ge·setz·wid·rig I. *adj* unlawful *form* **II.** *adv* illegally
ge·si·chert I. *pp von* sichern **II.** *adj* secure[d]; *Erkenntnisse* solid; *Fakten* indisputable; **~es Einkommen** fixed income; **~e Existenz** secure livelihood
Ge·sicht[1] <-[e]s, -er> [gəˈzɪçt] *nt* (*Antlitz*) face; **jdn/etw zu ~ bekommen** to set eyes on sb/sth; **jdm etw vom ~ ablesen** to see sth from sb's expression; **ein böses/trauriges/enttäuschtes ~ machen** to look angry/sad/disappointed; **jdm etw [direkt] ins ~ sagen** to say sth [straight] to sb's face ▸ **sein wahres ~ zeigen** to show one's true colours; **jdm wie aus dem ~ geschnitten sein** to be the spitting image of sb; **jdm im ~ geschrieben stehen** to be written on sb's face; **das ~ verlieren** to lose face; **das ~ wahren** to save face
Ge·sicht[2] <-[e]s, -e> [gəˈzɪçt] *nt* (*Anblick*) sight
Ge·sichts·aus·druck <-ausdrücke> *m* expression [on sb's face] **Ge·sichts·far·be** *f* complexion **Ge·sichts·punkt** *m* point of view **Ge·sichts·was·ser** *nt* toner **Ge·sichts·zug** *m meist pl* facial feature
Ge·sims <-es, -e> [gəˈzɪms, *pl* gəˈzɪmzə] *nt* ledge
Ge·sin·del <-s> [gəˈzɪndl] *nt kein pl* (*pej*) riff-raff *no pl*
ge·sinnt [gəˈzɪnt] *adj meist präd* minded; **jdm gut/übel ~ sein** to be well-disposed/ill-disposed towards sb
Ge·sin·nung <-, -en> *f* conviction
Ge·sin·nungs·wan·del *m* change of attitude

ge·sit·tet [gəˈzɪtət] **I.** *adj* well-brought up **II.** *adv* **sich ~ aufführen** to be well-behaved
Ge·socks <-[es]> [gəˈzɔks] *nt kein pl bes* SÜDD (*pej sl*) riff-raff, trash
ge·sof·fen [gəˈzɔfn̩] *pp von* saufen
ge·so·gen [gəˈzoːgn̩] *pp von* saugen
ge·son·dert [gəˈzɔndɐt] **I.** *adj* separate; (*für sich*) individual **II.** *adv* separately; (*für sich*) individually
ge·son·nen [gəˈzɔnən] **I.** *pp von* sinnen **II.** *adj* (*geh*) ■ **~ sein, etw zu tun** to feel inclined to do sth
ge·spal·ten *pp von* spalten **II.** *adj* TECH fissured
Ge·spann <-[e]s, -e> [gəˈʃpan] *nt* ❶ (*Wagen und Zugtier*) horse and cart ❷ (*fam: Paar*) pair
ge·spannt *adj* ❶ (*sehr erwartungsvoll*) expectant; **mit ~er Aufmerksamkeit** with rapt attention; ■ **~ sein, ob/was/wie ...** to be anxious to see whether/what/how ...; **ich bin auf seine Reaktion ~** I wonder what his reaction will be *a. iron* ❷ (*konflikträchtig*) tense
Ge·spenst <-[e]s, -er> [gəˈʃpɛnst] *nt* ghost
ge·spens·tisch [gəˈʃpɛnstɪʃ] *adj* eerie
ge·spie(·e)n [gəˈʃpiː(ə)n] *pp von* speien
ge·spielt *adj* feigned
ge·spon·nen [gəˈʃpɔnən] *pp von* spinnen
Ge·spött <-[e]s> [gəˈʃpœt] *nt kein pl* mockery; **jdn/sich zum ~ [der Leute] machen** to make sb/oneself a laughing stock
Ge·spräch <-[e]s, -e> [gəˈʃprɛːç] *nt* ❶ (*Unterredung*) conversation; **ein ~ mit jdm führen** to have a conversation with sb; **mit jdm ins ~ kommen** to get into conversation with sb; **im ~ sein** to be under consideration ❷ (*Anruf*) [telephone/phone] call
ge·sprä·chig [gəˈʃprɛːçɪç] *adj* talkative
ge·sprächs·be·reit *adj* ready to talk; (*bereit zu verhandeln*) ready to begin talks **Ge·sprächs·part·ner(in)** *m(f)* **ein angenehmer ~** a pleasant person to talk to **Ge·sprächs·stoff** *m* topics of conversation **Ge·sprächs·the·ma** *nt* conversation topic
ge·spren·kelt *adj* mottled
ge·spro·chen [gəˈʃprɔxn̩] *pp von* sprechen
ge·spros·sen [gəˈʃprɔsn̩] *pp von* sprießen
ge·sprun·gen [gəˈʃprʊŋən] *pp von* springen
Ge·spür <-s> [gəˈʃpyːɐ̯] *nt kein pl* instinct; **ein gutes ~ für Farben** a good feel for colours
Ge·stalt <-, -en> [gəˈʃtalt] *f* ❶ (*Mensch*) figure; **eine verdächtige ~** a suspicious character ❷ (*Wuchs*) build ❸ (*Person, Persönlichkeit*) character; **in ~ von jdm** in the form of sb ▸ **[feste] ~ annehmen** to take [definite]

shape

ge·stal·ten* [gəˈʃtaltn̩] **I.** vt ▪ etw irgendwie ~ ❶ (*einrichten*) to design; *Garten* to lay out; *Schaufenster* to dress; etw neu/anders ~ to redesign sth ❷ (*organisieren*) to organize ❸ ARCHIT to build **II.** vr(geh) ■ sich irgendwie ~ to turn out to be somehow

ge·stal·te·risch [gəˈʃtaltərɪʃ] **I.** adj (*Design betreffend*) eine ~e Frage/ein ~es Problem a question/problem of design; *Talent* creative **II.** adv ~ gelungen well-designed; (*schöpferisch*) creatively

Ge·stal·tung <-, -en> f ❶ (*das Einrichten*) design; *eines Gartens* laying-out; *eines Schaufensters* window dressing ❷ (*das Organisieren*) organization ❸ ARCHIT building ❹ (*Design*) design

ge·stand imp von **gestehen**

ge·stan·den I. pp von **stehen, gestehen II.** adj attr experienced

ge·stän·dig [gəˈʃtɛndɪç] adj ■ ~ sein to have confessed

Ge·ständ·nis <-ses, -se> [gəˈʃtɛntnɪs, pl gəˈʃtɛntnɪsə] nt admission; *eines Verbrechens* confession

Ge·stank <-[e]s> [gəˈʃtaŋk] m kein pl stench

ge·stat·ten* [gəˈʃtatn̩] (geh) **I.** vt ❶ (*erlauben*) to permit ❷ (*als Höflichkeitsformel*) ~ Sie mir den Hinweis, dass das Rauchen hier verboten ist may I point out that smoking is not allowed here; ▪ jdm ~, etw zu tun to allow sb to do sth **II.** vi wenn Sie ~, das war mein Platz! if you don't mind, that was my seat! **III.** vr (*sich erlauben*) ▪ sich dat etw ~ to allow oneself sth

Ges·te <-, -n> [ˈɡeːstə, ˈɡɛstə] f gesture

ge·ste·hen <gestand, gestanden> [gəˈʃteːən] vi, vt to confess

Ge·stein <-[e]s, -e> [gəˈʃtain] nt rock

Ge·stell <-[e]s, -e> [gəˈʃtɛl] nt ❶ (*Bretterregal*) shelves pl ❷ (*Brillen*~) frame ❸ (*Fahr*~) chassis

ge·stellt adj arranged

ges·tern [ˈɡɛstɐn] adv (*der Tag vor heute*) yesterday; ~ vor einer Woche a week ago yesterday; ~ Abend/Morgen/Mittag yesterday evening/morning/lunchtime ❷ (*von früher*) nicht von ~ sein (*fig fam*) to be not born yesterday

ge·stie·gen [gəˈʃtiːɡn̩] pp von **steigen**

Ges·tik <-> [ˈɡeːstɪk, ˈɡɛstɪk] f kein pl gestures pl

ges·ti·ku·lie·ren* [ɡɛstikuˈliːrən] vi to gesticulate

Ge·stirn <-[e]s, -e> [gəˈʃtɪrn] nt (geh: *Stern*) star

ge·sto·ben [gəˈʃtoːbn̩] pp von **stieben**

ge·sto·chen [gəˈʃtɔxn̩] **I.** pp von **stechen** **II.** adj (*sehr exakt*) exact **III.** adv ~ scharf crystal clear; wie ~ schreiben to write [extremely] neatly

ge·stoh·len [gəˈʃtoːlən] pp von **stehlen**

ge·stor·ben [gəˈʃtɔrbn̩] pp von **sterben**

ge·stört adj PSYCH ❶ (*beeinträchtigt*) disturbed ❷ (*fam: verrückt*) insane

ge·sto·ßen [gəˈʃtoːsn̩] pp von **stoßen**

Ge·stot·ter <-s> [gəˈʃtɔtɐ] nt kein pl stammering

ge·streift I. pp von **streifen II.** adj striped

ge·stresst[RR], **ge·streßt**[ALT] adj stressed

ge·stri·chen [gəˈʃtrɪçn̩] **I.** pp von **streichen** **II.** adj level **III.** adv ~ voll full to the brim ▸ die Nase ~ voll haben to be fed up to the back teeth

ges·trig [ˈɡɛstrɪç] adj attr yesterday's attr, [of] yesterday pred

ge·strit·ten [gəˈʃtrɪtn̩] pp von **streiten**

Ge·strüpp <-[e]s, -e> [gəˈʃtrʏp] nt undergrowth

ge·stun·ken [gəˈʃtʊŋkn̩] pp von **stinken**

Ge·stüt <-[e]s, -e> [gəˈʃtyːt] nt stud farm

Ge·such <-[e]s, -e> [gəˈzuːx] nt (*veraltend*) request; (*Antrag*) application

ge·sucht adj (*gefragt*) in demand pred, much sought-after

Ge·sül·ze <-s> [gəˈzʏltsə] nt kein pl (sl) drivel

ge·sund <gesünder, gesündeste> [gəˈzʊnt] adj healthy; geistig und körperlich ~ sound in mind and body; ~ und munter in good shape; Rauchen ist nicht ~ smoking is unhealthy; wieder ~ werden to get well again

ge·sun·den* [gəˈzʊndn̩] vi sein (geh) to recover

Ge·sund·heit <-> f kein pl health; auf Ihre ~! your health!; ~! bless you!

ge·sund·heit·lich I. adj ein ~es Problem a health problem; aus ~en Gründen for health reasons **II.** adv (*hinsichtlich der Gesundheit*) as regards health; wie geht es Ihnen ~? how are you?

Ge·sund·heits·amt nt local public health department **ge·sund·heits·be·wusst**[RR] adj health conscious **ge·sund·heits·schäd·lich** adj detrimental to one's health; Rauchen ist ~ smoking damages your health **Ge·sund·heits·tou·rist(in)** [ɡəˈzʊndhaitsturɪst] m(f) health tourist **Ge·sund·heits·ver·sor·gung** f kein pl healthcare **Ge·sund·heits·zu·stand** m kein pl state of health

ge·sund|schrei·ben[RR] irreg vt to certify [as being] fit

ge·sun·gen [gəˈzʊŋən] pp von **singen**

ge·sun·ken [gəˈzʊŋkn̩] pp von **sinken**

ge·tan [gə'ta:n] *pp von* **tun**
Ge·tö·se <-s> [gə'tø:zə] *nt kein pl* din; *(anhaltender Lärm)* racket
ge·tra·gen [gə'tra:gn̩] **I.** *pp von* **tragen** **II.** *adj* ❶ *(feierlich)* solemn ❷ *(gebraucht)* second-hand
Ge·tränk <-[e]s, -e> [gə'trɛŋk] *nt* drink
Ge·trän·ke·au·to·mat *m* drinks dispenser **Ge·trän·ke·do·se** *f* drinks can
Ge·trat·sch·e <-[e]s, -> [gə'tra:tʃə] *nt kein pl* (*pej*) gossip[ing]
ge·trau·en* [gə'trauən] *vr (wagen)* ▪**sich ~, etw zu tun** to dare to do sth
Ge·trei·de <-s, -> [gə'traɪdə] *nt* cereal; *(geerntet)* grain
Ge·trei·de·müh·le *f* mill [for grinding grain]
ge·trennt I. *adj* separate **II.** *adv* separately
ge·tre·ten *pp von* **treten**
ge·treu[1] [gə'trɔy] *adj* ❶ *(genau)* exact; *Wiedergabe* faithful ❷ *(geh: treu)* loyal
ge·treu[2] [gə'trɔy] *präp +dat (gemäß)* ▪**~ einer S.** *dat* in accordance with sth
Ge·trie·be <-s, -> [gə'tri:bə] *nt* TECH gear[s] *pl*
ge·trie·ben [gə'tri:bn̩] *pp von* **treiben**
ge·trof·fen [gə'trɔfn̩] *pp von* **treffen**, **triefen**
ge·tro·gen [gə'tro:gn̩] *pp von* **trügen**
ge·trost [gə'tro:st] *adv (ohne weiteres)* safely; **du kannst dich ~ auf ihn verlassen** take my word for it, you can rely on him
ge·trübt *adj* troubled
ge·trun·ken [gə'trʊŋkn̩] *pp von* **trinken**
Get·to <-s, -s> ['gɛto] *nt* ghetto
Get·to·blas·ter <-s, -> *m s.* **Ghettoblaster**
get·to·i·sie·ren [gɛtoi'zi:rən] *vt* to ghettoize
Ge·tue <-s> [gə'tu:ə] *nt kein pl (pej)* fuss; **ein ~ machen** to make a fuss
ge·tunt [gə'tju:nt] *adj* AUTO *(fam)* tuned-up
ge·tüp·felt [gə'tʏpfɛlt] *adj* spotted; *Ei, Fell* speckled; *Sommersprossen* freckled
Ge·tu·schel <-s> [gə'tʊʃl̩] *nt kein pl* whispering
ge·übt *adj* experienced; *Auge, Ohr, Griff* trained
Ge·wächs <-es, -e> [gə'vɛks] *nt* ❶ *(Pflanze)* plant ❷ *(Geschwulst)* growth
ge·wach·sen[1] [gə'vaksn̩] **I.** *pp von* **wachsen**[1] **II.** *adj (ebenbürtig)* equal; ▪**jdm ~ sein** to be sb's equal; **einem Gegner ~ sein** to be a match for an opponent; ▪**einer S.** *dat* **~ sein** to be up to sth
Ge·wächs·haus *nt* greenhouse
ge·wagt *adj* ❶ *(kühn)* audacious; *(gefährlich)* risky ❷ *(freizügig)* risqué
ge·wählt I. *adj* refined **II.** *adv* in an elegant way
Ge·währ <-> [gə'vɛːɐ̯] *f kein pl* guarantee; **[jdm] die ~ [dafür] bieten, dass ...** to guarantee that ...; **ohne ~** subject to change
ge·wäh·ren* [gə'vɛːrən] *vt* ❶ *(einräumen)* ▪**[jdm] etw ~** to grant [sb] sth; **jdm einen Rabatt ~** to give sb a discount; **jdn ~ lassen** (*geh*) to give sb free rein ❷ *Trost* to afford; *Sicherheit* to provide
ge·währ·leis·ten* [gə'vɛːɐ̯laɪstn̩] *vt* to guarantee
Ge·währ·leis·tung *f* guarantee
Ge·wahr·sam <-s> [gə'va:ɐ̯za:m] *m kein pl* ❶ *(Verwahrung)* place; **etw in ~ nehmen** to take sth into safekeeping ❷ *(Haft)* custody; **jdn in ~ nehmen** to take sb into custody
Ge·wäh·rung <-, *selten* -en> *f* granting
Ge·walt <-, -en> [gə'valt] *f* ❶ *(Machtbefugnis, Macht)* power; **etw mit aller ~ erreichen** to do everything in ones power to get sth to happen; **elterliche ~** parental authority; **höhere ~** force majeure; **ein Land/ein Gebiet in seine ~ bringen** to bring a country/a region under one's control; **jdn in seiner ~ haben** to have sb in one's power; **~ über jdn haben** to exercise [complete] power over sb; **sich in der ~ haben** to have oneself under control; **in jds ~ sein** to be in sb's hands ❷ *kein pl (gewaltsames Vorgehen)* force; *(Gewalttätigkeit)* violence; **nackte ~** brute force; **sich** *dat* **~ antun** to force oneself; **~ anwenden** to use force; **mit ~** with force; *(fam: unbedingt)* desperately ❸ *kein pl (Heftigkeit)* force
ge·walt·be·reit *adj* ready for forceful intervention **Ge·walt·be·reit·schaft** *f* willingness to use violence
Ge·wal·ten·tei·lung *f* separation of executive, legislative and judicial powers
ge·walt·frei *adj* violence-free *attr*, free of violence *pred* **Ge·walt·herr·schaft** *f kein pl* tyranny
ge·wal·tig [gə'valtɪç] **I.** *adj* ❶ *(heftig)* enormous ❷ *(wuchtig)* powerful; *Last* heavy; *(riesig)* huge ❸ *(fam: sehr groß)* tremendous **II.** *adv (fam: sehr)* considerably; **sich ~ irren** to be very much mistaken
Ge·walt·los I. *adj* non-violent, without violence *pred* **II.** *adv* without violence
Ge·walt·lo·sig·keit <-> *f kein pl* non-violence
ge·walt·sam [gə'valtza:m] **I.** *adj* violent; **~es Aufbrechen** forced opening **II.** *adv* by force
Ge·walt·tat *f* act of violence **Ge·walt·tä·ter(in)** *m(f)* violent criminal **ge·walt·tä·tig** *adj* violent **Ge·walt·tä·tig·keit** *f* violence
Ge·walt·ver·bre·chen *nt* violent crime **Ge·walt·ver·bre·cher(in)** *m(f)* violent criminal

ge·walt·ver·herr·li·chendALT [gəˈvaltfɛɐ̯hɛrlɪçənd] *adj* glorifying violence **Ge·walt·ver·herr·li·chung** *f* glorification of violence

Ge·wand <-[e]s, Gewänder> [gəˈvant, *pl* gəˈvɛndə] *nt* (*geh*) robe

ge·wandt [gəˈvant] **I.** *pp von* **wenden II.** *adj* skilful; *Auftreten* confident; *Bewegung* deft; *Redner* good **III.** *adv* skilfully

ge·wann [gəˈvan] *imp von* **gewinnen**

Ge·wäsch <-[e]s> [gəˈvɛʃ] *nt kein pl* (*pej fam*) drivel

ge·wa·schen *pp von* **waschen**

Ge·wäs·ser <-s, -> [gəˈvɛsɐ] *nt* stretch of water

Ge·wäs·ser·schutz *m* prevention of water pollution *no pl*

Ge·we·be <-s, -> [gəˈveːbə] *nt* ① (*Stoff*) fabric ② ANAT, BIOL tissue

Ge·wehr <-[e]s, -e> [gəˈveːɐ̯] *nt* rifle; (*Schrotflinte*) shotgun

Ge·wehr·lauf *m* barrel of a rifle [*or* shotgun]

Ge·weih <-[e]s, -e> [gəˈvaɪ] *nt* antlers *pl*

Ge·wer·be <-s, -> [gəˈvɛrbə] *nt* ① (*Betrieb*) [commercial] business ② (*Handwerk, Handel*) trade

Ge·wer·be·auf·sichts·amt *nt* ≈ health and safety executive (*office with responsibility for enforcing laws regarding working conditions and health and safety at work*) **Ge·wer·be·ge·biet** *nt* industrial estate **Ge·wer·be·ord·nung** *f* laws regulating commercial and industrial business **Ge·wer·be·schein** *m* trade licence **Ge·wer·be·steu·er** *f* trade tax **Ge·wer·be·trei·ben·de(r)** *f(m)* business person; (*Handwerker*) tradesperson

ge·werb·lich I. *adj* (*handwerkliches Gewerbe*) trade; (*kaufmännisches Gewerbe*) commercial; (*industrielles Gewerbe*) industrial **II.** *adv* Wohnräume dürfen nicht ~ genutzt werden residential rooms are not to be used for commercial/trade/industrial purposes

Ge·werk·schaft <-, -en> [gəˈvɛrkʃaft] *f* [trade] union

Ge·werk·schaft(·l)er(in) <-s, -> [gəˈvɛrkʃaft(l)ɐ] *m(f)* trade unionist

ge·werk·schaft·lich I. *adj* [trade] union **II.** *adv* ~ organisiert sein to be a member of a [trade] union

Ge·werk·schafts·bund *m* federation of trade unions **Ge·werk·schafts·füh·rer(in)** *m(f)* trade union leader **Ge·werk·schafts·mit·glied** *nt* [trade] union member

ge·we·sen [gəˈveːzn] **I.** *pp von* **sein**¹ **II.** *adj attr* (*ehemalig*) former *attr*

ge·wi·chen [gəˈvɪçn] *pp von* **weichen**

Ge·wicht <-[e]s, -e> [gəˈvɪçt] *nt* ❶ *kein pl* (*Schwere eines Körpers*) weight *no indef art, no pl,* + *sing vb*; **spezifisches ~** PHYS specific weight; **ein großes ~ haben** to be very heavy; **ein geringes ~ haben** to weigh little; **sein ~ halten** to stay the same weight ❷ *kein pl* (*fig: Wichtigkeit*) weight; **ins ~ fallen** to count; **auf etw** *akk* **[großes] ~ legen** to attach [great] significance to sth; (*hervorheben*) to lay stress on sth ❸ (*Metallstück zum Beschweren*) weight

ge·wich·ten* [gəˈvɪçtn] *vt* to weight

Ge·wicht·he·ben <-s> *nt kein pl* SPORT weightlifting *no pl*

ge·wich·tig [gəˈvɪçtɪç] *adj* significant

Ge·wichts·ver·lust *m* weight loss **Ge·wichts·zu·nah·me** *f* increase in weight

ge·wieft [gəˈviːft] (*fam*) **I.** *adj* crafty **II.** *adv* with cunning

ge·wie·sen [gəˈviːzn] *pp von* **weisen**

ge·willt [gəˈvɪlt] *adj* ■ **~ sein, etw zu tun** to be inclined to do sth

Ge·wim·mel <-s> [gəˈvɪml] *nt kein pl* (*Insekten*) swarm[ing mass]; (*Menschen*) throng

Ge·win·de <-s, -> [gəˈvɪndə] *nt* TECH [screw *spec*] thread

Ge·winn <-[e]s, -e> [gəˈvɪn] *m* ❶ ÖKON profit; **~ bringen** to make a profit ❷ (*Preis*) prize; (*beim Lotto, Wetten*) winnings *npl* ❸ *kein pl* ([*innere*] *Bereicherung*) gain

Ge·winn·be·tei·li·gung *f* share of the profits **ge·winn·brin·gend** *adj* profitable **Ge·winn·chan·ce** [-ˈʃãːsə, -ˈʃãːs, -ˈʃaŋs(ə)] *f* chance of winning

ge·win·nen <gewann, gewonnen> [gəˈvɪnən] **I.** *vt* ❶ (*als Gewinn erhalten*) to win ❷ (*überzeugen*) ■ **jdn ~** to win sb over; **jdn als Freund ~** to win sb as a friend; **jdn als Kunden ~** to win sb's custom ❸ (*erzeugen*) to obtain; **Kohle, Metall** to extract (**aus** from) ❹ *Einfluss, Selbstsicherheit* to gain **II.** *vi* ❶ (*Gewinner sein*) to win (**bei/in** at) ❷ (*profitieren*) to profit (**bei** from)

ge·win·nend *adj* charming, winning *attr*

Ge·win·ner(in) <-s, -> *m(f)* winner; MIL *a.* victor

Ge·winn·los *nt* winning ticket **Ge·winn·mar·ge** <-, -n> [-ˈmarʒə] *f* ÖKON profit margin **Ge·winn·num·mer**RR *f* winning number **Ge·winn·span·ne** *f* profit margin **Ge·winn·num·mer**ALT *f s.* **Gewinnnummer**

Ge·win·nung <-> *f kein pl* GEOL, CHEM extraction

Ge·winn·zahl *f* winning number

Ge·win·sel <-s> [gəˈvɪnzl] *nt kein pl* (*pej*) [constant] whining

Ge·wirr <-[e]s> [gəˈvɪr] *nt kein pl* (*Drähte, Fäden*) tangle; (*Gedanken*) confusion; *Stim-*

men babble; *Straßen* maze

ge·wiss^{RR}, **ge·wiß**^{ALT} [gə'vɪs] **I.** *adj* ❶ *attr* (*nicht näher bezeichnet*) certain; **eine ~e Frau Schmidt** a [certain] Ms Schmidt ❷ (*sicher*) ■ **sich** *dat* **einer S.** *gen* **~ sein** (*geh*) to be certain of sth **II.** *adv* (*geh*) certainly; **aber ~!** but of course!, *esp* Am sure!

Ge·wis·sen <-s> [gə'vɪsn̩] *nt kein pl* conscience; **ein schlechtes ~ haben** to have a bad conscience; **jdn/etw auf dem ~ haben** to have sb/sth on one's conscience; **jdm ins ~ reden** to appeal to sb's conscience

ge·wis·sen·haft *adj* conscientious

ge·wis·sen·los I. *adj* unscrupulous *pl* **II.** *adv* without scruple[s *pl*]

Ge·wis·sen·lo·sig·keit <-, -en> *f* unscrupulousness

Ge·wis·sens·bis·se *pl* pangs of conscience **Ge·wis·sens·ent·schei·dung** *f* question of conscience **Ge·wis·sens·fra·ge** *f s.* Gewissensentscheidung **Ge·wis·sens·frei·heit** *f* freedom of conscience **Ge·wis·sens·grün·de** *pl* conscientious reasons **Ge·wis·sens·kon·flikt** *m* moral conflict

ge·wis·ser·ma·ßen *adv* so to speak

Ge·wiss·heit^{RR}, **Ge·wiß·heit**^{ALT} <-, -en> *f selten pl* certainty; **~ haben** to be certain; **sich** *dat* **~** [**über etw** *akk*] **verschaffen** to find out for certain [about sth]

Ge·wit·ter <-s, -> [gə'vɪtɐ] *nt* thunderstorm

ge·wit·te·rig [gə'vɪtərɪç] **I.** *adj* thundery **II.** *adv* ■ **drückend** [thundery and] oppressive

ge·wit·tern* [gə'vɪtɐn] *vi impers* ■ **es gewittert** it's thundering

Ge·wit·ter·re·gen *m*, **Ge·wit·ter·schau·er** *m* thunder[y] shower **Ge·wit·ter·stim·mung** *f* **es herrscht ~** there is thunder in the air *fig* **Ge·wit·ter·wol·ke** *f* thundercloud

ge·witzt [gə'vɪtst] *adj* wily

ge·wo·ben [gə'vo:bn̩] *pp von* **weben**

ge·wo·gen [gə'vo:gn̩] **I.** *pp von* **wägen, wiegen**¹ **II.** *adj* (*geh*) well-disposed; ■ **jdm/einer S.** *dat* **~ sein** to be well-disposed toward[s] sb/sth

ge·wöh·nen* [gə'vø:nən] **I.** *vt* ■ **jdn an etw** *akk* **~** to make sb used to sth; **ein Tier an sich/etw** *akk* **~** to make an animal get used to one/sth **II.** *vr* ■ **sich an jdn/etw ~** to get used to sb/sth; ■ **sich daran ~, etw zu tun** to get used to doing sth

Ge·wohn·heit <-, -en> *f* habit; **aus** [**lauter**] **~** from [sheer] force of habit

Ge·wohn·heits·mensch *m* creature of habit **Ge·wohn·heits·recht** *nt* (*als Rechtssystem*) common law *no art* **Ge·wohn·heits·tä·ter, -tä·te·rin** *m, f* JUR, PSYCH habitual offender **Ge·wohn·heits·tier** *nt* creature of habit **Ge·wohn·heits·trin·ker(in)** *m(f)* habitual drinker **Ge·wohn·heits·ver·bre·cher(in)** *m(f)* habitual offender

ge·wöhn·lich [gə'vø:nlɪç] **I.** *adj* ❶ *attr* (*üblich*) usual ❷ (*normal*) normal ❸ (*pej: ordinär*) common **II.** *adv* ❶ (*üblicherweise*) usually; **für ~** normally; **wie ~** as [per *fam*] usual ❷ (*pej*) **sich ~ ausdrücken** to use common language

ge·wohnt [gə'vo:nt] *adj* usual; *Umgebung* familiar; ■ **etw ~ sein** to be used to sth; ■ **es ~ sein, etw zu tun** to be used to doing sth; ■ **es ~ sein, dass jd etw tut** to be used to sb['s] doing sth

Ge·wöh·nung <> *f kein pl* habituation *form*; **das ist** [**alles**] **~** it's [all] a question of habit

Ge·wöh·nungs·be·dürf·tig *adj* requiring getting used to **Ge·wöh·nungs·sa·che** *f* matter of getting used to [it]

Ge·wöl·be <-s, -> [gə'vœlbə] *nt* vault

ge·wölbt *adj Dach, Decke* vaulted; *Stirn* domed; *Rücken* rounded

ge·won·nen [gə'vɔnən] *pp von* **gewinnen**

ge·wor·ben [gə'vɔrbn̩] *pp von* **werben**

ge·wor·den [gə'vɔrdn̩] *pp von* **werden**

ge·wor·fen [gə'vɔrfn̩] *pp von* **werfen**

gewrungen *pp von* **wringen**

Ge·wühl <-[e]s> [gə'vy:l] *nt kein pl* ❶ (*Gedränge*) throng ❷ (*pej: andauerndes Kramen*) rummaging around

ge·wun·den [gə'vʊndn̩] **I.** *pp von* **winden**¹ **II.** *adj* ❶ (*in Windungen verlaufend*) winding ❷ (*umständlich*) tortuous

ge·wun·ken [gə'vʊŋkn̩] DIAL *pp von* **winken**

Ge·würz <-es, -e> [gə'vʏrts] *nt* spice

Ge·würz·gur·ke *f* pickled gherkin **Ge·würz·pflan·ze** *f* spice plant; (*Kräutersorte*) herb

Ge·wu·sel <-s> [gə'vu:zl̩] *nt kein pl* DIAL crush

ge·wusst^{RR}, **ge·wußt**^{ALT} [gə'vʊst] *pp von* **wissen**

gez. *Abk von* **gezeichnet** sgd

ge·zackt *adj* jagged; *Hahnenkamm* toothed; *Blatt* serrated

Ge·zänk [gə'tsɛŋk], **Ge·zan·ke** <-s> [gə'tsaŋkə] *nt kein pl* (*pej fam*) squabbling

ge·zeich·net *adj* marked

Ge·zei·ten [gə'tsajtn̩] *pl* tide[s *pl*]

Ge·zei·ten·strom *m* tidal current **Ge·zei·ten·wech·sel** *m* turn of the tide; **beim ~** at the turn of the tide

Ge·ze·ter <-s> [gə'tse:tɐ] *nt kein pl* (*pej fam*) racket; **in ~ ausbrechen** to start a commotion

ge·zielt I. *adj* well-directed; *Fragen* specific **II.** *adv* specifically; **~ fragen** to ask questions with a specific aim in mind

ge·zie·men* [gəˈtsiːmən] *vr impers* (*veraltend*) ■ **es geziemt sich** it is proper; **wie es sich geziemt** as is proper; **wie es sich für ein artiges Kind geziemt** as befits a well-behaved child *form*

ge·ziert (*pej*) **I.** *adj* affected **II.** *adv* affectedly

ge·zo·gen [gəˈtsoːgn̩] *pp von* **ziehen**

Ge·zwit·scher <-s> [gəˈtsvɪtʃɐ] *nt kein pl* twittering

ge·zwun·gen [gəˈtsvʊŋən] **I.** *pp von* **zwingen II.** *adj* (*gekünstelt*) forced; **Benehmen** stiff **III.** *adv* (*gekünstelt*) stiffly; **~ lachen** to give a forced laugh

ge·zwun·ge·ner·ma·ßen *adv* of necessity

ggf. *adv Abk von* **gegebenenfalls**

Gha·na <-s> [ˈgaːna] *nt* Ghana; *s. a.* **Deutschland**

Gha·na·er(in) <-s, -> [ˈgaːnaɐ] *m(f)* Ghanaian; *s. a.* **Deutsche(r)**

gha·na·isch [ˈgaːnaɪʃ] *adj* Ghanaian; *s. a.* **deutsch**

Ghet·to <-s, -s> [ˈgɛto] *nt s.* **Getto**

G(h)et·to·blas·ter <-s, -> [ˈgɛtobla:stɐ] *m* (*sl*) ghetto blaster BRIT, boombox

ghet·to·i·sie·ren* [gɛtoi'ziːrən] *vt s.* **gettoisieren**

Gi·bral·tar [giˈbraltar] *nt* Gibraltar

Gicht <-> [ˈgɪçt] *f kein pl* gout

Gie·bel <-s, -> [ˈgiːbl̩] *m* gable [end]

Gie·bel·dach *nt* gable[d] roof

Gier <-> [ˈgiːɐ] *f kein pl* greed *no pl* (**nach** for); (*nach Reichtum a.*) avarice *no pl* (**nach** for); (*nach etw Ungewöhnlichem*) craving (**nach** for)

gie·ren [ˈgiːrən] *vi* ■ **nach etw** *dat* **~** to crave [for] sth

gie·rig [ˈgiːrɪç] **I.** *adj* greedy; **~ nach Macht/Reichtum sein** to crave [for] power/riches **II.** *adv* greedily; **etw ~ trinken** to gulp down sth *sep*

gie·ßen <goss, gegossen> [ˈgiːsn̩] **I.** *vt* ① (*bewässern*) to water ② (*schütten*) to pour (**auf** on, **über** over); **ein Glas [nicht] voll ~** to [not] fill [up *sep*] a glass; **etw daneben ~** to spill sth ③ TECH **etw [in Barren/Bronze/Wachs] ~** to cast sth [into bars/in bronze/in wax] **II.** *vi impers* (*stark regnen*) **es gießt in Strömen** it's pouring [down] [with rain]

Gie·ße·rei <-, -en> [giːsəˈraɪ] *f* foundry

Gieß·kan·ne *f* watering can

Gift <-[e]s, -e> [ˈgɪft] *nt* ① (*giftige Substanz*) poison; (*Schlangengift*) venom; **jdm ~ geben** to poison sb; **darauf kannst du ~ nehmen** (*fig fam*) you can bet your life [*or* AM *a.* bottom dollar] on that ② (*fig: Bosheit*) venom; **~ und Galle spucken** (*fam*) to vent one's spleen; **sein ~ verspritzen** to be venomous

Gift·gas *nt* poison gas **Gift·gas·ka·ta·stro·phe** *f* [poison] gas disaster

gift·grün *adj* garish green

gif·tig [ˈgɪftɪç] **I.** *adj* ① (*Gift enthaltend*) poisonous ② (*boshaft*) venomous ③ (*grell*) garish **II.** *adv* (*pej*) **~ antworten** to give a catty reply

Gift·müll *m* toxic waste **Gift·müll·ex·port** *m* toxic waste export **Gift·müll·ver·bren·nungs·an·la·ge** *f* toxic waste incineration plant

Gift·nu·del *f* (*pej fam*) spiteful old devil **Gift·pilz** *m* poisonous fungus **Gift·schlan·ge** *f* poisonous snake **Gift·sprit·ze** *f* (*fam*) spiteful old devil **Gift·stoff** *m* toxic substance **Gift·wol·ke** *f* cloud of toxins **Gift·zwerg(in)** *m(f)* (*pej fam*) poison[ed] dwarf

Gi·ga·byte <-[s], -[s]> [ˈgɪgabaɪt] *nt*, **Gbyte** *nt* INFORM gigabyte, Gb

Gi·gant(in) <-en, -en> [giˈgant] *m(f)* giant; (*fig a.*) colossus

gi·gan·tisch [giˈgantɪʃ] *adj* gigantic

gilt [ˈgɪlt] *3. pers pres von* **gelten**

Gin <-s, -s> [dʒɪn] *m* gin; **~ Tonic** gin and tonic

ging [ˈgɪŋ] *imp von* **gehen**

Gins·ter <-s, -> [ˈgɪnstɐ] *m* broom

Gip·fel <-s, -> [ˈgɪpfl̩] *m* ① (*Bergspitze*) peak; (*höchster Punkt*) summit; DIAL (*Wipfel*) treetop ② (*fig: Zenit*) peak; (*Höhepunkt*) height ③ POL summit [conference]

Gip·fel·kon·fe·renz *f* summit conference

gip·feln [ˈgɪpfl̩n] *vi* ■ **in etw** *dat* **~** to culminate in sth

Gip·fel·punkt *m* high point **Gip·fel·tref·fen** *nt* summit [meeting]

Gips <-es, -e> [ˈgɪps] *m* ① (*Baumaterial*) plaster; (*in Mineralform*) gypsum; (*zum Modellieren*) plaster of Paris ② (*Kurzform für Gipsverband*) [plaster] cast; **den Arm/Fuß in ~ haben** to have one's arm/foot in a [plaster] cast

Gips·ab·druck <-abdrücke> *m*, **Gips·ab·guss**ᴿᴿ <-abgüsse> *m* plaster cast **Gips·arm** *m* (*fam*) arm in plaster **Gips·bein** *nt* (*fam*) leg in plaster

gip·sen [ˈgɪpsn̩] *vt* ■ **etw ~** ① (*mit Gips reparieren*) to plaster sth ② MED to put sth in plaster

Gips·ver·band *m* plaster cast

Gi·raf·fe <-, -n> [giˈrafə] *f* giraffe

Gir·lan·de <-, -n> [gɪrˈlandə] *f* garland (**aus** of)

Gi·ro <-s, -s *o* Giri> [ˈʒiːro, *pl* ˈʒiːri] *nt* FIN ÖSTERR [bank] assignment

Gi·ro·kon·to [ˈʒiːro-] *nt* current [*or* AM checking] account

Gis <-, -> ['gɪs] *nt* MUS G sharp

Gischt <-[e]s, -e> ['gɪʃt] *m pl selten* [sea] spray

Gi·tar·re <-, -n> [gi'tarə] *f* guitar

Gi·tar·rist(in) <-en, -en> [gita'rɪst] *m(f)* guitarist

Git·ter <-s, -> ['gɪtɐ] *nt* ❶ (*Absperrung*) fencing *no pl, no indef art*; (*vor Türen, Fenstern: engmaschig*) grille; (*grobmaschig*) grating; (*parallel laufende Stäbe*) bars *pl*; (*für Gewächse*) trellis ❷ (*fig fam*) **jdn hinter ~ bringen** to put sb behind bars; **hinter ~ kommen** to be put behind bars ❸ MATH grid

Git·ter·fens·ter *nt* barred window **Git·ter·rost** *m* grating

Glace <-, -n> ['glasə] *f* SCHWEIZ ice cream

Gla·cee·hand·schuh^{RR}, **Gla·cé·hand·schuh** [gla'se:-] *m* kid glove

gla·mou·rös [glamu'rø:s] *adj* glamorous

Glanz <-es> ['glants] *m kein pl* ❶ (*das Glänzen*) shine; *Augen* sparkle; *Lack* gloss; *Perlen, Seide* sheen; **blendender ~** dazzle ❷ (*herrliche Pracht*) splendour

glän·zen ['glɛntsn̩] *vi* ❶ (*widerscheinen*) to shine; (*von polierter Oberfläche*) to gleam; *Augen* to sparkle; *Nase* to be shiny; *Wasseroberfläche* to glisten; *Sterne* to twinkle ❷ (*sich hervortun*) to shine

glän·zend ['glɛntsn̩t] **I.** *adj* ❶ (*widerscheinend*) shining; *Oberfläche* gleaming; *Augen* sparkling; *Haar* shiny; *Papier* glossy ❷ (*hervorragend*) brilliant **II.** *adv* (*hervorragenderweise*) splendidly; **sich ~ amüsieren** to have a great time [of it]

Glanz·leis·tung *f* brilliant achievement **glanz·voll** *adj* brilliant **Glanz·zeit** *f* prime

Glas <-es, Gläser> ['gla:s, *pl* 'glɛ:zɐ] *nt* ❶ (*Werkstoff*) glass *no indef art, + sing vb*; „**Vorsicht ~!**" "glass — handle with care" ❷ (*Trinkgefäß*) glass; **zwei ~ Wein** two glasses of wine; **zu tief ins ~ schauen** (*fam*) to have one too many ❸ (*Brillenglas*) lens; (*Fernglas*) binoculars *npl*

Glas·au·ge *nt* glass eye **Glas·blä·ser(in)** *m(f)* glassblower **Glas·con·tai·ner** [-kɔn-tɛːnɐ] *m* bottle bank BRIT

Gla·ser(in) <-s, -> ['gla:zɐ] *m(f)* glazier

Gla·se·rei [glazə'raɪ] *f* glazier's workshop

Gla·se·rin <-, -nen> ['gla:zərɪn] *f fem form von* Glaser

glä·sern ['glɛ:zɐn] *adj* ❶ (*aus Glas*) glass *attr,* [made] of glass *pred* ❷ (*fig*) **~e Augen/~er Blick** glassy eyes/gaze

Glas·fa·ser *f meist pl* glass fibre **Glas·fa·ser·ka·bel** *nt* fibre optic cable

Glas·haus *nt* greenhouse; (*in botanischen Gärten*) glass house **Glas·hüt·te** ['gla:shʏtə] *f* glassworks + *sing/pl vb*

gla·sie·ren [gla'zi:rən] *vt* to glaze

gla·sig ['gla:zɪç] *adj* ❶ (*ausdruckslos*) glassy ❷ KOCHK transparent

Glas·kas·ten *m* glass case; (*fam: mit Glas abgeteilter Raum*) glass box **glas·klar I.** *adj* ❶ (*durchsichtig*) transparent, [as] clear as glass *pred* ❷ (*fig: klar und deutlich*) crystal-clear **II.** *adv* (*klar und deutlich*) in no uncertain terms **Glas·ma·le·rei** *f* glass painting

Glas·nost <-> ['glasnɔst] *f kein pl* POL, HIST glasnost

Glas·per·le *f* glass bead **Glas·schei·be** *f* ❶ (*dünne Glasplatte*) sheet of glass ❷ (*Fensterscheibe*) pane of glass **Glas·scher·be** *f* shard of glass **Glas·tür** *f* glass door

Gla·sur [gla'zu:ɐ̯] *f* ❶ (*Keramik~*) glaze ❷ KOCHK icing, *esp* AM frosting

Glas·wol·le *f* glass wool

glatt <-er *o fam* glätter, -este *o fam* glättes-te> ['glat] **I.** *adj* ❶ *Fläche, Haut* smooth; *Gesicht* unlined; *Haar* straight; **~ rasiert** clean-shaven; **etw ~ hobeln/schmirgeln** to plane down/sand down sth; **etw ~ streichen** to smooth out sth *sep* ❷ *Straße* slippery ❸ (*problemlos*) smooth ❹ *attr* (*fam: eindeutig*) outright; *Lüge* downright ❺ (*pej: aalglatt*) slick **II.** *adv* (*fam: rundweg*) plainly; (*ohne Umschweife*) straight out; *leugnen* flatly; **etw ~ ablehnen** to turn sth down flat

Glät·te <-> ['glɛtə] *f kein pl* ❶ (*Ebenheit*) smoothness; *von Haar* sleekness ❷ (*Rutschigkeit*) slipperiness ❸ (*fig: aalglatte Art*) slickness

Glatt·eis *nt* [thin sheet of] ice; „**Vorsicht ~!**" "danger, black ice" ▶ **sich auf ~ begeben** to skate on thin ice; **jdn aufs ~ führen** to trip up sb *sep* **Glatt·eis·ge·fahr** <-> *f kein pl* danger of black ice

glät·ten ['glɛtn̩] **I.** *vt* ❶ (*glatt streichen*) to smooth out *sep;* **sich die Haare ~** to smooth down one's hair *sep* ❷ (*besänftigen*) **jds Zorn ~** to calm sb's anger **II.** *vr* ■ **sich ~** ❶ *Meer, Wellen* to subside ❷ (*fig*) *Wut, Erregung* to die down **glatt·ra·siert**^{ALT} *adj s.* **glatt I 1 glatt·strei·chen**^{ALT} *vt irreg s.* **glatt I 1**

glatt·weg ['glatvɛk] *adv* (*fam*) just like that; **etw ~ ablehnen** to turn sth down flat [*or* AM *a.* flat out]; **etw ~ abstreiten** to flatly deny sth

Glat·ze <-, -n> ['glatsə] *f* bald head; **eine ~ bekommen/haben** to go/be bald **Glatz·kopf** *m* (*fam*) ❶ (*kahler Kopf*) bald head ❷ (*Mann mit Glatze*) baldie **glatz·köp·fig** ['glatskœpfɪç] *adj* bald[-headed]

glauben

Glauben ausdrücken | expressing belief

Ich glaube, dass sie die Prüfung bestehen wird.	I think she will pass the exam.
Ich glaube an den Sieg unserer Mannschaft.	I'm sure our team will win.
Ich halte diese Geschichte für wahr.	I believe this story to be true.

Vermutungen ausdrücken | expressing assumption

Ich vermute, sie wird nicht kommen.	I don't think she will come.
Ich nehme an, dass er mit seiner neuen Arbeit zufrieden ist.	I assume/suppose he's happy with/in his new job.
Ich halte einen Börsenkrach in der nächsten Zeit für (durchaus) denkbar/möglich.	I consider it to be a distinct possibility that the stockmarket will crash in the near future.
Ich habe da so eine Ahnung.	I've got a feeling about it.
Es kommt mir so vor, als würde er uns irgendetwas verheimlichen.	I get the feeling he's keeping something from us.
Ich habe so den Verdacht, dass sie bei der Abrechnung einen Fehler gemacht hat.	I suspect she may have made a mistake with the final bill.
Ich habe das Gefühl, dass sie das nicht mehr lange mitmacht.	I have an inkling she won't put up with it much longer.

Glau·be <-ns> ['glaʊbə] *m kein pl* ❶ (*Überzeugung*) faith (**an** in); (*gefühlsmäßige Gewissheit*) faith (**an** in); **den festen ~ haben, dass ...** to be of the firm belief that ...; **in gutem ~n** in good faith; **jdn von seinem ~ abbringen** to dissuade sb; **jdn bei dem ~ [be]lassen, dass ...** to leave sb in the belief that ...; **jdm/einer S.** *dat* **[keinen] ~n schenken** to [not] believe sb/sth; **den ~n an jdn/etw verlieren** to lose faith in sb/sth ❷ REL [religious] faith; **der christliche/jüdische/muslimische etc. ~** the Christian/Jewish/Muslim etc. faith

glau·ben ['glaʊbn̩] **I.** *vt* ❶ (*für wahr halten*) ■ **etw ~** to believe sth; **das glaubst du doch selbst nicht!** you don't really believe that, do you!; **kaum zu ~** incredible ❷ (*wähnen*) **sich allein/unbeobachtet ~** to think [that] one is alone/nobody is watching one **II.** *vi* ❶ (*vertrauen*) ■ **jdm ~** to believe sb; **jdm aufs Wort ~** to take sb's word for it; ■ **an jdn/etw ~** to believe in sb/sth ❷ (*für wirklich halten*) ■ **an etw** *akk* **~** to believe in sth ▶ **dran ~ müssen** (*sl: sterben müssen*) to kick the bucket; (*weggeworfen werden müssen*) to get chucked out; (*etw tun müssen*) to be stuck with it

Glau·ben <-s> ['glaʊbn̩] *m kein pl s.* **Glaube**

Glau·bens·be·kennt·nis *nt* (*Religionszugehörigkeit*) profession [of faith] **Glau·bens·frei·heit** *f* religious freedom **Glau·bens·ge·mein·schaft** *f* denomination

glaub·haft I. *adj* believable **II.** *adv* convincingly

Glaub·haf·tig·keit <-> *f kein pl* credibility

gläu·big ['glɔʏbɪç] *adj* ❶ (*religiös*) religious ❷ (*vertrauensvoll*) trusting

Gläu·bi·ge(r) *f(m)* believer

Gläu·bi·ger(in) <-s, -> ['glɔʏbɪɡɐ] *m(f)* ÖKON creditor

glaub·wür·dig *adj* credible

Glaub·wür·dig·keit *f kein pl* credibility

gleich ['glaɪç] **I.** *adj* ❶ (*übereinstimmend*) same; **zwei mal zwei [ist] ~ vier** two times two is four; **~e Rechte/Pflichten** equal rights/responsibilities; **~ groß/lang** equal in size/length; **~ schwer** equally heavy; **~ bezahlt werden** to be paid the same; **~ gesinnt** like-minded ❷ (*unverändert*) **es ist immer das [ewig] G~e** it's always the same [old thing]; **~ bleibend gut** consistent[ly] good; **aufs G~e hinauslaufen** it comes down to the same thing ❸ (*gleichgültig*) ■ **jdm ~ sein** to be all the same to sb; ■ **ganz ~ wer/was [...]** no matter who/what [...] ▶ **G~ und G~ gesellt sich gern** (*prov*) birds of a feather flock together **II.** *adv* ❶ *(sofort, bald)* straightaway; **bis ~!** see you then!; *(sofort)* see you in a minute!; **ich komme ~!** I'll be right there!; **habe ich es nicht ~ gesagt!** what did I tell you?; **~ darauf** soon afterward[s]; *(sofort)* right away; **~ heute/morgen** [first thing] today/tomorrow; **~ nach dem Frühstück** right after breakfast ❷ *(unmittelbar daneben/danach)* immediately; ■ **~ als ... as soon as ...**; **~ daneben** right beside it ❸ *(zugleich)* at once **III.** *part* ❶ *in Aussagesätzen (emph)* just as well; **du brauchst deswegen nicht ~ zu weinen** there's no need to start crying because of that ❷ *in Fragesätzen (noch)* again; **wie war doch ~ Ihr Name?** what was your name again? **IV.** *präp* +*dat (geh: wie)* like

gleich·al·t[e]·rig ['glaɪçʔalt(ə)rɪç] *adj* [of] the same age *pred*

gleich·ar·tig *adj* of the same kind *pred; (ähnlich)* similar

Gleich·be·hand·lung *f* equal treatment **gleich·be·rech·tigt** *adj* **~ sein** to have equal rights **Gleich·be·rech·ti·gung** *f kein pl* equal rights +*sing/pl vb* **gleich·blei·bend**^{ALT} *adj* consistent

glei·chen <glich, geglichen> ['glaɪçn̩] *vt* ■ **jdm/einer S.** *dat* ~ to be [just] like sb/sth; ■ **sich** *dat* ~ to be alike

glei·cher·ma·ßen, glei·cher·wei·se *adv* equally

gleich·falls *adv* likewise; **danke ~!** [and] the same to you *a. iron*

gleich·för·mig I. *adj* uniform **II.** *adv* uniformly **gleich·ge·schlecht·lich** *adj (homosexuell)* homosexuell **gleich·ge·sinnt**^{ALT} *adj* like-minded

Gleich·ge·wicht *nt kein pl* balance; **im ~ sein** to be balanced; **aus dem ~ kommen** to lose one's balance **Gleich·ge·wichts·stö·rung** *f* impaired balance *no pl*

gleich·gül·tig I. *adj* ❶ *(uninteressiert)* indifferent **(gegenüber** to[wards]); *(apathisch)* apathetic **(gegenüber** towards); **ein ~es Gesicht machen** to look impassive; **~e Stimme** expressionless voice ❷ *(unwichtig)* immaterial; ■ **etw ist jdm ~** sb couldn't care [less] about sth **II.** *adv* ❶ *(uninteressiert)* with indifference; *(apathisch)* with apathy **Gleich·gül·tig·keit** ['glaɪçgʏltɪçkaɪt] *f kein pl (Desinteresse)* indifference; *(Apathie)* apathy

Gleich·heit <-, -en> *f* ❶ *(Übereinstimmung)* similarity ❷ *kein pl (gleiche Stellung)* equality

Gleich·heits·zei·chen *nt* equals sign **gleich·kom·men** *vi irreg sein* ❶ *(Gleiches erreichen)* ■ **jdm/einer S.** *dat* ~ to equal sb/sth **(an** in) ❷ *(gleichbedeutend sein)* ■ **einer S.** *dat* ~ to be tantamount to sth **gleich·ma·chen** *vt* ■ **etw/alles ~** to make sth/everything the same

gleich·mä·ßig I. *adj* even; *Bewegungen* regular; *Puls, Tempo* steady **II.** *adv* ❶ *(in gleicher Stärke/Menge)* equally; *Farbe* ■ **auftragen** to apply an even coat of paint; **~ schlagen** *Herz, Puls* to beat steadily; **~ atmen** to breathe regularly ❷ *(ohne Veränderungen)* consistently

Gleich·mä·ßig·keit ['glaɪçmɛːsɪçkaɪt] *f* regularity; *von Puls, Tempo a.* steadiness

Gleich·nis <-ses, -se> ['glaɪçnɪs, *pl* 'glaɪçnɪsə] *nt* allegory; *(aus der Bibel)* parable

gleich·ran·gig *adj* equal in rank *pred*, at the same level *pred*

gleich·sam ['glaɪçzaːm] *adv (geh)* so to speak **gleich·schen·ke·lig** ['glaɪçʃɛŋkəlɪç] *adj* MATH **~es Dreieck** isosceles triangle **Gleich·schritt** *m kein pl* marching *no pl* in step; **im ~ marschieren** to march in step **gleich·sei·tig** ['glaɪçzaɪtɪç] *adj* equilateral **gleich·set·zen** *vt* to equate (**mit** with) **Gleich·stand** *m kein pl* SPORT tie **gleich·stel·len** *vt* ■ **jdn jdm ~** to give sb the same rights as sb **Gleich·stel·lung** *f kein pl* equality +*gen* of/for) **Gleich·strom** *m* direct current **gleich·tun** *vt impers, irreg* ❶ *(imitieren)* ■ **es jdm ~** to follow sb['s example] ❷ *(gleichkommen)* ■ **es jdm ~** to match sb (**in** in)

Glei·chung <-, -en> ['glaɪçʊŋ] *f* MATH equation

gleich·wer·tig *adj* equal; ■ **~ sein** to be equally matched **gleich·wohl** ['glaɪçvoːl] *adv (geh: dennoch)* nonetheless **gleich·zei·tig I.** *adj* simultaneous **II.** *adv* ❶ *(zur gleichen Zeit)* simultaneously ❷ *(ebenso, zugleich)* at the same time **gleich·zie·hen** *vi irreg (fam)* ■ **[mit jdm] ~** to draw level [with sb]

Gleis <-es, -e> [glaɪs, *pl* 'glaɪzə] *nt* track, rails *pl*; *(einzelne Schiene)* rail; *(Bahnsteig)* platform; **~ 2 ...** platform 2 ..., AM *a.* track 2 ... ▸ **[völlig] aus dem ~ geraten** to go off the rails; **wieder ins [rechte] ~ kommen** *(ins Lot kommen)* to sort oneself out again; *(auf die richtige Bahn kommen)* to get back on the right track

glei·ten <glitt, geglitten> ['glaɪtn̩] *vi* ❶ *sein (schweben)* to glide; *Wolke* to sail ❷ *sein (streichen, huschen)* ■ **über etw** *akk* ~ *Augen* to wander over sth; *Blick* to pass over sth; *Finger* to explore sth; *Hand* to slide over sth ❸ *sein (rutschen)* to slide; **zu Boden ~** to slip to the floor/ground; **ins Wasser ~** to slip

into the water
Gleit·flug·zeug *nt* glider **Gleit·mit·tel** *nt* lubricant **Gleit·schirm·flie·gen** *nt* hang-gliding **Gleit·zeit** *f* (*fam*) flexitime
Glet·scher <-s, -> ['glɛtʃɐ] *m* glacier
Glet·scher·spal·te *f* crevasse
glich ['glɪç] *imp von* **gleichen**
Glied <-[e]s, -er> ['gliːt, *pl* 'gliːdɐ] *nt* ❶ (*Körperteil*) limb; (*Finger~, Zehen~*) joint; (*Fingerspitze*) fingertip; **an allen ~ern zittern** to be shivering all over ❷ (*Penis*) [male] member *form* ❸ (*Ketten~*) link *a. fig* ❹ (*Teil*) part
glie·dern ['gliːdɐn] **I.** *vt* ■ **etw ~** (*unterteilen*) to [sub]divide sth (**in** into); (*ordnen*) to organize sth (**in** into); (*einordnen*) to classify sth (**in** under); ■ **gegliedert sein** to be divided (**in** into) **II.** *vr* ■ **sich in etw** *akk* **~** to be [sub]divided into sth
Glie·der·schmerz *m meist pl* rheumatic pains *pl*
Glie·de·rung <-, -en> *f* ❶ *kein pl* (*das Gliedern*) structuring *no pl* (**in** into); (*nach Unterteilen*) subdivision (**in** into); (*nach Eigenschaften a.*) classification ❷ (*Aufbau*) structure
Glied·ma·ßen *pl* limbs
glim·men <glomm *o selten* glimmte, geglommen *o selten* geglimmt> ['glɪmən] *vi* to glow; *Feuer, Asche a.* to smoulder
Glimm·stän·gel^{RR}, **Glimm·sten·gel**^{ALT} *m* (*hum fam*) ciggy
glimpf·lich ['glɪmpflɪç] **I.** *adj* ❶ (*ohne schlimmere Folgen*) without serious consequences *pred* ❷ (*mild*) mild **II.** *adv* ❶ (*ohne schlimmere Folgen*) **~ davonkommen** to get off lightly; **~ abgehen** to pass [off] without serious consequences ❷ (*mild*) **mit jdm ~ umgehen** to treat sb leniently
glit·schig ['glɪtʃɪç] *adj* (*fam*) slippery; *Fisch* slithery
glitt ['glɪt] *imp von* **gleiten**
glit·ze·rig ['glɪtsərɪç] *adj* (*fam*) sparkly
glit·zern ['glɪtsɐn] *vi* to glitter; *Stern* to twinkle
glo·bal [glo'baːl] **I.** *adj* ❶ (*weltweit*) global ❷ (*umfassend*) general **II.** *adv* ❶ (*weltweit*) globally ❷ (*ungefähr*) generally
Glo·ba·li·sie·rung <-> *f* globalization
Glo·ba·li·sie·rungs·kri·ti·ker(in) *m(f)* POL critic of globalization
glo·ba·li·sie·rungs·kri·tisch *adj* POL critical of globalization *pred*
Glo·be·trot·ter(in) <-s, -> ['gloːbətrɔtɐ, 'gloːbtrɔtə] *m(f)* globetrotter
Glo·bus <- *o* -ses, Globen *o* -se> ['gloːbʊs, *pl* 'gloːbn̩, 'gloːbʊsə] *m* globe
Glo·cke <-, -n> ['glɔkə] *f* ❶ (*Läutewerk*) bell ❷ (*glockenförmiger Deckel*) [glass] cover ▶ **etw an die große ~ hängen** (*fam*) to shout sth from the rooftops; **etw nicht an die große ~ hängen** (*fam*) to keep mum about sth
Glo·cken·blu·me *f* bellflower **glo·cken·för·mig** *adj* bell-shaped **Glo·cken·ge·läu·t(e)** *nt kein pl* peal of bells **Glo·cken·schlag** *m* stroke [of a/the bell] **Glo·cken·spiel** *nt* ❶ (*in Kirch- oder Stadttürmen*) carillon ❷ (*Musikinstrument*) glockenspiel
Glo·cken·turm *m* belfry
glomm ['glɔm] *imp von* **glimmen**
Glo·rie <-> ['gloːrɪ̯ə] *f kein pl* (*geh*) glory
glo·ri·fi·zie·ren* [glorifɪ'tsiːrən] *vt* to glorify (**als** as)
glo·ri·os [glo'rɪ̯oːs] *adj s.* **glorreich 1**
glor·reich *adj* ❶ (*meist iron*) magnificent ❷ (*großartig*) glorious
Glos·sar <-s, -e> [glɔ'saːɐ̯] *nt* glossary
Glos·se <-, -n> ['glɔsə] *f* commentary; (*polemisch*) ironic comment[ary]
Glotz·au·ge *nt meist pl* (*fam*) goggle eye
Glot·ze <-, -n> ['glɔtsə] *f* (*fam*) telly BRIT, boob tube AM
glot·zen ['glɔtsn̩] *vi* (*pej fam*) to gape (**auf** at); **in etw** *akk* **[hinein] ~** to stick one's nose into sth
Glück <-[e]s> ['glʏk] *nt kein pl* ❶ (*günstige Fügung*) luck; (*Fortuna*) fortune; **ein ~, dass** ... it is/was lucky that ...; **jdm zum Geburtstag ~ wünschen** to wish sb [a] happy birthday; **mehr ~ als Verstand haben** (*fam*) to have more luck than brains; **großes/seltenes ~** a great/rare stroke of luck; **jdm ~ bringen** to bring sb luck; **viel ~** [**bei etw** *dat*]**!** good luck [with sth]!; **~/kein ~ haben** to be lucky/unlucky; **sein ~** [**bei jdm**] **versuchen** to try one's luck [with sb]; **auf sein ~ vertrauen** to trust to one's luck; **zum ~** luckily ❷ (*Freude*) happiness ▶ **jeder ist seines ~es Schmied** (*prov*) everyone is the architect of his own fortune; **~ im Unglück haben** it could have been much worse [for sb]; **etw auf gut ~ tun** to do sth on the off-chance
Glu·cke <-, -n> ['glʊkə] *f* sitting hen
glü·cken ['glʏkn̩] *vi sein* ❶ (*gelingen*) to be successful; ■ **jdm glückt etw** sb succeeds in sth ❷ (*vorteilhaft werden*) to turn out well
glu·ckern ['glʊkɐn] *vi* to glug
glück·lich ['glʏklɪç] **I.** *adj* ❶ (*vom Glück begünstigt*) lucky ❷ (*vorteilhaft, erfreulich*) happy; **~er Ausgang** a happy ending; **eine ~e Nachricht** [some] good news + *sing vb*; *Umstand* fortunate; **ein ~er Zufall** a stroke of luck ❸ (*froh*) happy (**mit** with, **über** about) **II.** *adv* ❶ (*vorteilhaft, erfreulich*) hap-

glücklicherweise – Gondel 1234

pily ❷ (*froh und zufrieden*) ~ [mit jdm] verheiratet sein to be happily married [to sb] ❸ (*fam: zu guter Letzt*) after all

glück·li·cher·wei·se *adv* luckily

Glücks·brin·ger <-s, -> *m* lucky charm **Glücks·fall** *m* stroke of luck **Glücks·griff** *m* stroke of luck **Glücks·kind** *nt* (*fam*) a lucky person **Glücks·pilz** *m* (*fam*) lucky devil **Glücks·rad** *nt* wheel of fortune **Glücks·sa·che** *f* ■ etw ist [reine] ~ sth's a matter of [sheer] luck **Glücks·spiel** *nt* game of chance **Glücks·sträh·ne** *f* lucky streak **Glücks·tag** *m* lucky day **Glücks·tref·fer** *m* stroke of luck; (*beim Schießen*) lucky shot **Glücks·zahl** *f* lucky number

Glück·wunsch *m* congratulations *npl* (**zu** on) **Glück·wunsch·kar·te** *f* greetings [*or* Am greeting] card

Glüh·bir·ne *f* [electric] light bulb

glü·hen ['gly:ən] *vi* ❶ (*rot vor Hitze sein*) to glow ❷ (*geh*) ■ vor etw *dat* ~ to burn with sth; vor Scham ~ to be flushed with shame

glü·hend **I.** *adj* ❶ (*rot vor Hitze*) glowing; *Metall* [red-]hot ❷ (*brennende, sehr heiß*) burning; *Hitze* blazing **II.** *adv* ■ heiß ~ scorching [hot]

Glüh·lam·pe *f* (*geh*) [electric] light bulb **Glüh·wein** *m* [hot] mulled wine **Glüh·würm·chen** <-s, -> *nt* glow-worm; (*fliegend*) firefly

Glupsch·au·ge ['glupʃ-] *nt* NORDD (*fam*) ~n machen to stare goggle-eyed

Glut <-, -en> ['glu:t] *f* embers *npl*; (*Tabak*) burning ash

glut·rot *adj* fiery red

Gly·ze·rin <-s> [glytse'ri:n] *nt kein pl* glycerin[e]

GmbH <-, -s> [ge:ʔɛmbeː'haː] *f Abk von* Gesellschaft mit beschränkter Haftung ≈ Ltd Brit

g-Moll <-s, -> ['geːmɔl] *nt kein pl* mus G flat minor

Gna·de <-, -n> ['gnaːdə] *f* ❶ (*Gunst*) favour ❷ (*Nachsicht*) mercy; ~ vor Recht ergehen lassen to temper justice with mercy; um ~ bitten to ask for mercy; ~! mercy!

Gna·den·frist *f* [temporary] reprieve **gna·den·los I.** *adj* merciless **II.** *adv* mercilessly **Gna·den·schuss**^{RR} *m*, **Gna·den·stoß** *m* coup de grâce

gnä·dig ['gnɛːdɪç] **I.** *adj* ❶ (*herablassend*) gracious *a. iron* ❷ (*Nachsicht zeigend*) merciful ❸ (*veraltend: verehrt*) ~e Frau madam; ~es Fräulein madam; (*jünger*) miss; ~er Herr sir **II.** *adv* ❶ (*herablassend*) graciously ❷ (*milde*) leniently; ~ davonkommen to get off lightly

Gnom <-en, -en> ['gnoːm] *m* (*pej*) gnome

Gnu <-s, -s> ['gnuː] *nt* gnu

Goal <-s, -s> [goːl] *nt* FBALL ÖSTERR, SCHWEIZ goal

Go·ckel <-s, -> ['gɔkl] *m bes* SÜDD cock

Go·kart^{RR}, **Go-Kart**^{ALT} <-[s], -s> ['goːkart] *m* go-cart

Gold <-[e]s> [gɔlt] *nt kein pl* gold *no pl;* nicht mit ~ zu bezahlen sein to be worth one's/its weight in gold; aus ~ gold ► es ist nicht alles ~, was glänzt (*prov*) all that glitters is not gold; nicht für alles ~ der Welt not for all the money in the world

Gold·ader *f* vein of gold **Gold·bar·ren** *m* gold ingot **Gold·du·blee** [-dubleː] *nt* gold-plated metal

gol·den ['gɔldn] **I.** *adj attr* gold[en *liter*] **II.** *adv* like gold

gold·far·ben, **gold·far·big** *adj* golden **Gold·fisch** *m* gold fish **Gold·ge·halt** *m* gold content **gold·gelb** *adj* golden yellow; KOCHK golden brown **Gold·grä·ber(in)** <-s, -> *m(f)* gold-digger **Gold·gru·be** *f* (*fig*) goldmine **Gold·hams·ter** *m* [golden] hamster

gol·dig ['gɔldɪç] *adj* ❶ (*fam: allerliebst*) cute ❷ DIAL (*fam: rührend nett*) frightfully nice *a. iron* ❸ DIAL (*iron fam*) du bist aber ~! you're a right one [, you are]!, you're funny! Am

Gold·me·dail·le [-medaljə] *f* gold [medal] **Gold·mi·ne** *f* gold mine **Gold·mün·ze** *f* gold coin **Gold·re·gen** *m* ❶ BOT laburnum ❷ (*Feuerwerkskörper*) Roman candle **gold·rich·tig** *adj* (*fam*) ❶ (*völlig richtig*) dead right ❷ *präd* (*in Ordnung*) all right **Gold·schatz** *m* ❶ (*Schatz*) golden treasure ❷ (*Kosewort*) treasure

Gold·schmied(in) *m(f)* goldsmith **Gold·schmie·de·kunst** *f kein pl* goldsmith's art **Gold·schmie·din** <-, -nen> *f* fem form von Goldschmied

Gold·schnitt *m kein pl* gilt edging **Gold·stück** *nt* piece of gold; (*Kosewort*) treasure *fam* **Gold·waa·ge** *f* gold balance; bei ihm muss man jedes Wort auf die ~ legen one really has to weigh one's words with him **Gold·wäh·rung** *f* ÖKON currency tied to the gold standard

Golf¹ <-[e]s, -e> [gɔlf] *m* gulf; der ~ von Mexiko the Gulf of Mexico

Golf² <-s> [gɔlf] *nt kein pl* SPORT golf *no pl* **Golf·krieg** *m* ■ der ~ the Gulf War **Golf·platz** *m* golf course + *sing/pl vb* **Golf·schlä·ger** *m* golf club **Golf·spie·ler(in)** *m(f)* golfer

Golf·staat *m* ■ die ~en the Gulf States **Golf·strom** *m* ■ der ~ the Gulf Stream

Gon·del <-, -n> ['gɔndl] *f* ❶ (*Boot in Ve-*

Gong–Grafik

nedig) gondola ② (*Seilbahn~*) [cable-]car ③ (*Ballon~*) basket

Gong <-s, -s> [gɔŋ] *m* gong; SPORT bell

gön·nen ['gœnən] **I.** *vt* ① (*gern zugestehen*) ■ jdm etw ~ not to begrudge sb sth; **ich gönne ihm diesen Erfolg von ganzem Herzen!** I'm absolutely delighted that he has succeeded ② (*iron: es gern sehen*) ■ **es jdm ~, dass ...** to be pleased [to see] that sb ... **II.** *vr* ■ **sich** *dat* **etw ~** to allow oneself sth; **sich ein Glas Wein ~** to treat oneself to a glass of wine

Gön·ner(in) <-s, -> ['gœnɐ] *m(f)* patron

gön·ner·haft I. *adj* (*pej*) patronizing **II.** *adv* patronizingly

Gön·ne·rin <-, -nen> ['gœnərɪn] *f fem form von* **Gönner**

Gön·ner·mie·ne *f* (*pej*) patronizing expression

googeln ['guːg|n] INET **I.** *vt* ■ **jdn/etw ~** to google sb/sth **II.** *vi* to google (**nach** + *dat* for)

gor [goːɐ̯] *imp von* **gären**

Gö·re <-, -n> ['gøːrə] *f* (*fam*) brat

Go·ril·la <-s, -s> [go'rɪla] *m* gorilla

Gos·pel <-s, -s> ['gɔspl̩] *n* t *m* gospel

goss^RR, **goß**^ALT ['gɔs] *imp von* **gießen**

Gos·se <-, -n> ['gɔsə] *f* (*veraltend: Rinnstein*) gutter ▶ **in der ~ enden** to end up in the gutter

Go·tik <-> ['goːtɪk] *f kein pl* Gothic period

go·tisch ['goːtɪʃ] *adj* Gothic

Gott, Göt·tin <-es, Götter> ['gɔt, 'gœtɪn, *pl* 'gœtɐ] *m, f* ① (*ein ~*) *nt auch masc*, goddess *fem* ② *no pl* (*das höchste Wesen*) God; **~ sei Dank!** (*a. fig fam*) thank God!; **bei ~ schwören** to swear by Almighty God ▶ **wie ~ in Frankreich leben** (*fam*) to live in the lap of luxury; **in ~es Namen!** (*fam*) in the name of God; **über ~ und die Welt reden** to talk about everything under the sun; **ach du lieber ~!** oh heavens!; **~ bewahre!** God forbid!; **grüß ~!** *bes* SÜDD, ÖSTERR hello!; **~ weiß was/wie viel/wann ...** (*fam*) God knows what/how much/when ...; **das ist weiß ~ nicht zu teuer** that is certainly not too expensive; **das wissen die Götter** (*fam*) Heaven only knows; **ach ~** (*resignierend*) oh God!; (*tröstend*) oh dear; **um ~es willen!** (*emph: o je!*) [oh] my God!; (*bitte*) for God's sake!

Göt·ter·spei·se *f* jelly **Got·tes·dienst** *m* [church] service **got·tes·fürch·tig** ['gɔtəsfʏrçtɪç] *adj* (*veraltend*) God-fearing **Got·tes·haus** *nt* place of worship **Got·tes·läs·te·rung** *f* blasphemy

gott·ge·ge·ben *adj* God-given

Gott·heit <-, -en> *f* deity

Göt·tin <-, -nen> ['gœtɪn] *f fem form von* **Gott** goddess

gött·lich ['gœtlɪç] *adj* divine

gott·lob [gɔt'loːp] *adv* (*veraltend*) thank God

gott·los *adj* godless

gotts·er·bärm·lich ['gɔtsʔɛɐ̯'ɛrmlɪç] **I.** *adj* (*emph fam*) dreadful **II.** *adv* terribly

gott·ver·dammt *adj attr* (*emph sl*) damn[ed], goddamn[ed] *esp* AM **gott·ver·las·sen** *adj* (*emph fam*) god-forsaken *pej* **Gott·ver·trau·en** *nt kein pl* trust in God *no pl*

Göt·ze <-n, -n> ['gœtsə] *m* (*pej*) ① (*heidnischer Gott*) false god ② *s.* **Götzenbild**

Göt·zen·bild *nt* (*pej*) idol, graven image

Göt·zen·die·ner(in) *m(f)* (*pej*) idolater **Göt·zen·dienst** *m kein pl* idolatry *no art*

Gou·ver·neur(in) <-s, -e> [guvɛr'nøːɐ] *m(f)* governor

Grab <-[e]s, Gräber> ['graːp, *pl* 'grɛːbɐ] *nt* grave ▶ **ein Geheimnis mit ins ~ nehmen** to carry a secret [with one] to the grave; **sich** *dat* **sein eigenes ~ schaufeln** to dig one's own grave; **etw mit ins ~ nehmen** to take sth [with one] to the grave; **schweigen können wie ein ~** to be [as] silent as the grave; **jdn zu ~e tragen** (*geh*) to carry sb to the grave; **jd würde sich im ~[e] umdrehen, wenn ...** (*fam*) sb would turn in their grave if ...

gra·ben <grub, gegraben> ['graːbn̩] **I.** *vi* to dig (**nach** for) **II.** *vt* **Loch** to dig **III.** *vr* ■ **sich in etw** *akk* **~** to sink into sth

Gra·ben <-s, Gräben> ['graːbn̩, *pl* 'grɛːbn̩] *m* ① (*Vertiefung in der Erde*) ditch ② MIL trench ③ (*Festungsgraben*) moat

Grab·kam·mer *f* burial chamber **Grab·mal** <-mäler *o geh* -e> *nt* ① (*Grabstätte*) mausoleum ② (*Gedenkstätte*) memorial **Grab·re·de** *f* funeral oration **Grab·schän·dung** *f* desecration of a grave/[the] graves **Grab·stein** *m* gravestone

Grad <-[e]s, -e> ['graːt, *pl* 'graːdə] *m* ① SCI, MATH degree; **2 ~ unter Null** 2 degrees below [zero]; **3 ~ über Null** 3 degrees above zero ② (*Maß, Stufe*) level; **im höchsten/in hohem ~[e]** extremely/to a great extent ▶ **um [ein]hundertachtzig ~** (*fam*) complete[ly]

gra·de ['graːdə] *adj, adv* (*fam*) *s.* **gerade**

Grad·mes·ser <-s, -> *m* yardstick

Graf, Grä·fin¹ <-en, -en> ['graːf, 'grɛːfɪn] *pl m, f* count, earl BRIT *masc*, countess *fem*

Graf^RR² <-en, -en> ['graːf] *m* SCI *s.* **Graph**

Graf·fi·to <-[s], Graffiti> [gra'fiːto, *pl* gra'fiːti] *nt o m* ■ **Graffiti** graffiti

Gra·fik ['graːfɪk] *f* ① *kein pl* (*grafische Technik*) graphic arts *pl* ② (*grafische Darstellung*) graphic ③ (*Schaubild*) diagram

Gra·fi·ker(in) <-s, -> ['gra:fike] *m(f)* graphic artist

Gra·fik·kar·te *f* INFORM graphics card

Grä·fin <-, -nen> ['grɛ:fɪn] *f fem form von* **Graf** countess *fem*

gra·fisch ['gra:fɪʃ] *adj, adv s.* **graphisch**

Gra·fit^{RR} <-s, -e> [gra'fi:t] *m s.* **Graphit**

Graf·schaft <-, -en> *f* ❶ HIST count's land, earldom BRIT ❷ (*Verwaltungsbezirk in Großbritannien*) county

Gram <-[e]s> ['gra:m] *m kein pl* (*geh*) grief

grä·men ['grɛ:mən] *vr* (*geh*) ■ **sich ~** to grieve (**über** over)

Gramm <-s, -e *o bei Zahlenangaben* -> ['gram] *nt* gram, BRIT *a.* gramme

Gram·ma·tik <-, -en> [gra'matɪk] *f* grammar

gram·ma·ti·ka·lisch [gramati'ka:lɪʃ] *adj s.* **grammatisch**

gram·ma·tisch [gra'matɪʃ] *adj* grammatical

Gram·mo·fon^{RR} <-s, -e> [gramo'fo:n], **Gram·mo·phon®** <-s, -e> [gramo'fo:n] *nt* gramophone

Gra·nat <-[e]s, -e *o* ÖSTERR -en> [gra'na:t] *m* garnet

Gra·nat·ap·fel *m* pomegranate

Gra·na·te <-, -n> [gra'na:tə] *f* shell

Gra·nat·feu·er *nt* MIL shellfire

Grand·hotel ['grãːhotɛl] *nt* luxury hotel

gran·di·os [gran'dioːs] *adj* magnificent

Grand Prix, Grand·prix^{RR} <-, -> [grãˈpriː] *m* Grand Prix

Gra·nit <-s, -e> [gra'ni:t] *m* granite

gran·teln ['grantl̩n] *vi* SÜDD (*fam*) to grumble

gran·tig ['grantɪç] *adj* (*fam*) grumpy

Grape·fruit <-, -s> ['greːpfruːt] *f* grapefruit

Graph <-en, -en> [graːf] *m* SCI graph

Gra·phik <-, -en> ['gra:fɪk] *f s.* **Grafik**

gra·phisch ['gra:fɪʃ] **I.** *adj* ❶ KUNST graphic ❷ (*schematisch*) diagrammatic **II.** *adv* diagrammatically

Gra·phit <-s, -e> [gra'fiːt] *m* graphite

grap·schen ['grapʃn̩] **I.** *vr* (*fam*) ❶ (*an sich raffen*) ■ **sich** *dat* **etw ~** to grab sth [for oneself] ❷ (*packen*) ■ **sich** *dat* **jdn ~** to grab hold of sb **II.** *vi* (*fam*) **nach etw** *dat* **~** to make a grab for sth

Gras <-es, Gräser> ['graːs, *pl* 'grɛːzɐ] *nt* BOT grass ▶ **ins ~ beißen** (*sl*) to bite the dust; **das ~ wachsen hören** (*jdm entgeht nicht das Geringste*) to have a sixth sense; (*zu viel in etwas hineindeuten*) to read too much into things; **über etw** *akk* **wächst ~** (*fam*) [the] dust settles on sth

gra·sen ['graːzn̩] *vi* to graze

gras·grün *adj* grass-green **Gras·halm** *m* blade of grass **Gras·hüp·fer** <-s, -> *m* (*fam*) grasshopper

gras·sie·ren* [gra'siːrən] *vi* ❶ (*sich verbreiten*) to be rampant ❷ (*um sich greifen*) to be rife

gräss·lich^{RR}, **gräß·lich**^{ALT} ['grɛslɪç] **I.** *adj* ❶ (*furchtbar*) horrible; **~e Kopfschmerzen haben** to have a splitting headache ❷ (*fam: widerlich*) horrible; **was für ein ~es Wetter!** what foul weather!; **einen ~en Geschmack haben** to have awful taste **II.** *adv* (*fam*) terribly

Grat <-[e]s, -e> [graːt] *m* ❶ (*oberste Kante*) ridge ❷ ARCHIT hip

Grä·te <-, -n> ['grɛːtə] *f* [fish]bone

gra·ti·nie·ren* [grati'niːrən] *vt* ■ **etw ~** to brown [the top of] sth

gra·tis ['graːtɪs] *adv* free [of charge] **Gra·tis·pro·be** *f* free sample

Gra·tu·lant(in) <-en, -en> [gratu'lant] *m(f)* well-wisher

Gra·tu·la·ti·on <-, -en> [gratula'tsi̯oːn] *f* ❶ (*das Gratulieren*) congratulating ❷ (*Glückwunsch*) congratulations

gra·tu·lie·ren* [gratu'liːrən] *vi* ■ **jdm ~** to congratulate [sb] (**zu** on); **jdm zum Geburtstag ~** to wish sb many happy returns; [**ich**] **gratuliere** [my] congratulations!

grau ['graʊ] *adj* ❶ (*Farbe*) grey; **~ meliert** (*leicht ergraut*) greying; MODE flecked with grey *pred* ❷ (*trostlos*) drab; **der ~e Alltag** the dullness of everyday life

grau·äu·gig ['graʊʔɔygɪç] *adj* grey-eyed **grau·braun** *adj* greyish-brown **Grau·brot** *nt* DIAL (*Mischbrot*) bread made from rye and wheat flour

Grau·bün·den <-s> [graʊ'bʏndn̩] *nt* GEOG the Grisons

Gräu·el^{RR} <-s, -> ['grɔyəl] *m* (*geh: ~tat*) atrocity ▶ **jdm ist es ein ~, etw zu tun** sb detests doing sth

Gräu·el·tat^{RR} *f* atrocity

grau·en¹ ['graʊən] *vi* (*geh: dämmern*) to dawn; **der Morgen/Tag graut** morning/day is breaking

grau·en² ['graʊən] *vi impers* ■ **es graut jdm vor jdm/etw** sb is terrified of sb/sth

Grau·en <-s> ['graʊən] *nt kein pl* horror; **~ erregend** terrible

grau·en·er·re·gend^{ALT} *adj* terrible

grau·en·haft, grau·en·voll *adj* ❶ (*furchtbar*) terrible ❷ (*fam: schlimm*) dreadful

grau·haa·rig *adj* grey-haired

gräu·lich¹ ['grɔylɪç] *adj* greyish

gräu·lich^{RR2} *adj s.* **grässlich**

Grau·pel <-, -n> ['graʊpl̩] *f meist pl* soft hail

Grau·pel·schau·er *m* sleet shower

grau·sam ['graʊzaːm] **I.** *adj* ❶ (*brutal*) cruel ❷ (*furchtbar*) terrible **II.** *adv* cruelly

Grau·sam·keit <-, -en> *f* ❶ *kein pl* (*Brutali-*

tät) cruelty ❷ (*grausame Tat*) act of cruelty
grau·sen ['graʊzn̩] *vi impers s.* **grauen²**
Grau·sen <-s> ['graʊzn̩] *nt kein pl* horror
Grau·zo·ne *f* grey area
gra·vie·ren* [gra'viːrən] *vt* to engrave (in on)
gra·vie·rend [gra'viːrənt] *adj* serious; *Unterschiede* considerable
Gra·vie·rung <-, -en> *f* engraving
Gra·vi·ta·ti·on <-> [gravita'tsi̯oːn] *f kein pl* gravitation[al pull]
Gra·vur <-, -en> [gra'vuːɐ] *f* engraving
Gra·zie <-, -n> ['graːtsi̯ə] *f* (*hum veraltet: schöne junge Frau*) lovely
gra·zil [gra'tsiːl] *adj* (*geh*) delicate
gra·zi·ös [gra'tsi̯øːs] *adj* (*geh*) graceful
Green·peace-Ak·ti·vist, -Ak·ti·vis·tin ['griːnpiːs-akti'vɪst, -akti'vɪstɪn] *m, f* Greenpeace activist
gre·go·ri·a·nisch [grego'ri̯aːnɪʃ] *adj* Gregorian
greif·bar *adj* ❶ *präd* (*verfügbar*) etw ~ **haben/halten** to have/keep sth to hand ❷ (*konkret*) tangible
grei·fen <griff, gegriffen> ['graɪfn̩] **I.** *vt* ■ [**sich** *dat*] **etw** ~ to take hold of sth **II.** *vi* ❶ (*fassen*) ■ **vor/hinter/über/unter/neben etw/sich** *akk* ~ to reach in front of/behind/above/under/beside sth/one; ■ **in etw** *akk* ~ to reach into sth; **sie griff mich bei der Hand** she took my hand; ■ **nach etw** *dat* ~ to reach for sth ❷ (*geh*) **in den Ferien greift sie gerne mal zum Buch** during the holidays she occasionally enjoys reading a book ❸ (*einsetzen*) **zu etw** *dat* ~ to resort to sth ❹ (*festen Griff haben*) ■ **etw greift** sth grips ❺ (*wirksam werden*) to take effect ▶ **um sich** ~ to spread
Greis(in) <-es, -e> [ˈgraɪs, *pl* 'graɪzə] *m(f)* very old man/woman
grell ['grɛl] **I.** *adj* ❶ (*sehr hell*) glaring ❷ (*schrill klingend*) piercing ❸ (*sehr intensiv*) bright ❹ (*Aufsehen erregend*) loud **II.** *adv* ❶ (*sehr hell*) dazzlingly ❷ (*schrill*) ~ **klingen** to sound shrill
Gre·mi·um <-s, -ien> ['greːmi̯ʊm, *pl* 'greːmi̯ən] *nt* committee
Gren·ze <-, -n> ['grɛntsə] *f* ❶ (*Landes-*) border, frontier; **an der** ~ on the border; **über die** ~ **gehen/fahren** to cross the border ❷ (*Trennlinie*) boundary ❸ (*äußerstes Maß*) limit; **die oberste/unterste** ~ the upper/lower limit; **alles hat seine ~n** there is a limit to everything; **seine ~n kennen** to know one's limitations ▶ **grüne** ~ unguarded border area; **sich in ~n halten** to keep within limits
gren·zen ['grɛntsn̩] *vi* ■ **an etw** *akk* ~ to border on sth

gren·zen·los I. *adj* ❶ (*unbegrenzt*) endless ❷ (*maßlos*) extreme; *Vertrauen* blind **II.** *adv* extremely
Grenz·fall *m* borderline case **Grenz·gänger(in)** <-s, -> *m(f)* regular cross-border commuter; **illegaler** ~ illegal border crosser **Grenz·ge·biet** *nt* POL border area **Grenz·kon·flikt** *m* border conflict **Grenz·kon·trol·le** *f* border control **Grenz·li·nie** *f* SPORT line [marking the edge of the playing area] **Grenz·pfahl** *m* boundary post **Grenz·schutz** *m* border protection **Grenz·si·tu·a·ti·on** *f* (*fig*) borderline situation **Grenz·stein** *m* boundary stone **Grenz·strei·tig·keit** *f meist pl* border dispute **Grenz·über·gang** *m* (*Stelle*) border crossing-point **grenz·über·schrei·tend** *adj attr* JUR, ÖKON ~ **er Handel** international trade; ~ **er Verkehr** cross-border traffic **Grenz·über·tritt** *m* crossing of the border **Grenz·wert** *m* limiting value
Greu·el^{ALT} <-s, -> ['grɔʏəl] *m s.* **Gräuel**
greu·lich^{ALT} ['grɔʏlɪç] *adj s.* **gräulich²**
Grie·be <-, -n> ['griːbə] *f meist pl* [bacon] crackling
Grie·che, Grie·chin <-n, -n> ['griːçə, 'griːçɪn] *m, f* Greek; *s. a.* **Deutsche(r)**
Grie·chen·land <-s> ['griːçn̩lant] *nt* Greece; *s. a.* **Deutschland**
Grie·chin <-, -nen> ['griːçɪn] *f fem form von* **Grieche**
grie·chisch ['griːçɪʃ] *adj* Greek; *s. a.* **deutsch**
Gries·gram <-[e]s, -e> ['griːsgraːm] *m* (*pej*) grouch
gries·grä·mig ['griːsgrɛːmɪç] *adj* grumpy
Grieß <-es, -e> ['griːs] *m* semolina *no pl*
Grieß·brei *m* semolina *no pl*
griff [grɪf] *imp von* **greifen**
Griff <-[e]s, -e> ['grɪf] *m* ❶ (*Zu-*) grip; **ein flinker** ~ [**nach etw** *dat*] a quick grab [at sth] ❷ (*Hand-*) movement; **mit einem** ~ in a flash ❸ SPORT hold ❹ (*Öffnungsmechanismus*) *Tür, Revolver* handle; *Messer* hilt; *Gewehr* butt ▶ **etw in den** ~ **bekommen** (*fam*) to get the hang of sth; **jdn/etw im** ~ **haben** to have sb/sth under control
griff·be·reit *adj* **etw** ~ **haben** to have sth ready to hand; ~ **liegen** to be ready to hand
Grif·fel <-s, -> ['grɪfl̩] *m* ❶ (*Schreibstift für Schiefertafeln*) slate-pencil ❷ BOT style ❸ *meist pl* (*sl: Finger*) mitt
grif·fig ['grɪfɪç] *adj* ❶ (*festen Griff ermöglichend*) easy to grip *pred* ❷ (*Widerstand bietend*) non-slip; *Fußboden, Profil* anti-skid ❸ (*eingängig*) **ein ~ er Slogan** a catchy slogan

Grill <-s, -s> ['grɪl] *m* ❶ (*Gerät*) grill ❷ (*~ rost*) barbecue; **vom ~** grilled

Gril·le <-, -n> ['grɪlə] *f* cricket

gril·len ['grɪlən] **I.** *vi* to have a barbecue **II.** *vt* to grill

Gri·mas·se <-, -n> [gri'masə] *f* grimace; **~n schneiden** to make faces

grim·mig ['grɪmɪç] **I.** *adj* ❶ (*zornig*) furious; *Gesicht* angry; **ein ~es Lachen** grim laughter ❷ (*sehr groß, heftig*) severe; *Hunger* ravenous **II.** *adv* angrily; **~ lächeln** to smile grimly

grin·sen ['grɪnzn̩] *vi* to grin; **frech ~** to smirk; **höhnisch ~** to sneer; **schadenfroh ~** to gloat

Grin·sen <-s> ['grɪnzn̩] *nt kein pl* grin; *freches* ~ smirk; *höhnisches* ~ sneer

grip·pal [grɪ'paːl] *adj* influenzal

Grip·pe <-, -n> ['grɪpə] *f* influenza, flu *fam*; **[die/eine] ~ haben** to have [the] flu

Grip·pe·mit·tel *nt* flu remedy *fam* **Grip·pe·vi·rus** *nt o m* influenza virus **Grip·pe·wel·le** *f* wave of influenza [*or fam* flu]

Grips <-es, -e> [grɪps] *m* (*fam*) brains *pl*; **~ haben** to have plenty up top; **seinen ~ anstrengen** to use one's grey matter

grob <gröber, gröbste> ['gro:p] **I.** *adj* ❶ (*nicht fein*) coarse ❷ (*ungefähr*) rough; **in ~en Umrissen** roughly ❸ (*unhöflich*) rude; ■ **~ werden** to become rude ❹ (*unsanft, unsensibel*) rough; **ein ~er Mensch** a rough person ▶ **aus dem Gröbsten heraus sein** to be able to see the light at the end of the tunnel **II.** *adv* ❶ (*nicht fein*) coarsely; **~ gemahlen** coarsely ground *pred*, coarse-ground ❷ (*in etwa*) roughly; **~ geschätzt** at a rough estimate; **etw ~ erklären** to give a rough explanation of sth; **etw ~ skizzieren** to make a rough outline of sth; **etw ~ wiedergeben** to give a rough account of sth ❸ (*unhöflich*) rudely ❹ (*unsanft, unsensibel*) roughly ❺ (*schlimm*) **sich ~ täuschen** to be badly mistaken

grob·ge·mah·len^{ALT} *adj attr s.* **grob II 1**

Grob·heit <-, -en> *f* ❶ *kein pl* (*gefühllose Art*) rudeness *no pl* ❷ (*grobe Äußerung*) rude remark ❸ (*unsanfte Art, Behandlung*) roughness

Gro·bi·an <-[e]s, -e> ['groːbi̯aːn] *m* (*pej*) boor

grob·kör·nig *adj* coarse-grained

gröb·lich ['grøːplɪç] **I.** *adj* (*geh, form*) gross **II.** *adv* (*geh, form: in grober Weise, heftig*) grossly; **etw ~ missachten** to willfully disregard sth

Grog <-s, -s> ['grɔk] *m* grog

grog·gy ['grɔgi] *adj präd* ❶ (*schwer angeschlagen*) groggy ❷ (*fam: erschöpft*) exhausted

grö·len ['grøːlən] **I.** *vi* (*pej fam*) to shout [loudly] **II.** *vt* (*pej fam*) to bawl

Groll <-[e]s> ['grɔl] *m kein pl* (*geh*) resentment; **[einen] ~ gegen jdn hegen** to harbour a grudge against sb

grol·len ['grɔlən] *vi* (*geh*) ❶ (*zürnen*) ■ **[jdm] ~** to be resentful [of sb] (**wegen** because of) ❷ (*dumpf hallen*) to rumble

Grön·land ['grøːnlant] *nt* Greenland; *s. a.* **Deutschland**

Grön·län·der(in) <-s, -> ['grøːnlɛndɐ] *m(f)* Greenlander; *s. a.* **Deutsche(r)**

grön·län·disch ['grøːnlɛndɪʃ] *adj* Greenlandic; *s. a.* **deutsch**

Gros <-, -> [groː] *nt* ■ **das ~** the majority

Gro·schen <-s, -> ['grɔʃn̩] *m* ÖSTERR groschen ▶ **der ~ fällt** (*hum fam*) the penny has dropped BRIT, the big light went on AM

groß <größer, größte> ['groːs] **I.** *adj* ❶ (*flächenmäßig*) large, big ❷ (*lang*) long; **ein ~er Mast/Turm/Kirchturm** a high pylon/tower/church steeple ❸ (*das Maß oder Ausmaß betreffend*) great; **in ~en/größeren Formaten/Größen** in large/larger formats/sizes; **mit ~er Geschwindigkeit** at high speed ❹ (*hoch gewachsen*) tall; **du bist ~ geworden** you've grown; **er ist 1,78 m ~** he is 5 foot 10 [*or* 1.78m] [tall] ❺ (*älter*) big, elder ❻ (*zeitlich ausgedehnt*) lengthy; **auf große[r] Fahrt** on a long journey ❼ (*bevölkerungsreich*) large; **die ~e Masse** the majority of the people ❽ (*erheblich*) great; *Aufstieg* meteoric; *Durchbruch, Reinfall* major; *Misserfolg* abject ❾ (*hoch*) large ❿ (*beträchtlich*) great; **~e Angst haben** to be terribly afraid; **eine ~e Dummheit** sheer stupidity; *Nachfrage* big; *Schrecken* nasty; *Schwierigkeiten* serious; **~er Zorn** deep anger ⓫ (*bedeutend*) great; *Unternehmen, Supermarkt* leading ⓬ (*in Eigennamen*) **Friedrich der G~e** Frederick the Great ⓭ (*besonders [gut]*) **im Meckern ist sie ganz ~** she's quite good at moaning; **ich bin kein ~er Redner** I'm no great speaker ▶ **im G~en und Ganzen** [gesehen] on the whole **II.** *adv* ❶ (*fam: besonders*) **was ist da jetzt schon ~ dabei?** big deal!; **er hat sich aber nicht gerade ~ für uns eingesetzt!** he didn't exactly do very much for us!; **was soll man da schon ~ sagen?** you can't really say very much; **ich habe mich nie ~ für Politik interessiert** I've never been particularly interested in politics; **[mit etw *dat*] [ganz] ~ rauskommen** to have a real success with sth ❷ MODE **etw größer machen** to let out sth *sep* ❸ (*von weitem Ausmaß*) **~ angelegt** large-scale ❹ (*nicht klein*) **~ kariert** large-checked *attr*

▶ etw wird [bei jdm] ~ **geschrieben** (*fam*) to be high on the [/sb's] list of priorities
Groß·alarm *m* red alert
groß·ar·tig ['gro:s?a:ɐ̯tɪç] **I.** *adj* ❶ (*prächtig*) magnificent ❷ (*hervorragend*) brilliant ❸ (*wundervoll*) wonderful **II.** *adv* magnificently
Groß·auf·nah·me *f* close-up **Groß·be·trieb** *m* large business; AGR large farm **Groß·bild·schirm** *m* big screen
Groß·bri·tan·ni·en <-s> [gro:sbrɪˈtanjən] *nt* Great Britain; *s. a.* Deutschland
Groß·buch·sta·be *m* capital [letter] **Groß·bür·ger·tum** *nt kein pl* upper classes *pl*
Grö·ße <-, -n> ['grø:sə] *f* ❶ (*räumliche Ausdehnung*) *a.* ÖKON, MODE size ❷ (*Höhe, Länge*) height ❸ MATH, PHYS quantity ❹ *kein pl* (*Erheblichkeit*) magnitude; *eines Problems* seriousness *no pl*; *eines Erfolgs* extent *no pl* ❺ *kein pl* (*Bedeutsamkeit*) significance *no pl*
Groß·ein·kauf *m* bulk purchase **Groß·ein·satz** *m* large-scale operation **Groß·el·tern** *pl* grandparents *pl* **Groß·en·kel·in** *m(f)* great-grandchild, great-grandson *masc*, great-granddaughter *fem*
Grö·ßen·ord·nung *f* order of magnitude
gro·ßen·teils *adv* largely
Grö·ßen·wahn(·**sinn**) *m* megalomania **grö·ßen·wahn·sin·nig** *adj* megalomaniac[al]
grö·ßer ['grø:sɐ] *adj comp von* groß
Groß·fahn·dung *f* large-scale search **Groß·fa·mi·lie** *f* extended family **Groß·grund·be·sit·zer·in** *m(f)* big landowner **Groß·han·del** *m* wholesale trade; *etw im* ~ *kaufen* to buy sth wholesale **Groß·händ·ler·in** *m(f)* wholesaler **groß·her·zig** *adj* (*geh*) magnanimous **Groß·her·zig·keit** <-> *f kein pl* (*geh*) magnanimity **Groß·her·zog**(**in**) ['gro:shɛrtso:k] *m(f)* grand duke *masc*, grand duchess *fem* **Groß·her·zog·tum** *nt* grand duchy **Groß·hirn** *nt* cerebrum **Groß·hirn·rin·de** *f* cerebral cortex **Groß·kind** *nt* SCHWEIZ (*Enkelkind*) grandchild **groß·kot·zig** *adj* (*pej sl*) swanky **Groß·macht** *f* Great Power **Groß·markt** *m* central market **Groß·maul** *nt* (*pej fam*) bigmouth **groß·mäu·lig** ['gro:smɔylɪç] *adj* (*pej fam*) big-mouthed **Groß·mut** *f* s. **Großherzigkeit groß·mü·tig** ['gro:smy:tɪç] *adj s.* großherzig **Groß·mut·ter** *f* grandmother, grandma *fam*, granny *fam* **Groß·nef·fe** *m* great-nephew **Groß·nich·te** *f* great-niece **Groß·on·kel** *m* great-uncle
Groß·raum *m* conurbation; *im* ~ *Berlin* in the Berlin conurbation
Groß·raum·ab·teil *nt* BAHN open[-plan] carriage BRIT, open[-plan] car AM **Groß·raum·bü·ro** *nt* open-plan office **Groß·raum·flug·zeug** *nt* wide-bodied [*or* large-capacity] aircraft
groß·räu·mig *adj* ❶ (*geräumig*) spacious ❷ (*große Flächen betreffend*) extensive
Groß·raum·wa·gen *m* open-plan carriage **Groß·rech·ner** *m* mainframe [computer] **Groß·rei·ne·ma·chen** <-s> [gro:sˈraɪnəmaxn̩] *nt kein pl* (*fam*) spring clean **Groß·schnau·ze** *f* (*pej fam*) bigmouth **groß·schrei·ben** *vt irreg* ■ *etw* ~ to write sth with a[n initial] capital letter **Groß·schrei·bung** *f* capitalization **groß·spu·rig** *adj* (*pej*) boastful **Groß·stadt** ['gro:sʃtat] *f* city **groß·städ·tisch** ['gro:sʃtɛtɪʃ] *adj* big-city *attr* **Groß·tan·te** *f* great-aunt
größ·te(**r, s**) ['grø:stə] *adj superl von* groß
Groß·teil *m* ❶ (*ein großer Teil*) ■ **ein** ~ a large part ❷ (*der überwiegende Teil*) ■ **der** ~ the majority; **zum** ~ for the most part
größ·ten·teils *adv* for the most part
größt·mög·lich ['grø:stˈmøːklɪç] *adj attr* greatest possible
Groß·tu·e·rei [gro:stu:əˈraɪ] *f kein pl* (*pej*) boasting **groß·tun** *irreg* **I.** *vi* (*pej*) to boast **II.** *vr* ■ *sich mit etw dat* ~ to boast about sth
Groß·un·ter·neh·men *nt s.* **Großbetrieb**
Groß·un·ter·neh·mer(**in**) *m(f)* entrepreneur **Groß·va·ter** *m* grandfather, grandpa *fam* **Groß·ver·an·stal·tung** *f* big event **Groß·ver·die·ner**(**in**) *m(f)* big earner **großzie·hen** ['gro:stsi:ən] *vt irreg* ■ **ein Kind** ~ to raise a child; ■ **ein Tier** ~ to rear an animal
groß·zü·gig I. *adj* ❶ (*generös*) generous ❷ (*nachsichtig*) lenient ❸ (*in großem Stil*) grand; *ein* ~*er Plan* a large-scale plan **II.** *adv* ❶ (*generös*) generously ❷ (*nachsichtig*) leniently ❸ (*weiträumig*) spaciously
Groß·zü·gig·keit <-> *f kein pl* ❶ (*Generosität*) generosity ❷ (*Toleranz*) leniency ❸ (*Weiträumigkeit*) spaciousness *no pl*
gro·tesk [groˈtɛsk] *adj* grotesque
Grot·te <-, -n> ['grɔtə] *f* grotto
grot·ten·schlecht *adj* (*sl*) abysmal; ~ *sein* to be the pits *sl*
Grou·pie <-s, -s> ['gru:pi] *nt* (*sl*) groupie
grub ['gru:p] *imp von* **graben**
Grüb·chen <-s, -> ['gry:pçən] *nt* dimple
Gru·be <-, -n> ['gru:bə] *f* ❶ (*größeres Erdloch*) [large] hole ❷ (*Bergwerk*) pit ▶ *wer andern eine* ~ *gräbt, fällt selbst hinein* (*prov*) you can easily fall into your own trap
Grü·be·lei <-, -en> [gryːbəˈlaɪ] *f* brooding
grü·beln ['gryːbl̩n] *vi* to brood (**über** over)
Gru·ben·ar·bei·ter *m* miner **Gru·ben·un·glück** *nt* pit disaster
grüb·le·risch ['gryːblərɪʃ] *adj* broody

grü·e·zi ['gry:etsi] *interj* SCHWEIZ (*fam*) hi
Gruft <-, Grüfte> ['gruft, *pl* 'gryftə] *f* (*Grabgewölbe*) vault; (*Kirche*) crypt
Gruf·tie ['grufti] *m* SOZIOL, MUS goth
grum·meln ['grʊml̩n] *vi* (*fam*) ① (*brummeln*) to mumble ② (*leise rollen*) to rumble
grün ['gry:n] *adj* (*Farbe*) a. POL green ▸ **jdn ~ und blau schlagen** (*fam*) to beat sb black and blue; **sich ~ und blau ärgern** to be furious
Grün <-s, - *o fam* -s> ['gry:n] *nt* ① (*Farbe*) green; **die Ampel zeigt ~** the [traffic] lights are [at] green ② (*~flächen*) green spaces; **ein ~ am Golfplatz** a green on a/the golf course ③ (*grüne Pflanzen*) greenery; **das erste ~ nach dem Winter** the first green shoots of spring ▸ **das ist dasselbe in ~** (*fam*) it's one and the same [thing]
grün·al·ter·na·tiv *adj* POL green alternative
Grün·an·la·ge *f* green space **grün·blau** *adj* greenish blue
Grund <-[e]s, Gründe> ['grʊnt, *pl* 'gryndə] *m* ① (*Ursache, Veranlassung*) reason; **jede Naturkatastrophe hat einen ~** every natural disaster has a cause; **keinen/nicht den geringsten ~** no/not the slightest reason; **eigentlich besteht kein ~ zur Klage** there is no [real] cause for complaint; **jdm ~ [zu etw *dat*] geben** to give sb reason [to do sth]; ▪ **ein/kein ~ zu etw** *dat* [no] reason for sth ② (*Motiv*) grounds *pl*; **~ zu der Annahme haben, dass ...** to have reason to believe that ...; **Gründe und Gegengründe** pros and cons; **aus finanziellen Gründen** for financial reasons; **aus gesundheitlichen Gründen** for reasons of health; **aus gutem ~** with good reason; **aus unerfindlichen Gründen** for some obscure reason; **aus diesem ~[e]** for this reason; **aus welchem ~[e]** for what reason ③ *kein pl* (*Erdboden*) ground; **etw bis auf den ~ abtragen** to raze sth to the ground ④ DIAL (*Land, Acker*) land; **~ und Boden** land ⑤ (*Boden eines Gewässers*) bed; **am ~e des Meeres** at the bottom of the sea ⑥ *kein pl* (*Unter~*) background ▸ **jdn in ~ und Boden reden** to shoot sb's arguments to pieces; **im ~e jds Herzens** (*geh*) in one's heart of hearts; **einer S. *dat* auf den ~ gehen** to get to the bottom of sth; **den ~ zu etw *dat* legen** to lay the foundations *pl* for sth; **auf ~ von etw *dat*** on the basis of sth; **im ~e** [**genommen**] basically; **von ~ auf** [*o* **aus**] completely; (*von Anfang an*) from scratch
grund·an·stän·dig *adj* thoroughly decent
Grund·aus·bil·dung *f* basic training
Grund·be·deu·tung *f* fundamental meaning; LING original meaning **Grund·be·din·gung** *f* basic condition **Grund·be·griff** *m* meist *pl* ① (*elementarer Begriff*) basic notion ② SCH rudiments *npl* **Grund·be·sitz** *m* landed property **Grund·be·sit·zer(in)** *m(f)* landowner **Grund·buch** *nt* land register **grund·ehr·lich** [grʊnt'ʔe:ɐ̯lɪç] *adj* (*emph*) thoroughly honest
grün·den ['gryndn̩] **I.** *vt* ① (*neu schaffen*) to found; *Firma* to set up; *Partei* to form ② (*fußen lassen*) ▪ **etw auf etw** *akk* **~** to base sth on sth **II.** *vr* ▪ **sich auf etw** *akk* **~** to be based on sth
Grün·der(in) <-s, -> *m(f)* founder
grund·falsch ['grʊnt'falʃ] *adj* (*emph*) completely wrong **Grund·far·be** *f* ① (*Primärfarbe*) primary colour ② (*als Untergrund aufgetragene Farbe*) ground colour **Grund·fes·ten** *pl* ▸ **etw bis in die ~ erschüttern** to shake sth to its [very] foundations; **an den ~ von etw *dat* rütteln** to shake the [very] foundations of sth **Grund·flä·che** *f* area **Grund·form** *f* basic form **Grund·ge·bühr** *f* basic charge **Grund·ge·dan·ke** *m* basic idea **Grund·ge·setz** *nt* basic law **Grund·hal·tung** *f* basic attitude
grun·die·ren* [grʊn'di:rən] *vt* to prime
Grun·die·rung <-, -en> *f* primary coat
Grund·kennt·nis *f meist pl* basic knowledge **Grund·kon·sens** *m* fundamental consensus **Grund·kurs** *m* SCH basic course; (*Einführungskurs*) foundation course **Grund·la·ge** *f* basis **grund·le·gend I.** *adj* fundamental **II.** *adv* fundamentally
gründ·lich ['gryntlɪç] **I.** *adj* thorough; **eine ~e Bildung** a broad education **II.** *adv* ① (*fam: total*) completely ② (*gewissenhaft*) thoroughly
Gründ·lich·keit <-> *f kein pl* thoroughness
Grund·li·nie *f* ① MATH ground-line ② SPORT baseline **Grund·lohn** *m* basic pay **grund·los I.** *adj* ① (*unbegründet*) unfounded ② (*ohne festen Boden*) bottomless **II.** *adv* groundlessly; **~ lachen** to laugh for no reason [at all] **Grund·mau·er** *f* foundation wall **Grund·nah·rungs·mit·tel** *nt* basic food[stuff]
Grün·don·ners·tag [gry:n'dɔnɐstaːk] *m* Maundy Thursday
Grund·pfei·ler *m* ① (*tragender Pfeiler*) supporting pillar; *Brücke* supporting pier ② (*fig: wesentliches Element*) cornerstone **Grund·re·chen·art** *f* fundamental rule of arithmetic **Grund·recht** *nt* basic right **Grund·re·gel** *f* basic rule
Grund·riss^{RR} *m* ① BAU ground-plan ② (*Abriss*) outline
Grund·satz ['grʊntzats] *m* principle; **es sich *dat* zum ~ machen, etw zu tun** to make it a matter of principle to do sth

grund·sätz·lich ['grʊntzɛtslɪç] **I.** *adj* ❶ (*grundlegend*) fundamental; *Bedenken, Zweifel* serious ❷ (*prinzipiell*) in principle *pred* **II.** *adv* ❶ (*völlig*) completely ❷ (*prinzipiell*) in principle ❸ (*kategorisch*) absolutely
Grund·schu·le *f* primary [*or* AM elementary] school **Grund·schul·leh·rer(in)** *m(f)* primary[-school] teacher BRIT **Grund·stein** *m* foundation-stone; **den ~ zu etw** *dat* **legen** to lay the foundations for sth **Grund·steu·er** *f* [local] property tax **Grund·stoff** *m* ❶ (*Rohstoff*) raw material ❷ CHEM element
Grund·stück *nt* plot [of land] **Grund·stücks·mak·ler(in)** *m(f)* estate agent **Grund·ton** *m* ❶ (*eines Akkords*) root; (*einer Tonleiter*) keynote ❷ (*Grundfarbe*) ground colour **Grund·übel** *nt* basic evil
Grün·dung <-, -en> *f* ❶ (*das Gründen*) foundation; *eines Betriebs* establishment ❷ BAU foundation[s]
grund·ver·schie·den ['grʊntfɛɐ̯ˈʃiːdn̩] *adj* (*emph*) completely different
Grund·was·ser *nt* ground water **Grund·was·ser·spie·gel** *m* ground-water level **Grund·wert** *m meist pl* PHILOS basic value **Grund·wort·schatz** *m* basic vocabulary **Grund·zug** *m* essential feature
Grü·ne(r) ['gryːnə] *f/m* POL [member of the Green [Party]; **die ~n** the Green Party
Grü·ne(s) ['gryːnə(s)] *nt* ❶ (*Schmuckreisig*) ■ **~s** greenery *sing* ❷ (*Gemüse*) ■ **~s** greens ▶ **ins ~ fahren** (*fam*) to drive into the country
grü·nen ['gryːnən] *vi* (*geh*) to become green
Grün·fink *m* greenfinch **Grün·flä·che** *f* green space **Grün·fut·ter** *nt* green fodder *no pl, no indef art*
Grunge [grantʃ] *m* MUS grunge
Grün·gür·tel *m* green belt **Grün·kern** *m* dried unripe spelt grain *no indef art* **Grün·kohl** *m* [curly] kale *no pl, no indef art*
grün·lich ['gryːnlɪç] *adj* greenish
Grün·schna·bel *m* (*fam*) greenhorn **Grün·span** ['gryːnʃpaːn] *m kein pl* verdigris *no pl* **Grün·strei·fen** *m* central reservation, median strip AM; (*am Straßenrand*) grass verge
grun·zen ['grʊntsn̩] *vi, vt* to grunt
Grün·zeug *nt* (*fam*) ❶ (*Kräuter*) herbs *pl* ❷ (*Salat*) green salad; (*Gemüse*) greens *pl* ❸ (*hum: Jugendliche*) whippersnappers *pl*
Grup·pe <-, -n> ['grʊpə] *f* group
Grup·pen·ar·beit *f kein pl* teamwork *no pl, no indef art* **Grup·pen·auf·nah·me**, **Grup·pen·bild** *nt* group photograph **Grup·pen·druck** *m kein pl* SOZIOL peer pressure **Grup·pen·dy·na·mik** *f* group dynamics + *sing/pl vb, no art* **Grup·pen·fo·to** *nt* group photo **Grup·pen·lei·ter(in)** *m(f)* team leader **Grup·pen·rei·se** *f* group travel *no pl, no art* **Grup·pen·sex** *m* group sex *no pl, no art* **Grup·pen·the·ra·pie** *f* group treatment *no pl, no indef art* **Grup·pen·ver·ge·wal·ti·gung** *f* JUR gang rape **grup·pen·wei·se** *adv* in groups
grup·pie·ren* [grʊˈpiːrən] **I.** *vt* ■ **etw ~** to group sth **II.** *vr* ■ **sich ~** to be grouped
Grup·pie·rung <-, -en> *f* ❶ (*Gruppe*) group ❷ *kein pl* (*Aufstellung*) grouping
Gru·sel·film *m* horror film **Gru·sel·ge·schich·te** *f* horror story
gru·s·e(·)lig ['gruːz(ə)lɪç] *adj* gruesome; **~ zumute werden** to have a creepy feeling
gru·seln ['gruːzl̩n] **I.** *vt, vi impers* ■ **jdn gruselt es** sb gets the creeps; **nachts in einem unheimlichen Schloss kann man das ~ lernen** one learns what fear is in an eerie castle at night **II.** *vr* ■ **sich** [**vor jdm**] **~** to shudder [at the sight of sb]
Gruß <-es, Grüße> ['gruːs, *pl* 'gryːsə] *m* ❶ (*Begrüßung*) greeting; MIL salute; **einen [schönen] ~ an Ihre Gattin** [please] give my [best] regards to your wife; **liebe Grüße auch an die Kinder** give my love to the children, too ❷ (*am Briefschluss*) regards; **mit freundlichen Grüßen** Yours sincerely; **herzliche Grüße** best wishes
grü·ßen ['gryːsn̩] **I.** *vt* ❶ (*be~*) ■ **jdn ~** to greet sb; MIL to salute sb; **grüß dich!** (*fam*) hello there! ❷ (*Grüße übermitteln*) ■ **jdn von jdm ~** to send sb sb's regards; **jdn ~ lassen** to say hello to sb **II.** *vi* to say hello **III.** *vr* ■ **sich ~** to say hello to one another
Gruß·wort <-worte> *nt* welcoming speech
Grüt·ze <-, -n> ['grʏtsə] *f* groats *npl*, grits *npl* AM; **rote ~** red fruit slightly stewed and thickened
Gu·a·te·ma·la <-s> [gu̯atəˈmaːla] *nt* Guatemala; *s. a.* **Deutschland**
Gu·a·te·mal·te·ke, **Gu·a·te·mal·te·kin** <-n, -n> [gu̯atemalˈteːkə, gu̯atemalˈteːkɪn] *m, f* Guatemalan; *s. a.* **Deutsche(r)**
gu·a·te·mal·te·kisch [gu̯atemalˈteːkɪʃ] *adj* Guatemalan; *s. a.* **deutsch**
gu·cken ['gʊkn̩] *vi* ❶ (*sehen*) to look; (*heimlich*) to peep; **was guckst du so dumm!** take that silly look off your face! ❷ (*ragen*) ■ **aus etw** *dat* **~** to stick out of sth
Guck·loch *nt* peephole
Gue·ril·la¹ <-, -s> [geˈrɪlja] *f* guerrilla war
Gue·ril·la² <-[s], -s> [geˈrɪlja] *m* guerrilla
Gue·ril·la·kämp·fer(in) [geˈrɪlja-] *m(f)* guerrilla **Gue·ril·la·krieg** [geˈrɪlja-] *m* guerrilla war
Guil·lo·ti·ne <-, -n> [gɪljoˈtiːnə, gijoˈtiːnə] *f* guillotine
Gui·nea <-s> [giˈneːa] *nt* Guinea; *s. a.*

Deutschland
Gui·ne·er(in) <-s, -> [gi'ne:ɐ] *m(f)* Guinean; *s. a.* **Deutsche(r)**
gui·ne·isch [gi'ne:ɪʃ] *adj* Guinean; *s. a.* **deutsch**
Gu·lasch <-[e]s, -e *o* -s> ['gʊlaʃ] *nt o m* goulash
Gu·lasch·sup·pe *f* goulash soup
Gul·den <-s, -> ['gʊldn] *m* guilder
Gul·ly <-s, -s> ['gʊli] *m o nt* drain
gül·tig ['gʏltɪç] *adj* ① *(Geltung besitzend)* valid; **der Sommerfahrplan ist ab dem 1.4. ~** the summer timetable comes into effect from 1.4. ② *(allgemein anerkannt)* universal
Gül·tig·keit <-> *f kein pl* ① *(Geltung)* validity *no pl*; **der Ausweis besitzt nur noch ein Jahr ~** the identity card is only valid for one more year ② *(gesetzliche Wirksamkeit)* legal force
Gum·mi <-s, -s> ['gʊmi] *nt o m* ① *(Material)* rubber *no pl, no indef art* ② *(fam: Radiergummi)* rubber ③ *(fam: ~ band)* rubber band ④ *(~ zug)* elastic *no pl, no indef art* ⑤ *(fam: Kondom)* rubber *sl*
Gum·mi·band <-bänder> *nt* rubber band
Gum·mi·baum *m* ① *(Kautschukbaum)* rubber tree ② *(Zimmerpflanze)* rubber plant
Gum·mi·hand·schuh *m* rubber glove
Gum·mi·knüp·pel *m* rubber truncheon
Gum·mi·rei·fen *m* rubber tyre **Gum·mi·soh·le** *f* rubber sole **Gum·mi·stie·fel** *m* rubber boot **Gum·mi·zel·le** *f* padded cell **Gum·mi·zug** *m* elastic *no pl, no indef art*
Gunst <-> ['gʊnst] *f kein pl* ① *(Wohlwollen)* goodwill *no pl, no indef art*; **in jds ~ stehen** to be in sb's favour ② *(Vergünstigung)* **zu jds ~en** in sb's favour ③ *(günstige Konstellation)* **er nutzte die ~ des Augenblicks aus** he took advantage of the favourable moment
güns·tig ['gʏnstɪç] **I.** *adj* ① *(zeitlich gut gelegen)* convenient ② *(begünstigend)* favourable ③ *(preis-)* reasonable **II.** *adv* ① *(preis-)* reasonably ② *(passend, geeignet)* favourably; **es trifft sich ~, dass ...** it's a stroke of luck that ...
güns·tigs·ten·falls *adv* at best
Günst·ling <-s, -e> ['gʏnstlɪŋ] *m (pej)* favourite
Günst·lings·wirt·schaft *f kein pl (pej)* favouritism *no pl*
Gur·gel <-, -n> ['gʊrgl] *f* throat; **jdm an die ~ springen** *(fam)* to go for sb's throat
gur·geln ['gʊrgln] *vi* ① *(den Rachen spülen)* to gargle ② *(von ablaufender Flüssigkeit)* to gurgle
Gur·ke <-, -n> ['gʊrkə] *f* cucumber; *(Essig-)* gherkin; **saure ~n** pickled gherkins

gur·ren ['gʊrən] *vi Tauben* to coo; *(fam) Mensch* to purr
Gurt <-[e]s, -e> ['gʊrt] *m* ① *(Riemen)* strap ② *(Sicherheitsgurt)* seat belt ③ *(breiter Gürtel)* belt
Gür·tel <-s, -> ['gʏrtl] *m* belt ▶ **den ~ enger schnallen** *(fam)* to tighten one's belt
Gür·tel·li·nie [-li:niə] *f* waist[line] ▶ **unter die ~ zielen** to aim below the belt **Gür·tel·ro·se** *f* shingles *no art*, + *sing/pl vb* **Gür·tel·schnal·le** *f* belt buckle **Gür·tel·ta·sche** *f* bum bag BRIT, fanny pack AM **Gür·tel·tier** *nt* armadillo
Gurt·pflicht *f* compulsory wearing of seat belts
Gu·ru <-s, -s> ['gu:ru] *m* guru
Guss[RR] <-es, Güsse>, m, **Guß**[ALT] <-sses, Güsse> ['gʊs, *pl* 'gʏsə] *m* ① *(fam: Regenguss)* downpour ② *(Zuckerguss)* icing ③ *kein pl* TECH *(das Gießen)* casting ④ MED **kalte Güsse** cold affusions ▶ **[wie] aus einem ~** forming a uniform and integrated whole
Guss·ei·sen[RR] *nt* cast iron **Guss·form**[RR] *f* mould
gut <besser, beste> ['gu:t] **I.** *adj* ① *(ausgezeichnet, hervorragend)* good; **jdn/etw ~ finden** to think sb/sth is good; **jdm geht es ~/nicht ~** sb is well/not well ② *(fachlich qualifiziert)* good; **den Rechtsanwalt kann ich dir empfehlen, der ist ~** I can recommend this lawyer to you, he's good ③ *attr (lieb)* good ④ *(intim)* close ⑤ *meist attr (untadelig)* good ⑥ *(nicht übel, vorteilhaft)* good; **das kann nicht ~ gehen!** that just won't work! ⑦ *(reichlich)* good ⑧ *(in Wünschen)* good; **~e Fahrt/Reise** have a good trip; **~e Erholung/Besserung** get well soon; **~en Appetit** enjoy your meal; **ein ~es neues Jahr** happy New Year!; **~e Unterhaltung** enjoy the programme; **auf ~e Zusammenarbeit!** here's to our successful co-operation! ▶ **~ beieinander sein** SÜDD to be a bit tubby; **~ und schön** *(fam)* well and good; **du bist ~!** *(iron fam)* you're a fine one!; **jdm wieder ~ sein** to be friends again with sb; **~ draufsein** *(fam)* to be in good spirits; **sich für etw zu ~ sein** to be too good for sth; **~ gegen etw** *akk* **sein** *(fam)* to be good for sth; **~ in etw** *dat* **sein** to be good at sth; **es ist ganz ~, dass ...** it's good that ...; **noch/nicht mehr ~ sein** to still be/no longer be any good; **lass mal ~ sein!** *(fam)* let's drop the subject!; **wer weiß, wozu es ~ ist** perhaps it's for the best; **~ werden** to turn out all right; **wieder ~ werden** to be all right; **also ~!** well, all right then!; **schon ~!** *(fam)* all right!; **~ so sein** to be just as well; **~ so!**

that's it!; **und das ist auch ~ so** and a good thing too; **sei so ~ und ...** would you be kind enough to ...; |**aber**| **sonst geht's dir ~?** (*iron*) you must be mad [*or* AM crazy]!; **wozu ist das ~?** (*fam*) what's the use of that?; |**wie**| **~, dass ...** it's a good job that ...; **~!** (*in Ordnung!*) OK!; **~, ~!** yes, all right! **II.** *adv* ① (*nicht schlecht*) well; **~ aussehend** *attr* good-looking; **~ bezahlt** *attr* well-paid; **~ gehend** *attr* flourishing; **~ gelaunt** in a good mood; **~ gemeint** *attr* well-meant; **~ situiert** *attr* well-to-do; **~ unterrichtet** *attr* well-informed; **du sprichst aber ~ Englisch!** you really can speak good English; **~ verdienend** *attr* high-income *attr* ② (*geschickt*) well ③ (*reichlich*) **es dauert noch ~ eine Stunde, bis Sie an der Reihe sind** it'll be a good hour before it's your turn ④ (*einfach, recht*) **ich kann ihn jetzt nicht ~ im Stich lassen** I can't very well leave him in the lurch now ⑤ (*leicht, mühelos*) **hast du die Prüfung ~ hinter dich gebracht?** did you get through the exam all right?; **~ leserlich** very legible ⑥ (*angenehm*) **hm, wonach riecht das denn so ~ in der Küche?** hm, what's making the kitchen smell so lovely?; **schmeckt es dir auch ~?** do you like it too? ⑦ (*wohltuend sein*) ▪ **es tut jdm ~, etw zu tun** it does sb good to do sth ▸ **~ und gern** easily; **so ~ es geht** as best one can; |**das hast du**| **~ gemacht!** well done!; **es ~ haben** to be lucky; **das kann ~ sein** that's quite possible; **du kannst ~ reden!** (*fam*) it's easy for you to talk!; **mach's ~!** (*fam*) bye!; **pass ~ auf!** be very careful!; **sich ~ mit jdm stellen** to get into sb's good books

Gut <-[e]s, Güter> ['guːt, *pl* 'gyːtɐ] *nt* ① (*Landgut*) estate ② (*Ware*) commodity ③ *kein pl* (*das Gute*) good *no pl, no indef art*; **~ und Böse** good and evil

Gut·ach·ten <-s, -> ['guːtʔaxtn̩] *nt* (expert's) report

Gut·ach·ter(in) <-s, -> *m(f)* expert

gut·ar·tig *adj* ① MED benign ② (*nicht widerspenstig*) good-natured

gut·bür·ger·lich ['guːtbʏrɡɐlɪç] *adj* middle-class; KOCHK home-made; **~e Küche** home-style cooking; **~ essen** |**gehen**| to have some good home cooking **Gut·dün·ken** <-s> *nt kein pl* discretion *no pl, no indef art*; **nach** |**eigenem**| **~** at one's own discretion

Gu·te(s) *nt* ① (*Positives*) **~s** good; **man hört viel ~s über ihn** you hear a lot of good things about him; ▪ **etwas ~s** something good; **ich habe im Schrank etwas ~s für dich** I've got something nice for you in the cupboard; **er tat in seinem Leben viel ~s** he did a lot of good in his life; |**auch**| **sein ~s haben** to have its good points [too]; **ein ~s hat die Sache** there is one good thing about it; **jdm schwant nichts ~s** sb has a nasty feeling about sth; **nichts ~s versprechen** to not sound very promising; **jdm ~s tun** to be good to sb; **was kann ich dir denn ~s tun?** how can I spoil you?; **sich zum ~n wenden** to take a turn for the better; **alles ~!** all the best!; **alles ~ und viele Grüße an deine Frau!** all the best and give my regards to your wife; **das ~ daran** the good thing about it ② (*friedlich*) **im ~n** amicably; **lass dir's im ~n gesagt sein, dass ich das nicht dulde** take a bit of friendly advice, I won't put up with it!; **sich im ~n trennen** to part on friendly terms ③ (*gute Charakterzüge*) **das ~ im Menschen** the good in man; **~s tun** to do good ▸ **~s mit Bösem/~m vergelten** (*geh*) to return evil/good for good; **des ~n zuviel sein** to be too much [of a good thing]; **das ist wirklich des ~n zuviel!** that's really overdoing things!; **alles hat sein ~s** (*prov*) every cloud has a silver lining *prov;* **im ~n wie im Bösen** (*mit Güte wie mit Strenge*) every way possible; (*in guten und schlechten Zeiten*) through good [times] and bad; **ich habe es im ~n wie im Bösen versucht, aber sie will einfach keine Vernunft annehmen** I've tried to do everything I can, but she simply won't see sense

Gü·te <-> ['gyːtə] *f kein pl* ① (*milde Einstellung*) kindness; **die ~ haben, zu ...** to be so kind as to ... ② (*Qualität*) [good] quality ▸ **erster ~** (*fam*) of the first order; **ach du liebe ~!** (*fam*) oh my goodness! *fam;* **in ~** amicably

Gu·te·nacht·ge·schich·te *f* bedtime story **Gu·te·nacht·kuss** [guːtəˈnaxtkʊs] *m* goodnight kiss

Gü·ter·bahn·hof *m* goods depot **Gü·ter·ge·mein·schaft** *f* JUR community of property; **in ~ leben** to have community of property **Gü·ter·tren·nung** *f* JUR separation of property; **in ~ leben** to have separation of property **Gü·ter·wa·gen** *m* goods truck, freight car **Gü·ter·zug** *m* goods [*or esp* AM freight] train

Gü·te·zei·chen *nt* mark of quality, kite mark BRIT

gut·gläu·big *adj* trusting, gullible **Gut·gläu·big·keit** *f* gullibility *no pl*

gut|ha·ben *vt irreg* ▪ **etw bei jdm ~** to be owed sth by sb; **du hast ja noch 125 Euro/einen Gefallen bei mir gut** I still owe you 125 Euros/a favour

Gut·ha·ben <-s, -> *nt* credit balance **gut|hei·ßen** *vt irreg* ▪ **etw ~** to approve of sth **gut·her·zig** *adj* (*geh*) kind-hearted

gü·tig ['gy:tɪç] *adj* kind; **würden Sie so ~ sein, zu ...** (*geh*) would you be so kind as to ...; **[danke,] zu ~!** (*iron*) [thank you,] you're too kind!

güt·lich ['gy:tlɪç] **I.** *adj* amicable **II.** *adv* amicably ▶ **sich an etw** *dat* **~ tun** to help oneself freely to sth

gut|ma·chen *vt* ❶ (*in Ordnung bringen*) ■ **etw ~** to put sth right; **etw an jdm gutzumachen haben** to have sth to make up to sb for ❷ (*entgelten*) ■ **etw ~** to repay sth; **wie kann ich das nur je wieder ~?** how can I ever repay you? ❸ (*wettmachen*) ■ **etw mit etw** *dat* **~** to make sth up again with sth; ■ **etw bei etw** *dat* **~** to make sth from sth

gut·mü·tig ['gu:tmy:tɪç] *adj* good-natured

Gut·mü·tig·keit <-> *f kein pl* good nature *no pl*

Guts·be·sit·zer(in) *m(f)* landowner

Gut·schein *m* coupon **gut|schrei·ben** *vt irreg* ■ **jdm etw ~** to credit sb with sth **Gut·schrift** *f* ❶ *kein pl* (*Vorgang*) crediting *no pl* ❷ (*Bescheinigung*) credit note ❸ (*Anlage*) credit slip ❹ (*im Haben gebuchter Betrag*) credit entry

Guts·herr(in) *m(f)* lord/lady of the manor **Guts·hof** *m* estate, manor **Guts·ver·wal·ter(in)** *m(f)* estate manager, steward, bailiff BRIT

gut·wil·lig I. *adj* (*entgegenkommend*) willing, obliging **II.** *adv* (*freiwillig*) voluntarily

Gym·na·si·al·leh·rer(in) *m(f)*, **Gym·na·si·al·pro·fes·sor(in)** *m(f)* ÖSTERR ≈ grammar-school [*or* AM ≈ high-school] teacher

Gym·na·si·ast(in) <-en, -en> [gymna'ziast] *m(f)* ≈ grammar-school pupil [*or* AM ≈ high-school student]

Gym·na·si·um <-s, -ien> [gym'na:ziʊm, *pl* gym'na:ziən] *nt* ≈ grammar school BRIT, ≈ high school AM; **humanistisches/mathematisch-naturwissenschaftliches ~** ≈ grammar school specializing in humanities/ mathematics and natural science

Gym·nas·tik <-> [gʏm'nastɪk] *f* gymnastics + *sing vb*

Gy·nä·ko·lo·ge, Gy·nä·ko·lo·gin <-n, -n> [gynɛko'lo:gə, gynɛko'lo:gɪn] *m*, *f* gynaecologist

Gy·nä·ko·lo·gie <-> [gynɛkolo'gi:] *f kein pl* gynaecology *no pl, no art*

Gy·nä·ko·lo·gin <-, -nen> [gynɛko'lo:gɪn] *f fem form von* **Gynäkologe**

gy·nä·ko·lo·gisch [gynɛko'lo:gɪʃ] *adj* gynaecological

Hh

H, h <-, - *o fam* -s, -s> [ha:] *nt* ❶ (*Buchstabe*) H, h; *s. a.* **A 1** ❷ MUS B; *s. a.* **A 2**

h *Abk von* **hora[e]** hr ❶ *gesprochen*: Uhr (*Stunde der Uhrzeit*) hrs; **Abfahrt des Zuges: 9 h 17** train departure: 9.17 a.m. ❷ *gesprochen*: Stunde (*Stunden*) h.; **130 km/h ist auf deutschen Autobahnen empfohlene Richtgeschwindigkeit** 130 k.p.h. is the recommended speed on German motorways

ha [ha] *Abk von* **Hektar** ha

Haar <-[e]s, -e> [ha:ɐ̯] *nt* ❶ (*einzelnes Haar*) hair ❷ *kein pl* (*gesamtes Kopfhaar*) hair *no pl, no indef art*; **graue ~e bekommen** to go grey; **sich** *dat* **die ~e schneiden lassen** to get one's hair cut ▶ **jdm stehen die ~e zu Berge** (*fam*) sb's hair stands on end; **jdm die ~e vom Kopf fressen** (*fam*) to eat sb out of house and home; **~e auf den Zähnen haben** (*fam*) to be a tough customer; **um kein ~ besser** not a bit better; **an jdm/etw kein gutes ~ lassen** to pick sb/ sth to pieces; **sich** *dat* **in die ~e geraten** to quarrel; **jdm kein ~ krümmen** not to touch a hair on sb's head; **sich** *dat* **die ~e raufen** to tear one's hair; **etw an den ~en herbeiziehen** to be far-fetched; **um ein ~** within a hair's breadth

Haar·aus·fall *m* hair loss *no pl* **Haar·band** *nt* hairband **Haar·bürs·te** *f* hairbrush **Haar·bü·schel** *nt* tuft of hair

haa·ren ['ha:rən] *vi* to moult

Haa·res·brei·te *f* ▶ **um ~** by a hair's breadth

Haar·far·be *f* colour of one's hair **Haar·fes·ti·ger** <-s, -> *m* setting lotion **haar·ge·nau** *adj* exact

haa·rig ['ha:rɪç] *adj* ❶ (*behaart*) hairy ❷ (*fam: heikel, vertrackt*) tricky ❸ (*riskant, gefährlich*) hairy ❹ (*fam: extrem*) tough

haar·klein ['ha:ɐ̯'klaɪn] *adv* in minute detail **Haar·lack** *m* hairspray **Haar·na·del** *f* hairpin **Haar·netz** *nt* hairnet **Haar·reif** *m* Alice band **haar·scharf** *adv* ❶ (*ganz knapp*) by a hair's breadth ❷ (*sehr exakt*) exactly **Haar·schnitt** *m* haircut, hairstyle **Haar·spal·te·rei** <-, -en> [ha:ɐ̯ʃpaltə'raɪ] *f* (*pej*) splitting hairs *no pl, no art* **Haar·span·ge** *f* hair slide **Haar·spray** *nt o m* hairspray **Haar·sträh·ne** *f* strand of hair **haar·sträu·bend** ['ha:ɐ̯ʃtrɔybnt̩] *adj* hair-raising **Haar·trock·ner** *m* hair dryer **Haar·wasch·mit·tel** *nt* shampoo **Haar·was·ser** *nt* hair lotion **Haar·wuchs** *m* growth of hair **Haar·wuchs·mit·tel** *nt* hair restorer

Haar·wur·zel f root of a/the hair
Hab [ha:p] nt ~ und Gut (geh) belongings npl, possessions pl
Ha·be <-> ['ha:bə] f kein pl (geh) belongings npl, possessions pl
ha·ben <hatte, gehabt> ['ha:bn̩] **I.** vt ① (besitzen, aufweisen) to have; **wir ~ zwei Autos** we've got two cars; **der Wagen hat eine Beule** the car has a dent; **sie hatte gestern Geburtstag** it was her birthday yesterday ② (erhalten) **könnte ich mal das Salz ~?** could I have the salt please?; **ich hätte gern ein Bier** I'd like a beer, please; **woher hast du das?** where did you get that? ③ in Maßangaben **ein Meter hat 100 Zentimeter** there are 100 centimetres in a metre ④ (von etw erfüllt sein) **Durst/Hunger ~** to be thirsty/hungry; **gute/schlechte Laune ~** to be in a good/bad mood; **Angst/Sorgen ~** be afraid/worried; **hast du Lust, mit ins Theater zu kommen?** do you feel like coming to the theatre with us?; **hast du was?** is something the matter?; **ich hab nichts!** nothing's the matter! ⑤ (herrschen) **wir ~ heute den 13.** it's the 13th today; **in Australien ~ sie jetzt Winter** it's winter now in Australia ⑥ (tun müssen) **etw zu tun ~** to have to do sth; **Sie ~ hier keine Fragen zu stellen!** it's not for you to ask questions here!; **ich habe noch zu arbeiten** I've still got work to do ⑦ mit prep **etw an sich** dat **~** to have sth about one; **jetzt weiß ich, was ich an ihr habe** now I know how lucky I am to have her; **es an etw** dat **~** (fam: leiden) to have trouble with sth; **für etw** akk **zu haben/nicht zu ~ sein** to be/not to be keen on sth; **er ist immer für einen Spaß zu ~** he's always up for a laugh; **es in sich ~** (fam) to be tough; **etwas mit jdm ~** (euph) to have something going with sb; ▪ **etw von jdm ~** to have sth from sb; **die Kinder ~ bisher wenig von ihrem Vater gehabt** the children have seen little of their father so far; ▪ **etw von etw** dat **~** to get sth out of sth; **nichts davon ~** not to gain anything from it; **das hast du jetzt davon!** now see where it's got you!; **wissen Sie überhaupt, wen Sie vor sich haben?** have you any idea whom you are dealing with? ▶ **noch/nicht mehr zu ~ sein** (fam) to be still/no longer available; **da hast du's/~ wir's!** (fam) there you are!; **ich hab's!** (fam) I've got it!; **wie gehabt** as usual **II.** vb aux ▪ **etw getan ~** to have done sth; **also, ich hätte das nicht gemacht** well, I wouldn't have done that
Ha·ben <-s> ['ha:bn̩] nt kein pl credit; **mit etw** dat **im ~ sein** to be in credit by sth
Ha·be·nichts <-[es], -e> ['ha:bənɪçts] m (fam) have-not usu pl, pauper
Hab·gier ['ha:pgi:ɐ̯] f (pej) greed no pl, avarice no pl
hab·gie·rig ['ha:pgi:rɪç] adj (pej) greedy, avaricious
hab·haft adj (geh) ▪ **einer S.** gen **~ werden** get hold of sth
Ha·bicht <-s, -e> ['ha:bɪçt] m hawk
Habs·bur·ger(in) <-s, -> ['ha:psburgɐ] m(f) Hapsburg
Hab·se·lig·kei·ten ['ha:pze:lɪçkaitn̩] pl (meagre) belongings npl
Hab·sucht f s. Habgier
hab·süch·tig ['ha:pzʏçtɪç] adj s. habgierig
Hack·bra·ten m meat loaf
Ha·cke <-, -n> ['hakə] f ① (Gartengerät) hoe ② ÖSTERR (Axt) axe ③ DIAL (Ferse) heel; **die ~n zusammenschlagen** to click one's heels ▶ **sich** dat **die ~n [nach etw** dat**] ablaufen** (fam) to run one's legs off looking for something
ha·cken ['hakn̩] **I.** vt ① Gemüse, Nüsse to chop [up sep] ② Boden to hoe ③ Stücke to hack (**in** in) **II.** vi ① (mit dem Schnabel) to peck ② (mit der Hacke) to hoe ③ INFORM (sl) ▪ **auf etw** dat **~** to sit at sth hacking away; ▪ **das H~** hacking
Ha·cker(in) <-s, -> ['hakɐ] m(f) (sl: Computerpirat) hacker
Hack·fleisch nt mince, minced [or AM ground] meat ▶ **~ aus jdm machen** (sl) to make mincemeat of sb
Häck·sel <-s> ['hɛksl̩] nt o m kein pl chaff no pl, no indef art
ha·dern ['ha:dɐn] vi (geh) to quarrel (**mit** with); **mit seinem Schicksal ~** to rail against one's fate
Ha·fen¹ <-s, Häfen> ['ha:fn̩, pl 'hɛ:fn̩] m ① (Ankerplatz) harbour, port ② (geh: Zufluchtsort) [safe] haven
Ha·fen² <-s, Häfen o -> ['ha:fn̩, pl 'hɛ:fn̩] m o nt DIAL, BES ÖSTERR ① (größerer Topf) pot ② (Nachttopf) chamber pot
Ha·fen·ar·bei·ter(in) m(f) docker **Ha·fen·be·hör·de** f harbour authority **Ha·fen·ein·fahrt** f harbour entrance **Ha·fen·ge·bühr** <-, -en> f port dues pl **Ha·fen·rund·fahrt** f boat trip round the harbour **Ha·fen·stadt** f port
Ha·fer <-s, -> ['ha:fɐ] m oats pl
Ha·fer·flo·cken pl oat flakes pl **Ha·fer·schleim** m gruel no pl
Haft <-> [haft] f kein pl (~ strafe) imprisonment no pl; (~ zeit) prison sentence; **in ~ sein** to be in custody; **aus der ~ entlassen werden** to be released from custody
Haft·an·stalt f detention centre, prison
haft·bar ['haftba:ɐ̯] adj ▪ **für etw** akk **~ sein**

to be liable for sth; **jdn für etw** *akk* **~ machen** to hold sb responsible for sth
Haft·be·fehl *m* [arrest] warrant
haf·ten[1] ['haftn̩] *vi* ❶ ÖKON to be liable (**mit** with); **sie haftet mit ihrem Vermögen** she is liable with her property ❷ (*die Haftung übernehmen*) to be responsible (**für** for)
haf·ten[2] ['haftn̩] *vi* ❶ (*festkleben*) to adhere (**auf** to) ❷ (*sich festsetzen*) to cling (**an** to) ❸ (*hängen bleiben*) to stick (**auf** to) ❹ (*verinnerlicht werden*) ▪ **bei jdm ~** to stick in sb's mind
Haft·ent·las·sung *f* release from custody
Häft·ling <-s, -e> ['hɛftlɪŋ] *m* prisoner
Haft·no·tiz *f* self-adhesive note
Haft·pflicht *f* ❶ (*Schadenersatzpflicht*) liability ❷ (*fam: Haftpflichtversicherung*) personal [*or* AM public] liability insurance *no pl, no art;* AUTO third-party insurance *no pl, no art*
haft·pflich·tig *adj* liable
Haft·pflicht·ver·si·che·rung *f* personal [*or* AM public] liability insurance *no pl, no art;* AUTO third-party insurance *no pl, no art*
Haft·rich·ter(in) *m(f)* magistrate
Haft·scha·le *f meist pl* contact lens
Haft·stra·fe *f* (*veraltend*) *s.* **Freiheitsstrafe**
Haf·tung[1] <-, -en> ['haftʊŋ] *f* JUR liability
Haf·tung[2] <-> ['haftʊŋ] *f kein pl* AUTO road-holding *no pl, no indef art*
Haft·ur·laub *m* parole *no pl, no art*
Ha·ge·but·te <-, -n> ['ha:gəbʊtə] *f* rose hip
Ha·gel <-s> ['ha:gl̩] *m kein pl* ❶ METEO hail *no pl, no indef art* ❷ (*Kanonade*) torrent
Ha·gel·korn <-körner> *nt* hailstone
ha·geln ['ha:gl̩n] **I.** *vi impers* to hail **II.** *vt impers* (*fam*) ▪ **es hagelt etw** there is a hail of sth
ha·ger ['ha:gɐ] *adj* gaunt
ha·ha [ha'ha:] *interj*, **ha·ha·ha** [haha'ha:] *interj* haha; ha, ha, ha
Hahn[1] ['ha:n], Hähne ['ha:n, *pl* 'hɛnə] *m* ❶ (*männliches Huhn*) cock, rooster AM; (*jünger*) cockerel ❷ (*Wetter~*) weathercock ▸ **der ~ im Korbe sein** to be cock of the walk; **nach etw** *dat* **kräht kein ~ mehr** (*fam*) no one cares two hoots about sth anymore
Hahn[2] <-[e]s, Hähne *o* -en> [ha:n, *pl* 'hɛnə] *m* ❶ (*Wasser~*) tap, faucet AM ❷ (*Vorrichtung an Schusswaffen*) hammer ▸ **[jdm] den ~ zudrehen** to stop sb's money supply
Hähn·chen <-s, -> ['hɛnçən] *nt* chicken
Hah·nen·fuß *m* BOT buttercup
Hai <-[e]s, -e> ['hai] *m* shark
Hai·fisch ['haifɪʃ] *m s.* **Hai**
Haifisch·be·cken *nt* (*fig fam*) shark infested waters, shark pond, jungle; **das ~ des Profifußballs** the dog-eats-dog world of professional football; **das Immobiliengeschäft ist ein großes ~** the property business is a jungle
Ha·i·ti <-s> [ha'i:ti] *nt* Haiti; *s. a.* **Deutschland**
Ha·i·ti·a·ner(in) <-s, -> [haj'tja:nɐ] *m(f)* Haitian; *s. a.* **Deutsche(r)**
ha·i·ti·a·nisch [haj'tja:nɪʃ] *adj* Haitian; *s. a.* **deutsch**
hä·keln ['hɛkl̩n] *vi, vt* to crochet
Hä·kel·na·del *f* crochet hook
Ha·ken <-s, -> ['ha:kn̩] *m* ❶ (*gebogene Halterung*) hook ❷ (*beim Boxen*) hook ❸ (*hakenförmiges Zeichen*) tick ❹ (*fam: hindernde Schwierigkeit*) catch; **einen ~ haben** (*fam*) to have a catch ▸ **~ schlagen** to change tactics
Ha·ken·kreuz *nt* swastika **Ha·ken·na·se** *f* hooked nose, hooknose
halb [halp] **I.** *adj* ❶ (*die Hälfte von*) half; **die ~e Flasche ist leer** the bottle is half empty ❷ (*halbe Stunde der Uhrzeit*) **es ist genau ~ sieben** it is exactly half past six; ▪ **... nach/vor ~ ...** after/before half past; **es ist erst fünf nach/vor ~** it's only twenty-five to/past ❸ *kein art* (*ein Großteil*) ▸ **Deutschland verfolgt die Fußballweltmeisterschaft** half of Germany is following the World Cup ❹ (*~herzig*) half-hearted ▸ **nichts H~es und nichts Ganzes** neither one thing nor the other **II.** *adv* ❶ *vor vb* (*zur Hälfte*) half; ▪ **nur ~** only half; **etw nur ~ machen** to only half-do sth; **~ so ... sein** to be half as ...; **er ist nicht ~ so schlau wie sein Vorgänger** he's not nearly as crafty as his predecessor; **~ ..., ~ ...** half ..., half ... ❷ *vor adj, adv* (*~wegs*) half; **~ nackt** half-naked; **~ offen** half-open; **~ voll** half-filled ▸ **[mit jdm] ~e-~e machen** to go halves with sb; **das ist ~ so schlimm** it's not as bad as all that; **~ und ~** sort of
halb·amt·lich *adj* semi-official **halb·au·to·ma·tisch** *adj* semi-automatic **Halb·bru·der** *m* half-brother **Halb·dun·kel** ['halpdʊŋkl̩] *nt* semi-darkness *no pl* **Halb·edel·stein** *m* semi-precious stone
hal·ber ['halbɐ] *präp +gen nachgestellt* (*geh*) ▪ **der ... ~** for the sake of ...
halb·fer·tig *adj attr* half-finished **Halb·fi·na·le** *nt* semi-final **Halb·ge·schwis·ter** *pl* half-brother[s] and -sister[s] **Halb·gott, -göt·tin** *m, f* demigod *masc,* demigoddess *fem* ▸ **~ in Weiß** MED (*iron fam*) God in a white coat **halb·her·zig** *adj* half-hearted
hal·bie·ren* [hal'bi:rən] *vt* ❶ (*teilen*) to divide in half ❷ (*um die Hälfte vermindern*) to halve
Halb·in·sel ['halpʔɪnzl̩] *f* peninsula **Halb·**

jahr *nt* half-year **halb·jäh·rig** ['halpjɛːrɪç] *adj attr* ① (*ein halbes Jahr dauernd*) six-month *attr* ② (*ein halbes Jahr alt*) six-month-old *attr* **halb·jähr·lich** ['halpjɛːɐlɪç] **I.** *adj* half-yearly, six-monthly **II.** *adv* every six months, twice a year **Halb·kan·ton** *m* SCHWEIZ demicanton **Halb·kreis** *m* semicircle; **im ~** in a semicircle **Halb·ku·gel** *f* hemisphere **halb·lang** *adj* MODE mid-calf length; *Haar* medium-length ▶ [**nun**] **mach mal ~!** (*fam*) cut it out! **halb·laut I.** *adj* quiet **II.** *adv* quietly **Halb·lei·ter** *m* ELEK semiconductor **halb·mast** ['halpmast] *adv* at half mast **Halb·mes·ser** *m s.* **Radius Halb·me·tall** *nt* CHEM semimetal **Halb·mond** *m* ① ASTRON half-moon ② (*Figur*) crescent **Halb·pen·si·on** *f* half-board *no pl*, *no art* **halb·rund** *adj* semicircular **Halb·schat·ten** *m* half shade *no pl*, *no indef art* **Halb·schlaf** *m* light sleep *no pl*; **im ~ sein** to be half-asleep **Halb·schuh** *m* shoe **Halb·schwes·ter** *f* half-sister **Halb·star·ke(r)** *f(m) dekl wie adj* (*veraltend fam*) [young] hooligan **halb·stün·dig** ['halpʃtʏndɪç] *adj attr* half-hour *attr*, lasting half an hour **halb·stünd·lich** ['halpʃtʏntlɪç] **I.** *adj* half-hourly **II.** *adv* every half-hour

halb·tags *adv* on a part-time basis; **sie arbeitet wieder ~ im Büro** she's working half-day at the office again **Halb·tags·be·schäf·ti·gung** *f* half-day job, part-time employment **Halb·tags·kraft** *f* part-time worker

Halb·ton *m* MUS semitone **Halb·wai·se** *f* child without a father/mother; **~ sein** to be fatherless/motherless **halb·wegs** ['halpveːks] *adv* ① (*einigermaßen*) fairly ② (*nahezu*) almost ③ (*veraltend: auf halbem Wege*) halfway **Halb·welt** *f kein pl* demimonde **Halb·wert(s)·zeit** *f* PHYS half-life **Halb·wüch·si·ge(r)** *f(m) dekl wie adj* adolescent **Halb·zeit** *f* half-time

Hal·de <-, -n> ['haldə] *f* ① (*Müll~*) landfill, rubbish tip BRIT ② (*Kohle~*) coal tip; (*Abraum~*) slagheap ③ (*unverkaufte Ware*) stockpile; **etw auf ~ legen** to stockpile sth ④ SÜDD (*Hang*) slope

half ['half] *imp von* **helfen**

Hälf·te <-, -n> ['hɛlftə] *f* half; **die erste/zweite ~ einer S.** gen the first/second half of sth; **die kleinere/größere ~** the smaller/larger half; **um die ~** by half ▶ **jds bessere ~ sein** (*hum fam*) sb's better half

Half·ter[1] <-s, -> ['halftɐ] *m o nt* (*Zaum*) halter

Half·ter[2] <-s, - *o* -, -n> ['halftɐ] *nt o f* (*Tasche für Pistolen*) holster

Hall <-[e]s, -e> [hal] *m* ① (*dumpfer Schall*) reverberation ② (*Wider~*) echo

Hal·le <-, -n> ['halə] *f* ① (*großer Raum*) hall ② (*Werks~*) workshop ③ (*Sport~*) sports hall; **in der ~** indoors ④ (*Hangar*) hangar

hal·len ['halən] *vi* to echo

Hal·len·bad *nt* indoor swimming pool **Hal·len·sport** *m kein pl* indoor sport

Hal·li·gal·li <-s> ['haligali] *nt kein pl* (*meist pej fam*) hubbub

hal·lo [ha'loː] *interj* hello

Hal·lo <-s, -s> [ha'loː] *nt* hello

Hal·lu·zi·na·ti·on <-, -en> [halutsinaˈtsi̯oːn] *f* hallucination

Halm <-[e]s, -e> [halm] *m* ① (*Stängel*) stalk ② (*Trink~*) straw

Ha·lo·gen·bir·ne *f* halogen bulb

Hals <-es, Hälse> [hals, *pl* 'hɛlzə] *m* ① ANAT neck; **sich dat den ~ brechen** (*fam*) to break one's neck; **den ~ recken** to crane one's neck; **einem Tier den ~ umdrehen** to wring an animal's neck; **jdm um den ~ fallen** to fling one's arms around sb's neck ② (*Kehle*) throat; **jdm im ~ stecken bleiben** to become stuck in sb's throat; **es im ~ haben** (*fam*) to have a sore throat ③ (*Flaschen~*) neck ▶ **~ über Kopf** in a hurry; **etw in den falschen ~ bekommen** (*fam*) to take sth the wrong way; **aus vollem ~[e]** at the top of one's voice; **den ~ nicht voll kriegen können** (*fam*) not to be able to get enough of sth; **jdm mit etw dat vom ~[e] bleiben** (*fam*) not to bother sb with sth; **jdn auf dem ~ haben** (*fam*) to be saddled with sb; **jdn den ~ kosten** to finish sb; **sich jdn vom ~ schaffen** (*fam*) to get sb off one's back; **jdm jdn auf den ~ hetzen** (*fam*) to get sb onto sb; **sich jdm an den ~ werfen** (*pej fam*) to throw oneself at sb

Hals·ab·schnei·der(in) *m(f)* (*pej fam*) shark **Hals·band** *nt* ① (*für Haustiere*) collar ② (*Samtband*) choker **hals·bre·che·risch** ['halsbrɛçərɪʃ] *adj* breakneck *attr* **Hals·ent·zün·dung** *f* sore throat **Hals·ket·te** *f* necklace **Hals-Na·sen-Oh·ren-Arzt**, **-ärz·tin** *m, f* ear, nose and throat specialist **Hals·schlag·ader** *f* carotid [artery] **Hals·schmer·zen** *pl* sore throat **hals·star·rig** ['halsʃtarɪç] *adj* (*pej*) obstinate, stubborn **Hals·tuch** *nt* scarf, neckerchief

halt[1] [halt] *interj* halt!

halt[2] [halt] *adv* DIAL (*eben*) just; **du musst es ~ noch mal machen** you'll just have to do it again

Halt <-[e]s, -e> [halt] *m* ① (*Stütze*) hold; **~ geben** to support; **den ~ verlieren** to lose one's hold ② (*inneres Gleichgewicht*) stability ③ (*Stopp*) stop; **~ machen** to stop; **vor nichts ~ machen** to stop at nothing; **vor niemandem ~ machen** to spare nobody

halt·bar ['haltbaːɐ̯] *adj* ❶ *(nicht leicht verderblich)* non-perishable; ■~ **sein** to keep; ~ **machen** to preserve ❷ *(widerstandsfähig)* durable ❸ *(aufrechtzuerhalten)* tenable

Halt·bar·keit <-> *f kein pl* ❶ *(Lagerfähigkeit)* shelf life ❷ *(Widerstandsfähigkeit)* durability

Halt·bar·keits·da·tum *nt* sell-by date **Halt·bar·keits·dau·er** *f kein pl* shelf life

hal·ten <hielt, gehalten> ['haltn̩] **I.** *vt* ❶ *(fest-, stützen)* to hold ❷ *(zum Bleiben veranlassen)* to stop, to keep ❸ *(in Position bringen)* to put; **er hielt den Arm in die Höhe** he put his hand up ❹ *(besitzen)* to keep ❺ *(weiter innehaben)* to hold on to ❻ *(in einem Zustand er~)* to keep; **die Fußböden hält sie immer sauber** she always keeps the floors clean ❼ *(ab~)* to give; **er hielt eine kurze Rede** he made a short speech ❽ *(erfüllen)* **der Film hält nicht, was der Titel verspricht** the film doesn't live up to its title ► **das kannst du ~, wie du willst** that's completely up to you; **nichts/viel davon ~, etw zu tun** to think nothing/a lot of doing sth; **jdn/etw für jdn/etw ~** to take sb/sth for sb/sth; **etw von jdm/etw ~** to think sth of sb/sth; **wofür ~ Sie mich?** who do you take me for! **II.** *vi* ❶ *(fest-)* to hold ❷ *(haltbar sein)* to keep ❸ *(anhalten)* to stop; **etw zum H~ bringen** to bring sth to a stop ► **an sich ~** to control oneself; **zu jdm ~** to stand by sb **III.** *vr* ❶ *(sich festhalten)* **sich an etw** *dat* ~ to hold on to sth ❷ METEO *(konstant bleiben)* ■**sich** ~ to last ❸ *(eine Richtung beibehalten)* ■**sich irgendwohin/nach ...** ~ to keep to somewhere/heading towards ... ❹ *(sich richten nach)* ■**sich an etw** *akk* ~ to stick to sth ❺ *(eine bestimmte Haltung haben)* ■**sich irgendwie** ~ to carry oneself in a certain manner; **das Gleichgewicht ~** to keep one's balance ► **sich gut gehalten haben** *(fam)* to have worn well; **sich für jdn/etw ~** to think one is sb/sth

Hal·ter <-s, -> *m* holder

Hal·te·rung <-, -en> *f* mounting, support

Hal·te·stel·le *f* stop **Hal·te·ver·bot** *nt kein pl* no stopping; **hier ist ~** this is a no stopping area; **eingeschränktes ~** limited waiting

halt·los *adj* ❶ *(labil)* weak; *Mensch* unsteady ❷ *(unbegründet)* groundless, unfounded

Hal·tung¹ <-, -en> *f* ['haltʊŋ] *f* ❶ *(Körper~)* posture; *(typische Stellung)* stance ❷ *(Einstellung)* attitude ❸ *kein pl (Verhalten)* manner ► **bewahren** to keep one's composure; ~ **annehmen** MIL to stand to attention

Hal·tung² <-> ['haltʊŋ] *f kein pl von Tieren* keeping

Hal·tungs·feh·ler *m* bad posture

Ha·lun·ke <-n, -n> [ha'lʊŋkə] *m* ❶ *(pej: Gauner)* scoundrel ❷ *(hum: Schlingel)* rascal

Ha·mam <-[s], -s> [ha'maːm] *m* Turkish bath, hamam

Ham·burg <-s> ['hambʊrk] *nt* Hamburg

Ham·bur·ger¹ <-s, -> ['hambʊrɡɐ] *m* hamburger

Ham·bur·ger² ['hambʊrɡɐ] *adj attr* Hamburg

Ham·bur·ger(in) <-s, -> ['hambʊrɡɐ] *m(f)* native of Hamburg

hä·misch ['hɛːmɪʃ] **I.** *adj* malicious **II.** *adv* maliciously

Ham·mel <-s, - *o selten* Hämmel> [haml̩, *pl* 'hɛml̩] *m* ❶ *(Tier)* wether ❷ *kein pl (~fleisch)* mutton ❸ *(pej: Dummkopf)* idiot

Ham·mel·fleisch *nt* mutton

Ham·mer <-s, Hämmer> ['hamɐ, *pl* 'hɛmɐ] *m* ❶ *(Werkzeug)* hammer ❷ SPORT *(Wurfgerät)* hammer ❸ *(sl: schwerer Fehler)* howler ❹ *(Unverschämtheit)* outrageous thing

häm·mern ['hɛmɐn] *vi, vt* ❶ *(mit dem Hammer arbeiten)* to hammer ❷ *(wie Hammerschläge ertönen)* to make a hammering noise ❸ *(fam: auf dem Klavier spielen)* to hammer away at the piano ❹ *(rasch pulsieren)* to pound ► **jdm etw ins Bewusstsein ~** to hammer sth into sb's head

Ham·mer·wer·fen <-s> *nt kein pl* hammer-throwing

Hä·mor·rho·i·de [hɛmɔroˈiːdə], **Hä·mor·ri·de** <-, -n> [hɛmɔˈriːdə] *f meist pl* haemorrhoids *pl*

Ham·pel·mann <-männer> ['hampl̩man, *pl* -mɛnɐ] *m* ❶ *(Spielzeug)* jumping jack ❷ *(pej fam: labiler Mensch)* puppet

ham·peln ['hampl̩n] *vi (fam)* to fidget

Hams·ter <-s, -> ['hamstɐ] *m* hamster

Hams·ter·ba·cken *pl (fam)* chubby cheeks

Hams·ter·kauf *m* panic-buying

hams·tern ['hamstɐn] *vt, vi* to hoard

Hand <-, Hände> [hant, *pl* 'hɛndə] *f* ❶ ANAT hand; **Hände hoch!** hands up!; **eine hohle ~ machen** to cup one's hands; **linker/rechter ~** on the left/right; **eine ruhige ~** a steady hand; **jdm etw in die ~ drücken** to press sth into sb's hand; **jdm die ~ geben** to shake sb's hand; **jdn an der ~ nehmen** to take hold of sb's hand; **etw aus der ~ essen** to eat sth out of one's hand; **etw in die ~ nehmen** to pick up sth *sep*; **lass mich die Sache mal in die ~ nehmen** let me take care of the matter; **jdm etw aus der ~ nehmen** to take sth from sb; **sich** *dat* **die Hände reiben** to rub one's hands [together]; **Hände weg!** hands off! ❷ *(Besitz)* hands; **der Besitz gelangte in fremde Hände** the property passed into foreign hands ▶ **für jdn seine ~ ins Feuer legen** (*fam*) to vouch for sb; **~ und Fuß haben** to be purposeful; **weder ~ noch Fuß haben** to have no rhyme or reason; **~ aufs Herz!** (*fam*) cross your heart; **von der ~ in den Mund leben** to live from hand to mouth; [**bei etw** *dat*] **die Hände im Spiel haben** to have a hand in sth; **bei jdm in besten Händen sein** to be in safe hands with sb; **mit der bloßen ~** with one's bare hands; **aus erster/zweiter ~** first-hand/second-hand; **in festen Händen sein** (*fam*) to be spoken for; **freie ~ haben** to have a free hand; **bei etw** *dat* **eine glückliche ~ haben** to have the Midas touch with sth; **mit leeren Händen** empty-handed; **jds rechte ~ sein** to be sb's right-hand man; **alle Hände voll zu tun haben** to have one's hands full; **jdm aus der ~ fressen** (*fam*) to eat out of sb's hand; **jdm sind die Hände gebunden** sb's hands are tied; **jdm zur ~ gehen** to lend sb a [helping] hand; **etw aus der ~ geben** to let sth out of one's hands; **etw in der ~ haben** to have sth in one's hands; **zur ~ sein** to be at hand; **in jds ~ liegen** to be in sb's hands; **etw selber in die ~ nehmen** to take sth into one's own hands; **in die Hände spucken** to roll up one's sleeves *sep*; **eine ~ wäscht die andere** you scratch my back I'll scratch yours; **etw unter der ~ erfahren** to hear sth through the grapevine; **zu Händen von jdm** for the attention of sb, attn: sb

Hand·ar·beit *f* ❶ (*Gegenstand*) handicraft; **~ sein** to be handmade; **in ~** by hand ❷ *kein pl* (*körperliche Arbeit*) manual labour ❸ (*Nähen, Stricken etc*) sewing and knitting; SCH needlework; (*Gegenstand*) needlework **Hand·ball** *m o fam nt* SPORT handball **Hand·be·we·gung** *f* movement of the hand, gesture; **eine ~ machen** to move one's hand **Hand·breit** <-, -> ['hantbraɪt] *f* a few centimetres **Hand·brem·se** *f* handbrake **Hand·buch** *nt* manual

Händ·chen <-s, -> ['hɛntçən] *nt dim von* **Hand** little hand; **für etw** *akk* **ein ~ haben** (*fam*) to have a knack for sth; **~ halten** (*fam*) to hold hands

Hand·creme [-kreːm] *f* hand cream
Hän·de·druck *m kein pl* handshake
Han·del <-s> ['handl̩, *pl* 'hɛndl̩] *m kein pl* ❶ (*Wirtschaftszweig der Händler*) commerce ❷ (*Warenverkehr*) trade ❸ (*fam: Abmachung, Geschäft*) deal ❹ (*das Handeln*) dealing, trading (**mit** in); **der ~ mit Drogen ist illegal** drug trafficking is illegal; [**mit etw** *dat*] **~ treiben** to trade [in sth] ❺ (*Laden*) business; **etw in den ~ bringen** to put sth on the market; **im ~ sein** to be on the market; **etw aus dem ~ ziehen** to take sth off the market

han·deln ['handl̩n] **I.** *vi* ❶ (*kaufen und verkaufen*) to trade (**mit** with/in); **er soll mit Drogen gehandelt haben** he is supposed to have been trafficking drugs; **im Orient soll immer noch mit Frauen gehandelt werden** the Orient is still supposed to trade in women ❷ (*feilschen*) to haggle (**um** over); **mit sich ~ lassen** to be prepared to negotiate [sth]; **über den Preis lasse ich nicht mit mir ~** the price is not open to negotiation ❸ (*agieren*) to act; **die Frau handelte aus purer Eifersucht** the woman acted out of pure jealousy ❹ (*befassen*) ▪ **von etw** *dat* **~** to be about sth, to deal with sth **II.** *vr impers* ▪ **sich um jdn/etw ~** to be a matter of sth, to concern sb/sth; **bei den Tätern soll es sich um Angehörige einer Terrorgruppe ~** the culprits are said to be members of a terrorist group; **worum handelt es sich, bitte?** what's it about, please? **III.** *vt* ❶ (*angeboten und verkauft werden*) ▪ [**für etw** *akk*] **gehandelt werden** to be traded [at sth]; **an den Börsen werden Aktien gehandelt** shares are traded on the stock exchanges ❷ (*im Gespräch sein*) ▪ **als jd/für etw** *akk* **gehandelt werden** to be touted as sb/for sth

Han·dels·ab·kom·men *nt* trade agreement
Han·dels·ar·ti·kel *m s.* **Handelsware**
Han·dels·bank *f* merchant bank **Han·dels·be·zie·hun·gen** *pl* trade relations **Han·dels·bi·lanz** *f* balance of trade; **aktive ~** balance of trade surplus; **passive ~** balance of trade deficit **Han·dels·de·fi·zit** *nt* trade deficit **han·dels·ei·nig** ['handl̩sʔaɪnɪç], **han·dels·eins** ['handl̩sʔaɪns] *adj präd* ▪ **~ sein/werden** to agree terms **Han·dels·flot·te** *f* merchant fleet **Han·dels·frei·heit** *f kein pl* freedom of trade **Han·dels·ge·sell·schaft** *f* commercial company **Han·dels·kam·mer** *f* chamber of commerce **Han·dels·mar·ke** *f* trademark, brand **Han·dels·recht** *nt* commercial law **Han·dels·re·gis·ter** *nt* Register of Companies **Han·dels·schiff** *nt* trading vessel **Han·dels·schu·le** *f* business school **han·dels·üb·lich** *adj* in accordance with standard commercial practice; **250 Gramm für Konservendosen ist eine ~e Größe** 250 grammes is a standard size for tinned food **Han·dels·ver·trag** *m* JUR trade agreement **Han·dels·ver·tre·ter(in)** *m(f)* commercial agent **Han·dels·wa·re** *f* commodity **Han·dels·zen·trum** *nt* business centre

Han·del·trei·ben·de(r) *f(m) dekl wie adj* trader

hän·de·rin·gend I. adj wringing one's hands **II.** adv (fam: dringend) desperately **Hän·de·trock·ner** m hand drier

Hand·fe·ger <-s, -> m hand brush **Hand·fer·tig·keit** f dexterity **hand·fest** adj ❶ (deftig) substantial ❷ (robust) sturdy ❸ (ordentlich) proper; **die Affäre wuchs sich zu einem ~en Skandal aus** the affair turned into a full-blown scandal ❹ (hieb- und stichfest) well-founded; **~e Beweise** solid proof **Hand·feu·er·waf·fe** f hand-gun **Hand·flä·che** f palm of one's hand **hand·ge·ar·bei·tet** adj handmade **Hand·ge·lenk** nt wrist ▶ **etw aus dem ~ schütteln** (fam) to do sth straight off; **aus dem ~** (fam) off the cuff **Hand·ge·men·ge** nt scuffle **Hand·ge·päck** nt hand luggage **hand·ge·schrie·ben** adj handwritten **Hand·gra·na·te** f hand grenade

hand·greif·lich ['hantgraɪflɪç] adj violent; ▪ **~ werden** to become violent (**gegen** towards)

Hand·greif·lich·keit <-, -en> f kein pl (Tätlichkeit) fight no pl; **bei dem Streit kam es zu ~en** the argument became violent

Hand·griff m ❶ (Aktion) movement ❷ (Griff) handle ▶ **mit einem ~** with a flick of the wrist; **mit ein paar ~en** in no time

Hand·ha·be f tangible evidence

hand·ha·ben ['hantha:bn̩] vt ❶ (bedienen) to handle; *Maschine a.* to operate ❷ (anwenden) to apply; **die Vorschriften müssen strenger gehandhabt werden** the regulations must be applied more strictly ❸ (verfahren) to manage; **so wurde es hier schon immer gehandhabt** we've always dealt with it here in this way

Hand·ha·bung <-> f kein pl ❶ (Bedienung) operation ❷ (Anwendung) application

Han·di·cap <-s, -s> ['hɛndɪkɛp], **Han·di·kap** <-s, -s> ['hɛndɪkɛp] nt handicap

Hand·kof·fer m small suitcase **Hand·kuss**[RR] m kiss on the hand

Hand·lan·ger(in) <-s, -> ['hantlaŋɐ] m(f) ❶ (Helfer) labourer ❷ (pej: Erfüllungsgehilfe) stooge **Hand·lan·ger·dienst** m dirty work

Händ·ler(in) <-s, -> ['hɛndlɐ] m(f) dealer ▶ **fliegender ~** street trader

hand·lich ['hantlɪç] adj ❶ (bequem zu handhaben) easy to handle, manageable ❷ (leicht lenkbar) manoeuvrable

Hand·lung <-, -en> ['handlʊŋ] f ❶ (Tat, Akt) act; **kriegerische ~** act of war; **strafbare ~** criminal offence ❷ (Geschehen) action, plot, story

Hand·lungs·be·darf m need for action; **es besteht ~/kein ~** there is a need/no need for action **Hand·lungs·be·voll·mäch·tig·te(r)** f(m) authorized agent **hand·lungs·fä·hig** adj capable of acting; **eine ~e Mehrheit** a working majority **Hand·lungs·frei·heit** f kein pl freedom of action **Hand·lungs·spiel·raum** m room for manoeuvre **hand·lungs·un·fä·hig** adj incapable of acting **Hand·lungs·wei·se** f conduct

Hand·rü·cken m back of the hand **Hand·schel·le** f meist pl handcuffs pl; **jdm ~n anlegen** to handcuff sb; **jdn in ~n abführen** to take sb away in handcuffs **Hand·schlag** m handshake **Hand·schrift** ['hantʃrɪft] f ❶ (Schrift) handwriting ❷ (Text) manuscript ▶ **jds ~ tragen** to bear sb's [trade]mark **hand·schrift·lich I.** adj ❶ (von Hand geschrieben) handwritten ❷ (als Handschrift überliefert) in manuscript form **II.** adv (von Hand) by hand

Hand·schuh m glove **Hand·schuh·fach** nt, **Hand·schuh·kas·ten** m glove compartment

Hand·stand m handstand; **einen ~ machen** to do a handstand **Hand·ta·sche** f handbag, purse Am **Hand·tel·ler** m palm **Hand·tuch** <-tücher> nt towel ▶ **das ~ werfen** to throw in the towel **Hand·um·dre·hen** ['hant?ʊmdreːən] ▶ **im ~** in a jiffy **Hand·voll**[ALT] <-, -> f handful **Hand·wä·sche** f ❶ (Vorgang) hand-wash ❷ kein pl (Wäschestücke) item for hand-washing

Hand·werk nt trade ▶ **jdm das ~ legen** to put an end to sb's game; **jdm ins ~ pfuschen** to encroach on sb's activities; **sein ~ verstehen** to know one's job

Hand·wer·ker(in) <-s, -> m(f) tradesman **hand·werk·lich I.** adj relating to a trade; **eine ~e Ausbildung machen** to undergo training for a skilled trade; **~es Können** craftsmanship **II.** adv concerning craftsmanship

Hand·werks·be·trieb m workshop **Hand·werks·kam·mer** f Chamber of Handicrafts **Hand·werks·zeug** nt kein pl tools of the trade, equipment

Hand·wur·zel f carpus

Han·dy <-s, -s> ['hɛndi] nt TELEK mobile [phone]

Hand·zei·chen nt gesture, sign; **durch ~** by gesturing **Hand·zet·tel** m leaflet

ha·ne·bü·chen adj (veraltend geh) outrageous

Hanf <-[e]s> [hanf] m kein pl ❶ (Faser, Pflanze) hemp ❷ (Samen) hempseed

Hang <-[e]s, Hänge> [haŋ, pl 'hɛŋə] m ❶ (Abhang) slope ❷ kein pl (Neigung) tendency; **sie hat einen ~ zu Übertreibungen** she has a tendency to exaggerate; **den ~ ha-**

ben, etw zu tun to be inclined to do sth
Hän·ge·brü·cke *f* suspension bridge **Hän·ge·lam·pe** *f* hanging lamp **Hän·ge·mat·te** *f* hammock
hän·gen ['hɛŋən] **I.** *vi* <hing, gehangen> ❶ (*mit dem oberen Teil angebracht sein*) to hang (**an** on, **über** over, **von** from); **das Bild hängt nicht gerade** the picture's not hanging straight; **der Baum hängt voller Früchte** the tree is laden with fruit; [**an etw** *dat*] ~ **bleiben** (*befestigt bleiben*) to stay on [sth]; (*kleben bleiben*) to stick to sth ❷ (*sich neigen*) to lean ❸ (*befestigt sein*) to be attached (**an** to) ❹ (*fam: angeschlossen sein*) to be connected (**an** to) ❺ (*fam: emotional verbunden sein*) to be attached (**an** to) ❻ (*festhängen*) [**mit etw** *dat*] **an etw** *dat* ~ **bleiben** to get caught on sth [by sth]; **du bist mit dem Pullover an einem Nagel ~ geblieben** you've got your sweater caught on a nail ❼ (*fam: nicht aufhalten*) ~ **bleiben** to be kept down; **musst du stundenlang am Telefon ~!** must you spend hours on the phone!; **er hängt den ganzen Tag vorm Fernseher in** he spends all day in front of the television ❽ (*fam: zu erledigen sein*) **an jdm ~ bleiben** to be down to sb ❾ (*fam: in der Erinnerung bleiben*) [**bei jdm**] ~ **bleiben** to stick [in sb's mind] ▸ **mit H~ und Würgen** (*fam*) by the skin of one's teeth; **etw ~ lassen** to dangle sth; **sie ließ die Beine ins Wasser ~** she dangled her legs in the water; **er war müde und ließ den Kopf etwas ~** he was tired and let his head droop a little **II.** *vt* <hängte *o* DIAL hing, gehängt *o* DIAL gehangen> ❶ (*anbringen*) ■ **etw an/auf etw** *akk* ~ to hang sth on sth; **wir müssen noch die Bilder an die Wand ~** we still have to hang the pictures on the wall ❷ (*henken*) to hang ❸ (*anschließen*) ■ **etw an etw** *akk* ~ to attach sth to sth ❹ (*im Stich lassen*) ■ **jdn ~ lassen** to let sb down **III.** *vr* <hängte *o* DIAL hing, gehängt *o* DIAL gehangen> ❶ (*sich festhalten*) ■ **sich an jdn/etw ~** to hang on to sb/sth ❷ (*verfolgen*) ■ **sich an jdn/etw ~** to follow sb/sth ❸ (*sich gehen lassen*) ■ **sich ~ lassen** to let oneself go
Han·no·ver <-s> [ha'nɔːfɐ] *nt* Hanover
Hans·dampf <-[e]s, -e> [hans'dampf] *m* Jack-of-all-trades ▸ **ein ~ in allen Gassen sein** to be a Jack-of-all-trades
han·se·a·tisch *adj* Hanseatic
Hän·se·lei <-, -en> *f* [relentless] teasing
hän·seln ['hɛnzln] *vt* to tease (**wegen** about)
Han·se·stadt *f* ❶ (*Bremen, Hamburg und Lübeck*) Hanseatic city ❷ HIST city of the Hanseatic League
Hans·wurst <-[e]s, -e *o* -würste> [hans-'vʊrst] *m* (*hum fam*) buffoon
Han·tel <-, -n> ['hantl] *f* SPORT dumb-bell
han·tie·ren* [han'tiːrən] *vi* ❶ (*sich beschäftigen*) to be busy (**mit** with); **ich hörte ihn im Keller mit Werkzeug ~** I heard him using tools in the cellar ❷ (*herum~*) to work (**an** on)
ha·pern ['haːpɐn] *vi impers* (*fam*) ❶ (*fehlen*) ■ **an etw** *dat* ~ to be lacking sth ❷ (*schlecht bestellt sein*) ■ **es hapert** [**bei jdm**] **mit etw** *dat* sb has a problem with sth; **bei uns hapert es mit der Ersatzteilversorgung** we have a problem with the supply of spare parts; **in Mathe hapert es bei ihr noch etwas** she's still a bit weak in maths
häpp·chen·wei·se *adv* (*fam*) in small mouthfuls; (*nach und nach*) bit by bit
Hap·pen <-s, -> ['hapn] *m* (*fam: kleine Mahlzeit*) snack
Hap·pe·ning <-s, -s> ['hɛpənɪŋ] *nt* happening; **ein ~ veranstalten** to stage a happening
hap·pig ['hapɪç] *adj* ❶ (*fam: hoch*) Preis steep ❷ (*schwierig*) tough
hap·py ['hɛpi] *adj* (*fam*) happy
Happy-End <-s, -s> *nt*, **Hap·py·end**[RR] ['hɛpi'ʔɛnt] *nt* ÖSTERR happy ending **Hap·py Hour**[RR] <-, -s>, **Hap·py·hour**[RR] <-s, -s> ['hɛpi'aʊɐ] *f* happy hour
Hap·tik <-> ['haptɪk] *f* (*Lehre vom Tastsinn*) haptics
Hard-disk[RR] <-, -s>, **Hard Disk**[RR] <-, -s>, **Hard disk**[ALT] <-, -s> ['haːɐ̯tdɪsk] *f* INFORM hard disk
Hard·li·ner(in) <-s, -s> ['haːɐ̯tlaɪne] *m(f)* hardliner
Hard·rock[RR], **Hard Rock** <-, -[s]> ['haːɐ̯tʀɔk] *m* hard rock
Hard·ware <-, -s> ['haːɐ̯tvɛɐ̯] *f* INFORM hardware
Ha·rem <-s, -s> ['haːrɛm] *m* harem
Har·fe <-, -n> ['harfə] *f* harp
Har·ke <-, -n> ['harkə] *f bes* NORDD (*Gartenwerkzeug*) rake ▸ **jdm zeigen, was eine ~ ist** (*fam*) to show sb what's what
Har·le·kin <-s, -e> ['harlekiːn] *m* Harlequin
harm·los I. *adj* ❶ (*ungefährlich*) harmless ❷ (*arglos*) innocent **II.** *adv* ❶ (*ungefährlich*) harmlessly ❷ (*arglos*) innocently
Har·mo·nie <-, -n> [harmo'niː, *pl* -'niːən] *f* harmony
har·mo·nie·ren* [harmo'niːrən] *vi* ❶ (*zusammenklingen*) to harmonize ❷ (*zueinander passen*) to go with ❸ (*gut zusammenpassen*) to get on well [with each other]
Har·mo·ni·ka <-, -s *o* Harmoniken> [har'moːnika] *pl* *f* accordion
har·mo·nisch [har'moːnɪʃ] **I.** *adj* harmonious **II.** *adv* harmoniously

har·mo·ni·sie·ren* [harmoni'ziːrən] vt to harmonize

Har·mo·ni·um <-s, -ien> [har'moːni̯ʊm, pl -niən] nt harmonium

Harn <-[e]s, -e> [harn] m urine

Harn·bla·se f bladder **Harn·lei·ter** m ureter **Harn·röh·re** f urethra **Harn·säu·re** f uric acid **harn·trei·bend I.** adj (geh) diuretic **II.** adv (geh) having a diuretic effect

Har·pu·ne <-, -n> [har'puːnə] f harpoon

har·pu·nie·ren* [harpu'niːrən] vt to harpoon

har·ren ['harən] vi (geh) **einer S.** gen ~ to await sth

hart <härter, härteste> [hart] **I.** adj ① (nicht weich) hard; (straff) firm ② (heftig) Aufprall, Ruck, Winter severe ③ Akzent harsh ④ Schnaps strong; Drogen hard; Pornografie hard-core ⑤ (brutal) Film, Konflikt violent ⑥ (abgehärtet) Kerl tough ⑦ (streng, unerbittlich) Mensch harsh; Regime harsh; Strafe severe; Gesetze harsh; Worte harsh; ▪ ~ **mit jdm sein** to be hard on sb ⑧ (schwer zu ertragen) cruel; **der Tod ihres Mannes war für sie ein ~er Schlag** the death of her husband was a cruel blow for her; Zeiten hard; Realität harsh; Wahrheit harsh; ▪ ~ **für jdn sein, dass ...** to be hard on sb that ... ⑨ (mühevoll) hard, tough; **20 Jahre ~er Arbeit** 20 years of hard work ▸ **[in ein** dat] ~ **bleiben** to remain firm [about sth]; ~ **auf** ~ **kommen** to come to the crunch; ~ **im Nehmen sein** (beim Boxen) to be able to take a lot of punishment; (mit etw gut fertigwerden) to be resilient **II.** adv ① (nicht weich) hard; ~ **gefroren** frozen hard pred; ~ **gekocht** hard-boiled; ~ **gesotten** hard-bitten ② (heftig) **bei dem Sturz ist er** ~ **gefallen** he had a severe fall; **sie prallte** ~ **auf die Windschutzscheibe auf** she hit the windscreen with tremendous force ③ (streng) severely ④ (mühevoll) hard; **wir werden noch härter arbeiten müssen** we'll have to work even harder ⑤ (unmittelbar) close; ▪ ~ **an etw** dat close to sth ▸ **jdn** ~ **anfassen** to treat sb severely; ~ **durchgreifen** to take tough action; **jdm** ~ **zusetzen** to press sb hard; **jdm** ~ **treffen** to hit sb hard; ~ **gesotten** hardened

Här·te <-, -n> ['hɛrtə] f ① (~ grad) hardness ② kein pl (Wucht) force ③ kein pl (Robustheit) robustness ④ kein pl (Stabilität) stability ⑤ kein pl (Strenge) severity; (Unerbittlichkeit) relentlessness ⑥ (schwere Erträglichkeit) cruelty

Här·te·fall m case of hardship

här·ten ['hɛrtn] vt, vi to harden

Här·te·test m endurance test; **jdn/etw einem** ~ **unterziehen** to subject sb/sth to an endurance test

Hart·geld nt coins pl **hart·ge·sot·ten** ['hartgəzɔtn] adj ① (unsensibel) [hard]ened ② (verstockt) **ein ~er Sünder** an unrepentant sinner **hart·her·zig** adj hard-hearted

hart·nä·ckig I. adj ① (beharrlich) persistent ② (langwierig) stubborn **II.** adv (beharrlich) persistently

Hart·nä·ckig·keit <-> f kein pl ① (Beharrlichkeit) persistence ② (Langwierigkeit) stubbornness

Hartz IV [haːɡts'-] German labour market reform of 2005 that regulates and brings together unemployment and social security benefits

Harz¹ <-es, -e> [haːɡts] nt resin

Harz² <-es> [haːɡts] m ▪ **der** ~ the Harz Mountains

har·zig ['haːɡtsɪç] adj resinous

Hasch <-[s]> [haʃ] nt kein pl (fam) hash

Ha·schee <-s, -s> [ha'ʃeː] nt hash

ha·schen¹ ['haʃn] vi (veraltend geh) ▪ **nach etw** dat ~ ① (greifen) to make a grab for sth ② (streben) to angle for sth

ha·schen² ['haʃn] vi (fam) to smoke hash

Ha·schisch <-[s]> ['haʃɪʃ] nt o m kein pl hashish

Ha·se <-n, -n> ['haːzə] m ① (wild lebendes Nagetier) hare ② (~ braten) roast hare ③ (Kaninchen) rabbit ▸ **ein alter** ~ **sein** (fam) to be an old hand; **wissen, wie der** ~ **läuft** (fam) to know which way the wind blows

Ha·sel·nussᴿᴿ ['haːzlnʊs] f ① (Nuss) hazelnut ② (Hasel) hazel

Ha·sen·fü·ßig·keit f (fam: Feigheit) lily-liveredness

Ha·sen·pfef·fer m jugged hare BRIT, Hasenpfeffer AM

Hä·sin f doe, female hare

Hassᴿᴿ <-es> m, **Haß**ᴬᴸᵀ <-sses> [has] m kein pl hate, hatred, loathing; **einen** ~ **auf jdn haben** to be angry with sb; **aus** ~ out of hatred

has·sen ['hasn̩] vt to hate; ▪ **es** ~, **etw zu tun** to hate doing sth

has·sens·wert adj hateful, odious **hass·er·füllt**ᴿᴿ adj, adv full of hate

häss·lichᴿᴿ, **häß·lich**ᴬᴸᵀ ['hɛslɪç] **I.** adj ① (unschön) ugly, hideous ② (gemein) nasty ③ (unerfreulich) unpleasant **II.** adv (gemein) nastily

Häss·lich·keitᴿᴿ, **Häß·lich·keit**ᴬᴸᵀ <-, -en> f ugliness, nastiness

Hass·lie·beᴿᴿ f love-hate relationship **Hass·pre·digt**ᴿᴿ f (pej) hate sermon **hass·ver·zerrt**ᴿᴿ adj twisted with hatred

Hast <-> [hast] f kein pl haste

has·ten ['hastn̩] *vi sein* (*geh*) to hurry
has·tig ['hastɪç] **I.** *adj* hurried, rushed; **nicht so ~!** not so fast! **II.** *adv* hastily, hurriedly
hat [hat] *3. pers sing pres von* **haben**
hät·scheln ['hɛːtʃl̩n] *vt* ❶ (*liebkosen*) to cuddle ❷ (*gut behandeln*) to pamper ❸ (*gerne pflegen*) to cherish
hat·schi [ha'tʃiː] *interj* atishoo
hat·te ['hatə] *imp von* **haben**
Hau·be <-, -n> ['haʊbə] *f* ❶ (*weibliche Kopfbedeckung*) bonnet ❷ (*Trocken~*) hair dryer ❸ (*Motor~*) bonnet ❹ ÖSTERR, SÜDD (*Mütze*) cap ❺ ÖSTERR (*Auszeichnung von Restaurants*) star ❻ (*Büschel von Kopffedern*) crest ❼ (*Aufsatz*) covering ▶ **jdn unter die <u>bringen</u>** (*hum fam*) to marry sb off
Hauch <-[e]s, -e> [haʊx] *m* ❶ (*geh, poet*) ❶ (*Atem~*) breath ❷ (*Luftzug*) breath of air ❸ (*leichter Duft*) whiff, waft ❹ (*Flair*) aura ❺ (*Andeutung, Anflug*) hint, trace, touch
hauch·dünn ['haʊxˈdʏn] **I.** *adj* ❶ (*äußerst dünn*) wafer-thin ❷ (*äußerst knapp*) extremely narrow **II.** *adv* extremely thin
hau·chen ['haʊxn̩] **I.** *vi* (*sanft blasen*) to breathe **II.** *vt* (*flüstern*) to whisper
Haue <-, -n> ['haʊə] *f* ❶ SÜDD, SCHWEIZ, ÖSTERR (*Hacke*) hoe ❷ *kein pl* (*fam: Prügel*) thrashing; **~ kriegen** (*fam*) to get a thrashing
hau·en <haute, gehauen *o* DIAL gehaut> ['haʊən,] **I.** *vt* ❶ <haute *o* selten *a.* hieb, gehauen> (*fam: schlagen*) to hit; **ich habe mir das Knie an die Tischkante ge~!** I've hit my knee on the edge of the table ❷ <haute *o* selten *a.* hieb, gehauen> (*fam: verprügeln*) to hit; ■ **sie ~ sich** they are fighting each other ❸ <haute, gehauen> (*meißeln*) ■ **etw in etw** *akk* **~** to carve sth in sth; **der Künstler hat diese Statue in Marmor ge~** the artist carved this statue in marble **II.** *vr* (*fam: sich setzen, legen*) ■ **sich auf/in etw** *akk* **~** to throw oneself onto/into sth; **hau dich nicht so aufs Sofa!** don't throw yourself onto the sofa like that!
Hau·er <-s, -> ['haʊɐ] *m* ❶ (*Eckzahn*) tusk ❷ (*hum: großer Zahn*) fang
Häuf·chen <-s, -> ['hɔyfçən] *nt dim von* **Haufen** small pile ▶ **ein <u>Elend</u>** (*fam*) a picture of misery
Hau·fen <-s, -> ['haʊfn̩] *m* ❶ (*Anhäufung*) heap, pile ❷ (*fam: große Menge*) load; **du erzählst da einen ~ Quatsch!** what a load of rubbish! ❸ (*Schar*) crowd ❹ (*Gruppe, Gemeinschaft*) bunch ▶ **jdn über den ~ <u>rennen</u>/fahren** (*fam*) to run over sb *sep*; **etw über den ~ werfen** (*fam*) to mess up sth *sep*; **<u>auf</u> einem ~** (*fam*) in one place
häu·fen [hɔyfn̩] **I.** *vt* (*auf~*) to pile on **II.** *vr* ■ **sich ~** ❶ (*zahlreicher werden*) to become more frequent, to multiply ❷ (*türmen*) to pile up; ■ **sich** *dat* **etw auf etw** *akk* **~** to pile sth on sth
hau·fen·wei·se *adv* ❶ (*in Haufen*) in heaps ❷ (*fam*) in great quantities; **sie besitzt ~ Antiquitäten** she owns loads of antiques
häu·fig ['hɔyfɪç] **I.** *adj* frequent **II.** *adv* frequently, often
Häu·fig·keit <-, -en> *f* frequency
Haupt <-[e]s, Häupter> [haʊpt, *pl* 'hɔyptɐ] *nt* (*geh*) head ▶ **<u>gesenkten</u>/<u>erhobenen</u> ~es** with one's head bowed/raised
Haupt·al·tar *m* high altar **haupt·amt·lich I.** *adj* full-time **II.** *adv* on a full-time basis **Haupt·as·pekt** *m* ❶ eines Experiments central focus; eines Romans main theme **Haupt·auf·ga·be** *f* main duty **Haupt·au·gen·merk** *f kein pl* sein ■ **auf etw** *akk* **richten** to pay particular attention to sth **Haupt·aus·gang** *m* main exit **Haupt·bahn·hof** *m* central station **Haupt·be·las·tungs·zeu·ge, -zeu·gin** *m, f* JUR chief witness for the prosecution **haupt·be·ruf·lich I.** *adj* full-time **II.** *adv* on a full-time basis **Haupt·dar·stel·ler(in)** *m(f)* leading man [*or* actor] **Haupt·ein·gang** *m* main entrance **Haupt·fach** *nt* (*Studienfach*) main subject, major AM; **etw im ~ studieren** to study sth as one's main subject, to major in sth AM ❷ (*wichtigstes Schulfach*) major subject **Haupt·fi·gur** *f* LIT main character **Haupt·film** *m* main film **Haupt·gang** *m* ❶ (*Hauptgericht*) main course ❷ (*zentraler Gang*) main corridor ❸ (*Waschgang*) main wash **Haupt·ge·bäu·de** *nt* main building **Haupt·ge·richt** *nt* main course **Haupt·ge·schäfts·zeit** *f* peak shopping hours, main business hours **Haupt·ge·wicht** *nt* main emphasis **Haupt·ge·winn** *m* first prize **Haupt·hahn** *m* main cock [*or esp* AM tap] **Haupt·leu·te** *pl von* **Hauptmann**
Häupt·ling <-s, -e> ['hɔyptlɪŋ] *m* chief
Haupt·mahl·zeit *f* main meal **Haupt·mann** <-leute> ['haʊptman] *m* captain **Haupt·me·nü** *nt* INFORM main menu **Haupt·merk·mal** *nt* main feature **Haupt·per·son** *f* ❶ (*wichtigste Person*) central figure, most important person ❷ (*die tonangebende Person*) centre of attention, main person; **er ist eindeutig die ~ bei diesem Projekt** he's the main person on this project **Haupt·post** *f*, **Haupt·post·amt** *nt* main post office **Haupt·pro·blem** *nt* main problem **Haupt·quar·tier** *nt* headquarters **Haupt·rol·le** *f* leading role ■ [**bei etw** *dat*] **die ~ <u>spielen</u>** to play a leading part in sth **Haupt·sa·che** ['haʊptzaxə] *f* main thing; **in der ~** in the main; **~, du bist glücklich!**

haupt·säch·lich ['haʊptzɛçlɪç] **I.** *adv* mainly, especially, above all **II.** *adj* main, chief

Haupt·sai·son *f* peak season; **~ haben** to be one's peak season **Haupt·satz** *m* LING main clause **Haupt·schal·ter** *m* main [*or* master] switch **Haupt·schlag·ader** *f* aorta **Haupt·schlüs·sel** *m* master key, passkey **Haupt·schul·ab·gän·ger(in)** *m(f)* SCH *graduates from a Hauptschule* **Haupt·schul·di·ge(r)** *f(m)* person mainly to blame, major offender **Haupt·schu·le** *f* ≈ secondary modern school BRIT, ≈ junior high school AM (*covering years 5 to 9 or the last 5 years of the compulsory nine years at school in Germany or years 5 to 8 in Austria*) **Haupt·schü·ler(in)** *m(f)* ≈ secondary modern school pupil BRIT, ≈ junior-high student AM **Haupt·schwie·rig·keit** *f* main problem **Haupt·sitz** *m* headquarters *npl*, head office **Haupt·spei·se** *f* main course **Haupt·stadt** *f* capital [city] **Haupt·stra·ße** *f* main street **Haupt·tref·fer** *m* jackpot; **den ~ erzielen** to hit the jackpot **Haupt·ur·sa·che** *f* main cause **Haupt·ver·hand·lung** *f* main hearing **Haupt·ver·kehrs·stra·ße** *f* main road, arterial road **Haupt·ver·kehrs·zeit** *f* rush hour **Haupt·ver·samm·lung** *f* general meeting **Haupt·ver·wal·tung** *f* ADMIN head office, headquarters *npl* **Haupt·wasch·gang** *m* main wash **Haupt·wohn·sitz** *m* main place of residence **Haupt·wort** *nt* noun

Haus <-es, Häuser> [haʊs, *pl* 'hɔʏzə] *nt* ① (*Gebäude*) house; **das ~ Gottes** the house of God; **~ und Hof** (*geh*) house and home; **das Weiße ~** the White House; **für jdn ein offenes ~ haben** to keep open house for sb; **jdn nach ~ bringen** to take sb home; **sich wie zu ~e fühlen** to feel at home; **fühlen Sie sich wie zu ~e!** make yourself at home; **aus dem ~ gehen** to leave the house; **das ~ hüten müssen** to have to stay at home; **außer ~ essen** to eat out; **aus dem ~ sein** to have left home; **irgendwo zu ~[e] sein** to live somewhere; **eine Katze kommt mir nicht ins ~!** I'm not having a cat in the house!; [etw] **ins ~ liefern** to deliver [sth] to the door; **frei ~ liefern** to deliver free of charge; **jdn nach ~e schicken** to send sb home; **jdm das ~ verbieten** to not allow sb in the house; **meine Klavierlehrerin kommt immer ins ~** my piano teacher always comes to our house; **nach ~e**, ÖSTERR, SCHWEIZ *a.* **nachhause**[RR] home; **es ist nicht mehr weit bis nach ~e!** we're not far from home now!; **zu ~e**, ÖSTERR, SCHWEIZ *a.* **zuhause**[RR] at home;

seid unbedingt vor Mitternacht wieder zu ~e! make sure you're back home before midnight!; **bei jdm zu ~e**, ÖSTERR, SCHWEIZ *a.* **zuhause** in sb's home ② (*Familie*) household; **er ist ein alter Freund des ~es** he's an old friend of the family; **die Dame/der Herr des ~es** the lady/master of the house; **aus gutem ~e** from a good family; **von ~e aus** by birth ③ (*geh: Unternehmen*) company; **das erste ~ am Platze** the best firm in the area; **im ~ sein** to be in ④ POL (*Kammer*) House ▶ [du] **altes ~!** (*fam*) old chap *dated;* **das europäische ~** the family of Europe; **~ halten** to be economical; **jdm ins ~ schneien** (*fam*) to descend on sb; **[jdm] ins ~ stehen** to be in store [for sb]; **von ~e aus** originally

Haus·an·ge·stell·te(r) *f(m)* domestic servant **Haus·apo·the·ke** *f* medicine cabinet **Haus·ar·beit** *f* ① (*Arbeit im Haushalt*) housework ② SCH (*Schulaufgaben*) homework; (*wissenschaftliche Arbeit*) [academic] assignment **Haus·ar·rest** *m* ① (*Verbot*) confinement to the house; **~ haben** to be grounded ② (*Strafe*) house arrest **Hausarzt, -ärz·tin** *m, f* family doctor, GP **Haus·auf·ga·be** *f* piece of homework; ■-**n** homework *no pl*; **seine ~n machen** (*a. fig*) to do one's homework **haus·ba·cken** ['haʊsbakn̩] *adj* plain **Haus·be·set·zer(in)** <-s, -> *m(f)* squatter **Haus·be·set·zung** *f* squatting **Haus·be·sit·zer(in)** *m(f)* homeowner; (*Vermieter*) landlord **Haus·be·such** *m* home visit **Haus·be·woh·ner(in)** *m(f)* tenant **Haus·boot** *nt* houseboat

Häus·chen <-s, -> [ˈhɔʏsçən] *nt* ① *dim von* Haus little house ② SCHWEIZ (*Kästchen auf kariertem Papier*) square ▶ **ganz aus dem ~ sein** (*fam*) to be beside oneself

Haus·durch·su·chung *f* JUR house search **Haus·ein·gang** *m* entrance

hau·sen ['haʊzn̩] *vi* ① (*pej fam: erbärmlich wohnen*) to live [in poor conditions] ② (*wüten*) to wreak havoc

Häu·ser·block *m* block [of houses]

Haus·flur *m* entrance hall **Haus·frau** *f* ① (*nicht berufstätige Frau*) housewife ② ÖSTERR, SÜDD (*Zimmerwirtin*) landlady **Haus·freund(in)** *m(f)* ① (*Freund der Familie*) friend of the family ② *nur m* (*euph fam: Liebhaber der Ehefrau*) man-friend **Haus·frie·dens·bruch** *m* trespassing **Haus·ge·brauch** *m* **für den ~** for domestic use; (*für durchschnittliche Ansprüche*) for average requirements

Haus·halt <-[e]s, -e> *m* ① (*Hausgemeinschaft*) household ② (*~führung*) housekeeping; **[jdm] den ~ führen** to keep house [for sb] MED, BIOL (*Kreislauf*) balance ÖKON (*Etat*) budget

haus·hal·ten *vi irreg* to be economical (**mit** with)

Haus·häl·ter(in) <-s, -> *m(f)* housekeeper

Haus·halts·ab·fall *m* domestic waste **Haus·halts·de·bat·te** *f* budget debate **Haus·halts·geld** *nt* housekeeping money **Haus·halts·ge·rät** *nt* household appliance **Haus·halts·hil·fe** *f* home help **Haus·halts·plan** *m* budget

Haus·herr(in) <-en, -en> *m(f)* head of the household; (*Gastgeber*) host **haus·hoch** ['haʊshox] **I.** *adj* (*euph: sehr hoch*) as high as a house; *Flammen* gigantic; *Wellen* mountainous SPORT (*eindeutig*) clear; *Niederlage* crushing; *Sieg* overwhelming; *Favorit* hot **II.** *adv* (*eindeutig*) clearly

hau·sie·ren* [haʊ'ziːrən] *vi* to hawk; **H~ verboten!** no hawkers!; **mit etw** *dat* **~ gehen** to peddle sth around

Hau·sie·rer(in) <-s, -> *m(f)* hawker, peddler

Haus·leh·rer(in) *m(f)* private tutor

häus·lich ['hɔʏlɪç] **I.** *adj* (*die Hausgemeinschaft betreffend*) domestic (*das Zuhause liebend*) homely **II.** *adv* **sich ~ einrichten** to make oneself at home; **sich ~ niederlassen** to settle down

Haus·mäd·chen *nt* maid **Haus·mann** ['haʊsman] *m* house husband **Hausmanns·kost** *f kein pl* KOCHK home cooking (*fam: durchschnittliche Leistung*) average performance **Haus·mar·ke** *f* (*Sekt eines Gastronomiebetriebes*) sparkling house wine (*bevorzugte Marke*) favourite brand **Haus·meis·ter(in)** *m(f)* janitor, caretaker **Haus·mit·tel** *nt* household remedy **Haus·müll** *m* domestic refuse *no pl, no indef art* **Haus·num·mer** *f* house number **Haus·ord·nung** *f* house rules *pl*

Haus·rat *m kein pl* household contents **Haus·rat·ver·si·che·rung** *f* household contents insurance *no pl* BRIT, home owner's insurance AM

Haus·schlüs·sel *m* front-door key **Haus·schuh** *m* slipper

Hausse <-, -n> ['hoːsə] *f* BÖRSE bull market

Haus·se·gen *m* house blessing ▶ **der ~ hängt schief** (*hum fam*) there is a strained atmosphere

haus·sie·ren* [(h)oˈsiːrən] *vi* FIN (*Markt, Börse*) to boom

Haus·su·chung <-, -en> *f s.* **Hausdurchsuchung**

Haus·tier *nt* pet **Haus·tür** *f* front door; **direkt vor der ~** (*fam*) right on one's doorstep **Haus·ver·bot** *nt* **jdm ~ erteilen** to ban sb from entering one's premises **Haus·wirt(in)** *m(f)* landlord *masc*, landlady *fem* **Haus·wirt·schaft** *f kein pl* home economics + *sing vb* **Haus·wirt·schaf·ter(in)** <-s, -> *m(f)* housekeeper

Haut <-, Häute> [haʊt, *pl* 'hɔʏtə] *f* skin; **nass bis auf die ~** soaked to the skin ▶ **mit ~ und Haar[en]** (*fam*) completely; **nur ~ und Knochen sein** (*fam*) to be nothing but skin and bone; **eine ehrliche ~ sein** (*fam*) to be an honest sort; **auf der faulen ~ liegen** (*fam*) to laze around; **mit heiler ~ davonkommen** (*fam*) to escape unscathed; **sich nicht wohl in seiner ~ fühlen** (*fam*) not to feel too good; **aus der ~ fahren** (*fam*) to hit the roof; **etw geht [jdm] unter die ~** (*fam*) sth gets under one's skin; **jd kann nicht aus seiner ~ heraus** (*fam*) a leopard cannot change its spots *prov*; **jd möchte nicht in jds ~ stecken** sb would not like to be in sb's shoes

Haut·ab·schür·fung *f* graze **Haut·arzt, ·ärz·tin** *m, f* dermatologist **Haut·aus·schlag** *m* [skin] rash **Haut·creme** *f* skin cream

häu·ten ['hɔʏtən] **I.** *vt* to skin **II.** *vr* (*die Haut abstreifen*) ■ **sich ~** to shed one's skin

haut·eng *adj, adv* skintight **Haut·far·be** *f* skin colour **Haut·krank·heit** *f* skin disease **haut·nah** **I.** *adj* (*sehr eng*) very close (*fam: wirklichkeitsnah*) vivid **II.** *adv* (*sehr eng*) very closely (*fam: wirklichkeitsnah*) vividly **Haut·pfle·ge** *f* skin care *no pl*

Häu·tung <-, -en> *f* (*das Häuten*) skinning (*das Sichhäuten*) shedding of the skin *no pl*

Ha·va·rie <-, -n> [hava'riː, *pl* -'riːən] *f* (*Schiffsunglück*) accident ÖSTERR (*Autounfall*) [car] accident

Hbf. *Abk von* Hauptbahnhof

h.c. [haːˈtseː] *Abk von* honoris causa h.c.

HD-Dis·ket·te [haːˈdeːdɪskɛtə] *f* INFORM HD diskette

he [heː] *interj* (*ärgerlicher Ausruf*) oi! BRIT, hey! AM; (*erstaunter Ausruf*) cor!; (*Aufmerksamkeit erregend*) hey!

Head·hun·ter(in) <-s, -> ['hɛthantɐ] *m(f)* ÖKON headhunter

hea·vy ['hɛvi] *adj präd* (*sl*) unbelievable

Hea·vy·me·tal, Hea·vy Me·tal <- -> ['hɛviˈmɛtl] *nt kein pl* heavy metal *no pl, no indef art*

Heb·am·me <-, -n> ['heːpʔamə] *f* midwife

He·be·büh·ne *f* hydraulic lift

He·bel <-s, -> ['heːbl] *m* lever ▶ **alle ~ in Bewegung setzen** (*fam*) to move heaven and earth; **am längeren ~ sitzen** (*fam*) to hold the whip hand

he·ben <hob, gehoben> ['heːbn̩] **I.** vt ❶ (nach oben bewegen) to lift; **den Kopf ~** to raise one's head; **hebt eure Füße!** pick your feet up! ❷ (ans Tageslicht befördern) to dig up; *Wrack* to raise ❸ (verbessern) *Stimmung, Niveau* to improve ❹ SÜDD (halten) to hold ❺ (Alkohol trinken) **gern einen ~** (fam) to like to have a drink **II.** vr (sich nach oben bewegen) ■ **sich ~** to rise **III.** vi ❶ (Lasten hochhieven) to lift loads ❷ SÜDD (haltbar sein) to keep

He·brä·er(in) <-s, -> [heˈbrɛːɐ] m(f) Hebrew

he·brä·isch [heˈbrɛːɪʃ] adj Hebrew; **auf ~ in** Hebrew

He·bung <-, -en> f ❶ (das Hinaufbefördern) raising no pl ❷ GEOL elevation no pl ❸ (Verbesserung) improvement ❹ LIT (betonte Silbe im Vers) accented syllable

he·cheln ['hɛçln̩] vi to pant

Hecht <-[e]s, -e> [hɛçt] m pike ▶ **ein toller ~** (fam) an incredible bloke [or AM guy]

Heck <-[e]s, -e o -s> [hɛk] nt AUTO rear, back; NAUT stern; LUFT tail

He·cke <-, -n> ['hɛkə] f hedge

He·cken·ro·se f dog rose **He·cken·sche·re** f hedge clippers npl **He·cken·schüt·ze**, **-schüt·zin** m, f sniper

Heck·klap·pe f AUTO tailgate **Heck·mo·tor** m AUTO rear engine **Heck·schei·be** f AUTO rear window

Heer <-[e]s, -e> [heːɐ̯] nt ❶ (Armee) armed forces npl ❷ (große Anzahl) army; **ein ~ von Touristen** an army of tourists

Heer·schar f meist pl ❶ (veraltet: Truppe) troop[s]; (fam) horde ❷ REL **die himmlischen ~en** the heavenly host

He·fe <-, -n> ['heːfə] f yeast

He·fe·teig m yeast dough

Heft <-[e]s, -e> [hɛft] nt ❶ (Schreib~) exercise book ❷ (Zeitschrift) magazine; (Ausgabe) issue ❸ (geheftetes Büchlein) booklet

hef·ten ['hɛftn̩] **I.** vt ❶ (befestigen) to pin (an to) ❷ (nähen) to tack [up] ❸ (klammern) to staple **II.** vr ■ **sich an jdn ~** to stay on sb's tail

Hef·ter <-s, -> m ❶ (Mappe) [loose-leaf] file ❷ (Heftmaschine) stapler

hef·tig ['hɛftɪç] **I.** adj ❶ (stark, gewaltig) violent; *Kopfschmerzen* splitting; *Schneefälle* heavy ❷ (intensiv) intense ❸ (scharf) vehement; ■ **~ werden** to fly into a rage **II.** adv violently; **es schneite ~** it snowed heavily; **die Vorwürfe wurden ~ dementiert** the accusations were vehemently denied

Hef·tig·keit <-> f kein pl ❶ (Stärke) violence no pl ❷ (Intensität) intensity; *Diskussion a.* ferocity; *Widerstand* severity ❸ (Schärfe) vehemence

Heft·klam·mer f staple **Heft·pflas·ter** nt [sticking] plaster **Heft·zwe·cke** f drawing pin

He·ge·mo·ni·al·macht [hegemoˈnjaːlmaxt] f hegemonic power

He·ge·mo·nie <-, -n> [hegemoˈniː, pl -ˈniːən] f hegemony no pl

he·gen ['heːgn̩] vt ❶ JAGD (sorgsam schützen) *Wild* ~ to preserve wildlife ❷ HORT (pflegen) to tend ❸ (sorgsam bewahren) to look after; **jdn ~ und pflegen** to lavish care and attention on sb ❹ (geh: empfinden, haben) *Zweifel/Bedenken* [an etw dat] ~ to have doubts/misgivings [about sth]

Hehl [heːl] nt o m ▶ **kein[en] ~ aus etw dat machen** to make no secret of sth

Hehl·er(in) <-s, -> m(f) receiver [of stolen goods]

Heh·le·rei <-, -en> [heːləˈraɪ] f receiving no pl stolen goods

Heh·le·rin <-, -nen> f fem form von **Hehler**

Hei·de <-, -n> ['haɪdə] f ❶ (~land) heath, moor ❷ (~kraut) heather

Hei·de, **Hei·din** <-n, -nen> ['haɪdə, 'haɪdɪn] m, f heathen, pagan

Hei·de·kraut nt heather

Hei·del·bee·re ['haɪdl̩beːrə] f bilberry

Hei·den·angst f mortal fear no pl; ■ **eine ~ vor etw dat haben** to be scared stiff of sth **Hei·den·geld** nt kein pl (fam) **ein ~** hell of a lot of money **Hei·den·lärm** m awful racket **Hei·den·spaß** m (fam) terrific fun no pl; **einen ~ haben** to have terrific fun **Hei·den·tum** nt kein pl **das ~** paganism no pl; (die Heiden) pagans pl

Hei·din <-, -nen> f fem form von **Heide**

heid·nisch ['haɪdnɪʃ] **I.** adj pagan **II.** adv in a pagan manner

hei·kel ['haɪkl̩] adj ❶ (schwierig, gefährlich) delicate; *Frage, Situation a.* tricky ❷ DIAL ■ **in etw dat ~ sein** to be particular about sth

heil [haɪl] adj, adv ❶ (unverletzt) uninjured ❷ (unbeschädigt) intact; *Tasse* unbroken

Heil [haɪl] **I.** nt <-s> kein pl well-being; **sein ~ in etw dat suchen** to seek one's salvation in sth **II.** interj ~ **dem Kaiser!** hail to the emperor!

Hei·land <-[e]s, -e> ['haɪlant] m Saviour

Heil·an·stalt f (veraltet: Irrenanstalt) mental hospital **Heil·bad** nt health spa

heil·bar adj curable

Heil·butt <-s, -e> ['haɪlbʊt] m halibut

hei·len ['haɪlən] **I.** vi (gesund werden) to heal [up] **II.** vt ❶ (gesund machen) to cure (von of) ❷ (kurieren) intact; ■ **von jdm/etw geheilt sein** to have got over sth

Heil·fas·ten nt kein pl therapeutic fasting no pl **heil·froh** ['haɪlˈfroː] adj präd (fam) really

heilig – heiraten

glad
hei·lig ['haɪlɪç] *adj* ❶ *(geweiht)* holy; **die ~e Kommunion** Holy Communion; ▪ **jdm ist etw ~** sth is sacred to sb ❷ *(bei Namen von Heiligen)* **der ~e Matthäus/die ~e Katharina** Saint Matthew/Saint Catherine; **die H~e Jungfrau** the Blessed Virgin
Hei·lig·abend [haɪlɪç'ʔa:bnt] *m* Christmas Eve
Hei·li·ge(r) ['haɪlɪgə, -gə] *f(m) dekl wie adj* saint
hei·li·gen ['haɪlɪgn] *vt* ❶ *(weihen)* to hallow; ▪ **geheiligt** hallowed ❷ *(heilighalten)* to keep holy
Hei·li·gen·schein *m* halo
hei·lig·spre·chen *vt irreg* ▪ **jdn ~** to canonize sb
Hei·lig·tum <-[e]s, -tümer> ['haɪlɪçtu:m, *pl* -ty:mɐ] *nt* shrine; **jds ~ sein** *(fam)* to be sb's sanctuary
Heil·kraft *f* healing power **Heil·kraut** *nt meist pl* medicinal herb **Heil·kun·de** *f kein pl* medicine *no pl*
heil·los ['haɪlloːs] **I.** *adj* terrible **II.** *adv* hopelessly
Heil·mit·tel *nt* remedy (**gegen** for); *(Präparat)* medicine **Heil·pflan·ze** *f* medicinal plant **Heil·prak·ti·ker(in)** *m(f)* non-medical practitioner **Heil·quel·le** *f* medicinal spring
heil·sam ['haɪlza:m] *adj* salutary
Heils·brin·ger(in) ['haɪlsbrɪŋɐ] *m(f)* REL healer
Hei·lung <-, -en> ['haɪlʊŋ] *f* ❶ *(das Kurieren)* curing *no pl* ❷ *(Genesung)* recovery *no pl* ❸ *(das Abheilen)* healing *no pl*
heim [haɪm] *adv* DIAL home; **~ geht's!** let's head home!
Heim <-[e]s, -e> [haɪm] *nt* ❶ *(Zuhause)* home ❷ *(Senioren~, Jugendanstalt)* home ❸ *(Stätte eines Clubs)* club[house] ❹ *(Erholungs~)* convalescent home
Hei·mat <-, -en> ['haɪma:t] *f* ❶ *(Gegend, Ort)* native country, home town; *(~land)* home; **fern der ~** far from home ❷ BOT, ZOOL *(Herkunftsland)* natural habitat ❸ *(Zugehörigkeit)* home
Hei·mat·film *m* sentimental film in a regional setting **Hei·mat·land** *nt* native country
hei·mat·lich *adj* native; *Brauchtum, Lieder* local
hei·mat·los *adj* homeless; POL stateless
Hei·mat·lo·se(r) *f(m) dekl wie adj* stateless person; *(durch den Krieg)* displaced person
Hei·mat·ort *m* home town [*or* village] **Hei·mat·stadt** *f* home town
heim·brin·gen *vt irreg* DIAL to take home
Heim·chen <-s, -> ['haɪmçən] *nt* ZOOL cricket

Heim·com·pu·ter *f* home computer
heimlfah·ren *irreg* DIAL **I.** *vi sein* to drive home **II.** *vt haben* ▪ **jdn ~** to drive sb home
Heim·fahrt *f* journey home **heimlge·hen** *vi irreg sein* DIAL to go home
hei·misch ['haɪmɪʃ] *adj* ❶ *(ein~)* indigenous, native; **sich ~ fühlen** to feel at home ❷ *(bewandert)* ▪ **in etw** *dat* **~ sein** to be at home with sth
Heim·kehr <-> *f kein pl* return home *no pl*, homecoming *no pl*
heimlkeh·ren ['haɪmke:rən] *vi sein* (*geh*) to return home (**aus/von** from)
Heim·kind *nt* child raised in a home
heimlkom·men *vi irreg sein* DIAL to come home
heim·lich ['haɪmlɪç] **I.** *adj* ❶ *(geheim)* secret; [**mit etw** *dat*] **~ tun** *(pej)* to be secretive [about sth] ❷ *(verstohlen)* furtive ❸ *(inoffiziell)* unofficial **II.** *adv* ❶ *(unbemerkt)* secretly ❷ *(verstohlen)* furtively; **~, still und leise** *(fam)* on the quiet
Heim·lich·keit <-, -en> *f* ❶ *kein pl (heimliche Art)* secrecy *no pl* ❷ *(Geheimnis)* secret; **~en vor jdm haben** to keep something from sb
Heim·lich·tu·e·rei <-, -en> [haɪmlɪçtu:ə'raɪ] *f (pej)* secrecy *no pl*, secretiveness *no pl*
heimlmüs·sen *vi irreg* DIAL to have to go home **Heim·rei·se** *f* journey home
heimlschi·cken *vt* DIAL to send home
Heim·spiel *nt* SPORT home game **heimlsu·chen** ['haɪmzu:xn] *vt* ❶ *(überfallen)* to strike; **von Armut/Dürre heimgesucht** poverty-/drought-stricken ❷ *(pej fam: besuchen)* to descend on ❸ *(bedrängen)* to haunt
Heim·trai·ner [tre:nɐ] *m* home exercise kit
heimltrau·en *vr* DIAL ▪ **sich ~** to dare to go home
heim·tü·ckisch ['haɪmtʏkɪʃ] **I.** *adj* ❶ *(tückisch) Aktion* malicious; *Person* insidious ❷ *(gefährlich)* insidious **II.** *adv* maliciously
heim·wärts ['haɪmvɛrts] *adv (geh)* homeward[s]
Heim·weg *m* way home; **sich auf den ~ machen** to set out for home **Heim·weh** <-[e]s> *nt kein pl* homesickness; *no art, no pl*; **~ haben** to be homesick (**nach** for)
Heim·wer·ker(in) *m(f)* DIY enthusiast BRIT, handyman *esp* AM **heimlwol·len** *vi* DIAL to want to go home **heimlzah·len** *vt* ▪ **jdm etw ~** to pay sb back for sth; **das werd ich dir noch ~!** I'm going to get you for that!
Hei·rat <-, -en> ['haɪra:t] *f* marriage
hei·ra·ten ['haɪra:tn] **I.** *vt* to marry **II.** *vi* to get married; **wir wollen nächsten Monat ~** we want to get married next month; **sie hat**

reich geheiratet she married into money
Hei·rats·an·trag *m* [marriage] proposal; **jdm einen ~ machen** to propose to sb **Hei·rats·an·zei·ge** *f* ❶ (*Briefkarte*) announcement of a forthcoming marriage ❷ (*Annonce für Partnersuche*) lonely-hearts advertisement **Hei·rats·schwind·ler(in)** *m(f)* person who proposes marriage for fraudulent reasons **Hei·rats·ur·kun·de** *f* marriage certificate [*or* AM license] **Hei·rats·ver·mitt·lung** *f* marriage bureau
hei·ser ['haɪzɐ] **I.** *adj* ❶ (*von rauer Stimme*) hoarse ❷ (*dunkel klingend*) husky **II.** *adv* hoarsely, in a hoarse voice
Hei·ser·keit <-, *selten* -en> *f* hoarseness *no pl*
heiß [haɪs] **I.** *adj* ❶ (*sehr warm*) hot; **etw ~ machen** to heat up sth *sep;* **jdm ist/wird es ~** sb is/gets hot; **~!** (*fam: beim Erraten*) you're getting warm ❷ *Debatte* heated; *Kampf* fierce ❸ *Liebe* burning; *Wunsch* fervent ❹ (*fam: aufreizend*) hot; *Kleid* sexy ❺ (*fam: gestohlen*) hot ❻ *Thema* explosive ❼ (*fam: konfliktreich*) hot ❽ *attr* (*fam: aussichtsreich*) **die Polizei ist auf einer ~en Fährte** the police are on a hot trail ❾ (*sl: großartig*) fantastic; (*rasant*) fast ❿ (*fam: brünstig*) on [*or* AM in] heat ⓫ (*fam: neugierig*) **auf etw** *akk* **~ sein** to be dying to know about sth ▶ **was ich nicht weiß, macht mich nicht ~** (*prov*) what the eye does not see, the heart does not grieve over *prov* **II.** *adv* ❶ (*sehr warm*) hot; **~ laufen** (*fam: Maschinenteil*) to overheat; (*Debatte, Gespräch*) to become heated ❷ (*innig*) ardently, fervently; **~ ersehnt** much longed for; **~ geliebt** dearly beloved ❸ (*erbittert*) fiercely; **~ umkämpft** fiercely contested; **~ umstritten** hotly disputed ▶ **es geht ~ her** (*fam*) things are getting heated; **es wird nichts so ~ gegessen, wie es gekocht wird** (*prov*) things are not as bad as they first seem
heiß·blü·tig ['haɪsblyːtɪç] *adj* ❶ (*impulsiv*) hot-tempered ❷ (*leidenschaftlich*) passionate
hei·ßen <hieß, geheißen> ['haɪsn̩] **I.** *vi* ❶ (*den Namen haben*) to be called; **wie ~ Sie?** what's your name?; **ich heiße Schmitz** my name is Schmitz; **wie soll das Baby denn ~?** what shall we call the baby?; **so heißt der Ort, in dem ich geboren wurde** that's the name of the place where I was born; ■ **nach jdm ~** to be named after sb ❷ (*bedeuten*) to mean; **„ja" heißt auf Japanisch „hai"** "hai" is Japanese for "yes"; **was heißt eigentlich „Liebe" auf Russisch?** tell me, what's the Russian for "love"?; **heißt das, Sie wollen mehr Geld?** does that mean you want more money?; **was soll das** [denn] **~?** what's that supposed to mean?; **das heißt, ...** that is to say ...; (*vorausgesetzt*) that is, ...; (*sich verbessernd*) or should I say, ...; **ich weiß, was es heißt, allein zu sein** I know what it means to be alone ❸ (*lauten*) **du irrst dich, das Sprichwort heißt anders** you're wrong, the proverb goes something else **II.** *vi impers* ❶ (*zu lesen sein*) ■ **irgendwo heißt es ...** it says somewhere ...; **Auge um Auge, wie es im Alten Testament heißt** an eye for an eye, as it says in the Old Testament; **hier hast du 100 Euro, es soll nicht ~, dass ich geizig bin** here's 100 euros for you, never let it be said that I'm tight-fisted ❷ (*als Gerücht kursieren*) ■ **es heißt, dass ...** there is a rumour that ... ❸ (*geh: nötig sein*) **nun heißt es handeln** now is the time for action **III.** *vt* (*geh*) ❶ (*nennen*) **jdn irgendwie ~** to call sb sth ❷ (*auffordern*) ■ **jdn etw tun ~** to tell sb to do sth
Heiß·hun·ger *m* ravenous hunger *no pl;* **mit ~** ravenously **Heiß·luft** *f kein pl* hot air *no pl* **heiß|ma·chen** *vt* ■ **jdn ~** to get sb really interested **Heiß·sporn** *m* hothead **Heiß·was·ser·spei·cher** *m* hot water tank
hei·ter ['haɪtɐ] *adj* ❶ (*fröhlich*) cheerful ❷ (*fröhlich stimmend*) amusing ❸ METEO bright ▶ **das kann ja ~ werden!** (*iron*) that'll be a hoot!
Hei·ter·keit <-> *f kein pl* ❶ (*heitere Stimmung*) cheerfulness *no pl* ❷ (*Belustigung*) amusement *no pl*
Heiz·an·la·ge *f* heating system, heater *esp* AM **Heiz·de·cke** *f* electric blanket
hei·zen ['haɪtsn̩] **I.** *vi* ❶ (*die Heizung betreiben*) **„womit heizt ihr zu Hause?"** — **"wir ~ mit Gas"** "how is your house heated?" — "it's gas-heated" ❷ (*Wärme abgeben*) to give off heat **II.** *vt* ❶ (*be~*) to heat ❷ (*an~*) to stoke
Heiz·kes·sel *m* boiler **Heiz·kis·sen** *nt* heating pad **Heiz·kör·per** *m* radiator **Heiz·kos·ten** *pl* heating costs *pl* **Heiz·lüf·ter** *m* fan heater **Heiz·ma·te·ri·al** *nt* fuel [for heating] **Heiz·öl** *nt* fuel oil **Heiz·strah·ler** *m* radiant heater
Hei·zung <-, -en> *f* ❶ (*Zentral~*) heating *no pl* ❷ (*Heizkörper*) radiator
Hei·zungs·kel·ler *m* boiler room **Hei·zungs·rohr** *nt* heating pipe
Hekt·ar <-s, -e> *o bei Maßangaben ->* [hɛktˈaːɐ̯] *nt o m* hectare
Hek·ta·re <-, -n> ['hɛktaːrə] *f* SCHWEIZ hectare
Hek·tik <-> ['hɛktɪk] *f kein pl* hectic pace *no pl;* **nur keine ~!** take it easy!

hek·tisch ['hɛktɪʃ] **I.** *adj* hectic **II.** *adv* frantically

Hek·to·li·ter [hɛkto'liːtɐ] *m o nt* hectolitre

Held(in) <-en, -en> [hɛlt] *m/f* hero *masc*, heroine *fem;* **den ~en spielen** (*fam*) to play the hero; **der ~/die ~in des Tages sein** to be the hero/heroine of the hour

hel·den·haft *adj* heroic

Hel·den·mut *m* heroic courage *no pl* **Hel·den·sa·ge** *f* heroic saga **Hel·den·tat** *f* heroic deed **Hel·den·tod** *m* (*euph geh*) death in battle; **den ~ sterben** to die in battle

Hel·den·tum <-s> *nt kein pl* heroism *no indef art, no pl*

Hel·din <-, -nen> *f fem form von* **Held** heroine

hel·fen <half, geholfen> ['hɛlfn̩] *vi* ❶ (*unterstützen*) to help (**bei** with); **warte mal, ich helfe dir** wait, I'll help you; **darf ich Ihnen in den Mantel ~?** may I help you into your coat?; **ihr ist nicht [mehr] zu ~** she is beyond help; (*ein hoffnungsloser Fall*) sb is a hopeless case ❷ (*dienen, nützen*) ■**jdm ist mit etw** *dat* **geholfen/nicht geholfen** sth is of help/no help to sb; **da hilft alles nichts, ...** there's nothing for it, ...; **Knoblauch soll gegen Arteriosklerose ~** garlic is supposed to be good for arteriosclerosis ▶ **ich kann mir nicht ~, |aber| ...** I'm sorry, but ...; **man muss sich** *dat* **nur zu ~ wissen** you just have to be resourceful

Hel·fer(in) <-s, -> ['hɛlfɐ] *m(f)* ❶ (*unterstützende Person*) helper; (*Komplize*) accomplice ❷ (*fam: nützliches Gerät*) aid

Hel·fers·hel·fer(in) *m(f)* accomplice

Hel·fer·syn·drom *nt* helpers' syndrome *no pl*

Hel·go·land ['hɛlgolant] *nt* Heligoland *no pl*

He·li·kop·ter <-s, -> [heli'kɔptɐ] *m* helicopter

He·li·um <-s> ['heːli̯ʊm] *nt kein pl* helium *no pl*

hell [hɛl] **I.** *adj* ❶ (*nicht dunkel*) light; **~ bleiben** to stay light; **es wird ~** it's getting light ❷ (*kräftig leuchtend*) bright ❸ (*gering gefärbt*) light-coloured; *Haar, Haut* fair ❹ *Stimme, Ton* clear ❺ (*fam: aufgeweckt*) bright; **du bist ein ~es Köpfchen** you've got brains ❻ *attr* (*rein, pur*) *Freude* sheer, pure **II.** *adv* ❶ (*licht*) brightly ❷ (*hoch*) high and clear

hell·auf ['hɛl'?aʊ̯f] *adv* extremely

hell·blau *adj* light-blue **hell·blond** *adj, adv* blonde

Hel·le <-> ['hɛlə] *f kein pl* (*geh*) *s.* **Helligkeit**

Hel·le(s) ['hɛlə(s)] *nt dekl wie adj* ≈ lager; **ein kleines ~s** half a lager

hell·häu·tig *adj* fair-skinned **hell·hö·rig** ['hɛlhøːrɪç] *adj* badly soundproofed ▶ **~ werden** to prick up one's ears

hell·licht^ALT *adj attr s.* **helllicht**

Hel·lig·keit <-, -en> *f* ❶ *kein pl* (*Lichtfülle*) lightness *no pl;* (*helles Licht*) [bright] light ❷ (*Lichtstärke*) brightness *no pl* ❸ ASTRON (*Leuchtkraft*) luminosity *no pl*

hell·licht^RR ['hɛllɪçt] *adj* **am ~en Tag** in broad daylight

hell·se·hen *vi nur infin* **~ können** to be clairvoyant, to have second sight **Hell·se·her(in)** ['hɛlzeːɐ] *m(f)* clairvoyant **hell·wach** ['hɛl'vax] *adj* wide-awake

Helm <-[e]s, -e> ['hɛlm] *m* helmet

Helm·pflicht *f* compulsory wearing of a helmet *no pl*

Hel·ve·ti·en <-s> [hɛl've:tsi̯ən] *nt* GEOG Helvetia

Hemd <-[e]s, -en> [hɛmt, *pl* 'hɛmdən] *nt* shirt; (*Unter~*) vest ▶ **mach dir nicht [gleich] ins ~!** don't make such a fuss!

hemds·är·me·lig ['hɛmts?ɛrməlɪç] *adj* (*fam*) casual

He·mi·sphä·re <-, -n> [hemi'sfɛːrə] *f* hemisphere

hem·men [hɛmən] *vt* ❶ (*ein Hemmnis sein*) to hinder ❷ (*bremsen*) to stop ❸ PSYCH to inhibit

Hemm·nis <-ses, -se> ['hɛmnɪs] *nt* obstacle

Hemm·schwel·le *f* inhibition level; **seine ~ überschreiten** to overcome one's inhibitions

Hem·mung <-, -en> *f* ❶ *kein pl* (*das Hemmen*) obstruction ❷ *pl* PSYCH inhibitions ❸ (*Bedenken, Skrupel*) **-en haben** to have scruples; **nur keine ~en!** don't hold back!

hem·mungs·los I. *adj* ❶ (*zügellos*) unrestrained, uncontrolled ❷ (*skrupellos*) unscrupulous **II.** *adv* ❶ (*zügellos*) unrestrainedly, without restraint ❷ (*skrupellos*) unscrupulously

Hengst <-[e]s, -e> [hɛŋst] *m* stallion; (*Esel, Kamel*) male

Hen·kel <-s, -> ['hɛŋkl̩] *m* handle

Hen·ker <-s, -> *m* executioner ▶ **was zum ~ ...** (*fam*) what the devil ...

Hen·kers·mahl *nt,* **Hen·kers·mahl·zeit** *f* ❶ (*vor der Hinrichtung*) last meal [before one's/sb's execution] ❷ (*hum fam: vor einem großen Ereignis*) final square meal

Hen·ne <-, -n> ['hɛnə] *f* hen

He·pa·ti·tis <-, Hepatitiden> [hepa'tiːtɪs, *pl* hepati'tiːdn̩] *f* hepatitis *no pl*

her [heːɐ̯] *adv* ❶ (*raus*) here, to me; **~ damit!** (*fam*) give it here!; **immer ~ damit!** (*fam*) keep it/them coming! ❷ (*herum*) ■**um jdn ~** all around sb ❸ (*von einem Punkt aus*) ■**von etw** *dat* **~** *räumlich* from sth; **von weit ~** from a long way away; **wo kommst**

du so plötzlich ~? where have you come from so suddenly?; ■ **irgendwo ~ sein** to come from somewhere; ■ **von ... ~ zeitlich** from; **ich kenne ihn von meiner Studienzeit ~** I know him from my time at university; **lang ~ sein, dass ...** to be long ago since ...; **nicht [so] lange ~ sein, dass ...** to be not such a long time [ago] since ...; ■ **von etw dat ~ kausal** as far as sth is concerned; **von der Technik ~ ist dieser Wagen Spitzenklasse** as far as the technology is concerned this car is top class ④ (*verfolgen*) ■ **hinter etw dat ~ sein** to be after sth

he·rab [hɛˈrap] *adv* (*geh*) down
he·rab|bli·cken *vi* (*geh*) *s.* herabsehen
he·rab|fal·len *vi irreg* (*geh*) to fall down (**von** from)
he·rab|las·sen *irreg* **I.** *vt* (*geh: herunterlassen*) to let down [*or* lower] **II.** *vr* ■ **sich [zu etw dat] ~** to lower oneself [to sth]; ■ **sich [dazu] ~, etw zu tun** to condescend to do sth **he·rab·las·send I.** *adj* condescending, patronizing **II.** *adv* condescendingly, patronizingly **he·rab|se·hen** *vi irreg* to look down (**auf** on) **he·rab|set·zen** *vt* ① (*reduzieren*) to reduce ② (*herabmindern*) to belittle **he·rab|wür·di·gen** *vt* to belittle

he·ran [hɛˈran] *adv* verstärkend close up, near; **wir müssen ganz dicht an die Mauer ~** we must go right up to the wall
he·ran|brin·gen *vt irreg* ① (*räumlich*) to bring [up] to ② (*vertraut machen*) to introduce to **he·ran|fah·ren** *vi irreg sein* to drive up (**an** to) **he·ran|füh·ren I.** *vt* ① (*hinbringen*) ■ **jdn [an etw akk] ~** to bring sb [up to sth] ② (*einweihen in*) ■ **jdn ~** to introduce sb (**an** to) **II.** *vi* ■ **an etw akk ~** to lead to sth **he·ran|ge·hen** *vi irreg sein* ① (*zu etw hingehen*) to go up to ② (*in Angriff nehmen*) to tackle; **wir müssen anders an die Sache ~** we'll have to tackle the matter differently **He·ran·ge·hens·wei·se** *f* approach
he·ran|kom·men *vi irreg sein* ① (*herbeikommen*) to approach; (*bis an etw kommen*) to get to ② (*herangelangen können*) to reach ③ (*sich beschaffen können*) to get hold of ④ (*in persönlichen Kontakt kommen*) ■ **an jdn ~** to get hold of sb ⑤ (*gleichwertig sein*) to be up to the standard of ▶ **nichts an sich ~ lassen** (*fam*) not to let anything get to one **he·ran|ma·chen** *vr* (*fam*) ■ **sich an jdn ~** to approach sb **he·ran|rei·chen** *vi* ① (*gleichkommen*) to measure up to [the standard of] ② (*bis an etw reichen*) to reach [as far as] **he·ran|tas·ten** *vr* ■ **sich an jdn/etw ~** ① (*sich tastend nähern*) to feel one's way towards sb/sth ② (*sich vorsichtig heranarbeiten*) to approach sb/sth cautiously **he·ran|wach·sen** *vi irreg sein* (*geh*) to grow up (**zu** into) **He·ran·wach·sen·de** *pl* adolescents *pl* **he·ran|wa·gen** *vr* ■ **sich an etw akk ~** ① (*heranzukommen wagen*) to dare to go near sth ② (*sich zu beschäftigen wagen*) to dare to attempt sth **he·ran|zie·hen** *irreg* **I.** *vt* ① (*näher holen*) to pull (**an** to) ② (*einsetzen*) ■ **jdn [zu etw dat] ~** to use sb [for sth]; **sie wurde in der Firma zu allen möglichen niedrigen Jobs herangezogen** the company made her do all kinds of menial jobs ③ (*anführen*) to consult (**für/zu** for) ④ (*aufziehen*) **ein Tier [zu etw dat] ~** to rear an animal [to be sth]; **den Baum habe ich mir aus einem kleinen Sämling herangezogen** I grew the tree from a seedling **II.** *vi sein* MIL (*näher ziehen*) to advance

he·rauf [hɛˈrauf] **I.** *adv* ■ **von ... ~:** **was, von da unten soll ich den Sack bis oben ~ schleppen?** what, I'm supposed to drag this sack from down here all the way up there? **II.** *präp* + *akk* up; **sie ging die Treppe ~** she went up the stairs

he·rauf|be·schwö·ren* *vt irreg* ① (*wachrufen*) to evoke ② (*herbeiführen*) to cause **he·rauf|kom·men** *vi irreg sein* ① (*von unten kommen*) to come up (**zu** to) ② (*geh: aufziehen*) to approach; **Nebel** to form **he·rauf|zie·hen** *irreg* **I.** *vt haben* to pull up *sep* **II.** *vi sein* (*aufziehen*) to approach, to gather

he·raus [hɛˈraus] *adv* ① (*nach draußen*) out; ■ **aus etw dat ~** out of sth; **~ damit!** (*fam: mit einer Antwort*) out with it!; (*mit Geld*) give it here! ② (*entfernt sein*) ■ **~ sein** to have been taken out ③ MEDIA (*veröffentlicht sein*) ■ **~ sein** to be out ④ (*entschieden sein*) ■ **~ sein** to have been decided ⑤ (*hinter sich haben*) ■ **aus etw dat ~ sein** to leave behind sth *sep*; **aus dem Alter bin ich schon ~** that's all behind me ⑥ (*gesagt worden sein*) ■ **~ sein** to have been said; **die Wahrheit ist ~** the truth has come out

he·raus|be·kom·men* *vt irreg* ① (*entfernen*) to get out (**aus** of) ② (*herausfinden*) to find out *sep* ③ (*ausgezahlt bekommen*) to get back **he·raus|bil·den** *vr* ■ **sich [aus etw dat] ~** to develop [out of sth] **he·raus|brin·gen** *vt irreg* ① (*nach draußen bringen*) to bring sth out ② (*auf den Markt bringen*) to launch ③ (*der Öffentlichkeit vorstellen*) to publish ④ (*hervorbringen*) to utter; **sie brachte keinen Ton heraus** she didn't utter a sound ⑤ (*fam: ermitteln*) to find out *sep* **he·raus|fin·den** *irreg* **I.** *vt* ① (*dahinter kommen*) to find out, to discover ② (*herauslesen*) to find (**aus** from amongst) **II.** *vi* ① (*den Weg finden*) to find one's way out (**aus** of)

He·raus·for·de·rer, -for·d(r)e·rin <-s, ->

m, f challenger

he·raus|for·dern I. *vt* ① (*auffordern*) to challenge (**zu** to) ② (*provozieren*) to provoke ③ (*heraufbeschwören*) to invite; Gefahr ~ to court; **das Schicksal ~** to tempt fate II. *vi* ■ **zu etw** *dat* ~ to invite sth

he·raus·for·dernd I. *adj* provocative, challenging, inviting II. *adv* provocatively

He·raus·for·de·rung *f* ① (*Aufforderung*) challenge ② (*Provokation*) provocation ③ (*Bewährungsprobe*) **sich einer ~ stellen** to take up a challenge; **die ~ annehmen** to accept the challenge

He·raus·ga·be <-, -n> *f* ① MEDIA (*Veröffentlichung*) publication ② (*Rückgabe*) return ③ ADMIN issue

he·raus|ge·ben *irreg* I. *vt* ① (*veröffentlichen*) to publish ② (*zurückgeben*) to return; **Sie haben mir nur 12 statt 22 Euro herausgegeben!** you've only given me [back] 12 euros instead of 22 ③ (*herausreichen*) to pass II. *vi* to give change; **können Sie mir auf 100 Euro ~?** can you give me change out of 100 euros?

He·raus·ge·ber(in) <-s, -> *m(f)* MEDIA (*Verleger*) publisher; (*editierender Lektor*) editor

he·raus|ge·hen *vi irreg sein* ① (*herauskommen*) to go out (**aus/von** of) ② (*entfernt werden können*) to come out (**aus** of) ③ (*lebhaft werden*) ■ **sich ~** to come out of one's shell

he·raus|grei·fen *vt irreg* to pick out *sep* (**aus** from)

he·raus|ha·ben *vt irreg* (*fam*) ① (*entfernt haben*) to have [**aus etw** *dat*] ~ to have got sth out [of sth] ② (*begriffen haben*) to get the knack of ③ (*herausgefunden haben*) to have solved; Geheimnis, Name, Ursache to have found out ■ **he·raus|hal·ten** *irreg* I. *vt* ① (*nach draußen halten*) to hold out (**aus** of) ② (*nicht verwickeln*) to keep out (**aus** of) II. *vr* ■ **sich aus etw** *dat* ~ to keep out [of sth]

he·raus|hän·gen I. *vi* to hang out (**aus** of) II. *vt* ① (*nach außen hängen*) to hang out ② (*herauskehren, zeigen*) to show off

he·raus|he·ben *vr irreg* ■ **sich aus etw** *dat* ~ Masse, Hintergrund to stand out from sth

he·raus|ho·len *vt* to get out (**aus** of); **eine Information aus jdm ~** to extract a piece of information from sb; **ein gutes Ergebnis ~** to achieve a good result

he·raus|hö·ren *vt* ■ **etw** [**aus etw** *dat*] ~ ① (*durch Hinhören wahrnehmen*) to hear sth [in sth] ② (*abwägend erkennen*) to detect sth [in sth]

he·raus|kom·men [hɛʀaʊskɔmən] *vi irreg sein* ① (*nach draußen kommen*) to come out (**aus** of) ② (*etw ablegen können*) ■ **aus etw** *dat* **kaum/nicht ~** to hardly/not have sth off ② (*etw verlassen können*) ■ **aus etw** *dat* ~ to get out of sth ④ (*aufhören können*) ■ **aus etw** *dat* **kaum/nicht ~** to hardly/not be able to stop doing sth ⑤ (*fam: überwinden können*) **aus den Schulden ~** to get out of debt; **aus Schwierigkeiten/Sorgen ~** to get over one's difficulties/worries ⑥ (*auf den Markt kommen*) to be launched; (*erscheinen*) to come out ⑦ (*bekannt gegeben werden*) to be published; Gesetz, Verordnung to be enacted ⑧ (*bekannt werden*) ■ **es kam heraus, dass ...** it came out that ... ⑨ (*zur Sprache bringen*) ■ **mit etw** *dat* ~ to come out with sth ⑩ (*als Resultat haben*) ■ **bei etw** *dat* ~ to come of sth; **und was soll dabei ~?** and what good will that do?; **auf dasselbe ~** to amount to the same thing ⑪ KARTEN (*die erste Karte ausspielen*) to lead ⑫ (*fam: aus der Übung kommen*) to get out of practice, to get rusty ⑬ (*zur Geltung kommen*) **bei Tageslicht kommt das Muster viel besser heraus** you can see the pattern much better in the daylight ▶ **groß ~** (*fam*) to be a great success

he·raus|le·sen *vt irreg* ① (*durch Lesen deuten*) to read (**aus** into) ② (*aussondern*) to pick out (**aus** from)

he·raus|neh·men *irreg* I. *vt* ① (*entnehmen*) to take out (**aus** of) ② (*aus einer Umgebung entfernen*) to take away (**aus** from), to remove II. *vr* ① (*pej: frech für sich reklamieren*) ■ **sich** *dat* **etw ~** to take liberties; **sich** *dat* **zuviel ~** to go too far ② (*sich erlauben*) ■ **sich** *dat* ~, **etw zu tun** to have the nerve to do sth

he·raus|plat·zen *vi sein* (*fam*) ① (*lachen*) to burst out laughing ② (*spontan sagen*) ■ **mit etw** *dat* ~ to blurt out sth *sep*

he·raus|put·zen *vt* ■ **jdn** ~ to smarten up sb *sep*; **etw ~** to deck out sth *sep*; ■ **sich ~** to dress oneself up

he·raus|ra·gen *vi s.* hervorragen

he·raus|re·den *vr* ■ **sich** [**mit etw** *dat*] ~ to talk one's way out of it [by using sth as an excuse]

he·raus|rei·ßen *vt irreg* ① (*aus etw reißen*) to tear out (**aus** of); Seite a. to rip out; Baum, Wurzel to pull out ② (*ablenken*) ■ **jdn aus etw** *dat* ~ to tear sb away from sth; **jdn aus seiner Arbeit ~** to interrupt sb in their work; **jdn aus seiner Meditation/seinen Träumen ~** to startle sb out of their meditation/dreaming ③ (*fam: wettmachen*) to save *sep*

he·raus|rei·chen *vt haben* (*fam*) to hand over *sep* II. *vi sein* (*fam*) ■ **mit etw** *dat* ~ to come out with sth

he·raus|rut·schen *vi sein* ① (*aus etw rutschen*) **jdm rutscht etw heraus** sth slips out, sb lets sth slip out ② (*fam: ungewollt entschlüpfen*) ■ **jdm ~** to let slip out; **entschuldige, das ist mir nur so herausgerutscht!** sorry, it just slipped out!

he·raus|schau·en *vi* DIAL ① (*zu sehen sein*) to be showing ② (*nach* *draußen schauen*) to look out ❹ (*fam: als Gewinn zu erwarten sein*) **dabei schaut wenig/nichts heraus** there's not much/nothing in it **he·raus|schnei·den** *vt irreg* to cut out *sep* (**aus** of) **he·raus|schrei·en** *vt irreg* to vent

he·rau·ßen *adv* SÜDD, ÖSTERR (*hier draußen*) out here

he·raus|sprin·gen *vi irreg sein* ❶ (*aus etw springen*) to jump out (**aus** of) ❷ (*abbrechen*) to chip off ❸ ELEK (*den Kontakt unterbrechen*) to blow ❹ (*fam*) *s.* **herausschauen 3 he·raus|sprit·zen** *vi* to squirt out **he·raus|stel·len I.** *vt* ❶ (*nach draußen stellen*) to put outside ❷ (*hervorheben*) to emphasize **II.** *vr* **sich ~** to come to light; ■ **sich als etw** *akk* **~** to be shown to be sth; ■ **es stellte sich heraus, dass ...** it turned out that ... **he·raus|strei·chen** *vt irreg* ❶ (*aus etw tilgen*) to cross out *sep* ❷ (*betonen*) to stress **he·raus|su·chen** *vt* to pick out *sep* (**aus** from) **he·raus|tre·ten** *vi irreg sein* ❶ (*nach außen treten*) to step out (**aus** of) ❷ (*anschwellen*) to stand out **he·raus|wa·gen** *vr* **sich ~** to venture out **he·raus|wer·fen** *vt irreg* ❶ (*räumlich*) to throw out *sep* ❷ (*fam: kündigen*) to kick out *sep* **he·raus|win·den** *vr irreg* **sich** [**aus** *etw dat*] **~** to wriggle [*or* AM wiggle] out [of sth] **her·aus|zie·hen I.** *vt irreg haben* ❶ *Schublade* to pull out; *Stecker* to unplug ❷ *Truppen* to pull out (**aus** of) ❸ (*extrahieren*) to extract (**aus** from) **II.** *vi irreg sein* (*wegziehen*) to move away

herb [hɛrp] **I.** *adj* ❶ (*bitter-würzig*) sharp, astringent; *Duft, Parfüm* tangy; *Wein* dry ❷ (*schmerzlich*) bitter; *Erkenntnis* sobering ❸ (*etwas streng*) severe; *Schönheit* austere ❹ (*scharf*) harsh **II.** *adv* **~ schmecken** to taste sharp; ■ **duften/~** to smell tangy **her·bei** [hɛɐ̯ˈbaɪ̯] *adv* (*geh*) **~ zu mir!** come [over] here [*or old* hither]!

her·bei|ei·len *vi sein* to rush over **her·bei|füh·ren** [hɛɐ̯ˈbaɪ̯fyːrən] *vt* ❶ (*bewirken*) to bring about *sep* ❷ MED (*verursachen*) to cause, to lead to **her·bei|ru·fen** *vt irreg* (*geh*) ■ **jdn ~** to call sb [over]; ■ **etw ~** to call for sth **her·bei|sehn·en** *vt* (*geh*) to long for **her·bei|strö·men** *vi sein* to come flocking **her|be·kom·men*** *vt irreg* (*fam*) to get hold of

Her·ber·ge <-, -n> [ˈhɛrbɛrɡə] *f* ❶ (*Jugend~*) hostel ❷ *kein pl* (*veraltend: Unterkunft*) lodging ❸ (*veraltet: einfaches Gasthaus*) inn **her|be·stel·len*** *vt* to ask to come, to summon

her|brin·gen *vt irreg* to bring [here]

Herbst <-[e]s, -e> [hɛrpst] *m* autumn, fall AM

herbst·lich [ˈhɛrpstlɪç] *adj* autumn *attr*, autumnal

Herbst·meis·ter *m* FBALL *soccer team at the top of the league rankings at the end of the autumn season*

Herbst·zeit·lo·se <-n, -n> *f* BOT meadow saffron

Herd <-[e]s, -e> [heːɐ̯t, *pl* ˈheːɐ̯də] *m* ❶ (*Küchen~*) cooker, stove, range AM ❷ (*Krankheits~*) focus ❸ GEOL (*Zentrum*) focus, epicentre ▶ **eigener ~ ist Goldes wert** (*prov*) there's no place like home

Her·de <-, -n> [ˈheːɐ̯də] *f* herd; *Schafe* flock **Her·den·tier** *nt* ❶ (*Tier*) gregarious animal ❷ (*pej: unselbstständiger Mensch*) sheep

Herd·plat·te *f* hotplate, [electric] ring, burner **he·rein** [hɛˈraɪ̯n] *adv* in [here]; **nur ~!** come on in!; **~!** come in!

he·rein|be·kom·men* *vt irreg* to get in *sep* **he·rein|bit·ten** *vt irreg* to ask [to come] in[to one's office], to invite in[to one's office] **he·rein|bre·chen** [hɛˈraɪ̯nbrɛçn̩] *vi irreg sein* ❶ (*zusammenstürzen*) to collapse (**über** over) ❷ (*hart treffen*) *Katastrophe, Unglück* to befall; ■ **über jdn/etw ~** to befall sb/sth ❸ (*geh: anbrechen*) to fall; *Winter* to set in **he·rein|brin·gen** *vt irreg* ❶ (*nach drinnen bringen*) to bring in *sep* ❷ (*wettmachen*) *Verluste* to recoup **he·rein|dür·fen** *vi irreg* (*fam*) to be allowed [to come] in **he·rein|fal·len** *vi irreg sein* ❶ (*nach innen fallen*) ■ [**in etw** *akk*] **~** to fall in[to sth] ❷ (*fam: betrogen werden*) to be taken in (**auf** by) **he·rein|ho·len** *vt* to bring in *sep* **he·rein|kom·men** *vi irreg sein* to come in; **wie bist du hier hereingekommen?** how did you get in here? **he·rein|las·sen** *vt irreg* to let in **he·rein|le·gen** *vt* ❶ (*fam: betrügen*) to cheat, to take sb for a ride (**mit** with) ❷ (*nach drinnen legen*) to put in **he·rein|plat·zen** *vi sein* (*fam*) ■ **bei jdm ~** to burst in [on sb]; ■ **bei etw** *dat* **~** to burst into sth **he·rein|spa·zie·ren*** *vi sein* (*fam*) to walk in; ■ **hereinspaziert!** come right in!

her|fah·ren *irreg vi sein* ❶ (*gefahren kommen*) to drive here; **wir sind gestern erst hergefahren** we only just drove here yesterday ❷ (*fahrend verfolgen*) ■ **hinter jdm/etw ~** to drive behind sb/sth ❸ (*entlangfahren*) ■ **vor jdm/etw ~** to drive [along] in front of sb/sth

Her·fahrt *f* journey here; **auf der ~** on the way here

her|fal·len *vi irreg sein* ■ **über jdn/etw ~** ❶ (*überfallen*) to attack sb ❷ (*bestürmen*) to besiege sb ❸ (*sich hermachen*) to attack sb/sth ❹ (*sich stürzen*) to fall upon sth

her|fin·den *vi irreg* to find one's way here

Her·gang <-[e]s> *m kein pl* course of events

her|ge·ben *irreg* **I.** *vt* ❶ (*weggeben*) to give away *sep* ❷ (*aushändigen*) to hand over [to] *sep* ❸ (*fam: erbringen*) to say; **der Artikel gibt eine Fülle an Information her** the article contains a lot of information ❹ (*leihen*) **seinen guten Namen für etw** *akk* ~ to stake one's name on sth **II.** *vr* **sich für etw** *akk* ~ to have something to do with sth

her·ge·bracht *adj s.* **althergebracht**

her|ge·hen *irreg* **I.** *vi sein* ❶ (*entlanggehen*) to walk [along] ❷ (*sich erdreisten*) **~ und ...** to just go and ... ❸ SÜDD, ÖSTERR (*herkommen*) to come [here] **II.** *vi impers sein* (*fam: zugehen*) **bei der Diskussion ging es heiß her** it was a heated discussion; **bei ihren Feten geht es immer lustig her** her parties are always great fun

her|ha·ben *vt irreg* (*fam*) **etw irgendwo ~** to get sth [from] somewhere; **wo haben Sie das her?** where did you get that [from]?

her|hal·ten *irreg* **I.** *vt* to hold out **II.** *vi* **als etw ~ müssen** to be used as sth

her|ho·len *vt* (*fam*) to fetch

her|hö·ren *vi* (*fam*) to listen, to pay attention; **alle mal ~!** listen everybody!

He·ring <-s, -e> ['he:rɪŋ] *m* ❶ (*Fisch*) herring ❷ (*Zeltpflock*) [tent] peg

he·rin·nen [hɛ'rɪnən] *adv* SÜDD, ÖSTERR (*drinnen*) in there

her|kom·men *vi irreg sein* ❶ (*herbeikommen*) to come here; **kannst du mal ~?** can you come here a minute?; **von wo kommst du denn so spät noch her?** where have you come from at this late hour? ❷ (*herstammen*) to come from

her·kömm·lich *adj* traditional, conventional

Her·kunft <-, *selten* -künfte> ['he:ɐ̯kʊnft, *pl* 'he:ɐ̯kʏnftə] *f* ❶ (*Abstammung*) origins *pl*, descent ❷ (*Ursprung*) origin; **von ... ~ sein** to have a/an ... origin

Her·kunfts·land *nt* country of origin

her|lau·fen *vi irreg sein* ❶ (*entlanglaufen*) to run along ❷ (*gelaufen kommen*) to run over here (**zu** to) ❸ (*im Laufe begleiten*) **hinter/neben/vor jdm ~** to run [along] behind/beside/in front of sb

her|lei·ten I. *vt* **etw aus etw** *dat* ~ ❶ (*ableiten*) to derive sth from sth ❷ (*folgern*) to deduce sth from sth **II.** *vr* **sich von etw** *dat* ~ to derive from sth

her|ma·chen I. *vr* (*fam*) **sich über etw/jdn** *akk* ~ ❶ (*beschäftigen*) to get stuck into sth ❷ (*Besitz ergreifen*) to fall upon sth; **er machte sich über die Kekse her** he fell upon the cookies ❸ (*herfallen*) to attack sb **II.** *vt* (*fam*) to be impressive; **das macht doch nicht viel her!** that's not very impressive!

Her·me·lin <-s, -e> [hɛrmə'li:n] *nt* ZOOL (*braun*) stoat; (*weiß*) ermine

her·me·tisch [hɛr'me:tɪʃ] **I.** *adj* hermetic **II.** *adv* hermetically, airtight; **~ verschlossen** hermetically sealed

her|neh·men *vt irreg* ❶ (*beschaffen*) **etw irgendwo ~** to get sth somewhere ❷ DIAL (*fam: stark fordern*) to overwork

He·ro·in <-s> [hero'i:n] *nt kein pl* heroin

he·ro·isch [he'ro:ɪʃ] **I.** *adj* (*geh*) heroic **II.** *adv* (*geh*) heroically

Her·pes <-> ['hɛrpɛs] *m kein pl* herpes

Herr(in) <-n, -en> [hɛr] *m(f)* ❶ *nur m* (*männliche Anrede*) Mr; **die ~en Schmidt und Müller** Messrs Schmidt and Müller; **sehr geehrter ~ ...** Dear Mr ...; **sehr geehrte ~en!** Dear Sirs; **der ~ wünscht?** what can I do for you, sir? ❷ *nur m* (*Tanzpartner, Begleiter*) [gentleman] companion, partner ❸ *nur m* (*geh: Mann*) gentleman ❹ (*Herrscher*) ruler; **~/-in über jdn/etw sein** to be ruler of sb/sth; (*Gebieter*) master *masc*, mistress *fem*; **der ~ des Hauses** the master of the house; **~ der Lage sein** to be master of the situation; **sein eigener ~ sein** to be one's own boss ❺ REL (*Gott*) Lord ▶ **mein- und Gebieter** (*hum*) my lord and master; **aus aller ~en Länder[n]** from all over the world; **die ~en der Schöpfung** (*hum*) their lordships; **jds alter ~** (*hum fam*) sb's old man

Her·ren·aus·stat·ter <-s, -> *m* [gentle]men's outfitters **Her·ren·be·glei·tung** *f* (*geh*) **in ~** in the company of a gentleman **Her·ren·be·kannt·schaft** *f* gentleman acquaintance **Her·ren·be·klei·dung** *f* menswear **Her·ren·be·such** *m* ❶ (*Besucher*) gentleman visitor ❷ (*Besuch durch einen Herrn*) visit from a gentleman **Her·ren·(fahr·)rad** *nt* men's bicycle **Her·ren·fri·seur, -fri·seu·se** *m, f* barber, men's hairdresser **Her·ren·haus** *nt* manor house **her·ren·los** *adj* abandoned; *Hund, Katze* stray **Her·ren·mo·de** *f* men's fashion **Her·ren·toi·let·te** *f* men's toilet[s] [*or* AM restroom], gents BRIT

Herr·gott ['hɛrgɔt] *m* SÜDD, ÖSTERR (*fam*) **der/unser ~** God, the Lord [God]; **~!** (*fam*) for God's sake!

her|rich·ten *vt* ❶ (*vorbereiten*) to prepare, to arrange; **den Tisch ~** to set the table ❷ (*in Stand setzen, ausbessern*) to repair, to fix **II.** *vr* DIAL (*sich zurechtmachen*) **sich ~** to get [oneself] ready

Her·rin <-, -nen> *f fem form von* **Herr** mistress, lady

her·risch ['hɛrɪʃ] **I.** *adj* domineering, over-

bearing; *Ton* commanding, peremptory **II.** *adv* imperiously, peremptorily
herr·je(h) [hɛrˈjeː], **herr·je·mi·ne** [hɛrjeˈmiːnə] *interj* goodness gracious!
herr·lich I. *adj* ❶ (*prächtig*) marvellous; *Aussicht* magnificent; *Sonnenschein* glorious; *Urlaub* delightful; **das Wetter ist ~ heute!** we're having gorgeous weather today! ❷ (*köstlich*) delicious, exquisite ❸ (*iron*) wonderful **II.** *adv* ❶ (*prächtig*) **sich ~ amüsieren** to have a marvellous time, to have great fun ❷ (*köstlich*) **~ schmecken** to taste delicious
Herr·lich·keit <-, -en> *f* ❶ *kein pl* (*Schönheit, Pracht*) magnificence; **die ~ Gottes** REL the glory of God ❷ *meist pl* (*prächtiger Gegenstand*) treasure ❸ (*Köstlichkeit*) delicacy
Herr·schaft <-, -en> [ˈhɛrʃaft] *f* ❶ *kein pl* (*Macht, Kontrolle*) rule, reign; **eine totalitäre ~** totalitarian rule; **unter der ~ der/des ...** under the rule of the ... ❷ *pl* (*Damen und Herren*) ■ **die ~en** ladies and gentlemen; **darf ich den ~en sonst noch etwas bringen?** can I bring sir and madam anything else? ▶ **jds alte ~en** (*hum fam*) sb's old man and old woman *sl*, sb's folks *esp* AM
herr·schaft·lich *adj* grand
Herr·schafts·in·stru·ment *nt* SOZIOL instrument of power
herr·schen [ˈhɛrʃn] **I.** *vi* ❶ (*regieren*) to rule (**über** over) ❷ (*walten, in Kraft sein*) to hold sway ❸ (*vorhanden sein*) to prevail, to be prevalent; *Ruhe, Stille* to reign; *Hunger, Krankheit, Not* to be rampant; **was herrscht hier wieder für eine Unordnung!** what a mess this place is in again! **II.** *vi impers* **es herrscht Zweifel, ob ...** there is doubt whether ...; **es herrscht Stille** silence reigns
herr·schend *adj* ❶ (*regierend*) ruling, dominant ❷ (*Machthaber*) ■ **die H~en** the rulers, those in power ❸ (*in Kraft befindlich*) prevailing
Herr·scher(in) <-s, -> *m(f)* ruler, sovereign, monarch; ■ **~ über jdn/etw** *akk* ruler of sb/sth
Herr·scher·ge·schlecht *nt*, **Herr·scher·haus** *nt* [ruling] dynasty
Herr·sche·rin <-, -nen> *f fem form von* **Herrscher**
Herrsch·sucht *f* thirst for power; PSYCH domineering nature **herrsch·süch·tig** *adj* domineering
her|ru·fen *vt irreg* ❶ (*zu jdm rufen*) to call [over *sep*] ❷ (*nachrufen*) ■ **etw hinter jdm ~** to call sth after sb
her|rüh·ren *vi* (*geh*) ■ **von etw** *dat* **~** to come from sth
her|schi·cken *vt* ❶ (*zu jdm schicken*) to send [here] ❷ (*nachschicken*) ■ **etw hinter jdm ~** to send sth after sb
her|schie·ben *irreg* **I.** *vt* (*schieben*) to pull towards oneself **II.** *vr* **etw vor sich** *dat* **~** ❶ (*schieben*) to push sth ❷ (*fig: verschieben*) to put off
her|stam·men *vi* to come from
her|stel·len *vt* ❶ (*erzeugen*) to produce, to manufacture ❷ (*zustande bringen*) to establish, to make ❸ (*irgendwohin stellen*) to put here
Her·stel·ler(in) <-s, -> *m(f)* ❶ (*Produzent*) manufacturer, producer ❷ (*Mitarbeiter der Herstellung*) production department employee
Her·stel·lung *f kein pl* ❶ (*Produktion*) production, manufacturing, making ❷ (*Aufbau*) establishment; **die ~ von Kontakten** establishing contacts ❸ (*Produktionsabteilung*) production department
Her·stel·lungs·land *nt s.* **Herkunftsland**
her|trau·en *vr* ■ **sich ~** to dare to come [here]; **er traut sich nicht mehr her** he doesn't dare come here any more
Hertz <-, -> [hɛrts] *nt* hertz
he·rü·ben *adv* SÜDD, ÖSTERR (*auf dieser Seite*) over here
he·rü·ber [heˈryːbɐ] *adv* over here
he·rum [hɛˈrʊm] *adv* ❶ (*um etw im Kreis*) ■ **um etw** *akk* **~** around sth ❷ (*überall in jds Nähe*) ■ **um jdn ~** [all] around sb ❸ (*gegen*) ■ **um ... ~** around ... ❹ (*vorüber sein*) ■ **~ sein** to be over
he·rum|al·bern *vi* (*fam*) to fool around **he·rum|är·gern** *vr* (*fam*) ■ **sich mit jdm/etw ~** to keep getting worked up about sb/sth, to have constant trouble with sb/sth **he·rum|be·kom·men*** *vt irreg* **jdn [zu etw** *dat*] to talk sb round [to sth] **he·rum|brül·len** *vi* (*fam*) to shout one's head off **he·rum|bum·meln** *vi* (*fam*) ❶ *haben* (*trödeln*) to dawdle ❷ *sein* (*herumspazieren*) to stroll [a]round **he·rum|dok·tern** *vi* (*fam*) ■ **an jdm/etw ~** ❶ (*zu kurieren versuchen*) to try treating sb ❷ (*zu reparieren versuchen*) to tinker about with sth **he·rum|dre·hen I.** *vt* ❶ (*um die Achse drehen*) to turn ❷ (*wenden*) to turn over **II.** *vr* ■ **sich ~** to turn [a]round **he·rum|er·zäh·len*** *vt* to spread [a]round **he·rum|fa·ckeln** *vi* ▶ **nicht lange ~** to not beat around the bush **he·rum|fah·ren** *irreg vi, vt* ❶ *sein* (*umherfahren*) to drive [a]round ❷ *sein* (*im Kreis darum fahren*) ■ **um jdn/etw ~** to drive [a]round sb/sth ❸ *sein* (*sich rasch umdrehen*) to spin [a]round quickly ❹ *sein o haben* (*ziellos streichen, wischen*) to wipe **he·rum|fuch·teln** *vi* (*fam*) ■ **[mit etw** *dat*] **~**

to wave sth around, to fidget with sth **he·rum|füh·ren I.** vt ❶ (*durch die Gegend führen*) to show [a]round ❷ *meist passiv* (*darum herum bauen*) to build [a]round **II.** vi **um etw** akk ~ to go [a]round sth **he·rum|fuhr·wer·ken** vi (*fam*) to fiddle about (**mit** with) **he·rum|fum·meln** vi (*fam*) ❶ (*hantieren, anfassen*) to fiddle about (**an** with) ❷ (*mit sexueller Absicht anfassen*) to touch up, to grope **he·rum|ge·ben** vt irreg to pass [a]round, to circulate **he·rum|ge·hen** vi irreg sein ❶ (*einen Kreis gehen*) to go [a]round ❷ (*ziellos umhergehen*) to wander around ❸ (*herumgereicht werden*) to be passed [a]round; ■ **etw** ~ **lassen** to circulate sth ❹ (*weitererzählt werden*) to go [a]round ❺ (*vorübergehen*) to go by, to pass **he·rum|geis·tern** vi irreg (*fam*) to wander [a]round **he·rum|ha·cken** vi (*fam*) ■ **auf jdm** ~ to pick on sb, to get [on] at sb **he·rum|hän·gen** vi irreg sein ❶ (*sl*) (*ständig zu finden sein*) to hang [a]round ❷ (*untätig sein*) to lounge [a]round, to bum [a]round **he·rum|ir·ren** vi sein to wander [a]round **he·rum|kom·man·die·ren* I.** vt (*fam*) to boss about **II.** vi (*fam*) to give orders **he·rum|kom·men** vi irreg sein (*fam*) ❶ (*herumfahren können*) to go [a]round ❷ (*vermeiden können*) to get out of ❸ (*reisen*) to get around; **viel** ~ to do a lot of travelling, to see a great deal **he·rum|kreb·sen** vi (*fam*) to struggle [on] **he·rum|krie·gen** vt (*fam*) s. **herumbekommen he·rum|kut·schie·ren*** vt (*fam*) to drive [a]round **he·rum|lau·fen** vi irreg sein ❶ (*um etw laufen*) to run [a]round ❷ (*fam: umherlaufen*) to go [a]round; **um Gottes Willen, wie läufst du denn herum?** for heaven's sake, what do you look like!; [noch] **frei** ~ to be [still] at large **he·rum|lie·gen** vi irreg (*fam*) to lie about; ■ **etw** ~ **lassen** to leave sth lying about **he·rum|lun·gern** vi (*fam*) to loaf [*or* loiter] [*or* hang] about **he·rum|ma·chen I.** vi (*fam*) ❶ (*herumtasten*) to fiddle [about], to monkey (**an** with) ❷ (*herumnörgeln*) to find fault (**an** with), to nag **II.** vt (*fam*) ■ **etw um etw** akk ~ to put sth [a]round sth **he·rum|me·ckern** vi (*fam*) to grumble **he·rum|nör·geln** vi (*pej fam*) ■ **an jdm**] ~ to nag [at sb]; ■ **an etw** dat ~ to find fault with sth **he·rum|quä·len** vr (*fam*) ❶ (*sich befassen*) ■ **sich mit jdm/etw** ~ to struggle with sb/sth ❷ (*leiden*) ■ **sich** [**mit etw** dat] ~ to be plagued [by sth] **he·rum|re·den** vi (*fam*) ❶ (*ausweichend reden*) ■ **um etw** akk ~ to talk round [*or* Am around] sth, to dodge the issue, to beat about [*or* Am around] the bush ❷ (*belangloses Zeug reden*) to waffle on **he·rum|rei·chen** vt ❶ (*geh*) s. **herumgeben** ❷ (*fam: allen möglichen Leuten vorstellen*) to introduce to everybody **he·rum|rei·ten** vi irreg sein ❶ (*umherreiten*) to ride around ❷ (*reitend umgehen*) to ride [a]round ❸ (*fam: herumhacken*) ■ **auf jdm** ~ to get at sb; ■ **auf etw** dat ~ (*pej*) to harp on about sth, to keep going on about sth **he·rum|schla·gen** irreg **I.** vt (*geh*) ■ **etw** ~ to wrap sth [a]round **II.** vr (*fam*) ■ **sich mit jdm/etw** ~ to struggle with sb/sth **he·rum|schnüf·feln** vi ❶ (*anhaltend schnüffeln*) to sniff [a]round ❷ (*pej fam: spionieren*) to snoop around (**in** in) **he·rum|schrei·en** vi irreg (*fam*) to scream and shout **he·rum|sit·zen** vi irreg sein ❶ (*fam: untätig dasitzen*) to sit [a]round ❷ (*sitzend gruppiert sein*) ■ **um jdn/etw** ~ to sit [a]round sb/sth **he·rum|spie·len** vi to play around **he·rum|spre·chen** vr irreg ■ **sich** ~ to get [a]round, to reach sb; **es hat sich herumgesprochen, dass ...** it has got [a]round that ... **he·rum|ste·hen** vi irreg sein ❶ (*fam: in der Gegend stehen*) to stand [a]round ❷ (*stehend gruppiert sein*) ■ **um jdn/etw** ~ to stand [a]round sb/sth **he·rum|su·chen** vi ■ **nach etw** dat ~ to rummage around for sth **he·rum|to·ben** vi (*fam*) ❶ *sein* o *haben* (*ausgelassen umherlaufen*) to romp around ❷ *haben* (*wüst schimpfen*) to rant and rave **he·rum|trei·ben** vr irreg ■ **sich irgendwo** ~ to hang [a]round somewhere; **wo er sich nur wieder herumtreibt?** where's he got to now?

He·rum·trei·ber(in) <-s, -> m(f) (*pej*) ❶ (*Mensch ohne feste Arbeit, Wohnsitz*) down-and-out, tramp, loafer ❷ (*fam: Streuner*) layabout, good-for-nothing

he·rum|wer·fen irreg vt ❶ (*achtlos umherstreuen*) to throw [a]round ❷ (*herumreißen*) to pull round hard **he·rum|zie·hen** irreg vi sein ❶ (*von Ort zu Ort ziehen*) to move about ❷ (*um etw ziehen*) ■ **um etw** akk ~ to go [a]round sth

he·run·ten [hɛˈrʊntn̩] adv SÜDD, ÖSTERR (*hier unten*) down here

he·run·ter [hɛˈrʊntɐ] **I.** adv down; **sie liefen den Berg** ~ they ran down the hill **II.** *präp nachgestellt* ■ **etw** ~ down sth; **den Berg** ~ **geht es leichter als hinauf** it's easier to go down the hill than up it

he·run·ter|brin·gen vt irreg ❶ (*nach unten bringen*) to bring down sep ❷ (*fam*) to get sth off **he·run·ter|fal·len** vi irreg sein to fall off; **mir ist der Hammer heruntergefallen** I've dropped the hammer **he·run·ter|ge·hen** vi irreg sein ❶ (*nach unten gehen*) to go down ❷ (*aufstehen und weggehen*) ■ **von etw** dat ~ to get off sth ❸ (*sinken*) to drop, to fall, to go down ❹ (*Flughöhe verringern*) to descend; **auf 5000 m ~** to descend to 5000 m ❺ (*fam: abrücken*) ▪ **von etw** *dat* **~** to soften sth ❻ (*reduzieren*) to reduce, to lower

he·run·ter·ge·kom·men *adj* (*pej*) ❶ (*abgewohnt*) run-down, dilapidated ❷ (*verwahrlost*) down-at-[the-]heel Brit, down-and-out

he·run·ter|han·deln *vt* (*fam*) to knock down *sep* **he·run·ter|hän·gen** *vi irreg* to hang down (**von** from, **auf** over) **he·run·ter|hau·en** *vt irreg* (*fam*) ▪ **jdm eine ~** to slap sb **he·run·ter|kip·pen** *vt* ▪ **etw ~** *Schnaps, Bier* to down sth in one Brit, to chug[-a-lug] sth Am **he·run·ter|klap·pen** *vt* to put down *sep*; *Kragen* to turn down; *Deckel* to close **he·run·ter|kom·men** *vi irreg sein* ❶ (*nach unten kommen*) to come down ❷ (*fam: verfallen*) to become run-down ❸ (*fam: verwahrlosen*) to become down-and-out **he·run·ter|la·den** *vt* inform to download **he·run·ter|ma·chen** *vt* (*fam*) ❶ (*schlechtmachen*) to run down ❷ (*zurechtweisen*) to tell off **he·run·ter|pur·zeln** *vt* *Treppe* to tumble down; (*vom Baum*) to fall out of **he·run·ter|rei·ßen** *vt irreg* ❶ (*abreißen*) to pull off *sep*; (*von der Wand*) to tear down ❷ (*sl: absitzen*) to get through **he·run·ter|schlu·cken** *vt* (*fam*) *s.* **hinunterschlucken he·run·ter|spie·len** *vt* ▪ **etw ~** (*verharmlosen*) to play down sth *sep* **he·run·ter|sprin·gen** *vi irreg sein* to jump down **he·run·ter|wer·fen** *vt irreg* to throw down *sep* **he·run·ter|wirt·schaf·ten** *vt* (*pej fam*) to ruin

her·vor [hɛɐ̯ˈfoːɐ̯] *interj* ▪ **~ mit dir/euch!** (*geh*) out you come!

her·vor|brin·gen *vt irreg* to produce **her·vor|ge·hen** *vi irreg sein* ❶ (*geh: entstammen*) ▪ **aus etw** *dat* **~** to come from sth ❷ (*sich ergeben*) **aus etw** *dat* **geht heraus ~ ...** it follows from sth ..., sth proves that ... **her·vor|gu·cken** *vi* (*fam*) to peep out (**unter** from under) **her·vor|he·ben** *vt irreg* ❶ (*betonen*) to emphasize, to stress ❷ (*besonders kennzeichnen*) to make stand out **her·vor|ho·len** *vt* to take out *sep* (**aus** from) **her·vor|kom·men** *vi irreg sein* to come out (**aus** of, **hinter** from behind), to emerge (**aus** from) **her·vor|lo·cken** *vt* to entice out *sep* **her·vor|ra·gen** [hɛɐ̯ˈfoːɐ̯ʁaːɡn̩] *vi* ❶ (*sich auszeichnen*) to stand out ❷ (*weit vorragen*) to jut out (**aus** from)

her·vor·ra·gend I. *adj* excellent, outstanding, first-rate **II.** *adv* excellently

her·vor|ru·fen *vt irreg* to evoke; [**bei jdm**] **Bestürzung ~** to cause consternation [in sb] **her·vor|tre·ten** *vi irreg sein* ❶ (*heraustreten*) to step out (**hinter** from behind) ❷ (*erhaben werden*) to stand out; *Wangenknochen, Kinn* to protrude ❸ (*erkennbar werden*) to become evident ❹ (*in Erscheinung treten*) to distinguish oneself **her·vor|tun** *vr irreg* (*fam*) ▪ **sich ~** ❶ (*sich auszeichnen*) to distinguish oneself (**mit** with) ❷ (*sich wichtigtun*) to show off **her·vor|wa·gen** *vr* ▪ **sich ~** to dare to come out, to venture forth

her|wa·gen *vr* ▪ **sich ~** to dare to come here

Herz <-ens, -en> [hɛrts] *nt* ❶ anat heart; **ihr ~ pochte** her heart was pounding; **am offenen ~ Chirurgie** [*o* **eine Operation**] **am offenen ~** open-heart surgery ❷ (*Gemüt, Gefühl*) heart; **mit ganzem ~en** wholeheartedly; **von ganzem ~en** sincerely; **an/mit gebrochenem ~en** of/with a broken heart; **jdn von ~en gernhaben** to love sb dearly; **etw von ~en gern tun** to love doing sth; **im Grunde seines ~ens** in his heart of hearts; **leichten ~ens** light-heartedly; **jdm wird leicht ums ~** sb has a load lifted from one's mind; **schweren ~ens** with a heavy heart; **ein weiches ~ haben** to have a soft heart; **jds ~ erweichen** to soften up sb *sep* ❸ (*Zentrum*) heart ❹ (*Schatz, Liebling*) dear, love ❺ karten hearts *pl* ▶ **das ~ auf dem rechten Fleck haben** to have one's heart in the right place; **ein ~ aus Gold haben** to have a heart of gold; **jdm schlägt das ~ bis zum Hals** sb's heart is in one's mouth; **jdm rutscht das ~ in die Hose** (*fam*) sb's heart sank into his/her boots Brit; **jdn/etw auf ~ und Nieren prüfen** (*fam*) to examine sb/sth thoroughly; **ein ~ und eine Seele sein** to be the best of friends; **jds ~ höher schlagen lassen** to make sb's heart beat faster; **alles, was das ~ begehrt** (*geh*) everything one's heart desires; **jdm das ~ brechen** to break sb's heart; **etw nicht übers ~ bringen** to not have the heart to do sth; **etw auf dem ~en haben** to have sth on one's mind; **jdm etw ans ~ legen** to entrust sb with sth; **jdm liegt etw am ~en** sth concerns sb; **sich** *dat* **etw zu ~en nehmen** to take sth to heart; **jdm sein ~ ausschütten** to pour out one's heart to sb *sep*

Herz·an·fall *m* heart attack **Herz·be·schwer·den** *pl* heart trouble **herz·be·we·gend** *adj s.* **herzerweichend**

her|zei·gen *vt* to show; **zeig mal her!** let me see!

her·zen [ˈhɛrtsn̩] *vt* (*geh*) to cuddle, to embrace

Her·zens·an·ge·le·gen·heit *f* ❶ (*wichtiges Anliegen*) matter close to one's heart ❷ (*Liebe betreffende Angelegenheit*) affair of the

heart Her·zens·be·dürf·nis *nt* jdm ein ~ sein to be a matter very close to sb's heart **Her·zens·bre·cher(in)** *m(f)* heartbreaker, ladykiller *dated* **her·zens·gut** *adj* good-hearted, kind-hearted **Her·zens·lust** *f kein pl* **nach** ~ to one's heart's content **Her·zens·wunsch** *m* dearest wish, heart's desire

herz·er·grei·fend *adj* heart-rending **herz·er·wei·chend** **I.** *adj* heart-rending **II.** *adv* heart-rendingly **Herz·feh·ler** *m* heart defect **herz·haft I.** *adj* ❶ (*würzig-kräftig*) tasty, savoury; *Essen, Eintopf* hearty ❷ (*kräftig*) hearty, substantial **II.** *adv* ❶ (*würzig-kräftig*) ~ **schmecken** to be tasty ❷ (*kräftig*) heartily; ~ **gähnen** to yawn loudly

her·zie·hen *irreg* **I.** *vt haben* ❶ (*heranziehen*) to pull closer ❷ (*mitschleppen*) ■ etw **hinter/neben sich** *dat* ~ to pull sth [along] behind/beside one **II.** *vi* ❶ *sein* (*hierhin ziehen*) to move here ❷ *haben* (*fam: sich auslassen*) ■ **über jdn/etw** ~ to pull sb/sth to pieces, to run sb/sth down

her·zig ['hɛrtsɪç] *adj* sweet, cute *AM* **Herz·in·farkt** *m* heart attack **Herz·kam·mer** *f* ANAT ventricle **Herz·kas·per** *m* MED (*sl*) heart attack

Herz·klap·pe *f* heart valve **Herz·klap·pen·feh·ler** *m* valvular [heart] defect

Herz·klop·fen *nt kein pl* pounding of the heart, palpitations *pl* **herz·krank** *adj* suffering from a heart condition *pred*; ■ ~ **sein** to have a heart condition **Herz-Kreis·lauf-Er·kran·kung** *f* MED cardiovascular disease **Herz·lei·den** *nt* heart disease

herz·lich I. *adj* ❶ (*warmherzig*) warm; *Begrüßung* warm, friendly, cordial; *Lachen* hearty ❷ (*in Grußformeln: aufrichtig*) kind **II.** *adv* ❶ (*aufrichtig*) warmly, with pleasure; **sich bei jdm ~ bedanken** to thank sb sincerely; **jdm ~ gratulieren** to congratulate sb heartily ❷ (*recht*) thoroughly, really; ~ **wenig** precious little

Herz·lich·keit <-> *f kein pl* ❶ (*herzliches Wesen*) warmth ❷ (*Aufrichtigkeit*) sincerity, cordiality

herz·los *adj* heartless
Herz·lo·sig·keit <-, -en> *f* heartlessness *no pl*
Herz·mus·kel *m* heart muscle
Her·zog(in) <-s, Herzöge *o selten* -e> ['hɛrtsoːk, *pl* -tsøːɡə] *m(f)* duke *masc*, duchess *fem*
Her·zog·tum <-s, -tümer> *nt* duchy, dukedom
Herz·schlag *m* ❶ (*Kontraktion des Herzmuskels*) heartbeat ❷ (*Herzstillstand*) heart failure, cardiac arrest **Herz·schritt·ma·cher** *m* pacemaker **Herz·still·stand** *m* cardiac arrest **Herz·stück** *nt* heart, core **Herz·tod** *m* MED cardiac death, death by heart failure **Herz·ton** *m meist pl* heart sound *usu pl* **Herz·trans·plan·ta·ti·on** *f* heart transplant **Herz·ver·sa·gen** *nt kein pl* heart failure *no pl* **herz·zer·rei·ßend** *adj s.* herzerweichend

Hes·se <-, -n> ['hɛsə] *f* KOCHK [beef] shin
Hes·se, Hes·sin <-n, -n> ['hɛsə, 'hɛsɪn] *m*, *f* Hessian
Hes·sen <-s> ['hɛsn] *nt* Hesse
Hes·sin <-, -nen> *f fem form von* **Hesse**
hes·sisch ['hɛsɪʃ] *adj* Hessian
He·te <-, -n> ['heːtə] *f* (*sl: Heterosexuelle(r)*) het[ero] *sl*
he·te·ro·gen [hetero'ɡeːn] *adj* (*geh*) heterogeneous
He·te·ro·se·xu·a·li·tät <-> [heterozɛksu̯ali'tɛːt] *f kein pl* heterosexuality *no pl* **he·te·ro·se·xu·ell** [heterozɛ'ksu̯ɛl] *adj* heterosexual

Het·ze <-, -n> ['hɛtsə] *f* ❶ *kein pl* (*übertriebene Hast*) mad rush ❷ *pl selten* (*pej: Aufhetzung*) smear campaign; (*gegen Minderheiten*) hate campaign

het·zen ['hɛtsn] **I.** *vi* ❶ *haben* (*sich abhetzen*) to rush about ❷ *sein* (*eilen*) to rush ❸ *haben* (*pej: Hass schüren*) to stir up hatred (**gegen** against) **II.** *vt haben* ❶ (*jagen*) to hunt ❷ (*losgehen lassen*) ■ **jdn/einen Hund auf jdn** ~ to set sb/a dog [up]on sb ❸ (*fam: antreiben*) to rush ❹ (*vertreiben*) to chase (**von** off)

Het·ze·rei <-, -en> *f* ❶ *kein pl* (*ständige Hetze*) mad rush, rushing around ❷ (*ständiges Hetzen*) malicious agitation, [continual] stirring up of hatred

het·ze·risch *adj* inflammatory, virulent
Hetz·jagd *f* ❶ (*Wildjagd*) hunt ❷ (*pej: Hetze*) smear campaign; (*auf Minderheiten*) hate campaign ❸ (*übertriebene Hast*) mad rush **Hetz·kam·pa·gne** *f* (*pej*) smear campaign **Hetz·pa·ro·le** *f meist pl* (*pej*) inflammatory slogan

Heu <-[e]s> [hɔy] *nt kein pl* hay; ~ **machen** to hay ▸ **Geld wie** ~ **haben** to have heaps of money
Heu·bo·den *m* hayloft
Heu·che·lei <-, -en> [hɔyçəˈlaɪ] *f* (*pej*) ❶ (*Heucheln*) hypocrisy ❷ (*heuchlerische Äußerung*) hypocritical remark
heu·cheln ['hɔyçln] **I.** *vi* to be hypocritical **II.** *vt* ■ **etw** ~ to feign sth
Heuch·ler(in) <-s, -> ['hɔyçlɐ] *m(f)* (*pej*) hypocrite
heuch·le·risch I. *adj* (*pej*) ❶ (*unaufrichtig*) insincere ❷ (*geheuchelt*) hypocritical **II.** *adv* (*pej*) hypocritically

heu·er ['hɔyɐ] *adv* SÜDD, ÖSTERR, SCHWEIZ (*in diesem Jahr*) this year

Heu·hau·fen *m* haystack ▶ **eine Stecknadel im ~ suchen** to look for a needle in a haystack

heu·len ['hɔylən] *vi* ❶ (*fam: weinen*) to cry; **es ist zum H~** (*fam*) it's enough to make you cry ❷ *Wolf* to howl; *Motor* to wail; *Motorrad, Flugzeug* to roar; *Sturm* to rage

Heul·su·se <-, -n> *f* (*pej fam*) crybaby

Heu·schnup·fen *m* hay fever **Heu·schrecke** <-, -n> *f* grasshopper; (*Wander~*) locust

heu·te ['hɔytə] *adv* ❶ (*an diesem Tag*) today; **~ Abend** this evening, tonight; **~ Morgen/Nachmittag** this morning/afternoon; **~ Mittag** [at] midday today; **~ Nacht** tonight; **~ früh** [early] this morning; **ab ~** from today; **~ in/vor acht Tagen** a week [from] today/ago today; **können wir das von ~ auf morgen verschieben?** could we not postpone this until tomorrow?; **von ~ an** from today; **die Zeitung von ~** today's newspaper ❷ (*der Gegenwart*) today; **das Deutschland von ~** Germany [of] today; **lieber ~ als morgen** (*fam*) sooner today than tomorrow; **von ~ auf morgen** all of a sudden, overnight ❸ (*heutzutage*) nowadays, today ▶ **die ~ kannst besorgen, das verschiebe nicht auf morgen** (*prov*) never put off till tomorrow what you can do today *prov*

heu·tig ['hɔytɪç] *adj attr* ❶ (*heute stattfindend*) today's; **die ~e Veranstaltung** today's event ❷ (*von heute*) *Zeitung, Nachrichten* today's; **der ~e Anlass** this occasion; **bis zum ~en Tag** to this very day ❸ (*gegenwärtig*) **die ~e Zeit** nowadays; **der ~e Stand der Technik** today's state of the art

heut·zu·ta·ge ['hɔyttsuta:gə] *adv* nowadays, these days

He·xe <-, -n> ['hɛksə] *f* ❶ (*böses Fabelwesen*) witch ❷ (*pej fam: zeternde Frau*) virago, shrew; **eine alte ~** an old crone

he·xen ['hɛksn̩] *vi* to cast spells, to perform magic; **ich kann doch nicht ~** (*fig fam*) I can't work miracles

He·xen·schuss^RR *m kein pl* (*fam*) lumbago *no pl* **He·xen·ver·bren·nung** *f* burning [at the stake] of a witch/witches

He·xer <-s, -> *m* sorcerer

He·xe·rei <-, -en> [hɛksə'rai] *f* magic, sorcery *pej*, witchcraft *pej*

hg. *Abk von* **herausgegeben** ed.

Hick·hack <-s, -s> ['hɪkhak] *m o nt* (*fam*) bickering, squabbling

hieb ['hi:p] *imp von* **hauen**

Hieb <-[e]s, -e> [hi:p, *pl* 'hi:bə] *m* ❶ (*Schlag*) blow; (*Peitschen~*) lash ❷ *pl* (*Prügel*) beating *sing*, hiding *sing*; **sein Vater drohte ihm ~ e an** his father threatened him with a beating

hieb- und stich·fest *adj* conclusive, irrefutable; *Alibi* cast-iron

hielt ['hi:lt] *imp von* **halten**

hier [hi:ɐ̯] *adv* ❶ here; **wo sind wir denn ~?** where have we landed?; **er müsste doch schon längst wieder ~ sein!** he should have been back ages ago!; **~ draußen/drinnen** out/in here; **~ entlang** this way; **~ oben/unten** up/down here; **~ vorn/hinten** here at the front/at the back; **jdn/etw ~ behalten** to keep sb/sth here; ■ **~ geblieben!** you stay here!; **~ ist/spricht Dr. Dralle** [this is] Dr Dralle, Dr Dralle speaking; **von ~ ab** from here on; **von ~ aus** from here; **von ~ sein** to be from here ❷ (*in diesem Moment*) at this point; **von ~ an** from now on ▶ **~ und da** (*stellenweise*) here and there; (*gelegentlich*) now and then

hier·an ['hi:'ran] *adv* on here; **Sie können das Gerät ~ anschließen** you can connect the machine there; **~ kann es keinen Zweifel geben** there can be no doubt of that; **sich ~ erinnern** to remember this

Hie·rar·chie <-, -n> [hiɛrar'çi:, *pl* -'çi:ən] *f* hierarchy

hie·rar·chisch [hie'rarçɪʃ] **I.** *adj* hierarchical **II.** *adv* hierarchically

hier·auf ['hi:'rauf] *adv* ❶ (*obendrauf*) [on] here; **setz dich doch einfach ~** just sit yourself down on this ❷ (*daraufhin*) as a result of this/that, thereupon **hier·aus** ['hi:'raus] *adv* ❶ (*aus diesem Gegenstand*) from [*or* out of] here ❷ (*aus diesem Material*) out of this ❸ (*aus dem Genannten*) from this; **~ folgt/geht hervor ...** it follows from this ... ❹ (*aus diesem Werk*) from this **hier·bei** ['hi:ɐ̯'bai] *adv* ❶ (*währenddessen*) while doing this ❷ (*nahe bei etw*) in the same place ❸ (*dabei*) here **hier·durch** ['hi:ɐ̯'dʊrç] *adv* ❶ (*hier hindurch*) through here ❷ (*dadurch*) in this way **hier·für** ['hi:ɐ̯'fy:ɐ̯] *adv* for this **hier·her** ['hi:ɐ̯'he:ɐ̯] *adv* here; **~ kommen** to come [over] here; **bis ~** up to here; (*soweit*) so far; **bis ~ und nicht weiter** this far and no further **hier·he·rum** ['hi:ɐ̯hɛ'rʊm] *adv* ❶ (*in diese Richtung*) round this way ❷ (*fam: in dieser Gegend*) around here **hier·hin** ['hi:ɐ̯'hɪn] *adv* here; **~ und dorthin** here and there; **bis ~** up to here **hie·rin** ['hi:'rɪn] *adv* ❶ (*in diesem Raum*) in here ❷ (*was das angeht*) in this **hier·mit** ['hi:ɐ̯'fy:ɐ̯] *adv* (*geh*) with this; **~ erkläre ich, dass ...** I hereby declare that ...; **~ wird bescheinigt, dass ...** this is to certify that ...; **~ ist die Angelegenheit erledigt** that is the end of the matter **hie·rü·ber** ['hi:'ry:bɐ] *adv* ❶ (*hier über diese*

Stelle) over here ❷ (*genau über dieser Stelle*) above here ❸ (*geh: über diese Angelegenheit*) about this

hie·run·ter ['hi:'rʊntɐ] *adv* ❶ (*unter diesem Gegenstand*) under here ❷ (*in dieser Gruppe*) among it/them; ~ **fallen** to fall into this category

hier·von ['hi:ɐ̯'fɔn] *adv* ❶ (*von diesem Gegenstand*) of this/these; ~ **habe ich noch reichlich** I've still got a lot [of it] ❷ (*davon*) among them **hier·zu** ['hi:ɐ̯'tsu:] *adv* ❶ (*dazu*) with it ❷ (*zu dieser Kategorie*) ~ **gehört ...** this includes ... ❸ (*zu diesem Punkt*) to this; **sich ~ äußern** to say something about this **hier·zu·lan·de**, **hier zu Lan·de** ['hi:ɐ̯tsu'landə] *adv* [here] in this country, here in these parts

hie·sig ['hi:zɪç] *adj attr* local

hieß ['hi:s] *imp von* **heißen**

Hi-Fi-An·la·ge ['haɪfi-] *f* stereo system, hi-fi **high** [haɪ] *adj präd* (*sl*) ❶ (*von Drogen berauscht*) high, loaded *fam*, stoned *fig sl* ❷ (*euphorisch*) euphoric, ecstatic

High So·cie·ty[RR], **High-So·cie·ty**[ALT] <-> ['haɪzo'saɪəti] *f kein pl* high society

High·tech[RR], **High-Tech**[ALT] <-[s]> ['haɪ̯tɛk] *nt kein pl* high-tech

hi-hi [hi'hi] *interj* hee hee

Hil·fe <-, -n> ['hɪlfə] *f* ❶ *kein pl* (*Beistand, Unterstützung*) help *no pl*, assistance *no pl*; **lauf und hole ~!** go and get help!; **jdm seine ~ anbieten** to offer sb one's help; **auf jds ~ angewiesen sein** to be dependent on sb's help; **jdn um ~ bitten** to ask sb for help; **jdm eine ~ sein** to be a help to sb; **jdm zu ~ kommen** to come to sb's assistance; **etw zu ~ nehmen** to use sth; **um ~ rufen** to call for help; **jdn zu ~ rufen** to call sb [to help]; **sich ~ suchend umsehen** to look round for help; **sich ~ suchend an jdn wenden** to turn to sb for help; **ein ~ suchender Blick** a pleading look; **jdm seine ~ verweigern** to refuse to help sb; **[zu] ~!** help!; **ohne fremde ~** without outside help; **erste ~** first aid; **jdm erste ~ leisten** to give sb first aid ❷ (*Zuschuss*) financial assistance; **finanzielle ~** financial assistance; **wirtschaftliche ~** economic aid ❸ (*Hilfsmittel*) aid ❹ (*Haushalts~*) help

Hil·fe·leis·tung *f* (*geh*) help, assistance; **unterlassene ~** failure to render assistance in an emergency **Hil·fe·me·nü** *nt* INFORM help menu **Hil·fe·ruf** *m*, **Hil·fe·schrei** *m* cry for help **Hil·fe·stel·lung** *f* **jdm ~ geben** to give sb a hand

hilf·los ['hɪlflo:s] **I.** *adj* ❶ (*auf Hilfe angewiesen*) helpless ❷ (*ratlos*) at a loss *pred* **II.** *adv* ❶ (*schutzlos*) helplessly; **jdm/etw ~ ausgeliefert sein** to be at the mercy of sb/sth ❷ (*ratlos*) at a loss

Hilf·lo·sig·keit <-> *f kein pl* ❶ (*Hilfsbedürftigkeit*) helplessness ❷ (*Ratlosigkeit*) bafflement, perplexity

hilf·reich *adj* ❶ (*hilfsbereit*) helpful ❷ (*nützlich*) helpful, useful

Hilfs·ak·ti·on *f* aid programme **Hilfs·ar·bei·ter(in)** *m(f)* (*veraltend*) labourer; (*in einer Fabrik*) unskilled worker **hilfs·be·dürf·tig** *adj* ❶ (*auf Hilfe angewiesen*) in need of help *pred* ❷ FIN (*bedürftig*) needy, in need *pred* **hilfs·be·reit** *adj* helpful **Hilfs·be·reit·schaft** *f* helpfulness, willingness to help **Hilfs·kraft** *f* help *no pl*; **im Haus** domestic help; **wissenschaftliche ~** assistant [lecturer] **Hilfs·mit·tel** *nt* ❶ MED [health] aid ❷ *pl* (*Geldmittel*) financial aid **Hilfs·pro·gramm** *nt* POL, SOZIOL relief programme **Hilfs·verb** *nt* auxiliary verb **Hilfs·werk** *nt* SOZIOL relief organization

Him·bee·re ['hɪmbe:rə] *f* raspberry

Him·beer·geist *m kein pl* schnapps made out of raspberries **Him·beer·saft** *m* raspberry juice

Him·mel <-s, *poet* -> ['hɪml] *m* ❶ (*Firmament*) sky; **unter freiem ~** under the open sky; **am ~ stehen** to be [up] in the sky ❷ (*Himmelreich*) heaven; **in den ~ kommen** to go to heaven; **im ~** in heaven ❸ (*Baldachin*) canopy ❹ AUTO [interior] roof ▶ **~ und Hölle in Bewegung setzen** (*fam*) to move heaven and earth; **aus heiterem ~** out of the blue; **im sieb[en]ten ~ sein** to be in seventh heaven; **jdn/etw in den ~ heben** to praise sb/sth [up] to the skies; **nicht [einfach] vom ~ fallen** to not fall out of the sky; **zum ~ schreien** to be scandalous; **um ~s willen** (*fam*) for heaven's sake

him·mel·angst ['hɪml'?aŋst] *adj präd* ■ **jdm wird ~** sb is scared to death **Him·mel·bett** *nt* four-poster [bed] **him·mel·blau** ['hɪml'blaʊ] *adj* sky-blue, azure [blue] **Him·mel·fahrt** *f* ascension into heaven; **Christi ~stag** Ascension Day **Him·mel·reich** *nt kein pl* REL heaven, kingdom of God **him·mel·schrei·end** *adj* ❶ (*unerhört*) downright *attr* ❷ (*skandalös*) scandalous **Him·mels·kör·per** *m* heavenly body **Him·mels·rich·tung** *f* direction; **die vier ~en** the four points of the compass

him·mel·weit **I.** *adj* (*fam*) enormous; *Unterschied* considerable **II.** *adv* **sich ~ unterscheiden** to be completely different; **~ voneinander entfernt** far apart from one another

himm·lisch ['hɪmlɪʃ] **I.** *adj attr* heavenly, divine **II.** *adv* divinely, wonderfully

hin [hɪn] *adv* ❶ *räumlich* (*dahin*) there; **wo**

der so plötzlich ~ ist? where's he gone all of a sudden; **bis/nach ...** ~ to ...; **~ und her laufen** to run to and fro; **bis zu dieser Stelle** ~ up to here; **der Balkon liegt zur Straße** ~ the balcony faces the street; **~ und zurück** there and back ❷ *zeitlich* (*sich hinziehend*) **über die Jahre** ~ over the years ❸ (*fig*) **auf jds Bitte/Vorschlag** ~ at sb's request/suggestion; **auf jds Rat** ~ on sb's advice; **auf die Gefahr ~, dass ich mich wiederhole** at the risk of repeating myself; **etw auf etw** *akk* ~ **prüfen** to test sth for sth ❹ (*fam: kaputt*) ■ ~ **sein** to have had it; (*mechanische Geräte*) to be a write-off ❺ (*verloren sein*) ■ ~ **sein** to be gone ▶ **das H~ und Her** (*Kommen und Gehen*) to-ing and fro-ing; (*der ständige Wechsel*) backwards and forwards; **nach langem H~ und Her** after a lot of discussion; **still vor sich** ~ quietly to oneself; **nach außen** ~ outwardly; ~ **oder her** (*fam*) more or less; **nichts wie** ~ (*fam*) let's go!; ~ **und wieder** from time to time

hi·nab [hɪˈnap] *adv* (*geh*) *s.* **hinunter**

hin|ar·bei·ten *vi* ■ **auf etw** *akk* ~ to work [one's way] towards sth

hi·nauf [hɪˈnaʊf] *adv up*; [**die Treppe**] ~ **gehen** to go up[stairs]; **den Fluss** ~ up the river; **bis** ~ **zu etw** *dat* up to sth

hi·nauf|fah·ren *irreg vi sein* to go up **hi·nauf|füh·ren** *vi* to lead up (**auf** to) **hi·nauf|ge·hen** *vi irreg sein* ❶ (*nach oben gehen*) to go up (**auf** to); **die Treppe** ~ to go up the stairs ❷ (*steigen*) to go up, to increase, to rise ❸ (*hochgehen*) **mit dem Preis** ~ to put the price up **hi·nauf|stei·gen** *vi irreg sein* to climb up (**auf** onto)

hi·naus [hɪˈnaʊs] **I.** *interj* (*nach draußen*) get out! **II.** *adv* ❶ (*von hier nach draußen*) out; **hier/da/dort** ~ **bitte!** this/that way out, please!; ■ ~ **sein** to have gone outside; ■ **aus etw** *dat* ~ out of sth; ■ **durch etw** *dat* ~ out of sth; **nach hinten/vorne** ~ **liegen** to be [situated] at the back/front [of a house] ❷ (*fig*) ■ **über etw** *akk* ~ **sein** to be past sth; **über etw** *akk* ~ **reichen** to include sth; (*sich über etw erstreckend*) extending beyond sth ❸ (*zeitlich*) **auf Jahre** ~ for years to come; ■ **über etw** *akk* ~ more than sth, well over sth

hi·naus|be·för·dern* *vt* (*fam*) to throw out **hi·naus|be·glei·ten** *vt* ■ **jdn** ~ to see sb out **hi·naus|brin·gen** *vt irreg* ❶ (*nach draußen begleiten*) ■ **jdn** ~ to see sb out ❷ (*nach draußen bringen*) to take out **hi·naus|dür·fen** *vi irreg* to be allowed to go outside **hi·naus|e·keln** *vt* (*fam*) to drive out (**aus** of) **hi·naus|fin·den** *vi irreg* to find one's way out (**aus** of); **finden Sie alleine hinaus?** can you find your own way out? **hi·naus|flie·gen** *vi irreg sein* ❶ (*nach draußen fliegen*) to fly out ❷ (*fam: hinausfallen*) to fall out ❸ (*fam: hinausgeworfen werden*) to be kicked out **hi·naus|ge·hen** [hɪˈnaʊsgeːən] *irreg* **I.** *vi sein* ❶ (*nach draußen gehen*) to go out (**aus** of); **auf die Straße** ~ to go out to the road ❷ (*führen*) ■ **zu etw** *dat* ~ to lead [out] to sth ❸ (*abgeschickt werden*) to be sent off ❹ (*gerichtet sein*) ■ **auf etw** *akk* ~ to look out on/onto sth; **nach Osten** ~ to face east ❺ (*überschreiten*) ■ [**weit**] **über etw** *akk* ~ to go [far] beyond sth **II.** *vi impers* **sein es geht dort hinaus!** that's the way out! **hi·naus|kom·men** *vi irreg sein* ❶ (*nach draußen kommen*) to get out/outside ❷ (*gelangen*) ■ **über etw** *akk* ~ to get beyond sth ❸ (*gleichbedeutend mit etw sein*) **das kommt auf dasselbe hinaus** it's all the same **hi·naus|las·sen** *vt irreg* to let out (**aus** of) **hi·naus|lau·fen** *vi irreg sein* ❶ (*nach draußen laufen*) to run out ❷ (*gleichbedeutend mit etw sein*) ■ **auf etw** *akk* ~ to be [or mean] the same as sth; **auf was soll das ~?** what's that supposed to mean?; **auf dasselbe** ~ to be the same, to come to the same thing **hi·naus|leh·nen** ■ **sich** ~ to lean out **hi·naus|po·sau·nen*** *vt* (*fam*) *s.* **ausposaunen hi·naus|schi·cken** *vt* to send out **hi·naus|schie·ben** *vt irreg* ❶ (*nach draußen schieben*) to push out ❷ (*auf später verschieben*) to put off, to postpone (**bis** until) **hi·naus|schmei·ßen** *vt irreg* (*fam*) to throw out (**aus** of) **hi·naus|stür·men** *vi sein* to rush out **hi·naus|tra·gen** *vt irreg* ❶ (*nach draußen tragen*) to carry out (**aus** of) ❷ (*geh: nach außen verbreiten*) to broadcast **hi·naus|wach·sen** *vi irreg sein* ❶ (*durch Leistung übertreffen*) ■ **über jdn** ~ to surpass sb ❷ (*überwinden*) ■ **über etw** *akk* ~ to rise above sth **hi·naus|wer·fen** *vt irreg* ❶ (*nach draußen werfen*) to throw out (**aus** of) ❷ (*fam: entlassen*) to sack **hi·naus|wol·len** *vi* ❶ (*nach draußen wollen*) **auf den Hof/in den Garten** ~ to want to go out into the yard/garden; **auf die Straße** ~ to want to go out to the street/road ❷ (*etw anstreben*) ■ **auf etw** *akk* ~ to get at sth; **worauf wollen Sie hinaus?** what are you getting at?, what is your point? **hi·naus|zö·gern I.** *vt* to put off *sep*, to delay **II.** *vr* ■ **sich** ~ to be delayed

hin|be·kom·men* *vt irreg s.* **hinkriegen hin|bie·gen** *vt* (*fam*) ❶ (*bereinigen*) to sort out *sep; Problem a.* to iron out ❷ (*pej: drehen*) ■ **es so ~, dass ...** to manage it so that ... ❸ (*beeinflussen*) ■ **jdn** ~ to lick sb into shape **Hin·blick** *m* **im ~ auf etw** *akk* (*angesichts*) in view of sth; (*in Bezug auf*) with regard to sth **hin|brin·gen** *vt irreg* ❶ (*bringen*) to bring ❷ (*begleiten*) to take **hin|den·ken** *vi irreg* **wo denkst du hin!** what an idea!

hin·der·lich ['hɪndɐlɪç] *adj* (*geh*) ❶ (*behindernd*) ■ **~ sein** to be a hindrance, to get in the way ❷ (*ein Hindernis darstellend*) ■ **jdm/für etw** *akk* **~ sein** to be an obstacle for sb/sth

hin·dern ['hɪndɐn] *vt* ❶ (*von etw abhalten*) to stop (**an** from); **ich kann Sie nicht ~** I can't stop you ❷ (*stören*) to hamper

Hin·der·nis <-ses, -se> ['hɪndɐnɪs] *nt* obstacle; **jdm ~se in den Weg legen** to put obstacles in sb's way; (*bei Leichtathletik*) hurdle

Hin·der·nis·lauf *m* hurdle race

Hin·de·rungs·grund *m* reason [why sth cannot happen]

hin|deu·ten *vi* ■ **auf etw** *akk* **~** to suggest sth

hin|dre·hen I. *vt* (*fam: ausbügeln*) to sort out *sep;* **wie hat sie das bloß hingedreht?** how on earth did she manage that? **II.** *vr* ■ **sich [zu jdm/etw] ~** to turn [to sb/sth]

Hin·du <-[s], -[s]> ['hɪndu] *m* Hindu

Hin·du·is·mus <-> [hɪndu'ɪsmʊs] *m kein pl* Hinduism *no art*

hin·du·is·tisch [hɪndu'ɪstɪʃ] *adj, adv* Hindu

hin·durch [hɪn'dʊrç] *adv* ❶ räumlich through ❷ *zeitlich* through, throughout; **das ganze Jahr ~** throughout the year; **die ganze Nacht ~** the whole night; **die ganze Zeit ~** all the time

hi·nein [hɪ'naɪn] *adv* in; **~ mit dir!** (*fam*) in with you!

hi·nein|den·ken *vr irreg* ■ **sich in jdn ~** to put oneself in sb's position; ■ **sich in etw** *akk* **~** to think one's way into sth **hi·nein|fres·sen** *vt irreg* ■ **etw in sich ~** *akk* ❶ (*fam: verschlingen*) to gobble sth [up], to devour sth, to wolf sth down ❷ (*unterdrücken*) to bottle sth up, to suppress sth **hi·nein|ge·hen** *vi irreg sein* ❶ (*betreten*) to go in[to], to enter ❷ (*fam: hineinpassen*) to fit **hi·nein|ge·ra·ten*** *vi irreg sein* to be drawn in; **in eine Demonstration/Schlägerei/Unannehmlichkeit ~** to get into a demonstration/a fight/difficulties **hi·nein|las·sen** *vt irreg* to let in[to] **hi·nein|le·gen I.** *vt* ❶ (*in etw legen*) to put in[to] ❷ (*hineindeuten*) to read into **II.** *vr* ■ **sich [in etw** *akk***] ~** to lie down [in sth] **hi·nein|pas·sen** *vi* to fit in[to] **hi·nein|pfu·schen** *vi* (*fam*) ■ **jdm in seine Arbeit ~** to meddle with sb's work **hi·nein|re·den** *vi* (*dreinreden*) ■ **jdm in seine Angelegenheiten ~** to meddle in sb's affairs **hi·nein|schlin·gen** *vt irreg* to scoff sth down **hi·nein|spa·zie·ren*** *vi sein* (*fam*) to walk in[to] **hi·nein|ste·cken** *vt* ❶ (*in etw stecken*) to put in[to]; **Nadel** to stick in[to] ❷ (*investieren*) to put in[to] **hi·nein|stei·gern** *vr* ■ **sich in etw** *akk* **~** to get into sth **hi·nein|ver·set·zen*** *vr* ■ **sich in jdn ~** to put oneself in sb's place; ■ **sich in etw** *akk* **~** to acquaint oneself with sth; **sich in etw** *akk* **hineinversetzt fühlen** to feel as though one is in sth **hi·nein|wach·sen** *vi irreg sein* ❶ (*sich durch Wachstum in etw ausdehnen*) to grow in[to] ❷ (*langsam mit etw vertraut werden*) to get used to

hin|fah·ren *irreg* **I.** *vi sein* ■ **irgendwo ~** to go [or drive] somewhere **II.** *vt haben* ■ **jdn ~** to drive sb; **jdn zum Flughafen ~** to drive sb to the airport **Hin·fahrt** *f* drive, trip; (*lange ~*) journey; **auf der ~** on the way **hin|fal·len** *vi irreg sein* to fall [over]

hin·fäl·lig *adj* ❶ (*gebrechlich*) frail ❷ (*ungültig*) invalid

hin|fin·den *vi irreg* (*fam*) to find one's way; **finden Sie alleine hin?** can you find your own way? **Hin·flug** *m* flight; **guten ~!** have a good flight! **hin|füh·ren I.** *vt* (*irgendwohin geleiten*) ■ **jdn** [**irgendwo**] **~** to take sb [somewhere] **II.** *vi* (*in Richtung auf etw verlaufen*) to lead [to] ▶ **wo soll das ~?** where will it [all] end?

hing ['hɪŋ] *imp von* **hängen**

Hin·ga·be *f kein pl* (*rückhaltlose Widmung*) dedication; (*Widmung zu einem Menschen*) devotion **hin|ge·ben** *irreg* **I.** *vt* (*geh*) to give **II.** *vr* ■ **sich einer S.** *dat* **~** to abandon oneself to sth

Hin·ge·bung <-> *f kein pl s.* **Hingabe hin·ge·bungs·voll I.** *adj* dedicated; *Blick, Pflege* devoted **II.** *adv* with dedication; **jdn ~ pflegen** to care for sb devotedly

hin·ge·gen [hɪn'ɡeːɡn̩] *konj* (*geh*) but, however; **er raucht, seine Frau ~ nicht** he smokes but his wife doesn't

hin|ge·hen *vi irreg sein* ❶ (*dorthin gehen*) to go ❷ (*geh: vergehen*) to pass, to go by **hin|ge·hö·ren*** *vi* (*fam*) to belong **hin|ge·ra·ten*** *vi irreg sein* ■ **irgendwo ~** to land somewhere; **wo ist meine Tasche ~?** where has my bag got to?; **wo bin ich denn hier ~?** what am I doing here? **hin·ge·ris·sen I.** *adj* spellbound **II.** *adv* raptly, with rapt attention **hin|gu·cken** *vi* (*fam*) to look **hin|hal·ten** *vt irreg* ❶ (*entgegenhalten*) ■ **jdm etw ~** to hold sth out to sb ❷ (*aufhalten*) to keep waiting; ■ **sich von jdm ~ lassen** to be fobbed off by sb

Hin·hal·te·tak·tik *f* delaying tactics

hin|hau·en *irreg* **I.** *vi* (*fam*) ① (*gut gehen*) to work ② (*ausreichen*) to be enough ③ (*zuschlagen*) to lash out **II.** *vr* (*sl*) ■ **sich ~** ① (*schlafen*) to turn in ② (*sich hinflegeln*) to plonk down **III.** *vt* (*fam: schlampig erledigen*) to rush through; (*ein Schriftstück schlampig erledigen*) to dash off **hin|hö·ren** *vi* to listen; **genau ~** to listen carefully

hin·ken ['hɪŋkn̩] *vi* ① **haben** (*das Bein nachziehen*) to limp; **mit einem Bein ~** to have a gammy leg ② **haben** (*nicht ganz zutreffen*) **der Vergleich hinkt** the comparison doesn't work

hin|kni·en *vi*, *vr vi: sein* to kneel down **hin|kom·men** *vi irreg sein* ① (*irgendwohin gelangen*) ■ **irgendwo ~** to get somewhere; **ich weiß nicht, wo die Brille hingekommen ist** I don't know where the glasses have got to ② (*an bestimmten Platz gehören*) ■ **irgendwo ~** to belong somewhere ③ (*fam: auskommen*) to manage (**mit** with) ④ (*fam: stimmen*) to be [about] right **hin|krie·gen** *vt* (*fam*) ① (*richten*) to mend ② (*fertig bringen*) to manage; **etw gut ~** to make a good job of sth

hin|läng·lich I. *adj* sufficient, adequate **II.** *adv* sufficiently, adequately

hin|las·sen *vt irreg* ■ **jdn ~** to let sb go; (*in die Nähe*) to let sb near **hin|lau·fen** *vi irreg sein* ■ [**irgendwo**] **~** ① (*an eine bestimmte Stelle eilen*) to run [somewhere] ② DIAL (*fam: zu Fuß gehen*) to walk somewhere, to go somewhere on foot **hin|le·gen I.** *vt* ① (*niederlegen*) to put down ② (*flach lagern*) to lay down ③ (*ins Bett bringen*) to put to bed ④ (*fam: bezahlen*) to pay ⑤ (*fam: eindrucksvoll darbieten*) to do; **eine brillante Rede ~** to do a brilliant speech **II.** *vr* ■ **sich ~** ① (*schlafen gehen*) to have a lie-down ② (*fam: hinfallen*) to fall [over] **hin|neh·men** *vt irreg* ① (*ertragen*) to accept, to put up with; **etw als selbstverständlich ~** to take sth for granted; **etw ~ müssen** to have to accept sth ② (*einstecken*) *Niederlage*, *Verlust* to suffer **hin·rei·ßend I.** *adj* sufficient; *Gehalt*, *Einkommen* adequate **II.** *adv* ① (*genügend*) **~ lange/oft** long/often enough ② (*zur Genüge*) sufficiently, adequately **Hin·rei·se** *f* trip [somewhere]; (*mit dem Auto*) drive; (*mit dem Schiff*) voyage; **auf der ~ sein** on the way [there]; **Hin- und Rückreise** both ways **hin|rei·ßen** *vt irreg* ① (*begeistern*) to enchant; ■ **[von jdm] hingerissen sein** to be enchanted [by sb]; (*verliebt sein*) to be smitten with sb ② (*spontan verleiten*) **sich zu etw** *dat* **~ lassen** to allow oneself to be driven to sth; **sich ~ lassen** to allow oneself to be carried away, to let oneself be carried away **hin·rei·ßend I.** *adj* enchanting, captivating; *Schönheit* striking **II.** *adv* enchantingly; **~ aussehen** to look enchanting **hin|ren·nen** *vi irreg sein s.* hinlaufen 1

hin|rich·ten *vt* to execute

Hin·rich·tung *f* execution

Hin·rich·tungs·kom·man·do *nt* execution squad

hin|schau·en *vi* DIAL to look **hin|schei·den** *vi irreg* (*geh*) to pass away **hin|schi·cken** *vt* to send [to] **hin|schmei·ßen** *vt irreg* (*fam*) *s.* hinwerfen **hin|se·hen** *vi irreg* to look; **vom bloßen H~** just the sight [of sth]; **bei genauerem H~** on closer inspection

hin|set·zen I. *vr* ■ **sich ~** ① (*sich niederlassen*) to sit down ② (*fam: sich bemühen*) to get down to it **II.** *vt* to put down

Hin·sicht *f kein pl* in **beruflicher ~** with regard to a career, career-wise *fam*; **in gewisser ~** in certain respects; **in jeder ~** in every respect; **in mancher ~** in some respects

hin·sicht·lich *präp +gen* (*geh*) with regard to

hin|stel·len I. *vt* ① (*an einen Platz stellen*) to put ② (*fam: bauen*) to put up ③ (*abstellen*) to park ④ (*charakterisieren*) ■ **jdn als etw** *akk* **~** to make sb out to be sth; **jdn als Beispiel ~** to hold sb up as an example **II.** *vr* ① (*sich aufrichten*) ■ **sich ~** to stand up straight ② (*sich an eine bestimmte Stelle stellen*) ■ **sich vor jdn ~** to plant oneself in front of sb

hin·ten ['hɪntn̩] *adv* ① (*entfernt*) at the end; **~ im Buch** at the back of the book; **ein Buch von vorn[e] bis ~ lesen** to read a book from cover to cover; **~ im Garten** at the bottom of the garden; **sich ~ anstellen** to join the back [of a queue [*or* AM line]]; **weit ~ liegen** to be tailed off BRIT; **das wird weiter ~ erklärt** that's explained further towards the end ② (*auf der abgewandten Seite*) at the back; **ein Zimmer nach ~** a room at the back; **nach ~ durchgehen** to go to the back; **von ~ kommen** to come from behind ▶ **~ und vorn[e]** (*fam*) left, right and centre; **jdn ~ und vorn[e] bedienen** to wait on sb hand and foot; **~ und vorn[e] nicht** (*fam*) no way; **nicht mehr wissen, wo ~ und vorn[e] ist** to not know if one's on one's head or one's heels; **jdn am liebsten von ~ sehen** (*fam*) to be glad to see the back of sb

hin·ten·dran ['hɪntn̩'dran] *adv* (*fam*) on the back **hin·ten·drauf** ['hɪntn̩'drauf] *adv* (*fam*) ① (*hinten auf der Ladefläche*) at the back ② *s.* hintendran **hin·ten·he·rum** ['hɪntn̩he'rʊm] *adv* ① (*von der hinteren Seite*) round the back ② (*fam: auf Umwegen*) indirectly, in a roundabout way; **ich habe es**

~ erfahren a little bird told me *prov* ❸ (*fam: illegal*) through the back door **hin·ten·rum** ['hɪntnrʊm] *adv* (*fam*) *s.* **hintenherum**

hin·ter ['hɪntɐ] **I.** *präp* +*dat* ❶ (*da~*) at the back of, behind ❷ (*jenseits von etw*) behind; **~ diesem Berg/Hügel** on the other side of this mountain/hill; **~ der Grenze** on the other side of the border ❸ (*am Schluss von*) after ❹ (*nach*) after; **~ jdm an die Reihe kommen** to come after sb; **etw ~ sich bringen** to get sth over with ❺ (*fig*) **~ etw kommen** to find out about sth; **sich ~ jdn stellen** to back sb up **II.** *präp* +*akk räumlich* (*auf die Rückseite von etw*) behind; **etw fällt ~ ein Sofa** sth falls behind a sofa; **20 km ~ sich haben** to have covered 20 km **III.** *part* (*fam*) *s.* **dahinter**

Hin·ter·ach·se *f* back [*or* rear] axle **Hin·ter·aus·gang** *m* back exit; (*zu einem privaten Haus*) back door **Hin·ter·ba·cke** *f meist pl* (*fam*) buttock; ■ ~**n** buttocks, backside **Hin·ter·bänk·ler(in)** <-s, -> ['hɪntəbɛŋklɐ] *m(f)* POL (*pej*) ≈ backbencher (*insignificant member of parliament*) **Hin·ter·bein** *nt* hind leg

Hin·ter·blie·be·ne(r) [hɪntɐ'bliːbənə, -nə] *f(m) dekl wie adj* bereaved [family]; **seine Tochter war die einzige ~** his daughter was his only surviving relative; ■ **die ~n** the surviving dependants

hin·te·re(r, s) ['hɪntərə, -rə, -rəs] *adj* ■ **der/die/das ~ ...** the rear ...

hin·ter·ein·an·der [hɪntɐʔaɪn'andɐ] *adv* ❶ *räumlich* (*einer hinter dem anderen*) one behind the other ❷ *zeitlich* (*aufeinanderfolgend*) one after the other; **mehrere Tage ~** several days running, on several consecutive days

Hin·ter·ein·gang *m* the rear entrance; (*zu einem privaten Haus*) back door

hin·ter·fot·zig ['hɪntɐfɔtsɪç] *adj* DIAL (*derb*) underhand, devious

hin·ter|fra·gen* [hɪntɐ'fraːgn̩] *vt* (*geh*) to question, to analyse **Hin·ter·ge·dan·ke** *m* ulterior motive

hin·ter|ge·hen* ['hɪntɐgeːən] *vt irreg* ❶ (*betrügen*) to deceive, to go behind sb's back; (*betrügen um Profit zu machen*) to cheat, to double-cross ❷ (*sexuell betrügen*) to be unfaithful, to two-time

Hin·ter·grund *m* ❶ (*hinterer Teil des Blickfeldes*) background; **der ~ eines Raums** the back of a room ❷ (*Umstände*) ■ **der ~ einer S.** *gen* the background to sth; **der ~ einer Geschichte** the setting to a story *liter* ❸ *pl* (*Zusammenhänge*) ■ **die Hintergründe einer S.** *gen* the [true] facts about sth; **vor dem ~ einer S.** *gen* in/against the setting of sth

hin·ter·grün·dig I. *adj* enigmatic, mysterious **II.** *adv* enigmatically, mysteriously

Hin·ter·halt *m* (*pej*) ambush; **in einen ~ geraten** to be ambushed; **aus dem ~ angreifen** to attack without warning

hin·ter·häl·tig ['hɪntɐhɛltɪç] **I.** *adj* (*pej*) underhand, devious, shifty **II.** *adv* (*pej*) in an underhand manner

Hin·ter·häl·tig·keit <-, -en> *f* (*pej*) ❶ *kein pl* (*Heimtücke*) underhandedness, deviousness, shiftiness ❷ (*heimtückische Tat*) underhand act

hin·ter·her [hɪntɐ'heːɐ̯] *adv* ❶ *räumlich* behind; ■ **jdm ~ sein** to be after sb ❷ *zeitlich* after that, afterwards

hin·ter·her|fah·ren *vi irreg sein* to follow, to drive behind **hin·ter·her|he·cheln** ❶ (*pej fam*) to try to catch up with **hin·ter·her|lau·fen** [hɪntɐ'heːɐ̯laʊfn̩] *vi irreg sein* to run after

Hin·ter·hof *m* courtyard, back yard; (*Garten*) back garden **Hin·ter·kopf** *m* back of the head ▶ **etw im ~ behalten** to keep sth in mind **Hin·ter·land** *nt kein pl* hinterland

hin·ter·las·sen* [hɪntɐ'lasn̩] *vt irreg* to leave; **etw in Unordnung ~** to leave sth in a mess; **bei jdm einen Eindruck ~** to make an impression on sb

Hin·ter·las·sen·schaft <-, -en> *f* ❶ (*literarisches Vermächtnis*) posthumous works ❷ (*fam: übrig gelassene Dinge*) leftovers *pl*

hin·ter·le·gen* [hɪntɐ'leːgn̩] *vt* ■ **etw [bei jdm]** ~ to leave sth [with sb]; *Sicherheitsleistung, Betrag* to supply [sb with] sth

Hin·ter·list *f kein pl* ❶ (*Heimtücke*) deceit *no pl, no art*, deception *no pl, no art*, duplicity *no pl, no art* ❷ (*Trick, List*) trick, ploy, ruse

hin·ter·lis·tig I. *adj* deceitful, deceptive, shifty **II.** *adv* deceitfully, deceptively, shiftily

hin·term ['hɪntɐm] = **hinter dem** *s.* **hinter**

Hin·ter·mann <-männer> *m* ❶ (*räumlich*) the person behind ❷ *pl* (*pej fam: Drahtzieher*) person pulling the strings, brains [behind the operation]

hin·tern ['hɪntɐn] = **hinter den** *s.* **hinter**

Hin·tern <-s, -> ['hɪntɐn] *m* (*fam*) (*Gesäß*) bottom, behind, backside; **sich auf den ~ setzen** (*fam*) to fall on one's bottom; **jdm den ~ versohlen** to tan sb's bottom ▶ **jd kann sich in den ~ beißen** (*sl*) sb can kick themselves; **sich auf den ~ setzen** (*fam*) to knuckle down to sth, to get one's finger out BRIT

Hin·ter·rad *nt* rear wheel **Hin·ter·rad·an·trieb** *m* rear-wheel drive

hin·ter·rücks ['hɪntɐryks] *adv* ❶ (*von hinten*) from behind ❷ (*im Verborgenen*) behind sb's back

hin·ters ['hɪntɐs] = hinter das s. hinter

hin·ter·sin·nig adj with a deeper meaning; Bemerkung a. subtle, profound

Hin·ter·sitz m (Rücksitz) back seat

hin·ters·te(r, s) ['hɪntɐstə, -tɐ, -təs] adj superl von hintere(r, s) (entlegenste) farthest, deepest hum

Hin·ter·teil nt (fam) s. Hintern **Hin·ter·tref·fen** nt kein pl (gegenüber jdm) ins ~ geraten to fall behind [sb]; im ~ sein to be at a disadvantage **Hin·ter·trep·pe** f back stairs **Hin·ter·tür** f, **Hin·ter·türl** <-s, -[n]> nt ÖSTERR ❶ (hintere Eingangstür) back entrance; (zu einem privaten Haus) back door ❷ (fam: Ausweg) back door, loophole ▶ sich dat eine Hintertür offen halten to leave a back door open; durch die Hintertür by the back door

Hin·ter·wäld·ler(in) <-s, -> ['hɪntɐvɛltlɐ] m(f) (pej fam) country bumpkin, yokel

hin·ter·wäld·le·risch adj (pej fam) country bumpkin, provincial BRIT

hin·ter|zie·hen* [hɪntɐ'tsiːən] vt irreg to evade

Hin·ter·zim·mer nt ❶ (nach hinten liegendes Zimmer) back room, room at the back ❷ ÖKON back office

hin|tun vt irreg (fam: hinlegen) ■ etw irgendwohin ~ to put sth somewhere

hi·nü·ber [hɪ'nyːbɐ] adv ❶ (nach drüben) across, over ❷ (fam: verdorben) off, bad ❸ (fam: defekt) ■ ~ sein to have had it; (ruiniert sein) to be done for ❹ (fam: ganz hingerissen) bowled over

Hin-und-her-ge·re·de, Hin-und-Her-Ge·re·de nt (fam) aimless chatter; (Streit) argybargy BRIT

hi·nun·ter [hɪ'nʊntɐ] adv down

hi·nun·ter|fah·ren irreg **I.** vi sein to go down **II.** vt to drive down **hi·nun·ter|fal·len** irreg sein **I.** vi to fall down/off; aus dem 8. Stock/von der Fensterbank ~ to fall from the 8th floor/off the window sill **II.** vt ■ etw ~ to fall down sth **hi·nun·ter|ge·hen** [hɪ'nʊntɐgeːən] irreg sein **I.** vi ❶ (nach unten gehen) to go down ❷ (die Flughöhe verringern) to descend (auf to) **II.** vt ■ etw ~ to go down sth **hi·nun·ter|schlu·cken** ❶ (schlucken) to swallow [down sep] ❷ (fam: sich verkneifen) to suppress; Erwiderung to stifle [or to bite back] **hi·nun·ter|spü·len** vt ❶ (nach unten wegspülen) to flush down sep ❷ (mit einem Getränk hinunterschlucken) to wash down sep (mit with) ❸ (fam: verdrängen) to ease (mit with) **hi·nun·ter|wer·fen** vt irreg to throw down **hi·nun·ter|wür·gen** vt to choke down sep

hin|wa·gen vr ■ sich ~ to dare [to] approach

hin·weg [hɪn'vɛk] adv (veraltend geh) ■ ~! begone!; ■ ~ mit jdm/etw dat away with sb/sth; über jdn/etw ~ sein to have got over sb/sth; über lange Jahre ~ for [many long] years

Hin·weg ['hɪnveːk] m way there; auf dem ~ on the way there

hin·weg|ge·hen [hɪn'vɛkgeːən] vi irreg sein ■ über etw akk ~ to disregard sth **hin·weg|hel·fen** vi irreg ■ jdm über etw akk ~ to help sb [to] get over sth **hin·weg|kom·men** vi irreg sein ■ über etw akk ~ to get over sth **hin·weg|se·hen** vi irreg ■ über jdn/etw ~ ❶ (unbeachtet lassen) to overlook sb/sth ❷ (ignorieren) to ignore sb/sth ❸ (darüber hinweg) to see over sb['s head]/sth **hin·weg|set·zen** vr ■ sich über etw akk ~ to disregard sth

Hin·weis <-es, -e> ['hɪnvaɪs, pl -vaɪzə] m ❶ (Rat) advice no pl, no art, tip ❷ (Anhaltspunkt) clue, indication

hin|wei·sen irreg **I.** vt ■ jdn darauf ~, dass ... to point out [to sb] that ... **II.** vi ■ auf jdn/etw ~ to point to sb/sth

Hin·weis·schild nt sign

hin|wer·fen irreg vt ❶ (zuwerfen) to throw to ❷ (irgendwohin werfen) to throw down sep; (fallen lassen) to drop ❸ (fam: aufgeben) to give up sep, to chuck [in sep] ❹ (flüchtig erwähnen) to drop ❺ (flüchtig zu Papier bringen) to dash off **hin|wol·len** vi (fam) ❶ to want to go **hin|zie·hen** irreg **I.** vt haben ❶ (zu sich ziehen) ■ jdn/etw zu sich dat ~ to pull sb/sth towards one ❷ (anziehen) ■ es zieht jdn zu etw dat hin sb is attracted to sth ❸ (hinauszögern) to delay **II.** vi sein (sich hinbewegen) to move **III.** vr ■ sich ~ ❶ (sich verzögern) to drag on ❷ (sich erstrecken) to extend along **hin|zie·len** vi ■ auf etw akk ~ (zum Ziel haben) to aim at sth; (auf etw gerichtet sein) to be aimed at sth, to refer to sth

hin·zu [hɪn'tsuː] adv in addition, besides

hin·zu|fü·gen vt ❶ (beilegen) to enclose ❷ (zusätzlich bemerken) to add; das ist meine Meinung, dem habe ich nichts mehr hinzuzufügen! that is my opinion, I have nothing further to add to it ❸ (nachträglich hineingeben) to add **hin·zu|kom·men** [hɪn'tsuːkɔmən] vi irreg sein ❶ (zusätzlich eintreffen) to arrive; (aufkreuzen) to appear [on the scene] ❷ (sich noch ereignen) ■ es kommt [noch] hinzu, dass ... there is also the fact that ... ❸ (dazukommen) kommt sonst noch etwas hinzu? will there be anything else? **hin·zu|zäh·len** vt ❶ (als dazugehörig ansehen) to include ❷ (hinzurechnen)

■ etw [mit] ~ to add on sth **hin·zu|zie·hen** *vt irreg* to consult
Hi·obs·bot·schaft ['hi:ops-] *f* bad news *no pl, no indef art*
Hip-Hop <-s> ['hɪphɔp] *m kein pl* MUS, MODE hip-hop *no pl, no art*
Hip·pie <-s, -s> ['hɪpi] *m* hippie
Hirn <-[e]s, -e> [hɪrn] *nt* ❶ (*Ge~*) brain ❷ (*~masse*) brains *pl*
Hirn·ge·spinst *nt* fantasy; ■ ~e figments of the imagination
Hirn·haut *f* meninx *spec* **Hirn·haut·ent·zün·dung** *f* meningitis
hirn·ris·sig *adj* (*pej fam*) hare-brained **Hirn·schlag** *m* MED stroke **Hirn·strom** *m meist pl* BIOL, MED brain wave activity **Hirn·tod** *m* brain death *no pl, no art* **hirn·ver·brannt** *adj* (*fam*) s. hirnrissig
Hirsch <-es, -e> [hɪrʃ] *m* ❶ (*Rot~*) deer ❷ (*~fleisch*) venison *no art, no pl*
Hirsch·ge·weih *nt* antlers *pl* **Hirsch·kä·fer** *m* stag beetle **Hirsch·kuh** *f* hind
Hir·se <-, -> ['hɪrzə] *f* millet *no pl, no art*
Hirt(in) <-en, -en> [hɪrt] *m(f)* herdsman *masc;* (*Schaf~*) shepherd *masc,* shepherdess *fem*
Hir·ten·brief *m* REL pastoral letter
his, His <-, -> [hɪs] *nt* MUS B sharp
His·pa·nis·tik <-> [hɪspa'nɪstɪk] *f kein pl* SCH Spanish [language and literature] *no pl*
his·sen ['hɪsn] *vt* to hoist
His·ta·min <-s> [hɪsta'mi:n] *nt kein pl* histamine *no pl, no art*
His·to·ri·ker(in) <-s, -> [hɪs'to:rɪkɐ] *m(f)* historian
his·to·risch [hɪs'to:rɪʃ] **I.** *adj* ❶ (*die Geschichte betreffend*) historical ❷ (*geschichtlich bedeutsam*) historic **II.** *adv* historically; ~ belegt sein to be historically proven
Hit <-s, -s> [hɪt] *m* (*fam*) ❶ (*erfolgreicher Schlager*) hit ❷ (*Umsatzrenner*) roaring success
Hit·lis·te *f* charts *npl* **Hit·pa·ra·de** *f* ❶ (*Musiksendung*) chart show, top of the pops *no indef art* BRIT ❷ s. Hitliste
Hit·ze <-, -n> ['hɪtsə] *f* heat *no pl, no indef art;* bei mittlerer ~ backen to bake in a medium oven
hit·ze·be·stän·dig *adj* heat-resistant **Hit·ze·wal·lung** *f meist pl* hot flush **Hit·ze·wel·le** *f* heat wave
hit·zig ['hɪtsɪç] **I.** *adj* ❶ (*leicht aufbrausend*) hot-headed, quick-tempered; *Reaktion* heated; *Temperament* fiery ❷ (*leidenschaftlich*) passionate; *Debatte* heated **II.** *adv* passionately
Hitz·kopf *m* (*fam*) hothead **hitz·köp·fig** *adj* (*fam*) hot-headed **Hitz·schlag** *m* heat-stroke; (*von der Sonne a.*) sunstroke
HIV <-[s]> [ha:ʔi:'fau] *nt Abk von* **Human Immunodeficiency Virus** HIV *no pl, no art*
HIV-in·fi·ziert [ha:ʔi:'fau-] *adj* HIV-positive
HIV-ne·ga·tiv [ha:ʔi:'fau'-] *adj* HIV-negative
HIV-po·si·tiv [ha:ʔi:'fau'-] *adj* HIV-positive
HIV-Test [ha:ʔi:'fau-] *m* HIV test
Hi·wi <-s, -s> ['hi:vi] *m* (*sl*) assistant
Hl. *Abk von* **Heilige(r)** St
hm *interj* ❶ (*anerkennendes Brummen*) hm ❷ (*fragendes Brummen*) er[m]
H-Milch ['ha:] *f* long-life milk
h-Moll ['ha:'mɔl] *nt* MUS B minor
HNO-Arzt, -Ärz·tin [ha:ʔɛn?o:-] *m, f* ENT specialist
hob ['ho:p] *imp von* heben
Hob·by <-s, -s> ['hɔbi] *nt* hobby
Ho·bel <-s, -> ['ho:bl] *m* ❶ (*Werkzeug*) plane ❷ (*Küchengerät*) slicer
Ho·bel·bank <-bänke> *f* carpenter's bench
ho·beln ['ho:bln] *vt, vi* ❶ (*mit dem Hobel glätten*) to plane ❷ (*mit dem Hobel schneiden*) to slice
hoch [ho:x] **I.** *adj* <*attr* hohe(r, s), höher, *attr* höchste(r, s)> ❶ (*räumlich*) high, tall; *Baum* tall; **eine hohe Decke** a high ceiling; **eine hohe Schneedecke** deep snow; **20 Meter ~ sein** to be 20 metres tall/high ❷ (*beträchtlich, groß*) high, large; *Betrag* large; *Kosten* high; **ein hoher Lotteriegewinn** a big lottery win; *Temperatur, Geschwindigkeit, Lebensstandard, Druck* high; *Verlust* severe; *Sachschaden* extensive; **du hast aber hohe Ansprüche!** you're very demanding! ❸ (*bedeutend*) great, high; **hohes Ansehen** great respect; **ein hoher Feiertag** an important public holiday; **hohe Offiziere** high-ranking officers ❹ (*sehr*) highly; ~ **begabt** highly gifted; ~ **besteuert** highly taxed; ~ **favorisiert sein** to be the strong favourite; ~ **gelobt** highly praised; ~ **konzentriert arbeiten** to be completely focused on one's work; ~ **qualifiziert** highly qualified; ~ **versichert** heavily insured; ~ **verschuldet** deep in debt *pred;* **jdm etw ~ anrechnen** to give sb a great credit for sth; **jdn/etw zu ~ einschätzen** to overestimate sb/sth ❺ *präd* **jdm zu ~ sein** (*fam*) to be above sb's head **II.** *adv* <höher, am höchsten> ❶ (*nach oben*) **wie ~ kannst du den Ball werfen?** how high can you throw the ball?; **etw ~ halten** to hold up sth *sep;* ~ **gewachsen** tall; **einen Gang ~ schalten** AUTO to shift [up] gears ❷ (*in einiger Höhe*) **die Sterne stehen ~ am Himmel** the stars are high up in the sky; ~ **gelegen** high-lying *attr;* ~ **oben** high up; **im Keller steht das Wasser 3 cm ~** the water's 3 cm deep in the cellar ❸ (*äußerst*) ex-

tremely, highly ④ (*eine hohe Summe umfassend*) highly; ~ **gewinnen** to win a large amount; ~ **wetten** to bet heavily ⑤ MATH (*Bezeichnung der Potenz*) **2** ^ **4** 2 to the power of 4 ▶ **zu** ~ **gegriffen sein** to be an exaggeration; ~ **und heilig schwören, dass ...** to swear blind that ...; ~ **und heilig versprechen** to promise sth faithfully; ~ **hergehen** (*fam*) to be lively; ~ **hinauswollen** (*fam*) to aim high; **wenn es** ~ **kommt** (*fam*) at the most; [**bei etw** *dat*] ~ **pokern** (*fam*) to take a big chance [with sth]

Hoch¹ <-s, -s> [hoːx] *nt* cheer; **ein dreifaches** ~ **dem glücklichen Brautpaar** three cheers for the happy couple

Hoch² <-s, -s> [hoːx] *nt* METEO high

Hoch·ach·tung *f* deep respect; **meine** ~! my compliments! **hoch·ach·tungs·voll** *adv* (*geh*) your obedient servant *dated form* **hoch·ak·tu·ell** *adj* ① (*äußerst aktuell*) highly topical ② MODE highly fashionable, all the rage *pred* **Hoch·al·tar** *m* high altar **hoch·an·stän·dig** *adj* very decent **hoch·lar·bei·ten** *vr* ■ **sich** ~ to work one's way up **Hoch·bahn** *f* elevated railway **Hoch·bau** *m kein pl* structural engineering **hoch·be·kom·men*** *vt irreg* ① (*in die Höhe heben*) to lift up **hoch·be·rühmt** *adj* very famous **hoch·be·tagt** *adj* (*geh*) aged **Hoch·be·trieb** *m* intense activity *no pl*; ~ **haben** to be very busy **Hoch·burg** *f* stronghold **hoch·deutsch** ['hoːxdɔʏtʃ] *adj* High [*or* standard] German **Hoch·druck** *m kein pl* high pressure **Hoch·ebe·ne** *f* plateau **hoch·er·freut** *adj* overjoyed, delighted **hoch·fah·ren** *irreg* **I.** *vi sein* ① (*nach oben fahren*) to go up ② (*sich plötzlich aufrichten*) **aus dem Schlaf** ~ to start up from one's sleep, to wake up with a start ③ (*aufbrausen*) to flare up **II.** *vt haben* ① (*nach oben fahren*) **können Sie uns nach Hamburg** ~? can you drive us up to Hamburg? ② (*auf volle Leistung bringen*) *Produktion* to raise; *Computer* to boot **Hoch·form** *f* top form **Hoch·for·mat** *nt* portrait [*or* vertical] format **Hoch·fre·quenz** *f* high frequency **Hoch·ga·ra·ge** *f* multi-storey car park **Hoch·ge·bir·ge** *nt* high mountains *pl* **Hoch·ge·fühl** *nt* elation **hoch·ge·hen** *irreg sein* **I.** *vi* ① (*hinaufgehen*) to go up ② (*fam: detonieren*) to go off; ■ **etw** ~ **lassen** to blow up sth *sep* ③ (*fam: wütend werden*) to blow one's top ④ (*fam*) *Preise* to go up ⑤ (*fam: enttarnt werden*) to get caught; ■ **jdn/etw** ~ **lassen** to bust sb/sth **II.** *vt* ■ **etw** ~ to go up sth **Hoch·ge·nuss**^RR *m* real delight **Hoch·ge·schwin·dig·keits·zug** *m* high-speed train **hoch·ge·sto·chen I.** *adj* (*pej fam*) ① (*ge-*

schraubt) highbrow ② (*eingebildet*) conceited, stuck-up **II.** *adv* in a highbrow way

Hoch·glanz *m* FOTO high gloss; **etw auf** ~ **bringen** to polish sth till it shines **Hoch·glanz·ma·ga·zin** *nt* glossy [magazine]

hoch·gra·dig I. *adj* extreme **II.** *adv* extremely **hoch·ha·ckig** *adj* high-heeled **hoch·hal·ten** *vt irreg* ① (*in die Höhe halten*) to hold up *sep* ② (*ehren*) to uphold **Hoch·haus** *nt* high-rise [*or* AM multi-story] building **hoch·he·ben** *vt irreg* ① (*in die Höhe heben*) to lift up *sep* ② (*emporstrecken*) to put up *sep* **hoch·in·tel·li·gent** *adj* highly intelligent **hoch·in·te·res·sant** *adj* most interesting **hoch·ju·beln** *vt* (*fam*) to hype

hoch·kant ['hoːxkant] *adv* on end; **etw** ~ **stellen** to stand sth on end

hoch·kan·tig ['hoːxkantɪç] *adv* on end

Hoch·kon·junk·tur *f* [economic] boom **hoch·krem·peln** *vt* to roll up *sep*; **die Hemdsärmel** ~ to roll up one's shirt-sleeves **hoch·krie·gen** *vt* (*fam*) *s.* **hochbekommen Hoch·kul·tur** *f* [very] advanced civilization **Hoch·land** ['hoːxlant] *nt* highland *usu pl*; **das schottische** ~ the Scottish Highlands *npl*

Hoch·leis·tung *f* top-class performance **Hoch·leis·tungs·sport** *m* top-level sport **hoch·mo·dern I.** *adj* ultra-modern; ■ ~ **sein** to be the latest fashion **II.** *adv* in the latest fashion[s]

Hoch·mut ['hoːxmuːt] *m* (*pej*) arrogance ▶ ~ **kommt vor dem Fall** (*prov*) pride goes before a fall *prov*

hoch·mü·tig ['hoːxmyːtɪç] *adj* (*pej*) arrogant

hoch·nä·sig ['hoːxnɛːzɪç] **I.** *adj* (*pej fam*) conceited, snooty **II.** *adv* (*pej fam*) conceitedly, snootily

Hoch·ne·bel *m* METEO [low] stratus *spec* **hoch·neh·men** *vt irreg* ① (*nach oben heben*) to lift up *sep* ② (*fam: auf den Arm nehmen*) ■ **jdn** ~ to have sb on

hoch·not·pein·lich *adj* cringeworthy

Hoch·ofen *m* blast furnace **hoch·pro·zen·tig** *adj* ① (*Alkohol enthaltend*) high-proof ② (*konzentriert*) highly concentrated **hoch·ran·gig** <höherrangig, höchstrangig> *adj attr* high-ranking **hoch·rech·nen** *vt* to project **Hoch·rech·nung** *f* projection **hoch·rot** ['hoːxˈroːt] *adj* bright red **Hoch·sai·son** *f* ① (*Zeit stärksten Betriebes*) the busiest time ② (*Hauptsaison*) high season **Hoch·schul·ab·schluss**^RR *m* degree **Hoch·schul·ab·sol·vent(in)** <-en, -en> *m(f)* college [*or* university] graduate

Hoch·schu·le ['hoːxʃuːlə] *f* ① (*Universität*) university ② (*Fach*~) college; **pädagogi-**

sche ~ teacher training college **Hoch·schü·ler(in)** *m(f)* student
Hoch·schul·leh·rer(in) *m(f)* university/college lecturer **Hoch·schul·rei·fe** *f entrance requirement for higher education* **Hoch·schul·stu·di·um** *nt* university/college education
hoch·schwan·ger *adj* in an advanced stage of pregnancy *pred*
Hoch·see *f kein pl* high sea[s *npl*]; **auf hoher See** on the high seas **Hoch·see·fi·sche·rei** *f* deep-sea fishing *no pl, no art*
hoch·sen·si·bel <höchstsensibel> *superl adj* highly sensitive **Hoch·sitz** *m* JAGD [raised] hide **Hoch·som·mer** *m* midsummer *no pl, no art*, high summer *no pl, no art*; **im ~** in midsummer
Hoch·span·nung *f* ❶ ELEK high voltage ❷ *kein pl* (*Belastung*) enormous tension **Hoch·span·nungs·lei·tung** *f* high-voltage line **Hoch·span·nungs·mast** *m* pylon **Hoch·spra·che** *f* standard language **Hoch·sprung** *m* high jump
höchst [høːçst] **I.** *adj s.* **höchste(r, s) II.** *adv* most, extremely; **~ erfreut** extremely delighted
Höchst·al·ter *nt* maximum age **Hoch·stap·ler(in)** <-s, -> [ˈhoːʃtaːplɐ] *m(f)* (*pej*) con man
Höchst·be·trag *m* maximum amount **höchs·te(r, s)** *attr* **I.** *adj superl von* **hoch** ❶ (*räumlich*) highest, tallest; *Baum* tallest; *Berg* highest ❷ (*bedeutendste*) highest; *Profit* biggest; **aufs H~** extremely, most; **das H~, was ...** the most [that] ...; **zu jds ~n/~r ...** to sb's great ...; **der ~ Feiertag** the most important public holiday; **der ~ Offizier** the highest-ranking officer; **die ~n Ansprüche** the most stringent demands; **von ~r Bedeutung sein** to be of the utmost importance **II.** *adv* ❶ (*räumlich*) the highest; **mittags steht die Sonne am ~n** the sun is highest at midday ❷ (*in größtem Ausmaß*) the most, most of all; **er war am ~n qualifiziert** he was the most qualified ❸ (*die größte Summe umfassend*) the most; **die am ~n versicherten Firmen** the most heavily insured firms
hoch|stei·gen *vi irreg Wut, Angst, Freude* to well up
höchs·tens [ˈhøːçstn̩s] *adv* ❶ (*bestenfalls*) at the most, at best; **er besucht uns selten, ~ zweimal im Jahr** he seldom visits us, twice a year at the most ❷ (*außer*) except
Höchst·fall *m* **im ~** at the most, at best **Höchst·ge·bot** *nt* highest bid **Höchst·ge·schwin·dig·keit** *f* ❶ (*mögliche Geschwindigkeit*) maximum speed ❷ (*zulässige Geschwindigkeit*) speed limit

Hoch·stim·mung *f kein pl* **in ~** in high spirits
Höchst·leis·tung *f* maximum performance *no pl* **Höchst·maß** *nt* maximum amount **höchst·per·sön·lich** *adv* in person, personally; **es war die Königin ~** it was the Queen in person **Höchst·preis** *m* maximum price **Höchst·stand** *m* highest level **Höchst·stra·fe** *f* maximum penalty **höchst·wahr·schein·lich** [ˈhøːçstvaːɐ̯ʃaɪnlɪç] *adv* most likely **höchst·zu·läs·sig** *adj attr* maximum [permissible]
Hoch·tech·no·lo·gie *f* high technology **Hoch·tour** *f* ❶ SPORT (*Hochgebirgstour*) mountain climbing in a high mountain range [*or* area] ❷ *pl* TECH (*größte Leistungsfähigkeit*) **auf ~en laufen** to operate [*or* work] at full speed; (*unter Aufbringen aller Kraftreserven vonstattengehen*) to be in full swing ▸ **jdn auf ~ bringen** (*fam*) to get sb working flat out; **etw auf ~ bringen** (*fam*) to increase sth to full capacity **hoch·tra·bend** (*pej*) **I.** *adj* pompous **II.** *adv* pompously **hoch|trei·ben** *vt irreg* to drive up *sep*; *Kosten, Löhne, Preise a.* to force up **hoch·ver·ehrt** *adj attr* highly respected; **meine ~en Damen und Herren!** ladies and gentlemen! **Hoch·ver·rat** *m* high treason *no pl, no art* **Hoch·was·ser** *nt* ❶ (*Flut*) high tide ❷ (*überhoher Wasserstand*) high [level of] water; **~ führen** to be in flood ❸ (*Überschwemmung*) flood **hoch·wer·tig** [ˈhoːxveːɐ̯tɪç] *adj* ❶ (*von hoher Qualität*) [of *pred*] high quality ❷ (*von hohem Nährwert*) highly nutritious
Hoch·zeit <-, -en> [ˈhoːxtsaɪt] *f* wedding
Hoch·zeits·fei·er *f* wedding reception **Hoch·zeits·kleid** *nt* wedding dress **Hoch·zeits·nacht** *f* wedding night **Hoch·zeits·rei·se** *f* honeymoon *no pl* **Hoch·zeits·tag** *m* ❶ (*Tag der Hochzeit*) wedding day ❷ (*Jahrestag*) wedding anniversary
hoch|zie·hen *irreg vt* ❶ (*nach oben ziehen*) to pull up *sep*; ▪ **sich** [**an etw** *dat*] **~** to pull oneself up [on sth] ❷ (*fam: rasch bauen*) to build [rapidly]
Ho·cke <-, -n> [ˈhɔkə] *f* ❶ (*Körperhaltung*) crouching position; **in die ~ gehen** to crouch down; **in der ~ sitzen** to crouch, to squat ❷ (*Turnübung*) squat vault
ho·cken [ˈhɔkn̩] **I.** *vi* ❶ *haben* (*kauern*) to crouch, to squat ❷ *haben* (*fam: sitzen*) to sit ❸ *sein* SPORT (*in der Hocke springen*) to squat-vault (*über* over) **II.** *vr* DIAL (*fam: sich setzen*) ▪ **sich** [**zu jdm**] **~** to sit down [next to sb]
Ho·cker <-s, -> *m* stool; (*in einer Kneipe a.*) bar stool
Hö·cker <-s, -> [ˈhœkɐ] *m* ❶ (*Wulst*) hump

Hockey–Höhlenmalerei

❷ (*kleine Wölbung*) bump
Ho·ckey <-s> ['hɔki] *nt kein pl* hockey *no pl, no art,* field hockey AM *no pl, no art*
Ho·den <-s, -> ['hoːdn̩] *m* testicle
Ho·den·sack *m* scrotum
Hof <-[e]s, Höfe> [hoːf, *pl* 'høːfə] *m* ❶ (*Innen~*) courtyard; (*Schul~*) schoolyard, playground ❷ (*Bauern~*) farm ❸ HIST (*Fürstensitz*) court; **bei** [*o* **am**] **~e** at court ❹ (*Halo*) halo ▶ **jdm den ~ machen** (*veraltend*) to woo sb
hof·fen ['hɔfn̩] **I.** *vi* to hope (**auf** for); ■ **auf jdn ~** to put one's trust in sb **II.** *vt* **etw ~** to hope for sth; **es bleibt zu ~, dass ...** the hope remains that ...; **das will ich ~** I hope so
hof·fent·lich ['hɔfn̩tlɪç] *adv* hopefully; ■ **~ nicht** I/we hope not
Hoff·nung <-, -en> ['hɔfnʊŋ] *f* hope (**auf** for/of); **es besteht noch ~** there is still hope; **jds letzte ~ sein** to be sb's last hope; **sich an eine falsche ~ klammern** to cling to a false hope; **~ auf etw** *akk* **haben** to have hopes of sth; **sich bestimmten ~en hingeben** to cherish certain hopes; **in der ~, [dass] ...** (*geh*) in the hope [that] ...; **sich** *dat* **~en machen** to have hopes; **sich** *dat* **keine ~en machen** to not hold out any hopes; **jdm ~ machen** to hold out hope to sb; **neue ~ schöpfen** to find fresh hope; **die ~ aufgeben** to give up hope; **guter ~ sein** (*euph*) to be expecting
hoff·nungs·los I. *adj* hopeless **II.** *adv* ❶ (*ohne Hoffnung*) without hope ❷ (*völlig, ausweglos*) hopelessly
Hoff·nungs·lo·sig·keit <-> *f kein pl* hopelessness *no pl, no art*; (*Verzweiflung*) despair *no pl, no art* **Hoff·nungs·schim·mer** *m* (*geh*) glimmer of hope **Hoff·nungs·trä·ger(in)** *m(f)* sb's hope; **sie ist unsere ~in** she's our hope, we've pinned our hopes on her **hoff·nungs·voll I.** *adj* hopeful; *Karriere* promising **II.** *adv* full of hope
hö·fisch ['høːfɪʃ] *adj* courtly
höf·lich ['høːflɪç] **I.** *adj* polite, courteous **II.** *adv* politely, courteously
Höf·lich·keit <-, -en> *f* ❶ *kein pl* (*höfliche Art*) courtesy *no pl, no art*, politeness *no pl, no art*; **ich sage das nicht nur aus ~** I'm not just saying that to be polite ❷ (*höfliche Bemerkung*) compliment
Höf·lich·keits·flos·kel *f* polite phrase
Hof·narr *m* HIST court jester
ho·he(r, s) ['hoːə, -e, -əs] *adj s.* **hoch**
Hö·he <-, -n> ['høːə] *f* ❶ (*Ausdehnung nach oben*) height; **die Wand hat eine ~ von 3 Metern** the wall is 3 metres high; **aus der ~** from above; **auf halber ~** halfway up; **in einer ~ von** at a height of; **in die ~** into the air; **in schwindelnder ~** at a dizzy[ing] height; **in die ~ wachsen** to grow tall ❷ (*Tiefe*) depth; **diese Schicht hat eine ~ von 80 Zentimetern** this layer is 80 centimetres deep ❸ (*Gipfel*) summit, top ❹ (*Ausmaß*) amount, level; **die ~ des Schadens** the extent of the damage; **in die ~ gehen** *Preise* to rise; **in unbegrenzter ~** of an unlimited amount ❺ (*Ton~*) treble ❻ (*Breitenlage*) latitude; **auf der gleichen ~ liegen** to be located in the same latitude ▶ **nicht ganz auf der ~ sein** to be a bit under the weather; **das ist doch die ~!** (*fam*) that's the limit!; **auf der ~ sein** to be in fine form; **die ~n und Tiefen des Lebens** the ups and downs in life
Ho·heit <-, -en> ['hoːhait] *f* ❶ (*Mitglied einer fürstlichen Familie*) member of the royal family; **Ihre Königliche ~** Your Royal Highness ❷ *kein pl* (*oberste Staatsgewalt*) sovereignty *no pl, no art*
Ho·heits·ge·biet *nt* sovereign territory **Ho·heits·ge·wäs·ser** *pl* territorial waters *npl* **Ho·heits·recht** *nt meist pl* POL sovereign right
Hö·hen·angst *f* fear of heights *no pl* **Hö·hen·mes·ser** *m* LUFT altimeter **Hö·hen·son·ne** *f* ❶ (*im Gebirge*) mountain sun ❷ (*UV-Strahler*) sun lamp **Hö·hen·un·ter·schied** *m* difference in altitude **hö·hen·ver·stell·bar** *adj* height-adjustable
Hö·he·punkt *m* ❶ (*bedeutendster Teil*) high point; *einer Veranstaltung* highlight ❷ (*Gipfel*) height, peak; **auf dem ~ seiner Karriere** at the height of one's career; **die Krise hatte ihren ~ erreicht** the crisis had reached its climax ❸ (*Zenith*) zenith ❹ (*Orgasmus*) climax
hö·her ['høːɐ] **I.** *adj comp von* **hoch** ❶ (*räumlich*) higher, taller ❷ (*bedeutender, größer*) *Forderungen, Druck, Verlust* greater; *Gewinn, Preis, Temperatur* higher; *Strafe* severer; **ein ~er Offizier** a higher-ranking officer ▶ **sich zu H~em berufen fühlen** to feel destined for higher things **II.** *adv comp von* **hoch** ❶ (*weiter nach oben*) higher/taller ❷ (*mit gesteigertem Wert*) higher
hö·her|ge·stellt *adj* more senior
hö·her|stu·fen *vt* to upgrade
hohl [hoːl] *adj, adv* ❶ (*leer*) hollow; **mit der ~en Hand** with cupped hands; **~e Wangen** sunken cheeks ❷ (*pej: nichts sagend*) empty
Höh·le <-, -n> ['høːlə] *f* ❶ (*Fels~*) cave ❷ (*Tierbehausung*) cave, lair ❸ (*Höhlung*) hollow ❹ (*Augen~*) socket ▶ **sich in die ~ des Löwen begeben** to venture into the lion's den
Höh·len·ma·le·rei *f* cave painting **Höh·len·**

mensch *m* cave dweller, caveman *masc*, cavewoman *fem*, troglodyte *spec*
Hohl·kopf *m* (*pej fam*) blockhead, airhead AM **Hohl·kör·per** *m* hollow body **Hohl·kreuz** *nt* hollow back **Hohl·maß** *nt* ① (*Maßeinheit*) measure of capacity, cubic measure *spec* ② (*Messgefäß*) dry measure **Hohl·raum** *m* cavity, hollow space **Hohl·spie·gel** *m* concave mirror
Hohn <-[e]s> [hoːn] *m kein pl* scorn *no pl, no art*, mockery *no pl, no art*; **das ist blanker ~!** this is utterly absurd
höh·nen *vi* to sneer
höh·nisch ['høːnɪʃ] **I.** *adj* scornful, mocking, sneering **II.** *adv* scornfully, mockingly, sneeringly
hoi [hɔɪ] *interj* SCHWEIZ hello, hi
Ho·kus·po·kus <-> [hoːkʊs'poːkʊs] *m kein pl* ① (*Zauberformel*) abracadabra; (*vor dem Schluss*) hey presto BRIT *fam* ② (*fam: fauler Zauber*) hocus-pocus ③ (*fam: Brimborium*) fuss; **einen ~ veranstalten** to make a fuss
Hol·ding <-, -s> ['hɔːldɪŋ] *f*, **Hol·ding·ge·sell·schaft** *f* holding company
ho·len ['hoːlən] **I.** *vt* ① (*hervor~*) to get (**aus** out of, **von** from) ② (*her~*) **jdn** [**irgendwohin**] **~** to send sb [somewhere]; **Sie können den Patienten jetzt ~** you can send for the patient now; ▪ **jdn ~ lassen** to fetch sb; **Hilfe ~** to get help **II.** *vr* (*fam*) ▪ **sich** *dat* **etw ~** ① (*sich nehmen*) to get oneself sth (**aus** out of, **von** from) ② (*sich zuziehen*) to catch sth (**an** from, **bei** in); **bei dem kalten Wetter holst du dir eine Erkältung** you'll catch a cold in this chilly weather ③ (*sich einhandeln*) Abfuhr, Rüge to get
Hol·land <-s> ['hɔlant] *nt* ① (*Niederlande*) the Netherlands *npl*, Holland; *s. a.* **Deutschland** ② (*Provinz der Niederlande*) Holland
Hol·län·der <-s> ['hɔlɛndɐ] *m kein pl* Dutch cheese *no pl*
Hol·län·der(in) <-s, -> ['hɔlɛndɐ] *m(f)* Dutchman *masc*, Dutchwoman *fem*; ▪ **die ~** + *pl vb* the Dutch [*or* a Dutchman/Dutchwoman]; **der Fliegende ~** the Flying Dutchman; *s. a.* **Deutsche(r)**
hol·län·disch ['hɔlɛndɪʃ] *adj* Dutch; *s. a.* **deutsch**
Höl·le <-, -n> ['hœlə] *f pl selten* hell *no pl, no art*; **in die ~ kommen** to go to hell; **in der ~** in hell; **jdn zur ~ jagen** (*pej fam*) to tell sb to go to hell ▪ **die ~ auf Erden** hell on earth; **jdm die ~ heißmachen** (*fam*) to give sb hell; **die ~ ist los** (*fam*) all hell has broken loose
Höl·len·angst ['hœlən'ʔaŋst] *f* (*fam*) awful fear; **jdm eine ~ einjagen** to frighten sb to death **Höl·len·lärm** ['hœlən'lɛrm] *m* hell of a noise *no pl, no def art* **Höl·len·qual** *f* (*fam*) agony *no pl, no art*
höl·lisch ['hœlɪʃ] **I.** *adj* ① *attr* infernal ② (*fam: fürchterlich*) terrible, dreadful, hell *pred*; **eine ~er Lärm** a terrible racket **II.** *adv* (*fam*) dreadfully, terribly; **~ brennen** to burn like hell
Holm <-[e]s, -e> [hɔlm] *m* ① SPORT bar ② (*Rahmen*) side piece; *einer Leiter* upright ③ (*Handlauf*) rail ④ AUTO (*tragende Leiste*) cross member; LUFT spar ⑤ (*Stiel*) shaft
Ho·lo·caust <-s> ['hoːlokaʊst] *m kein pl* holocaust
Ho·lo·gramm <-e> [holo'gram] *nt* hologram
hol·pe·rig ['hɔlpərɪç] *adj* ① *Straße* bumpy, uneven ② *Sprache, Stil* clumsy
hol·pern ['hɔlpɐn] *vi* ① *haben* (*holperig sein*) to bump, to jolt ② *sein* (*sich rüttelnd fortbewegen*) to jolt
holp·rig ['hɔlprɪç] *adj s.* **holperig**
Ho·lun·der <-s, -> [ho'lʊndɐ] *m* elder
Holz <-es, Hölzer> [hɔlts, *pl* 'hœltsɐ] *nt* ① *kein pl* (*Material*) wood *no pl, no art*; **~ verarbeitend** wood-processing *attr*; **~ fällen** to cut down trees *no pl*; **tropische Hölzer** tropical wood; **aus ~** wooden; **massives ~** solid wood ② *pl* (*Bauhölzer*) timber ③ SPORT *Golf* wood ▪ **aus dem gleichen ~ geschnitzt sein** to be cast in the same mould
Holz·bein *nt* wooden leg, peg leg *dated fam*
Holz·blas·in·stru·ment *nt* woodwind instrument
höl·zern ['hœltsɐn] **I.** *adj* wooden **II.** *adv* woodenly
Holz·fäl·ler(in) <-s, -> *m(f)* woodcutter, lumberjack AM **holz·ge·tä·felt** ['hɔltsgətɛːfɛlt] *adj Raum, Wand* wood-panelled
Holz·ham·mer *m* mallet **Holz·ham·mer·me·tho·de** *f* (*fam*) sledgehammer approach
hol·zig ['hɔltsɪç] *adj* KOCHK stringy
Holz·klotz *m* wooden block **Holz·koh·le** *f* charcoal *no pl, no art* **Holz·schuh** *m* clog, wooden shoe **Holz·schutz·mit·tel** *nt* wood preservative **Holz·stich** *m* woodcut
Holz·weg *m* ▪ **auf dem ~ sein** (*fam*) to be barking up the wrong tree, to be on the wrong track **Holz·wurm** *m* woodworm
Home·com·pu·ter ['hoːmkɔmpjuːtɐ] *m* home computer **Home·page** <-, -s> ['hoːmpeːtʃ] *f* INFORM home page
Ho·mo <-s, -s> ['hoːmo] *m* (*veraltend fam*) homo
Ho·mo-Ehe *f* (*fam*) gay marriage
ho·mo·gen [homo'geːn] *adj* (*geh*) homogen[e]ous

ho·mo·ge·ni·sie·ren* [homogeni'zi:rən] *vt* to homogenize

Ho·mö·o·path(in) <-en, -en> [homøo'pa:t] *m(f)* hom[o]eopath

Ho·mö·o·pa·thie <-> [homøopa'ti:] *f kein pl* hom[o]eopathy *no pl, no art*

ho·mö·o·pa·thisch [homøo'pa:tɪʃ] *adj* hom[o]eopathic

Ho·mo·se·xu·a·li·tät [homozɛksu̯ali'tɛːt] *f* homosexuality *no pl, no art*

ho·mo·se·xu·ell [homozɛ'ksu̯ɛl] *adj* homosexual

Ho·mo·se·xu·el·le(r) *f(m) dekl wie adj* homosexual

Hon·du·ra·ner(in) <-s, -> [hɔndu'ra:nɐ] *m(f)* Honduran; *s. a.* **Deutsche(r)**

hon·du·ra·nisch [hɔndu'ra:nɪʃ] *adj* Honduran; *s. a.* **deutsch**

Hon·du·ras <-> [hɔn'du:ras] *nt* Honduras; *s. a.* **Deutschland**

Ho·nig <-s, -e> [ˈhoːnɪç] *m* honey *no pl, no art*; **türkischer ~** halva[h] *no pl, no art* ▸ **jdm ~ ums Maul schmieren** (*fam*) to butter up sb *sep*

Ho·nig·bie·ne *f* honeybee

Ho·nig·ku·chen *m* honey cake **Ho·nig·ku·chen·pferd** *nt* simpleton ▸ **wie ein ~ grinsen** (*hum fam*) to grin like a Cheshire cat

Ho·nig·le·cken *nt* ▸ **kein ~ sein** (*fam*) to be no picnic, to not be a piece of cake **Ho·nig·me·lo·ne** *f* honeydew melon **ho·nig·süß** (*pej*) **I.** *adj* honeyed **II.** *adv* as sweet as honey [*or* Am pie] **Ho·nig·wa·be** *f* honeycomb

Ho·no·rar <-s, -e> [hono'raːɐ̯] *nt* fee; *eines Autors* royalties *npl*; **gegen ~** on payment of a fee

ho·no·rie·ren* [hono'ri:rən] *vt* ❶ (*würdigen*) to appreciate ❷ (*bezahlen*) to pay ❸ ÖKON (*akzeptieren*) to honour

Hoo·li·gan <-s, -s> [ˈhuːlɪɡn̩] *m* hooligan

Hop·fen <-s, -> [ˈhɔpfn̩] *m* hop ▸ **bei jdm ist ~ und Malz verloren** (*fam*) sb is a hopeless case

hopp [hɔp] (*fam*) **I.** *interj* jump to it! **II.** *adv* ▸ **~, ~!** look lively!

hop·peln [ˈhɔpl̩n] *vi sein* to lollop

hopp·la [ˈhɔpla] *interj* ❶ (*o je!*) [wh]oops! ❷ (*Moment!*) hang on!; **~, wer kommt denn da?** hello, who's this coming?

hop·sen [ˈhɔpsn̩] *vi sein* (*fam*) to skip; (*auf einem Bein*) to hop

hops|ge·hen *vi irreg sein* (*sl*) ❶ (*umkommen*) to kick the bucket, to snuff it BRIT ❷ (*verloren gehen*) to go missing

hör·bar *adj* audible

Hör·buch *nt* audiobook

hor·chen [ˈhɔrçn̩] *vi* ❶ (*lauschen*) to listen (**an** at); (*heimlich a.*) to eavesdrop ❷ (*hinhören*) ■ **horch!** listen!; ■ **auf etw** *akk* **~** to listen [out] for sth

Hor·de <-, -n> [ˈhɔrdə] *f* ❶ (*wilde Schar*) horde ❷ HORT rack

hö·ren [ˈhøːrən] **I.** *vt* ❶ (*mit dem Gehör vernehmen*) to hear; **sich gern reden ~** to like the sound of one's own voice; **etw zu ~ bekommen** to [get to] hear about sth; **etwas nicht gehört haben wollen** to ignore sth; **nie gehört!** (*fam*) never heard of him/her/it etc.!; **ich will nichts davon ~!** I don't want to hear anything about it; **..., wie ich höre** I hear ...; **wie man hört, ...** word has it ... ❷ (*an~*) to listen ▸ **etwas** [**von jdm**] **zu ~ bekommen** to get a rollicking [from sb] BRIT; **ich kann das nicht mehr ~!** I'm fed up with it!; **etwas/nichts von sich ~ lassen** to get/to not get in touch **II.** *vi* ❶ (*zu~*) to listen; **hör mal!, ~ Sie mal!** listen! ❷ (*vernehmen*) ■ **~, was/wie ...** to hear what/how ...; **gut/schlecht ~** to have good/poor hearing ❸ (*erfahren*) ■ **~, dass ...** to hear [that] ...; ■ **von jdm/etw ~** to hear of [*or* about] sb/sth ❹ (*gehorchen*) to listen (**auf** to); **auf dich hört er!** he listens to you! ▸ **na hör/~ Sie mal!** (*euph*) now look here!; **wer nicht ~ will, muss fühlen** (*prov*) if he/she/you etc. won't listen, he/she/you must suffer the consequences; **lass von dir/lassen Sie von sich ~!** keep in touch!; **man höre und staune!** would you believe it!; **Sie werden** [**noch**] **von mir ~!** you'll be hearing from me!

Hö·ren·sa·gen [ˈhøːrənzaːɡn̩] *nt* **vom ~** from hearsay

Hö·rer <-s, -> *m* (*Telefon~*) receiver; **den ~ auflegen** to replace the receiver; **den ~ auf die Gabel knallen** to slam down the phone *sep*

Hö·rer(in) <-s, -> *m(f)* (*Zu~*) listener

Hö·rer·schaft <-, -en> *f meist sing* audience; (*Radio~*) listeners *pl*

Hör·feh·ler *m* hearing defect **Hör·funk** *m* radio **Hör·ge·rät** *nt* hearing aid

hö·rig [ˈhøːrɪç] *adj* ❶ (*sexuell abhängig*) sexually dependent ❷ HIST (*an die Scholle gebunden*) in serfdom *pred*

Ho·ri·zont <-[e]s, -e> [hori'tsɔnt] *m* horizon; **am ~** on the horizon; **einen begrenzten ~ haben** to have a limited horizon; **über jds ~ gehen** to be beyond sb

ho·ri·zon·tal [horitsɔn'taːl] *adj* horizontal

Ho·ri·zon·ta·le [horitsɔn'taːlə] *f dekl wie adj* horizontal [line]

Hor·mon <-s, -e> [hɔr'moːn] *nt* hormone

hor·mo·nal [hɔrmoˈnaːl], **hor·mo·nell**

[hɔrmo'nɛl] **I.** *adj* hormone *attr*; hormonal **II.** *adv* hormonally; **~ gesteuert** controlled by hormones

Hör·mu·schel *f* TELEK earpiece

Horn <-[e]s, Hörner> [hɔrn, *pl* 'hœrnɐ] *nt* ❶ (*Auswuchs*) horn; **das ~ von Afrika** the Horn of Africa; **das Goldene ~** the Golden Horn ❷ (*Material*) horn ❸ MUS horn ❹ AUTO (*Hupe*) hooter BRIT, horn; (*Martins~*) siren ▶ **sich** *dat* **die Hörner abstoßen** (*fam*) to sow one's wild oats; **jdm Hörner aufsetzen** (*fam*) to cuckold sb

Horn·bril·le *f* horn-rimmed glasses *npl*

Hörn·chen <-s, -> ['hœrnçan] *nt* ❶ *dim von* **Horn 1** small horn ❷ (*Gebäck*) horn-shaped bread roll of yeast pastry; (*aus Blätterteig*) croissant

Horn·ge·stell *nt* spectacle frames of horn

Horn·haut *f* ❶ (*des Auges*) cornea ❷ (*der Haut*) hard skin *no pl, no art*, callus

Hor·nis·se <-, -n> [hɔr'nɪsə] *f* hornet

Hor·nist(in) <-en, -en> [hɔr'nɪst] *m(f)* horn player

Hornochs(e) *m* (*fam*) stupid idiot

Ho·ro·skop <-s, -e> [horo'sko:p] *nt* horoscope

hor·rend [hɔ'rɛnt] *adj* horrendous

Hor·ror <-s> ['hɔrɔ:ɐ] *m kein pl* horror; **einen ~ vor etw** *dat* **haben** to have a horror of sth

Hor·ror·film *m* horror film [*or* AM movie]

Hor·ror·sze·na·rio *nt* horror scenario

Hor·ror·trip *m* ❶ (*grässliches Erlebnis*) nightmare ❷ (*negativer Drogenrausch*) bad trip

Hör·saal *m* ❶ (*Räumlichkeit*) lecture hall [*or* BRIT theatre] ❷ *kein pl* (*Zuhörerschaft*) audience **Hör·spiel** *nt* ❶ *kein pl* (*Gattung*) radio drama ❷ (*Stück*) radio play

Horst <-[e]s, -e> [hɔrst] *m* ❶ (*Nest*) nest, eyrie ❷ MIL (*Flieger~*) military airbase ❸ BOT thicket, shrubbery; (*Gras~, Bambus~*) tuft

Hör·weite *f* hearing range, earshot; **in/außer ~** within/out of earshot

Ho·se <-, -n> ['ho:zə] *f* trousers *npl,* pants *npl* AM; **kurze ~[n]** shorts *npl;* **die ~ n voll haben** (*fam*) to have pooed [*or* AM *a.* pooped] one's pants ▶ **jdm ist das Herz in die ~ gerutscht** (*fam*) sb's heart was in their mouth; **die ~n [gestrichen] voll haben** (*sl*) to be scared shitless; **tote ~** (*sl*) dead boring; **die ~n anhaben** (*fam*) to wear the trousers; **in die ~ gehen** to be a failure; [**sich** *dat*] **in die ~[n] machen** to wet oneself

Ho·sen·an·zug *m* trouser suit **Ho·sen·bein** *nt* trouser leg **Ho·sen·bo·den** *m* (*Gesäßteil der Hose*) seat [of trousers] ▶ **sich auf den ~ setzen** (*fam*) to buckle down; **jdm den ~ strammziehen** (*fam*) to give sb a [good] hiding **Ho·sen·rock** *m* culottes *npl* **Ho·sen·schei·ßer** *m* (*sl*) ❶ (*hum: kleines Kind*) ankle-biter ❷ (*pej: Feigling*) chicken, scaredy[-cat] **Ho·sen·schlitz** *m* flies *npl*; **dein ~ ist offen!** your flies are down! **Ho·sen·stall** *m* (*hum fam*) *s*. Hosenschlitz **Ho·sen·ta·sche** *f* trouser [*or* AM pants] pocket **Ho·sen·trä·ger** *m* [a pair of] braces *npl* BRIT, suspenders *npl* AM

Hos·pi·tal <-s, -e *o* Hospitäler> [hɔspi'ta:l, *pl* hɔspi'tɛ:lə] *nt* ❶ DIAL hospital ❷ (*veraltet: Pflegeheim*) old people's home

Hos·tess <-, -en> ['hɔstɛs] *f* ❶ (*im Flugzeug*) stewardess, flight attendant; (*auf dem Flughafen*) airline representative ❷ (*auf Reisen, Messen o.ä.*) [female] tour guide ❸ (*euph: Prostituierte*) hostess

Hos·tie <-, -n> ['hɔstjə] *f* REL host

Hot·dog^RR <-s, -s>, **Hot Dog**^RR <-s, -s>, **Hot dog**^ALT <-s, -s> ['hɔtdɔk] *nt o m* hot dog

Ho·tel <-s, -s> [h'tɛl] *nt* hotel

Ho·tel·boy *f* page[boy], bellboy AM **Ho·tel·fach·schu·le** *f* school of hotel management **Ho·tel·ge·wer·be** *nt* hotel trade

Ho·te·lier <-s, -s> [hotɛ'lje:] *m* hotelier

Ho·tel·le·rie <-> [hotɛlə'ri:] *f kein pl* hospitality

Ho·tel·zim·mer *nt* hotel room

Hot·line <-, -s> ['hɔtlaɪn] *f* hotline

Hr. *Abk von* **Herr**

Hrsg. *Abk von* **Herausgeber** ed.

HTML <-, -> [ha:te:?ɛm'?ɛl] *nt o f kein pl* INFORM *Abk von* **hypertext markup language** HTML

HTTP <-, -> [ha:te:te:'pe:] *nt* INFORM *Abk von* **Hypertext Transport Protokoll** HTTP

Hub <-[e]s, Hübe> [hu:p, *pl* 'hy:bə] *m* ❶ (*das Heben*) lifting capacity ❷ (*Kolben~*) [piston] stroke

Hub·(b)el <-s, -> ['hʊbl] *m* DIAL (*fam*) bump

Hub·raum *m* cubic capacity

hübsch [hypʃ] *adj* ❶ (*Aussehen*) pretty; *Gegend* lovely; **na, ihr zwei H~en?** (*fam*) well, my two lovelies?; **sich ~ machen** to get all dressed up ❷ (*fam: beträchtlich*) real, pretty; **ein ~es Sümmchen** a pretty penny ❸ (*fam: sehr angenehm*) nice and ...; **fahr ~**

Hub·schrau·ber <-s, -> m helicopter

huch [hʊx] interj (Ausruf der Überraschung) oh!; (Ausruf bei unangenehmen Empfindungen) ugh!

Hu·cke <-, -n> ['hʊkə] f ▸ jdm die ~ **voll hauen** to beat sb up sep; **sich** dat **die ~ voll saufen** to get hammered

hu·cke·pack ['hʊkəpak] adv piggy back, pickaback BRIT; **jdn ~ nehmen** to give sb a piggy back [ride]

Huf <-[e]s, -e> [huːf] m hoof

Huf·ei·sen nt horseshoe **huf·ei·sen·för·mig** adj horseshoe[-shaped]

Huf·na·gel m horseshoe nail **Huf·schmied**(in) m(f) blacksmith, farrier

Hüf·te <-, -n> ['hʏftə] f ① (Körperpartie) hip; **die Arme in die ~n stemmen** to put one's hands on one's hips ② kein pl KOCHK (Fleischstück) topside; (vom Rind) top rump

Hüft·ge·lenk nt hip joint **Hüft·hal·ter** m girdle **Hüft·steak** nt top rump

Hü·gel <-s, -> ['hyːgl̩] m hill; (kleiner a.) hillock; (Erdhaufen) mound

hü·ge·lig ['hyːgəlɪç] adj, **hüg·lig** ['hyːglɪç] adj hilly; **eine ~e Landschaft** rolling countryside

Huhn <-[e]s, Hühner> [huːn, pl 'hyːnɐ] nt ① (Haus~) hen, chicken; **frei laufende Hühner** free-range chickens ② (Hühnerfleisch) chicken ③ (Person) **dummes ~!** (pej fam) silly idiot!; **ein verrücktes ~** a nutcase, a queer fish BRIT ▸ **ein blindes ~ findet auch einmal ein Korn** (prov) every dog has its day prov; **da lachen ja die Hühner** (fam) pull the other one, you must be joking

Hühn·chen <-s, -> ['hyːçən] nt dim von Huhn spring chicken ▸ **mit jdm ein ~ zu rupfen haben** (fam) to have a bone to pick with sb

Hüh·ner·au·ge nt corn **Hüh·ner·brü·he** f chicken broth **Hüh·ner·brust** f chicken breast **Hüh·ner·ei** nt chicken egg **Hüh·ner·farm** f chicken farm **Hüh·ner·stall** m hen coop **Hüh·ner·stan·ge** f chicken roost

hul·di·gen ['hʊldɪgn̩] vi (geh) ① (anhängen) ■ **einer** S. dat **~** to subscribe to sth ② (veraltend: seine Reverenz erweisen) ■ **jdm ~** to pay homage to sb

Hul·di·gung <-, -en> f (veraltet) homage, tribute

Hül·le <-, -n> ['hʏlə] f (Umhüllung) cover; Ausweis wallet; (Platten~ a.) sleeve ▸ **die ~n fallen lassen** (fam) to strip off one's clothes; **in ~ und Fülle** (geh) in abundance

hül·len ['hʏlən] vt (geh) to wrap (in in); **in Dunkelheit gehüllt** shrouded in darkness; **sich in Schweigen ~** to maintain one's silence, to keep mum

hül·len·los adj ① (nackt) naked ② (unverhüllt, offen) plain, clear

Hül·se <-, -n> ['hʏlzə] f ① BOT pod ② (röhrenförmige Hülle) capsule; (Patronenhülle) case; (Film-, Zigarrenhülle) container

Hül·sen·frucht ['hʏlzn̩-] f meist pl pulse

hu·man [huˈmaːn] adj ① (menschenwürdig) humane; Strafe lenient ② (nachsichtig) considerate ③ (Menschen betreffend) human

Hu·ma·nis·mus <-> [humaˈnɪsmʊs] m kein pl humanism no pl

hu·ma·nis·tisch adj ① (im Sinne des Humanismus) humanistic; **der ~e Geist** the spirit of humanism ② HIST (dem Humanismus angehörend) humanist ③ (altsprachlich) humanistic, classical; **eine ~e Bildung** a classical education

hu·ma·ni·tär [humaniˈtɛːɐ̯] adj humanitarian

Hu·ma·ni·tät [humaniˈtɛːt] f kein pl (geh) humanity

Hum·bug <-s> ['hʊmbʊk] m kein pl (pej fam) ① (Unfug) rubbish no pl BRIT, trash no pl AM ② (Schwindel) humbug no pl

Hum·mel <-, -n> ['hʊml̩] f bumblebee ▸ **~n im Hintern haben** (fam) to have ants in one's pants

Hum·mer <-s, -> ['hʊmɐ] m lobster

Hu·mor <-s, selten -e> [huˈmoːɐ̯] m ① (Laune) good humour, cheerfulness ② (Witz, Wesensart) [sense of] humour; **etw mit ~ nehmen** to take sth good-humouredly; **[einen Sinn für] ~ haben** to have a sense of humour; **schwarzer ~** black humour

hu·mo·ris·tisch adj ① (humorvoll) humorous, amusing ② (witzig) comic

hu·mor·los adj humourless; **ein ~er Mensch** a cantankerous person, BRIT a crosspatch

hu·mor·voll adj humorous

hum·peln ['hʊmpl̩n] vi sein o haben to limp, to hobble

Hu·mus ['huːmʊs] m kein pl humus

Hund <-[e]s, -e> [hʊnt, pl ˈhʊndə] m ① (Tier) dog; (Jagd~) hound; „**Vorsicht, bissiger ~!**" "beware of the dog!" ② (Mensch) swine; **ein armer ~ sein** (fam) to be a poor soul; **[du] gemeiner ~** [you] dirty dog ▸ **den Letzten beißen die ~e** the last one [out] has to carry the can BRIT; **bekannt sein wie ein bunter ~** (fam) to be known far and wide; **das ist ja ein dicker ~** (sl) that is absolutely outrageous; **schlafende ~e wecken** (fam) to wake sleeping dogs; **da liegt der ~ begraben** (fam) that's the crux of the matter; **~e, die bellen, beißen nicht**

(*prov*) sb's bark is worse than their bite; **vor die ~e gehen** (*sl*) to go to the dogs; **auf den ~ kommen** (*fam*) to go to the dogs

hun·de·elend ['hʊndəˈʔeːlɛnt] *adj* (*fam*) **jd fühlt sich ~** sb feels awful **Hun·de·fut·ter** *nt* dog food **Hun·de·hüt·te** *f* [dog] kennel **Hun·de·ku·chen** *m* dog biscuit **Hun·de·le·ben** *nt* (*pej fam*) dog's life **Hun·de·lei·ne** *f* dog lead **hun·de·mü·de** ['hʊndəˈmyːdə] *adj präd* (*fam*) dog-tired **Hun·de·ras·se** *f* breed of dog

hun·dert ['hʊndɐt] *adj* ❶ (*Zahl*) [a *or* one] hundred ❷ (*fam: sehr viele*) a hundred, hundreds; **sie macht ~ Dinge gleichzeitig** she does a hundred things all at the same time ❸ *pl, auch großgeschrieben* (*viele hundert*) hundreds *pl*

Hun·dert[1] <-s, -e> ['hʊndɐt] *nt* ❶ (*Einheit von 100*) hundred; **mehrere ~** several hundred ❷ *pl, auch kleingeschrieben* (*viele hundert*) hundreds *pl*; **einige/viele ~e ...** a few/several hundred ...; **~ von ...** hundreds of ...; **in die ~e gehen** (*fam*) *Kosten, Schaden* to run into the hundreds; **zu ~en** in [their] hundreds; **~e und aber ~e** hundreds upon hundreds

Hun·dert[2] <-, -en> ['hʊndɐt] *f* [one *or* a] hundred

Hun·der·ter <-s, -> ['hʊndɐtə] *m* ❶ (*fam: Banknote zu 100 Euro*) hundred euro note; **es hat mich einen ~ gekostet** it cost me a hundred euros ❷ (*100 als Zahlenbestandteil*) hundred

Hun·dert·eu·ro·schein, 100-Eu·ro·Schein *m* hundred-euro note [*or* AM *usu* bill]

Hun·dert·jahr·fei·er [hʊndɐtˈjaːɐ̯faɐ̯ɐ] *f* centenary [celebrations *pl*] **hun·dert·jäh·rig, 100-jährig**[RR] ['hʊndɐtjɛːrɪç] *adj* ❶ (*Alter*) hundred-year-old *attr*, one hundred years old *pred*; *s. a.* **achtjährig 1** ❷ (*Zeitspanne*) hundred-year *attr*; *s. a.* **achtjährig 2 Hun·dert·jäh·ri·ge(r), 100-Jährige(r)**[RR] *f(m) dekl wie adj* hundred-year-old [person], centenarian

hun·dert·mal, 100-mal[RR] ['hʊndɐtmaːl] *adv* a hundred times **hun·dert·pro·zen·tig** ['hʊndɐtprotsɛntɪç] **I.** *adj* ❶ (*100 % umfassend*) one hundred percent; (*Alkohol*) pure ❷ (*fam: typisch*) through and through; **er ist ein ~er Bayer** he's a Bavarian through and through; (*absolut, völlig*) absolute, complete; **du hast ~ Recht** you're absolutely right; **sich** *dat* **~ sicher sein** to be absolutely sure **II.** *adv* (*fam*) absolutely, completely; **das weiß ich ~** I know that for certain

Hun·derts·tel <-s, -> ['hʊndɐtstl̩] *nt o* SCHWEIZ *m* hundredth

Hun·derts·tel·se·kun·de *f* hundredth of a second

hun·dert·tau·send ['hʊndɐtˈtaʊ̯znt] *adj* ❶ (*Zahl*) a [*or* one] hundred thousand ❷ *auch großgeschrieben* (*ungezählte Mengen*) hundreds of thousands

Hun·de·schei·ße *f* (*derb*) dog shit **Hun·de·schlit·ten** *m* dog sleigh **Hun·de·sohn** *m* (*pej fam*) son of a bitch **Hun·de·wet·ter** *nt* (*fam*) *s.* **Sauwetter**

Hün·din ['hʏndɪn] *f* bitch

hunds·ge·mein ['hʊntsɡəˈmaɐ̯n] *adj* (*fam*) low-down, rotten *fam*; *Lüge* malicious; **er kann ~ sein** he can be really nasty **hunds·mi·se·ra·bel** ['hʊntsmizəˈraːbl̩] *adj* (*fam*) ❶ (*niederträchtig*) low-down ❷ (*äußerst schlecht*) awful; **sich ~ fühlen** to feel really lousy **Hunds·ta·ge** *pl* dog days *pl*

Hü·ne <-n, -n> ['hyːnə] *m* giant

hü·nen·haft *adj* gigantic, colossal

Hun·ger <-s> ['hʊŋɐ] *m kein pl* ❶ (*~gefühl*) hunger; **~ bekommen/haben** to get/be hungry; **~ auf etw** *akk* **haben** to feel like [eating] sth; **~ leiden** (*geh*) to starve, to go hungry; **seinen ~ stillen** to satisfy one's hunger; **~ wie ein Bär haben** to be ravenous[ly hungry]; **vor ~ sterben** to die of hunger ❷ (*Hungersnot*) famine ❸ (*geh: großes Verlangen*) ▪ jds **~ nach etw** *dat* sb's thirst for sth ▶ **~ ist der beste Koch** (*prov*) hunger is the best sauce *prov*

Hun·ger·ge·biet *nt* famine region **Hun·ger·hil·fe** *f kein pl* famine relief **Hun·ger·kur** *f* starvation diet **Hun·ger·lohn** *m* (*pej*) starvation wage; **für einen ~ arbeiten** to work for a pittance

hun·gern *vi* ❶ (*Hunger leiden*) to go hungry, to starve; **jdn ~ lassen** to let sb starve; (*fam: fasten*) to fast ❷ (*geh: verlangen*) to thirst, to hunger (**nach** after/for)

Hun·gers·not *f* famine

Hun·ger·streik *m* hunger strike; **in den ~ treten** to go on hunger strike **Hun·ger·tuch** *nt* ▶ **am ~ nagen** (*hum fam*) to be starving [*or* on the breadline]

hun·grig ['hʊŋrɪç] *adj* hungry; **~ machen** to work up an appetite

Hu·pe <-, -n> ['huːpə] *f* horn; **auf die ~ drücken** to beep the horn

hu·pen ['huːpn̩] *vi* to beep the horn; ▪ **das H~** horn-beeping

hüp·fen ['hʏpfn̩] *vi sein* to hop; *Lamm, Zicklein* to frisk; *Ball* to bounce; **vor Freude ~** to jump for joy

Hür·de <-, -n> ['hʏrdə] *f* ❶ SPORT hurdle; **110 Meter ~ laufen** to run the 110 metres hurdles ❷ (*tragbare Einzäunung für Tiere*) fold, pen ▶ **eine ~ nehmen** to overcome an

obstacle
Hür·den·lauf *m* hurdling, hurdles *npl*
Hu·re <-, -n> ['huːrə] *f* whore
Hu·ren·bock *m* (*pej vulg*) randy bugger BRIT, horny bastard AM **Hu·ren·sohn** *m* (*pej vulg*) son of a bitch
hur·ra [hʊ'raː] *interj* hurray
Hur·ri·kan <-s, -e> [hʊrikan, 'harikn̩] *m* hurricane
hu·schen ['hʊʃn̩] *vi sein* to dart, to flit; *Maus* to scurry; *Licht* to flash; **ein Lächeln huschte über ihr Gesicht** a smile flitted across her face
hüs·teln ['hyːstl̩n] *vi* to cough [slightly]; **nervös ~** to clear one's throat
hus·ten ['huːstn̩] **I.** *vi* to cough **II.** *vt* (*auswerfen*) **Schleim/Blut ~** to cough up mucus/blood
Hus·ten <-s> ['huːstn̩] *m kein pl* cough; **~ stillend** cough-relieving
Hus·ten·an·fall *m* coughing fit **Hus·ten·bon·bon** *m o nt* cough drop [*or* BRIT sweet] **Hus·ten·reiz** *m* tickly throat **Hus·ten·saft** *m* cough syrup
Hut[1] <-[e]s, Hüte> [huːt, *pl* 'hyːtə] *m* ① (*Kopfbedeckung*) hat; **den ~ aufsetzen/abnehmen** to put on/take off one's hat ② BOT (*oberer Teil bei Hutpilzen*) cap ▸ **ein alter ~ sein** (*fam*) to be old hat; **vor jdm/etw den ~ ziehen** to take one's hat off to sb/sth; **~ ab** [vor jdm]! (*fam*) hats off to sb!; **etw unter einen ~ bringen** to reconcile sth; (*Termine*) to fit in sth; **mit etw** *dat* **nichts am ~ haben** (*fam*) to not go in for sth; **den ~ nehmen müssen** (*fam*) to have to pack one's bags; **etw an den ~ stecken können** (*fam*) to stick sth
Hut[2] <-> [huːt] *f* (*geh*) protection; **auf der ~ [vor etw** *dat***] sein** to be on one's guard [against sth]
hü·ten ['hyːtn̩] **I.** *vt* ① (*beaufsichtigen*) to look after; *Schafe* to mind ② (*geh: bewahren*) to keep **II.** *vr* (*sich in Acht nehmen*) ■ **sich vor etw** *dat* **~** to be on one's guard against sth; ■ **sich ~, etw zu tun** to take care not to do sth
Hü·ter(in) <-s, -> *m(f)* (*geh*) guardian; **ein ~ des Gesetzes** (*hum*) a custodian of the law
Hut·ge·schäft *nt* hat shop; (*für Herren*) hatter's; (*für Damen*) milliner's **Hut·krem·pe** *f* brim **Hut·ma·cher(in)** *m(f)* hatter; *für Damen* milliner
Hüt·te <-, -n> ['hʏtə] *f* ① (*kleines Haus*) hut; (*ärmliches Häuschen*) shack ② (*Berg~*) [mountain] hut; (*Holz~*) cabin; (*Hunde~*) kennel; (*Jagd~*) hunting lodge
Hüt·ten·in·dust·rie *f* iron and steel industry

Hüt·ten·kä·se *m* cottage cheese
H-Voll·milch ['haː-] *f* long-life whole milk
Hy·ä·ne <-, -n> [hyɛːnə] *f* hy[a]ena
Hy·a·zin·the <-, -n> [hyaˈtsɪntə] *f* hyacinth
Hy·drant <-en, -en> [hyˈdrant] *m* hydrant
Hy·drau·lik <-> [hyˈdraʊlɪk] *f kein pl* hydraulics *npl*
hy·drau·lisch [hyˈdraʊlɪʃ] *adj* hydraulic
Hy·dro·dy·na·mik <-> [hydrodyˈnaːmɪk] *f* hydrodynamics + *sing vb, no art* **Hy·dro·kul·tur** *f* hydroponics + *sing vb spec* **Hy·dro·the·ra·pie** [hydroteraˈpiː] *f* hydrotherapy
Hy·gi·e·ne <-> [hyˈɡi̯eːnə] *f kein pl* hygiene *no pl*
hy·gi·e·nisch [hyˈɡi̯eːnɪʃ] *adj* hygienic
Hym·ne <-, -n> ['hʏmnə] *f* ① (*Loblied*) hymn ② (*feierliches Gedicht*) literary hymn ③ (*kurz für Nationalhymne*) national anthem
hy·per·ak·tiv *adj* hyperactive
Hy·per·ak·ti·vi·tät [hypɛaktiviˈtɛt] *f* hyperactivity
Hy·per·bel <-, -n> [hyˈpɛrbl̩] *f* ① MATH hyperbola ② LING hyperbole
Hy·per·in·fla·ti·on *f* ÖKON hyperinflation **hy·per·kor·rekt** ['hypɛkɔrɛkt] *adj* hypercorrect
Hy·per·link <-s, -s> ['hajpɛlɪŋk] *m* INFORM hyperlink **Hy·per·me·dia** [hajpɛˈmeːdi̯a] *nt* INFORM hypermedia **hy·per·mo·dern** [hypɛ-] *adj* (*fam*) ultra-modern **hy·per·sen·si·bel** [hypɛ-] *adj* hypersensitive **Hy·per·text** ['hajpɛtɛkst] *m* INFORM hypertext
Hyp·no·se <-, -n> [hʏpˈnoːzə] *f* hypnosis; **jdn in ~ versetzen** to put sb under hypnosis
hyp·no·tisch [hʏpˈnoːtɪʃ] *adj* hypnotic
hyp·no·ti·sie·ren* [hʏpnotiˈziːrən] *vt* to hypnotize; **wie hypnotisiert** as if hypnotized
Hy·po·chon·der <-s, -> [hypoˈxɔndɐ] *m* hypochondriac
Hy·po·phy·se <-, -n> [hypoˈfyːzə] *f* ANAT pituitary gland
Hy·po·thek <-, -en> [hypoˈteːk] *f* mortgage; **eine ~ [auf etw** *akk*] **aufnehmen** to take out a mortgage [on sth]
Hy·po·the·ken·bank <-banken> *f* bank dealing primarily with mortgage business **Hy·po·the·ken·brief** *m* mortgage certificate
Hy·po·the·se <-, -n> [hypoˈteːzə] *f* hypothesis; **eine ~ aufstellen/widerlegen** to advance/refute a hypothesis
hy·po·the·tisch [hypoˈteːtɪʃ] *adj* hypothetical
Hys·te·rie <-, -n> [hʏsteˈriː] *f* hysteria
hys·te·risch [hʏsˈteːrɪʃ] *adj* hysterical
Hz *Abk von* **Hertz** herts

I

I, i <-, - *o fam* -s, -s> [iː] *nt* I, i; *s. a.* **A 1**
i [iː] *interj* ① (*fam: Ausdruck von Ablehnung, Ekel*) ugh; **~, wie ekelig** ugh, that's horrible ② (*abwertend*) **~ wo!** no way! *fam*
i.A. *Abk von* **im Auftrag** pp
i.Allg.^{RR} *Abk von* **im Allgemeinen** in general
ibe·risch [iˈbeːrɪʃ] *adj* Iberian
IC <-s, -s> [iːˈtseː] *m Abk von* **Intercity**
ICE <-s, -s> [iːtseːˈʔeː] *m Abk von* **Intercity Express** *a high speed train*
ich <*gen* meiner, *dat* mir, *akk* mich> [ɪç] *pron pers* I, me; **~ bin/war es** it's/it was me; **~ nicht!** not me!; **~ selbst** I myself
Ich <-[s], -s> [ɪç] *nt* ① (*das Selbst*) self ② PSYCH (*Ego*) ego; **jds anderes ~** sb's alter ego; **jds besseres ~** sb's better self
Ich-AG <-, -s> *f kurz für* **Ich-Arbeitgeber** Me plc (*business start-up grant to promote self-employment among the unemployed*)
Ich·er·zäh·ler(in), **Ich-Er·zäh·ler**^{ALT}**(in)**^{RR} *m(f)* LIT first-person narrator **Ich·er·zäh·lung** *f* first-person narrative **Ich-form** *f* first person form; **in der ~** in the first person
Icon <-s, -s> [ˈaɪkən] *nt* INFORM icon
ide·al [ideˈaːl] **I.** *adj* ideal **II.** *adv* ideally
Ide·al <-s, -e> [ideˈaːl] *nt* ideal
Ide·al·fall *m* ideal case **Ide·al·ge·wicht** *nt* ideal weight
ide·a·li·sie·ren* [ideali'ziːrən] *vt* to idealize
Ide·a·lis·mus <-> [ideaˈlɪsmʊs] *m kein pl* idealism
Ide·a·list(in) <-en, -en> [ideaˈlɪst] *m(f)* idealist
ide·a·lis·tisch *adj* idealistic
Ide·al·lö·sung *f* ideal solution **Ide·al·vor·stel·lung** *f*
Idee <-, -n> [iˈdeː, *pl* iˈdeːən] *f* ① (*Einfall, Vorstellung*) idea; **eine fixe ~** an obsession; **keine ~ haben** to have no idea; **jdn auf eine ~ bringen** to give sb an idea; **jdn auf andere ~n bringen** to take sb's mind off of sth/it; **auf eine ~ kommen** to get an idea; **mir kommt da gerade eine ~** I've just had an idea ② (*Leitbild*) ideal ③ (*fam: ein wenig*) **keine ~ besser sein** to be not one bit better; **eine ~ ...** a tad ...
ide·ell [ideˈɛl] *adj* spiritual
ide·en·los *adj* unimaginative **ide·en·reich** *adj* imaginative **Ide·en·reich·tum** *m kein pl* inventiveness *no pl*
Iden·ti·fi·ka·ti·on <-, -en> [ɪdɛntifikaˈtsi̯on]

f ① PSYCH identification ② *s.* **Identifizierung**
Iden·ti·fi·ka·ti·ons·fi·gur *f* role model
iden·ti·fi·zie·ren* [ɪdɛntifiˈtsiːrən] **I.** *vt* to identify (**als** as, **mit** with) **II.** *vr* **sich mit jdm/etw ~** to identify with sb/sth
Iden·ti·fi·zie·rung <-, -en> *f* identification
iden·tisch [iˈdɛntɪʃ] *adj* identical (**mit** to)
Iden·ti·tät <-> [idɛntiˈtɛːt] *f kein pl* ① (*Echtheit*) identity ② (*Übereinstimmung*) identicalness
Iden·ti·täts·kar·te *f bes* SCHWEIZ (*Personalausweis*) identity card **Iden·ti·täts·kri·se** *f* identity crisis
Ide·o·lo·ge, **Ide·o·lo·gin** <-n, -n> [ideoˈloːɡə, ideoˈloːɡɪn] *m, f* ideologue
Ide·o·lo·gie <-, -n> [ideoloˈɡiː, *pl* ideoloˈɡiːən] *f* ideology
Ide·o·lo·gin <-, -nen> *f fem form von* **Ideologe**
ide·o·lo·gisch [ideoˈloːɡɪʃ] **I.** *adj* ideological **II.** *adv* ideologically
ide·o·lo·gi·sie·ren* [ideoloɡiˈziːrən] *vt* SOZIOL **jdn ~** to indoctrinate sb
idi·o·ma·tisch [idi̯oˈmaːtɪʃ] **I.** *adj* idiomatic **II.** *adv* idiomatically
Idi·ot(in) <-en, -en> [iˈdi̯oːt] *m(f)* (*pej fam*) idiot
idi·o·ten·si·cher I. *adj* (*hum fam*) foolproof **II.** *adv* (*fam*) effortlessly
Idi·o·tie <-, -n> [idi̯oˈtiː] *f* (*pej fam*) idiocy
Idi·o·tin <-, -nen> *f fem form von* **Idiot**
idi·o·tisch [iˈdi̯oːtɪʃ] *adj* (*fam*) idiotic
Idol <-s, -e> [iˈdoːl] *nt* idol
Idyl·le <-, -n> [iˈdʏlə] *f* idyll
idyl·lisch [iˈdʏlɪʃ] **I.** *adj* idyllic **II.** *adv* idyllically
Igel <-s, -> [ˈiːɡl] *m* hedgehog
igitt(·i·gitt) [iˈɡɪt(iɡɪt)] *interj* ugh, yuk
Ig·lu <-s, -s> [ˈɪɡlu] *m o nt* igloo
Ig·no·rant(in) <-en, -en> [ɪɡnoˈrant] *m(f)* (*pej geh*) ignoramus *hum form*
Ig·no·ranz <-> [ɪɡnoˈrants] *f kein pl* (*pej geh*) ignorance *no pl*
ig·no·rie·ren* [ɪɡnoˈriːrən] *vt* to ignore
Igu·a·na <-, -s> [iˈɡu̯aːna] *f* iguana
IHK <-, -s> [iːhaːˈkaː] *f Abk von* **Industrie- und Handelskammer** Chamber of Industry and Commerce
ihm [iːm] *pron pers dat von* **er**, **es**¹ ① (*dem Genannten*) him; **es geht ~ nicht gut** he doesn't feel very well; **nach** *prep* him; **ich war gestern bei ~** I was at his place yesterday; **das ist ein Freund von ~** he's a friend of his ② (*dem genannten Tier oder Ding*) it; (*bei Haustieren*) him
ihn [iːn] *pron pers akk von* **er** ① (*den Genannten*) him ② (*das genannte Tier oder Ding*) it; (*bei Haustieren*) him

ih·nen ['iːnən] *pron pers dat pl von* **sie** them; *nach* prep them; **ich war die ganze Zeit bei ~** I was at their place the whole time

Ih·nen ['iːnən] *pron pers dat sing o pl von* **Sie** you; *nach* prep you

ihr¹ <gen euer, dat euch, akk euch> [iːɐ̯] *pron pers 2. pers pl nomin von* **sie** you

ihr² [iːɐ̯] *pron pers dat sing von* **sie** ❶ (*weibl. Person*) [to] her ❷ (*Tier o Sache*) [to] it

ihr³ [iːɐ̯] *pron poss, adjektivisch* ❶ (*sing, weibl. Person*) her; (*Tier o Sache*) its ❷ *pl* their

Ihr [iːɐ̯] *pron poss, adjektivisch* ❶ *sing* your ❷ *pl* your

ih·re(r, s) *pron poss, substantivisch* ❶ *sing* (*dieser weiblichen Person*) hers; **das ist nicht seine Aufgabe, sondern ~** that isn't his task, it's hers; ■**der/die/das I~** hers ❷ *pl* theirs

Ih·re(r, s)¹ *pron poss, substantivisch, auf Sie bezüglich* ❶ *sing* your, yours; ■**der/die/ das ~** yours ❷ *sing und pl* (*Angehörige*) ■**die ~n** your loved ones ❸ *sing und pl* (*Eigentum*) ■**das ~** yours; **Sie haben alle das ~ getan** you have all done your bit

Ih·re(r, s)² *pron poss, substantivisch, auf sie sing bezüglich* ❶ (*Angehörige*) **der/die/ ~[n]** her loved one[s] ❷ (*Eigentum*) ■**das ~** hers ❸ (*Aufgabe*) **das ~ besteht darin, sich um die Korrespondenz zu kümmern** its her job to deal with the correspondence

Ih·re(r, s)³ *pron poss, substantivisch, auf sie pl bezüglich* ❶ (*Angehörige*) **der/die/ ~[n]** their loved ones ❷ (*Eigentum*) ■**das ~** their things ❸ (*Aufgabe*) **nun müssen die Mitarbeiter das ~ tun** now the workers have to do their bit

ih·rer *pron pers gen von* **sie** *sing* (*geh*) her

Ih·rer *pron pers* (*geh*) *gen von* **Sie** *sing* [of] you ❷ *pl* you

ih·rer·seits ['iːrɐˈzaits] *adv* ❶ *sing* for her [or its] part ❷ *pl* for their part

Ih·rer·seits ['iːrɐˈzaits] *adv sing o pl* (*von Ihrer Seite aus*) for your part

ih·res·glei·chen ['iːrəsˈɡlaiçn̩] *pron* ❶ *sing* (*Leute wie sie* [*sing f*]) her [own] kind ❷ *pl* (*Leute wie sie* [*pl*]) their [own] kind

Ih·res·glei·chen ['iːrəsˈɡlaiçn̩] *pron* ❶ *sing* (*Leute wie Sie*) people like you; **Sie umgeben sich nur mit ~** you are only surrounded by your own sort ❷ *pl* (*pej: Leute wie Sie*) your [own] kind ❸ (*solches Pack wie Sie*) the likes of you; **ich kenne [Sie und] ~ I** know your kind!

ih·ret·we·gen ['iːrətˈveːɡn̩] *adv* ❶ *fem sing* (*wegen ihr*) as far as she is/was concerned; **~ brauchen wir uns keine Sorgen zu machen** we don't need to worry about her ❷ *pl* (*wegen ihnen*) as far as they are/were concerned; **ich mache mir ~ schon Sorgen** I'm starting to worry about them

Ih·ret·we·gen ['iːrətˈveːɡn̩] *adv sing o pl* because of you, for you

ih·ret·wil·len ['iːrətˈvɪlən] *adv* ■**etw um ~ tun** (*ihr zuliebe*) to do sth for her [sake]; (*ihnen zuliebe*) to do sth for their sake

Ih·ret·wil·len ['iːrətˈvɪlən] *adv sing und pl* ■**etw um ~ tun** to do sth for your sake

ih·ri·ge(r, s) <-n, -n> ['iːrɪɡə, 'iːrɪɡɐ, 'iːrɪɡəs] *pron poss* (*veraltend geh*) *s.* **ihre(r, s)**

Ih·ri·ge(r, s) <-n, -n> ['iːrɪɡə, 'iːrɪɡɐ, 'iːrɪɡəs] *pron poss* (*veraltend geh*) *s.* **Ihre(r, s)**

Iko·ne <-, -n> [iˈkoːnə] *f* icon

il·le·gal ['ɪleɡaːl] *adj* illegal

Il·le·ga·le(r) <-n, [-n]> ['ɪleɡaːlə, 'ɪleɡaːlɐ] *f(m)* illegal immigrant

Il·le·ga·li·tät <-, -en> ['ɪleɡaliˈtɛːt, ɪleɡaliˈtɛːt] *f* ❶ *kein pl* (*Gesetzwidrigkeit*) illegality ❷ (*illegale Tätigkeit*) something illegal

il·le·gi·tim ['ɪleɡitiːm, ɪleɡiˈtiːm] *adj* ❶ (*unrechtmäßig*) unlawful ❷ (*unehelich*) illegitimate ❸ (*nicht berechtigt*) wrongful

il·lo·yal ['ɪloajaːl, ɪloaˈjaːl] **I.** *adj* (*geh*) disloyal (**gegenüber** towards); **II.** *adv* disloyally

il·lu·mi·nie·ren* [ɪlumiˈniːrən] *vt* (*geh*) to illuminate

Il·lu·si·on <-, -en> [ɪluˈzi̯oːn] *f* illusion; **sich der ~ hingeben, [dass ...]** to be under the illusion [that ...]; **sich** *dat* [**über etw** *akk*] **~en machen** to harbour illusions [about sth]; **sich** *dat* **keine ~en machen** to not have any illusions

il·lu·si·o·när [ɪluzi̯oˈnɛːɐ̯] *adj* (*geh*) ❶ (*auf Illusionen beruhend*) illusory ❷ KUNST illusionary

il·lu·so·risch [ɪluˈzoːrɪʃ] *adj* ❶ (*trügerisch*) illusory ❷ (*zwecklos*) futile

Il·lus·tra·ti·on <-, -en> [ɪlʊstratsi̯oːn] *f* illustration

il·lus·trie·ren* [ɪlʊsˈtriːrən] *vt* to illustrate

Il·lus·trier·te <-n, -n> [ɪlʊsˈtriːrtə] *f* [public] image

Il·tis <-ses, -se> ['ɪltɪs] *m* ZOOL polecat

im [ɪm] = **in dem** ❶ (*sich dort befindend*) in the; **~ Bett** in bed; **~ Haus** at the house; **~ Januar** in January; **~ Begriff sein, etw zu tun** to be about to do sth; **~ Prinzip** in principle; **~ Bau sein** to be under construction ❷ (*dabei seiend, etw zu tun*) while; **etw ist ~ Kommen** sth is coming; **er ist noch ~ Wachsen** he is still growing

Image <-[s], -s> ['ɪmɪtʃ] *nt* image

I·mage·pfle·ge *f kein pl* image-making *no pl*

Image·scha·den ['ɪmɪtʃ-] *m* damage to sb's [public] image **I·mage·ver·lust** *m* blow to one's image

ima·gi·när [imaɡiˈnɛːɐ̯] *adj* (*geh*) imaginary

Im·biss^RR <-es, -e> ['ɪmbɪs] *m*, **Im·biß**^ALT <-sses, -sse> ['ɪmbɪs] *m* ❶ (*kleine Mahlzeit*) snack ❷ (*fam*) *s.* **Imbissstand**
Im·biss·stand^RR *m* fast food stall **Im·biss·stu·be**^RR *f* snack bar
Imi·tat <-[e]s, -e> [imi'ta:t] *nt* imitation, fake
Imi·ta·ti·on <-, -en> [imita'tsi̯o:n] *f* imitation
Imi·ta·tor(in) <-s, -toren> [imi'ta:to:ɐ̯, imita'to:rən] *m(f)* imitator; (*von Personen*) impressionist
imi·tie·ren* [imi'ti:rən] *vt* to imitate; (*im Kabarett*) to impersonate
Im·ker(in) <-s, -> ['ɪmkɐ] *m(f)* bee-keeper
Im·ma·tri·ku·la·ti·on <-, -en> [ɪmatrikula'tsi̯o:n] *f* matriculation; (*an der Universität*) registration
im·ma·tri·ku·lie·ren* [ɪmatriku'li:rən] **I.** *vt* ❶ (*einschreiben*) to matriculate [*or* register] ❷ SCHWEIZ (*zulassen*) Fahrzeug to register **II.** *vr* (*sich einschreiben*) ■ **sich ~** to matriculate, to register
im·mens [ɪ'mɛns] *adj* (*geh*) immense
im·mer ['ɪmɐ] **I.** *adv* ❶ (*ständig, jedes Mal*) always, all the time; **für ~** forever; **~ und ewig** for ever and ever; **wie ~** as usual; **~ weiter** just [you] carry on; **~ mit der Ruhe** take it easy; **~, wenn** every time; **~ wieder** again and again; **etw ~ wieder tun** to keep on doing sth ❷ (*zunehmend*) increasingly; **~ häufiger** more and more frequently; **~ mehr** more and more ❸ (*fam: jeweils*) each; **~ am vierten Tag** every fourth day **II.** *part* [*nur*] **~ her damit!** (*fam*) hand it/them over!; **~ mal** (*fam*) now and again; **~ noch** still; **~ noch nicht** still not; **wann/was/wer/wie/wo** [**auch**] **~** whenever/whatever/whoever/however/wherever
im·mer·fort ['ɪmɐ'fɔrt] *adv* constantly **im·mer·grün** ['ɪmɐgry:n] *adj attr* evergreen
im·mer·hin ['ɪmɐ'hɪn] *adv* ❶ (*wenigstens*) at least ❷ (*schließlich*) after all ❸ (*allerdings, trotz allem*) all the same **im·mer·wäh·rend**^ALT *adj attr* (*geh*) continuous; *Kampf* perpetual **im·mer·zu** ['ɪmɐ'tsu:] *adv s.* **immerfort**
Im·mi·grant(in) <-en, -en> [ɪmi'grant] *m(f)* immigrant
Im·mi·gra·ti·on <-, -en> [ɪmigra'tsi̯o:n] *f* immigration
im·mi·grie·ren* [ɪmi'gri:rən] *vi sein* to immigrate
Im·mis·si·on <-, -en> [ɪmɪ'si̯o:n] *f* release of pollutants
Im·mo·bi·lie <-, -n> [ɪmo'bi:li̯ə] *f meist pl* real estate *no pl*; ■ **-n** property *no pl*
Im·mo·bi·li·en·mak·ler(in) *m(f)* estate agent **Im·mo·bi·li·en·markt** *m* property market
im·mun [ɪ'mu:n] *adj* (*a. fig*) immune (**gegen** to)
im·mu·ni·sie·ren* [ɪmuni'zi:rən] *vt* to immunize (**gegen** against)
Im·mu·ni·tät <-, *selten* -en> [ɪmuni'tɛ:t] *f* immunity (**gegen** to)
Im·mun·schwä·che *f* immunodeficiency *spec* **Im·mun·schwä·che·krank·heit** *f* immune deficiency syndrome **Im·mun·sys·tem** *nt* immune system
Im·pe·ra·tiv <-s, -e> ['ɪmperati:f, *pl* -ti:və] *m* LING imperative [form] *spec*
Im·pe·ra·tor <-s, -en> [ɪmpe'ra:to:ɐ̯, *pl* ɪmpera'to:rən] *m* HIST emperor; MIL general
im·per·fekt <-s, -e> ['ɪmpɛrfɛkt] *nt* imperfect [tense] *spec*
Im·pe·ri·a·lis·mus <-, *selten* -lismen> [ɪmperi̯a'lɪsmʊs] *m* imperialism
im·pe·ri·a·lis·tisch [ɪmperi̯a'lɪstɪʃ] *adj* (*pej*) imperialist[ic]
Im·pe·ri·um <-s, -rien> [ɪm'pe:ri̯ʊm] *nt* ❶ HIST (*Weltreich, Kaiserreich*) empire ❷ (*geh: Machtbereich*) imperium *fig*
im·per·ti·nent [ɪmpɛrti'nɛnt] *adj* (*geh*) impertinent
Im·per·ti·nenz <-, -en> [ɪmpɛrti'nɛnts] *f* (*geh*) ❶ *kein pl* (*Unverschämtheit*) impertinence ❷ (*selten: unverschämte Äußerung*) impertinent remark
impfen ['ɪmpfn̩] *vt* to inoculate (**gegen** against)
Impf·pass^RR *m* vaccination card **Impf·stoff** *m* vaccine
Imp·fung <-, -en> *f* vaccination
Im·plan·tat <-[e]s, -e> [ɪmplan'ta:t] *nt* implant
im·plan·tie·ren [ɪmplan'ti:rən] *vt* ■ [**jdm**] **etw ~** to implant sth [into sb]
im·pli·zie·ren* [ɪmpli'tsi:rən] *vt* (*geh*) to imply
im·pli·zit [ɪmpli'tsi:t] *adj* (*geh*) implicit
im·po·nie·ren* [ɪmpo'ni:rən] *vi* to impress
im·po·nie·rend *adj* impressive
Im·port <-[e]s, -e> [ɪm'pɔrt] *m* import
Im·por·teur(in) <-s, -e> [ɪmpɔr'tø:ɐ̯] *m(f)* importer
im·por·tie·ren* [ɪmpɔr'ti:rən] *vt* to import
im·po·sant [ɪmpo'zant] *adj* impressive; *Stimme* commanding; *Figur* imposing
im·po·tent ['ɪmpotɛnt] *adj* impotent
Im·po·tenz <-> ['ɪmpotɛnts] *f kein pl* impotence
im·präg·nie·ren* [ɪmprɛgni:rən] *vt* ❶ (*wasserabweisend machen*) to waterproof ❷ (*behandeln*) to impregnate
Im·pres·si·o·nis·mus <-> [ɪmprɛsi̯o'nɪsmʊs] *m* Impressionism

im·pres·si·o·nis·tisch *adj* Impressionist
Im·pres·sum <-s, Impressen> [ɪmˈprɛsʊm] *nt* imprint
Im·pro·vi·sa·ti·on <-, -en> [ɪmproviza'tsi̯oːn] *f* improvisation
im·pro·vi·sie·ren* [ɪmproviˈziːrən] *vi, vt* to improvise
Im·puls <-es, -e> [ɪmˈpʊls] *m* ❶ (*Anstoß, Auftrieb*) impetus; **etw aus einem ~ heraus tun** to do sth on impulse ❷ ELEK pulse ❸ PHYS impulse
im·pul·siv [ɪmpʊlˈziːf] *adj* impulsive
im·stan·de *adj* präd, **im Stan·de** [ɪmˈʃtandə] *adj präd* **zu etw** *dat* **~ sein** to be capable of doing sth; **~ sein, etw zu tun** to be able to do sth; **zu allem ~ sein** (*fam*) to be capable of anything; **zu nichts mehr ~ sein** (*fam*) to be shattered
in¹ [ɪn] *präp* ❶ +*dat* (*darin befindlich*) in; **bist du schon mal in New York gewesen?** have you ever been to New York?; **ich arbeite seit einem Jahr ~ dieser Firma** I've been working for this company for a year ❷ +*akk* (*hin zu einem Ziel*) into; **er warf die Reste ~ den Mülleimer** he threw the leftovers in the bin; **~ die Kirche/Schule gehen** to go to church/school ❸ +*dat* (*innerhalb von*) in; **~ diesem Sommer** this summer; **~ diesem Augenblick** at the moment; **~ diesem Jahr/Monat** this year/month; **~ einem Jahr bin ich 18** in a year I'll be 18 ❹ +*akk* (*bis zu einer Zeit*) until ❺ +*dat o akk* (*Verweis auf ein Objekt*) at; **sich ~ jdm täuschen** to be wrong about sb; **er ist Fachmann ~ seinem Beruf** he is an expert in his field ❻ +*dat* (*auf eine Art und Weise*) in; **~ Wirklichkeit** in reality
in² [ɪn] *adj* (*fam*) in; **~ sein** to be in
in·a·dä·quat [ˈɪnʔadɛkvaːt] *adj* (*geh*) inadequate
in·ak·tiv [ˈɪnʔaktiːf] *adj* inactive
in·ak·zep·ta·bel [ˈɪnʔaktsɛptaːbl̩] *adj* (*geh*) unacceptable
In·an·spruch·nah·me <-> *f kein pl* (*geh*) ❶ (*Nutzung*) utilization ❷ (*Belastung, Beanspruchung*) demand
In·be·griff [ˈɪnbəɡrɪf] *m kein pl* epitome (+*gen* of)
in·be·grif·fen [ˈɪnbəɡrɪfn̩] *adj präd* inclusive; **in etw** *dat* **~ sein** to be included in sth
In·be·trieb·nah·me <-, -n> *f* (*geh*) ❶ (*erstmalige Nutzung*) opening ❷ (*Einschaltung*) operation
In·brunst <-> *f kein pl* (*geh*) ardour
in·brüns·tig [ˈɪnbrʏnstɪç] *adj* ardent
in·dem [ɪnˈdeːm] *konj* ❶ (*dadurch, dass*) by; **ich halte mich gesund, ~ ich viel Sport treibe** I stay healthy by doing lots of sport ❷ (*während*) while
In·der(in) <-s, -> [ˈɪndɐ] *m(f)* Indian; *s. a.* **Deutsche(r)**
in·des [ɪnˈdɛs], **in·des·sen** [ɪnˈdɛsn̩] **I.** *adv* ❶ (*inzwischen*) in the meantime, meanwhile ❷ (*jedoch*) however **II.** *konj* (*geh*) while
In·dex <-[es], -e *o* Indizes> [ˈɪndɛks, *pl* ˈɪndiːtseːs] *m* index
In·di·a·ner(in) <-s, -> [ɪnˈdi̯aːnɐ] *m(f)* Indian *esp pej*, Native American
in·di·a·nisch [ɪnˈdi̯aːnɪʃ] *adj* Native American, Indian *esp pej*
In·di·en <-s> [ˈɪndi̯ən] *nt* India; *s. a.* **Deutschland**
in·di·go·blau *adj* indigo [blue]
In·di·ka·tiv <-s, -e> [ˈɪndikatiːf] *m* indicative [mood] *spec*
In·di·ka·tor <-s, -toren> [ɪndiˈkaːtoːɐ̯, *pl* ɪndikaˈtoːrən] *m* (*geh*) a. TECH, CHEM indicator
In·dio <-s, -s> [ˈɪndi̯o] *m* Indian (*from Central or Latin America*)
in·di·rekt [ˈɪndirɛkt, ɪndiˈrɛkt] *adj* indirect
in·disch [ˈɪndɪʃ] *adj* Indian; *s. a.* **deutsch**
in·dis·kret [ˈɪndɪskreːt, ɪndɪsˈkreːt] *adj* indiscreet
In·dis·kre·ti·on <-, -en> [ɪndɪskreˈtsi̯oːn, ˈɪndɪskretsi̯oːn] *f* ❶ (*Mangel an Verschwiegenheit*) indiscretion ❷ (*Taktlosigkeit*) tactlessness
in·dis·ku·ta·bel [ˈɪndɪskutaːbl̩] *adj* (*geh*) unworthy of discussion; *Forderung* absurd
In·di·vi·du·a·li·sie·rung [ɪndividu̯aliˈziːrʊŋ] *f kein pl* SOZIOL individualization
In·di·vi·du·a·lis·mus <-> [ɪndividu̯aˈlɪsmʊs] *m kein pl* individualism *no pl*
In·di·vi·du·a·list(in) <-en, -en> [ɪndividu̯aˈlɪst] *m(f)* (*geh*) individualist
in·di·vi·du·a·lis·tisch *adj* (*geh*) individualistic
In·di·vi·du·a·li·tät <-, -en> [ɪndividu̯aliˈtɛːt] *f* ❶ (*Besonderheit eines Menschen*) individuality *no pl* ❷ (*Persönlichkeit*) personality
In·di·vi·du·al·tou·rist(in) *m(f)* TOURIST independent traveller [*or* AM traveler]
in·di·vi·du·ell [ɪndividu̯ɛl] *adj* individual
In·di·vi·du·um <-s, Individuen> [ɪndiˈviːdu̯ʊm, *pl* ɪndiˈvi̯duən] *nt* (*a. pej geh*) individual
In·diz <-es, -ien> [ɪnˈdiːts, *pl* ɪnˈdiːtsi̯ən] *nt* ❶ JUR piece of circumstantial evidence ❷ (*Anzeichen*) **ein ~ für etw** *akk* **sein** to be a sign of sth
In·di·zes [ˈɪndiːtseːs] *pl von* **Index**
In·do·chi·na [ɪndoˈçiːna] *nt* Indo-China
in·do·ger·ma·nisch [ɪndoɡɛrˈmaːnɪʃ] *adj* Indo-European
In·do·ne·si·en <-s> [ɪndoneˈziːən] *nt* Indo-

In·do·ne·si·er(in) <-s, -> [ɪndo'neːzi̯ɐ] *m(f)* Indonesian; *s. a.* **Deutsche(r)**

in·do·ne·sisch [ɪndo'neːzɪʃ] *adj* Indonesian; *s. a.* **deutsch**

in·dus·tri·a·li·sie·ren* [ɪndʊstriali'ziːrən] *vt* to industrialize

In·dus·tri·a·li·sie·rung <-, -en> *f* industrialization

In·dus·trie <-, -n> [ɪndʊs'triː] *f* industry *no art*

In·dus·trie·ab·was·ser *nt* industrial effluents *pl* **In·dus·trie·be·trieb** *m* industrial plant **In·dus·trie·ge·biet** *nt* industrial area **In·dus·trie·ge·sell·schaft** *f* SOZIOL, ÖKON industrial society **In·dus·trie·kauf·mann, -kauf·frau** *m, f* industrial clerk **In·dus·trie·land** *nt* POL, ÖKON industrial country

in·dus·tri·ell [ɪndʊstri'ɛl] *adj* industrial

In·dus·tri·el·le(r) [ɪndʊstri'ɛlə, ɪndʊstri'ɛlɐ] *f(m)* industrialist

In·dus·trie·müll *m* industrial waste **In·dus·trie·stand·ort** *m* industrial site **In·dus·trie- und Han·dels·kam·mer** *f* Chamber of Commerce **In·dus·trie·zweig** *m* branch of industry

in·ef·fek·tiv ['ɪnʔɛfɛktiːf] *adj* ineffective

in·ef·fi·zi·ent ['ɪn?ɛfitsi̯ɛnt] *adj* (*geh*) inefficient

in·ein·an·der [ɪn?aɪ̯'nandɐ] *adv* in each other; **~ verliebt sein** to be in love with one another; **~ übergehen** to merge

in·ein·an·der|grei·fen *vi irreg* to mesh **in·ein·an·der|schie·ben** *vt irreg* etw ~ to telescope up *sep* sth BRIT, to telescope sth AM; **sich ~ lassen** to be telescopic

in·fam [ɪn'faːm] *adj* (*pej*) ❶ (*geh: bösartig*) vicious ❷ (*fam*) *Schmerzen* dreadful

In·fan·te·rie <-, -n> [ɪnfantə'riː] *f* infantry

In·fan·te·rist(in) <-en, -en> [ɪnfantə'rɪst] *m(f)* infantryman

in·fan·til [ɪnfan'tiːl] *adj* (*pej*) infantile

In·farkt <-[e]s, -e> [ɪn'farkt] *m* ❶ MED infarction *spec* ❷ (*Herzinfarkt*) coronary

In·fekt <-[e]s, -e> [ɪn'fɛkt] *m* infection; **grippaler ~** influenza

In·fek·ti·on <-, -en> [ɪnfɛk'tsi̯oːn] *f* ❶ (*Ansteckung*) infection ❷ (*fam: Entzündung*) inflammation

In·fek·ti·ons·krank·heit *f* infectious disease

In·fer·no <-s> [ɪn'fɛrno] *nt kein pl* (*geh*) ❶ (*entsetzliches Geschehen*) calamity ❷ (*entsetzlicher Zustand*) predicament

in·fil·trie·ren* [ɪnfɪl'triːrən] *vt* (*geh*) to infiltrate

In·fi·ni·tiv <-s, -e> ['ɪnfinitiːf] *m* infinitive *spec*

in·fi·zie·ren* [ɪnfi'tsiːrən] I. *vt* to infect II. *vr* ■ **sich ~** to catch an infection; **er hat sich im Urlaub mit Malaria infiziert** he caught malaria on holiday

in fla·gran·ti [ɪn fla'granti] *adv* (*geh*) in flagrante

In·fla·ti·on <-, -en> [ɪnfla'tsi̯oːn] *f* ❶ ÖKON inflation ❷ (*übermäßig häufiges Auftreten*) proliferation

In·fo <-s, -s> ['ɪnfo] *f* (*fam*) *kurz für* **Information** info *no pl*

in·fol·ge [ɪn'fɔlgə] I. *präp* +*gen* owing to II. *adv* ■ **~ von etw** *dat* as a result of sth

in·fol·ge·des·sen [ɪnfɔlgə'dɛsn̩] *adv* consequently

In·for·mant(in) <-en, -en> [ɪnfɔr'mant] *m(f)* informant

In·for·ma·tik <-> [ɪnfɔr'maːtɪk] *f kein pl* computing science

In·for·ma·ti·ker(in) <-s, -> [ɪnfɔr'maːtikɐ] *m(f)* computer specialist

In·for·ma·ti·on <-, -en> [ɪnfɔrma'tsi̯oːn] *f* ❶ (*Mitteilung, Hinweis*) [a piece of] information *no pl*; **~en liefern/sammeln** to give/collect information ❷ (*das Informieren*) informing; **zu Ihrer ~** for your information ❸ (*Informationsstand*) information desk

In·for·ma·ti·ons·aus·tausch *m* exchange of information **In·for·ma·ti·ons·fluss**ᴿᴿ <-es> *m kein pl* flow of information *no pl* **In·for·ma·ti·ons·flut** *f* flood of information **In·for·ma·ti·ons·ge·sell·schaft** *f* information society **In·for·ma·ti·ons·ma·te·ri·al** *nt* informative material *no pl*

in·for·ma·tiv [ɪnfɔrma'tiːf] (*geh*) I. *adj* informative II. *adv* in an informative manner *pred*

in·for·mell ['ɪnfɔrmɛl] *adj* informal

in·for·mie·ren* [ɪnfɔr'miːrən] I. *vt* to inform (**über** about); **jd ist gut informiert** sb is well-informed II. *vr* ■ **sich** (**über etw** *akk*) **~** to find out [about sth]

In·fo·tain·ment <-s> [ɪnfo'teːnmənt] *nt kein pl* infotainment *no pl*

in·fra·geᴿᴿ [ɪn'fraːgə] **~ kommen** to be possible; **nicht ~ kommen** to be out of the question

in·fra·rot ['ɪnfraroːt] *adj* infrared **In·fra·rot·licht** *nt kein pl* infra-red light *no pl* **In·fra·rot·strahl** <-s, -en> *m* infrared ray

In·fra·struk·tur ['ɪnfraʃtrʊktuːɐ̯] *f* infrastructure

In·fu·si·on <-, -en> [ɪnfu'zi̯oːn] *f* infusion; **eine ~ bekommen** to receive a transfusion

Ing. *Abk von* **Ingenieur**

In·ge·ni·eur(in) <-s, -e> [ɪnʒe'ni̯øːɐ̯] *m(f)* engineer

Ing·wer <-s> ['ɪŋvɐ] *m kein pl* ginger

Inh. *Abk von* **Inhaber**

In·ha·ber(in) <-s, -> ['ɪnhaːbɐ] *m(f)* ❶ (*Besitzer*) owner ❷ (*Halter*) holder; *Scheck* bearer

in·haf·tie·ren* [ɪnhafˈtiːrən] *vt* ■ **jdn ~** to take sb into custody

in·ha·lie·ren* [ɪnhaˈliːrən] *vt, vi* to inhale

In·halt <-[e]s, -e> ['ɪnhalt] *m* ❶ (*enthaltene Gegenstände*) contents *pl* ❷ (*Sinngehalt*) content ❸ (*wesentliche Bedeutung*) meaning ❹ MATH (*Flächeninhalt*) area; (*Volumen*) volume

in·halt·lich I. *adj* in terms of content **II.** *adv* with regard to content

In·halts·an·ga·be *f* summary; *Buch, Film, Theaterstück* synopsis **In·halts·los** *adj* (*geh*) lacking in content; *Leben, Satz* meaningless **in·halts·reich** *adj* *Leben, Gespräch* full; *Bericht, Ausstellung* comprehensive **In·halts·stoff** *m* ingredient **In·halts·verzeichnis** *nt* list of contents

in·hu·man ['ɪnhumaːn] *adj* inhumane

In·i·ti·a·le <-, -n> [iniˈtsjaːlə] *f* (*geh*) initial [letter]

in·i·ti·a·li·sie·ren [initsjaliˈziːrən] *vt* to initialize

In·i·ti·a·ti·on <-, -en> [initsjaˈtsjoːn] *f* initiation

In·i·ti·a·ti·ve <-, -n> [initsjaˈtiːvə] *f* ❶ (*erster Anstoß*) initiative; **aus eigener ~** on one's own initiative; **[in etw *dat*] die ~ ergreifen** to take the initiative [in sth]; **auf jds ~ hin** on sb's initiative ❷ *kein pl* (*Unternehmungsgeist*) drive ❸ (*Bürgerinitiative*) pressure group ❹ SCHWEIZ (*Volksbegehren*) demand for a referendum

In·i·ti·a·tor(in) <-s, -toren> [initsjaˈtoːɐ̯, *pl* initsjaˈtoːrən] *m(f)* (*geh*) initiator

in·i·ti·ie·ren* [initsiˈiːrən] *vt* (*geh*) to initiate

In·jek·ti·on <-, -en> [ɪnjɛkˈtsjoːn] *f* injection

in·ji·zie·ren* [ɪnjiˈtsiːrən] *vt* (*geh*) ■ **[jdm] etw ~** to inject [sb with] sth

In·ka <-[s], -s> ['ɪŋka] *m* Inca

In·kas·so <-s, -s *o* ÖSTERR Inkassi> [ɪnˈkaso] *nt* FIN collection

inkl. *präp Abk von* **inklusive** incl.

in·klu·si·ve [ɪnkluˈziːvə] **I.** *präp +gen* inclusive [of] **II.** *adv* including; **bis ~** up to and including; **vom 25. bis zum 28. ~** from 25th to 28th inclusive

In·kog·ni·to <-s, -s> [ɪnˈkɔgnito] *nt* (*geh*) incognito

in·kog·ni·to [ɪnˈkɔgnito] *adv* (*geh*) incognito

in·kom·pa·ti·bel [ˈɪnkɔmpatiːbl̩] *adj* incompatible

in·kom·pe·tent [ˈɪnkɔmpetɛnt] *adj* (*geh*) incompetent (**in** /*in/*at)

In·kom·pe·tenz [ˈɪnkɔmpetɛnts, ɪnkɔmpeˈtɛnts] *f* (*geh*) incompetence

in·kon·se·quent ['ɪnkɔnzekvɛnt, ɪnkɔnzeˈkvɛnt] *adj* (*geh*) inconsistent

In·kon·se·quenz ['ɪnkɔnzekvɛnts, ɪnkɔnzeˈkvɛnts] *f* (*geh*) inconsistency

in·kor·rekt ['ɪnkɔrɛkt, ɪnkɔˈrɛkt] *adj* (*geh*) incorrect

In-Kraft-Tre·ten^RR <-s> *nt kein pl*, **In·kraft·tre·ten** <-s> *nt kein pl* coming into effect; **das ~ der neuen Vorschrift wurde für den 1.1. beschlossen** 1st Jan[uary] has been decided as the date on which the new regulation comes into force

In·ku·ba·ti·ons·zeit *f* incubation period

In·land ['ɪnlant] *nt kein pl* ❶ (*das eigene Land*) home ❷ (*Binnenland*) inland

In·land·flug *m* domestic flight

in·län·disch ['ɪnlɛndɪʃ] *adj* domestic; *Industrie, Produkte* home

In·lands·markt *m* home market

in·li·nen ['ɪnlaɪnən] *vi* to go inlining

In·li·ner <-s, -> ['ɪnlaɪnɐ] *m* in-line skate *usu pl*

in·mit·ten [ɪnˈmɪtn̩] **I.** *präp +gen* (*geh*) in the middle of **II.** *adv* in the midst of

in·ne|ha·ben ['ɪnə-] *vt irreg* (*geh*) to hold **in·ne|hal·ten** ['ɪnə-] *vi irreg* (*geh*) ■ **[in etw *dat*] ~** to pause; **er hielt in seinem Vortrag inne** he paused in the middle of his lecture

in·nen ['ɪnən] *adv* ❶ (*im Inneren*) on the inside; **das Haus ist ~ ganz mit Holz verkleidet** the interior of the house has wood panelling throughout; **~ und außen** on the inside and outside; **nach ~** inside; **die Tür geht nach ~ auf** the door opens inwards; **von ~** from the inside ❷ (*auf der Innenseite*) on the inside ❸ *bes* ÖSTERR (*drinnen*) inside

In·nen·an·sicht *f* interior view **In·nen·ar·chi·tekt(in)** *m(f)* interior designer **In·nen·ar·chi·tek·tur** *f* interior design **In·nen·be·leuch·tung** *f* interior lighting **In·nen·dienst** *m* office work **In·nen·ein·rich·tung** *f* ❶ (*das Einrichten*) interior furnishing *no pl* ❷ (*die Einrichtung*) interior fittings *pl* **In·nen·hof** *m* inner courtyard **In·nen·le·ben** *nt kein pl* ❶ (*fam: Seelenleben*) inner feelings *pl* ❷ (*fam: innere Struktur*) inner workings *pl* **In·nen·mi·nis·ter(in)** *m(f)* Minister [*or* AM Secretary] of the Interior, BRIT *a.* Home Secretary **In·nen·mi·nis·te·ri·um** *nt* Ministry [*or* AM Department] of the Interior, BRIT *a.* Home Office **In·nen·po·li·tik** *f* home affairs *pl* BRIT, domestic policy AM **in·nen·po·li·tisch** [ˈɪnənpoliːtɪʃ] **I.** *adj* concerning home affairs [*or* AM domestic policy] **II.** *adv* with regard to home affairs [*or* AM domestic policy] **In·nen·raum** *m a.* AUTO interior **In·nen·sei·te** *f* inside **In·nen·spie·gel** *m* AUTO rear-view mirror **In·nen·stadt** *f* city/town centre **In·nen·ta·sche** *f* inside pocket **In·nen·tem·pe·ra·tur** *f* inside temperature **In·nen·ver·tei·di·ger(in)** *m(f)* FBALL central defender

in·ner·be·trieb·lich I. *adj* in-house; *Angelegenheit, Konflikt* internal **II.** *adv* internally

in·ne·re(r, s) ['ɪnərə, 'ɪnɐrɐ, 'nərəs] *adj* ❶ *räumlich* inner ❷ *(innewohnend)* a. MED, ANAT internal ❸ PSYCH inner

In·ne·re(s) ['ɪnərə, 'ɪnərəs] *nt* ❶ *(innerer Teil)* inside ❸ GEOL centre ❸ PSYCH heart; **in jds ~n** inside sb's soul; **tief in seinem ~n war ihm klar, dass es nur so funktionieren konnte** deep down he knew that it could only work in this way

In·ne·rei·en [ɪnɐ'ajən] *pl* KOCHK innards *npl*

in·ner·halb ['ɪnɐhalp] **I.** *präp* +*gen* ❶ *(in einem begrenzten Bereich)* inside ❷ *(binnen eines gewissen Zeitraums)* within **II.** *adv* ■ **~ von etw** *dat* within sth

in·ner·lich I. *adj* ❶ MED internal ❷ PSYCH inner **II.** *adv* ❶ *(im Inneren des Körpers)* internally ❷ PSYCH inwardly; **~ war er sehr aufgewühlt** he was in inner turmoil

In·ner·lich·keit <-> *f kein pl (geh)* inwardness

in·ner·orts *adv* SCHWEIZ in a built-up area

in·ners·te(r, s) ['ɪnəstə, 'ɪnɛstɐ, 'ɪnɛstəs] *adj superl von* **innere(r, s)** innermost

In·ners·te(s) ['ɪnəstə, 'ɪnɛstəs] *nt* core being; **tief in ihrem ~n wusste sie, dass er Recht hatte** deep down inside she knew he was right

in·ne·wohnen *vi* ■ **jdm/einer S.** *dat* **~** to be inherent in sb/a thing

in·nig I. *adj* ❶ *(tief empfunden)* deep; *Dank* heartfelt ❷ *Beziehung* intimate **II.** *adv* deeply

In·no·va·ti·on <-, -en> [ɪnova'tsjoːn] *f* innovation

in·no·va·tiv [ɪnova'tiːf] **I.** *adj* innovative **II.** *adv* innovatively

In·nung <-, -en> ['ɪnʊŋ] *f* guild

in·of·fi·zi·ell *adj* unofficial

in·o·pe·ra·bel ['ɪnʔopera:bl, ɪn'ʔope'ra:bl] *adj* MED inoperable

in pet·to [ɪn 'pɛto] *adv* **etw [gegen jdn] ~ haben** *(fam)* to have sth up one's sleeve [for sb]

in punc·to [ɪn 'pʊŋkto] *adv (fam)* concerning

In·put <-s, -s> ['ɪnpʊt] *m* ❶ INFORM input ❷ *(Anregung)* stimulus; *(Einsatz)* commitment

In·qui·si·ti·on <-> [ɪnkvizi'tsjoːn] *f kein pl* Inquisition *no pl*

ins [ɪns] = **in das** *s.* **in**

In·sas·se, In·sas·sin <-n, -n> ['ɪnzasə, 'ɪn- zasɪn] *m, f* ❶ *(Fahrgast)* passenger ❷ *(Heimbewohner)* resident ❸ *(Bewohner einer Heilanstalt)* patient ❹ *(Gefängnis- o Lager~)* inmate

ins·be·son·de·re [ɪnsbə'zɔndərə] *adv* especially

In·schrift ['ɪnʃrɪft] *f* inscription

In·sekt <-[e]s, -en> [ɪn'zɛkt] *nt* insect

In·sek·ten·stich *m* insect sting **In·sek·ten·ver·nich·tungs·mit·tel** *nt* insecticide

In·sek·ti·zid <-s, -e> [ɪnzɛkti'tsiːt] *nt* insecticide

In·sel <-, -n> ['ɪnzl] *f* island

In·sel·grup·pe *f* archipelago

In·se·rat <-[e]s, -e> [ɪnze'raːt] *nt* advertisement

in·se·rie·ren* [ɪnze'riːrən] *vi, vt* to advertise

ins·ge·heim [ɪnsgə'hajm] *adv* secretly

ins·ge·samt [ɪnsgə'zamt] *adv* ❶ *(alles zusammen)* altogether ❷ *(im Großen und Ganzen)* on the whole

In·si·der(in) <-s, -> ['ɪnzajdɐ] *m(f)* insider

In·si·der·wis·sen <-s,> ['ɪnsajdɐ-] *nt kein pl* inside knowledge

in·sis·tie·ren* [ɪnzɪs'tiːrən] *vi (geh)* to insist (**auf** on); ■ **darauf ~, dass ...** to insist that ...

ins·künf·tig ['ɪnskʏnftɪç] *adv* SCHWEIZ *s.* **zukünftig**

in·so·fern [ɪnzo'fɛrn, ɪn'zo:fɛrn] **I.** *adv* in this respect; **~ ... als** in that **II.** *konj* ÖSTERR *(vorausgesetzt, dass)* if; **~ als** in so far as

in·so·weit [ɪnzo'vajt, 'ɪnzovajt, ɪn'zovajt] **I.** *adv* in this respect **II.** *konj* ÖSTERR **~ als** if

in spe [ɪn 'speː] *adj (fam)* future

In·spek·ti·on <-, -en> [ɪnspɛk'tsjoːn] *f* ❶ *(technische Wartung)* service ❷ *(Überprüfung)* inspection

In·spek·tor, In·spek·to·rin <-s, -toren> [ɪn'spɛktoːɐ̯, *pl* ɪnspɛk'toːrən] *m, f* ❶ ADMIN executive officer; *(Kriminalpolizei)* inspector ❷ *(Prüfer)* supervisor

In·spi·ra·ti·on <-, -en> [ɪnspira'tsjoːn] *f (geh)* inspiration

In·spi·ra·ti·ons·quel·le *f pl selten (geh)* source of inspiration

in·spi·rie·ren* [ɪnspi'riːrən] *vt* ■ **jdn [zu etw** *dat***] ~** to inspire sb [to do sth]; ■ **sich von etw** *dat* **~ lassen** to get one's inspiration from sth

in·spi·zie·ren* [ɪnspi'tsiːrən] *vt (geh)* to inspect

in·sta·bil ['ɪnstabiːl] *adj (geh)* unstable

In·stal·la·teur(in) <-s, -e> [ɪnstala'tøːɐ̯] *m(f) (Elektroinstallateur)* electrician; *(Klempner)* plumber

In·stal·la·ti·on <-, -en> [ɪnstala'tsjoːn] *f* ❶ *kein pl (das Installieren)* installation; *(installierte Leitungen od. Anlage)* installations

installieren–Intercityzug

pl ② SCHWEIZ (*Amtseinsetzung*) installation

in·stal·lie·ren* [ɪnstaˈliːrən] *vt* ① TECH (*einbauen*) ▪ [jdm] etw ~ to install sth [for sb]; ▪ sich *dat* etw ~ lassen to have sth installed ② INFORM (*einprogrammieren*) ▪ etw [auf etw *akk*] ~ to load sth [onto sth]

in·stand *adj*, **in Stand** [ɪnˈʃtant] *adj* in working order; etw ~ halten to keep sth in good condition; etw ~ setzen to repair sth

In·stand·hal·tung *f* (*geh*) maintenance

in·stän·dig [ˈɪnʃtɛndɪç] **I.** *adj* Bitte, *etc* urgent **II.** *adv* urgently; ~ um etw *akk* bitten to beg for sth

In·stanz <-, -en> [ɪnˈstants] *f* ① ADMIN authority ② (*Stufe eines Gerichtsverfahrens*) instance; **in erster/zweiter/oberster/letzter** ~ trial court/appellate court/supreme court of appeal/court of last instance

In·stinkt <-[e]s, -e> [ɪnˈstɪŋkt] *m* instinct

in·stink·tiv [ɪnstɪŋkˈtiːf] *adj* instinctive

In·sti·tut <-[e]s, -e> [ɪnstiˈtuːt] *nt* institute

In·sti·tu·ti·on <-, -en> [ɪnstitutsɪ̯oːn] *f* institution

in·sti·tu·ti·o·nell [ɪnstitutsɪ̯oˈnɛl] *adj* (*geh*) institutional

in·stru·ie·ren* [ɪnstruˈiːrən] *vt* ① (*in Kenntnis setzen*) to advise (**über** about) ② (*Anweisungen geben*) to instruct

In·struk·ti·on <-, -en> [ɪnstrʊkˈtsɪ̯oːn] *f* ① (*Anweisung*) instruction; (*Anleitung*) instruction[s] *usu pl*; **laut** ~ according to instructions

in·struk·tiv <-er, -ste> [ɪnstrʊkˈtiːf] *adj* instructive

In·stru·ment <-[e]s, -e> [ɪnstruˈmɛnt] *nt* ① MUS instrument; (*Gerät für wissenschaftliche Zwecke*) instrument ② (*a. fig geh: Werkzeug*) tool

in·stru·men·tal [ɪnstrumɛnˈtaːl] **I.** *adj* instrumental **II.** *adv* instrumentally

in·stru·men·ta·li·sie·ren* [ɪnstrumɛntaliˈziːrən] *vt* (*geh*) to instrumentalize

In·stru·men·ta·ri·um <-, -rien> [ɪnstrumɛnˈtaːrɪ̯ʊm, *pl* ɪnstrumɛnˈtaːrɪ̯ən] *nt* (*geh*) ① (*Gesamtheit der Ausrüstung*) instruments *pl*; (*medizinische Instrumente*) equipment ② MUS range of instruments

In·su·la·ner(in) <-s, -> [ɪnzuˈlaːnɐ] *m(f)* islander

In·su·lin <-s> [ɪnzuˈliːn] *nt kein pl* insulin *no pl*

in·sze·nie·ren* [ɪnstseˈniːrən] *vt* ① (*dramaturgisch gestalten*) to stage ② (*pej*) to stage-manage

In·sze·nie·rung <-, -en> *f* ① FILM, THEAT production ② (*pej: Bewerkstelligung*) engineering

in·takt [ɪnˈtakt] *adj* ① (*unversehrt*) intact ② (*voll funktionsfähig*) in working order

in·te·ger [ɪnˈteːgɐ] **I.** *adj* (*geh*) of integrity; ▪ ~ sein to have integrity **II.** *adv* (*geh*) with integrity

In·te·gra·ti·on <-, -en> [ɪntegraˈtsɪ̯oːn] *f* integration

in·te·grie·ren* [ɪnteˈgriːrən] **I.** *vt* (*eingliedern*) to integrate (**in** into) **II.** *vr* (*sich einfügen*) ▪ sich ~ to become integrated (**in** into)

In·te·gri·tät <-> [ɪntegriˈtɛːt] *f kein pl* (*geh*) integrity

In·tel·lekt <-[e]s> [ɪntɛˈlɛkt] *m kein pl* intellect

in·tel·lek·tu·ell [ɪntɛlɛkˈtu̯ɛl] *adj* intellectual

In·tel·lek·tu·el·le(r) *f/m* intellectual

in·tel·li·gent [ɪntɛliˈgɛnt] *adj* (*mit Verstand begabt*) a. INFORM intelligent; (*strategisch klug*) clever

In·tel·li·genz <-, -en> [ɪntɛliˈgɛnts] *f* ① *kein pl* (*Verstand*) intelligence *no pl* ② *kein pl* (*Gesamtheit der Intellektuellen*) intelligentsia *no pl* ③ (*vernunftbegabtes Lebewesen*) intelligence ④ INFORM **künstliche** ~ artificial intelligence

In·tel·li·genz·bes·tie *f* (*fam*) brainbox **In·tel·li·genz·quo·ti·ent** *m* intelligence quotient

In·ten·dant(in) <-en, -en> [ɪntɛnˈdant] *m(f)* THEAT artistic director; RADIO, TV director-general

In·ten·danz <-, -en> [ɪntɛnˈdants] *f* ① THEAT directorship; RADIO, TV director-generalship ② (*Büro des Intendanten*) THEAT director's office; RADIO, TV director-general's office

In·ten·si·tät <-, *selten* -en> [ɪntɛnziˈtɛːt] *f* intensity

in·ten·siv [ɪntɛnˈziːf] **I.** *adj* ① (*gründlich*) intensive ② (*eindringlich, durchdringend*) intense; Duft, Schmerz strong **II.** *adv* ① (*gründlich*) intensively; ~ bemüht sein, etw zu tun to make intense efforts to do sth ② (*eindringlich, durchdringend*) strongly

in·ten·si·vie·ren* [ɪntɛnziˈviːrən] *vt* to intensify

In·ten·si·vie·rung <-, *selten* -en> *f* intensification

In·ten·siv·kurs *m* intensive course **In·ten·siv·sta·ti·on** *f* intensive care unit **In·ten·siv·tä·ter(in)** *m(f)* JUR repeat offender

In·ten·ti·on <-, -en> [ɪntɛnˈtsɪ̯oːn] *f* (*geh*) intention

in·ter·agie·ren* [ɪntɐʔaˈgiːrən] *vi* PSYCH, SOZIOL ▪ **mit jdm/etw** ~ to interact with sb/sth

In·ter·ak·ti·on <-, -en> [ɪntɐakˈtsɪ̯oːn] *f* PSYCH, SOZIOL interaction **in·ter·ak·tiv** [ɪntɐʔakˈtiːf] *adj* interactive

In·ter·ci·ty <-s, -s> [ɪntɐˈsɪti] *m*, **In·ter·ci·ty·zug**^RR *m* inter-city [train]

In·ter·ci·ty·ex·press^{RR} *m*, **Intercity-Express**^{ALT} *m* inter-city express

in·ter·es·sant [ɪntərɛˈsant] **I.** *adj* ❶ (*Interesse erweckend*) interesting; **sich [bei jdm] ~ machen** to attract [sb's] attention; **wie ~!** how interesting! ❷ *Angebot, Gehalt* attractive **II.** *adv* interestingly; **der Vorschlag hört sich ~ an** the proposal sounds interesting

in·ter·es·san·ter·wei·se *adv* interestingly enough

In·ter·es·se <-s, -n> [ɪntəˈrɛsə] *nt* ❶ *kein pl* (*Aufmerksamkeit*) interest; **~ [an jdm/etw] haben** to have an interest [in sb/sth]; **wir haben ~ an Ihrem Angebot** we are interested in your offer; **hätten Sie ~ daran, für uns tätig zu werden?** would you be interested in working for us? ❷ *pl* (*Neigungen*) interests *pl*; **aus ~** out of interest ❸ *pl* (*Belange*) interests *pl* ❹ (*Nutzen*) interest; **[für jdn] von ~ sein** to be of interest [to sb]; **in jds ~ liegen** to be in sb's interest

in·ter·es·se·hal·ber *adv* out of interest

in·ter·es·se·los *adj* indifferent

In·ter·es·sen·ge·mein·schaft *f* community of interests **In·ter·es·sens·kon·flikt** *m* conflict of interests

In·ter·es·sent(in) <-en, -en> [ɪntərɛˈsɛnt] *m(f)* ❶ (*an einer Teilnahme Interessierter*) interested party ❷ (*an einem Kauf Interessierter*) potential buyer

in·ter·es·sie·ren* [ɪntərɛˈsiːrən] **I.** *vt* ❶ (*jds Interesse hervorrufen*) to interest ❷ (*jds Interesse auf etw lenken*) ■ **jdn für etw** *akk* **~** to interest sb in sth **II.** *vr* (*mit Interesse verfolgen*) ■ **sich für jdn/etw ~** to be interested in sb/sth

in·ter·es·siert I. *adj* ❶ (*Interesse zeigend*) interested; **sie ist politisch ~** she is interested in politics ❷ (*mit ernsthaften Absichten*) ■ **an jdm/etw ~ sein** to be interested in sb/sth; ■ **daran ~ sein, etw zu tun** to be interested in doing sth **II.** *adv* with interest

In·ter·face <-, -s> [ˈɪntəfeːs] *nt* interface

In·ter·fe·renz <-, -en> [ɪntɐfeˈrɛnts] *f* interference *no pl*

In·te·ri·eur <-s, -s *o* -e> [ɛ̃teˈrjøːɐ] *nt* (*geh*) interior

In·te·rims·lö·sung *f* (*geh*) interim solution **In·te·rims·re·ge·lung** *f* (*geh*) interim regulation **In·te·rims·re·gie·rung** *f* (*geh*) interim government

In·ter·jek·ti·on <-, -en> [ɪntɐjɛkˈtsi̯oːn] *f* interjection

in·ter·kon·ti·nen·tal [ɪntɐkɔntinɛnˈtaːl] *adj* intercontinental **in·ter·kul·tu·rell** [ɪntɐkʊltuˈrɛl] *adj* intercultural **In·ter·mez·zo** <-s, -s *o* -mezzi> [ɪntɐˈmɛtso] *nt* ❶ MUS intermezzo ❷ (*geh*) incident

in·tern [ɪnˈtɛrn] **I.** *adj* internal **II.** *adv* internally

In·ter·na [ɪnˈtɛrna] *pl* (*geh*) internal matters *pl*

In·ter·nat <-[e]s, -e> [ɪntɐˈnaːt] *nt* boarding-school

in·ter·na·ti·o·nal [ɪntɐnatsi̯oˈnaːl] **I.** *adj* international **II.** *adv* internationally

in·ter·na·ti·o·na·li·sie·ren* [ɪntɐnatsi̯onaliˈziːrən] *vt* (*geh*) to internationalize

In·ter·net <-s> [ˈɪntɐnɛt] *nt* Internet; **im ~ surfen** to surf the Internet **In·ter·net·adres·se** *f* uniform resource locator, URL **In·ter·net-Ak·ti·ons·haus** [ˈɪntɐnɛtaktsi̯oːnshaus] *nt* Internet auction site **In·ter·net-brow·ser** *m* INFORM Internet explorer **In·ter·net·ca·fé** *nt* Internet café **In·ter·net·fo·rum** *nt* Internet [*or* web] forum **In·ter·net·pro·vi·der** [-proˈvaɪdɐ] *m* Internet provider **In·ter·net·ser·ver** *m* INFORM Internet server **In·ter·net·sur·fer** *m* Internet surfer **In·ter·net-Ter·mi·nal** [-tøːɐmɪnl] *nt* Internet terminal **In·ter·net·zu·gang** *m* INFORM Internet access

in·ter·nie·ren* [ɪntɐˈniːrən] *vt* ❶ (*in staatlichen Gewahrsam nehmen*) to intern ❷ MED to isolate

In·ter·nie·rung <-, -en> *f* ❶ (*Einsperrung*) internment ❷ MED isolation

In·ter·nie·rungs·la·ger *nt* internment camp

In·ter·nist(in) <-en, -en> [ɪntɐˈnɪst] *m(f)* internist

In·ter·pol <-> [ˈɪntɐpoːl] *f* Interpol

In·ter·pret(in) <-en, -en> [ɪntɐˈpreːt] *m(f)* (*geh*) interpreter

In·ter·pre·ta·ti·on <-, -en> [ɪntɐpretaˈtsi̯oːn] *f* interpretation

in·ter·pre·ta·to·risch [ɪntɐpretaˈtoːrɪʃ] *adj* interpretative

in·ter·pre·tie·ren* [ɪntɐpreˈtiːrən] *vt* to interpret

In·ter·punk·ti·on <-, -en> [ɪntɐpʊŋkˈtsi̯oːn] *f* punctuation **In·ter·punk·ti·ons·zei·chen** *nt* punctuation mark

In·ter·re·gio <-s, -s> [ɪntɐˈreːgi̯o] *m* regional city stopper (*train that travels between regional centres*)

In·ter·vall <-s, -e> [ɪntɐˈval] *nt* (*geh*) interval

in·ter·ve·nie·ren* [ɪntɐveˈniːrən] *vi* (*geh*) a. POL to intervene

In·ter·ven·ti·on <-, -en> [ɪntɐvɛnˈtsi̯oːn] *f* (*geh*) a. POL intervention

In·ter·view <-s, -s> [ˈɪntɐvjuː, ɪntɐˈvjuː] *nt* interview

in·ter·view·en* [ɪntɐˈvjuːən, ˈɪntɐvjuːən] *vt* ❶ (*durch ein Interview befragen*) ■ **jdn ~** to interview sb (**zu** about); ■ **sich** [**von jdm**] ~ **lassen** to give [sb] an interview ❷ (*hum fam: befragen*) ■ **jdn** ~ to consult sb

In·ter·view·er(in) <-s, -> [ɪntɐˈvjuːɐ, ˈɪntɐvjuːɐ] *m(f)* interviewer

in·tim [ɪnˈtiːm] *adj* ❶ (*innig, persönlich*) intimate; *Freund, Bekannter* close ❷ (*sexuell liiert*) ■ **mit jdm** ~ **sein/werden** to be/become intimate with sb

In·tim·be·reich *m* ❶ (*euph: Bereich der Geschlechtsorgane*) private parts *pl* ❷ *s.* **Intimsphäre**

In·ti·mi·tät <-, -en> [ɪntimiˈtɛːt] *f* (*geh*) ❶ *kein pl* (*Vertrautheit*) intimacy *no pl* ❷ *pl* (*private Angelegenheit*) intimate affairs *pl* ❸ *usu pl* (*sexuelle Handlung o Äußerung*) intimacy ❹ *kein pl einer Kneipe* intimacy

In·tim·le·ben *nt* [private] sex life **In·tim·sphä·re** *f* (*geh*) private life **In·tim·ver·kehr** *m kein pl* (*euph*) intimate relations *pl*

in·to·le·rant [ˈɪntolɛrant, ɪntoleˈrant] **I.** *adj* (*geh*) intolerant **II.** *adv* intolerantly

In·to·le·ranz [ˈɪntolɛrants, ɪntoleˈrants] *f* (*geh*) intolerance

In·to·na·ti·on <-, -en> [ɪntonaˈts̯i̯oːn] *f* intonation

In·tra·net <-s, -s> [ˈɪntranɛt] *nt* INFORM intranet

in·tran·si·tiv [ˈɪntranzitiːf] *adj* intransitive

in·tri·gant [ɪntriˈgant] *adj* (*pej geh*) scheming

In·tri·gant(in) <-en, -en> [ɪntriˈgant] *m(f)* (*pej geh*) schemer

In·tri·ge <-, -n> [ɪnˈtriːgə] *f* (*pej geh*) conspiracy

in·tri·gie·ren* [ɪntriˈgiːrən] *vi* (*pej geh*) to scheme (**gegen** against)

in·tro·ver·tiert [ɪntrovɛrˈtiːɐ̯t] *adj* introverted

In·tro·ver·tiert·heit [ɪntrovɛrˈtiːɐ̯thaɪt] *f kein pl* PSYCH introvertedness

In·tu·i·ti·on <-, -en> [ɪntuiˈts̯i̯oːn] *f* intuition

in·tu·i·tiv [ɪntuiˈtiːf] *adj* intuitive

in·tus [ˈɪntʊs] *adj* ❶ *Alkohol, Essen* etw ~ **haben** (*fam*) to have had sth ❷ (*verstanden haben*) to have got sth into one's head

in·va·lid [ɪnvaˈliːt] *adj*, **in·va·li·de** [ɪnvaˈliːdə] *adj* invalid

In·va·li·de, In·va·li·din <-n, -n> [ɪnvaˈliːdə, ɪnvaˈliːdɪn] *m, f* invalid

In·va·li·den·ren·te *f* disability pension

In·va·li·di·tät <-> [ɪnvalidiˈtɛːt] *f kein pl* disability

in·va·ri·a·bel [ˈɪnvaṟi̯aːbl̩, ɪnvaˈṟi̯aːbl̩] *adj* invariable

In·va·si·on <-, -en> [ɪnvaˈzi̯oːn] *f* invasion

In·ven·tar <-s, -e> [ɪnvɛnˈtaːɐ̯] *nt* inventory

In·ven·tur <-, -en> [ɪnvɛnˈtuːɐ̯] *f* stocktaking; ~ **machen** to stocktake

in·ves·tie·ren* [ɪnvɛsˈtiːrən] *vt* to invest

In·ves·ti·ti·on <-, -en> [ɪnvɛstitsi̯oːn] *f* investment

In·ves·ti·ti·ons·gü·ter *pl* capital equipment *no pl*

In·vest·ment <-s, -s> [ɪnˈvɛstmənt] *nt* (*Geldanlage*) investment; (*Geldanlage in Investmentfonds*) investing in investment funds

In·vest·ment·fonds *m* investment fund

In·ves·tor(in) <-s, -en> [ɪnˈvɛstoːɐ̯, *pl* ɪnvɛsˈtoːrən] *m(f)* investor

in·vol·vie·ren* [ɪnvɔlˈviːrən] *vt* (*geh*) to involve

in·wen·dig [ˈɪnvɛndɪç] **I.** *adv* inside **II.** *adj* (*selten*) inside

in·wie·fern [ɪnviˈfɛrn] *adv interrog* in what way

in·wie·weit [ɪnviˈvaɪt] *adv* how far

In·zest <-[e]s, -e> [ɪnˈtsɛst] *m* (*geh*) incest *no pl*

in·zes·tu·ös [ɪntsɛsˈtu̯øːs] *adj Beziehung, Verhältnis* incestuous

In·zucht [ˈɪntsʊxt] *f* inbreeding

in·zwi·schen [ɪnˈtsviʃn̩] *adv* in the meantime

Ion <-s, -en> [ˈi̯oːn] *nt* ion

io·nisch [ˈi̯oːnɪʃ] *adj* ❶ ARCHIT, KUNST ionic ❷ MUS Ionian

io·ni·sie·ren* [i̯oniˈziːrən] *vt* PHYS, MATH to ionize

I-Punkt^{RR} [ˈiː-] *m* (*I-Tüpfelchen*) dot on the "i" ▶ **bis auf den** ~ down to the last detail

IQ <-[s], -[s]> [iːˈkuː] *m Abk von* **Intelligenzquotient** IQ

Irak <-s> [iˈraːk] *m* ■ [**der**] ~ Iraq; *s. a.* **Deutschland**

Ira·ker(in) <-s, -> [iˈraːkɐ] *m(f)*, **Ira·ki** <-s, -s> [iˈraːkiː] *m fem form gleich* Iraqi; *s. a.* **Deutsche(r)**

ira·kisch [iˈraːkɪʃ] *adj* Iraqi; *s. a.* **deutsch**

Iran <-s> [iˈraːn] *m* ■ **der** ~ Iran; *s. a.* **Deutschland**

Ira·ner(in) <-s, -> [iˈraːnɐ] *m(f)* Iranian; *s. a.* **Deutsche(r)**

ira·nisch [iˈraːnɪʃ] *adj* Iranian; *s. a.* **deutsch**

ir·den [ˈɪrdn̩] *adj* (*veraltend: aus Ton*) earthenware

ir·disch [ˈɪrdɪʃ] *adj* earthly

Ire, Irin <-n, -n> [ˈiːrə, ˈiːrɪn] *m, f* Irishman *masc*, Irishwoman *fem*; ■ **die** ~**n** the Irish; [**ein**] ~ **sein** to be Irish

ir·gend [ˈɪrgn̩t] *adv* at all; **wenn** ~ **möglich** if at all possible; **wenn ich** ~ **kann, werde ich Sie am Bahnhof abholen** if I possibly can, I'll pick you up at the station; ~ **so ein/e**

ir·gend·ein ['ɪrɡnt?ain], **ir·gend·ei·ne(r, s)** ['ɪrɡnt?ainə, -ainɐ, -ainəs], **ir·gend·eins** ['ɪrɡnt?ains] *pron indef* ❶ *adjektivisch* (*was auch immer für ein*) some; **haben Sie noch irgendeinen Wunsch?** would you like anything else?; **nicht irgendein/e ...** *adjektivisch* not any [old] ... ❷ *substantivisch* (*ein Beliebiger*) any [old] one; *substantivisch*; **ich werde doch nicht irgendeinen einstellen** I'm not going to appoint just anybody

ir·gend·et·was^{RR} *pron indef s.* **irgendwas ir·gend·je·mand**^{RR} *pron indef pron* someone, somebody; (*fragend, verneinend*) anyone, anybody **ir·gend·wann** ['ɪrɡnt'van] *adv* some time or other **ir·gend·was** ['ɪrɡnt'vas] *pron indef* (*fam*) something; *bei Fragen* anything **ir·gend·wel·che(r, s)** ['ɪrɡnt'vɛlçə, -vɛlçɐ, -vɛlçəs] *pron indef* ❶ (*welche auch immer*) some; *bei Fragen* any ❷ (*irgendein, beliebig*) some; *substantivisch* anything **ir·gend·wer** ['ɪrɡnt'veːɐ̯] *pron indef* (*fam*) somebody; **hallo! aufmachen! hört mich denn nicht ~?** hallo! open up! can no one hear me?; **nicht [einfach] ~** not just anybody **ir·gend·wie** ['ɪrɡnt'viː] *adv* somehow [or other]; **Sie kommen mir ~ bekannt vor, haben wir uns früher schon mal getroffen?** I seem to know you somehow, have we met before? **ir·gend·wo** ['ɪrɡnt'voː] *adv* ❶ (*wo auch immer*) somewhere [or other] ❷ (*in irgendeiner Weise*) somehow [or other]; **~ verstehe ich das nicht** somehow I don't understand [that] **ir·gend·wo·her** ['ɪrɡnt'voˈheːɐ̯] *adv* from somewhere [or other]; **von ~** from somewhere [or other] **ir·gend·wo·hin** ['ɪrɡnt'voˈhɪn] *adv* somewhere [or other]

Irin <-, -nen> ['iːrɪn] *f fem form von* **Ire** Irishwoman

Iris¹ <-, -> ['iːrɪs] *f* BOT iris

Iris² <-, - *o* Iriden> ['iːrɪs, *pl* i'riːdən] *f* ANAT iris

irisch ['iːrɪʃ] *adj* Irish; *s. a.* **deutsch**

Irland ['ɪrlant] *nt* Ireland, Eire; *s. a.* **Deutschland**

Iro·nie <-, *selten* -n> [iroˈniː, *pl* -iːən] *f* irony

iro·nisch [iˈroːnɪʃ] **I.** *adj* ironic[al] **II.** *adv* ironically; **~ lächeln** to give an ironic smile

irr [ɪr] *adj s.* **irre**

ir·ra·tio·nal ['ɪratsi̯onaːl, ɪratsi̯oˈnaːl] *adj* (*geh*) irrational

Ir·re <-> ['ɪrə] *f* **jdn in die ~ führen** to mislead sb

ir·re [ˈɪrə] **I.** *adj* ❶ (*verrückt*) crazy; **jdn für ~[e] halten** (*fam*) to think sb is mad ❷ (*verstört*) crazy; **so ein Blödsinn! du redest ~s Zeug!** what nonsense! this is just crazy talk!; **jdn [noch] ganz ~ machen** (*fam*) to drive sb crazy *fam* ❸ (*sl: toll*) fantastic **II.** *adv* ❶ (*verrückt, verstört*) insanely; **was fällt dir ein, mitten in der Nacht so ~ rumzubrüllen!** all this crazy yelling in the middle of the night, what [the hell] do you think you're doing!; **wie ~** (*fam*) like mad ❷ (*sl: ausgeflippt*) wacky; (*toll*) fantastically *fam* ❸ (*sl: äußerst*) incredibly

Ir·re(r) [ˈɪrə, -rə] *f/m/* lunatic

ir·re·al ['ɪreaːl] *adj* (*geh*) unreal

ir·re·füh·ren *vt* to mislead; ■ **sich von jdm/etw ~ lassen** to be misled by sb/sth **ir·re·füh·rend** *adj* misleading **Ir·re·füh·rung** *f* deception

ir·re·gu·lär ['ɪreɡulɛːɐ̯] *adj* (*geh*) irregular

ir·re·le·vant ['ɪrelevant, ɪreleˈvant] *adj* (*geh*) irrelevant

ir·re·ma·chen *vt* to confuse; ■ **sich nicht ~ lassen** not to be put off (**durch** by)

ir·ren¹ ['ɪrən] *vi sein* ■ **durch/über etw** *akk* **~** to wander through/across sth

ir·ren² ['ɪrən] **I.** *vi* (*geh*) (*sich täuschen*) to be wrong ▸ **I~ ist menschlich** (*prov*) to err is human **II.** *vr* (*sich täuschen*) ■ **sich ~** to be wrong (**in** about); **da irrst du dich** you're wrong there; **ich irre mich bestimmt nicht** I'm definitely not wrong; **wenn ich mich nicht irre, ...** if I am not mistaken ...

Ir·ren·an·stalt *f* (*pej veraltend*) lunatic asylum **Ir·ren·haus** *nt* (*veraltet o pej*) lunatic asylum; **wie im ~** (*fam*) like a madhouse

ir·re·pa·ra·bel ['ɪrepara:bl, ɪrepaˈraːbl] **I.** *adj* (*geh*) irreparable **II.** *adv* (*geh*) irreparably

ir·re·ver·si·bel ['ɪreverziːbl, ɪreverˈziːbl] *adj* (*fachspr*) irreversible

Irr·fahrt *f* odyssey **Irr·gar·ten** *m* maze **Irr·glau·be(n)** *m* ❶ (*irrige Ansicht*) mistaken belief ❷ (*veraltend: falscher religiöser Glaube*) heretical belief

ir·rig [ˈɪrɪç] *adj* (*geh*) wrong

Ir·ri·ta·ti·on <-, -en> [ɪritaˈtsi̯oːn] *f* (*geh*) a. MED irritation

ir·ri·tie·ren* [ɪriˈtiːrən] *vt* ❶ (*verwirren*) to confuse ❷ (*stören*) to annoy

Irr·läu·fer *m* misdirected item **Irr·leh·re** *f* false doctrine **Irr·licht** ['ɪrlɪçt] *nt* jack-o'-lantern **Irr·sinn** [ˈɪrzɪn] *m kein pl* ❶ (*veraltet: psychische Krankheit*) insanity ❷ (*fam: Unsinn*) madness *no pl* **irr·sin·nig** ['ɪrzɪnɪç] **I.** *adj* ❶ (*veraltet: psychisch krank*) insane ❷ (*fam: völlig wirr, absurd*) crazy, mad ❸ (*fam: stark, intensiv*) tremendous; *Hitze, Kälte, Verkehr* incredible; *Kopfschmerzen* terrible **II.** *adv* (*fam: äußerst*) terribly; **das schmerzt wie ~!** it's hurting like mad!

Irr·tum <-[e]s, -tümer> ['ɪrtuːm, *pl* ˈɪrtyːmɐ]

irrtümlich–ja

m ❶ (*irrige Annahme*) error; [**schwer**] **im ~ sein** to be [badly] mistaken ❷ (*fehlerhafte Handlung*) mistake; **einen ~ begehen** to make a mistake

irr·tüm·lich ['ɪrtyːmlɪç] **I.** *adj attr* mistaken **II.** *adv* mistakenly

irr·tüm·li·cher·wei·se *adv* by mistake

Irr·weg *m* wrong track

Is·chi·as <-> ['ɪʃiɐs] *m o nt kein pl* sciatica *no pl*

ISDN <-s> [iːʔɛsdeː'ʔɛn] *nt kein pl Abk von* **Integrated Services Digital Network** ISDN

ISDN-An·schluss[RR] *m* ISDN connection

Is·lam <-s> [ɪs'laːm, 'ɪslam] *m kein pl* Islam; ▪ **der ~** Islam *no pl*

is·la·misch [ɪs'laːmɪʃ] *adj* Islamic

Is·la·mist(in) <-en, -en> [ɪsla'mɪst] *m(f)* Islamist

is·la·mis·tisch [ɪsla'mɪstɪʃ] *adj* Islamist *attr*

Is·la·mo·pho·bie <-> *f kein pl* SOZIOL islamophobia

Is·land ['iːslant] *nt* Iceland; *s. a.* **Deutschland**

Is·län·der(in) <-s, -> ['iːslɛndɐ] *m(f)* Icelander; **~ sein** to be an Icelander; *s. a.* **Deutsche(r)**

is·län·disch ['iːslɛndɪʃ] *adj* Icelandic; *s. a.* **deutsch**

Iso·la·ti·on <-, -en> [izola'tsi̯oːn] *f* ❶ (*das Abdichten*) insulation ❷ (*das Isolieren von Patienten, Häftlingen, etc.*) isolation ❸ (*Abgeschlossenheit*) isolation (**von** from)

Iso·la·ti·ons·haft *f* solitary confinement

Iso·lier·band <-bänder> [izo'liːɐ̯-] *nt* insulating tape

iso·lie·ren* [izo'liːrən] **I.** *vt* ❶ TECH to insulate (**gegen** against) ❷ JUR, MED to isolate (**von** from) **II.** *vr* (*sich absondern*) ▪ **sich ~** to isolate oneself (**von** from)

Iso·lier·kan·ne *f* thermos flask **Iso·lier·ma·te·ri·al** *nt* insulating material

iso·liert I. *adj* (*aus dem Zusammenhang gegriffen*) isolated **II.** *adv* ❶ (*abgeschlossen, abgesondert*) isolated ❷ (*aus dem Zusammenhang gegriffen*) in an isolated way

Iso·lie·rung <-, -en> *f s.* Isolation

Is·ra·el <-s> ['ɪsraeːl, 'ɪsraɛl] *nt* Israel; *s. a.* **Deutschland**

Is·ra·e·li <-[s], -[s]> [ɪsra'eːli] *m*, **Is·ra·e·li** <-s, -[s]> *f* Israeli; *s. a.* **Deutsche(r)**

is·ra·e·lisch [ɪsra'eːlɪʃ] *adj* Israeli; *s. a.* **deutsch**

is·ra·e·li·tisch *adj* Israelite; *s. a.* **deutsch**

isst[RR] [ɪst], **ißt**[ALT] [ɪst] 3. *pers sing pres von* **essen**

ist [ɪst] 3. *pers sing pres von* **sein**[1]

Ist-Zu·stand, **Ist·zu·stand**[RR] *m* actual state

Ita·li·en <-s> [i'taːli̯ən] *nt* Italy; *s. a.* **Deutschland**

Ita·li·e·ner(in) <-s, -> [ita'li̯eːnɐ] *m(f)* Italian; **~ sein** to be [an] Italian; *s. a.* **Deutsche(r)**

ita·li·e·nisch [ita'li̯eːnɪʃ] *adj* Italian; *s. a.* **deutsch**

Ita·li·e·nisch [ita'li̯eːnɪʃ] *nt dekl wie adj* Italian; **auf ~** in Italian; *s. a.* **Deutsch**

Ita·lo·wes·tern ['iːtalo-] *m* spaghetti western

I-Tüp·fel·chen <-s, -> ['iː-] *nt* finishing touch

i.V. *Abk von* **in Vertretung** p.p.

IWF <-> [iːveː'ʔɛf] *m kein pl Abk von* **Internationaler Währungsfonds** IMF

J, j <-, - *o fam* -s, -s> [jɔt] *nt* J, j; *s. a.* **A 1**

ja [jaː] *part* ❶ (*bestätigend: so ist es*) yes; **~, bitte?** yes, hello?; **das sag' ich ~!** (*fam*) that's exactly what I say!; **aber ~!** yes, of course! ❷ (*fragend: so? tatsächlich?*) really?; **ach ~?** really? ❸ (*warnend: bloß*) make sure; **sei ~ vorsichtig mit dem Messer!** do be careful with the knife!; **geh ~ nicht dahin!** don't go there whatever you do! ❹ (*abschwächend, einschränkend: schließlich*) after all; **ich kann es ~ mal versuchen** I can try it of course; **das ist ~ richtig, doch sollten wir trotzdem vorsichtiger sein** that's certainly true, but we should be more careful anyhow ❺ (*revidierend, steigernd: und zwar*) in fact ❻ (*anerkennend, triumphierend: doch*) **du bist ~ ein richtiges Schlitzohr!** you really are a crafty devil!; **siehst du, ich habe es ~ immer gesagt!** what did I tell you? I've always said that, you know; **es musste ~ mal so kommen!** it just had to turn out like that!; **auf Sie haben wir ~ die ganze Zeit gewartet** we've been waiting for you the whole time, you know; **wo steckt nur der verfluchte Schlüssel? ach, da ist er ~!** where's the damned key? oh, that's where it's got to! ❼ (*bekräftigend: allerdings*) „**so war das doch damals, erinnerst du dich?**" — „**ach ~!**" "that's how it was in those days, do you remember?" — "oh yes!"; **was Sie mir da berichten, ist ~ kaum zu glauben!** what you're telling me certainly is scarcely believable!; **Ihr Mann ist bei einem Flug-**

zeugabsturz ums Leben gekommen? das ist ~ entsetzlich! your husband died in a plane crash? why, that's just terrible!; **ich verstehe dies ~, aber trotzdem finde ich's nicht gut** I understand that admittedly, even so, I don't think it's good; **das ist ~ die Höhe!** that's the absolute limit!; **es ist ~ immer dasselbe** it's always the same, you know ⑧ (*na*) well ⑨ (*als Satzabschluss: nicht wahr?*) isn't it?; **es bleibt doch bei unserer Abmachung, ~?** our agreement does stand though, doesn't it? ⑩ (*ratlos: nur*) **ich weiß ~ nicht, wie ich es ihm beibringen soll** I'm sure I don't know how I'm going to get him to understand that ⑪ (*beschwichtigend*) **"he, wo bleibst du denn nur so lange?" — "ich komm ~ schon!"** "hey, where have you been all this time?" — "all right! all right! I'm coming!" ▶ **~ und amen zu etw** *dat* **sagen** (*fam*) to give sth one's blessing; **wenn ~** if so

Ja <-s, -[s]> [jaː] *nt* yes; POL O DIAL aye

Jacht <-, -en> [jaxt] *f* yacht

Ja·cke <-, -n> ['jakə] *f* (*Stoffjacke*) jacket; (*Strickjacke*) cardigan

Ja·cken·ta·sche *f* jacket pocket

Ja·ckett <-s, -s> [ʒaˈkɛt] *nt* jacket

Jack·pot <-s, -s> ['dʒɛkpɔt] *m* ⑪ KARTEN stake [money] ⑫ (*Lottogewinn*) jackpot

Jagd <-, -en> [jaːkt] *f* ⑪ (*das Jagen*) hunting; **auf der ~ sein** to be [out] hunting; **~ auf jdn/etw machen** (*pej*) to hunt for sb/sth ⑫ (*Revier*) **s. Jagdrevier** ⑬ (*Verfolgung*) hunt (**auf** for) ⑭ (*pej: wildes Streben*) pursuit (**nach** of)

Jagd·beu·te *f* kill **Jagd·bom·ber** *m* fighter-bomber **Jagd·flug·zeug** *nt* fighter plane **Jagd·ge·wehr** *nt* hunting rifle **Jagd·haus** *nt* hunting lodge **Jagd·hund** *m* hound **Jagd·re·vier** [-reviːɐ̯] *nt* preserve **Jagd·schein** *m* hunting licence

ja·gen ['jaːgn̩] **I.** *vt* haben ⑪ (*auf der Jagd verfolgen*) to hunt ⑫ (*hetzen*) to pursue ⑬ (*fam: antreiben, vertreiben*) ▪ **jdn aus etw** *dat*/**in etw** *akk* **~** to drive sb out of/into sth; **eine Sache jagt die andere** one thing comes after another ⑭ (*fam*) **jeden Tag kriegte ich eine Spritze in den Hintern gejagt** I got a syringe stuck in my backside everyday ▶ **jdn mit etw** *dat* **~ können** (*fam*) to not be able to stand sth **II.** *vi* ⓘ haben (*auf die Jagd gehen*) to hunt ⓘ sein (*rasen*) to race; **er kam plötzlich aus dem Haus gejagt** he suddenly came racing out of the house

Jä·ger(in) <-s, -, -nen> ['jɛːgɐ] *m(f)* hunter

Jä·ger·schnit·zel *nt* KOCH escalope chasseur (*with mushroom sauce*)

Ja·gu·ar <-s, -e> ['jaːguaːɐ̯] *m* jaguar

jäh [jɛː] **I.** *adj* (*geh*) ⑪ (*abrupt, unvorhergesehen*) abrupt; *Bewegung* sudden ⑫ (*steil*) steep **II.** *adv* (*geh*) ⑪ (*abrupt, unvorhergesehen*) abruptly ⑫ (*steil*) steeply

Jahr <-[e]s, -e> ['jaːɐ̯] *nt* ⑪ (*Zeitraum von 12 Monaten*) year; **die 20er-/30er-~ e** etc. the twenties/thirties etc. + *sing/pl vb;* **anderthalb ~ e** a year and a half; **ein dreiviertel ~** nine months; **ein halbes ~** six months; **ein viertel ~** three months; **das ganze ~ über** throughout the whole year; **das neue ~** the new year; **~ für ~** year after year; **im ~ e ... in** [the year] ...; **ich gehe zweimal im ~ zum Arzt** I go to the doctor's twice a year; **letztes/nächstes ~** last/next year; **in diesem/im nächsten ~** this/next year; **vor einem ~** a year ago; **alle hundert ~ e ändert sich das Klima** the climate changes every hundred years; **alle ~ e wieder** every year; **dieser Bestseller wurde zum Buch des ~ es gekürt** this bestseller was chosen as book of the year; **auf ~ e hinaus** for years to come ⑫ (*Lebensjahre*) **er ist 10 ~ e alt** he's 10 years old ▶ **in den besten ~ en** [sein] [to be] in one's prime; **in die ~ e kommen** (*euph fam*) to be getting on [in years]

jahr·aus [jaːɐ̯ˈʔaʊs] *adv* jahrein, ~ year in, year out

Jahr·buch *nt* yearbook

jah·re·lang ['jaːrəlaŋ] **I.** *adj attr* lasting for years; **das Ergebnis war die Frucht ~ er Forschungen** the result was the fruit of years of research **II.** *adv* for years; **ich hoffe, es dauert nicht ~, bis ich an die Reihe komme** I hope it won't take years before it's my turn

jäh·ren ['jɛːrən] *vr* (*geh*) ▪ **sich ~** to be the anniversary of

Jah·res·an·fang *m*, **Jah·res·be·ginn** *m* beginning of the year; **bei/nach/vor ~** at/after/before the beginning of the year **Jah·res·bei·trag** *m* annual subscription **Jah·res·durch·schnitt** *m* annual average **Jah·res·ein·kom·men** *nt* annual income **Jah·res·en·de** *nt* end of the year; **bis zum/vor ~** by/before the end of the year **Jah·res·etat** *m* annual budget **Jah·res·frist** *f* **nach ~** after a period of one year; **vor ~** within a period of one year **Jah·res·ge·halt** *nt* annual salary **Jah·res·ring** *m* annual ring **Jah·res·tag** *m* anniversary **Jah·res·ur·laub** *m* annual holiday **Jah·res·wech·sel** *m* turn of the year; **zum ~** at the turn of the year **Jah·res·wen·de** *f* turn of the year **Jah·res·zahl** *f* year **Jah·res·zeit** *f* season **jah·res·zeit·lich** *adj* seasonal

Jahr·gang <-gänge> *m* ⑪ (*Personen eines Geburtsjahrs*) age-group; (*Gesamtheit der*

Jahrhundert–jemand 1298

Schüler eines Schuljahres) [school] year ❷ (*Erntejahr*) vintage; (*Herstellungsjahr*) year

Jahr·hun·dert <-s, -e> [jaːɐ̯ˈhʊndɐt] *nt* century

jahr·hun·der·te·lang I. *adj* [lasting] for centuries *pred*; **es hat einer ~en Entwicklung bedurft** centuries of development were required **II.** *adv* for centuries

Jahr·hun·dert·wen·de *f* turn of the century

jähr·lich [ˈjɛːɐ̯lɪç] *adj* annual

Jahr·markt *m* [fun]fair

Jahr·tau·send <-s, -e> [jaːɐ̯ˈtaʊ̯zn̩t] *nt* millennium

Jahr·tau·send·wen·de *f* turn of the millennium

Jahr·zehnt <-[e]s, -e> [jaːɐ̯ˈtseːnt] *nt* decade

jahr·zehn·te·lang I. *adj* decades of *attr*; **durch diesen Vertrag wurde der Konflikt nach ~er Dauer beendet** decades of conflict were ended by this treaty **II.** *adv* for decades

Jäh·zorn [ˈjɛːtsɔrn] *m* outburst of temper

jäh·zor·nig [ˈjɛːtsɔrnɪç] *adj* violent-tempered

Ja·lou·sie <-, -n> [ʒaluˈziː, *pl* -ˈziːən] *f* venetian blind

Ja·mai·ka <-s> [jaˈmaɪ̯ka] *nt* Jamaica

Jam·mer <-s> [ˈjamɐ] *m kein pl* ❶ (*Kummer*) sorrow; (*fig fam*) **es ist ein ~, dass/wie** ... it is a terrible shame that/how ...; **es ist ein ~, wie wenig Zeit wir haben** it's deplorable how little time we have ❷ (*das Wehklagen*) wailing

Jam·mer·lap·pen *m* (*pej fam*) scaredy-cat

jäm·mer·lich [ˈjɛmɐlɪç] **I.** *adj attr* ❶ (*beklagenswert*) wretched ❷ (*kummervoll*) sorrowful ❸ (*fam*) Ausrede pathetic ❹ (*pej fam: verächtlich*) miserable **II.** *adv* ❶ (*elend*) miserably ❷ (*fam: erbärmlich*) awfully

jam·mern [ˈjamɐn] *vi* ❶ (*a. pej: lamentieren*) to whine (**über/wegen** about); **lass das J~** stop moaning ❷ (*wimmernd verlangen*) to beg (**nach** for)

jam·mer·scha·de [ˈjamɐˈʃaːdə] *adj* (*fam*) ■ **~** [sein], dass/wenn/wie ... to be a terrible pity that/if/how ...

Jän·ner <-s, -> [ˈjɛnɐ] *m* ÖSTERR January

Ja·nu·ar <-[s], -e> [ˈjanuaːɐ̯] *m* January; *s. a.* **Februar**

Ja·pan <-s> [ˈjaːpan] *nt* Japan; *s. a.* **Deutschland**

Ja·pa·ner(in) <-s, -> [jaˈpaːnɐ] *m(f)* Japanese; ■ **die** ~ the Japanese; *s. a.* **Deutsche(r)**

ja·pa·nisch [jaˈpaːnɪʃ] *adj* Japanese; *s. a.* **deutsch**

Jar·gon <-s, -s> [ʒarˈgõː] *m* ❶ (*Sondersprache von Gruppen*) jargon ❷ (*saloppe Sprache*) slang

Ja·sa·ger(in) <-s, -> *m(f)* (*pej*) yes-man

Jas·min <-s, -e> [jasˈmiːn] *m* jasmine

Ja·stim·me *f* yes-vote

jä·ten [ˈjɛːtn̩] **I.** *vt* ❶ (*aushacken*) to hoe ❷ (*von Unkraut befreien*) to weed **II.** *vi* to weed

Jau·che <-, -n> [ˈjaʊ̯xə] *f* liquid manure

jauch·zen [ˈjaʊ̯xtsn̩] *vi* (*geh*) to shout with glee

jau·len [ˈjaʊ̯lən] *vi* to howl

ja·wohl [jaˈvoːl] *adv* yes

Ja·wort *nt* **jdm das ~ geben** to consent to marry sb; (*bei Trauung*) to say I do

Jazz <-> [dʒɛs, jats] *m kein pl* jazz *no pl*

Jazz·gym·nas·tik [ˈdʒɛsɡʏmnastɪk] *f* ≈ jazz dance *no pl*

je [jeː] **I.** *adv* ❶ (*jemals*) ever ❷ (*jeweils*) each **II.** *präp* +*akk* (*pro*) per **III.** *konj* **~ öfter du übst, desto besser kannst du dann spielen** the more you practice the better you will be able to play; **~ nachdem!** it [all] depends!; **~ nachdem, wann/wie/ob ...** depending on when/how/whether ...

Jeans <-, -> [dʒiːns] *f meist pl* jeans *npl*

Jeans·ho·se [ˈdʒiːnz-] *f* pair of jeans

Jeans·ja·cke [ˈdʒiːnz-] *f* denim jacket

je·de(r, s) [ˈjeːdə, ˈjeːdɐ, ˈjeːdəs] *pron indef* ❶ *attr* (*alle einzelnen*) each; **~s Mal** every time ❷ *attr* (*jegliche*) any ❸ *attr* (*in einem/einer beliebigen*) any ❹ *substantivisch* everyone; **von mir aus kannst du ~n fragen, du wirst immer das Gleiche hören** as far as I'm concerned you can ask anyone, you'll get the same answer; **ich kann doch nicht ~n meiner Angestellten rund um die Uhr kontrollieren!** I can't supervise each one of my employees round the clock!; **das weiß doch ein ~r!** everybody knows that!; DIAL (*jeweils der/die einzelne*) each [one]; **~e|r, s| zweite/dritte/...** one in two/three ...

je·den·falls [ˈjeːdn̩fals] *adv* ❶ (*immerhin*) anyhow, in any case ❷ (*auf jeden Fall*) definitely

je·der·mann [ˈjeːdɐman] *pron indef, substantivisch* everyone; (*jeder* [*beliebige*]) anyone

je·der·zeit [ˈjeːdɐtsaɪ̯t] *adv* ❶ (*zu jeder beliebigen Zeit*) at any time ❷ (*jeden Augenblick*) at any moment

je·des·mal[^ALT] *adv s.* **jede(r, s) 1**

je·doch [jeˈdɔx] *konj, adv* however

Jeep® <-s, -s> [dʒiːp] *m* jeep

jeg·li·che(r, s) [ˈjeːklɪçə, ˈjeːklɪçe, ˈjeːklɪçəs] *pron indef* any

je·her [ˈjeːhɛr] *adv* **seit ~** (*geh*) always

je·mals [ˈjeːmaːls] *adv* ever

je·mand [ˈjeːmant] *pron indef* somebody, someone; (*bei Fragen, Negation, etc.*) anybody, anyone

Je·men <-s> ['je:mən] *m* Yemen; *s. a.* **Deutschland**

je·ne(r, s) ['je:nɐ, 'je:nɐ, 'je:nəs] *pron* dem (*geh*) ❶ (*der/die/das Bewusste*) that *sing*, those *pl* ❷ (*der/die/das dort*) that, those *pl*

jen·seits ['je:nzaɪts] **I.** *präp* +*gen* ■ ~ **einer S.** *gen* on the other side of sth; **~ der Alpen beginnt Norditalien** Northern Italy begins on the other side of the Alps **II.** *adv* (*über ... hinaus*) ■ ~ **von etw** *dat* beyond sth

Jen·seits <-> ['je:nzaɪts] *nt kein pl* hereafter

Je·re·mi·a·de <-, -n> [jere'mi̯a:də] *f* (*iron geh*) jeremiad *form*, lamentation

Je·ru·sa·lem <-s> [je'ru:zalɛm] *nt* Jerusalem

Je·su·it <-en, -en> [jezu'i̯t] *m* Jesuit

Je·sus <*dat o gen* Jesu, *akk* Jesum> ['je:zʊs] *m* Jesus; **~ Christus** Jesus Christ

Jet <-[s], -s> [dʒɛt] *m* (*fam*) jet

Jet·lag[RR], **Jet-lag**[ALT] <-s, -s> ['dʒɛtlɛg] *m* jet lag

Jet·set[RR], **Jet-set**[ALT] <-s, *pl* -s> ['dʒɛtsɛt] *m* (*fam*) jet-set

jet·ten ['dʒɛtn] *vi sein* (*fam*) ■ **irgendwohin** ~ to jet off somewhere

jet·zig ['jɛtsɪç] *adj attr* current

jetzt ['jɛtst] *adv* ❶ (*zurzeit*) now; **~ gleich** right now; **~ oder nie!** [it's] now or never!; **~ noch?** now?; **~ schon?** already?; **bis ~** so far; **für ~ wollen wir erst mal Schluss machen!** let's call it a day for now! ❷ (*verstärkend: nun*) now; **habe ich ~ den Brief eingeworfen oder nicht?** now, have I posted the letter or not?; **wer ist das ~ schon wieder?** who on earth is that now? ❸ (*heute*) now[adays]

Jh. *Abk von* **Jahrhundert** century

JH *Abk von* **Jugendherberge** YH

Job <-s, -s> [dʒɔp] *m* (*fam*) job

job·ben ['dʒɔbn] *vi* (*fam*) to do casual work

Job·hopper(in), **Job·hopper**[ALT]**(in)**[RR] <-s, -> ['dʒɔbhɔpɐ] *m(f)* SOZIOL (*fam*) job hopper **Job·sha·ring**[RR] <-[s]> ['dʒɔbʃɛ:rɪŋ] *nt kein pl*, **Job·sha·ring**[ALT] <-[s]> ['dʒɔbʃɛ:rɪŋ] *nt kein pl* job-sharing *no pl, no art* **Job·su·che** ['dʒɔb-] *f kein pl* (*fam*) job-hunting *no pl, no art*

Joch <-[e]s, -e> [jɔx] *nt* (*a. fig*) yoke

Jo·ckei *m*, **Jo·ckey** <-s, -s> ['dʒɔke, 'dʒɔki] *m* jockey

Jod <-s> ['jo:t] *nt kein pl* iodine

jo·deln ['jo:dln] *vi* to yodel

Jod·ler <-s, -> ['jo:dlɐ] *m* yodel

Jod·ler(in) <-s, -> ['jo:dlɐ] *m(f)* yodeller

Jod·salz *nt kein pl* iodate; KOCHK iodized salt

Jo·ga <-[s]> ['jo:ga] *m o nt kein pl* yoga *no pl*

jog·gen ['dʒɔgn] *vi* ❶ *haben* (*als Jogger laufen*) to jog ❷ *sein* ■ **irgendwohin** ~ to jog somewhere

Jog·ger(in) <-s, -> ['dʒɔgɐ] *m(f)* jogger

Jog·ging <-s> ['dʒɔgɪŋ] *nt kein pl* jogging *no pl*

Jog·ging·an·zug ['dʒɔgɪŋ-] *m* tracksuit

Jo·ghurt <-[s], -[s]> ['jo:gʊrt] *m o nt*, **Jo·gurt**[RR] <-[s], -[s]> ['jo:gʊrt] *m o nt* yog[h]urt

Jo·han·nis·bee·re [jo'hanɪs-] *f* currant; **rote/schwarze ~** redcurrant/blackcurrant

joh·len ['jo:lən] *vi* to yell

Joint <-s, -s> [dʒɔɪnt] *m* (*sl*) joint

Jo-Jo <-s, -s> ['jo:jo:] *nt* yo-yo

Jo·ker <-s, -> ['jo:kɐ, 'dʒo:kɐ] *m* joker

Jon·gleur(in) <-s, -e> [ʒɔŋ'løːɐ̯] *m(f)* juggler

jon·glie·ren* [ʒɔŋ'liːrən] *vi* to juggle

Jor·dan <-s> ['jɔrdan] *m* Jordan

Jor·da·ni·en <-s> [jɔr'daːni̯ən] *nt* Jordan; *s. a.* **Deutschland**

Jor·da·ni·er(in) <-s, -> [jɔr'daːni̯ɐ] *m(f)* Jordanian; *s. a.* **Deutsche(r)**

jor·da·nisch [jɔr'daːnɪʃ] *adj* Jordanian; *s. a.* **deutsch**

Joule <-[s], -> [ʒuːl] *nt* joule

Jour·nal <-s, -e> [ʒʊrˈnaːl] *nt* journal

Jour·na·lis·mus <-> [ʒʊrnaˈlɪsmʊs] *m kein pl* ❶ (*Pressewesen*) press ❷ (*journalistische Berichterstattung*) journalism *no pl*

Jour·na·list(in) <-en, -en> [ʒʊrnaˈlɪst] *m(f)* journalist

jour·na·lis·tisch [ʒʊrnaˈlɪstɪʃ] **I.** *adj* journalistic **II.** *adv* journalistically

jo·vi·al [joviˈaːl] *adj* (*geh*) jovial

Joy·stick <-s, -s> ['dʒɔystɪk] *m* joy-stick

jr. *adj Abk von* **junior** j[n]r.

Ju·bel <-s> ['juːbl̩] *m kein pl* cheering *no pl*

Ju·bel·ge·schrei *nt* shouting and cheering

ju·beln ['juːbl̩n] *vi* ■ **über etw** *akk*] ~ to celebrate [sth]; **eine ~de Menge** a cheering crowd

Ju·bel·ruf *m* cheer

Ju·bi·lar(in) <-s, -e> [jubi'laːɐ̯] *m(f)* person celebrating an anniversary

Ju·bi·lä·um <-s, Jubiläen> [jubiˈlɛːʊm, *pl* jubiˈlɛːən] *nt* anniversary

ju·bi·lie·ren* [jubiˈliːrən] *vi* (*geh*) ▪**über etw** *akk* ~ ① (*jubeln*) to celebrate [sth] ② (*frohlocken*) to rejoice *liter*

juch·zen [ˈjʊxtsn̩] *vi* (*fam*) to shout with joy

ju·cken [ˈjʊkn̩] **I.** *vi* (*Juckreiz erzeugen*) to itch **II.** *vi impers* to itch; **zeig mir mal genau, wo es juckt!** show me where it's itching! **III.** *vt impers* ① (*zum Kratzen reizen*) ▪**es juckt jdn** [*irgendwo*] sb has an itch [somewhere]; **mich juckt's am Rücken** my back's itching ② (*fam: reizen*) ▪**jdn juckt es, etw zu tun** sb's itching to do sth **IV.** *vt* ① (*kratzen*) **das Unterhemd juckt mich** the vest makes me itch ② (*reuen*) ▪**jdn juckt es, etw getan zu haben** sb regrets having done sth ③ *meist verneint* (*fam: kümmern*) ▪**jdn juckt etw** [**nicht**] sth is of [no] concern to sb; **das juckt mich doch nicht** I couldn't care less **V.** *vr* (*fam: sich kratzen*) ▪**sich** ~ to scratch

Juck·reiz *m* itch[ing *no pl*]

Ju·de, Jü·din <-n, -n> [ˈjuːdə, ˈjyːdɪn] *m*, *f* Jew *masc*, Jewess *fem*; ~ **sein** to be a Jew/Jewess, to be Jewish

Ju·den·tum <-s> *nt kein pl* (*Gesamtheit der Juden*) Jewry *no pl*, Jews *pl*

Ju·den·ver·fol·gung *f* persecution of [the] Jews **Ju·den·ver·nich·tung** *f kein pl* extermination of the Jews; (*im 3. Reich*) Holocaust *no pl*

Jü·din <-, -nen> [ˈjyːdɪn] *f fem form von* **Jude** Jewess

jü·disch [ˈjyːdɪʃ] *adj* Jewish

Ju·do <-s> [ˈjuːdo] *nt kein pl* judo *no pl*

Ju·gend <-> [ˈjuːɡn̩t] *f kein pl* ① (*Jugendzeit*) youth *no pl*; **frühe/früheste ~** early/earliest youth; **in jds ~** in sb's youth; **in meiner ~ kostete ein Brötchen sechs Pfennige** when I was young a roll cost six Pfennigs; **von ~ an** from one's youth ② (*Jungsein*) youthfulness ③ (*junge Menschen*) ▪**die ~** young people *pl*; **die europäische ~** the youth of Europe; **die heutige ~** young people today

Ju·gend·amt *nt* government office for youth welfare **Ju·gend·ar·beit** *f* youth [welfare] work **Ju·gend·ar·beits·lo·sig·keit** *f kein pl* youth unemployment *no pl* **Ju·gend·buch** *nt* book for young readers **ju·gend·frei** *adj* (*veraltend*) Film U-cert[ificate] BRIT, [rated] G AM **Ju·gend·freund(in)** *m(f)* childhood friend **ju·gend·ge·fähr·dend** *adj* morally damaging to juveniles **Ju·gend·grup·pe** *f* youth group **Ju·gend·haft** *f kein pl* JUR juvenile detention **Ju·gend·her·ber·ge** *f* youth hostel **Ju·gend·kri·mi·na·li·tät** *f kein pl* juvenile delinquency *no pl*

ju·gend·lich [ˈjuːɡn̩tlɪç] **I.** *adj* ① (*jung*) young ② (*durch jds Jugend bedingt*) youthful ③ (*jung wirkend*) youthful **II.** *adv* youthfully

Ju·gend·li·che(r) *f(m)* young person

Ju·gend·lie·be *f* childhood sweetheart **Ju·gend·schutz** *m kein pl* protection of children and young persons **Ju·gend·stil** *m* Art Nouveau **Ju·gend·stra·fe** *f* sentence for young offenders **Ju·gend·sün·de** *f* youthful misdeed **Ju·gend·traum** *m* childhood dream **Ju·gend·zeit** *f kein pl* youth *no pl* **Ju·gend·zen·trum** *nt* youth centre

Ju·go·sla·we, Ju·go·sla·win <-n, -n> [juɡoˈslaːvə, juɡoˈslaːvɪn] *m*, *f* (*hist*) Yugoslav; *s. a.* **Deutsche(r)**

Ju·go·sla·wi·en <-s> [juɡoˈslaːvi̯ən] *nt* (*hist*) Yugoslavia; *s. a.* **Deutschland**

Ju·go·sla·win <-, -nen> [juɡoˈslaːvɪn] *f* (*hist*) *fem form von* **Jugoslawe**

ju·go·sla·wisch [juɡoˈslaːvɪʃ] *adj* (*hist*) Yugoslav[ian]; *s. a.* **deutsch**

Ju·li <-[-s], -[-s]> [ˈjuːli] *m* July; *s. a.* **Februar**

jun. *adj Abk von* **junior**

jung <jünger, jüngste> [ˈjʊŋ] **I.** *adj* ① (*noch nicht älter*) young; **er ist jünger als seine Freundin** he is younger than his girlfriend; **~ und alt** young and old alike ② (*jung wirkend*) youthful; **das hält ~!** it keeps you young! ③ (*später geboren*) young; **der/die Jüngere/der/die Jüngste** the younger/youngest ④ (*erst kurz existierend*) new **II.** *adv* (*in jungen Jahren*) young; **~ heiraten/sterben** to marry/die young; **von ~ auf** from an early age

Jun·ge <-n, -n> [ˈjʊŋə] *m* ① (*männliches Kind*) boy ② (*fam*) ▪**Jungs** *pl* (*veraltend fam: Leute*) chaps *pl* BRIT, guys *pl* AM ▪ **alter ~** (*fam*) old chap [*or* AM fellow]; **dummer ~** wet behind the ears; **wie ein dummer ~** like a child; **ein schwerer ~** (*fam*) big-time crook; **mein ~!** (*fam*) my dear boy!; **~, ~!** (*fam*) boy oh boy!

Jun·ge(s) [ˈjʊŋə(s)] *nt* ORN, ZOOL young

jün·ger [ˈjʏŋɐ] *adj* ① *comp von* **jung** younger ② (*noch nicht allzu alt*) youngish ③ (*wenig zurückliegend*) recent

Jün·ger(in) <-s, -> [ˈjʏŋɐ] *m(f)* ① (*Schüler Jesu*) disciple ② (*Anhänger*) disciple

Jung·fern·fahrt *f* maiden voyage **Jung·fern·häut·chen** *nt* hymen

Jung·frau [ˈjʊŋfrau̯] *f* ① (*Frau vor ihrem ersten Koitus*) virgin; **die ~ Maria** the Virgin Mary; **die ~ von Orléans** Joan of Arc ② ASTROL (*Tierkreiszeichen*) Virgo; ▪**~ sein** to be a Virgo

jung·fräu·lich [ˈjʊŋfrɔi̯lɪç] *adj* (*geh*) ① (*Zustand*) virgin ② (*noch unberührt*) virgin; **~ er**

Jungfräulichkeit–Kabelanschluss

Schnee virgin snow
Jung·fräu·lich·keit <-> f kein pl (geh) virginity no pl
Jung·ge·sel·le, -ge·sel·lin ['jʊŋɡəzɛlə, -ɡəzɛlɪn] m, f bachelor
Jüng·ling <-s, -e> ['jʏŋlɪŋ] m (geh) (junger Mann) youth ▶ [auch] **kein ~ mehr sein** to be no spring chicken anymore
Jung·spund <-s, -e> m (pej fam) young buck
jüngst ['jʏŋst] adv (geh) recently
jüngs·te(r, s) adj superl von jung youngest; [auch] **nicht mehr der/die Jüngste sein** (hum) to be no spring chicken anymore ❶ [either] ❷ (nicht lange zurückliegend) [most] recent ❸ (neueste) latest
Jung·tier nt young animal **jung·ver·hei·ra·tet** adj newly-wed
Ju·ni <-[s], -s> ['ju:ni] m June; s. a. Februar
ju·ni·or ['ju:ni̯oːɐ̯] adj (geh) junior
Ju·ni·or, Ju·ni·o·rin <-s, -en> ['ju:ni̯oːɐ̯, ju'ni̯oːrɪn, pl ju'ni̯oːrən] m, f ❶ (~ -chef) son masc/daughter fem of the boss ❷ (fam: Sohn) junior ❸ pl SPORT (junge Sportler zwischen 18 und 23) juniors npl
Ju·ni·or·chef, -che·fin m, f boss' [or owner's] son masc/daughter fem
Ju·ni·o·rin <-, -nen> [ju'ni̯oːrɪn] f fem form von Junior
Junk·food <-s> nt kein pl, **Junk-food** <-s> ['dʒaŋkfuːd] nt kein pl junk food no pl
Jun·kie <-s, -s> ['dʒaŋki] m (sl) junkie
Ju·pi·ter <-s> ['juːpitɐ] m Jupiter
Ju·ra¹ ['juːra] kein art SCH law
Ju·ra² <-s> ['juːra] m GEOL Jurassic [period/system]
Ju·ra³ <-s> ['juːra] nt kein pl GEOG ❶ (Gebirge in der Ostschweiz) Jura Mountains pl ❷ (Schweizer Kanton) Jura
Ju·ris·pru·denz <-> [juːrɪspru'dɛnts] f kein pl (geh) jurisprudence no pl
Ju·rist(in) <-en, -en> [ju'rɪst] m(f) ❶ (Akademiker) jurist ❷ (fam: Jurastudent) law student
Ju·ris·te·rei <-> [jurɪstə'rai] f kein pl law no pl
Ju·ris·tin <-, -nen> [ju'rɪstɪn] f fem form von Jurist
ju·ris·tisch [ju'rɪstɪʃ] **I.** adj ❶ (Jura betreffend) legal; **~es Studium** law studies; **die ~e Fakultät** Faculty of Law ❷ (die Rechtsprechung betreffend) law attr; **ein ~es Problem** a juridical problem **II.** adv **~ argumentieren/betrachtet** argued/seen from a legal point of view
Ju·ror, Ju·ro·rin <-s, Juroren> ['juːroːɐ̯, ju'roːrɪn, pl ju'roːrən] m, f meist pl juror
Ju·ry <-, -s> [ʒy'riː, 'ʒyːri, 'dʒuːri] f jury

just ['jʊst] adv ❶ (veraltet: eben gerade) just; **da fällt mir ~ ein** I've just remembered ❷ (liter: genau) exactly; **~ in dem Moment** at that very moment
jus·tie·ren* [jʊs'tiːrən] vt to adjust
Jus·tiz <-> [jʊs'tiːts] f kein pl JUR ❶ (Gerichtsbarkeit) justice no pl ❷ (~behörden) legal authorities pl
Jus·tiz·be·am·te(r) f(m) judicial officer **Jus·tiz·be·hör·de** f legal authority **Jus·tiz·ge·bäu·de** nt courthouse **Jus·tiz·irr·tum** m miscarriage of justice **Jus·tiz·mi·nis·ter, -mi·nis·te·rin** m, f Minister of Justice BRIT, Attorney General AM **Jus·tiz·mi·nis·te·ri·um** nt Ministry of Justice BRIT, Department of Justice AM **Jus·tiz·voll·zugs·an·stalt** [jʊs'tiːtsfɔltsuːks-] f (geh) place of detention
Ju·te <-> ['juːtə] f kein pl jute
Ju·wel¹ <-s, -en> [ju'veːl] m o nt ❶ (Schmuckstein) gem[stone], jewel ❷ pl (Schmuck) jewel[le]ry no pl
Ju·wel² <-s, -e> [ju'veːl] nt ❶ (geschätzte Person oder Sache) gem; **ein ~ von einer Köchin sein** to be a gem of a cook ❷ (prachtvoller Ort) gem, jewel; **der Schwarzwald ist ein Juwel unter den deutschen Landschaften** the Black Forest is one of the jewels of the German countryside ❸ (kostbares Exemplar) gem, jewel; **das Juwel der Sammlung** the jewel of the collection
Ju·we·lier(in) <-s, -e> [juve'liːɐ̯] m(f) ❶ (Besitzer eines ~geschäftes) jeweller ❷ (Juweliergeschäft) jeweller's
Jux <-es, -e> ['jʊks] m (fam: Scherz) joke; **aus [lauter] ~ und Tollerei** (fam) out of sheer fun; **sich** dat **einen ~ aus etw** dat **machen** to make a joke out of sth; **aus ~** as a joke
JVA <-, -s> [jɔtfaʊ'aː] f Abk von **Justizvollzugsanstalt** JUR prison

K k

K, k <-, - o fam -s, -s> [kaː] nt K, k; s. a. **A 1**
Ka·ba·rett <-s, -e o -s> [kaba'rɛt] nt cabaret
Ka·ba·ret·tist(in) <-en, -en> [kabarɛ'tɪst] m(f) cabaret artist
kab·beln ['kabl̩n] vr (fam) to squabble
Ka·bel <-s, -> ['kaːbl̩] nt ❶ ELEK wire ❷ TELEK, TV cable
Ka·bel·an·schluss^RR m cable connection

Ka·bel·fern·se·hen nt cable TV
Ka·bel·jau <-s, -e o -s> ['ka:bljau] m cod
Ka·bi·ne <-, -n> [ka'bi:nə] f ❶ (*Umkleidekabine*) changing room ❷ NAUT cabin ❸ (*Gondel*) cable-car
Ka·bi·nett <-s, -e> [kabi'nɛt] nt POL cabinet
Kab·rio <-[s], -s> ['ka:brio] nt convertible
Ka·bri·o·lett <-s, -s> [kabrio'lɛt] nt ÖSTERR, SÜDD (*geh: Kabrio*) convertible
Ka·chel <-, -n> ['kaxl] f tile
ka·cheln ['kaxln] vt to tile
Ka·chel·ofen ['kaxl|ʔo:fn] m tiled stove
Ka·cke <-> ['kakə] f kein pl (*derb*) shit
ka·cken ['kakn] vi (*vulg*) to shit
Ka·da·ver <-s, -> [ka'da:vɐ] m carcass
Ka·der <-s, -> ['ka:dɐ] m ❶ MIL cadre ❷ SPORT squad
Kad·mi·um <-s> ['katmiʊm] nt kein pl cadmium
Kä·fer <-s, -> ['kɛ:fɐ] m ❶ ZOOL beetle ❷ (*fam: Volkswagen*) beetle
Kaff <-s, -s o -e> [kaf] nt (*pej fam*) hole
Kaf·fee <-s, -s> ['kafe] m coffee; ~ mit Milch white coffee; schwarzer ~ black coffee; ~ trinken to have [a] coffee
Kaf·fee·au·to·mat m coffee machine **Kaf·fee·boh·ne** f coffee bean **kaf·fee·braun** adj coffee-coloured **Kaf·fee·fil·ter** m ❶ (*Vorrichtung*) coffee filter ❷ (*fam: Filterpapier*) filter paper **Kaf·fee·haus** nt ÖSTERR coffee-house **Kaf·fee·kan·ne** f coffeepot **Kaf·fee·klatsch** m kein pl (*fam*) morning BRIT, kaffeeklatsch AM **Kaf·fee·löf·fel** m coffee spoon **Kaf·fee·ma·schi·ne** f coffee machine **Kaf·fee·müh·le** f coffee grinder **Kaf·fee·pau·se** f coffee break **Kaf·fee·satz** m coffee grounds npl **Kaf·fee·tas·se** f coffee cup
Kä·fig <-s, -e> ['kɛ:fɪç] m cage
kahl [ka:l] **I.** adj ❶ (*ohne Kopfhaar*) bald; ~ geschoren shaven ❷ *Wand, Baum* bare ❸ (*ohne Bewuchs*) barren **II.** adv etw ~ fressen to strip sth bare; jdn ~ scheren to shave sb's head
Kahl·kopf m bald head
kahl·köp·fig adj bald-headed
Kahl·schlag m ❶ (*abgeholzte Fläche*) clearing ❷ kein pl (*das Abholzen*) deforestation ❸ (*fam: völliger Abriss*) demolition
Kahn <-[e]s, Kähne> [ka:n, pl 'kɛ:nə] m (*flaches Boot*) small boat; (*Schleppkahn*) barge
Kai <-s, -e o -s> [kai] m quay
Kai·man <-s, -e> ['kaiman] m cayman
Kai·ser(in) <-s, -s> ['kaizɐ] m(f) emperor *masc*, empress *fem*
kai·ser·lich ['kaizɐlɪç] adj imperial
Kai·ser·reich nt empire **Kai·ser·schmar·ren, Kai·ser·schmarrn** m KOCHK ÖSTERR, SÜDD shredded pancake-style mixture combined with sugar and dried fruit **Kai·ser·schnitt** m Caesarean [section]
Ka·jak <-s, -s> ['ka:jak] m o nt kayak
Ka·jal <-[s]-> [ka'ja:l] nt kein pl kohl
Ka·jü·te <-, -n> [ka'jy:tə] f cabin
Ka·kadu <-s, -s> m cockatoo
Ka·kao <-s, -s> [ka'kau] m cocoa; (*heiss*) hot chocolate; (*Pulver*) cocoa [powder]
Ka·kao·boh·ne f cocoa bean **Ka·kao·but·ter** f kein pl cocoa butter no pl **Ka·kao·pul·ver** nt cocoa powder
Ka·ker·la·ke <-, -n> ['ka:kɐlakə] f cockroach
Kak·tee <-, -n> [kak'te:ə] f, **Kak·tus** <-, Kakteen o fam -se> [kak'te:a, 'kaktʊs, pl kak'te:ən, -ʊsə] m cactus
Kalb <-[e]s, Kälber> [kalp, pl 'kɛlbɐ] nt calf
kal·ben ['kalbn] vi to calve
Kalb·fleisch nt veal
Kalbs·bra·ten m roast veal **Kalbs·ko·te·lett** nt veal cutlet **Kalbs·schnit·zel** nt veal cutlet
Kal·dau·ne <-, -n> [kal'daunə] f meist pl DI. entrails npl
Ka·lei·dos·kop <-s, -e> [kalaido'sko:p] nt kaleidoscope
Ka·len·der <-s, -> ['kalɛndɐ] m calendar
Ka·len·der·jahr nt calendar year
Ka·li <-s, -s> ['ka:li] nt potash no pl
Ka·li·ber <-s, -> [ka'li:bɐ] nt calibre
Ka·lif <-en, -en> [ka'li:f] m caliph
Ka·li·for·ni·en <-s> [kali'fɔrnjən] nt California
Ka·li·um <-s> ['ka:ljʊm] nt kein pl potassium no pl
Kalk <-[e]s, -e> [kalk] m ❶ BAU whitewash no pl; gebrannter ~ quicklime no pl ❷ (*Kalziumkarbonat*) lime no pl ❸ (*Kalzium*) calcium no pl
Kalk·bo·den m lime soil
kal·ken ['kalkn] vt ❶ (*tünchen*) to whitewash ❷ (*düngen*) to lime
kalk·hal·tig adj chalky; (*Wasser*) hard
Kalk·stein m limestone
Kal·ku·la·ti·on <-, -en> [kalkula'tsi̯o:n] f calculation
kal·ku·lier·bar adj calculable
kal·ku·lie·ren* [klaku'li:rən] vi, vt to calculate (mit with)
Ka·lo·rie <-, -n> [kalo'ri:, pl kalo'ri:ən] f calorie
ka·lo·ri·en·arm adj, adv low-calorie **Ka·lo·rien·bom·be** f (*fam*) eine echte ~ *a food or drink packed with calories* **Ka·lo·rien·ge·halt** m calorie content **ka·lo·ri·en·reich** **I.** adj high-calorie **II.** adv ~ essen to eat foods high in calories
kalt <kälter, kälteste> [kalt] **I.** adj cold; mir

ist ~ I'm cold **II.** *adv* ❶ (*nicht warm*) ~ **duschen** to have a cold shower; **sich ~ waschen** to wash in cold water; **etw ~ essen** to eat sth cold; **etw ~ stellen** to chill sth ❷ (*emotionslos*) ~ **lächelnd** (*pej*) cool and calculating ▶ **jdn überläuft es ~** cold shivers run down sb's back

kalt·blü·tig [kaltbly:tɪç] **I.** *adj* ❶ (*emotionslos*) cold ❷ (*skrupellos*) cold-blooded **II.** *adv* ❶ (*ungerührt*) coolly ❷ (*skrupellos*) unscrupulously

Kalt·blü·tig·keit <-> *f kein pl* ❶ (*Emotionslosigkeit*) coolness *no pl* ❷ (*Skrupellosigkeit*) unscrupulousness *no pl*; (*Mörder*) cold-bloodedness *no pl*

Käl·te <-> ['kɛltə] *f kein pl* cold *no pl;* **vor ~** with cold; **zehn Grad ~** ten below [zero]

käl·te·be·stän·dig *adj* ❶ (*unempfindlich gegen Kälteeinwirkung*) cold-resistant ❷ (*nicht gefrierend*) non-freezing **Käl·te·ein·bruch** *m* cold spell **käl·te·emp·find·lich** *adj* sensitive to cold *pred* **Käl·te·grad** *m* ❶ (*Grad der Kälte*) degree of coldness ❷ (*fam: Minusgrad*) degrees *pl* below zero **Käl·te·pe·ri·o·de** *f* spell of cold weather **Käl·te·schutz·mit·tel** *nt* antifreeze **Käl·te·wel·le** *f* cold spell

Kalt·front *f* METEO cold front **kalt·ge·presst** *adj* Öl cold pressed **kalt·las·sen** *vt irreg* ▪ **jdn ~** to leave sb cold **Kalt·luft** *f* cold air **Kalt·mie·te** *f* rent exclusive of heating costs

kalt·schnäu·zig I. *adj* (*fam*) callous **II.** *adv* (*fam*) callously

Kalt·start *m* cold start

Kal·zi·um <-s> ['kaltsiʊm] *nt kein pl* calcium *no pl*

kam [ka:m] *imp von* **kommen**

Kam·bod·scha <-s> [kam'bɔdʒa] *nt* Cambodia; *s. a.* **Deutschland**

Ka·mel <-[e]s, -e> [ka'me:l] *nt* camel

Ka·mel·haar *nt kein pl* camel hair

Ka·me·lie <-, -n> [ka'me:liə] *f* camellia

Ka·mel·len [ka'mɛlən] *pl* carnival sweets ▶ **das sind alte ~** (*fam*) that's old hat

Ka·mel·trei·ber(in) <-s, -> *m(f)* ❶ (*Kamelbesitzer*) camel-driver ❷ (*pej fam: Araber*) Arab

Ka·me·ra <-, -s> ['kamera] *f* camera; **vor der ~** on television

Ka·me·rad(in) <-en, -en> [kamə'ra:t, -a:dɪn] *m(f)* comrade; (*Vereinskamerad*) friend

Ka·me·rad·schaft <-, -en> [kamə'ra:tʃaft] *f* camaraderie *no pl*

ka·me·rad·schaft·lich I. *adj* friendly **II.** *adv* on a friendly basis

Ka·me·rad·schafts·geist *m kein pl* spirit of comradeship *no pl*

Ka·me·ra·mann, -frau *m, f* cameraman

Ka·me·run <-s> [kamə'ru:n, 'kaməru:n, 'ka:məru:n] *nt* Cameroon; *s. a.* **Deutschland**

Ka·me·ru·ner(in) <-s, -> [kamə'ru:nɐ, 'kaməru:nɐ, 'ka:məru:nɐ] *m(f)* Cameroonian; *s. a.* **Deutsche(r)**

ka·me·ru·nisch *adj* Cameroonian; *s. a.* **deutsch**

Ka·mil·le <-, -n> [ka'mɪlə] *f* camomile

Ka·mil·len·tee *m* camomile tea

Ka·min <-s, -e> [ka'mi:n] *m o* DIAL *nt* ❶ (*offene Feuerstelle*) fireplace ❷ (*Schornstein*) chimney ❸ (*Felsspalt*) chimney

Ka·min·fe·ger(in) <-s, -> *m(f)* DIAL, **Ka·min·keh·rer(in)** <-s, -> *m(f)* DIAL (*Schornsteinfeger*) chimney sweep

Kamm <-[e]s, Kämme> [kam, *pl* 'kɛmə] *m* ❶ (*Frisier~*) *a.* ORN, ZOOL comb ❷ KOCHK neck; (*von Schweinefleisch*) spare rib ❸ (*Bergrücken*) ridge ❹ (*Wellenkamm*) crest

käm·men [kɛmən] *vt* to comb

Kam·mer <-, -n> ['kamɐ] *f* ❶ (*kleiner Raum*) small room ❷ POL, JUR chamber ❸ (*Berufsvertretung*) professional association

Kam·mer·die·ner *m* valet **Kam·mer·jä·ger(in)** *m(f)* pest controller **Kam·mer·mu·sik** *f* chamber music **Kam·mer·ton** *m kein pl* concert pitch *no pl* **Kam·mer·zo·fe** *f* chambermaid

Kam·pa·gne <-, -n> [kam'panjə] *f* campaign

Kampf <-[e]s, Kämpfe> [kampf, *pl* 'kɛmpfə] *m* ❶ MIL battle; **im ~ fallen** to be killed in action; **in den ~ [gegen jdn/etwn** *akk*] **ziehen** to take up arms [against sb/sth]; (*eine Herausforderung annehmen*) to accept a challenge ❷ SPORT fight ❸ (*Auseinandersetzung*) fight; (*innere Auseinandersetzung*) struggle ❹ (*das Ringen*) **der ~ ums Dasein** the struggle for existence ▶ **jdm/einer S.** *dat* **den ~ ansagen** to declare war on sb/sth

Kampf·an·sa·ge *f* declaration of war

kämp·fen ['kɛmpfn̩] **I.** *vi* ❶ (*sich angestrengt einsetzen*) *a.* MIL, SPORT to fight ❷ (*ringen*) ▪ **mit sich/etw** *dat* **~** to struggle with oneself/sth **II.** *vr* ▪ **sich durch etw** *akk* **~** to struggle through sth

Kampf·er <-s> *m kein pl* camphor *no pl*

Kämp·fer(in) <-s, -> ['kɛmpfɐ] *m(f)* ❶ (*engagierter Streiter*) *a.* MIL fighter ❷ SPORT contender

kämp·fe·risch I. *adj* ❶ SPORT attacking ❷ (*Kampfgeist aufweisend*) aggressive ❸ MIL fighting **II.** *adv* aggressively

Kämp·fer·na·tur *f* fighter

kampf·er·probt *adj* combat-tested **Kampf·flug·zeug** *nt* combat aircraft **Kampf·gas**

nt poison gas **Kampf·geist** m kein pl fighting spirit no pl **Kampf·hand·lung** f meist pl MIL hostilities pl **Kampf·hund** m fighting dog **kampf·los I.** adj peaceful **II.** adv peacefully **Kampf·platz** m SPORT arena **Kampf·rich·ter(in)** m(f) referee **Kampf·sport** m kein pl martial arts pl **kampf·un·fä·hig** adj unable to fight; MIL unfit for battle
kam·pie·ren* [kam'piːrən] vi to camp [out]
Ka·na·da <-s> ['kanada] nt Canada; s. a. **Deutschland**
Ka·na·di·er(in) <-s, -> [ka'naːdi̯ɐ] m(f) Canadian; s. a. **Deutsche(r)**
ka·na·disch [ka'naːdɪʃ] adj Canadian; s. a. **deutsch**
Ka·nail·le <-, -n> [ka'naljə] f (pej) scoundrel
Ka·na·ke <-n, -n> [ka'naːkə] m ① (Südseeinsulaner) Kanaka ② (pej sl: exotisches Asylant) dago ③ (pej sl: türkischer Arbeitnehmer) Turkish immigrant worker
Ka·nal <-s, Kanäle> [ka'naːl, pl ka'nɛːlə] m ① NAUT, TRANSP canal ② (Abwasserkanal) sewer ③ kein pl (Ärmelkanal) ▪ **der ~** the [English] Channel ④ RADIO, TV channel ⑤ pl (Wege) **dubiose Kanäle** dubious channels
Ka·nal·de·ckel m drain cover **Ka·nal·in·seln** pl the Channel Islands pl
Ka·na·li·sa·ti·on <-, -en> [kanaliza'tsi̯oːn] f ① (Abwassernetz) sewerage system ② kein pl (geh: das Kanalisieren) canalization no pl, no indef art
ka·na·li·sie·ren* [kanali'ziːrən] vt ① (schiffbar machen) to canalize ② (mit einer Kanalisation versehen) to install a sewerage system ③ (geh: in Bahnen lenken) to channel
Ka·nal·tun·nel m ▪ **der ~** the Channel Tunnel
Ka·na·ri·en·vo·gel [ka'naːri̯ənfoːɡl̩] m canary
Ka·na·ri·er(in) <-s, -> [ka'naːri̯ɐ] m(f) Canary Islander; s. a. **Deutsche(r)**
ka·na·risch [ka'naːrɪʃ] adj Canary; **die K~en Inseln** the Canary Islands
Ka·na·ri·sche In·seln pl Canary Islands pl
Kan·da·re <-, -n> [kan'daːrə] f (Gebissstange) bit ▪ **jdn an die ~ nehmen** to keep a tight rein on sb
Kan·di·dat(in) <-en, -en> [kandi'daːt] m(f) candidate; **jdn als ~en [für etw akk] aufstellen** POL to nominate sb [for sth]
Kan·di·da·tur <-, -en> [kandida'tuːɐ̯] f application
kan·di·die·ren* [kandi'diːrən] vi POL ▪ **für etw akk] ~** to stand [for sth]
kan·diert adj candied
Kan·dis <-> m, **Kan·dis·zu·cker** ['kandɪs] m kein pl rock candy no pl
Kän·gu·ru^RR <-s, -s> nt, **Kän·gu·ruh**^ALT

<-s, -s> ['kɛŋɡuru] nt kangaroo
Ka·nin·chen <-s, -> [ka'niːnçən] nt rabbit
Ka·nis·ter <-s, -> [ka'nɪstɐ] m canister
Känn·chen <-s, -> ['kɛnçən] nt dim von **Kanne** ① (kleine Kanne) jug ② (im Café) pot
Kan·ne <-, -n> ['kanə] f ① (Behälter mit Tülle) pot ② (Gießkanne) watering can
Kan·ni·ba·le <-n, -n> [kani'baːlə] m cannibal
Kan·ni·ba·lis·mus <-> [kaniba'lɪsmʊs] m kein pl cannibalism no pl
kann·te ['kantə] imp von **kennen**
Ka·non <-s, -s> ['kaːnɔn] m canon
Ka·no·ne <-, -n> [ka'noːnə] f ① (Geschütz) cannon ② (sl: Pistole) rod ▪ **unter aller ~ sein** (fam) to be lousy
Ka·no·nen·ku·gel f cannonball **Ka·no·nen·rohr** nt gun barrel
Kan·te <-, -n> ['kantə] f (Rand) edge ▪ **etw auf die hohe ~ legen** (fam) to put sth away [for a rainy day]
kan·tig ['kantɪç] adj ① (Kanten besitzend) squared ② (markant) angular
Kan·ti·ne <-, -n> [kan'tiːnə] f canteen
Kan·ton <-s, -e> [kan'toːn] m canton
kan·to·nal [kanto'naːl] adj cantonal
Ka·nu <-s, -s> ['kaːnu] nt canoe
Ka·nü·le <-, -n> [ka'nyːlə] f cannula
Kan·zel <-, -n> ['kantsl̩] f ① REL pulpit ② (veraltend: Cockpit) cockpit
Kanz·lei <-, -en> [kants'laɪ̯] f ① (Büro) office ② HIST (Behörde) chancellery
Kanz·ler(in) <-s, -> ['kantslɐ] m(f) ① POL chancellor ② SCH vice-chancellor
Kanz·ler·amt nt POL ① (Büro) chancellor's office ② (Amt) chancellorship
Kanz·le·rin <-, -nen> f fem form von **Kanzler**
Kanz·ler·kan·di·dat(in) m(f) POL candidate for the position of chancellor **Kanz·ler·mehr·heit** f POL parliamentary majority supporting the Chancellor in the German Bundestag
Kap <-s, -s> [kap] nt cape; **~ der Guten Hoffnung** Cape of Good Hope
Kap. Abk von **Kapitel** chapter
Ka·pa·zi·tät <-, -en> [kapatsi'tɛːt] f ① kein pl (Fassungsvermögen) a. ÖKON, INFORM capacity ② (kompetente Person) expert
Ka·pel·le¹ <-, -n> [ka'pɛlə] f chapel
Ka·pel·le² <-, -n> [ka'pɛlə] f MUS orchestra
Ka·pell·meis·ter(in) m(f) MUS ① (Orchesterdirigent) conductor ② (Leiter einer Kapelle 2) director of music; (Tanzkapelle) band leader
Ka·per <-, -n> ['kaːpɐ] f caper
ka·pern ['kaːpɐn] vt HIST to seize
ka·pie·ren* [ka'piːrən] (fam) **I.** vi to get;

Ka·pi·tal <-s, -e *o* -ien> [kapi'taːl, *pl* -liən] *nt* FIN, ÖKON capital; **~ aufnehmen** to take up credit; **~ aus etw** *dat* **schlagen** (*pej*) to cash in on sth

Ka·pi·tal·ab·wan·de·rung *f kein pl* exodus of capital **Ka·pi·tal·an·la·ge** *f* capital investment **Ka·pi·tal·auf·wand** *m* FIN capital expenditure **Ka·pi·tal·er·trag** *m* FIN yield on capital [*or* return] **Ka·pi·tal·ge·sell·schaft** *f* joint-stock company

Ka·pi·ta·lis·mus <-> [kapita'lɪmʊs] *m kein pl* capitalism

Ka·pi·ta·list(in) <-en, -en> [kapita'lɪst] *m(f)* capitalist

ka·pi·ta·lis·tisch *adj* capitalist

Ka·pi·tal·kräf·tig *adj* financially strong **Ka·pi·tal·ver·bre·chen** *nt* capital offence

Ka·pi·tän(in) <-s, -e> [kapi'tɛːn] *m(f)* captain

Ka·pi·tel <-s, -> [ka'pɪtl] *nt* ① (*Abschnitt*) chapter ② (*Angelegenheit*) story

Ka·pi·tell <-s, -e> [kapi'tɛl] *nt* capital

Ka·pi·tu·la·ti·on <-, -en> [kapitula'tsi̯oːn] *f* capitulation

ka·pi·tu·lie·ren* [kapitu'liːrən] *vi* ① (*sich ergeben*) to capitulate (**vor** to) ② (*fam: aufgeben*) ■ **vor etw** *dat* ~ to give up in the face of sth

Ka·plan <-s, Kapläne> [ka'plaːn, *pl* ka'plɛːnə] *m* chaplain

Ka·po <-s, -s> [kapo] *m* SÜDD (*fam: Vorarbeiter*) gaffer

Kap·pe <-, -n> [kapə] *f* ① (*Mütze*) cap ② (*Verschluss*) top ③ (*Schuhaufsatz: vorne*) toecap; (*hinten*) heel

kap·pen ['kapn] *vt* ① (*durchtrennen*) to cut ② (*fam: beschneiden*) to cut back

Kap·pes <-> ['kapəs] *m kein pl* DIAL ① (*Weißkohl*) cabbage ② (*sl: Unsinn*) rubbish BRIT, nonsense AM

Käp·pi <-s, -s> ['kɛpi] *nt* cap

Ka·pri·o·le <-, -n> [kapri'oːlə] *f* caper

ka·pri·zi·ös [kapri'tsi̯øːs] *adj* (*geh*) capricious

Kap·sel <-, -n> ['kapsl] *f* ① PHARM, RAUM capsule ② (*kleiner Behälter*) small container

ka·putt [ka'pʊt] *adj* (*fam*) ① (*defekt*) broken ② (*beschädigt*) damaged; (*Kleidung: zerrissen*) torn ③ (*erschöpft*) shattered ④ (*ruiniert*) ruined

ka·putt|ge·hen *vi irreg sein* (*fam*) ① (*defekt werden*) to break down; **pass' auf! das geht [davon] kaputt!** careful! it'll break! ② (*beschädigt werden*) to become damaged ③ (*ruiniert werden*) ■ **[an etw** *dat*] ~ to be ruined [because of sth]; (*Ehe, Partnerschaft*) to break up [because of sth] ④ *Blume, Pflanze* to die [off] ⑤ (*sl*) **bei dieser Schufterei geht man ja kaputt!** this work does you in! **ka·putt|la·chen** *vr* (*fam*) ■ **sich** ~ to die laughing **ka·putt|ma·chen I.** *vt* (*fam*) ① (*zerstören*) *Gerät, Auto* to break; *Kleidungsstück, Möbelstück* to ruin; *Geschirr* to smash ② (*ruinieren*) to ruin ③ (*erschöpfen*) **jdn** ~ to wear sb out **II.** *vr* (*fam: sich verschleißen*) ■ **sich** ~ to wear oneself out

Ka·pu·ze <-, -n> [ka'puːtsə] *f* hood; (*Kutte*) cowl

Ka·pu·zen·pul·li *m*, **Ka·pu·zen·shirt** <-s, -s> [-ʃøːɐ̯t] *nt* MODE hoody *fam,* hoodie *fam*

Ka·pu·zi·ner <-s, -> [kapu'tsiːnɐ] *m* ① (*Mönch*) Capuchin [monk] ② ÖSTERR (*Milchkaffee*) milk coffee

Ka·ra·bi·ner <-s, -> [kara'biːnɐ] *m* ① (*Gewehr*) carbine ② (*~ haken*) karabiner

Ka·ra·bi·ner·ha·ken *m* (*beim Bergsteigen*) karabiner

Ka·ra·cho <-s> [ka'raxo] *nt kein pl* ■ **mit ~** (*fam*) full tilt; **sie fuhr mit ~ gegen die Hauswand** she drove smack into the wall

Ka·raf·fe <-, -n> [ka'rafə] *f* decanter

Ka·ram·bo·la·ge <-, -n> [karambo'laːʒə] *f* (*fam*) pile-up

Ka·ra·melᴬᴸᵀ <-s>, **Ka·ra·mell**ᴿᴿ <-s> [kara'mɛl] *nt kein pl* caramel

Karaoke <-[s]> [kara'oːkə] *nt kein pl* karaoke *no pl*

Ka·rat <-[e]s, -e *o* -> [ka'raːt] *nt* carat

Ka·ra·te <-[s]> [ka'raːtə] *nt kein pl* karate *no pl*

Ka·ra·wa·ne <-, -n> [kara'vaːnə] *f* caravan

Kar·da·mom <-s> [karda'moːm] *m o nt kein pl* cardamom *no pl*

Kar·dan·wel·le *f* propeller shaft

Kar·di·nal <-s, Kardinäle> [kardi'naːl, *pl* -nɛːlə] *m* REL, ORN cardinal

Kar·di·nal·fra·ge *f* (*geh*) essential question **Kar·di·nal·zahl** *f* cardinal number

Kar·di·o·gramm <-s, -gramme> [kardi̯o'gram] *nt* cardiogram

Kar·di·o·lo·ge, -lo·gin <-n, -n> [kardi̯o'loːgə, -'loːgɪn] *m, f* MED cardiologist

Kar·di·o·lo·gie <-> [kardi̯o'loːgiː] *f kein pl* cardiology *no pl*

Kar·di·o·lo·gin <-, -nen> *f* MED *fem form von* **Kardiologe**

kar·di·o·vas·ku·lär [kardi̯ovasku'lɛːɐ̯] *adj* MED cardiovascular

Ka·renz·tag *m* day of unpaid sick leave **Ka·renz·zeit** *f* ① (*Wartezeit*) waiting period ② ÖSTERR (*Mutterschaftsurlaub*) maternity leave

Kar·fi·ol <-s> [kar'fi̯oːl] *m kein pl* SÜDD, ÖS-

TERR (*Blumenkohl*) cauliflower
Kar·frei·tag [kaːɐ̯ˈfraɪ̯taːk] *m* Good Friday
karg [kark] **I.** *adj* ❶ (*unfruchtbar*) barren ❷ (*dürftig*) sparse; (*Einkommen, Mahl*) meagre **II.** *adv* ❶ (*dürftig*) sparsely ❷ (*knapp*) **die Portionen sind ~ bemessen** they're stingy with the helpings
kärg·lich [ˈkɛrklɪç] *adj* ❶ (*ärmlich*) shabby; **ein ~es Leben führen** to live a life of poverty ❷ (*sehr dürftig*) meagre; *Mahlzeit* frugal; **der ~e Rest** the last [pathetic] scrap; **ein ~er Lohn** a pittance
Ka·ri·bik <-> [kaˈriːbɪk] *f* ■ **die ~** the Caribbean
ka·ri·bisch [kaˈriːbɪʃ] *adj* Caribbean
ka·riert [kaˈriːrt] *adj* ❶ (*mit Karos gemustert*) checked ❷ (*quadratisch eingeteilt*) squared
Ka·ri·es <-> [ˈkaːriɛs] *f kein pl* tooth decay *no pl*
Ka·ri·ka·tur <-, -en> [karikaˈtuːɐ̯] *f* (*a. pej*) caricature
Ka·ri·ka·tu·rist(in) <-en, -en> [karikatuˈrɪst] *m(f)* cartoonist
ka·ri·kie·ren* [kariˈkiːrən] *vt* to caricature
ka·ri·ös [kaˈriøːs] *adj* decayed
ka·ri·ta·tiv [karitaˈtiːf] **I.** *adj* charitable **II.** *adv* charitably
kar·me·sin·rot, kar·min·rot *adj* crimson
Kar·ne·val <-s, -e *o* -s> [ˈkarnaval] *m* carnival
Kar·ni·ckel <-s, -> [karˈnɪkl̩] *nt* (*fam*) bunny [rabbit]
Kärn·ten <-s> [ˈkɛrntn̩] *nt* Carinthia
Ka·ro <-s, -s> [ˈkaːro] *nt* ❶ (*Raute*) check ❷ *kein pl* KARTEN diamonds *pl*
Ka·ro·lin·ger(in) <-s, -> [ˈkaːrolɪŋɐ] *m(f)* Carolingian
Ka·ro·mus·ter *nt* checked pattern
Ka·ros·se <-, -n> [kaˈrɔsə] *f* ❶ (*Prunkkutsche*) state coach ❷ *s.* **Karosserie**
Ka·ros·se·rie <-, -n> [karɔsəˈriː, *pl* -ˈriːən] *f* bodywork
Ka·rot·te <-, -n> [kaˈrɔtə] *f* carrot
Karp·fen <-s, -> [ˈkarpfn̩] *m* ZOOL, KOCHK carp
Kar·re <-, -n> [ˈkarə] *f* ❶ (*fam: Auto*) old banger [*or* AM clunker] ❷ *s.* **Karren**
Kar·ree <-s, -s> [kaˈreː] *nt* ❶ (*Geviert*) square ❷ (*Häuserblock*) block; **ums ~** (*fam*) around the block ❸ ÖSTERR (*Rippenstück*) loin
Kar·ren <-s, -> [ˈkarən] *m* ❶ (*Schubkarre*) wheelbarrow ❷ (*offener Pferdewagen*) cart ▶ **den ~ [für jdn] aus dem Dreck ziehen** to get [sb] out of a mess
Kar·rie·re <-, -n> [kaˈri̯eːrə] *f* career
Kar·rie·re·frau *f* career woman **Kar·ri·e·re·lei·ter** *f kein pl* (*fam*) career ladder; **die ~ emporklettern** to climb the career ladder [*or* hum slippery pole] **Kar·ri·e·re·sprung** *m* career jump
Kärr·ner·ar·beit [ˈkɛrnɐrarbaɪ̯t] *f* (*pej*) donkey [*or* AM grunt] work *fam*
Kar·sams·tag [kaːɐ̯ˈzamstaːk] *m* Easter Saturday
Karst <-[e]s, -e> [karst] *m* karst
Kart·bahn *f* kart[ing] track
Kar·te <-, -n> [ˈkartə] *f* ❶ (*Ansichts~*) [post]card; (*Eintritts~*) ticket; (*Fahr~*) ticket; (*Kartei~*) index card; (*Telefon~*) phonecard; (*Visiten~*) [business] card; INFORM (*Grafik~, Sound~*) card; FBALL **die gelbe/rote ~** the yellow/red card ❷ (*Auto-/Landkarte*) map; **nach der ~** according to the map ❸ (*Speisekarte*) menu ❹ (*Spielkarte*) card; **die ~n mischen** to shuffle the cards; **jdm die ~n legen** to tell sb's fortune from the cards ▶ **sich** *dat* **nicht in die ~n sehen lassen** (*fam*) to play with one's cards close to one's chest; **alles auf eine ~ setzen** to stake everything on one chance
Kar·tei <-, -en> [karˈtaɪ̯] *f* card index
Kar·tei·kar·te *f* index card **Kar·tei·kas·ten** *m* card index box
Kar·tell <-s, -e> [karˈtɛl] *nt* cartel
Kar·tell·amt *nt* monopolies [*or* AM antitrust] commission
Kar·ten·haus *nt* ❶ (*Figur aus Spielkarten*) house of cards ❷ (*Raum für Seekarten*) chart room **Kar·ten·le·gen** <-s> *nt* fortune telling using cards **Kar·ten·le·ger(in)** <-s, -> *m(f)* fortune-teller [who uses cards] **Kar·ten·le·se·ge·rät** *nt* card reader **Kar·ten·spiel** *nt* ❶ (*ein Spiel mit Karten*) game of cards ❷ (*Satz Karten*) pack of cards **Kar·ten·spie·ler(in)** <-s, -> *m(f)* card player **Kar·ten·te·le·fon** *nt* cardphone
Kar·ten·vor·ver·kauf *m* advance ticket sale **Kar·ten·vor·ver·kaufs·stel·le** *f* [advance] ticket office
kar·tie·ren* [karˈtiːrən] *vt* ■ **etw ~** ❶ GEOG to map sth ❷ (*in Kartei einordnen*) to file sth
Kar·tof·fel <-, -n> [karˈtɔfl̩] *f* potato ▶ **jdn/ etw wie eine heiße ~ fallen lassen** (*fam*) to drop sb/sth like a hot potato
Kar·tof·fel·brei *m kein pl* mashed potatoes *pl* **Kar·tof·fel·chips** *pl* [potato] crisps [*or* AM chips] *pl* **Kar·tof·fel·kä·fer** *m* Colorado beetle **Kar·tof·fel·klö·ße** *f pl* potato dumplings **Kar·tof·fel·puf·fer** <-s, -> *m* potato fritter **Kar·tof·fel·pü·ree** *nt s.* **Kartoffelbrei** **Kar·tof·fel·sa·lat** *m* potato salad **Kar·tof·fel·schä·ler** *m* potato peeler
Kar·ton <-s, -s> [karˈtɔŋ] *m* ❶ (*Schachtel*) cardboard box ❷ (*Pappe*) cardboard
kar·to·niert *adj* paperback
Kar·tu·sche <-, -n> [karˈtʊʃə] *f* TECH (*Be-*

hälter) cartouche ❷ (*Tonerpatrone*) cartridge ❸ (*Zierornament*) cartouche ❹ (*Geschosshülse*) cartridge

Ka·rus·sell <-s, -s *o* -e> [karʊˈsɛl] *nt* merry-go-round

Kar·wo·che [ˈkaːɐ̯vɔxə] *f* Holy Week

Kar·zi·no·gen <-s, -e> [kartsinoˈgeːn] *nt* MED carcinogen

Kar·zi·nom <-s, -e> [kartsiˈnoːm] *nt* malignant growth

Ka·sach·stan <-s> [ˈkazaxstaːn] *nt* Kazakhstan; *s. a.* **Deutschland**

Ka·schem·me <-, -n> [kaˈʃɛmə] *f* (*pej fam*) dive

ka·schie·ren* [kaˈʃiːrən] *vt* to conceal

Kasch·mir¹ <-s> [ˈkaʃmiːɐ̯] *nt* GEOG Kashmir

Kasch·mir² <-s, -e> [ˈkaʃmiːɐ̯] *m* cashmere

Kä·se <-s, -> [ˈkɛːzə] *m* ❶ (*Lebensmittel*) cheese; **weißer ~** DIAL quark (*low-fat curd cheese*) ❷ (*pej fam: Quatsch*) rubbish BRIT, nonsense AM

Kä·se·blatt *nt* (*pej fam*) local rag **Kä·se·glo·cke** *f* cheese cover **Kä·se·ku·chen** *m* cheesecake

Kä·se·rei <-, -en> *f* cheese dairy

Ka·ser·ne <-, -n> [kaˈzɛrnə] *f* barracks *pl*

kä·se·weiß *adj*, **kä·sig** [ˈkɛːzɪç] *adj* (*fam*) pasty

Ka·si·no <-s, -s> [kaˈziːno] *nt* ❶ (*Spielkasino*) casino ❷ (*Speiseraum: für Offiziere*) [officers'] mess; (*in einem Betrieb*) cafeteria

Kas·ka·de <-, -n> [kasˈkaːdə] *f* (*a. fig*) cascade

Kas·ko·ver·si·che·rung *f* fully comprehensive insurance

Kas·per <-s, -> [ˈkaspɐ] *m*, **Kas·perl** <-s, -[n]> [ˈkaspɐl] *m o nt* ÖSTERR, SÜDD, **Kas·per·le** <-s, -> [ˈkaspɐlə] *m o nt* SÜDD Punch

Kas·per·le·thea·ter *nt* Punch and Judy show

kas·pern [ˈkaspɐn] *vi* haben (*fam*) to fool around

Kas·sa <-, Kassen> [ˈkasa, *pl* ˈkasən] *f bes* ÖSTERR (*Kasse 1*) till

Kas·san·dra·ruf [kaˈsandra-] *m* (*geh*) prophecy of doom

Kas·se <-, -n> [ˈkasə] *f* ❶ (*Zahlstelle*) till; (*Supermarkt*) check-out ❷ (*Kartenverkauf*) ticket office ❸ (*Registrierkasse*) cash register; **jdn zur ~ bitten** to ask sb to pay; **~ machen** to cash up BRIT, to close out a register AM; (*fig*) to earn a packet ❹ (*fam*) **gut/schlecht bei ~ sein** to be well/badly off; **gemeinsame/getrennte ~ machen** to have joint/separate housekeeping

Kas·se·ler <-s, -> [ˈkasələ] *nt* smoked pork loin

Kas·sen·arzt, -ärz·tin *m*, *f* National Health doctor (*who treats non-privately insured patients*) **Kas·sen·au·to·mat** *m* automatic cash register **Kas·sen·be·stand** *m* cash balance **Kas·sen·bon** *m* [sales] receipt **Kas·sen·pa·ti·ent(in)** *m(f)* National Health [*or* AM Medicaid] patient

kas·sen·pflich·tig *adj Medikament, Therapie* covered by statutory health insurance

Kas·sen·schla·ger *m* (*fam*) ❶ (*erfolgreicher Film*) box-office hit ❷ (*Verkaufsschlager*) best-seller **Kas·sen·stun·den** *pl* cash desk opening hours BRIT, business hours AM **Kas·sen·sturz** *m* cashing-up BRIT, closing out a [cash] register/the [cash] registers AM **Kas·sen·zet·tel** *m s.* **Kassenbon**

Kas·set·te <-, -n> [kaˈsɛta] *f* ❶ (*Videokassette*) video tape; (*Musikkassette*) [cassette] tape ❷ (*Kästchen*) case ❸ (*Schutzkarton*) box

Kas·set·ten·deck *nt* cassette deck **Kas·set·ten·re·cor·der** *m*, **Kas·set·ten·re·kor·der** *m* cassette recorder

kas·sie·ren* [kaˈsiːrən] **I.** *vt* ❶ FIN ■ **etw [bei jdm] ~** to collect sth [from sb] ❷ (*fam: einstreichen*) ■ **etw ~** to pick up sth; **sie kassierte den ersten Preis** she picked up first prize ❸ (*fam: einbehalten*) to confiscate ❹ (*fam: einstecken müssen*) ■ **etw ~ müssen** to have to take sth **II.** *vi* (*abrechnen*) to settle the bill; **darf ich schon [bei Ihnen] ~?** would you mind settling the bill now?

Kas·sie·rer(in) <-s, -> [kaˈsiːrɐ] *m(f)* ❶ (*in Geschäft*) cashier; (*Bankkassierer*) clerk ❷ (*Kassenwart*) treasurer

Kass·ler^{RR} <-s, -> *nt*, **Kaß·ler**^{ALT} <-s, -> [ˈkaslɐ] *nt* KOCH gammon steak (*lightly smoked loin of pork*)

Kas·ta·gnet·te <-, -n> [kastanˈjɛtə] *f* castanet

Kas·ta·nie <-, -n> [kasˈtaːniə] *f* (*Rosskastanie*) [horse]chestnut; (*Esskastanie*) chestnut ▶ **[für jdn] die ~n aus dem Feuer holen** (*fam*) to pull sb's chestnuts out of the fire

kas·ta·ni·en·braun *adj* maroon

Käst·chen <-s, -> [ˈkɛstçən] *nt dim von* **Kasten** ❶ (*kleiner Kasten*) case ❷ (*Karo*) square

Kas·te <-, -n> [ˈkastə] *f* caste

kas·tei·en* [kasˈtaɪən] *vr* (*veraltend: büßen*) ■ **sich ~** to castigate oneself

Kas·tell <-s, -e> [kasˈtɛl] *nt* (*Burg*) castle

Kas·ten <-s, Kästen> [ˈkastn̩, *pl* ˈkɛstn̩] *m* ❶ (*kantiger Behälter*) box ❷ (*offene Kiste*) crate ❸ ÖSTERR, SCHWEIZ (*Schrank*) cupboard ❹ (*fam: Briefkasten*) letterbox BRIT, mailbox AM ❺ SPORT vaulting horse ❻ (*Schaukasten*) showcase ▶ **etwas/viel/nichts auf dem ~ haben** (*fam*) to be/not be on the ball

Kas·ti·li·en <-s> [kasˈtiːliən] *nt* Castile

Kas·ti·li·er(in) <-s, -> [kas'tiːliɐ] m(f) Castilian

kas·ti·lisch [kas'tiːlɪʃ] adj Castilian

kas·trie·ren* [kas'triːrən] vt to castrate

Ka·sus <-, -> ['kaːzʊs] m LING case

Kat <-s, -s> [kat] m kurz für **Katalysator** cat

Ka·ta·kom·be <-, -n> [kata'kɔmbə] f catacomb

Ka·ta·log <-[e]s, -e> [kata'loːk, pl -loːgə] m catalogue

ka·ta·lo·gi·sie·ren* [katalogi'ziːrən] vt to catalogue

Ka·ta·ly·sa·tor <-s, -toren> [kataly'zaːtoːɐ̯, pl -'toːrən] m ❶ AUTO catalytic converter; **geregelter ~** regulated catalytic converter ❷ CHEM catalyst

ka·ta·pul·tie·ren* [katapʊl'tiːrən] I. vt (a. fam) to catapult II. vr ■ **sich irgendwohin ~** ❶ (sich schleudern) **sich aus einem Flugzeug ~** to eject from an aircraft ❷ (fam: sich rasch versetzen) to catapult oneself somewhere

Ka·tarrh <-s, -e>, **Ka·tarr**[RR] <-s, -e> [ka'tar] m catarrh

ka·ta·stro·phal [katastro'faːl] I. adj (pej) ❶ (verheerend) catastrophic ❷ (fam: furchtbar) awful II. adv (pej) ❶ (verheerend) catastrophically ❷ (furchtbar) awfully

Ka·ta·stro·phe <-, -n> [kata'stroːfə] f catastrophe

Ka·ta·stro·phen·alarm m emergency alert **Ka·ta·stro·phen·ge·biet** nt disaster area **Ka·ta·stro·phen·hil·fe** f kein pl aid for disaster victims **Ka·ta·stro·phen·op·fer** nt disaster victim **Ka·ta·stro·phen·schutz** m disaster control **Ka·ta·stro·phen·stim·mung** f hysteria no pl

Ka·te·chis·mus <-, Katechismen> [kate'çɪsmʊs] m catechism

Ka·te·go·rie <-, -n> [katego'riː, pl -ri:ən] f ❶ (Gattung) category ❷ (Gruppe) sort

ka·te·go·risch [kate'goːrɪʃ] (emph) I. adj categorical II. adv categorically

Ka·ter[1] <-s, -> ['kaːtɐ] m tomcat; **der Gestiefelte ~** LIT Puss-in-Boots

Ka·ter[2] <-s, -> ['kaːtɐ] m (fam) hangover; **einen ~ haben** to have a hangover

Ka·ter·früh·stück <-[e]s> nt kein pl breakfast [which is supposed] to cure a hangover

kath. adj Abk von **katholisch**

Ka·the·dra·le <-, -n> [kate'draːlə] f cathedral

Ka·the·ter <-s, -> [ka'teːtɐ] m MED catheter

Ka·tho·de <-, -n> [ka'toːdə] f cathode

Ka·tho·lik(in) <-en, -en> [kato'liːk] m(f) [Roman] Catholic

ka·tho·lisch [ka'toːlɪʃ] I. adj Roman Catholic II. adv Catholic

Ka·tho·li·zis·mus <-> [katolo'tsɪsmʊs] m kein pl Catholicism no pl

Katz <-> [kats] f kein pl SÜDD (Katze) cat ▸ **~ und Maus mit jdm spielen** (fam) to play cat and mouse with sb

katz·bu·ckeln ['katsbʊkln̩] vi (pej fam) ■ **vor jdm)** ~ to grovel [before sb]

Kat·ze <-, -n> ['katsə] f z.n. ▸ **wie die ~ um den heißen Brei herumschleichen** to beat about [or AM a. around] the bush; **die ~ aus dem Sack lassen** (fam) to let the cat out of the bag; **die ~ im Sack kaufen** to buy a pig in a poke

Kat·zen·au·ge nt ❶ (veraltend: Rückstrahler) reflector ❷ (Halbedelstein) cat's-eye ❸ (Auge einer Katze) a cat's eye

kat·zen·haft adj cat-like

Kat·zen·jam·mer m (fam) the blues + sing vb **Kat·zen·sprung** m (fam) [**nur**] **einen ~ entfernt sein** to be [only] a stone's throw away **Kat·zen·wä·sche** f (hum fam) cat's lick

Kau·der·welsch <-[s]> ['kaʊdɐvɛlʃ] nt kein pl (pej) ❶ (Sprachgemisch) a hotchpotch (of different languages) ❷ (Fachsprache) jargon

kau·en ['kaʊən] vt, vi to chew (**an** on)

kau·ern ['kaʊɐn] I. vi sein to be huddled [up]; **sie kauerten rund um das Feuer** they were huddled around the fire II. vr haben ■ **sich in/hinter etw** akk **~** to crouch in/behind sth

Kauf <-[e]s, Käufe> [kaʊf, pl 'kɔyfə] m ❶ (das Kaufen) buying no pl; **etw zum ~ anbieten** to offer sth for sale ❷ (Ware) buy ▸ **etw in ~ nehmen** to put up with sth

kau·fen ['kaʊfn̩] I. vt (ein~) to buy ▸ **dafür kann ich mir nichts ~!** (iron) a lot of use that is to me!; **den/die kaufe ich mir!** I'll tell him/her what's what! II. vi to shop

Käu·fer(in) <-s, -> ['kɔyfɐ] m(f) buyer

Kauf·frau f fem form von **Kaufmann** businesswoman

Kauf·haus nt department store **Kauf·haus·de·tek·tiv(in)** m(f) store detective

Kauf·kraft f ❶ (Wert) purchasing power ❷ (Finanzkraft) spending power **Kauf·la·den** m (Spielzeug) [child's] toy shop [or AM usu store] **Kauf·leu·te** pl s. **Kaufmann**

käuf·lich I. adj ❶ (zu kaufen) for sale pred ❷ (pej: bestechlich) bribable II. adv (geh) **~ erwerben** to purchase

Kauf·mann, **-frau** <-leute> ['kaʊfman, -fraʊ] m, f ❶ (Geschäftsmann/-frau) businessman masc, businesswoman fem ❷ (veraltend: Einzelhandelskaufmann) grocer

kauf·män·nisch I. adj commercial II. adv commercially

Kauf·preis m purchase price **Kauf·rausch**

Kauf·ver·trag *m* contract of sale **Kauf·zwang** *m* ohne ~ without obligation [to buy]
Kau·gum·mi *m* chewing gum
Kau·ka·sus <-> ['kaʊkazʊs] *m* Caucasus
Kaul·quap·pe <-, -n> ['kaʊlkvapə] *f* tadpole
kaum [kaʊm] **I.** *adv* hardly; [wohl] ~! I don't think so!, hardly; ~ jemals hardly ever; **wir haben ~ noch Zeit** we've hardly got any time left; ~ eine[r] hardly anyone; ~ **eine Rolle spielen** to be scarcely of any importance **II.** *konj* ■ ~ dass ... no sooner ... than ...; ~ dass sie sich kennen gelernt hatten, heirateten sie auch schon no sooner had they met than they were married
kau·sal [kaʊ'zaːl] **I.** *adj* causal **II.** *adv* (*geh*) causally
Kau·sal·ket·te *f* MATH, PHILOS chain of cause and effect **Kau·sal·satz** *m* LING causal clause **Kau·sal·zu·sam·men·hang** *m* (*geh*) causal connection
Kau·ta·bak *m* chewing tobacco
Kau·ti·on <-, -en> [kaʊ'tsi̯oːn] *f* ① JUR bail ② (*Mietkaution*) deposit
Kau·tschuk <-s, -e> ['kaʊtʃʊk] *m* caoutchouc
Kauz <-es, Käuze> [kaʊts, pl 'kɔʏtsə] *m* ① (*Eulenvogel*) [tawny] owl ② (*Sonderling*) [odd] character
kau·zig ['kaʊtsɪç] *adj* odd
Ka·va·lier <-s, -e> [kava'liːɐ̯] *m* gentleman
Ka·va·liers·de·likt *nt* petty offence **Ka·va·lier(s)·start** *m* racing start
Ka·val·le·rie <-, -n> [kavaləriː, *pl* -'riːən] *f* HIST, MIL cavalry
Ka·vi·ar <-s, -e> ['kaːvi̯ar] *m* caviar[e]
KB ['kaːbeː] *nt Abk von* Kilobyte kbyte
Ke·bab <-[s], -[s]> [ke'bap] *m* kebab
keck [kɛk] *adj* cheeky
Ke·gel <-s, -> ['keːɡl̩] *m* ① (*Spielfigur*) skittle ② MATH, GEOG cone ③ (*Strahl*) beam [of light]
Ke·gel·bahn *f* ① (*Anlage*) [ninepin/tenpin] bowling alley ② (*einzelne Bahn*) [bowling] lane **ke·gel·för·mig** *adj* conical
ke·geln ['keːɡl̩n] *vi* to go [ninepin/tenpin] bowling
Keh·le <-, -n> ['keːlə] *f* throat ▸ sich *dat* die ~ aus dem Hals schreien (*fam*) to scream one's head off; jdm an die ~ springen können (*fam*) to want to leap at sb's throat
Kehl·kopf *m* larynx
Kehr·be·sen *m* SÜDD broom **Kehr·blech** *nt* SÜDD (*Handschaufel*) small shovel
keh·ren¹ ['keːrən] **I.** *vt* ① (*wenden*) to turn; **kehre die Innenseite nach außen** turn it inside out; **er ist ein stiller, in sich gekehrter Mensch** he is a quiet, introverted person ② (*veraltend: kümmern*) ■ jdn ~ to matter to sb **II.** *vr* ① (*sich wenden*) ■ **sich gegen jdn ~** (*geh*) to turn against sb; **du wirst sehen, es wird sich alles zum Guten ~** you'll see, everything will turn out for the best ② (*sich kümmern*) ■ **sich an etw** *dat* **~** to care about sth
keh·ren² ['keːrən] *vt*, *vi bes* SÜDD (*fegen*) to sweep
Keh·richt <-s> ['keːrɪçt] *m o nt kein pl* ① (*geh: zusammengefegter Dreck*) sweepings *npl* ② SCHWEIZ (*Müll*) refuse, AM *usu* garbage ▸ jdn einen feuchten ~ angehen (*sl*) not to be any of sb's [damned] business
Kehr·ma·schi·ne *f* road-sweeper
Kehr·reim *m* LIT refrain
Kehr·schau·fel *f* dustpan
Kehr·sei·te *f* ① (*veraltend: Rückseite*) back ② (*Schattenseite*) downside ③ (*hum: Rücken, Gesäß*) back ▸ **die ~ der Medaille** the other side of the coin
kehrt|ma·chen *vi* ① (*den Rückweg antreten*) to turn [round and go] back ② MIL (*eine Kehrtwendung machen*) to about-turn [*or* AM -face] **Kehrt·wen·dung** *f* ① MIL about-turn [*or* AM -face] ② (*scharfer Positionswechsel*) about-turn [*or* AM -face] *a. fig*, U-turn *a. fig fam*
Kehr·wo·che *f* SÜDD ≈ cleaning week (*a week in which it is a resident's turn to clean the communal areas in and around a block of flats*); **die ~ machen** to carry out cleaning duties for a week
kei·fen ['kaɪfn̩] *vi* (*pej*) to nag
Keil <-[e]s, -e> [kaɪl] *m* ① AUTO chock ② TECH, FORST wedge ③ (*Zwickel*) gusset
kei·len ['kaɪlən] **I.** *vt* FORST **etw ~** to split sth with a wedge **II.** *vr* DIAL (*fam: sich prügeln*) ■ **sie ~ sich** they are scrapping *sl* **III.** *vi* to kick
Kei·ler <-s, -> ['kaɪlɐ] *m* wild boar
Kei·le·rei <-, -en> [kaɪlə'raɪ] *f* (*fam*) scrap *sl*
keil·för·mig *adj* wedge-shaped; **~e Schriftzeichen** cuneiform characters **Keil·rie·men** *m* AUTO V-belt
Keim <-[e]s, -e> [kaɪm] *m* ① BOT shoot ② (*befruchtete Eizelle*) embryo ③ (*Erreger*) germ ▸ **etw im ~[e] ersticken** to nip sth in the bud
Keim·drü·se *f* gonad
kei·men ['kaɪmən] *vi* ① BOT to germinate ② (*geh: zu entstehen beginnen*) to stir
keim·frei *adj* sterile; **etw ~ machen** to sterilize sth
Keim·ling <-s, -e> [kaɪm] *m* ① BOT shoot ② (*Embryo*) embryo
keim·tö·tend *adj* germicidal **Keim·zel·le** *f* ① BIOL germ cell ② (*geh: Ausgangspunkt*) nucleus

kein [kajn] **I.** *pron indef, attr* ❶ (*nicht [irgend]ein, niemand*) no; **er sagte ~ Wort** he didn't say a word; **~ anderer/~e andere als ...** none other than ... ❷ (*nichts davon, nichts an*) not ... any; **ich habe heute einfach ~e Lust, ins Kino zu gehen** I just don't fancy going to the cinema today ❸ ([*kehrt das zugehörige Adj ins Gegenteil*]) not; **das ist ~ dummer Gedanke** that's not a bad idea ❹ (*fam: vor Zahlwörtern*] *nicht ganz,* [*noch*] *nicht einmal*) not, less than; **die Reparatur dauert ~e 5 Minuten** it won't take 5 minutes to repair **II.** *pron indef, substantivisch* ❶ (*niemand: von Personen*) nobody, no one; (*von Gegenständen*) none; **~[r, s] von beiden** neither [of them] ❷ ([*überhaupt*] *nicht*) any; **ich gehe zu der Verabredung, aber Lust hab' ich ~e** I'm going to keep the appointment, but I don't feel like going; **Lust habe ich schon, aber Zeit habe ich ~** I'd like to, it's just that I don't have the time

kei·ner·lei ['kajnɐ'laj] *adj attr* no ... at all [*or* what[so]ever]

kei·nes·falls ['kajnəs'fals] *adv* under no circumstances

kei·nes·wegs ['kajnəs've:ks] *adv* not at all, by no means

kein·mal ['kajnma:l] *adv* not once

Keks <-es, -e> [ke:ks] *m o nt* (*selten*) biscuit BRIT, cookie AM ▸ **jdm auf den ~ gehen** (*sl*) to get on someone's wick

Kelch <-[e]s, -e> [kɛlç] *m* ❶ (*Sektkelch*) [champagne] glass ❷ REL chalice

Kel·le <-, -n> ['kɛlə] *f* ❶ (*Schöpflöffel*) ladle ❷ (*Maurer~*) trowel ❸ (*Signalstab*) signalling disc

Kel·ler <-s, -> ['kɛlɐ] *m* cellar

Kel·ler·as·sel *f* woodlouse

Kel·le·rei <-, -en> [kɛləˈraj] *f* winery

Kel·ler·fens·ter *nt* cellar window **Kel·ler·ge·schoss**^{RR} *nt* basement

Kell·ner(in) <-s, -> ['kɛlnɐ] *m(f)* waiter *masc,* waitress *fem*

kell·nern ['kɛlnɐn] *vi* (*fam*) to work as a waiter [*or* waitress]

Kel·te, Kel·tin <-n, -n> ['kɛltə, 'kɛltɪn] *m, f* Celt

Kel·te·rei <-, -en> [kɛltəˈraj] *f* fruit pressing plant

kel·tern ['kɛltɐn] *vt* to press

Kel·tin <-, -nen> *f fem form of* **Kelte**

kel·tisch ['kɛltɪʃ] *adj* Celtic

Ke·nia <-s> ['ke:nia] *nt* Kenya; *s. a.* **Deutschland**

Ke·ni·a·ner(in) <-s, -> [ke'nia:nɐ] *m(f)* Kenyan; *s. a.* **Deutsche(r)**

ke·ni·a·nisch [ke'nia:nɪʃ] *adj* Kenyan; *s. a.* **deutsch**

ken·nen <kannte, gekannt> ['kɛnən] *vt* ❶ (*jdm bekannt sein*) to know; **kennst du das Buch/diesen Film?** have you read this book/seen this film?; **ich kannte ihn nicht als Liedermacher** I didn't know he was a songwriter; **das ~ wir [schon]** (*iron*) we've heard all that before; **du kennst dich doch!** you know what you're like!; **kennst du mich noch?** do you remember me?; **jdn ~ lernen** to meet sb; **sich ~ lernen** to meet; **wie ich ihn/sie kenne ...** if I know him/her ...; **so kenne ich dich gar nicht** I've never seen you like this ❷ (*vertraut sein*) ■ **etw ~** to be familiar with sth; **jdn/etw ~ lernen** to get to know sb/sth; **sich ~ lernen** (*miteinander vertraut werden*) to get to know one another ❸ (*gut verstehen*) to know ❹ (*wissen*) to know ▸ **jdn noch ~ lernen** (*fam*) to have sb to reckon with

Ken·ner(in) <-s, -> ['kɛnɐ] *m(f)* expert, authority

Ken·ner·blick *m* expert eye

Ken·ne·rin <-, -nen> *f fem form von* **Kenner**

kennt·lich ['kɛntlɪç] *adj* ■ **~ sein** to be recognizable (**an** by); **etw** [**als etw** *akk*] **~ machen** to identify sth [as sth]

Kennt·nis <-ses, -se> ['kɛntnɪs] *f* ❶ *kein pl* (*Vertrautheit*) knowledge; **etw zur ~ nehmen** to take note of sth; **zur ~ nehmen, dass ...** to note that ...; **jdn von etw** *dat* **in ~ setzen** (*geh*) to inform sb of sth ❷ *pl* (*Wissen*) knowledge *no pl*

Kennt·nis·nah·me <-> *f kein pl* (*geh*) **zur ~** for sb's attention

Kenn·wort <-wörter> *nt* ❶ (*Codewort*) code name ❷ (*Losungswort*) password **Kenn·zahl** *f* ❶ TELEK (*Ortsnetzkennzahl*) dialling [*or* AM area] code ❷ (*charakteristischer Zahlenwert*) index **Kenn·zei·chen** *nt* ❶ (*Autokennzeichen*) number plate BRIT, license plate AM ❷ (*Merkmal*) mark **kenn·zeich·nen** ['kɛntsajçnən] **I.** *vt* ❶ (*markieren*) to mark ❷ (*charakterisieren*) to characterize **II.** *vr* ■ **sich durch etw** *akk* **~** to be characterized by sth **kenn·zeich·nend** *adj* typical, characteristic **Kenn·zif·fer** *f* box number

ken·tern ['kɛntɐn] *vi sein* to capsize

Ke·ra·mik <-, -en> [ke'ra:mɪk] *f* ❶ *kein pl* (*Töpferwaren*) pottery *no indef art* ❷ (*Kunstgegenstand*) piece of pottery ❸ *kein pl* (*gebrannter Ton*) fired clay

Ker·be <-, -n> ['kɛrbə] *f* notch ▸ **in die gleiche ~ hauen** (*fam*) to take the same line

Kerb·holz *nt* ▸ **etw auf dem ~ haben** (*fam*) to have blotted one's copybook

Ker·ker <-s, -> ['kɛrkɐ] *m* ❶ HIST (*Verlies*)

dungeon ❷ ÖSTERR (*Zuchthaus*) prison
Kerl <-s, -e *o* -s> [kɛrl] *m* ❶ (*Bursche*) bloke ❷ (*Mensch*) person
Kern <-[e]s, -e> [kɛrn] *m* ❶ BOT, HORT *von Kernobst* pip; *von Steinobst* stone; **in ihr steckt ein guter ~** (*fig*) she's good at heart; **einen wahren ~ haben** (*fig*) to contain a core of truth ❷ (*Nuss~*) kernel ❸ (*Atom~, Zell~*) nucleus ❹ (*der zentrale Punkt*) heart ❺ (*zentraler Teil*) centre; (*wichtigster Teil*) core
Kern·ar·beits·zeit *f* core working hours
Kern·ener·gie *f* nuclear energy **Kern·energie·aus·stieg** *m* POL policy for reducing dependency on nuclear power and decommissioning nuclear power stations
Kern·ex·plo·si·on *f* nuclear explosion
Kern·for·schung *f* nuclear research **Kern·for·schungs·zent·rum** *nt* nuclear research centre
Kern·fra·ge *f* central issue **Kern·ge·dan·ke** *m* central idea **Kern·ge·häu·se** *nt* BOT, HORT core **kern·ge·sund** *adj* fit as a fiddle *pred*
ker·nig ['kɛrnɪç] *adj* ❶ (*markig*) robust ❷ (*urwüchsig*) earthy ❸ (*voller Obstkerne*) full of pips *pred*
Kern·kraft *f* nuclear power
Kern·kraft·be·für·wor·ter(in) *m(f)* supporter of nuclear power **Kern·kraft·geg·ner(in)** *m(f)* opponent of nuclear power **Kern·kraft·werk** *nt* nuclear power plant
Kern·obst *nt* pomaceous fruit **Kern·phy·sik** *f* nuclear physics + *sing vb, no art* **Kern·pro·blem** *nt* central problem **Kern·punkt** *m s.* Kern 5 **Kern·re·ak·ti·on** *f* nuclear reaction **Kern·re·ak·tor** *m* nuclear reactor **Kern·sei·fe** *f* washing soap **Kern·spal·tung** *f* nuclear fission *no pl, no indef art* **Kern·stück** *nt* crucial part **Kern·tech·nik** *f* nuclear engineering **Kern·tei·lung** *f* BIOL nuclear division **Kern·ver·schmel·zung** *f* ❶ PHYS nuclear fusion ❷ BIOL cell union
Kern·waf·fe *f meist pl* nuclear weapon **Kern·waf·fen·ver·such** *m* nuclear weapons test
Ke·ro·sin <-s, -e> [kero'ziːn] *nt* kerosene
Ker·ze <-, -n> ['kɛrtsə] *f* ❶ (*Wachs~*) candle ❷ AUTO spark plug ❸ SPORT shoulder stand
ker·zen·ge·ra·de **I.** *adj* erect **II.** *adv* as straight as a die **Ker·zen·leuch·ter** *m* candlestick **Ker·zen·licht** *nt kein pl* candlelight **Ker·zen·stän·der** *m* candlestick
kess^{RR}, **keß**^{ALT} [kɛs] **I.** *adj* ❶ (*frech und pfiffig*) cheeky ❷ (*flott*) jaunty; *Hose* natty **II.** *adv* cheekily
Kes·sel <-s, -> ['kɛsəl] *m* ❶ (*Wasser~*) kettle ❷ (*großer Kochtopf*) pot ❸ (*Mulde*) basin

❹ MIL encircled area
Ket·chup <-[s], -s> ['kɛtʃap], **Ket·schup**^{RR} <-[s], -s> ['kɛtʃap] *m o nt* ketchup
Ket·te <-, -n> ['kɛtə] *f* ❶ (*Glieder~*) chain; (*Fahrrad~*) [bicycle] chain; (*Schmuck~*) necklace; **einen Hund an die ~ legen** to put a dog on a chain; **jdn in ~n legen** to put sb in chains; **jdn an die ~ legen** (*fig*) to keep sb on a tight leash ❷ (*ununterbrochene Reihe*) line; **eine ~ von Ereignissen** a chain of events; **eine ~ von Unglücksfällen** a series of accidents ❸ ÖKON chain
ket·ten ['kɛtn̩] *vt* ❶ (*mit einer Kette befestigen*) ■ **jdn/ein Tier an etw** *akk* ~ to chain sb/an animal to sth ❷ (*fig: fest binden*) ■ **jdn an sich** ~ to bind sb to oneself
Ket·ten·fahr·zeug *nt* tracked vehicle **Ket·ten·rau·cher(in)** *m(f)* chain-smoker **Ket·ten·re·ak·ti·on** *f* chain reaction
Ket·zer(in) <-s, -> ['kɛtsɐ] *m(f)* heretic
Ket·ze·rei <-, -en> [kɛtsə'raj] *f* heresy
Ket·ze·rin <-, -nen> *f fem form von* Ketzer
ket·ze·risch *adj* heretical
keu·chen ['kɔyçn̩] *vi* to pant
Keuch·hus·ten *m* whooping cough *no art*
Keu·le <-, -n> ['kɔylə] *f* ❶ (*Waffe*) club ❷ SPORT Indian club ❸ KOCHK leg
keusch [kɔyʃ] *adj* chaste
Keusch·heit <-> *f kein pl* chastity
Key·board <-s, -s> ['kiːbɔːɐ̯t] *nt* keyboard
Kfz <-[s], -[s]> [kaːɛftsɛt] *nt Abk von* **Kraftfahrzeug**
kg *Abk von* Kilogramm kg
KG <-, -s> [kaːˈgeː] *f Abk von* **Kommanditgesellschaft**
kHz *Abk von* Kilohertz kHz
KI [kaːˈiː] *f* INFORM *Abk von* **Künstliche Intelligenz** AI
Ki·cher·erb·se ['kɪçɐʔɛrpsə] *f* chick-pea
ki·chern ['kɪçɐn] *vi* to giggle
ki·cken ['kɪkn̩] FBALL **I.** *vi* (*fam*) to play football [*or* AM soccer] **II.** *vt* (*fam*) to kick
Ki·cker(in) ['kɪkɐ] *m(f)* FBALL (*fam*) football [*or* AM soccer] player
Ki·cker <-s, -> ['kɪkɐ] *m* (*fam*), **Ki·cker·tisch** *m* (*spiel*) table football [table] BRIT, foosball table AM
Kick·star·ter *m* kick-start[er]
Kid <-s, -s> [kɪt] *nt* (*sl*) kid *fam*
kid·nap·pen ['kɪtnɛpn̩] *vt* to kidnap
Kid·nap·per(in) <-s, -> ['kɪtnɛpɐ] *m(f)* kidnapper
Kid·nap·ping <-s, -s> ['kɪtnɛpɪŋ] *nt* kidnapping
kie·big ['kiːbɪç] *adj* DIAL ❶ (*frech*) cheeky ❷ (*aufgebracht*) ■ **~ sein/werden** to be/get annoyed
Kie·bitz <-es, -e> ['kiːbɪts] *m* lapwing

kie·bit·zen ['ki:bɪtsn̩] *vi haben* ❶ (*fam: neugierig beobachten*) to look on curiously ❷ KARTEN, SCHACH to kibitz (*to look on and offer unwelcome advice*)
Kie·fer¹ <-, -n> ['ki:fɐ] *f* ❶ (*Baum*) pine [tree] ❷ *kein pl* (*Holz*) pine[wood]
Kie·fer² <-s, -> ['ki:fɐ] *m* ANAT jaw[-bone]
Kie·fern·na·del *f* pine needle **Kie·fern·wald** *m* pine wood
Kie·fer·or·tho·pä·de, -or·tho·pä·din <-n, -n> *m, f* orthodontist
kie·ken ['ki:kn̩] *vi* NORDD (*gucken*) to look
Kiel <-[e]s, -e> [ki:l] *m* ❶ (*Schiffskiel*) keel ❷ (*Federkiel*) quill
Kiel·raum *m* bilge **Kiel·was·ser** *nt* wake; **in jds ~ segeln** (*fig*) to follow in sb's wake
Kie·me <-, -n> ['ki:mə] *f* gill
Kies <-es, -e> [ki:s] *m* ❶ (*kleines Geröll*) gravel *no pl* ❷ *kein pl* (*sl: Geld*) dough *no indef art*
Kie·sel·er·de *f* silica **Kie·sel·stein** *m* pebble
Kies·gru·be *f* gravel pit **Kies·weg** *m* gravel path
Kiew <-s> ['ki:ɛf] *nt* Kiev
kif·fen ['kɪfn̩] *vi* (*sl*) to smoke grass
Kif·fer(in) <-s, -> *m(f)* (*sl*) dope-head
ki·ke·ri·ki [kikəri'ki:] *interj* cock-a-doodle-doo
kil·len ['kɪlən] *vt* (*sl*) ▪ **jdn ~** to bump off *sep* sb
Kil·ler(in) <-s, -> ['kɪlɐ] *m(f)* (*sl*) hit man
Kil·ler·spiel *nt* (*pej fam*) shoot 'em up [computer] game
Ki·lo <-s, -[s]> ['ki:lo] *nt* (*fam*) *s.* **Kilogramm** kilo
Ki·lo·byte ['ki:lobajt] *nt* kilobyte **Ki·lo·gramm** *nt* kilogramme **Ki·lo·hertz** *nt* kilohertz **Ki·lo·joule** ['ki:lodʒaʊl, -dʒu:l] *nt* kilojoule **Ki·lo·ka·lo·rie** ['ki:lokalori:] *f* kilocalorie
Ki·lo·me·ter [kilo'me:tɐ] *m* ❶ (*1000 Meter*) kilometre ❷ (*fam: Stundenkilometer*) **auf dieser Strecke herrscht eine Geschwindigkeitsbeschränkung von 70 ~n** there's a speed limit of 70 [kilometres per hour] on this stretch [of road] **Ki·lo·me·ter·geld** *nt* mil[e]age allowance **ki·lo·me·ter·lang I.** *adj* stretching for miles *pred* **II.** *adv* for miles on end **Ki·lo·me·ter·stand** *m* mil[e]age [reading] **Ki·lo·me·ter·stein** *m* milestone **ki·lo·me·ter·weit** *adj, adv* for miles [and miles] **Ki·lo·me·ter·zäh·ler** *m* mil[e]age counter
Ki·lo·volt [kilo'vɔlt, 'kilo-] *nt* kilovolt **Ki·lo·watt** [kilo'vat, 'kilo-] *nt* kilowatt **Ki·lo·watt·stun·de** [kilo'vat-, 'kilo-] *f* kilowatt-hour
Kind <-[e]s, -er> [kɪnt, *pl* kɪndɐ] *nt* child; **ihre ~er sind drei und vier Jahre alt** her children are three and four years old; **ein ~ [von jdm] bekommen** to be expecting a baby [by sb]; **von ~ auf** from an early age; **ein großes ~ sein** to be a big baby; **noch ein halbes ~ sein** to be still almost a child ▶ **das ~ mit dem <u>Bade</u> ausschütten** to throw out the baby with the bathwater; **mit ~ und <u>Kegel</u>** (*hum fam*) with the whole family; **kein ~ von <u>Traurigkeit</u> sein** (*hum*) to be sb who enjoys life; **[ein] <u>gebranntes</u> ~ scheut das Feuer** (*prov*) once bitten, twice shy; **wir werden das ~ schon <u>schaukeln</u>** (*fam*) we'll manage to sort it out
Kin·der·ar·beit *f* child labour **Kin·der·ar·mut** *f* child poverty **Kin·der·arzt, -ärz·tin** *m, f* paediatrician **Kin·der·buch** *nt* children's book **Kin·der·dorf** *nt* children's village
Kin·de·rei <-, -en> [kɪndə'raɪ] *f* childishness *no pl, no indef art*
Kin·der·er·zie·hung *f* bringing up children **kin·der·feind·lich I.** *adj* anti-children; **eine ~e Architektur/Planung** architecture/planning which does not cater for children **II.** *adv* with little regard for children **kin·der·freund·lich I.** *adj* child-friendly; **~e Architektur** architecture which caters for children **II.** *adv* with children in mind **Kin·der·gar·ten** *m* nursery school, kindergarten **Am Kin·der·gärt·ner(in)** *m(f)* nursery-school [*or* AM kindergarten] teacher **Kin·der·ge·burts·tag** *m* child's birthday **Kin·der·geld** *nt* child benefit **Kin·der·heim** *nt* children's home **Kin·der·hort** *m* day-nursery **Kin·der·kli·nik** *f* children's clinic **Kin·der·krank·heit** *f* ❶ (*Krankheit*) childhood disease ❷ *meist pl* (*fig: Anfangsprobleme*) teething troubles *pl* **Kin·der·krie·gen** <-s> *nt kein pl* (*fam*) giving birth *no art* **Kin·der·krip·pe** *f* day-nursery **Kin·der·läh·mung** *f* polio **kin·der·leicht** ['kɪndɐ'laɪçt] (*fam*) **I.** *adj* dead easy; ▪ **~ sein** to be child's play **II.** *adv* very easily; **etw ist ~ zu bedienen** sth is dead easy to operate **kin·der·lieb** ['kɪndɐli:p] *adj* fond of children *pred* **Kin·der·lied** *nt* nursery rhyme **kin·der·los** *adj* childless **Kin·der·mäd·chen** *f* nanny **Kin·der·mär·chen** *nt* (*fam*) fairy-tale **Kin·der·por·no·gra·phie**, **Kin·der·por·no·gra·fie**ᴿᴿ *f* child pornography **Kin·der·pro·gramm** *nt* children's programme **kin·der·reich** *adj* with many children *pred*; **eine ~e Familie** a large family **Kin·der·schän·der(in)** <-s, -> *m(f)* child molester **Kin·der·schar** *f* crowd of children **Kin·der·schreck** *m kein pl* bog[e]yman **Kin·der·schuh** *m* child's shoe **Kin·der·si·che·rung** *f* child[proof] safety

catch Kin·der·sitz *m* ① AUTO child safety seat ② (*Fahrradaufsatz*) child-carrier seat **Kin·der·spiel** *nt* children's play; [**für jdn**] **ein ~ sein** (*fig*) to be child's play [to sb] **Kin·der·spiel·platz** *m* [children's] playground **Kin·der·sterb·lich·keit** *f* infant mortality **Kin·der·stu·be** *f* DIAL (*Kinderzimmer*) nursery ▶ **eine/keine gute ~ gehabt haben** to have been well/badly brought up **Kin·der·ta·ges·stät·te** *f s.* **Kinderhort Kin·der·tel·ler** *m* child portion **Kin·der·wa·gen** *m* pram BRIT, baby carriage AM **Kin·der·wunsch·zen·trum** *nt* MED fertility clinic **Kin·der·zim·mer** *nt* children's room

Kin·des·al·ter *nt* **seit frühestem ~** from a very early age; **im ~ sein** to be a child **Kin·des·bei·ne** *pl* **von ~n an** from childhood **Kin·des·ent·füh·rung** *f* child abduction **Kin·des·miss·brauch**[RR] *m* child abuse *no pl* **Kin·des·miss·hand·lung**[RR] *f* child abuse **Kin·des·tö·tung** *f* infanticide

kind·ge·mäß I. *adj* suitable for children *pred* **II.** *adv* suitably for children **kind·ge·recht** *adj* appropriate for children

Kind·heit <-> *f kein pl* childhood; **von ~ an** from childhood

Kind·heits·er·in·ne·rung *f* childhood memory *usu pl* **Kind·heits·er·leb·nis** *nt* childhood experience **Kind·heits·traum** *m* childhood dream

kin·disch ['kɪdɪʃ] *adj* childish

kind·lich ['kɪntlɪç] **I.** *adj* childlike **II.** *adv* **~ scheinen/wirken** to appear/seem childlike; **sich ~ verhalten** to behave in a childlike way

Kinds·kopf ['kɪntskɔpf] *m* (*fam*) big kid **Kind(s)·tau·fe** *f* christening

King <-s> [kɪŋ] *m* **der ~ sein** (*sl*) to be [the] top dog *fam*

Kin·ker·litz·chen ['kɪŋkɐlɪtsçən] *pl* (*fam*) trifles *pl*

Kinn <-[e]s, -e> [kɪn] *nt* chin

Kinn·ha·ken *m* hook to the chin **Kinn·la·de** *f* jaw[·bone]

Ki·no <-s, -s> ['ki:no] *nt* cinema, AM *usu* [movie] theater; **im ~ kommen** to be on [*or* AM *usu* playing] at the cinema [*or* AM *usu* [movie] theater]

Ki·no·be·su·cher(in) *m(f)* cinema-goer **Ki·no·film** *m* cinema film BRIT, movie AM **Ki·no·gän·ger(in)** <-s, -> *m(f)* cinema-goer **Ki·no·pro·gramm** *nt* cinema guide **Ki·no·vor·stel·lung** *f* showing [of a film]

Ki·osk <-[e]s, -e> ['ki:ɔsk] *m* kiosk

Kip·pe <-, -n> ['kɪpə] *f* (*fam*) ① (*Deponie*) tip BRIT, dump AM ② (*Zigarettenstummel*) cigarette end; (*Zigarette*) fag BRIT *sl*, cigarette AM ▶ **auf der ~ stehen** to hang in the balance; **auf der ~ stehen, ob …** it's touch and go whether …

kip·pen ['kɪpn] **I.** *vt haben* ① (*schütten*) to tip ② (*schräg stellen*) to tilt ③ (*scheitern lassen*) ▶ **jdn/etw ~** to topple sb/sth halt sth; *Artikel, Reportage* to pull; *Gesetzesvorlage* to vote down *sep*; *Urteil* to overturn ▶ [**gerne**] **einen/ein paar ~** (*fam*) to like a drink [or two] **II.** *vi sein* ① (*aus dem Schrägstand umfallen*) to topple over; ▪ [**von etw** *dat*] **~** to fall [off sth] ② (*zurückgehen*) to go down ③ *Ökosystem* to collapse ▶ **aus den Latschen ~** to fall through the floor

Kipp·fens·ter *nt* laterally pivoted window

Kir·che <-, -n> ['kɪrçə] *f* ① (*Gebäude, Gottesdienst*) church ② (*bestimmte Glaubensgemeinschaft*) Church, religion ③ (*Institution*) Church

Kir·chen·asyl *nt* religious asylum *no pl* **Kir·chen·bann** *m* excommunication **Kir·chen·be·such** *m* attendance at church **Kir·chen·buch** *nt* parish register **Kir·chen·chor** *m* church choir **Kir·chen·fens·ter** *nt* church window **Kir·chen·fest** *nt* religious festival **Kir·chen·ge·mein·de** *f* parish **Kir·chen·glo·cke** *f* church bell **Kir·chen·jahr** *nt* ecclesiastical year **Kir·chen·lied** *nt* hymn **Kir·chen·maus** *f* ▶ **arm wie eine ~ sein** (*fam*) to be as poor as a church mouse **Kir·chen·schiff** *nt* ARCHIT (*Längsschiff*) nave; (*Querschiff*) transept **Kir·chen·staat** *m* HIST Papal States *pl* **Kir·chen·steu·er** *f* church tax **Kir·chen·volk** *nt kein pl* church members *pl*

kirch·lich ['kɪrçlɪç] **I.** *adj* church *attr*, ecclesiastical; **ein ~er Feiertag** a religious holiday **II.** *adv* **~ bestattet werden** to have a church funeral; **sich ~ trauen lassen** to get married in church

Kirch·platz *m* church square **Kirch·turm** *m* [church] steeple

Kir·mes <-, -sen> ['kɪrmɛs] *f* DIAL (*Kirchweih*) fair (*held on the anniversary of the consecration of a church*)

kir·re ['kɪrə] *adj präd* (*fam*) **jdn ~ machen** to bring sb to heel; **~ werden** to get confused

Kirsch·baum ['kɪrʃbaʊm] *m* ① (*Baum*) cherry tree ② *kein pl* (*Holz*) cherry[·wood]

Kir·sche <-, -n> ['kɪrʃə] *f* ① (*Frucht*) cherry ② *kein pl* (*Holz*) cherry[·wood] *no pl*

Kirsch·kern *m* cherry stone **Kirsch·was·ser** *nt* kirsch

Kis·sen <-s, -> ['kɪsn] *nt* (*Kopfkissen*) pillow; (*Zierkissen*) cushion

Kis·sen·be·zug *m* (*Kopf-*) pillowcase; (*Zier-*) cushion cover

Kis·te <-, -n> ['kɪstə] *f* ① (*hölzerner Behäl-*

Kitsch–klappen 1314

ter) box, crate ❷ (*fam: Auto*) [old] banger [*or* AM clunker] ❸ (*fam: Fernseher*) the box ❹ (*fam: Bett*) sack; **ab in die ~!** hit the sack!

Kitsch <-es> [kɪtʃ] *m kein pl* kitsch

kit·schig ['kɪtʃɪç] *adj* kitschy

Kitt <-[e]s, -e> [kɪt] *m* putty

Kitt·chen <-s, -> ['kɪtçən] *nt* (*fam*) nick

Kit·tel <-s, -> ['kɪtl] *m* ❶ (*Arbeits~*) overall; *eines Arztes/Laboranten* white coat ❷ SÜDD (*Jacke*) jacket

kit·ten [kɪtn] *vt* **etw ~** ❶ (*ver~*) to fill sth ❷ (*mit Kitt kleben*) to stick sth together with cement ❸ (*fig: in Ordnung bringen*) to patch up *sep sth*

Kitz <-es, -e> [kɪts] *nt* kid

Kit·zel <-s, -> ['kɪtsl] *m* ❶ (*Juckreiz*) tickling feeling ❷ (*Lust auf Verbotenes*) thrill

kit·ze·lig ['kɪtsəlɪç] *adj* ❶ (*gegen Kitzeln empfindlich*) ticklish ❷ (*heikel*) ticklish; *Angelegenheit* delicate

kit·zeln ['kɪtsln] **I.** *vt* ❶ (*einen Juckreiz hervorrufen*) to tickle ❷ (*reizen*) to titillate ❸ (*die Sinne reizen*) to arouse **II.** *vi* to tickle; **hör auf, das kitzelt!** stop it, it tickles! **III.** *vt impers* ❶ (*jucken*) **es kitzelt mich** it's tickling me ❷ (*reizen*) **es kitzelt mich sehr, da mitzumachen** I'm really itching to join in

Kitz·ler <-s, -> *m* ANAT clitoris

kitz·lig ['kɪtslɪç] *adj s.* **kitzelig**

Ki·wi <-, -s> ['kiːvi] *f* (*kiwi* [fruit])

kJ *Abk von* **Kilojoule** kJ

KKW <-s, -s> [kaːkaːˈveː] *nt Abk von* **Kernkraftwerk**

Klacks <-es, -e> [klaks] *m* (*fam*) blob ▸ [**für jdn**] **ein** ~ **sein** (*einfach*) to be a piece of cake [for sb]; (*wenig*) to be nothing [to sb]

klaf·fen ['klafn] *vi* to yawn; *Schnitt, Wunde* to gape

kläf·fen ['klɛfn] *vi* (*pej fam*) to yap

Kläf·fer <-s, -> *m* (*pej fam*) yapper

Kla·ge <-, -n> ['klaːɡə] *f* ❶ (*geh: Ausdruck von Trauer*) lament[ation] ❷ (*Beschwerde*) complaint ❸ JUR [legal] action; **eine** ~ **gegen jdn] einreichen** to take legal action [against sb]; **eine** ~ **abweisen** to dismiss a suit; **eine** ~ **auf Schadenersatz** a claim for compensation

Kla·ge·laut *m* plaintive cry **Kla·ge·lied** *nt* **ein** ~ [**über jdn/etw**] **anstimmen/singen** to start to moan [about sb/sth]

kla·gen ['klaːɡn] **I.** *vi* ❶ (*jammern*) to moan (**über** about); **sie klagt regelmäßig über Kopfschmerzen** she regularly complains of having headaches ❷ (*geh: trauern*) to mourn (**um** for) ❸ (*sich beklagen*) to complain (**be** to); **ich kann nicht ~** I can't complain; **ohne zu ~** without complaining ❹ JUR (*prozessieren*) ▪ [**gegen jdn**] ~ to take legal action

[against sb]; ▪ **auf etw** *akk* ~ to sue for sth **II.** *vt* ❶ (*Bedrückendes erzählen*) ▪ **jdm etw ~** to pour out one's sth to sb ❷ ÖSTERR ▪ **jdn ~** (*verklagen*) to take legal action against sb

kla·gend *adj* ❶ (*jammernd*) moaning ❷ JUR **die ~e Partei** the plaintiff

Klä·ger(in) <-s, -> *m(f)* JUR plaintiff

Kla·ge·schrift *f* JUR statement of claim

kläg·lich ['klɛːklɪç] **I.** *adj* ❶ (*Mitleid erregend*) pathetic; *Anblick* pitiful ❷ (*miserabel*) *Darbietung* wretched; *Verhalten* despicable ❸ (*dürftig*) pathetic **II.** *adv* pitifully; ~ **durchfallen/scheitern** to fail miserably

klag·los ['klaːkloːs] *adv* uncomplainingly

Kla·mauk <-s> [klaˈmaʊ̯k] *m kein pl* (*pej fam*) ❶ (*Getöse*) din ❷ (*übertriebene Komik*) slapstick

klamm [klam] *adj* ❶ (*steif vor Kälte*) numb ❷ (*nass und kalt*) dank ❸ (*sl: knapp bei Kasse*) ▪ ~ **sein** to be hard up

Klammer <-, -n> ['klamɐ] *f* ❶ (*Wäsche~*) [clothes-]peg; (*Heft~*) staple; (*Haar~*) [hair-]grip; MED clip ❷ (*Zahn~*) brace ❸ (*einschließendes Textsymbol*) brackets; **eckige/runde/spitze ~n** square/round/pointed brackets; **geschweifte ~n** braces; ~ **auf/zu** open/close brackets; **in** ~ **n** in brackets

Klam·mer·af·fe *m* ❶ ZOOL spider monkey ❷ INFORM at sign

klam·mern ['klamɐn] **I.** *vt* ▪ **etw ~** ❶ (*zusammenheften*) to staple sth (**an** to) ❷ MED to close sth with clips **II.** *vr* (*a. fig*) to cling (**an** to) **III.** *vi* SPORT to clinch

klamm·heim·lich ['klamˈhaɪ̯mlɪç] (*fam*) **I.** *adj* on the quiet *pred* **II.** *adv* on the quiet; **sich ~ fortstehlen** to slip away [unseen]

Kla·mot·te <-, -n> [klaˈmɔtə] *f meist pl* ❶ (*fam: Kleidung*) clothes *npl* ❷ (*alte Sachen*) stuff

Klan <-s, -s> [klaːn] *m* clan

klang [klaŋ] *imp von* **klingen**

Klang <-[e]s, Klänge> [klaŋ, *pl* ˈklɛŋə] *m* ❶ (*Ton*) sound ❷ *pl* (*harmonische Klangfolgen*) sounds

Klang·far·be *f* MUS timbre **klang·los** *adj* toneless **klang·voll** *adj* ❶ (*volltönend*) sonorous; *Melodie* tuneful; *Stimme* melodious ❷ (*wohltönend*) fine-sounding

Klapp·bett *nt* folding bed

Klap·pe <-, -n> ['klapə] *f* ❶ (*klappbarer Deckel*) flap ❷ (*sl: Mund*) trap; **halt die ~!** shut your trap!; **eine große ~ haben** to have a big mouth ❸ MUS key; *einer Trompete* valve

klap·pen ['klapn] **I.** *vt haben* to fold; **etw nach oben/unten ~** to lift up/lower sth **II.** *vi haben* (*fam: funktionieren*) to work out; **alles hat geklappt** everything went as planned

klap·per·dürr ['klapɐ'dʏr] *adj* (*fam*) [as] thin as a rake *pred* **Klap·per·ge·stell** *nt* (*hum fam: sehr dünner Mensch*) bag of bones; (*altes, klappriges Fahrzeug*) boneshaker

klap·pe·rig ['klapərɪç] *adj* (*fam*) ① (*gebrechlich*) frail ② (*instabil und wacklig*) rickety

Klap·per·kas·ten *m* (*fam*) ① s. **Klapperkiste** ② (*Klavier*) key basher ③ (*altes Gerät*) old pile of junk **Klap·per·kis·te** *f* (*fam: Auto*) boneshaker

klap·pern ['klapen] *vi* to rattle

Klap·per·schlan·ge *f* rattlesnake **Klap·per·storch** *m* (*Kindersprache*) stork

Klapp·fahr·rad *nt* folding bicycle **Klapp·mes·ser** *nt* flick-knife **Klapp·rad** *nt* folding bicycle

klapp·rig ['klaprɪç] *adj s.* **klapperig**

Klapp·sitz *m* folding seat **Klapp·stuhl** *m* folding chair **Klapp·tisch** *m* folding table

Klaps <-es, -e> [klaps] *m* smack ▸ **einen ~ haben** (*fam*) to have a screw loose

Klap·se <-, -n> ['klapsə] *f* (*sl*) funny farm *hum*

Klaps·müh·le *f* (*sl*) loony-bin

klar [klaːɐ̯] **I.** *adj* ① (*ungetrübt*) clear ② (*unmissverständlich*) clear; *Antwort* straight; *Frage* direct ③ (*eindeutig*) clear; *Ergebnis* clear-cut; **~ er Fall** (*fam*) sure thing; **~ wie Kloßbrühe** (*fam*) as plain as the nose on your face ④ (*bewusst*) ▸ **jdm ~ sein** to be clear to sb; **sich** *dat* **über etw** *akk* **~ werden** to get sth clear in one's mind; **alles ~?** (*fam*) is everything clear? ⑤ (*selbstverständlich*) of course; **na ~!** (*fam*) of course! ⑥ (*bereit*) ready **II.** *adv* ① (*deutlich*) clearly; **~ im Nachteil/Vorteil sein** to be at a clear disadvantage/advantage; **jdm etw ~ sagen/zu verstehen geben** to make sth clear to sb; **~ und deutlich** clearly and unambiguously ② (*eindeutig*) **jdn ~ besiegen** to defeat sb soundly; **etw ~ erkennen** to see sth clearly ③ (*ungetrübt*) **~ denkend** clear-thinking; **~ sehen** to see clearly

Klär·an·la·ge *f* sewage-works

Kla·re(r) *m* (*fam*) colourless spirit

klä·ren ['klɛːrən] **I.** *vt* ① (*auf-*) to clear up *sep*; *Frage* to settle; *Problem* to resolve ② (*reinigen*) *Abwässer, Luft* to treat **II.** *vr* ① (*sich auf-*) ▸ **sich ~** to be cleared up ② (*sauber werden*) ▸ **sich ~** to become clear

klar|ge·hen *vi irreg sein* (*fam*) to go OK

Klar·heit <-, -en> *f* ① (*Deutlichkeit*) clarity; **sich** *dat* **~ [über etw** *akk*] **verschaffen** to find out the facts [about sth]; **jdm etw in aller ~ sagen** to make sth perfectly clear to sb ② (*Reinheit*) clearness

Kla·ri·net·te <-, -n> [klari'nɛtə] *f* clarinet

klar|kom·men *vi irreg sein* (*fam*) ① (*bewältigen*) ▸ **mit etw** *dat*] **~** to manage [sth] ② (*zurechtkommen*) ▸ **mit jdm ~** to cope with sb **klar|ma·chen** *vt* ▸ **jdm etw ~** to make sth clear to sb; ▸ **sich** *dat* **~, dass/wie/wo ...** to realize that/how/where ...

Klär·schlamm *m* sludge

Klar·sicht·fo·lie *f* cling film **Klar·sicht·hül·le** *f* transparent folder

klar|stel·len *vt* to clear up *sep*; ▸ **~, dass ...** to make [it] clear that ...

Klar·stel·lung *f* clarification

Klar·text *m* plain text; **mit jdm ~ reden** (*fam*) to give sb a piece of one's mind

Klä·rung <-, -en> *f* ① (*Aufklärung*) clarification; *Frage* settling; *Problem* resolving; *Tatbestand* determining ② (*Reinigung*) treatment

klas·se ['klasə] *adj* (*fam*) great

Klas·se <-, -n> ['klasə] *f* ① (*Schulklasse*) class; **eine ~ wiederholen/überspringen** to repeat/skip a year; (*Klassenraum*) classroom ② (*Gesellschaftsgruppe*) class ③ (*Güte-~*) class; **wir fahren immer erster ~** we always travel first-class ④ BIOL category ▸ **große ~!** (*fam*) great!

Klas·sen·ar·beit *f* [written] class test **Klas·sen·ka·me·rad(in)** *m(f)* classmate

Klas·sen·kampf *m* POL class struggle

Klas·sen·leh·rer(in) *m(f)* class teacher

klas·sen·los *adj* SOZIOL classless

Klas·sen·spre·cher(in) *m(f)* form captain **Klas·sen·zim·mer** *nt* classroom

klas·si·fi·zie·ren* [klasifi'tsiːrən] *vt* to classify (**als** as)

Klas·sik <-> ['klasɪk] *f kein pl* ① (*kulturelle Epoche*) classical age ② (*die antike ~*) Classical Antiquity ③ (*fam: klassische Musik*) classical music

Klas·si·ker(in) <-s, -> ['klasikɐ] *m(f)* ① (*klassischer Schriftsteller*) classical writer ② (*klassischer Komponist*) classical composer ③ (*maßgebliche Autorität*) leading authority ④ (*zeitloses Werk*) classic

klas·sisch ['klasɪʃ] *adj* KUNST, LIT, MUS classical ② (*ideal*) classic

Klas·si·zis·mus <-, -smen> [klasi'tsɪsmʊs] *m* ARCHIT classicism

klas·si·zis·tisch [klasi'tsɪstɪʃ] *adj* ARCHIT, KUNST classical

Klatsch <-[e]s, -e> [klatʃ] *m kein pl* (*pej fam: Gerede*) tittle-tattle; **~ und Tratsch** gossip ② (*klatschender Aufprall*) smack

Klatsch·ba·se *f* (*pej fam*) gossip[-monger] **Klatsch·blatt** *nt* (*Boulevardzeitschrift*) scandal sheet

klat·schen ['klatʃn] **I.** *vi* ① *haben* (*applaudieren*) to clap ② *sein* (*mit einem Platsch auftreffen*) ▸ **auf/in etw** *akk* **~** to land with a splat on/in sth; ▸ **gegen etw** *akk* **~** to smack into sth; **die Regentropfen klatschten ihr ins Gesicht** the raindrops beat against her face ❸ *haben* (*pej fam: tratschen*) to gossip (**über** about); (*petzen*) to tell tales **II.** *vt haben* ■ **etw ~** to beat out *sep* sth

Klatsch·maul *nt* (*pej fam*) gossip[-monger]; (*bösartig. a.*) scandalmonger *pej*

Klatsch·mohn *m* [corn] poppy

klatsch·nassᴿᴿ *adj* (*fam*) soaking wet; ■ **~ sein/werden** to be/get soaked

Klatsch·spal·te *f* (*pej fam*) gossip column[s *pl*] **Klatsch·tan·te** *f*, **Klatsch·weib** *nt s.* **Klatschbase**

klau·ben ['klaubn] *vt* SÜDD, ÖSTERR, SCHWEIZ ❶ (*pflücken*) to pick ❷ (*sammeln*) ■ **etw ~** to collect sth; *Holz, Pilze* to gather; *Kartoffeln* to dig ❸ (*auslesen*) ■ **etw aus/von etw *dat* ~** to pick sth out of/from sth; **etw vom Boden ~** to pick up *sep* sth [off the floor]

Klaue <-, -n> ['klau̯ə] *f* ❶ (*Krallen*) claw; (*Vogel~ a.*) talon ❷ (*pej sl: Hand*) mitt *fam!* ❸ (*pej sl: Handschrift*) scrawl

klau·en ['klau̯ən] (*fam*) **I.** *vt* ❶ ■ **jdm] etw ~** to pinch sth [from sb] **II.** *vi* to pinch things

Klau·sel <-, -n> ['klau̯zl̩] *f* (*eines Vertrags*) clause

Klaus·tro·pho·bie <-, -n> [klau̯strofo'biː, *pl* -iən] *f* claustrophobia *no indef art, no pl spec*

Klau·sur <-, -en> [klau̯'zuːɐ̯] *f* ❶ SCH [written] exam ❷ REL **in ~ gehen** to retreat [from the world]

Kla·vier <-s, -e> [kla'viːɐ̯] *nt* piano

Kla·vier·leh·rer(in) *m(f)* piano teacher **Kla·vier·spie·ler(in)** *m(f)* pianist

Kle·be·band <-bänder> ['kleːbə-] *nt* adhesive tape

kle·ben ['kleːbn̩] **I.** *vi* ❶ (*klebrig sein*) to be sticky ❷ (*festhaften*) to stick (**an** to); [**an jdm/etw**] **~ bleiben** to stick to sb/sth ❸ (*festhalten*) **an alten Überlieferungen und Bräuchen ~** to cling to old traditions and customs ❹ (*fam: hängen bleiben*) **die ganze Hausarbeit bleibt immer an mir ~** I am always lumbered with all the housework BRIT **II.** *vt* ❶ (*mit Klebstoff reparieren*) to glue ❷ (*mit Klebstreifen zusammenfügen*) to stick together *sep* ❸ (*durch K~ befestigen*) to stick ▶ **jdm eine ~** (*fam*) to clock sb one

Kle·ber <-s, -> ['kleːbɐ] *m* ❶ (*fam*) glue *no indef art, no pl* ❷ SCHWEIZ (*Auf~*) sticker

Kle·be·stift *m* Prittstick® BRIT, UHU® AM **Kle·be·strei·fen** *m s.* **Klebstreifen**

kleb·rig ['kleːbrɪç] *adj* sticky

Kleb·stoff *m* adhesive; (*Leim*) glue *no indef art, no pl* **Kleb·strei·fen** *m* adhesive tape

Kle·cker·be·trag *m meist pl* peanuts *pl fam*

kle·ckern ['klɛkɐn] **I.** *vt* to spill **II.** *vi* ❶ *haben* (*tropfen lassen*) **kannst du das K~ nicht lassen?** can't you stop making a mess? ❷ *haben* (*tropfen*) to drip; **volles Gefäß** to spill ❸ *sein* (*tropfen*) ■ **[jdm] irgendwohin ~** to spill somewhere ❹ *sein* (*in geringen Mengen kommen*) to come in dribs and drabs

kle·cker·wei·se *adv* in dribs and drabs

Klecks <-es, -e> [klɛks] *m* ❶ (*großer Fleck*) stain ❷ (*kleine Menge*) blob; **ein ~ Senf** a dab of mustard

kleck·sen ['klɛksn̩] **I.** *vi* ❶ *haben* (*Kleckse verursachen*) ■ **[mit etw *dat*] ~** to make a mess [with sth] ❷ *haben* (*tropfen*) to blot; *Farbe* to drip ❸ *sein* (*tropfen*) ■ **irgendwohin ~** to spill somewhere **II.** *vt haben* ■ **etw auf etw *akk* ~** to splatter sth on sth

Klee <-s> [kleː] *m kein pl* clover *no indef art, no pl*

Klee·blatt *nt* cloverleaf; **vierblättriges ~** four-leaf clover

Kleid <-[e]s, -er> [klai̯t, *pl* 'klai̯dɐ] *nt* ❶ (*Damen~*) dress ❷ *pl* (*Bekleidungsstücke*) clothes *npl* ▶ **~er machen Leute** (*prov*) fine feathers make fine birds

klei·den ['klai̯dn̩] *vt* ❶ (*anziehen*) **sich gut/schlecht ~** to dress well/badly; ■ **[in etw *akk*] gekleidet sein** to be dressed [in sth] ❷ (*jdm stehen*) ■ **jdn ~** to suit sb ❸ (*geh: durch etw zum Ausdruck bringen*) **etw in schöne Worte ~** to couch sth in fancy words

Klei·der·bü·gel *m* coat-hanger **Klei·der·bürs·te** *f* clothes brush **Klei·der·ha·ken** *m* coat-hook **Klei·der·schrank** *m* wardrobe **Klei·der·zwang** *m* [strict] dress code

kleid·sam *adj* (*geh*) flattering

Klei·dung <-, *selten* -en> *f* clothing *no indef art, no pl*

Klei·dungs·stück *nt* garment

Kleie <-, -n> ['klai̯ə] *f* bran *no indef art, no pl*

klein [klai̯n] **I.** *adj* ❶ (*von geringer Größe*) little, small; **haben Sie es nicht ~er?** haven't you got anything smaller?; **im ~en Format** in a small format; **ein ~[es] bisschen** a little bit; **bis ins K~ste** in minute detail; **etw ~ hacken** to chop up sth *sep*; **~ gehackte Zwiebeln** finely chopped onions ❷ (*Kleidung*) small; **haben Sie das gleiche Modell auch in ~er?** do you have the same style but in a size smaller? ❸ (*jung*) small; (*~ wüchsig a.*) short; **von ~ auf** from childhood ❹ (*kurz*) short ❺ (*kurz dauernd*) short ❻ (*gering*) small ❼ (*geringfügig*) small; **die ~ste Bewegung** the slightest movement; **eine ~e Übelkeit** a slight feeling of nausea; **ein ~er Verstoß** a minor violation ❽ (*pej: unbedeutend*) minor; (*ungeachtet*) lowly; **die ~en Leute** ordinary people **II.** *adv* ❶ (*in*

~ *er Schrift*) ~ **gedruckt** *attr* in small print *pred*; **etw ~ schreiben** to write sth with small initial letters ❷ (*auf ~ e Stufe*) on a low heat; **etw ~/~er drehen/stellen** to turn down *sep* sth/to turn sth lower ❸ (*wechseln*) **jdm/etw ~ machen** to change sth [for sb] ❹ (*erniedrigen*) **jdn ~ machen** to make sb look small ▶ **~ anfangen** (*fam: seine Karriere ganz unten beginnen*) to start at the bottom; (*mit ganz wenig beginnen*) to start off in a small way; **~ beigeben** to give in [quietly]

Klein·ak·ti·o·när(in) *m(f)* small shareholder **Klein·an·zei·ge** *f* classified advertisement, small ad *fam* **Klein·ar·beit** *f kein pl* detailed work; **in mühevoller ~** with painstaking attention to detail **Klein·asi·en** <-s> [klaɪnˈʔaːzi̯ən] *nt* Asia Minor **Klein·bau·er, -bäu·e·rin** *m, f* smallholder **Klein·bild·ka·me·ra** *f* 35 mm camera **Klein·buch·sta·be** *m* lower-case [letter] **klein·bür·ger·lich** *adj* ❶ (*pej: spießbürgerlich*) petit bourgeois ❷ (*den unteren Mittelstand betreffend*) lower middle-class **Klein·bür·ger·tum** *nt kein pl* lower middle class **Klein·fa·mi·lie** *f* nuclear family **Klein·for·mat** *nt* small format; **im ~** small-format **Klein·ge·druck·te(s)** *nt* small print *no indef art, no pl* **klein·geis·tig** *adj* (*pej*) small-minded **Klein·geld** *nt* [loose] change *no indef art, no pl* **klein·gläu·big** *adj* (*pej*) ■ **~ sein** to lack conviction ❷ REL of little faith **Klein·hirn** *nt* cerebellum *spec* **Klein·holz** *nt kein pl* chopped wood *no indef art, no pl*; **aus etw** *dat* **~ machen** (*hum fam*) to make matchwood of sth ▶ **~ aus jdm machen** (*fam*) to make mincemeat [out] of sb

Klei·nig·keit <-, -en> [ˈklaɪnɪçkaɪt] *f* ❶ (*Bagatelle*) small matter; **es ist nur eine ~, ein Kratzer, nicht mehr** it's only a trifle, no more than a scratch; **[für jdn] eine/keine ~ sein** to be a/no simple matter [for sb]; **wegen jeder ~** at every opportunity ❷ (*Einzelheit*) minor detail; **muss ich mich um jede ~ kümmern?** do I have to do every little thing myself? ❸ (*ein wenig*) **eine ~ zu hoch/tief** a little too high/low; **eine ~ essen** to have a bite to eat; **etw um eine ~ verschieben** to move sth a little bit ❹ (*kleiner Artikel*) little something *no def art, no pl* ▶ **[jdn] eine ~ kosten** (*iron*) to cost [sb] a pretty penny

klein·ka·riert I. *adj* ❶ (*mit kleinen Karos*) finely checked ❷ (*fam: engstirnig*) narrow-minded **II.** *adv* in a narrow-minded way; **~ denken** to have narrow-minded opinions **Klein·kind** *nt* toddler, rug rat AM *fam* **Klein·kram** *m* (*fam*) ❶ (*Zeug*) odds and ends ❷ (*Trivialitäten*) trivialities *pl* **Klein·krä·me·rei** <-> [klaɪnkrɛːməˈraɪ] *f kein pl* (*pej*) tinkering around the edges **Klein·krieg** *m* running battle **klein|krie·gen** *vt* (*fam*) ❶ (*zerkleinern*) to chop up *sep* ❷ (*kaputtmachen*) to smash ❸ (*gefügig machen*) ■ **jdn ~** to bring sb into line **Klein·kri·mi·nel·le(r)** *f(m)* petty criminal

klein·laut I. *adj* sheepish; (*gefügig*) subdued **II.** *adv* sheepishly; **~ fragen** to ask meekly; **etw ~ gestehen** to admit sth shamefacedly **klein·lich** [ˈklaɪnlɪç] *adj* (*pej*) ❶ (*knauserig*) mean ❷ (*engstirnig*) petty **Klein·lich·keit** <-, -en> *f* (*pej*) ❶ *kein pl* (*Knauserigkeit*) meanness *no indef art, no pl* ❷ (*Engstirnigkeit*) pettiness *no indef art, no pl* **klein|schrei·ben**^RR *irreg vt* ■ **ein Wort ~** to begin a word without a capital letter **Klein·schrei·bung** *f* use of small initial letters **Klein·stadt** *f kein pl* small town **klein·städ·tisch** *adj* ❶ (*einer Kleinstadt entsprechend*) small-town *attr* ❷ (*pej: provinziell*) provincial **Klein·wa·gen** *m* small car **klein·wüch·sig** *adj* (*geh*) small, of small stature *pred*

Kleis·ter <-s, -> [ˈklaɪstɐ] *m* paste **Klem·me** <-, -n> [ˈklɛmə] *f* ❶ (*Haarklammer*) [hair] clip ❷ (*fam: schwierige Lage*) fix; **in der ~ sitzen** to be in a fix **klem·men** [ˈklɛmən] **I.** *vt* **etw irgendwohin ~** to stick sth somewhere **II.** *vr* ❶ (*sich quetschen*) **sich den Finger in der Tür ~** to get one's finger caught in the door ❷ (*fam: etw zu erreichen suchen*) ■ **sich hinter etw ~** to get on to sth ❸ (*fam: Druck machen*) **ich werde mich mal hinter die Sache ~** I'll get onto it **III.** *vi* ❶ (*blockieren*) to jam ❷ (*angeheftet sein*) ■ **irgendwo ~** to be stuck somewhere

Klemp·ner(in) <-s, -> [ˈklɛmpnɐ] *m(f)* plumber **Klemp·ne·rei** <-, -en> [klɛmpnəˈraɪ] *f* ❶ (*Handwerk*) plumbing ❷ (*Werkstatt*) plumber's workshop **Klemp·ne·rin** <-, -nen> *f fem form von* Klempner

Kle·ri·ker <-s, -> [ˈkleːrikɐ] *m* cleric **Kle·rus** <-> [ˈkleːrʊs] *m kein pl* clergy *no indef art, no pl* **Klet·te** <-, -n> [ˈklɛtə] *f* ❶ (*Pflanze*) burdock; **an jdm wie eine ~ hängen** (*fam*) to cling to sb like a limpet ❷ (*pej fam: zu anhänglicher Mensch*) nuisance

Klet·te·rer, Klet·te·rin <-s, -> *m, f* climber **klet·tern** [ˈklɛtɐn] *vi* ❶ *sein* (*klimmen*) to climb; (*mühsam*) to clamber; **auf einen Baum ~** to climb a tree ❷ *sein o haben* SPORT to climb; **~ gehen** to go climbing ❸ *sein*

(fam) ■ aus einem/in ein Auto ~ to climb out of/into a car
Klet·ter·pflan·ze f climbing plant
Klett·ver·schluss[RR] m Velcro® fastener
kli·cken [ˈklɪkn̩] vi to click
Kli·ent(in) <-en, -en> [kliˈɛnt] m(f) client
Kli·en·tel <-, -en> [kliɛnˈteːl] f clientele + sing/pl vb
Kli·en·tin <-, -nen> f fem form von **Klient**
Kli·ma <-s, -s o Klimata> [ˈkliːma] nt climate
Kli·ma·an·la·ge f air-conditioning no indef art, no pl **kli·ma·freund·lich** adj ÖKOL, METEO Energieträger, Technologie climate-friendly **Kli·ma·schutz** m climate protection
kli·ma·tisch [kliˈmaːtɪʃ] I. adj attr climatic II. adv climatically
kli·ma·ti·siert adj air-conditioned
Kli·ma·ver·än·de·rung f, **Kli·ma·wech·sel** m change of/in climate **Kli·ma·zo·ne** f climatic zone
klim·men <klomm o klimmte, geklommen o geklimmt> [ˈklɪmən] vi sein (geh) ■ irgendwohin ~ to clamber up somewhere
Klimm·zug m pull-up; **Klimmzüge machen** to do pull-ups
klim·pern [ˈklɪmpɐn] vi ❶ (Töne erzeugen) ■ auf etw dat ~ to plonk away on sth fam ❷ (klirren) Münzen to chink; Schlüssel to jangle ❸ (erklingen lassen) to jingle (mit with)
Klin·ge <-, -n> [ˈklɪŋə] f (Schneide) blade; (Rasier~) [razor] blade ▶ **jdn über die springen lassen** (veraltend: jdn töten) to dispatch sb hum form; (jdn zugrunde richten) to ruin sb
Klin·gel <-, -n> [ˈklɪŋl̩] f bell
Klin·gel·knopf m bell-button
klin·geln [ˈklɪŋl̩n] I. vi to ring; **an der Tür ~** to ring the doorbell; ■ [nach] jdm ~ to ring for sb II. vi impers **hör mal, hat es da nicht eben geklingelt?** listen, wasn't that the phone/doorbell just then? ▶ **hat es jetzt endlich geklingelt?** has the penny finally dropped? BRIT
Klin·gel·ton m TELEK ringtone
Klin·gel·zei·chen nt ring
klin·gen <klang, geklungen> [ˈklɪŋən] vi ❶ (er~) Glas to clink; Glocke to ring; **dumpf/hell ~** to have a dull/clear ring ❷ (tönen) to sound; **die Wand klang hohl** the wall sounded hollow ❸ (sich anhören) **das klingt gut/interessant/vielversprechend** that sounds good/interesting/promising
Kli·nik <-, -en> [ˈkliːnɪk] f clinic
kli·nisch [ˈkliːnɪʃ] I. adj clinical II. adv clinically
Klin·ke <-, -n> [ˈklɪŋkə] f [door-]handle
Klin·ker·stein m clinker [brick]
klipp [klɪp] adv ▶ ~ **und klar** quite clearly
Klip·pe <-, -n> [ˈklɪpə] f ❶ (Fels~) cliff; (im Meer) [coastal] rock ❷ (Hindernis) obstacle
klir·ren [ˈklɪrən] vi ❶ Gläser to tinkle; Fensterscheiben to rattle ❷ Lautsprecher, Mikrophon to crackle ❸ Ketten, Sporen to jangle; Waffen to clash
Kli·schee <-s, -s> [kliˈʃeː] nt stereotype
kli·schee·haft adj (pej geh) stereotypical; Vortrag, Artikel cliché-ridden
Kli·to·ris <-, - o Klitorides> [ˈkliːtɔrɪs, pl kliˈtoːrideːs] f clitoris
klitsch·nass[RR] [ˈklɪtʃnas] adj (fam) s. **klatschnass**
klitze·klein [ˈklɪtsəˈklaɪn] adj (fam) teen[s]y ween[s]y, AM a. itty-bitty
Klo <-s, -s> [kloː] nt (fam) loo BRIT, john AM
Klo·a·ke <-, -n> [kloˈaːkə] f (pej) cesspool a. fig
klo·big [ˈkloːbɪç] adj bulky; Hände massive
Klo·bril·le f (fam) toilet seat **Klo·bürs·te** f (fam) toilet brush **Klo·de·ckel** m (fam) toilet lid
klomm [klɔm] imp von klimmen
Klon <-s, -e> [kloːn] m clone
klo·nen [ˈkloːnən] vt to clone
klö·nen [ˈkløːnən] vi (fam) ■ [mit jdm] ~ to chat [to sb]
Klo·pa·pier nt (fam) toilet paper
klop·fen [ˈklɔpfn̩] I. vi ❶ (pochen) to knock (auf on, gegen against); Specht to hammer ❷ (mit der flachen Hand) ■ **jdm auf etw akk ~** to pat sb on sth; (mit dem Finger) to tap sb on sth II. vi impers **es klopft!** there's somebody knocking at the door! III. vt Teppich, Fleisch to beat
Klopf·zei·chen nt knock
Klop·pe [ˈklɔpə] f ▶ **[von jdm] ~ kriegen** NORDD to get a walloping [from sb]
Klöp·pel <-s, -> [ˈklœpl̩] m ❶ (Glocken~) clapper ❷ (Spitzen~) bobbin ❸ (Taktstock) [drum]stick
klöp·peln [ˈklœpl̩n] vt ■ **etw ~** to make sth in pillow lace
klop·pen [ˈklɔpn̩] I. vt NORDD (fam) to hit; Steine to break; Teppich to beat II. vr NORDD (fam) ■ **sich [mit jdm] ~** to fight [with sb]
Klop·pe·rei <-, -en> [klɔpəˈraɪ] f NORDD (fam) fight; (mit mehreren Personen a.) brawl
Klops <-es, -e> [klɔps] m ❶ (Fleischkloß) meatball ❷ (fam: Schnitzer) howler
Klo·sett <-s, -e o -s> [kloˈzɛt] nt (veraltend) s. **Toilette** privy old
Kloß <-es, Klöße> [kloːs, pl ˈkløːsə] m

dumpling ▸ **einen ~ im Hals haben** (*fam*) to have a lump in one's throat

Klos·ter <-s, Klöster> ['kloːstɐ, *pl* 'kløːstɐ] *nt* (*Mönchs~*) monastery; (*Nonnen~*) convent; **ins ~ gehen** to enter a monastery/convent

Klö·ten ['kløːtn̩] *pl* NORDD (*sl*) balls *npl fam!*

Klotz <-es, Klötze> [klɔts, *pl* 'klœtsə] *m* ① (*Holz~*) block [of wood] ② (*pej: großes hässliches Gebäude*) monstrosity ▸ **[jdm] ein ~ am Bein sein** (*fam*) to be a millstone round sb's neck

klot·zen ['klɔtsn̩] *vi* (*fam*) ① (*hart arbeiten*) to slog [away]; (*schnell arbeiten*) to work like hell ② (*Mittel massiv einsetzen*) ■ **bei etw** *dat*] **~** to splurge [out] on sth

klot·zig ['klɔtsɪç] I. *adj* ① (*ungefüge*) large and ugly; **~ sein** to be bulky ② (*aufwändig*) extravagant II. *adv* ① (*überreichlich*) extremely ② (*aufwändig*) lavishly

Klub <-s, -s> [klʊp] *m* club

Kluft[1] <-, Klüfte> [klʊft, *pl* 'klʏftə] *f* ① GEOG cleft ② (*scharfer Gegensatz*) gulf; **tiefe ~** deep rift

Kluft[2] <-, -en> [klʊft] *f* DIAL (*hum*) uniform

klug <klüger, klügste> [kluːk] I. *adj* ① (*vernünftig*) wise; (*intelligent*) intelligent; (*schlau*) clever; (*scharfsinnig*) shrewd; *Entscheidung* prudent; *Rat* sound; **es wäre klüger, ...** it would be more sensible ...; **da soll einer draus ~ werden** I can't make head [n]or tail of it; **ich werde einfach nicht aus ihm/daraus ~** I simply don't know what to make of him/it ② (*iron: dumm*) bright *iron*; **genauso ~ wie zuvor sein** to be none the wiser ▸ **der Klügere gibt nach** (*prov*) discretion is the better part of valour II. *adv* (*a. iron*) cleverly

klu·ger·wei·se *adv* [very] cleverly

Klug·heit <-, -en> ['kluːkhaɪt] *f kein pl* cleverness; (*Intelligenz*) intelligence; (*Vernunft*) wisdom; (*Scharfsinn*) shrewdness; (*Überlegtheit*) prudence

Klug·schei·ßer(in) <-s, -> *m(f)* (*sl*) smartass

Klumpatsch <-s> *m kein pl* (*fam*) junk *no indef art, no pl*

klum·pen ['klʊmpn̩] *vi* to go lumpy; *Salz* to cake

Klum·pen <-s, -> ['klʊmpn̩] *m* lump; **~ bilden** to go lumpy

klum·pig ['klʊmpɪç] *adj* lumpy

Klün·gel <-s, -> ['klʏŋl̩] *m* NORDD (*pej fam*) old boys' network BRIT; (*zwischen Verwandten*) nepotistic web

Klün·ge·lei <-, -en> ['klʏŋəˈlaɪ] *f* (*pej*) ① (*Vetternwirtschaft*) cronyism ② DIAL (*Trödelei*) dawdling *no pl, no indef art*

Klun·ker <-s, -> ['klʊŋkɐ] *m* (*sl: Edelstein*) rock

km [kaːˈɛm] *m Abk von* **Kilometer** km

km/h [kaːɛmˈhaː] *m Abk von* **Kilometer pro Stunde** kmph

knab·bern ['knabɐn] I. *vi* ■ **an etw** *dat* **~** ① (*knabbernd verzehren*) to nibble [at] sth ② (*etw geistig/emotional verarbeiten*) to chew on sth II. *vt* to nibble; **etwas zum K~** something to nibble

Kna·be <-n, -n> ['knaːbə] *m* (*veraltend geh*) boy; **na, alter ~!** (*fam*) well, old boy!

Knä·cke·brot *nt* crispbread *no indef art, no pl*

kna·cken [knakn̩] I. *vt* to crack (**mit** with) II. *vi* ① (*Knacklaut von sich geben*) to crack; *Diele, Knie* to creak; *Zweige* to snap; **es knackt hier immer im Gebälk** the beams are always creaking here; **mit den Fingern ~** to crack one's fingers ② (*fam: schlafen*) **eine Runde ~** to have forty winks III. *vi impers* ■ **es knackt** there's a crackling noise

Kna·cker <-s, -> *m* DIAL (*fam*) guy; **ein alter ~** an old codger

Kna·cki <-s, -s> ['knaki] *m* (*sl*) ex-con

kna·ckig ['knakɪç] I. *adj* ① (*knusprig*) crunchy ② (*fam: drall*) well-formed ③ (*fam: zünftig*) real; *Typ* natural II. *adv* (*fam*) really; **sie kam ~ braun aus dem Urlaub wieder** she came back from holiday really brown; **~ rangehen** to get really stuck in

Knack·nuss[RR] *f* SCHWEIZ (*fam*) puzzle, tricky problem

Knack·punkt *m* (*fam*) crucial point

Knacks <-es, -e> [knaks] *m* ① (*knackender Laut*) crack ② (*Sprung*) crack; **einen ~ haben** (*fam*) to have a problem; *Ehe* to be in difficulties; *Freundschaft* to be suffering; **etw einen ~ geben** to damage sth ③ (*fam: seelischer Schaden*) psychological problem; **einen ~ bekommen** (*fam*) to suffer a minor breakdown; **einen ~ haben** (*fam*) to have a screw loose *hum*

Knack·wurst *f* knockwurst *spec* (*sausage which is heated in water and whose tight skin makes a cracking noise when bitten*)

Knall <-[e]s, -e> [knal] *m* ① (*Laut*) bang; *Korken* pop; *Tür* bang ② (*fam: Krach*) trouble *no indef art, no pl* ▸ **~ auf Fall** all of a sudden; **einen ~ haben** to be off one's rocker

knal·len ['knalən] I. *vi* ① *haben* (*ertönen*) to bang; *Auspuff* to backfire; *Feuerwerkskörper* to [go] bang; *Korken* to [go] pop; *Schuss* to ring out; (*laut zuschlagen*) to slam; **mit der Peitsche ~** to crack the whip; **mit der Tür ~** to slam the door [shut]; ■ **etw ~ lassen** to bang sth ② *sein* (*fam: stoßen*) ■ **auf/gegen/vor etw** *akk* **~** to bang on/against sth ▸ **die**

knalleng–Knie 1320

Korken ~ lassen to pop the corks **II.** vi impers haben ■ es knallt there's a bang; **..., sonst knallt's!** (fam: oder/und es gibt eine Ohrfeige!) ... or/and you'll get a good clout!; (oder/und ich schieße!) ... or/and I'll shoot! **III.** vt ① (zuschlagen) to bang ② (werfen) ■ etw irgendwohin ~ to slam sth somewhere ③ (fam: schlagen) ■ jdm eine ~ to give sb a clout

knall·eng adj (fam) skin-tight **Knall·erb·se** f cap bomb, toy torpedo AM **Knall·frosch** m jumping jack **Knall·gas** nt oxyhydrogen no indef art, no pl spec **knall·hart** ['knal'hart] (fam) **I.** adj ① (rücksichtslos) really tough, [as] hard as nails pred ② Schuss fierce; Schlag crashing **II.** adv quite brutally; etw ~ sagen to say sth straight out; ~ verhandeln to drive a hard bargain

knal·lig ['knalɪç] adj (fam) gaudy

Knall·kopf m, **Knall·kopp** m (fam) idiot **Knall·kör·per** m firecracker **knall·rot** ['kna'ro:t] adj bright red

knapp **I.** adj ① (gering) meagre; Stellenangebote scarce; Geld tight; ■ [mit etw dat] ~ sein to be short [of sth] ② (eng [sitzend]) tight[-fitting] ③ (noch genügend) just enough; Mehrheit, Sieg narrow; Ergebnis close ④ (nicht ganz) almost; **in einer ~en Stunde** in just under an hour; ■ [jdm] zu ~ sein to be too tight [for sb] ⑤ (gerafft) succinct; **in wenigen ~en Worten** in a few brief words; **er gab ihr nur eine ~e Antwort** he replied tersely **II.** adv ① (mäßig) sparingly; ~ **bemessen sein** to be not very generous; **seine Zeit ist ~ bemessen** he only has a limited amount of time ② (nicht ganz) almost; ~ **eine Stunde** just under an hour ③ (haarscharf) narrowly; **die Wahl ist ~ ausgefallen** the election turned out to be extremely close

Knap·pe <-n, -n> ['knapə] m ① BERGB [qualified] miner ② HIST squire

knapp|halten vt irreg jdn [mit etw dat] ~ to keep sb short [of sth]

Knapp·heit <-> f kein pl shortage no pl

Knar·re <-, -n> ['knarə] f (sl) gun, rod AM

knar·ren ['knarən] vi to creak

Knast <-[e]s, Knäste> [knast, pl 'knɛstə] m (sl) prison; ■ **im ~ sitzen** to do time

Knatsch <-es> [knatʃ] m kein pl (fam) trouble; **ständiger ~ mit seinen Eltern** constant disagreements with one's parents

knat·schig ['knatʃɪç] adj (fam: quengelig) whingey BRIT pej; (brummig) crotchety

knat·tern ['knatɛn] vi to clatter; Motorrad to roar; Maschinengewehr to rattle; Schüsse to rattle out

Knäu·el <-s, -> ['knɔyəl] m o nt ball; von Menschen knot

Knauf <-[e]s, Knäufe> [knauf, pl 'knɔyfə] m (Messer-/Schwert~) pommel; (Tür~) knob; Spazierstock knob

knau·se·rig ['knauzərɪç] adj (pej fam) stingy

knau·sern ['knauzɛn] vi (pej fam) ■ [mit etw] ~ to be stingy [with sth]

knaut·schen ['knautʃn] **I.** vi to crease **II.** vt to crumple

Knautsch·zo·ne f crumple zone

Kne·bel <-s, -> ['kne:bl] m gag

kne·beln ['kne:bln] vt (a. fig) to gag

Knecht <-[e]s, -e> [knɛçt] m ① (veraltend: Landarbeiter) farmhand ② (pej: Untergebener) minion

Knecht·schaft <-, selten -en> f (pej) slavery

knei·fen <kniff, gekniffen> ['knaifn] **I.** vt to pinch; ■ **jdn in etw** akk ~ to pinch sb's sth **II.** vi ① (zwicken) to pinch ② (fam: zurückscheuen) ■ **vor etw** dat ~ to chicken out [of sth]; ■ **vor jdm** ~ to shy away from sb **III.** vi impers ■ **es kneift** it pinches

Kneif·zan·ge f pincers npl

Knei·pe <-, -n> ['knaipə] f (fam) pub BRIT, bar AM usu

Knei·pen·bum·mel m, **Knei·pen·tour** f pub crawl BRIT, bar hop AM **Knei·pen·wirt(in)** m(f) barkeeper, [pub] landlord masc/landlady fem BRIT

Kne·te <-> ['kne:tə] f kein pl ① (sl: Geld) dosh BRIT ② (fam) s. **Knetgummi**

kne·ten ['kne:tn] **I.** vt ① (durchwalken) to knead ② (durch K~ formen) to model (aus out of) **II.** vi to play with Plasticine® [or AM Play-Doh®]

Knet·gum·mi m o nt, **Knet·mas·se** f Plasticine®, Play-Doh® AM

Knick <-[e]s, -e o -s> [knɪk] m ① (abknickende Stelle) [sharp] bend; (im Schlauch/Draht) kink; **einen ~ machen** to bend [sharply] ② (Kniff) crease

kni·cken ['knɪkn] **I.** vt haben ① (falten) to fold; **"nicht ~!"** "[please] do not bend!" ② (ein~) to snap **II.** vi sein to snap

kni·cke·rig ['knɪkərɪç] adj, **knick·rig** ['knɪkrɪç] adj DIAL (knauserig) mean

Knicks <-es, -e> [knɪks] m curts[e]y

Knie <-s, -> [kni:, pl 'kni:ə] nt knee; **[vor jdm] auf die ~ fallen** (geh) to fall on one's knees [before sb]; **in die ~ gehen** to sink to one's knees; **jdn übers ~ legen** (fam) to put sb across one's knee; **in die ~ sacken** to sag at the knees; **jdm zittern die ~** sb's knees are shaking; (aus Angst) sb's knees are knocking; **jdn in die ~ zwingen** (geh) to force sb to his/her knees ▶ **weiche ~ bekommen**

(*fam*) to go weak at the knees; **etw übers ~ brechen** (*fam*) to rush into sth; **in die ~ gehen** to give in

Knie·beu·ge *f* knee-bend **Knie·bund·ho·se** *f* [knee] breeches [*or* AM britches] *npl* **Knie·ge·lenk** *nt* knee joint **Knie·keh·le** *f* back of the knee

knien [kniːn] **I.** *vi* to kneel **II.** *vr* ❶ (*auf die Knie gehen*) ■ **sich auf etw** *akk* **~** to kneel [down] on sth ❷ (*fam: sich intensiv beschäftigen*) ■ **sich in etw** *akk* **~** to get down to sth

Knies <-> [kniːs] *m kein pl* DIAL (*Knatsch*) quarrel; (*schwächer*) tiff *fam*

Knie·schei·be *f* kneecap **Knie·schüt·zer** *m* SPORT kneeguard **Knie·strumpf** *m* knee-length sock

kniff [knɪf] *imp von* **kneifen**

Kniff <-[e]s, -e> [knɪf] *m* ❶ (*Kunstgriff*) trick ❷ (*Falte*) fold; (*unabsichtlich a.*) crease ❸ (*Zwicken*) pinch

knif·fe·lig ['knɪfəlɪç] *adj*, **kniff·lig** ['knɪflɪç] *adj* (*fam*) fiddly

Knilch <-s, -e> [knɪlç] *m* (*pej sl: Scheißkerl*) bastard *fam!*; (*Niete*) plonker BRIT *fam*

knip·sen ['knɪpsn̩] **I.** *vt* ❶ (*fam: fotografieren*) ■ **jdn/etw ~** to take a photo of sb/sth ❷ (*durch Lochen entwerten*) to punch **II.** *vi* ❶ (*fam*) to take photos; (*willkürlich*) to snap away

Knirps <-es, -e> [knɪrps] *m* ❶ (*fam: kleiner Junge*) little fellow ❷ (® *Faltschirm*) folding umbrella

knir·schen ['knɪrʃn̩] *vi* to crunch; *Getriebe* to grind

knis·tern ['knɪstɐn] **I.** *vi* ❶ (*rascheln*) *Feuer* to crackle; *Papier* to rustle ❷ (~ *de Geräusche verursachen*) ■ **mit etw** *dat* **~** to rustle sth **II.** *vi impers* ❶ (*Geräusch verursachen*) ■ **es knistert irgendwo** there is a crackling/rustling somewhere ❷ (*kriseln*) ■ **es knistert** there is trouble brewing ❸ (*Spannung aufweisen*) ■ **es knistert [zwischen Menschen]** there is a feeling of tension [between people]

knit·ter·frei *adj* non-crease
knit·tern ['knɪtɐn] *vi, vt* to crease
knitz [knɪts] *adj* SÜDD (*fam*) slyly humorous
kno·beln ['knoːbl̩n] *vi* ❶ (*würfeln*) to play dice ❷ (*nachgrübeln*) ■ **[an etw** *dat***] ~** to puzzle [over sth]

Knob·lauch <-[e]s> *m kein pl* garlic *no indef art*
Knob·lauch·pres·se *f* garlic press **Knob·lauch·ze·he** *f* clove of garlic

Knö·chel <-s, -> ['knœçl̩] *m* ❶ (*Fuß~*) ankle ❷ (*Finger~*) knuckle

Kno·chen <-s, -> ['knɔxn̩] *m* bone; **sich** *dat* **[bei etw] den ~ brechen** to break a bone

[doing sth] ▸ **bis auf die ~ abgemagert sein** to be all skin and bone[s]; **bis auf die ~ nass werden** to get soaked to the skin; **jdm steckt der Schrecken in den ~** (*fam*) sb is scared stiff

Kno·chen·ar·beit *f* (*fam*) backbreaking work *no indef art, no pl* **Kno·chen·bruch** *m* fracture **Kno·chen·ge·rüst** *nt* skeleton **Kno·chen·job** [-dʒɔp] *m* (*pej fam*) tough job

Kno·chen·mark *nt* bone marrow *no indef art, no pl* **Kno·chen·mark·trans·plan·ta·ti·on** *f* MED bone marrow transplant
Kno·chen·schwund *m* atrophy of the bone[s] **kno·chen·tro·cken** ['knɔxn̩trɔkn̩] *adj* (*fam*) ❶ (*völlig trocken*) bone dry ❷ (*Humor, Bemerkung*) very dry

kno·chig ['knɔxɪç] *adj* bony

knock-out, knock·out [nɔk'ʔaʊt] *adj* KO *fam*; ■ **~ sein** to be knocked out

Knö·del <-s, -> ['knøːdl̩] *m* SÜDD, ÖSTERR dumpling

Knöll·chen <-s, -> ['knœlçən] *nt* (*fam*) [parking] ticket

Knol·le <-, -n> ['knɔlə] *f* BOT nodule; (*Kartoffel*) tuber; (*Krokus*) corm *spec* ❷ (*fam: rundliche Verdickung*) large round lump

Knol·len·blät·ter·pilz *m* amanita *no indef art, no pl spec* **Knol·len·ge·mü·se** *nt kein pl* tuber vegetables

Knopf <-[e]s, Knöpfe> [knɔpf, *pl* knœpfə] *m* ❶ (*an Kleidungsstück etc*) button ❷ (*Drucktaste*) [push]button ❸ SCHWEIZ, SÜDD (*Knoten*) knot

knöp·fen ['knœpfn̩] *vt* to button
Knopf·loch *nt* buttonhole

Knor·pel <-s, -> ['knɔrpl̩] *m* cartilage *no indef art, no pl*; KOCHK gristle *no indef art, no pl*
knor·pe·lig ['knɔrpəlɪç] *adj* ANAT cartilaginous *spec*; KOCHK gristly

knor·rig ['knɔrɪç] *adj* gnarled

Knos·pe <-, -n> ['knɔspə] *f* bud; **~n treiben** to bud

knos·pen *vi* to bud

kno·ten ['knoːtn̩] *vt* to knot
Kno·ten <-s, -> ['knoːtn̩] *m* ❶ (*Verschlingung*) knot; ■ **einen ~ in etw** *akk* **machen** to tie a knot in sth ❷ MED lump ❸ (*Haar~*) bun

Kno·ten·punkt *m* AUTO, BAHN junction
kno·tig ['knoːtɪç] *adj* ❶ (*Knoten aufweisend*) knotty; ■ **~ sein** to be full of knots ❷ (*knorrig*) gnarled ❸ MED nodular

Know-how <-s> [noːˈhaʊ] *nt kein pl* know-how *no indef art, no pl*

Knub·bel <-s, -> ['knʊbl̩] *m* DIAL lump

knud·deln ['knʊdl̩n] *vt* ❶ (*fam: umarmen, drücken und küssen*) ■ **jdn ~** to hug and kiss

knülle–Kohlehydrat 1322

sb ❷ DIAL (*zerknüllen*) to crumple up *sep*
knül·le ['knʏlə] *adj* NORDD (*fam*) ■ ~ **sein** to be pie-eyed
knül·len ['knʏlən] **I.** *vt* to crumple [up *sep*] **II.** *vi* to crumple
Knül·ler <-s, -> ['knʏlɐ] *m* (*fam*) sensation; (*Nachricht*) scoop
knüp·fen ['knʏpfn̩] **I.** *vt* ❶ (*verknoten*) to tie; *Netz* to mesh; *Teppich* to knot ❷ (*gedanklich verbinden*) **eine Bedingung an etw** *akk* ~ to attach a condition to sth; **Hoffnungen an etw** *akk* ~ to pin hopes on sth **II.** *vr* ■ **sich an etw** *akk* ~ to be linked with sth
Knüp·pel <-s, -> ['knʏpl̩] *m* cudgel, club; (*Polizei*~) truncheon BRIT, nightstick AM ▶ **jdm** [**einen**] ~ **zwischen die** <u>Beine</u> **werfen** to put a spoke in sb's wheel, to throw a monkey wrench in sth AM
knüp·pel·dick ['knʏpl̩'dɪk] *adv* (*fam*) excessively; ~ **auftragen** to lay it on thick; **wenn's mal losgeht, dann kommt's auch gleich** ~ it never rains but it pours *prov*
knur·ren ['knʊrən] *vi*, *vt* to growl; (*wütend*) to snarl
knur·rig ['knʊrɪç] *adj* grumpy
knus·pe·rig ['knʊspərɪç], **knus·p·rig** ['knʊsprɪç] *adj* ❶ (*mit einer Kruste*) crisp[y] ❷ (*kross*) crusty; *Gebäck* crunchy
knut·schen ['knuːtʃn̩] (*fam*) **I.** *vt* to kiss **II.** *vi* ■ **mit jdm** ~ to smooch [with sb]
Knutsch·fleck *m* (*fam*) love bite
Ko·a·la <-s, -s> [koˈaːla] *m*, **Ko·a·la·bär** [koˈaːla-] *m* koala [bear]
ko·a·lie·ren* [koʔaˈliːrən] *vi* ■ [**mit jdm**] ~ to form a coalition [with sb]
Ko·a·li·ti·on <-, -en> [koʔaliˈtsi̯oːn] *f* coalition
Ko·a·li·ti·ons·part·ner *m* coalition partner
Ko·a·li·ti·ons·re·gie·rung *f* coalition government
Ko·balt <-s> ['koːbalt] *nt kein pl* cobalt *no art, no pl*
Kob·lenz <-> ['koːblɛnts] *nt* Koblenz, Coblenz
Ko·bold <-[e]s, -e> ['koːbɔlt, *pl* -ldə] *m* imp, goblin
Kob·ra <-, -s> ['koːbra] *f* cobra
Koch, **Kö·chin** <-s, Köche> [kɔx, 'kœçɪn, *pl* 'kœçə] *m*, *f* cook; (*Küchenchef*) chef
Koch·buch *nt* cook[ery] book
ko·chen ['kɔxn̩] **I.** *vi* ❶ (*Speisen zubereiten*) to cook ❷ (*brodeln*) to boil; **etw zum K~ bringen** to bring sth to the boil; ~**d heiß** boiling hot; **eine ~d heiße Suppe** a piping hot soup ❸ (*in Aufruhr befinden*) to seethe; **vor Wut** ~ to seethe with rage **II.** *vt* ❶ (*heiß zubereiten*) to cook; **Suppe/Kaffee** ~ to make [some] soup/coffee ❷ *Wäsche* to boil

Ko·cher <-s, -> ['kɔxɐ] *m* cooker
koch·fest *adj* suitable for washing at 90° *pred*
Kö·chin <-, -nen> ['kœçɪn] *f fem form von* Koch
Koch·kunst *f kein pl* art of cooking *no pl* **Koch·löf·fel** *m* wooden spoon **Koch·ni·sche** *f* kitchenette **Koch·plat·te** *f* ❶ (*Herdplatte*) hotplate ❷ (*transportable Herdplatte*) small [electric] stove **Koch·re·zept** *nt* recipe **Koch·salz** *nt kein pl* common salt *no indef art, no pl* **Koch·topf** *m* [cooking] pot; (*mit Stiel*) saucepan **Koch·wä·sche** *f* washing that can be boiled
kod·de·rig ['kɔdərɪç] *adj*, **kodd·rig** ['kɔdrɪç] *adj* NORDD (*fam*) ❶ (*unverschämt*) impertinent ❷ (*unwohl*) ■ **jdm ist** ~ [**zumute**] sb feels queasy
Kode <-s, -s> [koːt] *m* code
Kö·der <-s, -> ['køːdɐ] *m* bait
kö·dern ['køːdɐn] *vt* to lure; **jdn** [**mit etw** *dat*] **zu** ~ **versuchen** to woo sb [with sth]; **sich von jdm/etw** ~ **lassen** to be tempted by sb/sth
Ko·dex <- *o* -es, -e *o* Kodizes> ['koːdɛks, *pl* 'koːdiːtseːs] *m* ❶ *kein pl* (*Verhaltens*~) [moral] code ❷ HIST (*Handschrift*) codex
ko·die·ren* [koˈdiːrən] *vt* to [en]code
Ko·die·rung <-, -en> *f* INFORM, LING coding
Ko·e·xis·tenz <-> [koʔɛksɪstɛnts] *f kein pl* coexistence *no indef art, no pl*
ko·e·xis·tie·ren* ['koːʔɛksɪstiːrən, koʔɛksɪsˈtiːrən], **ko·e·xis·tie·ren** ['koːʔɛksɪstiːrən] *vi haben* (*geh*) to coexist
Kof·fe·in <-s> [kɔfeˈiːn] *nt kein pl* caffeine *no indef art, no pl*
kof·fe·in·frei *adj* decaffeinated
kof·fe·in·hal·tig *adj* containing caffeine *pred*
Kof·fer <-s, -> ['kɔfɐ] *m* [suit]case; **die** ~ *pl* the luggage [*or esp* AM baggage] + *sing vb*; **den/die** ~ **packen** to pack [one's bags]
Kof·fer·ra·dio *nt* portable radio **Kof·fer·raum** *m* boot BRIT, trunk AM
Ko·gnak <-s, -s *o* -e> ['kɔnjak] *m* brandy
ko·hä·rent [kohɛˈrɛnt] *adj* coherent
Ko·hä·renz <-> [kohɛˈrɛnts] *f kein pl* coherence *no pl*
Kohl <-[e]s, -e> [koːl] *m* (*Gemüse*) cabbage ▶ **das macht den** ~ **auch nicht** <u>fett</u> that's not much help
Kohl·dampf *m* ▶ ~ **haben** (*fam*) to be starving
Koh·le <-, -n> ['koːlə] *f* ❶ (*Brennstoff*) coal *no indef art, no pl* ❷ (*sl: Geld*) dosh BRIT *fam* ▶ **wie auf** [**glühenden**] ~**n sitzen** to be on tenterhooks
koh·le·hal·tig *adj* carboniferous
Koh·le·hy·drat <-[e]s, -e> *nt s.* **Kohlenhy·**

Koh·le·kraft·werk *nt* coal-fired power station
Koh·len·berg·werk *nt* coal mine
Koh·len·di·o·xid *nt kein pl* carbon dioxide *no indef art, no pl*
Koh·len·gru·be *f* coal mine
Koh·len·hy·drat <-[e]s, -e> *nt* carbohydrate
Koh·len·kel·ler *m* coal cellar
Koh·len·mo·no·xid *nt kein pl* carbon monoxide *no indef art, no pl*
Koh·len·ofen *m* [coal-burning] stove **Koh·len·pott** *m* (*fam*) ■ **der** ~ the Ruhr [area] **Koh·len·säu·re** *f* carbonic acid *no indef art, no pl*; **mit** ~ fizzy; **ohne** ~ still *attr* **koh·len·säu·re·hal·tig** *adj* carbonated **Koh·len·stoff** *m* carbon *no indef art, no pl* **Koh·len·was·ser·stoff** *m* hydrocarbon
Koh·le·ofen *m* [coal-burning] stove **Koh·le·pa·pier** *nt* carbon paper **Koh·le·stift** *m* charcoal stick **Koh·le·ta·blet·te** *f* charcoal tablet **Koh·le·zeich·nung** *f* charcoal drawing
Kohl·kopf *m* [head of] cabbage **Kohl·mei·se** *f* great titmouse
Kohl·ra·bi <-[s], -[s]> [koːlˈaːbi] *m* kohlrabi *no indef art, no pl*
Kohl·rou·la·de [-ruːlaːdə] *f* stuffed cabbage **Kohl·weiß·ling** <-s, -e> *m* (*Schmetterlingsart*) cabbage white [butterfly]
Ko·in·zi·denz <-, -en> [ko.ɪntsiˈdɛnts] *f* (*geh*) coincidence
ko·i·tie·ren* [ko.iˈtiːrən] *vi* (*geh*) to engage in sexual intercourse (**mit** with)
Ko·i·tus <-, - *o* -se> [ˈkoːitʊs] *m* (*geh*) coitus *no art, no pl*
Ko·je <-, -n> [ˈkoːjə] *f* ❶ NAUT bunk ❷ (*fam: Bett*) bed; **sich in die** ~ **hauen** to hit the sack
Ko·jo·te <-n, -n> [koˈjoːtə] *m* coyote
Ko·ka·in <-s> [kokaˈiːn] *nt kein pl* cocaine *no indef art, no pl*
ko·ka·in·süch·tig *adj* addicted to cocaine *pred*
ko·keln [ˈkoːkln̩] *vi* (*fam*) to play with fire
ko·kett [koˈkɛt] *adj* flirtatious
Ko·ket·te·rie <-, -n> [kokɛtəˈriː, *pl* -riːən] *f* coquetry *no indef art, no pl*
ko·ket·tie·ren* [kokɛˈtiːrən] *vi* ❶ (*flirten*) to flirt ❷ (*geh: liebäugeln*) **mit dem Gedanken/einem Plan** ~ to toy with the idea/a plan
Ko·ko·lo·res <-> [kokpˈloːrɛs] *m kein pl* (*fam*) ❶ (*Quatsch*) nonsense *no indef art, no pl* ❷ (*Umstände*) fuss *no pl*
Ko·kon <-s, -s> [koˈkõː] *m* cocoon
Ko·kos·fett *nt* coconut butter *no indef art, no pl* **Ko·kos·flo·cken** *pl* desiccated coconut **Ko·kos·milch** *f* coconut milk *no indef art, no pl* **Ko·kos·nuss**ᴿᴿ *f* coconut **Ko·kos·öl** *nt* coconut oil *no indef art, no pl* **Ko·kos·pal·me** *f* coconut palm
Koks¹ <-es, -e> [koːks] *m* ❶ (*Brennstoff*) coke *no indef art, no pl* ❷ *kein pl* (*sl: Geld*) dosh BRIT *fam*
Koks² <-es> [koːks] *m o nt kein pl* (*sl: Kokain*) coke *fam*
kok·sen [ˈkoːksn̩] *vi* (*sl*) to snort [*or* take] coke
Ko·la <-, -> [ˈkoːla] *f* (*fam*) cola
Kol·ben <-s, -> [ˈkɔlbn̩] *m* ❶ AUTO piston ❷ (*Gewehr~*) butt ❸ CHEM retort ❹ (*Mais~*) cob ❺ (*sl: Nase*) conk BRIT *hum fam*
Kol·ben·mo·tor *m* piston engine **Kol·ben·stan·ge** *f* piston rod
Kol·cho·se <-, -n> [kɔlˈçoːzə] *f* HIST kolk[h]oz (*Soviet collective farm*)
Ko·li·bak·te·ri·en [koːliˈbaktɛriən] *pl* coli[form bacteria] *pl spec*
Ko·li·bri <-s, -s> [ˈkoːlibri] *m* hummingbird
Ko·lik <-, -en> [ˈkoːlɪk] *f* colic *no indef art, no pl*; **eine** ~ **haben** to have colic
kol·la·bie·ren* [kɔlaˈbiːrən] *vi sein* to collapse
Kol·la·bo·ra·teur(in) <-s, -e> [kɔlaboraˈtøːɐ̯] *m(f)* (*pej*) collaborator
kol·la·bo·rie·ren* [kɔlaboˈriːrən] *vi* (*pej*) to collaborate
Kol·laps <-es, -e> [ˈkɔlaps] *m* collapse
Kol·leg <-s, -s *o* -ien> [kɔˈleːk, *pl* -giən] *nt* college
Kol·le·ge, Kol·le·gin <-n, -n> [kɔˈleːgə, kɔˈleːgɪn] *m, f* colleague
kol·le·gi·al [kɔleˈgi̯aːl] **I.** *adj* considerate and friendly (*towards one's colleagues*) **II.** *adv* in a considerate and friendly way
Kol·le·gi·a·li·tät <-> [kɔlegi̯aliˈtɛːt] *f kein pl* friendly cooperation *no pl*
Kol·le·gin <-, -nen> *f fem form von* **Kollege**
Kol·le·gi·um <-s, -gien> [kɔˈleːgi̯ʊm, *pl* -gi̯ən] *nt* group [of colleagues]; (*Lehrkörper*) [teaching] staff + *sing/pl vb*
Kol·lek·te <-, -n> [kɔˈlɛkta] *f* collection
Kol·lek·ti·on <-, -en> [kɔlɛkˈtsi̯oːn] *f* collection
Kol·lek·tiv <-s, -e *o* -s, -s> [kɔlɛkˈtiːf, *pl* -iːvə] *nt* collective
Kol·ler <-s, -> [ˈkɔlɐ] *m* (*fam*) rage; **einen** ~ **bekommen** to fly into a rage/one of one's rages
kol·li·die·ren* [kølɪˈdiːrən] *vi* (*geh*) ❶ *sein* (*zusammenstoßen*) to collide ❷ *sein o haben* (*unvereinbar sein*) to clash
Kol·lier <-s, -s> [kɔˈli̯eː] *nt* necklace
Kol·li·si·on <-, -en> [kɔliˈzi̯oːn] *f* (*geh*) col-

lision

Kol·lo·qui·um <-s, -ien> [kɔˈloːkviʊm, pl -kviən] nt ❶ (wissenschaftliches Gespräch) colloquium form ❷ ÖSTERR (kleinere Prüfung) test

Köln [kœln] nt Cologne

Köl·nisch·was·ser nt, **Köl·nisch Was·ser** [ˈkœlnɪʃvasɐ] nt [eau de] cologne no indef art, no pl

ko·lo·ni·al [koloˈni̯aːl] adj colonial

Ko·lo·ni·al·herr <-n> HIST colonial master **Ko·lo·ni·al·herr·schaft** f colonial rule no art, no pl

Ko·lo·ni·a·lis·mus <-> [koloni̯aˈlɪsmʊs] m kein pl colonialism no indef art, no pl

Ko·lo·ni·al·macht f colonial power

Ko·lo·nie <-, -n> [koloˈniː, pl -ˈniːən] f colony

Ko·lo·ni·sa·ti·on <-, -en> [kolonizaˈtsi̯oːn] f colonization

ko·lo·ni·sie·ren* [koloniˈziːrən] vt ❶ (zur Kolonie machen) to colonize ❷ (bevölkern) ■ etw ~ to settle in sth

Ko·lon·ne <-, -n> [koˈlɔnə] f ❶ AUTO queue [of traffic]; (von Polizei) convoy ❷ (lange Reihe von Menschen) column ❸ (eingeteilte Arbeitsgruppe) gang ❹ (senkrechte Zahlenreihe) column

ko·lo·rie·ren* [koloˈriːrən] vt to colour

Ko·lo·rit <-[e]s, -e> [koloˈriːt] nt ❶ KUNST colouring no pl ❷ MUS [tone] colour

Ko·loss^RR <-es, -e> m, **Ko·loß**^ALT <-sses, -sse> [koˈlɔs] m ❶ (fam: riesiger Mensch) colossus ❷ (gewaltiges Gebilde) colossal thing

ko·los·sal [kɔlɔˈsaːl] I. adj colossal II. adv (fam: gewaltig) tremendously; **sich ~ ver·schätzen** to make a huge miscalculation

Kölsch <-, -> [kœlʃ] nt Kölsch (top-fermented pale beer brewed in Cologne) no art, no pl

Ko·lum·bi·a·ner(in) <-s, -> [kolʊmˈbi̯aːnɐ] m(f) Colombian; s. a. **Deutsche(r)**

ko·lum·bi·a·nisch [kolʊmˈbi̯aːnɪʃ] adj Colombian; s. a. **deutsch**

Ko·lum·bi·en <-s> [koˈlʊmbi̯ən] nt Colombia no art, no pl; s. a. **Deutschland**

Ko·lum·bus <-> [koˈlʊmbʊs] m HIST Columbus

Ko·lum·ne <-, -n> [koˈlʊmnə] f column

Ko·lum·nist(in) <-en, -en> [kolʊmˈnɪst] m(f) columnist

Ko·ma <-s, -s o -ta> [ˈkoːma] nt coma; **im ~ liegen** to lie in a coma

Ko·ma·sau·fen nt (sl) binge-drinking

Kom·bi <-s, -s> [ˈkɔmbi] m (fam) estate [car] BRIT, station wagon AM

Kom·bi·na·ti·on <-, -en> [kɔmbinaˈtsi̯oːn] f ❶ (Zusammenstellung, Zahlen~) combination ❷ (Schlussfolgerung) deduction ❸ MODE combination[s pl]; (Overall) jumpsuit

Kom·bi·na·ti·ons·ga·be f kein pl powers pl of deduction

kom·bi·nie·ren* [kɔmbiˈniːrən] I. vt to combine II. vi to deduce; **gut ~ können** to be good at deducing; **falsch/richtig ~** to come to the wrong/right conclusion

Kom·bi·wa·gen m s. Kombi

Kom·bü·se <-, -n> [kɔmˈbyːzə] f galley

Ko·met <-en, -en> [koˈmeːt] m comet

Kom·fort <-s> [kɔmˈfoːɐ̯] m kein pl comfort no indef art, no pl

kom·for·ta·bel [kɔmfɔrˈtaːbl] adj ❶ (großzügig ausgestattet) luxurious ❷ (bequem) comfortable

Ko·mik <-> [ˈkoːmɪk] f kein pl comic

Ko·mi·ker(in) <-s, -> [ˈkoːmɪkɐ] m(f) comic

ko·misch [ˈkoːmɪʃ] I. adj ❶ (zum Lachen reizend) funny ❷ (sonderbar) strange II. adv (eigenartig) strangely; **dein Parfüm riecht aber ~** your perfume smells funny; **sich ~ fühlen** to feel funny; **jdm ~ vorkommen** (eigenartig) to seem funny/strange to sb; (suspekt) to seem fishy/funny

ko·mi·scher·wei·se adv (fam) funnily enough

Ko·mi·tee <-s, -s> [komiˈteː] nt committee

Kom·ma <-s, -s o -ta> [ˈkɔma, pl -ta] nt ❶ (Satzzeichen) comma ❷ MATH [decimal] point

Kom·man·dant(in) <-en, -en> [kɔmanˈdant] m(f) MIL commanding officer; (Marine) captain

kom·man·die·ren* [kɔmanˈdiːrən] I. vt ❶ (befehligen) to command sth ❷ (befehlen) ■ etw ~ to command sth ■ jdn wohin ~ to order sb somewhere II. vi ❶ (befehlen) to be in command ❷ (fam: Anweisungen erteilen) ■ [gern] ~ [to like] to give [the] orders **Kom·man·dit·ge·sell·schaft** [kɔmanˈdiːtɡəzɛlʃaft] f limited partnership

Kom·man·do <-s, -s> [kɔˈmando] nt ❶ (Befehl[sgewalt]) command; **auf ~** on command; **das ~ [über jdn/etw] haben** to be in command [of sb/sth] ❷ (abkommandierte Gruppe) commando ❸ (Militärdienststelle) command

Kom·man·do·brü·cke f bridge **Kom·man·do·ton** m kein pl commanding tone

kom·men <kam, gekommen> [ˈkɔmən] I. vi sein ❶ (eintreffen) to come; **ich komme schon!** I'm coming!; **der Zug kommt aus Paris** the train is coming from Paris; **da kommt Anne/der Bus** there's Anne/the bus; **der Wind kommt von Osten/von der See** the wind is coming from the East/off the sea; **wann soll das Baby ~?** when's the baby due?; **als Erster/Letzter ~** to be the first/last to arrive; **mit dem Auto/Fahrrad ~** to come by car/bike; **zu Fuß ~** to come on foot ❷ *(gelangen)* ■ **irgendwohin ~** to get somewhere; **wie komme ich von hier zum Bahnhof?** how do I get to the station from here?; **zu Fuß kommt man am schnellsten dahin** the quickest way [to get] there is to walk; **ans Ziel ~** to reach the finishing [or Am finish] line ❸ *(sich begeben)* to come; **kommst du mit uns ins Kino?** are you coming to the cinema with us? ❹ *(passieren)* ■ **durch etw** akk/**einen Ort ~** to pass through sth/a place ❺ *(teilnehmen)* ■ **zu etw** dat – Kongress, Party, Training to come to sth ❻ *(besuchen)* ■ **zu jdm ~** to visit sb ❼ *(herstammen)* ■ **irgendwoher ~** to come from somewhere ❽ *(folgen, an der Reihe sein)* to come; **wer kommt [jetzt]?** whose turn is it?; **das Schlimmste kommt noch** the worst is yet to come ❾ *(untergebracht werden)* **ins Gefängnis/Krankenhaus ~** to go to prison/into hospital; **vor Gericht ~** Fall to come to court; Mensch to come before the court; **in die Schule/Lehre ~** to start school/an apprenticeship ⓾ *(erlangen)* **zu der Erkenntnis ~, dass ...** to realize that ...; **zu Geld ~** to come into money; **zu Kräften ~** to gain strength; **zu sich ~** to regain consciousness ⑪ *(verlieren)* ■ **um etw** akk **~** to lose sth ⑫ *(gebracht werden)* to come; **kam Post für mich?** was there any post for me? ⑬ *(veranlassen, dass jd kommt)* **den Arzt/Klempner/ein Taxi ~ lassen** to send for the doctor/plumber/a taxi ⑭ *(hingehören)* to belong ⑮ *(herannahen)* to approach; *(eintreten, geschehen)* to come about; **der Termin kommt etwas ungelegen** the meeting comes at a somewhat inconvenient time; **das kam doch anders als erwartet** it/that turned out differently than expected; **es kam eins zum anderen** one thing led to another; **und so kam es, dass ...** and that's how it came about that ...; **wie kommt es, dass ...?** how come ...?; **es musste ja so ~ it/that was bound to happen; **es hätte viel schlimmer ~ können** it could have been much worse; **so weit ~, dass ...** to get to the stage where ...; **was auch immer ~ mag** whatever happens ⑯ *(jdn erfassen)* ■ **über jdn ~** Gefühl to come over sb; **jdm ~ die Tränen** sb starts to cry; **jdm ~ Zweifel, ob ...** sb doubts whether ... ⑰ *(in einen Zustand geraten)* **wir kamen plötzlich ins Schleudern** we suddenly started to skid; **in Gefahr/Not ~** to get into danger/difficulty; **in Verlegenheit ~** to get embarrassed ⑱ *(fam: jdn belästigen)* **komm' mir nicht schon wieder damit!** don't give me that again! ⑲ *(seinen Grund haben)* **das kommt davon, dass/weil ...** that's because ...; **das kommt davon, wenn ...** that's what happens when ... ⑳ *(sich an etw erinnern)* ■ **auf etw** akk **~** to remember sth ㉑ *(einfallen)* **jdm kommt der Gedanke, dass ...** it occurs to sb that ... ㉒ *(etw herausfinden)* ■ **hinter etw** akk **~** Pläne to find out sep sth; **hinter ein Geheimnis ~** to uncover a secret; **wie kommst du darauf?** what makes you think that? ㉓ RADIO, TV *(gesendet werden)* to be on ㉔ *(Zeit für etw finden)* ■ **zu etw** dat **~** to get around to doing sth ㉕ *(fam: ähnlich sein)* ■ **nach jdm ~** to take after sb ㉖ *(fam: kosten)* to cost; **auf etw** akk **~** to come to sth ㉗ *(ansprechen)* **auf etw** akk **zu sprechen ~** to get [a]round to [talking about] sth; **ich werde gleich darauf ~** I'll come to that in a moment; **auf einen Punkt/eine Angelegenheit ~** to broach a point/matter ㉘ *(fam: eine Aufforderung verstärkend)* **komm, sei nicht so enttäuscht** come on, don't be so disappointed **II.** vi impers sein ❶ *(sich einfinden)* ■ **es kommt jd** sb is coming ❷ *(beginnen)* ■ **es kommt etw** sth is coming ❸ *(sl: Orgasmus haben)* to come **III.** vt sein *(fam: kosten)* **die Reparatur kam mich sehr teuer** the repairs cost a lot [of money]

kom·mend adj ❶ *(nächste)* coming, next ❷ *(künftig)* future; **in den ~en Jahren** in years to come ❸ *(sich demnächst durchsetzend)* of the future pred

Kom·men·tar <-s, -e> [kɔmɛnˈtaːɐ̯] m ❶ *(Stellungnahme)* statement; *(Meinung)* opinion; **einen ~ [zu etw** dat**] abgeben** to comment [on] sth; **kein ~!** no comment! ❷ *(kommentierendes Werk)* commentary

kom·men·tar·los I. adj without comment pred **II.** adv **etw ~ zur Kenntnis nehmen** to note sth without comment

Kom·men·ta·tor(in) <-s, -toren> [kɔmɛnˈtaːtoːɐ̯, kɔmɛntaˈtoːrɪn, pl -ˈtoːrən] m(f) commentator

kom·men·tie·ren* [kɔmɛnˈtiːrən] vt ❶ *(Stellung nehmen)* ■ **etw ~** to comment on sth ❷ *(erläutern)* to annotate

kom·mer·zi·a·li·sie·ren [kɔmɛrtsi̯aliˈziːrən] vt to commercialize

kom·mer·zi·ell [kɔmɐrˈtsi̯ɛl] **I.** adj commercial **II.** adv commercially

Kom·mi·li·to·ne, Kom·mi·li·to·nin <-n, -n> [kɔmiliˈtoːnə, kɔmiliˈtoːnɪn] m, f fellow student

Kom·mis·sar(in) <-s, -e> [kɔmɪˈsaːɐ̯] m(f) ❶ *(Polizeikommissar)* inspector ❷ kein pl

(*Dienstgrad*) superintendent ❸ (*bevollmächtigter Beamter*) commissioner ❹ (*EU-Kommissar*) Commissioner

Kom·mis·sär(in) <-s, -e> [kɔmɪ'sɛːɐ̯] *m(f)* ÖSTERR, SCHWEIZ *s.* **Kommissar 1**

Kom·mis·sa·ri·at <-[e]s, -e> [kɔmɪsa'riaːt] *nt* ❶ (*Amtszimmer des Kommissars*) commissioner's office ❷ ÖSTERR (*Polizeidienststelle*) police station

Kom·mis·sa·rin <-, -nen> *f fem form von* **Kommissar**

Kom·mis·sä·rin <-, -nen> *f fem form von* **Kommissär**

kom·mis·sa·risch [kɔmɪ'saːrɪʃ] **I.** *adj* temporary **II.** *adv* temporarily

Kom·mis·si·on <-, -en> [kɔmɪ'sjoːn] *f* ❶ (*Gremium, Ausschuss*) committee ❷ (*EU-Kommission*) Commission ❸ (*Auftrag*) commission; **etw in ~ geben** to commission sb to sell sth

Kom·mo·de <-, -n> [kɔ'moːdə] *f* chest of drawers

kom·mu·nal [kɔmu'naːl] *adj* municipal

Kom·mu·nal·po·li·tik *f* ❶ (*Politik der Kommunalbehörde*) municipal policy ❷ (*politisches Handeln*) local [government] politics *pl* **Kom·mu·nal·wahl** *f* local [government] elections *pl*

Kom·mu·ne <-, -n> [kɔ'muːnə] *f* ❶ (*Gemeinde*) local authority ❷ (*Wohngemeinschaft*) commune

Kom·mu·ni·ka·ti·on <-, -en> [kɔmunika'tsjoːn] *f* communication

Kom·mu·ni·ka·ti·ons·mit·tel *nt* means of communication + *sing vb* **Kom·mu·ni·ka·ti·ons·sys·tem** *nt* communication system **Kom·mu·ni·ka·ti·ons·weg** *m* channel of communication

Kom·mu·ni·kee [kɔmyni'keː], **Kom·mu·ni·qué** <-s, -s> [kɔmyni'keː] *nt* communiqué

Kom·mu·ni·on <-, -en> [kɔmu'njoːn] *f* (*Sakrament der katholischen Kirche*) Holy Communion; (*Erstkommunion*) first Communion

Kom·mu·nis·mus <-> [kɔmu'nɪsmʊs] *m kein pl* communism

Kom·mu·nist(in) <-en, -en> [kɔmu'nɪst] *m(f)* communist

kom·mu·nis·tisch [kɔmu'nɪstɪʃ] *adj* communist

kom·mu·ni·zie·ren* [kɔmuni'tsiːrən] *vi* ❶ (*geh: sich verständigen*) to communicate ❷ REL (*geh: zur Kommunion gehen*) to receive/take Holy Communion

Kom·ö·di·ant(in) <-en, -en> [kɔmøˈdjant] *m(f)* ❶ (*pej: jd, der sich verstellt*) play-actor ❷ (*veraltend: Schauspieler*) actor

Ko·mö·die <-, -n> [koˈmøːdjə] *f* ❶ (*Bühnenstück*) comedy ❷ (*pej: Verstellung*) play-acting

Kom·pa·gnon <-s, -s> [ˈkɔmpanjɔŋ] *m* partner

kom·pakt [kɔmˈpakt] *adj* ❶ (*klein, solide*) compact ❷ (*Mensch*) stocky

Kom·pa·nie <-, -n> [kɔmpaˈniː, *pl* -ˈniːən] *f* company

Kom·pa·ra·tiv <-s, -e> [ˈkɔmparatiːf] *m* comparative

Kom·par·se, Kom·par·sin <-n, -n> [kɔmˈparzə, kɔmˈparzɪn] *m, f* extra

Kom·pass^RR <-es, -e> *m*, **Kom·paß**^ALT <-sses, -sse> [ˈkɔmpas] *m* compass

kom·pa·ti·bel [kɔmpaˈtiːbl̩] *adj* compatible

Kom·pa·ti·bi·li·tät <-, -en> [kɔmpatibiliˈtɛːt] *f* compatibility *no pl*

Kom·pen·sa·ti·on <-, -en> [kɔmpɛnzaˈtsjoːn] *f* compensation *no pl*

kom·pen·sie·ren* [kɔmpɛnˈziːrən] *vt* to compensate

kom·pe·tent [kɔmpeˈtɛnt] **I.** *adj* ❶ (*sachverständig*) competent ❷ (*zuständig*) responsible **II.** *adv* competently

Kom·pe·tenz <-, -en> [kɔmpeˈtɛnts] *f* ❶ (*Befähigung*) competence ❷ (*Befugnis*) responsibility

Kom·pe·tenz·strei·tig·kei·ten *pl* dispute over responsibilities **Kom·pe·tenz·über·schrei·tung** *f* exceeding of one's area of responsibility

Kom·ple·men·tär·far·be *f* complementary colour

kom·plett [kɔmˈplɛt] **I.** *adj* complete **II.** *adv* ❶ (*vollständig*) fully ❷ (*insgesamt*) completely ❸ (*fam: völlig*) completely, totally

kom·plet·tie·ren* [kɔmplɛˈtiːrən] *vt* (*geh*) to complete

kom·plex [kɔmˈplɛks] **I.** *adj* complex **II.** *adv* complexly, in a complicated manner *pred*; **~ aufgebaut sein** to have a complex structure

Kom·plex <-es, -e> [kɔmˈplɛks] *m* complex

Kom·ple·xi·tät <-> [kɔmplɛksiˈtɛːt] *f kein pl* (*geh*) complexity

Kom·pli·ka·ti·on <-, -en> [kɔmplikaˈtsjoːn] *f* complication

Kom·pli·ment <-[e]s, -e> [kɔmpliˈmɛnt] *nt* compliment; **jdm ein ~ machen** to pay sb a compliment

Kom·pli·ze, Kom·pli·zin <-n, -n> [kɔmˈpliːtsə, kɔmpliˈtsɪn] *m, f* accomplice

kom·pli·zie·ren* [kɔmpliˈtsiːrən] **I.** *vt* (*geh*) to complicate **II.** *vr* **sich ~** to become complicated

kom·pli·ziert I. *adj* complicated **II.** *adv* in a complicated manner *pred*

Kom·pli·zin <-, -nen> *f fem form von* **Kom-**

plize

Kom·plott <-[e]s, -e> [kɔmˈplɔt] nt plot; **ein ~ schmieden** to hatch a plot

Kom·po·nen·te <-, -n> [kɔmpoˈnɛntə] f ❶ (*Bestandteil*) component ❷ (*Gesichtspunkt*) aspect

kom·po·nie·ren* [kɔmpoˈniːrən] vt, vi to compose

Kom·po·nist(in) <-en, -en> [kɔmpoˈnɪst] m(f) composer

Kom·po·si·ta [kɔmˈpoːzita] pl von **Kompositum**

Kom·po·si·ti·on <-, -en> [kɔmpozitsi̯oːn] f composition

Kom·po·si·tum <-s, Komposita> [kɔmˈpoːzitʊm, pl kɔmˈpoːzita] nt compound

Kom·post <-[e]s, -e> [kɔmˈpɔst] m compost no pl

Kom·post·hau·fen m compost heap

Kom·pos·tier·an·la·ge f compost[ing] plant

kom·pos·tie·ren* [kɔmpɔsˈtiːrən] vt to compost

Kom·pos·tie·rung <-> f kein pl composting no pl

Kom·pott <-[e]s, -e> [kɔmˈpɔt] nt compote

Kom·pres·se <-, -n> [kɔmˈprɛsə] f compress

kom·pri·mie·ren* [kɔmpriˈmiːrən] vt to compress

Kom·pro·miss^{RR} <-es, -e> m, **Kom·pro·miß**^{ALT} <-sses, -sse> [kɔmproˈmɪs] m compromise; **fauler ~** false compromise; [**mit jdm**] **einen ~ schließen** to come to a compromise [with sb]

kom·pro·miss·be·reit^{RR} adj willing to compromise pred; **eine ~e Haltung** a willingness to compromise **Kom·pro·miss·be·reit·schaft**^{RR} f willingness to compromise **kom·pro·miss·los**^{RR} adj ❶ (*zu keinem Kompromiss bereit*) uncompromising ❷ (*uneingeschränkt*) unqualified **Kom·pro·miss·lö·sung**^{RR} f compromise **Kom·pro·miss·vor·schlag**^{RR} m compromise proposal [or suggestion]

kom·pro·mit·tie·ren* [kɔmprɔmɪˈtiːrən] vt ■ jdn ~ to compromise sb; **sich ~** to compromise oneself

Kon·den·sa·tor <-s, -toren> [kɔndɛnˈzaːtoːɐ̯, pl -ˈtoːrən] m condenser; ELEK a. capacitor

kon·den·sie·ren* [kɔndɛnˈziːrən] vi, vt sein o haben to condense

Kon·dens·milch f condensed milk **Kon·dens·strei·fen** m condensation trail **Kon·dens·was·ser** nt kein pl condensation

Kon·di·ti·on <-, -en> [kɔndiˈtsi̯oːn] f ❶ (*Leistungsfähigkeit*) [physical] fitness; [keine] **~ haben** to [not] be fit ❷ pl (*Bedingungen*) conditions

Kon·di·ti·o·nal·satz [kɔnditsi̯oˈnaːl-] m conditional clause

Kon·di·ti·ons·trai·ning nt fitness training no pl

Kon·di·tor(in) <-s, -toren> [kɔnˈdiːtoːɐ̯, kɔndiˈtoːrɪn, pl -ˈtoːrən] m(f) confectioner

Kon·di·to·rei <-, -en> [kɔnditoˈraɪ] f confectioner's

Kon·di·to·rin <-, -nen> f fem form von **Konditor**

Kon·do·lenz <-, -en> [kɔndoˈlɛnts] f condolence

Kon·do·lenz·schrei·ben nt letter of condolence

kon·do·lie·ren* [kɔndoˈliːrən] vi (geh) ■ [jdm] ~ to pay one's condolences [to sb]

Kon·dom <-s, -e> [kɔnˈdoːm] m o nt condom

Kon·dor <-s, -e> [ˈkɔndoːɐ̯] m condor

Kon·fekt <-[e]s, -e> [kɔnˈfɛkt] nt confectionery

Kon·fek·ti·on <-, selten -en> [kɔnfɛkˈtsi̯oːn] f ready-made clothing no pl

Kon·fek·ti·ons·grö·ße f size

Kon·fe·renz <-, -en> [kɔnfeˈrɛnts] f ❶ (*Besprechung*) conference; **eine ~ anberaumen** to arrange a meeting ❷ (*Komitee*) committee

Kon·fe·renz·saal m conference hall **Kon·fe·renz·schal·tung** f conference circuit

kon·fe·rie·ren* [kɔnfeˈriːrən] vi (geh) ■ **mit jdm ~** to confer with sb (**über** about)

Kon·fes·si·on <-, -en> [kɔnfɛˈsi̯oːn] f denomination

kon·fes·si·o·nell [kɔnfɛsi̯oˈnɛl] I. adj denominational II. adv denominationally

kon·fes·si·ons·los adj ■ **~ sein** not belonging to any denomination

Kon·fet·ti <-s> [kɔnˈfɛti] nt kein pl confetti

Kon·fi·gu·ra·ti·on [kɔnfigurat si̯oːn] f IN-FORM configuration

kon·fi·gu·rie·ren* [kɔnfiguˈriːrən] vt INFORM to configure

Kon·fir·mand(in) <-en, -en> [kɔnfɪrˈmant, pl -ˈmandn̩] m(f) confirmand

Kon·fir·ma·ti·on <-, -en> [kɔnfɪrmaˈtsi̯oːn] f confirmation

kon·fir·mie·ren* [kɔnfɪrˈmiːrən] vt to confirm

kon·fis·zie·ren* [kɔnfɪsˈtsiːrən] vt to confiscate

Kon·fi·tü·re <-, -n> [kɔnfiˈtyːrə] f preserve

Kon·flikt <-s, -e> [kɔnˈflɪkt] m conflict; **mit dem Gesetz in ~ geraten** to clash with the law

Kon·flikt·herd m area of conflict **Kon·flikt·**

lö·sung *f* POL solution to a/the conflict **Kon·flikt·lot·se, -lot·sin** *m, f* SCH peer mediator *(school pupils trained to mediate in cases of conflict amongst their peers)* **Kon·flikt·stoff** *m* cause of conflict

Kon·fö·de·ra·ti·on <-, -en> [kɔnføde-ra'tsi̯oːn] *f* confederation

kon·form [kɔn'fɔrm] *adj* concurrent; **mit jdm** [**in etw** *dat*] **~ gehen** to agree with sb [on sth]

kon·for·mis·tisch *adj (pej geh)* conformist

Kon·fron·ta·ti·on <-, -en> [kɔnfrɔn-ta'tsi̯oːn] *f* confrontation

Kon·fron·ta·ti·ons·kurs *m* confrontational course; **auf ~** [**mit jdm**] **gehen** to adopt a confrontational course [towards sb]

kon·fron·ta·tiv [kɔnfrɔnta'tiːf] *adj* confrontational

kon·fron·tie·ren* [kɔnfrɔn'tiːrən] *vt* to confront

kon·fus [kɔn'fuːs] **I.** *adj* confused **II.** *adv* confusedly; **~ klingen** to sound confused

Kon·fu·si·on <-, -en> [kɔnfu'zi̯oːn] *f* ① *(geh: Verwirrung)* confusion ② JUR confusion of rights

Kon·gress^{RR} <-es, -e> *m,* **Kon·greß**^{ALT} <-sses, -sse> [kɔn'grɛs] *m* ① *(Fachtagung)* congress ② *(Parlament der USA)* **der ~** Congress *no art*

Kon·gress·hal·le^{RR} *f* conference hall

kon·gru·ent [kɔngru'ɛnt] *adj* congruent

Kö·nig <-s, -e> ['køːnɪç] *m* king

Kö·ni·gin <-, -nen> ['køːnɪgɪn] *f fem form von* König queen

kö·nig·lich ['køːnɪklɪç] **I.** *adj* ① *(dem König gehörend)* royal ② *(großzügig)* handsome **II.** *adv* ① *(fam: köstlich)* **sich ~ amüsieren** to have a whale of a time ② *(großzügig)* handsomely

Kö·nig·reich ['køːnɪkraiç] *nt* kingdom; **das Vereinigte ~** the United Kingdom

kö·nigs·treu *adj* loyal to the king *pred*

Kö·nigs·tum <-, -tümer> ['køːnɪçtuːm] *nt* ① *kein pl (Monarchie) s.* **Königreich** ② *(veraltend) s.* **Königreich**

Kon·ju·ga·ti·on <-, -en> [kɔnjuga'tsi̯oːn] *f* conjugation

kon·ju·gie·ren* [kɔnju'giːrən] *vt* to conjugate

Kon·junk·ti·on <-, -en> [kɔnjʊŋk'tsi̯oːn] *f* conjunction

Kon·junk·tiv <-s, -e> ['kɔnjʊŋktiːf] *m* subjunctive

Kon·junk·tur <-, -en> [kɔnjʊŋk'tuːɐ] *f* state of the economy; **steigende/rückläufige ~** [economic] boom/slump

Kon·junk·tur·be·le·bung *f kein pl* economic upturn **Kon·junk·tur·ein·bruch** *m* [economic] slump

kon·junk·tu·rell [kɔnjʊŋktu'rɛl] *adj* economic

Kon·junk·tur·in·dex *m* economic index **Kon·junk·tur·la·ge** *f* state of the economy **Kon·junk·tur·po·li·tik** *f* economic policy **Kon·junk·tur·sprit·ze** *f* ① ÖKON pump priming ② *(fam)* boost to the economy **Kon·junk·tur·tief** *nt* trough

kon·kav [kɔn'kaːf] **I.** *adj* concave **II.** *adv* concavely

Kon·kor·danz <-, -en> [kɔnkɔr'dants] *f* concordance

kon·kret [kɔn'kreːt] **I.** *adj* concrete **II.** *adv* specifically; **das kann ich Ihnen noch nicht ~ sagen** I can't tell you for definite yet

kon·kre·ti·sie·ren* [kɔnkreti'ziːrən] *vt (geh)* **etw ~** to clearly define sth

Kon·ku·bi·ne <-, -n> [kɔnku'biːnə] *f (geh)* concubine

Kon·kur·rent(in) <-en, -en> [kɔnkʊ'rɛnt] *m(f)* competitor

Kon·kur·renz <-, -en> [kɔnkʊ'rɛnts] *f* ① *(~ unternehmen)* competitor; **mit jdm in ~ stehen** to be in competition with sb ② *kein pl (Konkurrenten)* competition; **keine ~** [**für jdn**] **sein** to be no competition [for sb] ③ *kein pl (Wettbewerb)* competition; **außer ~** unofficially

Kon·kur·renz·druck *m* pressure of competition **kon·kur·renz·fä·hig** *adj* competitive **Kon·kur·renz·kampf** *m* competition; *(zwischen Menschen)* rivalry **kon·kur·renz·los** **I.** *adj* **~ sein** to have no competition **II.** *adv* incomparably; **mit unseren Preisen sind wir ~ billig** nobody can match our cheap prices

kon·kur·rie·ren* [kɔnkʊ'riːrən] *vi* to compete

Kon·kurs <-es, -e> [kɔn'kʊrs] *m* ① *(Zahlungsunfähigkeit)* bankruptcy; **~ machen** *(fam)* to go bankrupt ② *(Verfahren)* bankruptcy proceedings *pl;* **~ anmelden** to declare oneself bankrupt

Kon·kurs·mas·se *f* bankrupt's estate **Kon·kurs·ver·fah·ren** *nt* bankruptcy proceedings *pl*

kön·nen ['kœnən] **I.** *vt* <konnte, gekonnt> ① *(beherrschen)* **etw ~** to know sth; **eine Sprache ~** to speak a language ② *(verantwortlich sein)* **etwas für etw** *akk* **~** to be able to do something about sth/it; **nichts für etw** *akk* **~** to be unable to do anything about sth/it ③ ▶ **du kannst mich** [**mal**] *(euph sl)* get lost! *fam,* kiss my ass! AM **II.** *vi* <konnte, gekonnt> to be able; **nicht mehr ~** *(erschöpft sein)* to not be able to go on; *(überfordert sein)* to have had enough; *(satt sein)* to be

Können–konsumieren

full [up]; **noch ~** (*weitermachen ~*) to be able to carry on; (*weiteressen ~*) to be able to eat more; **wie konntest du nur!** how could you?! **III.** *modal vb* <konnte, können> ❶ (*vermögen*) ■ **etw tun ~** to be able to do sth ❷ (*dürfen*) **kann ich das Foto sehen?** can/may I see the photo? ❸ (*möglicherweise sein*) **solche Dinge können eben manchmal passieren** these things [can] happen sometimes; **[ja,] kann sein** [yes,] that's possible; **könnte es nicht sein, dass ...?** could it not be that ...?

Kön·nen <-s> ['kœnən] *nt kein pl* ability

Könn·er(in) <-s, -> *m(f)* skilled person; **ein ~ sein** to be skilled

konn·te ['kɔntə] *imp von* **können**

Kon·se·ku·tiv·dol·met·schen *nt kein pl* consecutive interpreting *no pl* **Kon·se·ku·tiv·satz** *m* consecutive clause

Kon·sens <-es, -e> [kɔn'zɛns] *m* (*geh*) consensus *no pl*; **einen ~ [in etw** *dat*] **erreichen** to reach a consensus [on sth]

Kon·sens·ge·spräch *nt* discussion leading to a consensus

kon·se·quent [kɔnze'kvɛnt] **I.** *adj* ❶ (*folgerichtig*) consistent; ■ **~ sein** to be consistent (**bei/in** *in*) ❷ (*unbeirrbar*) resolute **II.** *adv* ❶ (*folgerichtig*) consistently ❷ (*entschlossen*) resolutely

Kon·se·quenz <-, -en> [kɔnze'kvɛnts] *f* ❶ (*Folge*) consequence; **~en [für jdn] haben** to have consequences [for sb]; **die ~en tragen** to take the consequences; [**aus etw** *dat*] **die ~en ziehen** to take the necessary action [as a result of sth] ❷ *kein pl* (*Folgerichtigkeit*) consistency ❸ *kein pl* (*Unbeirrbarkeit*) resoluteness

kon·ser·va·tiv ['kɔnzɛrvatiːf] **I.** *adj* conservative **II.** *adv* **~ wählen** to vote Conservative; **~ eingestellt sein** to have a conservative attitude

Kon·ser·ve <-, -n> [kɔn'zɛrvə] *f* preserved food *no pl*

Kon·ser·ven·büch·se [kɔn'zɛrvən-] *f*, **Kon·ser·ven·do·se** *f* tin BRIT, can AM

kon·ser·vie·ren* [kɔnzɛr'viːrən] *vt* to preserve

Kon·ser·vie·rung <-, -en> [kɔnzɛr'viːrʊŋ] *f* ❶ (*das Konservieren*) preserving *no pl* ❷ (*die Erhaltung*) preservation *no pl*

Kon·ser·vie·rungs·mit·tel *nt* preservative

Kon·sis·tenz <-> [kɔnzɪs'tɛnts] *f kein pl* (*geh*) consistency

Kon·so·le <-, -n> [kɔn'zoːlə] *f* ❶ (*Bord*) shelf ❷ (*Vorsprung, Bediener~*) console

Kon·so·nant <-en, -en> [kɔnzo'nant] *m* consonant

Kon·sor·te <-, -n> [kɔn'zɔrtə] *f* (*pej fam*) ... **und ~n** ... and co.

Kon·sor·ti·um <-s, -ien> [kɔn'zɔrtsiʊm, *pl* -tsiən] *nt* consortium

kon·spi·ra·tiv [kɔnspira'tiːf] *adj* (*geh*) conspiratorial

kon·stant [kɔn'stant] **I.** *adj* constant **II.** *adv* constantly

Kon·stan·te <-[n], -n> [kɔn'stantə] *f* constant

kon·sta·tie·ren* [kɔnsta'tiːrən] *vt* (*geh*) to establish

Kon·stel·la·ti·on <-, -en> [kɔnstɛla'tsi̯oːn] *f* constellation

kon·ster·nie·ren* [kɔnstɛr'niːrən] *vt* (*geh*) to consternate

kon·sti·tu·ie·ren* [kɔnstitu'iːrən] **I.** *vt* (*geh: gründen*) to constitute **II.** *vr* (*geh*) ■ **sich ~** to be set up; ■ **sich als etw** *akk* **~** to form sth

Kon·sti·tu·ti·on <-, -en> [kɔnstitu'tsi̯oːn] *f* constitution

kon·sti·tu·ti·o·nell [kɔnstitutsi̯o'nɛl] *adj* constitutional; **~e Monarchie** constitutional monarchy

kon·stru·ie·ren* [kɔnstru'iːrən] *vt* ❶ (*aufbauen*) to construct ❷ (*planerisch erstellen*) to design ❸ (*zeichnen*) to draw ❹ (*pej geh: gezwungener Gedankenaufbau*) to fabricate

Kon·struk·teur(in) <-s, -e> [kɔnstrʊk'tøːɐ̯] *m(f)* designer

Kon·struk·ti·on <-, -en> [kɔnstrʊk'tsi̯oːn] *f* ❶ (*planerische Erstellung*) design ❷ (*Aufbau*) construction

Kon·struk·ti·ons·feh·ler *m* ❶ (*Fehler im Entwurf*) design fault ❷ (*herstellungsbedingter Fehler*) construction fault

kon·struk·tiv [kɔnstrʊk'tiːf] **I.** *adj* ❶ (*geh: förderlich*) constructive ❷ (*entwurfsbedingt*) design **II.** *adv* constructively

Kon·sul, Kon·su·lin <-s, -n> ['kɔnzʊl, kɔn'zuːlɪn] *m, f* consul

Kon·su·lat <-[e]s, -e> [kɔnzu'laːt] *nt* ❶ (*Amt des Konsuls*) consulate ❷ (*Amtszeit eines Konsuls*) consulship

Kon·su·lin <-, -nen> *f fem form von* **Konsul**

kon·sul·tie·ren* [kɔnzʊl'tiːrən] *vt* (*geh*) ❶ (*um Rat fragen*) ■ **jdn ~** to consult sb (**wegen** about) ❷ (*hinzuziehen*) ■ **etw ~** to consult sth

Kon·sum <-s> [kɔn'zuːm] *m kein pl* consumption

Kon·su·ment(in) <-en, -en> [kɔnzu'mɛnt] *m(f)* consumer

kon·sum·geil *adj* (*sl: dem Kaufrausch verfallen*) in shopping fever *pred* **Kon·sum·ge·sell·schaft** *f* consumer society **Kon·sum·gü·ter** *pl* consumer goods

kon·su·mie·ren* [kɔnzu'miːrən] *vt* to consume

Kon·su·mis·mus <-> [kɔnzu'mɪsmʊs] *m kein pl* SOZIOL consumerism
kon·sum·ori·en·tiert *adj* consumer-orientated **Kon·sum·ver·hal·ten** *nt* consumer behaviour *no pl, no indef art*
Kon·takt <-[e]s, -e> [kɔn'takt] *m* ❶ (*Verbindung*) contact; **sexuelle ~e** sexual contact; [**mit jdm] in ~ bleiben** to stay in contact with sb; **keinen ~ mehr [zu jdm] haben** to have lost contact [with sb]; **mit jdm in ~ kommen** to come into contact with sb; **mit jdm ~ aufnehmen** to get in contact with sb; **den ~ [zu jdm] herstellen** to establish contact [with sb]; [**mit jdm] in ~ stehen** to be in contact [with sb]; **den ~ mit jdm suchen** to attempt to establish contact with sb ❷ (*Berührung*) a. ELEK contact
Kon·takt·ad·res·se *f* contact address **Kon·takt·an·zei·ge** *f* lonely hearts advertisement BRIT, personal [ad] AM **kon·takt·arm** *adj* ■ **~ sein** to have little contact with other people **Kon·takt·auf·nah·me** *f* establishing contact **Kon·takt·bild·schirm** *m* touch screen **kon·takt·freu·dig** *adj* ■ **~ sein** to be sociable **Kon·takt·lin·se** *f* contact lens **Kon·takt·mann** *m* contact [person] **Kon·takt·per·son** *f* contact [person]
Kon·ta·mi·na·ti·on <-, -en> [kɔntamina'tsi̯oːn] *f* contamination *no pl*
kon·ta·mi·nie·ren* [kɔntami'niːrən] *vt* to contaminate
kon·tem·pla·tiv [kɔntɛmpla'tiːf] *adj* (*geh*) contemplative
Kon·ten ['kɔntn̩] *pl von* Konto
Kon·ter <-s, -> ['kɔntɐ] *m* SPORT counter[attack]
Kon·ter·fei <-s, -s *o* -e> ['kɔntɐˈfaj] *nt* (*hum*) picture
kon·tern ['kɔntɐn] *vt, vi* to counter
Kon·ter·re·vo·lu·ti·on [kɔntɐrevolutsi̯oːn] *f* counter-revolution
Kon·text <-[e]s, -e> ['kɔntɛkst] *m* context
Kon·ti·nent <-[e]s, -e> ['kɔntinɛnt] *m* continent
kon·ti·nen·tal [kɔntinɛn'taːl] *adj* continental
Kon·tin·gent <-[e]s, -e> [kɔntɪŋ'gɛnt] *nt* ❶ (*Truppen~*) contingent ❷ (*Teil einer Menge*) quota
kon·ti·nu·ier·lich [kɔntinu'iːɐ̯lɪç] **I.** *adj* (*geh*) continuous **II.** *adv* (*geh*) continuously
Kon·ti·nu·i·tät <-> [kɔntinui'tɛt] *f kein pl* (*geh*) continuity *no pl*
Kon·to <-s, Konten *o* Konti> ['kɔnto, pl 'kɔntn̩, 'kɔnti] *nt* account; **auf jds ~ gehen** (*fam: etw zu verantworten haben*) to be sb's fault; (*für etw aufkommen*) to be on sb; **auf jds ~** into sb's account
Kon·to·aus·zug *m* bank statement **Kon·to·füh·rung** *f* account management *no pl* **Kon·to·in·ha·ber(in)** *m(f)* account holder **Kon·to·num·mer** *f* account number **Kon·to·stand** *m* account balance
kon·tra ['kɔntra] *adv* against
Kon·tra·bass[RR] *m* double bass
Kon·tra·hent(in) <-en, -en> [kɔntra'hɛnt] *m(f)* (*geh*) adversary
kon·tra·hie·ren* [kɔntra'hiːrən] *vi, vr* ■ [**sich**] **~** to contract
Kon·trak·ti·on <-, -en> [kɔntrak'tsi̯oːn] *f* contraction
kon·tra·pro·duk·tiv ['kɔntraprodʊktiːf] *adj* (*geh*) counterproductive
Kon·tra·punkt ['kɔntrapʊŋkt] *m* counterpoint
kon·trär [kɔn'trɛːɐ̯] *adj* (*geh*) contrary
Kon·trast <-[e]s, -e> [kɔn'trast] *m* contrast; **im ~ zu etw** *dat* **stehen** to contrast with sth
kon·tras·tie·ren* [kɔntrs'tiːrən] *vi* (*geh*) to contrast
Kon·trast·pro·gramm *nt* alternative programme **kon·trast·reich** *adj* rich in contrast
Kon·troll·ab·schnitt *m* stub **Kon·trolllam·pe**[ALT] *f s.* Kontrolllampe
Kon·trol·le <-, -n> [kɔn'trɔlə] *f* ❶ (*Überprüfung*) check; **eine ~ durchführen** to conduct an inspection ❷ (*passive Überwachung*) monitoring ❸ (*aktive Überwachung*) supervision; **etw unter ~ bringen** to bring sth under control; **jdn/etw unter ~ haben** (*Gewalt über jdn/etw haben*) to have sb/sth under control; (*jdn/etw überwachen*) to have sb/sth monitored; **die ~ über etw** *akk* **verlieren** to lose control of sth; **die ~ über sich verlieren** to lose control of oneself ❹ (*Kontrollstelle*) checkpoint
Kon·trol·leur(in) <-s, -e> [kɔntrɔ'løːɐ̯] *m(f)* inspector
Kon·troll·funk·ti·on *f* supervisory function
kon·trol·lier·bar *adj* ❶ (*beherrschbar*) controllable ❷ (*überprüfbar*) verifiable
kon·trol·lie·ren* [kɔntrɔ'liːrən] *vt* ❶ (*überprüfen*) to check; ■ **etw auf etw** *akk* **~** to check sth for sth; **haben Sie Ihre Wertsachen auf Vollständigkeit kontrolliert?** have you checked your valuables to make sure they're all there? ❷ (*überwachen*) to monitor; ■ **jdn/etw ~** to check sb/sth ❸ (*beherrschen*) to control
Kon·troll·lam·pe[RR] *f* indicator light **Kon·troll·turm** *m* control tower
kon·tro·vers [kɔntro'vɛrs] **I.** *adj* (*geh*) ❶ (*gegensätzlich*) conflicting ❷ (*umstritten*) controversial **II.** *adv* (*geh*) in an argumentative manner *pred*
Kon·tro·ver·se <-, -n> [kɔntro'vɛrzə] *f*

(geh) conflict
Kon·tur <-, -en> [kɔn'tuːɐ̯] f meist pl contour; ~ **gewinnen** to take shape; **an ~ verlieren** to become less clear
Kon·ven·ti·on <-, -en> [kɔnvɛn'tsi̯oːn] f convention
Kon·ven·ti·o·nal·stra·fe f fixed penalty
konventionell [kɔnvɛntsi̯o'nɛl] **I.** adj conventional **II.** adv conventionally
Kon·ver·genz <-, -en> [kɔnvɛr'gɛnts] f convergence
Kon·ver·genz·kri·te·ri·um nt convergence criterion **Kon·ver·genz·pha·se** f EU, POL phase of convergence **Kon·ver·genz·po·li·tik** f kein pl EU, POL convergence policy **Kon·ver·genz·pro·gramm** nt EU, POL convergence programme
Kon·ver·sa·ti·on <-, -en> [kɔnvɛrza'tsi̯oːn] f conversation; ~ **machen** to make conversation
Kon·ver·si·on <-, -en> [kɔnvɛr'zi̯oːn] f conversion
Kon·ver·si·ons·kur·se pl FIN conversion rates pl
kon·ver·tie·ren* [kɔnvɛr'tiːrən] vi sein o haben to convert (**zu** to)
kon·vex [kɔn'vɛks] **I.** adj convex **II.** adv convexly
Kon·voi <-s, -s> ['kɔnvɔy] m convoy; **im ~ fahren** to travel in convoy
Kon·zen·trat <-[e]s, -e> [kɔntsɛn'traːt] nt concentrate
Kon·zen·tra·ti·on <-, -en> [kɔntsɛntra'tsi̯oːn] f concentration (**auf** on)
Kon·zen·tra·ti·ons·fä·hig·keit f kein pl ability to concentrate **Kon·zen·tra·ti·ons·la·ger** nt concentration camp **Kon·zen·tra·ti·ons·schwä·che** f loss of concentration no pl **Kon·zen·tra·ti·ons·stö·rung** f weak concentration
kon·zen·trie·ren* [kɔntsɛn'triːrən] **I.** vr ■sich ~ to concentrate (**auf** on) **II.** vt (bündeln) to concentrate
kon·zen·triert I. adj concentrated **II.** adv in a concentrated manner
kon·zen·trisch [kɔn'tsɛntrɪʃ] **I.** adj concentric **II.** adv concentrically
Kon·zept <-[e]s, -e> [kɔn'tsɛpt] nt ❶ (Entwurf) draft; **als ~** in draft [form] ❷ (Plan) plan; **jdn aus dem ~ bringen** to put sb off; **aus dem ~ geraten** to lose one's train of thought; **jdm nicht ins ~ passen** to not fit in with sb's plans; **jdm das ~ verderben** (fam) to foil sb's plan
Kon·zep·ti·on <-, -en> [kɔntsɛp'tsi̯oːn] f (geh) concept
Kon·zept·pa·pier nt draft paper
Kon·zern <-s, -e> [kɔn'tsɛrn] m group

Kon·zert <-[e]s, -e> [kɔn'tsɛrt] nt MUS ❶ (Komposition) concerto ❷ (musikalische Aufführung) concert
Kon·zert·flü·gel m concert grand **Kon·zert·saal** m concert hall
Kon·zes·si·on <-, -en> [kɔntsɛ'si̯oːn] f concession (**an** to)
Kon·zes·siv·satz [kɔntsɛ'siːf-] m concessive clause
Kon·zil <-s, -e o -ien> [kɔn'tsiːl, pl -li̯ən] nt ❶ (Versammlung höherer Kleriker) [ecclesiastical] council ❷ (Hochschulgremium) council
kon·zi·pie·ren* [kɔntsi'piːrən] vt ■etw ~ to plan sth
Ko·o·pe·ra·ti·on <-, -en> [koʔopera'tsi̯oːn] f cooperation no indef art, no pl
ko·o·pe·ra·tiv [koʔopera'tiːf] adj co-operative
ko·o·pe·rie·ren* [koʔope'riːrən] vi to cooperate
Ko·or·di·na·te <-, -en> [koʔɔrdi'naːtə] f coordinate
Ko·or·di·na·ti·on <-, -en> [koʔɔrdina'tsi̯oːn] f coordination
Ko·or·di·na·tor(in) <-s, -toren> [koʔɔrdi'naːtoɐ̯, koʔɔrdina'toːrɪn, pl] m(f) coordinator
ko·or·di·nie·ren* [koʔɔrdi'niːrən] vt to coordinate
Ko·pen·ha·gen <-s> [koːpn̩'haːgn̩] nt Copenhagen
Kopf <-[e]s, Köpfe> [kɔpf, pl 'kœpfə] m ❶ (Haupt) head; **von ~ bis Fuß** from head to toe; **einen roten ~ bekommen** to go red in the face; **~ runter!** duck!; [**mit dem**] **~ voraus** headfirst, headlong AM, AUS; **jdm brummt der ~** (fam) sb's head is thumping; **den ~ einziehen** to lower one's head ❷ (oberer Teil) head; (Briefkopf) letterhead; **~ oder Zahl?** (bei Münzen) heads or tails? ❸ (Gedanken) head; **etw will jdm nicht aus dem ~** sb can't get sth out of his/her head; **sich** dat **etw durch den ~ gehen lassen** to mull sth over; **nichts als Fußball/Arbeit im ~ haben** to think of nothing but football/work; **will das dir denn nicht in den ~?** can't you get that into your head?; **ich habe den ~ voll genug!** I've got enough on my mind; **sich** dat **[über einer** akk**] den ~ zerbrechen** (fam) to rack one's brains [over sth] ❹ (Verstand, Intellekt) mind; **nicht ganz richtig im ~ sein** (fam) to be not quite right in the head ❺ (Wille) mind; **seinen eigenen ~ haben** (fam) to have a mind of one's own; **seinen ~ durchsetzen** to get one's way; **sich** dat **etw aus dem ~ schlagen** to get sth out of one's head; **sich** dat **in den ~ setzen,**

etw zu tun to get it into one's head to do sth ❻ (*Person*) head; ■**der ~ einer S.** *gen* the person behind sth; **pro ~** per head ▶ [**bei etw**] **~ und Kragen riskieren** (*fam*) to risk life and limb [doing sth]; **den ~ in den Sand stecken** to bury one's head in the sand; **mit dem ~ durch die Wand** [**rennen**] **wollen** (*fam*) to be determined to get one's way; **~ hoch!** [keep your] chin up!; **jdn einen ~ kürzer machen** (*sl*) to chop sb's head off; **nicht auf den ~ gefallen sein** (*fam*) to not have been born yesterday; **etw auf den ~ hauen** (*fam*) to spend all of sth; **etw auf den ~ stellen** (*etw gründlich durchsuchen*) to turn sth upside down; (*etw ins Gegenteil verkehren*) to turn sth on its head; **jdn vor den ~ stoßen** to offend sb

Kopf-an-Kopf-Ren·nen *nt* (a. *fig*) neck-and-neck race **Kopf·ar·beit** *f* brain-work **Kopf·ball** *m* header **Kopf·be·de·ckung** *f* headgear *no indef art, no pl* **Kopf·be·we·gung** *f* movement of the head

Köpf·chen <-s, -> ['kœpfçən] *nt dim von* **Kopf** (*kleiner Kopf*) [little] head ▶ **~ haben** (*fam*) to have brains

köp·fen ['kœpfn̩] **I.** *vt* ❶ (*fam: enthaupten*) to behead ❷ (*die Triebe beschneiden*) to prune **II.** *vi* SPORT to head the ball

Kopf·en·de *nt* head **Kopf·ge·burt** *f* (*pej fam*) unrealistic proposal **Kopf·geld·jä·ger(in)** *m(f)* bounty hunter

kopf·ge·steu·ert *adj* (*pej sl*) ruled by one's head [not one's heart] **Kopf·haar** *nt* hair **Kopf·haut** *f* scalp **Kopf·hö·rer** *m* headphones *pl* **Kopf·kis·sen** *nt* pillow **Kopf·laus** *f* head louse **kopf·los I.** *adj* ❶ (*ganz verwirrt*) confused ❷ (*enthauptet*) headless **II.** *adv* in a bewildered manner **Kopf·mensch** *m* (*fam*) cerebral person **Kopf·ni·cken** *nt kein pl* [of the head] **Kopf·no·te** *f* SCH school grade awarded for good conduct **Kopf·nuss**^{RR} *f* ❶ (*leichter Schlag*) **Kopfnüsse verteilen** to dish out noogies (*to rap sb lightly on the head with ones knuckles*) ❷ (*Denkaufgabe*) brain teaser **Kopf·rech·nen** *nt* mental arithmetic *no pl* **Kopf·sa·lat** *m* lettuce **kopf·scheu** *adj* ▶ **jdn ~ machen** (*fam*) to confuse sb; **~ werden** (*fam*) to get confused

Kopf·schmerz *m meist pl* headache; **jdm ~en machen** (*fam*) to give sb a headache; **~en haben** to have a headache **Kopf·schmerz·ta·blet·te** *f* headache tablet

Kopf·schup·pen *pl* MED dandruff *no pl, no indef art* **Kopf·schüt·teln** *nt kein pl* shake of the head **Kopf·schüt·telnd I.** *adj* shaking his/her, etc. head *pred* **II.** *adv* with a shake of the head **Kopf·schutz** *m* protective headgear **Kopf·sprung** *m* header; **einen ~ machen** to take a header **Kopf·stand** *m* headstand; **einen ~ machen** to do a handstand **Kopf·stein·pflas·ter** *nt* cobblestones *pl* **Kopf·stim·me** *f* head-voice **Kopf·stüt·ze** *f* headrest **Kopf·tuch** *nt* headscarf **kopf·über** [kɔpfʔyːbɐ] *adv* head first **Kopf·weh** *nt s.* **Kopfschmerz Kopf·zei·le** *f* header **Kopf·zer·bre·chen** *nt* ▶ **jdm ~ bereiten** to cause sb quite a headache; **sich** *dat* **über jdn/etw ~ machen** to worry about sb/sth

Ko·pie <-, -n> [koˈpiː, *pl* koˈpiːən] *f* ❶ (*Nachbildung, Durchschrift*) copy ❷ (*Fotokopie*) photocopy

ko·pie·ren* [koˈpiːrən] *vt* ❶ (*foto~*) to photocopy; (*pausen*) to trace ❷ FOTO, FILM (*Abzüge machen*) to print ❸ (*Doppel herstellen*) to copy ❹ (*nachahmen*) to imitate [*or* copy]

Ko·pie·rer <-s, -> *m* (*fam*) *s.* **Kopiergerät Ko·pier·ge·rät** *nt* [photo]copier **Ko·pier·schutz** *m* copy protection *no pl* **Ko·pier·sper·re** *f* anti-copy device

Ko·pi·lot(in) [ˈkoːpilotː] *m(f)* co-pilot

Kop·pel¹ <-s, -o ÖSTERR-, -n> [ˈkɔpl̩] *nt o* ÖSTERR *f* belt

Kop·pel² <-, -n> [ˈkɔpl̩] *f* pasture

kop·peln [ˈkɔpl̩n] *vt* ■**etw an etw** *akk* **~** ❶ (*anschließen*) to connect sth to sth ❷ (*miteinander verbinden*) to couple sth onto sth ❸ (*mit etw verknüpfen*) to make sth dependent on sth

Kop·pe·lung, Kopp·lung <-, -en> *f* connection

Ko·pro·duk·ti·on [ˈkoːprodʊktsi̯oːn] *f* co-production

Ko·pu·la·ti·on <-, -en> [kopulaˈtsi̯oːn] *f* copulation

ko·pu·lie·ren* [kopuˈliːrən] *vi* to copulate **Ko·ral·le** <-, -n> [koˈralə] *f* coral

Ko·ral·len·riff *nt* coral reef

Ko·ran <-s> [koˈraːn] *m kein pl* Koran

Ko·ran·vers *m* REL Koranic verse, sura

Korb <-[e]s, Körbe> [kɔrp, *pl* ˈkœrbə] *m* ❶ (*Behälter aus Geflecht*) a. SPORT basket; **einen ~ erzielen** to score a goal ❷ *kein pl* (*Weidengeflecht*) wicker ❸ (*fam: Abfuhr*) rejection; [**von jdm**] **einen ~ bekommen** (*fam*) to be rejected [by sb]; **jdm einen ~ geben** (*fam*) to turn sb down

Korb·ball *m kein pl* korfball

Körb·chen·grö·ße *f* MODE cup size

Korb·fla·sche *f* demijohn **Korb·mö·bel** *nt* piece of wickerwork furniture

Kord <-[e]s, -e> [kɔrt] *m s.* **Cord**

Kor·del <-, -n> [ˈkɔrdl̩] *f* cord

Kord·ho·se *f* cord trousers *pl* BRIT, corduroy pants *pl* AM

Ko·rea [ko're:a] *nt* Korea; *s. a.* **Deutschland**
Ko·re·a·ner(in) [kore'a:nɐ] *m(f)* Korean; *s. a.* **Deutsche(r)**
ko·re·a·nisch [kore'a:nɪʃ] *adj* Korean; *s. a.* **deutsch**
Ko·ri·an·der <-s, -> [ko'rjandɐ] *m* coriander *no pl*
Ko·rin·the <-, -n> [ko'rɪntə] *f* currant
Ko·rin·then·ka·cker(in) <-s, -> *m(f)* (*pej fam*) nitpicker
Kork <-[e]s, -e> [kɔrk] *m* cork
Kork·ei·che *f* cork-oak
Kor·ken <-s, -> ['kɔrkn̩] *m* cork
Kor·ken·zie·her <-s, -> *m* corkscrew
Korn¹ <-[e]s, Körner *o* -e> [kɔrn, *pl* 'kœrnɐ] *nt* ① (*Samen~*) grain ② (*hartes Teilchen*) grain ③ (*Getreide*) corn *no pl*, grain *no pl* ④ *kein pl* FOTO (*Feinstruktur*) grain
Korn² <-[e]s, - *o* -s> [kɔrn] *m* (*Kornbranntwein*) schnapps
Korn³ <-[e]s, -e> [kɔrn] *nt* etw aufs ~ **nehmen** to hit out at sth; jdn aufs ~ **nehmen** to have it in for sb
Korn·blu·me *f* cornflower
Körn·chen <-s, -> ['kœrnçən] *nt dim von* **Korn¹** grain; **ein ~ Wahrheit** a grain of truth
Korn·feld ['kɔrnfɛlt] *nt* cornfield
kör·nig ['kœrnɪç] *adj* ① (*aus Körnchen bestehend*) granular ② (*nicht weich*) grainy ③ (*eine raue Oberfläche betreffend*) granular
Korn·kam·mer *f* (*geh*) granary **Korn·kreis** *m* crop circle
Kör·per <-s, -> ['kœrpɐ] *m* body; **am ganzen ~** all over
Kör·per·bau *m kein pl* physique **Kör·per·be·herr·schung** *f kein pl* body control **kör·per·be·hin·dert** *adj* physically disabled [*or* handicapped] **Kör·per·be·hin·der·te(r)** *f(m) dekl wie adj* physically disabled person **kör·per·be·tont** *adj* clinging **kör·per·ei·gen** *adj attr* endogenic **Kör·per·fül·le** *f* corpulence **Kör·per·ge·ruch** *m* body odour **Kör·per·ge·wicht** *nt* weight **Kör·per·grö·ße** *f* size **Kör·per·hal·tung** *f* posture **Kör·per·kon·takt** *m* body contact **kör·per·lich** *I. adj* ① (*den Leib betreffend*) physical ② (*geh: stofflich*) material *II. adv* physically; **~ arbeiten** to do physical work **Kör·per·lo·ti·on** *f* body lotion **Kör·per·pfle·ge** *f* personal hygiene
Kör·per·schaft <-, -en> *f* corporation **Kör·per·schafts·steu·er** *f* corporation tax
Kör·per·spra·che *f* body language **Kör·per·teil** *m* part of the body **Kör·per·ver·let·zung** *f* bodily harm *no indef art*, *no pl*; **fahrlässige ~** bodily injury caused by negligence; **schwere ~** grievous bodily harm
Korps <-, -> [ko:ɐ̯] *nt* corps

kor·pu·lent [kɔrpu'lɛnt] *adj* (*geh*) corpulent
Kor·pu·lenz <-> [kɔrpu'lɛnts] *f kein pl* (*geh*) corpulence
kor·rekt [kɔ'rɛkt] *I. adj* correct *II. adv* correctly
kor·rek·ter·wei·se *adv* properly speaking
Kor·rekt·heit <-> *f kein pl* correctness
Kor·rek·tor, -to·rin <-s, -toren> [kɔ'rɛkto:ɐ̯, -'to:rɪn, *pl* -'to:rən] *m, f* ① (*Korrektur lesen*) proof-reader ② (*korrigierender Prüfer*) marker
Kor·rek·tur <-, -en> [kɔrɛk'tu:ɐ̯] *f* ① (*das Korrigieren*) correction; [etw] **~ lesen** to proof-read [sth] ② (*Veränderung*) adjustment
Kor·rek·tur·tas·te *f* correction key **Kor·rek·tur·zei·chen** *nt* proof-readers' mark
Kor·res·pon·dent(in) <-en, -en> [kɔrɛspɔn'dɛnt] *m(f)* correspondent
Kor·res·pon·denz <-, -en> [kɔrɛspɔn'dɛnts] *f* correspondence *no pl*
kor·res·pon·die·ren* *vi* ① (*in Briefwechsel stehen*) to correspond (**mit** with) ② (*geh: entsprechen*) ■ **mit etw** *dat* ~ to correspond to sth
Kor·ri·dor <-s, -e> ['kɔrido:ɐ̯] *m* corridor
kor·ri·gier·bar *adj* correctable
kor·ri·gie·ren* [kɔri'gi:rən] *vt* ① (*berichtigen*) to correct; *Klassenarbeit, Aufsatz* to mark; *Manuskript* to proofread ② (*verändern*) to alter
kor·rupt [kɔ'rʊpt] *adj* corrupt
Kor·rup·ti·on <-, -en> [kɔrʊp'tsjo:n] *f* corruption
Kor·se, Kor·sin <-n, -n> ['kɔrzə, 'kɔrzɪn] *m, f* Corsican; *s. a.* **Deutsche(r)**
Kor·sett <-s, -s *o* -e> [kɔr'zɛt] *nt* corset
Kor·si·ka <-s> ['kɔrzika] *nt kein pl* Corsica
Kor·sin <-, -nen> *f fem form von* **Korse**
kor·sisch ['kɔrzɪʃ] *adj* Corsican; *s. a.* **deutsch**
Kor·vet·te <-, -n> [kɔr'vɛta] *f* corvette
Ko·ry·phäe <-, -n> [kory'fɛ:a] *f* (*geh*) leading authority
Ko·sak(in) <-en, -en> [ko'zak] *m(f)* Cossack
ko·scher ['ko:ʃɐ] *I. adj* kosher ▸ **nicht [ganz] ~ sein** to be not [quite] on the level *II. adv* according to kosher requirements
Ko·se·na·me *m* pet name **Ko·se·wort** *nt* term of endearment
Ko·si·nus <-, -u *o* -se> ['ko:zinʊs] *m* cosine
Kos·me·tik <-> [kɔs'me:tɪk] *f kein pl* cosmetics *pl*
Kos·me·ti·ker(in) <-s, -> [kɔs'me:tikɐ] *m(f)* beautician
kos·me·tisch [kɔs'me:tɪʃ] *I. adj* cosmetic *II. adv* cosmetically
kos·misch ['kɔsmɪʃ] *adj* cosmic
Kos·mo·naut(in) <-en, -en> [kɔsmo'naʊt]

m(f) cosmonaut

Kos·mo·po·lit(in) <-en, -en> [kɔsmopo'liːt] *m(f)* (*geh*) cosmopolitan

Kos·mos <-> ['kɔsmɔs] *m kein pl* ■ **der ~** the cosmos

Ko·so·vo <-s> ['kɔsɔvɔ] *m* ■ (**der**) **~** Kosovo

Kost <-> [kɔst] *f kein pl* food; [**freie**] **~ und Logis** [free] board and lodging; **geistige ~** intellectual fare

kost·bar ['kɔstbaːɐ̯] *adj* ❶ (*wertvoll*) valuable ❷ (*unentbehrlich*) precious

Kost·bar·keit <-, -en> *f* ❶ (*wertvoller Gegenstand*) precious object ❷ (*Erlesenheit*) preciousness

kos·ten¹ ['kɔstn] **I.** *vt* ❶ (*als Preis haben*) to cost ❷ (*als Preis erfordern*) **sich** *dat* **etw ~ lassen** (*fam*) to be prepared to spend a lot on sth ❸ (*erfordern*) ■ **jdn etw ~** to take [up] sb's sth; **das kann uns viel Zeit ~** it could take us a [good] while ❹ (*rauben*) ■ **jdn etw ~** to cost sb sth ▶ **koste es, was es wolle** whatever the cost **II.** *vi* to cost

kos·ten² ['kɔstn] **I.** *vt* (*geh: probieren*) to taste **II.** *vi* (*geh*) ■ **von etw ~** to have a taste [of sth]

Kos·ten ['kɔstn] *pl* costs *pl*, expenses *pl*; **~ sparend** *adjektivisch* economical; *adverbial* economically; **auf seine ~ kommen** to get one's money's worth; **die ~ tragen** to bear the costs; **auf ~ von jdm/etw** *dat* at the expense of sb/sth

Kos·ten·be·tei·li·gung *f* cost sharing *no pl* **kos·ten·de·ckend I.** *adj* cost-effective **II.** *adv* cost-effectively **Kos·ten·er·spar·nis** *f* FIN, ÖKON cost saving **Kos·ten·er·stat·tung** *f* reimbursement of expenses **Kos·ten·fra·ge** *f* question of cost **kos·ten·güns·tig** *adj* economical **kos·ten·in·ten·siv** *adj* cost-intensive **kos·ten·los I.** *adj* ■ **~ sein** to be free [of charge] **II.** *adv* free [of charge] **Kos·ten·vor·an·schlag** *m* quotation; **sich** *dat* **einen ~ machen lassen** to get an estimate **Kost·geld** *nt* board

köst·lich ['kœstlɪç] **I.** *adj* ❶ (*herrlich*) delicious ❷ (*fam: amüsant*) priceless **II.** *adv* ❶ (*herrlich*) delicious ❷ (*in amüsanter Weise*) **sich ~ amüsieren** to have a wonderful time

Kost·pro·be *f* ❶ (*etwas zum Probieren*) taste ❷ (*Vorgeschmack, Beispiel*) sample; **eine ~ seines Könnens** a sample of his skill

kost·spie·lig *adj* expensive

Kos·tüm <-s, -e> [kɔs'tyːm] *nt* ❶ MODE suit ❷ HIST, THEAT costume

Kos·tüm·ball *m* fancy-dress ball

kos·tü·mie·ren* [kɔsty'miːrən] *vt* ■ **sich [als etw** *akk*] **~** to dress up [as sth]

Kot <-[e]s> [koːt] *m kein pl* (*geh*) excrement

Ko·te·lett <-s, -s *o selten* -e> [kɔt'lɛt] *nt* chop

Ko·te·let·ten [kɔtə'lɛtn] *pl* sideburns *npl*

Kö·ter <-s, -> ['køːtɐ] *m* (*pej*) mutt

Kot·flü·gel *m* wing

Kotz·bro·cken *m* (*pej sl*) slimy git BRIT, slimeball AM

Kot·ze <-> ['kɔtsə] *f kein pl* (*vulg*) puke *sl*

kot·zen ['kɔtsn] *vi* (*vulg*) to puke; **das ist zum K~** (*sl*) it makes you sick

kotz·übel ['kɔts'ʔyːbl] *adj* (*fam*) ■ **jdm ~ ist/wird** sb feels like they're going to puke *sl*

KP <-, -s> [kaː'peː] *f Abk von* **Kommunistische Partei** Communist Party

Krab·be <-, -n> ['krabə] *f* ❶ ZOOL (*Taschenkrebs*) crab ❷ KOCHK (*Garnele*) prawn

krab·beln ['krabln] *vi, vt sein* to crawl

Krach <-[e]s, Kräche *o* -s> [krax, *pl* 'krɛçə] *m* ❶ *kein pl* (*Lärm*) noise ❷ (*lauter Schlag*) bang ❸ (*Streit*) quarrel; **~ [mit jdm] haben** (*fam*) to have a row [with sb] ▶ **~ schlagen** (*fam*) to make a fuss

kra·chen ['kraxn] **I.** *vi* ❶ *haben* (*laut hallen*) to crash; *Ast* to creak; *Schuss* to ring out ❷ *sein* (*fam: prallen*) to crash **II.** *vi impers haben* ❶ (*ein Krachen verursachen*) ■ **es kracht** there is a crashing noise ❷ (*fam: Unfall verursachen*) **auf der Kreuzung hat es gekracht** there's been a crash on the intersection ▶ **dass es nur so kracht** with a vengeance; **sonst kracht's!** or/and there'll be trouble **III.** *vr* (*fam*) to have a row [*or* AM an argument]

kräch·zen ['krɛçtsn] *vi, vt* ❶ ORN to caw ❷ (*fam: heiser sprechen*) to croak

kraft [kraft] *präp +gen* (*geh*) ■ **~ einer S.** *gen* by virtue of sth

Kraft <-, Kräfte> [kraft, *pl* 'krɛftə] *f* ❶ ([*körperliche*] *Stärke*) strength; **wieder zu Kräften kommen** to regain one's strength; **über jds Kräfte gehen** to be more than sb can cope with; **seine Kräfte sammeln** to gather one's strength; **die ~ aufbringen, etw zu tun** to find the strength to do sth ❷ (*Geltung*) power; **außer ~ sein** to be no longer in force; **in ~ sein** to be in force; **etw außer ~ setzen** to cancel sth; **in ~ treten** to come into force ❸ (*Potenzial*) strength; **mit aller ~** with all one's strength; **mit letzter ~** with one's last ounce of strength; **die treibende ~** the driving force; **mit vereinten Kräften** with combined efforts; **in jds Kräften stehen** to be within sb's powers ❹ PHYS (*Energie*) power; **aus eigener ~** by oneself; **mit frischer ~** with renewed energy ❺ *meist pl* (*Einfluss ausübende Gruppe*) force

Kraft·akt *m* act of strength **Kraft·an·stren·gung** *f* exertion **Kraft·auf·wand** *m* effort

Kraft·aus·druck *m* swear word
Kräf·te·ver·schleiß *m* loss of energy
Kraft·fah·rer(in) *m(f)* (*geh*) driver
Kraft·fahr·zeug *nt* (*geh*) motor vehicle **Kraft·fahr·zeug·brief** *m s.* Fahrzeugbrief **Kraft·fahr·zeug·me·cha·ni·ker(in)** *m(f)* vehicle mechanic **Kraft·fahr·zeug·pa·pie·re** *pl* (*geh*) vehicle registration papers **Kraft·fahr·zeug·schein** *m s.* Fahrzeugschein **Kraft·fahr·zeug·steu·er** *f* vehicle tax **Kraft·fahr·zeug·ver·si·che·rung** *f* car insurance
Kraft·feld *nt* force field **Kraft·fut·ter** *nt* concentrated feed stuff
kräf·tig ['krɛftɪç] **I.** *adj* ❶ (*physisch stark*) strong ❷ (*wuchtig*) powerful ❸ (*intensiv*) strong ❹ KOCHK (*nahrhaft*) strong ❺ (*ausgeprägt*) strong; *Haarwuchs* healthy **II.** *adv* ❶ (*angestrengt*) vigorously; **etw ~ rühren** to give sth a good stir; **~ niesen** to sneeze violently ❷ METEO (*stark*) heavily ❸ (*deutlich*) substantially ❹ (*sehr*) very; **jdm ~ die Meinung sagen** to strongly express one's opinion
kräf·ti·gen ['krɛftɪɡn̩] *vt* (*geh*) ❶ (*die Gesundheit festigen*) ▪ **jdn/etw ~** to build up sb's/sth's strength; **gekräftigt** invigorated ❷ (*stärken*) to strengthen
kraft·los I. *adj* weak **II.** *adv* feebly
Kraft·lo·sig·keit <-> *f kein pl* weakness
Kraft·pro·be *f* test of strength **Kraft·protz** <-es, -e> *m* (*fam*) muscle man **Kraft·rad** *nt* (*geh*) motorcycle **Kraft·re·ser·ven** *pl* reserves *pl* of strength **Kraft·stoff** *m* (*geh*) fuel **Kraft·trai·ning** *nt* strength training **Kraft·über·tra·gung** *f* power transmission
kraft·voll I. *adj* ❶ (*stark*) strong ❷ (*sonor*) powerful **II.** *adv* forcefully; **~ zubeißen** to take a hearty bite **Kraft·wa·gen** *m* (*geh*) motor vehicle **Kraft·werk** *nt* power station
Kra·gen <-s, - *o* Krägen> ['kraːɡən, 'krɛːɡn̩] *m* MODE collar; **jdn am ~ packen** (*fam*) to take sb by the scruff of his neck ▸ **jdm geht es an den ~** sb is in for it; **etw kostet jdn den ~** sth is sb's downfall; **jdm platzt der ~** sb blows their top
Kra·gen·wei·te *f* MODE collar size ▸ **[genau] jds ~ sein** (*fam*) to be [just] sb's cup of tea
Krä·he <-, -n> ['krɛːə] *f* crow
krä·hen ['krɛːən] *vi* ❶ ORN to crow ❷ (*fam*) to squeal
Krä·hen·fü·ße *pl* crow's feet
Kra·kau·er <-, -> *f* polish garlic sausage
Kra·ke <-n, -n> ['kraːkə] *m* octopus
kra·kee·len* ['kraˈkeːlən] *vi* (*pej fam*) to make a racket
Kra·ke·lei <-, -en> *f* (*pej fam*) scribble
kra·ke·lig ['kraːkəlɪç] **I.** *adj* scrawly **II.** *adv* scrawly
Kral·le <-, -n> ['kralə] *f* ORN, ZOOL claw ▸ **jdn in seine ~n bekommen** to get one's claws into sb; **[jdm] die ~n zeigen** to show [sb] one's claws
kral·len ['kralən] **I.** *vr* ❶ (*sich fest~*) ▪ **sich an jdn/etw ~** to cling onto sb/sth ❷ (*fest zupacken*) ▪ **sich in/um etw** *akk* **~** to cling onto/around sth **II.** *vt* ❶ (*fest bohren*) ▪ **etw in etw** *akk* **~** to dig sth into sth ❷ (*sl: klauen*) ▪ **[sich** *dat*] **etw ~** to pinch sth *fam*
Kram <-[e]s> [kraːm] *m kein pl* (*fam*) ❶ (*Krempel*) junk ❷ (*Angelegenheit*) affairs *pl;* **den ganzen ~ hinschmeißen** to pack the whole thing in; **jdm in den ~ passen** to suit sb fine; **jdm nicht in den ~ passen** to be a real nuisance to sb
kra·men ['kraːmən] **I.** *vi* ❶ (*fam*) ▪ **[in etw** *dat*] **~** to rummage around [in sth] (**nach** for) ❷ SCHWEIZ (*Kleinhandel betreiben*) to hawk **II.** *vt* ▪ **etw aus etw** *dat* **~** to fish sth out of sth
Krampf <-[e]s, Krämpfe> [krampf, *pl* 'krɛmpfə] *m* cramp; **einen ~ bekommen** to get a cramp; **sich in Krämpfen winden** to double up in cramps
Krampf·ader *f* varicose vein
kramp·fen ['krampfn̩] **I.** *vt* ❶ (*geh*) ▪ **etw um etw** *akk* **~** to clench sth around sth ❷ DIAL ▪ **etw ~** to get one's hands on **II.** *vr* (*geh*) ▪ **sich um etw** *akk* **~** to clench sth
krampf·haft I. *adj* ❶ (*angestrengt*) desperate ❷ MED convulsive **II.** *adv* desperately
krampf·lin·dernd, krampf·lö·send *adj* antispasmodic
Kran <-[e]s, Kräne *o* -e> [kraːn, *pl* 'krɛːnə] *m* ❶ TECH crane ❷ DIAL (*Wasserhahn*) tap
Kran·füh·rer(in) *m(f)* crane operator
Kra·nich <-s, -e> ['kraːnɪç] *m* crane
krank <kränker, kränkste> [kraŋk] *adj* ❶ (*nicht gesund*) ill, sick ❷ (*leidend*) ▪ **~ vor etw** *dat* **sein** to be sick with sth ❸ FORST, HORT ▪ **~ sein** to be diseased ▸ **du bist wohl ~!** (*iron*) are you out of your mind?; **jdn [mit etw] ~ machen** to get on sb's nerves [with sth]
Kran·ke(r) *f(m)* sick person
krän·keln ['krɛŋkl̩n] *vi* ❶ (*nicht ganz gesund sein*) to be unwell ❷ ÖKON to be ailing
kran·ken ['kraŋkn̩] *vi* (*pej*) ▪ **an etw** *dat* **~** to suffer from sth
krän·ken ['krɛŋkn̩] *vt* ▪ **jdn ~** to hurt sb's feelings; ▪ **gekränkt sein** to feel hurt; ▪ **es kränkt jdn, dass ...** it hurts sb['s feelings], that ...; ▪ **~d** hurtful
Kran·ken·be·such *m* [patient] visit **Kran·ken·bett** *nt* hospital bed **Kran·ken·geld** *nt* sick pay **Kran·ken·gym·nas·tik** *f*

physiotherapy
Kran·ken·haus *nt* hospital, clinic; **ins ~ kommen/müssen** to go/have to go into hospital; [**mit etw**] **im ~ liegen** to be in hospital [with sth] **kran·ken·haus·reif** *adj* ■ **~ sein** to require hospital treatment; **jdn ■ ~ schlagen** to put sb into hospital
Kran·ken·kas·se *f* health insurance company **Kran·ken·kost** *f kein pl* [special] diet **Kran·ken·pfle·ge** *f* nursing **Kran·ken·pfle·ger(in)** *m(f)* [male] nurse **Kran·ken·schein** *m* health insurance voucher **Kran·ken·schwes·ter** *f* nurse **Kran·ken·ver·si·cher·ten·kar·te** *f* health insurance card **Kran·ken·ver·si·che·rung** *f* health insurance **Kran·ken·wa·gen** *m* ambulance
krank|fei·ern *vi* (*fam*) to skive off work BRIT, to call in sick
krank·haft **I.** *adj* morbid **II.** *adv* morbidly
Krank·heit <-, -en> *f* ❶ MED illness; **we·gen ~** due to illness ❷ FORST, HORT disease
Krank·heits·bild *nt* symptoms *pl* **krank·heits·er·re·gend** *adj* pathogenic **Krank·heits·er·re·ger** *m* pathogen
kränk|la·chen *vr* (*fam*) ■ **sich ~** to almost die laughing (**über** about)
kränk·lich ['krɛŋklɪç] *adj* sickly
krank|ma·chen *vi* (*fam*) *s.* **krankfeiern**
krank|mel·den^RR *vr* ■ **sich ~** to report sick **Krank·mel·dung** *f* notification of sickness **krank|schrei·ben**^RR *vt* ■ **jdn ~** to give sb a sick note (*excusing them from work*)
Krän·kung <-, -en> *f* insult
Kran·wa·gen *m* crane truck
Kranz <-es, Kränze> [krants, *pl* 'krɛntsə] *m* ❶ (*Ring aus Pflanzen*) wreath ❷ DIAL (*Hefe~*) ring (*of white sweet bread*)
Kranz·nie·der·le·gung *f* wreath laying
Krap·fen <-s, -> ['krapfn̩] *m* ❶ KOCHK fritter ❷ DIAL (*frittiertes Hefegebäck*) ≈ doughnut
krass^RR, **kraß**^ALT [kras] **I.** *adj* ❶ (*auffallend*) glaring; *Gegensatz* stark; *Fall* extreme ❷ (*unerhört*) blatant ❸ (*extrem*) complete **II.** *adv* crassly
Kra·ter <-s, -> ['kraːtɐ] *m* crater
Kratz·bürs·te *f* (*pej fam*) prickly person **kratz·bürs·tig** ['kratsbʏrstɪç] *adj* (*pej fam*) prickly
Krät·ze <-> ['krɛtsə] *f kein pl* scabies
krat·zen ['kratsn̩] **I.** *vt* ❶ (*mit den Nägeln ritzen*) to scratch; ■ **etw von etw** *dat* **~** to scratch sth off sth ❷ (*fam: kümmern*) **das kratzt mich nicht** I couldn't care less about that **II.** *vi* ❶ (*jucken*) to scratch; **das Unterhemd kratzt** the vest is scratchy ❷ (*scharren, mit den Nägeln ritzen*) to scratch ❸ (*beeinträchtigen*) ■ **an etw** *dat* **~** to scratch away at sth; **an jds Ehre ~** to impugn sb's honour; **an jds Stellung ~** to undermine sb's position **III.** *vt impers* **es kratzt mich im Hals** my throat feels rough
Krat·zer <-s, -> ['kratsɐ] *m* scratch
krau·len¹ ['kraulən] *vi sein o haben* (*schwimmen*) to do the crawl
krau·len² ['kraulən] *vt* to scratch [*or* rub] lightly; **einen Hund zwischen den Ohren ~** to tickle a dog between its ears
kraus [kraus] *adj* ❶ (*stark gelockt*) frizzy ❷ (*zerknittert*) crumpled ❸ (*pej: verworren*) muddled
kräu·seln ['krɔyzl̩n] **I.** *vt* ❶ (*mit künstlichen Locken versehen*) to crimp; ■ **gekräuselt** frizzy ❷ (*leicht wellig machen*) to ruffle **II.** *vr* ■ **sich ~** ❶ (*leicht kraus werden*) to frizz ❷ (*leichte Wellen schlagen*) to ruffle
Kraus·kopf *m* (*fam*) ❶ (*Frisur*) frizzy hairstyle ❷ (*Mensch*) frizzy head
Kraut <-[e]s, Kräuter> [kraut, *pl* 'krɔytɐ] *nt* ❶ BOT herb ❷ *kein pl* (*grüne Teile von Pflanzen*) foliage ❸ *kein pl* DIAL (*Kohl*) cabbage; (*Sauerkraut*) pickled cabbage ❹ *kein pl* DIAL (*Sirup*) syrup ► **wie ~ und Rüben durcheinanderliegen** (*fam*) to lie about all over the place
Kräu·ter·mi·schung *f* herb mixture **Kräu·ter·tee** *m* herbal tea **Kräu·ter·the·ra·pie** *f* herbal therapy
Kraut·kopf *m* SÜDD, ÖSTERR (*Kohlkopf*) head of cabbage **Kraut·sa·lat** *m* coleslaw (*without carrot*)
Kra·wall <-s, -e> [kra'val] *m* ❶ (*Tumult*) riot; **~ schlagen** to kick up a row [*or* AM an argument] ❷ *kein pl* (*fam: Lärm*) racket; **~ machen** (*pej fam*) to make a racket
kra·wal·lig *adj* loutish, rowdy, yobbish
Kra·wall·ma·cher(in) *m(f)* (*pej fam*) hooligan
Kra·wat·te <-, -n> [kra'vatə] *f* tie
Kra·wat·ten·na·del *f* tiepin
Kre·a·ti·on <-, -en> [krea'tsi̯oːn] *f* creation
kre·a·tiv [krea'tiːf] **I.** *adj* creative **II.** *adv* creatively
Kre·a·tiv·di·rek·tor(in) *m(f)* creative director
Kre·a·ti·vi·tät <-> [kreativi'tɛt] *f kein pl* creativity
Kre·a·tur <-, -en> [krea'tuːɐ̯] *f* creature
Krebs¹ <-es, -e> [kreːps] *m* ❶ ZOOL crayfish ❷ *kein pl* KOCHK (*Krebsfleisch*) crab ❸ *kein pl* ASTROL Cancer
Krebs² <-es, -e> [kreːps] *m* MED cancer; **~ erregend** carcinogenic
krebs·er·re·gend *adj* **~ wirken** to be carcinogenic **Krebs·er·re·ger** *m* carcinogen
Krebs·for·schung *f kein pl* cancer research *no pl* **Krebs·früh·er·ken·nung** *f*

Krebs·ge·schwür *nt* cancerous ulcer **krebs·krank** *adj* ■ ~ **sein** to suffer from cancer **Krebs·kran·ke(r)** *f(m)* cancer victim **Krebs·ope·ra·ti·on** *f* operation conducted on cancer patient **krebs·rot** ['krɛːpsroːt] *adj* red as a lobster **Krebs·vor·sor·ge** *f kein pl* precautions *pl* against cancer **Krebs·vor·sor·ge·un·ter·su·chung** *f* cancer check-up **Krebs·zel·le** *f* cancer cell

Kre·dit[1] <-[e]s, -e> [kreˈdiːt, -ˈdɪt] *m* credit; (*Darlehen*) loan; [bei jdm] ~ **haben** to be given credit by sb; [für etw *akk*] **einen** ~ [bei jdm] **aufnehmen** to take out a loan [for sth] [with sb]; **auf** ~ on credit

Kre·dit[2] <-s, -s> [kreˈdiːt] *nt* credit **Kre·dit·brief** *m* FIN letter of credit **Kre·dit·hai** *m* (*fam*) loanshark

kre·di·tie·ren* [kreditiˈiːrən] *vt* FIN ❶ (*Kredit gewähren*) to grant credit ❷ (*gutschreiben*) ■ **jdm etw** ~ to credit sb with sth

Kre·dit·in·sti·tut *nt* bank **Kre·dit·kar·te** *f* credit card; **mit** ~ **bezahlen** to pay by credit card **Kre·dit·wür·dig** *adj* creditworthy

Krei·de <-, -n> ['kraɪdə] *f* chalk ▸ **bei jdm** [**tief**] **in der** ~ **stehen** (*fam*) to owe sb [a lot of] money

krei·de·bleich *adj* as white as a sheet **Krei·de·fel·sen** *m* chalk cliff **krei·de·weiß** *adj s.* **kreidebleich Krei·de·zeich·nung** *f* chalk drawing **Krei·de·zeit** *f kein pl* GEOL Cretaceous [period]

kre·ie·ren* [kreˈiːrən] *vt* to create

Kreis <-es, -e> [kraɪs, *pl* ˈkraɪzə] *m* ❶ MATH circle; **einen** ~ **um jdn bilden** to form a circle around sb; **sich im** ~ [**-e**] **drehen** to turn round in a circle; **im** ~ **gehen** to go round in circles; **im** ~ in a circle ❷ (*Gruppe*) circle ❸ *pl* (*gesellschaftliche Gruppierung*) circles *pl*; **die Hochzeit fand im engsten Kreise statt** only close friends and family were invited to the wedding; **im ~e seiner Familie** in the bosom of his family ❹ (*umgrenzter Bereich*) scope ❺ ADMIN district ▸ **weite ~e** wide sections; **jdm dreht sich alles im ~e** sb's head is spinning

Kreis·bahn *f* orbit **Kreis·be·we·gung** *f* circular movement **Kreis·bo·gen** *m* arc

krei·schen ['kraɪʃn] *vi* ❶ ORN to squawk ❷ (*hysterisch schreien*) to shriek ❸ (*quietschen*) to screech

Krei·sel <-s, -> ['kraɪzl] *m* ❶ (*Spielzeug*) spinning top ❷ TRANSP (*fam*) roundabout

krei·sen ['kraɪzn] *vi* ❶ *sein o haben* ASTRON, RAUM ■ **um etw** *akk* ~ to orbit sth ❷ *sein o haben* LUFT, ORN ■ **über etw** *dat*] ~ to circle [over sth] ❸ *sein o haben* (*in einem Kreislauf befindlich sein*) to circulate ■ [**in etw** *dat*] ~ [through sth] ❹ *sein o haben* (*sich ständig drehen*) to revolve ■ **um jdn/etw** ~ to revolve around sb/sth ❺ *haben* (*herumgereicht werden*) to go around

Kreis·flä·che *f* area of a circle **kreis·för·mig I.** *adj* circular **II.** *adv* in a circle **Kreis·in·sel** *f* TRANSP central traffic-free area on roundabout

Kreis·lauf *m* ❶ MED circulation ❷ (*Zirkulation*) cycle **Kreis·lauf·stö·run·gen** *pl* circulatory disorder

Kreis·sä·ge *f* circular saw

Kreiß·saal *m* delivery room

Kreis·stadt *f* district principal town

Kreis·um·fang *m* circumference **Kreis·ver·kehr** *m* roundabout

Kre·ma·to·ri·um <-s, -rien> [kremaˈtoːriʊm, *pl* -riən] *nt* crematorium

kre·mig ['kreːmɪç] **I.** *adj* creamy **II.** *adv* **etw** ~ **schlagen/rühren** to whip/stir sth until creamy

Kreml <-s> ['krɛml] *m* ■ **der** ~ the Kremlin

Krem·pe <-, -n> ['krɛmpə] *f* brim

Krem·pel <-s> ['krɛmpl] *m kein pl* (*pej fam*) ❶ (*ungeordnete Sachen*) stuff ❷ (*Ramsch*) junk ▸ **den ganzen** ~ **hinwerfen** to chuck it all in

kre·pie·ren* [kreˈpiːrən] *vi sein* ❶ (*sl: zugrunde gehen*) to croak; ■ **jdm** ~ to die on sb *fam* ❷ MIL to explode

Krepp[1] <-s, -e *o* -s> [krɛp] *m* crêpe

Krepp[RR 2] <-s, -e *o* -s> [krɛp] *nt* KOCHK crêpe **Kres·se** <-, -en> ['krɛsə] *f* cress

Kre·ta ['kreːta] *nt* Crete

Kre·ter(in) <-s, -> ['kreːtɐ] *m(f)* Cretan; *s. a.* **Deutsche(r)**

kre·tisch ['kreːtɪʃ] *adj* Cretan; *s. a.* **deutsch**

kreuz [krɔʏts] ▸ ~ **und quer** all over the place *fam*, all over

Kreuz <-es, -e> [krɔʏts] *nt* ❶ REL cross; **jdn ans** ~ **schlagen** to crucify sb ❷ (*Symbol*) crucifix; **das Rote** ~ the Red Cross ❸ (*Zeichen in Form eines Kreuzes*) cross; **über[s]** ~ crosswise ❹ ANAT (*Teil des Rückens*) lower back; **es im** ~ **haben** (*fam*) to have back trouble ❺ TRANSP (*Autobahnkreuz*) intersection ❻ *kein pl* KARTEN clubs *pl* ❼ MUS sharp ▸ **zu ~e krie·chen** to eat humble pie *fam*; **jdn aufs** ~ **le·gen** (*fam*) to fool sb; **drei ~e machen** (*fam*) to be so relieved; **sein** ~ **auf sich nehmen** (*geh*) to take up one's cross; **ein** ~ **mit jdm/etw sein** (*fam*) to be a constant bother with sb/sth

kreu·zen ['krɔʏtsn̩] **I.** *vt haben a.* BIOL to cross **II.** *vr haben* ■ **sich** ~ ❶ (*sich entgegenstehen*) to oppose ❷ (*sich begegnen*) to cross ❸ (*sich überschneiden*) to cross **III.** *vi sein o haben* ❶ NAUT (*Zickzackkurs steuern*) to tack

❷ (*sich hin- und herbewegen*) to cruise
Kreu·zer <-s, -> ['krɔytsɐ] *m* NAUT cruiser
Kreuz·fahrt *f* cruise; **eine ~ machen** to go on a cruise **Kreuz·feu·er** *nt* crossfire ▶ **von allen Seiten] ins ~ [der Kritik] geraten** to come under fire [from all sides] **Kreuz·gang** *m* cloister **Kreuz·ge·wöl·be** *nt* cross vault
kreu·zi·gen ['krɔytsɪɡn̩] *vt* to crucify
Kreu·zi·gung <-, -en> *f* crucifixion
Kreuz·ot·ter *f* adder **Kreuz·schlüs·sel** *m* wheel brace **Kreuz·spin·ne** *f* cross spider
Kreu·zung <-, -en> *f* ❶ (*Straßen~*) crossroad *usu pl* ❷ *kein pl* BIOL (*das Kreuzen*) cross-breeding ❸ ZOOL, BIOL mongrel
Kreuz·ver·hör *nt* cross-examination; **jdn ins ~ nehmen** to cross-examine sb **Kreuz·weg** ['krɔytsveːk] *m* ❶ (*Wegkreuzung*) crossroad ❷ KUNST, REL (*Darstellung der Passion*) way of the Cross ▶ **am ~ stehen** to be at the crossroads
kreuz·wei·se *adv* crosswise ▶ **du kannst mich/leck mich ~!** (*derb*) fuck off! *fam!*
Kreuz·wort·rät·sel *nt* crossword [puzzle] **Kreuz·zug** *m* crusade
krib·be·lig ['krɪbəlɪç] *adj* ❶ (*unruhig*) edgy ❷ (*prickelnd*) tingly
krib·beln ['krɪbl̩n] **I.** *vi* ❶ *haben* (*jucken*) **mir kribbelt es am Rücken** my back is itching ❷ *haben* (*prickeln*) **das kribbelt so schön auf der Haut** it's so nice and tingly on the skin ❸ *sein* (*krabbeln*) ~ **und krabbeln** to swarm around **II.** *vi impers haben* ▶ **[von etw** *dat*] ~ to be swarming [with sth]
kribb·lig ['krɪblɪç] *adj s.* kribbelig
Kri·cket <-s, -s> ['krɪkət] *nt* cricket
krie·chen <kroch, gekrochen> ['kriːçn̩] *vi* ❶ *sein* (*sich auf dem Bauch bewegen*) to crawl ❷ *sein* (*langsam vergehen*) to creep by ❸ *sein* AUTO (*langsam fahren*) to creep [along] ❹ *sein o haben* (*pej: unterwürfig sein*) ■ **[vor jdm]** ~ to grovel [before sb]
Krie·cher(in) <-s, -> *m(f) (pej fam)* bootlicker
krie·che·risch *adj* (*pej fam*) grovelling
Kriech·tier *nt* reptile
Krieg <-[e]s, -e> [kriːk, *pl* 'kriːɡə] *m* war; **jdm/einem Land den ~ erklären** to declare war on sb/a country; ~ **[gegen jdn/mit jdm] führen** to wage war [on sb]; **in den ~ ziehen** to go to war
krie·gen[1] ['kriːɡn̩] **I.** *vt* (*fam*) ❶ (*bekommen*) ~ **etw** ~ to get sth; **ich kriege noch 20 Euro von dir** you still owe me 20 euros; **das Buch ist nirgends zu ~** you can't get that book anywhere; **hast du die Arbeit auch bezahlt gekriegt?** did you get paid for the work?; **den Schrank in den Aufzug** ~ to get the cupboard into the lift; **etw zu sehen** ~ to get to see sth; **eine Krankheit** ~ to get an illness; **eine Spritze/ein Präparat** ~ to get an injection/medication; **ein Kind** ~ to have a baby; **Prügel** ~ to get a hiding ❷ (*erwischen*) ■ **jdn** ~ to catch sb; **den Zug** ~ to catch the train ❸ (*es schaffen*) ■ **jdn dazu** ~**, etw zu tun** to get sb to do sth; **ich kriege das schon geregelt** I'll get it sorted; **den Satz kriegt er bestimmt nicht übersetzt** he won't manage to translate that sentence ▶ **es mit jdm zu tun** ~ to be in trouble with sb; **es nicht über sich** ~, **etw zu tun** to not be able to bring oneself to do sth **II.** *vr* (*fam*) ■ **sie** ~ **sich** they get it together
krie·gen[2] ['kriːɡn̩] *vi* (*Krieg führen*) to make war
Krie·ger(in) <-s, -> ['kriːɡɐ] *m(f)* warrior
krie·ge·risch I. *adj* ❶ (*kämpferisch*) warlike ❷ (*militärisch*) military **II.** *adv* belligerently
Krieg·füh·rung *f s.* Kriegsführung
Kriegs·aus·bruch *m* outbreak of war **Kriegs·be·ginn** *m* start of the war **Kriegs·beil** *nt* tomahawk ▶ **das** ~ **begraben** to bury the hatchet **Kriegs·be·ma·lung** *f* war paint ▶ **in [voller]** ~ (*hum fam: sehr stark geschminkt*) in [full] war paint; (*mit Orden behangen*) decorated like a Christmas tree **Kriegs·be·richt·er·stat·ter(in)** *m(f)* war correspondent **Kriegs·be·schä·dig·te(r)** *f(m)* war-disabled person **Kriegs·dienst·ver·wei·ge·rer** <-s, -> *m* conscientious objector **Kriegs·en·de** *nt* end of the war **Kriegs·er·klä·rung** *f* declaration of war **Kriegs·fall** *m* event of war **Kriegs·film** *m* war film **Kriegs·flücht·ling** *m* war refugee **Kriegs·füh·rung** *f* warfare; (*Art*) conduct of war **Kriegs·fuß** *m* ▶ **mit jdm auf ~ stehen** (*fam*) to be at loggerheads with sb; **mit etw** *dat* **auf ~ stehen** to be no good with sth **Kriegs·ge·fahr** *f* danger of war **Kriegs·ge·fan·ge·ne(r)** *f(m)* prisoner of war **Kriegs·ge·fan·gen·schaft** *f* captivity; **in ~ geraten** to become a prisoner of war **Kriegs·geg·ner(in)** *m(f)* ❶ (*Pazifist*) pacifist ❷ (*Feind*) enemy **Kriegs·ge·richt** *nt* court martial **Kriegs·in·dus·trie** *f* armaments industry **kriegs·mü·de** *adj* SOZIOL war-weary **Kriegs·op·fer** *nt* victim of war **Kriegs·schau·platz** *m* theatre of war **Kriegs·schiff** *nt* war ship **Kriegs·spiel·zeug** *nt* war toy **Kriegs·tanz** *m* war dance **Kriegs·ver·bre·chen** *nt* war crime **Kriegs·ver·bre·cher(in)** *m(f)* war criminal **Kriegs·ver·let·zung** *f* war wound **Kriegs·zu·stand** *m* state of war
Krimi <-s, -s> ['krɪmi] *m (fam)* ❶ (*Kriminalroman*) detective novel ❷ TV thriller

Kritik äußern

kritisieren, negativ bewerten

Das gefällt mir gar nicht.

Das sieht aber nicht gut aus.

Das hätte man aber besser machen können.

Dagegen lässt sich einiges sagen.

Da habe ich so meine Bedenken.

criticizing, evaluating negatively

I don't like this at all.

This doesn't look good.

That could have been done better.

Several things can be said about that.

I have my doubts about that.

missbilligen

Das kann ich nicht gutheißen.

Das finde ich gar nicht gut von dir.

Da bin ich absolut dagegen.

disapproving

I don't approve of that.

That wasn't very nice of you (at all).

I'm completely opposed to it.

Kri·mi·nal·be·am·te(r), -be·am·tin [krimiˈnaːl-] *m, f* detective **Kri·mi·nal·film** *m* thriller
Kri·mi·na·lis·tik <-> [kriminaˈlɪstɪk] *f kein pl* criminology
kri·mi·na·lis·tisch I. *adj* criminological **II.** *adv* ~ **begabt sein** to be a good detective
Kri·mi·na·li·tät <-> [kriminaliˈtɛt] *f kein pl* ❶ (*Straffälligkeit*) criminality ❷ (*Rate der Straffälligkeit*) crime rate
Kri·mi·nal·kom·mis·sar(in) *m(f)* detective superintendent BRIT **Kri·mi·nal·po·li·zei** *f* ❶ (*Abteilung für Verbrechensbekämpfung*) Criminal Investigation Department BRIT, plainclothes police AM ❷ (*Beamte der* ~) CID officers *pl* BRIT, plainclothes police officers *pl* AM **Kri·mi·nal·ro·man** *m* detective novel
kri·mi·nell [krimiˈnɛl] *adj* criminal
Kri·mi·nel·le(r) [krimiˈnɛlə, -lə] *f(m)* criminal
Krims·krams <-es> [ˈkrɪmskrams] *m kein pl* (*fam*) junk
Krin·gel <-s, -> [ˈkrɪŋl] *m* ❶ KOCHK ring-shaped biscuit [*or* AM cookie] ❷ (*Schnörkel*) squiggle
krin·geln [ˈkrɪŋln] *vr* ❶ (*sich umbiegen*) ■ **sich** ~ to curl [up] ❷ (*fam*) ■ **sich** [**vor La·chen**] ~ to kill oneself [laughing]
Kri·po <-, -s> [ˈkriːpo] *f* (*fam*) *kurz für* **Kriminalpolizei** ❶ (*Institution Kriminalpolizei*) ■ **die** ~ the CID [*or* AM plainclothes police] ❷ (*Beamte der Kriminalpolizei*) CID [*or* AM plainclothes police] officers
Krip·pe <-, -n> [ˈkrɪpə] *f* ❶ (*Futterkrippe*) *a.* REL manger ❷ (*Kinderkrippe*) crèche BRIT, day nursery AM

Kri·se <-, -n> [ˈkriːzə] *f* crisis
kri·seln [ˈkriːzln] *vi impers* (*fam*) **es kriselt** there's a crisis looming
kri·sen·an·fäl·lig *adj* crisis-prone **kri·sen·fest** *adj* crisis-proof **Kri·sen·ge·biet** *nt* crisis zone **Kri·sen·herd** *m* trouble spot **Kri·sen·ma·na·ge·ment** *nt* crisis management **Kri·sen·pro·vinz** *f* crisis region **Kri·sen·stab** *m kein pl* action committee **Kri·sen·zeit** *f* period of crisis
Kris·tall[1] <-s, -e, -e> [krɪsˈtal] *m* crystal
Kris·tall[2] <-s> [krɪsˈtal] *nt kein pl* (~ *glas*) crystal
Kris·tall·glas *nt* crystal glass
kris·tal·li·sie·ren* *vi, vt* to crystallize (**zu** into)
kris·tall·klar *adj* crystal-clear **Kris·tall·nacht** *f kein pl* ■ **die** ~ "Crystal night"
Kri·te·ri·um <-s, -rien> [kriˈteːriʊm, *pl* -riən] *nt* (*geh*) criterion; [**bei et** *dat*] **bestimmte Kriterien anlegen** to apply certain criteria [to sth]
Kri·tik <-, -en> [kriˈtiːk] *f kein pl* (*Tadel*) criticism; **an jdm/etw** ~ **üben** to criticize sb/sth; **ohne jede** ~ uncritically ❷ (*Beurteilung*) critique; **gute/schlechte** ~**en be·kommen** to receive good/bad reviews ❸ MEDIA (*Rezension*) review ▸ **unter aller** ~ **sein** (*pej fam*) to be beneath contempt
Kri·ti·ker(in) <-s, -> [ˈkriːtikɐ] *m(f)* critic
kri·tik·los I. *adj* uncritical **II.** *adv* uncritically
kri·tisch [ˈkriːtɪʃ] **I.** *adj* critical **II.** *adv* critically
kri·ti·sie·ren* [kritiˈziːrən] *vt, vi* to criticize
Krit·ze·lei <-, -en> [krɪtsəˈlaɪ] *f* (*pej fam*)

❶ *kein pl* (*das Kritzeln*) scribbling ❷ (*Gekritzel*) scribble

krit·zeln ['krɪtsl̩n] *vi*, *vt* to scribble

Kro·a·te, Kro·a·tin <-n, -n> [kro'aːtə, kro'aːtɪn] *m*, *f* Croat; *s. a.* **Deutsche(r)**

Kro·a·ti·en <-s> [kro'aːtsiən] *nt* Croatia; *s. a.* **Deutschland**

kro·a·tisch [kro'aːtɪʃ] *adj* Croatian; *s. a.* **deutsch**

kroch [krɔx] *imp von* **kriechen**

Kro·kant <-s> [kro'kant] *m kein pl* KOCHK ❶ (*Masse*) chopped and caramelized nuts ❷ (*gefüllte Praline*) [praline filled with] cracknel

Kro·ket·te <-, -n> [kro'kɛtə] *f* croquette

Kro·ko·dil <-s, -e> [kroko'diːl] *nt* crocodile

Kro·ko·dils·trä·nen *pl* (*fam*) crocodile tears *pl*

Kro·kus <-, - *o* -se> ['kroːkʊs, *pl* -ʊsə] *m* crocus

Kro·ne <-, -n> ['kroːnə] *f* ❶ (*Kopfschmuck, Zahnkrone*) crown ❷ (*Baumkrone*) top ❸ (*Währungseinheit: in Skandinavien*) krone; (*in der Tschechei*) crown ▶ **einen in der ~ haben** (*fam*) to have had one too many; **die ~ sein** (*fam*) to beat everything; **einer S. dat die ~ aufsetzen** (*fam*) to crown sth

krö·nen ['krøːnən] *vt* to crown

Kro·nen·kor·ken *m* crown cap

Kron·leuch·ter *m* chandelier **Kron·prinz, -prin·zes·sin** *m*, *f* ❶ (*Thronfolger*) crown prince *masc*, crown princess *fem* ❷ (*fig*) heir apparent

Krö·nung <-, -en> *f* ❶ (*Höhepunkt*) high point ❷ (*das Krönen*) coronation

Kron·zeu·ge, -zeu·gin *m*, *f* ~ **sein** to give King's/Queen's evidence

Kropf <-[e]s, Kröpfe> [krɔpf, *pl* 'krœpfə] *m* ❶ (*Schilddrüsenvergrößerung*) goitre ❷ ORN crop ▶ **so unnötig wie ein ~ sein** (*fam*) to be totally unnecessary

kross[RR], **kroß**[ALT] [krɔs] **I.** *adj* crusty **II.** *adv* crustily

Krö·sus <-, -se> ['krøːzʊs] *m* (*reicher Mensch*) Croesus ▶ **doch kein ~ sein** (*fam*) to not be made of money

Krö·te <-, -n> ['krøːtə] *f* ❶ ZOOL toad ❷ *pl* (*sl: Geld*) pennies *pl* ❸ (*pej: Kind*) brat

Krö·ten·tun·nel *m* ÖKOL toad tunnel (*tunnel providing a safe passage for toads and other migrating amphibians near busy roads*)

Krü·cke <-, -n> ['krʏkə] *f* ❶ (*Stock*) crutch; **an ~n gehen** to walk on crutches ❷ (*sl: Nichtskönner*) washout

Krück·stock *m* walking stick

Krug[1] <-[e]s, Krüge> [kruːk, *pl* 'kryːgə] *m* ❶ (*Gefäß*) jug; (*Trinkgefäß*) tankard ❷ NORDD (*Gasthaus*) inn ▶ **der ~ geht so lange zum Brunnen, bis er bricht** (*prov*) what goes around comes around

Krug[2] <-es, Krüge> [kruːk, *pl* 'kryːgə] *m* NORDD inn

Kru·me <-, -n> ['kruːmə] *f* (*geh: Krümel*) crumb

Krü·mel <-s, -> ['kryːml̩] *m* ❶ (*Brösel*) crumb ❷ DIAL (*fam: kleines Kind*) tiny tot

krü·me·lig ['kryːməlɪç] *adj* crumbly

krü·meln ['kryːml̩n] *vi*, *vt* ❶ (*Krümel machen*) to make crumbs ❷ (*leicht zerbröseln*) to crumble; ■ ~d crumbly

krumm [krʊm] **I.** *adj* ❶ (*verbogen*) crooked; **~ und schief** askew ❷ (*gebogen*) *Nase* hooked; *Rücken* hunched; *Beine* bandy ❸ (*pej fam: unehrlich*) crooked; **ein ~es Ding drehen** to pull off sth crooked; **es auf die ~e Tour versuchen** to try to fiddle sth ❹ (*nicht rund*) odd **II.** *adv* etw **~ biegen** to bend sth; **~ gehen** to walk with a stoop; **~ sitzen/stehen** to slouch

krüm·men ['krʏmən] **I.** *vt* ❶ (*biegen*) to bend; **den Rücken ~** to arch one's back; **die Schultern ~** to slouch one's shoulders ❷ MATH, PHYS **gekrümmt** curved **II.** *vr* ❶ (*eine Biegung machen*) **sich ~** *Fluss* to wind; *Straße* to bend ❷ (*sich beugen*) **sich ~** to bend; **sich vor Schmerzen ~** to writhe in pain; **sich [vor Lachen] ~** to double up [with laughter]

krumm|la·chen *vr* (*fam*) **sich ~** to laugh one's head off (**über** at) **krumm|neh·men** *vt* (*fam*) **[jdm] etw ~** (*fam*) to take offence at sth [sb said or did]

Krüm·mung <-, -en> *f* ❶ (*Biegung*) bend; (*Weg*) turn ❷ MED, SCI curvature

Krüp·pel <-s, -> ['krʏpl̩] *m* cripple; **jdn zum ~ schlagen/schießen** to cripple sb

Krus·te <-, -n> ['krʊstə] *f* crust; (*Bratenkruste*) crackling

Krus·ten·tier *nt* crustacean

Kru·zi·fix <-es, -e> ['kruːtsifɪks] *nt* crucifix

Kru·zi·tür·ken [krutsi'tʏrkn̩] *interj* (*sl*) bloody hell! BRIT, damn it! AM

Kryp·ta <-, Krypten> ['krʏpta, *pl* -tn̩] *f* crypt

KSZE <-> [kaːʔɛsˈtsɛtˈʔeː] *f kein pl Abk von* **Konferenz über Sicherheit und Zusammenarbeit in Europa** CSCE

Kto. *Abk von* **Konto** acc. BRIT, acct. AM, a/c AM

Ku·ba <-s> ['kuːba] *nt* Cuba

Ku·ba·ner(in) <-s, -> [ku'baːnɐ] *m(f)* Cuban; *s. a.* **Deutsche(r)**

ku·ba·nisch [ku'baːnɪʃ] *adj* Cuban; *s. a.* **deutsch**

Kü·bel <-s, -> ['kyːbl̩] *m* ❶ (*großer Eimer*)

bucket ② (*Pflanz~*) container ▶ **[wie] aus/in/mit ~n regnen** to rain [in] buckets
Ku·ben ['ku:bən] *pl von* **Kubus**
Ku·bik·me·ter [ku'bi:k-] *m o nt* cubic metre **Ku·bik·wur·zel** *f* cube root **Ku·bik·zahl** *f* cube number **Ku·bik·zen·ti·me·ter** *m* cubic centimetre
ku·bisch ['ku:bɪʃ] *adj* cubic
Ku·bis·mus <-> [ku'bɪsmʊs] *m kein pl* cubism
ku·bis·tisch *adj* cubist
Ku·bus <-, Kuben *o* -> ['ku:bʊs, *pl* ku:bən] *m* (*geh*) cube
Kü·che <-, -n> ['kʏçə] *f* kitchen
Ku·chen <-s, -> ['ku:xn̩] *m* cake
Ku·chen·blech *nt* baking sheet
Kü·chen·chef [in] *m(f)* chef
Ku·chen·di·a·gramm *nt* pie chart **Ku·chen·form** *f* baking tin **Ku·chen·ga·bel** *f* pastry fork
Kü·chen·herd *m* cooker BRIT, stove AM **Kü·chen·ma·schi·ne** *f* food processor **Kü·chen·mes·ser** *nt* kitchen knife **Kü·chen·scha·be** *f* cockroach
Ku·chen·teig *m* cake mixture
Kü·cken <-s, -> ['kʏkn̩] *nt* ÖSTERR (*Küken*) chick
ku·cken ['kʊkn̩] *vi* NORDD (*fam*) *s.* **gucken**
ku·ckuck ['kʊkʊk] *interj* cuckoo
Ku·ckuck <-s, -e> ['kʊkʊk] *m* ORN cuckoo ▶ **[das] weiß der ~!** (*euph fam*) God only knows!; **zum ~ [noch mal]!** (*euph fam*) damn it!
Ku·ckucks·ei *nt* ① ORN cuckoo's egg ② (*fam*) unpleasant surprise **Ku·ckuckskind** *nt* (*fam*) a child conceived by its mother during an affair whose legal father is not its biological father **Ku·ckucks·uhr** *f* cuckoo clock
Kud·del·mud·del <-s> *m o nt kein pl* (*fam*) muddle; (*Unordnung*) mess; (*Verwirrung*) confusion
Ku·fe <-, -n> ['ku:fə] *f* eines Schlittens runner; eines Schlittschuhs blade
Ku·gel <-, -n> ['ku:gl̩] *f* ① MATH sphere ② SPORT ball; (*Kegelkugel*) bowl ③ (*Geschoss*) bullet ▶ **eine ruhige ~ schieben** (*fam*) to have a cushy time *sl*
ku·gel·för·mig *adj* spherical **Ku·gel·gelenk** *nt* ball-and-socket joint **Ku·gel·lager** *nt* ball bearing
ku·geln ['ku:gl̩n] *vi sein* ■ **irgendwohin ~** to roll somewhere ▶ **zum K~ sein** (*fam*) to be hilarious
ku·gel·rund ['ku:gl̩'rʊnt] *adj* ① (*kugelförmig*) ■ **~ sein** to be round as a ball ② (*fam: feist und rundlich*) tubby **Ku·gel·schreiber** *m* ballpoint, Biro® BRIT, Bic® AM **ku·gel·si·cher** *adj* bullet-proof **Ku·gel·sto·ßen** <-s> *nt kein pl* shot put
Kuh <-, Kühe> [ku:, *pl* 'ky:ə] *f* ① ZOOL cow ② (*pej fam: Frau*) bitch; **blöde ~** stupid cow BRIT
Kuh·dorf *nt* (*pej fam*) one-horse town **Kuh·fla·den** *m* cow-pat AM **Kuh·han·del** *m* (*pej fam*) horse trade **Kuh·haut** *f* cowhide ▶ **das geht auf keine ~** (*sl*) that's going too far *fam* **Kuh·hirt, -hir·tin**, **Kuh·hir·te, -hir·tin** *m, f* cowherd, cowboy *masc* AM, cowgirl *fem* AM
kühl [ky:l] I. *adj* ① (*recht kalt*) cool; **draußen wird es ~** it's getting chilly outside ② (*reserviert*) cool II. *adv* ① (*recht kalt*) **etw ~ lagern** to store sth in a cool place ② (*reserviert*) coolly
Kühl·an·la·ge *f* cold-storage plant **Kühl·box** *f* cooler
Küh·le <-> ['ky:lə] *f kein pl* (*geh*) ① (*kühle Beschaffenheit*) cool ② (*Reserviertheit*) coolness
Kuh·le <-, -n> ['ku:lə] *f* hollow
küh·len ['ky:lən] I. *vt* to chill II. *vi* to cool
Küh·ler <-s, -> ['ky:lɐ] *m* bonnet
Küh·ler·hau·be *f* bonnet BRIT, hood AM
Kühl·flüs·sig·keit *f* coolant **Kühl·haus** *nt* refrigerated storage building **Kühl·raum** *m* refrigerated storage room **Kühl·schrank** *m* refrigerator, fridge AM **Kühl·ta·sche** *f* cool bag **Kühl·tru·he** *f* freezer chest **Kühl·turm** *m* cooling tower
Küh·lung <-, -en> ['ky:lʊŋ] *f* cooling; **zur ~** to cool down
Kühl·wa·gen *m* ① BAHN refrigerator wagon ② (*Lkw mit Kühlaggregat*) refrigerator truck **Kühl·was·ser** *nt kein pl* coolant
Kuh·milch *f* cow's milk **Kuh·mist** *m* cow dung
kühn [ky:n] I. *adj* ① (*wagemutig*) brave ② (*gewagt*) bold II. *adv* **eine ~ geschwungene Nase** an aquiline nose
Kühn·heit <-, -en> *f* ① *kein pl* (*Wagemut*) bravery ② *kein pl* (*Gewagtheit*) boldness ③ (*Dreistigkeit*) audacity
Kuh·stall *m* cowshed
Kü·ken <-s, -> ['ky:kn̩] *nt* chick
ku·lant [ku'lant] *adj* obliging
Ku·lanz <-> [ku'lants] *f kein pl* willingness to oblige
Ku·li[1] <-s, -s> ['ku:li] *m* (*fam*) Biro® BRIT, Bic® AM
Ku·li[2] <-s, -s> ['ku:li] *m* (*fam: Knecht*) slave, BRIT *a.* dogsbody
ku·li·na·risch [kuli'na:rɪʃ] *adj* culinary
Ku·lis·se <-, -n> [ku'lɪsə] *f* ① THEAT scenery ② (*Hintergrund*) backdrop ▶ **hinter die ~n blicken** to look behind the scenes; **nur ~**

sein (*pej fam*) to be merely a facade
Kul·ler·au·gen *pl* (*fam*) big wide eyes *pl*
kul·lern ['kʊlɐn] *vi sein* (*fam*) to roll
Kult <-[e]s, -e> [kʊlt] *m* cult
Kult·fi·gur *f* MEDIA cult figure **Kult·film** *m* cult film
kul·tisch *adj* ritual
kul·ti·vie·ren* [kʊltiˈviːrən] *vt* to cultivate
kul·ti·viert [kʊltiˈviːɐt] **I.** *adj* ❶ (*gepflegt*) refined ❷ (*von feiner Bildung*) cultured ■ **~ sein** to be cultured **II.** *adv* ❶ (*gepflegt*) sophisticatedly ❷ (*zivilisiert*) in a refined manner
Kul·ti·vie·rung <-, -en> [kʊltiˈviːrʊŋ] *f* cultivation
Kult·stät·te *f* place of ritual worship
Kul·tur <-, -en> [kʊlˈtuːɐ̯] *f* ❶ (*Zivilisation*) civilization ❷ *kein pl* (*Zivilisationsniveau*) culture ❸ FORST, HORT (*angebauter Bestand*) plantation ❹ BIOL (*gezüchtete Mikroorganismen*) culture ❺ *kein pl* BIOL (*das Kultivieren*) cultivation
Kul·tur·aus·tausch *m* cultural exchange **Kul·tur·beu·tel** *m* (*pej fam*) philistine **Kul·tur·beu·tel** *m* toilet [*or* AM toiletries] bag **Kul·tur·denk·mal** *nt* cultural monument
kul·tu·rell [kʊltuˈrɛl] **I.** *adj* cultural **II.** *adv* culturally
Kul·tur·ge·schich·te *f kein pl* cultural history **Kul·tur·gut** *nt* cultural asset **Kul·tur·haupt·stadt** *f* cultural capital **Kul·tur·kreis** *m* cultural environment **Kul·tur·land·schaft** *f* ❶ (*vom Menschen veränderte Naturlandschaft*) artificial landscape ❷ (*fig*) cultural scene **Kul·tur·po·li·tik** *f kein pl* cultural and educational policy **Kul·tur·schock** *m* culture shock **Kul·tur·stu·fe** *f* level of civilization **Kul·tur·volk** *nt* civilized nation **Kul·tur·zen·trum** *nt* ❶ (*Ort des kulturellen Lebens*) cultural centre ❷ (*Anlage mit kulturellen Einrichtungen*) arts centre
Kul·tus·mi·nis·ter(in) *m(f)* Minister of Education and the Arts BRIT, Secretary of Education and Cultural Affairs AM **Kul·tus·mi·nis·te·ri·um** *nt* Ministry of Education and the Arts BRIT, Department of Education and Cultural Affairs AM
Küm·mel <-s, -> ['kʏml] *m* caraway
Kum·mer <-s> ['kʊmɐ] *m kein pl* ❶ (*Betrübtheit*) grief ❷ (*Unannehmlichkeiten*) problem; **~ haben** to have worries; **jdm ~ machen** to cause sb trouble
küm·mer·lich ['kʏmɐlɪç] **I.** *adj* ❶ (*pej: armselig*) miserable; *Mahlzeit* paltry ❷ (*miserabel*) pitiful ❸ (*unterentwickelt*) puny **II.** *adv* (*notdürftig*) in a miserable way
küm·mern ['kʏmɐn] **I.** *vt* ■ **etw/jd küm-**

mert jdn sth/sb concerns sb; **was kümmert mich das?** what concern is that of mine? **II.** *vi* (*schlecht gedeihen*) to become stunted **III.** *vr* ❶ (*sich jds annehmen*) **sich um jdn ~** to look after sb ❷ (*etw besorgen*) ■ **sich um etw** *akk* **~** to take care of sth; ■ **sich darum ~, dass ...** to see to it that ...; **kümmere dich um deine eigenen Angelegenheiten** mind your own business
Kum·mer·speck *m* (*hum fam*) excess weight due to emotional problems **kum·mer·voll** *adj* (*geh*) sorrowful
Kum·pan(in) <-s, -e> [kʊmˈpaːn] *m(f)* (*pej fam*) pal
Kum·pel <-s, -> *m* ❶ (*Bergmann*) miner ❷ (*fam: Kamerad*) mate BRIT, buddy AM
künd·bar ['kʏntbaːɐ̯] *adj* terminable; *Arbeitsvertrag* subject to termination
Kun·de¹ <-, *selten* -en> ['kʊndə] *f* (*veraltend geh*) tidings *npl*
Kun·de, Kun·din² <-n,-n> ['kʊndə, 'kʊndɪn] *m, f* customer
Kun·den·be·fra·gung *f* ÖKON customer survey [*or* enquiry] **Kun·den·be·ra·tung** *f* customer advisory service **Kun·den·dienst** *m* ❶ *kein pl* (*Service*) after-sales service ❷ (*Stelle für Service*) customer support office **Kun·den·kar·te** *f* store card **Kun·den·num·mer** *f* customer account number **Kun·den·stamm** *m* regular clientele
kund·ge·ben *vt irreg* (*geh*) ■ **jdm] etw ~** to make sth known [to sb]
Kund·ge·bung <-, -en> *f* rally
kun·dig ['kʊndɪç] *adj* ❶ (*geh: sach~*) knowledgeable ❷ (*veraltend geh: etw beherrschen*) ■ **einer S.** *gen* **~ sein** to be an adept at sth
kün·di·gen ['kʏndɪgn̩] **I.** *vt* ❶ (*Arbeitsverhältnis beenden*) ■ **etw ~** to hand in one's notice ❷ (*die Aufhebung von etw anzeigen*) to terminate; **ich habe der Vermieterin die Wohnung gekündigt** I've given the landlady notice that I'm vacating [the flat] ❸ (*die Entlassung ankündigen*) ■ **jdn ~** to dismiss sb; **jdn fristlos ~** to dismiss sb instantly **II.** *vi* ❶ (*das Ausscheiden ankündigen*) ■ **jdm] ~** to hand in one's notice [to sb] ❷ (*die Entlassung ankündigen*) ■ **jdm ~** to give sb his/her notice ❸ JUR ■ **jdm ~** to give sb notice to quit
Kün·di·gung <-, -en> *f* ❶ (*das Kündigen*) cancelling ❷ JUR cancellation ❸ (*Beendigung des Arbeitsverhältnisses durch den Arbeitnehmer*) handing in one's notice; (*durch den Arbeitgeber*) dismissal
Kün·di·gungs·frist *f* period of notice **Kün·di·gungs·grund** *m* grounds for giving notice
Kun·din <-, -nen> *f fem form von* **Kunde**

Kund·schaft <-, -en> ['kʊntʃaft] f customers pl; (bei Dienstleistungen) clientele

Kund·schaf·ter(in) <-s, -> m(f) MIL (veraltend) scout

kund|tun vt irreg (veraltend geh) ■ [jdm] etw ~ to make sth known [to sb]

künf·tig ['kʏnftɪç] I. adj future II. adv in future

Kunst <-, Künste> [kʊnst, pl 'kʏnstə] f art ▸ **das ist die ganze ~** that's all there is to it; **keine ~ sein** (fam) to be easy

Kunst·aka·de·mie f art college **Kunst·aus·stel·lung** f art exhibit[ion] **Kunst·denk·mal** nt artistic historical monument **Kunst·dün·ger** m artificial fertilizer **Kunst·fa·ser** f synthetic fibre **Kunst·feh·ler** m professional error **kunst·fer·tig** I. adj skilful II. adv skilfully **Kunst·fer·tig·keit** f skill, skilfulness **Kunst·gat·tung** f genre **Kunst·ge·gen·stand** m objet d'art **Kunst·ge·schich·te** f ❶ kein pl (Geschichte der Kunst) art history ❷ (Werk über ~) work on the history of art **Kunst·ge·wer·be** nt kein pl ❶ (Wirtschaftszweig) arts and crafts ❷ (kunstgewerbliche Gegenstände) crafts **Kunst·griff** m trick **Kunst·han·del** m art trade **Kunst·händ·ler(in)** m(f) art dealer **Kunst·hand·werk** nt kein pl craft[work] no pl **Kunst·his·to·ri·ker(in)** m(f) art historian **Kunst·le·der** nt imitation leather

Künst·ler(in) <-s, -> ['kʏnstlɐ] m(f) [visual] artist

künst·le·risch ['kʏnstlərɪʃ] adj artistic

Künst·ler·na·me m pseudonym; Schauspieler stage name **Künst·ler·pech** nt kein pl (hum fam) hard luck no pl

künst·lich ['kʏnstlɪç] I. adj artificial II. adv ❶ (fam: beabsichtigt) affectedly; **rege dich doch nicht ~ auf, so schlimm ist es nicht!** stop making out you're upset, it's not that bad! ❷ (industriell) artificially ❸ (mit Hilfe von Apparaten) artificially

kunst·los <-er, -este> adj purely functional **Kunst·pau·se** f deliberate pause **Kunst·rich·tung** f trend in art **Kunst·samm·lung** f art collection **Kunst·sei·de** f imitation silk

Kunst·stoff m synthetic material

Kunst·stück nt ❶ (artistische Leistung) trick ❷ (schwierige Leistung) feat; **das ist doch kein ~!** there's nothing to it!

Kunst·tur·nen nt gymnastics + sing vb **kunst·ver·stän·dig** adj appreciative of art **kunst·voll** I. adj elaborate II. adv ornately **Kunst·werk** nt work of art

kun·ter·bunt ['kʊntɐbʊnt] I. adj ❶ (vielfältig) varied ❷ (sehr bunt) multi-coloured ❸ (wahllos gemischt) motley; **eine ~es Durcheinander** a jumble II. adv (ungeordnet) ~ **durcheinander** completely jumbled up

Kup·fer <-s, -> ['kʊpfɐ] nt copper no pl

Kup·fer·berg·werk nt copper mine **Kup·fer·draht** m copper wire

kup·fer·hal·tig adj containing copper pred

kup·fern ['kʊpfɐn] adj copper

Kup·fer·schmie·de f coppersmith **Kup·fer·stich** m copperplate engraving

Ku·pon <-s, -s> [ku'põː] m s. Coupon

Kup·pe <-, -n> ['kʊpə] f ❶ (Berg~) [rounded] hilltop ❷ (Finger~) tip

Kup·pel <-, -n> ['kʊpl̩] f dome

Kup·pe·lei <-, -en> [kʊpə'laɪ] f procuration

kup·peln[1] ['kʊpl̩n] vi AUTO to operate the clutch

kup·peln[2] ['kʊpl̩n] vt ■ **etw an etw** akk ~ to couple sth to sth

Kupp·ler(in) <-s, -> ['kʊplɐ] m(f) (pej) matchmaker

Kupp·lung <-, -en> ['kʊplʊŋ] f ❶ AUTO clutch ❷ (Anhängevorrichtung) coupling

Kur <-, -en> [kuːɐ̯] f course of treatment; **in ~ fahren** to go to a health resort

Kür <-, -en> [kyːɐ̯] f free style

Kur·auf·ent·halt m stay at a health resort

Kur·bel <-, -n> ['kʊrbl̩] f crank

kur·beln ['kʊrbl̩n] vi, vt to wind

Kur·bel·wel·le f crankshaft

Kür·bis <-ses, -se> ['kʏrbɪs] m pumpkin

Kür·bis·kern m pumpkin seed

Kur·de, Kur·din <-n, -nen> ['kʊrdə, 'kʊrdɪn] m, f Kurd; s. a. Deutsche(r)

kur·disch ['kʊrdɪʃ] adj Kurdish; s. a. deutsch

Kur·dis·tan <-s> ['kʊrdɪstaːn] nt Kurdistan; s. a. Deutschland

kü·ren <kürte o selten kor, gekürt> ['kyːrən] vt (geh) ■ **jdn** ~ to elect sb; **sie wurde von der Jury zur besten Eisläuferin gekürt** she was chosen by the judges as the best ice-skater

Kur·fürst m elector

Kur·gast m visitor to a health resort **Kur·haus** nt assembly rooms [at a health resort]

Ku·rier <-s, -e> [ku'riːɐ̯] m courier

Ku·rier·dienst m (Dienstleistung) courier service; (Firma) courier firm

ku·rie·ren* [ku'riːrən] vt to cure (von of)

ku·ri·os [ku'rjoːs] I. adj (geh) curious II. adv (geh) curiously

Ku·ri·o·si·tät <-, -en> [kurjoziˈtɛːt] f (geh) ❶ (Merkwürdigkeit) oddity ❷ (merkwürdiger Gegenstand) curiosity

Kur·ort m health resort

Kur·pfalz <-> [kuːɐ̯'pfalts] f HIST ■ **die ~** the

Electoral Palatinate

Kur·pfu·scher(in) *m(f)* (*pej fam*) quack
Kurs[1] <-es, -e> [kʊrs, *pl* 'kʊrzə] *m* ① (*Richtung*) course; **vom ~ abkommen** to deviate from one's/its course; **den/seinen ~ beibehalten** to maintain [one's] course; **den ~ wechseln** to change course ② (*Zielsetzung*) course; (*politische Linie*) policy; **jdn auf ~ bringen** to bring sb into line; **einen bestimmten ~ einschlagen** to take a certain course ③ (*Wechselkurs*) exchange rate ④ BÖRSE price; **hoch im ~ [bei jdm] stehen** (*a. fig*) to be very popular [with sb]; **im ~ fallen** to fall in price
Kurs[2] <-es, -e> [kʊrs, *pl* 'kʊrzə] *m* (*Lehrgang*) course
Kurs·buch *nt* [railway] timetable
Kur·se ['kʊrzə] *pl von* **Kursus**
Kurs·ein·bruch *f* slump in prices **Kurs·gewinn** *m* ÖKON gain
kur·sie·ren* [kʊr'ziːrən] *vi* ① (*umgehen*) to circulate ② (*umlaufen*) to be in circulation
kur·siv [kʊr'ziːf] **I.** *adj* italic **II.** *adv* in italics
Kur·si·ve <-, -n> [kʊr'ziːvə] *f*, **Kur·siv·schrift** [kʊr'ziːf-] *f* italics **Kurs·notierung** *f* quoted price
kur·so·risch [kʊr'zoːrɪʃ] (*geh*) **I.** *adj* cursory **II.** *adv* cursorily
Kurs·schwan·kun·gen *pl* BÖRSE price fluctuations
Kurs·teil·neh·mer(in) *m(f)* participant in a course
Kur·sus <-, Kurse> ['kʊrzʊs, *pl* 'kʊrzə] *m* (*geh*) *s.* **Kurs**[2]
Kurs·ver·lust *m* price loss **Kurs·wech·sel** *m* change of course
Kur·ti·sa·ne <-, -n> [kʊrti'zaːnə] *f* courtesan
Kur·ve <-, -n> ['kʊrvə] *f* ① TRANSP bend; **aus der ~ fliegen** (*fam*) to leave the road on the bend; **sich in die ~ legen** to lean into the bend; **eine ~ machen** to bend ② (*gekrümmte Linie*) curve ③ *pl* (*fam: Körperrundung*) curves *pl* ▶ **die ~ kratzen** (*fam*) to clear off
kur·ven ['kʊrvn̩] *vi sein* (*fam*) ① (*sich in einer gekrümmten Linie bewegen*) to turn ② (*ziellos fahren*) **durch etw** *akk* **~** to drive around sth **kur·ven·reich** *adj*, **kurvig** ['kʊrvɪç] *adj* curvy
kurz <kürzer, kürzeste> [kʊrts] **I.** *adj* ① (*räumlich*) short ② (*zeitlich*) brief, short ③ (*knapp*) brief ▶ **den Kürzeren ziehen** (*fam*) to come off worst **II.** *adv* ① (*räumlich*) short; **jdm etw kürzer machen** MODE to shorten sth [for sb] ② (*zeitlich*) for a short time; **etw ~ braten** to flash-fry sth; **jdn ~ sprechen** to have a quick word with sb; **bis vor ~em** up until a short while ago; **vor ~em** a short while ago; **~ bevor** just before; **~ gesagt** in a word; **~ nachdem** shortly after; **über ~ oder lang** sooner or later ▶ **~ angebunden sein** (*fam*) to be abrupt; **~ entschlossen** without a moment's hesitation; **~ und gut** in a word; **~ und schmerzlos** (*fam*) quick and painlessly; [**bei etw** *dat*] **zu ~ kommen** to lose out [with sth]
Kurz·ar·beit *f* kein *pl* short-time work **kurz|ar·bei·ten** *vi* to work short-time **kurz·är·me·lig** *adj*, **kurz·ärm·lig** *adj* short-sleeved **kurz·at·mig** *adj* short-winded
Kür·ze <-, *selten* -n> ['kyrtsə] *f* shortness; **in aller ~** very briefly
Kür·zel <-s, -> ['kyrtsl̩] *nt* ① (*stenografisches ~*) shorthand symbol ② (*Kurzwort*) abbreviation
kür·zen ['kyrtsn̩] *vt* ① (*Länge/Umfang verringern*) to shorten; **können Sie mir die Hose um einen Zentimeter ~?** can you shorten these trousers for me by a centimetre?; **eine gekürzte Fassung eines Buches** the abridged edition of a book ② (*verringern*) to cut, to reduce ③ MATH **einen Bruch ~** to reduce a fraction
kur·zer·hand ['kʊrtsɐ'hant] *adv* there and then
Kurz·fas·sung *f* abridged version **Kurz·film** *m* short film **Kurz·form** *f* shortened form
kurz·fris·tig ['kʊrtsfrɪstɪç] **I.** *adj* ① (*innerhalb kurzer Zeit erfolgend*) at short notice ② (*für kurze Zeit geltend*) short-term **II.** *adv* ① (*innerhalb kurzer Zeit*) within a short [period of] time ② (*für kurze Zeit*) briefly
Kurz·ge·schich·te *f* short story **kurz·haa·rig** *adj* short-haired **kurz·le·big** ['kʊrtsleːbɪç] *adj* ① (*nicht lange lebend*) short-lived ② (*nicht lange haltend*) non-durable
kürz·lich ['kyrtslɪç] *adv* not long ago
Kurz·nach·rich·ten *pl* news in brief + *sing vb* **Kurz·rei·se** *f* short trip
kurz|schlie·ßen *irreg* **I.** *vt* to short-circuit **II.** *vr* **sich mit jdm ~** to get in touch with sb
Kurz·schluss[RR] <-es, Kurzschlüsse> *m*, **Kurz·schluß**[ALT] <-sses, Kurzschlüsse> *m* ① ELEK short-circuit ② (*Affekthandlung*) moment of madness
Kurz·schluss·hand·lung[RR] *f*, **Kurz·schluss·re·ak·ti·on**[RR] *f* knee-jerk reaction
Kurz·schrift *f* shorthand **kurz·sich·tig I.** *adj* ① (*an Kurzsichtigkeit leidend*) short [*or esp* AM near]-sighted ② (*einen begrenzten Horizont habend*) short-sighted **II.** *adv* (*beschränkt*) in a short-sighted manner **Kurz·sich·tig·keit** <-, -en> *f* short-sightedness
Kurz·stre·cken·flug *m* short-haul flight
kurz·um [kʊrts'ʔʊm] *adv* in short

Kür·zung <-, -en> f ❶ (das Kürzen) abridgement ❷ FIN cut

Kurz·ur·laub m short holiday

Kurz·wa·ren pl haberdashery BRIT, dry goods AM **Kurz·wa·ren·ge·schäft** nt haberdashery [shop] BRIT, dry goods store AM

Kurz·wel·le f short wave

Kurz·zeit·ge·dächt·nis nt short-term memory

kurz·zei·tig I. adj short-term, brief **II.** adv briefly, briefly, for a short time

ku·sche·lig ['kuʃəlɪç] adj cosy

ku·scheln ['kuʃn̩] **I.** vr ▪ sich an jdn ~ to cuddle up to sb; ▪ sich in etw akk ~ to snuggle up in sth **II.** vi ▪ [mit jdm] ~ to cuddle up to [sb]

Ku·schel·rock <-s, -s o -> m kein pl MUS soft rock **Ku·schel·tier** nt cuddly toy

ku·schen ['kuʃn̩] vi ▪ vor jdm] ~ to obey [sb]

Ku·si·ne <-, -n> [ku'zi:nə] f fem form von **Cousine** cousin

Kuss^RR <-es, Küsse> m, **Kuß**^ALT <-sses, Küsse> [kʊs, pl 'kʏsə] m kiss

kuss·echt^RR adj kiss-proof

küs·sen ['kʏsn̩] vt, vi to kiss

Küs·te <-, -n> ['kʏstə] f coast

Küs·ten·be·woh·ner(in) m(f) coastal inhabitant **Küs·ten·ge·biet** nt coastal area **Küs·ten·ge·wäs·ser** pl coastal waters pl **Küs·ten·schiff·fahrt**^RR, **Küs·ten·schiff·fahrt**^RR f kein pl coastal shipping no pl **Küs·ten·schutz** m coastal protection

Küs·ter(in) <-s, -> ['kʏstɐ] m(f) sexton

Kut·sche <-, -n> ['kʊtʃə] f carriage

Kut·scher(in) <-s, -> ['kʊtʃɐ] m(f) coachman

kut·schie·ren* ['kʊtʃi:rən] **I.** vi sein (fam) ▪ irgendwohin ~ to go for a drive somewhere **II.** vt haben (fam) ▪ jdn irgendwohin ~ to give sb a lift somewhere

Kut·te <-, -n> ['kʊtə] f habit

Kut·tel <-, -n> ['kʊtl̩] f meist pl tripe sing

Kut·ter <-s, -> ['kʊtɐ] m cutter

Ku·vert <-s, -s o -[e]s, -e> [ku'veːɐ̯] nt envelope

Ku·wait <-s> [kuːˈvajt] nt Kuwait; s. a. **Deutschland**

Ku·wai·ter(in) m(f) Kuwaiti; s. a. **Deutsche(r)**

ku·wai·tisch [kuˈvajtɪʃ] adj Kuwaiti; s. a. **deutsch**

kV [kaːˈfaʊ] Abk von **Kilovolt** kV

kW <-, -> [kaːˈveː] nt Abk von **Kilowatt** kW

KW <-, -s> [kaːˈveː] f Abk von **Kalenderwoche** week no.

kWh <-, -> [kaːveːˈhaː] f Abk von **Kilowattstunde** kWh

Ky·ber·ne·tik <-> [kybɛrˈneːtɪk] f kein pl cybernetics + sing vb

KZ <-s, -s> [kaːˈtsɛt] nt Abk von **Konzentrationslager**

L

L, l <-, - o fam -s, -s> [ɛl] nt L, l; s. a. **A**

1 l [ɛl] Abk von **Liter** l

lab·be·rig [ˈlabərɪç] adj, **labb·rig** [ˈlabrɪç] adj DIAL (fam) ❶ (fade) watery ❷ (schlaff) sloppy

la·ben [ˈlaːbn̩] vr (geh) ▪ sich [an etw dat] ~ to feast [on sth]

la·bern [ˈlaːbɐn] **I.** vi (pej fam) to prattle on (über about) **II.** vt (pej fam) to talk

la·bil [laˈbiːl] adj ❶ MED Gesundheit, Kreislauf etc. poor ❷ (geh: instabil) a. PSYCH unstable

La·bi·li·tät <-, selten -en> [labiliˈtɛːt] f ❶ MED frailty ❷ (geh: Instabilität) a. PSYCH instability

La·bor <-s, -s o -e> [laˈboːɐ̯] nt laboratory

La·bo·rant(in) <-en, -en> [laboˈrant] m(f) laboratory technician

La·bo·ra·to·ri·um <-s, -rien> [laboraˈtoːri̯ʊm, pl -ri̯ən] nt (geh) s. **Labor**

La·by·rinth <-[e]s, -e> [labyˈrɪnt] nt maze

La·che¹ <-, -n> [ˈla(ː)xə] f puddle

La·che² <-, -n> [ˈlaxə] f (pej fam) laugh

lä·cheln [ˈlɛçl̩n] vi ❶ (freundlich lächeln) to smile ❷ (sich lustig machen) to smirk (über at)

Lä·cheln <-s> [ˈlɛçl̩n] nt kein pl smile

la·chen [ˈlaxn̩] vi ❶ (auf-) to laugh (über at) ❷ (aus-) to laugh (über at) ▸ **gut ~ haben** to be all right for sb to laugh; **wer zuletzt lacht, lacht am besten** (prov) he who laughs last, laughs longest

La·chen <-s> [ˈlaxn̩] nt kein pl ❶ (Gelächter) laughter no pl ❷ (Lache) laugh

La·cher(in) <-s, -> [ˈlaxɐ] m(f) ▪ **die ~ auf seiner Seite haben** to score by getting the laughs

Lach·er·folg m ▪ **ein ~ sein** to make everyone laugh

lä·cher·lich [ˈlɛçɐlɪç] **I.** adj ❶ (albern) ridiculous; **jdn/sich ~ machen** to make a fool of sb/oneself ❷ (geringfügig) trivial **II.** adv (sehr) ridiculously

Lä·cher·lich·keit <-, -en> f ❶ kein pl (Albernheit) ridiculousness no pl ❷ (Geringfügigkeit) triviality

Lach·gas nt laughing gas

lach·haft *adj* laughable
Lach·krampf *m (fig)* **einen ~ bekommen** to go into fits of laughter
Lachs <-es, -e> [laks] *m* salmon
lachs·far·ben *adj*, **lachs·far·big** *adj* salmon pink **Lachs·fo·rel·le** *f* sea trout
Lack <-[e]s, -e> [lak] *m* ❶ *(Lackierung)* paint[work] ❷ *(Lackfarbe)* gloss paint; *(transparent)* varnish
Lack·af·fe *m (pej fam)* dandy
la·ckie·ren* [laˈkiːrən] *vt a. Fingernägel* to paint; *Holz* to varnish
La·ckie·rung <-, -en> *f* ❶ *(das Lackieren)* painting ❷ *(aufgetragener Lack)* paintwork
Lack·le·der <-s> *nt* patent leather *no pl, no indef art*
Lack·mus <-> [ˈlakmʊs] *nt o m kein pl* litmus *no pl, no indef art*
Lack·mus·pa·pier *nt* litmus paper
Lack·scha·den *m* damage to the paintwork **Lack·schuh** *m* patent leather shoe
La·de·flä·che *f* AUTO loading space **La·de·ge·rät** *nt* battery charger
la·den <lädt, lud, geladen> [ˈlaːdn̩] **I.** *vt* ❶ *(packen) a.* INFORM to load (**auf** on[to], **in** in[to]), to unload (**aus** from) ❷ *(sich aufbürden)* **etw auf sich ~** to saddle oneself with sth ❸ *(mit Munition versehen)* to load (**mit** with) ❹ ELEK to charge (**mit** with) ❺ *(geh: ein~)* to invite (**zu** to); JUR *(geh)* to summon **II.** *vi* ❶ *(mit Munition versehen)* to load ❷ ELEK to charge ▶ **geladen sein** *(fam)* to be hopping mad
La·den¹ <-s, Läden> [ˈlaːdn̩, *pl* ˈlɛːdn̩] *m* ❶ *(Geschäft)* shop, AM *usu* store ❷ *(fam: Betrieb)* business ▶ **den ~ schmeißen** *(sl)* to run the [whole] show
La·den² <-s, Läden *o* -> [ˈlaːdn̩, *pl* ˈlɛːdn̩] *m* shutter
La·den·be·sit·zer(in) *m(f)* shopkeeper **La·den·dieb(in)** *m(f)* shoplifter **La·den·dieb·stahl** *m* shoplifting **La·den·hü·ter** *m (pej)* shelf warmer **La·den·ket·te** *f* chain of shops **La·den·preis** *m* retail price
La·den·schluss^{RR} *m kein pl* closing time
La·den·schluss·ge·setz^{RR} *nt* Hours of Trading Act
La·den·tisch *m* shop [*or* AM *usu* store] counter
La·de·ram·pe *f* loading ramp **La·de·raum** *m* LUFT, NAUT cargo space
lä·die·ren* [lɛˈdiːrən] *vt* to damage; **lädiert sein** *(hum)* to be the worse for wear
La·dung¹ <-, -en> *f* ❶ *(Fracht)* load; *Schiff, Flugzeug* cargo ❷ *(fam: größere Menge)* load ❸ *(Munition o Sprengstoff) a.* ELEK, NUKL charge
La·dung² <-, -en> *f* JUR summons + *sing vb*

Laf·fe <-n, -n> [ˈlafə] *m (veraltend) s.* **Lackaffe**
lag [laːk] *imp von* **liegen**
La·ge <-, -n> [ˈlaːgə] *f* ❶ *(landschaftliche Position)* location ❷ *(Liegeposition)* position ❸ *(Situation)* situation; **die ~ peilen** *(fam)* to see how the land lies; **zu etw** *dat* **in der ~ sein** to be in a position to do sth; **sich in jds ~ versetzen** to put oneself in sb's position ❹ *(Schicht)* layer
La·ge·be·richt *m* status report **La·ge·be·sprechung** *f* discussion regarding the situation
La·ger <-s, -> [ˈlaːgɐ] *nt* ❶ *(Waren~)* warehouse; **etw auf ~ haben** to have sth in stock; *(fig fam)* to have sth at the ready ❷ *(vorübergehende Unterkunft)* camp ❸ *(euph: Konzentrations~)* concentration camp ❹ *(ideologische Gruppierung)* camp ❺ TECH bearing
La·ger·be·stand *m* HANDEL stock [on hand] **La·ger·feu·er** *nt* campfire **La·ger·hal·le** *f* warehouse **La·ger·hal·tung** *f* storekeeping
La·ger·haus *nt* warehouse
La·ge·rist(in) <-en, -en> [laːgəˈrɪst] *m(f) (geh)* store supervisor
la·gern [ˈlaːgɐn] **I.** *vt* ❶ *(aufbewahren)* to store ❷ MED to lay; **die Beine hoch ~** to lie with one's legs up **II.** *vi* ❶ *(aufbewahrt werden)* **dunkel/kühl ~** to be stored in the dark/a cold place ❷ *(liegen)* to lie (**auf** on) ❸ *(sich niederlassen)* to camp
La·ger·raum *m* ❶ *(Raum)* storeroom ❷ *(Fläche)* storage space **La·ger·stät·te** *f* ❶ *(geh: Schlafstätte)* bed ❷ GEOL deposit
La·ge·rung <-, -en> *f* ❶ *(das Lagern)* warehousing ❷ TECH *(Lager 5)* bearing
La·gu·ne <-, -n> [laˈguːnə] *f* lagoon
lahm [laːm] *adj* ❶ *(gelähmt) Arm, Bein* lame ❷ *(fam: steif)* stiff ❸ *(fam: ohne Schwung arbeitend)* sluggish ❹ *(fam: schwach)* lame; *Erklärung* feeble
Lahm·arsch *m (derb)* slowcoach BRIT, slowpoke AM **lahm·ar·schig** *adj (sl)* bloody idle BRIT, extremely slow AM
lah·men [ˈlaːmən] *vi (lahm sein)* to be lame (**auf** in)
läh·men [ˈlɛːmən] *vt* to paralyse
lahm|le·gen *vt* **etw ~** to bring sth to a standstill
Läh·mung <-, -en> *f* paralysis
Laib <-[e]s, -e> [laɪp, *pl* ˈlaɪbə] *m bes* SÜDD loaf; *(Käse)* block
Laich <-[e]s, -e> [laɪç] *m* spawn
lai·chen [ˈlaɪçn̩] *vi* to spawn
Laie, Lai·in <-n, -n> [ˈlaɪə, ˈlaɪɪn] *m, f* ❶ *(kein Experte)* layman ❷ REL lay person
Lai·en·dar·stel·ler(in) *m(f)* amateur actor [*or fem* actress]

lai·en·haft adj amateurish
Lai·en·spiel nt amateur play
Lai·in <-, -nen> f fem form von Laie
La·kai <-en, -en> [laˈkai̯] m (pej geh) lackey
La·ke <-, -n> [ˈlaːkə] f brine
La·ken <-s, -> [ˈlaːkn̩] nt sheet
la·ko·nisch [laˈkoːnɪʃ] adj laconic
La·krit·ze <-, -n> [laˈkrɪtsə] f, **La·kritz** <-es, -e> [laˈkrɪts] m DIAL liquorice
lal·len [ˈlalən] vi, vt to slur
La·ma¹ <-s, -s> [ˈlaːma] nt ZOOL llama
La·ma² <-[s], -s> [ˈlaːma] m REL lama
La·mäng <-> [laˈmɛŋ] f kein pl ■ **aus der ~** (hum fam) off the top of one's head
La·mel·le <-, -n> [laˈmɛlə] f ❶ (dünne Platte) slat ❷ (Segment) rib ❸ BOT lamella
la·men·tie·ren* [lamɛnˈtiːrən] vi (geh) to complain (**wegen/über** about)
La·men·to <-s, -s> [laˈmɛnto] nt (geh) lament
La·met·ta <-s> [laˈmɛta] nt kein pl tinsel
Lamm <-[e]s, Lämmer> [lam, pl ˈlɛmɐ] nt (a. Fleisch) lamb
Lamm·fell nt lambskin **Lamm·fleisch** nt lamb **lamm·fromm** adj as meek as a lamb **Lamm·ko·te·lett** nt KOCHK lamb chop
Lam·pe <-, -n> [ˈlampə] f lamp
Lam·pen·fie·ber nt stage fright **Lam·pen·schirm** m lampshade
Lam·pi·on <-s, -s> [lamˈpi̯ɔŋ, ˈlampi̯ɔŋ] m Chinese lantern
lan·cie·ren* [lãˈsiːrən] vt (geh) ❶ (publik werden lassen) Nachricht to leak ❷ (auf den Markt bringen) to launch ❸ (Person) to place
Land <-[e]s, Länder> [lant, pl ˈlɛndɐ] nt ❶ (Staat) country, state, nation; **andere Länder, andere Sitten** every country has its own customs ❷ (Bundes~) federal state ❸ NAUT land ahoy!; **~ in Sicht!** land ahoy!; **an ~ gehen** to go ashore; **jdn/etw an ~ ziehen** to pull sb/sth ashore; (fig fam) to land sth ❹ kein pl (Gelände) land ❺ kein pl (ländliche Gegend) country no pl; **auf dem ~[e] in** the country
Land·adel m [landed] gentry **Land·ar·beit** f kein pl agricultural work no pl, no indef art **Land·ar·bei·ter(in)** m(f) farm hand
land·auf [lantˈʔau̯f] adv (geh) **~, landab** the length and breadth of the country
Land·be·sitz m landed property **Land·be·völ·ke·rung** f rural population
Lan·de·bahn f runway **Lan·de·er·laub·nis** f permission to land
land·ein·wärts [lantˈʔai̯nvɛrts] adv inland
lan·den [ˈlandn̩] I. vi sein ❶ (niedergehen) Flugzeug, Raumschiff, Vogel to land (**auf** on) ❷ NAUT to land ❸ (fam: hingelangen o enden) to end up ❹ (fam: verbunden werden) to get through (**bei** to) ❺ (fam: Eindruck machen) **mit deinen Schmeicheleien kannst du bei mir nicht ~** your flattery won't get you very far with me II. vt haben LUFT, MIL to land
Lan·de·platz m ❶ (kleiner Flugplatz) airstrip ❷ (Landungsplatz) landing place ❸ NAUT quay
Län·de·rei·en [lɛndəˈrai̯ən] pl estates pl
Län·der·spiel nt international [match]
Lan·des·ebe·ne f regional state level (**auf at**) **Lan·des·far·ben** pl ❶ (eines Staates) national colours ❷ (eines Bundeslandes) regional state colours **Lan·des·gren·ze** f ❶ (Staatsgrenze) frontier ❷ (Grenze eines Bundeslandes) federal state boundary **Lan·des·haupt·mann** m ÖSTERR head of a provincial government **Lan·des·haupt·stadt** f state capital **Lan·des·in·ne·re(s)** nt interior **Lan·des·kun·de** f regional studies pl **Lan·des·meis·ter(in)** m(f) national champion **Lan·des·rat, -rä·tin** m, f ÖSTERR member of the government of a province **Lan·des·re·gie·rung** f state government **Lan·des·spra·che** f national language **Lan·des·teil** m region **Lan·des·tracht** f national costume **lan·des·üb·lich** adj customary **Lan·des·ver·rat** m treason **Lan·des·wäh·rung** f domestic currency
Lan·de·ver·bot nt **~ haben** to be refused permission to land
Land·flucht f rural exodus **Land·frie·dens·bruch** m breach of the public peace **Land·gang** <-gänge> m NAUT shore leave **Land·ge·richt** nt district court **Land·gut** nt estate **Land·haus** nt country house **Land·kar·te** f map **Land·kreis** m administrative district
land·läu·fig adj generally accepted; Ansicht popular
Land·le·ben nt country life
länd·lich [ˈlɛntlɪç] adj rural; Idylle pastoral
Land·luft f country air **Land·pla·ge** f (pej) plague
Land·rat, -rä·tin m, f ❶ BRD administrative head of a district (Landkreis) ❷ SCHWEIZ parliament of a canton **Land·rats·amt** nt district administration
Land·rat·te f (hum fam) landlubber dated
Land·schaft <-, -en> [ˈlantʃaft] f ❶ (Gegend) scenery ❷ (Gemälde einer ~) landscape
land·schaft·lich I. adj scenic II. adv scenically
Land·schafts·gärt·ner(in) m(f) landscape gardener
Land·schafts·schutz m ÖKOL protection of

the countryside **Land·schafts·schutz·ge·biet** *nt* conservation area

Land·sitz *m* country estate

Lands·mann, Lands·män·nin <-leute> *m, f* compatriot

Land·stra·ße ['lantʃtraːsə] *f* secondary road

Land·strei·cher(in) <-s, -> *m(f)* tramp

Land·strich *m* area **Land·tag** *m* federal state parliament

Lan·dung <-, -en> *f* a. MIL landing

Lan·dungs·brü·cke *f m* pier

Land·ur·laub *m* shore leave **Land·ver·mes·sung** *f* [land] surveying **Land·weg** *m* overland route (**auf** by) **Land·wein** *m* ordinary wine from the locality **Land·wirt(in)** *m(f)* farmer

Land·wirt·schaft *f* ① *kein pl* (*bäuerliche Tätigkeit*) agriculture *no pl* ② (*landwirtschaftlicher Betrieb*) farm

land·wirt·schaft·lich I. *adj* agricultural; ~ **er Betrieb** farm II. *adv* agriculturally

Land·zun·ge *f* headland

lang <länger, längste> [laŋ] I. *adj* ① (*räumlich ausgedehnt*) long ② (*zeitlich ausgedehnt*) long; **bleibst du noch ~ in Stuttgart?** are you staying in Stuttgart for long?; **ich weiß das schon ~** I've known that for a long time ③ (*fam: groß gewachsen*) tall II. *adv* ① (*eine lange Dauer*) long; **die Verhandlungen ziehen sich schon ~e hin** negotiations have been dragging on for a long time; **wir können hier nicht länger bleiben** we can't stay here any longer; **es nicht mehr ~ machen** (*sl*) to not last much longer; **wo bist du denn so ~e geblieben?** where have you been all this time?; **da kannst du ~[e] warten!** (*iron*) you can whistle for it ② (*für die Dauer von etw*) **sie hielt einen Moment ~ inne** she paused for a moment ③ (*der Länge nach*) ~ **gestreckt** long; ~ **gezogen** prolonged

lang·är·me·lig *adj*, **lang·ärm·lich** *adj* long-sleeved **lang·at·mig** *adj* (*pej*) long-winded

lang·bei·nig *adj* long-legged

lan·ge ['laŋə] *adv* s. **lang** II ①

Län·ge <-, -n> ['lɛŋə] *f* ① (*räumliche Ausdehnung*) length; **in die ~ wachsen** to shoot up; **die Frau fiel der ~ nach hin** the woman fell flat on her face; **ich benötige Pfähle von drei Metern ~** I need posts three metres in length ② (*zeitliche Ausdehnung*) length, duration; **in voller ~** in its entirety; **sich in die ~ ziehen** to drag on ③ (*fam: Größe*) height ④ SPORT length ⑤ LIT, MEDIA (*langatmige Stelle*) long-drawn-out passage; FILM long-drawn-out scene ⑥ (*Abstand vom Nullmeridian*) longitude; **die Insel liegt 38° östlicher ~** the longitudinal position of the island is 38° east

lan·gen ['laŋən] I. *vi* (*fam*) ① ([*aus*]*reichen*) ■ **[jdm]** ~ to be enough [for sb] ② (*sich erstrecken*) **der Vorhang langt bis ganz zum Boden** the curtain reaches right down to the floor ③ (*fassen*) **lange bloß nicht mit der Hand an die Herdplatte** make sure you don't touch the hotplate with your hand; **ich kann mit der Hand bis ganz unter den Schrank ~** I can reach right under the cupboard with my hand ④ DIAL (*auskommen*) **mit dem Brot ~ wir bis morgen** the bread will last us until tomorrow ⑤ *impers* (*fam*) **jetzt langt's aber!** I've just about had enough! II. *vt* (*fam*) (*reichen*) ■ **jdm etw ~** to hand sb sth ▶ **jdm eine ~** (*fam*) to give sb a clip round the ear [*or* AM on the ears]

Län·gen·ein·heit *f* linear measure **Län·gen·grad** *m* degree of longitude **Län·gen·maß** *nt* linear measure

län·ger ['lɛŋɐ] *adj*, *adv* s. **lang, lange**

län·ger·fris·tig I. *adj* fairly long-term II. *adv* on a fairly long-term basis

Lan·ge·wei·le <-, *o* Langerweile, *dat* Langenweile> ['laŋəvailə] *f kein pl* boredom *no pl*; ~ **haben** to be bored

Lang·fin·ger ['laŋfɪŋɐ] *m* (*hum*) pickpocket

lang·fris·tig I. *adj* long-term II. *adv* on a long-term basis **lang|ge·hen** ['laŋɡeːən] *vi irreg sein* (*fam*) ■ **irgendwo ~** to go along somewhere **lang·haa·rig** *adj* long-haired **lang·jäh·rig** *adj* of many years' standing; *Freundschaft* long-standing **Lang·lauf** *m kein pl* cross-country skiing *no pl*

lang·le·big *adj* ① (*lange lebend*) long-lived ② (*lange Zeit zu gebrauchen*) long-lasting ③ (*hartnäckig*) persistent

lang|le·gen *vr* (*fam*) ■ **sich ~** ① (*hinfallen*) to fall flat on one's face ② (*sich niederlegen*) to lie down

läng·lich ['lɛŋlɪç] *adj* longish

Lang·mut <-> *f kein pl* (*geh*) forbearance *no pl*

längs [lɛŋs] I. *präp* +*gen* ■ ~ **einer S.** *gen* along sth, alongside [of] sth II. *adv* (*der Länge nach*) lengthways; ~ **gestreift** with vertical stripes

lang·sam ['laŋzaːm] I. *adj* ① (*nicht schnell*) slow ② (*allmählich*) gradual II. *adv* ① (*nicht schnell*) slowly ② (*fam: allmählich*) gradually; **es ist ~ an der Zeit, dass wir uns auf den Weg machen** it's about time we were thinking of going ▶ ~, **aber** sicher slowly but surely

Lang·sam·keit <-> *f kein pl* slowness *no pl*

Lang·schlä·fer(in) *m(f)* late riser

Lang·spiel·plat·te *f* long-playing record, LP

Längs·schnitt *m* longitudinal section

längst [lɛŋst] *adv* ❶ *(lange)* long since, for a long time ❷ *(bei weitem)* **das ist ~ nicht alles** that's not everything by a long shot

längs·te(r, s) *adj, adv superl von* **lang**

längs·tens [ˈlɛŋstn̩s] *adv* ❶ *(höchstens)* at the most ❷ *(spätestens)* at the latest

Lạng·stre·cken·flug *m* long-haul flight
Lạng·stre·cken·lauf *m* long-distance race

Lan·gus·te <-, -n> [laŋˈgʊstə] *f* crayfish

lang·wei·len [ˈlaŋvailən] **I.** *vt* to bore **II.** *vi (pej)* to be boring **III.** *vr* **sich ~** to be bored

Lang·wei·ler(in) <-s, -> *m(f) (pej fam)* ❶ *(jd, der langweilt)* bore ❷ *(langsamer Mensch)* slowcoach BRIT, slowpoke AM

lang·wei·lig [ˈlaŋvailɪç] **I.** *adj* boring **II.** *adv* boringly

Lạng·wel·le *f* long wave

lang·wie·rig [ˈlaŋviːrɪç] *adj* long-drawn-out

Lạng·zeit·ar·beits·lo·se(r) *f(m) dekl wie adj* long-term unemployed person **Lạng·zeit·ar·beits·lo·sig·keit** *f* long-term unemployment **Lạng·zeit·ge·dächt·nis** *nt* long-term memory **Lạng·zeit·stu·dent(in)** *m(f)* long-term student, eternal student *fam* **Lạng·zeit·stu·die** *f* long-term study

Lan·ze <-, -n> [ˈlantsə] *f* lance

la·pi·dar [lapiˈdaːɐ̯] *adj (geh)* terse

La·pa·lie <-, -n> [laˈpaːliə] *f* trifle

Lap·pe, Lap·pin <-n, -n> [ˈlapə, ˈlapɪn] *m, f* Laplander; *s. a.* **Deutsche(r)**

Lạp·pen <-s, -> [ˈlapn̩] *m* ❶ *(Stück Stoff)* rag ❷ *(sl: Banknote)* note; *pl (Moneten)* dough *no pl, no indef art* ▶ **jdm durch die ~ gehen** *(fam)* to slip through sb's fingers

läp·pern [ˈlɛpɐn] *vr impers (fam)* **sich ~** to add up

lạp·pig [ˈlapɪç] *adj* ❶ *(fam: schlaff)* limp ❷ *(dünn)* flimsy ❸ *(fam)* **~ e 10 Euro** a measly 10 euros

läp·pisch [ˈlɛpɪʃ] **I.** *adj* ❶ *(fam: lächerlich)* ridiculous ❷ *(pej: albern)* silly **II.** *adv (pej)* in a silly manner

Lap·pisch [ˈlapɪʃ] *adj* Lapp; *s. a.* **deutsch**

Lạpp·land <-[e]s> [ˈlaplant] *nt* Lapland; *s. a.* **Deutschland**

Lạp·sus <-, -> [ˈlapsʊs] *m (geh)* mistake

Lạp·top <-s, -s> [ˈlɛptɔp] *m* laptop

Lär·che <-, -n> [ˈlɛrçə] *f* larch

La·ri·fa·ri <-s> [lariˈfaːri] *nt kein pl (pej fam)* nonsense *no pl*

Lärm <-[e]s> [lɛrm] *m kein pl* noise; **~ ma·chen** to make a noise ▶ **viel ~ um nichts [machen]** [to make] a lot of fuss about nothing

Lärm·be·läs·ti·gung *f* noise pollution **lärm·emp·find·lich** *adj* sensitive to noise

lär·men [ˈlɛrmən] *vi* to make noise

lär·mend **I.** *adj* noisy; *Menge* raucous **II.** *adv* noisily

Lärm·ku·lis·se *f* background noise **Lärm·pe·gel** *m* noise level **Lärm·schutz** *m* protection against noise

Lạr·ve <-, -n> [ˈlarfə] *f (Insektenlarve)* larva, grub

las [laːs] *imp von* **lesen**

La·sa·gne <-, -> [laˈzanjə] *f* lasagne

lasch [laʃ] **I.** *adj (fam)* ❶ *(schlaff)* feeble; *Händedruck* limp ❷ *(nachsichtig)* lax ❸ KOCHK insipid **II.** *adv (fam: schlaff)* limply

Lạ·sche <-, -n> [ˈlaʃə] *f* flap; *(Kleidung)* loop

La·ser <-s, -> [ˈleːzɐ, ˈleɪzɐ] *m* laser

La·ser·dru·cker *m* laser printer **La·ser·strahl** *m* laser beam

las·sen <lässt, ließ, gelassen> [ˈlasn̩] **I.** *vt* ❶ *(unter~)* to stop; **wirst du das wohl ~!** will you stop that!; **lass das, ich mag das nicht!** stop it, I don't like it!; **wenn du keine Lust dazu hast, dann ~ wir es eben** if you don't feel like it we won't bother; **wenn du keine Lust dazu hast, dann lass es doch** if you don't feel like it, then don't do it; **es nicht ~ können** not to be able to stop it ❷ *(zurück~)* ■ **jdn/etw irgendwo ~** to leave sb/sth somewhere; **etw hinter sich** *dat* **~** to leave sth behind one ❸ *(über~, behalten ~)* ■ **jdm etw ~** to let sb have sth ❹ *(gehen ~)* **lass den Hund nicht nach draußen** don't let the dog go outside; **mit 13 lasse ich meine Tochter nicht in die Disko ~** I wouldn't let my daughter go to a disco at 13 ❺ *(in einem Zustand ~)* **jdn ohne Aufsicht ~** to leave sb unsupervised; **wir's dabei ~** let's leave it at that; **etw ~, wie es ist** to leave sth as it is ❻ *(fam: los~)* ■ **jdn/etw ~** to let sb/sth go ❼ *(in Ruhe ~)* ■ **jdn ~** to leave sb alone ❽ *(gewähren ~)* **Mama, ich möchte so gerne auf die Party gehen, lässt du mich?** Mum, I really want to go to the party, will you let me? ❾ *(hinein~)* **kannst du mir das Wasser schon mal in die Wanne ~?** can you run a bath for me?; **frische Luft ins Zimmer ~** to let a bit of fresh air into the room ❿ *(hinaus~)* **sie haben mir die Luft aus den Reifen gelassen!** they've let my tyres down! ⓫ *(zugestehen ~)* **eines muss man ihm ~, er versteht sein Handwerk** you've got to give him one thing, he knows his job ▶ **einen ~** *(fam)* to let one rip **II.** *vb aux* <lässt, ließ, lassen> ❶ *(veran~)* ■ **jdn etw tun ~** to have sb do sth; **sie wollen alle ihre Kinder studieren ~** they want all of their children to study; **wir sollten den Arzt kommen ~** we ought to send for the doctor; **~ Sie Herrn Braun hereinkommen** send Mr. Braun in; **der Chef hat es nicht gerne, wenn man ihn warten lässt** the boss doesn't like to be kept waiting; **die beiden werden sich wohl scheiden ~** the two will probably get a divorce; **ich muss mir einen Zahn ziehen ~** I must have a tooth pulled; **ich lasse mir die Haare schneiden** I'm having my hair cut; **jdn kommen ~** to send for sb; ■ **etw machen ~** to have sth done; **etw reparieren ~** to have sth repaired ❷ (*zu~*) ■ **jdn etw tun ~** to let sb do sth; **lass sie gehen!** let her go!; **lass mich doch bitte ausreden!** let me finish speaking, please!; **ich lasse mich nicht länger von dir belügen!** I won't be lied to by you any longer!; **er lässt sich nicht so leicht betrügen** he won't be taken in so easily; **du solltest dich nicht so behandeln ~** you shouldn't allow yourself to be treated like that; **das lasse ich nicht mit mir machen** I won't stand for it!; **viel mit sich machen ~** to put up with a lot ❸ (*be~*) **das Wasser sollte man eine Minute kochen ~** the water should be allowed to boil for a minute; **man sollte die Maschine nicht zu lange laufen ~** the machine shouldn't be allowed to run too long; **er lässt sich zurzeit einen Bart wachsen** he's growing a beard at the moment ❹ (*Möglichkeit ausdrückend*) **das lässt sich machen!** that can be done!; **dieser Witz lässt sich nicht ins Deutsche übersetzen** this joke cannot be translated into German; **dass sie daran beteiligt war, wird sich nicht leicht beweisen ~** it will not be easy to prove that she was involved ❺ **als Imperativ lass uns jetzt bieten gehen** let's go now; **lasset uns beten** let us pray; **lass dich hier nie wieder blicken!** don't ever show your face around here again!; **~ Sie dich das gesagt sein, so etwas dulde ich nicht** let me tell you that I won't tolerate anything like that; **lass dich bloß nicht von ihm ärgern** just don't let him annoy you; **lass dir darüber keine grauen Haare wachsen** don't get any grey hairs over it **III.** *vi* ‹lässt, ließ, gelassen› (*ablassen*) **sie ist so verliebt, sie kann einfach nicht von ihm ~** she is so in love, she simply can't part from him; **~ Sie mal!** that's all right!; **vom Alkohol ~** to give up alcohol

läs·sig ['lɛsɪç] **I.** *adj* ❶ (*ungezwungen*) casual ❷ (*fam: leicht*) **die Fragen waren total ~!** the questions were dead easy! **II.** *adv* ❶ (*ungezwungen*) casually; **du musst das ~er sehen** you must take a more casual view ❷ (*fam: mit Leichtigkeit*) no problem; **das schaffen wir ~!** we'll manage that easily!

Läs·sig·keit ‹-› *f kein pl* casualness *no pl*

Las·so ‹-s, -s› ['laso] *m o nt* lasso

Last ‹-, -en› [last] *f* ❶ (*zu tragender Gegenstand*) load ❷ (*schweres Gewicht*) weight ❸ (*Bürde*) burden ❹ *pl* (*finanzielle Belastung*) burden; **zu jds ~en gehen** to be charged to sb ▶ **jdm zur ~ fallen** to become a burden on sb; **jdm etw zur ~ legen** to accuse sb of sth

las·ten ['lastn̩] *vi* ❶ (*als Last liegen auf*) ■ **auf etw** *dat* **~** to rest on sth ❷ (*eine Bürde sein*) ■ **auf jdm ~** to rest with sb ❸ (*stark belasten*) ■ **auf etw** *dat* **~** to weigh heavily on sth

Las·ten·auf·zug *m* goods lift BRIT, freight elevator AM

las·tend *adj* (*geh*) oppressive

Las·ter¹ ‹-s, -› ['lastɐ] *m* (*fam: Lastwagen*) lorry BRIT, truck AM

Las·ter² ‹-s, -› ['lastɐ] *nt* (*schlechte Gewohnheit*) vice

Läs·te·rer, Läs·te·rin ‹-s, -› ['lɛstərɐ, 'lɛstərɪn] *m, f* detractor *form*, knocker *sl*

las·ter·haft *adj* (*geh*) depraved

Las·ter·höh·le *f* (*pej fam*) den of vice

Läs·te·rin ‹-, -nen› *f fem von* **Lästerer**

Läs·ter·maul *nt* (*pej fam*) *s*. **Lästerer**

läs·tern ['lɛstɐn] *vi* to make disparaging remarks (**über** about)

läs·tig ['lɛstɪç] *adj* ❶ (*unangenehm*) Husten, Kopfschmerzen *etc.* irritating ❷ (*störend*) annoying; **wird dir der Gipsverband nicht ~?** don't you find the plaster cast a nuisance? ❸ (*nervend, aufdringlich*) *Mensch* annoying; **du wirst mir allmählich ~!** you're beginning to become a nuisance!; **jdm ~ sein/fallen** (*geh*) to annoy sb

Last·kraft·wa·gen *m* (*geh*) *s*. **Lastwagen**

Last-Mi·nu·te-Flug [laːstˈmɪnɪt-] *m* last-minute flight

Last·tier *nt* pack animal **Last·wa·gen** *m* lorry BRIT, truck AM **Last·zug** *m* lorry with trailer

La·sur ‹-, -en› [laˈzuːɐ̯] *f* [clear] varnish

las·ziv [lasˈtsiːf] **I.** *adj* (*geh*) ❶ (*sexuell herausfordernd*) lascivious ❷ (*anstößig*) rude **II.** *adv* (*geh*) lasciviously

La·tein ‹-s› [laˈtaɪn] *nt* Latin ▶ **mit seinem ~ am Ende sein** to be at one's wits' end

La·tein·ame·ri·ka *nt* Latin America; *s. a.* **Deutschland** **La·tein·ame·ri·ka·ner(in)** ‹-s, -› *m(f)* Latin American; *s. a.* **Deutsche(r)** **la·tein·ame·ri·ka·nisch** *adj* Latin American; *s. a.* **deutsch** **la·tei·nisch** *adj* Latin; **auf L~** in Latin

la·tent [laˈtɛnt] **I.** *adj* (*geh*) latent **II.** *adv* (*geh*) latently

La·ter·ne ‹-, -n› [laˈtɛrnə] *f* ❶ (*Straßen~*) streetlamp ❷ (*Lichtquelle mit Schutzgehäuse*) lantern ❸ (*Lampion*) Chinese lantern

La·ter·nen·pfahl *m* lamppost

La·tex ‹-, Latizes› ['laːtɛks, *pl* 'laːtitseːs] *m* latex

Lat·sche <-, -n> ['latʃə] *f s.* **Latschenkiefer**
lat·schen ['la:tʃn̩] *vi sein* (*fam*) ❶ (*schwerfällig gehen*) to trudge; (*lässig gehen*) to wander; (*unbedacht gehen*) to clump ❷ DIAL (*eine Ohrfeige geben*) ▪**jdm eine ~** BRIT to smack round the head, to slap sb in the face AM
Lat·schen <-s, -> ['la:tʃn̩] *m* (*fam*) ❶ (*ausgetretener Hausschuh*) worn-out slipper ❷ (*pej: ausgetretener Schuh*) worn-out shoe ▸ **aus den ~ kippen** (*fam*) to keel over; (*sehr überrascht sein*) to be bowled over
Lat·schen·kie·fer *f* mountain pine
Lat·te <-, -n> ['latə] *f* ❶ (*kantiges Brett*) slat ❷ SPORT bar ❸ (*Tor~*) crossbar ❹ (*sl: erigierter Penis*) stiffy BRIT, woody AM ▸ **eine ganze ~ von etw** *dat* a load of sth; **eine lange ~** beanpole
Lat·ten·zaun *m* picket fence
Latz <-es, Lätze *o* ÖSTERR -e> [lats, *pl* 'lɛtsə] *m* ❶ (*Hosen~*) flap ❷ (*Tuch zum Vorbinden*) bib
Lạtz·ho·se *f* dungarees *npl*
lau [laʊ] *adj* ❶ (*mild*) mild ❷ (*lauwarm*) lukewarm; (*mäßig*) moderate ❸ (*halbherzig*) half-hearted
Laub <-[e]s> [laʊp] *nt kein pl* foliage *no pl, no indef art*
Laub·baum *m* deciduous tree
Lau·be <-, -n> ['laʊbə] *f* (*Häuschen*) arbour
Laub·frosch *m* tree frog **Laub·sä·ge** *f* fretsaw **Laub·wald** *m* deciduous forest
Lauch <-[e]s, -e> [laʊx] *m* leek
Lau·er <-> ['laʊɐ] *f* **auf der ~ liegen** to lie in wait
lau·ern ['laʊɐn] *vi* ❶ (*in einem Versteck warten*) to lie in wait (*auf* for); **die Löwen umkreisten ~d die Herde** the lions lurked around the herd ❷ (*fam*) **die anderen lauerten nur darauf, dass sie einen Fehler machte** the others were just waiting for her to make a mistake
Lauf <-[e]s, Läufe> [laʊf, *pl* 'lɔʏfə] *m* ❶ *kein pl* (*das Laufen*) run ❷ SPORT (*Durchgang*) round; (*Rennen*) heat ❸ *kein pl* (*Maschine*) **der Motor hat einen unruhigen ~** the engine is not running smoothly ❹ *kein pl eines Flusses* course; *eines Sterns* path ❺ (*Ver~, Entwicklung*) course; **das ist der ~ der Dinge** that's the way things go; **seinen ~ nehmen** to take its course; **im ~e einer Sache** *gen* in the course of sth; **im ~e der Jahrhunderte** over the centuries ❻ (*Gewehr~*) barrel ▸ **einer S.** *dat* **freien ~ lassen** to give free rein to sth; **lasst eurer Fantasie freien ~ let** your imagination run wild; **man sollte den Dingen ihren ~ lassen** one should let things take their course

Lauf·bahn *f* career **Lauf·bur·sche** *m* ❶ (*veraltend: Bote*) errand boy ❷ (*pej: Lakai*) flunk[e]y
lau·fen <läuft, lief, gelaufen> ['laʊfn̩] **I.** *vi sein* ❶ (*rennen*) to run ❷ (*fam: gehen*) to go; **seit dem Unfall läuft er mit Krücken** since the accident he gets around on crutches; **mir sind Kühe vors Auto gelaufen** cows ran in front of my car ❸ (*zu Fuß gehen*) to walk ❹ (*gehend an etw stoßen*) **ich bin an einen Pfosten gelaufen** I walked into a post ❺ (*fließen*) to run; **lass bitte schon einmal Wasser in die Badewanne ~** start filling the bath please; **jdm eiskalt über den Rücken ~** (*fig*) a chill runs up sb's spine ❻ SPORT to run ❼ (*funktionieren*) to work; *Getriebe, Maschine, Motor* to run; (*eingeschaltet sein*) to be on ❽ FILM, THEAT (*gezeigt werden*) to be on ❾ (*gültig sein*) to run ❿ (*seinen Gang gehen*) to go; **„was macht das Geschäft?" — „es könnte besser ~"** "how's business?" — "could be better"; **wie läuft es?** how's it going?; **läuft etwas zwischen euch?** is there anything going on between you? ⓫ (*geführt werden*) **diese Einnahmen ~ unter „Diverses "** this income comes under the category of "miscellaneous"; **auf jds Namen ~** to be issued in sb's name ⓬ (*gut verkäuflich sein*) **das neue Produkt läuft gut/nicht so gut** the new product is selling well/not selling well ▸ **die Sache ist gelaufen** it's too late now; **das läuft bei mir nicht!** I'm not having that! **II.** *vt sein o haben* ❶ SPORT to run; **einen Rekord ~** to set ❷ (*zurücklegen*) **er will den Marathon in drei Stunden ~** he wants to run the marathon in three hours **III.** *vr impers* **mit diesen Schuhen wird es sich besser ~** walking will be easier in these shoes; **auf dem Teppichboden läuft es sich weicher als auf den Fliesen** a carpet is softer to walk on than tiles
lau·fend I. *adj attr* ❶ (*geh: derzeitig*) current ❷ (*ständig*) constant ▸ **jdn** (*über etw akk*) **auf dem L~en halten** to keep sb up-to-date [about sth]; **mit etw** *dat* **auf dem L~en sein** to be up-to-date with sth **II.** *adv* (*fam*) constantly
Läu·fer <-s, -> ['lɔʏfɐ] *m* ❶ SCHACH bishop ❷ (*Teppich*) runner
Läu·fer(in) <-s, -, -nen> ['lɔʏfɐ] *m(f)* runner
Lauf·feu·er *nt* ▸ **sich wie ein ~ verbreiten** to spread like wildfire
läu·fig ['lɔʏfɪç] *adj* on heat
Lauf·kund·schaft *f kein pl* passing trade *no pl* **Lauf·ma·sche** *f* ladder **Lauf·pass**ᴿᴿ, **Lauf·paß**ᴬᴸᵀ *m kein pl* ▸ **jdm den ~ geben** (*fam*) to give sb their marching orders
Lauf·schritt *m* **im ~** at a run; MIL at the

double **Lauf·stall** m playpen **Lauf·steg** m catwalk **Lauf·werk** nt Maschine drive mechanism; Uhr clockwork; Computer disc drive **Lauf·zeit** f term

Lau·ge <-, -n> ['laugə] f ① (Seifen~) soapy water ② (wässrige Lösung einer Base) lye

Lau·ne <-, -n> ['launə] f ① (Stimmung) mood; **schlechte/gute ~ haben** to be in a bad/good mood; **seine ~ an jdm auslassen** to take one's temper out on sb ② (abwegige Idee) whim; **aus einer ~ heraus** on a whim

lau·nen·haft adj ① (kapriziös) moody ② Wetter unsettled

lau·nig <-er, -ste> ['launɪç] adj (veraltend) witty

lau·nisch ['launɪʃ] adj s. launenhaft

Laus <-, Läuse> [laus, pl 'lɔyzə] f ① (Blutsaugendes Insekt) louse ② (Blatt~) aphid ▸ **jdm ist eine ~ über die Leber gelaufen** (fam) sb got out of the wrong side of bed

Laus·bub m SÜDD (fam) rascal

lau·schen ['lauʃn̩] vi ① (heimlich zuhören) to eavesdrop ② (geh: zuhören) to listen

lau·schig ['lauʃɪç] adj (veraltend: gemütlich) snug

Lau·se·ben·gel m (veraltend fam) s. Lausbub

lau·sen ['lauzn̩] vt to delouse

lau·sig ['lauzɪç] **I.** adj (pej fam) ① (entsetzlich) Arbeit, Zeiten etc. awful ② (geringfügig) measly **II.** adv (pej fam) ① (entsetzlich) terribly ② (lumpig) lousily

laut¹ [laut] **I.** adj ① (weithin hörbar) loud; Farben loud; **musst du immer gleich ~ werden?** do you always have to blow your top right away?; **etw ~er stellen** to turn up sep sth ② (voller Lärm) noisy ▸ **etw ~ werden lassen** to make sth known **II.** adv (weithin hörbar) loudly; **kannst du das ~er sagen?** can you speak up?; **~ denken** to think out loud; **sag das nicht ~!** don't let anyone hear you say that!

laut² [laut] präp +gen o dat ~ **Zeitungsberichten ...** according to newspaper reports ...

Laut <-[e]s, -e> [laut] m noise; **keinen ~ von sich geben** to not make a sound

Lau·te <-, -n> ['lautə] f lute

lau·ten ['lautn̩] vi ① (zum Inhalt haben) to read; **wie lautet der letzte Absatz?** how does the final paragraph go?; **die Anklage lautete auf Erpressung** the charge is blackmail ② (ausgestellt sein) ■ **auf jdn/jds Namen ~** to be in sb's name

läu·ten ['lɔytn̩] **I.** vi Klingel, Telefon to ring; Glocke a. to chime; (feierlich) to toll; ■ **jdm ~** to ring for sb ▸ **ich habe davon ~ gehört, dass ...** I have heard rumours that ... **II.** vi impers ■ **es läutet** ① DIAL (Glocken ertönen) the bell is/bells are ringing ② (die Türklingel/Schulglocke ertönt) the bell is ringing; **es hat geläutet** there was a ring at the door; **es läutet sechs Uhr** the clock's striking six

lau·ter¹ ['laute] adj just; **das sind ~ Lügen** that's nothing but lies; **vor ~ ...** because of ...

lau·ter² ['laute] adj (geh: aufrichtig) sincere

läu·tern ['lɔyten] vt (geh) to reform

Läu·te·rung <-, -en> f (geh) reformation

laut·hals ['lauthals] adv at the top of one's voice pred

Laut·leh·re f kein pl phonetics + sing vb

laut·lich ['lautlɪç] **I.** adj phonetic **II.** adv phonetically

laut·los ['lautlo:s] **I.** adj noiseless **II.** adv noiselessly

Laut·schrift f phonetic alphabet

Laut·spre·cher m loudspeaker (über by) **Laut·spre·cher·box** f speaker

laut·stark I. adj loud; Protest strong **II.** adv loudly, strongly

Laut·stär·ke f volume; **bei voller ~** at full volume; **etw auf volle ~ stellen** to turn sth up to full volume **Laut·stär·ke·reg·ler** m volume control

lau·warm ['lauvarm] adj lukewarm

La·va <-, Laven> ['la:va, pl 'la:vn̩] f lava

La·ven·del <-s, -> ['la'vɛndl̩] m lavender

la·vie·ren* [la'vi:rən] vi (geh) to manoeuvre

La·wi·ne <-, -n> [la'vi:nə] f (a. fig) avalanche; **eine ~ ins Rollen bringen** to start an avalanche

La·wi·nen·ge·fahr f kein pl risk of avalanches

lax [laks] adj lax

Lay-out^{RR}, **Lay·out** <-s, -s> [le:'ʔaut] nt layout

lay·ou·ten* [le:'ʔautn̩] vt TYPO, INFORM to layout

Lay·ou·ter(in) <-s, -> [le:'ʔautɐ, le:'ʔautərɪn] m(f) layout man masc, layout woman fem

La·za·rett <-[e]s, -e> [latsa'rɛt] nt military hospital

LCD <-[s], -s> [ɛltsəː'de:] nt Abk von **liquid-crystal display** LCD

LCD-Fern·seh·ge·rät nt LCD television

lea·sen ['li:zn̩] vt to lease

Lea·sing <-s, -s> ['li:zɪŋ] nt leasing

Le·be·da·me f (pej) fem form von Lebemann courtesan **Le·be·mann** m (pej) playboy

le·ben ['le:bn̩] **I.** vi ① (lebendig sein) to live; **Gott sei Dank, er lebt [noch]** thank God, he's [still] alive; **lang lebe der/die/das ...!** long live the ...! ② (ein bestimmtes Leben führen) to live; **getrennt ~** to live apart; **ve-**

getarisch ~ to be vegetarian ❸ (*seinen Lebensunterhalt bestreiten*) **wovon lebt der überhaupt?** whatever does he do for a living?; **vom Schreiben** ~ to make a living as a writer ❹ (*wohnen*) to live ❺ (*da sein*) ■ **für jdn/etw** ~ to live [for sb/sth]; **mit etw** *dat* ~ **können/müssen** to be able to/have to live with sth ▸ **leb[e] wohl!** farewell! **II.** *vt* ❶ (*verbringen*) ■ **etw** ~ to live sth; **ich lebe doch nicht das Leben anderer Leute!** I have my own life to lead! ❷ (*verwirklichen*) **seine Ideale/seinen Glauben** ~ to live according to one's ideals/beliefs **III.** *vi impers* **wie lebt es sich denn als Millionär** what's life like as a millionaire?; **lebt es sich hier besser als dort?** is life better here than there?

Le·ben <-s, -> ['le:bn̩] *nt* ❶ (*Lebendigsein*) life; **jdn** [**künstlich**] **am** ~ **erhalten** to keep sb alive [artificially]; **etw mit dem** ~ **bezahlen** (*geh*) to pay for sth with one's life; **jdn ums** ~ **bringen** (*geh*) to take sb's life; **am** ~ **sein** to be alive; **mit dem** ~ **davonkommen** to escape with one's life; [**bei etw/während einer S.**] **ums** ~ **kommen** to die [in sth/during sth]; **jdn am** ~ **lassen** to let sb live; **um sein** ~ **laufen** to run for one's life; **sich** *dat* **das** ~ **nehmen** (*euph*) to take one's life; **jdm das** ~ **retten** to save sb's life ❷ (*Existieren*) life; **das tägliche** ~ everyday life; **am** ~ **hängen** to love life; **jdm/sich das** ~ **schwermachen** to make life difficult for sb/oneself; **so ist das** ~ [**eben**] that's life; **sich** [**mit etw** *dat*] **durchs** ~ **schlagen** to struggle to make a living [doing sth]; **nie im** ~ never ❸ (*Geschehen, Aktivität*) life; **etw ins** ~ **rufen** to establish sth; **das öffentliche** ~ public life ❹ (*Lebensinhalt*) life ▸ [**bei etw** *dat*] **sein** ~ **aufs Spiel setzen** to risk one's life [doing sth]; **es geht um** ~ **und Tod** it's a matter of life and death

le·bend I. *adj* living **II.** *adv* alive; ~ **gebärend** ZOOL bearing live young

le·ben·dig [le'bɛndɪç] **I.** *adj* ❶ (*lebend*) living; ■ ~ **sein** to be alive ❷ (*anschaulich, lebhaft*) vivid; **■ Kind** lively **II.** *adv* ❶ (*lebend*) alive ❷ (*lebhaft*) **etw** ~ **gestalten/schildern** to organize sth in a lively way/give a lively description of sth

Le·ben·dig·keit <-> *f kein pl* vividness *no pl*

Le·bens·abend *m* (*geh*) twilight years *pl*
Le·bens·ab·schnitt *m* chapter in one's life
Le·bens·al·ter *nt* age **Le·bens·auf·ga·be** *f* lifelong task; **sich** *dat* **etw zur** ~ **machen** to make sth one's life's work **Le·bens·be·din·gun·gen** *pl* living conditions **le·bens·be·dro·hend** *adj* life-threatening **le·bens·be·ja·hend** *adj* **eine** ~**e Einstellung** a positive take on life **Le·bens·dau·er** *f* ❶ (*Dauer des Lebens*) lifespan ❷ (*Dauer der Funktionsfähigkeit*) [working] life **Le·bens·eli·xier** *nt* elixir of life **Le·bens·en·de** *nt kein pl* death; **bis ans/an jds** ~ until one's/sb's death **Le·bens·er·fah·rung** *f* experience of life **Le·bens·er·in·ne·run·gen** *pl* memoirs **Le·bens·er·war·tung** *f* life expectancy **le·bens·fä·hig** *adj* ❶ MED (*fähig, zu überleben*) capable of surviving; [**nicht**] ~ **sein** (*fig*) [not] to be viable ❷ BIOL (*in der Lage zu existieren*) viable, capable of living *pred* **Le·bens·form** *f* ❶ (*Lebensweise*) way of life ❷ (*Organisation von biol. Leben*) life-form **Le·bens·freu·de** *f kein pl* love of life *no pl* **Le·bens·froh** *adj* full of the joys of life *pred* **Le·bens·ge·fahr** *f* **es besteht** ~ there is a risk of death; **jd ist in** ~ sb's life is in danger; **jd ist außer** ~ sb's life is no longer in danger **le·bens·ge·fähr·lich I.** *adj* extremely dangerous; (*Krankheiten*) life-threatening **II.** *adv* ❶ (*in das Leben bedrohender Weise*) critically ❷ (*fam: sehr gefährlich*) dangerously **Le·bens·ge·fähr·te, -ge·fähr·tin** *m, f* (*geh*) partner **Le·bens·ge·fühl** *nt kein pl* awareness of life *no pl* **Le·bens·geis·ter** *pl* **jds** ~ **erwecken** to liven sb up **Le·bens·ge·mein·schaft** *f* (*das dauernde Zusammenleben*) long-term relationship **Le·bens·ge·schich·te** *f* life story **Le·bens·ge·wohn·hei·ten** *pl* habits **le·bens·groß** *adj* life-size[d] **Le·bens·hal·tungs·kos·ten** *pl* cost of living *no pl, no indef art* **Le·bens·jahr** *nt* year [of one's life]; **nach/vor dem vollendeten 21.** ~ (*geh*) after/before sb's 21st birthday; **bereits im 14.** ~ **verlor sie ihre Eltern** she lost her parents when she was only fourteen **Le·bens·la·ge** *f* situation [in life]; **in allen** ~**n** in any situation

le·bens·lang ['le:bn̩slaŋ] **I.** *adj* ❶ (*das ganze Leben dauernd*) lifelong ❷ JUR (*lebenslänglich*) life *attr*, for life *pred* **II.** *adv* (*das ganze Leben*) all one's life

le·bens·läng·lich ['le:bn̩slɛŋlɪç] **I.** *adj* JUR life *attr*, for life *pred*; „~" **bekommen** (*fam*) to get "life" **II.** *adv* all one's life

Le·bens·lauf *m* curriculum vitae BRIT, résumé AM **Le·bens·lust** *f s.* Lebensfreude **le·bens·lus·tig** *adj s.* lebensfroh

Le·bens·mit·tel *nt meist pl* food **Le·bens·mit·tel·al·ler·gie** *f* food allergy **Le·bens·mit·tel·ge·schäft** *nt* grocer's **Le·bens·mit·tel·ver·gif·tung** *f* food poisoning

le·bens·mü·de *adj* weary of life *pred*; **bist du** ~? (*hum fam*) are you tired of living? **Le·bens·mut** *m kein pl* courage to face life *no pl* **le·bens·nah** *adj* true-to-life **Le·bens·**

nerv *m* vital lifeline **le·bens·not·wen·dig** *adj s.* lebenswichtig **Le·bens·part·ner(in)** *m(f) s.* Lebensgefährte **Le·bens·qua·li·tät** *f kein pl* quality of life **Le·bens·raum** *m* ❶ *kein pl* (*Entfaltungsmöglichkeiten*) living space ❷ (*Biotop*) habitat **Le·bens·ret·ter(in)** *m(f)* life-saver **Le·bens·stan·dard** *m kein pl* standard of living **Le·bens·stil** *m* lifestyle **Le·bens·un·ter·halt** *m kein pl* subsistence; **das deckt noch nicht einmal meinen ~** that doesn't even cover my basic needs; **mit .../als ... seinen ~ verdienen** to earn one's keep by .../as ... **Le·bens·ver·si·che·rung** *f* life insurance **Le·bens·wan·del** *m kein pl* way of life; **einen einwandfreien/lockeren ~ führen** to lead an irreproachable/a dissolute life **Le·bens·weg** *m* (*geh*) journey through life **Le·bens·wei·se** *f* lifestyle **Le·bens·weis·heit** *f* ❶ (*weise Lebenserfahrung*) worldly wisdom ❷ (*weise Lebensbeobachtung*) maxim **Le·bens·werk** *nt* life['s] work **le·bens·wert** *adj* worth living *pred*; **jdm ist das Leben nicht mehr ~** life is not worth living for sb anymore **le·bens·wich·tig** *adj* vital, essential **Le·bens·wil·le** *m kein pl* will to live **Le·bens·zei·chen** *nt* (*a. fig*) sign of life **Le·bens·zeit** *f* lifetime; **auf ~ für life Le·bens·ziel** *nt* goal in life

Le·ber <-, -n> ['le:bɐ] *f* (*Organ*) *a.* кохск liver ▶ **frei von der ~ weg reden** to speak frankly

Le·ber·fleck *m* liver spot **Le·ber·käs** *m*, **Le·ber·kä·se** *m kein pl* meatloaf made out of finely-ground liver and other meat **Le·ber·knö·del** *m* liver dumpling **Le·ber·pas·te·te** *f* liver pâté **Le·ber·tran** *m* cod-liver oil **Le·ber·wert** *m meist pl* liver function reading **Le·ber·wurst** *f* liver sausage ▶ **die beleidigte ~ spielen** (*fam*) to get all in a huff

Le·be·we·sen *nt* living thing; **menschliches ~** human being

Le·be·wohl <-[e]s, -s *o geh* -e> [le:bə'vo:l] *nt* (*geh*) farewell

leb·haft ['le:phaft] I. *adj* ❶ (*temperamentvoll*) lively ❷ (*angeregt*) lively; *Beifall* thunderous; **eine ~e Fantasie** an active imagination ❸ (*belebt*) lively; *Verkehr* brisk ❹ (*anschaulich*) vivid II. *adv* ❶ (*anschaulich*) vividly ❷ (*sehr stark*) intensely

Leb·haf·tig·keit <-> *f kein pl* ❶ (*temperamentvolle Art*) liveliness ❷ (*Anschaulichkeit*) vividness

Leb·ku·chen ['le:pku:xn̩] *m* gingerbread
leb·los ['le:plo:s] *adj* lifeless
Leb·tag ['le:pta:k] *m* (*fam*) **jds ~ [lang]** for the rest of sb's days; **das hätte ich mein ~ nicht gedacht** never in all my life would I have thought that **Leb·zei·ten** *pl* **zu jds ~** (*Zeit*) in sb's day; (*Leben*) in sb's lifetime

lech·zen ['lɛçtsn̩] *vi* (*geh*) ■ **nach etw** *dat* **~** ❶ (*vor Durst verlangen*) to long for sth ❷ (*dringend verlangen*) to crave sth

leck [lɛk] *adj* leaky
Leck <-[e]s, -s> [lɛk] *nt* leak
le·cken¹ ['lɛkn̩] *vi* to leak
le·cken² ['lɛkn̩] I. *vi* to lick; **willst du mal [an meinem Eis] ~?** do you want a lick [of my ice cream]?; ■ **an jdm/etw ~** to lick sb/sth II. *vt* to lick; ■ **etw aus etw** *dat*/**von etw** *dat* **~** to lick sth [out of/off sth]; **die Hündin leckte ihre Jungen** the bitch licked her young

le·cker ['lɛkɐ] I. *adj* delicious II. *adv* deliciously; **den Braten hast du wirklich ~ zubereitet** your roast is really delicious

Le·cker·bis·sen *m* delicacy
Le·cke·rei <-, -en> [lɛkə'raɪ] *f* ❶ кохск *s.* Leckerbissen ❷ *kein pl* (*pej fam: das Lecken*) licking

Le·cker·maul *nt* (*fam*) ■ **ein ~ sein** to have a sweet tooth

Le·der <-s, -> ['le:dɐ] *nt* ❶ (*gegerbte Tierhaut*) leather; (*fam*) **zäh wie ~** tough as old boots ❷ (*fam: Fußball*) leather

Le·der·ho·se *f* ❶ (*lederne Trachtenhose*) lederhosen *npl* ❷ (*Bundhose aus Leder*) leather trousers *npl* **Le·der·ja·cke** *f* leather jacket

le·dern ['le:dɐn] *adj* ❶ (*aus Leder gefertigt*) leather ❷ (*zäh*) leathery

Le·der·rie·men *m* leather strap **Le·der·wa·ren** *pl* leather goods *npl*

le·dig ['le:dɪç] *adj* ❶ (*unverheiratet*) single ❷ (*frei von etw*) ■ **einer S.** *gen* **~ sein** to be free of sth

le·dig·lich ['le:dɪklɪç] *adv* (*geh*) merely

leer [le:ɐ] I. *adj* ❶ (*ohne Inhalt*) empty; **etw ~ machen** to empty sth ❷ (*menschenleer*) empty; **das Haus steht schon lange ~** the house has been empty for a long time ❸ (*nicht bedruckt*) blank ❹ (*ausdruckslos*) vacant; **seine Augen waren ~** he had a vacant look in his eyes; **sich ~ fühlen** to feel empty inside; *Versprechungen, Worte* empty II. *adv* **den Teller ~ essen** to finish one's meal; **das Glas/die Tasse ~ trinken** to finish one's drink; **wie ~ gefegt sein** to be deserted ▶ [**bei etw** *dat*] ~ <u>**ausgehen**</u> to go away empty-handed

Lee·re <-> ['le:rə] *f kein pl* emptiness *no pl*; **gähnende ~** a gaping void; (*leerer Raum*) an utterly deserted place

lee·ren ['le:rən] I. *vt* ❶ (*entleeren*) to empty; **sie leerte ihre Tasse nur halb** she only drank half a cup ❷ DIAL, ÖSTERR (*aus~*) to empty (**in** into) **II.** *vr* **sich ~** to empty

Leer·gut *nt kein pl* empties *pl fam* **Leer·lauf** *m* ❶ (*Gangeinstellung*) neutral gear; **im ~ in** neutral ❷ (*unproduktive Phase*) unproductiveness *no pl* **Leer·lauf·dreh·zahl** *f* AUTO idle speed **Leer·tas·te** *f* space-bar

Lee·rung <-, -en> *f* emptying *no pl*; *Post* collection

le·gal [le'ga:l] **I.** *adj* legal **II.** *adv* legally

le·ga·li·sie·ren* [legali'zi:rən] *vt* to legalize

Le·ga·li·tät <-> [legali'tɛ:t] *f kein pl* legality *no pl*; [**etwas**] **außerhalb der ~** (*euph*) [slightly] outside the law

Le·gas·the·ni·ker(in) <-s, -> [legas'te:nikɐ] *m(f)* dyslexic

le·gen ['le:gən] **I.** *vt* ❶ (*hin~*) **jdn/etw irgendwohin ~** to put sb/sth somewhere; **sich** *dat* **einen Schal um den Hals ~** to wrap a scarf around one's neck; **seinen Arm um jdn ~** to put one's arm around sb; **legst du die Kleine schlafen?** will you put the little one to bed? ❷ (*in Form bringen*) **die Stirn in Falten ~** to frown; **sich** *dat* **die Haare ~ lassen** to have one's hair set ❸ *Eier* to lay ❹ (*lagern*) **etw in den Kühlschrank ~** to put sth in the fridge ❺ (*ver~*) **einen Teppich/Rohre/Kabel ~** to lay a carpet/pipes/cables **II.** *vr* ❶ (*hin~*) ■ **sich ~** to lie down; **sich ins Bett/in die Sonne/auf den Rücken ~** to go to bed/lay down in the sun/lie on one's back; **der Motorradfahrer legte sich in die Kurve** the motorcyclist leaned into the bend ❷ (*sich niederlassen*) ■ **sich auf etw** *akk* **~** to settle on sth; **dichter Bodennebel legte sich auf die Straße** thick fog formed in the street; (*sich ausbreiten*) **sich auf die Nieren/Bronchien/Schleimhäute ~** to settle in one's kidneys/bronchial tubes/mucous membrane ❸ (*nachlassen*) ■ **sich ~** *Aufregung, Empörung, Sturm, Begeisterung* to subside; *Nebel* to lift

le·gen·där [legɛn'dɛ:ɐ̯] *adj* legendary

Le·gen·de <-, -n> [le'gɛndə] *f* ❶ (*fromme Sage*) legend ❷ (*Lügenmärchen*) myth

le·ger [le'ʒe:ɐ̯, le'ʒɛ:ɐ̯] **I.** *adj* ❶ (*bequem*) loose-fitting ❷ (*ungezwungen*) casual **II.** *adv* casually

Leg·gings ['lɛgɪŋs] *pl* leggings

Le·gie·rung <-, -en> *f* (*Mischung von Metallen*) alloy

Le·gi·on <-, -en> [le'gio:n] *f* legion

Le·gi·o·när <-s, -e> [legio'nɛ:ɐ̯] *m* legionary

le·gis·la·ti·ve <-n, -n> [legɪsla'ti:və] *f* legislative power

Le·gis·la·tur·pe·ri·o·de [legɪsla'tu:ɐ̯-] *f* legislative period

le·gi·tim [legi'ti:m] *adj* (*geh*) legitimate

Le·gi·ti·ma·ti·on <-, -en> [legitima'tsi̯o:n] *f* (*geh*) ❶ (*abstrakte Berechtigung*) authorization ❷ (*Ausweis*) permit

le·gi·ti·mie·ren* [legiti'mi:rən] **I.** *vt* (*geh*) ❶ (*berechtigen*) ■ **jdn** [**zu etw** *dat*] **~** to authorize sb [to do sth]; **zu Kontrollen legitimiert sein** to be authorized to carry out checks ❷ (*für gesetzmäßig erklären*) ■ **etw ~** to legitimize sth **II.** *vr* (*geh*) ■ **sich ~** to identify oneself

Le·gi·ti·mi·tät <-> [legitimi'tɛ:t] *f kein pl* (*geh*) legitimacy *no pl*

Le·gu·an <-s, -e> [le'gua:n, 'le:gua:n] *m* iguana

Lehm <-[e]s, -e> [le:m] *m* clay

leh·mig ['le:mɪç] *adj* (*aus Lehm bestehend*) clay; (*voller Lehm*) clayey; *Weg* muddy

Leh·ne <-, -n> ['le:nə] *f* ❶ (*Arm~*) armrest ❷ (*Rücken~*) back

leh·nen ['le:nən] **I.** *vt* (*an~*) to lean (**an/gegen** against) **II.** *vi* (*schräg angelehnt sein*) ■ **an etw** *dat* **~** to lean against sth **III.** *vr* (*sich beugen*) ■ **sich an jdn/etw ~** to lean on sb/sth; ■ **sich über etw** *akk* **~** to lean over sth; ■ **sich gegen etw** *akk* **~** to lean against sth; **sich aus dem Fenster ~** to lean out of the window

Lehn·stuhl *m* armchair

Lehr·amt ['le:ɐ̯-] *nt* (*geh*) ■ **das ~** the post of teacher; (*Studiengang*) teacher-training course **Lehr·an·stalt** *f* educational establishment **Lehr·be·auf·trag·te(r)** *f(m)* temporary lecturer **Lehr·be·ruf** *m* teaching profession **Lehr·buch** *nt* textbook

Leh·re[1] <-, -n> ['le:rə] *f* ❶ ([*handwerkliche*] *Ausbildung*) apprenticeship; [**bei jdm**] **in die ~ gehen** to serve one's apprenticeship [with sb]; **eine ~** [**als etw**] **machen** to serve an apprenticeship [as a/an sth] ❷ (*Erfahrung, aus der man lernt*) lesson; **das soll dir eine ~ sein!** let that be a lesson to you!; **jdm eine ~ erteilen** to teach sb a lesson; **sich** *dat* **etw eine ~ sein lassen** to learn from sth ❸ (*ideologisches System*) doctrine ❹ (*Theorie*) theory

Leh·re[2] <-, -n> ['le:rə] *f* TECH ga[u]ge

leh·ren ['le:rən] *vt* ❶ (*unterrichten*) ■ **etw ~** to teach sth; (*an der Uni*) to lecture in sth ❷ (*beispielhaft zeigen*) ■ **jdn** [**etw** *akk*] **~** to teach sb [sth] ❸ (*zeigen*) **die Erfahrung hat uns gelehrt, dass ...** experience has taught us that ...

Leh·rer(in) <-s, -> ['le:rɐ] *m(f)* teacher

Lehr·fach *nt* subject **Lehr·gang** <-gänge> *m* course; **auf einem ~ sein** to be on a course **Lehr·geld** *nt* [**für etw** *akk*] **~ zahlen** [**müssen**] to [have to] learn the hard way

lehr·haft <-er, -este> *adj* ❶ *(belehrend)* didactic ❷ *(pej: lehrerhaft)* patronizing
Lehr·jahr *nt* year as an apprentice **Lehr·körper** *m* teaching staff + *sing/pl vb* **Lehrkraft** *f* *(geh)* teacher
Lehr·ling <-s, -e> ['le:ɐlɪŋ] *m* *(veraltend)* s. Auszubildende(r)
Lehr·mit·tel *nt* *(fachspr)* teaching aid **Lehrplan** *m* syllabus
lehr·reich *adj* instructive
Lehr·satz *m* theorem **Lehr·stel·le** *f* apprenticeship **Lehr·stoff** *m* *(fachspr)* syllabus [content] **Lehr·stuhl** *m* *(geh)* chair **Lehrver·trag** *m* indentures *pl* **Lehr·zeit** *f* *(veraltend)* s. Lehre ¹ ¹
Leib <-[e]s, -er> [laɪp] *m* ❶ *(Körper)* body; **etw am eigenen ~e erfahren** to experience sth first hand; **am ganzen ~e zittern** *(geh)* to shake all over; **bei lebendigem ~e alive**; **jdm [mit etw *dat*] vom ~e bleiben** *(fam)* not to bother sb [with sth]; **sich *dat* jdn vom ~e halten/schaffen** to keep sb at arm's length/get sb off one's back; **sich *dat* etw vom ~e halten** *(fig)* to avoid sth ❷ *(geh)* stomach ▶ **mit ~ und Seele** wholeheartedly; **jdm wie auf den ~ [zu]geschnitten sein** to suit sb down to the ground; **jdm wie auf den ~ geschrieben sein** to be tailor-made for sb; **einer S. *dat* zu ~e rücken** *(fam)* to tackle sth
Leib·arzt *m,* **-ärz·tin** *f,* *m, f* personal physician *form*
lei·ben ['laɪbn] *vi* **wie jd leibt und lebt** through and through
Lei·bes·kraft *f* **aus Leibeskräften** with all one's might **Lei·bes·übun·gen** *pl* *(veraltend)* physical education *no pl* **Lei·bes·vi·si·ta·ti·on** *f* *(geh)* body search
Leib·gar·de *f* bodyguard **Leib·ge·richt** *nt* favourite meal
leib·haf·tig [laɪp'haftɪç] **I.** *adj* ❶ *(echt)* real ❷ *(verkörpert)* **sie ist die ~e Sanftmut** she is gentleness personified ▶ **der L~e** *(euph)* the devil incarnate **II.** *adv* in person *pred*
leib·lich ['laɪplɪç] *adj* ❶ *(körperlich)* physical ❷ *(blutsverwandt)* natural; **jds ~e Verwandten** sb's blood relations
Leib·spei·se *f* s. Leibgericht **Leib·wa·che** *f* bodyguard *no pl* **Leib·wäch·ter(in)** *m(f)* bodyguard
Lei·che <-, -n> ['laɪçə] *f* *(toter Körper)* corpse ▶ **über ~n gehen** *(pej fam)* to stop at nothing
Lei·chen·be·gräb·nis *nt* funeral **Lei·chen·be·schau·er(in)** <-s, -> *m(f)* doctor who carries out post-mortems **Lei·chen·bit·ter·mie·ne** *f* *kein pl* *(iron)* doleful expression **lei·chen·blass**^{RR} ['laɪçn̩'blas] *adj*

deathly pale **Lei·chen·hal·le** *f* mortuary **Lei·chen·schän·dung** *f* ❶ *(grober Unfug mit einer Leiche)* desecration of a corpse *no pl* ❷ *(sexuelle Handlungen an Leichen)* necrophilia **Lei·chen·schau·haus** *nt* mortuary, *esp* AM morgue **Lei·chen·schmaus** *m* wake **Lei·chen·star·re** *f* rigor mortis **Lei·chen·ver·bren·nung** *f* cremation **Lei·chen·wa·gen** *m* ❶ *(Wagen, der Särge befördert)* hearse ❷ *(Kutsche, die Särge befördert)* funeral carriage **Lei·chen·zug** *m* *(geh)* funeral procession
Leich·nam <-s, -e> ['laɪçnaːm] *m* *(geh)* corpse
leicht [laɪçt] **I.** *adj* ❶ *(geringes Gewicht habend)* light ❷ *(eine dünne Kleidung habend)* light ❸ *(einfach)* easy, simple; **er hat ein ~es Leben** he has an easy time of it; **nichts ~er als das!** no problem ❹ METEO *(schwach)* light; *Brandung* low; *Donner* distant; *Strömung* weak ❺ *(sacht)* light; *Akzent* slight; *Schlag* gentle ❻ *Eingriff, Verbrennung* minor ❼ *(nicht belastend)* light; *Zigarette* mild ❽ *(einfach verständlich)* easy; **~e Lektüre** light reading ❾ *(unbeschwert)* ▪ **jdm ist ~er** sb is relieved ❿ *(nicht massiv)* lightweight; **~ gebaut** having a lightweight construction **II.** *adv* ❶ *(aus dünnem Material)* **~ bekleidet** dressed in light clothing ❷ *(einfach)* easily; **das ist ~er gesagt als getan** that's easier said than done; **es [im Leben] ~ haben** to have it easy [in life]; **etw geht [ganz] ~** sth is [quite] easy; **es jdm ~ machen** to make it easy for sb; **es sich *dat* ~ machen** to make it easy for oneself; **es fällt jdm ~, etw zu tun** it's easy for sb to do sth; **etw fällt jdm ~** sth is easy for sb ❸ METEO *(schwach)* lightly ❹ *(nur wenig, etwas)* lightly; **~ humpeln** to have a slight limp; **~ verärgert sein** to be slightly annoyed ❺ *(schnell)* easily; **das sagst du so ~!** that's easy for you to say!; **etw ~ glauben** to believe sth readily; **der Inhalt ist ~ zerbrechlich** the contents are easy to break ❻ *(problemlos)* easily; **etw ~ schaffen/begreifen** to manage/grasp sth easily
Leicht·ath·let(in) *m(f)* athlete BRIT, track and field athlete AM **Leicht·ath·le·tik** *f* athletics BRIT + *sing vb, no art,* track and field athletics AM + *sing vb, no art* **Leicht·ath·le·tin** *f fem form von* Leichtathlet **leicht·fer·tig I.** *adj* thoughtless **II.** *adv* thoughtlessly **Leicht·ge·wicht** *nt* ❶ *kein pl* *(Gewichtsklasse)* lightweight category ❷ *(Sportler)* lightweight *a. fig* **leicht·gläu·big** *adj* gullible **Leicht·gläu·big·keit** *f* *kein pl* gullibility *no pl, no indef art*
leicht·hin ['laɪçt'hɪn] *adv* ❶ *(ohne langes*

Nachdenken) lightly ② (*so nebenbei*) easily **Leich·tig·keit** <-> *f* ① *kein pl* (*Einfachheit*) simplicity *no pl, no indef art*; **mit ~** effortlessly ② (*Leichtheit*) lightness *no pl, no indef art* **leicht·le·big** *adj* happy-go-lucky **Leicht·me·tall** *nt* light metal **leicht·neh·men** *vt irreg* ▪ **etw ~** (*fig*) to take sth lightly **Leicht·sinn** ['laiçtzɪn] *m kein pl* carelessness *no pl, no indef art* **leicht·sin·nig** ['laiçtzɪnɪç] **I.** *adj* careless **II.** *adv* carelessly **Leicht·sin·nig·keit** <-> *f kein pl* s. Leichtsinn

leid [lait] *adj präd* (*überdrüssig*) **es ~ sein, etw tun zu müssen** to have had enough of having to do sth; **ich bin es ~** I'm tired of it

Leid <-[e]s> [lait] *nt kein pl* ① (*Unglück*) sorrow; **jdm sein ~ klagen** to tell sb one's troubles ② (*Schaden*) harm

lei·den <litt, gelitten> ['laidn̩] **I.** *vi* ① (*Schmerzen ertragen*) to suffer ② (*an einem Leiden erkrankt sein*) ▪ **an etw** *dat* **~** to suffer from sth ③ (*seelischen Schmerz empfinden*) to suffer; ▪ **unter jdm ~** to suffer because of sb; ▪ **unter etw** *dat* **~** to suffer from sth; ▪ **darunter ~, dass ...** to suffer as a result of ... ④ (*in Mitleidenschaft gezogen werden*) *Beziehung, Gesundheit* to suffer; *Möbelstück, Stoff* to get damaged; *Farbe* to fade **II.** *vt* (*erdulden*) ▪ **etw ~** to suffer sth ▸ **jdn/etw [gut]/nicht [gut] ~ können** to like/not like sb/sth

Lei·den <-s, -> ['laidn̩] *nt* ① (*chronische Krankheit*) ailment ② *pl* (*leidvolle Erlebnisse*) suffering *no pl, no indef art*

lei·dend *adj* (*geplagt*) mournful ② (*geh: chronisch krank*) ▪ **~ sein** to be ill

Lei·den·schaft <-, -en> ['laidn̩ʃaft] *f* ① (*Emotion*) emotion ② (*intensive Vorliebe*) passion; **jd ist etw aus ~** sb is passionate about being sth; **mit [großer/wahrer] ~** passionately ③ *kein pl* **sie spürte seine ~** she felt his passion

lei·den·schaft·lich I. *adj* passionate **II.** *adv* passionately; ▪ **etw ~ gern tun** to be passionate about sth; **ich esse ~ gern Himbeereis** I adore raspberry ice-cream

lei·den·schafts·los I. *adj* dispassionate **II.** *adv* dispassionately

Lei·dens·ge·fähr·te, -ge·fähr·tin *m*, *f*, **Lei·dens·ge·nos·se, -ge·nos·sin** *m*, *f* fellow-sufferer **Lei·dens·mie·ne** *f* dejected expression; **mit ~** with a dejected expression

lei·der ['laidɐ] *adv* unfortunately; **ich habe das ~ vergessen** I'm sorry, I forgot about it; **das ist ~ so** that's just the way it is

lei·dig ['laidɪç] *adj attr* (*pej*) tedious; **immer das ~e Geld!** it always comes down to money!

Leid·tra·gen·de(r) *f(m)*, **Leid Tra·gen·de(r)**RR *f(m)* ▪ **der/die ~** the one to suffer **leid|tun** *vt irreg* **tut mir leid!** [I'm] sorry!; **jdm tut etw leid** sb is sorry about sth; **es tut jdm leid, dass ...** sb is sorry that ... **leid·voll** *adj* (*geh*) sorrowful *liter* **Leid·we·sen** *nt kein pl* ▪ **zu jds ~** much to sb's regret

Lei·er <-, -n> ['laiɐ] *f* MUS lyre ▸ **[es ist] immer die alte ~** (*pej fam*) [it's] always the same old story

Lei·er·kas·ten *m* (*fam*) barrel organ

lei·ern ['laiɐn] **I.** *vt* ① (*fam: lustlos aufsagen*) to drone [out] *sep* ② (*fam: kurbeln*) to wind **II.** *vi* (*Drehorgel spielen*) to play a barrel-organ

Leih·bi·blio·thek *f*, **Leih·bü·che·rei** *f* lending library

lei·hen <lieh, geliehen> ['laiən] *vt* ① (*aus-*) to lend; ▪ **geliehen** borrowed ② (*borgen*) ▪ **sich** *dat* **etw ~** to borrow sth

Leih·frist *f* lending period **Leih·ga·be** *f* loan **Leih·ge·bühr** *f* hire charge BRIT, rental fee AM; (*Buch*) lending fee **Leih·haus** *nt* pawn shop **Leih·mut·ter** *f* surrogate mother **Leih·wa·gen** *m* hire [*or* AM rental] car

leih·wei·se *adv* on loan; ▪ **jdm etw ~ überlassen** (*geh*) to give sb sth on loan

Leim <-[e]s, -e> [laim] *m* ① (*zäher Klebstoff*) glue ▸ **jdm auf den ~ gehen** to fall for sb's tricks; **aus dem ~ gehen** to fall apart

lei·men ['laimən] *vt* ① (*mit Leim zusammenfügen*) ▪ **etw ~** to glue sth together ② (*fam: hereinlegen*) ▪ **jdn ~** to take sb for a ride

Lei·ne <-, -n> ['lainə] *f* ① (*dünnes Seil*) rope ② (*Wäsche-*) [washing [*or* AM laundry]] line ③ (*Hunde-*) lead, leash ④ (*sl*) **zieh ~!** (*sl*) piss off!

lei·nen ['lainən] *adj* linen

Lei·nen <-s, -> ['lainən] *nt* linen; **aus ~** made of linen

Lein·sa·men *m* linseed **Lein·tuch** <-tücher> *nt* SÜDD, ÖSTERR, SCHWEIZ (*Laken*) sheet **Lein·wand** *f* ① (*Projektionswand*) screen ② *kein pl* (*Gewebe aus Flachsfasern*) *a.* KUNST canvas

Lein·wand·held(in) *m(f)* (*Kinostar*) hero/heroine of the silver screen

Leip·zig <-s> ['laiptsɪç] *nt* Leipzig

lei·se ['laizə] **I.** *adj* ① (*nicht laut*) quiet; **etw ~ stellen** to turn down *sep* ② (*gering*) slight; **es fiel ~r Regen** it was raining gently; *Ahnung, Verdacht* vague; **nicht im L~sten** not at all **II.** *adv* ① (*nicht laut*) quietly ② (*kaum merklich*) slightly; **der Regen fiel ~** it was raining gently

Leis·te <-, -n> ['laistə] *f* ① (*schmale Latte*) strip ② (*Übergang zum Oberschenkel*) groin

leis·ten ['laistn̩] **I.** *vt* ① (*an Arbeitsleistung erbringen*) **ganze Arbeit ~** to do a good job;

viel/nicht viel ~ to get/not get a lot done; etw Anerkennenswertes/Bewundernswertes/Besonderes/ Erstaunliches ~ to accomplish sth commendable/admirable/special/ amazing ❸ TECH, PHYS to generate ❹ *Funktionsverb* **Hilfe ~** to render assistance *form;* **eine Anzahlung ~** to make a down payment; **gute Dienste ~** to serve sb well; **Gehorsam/Widerstand ~** to obey/offer resistance; **Zivildienst/Wehrdienst ~** to do one's community/military service; **einen Eid ~** to swear an oath; **eine Unterschrift ~** to sign sth **II.** *vr* ❶ *(sich gönnen)* ■ **sich** *dat* **etw ~** to treat oneself to sth ❷ *(sich herausnehmen)* ■ **sich** *dat* **etw ~** to permit oneself sth; **da hast du dir ja was geleistet!** you've really outdone yourself [this time]!; *(tragen können)* **tolles Kleid — sie kann es sich ~, bei der Figur!** great dress — she can certainly carry it off with a figure like that! ❸ *(finanziell in der Lage sein)* **es sich** *dat* **~ können, etw zu tun** to be able to afford to do sth
Leis·ten·bruch *m* hernia
Leis·tung <-, -en> *f* ❶ *kein pl (das Leisten 1)* performance ❷ *(geleistetes Ergebnis)* accomplishment; **eine hervorragende/sportliche ~** an outstanding piece of work/athletic achievement; **schulische ~en** results at school; **ihre ~en lassen zu wünschen übrig** her work leaves a lot to be desired ❸ TECH, PHYS power; *einer Fabrik* output ❹ FIN *(Entrichtung)* payment
Leis·tungs·druck *m kein pl* pressure to perform **leis·tungs·fä·hig** *adj* ❶ *(zu hoher Arbeitsleistung fähig)* efficient ❷ *(zu hoher Produktionsleistung fähig)* productive ❸ *(zur Abgabe großer Energie fähig)* powerful ❹ FIN competitive **Leis·tungs·fä·hig·keit** *f kein pl* ❶ *(Arbeitsleistung)* performance ❷ *(Produktionsleistung)* productivity ❸ *(Abgabe von Energie)* power ❹ FIN competitiveness **Leis·tungs·ge·sell·schaft** *f* meritocracy **Leis·tungs·kurs** *m* SCH advanced course *(course which seeks to impart additional knowledge to a basic course using a style similar to university teaching)* **Leis·tungs·nach·weis** *m* SCH evidence of academic achievement **leis·tungs·schwach** *adj* weak; *Maschine, Motor* low-performance **Leis·tungs·sport** *m* competitive sport *no art* **leis·tungs·stark** *adj* ❶ *(große Produktionskapazität besitzend)* [highly-]efficient ❷ TECH [very] powerful; *Motor* high-performance **Leis·tungs·trä·ger(in)** *m(f)* SPORT, ÖKON go-to guy *fam* **Leis·tungs·ver·mö·gen** *nt kein pl* capability *usu pl*
Leit·ar·ti·kel *m* leader **Leit·bild** *nt* [role] model

lei·ten ['lajtn] **I.** *vt* ❶ *(verantwortlich sein)* to run; **eine Abteilung/Schule ~** to be head of a department/school ❷ *(den Vorsitz führen)* to lead; *Sitzung* to chair ❸ TECH to conduct; *Erdöl* to pipe ❹ TRANSP **der Zug wurde auf ein Nebengleis geleitet** the train was diverted to a siding ❺ *(führen)* **jdn [wohin] ~** to lead sb [somewhere]; ■ **sich durch etw** *akk* **~ lassen** to [let oneself] be guided by sth; ■ **sich von etw** *dat* **~ lassen** to [let oneself] be governed by sth **II.** *vi* PHYS to conduct; **gut/schlecht ~** to be a good/bad conductor
lei·tend **I.** *adj* ❶ *(führend)* leading ❷ *(in hoher Position)* managerial; **~er Angestellter** executive; **~er Redakteur** editor-in-chief ❸ PHYS conductive **II.** *adv* **~ tätig sein** to hold a managerial position
Lei·ter[1] <-, -n> ['lajtɐ] *f* ❶ *(Sprossen~)* ladder ❷ *(Steh~)* step-ladder
Lei·ter[2] <-s, -> ['lajtɐ] *m* PHYS conductor
Lei·ter(in) <-s, -> ['lajtɐ] *m(f)* ❶ *(leitend Tätiger)* head; *einer Firma, eines Geschäfts* manager; *einer Schule* head[master] ❷ *(Sprecher)* leader; *einer Delegation* head; **~ einer Diskussion/Gesprächsrunde** person chairing a discussion/round of talks
Leit·fa·den *m* MEDIA compendium **Leit·fä·hig·keit** *f* PHYS conductivity **Leit·ge·dan·ke** *m* central idea **Leit·ham·mel** *m (fig fam)* bellwether **Leit·li·nie** *f* ❶ *(Grundsatz)* guideline ❷ *(Fahrbahnmarkierung)* broken line **Leit·mo·tiv** *nt* ❶ *(Grundgedanke)* central theme ❷ MUS, LIT leitmotiv **Leit·plan·ke** *f* crash barrier **Leit·satz** *m* guiding principle **Leit·spruch** *m* motto **Leit·stel·le** *f* headquarters + *sing/pl vb*
Lei·tung <-, -en> *f* ❶ *kein pl (Führung)* management; ■ **die ~ einer S. übernehmen** to take over the leadership of sth; **die ~ einer Sitzung/Diskussion haben** to chair a meeting/discussion; ■ **unter der ~ von jdm** MUS conducted by sb ❷ *(leitendes Gremium)* management ❸ *(Rohr)* pipe ❹ *(Kabel)* cable ❺ TELEK line; **die ~ ist gestört** it's a bad line ▶ **eine lange ~ haben** *(hum fam)* to be slow on the uptake
Lei·tungs·ka·bel *nt* ❶ *(allgemein)* wire ❷ ELEK line cable ❸ AUTO *(Zündkabel)* lead **Lei·tungs·rohr** *nt* pipe **Lei·tungs·was·ser** *nt* tap water
Leit·wäh·rung *f* leading currency **Leit·wolf** *m (fig)* leader **Leit·zins** *m* prime rate
Lek·ti·on <-, -en> [lɛk'tsi̯oːn] *f* SCH *(Kapitel)* chapter; *(Stunde)* lesson ❶ *(geh: Lehre)* lesson; **jdm eine ~ erteilen** to teach sb a lesson
Lek·tor, Lek·to·rin <-s, -toren> ['lɛktoːɐ̯, lɛk'toːrɪn, *pl* -'toːrən] *m, f* ❶ *(in einem Ver-*

lag) editor ❷ (*an der Universität*) foreign language assistant
Lek·to·rat <-[e]s, -e> [lɛkto'raːt] *nt* ❶ (*Verlagsabteilung*) editorial office ❷ (*Lehrauftrag*) post as [a] foreign language assistant
Lek·to·rin <-, -nen> *f fem form von* Lektor
Lek·tü·re <-, -n> [lɛk'tyːrə] *f* ❶ *kein pl* (*das Lesen*) reading *no pl, no indef art* ❷ (*Lesestoff*) reading matter *no pl, no indef art*
Len·de <-, -n> ['lɛndə] *f* ANAT, KOCHK loin
Len·den·schurz *m* loincloth **Len·den·stück** *nt* KOCHK tenderloin
lenk·bar ['lɛŋkbaːɐ̯] *adj* steerable; **gut ~ sein** to be easy to steer
len·ken ['lɛŋkn] **I.** *vt* ❶ (*steuern*) to steer ❷ (*dirigieren*) to direct ❸ (*beeinflussen*) to control ❹ (*geh*) **seinen Blick auf jdn/etw ~** to turn one's gaze on sb/sth ❺ (*richten*) **jds Aufmerksamkeit auf etw ~** to draw sb's attention to sth; **geschickt lenkte sie das Gespräch auf ein weniger heikles Thema** she cleverly steered the conversation round to a less controversial subject **II.** *vi* to drive
Lẹn·ker <-s, -> *m* handlebars *pl*
Lẹn·ker(in) <-s, -> *m(f)* (*geh*) driver
Lẹnk·rad *nt* steering-wheel **Lẹnk·stan·ge** *f* (*geh*) handlebars *pl*
Lẹn·kung <-, -en> *f* ❶ AUTO steering *no pl, no indef art* ❷ *kein pl* (*Beeinflussung*) controlling *no pl, no indef art*
Le·o·pard <-en, -en> [leo'part] *m* leopard
Le·pra <-> ['leːpra] *f kein pl* leprosy *no pl, no art*
Le·pra·kran·ke(r) *f(m) dekl wie adj* leper
le·pros [le'proːs], **le·prös** [le'prøːs] *adj* leprous
Lẹr·che <-, -n> ['lɛrçə] *f* ORN lark
lern·be·gie·rig *adj* eager to learn *pred* **lern·be·hin·dert** *adj* with learning difficulties *pred*; ■ **~ sein** to have learning difficulties **Lẹrn·ei·fer** *m* eagerness to learn
lẹr·nen ['lɛrnən] **I.** *vt* ❶ (*sich als Kenntnis aneignen*) to learn; **von ihr können wir alle noch etwas ~** she could teach us all a thing or two; **jd lernt's nie** sb'll never learn ❷ (*im Gedächtnis speichern*) to learn [by heart] ❸ (*fam: eine Ausbildung machen*) to train as ▶ **gelernt ist [eben] gelernt** once learned, never forgotten; **etw will gelernt sein** sth takes [a lot of] practice **II.** *vi* ❶ (*Kenntnisse erwerben*) to study ❷ (*beim Lernen unterstützen*) ■ **mit jdm ~** to help sb with their [school]work ❸ (*eine Ausbildung machen*) ■ **[bei jdm] ~** to be apprenticed to sb; **er hat bei verschiedenen Firmen gelernt** he's been an apprentice with several companies; **sie lernt noch** she's still an apprentice
lern·fä·hig *adj* ■ **~ sein** to be capable of learning **Lẹrn·fä·hig·keit** *f kein pl* learning ability **Lẹrn·pro·gramm** *nt* INFORM learning program **Lẹrn·pro·zess**[RR] *m* learning process **Lẹrn·soft·ware** *f* educational software
Lẹrn·ziel *nt* [educational] goal
Lẹs·art *f* version
lẹs·bar ['leːsbaːɐ̯] *adj* ❶ *Handschrift* legible ❷ (*verständlich*) clear
Lẹs·be <-, -n> ['lɛsbə] *f* (*fam*), **Lẹs·bi·e·rin** <-, -nen> ['lɛsbi̯ərɪn] *f* lesbian
lẹs·bisch ['lɛsbɪʃ] *adj* lesbian; ■ **~ sein** to be a lesbian
Le·se <-, -n> ['leːzə] *f* AGR harvest
Le·se·bril·le *f* reading-glasses *npl* **Le·se·buch** *nt* reader **Le·se·ge·rät** *nt* INFORM reader **Le·se·lam·pe** *f* reading lamp
le·sen[1] <liest, las, gelesen> ['leːzn] *vt* ❶ (*durch-*) to read ❷ (*entnehmen*) to see (*aus* in) **II.** *vi* ❶ (*als Lektüre*) to read; ■ **an etw** *dat* **~** to read sth ❷ UNIV to lecture (*über* on) **III.** *vr* **der Roman liest sich leicht/nicht leicht** the novel is easy/quite difficult to read
le·sen[2] <liest, las, gelesen> ['leːzn] *vt* ❶ (*sammeln*) to pick ❷ (*auf-*) **etw vom Boden ~** to pick sth up *sep* off the floor
le·sens·wert *adj* worth reading *pred*
Le·ser(in) <-s, -> ['leːzɐ] *m(f)* reader
Le·se·rat·te *f* (*hum fam*) bookworm
Le·ser·brief *m* reader's letter
Le·se·rin <-, -nen> *f fem form von* Leser
Le·ser·kreis *m* readership
le·ser·lich *adj* legible; **gut/kaum/schwer ~ sein** to be easy/almost impossible/difficult to read
Le·ser·schaft <-, *selten* -en> *f* (*geh*) readership
Le·se·saal *m* reading room **Le·se·stoff** *m* reading matter *no pl, no indef art* **Le·se·zeichen** *nt* bookmark[er] **Le·se·zir·kel** *m* magazine subscription service (*which loans magazines to readers*)
Le·sung <-, -en> *f* ❶ (*Dichter-*) *a.* POL reading ❷ REL lesson
Lẹt·te, Lẹt·tin <-n, -n> ['lɛtə, 'lɛtɪn] *m, f* Latvian; *s. a.* Deutsche(r)
Lẹt·ter <-, -n> ['lɛtɐ] *f* ❶ (*Druckbuchstabe*) letter ❷ TYPO character
Lẹt·tin <-, -nen> *f fem form von* Lette
lẹt·tisch ['lɛtɪʃ] *adj* Latvian; *s. a.* deutsch
Lẹtt·land ['lɛtlant] *nt* Latvia; *s. a.* Deutschland
Lẹtzt [lɛtst] *f* ▶ **zu guter ~** finally
lẹtz·te(r, s) *adj* ❶ (*den Schluss bezeichnend*) last; **in der Klasse saß sie in der ~n Reihe** she sat in the back row in class; **der L~ des Monats** the last [day] of the month; **als L~[r] kommen/gehen/fertig sein** to arrive/

leave/finish last ② *(das zuletzt Mögliche bezeichnend)* last; *Versuch* final; **diese Klatschbase wäre die L~, der ich mich anvertrauen würde** that old gossip is the last person I would confide in; ■**etw ist das L~, was ...** sth is the last thing that ... ③ SPORT **sie ging als ~ Läuferin durchs Ziel** she was the last runner to finish [the race]; ■**L~ werden** to finish [in] last [place] ④ TRANSP *(späteste)* last ⑤ *(restlich)* last ⑥ *(vorige)* last; **es ist das ~ Mal, dass ...** this is the last time that ...; **beim ~n Mal** last time; **zum ~n Mal** the last time; **im ~n Jahr** last year ⑦ *(an ~r Stelle erwähnt)* last ⑧ *(neueste)* latest ⑨ *(fam: schlechteste)* **das ist doch der ~ Kerl!** what an absolute sleazeball!

Letz·te(s) *nt (letzte Bemerkung)* ■**ein ~s** one last thing ▶ **sein ~s [her]geben** to give one's all; **das ist ja wohl das ~!** *(fam)* that really is the limit!

letzt·end·lich ['lɛtst?ɛntlɪç] *adv* at the end of the day

letz·tens ['lɛtstn̩s] *adv* recently; **erst ~** just the other day; **... und ~** ... and lastly; **drittens und ~** thirdly and lastly

letzt·lich ['lɛtstlɪç] *adv* in the end

letzt·ma·lig [-ma:lɪç] *adj attr* final

Leucht·bo·je *f* light-buoy

Leuch·te <-, -n> ['lɔyçtə] *f (Stehlampe)* standard lamp ▶ **nicht gerade eine ~ sein** *(fam)* to not be all that bright

leuch·ten ['lɔyçtn̩] *vi* ① *(Licht ausstrahlen)* to shine; *Abendsonne* to glow ② *(Licht reflektieren)* to glow ③ *(auf-)* **die Kinder hatten vor Freude ~de Augen** the children's eyes were sparkling with joy ④ *(strahlen)* shine; **leuchte mit der Lampe mal hier in die Ecke** can you shine the light here in the corner

leuch·tend *adj* ① *(strahlend)* bright ② *(herrlich)* shining *fig; Farben* glowing

Leuch·ter <-s, -> *m* candlestick; *(mehrarmig)* candelabra

Leucht·far·be *f* fluorescent paint **Leucht·feu·er** *nt* beacon; *(auf der Landebahn)* runway lights **Leucht·kä·fer** *m* glow-worm **Leucht·kraft** *f kein pl* luminosity *no pl* **Leucht·ra·ke·te** *f* [rocket] flare **Leucht·re·kla·me** *f* neon sign **Leucht·schrift** *f* neon letters *pl* **Leucht·si·gnal** *nt* flare signal **Leucht·turm** *m* lighthouse **Leucht·zif·fer·blatt** *nt* luminous dial

leug·nen ['lɔygnən] **I.** *vt* to deny; **es ist nicht zu ~, dass ...** there is no denying the fact that ... **II.** *vi* to deny it

Leug·nung <-, -en> *f* denial

Leu·kä·mie <-, -n> [lɔykɛ'mi:, *pl* lɔykɛ'mi:ən] *f* leukaemia

Leu·mund ['lɔymʊnt] *m kein pl* reputation

Leu·te ['lɔytə] *pl* ① *(Menschen)* people *npl;* **alle/keine/kaum ~** everybody/nobody/hardly anybody; **unter ~ gehen** to get out and about [a bit] ② *(fam: Kameraden, Kollegen)* folks *npl* ③ *(Mitarbeiter)* workers *pl* ④ MIL, NAUT men *pl* ▶ **die kleinen ~** *(einfache Menschen)* [the] ordinary people; **etw unter die ~ bringen** *(fam)* to spread sth around

Leu·te·schin·der(in) <-s, -> *m(f) (pej fam)* slave-driver *fig*

Leut·nant <-s, -s *o* -e> ['lɔytnant] *m* second lieutenant; **~ zur See** sub-lieutenant BRIT, ensign AM

leut·se·lig *adj* affable

Le·vel <-s, -s> ['lɛvl] *m (geh)* level

Le·vi·ten [le'vi:tn̩] *pl* ▶ **jdm die ~ lesen** *(fam)* to read sb the Riot Act

le·xi·ka·lisch [lɛksi'ka:lɪʃ] *adj* LING lexical

Le·xi·kon <-s, Lexika> ['lɛksikɔn, *pl* 'lɛksika] *nt* ① *(Nachschlagewerk)* encyclopaedia ② LING lexicon

lfd. *Abk von* **laufend** regular; *(jetzig)* current

Li·ai·son <-, -s> [liɛˈzõː] *f (geh)* liaison

Li·a·ne <-, -n> [ˈli̯a:nə] *f* liana

Li·ba·ne·se, Li·ba·ne·sin <-n, -n> [libaˈne:zə, libaˈne:zɪn] *m, f* Lebanese; *s. a.* **Deutsche(r)**

li·ba·ne·sisch [libaˈne:zɪʃ] *adj* Lebanese; *s. a.* **deutsch**

Li·ba·non <-[s]> ['li:banɔn] *m* ① *(Land)* ■**der ~** the Lebanon; *s. a.* **Deutschland** ② *(Gebirge)* the Lebanon Mountains *pl*

Li·bel·le <-, -n> [liˈbɛlə] *f* ① ZOOL dragonfly ② TECH *(Teil eines Messinstruments)* bubble tube; *(bei einer Wasserwaage)* spirit level

li·be·ral [libeˈra:l] **I.** *adj a.* POL liberal **II.** *adv* liberally; **~ eingestellt/gestaltet sein** to be liberally minded/have a liberal structure

li·be·ra·li·sie·ren* [liberali'zi:rən] *vt* to liberalize

Li·be·ra·li·sie·rung <-, -en> *f* liberalization

Li·be·ra·lis·mus <-> [libera'lɪsmʊs] *m kein pl* liberalism *no pl*

Li·be·ria <-s> [li'be:ri̯a] *nt* Liberia; *s. a.* **Deutschland**

Li·be·ri·a·ner(in) <-s, -> [libe'ri̯a:nɐ] *m(f)* Liberian; *s. a.* **Deutsche(r)**

li·be·ri·a·nisch [libe'ri̯a:nɪʃ] *adj* Liberian; *s. a.* **deutsch**

Li·be·ro <-s, -s> ['li:bero] *m* sweeper

Li·bi·do <-> ['li:bido, li'bi:do] *f kein pl* libido

Li·by·en <-s> ['li:bi̯ən] *nt* Libya; *s. a.* **Deutschland**

Li·by·er(in) <-s, -> ['li:bi̯ɐ] *m(f)* Libyan; *s. a.* **Deutsche(r)**

li·bysch ['li:byʃ] *adj* Libyan; *s. a.* **deutsch**
licht [lɪçt] *adj* ❶ (*hell*) light ❷ (*spärlich*) sparse, thin; **an der Stirn ist sein Haar schon ~** he already has a receding hairline ❸ ARCHIT, BAU **~e Höhe/Weite** headroom/clear width
Licht <-[e]s, -er> [lɪçt] *nt* ❶ *kein pl* (*Helligkeit*) light *no pl* ❷ ELEK light; **das ~ brennt** the light is on; **das ~ brennen lassen** to leave the light[s] on; **das ~ ausschalten** (*fam*) to turn out the light; **etw gegen das ~ halten** to hold sth up to the light ▸ **das ~ [der Öffentlichkeit] scheuen** to shun publicity; **sein ~ unter den Scheffel stellen** to hide one's light under a bushel; **das ~ der Welt erblicken** (*geh*) to [first] see the light of day; **etw erscheint in einem anderen ~** sth appears in a different light; **kein großes ~ sein** (*fam*) to be no great genius; **grünes ~ [für etw** *akk*] **geben** to give the go-ahead [for sth]; **in einem günstigeren ~** in a [more] favourable light; **etw ins rechte ~ rücken** to show sth in its correct light; **~ in etw** *akk* **bringen** to shed [some] light on sth; **etw ans ~ bringen** to bring sth to light; **jdn hinters ~ führen** to take sb in
Licht·an·la·ge *f* lights *pl*, lighting equipment **Licht·bild** *nt* (*veraltend*) ❶ (*geh: Passbild*) passport photograph ❷ (*Dia*) slide **Licht·blick** *m* ray of hope **licht·durch·läs·sig** *adj* translucent **Licht·ef·fekt** *m* lighting effect **Licht·ein·wir·kung** *f* effects *pl* of the light **licht·emp·find·lich** *adj* sensitive to light *pred*; FOTO photosensitive
lich·ten ['lɪçtn̩] **I.** *vt* FORST, HORT to thin out *sep* **II.** *vr* ■ **sich ~** ❶ (*dünner werden*) to [grow] thin ❷ (*spärlicher werden*) to go down ❸ (*klarer werden*) to be cleared up
Lich·ter·ket·te *f* chain of lights
lich·ter·loh ['lɪçtɐ'lo:] *adv* ■ **brennen ~** to be ablaze
Lich·ter·meer *nt* (*geh*) sea of lights
Licht·ge·schwin·dig·keit *f kein pl* **mit ~** at the speed of light **Licht·grif·fel** *m*, **Licht·stift** *m* INFORM electronic pen **Licht·hu·pe** *f* flash of the headlights **Licht·jahr** *nt* ❶ ASTRON light year ❷ *pl* (*fam: sehr weit/lange*) light years *pl* **Licht·ma·schi·ne** *f* generator **Licht·mast** *m* lamppost **Licht·mess**[RR], **Licht·meß**[ALT] *f* REL **Mariä ~** Candlemas **Licht·or·gel** *f* colour organ **Licht·quel·le** *f* source of light **Licht·re·kla·me** *f* o. Leuchtreklame **Licht·schacht** *m* lightwell **Licht·schal·ter** *m* light switch **licht·scheu** *adj* ❶ BOT, ZOOL *Pflanze* shade-loving; **ein ~es Tier** an animal that shuns the light ❷ (*fig*) **~es Gesindel** shady characters *pl* **Licht·schran·ke** *f* light barrier

Licht·schutz <-es> *m kein pl* sun protection **Licht·schutz·fak·tor** *m* [sun] protection factor
Licht·stär·ke *f* ❶ PHYS light intensity ❷ FOTO *Objektiv* speed **Licht·strahl** *m* beam of light **licht·un·durch·läs·sig** *adj* opaque
Lich·tung <-, -en> *f* clearing
Licht·ver·hält·nis·se *pl* lighting conditions *pl*
Lid <-[e]s, -er> [li:t] *nt* [eye]lid
Lid·schat·ten *m* eye shadow **Lid·strich** *m* eyeliner
lieb [li:p] *adj* ❶ (*liebenswürdig*) kind, nice; **sei/seien Sie so ~ und ...** would you be so good as to ... ❷ (*artig*) good; **sei jetzt ~/sei ein ~es Kind!** be a good boy/girl! ❸ (*niedlich*) cute ❹ (*geschätzt*) dear; **L~er Karl, L~e Amelie!** (*als Anrede in Briefen*) Dear Karl and Amelie,; [**mein**] **L~es** [my] love; [**ach**] **du ~er Gott/~e Güte** (*fam*) good heavens!; **jdn/ein Tier ~ haben** to love sb/an animal; **jdn/etw ~ gewinnen** to grow fond of sb/sth; **man muss ihn einfach ~ haben** it's impossible not to like him ❺ (*angenehm*) welcome; **das wäre mir gar nicht/weniger ~** I'd [much] rather you didn't [do it]; **ich mag Vollmilchschokolade am ~sten** my favourite is milk chocolate; **am ~sten hätte ich ja abgelehnt** I would have liked to have said no
lieb·äu·geln ['li:p?ɔygl̩n] *vi* ■ **mit etw** *dat* **~** to have one's eye on sth; ■ **damit ~, etw zu tun** to toy with the idea of doing sth
Lie·be <-, -n> ['li:bə] *f* ❶ (*Gefühl starker Zuneigung*) love; **aus ~ zu jdm** out of love for sb ❷ *kein pl* (*Leidenschaft*) **aus ~ zu etw** *dat* for the love of sth ❸ (*Mensch*) love; **die ~ meines Lebens** the love of my life ❹ (*Sex*) making love; **käufliche ~** (*geh*) prostitution; [**mit jdm**] **machen** (*fam*) to make love [to sb] ▸ **~ auf den ersten Blick** love at first sight; **~ macht blind** (*prov*) love is blind; **in ~, dein(e) ...** [with] all my love, ...
Lie·be·lei <-, -en> [li:bə'laɪ] *f* (*fam*) flirtation
lie·ben ['li:bn̩] **I.** *vt* ❶ (*Liebe entgegenbringen*) ■ **jdn ~** to love sb; ■ **sich ~** to love each other ❷ (*gerne mögen*) ■ **etw ~** to love sth; **es nicht ~, wenn jd etw tut** to not like it when sb does sth ❸ (*euph: Geschlechtsverkehr miteinander haben*) ■ **jdn ~** to make love to sb; ■ **sich ~** to make love ▸ **was sich liebt, das neckt sich** (*prov*) lovers like to tease each other **II.** *vi* to be in love
Lie·ben·de(r) *f(m)* lover
lie·bens·wert *adj* lovable
lie·bens·wür·dig *adj* kind
lie·bens·wür·di·ger·wei·se *adv* kindly
Lie·bens·wür·dig·keit <-, -en> *f* kindness;

würden Sie die ~ haben, ...? (geh) would you be so kind as to ...?; **die ~ in Person** kindness personified

lie·ber ['li:bɐ] **I.** adj comp von **lieb**: **mir wäre es ~, wenn Sie nichts darüber verlauten ließen** I would prefer it if you didn't tell anybody about this; **was ist Ihnen ~, das Theater oder das Kino?** would you prefer to go to the theatre or the cinema? **II.** adv ❶ comp von **gern** rather; **ich würde ~ in der Karibik als an der Ostsee Urlaub machen** I would rather take a holiday in the Caribbean than on the Baltic; **etw ~ mögen** to prefer sth ❷ (besser) better; **darüber schweige ich ~** I think it best to remain silent; **wir sollten ~ gehen** we'd better be going; **das hätten Sie ~ nicht gesagt** you shouldn't have said that; **das möchte ich dir ~ nicht sagen** I'd rather not tell you that; **nichts ~ als das** I'd love to

Lie·bes·aben·teu·er nt romance **Lie·bes·af·fä·re** f love affair **Lie·bes·be·zie·hung** f loving relationship **Lie·bes·brief** m love letter **Lie·bes·er·klä·rung** f declaration of love; **jdm eine ~ machen** to declare one's love to sb **Lie·bes·film** m romantic film **Lie·bes·ge·schich·te** f ❶ LIT love story ❷ (fam: Liebesaffäre) love affair **Lie·bes·kum·mer** m lovesickness no pl; **~ haben** to be lovesick **Lie·bes·le·ben** nt love life **Lie·bes·lied** nt love song **Lie·bes·müh, Lie·bes·mü·he** f ▶ **vergebliche ~ sein** to be a waste of time **Lie·bes·paar** nt lovers pl **Lie·bes·ro·man** m romantic novel **lie·bes·toll** adj love-crazed

lie·be·voll I. adj loving; Kuss affectionate **II.** adv ❶ (zärtlich) affectionately ❷ (mit besonderer Sorgfalt) lovingly

Lieb·ha·ber(in) <-s, -> ['li:pha:bɐ] m(f) ❶ (Partner) lover ❷ (Freund) enthusiast

Lieb·ha·be·rei <-, -en> [li:pha:bəˈraɪ] f hobby

Lieb·ha·be·rin <-, -nen> f fem form von **Liebhaber**

Lieb·ha·ber·wert m kein pl collector's value no pl

lieb·ko·sen* [li:pˈkoːzn̩] vt (geh) to caress

Lieb·ko·sung <-, -en> f (geh) caress

lieb·lich ['liːplɪç] **I.** adj ❶ (angenehm süß) sweet; Wein medium sweet ❷ (erhebend) lovely; Töne melodious **II.** adv ~ **duften/schmecken** to smell/taste sweet

Lieb·ling <-s, -e> ['liːplɪŋ] m ❶ (Geliebte(r)) darling ❷ (Favorit) favourite

Lieb·lings·be·schäf·ti·gung f favourite hobby

lieb·los ['liːploːs] **I.** adj ❶ (keine liebevolle Zuwendung gebend) unloving ❷ (Nachlässigkeit zeigend) unfeeling **II.** adv any old how fam

Lieb·lo·sig·keit <-, -en> f ❶ kein pl (Mangel an liebevoller Zuwendung) lack of feeling no pl ❷ (Verhalten) unkind act

Lieb·schaft <-, -en> f (veraltend) s. **Liebesaffäre**

liebs·te(r, s) ['liːpstə, 'liːpstɛ, 'liːpstəs] adj superl von **lieb** dearest; **das mag ich am ~n** I like that [the] best; **am ~n möchte ich schlafen** I'd just really like to sleep

Liebs·te(r) ['liːpstə, 'liːpstɛ] f(m) ▪ **jds ~** sb's sweetheart

Lieb·stö·ckel <-s, -> ['liːpʃtœkl̩] m o nt lovage

Liech·ten·stein <-s> ['lɪçtn̩ʃtaɪn] nt Liechtenstein; s. a. **Deutschland**

Liech·ten·stei·ner(in) <-s, -> ['lɪçtn̩ʃtaɪnɐ] m(f) Liechtensteiner; s. a. **Deutsche(r)**

Lied <-[e]s, -er> [liːt] nt song ▶ **es ist immer das alte ~** (fam) it's always the same old story; **ein ~ von etw** dat **singen können** to be able to tell sb a thing or two about sth

Lie·der·buch nt songbook

lie·der·lich ['liːdɐlɪç] adj (veraltend o pej) slovenly

Lie·der·ma·cher(in) m(f) singer-songwriter (about topical subjects)

lief [liːf] imp von **laufen**

Lie·fe·rant(in) <-en, -en> [lifəˈrant] m(f) ❶ (Firma) supplier ❷ (Auslieferer) deliveryman masc, deliverywoman fem

lie·fer·bar adj ❶ (erhältlich) available, in stock ❷ (zustellbar) **Ihre Bestellung ist leider erst später --** we won't be able to meet your order until a later date

Lie·fer·be·din·gun·gen pl terms of delivery

Lie·fer·frist f delivery deadline

lie·fern ['liːfɐn] **I.** vt ❶ (aus~) to deliver [or supply] ❷ Beweis to provide ❸ (erzeugen) to yield; **viele Rohstoffe werden aus dem Ausland geliefert** many raw materials are imported from abroad ❹ SPORT **die Boxer lieferten dem Publikum einen spannenden Kampf** the boxers put on an exciting bout for the crowd **II.** vi to deliver

Lie·fer·schein m delivery note BRIT, packing slip AM **Lie·fer·stopp** m suspension of deliveries **Lie·fer·ter·min** m delivery date

Lie·fe·rung <-, -en> f ❶ (das Liefern) delivery ❷ (gelieferte Ware) consignment

Lie·fer·wa·gen m delivery van; (offen) pick-up truck **Lie·fer·zeit** f s. **Lieferfrist**

Lie·ge <-, -n> ['liːgə] f ❶ (Bett ohne Fuß-/Kopfteil) daybed ❷ (Liegestuhl) [sun-]lounger

lie·gen <lag, gelegen> ['liːgn̩] vi haben o

SÜDD *sein* ❶ (*sich in horizontaler Lage befinden*) to lie; **ich liege noch im Bett** I'm still [lying] in bed; **deine Brille müsste eigentlich auf dem Schreibtisch ~** your glasses should be [lying] on the desk; **in diesem Liegestuhl liegt man am bequemsten** this is the most comfortable lounger to lie in; **~ bleiben** (*nicht aufstehen*) to stay in bed; (*nicht mehr aufstehen*) to remain lying [down]; **etw ~ lassen** to leave sth [there] ❷ (*sich abgesetzt haben*) **hier in den Bergen liegt oft bis Mitte April noch Schnee** here in the mountains the snow often lies on the ground until mid-April; **über allen Möbeln lag eine dicke Staubschicht** there was a thick layer of dust over all the furniture ❸ (*lagern*) **Hände weg, das Buch bleibt** [da] **~!** hands off, that book's going nowhere!; **~ bleiben** (*nicht verkauft werden*) to remain unsold ❹ (*vergessen*) **irgendwo ~ bleiben** to be left behind somewhere ❺ (*geografisch gelegen sein*) ■ **irgendwo ~** to be somewhere ❻ (*eine bestimmte Lage haben*) **ihr Haus liegt an einem romantischen See** their house is situated by a romantic lake; **diese Wohnung ~ nach vorn zur Straße** [hinaus] this flat faces [out onto] the street ❼ (*begraben sein*) ■ **irgendwo ~** to be buried somewhere ❽ NAUT ■ **irgendwo ~** to be [moored] somewhere ❾ AUTO **~ bleiben** to break down ❿ SPORT **wie ~ unsere Schwimmer eigentlich im Wettbewerb?** how are our swimmers doing in the competition?; **die Mannschaft liegt jetzt auf dem zweiten Tabellenplatz** the team is now second in the division ⓫ (*angesiedelt sein*) **der Preis dürfte** [irgendwo] **bei 4.500 Euro ~** the price is likely to be [around] 4,500 euros ⓬ (*verursacht sein*) ■ **an jdm/etw ~** to be caused by sb/sth; however, **woran mag es nur ~, dass mir immer alles misslingt?** why is it that everything I do goes wrong? ⓭ (*wichtig sein*) **du weißt doch, wie sehr mir daran liegt** you know how important it is to me; ■ **jdm ist nichts/viel an jdm/etw gelegen** sb/sth means nothing/a lot to sb ⓮ *meist verneint* (*zusagen*) **körperliche Arbeit liegt ihr nicht** she's not really cut out for physical work ⓯ (*lasten*) ■ **auf jdm ~** to weigh down [up]on sb ⓰ (*abhängig sein*) ■ **bei jdm ~** to be up to sb ⓱ (*nicht ausgeführt werden*) **~ bleiben** to be left undone ▸ **an mir/uns soll es nicht ~!** don't let me/us stop you!
Lie·gen·schaft <-, -en> *f meist pl* real estate
Lie·ge·sitz *m* reclining seat **Lie·ge·stuhl** *m* (*Liege*) [sun-]lounger; (*Stuhl*) deckchair **Lie·ge·stütz** <-es, -e> *m* press- [*or* AM push-]up **Lie·ge·wa·gen** *m* couchette car **Lie·**

ge·wie·se *f* lawn for sunbathing
lieh [li:] *imp von* **leihen**
ließ [li:s] *imp von* **lassen**
liest 3. *pers pres von* **lesen**
Lift <-[e]s, -e *o* -s> [lɪft] *m* lift BRIT, elevator AM
Lift·boy <-s, -s> ['lɪftbɔy] *m* liftboy BRIT, elevator boy AM
lif·ten ['lɪftn] *vt* MED to lift; **sich** *dat* **das Gesicht ~ lassen** to have a facelift
Li·ga <-, Ligen> ['li:ga, *pl* 'li:gn] *f* league
light [laɪt] *adj* GASTR low-calorie
Light·pro·dukt ['laɪt-] *nt* low-fat product
li·ie·ren* [li'i:rən] *vr* (*geh*) **sich ~** to become close friends with each other *euph;* ■ [**mit jdm**] **liiert sein** to have a relationship [with sb]
Li·kör <-s, -e> [li'køːɐ̯] *m* liqueur
li·la ['li:la] *adj* purple
Li·lie <-, -n> ['li:li̯ə] *f* lily
Li·li·pu·ta·ner(in) <-s, -> [lilipu'taːnɐ] *m(f)* dwarf
Li·mit <-s, -s *o* -e> ['lɪmɪt] *nt* limit
li·mi·tie·ren* [limi'ti:rən] *vt* to limit
Li·mo <-, -s> ['lɪmo, 'li:mo] *f* (*fam*) lemonade
Li·mo·na·de <-, -n> [limo'naːdə] *f* lemonade
Li·mou·si·ne <-, -n> [limu'zi:nə] *f* saloon [car] BRIT, sedan AM; (*größerer Luxuswagen*) limousine
Lin·de <-, -n> ['lɪndə] *f* lime [tree]
Lin·den·blü·ten·tee *m* lime blossom tea
lin·dern ['lɪndɐn] *vt a.* MED to alleviate; *Husten, Sonnenbrand* to soothe
Lin·de·rung <-> *f kein pl a.* MED relief *no pl*
Li·ne·al <-s, -e> [line'aːl] *nt* ruler
li·ne·ar [line'aːɐ̯] *adj* linear
Lin·gu·ist(in) <-en, -en> [lɪŋ'gʊɪst] *m(f)* linguist
Lin·gu·is·tik <-> [lɪŋ'gʊɪstɪk] *f kein pl* linguistics + *sing vb, no art*
Lin·gu·is·tin <-, -nen> *f fem form von* **Linguist**
lin·gu·is·tisch *adj* linguistic
Li·nie <-, -n> ['li:ni̯ə] *f* ❶ (*längerer Strich*) line; **eine geschlängelte/gestrichelte ~** a wavy/broken line; **eine ~ ziehen** to draw a line ❷ (*Verkehrsverbindung*) **eine Bus-/U-Bahn-~** a bus/underground line; **nehmen Sie am besten die ~ 19** you'd best take the number 19 ❸ POL A. (*allgemeine Richtung*) linie; **auf der gleichen ~ liegen** to follow the same line ▸ **die schlanke ~** (*fam*) one's figure; **in vorderster ~ stehen** to be in the front line
Li·ni·en·bus *m* regular [service] bus **Li·ni·en·flug** *m* scheduled flight **Li·ni·en·rich·**

ter *m* (*beim Fußball*) referee's assistant; (*beim Tennis*) line-judge; (*beim Rugby*) touch-judge
li·niert *adj* lined
link [lɪŋk] *adj* (*fam*) shady
Link <-s, -s> [lɪŋk] *nt* INFORM link
Lin·ke <-n, -n> ['lɪŋkə] *f* ① (*linke Hand*) left [hand]; **zu jds ~n** (*geh*) to sb's left ② POL ■ **die ~** the left [*or* Left]
lịn·ke(r, s) *adj attr* ① (*auf der Seite des Herzens*) left; Fahrbahn, Spur left-hand ② POL left-wing
Lin·ke(r) ['lɪŋkə] *f(m)* POL left-winger
lin·ken ['lɪŋkn̩] *vt* (*sl*) ▸ **jdn ~** to take sb for a ride *fam*
lin·kisch ['lɪŋkɪʃ] *adj* clumsy
links [lɪŋks] **I.** *adv* ① (*auf der linken Seite*) on the left; **sich ~ halten** to keep to the left; ■ **~ hinter/neben/von/vor ...** to the left behind/directly to the left of/to the left of/to the left in front of ...; ▸ **oben/unten in der top/bottom left-hand corner**; **nach ~** [to the] left; **nach ~/rechts gehen** to turn left/right; **von ~** from the left ② TRANSP ▸ **abbiegen** to turn [off to the] left; **sich ~ einordnen** to move into the left-hand lane; **sich ~ halten** to keep to the left ③ MODE ▸ **~ stricken** to purl; **eine** [Masche] **~, drei** [Maschen] **rechts** purl one, knit three ④ POL ▸ **~ eingestellt sein** to have left-wing tendencies; **~ stehen** to be left-wing ⑤ MIL ▸ **~ um!** left about turn! ▸ **jdn ~ liegen lassen** to ignore sb; **mit ~** easily **II.** *präp* +*gen* ▸ **~ einer S.** to the left of sth
Links·au·ßen <-, -> [lɪŋks'ʔausn̩] *m* ① FBALL left wing ② POL (*fam*) extreme left-winger
lịnks·bün·dig *adj* TYPO left-justified *attr*, left justified *pred* **lịnks·ex·trem** *adj* extreme left-wing *attr* **Lịnks·ex·tre·mis·mus** *m* left-wing extremism **Lịnks·ex·tre·mist(in)** *m(f)* left-wing extremist **lịnks·ex·tre·mis·tisch** *adj* left-wing extremist **lịnks·ge·rich·tet** *adj* POL left-wing orientated **Lịnks·hän·der(in)** <-s, -> ['lɪŋkshɛndɐ] *m(f)* left-hander **lịnks·hän·dig** ['lɪŋkshɛndɪç] **I.** *adj* left-handed **II.** *adv* with one's left hand
lịnks·her·um ['lɪŋkshɛrʊm] *adv* ① (*nach links*) to the left ② (*mit linker Drehrichtung*) anticlockwise BRIT, counter-clockwise AM
Lịnks·kur·ve *f* left-hand bend **lịnks·ra·di·kal I.** *adj* radical left-wing *attr* **II.** *adv* radically left-wing **lịnks·rum** *adv* (*fam*) *s.* **linksherum lịnks·sei·tig** *adj* on the left side *pred* **Lịnks·ver·kehr** *m* driving on the left *no pl, no art*
Li·no·le·um <-s> [li'no:leʊm, lino'le:ʊm] *nt kein pl* linoleum *no pl*
Li·nol·schnitt [li'no:lʃnɪt] *m* linocut
Lin·se <-, -n> ['lɪnzə] *f* ① *meist pl* BOT, KOCHK lentil ② ANAT, PHYS lens
Lip·glossᴿᴿ <-, -> *nt*, **Lipgloß**ᴬᴸᵀ <-, -> ['lɪpglɔs] *nt* lip gloss
Lip·pe <-, -n> ['lɪpə] *f* ANAT lip; **jdm etw von den ~n ablesen** to read sth from sb's lips ▸ **etw nicht über die ~n bringen** to not be able to bring oneself to say sth; **an jds ~n hängen** to hang on sb's every word
Lịp·pen·be·kennt·nis *nt* lip-service **Lịp·pen·kon·tu·ren·stift** *m* lipliner **Lịp·pen·stift** *m* lipstick
li·quid [li'kvi:t] *adj*, **li·qui·de** [li'kvi:də] *adj* FIN ① (*geh: solvent*) solvent ② (*verfügbar*) ▸ **~es Vermögen** liquid assets *pl*
li·qui·die·ren* [likvi'di:rən] *vt* ÖKON (*a. euph*) to liquidate
Li·qui·di·tät <-, -> [likvidi'tɛ:t] *f kein pl* ÖKON [financial] solvency
lis·peln ['lɪspl̩n] **I.** *vi* to lisp **II.** *vt* to whisper
Lis·sa·bon <-s> ['lɪsabɔn, lɪsa'bɔn] *nt* Lisbon
List <-, -en> [lɪst] *f* (*Täuschung*) trick; **eine ~ anwenden** to use a little cunning ▸ **mit ~ und Tücke** (*fam*) with cunning and trickery
Lis·te <-, -n> ['lɪstə] *f* list ▸ **auf der schwarzen ~ stehen** to be on the blacklist
lis·tig ['lɪstɪç] *adj* cunning
Li·ta·nei <-, -en> [lita'naɪ] *f* (*a. pej*) litany
Li·tau·en <-s> ['li:tauən] *nt* Lithuania; *s. a.* **Deutschland**
Li·tau·er(in) <-s, -> ['li:tauɐ] *m(f)* Lithuanian; *s. a.* **Deutsche(r)**
li·tau·isch ['li:tauɪʃ, 'lɪtauɪʃ] *adj* Lithuanian; *s. a.* **deutsch**
Li·ter <-s, -> ['li:tɐ] *m o nt* litre
li·te·ra·risch [lɪtə'ra:rɪʃ] *adj* literary
Li·te·rat(in) <-en, -en> [lɪtə'ra:t] *m(f)* (*geh*) writer
Li·te·ra·tur <-, -en> [lɪtəra'tu:ɐ̯] *f* literature *no pl, no indef art*
Li·te·ra·tur·an·ga·be *f* bibliographical reference **Li·te·ra·tur·kri·tik** *f* literary criticism **Li·te·ra·tur·preis** *m* literary prize **Li·te·ra·tur·wis·sen·schaft** *f* literary studies *pl* **Li·te·ra·tur·wis·sen·schaft·ler(in)** *m(f)* literary specialist
li·ter·wei·se *adv* by the litre
Lit·faß·säu·le ['lɪtfassɔylə] *f* advertising pillar
Li·tho·gra·phie <-, -n> *f*, **Li·tho·gra·fie**ᴿᴿ <-, -n> [litogra'fi:, *pl* -gra'fi:ən] *f* ① *kein pl* (*Technik*) lithography *no pl, no art* ② (*Druck*) lithograph
litt [lɪt] *imp von* **leiden**
Li·tur·gie <-, -n> [lɪtʊr'gi:, *pl* -'gi:ən] *f* liturgy
li·tur·gisch [li'tʊrgɪʃ] *adj* liturgical
live [laɪ̯f] *adj präd* live

loben

loben, positiv bewerten

Ausgezeichnet!/Hervorragend!

Das hast du gut gemacht.

Das hast du prima hingekriegt. (*fam*)

Das lässt sich (aber) sehen! (*fam*)

Daran kann man sich ein Beispiel nehmen.

Das hätte ich nicht besser machen können.

giving praise

Excellent!/Outstanding!

You did (that) very well.

You've made a great job of that.

That's (really) something to be proud of!

That's an example worth following.

I couldn't have done better myself.

Wertschätzung ausdrücken

Ich finde es super, wie er sich um die Kinder kümmert.

Ich schätze Ihren Einsatz (**sehr**).

Ich weiß Ihre Arbeit **sehr zu schätzen**.

Ich möchte Ihren guten Rat **nicht missen**.

Ich finde die Vorlesungen dieses Professors **sehr gut**.

Ich wüsste nicht, was wir ohne Ihre Hilfe tun sollten.

expressing regard

I think **it's great** how he looks after the children.

I (**really**) **appreciate** your dedication.

I **very much appreciate** your work.

I **wouldn't like to be without** your good advice.

I think this professor's lectures **are very good**.

I don't know what we would do without your help.

Live·sen·dung^{RR} ['la͡if-] *f*, **Live-Sen·dung** ['la͡if-] *f* live broadcast

Li·zenz ['loːbn̩] I. *vt* ❶ (*licence*

Li·zenz·aus·ga·be *f* licensed edition **Li·zenz·ge·bühr** *f* licence fee; VERLAG royalty

Lkw, LKW <-[s], -s> ['ɛlkaːveː] *m Abk von* Lastkraftwagen HGV BRIT

Lob <-[e]s, *selten* -e> [loːp] *nt* praise *no pl, no indef art;* ~ **für etw** *akk* **bekommen** to be praised for sth; **des ~es voll** [**über jdn/ etw**] **sein** to be full of praise [for sb/sth]

Lob·by <-, -s> ['lɔbi] *f* lobby

lo·ben ['loːbn̩] I. *vt* ❶ (*anerkennend beurteilen*) to praise ❷ (*sehr gefallen*) **solches Engagement lob' ich mir** that's the sort of commitment I like [to see] II. *vi* to praise

lobens·wert *adj* commendable

löb·lich ['løːplɪç] *adj* (*geh*) laudable

Lob·lied *nt* ► **ein ~ auf jdn/etw singen** to sing sb's praises/the praises of sth **Lob·re·de** *f* eulogy; **eine ~ auf jdn halten** to eulogize sb

Loch <-[e]s, Löcher> [lɔx, *pl* 'lœçɐ] *nt* ❶ (*offene Stelle*) hole; **ein ~ im Reifen** a puncture; **schwarzes ~** ASTRON black hole ❷ (*fam: elende Wohnung*) hole ► **jdm ein ~ in den Bauch fragen** to drive sb up the wall with [one's] questions; **Löcher in die Luft starren** to stare into space; **auf dem letzten ~ pfeifen** (*finanziell am Ende sein*) to be broke; (*völlig erschöpft sein*) to be on one's/its last legs; **saufen wie ein ~** to drink like a fish

lo·chen ['lɔxn̩] *vt* ❶ (*mit dem Locher stanzen*) to punch holes in ❷ (*veraltend: mit der Lochzange entwerten*) to punch

Lo·cher <-s, -> ['lɔxɐ] *m* [hole] punch[er]

lö·che·rig ['lœçərɪç] *adj* full of holes *pred,* holey

lö·chern ['lœçɐn] *vt* (*fam*) to pester

Loch·kar·te *f* punch card

Lock·an·ge·bot *nt* ÖKON customer incentive; (*günstiges Angebot*) bargain [offer]; (*Lockartikel*) loss leader

Lo·cke <-, -n> ['lɔkə] *f* curl; **~n haben** to have curly hair

lo·cken¹ ['lɔkn̩] I. *vt* to curl; **sich** *dat* **das Haar ~ lassen** to have one's hair set II. *vr* ► **sich ~** to curl

lo·cken² ['lɔkn̩] *vt* ❶ (*an~*) to lure ❷ (*ver~*) to tempt; **Ihr Vorschlag könnte mich**

schon ~ I'm [very] tempted by your offer ❸ *(ziehen)* **mich lockt es jedes Jahr in die Karibik** every year I feel the lure of the Caribbean

lo·ckend *adj* tempting

Lo·cken·stab *m* curling tongs *npl* [*or* AM iron] **Lo·cken·wick·ler** <-s, -> *m* roller

lo·cker ['lɔkɐ] **I.** *adj* ❶ *(nicht stramm)* loose ❷ *(nicht fest)* loose, loose-packed *attr*, loosely packed *pred* ❸ KOCHK light ❹ *(nicht gespannt)* slack; **-e Muskeln** relaxed muscles; **ein ~es Mundwerk haben** *(fig fam)* to have a big mouth ❺ *(leger, unverkrampft)* relaxed, laid-back *attr fam*, laid back *pred fam* ❻ *(oberflächlich)* casual **II.** *adv* ❶ *(nicht stramm)* loosely; **~ sitzen** to be loose ❷ *(oberflächlich)* casually; **ich kenne ihn nur ~** I only know him in passing ❸ *(sl: ohne Schwierigkeiten)* just like that *fam*

lo·cker-flo·ckig I. *adj* (*sl*) laid-back *attr fam*, laid back *pred fam* **II.** *adv* (*sl: unbekümmert*) laid back *fam*; *(spielend leicht)* no sweat *fam*

Lo·cker·heit <-> *f kein pl* ❶ *(lockere Beschaffenheit)* looseness *no pl* ❷ *(bei einem Seil)* slackness *no pl* ❸ KOCHK lightness *no pl*

lo·cker|las·sen *vi irreg (fam)* ▪ **nicht ~** to not give up **lo·cker|ma·chen** *vt (fam)* to shell out; **ob du bei Mutter noch 50 Euro Taschengeld für mich ~ könntest?** do you think you could get Mum to up my pocket money by another 50 euros?

lo·ckern ['lɔkɐn] **I.** *vt* ❶ *(locker machen)* to loosen ❷ *(entspannen)* to loosen up *sep* ❸ *(weniger streng gestalten)* to relax **II.** *vr* ▪ **sich ~** ❶ *(locker werden)* Backstein, Schraube, Zahn to work loose; Bremsen to become loose; Bewölkung, Nebel to lift ❷ SPORT *(die Muskulatur entspannen)* to loosen up ❸ *(sich entkrampfen)* **die Verkrampfung lockerte sich zusehends** the tension eased visibly

lo·ckig ['lɔkɪç] *adj* ❶ *(gelockt)* curly ❷ *(lockiges Haar besitzend)* curly-headed

Lock·mit·tel *nt* lure

Lo·ckung <-, -en> *f* temptation

Lock·vo·gel *m (a. pej)* decoy

lo·dern ['loːdɐn] *vi* ❶ *haben (emporschlagen)* to blaze ❷ *sein (schlagen)* **die Flammen sind zum Himmel gelodert** the flames reached up [in]to the sky

Löf·fel <-s, -> ['lœfl̩] *m* ❶ *(als Besteck)* spoon ❷ KOCHK *(Maßeinheit)* a spoonful [of] ❸ **den ~ abgeben** *(sl)* to kick the bucket; **sich dat etw hinter die ~ schreiben** to get sth into one's head

löf·feln ['lœfl̩n] *vt* ❶ *(essen)* to eat with a spoon ❷ *(schöpfen)* to spoon

löf·fel·wei·se *adv* by the spoonful

log¹ [lɔk] *m Abk von* **Logarithmus** log

log² [loːk] *imp von* **lügen**

Lo·ga·rith·mus <-, -rithmen> [loga'rɪtmʊs, *pl* -rɪtmən] *m* logarithm

Log·buch ['lɔkbuːx] *nt* log[book]

Lo·ge <-, -n> ['loːʒə] *f* ❶ FILM, THEAT box ❷ *(Pförtner~)* lodge ❸ *(Geheimgesellschaft von Freimaurern)* lodge

lo·gie·ren* [loˈʒiːrən] *vi* to stay

Lo·gik <-> ['loːgɪk] *f kein pl* logic *no pl*, *no indef art*

Lo·gis <-> [loˈʒiː] *nt kein pl* lodgings *pl;* **Kost und ~** board and lodging

lo·gisch ['loːgɪʃ] *adj* ❶ *(in sich stimmig)* logical ❷ *(fam: selbstverständlich)* **na, ~!** of course!

lo·gi·scher·wei·se *adv* naturally [enough]

Lo·gis·tik <-> [loˈgɪstɪk] *f kein pl* logistics *npl*

lo·gis·tisch [loˈgɪstɪʃ] *adj attr* logistic[al]

Lo·go ['loːgo] *interj (sl)* you bet *fam*

Lo·go <-s, -s> ['loːgo] *nt* logo

Lo·go·pä·de, Lo·go·pä·din <-n, -n> [logoˈpɛːdə, logoˈpɛːdɪn] *m, f* speech therapist

Lohn <-[e]s, Löhne> [loːn, *pl* 'løːnə] *m* ❶ *(Arbeitsentgelt)* wage[s *pl*], pay *no pl*, *no indef art* ❷ *kein pl (Belohnung)* reward; **jds gerechter ~** sb's just deserts

Lohn·ab·bau *m* reduction of earnings *pl* **Lohn·ab·rech·nung** *f* payroll accounting **Lohn·aus·fall** *m* loss of earnings **Lohn·aus·gleich** *m* pay compensation **Lohn·emp·fän·ger(in)** *m(f) (geh)* wage-earner

loh·nen ['loːnən] **I.** *vr* ❶ *(sich bezahlt machen)* ▪ **sich ~** to be worthwhile; **unsere Mühe hat sich gelohnt** our efforts were worth it ❷ *(es wert sein)* ▪ **sich ~, etw zu tun** to be worth doing sth **II.** *vt* ❶ *(rechtfertigen)* to be worth ❷ *(be~)* **sie hat mir meine Hilfe mit Undank gelohnt** she repaid my help with ingratitude **III.** *vi impers* to be worth it; ▪ **~, etw akk zu tun** to be worth[while] doing sth

löh·nen ['løːnən] *(fam)* **I.** *vi* to pay up **II.** *vt* ▪ **etw [für etw akk] ~** to fork out sth [for sth]

loh·nend *adj* ❶ *(einträglich)* lucrative; *(nutzbringend)* worthwhile; *(sehens-/hörenswert)* worth seeing/hearing

loh·nens·wert *adj* worthwhile

Lohn·er·hö·hung *f* pay rise **Lohn·for·de·rung** *f* wage demand **Lohn·fort·zah·lung** *f* continued payment of wages **Lohn·grup·pe** *f* wage group [*or* bracket] **Lohn·kos·ten** *pl* wage costs *pl* **Lohn·kür·zung** *f* wage cut

Lohn·steu·er *f* income tax [on wages and salaries] **Lohn·steu·er·jah·res·aus·gleich** *m* annual adjustment of income tax **Lohn·**

steu·er·kar·te f card showing income tax and social security contributions paid by an employee in any one year

Lok <-, -s> [lɔk] f (fam) kurz für **Lokomotive**

lo·kal [loˈkaːl] adj local

Lo·kal <-s, -e> [loˈkaːl] nt ① (Gaststätte) pub BRIT, bar AM; (Restaurant) restaurant ② (Vereins~) [club] meeting place

Lo·kal·blatt nt local paper

lo·ka·li·sie·ren* [lokaliˈziːrən] vt ① (örtlich bestimmen) to locate ② (eingrenzen) to localize; **den Konflikt ~** to contain the conflict

Lo·ka·li·tät <-, -en> [lokaliˈtɛːt] f locality

Lo·kal·ko·lo·rit nt local colour **Lo·kal·nach·rich·ten** pl local news + sing vb, no indef art **Lo·kal·pa·tri·o·tis·mus** m local patriotism no pl, no indef art **Lo·kal·sei·te** f local page **Lo·kal·ter·min** m visit to the scene of the crime **Lo·kal·ver·bot** nt ~ **bekommen/haben** to get/be banned from a pub [or AM bar]

Lok·füh·rer(in) m(f) (fam) train driver BRIT, engineer AM

Lo·ko·mo·ti·ve <-, -n> [lokomoˈtiːvə, -fə] f locomotive

Lo·ko·mo·tiv·füh·rer(in) m(f) train driver BRIT, engineer AM

Lo·kus <-, - o -ses, -se> [ˈloːkʊs, pl ˈloːkʊsə] m (fam) loo BRIT, john AM

Lol·li <-s, -s> [ˈlɔli] m (fam) lolly BRIT a.

Lon·don <-s> [ˈlɔndɔn] nt London

Lon·do·ner [ˈlɔndɔnɐ] adj attr London; **im ~ Hyde-Park** in London's Hyde Park

Lon·do·ner(in) <-s, -> [ˈlɔndɔnɐ] m(f) Londoner

Long·drink [ˈlɔŋdrɪŋk] m long drink

Look <-s, -s> [lʊk] m MODE look

Loo·ping <-s, -s> [ˈluːpɪŋ] m o nt LUFT loop; **einen ~ machen** to loop the loop

Lor·beer <-s, -en> [ˈlɔrbeːɐ̯] m ① (Baum) laurel[tree] ② (Gewürz) bay leaf ▶ **sich auf seinen ~en ausruhen** (fam) to rest on one's laurels

Lor·beer·blatt nt bay leaf **Lor·beer·kranz** m laurel wreath

Lord <-s, -s> [lɔrt] m ① (Adelstitel) Lord ② (Titelträger) lord

los [loːs] **I.** adj präd ① (von etwas getrennt) ■ ~ **sein** to have come off ② (fam: losgeworden) ■ **jdn/etw ~ sein** to be shot of sb/sth; **er ist sein ganzes Geld ~** he's lost all his money ▶ **hier ist etwas/viel/nichts ~** something/a lot/nothing is going on here; **da ist immer viel ~** that's where the action always is; **mit jdm ist etwas ~** sth's up with sb; **mit jdm ist nichts ~** (jd fühlt sich nicht gut) sb isn't up to much; (jd ist langweilig) sb is a dead loss; **was ist ~?** what's up?; **was ist denn hier/da ~?** what's going on here/there? **II.** adv ① (fortgegangen) **Ihre Frau ist schon vor fünf Minuten ~** your wife left five minutes ago ② (gelöst) ■ **etw ist ~** sth is loose; **noch ein paar Umdrehungen, dann ist die Schraube ~!** a couple more turns and the screw will be off! ③ (mach!) come on!; (voran!) get moving!

Los <-es, -e> [loːs] nt ① (Lotterie~) [lottery] ticket; (Kirmes~) [tombola [or AM raffle]] ticket ② (für Zufallsentscheidung) lot; **das ~ entscheidet** to be decided by drawing lots; **das ~ fällt auf jdn** it falls to sb ③ kein pl (geh: Schicksal) lot no pl ▶ **jd hat mit jdm/etw das große ~ gezogen** sb has hit the jackpot with sb/sth

lös·bar [løːs-] adj ① Problem solvable ② (löslich) soluble

los|bin·den vt irreg to untie (**von** from) **los|bre·chen** irreg **I.** vt haben to break off **II.** vi sein ① (abbrechen) to break off ② (plötzlich beginnen) to break out; **gleich wird das Gewitter/Unwetter ~** the storm is about to break

Lösch·blatt nt sheet of blotting-paper

lö·schen¹ [ˈlœʃn] **I.** vt ① (auslöschen) Feuer, Flammen to extinguish; Licht to switch off ② (tilgen) a. INFORM to delete ③ (eine Aufzeichnung entfernen) to erase **II.** vi to extinguish a/the fire

lö·schen² [ˈlœʃn] vt, vi NAUT to unload

Lösch·fahr·zeug nt fire engine **Lösch·mann·schaft** f firefighting team **Lösch·pa·pier** nt blotting paper **Lösch·tas·te** f INFORM delete key

Lö·schung¹ <-, -en> f cancellation; von Schulden repayment; von Eintragungen deletion; von Computerdaten erasing; von Bankkonto closing

Lö·schung² <-, -en> f (das Ausladen) unloading no pl

lo·se [ˈloːzə] adj ① (locker, einzeln) loose ② (hum: frech) **ein ~s Mundwerk haben** to have a big mouth

Lö·se·geld nt ransom **Lö·se·geld·for·de·rung** f ransom demand

los|ei·sen **I.** vt (fam) ① (mit Mühe freimachen) to tear away; **es ist schwer, die Kinder vom Fernseher loszueisen** it is difficult to tear the children away from the TV ② (etw beschaffen) ■ **bei jdm etw ~** to wangle sth [out of sb] **II.** vr (fam) ■ **sich ~** to tear oneself away (**von** from)

Lö·se·mit·tel nt s. Lösungsmittel

lo·sen [ˈloːzn] vi to draw lots (**um** for)

lö·sen [ˈløːzn] **I.** vt ① (ab~) to remove (**von** from) ② (aufbinden) to untie; Fesseln, Knoten to undo ❸ *Bremse* to release ❹ *Schraube, Verband* to loosen ❺ (*klären*) to solve; *Konflikt, Schwierigkeit* to resolve ❻ (*aufheben, annullieren*) to break off; *Bund der Ehe* to dissolve; *Verbindung* to sever; *Vertrag* to cancel ❼ (*zergehen lassen*) to dissolve ❽ (*geh: den Abzug betätigen*) to press the trigger; *Schuss* to fire ❾ (*ein Ticket kaufen*) to buy (an at) **II.** *vr* ❶ (*sich ab-*) to come off; **die Tapete löst sich von der Wand** the wallpaper is peeling off the wall ❷ (*sich freimachen, trennen*) ■ **sich von jdm/etw ~** to free oneself of sb/sth ❸ (*sich aufklären*) ■ **sich ~** to be solved (*sich auf-*) ■ **sich** [**in etw** *dat*] **~** to dissolve [in sth] ❹ (*sich lockern*) to loosen; **langsam löste sich die Spannung** (*fig*) the tension faded away

los|fah·ren *vi irreg sein* ❶ (*abfahren*) ■ **von etw** *dat*] **~** to leave [somewhere] ❷ (*auf etw zufahren*) ■ **auf jdn/etw ~** to drive towards sb/sth **los|ge·hen** *irreg* **I.** *vi sein* ❶ (*weggehen*) ■ **von etw** *dat*] **~** to leave sth ❷ (*auf ein Ziel losgehen*) ■ **auf etw** *akk* **~** to set off for [*or* towards] sth ❸ (*fam: beginnen*) **das Konzert geht erst in einer Stunde los** the concert will only start in an hour ❹ (*angreifen*) ■ **auf jdn ~** to lay into sb ❺ *Schusswaffen* to go off **II.** *vi impers sein* (*fam: beginnen*) to start; **jetzt geht's los** (*fam*) here we go **los|heu·len** *vi* (*fam*) *Menschen* to burst into tears; *Tiere* to howl **los|kau·fen** *vt* to ransom **los|kom·men** *vi irreg sein* (*fam*) ❶ (*wegkommen*) to get away; **wann bist du denn zu Hause losgekommen?** so when did you [manage to] leave home ❷ (*sich befreien*) ■ **von jdm ~** to free oneself of sb; **von einem Gedanken ~** to get sth out of one's head; **von einer Sucht ~** to overcome an addiction **los|krie·gen** *vt* (*fam*) ❶ (*lösen können*) to get sth off (**von** of) ❷ (*loswerden*) ■ **jdn/etw ~** to get rid of sb/sth ❸ (*verkaufen können*) to flog **los|la·chen** *vi* to burst into laughter **los|las·sen** *vt irreg* ❶ (*nicht mehr festhalten*) ■ **jdn/etw ~** to let sb/sth go ❷ (*beschäftigt halten*) **der Gedanke lässt mich nicht mehr los** I can't get the thought out of my mind ❸ (*fam: auf den Hals hetzen*) ■ **etw/jdn auf etw/jdn ~** to let sth/sb loose on sth/sb ❹ (*fam: von sich geben*) **einen Fluch ~** to curse; **einen Witz ~** to come out with a joke **los|lau·fen** *vi irreg sein* to start running **los|le·gen** *vi* (*fam*) ■ [**mit etw** *dat*] **~** to start [doing sth]; **leg los!** go ahead **lös·lich** ['lø:slɪç] *adj* soluble **los|lö·sen I.** *vt* (*ablösen*) to remove (**von** from) **II.** *vr* ❶ (*sich ablösen*) ■ **sich ~** to come off ❷ (*sich freimachen*) ■ **sich von**

jdm **~** to free oneself of sb **los|ma·chen I.** *vt* (*losbinden*) to untie (**von** from) **II.** *vi* NAUT ■ [**von etw** *dat*] **~** to cast off **los|müs·sen** *vi irreg* (*fam*) to have to leave **los|rei·ßen** *irreg haben* **I.** *vt* to tear off; **der Sturm hat das Dach losgerissen** the storm tore the roof off; **die Augen von etw/jdm nicht ~ können** to not be able to take one's eyes off sth/sb **II.** *vr* ■ **sich ~** to tear oneself away; **der Hund hat sich von der Leine losgerissen** the dog snapped its lead **los|ren·nen** *vi irreg sein* (*fam*) *s*. **loslaufen**

Löss^{RR} <-es, -e> [lœs] *m*, **Löß** <Lösses *o* Lößes, Lösse *o* Löße> [løs] *m* loess *no pl* **los|sa·gen** *vr* (*geh*) ■ **sich von jdm/etw ~** to renounce sb/sth **los|schi·cken** *vt* to send (**zu** to)

Lo·sung <-, -en> ['loːzʊŋ] *f* ❶ (*Wahlspruch*) slogan ❷ (*Kennwort*) password

Lö·sung <-, -en> ['løːzʊŋ] *f* ❶ (*das Lösen*) *a.* CHEM solution ❷ (*Aufhebung*) cancellation; *einer Beziehung/Verlobung* breaking off; *einer Ehe* dissolution ❸ (*das Sichlösen*) breaking away (**von** from)

Lö·sungs·mit·tel *nt* solvent

los|wer·den *vt irreg sein* ❶ (*sich entledigen*) to get rid of ❷ (*aussprechen*) to tell ❸ (*fam: ausgeben*) to shell out ❹ (*fam: verkaufen*) to flog **los|wol·len** *vi irreg haben* (*fam*) to want to be off **los|zie·hen** *vi irreg sein* (*fam*) ❶ (*losgehen, starten*) to set off ❷ (*pej: herziehen*) **über jdn ~** to pull sb to pieces **Lot** <-[e]s, -e> [loːt] *nt* ❶ (*Senkblei*) plumb line; (*mit Senkblei gemessene Senkrechte*) perpendicular; **etw ins** [**rechte**] **~ bringen** to put sth right; **aus dem/nicht im ~ sein** (*fig*) to be out of sorts; **im ~ sein** (*fig*) to be alright ❷ NAUT sounding line ❸ MATH perpendicular; **das ~ auf eine Gerade fällen** to drop a perpendicular

lo·ten ['loːtn̩] *vt* ❶ (*senkrechte Lage bestimmen*) to plumb ❷ NAUT to take soundings **lö·ten** ['løːtn̩] *vt* to solder (**an** to) **Loth·rin·gen** <-s> ['lotrɪŋən] *nt* Lorraine; *s. a.* **Deutschland** **Loth·rin·ger(in)** <-s, -> ['lotrɪŋɐ] *m(f)* Lorrainer; HIST Lothringian; *s. a.* **Deutsche(r)** **loth·rin·gisch** ['lotrɪŋɪʃ] *adj* Lothringian; *s. a.* **deutsch** **Lo·ti·on** <-, -en> [loˈtsi̯oːn] *f* lotion **Löt·kol·ben** ['løːt-] *m* soldering iron **Lo·tos·blu·me** *f* lotus **Lot·se, Lot·sin** <-n, -n> ['loːtsə, 'loːtsɪn] *m*, *f* pilot **lot·sen** ['loːtsn̩] *vt* ❶ (*als Lotse dirigieren*) to pilot ❷ (*fam: führen*) ■ **jdn irgendwohin ~** to take sb somewhere **Lot·sin** <-, -nen> *f fem form von* **Lotse**

Löt·stel·le f soldered joint
Lot·te·rie <-, -n> [lɔtəˈriː, pl -ˈriːən] f lottery; **in der ~ spielen** to play the lottery
Lot·te·rie·los nt lottery ticket
Lot·ter·le·ben nt kein pl (pej fam) slovenly lifestyle
Lot·to <-s, -s> [ˈlɔto] nt ❶ (Zahlen~) [national] lottery; **~ spielen** to play the [national] lottery ❷ (Spiel) lotto
Lot·to·schein m lottery ticket **Lot·to·zah·len** pl winning lottery numbers
Lo·tus <-, -> [ˈloːtʊs] m lotus
Lö·we [ˈløːvə] m ❶ (Raubtierart) lion ❷ ASTROL Leo
Lö·wen·an·teil m (fam) lion's share no pl, no indef art **Lö·wen·zahn** m kein pl dandelion
lo·yal [lɔaˈjaːl] adj (geh) loyal
Lo·ya·li·tät <-, selten -en> [lɔajaliˈtɛːt] f loyalty (**gegenüber** to)
LP <-, -s> [ɛlˈpeː, ɛlˈpiː] f Abk von **Langspielplatte** LP
lt. präp kurz für **laut²** according to
Luchs <-es, -e> [lʊks] m lynx
Lü·cke <-, -n> [ˈlʏkə] f ❶ (Zwischenraum) gap; (Zahn~) a gap between two teeth ❷ (Unvollständigkeit) gap; (Gesetzes~) loophole
Lü·cken·bü·ße·r(in) <-s, -> m/f (fam) stopgap
lü·cken·haft I. adj ❶ (leere Stellen aufweisend) full of gaps ❷ (unvollständig) fragmentary; Wissen, Sammlung incomplete; Bericht, Erinnerung sketchy **II.** adv ❶ (unvollständig) fragmentarily; **einen Fragebogen ~ ausfüllen** to fill in a questionnaire leaving gaps
lü·cken·los adj ❶ (ohne Lücke) comprehensive ❷ (vollständig) complete; Alibi solid; Kenntnisse thorough; **etw ~ beweisen/nachweisen** to prove sth conclusively
lud [luːt] imp von **laden**
Lu·der <-s, -> [ˈluːdɐ] nt (pej fam: durchtriebene Frau) crafty bitch
Luft <-, *liter* **Lüfte**> [lʊft, pl ˈlʏftə] f ❶ kein pl (Atem~) air no pl; **die ~ anhalten** to hold one's breath; **keine ~ mehr bekommen** to not be able to breathe; **an die [frische] ~ gehen** (fam) to get some fresh air; **[tief] ~ holen** to take a deep breath; **nach ~ schnappen** to gasp for breath; ■**irgendwo ist dicke ~** (fam) there is a tense atmosphere somewhere; **die ~ ist rein** (fam) the coast is clear; **sich in ~ auflösen** to vanish into thin air; **jdm bleibt** [vor Erstaunen] **die ~ weg** sb is flabbergasted ❷ pl geh (Raum über dem Erdboden) air; **in die ~ gehen** (fam o fig) to explode; **etw ist aus der ~ gegriffen** (fig) sth is completely made up; **es liegt etwas in der ~** there's sth in the air ❸ kein pl (Platz, Spielraum) space no pl ▶ **jdn/etw in der ~ zerreißen** (sehr wütend auf jdn sein) to [want to] make mincemeat of sb/sth; (jdn scharf kritisieren) to tear sb to pieces

Luft·ab·wehr f air defence **Luft·an·griff** m air raid (**auf** on) **Luft·bal·lon** m balloon **Luft·bild** nt aerial photo **Luft·bla·se** f bubble **Luft·brü·cke** f air bridge **luft·dicht** adj airtight **Luft·druck** m kein pl air pressure no pl
lüf·ten [ˈlʏftn̩] **I.** vt ❶ (mit Frischluft versorgen) to air ❷ (geh) Hut to raise ❸ (preisgeben) to reveal; Geheimnis to disclose **II.** vi (Luft hereinlassen) to let some air in
Luft·ent·feuch·ter m dehumidifier **Luft·fahrt** f kein pl (geh) aviation **Luft·feuch·tig·keit** f humidity no pl, no indef art **Luft·fil·ter** nt o m air filter **Luft·fracht** f ❶ (Frachtgut) air freight ❷ (Frachtgebühr) air freight charge **Luft·ge·wehr** nt airgun **Luft·gi·tar·re** f (hum fam) air guitar
luf·tig [ˈlʊftɪç] adj ❶ (gut belüftet) well ventilated ❷ (dünn und luftdurchlässig) airy; Kleid light ❸ (hoch gelegen) dizzy
Luf·ti·kus <-[ses], -se> [ˈlʊftikʊs] m (pej veraltend fam: sprunghafter Mensch) happy-go-lucky character
Luft·kis·sen·boot nt, **Luft·kis·sen·fahr·zeug** nt hovercraft **Luft·küh·lung** f air-cooling **Luft·kur·ort** m health resort with particularly good air **luft·leer** adj präd vacuous **Luft·li·nie** f as the crow flies **Luft·loch** nt ❶ (Loch zur Belüftung) air hole ❷ (fam: Veränderung der Luftströmung) air pocket **Luft·ma·trat·ze** f inflatable mattress **Luft·pi·rat(in)** m/f [aircraft] hijacker **Luft·post** f per Luftpost by airmail **Luft·pum·pe** f pump; Fahrrad bicycle pump **Luft·raum** m airspace **Luft·röh·re** f windpipe **Luft·schicht** f air layer **Luft·schiff** nt airship **Luft·schlan·ge** f [paper] streamer **Luft·schloss**^RR nt meist pl castle in the air ▶ **Luftschlösser bauen** to build castles in the air **Luft·schutz·bun·ker** m air raid bunker **Luft·sprung** m jump; **einen ~/Luftsprünge machen** to jump in the air **Luft·strom** m stream of air **Luft·stütz·punkt** m airbase **Luft·tem·pe·ra·tur** f air temperature **Luft·trans·port** m air transport **Luft- und Raum·fahrt·in·dus·trie** f aerospace industry
Lüf·tung <-, -en> f ❶ (das Lüften) ventilation ❷ (Ventilationsanlage) ventilation system
Lüf·tungs·schacht m ventilation shaft
Luft·ver·än·de·rung f change of climate **Luft·ver·kehr** m air traffic no pl, no indef art **Luft·ver·schmut·zung** f air pollution no pl, no indef art **Luft·waf·fe** f air force

+ *sing vb* **Lụft·weg** *m* ❶ *kein pl* (*Flugweg*) airway ❷ *pl* (*Atemwege*) respiratory tract *no pl, no indef art* **Lụft·zu·fuhr** *f kein pl* air supply **Lụft·zug** *m* breeze; (*durch das Fenster*) draught

Lü·ge <-, -n> ['ly:gə] *f* lie; **jdm ~n aufti·schen** (*fam*) to tell sb lies ▸ **~n haben kur·ze Beine** (*prov*) the truth will out; **jdn ~n strafen** (*geh*) to give the lie to sb

lü·gen <log, gelogen> ['ly:gn] *vi* to lie; **etw ist gelogen** sth is a lie; **das ist alles gelogen** that's a total lie ▸ **~ wie gedruckt** to lie one's head off

Lü·gen·bold <-[e]s, -e> *m* (*hum fam*) incorrigible liar **Lü·gen·de·tek·tor** *m* lie detector **Lü·gen·ge·schich·te** *f* made-up story **lü·gen·haft** *adj* (*pej*) ❶ (*erlogen*) mendacious ❷ (*selten: zum Lügen neigend*) disreputable

Lü·gen·mär·chen *nt s.* **Lügengeschichte**
Lüg·ner(in) <-s, -> ['ly:gnɐ] *m(f)* (*pej*) liar
lüg·ne·risch ['ly:gnərɪʃ] *adj* (*pej: voller Lügen*) mendacious

Lu·ke <-, -n> ['lu:kə] *f* ❶ *bes* NAUT (*verschließbarer Einstieg*) hatch ❷ (*Dach~*) skylight; (*Keller~*) trapdoor

lu·kra·tiv [lukra'ti:f] *adj* (*geh*) lucrative
Lu·latsch <-[e]s, -e> ['lu:la(:)tʃ] *m* **langer ~** (*hum fam*) beanpole

Lüm·mel <-s, -> ['lʏml] *m* (*pej: Flegel*) lout *fam*

Lump <-en, -en> [lʊmp] *m* (*pej*) rat
lum·pen ['lʊmpn] *vt* **haben** ▸ **sich nicht ~ lassen** (*fam*) to splash out BRIT, to splurge AM
Lum·pen <-s, -> ['lʊmpn] *m* ❶ *pl* (*pej: zer·schlissene Kleidung, Stofffetzen*) rags *pl* ❷ DIAL (*Putzlappen*) rag

Lụm·pen·ge·sin·del *nt* (*pej*) riffraff **Lụm·pen·händ·ler(in)** *m(f)* (*veraltend*) *s.* **Altwarenhändler** **Lụm·pen·pack** *nt* (*veraltend o pej*) riff-raff *no pl, no indef art*

lum·pig ['lʊmpɪç] *adj* (*pej*) ❶ *attr* (*pej fam: kümmerlich*) miserable ❷ (*pej: gemein*) mean ❸ (*selten: zerlumpt*) shabby

Lunch <-[e]s *o* -, -[e]s *o* -e> [lanʃ] *m* lunch
lun·chen ['lanʃn, 'lantʃn] *vi* to [have] lunch
Lụn·ge <-, -n> ['lʊŋə] *f* ❶ (*Atemorgan*) lungs *pl* ❷ KOCHK lights *pl* ▸ **sich** *dat* **die ~ aus dem Leib schreien** (*fam*) to shout oneself hoarse

Lụn·gen·bläs·chen *nt* pulmonary alveolus **Lụn·gen·ent·zün·dung** *f* pneumonia *no pl, no indef art* **Lụn·gen·flü·gel** *m* lung **Lụn·gen·krank** *adj* suffering from a lung complaint *pred* **Lụn·gen·zug** *m* **einen ~ ma·chen** to inhale

Lụn·te <-, -n> ['lʊntə] *f* (*Zündschnur*) fuse ▸ **~ riechen** (*fam*) to smell a rat

Lu·pe <-, -n> ['lu:pə] *f* magnifying glass ▸ **jdn/etw unter die ~ nehmen** (*fam*) to examine sb/sth with a fine-tooth comb

Lurch <-[e]s, -e> [lʊrç] *m* amphibian

Lust <-, Lüste> [lʊst, *pl* 'lʏstə] *f* ❶ *kein pl* (*freudiger Drang*) desire; **~ zu etw** *dat* **ha·ben** to feel like doing sth; **das kannst du machen, wie du ~ hast!** (*fam*) do it however you want!; **da vergeht einem jegli·che ~** it's enough to make one lose interest in sth; **jdm die ~ an etw** *dat* **nehmen** to put sb off sth; **~ an etw** *dat* **empfinden** to enjoy doing sth; **die ~ an etw** *dat* **verlieren** to lose interest in sth ❷ (*Freude*) joy ❸ (*sexuelle Begierde*) desire

lüs·tern ['lʏstɐn] *adj* (*geh: sexuell begierig*) lustful

Lụst·ge·fühl *nt* feeling of pleasure *no pl*
lus·tig ['lʊstɪç] **I.** *adj* (*fröhlich*) cheerful; *Abend* fun; **sich über jdn/etw ~ machen** to make fun of sb/sth; **er kam und ging wie er ~ war** he came and went as he pleased **II.** *adv* (*fam: unbekümmert*) happily

Lüst·ling <-, -e> ['lʏstlɪŋ] *m* (*pej veraltend*) debauchee

lụst·los *adj* ❶ (*antriebslos*) listless ❷ BÖRSE (*ohne Kauflust*) sluggish **Lụst·molch** *m* (*meist hum fam*) Lüstling **Lụst·mord** *m* sexually motivated murder **Lụst·schloss**ʀʀ *nt* summer residence **Lụst·spiel** *nt* comedy **lụst·voll** *adj* (*geh: mit Lust*) full of relish; *Schrei* passionate

lut·schen ['lʊtʃn] *vt, vi* to suck
Lụt·scher <-s, -> *m* lollipop
Lu·xem·burg <-s> ['lʊksmbʊrk] *nt* Luxembourg; *s. a.* **Deutschland**
Lu·xem·bur·ger(in) <-s, -> ['lʊksmbʊrgɐ] *m(f)* Luxembourger; *s. a.* **deutsch**
lu·xem·bur·gisch ['lʊksmbʊrgɪʃ] *adj* Luxembourgian; *s. a.* **deutsch**
lu·xu·ri·ös [lʊksu'rɪø:s] *adj* luxurious
Lu·xus <-> ['lʊksʊs] *m kein pl* luxury *no pl*
Lu·xus·ar·ti·kel *m* luxury item **Lu·xus·aus·füh·rung** *f* de luxe model **Lu·xus·ho·tel** *nt* luxury hotel

Lu·zern <-s> [lu'tsɛrn] *nt* Lucerne
Lu·zi·fer <-s> ['lu:tsifɐ] *m* Lucifer
LW *Abk von* **Langwelle** LW
Lym·phe <-, -n> ['lʏmfə] *f* lymph
Lymph·kno·ten *m* lymph node
lyn·chen ['lʏnçn] *vt* (*a hum*) to lynch
Lynch·jus·tiz *f* lynch law
Ly·o·ner <-, -> ['l̩jo:nɐ] *f*, **Ly·o·ner Wurst** <-, -> *f* [pork] sausage from Lyon
Ly·rik <-> ['ly:rɪk] *f kein pl* lyric [poetry]
Ly·ri·ker(in) <-s, -> ['ly:rikɐ] *m(f)* poet
ly·risch ['ly:rɪʃ] *adj* ❶ (*zur Lyrik gehörend*) lyric ❷ (*dichterisch, stimmungsvoll*) poetic

M m

M, m <-, - *o fam* -s, -s> [ɛm] *nt* M, m; *s. a.* A 1

m *m kurz für* **Meter** m

M.A. [ɛmˈaː] *m Abk von* **Master of Arts** MA

Maas·tricht <-(e)s, -> [ˈmaːstrɪçt] *nt* Maastricht; **~er Vertrag** Maastricht Treaty

Mạch·art *f* style

mạch·bar *adj* feasible

Mạ·che <-> [ˈmaxə] *f* ▸ **etw/jdn in der ~ haben** (*sl*) to be working on sth/sb

ma·chen [ˈmaxn̩] **I.** *vt* ❶ (*tun, unternehmen*) to do; **mit mir kann man es ja ~** the things I put up with; **mach's gut** take care; **wie man's macht, ist es verkehrt** you [just] can't win; **was macht denn deine Frau?** how's your wife?; **mach nur!** go ahead! ❷ (*erzeugen, verursachen*) to make; **einen Fleck in etw** *akk* **machen** to stain sth; **das macht überhaupt keine Mühe** that's no trouble at all; **jdm Angst ~** to frighten sb; **sich** *dat* **Sorgen ~** to worry; **jdm Hoffnung/Mut/Kopfschmerzen ~** to give sb hope/courage/a headache; **sich** *dat* **Mühe/Umstände ~** to go to a lot of trouble ❸ (*durchführen*) to do; **eine Reise/einen Spaziergang ~** to go on a journey/for a walk; **einen Besuch ~** to [pay sb a] visit; **das ist zu ~** that's possible; **nichts zu ~!** nothing doing!; **wird gemacht!** no problem ❹ (*herstellen*) to make; *Fotos* to take; **sich** *dat* **die Haare ~ lassen** to have one's hair done ❺ (*erlangen, verdienen*) **Punkte ~** to score ❻ (*absolvieren*) to do; **einen Kurs ~** to take a course; **eine Ausbildung ~** to train to be sth ❼ MATH **drei mal drei macht neun** three times three makes nine; (*kosten*) **das macht zehn Euro** that's ten euros [please]; **was macht das zusammen?** what does that come to? ❽ (*ausmachen*) **macht nichts!** no problem!; **macht das was?** does it matter?; **das macht [doch] nichts!** never mind!; **es macht ihr nichts aus** she doesn't mind **II.** *vi* ❶ (*werden lassen*) **Liebe macht blind** love makes you blind ❷ (*aussehen lassen*) **Querstreifen ~ dick** horizontal stripes make you look fat ❸ (*fam: sich beeilen*) **mach [schon]!** get a move on! ❹ (*gewähren*) **jdn [mal/nur] ~ lassen** to leave sb to it **III.** *vr* ❶ (*viel leisten*) **die neue Sekretärin macht sich gut** the new secretary is doing well ❷ (*passen*) **das Bild macht sich gut an der Wand** the picture looks good on the wall ❸ (*sich begeben*) ▪ **sich an etw** *akk* **~** to get on with sth; **sich an die Arbeit ~** to get down to work ❹ (*gewinnen*) **sich** *dat* **Feinde ~** to make enemies ❺ *mit adj* (*werden*) **sich verständlich ~** to make oneself understood ❻ (*gelegen sein*) **sich** *dat* **etwas/viel/wenig aus jdm/etw ~** to care/care a lot/not care much for sb/sth ❼ (*sich ärgern*) **mach dir nichts d[a]raus!** don't worry about it!

Mạ·chen·schaft <-, -en> *pl* (*pej*) machinations *npl*

Mạ·cher(in) <-s, -> *m(f)* (*fam*) doer

Mạ·cho <-s, -s> [ˈmatʃo] *m* (*fam*) macho

Mạcht <-, Mächte> [maxt, *pl* ˈmɛçtə] *f* ❶ *kein pl* (*Befugnis*) power; **etw liegt in jds ~** sth is within sb's power ❷ *kein pl* (*Herrschaft*) rule; **an die ~ kommen** to gain power

Mạcht·er·grei·fung *f* seizure of power *no pl*

Mạcht·fra·ge *f* question of power **Mạcht·ha·ber(in)** <-s, -> [-haːbɐ] *m(f)* ruler

mạch·tig *adj* ❶ (*einflussreich*) powerful ❷ (*gewaltig, beeindruckend*) mighty ❸ (*fam: sehr stark, enorm*) extreme; **sich ~ beeilen** to hurry sb; **einen ~en Schlag bekommen** to receive a powerful blow

Mạcht·kampf *m* power struggle **mạcht·los** *adj* (*ohnmächtig, hilflos*) powerless; **jdm/etw ~ gegenüberstehen** to be powerless against sb/sth **Mạcht·lo·sig·keit** <-> *f kein pl* powerlessness *no pl* **Mạcht·miss·brauch**^{RR} *m* abuse of power **Mạcht·po·li·tik** *f* power politics *npl*

mạcht·po·li·tisch *adj* power-political; **das war eine reine ~e Entscheidung** that decision had everything to do with power politics

Mạcht·pro·be *f* trial of strength **Mạcht·stel·lung** *f* position of power **Mạcht·über·nah·me** *f s*. Machtergreifung **mạcht·voll** *adj* (*mächtig*) powerful, mighty **Mạcht·wech·sel** *m* change of government **Mạcht·wort** *nt* **ein ~ sprechen** to exercise one's authority

Mạch·werk *nt* (*pej*) **ein übles ~** a poor piece of workmanship

Mạ·cke <-, -n> [ˈmakə] *f* (*fam*) ❶ (*Schadstelle*) defect ❷ (*fam: Tick, Eigenart*) foible; **eine ~ haben** to have a screw loose

Mạ·cker <-s, -> [ˈmakɐ] *m* (*sl*) ❶ (*Typ*) guy, bloke BRIT ❷ NORDD (*Arbeitskollege*) colleague

Ma·da·gas·kar <-s> [madaˈgaskar] *nt* Madagascar; *s. a.* Deutschland

Ma·da·gas·se, Ma·da·gas·sin <-n, -n> [madaˈgasə, madaˈgasɪn] *m, f* Malagasy; *s. a.* Deutsche(r)

ma·da·gas·sisch [madaˈgasɪʃ] *adj* Malagasy, Madagascan; *s. a.* deutsch

Mäd·chen <-s, -> [ˈmɛːtçən] *nt* ❶ (*weibli-*

mädchenhaft–Mais 1372

ches Wesen) girl; **ein ~ bekommen** to have a [baby] girl ❷ (*fig*) **~ für alles** girl/man Friday, BRIT a. dogsbody

mäd·chen·haft *adj* girlish

Mäd·chen·na·me *m* ❶ (*Geburtsname einer Ehefrau*) maiden name ❷ (*Vorname*) girl's name

Ma·de <-, -n> ['maːdə] *f* maggot ▶ **wie die ~[n] im Speck leben** to live the life of Riley

Ma·dei·ra¹ [ma'deːra] *nt* Madeira

Ma·dei·ra² <-s> [ma'deːra] *m*, **Ma·dei·ra·wein** [ma'deːra-] *m* Madeira

Mä·del <-s, -[s]> ['mɛːdl] *nt*, **Ma·d(e)l** <-s, -n> ['maːdl] *nt* SÜDD, ÖSTERR girl

ma·dig ['maːdɪç] *adj* worm-eaten

ma·dig|ma·chen *vt* ▶ **jdm etw ~** (*fam*) to spoil sth [for sb]

Ma·don·na <-, Madonnen> [ma'dɔna, *pl* ma'dɔnən] *f* Madonna

Ma·drid <-s> [ma'drɪt] *nt* Madrid

Ma·dri·der(in) [ma'driːtɐ] **I.** *m(f)* native of Madrid **II.** *adj attr* Madrid

Ma·fia <-, s> ['mafi̯a] *f* ▪ **die** *~* the Mafia

Ma·ga·zin¹ <-s, -e> [maga'tsiːn] *nt* (*Patronenbehälter*) magazine; (*Behälter für Dias*) feeder

Ma·ga·zin² <-s, -e> [maga'tsiːn] *nt* (*Zeitschrift*) magazine

Magd <-, Mägde> ['maːkt, *pl* 'mɛːkdə] *f* maid

Mag·de·burg ['makdəbʊrk] *nt* Magdeburg

Ma·gen <-s, Mägen *o* -> ['maːgn̩, *pl* 'mɛːgn̩] *m* stomach; **auf nüchternen ~** on an empty stomach; **sich** *dat* [**mit etw** *dat*] **den ~ verderben** to give oneself an upset stomach [by eating/drinking sth] ▶ **jdm dreht sich der ~ um** sb's stomach turns; **etw schlägt jdm auf den ~** (*fam*) sth gets to sb

Ma·gen·bit·ter <-s, -> *m* bitters *npl* **Ma·gen·ge·schwür** *nt* stomach ulcer **Ma·gen·gru·be** *f* pit of the stomach **Ma·gen·knur·ren** *nt* stomach rumble **Ma·gen·krampf** *m meist pl* gastric disorder **Ma·gen·lei·den** *nt* stomach trouble **Ma·gen·mit·tel** *nt* medicine for the stomach **Ma·gen·säu·re** *f* hydrochloric acid **Ma·gen·schmer·zen** *pl* stomach ache **Ma·gen·ver·stim·mung** *f* stomach upset

ma·ger ['maːgɐ] *adj* ❶ (*dünn*) thin ❷ (*fettarm*) low-fat; **~es Fleisch** lean meat ❸ (*wenig ertragreich*) **eine ~e Ernte** a poor harvest; (*dürftig*) feeble

Ma·ger·milch *f kein pl* skimmed milk *no pl* **Ma·ger·sucht** *f kein pl* anorexia *no pl* **ma·ger·süch·tig** *adj* MED anorexic

Ma·gie <-> [ma'giː] *f* magic

Ma·gier(in) <-s, -> ['maːgi̯ɐ] *m(f)* magician

ma·gisch ['maːgɪʃ] *adj* magic; **eine ~e Anziehungskraft haben** to have magical powers of attraction

Ma·gis·ter, Ma·gis·tra <-s, -> [ma'gɪstɐ, ma'gɪstra] *m, f* ❶ *kein pl* (*Universitätsgrad* [*~ Artium*]) Master's degree ❷ ÖSTERR (*Apotheker*) pharmacist

Ma·gis·trat¹ <-[e]s, -e> [magɪs'traːt] *m* (*Stadtverwaltung*) municipal administration

Ma·gis·trat² <-en, -en> [magɪs'traːt] *m* SCHWEIZ federal councillor

Mag·ma <-s, Magmen> ['magma, *pl* 'magmən] *nt* magma

Ma·gne·si·um <-s, *kein Pl*> [ma'geːzi̯ʊm] *nt* magnesium

Ma·gnet <-[e]s *o* -en, -e[n]> [ma'gneːt] *m* magnet

Ma·gnet·band *nt* magnetic tape **Ma·gnet·feld** *nt* magnetic field

ma·gne·tisch [ma'gneːtɪʃ] *adj* magnetic

ma·gne·ti·sie·ren* [magneti'tsiːrən] *vt* (*magnetisch machen*) to magnetize

Ma·gnet·na·del *f* magnetic needle **Ma·gnet·schwe·be·bahn** *f* magnetic railway **Ma·gnet·strei·fen** *m* magnetic strip

Ma·gno·lie <-, -n> [ma'gnoːli̯ə] *f* magnolia

Ma·ha·go·ni <-s> [maha'goːni] *nt kein pl* mahogany

Mäh·dre·scher <-s, -> *m* combine harvester

mä·hen ['mɛːən] *vt Gras* to mow; *Feld* to harvest

Mahl <-[e]s, -e *o* Mähler> ['maːl, *pl* 'mɛːlɐ] *nt pl selten* (*geh*) meal

mah·len <mahlte, gemahlen> ['maːlən] *vt* to grind; **gemahlener Kaffee** ground coffee

Mahl·zeit ['maːltsait] *f* meal; **~!** DIAL (*fam*) ≈ [good] afternoon!, *greeting used during the lunch break in some parts of Germany*

Mäh·ne <-, -n> ['mɛːnə] *f* mane

mah·nen ['maːnən] *vt* ❶ (*nachdrücklich innern*) to warn ❷ (*an eine Rechnung erinnern*) to remind

Mahn·ge·bühr *f* dunning charge

Mahn·mal <-[e]s, -e *o selten* -mäler> ['maːnmaːl, *pl* 'mɛːlɐ] *nt* memorial

Mah·nung <-, -en> *f* ❶ (*mahnende Äußerung*) warning ❷ (*Mahnbrief*) reminder

Mahn·wa·che *f* vigil

Mai <-[e]s *o* - *o poet* -en, -e> ['mai] *m* May; *s. a.* **Februar**

Mai·glöck·chen *nt* lily of the valley **Mai·kä·fer** *m* cockchafer

Mai·land <-s> ['mailant] *nt* Milan

Mail·box <-, -en> ['meːlbɔks] *f* INFORM mailbox

mai·len ['meːlən] *vt, vi* INET (*fam*) to [e-]mail

Main <-, -[e]s> ['main] *m* the River Main

Mainz <-> ['maints] *nt* Mainz

Mais <-es, -e> ['mais, *pl* 'maizə] *m* ❶ (*An-*

baupflanze) maize *no pl* BRIT, corn *no pl* AM ❷ (*Maisfrucht*) sweet corn
Mais·kol·ben *m* corncob
Ma·jes·tät <-, -en> [majɛsˈtɛːt] *f* Majesty; Seine/Ihre/Eure ~ His/Her/Your Majesty
ma·jes·tä·tisch [majɛsˈtɛːtɪʃ] **I.** *adj* majestic **II.** *adv* majestically
Ma·jo·nä·se <-, -n> [majoˈnɛːzə] *f* mayonnaise
Ma·jor(in) <-s, -e> [maˈjoːɐ̯] *m(f)* major
Ma·jo·ran <-s, -e> [ˈmaːjɔran] *m* marjoram
ma·ka·ber [maˈkaːbɐ] *adj* macabre
Ma·kel <-s, -> [ˈmaːkl̩] *m* flaw
Mä·ke·lei <-, -en> [mɛːkəˈlai] *f kein pl* (*Nörgelei*) whinge|e|ing *no pl* BRIT *fam*, whining *no pl* AM
ma·kel·los *adj* ❶ (*untadelig*) untarnished ❷ (*fehlerlos*) perfect
mä·keln [ˈmɛːkl̩n] *vi* to whinge [about sth]
Make-up <-s, -s> [meːkˈʔap] *nt* make-up *no pl*
Mak·ka·ro·ni [makaˈroːni] *pl* macaroni
Mak·ler(in) <-s, -> [ˈmaːklɐ] *m(f)* broker; (*Immobilien-*) estate agent BRIT, realtor AM
Mak·ler·ge·bühr *f* brok[er]age *no pl*
Ma·kre·le <-, -n> [maˈkreːla] *f* mackerel
Ma·kro <-s, -s> [ˈmaːkro] *m o nt* INFORM *kurz für* **Makrobefehl** macro
Ma·kro·ne <-, -n> [maˈkroːnə] *f* macaroon
mal[1] [ˈmaːl] *adv* ❶ MATH multiplied by; **drei mal drei ergibt neun** three times three is nine ❷ (*eben so*) **gerade ~** (*fam*) only
mal[2] [ˈmaːl] *adv* (*fam*) *kurz für* **einmal**
Mal[1] <-[e]s, -e *o nach Zahlwörtern:* -> [maːl] *nt* (*Zeitpunkt*) time; **einige/etliche ~e** sometimes/very often; **ein/kein einziges ~** once/not once; **zum ersten/letzten ~** for the first/last time; **bis zum nächsten ~!** see you [around]!; **das x-te ~** (*fam*) the millionth time; **er wird von ~ zu ~ besser** he gets better every time; **das eine oder andere ~** now and again; **ein für alle ~e** (*fig*) once and for all; **mit einem ~[e]** (*fig*) all of a sudden
Mal[2] <-[e]s, -e *o pl* Mäler> [maːl, *pl* ˈmɛːlə] *nt* mark; (*Mutter-*) birthmark
ma·la·de [maˈlaːt, maˈlaːdə] *adj* (*selten fam*) unwell
Ma·lai·se [maˈlɛːzə] *f* (*geh*) malaise
Ma·la·ria <-> [maˈlaːria] *f kein pl* malaria *no pl*
Ma·lay·sia <-s> [maˈlaizia] *nt* Malaysia; *s. a.* **Deutschland**
Ma·lay·si·er(in) <-s, -> [maˈlaiziɐ] *m(f)* Malaysian; *s. a.* **Deutsche(r)**
ma·lay·sisch [maˈlaizɪʃ] *adj* Malayan; *s. a.* **deutsch**
Mal·buch *nt* colouring book

ma·len [ˈmaːlən] *vt, vi* ❶ (*ein Bild herstellen*) to paint; ▪**sich ~ lassen** to have one's portrait painted ❷ DIAL (*anstreichen*) to paint
Ma·ler(in) <-s, -> [ˈmaːlɐ] *m(f)* painter
Ma·le·rei <-, -en> [maːləˈrai] *f* ❶ *kein pl* (*das Malen als Gattung*) painting *no pl* ❷ *meist pl* (*gemaltes Werk*) picture
ma·le·risch *adj* picturesque
Mal·heur <-s, -s *o* -e> [maˈløːɐ̯] *nt* mishap
Mal·kas·ten *m* paint box
Mal·lor·ca [maˈjɔrka] *nt* Mallorca
mal|neh·men [ˈmaːlneːmən] *vt irreg* (*fam*) to multiply (**mit** by)
Ma·lo·che <-> [maˈloːxə] *f kein pl* (*sl*) [hard] work *no pl*
ma·lo·chen* [maˈloːxn̩] *vi* (*sl*) to slog away
Mal·stift *m* crayon
Mal·ta [ˈmalta] *nt* Malta
Mal·te·ser(in) <-s, -> [malˈteːzɐ] *m(f)* Maltese + *sing/pl vb*
mal·te·sisch [malˈteːzɪʃ] *adj* Maltese
mal·trä·tie·ren* [maltrɛˈtiːrən] *vt* (*geh*) to maltreat
Malz <-es> [malts] *nt kein pl* malt *no pl*
Malz·bier *nt* malt beer **Malz·kaf·fee** *m* malted coffee substitute
Ma·ma <-, -s> [maˈmaː] *f*, **Ma·mi** <-, -s> [ˈmami] *f* (*fam*) mummy
Mam·mon <-s> [ˈmamɔn] *m kein pl* (*pej o hum*) mammon; **der schnöde ~** filthy lucre
Mam·mut <-s, -e *o* -e> [ˈmamʊt, ˈmamuːt] *nt* mammoth
Mam·mut·ver·an·stal·tung *f* mammoth event
mamp·fen [ˈmampfn̩] *vt, vi* (*sl*) to munch
man[1] <*dat* einem, *akk* einen> [ˈman] *pron indef* ❶ (*irgendjemand*) one form, you; **das hat ~ mir gesagt** that's what I was told ❷ (*die Leute*) people; **so etwas tut ~ nicht** that just isn't done ❸ (*ich*) ~ **versteht sein eigenes Wort nicht** I can't hear myself think
man[2] [ˈman] *adv* NORDD (*fam: nur* [*als Bekräftigung*]) just; **lass' ~ gut sein** just leave it alone
Ma·nage·ment <-s, -s> [ˈmɛnɪtʃmənt] *nt* management + *sing/pl vb*
ma·na·gen [ˈmɛnɪdʒn̩] *vt* to manage
Ma·na·ger(in) <-s, -> [ˈmɛnɪdʒɐ] *m(f)* manager
manch [ˈmançˌ] *pron indef* many [a]; **~ ei·ne(r)** many
man·che(r, s) *pron indef* ❶ adjektivisch, mit *pl* (*einige*) some ❷ adjektivisch a lot of, many a; **~ es Gute** much good
man·cher·lei [ˈmançɐˈlai] adjektivisch (*dieses und jenes*) various
manch·mal [ˈmançmaːl] *adv* ❶ (*gelegentlich*) sometimes ❷ SCHWEIZ (*oft*) often

Man·dant(in) <-en, -en> [man'dant] *m(f)* client

Man·da·ri·ne <-, -n> [manda'ri:nə] *f* mandarin

Man·dat <-[e]s, -e> [man'da:t] *nt* ❶ (*Abgeordnetensitz*) seat ❷ (*Auftrag eines Juristen*) mandate

Man·del¹ <-, -n> ['mandl] *f* almond; **gebrannte ~n** sugared almonds

Man·del² <-, -n> ['mandl] *f meist pl* ANAT tonsils *pl*

Man·del·baum *m* almond tree **Man·del·ent·zün·dung** *f* tonsillitis *no art, no pl* **man·del·för·mig** *adj* almond-shaped

Man·do·li·ne <-, -n> [mando'li:nə] *f* mandolin[e]

Ma·ne·ge <-, -n> [ma'ne:ʒə] *f* ring

Man·gan <-s> [maŋ'ga:n] *nt kein pl* manganese *no pl*

Man·gel¹ <-s, Mängel> ['maŋl, *pl* 'mɛŋl] *m* ❶ (*Fehler*) flaw ❷ *kein pl* (*Knappheit*) lack (**an** of); **ein ~ an Vitamin C** vitamin C deficiency; **einen ~ an Zuversicht haben** to have little confidence; **wegen ~s an Beweisen** due to a lack of evidence

Man·gel² <-, -n> ['maŋl] *f* mangle ▶ **jdn in die ~ nehmen** (*fam*) to grill sb

Man·gel·er·schei·nung *f* deficiency symptom

man·gel·haft *adj* ❶ (*unzureichend*) inadequate ❷ (*Mängel aufweisend*) faulty

man·geln¹ ['maŋln] *vi* ■ **es mangelt an etw** *dat* there is a shortage of sth; **es mangelt jdm an Ernst** sb is not serious enough

man·geln² ['maŋln] *vt* (*mit der Mangel² glätten*) to press

man·gelnd *adj* inadequate; **~es Selbstvertrauen** lack of self-confidence

man·gels ['maŋls] *präp mit gen* (*geh*) due to the lack of sth

Man·gel·wa·re *f* scarce commodity

Man·go <-, -gonen *o* -s> ['mango, *pl* -'go:nən] *f* mango

Man·gold <-[e]s, -e> ['maŋgɔlt, *pl* 'maŋgɔldə] *m* Swiss chard

Ma·nie <-, -n> [ma'ni:, *pl* ma'ni:ən] *f* (*geh*) obsession

Ma·nier <-, -en> [ma'ni:ɐ̯] *f* ❶ *kein pl* (*geh: Art und Weise*) manner; **nach bewährter ~** following a tried and tested method ❷ *pl* (*Umgangsformen*) manners

Ma·nie·ris·mus <-> [mani'rɪsmʊs] *m kein pl* mannerism *no art*

ma·nier·lich [ma'ni:ɐ̯lɪç] *adj* (*veraltend*) **~ essen** to eat properly

Ma·ni·fest <-[e]s, -e> [mani'fɛst] *nt* manifesto

ma·ni·fes·tie·ren* [manifɛs'ti:rən] *vr* (*geh*) ■ **sich in etw** *dat* **~** to manifest itself in sth

Ma·ni·kü·re <-> [mani'ky:rə] *f kein pl* manicure

ma·ni·kü·ren* [mani'ky:rən] *vt* ■ **jdn ~** to give sb a manicure

Ma·ni·pu·la·ti·on <-, -en> [manipula'tsi̯o:n] *f* manipulation

ma·ni·pu·lier·bar *adj* manipulable; **leicht/schwer ~ sein** to be easily manipulated/difficult to manipulate

ma·ni·pu·lie·ren* [manipu'li:rən] I. *vt* to manipulate II. *vi* ■ **an etw** *dat* **~** to tamper with sth

ma·nisch ['ma:nɪʃ] *adj* manic

ma·nisch-de·pres·siv *adj* MED, PSYCH manic-depressive

Man·ko <-s, -s> ['maŋko] *nt* ❶ (*Nachteil*) shortcoming ❷ FIN (*Fehlbetrag*) deficit

Mann <-[e]s, Männer *o* Leute> ['man, *pl* 'mɛnɐ] *m* ❶ (*männlicher Mensch*) man; ■ **Männer** men; (*im Gegensatz zu den Frauen a.*) males; **der ~ auf der Straße** the man in the street, Joe Bloggs BRIT, John Doe AM; **ein ganzer ~** a real man; **jd ist ein gemachter ~** sb has got it made; **ein ~, ein Wort** an honest man's word is as good as his bond ❷ (*Ehemann*) husband; **sie hat Peter zum Mann** Peter is her husband ❸ (*Person*) man; **seinen/ihren ~ stehen** to hold one's own; **~ für ~** every single one; **pro ~** per head; **selbst ist der ~!** there's nothing like doing things yourself; NAUT (*Besatzungsmitglied a.*) hand; **~ über Bord!** man overboard!; **alle ~ an Bord!** all aboard! ❹ (*fam: in Ausrufen*) **[mein] lieber ~!** (*herrje!*) my God!; **~, o ~!** oh boy!; **~!** (*bewundernd*) wow! ▶ **etw an den ~ bringen** (*fam*) to get rid of sth

Männ·chen <-s, -> ['mɛnçən] *nt* ❶ *dim von* **Mann** little man; **~ machen** *Hund, dressiertes Tier* to stand up on its/their hind legs ❷ (*männliches Tier*) male

Man·ne·quin <-s, -s> ['manəkɛ̃, manə'kɛ̃:] *nt* [fashion] model

Män·ner ['mɛnɐ] *pl von* **Mann**

Män·ner·be·kannt·schaft *f meist pl* male friend **män·ner·do·mi·niert** *adj* male-dominated **Män·ner·sa·che** *f* man's affair; (*Arbeit*) man's job

Man·nes·al·ter *nt* manhood *no art*; **im besten ~ sein** to be in one's prime

man·nig·fach ['manɪçfax] *adj attr* (*geh*) multifarious

man·nig·fal·tig ['manɪçfaltɪç] *adj* (*geh*) diverse

männ·lich ['mɛnlɪç] *adj a. Tier, Pflanze* male

Männ·lich·keit <-> *f kein pl* masculinity *no pl*

Männ·lich·keits·ri·tu·al *nt* SOZIOL manhood

Manns·bild *nt* SÜDD, ÖSTERR (*fam*) he-man
Mann·schaft <-, -en> *f* ❶ SPORT team ❷ (*Schiffs- o Flugzeugbesatzung*) crew ❸ (*Gruppe von Mitarbeitern*) staff + *sing/pl vb*
manns·hoch *adj* [as] tall as a man *pred*
manns·toll *adj* (*pej*) man-crazy
Mann·weib *nt* (*pej*) mannish woman
Ma·no·me·ter[1] <-s, -> [mano'me:tɐ] *nt* TECH pressure gauge
Ma·no·me·ter[2] [mano'me:tɐ] *interj* (*fam*) boy oh boy!
Ma·nö·ver <-s, -> [ma'nø:vɐ] *nt* ❶ MIL manoeuvre ❷ (*das Manövrieren eines Fahrzeugs*) manoeuvre; **das war vielleicht ein ~** that took some manoeuvring! ❸ (*pej: Winkelzug*) trick
ma·nö·vrie·ren* [manø'vri:rən] **I.** *vi* ❶ (*hin und her lenken*) ▪ [**mit etw** *dat*] **~** to manoeuvre [sth] ❷ (*meist pej: lavieren*) [**ge·schickt**] **~** to manoeuvre cleverly **II.** *vt* to manoeuvre
Man·sar·de <-, -n> [man'zardə] *f* (*Dachzimmer*) mansard
Man·schet·te <-, -n> [man'ʃɛtə] *f* (*Ärmelaufschlag*) [shirt] cuff
Man·schet·ten·knopf *m* cuff link
Man·tel <-s, Mäntel> ['mantl̩, *pl* 'mɛntl̩] *m* (*Kleidungsstück*) coat; (*Wintermantel*) overcoat
ma·nu·ell [ma'nuɛl] **I.** *adj* manual **II.** *adv* manually
Ma·nu·fak·tur <-, -en> [manufak'tu:ɐ̯] *f* (*hist*) manufactory
Ma·nu·skript <-[e]s, -e> [manu'skrɪpt] *nt* manuscript; (*geschrieben a.*) MS
Map·pe <-, -n> ['mapə] *f* ❶ (*Schnellhefter*) folder ❷ (*Aktenmappe*) briefcase
Mär <-, -en> [mɛːɐ̯] *f* (*hum*) fairytale
Ma·ra·cu·ja <-, -s> [mara'ku:ja] *f* passion fruit
Ma·ra·thon <-s, -s> ['ma:ratɔn] *m* SPORT (*a. fig*) marathon
Ma·ra·thon·lauf *m* marathon
Mär·chen <-s, -> ['mɛːɐ̯çən] *nt* fairytale
Mär·chen·buch *nt* book of fairytales
mär·chen·haft I. *adj* fabulous **II.** *adv* fabulously
Mär·chen·land *nt kein pl* ▪ **das ~** fairyland
Mär·chen·prinz, -prin·zes·sin *m*, *f* fairy prince *masc*, fairy princess *fem*
Mar·der <-s, -> ['mardɐ] *m* marten
Mar·ga·ri·ne <-, -en> [marga'ri:nə] *f* margarine, BRIT *a.* marge *fam*
Mar·ga·ri·te <-, -n> [margə'ri:tə] *f* BOT marguerite
mar·gi·na·li·sie·ren* [marginali'zi:rən] *vt* SOZIOL (*geh*) to marginalize
Ma·ri·en·kä·fer *m* ZOOL ladybird BRIT, ladybug AM
Ma·ri·hu·a·na <-s> [mari'hu̯a:na] *nt kein pl* marihuana *no pl*
Ma·ril·le <-, -n> [ma'rɪlə] *f* ÖSTERR apricot
Ma·ri·na·de <-, -n> [mari'na:də] *f* marinade
Ma·ri·ne <-, -n> [ma'ri:nə] *f* NAUT, MIL navy; ▪ **bei der ~** in the navy
ma·ri·ne·blau *adj* navy blue
ma·ri·nie·ren* [mari'ni:rən] *vt* to marinate
Ma·ri·o·net·te <-, -n> [mario'nɛtə] *f* puppet *a. fig*
Ma·ri·o·net·ten·the·a·ter *nt* puppet theatre
Mark[1] <-, - o *hum* Märker> ['mark, *pl* 'mɛrkə] *f* (*hist*) mark; **Deutsche ~** German mark
Mark[2] <-[e]s> ['mark] *nt kein pl* marrow; **etw geht jdm durch ~ und Bein** (*hum fam*) sth sets sb's teeth on edge
mar·kant [mar'kant] *adj* ❶ (*ausgeprägt*) bold ❷ (*auffallend*) striking
mark·durch·drin·gend *adj* (*geh*) bloodcurdling
Mar·ke <-, -n> ['markə, *pl* 'markn̩] *f* ❶ (*fam*) stamp; **eine ~ zu 55 Cent** a 55-cent stamp ❷ (*Warensorte*) brand; **das ist ~ Eigenbau** (*hum*) I made it myself ❸ SPORT mark; **die ~ von 7 Meter** the 7-metre mark
Mar·ken·ar·ti·kel *m* branded article **Mar·ken·iden·ti·tät** *f* ÖKON brand identity **Mar·ken·na·me** *m* brand name **Mar·ken·zei·chen** *nt* trademark *a. fig*
Mar·ker ['marke] *m* (*Stift*) marker [pen]
mark·er·schüt·ternd *adj* heart-rending
Mar·ke·ting <-s> ['ma:rkətɪŋ] *nt kein pl* marketing *no pl, no indef art*
mar·kie·ren* [mar'ki:rən] *vt* ❶ (*kennzeichnen*) to mark ❷ (*fam*) to play; **den Dummen ~** to play the idiot
Mar·kie·rung <-, -en> *f* ❶ *kein pl* (*das Kennzeichnen*) marking ❷ (*Kennzeichnung*) marking[s *pl*]
Mar·ki·se <-, -n> [mar'ki:zə] *f* awning
Mark·stein *m* milestone
Mark·stück *nt* (*hist*) mark, [one-]mark piece
Markt <-[e]s, Märkte> ['markt, *pl* 'mɛrktə] *m* ❶ (*Wochenmarkt*) market; **auf den/zum ~ gehen** to go to [the] market ❷ (*Marktplatz*) marketplace ❸ ÖKON, FIN market; **auf dem ~** on the market; **der schwarze ~** the black market; **etw auf den ~ bringen** to put sth on the market
Markt·ana·ly·se *f* market analysis **Markt·an·teil** *m* market share **Markt·bu·de** *f* market stall **Markt·durch·drin·gung** *f kein pl* ÖKON market penetration **Markt·for·schung** *f kein pl* market research *no pl* **Markt·frau** *f* [woman] stallholder **Markt·**

füh·rer *m* market leader **Markt·hal·le** *f* indoor market **Markt·la·ge** *f* state of the market **Markt·lü·cke** *f* gap in the market; **in eine ~ stoßen** to fill a gap in the market (**mit** with) **Markt·platz** *m* marketplace; ■ **auf dem ~** in the marketplace **Markt·preis** *m* ÖKON market price **Markt·stand** *m* [market] stall **Markt·stel·lung** *f kein pl* market position **Markt·wert** *m* market value **Markt·wirt·schaft** *f kein pl* **die soziale ~** social market economy

Mar·me·la·de <-, -n> [marməˈlaːdə] *f* jam; (*aus Zitrusfrüchten*) marmalade

Mar·mor <-s, -e> [ˈmarmoːɐ̯] *m* marble

mar·mo·rie·ren* [marmoˈriːrən] *vt* to marble

mar·mo·riert *adj* marbled

Mar·mor·ku·chen *m* marble cake

mar·morn [ˈmarmɔrn] *adj* (*aus Marmor*) marble

Ma·rok·ka·ner(in) <-s, -> [marɔˈkaːnɐ] *m(f)* Moroccan; *s. a.* **Deutsche(r)**

ma·rok·ka·nisch [marɔˈkaːnɪʃ] *adj* Moroccan; *s. a.* **deutsch**

Ma·rok·ko <-s> [maˈrɔko] *nt* Morocco; *s. a.* **Deutschland**

Ma·ro·ne <-, -n> [maˈroːnə], **Ma·ro·ni** <-, -> [maˈroːni] *f* SÜDD, ÖSTERR [edible] chestnut

Ma·rot·te <-, -n> [maˈrɔtə] *f* quirk

Mars <-> [mars] *m kein pl* ■ **der ~** Mars

marsch [marʃ] *interj* (*fam*) be off with you!

Marsch <-[e]s, Märsche> [ˈmarʃ, *pl* ˈmɛrʃə] *m* ① (*Fußmarsch*) march; **sich in ~ setzen** to move off ② (*Marschmusik*) march

Mar·schall <-s, Marschälle> [ˈmarʃal, *pl* ˈmarʃɛlə] *m* [field] marshal

Marsch·be·fehl *m* marching orders *pl*

mar·schie·ren* [marˈʃiːrən] *vi sein* ① MIL to march ② (*zu Fuß gehen*) to go at a brisk pace

Marsch·mu·sik *f* marching music **Marsch·rich·tung** *f* direction of march

Mars·lan·dung *f* Mars landing **Mars·mensch** *m* Martian

Mar·ter <-, -n> [ˈmartɐ] *f* (*geh*) torture *no pl*

mar·tern [ˈmartɐn] *vt* (*geh*) to torture

Mar·ter·pfahl *m* HIST stake

Mär·ty·rer(in) <-s, -> [ˈmɛrtyrɐ, ˈmɛrtyrərɪn] *m(f)* (*a. fig*) martyr

Mar·ty·ri·um <-, -rien> [marˈtyːri̯ʊm, -ri̯ən] *nt* martyrdom

Mar·xis·mus <-> [marˈksɪsmʊs] *m kein pl* ■ **der ~** Marxism *no pl*

Mar·xist(in) <-en, -en> [marˈksɪst] *m(f)* Marxist

mar·xis·tisch [marˈksɪstɪʃ] *adj* Marxist

März <-[es] *o* liter -en, -e> [mɛrts] *m* March; *s. a.* **Februar**

Mar·zi·pan <-s, -e> [martsiˈpaːn] *nt o m* marzipan

Ma·sche <-, -n> [ˈmaʃə] *f* ① (*Strickmasche*) stitch; **eine linke und eine rechte ~ stricken** to knit one [plain], purl one ② SÜDD, ÖSTERR, SCHWEIZ (*Schleife*) bow ■ **durch die ~n des Gesetzes schlüpfen** to slip through a loophole in the law

Ma·schen·draht *m* wire netting

Ma·schi·ne <-, -n> [maˈʃiːnə] *f* ① (*Automat*) machine; ■ **~n** *pl* machinery *nsing* ② (*Motorrad*) bike ③ (*Schreibmaschine*) typewriter; **~ schreiben** to type

ma·schi·nell [maʃiˈnɛl] **I.** *adj* machine *attr* **II.** *adv* by machine

Ma·schi·nen·bau *m kein pl* ① (*Konstruktion von Maschinen*) machine construction ② SCH mechanical engineering **Ma·schi·nen·öl** *nt* machine[ry] oil **Ma·schi·nen·pis·to·le** *f* submachine gun **Ma·schi·nen·raum** *m a.* NAUT engine room **Ma·schi·nen·schlosser(in)** *m(f)* [machine] fitter **Ma·schi·nen·schrift** *f* in type[script] **Ma·schi·nen·stürmer(in)** *m(f)* (*pej hist*) Luddite *hist*

Ma·schi·ne·rie <-, -rien> [maʃinəˈriː, *pl* maʃinəˈriːən] *f* piece of machinery

Ma·schi·nist(in) <-en, -en> [maʃiˈnɪst] *m(f)* machinist

Ma·schin·schrift *f* ÖSTERR *s.* **Maschinenschrift**

Ma·sern [ˈmaːzɐn] *pl* ■ **die ~** the measles

Ma·se·rung <-, -en> *f* grain

Mas·ke <-, -n> [ˈmaskə] *f* ① (*a. fig*) mask ② (*Reinigungsmaske*) [face] mask

Mas·ken·ball *m* masked ball **Mas·ken·bildner(in)** *m(f)* make-up artist

mas·ken·haft *adj* mask-like

Mas·ke·ra·de <-, -n> [maskəˈraːdə] *f* ① (*Verkleidung*) [fancy-dress] costume ② (*pej geh*) pretence

mas·kie·ren* [masˈkiːrən] *vt* ① (*unkenntlich machen*) to disguise ② (*verkleiden*) ■ **sich ~** to dress up ③ (*verdecken*) ■ **etw ~** to mask [*or* disguise] sth

Mas·kott·chen <-s, -> [masˈkɔtçən] *nt* [lucky] mascot

mas·ku·lin [maskuˈliːn] *adj* masculine

Ma·so·chis·mus <-> [mazɔˈxɪsmʊs] *m kein pl* masochism *no pl*

Ma·so·chist(in) <-en, -en> [mazɔˈxɪst] *m(f)* masochist

ma·so·chis·tisch *adj* masochistic

maß [maːs] *imp von* **messen**

Maß¹ <-es, -e> [maːs] *nt* ① (*Maßeinheit*) measure; **mit zweierlei ~ messen** (*a. fig*) to operate a double standard ② *pl* (*gemessene Größe*) measurements; (*Raum*) dimensions; **jds ~e nehmen** to measure sb ③ (*Ausmaß*) extent; **in besonderem ~[e]** especially; **in**

großem ~[e] to a great extent; **in zunehmendem** ~**e** increasingly; **in** ~**en** in moderation; **weder** ~ **noch Ziel kennen** to know no bounds ▸ **das** ~ **aller Dinge** the measure of all things; **das** ~ **ist voll** enough is enough

Maß² <-, -> ['maːs] *f* SÜDD litre [tankard] of beer; **eine** ~ **Bier** a litre of beer

Mas·sa·ge <-, -n> [maˈsaːʒə] *f* massage

Mas·sa·ker <-s, -> [maˈsaːkɐ] *nt* massacre

mas·sa·krie·ren* [masaˈkriːrən] *vt* to massacre

Maß·an·ga·be *f* measurement **Maß·an·zug** *m* made-to-measure suit **Maß·ar·beit** *f* ■ **etw in** ~ sth made to measure **Maß·band** *nt* tape measure

Mas·se <-, -n> [ˈmasə] *f* ❶ (*breiiges Material*) *a.* PHYS mass; **eine** [**ganze**] ~ [**etw**] a lot [of sth] ❷ (*Menschen~*) crowd; **in** ~**n** in droves

Maß·ein·heit *f* unit of measurement

Mas·sen·an·drang *m* crush [of people] **Mas·sen·ar·beits·lo·sig·keit** *f* mass unemployment *no art* **Mas·sen·ar·ti·kel** *m* mass-produced article **Mas·sen·be·we·gung** *f* SOZIOL mass movement **Mas·sen·do·ping** <-s, -s> *nt* SPORT *collective consumption of illicit drugs among sportspeople* **Mas·sen·ent·las·sung** *f meist pl* mass redundancies *pl* **Mas·sen·flucht** *f* mass exodus **Mas·sen·grab** *nt* mass grave

mas·sen·haft I. *adj* on a huge scale II. *adv* (*fam*) in droves

Mas·sen·hys·te·rie [-hysteˈriː] *f* mass hysteria **Mas·sen·ka·ram·bo·la·ge** [-karamboˈlaːʒə] *f* pile-up **mas·sen·kom·pa·ti·bel** *adj* suitable for the masses *pred*, compliant with popular taste *pred* **Mas·sen·kund·ge·bung** *f* mass rally **Mas·sen·me·di·en** *pl* mass media + *sing/pl vb* **Mas·sen·mord** *m* mass murder **Mas·sen·mör·der(in)** *m(f)* mass murderer **Mas·sen·pro·duk·ti·on** *f* mass production **Mas·sen·tier·hal·tung** *f* intensive livestock farming **Mas·sen·tou·ris·mus** *m kein pl* mass tourism *no pl* **Mas·sen·ver·an·stal·tung** *f* mass event **Mas·sen·ver·nich·tungs·waf·fe** *meist pl f* weapon of mass destruction *usu pl*

mas·sen·wei·se *adj s*. **massenhaft**

Mas·seur(in) <-s, -e> [maˈsøːɐ̯] *m(f)* masseur *masc*, masseuse *fem*

Mas·seu·se <-, -n> [maˈsøːzə] *f* ❶ (*euph: Prostituierte*) masseuse ❷ (*veraltend*) *fem form von* **Masseur**

Maß·ga·be <-, -n> *f* (*geh*) ■ **mit der** ~, **dass ...** on [the] condition that ... **maß·ge·bend**, **maß·geb·lich** [ˈmaːsgeːpliç] *adj* ❶ (*ausschlaggebend*) decisive ❷ (*bedeutend*) significant **maß·ge·schnei·dert** *adj* made-to-measure

mas·sie·ren* [maˈsiːrən] I. *vt* to massage II. *vi* to give a massage

mas·sig [ˈmasɪç] I. *adj* massive II. *adv* (*fam*) stacks

mä·ßig [ˈmɛːsɪç] I. *adj* ❶ (*maßvoll, gering*) moderate ❷ (*leidlich*) indifferent II. *adv* ❶ (*in Maßen*) with moderation ❷ (*leidlich*) indifferently

mä·ßi·gen [ˈmɛːsɪɡn̩] I. *vt* to curb II. *vr* ■ **sich** ~ to restrain oneself

Mä·ßi·gung <-> *f kein pl* restraint

Mas·siv <-s, -e> [maˈsiːf, *pl* maˈsiːvə] *nt* massif

mas·siv [maˈsiːf] *adj* ❶ (*solide*) solid *attr* ❷ (*wuchtig*) solid, massive ❸ (*drastisch, heftig*) serious; ~ **e Kritik** heavy criticism

Maß·klei·dung *f kein pl* tailored clothing *no pl* **Maß·krug** *m* beer mug **maß·los** I. *adj* extreme; ■ ~ **sein** to be immoderate II. *adv* ❶ (*äußerst*) extremely ❷ (*unerhört*) hugely **Maß·lo·sig·keit** <-> *f kein pl* ■ ~ **in etw** *dat* lack of moderation in sth

Maß·nah·me <-, -n> [ˈmaːsnaːmə] *f* measure

Maß·re·gel *f meist pl* rule **maß·re·geln** *vt* to reprimand

Maß·stab [ˈmaːsʃtaːp] *m* ❶ (*Größenverhältnis*) scale; **im** ~ **1:250000** on a scale of 1:250000 ❷ (*Kriterium*) criterion; **einen hohen/strengen** ~ **anlegen** to apply a high/strict standard (**an** to); **Maßstäbe setzen** to set standards **maß·stab(s)·ge·recht**, **maß·stab(s)·ge·treu** *adj* true to scale

maß·voll I. *adj* moderate; ~ **es Verhalten** moderation II. *adv* moderately

Mast¹ <-[e]s, -en *o* -e> [ˈmast] *m* ❶ NAUT mast ❷ (*Stange*) pole ❸ ELEK pylon; TELEK pole

Mast² <-, -en> [ˈmast] *f kein pl* (*das Mästen*) fattening

Mast·darm *m* rectum

mäs·ten [ˈmɛstn̩] *vt* to fatten

mas·tur·bie·ren* [masturˈbiːrən] *vi*, *vt* (*geh*) to masturbate

Mast·vieh *nt* fattened livestock + *pl vb*

Match <-(e)s, -s> [mɛtʃ] *nt o* SCHWEIZ *m* SPORT match

Ma·te <-> [ˈmaːtə] *m kein pl* maté

Ma·te·ri·al <-s, -ien> [mateˈrǐaːl, *pl* -ˈrǐən] *nt* material

Ma·te·ri·al·feh·ler *m* material defect

Ma·te·ri·a·lis·mus <-> [materĭaˈlɪsmʊs] *m kein pl* ■ [**der**] ~ materialism *no pl*

Ma·te·ri·a·list(in) <-en, -en> [materĭaˈlɪst] *m(f)* materialist

ma·te·ri·a·lis·tisch [materĭaˈlɪstɪʃ] *adj* materialist[ic]

Ma·te·ri·al·kos·ten *pl* material costs *pl*

Ma·te·rie <-, -n> [maˈteːriə] f ❶ *kein pl* PHYS, CHEM matter *no pl* ❷ (*Thema*) subject

ma·te·ri·ell [mateˈri̯ɛl] **I.** *adj* FIN financial; (*Güter betreffend*) material; **~ abgesichert [sein]** [to be] financially secure **II.** *adv* (*pej*) materialistically; **~ eingestellt sein** to be materialistic

Ma·the·ma·tik <-> [matemaˈtiːk] f *kein pl* ▪ **[die] ~** mathematics + *sing vb*, maths + *sing vb* BRIT *fam*, math AM *fam*

ma·the·ma·tisch [mateˈmaːtɪʃ] *adj* mathematical

Mat·jes <-, -> [ˈmatjəs], **Mat·jes·he·ring** [ˈmatjəs-] *m* young herring

Ma·trat·ze <-, -n> [maˈtratsə] f mattress

Mä·tres·se <-, -n> [mɛˈtrɛsə] f mistress

ma·tri·ar·cha·lisch [matriarˈçaːlɪʃ] *adj* matriarchal

Ma·tri·ar·chat <-[e]s, -e> [matriarˈçaːt] *nt* matriarchy

Ma·tri·kel <-, -n> [maˈtriːkl̩] f ❶ SCH matriculation register ❷ ADMIN ÖSTERR register

Ma·trix <-, Matrizen *o* Matrizes> [ˈmaːtrɪks, *pl* maˈtriːtsn̩, maˈtriːtsəːs] f BIOL, MATH matrix

Ma·trix·dru·cker *m* INFORM dot-matrix [printer]

Ma·tri·ze <-, -n> [maˈtriːtsə] f stencil

Ma·tro·ne <-, -n> [maˈtroːnə] f matron

Ma·tro·se <-n, -n> [maˈtroːzə] *m* sailor

Matsch <-[e]s -> [matʃ] *m kein pl* ❶ (*schlammige Erde*) mud; (*Schneematsch*) slush ❷ (*breiige Masse*) mush

mat·schig [ˈmatʃɪç] *adj* (*fam*) ❶ (*schlammig*) muddy; **~er Schnee** slush[y] snow ❷ (*breiig*) mushy

matt [mat] **I.** *adj* ❶ (*nicht kräftig*) weak; *Händedruck* limp; *Lächeln, Stimme* faint ❷ (*glanzlos*) matt[e] BRIT; *Augen* dull ❸ (*trübe*) *Licht* dim ❹ (*schwach*) *Farben* pale ❺ (*schachmatt*) [check]mate **II.** *adv* ❶ (*schwach*) dimly ❷ (*ohne Nachdruck*) feebly

Mat·te¹ <-, -n> [ˈmatə] f mat

Mat·te² <-, -n> [ˈmatə] f SCHWEIZ, ÖSTERR (*Bergwiese*) alpine meadow

Matt·schei·be f (*fam: Bildschirm*) screen; (*Fernseher*) telly BRIT, tube AM ▶ **~ haben** to have a mental blank

Ma·tu·ra <-> [maˈtuːra] f *kein pl* SCHWEIZ, ÖSTERR (*Abitur*) ≈ A-Levels *pl* BRIT, high-school diploma AM

Mätz·chen <-s, -> [ˈmɛtsçən] *nt meist pl* (*fam*) ❶ (*Tricks*) trick ❷ (*Albernheiten*) antics

Mau·er <-, -n> [ˈmau̯ɐ] f (*a. fig*) wall

Mau·er·blüm·chen *nt* wallflower

mau·ern [ˈmau̯ɐn] **I.** *vi* ❶ (*bauen*) ▪ **[an etw dat] ~** to build [sth] ❷ (*fam*) to stall, to play for time **II.** *vt* to build

Mau·er·öff·nung f POL opening of the [Berlin] Wall **Mau·er·seg·ler** *m* ORN swift **Mau·er·werk** *m kein pl* walls *pl*

Maul <-[e]s, Mäuler> [ˈmau̯l, *pl* ˈmɔyle] *nt* ❶ (*bei Tieren*) mouth; *Raubtier* jaws *pl* ❷ (*derb: Mund*) trap, BRIT *a.* gob ❸ (*derb: Mundwerk*) **jdm übers ~ fahren** to cut sb short; **halt's ~!** shut your face!; **jdm das ~ stopfen** to shut sb up ▶ **sich** *dat* **das ~ [über jdn/etw] zerreißen** (*fam*) to badmouth sb/sth *sl*

mau·len [ˈmau̯lən] *vi* (*fam*) to moan

Maul·esel [ˈmau̯lʔeːzl̩] *m* mule **maul·faul** *adj* (*fam*) uncommunicative **Maul·held(in)** *m(f)* big-mouth **Maul·korb** *m* muzzle **Maul·ta·schen** *pl* KOCHK SÜDD *large pasta squares filled with meat or cheese* **Maul·tier** [ˈmau̯ltiːɐ̯] *nt s.* Maulesel

Maul·wurf <-[e]s, -würfe> [ˈmau̯lvʊrf, *pl* -vyrfə] *m* (*a. fig*) mole **Maul·wurfs·hü·gel** *m* molehill

Mau·rer(in) <-s, -> [ˈmau̯rɐ] *m(f)* bricklayer **Mau·rer·kel·le** f [bricklayer's] trowel

Mau·re·ta·ni·en <-s> [mau̯reˈtaːni̯ən] *nt* Mauritania; *s. a.* Deutschland

Mau·re·ta·ni·er(in) <-s, -> [mau̯reˈtaːni̯ɐ] *m(f)* Mauritanian; *s. a.* Deutsche(r)

mau·re·ta·nisch [mau̯reˈtaːnɪʃ] *adj* Mauritanian; *s. a.* deutsch

mau·risch [ˈmau̯rɪʃ] *adj* Moorish

Maus <-, Mäuse> [ˈmau̯s, *pl* ˈmɔyzə] f ❶ (*Tier*) mouse ❷ (*sl: Geld*) dough *sing*, dosh *sing* BRIT ▶ **weiße Mäuse sehen** (*fam*) to see pink elephants

mau·scheln [ˈmau̯ʃl̩n] *vi* (*pej fam*) to fiddle

Mäus·chen <-s, -> [ˈmɔysçən] *nt dim von* Maus 1 little mouse

Mäu·se·bus·sard [ˈmɔyzə-] *m* [common] buzzard **Mau·se·fal·le** f mousetrap **Mau·se·loch** *nt* mouse hole

mau·sen [ˈmau̯zn̩] **I.** *vt* (*hum: heimlich wegnehmen*) to pinch *fam* **II.** *vi* (*veraltend*) to catch mice ▶ **die Katze lässt das Mausen nicht** (*prov*) a leopard cannot change its spots *prov*

Mau·ser <-> [ˈmau̯zɐ] f *kein pl* ZOOL moult; **in der ~ sein** to be moulting

mau·sern [ˈmau̯zɐn] *vr* ❶ ORN ▪ **sich ~** to moult ❷ (*fig*) ▪ **sich ~** to blossom out (**zu** to)

mau·se·tot [ˈmau̯zəˈtoːt] *adj* (*fam*) stone-dead

Maus·klick [-klɪk] *m* INFORM click of the/a mouse

Mau·so·le·um <-s, Mausoleen> [mau̯zoˈleːʊm, *pl* mau̯zoˈleːən] *nt* mausoleum

Maus·steu·e·rung f INFORM mouse control

Maut <-, -en> ['maut] *f*, **Maut·ge·bühr** *f* toll [charge]

Maut·stel·le *f* tollgate

Ma·xi·ma ['maksima] *pl von* **Maximum**

ma·xi·mal [maksi'ma:l] **I.** *adj* maximum *attr;* (*höchste a.*) highest *attr* **II.** *adv* at maximum; **das ~ zulässige Gesamtgewicht** the maximum permissible weight; **~ 25.000 Euro** 25,000 euros at most

Ma·xi·me <-, -n> [ma'ksi:mə] *f* (*geh*) maxim

ma·xi·mie·ren* [maksi'mi:rən] *vt* to maximize

Ma·xi·mum <-s, Maxima> ['maksimʊm, *pl* 'maksima] *nt* maximum

Ma·yon·nai·se <-, -n> [majo'nɛ:zə] *f s.* **Majonäse**

Ma·ze·do·ni·en <-s> [matse'do:niən] *nt* Macedonia; *s. a.* **Deutschland**

Mä·zen <-s, -e> [mɛ'tse:n] *m* patron

MB [ɛm'be:] *nt* INFORM *Abk von* **Megabyte** MB

m.E. *Abk von* **meines Erachtens** in my opinion

Me·cha·nik <-, -en> [me'ça:nɪk] *f* mechanics + *sing vb*

Me·cha·ni·ker(in) <-s, -> [me'ça:nɪkɐ] *m(f)* mechanic

me·cha·nisch [me'ça:nɪʃ] **I.** *adj* (*a. fig*) mechanical **II.** *adv* mechanically

Me·cha·ni·sie·rung <-, -en> *f* mechanization

Me·cha·nis·mus <-, -nismen> [meça'nɪsmʊs, *pl* -mən] *m* mechanism

Me·cke·rei <-, -en> *f* (*pej fam: dauerndes Nörgeln*) moaning

Me·cker·frit·ze, **Me·cker·lie·se** <-n, -n> [-frɪtsə, -li:zə] *m, f* (*pej fam*) bellyacher, moaning minnie BRIT

me·ckern ['mɛkɐn] *vi* ❶ (*der Ziege*) to bleat ❷ (*fig fam*) to gripe [*or fam* bellyache] (**über** about)

Meck·len·burg <-s> ['mɛklənbʊrk] *nt* Mecklenburg

meck·len·bur·gisch ['mɛklənbʊrgɪʃ] *adj* Mecklenburg *attr*

Meck·len·burg-Vor·pom·mern <-s> ['mɛklənbʊrk?fo:ɐpɔmɐn] *nt* Mecklenburg-West Pomerania

Me·dail·le <-, -n> [me'daljə] *f* medal

Me·dail·lon <-s, -s> [medal'jõ:] *nt* locket

Me·di·en ['me:diən] *pl* ❶ *pl von* **Medium** ❷ (*Informationsträger*) ▪ **die ~** the media + *sing/pl vb*

Me·di·en·er·eig·nis *nt* media event **Me·di·en·for·schung** *f* media research *no pl* **me·di·en·ge·recht** *adj* suitable for the media **Me·di·en·ge·sell·schaft** *f* ❶ SOZIOL media [dominated] society ❷ (*im Bereich der Medien tätig*) media group **Me·di·en·land·schaft** *f* media landscape **Me·di·en·mo·gul** ['me:diənmogu:l] *m* media mogul **Me·di·en·rie·se** *m* media giant **Me·di·en·rum·mel** *m* (*fam*) media excitement **Me·di·en·spek·ta·kel** *nt* media spectacle **me·di·en·wirk·sam** *adj* well-covered by the media **Me·di·en·zar** *m* MEDIA (*fam*) media mogul [*or* tycoon]

Me·di·ka·ment <-[e]s, -e> [medika'mɛnt] *nt* medicine

Me·di·ka·men·ten·miss·brauch^{RR} *m* drug abuse **Me·di·ka·men·ten·sucht** *f* drug addiction

me·di·ka·men·tös [medikamɛn'tø:s] **I.** *adj* medicinal **II.** *adv* **jdn ~ behandeln** to give sb medication

Me·di·ta·ti·on <-, -en> [medita'tsi̯o:n] *f* meditation (**über** on)

me·di·ter·ran [meditɛ'ra:n] *adj* Mediterranean

me·di·tie·ren* [medi'ti:rən] *vi* to meditate

Me·di·um <-s, -dien> ['me:diʊm, *pl* 'me:diən] *nt* medium

Me·di·zin <-, -en> [medi'tsi:n] *f* ❶ *kein pl* (*Heilkunde*) medicine *no pl* ❷ (*fam: Medikament*) medicine

Me·di·zi·ner(in) <-s, -> [medi'tsi:nɐ] *m(f)* doctor

me·di·zi·nisch [medi'tsi:nɪʃ] **I.** *adj* ❶ (*ärztlich*) medical ❷ (*heilend*) medicinal **II.** *adv* medically; **jdn ~ behandeln** to give sb medical treatment

Me·di·zin·mann <-männer> [-man, *pl* -mɛnɐ] *m* (*indianisch*) medicine man; (*afrikanisch*) witchdoctor **Me·di·zin·stu·dent(in)** <-en, -en> *m(f)* medical student

Meer <-[e]s, -e> ['me:ɐ] *nt* (*Ozean*) sea; (*Weltmeer*) ocean; **das Schwarze/Tote ~** the Black/Dead Sea; **auf dem** [*weiten*] **~** on the high seas; **ans ~ fahren** to go to the seaside; **am ~** by the sea

Meer·bu·sen *m* (*veraltend*) bay **Meer·en·ge** *f* strait[s *pl*]

Mee·res·al·ge *f* seaweed *no pl*, + *sing vb* **Mee·res·arm** *m* arm of the sea **Mee·res·for·schung** *f* oceanography **Mee·res·früch·te** *pl* seafood *no pl*, + *sing vb* **Mee·res·grund** *m kein pl* seabed **Mee·res·spie·gel** *m* sea level; [zehn Meter] **über/unter dem ~** [ten metres] above/below sea level

Meer·kat·ze *f* ZOOL meerkat **Meer·ret·tich** *m* BOT, KOCHK horseradish **Meer·schwein·chen** *nt* ZOOL guinea pig **Meer·was·ser** *nt* sea water

Mee·ting <-s, -s> ['mi:tɪŋ] *nt* meeting

Me·ga·byte [mega'bait, 'me:gabait] *nt*

Megafon – meinen

INFORM megabyte
Me·ga·fon[RR] [mega'foːn], **Me·ga·phon** <-s, -e> [mega'foːn] nt megaphone
Me·ga·hertz ['mɛgahɛrts] nt PHYS megahertz
Me·ga·watt nt megawatt
Mehl <-[e]s, -e> ['meːl] nt flour
meh·lig ['meːlɪç] adj Kartoffeln floury
Mehl·schwit·ze f KOCHK roux **Mehl·wurm** m mealworm
mehr ['meːɐ] **I.** pron indef comp von **viel** more; **immer ~** more and more **II.** adv ❶ (eher) more; **~ wie etw aussehen** to look rather like sth ❷ (in höherem Maße) **~ oder weniger** more or less; **mit ~ oder weniger Erfolg** with modest success; **unser Großvater ist nicht ~** our grandfather is no longer with us; **~ Glück als Verstand** more luck than brains; **nicht ~** not any longer; **nie ~** never again; **niemand ~** nobody else
Mehr <-[s]> ['meːɐ] nt kein pl ❶ (zusätzlicher Aufwand) **mit einem [kleinen] ~ an Mühe** with a [little] bit more effort ❷ POL SCHWEIZ majority
Mehr·auf·wand m additional expenditure
Mehr·aus·ga·be f ❶ ÖKON additional expense ❷ BÖRSE overissue **mehr·bän·dig** adj multi[-]volume attr form, **in several volumes** pred **Mehr·be·las·tung** f (fig) additional burden **Mehr·be·trag** m ❶ (zusätzliche Kosten) additional amount ❷ (Überschuss) surplus **mehr·deu·tig** adj ambiguous **Mehr·deu·tig·keit** <-> f kein pl ambiguity **mehr·di·men·si·o·nal** adj multidimensional
meh·ren ['meːrən] (geh) **I.** vt to increase **II.** vr **sich ~** to multiply
meh·re·re ['meːrərə] pron indef ❶ adjektivisch (einige) several attr; (mehr als eine) various ❷ substantivisch (einige) several; **~ davon** several [of them]; **von ~n** by/from several persons
mehr·fach ['meːɐfax] **I.** adj numerous, multiple; **eine ~e Medaillengewinnerin** a winner of numerous medals; **ein ~er Meister im Hochsprung** several-times champion in the pole vault **II.** adv several times
Mehr·fach·steck·do·se f multiple socket **Mehr·fach·ste·cker** f multiple plug
Mehr·fa·mi·li·en·haus [-liən-] nt multiple[-family] dwelling **mehr·far·big** adj multicoloured
Mehr·heit <-, -en> f a. POL majority; **in der ~ sein** to be in the majority; **die schweigende ~** the silent majority
mehr·heit·lich adv **~ entscheiden** to reach a majority decision
Mehr·heits·be·schluss[RR] m POL majority decision **Mehr·heits·wahl·recht** nt kein pl majority vote [or BRIT a. first past the post] system
mehr·jäh·rig adj attr several years of attr; of several years pred **Mehr·kos·ten** pl additional costs pl
mehr·ma·lig ['meːɐmaːlɪç] adj attr repeated **mehr·mals** ['meːɐmaːls] adv repeatedly
Mehr·par·tei·en·sys·tem nt multiparty system **mehr·sil·big** adj polysyllabic spec **mehr·spra·chig** adj multilingual **mehr·stim·mig** MUS **I.** adj polyphonic **II.** adv **~ singen** to sing in harmony **mehr·stö·ckig** adj multi-storey **mehr·stün·dig** adj of several hours pred **mehr·tä·gig** adj lasting several days pred **Mehr·ver·brauch** m kein pl additional consumption
Mehr·weg·fla·sche f returnable bottle **Mehr·weg·ver·pa·ckung** f re-usable packaging
Mehr·wert m kein pl FIN added value no pl **Mehr·wert·steu·er** f value-added tax, VAT **mehr·wö·chig** adj lasting several weeks pred **Mehr·zahl** f kein pl ❶ (Mehrheit) majority; **die ~ aller Leute** most people ❷ LING plural [form]
mei·den <mied, gemieden> ['majdn̩] vt to avoid
Mei·le <-, -n> ['majlə] f mile ▸ **etw drei ~en gegen den Wind riechen können** to be able to smell sth a mile off
Mei·len·stein m (a. fig) milestone **mei·len·weit** ['majlənvajt] adv for miles
Mei·ler <-s, -> ['majlɐ] m (Atomreaktor) [nuclear] reactor
mein ['majn] pron poss, adjektivisch my; **~e Damen und Herren!** Ladies and Gentlemen!
mei·ne(r, s) ['majnə] pron poss, substantivisch (geh) ❶ (mir Gehörendes) ■ [geh der/die/das] M~ mine ❷ (das mir Zukommende) ■ das M~ my share ❸ (das mir Gehörige) what is mine
Mein·eid ['majnʔajt] m JUR perjury no art, no pl
mein·ei·dig ['majnʔajdɪç] adj perjured
mei·nen ['majnən] **I.** vi ❶ (denken, annehmen) to think; **ich würde/man möchte ~, ...** I/one would think ...; **~ Sie?** [do] you think so? ❷ (sagen) to say; **ich meinte nur so** (fam) it was just a thought; ■ **zu jdm ~, [dass]** ... to tell sb that ...; **wenn Sie ~!** if you wish; **wie ~ Sie?** [I] beg your pardon?; **[ganz] wie Sie ~!** [just] as you wish; (drohend a.) have it your way **II.** vt ❶ (der Ansicht sein) ■ **~, [dass]** ... to think [that] ... ❷ (über etw denken) **und was ~ Sie dazu?** and what do you say? ❸ (sagen wollen) **was ~ Sie [damit]?** what do you mean [by that]?; **das will**

Meinungen äußern

Meinungen/Ansichten ausdrücken

Ich finde/meine/denke, sie sollte sich für Ihr Verhalten entschuldigen.

Er war **meiner Meinung nach** ein begnadeter Künstler.

Ich bin der Meinung/Ansicht, dass jeder ein Mindesteinkommen erhalten sollte.

Die Anschaffung weiterer Maschinen ist **meines Erachtens** nicht sinnvoll.

expressing opinions/views

I think she should apologize for her behaviour.

In my opinion he was a highly gifted artist.

I believe/am of the opinion/take the view that everyone should receive a minimum income.

The purchase of more machinery is, **in my opinion**, not a sensible option.

Meinungen erfragen, um Beurteilung bitten

Was ist Ihre Meinung?

Was meinen Sie dazu?

Wie sollten wir **Ihrer Meinung nach** vorgehen?

Was hältst du von der neuen Regierung?

Findest du das Spiel langweilig?

Denkst du, so kann ich gehen?

Was sagst du zu ihrem neuen Freund?

Wie gefällt dir meine neue Haarfarbe?

Kannst du mit dieser Theorie **etwas anfangen?**

Wie lautet Ihr Urteil über unser neues Produkt?

Wie urteilen Sie darüber?

asking for opinions and assessments

What's your opinion?

What do you think (about it)?

How do **you think** we should proceed?

What do you think/make of the new government?

Do you find this game boring?

Do you think I can go like this?

What do you think of her new boyfriend?

How do you like my new hair colour?

Does this theory **mean anything to you?**

What's your opinion of our new product?

What's your opinion of it?

---

ich [**doch**] ~! I should think so too! ④ (*ansprechen*) **damit bist du gemeint** that means you ⑤ (*beabsichtigen*) to mean, to intend; **ich meine es ernst** I'm serious [about it]; **es gut ~** to mean well; **es gut mit jdm ~** to do one's best for sb; **es nicht böse ~** to mean no harm; **so war das nicht gemeint** I didn't mean it like that; **es ~, wie man es sagt** to mean what one says

mei·ner ['maɪnɐ] *pron pers gen von* **ich** (*geh*) of me

mei·ner·seits ['maɪnɐ'zaɪts] *adv* as far as I'm concerned; **ganz ~** the pleasure was [all] mine

mei·nes·glei·chen ['maɪnəs'glaɪçn̩] *pron* ① (*Leute meines Standes*) my own kind ② (*jd wie ich*) people like me

mei·net·hal·ben ['maɪnət'halbn̩] *adv* (*geh*), **mei·net·we·gen** ['maɪnət'veːɡn̩] *adv* ① (*wegen mir*) because of me; (*mir zuliebe*) for my sake ② (*von mir aus*) as far as I'm concerned **mei·net·wil·len** ['maɪnət'vɪlən] *adv* **um ~** for my sake

mei·ni·ge ['maɪnɪɡə] *pron poss* (*veraltend geh*) *s.* **meine(r, s)**

Mei·nung <-, -en> ['maɪnʊŋ] *f* opinion; (*Anschauung a.*) view; **geteilter ~ sein** to have differing opinions; **ähnlicher/anderer ~ sein** to be of a similar/different opinion; **eine eigene ~ haben** to have an opinion of one's own; **die öffentliche ~** public opinion; **nach meiner ~** in my opinion; **seine ~ ändern** to change one's mind; **bei seiner ~ bleiben** to stick to one's opinion; **jdm die ~ sagen** to give sb a piece of one's mind; **genau meine ~!** exactly what I think!

Mei·nungs·äu·ße·rung *f* expression of an opinion **Mei·nungs·aus·tausch** *m* exchange of views (**zu** on) **Mei·nungs·for·schung** *f kein pl* opinion polling *no pl* **Mei·nungs·frei·heit** *f kein pl* free[dom of] speech **Mei·nungs·um·fra·ge** *f* opinion poll **Mei·nungs·ver·schie·den·heit** *f* ❶ (*unterschiedliche Ansichten*) difference of opinion ❷ (*Auseinandersetzung*) argument

Mei·se <-, -n> ['maɪzə] *f* ORN tit ▶ **eine ~ haben** (*fam*) to have a screw loose

Mei·ßel <-s, -> ['maɪsl̩] *m* chisel

mei·ßeln ['maɪsl̩n] *vi, vt* to chisel (**in** into); ■ **an etw** *dat* **~** to chisel at sth

meist ['maɪst] *adv* ❶ *s.* **meistens** ❷ *superl von* **viel**

meist·bie·tend *adj attr* ÖKON highest-bidding *attr*

meis·te(r, s) *pron indef superl von* **viel** ❶ *adjektivisch, + n sing* most; **das ~ Geld** the most money; (*als Anteil*) most of the money; **die ~ Zeit** [the] most time; (*adverbial*) most of the time ❷ *substantivisch* ■ **die ~n** most people; **die ~n von uns** most of us; ■ **das ~** (*nicht zählbares*) most of it; (*als Anteil*) the most; ■ **das ~ von dem, was ...** most of what ... ❸ (*adverbial: vor allem*) ■ **am ~n** [the] most

meis·tens ['maɪstn̩s] *adv* mostly, more often than not; (*zum größten Teil*) for the most part

meis·ten·teils *adv* (*geh*) *s.* **meistens**

Meis·ter(in) <-s, -> ['maɪstɐ] *m(f)* ❶ (*Handwerksmeister*) master [craftsman]; **seinen ~ machen** to take one's master craftsman's diploma ❷ SPORT champion ▶ **es ist noch kein ~ vom Himmel gefallen** (*prov*) practice makes perfect

Meis·ter·brief *m* master craftsman's diploma

meis·ter·haft **I.** *adj* masterly; (*geschickt*) masterful **II.** *adv* in a masterly manner; (*geschickt*) masterfully

Meis·te·rin <-, -nen> *f fem form von* **Meister**

Meis·ter·leis·tung *f* (*hervorragende Leistung*) masterly performance; **nicht gerade eine ~** nothing to write home about

meis·tern ['maɪstɐn] *vt* to master; **Schwierigkeiten ~** to overcome difficulties

Meis·ter·prü·fung *f* examination for the master[craftsman]'s diploma

Meis·ter·schaft <-, -en> *f* ❶ (*Wettkampf*) championship; (*Veranstaltung*) championships *pl* ❷ *kein pl* (*Können*) mastery

Meis·ter·stück *nt* ❶ (*Werkstück*) work done to qualify as a master craftsman ❷ (*Meisterwerk*) masterpiece **Meis·ter·werk** *nt* masterpiece

Mek·ka <-s> ['mɛka] *nt* (*a. fig*) Mecca

Me·lan·cho·lie <-, -n> [melaŋko'liː, *pl* melaŋko'liːən] *f* melancholy

me·lan·cho·lisch [melaŋ'koːlɪʃ] *adj* melancholy

Mel·de·amt *nt* (*fam*) registration office **Mel·de·frist** *f* registration period

mel·den ['mɛldn̩] **I.** *vt* ❶ (*anzeigen*) to report; **eine Geburt ~** to register a birth; **etw schriftlich ~** to notify sth in writing ❷ RADIO, TV to report; **für morgen ist Schneefall gemeldet** snow is forecast for tomorrow; **das Wahlergebnis wurde soeben gemeldet** the results of the election have just been announced ❸ (*an-*) **~ Sie mich bitte bei Ihrem Chef!** please tell your boss [that] I'm here! ▶ **nichts zu haben** (*fam*) to have no say **II.** *vr* ❶ SCH **sich ~** to put one's hand up ❷ (*sich zur Verfügung stellen*) **sich zur Arbeit ~** to report for work; **sich zu etw** *dat* **freiwillig ~** to volunteer for sth ❸ TELEK **sich am Telefon ~** to answer the telephone; **es meldet sich keiner** there's no reply ❹ (*in Kontakt bleiben*) ■ **sich [bei jdm] ~** to get in touch [with sb]

Mel·de·pflicht *f* obligation to report sth; **polizeiliche ~** compulsory registration [with the police] **mel·de·pflich·tig** *adj* notifiable

Mel·dung <-, -en> *f* ❶ (*Nachricht*) piece of news; **kurze ~en vom Tage** the day's news headlines ❷ (*offizielle Mitteilung*) report ❸ *kein pl* (*Das Denunzieren*) report

me·liert [me'liːɐ̯t] *adj* ❶ (*Haar*) greying ❷ (*Gewebe*) flecked, mottled

Me·lis·se <-, -n> [me'lɪsə] *f* BOT [lemon] balm

mel·ken <melkte *o veraltend* molk, gemolken *o selten* gemelkt> ['mɛlkn̩] *vt, vi* ❶ AGR to milk ❷ (*fam: finanziell ausnutzen*) ■ **jdn ~** to fleece sb

Melk·ma·schi·ne *f* milking machine

Me·lo·die <-, -n> [melo'diː, *pl* melo'diːən] *f* melody, tune

me·lo·disch [me'loːdɪʃ] **I.** *adj* melodic **II.** *adv* melodically

Me·lo·dram <-s, -en> [melo'draːm], **Me·lo·dra·ma** [melo'draːma] *nt* melodrama

me·lo·dra·ma·tisch [melodra'maːtɪʃ] **I.** *adj* melodramatic **II.** *adv* melodramatically

Me·lo·ne <-, -n> [me'loːnə] *f* ❶ (*Frucht*) melon ❷ (*fam: Hut*) bowler [hat], AM *a.* derby

Mem·bran <-, -e *o* -en> [mɛm'braːn] *f*, **Mem·bra·ne** <-, -o -n> [mɛm'braːnə] *f* ❶ TECH, PHYS diaphragm ❷ ANAT membrane

Me·mo <-s, -s> ['meːmo] *nt* (*fam*) memo

Me·moi·ren [me'mo̯aːrən] *pl* memoirs

Me·mo·ran·dum <-s, Memoranden *o*

Memoranda> [memo'randum, *pl* memo'randən, memo'randa] *nt* memorandum

Men·ge <-, -n> ['mɛŋə] *f* ❶ (*bestimmtes Maß*) **eine große ~ Kies** a large amount of gravel; **in ausreichender ~** in sufficient quantities ❷ (*viel*) **eine ~ Geld** a lot of money; **eine ~ zu sehen** a lot to see; **in rauen ~n** in vast quantities; **jede ~ Arbeit** loads of work ❸ (*Menschen~*) crowd ❹ MATH set

men·gen ['mɛŋən] **I.** *vt* (*geh*) to mix **II.** *vr* (*geh*) **sich unter die Leute ~** to mingle **men·gen·mä·ßig** *adv* quantitatively **Mengen·ra·batt** *m* bulk discount

Me·nis·kus <-, Menisken> [me'nɪskʊs, *pl* me'nɪskən] *m* ANAT meniscus

Men·sa <-, Mensen> ['mɛnza, *pl* 'mɛnzn̩] *f* SCH canteen

Mensch <-en, -en> [mɛnʃ] *m* ❶ (*menschliches Lebewesen*) man *no pl, no art*; ■ **die ~en** man *sing, no art*, human beings *pl*; **auch nur ein ~ sein** to be only human ❷ (*Persönlichkeit*) person; ■ **~en** people; **ein anderer ~ werden** to become a different person; **kein ~** no one; **sie sollte mehr unter ~en gehen** she should get out more ▶ **wie der erste ~** very clumsily; **~!** for goodness' sake!; **~, das habe ich ganz vergessen!** blast, I completely forgot!; **~, war das anstrengend** boy, was that exhausting **Men·schen·af·fe** *m* [anthropoid] ape **Men·schen·al·ter** *nt* generation **Men·schen·an·samm·lung** *f* gathering [of people] **Men·schen·auf·lauf** *m* crowd [of people] **Men·schen·feind(in)** *m(f)* misanthropist **Men·schen·fres·ser(in)** <-s, -> *m(f)* cannibal **Men·schen·freund(in)** *m(f)* philanthropist **Men·schen·ge·den·ken** ['mɛnʃŋɡədɛŋkn̩] *nt kein pl* **seit ~** as long as anyone can remember **Men·schen·han·del** *m kein pl* trade in human beings **Men·schen·ken·ner(in)** *m(f)* judge of character **Men·schen·kennt·nis** *f kein pl* ability to judge character **Men·schen·ket·te** *f* human chain **Men·schen·le·ben** *nt* ❶ (*Todesopfer*) life ❷ (*Lebenszeit*) lifetime **men·schen·leer** *adj* ❶ (*unbesiedelt*) uninhabited ❷ (*unbelebt*) deserted **Men·schen·lie·be** *f* **aus reiner ~** out of the sheer goodness of one's heart **Men·schen·mas·se** *f* (*pej*), **Men·schen·men·ge** *f* crowd [of people] **men·schen·mög·lich** ['mɛnʃn̩møːklɪç] *adj* humanly possible; **ich werde alles M~e tun** (*fam*) I'll do all that is humanly possible **Men·schen·recht** *nt meist pl* JUR human right *usu pl* **Men·schen·rechts·ver·let·zung** *f* violation of human rights **men·schen·scheu** *adj* afraid of people **Men·schen·schlag** *m kein pl* breed [of people] **Men·schen·see·le** ['mɛnʃn̩ze:lə] *f* human soul; **keine ~** not a [living] soul

Men·schens·kind ['mɛnʃŋskɪnt] *interj* (*fam*) good grief

men·schen·un·mög·lich *adj* not humanly possible; ■ **das M~e** the impossible **men·schen·un·wür·dig I.** *adj* inhumane; (*Behausung*) unfit for human habitation **II.** *adv* in an inhumane way, inhumanely **men·schen·ver·ach·tend** *adj* inhuman **Men·schen·ver·ach·tung** *f kein pl* contempt for other people **Men·schen·ver·stand** *m* **gesunder ~** common sense **Men·schen·wür·de** *f kein pl* human dignity *no pl, no art* **men·schen·wür·dig I.** *adj* humane **II.** *adv* humanely; **~ leben/wohnen** to live in conditions fit for human beings

Mensch·heit <-> *f kein pl* **die ~** mankind *no pl, no def art*, humanity *no pl, no art*

mensch·lich ['mɛnʃlɪç] **I.** *adj* ❶ (*des Menschen*) human ❷ (*human*) humane; *Vorgesetzter* sympathetic **II.** *adv* ❶ (*human*) humanely ❷ (*fam*) **wieder ~ aussehen** to look presentable again

Mensch·lich·keit <-> *f kein pl* humanity *no pl, no art*

Men·sen *pl von* Mensa

Mens·tru·a·ti·on <-, -en> [mɛnstrua'tsi̯o:n] *f* menstruation *no pl, no art*

mens·tru·ie·ren* [mɛnstru'i:rən] *vi* to menstruate

men·tal [mɛn'taːl] **I.** *adj* mental **II.** *adv* mentally

Men·ta·li·tät <-, -en> [mɛntali'tɛːt] *f* mentality

Men·thol <-s, -e> [mɛn'to:l] *nt* menthol

Me·nü <-s, -s> *nt* (*geh*), **Me·nü** <-s, -s> [me'ny:] *nt a.* INFORM menu

Me·nü·leis·te *f*, **Me·nü·zei·le** *f* INFORM menu bar

Me·ri·di·an <-s, -e> [meri'diaːn] *m* meridian

Merk·blatt *nt* leaflet

mer·ken ['mɛrkn̩] **I.** *vt, vi* ❶ (*spüren*) to feel; **es war kaum zu ~** it was scarcely noticeable ❷ (*wahrnehmen*) **ich habe nichts davon gemerkt** I didn't notice a thing; **das merkt keiner!** no one will notice!; **das ist zu ~** you can tell; **du merkst auch alles!** (*iron*) nothing escapes you, does it?; **jdn etw ~ lassen** to let sb feel sth ❸ (*behalten*) ■ **leicht zu ~ sein** to be easy to remember **II.** *vr* ❶ (*im Gedächtnis behalten*) **sich** *dat* **etw ~** to remember sth; **das werde ich mir ~!** (*fam*) I'll remember that!; **merk dir das!** [just] remember that! ❷ (*im Auge behalten*) **sich** *dat* **jdn/etw ~** make a mental note of sb/sth

merk·lich ['mɛrklɪç] **I.** *adj* noticeable **II.** *adv*

noticeably
Merk·mal <-s, -e> ['mɛrkma:l] *nt* feature
Merk·satz *m* mnemonic sentence
Mer·kur <-s> [mɛr'ku:ɐ̯] *m* ASTRON ■ **der ~** Mercury
merk·wür·dig I. *adj* strange; **zu ~!** how strange! II. *adv* strangely; **hier riecht es so ~** there's a very strange smell here
merk·wür·di·ger·wei·se *adv* strangely enough
me·schug·ge [me'ʃʊgə] *adj (veraltend fam)* ■ **~ sein** to be nuts
Mes·ner <-s, -> ['mɛsnɐ] *m* DIAL *(Küster)* sexton
mess·bar^{RR} *adj*, **meß·bar**^{ALT} *adj* measurable; ■**gut/schwer ~ sein** to be easy/difficult to measure
Mess·be·cher^{RR} *m* measuring jug **Mess·die·ner(in)**^{RR} *m(f)* REL server
Mes·se¹ <-, -n> ['mɛsə] *f* ❶ *(Gottesdienst)* mass *no pl;* **in die ~ gehen** to go to mass; **schwarze ~** Black Mass; **die ~ lesen** to say mass ❷ MUS mass
Mes·se² <-, -n> ['mɛsə] *f (Ausstellung)* [trade] fair; **auf der ~** at the fair
Mes·se·ge·län·de *nt* exhibition centre **Mes·se·hal·le** *f* exhibition hall
mes·sen <misst, maß, gemessen> [',ɛsn] I. *vt* ❶ *(Ausmaß oder Größe ermitteln)* to measure ❷ *(beurteilen nach)* to judge (an by); ■ **gemessen an etw** *dat* judging by sth II. *vr (geh)* **sich mit jdm ~ können** to be able to compete with sb
Mes·ser <-s, -> ['mɛsɐ] *nt* knife ▶ **unters ~ kommen** MED *(fam)* to go under the knife; **[jdm] ins [offene] ~ laufen** to play right into sb's hands; **jdn aus ~ liefern** to shop sb; **bis aufs ~** to the bitter end
mes·ser·scharf I. *adj* razor-sharp *a. fig* II. *adv* very astutely **Mes·ser·spit·ze** *f* knife point; **eine ~ Muskat** a pinch of nutmeg **Mes·ser·ste·che·rei** <-, -en> *f* knife fight **Mes·ser·stich** *m* knife thrust; *(Wunde)* stab wound
Mes·se·stand *m* exhibition stand
Mes·si·as <-> [mɛ'si:as] *m* REL ■ **der ~** the Messiah
Mes·sing <-s> ['mɛsɪŋ] *nt kein pl* brass *no pl*
Mess·in·stru·ment^{RR} *nt* measuring instrument **Mess·lat·te**^{RR} *f* surveyor's wooden rod **Mess·tech·nik**^{RR} *f* measurement technology
Mes·sung <-, -en> *f (das Messen)* measuring *no pl*
Mess·wert^{RR} *m* reading
MESZ <-> *f kein pl Abk von* **mitteleuropäische Sommerzeit** CEST
Me·tall <-s, -e> [me'tal] *nt* metal

Me·tall·ar·bei·ter(in) *m(f)* metalworker
me·tal·lic [me'talɪk] *adj* metallic
me·tal·lisch [me'talɪʃ] I. *adj* ❶ *(aus Metall bestehend)* metal ❷ *(metallartig)* metallic II. *adv* like metal
Me·tall·ur·gie <-> [metalʊr'gi:] *f kein pl* metallurgy *no pl, no art*
Me·tall·ver·ar·bei·tung <-> *f kein pl* metalworking *no pl*
Me·ta·mor·pho·se <-, -n> [metamɔr'fo:zə] *f (geh)* metamorphosis
Me·ta·pher <-, -n> [me'tafɐ] *f* metaphor
me·ta·pho·risch [meta'fo:rɪʃ] *adj* metaphoric[al]
Me·ta·phy·sik [metafy'zi:k] *f* metaphysics *no art,* + *sing vb*
me·ta·phy·sisch [meta'fy:zɪʃ] *adj* metaphysical
Me·ta·sta·se <-, -n> [meta'sta:zə] *f* MED metastasis
Me·te·o·rit <-en, -en> [meteo'ri:t] *m* meteorite
Me·te·o·ro·lo·ge, -lo·gin <-n, -n> [meteoro'lo:gə, -'lo:gɪn] *m, f* meteorologist; *(im Fernsehen)* weather forecaster
Me·te·o·ro·lo·gie <-> [meteorolo'gi:] *f kein pl* meteorology *no pl*
Me·te·o·ro·lo·gin <-, -nen> [meteoro'lo:gɪn] *f fem form von* **Meteorologe**
me·te·o·ro·lo·gisch [meteoro'lo:gɪʃ] *adj* meteorological
Me·ter <-s, -> [me:tɐ] *m o nt* metre; **in ~n verkauft werden** to be sold by the metre; **etw nach ~n messen** to measure sth in metres; **der laufende ~** per metre
Me·ter·maß *nt* ❶ *(Bandmaß)* tape measure ❷ *(Zollstock)* metre rule
me·ter·wei·se *adv* by the metre
Me·tha·don <-s> [meta'do:n] *nt kein pl* methadone *no pl*
Me·tho·de <-, -n> [me'to:də] *f* method
Me·tho·dik <-, -en> [me'to:dɪk] *f* methodology *no pl*
me·tho·disch [me'to:dɪʃ] I. *adj* methodical II. *adv* methodically
Me·tier <-s, -s> [me'tj̃e:] *nt* métier; **sein ~ beherrschen** to know one's job
Me·trik <-, -en> ['me:trɪk] *f* ❶ LIT metrics + *sing vb* ❷ *kein pl* MUS study of rhythm and tempo
me·trisch ['me:trɪʃ] *adj* ❶ *(auf dem Meter aufbauend)* metric ❷ LIT metrical
Me·tro <-, -s> ['me:tro] *f* metro *no pl,* underground BRIT *no pl,* subway AM *no pl*
Me·tro·nom <-s, -e> [metro'no:m] *nt* metronome
Me·tro·po·le <-, -n> [metro'po:lə] *f* metropolis

me·tro·se·xu·ell adj soziol Mann metrosexual

Mett <-[e]s> [mɛt] nt kein pl KOCHK DIAL (Schweinegehacktes) minced pork no pl

Mett·wurst f smoked beef/pork sausage

Metz·e·lei <-, -en> [mɛtsəˈlai̯] f slaughter no pl

Metz·ger(in) <-s, -> [ˈmɛtsgɐ] m(f) DIAL (Fleischer) butcher; **beim ~** at the butcher's; **vom ~** from the butcher[']s]

Metz·ge·rei <-, -en> [mɛtsgəˈrai̯] f DIAL (Fleischerei) butcher's [shop] BRIT, butcher shop AM; **aus der ~** from the butcher's

Metz·ge·rin <-, -nen> [ˈmɛtsgərɪn] f fem form von Metzger

Meu·chel·mord m insidious murder **Meu·chel·mör·der(in)** m(f) insidious murderer

Meu·te <-, -n> [ˈmɔy̯tə] f ① (pej: Gruppe) mob ② JAGD pack [of hounds]

Meu·te·rei <-, -en> [mɔy̯təˈrai̯] f mutiny

Meu·te·rer <-s, -> m mutineer

meu·tern [ˈmɔy̯tɐn] vi ① (sich auflehnen) to mutiny; ■~d mutinous ② (fam: meckern) to moan

Me·xi·ka·ner(in) <-s, -> [mɛksiˈkaːnɐ] m(f) Mexican; s. a. **Deutsche(r)**

me·xi·ka·nisch [mɛksiˈkaːnɪʃ] adj Mexican; s. a. **deutsch**

Me·xi·ko <-s> [ˈmɛksiko] nt Mexico

MEZ Abk von mitteleuropäische Zeit CET

mg Abk von Milligramm mg

MHz Abk von Megahertz MHz

mi·au·en* [miˈau̯ən] vi to meow [or miaou]

mich [mɪç] **I.** pron pers akk von **ich** me **II.** pron refl myself; **ich will ~ da ganz raushalten** I want to keep right out of it; **ich fühle ~ nicht so gut** I don't feel very well

mi·ck(e)·rig [ˈmɪk(ə)rɪç] adj ① (sehr gering) measly, paltry ② (schwächlich) puny ③ (zurückgeblieben) stunted

Mid·life-cri·sis[RR], **Mid·life-Cri·sis**[RR], **Mid·life-cri·sis**[ALT] <-> [ˈmɪtlai̯fkrai̯sɪs] f kein pl midlife crisis

mied [miːt] imp von **meiden**

Mie·der <-s, -> [ˈmiːdɐ] nt ① (eines Trachtenkleides) bodice ② (Korsage) girdle

Mie·der·wa·ren pl corsetry sing

Mief <-s> [miːf] m kein pl (fam) fug no pl

mie·fen [ˈmiːfn̩] vi (fam) to pong BRIT, to stink; **was mieft denn hier so?** what's that awful pong?

Mie·ne <-, -n> [ˈmiːnə] f expression; **mit freundlicher ~ begrüßte sie ihre Gäste** she welcomed her guests with a friendly smile ► **gute ~ zum bösen Spiel machen** to grin and bear it; **ohne eine ~ zu verziehen** without turning a hair

Mie·nen·spiel nt kein pl facial expressions pl

mies [miːs] adj (fam) lousy, rotten; **~ e zehn Euro** a miserable ten euros; **~ e Laune haben** to be in a foul mood

Mie·se [ˈmiːzə] pl (fam) **in den ~ en sein** to be in the red

Mie·se·pe·ter <-s, -> [ˈmiːzəpeːtɐ] m (fam) misery[-guts] BRIT, sourpuss AM

mie·se·pet(e)·rig [ˈmiːzəpeːt(ə)rɪç] adj (fam) grumpy

mies·ma·chen vt ■etw/jdn ~ to run down sth/sb sep

Mies·ma·cher m (pej fam) killjoy

Mies·mu·schel [ˈmiːsmʊʃl̩] f [common] mussel

Miet·au·to nt hire car BRIT, rental car AM

Mie·te <-, -n> [ˈmiːtə] f rent; **zur ~ wohnen** to live in rented accommodation [or AM accommodations]

mie·ten [ˈmiːtn̩] vt to rent; Boot, Wagen BRIT a. to hire; Haus, Wohnung, Büro to lease

Mie·ter(in) <-s, -> m(f) tenant

Miet·er·hö·hung f rent increase

Mie·te·rin <-, -nen> f fem form von **Mieter**

Mie·ter·schutz m kein pl tenant protection no pl

miet·frei I. adj rent-free **II.** adv rent-free

Miet·rück·stand m rent arrears pl

Miets·haus nt tenement, block of rented flats BRIT, apartment house AM

Miet·spie·gel m rent table **Miet·ver·trag** m tenancy agreement, lease; (Wagen etc) rental agreement **Miet·wa·gen** m hire[d] car AM rental] car **Miet·woh·nung** f rented flat [or AM a. apartment]

Mie·ze·kat·ze f (Kindersprache) pussy-cat

Mi·grä·ne <-, -n> [miˈɡrɛːnə] f migraine; **ich habe ~** I've got a migraine

Mi·gra·ti·on <-, -en> [miɡraˈtsi̯oːn] f migration

Mi·kro <-s, -s> [ˈmiːkro] nt (fam) kurz für **Mikrofon** mike

Mi·kro·be <-, -n> [miˈkroːbə] f microbe

Mi·kro·bio·lo·gie [mikrobioloˈɡiː] f kein pl microbiology no pl **Mi·kro·chip** <-s, -s> [-tʃɪp] m microchip **Mi·kro·elek·tro·nik** f microelectronics no pl, + sing vb **Mi·kro·fa·ser** f microfibre **Mi·kro·fiche** <-s, -s> [-fiʃ] m o nt microfiche **Mi·kro·film** [-fɪlm] m microfilm

Mi·kro·fon <-s, -e> [mikroˈfoːn] nt microphone

Mi·kro·kos·mos [-kɔsmɔs] m microcosm **Mi·kro·or·ga·nis·mus** [ˈmiːkroʔɔrganɪsmʊs] m micro-organism

Mi·kro·phon <-s, -e> [mikroˈfoːn] nt s. **Mikrofon**

Mi·kro·pro·zes·sor [ˈmiːkroprɔtsɛsoːɐ̯] m microprocessor

Mi·kro·skop <-s, -e> [mikro'sko:p] *nt* microscope

mi·kro·sko·pisch **I.** *adj* microscopic; **von ~er Kleinheit sein** to be microscopically small **II.** *adv* microscopically; **etw ~ untersuchen** to examine sth under the microscope

Mi·kro·wel·le ['mi:krovɛlə] *f* microwave **Mi·kro·wel·len·herd** *m* microwave oven

Mi·lan <-s, -e> ['mi:lan, mi'la:n] *m* ORN kite

Mil·be <-, -n> ['mɪlbə] *f* ZOOL mite

Milch <-> ['mɪlç] *f kein pl* milk *no pl*

Milch·bar *f* milk bar **Milch·fla·sche** *f* milk bottle; (*für Babys*) baby's bottle **Milch·glas** *nt* milk glass

mil·chig ['mɪlçɪç] *adj* milky

Milch·kaf·fee *m* milky coffee **Milch·kan·ne** *f* [milk] churn; (*kleiner*) milk can **Milch·kuh** *f* dairy cow **Milch·mäd·chen·rech·nung** *f* naive miscalculation **Milch·pro·dukt** *nt* dairy product **Milch·pul·ver** *nt* powdered milk *no pl* **Milch·reis** *m* ❶ (*Gericht*) rice pudding ❷ (*Reis*) pudding rice **Milch·scho·ko·la·de** *f* milk chocolate **Milch·stra·ße** *f* ■ **die ~** the Milky Way **Milch·tü·te** *f* milk carton **Milch·zahn** *m* milk tooth

mild ['mɪlt] **I.** *adj* ❶ **a.** METEO, KOCHK mild ❷ (*nachsichtig*) lenient **II.** *adv* leniently; **das Urteil fiel ~ aus** the sentence was lenient; **jdn ~ stimmen** to encourage sb to be more lenient; **~e ausgedrückt** to put it mildly

Mil·de <-> ['mɪldə] *f kein pl* ❶ (*Nachsichtigkeit*) leniency *no pl* ❷ KOCHK, METEO mildness *no pl*

mil·dern ['mɪldɐn] **I.** *vt* ❶ (*abschwächen*) to moderate; **das Strafmaß ~** to reduce the sentence; **~de Umstände** mitigating circumstances ❷ (*weniger schlimm machen*) to alleviate **II.** *vr* METEO ■ **sich ~** to become milder

Mil·de·rung <-> *f kein pl* alleviation *no pl*; **eine ~ des Strafmaßes** a reduction in sentence

Mil·de·rungs·grund *m* mitigating circumstance

mild·tä·tig *adj* (*geh*) charitable

Mild·tä·tig·keit *f kein pl* (*geh*) charity *no pl*, *no indef art*

Mi·li·eu <-s, -s> [mi'ljø:] *nt* environment

mi·li·eu·ge·schä·digt [mi'ljø:-] *adj* PSYCH maladjusted

mi·li·tant [mili'tant] *adj* militant

Mi·li·tär <-s> [mili'tɛ:ɐ̯] *nt kein pl* ❶ (*Armeeangehörige*) soldiers *pl* ❷ (*Armee*) armed forces *pl*, military *no pl*, *no indef art*; **beim ~ sein** to be in the forces *pl*

Mi·li·tär·dienst *m kein pl* military service *no pl* **Mi·li·tär·dik·ta·tur** *f* military dictatorship **Mi·li·tär·ge·richt** *nt* court martial

mi·li·tä·risch [mili'tɛ:rɪʃ] *adj* military

Mi·li·ta·ris·mus <-> [milita'rɪsmʊs] *m kein pl* (*pej*) militarism *no pl*

mi·li·ta·ris·tisch *adj* (*pej*) militaristic

Mi·li·tär·po·li·zei *f* military police **Mi·li·tär·putsch** *m* military coup **Mi·li·tär·re·gie·rung** *f* military government **Mi·li·tär·zeit** *f* army days *pl*

Mi·liz <-, -en> [mi'li:ts] *f* ❶ (*Bürgerwehr*) militia ❷ (*in sozialistischen Staaten: Polizei*) police

Mil·le <-, -> ['mɪlə] *f* (*sl*) grand

Mill·en·ni·um <-s, -ien> [mɪ'lɛnjʊm, *pl* -njən] *nt* (*geh*) millennium

Mil·li·ar·där(in) <-s, -e> [mɪljar'dɛ:ɐ̯] *m(f)* billionaire

Mil·li·ar·de <-, -n> [mɪ'ljardə] *f* billion

Mil·li·ar·den·be·trag *m* amount of a billion

mil·li·ar·den·schwer *adj* (*Unternehmen, Vermögen*) worth billions

Mil·li·bar ['mɪliba:ɐ̯] *nt* METEO millibar **Mil·li·gramm** [mɪli'gram] *nt* milligram **Mil·li·li·ter** ['mɪlili:te, 'mɪlilɪte, mɪli'li:te] *m o nt* millilitre

Mil·li·me·ter <-s, -> [mɪli'me:tɐ] *m o nt* millimetre **Mil·li·me·ter·pa·pier** *nt* graph paper

Mil·li·on <-, -en> [mɪ'ljo:n] *f* million; **drei ~en Einwohner** three million inhabitants

Mil·li·o·när(in) <-s, -e> [mɪljo'nɛ:ɐ̯] *m(f)* millionaire *masc*, millionairess *fem*

Mil·li·o·nen·ge·schäft *nt* deal worth millions **Mil·li·o·nen·ge·winn** *m* prize of a million **Mil·li·o·nen·grab** *nt* (*pej fam*) bottomless pit, black hole **mil·li·o·nen·schwer** *adj* (*fam*) worth millions *pred* **Mil·li·o·nen·stadt** *f* town with over a million inhabitants

Milz <-, -en> ['mɪlts] *f* spleen

mi·men ['mi:mən] **I.** *vt* to fake; **mime hier nicht den Ahnungslosen!** don't act the innocent! **II.** *vi* to pretend

Mi·mik <-> ['mi:mɪk] *f kein pl* [gestures and] facial expression

mi·misch ['mi:mɪʃ] **I.** *adj* mimic **II.** *adv* by means of [gestures and] facial expressions

Mi·mo·se <-, -n> [mi'mo:zə] *f* ❶ BOT mimosa ❷ (*fig: sehr empfindlicher Mensch*) sensitive plant

min., Min. *f Abk von* **Minute(n)** min.

min·der ['mɪndɐ] *adv* less; **nicht ~** no less

min·der·be·gabt *adj* less gifted **min·der·be·mit·telt** *adj* (*geh*) less well-off; **geistig ~** (*pej*) mentally deficient

min·de·re(r, s) *adj attr* lesser; **von ~r Qualität sein** to be of inferior quality

Min·der·heit <-, -en> *f* minority; **in der ~ sein** to be in the/a minority

Min·der·hei·ten·schutz *m* protection of mi-

min·der·jäh·rig ['mɪndɐjɛːrɪç] *adj* underage **Min·der·jäh·ri·ge(r)** *f(m) dekl wie adj* minor

min·dern ['mɪndɐn] *vt* (*geh*) to reduce (**um** by)

Min·de·rung <-, -en> *f* FIN (*geh*) reduction

min·der·wer·tig *adj* inferior **Min·der·wer·tig·keit** <-> *f kein pl* inferiority *no pl* **Min·der·wer·tig·keits·ge·fühl** *nt* feeling of inferiority **Min·der·wer·tig·keits·kom·plex** *m* inferiority complex **Min·der·zahl** *f kein pl* minority; **in der ~ sein** to be in the minority

Min·dest·ab·stand *m* minimum distance **Min·dest·al·ter** *nt* minimum age **Min·dest·an·for·de·rung** *f* minimum requirement

min·des·te(r, s) *adj attr* ■ der/die/das ~ the slightest; **das wäre das M~ gewesen** that's the least he/she/you etc could have done; **zum M~n** at least; **nicht das M~ an Geduld** not the slightest trace of patience; **nicht im M~n** not in the least

Min·dest·ein·kom·men *nt* minimum income

min·des·tens ['mɪndəstns] *adv* at least

Min·dest·ge·bot *nt* reserve price **Min·dest·ge·schwin·dig·keit** *f* minimum speed *no pl* **Min·dest·halt·bar·keits·da·tum** *nt* best-before date **Min·dest·maß** *nt* minimum **Min·dest·re·ser·ve·sys·tem** *nt* ÖKON minimum reserve system **Min·dest·stra·fe** *f* minimum sentence

Mi·ne <-, -n> ['miːnə] *f* ❶ (*Bleistift*) lead *no pl*; (*Filz-, Kugelschreiber*) refill ❷ (*Sprengkörper*) mine; **auf eine ~ laufen** to hit a mine ❸ (*Bergwerk*) mine

Mi·nen·feld *nt* MIL, NAUT minefield **Mi·nen·wer·fer** <-s, -> *m* MIL, HIST trench mortar

Mi·ne·ral <-s, -e *o* -ien> [mineˈraːl, *pl* -li̯ən] *nt* mineral

Mi·ne·ral·bad *nt* spa

mi·ne·ra·lisch [mineˈraːlɪʃ] *adj* mineral

Mi·ne·ra·lo·gie <-> [mineraloˈgiː] *f kein pl* mineralogy *no pl, no art*

Mi·ne·ral·öl *nt* mineral oil **Mi·ne·ral·öl·steu·er** *f* tax on oil

Mi·ne·ral·stoff *m meist pl* mineral salt **Mi·ne·ral·was·ser** *nt* mineral water

Mi·ni <-s, -s> ['mɪni] *m* MODE (*fam*) mini[skirt]

Mi·ni·a·tur <-, -en> [miniaˈtuːɐ̯] *f* miniature

Mi·ni·bar *f* minibar **Mi·ni·golf** *nt kein pl* minigolf *no pl* **Mi·ni·job** *m* ÖKON (*fam*) McJob *hum* (*a menial job which is poorly-paid and usually temporary*) **Mi·ni·kleid** *nt* minidress

Mi·ni·ma ['miːnima] *pl von* **Minimum**

mi·ni·mal [miniˈmaːl] **I.** *adj* minimal **II.** *adv* minimally

mi·ni·mie·ren* [miniˈmiːrən] *vt* (*geh*) to minimize

Mi·ni·mum <-s, Minima> ['miːnimʊm, *pl* 'miːnima] *nt* minimum (**an** of); **ein ~ an Respekt** a modicum of respect

Mi·ni·pil·le *f* mini-pill **Mi·ni·rock** *m* miniskirt

Mi·nis·ter(in) <-s, -> [miˈnɪstɐ] *m(f)* POL minister, BRIT *a.* Secretary of State

mi·nis·te·ri·ell [minɪsteˈri̯ɛl] *adj attr* ministerial

Mi·nis·te·rin <-, -nen> [miˈnɪstərɪn] *f fem form von* **Minister**

Mi·nis·te·ri·um <-s, -rien> [minɪsˈteːri̯ʊm, *pl* -ri̯ən] *nt* POL ministry, department

Mi·nis·ter·kon·fe·renz *f* ministerial conference **Mi·nis·ter·prä·si·dent(in)** *m(f)* minister-president (*leader of a German state*) **Mi·nis·ter·rat** *m kein pl* ■ der ~ the [EU] Council of Ministers

Mi·nis·trant(in) <-en, -en> [minɪsˈtrant] *m(f)* REL server

Min·ne·sän·ger ['mɪnəzɛŋɐ] *m* LIT, HIST Minnesinger

Mi·no·ri·tät <-, -en> [minoriˈtɛːt] *f* (*geh*) *s.* **Minderheit**

mi·nus ['miːnʊs] **I.** *präp* **2.000€ ~ 5 % Rabatt** €2,000 less 5% discount **II.** *konj* MATH minus **III.** *adv* ❶ METEO minus, below zero; **~ 15° C** minus 15° C; **15° C ~** 15° C below zero ❷ ELEK negative

Mi·nus <-, -> ['miːnʊs] *nt* ❶ (*Fehlbetrag*) deficit; **~ machen** to make a loss ❷ (*Manko*) bad point

Mi·nus·pol *m* ❶ ELEK negative terminal ❷ PHYS negative pole **Mi·nus·punkt** *m* minus point **Mi·nus·zei·chen** *nt* minus sign

Mi·nu·te <-, -n> [miˈnuːtə] *f* minute; **in letzter ~** at the last minute; **auf die ~** on the dot ▶ **es ist fünf ~n vor zwölf** we've reached crisis point

mi·nu·ten·lang I. *adj attr* lasting [for] several minutes *pred* **II.** *adv* for several minutes **Mi·nu·ten·zei·ger** *m* minute hand

mi·nu·ti·ös, mi·nu·zi·ös [minuˈtsi̯øːs] **I.** *adj* (*geh*) meticulously exact **II.** *adv* (*geh*) meticulously

Min·ze <-, -n> ['mɪntsə] *f* BOT mint *no pl*

mir ['miːɐ̯] *pron pers dat von* **ich** ❶ [to] me; **gib es ~ zurück!** give it back [to me]!; **und das ~!** why me [of all people]! ❷ *nach prep* me; **eine alte Bekannte von ~** an old acquaintance of mine; **komm mit zu ~** come back to my place; **von ~ aus!** (*fam*) I don't mind! ▶ **~ nichts, dir nichts** (*fam*) just like

Mi·ra·bel·le <-, -n> [mira'bɛlə] f ❶ (*Baum*) mirabelle [tree] ❷ (*Frucht*) mirabelle

Misch·brot *nt* bread made from rye and wheat flour **Misch·ehe** *f* mixed marriage

mi·schen ['mɪʃn] **I.** *vt* ❶ to mix; **den Pferden Hafer unter's Futter ~** to mix oats in with the feed for the horses; **einen Cocktail aus Saft und Rum ~** to mix a cocktail from juice and rum ❷ KARTEN to shuffle **II.** *vr* ❶ (*sich mengen*) **sich unter Leute ~** to mingle ❷ (*sich ein~*) ■ **sich in etw** *akk* **~** to interfere in sth; **sich in ein Gespräch ~** to butt into a conversation **III.** *vi* KARTEN to shuffle

Misch·form *f* mixture (aus of) **Misch·gewebe** *nt* mixed fibres *pl* **Misch·haut** *f* kein *pl* combination skin

Misch·ling <-s, -e> ['mɪʃlɪŋ] *m* ❶ (*Mensch*) half caste ❷ ZOOL half-breed; (*Hund*) mongrel **Misch·lings·kind** *nt* half-caste child

Misch·masch <-[e]s, -e> ['mɪʃmaʃ] *m* (*fam*) mishmash *no pl* **Misch·ma·schi·ne** *f* [cement] mixer **Misch·pult** *nt* FILM, RADIO, TV mixing desk

Mi·schung <-, -en> *f* mixture; (*Kaffee, Tee, Tabak*) blend

Mi·schungs·ver·hält·nis *nt* ratio

Misch·wald *m* mixed forest

mi·se·ra·bel [miza'raːbl] **I.** *adj* (*pej*) dreadful **II.** *adv* (*pej*) dreadfully; **sich ~ aufführen** to behave abominably; **~ schlafen** to sleep really badly; **das Bier schmeckt ~** the beer tastes awful

Mi·se·re <-, -n> [mi'zeːrə] *f* (*geh*) dreadful state

miss·ach·ten[RR]*, **miß·ach·ten**[ALT]* [mɪs'ʔaxtn] *vt* ❶ (*ignorieren*) to disregard; **eine Vorschrift ~** to flout a regulation ❷ (*geringschätzen*) **jdn ~** to disparage sb; ■ **etw ~** to disdain sth **Miss·ach·tung**[RR] *f*, **Miß·ach·tung**[ALT] ['mɪsʔaxtʊŋ] *f* ❶ (*Ignorierung*) disregard *no pl*; **bei ~ dieser Vorschriften** if these regulations are flouted ❷ (*Geringschätzung*) disdain *no pl* **miss·be·ha·gen**[RR] *vi*, **miß·be·ha·gen**[ALT] ['mɪsbəhaːgn] *vi* (*geh*) ■ **jdm ~** to displease sb

Miss·be·ha·gen[RR] <-s> *nt* kein *pl* (*geh*) ❶ (*Unbehagen*) uneasiness *no pl* ❷ (*Missfallen*) displeasure *no pl*

Miss·bil·dung[RR] <-, -en> *f*, **Miß·bil·dung**[ALT] <-, -en> *f* deformity **miss·bil·li·gen**[RR]*, **miß·bil·li·gen**[ALT]* [mɪs'bɪlɪgn] *vt* ■ **etw ~** to disapprove of sth **miss·bil·li·gend**[RR], **miß·bil·li·gend**[ALT] [mɪs'bɪlɪgnt] **I.** *adj* disapproving **II.** *adv* disapprovingly

Miss·bil·li·gung[RR] <-, -en> *f*, **Miß·bil·li·gung**[ALT] <-, -en> *f* disapproval *no pl*

Miss·brauch[RR] *m*, **Miß·brauch**[ALT] ['mɪsbraux] *m* abuse; **~ mit etw** *dat* **treiben** (*geh*) to abuse sth

miss·brau·chen[RR]*, **miß·brau·chen**[ALT]* [mɪs'brauːxn] *vt* to abuse; **jds Vertrauen ~** to abuse sb's trust; **jdn sexuell ~** to sexually abuse sb

miss·bräuch·lich[RR] *adj*, **miß·bräuch·lich**[ALT] ['mɪsbrɔyçlɪç] *adj* (*geh*) improper

miss·deu·ten[RR]* *vt*, **miß·deu·ten**[ALT]* [mɪsdɔytn] *vt* to misinterpret

Miss·deu·tung[RR] *f*, **Miß·deu·tung**[ALT] ['mɪsdɔytʊŋ] *f* misinterpretation

mis·sen ['mɪsn] *vt* **mein Telefon möchte ich nicht ~** I wouldn't want to have to do without my phone

Miss·er·folg[RR] *m*, **Miß·er·folg**[ALT] ['mɪsɛɐ̯fɔlk] *m* failure **Miss·ern·te**[RR] *f*, **Miß·ern·te**[ALT] ['mɪsɛrntə] *f* crop failure

Mis·se·tat ['mɪsətaːt] *f* (*hum*) prank **Mis·se·tä·ter(in)** ['mɪsətɛːtɐ] *m(f)* (*hum*) culprit

miss·fal·len[RR]* *vi*, **miß·fal·len**[ALT]* [mɪs'falən] *vi irreg* **jdm missfällt etw** [an **jdm**] sb dislikes sth [about sb]

Miss·fal·len[RR] <-s> *nt*, **Miß·fal·len**[ALT] ['mɪsfalən] *nt* kein *pl* displeasure *no pl*

miss·ge·bil·det[RR], **miß·ge·bil·det**[ALT] ['mɪsgəbɪldət] **I.** *adj* malformed **II.** *adv* deformed **Miss·ge·burt**[RR] *f*, **Miß·ge·burt**[ALT] ['mɪsgəbuːɐ̯t] *f* (*pej*) monster **miss·ge·launt**[RR] *adj*, **miß·ge·launt**[ALT] ['mɪsgəlaunt] *adj* (*geh*) ill-humoured **Miss·ge·schick**[RR] *nt*, **Miß·ge·schick**[ALT] ['mɪsgəʃɪk] *nt* mishap

miss·ge·stal·tet[RR] *adj*, **miß·ge·stal·tet**[ALT] ['mɪsgəʃtaltət] *adj* (*geh*) misshapen; *Person* deformed

miss·ge·stimmt[RR] *adj*, **miß·ge·stimmt**[ALT] ['mɪsgəʃtɪmt] *adj* (*geh*) ill-humoured **miss·glü·cken**[RR]* *vi*, **miß·glü·cken**[ALT]* [mɪs'glʏkn] *vi sein* ■ **etw missglückt sth fails** **miss·gön·nen**[RR]* *vt*, **miß·gön·nen**[ALT]* [mɪs'gœnən] *vt* **jdm seinen Erfolg ~** to resent sb's success

Miss·griff[RR] *m*, **Miß·griff**[ALT] ['mɪsgrɪf] *m* mistake **Miss·gunst**[RR] *f* kein *pl*, **Miß·gunst**[ALT] ['mɪsgʊnst] *f* kein *pl* envy *no pl* **miss·güns·tig**[RR], **miß·güns·tig**[ALT] ['mɪsgʏnstɪç] **I.** *adj* envious **II.** *adv* enviously **miss·han·deln**[RR]* *vt*, **miß·han·deln**[ALT]* [mɪs'handln] *vt* ■ **jdn/ein Tier ~** to mistreat sb/an animal

Miss·hand·lung[RR] *f*, **Miß·hand·lung**[ALT] [mɪs'handlʊŋ] *f* mistreatment *no indef art, no pl*

miss·in·ter·pre·tie·ren[RR]* *vt*, **miß·in·ter·**

pre·tie·ren^{ALT}* ['mɪsɪntepretiːrən] *vt* to misinterpret

Mis·si·on <-, -en> [mɪˈsjoːn] *f* ❶ (*geh: Sendung*) mission; **in geheimer ~** on a secret mission ❷ *kein pl* REL mission; **in die ~ gehen** to become a missionary

Mis·si·o·nar(in) <-s, -e> [mɪsjoˈnaːɐ̯] *m(f)*, **Mis·si·o·när(in)** <-s, -e> [mɪsjoˈnɛːɐ̯] *m(f)* ÖSTERR missionary

mis·si·o·na·risch [mɪsjoˈnaːrɪʃ] **I.** *adj* (*geh*) missionary **II.** *adv* as a missionary

mis·si·o·nie·ren* [mɪsjoˈniːrən] **I.** *vi* to do missionary work **II.** *vt Menschen, Völker* to convert

Miss·klang^{RR} *m*, **Miß·klang**^{ALT} ['mɪsklaŋ] *m* MUS dissonance *no indef art, no pl*

Miss·kre·dit^{RR} *m kein pl*, **Miß·kre·dit**^{ALT} ['mɪskrediːt] *m kein pl* **jdn/etw in ~ bringen** to bring sb/sth into discredit [with sb]; **in ~ geraten** to become discredited

miss·lang^{RR} [mɪsˈlaŋ] *imp von* **misslingen**

miss·lich^{RR} *adj*, **miß·lich**^{ALT} ['mɪslɪç] *adj* (*geh*) awkward

miss·lie·big^{RR} *adj*, **miß·lie·big**^{ALT} ['mɪsliːbɪç] *adj* unpopular

miss·lin·gen^{RR} <misslang, misslungen> *vi*, **miß·lin·gen**^{ALT} <mißlang, mißlungen> [mɪsˈlɪŋən] *vi sein* to fail

Miss·lin·gen^{RR} <-s> *nt*, **Miß·lin·gen**^{ALT} <-s> [mɪsˈlɪŋən] *nt kein pl* failure

Miss·mut^{RR} *m kein pl*, **Miß·mut**^{ALT} ['mɪsmuːt] *m kein pl* moroseness *no pl*

miss·mu·tig^{RR} *adj*, **miß·mu·tig**^{ALT} ['mɪsmuːtɪç] *adj* morose, sullen

miss·ra·ten^{RR}* *vi*, **miß·ra·ten**^{ALT}* [mɪsˈraːtn̩] *vi irreg sein* (*geh*) ❶ (*schlecht erzogen sein*) to turn out badly ❷ (*nicht gelingen*) to go wrong

Miss·stand^{RR} *m*, **Miß·stand**^{ALT} ['mɪsʃtant] *m* deplorable state of affairs *no pl*; **soziale Missstände** social evils **Miss·stim·mung**^{RR} *f kein pl*, **Miß·stim·mung**^{ALT} ['mɪsʃtɪmʊŋ] *f kein pl* ill humour *no indef art, no pl*

misst^{RR} ['mɪst] *3. pers pres von* **messen**

miss·trau·en^{RR}* *vi*, **miß·trau·en**^{ALT}* [mɪsˈtrau̯ən] *vi* to mistrust

Miss·trau·en^{RR} <-s>, **Miß·trau·en**^{ALT} <-s> ['mɪstrau̯ən] *nt kein pl* mistrust *no pl*; **jdm ~ entgegenbringen** to mistrust sb

Miss·trau·ens·an·trag^{RR} *m* POL motion of no confidence **Miss·trau·ens·vo·tum**^{RR} *nt* vote of no confidence

miss·trau·isch^{RR}, **miß·trau·isch**^{ALT} ['mɪstrau̯ɪʃ] **I.** *adj* mistrustful; (*argwöhnisch*) suspicious **II.** *adv* mistrustfully; (*argwöhnisch*) suspiciously

Miss·ver·hält·nis^{RR} *nt*, **Miß·ver·hält·nis**^{ALT} ['mɪsfɛɐ̯hɛltnɪs] *nt* disproportion *no pl*; **im ~ zu etw dat stehen** to be disproportionate to sth

miss·ver·ständ·lich^{RR}, **miß·ver·ständ·lich**^{ALT} ['mɪsfɛɐ̯ʃtɛntlɪç] **I.** *adj* unclear; ■ [zu] ~ sein to be [too] liable to be misunderstood **II.** *adv* unclearly **Miss·ver·ständ·nis**^{RR} <-ses, -se> *nt*, **Miß·ver·ständ·nis**^{ALT} <-ses, -se> ['mɪsfɛɐ̯ʃtɛntnɪs] *nt* misunderstanding *no pl* **miss·ver·ste·hen**^{RR}*, **miß·ver·ste·hen**^{ALT}* ['mɪsfɛɐ̯ʃteːən] *vt irreg* to misunderstand

Miss·wahl^{RR}, **Miß·wahl**^{ALT} *f* beauty pageant

Miss·wirt·schaft^{RR} *f*, **Miß·wirt·schaft**^{ALT} ['mɪsvɪrtʃaft] *f* mismanagement *no pl*

Mist <-es> ['mɪst] *m kein pl* ❶ (*Stalldünger*) dung *no pl* ❷ (*fam: Quatsch*) nonsense *no pl*, BRIT *a.* rubbish *no pl* ❸ (*fam: Schund*) junk *no pl* ► **bauen** (*fam*) to screw up; **so ein ~!** (*fam*) damn!, hell *a.* blast!

Mis·tel <-, -n> ['mɪstl̩] *f* mistletoe *no pl*

Mist·ga·bel *f* pitchfork **Mist·hau·fen** *m* dung heap **Mist·kä·fer** *m* dung beetle **Mist·kerl** *m* (*fam*) bastard *fam!* **Mist·stück** *nt* (*fam*) bastard *masc fam!*, bitch *fam!* **Mist·vieh** *nt* (*fam*) beast [*or* BRIT *a.* bloody] animal **Mist·wet·ter** *nt kein pl* (*fam*) lousy weather *no pl, no indef art*

mit ['mɪt] **I.** *präp* ❶ (*in Begleitung von*) with; **Kaffee ~** Milch coffee with milk ❷ (*mittels*) with; **~ bequemen Schuhen läuft man besser** it's easier to walk in comfortable shoes; **~ Kugelschreiber geschrieben** written in biro ❸ (*per*) by; **mit der Bahn/dem Fahrrad/der Post** by train/bicycle/post ❹ (*unter Aufwendung von*) with; **~ etwas mehr Mühe** with a little more effort ❺ *zeitlich* at; **~ 18 [Jahren]** at [the age of] 18 ❻ (*bei Maß-, Mengenangaben*) with; **einem Kilometerstand von 24.567 km** with 24,567 km on the clock; **das Spiel endete ~ 1:1 unentschieden** the game ended in a 1-1 draw ❼ (*was jdn/etw angeht*) with; **~ meiner Gesundheit steht es nicht zum Besten** I am not in the best of health; **~ jdm/etw rechnen** to reckon on sb/sth **II.** *adv* too, as well; **~ dabei sein** to be there too; **sie gehört ~ zu den Besten** she is one of the best

Mit·an·ge·klag·te(r) *f(m) dekl wie adj* co-defendant **Mit·ar·beit** *f* ❶ (*Arbeit an etw*) collaboration; **unter ~ von jdm** in collaboration with sb ❷ SCH participation *no pl* **mit|ar·bei·ten** ['mɪtʔarbai̯tn̩] *vi* ❶ (*als Mitarbeiter tätig sein*) ■ **an etw** *dat* **~** to collaborate on sth ❷ SCH to participate (**in** in) **Mit·ar·bei·ter(in)** *m(f)* ❶ (*Mitglied der Belegschaft*) employee; **neue ~ einstellen** to take on new staff; **freier ~** freelance ❷ (*Kollege*) colleague **mịt·be·kom·men*** *vt irreg* ❶ (*mitgegeben bekommen*) ■ **etw [von jdm] ~** to be given sth [by sb] ❷ (*wahrnehmen*) ■ **etw ~** to be aware of sth; **hast du etwas davon ~?** did you catch any of it? ❸ (*fam: vererbt bekommen*) ■ **etw von jdm ~** to get sth from sb **mịt·be·nut·zen*** *vt*, **mịt·be·nụ̈t·zen*** *vt* SÜDD to share **mịt·be·stim·men*** I. *vi* to have a say (**bei** in) II. *vt* to have an influence on

Mịt·be·stim·mung *f* ❶ (*das Mitbestimmen*) participation; **das Recht zur ~ bei ...** the right to participate in ... ❷ (*Mitentscheidung*) **betriebliche ~** worker participation

Mịt·be·stim·mungs·recht *nt* right of co-determination

Mịt·be·wer·ber(in) *m(f)* ❶ (*ein weiterer Bewerber*) fellow applicant ❷ (*Konkurrent*) competitor **Mịt·be·woh·ner(in)** *m(f)* flatmate BRIT, housemate AM; (*in einem Zimmer*) roommate **mịt·brin·gen** ['mɪtˌbrɪŋən] *vt irreg* ❶ *Gegenstand* to bring ❷ *Begleitung* **hast du denn niemanden mitgebracht?** didn't you bring anyone with you? ❸ *Voraussetzungen* to meet

Mịtbring·sel <-s, -> ['mɪtbrɪŋzl] *nt* small present

Mịt·bür·ger(in) *m(f)* fellow citizen **mịt·den·ken** *vi irreg* ■ **bei etw dat ~** to follow sth; (*bemerken*) to pick up on sth **mịt·dür·fen** *vi irreg* **darf ich auch mit dir mit?** can I come with you [too]? **Mịt·ei·gen·tü·mer(in)** *m(f)* joint owner

mit·ei·n·an·der [mɪt ʔaiˈnandɐ] *adv* ❶ (*jeder mit dem anderen*) with each other; **~ reden** to talk to each other; **~ verfeindet sein** to be enemies ❷ (*zusammen*) together; **alle ~** all together

Mit·ein·an·der <-s> [mɪt ʔaiˈnandɐ] *nt kein pl* cooperation *no pl*

Mit·er·be, -er·bin ['mɪtˌʔɛrbə, -ʔɛrbɪn] *m, f* joint heir **mịt·er·le·ben*** *vt Ereignisse* to live through; *eine Zeit* to witness; *im Fernsehen* to follow **mịt·es·sen** *irreg* I. *vt* **setz dich doch, iss einen Teller Suppe mit!** sit down and have a bowl of soup with us! II. *vi irreg* ■ **[bei jdm] ~** to have a meal [with sb] **Mịt·es·ser** <-s, -> *m* blackhead **mịt·fah·ren** *vi irreg sein* ■ **jdn ~ lassen** to give sb a lift; **darf ich [bei Ihnen] ~?** can you give me a lift? **Mịt·fah·rer(in)** *m(f)* fellow passenger

Mịt·fahr·ge·le·gen·heit *f* lift **Mịt·fahr·zen·tra·le** *f* lift-arranging [*or* AM ride-sharing] agency

mịt|füh·len I. *vt* **ich kann lebhaft ~, wie dir zu Mute sein muss** I can well imagine how you must feel II. *vi* ■ **[mit jdm] ~** to sympathize [with sb] **mịt·füh·lend** *adj* sympathetic **mịt|füh·ren** *vt* ■ **etw ~** ❶ (*geh: bei sich haben*) to carry sth ❷ (*transportieren*) to carry sth along **mịt|ge·ben** *vt irreg* ■ **jdm etw ~** to give sb sth; **ich gebe dir einen Apfel für Chris mit** I'll give you an apple to take for Chris **Mịt·ge·fan·ge·ne(r)** *f(m) dekl wie adj* fellow prisoner **Mịt·ge·fühl** *nt kein pl* sympathy *no pl;* **[mit jdm] ~ empfinden** to have sympathy [for sb] **mịt|ge·hen** *vi irreg sein* ❶ (*begleiten*) ■ **mit jdm ~** to go with sb ❷ (*sich mitreißen lassen*) ■ **bei etw dat ~** to respond [to sth] ❸ (*stehlen*) **etw ~ lassen** to walk off with sth **mịt·ge·nom·men** I. *pp von* **mitnehmen** II. *adj* (*fam*) worn-out

Mịt·gift <-, -en> *f* dowry

Mịt·glied ['mɪtgliːt] *nt* member; **~ einer S. gen sein** to be a member of sth; **Zutritt nur für ~er** members only; **ordentliches ~** full member; **passives ~** non-active member

Mịt·glie·der·ver·samm·lung *f* general meeting

Mịt·glieds·aus·weis *m* membership card **Mịt·glieds·bei·trag** *m* membership fee **Mịt·glied·schaft** <-, -en> *f* membership; **die ~ in einer Partei beantragen** to apply for membership of [*or* AM in] a party

Mịt·glieds·land *nt* POL member country **Mịt·glieds·staat** *m* member state

mịt|ha·ben *vt irreg* ■ **etw ~** to have got sth [with one] **mịt|hal·ten** *vi irreg* (*fam*) to keep up (**bei** with); **bei einer Auktion ~** to stay in the bidding **mịt|hel·fen** *vi irreg* to help (**bei** with) **Mit·hil·fe** ['mɪthɪlfə] *f kein pl* assistance *no pl;* **unter jds ~** with sb's help; **unter ~ von jdm** with the aid of sb **mịt|hö·ren** *vt, vi* to listen in; **ein Gespräch ~** to listen in on a conversation; (*zufällig*) to overhear a conversation **Mịt·in·ha·ber(in)** *m(f)* joint owner **mịt|klin·gen** *vi irreg* to sound; **in deinen Worten klingt Enttäuschung mit** there is a note of disappointment in your words **mịt|kom·men** *vi irreg sein* ❶ (*begleiten*) to come ❷ (*Schritt halten können*) to keep up ❸ (*mithalten können*) **in der Schule gut ~** to get on well at school ❹ (*fam: verstehen*) **da komme ich nicht mit** it's beyond me **mịt|kön·nen** *vi irreg* (*fam*) ❶ (*begleiten dürfen*) **sie kann ruhig mit** she is welcome to come too ❷ (*fam: verstehen*) ■ **bei etw dat nicht mehr ~** to no longer be able to follow sth **mịt|krie·gen** *vt* (*fam*) *s.* mitbekommen **mịt|lau·fen** *vi irreg sein* ❶ (*zusammen mit anderen laufen*) to run (**bei** in); **beim Marathonlauf sind über 500 Leute mitgelaufen** over 500 people took part in the marathon ❷ *Band, Stoppuhr* to run **Mịt-**

läu·fer(in) *m(f)* POL *(pej)* fellow traveller
Mit·laut ['mɪtlaut] *m* consonant **Mit·leid** ['mɪtlaɪt] *nt kein pl* sympathy *no pl*, pity; ~ [mit jdm/einem Tier] haben to have sympathy [for sb/an animal]; ~ erregender Anblick pitiful sight; aus ~ out of pity **Mit·lei·den·schaft** *f kein pl* jdn in ~ ziehen to affect sb; etw in ~ ziehen to have a detrimental effect on sth **mit·leid·er·re·gend** *adj Anblick* pitiful

mit·lei·dig ['mɪtlaɪdɪç] **I.** *adj* ❶ *(mitfühlend)* sympathetic ❷ *(verächtlich)* pitying **II.** *adv* ❶ *(voller Mitgefühl)* sympathetically ❷ *(verächtlich)* pityingly

mit·leid(s)·los I. *adj* pitiless **II.** *adv* pitilessly, without pity **mit·leid(s)·voll** *adj (geh)* s. mitleidig 1

mit|ma·chen I. *vi* ❶ *(teilnehmen)* to take part (bei in); bei einem Ausflug/Kurs ~ to go on a trip/do a course ❷ *(fam: gut funktionieren)* wenn das Wetter mitmacht if the weather cooperates; solange meine Beine ~ as long as my legs hold out **II.** *vt* ❶ *(fam: etw hinnehmen)* to go along with ❷ *(sich beteiligen)* to join in ❸ *(erleiden)* viel ~ to go through a lot **Mit·mensch** *m* fellow man **mit·mensch·lich** *adj attr Beziehungen, Kontakte* interpersonal **mit|mi·schen** *vi (fam)* to be involved (bei/in in) **mit|müs·sen** *vi irreg* to have to come too

Mit·nah·me·markt *m* cash and carry

mit|neh·men *vt irreg* ❶ *(mit sich nehmen)* to take with one; zum M~ free ❷ *(transportieren)* take with one; *(im Auto)* könnten Sie mich ~? could you give me a lift? ❸ *(erschöpfen)* to take it out of one; du siehst mitgenommen aus you look worn out

mit·nich·ten [mɪt'nɪçtn̩] *adv (geh)* by no means **mit|rech·nen I.** *vt* to include [in a calculation] **II.** *vi* to count too **mit|re·den** *vi* ❶ *(mitbestimmen)* to have a say (bei in) ❷ *(sich beteiligen)* bei einer Diskussion ~ können to be able to join in a discussion; da kann ich nicht ~ I wouldn't know anything about that **Mit·rei·sen·de(r)** *f(m)* fellow passenger **mit|rei·ßen** *vt irreg* ❶ *(mit sich reißen)* to sweep away ❷ *(begeistern)* to get going

mit·samt [mɪt'zamt] *präp* ■ ~ einer S. *dat* complete with sth

mit|schi·cken *vt (im Brief)* to enclose **mit|schlei·fen** *vt* to drag along **mit|schlep·pen** *vt (fam)* to lug [with one] **mit|schrei·ben** *irreg* **I.** *vt* to take down **II.** *vi* to take notes **Mit·schuld** *f* die ~ eingestehen to admit one's share of the blame (an for); eine ~ tragen to be partly to blame (an for) **mit·schul·dig** *adj* ■ an etw *dat* ~ sein to be partly to blame for sth **Mit·schul·di·ge(r)** *f(m)* JUR accomplice **Mit·schü·ler(in)** *m(f)* SCH classmate **mit|sin·gen** *irreg vi* to sing along; in einem Chor ~ to sing in a choir **mit|spie·len** *vi* ❶ SPORT to play (bei in); in einer Mannschaft ~ to play for a team ❷ FILM, THEAT to act (bei/in in) ❸ *(bei Kinderspielen)* to play ❹ *(fam: mitmachen)* to go along with it; das Wetter spielte nicht mit the weather wasn't kind to us ❺ *(beteiligt sein)* ■ |bei etw *dat*| ~ to play a part [in sth] ❻ *(umgehen)* jdm übel ~ to play sb a nasty trick **Mit·spie·ler(in)** *m(f)* ❶ SPORT team-mate ❷ THEAT member of the cast

Mit·spra·che *f say no def art;* ein Recht auf ~ haben to be entitled to have a say **Mit·spra·che·recht** *nt kein pl* right to have a say; ein ~ bei etw *dat* haben to have a say in sth; jdm ein ~ [bei etw *dat*] einräumen to grant sb a say [in sth]

mit|spre·chen I. *vt* das Tischgebet ~ to join in saying grace **II.** *vi* to have a say (bei/in in) **Mit·strei·ter(in)** <-s, -> *m(f)* comrade-in-arms

Mit·tag <-[e]s, -e> ['mɪta:k, *pl* 'mɪta:gə] *m (zwölf Uhr)* midday, noon; *(Essenszeit)* lunchtime; ■ gegen ~ around midday; zu ~ essen to have lunch; etw zu ~ essen to have sth for lunch; ~ haben/machen to be on one's lunch break

Mit·tag·es·sen *nt* lunch

mit·täg·lich ['mɪtɛːklɪç] *adj attr* midday, lunchtime

mit·tags ['mɪta:ks] *adv* at midday [*or* lunchtime]

Mit·tags·pau·se *f* lunch break **Mit·tags·ru·he** *f kein pl* ≈ siesta; ~ halten to rest after lunch **Mit·tags·schlaf** *m* after-lunch nap; einen ~ machen to take an after-lunch nap **Mit·tags·stun·de** *f (geh)* midday; ■ in der ~ at midday; ■ um die ~ around midday **Mit·tags·tisch** *m* lunch table **Mit·tags·zeit** *f kein pl* lunchtime; ■ in der ~ at lunchtime; ■ um die ~ around lunchtime

Mit·tä·ter(in) *m(f)* accomplice

Mit·tä·ter·schaft <-> *f kein pl* complicity *no pl* (an in)

Mit·te <-, -n> ['mɪtə] *f* ❶ *(einer Strecke)* midpoint ❷ *(Mittelpunkt)* centre; ■ in der ~ einer S. *gen* in the middle of sth; in der ~ zwischen ... halfway between ...; aus unserer ~ from our midst ❸ POL die linke/rechte ~ the centre-left/centre-right ❹ *(zur Hälfte .)* ~ Januar mid-January; ~ des Jahres in the middle of the year; sie ist ~ dreißig she's in her mid-thirties ▶ die goldene ~ the golden mean; ab durch die ~! *(fam)* come on, let's get out of here!

mit·tei·len ['mɪttaɪlən] **I.** vt ■ **jdm etw ~** to tell sb sth; ■ **jdm ~, dass ...** to tell sb that ... **II.** vr (sich erklären) ■ **sich [jdm] ~** to communicate [with sb]

mit·teil·sam adj talkative

Mit·tei·lung f notification; **eine amtliche ~** an official communication; **eine ~ bekommen, dass ...** to be notified that ...

Mit·tei·lungs·blatt nt newsletter

Mit·tel <-s, -> ['mɪtl] nt ❶ PHARM (Präparat) drug; **ein ~ gegen etw** akk a remedy for sth ❷ (Methode) means sing; **es gibt ein ~, das herauszufinden** there are ways of finding that out; **~ und Wege finden** to find ways and means; **ein ~ zum Zweck** a means to an end; **als letztes ~** as a last resort; **jdm ist jedes ~ recht** sb will go to any length[s]; **mit allen ~n** by every means ❸ pl (Geld~) funds ❹ (Mittelwert) average; **im ~** on average

Mit·tel·al·ter ['mɪtl?altɐ] nt kein pl HIST ■ **das ~** the Middle Ages npl

mit·tel·al·ter·lich ['mɪtl?altɐlɪç] adj HIST medieval

Mit·tel·ame·ri·ka ['mɪtl?a'me:rika] nt Central America **mit·tel·ame·ri·ka·nisch** adj Central American

mit·tel·bar ['mɪtlba:ɐ̯] **I.** adj indirect; **~er Schaden** consequential damage **II.** adv indirectly

Mit·tel·ding nt (fam) ■ **ein ~** something in between; **ein ~ zwischen ... und ...** something between ... and ... **Mit·tel·eu·ro·pa** ['mɪtl?ɔy'ro:pa] nt Central Europe **Mit·tel·eu·ro·pä·er(in)** m(f) Central European **mit·tel·eu·ro·pä·isch** ['mɪtl?ɔyro'pɛ:ɪʃ] adj Central European **Mit·tel·feld** nt kein pl SPORT midfield **Mit·tel·fin·ger** m middle finger **mit·tel·fris·tig I.** adj medium-term attr **II.** adv **~ planen** to plan for the medium term **Mit·tel·ge·bir·ge** nt low mountain range **Mit·tel·ge·wicht** nt kein pl SPORT middleweight **mit·tel·groß** ['mɪtlgro:s] adj of medium height pred

Mit·tel·klas·se f middle range; **ein Wagen der ~** a mid-range car **Mit·tel·klas·se·wa·gen** m AUTO mid-range car

Mit·tel·li·nie f ❶ (Straße) centre line ❷ (Spielfeld) halfway line

mit·tel·los adj destitute **Mit·tel·lo·sig·keit** <-> f kein pl poverty no pl

Mit·tel·maß nt kein pl average

mit·tel·mä·ßig I. adj average; (pej) mediocre **II.** adv **er spielte nur ~** his performance was mediocre

Mit·tel·mä·ßig·keit <-> f kein pl mediocrity **Mit·tel·meer** ['mɪtlme:ɐ̯] nt ■ **das ~** the Mediterranean [Sea] **Mit·tel·meer·raum** m ■ **der ~** the Mediterranean [region]

mit·tel·präch·tig I. adj (iron fam) great **II.** adv (fam) not particularly good **Mit·tel·punkt** m ❶ MATH midpoint; (Zentrum) centre ❷ (zentrale Figur) **im ~ sein** [o **stehen**] to be the centre of attention

mit·tels ['mɪtls] präp (geh) by means of **Mit·tel·schicht** f SOZIOL middle class **Mit·tel·schiff** nt ARCHIT nave

mit·tels·mann <-männer o -leute> m middleman **Mit·tels·per·son** f (form) intermediary

Mit·tel·stand m ❶ SOZIOL middle class ❷ (Unternehmen) small and medium-sized businesses pl

mit·tel·stän·disch adj medium-sized

Mit·tel·stre·cken·ra·ke·te f MIL medium-range missile **Mit·tel·strei·fen** m TRANSP central reservation **Mit·tel·stu·fe** f SCH ≈ middle school **Mit·tel·stür·mer(in)** m(f) SPORT centre-forward, striker **Mit·tel·weg** m middle course; **der goldene ~** the golden mean **Mit·tel·wel·le** f RADIO medium wave **Mit·tel·wert** m mean [value]

mit·ten ['mɪtn] adv ❶ (direkt) ■ **~ aus etw** dat from the midst of sth; **~ auf der Straße** in the middle of the street ❷ (fam: gerade) **ich war ~ beim Kochen, als ...** I was [right] in the middle of cooking, when ... ❸ (geradewegs) ■ **~ durch etw** akk right through [the middle of] sth ❹ (inmitten von) ■ **~ unter Menschen** in the midst of people; **~ unter Dingen** [right] in the middle of things

mit·ten·drin [mɪtn'drɪn] adv right in the middle (**im** of) **mit·ten·durch** [mɪtn'dʊrç] adv right through the middle

Mit·ter·nacht ['mɪtɐnaxt] f kein pl midnight no art **mit·ter·nächt·lich** adj attr midnight attr

mitt·le·re(r, s) ['mɪtlərə] adj attr ❶ (in der Mitte von zweien) ■ **der/die/das ~** the middle one ❷ (durchschnittlich) average attr or pred ❸ Größe medium-sized ❹ (in einer Hierarchie) middle-ranking position; **eine ~e Position** a middle-ranking position

mitt·ler·wei·le ['mɪtlɐ'vaɪlə] adv (unterdessen) in the mean time; (seit dem) since then; (bis zu diesem Zeitpunkt) by now

Mitt·woch <-s, -e> ['mɪtvɔx] m Wednesday; s. a. Dienstag

mitt·wochs ['mɪtvɔxs] adv [on] Wednesdays

mit·un·ter [mɪt'?ʊntɐ] adv now and then

mit·ver·ant·wort·lich adj jointly responsible pred **mit|ver·ant·wor·ten*** vi to go out to work as well **Mit·ver·fas·ser(in)** m(f) co-author **mit|ver·si·chern*** vt ■ **jdn ~** to co-insure sb; ■ **etw ~** to include sth in one's insurance **mit|wir·ken** vi ❶ (beteiligt sein) to collaborate (**bei/an** on) ❷ FILM, THEAT **in einem**

Theaterstück ~ to appear in a play ❸ (*eine Rolle spielen*) to play a part **Mit·wir·ken·de(r)** f(m) ❶ (*mitwirkender Mensch*) participant ❷ FILM, THEAT actor; **die ~n** the cast + *sing/pl vb* **Mit·wir·kung** f *kein pl* collaboration; **unter ~ von** in collaboration with **Mit·wis·sen** *nt kein pl* JUR knowledge of a matter **Mit·wis·ser(in)** <-s, -> *m(f)* **~ [einer S. *gen*] sein** to be in the know [about sth]; **jdn zum ~ [einer S. *gen*] machen** to let sb in [on sth] **mit|wol·len** ['mɪtvɔlən] *vi* to want to come too; **wir gehen jetzt einkaufen, willst du nicht auch mit?** we're going shopping, do you want to come as well? **mit|zäh·len I.** *vi* to count **II.** *vt* ▪ **jdn/etw ~** to include sb/sth **mit|zie·hen** *vi irreg* ❶ *sein* (*in einer Menge mitgehen*) to tag along (**in** with) ❷ *haben* (*fam: mitmachen*) ▪ **bei etw** *dat* ~ to go along with sth
Mix <-, -e> ['mɪks] *m* mix
mi·xen ['mɪksn̩] *vt* to mix
Mi·xer <-s, -> ['mɪksɐ] *m* ELEK blender, mixer
Mi·xer(in) <-s, -> ['mɪksɐ] *m(f)* cocktail waiter, barman
Mix·ge·tränk *nt* mixed drink
Mix·tur <-, -en> [mɪks'tuːɐ̯] *f* PHARM mixture
mm *m o nt Abk von* **Millimeter**
MMS <-, -> [ɛm'ɛmɛs] *f* MEDIA, TELEK *Abk von* **Multimedia Messaging Service** MMS
Mob·bing <-s> ['mɔbɪŋ] *nt kein pl* PSYCH bullying in the workplace *no pl*
Mö·bel <-s, -> ['møːbl̩] *nt* ❶ *sing* piece of furniture ❷ *pl* furniture *no pl*
Mö·bel·pa·cker(in) *m(f)* removal man BRIT, mover AM **Mö·bel·po·li·tur** *f* furniture polish **Mö·bel·spe·di·ti·on** *f* [furniture] removal firm BRIT, moving company AM **Mö·bel·wa·gen** *m* removal [*or* AM moving] van
mo·bil [mo'biːl] *adj* ❶ (*beweglich*) mobile; **~er Besitz** movable possessions; **~es Vermögen** movables; **jdn/etw ~ machen** to mobilize sb/sth ❷ (*fam: munter*) lively
Mo·bi·le <-s, -s> ['moːbilə] *nt* mobile
Mo·bil·funk *m* TELEK mobile communications *pl* **Mo·bil·funk·ge·rät** *nt* mobile [*or* AM cellular] [tele]phone
Mo·bi·li·ar <-s> [mobi'liːa̯ɐ̯] *nt kein pl* furnishings *npl*
mo·bi·li·sie·ren* [mobili'ziːrən] *vt* ❶ *a.* MIL (*aktivieren*) to mobilize ❷ (*verfügbar machen*) to make available; **Kraft** to summon up
Mo·bi·li·tät <-> [mobili'tɛːt] *f kein pl* mobility *no pl*
Mo·bil·ma·chung <-, -en> *f* MIL mobilization
Mo·bil·te·le·fon *nt* mobile [tele]phone
mö·blie·ren* [mø'bliːrən] *vt* to furnish
mọch·te *imp von* **mögen**

Mo·da·li·tät <-, -en> [modali'tɛːt] *f* LING modality *no pl* **Mo·dal·verb** *nt* LING modal verb
Mo·de <-, -n> ['moːdə] *f* fashion; **große ~ sein** to be very fashionable; **mit der ~ gehen** to follow fashion; **aus der ~ kommen** to go out of fashion; **in ~ kommen** to come into fashion
mo·de·be·wusst[RR] *adj* fashion-conscious **Mo·de·de·sig·ner(in)** <-s, -> [-dizaɪnɐ] *m(f)* fashion designer **Mo·de·ge·schäft** *nt* fashion store **Mo·de·krank·heit** *f* fashionable complaint
Mo·del <-s, -s> ['mɔdl̩] *nt* model
Mo·dell <-s, -e> [mo'dɛl] *nt* ❶ ARCHIT, MODE model ❷ KUNST (*Akt~*) nude model; **[jdm] ~ stehen** to sit for sb ❸ (*geh: Vorbild*) model
mo·del·lie·ren* [modɛ'liːrən] *vt* to model
Mo·dell·ver·such *m* (*geh*) pilot scheme [*or* AM experiment]; TECH model test
mo·deln ['mɔdl̩n] *vi* MODE to [work as a] model
Mo·dem <-s, -s> ['moːdɛm] *nt o m* INFORM modem
Mo·den·schau *f* fashion show
Mo·de·püpp·chen *nt*, **Mo·de·pup·pe** *f* (*pej fam*) fashion victim
Mo·der <-s> ['moːdɐ] *m kein pl* (*geh*) mould *no pl*
mo·de·rat <-er, -este> [mode'raːt] *adj* (*geh*) moderate
Mo·de·ra·ti·on <-, -en> [modera'tsi̯oːn] *f* RADIO, TV presentation
Mo·de·ra·tor, Mo·de·ra·to·rin <-s, -toren> [mode'raːtoɐ̯, modera'toːrɪn, *pl* -'toːrən] *m*, *f* RADIO, TV presenter
mo·de·rie·ren* [mode'riːrən] *vt* RADIO, TV to present
mo·de·rig ['moːdərɪç] *adj* musty
mo·dern[1] ['moːdɐn] *vi sein o haben* to decay, to go mouldy
mo·dern[2] [mo'dɛrn] **I.** *adj* ❶ (*zeitgemäß*) modern; **~ste Technik** state-of-the-art technology ❷ (*modisch*) fashionable **II.** *adv* (*fortschrittlich*) progressively; **~ eingestellte Eltern/Lehrer** parents/teachers with progressive ideas
Mo·der·ne <-> [mo'dɛrnə] *f kein pl* ▪ **die ~** the modern age
mo·der·ni·sie·ren* [modɛrni'ziːrən] *vt* to modernize
Mo·der·ni·sie·rung <-, -en> *f* modernization *no pl*
Mo·de·schmuck *m* costume jewellery **Mo·de·schöp·fer(in)** *m(f)* fashion designer **Mo·de·wort** *nt* buzzword **Mo·de·zeit·schrift** *f* fashion magazine
Mo·di ['moːdi] *pl von* **Modus**
mo·di·fi·zie·ren* [modifi'tsiːrən] *vt* (*geh*) to

mo·disch ['moːdɪʃ] **I.** *adj* fashionable, trendy **II.** *adv* fashionably, trendily

mod·rig ['moːdrɪç] *adj s.* **moderig**

Mo·dul <-s, -e> [moˈduːl] *nt* module

Mo·dus <-, Modi> ['mɔdʊs, *pl* 'mɔdi] *m* IN-FORM mode

Mo·fa <-s, -s> ['moːfa] *nt* moped

mo·geln ['moːgl̩n] *vi (fam)* to cheat (**bei** at)

Mo·gel·pa·ckung *f* ÖKON deceptive packaging

mö·gen ['møːgn̩] **I.** *modal vb* <mochte, hat ... mögen> + *infin* ❶ *(wollen)* **etw tun** ~ to want to do sth; **ich möchte jetzt einfach Urlaub machen können** I wish I could just take off on holiday now; ~ **Sie noch ein Glas Bier trinken?** would you like another beer? ❷ *(den Wunsch haben)* **ich möchte gerne kommen** I'd like to come; **man möchte meinen, ...** you'd think that ... ❸ *(Vermutung)* **sie mag sogar Recht haben** she may be right; **hm, das mag schon stimmen** hmm, that might [well] be true; **was mag das wohl bedeuten?** what's that supposed to mean?; **wie dem auch sein mag** be that as it may ❹ *(sollen)* **jd möge etw tun** sb should do sth; **bestellen Sie ihm bitte, er möchte mich morgen anrufen** please tell him to ring me tomorrow; **Sie möchten gleich mal zur Chefin kommen** you're to go and see the boss right away **II.** *vt* <mochte, gemocht> ❶ *(gernhaben)* to like; *(lieben)* to love ❷ *(eine Vorliebe haben)* **am liebsten mag ich Eintopf** stew is my favourite [meal] ❸ *(haben wollen)* to want; **ich möchte ein Stück Kuchen** I'd like a slice of cake; **was möchten Sie bitte?** what can I get for you?; **ich möchte gern, dass er mir öfters schreibt** I wish he would write [to me] more often ❹ **ist denn so was ~?** is this really possible?; **falls [irgend]** ~ if [at all] possible; **[das ist doch] nicht** ~**!** [that's] impossible! **III.** *vi* ❶ *(wollen)* to want [*or* like] to; **nicht so recht** ~ to not [really] feel like it ❷ *(fam: gehen/fahren wollen)* **ich mag nach Hause** I want to go home

mög·lich ['møːklɪç] *adj* ❶ *attr (denkbar)* possible; **es für ~ halten, dass ...** to think it possible that ...; **sein M~stes tun** to do everything in one's power; **alle ~en ...** all kinds of ...; **schon** ~ *(fam)* maybe ❷ *präd (durchführbar)* possible; **ist denn so was** ~**?** is this really possible?; **falls [irgend]** ~ if [at all] possible; **[das ist doch] nicht** ~**!** [that's] impossible!

mög·li·cher·wei·se *adv* possibly

Mög·lich·keit <-, -en> *f* ❶ *(Gelegenheit)* opportunity ❷ *(Möglichsein)* possibility; **nach** ~ if possible

mög·lichst *adv* ~ **bald** as soon as possible

Mohn <-[e]s, -e> [moːn] *m* poppy; (~*sa-men)* poppy seed

Mohn·ku·chen *m* poppy-seed cake

Mohr(in) <-en, -en> ['moːɐ] *m(f) (veraltet: Neger)* negro *(pej)*

Möh·re <-, -n> ['møːrə] *f* carrot

Mohr·rü·be *f* BOT NORDD *(Möhre)* carrot

mo·kie·ren* [moˈkiːrən] *vr (geh)* ~ **sich über jdn/etw** ~ to mock sb/sth

Mok·ka <-s, -s> ['mɔka] *m* mocha

Molch <-[e]s, -e> [mɔlç] *m* newt

Mole <-, -n> ['moːlə] *f* NAUT mole

Mo·le·kül <-s, -e> [moləˈkyːl] *nt* molecule

Mol·ke <-> ['mɔlkə] *f kein pl* whey *no pl*

Mol·ke·rei <-, -en> [mɔlkəˈraɪ] *f* dairy

Moll <-, -> [mɔl] *nt* MUS minor [key]; **f**~ F minor

mol·lig ['mɔlɪç] *adj (fam)* ❶ *(rundlich)* plump ❷ *(behaglich)* cosy ❸ *(angenehm warm)* snug

Mo·lo·tow·cock·tail ['moːlotɔfkɔkteːl] *m* Molotov cocktail

Mo·ment <-[e]s, -e> [moˈmɛnt] *m* moment; **im** ~ at the moment; **im ersten** ~ at first; **im falschen/letzten** ~ at the wrong/last moment; **einen [kleinen]** ~**!** just a minute!; **jeden** ~ [at] any moment; ~ **mal!** hang on a minute!; **einen** ~ **zögern** to hesitate for a second

mo·men·tan [momɛnˈtaːn] **I.** *adj* ❶ *(derzeitig)* present *attr*, current *attr* ❷ *(vorübergehend)* momentary **II.** *adv* ❶ *(derzeit)* at present ❷ *(vorübergehend)* momentarily

Mo·ment·auf·nah·me *f* snapshot

Mo·na·co <-s> [moˈnako] *nt* Monaco; *s. a.* **Deutschland**

Mon·arch(in) <-en, -en> [moˈnarç] *m(f)* monarch

Mon·ar·chie <-, -n> [monarˈçiː, *pl* monarˈçiːən] *f* monarchy

Mon·ar·chin <-, -nen> [moˈnarçɪn] *f fem form von* **Monarch**

mon·ar·chis·tisch *adj* monarchist

Mo·nat <-[e]s, -e> ['moːnat] *m* month; **[im] kommenden/vorigen** ~ next/last month; **im vierten** ~ **sein** to be four months pregnant; **im** ~ a month; **von** ~ **zu** ~ from month to month

mo·na·te·lang ['moːnatəlaŋ] **I.** *adj attr* lasting for months *pred;* **nach ~er Abwesenheit** after being absent for several months **II.** *adv* for months

mo·nat·lich ['moːnatlɪç] **I.** *adj* monthly **II.** *adv* monthly

Mo·nats·an·fang *m* beginning of the month; **am/zum** ~ at the beginning of the month

Mo·nats·bin·de *f* sanitary towel [*or* AM napkin] **Mo·nats·blu·tung** *f* ANAT *s.* **Menstruation Mo·nats·ein·kom·men** *nt*

monthly income **Mo·nats·en·de** *nt* end of the month; **am/zum ~** at the end of the month **Mo·nats·ers·te(r)** *m* first of the month **Mo·nats·ge·halt** *nt* monthly salary **Mo·nats·kar·te** *f* ❶ (*Fahrkarte*) monthly travel card ❷ (*Berechtigungskarte*) monthly pass **Mo·nats·ra·te** *f* monthly instalment

Mönch <-[e]s, -e> ['mœnç] *m* monk

Mond <-[e]s, -e> ['moːnt, *pl* 'mondə] *m* moon; **der ~ nimmt ab/zu** the moon is waning/waxing ▶ **hinter dem ~ leben** to be out of touch; **jd möchte jdn auf den schießen** sb would gladly be shot [*or* AM rid] of sb

Mond·bahn *f* lunar orbit **Mond·fins·ter·nis** *f* eclipse of the moon **Mond·ge·sicht** *nt* (*fam*) moon-face **mond·hell** *adj* (*geh*) moonlit **Mond·land·schaft** *f* lunar landscape **Mond·lan·dung** *f* moon landing **Mond·pha·se** *f* ASTRON phase of the moon **Mond·ra·ke·te** *f* lunar rocket

Mond·schein *m* moonlight *no pl* **Mond·schein·ta·rif** *m* TELEK ≈ cheap rate

Mond·son·de *f* RAUM lunar probe **mond·süch·tig** *adj* MED sleep-walking *attr*; ■ **~ sein** to be a sleepwalker

Mo·ne·gas·se, Mo·ne·gas·sin <-n, -n> [mone'gasə, mone'gasɪn] *m, f* Monégasque; *s. a.* **Deutsche(r)**

Mo·ne·ten [mo'neːtn̩] *pl* (*sl*) dough *no pl, no indef art*, dosh BRIT *no pl, no indef art*

Mon·go·le, Mon·go·lin <-n, -n> [mɔŋ'goːlə, mɔŋ'goːlɪn] *m, f* ❶ (*Bewohner der Mongolei*) Mongol, Mongolian; *s. a.* **Deutsche(r)** ❷ *pl* HIST ■ **die ~n** the Mongols

Mon·go·lei <-> [mɔŋgo'laj] *f* ■ **die ~** Mongolia; *s. a.* **Deutschland**

Mon·go·lin <-, -nen> [mɔŋ'goːlɪn] *f fem form von* **Mongole**

mon·go·lisch [mɔŋ'goːlɪʃ] *adj* Mongolian; *s. a.* **deutsch**

Mon·go·lis·mus <-> [mɔŋgo'lɪsmʊs] *m kein pl* MED mongolism

mon·go·lo·id [mɔŋgolo'iːt] *adj* MED mongoloid

mo·nie·ren* [mo'niːrən] *vt* ■ **etw ~** to find fault with sth

Mo·ni·tor <-s, -toren *o* -e> ['moːnitoːɐ̯, *pl* -'toːrən] *m* monitor

mo·no ['moːno] *adj* RADIO, TECH *kurz für* **monophon** mono

mo·no·chrom [mono'kroːm] *adj* monochrome

mo·no·gam [mono'gaːm] *adj* monogamous

Mo·no·ga·mie <-> [monoga'miː] *f kein pl* monogamy *no pl*

Mo·no·gra·fieRR [monogra'fiː, *pl* monogra'fiːən], **Mo·no·gra·phie** <-, -n> [monogra'fiː, *pl* monogra'fiːən] *f* monograph

Mo·no·gramm <-s, -e> [mono'gram] *nt* monogram

Mo·no·kel <-s, -> [mo'nɔkl̩] *nt* monocle

Mo·no·kul·tur ['moːnokʊltuːɐ̯] *f* AGR, FORST monoculture

Mo·no·log <-[e]s, -e> [mono'loːk, *pl* mono'loːgə] *m* monologue; **einen ~ halten** to hold a monologue

Mo·no·pol <-s, -e> [mono'poːl] *nt* monopoly; **ein ~ auf etw** *akk* **haben** to have a monopoly on sth

Mo·no·pol·stel·lung *f* ÖKON monopoly

mo·no·the·is·tisch *adj* REL (*geh*) monotheistic

mo·no·ton [mono'toːn] **I.** *adj* monotonous **II.** *adv* monotonously; **~ klingen** to sound monotonous

Mo·no·to·nie <-, -n> [monoto'niː, *pl* monoto'niːən] *f* monotony

Mons·ter <-s, -> ['mɔnstɐ] *nt* monster

Mons·tren ['mɔnstrən] *pl von* **Monstrum**

mons·trös [mɔn'strøːs] *adj* (*geh*) monstrous

Mons·trum <-s, Monstren> ['mɔnstrʊm, *pl* 'mɔnstrən] *nt* monster

Mon·sun <-s, -e> [mɔn'zuːn] *m* monsoon

Mon·tag <-[e]s, -e> ['moːntaːk, *pl* 'moːntaːgə] *m* Monday; *s. a.* **Dienstag**

mon·tag·a·bendsRR *adv* [on] Monday evenings

Mon·ta·ge <-, -n> [mɔn'taːʒə] *f* ❶ TECH assembly ❷ FOTO montage

mon·tags ['moːntaːks] *adv* [on] Mondays; **~ abends/nachmittags** [on] Monday evenings/afternoons

Mon·teur(in) <-s, -e> [mɔn'tøːɐ̯] *m(f)* mechanic, fitter

mon·tie·ren* [mɔn'tiːrən] *vt* ❶ (*zusammenbauen*) to assemble ❷ (*installieren*) to install, to fit (**an/auf** to)

Mon·tur <-, -en> [mɔn'tuːɐ̯] *f* work clothes *npl*

Mo·nu·ment <-[e]s, -e> [monu'mɛnt] *nt* monument

mo·nu·men·tal [monumɛn'taːl] *adj* monumental

Moor <-[e]s, -e> ['moːɐ̯] *nt* swamp

moo·rig ['moːrɪç] *adj* swampy

Moos[1] <-es, -e> ['moːs, *pl* 'møːzə] *nt* moss

Moos[2] <-es> ['moːs] *nt kein pl* (*sl*) dough, dosh BRIT

moo·sig ['moːzɪç] *adj* moss-covered

MopALT <-s, -s> ['mɔp] *m s.* **Mopp**

Mo·ped <-s, -s> ['moːpɛt] *nt* moped

MoppRR <-s, -s> ['mɔp] *m* mop

mop·pe·lig, mopplig ['mɔp(ə)lɪç] *adj* (*hum fam: pummelig*) podgy [*or* AM pudgy]

Mops <-es, Möpse> ['mɔps, *pl* 'mœpsə] *m*

① ZOOL pug [-dog] ② (fam: Dickerchen) podge BRIT, pudge AM
mop·sen ['mɔpsn̩] vt DIAL (fam: klauen) to pinch [or BRIT a. nick]
Mo·ral <-> [mo'raːl] f kein pl ① (ethische Grundsätze) morals pl; **eine doppelte ~ haben** to have double standards ② (einer Geschichte) moral
Mo·ral·apos·tel m s. Moralprediger
mo·ra·lisch [mo'raːlɪʃ] I. adj moral II. adv morally; **~ verpflichtet sein** to be duty-bound
Mo·ral·pre·di·ger(in) m(f) (pej) moralizer
Mo·ral·pre·digt f homily; **jdm eine ~ halten** to deliver a homily to sb **Mo·ral·vor·stel·lung** f ideas on morality
Mo·rä·ne <-, -n> [moˈrɛːnə] f GEOL moraine
Mo·rast <-[e]s, -e o Moräste> [moˈrast, pl moˈrɛstə] m kein pl mud
Mor·chel <-, -n> [ˈmɔrçl̩] f BOT morel
Mord <-[e]s, -e> [mɔrt, pl ˈmɔrdə] m murder; **jdn wegen ~es anklagen** to charge sb with murder; **einen ~ begehen** to commit a murder ▶ **dann gibt es ~ und Totschlag** there'll be hell to pay
Mord·an·schlag m attempt on sb's life; POL a. assassination attempt **Mord·dro·hung** f death threat
mor·den [ˈmɔrdn̩] vi to murder, to kill
Mör·der(in) <-s, -n> [ˈmœrdɐ] m(f) murderer
mör·de·risch [ˈmœrdərɪʃ] I. adj ① (fam: schrecklich) murderous ② (fam) Hitze terrible II. adv (fam: furchtbar) dreadfully; **~ weh tun** to hurt like hell
Mord·fall m murder case **Mord·kom·mis·si·on** f murder squad
Mords·glück nt incredibly good luck; **ein ~ haben** to be incredibly lucky **Mords·hun·ger** m ravenous hunger; **einen ~ haben** to be incredibly hungry **Mords·kerl** [ˈmɔrtsˌkɛrl] m (fam) great guy [or BRIT a. bloke] **Mords·krach** m (Lärm) terrible din; (Streit) big argument **Mords·lärm** [ˈmɔrtsˌlɛrm] m a hell of a noise **mords·mä·ßig** [ˈmɔrtsmɛːsɪç] I. adj (fam) terrible; **ich habe einen ~en Hunger** I'm terribly hungry II. adv (fam) terribly **Mords·schre·cken** m one hell of a fright **Mords·spaß** m **einen ~ haben** to have a whale of a time **Mords·wut** f (fam) terrible rage
Mord·ver·dacht m suspicion of murder; **un·ter ~ stehen** to be suspected of murder **Mord·ver·such** m attempted murder **Mord·waf·fe** f murder weapon
mor·gen [ˈmɔrɡn̩] adv tomorrow; **~ früh** tomorrow morning; **bis ~!** see you tomorrow!; **~ ist auch [noch] ein Tag!** tomorrow is another day

Mor·gen <-s, -> [ˈmɔrɡn̩] m morning; **den ganzen ~ [über]** all morning; **guten ~!** good morning!; **der ~ dämmert** dawn is breaking; **zu ~ essen** SCHWEIZ (frühstücken) to have breakfast; **am ~** in the morning; **bis in den [frühen] ~ hinein** into the early hours; **eines ~s** one morning
Mor·gen·aus·ga·be f MEDIA morning edition
Mor·gen·däm·me·rung f s. Morgengrauen
mor·gend·lich [ˈmɔrɡn̩tlɪç] adj ① (morgens üblich) morning attr ② (morgens stattfindend) in the morning pred
Mor·gen·es·sen nt SCHWEIZ (Frühstück) breakfast **Mor·gen·grau·en** <-s, -> nt daybreak **Mor·gen·man·tel** m s. Morgenrock **Mor·gen·muf·fel** <-s, -> m (fam) **ein [großer] ~ sein** to be [very] grumpy in the mornings **Mor·gen·rock** m dressing gown **Mor·gen·rot** nt kein pl red sky [in the morning]
mor·gens [ˈmɔrɡn̩s] adv in the morning; **von ~ bis abends** from morning till night; **~ und abends** all day long
mor·gig [ˈmɔrɡɪç] adj tomorrow's; **der ~e Termin** the appointment tomorrow
Mor·phi·um <-s> [ˈmɔrfjʊm] nt kein pl CHEM morphine
morsch [mɔrʃ] adj rotten; **~es Holz** rotting wood
Mor·se·al·pha·bet nt Morse [code]
mor·sen [ˈmɔrzn̩] I. vi to signal in Morse [code] II. vt ⬛ **etw morsen** to send sth in Morse [code]
Mör·ser <-s, -> [ˈmœrzɐ] m mortar
Mör·tel <-s, -> [ˈmœrtl̩] m mortar
Mo·sa·ik <-s, -e[n]> [mozaˈiːk] nt mosaic
Mo·sam·bik <-s> [mozamˈbiːk] nt Mozambique; s. a. Deutschland
Mo·sam·bi·ka·ner(in) <-s, -> m(f) Mozambican; s. a. Deutsche(r)
mo·sam·bi·ka·nisch adj Mozambican; s. a. deutsch
Mo·schee <-, -n> [moˈʃeː, pl moˈʃeːən] f mosque
Mo·schus <-> [ˈmɔʃʊs] m kein pl musk no pl
Mö·se <-, -n> [ˈmøːzə] f (vulg) cunt
Mo·sel <-> [ˈmoːzl̩] f GEOG **die ~** the Moselle
Mo·sel·wein m Moselle [wine]
mo·sern [ˈmoːzɐn] vi DIAL (fam: nörgeln) to gripe
Mos·kau <-s> [ˈmɔskaʊ] nt Moscow
Mos·kau·er(in) <-s, -> [ˈmɔskaʊɐ] m(f) Muscovite
Mos·ki·to <-s, -s> [mɔsˈkiːto] m mosquito
Mos·ki·to·netz nt mosquito net
Mos·lem, Mos·le·min <-s, -s> [ˈmɔslɛm,

mos·le·mich [mɔs'le:mɪʃ] *m, f* Muslim
mos·le·misch [mɔs'le:mɪʃ] *adj attr* Muslim
Most <-[e]s> ['mɔst] *m kein pl* ❶ *(naturtrüber Fruchtsaft)* fruit juice ❷ SÜDD, SCHWEIZ, ÖSTERR *(Obstwein)* cider
Mo·tel <-s, -s> [mo'tɛl] *nt* motel
Mo·tiv <-s, -e> [mo'ti:f, *pl* mo'ti:və] *nt* motive
Mo·ti·va·ti·on <-, -en> [motiva'tsi̯o:n] *f (geh)* motivation
mo·ti·vie·ren* [moti'vi:rən] *vt* ■ **jdn ~** to motivate sb
Mo·ti·vie·rung <-, -en> [-'vi:-] *f (geh)* motivation
Mo·tor <-s, -toren> ['mo:to:ɐ̯, *pl* -'to:rən] *m (Verbrennungs~)* engine; *(Elektro~)* motor
Mo·tor·boot *nt* motor boat **Mo·tor·hau·be** *f* bonnet BRIT, hood AM
mo·to·risch [mo'to:rɪʃ] *adj* ANAT motor *attr*
mo·to·ri·sie·ren* [motori'zi:rən] *vt* to motorize
Mo·tor·öl *nt* motor oil **Mo·tor·pum·pe** *f* motor-powered pump
Mo·tor·rad ['motorat, mo'to:rat] *nt* motorbike *fam* **Mo·tor·rad·fah·rer(in)** *m(f)* motorcyclist
Mo·tor·rol·ler *m* [motor] scooter **Mo·tor·sä·ge** *f* power saw **Mo·tor·scha·den** *m* engine breakdown **Mo·tor·sport** *m* motor sport *no art*
Mot·te <-, -n> ['mɔtə] *f* moth
Mot·ten·ku·gel *f* mothball
Mot·to <-s, -s> ['mɔto] *nt* motto
mot·zen ['mɔtsn̩] *vi (fam)* to moan
Moun·tain·bike <-s, -s> ['maʊntn̩baik] *nt* mountain bike
Mouse·pad ['maʊspɛd] *nt* INFORM mouse mat
Mö·we <-, -n> ['mø:və] *f* [sea]gull
MS [ɛm'ɛs] *f Abk von* Multiple Sklerose MS
mtl. *Abk von* **monatlich** monthly
Mü·cke <-, -n> ['mʏkə] *f* mosquito ▸ **aus einer ~ einen Elefanten machen** to make a mountain out of a molehill
mu·cken ['mʊkn̩] **I.** *vi (fam)* to complain; **ohne zu ~** without complaining **II.** *vr* DIAL *(sich regen)* ■ **sich ~** to stir
Mu·cken ['mʊkn̩] *pl (fam)* [seine] **~ haben** to be acting [or BRIT *a.* playing] up; **jdm die ~ austreiben** to sort sb out BRIT
Mü·cken·stich *m* mosquito bite
Mucks <-es, -e> ['mʊks] *m (fam)* **keinen ~ sagen** to not say a word; **ohne einen ~** without a murmur
mucks·mäus·chen·still ['mʊksmɔʏsçənʃtɪl] *adj (fam)* completely quiet; **~ sein** to not make a sound
mü·de ['my:də] *adj* ❶ *(schlafbedürftig)* tired;

Arme, Beine weary ❷ *(überdrüssig)* ■ **einer S.** *gen* **~ sein/werden** to be/grow tired of sth; ■ **nicht ~ werden, etw zu tun** to never tire of doing sth
Mü·dig·keit <-> ['my:dɪçkait] *f kein pl* tiredness *no pl;* **mir fallen schon vor ~ die Augen zu** I'm so tired I can hardly keep my eyes open
Muff¹ <-s> ['mʊf] *m kein pl* musty smell
Muff² <-[e]s, -e> ['mʊf] *m* MODE muff
Muf·fe <-, -n> ['mʊfə] *f* TECH sleeve ▸ **jdm geht die ~** *(sl)* sb is scared stiff
Muf·fel <-s, -> ['mʊfl̩] *m (fam)* grouch
muf·f(e)·lig ['mʊf(ə)lɪç] *adj (fam)* grouchy
Muf·fen·sau·sen <-> *nt kein pl* ▸ **~ haben/kriegen** *(fam)* to be/get scared stiff
muf·fig ['mʊfɪç] **I.** *adj* ❶ *(dumpf)* musty ❷ *(schlecht gelaunt)* grumpy **II.** *adv* ❶ *(dumpf)* musty; **~ riechen** to smell musty ❷ *(lustlos)* listlessly
Mü·he <-, -n> ['my:ə] *f* trouble; **der ~ wert sein** to be worth the trouble; **sich** *dat* [**gro·ße**] **~ geben** [, **etw zu tun**] to take [great] pains [to do sth]; **sich** *dat* **keine ~ geben** [, **etw zu tun**] to make no effort [to do sth]; **~ haben, etw zu tun** to have trouble doing sth; [**jdm**] **~ kosten** to be hard work [for sb]; **die ~ lohnt sich** it is worth the trouble; [**jdm**] **~ machen** to give [sb] trouble; **machen Sie sich keine ~!** [please] don't go to any trouble!; **mit ~ und Not** only just
mü·he·los I. *adj* easy **II.** *adv* effortlessly
mu·hen ['mu:ən] *vi* to moo
mü·hen ['my:ən] *vr (geh)* ❶ *(sich be~)* ■ **sich ~, etw zu tun** to strive ~ to do sth ❷ *(sich ab~)* ■ **sich mit jdm/etw ~** to struggle with sb/sth
mü·he·voll *adj (geh) s.* **mühsam**
Müh·le <-, -n> ['my:lə] *f* ❶ *(Wasser-, Getreide~)* mill ❷ *(~spiel)* ≈ nine men's morris *no pl*
Mühl·rad <-s, -räder> *nt* mill-wheel **Mühl·stein** *m* millstone
Müh·sal <-, -e> ['my:za:l] *f (geh)* tribulation
müh·sam ['my:za:m] **I.** *adj* arduous **II.** *adv* laboriously; **~ verdientes Geld** hard-earned money
müh·se·lig ['my:ze:lɪç] *adj (geh) s.* **mühsam**
Mul·de <-, -n> ['mʊldə] *f* ❶ *(Bodenvertiefung)* hollow ❷ NORDD *(großer Trog)* skip
Mu·li <-s, -[s]> ['mu:li] *nt o m* ZOOL mule
Mull <-[e]s, -e> ['mʊl] *m* MED gauze
Müll <-[e]s> ['mʏl] *m kein pl* rubbish, garbage *esp* AM; **etw in den ~ werfen** to throw sth in the [dust]bin [*or* AM garbage [can]]
Müll·ab·fuhr <-, -en> *f* ■ **die ~** the dustcart

Müllaufbereitung–mündlich 1398

BRIT, the garbage truck AM
Müll·auf·be·rei·tung f waste treatment no pl **Müll·auf·be·rei·tungs·an·la·ge** f waste processing plant
Müll·berg m mountain of rubbish [or esp AM garbage] **Müll·be·sei·ti·gung** f kein pl waste [or esp AM garbage] collection **Müll·beu·tel** m garbage sack esp AM, bin liner BRIT a.
Müll·bin·de f MED gauze bandage
Müll·con·tai·ner [-kɔnte:nɐ] m rubbish [or esp AM garbage] container **Müll·de·po·nie** f waste disposal site, garbage dump esp AM **Müll·ei·mer** m dustbin BRIT, garbage can AM
Müller(in) <-s, -> ['mʏlɐ] m(f) miller
Müll·hal·de f waste [or esp AM garbage] disposal site **Müll·kip·pe** f garbage dump esp AM, rubbish tip esp BRIT **Müll·kom·pos·tie·rung** f refuse [or esp AM garbage] composting **Müll·mann** m (fam) dustman BRIT, garbage man AM **Müll·sor·tier·an·la·ge** f refuse separation plant **Müll·ton·ne** f dustbin BRIT, garbage can AM **Müll·tren·nungs·sys·tem** nt waste sorting system
Müll·ver·bren·nung f refuse form [or esp AM garbage] incineration **Müll·ver·bren·nungs·an·la·ge** f refuse [or esp AM garbage] incineration plant
Müll·ver·wer·tung f refuse recycling **Müll·wa·gen** m refuse [or esp AM garbage] collection vehicle
mul·mig ['mʊlmɪç] adj (fam) ❶ (unbehaglich) uneasy; **jdm ist ~ zumute** sb has an uneasy feeling ❷ (brenzlig) precarious; **es wird ~** it's getting dicey fam
Mul·ti <-s, -s> ['mʊlti] m (fam) multinational [company]
mul·ti·eth·nisch adj SOZIOL Gesellschaft, Schulklasse multi-ethnic
Mul·ti·eth·ni·zi·tät <-> [-ɛtnitsitɛːt] f kein pl SOZIOL (geh) multiethnicity
mul·ti·kul·ti [-'kʊlti] adj multi cultural, multiculti
mul·ti·kul·tu·rell adj multicultural
Mul·ti·me·dia·an·wen·dung f INFORM multimedia application **Mul·ti·me·dia·be·reich** m INFORM multimedia sector **mul·ti·me·dia·fä·hig** adj INFORM mediagenic
mul·ti·me·di·al ['mʊltimedja:l] adj multi-media attr
Mul·ti·me·dia-PC m multimedia PC **Mul·ti·me·dia·sys·tem** nt multimedia system
Mul·ti·mil·li·o·när(in) [mʊltimɪljoˈnɛːɐ] m(f) multimillionaire
Mul·ti·ple Skle·ro·se <-n -> [mʊlˈtiːplə skleˈroːzə] f kein pl MED multiple sclerosis
Mul·ti·plex·ki·no ['mʊltipleks-] nt multiplex [cinema]
Mul·ti·pli·ka·ti·on <-, -en> [mʊltiplika'tsjoːn] f MATH multiplication
mul·ti·pli·zie·ren* [mʊltipliˈtsiːrən] vt to multiply (mit by)
Mul·ti·ta·lent nt all-round talent **Mul·ti·tas·king** <-[s]> [mʊltɪˈtaːskɪŋ] nt kein pl INFORM multitasking [system]
Mu·mie <-, -n> ['muːmjə] f mummy
mu·mi·fi·zie·ren* [mumifiˈtsiːrən] vt to mummify
Mumm <-s> ['mʊm] m kein pl guts npl, bottle BRIT sl
Mum·pitz <-es> ['mʊmpɪts] m kein pl (veraltend fam) claptrap
Mumps <-> ['mʊmps] m kein pl MED [the] mumps + sing/pl vb
Mün·chen <-s> ['mʏnçn̩] nt Munich
Mün·che·ner ['mʏnçənɐ], **Münch·ner** ['mʏnçnɐ] adj attr Munich attr, of Munich after n; **die ~ Altstadt** Munich's old town
Mün·che·ner(in) <-s, -> ['mʏnçənɐ] m(f), **Münch·ner(in)** <-s, -> ['mʏnçnɐ] m(f) inhabitant of Munich
Mund <-[e]s, Münder> ['mʊnt, pl 'mʏndɐ] m mouth; **etw in den ~ nehmen** to put sth in one's mouth; **mit vollem ~e** with one's mouth full ▶ **den ~ [zu] voll nehmen** to talk [too] big; **jdm über den ~ fahren** to cut sb short; **[jd ist] nicht auf den ~ gefallen** (fam) [sb is] never at a loss for words; **halt den ~!** shut up!; **jdm etw in den ~ legen** to put [the] words into sb's mouth; **jdm nach dem ~[e] reden** to say what sb wants to hear; **etw ist in aller ~e** sth is the talk of the town; **wie aus einem ~e** with one voice
Mund·art ['mʊntʔaːɐ̯t] f LING dialect **Mund·du·sche** f water jet
Mün·del <-s, -> ['mʏndl̩] nt o m JUR ward
mun·den ['mʊndn̩] vi (geh) ■ **sich** dat **etw ~ lassen** to enjoy [eating] sth
mün·den ['mʏndn̩] vi sein o haben ❶ (hineinfließen) ■ **in etw** akk **~** to flow into sth ❷ (auf etw hinlaufen) ■ **auf/in etw** akk **~** to lead into sth
mund·faul adj (fam) uncommunicative; **sei doch nicht so ~!** come on, speak up!
mund·ge·recht I. adj bite-sized attr **II.** adv **~ zuschneiden** to cut into bite-sized pieces
Mund·ge·ruch m bad breath no indef art **Mund·har·mo·ni·ka** f mouth organ **Mund·höh·le** f ANAT oral cavity **Mund·hy·gi·e·ne** f kein pl oral hygiene no pl, no indef art
mün·dig ['mʏndɪç] adj ■ **~ sein/werden** to be/come of age; **jdn für ~ erklären** JUR to declare sb of age
münd·lich ['mʏntlɪç] **I.** adj oral **II.** adv orally; **etw ~ abmachen** to agree sth [or AM to sth] verbally

Mund·pro·pa·gan·da f word of mouth; **durch ~** by word of mouth **Mund·raub** m petty theft [of food] **Mund·stück** nt a. MUS mouthpiece **mund·tot** adj jdn **~ machen** (fam) to silence sb

Mün·dung <-, -en> ['mʏndʊŋ] f ① GEOG mouth ② (vordere Öffnung) muzzle

Mund·was·ser nt mouthwash **Mund·werk** nt **ein freches/loses/unverschämtes ~ haben** to be cheeky/have a loose tongue/be foul-mouthed **Mund·win·kel** m corner of one's mouth **Mund-zu-Mund-Be·at·mung** f mouth-to-mouth resuscitation

Mu·ni·ti·on <-> [muni'tsi̯oːn] f kein pl ammunition no pl

mun·keln ['mʊŋkl̩n] vt to rumour; **man gemunkelt, dass …** there is a rumour that …

Müns·ter <-s, -> ['mʏnstɐ] nt cathedral, minster esp BRIT

mun·ter ['mʊntɐ] adj ① (aufgeweckt) bright ② (heiter) lively ③ (wach) ■ **~ sein/werden** to be awake/wake up

Mun·ter·ma·cher <-s, -> m stimulant; (Getränk bes.) pick-me-up

Münz·au·to·mat m vending-machine

Mün·ze <-, -n> ['mʏntsə] f coin ▶ **etw für bare ~ nehmen** to take sth at face value; **jdm etw mit gleicher ~ heimzahlen** to pay sb back in their own coin for sth

Münz·ein·wurf m [coin] slot

mün·zen ['mʏntsn̩] vt ■ **auf jdn/etw gemünzt sein** to be aimed at sb/sth

Münz·fern·spre·cher <-s, -> m (geh) pay phone

Mu·rä·ne <-, -n> [muˈrɛːnə] f moray [eel]

mür·b(e) ['mʏrp, 'mʏrbə] adj ① (zart) tender; Gebäck short ② (brüchig) worn-out ▶ **jdn ~ machen** to wear sb down

Mür·be·teig m short[-crust] pastry

Murks <-es> ['mʊrks] m kein pl (fam) botch-up; **~ machen** to do a botched job

murk·sen ['mʊrksn̩] vi (fam) to do a botched job

Mur·mel <-, -n> ['mʊrml̩] f marble

mur·meln ['mʊrml̩n] I. vi to murmur II. vt to mutter

Mur·mel·tier ['mʊrml̩tiːɐ̯] nt marmot ▶ **wie ein ~ schlafen** to sleep like a log

mur·ren ['mʊrən] vi to grumble

mür·risch ['mʏrɪʃ] I. adj grumpy II. adv grumpily

Mus <-es, -e> ['muːs, pl 'muːzə] nt o m KOCHK purée

Mu·schel <-, -n> ['mʊʃl̩] f ① a. KOCHK mussel ② (~ schale) [sea] shell

Mu·schi <-, -s> ['mʊʃi] f (sl) pussy vulg

Mu·se <-, -n> ['muːzə] f Muse

Mu·se·um <-s, Museen> [muˈzeːʊm] nt museum

Mu·se·ums·füh·rer(in) <-s, -> m(f) museum guide **mu·se·ums·reif** adj (hum) ancient fam; ■ **~ sein** to be a museum piece

Mu·si·cal <-s, -s> ['mjuːzɪkl] nt musical

Mu·sik <-, -en> [muˈziːk] f music no art, no pl; **~ hören** to listen to music

Mu·sik·aka·de·mie <-, -n> f academy of music

mu·si·ka·lisch [muziˈkaːlɪʃ] I. adj musical II. adv musically; **~ begabt sein** to be musically gifted

Mu·si·kant(in) <-en, -en> [muziˈkant] m(f) musician

Mu·sik·be·glei·tung f musical accompaniment **Mu·sik·box** f jukebox

Mu·si·ker(in) <-s, -> ['muːzikɐ] m(f) musician

Mu·sik·hoch·schu·le f college of music **Mu·sik·in·stru·ment** nt [musical] instrument **Mu·sik·ka·pel·le** f band **Mu·sik·kas·set·te** f tape **Mu·sik·leh·rer(in)** m(f) music teacher **Mu·sik·stück** nt piece of music **Mu·sik·un·ter·richt** m music lessons pl; SCH music no art, no pl **Mu·sik·wis·sen·schaft** f kein pl musicology no pl

mu·sisch ['muːzɪʃ] I. adj ① (künstlerisch begabt) artistic ② (die Künste betreffend) in/of the [fine] arts pred II. adv artistically; **~ begabt** talented in the arts

mu·si·zie·ren* [muziˈtsiːrən] vi to play a musical instrument

Mus·kat <-[e]s, -e> [mʊsˈkaːt] m nutmeg no art, no pl

Mus·kel <-s, -n> ['mʊskl̩] m muscle

Mus·kel·ka·ter m kein pl muscle ache **Mus·kel·kraft** f muscular strength no art, no pl **Mus·kel·protz** <-es, -e> m (fam) muscleman **Mus·kel·zer·rung** f pulled muscle

Mus·ke·tier <-s, -e> [mʊskəˈtiːɐ̯] m musketeer; **„Die drei ~ e"** "The Three Musketeers"

Mus·ku·la·tur <-, -en> [mʊskulaˈtuːɐ̯] f musculature no indef art, no pl

mus·ku·lös [mʊskuˈløːs] I. adj muscular II. adv **~ gebaut sein** to have muscular build

Müs·li <-[s], -s> ['myːsli] nt muesli

Mus·lim, Mus·li·min <-s, -e> ['mʊslɪm, mʊsˈliːmɪn] m, f Muslim

Muss^{RR} <-> nt kein pl, **Muß**^{ALT} <-> ['mʊs] nt kein pl must fam

Mu·ße <-> ['muːsə] f kein pl leisure no art, no pl

müs·sen ['mʏsn̩] I. modal vb <musste, müssen> ① (gezwungen sein) ■ **etw tun ~** to have to do sth ② (notwendig sein) ■ **etw [nicht] tun ~** to [not] need to do sth; **warum muss es heute regnen?** why does it have to rain today?; **muss das [denn] sein?** is that

Mu·ße·stun·de *f* hour of leisure

mü·ßig ['myːsɪç] (*geh*) **I.** *adj* futile, pointless **II.** *adv* ❶ (*untätig*) idly ❷ (*gemächlich*) with leisure

Mü·ßig·gang ['myːsɪçgaŋ] *m kein pl* (*geh*) idleness *no art, no pl*

muss·te^{RR}, **muß·te**^{ALT} ['mʊstə] *imp von* **müssen**

Mus·ter <-s, -> ['mʊstɐ] *nt* ❶ (*Waren*~) sample ❷ MODE pattern ❸ (*Vorlage*) pattern ❹ (*Vorbild*) ▪ **ein ~ an etw dat sein** to be a paragon of sth; **ein ~ an Vollkommenheit sein** to be the pink of perfection

Mus·ter·bei·spiel *nt* prime example **Mus·ter·brief** *m* sample letter **Mus·ter·ex·em·plar** *nt* ❶ (*vorbildlich*) fine specimen ❷ (*Warenmuster*) sample

mus·ter·gül·tig *adj* (*geh*), **mus·ter·haft I.** *adj* exemplary; **ein ~es Beispiel** a perfect example **II.** *adv* exemplary

Mus·ter·kna·be *m* (*iron*) paragon of virtue **mus·tern** ['mʊstɐn] *vt* ❶ (*eingehend betrachten*) to scrutinize ❷ MIL ▪ **jdn ~** to give sb his/her medical

Mus·ter·schü·ler(in) *m(f)* model pupil

Mus·te·rung <-, -en> *f* ❶ MIL *von Truppen* inspection; *von Wehrdienstpflichtigen* medical [examination] [for military service] ❷ (*das eingehende Betrachten*) scrutiny *no art, no pl*

Mus·te·rungs·be·scheid *f* MIL, ADMIN summons to attend one's medical examination

Mut <-[e]s> ['muːt] *m kein pl* ❶ (*Courage*) courage *no art, no pl* ❷ (*Zuversicht*) heart *no art, no pl*; **jdm den ~ nehmen** to discourage sb; **nur ~!** take heart!; **~ fassen** to take heart; **jdm [wieder] ~ machen** to encourage sb

Mu·ta·ti·on <-, -en> [muta'tsi̯oːn] *f* ❶ (*Missbildung*) mutation ❷ SCHWEIZ (*Änderungen im Personal*) change of personnel

mu·tie·ren* [mu'tiːrən] *vi* (*fam*) ▪ **zu etw/jdm ~** to mutate into sth/sb

mu·tig ['muːtɪç] **I.** *adj* brave **II.** *adv* bravely

mut·los *adj* discouraged; **jdn ~ machen** to discourage sb

Mut·lo·sig·keit <-> *f kein pl* discouragement *no art, no pl*

mut·ma·ßen ['muːtmaːsn̩] **I.** *vi* to conjecture **II.** *vt* to suspect

mut·maß·lich I. *adj attr* presumed, suspected **II.** *adv* presumably

Mut·ma·ßung <-, -en> *f* conjecture

Mut·pro·be *f* test of courage

Mut·ter¹ <-, Mütter> ['mʊtɐ, *pl* 'mʏtɐ] *f* mother; **~ werden** to be having a baby

Mut·ter² <-, -n> ['mʊtɐ] *f* TECH nut

Müt·ter·be·ra·tungs·stel·le *f* advisory centre for pregnant and nursing women

Mut·ter·ge·sell·schaft *f* ÖKON parent company **Mut·ter·got·tes** <-> [mʊtɐ'gɔtəs] *f kein pl* Mother of God *no indef art, no pl* **Mut·ter·in·stinkt** *m* maternal instinct **Mut·ter-Kind-Pass**^{RR} *m* ÖSTERR document held by pregnant women with details of the pregnancy **Mut·ter·ku·chen** *m* ANAT placenta **Mut·ter·land** *nt* mother country **Mut·ter·leib** *m* womb

müt·ter·lich ['mʏtɐlɪç] *adj* ❶ (*von der Mutter*) maternal ❷ (*umsorgend*) motherly; **ein ~er Typ sein** to be the maternal type

müt·ter·li·cher·seits *adv* on one's mother's side; **meine Oma ~** my maternal grandmother

Mut·ter·lie·be *f* motherly love *no art, no pl* **Mut·ter·mal** *nt* birthmark; (*kleiner*) mole **Mut·ter·milch** *f* mother's milk **Mut·ter·mund** *m* ANAT cervix

Mut·ter·schaft <-> *f kein pl* (*geh*) motherhood **Mut·ter·schafts·ur·laub** *m* maternity leave

Mut·ter·schiff *nt* NAUT mother ship; LUFT parent ship **Mut·ter·schutz** *m* JUR legal protection of working mothers

mut·ter·see·len·al·lein ['mʊtɐ'zeːlənʔa'laɪn] **I.** *adj präd* all alone *pred* **II.** *adv* all on one's own

Mut·ter·söhn·chen <-s, -> *nt* (*pej fam*) mummy's [*or* AM mama's] boy *fam* **Mut·ter·spra·che** *f* mother tongue **Mut·ter·sprach·ler(in)** <-s, -> [-ʃpraːxlɐ] *m(f)* native speaker **Mut·ter·tag** *m* Mother's Day

Mut·ti <-, -s> ['mʊti] *f* (*fam*) mummy BRIT, mommy AM

Mut·wil·le <-ns> *m kein pl* (*Übermut*) mischief; (*Bosart*) malice

mut·wil·lig I. *adj* mischievous; (*böswillig*)

Müt·ze <-, -n> ['mʏtsə] f cap ▸ **|von jdm| was auf die ~ kriegen** to get smacked [by sb]

MwSt., MWST. f Abk von **Mehrwertsteuer** VAT, Vat

My·ri·a·de <-, -n> [myˈri̯aːdə] f meist pl myriad no def art

My·rre^RR <-, -n> ['mʏrə], **Myr·rhe** <-, -n> ['mʏrə] f myrrh no art, no pl

Myr·te <-, -n> ['mʏrtə] f myrtle

mys·te·ri·ös [mʏsteˈri̯øːs] adj mysterious

Mys·te·ri·um <-s, -ien> [mʏsˈteːri̯ʊm, pl -ri̯ən] nt (geh)

Mys·ti·fi·zie·rung <-, -en> f mystification

Mys·tik <-> ['mʏstɪk] f kein pl mysticism no pl

mys·tisch ['mʏstɪʃ] adj ① (geh) mysterious ② REL mystic[al]

my·thisch ['myːtɪʃ] adj (geh) mythical

My·tho·lo·gie <-> [mytoloˈgiː] f kein pl mythology no pl

My·thos ['myːtɔs], **My·thus** <-, Mythen> ['myːtʊs] m myth

N n

N, n <-, - o fam -s, -s> [ɛn] nt N, n; s. a. **A 1**

N Abk von **Norden**

na [na] interj (fam) ① (zweifelnder Ausruf) well; **~ gut** all right!; **~ ja** well ② (Ausruf der Entrüstung) well; **~, ~!** now, now! ③ (Ausruf der Anerkennung) well; **~ also!** [well,] there you go [then]; **~ so was!** well I never [did]! ▸ **~, du?** how's it going?; **~ und ob!** you bet! fam; **~ und?** so what?

Na·bel <-s, -> ['naːbl̩] m navel

Na·bel·schnur f (a. fig) umbilical cord

nach [naːx] **I.** präp + dat ① (räumlich: bis hin zu) **~** etw to sth; **der Weg führt direkt ~ ...** this is the way to ... ② (räumlich: hinter) behind; **du stehst ~ mir auf der Liste** you're after me on the list ③ (zeitlich: im Anschluss an) after; **~ wie vor** still ④ (gemäß) **~** etw dat according to sth; **~ Artikel 23/den geltenden Vorschriften** under article 23/present regulations; **~ allem, was ich gehört habe** from what I've heard; **~ dem, was wir jetzt wissen** as far as we know ⑤ (in Anlehnung an) after; **diese Wandlampe ist ~ einer Fackel geformt** this lamp was shaped after a torch **II.** adv **ihm ~!** after him!; **los, mir ~!** let's go, follow me! ▸ **und ~** little by little

nach·äf·fen vt (pej: zur Belustigung) to mimic; (dilettantisch) to ape

nach·ah·men vt ① (imitieren) to imitate ② (kopieren) to copy

nach·ah·mens·wert adj exemplary

Nach·ah·mer·pro·dukt nt PHARM copycat product

Nach·ah·mung <-, -en> f ① kein pl (Imitation) imitation ② (Kopie) copy

nach|ar·bei·ten vt ① (aufholen) to make up sep for ② (nachträglich bearbeiten) to touch up sep

Nach·bar(in) <-n o -s, -n> ['naxbaːɐ̯] m(f) ① (jd, der in jds Nähe wohnt) neighbour; (in einer Nachbarwohnung a.) next-door neighbour ② (nebenan Sitzender) **sie wandte sich ihrer ~in [am Tisch] zu** she turned to the woman [sitting] next to her [at the table] ③ (benachbartes Land) neighbour

Nach·bar·haus nt house next door **Nach·bar·land** nt neighbouring country

nach·bar·lich adj ① (benachbart) neighbouring attr ② (unter Nachbarn üblich) neighbourly

Nach·bar·schaft <-, -en> f ① (nähere Umgebung) neighbourhood ② (die Nachbarn) neighbours

Nach·bau <-[e]s, -ten> m replica **Nach·be·ben** nt aftershock **nach|be·rei·ten*** vt to go through again **nach|bes·sern I.** vt to retouch; **ein Produkt ~** to make improvements to a product; Vertrag to amend **II.** vi to make improvements **nach|be·stel·len*** vt to reorder [or order some more of] **Nach·be·stel·lung** f (weitere Bestellung) repeat order; (nachträgliche Bestellung) late order **nach|be·zah·len*** vt to pay later **nach|bil·den** vt to reproduce; **etw aus dem Gedächtnis ~** to copy sth from memory

Nach·bil·dung f reproduction; (exakt) copy

nach|da·tie·ren* vt to backdate

nach·dem [naːxˈdeːm] konj ① temporal after ② kausal (da) since

nach|den·ken vi irreg to think (über about); **denk doch mal nach!** think about it!; (mahnend) use your head [, will you]!; **laut ~** to think out loud

nach·denk·lich ['naːxdɛŋklɪçʳ] adj pensive; **jdn ~ machen** to make sb think

Nach·denk·lich·keit <-> f kein pl pensiveness no art, no pl

Nach·druck[1] m kein pl emphasis no pl; **|besonderen| ~ auf etw** akk **legen** to place [special] emphasis on sth; **mit [allem] ~** with vigour; **etw mit ~ sagen** to say sth emphatically

Nach·druck² <-[e]s, -e> *m* VERLAG ❶ (*nachgedrucktes Werk*) reprint ❷ *kein pl* (*das Nachdrucken*) reprinting *no art, no pl* **nach|dru·cken** *vt* VERLAG ❶ (*abermals drucken*) to reprint ❷ (*abdrucken*) to reproduce **nach·drück·lich** ['naːxdrʏklɪç] **I.** *adj* insistent; *Warnung* firm **II.** *adv* firmly
Nach·durst *m* (*nach übermäßigem Alkoholgenuss*) dehydration **nach|ei·fern** *vi* (*geh*) ▪jdm ~ to emulate sb **nach|ei·len** *vi sein* ▪jdm ~ to hurry after sb
nach·ein·an·der [naːx?aɪ̯ˈnandɐ] *adv* one after another; **kurz/schnell ~** in quick/rapid succession
nach|emp·fin·den* *vt irreg* ▪etw ~ können to be able to sympathize with sth; ▪jdm ~ können, dass/wie er/sie ... to be able to understand that/how sb ... **nach|er·zäh·len*** *vt* to retell **Nach·er·zäh·lung** *f* SCH account; (*geschrieben a.*) written account (*of something heard/read*)
Nach·fahr(in) <-en *o* -s, -en> ['naːxfaːɐ̯] *m(f)* (*geh*) *s.* Nachkomme
nach|fah·ren *vi irreg sein* ❶ (*hinterherfahren*) ▪jdm ~ to follow sb ❷ (*im Nachhinein folgen*) ▪jdm [irgendwohin] ~ to follow sb on [somewhere] **nach|fei·ern** *vt* to celebrate later **Nach·fol·ge** *f kein pl* succession (**in** in); **jds ~ antreten** to succeed sb **nach·fol·gend** *adj* (*geh*) following
Nach·fol·ger(in) <-s, -> *m(f)* successor **nach|for·schen** *vi* to make [further] inquiries (**in** about); **~ ~,** ob/wann/wie/wo ... to find out whether/when/how/where ... **Nach·for·schung** *f* inquiry; (*polizeilich*) investigation; [**in etw** *dat*] **~en anstellen** to make inquiries/carry out investigations [into sth] **Nach·fra·ge** *f* ❶ ÖKON demand (**nach** for); **die ~ steigt/sinkt** demand is increasing/falling ❷ (*Erkundigung*) inquiry; **danke der ~!** nice of you to ask! **nach|fra·gen** *vi* to inquire **nach|füh·len** *vt* ▪jdm etw ~ to sympathize with sb; **ich kann dir das ~** I know how you must feel; ▪jdm ~ können, dass/wie sb ... to be able to understand that/how sb ... **nach·füll·bar** *adj* refillable **nach|fül·len I.** *vt* ❶ (*noch einmal füllen*) to refill ❷ *s.* nachgießen **II.** *vi* ▪[jdm] ~ to top up [*or* AM off] sb
Nach·füll·pack <-s, -s> *m*, **Nach·füll·packung** *f* refill pack
nach|ge·ben *irreg* **I.** *vi* ❶ (*einlenken*) ▪jdm/etw ~ to give way [to sb/sth] ❷ (*zurückweichen*) to give way ❸ BÖRSE Aktien to fall **II.** *vt* ▪jdm etw ~ to give sb some more of sth **Nach·ge·bühr** *f* excess postage *no pl* **Nach·ge·burt** *f* ❶ (*ausgestoßene Plazenta*) afterbirth *no pl* ❷ *kein pl* (*Vorgang der Ausstoßung*) expulsion of the afterbirth **nach|ge·hen** *vi irreg sein* ❶ (*hinterhergehen*) ▪jdm ~ to follow sb ❷ (*zu langsam gehen*) *Uhr* to be slow ❸ (*zu ergründen suchen*) ▪etw *dat* ~ to look into sth ❹ (*form: ausüben*) to practise; *Interessen* to pursue
Nach·ge·schmack *m* aftertaste; [**bei jdm**] **einen bitteren ~ hinterlassen** to leave a nasty taste [in sb's mouth]
nach·ge·wie·se·ner·ma·ßen *adv* as has been proved
nach·gie·big ['naːxgiːbɪç] *adj* ❶ (*leicht nachgebend*) compliant, accommodating; ▪jdm gegenüber] ~ sein to be soft [on sb] ❷ (*auf Druck nachgebend*) pliable, yielding *attr*
Nach·gie·big·keit <-> *f kein pl* softness *no art, no pl*
nach|gie·ßen *irreg* **I.** *vt* ▪[jdm] etw ~ to give sb some more of sth **II.** *vi* ▪[jdm] ~ to top up [*or* AM off] sb *sep fam*; **darf ich ~?** would you like some more? **nach|grü·beln** *vi* to think (**über** about) **nach|gu·cken** *vi* (*fam*) to [take a] look (**in** in) **nach|ha·ken** *vi* (*fam*) to dig deeper (**mit** with) **Nach·hall** *m* echo **nach|hal·len** *vi Schlussakkord* to reverberate
nach·hal·tig ['naːxhaltɪç] **I.** *adj* lasting **II.** *adv* **jdm ~ beeindrucken/beeinflussen** to leave a lasting impression/have a lasting influence on sb
nach|hän·gen *vi irreg* ▪etw *dat* ~ to lose oneself in sth
Nach·hau·se·weg [naːxˈhaʊ̯zəveːk] *m* way home
nach|hel·fen *vi irreg* ❶ (*zusätzlich beeinflussen*) to help along *sep*; ▪mit etw *dat* ~ to help things along with sth ❷ (*auf die Sprünge helfen*) ▪jdm/etw ~ to give sb/sth a helping hand
nach·her [naːxˈeːɐ, ˈnaːxceːɐ] *adv* ❶ (*danach*) afterwards ❷ (*irgendwann später*) later; **bis ~!** see you later! ❸ (*fam: womöglich*) **~ behauptet er noch, dass ...** he might just claim [that] ...
Nach·hil·fe *f* private tuition [*or* AM *usu* tutoring] **Nach·hil·fe·stun·de** *f* private lesson **nach·hin·ein** *adv* **im N~** looking back; (*nachträglich*) afterwards
Nach·hol·be·darf *m* additional requirements *pl*; **einen [großen] ~ haben** to have a lot to catch up on
nach|ho·len *vt* ❶ (*aufholen*) to make up for ❷ (*nachkommen lassen*) ▪jdn ~ to let sb join one
Nach·hut <-, -en> *f* MIL rearguard BRIT **nach|ja·gen** *vi sein* ❶ (*zu erreichen trachten*) to pursue ❷ (*eilends hinterherlaufen*) to

chase after **nach|kau·fen** vt to buy later

Nach·kom·me <-n, -n> ['naːkɔmə] m descendant

nach|kom·men vi irreg sein ❶ (danach folgen) to follow on; ▪jdn ~ **lassen** to let sb join one later; **sein Gepäck ~ lassen** to have one's luggage sent on ❷ (Schritt halten) to keep up (**mit** with) ❸ (erfüllen) to fulfil; Anordnung, Pflicht to carry out sep; Forderung to meet ❹ (als Konsequenz folgen) to follow as a consequence ❺ SCHWEIZ (verstehen) to follow

Nach·kom·men·schaft <-, -en> f (geh) descendants pl

Nach·kömm·ling <-s, -e> ['naːxkœmlɪŋ] m (Nachzügler) latecomer; (Kind) afterthought hum; (Nachkomme) descendant

nach|kon·trol·lie·ren* vt to check over sep (**auf** for); ▪ ~, **ob/wann/wie** ... to check whether/when/how ... **Nach·kriegs·zeit** f post-war period

Nach·lass^RR <-es, -e o -lässe>, **Nach·laß**^ALT <-lasses, -lasse o -lässe> ['naːxlas, pl 'naːxlɛsə] m ❶ (hinterlassene Werke) unpublished works npl ❷ (hinterlassener Besitz) estate ❸ (Preis~) discount (**auf** on)

nach|las·sen irreg I. vi ❶ (schwächer werden) to diminish; Druck, Schmerz to ease off; Gehör, Sehkraft to deteriorate; Interesse to wane; Nachfrage to drop [off]; Sturm to die down ❷ **in der Leistung schwächer werden** to deteriorate in one's performance ❸ (aufhören) to stop; **nicht ~!** keep it up! II. vt ▪[jdm] **10 % vom Preis ~** to give [sb] a 10% discount

nach·läs·sig ['naːxlɛsɪç] I. adj careless; Arbeit slipshod pej II. adv carelessly

Nach·läs·sig·keit <-, -en> f ❶ kein pl (nachlässige Art) carelessness no art, no pl ❷ (nachlässige Handlung) negligence no art, no pl

nach|lau·fen vi irreg sein (a. fig) ▪jdm ~ to run after sb **nach|lie·fern** vt irreg ❶ (später liefern) to deliver at a later date ❷ (später abgeben) to hand in sep at a later date **nach|lö·sen** I. vt **eine Fahrkarte/einen Zuschlag ~** to buy a ticket/a supplement on the train II. vi to pay on the train **nach|ma·chen** vt ❶ (imitieren) to imitate ❷ (nachahmen) ▪jdm etw ~ to copy sth from sb ❸ (fälschen) to forge ❹ (fam: nachträglich anfertigen) to make up sep **nach|mes·sen** irreg I. vt to measure again II. vi to check; ▪**das N~** checking; **der Fehler ist mir erst beim N~ aufgefallen** I only noticed the mistake whilst checking through **Nach·mie·ter(in)** m(f) next tenant no indef art

Nach·mit·tag^ALT adv s. Nachmittag

Nach·mit·tag ['naːxmɪtaːk] m afternoon; **am/bis zum [frühen/späten] ~** in the/until the [early/late] afternoon; **im Laufe des ~s** during [the course of] the afternoon

nach·mit·tags adv ❶ (am Nachmittag) in the afternoon ❷ (jeden Nachmittag) in the afternoons **Nach·mit·tags·vor·stel·lung** f matinee [performance]

Nach·nah·me <-, -n> ['naːxnaːmə] f cash [or Am a. collect] on delivery no art, no pl; **etw per ~ schicken** to send sth COD

Nach·na·me m surname, family name; **wie hießen Sie mit ~n?** what's your surname?

nach|plap·pern vt (fam) to parrot pej **nach·prüf·bar** adj verifiable **nach|prü·fen** I. vt ❶ (etw überprüfen) to verify, to check ❷ SCH (nachträglich prüfen) ▪jdn ~ to examine sb at a later date; (nochmals prüfen) to re-examine sb II. vi to verify; ▪ ~, **ob/wann/wie** ... to verify whether/when/how ... **nach|rech·nen** I. vi to check again II. vt to check **Nach·re·de** f JUR **üble ~** defamation [of character] form, slander **nach|re·den** vt ❶ (wiederholen) to repeat ❷ (nachsagen) **jdm übel ~** to speak ill of sb **nach|rei·chen** vt ▪[jdm] **etw ~** to hand sth [to sb] later

Nach·richt <-, -en> ['naːxrɪçt] f ❶ MEDIA news no indef art, + sing vb; ▪**eine ~** a news item; ▪**die ~en** the news + sing vb ❷ (Mitteilung) news no indef art, + sing vb; ▪**eine ~** a piece of news; **jdm ~ geben** to let sb know

Nach·rich·ten·agen·tur f news agency **Nach·rich·ten·dienst** m ❶ (Geheimdienst) intelligence no art, no pl [service] ❷ s. Nachrichtenagentur **Nach·rich·ten·ma·ga·zin** nt news magazine **Nach·rich·ten·sen·dung** f news broadcast **Nach·rich·ten·sper·re** f news embargo **Nach·rich·ten·spre·cher(in)** m(f) newscaster, BRIT a. newsreader

Nach·ruf m obituary **Nach·ruhm** m posthumous fame no art, no pl form **nach|rüs·ten** I. vt to update; Computer to upgrade II. vi MIL to deploy new arms **Nach·rüs·tung** f kein pl ❶ TECH modernization ❷ MIL deployment of new arms **nach|sa·gen** vt ❶ (von jdm behaupten) ▪jdm etw ~ to say sth of sb; **es wird ihr nachgesagt, dass sie eine bösartige Intrigantin sei** they say that she is a nasty schemer; **ich lasse mir von dieser Frau nicht ~, dass ich lüge** I'm not having that woman say I'm a liar ❷ (nachsprechen) ▪[jdm] **etw ~** to repeat sth [sb said] **Nach·sai·son** [-zɛˌzõː, -zɛˌzɔŋ] f off-season **nach|schau·en** I. vt to look up sep II. vi

❶ (*nachschlagen*) ■ ~, **ob/wie** ... to [have a] look whether/how ... ❷ (*nachsehen*) ■ ~[, **ob** ...] to [have a] look [and see] [whether ...] **nach|schen·ken** (*geh*) **I.** *vt* ■ [jdm] **etw** ~ to top up [*or* Am off] sb's glass *sep* **II.** *vi* ■ **nach|schen·ken** (*geh*) ■ [jdm] ~ to top up [*or* Am off] sb *sep fam*; **darf ich** ■ ~ may I top you up? *fam* **nach|schi·cken** *vt* ❶ (*nachsenden*) ■ [jdm] **etw** ~ to forward sth [to sb] ❷ (*hinterdrein schicken*) ■ **jdm** ~ to send sb after sb **nach|schie·ßen** *vt irreg* FIN (*fam*) ■ **etw** ~ to give sth additionally; *Geld* to pump additional cash into sth

Nach·schlag *m von Essen* second helping **nach|schla·gen** *irreg* **I.** *vt* to look up *sep* (**in** in) **II.** *vi* ❶ *haben* (*nachlesen*) ■ [**in etw** *dat*] ~ to consult sth ❷ *sein* (*geh*: *jdm ähneln*) ■ **jdm** ~ to take after sb **Nach·schla·ge·werk** *nt* reference book

Nach·schlüs·sel *m* duplicate key **Nach·schub** <-[e]s, Nachschübe> ['naːxʃuːp, *pl* 'naːxʃyːbə] *m pl selten* ❶ MIL [new] supplies *npl* ❷ (*fam*: *zusätzlich erbetene Verpflegung*) second helpings *pl* **nach|se·hen** *irreg* **I.** *vi* ❶ (*mit den Blicken folgen*) ■ **jdm/etw** ~ to follow sb/sth with one's eyes; (*mit Bewunderung/Sehnsucht a.*) to gaze after sb/sth ❷ (*nachschlagen*) to look it up ❸ (*prüfen*) ■ ~, **ob/wo** ... to [have a] look whether/where ... **II.** *vt* ❶ (*nachschlagen*) to look up *sep* ❷ (*kontrollieren*) to check; **etw auf Fehler hin** ~ to check sth for defects/errors ❸ (*geh*: *verzeihen*) ■ **jdm etw** ~ to forgive sb for sth

Nach·se·hen <-s> *nt kein pl* ▸ [**bei/in etw** *dat*] **das** ~ **haben** to be left standing [in sth]; (*leer ausgehen*) to be left empty-handed [in sth]; (*keine Chance haben*) to not get a look-in

Nach·sen·de·an·trag *f* application to have one's mail forwarded **nach|sen·den** *vt irreg* ■ **jdm etw** ~ to forward sth to sb; ■ **sich** *dat* **etw** ~ **lassen** to have sth forwarded to one['s new address]

Nach·sicht <-> *f kein pl* leniency *no art, no pl*; [**mehr**] ~ **üben** (*geh*) to be [more] lenient; **ohne** ~ without mercy

nach·sich·tig **I.** *adj* lenient; (*verzeihend*) merciful **II.** *adv* leniently

Nach·sil·be *f suffix* **nach|sin·nen** *vi irreg* to ponder (**über** over) **nach|sit·zen** *vi irreg* SCH ■ ~ **müssen** to have detention; ■ **jdn** ~ **lassen** to give sb detention

Nach·spann <-s, -e> *m* FILM, TV credits *npl* **Nach·spei·se** *f dessert;* ■ **als** ~ for dessert ▸ **Nach·spiel** *nt* ❶ THEAT epilogue; MUS closing section ❷ (*unangenehme Folgen*) consequences *pl;* **ein** ~ **haben** to have consequences **nach|spi·o·nie·ren*** *vi* (*fam*) to spy on **nach|spre·chen** *irreg* **I.** *vt* ■ [jdm] **etw** ~ to repeat sth [after sb] **II.** *vi* ■ **jdm** ~ to repeat after sb

nächst ['nɛːçst] *präp* +*dat* (*geh*) ■ ~ **jdm** (*örtlich am nächsten*) beside [*or* next to] sb; (*außer*) apart [*or* Am aside] from sb

nächst·bes·te(r, s) ['nɛːçstˌbɛstə] *adj attr* ■ **der/die/das** ~ ... the first ... one/sb sees; **die** ~ **Gelegenheit** the first occasion that comes along

nächs·te(r, s) ['nɛːçstə] *adj superl von* **nah(e)** ❶ *räumlich* (*zuerst folgend*) next; **im** ~ **n Haus** next door; **beim** ~ **n Halt** at the next stop; (*nächstgelegen*) nearest ❷ *Angehörige* close ❸ *temporal* (*darauf folgend*) next; **beim** ~ **n Aufenthalt** on the next visit; **bis zum** ~ **n Mal!** till the next time!; **am** ~ **n Tag** the next day; **in den** ~ **n Tagen** in the next few days; **in der** ~ **n Woche** next week; **als N~s** next; **der N~**, **bitte!** next please!

Nächs·te(r) *f/m)* neighbour

nach|ste·hen *vi irreg* ■ **jdm an Intelligenz/ Kraft nicht** ~ to be every bit as intelligent/ strong as sb; ■ **jdm in nichts** ~ to be sb's equal in every way **nach|stel·len I.** *vt* ❶ LING to be put after; **im Französischen wird das Adjektiv [dem Substantiv] nachgestellt** in French the adjective is placed after the noun ❷ TECH (*neu einstellen*) to adjust; (*wieder einstellen*) to readjust; (*korrigieren*) to correct, to put back *sep* (**um** by) ❸ (*nachspielen*) to reconstruct **II.** *vi* ■ **jdm** ~ ❶ (*geh*: *verfolgen*) to follow sb ❷ (*umwerben*) to pester sb

Nächs·ten·lie·be *f* compassion *no art, no pl* **nächs·tens** ['nɛːçstns] *adv* ❶ (*bald*) [some time] soon ❷ (*das nächste Mal*) [the] next time ❸ (*fam: womöglich*) next

nächst·ge·le·gen *adj attr* nearest **nächst·lie·gend** *adj attr* most plausible **nächst·mög·lich** ['nɛːçstˌmøːklɪç] *adj attr* ❶ *zeitlich* next possible *attr;* *Termin a.* earliest possible; *Gelegenheit* next (**bei** at) ❷ *räumlich* next possible *attr*

nach|su·chen *vi* ❶ (*durch Suchen nachsehen*) to look (**in** in) ❷ (*form*: *beantragen*) ■ [**bei jdm**] **um etw** *akk* ~ to request sth [of sb]

Nacht <-, Nächte> ['naxt, *pl* 'nɛçtə] *f* night; ■ ~ **sein/werden** to be/get dark; **bis weit in die** ~ far into the night; **bei** ~ at night; **in der** ~ at night; **über** ~ overnight; **über** ~ **bleiben** to stay the night; **diese/letzte** ~ tonight/last night ▸ **bei** ~ **und Nebel** (*fam*) at dead of night; **die** ~ **zum Tage machen** to stay up all night; **gute** ~! good night!; **jdm gute** ~ **sagen** to say good night to sb; **zu** ~

essen SÜDD to have supper [*or* dinner]
nacht·ak·tiv *adj Tier* nocturnal *spec* **nacht·blind** *adj* suffering from night blindness *pred* **Nacht·blind·heit** <-> *f kein pl* night blindness *no pl* **Nacht·dienst** *m* night shift
Nach·teil <-[e]s, -e> ['naːxtajl] *m* disadvantage; **es soll nicht Ihr ~ sein** you won't lose [anything] by it; **jdm ~e bringen** to be disadvantageous to sb; **durch etw** *akk* **~e haben** to lose out by sth; [**jdm gegenüber**] **im ~ sein** to be at a disadvantage [with sb]; **sich zu seinem ~ verändern** to change for the worse
nach·tei·lig ['naːxtajlɪç] **I.** *adj* disadvantageous (**für** for) **II.** *adv* unfavourably
näch·te·lang ['nɛçtəlaŋ] *adv* for nights on end
Nacht·es·sen *nt* SÜDD, ÖSTERR, SCHWEIZ (*Abendessen*) supper **Nacht·fal·ter** *m* moth **Nacht·frost** *m* night frost **Nacht·hemd** *nt* nightdress, AM *a.* nightgown
Nach·ti·gall <-, -en> ['naxtɪgal] *f* nightingale
näch·ti·gen ['nɛçtɪgŋ] *vi* (*geh*) to stay the night (**bei** with)
Nach·tisch *m* dessert
Nacht·la·ger *nt* (*geh*) place to sleep [for the night] **Nacht·le·ben** *nt* nightlife *no indef art, no pl*
nächt·lich ['nɛçtlɪç] *adj attr* nightly
Nacht·lo·kal *nt* nightclub **Nacht·mensch** *m* night person **Nacht·por·tier** [-pɔrtjeː] *m* night porter **Nacht·quar·tier** *nt s.* Nachtlager
Nach·trag <-[e]s, -träge> ['naːxtraːk, *pl* -trɛːgə] *m* ❶ (*im Brief*) postscript ❷ *pl* (*Ergänzung*) supplement
nach|tra·gen *vt irreg* ❶ (*nachträglich ergänzen*) to add (**zu** to) ❷ (*nicht verzeihen können*) ▪ **jdm etw** [**nicht**] **~** to [not] hold sth against sb; ▪ **jdm ~, dass ...** to hold it against sb that ... ❸ (*hinterhertragen*) ▪ **jdm etw ~** to carry sth after sb
nach·tra·gend ['naːxtraːgŋt] *adj* unforgiving
nach·träg·lich ['naːxtrɛːklɪç] **I.** *adj* later; (*verspätet*) belated **II.** *adv* later, belatedly
nach|trau·ern *vi* ▪ **jdm/etw ~** to mourn after sb/sth
Nacht·ru·he *f* night's rest *no pl*
nachts [naxts] *adv* at night; **montags ~** [on] Monday nights
Nacht·schat·ten·ge·wächs *nt* solanum *spec* **Nacht·schicht** *f* night shift; **~ haben** to be on night shift **Nacht·schwär·mer** *m* ZOOL *s.* Nachtfalter **Nacht·schwär·mer(in)** *m(f)* (*veraltend*) night owl *fam* **Nacht·schwes·ter** *f* night nurse

nachts·über ['naxtsʔyːbɐ] *adv* at night
Nacht·ta·rif *m* off-peak rate; **von Verkehrsmittel** night fares *pl* **Nacht·tisch** *m* bedside table **Nacht·topf** *m* chamber pot **Nacht-und-Ne·bel-Ak·ti·on** *f* cloak-and-dagger operation **Nacht·wa·che** *f* night duty *no art, no pl* **Nacht·wäch·ter(in)** *m(f)* ❶ (*Aufsicht*) night guard ❷ HIST (*städtischer Wächter*) [night] watch
Nach·un·ter·su·chung *f* follow-up examination **nach·voll·zieh·bar** *adj* comprehensible; **es ist für mich nicht ganz ~, wie ...** I don't quite understand how ... **nach|voll·zie·hen*** *vt irreg* to understand **nach|wach·sen** *vi irreg sein* ❶ (*erneut wachsen*) to grow back ❷ (*neu aufwachsen*) to grow in place **Nach·we·hen** *pl* ❶ (*nach der Entbindung*) afterpains *npl* ❷ (*geh: üble Folgen*) painful aftermath **nach|wei·nen** *vi* ▪ **jdm/etw ~** to mourn after sb/sth
Nach·weis <-es, -e> ['naːxvajs, *pl* -vajzə] *m* ❶ (*Beweis des Behaupteten*) proof *no art, no pl*; **zum ~ einer S.** *gen* as proof of sth ❷ (*Beweis*) proof *no art, no pl*, evidence *no art, no pl* ❸ ÖKOL evidence *no art, no pl*
nach·weis·bar I. *adj* ❶ (*beweisbar*) provable; ▪ **es ist ~, dass/warum/wie ...** it can be proved that/why/how ... ❷ ÖKOL evident **II.** *adv* provably
nach|wei·sen *vt irreg* ❶ (*den Nachweis erbringen*) to establish proof of sth; ▪ **jdm ~, dass ...** to give sb proof that ... ❷ (*beweisen*) ▪ **jdm etw ~** to prove that sb has done sth ❸ ÖKOL to detect (**in** in)
nach·weis·lich ['naːxvajslɪç] **I.** *adj* provable **II.** *adv* provably
Nach·welt *f kein pl* ▪ **die ~** posterity **nach|wer·fen** *vt irreg* ❶ (*hinterherwerfen*) ▪ **jdm etw ~** to throw sth after sb ❷ (*zusätzlich einwerfen*) ▪ **etw ~** to throw in *sep* more of/another sth **nach|wir·ken** *vi* ❶ (*verlängert wirken*) to continue to have an effect ❷ (*als Eindruck anhalten*) ▪ [**in jdm**] **~** to continue to have an effect [on sb] **Nach·wir·kung** *f* after-effect; (*fig*) consequence **Nach·wort** <-worte> *nt* epilogue
Nach·wuchs *m kein pl* ❶ (*fam: Kinder*) offspring *hum* ❷ (*junge Fachkräfte*) young professionals *pl*
nach|zah·len I. *vt* ❶ (*etw nachträglich entrichten*) to pay extra *sep* ❷ (*etw nachträglich bezahlen*) ▪ **jdm etw ~** to pay sb sth at a later date **II.** *vi* to pay extra **nach|zäh·len** *vt, vi* to check **Nach·zah·lung** *f* ❶ (*nachträglich*) back payment ❷ (*zusätzlich*) additional payment **nach|zeich·nen** *vt* to copy **nach|zie·hen** *irreg* **I.** *vt* ❶ (*nachträglich anziehen*) to tighten up *sep* ❷ (*hinter sich her-*

ziehen) to drag behind one ❸ (noch einmal zeichnen) to go over; **sich** dat **die Augenbrauen ~** to pencil in sep one's eyebrows; **sich** dat **die Lippen ~** to paint over sep one's lips **II.** vi sein to follow (**mit** with)

Nach·züg·ler(in) <-s, -> ['naːxtsyːklɐ] m(f) late arrival

Na·cke·dei <-[e]s, -e o -s> ['nakədaɪ] m (hum fam) little bare monkey

Na·cken <-s, -> ['nakn̩] m ANAT neck ▶ **jdm im ~ sitzen** to breathe down sb's neck

na·ckend ['naknt] adj (fam) s. **nackt**

Na·cken·haar nt meist pl hair[s pl] on the back of one's neck **Na·cken·schmerz** m neck pain [or ache] **Na·cken·stüt·ze** f ❶ (Stütze für den Nacken) headrest ❷ MED surgical collar

na·ckig ['nakɪç] adj (fam) s. **nackt**

nackt ['nakt] **I.** adj ❶ (unbekleidet) naked, nude ❷ (bloß, kahl) bare ❸ (unverblümt) naked; Tatsachen bare; Wahrheit plain **II.** adv naked

Nackt·ba·de·strand m nudist beach

Nackt·heit <-> f kein pl nudity no art, no pl

Na·del <-, -n> ['naːdl̩] f ❶ (Näh~) needle; **eine ~ einfädeln** to thread a needle ❷ (Zeiger) needle ❸ BOT needle ▶ **an der ~ hängen** (sl) to be hooked on heroin

Na·del·baum m conifer **Na·del·dru·cker** m dot-matrix printer spec **Na·del·kis·sen** nt pincushion

Na·del·öhr nt ❶ (Teil einer Nadel) eye of a/ the needle ❷ (fig) narrow passage

Na·del·stich m ❶ (Nähen) stitch ❷ (Pieksen) prick **Na·del·strei·fen·an·zug** m pinstripe [suit] **Na·del·wald** m coniferous forest

Na·gel¹ <-s, Nägel> ['naːgl̩, pl 'nɛːgl̩] m (Metallstift) nail ▶ **etw an den ~ hängen** to chuck [in sep] sth; **den ~ auf den Kopf treffen** to hit the nail on the head; **Nägel mit Köpfen machen** to do the thing properly

Na·gel² <-s, Nägel> ['naːgl̩, pl 'nɛːgl̩] m (Finger~) nail ▶ **jdm brennt es unter den Nägeln**[, etw zu tun] (fam) sb is dying to [do sth]; **sich** dat **etw unter den ~ reißen** (sl) to snaffle sth

Na·gel·bürs·te f nailbrush **Na·gel·fei·le** f nail file

Na·gel·lack m nail polish **Na·gel·lack·ent·fer·ner** m nail polish remover

na·geln ['naːgl̩n] **I.** vt to nail (**an** to, **auf** [on]to) **II.** vi to hammer nails

na·gel·neu ['naːgl̩'nɔɪ] adj (fam) brand-new **Na·gel·sche·re** f nail scissors npl

na·gen ['naːgn̩] **I.** vi ❶ (mit den Nagezähnen beißen) to gnaw (**an** at) ❷ (schmerzlich wühlen) ■ **an jdm** to nag [at] sb **II.** vt to gnaw (**durch** through, **von** off)

na·gend ['naːgn̩t] adj nagging; Hunger gnawing

Na·ger <-s, -> m, **Na·ge·tier** nt rodent

nah ['naː] adj von ~ **und fern** from near and far

Nah·auf·nah·me f close-up (**von** of)

na·he <näher, nächste> ['naːə] **I.** adj ❶ räumlich nearby, close [by] pred; **von ~ m** from close up ❷ zeitlich near, approaching ❸ (eng) close; ■ **jdm ~ sein** to be close to sb **II.** adv ❶ räumlich nearby, close [by]; ■ **~ an/bei etw** dat close to sth; **~ beieinander** close together ❷ zeitlich close ❸ (fast) ■ **~ an etw** dat almost sth ❹ (eng) closely; **~ mit jdm verwandt sein** to be a close relative of sb ▶ **~ daran sein, etw zu tun** to be close to doing sth **III.** präp +dat ■ **~ etw** dat near to sth

Nä·he <-> ['nɛːə] f kein pl ❶ (geringe Entfernung) proximity no pl form; **aus der ~** from close up; **in der ~** near ❷ (Anwesenheit) ■ **jds ~** sb's closeness; **jds ~ brauchen** to need sb [to be] close [to one]; **in jds ~** close to sb ❸ (naher Zeitpunkt) closeness no pl

na·he·bei ['naːə'baɪ] adv nearby **na·he·ge·hen** vi irreg sein ▶ **jdm ~** to upset sb **na·he·kom·men** irreg sein **I.** vt **jdm/etw zu~** to get too close to sb/sth **II.** vr sich dat/einander **~** to become close **na·he·le·gen** vt ▶ **jdm ~, etw zu tun** to advise sb to do sth

na·hen ['naːən] (geh) **I.** vi sein to approach **II.** vr (veraltend) ■ **sich [jdm] ~** to approach sb (**mit** with)

nä·hen ['nɛːən] **I.** vt ❶ (zusammen~) to sew (**auf** onto) ❷ MED to stitch **II.** vi ■ **an etw** dat ~ to sew [sth]; **das N~ lernte sie von ihrer Großmutter** she learned to sew from her grandmother

nä·her ['nɛːɐ] **I.** adj comp von **nahe** ❶ (in geringerer Entfernung) nearer, closer ❷ (kürzer bevorstehend) closer, sooner pred; Zukunft near ❸ (detaillierter) further attr; **die ~en Umstände sind leider nicht bekannt** the precise circumstances are not known ❹ (enger) closer; Verwandte immediate **II.** adv comp von **nahe** ❶ (in geringerem Abstand) closer, nearer; **kommen Sie ~!** come closer! ❷ (eingehender) in more detail; **etw ~ untersuchen** to examine sth more closely; **etw ~ ansehen** to have a closer look at sth; **sich ~ mit etw** dat **befassen** to go into sth in greater detail; **jdm etw ~ bringen** to bring sth home to sb ❸ (enger) closer; **jdn/eine Sache ~ kennen** to know sb/sth well; **jdn/eine Sache ~ kennen lernen** to get to know sb/sth better; **mit etw** dat **~ vertraut sein** to know more about sth ▶ **etw** dat [**schon**] **~ kommen** to be nearer the mark;

~ liegen, etw zu tun it makes more sense to do sth

Nä·her(in) <-s, -> *m(f)* sewer *masc*, seamstress *fem*

Nah·er·ho·lungs·ge·biet *nt* local holiday spot

Nä·he·rin <-, -nen> *f fem form von* Näher

nä·hern ['nɛːɐn] *vr* ❶ (*näher herankommen*) ▪ **sich [jdm/etw] ~** to approach [sb/sth] ❷ (*geh: einen Zeitpunkt erreichen*) ▪ **sich etw** *dat* **~** to get close to sth; **unser Urlaub nähert sich seinem Ende** our holiday is drawing to an end

na·he·ste·hen *vr irreg* ▶ **sich** *dat* **~** to be close **na·he·tre·ten** *vt* ▶ **jdm zu ~** to offend sb **na·he·zu** ['naːəˈtsuː] *adv* almost, virtually

Näh·garn *nt* cotton

Nah·kampf *m* close combat

Näh·käst·chen <-s, -> *nt* sewing box ▶ **aus dem ~ plaudern** (*fam*) to give out private gossip **Näh·kas·ten** *m* sewing box

nahm [naːm] *imp von* nehmen

Näh·ma·schi·ne *f* sewing machine **Näh·na·del** *f* [sewing] needle

Nah·ost [naːˈʔɔst] *m kein pl* the Middle East

Nähr·bo·den *m* ❶ BIOL culture medium ❷ (*Boden*) breeding ground

näh·ren ['nɛːrən] **I.** *vt* ❶ (*füttern*) to feed ❷ *Befürchtungen, Erwartungen, Hoffnungen* to nourish **II.** *vi* to be nourishing

nahr·haft *adj* nutritious

Nähr·stoff *m* nutrient

Nah·rung <-> ['naːrʊŋ] *f kein pl* food; **flüssige/feste ~** liquids/solids *pl*

Nah·rungs·ket·te *f* food chain

Nah·rungs·mit·tel *nt* food **Nah·rungs·mit·tel·al·ler·gie** *f* food allergy **Nah·rungs·mit·tel·in·dus·trie** *f kein pl* food industry **Nah·rungs·mit·tel·ver·gif·tung** *f s.* **Lebensmittelvergiftung**

Nähr·wert *m* nutritional value

Näh·sei·de *f* sewing silk BRIT, silk thread AM

Naht <-, Nähte> [naːt, *pl* ˈnɛːtə] *f* ❶ (*bei Kleidung*) seam ❷ MED suture *spec* ❸ TECH weld

naht·los I. *adj* ❶ (*lückenlos*) smooth ❷ MODE seamless **II.** *adv* smoothly

Nah·ver·kehr *m* local traffic; **der öffentliche ~** local public transport **Nah·ver·kehrs·mit·tel** *pl* means *pl* of local public transport **Nah·ver·kehrs·zug** *m* local train

Näh·zeug *nt* sewing kit

na·iv [naˈiːf] *adj* naive

Na·i·vi·tät <-> [naiviˈtɛːt] *f kein pl* naivety *no pl*

Na·me <-ns, -n> ['naːmə] *m* ❶ (*Personenname*) name; **auf jds ~n** in sb's name; **in jds ~n** on behalf of sb; **im ~n des Gesetzes** in the name of the law; **im ~n des Volkes** in the name of the people; **er ist mir nur mit ~n bekannt** I only know him by name ❷ (*Benennung*) name ❸ (*Ruf*) name; **sich** *dat* **einen ~n als etw machen** to make a name for oneself as sth

na·men·los *adj* ❶ (*anonym*) nameless; *Helfer, Spender* anonymous ❷ (*geh: unbeschreiblich*) unspeakable ❸ (*keine Marke aufweisend*) no-name *attr* **II.** *adv* (*geh*) terribly

na·mens ['naːməns] **I.** *adv* by the name of **II.** *präp +gen* (*form*) in the name of

Na·mens·ge·dächt·nis *nt kein pl* memory for names **Na·mens·schild** *nt* nameplate; (*an Kleidung*) name badge **Na·mens·tag** *m* Saint's day **Na·mens·vet·ter** *m* namesake

na·ment·lich ['naːməntlɪç] **I.** *adj* by name; **~e Abstimmung** roll call vote **II.** *adv* ❶ (*mit Namen*) by name ❷ (*insbesondere*) in particular

nam·haft *adj* ❶ (*beträchtlich*) substantial ❷ (*berühmt*) famous

näm·lich ['nɛːmlɪç] *adv* ❶ (*und zwar*) namely ❷ (*denn*) because; **entschuldigen Sie mich bitte, ich erwarte ~ noch einen anderen Anruf** please excuse me, [but] you see, I'm expecting another call

nann·te ['nantə] *imp von* nennen

na·nu [naˈnuː] *interj* what's this?

Napf <-[e]s, Näpfe> ['napf, *pl* ˈnɛpfə] *m* bowl

Napf·ku·chen *m* pound cake

Nar·be <-, -n> ['narbə] *f* scar

nar·big ['narbɪç] *adj* scarred

Nar·ko·se <-, -n> [narˈkoːzə] *f* MED anaesthesia BRIT

Nar·ko·se·mit·tel *nt* anaesthetic BRIT

nar·ko·ti·sie·ren* [narkotiˈziːrən] *vt* to drug

Narr, När·rin <-en, -en> [nar, ˈnɛrɪn] *m, f* ❶ (*Dummkopf*) fool ❷ HIST (*Hof~*) court jester ▶ **jdn zum ~en halten** to make a fool of sb; **sich zum ~en machen** to make a fool of oneself

nar·ren ['narən] *vt* (*veraltend geh*) ❶ (*zum Narren halten*) ▪ **jdn ~** to make a fool of sb ❷ (*täuschen*) ▪ **jdn ~** to fool sb

Nar·ren·frei·heit *f* ▶ **~ haben** to have the freedom to do whatever one wants **Nar·ren·haus** *nt* madhouse **Nar·ren·kap·pe** *f* ❶ (*Karnevalsmütze*) cap worn by carnival officebearers ❷ HIST fool's cap **nar·ren·si·cher** *adj* foolproof

Där·rin <-, -nen> [ˈnɛrɪn] *f fem form von* Narr

när·risch [ˈnɛrɪʃ] *adj* ❶ (*veraltend: verrückt*) mad; **wie ~** (*geh*) like mad ❷ (*fam: versessen*) ▪ **[ganz] ~ auf jdn/etw sein** to be mad about sb/sth

Nar·zis·se <-, -n> [nar'tsɪsə] *f* narcissus

Nar·zis·mus^RR <->, **Nar·ziß·mus**^ALT <-> [nar'tsɪsmʊs] *m kein pl* narcissism

nar·zis·tisch^RR *adj*, **nar·ziß·tisch**^ALT *adj* narcissistic

na·sal [na'zaːl] *adj* nasal

Na·sal <-s, -e> [na'zaːl] *m*, **Na·sal·laut** *m* nasal [sound]

na·schen ['naʃn̩] **I.** *vi* **habe ich dich wieder beim N~ erwischt?** did I catch you eating sweets again?; **etwas zum N~** something sweet **II.** *vt* (*verspeisen*) to nibble

nasch·haft *adj* fond of sweet things

Nasch·kat·ze *f* (*fam*) person with a sweet tooth

Na·se <-, -n> ['naːzə] *f* ANAT nose; **jds ~ läuft** sb has a runny nose; **sich** *dat* **die ~ putzen** to blow one's nose ▶ **jdm etw auf die ~ binden** (*fam*) to tell sb sth; **sich an seine eigene ~ fassen** (*fam*) to blame oneself; **auf die ~ fliegen** (*fam*) to fall flat on one's face; **jdm eins auf die ~ geben** (*fam*) to punch sb on the nose; **sich** *dat* **eine goldene ~ verdienen** to earn a fortune; **die ~ vorn haben** to be one step ahead; **jdm etw unter die ~ halten** to rub sb's nose in sth; **jdn [mit etw** *dat*] **an der ~ herumführen** (*fam*) to lead sb on; **jdm auf der ~ herumtanzen** (*fam*) to walk all over sb; **seine ~ in alles hineinstecken** (*fam*) to stick one's nose into everything; **[immer] der ~ nach** (*fam*) follow your nose; **pro ~** (*hum fam*) per head; **jdm etw unter die ~ reiben** (*fam*) to rub sb's nose in it; **die ~ von jdm/etw voll haben** (*fam*) to be fed up with sb/sth; **jdm etw vor der ~ wegschnappen** (*fam*) to take sth from right under sb's nose; **jdm etw aus der ~ ziehen** (*fam*) to get sth out of sb

nä·seln ['nɛːzl̩n] *vi* to talk through one's nose

Na·sen·bein *nt* nasal bone **Na·sen·blu·ten** <-s, -> *nt kein pl* nosebleed; **~ haben** to have a nosebleed **Na·sen·flü·gel** *m* side of the nose **Na·sen·län·ge** *f* ▶ **mit einer ~** by a nose; **jdm eine ~ voraus sein** to be a hair's breadth in front of sb **Na·sen·loch** *nt* nostril **Na·sen·rü·cken** *m* bridge of the nose **Na·sen·schleim·haut** *f* mucous membrane of the nose **Na·sen·spit·ze** *f* ANAT tip of the nose ▶ **jdm etw an der ~ ansehen** to be able to tell sth from sb's face **Na·sen·spray** *m o nt* nasal spray **Na·sen·trop·fen** *pl* nose drops **Na·sen·wur·zel** *f* bridge [of the nose]

na·se·weis ['naːzəvaɪs] *adj* (*fragend*) nosey *fam; Kind bes* precocious

Na·se·weis <-es, -e> ['naːzəvaɪs] *m* cheeky monkey BRIT *fam;* (*Besserwisser*) know-all *esp* BRIT *fam,* wise guy AM *fam*

Nas·horn *nt* rhino[ceros]

nass^RR <-er *o* nässer, -este *o* nässeste> ['nas] *adj,* **naß**^ALT <nasser *o* nässer, nasseste *o* nässeste> ['nas] *adj* wet; **sich ~ machen** (*fam*) to get oneself wet; **~ geschwitzt** soaked with sweat *pred*

Näs·se <-> ['nɛsə] *f kein pl* wetness; **vor ~ triefen** to be dripping wet

näs·sen ['nɛsn̩] **I.** *vi* to weep **II.** *vt* to wet

nass·kalt^RR *adj* cold and damp **Nass·ra·sur**^RR *f* ■ **eine** ~ a wet shave

Na·ti·on <-, -en> [na'tsi̯oːn] *f* nation; **die Vereinten ~en** the United Nations

na·ti·o·nal [natsi̯o'naːl] *adj* **①** (*die Nation betreffend*) national **②** (*patriotisch*) nationalist **③** (*nationalistisch*) nationalistic

Na·ti·o·nal·fei·er·tag *m* national holiday **Na·ti·o·nal·hym·ne** *f* national anthem

Na·ti·o·na·lis·mus <-> [natsi̯ona'lɪsmʊs] *m kein pl* nationalism *no pl*

Na·ti·o·na·list(in) <-en, -en> [natsi̯ona'lɪst] *m(f)* nationalist

na·ti·o·na·lis·tisch I. *adj* nationalist[ic] **II.** *adv* nationalistically

Na·ti·o·na·li·tät <-, -en> [natsi̯onali'tɛːt] *f* **①** (*Staatsangehörigkeit*) nationality **②** (*Volkszugehörigkeit*) ethnic origin

Na·ti·o·nal·mann·schaft *f* national team **Na·ti·o·nal·park** *m* national park **Na·ti·o·nal·rat** *m kein pl* SCHWEIZ National Council; ÖSTERR National Assembly **Na·ti·o·nal·so·zi·a·lis·mus** [natsi̯o'naːlzotsi̯alɪsmʊs] *m* National Socialism **na·ti·o·nal·so·zi·a·lis·tisch** *adj* Nazi, National Socialist **Na·ti·o·nal·ver·samm·lung** *f* National Assembly

NATO, Na·to <-> ['naːto] *f kein pl Akr von* **North Atlantic Treaty Organization:** ■ **die ~** NATO

Na·tri·um <-s> ['naːtriʊm] *nt kein pl* sodium *no pl*

Na·tron <-s> ['naːtrɔn] *nt kein pl* sodium bicarbonate *no pl*

Nat·ter <-, -n> ['nate] *f* adder

Na·tur <-, -en> [na'tuːɐ̯, *pl* na'tuːrən] *f* **①** *kein pl* BIOL nature *no pl* **②** *kein pl* (*Landschaft*) countryside *no pl;* **die freie ~** the open countryside **③** (*geh: Art*) nature; **in der ~ von etw** *dat* **liegen** to be in the nature of sth **④** (*Wesensart*) nature; **sie hat eine empfindsame ~** she has a sensitive nature; **von ~ aus** by nature

Na·tu·ra·li·en [-liən] *pl* natural produce; **in ~** in kind

Na·tu·ra·lis·mus <-> [natura'lɪsmʊs] *m kein pl* naturalism *no pl*

na·tu·ra·lis·tisch *adj* ❶ *(geh: wirklichkeitsgetreu)* naturalistic ❷ KUNST naturalist
Na·tur·denk·mal *nt* natural monument
Na·tu·rell <-s, -e> [natu'rɛl] *nt (geh)* temperament
Na·tur·er·eig·nis *nt* natural phenomenon **na·tur·far·ben** *adj* natural-coloured **Na·tur·fa·ser** *f* natural fibre **Na·tur·for·scher(in)** *m(f)* natural scientist **Na·tur·freund(in)** *m(f)* nature lover **na·tur·ge·ge·ben** *adj* naturally inevitable **na·tur·ge·mäß** **I.** *adj* natural **II.** *adv* ❶ *(natürlich)* naturally ❷ *(der Natur entsprechend)* in accordance with nature **Na·tur·ge·setz** *nt* law of nature **na·tur·ge·treu** *adj* true to life **Na·tur·heil·kun·de** *f* natural healing **Na·tur·heil·mit·tel** *nt* natural medicine **Na·tur·ka·ta·stro·phe** *f* natural disaster
Na·tur·kost *f kein pl* natural food *no pl* **Na·tur·kost·la·den** *m* natural food[stuffs *npl*] shop
Na·tur·kreis·lauf *m* natural cycle **Na·tur·kun·de** *f* SCH *(veraltet)* natural history
na·tür·lich [na'ty:ɐ̯lɪç] **I.** *adj* natural **II.** *adv* ❶ *(selbstverständlich)* naturally, of course; ~! of course! ❷ *(in der Natur)* naturally
Na·tür·lich·keit <-> *f kein pl* naturalness *no pl*
Na·tur·park *m* national park **Na·tur·pro·dukt** *nt* natural product
Na·tur·schutz *m* [nature] conservation; unter ~ stehen to be under conservation **Na·tur·schutz·ge·biet** *nt* nature reserve
Na·tur·ta·lent *nt* natural talent **na·tur·ver·bun·den** *adj* nature-loving **na·tur·ver·träg·lich** *adj* ecofriendly **Na·tur·volk** *nt* primitive people **Na·tur·wis·sen·schaft** *f* ❶ *(Wissenschaft)* natural sciences *pl* ❷ *(Fach der ~)* natural science **Na·tur·wis·sen·schaft·ler(in)** *m(f)* natural scientist
na·tur·wüch·sig [na'tu:ɐ̯vy:ksɪç] *adj* natural
Nau·tik <-> ['nautɪk] *f kein pl* ❶ *(Schifffahrtskunde)* nautical science ❷ *(Navigation)* navigation *no pl*
Na·vi·ga·ti·on <-> [naviga'tsi̯o:n] *f kein pl* navigation *no pl*
Na·zi <-s, -s> ['na:tsi] *m* Nazi
NC <-[s], -s> [ɛn'tseː] *m Abk von* **Numerus clausus** numerus clausus
n. Chr. *Abk von* **nach Christus** AD
ne [neː] *adv (fam)* no
'ne [nə] *art indef (fam) kurz für* **eine** a
Ne·an·der·ta·ler <-s, -> [ne'andɐta:lɐ] *m* Neanderthal man
Ne·a·pel <-s> [ne'a:pl̩] *nt* Naples
Ne·bel <-s, -> ['neːbl̩] *m* ❶ METEO fog; **bei ~** in foggy conditions ❷ ASTRON nebula

ne·be·lig ['neːbəlɪç] *adj* foggy
Ne·bel·schein·wer·fer *m* fog-light **Ne·bel·schwa·den** *pl* wafts of mist *pl*
ne·ben ['neːbn̩] *präp* ❶ +*akk*, *dat (an der Seite)* beside, next to ❷ +*dat (außer)* apart from ❸ +*dat (verglichen mit)* ■ ~ **jdm/etw** compared with [*or* to]
ne·ben·an [neːbn̩'ʔan] *adv (unmittelbar daneben)* next-door
Ne·ben·an·schlussᴿᴿ *m* TELEK extension
Ne·ben·be·deu·tung *f* secondary meaning
ne·ben·bei [neːbn̩'bai̯] *adv* ❶ *(neben der Arbeit)* on the side ❷ *(beiläufig)* incidentally; ~ [bemerkt] by the way
Ne·ben·be·mer·kung *f* incidental remark **Ne·ben·be·ruf** *m* second job **ne·ben·be·ruf·lich** **I.** *adj* **eine ~e Tätigkeit** a second job **II.** *adv* as a second job **Ne·ben·be·schäf·ti·gung** *f* sideline **Ne·ben·buh·ler(in)** <-s, -> *m(f)* rival
ne·ben·ein·an·der [neːbn̩ʔai̯'nandɐ] *adv* ❶ *(Seite an Seite)* side by side ❷ *(zugleich)* simultaneously, at the same time
ne·ben·ein·an·der|set·zen *vt* ■ **sich ~** to sit [down] next to each other
Ne·ben·ein·gang *m* side entrance **Ne·ben·er·schei·nung** *f* side effect **Ne·ben·fach** *nt* subsidiary [subject] **Ne·ben·fluss**ᴿᴿ *m* tributary **Ne·ben·ge·bäu·de** *nt* ❶ *(untergeordneter Bau)* outbuilding ❷ *(benachbartes Gebäude)* neighbouring building **Ne·ben·ge·räusch** *nt* [background] noise **Ne·ben·hand·lung** *f* sub-plot
ne·ben·her [neːbn̩'heːɐ̯] *adv* in addition
Ne·ben·ho·den *m meist pl* epididymis **Ne·ben·höh·le** *f* ANAT sinus **Ne·ben·job** [-dʒɔp] *m (fam) s.* **Nebenbeschäftigung** **Ne·ben·kla·ge** *f* ancillary suit **Ne·ben·klä·ger(in)** *m(f)* joint plaintiff **Ne·ben·kos·ten** *pl* ❶ *(zusätzliche Kosten)* additional costs *pl* ❷ *(Betriebskosten)* running costs *pl* **Ne·ben·mann** <-es, -männer *o* -leute> *m* neighbour **Ne·ben·pro·dukt** *nt* CHEM by-product **Ne·ben·raum** *m* ❶ *(Raum nebenan)* next room ❷ *(kleiner, nicht als Wohnraum genutzter Raum)* storage room **Ne·ben·rol·le** *f* FILM, THEAT supporting role **Ne·ben·sa·che** *f* trivial matter; ~ **sein** to be irrelevant
ne·ben·säch·lich *adj* irrelevant
Ne·ben·säch·lich·keit <-, -en> *f* triviality
Ne·ben·sai·son *f* off-season **Ne·ben·satz** *m* LING subordinate clause ▶ **im ~** in passing **Ne·ben·stra·ße** *f* side street **Ne·ben·ver·dienst** *m* additional income **Ne·ben·wir·kung** *f* side effect **Ne·ben·zim·mer** *nt* next room
ne·blig ['neːblɪç] *adj s.* **neb(e)lig**

nebst ['ne:pst] *präp* +*dat* (*veraltend*) together with

ne·bu·lös [nebu'lø:s] **I.** *adj* (*geh*) nebulous **II.** *adv* vaguely

Ne·ces·saire <-s, -s> [nɛsɛ'sɛːɐ̯] *nt* ① (*Kulturbeutel*) vanity bag ② (*Nagel~*) manicure set

ne·cken ['nɛkn̩] *vt* to tease

ne·ckisch *adj* ① (*schelmisch*) mischievous ② (*fam: kess*) saucy

nee ['ne:] *adv* (*fam*) no

Nef·fe <-n, -n> ['nɛfə] *m* nephew

ne·ga·tiv ['ne:gati:f] **I.** *adj* negative **II.** *adv* negatively

Ne·ga·tiv <-s, -e> ['ne:gati:f, *pl* 'ne:gati:və] *nt* negative

Ne·ger(in) <-s, -> ['ne:gɐ] *m(f)* (*pej*) nigger

Ne·ger·kuss^RR *m* (*veraltend*) chocolate marshmallow

ne·gie·ren* [ne'gi:rən] *vt* ① (*geh: leugnen*) to deny ② LING to negate

ne·gro·id [negro'i:t] *adj* negroid

neh·men <nahm, genommen> ['ne:mən] *vt* ① (*ergreifen*) to take ② (*wegnehmen*) ▪ **jdm** etw ~ to take sth [away] [from sb] ③ (*verwenden*) Milch, Zucker to take; *Pfeffer, Salz* to use; **davon braucht man nur ganz wenig zu ~** you only need to use a small amount ④ (*annehmen*) to accept ⑤ (*verlangen*) to ask (**für** for); **was nimmst du dafür?** what do you want for it? ⑥ (*wählen*) TRANSP to take; **heute ~ ich lieber den Bus** I'll take the bus today ⑧ (*einnehmen*) to take; **etw zu sich** *dat* ~ (*geh*) to partake of sth ⑨ (*vergehen lassen*) **jdm die Furcht/die Bedenken/die Hoffnung/den Spaß ~** to take away sb's fear/doubts/hope/fun ⑩ (*überwinden*) to overcome ▶ **etw auf sich** ~ to take sth upon oneself; **jdn ~, wie er ist** to take sb as he is; **etw nehmen, wie es kommt** to take sth as it comes; **sich** *dat* **etw nicht ~ lassen** to not be robbed of sth; **es sich** *dat* **nicht ~ lassen, etw zu tun** to insist on doing sth; **woher ~ und nicht stehlen?** (*fam*) where on earth is one going to get that from?; **jdn zu ~ wissen** to know how to take sb

Neid <-[e]s> ['naɪt] *m kein pl* jealousy, envy (**auf** of); [jds] ~ **erregen** to make sb jealous; **grün vor ~** green with envy; **vor ~ platzen können** to go green with envy ▶ **das muss jdm der ~ lassen** (*fam*) you've got to hand it to sb

nei·den ['naɪdn̩] *vt* ▪ **jdm etw** ~ to envy sb [for] sth

Nei·der(in) <-s, -> *m(f)* jealous person

neid·er·füllt ['naɪdɛɐ̯fʏlt] **I.** *adj* (*geh*) filled with envy **II.** *adv* enviously

Nei·de·rin <-, -nen> *f fem form von* **Neider**

Neid·ham·mel *m* (*fam*) **du alter ~!** you're just jealous!

nei·disch ['naɪdɪʃ], **nei·dig** ['naɪdɪç] SÜDD, ÖSTERR **I.** *adj* jealous, envious **II.** *adv* jealously, enviously

neid·los I. *adj* unbegrudging **II.** *adv* unbegrudgingly

Nei·ge <-, -n> ['naɪɡə] *f* (*Flüssigkeitsrest*) remains; **etw bis zur ~ leeren** to drain sth to the dregs ▶ **zur ~ gehen** (*geh*) to draw to an end

nei·gen ['naɪɡn̩] **I.** *vr* ① (*sich beugen*) ▪ **sich zu jdm ~** to lean over to sb; **sich nach hinten/vorne/rechts/zur Seite ~** to lean backwards/forwards/to the right/to the side ② (*schräg abfallen*) ▪ **etw neigt sich** sth slopes ③ (*geh: sich niederbeugen*) to bow down ④ (*kippen*) ▪ **sich ~** to tilt **II.** *vt* ① (*beugen*) to bend ② (*geh: kippen*) to tilt **III.** *vi* (*anfällig für etw sein*) ▪ **zu etw** *dat* ~ to be prone to sth ② (*tendieren*) ▪ **zu etw** *dat* ~ to tend to sth; **du neigst zu Übertreibungen** you tend to exaggerate

Nei·gung <-, -en> *f* ① (*Vorliebe*) inclination ② (*Zuneigung*) affection ③ (*Tendenz*) tendency; **du hast eine ~ zur Ungeduld** you have a tendency to be impatient ④ (*Gefälle*) slope ⑤ BAU pitch

Nei·gungs·win·kel *m* angle of inclination

nein ['naɪn] *adv* ① (*Negation*) no; **o ~!** certainly not! ② (*sogar*) no ③ *fragend* **du wirst dem Kerl doch nicht helfen, ~?** you won't help this guy, will you? ④ (*ach*) well; **~, wen haben wir denn da?** well, who have we got here then? ▶ **~, so was!** oh no!

Nein <-s> ['naɪn] *nt kein pl* no

Nein·sa·ger(in) <-s, -> [-za:ɡɐ] *m(f)* person who always says no **Nein·stim·me** *f* no-[-vote]

Nek·tar <-s, -e> ['nɛktar] *m* nectar

Nek·ta·ri·ne <-, -n> [nɛkta'ri:nə] *f* nectarine

Nel·ke <-, -n> ['nɛlkə] *f* ① BOT carnation ② KOCHK clove

'nen ['nən] *art indef* (*fam*) *kurz für* **einen** a

nen·nen <nannte, genannt> ['nɛnən] **I.** *vt* ① (*benennen, anreden*) to call ② (*bezeichnen*) to call; **wie nennt man das?** what do you call that? [*or* ist that called?] ③ (*mitteilen*) **ich nenne Ihnen einige Namen** I'll give you a few names; **können Sie mir einen guten Anwalt ~?** can you give me the name of a good lawyer?; **das genannte Restaurant ...** the restaurant mentioned ... ▶ **das nenne ich ...** I call that ... **II.** *vr* (*heißen*) ▪ **sich ~** to call oneself ▶ **und so was nennt sich ...!** (*fam*) and they call that a ...!; **du bist gemein! und so was nennt sich**

Freundin! you're mean! and you call yourself a friend!

nen·nens·wert *adj* considerable; ■ **etwas/nichts Nennenswertes** sth/nothing worth mentioning

Nen·ner <-s, -> *m* MATH denominator; **der kleinste gemeinsame ~** the lowest common denominator

Nen·nung <-, -en> *f* naming

Nenn·wert *m* ❶ BÖRSE nominal value ❷ FIN (*von Währung*) denomination

Neo·fa·schis·mus <-> ['ne:ofaʃɪsmʊs] *m kein pl* neo-fascism *no pl*

Neo·lo·gis·mus <-, -gismen> [neolo'gɪsmʊs, *pl* -'gɪsmən] *m* neologism

Ne·on <-s> ['nɛːɔn] *nt kein pl* neon *no pl*

Neo·na·zi <-s, -s> ['nɛːona:tsi] *m kurz für* Neonazist neo-Nazi

Ne·on·licht *nt* neon light **Ne·on·re·kla·me** *f* neon sign **Ne·on·röh·re** *f* strip light

Ne·pal <-s> ['ne:pal, ne'pa:l] *nt* Nepal; *s. a.* **Deutschland**

Ne·pa·le·se, Ne·pa·le·sin <-n, -n> [nepa:'le:zə, nepa:'le:zɪn] *m, f,* **Nepaler(in)** <-s, -> [ne'pa:lɐ] *m(f)* Nepalese; *s. a.* **Deutsche(r)**

ne·pa·le·sisch [nepa'le:zɪʃ] *adj* Nepalese; *s. a.* **deutsch**

Nepp <-s> ['nɛp] *m kein pl* (*fam*) rip-off

nep·pen ['nɛpn] *vt* (*fam*) ■ **jdn ~** to rip sb off

Nerv <-s *o* -en, -en> ['nɛrf, *pl* 'nɛrfn] *m* ANAT nerve ▶ **die ~en behalten** to keep calm; **~en wie Drahtseile haben** (*fam*) to have nerves of steel; **jdm auf die ~en gehen** (*fam*) to get on sb's nerves; **gute/schlechte ~en haben** to have strong/bad nerves; **du hast vielleicht ~en!** you've got a nerve!

ner·ven ['nɛrfn] *vt, vi* (*fam*) to irritate

Ner·ven·arzt, -ärz·tin *m, f* neurologist **ner·ven·auf·rei·bend** *adj* nerve-racking **Ner·ven·be·las·tung** *f* nervous strain **Ner·ven·bün·del** *nt* (*fam*) bundle of nerves **Ner·ven·gas** *nt* nerve gas **Ner·ven·heil·an·stalt** *f* (*veraltend*) mental hospital **Ner·ven·kit·zel** <-s, -> *m* (*fam*) thrill **Ner·ven·kos·tüm** <-[e]s, -e> *nt* (*fam*) nerves *pl* **Ner·ven·krank·heit** *f* (*physisch*) disease of the nervous system; (*psychisch*) mental illness **Ner·ven·krieg** *m* war of nerves **Ner·ven·nah·rung** *f* food for the nerves **Ner·ven·pro·be** *f* trial of nerves **Ner·ven·sa·che** *f* [eine/reine] ~ **sein** (*fam*) to be all a question of nerves **Ner·ven·sä·ge** *f* (*fam*) pain in the neck **Ner·ven·sys·tem** *nt* nervous system **Ner·ven·zel·le** *f* nerve cell **Ner·ven·zen·trum** *nt* nerve centre **Ner·ven·zu·sam·men·bruch** *m* nervous breakdown

ner·vig ['nɛrfɪç] *adj* ❶ (*sl: nervenaufreibend*) irritating ❷ (*veraltend geh*) wiry

nerv·lich I. *adj* nervous *attr* **II.** *adv* ❶ (*psychisch*) **jd ist ~ erschöpft/belastet** sb's nerves are at a breaking point/strained ❷ (*in der psychischen Verfassung*) **~ bedingt** nervous

ner·vös [nɛr'vøːs] *adj* nervous; ■ **~ sein/werden** to be/become nervous

Ner·vo·si·tät <-> [nɛrvozi'tɛːt] *f kein pl* nervousness

nerv·tö·tend ['nɛrftøːtənt] *adj* (*fam*) nerve-racking

Nerz <-es, -e> ['nɛrts] *m* mink

Nes·sel[1] <-, -n> ['nɛsl] *f* BOT nettle ▶ **sich in die ~n setzen** (*fam*) to put one's foot in it

Nes·sel[2] <-s, -> ['nɛsl] *m* MODE untreated cotton

Nes·ses·sär <-s, -s> [nɛsɛ'sɛːɐ] *nt* ❶ (*Kulturbeutel*) vanity bag ❷ (*Nagel~*) manicure set

Nest <-[e]s, -er> ['nɛst] *nt* ❶ (*Brutstätte*) *a.* ORN nest ❷ (*fam: Kaff*) hole ▶ **das eigene ~ beschmutzen** to foul one's own nest; **sich ins gemachte ~ setzen** (*fam*) to have got it made

Nest·be·schmut·zung *f* fouling one's own nest **Nest·häk·chen** <-s, -> *nt* (*fam*) baby of the family **Nest·wär·me** *f* warmth and security

Ne·ti·quet·te <-, -n> [nɛti'kɛtə] *f* netiquette

nett ['nɛt] *adj* ❶ (*liebenswert*) nice; **sei so ~ und ...** would you mind ...; **er war so nett und hat mich nach Hause gebracht** he was so kind as to take me home ❷ (*angenehm*) nice ❸ (*beträchtlich*) nice; **ein ~es Sümmchen** a tidy sum [of money] ❹ (*iron fam: unerfreulich*) nice; **das sind ja ~e Aussichten!** what a nice prospect!

net·ter·wei·se [nɛtɐ'vaɪzə] *adv* kindly

Net·tig·keit <-, -en> ['nɛtɪçkaɪt] *f* ❶ *kein pl* (*Liebenswürdigkeit*) kindness ❷ (*liebenswürdige Bemerkung*) kind words *pl* ❸ *pl* (*iron fam: boshafte Bemerkung*) insult

net·to ['nɛto] *adv* net

Net·to·ein·kom·men *nt* net income **Net·to·ge·wicht** *nt* net weight

Netz <-es, -e> ['nɛts] *nt* ❶ (*Fischnetz*) net ❷ (*Einkaufs~*) string bag; (*Gepäck~*) [luggage] rack; (*Haar~*) hair net ❸ SPORT net; **ins ~ gehen** to go into the net; **Tennisball to hit the net** ❹ (*Spinnen~*) web ❺ ELEK, TELEK network; (*Strom*) [national] grid [*or* AM power supply system] ❻ *kein pl* INFORM network; ■ **das ~** the Net ❼ TRANSP system ▶ **jdm ins ~ gehen** to fall into sb's trap; **das soziale ~** the social net

Netz·an·schluss[RR] *m* ❶ (*Anschluss an das Stromnetz*) mains *npl* [*or* AM power] supply ❷ (*Anschluss an ein Kommunikationsnetz*)

telephone line connection
netz·ar·tig *adj* netlike
Netz·au·ge *nt* compound eye **Netz·ge·rät** *nt* mains receiver BRIT, power supply unit AM **Netz·haut** *f* retina **Netz·hemd** *nt* string vest **Netz·ste·cker** *m* mains *npl* [*or* AM power] plug **Netz·strumpf** *m* fish-net stocking **Netz·werk** *nt* ① (*engverbundenes System*) network ② INFORM network
neu ['nɔy] **I.** *adj* ① (*gerade produziert/erworben/vorhanden*) new; **das ist die ~e/~este Mode!** it's the new/latest fashion!; ■**etwas/nichts Neues** something/nothing new; ■**der/die Neue** the newcomer; **ein ~eres System** a more up to date system; ■**das N~este** the latest [thing]; ■**jdm ~ sein** to be news to sb; **was gibt's Neues?** (*fam*) what's new?; **seit ~[e]stem** [since] recently; **von ~em** all over again ② (*frisch*) fresh ③ (*abermalig*) new; **einen ~en Anfang machen** to make a fresh start; **einen ~en Anlauf nehmen** to have another go; **einen ~en Versuch machen** to have another try ▶ **auf ein N~es!** here's to a fresh start!; (*Neujahr*) here's to the New Year! **II.** *adv* ① (*von vorn*) ~ **bearbeitet** MEDIA revised; ~ **anfangen** to start all over again; **etw ~ gestalten** to redesign ② (*zusätzlich*) anew; **die Firma will 33 Mitarbeiter ~ einstellen** the firm wants to employ 33 new employees ③ (*erneut*) again ④ (*seit kurzem da*) ~ **entwickelt** newly-developed; ~ **eröffnet** newly opened; (*erneut eröffnet*) re-opened ▶ **wie ~ geboren** like a new man/woman
Neu·an·kömm·ling <s, -e> *m* newcomer **Neu·an·schaf·fung** *f* ① (*Anschaffung von etw Neuem*) new acquisition ② (*neu Angeschafftes*) recent acquisition
neu·ar·tig ['nɔyʔaːɐ̯tɪç] *adj* ① (*von neuer Art*) new ② (*nach neuer Methode*) new type of
Neu·auf·la·ge *f* ① *kein pl* (*Neuausgabe*) new edition ② (*Nachdruck*) reprint
Neu·bau <-bauten> ['nɔybau̯, *pl* -bau̯tn] *m* ① *kein pl* (*die neue Errichtung*) [new] building ② (*neu erbautes Gebäude*) new building
Neu·bau·ge·biet *nt* development area; (*schon bebaut*) area of new housing **Neu·bau·woh·nung** *f* newly-built flat [*or* AM *a*. apartment]
Neu·be·ar·bei·tung *f* ① MEDIA (*erneutes Bearbeiten*) revision ② MEDIA (*revidierte Fassung*) revised edition ③ MUS, THEAT new version **Neu·be·ginn** *m* new beginning **Neu·be·wer·tung** *f* re-assessment; ÖKON revaluation **Neu·bil·dung** *f* ① (*Umbildung*) reshuffle ② LING neologism ③ MED neoplasm **Neu-De·lhi** <-s> [nɔy'deːli] *nt* New Delhi **Neu-**

ent·wick·lung *f* new development
neu·er·dings ['nɔyɐˈdɪŋs] *adv* recently
neu·er·lich ['nɔyɐlɪç] **I.** *adj* further **II.** *adv* (*selten*) again
Neu·er·öff·nung *f* ① (*neue Eröffnung*) new opening ② (*Wiedereröffnung*) re-opening **Neu·er·schei·nung** *f* new publication
Neu·e·rung <-, -en> ['nɔyərʊŋ] *f* reform
Neu·fas·sung *f* ① *kein pl* (*Vorgang*) revising; *eines Films* remaking ② (*Ergebnis des Vorgangs*) new version; *eines Films* remake
Neu·fund·land [nɔyˈfʊntlant] *nt* Newfoundland
Neu·ge·bo·re·ne(s) *nt* newborn
Neu·gier·(de) <-> ['nɔyɡiːɐ̯(də)] *f kein pl* curiosity
neu·gie·rig **I.** *adj* ① (*auf Informationen erpicht*) curious; **sei nicht so ~!** don't be so nosey! ② (*gespannt*) ■~ **sein, ob/wie ...** to be curious to know, whether/how ... **II.** *adv* curiously
Neu·gui·nea <-s> [-ɡiˈneːa] *nt* New Guinea **Neu·hei·de, -hei·din** *m, f* REL Druid
Neu·heit <-, -en> ['nɔyhai̯t] *f* ① (*Neusein*) novelty ② ÖKON innovation
Neu·ig·keit <-, -en> ['nɔyɪçkai̯t] *f* news
Neu·ins·ze·nie·rung *f* new production **Neu·jahr** *nt kein pl* (*der erste Januar*) New Year ▶ **prost ~!** here's to the New Year!
Neu·ka·le·do·ni·en <-s> [nɔykaleˈdoːniən] *nt* New Caledonia
Neu·land *nt kein pl* AGR uncultivated land ▶ ~ **betreten** to enter unknown territory
neu·lich ['nɔylɪç] *adv* the other day
Neu·ling <-s, -e> ['nɔylɪŋ] *m* beginner
neu·mo·disch *adj* ① (*sehr modern*) fashionable ② (*pej: unverständlich neu*) newfangled **II.** *adv* fashionably **Neu·mond** *m kein pl* new moon
neun ['nɔyn] *adj* nine; *s. a.* **acht**[1]
Neun <-, -en> ['nɔyn] *f* nine
neu·ner·lei ['nɔynɐlai̯] *adj attr* nine [different]; *s. a.* **achterlei**
neun·fach, 9-fach ['nɔynfax] **I.** *adj* ninefold; **die ~e Menge** nine times the amount; *s. a.* **achtfach II.** *adv* ninefold, nine times over; *s. a.* **achtfach**
neun·hun·dert ['nɔynˈhʊndɐt] *adj* nine hundred
neun·mal ['nɔynmaːl] *adv* nine times **neun·mal·klug** ['nɔynmaːlkluːk] *adj* (*iron fam*) smart-aleck *attr*
neun·tau·send ['nɔynˈtau̯znt] *adj* ① (*Zahl*) nine thousand ② (*fam: Geld*) nine grand *no pl*
neun·te(r, s) ['nɔyntə(ɐ, s)] *adj* ① (*nach dem achten kommend*) ninth; **die ~ Klasse** fourth year [*or* AM grade] (*secondary school*);

s. a. **achte(r, s)** 1 ❷ (*Datum*) ninth, 9th; *s. a.* **achte(r, s)** 2
neun·tel ['nɔʏntl] *nt* ninth
Neun·tel <-s, -> ['nɔʏntl] *nt* ninth
neun·tens ['nɔʏntəns] *adv* ninthly
neun·zehn ['nɔʏntseːn] *adj* nineteen; *s. a.* **acht**[1]
neunzehnte(r, s) *adj* nineteenth; *s. a.* **achte(r, s)**
neun·zig ['nɔʏntsɪç] *adj* ninety; *s. a.* **achtzig** 1, 2
neun·zig·ste(r, s) ['nɔʏntsɪɡstə] *adj* ninetieth; *s. a.* **achte(r, s)**
Neu·ori·en·tie·rung *f* (*geh*) reorientation
Neu·re·ge·lung *f*, **Neu·reg·lung** *f* revision; *Verkehr, Ampelphasen* new scheme
neu·reich *adj* nouveau riche **Neu·rei·che(r)** *f(m)* nouveau riche
Neu·ro·der·mi·tis <-, dermitiden> [nɔʏrodɛrˈmiːtɪs] *f* neurodermatitis
Neu·ro·lo·ge, -lo·gin <-en, -en> [nɔʏroˈloːɡə, -ˈloːɡɪn] *m, f* neurologist
Neu·ro·se <-, -n> [nɔʏˈroːzə] *f* neurosis
Neu·ro·ti·ker(in) <-s, -> [nɔʏˈroːtikɐ] *m(f)* neurotic
neu·ro·tisch [nɔʏˈroːtɪʃ] *adj* neurotic
Neu·schnee *m* fresh snow
Neu·see·land [nɔʏˈzeːlant] *nt* New Zealand; *s. a.* **Deutschland**
Neu·see·län·der(in) <-s, -> [nɔʏˈzeːlɛndɐ] *m(f)* New Zealander; *s. a.* **Deutsche(r)**
neu·see·län·disch [nɔʏzeːˈlɛndɪʃ] *adj* New Zealand *attr*, from New Zealand *pred*
Neu·start *m* new start
Neu·tra ['nɔʏtra] *pl von* **Neutrum**
neu·tral [nɔʏˈtraːl] *adj, adv* neutral
neu·tra·li·sie·ren* [nɔʏtraliˈziːrən] *vt* to neutralize
Neu·tra·li·tät <-> [nɔʏtraliˈtɛːt] *f kein pl* neutrality *no pl*
Neu·tren ['nɔʏtrən] *pl von* **Neutrum**
Neu·tron <-s, -tronen> ['nɔʏtrɔn, *pl* nɔʏˈtroːnən] *nt* neutron
Neu·trum <-s, Neutra *o* Neutren> ['nɔʏtrʊm, *pl* 'nɔʏtra, 'nɔʏtrən] *nt* LING neuter
Neu·ver·schul·dung *f* new borrowing
Neu·wahl *f* re-election **neu·wer·tig** *adj* as new **Neu·zeit** *f kein pl* ■ **die ~** modern times *pl*
News·group <-, -s> ['njuːzɡruːp] *f* newsgroup
Ni·ca·ra·gua <-s> [nikaˈraɡua] *nt* Nicaragua; *s. a.* **Deutschland**
Ni·ca·ra·gu·a·ner(in) <-s, -> [nikaraˈɡuaːnɐ] *m(f)* Nicaraguan; *s. a.* **Deutsche(r)**
ni·ca·ra·gu·a·nisch [nikaraˈɡuaːnɪʃ] *adj* Nicaraguan; *s. a.* **deutsch**

nicht [nɪçt] **I.** *adv* ❶ (*Verneinung*) not; **ich weiß ~** I don't know; **ich bin es ~ gewesen** it wasn't me; **nein, danke, ich rauche ~** no thank you, I don't smoke; **~ öffentlich** *attr* not open to the public *pred*; **~ rostend** non-rusting; **~ [ein]mal** not even; **~ mehr** not any longer; **~ mehr als** no more than; **jedes andere Hemd, aber das bitte ~** any other shirt, just not that one; **bitte ~!** please don't!; **~ doch!** stop it!; **~ eine[r]** not one; **~!** don't! ❷ (*verneinende Aufforderung*) do not, don't **II.** *part* ❶ *in Fragen* (*stimmt's?*) isn't that right; **sie schuldet dir doch noch Geld, ~?** she still owes you money, doesn't she? ❷ *in Fragen* (*wohl*) not; **kannst du mir ~ 1.000 Euro leihen?** could you not lend me 1,000 euros?

Nicht·ach·tung *f* disregard; **~ des Gerichts** JUR contempt of court **Nicht·an·er·ken·nung** *f* ❶ POL non-recognition *no pl* ❷ JUR repudiation **Nicht·an·griffs·pakt** [nɪçtˈʔanɡrɪfs‚pakt] *m* non-aggression pact **Nicht·be·ach·tung** *f*, **Nicht·be·fol·gung** *f* JUR non-compliance
Nich·te <-, -n> ['nɪçtə] *f* niece
nicht·ehe·lich *adj* JUR illegitimate **Nicht·er·schei·nen** <-s> *nt kein pl* failure to appear **Nicht·eu·ro·pä·er(in)** *m(f)* non-European
nich·tig ['nɪçtɪç] *adj* ❶ JUR (*ungültig*) invalid ❷ (*geh: belanglos*) trivial
Nich·tig·keit <-, -en> *f* ❶ *kein pl* JUR (*Ungültigkeit*) invalidity ❷ *meist pl* (*geh*) triviality
Nicht·lei·ter *m* non-conductor
Nicht·rau·cher(in) *m(f)* non-smoker
Nicht·rau·cher·ab·teil *nt* BAHN non-smoking area [*or* compartment] **Nicht·rau·che·rin** <-, -nen> *f fem form von* **Nichtraucher**
nicht·ros·tend [-rɔstn̩t] *adj attr* (*fachspr*) *Stahl* stainless
nichts [nɪçts] *pron indef* ❶ (*nicht etwas*) not anything; **es ist ~** it's nothing; **~ als ...** (*nur*) nothing but; **~ mehr** nothing more; **~ wie raus!** let's get out!; **~ sagend** meaningless; **damit will ich ~ zu tun haben** I don't want anything to do with it; **das geht Sie ~ an!** that's none of your business! ❷ *vor substantiviertem adj* nothing; **~ anderes [als ...]** nothing other than ...; **hoffentlich ist es ~ Ernstes** I hope it's nothing serious ▶ **~ da!** (*fam*) no chance!; **für ~** for nothing, **für ~ und wieder ~** (*fam*) for nothing [at all]
Nichts <-, -e> [nɪçts] *nt* ❶ *kein pl* (*Nichtsein*) **das/ein ~** nothingness *no pl* ❷ (*leerer Raum*) void ❸ (*Nullmenge*) nothing; **aus dem ~** out of nothing; **aus dem ~ auftauchen** to show up from out of nowhere ❹ (*unbedeutender Mensch*) ■ **ein ~** a nonentity ▶ **vor dem ~ stehen** to be left with nothing

Nicht·schwim·mer(in) *m(f)* non-swimmer
nichts·des·to·trotz [nɪçtsdɛstoˈtrɔts] *adv* nonetheless ▸ **aber ~, ...** but nevertheless, ... **nichts·des·to·we·ni·ger** [nɪçtsdɛstoˈveːnɪgɐ] *adv* nevertheless
Nichts·nutz <-es, -e> [ˈnɪçtsnʊts] *m (pej)* good-for-nothing
nichts·nut·zig *adj (pej)* useless
Nichts·tun *nt* ❶ *(das Faulenzen)* idleness *no pl* ❷ *(Untätigkeit)* inactivity *no pl* **nichts·wür·dig** <-er, -ste> *adj (geh)* despicable; *Tat a.* base
Nicht·wäh·ler(in) *m(f)* non-voter **Nicht·zah·lung** *f* non-payment
Ni·ckel <-s> [ˈnɪkl̩] *nt kein pl* nickel *no pl*
ni·cken [ˈnɪkn̩] *vi* ❶ *(mit dem Kopf nicken)* to nod; **zustimmend ~** to nod in agreement ❷ *(fam: schlafen)* to nod [off]
Ni·cker·chen <-s> [ˈnɪkɐçən] *nt kein pl (fam)* nap; **ein ~ machen** to take a nap
nie [niː] *adv* ❶ *(zu keinem Zeitpunkt)* never; **~ mehr** never again; **einmal und ~ wieder** once and never again; **das hätte ich ~ im Leben gedacht** I never would have thought so; **~ und nimmer** never ever ❷ *(bestimmt nicht)* never
nie·der [ˈniːdɐ] *adv* down
nie·der|beu·gen *vr* ▪ **sich ~ [zu jdm/etw]** to bend down [to sb/sth] **nie·der|bren·nen** *irreg* **I.** *vi sein* to burn down **II.** *vt haben* ▪ **etw ~** to burn down sth *sep* **nie·der·deutsch** [ˈniːdɐdɔytʃ] *adj* Low German **Nie·der·fre·quenz** *f* low frequency **Nie·der·gang** <-[e]s> *m kein pl* decline **nie·der·ge·drückt** *adj s.* **niedergeschlagen nie·der·ge·las·sen** [-ɡəlasn̩] *adj* resident **nie·der·ge·schla·gen** [-ɡəʃlaːɡn̩] *adj* downcast **Nie·der·ge·schla·gen·heit** <-> *f* despondency *no pl* **nie·der|kni·en** **I.** *vi sein* to kneel [down] **II.** *vr haben* ▪ **sich ~** to kneel [down] **(vor** before) **nie·der|kom·men** *vi irreg sein (veraltend geh)* ▪ **mit jdm ~** to be delivered of sb
Nie·der·la·ge *f* defeat
Nie·der·lan·de [ˈniːdɐlandə] *pl* ▪ **die ~** the Netherlands; *s. a.* **Deutschland**
Nie·der·län·der(in) <-s, -> [ˈniːdɐlɛndɐ] *m(f)* Dutchman *masc*, Dutchwoman *fem*; *s. a.* **Deutsche(r)**
nie·der·län·disch [ˈniːdɐlɛndɪʃ] *adj* ❶ *(zu den Niederlanden gehörend)* Dutch ❷ *(die niederländische Sprache)* Dutch; *s. a.* **deutsch**
nie·der|las·sen **I.** *vr irreg* ❶ *(ansiedeln)* ▪ **sich irgendwo ~** to settle down somewhere ❷ *(beruflich etablieren)* ▪ **sich irgendwo ~** to establish oneself somewhere; **niedergelassener Arzt** registered doctor with their own practice ❸ *(geh: hinsetzen)* ▪ **sich ~** to sit down; *Vogel* to settle **II.** *vt (veraltend)* to lower
Nie·der·las·sung <-, -en> *f* ❶ *(berufliche Etablierung)* establishment *no pl* ❷ *(Zweigstelle)* branch
nie·der|le·gen I. *vt* ❶ *(hinlegen)* to put down *sep* ❷ *(aufgeben)* to give up; *Amt, Mandat* to resign; *Arbeit* to stop ❸ *(geh: schlafen legen)* **ein Kind ~** to put a child to bed ❹ *(geh: schriftlich fixieren)* ▪ **etw irgendwo ~** to put sth down [in writing] somewhere **II.** *vr (sich hinlegen)* ▪ **sich ~** to lie down ▸ **da legst di nieder!** süDD *(fam)* I'll be blowed! [*or* Am damned!]
Nie·der·le·gung <-, -en> *f* ❶ *(das Hinlegen)* laying ❷ *einer Aufgabe* resignation (+*gen* from) ❸ *(schriftliche Fixierung)* writing down ❹ *(Deponierung)* submission
nie·der|ma·chen *vt (fam)* ❶ *(kaltblütig töten)* to butcher ❷ *(heruntermachen)* ▪ **jdn/etw ~** to run sb/sth down *fam* **Nie·der·ös·ter·reich** [ˈniːdɐʔøːstərajç] *nt* Lower Austria **nie·der|rei·ßen** *vt irreg* to pull down *sep* **Nie·der·sach·sen** <-s> [ˈniːdezaksn̩] *nt* Lower Saxony **nie·der|schie·ßen** *irreg* **I.** *vt haben* to shoot down *sep* **II.** *vi sein (niederstoßen)* **der Vogel schoss auf die Beute nieder** the bird swooped down on its prey
Nie·der·schlag *m* ❶ METEO *(Regen)* rainfall *no pl*; *(Schnee)* snowfall *no pl*; *(Hagel)* hail *no pl* ❷ CHEM sediment ❸ *(schriftlich fixierter Ausdruck)* **seinen ~ in etw** *dat* **finden** *(geh)* to find expression in sth
nie·der|schla·gen *irreg* **I.** *vt* ❶ *(zu Boden schlagen)* to floor ❷ *(unterdrücken)* to crush; *Streik* to break up; *Unruhen* to suppress ❸ *(geh) Augen* to lower ❹ JUR **das Verfahren ~** to quash the proceedings **II.** *vr* ▪ **sich ~** ❶ *(kondensieren)* to condense (**an** on) ❷ CHEM *(ausfällen)* to sediment ❸ *(zum Ausdruck kommen)* to find expression (**in** in)
nie·der|schmet·tern *vt* ▪ **jdn ~** ❶ *(niederschlagen)* to send sb crashing to the ground ❷ *(fig: erschüttern)* to devastate **nie·der·schmet·ternd** [ˈniːdɐʃmɛtɐnt] *adj* deeply distressing; *Nachricht* devastating; **ein ~es Wahlergebnis** a crushing electoral defeat
nie·der|schrei·ben *vt irreg* to write down *sep* **Nie·der·schrift** *f* ❶ *(Protokoll)* record ❷ *kein pl (das Niederschreiben)* writing down **Nie·der·span·nung** *f* low voltage
nie·der|sto·ßen *irreg* **I.** *vt haben* to knock down **II.** *vi sein* **der Vogel stieß auf die Beute nieder** the bird swooped down on its prey
Nie·der·tracht <-> *f kein pl* ❶ *(Gesinnung)* malice ❷ *(Tat)* despicable act

nie·der·träch·tig I. adj (pej) ① (übelwollend) contemptible; Einstellung, Lüge, Person a. despicable ② (fam: stark) Kälte extreme; Schmerz a. excruciating **II.** adv dreadfully

Nie·der·träch·tig·keit <-, -en> f ① (niederträchtige Tat) despicable act ② kein pl s. **Niedertracht**

Nie·de·rung <-, -en> ['niːdərʊŋ] f (Senke) lowland; (Mündungsgebiet) flats pl

nie·der|wer·fen irreg **I.** vr ▪ sich [vor jdm] ~ to throw oneself down [before/in front of sb] **II.** vt (geh) ① (niederschlagen) to crush ② (besiegen) to overcome ③ (erschüttern) to shatter fam

nied·lich ['niːtlɪç] **I.** adj cute, sweet **II.** adv sweetly

nied·rig ['niːdrɪç] **I.** adj ① (nicht hoch) low ② (gering) low; Betrag small ③ (gemein) base; Herkunft humble ④ JUR base **II.** adv low

Nied·rig·lohn·be·reich m, **Nied·rig·lohn·sek·tor** m POL, ÖKON low-wage sector

nie·mals [ˈniːmaːls] adv (emph) never

nie·mand ['niːmant] pron indef (keiner) nobody, no one; **ist denn da a ~?** isn't there anyone there?; **ich will ~en sehen** I don't want to see anybody

Nie·mands·land ['niːmantslant] nt kein pl no man's land

Nie·re <-, -n> ['niːrə] f kidney ▶ **jdm an die ~n gehen** (fam) to get to sb

Nie·ren·be·cken nt renal pelvis **nie·ren·för·mig** adj kidney-shaped **Nie·ren·gurt** m kidney belt **Nie·ren·lei·den** nt kidney disease **Nie·ren·stein** m kidney stone **Nie·ren·ver·sa·gen** nt kein pl kidney failure no pl

nie·seln ['niːzl̩n] vi impers ▪ **es nieselt** it's drizzling

Nie·sel·re·gen ['niːzl̩-] m drizzle no pl

nie·sen ['niːzn̩] vi to sneeze

Nieß·brauch ['niːsbraʊx] m kein pl JUR [right of] usufruct **Nieß·nut·zer(in)** <-s, -> m(f) JUR usufructuary

Nie·te¹ <-, -n> ['niːtə] f ① (Nichttreffer) blank ② (fam: Versager) loser

Nie·te² <-, -n> ['niːtə] f TECH rivet

nie·ten ['niːtn̩] vt to rivet

niet- und na·gel·fest ['niːtʔʊntˈnaːɡl̩fɛst] adj ▶ **alles, was nicht ~ ist** (fam) everything that's not nailed down

Ni·ge·ria <-s> [niˈɡeːrja] nt Nigeria; s. a. **Deutschland**

Ni·ge·ri·a·ner(in) <-s, -> [niɡeˈrjaːnɐ] m(f) Nigerian; s. a. **Deutsche(r)**

ni·ge·ri·a·nisch [niɡeˈrjaːnɪʃ] adj Nigerian; s. a. **deutsch**

Ni·hi·lis·mus <-> [nihiˈlɪsmʊs] m kein pl nihilism no pl

ni·hi·lis·tisch adj nihilistic

Ni·ko·laus <-, -e o -läuse> [ˈnɪkolaʊs, pl -lɔyzə] m ① (verkleidete Gestalt) St. Nicholas (figure who brings children presents on 6th December) ② kein pl (Nikolaustag) St. Nicholas' Day

Ni·ko·tin <-s> [nikoˈtiːn] nt kein pl nicotine

ni·ko·tin·frei adj nicotine-free **Ni·ko·tin·ver·gif·tung** f nicotine poisoning

Nil <-s> [niːl] m ▪ **der** ~ the Nile

Nil·pferd nt hippopotamus

nim·mer ['nɪmɐ] adv ① (veraltend geh: niemals) never ② SÜDD, ÖSTERR (nicht mehr) no longer

Nim·mer·satt <-[e]s, -e> ['nɪmɐzat] m ① (fam) glutton ② ORN wood ibis **Nim·mer·wie·der·se·hen** [nɪmɐˈviːdeːzeːən] nt **auf ~** (fam) never to be seen again; **auf ~!** (fam) good riddance!

nimmt ['nɪmt] 3. pers pres von **nehmen**

nip·pen ['nɪpn̩] vi to sip (**an** from, **von** at)

Nip·pes ['nɪpəs, 'nɪps, 'nɪp] pl [k]nick·[k]nacks pl

nir·gends ['nɪrɡn̩ts] adv nowhere; **ich konnte ihn ~ finden** I couldn't find him anywhere

nir·gend·wo ['nɪrɡn̩tˈvoː] adv s. **nirgends**

nir·gend·wo·hin ['nɪrɡn̩tvoˈhɪn] adv nowhere

Ni·sche <-, -n> ['niːʃə] f niche

Ni·schen·da·sein nt BIOL, SOZIOL marginal existence

nis·ten ['nɪstn̩] vi to nest

Nist·kas·ten m nesting box

Ni·trat <-[e]s, -e> [niˈtraːt] nt nitrate

Ni·veau <-s, -s> [niˈvoː] nt ① (Anspruch) calibre; **~ haben** to have class; **kein ~ haben** to be lowbrow; **etw ist unter jds ~** dat sth is beneath sb fig; **er blieb mit diesem Buch unter seinem [üblichen] ~** this book wasn't up to his usual standard ② (Höhe einer Fläche) level

ni·veau·los [niˈvoː-] adj primitive **ni·veau·voll** adj intellectually stimulating

ni·vel·lie·ren* [nivɛˈliːrən] vt ① (geh: einander angleichen) to even out sep ② (planieren) to level [off/out]

Ni·vel·lie·rung <-, -en> f (geh) evening out

nix [nɪks] pron indef (fam) s. **nichts**

Ni·xe <-, -n> ['nɪksə] f mermaid

Niz·za <-s> ['nɪtsa] nt Nice

no·bel ['noːbl̩] **I.** adj ① (edel) noble ② (luxuriös) luxurious ③ (großzügig) generous **II.** adv ① (edel) honourably ② (großzügig) generously

No·bel·ka·ros·se ['noːbl̩karɔsə] f AUTO (pej fam) posh [or AM fancy] car

No·bel·preis [noˈbɛlpraɪs] *m* Nobel prize
No·bel·preis·trä·ger(in) *m(f)* Nobel prize winner

No·bles·se <-> [noˈblɛs(ə)] *f (geh)* noble-mindedness

No·bo·dy <-s, -s> [ˈnoʊbədi] *m* nobody

noch [nɔx] **I.** *adv* ❶ *(bis jetzt)* still; **ein ~ ungelöstes Problem** an as yet unsolved problem; **ich rauche kaum ~** I hardly smoke any more; ■**~ nicht** not yet; **~ nichts** nothing yet; ■**~ nie** never; **die Sonne schien und die Luft war klar wie ~ nie** the sun was shining and the sky was clearer than ever before; **bisher ist ~ niemand gekommen** nobody has arrived yet ❷ *(irgendwann)* some time ❸ *(nicht später als)* by the end of; **~ gestern habe ich davon nicht das Geringste gewusst** even yesterday I didn't have the slightest idea of it; **~ heute** today ❹ *(bevor etw anderes geschieht)* **bleib ~ ein wenig** stay a bit longer ❺ *(womöglich sogar)* **wir kommen ~ zu spät** we're going to end up being late ❻ *(obendrein)* in addition; **bist du satt oder möchtest du ~ etwas essen?** are you full or would you like something more to eat?; **mein Geld ist alle, hast du ~ etwas?** I don't have any money left, do you have any?; **möchten Sie ~ eine Tasse Kaffee?** would you like another cup of coffee?; ■**~ eine(r, s)** another ❼ *vor comp (mehr als)* even [more] ❽ *in Verbindung mit so* **er kommt damit nicht durch, mag er auch ~ so lügen** he won't get away with it, however much he lies; **du kannst ~ so bitten, ...** you can beg as much as you like ... ❾ *einschränkend (so eben)* just about **II.** *konj* ■**weder ... ~** neither ... nor **III.** *part* ❶ *(drückt Erregung aus)* **die wird sich ~ wundern!** she's in for a [bit of a] shock! ❷ *(drückt Empörung, Erstaunen aus)* **sag mal, was soll der Quatsch, bist du ~ normal?** what is this nonsense, are you quite right in the head? ❸ *(doch)* **wie hieß er ~ gleich?** what was his name again?

noch·ma·lig [ˈnɔxmaːlɪç] *adj attr* further
noch·mals [ˈnɔxmaːls] *adv* again

No·ma·de, No·ma·din <-n, -n> [noˈmaːdə, noˈmaːdɪn] *m, f* nomad

No·ma·den·tum <-s> *nt kein pl* nomadism *no pl*

No·ma·din <-, -nen> *f fem form von* **Nomade**

No·men <-s, Nomina> [ˈnoːmən, pl ˈnoːmiːna] *nt* LING noun

No·men·kla·tur <-, -en> [noːmɛnklaˈtuːɐ] *f* nomenclature

No·mi·na [ˈnoːmina] *nt pl von* **Nomen**

No·mi·na·tiv <-[e]s, -e> [ˈnoːminatiːf, pl ˈnoːminatiːvə] *m* nominative

no·mi·nie·ren* [nomiˈniːrən] *vt* to nominate

No·mi·nie·rung <-, -en> *f (geh)* nomination

No-Name(-Pro·dukt)ᴿᴿ [ˈnoʊnɛːm-], **No-name(-Pro·dukt)**ᴬᴸᵀ [ˈnoʊnɛːm-] *nt* no-name [product]

non·kon·for·mis·tisch *adj (geh)* nonconformist

Non·ne <-, -n> [ˈnɔnə] *f* nun

Non·plus·ul·tra <-> [nɔnplʊsˈʔʊltra] *nt kein pl (geh)* ■**das ~** the ultimate

Non-Pro·fit-Un·ter·neh·men [ˌnɒnproˈfɪt-] *nt* ÖKON not-for-profit organization

Non·sens <-[es]> [ˈnɔnzɛns] *m kein pl* nonsense *no pl*

non-stop [nɔnˈʃtɔp, nɔnˈstɔp] *adv* non-stop

Nord <-[e]s, -e> [ˈnɔrt, pl ˈnɔrdə] *m* ❶ *kein art, kein pl bes* NAUT north; **aus** [*o von*] **~** from the north ❷ *pl selten* NAUT *(Nordwind)* north wind

Nord·ame·ri·ka [ˈnɔrtʔaˈmeːrika] *nt* North America **nord·deutsch** [ˈnɔrtdɔytʃ] *adj* North German **Nord·deutsch·land** [ˈnɔrtdɔytʃlant] *nt* North Germany

Nor·den <-s> [ˈnɔrdn̩] *m kein pl, kein indef art* ❶ *(Himmelsrichtung)* north; **im ~** in the north; **in Richtung ~** to[wards] the north; **nach ~** to the north ❷ *(nördliche Gegend)* north; **er wohnt im ~/im ~ der Stadt/im ~ Deutschlands** he lives in the north/in the northern part of town/in North[ern] Germany

Nord·eu·ro·pa <-s> [ˈnɔrtʔɔyˈroːpa] *nt kein pl* northern Europe *no pl* **Nord·halb·ku·gel** *f* northern hemisphere **Nord·ir·land** [ˈnɔrtʔɪrlant] *nt* Northern Ireland

nor·disch [ˈnɔrdɪʃ] *adj* Nordic

Nord·küs·te [ˈnɔrtkʏstə] *f* north coast

nörd·lich [ˈnœrtlɪç] **I.** *adj* ❶ *(Himmelsrichtung)* northern ❷ *(im Norden liegend)* northern; **weiter ~ liegen** to lie further [to the] north ❸ *(von/nach Norden)* northerly; **in ~e Richtung** northwards **II.** *adv* ■**~ von ...** north of ... **III.** *präp +gen* ■**~ der Alpen/der Stadt** [to the] north of the Alps/the town

Nord·licht *nt* ❶ *(Polarlicht)* ■**das ~** the Northern Lights *pl* ❷ *(fam: Mensch aus Norddeutschland)* North German **Nord·os·ten** [nɔrtˈʔɔstn̩] *m kein pl, kein indef art* ❶ *(Himmelsrichtung)* north-east; **nach ~** to[wards] the north-east ❷ *(nordöstliche Gegend)* north-east **nord·öst·lich** [nɔrtˈʔœstlɪç] **I.** *adj* ❶ *(in ~er Himmelsrichtung befindlich)* north-eastern ❷ *(im Nordosten liegend)* north-eastern ❸ *(von/nach Nordosten)* north-eastwards **II.** *adv* ■**~ von ...** north-east of ... **III.** *präp +gen* ■**~ einer**

S. *gen* north-east of sth **Nord·pol** ['nɔrtpo:l] *m kein pl* ■ **der** ~ the North Pole
Nord·rhein-West·fa·len ['nɔrtraɪnvɛst'faːlən] *nt* North Rhine-Westphalia
Nord·see ['nɔrtzeː] *f* ■ **die** ~ the North Sea; **an der** ~ on the North Sea coast **Nord-Süd-Ge·fäl·le** *nt* North-South divide **Nord·wes·ten** [nɔrt'vɛstn̩] *m kein pl, kein indef art* ❶ (*Himmelsrichtung*) north-west; **nach** ~ to(wards) the north-west ❷ (*nordwestliche Gegend*) north-west **nord·west·lich** [nɔrt'vɛstlɪç] **I.** *adj* ❶ (*in* ~ *er Himmelsrichtung befindlich*) north-western ❷ (*im Nordwesten liegend*) north-western ❸ (*von/nach Nordwesten*) north-westwards **II.** *adv* ■ ~ **von ...** north-west of ... **III.** *präp +gen* ■ ~ **einer S.** [o the] north-west of sth **Nord·wind** *m* north wind
Nör·ge·lei <-, -en> *f* ❶ (*nörgelnde Äußerung*) moaning ❷ (*dauerndes Nörgeln*) nagging
nör·geln ['nœrgl̩n] *vi* to moan (**über** about)
Nörg·ler(in) <-s, -> ['nœrglɐ] *m(f)* moaner
Norm <-, -en> ['nɔrm] *f* ❶ (*festgelegte Größe*) standard ❷ (*verbindliche Regel*) norm ❸ (*Durchschnitt*) ■ **die** ~ the norm ❹ (*festgesetzte Arbeitsleistung*) quota
nor·mal [nɔr'ma:l] **I.** *adj* ❶ (*üblich*) normal ❷ (*geistig gesund*) normal ❸ *meist verneint* (*fam: zurechnungsfähig*) right in the head **II.** *adv* normally
Nor·mal·ben·zin *nt* low-octane petrol [*or* AM gas(oline)]
nor·ma·ler·wei·se *adv* normally
Nor·mal·fall *m* normal case **Nor·mal·ge·wicht** *nt* normal weight
nor·ma·li·sie·ren* [nɔrmali'zi:rən] **I.** *vt* to normalize **II.** *vr* ■ **sich** ~ to normalize
Nor·ma·li·sie·rung <-, -en> *f* normalization *no pl*
Nor·ma·li·tät <-> [nɔrmali'tɛːt] *f kein pl* normality *no pl*
Nor·mal·ver·brau·cher(in) *m(f)* average consumer; **Otto** ~ (*fam*) the man in the street **Nor·mal·zu·stand** *m kein pl* normal state
Nor·man·die <-> [nɔrman'diː] *f* ■ **die** ~ Normandy
nor·men ['nɔrmən] *vt* to standardize
nor·mie·ren* [nɔr'miːrən] *vt* (*geh*) to standardize
Nor·mie·rung <-, -en> *f* (*geh*) standardization *no pl*
Nor·mung <-, -en> *f* standardization *no pl*
Nor·we·gen <-s> ['nɔrveːɡn̩] *nt* Norway; *s. a.* **Deutschland**
Nor·we·ger(in) <-s, -> ['nɔrveːɡɐ] *m(f)* Norwegian; *s. a.* **Deutsche(r)**

nor·we·gisch ['nɔrveːɡɪʃ] *adj* Norwegian; *s. a.* **deutsch**
Nost·al·gie <-> [nɔstal'giː] *f kein pl* (*geh*) nostalgia *no pl*
nost·al·gisch [nɔs'talɡɪʃ] *adj* (*geh*) nostalgic
Not <-, Nöte> ['noːt, *pl* 'nøːtə] *f* ❶ *kein pl* (*Armut*) poverty *no pl* ❷ (*Bedrängnis*) distress; **in** ~ **geraten** to get into difficulties; **jdm seine** ~ **klagen** to pour out one's troubles to sb ❸ (*Mühe*) **seine** |**liebe**| ~ **haben mit jdm/etw** to have one's work cut out with sb/sth; **mit knapper** ~ just ▶ ~ **macht erfinderisch** (*prov*) necessity is the mother of invention; **wenn** ~ **am Mann ist** in times of need; **aus der** ~ **eine Tugend machen** to make a virtue out of necessity; **zur** ~ if need(s| be
No·tar(in) <-s, -e> [no'taːɐ̯] *m(f)* notary
No·ta·ri·at <-[e]s, -e> [nota'rjaːt] *nt* (*Kanzlei*) notary's office
no·ta·ri·ell [nota'rjɛl] *adj* notarial
No·ta·rin <-, -nen> *f* fem form von **Notar**
Not·arzt, **-ärz·tin** *m*, *f* ❶ (*Arzt für Notfälle*) casualty [*or* AM emergency] doctor (*who treats patients at the scene of an accident*) ❷ (*Arzt im Notdienst*) doctor on call **Not·auf·nah·me** *f* MED (*eines Kranken in einem Notfall*) emergency admission; (*Krankenhausstation*) accident and emergency department, emergency room AM **Not·aus·gang** *m* emergency exit **Not·be·helf** *m* stopgap [measure] **Not·brem·se** *f* emergency brake **Not·dienst** *m* duty
Not·durft ['noːtdʊrft] *f* **seine** ~ **verrichten** (*geh*) to relieve oneself *dated or hum*
not·dürf·tig ['noːtdʏrftɪç] **I.** *adj* makeshift **II.** *adv* in a makeshift manner *pred*
No·te <-, -n> ['noːtə] *f* ❶ (*musikalisches Zeichen*) note; **ganze/halbe** ~ semibreve/minim ❷ (*Zensur*) grade ❸ (*Banknote*) [bank]note ❹ *kein pl* (*Eigenart*) special character
Note·book <-s, -s> ['noʊtbʊk] *nt* INFORM notebook
No·ten·bank *f* issuing bank **No·ten·blatt** *nt* sheet of music **No·ten·schlüs·sel** *m* clef **No·ten·stän·der** *m* music stand
Note·pad-Com·pu·ter ['noʊtpæd-] *m* notepad [computer]
Not·fall *m* emergency
not·falls ['noːtfals] *adv* if needs be
not·ge·drun·gen *adv* willy-nilly **Not·gro·schen** *m* savings for a rainy day
no·tie·ren* [no'tiːrən] **I.** *vt* ❶ (*aufschreiben*) to write down ❷ BÖRSE (*ermitteln*) **nicht notierte Tochtergesellschaft** unquoted subsidiary; **notierte Währung** quoted exchange **II.** *vi* ❶ (*schreiben*) to write down ❷ BÖRSE (*ermitteln*) to be quoted; **die Aktie notiert**

Notierung – Numeri

mit 70 Euro the share is quoted at 70 euros
No·tie·rung <-, -en> f BÖRSE quotation
nö·tig ['nøːtɪç] **I.** adj (erforderlich) necessary; ■ alles N~e everything necessary; etw [bitter] ~ haben to be in [urgent] need of sth; wir haben es nicht ~, uns so von ihm unter Druck setzen zu lassen we don't have to put up with him pressurizing us like this; er hat es nicht ~, sich anzustrengen he doesn't need to try hard; der hat es gerade ~, von Treue zu reden ... he's a one to tell us about faithfulness ... **II.** adv urgently
nö·ti·gen ['nøːtɪɡn̩] vt to force
nö·ti·gen·falls ['nøːtɪɡn̩fals] adv (form) if necessary
Nö·ti·gung <-, -en> f (Zwang) coercion
No·tiz <-, -en> [no'tiːts] f ① (Vermerk) note ② (kurze Zeitungsmeldung) short report ▶ [keine] ~ [von jdm/etw] nehmen to take [no] notice [of sb/sth]
No·tiz·block <-blöcke> m notepad **No·tiz·buch** nt notebook **No·tiz·zet·tel** m page of a notebook
Not·la·ge f desperate situation **not·lan·den** <notlandete, notgelandet> ['noːtlandn̩] vi sein to make an emergency landing **Not·lan·dung** f emergency landing **Not·lö·sung** f stopgap [solution] **Not·lü·ge** f white lie **not·ope·rie·ren*** vt MED to perform emergency surgery
no·to·risch [no'toːrɪʃ] **I.** adj (geh) notorious; (allbekannt) well-known **II.** adv (geh) notoriously
Not·ruf m ① (Anruf auf einer Notrufnummer) emergency call ② s. Notrufnummer
Not·ruf·num·mer f emergency number
Not·ruf·säu·le f emergency telephone
not·schlach·ten <notschlachtete, notgeschlachtet> vt ■ ein Tier ~ to slaughter an animal out of necessity **Not·si·gnal** nt emergency signal **Not·sitz** m spare foldaway seat
Not·stand m (Notlage) desperate situation; JUR [state of] emergency **Not·stands·ge·biet** nt disaster area
Not·un·ter·kunft f emergency accommodation
Not·wehr <-> f kein pl [aus] ~ [in] self-defence no pl
not·wen·dig ['noːtvɛndɪç] **I.** adj necessary **II.** adv necessarily; etw ~ brauchen to absolutely need sth
not·wen·di·ger·wei·se ['noːtvɛndɪɡɐ'vaizə] adv necessarily
Not·wen·dig·keit <-, -en> f ['noːtvɛndɪçkait, notvɛndɪçkait] f necessity
Not·zucht <-> f kein pl s. Vergewaltigung
Nou·gat <-s, -s> ['nuːɡat] m o nt s. Nugat

No·vel·le <-, -n> [no'vɛlə] f ① (Erzählung) short novel ② (novelliertes Gesetz) amendment
No·vem·ber <-s, -> [no'vɛmbɐ] m November; s. a. Februar
No·vi·ze, No·vi·zin <-n, -n> [no'viːtsə, no'viːtsɪn] m, f novice
Nr. Abk von **Nummer** no.
NS¹ [ɛn'ɛs] Abk von **Nachschrift** PS
NS² [ɛn'ɛs] Abk von **Nationalsozialismus** National Socialism
Nu ['nuː] m im ~ in a flash
Nu·an·ce <-, -n> ['nÿãːsə] f nuance
nu·an·cen·reich ['nÿãːsən-] adj highly nuanced
nüch·tern ['nʏçtɐn] adj ① (mit leerem Magen) ■ ~ sein with an empty stomach ② (nicht betrunken) sober ③ (realitätsbewusst) down-to-earth ④ (bloß) plain
Nüch·tern·heit <-> f kein pl ① (Realitätsbewusstsein) rationality no pl ② (nicht alkoholisierter Zustand) sobriety no pl
Nu·del <-, -n> ['nuːdl̩] f ① meist pl pasta + sing vb, no indef art; (in Suppe) noodle usu pl ② meist pl DIAL (krapfenähnliches Gebäck) pastry
Nu·del·holz nt rolling pin **Nu·del·sup·pe** f noodle soup
Nu·dist(in) <-en, -en> [nu'dɪst] m(f) (geh) nudist
Nu·gat <-s, -s> ['nuːɡat] m o nt nougat
nu·kle·ar [nukle'aːɡ] **I.** adj attr nuclear **II.** adv with nuclear weapons pref
Nu·kle·ar·ab·fall <-s, -abfälle> m nuclear waste **Nu·kle·ar·auf·rüs·tung** f nuclear armament **Nu·kle·ar·pro·gramm** nt nuclear programme [or AM program] **Nu·kle·ar·waf·fe** f nuclear weapon
null ['nʊl] adj ① (Zahl) zero, nought ② SPORT (kein) no ▶ **gleich** ~ **sein** (so gut wie nicht vorhanden) to be nil; **in** ~ **Komma nichts** (fam) in a flash; ~ **und nichtig sein** to be null and void; **die Stunde** ~ zero hour
Null¹ <-, -en> ['nʊl, pl 'nʊln̩] f ① (Zahl) zero, null ② (fam: Versager) nothing
Null² <-[s],-s> ['nʊl, pl 'nʊls] m o nt KARTEN null[o]
null·acht·fuff·zehn [nʊlʔaxt'fʊftseːn] adj, **null·acht·fünf·zehn** ['nʊlʔaxt'fʏnftseːn] adv (fam) run-of-the-mill **Null·di·ät** f starvation diet **Null·lö·sungᴿᴿ** f, **Nullö·sungᴬᴸᵀ** f zero option **Null·punkt** m kein pl freezing point ▶ **auf den** ~ **sinken** to reach rock bottom **Null·run·de** f round of wage negotiations where demand for a wage rise is dropped **Null·ta·rif** m kein pl ■ **zum** ~ for free
Nu·me·ri ['nuːmeri] pl von **Numerus**

nu·me·rie·renALT* [numəˈriːrən] s. **nummerieren**

nu·me·risch [nuˈmeːrɪʃ] adj numeric[al]

Nu·me·rus <-, Numeri> [ˈnuːmerʊs, pl ˈnuːmeri] m number

Num·mer <-, -n> [ˈnʊmɐ] f ❶ (Zahl) number ❷ (Telefonnummer) number ❸ MEDIA issue ❹ (Größe) size ❺ (Autonummer) registration number ❻ (derb: Koitus) fuck; **eine ~ [mit jdm] schieben** (sl) to have it off BRIT [or AM get it on] **with sb**] ▶ **auf ~ Sicher gehen** (fam) to play it safe

num·me·rie·renRR* [nʊməˈriːrən] vt to number

Nụm·mern·kon·to nt numbered account

Nụm·mern·schild nt number [or AM license] plate

nun [nuːn] **I.** adv ❶ (jetzt) now ❷ (na ja) well ❸ (~ mal) but; **ich will ~ mal nicht im Norden Urlaub machen!** but I just don't want to go on holiday in the north! ❹ (etwa) well; **hat sich die Mühe ~ gelohnt?** well, was it worth the trouble? ❺ in Fragesätzen (denn) then; **ob es ~ auch sein kann ...** could it be then ... ❻ (gar) really; **wenn sie sich ~ wirklich etwas angetan hat?** what if she has really done sth to herself? ❼ (eben) just; **Mathematik liegt ihr ~ mal nicht** maths isn't her thing ▶ **~ denn** so; **~ gut** alright; **~ ja, aber ...** well yes, but ...; **es ist ~ [ein]mal so** so that's the way it is **II.** konj (veraltend geh: jetzt da) now that

nun·mehr [ˈnuːnˈmeːɐ̯] adv (geh) now

nur [nuːɐ̯] adv ❶ (nicht mehr als) only, just; **ich habe ~ noch einen Euro** I've only one euro left ❷ (ausschließlich) only, just; **~ sie darf das** only she is allowed to do that ❸ (bloß) only, just; **wie konnte ich das ~ vergessen!** how on earth could I forget that!; **~ schade, dass ...** it's just a pity that ... ❹ (ruhig) just ❺ (einschränkend) but, the only thing is ...; **~ kann man nie wissen, ob ...** but you never can tell if ... ▶ **~ her damit!** (fam: gib/gebt es ruhig!) give it here!; **warum/was/wer/wie ... ~?** just why/what/who/how ...?; **~ zu!** come on then

Nürn·berg <-s> [ˈnʏrnbɛrk] nt Nuremberg

nu·scheln [ˈnʊʃln] vi, vt (fam) to mumble

NussRR <-, Nüsse> [nʊs, pl ˈnʏsə], **Nuß**ALT <-, Nüsse> [nʊs, pl ˈnʏsə] f ❶ (Haselnuss) hazelnut; (Walnuss) walnut ❷ (fam: Kopf) nut ▶ **dumme ~** (fam) silly twit; **jdm eine harte ~ zu knacken geben** (fam) to give sb a tough nut to crack

Nụss·baumRR m ❶ (Walnussbaum) walnut tree ❷ kein pl (Walnussholz) walnut no pl

nụss·sig [ˈnʊsɪç] adj KOCH nutty

Nụss·kna·ckerRR m nutcracker **Nụss·scha·le**RR f ❶ (Schale einer Nuss) [nut]shell ❷ (winziges Boot) cockleshell **Nụss·tor·te**RR f nut gateau BRIT, cream cake with hazelnuts AM

Nüs·ter <-, -n> [ˈnyːste, ˈnyːstɐ] f ZOOL nostril

Nut·te <-, -n> [ˈnʊtə] f (sl) whore

nụtz·bar adj usable

Nụtz·bar·ma·chung <-> f kein pl utilization; von Bodenschätzen exploitation

nụtz·brin·gend I. adj gainful **II.** adv gainfully

nüt·ze [ˈnʏtsə] adj präd, **nutz** [nʊts] adj präd SÜDD, ÖSTERR **zu etw** dat **~ sein** to be useful; ■**zu nichts ~ sein** to be good for nothing

nut·zen [ˈnʊtsn̩], **nüt·zen** [ˈnʏtsn̩] **I.** vi (von Nutzen sein) ■**[etwas] nutzen** to be of use; ■**[jdm] nichts nutzen** to be [of] no use; **ich will Geld sehen, ein Schuldschein nützt mir nichts** I want to see money — an IOU is no good to me **II.** vt ❶ (in Gebrauch nehmen) to use ❷ (ausnutzen) to exploit, to take advantage of

Nut·zen <-s> [ˈnʊtsn̩] m kein pl benefit; **welchen ~ versprichst du dir davon?** what do you hope to gain from it?; **[jdm] ~ bringen** to be of advantage [to sb]; **[jdm] von ~ sein** to be of use [to sb]

Nụtz·er·füh·rung f INET, INFORM navigation

Nụtz·fahr·zeug nt utility vehicle **Nụtz·flä·che** f utilizable space of land

nütz·lich [ˈnʏtslɪç] adj ❶ (nutzbringend) useful ❷ (hilfreich) helpful

Nụtz·lich·keit <-> f kein pl advantage

nụtz·los I. adj useless **II.** adv in vain pred

Nụtz·lo·sig·keit <-> f kein pl uselessness no pl

Nụtz·nie·ßer(in)RR <-s, -> [ˈnʊtsniːse] m(f) JUR usufructuary **Nụtz·pflan·ze** f [economically] useful plant

Nụt·zung <-, -en> f use

Nụt·zungs·recht nt right of use; JUR usufruct

NW Abk von **Nordwesten**

Ny·lon® <-[s]> [ˈnaɪlɔn] nt kein pl nylon

Nym·phe <-, -n> [ˈnʏmfə] f nymph

Nym·pho·ma·nin <-, -nen> f nymphomaniac

O

O, o <-, - *o fam* -s, -s> [oː] *nt* O, o; *s. a.* **A 1**
o [oː] *interj* oh
O *Abk von* **Osten**
Oa·se <-, -n> [oˈaːzə] *f* oasis
ob [ɔp] *konj* ❶ (*indirekte Frage*) whether; ~ **er morgen kommt?** I wonder whether he'll come tomorrow? ❷ (*sei es, dass ...*) whether ...; ■ ~ ..., ~ ... whether ... or ...; ~ **reich, ~ arm, jeder muss sterben** rich or poor, everyone must die ❸ (*sei es dass*) **sie muss mitgehen, ~ es ihr passt oder nicht** she has to go whether she likes it or not
OB <-s, -s> [oːˈbeː] *m Abk von* **Oberbürgermeister**
Ob·dach <-[e]s> [ˈɔpdax] *nt kein pl* (*geh*) shelter
ob·dach·los *adj* homeless **Ob·dach·lo·se(r)** *f(m)* homeless person
Ob·dach·lo·sen·asyl *nt*, **Ob·dach·lo·sen·heim** *nt* refuge for homeless persons
Ob·duk·ti·on <-, -en> [ɔpdʊkˈtsi̯oːn] *f* post-mortem [examination]
ob·du·zie·ren* [ɔpduˈtsiːrən] *vt* ■ **jdn ~** to perform a post-mortem on sb
O-Bei·ne *pl* bandy legs *pl*
oben [ˈoːbn̩] *adv* ❶ (*in der Höhe*) top; **ich möchte die Flasche ~ links** I'd like the bottle on the top left; ■ ~ **auf etw** *dat o akk* on top of sth; **ganz ~** right at the top; **hier ~** up here; **hoch ~** high; **bis ~ [hin]** up to the top; **nach ~** to further up; **nach ~ up;** **von ~** (*vom oberen Teil*) from above ❷ (*im oberen Stockwerk*) upstairs; **nach ~** upstairs; **von ~** from upstairs ▶ (*fam: auf höherer Ebene*) **wir haben keine Ahnung von dem, was ~ geschieht** we have no idea what happens among the powers that be; **solche Dinge werden ~ entschieden** these things are decided by the powers that be; **ich gebe Ihren Antrag dann weiter, die ~ sollen sich damit beschäftigen** I'll pass your application on, the powers that be can deal with it ❹ (*vorher*) above; ~ **erwähnt** above-mentioned ❺ (*auf der Oberseite*) **der Stoff ist ~ glänzend, unten matt** the upper part of the material is shiny, the lower part matt ▶ **jdn von ~ herab behandeln** to behave in a superior manner toward sb; **jdm bis [hier] ~ stehen** to have it up to here; **nicht mehr wissen, wo ~ und unten ist** to not know whether you are coming or going; ~ **ohne** topless; **von ~ bis unten** from top to bottom
oben·an [ˈoːbn̩ˈʔan] *adv* first **oben·auf**
[ˈoːbn̩ˈʔaʊf] *adv* ❶ DIAL (*obendrauf*) on top ❷ (*fig*) ■ ~ **sein** (*guter Laune*) to be chirpy; (*im Vorteil*) to be in a strong position **oben·drauf** [ˈoːbn̩ˈdraʊf] *adv* (*fam*) on top; **sie setzte sich auf den Koffer ~** she sat on top of the suitcase **oben·drein** [ˈoːbn̩ˈdraɪn] *adv* on top **oben·her·um** [ˈoːbn̩ˈheːrʊm] *adv* (*fam*) ❶ (*um die Brüste herum*) in the boobs ❷ (*im Bereich des Oberteils*) in the bust **oben·hin** [ˈoːbn̩ˈhɪn] *adv* in passing **oben·oh·ne** [ˈoːbn̩ˈʔoːnə] *adj* topless **oben·rum** [ˈoːbn̩ˈrʊm] *adv s.* **obenherum**
Ober <-s, -> [ˈoːbɐ] *m* [head] waiter
Ober·arm *m* upper arm **Ober·arzt, -ärz·tin** *m, f* senior consultant
Ober·be·fehl *m kein pl* supreme command; **den ~ haben** to be in supreme command **Ober·be·fehls·ha·ber, -be·fehls·ha·be·rin** *m, f* commander-in-chief
Ober·be·griff *m* generic term **Ober·be·klei·dung** *f* outer clothing **Ober·bür·ger·meis·ter, -bür·ger·meis·te·rin** [ˈoːbɐbʏrgɐmaɪstɐ, -maɪstərɪn] *m, f* mayor, BRIT *a.* ≈ Lord Mayor **ober·cool** [ˈoːbɐkuːl] *adj* (*sl*) totally cool
obe·re(r, s) [ˈoːbərə, -rə, -rəs] *adj attr* ❶ (*oben befindlich*) top ❷ (*rangmäßig höher*) higher ❸ (*vorhergehend*) previous ❹ (*höher gelegen*) upper
ober·faul [ˈoːbɐfaʊl] *adj* (*fam*) incredibly lazy
Ober·flä·che [ˈoːbɐflɛçə] *f* surface; **an die ~ kommen** to surface
ober·fläch·lich [ˈoːbɐflɛçlɪç] **I.** *adj* superficial **II.** *adv* ❶ (*allgemein*) superficially ❷ (*flüchtig*) in a slapdash manner *pred* **Ober·fläch·lich·keit** <-> *f kein pl* superficiality
Ober·ge·schossʳʳ *nt* top floor **Ober·gren·ze** *f* upper limit **Ober·gu·ru** *m kein fem* (*hum o pej*) big cheese [*or* boss] *fam*
ober·halb [ˈoːbɐhalp] **I.** *präp* +*gen* above **II.** *adv* above
Ober·hand [ˈoːbɐhant] *f kein pl* upper hand; **die ~ gewinnen** to gain the upper hand (**über** over) **Ober·haupt** *nt* head **Ober·haus** *nt* **das britische ~** the House of Lords **Ober·hemd** *nt* shirt
Obe·rin [ˈoːbərɪn] *f* ❶ (*Oberschwester*) matron ❷ (*Äbtissin*) Mother Superior
ober·ir·disch **I.** *adj* overground; **Kabel** overhead **II.** *adv* overground **Ober·kell·ner, -kell·ne·rin** *m, f* head waiter *masc*, head waitress *fem* **Ober·kie·fer** *m* upper jaw **Ober·kom·man·do** [ˈoːbɐkɔmando] *nt* MIL supreme command (**über** over) **Ober·kör·per** *m* torso; **mit bloßem ~** topless **Ober·lei·tung** *f* ❶ (*Führung*) overall man-

agement ❷ (*Fahrdraht*) overhead cable[s pl] (*on trolleybuses and trams/streetcars*) **Ober·leut·nant** ['oːbɐlɔytnant] *m* ❶ (*im Heer*) lieutenant Brit, first lieutenant Am ❷ (*bei der Luftwaffe*) flying officer Brit, first lieutenant Am **Ober·licht** *nt* ❶ (*oberer Fensterteil*) transom ❷ (*Fenster über einer Tür*) fanlight, Am *usu* transom [window] **Ober·lip·pe** *f* upper lip **Ober·ma·te·ri·al** *nt eines Schuhs* upper[s] *pl* **Ober·ös·ter·reich** ['oːbəʔøːstəraɪç] *nt* Upper Austria **ober·pein·lich** ['oːbɐpaɪnlɪç] *adj* (*sl*) cringeworthy **Ober·schen·kel** *m* thigh **Ober·schicht** *f* ❶ *der Gesellschaft* upper class ❷ geol upper stratum **Ober·schu·le** *f* ❶ (*meist fam*) secondary school ❷ hist (*in der früheren DDR*) unified comprehensive school **Ober·schwes·ter** *f* matron **Ober·sei·te** *f* top

Oberst <-en *o* -s, -e[n]> ['oːbəst] *m* mil ❶ (*im Heer*) colonel ❷ (*in der Luftwaffe*) group captain Brit, colonel Am

Ober·staats·an·walt, -an·wäl·tin *m, f* senior public prosecutor Brit, attorney general Am

obers·te(r, s) ['oːbəstə, -tɐ, -təs] *adj* ❶ (*ganz oben befindlich*) top ❷ (*rangmäßig am höchsten*) highest

Ober·stüb·chen *nt* ▶ **nicht ganz richtig im ~ sein** (*veraltend fam*) to be not quite right in the head **Ober·stu·fe** *f* ≈ sixth form [*or* Am grade] **Ober·teil** *nt o m* ❶ (*Aufsatz*) top part ❷ (*oberes Teil*) top **Ober·trot·tel** *m* (*fam*) prize idiot **Ober·wei·te** *f* bust size

ob·gleich [ɔpˈglaɪç] *konj* although

Ob·hut <-> [ˈɔphuːt] *f kein pl* (*geh*) care; **unter jds ~ stehen** to be in sb's care

obi·ge(r, s) ['oːbɪɡə] *adj attr* ❶ (*oben genannt*) above-mentioned ❷ (*zuvor abgedruckt*) above

Ob·jekt <-[e]s, -e> [ɔpˈjɛkt] *nt* ❶ (*Gegenstand*) object ❷ (*Immobilie*) [piece of] property ❸ (*Kunstgegenstand*) objet d'art ❹ (*Gegenteil von Subjekt*) object

ob·jek·tiv [ɔpjɛkˈtiːf] **I.** *adj* objective **II.** *adv* objectively

Ob·jek·tiv <-s, -e> [ɔpjɛkˈtiːf, *pl* ɔpjɛkˈtiːvə] *nt* lens

Ob·jek·ti·vi·tät <-> [ɔpjɛktiviˈtɛːt] *f kein pl* objectivity

Ob·la·te <-, -n> [oˈblaːtə] *f* wafer

ob·lie·gen* [ɔpˈliːɡn̩, ɔpˈliːɡn̩] *vi irreg, impers sein o haben* (*form: verantwortlich sein*) ■ **jdm ~** to be sb's responsibility

ob·li·ga·to·risch [obligaˈtoːrɪʃ] *adj* (*geh*) compulsory

Oboe <-, -n> [oˈboːə] *f* oboe

Obo·lus <-, -se> [ˈɔːbolʊs, *pl* oˈboːlʊsə] *m* (*geh*) contribution

Ob·rig·keit <-, -en> [ˈoːbrɪçkaɪt] *f* (*Verwaltung*) ■ **die ~** the authorities

ob·schon [ɔpˈʃoːn] *konj* (*geh*) *s.* **obgleich**

Ob·ser·va·to·ri·um <-, -torien> [ɔpzɛrvaˈtoːriʊm, *pl* -riən] *nt* observatory

ob·ser·vie·ren* [ɔpzɛrˈviːrən] *vt* (*form*) to observe

ob·skur [ɔpsˈkuːɐ̯] *adj* (*geh*) ❶ (*unbekannt*) obscure ❷ (*verdächtig*) suspicious

Obst <-[e]s> [oːpst] *nt kein pl* fruit

Obst·an·bau <-s> *m*, **Obst·bau** *m kein pl* fruit growing **Obst·baum** *m* fruit tree **Obst·gar·ten** *m* orchard **Obst·hand·lung** *f* fruiterer's Brit, fruit store Am

obs·ti·nat [ɔpstiˈnaːt] *adj* (*geh*) obstinate

Obst·ku·chen *m* fruit flan **Obst·mes·ser** *nt* fruit knife **Obst·saft** *m* fruit juice **Obst·sa·lat** *m* fruit salad

ob·szön [ɔpsˈtsøːn] *adj* obscene

Ob·szö·ni·tät <-, -en> [ɔpstsøniˈtɛːt] *f* obscenity

ob·wohl [ɔpˈvoːl] *konj* although

Och·se <-n, -n> [ˈɔksə] *m* ❶ (*kastriertes Rind*) ox ❷ (*fam: Dummkopf*) idiot

Och·sen·schwanz·sup·pe *f* oxtail soup

Ocker <-s, -> [ˈɔkɐ] *m o nt* ochre

Ode <-, -n> [ˈoːdə] *f* ode

öde [ˈøːdə] *adj* ❶ (*verlassen*) desolate ❷ (*fade*) dull ❸ (*unfruchtbar*) bleak

Öde <-, -n> [ˈøːdə] *f* (*geh*) *kein pl* (*Verlassenheit*) desolation ❷ (*unwirtliches Land*) wasteland ❸ (*Leere*) dreariness

oder [ˈoːdɐ] *konj* ❶ (*eines oder anderes*) or; **~ aber** or else; **~ auch** or [even]; **~ auch nicht** or [maybe] not ❷ (*stimmt's?*) **der Film hat dir auch gut gefallen, ~?** you liked the film too, didn't you?; **soviel ich weiß, schuldet er dir noch Geld, ~?** as far as I know he still owes you money, doesn't he?; **du traust mir doch, ~** [etwa] **nicht?** you do trust me, don't you?

Ödi·pus·kom·plex [ˈøːdipʊs-] *m* Oedipus complex *no pl*

Öd·land [ˈøːtlant] *nt kein pl* wasteland *no pl*

Odys·see <-, -n> [odyˈseː, *pl* odyˈseːən] *f* odyssey

Ofen <-s, Öfen> [ˈoːfn̩, *pl* ˈøːfn̩] *m* ❶ (*Heiz~*) heater; (*Kohle-, Kachel-, Öl-*) stove ❷ (*Back~*) oven ❸ tech furnace; (*Brenn~*) kiln; (*Müllverbrennungs~*) incinerator ❹ dial (*Herd*) cooker ❺ (*sl: Pkw, Motorrad*) wheels *fam*; **ein heißer ~** (*fam: Motorrad*) fast bike; (*Auto*) fast set of wheels ▶ **jetzt ist der ~ aus** (*fam*) that does it

ofen·frisch *adj* oven-fresh **Ofen·hei·zung** *f* stove heating *no art, no pl* **Ofen·rohr** *nt* stovepipe

of·fen ['ɔfn] **I.** *adj* ❶ *(nicht geschlossen)* open; **mit ~em Fenster** with the window open ❷ *(unerledigt)* open; *Punkt* moot; *Problem, Rechnung* unsettled ❸ *(unentschieden)* uncertain; **etw ~ lassen** to leave sth open ❹ *(freimütig)* frank, candid (**zu** with) ❺ *(frei zugänglich)* open ❻ *(nicht abgepackt)* loose; **~er Wein** wine by the glass/carafe ❼ *Laden, Geschäft* ■ **~ haben** to be open **II.** *adv* openly; **~ gestanden** to be [perfectly] honest

of·fen·bar [ɔfn'baːɐ̯] **I.** *adj* obvious **II.** *adv* obviously

of·fen·ba·ren <*pp* offenbart *o* geoffenbart> [ɔfn'baːrən] **I.** *vt* ❶ *(geh: enthüllen)* ■ **jdm etw ~** to reveal sth to sb ❷ *(mitteilen)* ■ **jdm ~, dass ...** to inform sb that ... **II.** *vr* ❶ *(sich anvertrauen)* ■ **sich jdm ~** to confide in sb ❷ *(erweisen)* ■ **sich als etw ~** to show oneself to be sth ❸ *(Liebe erklären)* ■ **sich jdm ~** to reveal one's feelings to sb

Of·fen·ba·rung <-, -en> [ɔfn'baːrʊŋ] *f* revelation

Of·fen·ba·rungs·eid *m* JUR oath of disclosure [*or* AM *a.* manifestation]; **den ~ leisten** to swear an oath of disclosure

Of·fen·heit <-> *f kein pl* openness *no art, no pl;* **in aller ~** quite frankly

of·fen·her·zig *adj* ❶ *(freimütig)* open ❷ *(hum fam: tief ausgeschnitten)* revealing

of·fen·kun·dig [ɔfnkʊndɪç] *adj* obvious

of·fen·sicht·lich [ɔfnzɪçtlɪç] **I.** *adj* obvious; *Irrtum, Lüge* blatant **II.** *adv* obviously

of·fen·siv [ɔfɛn'ziːf] **I.** *adj (geh)* offensive; *Verhalten, Art* aggressive **II.** *adv (geh)* offensively, aggressively

Of·fen·si·ve <-, -n> [ɔfɛn'ziːvə] *f* offensive; **in die ~ gehen** to go on the offensive

öf·fent·lich ['œfntlɪç] **I.** *adj* public **II.** *adv* publicly

Öf·fent·lich·keit <-> *f kein pl* ■ **die ~** the [general] public + *sing/pl vb;* **in aller ~** in public; **etw an die ~ bringen** to make sth public; **die ~ scheuen** to shun publicity

Öf·fent·lich·keits·ar·beit *f* public relations work *no art, no pl* **öf·fent·lich·keits·wirk·sam** *adj* ■ **~ sein** to be good publicity

öf·fent·lich-recht·lich [ɔfɛntlɪç-] *adj attr* under public law *pred;* **Anstalt** public; **eine ~e Rundfunkanstalt** public service broadcasting

of·fe·rie·ren* [ɔfe'riːrən] *vt (geh)* to offer

Of·fer·te <-, -n> [ɔ'fɛrtə] *f* offer

of·fi·zi·ell [ɔfi'tsi̯ɛl] **I.** *adj* ❶ *(amtlich)* official ❷ *(förmlich)* formal **II.** *adv* officially; **jdn ~ einladen** to give sb an official invitation

Of·fi·zier(in) <-s, -e> [ɔfi'tsiːɐ̯] *m(f)* officer

öff·nen ['œfnən] **I.** *vt* to open **II.** *vi* ■ **[jdm] ~** to open the door [for sb] **III.** *vr* ❶ *(aufgehen)* ■ **sich ~** to open ❷ *(weiter werden)* ■ **sich ~** to open out ❸ *(sich [innerlich] zuwenden)* ■ **sich [jdm] ~** to open up [to sb]

Öff·ner <-s, -> *m* ❶ *(Dosen~)* can [*or* BRIT *a.* tin] opener; *(Flaschen~)* bottle opener ❷ *(Tür~)* door opener

Öff·nung <-, -en> *f* ❶ *(offene Stelle)* opening ❷ *kein pl (geh: das Öffnen)* opening ❸ *kein pl* POL opening up

Öff·nungs·po·li·tik *f* policy of openness **Öff·nungs·zei·ten** *pl* hours of business *pl; einer öffentlichen Anstalt* opening times *pl*

Off·roa·der <-s, -> ['ɔfroːdɐ] *m* TECH off-roader

Off·set·druck <-drucke> ['ɔfsɛt-] *m* offset [printing] *no art, no pl*

oft <öfter> ['ɔft] *adv* often

öf·ter(s) ['œftɐ(s)] *adv* [every] once in a while; **ist dir das schon ~ passiert?** has that happened to you often?

öf·tes·ten ['œftəstn] *superl von* oft

oft·mals *adv (geh) s.* oft

oh ['oː] *interj* oh

oh·ne ['oːnə] **I.** *präp + akk* ❶ *(nicht versehen mit)* without; **~ Geld** without any money; **sei ~ Furcht!** don't be afraid!; **~ Schutz** unprotected ❷ *(nicht eingerechnet)* excluding ❸ *(nicht mit jdm)* without; **~ Kinder/Nachwuchs** childless/without offspring; **~ Erben sterben** to die heirless; **~ mich!** count me out! **II.** *konj* ■ **~ etw zu tun** without doing sth; ■ **~ dass etw geschieht** without sth happening; ■ **~ dass jd etw tut** without sb doing sth

oh·ne·dies [oːnə'diːs] *adv s.* ohnehin **oh·ne·glei·chen** [oːnə'glaɪçn] *adj ❶ (unnachahmlich)* unparalleled ❷ *(außergewöhnlich)* [quite] exceptional **oh·ne·hin** [oːnə'hɪn] *adv* anyhow, anyway[s AM *a. fam*]

Ohn·macht <-, -en> ['oːnmaxt] *f* ❶ *(Bewusstseinszustand)* faint *no pl;* **aus der ~ erwachen** to come round; **in ~ fallen** to faint ❷ *(geh: Machtlosigkeit)* powerlessness *no art, no pl*

ohn·mäch·tig ['oːnmɛçtɪç] **I.** *adj* ❶ *(bewusstlos)* unconscious; ■ **~ werden** to faint ❷ *(geh: machtlos)* powerless; ■ **gegenüber etw** *dat* **~ sein** to be powerless to stop/in the face of sth ❸ *attr Wut* helpless **II.** *adv* helplessly

Ohn·machts·an·fall *m* fainting fit; **einen ~ bekommen** to have a fainting fit

Ohr <-[e]s, -en> ['oːɐ̯] *nt ear;* **auf einem ~ taub sein** to be deaf in one ear; **die ~en anlegen** *Hund, Hase* to put its ears back; **sich die ~en zuhalten** to put one's hands over one's ears ▶ **es <u>faustdick</u> hinter den ~en haben** to be a crafty one; **ganz ~ sein** *(hum*

fam) to be all ears; **auf dem ~ <u>taub</u> sein** (*fam*) to be deaf to that sort of thing; **bis über beide ~en <u>verliebt</u> sein** to be head over heels in love; **jdm eins hinter die ~en <u>geben</u>** (*fam*) to give sb a clip round the ear; **ins ~ <u>gehen</u>** to be catchy; **viel um die ~en <u>haben</u>** (*fam*) to have a great deal on one's plate; **jdn übers ~ <u>hauen</u>** (*fam*) to pull a fast one on sb; **sich aufs ~ <u>legen</u>** (*fam*) to put one's head down; **jdm** [mit etw *dat*] **in den ~en <u>liegen</u>** to badger sb [with sth]; **die ~en <u>spitzen</u>** to prick up one's ears; **seinen ~en nicht <u>trauen</u>** to not believe one's ears

Öhr <-[e]s, -e> ['ø:ɐ̯] *nt* eye

Oh·ren·arzt, -ärz·tin <-es, -ärzte> *m, f* ear specialist **oh·ren·be·täu·bend I.** *adj* deafening **II.** *adv* deafeningly **Oh·ren·ent·zün·dung** *f* ear infection **Oh·ren·müt·ze** *f* MODE cap with ear flaps **Oh·ren·sau·sen** <-s> *nt kein pl* buzzing in the ears **Oh·ren·schmalz** *nt kein pl* earwax *no art, no pl* **Oh·ren·schmaus** *m kein pl* (*fam*) treat for the ear[s] **Oh·ren·schüt·zer** *m meist pl* earmuff *usu pl* **Oh·ren·trop·fen** *pl* eardrops *pl* **Oh·ren·zeu·ge, -zeu·gin** *m, f* (*veraltend form*) witness (*to something heard*)

Ohr·fei·ge <-, -n> *f* box on the ears

ohr·fei·gen *vt* ▪ **jdn ~** to box sb's ears

Ohr·läpp·chen <-s, -> *nt* earlobe **Ohr·muschel** *f* [outer *form*] ear **Ohr·ring** *m* earring **Ohr·stöp·sel** *m* earplug **Ohr·wurm** *m* ❶ (*fam*) catchy tune ❷ ZOOL earwig

oje, oje·mi·ne [o'je:(mine)] *interj* (*veraltend*) oh dear

o.k. [o'ke:] *adj Abk von* **okay** OK

okay [o'ke:] (*fam*) **I.** *adv* okay **II.** *adj präd* okay; **Ihr Termin geht ~!** there'll be no problem with your appointment

Ok·kul·tis·mus <-> [ɔkul'tɪsmʊs] *m kein pl* occultism *no art, no pl*

Öko <-[s], -s> ['øːko] *m* POL, SOZIOL (*fam*) environmental activist

Öko·bau·er, -bäu·e·rin *m, f* organic farmer **Öko·la·den** ['øːkolaːdn̩] *m* health food shop

Öko·lo·ge, Öko·lo·gin <-n, -n> [øko'loːgə, øko'loːgɪn] *m, f* ecologist

Öko·lo·gie <-> [økolo'giː] *f kein pl* ecology *no art, no pl*

Öko·lo·gie·be·we·gung *f* environmental movement

Öko·lo·gin <-, -nen> [øko'loːgɪn] *f fem form von* **Ökologe**

öko·lo·gisch [øko'loːgɪʃ] **I.** *adj* ecological **II.** *adv* ecologically

Öko·nom(in) <-en, -en> [øko'noːm] *m(f)* (*geh*) economist

Öko·no·mie <-, -n> [økono'miː, *pl* økono'miːən] *f* ❶ *kein pl* (*Wirtschaftlichkeit*) economy ❷ (*Wirtschaft*) economy *no indef art, no pl* ❸ (*Wirtschaftswissenschaft*) economics + *sing vb*

Öko·no·min <-, -nen> [øko'noːmɪn] *f fem form von* **Ökonom**

öko·no·misch [øko'noːmɪʃ] **I.** *adj* ❶ (*die Wirtschaft betreffend*) economic ❷ (*sparsam*) economical **II.** *adv* economically

Öko·par·tei *f* ecology party **Öko·steu·er** *f* environmental tax (*tax added to the price of energy sources and substances regarded as harmful to the environment*) **Öko·sys·tem** *nt* ecosystem **Öko·test** *m* eco-test

Ok·ta·e·der <-s, -> [ɔkta'ʔeːdɐ] *nt* octahedron *spec*

Ok·ta·ve <-, -n> [ɔk'taːvə] *f* octave

Ok·to·ber <-s, -> [ɔk'toːbɐ] *m* October; *s. a.* **Februar**

Öku·me·ne <-> [øku'meːnə] *f kein pl* ecumenical Christianity *no art, no pl form*

Ok·zi·dent <-s> ['ɔktsidɛnt] *m kein pl* (*geh*) ▪ **der ~** the Occident *form o poet*

Öl <-[e]s, -e> ['øːl] *nt* ❶ (*fette Flüssigkeit*) oil ❷ (*Erd~*) oil; (*Heiz~*) fuel oil; (*Schmier~*) lubricating oil ❸ (*Sonnen~*) sun oil ❹ *kein pl* (*~farben*) oil-based paints *pl*; **in ~ malen** to paint in oils ▶ **~ ins <u>Feuer</u> gießen** to add fuel to the flames

Öl·bild *nt s.* **Ölgemälde**

Ol·die <-s, -s> ['ɔːldi] *m* oldie

Old·ti·mer <-s, -> ['ɔːltaɪmɐ] *m* (*altes wertvolles Auto*) vintage car; (*historisches Flugzeug*) vintage aeroplane [*or* AM airplane]

Ole·an·der <-s, -> [ole'andɐ] *m* oleander

ölen ['øːlən] *vt* to oil

Öl·far·be *f* ❶ (*ölhaltige Farbe*) oil-based paint ❷ KUNST oil paint; **mit ~n malen** to paint in oils **Öl·fleck** *m* oil spot **Öl·för·de·rung** *f* oil production *no pl* **Öl·ge·mäl·de** *nt* oil painting **Öl·göt·ze** *m* (*pej sl*) ▪ **dastehen wie ein ~** to stand there like a [stuffed] dummy **öl·hal·tig** *adj* containing oil **Öl·hei·zung** *f* oil-fired [central] heating

ölig ['øːlɪç] *adj* ❶ (*voller Öl*) oily; (*fettig*) greasy ❷ (*pej*) slimy

Olig·ar·chie <-, -n> [oligar'çiː, *pl* oligar'çiːən] *f* (*geh*) oligarchy

Oli·ve <-, -n> [o'liːvə] *f* olive

Oli·ven·baum *m* olive tree **Oli·ven·öl** *nt* olive oil

oliv·grün *adj* olive-green, olive *attr*

Öl·ja·cke *f* oilskin jacket **Öl·känn·chen** *nt dim von* **Ölkanne** oilcan **Öl·kon·zern** *m* oil company **Öl·kri·se** *f* oil crisis **Öl·lei·tung** *f* oil pipe; (*Pipeline*) oil pipeline **Öl·pest** *f* oil pollution *no art, no pl* **Öl·platt·form** *f* oilrig **Öl·pum·pe** *f* oil pump **Öl·quel·le** *f* oil well

Öl·raf·fi·ne·rie f oil refinery **Öl·sar·di·ne** f sardine [in oil] ▸ **wie die ~n** (fam) like sardines **Öl·scheich** m (pej) oil sheikh **Öl·schicht** f film of oil **Öl·schin·ken** m KUNST (pej: großes Ölgemälde) large pretentious oil painting

Öl·stand m kein pl oil level **Öl·stands·mes·ser** m oil pressure gauge

Öl·tan·ker m oil tanker **Öl·tep·pich** m oil slick

Ölung <-, -en> f oiling no art, no pl; **die Letzte ~** REL extreme unction

Öl·ver·brauch m oil consumption no indef art, no pl **Öl·vor·kom·men** nt oil deposit **Öl·wech·sel** m oil change

Olym·pi·a·de <-, -n> [olym'pi̯aːdə] f Olympic Games pl

Olym·pia·sie·ger, -sie·ge·rin m, f Olympic champion

Olym·pi·o·ni·ke, Olym·pi·o·ni·kin <-n, -n> [olympi̯o'niːkə, olympi̯o'niːkɪn] m, f Olympic athlete

olym·pisch [o'lympɪʃ] adj Olympic attr

Öl·zweig m olive branch

Oma <-, -s> ['oːma] f (fam) gran[ny]

Ome·lett <-[e]s, -e o -s> ['ɔmlɛt] nt, **Ome·lette** <-, -n> [ɔm(ə)'lɛt, pl ɔm(ə)'lɛtn] f SÜDD, SCHWEIZ, ÖSTERR omelette

Omen <-, -o Omina> ['oːmən, pl 'oːmina] nt (geh) omen

omi·nös [omi'nøːs] adj (geh) ominous

Om·ni·bus ['ɔmnibʊs] m bus

Om·ni·bus·hal·te·stel·le f bus stop

ona·nie·ren* [ona'niːrən] vi to masturbate

On·kel <-s, -> ['ɔŋkl] m uncle

on·line^{RR} ['ɔnlain] adj online

On·line·bank [ɔnlain-] f FIN, INET Internet bank

On·line·ban·king ['ɔnlainbɛŋkɪŋ] nt online banking **On·line·be·trieb** ['ɔnlain-] m kein pl online operation no pl **On·line·chat** ['ɔnlaintʃæt] m online chat **On·line·da·ten·bank·dienst** [ɔnlain-] m online database service

On·line·dienst ['ɔnlain-] m online service **On·line·ler·nen** ['ɔnlain-] nt kein pl cyberstudy **On·line·shop·ping** ['ɔnlainʃɔpɪŋ] nt online shopping

OP <-s, -s> [oː'peː] m MED Abk von **Operationssaal** OR no art AM

Opa <-s, -s> ['oːpa] m (fam) grand[d]ad

Oper <-, -n> ['oːpɐ] f opera

Ope·ra·ti·on <-, -en> [opəra'tsi̯oːn] f operation

Ope·ra·ti·ons·saal m operating theatre [or AM room]

ope·ra·tiv [opəra'tiːf] **I.** adj ① MED operative; **~er Eingriff** surgery ② MIL operational **II.** adv ① MED surgically ② MIL strategically

Ope·ret·te <-, -n> [opə'rɛta] f operetta

ope·rie·ren* [opə'riːrən] **I.** vt ■ **jdn/etw ~** to operate on sb/sth; ■ **sich** dat **etw ~ lassen** to have sth operated on **II.** vi to operate (**an** on)

Opern·glas nt opera glasses npl **Opern·haus** nt opera house **Opern·sän·ger(in)** m(f) opera singer

Op·fer <-s, -> ['ɔpfɐ] nt ① (verzichtende Hingabe) sacrifice; **~ bringen** to make sacrifices ② REL sacrifice ③ (geschädigte Person) victim; **jdm/etw zum ~ fallen** to fall victim to sb/sth

Op·fer·be·reit·schaft f kein pl readiness to make sacrifices **Op·fer·ga·be** f [sacrificial] offering

op·fern ['ɔpfɐn] **I.** vt ① (als Opfer darbringen) ■ **jdn ~** to sacrifice sb; ■ **etw ~** to offer up sth ② (spenden) to donate ③ (aufgeben) to sacrifice **II.** vi ① (ein Opfer darbringen) to [make a] sacrifice ② (geh: spenden) to give **III.** vr ■ **sich ~** to sacrifice oneself

Op·fe·rung <-, -en> f sacrifice

Opi·at <-[e]s, -e> [o'pi̯aːt] nt opiate

Opi·um <-s> ['oːpi̯ʊm] nt kein pl opium no art, no pl

Op·po·nent(in) <-en, -en> [ɔpo'nɛnt] m(f) (geh) opponent

op·po·nie·ren* [ɔpo'niːrən] vi (geh) to take the opposite view

op·por·tun [ɔpɔr'tuːn] adj (geh) opportune

Op·por·tu·nis·mus <-> [ɔpɔrtu'nɪsmʊs] m kein pl (geh) opportunism no art, no pl

Op·por·tu·nist(in) <-en, -en> [ɔpɔrtu'nɪst] m(f) opportunist

op·por·tu·nis·tisch I. adj opportunist[ic] **II.** adv opportunistically

Op·po·si·ti·on <-, -en> [ɔpozi'tsi̯oːn] f ① POL ■ **die ~** the Opposition ② (geh: Widersetzlichkeit) contrariness (**aus** out of)

op·po·si·ti·o·nell [ɔpozitsi̯o'nɛl] adj ① (geh: gegnerisch) opposed, opposing attr ② POL opposition attr

Op·po·si·ti·ons·füh·rer(in) m(f) ■ **der ~/die ~in** the Leader of the Opposition **Op·po·si·ti·ons·par·tei** f opposition party

OP-Schwes·ter f theatre nurse BRIT, operating-room nurse AM

op·tie·ren* [ɔp'tiːrən] vi (geh) to opt (**für** for)

Op·tik <-, -en> ['ɔptɪk] f ① PHYS ■ **die ~** optics + sing vb ② FOTO lens [system] ③ kein pl (Eindruck) appearance no art, no pl

Op·ti·ker(in) <-s, -> ['ɔptikɐ] m(f) [ophthalmic] optician BRIT, esp AM optometrist

op·ti·mal [ɔpti'maːl] **I.** adj optimal **II.** adv in the best possible way

op·ti·mie·ren* [ɔpti'miːrən] *vt* to optimize
Op·ti·mie·rung <-, -en> *f* optimization
Op·ti·mis·mus <-> [ɔpti'mɪsmʊs] *m kein pl* optimism *no art, no pl*
Op·ti·mist(in) <-en, -en> [ɔpti'mɪst] *m(f)* optimist
op·ti·mis·tisch I. *adj* optimistic **II.** *adv* optimistically
Op·ti·mum <-s, Optima> ['ɔptimʊm, *pl* 'ɔptima] *nt* (*geh*) optimum *no pl*
Op·ti·on <-, -en> [ɔp'tsi̯oːn] *f* **①** BÖRSE, FIN option **②** (*das Optieren*) ■ **die ~ [von etw** *dat*] opting [for sth] **③** (*geh: Möglichkeit*) option
op·tisch ['ɔptɪʃ] **I.** *adj* **①** PHYS optical **②** (*geh*) visual **II.** *adv* optically, visually
Opus <-, Opera> ['oːpʊs, *pl* 'oːpəra] *nt* **①** (*künstlerisches Werk*) work, oeuvre; MUS opus **②** (*hum: Erzeugnis*) opus *form or hum*
Ora·kel <-s, -> [o'raːkl] *nt* oracle; **das ~ befragen** to consult the oracle
oral [o'raːl] **I.** *adj* oral **II.** *adv* orally
Oral·ver·kehr *m kein pl* oral sex
orange [o'raːʒə, o'ranʒə] *adj* (*Farbe*) orange
Orange <-, -n> [o'raːʒə, o'ranʒə] *f* (*Frucht*) orange
Oran·gen·baum [o'rãːʒn̩-, o'ranʒn̩-] *m* orange tree **oran·gen·far·ben** [o'rãːʒn̩-], **oran·gen·far·big** [o'rãːʒn̩-] *adj* orange[-coloured] **Oran·gen·haut** [o'rãːʒn̩-] *f kein pl* MED cellulite *no pl* **Oran·gen·saft** [o'rãːʒn̩-] *m* orange juice **Oran·gen·scha·le** [o'rãːʒn̩-] *f* orange peel
Orang-U·tan <-s, -s> [oːraŋ'ʔuːtan] *m* orang-utan
Ora·to·ri·um <-s, -torien> [oraˈtoːri̯ʊm, *pl* -toːri̯ən] *nt* oratorio
Or·bit <-s, -s> ['ɔrbɪt] *m* orbit; **im ~** in orbit
Or·ches·ter <-s, -> [ɔrˈkɛstɐ, ɔrˈçɛstɐ] *nt* orchestra
Or·chi·dee <-, -n> [ɔrçi'deː(ə)] *f* orchid
Or·den <-s, -> ['ɔrdn̩] *m* **①** (*Ehrenzeichen*) decoration, medal; **jdm einen ~ [für etw** *akk***] verleihen** to decorate sb [for sth] **②** (*Gemeinschaft*) [holy] order; **einem ~ beitreten** to join a holy order
or·dent·lich ['ɔrdn̩tlɪç] **I.** *adj* **①** (*aufgeräumt*) tidy **②** (*Ordnung liebend*) orderly; (*Person*) tidy **③** (*fam: tüchtig*) proper; *Portion* decent; **eine ~e Tracht Prügel** a [real] good hiding *hum* **④** (*ordnungsgemäß*) proper; **ein ~es Gericht** a court of law; *Mitglied, Professor* full **II.** *adv* **①** (*säuberlich*) neatly **②** (*gesittet*) properly **③** (*fam: tüchtig*) properly; **~ essen** to eat well **④** (*diszipliniert*) properly; **~ zu arbeiten beginnen** to get down to work
Or·der <-, -s *o* -n> ['ɔrdɐ] *f* order

or·dern ['ɔrdɐn] *vt, vi* to order
Or·di·nal·zahl [ɔrdi'naːl-] *f* ordinal [number]
or·di·när [ɔrdi'nɛːɐ̯] **I.** *adj* **①** (*vulgär*) vulgar **②** (*alltäglich*) ordinary **II.** *adv* crudely
ord·nen ['ɔrdnən] **I.** *vt* **■ etw ~ ①** (*sortieren*) to arrange sth; **etw neu ~** to rearrange sth **②** (*in Ordnung bringen*) to put sth in order **II.** *vr* ■ **sich ~** to get clearer
Ord·ner <-s, -> *m* file
Ord·ner(in) <-s, -> *m(f)* steward, marshal
Ord·nung <-, -en> ['ɔrdnʊŋ] *f* **①** *kein pl* (*das Sortieren*) ■ **die ~ von etw** *dat* ordering sth **②** (*Aufgeräumtheit*) order *no art, no pl;* **etw in ~ bringen** to tidy sth up; **~ halten** to keep things tidy; **~ schaffen** to tidy things up **③** *kein pl* (*ordentliches Verhalten*) order *no art, no pl;* **die öffentliche ~** public order **④** (*Gesetzmäßigkeit*) structure **⑤** (*Vorschrift*) rules *pl;* **der ~ halber** as a matter of form **⑥** BIOL order; ASTRON magnitude *spec* ▶ **etw in ~ bringen** (*etw reparieren*) to fix sth; **es [ganz] in ~ finden, dass ...** to find it [quite] right that ...; **es nicht in ~ finden, dass ...** to not think it's right that ...; **geht in ~!** (*fam*) that's OK; **etwas ist mit jdm/etw nicht in ~** there's something wrong with sb/sth; **[wieder] in ~ kommen** ([*wieder*] *gut gehen*) to turn out all right; (*wieder funktionieren*) to start working [again]; **in ~ sein** (*fam*) to be OK; **nicht in ~ sein** (*nicht funktionieren*) to not be working properly; (*sich nicht gehören*) to be not right; (*nicht stimmen*) to be not right; **[das ist] in ~!** [that's] OK!
Ord·nungs·amt *nt* regulatory agency (*municipal authority responsible for registration, licensing, and regulating public events*)
Ord·nungs·geld *nt* fine **ord·nungs·ge·mäß I.** *adj* according to the rules *pred* **II.** *adv* in accordance with the regulations **ord·nungs·hal·ber** *adv* as a matter of form **Ord·nungs·hü·ter(in)** *m(f)* (*hum*) custodian of the law **Ord·nungs·lie·be** *f kein pl* love of [good] order **ord·nungs·lie·bend** *adj* tidy-minded **Ord·nungs·sinn** *m kein pl* sense of order **Ord·nungs·stra·fe** *f* fine **ord·nungs·wid·rig I.** *adj* illegal **II.** *adv* illegally **Ord·nungs·wid·rig·keit** *f* infringement [of the regulations/law] **Ord·nungs·zahl** *f s.* Ordinalzahl
Ore·ga·no <-s> [o're:gano] *m kein pl* oregano
Or·gan <-s, -e> [ɔr'gaːn] *nt* **①** ANAT organ **②** (*fam: Stimme*) voice **③** *pl selten* (*form: offizielle Zeitschrift/Einrichtung*) organ
Or·gan·bank *f* organ bank **Or·gan·han·del** <-s> *m kein pl* [illegal] trade in [body] organs
Or·ga·ni·sa·ti·on <-, -en> [ɔrganiza'tsi̯oːn]

f organization

Or·ga·ni·sa·ti·ons·ta·lent *nt* ❶ *kein pl* (*Eigenschaft*) talent for organization ❷ (*Mensch*) person with a talent for organization

Or·ga·ni·sa·tor, -to·rin <-s, -toren> [ɔrgani'zaːtoːɐ̯, -'toːrɪn, *pl* ɔrga'toːrən] *m, f* organizer

or·ga·ni·sa·to·risch [ɔrganizaˈtoːrɪʃ] **I.** *adj* organizational **II.** *adv* organizationally

or·ga·nisch [ɔrˈɡaːnɪʃ] **I.** *adj* organic **II.** *adv* organically

or·ga·ni·sie·ren* [ɔrganiˈziːrən] **I.** *vt* ■ etw ~ ❶ (*systematisch vorbereiten*) to organize sth ❷ (*sl: unrechtmäßig beschaffen*) to get hold of sth **II.** *vi* to organize; **er kann ausgezeichnet ~** he's an excellent organizer **III.** *vr* ■ **sich ~** to organize

Or·ga·nis·mus <-, -nismen> [ɔrgaˈnɪsmʊs, *pl* -mən] *m* organism

Or·ga·nist(in) <-en, -en> [ɔrgaˈnɪst] *m(f)* organist

Or·gan·spen·de *f* organ donation **Or·gan·spen·der(in)** *m(f)* organ donor **Or·gan·trans·plan·ta·ti·on** *f*, **Or·gan·ver·pflan·zung** *f* organ transplant

Or·gas·mus <-, Orgasmen> [ɔrˈɡasmʊs, *pl* ɔrˈɡasmən] *m* orgasm

or·gas·tisch [ɔrˈɡastɪʃ] *adj* orgasmic

Or·gel <-, -n> [ˈɔrɡl̩] *f* organ

Or·gel·pfei·fe *f* organ pipe

or·gi·as·tisch *adj* (*geh*) orgiastic

Or·gie <-, -n> [ˈɔrɡiə] *f* orgy

Ori·ent <-s> [ˈoːriɛnt, oˈriɛnt] *m kein pl* ■ **der ~** the Middle East; **der Vordere ~** the Middle East

Ori·en·ta·le, Ori·en·ta·lin <-n, -n> [oriɛnˈtaːlə, oriɛnˈtaːlɪn] *m, f person from the Middle East*

ori·en·ta·lisch [oriɛnˈtaːlɪʃ] *adj* oriental

ori·en·tie·ren* [oriɛnˈtiːrən] **I.** *vr* ■ **sich ~** ❶ (*sich informieren*) to inform oneself (**über** about) ❷ (*sich zurechtfinden*) to get one's bearings ❸ (*sich einstellen*) to adapt oneself (**an** to) **II.** *vt* (*geh*) ❶ (*informieren*) ■ **jdn ~** to inform sb (**über** about) ❷ (*ausgerichtet sein*) **ich bin eher links/rechts/liberal orientiert** I tend more to the left/right/I am more liberally orientated

Ori·en·tie·rung <-, -en> [oriɛnˈtiːrʊŋ] *f* ❶ (*das Zurechtfinden*) orientation; **die ~ verlieren** to lose one's bearings ❷ (*geh: Unterrichtung*) information; **zur/zu jds ~** (*geh*) for [sb's] information ❸ (*geh: Ausrichtung*) ■ **die/jds ~ an etw** *dat* the/sb's orientation towards sth

Ori·en·tie·rungs·hil·fe *f* aid to orientation **Ori·en·tie·rungs·punkt** *m* point of reference **Ori·en·tie·rungs·sinn** *m kein pl* sense of direction

ori·gi·nal [origiˈnaːl] **I.** *adj* ❶ (*echt*) genuine ❷ (*ursprünglich*) original **II.** *adv* in the original [condition]

Ori·gi·nal <-s, -e> [origiˈnaːl] *nt* ❶ (*Urversion*) original; **im ~** in the original ❷ (*Mensch*) character

Ori·gi·nal·auf·nah·me *f* ❶ MUS original recording ❷ FOTO original photograph ❸ FILM original print **ori·gi·nal·ge·treu I.** *adj* true to the original *pred* **II.** *adv* in a manner true to the original

Ori·gi·na·li·tät <-> [originaliˈtɛːt] *f kein pl* ❶ (*Echtheit*) authenticity *no art, no pl* ❷ (*Ursprünglichkeit*) naturalness *no art, no pl* ❸ (*Einfallsreichtum*) originality *no art, no pl*

ori·gi·nell [origiˈnɛl] *adj* original

Or·kan <-[e]s, -e> [ɔrˈkaːn] *m* hurricane

or·kan·ar·tig *adj* hurricane-force *attr*

Or·na·ment <-[e]s, -e> [ɔrnaˈmɛnt] *nt* ornament

or·na·men·tal [ɔrnamɛnˈtaːl] **I.** *adj* ornamental **II.** *adv* ornamentally

Or·nat <-[e]s, -e> [ɔrˈnaːt] *m* regalia + *sing/pl vb*

Or·ni·tho·lo·ge, -lo·gin <-n, -n> [ɔrnitoˈloːɡə, -ˈloːɡɪn] *m, f* ornithologist

Oro·pax® <-, -> [ˈoːropaks] *nt* earplug *usu pl*

Ort <-[e]s, -e> [ˈɔrt] *m* ❶ (*Stelle*) place; **der ~ der Handlung** the scene of the action ❷ (*~schaft*) village, [small] town; **am ~** in the place/the village/[the] town; **von ~ zu ~** from place to place ▸ **an ~ und Stelle** on the spot, there and then; **vor ~** on the spot

Ört·chen <-s, -> [ˈœrtçən] *nt* ▸ **das** [stille] **~** (*euph fam*) the smallest room BRIT, the john AM

or·ten [ˈɔrtn̩] *vt* ❶ (*ausfindig machen*) to locate ❷ (*ausmachen*) to sight ❸ (*fam: sehen*) to spot

or·tho·dox [ɔrtoˈdɔks] **I.** *adj* ❶ REL Orthodox ❷ (*geh: strenggläubig*) orthodox **II.** *adv* REL according to Orthodox ritual

Or·tho·gra·phie, Or·tho·gra·fie^{RR} <-, -n> [ɔrtograˈfiː, *pl* ɔrtograˈfiːən] *f* spelling

or·tho·gra·phisch, or·tho·gra·fisch^{RR} [ɔrtoˈɡraːfɪʃ] **I.** *adj* orthographic[al] *spec* **II.** *adv* orthographically *spec*

Or·tho·pä·de, Or·tho·pä·din <-n, -n> [ɔrtoˈpɛːdə, ɔrtoˈpɛːdɪn] *m, f* orthopaedist

or·tho·pä·disch [ɔrtoˈpɛːdɪʃ] *adj* orthopaedic

ört·lich [ˈœrtlɪç] **I.** *adj* ❶ (*lokal*) local ❷ METEO localized **II.** *adv* locally; **~ verschieden sein/variieren** to vary from place to place; **jdn ~ betäuben** to give sb a local anaesthetic

Ört·lich·keit <-, -en> *f* area

Orts·an·ga·be f ① (*Standortangabe*) [name of] location; (*in Anschrift*) [name of the] town/city ② (*Erscheinungsort*) **ohne ~** no place of publication indicated **orts·an·säs·sig** adj local; **■ ~ sein** to live locally **Orts·aus·gang** m end of a village [*or* town] **Orts·be·stim·mung** f bearing of position **Ort·schaft** <-, -en> f ① village/[small] town; **eine geschlossene ~** a built-up area **Orts·ein·gang** m start of a village [*or* town] **orts·fremd** adj non-local; **■ ~ sein** to be a stranger **Orts·ge·spräch** nt local call **Orts·kennt·nis·se** pl local knowledge; [gute] **~ haben** to know the place [well] **orts·kun·dig** adj **■ ~ sein** to know one's way around **Orts·kun·di·ge(r)** f(m) person who knows his/her way around **Orts·na·me** m place name

Orts·netz nt ① TELEK local exchange network ② ELEK local grid **Orts·netz·kenn·zahl** f (*form*) dialling [*or* AM area] code **Orts·schild** nt place name sign **Orts·ta·rif** m local [call] rate **Orts·teil** m part of a village [*or* town] **Orts·wech·sel** m change of one's place of residence **Orts·zeit** f local time

Or·tung <-, -en> f ① *kein pl* (*das Orten*) **■ die ~** [von etw *dat*] locating [sth] ② (*geortetes Objekt*) signal; (*auf Anzeige a.*) reading

O-Saft [oˈzaft] m (*fam: Orangensaft*) OJ

Öse <-, -n> f eye[let]

Os·lo <-s> [ˈɔslo] nt Oslo *no pl, no art*

Os·ma·ne, Os·ma·nin <-n, -n> [ɔsˈmaːnə, ɔsˈmaːnɪn] m, f Ottoman Ossi

Os·si <-, -s> [ˈɔsi] m o f (*fam*) East German

Ost <-[e]s, -e> [ɔst] m *kein pl, kein art* east

Os·tal·gi·ker(in) <-s, -> [ɔsˈtalgikɐ] m(f) SOZIOL, POL (*iron*) someone who looks back nostalgically on the former GDR

Ost·a·si·en nt East[ern] Asia *no pl, no art* **ost·deutsch** [ˈɔstdɔytʃ] adj East German **Ost·deutsch·land** [ˈɔstdɔytʃlant] nt East[ern] Germany *no pl, no art*

Os·ten <-s> [ˈɔstn] m *kein pl, no indef art* ① (*Himmelsrichtung*) east; **die Sonne geht im ~ auf** the sun rises in the east; **der Ferne ~** the Far East; **der Nahe ~** the Middle East ② (*östliche Gegend*) east

Os·ter·ei nt Easter egg **Os·ter·glo·cke** f BOT daffodil **Os·ter·ha·se** m Easter bunny **Os·ter·in·sel** f **■ die ~** Easter Island **Os·ter·lamm** nt paschal lamb *spec*

ös·ter·lich [ˈøːstɐlɪç] **I.** adj Easter *attr* **II.** adv like Easter **Os·ter·mon·tag** [ˈoːstɐˈmoːntaːk] m Easter Monday

Os·tern <-, -> [ˈoːstɐn] nt Easter; **frohe ~!** Happy Easter!

Ös·ter·reich <-s> [ˈøːstɐraɪç] nt Austria; *s. a.* **Deutschland**

Ös·ter·rei·cher(in) <-s, -> [ˈøːstɐraɪçɐ] m(f) Austrian; *s. a.* **Deutsche(r)**

ös·ter·rei·chisch [ˈøːstɐraɪçɪʃ] adj Austrian; **■ das Ö~e** Austrian; *s. a.* **deutsch Ös·ter·sonn·tag** [ˈoːstɐˈzɔntaːk] m Easter Sunday **Ost·er·wei·te·rung** f *kein pl* eastward expansion [of the EU] **Os·ter·wo·che** f Holy Week (*week before Easter*)

Ost·eu·ro·pa [ˈɔstʔɔyˈroːpa] nt East[ern] Europe **Ost·frie·se, -frie·sin** <-n, -n> m, f East Frisian **ost·frie·sisch** [ˈɔstˈfriːzɪʃ] adj East Frisian **Ost·fries·land** [ˈɔstˈfriːslant] nt East Friesland

öst·lich [ˈœstlɪç] **I.** adj ① (*in ~er Himmelsrichtung befindlich*) eastern ② (*im Osten liegend*) eastern ③ (*von/nach Osten*) eastwards, easterly ④ (*den osteuropäischen und asiatischen Raum betreffend*) eastern **II.** adv **■ ~ von ...** east of ... **III.** präp +*gen* **■ ~ einer S.** *gen* [to the] east of sth

Ost·preu·ßen [ˈɔstprɔysn] nt East Prussia **Ös·tro·gen** <-s, -e> [œstroˈgeːn] nt oestrogen *no pl, no art*

Ost·see [ˈɔstzeː] f **■ die ~** the Baltic [Sea] **Ost·staa·ten** pl (*in den USA*) Eastern states *pl* **Ost·ta·rif** m *pl selten a pay scale applicable in the Länder that formerly belonged to the German Democratic Republic* **Ost·ver·trä·ge** pl treaties *pl* with the Eastern bloc countries **Ost-West-Be·zie·hun·gen** [ˈɔstˈvɛst-] pl East-West relations *pl* **Ost·wind** m east wind

OSZE [oːʔɛstsɛtˈʔeː] f *Abk von* **Organisation für Sicherheit und Zusammenarbeit in Europa** OSCE *hist*

os·zil·lie·ren* [ɔstsɪˈliːrən] vi PHYS to oscillate

Ot·ter¹ <-, -n> [ˈɔtɐ] f (*Schlangenart*) adder **Ot·ter²** <-s, -> [ˈɔtɐ] m (*Fisch~*) otter

ÖTV <-> [øːteːˈfaʊ] f *kein pl Abk von* **Gewerkschaft Öffentliche Dienste, Transport und Verkehr** ≈ TGWU BRIT, ≈ TWU AM

out [aʊt] adj (*fam*) **■ ~ sein** to be out **Out·fit** <-s, -s> [ˈaʊtfɪt] nt (*sl*) outfit **Ou·ting** <-s, -s> [ˈaʊtɪŋ] nt (*fam*) coming out

Out·put <-s, -s> [ˈaʊtpʊt] m o nt ÖKON, INFORM output

Out·sour·cing <-> [ˈaʊtsoːɐsɪŋ] nt *kein pl* outsourcing *no pl*

Ou·ver·tü·re <-, -n> [uverˈtyːrə] f overture **oval** [oˈvaːl] adj oval

Oval <-s, -e> [oˈvaːl] nt oval

Ova·ti·on <-, -en> [ovaˈtsi̯oːn] f (*geh*) ovation; **jdm ~en darbringen** to give sb an ovation

Over·all <-s, -s> ['oːvərɐl, -roːl] *m* (*für schmutzige Arbeit*) overalls *npl*, BRIT *a.* overall; (*bei kaltem Wetter*) jumpsuit

Over·head·pro·jek·tor ['oːvəhɛt-] *m* overhead projector

ÖVP <-> [øːfaʊ̯'peː] *f Abk von* **Ös·ter·rei·chi·sche Volks·par·tei** Austrian People's Party

Ovu·la·ti·on <-, -en> [ovulaˈtsi̯oːn] *f* ovulation *no pl, no art*

Ovu·la·ti·ons·hem·mer <-s, -> *m* ovulation inhibitor *form*

oxi·die·ren* [ɔksiˈdiːrən] *vi, vt sein o haben* to oxidize

Oxyd <-[e]s, -e> [ɔˈksyːt, *pl* ɔˈksyːdə] *nt* oxide

Oxy·da·ti·on <-, -en> [ɔksyda'tsi̯oːn] *f* oxidation

oxy·die·ren* [ɔksyˈdiːrən] *vt, vi* to oxidize

Oze·an <-s, -e> ['oːtseaːn] *m* ocean; **der Atlantische/Pazifische ~** the Atlantic/Pacific Ocean

Oze·an·damp·fer *m* ocean liner

Ozon <-s> [oˈtsoːn] *nt o m kein pl* ozone *no pl, no art*

Ozon·alarm *m kein pl* ozone warning **Ozon·ge·halt** *m* ozone concentration *no pl* **Ozon·loch** *nt* **das ~** the ozone hole **Ozon·schicht** *f kein pl* **die ~** the ozone layer **Ozon·smog** [-smɔk] *m* ozone smog

Pp

P, p <-, - *o fam* -s, -s> [peː] *nt* P, p; *s. a.* **A 1**

paar [paːɐ̯] *adj* **ein ~ ...** a few ...; **ein ~ Mal** a couple of times; **alle ~ Tage/Wochen** every few days/weeks

Paar <-[e]s, -e> [paːɐ̯] *nt* ① (*Mann und Frau*) couple ② (*zwei zusammengehörende Dinge*) pair; **ein ~ Würstchen** a couple of sausages; **ein ~ neue Socken** a pair of new socks

paa·ren ['paːrən] **I.** *vr* ① (*kopulieren*) ■**sich ~** to mate ② (*sich verbinden*) ■**sich mit etw ~** *dat* ~ to be coupled with sth **II.** *vt* (*zur Kopulation zusammenbringen*) ■**etw ~** to mate sth; SPORT ■**jdn ~** to match sb

paa·rig [paːrɪç] **I.** *adj* paired **II.** *adv* in pairs; **~ angeordnet** arranged in pairs

Paar·lauf *m* pair-skating, pairs + *sing vb*

Paa·rung <-, -en> *f* mating

Paa·rungs·zeit *f* mating season

paar·wei·se *adv* in pairs

Pacht <-, -en> [paxt] *f* ① (*Entgelt*) rent[al] *no indef art, no pl* ② (*Nutzungsvertrag*) lease; **etw in ~ haben** to have sth on lease

pach·ten ['paxtn] *vt* to lease (**von** from)

Päch·ter(in) <-s, -> ['pɛçtɐ] *m(f)* tenant

Pack¹ <-[e]s, -e *o* Päcke> [pak, *pl* 'pɛkə] *m* (*Stapel*) stack; (*zusammengeschnürt*) pack

Pack² <-s> [pak] *nt kein pl* (*pej: Pöbel*) riffraff + *pl vb*

Päck·chen <-s, -> ['pɛkçən] *nt* ① (*Postversand*) small parcel ② (*Packung*) packet ③ (*kleiner Packen*) pack

Pack·eis *nt* pack ice *no art, no pl*

pa·cken ['pakn] *vt* ① (*ergreifen*) ■**jdn/etw ~** to grab [hold of] sb/sth (**bei/an** by); **jdn am Kragen ~** to grab sb by the collar ② (*voll ~*) to pack; **ein Paket ~** to make up *sep* a parcel ③ (*verstauen*) to pack (**in** in[to]); **Gepäck in den Kofferraum ~** to put luggage in the boot ④ (*überkommen*) to seize; **von Ekel/Abenteuerlust gepackt** seized by revulsion/a thirst for adventure; **mich packt auf einmal ein unwiderstehliches Verlangen nach Island zu fliegen** I suddenly have an irresistible urge to fly to Iceland ⑤ (*sl: bewältigen*) to manage; **Prüfung** to pass ⑥ (*erreichen*) **beeilt euch, sonst ~ wir es nicht mehr!** hurry up, otherwise we won't make it! ⑦ (*sl: kapieren*) ■**etw ~** to get sth *fam*

Pa·cken <-s, -> ['pakn] *m* stack; (*unordentlich a.*) pile; (*zusammengeschnürt*) bundle

pa·ckend *adj* absorbing; *Buch, Film* thrilling

Pack·esel *m* (*Lasttier*) pack mule; (*fig*) packhorse **Pack·pa·pier** *nt* wrapping paper *no art, no pl*

Pa·ckung <-, -en> *f* ① (*Schachtel*) pack[et]; **eine ~ Pralinen** a box of chocolates ② MED pack

Pad <-s, -s> [pɛt] *nt* ① INFORM [mouse] pad ② (*Watte~*) cotton [wool] pad

Pä·da·go·ge, Pä·da·go·gin <-n, -n> [pɛdaˈgoːgə, pɛdaˈgoːgɪn] *m, f* (*Lehrer*) teacher ② (*Erziehungswissenschaftler*) education[al]ist

Pä·da·go·gik <-> [pɛdaˈgoːgɪk] *f kein pl* pedagogy *no art, no pl spec*

Pä·da·go·gin <-, -nen> *f fem form von* **Pä·da·go·ge**

pä·da·go·gisch [pɛdaˈgoːgɪʃ] **I.** *adj* educational *attr*; **~e Fähigkeiten** teaching ability **II.** *adv* educationally

Pad·del <-s, -> ['padl] *nt* paddle

Pad·del·boot *nt* canoe

pad·deln ['padln] *vi sein o haben* to paddle

Pa·el·la <-, -s> [pa'ɛlja] *f* KOCHK paella

paf·fen ['pafn] **I.** *vi* (*fam: rauchen*) to puff away; (*nicht inhalieren*) to puff **II.** *vt* (*fam*) ■**etw ~** to puff away at sth

Pa·ge <-n, -n> ['pa:ʒə] *m* page [boy]
Pail·let·te <-, -n> [paj'jɛtə] *f* sequin
Pa·ket <-[e]s, -e> [pa'ke:t] *nt* ❶ (*Sendung*) parcel ❷ (*umhüllter Packen*) package ❸ (*Packung*) packet ❹ (*Gesamtheit*) package ❺ (*Stapel*) stack
Pa·ket·an·nah·me *f* (*Paketschalter*) parcels counter **Pa·ket·aus·ga·be** *f* parcels counter **Pa·ket·bom·be** *f* parcel bomb **Pa·ket·schal·ter** *m* parcels counter
Pa·kis·tan <-s> ['pa:kɪsta:n] *nt* Pakistan; *s. a.* **Deutschland**
Pa·kis·ta·ner(in) <-s, -> [pakɪs'ta:nɐ] *m(f)*, **Pa·kis·ta·ni** <-[s], -[s]> *o fem* -, -> [pakɪs'ta:ni] *m o f* Pakistani; *s. a.* **Deutsche(r)**
pa·kis·ta·nisch [pakɪs'ta:nɪʃ] *adj* Pakistani; *s. a.* **deutsch**
Pakt <-[e]s, -e> [pakt] *m* pact
pak·tie·ren* [pak'ti:rən] *vi* ▪mit jdm ~ to make a pact with sb
Pa·lais <-, -> [pa'lɛː, *pl* -'ɛːs] *nt* palace
Pa·last <-[e]s, Paläste> [pa'last, *pl* pa'lɛstə] *m* palace
Pa·läs·ti·na <-s> [palɛs'ti:na] *nt* Palestine; *s. a.* **Deutschland**
Pa·läs·ti·nen·ser(in) <-s, -> [palɛsti'nɛnzɐ] *m(f)* Palestinian; *s. a.* **Deutsche(r)**
Pa·läs·ti·nen·ser·or·ga·ni·sa·ti·on *f* Palestinian organization **Pa·läs·ti·nen·ser·tuch** *nt* keffiyeh
pa·läs·ti·nen·sisch [palɛsti'nɛnzɪʃ] *adj* Palestinian; *s. a.* **deutsch**
Pa·la·ver <-s, -> [pa'la:vɐ] *nt* (*fam*) palaver *no pl*
pa·la·vern* [pa'la:vɐn] *vi* (*fam*) to palaver
Pa·let·te <-, -n> [pa'lɛtə] *f* ❶ (*Stapelplatte*) pallet ❷ KUNST palette ❸ (*geh: reiche Vielfalt*) range
pa·let·ti [pa'lɛti] *adv* ▶ **alles ~** (*sl*) everything's OK *fam*
Palm <-s, -s> [pɑːm] *m* INFORM palmtop
Pal·me <-, -n> ['palmə] *f* palm [tree] ▶ **jdn [mit etw *dat*] auf die ~ bringen** (*fam*) to drive sb up the wall [with sth]
Palm·sonn·tag [palm'zɔnta:k] *m* Palm Sunday
Palm·top <-s, -s> ['pɑːm-] *nt* INFORM palmtop
Palm·we·del *m* palm frond
Pam·pa <-, -s> ['pampa] *f* pampas *pl* ▶ **mitten in der ~** (*fam*) in the middle of nowhere
Pam·pe <-> ['pampə] *f kein pl* (*pej fam*) mush; (*klebrig a.*) goo
Pam·pel·mu·se <-, -n> ['pampl̩muːzə, pampl̩'muːzə] *f* grapefruit
Pam·pers® <-, -> ['pæmpɐs] *f* Pampers®
Pam·phlet <-[e]s, -e> [pam'fleːt] *nt* (*pej geh*) defamatory pamphlet
pam·pig *adj* (*fam*) ❶ (*frech*) stroppy BRIT, ill-tempered AM ❷ (*zäh breiig*) mushy; (*klebrig a.*) gooey
Pa·na·de <-, -n> [pa'na:də] *f* breadcrumb coating
Pa·na·ma¹ <-s> ['panama] *nt* Panama; *s. a.* **Deutschland**
Pa·na·ma² <-s, -s> ['panama] *m* (*Hut*) Panama [hat]
Pa·na·ma·er(in) <-s, -> ['panamaɐ] *m(f)* Panamanian; *s. a.* **Deutsche(r)**
pa·na·ma·isch [pana'maːɪʃ] *adj* Panamanian; *s. a.* **deutsch**
Pan·da <-s, -s> ['panda] *m* [giant] panda
pa·nie·ren* [pa'ni:rən] *vt* to bread (*to coat sth in seasoned, whisked egg and breadcrumbs*)
Pa·nier·mehl *nt* breadcrumbs *pl*
Pa·nik <-, -en> ['pa:nɪk] *f* panic *no pl*; **in ~ geraten** to [get in a] panic
pa·nik·ar·tig *adj* panic-stricken
Pa·nik·kauf *m* FIN panic buying **Pa·nik·ma·che** <-> *f kein pl* (*pej fam*) scaremongering *no pl, no art* **Pa·nik·stim·mung** *f* state of panic **Pa·nik·ver·kauf** *m* BÖRSE panic selling
pa·nisch ['pa:nɪʃ] **I.** *adj attr* panic-stricken **II.** *adv* in panic; **sich ~ fürchten** to be terrified
Pan·ne <-, -n> ['panə] *f* ❶ AUTO, TECH breakdown ❷ (*Missgeschick*) mishap
Pan·nen·dienst <-es, -e> *m* breakdown [*or* AM towing] service
Pa·no·ra·ma <-s, Panoramen> [pano'ra:ma, *pl* -'ra:mən] *nt* panorama
pan·schen ['panʃn̩] **I.** *vt* ▪**etw ~** to adulterate sth **II.** *vi* ❶ (*mit Wasser verdünnen*) to adulterate a[n alcoholic] drink ❷ (*fam: planschen*) to splash about
Pan·ter^RR <-s, -> ['pantɐ], **Pan·ther** <-s, -> ['pantɐ] *m* panther
Pan·tof·fel <-s, -n> [pan'tɔfl̩] *m* [backless] slipper
Pan·tof·fel·held *m* (*fam*) henpecked husband **Pan·tof·fel·tier·chen** *nt* slipper animalcule *spec*
Pan·to·mi·me <-, -n> [panto'miːmə] *f* mime *no pl, no art*
pan·to·mi·misch [panto'miːmɪʃ] **I.** *adj* mimed, in mime *pred* **II.** *adv* in mime
Pan·zer¹ <-s, -> ['pantsɐ] *m* MIL tank
Pan·zer² <-s, -> ['pantsɐ] *m* ❶ (*Schutzhülle*) shell; *einer Schildkröte, eines Krebses a.* carapace *spec*; *eines Krokodils* bony plate; *eines Nashorns, Sauriers* armour *no pl, no indef art* ❷ HIST breastplate
Pan·zer·glas *nt* bullet-proof glass *no pl*
pan·zern ['pantsɐn] *vt* ▪**etw ~** to ar-

Pan·zer·schrank m safe

Pan·ze·rung <-, -en> f (gepanzertes Gehäuse) armour-plating no pl, no indef art; eines Reaktors shield

Pan·zer·wa·gen m ① (Panzer) tank ② (Wagen) armoured vehicle

Pa·pa <-s, -s> [pa'paː, 'papa] m (fam) dad|dy esp childspeak, esp AM pop

Pa·pa·gei <-s, -en> [papa'gaj] m parrot

Pa·pa·raz·zi [papa'ratsi] pl paparazzi npl

Pa·pa·ya <-, -s> [pa'paːja] f papaya

Pa·per·back <-s, -s> ['peːpɐbɛk] nt paperback

Pa·pe·te·rie <-, -n> [papetə'riː, pl -'riːən] f SCHWEIZ (Schreibwarengeschäft) stationer's

Pa·pi <-s, -s> ['papi] m (fam) daddy esp childspeak

Pa·pier <-s, -e> [pa'piːɐ̯] nt ① kein pl (Material) paper no pl, no art; etw zu ~ bringen to put down sep sth in writing ② (Schriftstück) paper, document ③ (Ausweise) ■ **~e** [identity] papers pl ④ FIN security

Pa·pier·ein·zug m paper feed **Pa·pier·fa·brik** f paper mill **Pa·pier·for·mat** nt TYPO ① (Papiergröße) paper size ② (Druckbereich) page orientation **Pa·pier·geld** nt paper money no pl, no art **Pa·pier·hand·tuch** nt paper towel **Pa·pier·korb** m [waste]paper basket **Pa·pier·kram** m (fam) [tiresome] paperwork no pl, no indef art **Pa·pier·krieg** m (fam: Schreibtischarbeit) [tiresome] paperwork no pl, no indef art; (Korrespondenz) tiresome exchange of letters **Pa·pier·stau** m paper jam **Pa·pier·ta·schen·tuch** nt paper handkerchief **Pa·pier·tü·te** f paper bag **Pa·pier·vor·schub** m paper feed[er]

Papp·be·cher m paper cup **Papp·de·ckel** m cardboard no pl, no art

Pap·pe <-, -n> ['papə] f cardboard no art, no pl

Pap·pel <-, -n> ['papl̩] f poplar

pap·pen ['papn̩] vt, vi (fam) to stick (**an/auf** on[to])

Papp·en·hei·mer ['papn̩haimɐ] pl ► **seine ~ kennen** (fam) to know what to expect from that lot **Papp·en·stiel** m (fam) ► **kein ~ sein** to not be chickenfeed

pap·per·la·papp [papɐla'pap] interj (veraltend fam) poppycock

pap·pig ['papɪç] adj (fam) ① (klebrig) sticky ② (breiig) mushy

Papp·kar·ton m ① (Pappschachtel) cardboard box ② (Pappe) cardboard no pl, no art **Papp·ma·ché, Papp·ma·schee**^{RR} <-s, -s> ['papmaʃeː] nt papier-mâché no pl, no art **Papp·schnee** m wet snow no pl, no art

Papp·tel·ler m paper plate

Pap·ri·ka <-s, -[s]> ['paprika] m ① kein pl (Strauch) paprika no pl ② (Schote) pepper ③ kein pl (Gewürz) paprika no pl, no art

Pap·ri·ka·scho·te f pepper; **gelbe/grüne/rote ~** yellow/green/red pepper; **gefüllte ~n** stuffed peppers

Papst <-[e]s, Päpste> [paːpst, pl 'pɛːpstə] m ■ **der Papst** the Pope

päpst·lich ['pɛːpstlɪç] adj papal a. pej

Papst·mo·bil <-s> nt kein pl Popemobile

Papst·tum <-[e]s> nt kein pl papacy

Pa·py·rus <-, Papyri> [pa'pyːrʊs, pl -ri] m ① (Schreibmaterial) papyrus no art, no pl ② (gerollter ~) papyrus scroll

Pa·ra·bel <-, -n> [pa'raːbl̩] f ① LIT parable ② MATH parabolic curve

Pa·ra·bol·an·ten·ne [parabo:l-] f satellite dish

Pa·ra·de <-, -n> [pa'raːdə] f ① MIL parade ② SPORT (beim Ballspiel) save

Pa·ra·de·bei·spiel nt perfect example

Pa·ra·dei·ser <-s, -> [para'dajzɐ] m ÖSTERR tomato

Pa·ra·de·stück nt showpiece

Pa·ra·dies <-es, -e> [para'diːs, pl -iːzə] nt paradise no def art ► **das ~ auf Erden** heaven on earth

pa·ra·die·sisch [para'diːzɪʃ] I. adj heavenly II. adv ~ leer/ruhig sein to be blissfully empty/quiet; **~ schön sein** to be [like] paradise

Pa·ra·dies·vo·gel m bird of paradise; (fig) flamboyant personality

Pa·ra·dig·ma <-s, -ta o Paradigmen> [para'dɪgma, pl -dɪgmən] nt paradigm

pa·ra·dox [para'dɔks] I. adj (geh) paradoxical II. adv (geh) paradoxically

pa·ra·do·xer·wei·se adv paradoxically

Pa·raf·fin <-s, -e> [para'fiːn] nt paraffin

Pa·ra·gli·ding <-s> ['paraglajdɪŋ] nt kein pl paragliding

Pa·ra·graf^{RR} <-en, -en> [para'graːf] m, **Pa·ra·graph** <-en, -en> [para'graːf] m paragraph

Pa·ra·gra·phen·dschun·gel m (pej) sea of regulations **Pa·ra·gra·phen·rei·ter(in)** m(f) (pej fam) pedant

Pa·ra·guay <-s> ['paːragvaj] nt Paraguay; s. a. Deutschland

Pa·ra·gua·yer(in) <-s, -> ['paːragvajɐ] m(f) Paraguayan; s. a. Deutsche(r)

pa·ra·gua·yisch ['paːragvajɪʃ] adj Paraguayan; s. a. deutsch

pa·ral·lel [para'leːl] adj, adv parallel

Pa·ral·le·le <-, -n> [para'leːlə] f ① MATH parallel [line] ② (Entsprechung) parallel; **eine ~ [zu etw dat] ziehen** to draw a parallel [with

Pa·ral·le·li·tät <-, -en> [paraleli'tɛt] *f kein pl* MATH parallelism
Pa·ral·lel·klas·se *f* parallel class **Pa·ral·lel·kul·tur** *f* SOZIOL parallel culture
Pa·ral·le·lo·gramm <-s, -e> [paralelo'gram] *nt* parallelogram
Pa·ral·lel·schal·tung *f* parallel connection **Pa·ral·lel·stra·ße** *f* parallel street **Pa·ral·lel·um·lauf** *m* FIN dual circulation
Pa·ra·lym·pics [para'lɪmpɪks] *pl* SPORT Paralympics
Pa·ra·me·ter <-s, -> [pa'ramete] *m* parameter
pa·ra·mi·li·tä·risch ['pa:ramilitɛrɪʃ] *adj* paramilitary
Pa·ra·noia <-> [para'nɔyɑ] *f kein pl* paranoia
pa·ra·no·id [parano'i:t] *adj* paranoid
pa·ra·no·isch [para'no:ɪʃ] *adj* paranoiac
Pa·ra·phra·se [para'fra:zə] *f* paraphrase
pa·ra·phra·sie·ren* [parafra'zi:rən] *vt a.* MUS to paraphrase
Pa·ra·psy·cho·lo·gie [pa:rapsyçolo'gi:] *f* parapsychology
Pa·ra·sit <-en, -en> [para'zi:t] *m* parasite
pa·ra·si·tär [parazi'tɛɐ] **I.** *adj* parasitic **II.** *adv* parasitically
pa·rat [pa'ra:t] *adj (geh)* ready; etw ~ haben to have sth ready
Pär·chen <-s, -> ['pɛːɐçən] *nt* ① (*Liebespaar*) couple ② (*zwei verbundene Teile*) pair
Par·don <-s> [par'dõ:] *m o nt kein pl* pardon; kein ~ kennen (*fam*) to know no mercy
par ex·cel·lence [paːɐ ɛksɛ'lãːs] *adv (geh)* par excellence
Par·füm <-s, -e *o* -s> [par'fyːm] *nt* perfume
Par·fü·me·rie <-, -n> [parfymə'riː, *pl* -'riːən] *f* perfumery
par·fü·mie·ren* [parfy'miːrən] *vt* to perfume; ■ sich ~ to put on *sep* perfume
pa·rie·ren*[1] [pa'riːrən] *vi (geh)* to obey
pa·rie·ren*[2] [pa'riːrən] *vt (geh)* to parry; *(beim Fußball)* to deflect
Pa·ri·ser[1] [pa'riːzɐ] *adj attr* ① (*in Paris befindlich*) in Paris; ~ Flughafen Paris airport ② (*aus Paris stammend*) Parisian
Pa·ri·ser[2] <-s, -> [pa'riːzɐ] *m (sl: Kondom)* French letter *dated fam*
Pa·ri·ser(in) <-s, -> [pa'riːzɐ] *m(f)* Parisian
pa·ri·tä·tisch [pari'tɛːtɪʃ] **I.** *adj (geh)* equal **II.** *adv (geh)* equally
Park <-s, -s> [park] *m* park
Park-and-ride-Sys·tem ['paːɐkʔɛntˌraɪt-] *nt* park-and-ride system
Park·bank *f* park bench
par·ken ['parkn̩] *vi, vt* to park
Par·kett <-s, -e> [par'kɛt] *nt* ① (*Holzfußboden*) parquet [flooring] ② (*Tanzfläche*) dance floor
Par·kett·(fuß·)bo·den *m* parquet flooring
Park·ge·bühr *f* parking fee **Park·haus** *nt* multi-storey car park [*or* AM parking lot]
par·kin·son·sche Krank·heit[RR] *f*, **Par·kin·son'·sche Krank·heit**[RR] *f*, **Par·kin·son·sche Krank·heit**[ALT] ['parkɪnzɔn-] *f* Parkinson's disease
Park·kral·le *f* wheel clamp **Park·leit·sys·tem** *nt* system guiding parkers to free spaces
Park·lü·cke *f* parking space **Park·mög·lich·keit** *f* parking facility **Park·platz** *m* ① (*Parkbereich*) car park BRIT, parking lot AM ② (*Parklücke*) parking space **Park·schei·be** *f* parking disc (*a plastic dial with a clockface that drivers place in the windscreen to show the time from when the car has been parked*)
Park·schein *m* car park [*or* AM parking lot] ticket **Park·schein·au·to·mat** *m* car park [*or* AM parking lot] ticket machine
Park·strei·fen *m* lay-by **Park·sün·der(in)** *m(f)* parking offender **Park·uhr** *f* parking meter **Park·ver·bot** *nt* ① (*Verbot zu parken*) parking ban ② (*Parkverbotszone*) no-parking zone **Park·wäch·ter(in)** *m(f)* car park [*or* AM parking lot] attendant
Par·la·ment <-[e]s, -e> [parla'mɛnt] *nt* parliament
Par·la·men·ta·ri·er(in) <-s, -> [parlamɛn'taːriɐ] *m(f)* parliamentarian
par·la·men·ta·risch [parlamɛn'taːrɪʃ] *adj* parliamentary
Par·la·men·ta·ris·mus <-> [parlamɛnta'rɪsmʊs] *m kein pl* parliamentar[ian]ism *no pl*
Par·la·ments·aus·schuss[RR] *m* parliamentary committee **Par·la·ments·be·schluss**[RR] *m* parliamentary decision [*or* vote] **Par·la·ments·ge·bäu·de** *nt* parliament building **Par·la·ments·mit·glied** *nt* member of parliament **Par·la·ments·sit·zung** *f* sitting of parliament **Par·la·ments·wahl** *f* parliamentary election
Par·me·san(·kä·se) <-s> [parme'zaːn-] *m kein pl* Parmesan [cheese]
Pa·ro·die <-, -n> [paro'diː, *pl* -'diːən] *f* parody
pa·ro·die·ren* [paro'diːrən] *vt* to parody
pa·ro·dis·tisch *adj* parodic
Pa·ro·don·to·se <-, -n> [parodɔn'toːzə] *f* receding gums, periodontosis *spec*
Pa·ro·le <-, -n> [pa'roːlə] *f* ① MIL password ② (*Leitspruch*) slogan
Pa·ro·li [pa'roːli] *nt* ▸ jdm/einer S. *dat* ~ **bieten** (*geh*) to defy sb/to counter a thing
Par·sing <-s, -> ['parzɪŋ] *nt kein pl* INFORM

parsing

Part <-s, -e> [paɐ̯t] *m* ① (*Anteil*) share ② THEAT, MUS part

Par·tei <-, -en> [paɐ̯'taɪ̯] *f* ① POL party; **über den ~en stehen** to be impartial ② JUR party; **die streitenden/vertragsschließenden ~en** the contending/contracting parties; **für/gegen jdn ~ ergreifen** to side with/against sb ③ (*Miet-*) tenant

Par·tei·buch *nt* party membership book; **das falsche/richtige ~ haben** (*fam*) to belong to the wrong/right party

Par·tei·en·land·schaft *f kein pl* political constellation **Par·tei·en·wirt·schaft** *f kein pl* (*pej*) political cronyism

Par·tei·freund(in) *m(f)* fellow party member **Par·tei·füh·rung** *f* party leadership *no pl* **Par·tei·ge·nos·se, -ge·nos·sin** <-n, -n> *m, f* party member

par·tei·isch [paɐ̯'taɪ̯ɪʃ] **I.** *adj* biased **II.** *adv* in a biased way

par·tei·lich [paɐ̯'taɪ̯lɪç] *adj* ① (*eine Partei betreffend*) party ② (*selten*) *s.* **parteiisch**

par·tei·los *adj* independent **Par·tei·mit·glied** *nt* party member **Par·tei·nah·me** <-, -n> *f* partisanship **Par·tei·po·li·tik** *f* party politics + *sing vb* **Par·tei·pro·gramm** *nt* [party] manifesto

Par·tei·spen·de *f* party donation **Par·tei·spen·den·af·fä·re** *f* party donations scandal

Par·tei·tag *m* ① (*Parteikonferenz*) party conference ② (*Beschlussorgan*) party executive **par·tei·über·grei·fend** *adj* cross-party **Par·tei·vor·sit·zen·de(r)** *f(m)* party chairman *masc*, party chairwoman *fem* **Par·tei·zu·ge·hö·rig·keit** *f* party membership

par·terre [paɐ̯'tɛr] *adv* on the ground floor **Par·terre·woh·nung** *f* ground-floor flat [*or* AM *a.* apartment]

Par·tie <-, -n> [paɐ̯'tiː, *pl* -'tiːən] *f* ① (*Körperbereich*) area ② SPORT game; **eine ~ Schach/Tennis/Squash** a game of chess/tennis/squash ③ (*Posten*) lot ▸ **eine gute ~ machen** to marry well; **mit von der ~ sein** to be in on it

par·ti·ell [paɐ̯'tsi̯ɛl] (*geh*) **I.** *adj* partial **II.** *adv* partially

Par·ti·kel <-, -n> [paɐ̯'tiːkl̩] *f* particle

Par·ti·san(in) <-s *o* -en, -en> [paɐ̯ti'zaːn] *m(f)* partisan

par·ti·ti·o·nie·ren *vt* INFORM to partition

Par·ti·tur <-, -en> [paɐ̯ti'tuːɐ̯] *f* score

Par·ti·zip <-s, -ien> [paɐ̯'tiːtsɪp, *pl* -i̯ən] *nt* participle

par·ti·zi·pie·ren* [paɐ̯titsi'piːrən] *vi* (*geh*) to participate (**an** in)

Part·ner(in) <-s, -> ['paɐ̯tnɐ] *m(f)* partner

Part·ner·look <-s> [-lʊk] *m kein pl* **im ~ gehen** to wear [matching] his-and-hers outfits

Part·ner·schaft <-, -en> *f* partnership; **in einer ~ leben** to live with somebody; (*Städte~*) twinning

part·ner·schaft·lich I. *adj* based on a partnership; **~es Zusammenleben/~e Zusammenarbeit** living/working together as partners **II.** *adv* as partners

Part·ner·stadt *f* twin town **Part·ner·tausch** *m* exchange of partners **Part·ner·ver·mitt·lung** *f* dating agency

par·tout [paɐ̯'tuː] *adv* (*geh*) **etw ~ tun wollen** to insist on doing sth; **er wollte ~ nicht mitkommen** he really did not want to come at all

Par·ty <-, -s> ['paːɐ̯ti] *f* party; **eine ~ geben** to have a party

Par·ty·mei·le *f* (*fam*) clubbing district **Par·ty·ser·vice** ['paːɐ̯etizøːɐ̯vɪs] *m* party catering service

Par·zel·le <-, -n> [paɐ̯'tsɛlə] *f* plot [of land]

Pasch <-[e]s, -e *o* Päsche> [paʃ, *pl* 'pɛʃə] *m* (*beim Würfelspiel*) doubles *pl*, triplets *pl*

Pass^{RR1} <-es, Pässe>, **Paß**^{ALT} <Passes, Pässe> [pas, *pl* 'pɛsə] *m* (*Ausweis*) passport **Pass**^{RR2} <-es, Pässe>, **Paß**^{ALT} <Passes, Pässe> [pas, *pl* 'pɛsə] *m* GEOG pass

pas·sa·bel [pa'saːbl̩] *adj* (*geh*) reasonable

Pas·sa·ge <-, -n> [pa'saːʒə] *f* ① (*Textstück*) passage ② (*Ladenstraße*) arcade ③ NAUT passage

Pas·sa·gier <-s, -e> [pasa'ʒiːɐ̯] *m* passenger; **ein blinder ~** a stowaway

Pas·sa·gier·flug·zeug *nt* passenger aircraft **Pas·sa·gier·kon·trol·le** *f* LUFT passenger inspection [*or* control] **Pas·sa·gier·lis·te** *f* passenger list

Pas·sant(in) <-en, -en> [pa'sant] *m(f)* passer-by

Pass·bild^{RR} *nt* passport photo[graph]

pas·sé, pas·see^{RR} [pa'seː] *adj präd* passé

pas·sen^1 ['pasn̩] *vi* ① MODE **~ [jdm]** ~ to fit [sb] ② (*harmonieren*) **zu jdm ~** to suit sb; ■ **zu etw** *dat* ~ to go well with sth; **so ein riesiger Tisch passt nicht in diese Ecke** a huge table like that doesn't look right in this corner; **sie passt einfach nicht in unser Team** she simply doesn't fit in with this team; **gut zueinander ~** to be suited to each other; **das passt zu dir!** that's typical of you! ③ (*gelegen sein*) ■ **jdm ~** to suit sb; **der Termin passt mir zeitlich leider gar nicht** that date isn't at all convenient for me; **würde Ihnen der Dienstag besser ~?** would the Tuesday be better for you?; **passt es Ihnen, wenn wir uns morgen treffen?** would it be ok to meet up tomorrow?; **das könnte dir**

so ~! (*iron fam*) you'd like that wouldn't you! ④ (*unangenehm sein*) ■ **jdm passt etw nicht** sb doesn't like sth; **ihr passt dieser Ton/seine Art nicht** she doesn't like that tone of voice/his attitude; **es passt ihm nicht, dass wir ab und zu mal lachen** he doesn't like us laughing now and then; ■ **jdm passt etw nicht an jdm** sb does not like sth about sb; **passt dir an mir was nicht?** is there something bugging you about me?; **er passt mir nicht als neuer Chef** I don't fancy him as my new boss; **die neue Lehrerin passte ihren Kollegen nicht** the new teacher wasn't liked by her colleagues

pas·sen² ['pasn̩] *vi* ① (*überfragt sein*) ■ **~ müssen** to have to pass (**bei** on) ② KARTEN to pass

pas·send I. *adj* ① (*den Maßen entsprechend*) fitting; **ein ~er Anzug/Schlüssel** a suit/key that fits ② (*abgestimmt*) matching; **das passt nicht dazu** that doesn't go with it; ■ **etwas Passendes** sth suitable ③ (*genehm*) convenient ④ (*richtig*) suitable; (*angemessen*) appropriate; *Bemerkung* fitting; **die ~en Worte finden** to know the right thing to say ⑤ (*abgezählt*) exact; **es ~ haben** to have the right money **II.** *adv* ① MODE (*den Maßen entsprechend*) to fit ② (*abgezählt*) exactly; **bitte halten Sie den Fahrpreis beim Einsteigen ~ bereit!** please have the exact fare ready!

Pas·se·par·tout <-s, -s> [paspar'tu:] *nt* passe-partout

Pass·fo·to^RR *nt* passport photo

pas·sier·bar *adj* negotiable

pas·sie·ren* [pa'siːrən] **I.** *vi sein* ① (*sich ereignen*) to happen; **ist was passiert?** has something happened?; **wie konnte das nur ~?** how could that happen?; **... sonst passiert was!** (*fam*) ... or there'll be trouble!; **so etwas passiert eben** things like that do happen ② (*unterlaufen*) ■ **jdm ~** to happen to sb; **das kann doch jedem mal ~** that can happen to anyone ③ (*zustoßen*) ■ **jdm ist etwas/nichts passiert** something/nothing has happened to sb ④ (*durchgehen*) to pass; ■ **jdn ~ lassen** to let sb pass **II.** *vt haben* ① (*überqueren*) to cross ② KOCHK ■ **etw ~** to strain sth (**durch** through)

Pas·sier·schein *m* permit

Pas·si·on <-, -en> [pa'sjoːn] *f* ① (*geh: Leidenschaft*) passion ② REL ■ **die ~ Passion**

pas·si·o·niert [pasjo'niːɐ̯t] *adj* (*geh*) passionate

Pas·si·ons·blu·me *f* passion flower **Pas·si·ons·frucht** *f* passion fruit

pas·siv ['pasiːf] **I.** *adj* passive **II.** *adv* passively

Pas·siv <-s, -e> ['pasiːf] *nt* passive

Pas·si·va [pa'siːva] *pl* liabilities *pl*

Pas·si·vi·tät <-> [pasiviˈtɛːt] *f kein pl* (*geh*) passivity

Pas·siv·rau·chen *nt* passive smoking

Pass·kon·trol·le^RR *f* ① (*das Kontrollieren des Passes*) passport control ② (*Kontrollstelle*) passport control point **Pass·stel·le**^RR *f* passport office **Pass·stra·ße**^RR *f* pass

Pas·sus <-, -> ['pasʊs] *m* (*geh*) passage

Pass·wort^RR <-es, -wörter> *nt* password

Pas·te <-, -n> ['pastə] *f* paste

Pas·tell <-s, -e> [pas'tɛl] *nt* KUNST ① *kein pl* (*Malen mit Pastellfarbe*) pastel [drawing]; **in ~ arbeiten** to work in pastels ② (*Pastellgemälde*) pastel [drawing]

Pas·tell·far·be *f* (*Pastellton*) pastel colour ② (*Malfarbe*) pastel

Pas·te·te <-, -n> [pas'teːtə] *f* pâté

pas·teu·ri·sie·ren* [pastøri'ziːrən] *vt* to pasteurize

Pas·til·le <-, -n> [pas'tɪlə] *f* pastille

Pas·tor, Pas·to·rin <-s, -toren> ['pastoːɐ̯, pas'toːrɪn, *pl* -'toːrən] *m, f* NORDD s. **Pfarrer**

Pa·te, Pa·tin <-n, -n> ['paːtə, 'paːtɪn] *m, f* REL godparent, godfather *masc*, godmother *fem*

Pa·ten·kind *nt* godchild **Pa·ten·on·kel** *m* godfather

Pa·ten·schaft <-, -en> *f* ① REL godparenthood ② (*Fürsorgepflicht*) sponsorship

Pa·ten·stadt *f s.* **Partnerstadt**

pa·tent [pa'tɛnt] *adj* ① (*sehr brauchbar*) ingenious ② (*fam: tüchtig*) top-notch

Pa·tent <-[e]s, -e> [pa'tɛnt] *nt* ① (*amtlicher Schutz*) patent; **etw zum ~ anmelden** to apply for a patent on sth ② (*Ernennungsurkunde*) commission ③ SCHWEIZ (*staatliche Erlaubnis*) permit

Pa·tent·amt *nt* Patent Office

Pa·ten·tan·te *f* godmother

pa·ten·tie·ren* [patɛn'tiːrən] *vt* ■ **etw ~** to patent sth; ■ **sich** *dat* **etw ~ lassen** to have sth patented

Pa·tent·lö·sung *f s.* **Patentrezept Pa·tent·recht** *nt* JUR ① (*gesetzliche Regelungen*) patent law ② (*Recht auf ein Patent*) patent right **Pa·tent·re·zept** *nt* patent remedy **Pa·tent·ver·schluss**^RR *m* swing stopper

Pa·ter <-s, -o Patres> ['paːtɐ, *pl* 'patreːs] *m* REL Father

pa·ter·na·li·sie·ren* [patɐnali'ziːrən] *vt* (*geh*) ■ **jdn ~** to cosset sb, to treat sb like a child; **die Jurymitglieder fühlten sich von den Experten paternalisiert** the jury members felt patronized by the experts

pa·the·tisch [pa'teːtɪʃ] **I.** *adj* (*geh*) impassioned **II.** *adv* (*geh*) [melo]dramatically

Pa·tho·lo·ge, -lo·gin <-n, -n> [patoˈloːgə, -ˈloːgɪn] *m, f* pathologist
Pathologie <-, -n> [patoloˈgiː, *pl* -ˈgiːən] *f* pathology
Pa·tho·lo·gin <-, -nen> [...] *f fem form von* **Pathologe**
pa·tho·lo·gisch [patoˈloːgɪʃ] **I.** *adj* pathological **II.** *adv* pathologically
Pa·thos <-> [ˈpaːtɔs] *nt kein pl* emotiveness
Pa·ti·ent(in) <-en, -en> [paˈtsi̯ɛnt] *m(f)* patient; **stationärer ~** in-patient
Pa·ti·en·ten·recht *nt* MED, JUR patients' rights
Pa·tin <-, -nen> [ˈpaːtɪn] *f fem form von* **Pate** godmother
Pa·ti·na <-> [ˈpaːtina] *f kein pl* patina
Pa·tis·se·rie <-, -n> [patisəˈriː, *pl* -ˈriːən] *f* SCHWEIZ ① (*Konditorei*) patisserie ② (*Café*) café ③ (*Gebäck*) pastry
Pa·tri·arch <-en, -en> [patriˈarç] *m* patriarch
pa·tri·ar·cha·lisch [patriarˈçaːlɪʃ] *adj* patriarchal
Pa·tri·ar·chat <-[e]s, -e> [patriarˈçaːt] *nt* patriarchy
Pa·tri·ot(in) <-en, -en> [patriˈoːt] *m(f)* patriot
pa·tri·o·tisch [patriˈoːtɪʃ] **I.** *adj* patriotic **II.** *adv* patriotically
Pa·tri·o·tis·mus <-> [patrioˈtɪsmʊs] *m kein pl* patriotism
Pa·tri·zi·er(in) <-s, -> [paˈtriːtsi̯ɐ] *m(f)* patrician
Pa·tron(in) <-s, -e> [paˈtroːn] *m(f)* ① REL patron saint ② (*Schirmherr*) patron ③ (*pej: Typ*) old devil ④ SCHWEIZ (*Arbeitgeber*) employer
Pa·tro·ne <-, -n> [paˈtroːnə] *f* cartridge
Pa·tro·nen·hül·se *f* cartridge case
Pa·tro·nin <-, -nen> *f fem form von* **Patron**
Pa·trouil·le <-, -n> [paˈtrʊljə] *f* patrol; **auf ~ gehen** to patrol
pa·trouil·lie·ren* [patrʊlˈjiːrən, patruˈliːrən] *vi* to patrol
Pat·sche <-, -n> [ˈpatʃə] *f* (*fam*) (*Fliegenklatsche*) swat ▶ **jdm aus der ~ helfen** to get sb out of a tight spot; **in der ~ sitzen** to be in a tight spot
patsch·nassᴿᴿ [ˈpatʃˈnas] *adj* (*fam*) soaking wet
Patt <-s, -s> [pat] *nt* stalemate
Patt·si·tu·a·ti·on *f* stalemate
Pat·zer <-s, -> *m* ① (*fam: Fehler*) slip-up ② ÖSTERR (*Klecks*) blob
pat·zig [ˈpatsɪç] *adj* (*fam*) snotty
Pau·ke <-, -n> [ˈpau̯kə] *f* kettledrum ▶ **mit ~n und Trompeten durchfallen** to fail miserably; **auf die ~ hauen** (*angeben*) to blow one's own trumpet; (*ausgelassen feiern*) to paint the town red
pau·ken [ˈpau̯kn̩] **I.** *vi* (*fam*) to cram, BRIT *a.* to swot up **II.** *vt* (*fam*) to cram for [*or* BRIT *a.* swot up on] sth **Pau·ken·schlag** *m* beat of a kettledrum
Pau·ker(in) <-s, -> [ˈpau̯kɐ] *m(f)* (*fam*) teacher
Paus·ba·cken [ˈpau̯s-] *pl* chubby cheeks *pl*
paus·bä·ckig [ˈpau̯sbɛkɪç] *adj* chubby-cheeked
pau·schal [pau̯ˈʃaːl] **I.** *adj* ① (*undifferenziert*) sweeping ② FIN flat-rate *attr*, all-inclusive **II.** *adv* ① (*allgemein*) **etw ~ beurteilen** to make a wholesale judgement about sth ② FIN at a flat rate; **~ bezahlen** to pay in a lump sum
Pau·schal·be·trag *m* lump sum
Pau·scha·le <-, -n> [pau̯ˈʃaːlə] *f* flat rate
pau·scha·li·sie·ren* [pau̯ʃaliˈziːrən] *vt* (*verallgemeinern*) to over-simplify; (*zusammenfassen*) to group together
Pau·schal·preis *m* all-inclusive price **Pau·schal·rei·se** *f* package holiday **Pau·schal·ur·laub** *m* package holiday **Pau·schal·ur·teil** *nt* sweeping statement
Pau·se <-, -n> [ˈpau̯zə] *f* ① (*Unterbrechung*) break, AM *a.* recess; **die große/kleine ~** SCH long [mid-morning]/short break; **[eine] ~ machen** to have a break ② (*Sprechpause*) pause ③ MUS rest
pau·sen [ˈpau̯zn̩] *vt* to trace; FOTO to photostat
Pau·sen·brot *nt* sandwich (*eaten during break*) **Pau·sen·clown** [-klau̯n] *m* SOZIOL (*pej fam*) class clown **Pau·sen·fül·ler** *m* filler **Pau·sen·hof** *m* school yard **pau·sen·los I.** *adj attr* continuous **II.** *adv* continuously **Pau·sen·zei·chen** *nt* ① RADIO, TV call sign ② MUS rest
pau·sie·ren* [pau̯ˈziːrən] *vi* (*geh*) to take a break
Paus·pa·pier *nt* ① (*durchsichtiges Papier*) tracing paper ② (*Kohlepapier*) carbon paper
Pa·vi·an <-s, -e> [ˈpaːvi̯aːn] *m* baboon
Pa·vil·lon <-s, -s> [ˈpavɪljõ, ˈpavɪljɔŋ] *m* pavilion
Pay-TV <-s, -s> [ˈpeːtiːviː] *nt* Pay-TV
Pa·zi·fik <-s> [paˈtsiːfɪk] *m* ■ **der ~** the Pacific
pa·zi·fisch [paˈtsiːfɪʃ] *adj* Pacific; ■ **der P~e Ozean** the Pacific Ocean
Pa·zi·fist(in) <-en, -en> [patsiˈfɪst] *m(f)* pacifist
pa·zi·fis·tisch *adj* pacifist
PC <-s, -s> [peːˈtseː] *m Abk von* **Personal Computer** PC
PC-Sta·ti·on *f* PC-workstation

PDS <-> [peːdeːˈɛs] *f kein pl* POL *Abk von* **Partei des Demokratischen Sozialismus** German Socialist Party

Pea·nuts ['piːnʊts] *pl* (*mickrige Summe*) peanuts *pl*

Pech <-[e]s, -e> [pɛç] *nt* ❶ (*unglückliche Fügung*) bad luck; [bei etw *dat*] ~ **haben** to be unlucky [in sth]; ~ **gehabt!** tough!; **so ein** ~ ! just my/our etc luck ❷ (*Rückstand bei Destillation von Erdöl*) pitch

pech·schwarz ['pɛçˈʃvarts] *adj* (*fam*) pitch black; *Haar* jet-black **Pech·sträh·ne** *f* run of bad luck **Pech·vo·gel** *m* (*fam*) walking disaster *hum*

Pe·dal <-s, -e> [peˈdaːl] *nt* pedal

Pe·dant(in) <-en, -en> [peˈdant] *m(f)* pedant

Pe·dan·te·rie <-, -n> [pedantəˈriː] *f* pedantry

Pe·dan·tin <-, -nen> *f fem form von* Pedant

pe·dan·tisch [peˈdantɪʃ] **I.** *adj* pedantic **II.** *adv* pedantically

Pe·di·kü·re <-, -n> [pediˈkyːrə] *f* pedicure

pee·len [piːlən] *vi* to exfoliate

Pee·ling <-s, -s> ['piːlɪŋ] *nt* exfoliation

Peep·show^{RR} <-, -s> ['piːpʃoː] *f*, **Peep-Show**^{ALT} <-, -s> ['piːpʃoː] *f* peep show

Pe·gel <-s, -> ['peːɡl̩] *m* ❶ (*Messlatte*) water level gauge ❷ *s.* Pegelstand

Pe·gel·stand *m* water level

pei·len ['paɪlən] **I.** *vt* NAUT ■ etw ~ to get a bearing on sth **II.** *vi* (*fam*) to peek

Peil·ge·rät *nt* direction-finder **Peil·sen·der** *m* DF transmitter *spec*

Pein <-> [paɪn] *f kein pl* (*veraltend geh*) agony

pei·ni·gen ['paɪnɪɡn̩] *vt* ■ jdn ~ ❶ (*zermürben*) to torment sb ❷ (*jdm zusetzen*) to torture sb

Pei·ni·ger(in) <-s, -> *m(f)* (*geh*) tormentor

pein·lich ['paɪnlɪç] **I.** *adj* ❶ (*unangenehm*) embarrassing; *Frage, Situation, Lage* awkward; **es war ihr sehr** ~ she was very embarrassed about it; ■ etwas Peinliches sth awful ❷ (*äußerst*) painstaking; *Genauigkeit* meticulous; *Sauberkeit* scrupulous **II.** *adv* ❶ (*unangenehm*) jdn ~ **berühren** to be awkward for sb; **auf jdn** ~ **wirken** to be embarrassing for sb ❷ (*gewissenhaft*) painstakingly; ~ **befolgen** to follow diligently ❸ (*äußerst*) meticulously

Pein·lich·keit <-, -en> *f* ❶ *kein pl* (*peinliche Art*) embarrassment ❷ (*Genauigkeit*) meticulousness

Peit·sche <-, -n> ['paɪtʃə] *f* whip

peit·schen ['paɪtʃn̩] **I.** *vt haben* to whip **II.** *vi sein* ■ gegen etw *akk* ~ to lash against sth; **Regen peitscht gegen etw** *akk* rain is lashing against sth; **Wellen** ~ **an etw** *akk* the waves are beating against sth

Peit·schen·hieb *m* lash [of the whip]

pe·jo·ra·tiv [pejoraˈtiːf] **I.** *adj* pejorative **II.** *adv* pejoratively

Pe·ki·ne·se <-n, -n> [pekiˈneːzə] *m* Pekingese

Pe·king <-s> ['peːkɪŋ] *nt* Beijing

Pe·li·kan <-s, -e> ['peːlikaːn] *m* pelican

Pel·le <-, -n> ['pɛlə] *f* (*fam: Haut*) skin ▶ **jdm auf die ~ rücken** (*fam: sich dicht herandrängen*) to crowd sb; (*jdn bedrängen*) to badger sb

pel·len ['pɛlən] (*fam*) **I.** *vt* (*schälen*) to peel **II.** *vr* sich ~ to peel

Pell·kar·tof·feln *pl* potatoes boiled in their jackets

Pelz <-es, -e> [pɛlts] *m* fur

pel·zig ['pɛltsɪç] *adj* furry

Pelz·kra·gen *m* fur collar **Pelz·man·tel** *m* fur coat

Pen·dant <-s, -s> [päˈdãː] *nt* (*geh*) counterpart; ■ ~ [zu etw *dat*] the counterpart [to sth]

Pen·del <-s, -> ['pɛndl̩] *nt* pendulum

pen·deln ['pɛndl̩n] *vi* ❶ *haben* (*schwingen*) ■ [hin und her] ~ to swing [to and fro] ❷ *sein* TRANSP to commute

Pen·del·ver·kehr *m* ❶ (*Nahverkehrsdienst*) shuttle service ❷ (*Berufsverkehr*) commuter traffic

Pend·ler(in) <-s, -> ['pɛndlɐ] *m(f)* commuter

Pend·ler·pau·scha·le *f tax-deductible commuting expenses for employees* **Pend·ler·vor·stadt** *f* commuterville

Pe·nes ['peːneːs] *pl von* Penis

pe·ne·trant [peneˈtrant] **I.** *adj* ❶ (*durchdringend*) penetrating; *Geruch* pungent ❷ (*aufdringlich*) overbearing **II.** *adv* penetratingly

peng [pɛŋ] *interj* (*Schussgeräusch*) bang

pe·ni·bel [peˈniːbl̩] *adj* (*geh*) *Ordnung* meticulous; *Mensch* fastidious (**in** about)

Pe·ni·cil·lin <-s, -e> [peniˈtsɪliːn] *nt s.* Penizillin

Pe·nis <-, -se *o* Penes> ['peːnɪs, *pl* 'peːneːs] *m* penis

Pe·ni·zil·lin <-s, -e> [peniˈtsɪliːn] *nt* penicillin

Penn·bru·der *m* (*pej fam*) dosser

Pen·ne <-, -n> ['pɛnə] *f* SCH (*sl*) school

pen·nen ['pɛnən] *vi* (*fam*) ❶ (*schlafen*) to kip BRIT, to sleep AM ❷ (*nicht aufpassen*) to sleep

Pen·ner(in) <-s, -> *m(f)* (*pej fam*) ❶ (*Stadtstreicher*) bum ❷ (*langsamer Mensch*) slowcoach BRIT, slowpoke AM

Pen·sa ['pɛnza], **Pen·sen** [pɛnzən] *pl von* Pensum

Pen·si·on <-, -en> [pãˈzjoːn, pɛnˈzjoːn] f ❶ TOURIST guest house ❷ (*Ruhegehalt*) pension; **in ~ gehen** to go into retirement; **in ~ sein** to be retired ❸ *kein pl* TOURIST (*Verpflegung*) **mit ~** with full board

Pen·si·o·när(in) <-s, -e> [pãzjoˈnɛːɐ, pɛnzjoˈnɛːɐ] *m(f)* ❶ (*Ruhestandsbeamter*) pensioner ❷ SCHWEIZ boarding house guest

pen·si·o·nie·ren* [pãzjoˈniːrən, pɛnzjoˈniːrən] *vt* ■ **pensioniert werden** to be pensioned off; ■ **sich ~ lassen** to retire

Pen·si·o·nie·rung <-, -en> *f* retirement

Pensionsalter *nt* retirement age

Pen·sum <-s, Pensa *o* Pensen> [ˈpɛnzʊm, *pl* ˈpɛnza, ˈpɛnzən] *nt* (*geh*) work quota

Pen·ta·gon <-s, -e> [pɛntaˈgoːn] *nt* ❶ (*Fünfeck*) pentagon ❷ *kein pl* (*US-Verteidigungsministerium*) Pentagon

Pent·haus [ˈpɛnthaʊs] *nt* penthouse

Pent·house <-, -s> [ˈpɛnthaʊs] *nt* penthouse

Pep <-[s]> [pɛp] *m kein pl* oomph

Pe·pe·ro·ni [pepeˈroːni] *pl* ❶ (*scharfe Paprikas*) chillies ❷ SCHWEIZ (*Gemüsepaprika*) peppers *pl*

pep·pig [ˈpɛpɪç] *adj* (*fam*) peppy

per [pɛr] *präp* ❶ (*durch*) by; **~ Post/Bahn** by post [*or* AM mail]/train ❷ (*pro*) per ▶ **mit jdm ~ du/Sie sein** (*fam*) to address sb with "du"/"Sie"

per·fekt [pɛrˈfɛkt] **I.** *adj* ❶ (*vollkommen*) perfect ❷ *präd* (*abgemacht*) ■ **~ sein** to be settled; **etw ~ machen** to settle sth **II.** *adv* perfectly

Per·fekt <-s, -e> [ˈpɛrfɛkt] *nt* LING ❶ (*vollendete Zeitform*) perfect [tense] ❷ (*Verbform im ~*) perfect

Per·fek·ti·on <-> [pɛrfɛkˈtsjoːn] *f kein pl* (*geh*) perfection; ■ **mit ~** to perfection; **in höchster ~** to the highest perfection

per·fek·ti·o·nie·ren* [pɛrfɛktsjoˈniːrən] *vt* (*geh*) to perfect

Per·fek·ti·o·nis·mus <-> [pɛrfɛktsjoˈnɪsmʊs] *m kein pl* (*geh*) perfectionism

Per·fek·ti·o·nist(in) <-en, -en> [pɛrfɛktsjoˈnɪst] *m(f)* perfectionist

per·fi·de [pɛrˈfiːdə] **I.** *adj* (*geh*) perfidious **II.** *adv* (*geh*) perfidiously

per·fo·rie·ren* [pɛrfoˈriːrən] *vt* to perforate

Per·for·mance <-, -s> [pø:ɐ̯ˈfɔːɐ̯məns] *f* performance

Per·ga·ment <-[e]s, -e> [pɛrgaˈmɛnt] *nt* parchment

Per·ga·ment·pa·pier *nt* greaseproof paper

Pe·ri·o·de <-, -n> [peˈrjoːdə] *f* period

Pe·ri·o·den·sys·tem *nt* periodic table

pe·ri·o·disch [peˈrjoːdɪʃ] **I.** *adj* periodic[al] **II.** *adv* periodically

pe·ri·pher [periˈfeːɐ̯] **I.** *adj* (*geh*) *a.* ANAT peripheral **II.** *adv* (*geh*) peripherally, on the periphery

Pe·ri·phe·rie <-, -n> [perifeˈriː, *pl* -ˈriːən] *f a.* MATH periphery; INFORM peripheral [device]

Per·le <-, -n> [ˈpɛrlə] *f* ❶ (*Schmuckperle*) pearl ❷ (*Kügelchen, Tropfen*) bead ❸ (*Haushälterin*) gem ❹ (*Luftbläschen*) bubble

per·len [ˈpɛrlən] *vi* ❶ (*sprudeln*) to fizz ❷ (*geh: in Tropfen stehen*) ■ **auf etw** *dat* **~** to form beads on sth ❸ (*geh: in Tropfen rinnen*) ■ **von etw** *dat* **~** to trickle from sth

Per·len·ket·te *f* pearl necklace

Perl·huhn *nt* guinea fowl

Perl·mutt <-s> [ˈpɛrlmʊt] *nt*, **Perl·mut·ter** <-> [ˈpɛrlmʊtɐ] *nt kein pl* mother-of-pearl

Per·lon® <-s> [ˈpɛrlɔn] *nt kein pl* [type of] nylon

Per·ma·frost·bo·den *m* GEOG permafrost

per·ma·nent [pɛrmaˈnɛnt] **I.** *adj* permanent **II.** *adv* permanently

per·plex [pɛrˈplɛks] *adj* dumbfounded

Per·ser(in) <-s, -> [ˈpɛrzɐ] *m(f)* Persian; *s. a.* **Deutsche(r)**

Per·ser·tep·pich *m* Persian rug

Per·si·en <-s> [ˈpɛrzjən] *nt* Persia; *s. a.* **Deutschland**

Per·si·fla·ge <-, -n> [pɛrziˈflaːʒə] *f* (*geh*) satire

per·sisch [ˈpɛrzɪʃ] *adj* Persian; *s. a.* **deutsch**

Per·son <-, -en> [pɛrˈzoːn] *f* ❶ *meist pl* (*Mensch*) *a.* LING person; **juristische ~** JUR legal entity; **jd als ~** sb as a person; **ich für meine ~** I myself; **in einer ~** rolled into one; **zur ~** JUR concerning a person's identity ❷ (*pej*) character

Per·so·nal <-s> [pɛrzoˈnaːl] *nt kein pl* staff

Per·so·nal·ab·bau *m* downsizing *no pl, no indef art*, staff cuts *pl* **Per·so·nal·ab·tei·lung** *f* personnel department **Per·so·nal·ak·te** *f* personal file **Per·so·nal·aus·weis** *m* identity card **Per·so·nal·bü·ro** *nt* personnel office **Per·so·nal·chef(in)** *m(f)* head of personnel

Per·so·nal Com·pu·ter [ˈpəːsənəl-] *m* personal computer

Per·so·na·li·en [pɛrzoˈnaːljən] *pl* particulars *npl*

Per·so·nal·kos·ten *pl* personnel costs *npl*

Per·so·nal·pro·no·men *nt* personal pronoun

per·so·nell [pɛrzoˈnɛl] **I.** *adj* personnel *attr*, staff *attr* **II.** *adv* as regards personnel

Per·so·nen·auf·zug *m* (*form*) passenger lift BRIT, AM elevator **Per·so·nen·be·för·de·rung** *f* carriage of passengers **Per·so·nen·be·schrei·bung** *f* personal description **Per·so·nen·ge·dächt·nis** *nt* memory for

faces **Per·so·nen·kraft·wa·gen** *m* (*geh*) motorcar **Per·so·nen·kreis** *m* group of people **Per·so·nen·kult** *m* personality cult **Per·so·nen·nah·ver·kehr** *m* local passenger transport *no pl* **Per·so·nen·scha·den** *m* personal injury **Per·so·nen·schutz** *m* personal security **Per·so·nen·ver·kehr** *m* passenger transport **Per·so·nen·waa·ge** *f* (*form*) scales *npl* (*for weighing persons*) **Per·so·nen·wa·gen** *m* (*form*) private car **Per·so·ni·fi·ka·ti·on** <-, -en> [pɛrzonifika'tsi̯oːn] *f* (*geh*) personification
per·so·ni·fi·zie·ren* [pɛrzonifi'tsiːrən] *vt* to personify
per·sön·lich [pɛr'zøːnlɪç] **I.** *adj* ❶ (*jdn selbst betreffend*) personal ❷ (*intim*) **ich möchte ein ~es Wort an Sie richten** I would like to address you directly ❸ (*anzüglich*) ▪ ~ **werden** to get personal **II.** *adv* ❶ (*selbst*) personally; ~ **erscheinen/auftreten** to appear/perform in person ❷ (*privat*) personally; ~ **befreundet sein** to be personal friends
Per·sön·lich·keit <-, -en> *f* ❶ *kein pl* (*individuelle Eigenart*) personality ❷ (*markanter Mensch*) character ❸ (*Prominenter*) celebrity
Per·sön·lich·keits·ent·fal·tung *f kein pl* personality development **Per·sön·lich·keits·stö·rung** *f* personality disorder **Per·sön·lich·keits·test** *m* PSYCH personality test
Per·spek·ti·ve <-, -n> [pɛrspɛk'tiːvə] *f* ❶ (*Blickwinkel*) *a.* ARCHIT, KUNST perspective ❷ (*geh: Aussichten*) prospect *usu pl*
per·spek·ti·visch [pɛrspɛk'tiːvɪʃ] **I.** *adj* perspective *attr* **II.** *adv* in perspective
Per·spek·tiv·los *adj* without prospects
Per·spek·tiv·lo·sig·keit <-> *f kein pl* hopelessness *no pl*
Pe·ru <-s> [pe'ruː] *nt* Peru; *s. a.* **Deutschland**
Pe·ru·a·ner(in) <-s, -> [pe'ru̯aːnɐ] *m(f)* Peruvian; *s. a.* **Deutsche(r)**
pe·ru·a·nisch [pe'ru̯aːnɪʃ] *adj* Peruvian; *s. a.* **deutsch**
Pe·rü·cke <-, -n> [pe'rʏkə] *f* wig
per·vers [pɛr'vɛrs] **I.** *adj* ❶ PSYCH perverted ❷ (*sl: unnormal*) perverse **II.** *adv* PSYCH ~ **veranlagt sein** to have a perverted disposition
Per·ver·si·on <-, -en> [pɛrvɛr'zi̯oːn] *f* perversion
Per·ver·si·tät <-, -en> [pɛrvɛrzi'tɛt] *f* perversity
per·ver·tie·ren* [pɛrvɛr'tiːrən] **I.** *vt haben* (*geh*) to warp **II.** *vi sein* (*geh*) ▪ [**zu etw** *dat*] ~ to become perverted [into sth]

pe·sen ['peːzn̩] *vi sein* (*fam*) to dash
Pes·sar <-s, -e> [pɛ'saːɐ̯] *nt* diaphragm
Pes·si·mis·mus <-> [pɛsi'mɪsmʊs] *m kein pl* pessimism
Pes·si·mist(in) <-en, -en> [pɛsi'mɪst] *m(f)* pessimist
pes·si·mis·tisch [pɛsi'mɪstɪʃ] **I.** *adj* pessimistic **II.** *adv* pessimistically
Pest <-> [pɛst] *f kein pl* MED ▪ **die** ~ the plague ▸ **jdm die** ~ **an den Hals wünschen** to wish sb would drop dead; **wie die ~ stinken** to stink to high heaven; **jdn wie die ~ fürchten/hassen** to be terribly afraid of sb/to hate sb's guts
Pes·ti·zid <-s, -e> [pɛsti'tsiːt] *nt* pesticide
Pe·ter·si·lie <-, -n> [petɐ'ziːli̯ə] *f* parsley
Pe·ti·ti·on <-, -en> [peti'tsi̯oːn] *f* petition
Pe·tro·le·um <-s> [pe'troːleʊm] *nt kein pl* paraffin
Pe·tro·le·um·lam·pe *f* paraffin lamp
Pet·ting <-s, -s> ['pɛtɪŋ] *nt* petting
pet·to ['pɛto] *adv* ▸ **etw in ~ haben** (*fam*) to have sth up one's sleeve
Pet·ze <-, -n> ['pɛtsə] *f* (*pej fam*) telltale
pet·zen ['pɛtsn̩] **I.** *vt* (*pej fam*) ▪ **etw ~** to tell tales about sth **II.** *vi* (*pej fam*) to tell tales
Pf *m* (*hist*) *Abk von* **Pfennig**
Pfad <-[e]s, -e> [pfaːt, *pl* 'pfaːdə] *m* path
Pfad·fin·der(in) <-s, -> *m(f)* [boy] scout *masc*, [girl] guide *fem*
Pfaf·fe <-n, -n> ['pfafə] *m* (*pej*) cleric
Pfahl <-[e]s, Pfähle> [pfaːl, *pl* 'pfɛːlə] *m* ❶ (*Zaun–*) post ❷ (*angespitzter Rundbalken*) stake
Pfahl·bau <-bauten> *m* structure on stilts
Pfalz <-, -en> [pfalts] *f* GEOG palatinate; **Rheinland-~** the Rhineland-Palatinate
Pfäl·zer(in) <-s, -> ['pfɛltsɐ] *m(f)* sb from the Palatinate
pfäl·zisch ['pfɛltsɪʃ] *adj* Palatine
Pfand <-[e]s, Pfänder> [pfant, *pl* 'pfɛndə] *nt* deposit
pfänd·bar *adj* JUR distrainable *form*
Pfand·brief *m* mortgage bond
pfän·den ['pfɛndn̩] *vt* JUR ❶ (*beschlagnahmen*) ▪ **etw ~** to impound sth; ▪ **das P~** seizing of possessions ❷ (*Pfandsiegel anbringen*) ▪ **jdn ~** to seize some of sb's possessions; ▪ **jdn ~ lassen** to get the bailiffs onto sb
Pfand·fla·sche *f* returnable bottle **Pfand·geld** *nt* deposit **Pfand·haus** *nt* pawnbroker's **Pfand·lei·he** <-, -n> *f* pawnshop **Pfand·schein** *m* pawn ticket
Pfän·dung <-, -en> *f* seizure
Pfan·ne <-, -n> ['pfanə] *f* ❶ KOCHK [frying] pan ❷ SCHWEIZ (*Topf*) pot ▸ **jdn in die Pfanne hauen** (*sl*) to do the dirty [*or* AM play a mean trick] on sb

Pfann·ku·chen *m* pancake
Pfarr·amt *nt* vicarage **Pfarr·be·zirk** *m* parish
Pfar·rei <-, -en> [pfa'raɪ] *f* ❶ (*Gemeinde*) parish ❷ *s.* Pfarramt
Pfar·rer(in) <-s, -> [pfarɐ] *m(f)* (*katholisch*) priest; (*evangelisch*) pastor; (*anglikanisch*) vicar
Pfarr·ge·mein·de *f s.* Pfarrei 1 **Pfarr·haus** *nt* (*katholisch*) presbytery; (*anglikanisch*) vicarage **Pfarr·kir·che** *f* parish church
Pfau <-[e]s *o* -en, -en> [pfaʊ] *m* peacock
Pfau·en·au·ge *nt* peacock butterfly
Pfef·fer <-s, -> ['pfɛfɐ] *m* pepper ▶ **hingehen, wo der ~ wächst** to go to hell
Pfef·fer·korn ['pfɛfɐkɔrn] *nt* peppercorn
Pfef·fer·minz·bon·bon *nt* peppermint
Pfef·fer·min·ze *f kein pl* peppermint
Pfef·fer·minz·tee *m* peppermint tea
Pfef·fer·müh·le *f* pepper mill
pfef·fern ['pfɛfɐn] *vt* ❶ KOCHK to season with pepper ❷ (*fam: schleudern*) ▶ **etw irgendwohin ~** to fling sth somewhere ▶ **jdm eine ~** (*fam*) to give sb a smack in the face
Pfef·fer·streu·er <-s, -> *m* pepper pot
Pfei·fe <-, -n> ['pfaɪfə] *f* ❶ (*Tabaks-, Musikinstrument*) pipe; **~ rauchen** to smoke a pipe ❷ (*Triller-*) whistle ❸ (*sl: Nichtskönner*) loser ▶ **nach jds ~ tanzen** to dance to sb's tune
pfei·fen <pfiff, gepfiffen> ['pfaɪfn̩] **I.** *vi* ❶ (*Pfeiftöne erzeugen*) to whistle ❷ (*fam*) ■ **auf etw** *akk* **~** not to give a damn about sth **II.** *vt* to whistle
Pfei·fen·kopf *m* bowl [of a pipe] **Pfei·fen·rei·ni·ger** *m* pipe-cleaner **Pfei·fen·stop·fer** <-s, -> *m* tamper **Pfei·fen·ta·bak** *m* pipe tobacco
Pfeif·kon·zert *nt* chorus of catcalls **Pfeif·ton** *m* whistle
Pfeil <-s, -e> [pfaɪl] *m* arrow; **~ und Bogen** bow and arrow
Pfei·ler <-s, -> ['pfaɪlɐ] *m* ❶ ARCHIT pillar ❷ BAU pylon
pfeil·schnell ['pfaɪlˈʃnɛl] *adj* like a shot **Pfeil·spit·ze** *f* arrowhead
Pen·nig <-s, -e *o meist nach Zahlenangabe* -> ['pfɛnɪç] *m* (*hist*) pfennig; **keinen ~ |Geld| haben** to be penniless; **keinen ~ wert sein** to be worth nothing ▶ **jeden ~ umdrehen** (*fam*) to think twice about every penny one spends
Pfen·nig·ab·satz *m* (*fam*) stiletto heel
Pfen·nig·fuch·ser(in) <-s, -> [-fʊksə] *m(f)* (*fam*) stinge
pfer·chen ['pfɛrçn̩] *vt* ■ **jdn/Tiere in etw** *akk* **~** to cram sb/animals into sth
Pferd <-[e]s, -e> [pfe:ɐ̯t, *pl* -də] *nt* ❶ (*Tier*) horse; **arbeiten wie ein ~** to work like a horse; **zu ~e** (*geh*) on horseback ❷ SCHACH knight ▶ **das ~ beim Schwanz[e] aufzäumen** to put the cart before the horse; **die ~e scheu machen** to put people off; **keine zehn ~e könnten mich je dazu bringen** wild horses couldn't make me do that; **mit jdm ~e stehlen können** sb is game for anything; **ich glaub' mich tritt ein ~!** well I'll be blowed! [*or* AM damned!]
Pfer·de·ap·fel *m meist pl* horse droppings *npl* **Pfer·de·fuß** *m* ❶ (*Huf*) cloven hoof ❷ (*Haken*) catch **Pfer·de·renn·bahn** *f* racecourse **Pfer·de·ren·nen** *nt* horse-racing **Pfer·de·schwanz** *m* ❶ (*vom Pferd*) horse's tail ❷ (*Frisur*) ponytail **Pfer·de·stall** *m* stable **Pfer·de·stär·ke** *f* (*veraltend*) horsepower **Pfer·de·wa·gen** *m* [horse-drawn] carriage; *für Güter* cart **Pfer·de·zucht** *f* horse breeding
pfiff [pfɪf] *imp von* pfeifen
Pfiff <-s, -e> [pfɪf] *m* ❶ (*Pfeifton*) whistle ❷ (*fam: Reiz*) pizzazz
Pfif·fer·ling <-[e]s, -e> ['pfɪfɐlɪŋ] *m* BOT, KOCHK chanterelle ▶ **keinen ~ wert sein** to not be worth a thing
pfif·fig ['pfɪfɪç] **I.** *adj* smart **II.** *adv* smartly
Pfif·fi·kus <-[ses], -se> ['pfɪfɪkʊs] *m* (*hum fam*) smart lad *masc* [*or fem* lass] BRIT
Pfings·ten <-, -> ['pfɪŋstn̩] *nt meist ohne art* Whitsun; (*Pfingstwochenende*) Whitsuntide
Pfingst·mon·tag *m* Whit Monday **Pfingst·ro·se** *f* peony **Pfingst·sonn·tag** *m* Whit Sunday
Pfir·sich <-s, -e> ['pfɪrzɪç] *m* peach
Pfir·sich·baum *m* peach tree
Pflan·ze <-, -n> ['pflantsə] *f* plant
pflan·zen ['pflantsn̩] **I.** *vt* to plant **II.** *vr* (*fam*) ■ **sich irgendwohin ~** to plonk oneself somewhere
Pflan·zen·fa·ser *f* plant fibre **Pflan·zen·fett** *nt* vegetable fat **Pflan·zen·fres·ser** *m* herbivore **Pflan·zen·kun·de** *f* botany **Pflan·zen·öl** *nt* vegetable oil **Pflan·zen·reich** *nt kein pl* plant kingdom *no pl*
Pflan·zen·schutz *m* pest control **Pflan·zen·schutz·mit·tel** *nt* pesticide
Pflan·zen·welt *f* plant life
pflanz·lich **I.** *adj attr* ❶ (*vegetarisch*) vegetarian ❷ (*aus Pflanzen gewonnen*) plant-based **II.** *adv* **sich ~ ernähren** to eat a vegetarian diet
Pflan·zung <-, -en> *f* ❶ *kein pl* (*das Pflanzen*) planting ❷ AGR *s.* Plantage
Pflas·ter <-s, -> ['pflastɐ] *nt* ❶ MED plaster ❷ BAU road surface ▶ **ein gefährliches ~** (*fam*) a dangerous place
pflas·tern ['pflastɐn] **I.** *vt* ■ **etw ~** to surface

sth; **etw mit Steinplatten ~** to pave sth with flagstones **II.** vi to pave

Pflas·ter·stein ['pflaste-] *m* paving stone

Pflau·me <-, -n> ['pflaʊmə] *f* ❶ KOCHK plum ❷ BOT, HORT plum tree ❸ (*fam: Pfeife*) twat *pej*

Pflau·men·baum *m* plum tree **Pflau·men·mus** *nt* plum jam

Pfle·ge <-> ['pfle:gə] *f kein pl* ❶ (*kosmetische Behandlung*) grooming ❷ MED nursing; **jdn/ein Tier [bei jdm] in ~ geben** to have sb/an animal looked after [by sb]; **jdn/ein Tier in ~ nehmen** to look after sb/an animal ❸ HORT care ❹ (*geh: Kultivierung*) fostering

pfle·ge·be·dürf·tig *adj* ❶ (*der Fürsorge bedürfend*) in need of care *pred* ❷ (*Versorgung erfordernd*) ■ **- sein** to need looking after **Pfle·ge·dienst** *m* nursing service **Pfle·ge·el·tern** *pl* foster parents *pl* **Pfle·ge·fall** *m* **jd ist ein ~** sb needs constant nursing care **Pfle·ge·heim** *nt* nursing home **Pfle·ge·kind** *nt* foster child **pfle·ge·leicht** *adj* easy-care *attr*; **ein ~es Tier/~er Mensch** an animal that/a person who is easy to cope with **Pfle·ge·mut·ter** *f* foster mother

pfle·gen ['pfle:gn̩] **I.** *vt* ❶ (*umsorgen*) to care for [*or* nurse] ❷ *Garten* to tend ❸ *Möbel, Auto* to look after ❹ (*kosmetisch behandeln*) to treat ❺ (*geh: kultivieren*) *Freundschaft, Kunst* to cultivate; *Beziehungen, Kooperation* to foster; *Hobby* to keep up *sep* ❻ (*gewöhnlich tun*) ■ **etw zu tun ~** to usually do sth **II.** *vr* **sich ~** ❶ (*Körperpflege betreiben*) to take care of one's appearance; **ich pflege mich regelmäßig mit Körperlotion** I use body lotion regularly ❷ (*sich schonen*) to take it easy *fam*

Pfle·ge·per·so·nal *nt* nursing staff *+ pl vb* **Pfle·ger(in)** <-s, -> *m(f)* [male] nurse *masc*, nurse *fem*

Pfle·ge·satz *m* hospital charges *pl* **Pfle·ge·spü·lung** *f* conditioner **Pfle·ge·va·ter** *m* foster father **Pfle·ge·ver·si·che·rung** *f* private nursing insurance

pfleg·lich ['pfle:klɪç] **I.** *adj* careful; **ich bitte um ~e Behandlung!** please handle with care **II.** *adv* carefully, with care

Pfleg·schaft <-, -en> *f* guardianship

Pflicht <-, -en> [pflɪçt] *f* ❶ (*Verpflichtung*) duty; **die ~ ruft** duty calls; **nur seine ~ tun** to only do one's duty ❷ SPORT compulsory section

pflicht·be·wusst^RR *adj* conscientious **Pflicht·be·wusst·sein**^RR *nt* sense of duty *no pl* **Pflicht·fach** *nt* compulsory subject **Pflicht·ge·fühl** *nt kein pl s.* Pflichtbewusstsein **pflicht·ge·mäß I.** *adj* dutiful **II.** *adv* dutifully **Pflicht·übung** *f* compulsory exercise **Pflicht·ver·tei·di·ger(in)** *m(f)* JUR court-appointed defence counsel

Pflock <-[e]s, Pflöcke> [pflɔk, *pl* 'pflœkə] *m* stake; (*Zelt~*) peg

pflü·cken ['pflʏkn̩] *vt* to pick

Pflü·cker(in) <-s, -> *m(f)* picker

Pflug <-es, Pflüge> [pflu:k, *pl* 'pfly:gə] *m* plough

pflü·gen *vi, vt* to plough

Pflüm·li <-, -s> *nt* SCHWEIZ plum schnapps

Pfor·te <-, -n> ['pfɔrtə] *f* gate

Pfört·ner(in) <-s, -> ['pfœrtnɐ] *m(f)* porter **Pfört·ner·lo·ge** [-lo:ʒə] *f* doorkeeper's office

Pfos·ten <-s, -> ['pfɔstn̩] *m* ❶ (*Pfahl*) a. SPORT post ❷ (*Stützpfosten*) post; (*Tür, Fenster*) jamb

Pfo·te <-, -n> ['pfo:tə] *f* ❶ (*von Tieren*) paw ❷ (*fam*) paw; **sich** *dat* **die ~n verbrennen** (*fam*) to burn one's fingers

pfrop·fen ['pfrɔpfn̩] *vt* ■ **etw in etw** *akk* **~** ❶ (*hineindrücken*) to shove sth into sth ❷ (*hineinzwängen*) to cram sth into sth

Pfrop·fen <-s, -> ['pfrɔpfn̩] *m* stopper

Pfrün·de <-, -n> ['pfrʏndə] *f* sinecure

pfui [pfuɪ] *interj* tut tut; (*Ekel*) yuck

Pfund <-[e]s, -e> *o nach Zahlenangabe* -> [pfʊnt, *pl* 'pfʊndə] *nt* ❶ (*500 Gramm*) pound ❷ (*Währungseinheit*) pound; **in ~** in pounds

pfun·dig [pfʊndɪç] *adj* (*fam*) great

Pfunds·kerl ['pfʊnts'kɛrl] *m* DIAL (*fam*) great guy

Pfusch <-[e]s> [pfʊʃ] *m kein pl* (*fam*) botch-up

Pfusch·ar·beit *f* (*fam*) *s.* Pfusch

pfu·schen ['pfʊʃn̩] *vi* ❶ (*mogeln*) to cheat (**bei** at/in) ❷ (*schlampen*) to be sloppy

Pfu·scher(in) <-s, -> *m(f)* (*fam*) ❶ SCH cheat ❷ (*pfuschender Handwerker*) cowboy

Pfu·sche·rei <-, -en> [pfʊʃəˈraɪ] *f* bungling

Pfüt·ze <-, -n> ['pfʏtsə] *f* puddle

Phal·lus <-, -se> ['falʊs, *pl* 'fali, 'falən] *m* (*geh*) phallus

Phä·no·men <-s, -e> [fɛno'me:n] *nt* phenomenon

phä·no·me·nal [fɛnome'na:l] *adj* phenomenal

Phan·ta·sie <-, -n> [fanta'zi:, *pl* -'zi:ən] *f s.* Fantasie

Phan·ta·sie·ge·bil·de *nt s.* Fantasiegebilde

Phan·ta·sie·lo·sig·keit <-> *f s.* Fantasielosigkeit

phan·ta·sie·ren* [fantaˈzi:rən] *s.* fantasieren

Phan·tast(in) <-en, -en> [fan'tast] *m(f) s.* Fantast

Phan·tas·te·rei <-, -en> [fantastə'raj] f s. Fantasterei

Phan·tas·tin <-, -nen> f fem form von Fantast

phan·tas·tisch [fan'tastɪʃ] adj, adv s. fantastisch

Phan·tom <-s, -e> [fan'to:m] nt phantom

Phan·tom·bild nt identikit® [picture] BRIT, composite sketch AM **Phan·tom·schmerz** m phantom [limb] pain

Pha·rao, Pha·ra·o·nin <-s, Pharaonen> ['fa:rao, fara'o:nɪn, pl fara'o:nən] m, f Pharaoh

Pha·ri·sä·er <-s, -> [fari'zɛ:ɐ] m ① HIST Pharisee ② (Getränk) coffee with rum

Phar·ma·in·dus·trie f pharmaceutical industry

Phar·ma·ko·lo·ge, -lo·gin <-n, -n> [farmako'lo:gə, -'lo:gɪn] m, f pharmacologist

Phar·ma·ko·lo·gie <-> [farmakolo'gi:] f kein pl pharmacology no pl, no art

Phar·ma·ko·lo·gin <-, -nen> f fem form von Pharmakologe

phar·ma·ko·lo·gisch [farmako'lo:gɪʃ] adj pharmacological

Phar·ma·zeut(in) <-en, -en> [farma'tsɔʏt] m(f) pharmacist

Phar·ma·zeu·tik <-> [farma'tsɔʏtɪk] f kein pl pharmaceutics + sing vb

phar·ma·zeu·tisch [farma'tsɔʏtɪʃ] adj pharmaceutical

Phar·ma·zie <-> [farma'tsi:] f kein pl pharmacy no pl, no art

Pha·se <-, -n> ['fa:zə] f a. ELEK phase

Phil·har·mo·nie <-, -n> [fɪlharmo'ni:, pl -'ni:ən] f ① (Institution) Philharmonic [orchestra] ② (Gebäude) Philharmonic hall

Phil·har·mo·ni·ker(in) <-s, -> [fɪlhar'mo:nikɐ] m(f) member of a/the philharmonic orchestra

Phi·lip·pi·nen [fɪlɪ'pi:nən] pl ▪die ~ the Phillipines pl

Phi·lip·pi·ner(in) <-s, -> [fɪlɪ'pi:nɐ] m(f) Filipino; s. a. Deutsche(r)

phi·lip·pi·nisch [fɪlɪ'pi:nɪʃ] adj Filipino; s. a. deutsch

Phi·lo·lo·ge, -lo·gin <-n, -n> [filo'lo:gə, -'lo:gɪn] m, f philologist

Phi·lo·lo·gie <-, -n> [filolo'gi:, pl -'gi:ən] f philology no pl, no art

Phi·lo·lo·gin <-, -nen> f fem form von Philologe

phi·lo·lo·gisch [filo'lo:gɪʃ] adj philological

Phi·lo·soph(in) <-en, -en> [filo'zo:f] m(f) philosopher

Phi·lo·so·phie <-, -n> [filozo'fi:, pl -'fi:ən] f philosophy

phi·lo·so·phie·ren* [filozo'fi:rən] vi to philosophize (**über** about)

Phi·lo·so·phin <-, -nen> f fem form von Philosoph

phi·lo·so·phisch [filo'zo:fɪʃ] adj philosophical

phleg·ma·tisch [flɛg'ma:tɪʃ] adj phlegmatic

Pho·bie <-, -n> [fo'bi:, pl -'bi:ən] f phobia

Phon <-s, -s o nach Zahlenangabe -> [fo:n] nt phon

Pho·ne·tik <-> [fo'ne:tɪk] f kein pl phonetics + sing vb

pho·ne·tisch [fo'ne:tɪʃ] adj phonetic

Phö·nix <-[es], -e> ['fø:nɪks] m phoenix

Phö·ni·zi·er(in) <-s, -> [fø'ni:tsi̯ɐ] m(f) Phoenician

Phos·phat <-[e]s, -e> [fɔs'fa:t] nt phosphate

Phos·phor <-s> ['fɔsfo:ɐ] m kein pl phosphorus no pl, no indef art

phos·pho·res·zie·ren* [fɔsfɔrɛs'tsi:rən] vi to phosphoresce

Pho·to <-s, -s> ['fo:to] nt s. Foto

Pho·to·syn·the·se [fotozʏn'te:zə] f s. Fotosynthese

Phra·se <-, -n> ['fra:zə] f ① (pej: sinnentleerte Redensart) empty phrase ② (Ausdruck) phrase

pH-Wert [pe'ha:-] m pH-value

Phy·sik <-> [fy'zi:k] f kein pl physics + sing vb, no art

phy·si·ka·lisch [fyzi'ka:lɪʃ] adj physical

Phy·si·ker(in) <-s, -> ['fyzikɐ] m(f) physicist

Phy·si·o·gno·mie <-, -n> [fyzi̯ogno'mi:, pl -'mi:ən] f (geh) physiognomy

Phy·si·o·lo·gie <-> [fyzi̯olo'gi:] f kein pl physiology

phy·si·o·lo·gisch [fyzi̯o'lo:gɪʃ] adj physiological

Phy·sio·the·ra·peut(in) <-en, -en> [fyzi̯otera'pɔʏt] m(f) physiotherapist **Phy·sio·the·ra·pie** [fyzi̯otera'pi:] f kein pl physiotherapy

phy·sisch ['fy:zɪʃ] adj physical

Pi <-[s], -s> [pi:] nt pi

Pi·a·nist(in) <-en, -en> [pi̯a'nɪst] m(f) pianist

Pi·a·no <-s, -s> ['pi̯a:no] nt (geh) piano

pi·cheln ['pɪçln] I. vi DIAL (fam) to booze II. vt ▶ **einen** ~ DIAL (fam) to knock 'em back

Pi·ckel <-s, -> ['pɪkl] m ① (Hautunreinheit) pimple, BRIT a. spot, AM zit ② (Spitzhacke) pickaxe; (Eis~) ice pick

pi·cke·lig ['pɪkəlɪç] adj spotty BRIT, pimply AM

pi·cken ['pɪkn] I. vi ORN to peck (**nach** at) II. vt to pick

pick·lig ['pɪklɪç] adj s. pickelig

Pick·nick <-s, -s o -e> ['pɪknɪk] nt picnic
pick·ni·cken ['pɪknɪkn̩] vi to [have a] picnic
pi·co·bel·lo [piko'bɛlo] adv (fam) spick and span
piek·fein ['piːkfaɪ̯n] adj (fam) posh **piek·sau·ber** adj (fam) spotless
piep [piːp] interj peep
Piep <-s> [piːp] m (fam) ► **keinen ~ sagen** to not make a sound; **keinen ~ mehr sagen** to have had it
pie·pe ['piːpə], **piep·e·gal** ['piːp?e'gaːl] adj präd (fam) **mir ist das ~!** I couldn't care less!
pie·pen ['piːpn̩] vi ❶ (leise Pfeiftöne erzeugen) to peep; (Maus) to squeak ❷ Gerät to bleep ❸ (fam) **bei jdm piept es** sb is off their head
Pie·pen ['piːpn̩] pl (fam) **keine ~ haben** to have no dough
piep·sen ['piːpsn̩] I. vi ❶ s. piepen ❷ (mit hoher Stimme sprechen/singen) to pipe II. vt ■**etw ~** to say/sing sth in a high delicate voice
Piep·ser <-s, -> m (fam) bleeper
piep·sig ['piːpsɪç] adj (fam) ❶ (hoch und leise) squeaky ❷ (klein und zart, winzig) tiny
Pier <-s, -s o -e> [piːɐ̯] m pier
pier·cen ['piːɐ̯sən] vt to pierce; **sich** dat **den Bauchnabel ~ lassen** to get one's belly button pierced
Piercing <-[s]> ['piːɐ̯sɪŋ] nt kein pl piercing no pl, no art
pie·sa·cken vt (fam) to pester
pie·seln ['piːzl̩n] vi (fam) Regen to drizzle; Urin to pee
Pi·e·tät <-> [pie'tɛːt] f kein pl (geh: Ehrfurcht) reverence no pl; (Frömmigkeit) piety no pl
pi·e·tät·los [pie'tɛːt-] adj (geh) irreverent
pi·e·tis·tisch [pie'tɪstɪʃ] adj pietistic
Pig·ment <-s, -e> [pɪg'mɛnt] nt pigment
Pik¹ [piːk] m (Bergspitze) peak
Pik² <-s, -> [piːk] nt KARTEN ❶ (Farbe) spades pl ❷ (Karte) spade
pi·kant [pi'kant] I. adj ❶ KOCHK spicy ❷ (frivol) racy II. adv piquantly
Pi·ke <-, -n> ['piːkə] f HIST pike ► **von der ~ auf lernen** to start at the bottom
pi·ken ['piːkn̩] I. vt (fam) to prick (mit with) II. vi (fam) to prickle
pi·kiert [pi'kiːɐ̯t] I. adj (geh) peeved II. adv (geh) peevishly
Pik·ko·lo¹ <-s, -s> ['pɪkolo] m ❶ (Kellner) trainee waiter ❷ (fam) mini bottle (of champagne o sparkling wine)
Pik·ko·lo² <-s, -s> ['pɪkolo] nt MUS piccolo
Pik·ko·lo·flö·te f piccolo [flute]
pik·sen ['piːksn̩] vt, vi (fam) to prick

Pil·ger(in) <-s, -> ['pɪlɡɐ] m(f) pilgrim
Pil·ger·fahrt f pilgrimage
Pil·ge·rin <-, -nen> f fem form von **Pilger**
pil·gern ['pɪlɡɐn] vi sein ■**irgendwohin ~** ❶ (fam) to wend one's way somewhere ❷ (wallfahren) to make a pilgrimage to somewhere
Pil·le <-, -n> ['pɪlə] f pill; **die ~** (Antibabypille) the pill; **die ~ nehmen** to be on the pill; **die ~ danach** the morning-after pill ► **eine bittere ~ schlucken müssen** (fam) to have to swallow a bitter pill
Pil·len·knick m decline in the birth rate (due to the pill)
Pi·lot(in) <-en, -en> [pi'loːt] m(f) pilot
Pi·lot·film m pilot film
Pi·lo·tin <-, -nen> f fem form von **Pilot**
Pi·lot·pro·jekt nt pilot scheme **Pi·lot·versuch** m pilot project
Pils <-, -> [pɪls], **Pil·se·ner** <-s, ->, **Pilsner** <-s, -> nt pilsner
Pilz <-es, -e> [pɪlts] m ❶ BOT fungus; (Speise~) mushroom ❷ MED fungal skin infection ► **wie ~e aus dem Boden schießen** to mushroom
Pilz·er·kran·kung f fungal disease
Pim·mel <-s, -> ['pɪml̩] m (fam) willie BRIT, weenie AM
Pimpf <-[e]s, -e> [pɪmpf] m (fam) squirt
Pin, PIN <-, -s> [pɪn] m Akr von **personal identification number** PIN [number]
pin·ge·lig ['pɪŋəlɪç] adj (fam) fussy
Ping·pong <-s, -s> ['pɪŋpɔŋ] nt ping-pong
Pin·gu·in <-s, -e> ['pɪŋɡui̯n] m penguin
Pi·nie <-, -n> ['piːni̯ə] f stone pine
pink [pɪŋk] adj pink
Pin·kel¹ <-s, -> ['pɪŋkl̩] m **ein feiner ~** (fam) dandy
Pin·kel² <-, -n> ['pɪŋkl̩] f KOCHK NORDD spicy, smoked fatty pork/beef sausage (eaten with curly kale)
pin·keln ['pɪŋkl̩n] vi (fam) to pee
Pinn·wand f pinboard
Pin·scher <-s, -> ['pɪnʃɐ] m pinscher
Pin·sel <-s, -> ['pɪnzl̩] m brush
pin·seln ['pɪnzl̩n] I. vt ❶ (streichen) a. MED to paint ❷ (mit dem Pinsel auftragen) ■**etw irgendwohin ~** to daub sth somewhere ❸ (fam: schreiben) to pen II. vi (fam) to paint
Pin·te <-, -n> ['pɪntə] f (fam) pub BRIT, bar AM
Pin·zet·te <-, -n> [pɪn'tsɛtə] f tweezers npl
Pi·o·nier(in) <-s, -e> [pi̯o'niːɐ̯] m(f) ❶ (Wegbereiter) pioneer ❷ MIL sapper
Pi·o·nier·ar·beit f pioneering work
Pi·pa·po <-s> [pipa'poː] nt kein pl (fam) **mit allem ~** with all the frills; **das ganze ~**

Pipe·line <-, -s> ['paɪplaɪn] f pipeline
Pi·pet·te <-, -n> [piˈpɛtə] f pipette
Pi·pi <-s, -s> [piˈpiː] nt (Kindersprache) wee BRIT, wee-wee AM; ~ **machen** to do a wee[-wee]
Pi·pi·fax <-> [ˈpiːpifaks] nt kein pl (fam) nonsense
Pi·ran·ha <-[s], -s> [piˈranja] m piranha
Pi·rat(in) <-en, -en> [piˈraːt] m(f) pirate
Pi·ra·ten·sen·der m pirate station
Pi·ra·tin <-, -nen> f fem form von Pirat
Pi·rou·et·te <-n, -n> [piˈrʊɛtə] f pirouette
Pirsch <-> [pɪrʃ] f kein pl **auf die ~ gehen** to go stalking
PISA [ˈpiːza] Akr von **Programme for International Student Assessment** PISA
PISA-Mus·ter·land nt top-performing country in the PISA studies **PISA-Schock** m shock and dismay felt by Germany on account of its bad PISA results in 2002 **PISA-Stu·die, Pisastudie** f PISA study
Pis·se <-> [ˈpɪsə] f kein pl (derb) piss
pis·sen [ˈpɪsn̩] vi ① (derb: urinieren) to piss ② impers (sl: stark regnen) **es pisst schon wieder** it's pissing down again
Pis·soir <-s, -s o -e> [pɪˈsŏaːɐ̯] nt urinal
Pis·ta·zie <-, -n> [pɪsˈtaːtsjə] f ① (Baum) pistachio tree ② (Kern) pistachio
Pis·te <-, -n> [ˈpɪstə] f ① (Ski-) piste, ski run ② (Rennstrecke) track ③ (unbefestigter Weg) track ④ (Rollbahn) runway
Pis·to·le <-, -n> [pɪsˈtoːlə] f pistol ▸ **jdm die ~ auf die Brust setzen** to hold a gun to sb's head; **wie aus der ~ geschossen** (fam) like a shot
pit·to·resk [pɪtoˈrɛsk] adj (geh) picturesque
Pi·xel·gra·fik f INFORM pixel graphics + sing vb
Piz·za <-, -s> [ˈpɪtsa] f pizza
Pkw <-s, -s> [ˈpeːkaːveː] m Abk von **Personenkraftwagen**
Pla·cke·rei <-, -en> [plakəˈraj] f (fam) grind no pl
plä·die·ren* [plɛˈdiːrən] vi ① JUR **auf etw** akk ~ to plead for sth; **auf schuldig/unschuldig ~** to plead guilty/not guilty ② (geh) **für etw** akk ~ to plead for sth; ■ **dafür ~, dass** ... to plead, that ...
Plä·doy·er <-s, -s> [plɛdŏaˈjeː] nt ① JUR [counsel's] summing-up BRIT, summation AM ② (geh) plea
Pla·ge <-, -n> [ˈplaːɡə] f nuisance
Pla·ge·geist m (pej fam) nuisance
pla·gen [ˈplaːɡn̩] I. vt **∎ jdn ~** ① (behelligen) to pester sb ② (quälen) to bother sb II. vr ■ **sich** [mit etw dat] **~** ① (sich abrackern) to slave away [over sth] ② (sich herumpla-gen) to be bothered [by sth]
Pla·gi·at <-[e]s, -e> [plaˈɡjaːt] nt plagiarism
Pla·kat <-[e]s, -e> [plaˈkaːt] nt poster
pla·ka·tie·ren* [plakaˈtiːrən] vt to placard
pla·ka·tiv [plakaˈtiːf] adj ① (wie ein Plakat wirkend) poster-like attr, like a poster pred ② (grell, bunt) Farben bold ③ (betont auffällig, einprägsam) pithy
Pla·kat·trä·ger(in) m(f) billboard; (Person) man/woman carrying a sandwich board **Pla·kat·wand** f [advertising] hoarding BRIT, billboard AM
Pla·ket·te <-, -n> [plaˈkɛtə] f ① (Abzeichen) badge ② (Aufkleber) sticker ③ KUNST plaque
Plan <-[e]s, Pläne> [plaːn, pl ˈplɛːnə] m ① (geplantes Vorgehen) plan; **nach ~ laufen** to go according to plan ② meist pl (Absicht) jds Pläne durchkreuzen to thwart sb's plans; **einen ~ fassen** to [make a] plan; **auf dem ~ stehen** to be planned ③ GEOG, TRANSP map ④ (zeichnerische Darstellung) plan ▸ **jdn auf den ~ bringen/rufen** to bring sb on to the scene
Pla·ne <-, -n> [ˈplaːnə] f tarpaulin, tarp esp AM fam
pla·nen [ˈplaːnən] vt to plan; ■ **~, etw zu tun** to be planning to do sth
Pla·ner(in) <-s, -> m(f) planner
Pla·net <-en, -en> [plaˈneːt] m planet; **der blaue P~** the blue planet
Pla·ne·ta·ri·um <-s, -tarien> [planeˈtaːrjʊm, pl -ˈtaːrjən] nt planetarium
Pla·ne·ten·sys·tem nt planetary system
pla·nie·ren* [plaˈniːrən] vt ■ **etw ~** to level sth [off]
Pla·nier·rau·pe f bulldozer
Plan·ke <-, -n> [ˈplaŋkə] f plank
Plank·ton <-s> [ˈplaŋktɔn] nt kein pl plankton
plan·los adj ① (ziellos) aimless ② (ohne System) unsystematic
plan·mä·ßig I. adj ① TRANSP scheduled ② (systematisch) systematic II. adv ① TRANSP as scheduled, according to schedule ② (systematisch) systematically
Plansch·be·cken nt paddling [or AM kiddie] pool
plan·schen [ˈplanʃn̩] vi to splash about
Plan·stel·le f post
Plan·ta·ge <-, -n> [planˈtaːʒə] f plantation
Pla·nung <-, -en> f ① (das Planen) planning; **in der ~ befindlich** in/at the planning stage ② (Plan) plan
Plan·wa·gen m covered wagon
Plan·wirt·schaft f kein pl planned economy
Plap·per·maul nt (pej fam) chatterbox
plap·pern [ˈplapɐn] I. vi to chatter II. vt (undeutlich reden) ■ **etw ~** to babble sth

plär·ren ['plɛrən] *vi* (*fam*) ❶ (*heulen*) to bawl ❷ (*blechern ertönen*) to blare [out]
Plas·ma <-s, Plasmen> ['plasma, *pl* 'plasmən] *nt* plasma *no pl, no indef art*
Plas·tik¹ <-s> ['plastɪk] *nt kein pl* plastic; **aus ~** plastic
Plas·tik² <-, -en> ['plastɪk] *f* (*Kunstwerk*) sculpture
Plas·tik·be·cher *m* plastic cup **Plas·tik·beu·tel** *m* plastic bag **Plas·tik·fo·lie** *f* plastic film **Plas·tik·geld** *nt* (*fam*) plastic money **Plas·tik·tü·te** *f* plastic bag
plas·tisch ['plastɪʃ] **I.** *adj* ❶ (*formbar*) malleable ❷ (*räumlich*) three-dimensional ❸ (*anschaulich*) vivid ❹ MED plastic **II.** *adv* ❶ (*räumlich*) three-dimensional; **~ hervortreten/wirken** to stand out ❷ (*anschaulich*) vividly
Pla·ta·ne <-, -n> [pla'taːnə] *f* plane tree
Pla·teau <-s, -s> [pla'toː] *nt* plateau
Pla·tin <-s> ['plaːtiːn] *nt kein pl* platinum *no pl, no indef art*
Pla·ti·ne <-, -n> [pla'tiːnə] *f* ❶ TECH circuit board ❷ INFORM card
pla·to·nisch [pla'toːnɪʃ] *adj* (*geh*) platonic
platsch [platʃ] *interj* splash
plät·schern ['plɛtʃɐn] *vi* ❶ *haben* (*Geräusch verursachen*) Brunnen to splash; Bach to burble; Regen to patter ❷ (*planschen*) to splash about ❸ *sein* (*platschend fließen*) to burble along
platt [plat] **I.** *adj* ❶ (*flach*) flat; **einen P~en haben** (*fam*) to have a flat ❷ (*geistlos*) dull ❸ (*fam: verblüfft*) ■ **~ sein** to be flabbergasted **II.** *adv* flat; **~ drücken/pressen/rollen/walzen** to flatten
Platt <-[s]> [plat] *nt kein pl* LING (*fam*) Low German
Platt·deutsch ['platdɔytʃ] *nt* Low German
Plat·te <-, -n> ['platə] *f* ❶ (*Stein~*) slab ❷ (*Metalltafel*) sheet ❸ (*Schall~*) record ❹ (*Serviertller, Gericht*) platter ❺ (*Koch~*) hotplate ❻ (*fam: Glatze*) bald head; **eine ~ haben** to be bald ▸ **die ~ schon kennen** (*fam*) to have heard that one before
Plätt·ei·sen *nt*, **Platt·ei·sen** *nt* NORDD, DIAL [smoothing] iron
plät·ten ['plɛtn̩] *vt* DIAL to iron
Plat·ten·co·ver <-s, -> *nt* record sleeve **Plat·ten·fir·ma** *f* record company **Plat·ten·lauf·werk** *nt* disk drive **Plat·ten·spie·ler** *m* record player **Plat·ten·tel·ler** *m* turntable
Platt·form *f* ❶ (*begehbare Fläche*) *a.* INFORM platform ❷ (*geh*) basis
Platt·fuß *m* ❶ MED flat foot ❷ (*fam: Reifenpanne*) flat
platt|ma·chen *vt* ■ **jdn/etw ~** (*fig sl*) to destroy sb/sth
Platz <-es, Plätze> [plats, *pl* 'plɛtsə] *m* ❶ ARCHIT square ❷ (*Sitzplatz*) seat; **~ nehmen** (*geh*) to take a seat ❸ (*freier Raum*) room; **~ sparend sein** to save space ❹ (*üblicher Aufbewahrungsort*) place ❺ SPORT (*Rang*) place; **die Mannschaft liegt jetzt auf ~ drei** the team is now in third place; **seinen ~ behaupten** to maintain one's place; (*Sportplatz*) playing field; **jdn vom ~ stellen** to send sb off ❻ (*Möglichkeit an etw teilzunehmen*) Kurs, Reise place ❼ (*Ort*) place ▸ **[irgendwo] fehl am ~[e] sein** to be out of place [somewhere]; **in etw** *dat* **keinen ~ haben** to have no place for sth; **auf die Plätze, fertig, los!** on your marks, get set, go!; **~!** (*Hund*) sit!
Platz·angst *f* ❶ (*fam*) claustrophobia; **~ bekommen** to get claustrophobic ❷ (*Agoraphobie*) agoraphobia **Platz·an·wei·ser(in)** <-s, -> *m(f)* usher *masc*, usherette *fem*
Plätz·chen <-s, -> ['plɛtsçən] *nt* ❶ *dim von* Platz spot ❷ KOCHK biscuit BRIT, cookie AM
plat·zen ['platsn̩] *vi sein* ❶ (*zer~*) to burst ❷ (*auf~*) to split ❸ (*scheitern*) to fall through; **das Fest ist geplatzt** the party is off; ■ **etw ~ lassen** to call sth off ❹ (*sich nicht mehr halten können*) to be bursting; **vor Ärger/Neid/Wut/Neugier ~** to be bursting with anger/envy/rage/curiosity
Platz·hal·ter *m* ❶ LING functor ❷ INFORM free variable parameter
plat·zie·ren^RR* **I.** *vt a.* MEDIA to place **II.** *vr* ❶ (*geh*) ■ **sich irgendwo ~** to take a seat somewhere ❷ SPORT ■ **sich ~** to be placed; (*Tennis*) to be seeded
Plat·zie·rung^RR <-, -en> *f* place; **eine ~ unter den ersten zehn** a place in the top ten
Platz·kar·te *f* seat reservation **Platz·man·gel** *m* lack of room **Platz·pa·tro·ne** *f* blank [cartridge] **Platz·re·gen** *m* cloudburst **Platz·re·ser·vie·rung** *f* reservation [of a seat] **Platz·ver·weis** *m* SPORT sending-off BRIT, ejection AM **Platz·wun·de** *f* laceration
Plau·de·rei <-, -en> [plaudə'raɪ] *f* chat
plau·dern ['plaudɐn] *vi* ❶ (*sich gemütlich unterhalten*) to [have a] chat ❷ (*fam: ausplaudern*) to gossip
Plau·der·stünd·chen *nt* [little] chat **Plau·der·ton** *m kein pl* chatty tone
Plausch <-[e]s, -e> [plauʃ] *m* (*fam*) chat
plau·schen ['plauʃn̩] *vi* (*fam*) to [have a] chat
plau·si·bel [plau'ziːbl̩] *adj* plausible; **jdm etw ~ machen** to explain sth to sb
Plau·si·bi·li·tät <-, -> [plauzibili'tɛːt] *f* plausibility
Play·back^RR, **Play·back** <-, -s> ['pleːbɛk]

nt ❶ *(aufgenommene Musikbegleitung)* backing track ❷ *(komplette Film- o Gesangsaufnahme)* miming track **Play·boy** <-s, -s> ['pleːbɔy] *m* playboy

Pla·zen·ta <-, -s *o* Plazenten> [plaˈtsɛnta, *pl* -ˈtsɛntən] *f* placenta

pla·zie·renᴬᴸᵀ* [plaˈtsiːrən] *vt*, *vr s.* platzieren

Pla·zie·rungᴬᴸᵀ <-, -en> *f s.* Platzierung

plei·te ['plaitə] *adj (fam)* broke

Plei·te <-, -n> ['plaitə] *f (fam)* ❶ *(Bankrott)* bankruptcy; ~ **machen** to go bust ❷ *(Reinfall)* flop; **mit jdm/etw eine ~ erleben** to suffer a flop [with sb/sth]

plei·te·ge·hen *vi irreg sein* to go bust

plem·plem [plɛmˈplɛm] *adj (sl)* ■ ~ **sein** to be nuts

Ple·nar·saal *m* chamber **Ple·nar·sit·zung** *f* plenary session **Ple·nar·ver·samm·lung** *f* plenary session

Ple·num <-s, Plena> ['pleːnʊm, *pl* pleːna] *nt* plenum **Pleu·el·stan·ge** *f* connecting rod

Ple·xi·glas® <-es> ['plɛksiglaːs] *nt kein pl* Plexiglas®

Plis·see <-s, -s> [plɪˈseː] *nt* pleats *pl*

PLO <-> [peːʔɛlˈʔoː] *f kein pl Abk von* Palestine Liberation Organization PLO

Plom·be <-, -n> ['plɔmbə] *f* ❶ MED filling ❷ *(Bleisiegel)* lead seal

plom·bie·ren* [plɔmˈbiːrən] *vt* ❶ MED to fill ❷ *(amtlich versiegeln)* to seal

Plot·ter <-s, -> ['plɔtɐ] *m* INFORM plotter

plötz·lich ['plœtslɪç] I. *adj* sudden II. *adv* suddenly, all of a sudden; **das kommt alles etwas/so** ~ it's all happening rather/so suddenly; **aber etwas ~!** *(fam)* [and] hurry up!

Plug-In <-s, -s> ['plʌɡɪn] *m* INFORM plug-in

plump [plʊmp] I. *adj* ❶ *(massig)* plump ❷ *(schwerfällig)* ungainly ❸ *(dummdreist)* obvious; **Lüge** blatant II. *adv* ❶ *(schwerfällig)* clumsily ❷ *(dummdreist)* crassly

plumps [plʊmps] *interj* plop; *(ins Wasser)* splash; ~ **machen** to make a plop/splash

Plumps <-es, -e> [plʊmps] *m (fam)* plop; *(ins Wasser)* splash

plump·sen ['plʊmpsn̩] *vi sein (fam)* ❶ *(dumpf fallen)* **der Sack plumpste auf den Boden** the sack thudded onto the floor; ■ etw irgendwohin ~ lassen to let sth fall somewhere with a thud ❷ *(fallen)* to fall; **aus/von etw dat** ~ to fall out of/off sth; ■ sich irgendwohin ~ lassen to flop down somewhere

Plumps·klo(**·sett**) *nt (fam)* earth closet BRIT, outhouse AM

Plun·der <-s> ['plʊndɐ] *m kein pl* junk *no pl, no indef art*

plün·dern ['plʏndɐn] I. *vt* ❶ *(ausrauben)* to plunder ❷ *(fam: leeren)* to raid II. *vi* to plunder

Plün·de·rung <-, -en> *f* looting *no pl, no indef art*

Plu·ral <-s, -e> [ˈpluːraːl] *m* plural

plu·ra·lis·tisch [pluraˈlɪstɪʃ] *adj (geh)* pluralistic

plus [plʊs] I. *präp +gen* plus II. *adv* ❶ *(über 0°)* plus; **die Temperaturen liegen bei ~ drei Grad C** temperatures will be around three degrees C ❷ MATH, ELEK plus III. *konj* MATH plus; ~**/minus X** plus or minus X

Plus <-, -> [plʊs] *nt* ❶ *(~ zeichen, ·punkt)* plus ❷ ÖKON surplus; **[mit etw dat] im ~ sein** to be in the black [with sth]; **[bei etw dat] ein ~ machen** to make a profit [in sth]

Plüsch <-[e]s, -e> [plyʃ] *m* plush

plü·schig *adj* ❶ *(weich)* plush ❷ *(pej)* ostentatious

Plüsch·tier *nt* [furry] soft-toy

Plus·pol *m* positive pole **Plus·punkt** *m* ❶ *(Positivum)* bonus ❷ *(Wertungseinheit)* point

Plus·quam·per·fekt <-s, -e> ['plʊskvampɛrfɛkt] *nt* past perfect

Plus·zei·chen *nt* plus sign

Plu·to <-s> ['pluːto] *m* Pluto

Plu·to·ni·um <-s> [pluˈtoːni̯ʊm] *nt kein pl* plutonium *no pl*

PLZ <-> *f Abk von* Postleitzahl

pneu·ma·tisch [pnɔyˈmaːtɪʃ] *adj* pneumatic

Po <-s, -s> [poː] *m (fam)* bottom

Pö·bel <-s> ['pøːbl̩] *m kein pl (pej)* rabble

Pö·be·lei <-, -en> [pøːbəˈlai] *f (fam)* ❶ *kein pl (das Pöbeln)* loutishness *no pl* ❷ *(ausfallende Bemerkung)* swearing *no pl, no indef art*

pö·bel·haft *adj* loutish

pö·beln ['pøːbl̩n] *vi (ausfallend reden)* to swear; *(sich ausfallend benehmen)* to behave yobbishly [*or* AM loutishly]

po·chen ['pɔxn̩] *vi* ❶ *(anklopfen)* to knock (**gegen** against, **auf** on) ❷ *Herz*, *Blut* to pound ❸ *(bestehen)* to insist (**auf** on)

Po·cken *pl* smallpox *no art*

po·cken·nar·big *adj* pockmarked **Po·cken·**(**schutz·**)**imp·fung** *f* smallpox vaccination

Po·dest <-[e]s, -e> [poˈdɛst] *nt o m* rostrum

Po·dex <-[es], -e> ['poːdɛks] *m (fam)* backside

Po·di·um <-s, Podien> ['poːdi̯ʊm, *pl* -di̯ən] *nt* rostrum

Po·di·ums·dis·kus·si·on *f*, **Po·di·ums·ge·spräch** *nt* panel discussion

Po·e·sie <-> [poeˈziː] *f kein pl* poetry *no pl*

Po·et(**in**) <-en, -en> [poˈeːt] *m(f)* poet *masc*

o fem, poetess *fem*
po·e·tisch [po'e:tɪʃ] *adj* poetic[al]
pof·fen ['pɔfn̩] *vi* (*fam*) ❶ (*schlafen*) to kip BRIT, to sleep AM ❷ (*unaufmerksam sein*) to doze
Po·grom <-s, -e> [po'gro:m] *nt o m* pogrom
Poin·te <-, -n> ['poɛ̃:tə] *f einer Erzählung* point; *eines Witzes* punch line
poin·tie·ren* [poɛ̃'ti:rən] *vt* (*geh: betonen*) to emphasize
poin·tiert [poɛ̃'ti:ɐt] *adj* (*geh*) pointed
Po·kal <-s, -e> [po'ka:l] *m* ❶ (*Trinkbecher*) goblet ❷ SPORT cup
Po·kal·sie·ger *m* cup-winners *pl* **Po·kal·spiel** *nt* cup tie [*or* AM game]
Pö·kel·fleisch *nt* salt[ed] meat
pö·keln ['pø:kln̩] *vt Fleisch* to preserve; *Fisch* to pickle
Po·ker <-s> ['po:kɐ] *nt kein pl* poker
Po·ker·face, **Po·ker·face** <-, -s> ['po:kɐfe:s] *nt* poker face **Po·ker·ge·sicht** *nt*, **Po·ker·mie·ne** *f* poker face
po·kern ['po:kɐn] *vi* ❶ KARTEN to play poker; ▪ **[um etw** *akk*] ~ to gamble [for sth] ❷ (*viel riskieren*) to stake a lot
Pol <-s, -e> [po:l] *m* GEOG, SCI pole ▸ **der ru·hende** ~ the calming influence
po·lar [po'la:ɐ̯] *adj* polar
Po·lar·for·scher(in) <-s, -> *m(f)* polar explorer
po·la·ri·sie·ren* [polari'zi:rən] **I.** *vr* (*geh*) ▪ **sich** ~ to polarize, to become polarized BRIT **II.** *vt* PHYS to polarize
Po·la·ri·tät <-, -en> [polari'tɛt] *f* polarity
Po·lar·kreis *m* polar circle; **nördlicher/südlicher** ~ Arctic/Antarctic circle **Po·lar·licht** *nt s.* Nordlicht **Po·lar·stern** *m* Pole Star
Po·le, **Po·lin** <-n, -n> ['po:lə, 'po:lɪn] *m, f* Pole; *s. a.* Deutsche(r)
Po·le·mik <-, -en> [po'le:mɪk] *f* ❶ *kein pl* (*polemischer Gehalt*) polemic ❷ (*scharfe Attacke*) polemics + *sing vb*
po·le·misch [po'le:mɪʃ] **I.** *adj* (*geh*) polemical **II.** *adv* (*geh*) **sich ~ äußern** to voice a polemic
po·le·mi·sie·ren* [polemi'zi:rən] *vi* (*geh*) to polem[ic]ize; **in dem Artikel wurde scharf polemisiert** the article was of a sharply polemic nature
Po·len <-s> ['po:lən] *nt* Poland; *s. a.* Deutschland
Po·li·ce <-, -n> [po'li:sə] *f* policy
po·lie·ren* [po'li:rən] *vt* ❶ (*glänzend reiben*) to polish ❷ (*sl: malträtieren*) **jdm die Fresse ~** (*sl*) to smash sb's face in
Po·li·kli·nik ['pɔliklinɪk] *f* outpatients' clinic

Po·lin <-, -nen> *f fem form von* Pole
Po·lit·bü·ro [poli't-] *nt* politburo
Po·li·tes·se <-, -n> [poli'tɛsə] *f* [female] traffic warden BRIT, meter maid AM
Po·lit·ge·ran·gel *nt* POL political wrangling [*or* infighting]
Po·li·ti·cal Cor·rect·ness [pə'lɪtɪkəl kə'rɛktnəs] *f* political correctness
Po·li·tik <-, -en> [poli'ti:k] *f* ❶ *kein pl* (*die politische Welt*) politics + *sing vb, no art*; **in die ~ gehen** to go into politics ❷ (*politischer Standpunkt*) politics + *sing vb, no art* ❸ (*Strategie*) policy; **eine bestimmte ~ ver·folgen** to pursue a certain policy
Po·li·ti·ka [po'li:tika] *pl von* Politikum
Po·li·ti·ker(in) <-s, -> [po'li:tikɐ] *m(f)* politician
Po·li·ti·kum <-s, Politika> [po'li:tikʊm, *pl* -ka] *nt* (*geh: Sache*) political issue; (*Ereignis*) political event **Po·li·tik·ver·dros·sen·heit** *f kein pl* political apathy *no art*
po·li·tisch [po'li:tɪʃ] **I.** *adj* ❶ POL political ❷ (*geh*) politic **II.** *adv* ❶ POL politically ❷ (*klug*) judiciously
po·li·ti·sie·ren* [politi'zi:rən] **I.** *vi* (*geh*) to talk politics **II.** *vt* (*geh*) to politicize; ▪ **jdn ~** to make sb politically aware **III.** *vr* ▪ **sich ~** to become politicized
Po·li·to·lo·ge, **-lo·gin** <-n, -n> [polito'lo:gə, -'lo:gɪn] *m, f* political scientist
Po·li·to·lo·gie <-> [politolo'gi:] *f kein pl* political science *no pl, no art*
Po·li·to·lo·gin <-, -nen> *f fem form von* Politologe
Po·li·tur <-, -en> [poli'tu:ɐ̯] *f* polish
Po·li·zei <-, -en> [poli'tsai̯] *f* ❶ (*Institution*) ▪ **die ~** the police + *sing/pl vb*; **zur ~ gehen** to go to the police; **bei der ~ sein** to be in the police [force] ❷ *kein pl* (*Dienstgebäude*) police station ▸ **dümmer als die ~ erlaubt** (*fam*) as thick as two short planks
Po·li·zei·auf·ge·bot *nt* police presence *no pl* **Po·li·zei·auf·sicht** <-> *f* police supervision **Po·li·zei·be·am·te(r)** *f(m)*, **Po·li·zei·be·am·tin** <-, -nen> *f* police officer **Po·li·zei·dienst·stel·le** *f* police station **Po·li·zei·funk** *m* police radio **Po·li·zei·hund** *m* police dog
po·li·zei·lich I. *adj attr* police *attr* **II.** *adv* by the police; **~ gemeldet sein** to be registered with the police
Po·li·zei·prä·si·dent(in) *m(f)* chief constable BRIT, chief of police AM **Po·li·zei·prä·si·di·um** *nt* police headquarters + *sing/pl vb* **Po·li·zei·re·vier**, **Po·li·zei·pos·ten** *nt* SCHWEIZ (*Dienststelle*) police station [*or* AM precinct] **Po·li·zei·schutz** *m* police protection; **unter ~**

stehen to be under police protection **Po·li·zei·staat** *m* police state **Po·li·zei·strei·fe** *f* police patrol **Po·li·zei·wa·che** *f* police station

Po·li·zist(in) <-en, -en> [poli'tsɪst] *m(f)* policeman *masc*, policewoman *fem*, police officer

Pol·ka <-, -s> ['pɔlka] *f* polka

Pol·len <-s, -> ['pɔlən] *m* pollen

Pol·len·al·ler·gie *f* pollen allergy

Pol·len·flug *m kein pl* pollen dispersal *no pl* **Pol·len·flug·vor·her·sa·ge** *f* pollen count forecast

pol·nisch ['pɔlnɪʃ] *adj* Polish; *s. a.* **deutsch**

Po·lo <-s, -s> ['po:lo] *nt* polo

Po·lo·hemd *nt* polo shirt

Po·lo·nä·se <-, -n> [], **Po·lo·nai·se** <-, -n> [polo'nɛ:zə] *f* polonaise

Pols·ter <-s, -> ['pɔlstɐ] *nt o* ÖSTERR *m* ❶ (*Polsterung*) upholstery *no pl, no indef art* ❷ MODE pad ❸ FIN cushion ❹ ÖSTERR (*Kissen*) cushion

Pols·ter·gar·ni·tur *f* suite **Pols·ter·mö·bel** *nt meist pl* upholstered furniture *no pl*

pols·tern ['pɔlstɐn] *vt* ❶ (*mit Polster versehen*) to upholster ❷ (*fam: genügend Finanzen haben*) **gut gepolstert sein** to be comfortably off [*or* Am well-off]

Pols·te·rung <-, -en> *f* ❶ (*Polster*) upholstery *no pl, no indef art* ❷ *kein pl* (*das Polstern*) upholstering *no pl, no indef art*

Pol·ter·abend ['pɔltɐ-] *m* party at the house of the bride's parents on the eve of a wedding, at which crockery is smashed to bring good luck

pol·tern ['pɔltɐn] *vi* ❶ *haben* (*rumpeln*) to bang ❷ *sein* (*krachend fallen*) **der Schrank polterte die Treppe hinunter** the wardrobe went crashing down the stairs ❸ *sein* (*lärmend gehen*) **irgendwohin ~** to stump [*or* Am stomp] somewhere

Po·ly·es·ter <-s, -> [poly'ʔɛstɐ] *m* polyester

po·ly·gam [poly'ga:m] *adj* polygamous

Po·ly·ga·mie <-> [polyga'mi:] *f kein pl* polygamy *no pl*

po·ly·glott [poly'glɔt] *adj* (*geh*) ❶ (*viele Sprachen sprechend*) polyglot ❷ (*mehrsprachig*) multilingual

Po·lyp <-en, -en> [po'ly:p] *m* polyp

Po·ly·tech·ni·kum <-s, -ka *o* -ken> [poly'tɛçnikʊm, *pl* -ka] *nt* polytechnic

Po·ly·the·is·mus <-> [polyte'ɪsmʊs] *m kein pl* polytheism

Po·ma·de <-, -n> [po'ma:də] *f* pomade

Pom·mern <-s> ['pɔmɐn] *nt* Pomerania

Pom·mes ['pɔməs] *pl* (*fam*), **Pom·mes fri·tes** [pɔm'frɪt] *pl* chips BRIT *a. pl*, French fries *pl* AM

Pomp <-[e]s> [pɔmp] *m kein pl* pomp *no pl*

pom·pös [pɔm'pø:s] **I.** *adj* grandiose **II.** *adv* grandiosely

Pon·cho <-s, -s> ['pɔntʃo] *m* poncho

Po·ny¹ <-s, -s> ['pɔni] *nt* (*Pferd*) pony

Po·ny² <-s, -s> ['pɔni] *m* fringe BRIT, bangs *npl* AM

Pool <-s, -s> [pu:l] *m* pool

Pool·bil·lard ['pu:lbɪljart] *nt* pool

Pop <-s> [pɔp] *m kein pl* pop

Pop·corn <-s, -s> ['pɔpkɔrn] *nt kein pl* popcorn *no pl, no indef art*

Po·pel <-s, -> ['po:pl] *m* (*fam*) bogey BRIT, booger AM

po·pe·lig ['po:pəlɪç] *adj* (*fam*) ❶ (*lausig*) lousy ❷ (*gewöhnlich*) crummy

po·peln ['po:pln] *vi* (*fam*) to pick one's nose

pop·lig ['po:plɪç] *adj s.* **popelig**

Pop·li·te·ra·tur ['pɔp-] *f* pop literature **Pop·mu·sik** *f* pop music

Po·po <-s, -s> [po'po:] *m* (*fam*) bottom, BRIT *a.* bum

pop·pig ['pɔpɪç] *adj* (*fam*) trendy

po·pu·lär [popu'lɛ:ɐ̯] *adj* popular

po·pu·la·ri·sie·ren* [populari'zi:rən] *vt* to popularize

Po·pu·la·ri·tät <-> [populari'tɛt] *f kein pl* popularity *no pl*

po·pu·lär·wis·sen·schaft·lich I. *adj* popular scientific **II.** *adv* in popular scientific terms

Po·pu·la·ti·on <-, -en> [popula'tsi̯o:n] *f* population

Po·re <-, -n> ['po:rə] *f* pore

Por·no <-s, -s> ['pɔrno] *m* (*fam*) porn

por·no ['pɔrno] *adj undeklinierbar* (*sl: prima, cool*) wicked *sl*, phat *sl*, beltin' *sl*

Por·no·film *m* (*fam*) skin flick

Por·no·gra·phie <-> *f*, **Por·no·gra·fie**^{RR} <-> [pɔrnogra'fi:] *f kein pl* pornography *no pl, no indef art*

por·no·gra·phisch *adj*, **por·no·gra·fisch**^{RR} *adj* pornographic

po·rös [po'rø:s] *adj* porous

Por·ree <-s, -s> ['pɔre] *m* leek

Por·tal <-s, -e> [pɔr'ta:l] *nt* portal

Porte·mon·naie <-s, -s> [pɔrtmɔ'ne:] *nt s.* **Portmonee**

Port·fo·lio [pɔrt'fo:li̯o] *nt* portfolio

Por·ti ['pɔrti] *pl von* **Porto**

Por·tier <-s, -s> [pɔr'ti̯e:] *m* porter BRIT, doorman AM

Por·ti·on <-, -en> [pɔr'tsi̯o:n] *f* ❶ KOCHK portion; (*fam*) helping ❷ (*fam: Anteil*) amount ▶ **eine halbe ~** (*fam*) a half-pint

Port·monee <-s, -s> [pɔrtmɔ'ne:] *nt* purse

Por·to <-s, -s *o* Porti> ['pɔrto, *pl* pɔrti] *nt* postage *no pl, no indef art*

por·to·frei *adj* postage-prepaid **por·to·pflich·tig** *adj* liable to postage *pred*
Por·trät <-s, -s> [pɔrˈtrɛː] *nt* portrait
por·trä·tie·ren* [pɔrtrɛˈtiːrən] *vt* to portray
Por·tu·gal <-s> [ˈpɔrtugal] *nt* Portugal; *s. a.* Deutschland
Por·tu·gie·se, Por·tu·gie·sin <-n, -n> [pɔrtuˈgiːzə, pɔrtuˈgiːzɪn] *m, f* Portuguese; *s. a.* Deutsche(r)
por·tu·gie·sisch [pɔrtuˈgiːzɪʃ] *adj* Portuguese; *s. a.* deutsch
Port·wein [ˈpɔrtvaɪn] *m* port
Por·zel·lan <-s, -e> [pɔrtsɛˈlaːn] *nt* ① (*Material*) porcelain *no pl, no indef art* ② *kein pl* (*Geschirr*) china *no pl, no indef art*
Por·zel·lan·ge·schirr *nt* china *no pl, no indef art* **Por·zel·lan·la·den** *m* china shop ▶ **wie ein Elefant im ~** (*prov*) like a bull in a china shop
Po·sau·ne <-, -n> [poˈzaʊnə] *f* trombone
Po·sau·nist(in) <-en, -en> [pozaʊˈnɪst] *m(f)* (*form*) trombonist
Po·se <-, -n> [ˈpoːzə] *f* pose; **eine bestimmte ~ einnehmen** to take up a certain pose
po·sie·ren* [poˈziːrən] *vi* (*geh*) to pose
Po·si·ti·on <-, -en> [poziˈtsi̯oːn] *f* ① (*zugewiesene Position*) post ② (*Anstellung*) position ③ (*Wache*) guard; **irgendwo ~ beziehen** to take up position somewhere ④ ÖKON (*Position*) item; (*Menge*) lot ▶ **auf verlorenem ~ kämpfen** to be fighting a losing battle; **nicht ganz auf dem ~ sein** (*fam*) to be a bit under the weather
po·si·tio·nie·ren* [pozitsi̯oˈniːrən] *vr* (*geh*) to take a stand
Po·si·ti·ons·licht *nt* navigation light
po·si·tiv [ˈpoːzitiːf] **I.** *adj* ① (*zustimmend*) positive ② (*geh*) definite; **~e Vertragsverletzung** special breach of contract ③ PHYS, ELEK positively **II.** *adv* positively; **etw ~ beeinflussen** to have a positive influence on sth; **etw ~ bewerten** to judge sth favourably; **sich ~ verändern** to change for the better
Po·si·tiv¹ <-s, -e> [ˈpoːzitiːf] *nt* ① FOTO positive ② MUS positive [organ]
Po·si·tiv² <-s, -e> [ˈpoːzitiːf] *m* LING positive
Pos·se <-, -n> [ˈpɔsə] *f* farce
pos·sen·haft *adj* farcical
Pos·ses·siv·pro·no·men [pɔsɛˈsiːf-] *nt,* **Pos·ses·si·vum** <-s, Possessiva> [pɔsɛˈsiːvʊm] *nt* possessive pronoun
pos·sier·lich [pɔˈsiːɐ̯lɪç] *adj* sweet BRIT, cute AM
Post <-> [pɔst] *f kein pl* ① (*Institution*) Post Office; **etw mit der/durch die/per ~ schicken** to send sth by post [*or* AM mail]; (*Dienststelle*) post office; **auf die/zur ~ gehen** to go to the post office; **etw zur ~ bringen** to take sth to the post office ② (*Briefsendungen*) mail *no pl, indef art rare;* **mit gleicher/getrennter ~** by the same post/ under separate cover; **heute ist keine ~ für dich da** there's no post for you today; **von jdm viel ~ bekommen** to get a lot of letters

from sb; **elektronische ~** electronic mail ▶ **[und] ab geht die ~!** (*fam*) off we go!
pos·ta·lisch [pɔsˈtaːlɪʃ] **I.** *adj* postal; **die Ware wird Ihnen auf ~em Weg zugestellt** the goods will be sent by post **II.** *adv* by post [*or* AM mail]
Post·amt *nt* post office **Post·an·wei·sung** *f* (*Überweisungsträger*) postal [*or* AM money] order ② (*angewiesener Betrag*) money paid in at a post office and delivered to the addressee **Post·au·to** *nt* postal van **Post·bank** *f* Post Office Giro Bank BRIT, postal bank AM **Post·be·am·te(r), -be·am·tin** *m, f* post office official **Post·bo·te, -bo·tin** *m, f* postman *masc,* postwoman *fem* BRIT, mail carrier AM
Pos·ten <-s, -> [ˈpɔstn̩] *m* ① (*zugewiesene Position*) post ② (*Anstellung*) position ③ (*Wache*) guard; **irgendwo ~ beziehen** to take up position somewhere ④ ÖKON (*Position*) item; (*Menge*) lot ▶ **auf verlorenem ~ kämpfen** to be fighting a losing battle; **nicht ganz auf dem ~ sein** (*fam*) to be a bit under the weather
Pos·ter <-s, -[s]> [ˈpoːstɐ] *nt* poster
Post·fach *nt* ① (*Schließfach*) post office [*or* PO] box ② (*offenes Fach*) pigeonhole **Post·ge·heim·nis** *nt* postal secrecy **Post·gi·ro·amt** [-ʒiːro-] *nt* Girobank **Post·gi·ro·kon·to** *nt* giro [*or* AM postal checking] account
post·hum [pɔstˈhuːm] *adj* (*geh*) posthumous
pos·tie·ren* [pɔsˈtiːrən] *vt* ■ jdn/sich irgendwo ~ to position sb/oneself somewhere
Post·kar·te *f* postcard **Post·kut·sche** *f* stagecoach **post·la·gernd** *adj* poste restante BRIT, general delivery AM **Post·leit·zahl** *f* postcode BRIT, zip code AM
post·mo·dern [ˈpɔstmodɛrn] *adj* postmodern **Post·mo·der·ne** <-> [ˈpɔstmodɛrnə] *f kein pl* postmodernism
Post·scheck *m* giro cheque **Post·script·file** <-s, -s> [ˈpoʊstskrɪptfaɪl] *nt* postscript file **Post·sen·dung** *f* postal [*or* AM mail] item
Post·skript <-[e]s, -e> [pɔstˈskrɪpt] *nt,* **Post·skrip·tum** <-s, -ta> [pɔstˈskrɪptʊm] *nt* (*geh*) postscript
Post·spar·kas·se *f* Post Office Giro [*or* AM postal savings] bank **Post·stem·pel** *m* ① (*Abdruck*) postmark ② (*Gerät*) postmark stamp[er]
post·trau·ma·tisch [pɔsttraʊ̯maˈtɪʃ] *adj* PSYCH post-traumatic; **Stress, Erkrankung** post-traumatic stress disorder
Post·über·wei·sung *f* Girobank transfer
pos·tu·lie·ren* [pɔstuˈliːrən] *vt* (*geh*) to postulate

pos·tum [pɔs'tu:m] *adj attr* posthumous **post·wen·dend** *adv* by return [of post] [*or* Am mail] **Post·wert·zei·chen** *nt* (*form*) postage stamp **Post·wurf·sen·dung** *f* mailshot

po·tent [po'tɛnt] *adj* ❶ (*sexuell fähig*) potent ❷ (*zahlungskräftig*) affluent

Po·ten·ti·al <-s, -e> [potɛn'tsja:l] *nt s.* **Potenzial**

po·ten·ti·ell [potɛn'tsjɛl] *adj s.* **potenziell**

Po·tenz <-, -en> [po'tɛnts] *f* ❶ MED potency ❷ (*Leistungsfähigkeit*) strength ❸ MATH **zweite/dritte ~** square/cube; **etw in eine bestimmte ~ erheben** to raise sth to the power of ...

Po·ten·zi·al[RR] <-s, -e> *nt* potential

po·ten·zi·ell[RR] *adj* (*geh*) potential

po·ten·zie·ren* [potɛn'tsi:rən] *vt* ❶ (*geh*) ▪ **etw ~** to multiply sth ❷ MATH **6 mit 4 potenziert 6** to the power [of] 4

Po·tenz·stö·rung *f* MED potency disorder

Pot·pour·ri <-s, -s> ['pɔtpuri] *nt* potpourri

Pots·dam <-s> ['pɔtsdam] *nt* Potsdam

Pott <-[e]s, Pötte> [pɔt, *pl* 'pœtə] *m* (*fam*) ❶ (*Topf*) pot ❷ (*a. pej: Schiff*) tub

pott·häss·lich[RR] ['pɔt'hɛslɪç] *adj* (*fam*) plug-ugly

Pott·wal ['pɔtva:l] *m* sperm whale

Po·wer <-> ['pauɐ] *f kein pl* (*sl*) power *no pl*, *no indef art*

Pow·er·frau ['pauɐ-] *f* (*fam*) superwoman

po·wern ['pauɐn] (*sl*) **I.** *vi* (*sich voll einsetzen*) to give it all one's got *fam* **II.** *vt* (*fördern*) to promote heavily

Prä·am·bel <-, -n> [prɛ'ambl] *f* preamble

PR-Ab·tei·lung [pe:'ɛr-] *f* PR department

Pracht <-> [praxt] *f kein pl* splendour; **eine wahre ~ sein** (*fam*) to be [really] great

Pracht·ex·em·plar *nt* fine specimen

präch·tig ['prɛçtɪç] *adj* ❶ (*prunkvoll*) magnificent ❷ (*großartig*) splendid

Pracht·kerl *m* (*fam*) great guy **Prachtstück** *nt s.* **Prachtexemplar pracht·voll** *adj* (*geh*) *s.* **prächtig**

prä·des·ti·nie·ren* [prɛdɛsti'ni:rən] *vt* (*geh*) to predestine (**zu** to); **für etw** *akk* **[wie] prädestiniert sein** to be made for sth

Prä·di·kat <-[e]s, -e> [prɛdi'ka:t] *nt* ❶ LING predicate ❷ SCH grade ❸ (*Auszeichnung*) rating

Prä·dis·po·si·ti·on <-, -en> [prɛdɪspozi'tsjo:n] *f* MED predisposition (**zu** toward[s])

Prä·fe·renz <-, -en> [prefe'rɛnts] *f* (*geh*) preference

Prä·fix <-es, -e> ['prɛfɪks] *nt* prefix

Prag <-s> [pra:k] *nt* Prague

prä·gen ['prɛɡn̩] *vt* ❶ *Münzen* to mint ❷ *Modewort* to coin ❸ (*mit einer Prägung versehen*) to emboss (**auf** on[to], **in** into), to stamp; **sich** *dat* **etw ins Gedächtnis ~** (*fig*) to engrave sth on one's mind ❹ (*fig: formen*) ▪ **jdn ~** to leave its/their mark [on sb]

prag·ma·tisch [prag'ma:tɪʃ] **I.** *adj* pragmatic **II.** *adv* pragmatically; **~ eingestellt sein** to be pragmatic

präg·nant [prɛ'gnant] **I.** *adj* (*geh*) succinct; *Sätze* concise **II.** *adv* **sich ~ ausdrücken** to be succinct; **etw ~ beschreiben/darstellen** to give a succinct description/account of sth

Präg·nanz <-> [prɛ'gnants] *f kein pl* (*geh*) conciseness *no pl*

Prä·gung <-> *f* ❶ (*Einprägen von Münzen*) minting ❷ (*mit Muster versehen*) embossing; *Einband, Leder a.* tooling ❸ LING coinage

prä·his·to·risch [prɛhɪs'to:rɪʃ] *adj* prehistoric

prah·len ['pra:lən] *vi* to boast [*or* brag] (**mit** about); ▪ **damit ~, dass ...** to boast that ...

Prah·ler(in) <-s, -> *m(f)* boaster

Prah·le·rei <-, -en> [pra:lə'raɪ] *f* ❶ *kein pl* (*Angeberei*) boasting ❷ (*prahlerische Äußerung*) boast

Prah·le·rin <-, -nen> *f fem form von* **Prahler**

prah·le·risch *adj* boastful

Prahl·hans <-es, -hänse> *m* (*fam*) show-off

Prak·tik <-, -en> ['praktɪk] *f meist pl* practice

Prak·ti·ka ['praktika] *pl von* **Praktikum**

prak·ti·ka·bel [prakti'ka:bl̩] *adj* practicable

Prak·ti·kant(in) <-en, -en> [prakti'kant] *m(f)* person doing work experience, intern Am (*student or trainee working at a trade or occupation to gain work experience*)

Prak·ti·ker(in) <-s, -> ['praktikɐ] *m(f)* practical person; SCI practitioner

Prak·ti·kum <-s, Praktika> ['praktikʊm, *pl* -ka] *nt* work placement, internship Am

prak·tisch ['praktɪʃ] **I.** *adj* ❶ (*wirklichkeitsbezogen*) practical; **~er Arzt** GP ❷ (*zweckmäßig*) practical; *Beispiel* concrete ❸ (*geschickt im Umgang mit Problemen*) practical[-minded]; **ein ~er Mensch** a practical person; **~ veranlagt sein** to be practical **II.** *adv* ❶ (*so gut wie, im Grunde*) practically; (*wirklich*) in practice ❷ (*wirklichkeitsbezogen*) **~ arbeiten** to do practical work; **etw ~ umsetzen** to put sth into practice

prak·ti·zie·ren* [prakti'tsi:rən] **I.** *vt* ❶ (*in die Praxis umsetzen*) ▪ **etw ~** to put sth into practice; **seinen Glauben ~** to practise one's religion ❷ (*fam: gelangen lassen*) ▪ **etw in etw** *akk* **~** to slip sth into sth **II.** *vi* to practise; **~der Arzt** practising doctor

Pra·li·ne <-, -n> [pra'li:nə] *f*, **Pra·li·né** <-s, -s> [prali'ne:] *nt*, **Pra·li·nee** <-s, -s> [pra-

li·ne:] *nt* ÖSTERR, SCHWEIZ chocolate [cream]
prall [pral] *adj* ❶ *(sehr voll) Brüste* well-rounded; **eine ~ gefüllte Brieftasche** a bulging wallet; *Euter* swollen; *Segel* billowing; *Tomaten* firm; *Fußball, Luftballon* hard; *Schenkel, Waden* sturdy; **etw ~ aufblasen** to inflate sth to bursting point; **etw ~ füllen** to fill sth to bursting ❷ *(voll scheinend)* **in der ~en Sonne** in the blazing sun
prallen ['pralən] *vi sein* ❶ *(heftig auftreffen)* to crash; *Ball* to bounce; **[mit dem Wagen] gegen etw** *akk* **~** to crash [one's car] into sth; **mit dem Kopf gegen etw** *akk* **~** to bang one's head on sth ❷ *Sonne* to blaze
prall·voll ['pralfɔl] *adj (fam)* bulging; *Kofferraum* tightly packed
Prä·mie <-, -n> ['prɛ:miə] *f* ❶ *(zusätzliche Vergütung)* bonus ❷ *(Versicherungsbeitrag)* [insurance] premium ❸ FIN [government] premium ❹ *(zusätzlicher Gewinn im Lotto)* extra dividend
prä·mie·ren* [prɛ'mi:rən] *vt* **jdn/etw mit 50.000 Euro ~** to award sb/sth a/the prize of 50,000 euros; **ein prämierter Film/Regisseur** an award-winning film/director
Prä·mis·se <-, -n> [prɛ'mɪsa] *f (geh)* condition; **unter der ~, dass ...** on condition that ...
prä·na·tal [prɛna'ta:l] *adj* prenatal
pran·gen ['praŋən] *vi (geh)* ❶ *(auffällig angebracht sein)* to be emblazoned ❷ *(in voller Schönheit erstrahlen)* to be resplendent
Pran·ger <-s, -> ['praŋɐ] *m* HIST pillory; **jdn/ etw an den ~ stellen** *(fig)* to severely criticize sb/sth
Pran·ke <-, -n> ['praŋkə] *f* paw; *(hum a.)* mitt *sl*
Prä·pa·rat <-[e]s, -e> [prɛpa'ra:t] *nt (Arzneimittel)* medicament
Prä·pa·ra·tor(in) <-s, -en> [prɛpa'ra:to:ɐ̯, prɛpara:to'rɪn] *m(f)* BIOL, SCI laboratory technician
prä·pa·rie·ren* [prɛpa'ri:rən] **I.** *vt* ❶ BIOL, MED *(konservieren)* to preserve ❷ *(geh: vorbereiten)* to prepare **II.** *vr (geh)* ■ **sich ~** to prepare [oneself] **(für** for)
Prä·po·si·ti·on <-, -en> [prɛpozi'tsjo:n] *f* preposition
Prä·rie <-, -n> [prɛ'ri:, *pl* -'ri:ən] *f* prairie
Prä·sens <-, Präsentia *o* Präsenzien> ['prɛ:zɛns, *pl* prɛ'zɛntsi̯a, prɛ'zɛntsi̯ən] *nt* ❶ *(Zeitform)* present tense ❷ *(Verb im Präsens 1)* present
prä·sent [prɛ'zɛnt] *adj (geh)* present; **etw ~ haben** to remember sth
Prä·sent <-[e]s, -e> [prɛ'zɛnt] *nt (geh)* gift
Prä·sen·ta·ti·on <-, -en> [prɛzɛnta'tsjo:n] *f* presentation *no pl*
prä·sen·tie·ren* [prɛzɛn'ti:rən] **I.** *vt* ■ **etw ~** to present sth; ■ **jdn/sich ~** to present sb/oneself **II.** *vi* MIL to present arms
Prä·sen·tier·tel·ler *m* salver ▶ **auf dem ~ sitzen** *(fam)* to be exposed to all and sundry
Prä·sent·korb *m* gift hamper BRIT, basket of goodies AM
Prä·senz <-> [prɛ'zɛnts] *f kein pl (geh)* presence
Prä·senz·bib·li·o·thek *f* reference library
Prä·ser <-s, -> ['prɛ:zɐ] *m (sl) kurz für* **Präservativ** johnny BRIT, rubber AM
Prä·ser·va·tiv <-s, -e> [prɛzɛrva'ti:f] *nt* condom
Prä·si·dent(in) <-en, -en> [prɛzi'dɛnt] *m(f)* president
Prä·si·dent·schaft <-, -en> *f* presidency
Prä·si·dent·schafts·kan·di·dat(in) *m(f)* presidential candidate
prä·si·die·ren* [prɛzi'di:rən] **I.** *vi* to preside over **II.** *vt* SCHWEIZ **einen Verein ~** to be president of a society
Prä·si·di·um <-s, Präsidien> [prɛ'zi:di̯ʊm, *pl* -di̯ən] *nt* ❶ *(Vorstand, Vorsitz)* chairmanship; *(Führungsgruppe)* committee ❷ *(Polizeihauptstelle)* [police] headquarters *+ sing/ pl vb*
pras·seln ['prasl̩n] *vi sein o haben Regen* to drum **(gegen** against, **auf** on); *(stärker)* to beat ▶ *haben Feuer* to crackle
pras·sen ['prasn̩] *vi* to live it up; *(schlemmen)* to pig out *fam*
Prä·te·ri·tum <-s, -ta> [prɛ'te:ritʊm, *pl* -ta] *nt* preterite
Prä·ven·ti·on <-, -en> [prɛvɛn'tsjo:n] *f* prevention
prä·ven·tiv [prɛvɛn'ti:f] *adj* prevent[at]ive
Pra·xis <-, Praxen> ['praksɪs, *pl* 'praksən] *f* ❶ *(Arztpraxis)* surgery BRIT, doctor's office AM; *(Anwaltsbüro)* office ❷ *kein pl (praktische Erfahrung)* [practical] experience; **langjährige ~** many years of experience ❸ *kein pl (praktische Anwendung)* practice *no art*; **etw in die ~ umsetzen** to put sth into practice
Pra·xis·be·zug *m* practical orientation **pra·xis·fern** *adj* impractical
Pra·xis·ge·bühr *f* ADMIN, MED practice charge *(a quarterly payment that a patient with medical insurance must make for visits to the doctor)*
pra·xis·nah I. *adj* practical **II.** *adv* practically
Pra·ze·denz·fall *m* judicial precedent; **einen ~ schaffen** to set a precedent
prä·zis [prɛ'tsi:s] *adj*, **prä·zi·se** [prɛ'tsi:zə] *adj (geh)* precise; *Beschreibung* exact
prä·zi·sie·ren* [prɛtsi'zi:rən] *vt (geh)* ■ **etw ~** to state sth more precisely

Prä·zi·si·on <-> [prɛtsi'zjo:n] f kein pl precision

Prä·zi·si·ons·bom·be [prɛtsi'zjo:nsbɔmbə] f MIL smart bomb

pre·di·gen ['pre:dɪgn̩] I. vt to preach; ■ jdm etw ~ to lecture sb on sth II. vi ❶ (eine Predigt halten) to preach (**gegen** against) ❷ (fam: mahnend vorhalten) to tell

Pre·di·ger(in) <-s, -> m(f) preacher masc, [woman] preacher fem

Pre·digt <-, -en> ['pre:dɪçt] f (a. fam) sermon; **eine ~ [gegen/über etw** akk**] halten** to deliver a sermon [on/about sth]

Preis <-es, -e> [praɪs] m ❶ (Kauf~) price (**für** of); **einen hohen ~ für etw** akk **zahlen** (fig) to pay a high price for sth; **zum halben ~** at half-price ❷ (Gewinnprämie) prize; **der erste/zweite ~** [the] first/second prize
▶ **um jeden ~** at all costs

Preis·an·stieg m price increase **Preis·auf·schlag** m supplementary charge **Preis·aus·schrei·ben** nt competition [to win a prize] **Preis·aus·zeich·nung** f pricing **Preis·ein·bruch** m collapse of prices

Prei·sel·bee·re ['praɪzlbeːrə] f [mountain spec] cranberry

Preis·emp·feh·lung f recommended price

prei·sen <pries, gepriesen> ['praɪzn̩] vt (geh) to praise

Preis·er·hö·hung f price increase **Preis·er·mä·ßi·gung** f price reduction **Preis·fra·ge** f ❶ (Quizfrage) [prize] question ❷ (vom Preis abhängende Entscheidung) question of price

Preis·ga·be f kein pl (geh) ❶ (Enthüllung) divulgence ❷ (das Ausliefern, Aussetzen) abandonment ❸ (Aufgabe) relinquishment; (Gebiet) surrender; **zur ~ einer S.** gen **gezwungen werden** to be forced to surrender sth

preis·ge·ben ['praɪsgeːbn̩] vt irreg (geh) ❶ (aufgeben) to relinquish; Gebiet to surrender ❷ (verraten) ■ jdm] etw ~ to betray sth [to sb]; Geheimnis to divulge ❸ (überlassen) **jdn der Lächerlichkeit ~** to expose sb to ridicule; **jdn dem Elend/Hungertod ~** to condemn sb to a life of misery/to starvation

preis·ge·krönt adj award-winning attr

Preis·geld <-[e]s, -er> nt prize money no pl **Preis·ge·richt** nt jury **preis·güns·tig** adj inexpensive, good value attr; Angebot reasonable; **etw ~ bekommen** to obtain sth at a low price **Preis·klas·se** f price range **Preis·la·ge** f price bracket **Preis·Leis·tungs-Ver·hält·nis**, **Preis-Leis·tungs·ver·hält·nis** nt kein pl cost effectiveness **preis·lich** ['praɪslɪç] adj attr price, in price **Preis·lis·te** f price list **Preis·nach·lass**^RR m discount **Preis·rät·sel** nt puzzle competition **Preis·rich·ter(in)** m(f) judge [in a competition] **Preis·rück·gang** m fall in prices **Preis·schild** nt price tag **Preis·schwan·kung** <-, -en> f meist pl price fluctuation usu pl **Preis·sen·kung** f reduction in prices **Preis·stei·ge·rung** f price increase **Preis·trä·ger(in)** m(f) prizewinner; (Auszeichnung) award winner **Preis·un·ter·schied** m difference in price **Preis·ver·gleich** m price comparison **Preis·ver·lei·hung** f presentation [of awards/prizes] **preis·wert** adj s. preisgünstig

pre·kär [pre'kɛːɐ̯] adj (geh) precarious

Prell·bock m BAHN buffer, bumping post AM

prel·len ['prɛlən] I. vt ❶ (betrügen) ■ jdn [**um etw** akk] ~ to cheat sb [out of sth]; **die Zeche ~** (fam) to avoid paying the bill ❷ SPORT Ball to bounce; Prellball to smash II. vr **sich am Arm ~** to bruise one's arm; **sich** dat **das Knie ~** to bruise one's knee

Prel·lung <-, -en> f contusion spec (**an** to)

Pre·mie·re <-, -n> [prə'mi̯eːrə] f première

Pre·mier·mi·nis·ter(in) [prə'mi̯eː-, prə'mi̯eː-] m(f) prime minister

Pres·se¹ <-> ['prɛsə] f kein pl ■ **die ~** the press

Pres·se² <-, -n> ['prɛsə] f press; (Fruchtpresse) juice extractor

Pres·se·agen·tur f press agency **Pres·se·amt** nt press office **Pres·se·aus·weis** m press card [or AM ID] **Pres·se·bü·ro** nt press office **Pres·se·chef(in)** <-s, -s> m(f) chief press officer **Pres·se·dienst** m news agency service **Pres·se·er·klä·rung** f press release **Pres·se·fo·to·graf(in)** m(f) press photographer **Pres·se·frei·heit** f kein pl freedom of the press **Pres·se·kon·fe·renz** f press conference **Pres·se·mel·dung** f press report **Pres·se·mit·tei·lung** f press release

pres·sen ['prɛsn̩] I. vt ❶ (durch Druck glätten) to press ❷ (drücken) to press (**an/auf** on); **etw mit gepresster Stimme sagen** (fig) to say sth in a strained voice ❸ (auspressen) Obst to press; Saft to squeeze (**aus** out of) ❹ (herstellen) to press; Plastikteile to mould ❺ (zwingen) ■ **jdn zu etw** dat ~ to force sb to do sth II. vi (bei der Geburt) to push; (bei Verstopfung) to strain oneself

Pres·se·schau f press review **pres·se·scheu** adj media-shy **Pres·se·spie·gel** m press review **Pres·se·spre·cher(in)** m(f) press officer **Pres·se·stel·le** f press office **Pres·se·stim·me** f press commentary **Pres·se·we·sen** <-s> nt kein pl press **Pres·se·zen·sur** f censorship of the press

pres·sie·ren* [prɛ'siːrən] I. vi SÜDD, ÖSTERR,

schweiz (*dringlich sein*) to be pressing **II.** *vi impers* südd, österr, schweiz ■ **es pressiert** it's urgent; ■ **es pressiert jdm** sb is in a hurry; **es pressiert nicht** there's no hurry

Press·luft·boh·rerᴿᴿ *m* pneumatic drill, jackhammer AM **Press·luft·ham·mer**ᴿᴿ *m* pneumatic hammer

Press·we·henᴿᴿ, **Preß·we·hen**ᴬᴸᵀ *pl* MED second stage contractions *pl*

Pres·tige <-s> [prɛsˈtiːʒə] *nt kein pl* (*geh*) prestige

Pres·tige·den·ken [prɛsˈtiːʒ-] *nt kein pl* preoccupation with one's prestige **Pres·tige·ob·jekt** *nt* object of prestige

Preu·ße, Preu·ßin <-n, -n> [ˈprɔysə, ˈprɔysɪn] *m, f* Prussian

Preu·ßen <-s> [ˈprɔysn̩] *nt kein pl* Prussia

Preu·ßin <-, -nen> *f fem form von* **Preuße**

preu·ßisch [ˈprɔysɪʃ] *adj* Prussian

pri·ckeln [ˈprɪkl̩n] *vi* ❶ (*kribbeln*) to tingle; **ein P~ in den Beinen** pins and needles in one's legs ❷ *Champagner* to bubble ❸ (*fam: erregen, reizen*) to thrill

pri·ckelnd *adj Gefühl* tingling; *Humor* piquant; *Champagner* sparkling

Priel <-[e]s, -e> [priːl] *m* narrow channel (*in North Sea shallows*)

pries [priːs] *imp von* **preisen**

Pries·ter(in) <-s, -> [ˈpriːstɐ] *m(f)* priest

Pries·ter·amt *nt* priesthood **Pries·ter·ge·wand** *nt* vestment

Pries·ter·tum <-s> *nt kein pl* priesthood

Pries·ter·wei·he *f* ordination [to the priesthood]

pri·ma [ˈpriːma] *adj* (*fam*) great; **es läuft alles ~** everything is going really well; **du hast uns ~ geholfen** you have been a great help

Pri·ma·bal·le·ri·na [priːmabaleˈriːna] *f* prima ballerina **Pri·ma·don·na** <-, -donnen> [priːmaˈdɔna] *f* prima donna *a. pej*

pri·mär [priˈmɛːɐ̯] **I.** *adj* ❶ (*vorrangig*) primary, prime *attr*; **die Kritik richtet sich ~ gegen die Politiker** criticism is mainly directed at the politicians ❷ (*anfänglich*) initial **II.** *adv* primarily

Pri·mar·schu·le *f* schweiz (*Grundschule*) primary [*or* AM grammar] school

Pri·mat¹ <-en, -en> [priˈmaːt] *m* primate

Pri·mat² <-[e]s, -e> [priˈmaːt] *m o nt* (*geh*) primacy (**vor** over)

Pri·mel <-, -n> [ˈpriːml̩] *f* primrose

pri·mi·tiv [primiˈtiːf] *adj* ❶ (*elementar*) basic ❷ (*a. pej: simpel*) primitive ❸ (*pej: geistig tief stehend*) primitive; **ein ~er Kerl** a lout

Pri·mi·ti·vi·tät <-, -en> [primitiviˈtɛːt] *f* ❶ *kein pl* (*Einfachheit, primitive Beschaffenheit*) primitiveness ❷ (*pej: Mangel an Bildung*) primitiveness ❸ (*pej: primitive Bemerkung, Handlung*) crudity

Pri·mi·tiv·ling <-s, -e> *m* (*pej fam*) peasant

Prim·zahl [ˈpriːm-] *f* prime [number]

Print·me·di·en *pl* [print] media

Print·out <-s, -s> [ˈprɪntaʊt] *nt* INFORM printout

Prinz, Prin·zes·sin <-en, -en> [prɪnts, prɪnˈtsɛsɪn] *m, f* prince *masc* [*or* princess] *fem*

Prin·zip <-s, -ien> [prɪnˈtsiːp, *pl* -piən] *nt* principle; (*in den Wissenschaften a.*) law; **aus ~** on principle; **im ~** in principle

prin·zi·pi·ell [prɪntsiˈpi̯ɛl] **I.** *adj Erwägungen, Möglichkeiten, Unterschiede* fundamental **II.** *adv* (*aus Prinzip*) on principle; (*im Prinzip*) in principle

Prin·zi·pi·en·rei·ter(in) *m(f)* (*pej*) stickler [for one's] principles

Pri·o·ri·tät <-, -en> [prioriˈtɛt] *f* (*geh*) priority (**vor** over); **~en setzen** to set [one's] priorities

Pri·se <-, -n> [ˈpriːzə] *f* ❶ (*kleine Menge*) pinch; **eine ~ Salz** a pinch of salt; **eine ~ Sarkasmus** (*fig*) a touch of sarcasm ❷ NAUT prize

Pris·ma <-s, Prismen> [ˈprɪsma, *pl* -mən] *nt* prism

Pritsche <-, -n> [ˈprɪtʃə] *f* ❶ (*primitive Liege*) plank bed ❷ (*offene Ladefläche*) platform

prit·schen [ˈprɪtʃn̩] *vt* SPORT to set

pri·vat [priˈvaːt] **I.** *adj* ❶ (*jdm persönlich gehörend*) private ❷ (*persönlich*) personal; *Angelegenheiten* private ❸ (*nicht öffentlich*) private; **eine ~e Schule** a private school; **eine ~e Vorstellung** a private [*or* AM closed] performance **II.** *adv* ❶ (*nicht geschäftlich*) privately; **jdn ~ sprechen** to speak to sb in private ❷ FIN, MED **~ behandelt werden** to have private treatment; **sich ~ versichern** to take out a private insurance

Pri·vat·an·ge·le·gen·heit *f* private matter

Pri·vat·be·sitz *m* private property **Pri·vat·de·tek·tiv(in)** *m(f)* private investigator **Pri·vat·ei·gen·tum** *nt* private property **Pri·vat·fern·se·hen** *nt* (*form*) commercial television *no art* **Pri·vat·ge·spräch** *nt* private conversation; (*am Telefon*) private [*or* AM personal] call **Pri·vat·grund·stück** *nt* private property **Pri·vat·ini·ti·a·ti·ve** *f* private initiative

pri·va·ti·sie·ren* [privatiˈziːrən] *vt* to privatize

Pri·va·ti·sie·rung <-, -en> *f* privatization *no pl*

Pri·vat·le·ben *nt kein pl* private life **Pri·vat·leh·rer(in)** *m(f)* private tutor **Pri·vat·mann** <-leute> *m* private citizen **Pri·vat·**

num·mer *f* private number **Pri·vat·pa·ti·ent(in)** *m(f)* private patient **Pri·vat·per·son** *f* private person **Pri·vat·sa·che** *f s.* Privatangelegenheit **Pri·vat·schu·le** *f* private [*or* BRIT independent] school **Pri·vat·se·kre·tär(in)** <-s, -e> *m(f)* private secretary **Pri·vat·sphä·re** *f kein pl* **die ~ verletzen** to invade sb's privacy **Pri·vat·un·ter·richt** *m kein pl* private tuition *no pl* **Pri·vat·ver·gnü·gen** *nt* private pleasure **Pri·vat·ver·mö·gen** *nt* private property **Pri·vat·wirt·schaft** *f* **die ~** the private sector
Pri·vi·leg <-[e]s, -ien> [privi'leːk, *pl* -giən] *nt* (geh) privilege
pri·vi·le·gie·ren* [privile'giːrən] *vt* (geh) ■ **jdn ~** to grant privileges to sb
pro [proː] I. *präp* per; **~ Kopf** a head; **~ Person** per person; **~ Stück** each II. *adv* **sind Sie ~ oder kontra?** are you for or against it?
Pro <-> [proː] *nt* **das] ~ und [das] Kontra** the pros and cons *pl*
pro·bat [pro'baːt] *adj* (geh) proven
Pro·be <-, -n> ['proːbə] *f* ❶ (*Warenprobe, Testmuster*) sample ❷ MUS, THEAT rehearsal ❸ (*Prüfung*) test; **jdn auf die ~ stellen** to put sb to the test; **jds Geduld auf eine harte ~ stellen** to sorely try sb's patience; **auf ~** on probation; **zur ~** for a trial
Pro·be·ab·zug *m* proof **Pro·be·alarm** *m* practice alarm **Pro·be·ent·nah·me** *f* sampling **Pro·be·fahrt** *f* test drive **Pro·be·lauf** *m* trial run
pro·ben ['proːbn̩] *vt, vi* to rehearse
pro·be·wei·se *adv* on a trial basis
Pro·be·zeit *f* probationary period
pro·bie·ren* [pro'biːrən] *vt* ❶ (*kosten*) to try ❷ (*versuchen*) to try; ■ **~, etw zu tun** to try to do sth; **ein neues Medikament ~** to try out a new medicine; **ich habe es schon mit vielen Diäten probiert** I have already tried many diets ❸ (*anprobieren*) ■ **etw ~** to try on *sep* sth ❹ THEAT to rehearse II. *vi* ❶ (*kosten*) ■ **etw ~** to try [*or* taste] sth ❷ (*versuchen*) ■ **~, ob/was/wie ...** to try and see whether/what/how ...; **ich werde ~, ob ich das alleine schaffe** I'll see if I can do it alone ▶ **P~ geht über Studieren** (*prov*) the proof of the pudding is in the eating III. *vr* (*fam*) **sich als Dozent/Schreiner ~** to work as a lecturer/carpenter for a short time
Pro·blem <-s, -e> [pro'bleːm] *nt* ❶ (*Schwierigkeit*) problem; **vor einem ~ stehen** to be faced with a problem; **[für jdn] zum ~ werden** to become a problem [for sb] ❷ (*geh: schwierige Aufgabe*) problem; **[nicht] jds ~ sein** to [not] be sb's business; **kein ~!** (*fam*) no problem!

Pro·ble·ma·tik <-> [proble'maːtɪk] *f kein pl* (geh) problematic nature
pro·ble·ma·tisch [proble'maːtɪʃ] *adj* problematic|al|; *Kind* difficult
Pro·blem·be·reich *m* problem area **Pro·blem·fall** *m* (geh) problem; (*Mensch*) problem case **pro·blem·los** I. *adj* problem-free, unproblematic *attr* II. *adv* without any problems; **etw ~ meistern** to master sth easily; **~ ablaufen** to run smoothly
Pro·ce·de·re <-, -> [pro'tseːdərə] *nt* (geh) procedure
Pro·dukt <-[e]s, -e> [pro'dʊkt] *nt* a. MATH product
Pro·dukt·haf·tung *f* product liability
Pro·duk·ti·on <-, -en> [prodʊk'tsi̯oːn] *f* production
Pro·duk·ti·ons·kos·ten *pl* production costs **Pro·duk·ti·ons·mit·tel** *pl* means of production *no pl* **Pro·duk·ti·ons·rück·gang** *m* fall in output **Pro·duk·ti·ons·stei·ge·rung** *f* rise in production
pro·duk·tiv [prodʊk'tiːf] *adj* (geh) productive; **~ zusammenarbeiten** to work together productively
Pro·duk·ti·vi·tät <-> [prodʊktivi'tɛːt] *f kein pl* productivity
Pro·dukt·pa·let·te *f* product range **Pro·dukt·pi·ra·te·rie** *f* [copyright] piracy
Pro·du·zent(in) <-en, -en> [produ'tsɛnt] *m(f)* producer
pro·du·zie·ren* [produ'tsiːrən] I. *vt, vi* to produce II. *vr* (*pej fam*) ■ **sich ~** to show off
Prof. [prɔf] *Abk von* **Professor**
pro·fan [pro'faːn] *adj* (geh) ❶ (*alltäglich*) prosaic; *Probleme* mundane ❷ (*weltlich*) profane; *Bauwerke, Kunst* secular
Pro·fes·si·o·na·li·tät <-> *f kein pl* professionalism *no pl*
pro·fes·si·o·nell [prɔfɛsi̯o'nɛl] *adj* professional
Pro·fes·sor, Pro·fes·so·rin <-s, -soren> [pro'fɛsoːɐ̯, profɛ'soːrɪn, *pl* -'soːrən] *m, f* ❶ *kein pl* (*Titel*) professor ❷ (*Träger des Professorentitels*) **Herr ~/Frau ~in** Professor ❸ ÖSTERR (*Gymnasiallehrer*) master *masc*, mistress *fem*
Pro·fes·sur <-, -en> [prɔfɛ'suːɐ̯] *f* [professor's] chair (**für** in/of)
Pro·fi <-s, -s> ['proːfi] *m* (*fam*) pro
Pro·fil <-s, -e> [pro'fiːl] *nt* ❶ *Reifen, Schuhsohlen* tread ❷ (*seitliche Ansicht*) profile; **jdn im ~ fotografieren** to photograph sb in profile ❸ (*geh: Ausstrahlung*) image; **an ~ gewinnen** to improve one's image; **die Polizei konnte ein ziemlich gutes ~ des Täters erstellen** the police were able to give a fairly accurate profile of the criminal

pro·fi·lie·ren* [profi'liːrən] **I.** vt ▪ etw ~ to put a tread on sth **II.** vr **sich politisch** ~ to make one's mark as a politician; **sie hat sich als Künstlerin profiliert** she distinguished herself as an artist

Pro·fil·neu·ro·se f PSYCH image complex

Pro·fit <-[e]s, -e> [pro'fɪt, -'fiːt] m profit; ~ **bringende Geschäfte** profitable deals; **wo ist dabei für mich der** ~**?** what do I get out of it?; **von etw** akk [**keinen**] ~ **haben** [not] to profit from sth; **etw mit** ~ **verkaufen** to sell sth at a profit

pro·fi·ta·bel [profi'taːbl̩] adj (geh) profitable; (stärker) lucrative

Pro·fi·teur(in) <-s, -e> [profi'tøːɐ̯] m(f) (pej) profiteer

Pro·fit·gier <-> f kein pl (pej) money-grubbing no pl

pro·fi·tie·ren* [profi'tiːrən] vi to make a profit (**bei/von** from)

pro forma [proː 'fɔrma] adv (geh) pro forma; **etw** ~ **unterschreiben** to sign sth as a matter of form

Pro·gno·se <-, -n> [pro'gnoːzə] f a. MED prognosis (**für** for); (Wetter) forecast

prog·nos·ti·zie·ren* [prɔgnɔsti'tsiːrən] vt (geh) to predict

Pro·gramm <-s, -e> [pro'gram] nt ❶ (geplanter Ablauf) programme; (Tagesordnung) agenda; (Zeitplan) schedule; **ein volles** ~ **haben** to have a full day/week etc. ahead of one; **auf dem** ~ **stehen** to be on the programme/agenda/schedule; **was steht für heute auf dem** ~**?** what's the programme/ agenda/schedule for today? ❷ RADIO, TV channel ❸ (festgelegte Darbietungen) bill; **im** ~ on the bill ❹ (Programmheft) programme ❺ INFORM [computer] program (**für** for)

Pro·gramm·ab·bruch m INFORM [program] crash

pro·gram·ma·tisch [progra'maːtɪʃ] adj (geh) ❶ (einem Programm gemäß) programmatic ❷ (Richtung weisend) defining

Pro·gramm·feh·ler m INFORM program error

pro·gramm·ge·mäß I. adj [as pred] planned **II.** adv [according] to plan; ~ **verlaufen** to run according to plan **Pro·gramm·heft** nt programme

pro·gram·mie·ren* [progra'miːrən] vt ❶ INFORM to program ❷ (von vornherein festgelegt) ▪ **programmiert sein** to be preprogrammed

Pro·gramm·mie·rer(in) <-s, -> m(f) programmer

Pro·gramm·mier·spra·che f programming language

Pro·gramm·mie·rung <-, -en> f INFORM, TECH programming

Pro·gramm·ki·no nt arts [or AM repertory] cinema **Pro·gramm·lauf** m INFORM program run **Pro·gramm·punkt** m item on the agenda; (in einer Show) act **Pro·gramm·steu·e·rung** f INFORM program control **Pro·gramm·vor·schau** f trailer **Pro·gramm·zeit·schrift** f programme guide; (von Fernsehen a.) TV guide

pro·gres·siv [progrɛ'siːf] adj (geh) progressive

Pro·jekt <-[e]s, -e> [pro'jɛkt] nt project

pro·jek·tie·ren* [prɔjɛk'tiːrən] vt (geh) to draw up [the] plans

Pro·jek·til <-s, -e> [prɔjɛk'tiːl] nt projectile

Pro·jek·ti·on <-, -en> [prɔjɛk'tsi̯oːn] f projection **Pro·jek·ti·ons·flä·che** f FILM, FOTO screen

Pro·jekt·lei·ter(in) <-s, -> m(f) project leader

Pro·jek·tor <-s, -toren> [pro'jɛktoːɐ̯, pl -'toːrən] m projector

pro·ji·zie·ren* [proji'tsiːrən] vt to project (**auf** on[to])

pro·kla·mie·ren* [prɔkla'miːrən] vt (geh) to proclaim

Pro-Kopf-Ein·kom·men nt income per capita

Pro·ku·rist(in) <-en, -en> [proku'rɪst] m(f) authorized signatory (of a company)

Pro·let <-en, -en> [pro'leːt] m ❶ (veraltend fam) proletarian ❷ (pej) prole fam

Pro·le·ta·ri·at <-[e]s, -e> [proleta'ri̯aːt] nt (veraltend) ▪ **das** ~ the proletariat

Pro·le·ta·ri·er(in) <-s, -> [prole'taːri̯ɐ] m(f) (veraltend) proletarian

pro·le·ta·risch [prole'taːrɪʃ] adj (veraltend) proletarian

Proll <-s, -s> [prɔl] m (pej sl) pleb no pl

prol·lig [prɔlɪç] adj (pej sl) plebby, coarse

Pro·lo <-s, -s> ['proːlo] m (pej sl)

Pro·log <-[e]s, -e> [pro'loːk, pl -oːgə] m prologue

Pro·me·na·de <-, -n> [promə'naːdə] f promenade

Pro·me·na·den·mi·schung f (hum fam) mongrel, mutt AM

pro·me·nie·ren* [promə'niːrən] vi sein o haben to promenade

Pro·mi <-s, -s> ['prɔmi] m (sl) kurz für **Pro·mi·nen·te(r)** VIP

Pro·mil·le <-[s], -> [pro'mɪlə] nt ❶ (Tausendstel) per mill[e]; **nach** ~ in per mill[e] ❷ pl (fam: Alkoholpegel) alcohol level; **0,5** ~ 50 millilitres alcohol level

Pro·mil·le·gren·ze f legal [alcohol] limit

pro·mi·nent [promi'nɛnt] adj prominent

Pro·mi·nenz <-, -en> [promi'nɛnts] f ❶ kein pl (Gesamtheit der Prominenten)

prominent figures pl ❷ (geh: das Prominentsein) fame

pro·mo·ten* [proˈmoːtn̩] vt to promote

Pro·mo·ti·on¹ <-, -en> [promoˈtsi̯oːn] f ❶ (Verleihung des Doktorgrads) doctorate, PhD ❷ SCHWEIZ (Versetzung) moving up [into the next class] ❸ ÖSTERR (offizielle Feier mit Verleihung der Doktorwürde) ceremony at which one receives one's doctorate

Pro·mo·tion² <-> [proˈmoːʃn̩] f promotion

pro·mo·vie·ren* [promoˈviːrən] **I.** vt ▪ jdn ~ to award sb a doctorate **II.** vi ❶ (eine Dissertation schreiben) ▪ über etw akk/jdn ~ to do a doctorate in sth/the works of sb ❷ (den Doktorgrad erwerben) ▪ in etw dat ~ to obtain a doctorate [in sth]

prompt [prɔmpt] **I.** adj (unverzüglich) prompt **II.** adv (meist iron fam: erwartungsgemäß) of course; **er ist ~ auf den Trick hereingefallen** naturally he fell for the trick

Pro·no·men <-s, - o Pronomina> [proˈnoːmən, pl -mina] nt pronoun

Pro·pa·gan·da <-> [propaˈɡanda] f kein pl ❶ (a. pej: manipulierende Verbreitung von Ideen) propaganda ❷ (Werbung) publicity

pro·pa·gan·dis·tisch adj propagandist[ic] a. pej

pro·pa·gie·ren* [propaˈɡiːrən] vt (geh) to propagate

Pro·pan <-s> [proˈpaːn] nt kein pl propane

Pro·pan·gas nt kein pl propane [gas]

Pro·pel·ler <-s, -> [proˈpɛlɐ] m propeller

Pro·phet(in) <-en, -en> [proˈfeːt] m(f) prophet masc, prophetess fem

pro·phe·tisch [proˈfeːtɪʃ] adj prophetic

pro·phe·zei·en* [profeˈtsai̯ən] vt REL to prophesy; (fig) to predict

Pro·phe·zei·ung <-, -en> f prophecy

Pro·por·ti·on <-, -en> [propɔrˈtsi̯oːn] f proportion

pro·por·ti·o·nal [propɔrtsi̯oˈnaːl] adj (geh) proportional (**zu** to)

pro·por·ti·o·niert [propɔrtsi̯oˈniːɐ̯t] adj proportioned

prop·pen·voll [ˈprɔpn̩ˈfɔl] adj (fam) jam-packed

Pro·sa <-> [ˈproːza] f kein pl prose

pro·sa·isch [proˈzaːɪʃ] adj ❶ (meist fig geh: nüchtern) prosaic form; (langweilig) dull ❷ (aus Prosa bestehend) prose attr, in prose pred

pro·sit [ˈproːzɪt] interj (fam) s. Prost

Pro·spekt <-[e]s, -e> [proˈspɛkt] m ❶ (Werbebroschüre) brochure; (Werbezettel) leaflet ❷ THEAT backdrop ❸ ÖKON prospectus

prost [proːst] interj cheers

Pros·ta·ta <-, Prostatae> [ˈprɔstata, pl -tɛ] f prostate gland

pros·ten [ˈproːstn̩] vi ❶ (prost rufen) to say cheers ❷ (ein Prost ausbringen) ▪ **auf jdn/etw ~** to toast sb/sth

pros·ti·tu·ie·ren* [prostituˈiːrən] vr ▪ **sich ~** to prostitute oneself

Pros·ti·tu·ier·te(r) [prostituˈiːɐ̯tə, -tɐ] f(m) (form) prostitute

Pros·ti·tu·ti·on <-> [prostituˈtsi̯oːn] f kein pl (form) prostitution

Pro·ta·go·nist(in) <-en, -en> [protaɡoˈnɪst] m(f) (geh) protagonist

Pro·te·gé <-s, -s> [proteˈʒeː] m (geh) protégé

pro·te·gie·ren* [proteˈʒiːrən] vt (geh) to promote

Pro·te·in <-s, -e> [proteˈiːn] nt protein

Pro·tek·ti·o·nis·mus <-> [protɛktsi̯oˈnɪsmʊs] m kein pl protectionism

Pro·test <-[e]s, -e> [proˈtɛst] m protest

Pro·tes·tant(in) <-en, -en> [protɛsˈtant] m(f) Protestant

pro·tes·tan·tisch [protɛsˈtantɪʃ] adj Protestant

Pro·tes·tan·tis·mus <-> [protɛstanˈtɪsmʊs] m kein pl ▪ **der ~** Protestantism

Pro·test·be·we·gung f protest movement

Pro·test·ge·heul nt kein pl (pej fam) outcry

pro·tes·tie·ren* [protɛsˈtiːrən] vi to protest (**gegen** against)

Pro·test·kund·ge·bung f [protest] rally

Pro·test·ler(in) <-s, -> [proˈtɛstlɐ] m(f) (oft pej) protester

Pro·test·marsch m protest march **Pro·test·wäh·ler(in)** m(f) protest voter

Pro·the·se <-, -n> [proˈteːzə] f prosthesis spec

Pro·to·koll <-s, -e> [protoˈkɔl] nt ❶ (Niederschrift) record[s pl]; (bei Gericht a.) transcript; (von Sitzung) minutes npl; **[das] ~ führen** (bei einer Prüfung) to write a report; (bei Gericht) to keep a record of the proceedings; (bei einer Sitzung) to take the minutes; **etw [bei jdm] zu ~ geben** to have sth put on record; (bei der Polizei) to make a statement [in sb's presence]; **etw zu ~ nehmen** to put sth on record; (von einem Polizisten) to take down [a statement]; (bei Gericht) to enter [an objection/statement] on record ❷ DIAL (Strafmandat) ticket ❸ kein pl (diplomatisches Zeremoniell) **gegen das ~ verstoßen** to break with protocol

pro·to·kol·la·risch [protokɔˈlaːrɪʃ] adj (im Protokoll fixiert) recorded, on record pred; (von Sitzung) minuted, entered in the minutes pred; **etw ~ festhalten** to take sth down in the minutes

Pro·to·koll·füh·rer(in) m(f) secretary; (bei

pro·to·kol·lie·ren* [protoko'liːrən] **I.** vt to record; *Polizist* to take down sep; (*bei einer Sitzung*) to enter in the minutes **II.** vi to keep the record[s]/the minutes

Pro·ton <-s, Protonen> ['proːtɔn, pl pro'toːnən] nt proton

Pro·to·typ ['proːtotyːp] m prototype; (*fig*) archetype

prot·zen ['prɔtsn̩] vi (*pej*) ▪ **mit etw** dat) ~ to flaunt sth

prot·zig ['prɔtsɪç] adj (*fam*) swanky; *Auto* fancy

Pro·vi·ant <-s, *selten* -e> [pro'vi̯ant] m provisions; MIL supplies

Pro·vi·der <-s, -> [pro'vaɪdɐ] m INFORM provider

Pro·vinz <-, -en> [pro'vɪnts] f ① (*Verwaltungsgebiet*) province ② *kein pl* (*kulturell rückständige Gegend*) provinces *pl a. pej*; **in der ~ leben** to live [out] in the sticks *fam*

pro·vin·zi·ell [provɪn'tsi̯ɛl] adj provincial *a. pej*

Pro·vinz·ler(in) <-s, -> [pro'vɪntslɐ] m(f) (*pej fam*) provincial

Pro·vinz·stadt f provincial town

Pro·vi·si·on <-, -en> [provi'zi̯oːn] f commission; **auf ~ arbeiten** to work on a commission basis

pro·vi·so·risch [provi'zoːrɪʃ] **I.** adj (*vorläufig*) provisional; *Unterkunft* temporary **II.** adv temporarily, for the time being; **etw ~ herrichten** to make makeshift repairs

Pro·vi·so·ri·um <-s, -rien> [provi'zoːri̯ʊm, pl -ri̯ən] nt (*geh*) provisional solution

pro·vo·kant [provo'kant] adj (*geh*) provocative

Pro·vo·ka·ti·on <-, -en> [provoka'tsi̯oːn] f (*geh*) provocation

pro·vo·ka·tiv [provoka'tiːf] adj (*geh*) s. **provokant**

pro·vo·zie·ren* [provo'tsiːrən] **I.** vt ① (*herausfordern*) to provoke; **ich lasse mich von ihm nicht ~** I won't be provoked by him ② (*bewirken*) to provoke; **einen Streit ~** to cause an argument **II.** vi to provoke

pro·vo·zie·rend adj (*geh*) s. **provokant**

Pro·ze·de·re <-, -> [pro'tseːdərə] nt (*geh*) procedure

Pro·ze·dur <-, -en> [protse'duːɐ̯] f (*geh*) procedure

Pro·zent <-[e]s, -e> [pro'tsɛnt] nt ① (*Hundertstel*) per cent *no pl* ② (*Alkoholgehalt*) alcohol content ③ *pl* (*Rabatt*) discount

Pro·zent·satz m percentage

pro·zen·tu·al [protsɛn'tu̯aːl] adj (*geh*) **-er Anteil/-e Beteiligung** percentage (**an** of); **etw ~ ausdrücken** to express sth as a percentage

Pro·zess[RR] <-es, -e> m, **Pro·zeß**[ALT] <-sses, -sse> [pro'tsɛs] m ① (*Gerichtsverfahren*) [court] case; (*Strafverfahren*) trial; **ei·nen ~ [gegen jdn] führen** to take sb to court; **[mit jdm/etw] kurzen ~ machen** (*fig fam*) to make short work of sb/sth ② (*geh: Vorgang*) process

Pro·zess·geg·ner[RR] m adversary

pro·zes·sie·ren* [prɔtsɛ'siːrən] vi to litigate (**gegen** with); ▪ **mit jdm ~** to bring a lawsuit against sb

Pro·zes·si·on <-, -en> [prɔtsɛ'si̯oːn] f procession

Pro·zess·kos·ten[RR] pl court costs

Pro·zes·sor <-s, -soren> [pro'tsɛsoːɐ̯, pl -'soːrən] m processor

Pro·zess·ord·nung[RR] f legal procedure

prü·de ['pryːdə] adj (*oft pej*) prudish

prü·fen ['pryːfn̩] **I.** vt ① (*examinieren*) to examine (**in** in) ② (*überprüfen, untersuchen*) to check (**auf** for); *Material* to test ③ (*geh: übel mitnehmen*) **jdn [hart/schwer] ~** to [sorely] try sb **II.** vi SCH ▪ **[in einem Fach] ~** to examine pupils/students [in a subject] **III.** vr (*geh*) ▪ **sich ~** to examine oneself

Prü·fer(in) <-s, -> ['pryːfɐ] m(f) ① (*Examinator*) examiner ② (*Prüfingenieur*) inspector ③ (*Betriebsprüfer*) auditor

Prüf·ling <-s, -e> m [examination] candidate

Prüf·sie·gel nt ÖKON emblem **Prüf·stand** m test stand **Prüf·stein** m (*geh*) touchstone

Prü·fung <-, -en> f ① (*Examen*) exam[ination]; (*für den Führerschein*) test; **schriftliche/mündliche ~ [in etw** dat) written/oral exam[ination] [in sth] ② (*Überprüfung*) checking; (*Untersuchung a.*) examination; *Wasserqualität* test ③ (*geh: Heimsuchung*) trial

Prü·fungs·angst f exam nerves *npl* **Prü·fungs·auf·ga·be** f exam[ination] question **Prü·fungs·kom·mis·si·on** f board of examiners **Prü·fungs·zeug·nis** nt exam[ination] certificate

Prüf·ver·fah·ren nt test[ing] procedure

Prü·gel[1] ['pryːgl̩] m (*Schläge*) thrashing *no pl*; **jdm eine Tracht ~ verabreichen** to give sb a [good] hiding

Prü·gel[2] <-s, -> ['pryːgl̩] m DIAL (*Stock*) cudgel

Prü·ge·lei <-, -en> ['pryːgə'laɪ] f (*fam*) punch-up

Prü·gel·kna·be m whipping boy

prü·geln ['pryːgl̩n] **I.** vt, vi to beat **II.** vr ▪ **sich ~** to fight

Prü·gel·stra·fe f ▪ **die ~** corporal punishment

Prunk <-s> [prʊŋk] m *kein pl* magnificence;

eines Saales a. sumptuousness

prunk·voll *adj* splendid; *Kleidung* magnificent

prus·ten ['pruːstn̩] *vi (fam)* to snort; *(beim Trinken)* to splutter; **vor Lachen ~** to snort with laughter

PS <-, -> [peːˈʔɛs] *nt* ❶ *Abk von* **Pferdestärke** hp ❷ *Abk von* **Postskript(um)** PS

Psalm <-s, -en> [psalm] *m* psalm

Pseu·do·nym <-s, -e> [psɔydoˈnyːm] *nt* pseudonym

Psy·che <-, -n> ['psyːçə] *f* psyche

Psy·chi·a·ter(in) <-s, -> [psyˈçiaːte] *m(f)* psychiatrist

Psy·chi·a·trie <-, -n> [psyçiaˈtriː, *pl* -ˈtriːən] *f* ❶ *kein pl (medizinisches Fachgebiet)* psychiatry *no art* ❷ *(fam: psychiatrische Abteilung)* psychiatric ward

psy·chi·a·trisch [psyçiˈaːtrɪʃ] *adj* psychiatric

psy·chisch ['psyːçɪʃ] *adj* ❶ *(seelisch)* psychological ❷ *(geistig)* mental **Psy·cho·ana·ly·se** [psyçoʔanaˈlyːzə] *f* psychoanalysis *no art* **Psy·cho·ana·ly·ti·ker(in)** [psyço?anaˈlytike] *m(f)* psychoanalyst

Psy·cho·lo·ge, -lo·gin <-n -n> [psyçoˈloːɡə, -ˈloːɡɪn] *m, f* psychologist

Psy·cho·lo·gie <-> [psyçoloˈɡiː] *f kein pl* psychology

Psy·cho·lo·gin <-, -nen> *f fem form von* **Psychologe**

psy·cho·lo·gisch [psyçoˈloːɡɪʃ] *adj* psychological

Psy·cho·path(in) <-en, -en> [psyçoˈpaːt] *m(f)* psychopath

Psy·cho·scho·cker ['psyːçoʃɔke] *m (fam)* psychothriller

Psy·cho·se <-, -n> [psyˈçoːzə] *f* psychosis

psy·cho·so·ma·tisch [psyçozoˈmaːtɪʃ] **I.** *adj* psychosomatic **II.** *adv* psychosomatically

Psy·cho·ter·ror *m (fam)* psychological terror **Psy·cho·the·ra·peut(in)** [psyçoteraˈpɔyt] *m(f)* psychotherapist **Psy·cho·the·ra·pie** [psyçoteraˈpiː, *pl* -iːən] *f* psychotherapy

PTT [peːteːteː] *f* SCHWEIZ *Abk von* **Post-, Telefon- und Telegrafenbetriebe**; ■ **die ~** P.T.T. *(Swiss postal, telephone, and telegram services)*

pu·ber·tär [puˈbɛrtɛːɐ̯] *adj* adolescent, of puberty *pred*; *Störungen* pubescent

Pu·ber·tät <-> [puˈbɛrtɛːt] *f kein pl* puberty *no art*

pu·ber·tie·ren* [pubɛrˈtiːrən] *vi (geh)* to reach puberty

Pu·bli·ci·ty <-> [paˈblɪsiti] *f kein pl* publicity

pu·blik [puˈbliːk] *adj präd* public; ■ **~ sein/werden** to be/become public knowledge; *etw* **~ machen** to publicize sth

Pu·bli·ka·ti·on <-, -en> [publikaˈtsi̯oːn] *f* publication

Pu·bli·kum <-s> ['puːblikʊm] *nt kein pl* audience; *(im Theater a.)* house; *(beim Sport)* crowd

Pu·bli·kums·an·drang *m kein pl* rush of spectators **Pu·bli·kums·er·folg** *m* hit; *(Film)* box office hit **Pu·bli·kums·lieb·ling** *m* public's darling **Pu·bli·kums·ma·gnet** *m* crowd-puller BRIT, magnet AM **Pu·bli·kums·ver·kehr** *m kein pl* das Amt ist nur morgens für den ~ geöffnet the office is only open to the public in the morning[s] **pu·bli·kums·wirk·sam** *adj* with public appeal

pu·bli·zie·ren* [publiˈtsiːrən] *vt, vi* to publish; **ich werde den Aufsatz bald ~** I'm going to have the essay published soon

Pu·bli·zist(in) <-en, -en> [publiˈtsɪst] *m(f)* journalist, *commentator [on current affairs and politics]*

Pu·bli·zis·tik <-> [publiˈtsɪstɪk] *f kein pl* ■ **[die]** ~ the science of the media; *(als Universitätsfach)* media studies *npl*

Pu·bli·zis·tin <-, -nen> *f fem form von* **Publizist**

Pu·bli·zi·tät <-> [publitsiˈtɛːt] *f kein pl (geh)* publicity

Puck <-s, -s> [pʊk] *m* puck

Pud·ding <-s, -s> ['pʊdɪŋ] *m* milk-based dessert similar to blancmange

Pu·del <-s, -> ['puːdl̩] *m* poodle

Pu·del·müt·ze *f* bobble cap **pu·del·nass**[RR] ['puːdl̩ˈnas] *adj (fam)* ■ **~ sein/werden** to be/get soaking wet **pu·del·wohl** ['puːdl̩ˈvoːl] *adj (fam)* **sich ~ fühlen** to feel on top of the world

Pu·der <-s, -> ['puːdɐ] *m o fam nt* powder **Pu·der·do·se** *f [powder]* compact

pu·dern ['puːdɐn] **I.** *vt* to powder **II.** *vr* ■ **sich ~** to powder oneself

Pu·der·zu·cker *m* icing sugar

Pu·er·to Ri·co [ˈpʊɛrto ˈriːko] *nt* Puerto Rico; *s. a.* **Deutschland**

Puff[1] <-[e]s, Püffe> [pʊf, *pl* ˈpʏfə] *m (fam: Stoß)* thump; *(in die Seite)* prod

Puff[2] <-[e]s, -e *o* -s> [pʊf] *m* ❶ *(Wäschepuff)* linen basket ❷ *(Sitzpolster ohne Beine)* pouffe

Puff[3] <-[e]s, -s> [pʊf] *m (fam: Bordell)* brothel, whorehouse AM

Puf·fer <-s, -> ['pʊfɐ] *m* ❶ BAHN buffer, bumper AM ❷ INFORM *s.* **Pufferspeicher** ❸ DIAL *(Reibekuchen)* potato fritter

puf·fern *vt* TECH to buffer

Puf·fer·spei·cher *m* buffer memory **Puf·fer·zo·ne** *f* buffer zone

pu·len ['puːlən] **I.** *vt bes* NORDD *(fam)* ■ *etw*

aus etw *dat* ~ to pick sth out of sth; *Krabben, Nüsse, Erbsen* to shell; **ein Etikett von einer Flasche** ~ to peel a label off a bottle **II.** *vi* (*fam*) ■ **an etw** *dat*| ~ to pick at sth; **in der Nase** ~ to pick one's nose

Pul·le <-, -n> ['pʊlə] *f* (*sl*) bottle ▶ **volle** ~ **fahren** (*fig*) to drive flat out

Pul·li <-s, -s> ['pʊli] *m* (*fam*) *kurz für* **Pullover** jumper

Pul·lo·ver <-s, -s> [pʊ'loːvɐ] *m* pullover, jumper

Pul·lun·der <-s, -> [pʊ'lʊndɐ] *nt* tank top

Puls <-es, -e> [pʊls] *m* pulse

Puls·ader *f* artery

pul·sie·ren* [pʊl'ziːrən] *vi* to pulsate

Puls·schlag *m* ① (*Puls*) pulse ② (*einzelnes Pochen*) [pulse-]beat

Pult <-[e]s, -e> [pʊlt] *nt* ① (*Redner~*) lectern ② (*Schalt~*) control desk

Pul·ver <-s, -> ['pʊlvɐ] *nt* ① (*pulverisiertes Material*) powder ② (*Schieß~*) [gun]powder ▶ **sein** ~ **verschossen haben** (*fam*) to have shot one's [last] bolt

Pul·ver·fass^{RR} *nt* (*a. fig*) powder keg **Pul·ver·kaf·fee** *m* instant coffee **Pul·ver·schnee** *m* powder[y] snow

Pu·ma <-s, -s> ['puːma] *m* puma BRIT, mountain lion AM, cougar AM

pum·me·lig ['pʊməlɪç], **pumm·lig** ['pʊmlɪç] *adj* (*fam*) chubby

Pump <-[e]s> [pʊmp] *m kein pl* **auf** ~ (*fam*) on tick

Pum·pe <-, -n> ['pʊmpə] *f* ① (*Fördergerät*) pump ② (*fam: Herz*) heart

pum·pen¹ ['pʊmpn̩] **I.** *vt* ① TECH to pump (**in** into, **aus** out of) ② (*fam: investieren*) to plough (**in** into) **II.** *vi* to pump

pum·pen² ['pʊmpn̩] *vt* (*fam*) ① (*verleihen*) to lend; **kannst du mir dein Fahrrad** ~? can you lend me your bike? ② (*entleihen*) to borrow; **könnte ich mir bei dir etwas Geld** ~? could I borrow some money from you?

Pump·ho·se *f* knickerbockers *npl*

Pumps <-, -> [pœmps] *m* court shoe BRIT, pump AM

Punk <-s> [paŋk] *m kein pl* ① (*Lebenseinstellung, Protestbewegung*) punk ② (*fam*) *s.* **Punkrock** ③ *s.* **Punker**

Pun·ker(in) <-s, -> ['paŋkɐ] *m(f)* [rocker]

Punk·rock <-s> ['paŋkrɔk] *m kein pl* punk [rock]

Punkt <-[e]s, -e> [pʊŋkt] *m* ① (*Satzzeichen*) full stop BRIT, period AM; (*auf i, Auslassungszeichen*) dot; **ohne** ~ **und Komma reden** (*fig*) to talk nineteen to the dozen BRIT; **nun mach aber mal einen** ~! (*fam*)

come off it! ② (*kreisrunder Fleck*) spot; (*in der Mathematik*) point; **ein dunkler** ~ [**in jds Vergangenheit**] a dark chapter [in sb's past] ③ (*Stelle*) spot; (*genauer*) point; **bis zu einem gewissen** ~ up to a [certain] point; **der tote** ~ (*fig*) the low[est] point; *bei Verhandlungen* deadlock; **ein wunder** ~ (*fig*) a sore point ④ (*Bewertungseinheit*) point; **einen** ~ **bekommen/verlieren** to score/lose a point ⑤ (*Detailpunkt*) point; (*auf der Tagesordnung*) item; **der springende** ~ (*fig*) the crucial point ⑥ (*Zeitpunkt*) point; ~ **acht** [**Uhr**] on the stroke of eight

punkt·ge·nau I. *adj* precise, exact **II.** *adv* precisely, exactly **Punkt·ge·winn** *m* number of points won **punkt·gleich** *adj* SPORT level on points BRIT; ~ **ausgehen** to end in a draw

pünkt·lich ['pʏŋktlɪç] **I.** *adj* punctual **II.** *adv* punctually

Pünkt·lich·keit <-> *f kein pl* punctuality

Punkt·sie·ger(in) <-s, -> *m(f)* winner on points

punk·tu·ell [pʊŋk'tʊɛl] *adj* ① (*Punkt für Punkt*) ~ **vorgehen** to proceed point by point ② (*vereinzelt*) *Kontrollen* spot *attr*

Punkt·zahl *f* SPORT score

Punsch <-es, -e> [pʊnʃ] *m* [hot] punch

Pu·pil·le <-, -n> [pu'pɪlə] *f* pupil

Pup·pe <-, -n> ['pʊpə] *f* ① (*Spielzeug*) doll ② ZOOL pupa ▶ **bis in die** ~**n** until the small hours of the morning; **bis in die** ~**n schlafen** to sleep till all hours; **die** ~**n tanzen lassen** (*hart durchgreifen*) to raise [all] hell; (*hemmungslos feiern*) to have a hell of a party

Pup·pen·haus *nt* doll's house BRIT, dollhouse AM **Pup·pen·the·a·ter** *nt* puppet theatre **Pup·pen·wa·gen** *m* doll's pram [*or* AM carriage]

Pups <-es, -e> [puːps] *m* (*fam*) fart

pup·sen ['puːpsn̩] *vi* (*fam*) to fart

pur [puːɐ̯] *adj* ① (*rein*) pure; **etw** ~ **anwenden** to apply sth in its pure form; **etw** ~ **trinken** to drink sth neat; *Lüge* blatant; *Wahrheit* naked; *Wahnsinn* absolute ② (*fam: blank, bloß*) sheer

Pü·ree <-s, -s> [py'reː] *nt* ① (*passiertes Gemüse/Obst*) purée ② (*Kartoffelbrei*) mashed potatoes *pl*

pü·rie·ren [py'riːrən] *vt* to purée

Pü·rier·stab *m* hand-held blender

Pu·ri·ta·ner(in) <-s, -> [puri'taːnɐ] *m(f)* ① HIST Puritan ② (*fig*) puritan

pu·ri·ta·nisch [puri'taːnɪʃ] *adj* ① HIST Puritan ② (*oft pej*) puritanical

Pur·pur <-s> ['pʊrpʊr] *m kein pl* ① (*Farbe*) purple ② (*geh: purpurner Stoff*) purple ma-

purpurfarben – Quadrant 1458

terial (*used for cardinals' robes*)

pur·pur·far·ben, pur·pur·far·big *adj* purple

Pur·zel·baum ['pʊrts|-] *m* (*fam*) somersault; **Purzelbäume machen** to do somersaults

pur·zeln ['pʊrtsln̩] *vi sein a.* **Preise** to tumble (**von** off, **in** into)

pus·seln ['pʊsln̩] *vi* (*fam*) to fiddle

Pus·te <-> ['puːstə] *f kein pl* (*fam*) breath; **außer ~ sein** to be out of puff; **aus der ~ kommen** to get out of breath

Pus·te·blu·me *f* (*Kindersprache*) dandelion **Pus·te·ku·chen** ['puːstəkuːxn̩] *m* [ja] **~!** (*fam*) not a chance!

Pus·tel <-, -n> ['pʊstl̩] *f* pimple

pus·ten ['puːstn̩] **I.** *vt* (*fam*) to blow; **die Haare aus dem Gesicht ~** to blow one's hair out of one's face; **ich musste bei einer Verkehrskontrolle ~** I had to blow into the little bag when I was stopped by the police **II.** *vi* (*fam*) ① (*blasen*) to blow (**auf** on, **in** into) ② (*keuchen*) **pustend kam er die Treppe herauf** he came up the stairs puffing and panting

Pu·te <-, -n> ['puːtə] *f* ① (*Truthenne*) turkey [hen] ② (*fam: dümmliche Frau*) cow

Pu·ten·fleisch <-[e]s> *nt kein pl* turkey [meat] *no pl*

Pu·ter <-s, -> ['puːtɐ] *m* turkey [cock]

pu·ter·rot ['puːtɐˈroːt] *adj* scarlet

Putsch <-[e]s, -e> [pʊtʃ] *m* coup [d'état]; **ein missglückter ~** an unsuccessful coup

Put·schist(in) <-en, -en> [pʊtˈʃɪst] *m(f)* rebel

Put·te <-, -n> ['pʊtə] *f* KUNST cherub, putto *spec*

Putz <-es> [pʊts] *m kein pl* (*Wandverkleidung*) plaster; (*bei Außenmauern*) rendering; **auf/über** ▶ ELEK exposed; **unter ~** ELEK concealed; **Leitungen auf/unter ~ verlegen** to lay exposed/concealed cables; **etw mit ~ aufkleiden** to plaster sth ▶ **auf den ~ hauen** (*fam: angeben*) to show off; (*übermütig und ausgelassen sein*) to have a wild time [of it]; (*übermütig und ausgelassen feiern a.*) to have a rave-up; **~ machen** (*fam*) to cause aggro; **er kriegt ~ mit seiner Frau** he's in trouble with his wife

put·zen ['pʊtsn̩] **I.** *vt* ① (*säubern*) to clean; (*polieren*) to polish; **seine Schuhe ~** to clean one's shoes; **die Brille ~** to clean one's glasses; **sich** *dat* **die Nase ~** to blow one's nose; **ein Pferd ~** to groom a horse; **die Treppe/Wohnung ~** to clean the steps/flat; **sich** *dat* **die Zähne ~** to clean one's teeth; (*Gemüse vorbereiten*) to prepare; **Spinat ~** to wash and prepare spinach; ■ **sich ~** to wash itself; **Katzen ~ sich sehr gründlich**

cats wash themselves thoroughly; **Vögel** to preen ② (*veraltend: schmücken*) to decorate; **den Christbaum ~** to decorate the Christmas tree; **eine Urkunde putzte die Wand** a certificate adorned the wall ③ (*wischen*) to wipe; [**sich** *dat*] **etw aus den Mundwinkeln ~** to wipe sth out of the corners of one's mouth; **putz dir den Dreck von den Schuhen!** wipe the mud off your shoes! **II.** *vi* **~ gehen** to work as a cleaner

Putz·fim·mel *m* (*fam o pej*) **einen ~ haben** to be cleaning mad **Putz·frau** *f* cleaner

put·zig ['pʊtsɪç] *adj* (*fam*) ① (*niedlich*) sweet; **ein ~es Tier** a cute animal ② (*merkwürdig*) odd; **das ist ja ~!** that's really odd

Putz·ko·lon·ne *f* team of cleaners **Putz·lappen** *m* [cleaning] cloth **Putz·mit·tel** *nt* cleaning things *pl* **putz·mun·ter** *adj* (*fam*) full of beans *pred*; **trink ein paar Tassen Kaffee, dann bist du bald wieder ~** drink a few cups of coffee, and you'll soon perk up **Putz·teu·fel** *m* (*fam*) housework maniac **Putz·tuch** *nt* ① (*Poliertuch*) cloth [for cleaning] ② *s.* Putzlappen **Putz·wol·le** *f* cotton waste **putz·wü·tig** *adj* (*fam*) in a cleaning frenzy **Putz·zeug** *nt kein pl* (*fam*) cleaning things *pl*

Puz·zle <-s, -s> ['pʊzl̩, 'pazl̩] *nt* jigsaw

PVC <-[s]> [peːfaʊˈtseː] *nt kein pl Abk von* **Polyvinylchlorid** PVC

Pyg·mäe <-n, -n> [pʏgˈmɛːə] *m* pygmy

Py·ja·ma <-s, -s> [pyˈdʒaːma] *m* pyjamas *npl*; **im ~** in his/her pyjamas

Py·ra·mi·de <-, -n> [pyraˈmiːdə] *f* pyramid

py·ra·mi·den·för·mig *adj* pyramid-shaped

Py·re·nä·en [pyreˈnɛːən] *pl* ■ **die ~** the Pyrenees *npl*

Py·ro·ma·ne, -ma·nin <-n, -n> [pyroˈmaːnə, -ˈmaːnɪn] *m, f* pyromaniac

Py·thon <-, -s> ['pyːtɔn] *m*, **Py·thon·schlan·ge** *f* python

Qq

Q, q <-, - *o fam* -s, -s> [kuː] *nt* Q, q; *s. a.* **A 1**

q [kuː] SCHWEIZ, ÖSTERR *Abk von* **Zentner** 100 kg

Quack·sal·ber(in) <-s, -> ['kvakzalbɐ] *m(f)* (*pej*) quack [doctor]

Qua·der <-s, -> ['kvaːdɐ] *m* ① ARCHIT, BAU ashlar ② MATH cuboid

Qua·drant <-en, -en> [kvaˈdrant] *m* ASTRON,

MATH quadrant
Qua·drat <-[e]s, -e> [kva'dra:t] *nt* square; **etw ins ~ erheben** (*geh*) to square sth
qua·dra·tisch [kva'dri:tɪʃ] *adj* square
Qua·drat·ki·lo·me·ter *m mit Maßangaben* square kilometre **Qua·drat·lat·schen** *pl* (*fam*) ❶ (*riesige Schuhe*) clodhoppers ❷ (*riesige Füße*) great big feet **Qua·drat·me·ter** *m* square metre **Qua·drat·schä·del** *m* (*fam*) ❶ (*kantiger Kopf*) great big head ❷ (*Starrkopf*) [obstinate] mule
Qua·dra·tur <-, -en> [kvadra'tu:ɐ̯] *f* quadrature
Qua·drat·wur·zel *f* square root **Qua·drat·zahl** *f* square number **Qua·drat·zen·ti·me·ter** *m* square centimetre
qua·drie·ren* [kva'dri:rən] *vt* to square
Qua·dro·pho·nie <-> *f,* **Qua·dro·fo·nie**^{RR} <-> [kvadrofo'ni:] *f kein pl* quadrophony
Quai <-s, -s> [kɛ:, ke:] *m o nt* SCHWEIZ (*Kai*) quay
qua·ken ['kva:kn̩] **I.** *vi* ❶ *Frosch* to croak; *Ente* to quack ❷ (*fam: reden*) to natter **II.** *vt* (*fam*) to waffle on *sep pej* (*über* about)
Quä·ker(in) <-s, -> ['kvɛ:kɐ] *m(f)* Quaker
Qual <-, -en> [kva:l] *f* ❶ (*Quälerei*) struggle ❷ *meist pl* (*Pein*) agony *no pl* ▸ **die ~ der Wahl haben** (*hum*) to be spoilt for choice
quä·len ['kvɛ:lən] **I.** *vt* ❶ (*jdm zusetzen*) to pester *vt* (*misshandeln*) ■ **jdn/etw ~** to be cruel to sb/sth ❸ (*peinigen*) to torment *fig* ❹ (*Beschwerden verursachen*) to trouble **II.** *vr* (*leiden*) ■ **sich ~** to suffer ❷ (*sich herumquälen*) ■ **sich mit etw** *dat* **~** *Gedanken, Gefühle* to torment oneself with sth; *Hausaufgaben, Arbeit* to struggle [hard] with sth ❸ (*sich mühsam bewegen*) ■ **sich ~** to struggle
Quä·le·rei <-, -en> [kvɛ:lə'raj] *f* ❶ (*physisch*) torture; (*psychisch*) torment ❷ (*ständiges Zusetzen*) pestering *no pl*
Quäl·geist *m* (*fam*) pest *fig*
Qua·li·fi·ka·ti·on <-, -en> [kvalifika'tsi̯o:n] *f* ❶ (*berufliche Befähigung*) qualifications *pl* ❷ SPORT qualification *no pl;* (*Wettkampf a.*) qualifier
qua·li·fi·zie·ren* [kvalifi'tsi:rən] **I.** *vr* ■ **sich ~** to qualify (**für** for) **II.** *vt* (*geh*) ❶ (*befähigen*) ■ **jdn für etw** *akk* **~** to qualify sb for sth ❷ (*klassifizieren*) ■ **etw als etw** *akk* **~** to qualify sth as sth
Qua·li·fi·zie·rung <-, *selten* -en> *f* ❶ (*Erwerben einer Qualifikation*) qualification *no pl* ❷ (*Ausbildung*) training *no pl*
Qua·li·tät <-, -en> [kvali'tɛ:t] *f* ❶ (*Güte, Beschaffenheit*) quality ❷ *pl* (*gute Eigenschaften*) qualities *pl*
qua·li·ta·tiv [kvalita'ti:f] **I.** *adj* qualitative **II.** *adv* qualitatively
Qua·li·täts·ar·beit *f* high-quality work|manship| *no pl* **Qua·li·täts·er·zeug·nis** *nt* [high-]quality product **Qua·li·täts·kon·trol·le** *f* quality control **Qua·li·täts·merk·mal** *nt* sign of quality **Qua·li·täts·si·che·rung** *f* quality assurance **Qua·li·täts·sie·gel** *nt* seal of quality **Qua·li·täts·wa·re** *f* quality goods *pl*
Qual·le <-, -n> ['kvalə] *f* jellyfish
Qualm <-[e]s> ['kvalm] *m kein pl* [thick] smoke
qual·men ['kvalmən] **I.** *vi* (*a. fam: rauchen*) to smoke **II.** *vt* (*fam*) ■ **jd qualmt etw** sb puffs away at sth
Qual·me·rei <-> *f kein pl* (*fam*) smoking
qual·mig ['kvalmɪç] *adj* smoke-filled
qual·voll I. *adj* agonizing **II.** *adv* ~ **sterben** to die in agony
Quant <-s, -en> [kvant] *nt* quantum
Quänt·chen^{RR} <-s, -> *nt* **ein ~ Glück** a little bit of luck; **ein ~ Hoffnung** a glimmer of hope; **kein ~** not one iota
Quan·ten [kvantən] *pl* ❶ *pl von* **Quant, Quantum** ❷ (*sl: Füße*) great big feet
Quan·ten·the·o·rie *f* quantum theory
Quan·ti·tät <-, -en> [kvanti'tɛ:t] *f* quantity
quan·ti·ta·tiv ['kvantitati:f, kvantita'ti:f] *adj* quantitative
Quan·tum <-s, Quanten> ['kvantʊm, *pl* 'kvantən] *nt* quantum
Qua·ran·tä·ne <-, -n> [karan'tɛ:nə] *f* quarantine *no pl;* **unter ~ stehen** to be in quarantine; **jdn/etw unter ~ stellen** to place sb/sth under quarantine
Quark <-s> ['kvark] *m kein pl* ❶ KOCHK fromage frais ❷ (*fam: Quatsch*) rubbish [*or* AM *usu* nonsense]
Quar·tal <-s, -e> [kvar'ta:l] *nt* quarter
Quar·tal(s)·säu·fer, -säu·fe·rin *m, f* (*fam*) periodic heavy drinker
Quar·te <-, -n> ['kvartə] *f* MUS (*vierter Ton*) fourth
Quar·tett[1] <-[e]s, -e> [kvar'tɛt] *nt* KARTEN ❶ (*Kartensatz*) set of four matching cards in a game of Quartett ❷ *kein pl* (*Kartenspiel*) ≈ happy families + *sing vb* (*game of cards in which one tries to collect sets of four matching cards*)
Quar·tett[2] <-[e]s, -e> [kvar'tɛt] *nt a.* MUS quartet
Quar·tier <-s, -e> [kvar'ti:ɐ̯] *nt* ❶ (*Unterkunft*) accommodation *no indef art, no pl;* ~ **beziehen** MIL to take up quarters ❷ SCHWEIZ (*Stadtviertel*) district
Quarz <-es, -e> ['kva:ɐ̯ts] *m* quartz
Quarz·uhr *f* quartz clock [*or* watch]
qua·si ['kva:zi] *adv* almost

Quas·se·lei <-, -en> [kvasə'lai̯] f (fam) babbling no pl

quas·seln ['kvasln] **I.** vi (fam) to babble **II.** vt (fam) ■ **etw** ~ to babble on about sth

Quas·sel·strip·pe <-, -n> f (fam) ① (hum: Telefon) **an der** ~ **hängen** to be on the phone ② (pej: jd, der unentwegt redet) windbag

Quas·te <-, -n> ['kvastə] f tassel

Quatsch <-es> ['kvatʃ] m kein pl (fam) ① (dummes Gerede) rubbish, Am usu nonsense ② (Unfug) nonsense; ~ **machen** to mess around

quat·schen ['kva:tʃn] **I.** vt (fam) to spout (**von** about); **quatsch kein dummes Zeug** don't talk nonsense; **er hat irgendwas von einem Unfall gequatscht, aber ich habe gedacht, er redet Unsinn** he garbled something about an accident, but I thought he was talking rubbish **II.** vi (fam) ① (sich unterhalten) to natter; ■ **von etw** dat ~ to talk about sth ② (etw ausplaudern) to blab

Quatsch·kopf m (pej fam) babbling idiot

Queck·sil·ber ['kvɛkzɪlbɐ] nt mercury **Queck·sil·ber·ther·mo·me·ter** nt mercury thermometer

Quel·le <-, -n> ['kvɛlə] f source

quel·len <quoll, gequollen> ['kvɛlən] vi sein ① (herausfließen) ■ **aus etw** dat ~ to pour out [of sth] ② (aufquellen) to swell [up]

Quel·len·an·ga·be f reference **Quel·len·for·schung** f research into sources **Quel·len·steu·er** f tax deducted at source **Quel·len·text** m source text

Quell·ge·biet nt GEOG head **Quell·was·ser** nt spring water

Quen·ge·lei <-, -en> f whining no pl

quen·ge·l(e)ig ['kvɛŋ(ə)lɪç] adj whining; **sei nicht so** ~ stop [your] whining

quen·geln ['kvɛŋln] vi (fam) ① (weinerlich sein) to whine ② (nörgeln) to moan

Quent·chen^ALT <-s, -> ['kvɛntçən] nt s. Quäntchen

quer ['kve:ɐ̯] adv diagonally; ~ **geht der Schrank nicht durch die Tür, nur längs** the cupboard won't go through the door sideways, only lengthways; ~ **gestreift** horizontally striped; ~ **durch/über etw** akk straight through/across sth

Quer·ach·se f transverse axis **Quer·bal·ken** m crossbeam **quer·beet** [kve:ɐ̯'be:t] adv (fam) all over **Quer·den·ker, -den·ke·rin** m, f awkward and intransigent thinker **quer·durch** [kve:ɐ̯'dʊrç] adv straight through

Que·re <-> ['kve:rə] f kein pl ▶ **jdm in die** ~ **kommen** to get in sb's way

Que·re·le <-, -n> [kvɛ're:lə] f (geh) argument

quer·feld·ein [kve:ɐ̯fɛlt'ʔai̯n] adv across country

Quer·flö·te f transverse flute **Quer·for·mat** nt ① (Format) landscape format ② (Bild) picture/photo etc. in landscape format **quer|ge·hen** vt irreg sein (fam) ■ **jdm** ~ to go wrong for sb **Quer·kopf** m (fam) awkward customer **quer|le·gen** vr ~ **sich** [**bei etw** dat] ~ to make difficulties [concerning sth] **Quer·leis·te** f crosspiece; (einer Tür) rail **quer|schie·ßen** vi irreg (sl) to throw a spanner in the works, to throw a [monkey] wrench in sth Am **Quer·schiff** nt transept **Quer·schlä·ger** m ricochet [shot]

Quer·schnitt m cross-section

quer·schnitt(s)·ge·lähmt adj paraplegic **Quer·schnitt(s)·läh·mung** f paraplegia no pl

Quer·stra·ße f side-street **Quer·strich** m horizontal line **Quer·sum·me** f sum of the digits [in a number] **Quer·trei·ber, -trei·be·rin** <-s, -> m, f (fam) obstructive devil

Que·ru·lant(in) <-en, -en> [kveru'lant] m(f) (geh) querulous person

Quer·ver·bin·dung f ① TRANSP direct connection ② (gegenseitige Beziehung) link **Quer·ver·weis** m cross-reference

quet·schen ['kvɛtʃn] **I.** vt to squeeze (**aus** out of), to crush (**an/gegen** against) **II.** vr ① (durch Quetschung verletzen) ■ **sich** ~ to bruise oneself; **ich habe mir den Fuß gequetscht** I've crushed my foot ② (fam: sich zwängen) **sich gegen etw** akk ~ to squeeze [oneself] against sth; **ich konnte mich gerade noch in die U-Bahn** ~ I was just able to squeeze [myself] into the tube BRIT; **nur mit Mühe quetschte sie sich durch die Menge** she was only able to squeeze [her way] through the crowd with difficulty

Quet·schung <-, -en> f MED ① kein pl (Verletzung durch Quetschen) crushing ② (verletzte Stelle) bruise

Queue <-s, -s> [kø:] nt o m cue

Qui·ckie <-, -s> ['kvɪki] m (sl) quickie fam

quick·le·ben·dig ['kvɪklə'bɛndɪç] adj (fam) full of beans

quie·ken ['kvi:kn] vi ① (quiek machen) to squeak ② (schrille Laute ausstoßen) to squeal (**vor** with)

quiet·schen ['kvi:tʃn] vi ① (ein schrilles Geräusch verursachen) to squeak; **mit** ~ **den Reifen hielt der Wagen vor der roten Ampel an** the car pulled up at the red light with screeching tyres; **unter lautem Quietschen kam das Fahrzeug zum Stehen** the vehicle came to a halt with a loud screech ② s. quieken 2

quietsch·fi·del ['kvi:tʃfi'de:l], **quietsch-**

ver·gnügt ['kviːtʃfɛɐ̯'gnyːkt] *adj* (*fam*) full of the joys of spring BRIT *pred*, chipper AM *pred*

Quin·te <-, -n> ['kvɪntə] *f* MUS (*fünfter Ton*) fifth

Quint·es·senz ['kvɪntɛsɛnts] *f* (*geh*) quintessence *no pl*

Quin·tett <-[e]s, -e> [kvɪn'tɛt] *nt a.* MUS quintet

Quirl <-s, -e> ['kvɪrl] *m* KOCHK whisk

quir·len ['kvɪrlən] *vt* to whisk (**zu** into)

quir·lig ['kvɪrlɪç] *adj* lively

quitt ['kvɪt] *adj* ▪ **mit jdm ~ sein** (*mit jdm abgerechnet haben*) to be quits [with sb] *fam*; (*sich von jdm getrennt haben*) to be finished [with sb]

Quit·te <-, -n> ['kvɪtə] *f* quince

quit·tie·ren* [kvɪ'tiːrən] **I.** *vt* ❶ (*durch Unterschrift bestätigen*) ▪ **jdm etw ~** to give [sb] a receipt for sth; **sich dat etw ~ lassen** to obtain a receipt for sth; (*bestätigen*) ▪ **etw ~** to acknowledge [the] receipt of sth ❷ (*geh: beantworten*) ▪ **etw mit etw** *dat* **~** to meet sth with sth **II.** *vi* **du hast ihm 5.000 Euro bezahlt und dir [von ihm] nicht ~ lassen?** you paid him 5,000 euros and didn't get a receipt [from him]?

Quit·tung <-, -en> ['kvɪtʊŋ] *f* ❶ (*Empfangsbestätigung, Zahlungsbeleg*) receipt; **jdm eine ~ [für etw** *akk***] ausstellen** to issue sb with a receipt [for sth]; **gegen ~** on production of a receipt ❷ (*Folge*) ▪ **die ~ für etw** *akk* **[just] deserts** for sth

Quiz <-, -> [kvɪs] *nt* quiz

Quiz·mas·ter, -mas·te·rin <-s, -> ['kvɪsˌmaːstɐ, -ˌmaːstərɪn] *m, f* quiz master

quoll [kvɔl] *imp von* **quellen**

Quo·rum <-s> ['kvoːrʊm] *nt kein pl* quorum

Quo·te <-, -n> ['kvoːtə] *f* ❶ (*Anteil*) proportion ❷ (*Gewinnanteil*) payout ❸ (*Rate*) rate ❹ POL (*fam:* ~*nregelung*) quota system

Quo·ten·frau *f* (*pej*) token woman [appointee] *pej* (*woman who is appointed to a position simply to increase the proportion of women in an organization*) **Quo·ten·re·ge·lung** *f* ≈ quota regulation (*requirement for a sufficient number of female appointees in an organization*)

Quo·ti·ent <-en, -en> [kvo'tsi̯ɛnt] *m* quotient

Quo·tie·rung <-, -en> *f* ❶ BÖRSE quotation ❷ (*Verteilung nach Quoten*) ≈ quota system (*system requiring a certain proportion of a certain number of positions in an organization be reserved for women*)

R, r <-, - *o fam* -s, -s> [ɛr] *nt* R, r; **das ~ rollen** to roll the r; *s. a.* **A 1**

Ra·batt <-[e]s, -e> [ra'bat] *m* discount; **jdm ~ [auf etw** *akk***] geben** to give sb a discount [on sth]

Ra·batz <-es> [ra'bats] *m kein pl* (*sl*) racket *fam*; **~ machen** to kick up a stink

Ra·bau·ke <-n, -n> [ra'baʊkə] *m* (*fam*) lout

Rab·bi <-[s], -s *o* Rabbinen> ['rabi, pl ra'biːnən] *m*, **Rab·bi·ner** <-s, -> [ra'biːnɐ] *m* rabbi

Ra·be <-n, -n> ['raːbə] *m* raven

Ra·ben·el·tern *pl* (*pej fam*) ≈ cruel parents *pl* **Ra·ben·mut·ter** *f* (*pej*) ≈ cruel mother **ra·ben·schwarz** ['raːbn̩'ʃvarts] *adj* jet-black **Ra·ben·va·ter** *m* (*pej fam*) ≈ cruel father

ra·bi·at [ra'bi̯aːt] **I.** *adj* ❶ (*gewalttätig*) aggressive ❷ (*rücksichtslos*) ruthless **II.** *adv* ruthlessly

Ra·che <-> ['raxə] *f kein pl* revenge; **[an jdm] ~ nehmen** to take revenge [on sb] ▶ **~ ist süß** revenge is sweet

Ra·che·akt *m* act of revenge **Ra·che·feld·zug** *m* (*fig*) campaign of revenge

Ra·chen <-s, -> ['raxn̩] *m* ❶ (*Schlund*) throat ❷ (*Maul*) jaws *pl* ▶ **den ~ nicht voll [genug] kriegen können** to not be able to get enough

rä·chen ['rɛçn̩] **I.** *vt* ❶ (*durch Rache vergelten*) ▪ **etw ~** to take revenge for sth ❷ (*jdm Sühne verschaffen*) ▪ **jdn ~** to avenge sb **II.** *vr* ❶ (*Rache nehmen*) ▪ **sich ~** to take [*or* exact] one's revenge (**für** for) ❷ (*sich nachteilig auswirken*) ▪ **sich [an jdm] ~** to come back and haunt sb; **früher oder später rächt sich das viele Rauchen** sooner or later [the] heavy smoking will take its toll

Ra·che·plan *m* plan of revenge

Rä·cher(in) <-s, -> *m(f)* (*geh*) avenger

Ra·chi·tis <-> [ra'xiːtɪs] *f kein pl* rickets *no pl, no art*

rach·süch·tig *adj* vindictive

Ra·cke·rei <-> [rakə'raɪ̯] *f kein pl* (*fam*) slog *no pl*

ra·ckern ['rakɐn] *vi* (*fam*) to slave away

Rad[1] <-[e]s, Räder> [raːt, *pl* 'rɛːdɐ] *nt* ❶ AUTO wheel ❷ (*Zahn~*) cog ❸ SPORT cartwheel; **ein ~ schlagen** to do a cartwheel ▶ **ein ~ ab haben** (*sl*) to have a screw loose *hum fam*

Rad[2] <-[e]s, Räder> [raːt, *pl* 'rɛːdɐ] *nt* (*Fahr~*) bicycle, bike *fam*; **~ fahren** to cycle, to ride a bike *fam;* **mit dem ~** by bicycle [*or fam* bike]

Rad·ach·se *f* axle

Ra·dar <-s> [ra'daːɐ̯] *m o nt kein pl* radar

Ra·dar·ge·rät *nt* radar [device] **Ra·dar·kon·trol·le** *f* [radar] speed check **Ra·dar·schirm** *m* radar screen

Ra·dau <-s> [ra'daʊ] *m kein pl* (*fam*) racket

Ra·dau·bru·der *m* (*pej*) thug

Rad·auf·hän·gung *f* AUTO wheel suspension **Rad·damp·fer** *m* paddle steamer

ra·de·bre·chen ['raːdəbrɛçn̩] *vi* **auf Deutsch/Englisch ~** to speak [in] broken German/English

ra·deln ['raːdl̩n] *vi sein* (*fam*) to cycle

Rä·dels·füh·rer(in) ['rɛːdl̩sfyːrɐ] *m(f)* ringleader

Rad·fah·rer(in) *m(f)* cyclist **Rad·fahr·weg** *m* (*geh*) s. **Radweg Rad·fel·ge** *f* wheel rim

ra·di·al [ra'dja:l] *adj* radial

Ra·di·a·tor <-s, -toren> [ra'dja:toːɐ̯, *pl* -'toːrən] *m* radiator

ra·die·ren [ra'diːrən] *vi* ① (*tilgen*) to erase ② KUNST to etch

Ra·die·rer <-s> *m* (*fam*), **Ra·dier·gum·mi** <-s, -s> *m* rubber BRIT, eraser AM

Ra·die·rung <-, -en> *f* KUNST etching

Ra·dies·chen <-s, -> [ra'diːsçən] *nt* radish

ra·di·kal [radi'kaːl] **I.** *adj* ① POL radical ② (*völlig*) completely ③ (*tief greifend*) drastic **II.** *adv* ① POL radically ② (*völlig*) completely ③ (*tief greifend*) drastically; **~ gegen jdn vorgehen** to take drastic action against sb

Ra·di·ka·le(r) *f(m)* POL extremist

Ra·di·kal·kur *f* ① MED drastic remedy ② (*tief greifende Maßnahmen*) drastic measures *pl*

Ra·dio <-s, -s> ['raːdjo] *nt o* SCHWEIZ, SÜDD *m* radio; **~ hören** to listen to the radio; **im ~** on the radio

ra·dio·ak·tiv [radjoʔak'tiːf] **I.** *adj* radioactive **II.** *adv* **~ verseucht/verstrahlt** contaminated by radioactivity

Ra·dio·ak·ti·vi·tät <-> [radjoʔaktivi'tɛːt] *f kein pl* radioactivity *no pl, no indef art*

Ra·dio·ap·pa·rat *m* radio [set]

Ra·dio·lo·ge, -lo·gin <-n, -n> [radjo'loːɡə, -'loːɡɪn] *m, f* radiologist

Ra·dio·lo·gie <-> [radjolo'giː] *f kein pl* radiology *no pl, no art*

Ra·dio·re·cor·der ['raːdjorekɔrdɐ], **Ra·dio·re·kor·der** <-s, -> ['raːdjorekɔrdɐ] *m* radio cassette recorder **Ra·dio·sen·der** *m* radio transmitter **Ra·dio·we·cker** *m* radio alarm [clock] **Ra·dio·wel·le** *f* radio wave

Ra·di·um <-s> ['raːdjʊm] *nt kein pl* radium *no pl, no art*

Ra·di·us <-, Radien> ['raːdjʊs, *pl* 'raːdjən] *m* radius

Rad·kap·pe *f* AUTO hub cap **Rad·la·ger** *nt* wheel bearing

Rad·ler(in) <-s, -> ['raːdlɐ] *m(f)* (*fam*) cyclist

Rad·ler·ho·se *f* cycle shorts *npl*

Rad·renn·bahn *f* cycle [racing] track **Rad·ren·nen** *nt* cycle race **Rad·renn·fah·rer(in)** *m(f)* racing cyclist

Ra·dscha <-s, -s> ['raː(ː)dʒa] *m* rajah

Rad·sport *m* cycling *no pl* **Rad·tour** [-tuːɐ̯] *f* bicycle [*or fam* bike] ride **Rad·wan·dern** *nt* cycling tourism **Rad·wan·de·rung** *f s.* **Radtour Rad·wech·sel** *m* AUTO wheel change **Rad·weg** *m* cycle path

RAF <-> [ɛrʔaː'ʔɛf] *f kein pl Abk von* **Rote-Armee-Fraktion** Red Army Faction

raf·fen ['rafn̩] *vt* **etw ~** ① (*eilig greifen*) to grab sth ② (*in Falten legen*) to gather sth ③ (*kürzen*) to shorten sth ④ (*sl: begreifen*) to get sth *fam*

Raff·gier *f* greed *no pl* **raff·gie·rig** *adj* greedy

Raf·fi·ne·rie <-, -n> [rafinə'riː, *pl* -'riːən] *f* refinery

Raf·fi·nes·se <-, -n> [rafi'nɛsə] *f* ① *kein pl* (*Durchtriebenheit*) cunning ② (*Feinheit*) refinement

raf·fi·nie·ren* [rafi'niːrən] *vt* to be refined

raf·fi·niert I. *adj* ① (*durchtrieben*) cunning ② (*ausgeklügelt*) clever ③ (*geh: verfeinert*) refined **II.** *adv* ① (*durchtrieben*) cunningly ② (*geh: verfeinert*) **~ würzen/zusammenstellen** to season/put together with great refinement

Ra·ge <-> ['raːʒə] *f kein pl* rage; **jdn in ~ bringen** to make sb hopping mad; [**über etw** *akk*] **in ~ kommen** to get annoyed [about sth]

ra·gen ['raːɡn̩] *vi* ① (*empor~*) ■ **aus etw** *dat* **~ to** rise up out of sth ② (*vor~*) ■ **irgendwohin ~** to stick out somewhere

Ra·gout <-s, -s> [ra'guː] *nt* ragout

Rahm <-[e]s> [raːm] *m kein pl* SÜDD, SCHWEIZ (*Sahne*) cream; ÖSTERR (*saure Sahne*) sour cream

rah·men ['raːmən] *vt* to frame; *Dia* to mount

Rah·men <-s, -> ['raːmən] *m* ① (*Einfassung*) frame ② (*Fahrradgestell*) frame; AUTO chassis [frame] ③ (*begrenzter Umfang o Bereich*) framework; **im ~ des Möglichen** within the bounds of possibility; **sich im ~ halten** to keep within reasonable bounds; **den ~ [von etw** *dat*] **sprengen** to go beyond the scope of sth; **in einem größeren/kleineren ~** on a large/small scale; [**mit etw** *dat*] **aus dem ~ fallen** to stand out [because of sth] ④ (*Atmosphäre*) atmosphere

Rah·men·be·din·gung *f meist pl* basic conditions pl **Rah·men·hand·lung** f framework story

Rahm·so·ße f cream[y] sauce

Rain <-[e]s, -e> [raɪn] m boundary [strip]

rä·keln ['rɛːkl̩n] vr s. rekeln

Ra·ke·te <-, -n> [raˈkeːtə] f (Flugkörper) rocket; MIL missile

Ra·ke·ten·ab·schuss·ram·pe^RR f rocket launching pad **Ra·ke·ten·ab·wehr·sys·tem** nt MIL missile defence system **Ra·ke·ten·flug·zeug** nt rocket aircraft **Ra·ke·ten·stütz·punkt** m missile base

Ral·lye <-, -s> [ˈrali, ˈrɛli] f rally

RAM <-, -s> [ram] nt Akr von **random access memory** RAM

Ram·ba·zam·ba <-s> nt kein pl (fam) ~ **machen** to kick up a fuss

Ram·bo <-s, -s> [ˈrambo] m (sl) Rambo fam

ramm·dö·sig [ˈramdøːzɪç] adj DIAL (fam) giddy

ram·meln [ˈraml̩n] vi ① (Tiere) to mate ② (vulg) to screw

ram·men [ˈramən] vt to ram (**in** into)

Ramm·ler <-s, -> [ˈramlɐ] m buck

Ram·pe <-, -n> [ˈrampə] f ① (schräge Auffahrt) ramp; (Laderampe) loading ramp ② THEAT apron

Ram·pen·licht nt THEAT footlights pl ▶ **im ~ [der Öffentlichkeit] stehen** to be in the limelight

ram·po·nie·ren* [rampoˈniːrən] vt (fam) to ruin

Ramsch <-[e]s> [ramʃ] m kein pl (fam) junk no pl

Ramsch·la·den m (pej fam) junk shop

RAM-Spei·cher m RAM memory

ran [ran] I. interj (fam) let's go! II. adv s. **heran**

Rand <-es, Ränder> [rant, pl ˈrɛndɐ] m ① (abfallendes Ende einer Fläche) edge ② (obere Begrenzungslinie) von Glas, Tasse brim; von Teller edge; von Wanne rim ③ (äußere Begrenzung/Einfassung) edge; von Hut brim; von Wunde lip ④ (Grenze) verge ⑤ (auf Papier) margin ⑥ (Schatten, Spur) mark; [**dunkle/rote**] **Ränder um die Augen haben** to have [dark/red] rings [a]round one's eyes; **ein** [**schmutziger**] **~ um die Badewanne** a tidemark around [the rim of] the bath ▶ **außer ~ und Band geraten** to be beside oneself; [**mit etw**] **zu ~e kommen** to cope [with sth]; **mit jdm zu ~e kommen** to get on with sb; **am ~e** in passing

Ran·da·le <-> [ranˈdaːlə] f (sl) rioting no pl; ~ **machen** to riot

ran·da·lie·ren* [randaˈliːrən] vi to riot

Ran·da·lie·rer(in) <-s, -> m(f) hooligan

Rand·be·mer·kung f ① (beiläufige Bemerkung) passing comment ② (Notiz auf einer Schriftseite) note in the margin **Rand·er·schei·nung** f peripheral phenomenon; (Nebenwirkung) side effect **Rand·fi·gur** f minor figure **Rand·ge·biet** nt ① GEOG outlying district ② (Sachgebiet) fringe area **Rand·grup·pe** f fringe group **rand·los** adj rimless **Rand·phä·no·men** nt marginal [or fringe] phenomenon **Rand·pro·blem** nt secondary problem **Rand·stein** m s. Bordstein **Rand·strei·fen** m verge; einer Autobahn hard shoulder **Rand·zo·ne** f s. **Randgebiet 1**

rang [raŋ] imp von **ringen**

Rang <-[e]s, Ränge> [raŋ, pl ˈrɛŋə] m ① kein pl (Stellenwert) status; Entdeckung, Neuerung importance ② (gesellschaftliche Position) [social] standing; **alles, was ~ und Namen hat** everybody who is anybody ③ MIL rank ④ SPORT place ⑤ FILM, THEAT circle

Rang·ab·zei·chen nt MIL insignia npl [of rank]

ran|ge·hen [ˈraŋɡeːən] vi (fam) ▪ [**an etw** akk] ~ ① (herangehen) to go up [to sth] ② (in Angriff nehmen) to get stuck in[to sth]

Ran·ge·lei <-, -en> [raŋəˈlaɪ] f scrapping no pl

ran·geln [ˈraŋl̩n] vi (fam) ▪ **mit jdm** ~ to scrap [with sb]

Rang·fol·ge f order of priority

Ran·gier·bahn·hof [rãˈʒiːɐ̯-] m marshalling yard

ran·gie·ren* [rãˈʒiːrən] I. vi ① (eingestuft sein) to rank ② (laufen) ▪ **unter etw** dat ~ to come under sth II. vt BAHN ▪ **etw irgendwohin** ~ to shunt sth somewhere

Rang·lis·te f ranking[s] list **Rang·ord·nung** f hierarchy

ran|hal·ten vr irreg (fam) ▪ **sich** ~ to put one's back into it

rank [raŋk] adj (hum) ~ **und schlank** slim and sylphlike

Ran·ke <-, -n> [ˈraŋkə] f tendril

ran·ken [ˈraŋkn̩] I. vr haben ① HORT ▪ **sich irgendwohin** ~ to climb somewhere ② Legenden, Sagen etc ▪ **sich um jdn/etw** ~ to have grown up around sb/developed around sth II. vi sein o haben to put out tendrils

ran|klot·zen vi (sl) to get stuck in [or AM cracking] fam **ran|kom·men** vi irreg sein (fam) ① (drankommen) ▪ [**an etw** akk] ~ to [be able to] reach [sth] ② (vordringen) **man kommt an ihn einfach nicht ran** it's impossible to get at him; **an diese Frau kommt keiner ran** nobody has a chance with her **ran|krie·gen** vt (fam) ① (zu Arbeit verpflichten) ▪ **jdn** [**zu etw** dat] ~ to get sb else to do sth ② (zur Rechenschaft ziehen)

jdn ~ to bring sb to account (**wegen** for)
ran|las·sen *vt irreg* ① (*fam: heranlassen*) ■ **jdn ~** to let sb near ② (*fam: versuchen lassen*) ■ **jdn ~** to let sb have a go ③ (*sl: den Geschlechtsakt gestatten*) **den lasse ich bestimmt nicht an mich ran** I'm definitely not letting him do it [*or* have his evil way] with me **ran|ma·chen** *vr* (*fam*) ■ **sich an jdn ~** to make a pass at sb
rann [ran] *imp von* **rinnen**
rann·te ['rantə] *imp von* **rennen**
ran|schmei·ßen *vr irreg* (*fam*) ■ **sich an jdn ~** to throw oneself at sb
Ran·zen <-s, -> ['rantsn̩] *m* ① SCH satchel ② (*fam: Bauch*) gut
ran·zig ['rantsɪç] *adj* rancid
ra·pi·de [ra'piːdə] *adj* rapid
Rap·pe <-n, -n> ['rapə] *m* black [horse]
Rap·pel <-s, -> ['rapl̩] *m* **den/seinen ~ kriegen** (*fam*) to go completely mad
rap·pe·lig ['rapəlɪç] *adj* DIAL (*fam*) jumpy
rap·peln ['rapl̩n] *vi* (*fam*) to rattle
rap·pel·voll *adj* (*fam*) jam-packed
rap·pen ['ræpn̩] *vi* MUS to rap
Rap·pen <-s, -> ['rapn̩] *m* [Swiss] centime
rapp·lig ['raplɪç] *adj s*. **rappelig**
Rap·port <-[e]s, -e> [ra'pɔrt] *m* (*geh*) ① (*Bericht*) report ② (*psychischer Kontakt*) rapport
Raps <-es, -e> [raps] *m* rape[seed]
rar [raːɐ̯] *adj* rare; ■ **~ sein/werden** to be/become hard to find
Ra·ri·tät <-, -en> [rari'tɛːt] *f* rarity
rar|ma·chen *vr* ■ **sich ~** (*fam*) to make oneself scarce
ra·sant [ra'zant] **I.** *adj* ① (*schnell*) fast; *Beschleunigung* terrific; *Tempo* breakneck ② (*stürmisch*) rapid; *Zunahme* sharp **II.** *adv* ① (*zügig*) **~ fahren** to drive at breakneck speed ② (*stürmisch*) rapidly; **~ zunehmen** to increase sharply
rasch [raʃ] **I.** *adj* quick **II.** *adv* quickly
ra·scheln ['raʃl̩n] *vi* to rustle
ra·sen ['raːzn̩] *vi* ① *sein* (*sehr schnell fahren*) to speed; ■ **gegen/in etw akk ~** to crash into sth; ■ **über etw akk ~** to shoot across sth ② *sein* Zeit to fly [by] ③ *haben* (*toben*) **sie raste [vor Wut]** she was beside herself [with rage]
Ra·sen <-s, -> ['raːzn̩] *m* ① (*grasbewachsene Fläche*) lawn ② SPORT (*Rasenplatz*) field
ra·send I. *adj* ① (*äußerst schnell*) breakneck ② (*wütend*) furious; *Mob* angry; **~ vor Wut sein** to be beside oneself with rage ③ (*furchtbar*) terrible; *Durst* raging; **~e Eifersucht** a mad fit of jealousy; *Schmerz* excruciating; *Wut* blind ④ *Beifall* thunderous **II.** *adv* (*fam*) very; **ich würde das ~ gern tun** I'd love to do it
Ra·sen·mä·her <-s, -> *m* lawnmower **Ra·sen·spren·ger** <-s, -> *m* [lawn-]sprinkler
Ra·ser(in) <-s, -> ['raːzɐ] *m(f)* (*fam*) speed merchant
Ra·se·rei <-, -en> [raːzə'rai] *f* ① (*fam: schnelles Fahren*) speeding *no pl* ② *kein pl* (*Wutanfall*) rage; **jdn zur ~ bringen** to drive sb mad
Ra·sie·rin <-, -nen> *f fem form von* **Raser**
Ra·sier·ap·pa·rat *m* ① (*Elektrorasierer*) [electric] shaver ② (*Nassrasierer*) [safety] razor
ra·sie·ren* [ra'ziːrən] *vt* ① (*Bartstoppeln entfernen*) ■ **sich ~** to [have a] shave; **sich trocken ~** to use a[n] [electric] shaver; **sich nass ~** to [have a] wet shave ② (*von Haaren befreien*) **sich** *dat* **die Beine ~** to shave one's legs
Ra·sie·rer <-s, -> *m* (*fam*) [electric] shaver
Ra·sier·klin·ge *f* razor blade **Ra·sier·mes·ser** *nt* cut-throat [*or* AM straight] razor **Ra·sier·pin·sel** *m* shaving brush **Ra·sier·schaum** *m* shaving foam **Ra·sier·was·ser** *nt* aftershave
Ras·pel <-, -n> ['raspl̩] *f* rasp; KOCHK grater
ras·peln ['raspl̩n] *vt* to grate
Ras·se <-, -n> ['rasə] *f* ① (*Menschen~*) race ② (*Tier~*) breed
Ras·se·hund *m* pedigree dog
Ras·sel <-, -n> ['rasl̩] *f* rattle
ras·seln ['rasl̩n] *vi* ① *haben* to rattle; ■ **mit/an etw** *dat* **~** to rattle sth ② *sein* (*fam: durchfallen*) ■ **durch etw** *akk* **~** to fail [*or* AM *a.* flunk] sth
Ras·sen·dis·kri·mi·nie·rung *f* racial discrimination *no pl* **Ras·sen·tren·nung** *f kein pl* racial segregation
ras·se·rein *adj s*. **reinrassig**
ras·sig ['rasɪç] *adj* vivacious
ras·sisch ['rasɪʃ] *adj* racial
Ras·sis·mus <-> [ra'sɪsmʊs] *m kein pl* racism
Ras·sist(in) <-en, -en> [ra'sɪst] *m(f)* racist
ras·sis·tisch *adj* racist
Rast <-, -en> [rast] *f* break; **[irgendwo] ~ machen** to stop for a break [somewhere]
ras·ten ['rastn̩] *vi* to have a break
Ras·ter¹ <-s, -> ['rastɐ] *m* TYPO ① (*Glasplatte, Folie*) screen ② (*Rasterung*) screening
Ras·ter² <-s, -> ['rastɐ] *nt* ① TV (*Gesamtheit der Bildpunkte*) raster ② (*geh: System von Kategorien*) category
Ras·ter·fahn·dung *f* ≈ computer search (*search for wanted persons by using computers to assign suspects to certain categories*)
Ras·ter·mi·kro·skop *nt* scanning electron microscope

Rast·haus *nt* roadhouse; (*Autobahn*) motorway [*or* AM freeway] service area **Rast·hof** *m* [motorway [*or* AM freeway]] service area **rast·los** *adj* ❶ (*unermüdlich*) tireless ❷ (*unruhig*) restless **Rast·platz** *m* picnic area **Rast·stät·te** *f s.* Rasthof

Ra·sur <-, -en> [ra'zu:ɐ̯] *f* ❶ (*das Rasieren*) shaving *no pl* ❷ (*Resultat des Rasierens*) shave

Rat¹ <-[e]s> [ra:t] *m kein pl* advice; **jdn um ~ fragen** to ask sb for advice; **jdm einen ~ geben** to give sb some advice; **jdm den ~ geben, etw zu tun** to advise sb to do sth; **sich** *dat* **keinen ~ [mehr] wissen** to be at one's wit's end; **jdn/etw zu ~e ziehen** to consult sb/sth

Rat² <-[e]s, Räte> [ra:t, *pl* 'rɛ:tə] *m* POL council; **Großer ~** SCHWEIZ [Swiss] cantonal parliament; **im ~ sitzen** (*fam*) ≈ to be Councillor (*to be a member of a [Swiss] cantonal parliament*)

Rat, Rä·tin <-[e]s, Räte> [ra:t, 'rɛ:tɪn, *pl* 'rɛ:tə] *m*, *f* (*Stadt~*) councillor ❷ ADMIN (*fam*) senior official

Ra·te <-, -n> ['ra:tə] *f* instalment; **etw in ~n bezahlen** to pay for sth in instalments

ra·ten <rät, riet, geraten> ['ra:tn] **I.** *vi* ❶ (*Ratschläge geben*) ▪ **jdm] zu etw** *dat* **~** to advise [sb to do] sth ❷ (*schätzen*) to guess; **mal ~** to have a guess **II.** *vt* ❶ (*als Ratschlag geben*) ▪ **jdm etw raten** to advise sb to do sth ❷ (*erraten*) to guess

Ra·ten·kauf *m* hire purchase BRIT, installment plan AM **Ra·ten·zah·lung** *f* ❶ *kein pl* (*Zahlung in Raten*) payment in instalments ❷ (*Zahlung einer Rate*) payment of an instalment

Rat·ge·ber <-s, -> *m* ❶ (*Werk*) manual ❷ (*beratende Person*) advisor

Rat·haus *nt* town hall

ra·ti·fi·zie·ren* [ratifi'tsi:rən] *vt* to ratify **Ra·ti·fi·zie·rung** <-, -en> *f* ratification *no pl*

Rä·tin <-, -nen> *f fem form von* Rat

Ra·tio <-> ['ra:tsio] *f kein pl* (*geh*) reason *no art*

Ra·ti·on <-, -en> [ra'tsjo:n] *f* ration

ra·tio·nal [ratsjo'na:l] *adj* (*geh*) rational

ra·tio·na·li·sie·ren* [ratsjonali'zi:rən] *vt*, *vi* to rationalize AM *usu* streamline

Ra·tio·na·li·sie·rung <-, -en> *f* rationalization *no pl*, streamlining AM *usu no pl*

ra·tio·nell [ratsjo'nɛl] *adj* efficient

ra·tio·nie·ren* [ratsjo'ni:rən] *vt* to ration

Ra·tio·nie·rung <-, -en> *f* rationing *no pl*

rat·los *adj* helpless; **ich bin völlig ~** I'm completely at a loss

Rat·lo·sig·keit <-> *f kein pl* helplessness

Rä·to·ro·ma·ne, -ro·ma·nin <-n, -n> [rɛtoro'ma:nə, -ro'ma:nɪn] *m*, *f* Rhaetian; *s. a.* Deutsche(r)

rä·to·ro·ma·nisch [rɛtoro'ma:nɪʃ] *adj* Rhaeto-Romanic; *s. a.* deutsch

rat·sam ['ra:tza:m] *adj* advisable; ▪ **~ sein, etw zu tun** to be advisable to do sth; **es für ~ halten, etw zu tun** to think it wise to do sth

Rat·sche <-, -n> ['ra:tʃə] *f*, **Rät·sche** <-, -n> ['rɛ:tʃə] *f* MUS SÜDD, ÖSTERR rattle

Rat·schlag <-s, Ratschläge> ['ra:tʃla:k, *pl* -ʃlɛ:gə] *m* advice; **jdm [in etw** *dat*] **einen ~ geben** to give sb a piece of advice on sth

Rät·sel <-s, -> ['rɛ:tsl] *nt* ❶ (*Geheimnis*) mystery; **es ist [jdm] ein ~ warum/wie ...** it is a mystery [to sb] why/how ... ❷ (*Denkaufgabe*) riddle; **des ~s Lösung** the answer to the riddle; **jdm ein ~ aufgeben** to pose a riddle for sb; **vor einem ~ stehen** to be baffled ❸ (*Kreuzwort~*) crossword [puzzle]

rät·sel·haft *adj* mysterious; ▪ **es ist jdm ~, warum/wie ...** it's a mystery to sb why/how ...

rät·seln ['rɛ:tsl̩n] *vi* to rack one's brains

Rät·sel·ra·ten <-s> *nt kein pl* ❶ (*das Lösen von Rätseln*) [the] solving [of] puzzles ❷ (*das Mutmaßen*) guessing game

Rats·herr *m* councillor **Rats·sit·zung** *f* council meeting

Rat·tan <-s, *selten* -e> ['ratan] *nt* rattan

Rat·te <-, -n> ['ratə] *f* (*a. fig*) rat

Rat·ten·fal·le *f* rat trap **Rat·ten·gift** *nt* rat poison *no pl* **Rat·ten·schwanz** *m* ❶ (*Schwanz einer Ratte*) rat['s]-tail ❷ (*fam: verbundene Serie von Ereignissen*) string

rat·tern ['ratɐn] *vi* ❶ *haben* (*klappernd vibrieren*) to rattle ❷ *sein* (*sich ratternd fortbewegen*) to rattle along

rat·ze·kahl ['ratsə'ka:l] *adv* (*fam*) completely; **~ aufessen** to polish off the whole lot

rat·zen ['ratsn̩] *vi* DIAL (*fam: schlafen*) to kip BRIT

rat·ze·putz *adv* DIAL (*fam*) totally; **den Teller ~ leer essen** to polish off everything on the plate

ratz·fatz ['ratsfats] *adv* (*fam*) lickety-split *fam*, quick as a flash

rauᴿᴿ [rau] *adj* ❶ (*spröde*) rough; *Lippen* chapped ❷ (*heiser*) sore; *Stimme* husky ❸ (*unwirtlich*) harsh; *Gegend* inhospitable ❹ (*barsch*) harsh; *Benehmen, Sitten* uncouth

Raub <-[e]s, *selten* -e> [raup] *m kein pl* ❶ (*das Rauben*) robbery ❷ (*das Geraubte*) booty

Raub·bau *m kein pl* over-exploitation (**an** of)

Raub·druck *m* pirate[d] edition

Rau·beinᴿᴿ *nt* (*fam*) rough diamond BRIT,

diamond in the rough AM
rau·bei·nig adj (fam) rough-and-ready
rau·ben ['raʊbn̩] I. vt ① (stehlen) to rob; **das hat mir viel Zeit geraubt** this has cost me a lot of time ② (entführen) to abduct II. vi to rob
Räu·ber(in) <-s, -> ['rɔybɐ] m(f) robber
Räu·ber·ban·de f bunch of crooks **Räu·ber·höh·le** f (veraltend) robbers' den
Räu·be·rin <-, -nen> f fem form von Räuber
räu·be·risch adj ① (als Räuber lebend) predatory ② (einen Raub bezweckend) **ein ~er Überfall/eine ~e Unternehmung** a raid/robbery
Raub·kat·ze f [predatory] big cat **Raub·ko·pie** f pirate[d] copy **Raub·mord** m murder with robbery as a motive **Raub·mör·der(in)** m(f) murderer and robber **Raub·rit·ter** m robber baron **Raub·tier** nt predator **Raub·über·fall** m robbery; (auf Geldtransport etc a.) raid **Raub·vo·gel** m bird of prey
Rauch <-[e]s> [raʊx] m kein pl smoke; **sich in ~ auflösen** to go up in smoke fig
Rauch·ab·zug m smoke outlet
rau·chen ['raʊxn̩] vi, vt to smoke; **sehr stark ~** to be a very heavy smoker; **darf man hier/bei Ihnen ~?** may I smoke [in] here/do you mind if I smoke?
Rau·cher <-s, -> ['raʊxɐ] m BAHN (fam) smoking compartment [or AM car]
Rau·cher(in) <-s, -, -nen> m(f) smoker
Rau·cher·ab·teil nt BAHN smoking compartment [or AM car] **Rau·cher·bein** nt smoker's leg
Räu·cher·fisch m smoked fish
Rau·cher·hus·ten m smoker's cough
Räu·che·rin <-, -nen> f fem form von Räucher
Räu·cher·lachs m smoked salmon no pl
räu·chern [rɔyçɐn] vt, vi to smoke
Räu·cher·speck m smoked bacon **Räu·cher·stäb·chen** nt joss stick
Rau·cher·zo·ne f smoking area
Rauch·fang m ① (Abzugshaube) chimney hood ② ÖSTERR (Schornstein) chimney
Rauch·fleisch nt smoked meat
rau·chig ['raʊxɪç] adj smoky
Rauch·mel·der m smoke alarm **Rauch·schwa·den** <-s, -> m meist pl cloud of smoke **Rauch·sig·nal** nt smoke signal **Rauch·ver·bot** nt ban on smoking; **darf ich rauchen, oder besteht hier/bei euch ~?** may I smoke, or do you prefer people not to smoke? **Rauch·ver·gif·tung** f smoke poisoning **Rauch·wol·ke** f cloud of smoke
Räu·de <-, -n> ['rɔydə] f mange no pl
räu·dig ['rɔydɪç] adj mangy
rauf [raʊf] I. interj (fam) up II. adv (fam) ~ **mit euch!** up you go!
Rau·fa·ser(·ta·pe·te)RR f woodchip [wallpaper]
Rauf·bold <-[e]s, -e> ['raʊfbɔlt] m thug
rau·fen [raʊfn̩] I. vi to fight (mit with) II. vr ■ **sich ~** to fight (um over)
Rau·fe·rei <-, -en> [raʊfəˈraɪ] f fight
rauhALT [raʊ] adj s. rau
Rauh·beinALT nt s. Raubein
rauh·bei·nigALT adj s. raubeinig
Rau·heit <-> ['raʊhaɪt] f kein pl ① (Sprödigkeit) roughness no pl ② (Unwirtlichkeit) harshness; Gegend bleakness
Rauh·fa·ser(·ta·pe·te)ALT f s. Raufasertapete **Rauh·reif**ALT m kein pl s. Raureif
Raum <-[e]s, Räume> [raʊm, pl 'rɔymə] m ① (Zimmer) room ② kein pl (Platz) room no art, space no art; **auf engstem ~** in a very confined space; **~ [für etw akk] schaffen** to make room [for sth] ③ kein pl PHYS space no art; ASTRON [outer] space no pl, no art ④ GEOG (Gebiet) region; area; **im ~ Hamburg** in the Hamburg area ▶ **im ~ [e] stehen** to be unresolved; **etw in den ~ stellen** to raise sth; **eine Hypothese/These in den ~ stellen** to put forward a hypothesis/theory
Raum·an·zug m spacesuit
Räum·dienst m snow-clearing service
räu·men ['rɔymən] I. vt ① (entfernen) to remove (aus/von from); **räum deine Unterlagen bitte vom Tisch** clear your papers off the table, please ② (einsortieren) ■ **etw in etw** akk ~ to put away sep sth in sth ③ Wohnung to vacate; Straße to clear ④ (evakuieren) ■ **geräumt werden** to be evacuated II. vi DIAL (umräumen) to rearrange things
Raum·fäh·re f space shuttle **Raum·fah·rer(in)** m(f) (veraltend) s. Astronaut
Raum·fahrt f kein pl space travel no art; (einzelner Raumflug) space flight; **bemannte/unbemannte ~** manned/unmanned space travel **Raum·fahrt·be·hör·de** f space agency
Räum·fahr·zeug nt bulldozer; (für Schnee) snowplough
Raum·flug m ① (Flug in den Weltraum) space flight ② kein pl (Raumfahrt) space travel **Raum·for·schung** f kein pl space research no pl **Raum·ge·stal·tung** f interior design **Raum·in·halt** m MATH volume **Raum·kap·sel** f ① (Kabine einer Raumfähre) space capsule ② s. Raumsonde
räum·lich ['rɔymlɪç] I. adj ① (den Raum betreffend) spatial; **in großer ~er Entfernung** a long way away ② (dreidimensional) three-dimensional II. adv ① (platzmäßig) spatially; **~ [sehr] beengt sein** to be [very] cramped for space ② (dreidimensional) three-dimen-

sionally
Räum·lich·keit <-, -en> f ❶ kein pl (räumliche Wirkung) spatiality no pl ❷ pl (geh: zusammengehörende Räume) premises pl
Raum·par·füm [-parfy:m] nt room scent
Raum·pfle·ger(in) m(f) cleaner **Raumschiff** nt spaceship **Raum·son·de** f space probe **Raum·sta·ti·on** f space station
Räu·mung <-, -en> f ❶ (das Freimachen eines Ortes) Kreuzung, Unfallstelle clearing; Wohnung vacation; (zwangsweise) eviction ❷ (Evakuierung) evacuation
Räu·mungs·ar·bei·ten pl clearance operations pl **Räu·mungs·be·fehl** m eviction order **Räu·mungs·kla·ge** f action of ejectment **Räu·mungs·ver·kauf** m clearance sale
rau·nen ['raʊnən] vi, vt (geh) to murmur
Rau·pe <-, -n> ['raʊpə] f ❶ ZOOL caterpillar ❷ (Planier-) bulldozer
Rau·pen·fahr·zeug nt caterpillar® (vehicle)
Rau·reifᴿᴿ m kein pl hoar frost
raus [raʊs] I. interj (get) out; schnell ~ hier! quick, get out of here! II. adv (fam) out; Sie können da nicht ~ you can't get out that way; aufmachen, ich will hier ~! let me out of here!
raus|be·kom·men vt irreg (fam) s. herausbekommen **raus|brin·gen** vt irreg (fam) ❶ kein Wort ~ to not (be able to) utter a word ❷ (nach draußen bringen) Müll to take out sep
Rausch <-[e]s, Räusche> [raʊʃ, pl 'rɔyʃə] m ❶ (Trunkenheit) intoxication; einen ~ haben to be drunk; seinen ~ ausschlafen to sleep it off; sich dat einen ~ antrinken to get drunk ❷ (Ekstase) ecstasy
rausch·arm adj TECH low-noise
rau·schen ['raʊʃn] vi ❶ haben (anhaltendes Geräusch erzeugen) Wasser, Verkehr to roar; (sanft) to murmur; Baum, Blätter to rustle; Lautsprecher to hiss; Rock, Vorhang to swish ❷ sein (sich geräuschvoll bewegen) Wasser to rush; Vogelschwarm to swoosh ❸ sein (fam: zügig gehen) to sweep (aus out of, in into)
rausch·frei adj TELEK, MEDIA free of background noise; CDs hiss-free
Rausch·gift nt drug **Rausch·gift·han·del** m drug trafficking **Rausch·gift·händ·ler(in)** <-s, -> m(f) drug dealer; (internationaler) drug trafficker **Rausch·gift·sucht** f drug addiction **rausch·gift·süch·tig** adj addicted to drugs pred **Rausch·gift·süch·ti·ge(r)** f(m) drug addict
raus|e·keln ['raʊsʔeːkln̩] vt (fam) ▪ jdm [aus etw dat] ~ to hound sb (out of sth); (durch Schweigeterror) to freeze sb out sep (of sth)

raus|flie·gen vi irreg sein (fam) ❶ (hinausgeworfen werden) aus der Schule ~ to be chucked (or AM kicked) out of school; aus einem Betrieb ~ to be given the boot ❷ (weggeworfen werden) to get chucked out
raus|ge·ben vt irreg (fam) Geld ~ to give change **raus|ge·hen** vi irreg sein (fam) to go out; Fleck, Korken to come out
raus|kom·men vi irreg (fam) s. herauskommen, hinauskommen **raus|krie·gen** vt (fam) ▪ etw ~ to cotton on to sth; ▪ ~, was/wer/wie/wo ... to find out what/who/how/where ...; Rätsel to figure out sep
raus|neh·men vt, vr irreg (fam) s. herausnehmen
räus·pern ['rɔyspɐn] vr ▪ sich ~ to clear one's throat
raus|rü·cken vt s. herausrücken
raus|schmei·ßen vt irreg (fam) to chuck (or throw) out **Raus·schmei·ßer** <-s, -> m (fam) bouncer **Raus·schmiss**ᴿᴿ <-es, -e> m, **Raus·schmiß**ᴬᴸᵀ <-sses, -sse> m (fam) booting (or AM usu throwing) out; mit dem ~ hat er rechnen müssen he had to expect the boot
Rau·te <-, -n> ['raʊtə] f rhombus
Ra·ve <-[s], -s> [re:f] nt rave
Raz·zia <-, Razzien> ['ratsi̯a, pl -tsi̯ən] f raid
Re·a·genz·glas nt test tube
re·a·gie·ren* vi a. CHEM to react (auf to, mit with)
Re·ak·ti·on <-, -en> [reak'tsi̯oːn] f reaction (auf to)
re·ak·ti·o·när [reaktsi̯oˈnɛːɐ̯] I. adj (pej) reactionary II. adv in a reactionary way; ~ eingestellt sein to be a reactionary
Re·ak·ti·ons·ver·mö·gen nt kein pl ability to react no pl **Re·ak·ti·ons·zeit** f reaction time
re·ak·ti·vie·ren* [reakti'viːrən] vt to recall
Re·ak·tor <-s, -toren> [reˈaktoːɐ̯, pl -ˈtoːrən] m reactor
Re·ak·tor·kern m reactor core **Re·ak·tor·si·cher·heit** f reactor safety **Re·ak·tor·un·glück** nt reactor accident
re·al [reˈaːl] I. adj real II. adv ein ~ denkender Mensch a realistic thinker; ÖKON in real terms
Re·al·ein·kom·men nt real income
re·a·li·sier·bar adj realizable; schwer ~e Pläne/Projekte plans/projects that are hard to accomplish
re·a·li·sie·ren* [reali'ziːrən] vt to realize
Re·a·li·sie·rung <-, selten -en> f realization; Idee, Plan implementation
Re·a·lis·mus <-> [reaˈlɪsmʊs] m kein pl realism no pl

Re·a·list(in) <-en, -en> [rea'lɪst] *m(f)* realist
re·a·lis·tisch [rea'lɪstɪʃ] *adj* realistic
Re·a·li·tät <-, -en> [reali'tɛːt] *f* ❶ (*Wirklichkeit*) reality ❷ *pl* (*Gegebenheiten*) facts ❸ *pl* ÖSTERR (*Immobilien*) real estate *no pl*
re·a·li·täts·fern *adj* unrealistic; *Person* out of touch with reality **re·a·li·täts·nah** *adj* realistic; *Person* in touch with reality **Re·a·li·täts·sinn** *m kein pl* sense of reality *no pl*
Re·a·li·ty-TV <-[s]> [ri'ɛliti-] *nt kein pl* reality TV *no pl*
Re·al·lohn *m* real wage
Re·al·schu·le *f* ≈ secondary modern school BRIT *hist*
Re·a·ni·ma·ti·on <-, -en> [reʔanima'tsi̯oːn] *f* resuscitation
re·a·ni·mie·ren* [reʔani'miːrən] *vt* to resuscitate
Re·be <-, -n> ['reːbə] *f* [grape]vine
Re·bell(in) <-en, -en> [re'bɛl] *m(f)* rebel
re·bel·lie·ren* [rebɛ'liːrən] *vi* to rebel (**gegen** against)
Re·bel·lin <-, -nen> *f em form von* Rebell
Re·bel·li·on <-, -en> [rebɛ'li̯oːn] *f* rebellion; *Studenten* revolt
re·bel·lisch [re'bɛlɪʃ] *adj* rebellious
Reb·huhn ['reːphuːn] *nt* partridge **Reb·sor·te** *f* type of grape **Reb·stock** *m* vine
re·chen ['rɛçn̩] *vt* to rake
Re·chen <-s, -> ['rɛçn̩] *m* rake
Re·chen·art *f* type of arithmetic[al] calculation **Re·chen·auf·ga·be** *f* arithmetic[al] problem **Re·chen·buch** *nt* SCH (*veraltend*) arithmetic book **Re·chen·feh·ler** *m* arithmetic[al] error **Re·chen·ma·schi·ne** *f* calculator; (*Abakus*) abacus **Re·chen·ope·ra·ti·on** *f* MATH arithmetic operation
Re·chen·schaft <-> *f kein pl* account; **jdm [über etw** *akk*] ~ **schulden** to be accountable to sb [for sth]; **jdn [für etw** *akk*] **zur** ~ **ziehen** to call sb to account [for sth]
Re·chen·schie·ber *m* slide rule **Re·chen·schritt** *m* INFORM calculation **Re·chen·zen·trum** *nt* computer centre
Re·cher·che <-, -en> [re'ʃɛrʃə] *meist pl* investigation; ~ **n [über jdn/etw] anstellen** to investigate [sb/sth]
re·cher·chie·ren* [reʃɛr'ʃiːrən] *vi, vt* to investigate
rech·nen ['rɛçnən] **I.** *vt* ❶ (*mathematisch lösen*) to calculate ❷ (*zählen, messen*) to work out *sep*; **etw in Euro** ~ to calculate sth in Euros ❸ (*veranschlagen*) to reckon; **wir müssen mindestens zehn Stunden** ~ we must reckon on at least ten hours; **zu hoch/niedrig gerechnet sein** to be an over-/underestimate ❹ (*einbeziehen, miteinrechnen*) to include ❺ (*berücksichtigen*) to take into account ❻ (*einstufen, gehören*) to count (**zu/unter** among); **ich rechne sie zu meinen besten Freundinnen** I count her amongst my best [girl]friends **II.** *vi* ❶ (*Rechenaufgaben lösen*) to do arithmetic; **ich konnte noch nie gut** ~ I was never any good at arithmetic; **falsch/richtig** ~ to make a mistake [in one's calculations]/to calculate correctly ❷ (*sich verlassen*) ■ **auf jdn/etw** ~ to count on sb/sth ❸ (*einkalkulieren*) ■ **mit etw** *dat* ~ to reckon on sth; **mit allem/dem Schlimmsten** ~ to be prepared for anything/the worst; **für wann** ~ **Sie mit einer Antwort?** when do you expect an answer? ❹ (*fam: Haus halten*) to economize; **wir müssen mit jedem Cent** ~ we have to watch every penny **III.** *vr* (*mit Gewinn zu kalkulieren sein*) ■ **sich** ~ to be profitable
Rech·ner <-s, -> *m* ❶ (*Taschenrechner*) calculator ❷ INFORM computer
rech·ner·ge·steu·ert *adj* INFORM computer-controlled **rech·ner·ge·stützt** *adj meist attr* computer-aided
rech·ne·risch **I.** *adj* arithmetic[al] **II.** *adv* ❶ (*kalkulatorisch*) arithmetically ❷ (*durch Rechnen*) by calculation; **rein** ~ purely arithmetically
Rech·ner·si·mu·la·ti·on *f* computer simulation
Rech·nung <-, -en> *f* ❶ (*schriftliche Abrechnung*) bill, AM *a.* check; **etw auf die** ~ **setzen** to put sth on the bill; **[jdm] etw in** ~ **stellen** to charge [sb] for sth; **„**~ **beiliegend"** "invoice enclosed"; **das geht auf meine** ~ I'm paying for this ❷ (*Berechnung*) calculation; **die** ~ **stimmt nicht** the sum just doesn't work ▸ **die** ~ **ohne den Wirt machen** to fail to reckon with sb/sth; **mit jdm eine [alte]** ~ **zu begleichen haben** to have a[n old] score to settle with sb
Rech·nungs·buch *nt* account[s] book **Rech·nungs·füh·rer(in)** <-s, -> *m(f)* ❶ (*Kassenwart*) treasurer ❷ (*Buchhalter*) bookkeeper **Rech·nungs·prü·fer(in)** <-s, -> *m(f)* auditor
recht [rɛçt] **I.** *adj* ❶ (*passend*) right ❷ (*richtig*) right; **ganz** ~! quite right! ❸ (*wirklich*) real ❹ (*angenehm*) ■ **jdm ist etw** ~ sth is all right with sb; **dieser Kompromiss ist mir durchaus nicht** ~ I'm not at all happy with this compromise; **ist Ihnen der Kaffee so** ~? is your coffee all right?; **das soll mir** ~ **sein** that's fine by me; **ja, ja, ist schon** ~! (*fam*) yeah, yeah, OK! ❺ SCHWEIZ, SÜDD (*anständig*) decent; (*angemessen*) appropriate ▸ **nicht mehr als** ~ **und billig sein** to be only right and proper; **irgendwo nach dem Rechten sehen** to see that everything's all

right somewhere **II.** adv ❶ (richtig) correctly; **höre ich ~?** am I hearing things?; **ich sehe doch wohl nicht ~** I must be seeing things; **versteh mich bitte ~** please don't misunderstand me ❷ (genau) really; **nicht ~ wissen** to not really know ❸ (ziemlich) rather; (gehörig) properly ❹ (fam: gelegen) **jdm gerade ~ kommen** to come just in time [for sb]; (iron) to be all sb needs; **man kann es nicht allen ~ machen** you cannot please everyone; **jdm ~ geschehen** to serve sb right ▶ **jetzt erst ~** now more than ever

Recht <-[e]s, -e> [rɛçt] nt ❶ kein pl (Rechtsordnung) law; **alle ~e vorbehalten** all rights reserved; **das ~ mit Füßen treten** to fly in the face of the law ❷ (juristischer od. moralischer Anspruch) right; **jds gutes ~ sein**, (etw zu tun) to be sb's [legal] right [to do sth]; **jdm ~ geben** to agree with sb; **~ haben** to be [in the] right; **ein ~ auf jdn/etw haben** to have a right to sb/sth; **von ~s wegen** (fam) by rights; **kein ~ haben, etw zu tun** to have no right to do sth; **im ~ sein** to be in the right ❸ (Befugnis) right; **was gibt Ihnen das ~, …?** what gives you the right …?; **mit welchem ~?** by what right?; **mit ~** rightly; **und das mit ~!** and rightly so!

rech·te(r, s) adj attr ❶ (Gegenteil von linke) right; **die ~ Seite** the right-hand side; **das ~ Fenster/Haus** the window/house on the right ❷ (außen befindlich) the right way round ❸ POL right[-wing] ❹ MATH **ein ~r Winkel** a right angle

Rech·te <-n, -n> [ˈrɛçtə] f ❶ (rechte Hand) right [hand]; **zu jds ~n** (geh) to sb's right ❷ POL ■ **die ~** the right [or Right]; **ein Vertreter der radikalen ~n** a representative of the extreme right

Recht·eck <-[e]s, -e> nt rectangle **recht·eckig** adj rectangular

rech·tens [ˈrɛçtns] adv (geh) ■ **~ sein** to be legal

recht·fer·ti·gen I. vt to justify (**gegenüber** to) **II.** vr (sich verantworten) ■ **sich ~** to justify oneself

Recht·fer·ti·gung f justification

recht·gläu·big adj orthodox

recht·ha·be·risch adj (pej) dogmatic

recht·lich I. adj legal **II.** adv legally

recht·los adj without rights pred

recht·mä·ßig adj ❶ (legitim) lawful ❷ (legal) legal; **nicht ~** illegal

Recht·mä·ßig·keit <-> f kein pl ❶ (Legitimität) legitimacy ❷ (Legalität) legality

rechts [rɛçts] **I.** adv ❶ (auf der rechten Seite) on the right; **dein Schlüsselbund liegt ~ neben dir** your keys are just to your right; **etw ~ von etw** dat **aufstellen** to put sth to the right of sth; **~ oben/unten** at the top/bottom on the right; **nach ~** to the right; **von ~** from the right ❷ TRANSP (nach rechts) [to the] right; **~ abbiegen** to turn [off to the] right; **sich ~ einordnen** to get into the right-hand lane; **~ ranfahren** to pull over to the right; **halte dich ganz ~** keep to the right; **~ vor links** right before left ❸ POL right; **~ eingestellt sein** to lean to the right; **~ [von jdm/etw] stehen** to be on the right [of sb/sth] ❹ (richtig herum) the right way round ❺ (beim Stricken) **zwei ~, zwei links** knit two, purl two; **~ stricken** to knit plain ▶ **nicht mehr wissen, wo ~ und links ist** (fam) to not know whether one is coming or going **II.** präp ■ **~ einer S.** gen to [or on] the right of sth

Rechts·ab·tei·lung f legal department

Rechts·an·walt, -an·wäl·tin m, f lawyer, solicitor BRIT, attorney AM; (vor Gericht) barrister BRIT, lawyer AM; **sich** dat **einen ~ nehmen** to get a lawyer

Rechts·au·ßen <-, -> [rɛçtsˈʔaʊsn̩] m ❶ FBALL right wing[er] ❷ POL (fam) extreme right-winger

Rechts·be·ra·tung f ❶ (das Beraten) legal advice no pl, no indef art ❷ (Rechtsberatungsstelle) legal advice no pl, no art

Rechts·bruch m breach of the law

rechts·bün·dig TYPO **I.** adj right justified **II.** adv with right justification

recht·schaf·fen [ˈrɛçtʃafn̩] **I.** adj ❶ (redlich) upright ❷ (fam: ziemlich) really **II.** adv ❶ (redlich) honestly ❷ (fam: ziemlich) really

Recht·schreib·feh·ler m spelling mistake

Recht·schreib·re·form f spelling reform

Recht·schrei·bung f spelling no pl, no indef art

Rechts·emp·fin·den nt sense of [what is] right and wrong

rechts·ex·trem adj extreme right-wing

Rechts·ex·tre·mis·mus <-> m kein pl right-wing extremism no pl **Rechts·ex·tre·mist(in)** m(f) right-wing extremist **rechts·ex·tre·mis·tisch** adj right-wing extremist

rechts·fä·hig adj präd ■ **~ sein** to have legal capacity **Rechts·fra·ge** f question of law

rechts·ge·rich·tet adj right-wing

Rechts·grund·la·ge f legal basis **rechts·gül·tig** adj legally valid

Rechts·hän·der(in) <-s, -> [ˈrɛçtshɛndɐ] m(f) right-hander; **~ sein** to be right-handed **rechts·hän·dig** [ˈrɛçtshɛndɪç] **I.** adj right-handed **II.** adv right-handed, with one's right hand

rechts·her·um [ˈrɛçtshɛrʊm] adv [round] to the right; **etw ~ drehen** to turn sth clockwise

rechts·kräf·tig I. *adj* legally valid; *Urteil* final **II.** *adv* with the force of law; **jdn ~ verurteilen** to pass a final sentence on sb

Rechts·kur·ve *f* right-hand bend; **eine ~ machen** to [make a] bend to the right

Rechts·la·ge *f* legal position

Rechts·mit·tel *nt* means of legal redress **Rechts·mit·tel·be·leh·rung** *f* instruction on rights of redress

Rechts·nach·fol·ge *m* legal succession **Rechts·ord·nung** *f* system of laws **Rechts·pfle·ge** *f* **Organe der ~** law enforcement officers; **~ ausüben** to administer justice

Recht·spre·chung <-, *selten* -en> *f kein pl* dispensation of justice

rechts·ra·di·kal I. *adj* extreme right-wing **II.** *adv* with extreme right-wing tendencies; **~ eingestellt sein** to have a tendency to the far-right **rechts·rum** ['rɛçtsrʊm] *adv* (*fam*) *s.* rechtsherum

Rechts·schutz *m* legal protection **Rechts·schutz·ver·si·che·rung** *f* legal costs insurance

rechts·sei·tig ['rɛçtszaɪtɪç] **I.** *adj* **~e Armamputation** amputation of the right arm; **~e Blindheit/Lähmung** blindness in the right eye/paralysis of the right side **II.** *adv* on the right side; **~ gelähmt sein** to be paralysed down the/one's right side

Rechts·si·cher·heit *f* legal security **Rechts·staat** *m* state under the rule of law **rechts·staat·lich** *adj* founded on the rule of law **Rechts·streit** *m* lawsuit **Rechts·ver·dre·her(in)** <-s, -> *m(f)* ❶ (*hum fam:* Anwalt) legal eagle *fam* ❷ (*pej: dubioser Rechtsanwalt*) shyster

Rechts·ver·kehr *m* driving on the right *no pl, no indef art*

Rechts·ver·let·zung *f* infringement of the law **Rechts·ver·ord·nung** *f* statutory instrument **Rechts·weg** *m kein pl* judicial process; **den ~ beschreiten** (*geh*) to take legal action **rechts·wid·rig** *adj* unlawful **Rechts·wis·sen·schaft** *f kein pl* (*geh*) jurisprudence *no pl*

recht·win·ke·lig *adj*, **recht·wink·lig** *adj* right-angled

recht·zei·tig I. *adj* punctual **II.** *adv* on time; **~ ankommen** to arrive just in time; **Sie hätten mich ~ informieren müssen** you should have told me in good time

Reck <-[e]s, -e> [rɛk] *nt* high bar

re·cken ['rɛkn̩] **I.** *vt* to stretch; **den Hals/Kopf [nach oben]** ~ to crane one's neck [upwards] **II.** *vr* ■ **sich ~** to [have a] stretch; **reck dich nicht so weit aus dem Fenster** don't lean so far out of the window

Re·cor·der <-s, -> [reˈkɔrdɐ] *m* ❶ (*Kassetten~*) cassette recorder ❷ (*Video~*) video [recorder]

re·cy·celn* [riˈsajkln̩] *vt* to recycle

re·cy·cle·bar [riˈsajklbaːɐ] *adj* recyclable

Re·cy·cling <-s> [riˈsajklɪŋ] *nt kein pl* recycling

Re·cy·cling·pa·pier [riˈsajklɪŋ-] *nt* recycled paper

Re·dak·teur(in) <-s, -e> [redakˈtøːɐ] *m(f)* editor

Re·dak·ti·on <-, -en> [redakˈtsi̯oːn] *f* ❶ (*redaktionelles Büro*) editorial department ❷ (*Mitglieder eines redaktionellen Büros*) editorial staff ❸ *kein pl* (*das Redigieren*) editing

re·dak·ti·o·nell [redaktsi̯oˈnɛl] **I.** *adj* editorial; **~e Bearbeitung** editing **II.** *adv* editorially; **etw ~ bearbeiten** to edit sth

Re·dak·ti·ons·schlussᴿᴿ *m* time of going to press

Re·dak·tor(in) <-s, -en> [reˈdaktoːɐ] *m(f)* SCHWEIZ editor

Re·de <-, -n> ['reːdə] *f* ❶ (*Ansprache*) speech; **eine ~ halten** to make a speech; **direkte/indirekte ~** LING direct/indirect speech ❷ (*das [miteinander] Sprechen*) talk; **wovon ist die ~?** what's it [all] about?; **von jdm/etw ist die ~** there is talk of sb/sth; **es war gerade von der ~** we/they were just talking about you; **die ~ kam auf jdn/etw** *akk* the conversation turned to sb/sth ❸ *pl* (*Äußerungen*) language *no pl;* **das sind nur ~n** that's just talk ▸ **[jdm] [für etw** *akk*] **~ und Antwort stehen** to account [to sb] [for sth]; **jdn [für etw** *akk*] **zur ~ stellen** to take sb to task [for sth]; **der langen ~ kurzer Sinn** (*prov*) the long and the short of it; **langer Rede kurzer Sinn** (*fam*) in short; **nicht der ~ wert sein** to be not worth mentioning; **das ist doch nicht der ~ wert!** don't mention it!; **davon kann keine ~ sein** that's out of the question

re·de·faul *adj* uncommunicative **Re·de·fluss**ᴿᴿ *m kein pl* flow of words; **ich musste seinen ~ unterbrechen** I had to interrupt him in mid-flow **Re·de·frei·heit** *f kein pl* freedom of speech **re·de·ge·wandt** *adj* eloquent **Re·de·ge·wandt·heit** <-> *f kein pl* eloquence *no pl* **Re·de·kunst** *f kein pl* rhetoric *no pl*

re·den ['reːdn̩] **I.** *vi* ❶ (*sprechen*) to talk (**mit** to, **über** about); **so nicht mit sich ~ lassen** to not let oneself be talked to in such a way; **du hast gut ~** it's easy for you to talk; **mit jdm zu ~ haben** to need to speak to sb; **schlecht von jdm ~** to speak ill of sb ❷ (*sich unterhalten*) to talk; **über manche The-**

men wurde zu Hause nie geredet some topics were never discussed at home; **~ wir nicht mehr davon** let's not talk about it any more ⓒ (*eine Rede halten*) to speak (**über** about/on) ⓓ (*ausdiskutieren, verhandeln*) to talk, to discuss; **darüber lässt sich ~** that's a possibility; **mit sich ~ lassen** (*sich umstimmen lassen*) to be willing to discuss [sth]; (*mit sich verhandeln lassen*) to be open to offers; **nicht mit sich [über etw** *akk*] **~ lassen** (*bei seiner Entscheidung bleiben*) to be adamant [about sth] ⓔ (*sl: etw verraten, gestehen*) to talk **II.** *vt* ⓐ (*sagen*) to talk; **ich möchte gerne hören, was ihr redet** I'd like to hear what you're saying ⓑ (*klatschen*) ■ **etw** [**über jdn/etw**] **~** to say sth [about sb/sth]; **es wird über uns geredet** we're being talked about **III.** *vr* **sich in Rage/Wut ~** to talk oneself into a rage/fury; **sich in Begeisterung ~** to get carried away with what one is saying; **sich heiser ~** to talk oneself hoarse

Re·dens·art *f* expression; **das ist nur so eine ~** it's just a figure of speech; **eine feste ~** a stock phrase *a. pej*

Re·de·recht *nt kein pl* right to speak [out]
Re·de·schwall <-[e]s, -e> *m kein pl* (*pej*) torrent of words **Re·de·ver·bot** *nt* ban on speaking **Re·de·wei·se** *f* manner of speaking **Re·de·wen·dung** *f* idiom

re·di·gie·ren* [redi'gi:rən] *vt* to edit
red·lich ['rɛtlɪç] **I.** *adj* ⓐ (*aufrichtig*) honest ⓑ (*sehr groß*) real **II.** *adv* really
Red·lich·keit <-> *f kein pl* honesty *no pl*
Red·ner(in) <-s, -> ['rɛdnɐ] *m(f)* speaker
Red·ner·pult *nt* lectern
red·se·lig ['rɛt·ze:lɪç] *adj* talkative
Red·se·lig·keit <-> *f kein pl* talkativeness *no pl*
Re·duk·ti·on <-, -en> [reduk'tsi̯o:n] *f* (*form*) reduction
re·dun·dant [redʊn'dant] *adj* (*geh*) redundant
Re·dun·danz <-, -en> [redʊn'dants] *f* LING redundancy *no pl*
re·du·zier·bar *adj* ■ **auf etw** *akk* **~ sein** to be reducible to sth
re·du·zie·ren* [redu'tsi:rən] *vt* to reduce
Re·du·zie·rung <-, -en> *f* reduction; **eine ~ der Kosten** a reduction in costs
Ree·de·rei <-, -en> [re:də'raɪ̯] *f* shipping company
re·ell [re'ɛl] *adj* ⓐ (*tatsächlich*) real ⓑ (*anständig*) straight; *Angebot, Preis* fair; *Geschäft* sound
Re·fe·rat[1] <-[e]s, -e> [refe'ra:t] *nt* [seminar] paper; (*in der Schule*) project; **ein ~** [**über jdn/etw**] **halten** to present a paper/project [on sb/sth]
Re·fe·rat[2] <-[e]s, -e> [refe'ra:t] *nt* ADMIN department
Re·fe·ren·dar(in) <-s, -e> [referɛn'da:ɐ̯] *m(f)* candidate for a higher post in the civil service who has passed the first set of state examinations (*Staatsexamen*) and is undergoing practical training
Re·fe·ren·da·ri·at <-[e]s, -e> [referɛnda'ri̯a:t] *nt* traineeship; SCH teacher training; JUR [time in] articles BRIT
Re·fe·ren·da·rin <-, -nen> *f fem form von* **Referendar**
Re·fe·ren·dum <-s, Referenden *o* Referenda> [refe'rɛndʊm, *pl* -da] *nt* referendum
Re·fe·rent(in) <-en, -en> [refe'rɛnt] *m(f)* ⓐ (*Berichterstatter*) speaker ⓑ ADMIN head of an advisory department ⓒ (*Gutachter*) examiner
Re·fe·renz <-, -en> [refe'rɛnts] *f* ⓐ *meist pl* (*Beurteilung*) **gute ~en aufzuweisen haben** to have good references ⓑ (*Person*) referee ⓒ LING reference
re·fe·rie·ren* [refe'ri:rən] *vi* to present a paper [*or* give a talk] (**über** on)
re·flek·tie·ren* [reflɛk'ti:rən] **I.** *vt* to reflect **II.** *vi* ⓐ (*zurückstrahlen*) to reflect ⓑ (*fam: interessiert sein*) ■ **auf etw** *akk* **~** to be interested in sth ⓒ (*geh: kritisch erwägen*) to reflect (**über** on/upon)
Re·flek·tor <-s, -toren> [re'flɛkto:ɐ̯, *pl* -'to:rən] *m* reflector
Re·flex <-es, -e> [re'flɛks] *m* ⓐ (*Nerven~*) reflex ⓑ (*Licht~*) reflection
Re·flex·be·we·gung *f* reflex [movement]
Re·flex·hand·lung *f* reflex action
Re·fle·xi·on <-, -en> [reflɛ'ksi̯o:n] *f a.* PHYS reflection
re·fle·xiv [reflɛ'ksi:f] *adj* LING reflexive
Re·fle·xiv·pro·no·men *nt* reflexive pronoun **Re·fle·xiv·verb** *nt* reflexive verb
Re·form <-, -en> [re'fɔrm] *f* reform
Re·for·ma·ti·on <-, -en> [refɔrma'tsi̯o:n] *f kein pl* ■ **die ~** the Reformation *no pl*
re·for·ma·to·risch [refɔrma'to:rɪʃ] *adj* reformatory
re·form·be·dürf·tig *adj* in need of reform *pred*
Re·for·mer(in) <-s, -> [re'fɔrmɐ] *m(f)* reformer
re·for·me·risch [re'fɔrmərɪʃ] *adj* reforming
Re·form·haus *nt* health food shop [*or* AM *usu* store]
re·for·mie·ren* [refɔr'mi:rən] *vt* to reform
re·for·mis·tisch *adj* POL reformist
Re·form·kost *f* health food **Re·form·pro·zess**[RR] *m* reform process, process of reform
Re·frain <-s, -s> [re'frɛ̃:, rə-] *m* refrain

Re·gal <-s, -e> [re'gaːl] *nt* shelves *pl*, shelving *no pl, no indef art*, rack; **etw aus dem ~ nehmen** to take sth off the shelf; **etw ins ~ zurückstellen** to put sth back on the shelf; **in/auf dem ~ stehen** to stand on the shelf

Re·gat·ta <-, Regatten> [re'gata, *pl* re'gatən] *f* regatta

re·ge ['reːɡə] **I.** *adj* ❶ (*lebhaft*) lively; *Anteilnahme, Beteiligung* active ❷ (*wach*) ■ **in jdm ~ werden** to be awakened in sb **II.** *adv* actively

Re·gel¹ <-, -n> ['reːɡl̩] *f* rule; **sich** *dat* **etw zur ~ machen** to make a habit of sth; **in der ~** as a rule ▸ **nach allen ~n der Kunst** with all the tricks of the trade

Re·gel² <-> ['reːɡl̩] *f kein pl* (*Menstruation*) period

Re·gel·ar·beits·zeit *f* core time **Re·gel·blu·tung** *f* menstruation **Re·gel·fall** *m kein pl* rule; **im ~** as a rule

re·gel·mä·ßig I. *adj* regular **II.** *adv* ❶ (*in gleichmäßiger Folge*) regularly ❷ (*immer wieder*) always

Re·gel·mä·ßig·keit <-> *f kein pl* regularity

re·geln ['reːɡl̩n] **I.** *vt* ❶ (*in Ordnung bringen*) to settle; *Problem* to resolve ❷ (*festsetzen*) to arrange ❸ (*regulieren*) to regulate **II.** *vr* ■ **sich** [**von selbst**] ~ to sort itself out

re·gel·recht ['reːɡlrɛçt] **I.** *adj* real; *Frechheit* downright **II.** *adv* really; **~ betrunken sein** to be well and truly plastered

Re·ge·lung <-, -en> ['reːɡəluŋ] *f* ❶ (*festgelegte Vereinbarung*) arrangement; (*Bestimmung*) ruling ❷ *kein pl* (*das Regulieren*) regulation

Re·gel·werk *nt* set of rules and regulations **re·gel·wid·rig I.** *adj* against the rules *pred* **II.** *adv* against the rules

re·gen ['reːɡn̩] *vr* ■ **sich ~** to stir

Re·gen <-s, -> ['reːɡn̩] *m* rain; **saurer ~** acid rain; **bei/in strömendem ~** in [the] pouring rain ▸ **vom ~ in die Traufe kommen** (*prov*) to jump out of the frying pan into the fire; **jdn im ~ stehen lassen** (*fam*) to leave sb in the lurch

Re·gen·bö(e) *f* rain squall

Re·gen·bo·gen *m* rainbow **Re·gen·bo·gen·pres·se** *f* gossip magazines *pl*

Re·gen·cape [-keːp] *nt* waterproof poncho

re·ge·ne·rie·ren* [regene'riːrən] **I.** *vr* ■ **sich ~** ❶ (*geh: sich erneuern*) to recuperate ❷ BIOL to regenerate **II.** *vt* TECH to reclaim

Re·gen·front *f* band of rain **Re·gen·man·tel** *m* raincoat **Re·gen·rin·ne** *f* s. **Dachrinne**

Re·gen·schau·er *m* shower [of rain] **Re·gen·schirm** *m* umbrella

Re·gent(in) <-en, -en> [re'ɡɛnt] *m(f)* ruler; (*Vertreter des Herrschers*) regent

Re·gen·trop·fen *m* raindrop

Re·gent·schaft <-, -en> *f* ❶ (*Herrschaft*) reign ❷ (*Amtszeit*) regency

Re·gen·wald *m* rainforest **Re·gen·wet·ter** *nt* rainy weather **Re·gen·wurm** *m* earthworm **Re·gen·zeit** *f* rainy season

Re·gie <-, -n> [re'ʒiː, *pl* re'ʒiːən] *f* FILM, THEAT direction; RADIO production; [**bei etw** *dat*] **die ~ haben** to direct [sth] ▸ **in eigener ~** off one's own bat BRIT, on one's own AM

Re·gie·an·wei·sung [re'ʒiː-] *f* stage direction **Re·gie·as·sis·tent(in)** *m(f)* assistant director

re·gie·ren* [re'ɡiːrən] *vi, vt* to rule (**über** over); *Monarch a.* to reign

Re·gie·rung <-, -en> [re'ɡiːruŋ] *f* POL ❶ (*Kabinett*) government ❷ (*Herrschaftsgewalt*) rule; **jdn an die ~ bringen** to put sb into power; **an der ~ sein** to be in power; **die ~ antreten** to take power [*or* office]

Re·gie·rungs·ab·kom·men *nt* governmental agreement **Re·gie·rungs·be·zirk** *m* ≈ region BRIT, ≈ county AM (*primary administrative division of a Land*) **Re·gie·rungs·chef(in)** *m(f)* head of [a/the] government **Re·gie·rungs·er·klä·rung** *f* government statement **Re·gie·rungs·form** *f* form of government; **parlamentarische ~** parliamentary government **Re·gie·rungs·frak·ti·on** *f* POL party in government (*where a coalition of parties form the government*) **Re·gie·rungs·ko·a·li·ti·on** *f* government coalition **Re·gie·rungs·kri·se** *f* government crisis **re·gie·rungs·nah** *adj* close to the government *pred* **Re·gie·rungs·par·tei** *f* ruling party **Re·gie·rungs·rat** *m kein pl* SCHWEIZ canton government **Re·gie·rungs·spre·cher(in)** *m(f)* government spokesperson **Re·gie·rungs·wech·sel** *m* change of government **Re·gie·rungs·zeit** *f* term of office

Re·gime <-s, -s> [re'ʒiːm] *nt* (*pej*) regime

Re·gime·kri·ti·ker(in) *m(f)* dissident

Re·gi·ment¹ <-[e]s, -er> [reɡi'mɛnt] *nt* MIL regiment

Re·gi·ment² <-[e]s, -e> [reɡi'mɛnt] *nt* (*geh: Herrschaft*) rule

re·gime·treu [re'ʒiːm-] *adj* POL loyal to the regime *pred*

Re·gi·on <-, -en> [re'ɡi̯oːn] *f* region

re·gi·o·nal [reɡi̯o'naːl] **I.** *adj* regional **II.** *adv* regionally **Re·gi·o·nal·teil** *m* MEDIA local news section

Re·gis·seur(in) <-s, -e> [reʒɪ'søːɐ̯] *m(f)* FILM, THEAT director; RADIO producer

Re·gis·ter <-s, -> [re'ɡɪstɐ] *nt* ❶ (*alphabetischer Index*) index ❷ (*amtliches Verzeich-*

Re·gis·tra·tur <-, -en> [rɛgɪstra'tuːɐ̯] f ❶ ADMIN records office ❷ (*Orgel*) stop
re·gis·trie·ren* [rɛgɪs'triːrən] **I.** vt to register **II.** vi (*fam*) ■ ~, dass/wie ... to register that ...
Re·gis·trier·kas·se f cash register
Re·gle·ment <-s, -s> [reglə'mãː] nt ❶ SPORT rules pl ❷ SCHWEIZ (*Vorschriften*) regulations pl
re·gle·men·tie·ren* [reglemɛn'tiːrən] vt (*geh*) ❶ (*genau regeln*) to regulate ❷ (*gängeln*) to regiment
Reg·ler <-s, -> ['reːglɐ] m ELEK regulator; AUTO governor
reg·los ['reːkloːs] adj s. regungslos
reg·nen ['reːgnən] **I.** vi impers to rain; **es regnet** it's raining **II.** vt **etw** ~ to rain down sth; **es regnet Beschwerden** complaints are pouring in
reg·ne·risch adj rainy
Re·gress^{RR} <-es, -e> m, **Re·greß**^{ALT} <-sses, -sse> [re'grɛs] m recourse
Re·gres·si·on <-, -en> [regrɛ'sjoːn] f regression
re·gres·siv [regrɛ'siːf] adj (*geh*) regressive
re·gress·pflich·tig^{RR} adj liable for compensation
re·gu·lär [regu'lɛːɐ̯] **I.** adj ❶ (*vorgeschrieben*) regular ❷ (*normal*) normal **II.** adv normally
re·gu·lier·bar adj adjustable
re·gu·lie·ren* [regu'liːrən] **I.** vt ❶ (*einstellen*) to regulate ❷ *Bach, Fluss* to straighten **II.** vr ■ **sich** (**von**) **selbst** ~ to regulate itself
Re·gu·lie·rung <-, -en> f ❶ (*Einstellung*) regulation ❷ (*Begradigung eines Gewässers*) straightening
Re·gu·lie·rungs·be·hör·de f regulatory authority
Re·gung <-, -en> f ❶ (*Bewegung*) movement ❷ (*Empfindung*) feeling; **menschliche** ~ human emotion
re·gungs·los adj motionless; *Miene* impassive
Reh <-[e]s, -e> [reː] nt roe deer
Re·ha·bi·li·ta·ti·on <-, -en> [rehabilita'tsjoːn] f rehabilitation
Re·ha·bi·li·ta·ti·ons·zen·trum nt rehabilitation centre
re·ha·bi·li·tie·ren* [rehabili'tiːrən] vt to rehabilitate
Reh·bock m [roe]buck, stag **Reh·kitz** nt roe deer fawn **Reh·kuh** f doe (*of the roe deer*) **Reh·rü·cken** m KOCHK saddle of venison
Rei·bach <-s> ['raɪbax] m kein pl (*sl*) hefty profit; [**bei etw** *dat*] **einen** ~ **machen** to make a killing [at sth]
Rei·be <-, -n> ['raɪbə] f grater
Rei·be·ku·chen m KOCHK DIAL (*Kartoffelpuffer*) ≈ potato fritter BRIT, ≈ latke AM (*grated raw potatoes fried into a pancake*)
rei·ben <rieb, gerieben> ['raɪbn̩] **I.** vt ❶ (*über etw hin- und herfahren*) to rub (**auf** onto, **von** off) ❷ (*mit der Reibe zerkleinern*) to grate **II.** vr ❶ (*sich kratzen*) ■ **sich** ~ to rub oneself (**an** on/against) ❷ (*über etw hin- und herfahren*) **sich** *dat* **die Augen/Hände** ~ to rub one's eyes/hands; **sich** *dat* **die Haut/die Hände wund reiben** to chafe one's skin/hands ❸ (*fig: sich mit jdm auseinandersetzen*) ■ **sich an jdm** ~ to rub sb up the wrong way **III.** vi to rub (**an** on)
Rei·be·rei·en [raɪbə'raɪən] pl (*fam*) friction no pl
Reib·flä·che f Streichholzschachtel striking surface; *Reibe* scraping surface
Rei·bung <-, -en> f ❶ kein pl PHYS friction ❷ pl s. **Reibereien**
Rei·bungs·flä·che f ❶ TECH frictional surface ❷ (*Grund zur Auseinandersetzung*) source of friction **rei·bungs·los I.** adj smooth **II.** adv smoothly
reich [raɪç] **I.** adj ❶ (*sehr wohlhabend*) rich, wealthy ❷ (*in Fülle habend*) rich (**an** in); ~ **an Erfahrung sein** to have a wealth of experience ❸ (*viel materieller Wert erbringend*) wealthy; (*viel ideellen Wert erbringend*) rich; *Erbschaft* substantial; **eine** ~**e Heirat** a good catch ❹ (*kostbar*) costly; *Schmuck* expensive ❺ (*ergiebig*) rich; *Ernte* abundant; *Ölquelle* productive; *Mahlzeit* lavish; *Haar* luxuriant ❻ (*vielfältig*) rich; *Möglichkeiten* rich; *Auswahl, Wahl* large; *Bestände* copious; *Leben* varied ❼ (*viel von etw enthalten*) rich **II.** adv ❶ (*reichlich*) richly; **jdn** ~ **beschenken** to shower sb with presents ❷ (*mit viel Gelderwerb verbunden*) ~ **erben/heiraten** to come into/marry into money ❸ (*reichhaltig*) richly
Reich <-[e]s, -e> [raɪç] nt ❶ (*Imperium*) empire; **das** ~ **Gottes** the Kingdom of God; **das Dritte** ~ HIST the Third Reich; **das Großdeutsche** ~ HIST the Greater German Reich; **das Römische** ~ HIST the Roman Empire ❷ (*Bereich*) realm
Rei·che(r) f(m) rich man *masc*, rich woman *fem*
rei·chen ['raɪçn̩] **I.** vi ❶ (*aus-*) to be enough; **die Vorräte** ~ **noch Monate** the stores will last for months still ❷ (*genug sein*) ■ **es reicht** it's enough; **muss es jetzt sein, reicht es nicht, wenn ich es morgen mache?** does it have to be now, won't tomorrow do? ❸ (*überdrüssig sein*) ■ **etw reicht jdm**

reich·hal·tig ['raiçhaltıç] *adj* ❶ (*vielfältig*) wide; Programm varied ❷ Bibliothek, Sammlung, etc well-stocked ❸ (*üppig*) rich

reich·lich ['raiçlıç] **I.** *adj* Belohnung ample; Trinkgeld generous **II.** *adv* ❶ (*überreich*) amply; ~ **Geld/Zeit haben** to have plenty of money/time ❷ (*fam: mehr als ungefähr*) over ❸ (*ziemlich*) rather

Reichs·tag *m* ❶ HIST (*vor 1871*) Imperial Diet ❷ HIST (*1871-1945*) Reichstag ❸ (*Gebäude in Berlin*) Reichstag **Reichs·tags·brand** *m kein pl* HIST burning of the Reichstag

Reich·tum <-[e]s, Reichtümer> ['raiçtu:m, *pl* -ty:mə] *m* ❶ *kein pl* (*große Wohlhabenheit*) wealth; **zu ~ kommen** to get rich ❷ *pl* (*materieller Besitz*) riches *npl* ❸ *kein pl* (*Reichhaltigkeit*) wealth (**an/von** of)

Reich·wei·te *f* range; **außerhalb/innerhalb der ~ einer S.** *gen* outside the range/within range of sth

reif [raif] *adj* ❶ AGR, HORT ripe ❷ (*ausgereift*) a. Persönlichkeit mature; **im ~en Alter von ...** at the ripe old age of ... ❸ (*fam: im erforderlichen Zustand*) ■ **~ für etw** *akk* **sein** to be ready for sth

Reif¹ <-[e]s> [raif] *m kein pl* METEO hoar frost

Reif² <-[e]s, -e> [raif] *m* (*Arm-~*) bracelet; (*Stirn~*) circlet

Rei·fe <-> ['raifə] *f kein pl* ❶ (*das Reifen*) ripening; (*Reifezustand*) ripeness ❷ (*Abschluss der charakterlichen Entwicklung*) maturity; **mittlere ~** SCH ≈ GCSEs BRIT, ≈ GED AM (*school-leaving qualification awarded to pupils leaving the 'Realschule' or year 10 of the 'Gymnasium'*)

rei·fen ['raifn] *vi sein* ❶ AGR, HORT to ripen; BIOL to mature ❷ (*sich entwickeln*) to mature (**zu** into)

Rei·fen <-s, -> ['raifn] *m* tyre

Rei·fen·druck *m* tyre pressure **Rei·fen·pan·ne** *f* flat **Rei·fen·wech·sel** *m* tyre change

Rei·fe·prü·fung *f* SCH (*geh*) *s.* Abitur

reif·lich ['raiflıç] *adj* (*ausführlich*) thorough; **nach ~er Überlegung** after [very] careful consideration

Rei·gen <-s, -> ['raign] *m* (*veraltend*) round dance

Rei·he <-, -n> ['raiə] *f* ❶ (*fortlaufende Folge*) row; **arithmetische/geometrische ~** arithmetic[al]/geometric[al] series; **sich in ~n aufstellen** to form lines; **aus der ~ treten** to step out of the line; **außer der ~** out of [the usual] order; **der ~ nach** in order; **ich war jetzt an der ~!** I was next!; **jeder kommt an die ~** everyone will get a turn; **du bist an der ~** it's your turn ❷ (*Menge*) **eine ~ von zusätzlichen Informationen** a lot of additional information; **eine ganze ~ [von Personen]** a whole lot [of people]; **eine ganze ~ von Beschwerden** a whole string of complaints ❸ *pl* (*Gesamtheit der Mitglieder*) ranks *npl* ❹ (*Linie von Menschen*) line ▶ **[mit etw] an der ~ sein** to be next in line [for sth]; **etw auf die ~ kriegen** (*fam: etw kapieren*) to get sth into one's head; (*in Ordnung bringen*) to get sth together; **aus der ~ tanzen** to step out of line

rei·hen ['raiən] **I.** *vr* ■ **sich an etw** *akk* **reihen** to follow [after] sth **II.** *vt* to string (**auf** on)

Rei·hen·fol·ge *f* order **Rei·hen·haus** *nt* terraced [*or* AM row] house

rei·hen·wei·se *adv* ❶ (*in großer Zahl*) by the dozen ❷ (*nach Reihen*) in rows

Rei·her <-s, -> ['raiə] *m* heron

rei·hern ['raiən] *vi* (*sl*) to puke [up]

reih·um [rai'ʔʊm] *adv* in turn; **etw ~ gehen lassen** to pass sth round [*or* AM around]

Reim <-[e]s, -e> [raim] *m* ❶ (*End~*) rhyme ❷ *pl* (*Verse*) verse[s] ▶ **sich auf etw** *akk* **keinen ~ machen können** to not be able to make head or tail of sth

rei·men ['raimən] **I.** *vr, vt* ■ **sich ~** to rhyme (**auf/mit** with) **II.** *vt* ■ **etw ~** to rhyme sth **III.** *vi* to make up rhymes

re·im·por·tie·ren* *vt* to reimport

rein¹ [rain] *adv* (*fam*) **ich krieg' das Paket nicht in die Tüte ~** I can't get the packet into the carrier bag; **„~ mit dir!"** "come on, get in!"

rein² [rain] **I.** *adj* ❶ (*absolut*) pure; Blödsinn sheer; Unsinn utter; Wahrheit plain; **das Kinderzimmer ist der ~ste Schweinestall!** the children's room is an absolute pigsty! ❷ (*ausschließlich*) purely ❸ (*unvermischt*) pure ④ (*völlig sauber*) clean ⑤ (*makellos*) clear ⑥ MUS pure ▶ **etw** [**für jdn**] **ins R~e bringen** to clear up sth *sep* [for sb]; **mit sich** *dat* [**selbst**]/**etw hin ins R~e kommen** to get oneself/sth straightened out; **mit jdm/mit sich selbst im R~en sein** to have got things straightened out with sb/oneself; **etw ins R~e schreiben** to make a fair copy of sth **II.** *adv* ① (*ausschließlich*) purely ② MUS (*klar*) in a pure manner ③ (*absolut*) absolutely

Rei·ne·ma·che·frau *f* cleaner BRIT, AM *a.* cleaning lady; (*in großen Gebäuden*) custodian AM

Rein·er·lös *m s.* Reingewinn

Rein·fall ['raɪnfal] *m* (*fam*) disaster; „**so ein ~, nichts hat geklappt!**" "what a washout, nothing went right!"; **die neue Mitarbeiterin war ein absoluter ~** the new employee was a complete disaster

rein|fal·len *vi irreg sein* (*fam*) ① (*eine schwere Enttäuschung erleben*) to be taken in (**mit** by) ② (*herein-, hineinfallen*) to fall in; „**geh nicht zu nahe an den Brunnen, sonst fällst du womöglich rein!**" "don't go too close to the fountain, or you might fall in!"

Rein·ge·winn *m* net profit

Rein·hal·tung *f kein pl* keeping clean

rein|hau·en *vi* (*fig fam*) to stuff oneself, to pig out; **hau rein!** tuck in! BRIT, dig in! AM

Rein·heit <-> ['raɪnhaɪt] *f kein pl* ① (*frei von Beimengungen*) purity *no pl* ② (*Sauberkeit*) cleanness *no pl*

rei·ni·gen ['raɪnɪgn] *vt* to clean

Rei·ni·ger ['raɪnɪgɐ] *m* cleanser

Rei·ni·gung <-, -en> *f* ① *kein pl* (*das Reinigen*) cleaning *no pl* ② (*Reinigungsbetrieb*) cleaner's; **die chemische ~** the dry cleaner's

Rei·ni·gungs·kraft *f* (*form*) cleaner **Rei·ni·gungs·milch** *f* cleansing milk *no pl* **Rei·ni·gungs·mit·tel** *nt* cleansing agent

Re·in·kar·na·ti·on [reʔɪnkarna'tsi̯oːn] *f* reincarnation *no pl*

Rein·kul·tur *f* pure culture; **in ~** unadulterated

rein|le·gen *vt* (*fam*) ① (*hineinlegen*) ■ **etw ~** to put sth in sth ② (*hintergehen*) ■ **jdn ~** to take sb for a ride

rein·lich *adj* (*sauberkeitsliebend, sauber*) clean ② (*klar*) clear

Rein·ma·che·frau *f s.* Reinemachefrau

rein·ras·sig *adj* thoroughbred

rein|rei·ten *vt irreg* (*fam*) ■ **jdn ~** to drop sb in it **rein|schnei·en** *vi sein o haben* (*fam*) ① (*schneien*) **es schneit rein** the snow's coming in ② (*hineingehen*) ■ [**irgendwo**] **~** to drop in [somewhere]

Re·in·te·gra·ti·on <-, -en> [reʔɪntegra'tsi̯oːn] *f* (*geh*) reintegration

rein|wür·gen *vt* ① (*fam: widerwillig essen*) to force down ② (*fig*) **jdm eine[n] ~** to teach sb a lesson **rein|zie·hen** *vt irreg* (*sl*) ① (*konsumieren*) ■ *sich dat* **etw ~**: **ich ziehe mir erst mal ein kaltes Bierchen rein** the first thing I'm going to do is have a cold beer ② (*ansehen*) to watch sth

Reis <-es, -e> [raɪs] *m* AGR, BOT rice *no pl*

Rei·se <-, -n> ['raɪzə] *f* journey; **gute ~!** have a good trip!; **auf ~n gehen** to travel; **eine ~ machen** to go on a journey

Rei·se·an·den·ken *nt* souvenir **Rei·se·apo·the·ke** *f* first aid kit **Rei·se·bü·ro** *nt* travel agency **Rei·se·bus** *m* coach **rei·se·fer·tig** *adj* ready to go **Rei·se·fie·ber** *nt kein pl* travel nerves *npl* **Rei·se·füh·rer**[**buch**] *m* travel guide[book] **Rei·se·füh·rer**(**in**) *m(f)* courier, guide **Rei·se·ge·päck** *nt* luggage **Rei·se·ge·sell·schaft** *f*, **Rei·se·grup·pe** *f* party of tourists **Rei·se·kos·ten** *pl* travelling expenses *pl* **Rei·se·krank·heit** *f kein pl* travel sickness *no pl* **Rei·se·land** *nt* holiday destination **Rei·se·lei·ter**(**in**) *m(f)* guide

rei·sen ['raɪzn] *vi sein* ① (*fahren*) to travel ② (*ab~*) to leave

Rei·sen·de(**r**) *f(m)* passenger

Rei·se·pass[RR] *m* passport **Rei·se·pro·spekt** *m* travel brochure **Rei·se·ruf** *m* SOS call to a motorists' association issued by drivers experiencing problems while on the road **Rei·se·scheck** *m* ① (*bargeldloses Zahlungsmittel*) traveller's cheque BRIT, traveler's check AM ② (*hist: Berechtigung zu einer Ferienreise*) certificate issued in the GDR, authorizing the travel to a designated place **Rei·se·ta·sche** *f* holdall **Rei·se·ver·an·stal·ter**(**in**) *m(f)* tour operator **Rei·se·ver·kehr** *m kein pl* holiday traffic *no pl* **Rei·se·ver·kehrs·kauf·mann, -kauf·frau** *m, f* travel agent

Rei·se·ver·si·che·rung *f* travel insurance **Rei·se·wel·le** *f* stream of holiday traffic **Rei·se·wet·ter·be·richt** *m* holiday weather forecast **Rei·se·zeit** *f* holiday period **Rei·se·ziel** *nt* destination

Reis·feld *nt* paddy [field]

Rei·sig <-s> ['raɪzɪç] *nt kein pl* brushwood *no pl*

Reiß·aus [raɪsˈʔaʊs] *m* [**vor jdm/etw**] **~ nehmen** to run away [from sb/sth]

Reiß·brett *nt* drawing-board

rei·ßen <riss, gerissen> ['raɪsn] **I.** *vi* ① *sein* (*trennen*) *Seil, Faden* to break; *Papier, Stoff* to tear; **das Seil riss unter dem Gewicht** the rope broke under the weight ② *sein* (*rissig werden*) to crack ③ *haben* (*zerren*) to tug [or pull]; **an seiner Leine ~** *Hund* to strain at its lead; **an den Nerven ~** (*fig*) to be nerve-racking ④ *haben* SPORT (*hochstemmen*) to snatch **II.** *vt haben* ❶ (*trennen*) *Seil, Faden* to break; *Papier, Stoff* to tear; *etw* **in Fetzen/Stücke ~** to tear sth to shreds/pieces; **ich hätte mich in Stücke ~ können** (*fig fam*) I could have kicked myself ❷ (*Risse erzeugen*) to crack ❸ (*hervorrufen*) **die Bombe riss einen Trichter in das Feld** the bomb left a crater in the field; **ein Loch in jds Ersparnisse ~** (*fig fam*) to make a hole in sb's savings ❹ (*wegziehen*) ■ *etw* **von** *etw dat* ~ *Ast, Bauteil* to break sth off sth; *Papier, Stoff* to tear sth off sth ❺ (*entreißen*) ■ *etw* **von jdm ~** to snatch sth from sb; **sich die Kleider vom Leib ~** to tear off sep one's clothes ❻ (*stoßen*) **der Wind riss sie zu Boden** the wind threw her to the ground; **sie wurde in den Sog gerissen** she was pulled into the current ❼ (*unterbrechen*) **jdn aus seinen Gedanken ~** to break in on sb's thoughts ❽ (*zerren*) to pull ❾ (*töten*) **ein Tier ~** to kill an animal ❿ (*bemächtigen*) ■ *etw* **an sich ~** to seize sth ⓫ (*fam: machen*) **einen Witz ~** to crack a joke ⓬ SPORT (*umwerfen*) **ein Hindernis ~** to knock down *sep* a fence ⓭ SPORT (*hochstemmen*) to snatch **III.** *vr haben* ❶ (*verletzen*) ■ **sich ~** to cut oneself ❷ (*befreien*) ■ **sich von etw** *dat* **~** to tear oneself from sth ❸ (*fam: bemühen*) ■ **sich um jdn/etw ~** to scramble to get/see sb/sth; **um diese Arbeit reiße ich mich nicht** I am not keen to get this work

rei·ßend *adj* ❶ (*Fluss*) raging ❷ (*Tier*) rapacious ❸ (*fam*) **die neuen Videospiele finden ~en Absatz** the new video games are selling like hot cakes

Rei·ßer <-s, -> *m* (*fam*) ❶ (*Buch/Film*) thriller ❷ (*Verkaufserfolg*) big seller

rei·ße·risch I. *adj* sensational **II.** *adv* sensationally

reiß·fest *adj* tearproof **Reiß·lei·ne** *f* ripcord **Reiß·ver·schluss**^RR *m* zip BRIT, zipper AM **Reiß·ver·schluss·prin·zip**^RR *nt kein pl* principle of alternation

Reiß·wolf *m* ❶ (*Gerät zum Zerkleinern*) devil ❷ (*Aktenvernichter*) shredder **Reiß·zwe·cke** <-, -n> *f* drawing pin

Reit·bahn *f* arena

rei·ten <ritt, geritten> ['raɪtn] **I.** *vi sein* to ride; **bist du schon mal geritten?** have you ever been riding?; **bist du schon mal auf einem Pony geritten?** have you ever ridden a pony?; **im Galopp/Trab ~** to gallop/trot **II.** *vt haben* to ride; **sie ritten einen leichten Trab** they rode at a gentle trot

Rei·ter(in) <-s, -, -nen> ['raɪtɐ] *m(f)* rider

Rei·ter·stand·bild *nt* equestrian statue

Reit·ho·se *f* jodhpurs *pl* **Reit·peit·sche** *f* riding crop **Reit·pferd** *nt* mount **Reit·schu·le** *f* riding school **Reit·stie·fel** *m* riding-boot **Reit·tier** *nt* mount

Reiz <-es, -e> [raɪts] *m* ❶ (*Verlockung*) appeal; [**auf jdn**] **einen bestimmten ~ ausüben** to hold a particular attraction [for sb]; [**für jdn**] **den ~ verlieren** to lose its appeal [for sb] ❷ (*Stimulus*) stimulus ❸ *pl* (*sl: nackte Haut*) charms *npl*

reiz·bar *adj* irritable

Reiz·bar·keit <-> *f kein pl* irritability *no pl*

rei·zen ['raɪtsn̩] **I.** *vt* ❶ (*verlocken*) to tempt ❷ MED to irritate ❸ (*provozieren*) to provoke (**zu** into) **II.** *vi* ❶ (*herausfordern*) ■ **zu etw** *dat* ~ to invite sth; **der Anblick reizte zum Lachen** what we saw made us laugh ❷ MED to irritate; **zum Husten ~** to make one cough ❸ KARTEN to bid

rei·zend *adj* ❶ (*attraktiv*) attractive ❷ (*iron*) charming

Reiz·kli·ma *nt* ❶ MED, METEO bracing climate ❷ (*konfliktgeladene Atmosphäre*) tense atmosphere **reiz·los** *adj* dull **Reiz·the·ma** *nt* emotive subject **Reiz·über·flu·tung** *f* overstimulation *no pl*

Rei·zung <-, -en> *f* irritation

reiz·voll *adj* attractive **Reiz·wä·sche** *f kein pl* (*fam*) sexy underwear *no pl* **Reiz·wort** <-wörter> *nt* emotive word

re·ka·pi·tu·lie·ren* [rekapitu'liːrən] *vt* (*geh*) to recapitulate

re·keln ['reːkl̩n] *vr* ■ **sich ~** to stretch out

Re·kla·ma·ti·on <-, -en> [reklama'tsi̯oːn] *f* complaint

Re·kla·me <-, -n> [re'klaːmə] *f* ❶ (*Werbeprospekt*) advertising brochure ❷ (*veraltend: Werbung*) advertising *no pl*

Re·kla·me·schild *nt* advertising sign **Re·kla·me·ta·fel** *f* advertisement hoarding BRIT, billboard AM

re·kla·mie·ren* [rekla'miːrən] **I.** *vi* ■ [**bei jdm**] ~ to make a complaint [to sb] (**wegen** about) **II.** *vt* ■ **etw ~** ❶ (*bemängeln*) to complain about sth ❷ (*geh: beanspruchen*) to claim sth ❸ (*geh: in Anspruch nehmen*) ■ **etw für sich** *akk* **~** to lay claim to sth

re·kon·stru·ie·ren* [rekɔnstru'iːrən] *vt* ❶ (*a. fig: nachbilden*) to reconstruct (**aus** from) ❷ *Gebäude* to renovate

Re·kon·struk·ti·on [rekɔnstrʊk'tsi̯oːn] *f* ❶ *kein pl* (*a. fig: das Nachbilden*) reconstruction *no pl* ❷ (*Modernisierung*) renovation

Re·kon·va·les·zenz <-> [rekɔnvalɛs'tsɛnts] *f kein pl* (*geh*) convalescence *no pl*

Re·kord <-s, -e> [re'kɔrt] *m* record; **die Besucherzahlen stellten alle bisherigen ~e**

in den Schatten the number of visitors has beaten all previous records
Re·kor·der <-s, -> [reˈkɔrdɐ] m ❶ (*Kassetten~*) cassette recorder ❷ (*Video~*) video [recorder]
Re·kord·hal·ter(in) <-s, -> m(f) record-holder **Re·kord·zeit** f record time
Re·krut(in) <-en, -en> [reˈkruːt] m(f) recruit
re·kru·tie·ren* [rekruˈtiːrən] **I.** vt to recruit **II.** vr **sich aus etw** dat ~ to consist of sth
Re·kru·tin <-, -nen> f fem form von Rekrut
Rek·tor, Rek·to·rin <-s, -toren> [ˈrɛkto·ɐ̯, rɛkˈtoːrɪn, pl -ˈtoːrən] m, f SCH ❶ *einer Hochschule* vice-chancellor BRIT, president AM ❷ *einer Schule* head teacher BRIT, principle AM
Rek·to·rat <-[e]s, -e> [rɛktoˈraːt] nt ❶ (*Amtsräume: Universität*) vice-chancellor's [or AM vice-president's] office; (*Schule*) head teacher's study BRIT, principle's office AM ❷ (*Amtszeit: Universität*) vice-chancellor's [or AM vice-president's] term of office; (*Schule*) headship BRIT
Rek·to·rin <-, -nen> f fem form von Rektor
Re·kul·ti·vie·rung <-, -en> f recultivation
Re·la·ti·on <-, -en> [relaˈtsjoːn] f (geh) ❶ (*Verhältnismäßigkeit*) proportion; **in ~ zu etw** dat **stehen** to be proportional to sth; **in keiner ~ zu etw** dat **stehen** to bear no relation to sth ❷ (*wechselseitige Beziehung*) relationship
re·la·tiv [relaˈtiːf] adj relative
re·la·ti·vie·ren* [relatiˈviːrən] (geh) **I.** vt to qualify **II.** vi to think in relative terms
Re·la·ti·vi·tät <-, -en> [relativiˈtɛːt] meist sing f(geh) relativity
Re·la·ti·vi·täts·the·o·rie <-> f kein pl ■ **die ~** the theory of relativity
Re·la·tiv·pro·no·men nt relative pronoun **Re·la·tiv·satz** m relative clause
re·laxed [riˈlɛkst] adv chilled [out]
re·la·xen* [riˈlɛksn̩] vi to relax
Re·le·ga·ti·ons·spiel [relegaˈtsjoːns-] nt SPORT relegation match
re·le·vant [releˈvant] adj (geh) relevant
Re·le·vanz <-> [releˈvants] f kein pl (geh) relevance no pl
Re·li·ef <-s, -s o -e> [reˈli̯ɛf] nt ❶ KUNST relief ❷ (*plastische Nachbildung*) plastic relief model
Re·li·gi·on <-, -en> [reliˈgi̯oːn] f religion
Re·li·gi·ons·aus·übung f exercise of religion **Re·li·gi·ons·frei·heit** f freedom no pl of worship **Re·li·gi·ons·ge·mein·schaft** f religious community **re·li·gi·ons·los** adj unreligious **Re·li·gi·ons·zu·ge·hö·rig·keit** <-, -en> f meist sing denomination
re·li·gi·ös [reliˈgi̯øːs] **I.** adj religious **II.** adv ❶ (*im Sinne einer Religion*) in a religious manner ❷ (*mit religiösen Gründen*) for religious reasons
Re·li·gi·o·si·tät <-> [religi̯oziˈtɛːt] f kein pl religiousness no pl
Re·likt <-[e]s, -e> [reˈlɪkt] nt (geh) relic
Re·ling <-, -s o -e> [ˈreːlɪŋ] f rail
Re·li·quie <-, -n> [reˈliːkvi̯ə] f relic
Re·make <-s, -s> [riˈmeːk, ˈriːmeːk] nt remake
re·mis [rəˈmiː] adj SCHACH drawn
Rem·mi·dem·mi <-s> [ˈrɛmiˈdɛmi] nt kein pl (veraltend sl) racket no pl
Re·mou·la·de <-, -n> [remuˈlaːdə] f, **Re·mou·la·den·so·ße** f tartar sauce
rem·peln [ˈrɛmpl̩n] **I.** vi (fam) to jostle **II.** vt SPORT to push
Re·nais·sance <-, -en> [rənɛˈsãːs] f ❶ kein pl KUNST, HIST Renaissance no pl ❷ (geh: Wiederbelebung) renaissance
Ren·dez·vous <-, -> [rãdeˈvuː, ˈrãːdevu] nt rendezvous a. hum
Ren·di·te <-, -n> [rɛnˈdiːtə] f return
re·ni·tent [reniˈtɛnt] adj (geh) awkward
Renn·bahn f racetrack
ren·nen <rannte, gerannt> [ˈrɛnən] **I.** vi sein ❶ (*schnell laufen*) to run ❷ (fam: hingehen) ■ **zu jdm ~** to run [off] to sb ❸ (*stoßen*) ■ **an/gegen/vor etw** akk ~ to bump into sth; **sie ist mit dem Kopf vor einen Dachbalken gerannt** she banged her head against a roof joist **II.** vt ❶ sein o haben SPORT to run ❷ haben (*stoßen*) **er rannte mehrere Passanten zu Boden** he knocked several passers-by over; **er rannte ihm ein Schwert in den Leib** he ran a sword into his body
Ren·nen <-s, -> [ˈrɛnən] nt race; **gut/schlecht im ~ liegen** to be well/badly placed; (fig) to be in a good/bad position ▶ **das ~ ist gelaufen** (fam) the show is over; [**mit etw** dat] **das ~ machen** to make the running [with sth]; **jdn ins ~ schicken** to put forward sep sb
Ren·ner <-s, -> [ˈrɛnɐ] m (fam) big seller
Renn·fah·rer(in) m(f) ❶ (*Autorennen*) racing driver BRIT, racecar driver AM ❷ (*Radrennen*) racing cyclist **Renn·pferd** nt racehorse **Renn·rad** nt racing bike **Renn·sport** m ❶ (*Motorrennen*) motor racing no pl ❷ (*Radrennsport*) cycle racing ❸ (*Pferderennsport*) horse racing **Renn·stre·cke** f racetrack **Renn·wa·gen** m racing [or AM race] car
Re·nom·mee <-s, -s> [renɔˈmeː] nt (geh) reputation (**von** of)
re·nom·miert adj (geh) renowned
re·no·vie·ren* [renoˈviːrən] vt to renovate
Re·no·vie·rung <-, -en> f renovation

ren·ta·bel [rɛnˈtaːbl̩] I. *adj* profitable II. *adv* profitably

Ren·ta·bi·li·tät <-> [rɛntabiliˈtɛːt] *f kein pl* profitability *no pl*

Ren·te <-, -n> [ˈrɛntə] *f* ❶ (*Altersruhegeld*) pension; **in ~ gehen** to retire ❷ (*regelmäßige Geldzahlung*) annuity

Ren·ten·al·ter *nt* retirement age **Ren·ten·an·spruch** *m* right to a pension **Ren·ten·bei·trag** *m* pension contribution **Ren·ten·po·li·tik** *f kein pl* pensions policy, pension plans *pl* **Ren·ten·ver·si·che·rung** *f* pension scheme Brit, retirement insurance Am

Ren·tier [rɛnˈtiɛː] *nt* reindeer

ren·tie·ren* [rɛnˈtiːrən] *vr* ■ **sich ~** to be worthwhile

Rent·ner(in) <-s, -> *m(f)* pensioner

Rep <-s, -s> [rɛp] *m kurz für* **Republikaner** republican (*member of the German rightwing Republican Party*)

re·pa·ra·bel [repaˈraːbl̩] *adj* repairable

Re·pa·ra·ti·on <-, -en> [reparaˈtsi̯oːn] *f* reparations *pl*

Re·pa·ra·tur <-, -en> [reparaˈtuːɐ̯] *f* repair; **etw in ~ geben** to have sth repaired

re·pa·ra·tur·an·fäl·lig *adj* prone to breaking down *pred* **re·pa·ra·tur·be·dürf·tig** *adj* in need of repair *pred* **Re·pa·ra·tur·kos·ten** *pl* repair costs *pl* **Re·pa·ra·tur·werk·statt** *f* ❶ (*Werkstatt*) repair workshop ❷ auto garage

re·pa·rie·ren* [repaˈriːrən] *vt* to repair

Re·per·toire <-s, -s> [repɛrˈtoɐ̯] *nt* repertoire

Re·port <-[e]s, -e> [reˈpɔrt] *m* report

Re·por·ta·ge <-, -n> [repɔrˈtaːʒə] *f* report; (*live*) live coverage

Re·por·ter(in) <-s, -> *m(f)* reporter

Re·prä·sen·tant(in) <-en, -en> [reprɛzɛnˈtant] *m(f)* representative

Re·prä·sen·ta·ti·on <-, -en> [reprɛzɛntaˈtsi̯oːn] *f* representation

re·prä·sen·ta·tiv [reprɛzɛntaˈtiːf] I. *adj* ❶ (*aussagekräftig*) representative ❷ (*etwas Besonderes darstellend*) prestigious II. *adv* imposingly

Re·prä·sen·ta·tiv·um·fra·ge *f* representative survey

Re·prä·sen·tie·ren* [reprɛzɛnˈtiːrən] I. *vt* to represent II. *vi* to perform official and social functions

Re·pres·sa·lie <-, -n> [reprɛˈsaːli̯ə] *f* (*geh*) reprisal *usu pl*

re·pres·siv [reprɛˈsiːf] *adj* (*geh*) repressive

Re·pro·duk·ti·on <-, -en> [reprodukˈtsi̯oːn] *f* reproduction

re·pro·du·zie·ren* [reproduˈtsiːrən] *vt* to reproduce

Rep·til <-s, -ien> [rɛpˈtiːl, *pl* -li̯ən] *nt* reptile

Re·pu·blik <-, -en> [repuˈbliːk] *f* republic

Re·pu·bli·ka·ner(in) <-s, -> [republiˈkaːnɐ] *m(f)* ❶ (*in den USA*) Republican ❷ (*in Deutschland*) member of the German Republican Party

re·pu·bli·ka·nisch [republiˈkaːnɪʃ] *adj* republican

Re·qui·em <-s, Requien> [ˈreːkvi̯ɛm, *pl* -vi̯ən] *nt* requiem

Re·qui·sit <-s, -en> [rekviˈziːt] *nt* ❶ (*geh: Zubehör*) accessory ❷ theat prop

Re·qui·si·teur(in) <-s, -e> [rekviziˈtøːɐ̯] *m(f)* theat, film props master *masc* [*or fem* mistress]

Re·ser·vat <-[e]s, -e> [rezɛrˈvaːt] *nt* reservation

Re·ser·ve <-, -n> [reˈzɛrvə] *f* ❶ (*Rücklage*) reserve ❷ (*Zurückhaltung*) reserve; **jdn [durch/mit etw** *dat*] **aus der ~ locken** to bring sb out of his/her shell [with sth]

Re·ser·ve·ka·nis·ter *m* spare can **Re·ser·ve·rad** *nt* spare wheel **Re·ser·ve·rei·fen** *m* spare tyre **Re·ser·ve·spie·ler(in)** *m(f)* substitute

re·ser·vie·ren* [rezɛrˈviːrən] *vt* to reserve

Re·ser·vie·rung <-, -en> *f* reservation

Re·ser·vist(in) <-en, -en> [rezɛrˈvɪst] *m(f)* reservist

Re·ser·voir <-s, -e> [rezɛrˈvoaːɐ̯] *nt* (*geh*) ❶ (*Vorrat*) store ❷ (*Becken*) reservoir

Re·si·denz <-, -en> [reziˈdɛnts] *f* (*repräsentativer Wohnsitz*) residence ❷ hist royal seat

re·si·die·ren* [reziˈdiːrən] *vi* (*geh*) to reside

Re·sig·na·ti·on <-, *selten* -en> [rezɪgnaˈtsi̯oːn] *f* (*geh*) resignation

re·sig·nie·ren* [rezɪˈgniːrən] *vi* (*geh*) to give up

re·sis·tent [rezɪsˈtɛnt] *adj* resistant (**gegen** to)

re·so·lut [rezoˈluːt] I. *adj* resolute II. *adv* resolutely

Re·so·lu·ti·on <-, -en> [rezoluˈtsi̯oːn] *f* resolution

Re·so·nanz <-, -en> [rezoˈnants] *f* ❶ (*geh: Entgegnung*) response (**auf** to) ❷ mus resonance *no pl*

re·so·zi·a·li·sie·ren* [rezotsi̯aliˈziːrən] *vt* ■ **jdn ~** to reintegrate sb into society

Re·so·zi·a·li·sie·rung <-, -en> *f* reintegration *no pl* into society

Re·spekt <-s> [reˈspɛkt, rɛ-] *m kein pl* respect *no pl*; **voller ~** respectful; **vor jdm/etw ~ haben** to have respect for sb/sth; **sich** *dat* **[bei jdm] ~ verschaffen** to earn [sb's] respect; **bei allem ~!** with all due respect!

re·spek·ta·bel [rɛspɛk'taːbl, rɛ-] *adj* ① *(beachtlich)* considerable ② *(zu respektieren)* estimable ③ *(ehrbar)* respectable

re·spek·tie·ren* [rɛspɛk'tiːrən, rɛ-] *vt* to respect

re·spek·ti·ve [rɛspɛk'tiːvə, rɛ-] *adv* (geh) or rather

re·spekt·los *adj* disrespectful

Re·spekt·lo·sig·keit <-, -en> *f* ① *kein pl (respektlose Art)* disrespect *no pl* ② *(respektlose Bemerkung)* disrespectful comment

Re·spekts·per·son *f* person commanding respect

re·spekt·voll *adj* respectful

Res·sen·ti·ment <-s, -s> [rɛsãtiˈmãː] *nt* (geh) resentment *no pl*

Res·sort <-s, -s> [rɛ'soːɐ̯] *nt* ① *(Zuständigkeitsbereich)* area of responsibility ② *(Abteilung)* department

Res·sour·ce <-, -n> [rɛˈsʊrsə] *f* ① *(Bestand an Geldmitteln)* resources *npl* ② *(natürlich vorhandener Bestand)* resource; *Energie reserves pl*

Rest <-[e]s, -e *o* SCHWEIZ *a.* -en> [rɛst] *m* ① *(Übriggelassenes)* rest; *Essen leftovers npl;* **~e machen** NORDD to finish up what's left; **der letzte ~** the last bit; *Wein* the last drop; **den Kuchen haben wir bis auf den letzten ~ aufgegessen** we ate the whole cake down to the last crumb ② *(Endstück)* remnant ▶ **jdm den ~ geben** *(fam)* to be the final straw for sb

Re·stau·rant <-s, -s> [rɛsto'rãː] *nt* restaurant

Re·stau·ra·ti·on <-, -en> [rɛstaura'tsi̯oːn, rɛ-] *f* ① *(geh: Restaurieren)* restoration ② POL *(Wiederherstellung)* restoration; **die Zeit der ~** HIST the Restoration

Re·stau·ra·tor, -to·rin <-s, -toren> [rɛstauˈraːtoːɐ̯, -ˈtoːrɪn, *pl* -ˈtoːrən] *m, f* restorer

re·stau·rie·ren* [rɛstauˈriːrən, rɛ-] *vt* to restore

rest·lich *adj* remaining; **wo ist das ~e Geld?** where is the rest of the money?

rest·los **I.** *adj* complete **II.** *adv* ① *(ohne etwas übrig zu lassen)* completely ② *(fam: endgültig)* finally

Rest·pos·ten *m* remaining stock

re·strik·tiv [rɛstrɪk'tiːf, rɛ-] *adj* (geh) restrictive

Rest·ri·si·ko *nt* residual risk

Re·sul·tat <-[e]s, -e> [rezʊl'taːt] *nt* result

re·sul·tie·ren* [rezʊl'tiːrən] *vi* (geh) to result **(aus** from, **in** in)

Re·sü·mee <-s, -s> [rezy'meː] *nt* (geh) ① *(Schlussfolgerung)* conclusion ② *(Zusammenfassung)* summary

re·sü·mie·ren* [rezy'miːrən] *vi, vt* (geh) to summarize

Re·tor·te <-, -n> [re'tɔrtə] *f* retort; **aus der ~** *(fam)* artificially produced

Re·tor·ten·ba·by [-beːbi] *nt* (fam) test-tube baby

re·tour [re'tuːɐ̯] *adv* SCHWEIZ, ÖSTERR (geh) back; **„eine Fahrkarte nach Wien und wieder ~!"** "a return ticket to Vienna, please"

Re·tour·bil·lett ['rətuːɐ̯bɪljɛt] *nt* SCHWEIZ *(Rückfahrkarte)* return ticket **Re·tour·geld** ['rətuːɐ̯-] *nt* SCHWEIZ *(Wechselgeld)* change *no pl* **Re·tour·kut·sche** *f* (fam) retort

Re·tro·spek·ti·ve <-, -n> [retro-] *f* (geh) retrospective

ret·ten ['rɛtn] **I.** *vt* to save **(vor** from); **das ist der ~ de Einfall!** that's the idea that will save the day! ▶ **bist du noch zu ~?** *(fam)* are you out of your mind? **II.** *vr* ■ **sich ~** to save oneself **(vor** from); **er konnte sich gerade noch ans Ufer ~** he was just able to reach the safety of the bank; **rette sich, wer kann!** run for your lives!; **sich vor etw** *dat*/**jdm nicht mehr ~ können** to be swamped by sth/mobbed by sb

Ret·ter(in) <-s, -> *m(f)* rescuer, saviour *liter*

Ret·tich <-s, -e> ['rɛtɪç] *m* radish

Ret·tung <-, -en> *f* ① *(das Retten)* rescue; **jds [letzte] ~ sein** to be sb's last hope [of being saved]; **für jdn gibt es keine ~ mehr** sb is beyond help ② *(das Erhalten)* preservation *no pl*

Ret·tungs·ak·ti·on *f* rescue operation **Ret·tungs·an·ker** *m* sheet-anchor **Ret·tungs·boot** *nt* lifeboat **Ret·tungs·dienst** *m* rescue service **Ret·tungs·hub·schrau·ber** *m* emergency rescue helicopter **ret·tungs·los** *adj* hopeless **Ret·tungs·mann·schaft** *f* rescue party **Ret·tungs·ring** *m* ① NAUT lifebelt ② *(hum fam: Fettpolster)* spare tyre **Ret·tungs·schwim·mer(in)** *m(f)* lifeguard **Ret·tungs·wa·gen** *m* ambulance **Ret·tungs·wes·te** *f* life jacket

re·tu·schie·ren* [retu'ʃiːrən] *vt* to retouch

Reue <-> ['rɔʏə] *f kein pl* remorse *no pl*

reu·ig ['rɔʏɪç] *adj* remorseful

reu·mü·tig ['rɔʏmyːtɪç] **I.** *adj* remorseful; *Sünder* repentant **II.** *adv* remorsefully; **~ zu jdm zurückkommen** to come crawling back to sb *fam*

Re·vanche <-, -n> [re'vãːʃə, re'vaŋʃə] *f* ① *(~spiel)* return match BRIT, rematch AM ② *(Vergeltung)* revenge *no pl*

re·van·chie·ren* [revã'ʃiːrən, revaŋ'ʃiːrən] *vr* ① *(sich erkenntlich zeigen)* ■ **sich [bei jdm]** ~ to return [sb] a favour ② *(sich rächen)* ■ **sich [an jdm]** ~ to get one's revenge [on sb]

Re·vers <-, -> [re'vɛrs] *nt o m* MODE lapel

re·vi·die·ren* [revi'diːrən] *vt* (*geh*) ① (*rückgängig machen*) to reverse ② (*abändern*) to revise

Re·vier <-s, -e> [re'viːɐ̯] *nt* ① (*Polizeidienststelle*) police station ② (*Jagd~*) shoot ③ (*Zuständigkeitsbereich*) area of responsibility ④ **kein pl** (*fam*) ▪ **das ~** the Ruhr/Saar mining area

Re·vi·si·on <-, -en> [revi'zjoːn] *f* ① FIN, ÖKON audit ② JUR appeal ③ TYPO final proofreading *no pl* ④ (*geh: Abänderung*) revision

Re·vol·te <-, -n> [re'vɔltə] *f* revolt

re·vol·tie·ren* [revɔl'tiːrən] *vi* (*geh*) to rebel

Re·vo·lu·ti·on <-, -en> [revolu'tsjoːn] *f* revolution

re·vo·lu·ti·o·när [revolutsjo'nɛːɐ̯] *adj* revolutionary

Re·vo·lu·ti·o·när(in) <-s, -e> [revolutsjo'nɛːɐ̯] *m(f)* ① POL revolutionary ② (*radikaler Neuerer*) revolutionist

re·vo·lu·ti·o·nie·ren* [revolutsjo'niːrən] *vt* to revolutionize

Re·vol·ver <-s, -> [re'vɔlvɐ] *m* revolver

Re·vol·ver·held *m* (*iron*) gunslinger

Re·vue <-, -n> [re'vyː, rə'vyː, *pl* -'vyːən] *f* THEAT revue ▶ **jdn/etw ~ passieren lassen** (*geh*) to recall sb/to review sth

Re·zen·sent(in) <-en, -en> [retsɛn'zɛnt] *m(f)* reviewer

re·zen·sie·ren* [retsɛn'ziːrən] *vt* to review

Re·zen·si·on <-, -en> [retsɛn'zjoːn] *f* review

Re·zept <-[e]s, -e> [re'tsɛpt] *nt* ① KOCHK recipe ② MED prescription ③ (*fig: Verfahren*) remedy (**gegen** for)

re·zept·frei I. *adj* without prescription *after n*; **~e Medikamente** over-the-counter medicines; ▪ **~ sein** to be available without prescription **II.** *adv* over-the-counter; **~ zu bekommen sein** to be available without prescription

Re·zep·ti·on <-, -en> [retsɛp'tsjoːn] *f* reception

re·zept·pflich·tig *adj* requiring a prescription; ▪ **~ sein** to be available only on prescription

Re·zes·si·on <-, -en> [retsɛ'sjoːn] *f* recession

Re·zi·pi·ent(in) <-en, -en> [retsi'pjɛnt] *m(f)* ① (*geh*) *eines Textes, Musikstücks u.ä.* percipient ② PHYS vacuum jar

re·zi·tie·ren* [retsi'tiːrən] *vt, vi* to recite (**aus** from)

R-Ge·spräch ['ɛr-] *nt* reverse charge [*or* AM collect] call

Rha·bar·ber <-s, -> [ra'barbɐ] *m* rhubarb [plant]

Rhein <-s> [rain] *m* ▪ **der ~** the Rhine; **am ~** on the Rhine

Rhein·land <-[e]s> ['rainlant] *nt* Rhineland

Rhein·län·der(in) <-s, -> ['rainlɛndɐ] *m(f)* Rhinelander

Rhein·land-Pfalz ['rainlant-'pfalts] *no art* Rhineland-Palatinate

Rhe·sus·fak·tor *m* rhesus factor

Rhe·to·rik <-, -en> [re'toːrɪk] *f* rhetoric *no pl*

rhe·to·risch [re'toːrɪʃ] **I.** *adj* rhetorical **II.** *adv* rhetorically; **rein ~** purely rhetorically

Rheu·ma <-s> ['rɔyma] *nt kein pl* (*fam*) rheumatism *no pl*

Rheu·ma·mit·tel *nt* preparation for rheumatism

rheu·ma·tisch [rɔy'maːtɪʃ] *adj* rheumatic

Rheu·ma·tis·mus <-> [rɔyma'tɪsmʊs] *m kein pl* rheumatism *no pl*

Rhi·no·ze·ros <-[ses], -se> [ri'noːtsɛrɔs] *nt* ① (*Nashorn*) rhinoceros ② (*Dummkopf*) twit *pej*

Rhom·bus <-, Rhomben> ['rɔmbʊs, 'rɔmbn̩] *m* rhombus

rhyth·misch ['rʏtmɪʃ] *adj* rhythmic[al]

Rhyth·mus <-, -Rhythmen> ['rʏtmʊs, *pl* 'rʏtmən] *m* rhythm

rich·ten ['rɪçtn̩] **I.** *vr* ① (*bestimmt sein*) ▪ **sich an jdn ~** to be directed at sb; **dieser Vorwurf richtet sich an dich** this reproach is aimed at you; ▪ **sich an jdn/etw ~** to consult sb/sth ② (*sich orientieren*) ▪ **sich nach jdm/etw ~** to comply with sb/sth; **wir richten uns ganz nach Ihnen** we'll fit in with you ③ (*abhängen von*) ▪ **sich nach etw** *dat* **~** to be dependent on sth; **das richtet sich danach, ob Sie mit uns zusammenarbeiten oder nicht** that depends on whether you co-operate with us or not **II.** *vt* ① (*lenken*) to direct (**auf** towards/at); **seinen Blick auf etw** *akk* **~** to [have a] look out for sth; **eine Schusswaffe auf jdn ~** to point a gun at sb ② (*adressieren*) to address (**an** to) ③ (*reparieren*) to fix ④ (*bereiten*) to prepare **III.** *vi* (*veraltend*) to pass judgement (**über** on)

Rich·ter(in) <-s, -> ['rɪçtɐ] *m(f)* judge

rich·ter·lich *adj attr* judicial

Rich·ter·ska·la *f kein pl* Richter scale *no pl*

Richt·fest *nt* topping out [ceremony] **Richt·ge·schwin·dig·keit** *f* recommended speed limit

rich·tig ['rɪçtɪç] **I.** *adj* ① (*korrekt*) right; *Lösung* correct ② (*angebracht*) right; **es war ~, dass du gegangen bist** you were right to leave ③ (*am richtigen Ort*) ▪ **irgendwo/bei jdm ~ sein** to be at the right place/address ④ (*echt*) real; **ich bin nicht deine ~e Mutter** I'm not your real mother ⑤ (*fam: regel-*

recht) **du bist ein ~er Idiot!** you're a real idiot! ❻ (*passend*) right ❼ (*ordentlich*) **es ist lange her, dass wir einen ~en Winter mit viel Schnee hatten** it's been ages since we've had a proper winter with lots of snow ❽ (*fam: in Ordnung*) all right **II.** *adv* ❶ (*korrekt*) correctly; **Sie haben irgendwie nicht ~ gerechnet** you've miscalculated somehow; **höre ich ~?** did I hear right?; **ich höre doch wohl nicht ~?** you must be joking!; **sehr ~!** quite right! ❷ (*angebracht*) correctly; (*passend a.*) right ❸ (*fam: regelrecht*) really ❹ (*tatsächlich*) **~, das war die Lösung** right, that was the solution

rich·tig·ge·hend I. *adj attr* (*fam*) real; **eine ~e Erkältung** a very heavy cold **II.** *adv* (*fam*) totally; **~ betrunken sein** to be well and truly plastered

Rich·tig·keit <-> *f kein pl* ❶ (*Korrektheit*) correctness *no pl*; **das wird schon seine ~ haben** I'm sure that'll be right ❷ (*Angebrachtheit*) appropriateness *no pl*

rich·tig·lie·gen *vi irreg* ▪ [**mit etw** *dat*] **~** (*fam*) to be right [with sth]; ■ **bei jdm ~** to have come to the right person **rich·tig|stel·len** *vt* ■ **etw ~** to correct sth

Richt·li·nie *f meist pl* guideline *usu pl* **Richt·preis** *m* recommended price **Richt·schnur** *f* ❶ BAU plumb-line ❷ *kein pl* (*Grundsatz*) guiding principle

Rich·tung <-, -en> ['rɪçtʊŋ] *f* ❶ (*Himmelsrichtung*) direction; **aus welcher ~ kam das Geräusch?** which direction did the noise come from?; **eine ~ einschlagen** to go in a direction ❷ (*Tendenz*) trend; **sie vertritt politisch eine gemäßigte ~** she takes a politically moderate line; **irgendwas in der ~** something along those lines; (*Betrag*) something around that mark

Richt·wert *m* guideline
rieb [riːp] *imp von* **reiben**

rie·chen <roch, gerochen> ['riːçn̩] **I.** *vi* ❶ (*duften*) to smell (**nach** of); (*stinken a.*) to stink *pej*; **das riecht hier ja so angebrannt** there's a real smell of burning here ❷ (*schnuppern*) ■ **an jdm/etw ~** to smell sb/sth; „**hier, riech mal an den Blumen!**" "here, have a sniff of these flowers" **II.** *vt* to smell; **riechst du nichts?** can't you smell anything?; **es riecht hier so nach Gas** there's real stink of gas here ▶ **etw ~ können** to know sth; **das konnte ich nicht riechen!** how was I supposed to know that!; **jdn nicht ~ können** not to be able to stand sb *fam* **III.** *vi impers* **es riecht ekelhaft** there's a disgusting smell; ■ **es riecht nach etw** *dat* there's a smell of sth; **wonach riecht es hier so köstlich?** what's that lovely smell in here?

Rie·cher <-s, -> ['riːçɐ] *m* **einen guten ~ [für etw** *akk*] **haben** to have the right instinct [for sth]

Riech·kol·ben *m* (*hum fam*) conk BRIT, big schnozz AM

Ried <-(e)s, -e> [riːt, *pl* 'riːdə] *nt* ❶ (*Schilf*) reeds *pl* ❷ SÜDD, SCHWEIZ (*Moor*) marsh

Ried·dach [riːt-] *nt* thatched roof
rief [riːf] *imp von* **rufen**

Rie·ge <-, -n> ['riːgə] *f* ❶ SPORT team ❷ (*pej: Gruppe*) clique

Rie·gel <-s, -> ['riːgl̩] *m* ❶ (*Verschluss*) bolt; **vergiss nicht, den ~ vorzulegen!** don't forget to bolt the door ▶ (*Schoko-*) bar ▶ **einer S.** *dat* **einen ~ vorschieben** to put a stop to sth

Rie·men¹ <-s, -> ['riːmən] *m* (*schmaler Streifen*) strap ▶ **den ~ enger schnallen** to tighten one's belt; **sich am ~ reißen** to get a grip on oneself

Rie·men² <-s, -> ['riːmən] *m* NAUT, SPORT oar

Rie·se, Rie·sin <-n, -n> ['riːzə, 'riːzɪn] *m, f* giant

rie·seln ['riːzl̩n] *vi sein* ❶ (*rinnen*) to trickle (**auf** onto) ❷ (*bröckeln*) ■ **von etw** *dat* **~** to flake off sth

rie·sen·groß ['riːzn̩ˈɡroːs] *adj* (*fam*) ❶ (*sehr groß*) enormous ❷ (*außerordentlich*) colossal **Rie·sen·hun·ger** *m* (*fam*) enormous appetite **Rie·sen·rad** *nt* Ferris wheel **Rie·sen·schritt** *m* giant stride; **der Termin für die Prüfung nähert sich mit ~en** the date of the exam is fast approaching **Rie·sen·sla·lom** *m* giant slalom

rie·sig ['riːzɪç] **I.** *adj* ❶ (*ungeheuer groß*) gigantic ❷ (*gewaltig*) enormous; *Anstrengung* huge ❸ *präd* (*fam: gelungen*) great **II.** *adv* (*fam*) enormously; **das war ~ nett von Ihnen** that was terribly nice of you

Rie·sin <-, -nen> *f fem form von* **Riese**
Ries·ling <-s, -e> ['riːslɪŋ] *m* Riesling
riet [riːt] *imp von* **raten**
Riff <-[e]s, -e> [rɪf] *nt* reef
ri·go·ros [rigoˈroːs] *adj* rigorous
Ril·le <-, -n> ['rɪlə] *f* groove

Rind <-[e]s, -er> [rɪnt] *nt* ❶ (*geh: Kuh*) cow ❷ (*~fleisch*) beef *no pl*

Rin·de <-, -n> ['rɪndə] *f* ❶ (*Borke*) bark *no pl* ❷ *kein pl* KOCHK crust; *Käse, Speck* rind *no pl* ❸ ANAT cortex

Rin·der·bra·ten *m* roast beef *no pl* **Rin·der·fi·let** *nt* fillet of beef *no pl* **Rin·der·wahn·sinn** *m kein pl* mad cow disease *no art, no pl fam*

Rind·fleisch *nt* beef *no art, no pl* **Rind·vieh** <-viecher> *nt* ❶ *kein pl* (*Rinder*) cattle *no art, + pl vb* ❷ (*sl: Dummkopf*) ass

Ring <-[e]s, -e> [rɪŋ] *m* ❶ (*Finger~, Öse*)

ring ❷ (*Kreis*) circle ❸ (*Syndikat*) Händler, Dealer ring; Lebensmittelhändler, Versicherungen syndicate ❹ (*~ straße*) ring road BRIT, AM *usu* beltway ❺ (*Box~*) ring ❻ *pl* (*Turngerät*) rings *npl*
Ring·buch *nt* ring binder
Rin·gel·blu·me *f* marigold
rin·geln ['rɪŋln] **I.** *vt* ■ **etw [um etw** *akk*] **~** to wind sth [around sth] **II.** *vr* ■ **sich ~** to coil up
Rin·gel·nat·ter *f* grass snake **Rin·gel·rei·hen** <-s, -> *m* kein *pl* ring-a-ring o' roses
rin·gen <rang, gerungen> ['rɪŋən] **I.** *vi* ❶ (*im Ringkampf kämpfen*) to wrestle ❷ (*mit sich kämpfen*) ■ **mit sich** *dat* **~** to wrestle with oneself ❸ (*schnappen*) **nach Atem ~** to struggle for breath ❹ (*sich bemühen*) ■ **um etw** *akk* **~** to struggle for sth **II.** *vt* **ich habe ihm die Pistole aus der Hand gerungen** I wrenched the pistol from his hand
Rin·gen <-s-> ['rɪŋən] *nt* kein *pl* wrestling no art, no *pl*
Rin·ger(in) <-s, -> *m(f)* wrestler
Ring·fahn·dung *f* manhunt [over an extensive area] **Ring·fin·ger** *m* ring finger **ring·för·mig I.** *adj* ring-like; Autobahn circular **II.** *adv* in the shape of a ring; **die Umgehungsstraße führt ~ um die Ortschaft herum** the bypass encircles the town **Ringkampf** *m* wrestling match **Ring·kämpfer(in)** *m(f)* s. Ringer **Ring·ord·ner** *m* ring binder **Ring·rich·ter(in)** *m(f)* referee
rings [rɪŋs] *adv* [all] around
rings·he·rum ['rɪŋshɛ'rʊm] *adv* s. ringsum
Ring·stra·ße *f* ring road BRIT, AM *usu* beltway
rings·um ['rɪŋs'ʔʊm] *adv* [all] around **rings·um·her** ['rɪŋs'ʔʊm'he:ɐ] *adv* (*geh*) s. ringsum
Rin·ne <-, -n> ['rɪnə] *f* ❶ (*Rille*) channel; (*Furche*) furrow ❷ (*Dach~*) gutter
rin·nen <rann, geronnen> ['rɪnən] *vi sein* ❶ (*fließen*) to run ❷ (*rieseln*) to trickle
Rinn·sal <-[e]s, -e> ['rɪnzaːl] *nt* ❶ (*winziger Wasserlauf*) rivulet *liter* ❷ (*rinnende Flüssigkeit*) trickle
Rinn·stein *m* ❶ (*Gosse*) gutter ❷ (*Bordstein*) kerb BRIT, curb AM
Ripp·chen <-s, -> ['rɪpçən] *nt* smoked rib [of pork]
Rip·pe <-, -n> ['rɪpə] *f* ❶ ANAT, KOCHK rib ❷ TECH fin
Rip·pen·fell *nt* [costal] pleura **Rip·pen·fell·ent·zün·dung** *f* pleurisy
Ripp·li <-s, -> ['rɪpli] *nt* KOCHK SCHWEIZ salted rib [of pork]
Ri·si·ko <-s, -s *o* Risiken *o* ÖSTERR Risken> ['riːziko] *nt* risk; **bei dieser Unternehmung laufen Sie das ~, sich den Hals zu brechen** you run the risk of breaking your neck with this venture; **auf jds ~** at sb's own risk
Ri·si·ko·ab·wä·gung *f* risk assessment
ri·si·ko·be·reit *adj* prepared to take a risk *pred* **Ri·si·ko·be·reit·schaft** *f* willingness to take [high] risks **Ri·si·ko·fak·tor** *m* risk factor **ri·si·ko·freu·dig** *adj* prepared to take risks *pred* **Ri·si·ko·grup·pe** *f* [high-]risk group **Ri·si·ko·ka·pi·tal** *nt* FIN venture capital
ris·kant [rɪsˈkant] *adj* risky
ris·kie·ren* [rɪsˈkiːrən] *vt* ❶ (*aufs Spiel setzen*) **den guten Ruf ~** to risk one's good reputation ❷ (*ein Risiko eingehen*) **beim Versuch, dir zu helfen, habe ich viel riskiert** I've risked a lot trying to help you ❸ (*wagen*) **ich riskiere es!** I'll chance it!; ■ **es ~, etw zu tun** to risk doing sth
riss^RR, **riß**^ALT [rɪs] *imp von* reißen
Riss^RR <-es, -e> *m*, **Riß**^ALT <Risses, Risse> [rɪs] *m* ❶ (*eingerissene Stelle*) crack; (*in Papier*) tear ❷ (*Knacks*) rift ❸ (*Umrisszeichnung*) [outline] sketch
ris·sig ['rɪsɪç] *adj* ❶ (*mit Rissen versehen*) cracked ❷ Hände chapped ❸ (*brüchig*) brittle
Ri·ten *pl von* Ritus
ritt [rɪt] *imp von* reiten
Ritt <-[e]s, -e> [rɪt] *m* ride
Rit·ter <-s, -> ['rɪtɐ] *m* knight
Rit·ter·burg *f* knight's castle
rit·ter·lich *adj* ❶ (*höflich zu Damen*) chivalrous ❷ HIST knightly *liter*
Rit·ter·lich·keit *f kein pl* chivalrousness
Rit·ter·ro·man *m* tale of courtly love **Rit·ter·rüs·tung** *f* knight's armour
ritt·lings ['rɪtlɪŋs] *adv* astride
Ri·tu·al <-s, -e *o* -ien> [riˈtuaːl, *pl* -liən] *nt* ritual
ri·tu·ell [riˈtuɛl] *adj* ritual
Ri·tus <-, Riten> ['riːtʊs, *pl* ˈriːtən] *m* rite
Ritz <-es, -e> [rɪts] *m* ❶ (*Kratzer*) scratch ❷ s. Ritze
Rit·ze <-, -n> ['rɪtsə] *f* crack
rit·zen ['rɪtsn] **I.** *vt* ❶ (*einkerben*) ■ **etw auf/in etw** *akk* **~** to carve sth on/in sth ❷ (*kratzen*) to scratch ▶ **geritzt sein** (*sl*) to be okay *fam* **II.** *vr* ■ **sich ~** to scratch oneself (**an** *an*)
Ri·va·le, Ri·va·lin <-n, -n> [riˈvaːlə, riˈvaːlɪn] *m, f* rival (**um** for)
ri·va·li·sie·ren* [rivaliˈziːrən] *vi* (*geh*) ■ **mit jdm ~** to compete with sb; ■ **-d** rival *attr*
Ri·va·li·tät <-, -en> [rivaliˈtɛːt] *f* (*geh*) rivalry
Ri·vi·e·ra <-> [riˈvi̯eːra] *f* riviera; ■ **die ~** the Riviera
Ri·zi·nus <-, -*o* -se> [ˈriːtsinʊs] *m* ❶ (*Pflanze*) castor-oil plant ❷ kein *pl* (*fam*: *~ öl*) cas-

tor oil *no art, no pl*
Ri·zi·nus·öl *nt* castor oil *no art, no pl*
RNS <-> [ɛrʔɛnʔɛs] *f kein pl Abk von* **Ribonukleinsäure** RNA *no art, no pl*
Roast·beef <-s, -s> ['roːstbiːf] *nt* roast beef *no indef art, no pl*
Rob·be <-, -n> ['rɔbə] *f* seal
rob·ben ['rɔbn̩] *vi sein* to crawl
Ro·be <-, -n> ['roːbə] *f* ❶ *(langes Abendkleid)* evening gown ❷ *(Talar)* robe[s] *pl*
Ro·bo·ter <-s, -> ['rɔbɔtɐ] *m* robot
Ro·bo·tik <-> ['rɔbɔtɪk] *f kein pl* robotics
ro·bust [ro'bʊst] *adj* robust
Ro·bust·heit <-> *f kein pl* robustness *no art, no pl*
roch [rɔx] *imp von* **riechen**
rö·cheln ['rœçl̩n] *vi* to breathe stertorously form; *Sterbender* to give the death rattle *liter*
Ro·chen <-s, -> ['rɔxn̩] *m* ray
Rock¹ <-[e]s, Röcke> [rɔk, *pl* 'rœkə] *m* ❶ *(Damen~)* skirt ❷ SCHWEIZ *(Kleid)* dress ❸ SCHWEIZ *(Jackett)* jacket
Rock² <-[s], -[s]> [rɔk] *m kein pl* MUS rock *no art, no pl*
ro·cken ['rɔkn̩] *vi* to rock
Ro·cker(in) <-s, -> ['rɔkɐ] *m(f)* rocker
Rock·grup·pe *f* rock group
ro·ckig ['rɔkɪç] *adj* MUS rocking
Ro·del·bahn *f* toboggan run
ro·deln ['roːdl̩n] *vi sein o haben* to sledge, to toboggan
ro·den ['roːdn̩] *vt* to clear
Ro·dung <-, -en> *f* ❶ *(gerodete Fläche)* clearing ❷ *kein pl (das Roden)* clearance *no art, no pl*
Ro·gen <-s, -> ['roːgn̩] *m* roe *no art, no pl*
Rog·gen <-s-> ['rɔgn̩] *m kein pl* rye *no art, no pl*
Rog·gen·brot *nt* rye bread *no pl* **Rog·gen·mehl** *nt* rye flour
roh [roː] **I.** *adj* ❶ *(nicht zubereitet)* raw ❷ *(unbearbeitet)* crude; *Holzklotz* rough; *Marmorblock* unhewn ❸ *(brutal)* rough ❹ *(rüde)* coarse **II.** *adv* ❶ *(in rohem Zustand)* raw, in a raw state; **er schluckte das Ei ~ hinunter** he swallowed the egg raw ❷ *(ungefüge)* roughly
Roh·bau <-bauten> *m* shell
Roh·heit^ALT <-, -en> ['roːhajt] *f s.* **Rohheit**
Roh·ge·wicht *nt* gross weight
Roh·heit^RR <-, -en> ['roːhajt] *f* ❶ *kein pl (Brutalität)* brutality *no art, no pl* ❷ *kein pl (Rauheit)* coarseness *no art, no pl* ❸ *(brutale Handlung)* brutal act
Roh·kost *f* uncooked vegetarian food *no art, no pl*
Roh·ling <-s, -e> ['roːlɪŋ] *m* ❶ *(brutaler Kerl)* brute ❷ *(unbearbeitetes Werkstück)*

blank
Roh·ma·te·ri·al *nt* raw material **Roh·öl** *nt* crude oil
Rohr¹ <-[e]s, -e> [roːɐ̯] *nt* ❶ TECH pipe; *(mit kleinerem Durchmesser, flexibel)* tube ❷ *(Lauf)* barrel ❸ SÜDD, ÖSTERR *(Backofen)* oven
Rohr² <-[e]s, -e> [roːɐ̯] *nt* ❶ *kein pl (Ried)* reed ❷ *kein pl (Röhricht)* reeds *pl*
Rohr·bruch *m* burst pipe
Röh·re <-, -n> ['røːrə] *f* ❶ *(Hohlkörper)* tube ❷ *(Leuchtstoff~)* neon tube ❸ *(Backofen)* oven ▶ **in die ~ gucken** *(fam)* to be left out
röh·ren ['røːrən] *vi* ❶ *Hirsch* to bellow ❷ *(fam: heiser grölen)* to bawl ❸ *(laut dröhnen)* to roar
Rohr·lei·tung *f* pipe **Rohr·mat·te** *f* rush mat **Rohr·netz** *nt* network of pipes **Rohr·spatz** *m* ▶ **wie ein ~ schimpfen** *(fam)* to swear like a trooper [*or* AM sailor] **Rohr·stock** *m* cane **Rohr·zan·ge** *f* pipe wrench **Rohr·zu·cker** *m* cane sugar *no art, no pl*
Roh·sei·de *f* raw silk *no art, no pl*
Roh·stoff *m* raw material **Roh·stoff·ver·knap·pung** *f* shortage of raw materials
Roh·zu·cker *m* cane sugar **Roh·zu·stand** *m* **im ~** in an/the unfinished state
Ro·ko·ko <-s> ['rɔkoko, roko'koː] *nt kein pl* ❶ *(Stil)* rococo *no art, no pl* ❷ *(Zeitalter)* Rococo period *no indef art, no pl*
Rolla·den^ALT <-s, Rolläden *o* -> *m s.* **Rollladen**
Roll·bahn *f* LUFT runway **Roll·bra·ten** *m* rolled joint
Rol·le¹ <-, -n> ['rɔlə] *f* ❶ *(aufgewickeltes Material)* a roll of wire/lemon drops ❷ *(Garn~)* reel ❸ *(Laufrad)* roller; *(Möbel~)* caster ❹ *(Spule)* reel; *Flaschenzug, Seilwinde* pulley ❺ *(Turnübung)* roll; **eine ~ machen** to do a roll
Rol·le² <-, -n> ['rɔlə] *f* ❶ FILM, THEAT *(a. fig)* role, part; **eine ~ spielen** to play a part ❷ *(Beteiligung, Part)* role, part; **das spielt doch keine ~!** it's of no importance! ❸ SOZIOL role; **eine Ehe mit streng verteilten ~n** a marriage with strict allocation of roles ▶ **aus der ~ fallen** to behave badly; **sich in jds ~ versetzen** to put oneself in sb's place
rol·len ['rɔlən] **I.** *vi sein* to roll; *Fahrzeug* to roll [along]; *Flugzeug* to taxi; *Lawine* to slide ▶ **etw ins R~ bringen** to set sth in motion **II.** *vt* ❶ *(zusammen~)* ■ **etw ~** to roll [up *sep*] sth ❷ *(~ d fortbewegen)* ■ **etw irgendwohin ~** to roll sth somewhere **III.** *vr (sich ein~)* ■ **sich in etw** *akk* ~ to curl up in sth
Rol·len·mus·ter *nt* SOZIOL role stereotype, role pattern **Rol·len·spiel** *nt* role play **Rol·len·tausch** *m kein pl* role reversal **Rol·len-**

ver·hal·ten *nt kein pl* role[-specific] behaviour

Rol·ler <-s, -> ['rɔlɐ] *m* ❶ (*Kinderfahrzeug*) scooter; (*Motor~*) [motor] scooter ❷ ÖSTERR (*Rollo*) [roller] blind, shade AM

Rol·ler·bla·der(in) ['ro:lɛblɛ:dɐ] *m(f)* in-line skater

Roll·feld *nt* runway

Rol·li <-s, -s> ['rɔli] *m* MODE (*fam*) polo neck, turtleneck AM

Roll·kra·gen, Roll·kra·gen·pull·o·ver *m* polo neck, turtleneck AM *usu*

Roll·la·den^RR <-s, Rollläden *o* -> *m* shutter *usu pl* **Roll·mops** ['rɔlmɔps] *m* rollmop BRIT

Rol·lo <-s, -s> ['rɔlo, rɔ'lo:] *nt* [roller] blind, shade AM

Roll·schuh *m* roller skate; **~ laufen** to roller-skate

Roll·stuhl *m* wheelchair **Roll·stuhl·fah·rer(in)** *m(f)* wheelchair user **roll·stuhl·ge·recht** *adj* suitable for wheelchairs

Roll·trep·pe *f* escalator

Rom <-s> [rɔm] *nt kein pl* Rome *no art, no pl*

ROM <-[s], -[s]> [rɔm] *nt Abk von* **read-only memory** ROM

Ro·ma [ro:ma] *pl* Roma *pl*

Ro·man <-s, -e> [ro'ma:n] *m* novel

Ro·man·ci·er <-s, -s> [romãˈsie:] *m* (*geh*) novelist

Ro·ma·ne, Ro·ma·nin <-n, -n> [ro'ma:nə, ro'ma:nɪn] *m, f* neo-Latin

Ro·ma·nik <-> [ro'ma:nɪk] *f kein pl* ■ **die ~** the Romanesque period *spec*

Ro·ma·nin <-, -nen> *f fem form von* **Ro·ma·ne**

ro·ma·nisch [ro'ma:nɪʃ] *adj* ❶ LING, GEOG Romance ❷ HIST Romanesque *spec* ❸ SCHWEIZ (*rätoromanisch*) Rhaeto-Romanic

Ro·ma·nist(in) <-en, -en> [roma'nɪst] *m(f)* scholar/student/teacher of Romance languages and literature

Ro·ma·nis·tik <-> [roma'nɪstɪk] *f kein pl* Romance studies

Ro·ma·nis·tin <-, -nen> *f fem form von* **Ro·ma·nist**

Ro·man·schrift·stel·ler(in) <-s, -> *m(f)* novelist

Ro·man·tik <-> [ro'mantɪk] *f kein pl* ❶ (*Epoche*) ■ **die ~** the Romantic period ❷ (*gefühlsbetonte Stimmung*) romanticism *no art, no pl*; [einen] **Sinn für ~ haben** to have a sense of romance

Ro·man·ti·ker(in) <-s, -> [ro'mantɪkɐ] *m(f)* ❶ (*Künstler der Romantik*) Romantic writer/composer/poet ❷ (*gefühlsbetonter Mensch*) romantic

ro·man·tisch [ro'mantɪʃ] **I.** *adj* ❶ (*zur Romantik gehörend*) Romantic ❷ (*gefühlvoll*) romantic ❸ (*malerisch*) picturesque **II.** *adv* picturesquely

Ro·man·ze <-, -n> [ro'mantsə] *f* LIT romance; (*Liebesbeziehung*) romantic affair

Rö·mer(in) <-s, -> ['rø:mɐ] *m(f)* Roman; **die alten ~** the ancient Romans

rö·misch ['rø:mɪʃ] *adj* Roman

ROM-Spei·cher *m* ROM [store]

rönt·gen ['rœntgn] *vt* to x-ray; ■ **sich ~ lassen** to be x-rayed

Rönt·gen <-s> ['rœntgn] *nt kein pl* x-raying *no art, no pl*

Rönt·gen·auf·nah·me *f* X-ray [photograph] **Rönt·gen·ge·rät** *nt* X-ray apparatus **Rönt·gen·strah·len** *pl* X-rays *pl* **Rönt·gen·un·ter·su·chung** *f* X-ray examination

ro·sa ['ro:za] *adj* pink **ro·sa·rot** *adj* rose pink

Ro·se <-, -n> ['ro:zə] *f* ❶ (*Strauch*) rose bush ❷ (*Blüte*) rose

Ro·sé <-s, -s> [ro'ze:] *m* rosé

Ro·sen·kohl *m* [Brussels] sprouts **Ro·sen·kranz** *m* rosary **Ro·sen·mon·tag** *m* Monday before Shrove Tuesday, climax of the German carnival celebrations **Ro·sen·stock** <-[e]s, -stöcke> *m* standard rose

Ro·set·te <-, -n> [ro'zɛtə] *f* ❶ (*Fenster*) rose window ❷ (*Schmuck~*) rosette

ro·sig ['ro:zɪç] *adj* rosy

Ro·si·ne <-, -n> [ro'zi:nə] *f* raisin

Ros·ma·rin <-s> ['rɔsmari:n] *m kein pl* rosemary *no art, no pl*

Ross^RR <-es, -e *o* Rösser> *nt*, **Roß**^ALT <Rosses, Rosse *o* Rösser> [rɔs, *pl* 'rœsə] *nt* ❶ (*liter: Reitpferd*) steed ❷ SÜDD, ÖSTERR, SCHWEIZ (*Pferd*) horse

Ross·haar^RR *nt kein pl* horsehair *no art, no pl* **Ross·kas·ta·nie**^RR *f* [horse] chestnut **Ross·kur**^RR *f* (*hum*) drastic cure

Rost¹ <-[e]s> [rɔst] *m kein pl* TECH, BOT rust *no art, no pl*

Rost² <-[e]s, -e> [rɔst] *m* ❶ (*Gitter*) grating; (*Schutz~*) grille ❷ (*Grill~*) grill ❸ (*Bett~*) base

Rost·bra·ten *m* ❶ (*Braten*) roast beef *no art, no pl* ❷ (*Steak*) grilled steak

rost·braun *adj Haar* auburn; *Kleidungsstück, Fell* russet

ros·ten ['rɔstn] *vi sein o haben* to rust

rös·ten ['rø:stn, 'rœstn] *vt* to roast; *Brot* to toast

rost·frei *adj* stainless

Rös·ti <-> ['rø:sti] *pl* SCHWEIZ [sliced] fried potatoes *pl*

ros·tig ['rɔstɪç] *adj* rusty

Röst·kar·tof·feln *pl* fried potatoes *pl*

Rost·lau·be *f* (*hum fam*) rust bucket
Rost·schutz·far·be *f* antirust[ing] paint
Rost·schutz·mit·tel *nt* rust prevention agent
rot <-er *o* röter, -este *o* röteste> [ro:t] **I.** *adj* red; ■ ~ werden to go red; (*aus Scham a.*) to blush; (*Ampel*) ■ **es ist** ~ it's red **II.** *adv* red; **etw** ~ **unterstreichen** to underline sth in red; **vor Scham lief er im Gesicht** ~ **an** his face went red with shame; ~ **glühend** red-hot; [**bei etw** *dat*] ~ **sehen** (*fig fam*) to see red [as a result of sth]
Ro·ta·ti·on <-, -en> [rota'tsjo:n] *f* rotation
Ro·ta·ti·ons·ach·se [-aksə] *f* axis of rotation
Rot·barsch *m* rosefish **rot·blond** *adj* sandy; **eine** ~ **e Frau** a strawberry blonde; **ein** ~ **er Mann** a sandy-haired man **rot·braun** *adj* reddish brown **Rot·bu·che** *f* [common] beech
Rö·te <-> ['rø:tə] *f kein pl* (*geh*) red[ness]
Ro·te-Ar·mee-Frak·ti·on *f* **die** ~ the Red Army Faction
Rö·tel <-s, -> ['rø:tl] *m* red chalk *no art, no pl*
Rö·teln ['rø:tln] *pl* rubella *no art, no pl spec*
rö·ten ['rø:tn̩] **I.** *vr* ■ **sich** ~ to turn red; *Wangen a.* to flush **II.** *vt* to redden
Rot·fuchs *m* (*Pferd*) chestnut **rot·haa·rig** *adj* red-haired; ■ ~ **sein** to have red hair **Rot·haut** *f* (*fam*) redskin *dated or pej*
ro·tie·ren* [ro'ti:rən] *vi sein o haben* ① (*sich um die eigene Achse drehen*) to rotate ② (*fam: hektisch agieren*) to rush around like mad
Rot·käpp·chen <-s> *nt kein pl* Little Red Ridinghood *no art, no pl* **Rot·kehl·chen** <-s, -> *nt* robin **Rot·kohl** *m*, **Rot·kraut** *nt* SÜDD, ÖSTERR red cabbage *no art, no pl*
röt·lich ['rø:tlɪç] *adj* reddish
Rot·licht·mi·li·eu *nt* demi-monde *liter* **Rot·licht·vier·tel** *nt* red-light district
Rot·schopf *m* redhead **rot·se·hen** *vi irreg* (*fam*) to see red **Rot·stift** *m* red pencil/crayon/pen ■ [**bei etw** *dat*] **den** ~ **ansetzen** to make cutbacks [in sth]
Rö·tung <-, -en> *f* reddening *no pl*
Rot·wein *m* red wine **Rot·wild** *nt* red deer
Rotz <-es> [rɔts] *m kein pl* snot ► ~ **und Wasser heulen** (*fam*) to cry one's eyes out
Rotz·fah·ne *f* (*sl*) snot-rag *pej fam* **rotz·frech** ['rɔts'frɛç] *adj* (*fam*) cocky
rot·zig <-er, -ste> ['rɔtsɪç] *adj* ① *Nase, Taschentuch* snotty ② (*unverschämt frech*) cheeky
Rotz·jun·ge *m* (*pej fam*) snotty little brat **Rotz·lüm·mel** *m* (*sl*) snotty-nosed brat **Rotz·na·se** *f* (*fam*) ① (*schleimige Nase*) snotty nose ② (*freches Kind*) snotty-nosed brat *pej*

Rouge <-s, -s> [ruːʒ] *nt* rouge *no art, no pl*
Rou·la·de <-, -n> [ru'laːdə] *f* roulade *spec*
Rou·lette <-s, - *o* -s> [ru'lɛt] *nt* roulette *no art, no pl*
Rou·te <-, -n> ['ruːtə] *f* route
Rou·ti·ne <-> [ru'tiːnə] *f kein pl* ① (*Erfahrung*) experience *no art, no pl*; (*Gewohnheit*) routine *no pl*
Rou·ti·ne·ar·beit *f* routine work
Rou·ti·ne·mä·ßig **I.** *adj* routine **II.** *adv* as a matter of routine
Rou·ti·ne·un·ter·su·chung *f* routine examination
Rou·ti·ni·er <-s, -s> [ruti'nje:] *m* experienced person
rou·ti·niert [ruti'niːɐ̯t] **I.** *adj* ① (*mit Routine erfolgend*) routine ② (*erfahren*) experienced **II.** *adv* in a practised manner
Row·dy <-s, -s> ['raudi] *m* hooligan
Ro·ya·list(in) <-en, -en> [roaja'lɪst] *m(f)* royalist
rub·beln ['rʊbl̩n] **I.** *vt* ■ **etw** ~ to rub sth hard **II.** *vi* to rub hard; ■ **sich** ~ to give oneself a rub-down
Rü·be <-, -n> ['ryːbə] *f* ① KOCHK, BOT turnip; **Gelbe** ~ SÜDD, SCHWEIZ carrot; **Rote** ~ beetroot ② (*fam: Kopf*) nut; [**von jdm**] **eins auf die** ~ **kriegen** to get a clout round the ear [from sb]
Ru·bel <-s, -> ['ruːbl̩] *m* rouble, Rubel AM
rü·ber ['ryːbɐ] *adv* (*fam*) *s.* **herüber, hinüber**
rü·ber|brin·gen *vt irreg* (*fam*) ■ [**jdm**] **etw** ~ to get across *sep* sth [to sb] **rü·ber|kom·men** *vi irreg sein* (*sl*) ■ [**zu jdm**] ~ to come across [to sb] **rü·ber|schie·ben** *vt* (*sl*) **jdm Geld** ~ to cough up *sep* [money]
Ru·bin <-s, -e> [ru'biːn] *m* ruby
Ru·brik <-, -en> [ru'briːk] *f* ① (*Kategorie*) category ② (*Spalte*) column
ruch·los ['ruːxloːs] *adj* (*geh*) heinous; (*niederträchtig a.*) dastardly *liter*
Ruck <-[e]s, -e> [rʊk] *m* jolt ► **sich** *dat* **einen** ~ **geben** (*fam*) to pull oneself together
ruck [rʊk] *interj* ~, **zuck** (*fam*) in a jiffy; **etw** ~, **zuck erledigen** to do sth in no time at all
ruck·ar·tig **I.** *adj* jerky, jolting *attr* **II.** *adv* with a jerk
Rück·be·sin·nung *f* recollection (**auf** of)
Rück·bil·dung *f* ① (*Abheilung*) regression *no pl* ② (*Verkümmerung*) atrophy *no pl, no art, no pl* ③ BIOL degeneration *no pl* **Rück·blen·de** *f* flashback **Rück·blick** *m* look *no pl* back (**auf** at); **im** ~ **auf etw** *akk* looking back at sth **rück·bli·ckend** **I.** *adj* retrospective **II.** *adv* in retrospect

rückfragen

rückfragen | checking

rückfragen	checking
Meinst du damit, dass …?	Do you mean that …?
Soll das heißen, dass …?	Does that mean that …?
Habe ich Sie richtig verstanden, dass …?	Have I understood you correctly that …?
Wollen Sie damit sagen, dass …?	Do you mean to say that …?

kontrollieren, ob Inhalt/Zweck eigener Äußerungen verstanden werden | ascertaining whether something has been understood

kontrollieren, ob Inhalt/Zweck eigener Äußerungen verstanden werden	ascertaining whether something has been understood
Kapito? (sl)	Got it? (fam)
Alles klar? (fam)/Ist das klar?	Everything clear?/Is that clear?
Verstehst du, was ich (damit) meine?	Do you understand what I mean?
Haben Sie verstanden, auf was ich hinaus möchte?	Have you understood what I'm trying to get at?
Ich weiß nicht, ob ich mich verständlich machen konnte.	I don't know if I made myself clear.

---

ru·ckeln ['rʊkl̩n] *vi* to tug (**an** at)
ru·cken ['rʊkn̩] *vi* to jerk
rü·cken ['rʏkn̩] **I.** *vi sein* ① (*weiter~*) ■ [**irgendwohin**] ~ to move [somewhere]; **zur Seite ~** to move aside; (*auf einer Bank a.*) to budge up BRIT *fam*, to slide down AM ② (*gelangen*) **ein bemannter Raumflug zum Mars ist in den Bereich des Wahrscheinlichen gerückt** a manned space flight to Mars is now within the bounds of probability; **in den Mittelpunkt des Interesses ~** to become the centre of interest **II.** *vt* ① (*schieben*) ■ **etw irgendwohin ~** to move sth somewhere ② (*zurecht~*) **er rückte den Hut in die Stirn** he pulled his hat down over his forehead; **seine Krawatte gerade ~** to straighten one's tie
Rü·cken <-s, -> ['rʏkn̩] *m* ① ANAT back; **jdm den ~ decken** MIL to cover sb's back; (*fig*) to back up *sep* sb; **jdm den ~ zudrehen** to turn one's back on sb; **~ an ~** back to back; **auf dem ~** on one's back; **hinter jds ~** (*a. fig*) behind sb's back; **mit dem ~ zu jdm/ etw** *dat* with one's back to sb/sth ② KOCHK saddle ③ (*Buch~*) spine ▶ **mit dem ~ zur Wand stehen** to have one's back to the wall; **jdm läuft es [eis]kalt über den ~** cold shivers run down sb's spine; **jdm in den ~ fallen** to stab sb in the back; **jdm/sich** *dat* **den ~ freihalten** to keep sb's/one's options open; **jdm den ~ [gegen jdn] stärken** to give sb moral support [against sb]
Rü·cken·de·ckung *f* backing *no art, no pl*; **finanzielle ~** financial backing; MIL **jdm ~ geben** to cover sb's rear **Rü·cken·leh·ne** *f* back rest BRIT, seat back AM **Rü·cken·mark** *nt* spinal cord *no pl* **Rü·cken·schmer·zen** *pl* back pain *n sing*, backache *nsing* **Rü·cken·schwim·men** *nt* backstroke *no pl* **Rü·cken·wind** *m* tail wind
rück·er·stat·ten* *vt nur infin und pp* ■ **etw ~** to refund sth; **jdm seine Verluste ~** to reimburse sb for his/her losses *form* **Rück·er·stat·tung** *f* refund; **von Verlusten** reimbursement *form*
Rück·fahr·kar·te *f* return ticket **Rück·fahrt** *f* return journey **Rück·fall** *m* ① MED relapse *form* ② JUR subsequent offence ③ (*geh: erneutes Aufnehmen*) ■ **ein ~ in etw** *akk* a relapse into sth
rück·fäl·lig *adj* JUR recidivist *attr*; **Täter** repeat
Rück·flug *m* return flight **Rück·flug·ti·cket** *nt* return air [*or* AM roundtrip plane] ticket
Rück·fra·ge *f* query (**zu** regarding)
Rück·ga·be *f* return
Rück·gang *m* **der/ein ~ einer S.** *gen* the/a drop in sth; **im ~ begriffen sein** (*geh*) to be falling
rück·gän·gig *adj* **etw ~ machen** to cancel sth

Rück·ge·win·nung f recovery no pl **Rück·grat** <-[e]s, -e> nt ① (*Wirbelsäule*) spine ② kein pl (geh: *Stehvermögen*) backbone ▶ jdm das ~ **brechen** to break sb; (jdn ruinieren) to ruin sb; **ohne** ~ spineless pej **Rück·griff** m recourse no indef art, no pl (auf to) **Rück·halt** m support no art, no pl ▶ **ohne** ~ unreservedly **rück·halt·los I.** adj ① (*bedingungslos*) unreserved ② (*schonungslos*) unsparing; Kritik ruthless; Offenheit complete **II.** adv unreservedly **Rück·hand** f kein pl SPORT backhand

Rück·kehr <-> f kein pl ① (*das Zurückkommen*) return ② (*erneutes Auftreten*) comeback

Rück·kop·pe·lung, Rück·kopp·lung f feedback no pl **Rück·la·ge** f ① (*Ersparnisse*) savings npl ② FIN (*Reserve*) reserve fund **Rück·lauf** <-[e]s> m kein pl ① TECH return pipe; Maschine return stroke ② (*Gegenströmung*) return flow ③ (*bei einem Aufnahmegerät*) rewind ④ (*bei einer Schusswaffe*) recoil **rück·läu·fig** ['rʏklɔyfɪç] adj declining **Rück·licht** nt tail light; eines Fahrrads a. back light

rück·lings ['rʏklɪŋs] adv ① (*von hinten*) from behind ② (*verkehrt herum*) the wrong way round ③ (*nach hinten*) backwards ④ (*mit dem Rücken*) ▶ ~ **an/zu** etw dat with one's back against/to sth

Rück·marsch m ① (*Rückweg*) march back ② MIL retreat **Rück·mel·de·frist** f re-registration period **rück|mel·den** vr SCH to re-register BRIT, to register AM (*used of continuing students*)

Rück·nah·me <-, -n> f taking back; **wir garantieren die anstandslose ~ der Ware** we promise to take back the goods without objection; JUR ~ **der Klage** withdrawal of the action

Rück·por·to nt return postage no indef art, no pl

Rück·rei·se f return journey **Rück·rei·se·ver·kehr** m kein pl homebound traffic

Rück·ruf m ① (*Anruf als Antwort*) return call ② ÖKON (*das Einziehen*) recall

Ruck·sack ['rʊkzak] m rucksack, backpack AM usu **Ruck·sack·tou·rist(in)** <-turɪst> m(f) backpacker

Rück·schau <-> f kein pl ① (*Rückblick*) reflection; ~ **auf die letzten Jahre halten** to look back over the last few years ② MEDIA review **Rück·schlag** m ① (*Verschlechterung*) setback ② (*Rückstoß*) recoil no pl **Rück·schluss**ᴿᴿ m conclusion (aus from); **einen ~ auf** etw akk **erlauben** to allow a conclusion to be drawn about sth; [aus etw dat] **den ~ ziehen, dass ...** to conclude [from sth] that ... **Rück·schritt** m step backwards

rück·schritt·lich adj ① (*einen Rückschritt bedeutend*) retrograde ② s. **reaktionär**

Rück·sei·te f ① (*rückwärtige Seite*) reverse [side] ② (*hintere Seite*) rear; **auf der/die ~** at/to the rear

Rück·sicht <-, -en> ['rʏkzɪçt] f consideration no art, no pl; **ohne ~ auf Verluste** (fam) regardless of losses; **keine ~ kennen** to be ruthless; **[auf jdn] nehmen** to show consideration [for sb]; ~ **auf** etw akk **nehmen** to take sth into consideration

Rück·sicht·nah·me <-> f kein pl consideration no art, no pl

rück·sichts·los I. adj ① (*keine Rücksicht kennend*) inconsiderate ② (*schonungslos*) ruthless **II.** adv ① (*ohne Nachsicht*) inconsiderately ② (*schonungslos*) ruthlessly

Rück·sichts·lo·sig·keit <-, -en> f thoughtlessness no art, no pl

rück·sichts·voll adj considerate (**zu** towards)

Rück·sitz m rear seat **Rück·spie·gel** m rear [view] mirror **Rück·spiel** nt return match BRIT, rematch AM **Rück·spra·che** f consultation; ~ **[mit jdm] halten** to consult [with sb]

Rück·stand¹ m ① (*Zurückbleiben hinter der Norm*) backlog no pl ② pl FIN outstanding payments pl ③ SPORT deficit (**von** of); [**gegenüber jdm**] **mit** etw dat **im ~ sein** to be behind [sb] by sth ④ (*Zurückbleiben in der Leistung*) inferior position; **seinen ~ aufholen** to make up lost ground

Rück·stand² m ① (*Bodensatz*) remains npl ② (*Abfallprodukt*) residue form

rück·stän·dig¹ ['rʏkʃtɛndɪç] adj (*überfällig*) overdue

rück·stän·dig² ['rʏkʃtɛndɪç] adj (*zurückgeblieben*) backward

Rück·stän·dig·keit <-> f kein pl backwardness no art, no pl

Rück·strah·ler <-s, -> m reflector

Rück·tritt m ① (*Amtsniederlegung*) resignation ② JUR withdrawal (**von** from) ③ (*~ bremse*) back-pedal brake **Rück·tritt·brem·se** f s. Rücktritt 3

Rück·tritts·recht nt right of withdrawal [from a contract]

rück|ver·gü·ten* vt nur infin und pp ▪ **jdm** etw ~ to refund sb's sth **rück|ver·si·chern*** vr nur infin und pp ▪ **sich** ~ to check [up or back] **Rück·wand** f ① (*rückwärtige Mauer*) back wall ② (*rückwärtige Platte*) back [panel]

rück·wär·tig ['rʏkvɛrtɪç] adj back attr, rear attr

rück·wärts ['rʏkvɛrts] *adv* ❶ *(rücklings)* backwards; **~ einparken** to reverse into a parking space ❷ *(nach hinten)* backward ❸ ÖSTERR *(hinten)* at the back; **von ~** SÜDD, ÖSTERR *(von hinten)* from behind
Rück·wärts·gang *m* reverse [gear]; **den ~ einlegen** to engage reverse [gear]
Rück·weg *m* way back; **sich auf den ~ machen** to head back
ruck·wei·se *adv* **sich ~ bewegen** to move jerkily
rück·wir·kend I. *adj* retrospective **II.** *adv* retrospectively **Rück·wir·kung** *f* repercussion **Rück·zah·lung** *f* repayment **Rück·zie·her** <-s, -> *m* **einen ~ machen** *(fam: eine Zusage zurückziehen)* to back out; *(nachgeben)* to climb down
Rück·zug *m* ❶ MIL retreat *no pl*; **den ~ antreten** to retreat ❷ SCHWEIZ *(Abhebung von einem Konto)* withdrawal **Rück·zugs·ge·biet** *nt* area of retreat
rü·de ['ry:də] *adj (geh)* coarse; *Benehmen* uncouth
Rü·de <-n, -n> ['ry:də] *m* [male] dog
Ru·del <-s, -> ['ru:dl] *nt* herd; *von Wölfen* pack; *von Menschen* swarm
Ru·der <-s, -> ['ru:dɐ] *nt* ❶ *(langes Paddel)* oar *(Steuer~)* helm; *eines kleineren Bootes a.* rudder
Ru·der·boot *nt* rowing boat, rowboat AM
Ru·de·rer, Ru·de·rin <-s, -> *m, f* rower
ru·dern ['ru:dɐn] **I.** *vi* ❶ sein *o* haben *(durch Ruder bewegen)* to row ❷ haben *(paddeln)* to paddle **II.** *vt* haben *(im Ruderboot befördern)* to row ❶ sein *o* haben *(~ d zurücklegen)* to row
Ru·der·re·gat·ta *f* rowing regatta
ru·di·men·tär [rudimɛnˈtɛːɐ̯] *adj* rudimentary
Ruf <-[e]s, -e> [ru:f] *m* ❶ *(Aus~)* shout; *(an jdn gerichtet)* call ❷ *kein pl (Ansehen)* reputation; **einen guten/schlechten ~ haben** to have a good/bad reputation **(als** as); **jdn in schlechten ~ bringen** to get sb a bad reputation ❸ UNIV offer of a chair
ru·fen <rief, gerufen> ['ru:fn] **I.** *vi* ❶ *(aus~)* to cry out ❷ *(a. fig: nach jdm/etw verlangen)* ■ **nach jdm** ~ to call [for sb] ❸ *(nach Erfüllung drängen)* **die Pflicht ruft** duty calls ❹ *(durch ein Signal auffordern)* ■ **zu etw** *dat*] **~** to call [to sth] **II.** *vi impers* ■ **es ruft [jd/etw]** sb/sth is calling **III.** *vt* ❶ *(aus~)* to shout ❷ *(herbestellen)* to call; ■ **jdn zu sich** *dat* **~** to summon sb [to one]; ■ **jdn ~ lassen** to send for sb; **[jdm] wie ge~ kommen** to come just at the right moment
Rüf·fel <-s, -> ['rʏfl] *m (fam)* telling off
Ruf·mord *m* character assassination **Ruf·na·me** *m* [fore]name **Ruf·num·mer** *f* [tele]phone number **Ruf·schä·di·gung** *f* JUR disparagement **Ruf·wei·te** *f* **außer/in ~** out of/[with]in earshot **Ruf·zei·chen** *nt* ❶ TELEK ringing tone ❷ ÖSTERR *(Ausrufungszeichen)* exclamation mark [*or* AM point]
Rug·by <-> ['rakbi] *nt kein pl* rugby *no art, no pl*
Rü·ge <-, -n> ['ry:gə] *f (geh)* reprimand; **jdm eine ~ erteilen** to reprimand sb (**wegen** for)
rü·gen ['ry:gn̩] *vt (geh)* ■ **etw ~** to censure sth; ■ **jdn ~** to reprimand sb
Ru·he <-> ['ru:ə] *f kein pl* ❶ *(Stille)* quiet *no art, no pl*, silence *no art, no pl*; **~!** quiet!; **~ geben** to be quiet ❷ *(Frieden)* peace *no art, no pl*; **jdm keine ~ gönnen** to not give sb a minute's peace; **jdn [mit etw** *dat*] **in ~ lassen** to leave sb in peace [with sth] ❸ *(Erholung)* rest; **sich** *dat* **keine ~ gönnen** to not allow oneself any rest; **jdm keine ~ lassen** to not give sb a moment's rest ❹ *(Gelassenheit)* calm[ness] *no pl*; **[die] ~ bewahren** to keep calm; **jdn aus der ~ bringen** to disconcert sb; **sich [von jdm/etw] nicht aus der ~ bringen lassen** to not let oneself get worked up [by sb/sth]; **die ~ weg haben** *(fam)* to be unflappable; **in [aller] ~** *(really)* calmly; **immer mit der ~!** *(fam)* take things easy! ▶ **die ~ vor dem Sturm** the calm before the storm; **jdn zur letzten ~ betten** *(geh)* to lay sb to rest; **keine ~ geben, bis ...** to not rest until ...; **sich zur ~ setzen** to retire
ru·he·be·dürf·tig *adj (geistig)* in need of peace; *(körperlich)* in need of rest
ru·he·los *adj* restless
Ru·he·lo·sig·keit <-> *f kein pl* restlessness *no art, no pl*
ru·hen ['ru:ən] *vi* ❶ *(geh: aus~)* to [have a] rest; **nicht eher ~ werden, bis ...** to not rest until ... ❷ *(geh: sich stützen)* to rest **(auf** on) ❸ *Blick* to rest **(auf** on) ❹ *(eingestellt sein)* to be suspended; **etw ~ lassen** to let sth rest; **ein Projekt ~ lassen** to drop a project; **die Vergangenheit ~ lassen** to forget the past; **am Samstag ruht in den meisten Betrieben die Arbeit** most firms don't work on a Saturday ❺ *(geh: begraben sein)* to lie
Ru·he·pau·se *f* break **Ru·he·raum** *m* ❶ *(im Büro)* rest room ❷ *(fig: sicherer Ort)* haven **Ru·he·stand** *m kein pl* retirement *no art, no pl*; **in den ~ gehen** to retire; **im ~** retired **Ru·he·ständ·ler(in)** <-s, -> ['ru:əʃtɛntlɐ] *m(f)* retired person **Ru·he·stät·te** *f* **letzte ~** *(geh)* final resting-place **Ru·he·stel·lung** *f* ❶ *einer Maschine* off position ❷ *eines Körpers, Pendels* resting posi-

Um Ruhe bitten

zum Schweigen auffordern	asking for silence
Psst! (*fam*)	Shh!/Shush!
Ruhig!	Quiet!
Halt's Maul! (*derb*)/Schnauze! (*derb*)	Shut your face! (*fam!*)/Shut your gob! (*derb*)
Jetzt seien Sie doch mal ruhig!	Do be quiet a minute!
Jetzt hör mir mal zu!	Now just listen to me!
Jetzt sei mal still!	Be quiet a minute!
Ich möchte auch noch etwas sagen!	I'd like to get a word in too!
Danke! ICH meine dazu, ...	Thank you! I think ...
(*an ein Publikum*): Ich bitte um Ruhe!	(*to an audience*): Quiet please!
(*an Schüler*): Wenn ihr jetzt bitte mal ruhig sein könnt!	(*to pupils*): If you could be quiet now please!

tion ❸ MED **das Bein muss in ~ bleiben** the leg must be kept immobile **Ru·he·stö·rung** *f* breach of the peace *no pl* **Ru·he·tag** *m* (*arbeitsfreier Tag*) day off; (*Feiertag*) day of rest
ru·hig ['ruːɪç] **I.** *adj* ❶ (*still, geruhsam*) quiet ❷ (*keine Bewegung aufweisend*) calm ❸ (*störungsfrei*) smooth ❹ (*gelassen*) calm; **ganz ~ sein können** to not have to worry ❺ **Blick** steady **II.** *adv* ❶ (*untätig*) idly; **~ dastehen** to stand idly by ❷ (*gleichmäßig*) smoothly ❸ (*gelassen*) calmly ❹ (*beruhigt*) with peace of mind; **jetzt kann ich ~ nach Hause gehen und mich ausspannen** now I can go home with my mind at rest and relax **III.** *part* (*fam*) really; **geh ~, ich komme schon alleine zurecht** don't worry about going, I can manage on my own
Ruhm <-es> [ruːm] *m kein pl* fame *no art, no pl*
rüh·men ['ryːmən] **I.** *vt* to praise **II.** *vr* ▪ **sich einer S.** *gen* ~ to boast about sth
Ruh·mes·blatt *nt* glorious chapter
rühm·lich *adj* praiseworthy
ruhm·los <-er, -este> *adj* inglorious **ruhm·reich** *adj* (*geh*) glorious **ruhm·voll** <-er, -ste> *adj* glorious
Ruhr[1] <-> [ruːɐ̯] *f* **die ~** the Ruhr
Ruhr[2] <-> [ruːɐ̯] *f kein pl* MED ▪ **die ~** dysentery
Rühr·ei ['ryːɐ̯ʔaɪ̯] *nt* scrambled eggs *pl*
rüh·ren ['ryːrən] **I.** *vt* ❶ (*um~*) to stir ❷ (*erweichen*) to move sb; **Gemüt, Herz** to touch; **das kann mich nicht ~** that doesn't bother me ❸ (*veraltend: bewegen*) to move **II.** *vi* ❶ (*um~*) to stir ❷ (*die Rede auf etw bringen*) to touch (**an** on) ❸ (*geh: her~*) to stem (**von** from), to stem from the fact that ... **III.** *vr* ❶ (*sich bewegen*) ▪ **sich ~** to move; **rührt euch!** MIL at ease! ❷ (*sich bemerkbar machen*) ▪ **sich ~** to be roused ❸ (*reagieren*) **die Firmenleitung hat sich nicht auf meinen Antrag gerührt** the company management hasn't done anything about my application
rüh·rend I. *adj* ❶ (*ergreifend*) touching, moving ❷ (*reizend*) ▪ **~ [von jdm] sein** to be sweet [of sb] **II.** *adv* touchingly
Ruhr·ge·biet *nt kein pl* ▪ **das ~** the Ruhr [Area]
rühr·se·lig *adj* (*pej*) tear-jerking *fam;* **ein ~er Film/ein ~es Buch** a tear jerker *fam*
Rühr·teig *m* sponge mixture
Rüh·rung <-> *f kein pl* emotion *no art, no pl*
Ru·in <-s> [ruˈiːn] *m kein pl* ruin *no pl*
Ru·i·ne <-, -n> [ruˈiːnə] *f* ruin[s *pl*]
ru·i·nie·ren* [ruiˈniːrən] *vt* to ruin
rülp·sen ['rʏlpsn̩] *vi* to belch
Rülp·ser <-s, -> *m* (*fam*) burp
Rum <-s, -s> [rʊm] *m* rum *no art, no pl*
rum [rʊm] *adv* (*fam*) *s.* **herum** around
Ru·mä·ne, Ru·mä·nin <-n, -n> [ruˈmɛːnə, ruˈmɛːnɪn] *m, f* Romanian; *s. a.* **Deutsche(r)**
Ru·mä·ni·en <-s> [ruˈmɛːnjən] *nt* Romania; *s. a.* **Deutschland**
Ru·mä·nin <-, -nen> *f fem form von* **Rumäne**
ru·mä·nisch [ruˈmɛːnɪʃ] *adj* Romanian; *s. a.* **deutsch**

Rum·ba <-, -s> ['rʊmba] m rumba

rum|dis·ku·tie·ren vi (fam) to blather [on]

rum|krie·gen vt (sl) ❶ (zu etw bewegen) ■ jdn [zu etw dat] ~ to talk sb into sth; ■ jdn dazu ~, etw zu tun to talk sb into doing sth ❷ (verbringen) **einen Tag irgendwie ~** to get through a day somehow **rum|ma·chen** vi (pej sl) ■ **mit jdm** ~ to play around with sb

Rum·mel <-s> ['rʊml] m kein pl ❶ (fam: Aufhebens) [hustle and] bustle no art, no pl ❷ (Betriebsamkeit) commotion no pl ❸ DIAL (~ platz) fair

Rum·mel·platz m fairground

ru·mo·ren* [ru'moːrən] **I.** vi ❶ (herumhantieren) to tinker around ❷ (sich bewegen) to go around **II.** vi impers **in meinem Magen rumort es so** my stomach's rumbling so much

Rum·pel·kam·mer ['rʊmpl-] f junk room

rum·peln ['rʊmpln] vi ❶ (dröhnen) to rumble; (klappern) to clatter ❷ sein (mit Dröhnen fortbewegen) to rumble; (klapperend fortbewegen) to clatter

Rumpf <-[e]s, Rümpfe> [rʊmpf, pl 'rʏmpfə] m ❶ (Torso) torso ❷ TECH eines Flugzeugs fuselage; eines Schiffes hull

rümp·fen ['rʏmpfən] vt **die Nase** [über etw akk] ~ to turn up sep one's nose [at sth]; (etw verachten) to sneer [at sth]

Rump·steak ['rʊmpsteːk, -ʃteːk] nt rump steak

Rum·topf m a rum and sugar mixture with fruit

rum|trei·ben vr irreg (fam) to hang out

Rum·trei·ber(in) <-s, -> m(f) layabout BRIT, goof-off AM

Run <-s, -s> [ran, rʌn] m run (**auf** on)

rund [rʊnt] **I.** adj ❶ (kreisförmig) round ❷ (rundlich) plump ❸ (überschläglich) **eine ~e Summe** a round sum; **~e fünf Jahre** a good five years + sing vb ❹ Geschmack full **II.** adv ❶ (im Kreis) **wir können ~ um den Block spazieren** we can walk around the block ❷ (überschläglich) around ❸ (kategorisch) flatly ❹ (gleichmäßig) smoothly

Rund·bau <-bauten> m rotunda **Rund·blick** m panorama **Rund·brief** m circular

Run·de <-, -n> ['rʊndə] f ❶ (Gesellschaft) company ❷ (Rundgang) rounds pl; eines Polizisten beat no pl; eines Briefträgers round; **eine ~** [**um etw** akk] **drehen** AUTO to drive/ride around [sth]; LUFT to circle [over sth]; **seine ~ machen** to do one's rounds; Polizist to be on one's beat ❸ SPORT lap; (Boxen) round ❹ **von** [Tarif]**gesprächen** round; **eine ~ spendieren** to get in a round ▶ [**mit etw** dat] **über die ~n kommen** to make ends meet [with sth]

run·den ['rʊndn] (geh) **I.** vr ■ **sich** ~ ❶ (rundlich werden) to become round; (von Gesicht) to fill out ❷ (konkreter werden) to take shape **II.** vt MATH to round up

Rund·er·neu·e·rung f AUTO retread **Rund·fahrt** f [sightseeing] tour **Rund·flug** m [short] circular [sightseeing] flight **Rund·fra·ge** f survey (**zu** of)

Rund·funk m ❶ (geh) radio; **im ~** (veraltend) on the wireless BRIT ❷ ■ **der ~** (die Sendeanstalten) broadcasting; (die Organisationen) the broadcasting corporations

Rund·funk·an·stalt f (geh) broadcasting corporation **Rund·funk·ge·büh·r** f media licence fee **Rund·funk·ge·rät** nt (geh) radio [set] **Rund·funk·sen·der** m radio station **Rund·funk·sen·dung** f radio programme

Rund·gang m walk; (zur Besichtigung) tour **rund|ge·hen** irreg **I.** vi sein ❶ (herumgereicht werden) to be passed around; ■ **etw** ~ **lassen** to pass around sth sep ❷ (herumerzählt werden) to do the rounds; **wie der Blitz ~** to spread like wildfire **II.** vi impers sein ❶ (fam) **es geht rund im Büro** it's all happening at the office ❷ (fam: Ärger geben) **jetzt geht es rund!** now there'll be [all] hell to pay!

rund·her·aus ['rʊnthɛ'raʊs] adv bluntly **rund·her·um** ['rʊnthɛ'rʊm] adv ❶ (rings herum) ■ ~ [**um etw** akk] all round [sth] ❷ (fam) s. **rundum**

rund·lich ['rʊntlɪç] adj plump; Hüften well-rounded; Wangen chubby

Rund·rei·se f tour (**durch** of) **Rund·schrei·ben** nt (geh) s. Rundbrief

rund·um ['rʊnt'ʊm] adv ❶ (ringsum) all round ❷ (völlig) completely **Rund·um·schlag** m sweeping blow

Run·dung <-, -en> f ❶ (Wölbung) curve ❷ pl (fam) curves

Rund·wan·der·weg m circular walk **rund·weg** ['rʊnt'vɛk] adv flatly

Run·kel ['rʊŋkl-], **Run·kel·rü·be** ['rʊŋkl-] f ÖSTERR, SCHWEIZ mangold

run·ter ['rʊntɐ] interj (fam: weg) ~ **mit dem Zeug von meinem Schreibtisch!** get that stuff off my desk!; ~ **vom Baum/von der Leiter!** get out of that tree/get [down] off that ladder!

run·ter|hau·en vt (fam) **jdm eine ~** to give sb a clip round the ear BRIT, to slap sb in the kisser AM **run·ter|ho·len** vt ❶ (herunternehmen) to fetch (**von** from) ❷ (sl) ■ **sich** dat **einen ~** to [have a] wank BRIT, to choke one's chicken AM **run·ter|kom·men** vi irreg sein ❶ (fam: heruntergekommen) to get [or come] down ❷ (sl: clean werden) to come down ■ **von etw**

dat ~ to come off sth
Run·zel <-, -n> ['rʊntsl̩] *f* wrinkle
run·ze·lig <-er, -ste> ['rʊntsəlɪç] *adj* wrinkled
run·zeln ['rʊntsl̩n] **I.** *vt* to crease; *Brauen* to knit; *Stirn* to wrinkle **II.** *vr* ■ **sich ~** to become wrinkled
runz·lig <-er, -ste> ['rʊntslɪç] *adj s.* **runze·lig**
Rü·pel <-s, -> ['ryːpl̩] *m* lout
rü·pel·haft *adj* loutish; **~er Kerl** lout
rup·fen ['rʊpfn̩] *vt* ❶ (*Huhn*) to pluck ❷ (*zupfen*) to pull up *sep* (**aus** out of)
rup·pig ['rʊpɪç] **I.** *adj* gruff; *Antwort* abrupt **II.** *adv* gruffly; **sich ~ verhalten** to be gruff
Rü·sche <-, -n> ['ryːʃə] *f* frill
Ruß <-es> [ruːs] *m kein pl* soot; *Dieselmotor* particulate; *Kerze* smoke; *Lampe* lampblack
ru·ßen ['ruːsn̩] **I.** *vi* to produce soot; *Fackel*, *Kerze* to smoke **II.** *vt* SCHWEIZ, SÜDD (*entrußen*) ■ **etw ~** to clean the soot out of sth; **den Kamin ~** to sweep the chimney
ru·ßig ['ruːsɪç] *adj* blackened [with soot *pred*]; (*verschmutzt a.*) sooty
Rus·sin <-, -nen> *f fem form von* **Russe**
rus·sisch ['rʊsɪʃ] *adj* Russian; *s. a.* **deutsch**
Russ·land[RR] <-s> *nt*, **Ruß·land**[ALT] <-s> ['rʊslant] *nt* Russia; *s. a.* **Deutschland**
Russ·land·deut·sche(r)[RR] *f(m)* ethnic German from Russia; *s. a.* **Deutsche(r)**
rüs·ten ['rʏstn̩] **I.** *vi* to arm **II.** *vr*(*geh*) ■ **sich zu etw** *dat* **~** to prepare for sth **III.** *vt* SCHWEIZ (*vorbereiten*) ■ **etw ~** to get together *sep* sth
rüs·tig ['rʏstɪç] *adj* sprightly
rus·ti·kal [rʊsti'kaːl] **I.** *adj* rustic **II.** *adv* **sich ~ einrichten** to furnish one's home in a farmhouse style
Rüs·tung <-, -en> ['rʏstʊŋ] *f* ❶ *kein pl* (*das Rüsten*) [re]armament ❷ (*Ritter·*) armour
Rüs·tungs·in·dus·trie *f* armament[s] industry **Rüs·tungs·müll** *m kein pl* arms waste *no pl* **Rüs·tungs·un·ter·neh·men** *nt* armaments concern
Rüst·zeug *nt kein pl* ❶ (*Werkzeug*) equipment *no pl, no indef art* ❷ (*Know-how*) skills *pl*; (*Qualifikationen*) qualifications *pl*
Ru·te <-, -n> ['ruːtə] *f* ❶ (*Gerte*) switch ❷ (*Angel·*) [fishing] rod ❸ (*Wünschel·*) dowsing [rod]
Ru·ten·gän·ger(in) <-s, -> *m(f)* dowser
Rutsch <-[e]s, -e> [rʊtʃ] *m* landslide; **in einem ~** (*fig fam*) in one go; **guten ~!** (*fam*) happy New Year!

Rutsch·bahn *f* ❶ (*Kinder·*) slide ❷ (*Rummelplatz*) helter-skelter
Rut·sche <-, -n> ['rʊtʃə] *f* ❶ TECH chute ❷ (*fam*) Rutschbahn 1
rut·schen ['rʊtʃn̩] *vi sein* ❶ (*aus·*) to slip ❷ (*fam: rücken*) to move; **auf dem Stuhl hin und her ~** to fidget on one's chair; **rutsch mal!** move over ❸ (*gleiten*) to slide (**auf** on) ❹ (*auf Rutschbahn*) ■ **[auf der Rutschbahn] ~** to play on the slide ❺ (*von Erde, Kies*) **ins R~ geraten** to start slipping
rutsch·fest *adj* non-slip **Rutsch·ge·fahr** *f kein pl* danger of slipping; (*von Auto*) risk of skidding
rut·schig ['rʊtʃɪç] *adj* slippery
rüt·teln ['rʏtl̩n] **I.** *vt* to shake (**an** by) **II.** *vi* ■ **an etw** *dat* **~** to shake sth; **daran ist nicht zu ~** (*kein Zweifel*) there's no doubt about it

S s

S, s <-, -> [ɛs] *nt* S, s; (*Mehrzahl*) S[']s, s's; *s. a.* **A 1**
s. *Abk von* **siehe**
S *Abk von* **Süden** S[.], So. AM
S. *Abk von* **Seite** p[.]; (*Mehrzahl*) pp[.]
Saal <-[e]s, Säle> [zaːl, 'zɛːlə] *m* hall
Saar <-> [zaːɐ̯] *f* ■ **die ~** the Saar
Saat <-, -en> [zaːt] *f* ❶ *kein pl* (*das Säen*) sowing ❷ (*~ gut*) seed[s *pl*]
Saat·gut *nt kein pl* seed[s *pl*] **Saat·korn** *nt* seed corn [*or* AM grain]
Sab·bat <-s, -e> ['zabat] *m* ■ **der ~** the Sabbath
sab·bern ['zabɐn] *vi* to slaver, to slobber *pej*
Sä·bel <-s, -> ['zɛːbl̩] *m* sabre
Sa·bo·ta·ge <-, -n> [zabo'taːʒə] *f* sabotage
Sa·bo·teur(in) <-s, -e> [zabo'tøːɐ̯] *m(f)* saboteur
sa·bo·tie·ren* [zabo'tiːrən] **I.** *vt* to sabotage **II.** *vi* to practise sabotage
Sa(c)·cha·rin <-s> [zaxa'riːn] *nt kein pl* saccharin
Sac·(c)ha·ro·se <-, -> [zaxa'roːzə] *f kein pl* sucrose
Sach·be·ar·bei·ter(in) *m(f)* specialist; (*in einer Behörde*) official in charge; (*im Sozialamt*) caseworker **Sach·be·schä·di·gung** *f* vandalism **Sach·buch** *nt* non[-]fiction book **sach·dien·lich** *adj* relevant; **~e Hinweise** relevant information
Sa·che <-, -n> ['zaxə] *f* ❶ (*Ding*) thing

② (*Angelegenheit*) matter; **eine gute ~** a good cause; ■**jds ~ sein** to be sb's affair; **nicht jedermanns ~ sein** to be not everyone's cup of tea; ■**eine ~ für sich sein** to be a matter apart **③** *pl* (*Stundenkilometer*) **mit 255 ~n** at 255 [kph *or* AM klicks] **④** (*Aufgabe*) **mit jdm gemeinsame ~ machen** to make common cause with sb; **keine halben ~n machen** to not do things by halves; **er macht seine ~ gut** he's doing well **⑤** (*Sachlage*) **sich** *dat* **seiner ~ sicher sein** to be sure of one's ground; **zur ~ kommen** to come to the point; **bei der ~ sein** to give one's full attention; **seine ~ tun** *or* **~ tun** to be irrelevant

Sach·ge·biet *nt* [specialized] field **sach·ge·mäß I.** *adj* proper; **bei ~er Verwendung** when properly used **II.** *adv* properly **Sach·kennt·nis** *f* expert knowledge *no pl* **Sach·kun·de** *f kein pl s.* Sachkenntnis **sach·kun·dig I.** *adj* [well-]informed **II.** *adv* **~ antworten** to give an informed answer **Sach·la·ge** *f kein pl* situation, state of affairs **Sach·leis·tung** *f* FIN payment in kind

sach·lich ['zaxlɪç] **I.** *adj* **①** (*objektiv*) objective **②** (*inhaltlich*) factual **③** (*schmucklos*) functional **II.** *adv* **①** (*objektiv*) objectively **②** (*inhaltlich*) factually

säch·lich ['zɛçlɪç] *adj* LING neuter

Sach·lich·keit <-> *f kein pl* objectivity

Sach·re·gis·ter *nt* subject index **Sach·scha·den** *m* damage to property

Sach·se, Säch·sin <-n, -n> ['zaksə, 'zɛksɪn] *m, f* Saxon

Sach·sen <-s> ['zaksn̩] *nt* Saxony

Sach·sen-An·halt <-s> [zaksn̩'anhalt] *nt* Saxony-Anhalt

Säch·sin <-, -nen> ['zɛksɪn] *f fem form von* Sachse

säch·sisch ['zɛksɪʃ] *adj* Saxon, of Saxony *pred*

sacht [zaxt], **sach·te** ['zaxtə] **I.** *adj* gentle **II.** *adv* gently

Sach·ver·halt <-[e]s, -e> *m* facts *pl* [of the case] **sach·ver·stän·dig** *adj* competent; **~er Zeuge** expert witness **Sach·ver·stän·di·ge(r)** *f(m) dekl wie adj* expert **Sach·wert** *m* commodity value

Sack <-[e]s, Säcke> [zak, *pl* 'zɛkə] *m* **①** (*großer Beutel*) sack **②** SÜDD, ÖSTERR, SCHWEIZ (*Hosentasche*) [trouser *or* AM pants]) pocket **③** (*vulg: Hoden~*) balls *npl* ▶ **in ~ und <u>Asche</u> gehen** (*fig*) to wear sackcloth and ashes; **es ist leichter, einen ~ <u>Flöhe</u> zu hüten** I'd rather climb Mount Everest; **mit ~ und <u>Pack</u>** with bag and baggage

Sack·bahn·hof *m* station where trains cannot pass through but must enter and exit via the same direction

sa·cken ['zakn̩] *vi sein* **①** (*sich senken*) to subside; (*zur Seite*) to lean **②** (*sinken*) to sink; *Kopf a.* to droop

Sack·gas·se *f a.* (*fig*) dead end *a. fig*; **in einer ~ stecken** to have come to a dead end **Sack·hüp·fen** *nt kein pl* sack race **Sack·mes·ser** <-s, -> *nt* SCHWEIZ pen knife **Sack·tuch** *nt* SÜDD, ÖSTERR, SCHWEIZ (*Taschentuch*) handkerchief

Sa·dis·mus <-> [za'dɪsmʊs] *m kein pl* sadism

Sa·dist(in) <-en, -en> [za'dɪst] *m(f)* sadist **sa·dis·tisch** *adj* sadistic **II.** *adv* sadistically

sä·en ['zɛ:ən] *vt, vi* to sow ▶ **Wind ~ und <u>Sturm</u> ernten** to sow the wind and reap the whirlwind *dated*

Sa·fa·ri <-, -s> [za'fa:ri] *f* safari

Safe <-s, -s> [se:f] *m* safe

Saf·ran <-s, -e> ['zafra:n] *m* saffron

Saft <-[e]s, Säfte> [zaft, *pl* 'zɛftə] *m* **①** (*Frucht~*) [fruit] juice *no pl* **②** (*Pflanzen~*) sap *no pl* **③** (*fam: Strom*) juice

saf·tig ['zaftɪç] *adj* **①** (*viel Saft enthaltend*) juicy, succulent **②** (*üppig*) lush **③** *Rechnung* steep

Saft·la·den *m* (*pej fam*) dump **Saft·pres·se** *f* fruit press

Sa·ge <-, -n> ['za:gə] *f* legend

Sä·ge <-, -n> ['zɛ:gə] *f* **①** (*Werkzeug*) saw **②** ÖSTERR (*Sägewerk*) sawmill

Sä·ge·blatt *nt* saw blade **Sä·ge·mehl** *nt* sawdust

sa·gen ['za:gn̩] **I.** *vt* **①** (*äußern*) ■**etw [zu jdm] ~** to say sth [to sb]; **warum haben Sie das nicht gleich gesagt?** why didn't you say that before?; **was ich noch ~ wollte, ...** just one more thing, ...; **gesagt, getan** no sooner said than done; **leichter gesagt als getan** easier said than done **②** (*mitteilen*) ■**jdm etw ~** to tell sb sth; **das hätte ich dir gleich ~ können** I could have told you that before; **wem ~ Sie das!/wem sagst du das!** (*fam*) who are you trying to tell that?; **etwas/nichts zu ~ haben** to have the say/to have nothing to say; **das ist nicht gesagt** that is by no means certain **③** (*meinen*) **was ~ Sie dazu?** what do you say to it?; **das kann man wohl ~** you can say that again **④** (*bedeuten*) ■**jdm etwas/nichts/wenig ~** to mean something/to not mean anything/to mean little to sb; **nichts zu ~ haben** to not mean anything **II.** *vi imperativisch* ■**sag/~ Sie, ...** tell me, ...; **genauer gesagt** or more precisely; **ich muss schon ~!** I must say!; **unter uns gesagt** between you and me; **sag bloß!** you don't say!; **um nicht zu ~ ...** not to say ...

sä·gen ['zɛ:gn̩] *vt, vi* to saw

sa·gen·haft I. *adj* ❶ (*phänomenal*) incredible ❷ (*legendär*) legendary **II.** *adv* incredibly

Sä·ge·spä·ne *pl* wood shavings *pl* **Sä·ge·werk** *nt* sawmill, lumbermill AM

sah [za:] *imp von* **sehen**

Sa·ha·ra <-> [za'ha:ra, 'za:hara] *f kein pl* ▶ **die ~** the Sahara [Desert]

Sah·ne <-> ['za:nə] *f kein pl* cream; **saure/süße ~** sour cream/[fresh] cream; (*Schlagsahne*) whipping cream

Sah·ne·tor·te *f* cream gateau

sah·nig ['za:nɪç] *adj* creamy

Sai·son <-, -s *o* SÜDD, ÖSTERR -en> [zɛˈzõː, zɛˈzɔŋ] *f* season; **außerhalb der ~** in the off-season

Sai·son·ar·beit [zɛˈzõː-, zɛˈzɔŋ-] *f* seasonal work **Sai·son·ar·bei·ter(in)** *m(f)* seasonal worker **sai·son·be·dingt** *adj* seasonal

Sai·te <-, -n> ['zaɪtə] *f* MUS string ▶ **andere ~n aufziehen** to get tough

Sai·ten·in·stru·ment *nt* string[ed] instrument

Sak·ko <-s, -s> ['zako] *m o nt* sports jacket

sa·kral [zaˈkraːl] *adj* sacred

Sa·kra·ment <-[e]s, -e> [zakraˈmɛnt] *nt* sacrament

Sa·kri·leg <-s, -e> [zakriˈleːk] *nt* sacrilege

Sa·kris·tei <-, -en> [zakrɪsˈtaj] *f* sacristy

Sa·la·man·der <-s, -> [zalaˈmandɐ] *m* salamander

Sa·la·mi <-, -s> [zaˈlaːmi] *f* salami

Sa·lat <-[e]s, -e> [zaˈlaːt] *m* ❶ (*Pflanze*) lettuce ❷ (*Gericht*) salad ▶ **jetzt haben wir den ~!** now we're in a fine mess

Sa·lat·be·steck *nt* salad servers *pl* **Sa·lat·gur·ke** *f* cucumber **Sa·lat·schleu·der** *m* salad drainer **Sa·lat·schüs·sel** *f* salad bowl **Sa·lat·so·ße** *f* salad dressing

Sal·be <-, -n> ['zalbə] *f* ointment, salve

Sal·bei <-s> ['zalbaj] *m kein pl* sage *no pl*

Sal·bung <-, -en> *f* anointing, unction

sal·bungs·voll I. *adj* (*pej*) unctuous **II.** *adv* (*pej*) unctuously, with unction

Sal·do <-s, -s *o* Saldi *o* Salden> ['zaldo, *pl* 'zaldi, *pl* 'zaldn] *m* FIN balance

Sä·le *pl von* **Saal**

Sa·li·ne <-, -n> [zaˈliːnə] *f* ❶ (*Gradierwerk*) salt collector ❷ (*Salzwerk*) salt works + *sing/pl vb*

Salm <-[e]s, -e> [zalm] *m* (*Lachs*) salmon

Sal·mi·ak <-s> [zalˈmjak, 'zalmˌjak] *m o nt kein pl* ammonium chloride

Sal·mo·nel·le <-, -n> [zalmoˈnɛlə] *f meist pl* salmonella

Sal·mo·nel·len·ver·gif·tung *f* salmonella poisoning

sa·lo·mo·nisch [zaloˈmoːnɪʃ] *adj* ❶ GEOG Solomon; *s. a.* **deutsch** ❷ REL [worthy] of Solomon *pred*

Sa·lon <-s, -s> [zaˈlõː, zaˈlɔŋ] *m* salon

sa·lon·fä·hig [zaˈlõː-, zaˈlɔŋ-] *adj* socially acceptable

sa·lopp [zaˈlɔp] **I.** *adj* ❶ (*leger*) casual ❷ (*ungezwungen*) slangy **II.** *adv* ❶ (*leger*) casually ❷ (*ungezwungen*) **sich ~ ausdrücken** to use slang[y] expressions

Sal·pe·ter·säu·re *f kein pl* nitric acid *no pl*

Sal·to <-s, -s *o* Salti> ['zalto, *pl* 'zalti] *m* somersault; **~ mortale** death-defying leap; **einen ~ machen** to somersault

sa·lü [zaˈlyː, zaly] *interj* SCHWEIZ (*fam*) ❶ (*hallo*) hi ❷ (*tschüs*) bye

Sal·va·do·ri·a·ner(in) <-s, -> [zalvadoˈrja:nɐ] *m(f)* Salvador[e]an; *s. a.* **Deutsche(r)**

sal·va·do·ri·a·nisch [zalvadoˈrja:nɪʃ] *adj* Salvador[e]an; *s. a.* **deutsch**

Salz <-es, -e> [zalts] *nt* salt

sal·zen <salzte, gesalzen *o selten* gesalzt> ['zaltsn̩] **I.** *vt* to salt **II.** *vi* to add salt

salz·hal·tig *adj* salty

sal·zig ['zaltsɪç] *adj* salty

Salz·kar·tof·feln *pl* boiled potatoes **Salz·säu·re** *f kein pl* hydrochloric acid **Salz·stan·ge** *f* salt[ed] stick **Salz·streu·er** <-s, -> *m* salt cellar BRIT, [salt] shaker AM **Salz·was·ser** *nt kein pl* salt water

Sa·ma·ri·ter <-s, -> [zamaˈriːtɐ] *m* Samaritan; **ein barmherziger ~** a good Samaritan

Sam·ba <-s, -s> ['zamba] *m* samba

Sam·bia <-s> ['zambi̯a] *nt* Zambia; *s. a.* **Deutschland**

Sa·men <-s, -> ['za:mən] *m* ❶ (*Pflanzen~*) seed ❷ *kein pl* (*Sperma*) sperm

Sa·men·bank *f* sperm bank **Sa·men·er·guss**^RR *m* ejaculation **Sa·men·flüs·sig·keit** *f* seminal fluid **Sa·men·spen·der** *m* sperm donor

Sam·mel·band *m* anthology **Sam·mel·be·cken** *nt* collecting tank **Sam·mel·be·griff** *m* collective term **Sam·mel·be·häl·ter** *m* collection bin **Sam·mel·be·stel·lung** *f* collective order **Sam·mel·büch·se** *f* collecting [*or* AM collection] box **Sam·mel·kla·ge** *f* JUR class-action lawsuit **Sam·mel·la·ger** *nt* refugee camp

sam·meln ['zamln̩] **I.** *vt* ❶ (*pflücken*) to pick ❷ (*auf~*) to gather ❸ (*an~, ein~*) to collect ❹ (*zusammentragen*) to gather; *Belege* to retain ❺ (*um sich scharen*) **Truppen ~** to gather [*or* assemble] troops ❻ (*aufspeichern*) to gain **II.** *vr* ❶ (*zusammenkommen*) ■ **sich ~** to assemble ❷ (*sich anhäufen*) ■ **sich in etw** *dat* **~** to collect in sth ❸ (*sich konzentrieren*) ■ **sich ~** to collect one's thoughts **III.** *vi*

■ [für jdn/etw] ~ to collect [for sb/sth]
Sam·mel·su·ri·um <-s, -rien> [zamlˈzuː-riʊm, pl -riən] nt hotchpotch, hodgepodge AM
Sąmm·mel·ta·xi nt [collective] taxi
Sąmm·ler(in) <-s, -> m(f) ❶ (von Gegenständen) collector ❷ (von Beeren etc.) picker
Sąmm·ler·stück nt collector's item
Sąmm·lung <-, -en> f collection
Sam·ple <-s, -s> ['sɑːmpl] nt MUS sample
Sams·tag <-[e]s, -e> ['zamstaːk] m Saturday; s. a. **Dienstag**
Sąms·tag·a·bendRR m Saturday evening; s. a. **Dienstag sąms·tag·a·bends**RR adv [on] Saturday evenings
sąms·tags adv [on] Saturdays; ~ abends/nachmittags/vormittags [on] Saturday evenings/afternoons/mornings
samt [zamt] **I.** präp along with **II.** adv ~ und **sonders** all and sundry
Samt <-[e]s, -e> [zamt] m velvet
sąmt·ar·tig adj velvety, like velvet pred
Sąmt·hand·schuh m velvet glove; **jdn mit ~en anfassen** (fig) to handle sb with kid gloves
sam·tig ['zamtɪç] adj velvety, velvet attr
sämt·lich ['zɛmtlɪç] adj ❶ (alle) all; ~e **Unterlagen wurden vernichtet** the documents were all destroyed ❷ (ganze) ■ jds ~e(r,s) ... all [of] sb's ...
Sa·na·to·ri·um <-, -rien> [zana'toːriʊm, pl -riən] nt sanatorium, sanitarium AM
Sand <-[e]s, -e> [zant] m sand no pl ▶ **jdm ~ in die Augen streuen** to throw dust in sb's eyes; **das gibt es wie ~ am Meer** there are heaps of them; **etw** akk **in den ~ setzen** to blow sth [to hell]; **im ~e verlaufen** to peter out
Sąn·da·le <-, -n> [zanˈdaːlə] f sandal
Sąn·da·lęt·te <-, -n> [zandaˈlɛta] f high-heeled sandal
Sąnd·bank <-bänke> f sandbank **Sąnd·dorn** m BOT sea buckthorn
Sąn·del·holz ['zandlhɔlts] nt sandalwood
sąnd·far·ben, sąnd·far·big adj sand-coloured **Sąnd·gru·be** f sandpit **Sąnd·hau·fen** m pile of sand
sąn·dig ['zandɪç] adj sandy, full of sand pred
Sąnd·kas·ten m sandpit BRIT, sandbox AM **Sąnd·korn** nt grain of sand **Sąnd·männ·chen** nt ■ **das** ~ the sandman **Sąnd·sack** m ❶ (zum Boxen) punchbag ❷ (zum Schutz) sandbag **Sąnd·stein** m sandstone **Sąnd·strand** m sandy beach **Sąnd·sturm** m sandstorm
sąnd·te [ˈzantə] imp von **senden**²
Sąnd·uhr f hourglass

Sand·wich <-[s], -[e]s> ['zɛntvɪtʃ] nt o m sandwich
sanft [zanft] **I.** adj ❶ Berührung, Stimme gentle ❷ Farben, Musik soft **II.** adv gently
Sänf·te <-, -n> ['zɛnftə] f litter
sanft·mü·tig adj gentle
sang [zaŋ] imp von **singen**
Sän·ger(in) <-s, -> ['zɛŋɐ] m(f) singer
San·gria <-, -s> [zaŋˈgriːa] f sangria
sąng- und kląng·los adv (fam) unwept and unsung
sa·nie·ren* [zaˈniːrən] vt ❶ (renovieren) to redevelop ❷ (wieder rentabel machen) to rehabilitate
Sa·nie·rung <-, -en> f ❶ (Renovierung) redevelopment ❷ (von Firma, etc.) rehabilitation
Sa·nie·rungs·plan m ÖKON redevelopment plan
sa·ni·tär [zaniˈtɛːɐ̯] adj attr sanitary; ~e **Anlagen** sanitation no pl
Sa·ni·tät <-, -en> [zaniˈtɛːt] f ❶ kein pl ÖSTERR (Gesundheitsdienst) ■ **die ~** the medical service ❷ SCHWEIZ (Ambulanz) ambulance ❸ ÖSTERR, SCHWEIZ (~ struppe) medical corps
Sa·ni·tä·ter(in) <-s, -> [zaniˈtɛːtɐ] m(f) first-aid attendant, paramedic; MIL [medical] orderly
Sa·ni·täts·dienst m MIL medical corps **Sa·ni·täts·we·sen** nt kein pl medical service[s]
sank [zaŋk] imp von **sinken**
Sankt [zaŋkt] adj Saint, St[.]
Sank·ti·on <-, -en> [zaŋkˈtsjoːn] f sanction; **gegen jdn/etw ~en verhängen** to impose sanctions against sb/sth
sank·ti·o·nie·ren* [zaŋktsjoˈniːrən] vt to sanction
sann [zan] imp von **sinnen**
Sa·phir <-s, -e> ['zaːfɪr, zaˈfiːə, zaˈfiːɐ] m sapphire
Sar·de, Sar·din <-n, -> ['zardə, 'zardɪn] m, f Sardinian
Sar·del·le <-, -n> [zarˈdɛlə] f anchovy
Sar·din <-, -nen> f fem form von **Sarde**
Sar·di·ne <-, -n> [zarˈdiːnə] f sardine
Sar·di·ni·en <-s> [zarˈdiːniən] nt Sardinia
sar·di·nisch [zarˈdiːnɪʃ], **sar·disch** ['zardɪʃ] adj Sardinian, of Sardinia pred
Sarg <-[e]s, Särge> [zark, pl ˈzɛrgə] m coffin, casket AM
Sar·kas·mus <-, -men> [zarˈkasmʊs, pl -ˈkasmən] m kein pl sarcasm
sar·kas·tisch [zarˈkastɪʃ] **I.** adj sarcastic **II.** adv sarcastically
Sar·ko·phag <-[e]s, -e> [zarkoˈfaːk, pl -faːgə] m sarcophagus
saß [zaːs] imp von **sitzen**
Sa·tan <-s, -e> ['zaːtan] m kein pl Satan

sa·ta·nisch [zaˈtaːnɪʃ] **I.** *adj attr* satanic, diabolical **II.** *adv* diabolically

Sa·tel·lit <-en, -en> [zatɛˈliːt] *m* satellite **Sa·tel·li·ten·fern·se·hen** *nt kein pl* satellite television *no pl* **Sa·tel·li·ten·fo·to** *nt* satellite photo **Sa·tel·li·ten·schüs·sel** *f* satellite dish **Sa·tel·li·ten·stadt** *f* satellite town **Sa·tel·li·ten·te·le·fon** *nt* TELEK satellite [tele]phone

Sa·tin <-s, -s> [zaˈtɛ̃ː] *m* satin

Sa·ti·re <-, -n> [zaˈtiːrə] *f kein pl* satire (**auf** on)

sa·ti·risch [zaˈtiːrɪʃ] *adj* satirical

satt [zat] *adj* ❶ (*gesättigt*) full [BRIT up] *pred fam*, replete *pred form*; ■ ~ **sein** to have had enough [to eat], to be full [BRIT up] *fam* [*or form* replete]; **sich** [**an etw** *dat*] ~ **essen** to eat one's fill [of sth]; ~ **machen** to be filling ❷ (*kräftig*) rich, deep

Sat·tel <-s, Sättel> [ˈzatl̩, *pl* ˈzɛtl̩] *m* saddle; **fest im** ~ **sitzen** (*a. fig*) to be firmly in the saddle

sat·tel·fest *adj* experienced

sat·teln [ˈzatl̩n] *vt* to saddle

Sat·tel·schlep·per <-s, -> *m* (*Zugmaschine*) truck [*or* AM semi-trailer] [tractor]; (*Sattelzug*) articulated lorry BRIT, semi-trailer [truck] AM **Sat·tel·ta·sche** *f* saddlebag

satt|ha·ben *vt* (*fig*) ■ **etw** ~ to be fed up with sth

sät·ti·gen [ˈzɛtɪɡn̩] **I.** *vt* to satiate; ■ **gesättigt sein** to be saturated **II.** *vi* to be filling

sät·ti·gend *adj* filling

Sät·ti·gung <-, *selten* -en> *f* ❶ (*das Sättigen*) repletion ❷ (*Saturierung*) saturation

Satt·ler(in) <-s, -> [ˈzatlɐ] *m(f)* saddler

Sa·turn <-s> [zaˈtʊrn] *m kein pl* Saturn

Satz[1] <-es, Sätze> [zats, *pl* ˈzɛtsə] *m* ❶ LING sentence; **mitten im** ~ in mid-sentence ❷ MUS movement ❸ (*Set*) set; **ein** ~ **Schraubenschlüssel** a set of spanners [*or* AM wrenches] ❹ (*Schrift*~) setting; (*das Gesetzte*) type [matter] *no pl* ❺ SPORT set ❻ MATH **der** ~ **des Pythagoras** Pythagoras theorem

Satz[2] <-es, Sätze> [zats, *pl* ˈzɛtsə] *m* leap, jump; **einen** ~ **machen** to leap, to jump

Satz[3] <-es> [zats] *m kein pl* dregs *npl*; (*Kaffee*~) grounds *npl*

Satz·bau <-s> *m kein pl* sentence construction **Satz·leh·re** *f kein pl* LING syntax **Satz·teil** *m* LING part of a sentence

Sat·zung <-, -en> [ˈzatsʊŋ] *f* constitution, statutes *npl*

Satz·zei·chen *nt* LING punctuation mark

Sau <-, Säue *o* Sauen> [zau̯, *pl* ˈzɔy̯ə, ˈzau̯ən] *f* ❶ <*pl a.* Sauen> (*weibliches Schwein*) sow ❷ (*sl: schmutziger Mensch*) filthy pig ▶ **jdn zur** ~ **machen** *dat* to bawl sb out; **die** ~ **rauslassen** to let it all hang out; **unter aller** ~ it's enough to make me/you puke; **keine** ~ not a single bastard

sau·ber [ˈzau̯bɐ] **I.** *adj* ❶ (*rein*) clean ❷ (*stubenrein*) ■ ~ **sein** to be house-trained ❸ (*sorgfältig*) neat ❹ (*anständig*) **bleib** ~**!** (*hum fam*) keep your nose clean **II.** *adv* ❶ (*sorgfältig*) **etw** ~ **halten** to keep sth clean; **etw** ~ **putzen** to wash sth [clean] ❷ (*perfekt*) neatly

Sau·ber·keit <-> *f kein pl* ❶ (*Reinlichkeit*) clean[li]ness ❷ (*Reinheit*) cleanness

säu·ber·lich [ˈzɔy̯bɐlɪç] **I.** *adj* neat **II.** *adv* neatly

säu·bern [ˈzɔy̯bɐn] *vt* ❶ (*reinigen*) to clean ❷ (*euph: befreien*) ■ **etw von etw** *dat* ~ to purge sth of sth

Säu·be·rung <-, -en> *f* (*euph*) purge; **ethnische** ~ ethnic cleansing

Sau·ce <-, -n> [ˈzoːsə] *f* s. Soße

Sau·di-A·ra·bi·en [ˈzau̯di-, zaˈuːdi-] *nt* Saudi Arabia

sau·di-a·ra·bisch [ˈzau̯di-, zaˈuːdi-] *adj* Saudi, Saudi-Arabian; *s. a.* deutsch

sau·dumm I. *adj* (*sl*) damn stupid **II.** *adv* (*sl*) ~ **fragen** to ask stupid questions

sau·er [ˈzau̯ɐ] **I.** *adj* ❶ (*nicht süß*) sour; (~ *eingelegt*) pickled ❷ (*Säure enthaltend*) acid[ic] ❸ (*übel gelaunt*) mad, pissed off *pred*; ■ ~ **sein** to be mad [*or* AM pissed] (**auf** at) **II.** *adv* ❶ (*mühselig*) the hard way ❷ (*übel gelaunt*) ~ **reagieren** to get mad [*or* AM pissed]

Sau·er·amp·fer <-s, -> *m* sorrel **Sau·er·bra·ten** *m* sauerbraten AM (*beef roast marinated in vinegar and herbs*)

Sau·e·rei <-, -en> [zau̯əˈrai̯] *f* (*sl*) ❶ (*schmutziger Zustand*) God-awful mess ❷ (*unmögliches Benehmen*) [downright] disgrace ❸ (*Obszönität*) filthy joke/story

Sau·er·kir·sche *f* sour cherry **Sau·er·kohl** *m*, **Sau·er·kraut** *nt* DIAL sauerkraut

säu·er·lich [ˈzɔy̯ɐlɪç] **I.** *adj* ❶ (*leicht sauer*) [slightly] sour ❷ (*übellaunig*) annoyed **II.** *adv* ❶ (*leicht sauer*) ~ **schmecken** to taste sour/tart ❷ (*übellaunig*) sourly

Sau·er·rahm *m* sour cream

Sau·er·stoff *m kein pl* oxygen *no pl* **Sau·er·stoff·fla·sche**[RR] *f* oxygen cylinder **Sau·er·stoff·ge·rät** *nt* ❶ (*Atemgerät*) breathing apparatus ❷ (*Beatmungsgerät*) respirator **Sau·er·stoffla·sche**[ALT] *f* s. Sauerstoffflasche **Sau·er·stoff·man·gel** *m kein pl* lack of oxygen **Sau·er·stoff·mas·ke** *f* oxygen mask

Sau·er·teig *m* sourdough

Sauf·bold <-[e]s, -e> [ˈzau̯fbɔlt, *pl* -bɔldə] *m* (*sl*) drunk[ard]

sau·fen <säuft, soff, gesoffen> [ˈzau̯fn̩] **I.** *vt*

Säufer–schade

(sl) to drink; (schneller) to knock back sep II. vi ❶ (sl: Alkoholiker sein) to drink, to take to the bottle ❷ (Tiere) to drink

Säu·fer(in) <-s, -> ['zɔyfɐ] m(f) (sl) drunk[ard], boozer

Sau·fe·rei <-, -en> [zaufə'raɪ] f (sl: Besäufnis) booze-up; (übermäßiges Trinken) boozing no art, no pl fam

Säu·fe·rin <-, -nen> f fem form von **Säufer**

Sauf·kum·pan(in) m(f) (sl) drinking pal [or Am buddy]

säuft [zɔyft] 3. pers pres von **saufen**

sau·gen <sog o saugte, gesogen o gesaugt> ['zaugn] vi, vt to suck (**an** on)

säu·gen ['zɔygn̩] vt ▪ **sein Junges ~** to suckle its young

Sau·ger <-s, -> m (auf Flasche) teat, nipple Am

Säu·ger <-s, -> m (geh), **Säu·ge·tier** nt mammal

saug·fä·hig adj absorbent

Säug·ling <-s, -e> ['zɔyklɪŋ] m baby

Säug·lings·nah·rung f baby food **Säuglings·schwes·ter** f baby nurse

sau·kalt ['zau'kalt] adj (sl) damn cold **Sau·kerl** m (sl) bastard

Säu·le <-, -n> ['zɔylə] f ❶ ARCHIT column ❷ (Stütze) pillar; **die ~n der Gesellschaft** the pillars of society

Säu·len·gang m colonnade

Saum <-[e]s, Säume> [zaum, pl 'zɔymə] m hem

sau·mä·ßig I. adj (sl) ❶ (unerhört) bastard attr ❷ (miserabel) lousy **II.** adv (sl) like hell; **~ kalt/schwer** bastard [or Brit bloody] cold/heavy

säu·men ['zɔymən] vt ❶ (Kleidung) to hem ❷ (zu beiden Seiten stehen) to line; (zu beiden Seiten liegen) to skirt

säu·mig ['zɔymɪç] adj **ein ~er Schuldner** a slow debtor

Säum·nis <-, -se o wenn nt -ses, -se> ['zɔymnɪs] f o nt JUR default; **~ im Termin** failure to appear in court

Sau·na <-, -s o Saunen> ['zauna] f sauna; **in die ~ gehen** to go for a sauna

sau·nie·ren* [zau'niːrən] vi to [take a] sauna

Säu·re <-, -n> ['zɔyrə] f ❶ CHEM acid ❷ (saure Beschaffenheit) sourness, acidity

Sau·ri·er <-s, -> ['zaurɪɐ] m dinosaur

Saus [zaus] m **in ~ und Braus leben** to live it up

säu·seln ['zɔyzln̩] vi ❶ (leise sausen) to sigh ❷ (schmeichelnd sprechen) to purr

sau·sen ['zauzn̩] vi ❶ (von Wind) to whistle; (von Sturm) to roar ❷ sein (von Kugel) to whistle ❸ sein (sich schnell bewegen) to dash; (schnell fahren) to roar ❹ sein

lassen) **etw ~ lassen** to forget sth

Sau·stall m pigsty **sau·stark** adj (sl) wicked **Sau·wet·ter** nt (sl) bastard weather no indef art **sau·wohl** adj ▪ **jd fühlt sich ~** (sl) sb feels really good [or Am like a million bucks]

Sa·van·ne <-, -n> [za'vanə] f savanna[h]

Sa·xo·phon, **Sa·xo·fon**^{RR} <-[e]s, -e> [zakso'foːn] nt saxophone, sax fam

Sa·xo·pho·nist, **Sa·xo·fo·nist(in)**^{RR} <-en, -en> [zaksofo'nɪst] m(f) saxophone [or fam sax] player, saxophonist

SB [ɛs'beː] Abk von **Selbstbedienung** self-service

S-Bahn ['ɛs-] f suburban train

S-Bahn·hof m suburban station

SBB [ɛsbeː'beː] f Abk von **schweizerische Bundesbahn** ≈ BR Brit, ≈ Amtrak Am

SB-Tank·stel·le f self-service petrol [or Am gas] station

scan·nen ['skɛnən] vt to scan

Scan·ner <-s, -> ['skɛnɐ] m scanner

Scan·ner·kas·se f electronic checkout

Scha·be <-, -n> ['ʃaːbə] f cockroach, roach Am

scha·ben ['ʃaːbn̩] vt to scrape

Scha·ber·nack <-[e]s, -e> ['ʃaːbɐnak] m (veraltend) prank; **jdm einen ~ spielen** to play a prank on sb

schä·big ['ʃɛːbɪç] adj ❶ (unansehnlich) shabby ❷ (gemein) mean ❸ (dürftig) paltry

Scha·blo·ne <-, -n> [ʃa'bloːnə] f stencil

Schach <-s> [ʃax] nt kein pl (Spiel) chess no art, no pl; (Stellung) check!; **eine Partie ~** a game of chess; **~ und matt!** checkmate!; **jdn in ~ halten** (fig) to keep sb in check

Schach·brett nt chessboard **schach·bret·t·ar·tig** adj chequered

scha·chern ['ʃaxɐn] vi to haggle (**um** over)

Schach·fi·gur f chess piece **schach·matt** [ʃax'mat] adj ❶ (Stellung in Schach) checkmate ❷ (erschöpft) ▪ **~ sein** (fig) to be exhausted **Schach·spiel** nt ❶ (Brett und Figuren) chess set ❷ (das Schachspielen) chess **Schach·spie·ler(in)** m(f) chess player

Schacht <-[e]s, Schächte> [ʃaxt, pl 'ʃɛçtə] m shaft; Brunnen well

Schach·tel <-, -n> ['ʃaxtl̩] f box; **eine ~ Zigaretten** a packet [or Am pack] of cigarettes

Schach·zug m move [at chess]

scha·de ['ʃaːdə] adj präd ❶ (bedauerlich) **wie ~!** what a pity, that's too bad; **ich finde es ~, dass ...** it's a shame [or pity] that; ▪ **es ist ~ um jdn/etw** it's a shame [or pity] about sb/sth ❷ (zu gut) ▪ **für etw** akk **zu ~ sein** to be too good for sth; ▪ **sich** dat **für etw** akk **zu ~/nicht zu ~ sein** to think oneself too good for sth/to not think sth [to be] beneath one

Schä·del <-s, -> ['ʃɛːdl] *m* skull; **jdm den ~ einschlagen** to smash sb's skull in; **einen dicken ~ haben** (*fam*) to have a hangover; **jdm brummt der ~** (*fam*) sb's head is throbbing

Schä·del·bruch *m* fractured skull

scha·den ['ʃaːdn̩] *vi* **jdm ~** to do harm to sb; ■ **etw** *dat* ~ to damage sth

Scha·den <-s, Schäden> ['ʃaːdn̩, *pl* 'ʃɛːdn̩] *m* damage *no indef art, no pl* (**durch** caused by); **einen ~ verursachen** to cause damage; **jdm ~ zufügen** to harm sb

Scha·den·er·satz *m s.* **Schadensersatz**

Scha·den·er·satz·an·spruch *m* claim for compensation

Scha·den·freu·de *f* malicious joy **scha·den·froh I.** *adj* malicious, gloating; ■ **~ sein** to delight in others' misfortunes **II.** *adv* **~ grinsen** to grin with gloating

Scha·dens·er·satz *m kein pl* compensation; **~ fordern** to claim damages; **jdn auf ~ verklagen** to sue sb for damages

schad·haft ['ʃaːthaft] *adj* faulty, defective; (*beschädigt*) damaged

schä·di·gen ['ʃɛːdɪɡn̩] *vt* **①** (*beeinträchtigen*) to harm (**durch** with) **②** (*finanziell belasten*) to cause losses (**durch** with)

Schä·di·gung <-, -en> *f* harm *no indef art, no pl* (+*gen* to)

schäd·lich ['ʃɛːtlɪç] *adj* harmful; (*giftig*) noxious; ■ **~ sein** to be harmful [*or* damaging]

Schäd·ling <-s, -e> ['ʃɛːtlɪŋ] *m* pest

Schäd·lings·be·kämp·fung *f* pest control

Schäd·lings·be·kämp·fungs·mit·tel *nt* pesticide

Schad·stoff *m* harmful substance; (*in der Umwelt*) pollutant **schad·stoff·arm** *adj* containing a low level of harmful substances *pred*; *Motor* low-emission **Schad·stoff·aus·stoß** *m* [pollution] emissions *pl* **Schad·stoff·be·las·tung** *f* pollution **schad·stoff·hal·tig** *adj* containing pollutants **Schad·stoff·kon·zen·tra·ti·on** *f* concentration of harmful substances

Schaf <-[e]s, -e> [ʃaːf] *nt* sheep; **das schwarze ~ sein** (*fig*) to be the black sheep

Schaf·bock *m* ram

Schäf·chen <-s, -> ['ʃɛːfçən] *nt dim von* **Schaf** little sheep ▶ **sein ~ ins Trockene bringen** to see oneself all right

Schäf·chen·wol·ken *pl* fleecy clouds

Schä·fer(in) <-s, -> ['ʃɛːfɐ] *m(f)* shepherd *masc*, shepherdess *fem*

Schä·fer·hund *m* Alsatian [dog], German shepherd [dog] *AM*

Schä·fe·rin <-, -nen> *f fem form von* **Schäfer**

Schaf·fell *nt* sheepskin

schaf·fen¹ <schaffte, geschafft> ['ʃafn̩] *vt* **①** (*bewältigen*) to manage [to do]; *Examen* to pass; **einen Termin ~** to make a date; **es ist geschafft** it's done; ■ **es ~, etw zu tun** to manage to do sth; **ich habe es nicht mehr geschafft, dich anzurufen** I didn't get round to calling you **②** (*gelangen*) **wir müssen es bis zur Grenze ~** we've got to get to the border **③** (*bringen*) to bring **④** (*erschöpfen*) **jdn ~** to take it out of sb; ■ **geschafft sein** to be exhausted

schaf·fen² <schuf, geschaffen> ['ʃafn̩] *vt* **①** (*herstellen*) to create; **dafür bist du wie ge~** you're just made for it **②** (*verursachen*) to cause; **Frieden ~** to make peace

schaf·fen³ <schaffte, geschafft> ['ʃafn̩] *vi* SÜDD, ÖSTERR, SCHWEIZ (*arbeiten*) to work; **nichts mit jdm/etw zu ~ haben** to have nothing to do with sb/sth; **jdm zu ~ machen** to cause sb trouble

Schaf·fens·kraft *f kein pl* creative power

Schaff·ner(in) <-s, -> ['ʃafnɐ] *m(f)* guard BRIT, conductor AM

Schaf·fung <-> *f kein pl* creation

Schaf·her·de *f* flock of sheep

Scha·fott <-[e]s, -e> [ʃaˈfɔt] *nt* scaffold

Schafs·kä·se *m* sheep's milk cheese

Schaft <-[e]s, Schäfte> [ʃaft, *pl* 'ʃɛftə] *m* **①** (*lang gestreckter Teil*) shaft **②** (*Stiefel~*) leg

Schaft·stie·fel *pl* high boots

Schaf·wol·le *f* sheep's wool

Schah <-s, -s> [ʃaː] *m* shah

Scha·kal <-s, -e> [ʃaˈkaːl] *m* jackal

schä·kern ['ʃɛːkɐn] *vi* to flirt

schal [ʃaːl] *adj* flat; *Wasser* stale

Schal <-s, -s *o* -e> [ʃaːl] *m* scarf

Scha·le¹ <-, -n> ['ʃaːlə] *f* **①** (*Nuss~*) shell **②** (*Frucht~*) skin; (*abgeschält*) peel **③** (*Tier*) shell ▶ **eine raue ~ haben** to be a rough diamond; **sich in ~ werfen** to get dressed up

Scha·le² <-, -n> ['ʃaːlə] *f* bowl; (*flacher*) dish

schä·len ['ʃɛːlən] **I.** *vt* to peel; ■ **etw aus etw** *dat* ~ to unwrap sth [from sth] **II.** *vr* ■ **sich ~** to peel

Scha·len·tier *nt* shellfish

Schalk <-[e]s, -e *o* Schälke> [ʃalk, *pl* 'ʃɛlkə] *m* (*veraltend*) rogue ▶ **jdm sitzt der ~ im Nacken** sb is a real rogue

Schall <-s, -e *o* Schälle> [ʃal, *pl* 'ʃɛlə] *m* **①** (*Laut*) sound **②** *kein pl* PHYS sound *no art* ▶ **etw ist ~ und Rauch** sth signifies nothing

Schall·däm·mung *f* sound-absorption

Schall·dämp·fer <-s, -> *m* einer *Schusswaffe* silencer; *eines Auspuffs a.* muffler AM

schall·dicht *adj* soundproof

schal·len ['ʃalən] vi to resound

Schall·ge·schwin·dig·keit f kein pl PHYS speed of sound **Schall·gren·ze** f s. Schallmauer **Schall·iso·lie·rung** f soundproofing **Schall·mau·er** f sound barrier; **die ~ durchbrechen** to break the sound barrier

Schall·plat·te f record **Schall·plat·ten·samm·lung** f record collection

Schall·wel·le f sound wave

Scha·lot·te <-, -n> [ʃa'lɔtə] f shallot

schalt [ʃalt] imp von schelten

Schalt·an·la·ge ['ʃalt-] f switchgear

schal·ten ['ʃaltn̩] I. vi ❶ AUTO to change gear ❷ (fam: begreifen) to get it ❸ (sich einstellen) to switch to II. vt (einstellen) to switch, to turn (**auf** to)

Schal·ter <-s, -> ['ʃaltɐ] m ❶ ELEK switch ❷ ADMIN, BAHN counter; (mit Sichtfenster) window

Schal·ter·be·am·te(r), **-be·am·tin** m, f dekl wie adj clerk **Schal·ter·hal·le** f main hall; BAHN travel centre **Schal·ter·raum** m hall; (im Bahnhof) ticket office **Schal·ter·stun·den** pl opening hours pl

Schalt·he·bel m AUTO gear lever **Schalt·jahr** nt leap year **Schalt·knüp·pel** m gearstick **Schalt·kreis** m circuit **Schalt·plan** m diagram of a wiring system; INFORM, ELEK circuit diagram **Schalt·ta·fel** f control panel **Schalt·tag** m leap day

Schal·tung <-, -en> f ❶ AUTO gears pl ❷ ELEK circuit

Scha·lup·pe <-, -n> [ʃa'lʊpə] f NAUT ❶ (hist: kleineres Frachtschiff) sloop ❷ (Beiboot eines Seglers) dinghy

Scham <-> [ʃa:m] f kein pl ❶ (Beschämung) shame; **~ empfinden** to be ashamed ❷ (Verlegenheit) embarrassment; **vor ~ in den Boden versinken** to die of embarrassment ❸ (Geschlechtsteile) private parts

Scha·ma·ne <-n, -n> [ʃa'ma:nə] m shaman

Scham·bein nt pubic bone

schä·men ['ʃɛːmən] vr ❶ (Scham empfinden) ■ **sich ~** to be ashamed (**wegen** of); ■ **sich vor jdm ~** to be ashamed in front of sb; (einem peinlich werden in jds Gegenwart) to be embarrassed in front of sb; **schäm dich!** shame on you! ❷ (sich scheuen) ■ **sich ~, etw zu tun** to be embarrassed to do sth

Scham·ge·fühl nt kein pl sense of shame **Scham·ge·gend** f pubic region **Scham·haar** nt pubic hair

scham·haft adj shy, bashful

Scham·lip·pen pl labia pl **scham·los** adj shameless, rude; **Lüge** barefaced **Scham·rö·te** f blush of embarrassment

Schan·de <-> ['ʃandə] f kein pl disgrace, shame; **eine ~ sein** to be a disgrace; **mach mir [nur] keine ~!** (hum) don't let me down!

schän·den ['ʃɛndn̩] vt ❶ (verächtlich machen) to discredit ❷ (entweihen) to desecrate

Schand·fleck m blot [on the landscape]

schänd·lich ['ʃɛntlɪç] I. adj ❶ (niederträchtig) disgraceful, shameful; **Verbrechen** despicable ❷ (schlecht) appalling II. adv shamefully, disgracefully

Schand·tat f abomination; **zu jeder ~ bereit sein** (hum) to be ready for anything

Schän·dung <-, -en> f desecration; (Vergewaltigung) violation

Schän·ke[RR] <-, -n> ['ʃɛŋkə] f pub; (auf dem Land) inn

Schan·ze <-, -n> ['ʃantsə] f ski jump

Schar <-, -en> [ʃa:ɐ̯] f von Vögeln flock; von Menschen crowd

scha·ren ['ʃa:rən] I. vt ■ Dinge/Menschen um sich **~** to gather things/people around oneself II. vr ■ **sich um jdn/etw ~** to gather around sb/sth

scha·ren·wei·se adv in hordes

scharf <schärfer, schärfste> [ʃarf] I. adj ❶ (gut geschliffen) sharp ❷ (spitz zulaufend) sharp; **eine ~e Kurve** a hairpin bend ❸ KOCHK hot; (hochprozentig) strong ❹ (ätzend) aggressive ❺ (schonungslos, heftig) harsh, severe, tough; **Kontrolle** rigorous; **Konkurrenz** fierce; **Kritik** biting ❻ (bissig) fierce, vicious; **eine ~e Zunge haben** to have a sharp tongue ❼ (echt) real; **eine ~e Bombe** a live bomb ❽ (konzentriert, präzise) careful; **Beobachtung** astute; **Beobachter, Verstand** keen ❾ FOTO sharp; **Augen** keen; **Umrisse** sharp ❿ (sl: aufreizend) spicy; ■ **auf jdn ~ sein** to fancy sb, to have the hots for sb Am; ■ **auf etw** akk **~ sein** to be keen on sth II. adv ❶ (in einen scharfen Zustand) **etw ~ schleifen** to sharpen sth ❷ (intensiv gewürzt) **ich esse gerne ~** I like eating hot food; **etw ~ würzen** to highly season sth ❸ (heftig) sharply; **kritisieren** harshly; **verurteilen** strongly ❹ (konzentriert, präzise) carefully; ■ **beobachten** to observe carefully; **~ sehen** to have keen eyes ❺ (streng) carefully, closely; **jdn ~ bewachen** to keep a close guard on sb; **gegen etw** akk **~ vorgehen** to take drastic action against sth ❻ (abrupt) abruptly, sharply; **~ links/rechts abbiegen** to take a sharp left/right; **~ bremsen** to brake sharply ❼ TECH, FOTO (klar) sharply; **das Bild ~ einstellen** to sharply focus the picture

Scharf·blick m kein pl astuteness no pl

Schär·fe <-, -n> ['ʃɛrfə] f ❶ (guter Schliff) sharpness ❷ KOCHK spiciness; **von Senf/Chilis**

hotness ❸ (*Heftigkeit*) einer Ablehnung severity; *der Konkurrenz* keenness, strength; *der Kritik* severity, sharpness; *von Worten* harshness; (*Präzision*) sharpness, keenness; *der Augen/des Verstandes* keenness ❹ FOTO sharpness; *einer Brille* strength ❺ (*ätzende Wirkung*) causticity
schär·fen ['ʃɛrfn̩] *vt* ❶ (*scharf schleifen*) to sharpen ❷ (*verfeinern*) to make sharper
scharf·kan·tig *adj* sharp-edged **scharf|machen** *vt* ■ **jdn** ~ to turn sb on **Scharf·rich·ter** *m* executioner **Scharf·schüt·ze, -schüt·zin** *m, f* marksman *masc*, markswoman *fem* **scharf·sich·tig** *adj* sharp-sighted **Scharf·sinn** *m kein pl* astuteness *no pl* **scharf·sin·nig I.** *adj* astute, perceptive **II.** *adv* astutely, perceptively
Schar·lach[1] <-s> ['ʃarlax] *m kein pl* MED scarlet fever
Schar·lach[2] <-> ['ʃarlax] *nt kein pl* scarlet
Schar·la·tan <-s, -e> ['ʃarlatan] *m* ❶ (*Betrüger*) fraud ❷ (*Kurpfuscher*) charlatan, quack *fam*
Schar·nier <-s, -e> [ʃar'niːɐ̯] *nt* hinge
Schär·pe <-, -n> ['ʃɛrpə] *f* sash
schar·ren ['ʃarən] *vi* to scratch; (*mit der Pfote*) to paw
Schar·te <-, -n> ['ʃartə] *f* ❶ (*Einschnitt*) nick, notch ❷ (*Schießscharte*) embrasure
schar·wen·zeln * [ʃar'vɛntsl̩n] *vi sein o haben* ■ [um jdn] to suck up [to sb]
Schasch·lik <-s, -s> ['ʃaʃlɪk] *nt* [shish] kebab
Schat·ten <-s, -> ['ʃatn̩] *m* ❶ (*schattige Stelle*) shade; **30° im** ~ 30 degrees in the shade; ~ **spenden** to afford shade; **lange** ~ **werfen** to cast long shadows ❷ (*schemenhafte Gestalt, dunkle Stelle*) shadow ► **im** ~ **bleiben** to stay in the shade; **nicht über seinen** [**eigenen**] ~ **springen können** to be unable to act out of character; **in jds** ~ **stehen** to be in sb's shadow; **jdn/etw in den** ~ **stellen** to put sb/sth in the shade; **seinen** ~ **vorauswerfen** to cast one's shadow before one; **einen** ~ [**auf etw** *akk*] **werfen** to cast a shadow [over sth]
Schat·ten·sei·te *f* dark side **Schat·ten·spiel** *nt* shadow play
schat·tie·ren* [ʃa'tiːrən] *vt* KUNST to shade [in]
Schat·tie·rung <-, -en> *f* KUNST shading
schat·tig ['ʃatɪç] *adj* shady
Scha·tul·le <-, -n> [ʃa'tʊlə] *f* casket
Schatz <-es, Schätze> [ʃats, *pl* 'ʃɛtsə] *m* ❶ (*kostbare Dinge*) treasure ❷ (*fam: Liebling*) sweetheart, love; **ein** ~ **sein** (*fam*) to be a dear
Schätz·chen <-s, -> ['ʃɛtsçən] *nt* (*fam*) *dim von* Schatz 2
schät·zen ['ʃɛtsn̩] **I.** *vt* ❶ (*einschätzen*) to guess; **meistens werde ich jünger geschätzt** people usually think I'm younger; **ich schätze sein Gewicht auf ca. 100 kg** I reckon he weighs about 100 kilos; **grob geschätzt** at a rough guess ❷ (*wertmäßig einschätzen*) to assess (**auf** as) ❸ (*würdigen*) to value (**als** as); ■ **jdn** ~ to hold sb in high esteem; ■ **etw** ~ to appreciate sth **II.** *vi* to guess
Schatz·kam·mer *f* treasure-house **Schatz·meis·ter(in)** *m(f)* treasurer
Schät·zung <-, -en> *f* ❶ *kein pl* (*wertmäßiges Einschätzen*) valuation ❷ (*Anschlag*) estimate; **nach einer groben** ~ at a rough estimate
schät·zungs·wei·se *adv* approximately
Schätz·wert *m* estimated value
Schau <-, -en> [ʃau] *f* ❶ (*Ausstellung*) exhibition; **etw zur** ~ **stellen** to display sth ❷ (*Vorführung*) show ► **jdm** [**mit etw** *dat*] **die** ~ **stehlen** to steal the show from sb [with sb]
Schau·bild *nt* diagram **Schau·bu·de** *f* [show] booth
Schau·der <-s, -> ['ʃaudɐ] *m* shudder
schau·der·haft *adj* ❶ (*grässlich*) ghastly, horrific ❷ (*furchtbar*) awful
schau·dern ['ʃaudɐn] **I.** *vt impers* ■ **es schaudert jdn bei etw** *dat* sth makes sb shudder **II.** *vi* ❶ (*erschauern*) to shudder ❷ (*frösteln*) to shiver
schau·en ['ʃauən] *vi* SÜDD, ÖSTERR, SCHWEIZ ❶ (*blicken*) to look; **auf die Uhr** ~ to look at the clock ❷ (*darauf achten*) ■ **auf etw** *akk* ~ to pay attention to sth ❸ (*sich kümmern*) ■ **nach jdm/etw** ~ to have a look at sb/sth ❹ (*suchen*) ■ [**nach etw** *dat*] ~ to look [for sth] ► **da schaust du aber!** (*fam*) how about that!
Schau·er <-s, -> ['ʃauɐ] *m* ❶ (*Regenschauer*) shower ❷ *s.* Schauder
Schau·er·ge·schich·te *f* (*fam*) *s.* Schauermärchen
schau·er·lich *adj* ❶ (*grässlich*) ghastly, horrific ❷ (*furchtbar*) awful
Schau·er·mär·chen *nt* horror story
Schau·fel <-, -n> ['ʃaufl̩] *f* shovel; (*für Mehl o.Ä.*) scoop; (*für Kehricht*) dustpan; (*Spielzeug~*) spade; (*am Bagger*) shovel
schau·feln ['ʃaufl̩n] *vi, vt* to shovel, to dig
Schau·fens·ter *nt* shop window **Schaufens·ter·bum·mel** *m* window-shopping *no pl, no indef art*; **einen** ~ **machen** to go window-shopping **Schau·fens·ter·pup·pe** *f* mannequin, shop dummy BRIT
Schau·kampf *m* exhibition fight **Schau·kas·ten** *m* showcase

Schau·kel <-, -n> ['ʃaʊkl] f swing

schau·keln ['ʃaʊkln] **I.** vi to swing; (auf und ab wippen) to rock; (schwanken) to roll **II.** vt ❶ (hin und her bewegen) to swing ❷ (bewerkstelligen) to manage

Schau·kel·pferd nt rocking horse **Schau·kel·stuhl** m rocking chair

schau·lus·tig adj curious, gawping pej

Schaum <-s, Schäume> [ʃaʊm, pl 'ʃɔʏmə] m ❶ blasige Masse) foam; (auf einer Flüssigkeit) froth ❷ (Seifen~) lather

Schaum·bad nt bubble bath

schäu·men ['ʃɔʏmən] vi ❶ (in Schaum übergehen) to lather ❷ (aufschäumen) to froth

Schaum·fes·ti·ger m setting mousse **Schaum·gum·mi** m foam rubber

schau·mig ['ʃaʊmɪç] adj frothy

Schaum·kro·ne f ❶ (auf Wellen) white crest ❷ (auf einem Bier) head **Schaum·stoff** m foam **Schaum·wein** m sparkling wine

Schau·platz m scene

schau·rig ['ʃaʊrɪç] adj ❶ (unheimlich) eerie ❷ (gruselig) macabre, scary ❸ (fam: furchtbar) awful

Schau·spiel ['ʃaʊʃpiːl] nt ❶ THEAT play, drama no indef art ❷ (geh) spectacle

Schau·spie·ler(in) ['ʃaʊʃpiːlɐ] m(f) actor masc, actress fem

schau·spie·lern ['ʃaʊʃpiːlɐn] vi to act

Schau·spiel·haus nt theatre, playhouse **Schau·spiel·schu·le** f drama school **Schau·spiel·un·ter·richt** m drama lesson **Schau·stel·ler(in)** <-s, -> m(f) showman

Schau·ta·fel f chart

Scheck <-s, -s> [ʃɛk] m cheque (über for); einen ~ ausstellen to write a cheque; mit ~ bezahlen to pay by cheque; einen ~ einlösen to cash a cheque

Scheck·buch nt chequebook

sche·ckig ['ʃɛkɪç] adj patched

Scheck·kar·te f cheque card

schef·feln ['ʃɛfln] vt to accumulate; Geld ~ to rake in money

Schei·be <-, -n> ['ʃaɪbə] f ❶ (dünnes Glasstück) [piece of] glass; (Fensterscheibe) window[pane] ❷ KOCHK slice ❸ (kreisförmiger Gegenstand) disc ▶ sich dat von jdm eine ~ abschneiden können to [be able to] take a leaf out of sb's book

Schei·ben·brem·se f disc brake **Schei·ben·he·ber** m AUTO (manuell) window winder; (elektrisch) window switch **Schei·ben·wasch·an·la·ge** f windscreen [or AM windshield] washer system **Schei·ben·wi·scher** <-s, -> m windscreen wiper

Scheich <-s, -e> [ʃaɪç] m sheikh

Schei·de <-, -n> ['ʃaɪdə] f ❶ (Schwert-/Dolch~) scabbard ❷ (Vagina) vagina

schei·den <schied, geschieden> ['ʃaɪdn] **I.** vt haben ❶ (eine Ehe lösen) to divorce; ■ sich ~ lassen to get divorced (von from); ■ geschieden divorced ❷ (trennen) to separate (von from) **II.** vi sein ■ aus etw dat ~ to leave sth; aus einem Amt ~ to retire from a position **III.** vr haben **an diesem Punkt ~ sich die Ansichten** opinions diverge at this point

Schei·de·wand f partition

Schei·de·weg m am ~ stehen (fig) to stand at a crossroads

Schei·dung <-, -en> f divorce; in ~ leben to be separated; die ~ einreichen to start divorce proceedings

Schei·dungs·grund m grounds npl for divorce **Schei·dungs·kind** nt SOZIOL child from a broken home

Schein <-[e]s, -e> [ʃaɪn] m ❶ kein pl (Lichtschein) light ❷ kein pl (Anschein) appearance; sich vom ~ täuschen lassen to be blinded by appearances; der ~ trügt appearances are deceptive; den ~ wahren to keep up appearances; etw zum ~ tun to pretend to do sth ❸ (Banknote) [bank]note ❹ (fam: Bescheinigung) certificate

schein·bar adj apparent, seeming

schei·nen <schien, geschienen> ['ʃaɪnən] vi ❶ (leuchten) to shine ❷ (den Anschein haben) to appear, to seem

Schein·fir·ma f bogus company **schein·hei·lig** ['ʃaɪnhaɪlɪç] **I.** adj hypocritical; ~ tun to play the innocent **II.** adv hypocritically **Schein·schwan·ger·schaft** f phantom [or AM false] pregnancy **schein·tot** adj apparently dead

Schein·wer·fer m ❶ (Strahler) spotlight; (Licht zum Suchen) searchlight ❷ AUTO headlight; die ~ aufblenden to turn the headlights on full [or AM high beam] **Schein·wer·fer·licht** nt spotlight ▶ im ~ stehen to be in the public eye

Scheiß <-> [ʃaɪs] m kein pl (sl) ❶ (Quatsch) crap; he, was soll der ~! hey, what [the bloody hell] are you doing!; lass doch den ~ [bloody well] stop it; mach keinen ~! don't be so bloody stupid! ❷ (Fluchwort) so ein ~! shit!

Scheiß·dreck m (sl) crap ▶ jdn einen ~ angehen to be none of sb's [damn] business; sich einen ~ um etw akk kümmern to not give a shit about sth; wegen jedem ~ for every little thing

Schei·ße <-> ['ʃaɪsə] f kein pl ❶ (derb: Darminhalt) shit ❷ (sl: Mist) ~ ! shit!; ~ bauen to make a [complete] mess [of sth] ▶ in der ~ sitzen (sl) to be in the shit

scheiß·egal ['ʃaisʔe'gaːl] *adj* (*sl*) **jdm ist es ~** sb couldn't give a damn; ■ **es ist ~** it does not matter a damn

schei·ßen <schiss, geschissen> ['ʃaisn] *vi* ❶ (*vulg*) to shit ❷ (*sl: verzichten können*) ■ **auf etw** *akk* ~ to not give a damn about sth

scheiß·freund·lich ['ʃais'frɔyntlɪç] *adj* (*sl*) ■ **~ sein** to be as nice as pie **Scheiß·haus** *nt* (*vulg*) bog BRIT, john AM; **auf dem ~ sitzen** to sit in the bog **Scheiß·kerl** *m* (*sl*) bastard

Scheit <-[e]s, -e *o* ÖSTERR, SCHWEIZ -er> [ʃait] *m* log [of wood]

Schei·tel <-s, -> ['ʃaitl] *m* ❶ (*Teilung der Frisur*) parting ❷ MATH vertex ▶ **vom ~ bis zur Sohle** from head to foot

schei·teln [ʃaitln] *vt* to part

Schei·ter·hau·fen *m* pyre; (*für zum Tode Verurteilte*) stake

schei·tern [ʃaitɐn] *vi sein* to fail (**an** because of); ■ **etw scheitert an etw** *dat* sth flounders on sth

Schei·tern <-s> [ʃaitɐn] *nt kein pl* failure

Schel·le <-, -n> [ʃɛlə] *f* clamp

schel·len ['ʃɛlən] *vi* (*klingeln*) to ring

Schell·fisch *m* haddock

Schelm <-[e]s, -e> [ʃɛlm] *m* rascal

Schel·men·ro·man *m* LIT picaresque novel

schel·misch *adj* mischievous

Schel·te <-, -n> ['ʃɛltə] *f* (*Schimpfe*) reprimand *form*, telling-off

schel·ten <schilt, schalt, gescholten> [ʃɛltn] *vt* (*schimpfen*) to scold (**wegen/für** for)

Sche·ma <-s, -ta *o* Schemen> ['ʃeːma, *pl* 'ʃeːma, 'ʃeːmən] *nt* ❶ (*Konzept*) scheme; **nach einem ~** according to a scheme ❷ (*Darstellung*) chart, diagram

sche·ma·tisch [ʃeˈmaːtɪʃ] **I.** *adj* schematic **II.** *adv* schematically; **~ arbeiten** to work according to a scheme; **etw ~ darstellen** to show sth in the form of a chart/diagram

sche·ma·ti·sie·ren* [ʃematiˈziːrən] *vt* ❶ (*schematisch darstellen*) to make a chart/diagram of sth; ■ **schematisiert** in the form of a chart/diagram ❷ (*stark vereinfachen*) to [over]simplify

Sche·mel <-s, -> ['ʃeːml] *m* stool

Sche·men *pl von* Schema

sche·men·haft I. *adj* shadowy **II.** *adv* (*geh*) **etw ~ erblicken/sehen** to make out the outline [or silhouette] of sth

Schen·ke <-, -n> ['ʃɛŋkə] *f* pub; (*auf dem Land*) inn

Schen·kel <-s, -> ['ʃɛŋkl] *m* ❶ (*Oberschenkel*) thigh ❷ MATH side

schen·ken ['ʃɛŋkn] **I.** *vt* ❶ (*als Geschenk geben*) ■ **jdm etw ~** to give sb sth as a present;

jdm etw zum Geburtstag ~ to give sb sth for his/her birthday ❷ (*gewähren*) to give; **sie schenkte ihm ein Lächeln** she favoured him with a smile; **sie schenkte ihm einen Sohn** (*geh*) she bore him a son ❸ (*widmen*) to give; **jdm Aufmerksamkeit ~** to pay attention to sb; **jdm Vertrauen ~** to trust sb ▶ **jdm wird nichts geschenkt** sb is spared nothing **II.** *vi* to give presents **III.** *vr* (*sich sparen*) ■ **sich** *dat* **etw ~** to spare oneself sth, to give sth a miss *fam*

Schen·kung <-, -en> *f* gift

schep·pern ['ʃɛpɐn] *vi* (*fam*) to rattle

Scher·be <-, -n> ['ʃɛrbə] *f* [sharp] piece ▶ **~n bringen Glück** (*prov*) broken glass/china is lucky

Sche·re <-, -n> ['ʃeːrə] *f* ❶ (*Werkzeug*) scissors *npl* ❷ ZOOL claw

sche·ren¹ <schor, geschoren> ['ʃeːrən] *vt* ❶ (*abrasieren*) to shear; **jdm eine Glatze ~** to shave sb's head ❷ (*stutzen*) **sich den Bart ~ lassen** to have one's beard cropped ❸ *Hecke* to prune

sche·ren² ['ʃeːrən] **I.** *vr* (*sich kümmern*) ■ **sich [nicht] [um etw** *akk*] **~** to [not] bother [about sth] ❷ (*fam: abhauen*) **scher dich [weg]!** get out [of here]!; **jd kann sich zum Teufel ~** sb can go to hell **II.** *vt* ■ **jdn schert etw nicht** sb couldn't care less about sth

Sche·ren·schlei·fer(in) <-s, -> *m(f)* knife-grinder **Sche·ren·schnitt** *m* silhouette [out of paper]

Sche·re·rei <-, -en> [ʃeːrəˈrai] *f meist pl* trouble *sing* (**wegen** because of)

Scherz <-es, -e> [ʃɛrts] *m* joke; **einen ~ machen** to joke; **sich einen ~ [mit jdm] erlauben** to have sb on

Scherz·ar·ti·kel *m meist pl* joke article

scher·zen ['ʃɛrtsn] *vi* (*geh*) to crack a joke/jokes; **mit jdm/etw ist nicht zu ~** sb/sth is not to be trifled with

Scherz·fra·ge *f* riddle

scherz·haft I. *adj* (*aus Spaß erfolgend*) jocular, joke *attr* **II.** *adv* in a jocular fashion

Scherz·keks *m* (*fam*) [practical] joker

scheu [ʃɔy] *adj* shy; (*vorübergehend ~*) bashful

Scheu <-> [ʃɔy] *f kein pl* shyness *no pl*; (*vorübergehend*) bashfulness; **ohne jede ~** without holding back

scheu·chen ['ʃɔyçn] *vt* ❶ (*treiben*) to drive ❷ (*fam: jagen*) to chase

scheu·en ['ʃɔyən] **I.** *vt* ■ **[etw] ~** to shrink [from sth] **II.** *vi* ■ **vor etw** *dat*] **~** to shy [at sth]

Scheu·er·lap·pen *m* floorcloth

scheu·ern ['ʃɔyɐn] **I.** *vt* to scour; **etw**

blank ~ to scour sth clean ▶ **jdm eine ~** (sl) to give sb a clout BRIT, to hit somebody AM **II.** vi to rub, to chafe **III.** vr ■ **sich an etw** dat ~ to rub one's sth

Scheu·klap·pe f blinkers pl BRIT, blinders pl AM

Scheu·ne <-, -n> ['ʃɔynə] f barn

Scheu·sal <-s, -e> ['ʃɔyzaːl] nt beast

scheuß·lich ['ʃɔyslɪç] **I.** adj ① (abstoßend) repulsive ② (ekelhaft) disgusting, revolting ③ (fam) dreadful, awful, terrible **II.** adv ① (widerlich) in a disgusting manner ② (fam) dreadfully, terribly; ~ **wehtun** to hurt dreadfully

Schi <-s, -er o -> [ʃiː, pl 'ʃiːɐ] m s. **Ski**

Schicht <-, -en> [ʃɪçt] f ① (aufgetragene Lage) layer; Farbe coat ② ARCHÄOL, GEOL stratum, layer ③ (Gesellschaftsschicht) class ④ (Arbeits~) shift; ~ **arbeiten** to do shift work

Schicht·ar·beit f kein pl shift work no pl
Schicht·ar·bei·ter(in) m(f) shift worker
schich·ten ['ʃɪçtn̩] vt to stack [up sep] (**auf** on/on top of)

Schicht·wech·sel [-vɛksl̩] m change of shift
schicht·wei·se adv in layers, layer upon layer

schick [ʃɪk] **I.** adj (modisch elegant) chic, fashionable; (gepflegt) smart; **du bist heute wieder so ~** you look very smart again today **II.** adv (modisch elegant) fashionably, stylishly; (gepflegt) smartly

schi·cken ['ʃɪkn̩] vt ① (senden) to send; ÖKON to dispatch; **etw mit der Post ~** to send sth by post [or AM mail] ② (kommen/gehen lassen) ■ **jdn** [irgendwohin] ~ to send sb [somewhere] **II.** vi ■ **nach jdm** ~ to send for sb **III.** vr ■ **etw schickt sich** [**für jdn**] sth is suitable [for sb]

Schi·cke·ria <-> [ʃɪkəˈriːa] f kein pl jet set
Schi·cki·mi·cki <-s, -s> [ʃɪkiˈmɪki] m (fam) jet-setter

schick·lich ['ʃɪklɪç] adj seemly

Schick·sal <-s, -e> ['ʃɪkzaːl] nt destiny, fate; **Ironie des ~s** irony of fate; **ein hartes ~** a cruel fate; **das ~ nimmt seinen Lauf** fate takes its course; **jds ~ ist besiegelt** sb's fate is sealed; **sich in sein ~ ergeben** to be reconciled to one's fate; **jdn seinem ~ überlassen** to leave sb to their fate; **etw dem ~ überlassen** to leave sth to fate

schick·sal·haft adj ① (folgenschwer) fateful ② (unabwendbar) inevitable

schick·sals·ge·beu·telt adj plagued by bad luck pred **Schick·sals·schlag** m stroke of fate

Schie·be·dach nt sun-roof **Schie·be·fens·ter** nt sliding window

schie·ben <schob, geschoben> ['ʃiːbn̩] **I.** vt ① (bewegen) to push ② (stecken) to put, to stick; **sich etw in den Mund ~** to put sth in one's mouth; **die Pizza into the oven ~** to stick the pizza into the oven ③ (zuweisen) ■ **etw auf jdn ~** to lay sth on sb; **die Schuld auf jdn ~** to lay the blame on sb; ■ **etw auf etw** akk ~ to blame sth for sth ④ (abweisen) ■ **etw von sich** dat ~ to reject sth **II.** vr (sich drängen) ■ **sich ~** to shove one's way

Schie·ber <-s, -> ['ʃiːbɐ] m (Absperrvorrichtung) bolt

Schie·ber(in) <-s, -> ['ʃiːbɐ] m(f) (Schwarzhändler) black marketeer

Schie·be·tür f sliding door

Schie·bung <-> f kein pl ① (Begünstigung) pulling strings ② (unehrliches Geschäft) shady deal ③ POL rigging ④ SPORT fixing

schied [ʃiːt] imp von **scheiden**

Schieds·ge·richt nt ① JUR arbitration tribunal ② SPORT highest authority which can rule on a point of dispute **Schieds·rich·ter(in)** m(f) ① SPORT referee; (bei Tennis, Baseball) umpire ② JUR arbitrator **Schieds·spruch** m decision of an arbitration tribunal

schief [ʃiːf] **I.** adj ① (schräg) crooked, not straight pred, lopsided fam ② (entstellt) distorted **II.** adv ① (schräg) crooked, not straight, lopsided ② (fig: scheel) wryly; **jdn ~ ansehen** to look askance at sb

Schie·fer <-s, -> ['ʃiːfɐ] m slate

Schie·fer·dach nt slate roof

schief|ge·hen vi irreg sein (fam) to go wrong ▶ [es] wird schon ~! (iron) it'll be OK! **schief|la·chen** vr (fam) ■ **sich ~** to crack up **schief|lie·gen** vi (fam) to be on the wrong track

schie·len ['ʃiːlən] vi ① MED to squint, to be cross-eyed ② (haben wollen) ■ **auf etw** akk ~ to look at sth out of the corner of one's eye; ■ **nach etw** dat ~ to steal a glance at sth

schien [ʃiːn] imp von **scheinen**

Schien·bein ['ʃiːnbain] nt shinbone; **jdm gegen das ~ treten** to kick sb in the shin

Schie·ne <-, -n> ['ʃiːnə] f ① (Führungsschiene) rail usu pl ② MED splint

schie·nen ['ʃiːnən] vt MED to splint

Schie·nen·aus·bau m kein pl extension of a/the railway **Schie·nen·bus** m rail bus **Schie·nen·fahr·zeug** nt BAHN track vehicle **Schie·nen·netz** nt BAHN rail network **Schie·nen·ver·kehr** m kein pl rail traffic no pl

schier¹ [ʃiːɐ] adj attr ① (pur) pure; (perfekt) perfect ② (bloß) sheer

schier² [ʃiːɐ] adv (beinahe) almost

Schieß·be·fehl m order[s] to shoot **Schieß·bu·de** f shooting gallery

schie·ßen <schoss, geschossen> ['ʃiːsn̩] vi, vt ❶ haben (feuern) to shoot (auf at) ❷ haben FBALL to shoot; aufs Tor ~ to shoot [for goal] ❸ sein (schnell bewegen) das Auto kam um die Ecke geschossen the car came flying round the corner; jdm durch den Kopf ~ to flash through sb's mind

Schie·ße·rei <-, -en> [ʃiːsəˈraɪ] f shooting

Schieß·platz m firing range **Schieß·pul·ver** nt gunpowder **Schieß·schar·te** f slit **Schieß·schei·be** f target

Schiff <-[e]s, -e> [ʃɪf] nt ship

Schiffahrtᴬᴸᵀ f s. Schifffahrt

schiff·bar adj navigable

Schiff·bau m kein pl shipbuilding no indef art, no pl **Schiff·bruch** m shipwreck; ~ erleiden to be shipwrecked **schiff·brü·chig** adj shipwrecked **Schiff·brü·chi·ge(r)** f(m) dekl wie adj shipwrecked person

Schiff·chen <-s, -> nt dim von Schiff

schif·fen [ˈʃɪfn̩] I. vi (sl: urinieren) to go for a whizz II. vi impers (sl: regnen) ▪ es schifft it's raining cats and dogs

Schif·fer(in) <-s, -> [ˈʃɪfɐ] m(f) skipper

Schiff·fahrtᴿᴿ [ˈʃɪffaːɐ̯t] f shipping no indef art, no pl **Schiff·fahrts·ge·sell·schaft**ᴿᴿ f shipping company

Schiff·schau·kel f swingboat

Schiffs·jun·ge m ship['s] boy **Schiffs·la·dung** f [ship's] cargo **Schiffs·schrau·be** f ship's propeller **Schiffs·ver·kehr** m shipping no indef art, no pl

Schi·it(in) <-en, -en> [ʃiˈiːt] m(f) Shiite

schi·i·tisch adj Shiite

Schi·ka·ne <-, -n> [ʃiˈkaːnə] f ❶ (Quälerei) harassment no indef art ❷ SPORT chicane ▶ mit allen ~n with all the modern conveniences

schi·ka·nie·ren* [ʃikaˈniːrən] vt to harass

Schi·ko·reeᴿᴿ <- o -s> [ˈʃɪkore, ʃikoˈreː] m kein pl s. Chicorée

Schild¹ <-[e]s, -er> [ʃɪlt, pl ˈʃɪldɐ] nt (Hinweisschild) sign

Schild² <-[e]s, -e> [ʃɪlt, pl ˈʃɪldə] m shield ▶ etw im ~e führen to be up to sth

Schild·drü·se f thyroid [gland]

schil·dern [ˈʃɪldɐn] vt to describe; etw in allen Einzelheiten ~ to give an exhaustive account of sth

Schil·de·rung <-, -en> f description; Ereignisse a. account

Schild·krö·te [ˈʃɪltkrøːtə] f tortoise; (See~) turtle **Schild·laus** f scale insect

Schilf <-[e]s, -e> [ʃɪlf] nt ❶ (Pflanze) reed ❷ (bewachsene Fläche) reeds pl

Schilf·gras nt reed **Schilf·rohr** nt s. Schilf

schil·lern [ˈʃɪlɐn] vi to shimmer

schil·lernd adj shimmering; Persönlichkeit flamboyant

Schil·ling <-s, -e o bei Preisangaben -> [ˈʃɪlɪŋ] m schilling

schilt [ʃɪlt] imp sing von schelten

Schim·mel¹ <-s> [ˈʃɪml̩] m kein pl mould

Schim·mel² <-s, -> [ˈʃɪml̩] m ZOOL white horse

schim·me·lig [ˈʃɪm(ə)lɪç] adj mouldy; Leder, Buch mildewed

schim·meln [ˈʃɪml̩n] vi sein o haben to go mouldy

Schim·mel·pilz m mould

Schim·mer <-s> [ˈʃɪmɐ] m kein pl ❶ (matter Glanz) shimmer ❷ (kleine Spur) = keiner S. gen the slightest trace of sth; ein ~ von Hoffnung a glimmer of hope ▶ keinen blassen ~ [von etw dat] haben (fam) to not have the faintest idea [about sth]

schim·mern [ˈʃɪmɐn] vi to shimmer

schimm·lig [ˈʃɪmlɪç] adj s. schimmelig

Schim·pan·se <-n, -n> [ʃɪmˈpanzə] m chimpanzee

schimp·fen [ˈʃɪmpfn̩] vi ❶ (sich ärgerlich äußern) to grumble (über/auf about) ❷ (fluchen) to [curse and] swear; wie ein Rohrspatz ~ to curse like a washerwoman [or AM sailor] ❸ (zurechtweisen) ▪ jdn ~ to scold sb, to tell sb off

Schimpf·wort nt swear word

Schin·del <-, -n> [ˈʃɪndl̩] f shingle

schin·den <schindete, geschunden> [ˈʃɪndn̩] I. vr ▪ sich ~ to slave [away] (mit at) II. vt ❶ (grausam antreiben) ▪ jdn ~ to work sb like a slave; Tier to ill-treat ❷ (fam) Eindruck ~ to play to the gallery; Zeit ~ to play for time

Schin·de·rei <-, -en> [ʃɪndəˈraɪ] f grind

Schind·lu·der nt ▶ mit jdm/etw ~ treiben to gravely abuse sb/sth

Schin·ken <-s, -> [ˈʃɪŋkn̩] m ham

Schin·ken·speck m bacon **Schin·ken·wurst** f ham sausage [meat]

Schip·pe <-, -n> [ˈʃɪpə] f ❶ bes NORDD (Schaufel) shovel ❷ KARTEN NORDD spades npl ▶ jdn auf die ~ nehmen to pull sb's leg; etw auf die ~ nehmen to make fun of sth

Schirm <-[e]s, -e> [ʃɪrm] m ❶ (Regenschirm) umbrella ❷ (Sonnenschirm) sunshade; (tragbar) parasol ❸ (Mützenschirm) peak

Schirm·herr(in) m(f) patron **Schirm·herr·schaft** f patronage **Schirm·müt·ze** f peaked cap **Schirm·stän·der** m umbrella stand

Schi·rok·ko <-s, -s> [ʃiˈrɔko] m sirocco

schissᴿᴿ, **schiß**ᴬᴸᵀ [ʃɪs] imp von scheißen

Schissᴿᴿ <-es> m kein pl, **Schiß**ᴬᴸᵀ <-sses> [ʃɪs] m kein pl ▶ [vor jdm/etw] ha-

ben (*sl*) to be shit-scared [of sb/sth]

schi·zo·phren [ʃitsoˈfreːn, sçitsoˈfreːn] *adj* schizophrenic

Schi·zo·phre·nie <-, *selten* -n> [ʃitsofreˈniː, sçitso-, *pl* -ˈniːən] *f* schizophrenia

Schlab·ber·look <-s> [-lʊk] *m kein pl* MODE loose-fitting [hippie] clothes

schlab·bern [ˈʃlabɐn] **I.** *vi* (*fam*) ① (*Essen aussabbern*) to dribble ② *Kleidung* to fit loosely **II.** *vt* to lap [up]

Schlacht <-, -en> [ʃlaxt] *f* battle

Schlacht·bank *f* ▶ **jdn zur ~ führen** to lead sb like a lamb to the slaughter

schlach·ten [ˈʃlaxtn̩] *vt, vi* to slaughter

Schlach·ten·bumm·ler(in) *m(f)* SPORT away supporter

Schläch·ter(in) <-s, -> *m(f)* ① (*Metzger*) butcher ② (*Schlachthofangestellter*) slaughterer ③ (*Fleischerladen*) butcher's [shop]

Schläch·te·rei <-, -en> [ʃlaxtəˈraɪ] *f s.* Schlachter 3

Schlacht·feld *nt* battlefield **Schlacht·fest** *nt* KOCHK feast following the home-slaughtering of a farm animal **Schlacht·haus** *nt* slaughterhouse **Schlacht·hof** *m s.* Schlachthaus **Schlacht·plan** *m* ① MIL plan of battle ② (*Plan für ein Vorhaben*) plan of action; **einen ~ machen** to draw up a plan of action **Schlacht·rei·fe** *f kein pl* AGR slaughter age **Schlacht·vieh** *nt* animals kept for meat production

Schla·cke <-, -n> [ˈʃlakə] *f* ① (*Verbrennungsrückstand*) slag ② (*Ballaststoffe*) roughage ③ MED waste products ④ GEOL scoria

Schlaf <-[e]s> [ʃlaːf] *m kein pl* sleep *no pl*; **einen festen/leichten ~ haben** to be a deep/light sleeper; **versäumten ~ nachholen** to catch up on one's sleep; **jdm den ~ rauben** to keep sb awake ▶ **nicht im ~ an etw** *akk* **denken** to not dream of [doing] sth; **etw im ~ können** (*fam*) to be able to do sth in one's sleep

Schlaf·an·zug *m* pyjamas *npl* **Schlaf·couch** *f* sofa bed

Schlä·fe <-, -n> [ˈʃlɛːfə] *f* temple

schla·fen <schlief, geschlafen> [ˈʃlaːfn̩] *vi* ① (*nicht wach sein*) to sleep, to be asleep; **darüber muss ich erst ~** I'll have to sleep over that; **ein Kind ~ legen** to put a child to bed; **~ gehen** to go to bed; **gut/schlecht ~** to sleep well/badly; **fest/tief ~** to sleep deeply/soundly ② (*unaufmerksam sein*) to doze; **die Konkurrenz hat geschlafen** our competitors were asleep

Schlä·fer(in) <-s, -> [ˈʃlɛːfɐ] *m(f)* sleeper

schlaff [ʃlaf] **I.** *adj* ① (*locker fallend*) slack ② (*nicht straff*) sagging; **Händedruck** limp **II.** *adv* ① (*locker fallend*) slackly ② (*kraftlos*) feebly

Schlaff·heit <-> *f kein pl* ① *der Haut* slackness ② *der Muskulatur* flabbiness ③ (*fig: Trägheit*) listlessness

Schlaf·ge·le·gen·heit *f* place to sleep **Schlaf·lied** *nt* lullaby **schlaf·los** **I.** *adj* sleepless **II.** *adv* sleeplessly **Schlaf·lo·sig·keit** <-> *f kein pl* sleeplessness *no pl* **Schlaf·mit·tel** *nt* sleep-inducing medication **Schlaf·müt·ze** *f* ① (*Kopfbedeckung*) nightcap ② (*fam: verschlafene Person*) sleepy head

schläf·rig [ˈʃlɛːfrɪç] *adj* sleepy, drowsy **Schlaf·saal** *m* dormitory **Schlaf·sack** *m* sleeping bag **Schlaf·stö·run·gen** *pl* insomnia **Schlaf·ta·blet·te** *f* sleeping pill **schlaf·trun·ken** **I.** *adj* drunk with sleep, sleepy **II.** *adv* sleepily **Schlaf·wa·gen** *m* sleeper **schlaf·wan·deln** *vi sein o haben* to sleepwalk **Schlaf·wand·ler(in)** <-s, -> *m(f)* sleepwalker **Schlaf·zim·mer** *nt* bedroom

Schlag <-[e]s, Schläge> [ʃlaːk, *pl* ˈʃlɛːgə] *m* ① (*Hieb*) blow, wallop *fam*; (*mit der Faust*) punch; (*mit der Hand*) slap; SPORT stroke; **[von jdm] Schläge bekommen** to get a beating; **jdm einen ~ versetzen** to deal sb a blow ② (*dumpfer Hall*) thud; **ein ~ an der Tür** a bang on the door ③ (*rhythmisches Geräusch*) **die Schläge des Herzens** the beats of the heart; **der ~ einer Uhr** the striking of a clock; **~ Mitternacht** on the stroke of midnight ④ (*Schicksals~*) blow; **seine Entlassung war ein schrecklicher ~ für ihn** being made redundant was a terrible blow to him ⑤ (*Menschen~*) type; **vom alten ~ [e]** from the old school ⑥ ÖSTERR (*Schlagsahne*) [whipped] cream ⑦ (*Stromstoß*) shock; **einen ~ kriegen** to get an electric shock ⑧ (*Schlaganfall*) stroke; **einen ~ bekommen** to suffer a stroke ⑨ MODE **eine Hose mit ~** flared trousers ▶ **ein ~ ins Gesicht** a slap in the face; **ein ~ unter die Gürtellinie** (*fam*) a blow below the belt; **ein ~ ins Wasser** (*fam*) a [complete] washout; **jdn trifft der ~** (*fam*) sb is flabbergasted; **etw auf einen ~ tun** to get things done all at once; **keinen ~ tun** (*fam*) to not do a stroke of work; **~ auf ~** in rapid succession

Schlag·ab·tausch *m* ① (*Rededuell*) exchange of words ② (*beim Boxen*) exchange of blows **Schlag·ader** *f* artery **Schlag·an·fall** *m* stroke **schlag·ar·tig** **I.** *adj* sudden, abrupt **II.** *adv* suddenly, abruptly **Schlag·baum** *m* barrier **Schlag·bohr·ma·schi·ne** *f* hammer drill

Schlä·gel <-s, -> [ˈʃlɛːgl̩] *m* ① MUS [drum]stick ② TECH mallet

schla·gen <schlug, geschlagen> ['ʃlaːgn̩]
I. vt haben ① (hauen) to hit; (mit der Faust) to punch; (mit der Hand) to slap; **die Hände vors Gesicht ~** to cover one's face with one's hands; **jdm [wohlwollend] auf die Schulter ~** to give sb a [friendly] slap on the back; **etw in Stücke ~** to smash sth to pieces ② (prügeln) to beat; **jdn bewusstlos ~** to beat sb senseless ③ (besiegen) to defeat; SPORT to beat (in at); **jd ist nicht zu ~** sb is unbeatable; **sich ge~ geben** to admit defeat ④ (fällen) to fell ⑤ (durch Schläge treiben) **einen Nagel in die Wand ~** to knock a nail into the wall; **den Ball ins Aus ~** to kick the ball out of play ⑥ MUS to beat ⑦ KOCHK Sahne to whip; **Eier in die Pfanne ~** to crack eggs into the pan ⑧ (wickeln) ■ **etw in etw** akk **~** to wrap sth in sth ⑨ (hinzufügen) **die Unkosten auf den Verkaufspreis ~** to add the costs to the retail price ⑩ (legen) **ein Bein über das andere ~** to cross one's legs; **die Decke zur Seite ~** to throw off the blanket **II.** vi ① haben (hauen) to hit; **gegen ein Tor ~** to knock at the gate; **jdm in die Fresse ~** to punch sb in the face; ■ [mit jdm] **um sich ~** to lash about [with sth]; **nach jdm ~** to hit out at sb ② sein (auftreffen) ■ **an** [o **gegen**] **etw** akk **~** to land on sth, to strike against sth ③ haben (pochen) to beat ④ haben (läuten) **etw schlägt** sth is striking ⑤ sein (fam: ähneln) ■ **nach jdm ~** to take after sb ⑥ haben (sich wenden) **sich in die Büsche ~** to slip away; (euph, hum) to go behind a tree; **sich auf jds Seite ~** to take sb's side **III.** vr haben ① (sich prügeln) ■ **sich ~** to have a fight; **sich [mit jdm] ~** to fight [sb] ② (rangeln) ■ **sich [um etw** akk**] ~** to fight [over sth] ③ (sich anstrengen) ■ **sich [irgendwie] ~** to do somehow; **sich gut ~** to do well

Schla·ger <-s, -> ['ʃlaːgɐ] m MUS ① (Lied) [pop] song ② (Erfolg) [big] hit, great success

Schlä·ger <-s, -> ['ʃlɛːgɐ] m SPORT ① (Tennis~) racquet, racket; (Tischtennis~) table tennis paddle ② (Stock~) stick, bat; (Golf~) golf club

Schlä·ger(in) <-s, -> ['ʃlɛːgɐ] m(f) ① (Raufbold) thug ② SPORT batsman masc, batswoman fem

Schlä·ge·rei <-, -en> [ʃlɛːgə'raɪ] f fight, brawl

Schla·ger·sän·ger(in) m(f) pop singer

schlag·fer·tig I. adj quick-witted **II.** adv quick-wittedly

Schlag·fer·tig·keit f kein pl quick-wittedness

Schlag·holz nt SPORT bat **Schlag·in·stru·ment** nt percussion instrument **Schlag·kraft** f kein pl ① MIL strike power ② (Wirksamkeit) effectiveness **schlag·kräf·tig** adj ① (kampfkräftig) powerful [in combat] ② Argument forceful; Beweis compelling **Schlag·licht** nt KUNST, FOTO highlight ▸ **ein ~ auf jdn/etw werfen** to put sb/sth into a characteristic/particular light **Schlag·loch** nt pothole **Schlag·ring** m knuckleduster, brass knuckles AM **Schlag·sah·ne** f (flüssig) whipping cream; (geschlagen) whipped cream **Schlag·sei·te** f kein pl NAUT list ▸ **~ haben** (fam) to be three sheets to the wind **Schlag·stock** m club; (Gummiknüppel) truncheon **Schlag·wort** nt ① <-worte> (Parole) slogan ② <-wörter> (Stichwort) keyword **Schlag·zei·le** f headline; **~n machen** to make headlines **Schlag·zeug** <-[e]s, -e> nt drums pl; (im Orchester) percussion no pl

Schlag·zeu·ger(in) <-s, -> m(f), **Schlag·zeug·spie·ler(in)** <-s, -> m(f) drummer; (im Orchester) percussionist

schlak·sig ['ʃlaːksɪç] adj gangling, lanky

Schla·mas·sel <-s, -> [ʃla'masl̩] m o nt mess; **jetzt haben wir den ~!** now we're in a [right] mess!

Schlamm <-[e]s, -e o Schlämme> [ʃlam, pl 'ʃlɛmə] m mud; (breiige Rückstände) sludge no indef art, no pl

schlam·mig ['ʃlamɪç] adj muddy

Schlamm·la·wi·ne f GEOG mudslide **Schlamm·schlacht** f ① (Fußballspiel) mudbath ② (fig: Streit) mud-slinging no pl, no indef art

Schlam·pe <-, -n> ['ʃlampə] f slut

Schlam·pe·rei <-, -en> [ʃlampə'raɪ] f ① (Nachlässigkeit) sloppiness ② (Unordnung) mess, untidiness

schlam·pig ['ʃlampɪç] **I.** adj ① (nachlässig) sloppy ② (liederlich) slovenly ③ (ungepflegt) unkempt **II.** adv ① (nachlässig) sloppily ② (ungepflegt) in an unkempt way

schlang [ʃlaŋ] imp von schlingen

Schlan·ge <-, -n> ['ʃlaŋə] f ① ZOOL snake ② (lange Reihe) queue, line AM; **~ stehen** to queue up, to stand in line AM

schlän·geln ['ʃlɛŋl̩n] vr ■ **sich ~** ① (sich winden) to crawl; **sie schlängelte sich durch die Menschenmenge** she wormed her way through the crowd ② (kurvenreich verlaufen) to snake [one's way]; Fluss, Straße to meander

Schlan·gen·biss^{RR} m snake bite **Schlan·gen·gift** nt snake poison **Schlan·gen·le·der** nt snakeskin **Schlan·gen·li·nie** f wavy line; **in ~n fahren** to weave [one's way] [from side to side]

schlank ['ʃlaŋk] adj ① (dünn) slim; **~ ma-**

chen *Essen* to be good for losing weight; *Kleidung* to be slimming ❷ (*schmal*) slender
Schlank·heit <-> *f kein pl* slimness, slenderness
Schlank·heits·kur *f* diet; **eine ~ machen** to be on a diet
schlapp [ʃlap] *adj* ❶ *präd* (*erschöpft*) worn out; (*nach einer Krankheit*) washed out ❷ (*ohne Antrieb*) feeble, listless ❸ (*mager*) **für ~e 10 Euro** for a measly 10 euros
Schlap·pe <-, -n> [ˈʃlapə] *f* setback
Schlapp·hut *m* floppy hat **schlapp|machen** *vi* ❶ (*aufgeben*) to give up ❷ (*langsamer machen*) to flag ❸ (*umkippen*) to pass out **Schlapp·schwanz** *m* (*pej*) wimp
Schla·raf·fen·land [ʃlaˈrafn̩-] *nt* ❶ LIT Cockaigne ❷ (*Land des Überflusses*) land of milk and honey
schlau [ʃlau] **I.** *adj* ❶ (*clever*) clever, shrewd ❷ (*gerissen*) crafty, wily; *Fuchs* sly; *Plan* ingenious; **ich werde nicht ~ aus der Bedienungsanleitung** I can't make head nor tail of the operating instructions **II.** *adv* cleverly, shrewdly, craftily, ingeniously
Schlau·ber·ger(in) <-s, -> [ˈʃlauberɡɐ] *m(f)* (*fam*) ❶ (*pfiffiger Mensch*) clever one ❷ (*iron: Besserwisser*) clever clogs, smart alec
Schlauch <-[e]s, Schläuche> [ʃlaux, *pl* ˈʃlɔyçə] *m* ❶ (*biegsame Leitung*) hose ❷ (*Reifenschlauch*) [inner] tube ▶ **auf dem ~ stehen** to be at a loss
Schlauch·boot *nt* rubber dinghy
schlau·chen [ˈʃlauxn̩] *vt, vi* to take it out of sb; **das schlaucht ganz schön!** that really takes it out of you!
Schlau·fe <-, -n> [ˈʃlaufə] *f* loop; (*aus Leder*) strap
Schlau·heit <-> *f kein pl* shrewdness
Schlau·kopf *m*, **Schlau·mei·er** *m* *s.* Schlauberger
Schla·wi·ner(in) <-s, -> [ʃlaˈviːnɐ] *m(f)* rascal
schlecht [ʃlɛçt] **I.** *adj* ❶ (*nicht gut*) bad, poor; **von ~er Qualität** of poor quality; **noch zu ~** still not good enough; **ein ~es Gehalt** a poor salary; **~e Zeiten** hard times; **~e Augen** weak eyes ❷ (*moralisch verkommen*) bad, wicked, evil; **ein ~es Gewissen haben** to have a bad conscience ❸ (*übel*) ▪**jdm ist [es] ~** sb feels sick ❹ (*verdorben*) bad; **das Fleisch ist ~ geworden** the meat has gone off ▶ **jdn aber ~ <u>kennen</u>** to not know sb [very well]; **es sieht ~ aus** things don't look good **II.** *adv* ❶ (*nicht gut*) badly, poorly; **so ~ habe ich selten gegessen** I've rarely had such bad food; **die Geschäfte gehen ~** business is bad; **~ beraten** ill-advised; **~ gelaunt** bad-tempered, in a bad mood *pred* ❷ MED **jdm geht es ~** sb feels unwell; (*Übelkeit*) sb feels sick; **~ hören** to be hard of hearing; **~ sehen** to have poor eyesight ▶ **mehr ~ als <u>recht</u>** (*hum fam*) more or less; **auf jdn/etw ~ zu <u>sprechen</u> sein** to not want anything to do with sb/sth **schlecht·ge·launt**^{ALT} *adj, adv* bad-tempered
schlecht·hin [ˈʃlɛçtˈhɪn] *adv* ❶ (*in reinster Ausprägung*) **etw ~ sein** to be the epitome of sth ❷ (*geradezu*) just, absolutely
schlecht|ma·chen *vt* ▪**jdn ~** to run sb down
schle·cken [ˈʃlɛkn̩] **I.** *vt* to lick; *Katze* to lap up *sep* **II.** *vi* ❶ SÜDD, ÖSTERR, SCHWEIZ (*naschen*) to nibble ❷ (*lecken*) ▪**an etw** *dat* **~** to lick sth
Schle·cker·maul *nt* (*fam*) *s.* Leckermaul
Schle·gel <-s, -> [ˈʃleːɡl̩] *m* ❶ MUS *s.* Schlägel ❷ TECH *s.* Schlägel ❸ KOCHK SÜDD, ÖSTERR, SCHWEIZ (*Hinterkeule*) drumstick
Schle·he <-, -n> [ˈʃleːə] *f* sloe
schlei·chen <schlich, geschlichen> [ˈʃlaiçn̩] **I.** *vi sein* ❶ (*leise gehen*) to creep, to sneak ❷ (*langsam gehen/fahren*) to crawl along **II.** *vr haben* ▪**sich irgendwohin ~** to creep somewhere; **sich aus dem Haus ~** to steal away softly
schlei·chend I. *adj attr* insidious **II.** *adv* insidiously
Schleich·weg *m* back way; (*geheimer Weg*) secret path **Schleich·wer·bung** *f* plug
Schleie <-, -n> [ˈʃlaiə] *f* ZOOL tench
Schlei·er <-s, -> [ˈʃlaiɐ] *m* veil
Schlei·er·eu·le *f* barn owl
schlei·er·haft *adj* ▪**~ sein** to be a mystery
Schlei·fe <-, -n> [ˈʃlaifə] *f* ❶ MODE bow ❷ *Fluss* oxbow; *Straße* horseshoe bend ❸ LUFT loop
schlei·fen¹ [ˈʃlaifn̩] **I.** *vt haben* (*ziehen*) to drag **II.** *vi* ❶ *haben* (*reiben*) to rub (**an** against); **die Kupplung ~ lassen** to slip the clutch ❷ *sein o haben* (*gleiten*) to slide (**über** over); *Schleppe* to trail ▶ **etw ~ <u>lassen</u>** (*fam*) to let sth slide
schlei·fen² <schliff, geschliffen> [ˈʃlaifn̩] *vt* ❶ (*schärfen*) to sharpen ❷ (*in Form polieren*) to polish; (*mit Sandpapier*) to sand; *Edelsteine* to cut
Schleif·ma·schi·ne *f* sander **Schleif·pa·pier** *nt* sandpaper
Schleim <-[e]s, -e> [ʃlaim] *m* ❶ MED mucus; (*in Bronchien*) phlegm ❷ (*klebrige Masse*) slime ❸ (*Brei*) gruel; *Hafer~* porridge
schlei·men [ˈʃlaimən] *vi* (*pej fam*) to crawl
Schlei·mer(in) <-s, -> *m(f)* (*pej fam*) crawler BRIT, brown-noser AM
Schleim·haut *f* mucous membrane

schlei·mig ['ʃlaɪmɪç] **I.** *adj* ① MED mucous ② *(glitschig)* slimy ③ *(pej: unterwürfig)* slimy, obsequious **II.** *adv (pej)* in a slimy way, obsequiously

Schleim·schei·ßer(in) <-s, -> *m(f) (pej derb)* crawler BRIT, brown-noser AM

schlem·men ['ʃlɛmən] *vi* to have a feast

Schlem·mer(in) <-s, -> ['ʃlɛmɐ] *m(f)* gourmet

Schlem·me·rei <-, -en> [ʃlɛmə'raɪ] *f* ① *(das Schlemmen)* feasting ② *(Schmaus)* feast

schlen·dern ['ʃlɛndɐn] *vi sein* to stroll along

schlen·kern ['ʃlɛŋkɐn] *vi* ① *(pendeln)* to dangle; ■ etw ~ lassen to let sth dangle; mit den Beinen ~ to swing one's legs ② *(schlackern)* to flap

Schlep·pe <-, -n> ['ʃlɛpə] *f* MODE train

schlep·pen ['ʃlɛpn̩] **I.** *vt* ① *(tragen)* to carry; ■ etw [herum]~ to lug sth around ② *(zerren)* to drag ③ *(ab~)* to tow **II.** *vr* ① *(sich mühselig fortbewegen)* ■ sich ~ to drag oneself ② *(sich hinziehen)* ■ sich ~ to drag on

schlep·pend I. *adj* ① *(zögerlich)* slow ② *(schwerfällig)* shuffling ③ *(gedehnt)* [long-]drawn-out **II.** *adv* ① *(zögerlich)* slowly; **~ in Gang kommen** to be slow in getting started ② *(schwerfällig)* ~ gehen to shuffle along ③ *(gedehnt)* in a [long] drawn-out way, slowly

Schlep·per <-s, -> ['ʃlɛpɐ] *m* ① NAUT tug ② *(veraltend: Zugmaschine)* tug [and tow]

Schlepp·kahn *m* lighter **Schlepp·lift** *m* ski tow **Schlepp·netz** *nt* trawl [-net] **Schlepp·tau** *nt* towline; **im ~** in tow

Schle·si·en <-s> ['ʃleːziən] *nt kein pl* Silesia

Schle·si·er, Schle·si·e·rin <-s, -> ['ʃleːziɐ, 'ʃleːziərɪn] *m, f* Silesian

schle·sisch ['ʃleːzɪʃ] *adj* Silesian

Schles·wig-Hol·stein <-s> ['ʃlɛsvɪçˈhɔlʃtaɪn] *nt* Schleswig-Holstein

Schleu·der <-, -n> ['ʃlɔydɐ] *f* ① *(Waffe)* catapult ② *(Wäsche~)* spin drier

Schleu·der·ge·fahr *f kein pl* risk of skidding

schleu·dern ['ʃlɔydɐn] **I.** *vt haben* ① *(werfen)* to hurl ② *(zentrifugieren)* to spin **II.** *vi sein* to skid; **ins S~ geraten** to go into a skid; *(fig)* to find one is losing control of a situation

Schleu·der·preis *m* knock-down price **Schleu·der·sitz** *m* ejector seat

schleu·nigst *adv* straight away, at once

Schleu·se <-, -n> ['ʃlɔyzə] *f* ① lock; *(Tor)* sluice gate

schleu·sen ['ʃlɔyzn̩] *vt (fam)* ① *(heimlich leiten)* ■ jdn [irgendwohin] ~ to smuggle sb in [somewhere] ② *(geleiten)* ■ jdn [durch etw *akk*] ~ to escort sb [through sth] ③ NAUT to take through a lock

Schleu·ser·ban·de <-, -n> *f* human traffickers *pl*

schlich [ʃlɪç] *imp von* **schleichen**

Schlich <-[e]s, -e> [ʃlɪç] *m* ■ ~e *pl* tricks *pl*; **jdm auf die ~e kommen** to get wise to sb

schlicht [ʃlɪçt] **I.** *adj* ① *(einfach)* simple, plain ② *(wenig gebildet)* simple, unsophisticated ③ *attr (bloß)* plain; **das ist eine ~e Tatsache** it's a simple fact **II.** *part (ganz einfach)* simply; **~ und einfach** [just] plain; **~ und ergreifend** plain and simple

schlich·ten ['ʃlɪçtn̩] **I.** *vt* to settle **II.** *vi* to mediate (**in** in)

Schlich·tung <-, -en> *f* mediation, settlement

Schlick <-[e]s, -e> [ʃlɪk] *m* silt

schlid·dern ['ʃlɪdɐn] *vi sein o haben* NORDD *(schlittern)* to slide

schlief [ʃliːf] *imp von* **schlafen**

Schlie·re <-, -n> ['ʃliːrə] *f* smear

schlie·ßen <schloss, geschlossen> ['ʃliːsn̩] **I.** *vi* ① *(zugehen)* to close [properly]; **die Tür schließt nicht richtig** the door doesn't close properly ② *(zumachen)* to close, to shut ③ *(enden)* to close; **der Vorsitzende schloss mit den Worten ...** the chairman closed by saying ... ④ *(schlussfolgern)* to conclude; **etw lässt auf etw** *akk* **~** sth indicates sth/that sth ... **II.** *vt* ① *(zumachen)* to close ② *(geh: beenden)* to close, to wind up; **die Verhandlung ist geschlossen!** the proceedings are closed! ③ *(eingehen)* **ein Bündnis ~** to enter into an alliance; **Freundschaft ~** to become friends; **Frieden ~** to make peace; **einen Kompromiss ~** to reach a compromise; **einen Pakt ~** to make a pact ④ *Lücke* to fill ⑤ *(schlussfolgern)* ■ **etw ~** to conclude sth (**aus** from) ⑥ *(umfassen)* **jdn in die Arme ~** to take sb in one's arms

Schließ·fach *nt* ① *(Gepäck~)* locker ② *(Bank~)* safe-deposit box ③ *(Postfach)* post-office box

schließ·lich ['ʃliːslɪç] *adv* ① *(endlich)* at last, finally; **~ und endlich** in the end ② *(immerhin)* after all

Schließ·mus·kel *m* sphincter

Schlie·ßung <-, -en> *f* closure

schliff [ʃlɪf] *imp von* **schleifen²**

Schliff <-[e]s, -e> [ʃlɪf] *m* ① *kein pl (das Schleifen)* sharpening ② *kein pl (von Edelsteinen)* cutting; *(von Glas)* cutting and polishing ③ *(geschliffener Zustand)* edge ④ *(polierter Zustand)* cut; **einer S.** *dat* **den letzten ~ geben** to put the finishing touches to sth ⑤ *(fig: Umgangsformen)* polish

schlimm [ʃlɪm] **I.** *adj* ① *(übel)* bad, dreadful; ■ **etwas S~es/S~eres** sth dreadful/worse; ■ **das S~ste** the worst; **es gibt nichts S~eres als ...** there's nothing worse than ...;

nicht [so] ~ sein to be not [so] bad ❷ (*ernst*) serious ❸ (*moralisch schlecht*) bad, wicked ▶ **etw ist halb so ~** sth is not as bad as all that; **ist nicht ~!** no problem!, don't worry! **II.** *adv* ❶ (*gravierend*) seriously ❷ (*äußerst schlecht*) dreadfully; **jdn zurichten** to give sb a severe beating; **~ dran sein** (*fam*) to be in a bad way; **wenn es ganz ~ kommt** if the worst comes to the worst; **es hätte ~er kommen können** it could have been worse; **~ genug, dass ...** it's bad enough that ...; **um so ~er** so much the worse

schlimms·ten·falls ['ʃlɪmstn̩'fals] *adv* if the worst comes to the worst

Schlin·ge <-, -n> ['ʃlɪŋə] *f* ❶ (*Schlaufe*) loop; (*um jdn aufzuhängen*) noose ❷ (*Falle*) snare ❸ MED sling

Schlin·gel <-s, -> ['ʃlɪŋl̩] *m* (*fam*) [little] rascal

schlin·gen¹ <schlang, geschlungen> ['ʃlɪŋən] **I.** *vt* to wind (**um** about); **etw zu einem Knoten ~** to tie sth; **die Arme um jdn ~** to wrap one's arms around sb **II.** *vr* ■ **sich [um etw** *akk*] **~** ❶ (*sich winden*) to wind itself [around sth] ❷ BOT to creep [around sth]

schlin·gen² <schlang, geschlungen> ['ʃlɪŋən] *vi* (*fam*) to gobble one's food

Schlin·gen·kurs ['ʃlɪŋənkʊrs] *m kein pl* (*fig sl*) [political] agenda full of U-turns; **die Regierung fährt einen ~** the government's agenda is full of U-turns

schlin·gern ['ʃlɪŋɐn] *vi* NAUT to roll

Schling·pflan·ze *f* creeper

Schlips <-es, -e> [ʃlɪps] *m* tie ▶ **sich auf den ~ getreten fühlen** (*fam*) to feel offended by sb; **jdm auf den ~ treten** (*fam*) to tread on sb's toes

Schlit·ten <-s, -> ['ʃlɪtn̩] *m* ❶ (*Rodel*) sledge, sled; (*Rodel~*) toboggan; (*mit Pferden*) sleigh ❷ (*sl: Auto*) wheels *pl*

Schlit·ten·fahrt *f* sleigh ride

schlit·tern ['ʃlɪtɐn] *vi* ❶ *sein o haben* (*rutschen*) to slide; *Wagen* to skid ❷ *sein* (*fam: unversehens geraten*) ■ **[in etw** *akk*] **~** to slide [into sth]

Schlitt·schuh ['ʃlɪtʃuː] *m* skate; **~ laufen** to skate **Schlitt·schuh·bahn** *f* ice rink **Schlitt·schuh·läu·fer(in)** *m(f)* skater

Schlitz <-es, -e> [ʃlɪts] *m* ❶ (*Einsteck~*) slot ❷ (*schmale Öffnung*) slit ❸ MODE slit

Schlitz·au·ge *nt* (*pej*) ❶ (*Augenform*) slit eye *pej* ❷ (*Person*) Chink *pej*

schlit·zen ['ʃlɪtsn̩] *vt* to slit [open]

Schlitz·ohr *nt* rogue

schloss^RR, **schloß**^ALT [ʃlɔs] *imp von* **schließen**

Schloss^RR <-es, Schlösser>, **Schloß**^ALT <-sses, Schlösser> [ʃlɔs, *pl* 'ʃlœsə] *nt* ❶ (*Palast*) palace ❷ (*Tür~*) lock; **ins ~ fallen** to snap shut ❸ (*Verschluss*) catch; (*an einer Handtasche*) clasp; (*an einem Rucksack*) buckle ❹ (*Vorhänge~*) padlock ▶ **jdn hinter ~ und Riegel bringen** to put sb behind bars

Schlos·ser(in) <-s, -> ['ʃlɔsɐ] *m(f)* locksmith; (*Metall~*) metalworker; (*Maschinen~*) fitter

Schlos·se·rei <-, -en> [ʃlɔsə'raɪ] *f* smith's shop

Schlos·se·rin <-, -nen> *f fem form von* **Schlosser**

Schloss·herr(in)^RR <-en, -en> *m(f)* owner of a/the castle **Schloss·park**^RR *m* castle park

Schlot <-[e]s, -e> [ʃloːt] *m* chimney ▶ **rauchen wie ein ~** (*fam*) to smoke like a chimney

schlot·te·rig ['ʃlɔtərɪç] *adj* (*fam*) ❶ (*zittrig*) shaky ❷ (*schlaff herabhängend*) baggy

schlot·tern ['ʃlɔtɐn] *vi* ❶ (*zittern*) to tremble (**vor** with) ❷ (*schlaff herabhängen*) to flap (**um** around)

schlott·rig ['ʃlɔtrɪç] *adj s.* **schlotterig**

Schlucht <-, -en> [ʃlʊxt] *f* gorge, ravine

schluch·zen ['ʃlʊxtsn̩] *vi* to sob

Schluch·zer <-s, -> ['ʃlʊxtsɐ] *m* sob

Schluck <-[e]s, -e> [ʃlʊk] *m* ❶ (*geschluckte Menge*) mouthful; **einen ~ [von etw** *dat*] **nehmen** to have a sip [of sth]; **~ für ~** sip by sip; **in einem ~** in one swallow ❷ (*das Schlucken*) swallow; (*größer*) gulp; (*kleiner*) sip

Schluck·auf <-s> ['ʃlʊkʔaʊf] *m kein pl* hiccup; **den ~ haben** to have hiccups

schlu·cken ['ʃlʊkn̩] *vt, vi* ❶ (*hinunterschlucken*) to swallow ❷ AUTO (*fam*) **der alte Wagen schluckt 14 Liter** the old car guzzles 14 litres for every 100 km ❸ (*fam: hinnehmen, glauben*) to swallow ❹ (*dämpfen*) to absorb ▶ **[erst mal] ~ müssen** to [first] take a deep breath

Schlu·cker <-s, -> *m* ▶ **armer ~** poor blighter

Schluck·imp·fung *f* oral vaccination

schluck·wei·se *adv* in sips

schlu·de·rig ['ʃluːdərɪç] *adj* (*fam*) *s.* **schlampig**

schlu·dern ['ʃluːdɐn] *vi* (*fam*) to do a sloppy job

schlud·rig ['ʃluːdrɪç] *adj s.* **schlampig**

Schluf·fi <-s, -s> ['ʃlʊfi] *m* (*pej fam*) slacker *sl*

schlüp·fig *adj* (*sl: teilnahmslos, ambitionslos, träge*) apathetic

schlug [ʃluːk] *imp von* **schlagen**

Schlum·mer <-s> ['ʃlʊmɐ] *m kein pl* slumber

schlum·mern ['ʃlʊmɐn] *vi* to slumber

Schlund <-[e]s, Schlünde> [ʃlʊnt, *pl* 'ʃlʏndə] *m* **①** ANAT throat; *(eines Tiers)* maw **②** *(geh)* abyss, chasm

schlüp·fen ['ʃlʏpfn̩] *vi sein* **①** ORN, ZOOL to hatch (**aus** out) **②** *(rasch kleiden)* to slip (**aus** out of, **in** into) **③** *(rasch bewegen)* **irgendwohin**] ~ to slip somewhere; **unter die Decke** ~ to slide under the blanket

Schlüp·fer <-s, -> ['ʃlʏpfɐ] *m* MODE *(veraltend)* panties *npl*, knickers *npl* BRIT

Schlupf·loch *nt* **①** *(Öffnung)* opening, hole **②** *(fig)* loophole **③** *s.* **Schlupfwinkel**

schlüpf·rig ['ʃlʏpfrɪç] *adj* **①** *(unanständig)* lewd **②** *(glitschig)* slippery

Schlupf·win·kel *m* *(Versteck)* hiding place; *(von Gangstern)* hideout

schlur·fen ['ʃlʊrfn̩] *vi sein* to shuffle; *(absichtlich)* to scuff [one's feet]

schlür·fen ['ʃlʏrfn̩] *vt, vi* to slurp

Schluss[RR] <-es, Schlüsse> *m*, **Schluß**[ALT] <Schlusses, Schlüsse> [ʃlʊs, *pl* 'ʃlʏsə] *m* **①** *kein pl (zeitliches Ende)* end; **mit etw** *dat* **ist** ~ sth is over with; **zum** ~ **kommen** to finish; [**mit etw** *dat*] ~ **machen** *(fam)* to stop [sth]; ~ **für heute!** that's enough for today!; ~ **damit!** stop it!; ~ [**jetzt**]! that's enough!; **kurz vor** ~ just before closing time; **zum** ~ at the end **②** *kein pl (hinterster Teil)* end; **am** ~ **des Zuges** at the back of the train **③** *(abschließender Abschnitt)* end, last part **④** *(Folgerung)* conclusion; **zu dem** ~ **kommen, dass ...** to come to the conclusion that ... ▶ [**mit jdm**] ~ **machen** to break it off [with sb]

Schluss·be·mer·kung[RR] *f* final remark

Schlüs·sel <-s, -> ['ʃlʏsl̩] *m* key; ■ **der** ~ **zu etw** *dat* the key to sth

Schlüs·sel·an·hän·ger *m* [key] fob **Schlüs·sel·bein** *nt* collar bone **Schlüs·sel·blu·me** *f* cowslip **Schlüs·sel·bund** *m o nt* bunch of keys **Schlüs·sel·dienst** *m* security key service **Schlüs·sel·er·leb·nis** *nt* crucial experience **schlüs·sel·fer·tig** *adj* ready to move into **Schlüs·sel·fi·gur** *f* key *(or* central) figure **Schlüs·sel·loch** *nt* keyhole **Schlüs·sel·qua·li·fi·ka·ti·on** *f* key qualifications *pl*

schluss·fol·gern[RR] *vt,* **schluß·fol·gern**[ALT] *vt* to deduce (**aus** from) **Schluss·fol·ge·rung**[RR] <-, -en> *f,* **Schluß·fol·ge·rung**[ALT] <-, -en> *f* deduction, conclusion; **eine** ~ [**aus etw** *dat*] **ziehen** to draw a conclusion [from sth]

schlüs·sig ['ʃlʏsɪç] *adj* **①** *(folgerichtig)* logical; *Beweisführung* conclusive **②** *(im Klaren)* ■ **sich** *dat* ~ **werden** to make up one's mind

(**über** about)

Schluss·licht[RR] *nt* AUTO rear *[or* AM tail] light ▶ **das** ~ **sein** to bring up the rear [of sth] **Schluss·pfiff**[RR] *m* final whistle **Schluss·strich**[RR] *m (Strich am Ende)* line at the end of sth ▶ **einen** ~ [**unter etw** *akk*] **ziehen** to put an end to sth **Schluss·ver·kauf**[RR] *m* sales *pl* **Schluss·wort**[RR] *nt* final word

Schmach <-> [ʃmaːx] *f kein pl* humiliation

schmach·ten ['ʃmaxtn̩] *vi (geh)* **①** *(leiden)* to languish; ■ **jdn** ~ **lassen** to leave sb languishing [for sth] **②** *(sich sehnen)* to crave

schmach·tend *adj* soulful

schmäch·tig ['ʃmɛçtɪç] *adj* slight, weedy BRIT *pej*

schmack·haft *adj* tasty ▶ **jdm etw** ~ **machen** to make sth tempting to sb

schmal <-er *o* schmäler, -ste *o* schmälste> [ʃmaːl] *adj* **①** *(nicht breit)* narrow; **Mensch** slim **②** *(dürftig)* meagre

schmä·lern ['ʃmɛːlɐn] *vt* to belittle

Schmal·spur *f* BAHN narrow gauge

Schmalz[1] <-es, -e> [ʃmalts] *nt* KOCHK dripping; *(vom Schwein)* lard

Schmalz[2] <-es> [ʃmalts] *m kein pl (pej fam)* schmaltz

schmal·zig ['ʃmaltsɪç] *adj (pej fam)* schmaltzy

schma·rot·zen* [ʃma'rɔtsn̩] *vi* to sponge **Schma·rot·zer** <-s, -> *m* BIOL parasite **Schma·rot·zer(in)** <-s, -> *m(f) pej*, freeloader *pej*

Schmar·ren ['ʃmarən], **Schmarrn** <-s, -> ['ʃmar(ə)n] *m* SÜDD, ÖSTERR **①** KOCHK *pancake torn into small pieces* **②** *(fam: Quatsch)* rubbish, nonsense

schmat·zen ['ʃmatsn̩] *vi* to eat/drink noisily; *(mit Genuss* ~) to smack one's lips; **musst du beim Essen immer so** ~? do you have to make such a noise when you're eating?

schmau·sen ['ʃmaʊzn̩] *vi* to eat with relish

schme·cken ['ʃmɛkn̩] **I.** *vi* **①** *(munden)* **hat es geschmeckt?** did you enjoy it?; **das schmeckt aber gut!** that tastes wonderful; **es sich** *dat* ~ **lassen** to enjoy one's food; **lasst es euch** ~! tuck in! **②** *(Geschmack haben)* to taste (**nach** of) **③** *(fam: gefallen)* **das schmeckt mir gar nicht!** I don't like the sound of that at all **④** SÜDD, ÖSTERR, SCHWEIZ *(riechen)* smell **II.** *vt* **jd schmeckt etw** sb tastes sth

Schmei·che·lei <-, -en> [ʃmaɪçə'laɪ] *f* flattery *no pl, no indef art*

schmei·chel·haft *adj* flattering; ~**e Worte** kind words

schmei·cheln ['ʃmaɪçl̩n] *vi* ■ **jdm/einer S.** ~ to flatter sb/sth; ■ **es schmeichelt jdm, dass ...** sb is flattered that ...

Schmeich·ler(in) <-s, -> ['ʃmaɪçlɐ] *m(f)* flatterer

schmeich·le·risch *adj* flattering

schmei·ßen <schmiss, geschmissen> ['ʃmaɪsn̩] **I.** *vt, vi (fam)* ❶ *(werfen)* to throw **(nach** at); *(mit Kraft)* to hurl, to fling ❷ *(sl: spendieren)* **eine Party ~** to throw a party; **eine Runde ~** to stand a round; ■ **mit etw** *dat* **um sich ~** to throw sth about [*or* AM around] ❸ *(sl: managen)* to run ❹ *(fam: hinauswerfen)* **jdn aus etw** *dat* **~** to throw sb out of sth ❺ *(fam: abbrechen)* to pack in **II.** *vr* ❶ *(sich fallen lassen)* ■ **sich ~** to throw oneself **(auf** onto, **vor** in front of) ❷ *(sich kleiden)* **sich in Schale ~** to put on one's glad rags

Schmeiß·flie·ge *f* blowfly

Schmelz <-[e]s, -e> [ʃmɛlts] *m* ❶ *(Zahn~)* enamel ❷ *(Glasur)* glaze

Schmel·ze <-, -n> ['ʃmɛltsə] *f* ❶ *(geschmolzenes Metall)* molten metal, melt ❷ *(Magma)* magma

schmel·zen <schmolz, geschmolzen> ['ʃmɛltsn̩] **I.** *vi sein* to melt **II.** *vt haben* ■ **etw ~** to melt sth; *Metall* to smelt

Schmelz·hüt·te *f* smelting works + *sing/pl vb* **Schmelz·kä·se** *m* KOCHK ❶ *(in Scheiben)* processed cheese ❷ *(streichfähig)* cheese spread **Schmelz·ofen** *m* smelting furnace **Schmelz·punkt** *m* melting point **Schmelz·tie·gel** *m* melting pot **Schmelz·was·ser** *nt* meltwater

Schmerz <-es, -en> [ʃmɛrts] *m* ❶ *(körperliche Empfindung)* pain; *(anhaltend und pochend)* ache; **~en haben** to be in pain ❷ *kein pl (Kummer)* [mental] anguish *no indef art, no pl*; *(über den Tod eines Menschen)* grief *no indef art, no pl* ❸ *(Enttäuschung)* heartache

schmerz·emp·find·lich *adj* sensitive [to pain *pred*]

schmer·zen ['ʃmɛrtsn̩] *vi* to hurt; *(anhaltend und pochend)* to ache; ■ **-d** *adj* painful, aching

Schmer·zens·geld *nt* compensation

Schmerz·gren·ze *f (fam: absolutes Limit)* bottom line; *(Grenze des Erträglichen)* limit

schmerz·haft *adj* painful

schmerz·lich **I.** *adj (geh)* painful, distressing **II.** *adv* painfully

schmerz·lin·dernd **I.** *adj* pain-relieving **II.** *adv* **~ wirken** to relieve pain **schmerz·los** *adj* painless ▶ **kurz und ~** short and sweet **Schmerz·mit·tel** *nt* analgesic, painkiller **schmerz·stil·lend** *adj* painkilling; ■ **~ sein** to be a painkiller **Schmerz·ta·blet·te** *f* painkiller, analgesic [tablet] **schmerz·voll** *adj (geh)* s. schmerzlich

Schmet·ter·ling <-s, -e> ['ʃmɛtɐlɪŋ] *m* butterfly

schmet·tern ['ʃmɛtɐn] **I.** *vt haben* ❶ *(schleudern)* to fling ❷ SPORT to smash ❸ MUS to blare out; *Lied* to bawl out **II.** *vi sein (aufprallen)* ■ **irgendwohin ~** to smash against sth

Schmied(in) <-[e]s, -e> [ʃmiːt, *pl* 'ʃmiːdə] *m(f)* smith; *(Huf~)* blacksmith

Schmie·de <-, -n> ['ʃmiːdə] *f* forge, smithy

schmie·de·ei·sern *adj* wrought-iron

schmie·den ['ʃmiːdn̩] *vt* ❶ *(glühend hämmern)* to forge ❷ *(aushecken)* **einen Plan ~** to hammer out a plan ❸ *(festmachen)* to chain **(an** to)

Schmie·din <-, -nen> *f fem form von* Schmied

schmie·gen ['ʃmiːɡn̩] *vr* to snuggle, to nestle; ■ **sich [an jdn] ~** to cuddle up close [to sb]

Schmie·re <-, -n> ['ʃmiːrə] *f (schmierige Masse)* grease; *(schmieriger Schmutz)* ooze ▶ **~ stehen** to keep watch

schmie·ren ['ʃmiːrən] **I.** *vt* ❶ *(streichen)* to spread; **Salbe auf eine Wunde ~** to apply cream to a wound ❷ *(fetten)* to lubricate, to grease ❸ *(pej: malen)* to scrawl; **Parolen an die Häuser ~** to daub slogans on the walls of houses ❹ *(fam: bestechen)* ■ **jdn ~** to grease sb's palm ▶ **jdm eine ~** *(fam)* to give sb a thump; **wie geschmiert** *(fam)* like clockwork **II.** *vi* ❶ *(pej: schmierend verbreiten)* to smear about ❷ *(pej: unsauber schreiben)* to smudge

Schmie·re·rei <-, -en> [ʃmiːrəˈraɪ] *f (pej fam)* [smudgy] mess

Schmier·fink *m (pej)* ❶ *(schmutziges Kind)* mucky pup BRIT, dirty kid AM ❷ *(Journalist)* muckraker

Schmier·geld *nt (fam)* bribe, kickback **Schmier·geld·zah·lung** *f* POL payment of bribe money

schmie·rig ['ʃmiːrɪç] *adj* ❶ *(nass und klebrig)* greasy ❷ *(pej: schleimig)* slimy; **was für ein ~er Typ!** what a smarmy guy!

Schmier·öl *nt* lubricating oil **Schmier·pa·pier** *nt* rough paper **Schmier·sei·fe** *f* soft soap **Schmier·stoff** *m* lubricant **Schmier·zet·tel** *m* notepaper

Schmin·ke <-, -n> ['ʃmɪŋkə] *f* make-up

schmin·ken ['ʃmɪŋkn̩] *vt* to put make-up on; ■ **sich ~** to put on make-up; **stark/dezent geschminkt sein** to be heavily/discreetly made up

Schmink·kof·fer *m* cosmetic case

schmir·geln ['ʃmɪrɡln̩] *vt, vi* to sand down **Schmir·gel·pa·pier** ['ʃmɪrɡl-] *nt* sandpaper

schmiss[RR], **schmiß**[ALT] [ʃmɪs] *imp von* schmeißen

Schmö·ker <-s, -> ['ʃmøːkɐ] *m* (*fam*) *longish escapist book*

schmö·kern ['ʃmøːkɐn] *vi* (*fam*) **in einem Buch ~** to bury oneself in a book

schmol·len ['ʃmɔlən] *vi* to sulk

Schmoll·mund *m* **einen ~ machen** to pout

schmolz [ʃmɔlts] *imp von* **schmelzen**

Schmor·bra·ten ['ʃmoːɐ̯-] *m* pot roast

schmo·ren ['ʃmoːrən] *vt, vi* ❶ KOCHK to braise ❷ (*fam: schwitzen*) to swelter; **in der Sonne ~** to roast in the sun ▶ **jdn ~ lassen** (*fam*) to let sb stew

Schmuck <-[e]s> [ʃmʊk] *m kein pl* ❶ (*Schmuckstücke*) jewellery ❷ (*Verzierung*) decoration, ornamentation

schmü·cken ['ʃmʏkn̩] **I.** *vt* (*dekorieren*) to decorate, to embellish; **die Stadt war mit bunten Lichterketten geschmückt** the town was illuminated with strings of coloured lights **II.** *vr* ■ **sich ~** to wear jewellery

Schmuck·käst·chen *nt* jewellery box

schmuck·los *adj* bare; *Fassade* plain

Schmuck·sa·chen *pl* jewellery *no indef art, no pl* **Schmuck·stück** *nt* ❶ (*Schmuckgegenstand*) piece of jewellery ❷ (*fam: Prachtstück*) jewel, masterpiece, gem

schmud·de·lig ['ʃmʊd(ə)lɪç] *adj*, **schmudd·lig** ['ʃmʊdlɪç] *adj* (*etwas dreckig*) grubby; (*sehr dreckig*) filthy; (*schmierig*) grimy

Schmug·gel <-s> ['ʃmʊgl̩] *m kein pl* smuggling *no art, no pl*

schmug·geln ['ʃmʊgl̩n] *vt* to smuggle

Schmug·gel·wa·re *f* smuggled goods *pl*, contraband *no pl*

Schmugg·ler(in) <-s, -> ['ʃmʊglɐ] *m(f)* smuggler

schmun·zeln ['ʃmʊntsl̩n] *vi* to grin quietly to oneself (**über** about)

Schmun·zeln <-s> ['ʃmʊntsl̩n] *nt kein pl* grin

schmu·sen ['ʃmuːzn̩] *vi* (*fam*) to cuddle, to neck

Schmutz <-es> [ʃmʊts] *m kein pl* ❶ (*Dreck*) dirt ❷ (*Schlamm*) mud ▶ **jdn/etw in den ~ ziehen** to blacken sb's name/sth's reputation

Schmutz·fink *m* (*fam*) ❶ (*pej*) *s.* **Schmierfink 1** ❷ (*unmoralischer Mensch*) dirty bastard **Schmutz·fleck** *m* dirt stain

schmut·zig ['ʃmʊtsɪç] *adj* ❶ (*dreckig*) dirty; **sich [bei etw** *dat*] **~ machen** to get dirty [doing sth] ❷ (*obszön*) smutty, lewd; *Witz* dirty ❸ (*pej: unlauter*) dubious, crooked; *Geld* dirty; *Geschäfte* shady

Schmutz·kam·pa·gne [-kam'panjə] *f* smear campaign

Schna·bel <-s, Schnäbel> ['ʃnaːbl̩, *pl* 'ʃnɛːbl̩] *m* ❶ (*Vogel~*) beak ❷ (*lange Tülle*) spout ❸ (*fam: Mund*) trap; **halt den ~!** shut your trap! ▶ **reden, wie der ~ gewachsen ist** to say what one thinks

schnack·seln ['ʃnaksl̩n] *vi* SÜDD (*fam*) to screw *fam!*

Schna·ke <-, -n> ['ʃnaːkə] *f* ❶ (*Weberknecht*) crane fly, daddy-long-legs *fam* ❷ DIAL (*Stechmücke*) midge, gnat

Schnal·le <-, -n> ['ʃnalə] *f* buckle

schnal·len ['ʃnalən] *vt* to buckle up, to fasten; **etw enger/weiter ~** to tighten/loosen sth; **sich etw auf den Rücken ~** to strap sth onto one's back

schnal·zen ['ʃnaltsn̩] *vi* **mit den Fingern ~** to snap one's fingers; **mit der Zunge ~** to click one's tongue

Schnäpp·chen <-s, -> ['ʃnɛpçən] *nt* bargain

Schnäpp·chen·jagd *f* bargain hunting **Schnäpp·chen·markt** *m* ÖKON (*fam*) bargain basement

schnap·pen ['ʃnapn̩] **I.** *vi* ❶ *haben* (*greifen*) to grab (**nach** for), to snatch (**nach** at) ❷ *haben* (*mit den Zähnen*) to snap (**nach** at) ❸ *sein* (*klappen*) **der Riegel schnappte ins Schloss** the bolt snapped to the holder **II.** *vt* ❶ *haben* ❶ (*ergreifen*) ■ [**sich** *dat*] **etw ~** to grab sth; **etwas frische Luft ~** to get a gulp of fresh air ❷ (*festnehmen*) to catch

Schnapp·mes·ser *nt* flick knife BRIT, switchblade AM **Schnapp·schuss**^RR *m* snapshot

Schnaps <-es, Schnäpse> [ʃnaps, *pl* 'ʃnɛpsə] *m* schnapps

Schnaps·fla·sche *f* bottle of schnapps **Schnaps·idee** *f* daft idea

schnar·chen ['ʃnarçn̩] *vi* to snore; ■ **das S~** snoring

schnat·tern ['ʃnatɐn] *vi* ❶ ORN to cackle ❷ (*fam: schwatzen*) to chatter

schnau·fen ['ʃnaʊfn̩] *vi* ❶ *haben* (*angestrengt atmen*) to puff, to pant ❷ *haben bes* SÜDD (*atmen*) to breathe

Schnauz·bart *m* large moustache

Schnau·ze <-, -n> ['ʃnaʊtsə] *f* ❶ ZOOL snout ❷ (*sl: Mund*) gob BRIT, trap; **eine große ~ haben** to have a big mouth; **die ~ halten** to keep one's trap shut ▶ **frei [nach] ~** (*fam*) as one thinks fit; **die ~ [von etw** *dat*] **[gestrichen] voll haben** (*sl*) to be fed up to the [back] teeth [with sth] BRIT; **[mit etw** *dat*] **auf die ~ fallen** (*sl*) to fall flat on one's face [with sth]

schnau·zen ['ʃnaʊtsn̩] *vi* (*fam: barsch reden*) to bark

schnäu·zen^RR ['ʃnɔytsn̩] *vr* **sich ~** to blow one's nose

Schnau·zer <-s, -> ['ʃnaʊtsɐ] *m* ① ZOOL schnauzer ② *(fam) s.* **Schnauzbart**

Schne·cke <-, -n> ['ʃnɛkə] *f* ① ZOOL snail; *(Nackt~)* slug ② *(Gebäck)* Chelsea bun ▸ **jdn zur ~ machen** to give sb what for

Schne·cken·ge·häu·se *nt (geh)*, **Schne·cken·haus** *nt* snail shell **Schne·cken·tem·po** *nt* **im ~** at a snail's pace

Schnee <-s> [ʃneː] *m kein pl* snow ▸ **~ von gestern** stale [news]

Schnee·ball *m* snowball **Schnee·ball·ef·fekt** *m kein pl* snowball effect **Schnee·ball·schlacht** *f* snowball fight; **eine ~ machen** to have a snowball fight **Schnee·ball·sys·tem** *nt* FIN, ÖKON pyramid selling *no art, no pl*

schnee·be·deckt *adj* snow-covered **Schnee·be·sen** *m* whisk **Schnee·de·cke** *f* blanket of snow **Schnee·fall** *m* snowfall **Schnee·flo·cke** *f* snowflake **Schnee·ge·stö·ber** *nt* snowstorm **Schnee·glöck·chen** <-s, -> *nt* snowdrop **Schnee·gren·ze** *f* snowline **Schnee·ket·te** *f meist pl* snow chain[s *pl*] **Schnee·mann** *m* snowman **Schnee·matsch** *m* slush **Schnee·pflug** *m* snowplough **Schnee·re·gen** *m* sleet **Schnee·schau·fel** *f* snow shovel **Schnee·schip·pe** *f* DIAL snow shovel **Schnee·schmel·ze** *f* thaw **Schnee·sturm** *m* snowstorm **Schnee·trei·ben** *nt* snowstorm **schnee·weiß** ['ʃneːˈvaɪs] *adj* as white as snow *pred*, snow-white

Schnee·witt·chen <-s> [ʃneːˈvɪtçən] *nt* Snow White

Schneid <-[e]s> [ʃnaɪt] *m kein pl* guts *npl*; **~ haben** to have guts

Schnei·de <-, -n> ['ʃnaɪdə] *f* edge, blade

schnei·den <schnitt, geschnitten> ['ʃnaɪdn̩] **I.** *vt* ① *(zerteilen)* to cut; **Wurst in die Suppe ~** to slice sausage into the soup ② *(kürzen)* to cut, to trim; *Baum* to prune ③ *(gravieren)* to carve ④ *(knapp einscheren)* ■ **jdn ~** to cut sb ⑤ FILM to edit ⑥ *(meiden)* ■ **jdn ~** to snub sb **II.** *vr* **sich ~** ① *(sich verletzen)* to cut oneself; **sich in den Finger ~** to cut one's finger ② *(sich kreuzen)* to intersect ▸ **sich [gründlich] geschnitten haben** to have made a [big] mistake

schnei·dend *adj* ① *(durchdringend)* biting ② *(scharf)* sharp

Schnei·der(in) <-s, -> ['ʃnaɪdɐ] *m(f)* tailor ▸ **aus dem ~ sein** to be in the clear

Schnei·de·rei <-, -en> [ʃnaɪdəˈraɪ] *f* tailor's [shop]

Schnei·de·rin <-, -nen> *f fem form von* **Schneider**

schnei·dern ['ʃnaɪdɐn] **I.** *vi* to work as a tai-

lor; *(als Hobby)* to do [some] dressmaking **II.** *vt* to make; *Anzug* to tailor; **selbst geschneidert** home-made

Schnei·der·sitz *m* **im ~** cross-legged

Schnei·de·zahn *m* incisor

schnei·dig ['ʃnaɪdɪç] *adj* smart, dashing

schnei·en ['ʃnaɪən] **I.** *vi impers* to snow; **es hat geschneit** it has been snowing **II.** *vt impers* ■ **es schneit etw** *akk* it is snowing sth; **es schneite Konfetti** there was a shower of confetti

Schnei·se <-, -n> ['ʃnaɪzə] *f* aisle

schnell [ʃnɛl] **I.** *adj* ① *(eine hohe Geschwindigkeit erreichend)* fast ② *(zügig)* prompt, rapid ③ *attr (baldig)* swift, speedy **II.** *adv* ① *(mit hoher Geschwindigkeit)* fast; **~/~er fahren** to drive fast/faster ② *(zügig)* quickly; **~ gehen** to be done quickly; **geht das ~?** will it take long?; **~ machen** to hurry up

Schnell·boot *nt* speedboat **schnel·le·bigᴬᴸᵀ** *adj s.* **schnelllebig**

schnel·len ['ʃnɛlən] *vi sein* **in die Höhe ~** to shoot up

Schnell·hef·ter *m* loose-leaf binder

Schnel·lig·keit <-, *selten* -en> *f* ① *(Geschwindigkeit)* speed ② *(Zügigkeit)* speediness; *Ausführung* promptness

Schnell·im·bissᴿᴿ *m* takeaway **Schnell·koch·topf** *m* pressure cooker **Schnell·kurs** *m* crash course **schnell·le·big**ᴿᴿ *adj* fast-moving

schnells·tens *adv* as soon as possible

Schnell·stra·ße *f* expressway **Schnell·such·lauf** <-[e]s> *m kein pl* rapid search **Schnell·ver·fah·ren** *nt* ① JUR summary trial ② *(fam)* **im ~** in a rush **Schnell·zug** *m* fast train

Schnep·fe <-, -n> ['ʃnɛpfə] *f* ① ORN snipe ② *(pej fam)* stupid cow

schneu·zenᴬᴸᵀ ['ʃnɔʏtsn̩] *vr s.* **schnäuzen**

Schnick·schnack <-s> ['ʃnɪkʃnak] *m kein pl (fam)* ① *(unnützer Krams)* junk *no pl* ② *(dummes Geschwätz)* twaddle *no pl*

schnie·fen ['ʃniːfn̩] *vi* to sniffle

schnip·peln ['ʃnɪpl̩n] **I.** *vi* to snip (**an** at) **II.** *vt (fam)* ■ **etw ~** to cut sth

schnip·pen ['ʃnɪpn̩] **I.** *vi* **mit den Fingern ~** to snap one's fingers **II.** *vt* ■ **etw [von etw** *dat***] ~** to flick sth [off sth]

schnip·pisch ['ʃnɪpɪʃ] **I.** *adj* saucy, cocky **II.** *adv* saucily, cockily

Schnip·sel <-s, -> ['ʃnɪpsl̩] *m o nt* shred

schnitt [ʃnɪt] *imp von* **schneiden**

Schnitt <-[e]s, -e> [ʃnɪt] *m* ① *(Schnittwunde)* cut ② *(Haarschnitt)* cut ③ MODE cut ④ FILM editing ⑤ ARCHIT, MATH section; **im ~** ARCHIT in section; *(durchschnittlich)* on average; **der Goldene ~** the golden section

Schnit·te <-, -n> ['ʃnɪtə] f ① KOCHK slice ② (*belegtes Brot*) open sandwich

Schnitt·flä·che f cut surface

schnitt·ig ['ʃnɪtɪç] adj stylish, streamlined

Schnitt·lauch ['ʃnɪtlaʊx] m kein pl chives npl **Schnitt·men·ge** f intersection **Schnitt·mus·ter** nt MODE [paper] pattern **Schnitt·punkt** m ① MATH point of intersection ② (*Kreuzung*) intersection **Schnitt·stel·le** f INFORM interface **Schnitt·ver·let·zung** f cut **Schnitt·wun·de** f cut

Schnit·zel¹ <-s, -> ['ʃnɪts|] nt KOCHK pork escalope; **Wiener ~** Wiener schnitzel

Schnit·zel² <-s, -> ['ʃnɪts|] nt o m shred

schnit·zen ['ʃnɪtsn̩] vt, vi to carve; ■ **das S~** carving

Schnit·zer(in) <-s, -> ['ʃnɪtsɐ] m(f) woodcarver

Schnit·zer <-s, -> ['ʃnɪtsɐ] m (*fam*) blunder

Schnit·zer(in) <-s, -> ['ʃnɪtsɐ] m(f) woodcarver

Schnit·ze·rei <-, -en> ['ʃnɪtsə'raɪ] f woodcarving

Schnit·ze·rin <-, -nen> f fem form von **Schnitzer**

schnö·de ['ʃnøːdə] I. adj despicable II. adv despicably

Schnor·chel <-s, -> ['ʃnɔrçl̩] m snorkel

schnor·cheln ['ʃnɔrçl̩n] vi to go snorkelling

Schnör·kel <-s, -> ['ʃnœrk]] m scroll

schnor·ren ['ʃnɔrən] vi, vt to scrounge

Schnor·rer(in) <-s, -> m(f) scrounger

Schnö·sel <-s, -> ['ʃnøːzl] m snotty[-nosed] little git

schnu·cke·lig ['ʃnʊkəlɪç] adj cute

schnüf·feln ['ʃnʏfl̩n] vi ① (*schnuppern*) to sniff ② (*fam: spionieren*) to nose around

Schnüff·ler(in) <-s, -> m(f) ① (*Detektiv*) detective, snooper BRIT ② (*sl: Süchtiger*) glue-sniffer

Schnul·ler <-s, -> ['ʃnʊlɐ] m dummy

Schnul·ze <-, -n> ['ʃnʊltsə] f schmaltz

schnul·zig ['ʃnʊltsɪç] adj schmaltzy

schnup·fen ['ʃnʊpfn̩] I. vi to sniff II. vt **Tabak ~** to take snuff; **Kokain ~** to snort cocaine

Schnup·fen <-s, -> ['ʃnʊpfn̩] m cold; **[einen] ~ haben** to have a cold

Schnupf·ta·bak m snuff

schnup·pe ['ʃnʊpə] adj **die Ergebnisse waren ihm ~** he couldn't have cared less about the results

schnup·pern ['ʃnʊpɐn] vi, vt to sniff (**an** at)

Schnur <-, Schnüre> [ʃnuːɐ̯, pl 'ʃnyːrə] f cord

Schnür·band <-[e]s, -bänder> nt DIAL lace

Schnür·chen <-s, -> ['ʃnyːɐ̯çən] nt dim von **Schnur** thin cord ▶ **wie am ~** like clockwork

schnü·ren ['ʃnyːrən] vt to tie together (**zu** in); ■ **etw [auf etw** akk**] ~** to tie sth [onto sth]; *Schuhe* to lace up

schnur·ge·ra·de ['ʃnuːɐ̯gə'raːdə] I. adj dead straight II. adv in a straight line

schnur·los adj cordless

Schnurr·bart ['ʃnʊrbaːɐ̯t] m moustache

schnur·ren ['ʃnʊrən] vi ① (*Katze*) to purr ② (*surren*) to whirr

Schnurr·haa·re pl whiskers pl

Schnür·schuh m lace-up shoe **Schnür·sen·kel** m shoelace **Schnür·stie·fel** m laced boot

schnur·stracks ['ʃnuːɐ̯'ʃtraks] adv straight; **~ nach Hause gehen** to go straight home

Schnu·te <-, -n> ['ʃnuːtə] f NORDD (*Mündchen*) pout; **eine ~ ziehen** (*fam*) to pout

schob [ʃoːp] imp von **schieben**

Scho·ber <-s, -> ['ʃoːbɐ] m AGR SÜDD, ÖSTERR (*Heuhaufen*) haystack

Schock <-[e]s, -s> [ʃɔk] m shock; **unter ~ stehen** to be in [a state of] shock; **[jdm] einen ~ versetzen** to shock [sb]

scho·cken ['ʃɔkn̩] vt to shock

scho·ckie·ren* [ʃɔ'kiːrən] vt to shock; ■ **schockiert sein** to be shocked (**über** about)

Schock·star·re f kein pl PSYCH rigidity induced by shock, state of shock

Schock·the·ra·pie f shock therapy

Schöf·fe, Schöf·fin <-n, -n> ['ʃœfə, 'ʃœfɪn] m, f juror

Scho·ko·la·de <-, -n> [ʃokola'daːdə] f ① (*Kakaomasse*) chocolate ② (*Kakaogetränk*) hot chocolate

Scho·ko·rie·gel m chocolate bar

Scho·las·tik <-> [ʃo'lastɪk] f kein pl scholasticism no pl

Schol·le <-, -n> ['ʃɔlə] f ① ZOOL plaice ② (*flacher Erdklumpen*) clod [of earth] ③ (*Eisbrocken*) [ice] floe

schon [ʃoːn] I. adv ① (*bereits*) already, yet; **sind wir ~ da?** are we there yet?; **du willst ~ gehen?** you want to leave already?; **es ist ~ spät** it is already late; **~ damals** even at that time; **~ lange** for a long time; **~ mal** ever; **hast du ~ mal Austern gegessen?** have you ever eaten oysters?; **~ oft** several times already ② (*allein*) **~ aus dem Grunde** for that reason alone; **~ die Tatsache, dass ...** the fact alone that ... ③ (*irgendwann*) in the end, one day; **es wird ~ noch klappen** it will work out in the end ④ (*durchaus*) well ⑤ (*denn*) **was macht das ~** what does it matter ⑥ (*irgendwie*) all right; **danke, es geht ~** thanks, I can manage; **es wird ~ klappen** it will work out all right ⑦ (*ja*) **ich**

sehe ~, ... I can see, ...; **~ immer** always; **~ längst** for ages, ages ago; **~ wieder** [once] again; **und wenn ~!** so what? **II.** *part* ❶ (*auffordernd*) **geh ~!** go on!; **gib ~ her!** come on, give it here!; **mach ~!** hurry up!; [**nun**] **sag ~!** go on, tell me! ❷ (*nur*) **wenn ich das ~ rieche/sehe!** the mere smell/sight of that!; **wenn ich das ~ höre!** just hearing about it!

schön [ʃøːn] **I.** *adj* ❶ (*hübsch*) beautiful; (*ansprechend*) lovely, nice ❷ (*angenehm*) good, great, nice, splendid; **ich wünsche euch ~e Ferien** have a good holiday; **zu ~, um wahr zu sein** too good to be true ❸ (*iron: unschön*) great; **das sind ja ~e Aussichten!** what wonderful prospects!; **das wird ja immer ~er!** things are getting worse and worse! ❹ (*beträchtlich*) great, good; **ein ~es Stück Arbeit** quite a bit of work; [**das ist ja alles**] **~ und gut, aber ...** that's all very well, but ...; **na ~** all right then **II.** *adv* ❶ (*ansprechend*) well; **~ singen** to sing well ❷ (*fam: genau*) thoroughly ❸ (*fam: besonders*) **groß** nice and big ❹ (*iron: ziemlich*) really; **das hat ganz ~ wehgetan!** that really hurt!

scho·nen [ˈʃoːnən] **I.** *vt* ❶ (*pfleglich behandeln*) to take care of ❷ (*nicht überbeanspruchen*) to go easy on; **das schont die Gelenke** it is easy on the joints ❸ (*verschonen*) **jdn ~** to spare sb **II.** *vr* ■ **sich ~** to take things easy

scho·nend I. *adj* ❶ (*pfleglich*) careful ❷ (*rücksichtsvoll*) considerate ❸ (*nicht strapazierend*) gentle **II.** *adv* ❶ (*pfleglich*) carefully, with care ❷ (*rücksichtsvoll*) **jdm etw ~ beibringen** to break sth to sb gently

Schön·fär·be·rei <-, -en> [ʃøːnfɛrbəˈraɪ] *f* whitewash

Schon·frist *f* period of grace

schön|geis·tig *adj* aesthetic

Schön·heit <-, -en> *f* beauty

Schön·heits·chir·ur·gie *f* cosmetic surgery **Schön·heits·feh·ler** *m* ❶ (*kosmetische Beeinträchtigung*) blemish ❷ (*geringer Makel*) flaw **Schön·heits·ope·ra·ti·on** *f* cosmetic operation **Schön·heits·sa·lon** *m* beauty salon

Schon·kost *f* special diet foods *pl*

schön|re·den *vt* ■ **etw ~** to play sth down

Scho·nung <-> *f kein pl* ❶ (*das pflegliche Behandeln*) care ❷ (*Schutz*) protection ❸ (*Rücksichtnahme*) consideration ❹ (*Verschonung*) mercy

scho·nungs·los I. *adj* blunt, merciless; *Kritik* savage; *Offenheit* unabashed **II.** *adv* bluntly, mercilessly

Schon·zeit *f* JAGD close season

Schopf <-[e]s, Schöpfe> [ʃɔpf, *pl* ˈʃœpfə] *m* ❶ (*Haarschopf*) shock of hair ❷ ORN tuft

schöp·fen [ˈʃœpfn̩] *vt* ❶ (*mit einem Behältnis entnehmen*) to scoop (**aus** from); *Suppe* to ladle ❷ (*gewinnen*) to draw; *Kraft* to summon [up] ❸ (*kreieren*) to create; (*Ausdruck, Wort*) to coin

Schöp·fer(in) <-s, -> *m(f)* ❶ (*Gott*) ■ **der ~** the Creator ❷ (*Erschaffer*) creator

schöp·fe·risch [ˈʃœpfərɪʃ] **I.** *adj* creative **II.** *adv* creatively

Schöpf·kel·le *f* ladle **Schöpf·löf·fel** *m* ladle

Schöp·fung <-, -en> *f* ❶ (*Erschaffung*) creation ❷ *kein pl* REL ■ **die ~** the Creation

Schöp·fungs·ge·schich·te *f kein pl* ■ **die ~** the story of the Creation

Schop·pen <-s, -> [ˈʃɔpn̩] *m* ❶ (*Viertelliter*) quarter-litre ❷ SÜDD, SCHWEIZ (*Babyfläschchen*) bottle

schor [ʃoːɐ̯] *imp von* **scheren**[1]

Schorf <-[e]s, -e> [ʃɔrf] *m* scab

Schor·le <-, -n> [ˈʃɔrlə] *f* spritzer

Schorn·stein [ˈʃɔrnʃtaɪn] *m* chimney

Schorn·stein·fe·ger(in) <-s, -> *m(f)* chimney sweep

schoss[RR], **schoß**[ALT] [ʃɔs] *imp von* **schießen**

Schoß <-es, Schöße> [ʃoːs, *pl* ˈʃøːsə] *m* ❶ ANAT lap ❷ (*Mutterleib*) womb ▶ **im ~ der Familie** in the bosom of the family; **etw fällt jdm in den ~** sth falls into sb's lap

Schoß·hund *m* lapdog

Schöss·ling[RR] <-s, -e> *m*, **Schöß·ling**[ALT] <-s, -e> [ˈʃœslɪŋ] *m* shoot

Scho·te <-, -n> [ˈʃoːtə] *f* pod

Schot·te, Schot·tin <-n, -n> [ˈʃɔtə, ˈʃɔtɪn] *m, f* Scot, Scotsman *masc*, Scotswoman *fem*; *s. a.* **Deutsche(r)**

Schot·ten·rock *m* ❶ (*Rock mit Schottenmuster*) tartan skirt ❷ (*Kilt*) kilt

Schot·ter <-s, -> [ˈʃɔtɐ] *m* gravel

Schot·tin <-, -nen> *f fem form von* **Schotte**

schot·tisch [ˈʃɔtɪʃ] *adj* Scottish; *s. a.* **deutsch**

Schott·land [ˈʃɔtlant] *nt* Scotland; *s. a.* **Deutschland**

schraf·fie·ren* [ʃraˈfiːrən] *vt* to hatch

Schraf·fie·rung <-, -en> *f kein pl* hatching

Schraf·fur <-, -en> [ʃraˈfuːɐ̯] *f* hatching

schräg [ʃrɛːk] **I.** *adj* ❶ (*schief*) sloping; (*Position, Wuchs*) slanted; (*Linien*) diagonal, oblique; (*Kante*) bevelled ❷ TYPO (*kursiv*) italic ❸ (*unharmonisch*) strident ❹ (*von der Norm abweichend*) offbeat **II.** *adv* ❶ (*schief*) at an angle, askew at a slant; **einen Hut ~ aufsetzen** to put a hat on at a slant; **das Bild hängt ~** the picture is hanging askew ❷ (*im schiefen Winkel*) **~ überqueren** to cross diagonally ▸ **jdn ~ ansehen** to look askance at sb

Schrä·ge <-, -n> ['ʃrɛːgə] f ❶ (schräge Fläche) slope, sloping surface ❷ (Neigung) slant

Schräg·strich m oblique

Schram·me <-, -n> ['ʃramə] f ❶ (Schürfwunde) graze ❷ (Kratzer) scratch

schram·men ['ʃramən] vi to scrape (**über** across)

Schrank <-[e]s, Schränke> [ʃraŋk, pl 'ʃrɛŋkə] m cupboard

Schran·ke <-, -n> ['ʃraŋkə] f ❶ BAHN barrier, gate ❷ (Grenze) limit; **jdn in seine ~n weisen** to put sb in their place

Schran·ken <-s, -> ['ʃraŋkn̩] m BAHN ÖSTERR (Schranke 1) [railway] gate, [railway] barrier

schran·ken·los adj unlimited, boundless

Schrank·wand f wall unit

Schraub·de·ckel m screw lid; Flasche screw top

Schrau·be <-, -n> ['ʃraubə] f ❶ TECH screw ❷ NAUT propeller ❸ SPORT twist ▸ **bei jdm ist eine ~ locker** (fam) sb has a screw loose

schrau·ben ['ʃraubn̩] vt ❶ (mit Schrauben befestigen) **etw ~** to screw sth (**an** into, **auf** onto) ❷ (drehen) **etw höher/niedriger ~** to raise/lower sth; **etw fester/loser ~** to tighten/loosen sth; **einen Deckel vom Glas ~** to unscrew a jar

Schrau·ben·dre·her <-s, -> m s. Schraubenzieher **Schrau·ben·schlüs·sel** m spanner [or AM wrench] **Schrau·ben·zie·her** <-s, -> m screwdriver

Schrau·ber <-s, -> ['ʃraubɐ] m (hum fam) Saturday mechanic

Schraub·stock m vice **Schraub·ver·schluss**^RR m screw top

Schre·ber·gar·ten ['ʃreːbɐ] m allotment

Schreck <-s> [ʃrɛk] m kein pl fright no pl; **einen ~ bekommen** to get a fright; **jdm einen ~ einjagen** to give sb a fright; **vor einem ~** with fright

schre·cken ['ʃrɛkn̩] I. vt <schreckte, geschreckt> haben ■ **etw schreckt jdn** sth frightens sb II. vi <schrak, geschrocken> sein ■ **[aus etw dat] ~** to be startled [out of sth]

Schre·cken <-s, -> ['ʃrɛkn̩] m (Entsetzen) fright, horror; **~ erregend** terrifying, horrifying; **mit dem ~ davonkommen** to escape with no more than a fright

Schre·ckens·herr·schaft f reign of terror

Schreck·ge·spenst nt bogey

schreck·haft adj jumpy

schreck·lich ['ʃrɛklɪç] I. adj terrible, dreadful II. adv terribly, awfully, dreadfully

Schreck·schrau·be f (pej fam) old bag

Schreck·schuss^RR m warning shot

Schreck·schuss·pis·to·le^RR f blank gun

Schreck·se·kun·de f moment of shock

Schrei <-[e]s, -e> [ʃrai] m scream, cry ▸ **der letzte ~** (fam) the latest style

Schreib·block <-s, -blöcke> m writing pad

schrei·ben <schrieb, geschrieben> ['ʃraibn̩] I. vt ❶ (verfassen) to write ❷ (schriftlich darstellen) to spell; **etw falsch/richtig/klein/groß ~** to spell sth wrongly/right/with small/capital letters ❸ (verzeichnen) **man schrieb das Jahr 1822** it was the year 1822; **rote Zahlen ~** to be in the red II. vi ❶ (Schrift erzeugen) to write; ■ **etwas zum S~** something to write with ❷ (schreibend arbeiten) ■ **[an etw dat] ~** to be writing [sth] ❸ (einen Brief schicken) ■ **jdm ~** to write to sb III. vr (geschrieben werden) ■ **sich ~** to be spelt; **wie schreibt sich das Wort?** how do you spell that word?

Schrei·ben <-s, -> ['ʃraibn̩] nt (geh) letter

Schrei·ber <-s, -> ['ʃraibɐ] m (Verfasser) author, writer

Schrei·ber(in) <-s, -> ['ʃraibɐ] m(f) (Verfasser) author, writer

Schrei·ber·ling <-s, -e> ['ʃraibɐlɪŋ] m (pej) scribbler

schreib·faul adj ■ **~ sein** to be a bad letter writer **Schreib·feh·ler** m spelling mistake **Schreib·heft** nt exercise book **Schreib·kraft** f (geh) typist **Schreib·map·pe** f writing case **Schreib·ma·schi·ne** f typewriter; **~ schreiben können** to be able to type; **etw auf der ~ schreiben** to type sth [up] **Schreib·pa·pier** nt writing paper **Schreib·pult** nt [writing] desk **Schreib·schrift** f script, cursive writing

Schreib·tisch m desk **Schreib·tisch·lam·pe**, **Schreib·tisch·leuch·te** f desk lamp

Schrei·bung <-, -en> f spelling

Schreib·un·ter·la·ge f desk pad

Schreib·wa·ren pl stationery no pl **Schreib·wa·ren·ge·schäft** nt stationer's **Schreib·wa·ren·händ·ler(in)** m(f) stationer **Schreib·wa·ren·hand·lung** f stationer's

Schreib·wei·se f ❶ (Rechtschreibung) spelling ❷ (Stil) style [of writing] **Schreib·zeug** nt writing utensils pl

schrei·en <schrie, geschrie[e]n> ['ʃraiən] I. vi ❶ (brüllen) to yell ❷ ORN, ZOOL to cry ❸ (laut rufen) to shout (**nach** for) ❹ (heftig verlangen) to cry out; **das Kind schreit nach der Mutter** the child is crying out for its mother II. vt (etw brüllen) to shout [out]

schrei·end adj ❶ (grell) garish, loud ❷ (flagrant) flagrant, glaring

Schrei·e·rei <-, -en> [ʃraiəˈrai] f yelling

Schrei·hals m (fam) rowdy, bawler BRIT

Schrein <-[e]s, -e> [ʃrain] m (geh)

① (*Schränkchen*) shrine ② (*Sarg*) coffin

Schrei·ner(in) <-s, -> ['ʃraɪnɐ] *m(f)* carpenter

Schrei·ne·rei <-, -en> [ʃraɪnəˈraɪ] *f* ① (*Tischlerei*) carpenter's workshop ② (*das Tischlern*) carpentry

schrei·nern ['ʃraɪnɐn] *vi, vt* to do carpentry; ■ etw ~ to make sth

schrei·ten <schritt, geschritten> ['ʃraɪtn̩] *vi sein* ① (*gehen*) to stride ② (*etw in Angriff nehmen*) to proceed (**zu** with); **zur Tat ~** to get down to action

schrie [ʃriː] *imp von* **schreien**

schrieb [ʃriːp] *imp von* **schreiben**

Schrieb <-s, -e> [ʃriːp] *m* (*fam*) missive

Schrift <-, -en> [ʃrɪft] *f* ① (*Handschrift*) [hand]writing ② (*Schriftsystem*) script ③ TYPO (*Druckschrift*) type; (*Computer*) font ④ (*Abhandlung*) paper; **die Heilige ~** the [Holy] Scriptures *pl*

Schrift·art *f* type, typeface **Schriftdeutsch** *nt* standard German **Schrift·führer(in)** *m(f)* secretary **Schrift·grö·ße** *f* font size

schrift·lich ['ʃrɪftlɪç] I. *adj* written; ■ etwas **S~es** something in writing II. *adv* in writing; **jdm etw ~ geben** to give sb sth in writing **Schrift·re·li·gi·on** *f* REL religion based on written scriptures

Schrift·satz *m* JUR legal document **Schrift·spra·che** *f* standard language

Schrift·stel·ler(in) <-s, -> ['ʃrɪftʃtɛlɐ] *m(f)* author, writer **Schrift·stück** *nt* document **Schrift·wech·sel** *m* correspondence **Schrift·zei·chen** *nt* character

schrill [ʃrɪl] I. *adj* ① (*durchdringend hell*) shrill ② (*nicht moderat*) brash; (*Farbe*) garish II. *adv* shrilly

schritt [ʃrɪt] *imp von* **schreiten**

Schritt <-[e]s, -e> [ʃrɪt] *m* ① (*Tritt*) step; **auf ~ und Tritt** every move one makes; **~e machen** to take steps; **seinen ~ beschleunigen** to quicken one's pace; **er trat einen ~ zurück** he took a step back; [**mit jdm/etw**] **~ halten** to keep up [with sb/sth]; **~ für ~** step by step; **mit großen/kleinen ~en in** big strides/small steps ② *kein pl* (*Gang*) walk, gait ③ (*Maßnahme*) measure, step; **~e in die Wege leiten** to arrange for steps to be taken; **~e** [**gegen jdn/etw**] **unternehmen** to take steps [against sb/sth] ④ MODE crotch

Schrittem·po^ALT *nt s.* **Schritttempo**

Schritt·ge·schwin·dig·keit *f* walking speed **Schritt·ma·cher** <-s, -> *m* pacemaker **Schritt·tem·po**^RR *nt* walking speed; **im ~ fahren** to drive at walking speed

schritt·wei·se I. *adj* gradual II. *adv* gradually

schroff [ʃrɔf] I. *adj* ① (*barsch*) curt, brusque ② (*abrupt*) abrupt ③ (*steil*) steep II. *adv* ① (*barsch*) curtly, brusquely ② (*steil*) steeply

schröp·fen ['ʃrœpfn̩] *vt* (*fam: ausnehmen*) ■ **jdn ~** to cheat sb

Schrot <-[e]s, -e> [ʃroːt] *m o nt* ① *kein pl* AGR coarsely ground wholemeal ② JAGD shot

Schrot·brot *nt* [coarse] wholemeal bread **Schrot·flin·te** *f* shotgun

Schrott <-[e]s> [ʃrɔt] *m kein pl* ① (*Metallmüll*) scrap metal ② (*fam: wertloses Zeug*) rubbish *no pl*, junk *no pl*; **etw zu ~ fahren** (*fam*) to write sth off

Schrott·hal·de *f* scrap heap **Schrotthänd·ler(in)** *m(f)* scrap dealer **Schrott·hau·fen** *m* scrap heap **Schrott·platz** *m* scrapyard **schrott·reif** *adj* fit for the scrap heap

schrub·ben ['ʃrʊbn̩] *vt, vi* to scrub

Schrub·ber <-s, -> ['ʃrʊbɐ] *m* scrubbing brush

schrum·pe·lig ['ʃrʊmpəlɪç] *adj* (*fam*) wrinkled

schrump·fen ['ʃrʊmpfn̩] *vi sein* to shrink (**auf** to); (*Ballon*) to shrivel up; (*Frucht*) to shrivel; (*Muskeln*) to waste

schrump·lig ['ʃrʊmplɪç] *adj s.* **schrumpelig**

Schub <-[e]s, Schübe> [ʃuːp, *pl* ˈʃyːbə] *m* ① PHYS (*Vortrieb*) thrust ② MED (*einzelner Anfall*) phase ③ (*Antrieb*) drive ④ (*Gruppe*) batch

Schub·kar·re *f,* **Schub·kar·ren** *m* wheelbarrow **Schub·kraft** *f* PHYS *s.* **Schub 1 Schub·la·de** <-, -n> [ˈʃuːplaːdə] *f* drawer

Schubs <-es, -e> [ʃʊps] *m* shove

schub·sen [ˈʃʊpsn̩] *vt* (*fam*) to shove

schub·wei·se *adv* ① MED in phases ② (*in Gruppen*) in batches

schüch·tern [ˈʃʏçtɐn] *adj* ① (*gehemmt*) shy ② (*zaghaft*) timid; (*Versuch*) half-hearted **Schüch·tern·heit** <-> *f kein pl* shyness

schuf [ʃuːf] *imp von* **schaffen**²

Schuft <-[e]s, -e> [ʃʊft] *m* villain

schuf·ten [ˈʃʊftn̩] *vi* (*fam*) to slave away (**an** at)

Schuf·te·rei <-, -en> [ʃʊftəˈraɪ] *f* (*fam*) drudgery

Schuh <-[e]s, -e> [ʃuː] *m* shoe ▶ **wo drückt der ~?** (*fam*) what's bothering you?; **jdm etw in die ~e schieben** (*fam*) to put the blame for sth on sb

Schuh·band <-[e]s, -bänder> *nt,* **Schuhbän·del** <-s, -> *m* SÜDD, SCHWEIZ (*Schnürsenkel*) shoelace **Schuh·bürs·te** *f* shoe brush **Schuh·creme** *f* shoe polish **Schuh·ge·schäft** *nt* shoe shop **Schuh·grö·ße** *f* shoe size **Schuh·löf·fel** *m* shoehorn **Schuh·ma·cher(in)** <-s, -> [ˈʃuːmaxɐ] *m(f)* shoemaker **Schuh·put·zer(in)** <-s, -> *m(f)* shoeshine boy/girl **Schuh·putz·mit·tel** *nt* shoe polish **Schuh·soh·le** *f* sole [of a/one's shoe] **Schuh·span·ner** *m* shoetree **Schuh·werk** <-[e]s> *nt kein pl* footwear

Schul·ab·bre·cher(in) ['ʃu:l-] *m(f)* high school dropout **Schul·ab·bruch** *m* dropout; **Schulabbrüche und Schulverweisungen sollen vermieden werden** dropouts and expulsions are to be avoided **Schul·ar·beit** *f* ❶ *meist pl (Hausaufgaben)* homework *no pl;* **die/seine ~en machen** to do one's homework ❷ ÖSTERR *(Klassenarbeit)* [class] test **Schul·auf·ga·be** *f pl s.* **Schularbeit 1 Schul·bank** *f* school desk; **die ~ drücken** *(fam)* to go to school **Schul·bil·dung** *f kein pl* school education *no pl* **Schul·buch** *nt* school book, textbook **Schul·bus** *m* school bus

schuld [ʃʊlt] *adj* ■ [**an etw** *dat*] **~ sein** to be to blame [for sth]

Schuld <-> [ʃʊlt] *f kein pl* ❶ *(Verschulden)* fault *no pl,* blame *no pl;* ■ **die ~ [an etw** *dat*] **geben** *dat* to lay the blame [for sth]; **jdm [die] ~ geben** *dat* to blame sb; **~ haben** to be [the one] to blame; **es ist jds ~, dass/wenn ...** it is sb's fault that/when ...; **sich** *akk* **die ~ nehmen** to take the blame; **jdn trifft keine ~** sb is not to blame ❷ *(verschuldete Missetat)* guilt *no pl;* REL sin; **er ist sich keiner ~ bewusst** he's not aware of having done anything wrong ❸ *meist pl* FIN debt; **~en machen** to go into debt

schuld·be·wusst^RR **I.** *adj (Mensch)* guilt-ridden; *(Gesicht)* guilty **II.** *adv* guiltily **Schuld·be·wusst·sein**^RR *nt* guilty conscience

schul·den ['ʃʊldn̩] *vt* ■ **jdm etw ~** to owe sb sth

Schul·den·er·lass^RR *m* FIN remission of debts **Schul·den·fal·le** *f* FIN *(fam)* debt trap **schul·den·frei** *adj* free of debt **Schul·den·klem·me** *f* debt crisis

Schuld·fra·ge *f* question of guilt **Schuld·ge·fühl** *nt* feeling of guilt

schuld·haft I. *adj* JUR culpable **II.** *adv* culpably

schul·dig ['ʃʊldɪç] *adj* ❶ *(verantwortlich)* to blame ❷ JUR guilty; ■ **~ sein** to be guilty; **sich ~ bekennen** to plead guilty ❸ *(verpflichtet)* ■ **jdm etw ~ sein** to owe sb sth

Schul·di·ge(r) *f(m) dekl wie adj* guilty person **Schul·dig·keit** <-> *f kein pl* duty; **seine ~ getan haben** to have met one's obligations **schul·dig|spre·chen** *vt irreg* ■ **jdn ~** to find sb guilty

schuld·los I. *adj* blameless **II.** *adv* blamelessly

Schuld·ner(in) <-s, -> ['ʃʊldnɐ] *m(f)* debtor **Schuld·schein** *m* promissory note **Schuld·zu·wei·sung** *f* accusation

Schu·le <-, -n> ['ʃu:lə] *f* ❶ SCH *(Lehranstalt)* school; **in die ~ gehen** to go to school; **in die ~ kommen** to start school; **in der ~** at school; **morgen ist keine ~** there is no school tomorrow; **die ~ ist aus** school is out ❷ *(bestimmte Richtung)* school; **der alten ~** of the old school ▶ **~ machen** to catch on

schu·len ['ʃu:lən] *vt* to train

Schü·ler(in) <-s, -> ['ʃy:lɐ] *m(f)* ❶ SCH schoolboy *masc,* schoolgirl *fem* ❷ *(Adept)* pupil

Schü·ler·aus·tausch *m* school exchange **Schü·ler·aus·weis** *m* school identity card **Schü·le·rin** <-, -nen> *f fem form von* **Schüler**

Schü·ler·lot·se, -lot·sin *m, f* lollipop man *masc* BRIT, lollipop lady *fem* BRIT, crossing guard AM

Schü·ler·schaft <-, -en> *f (geh)* pupils *pl* **Schü·ler·zei·tung** *f* school newspaper

Schul·fach *nt* [school] subject **Schul·fe·ri·en** *pl* school holidays *pl,* summer vacation AM **schul·frei** *adj* **~ haben** not to have school; **an Feiertagen ist ~** there is no school on public holidays **Schul·freund(in)** *m(f)* school friend **Schul·ge·bäu·de** *nt* school building **Schul·geld** *nt* school fees *pl* **Schul·heft** *nt* exercise book **Schul·hof** *m* school playground

schu·lisch ['ʃu:lɪʃ] *adj* ❶ *(die Schule betreffend)* school *attr* ❷ *(den Unterricht betreffend)* at school

Schul·jahr *nt* SCH ❶ *(Zeitraum)* school year ❷ *(Klasse)* year **Schul·ka·me·rad(in)** *m(f)* *(veraltend)* school friend **Schul·kind** *nt* schoolchild **Schul·klas·se** *f* [school] class **Schul·lei·ter(in)** *m(f)* headmaster/headmistress BRIT, principal AM **Schul·me·di·zin** *f* orthodox medicine **Schul·pflicht** *f kein pl* compulsory school attendance **schul·pflich·tig** *adj* of school age; **~ sein** to be required to attend school **Schul·ran·zen** *m* satchel **Schul·rat, -rä·tin** *m, f* schools inspector **Schul·schiff** *nt* NAUT training ship **Schul·schluss**^RR *m kein pl* end of school **Schul·schwän·zer(in)** *m(f)* ['ʃu:lʃvɛntsɐ] SCH *(fam)* pupil who bunks off [*or* AM skips] school **Schul·spre·cher(in)** *m(f)* head boy BRIT **Schul·stun·de** *f* period, lesson **Schul·ta·sche** *f* satchel

Schul·ter <-, -n> ['ʃʊltɐ] *f* ANAT shoulder; **mit hängenden ~n** with a bowed, drooping shoulders; **mit den ~n zucken** to shrug one's shoulders ▶ **jd zeigt jdm die** kalte **~** sb gives sb the cold shoulder; **jd nimmt etw auf die** leichte **~** sb

takes sth very lightly
Schul·ter·blatt *nt* shoulder blade **schul·ter·frei** *adj* off the shoulder *pred* **Schul·ter·ge·lenk** *nt* shoulder joint **schul·ter·lang** *adj* shoulder-length
schul·tern ['ʃʊltɐn] *vt* to shoulder
Schul·ter·pols·ter *nt* shoulder pad
Schu·lung <-, -en> *f* training; (*von Gedächtnis*) schooling
Schul·uni·form *f* SCH school uniform **Schul·un·ter·richt** *m kein pl* school lessons *pl* **Schul·ver·weis** *m* SCH exclusion; (*befristet*) suspension **Schul·weg** *m* way to/from school **Schul·weis·heit** *f* (*pej*) book learning **Schul·we·sen** *nt kein pl* school system **Schul·zeit** *f kein pl* schooldays *pl* **Schul·zeug·nis** *nt* school report BRIT, report card AM
schum·meln ['ʃʊml̩n] *vi* (*fam*) to cheat
schum·me·rig ['ʃʊmərɪç] *adj*, **schumm·rig** ['ʃʊm(ə)rɪç] *adj* dim
Schund <-[e]s> [ʃʊnt] *m kein pl* (*pej*) trash *no pl*
Schund·ro·man *m* trashy novel
schun·keln ['ʃʊŋkl̩n] *vi* to sway rhythmically with linked arms
Schup·pe <-, -n> ['ʃʊpə] *f* ❶ ZOOL scale ❷ *pl* MED dandruff *no pl* ▸ **jdm fällt es wie ~n von den Augen** the scales fall from sb's eyes
schup·pen ['ʃʊpn̩] **I.** *vt* KOCHK to remove the scales **II.** *vr* **sich ~** to flake ❶ (*unter schuppender Haut leiden*) to peel ❷ (*sich abschuppen*) to flake
Schup·pen <-s, -> ['ʃʊpn̩] *m* ❶ (*Verschlag*) shed ❷ (*fam: Lokal*) joint
Schup·pen·flech·te *f* psoriasis **Schup·pen·tier** *nt* scaly anteater
schup·pig ['ʃʊpɪç] *adj* (*Schuppen aufweisend*) scaly; (*Haut*) flaky; **~e Haare haben** to have dandruff
schü·ren ['ʃyːrən] *vt* ❶ (*anfachen*) to poke ❷ (*anstacheln*) **etw [bei jdm] ~** to stir sth up in sb
schür·fen ['ʃʏrfn̩] **I.** *vi* ❶ (*graben*) to dig (**nach** for) ❷ (*schleifen*) to scrape (**über** across) **II.** *vt* **etw ~** to mine sth **III.** *vr* **sich** *dat* **etw ~** to graze one's sth
Schürf·wun·de *f* graze
Schür·ha·ken *m* poker
Schur·ke <-n, -n> ['ʃʊrkə] *m* (*veraltend*) scoundrel
Schur·ken·staat *m* POL (*pej sl*) rogue state
schur·kisch ['ʃʊrkɪʃ] *adj* (*veraltend*) despicable
Schur·wol·le *f* virgin wool; **„reine ~"** "pure new wool"
Schür·ze <-, -n> ['ʃʏrtsə] *f* apron
Schür·zen·jä·ger *m* philanderer

Schussʀʀ <-es, Schüsse> *m*, **Schuß**ᴬᴸᵀ <-sses, Schüsse> [ʃʊs, *pl* 'ʃʏsə] *m* ❶ (*Ab- o Einschuss*) shot ❷ (*Patrone*) round ❸ (*Spritzer*) splash; **Cola mit einem ~ Rum** cola with a splash of rum ❹ FBALL shot ❺ (*sl: Drogeninjektion*) shot; **sich** *dat* **einen ~ setzen** to shoot up ▸ **einen ~ vor den Bug bekommen** to receive a warning signal; **ein ~ in den Ofen** (*sl*) a dead loss; **weit vom ~ sein** (*fam*) to be miles away; **in ~ sein** in top shape; **mit ~** with a shot (*of alcohol*)
Schüs·sel <-, -n> ['ʃʏsl̩] *f* ❶ (*große Schale*) bowl, dish ❷ (*Wasch~*) washbasin ❸ (*Satelliten~*) [satellite] dish ❹ (*WC-Becken*) toilet bowl
schus·se·lig, **schus·sig**ʀʀ, **schuß·li·g**ᴬᴸᵀ ['ʃʊs(ə)lɪç] *adj* (*fam*) scatterbrained
Schuss·li·nieʀʀ [-liːniə] *f* line of fire; **in jds ~ geraten** *akk* to come under fire from sb *fig* **schuss·si·cher**ʀʀ *adj* bulletproof **Schuss·ver·let·zung**ʀʀ *f* gunshot wound **Schuss·waf·fe**ʀʀ *f* firearm[s *pl*] **Schuss·wech·sel**ʀʀ *m* exchange of fire **Schuss·wei·te**ʀʀ *f* range [of fire]; **sich in/außer ~ befinden** to be within/out of range **Schuss·wun·de**ʀʀ *f s.* Schussverletzung
Schus·ter(in) <-s, -> ['ʃuːstɐ] *m(f)* shoemaker ▸ **~, bleib bei deinen Leisten!** (*prov*) cobbler, keep to your last! *prov*
Schutt <-[e]s> [ʃʊt] *m kein pl* rubble *no in def art* ▸ **etw in ~ und Asche legen** to reduce sth to rubble; **in ~ und Asche liegen** to be in ruins
Schüt·tel·frost *m* [violent] shivering fit
schüt·teln ['ʃʏtl̩n] **I.** *vt* ❶ (*rütteln*) to shake ❷ (*erzittern lassen*) **etw schüttelt jdn** sth makes sb shiver **II.** *vr* **sich vor Kälte ~** to shake with [the] cold **III.** *vi impers* **es schüttelt jdn** sb shudders
Schüt·tel·reim *m* ≈ deliberate spoonerism
schüt·ten ['ʃʏtn̩] **I.** *vt* ❶ (*kippen*) to tip ❷ (*gießen*) to pour **II.** *vi impers* **es schüttet** *impers* (*fam*) it's pouring [down]
schüt·ter ['ʃʏtɐ] *adj Haar, Stimme* thin
Schutt·hal·de *f* pile of rubble **Schutt·hau·fen** *m* pile of rubble
Schutz <-es, -e> [ʃʊts] *m* ❶ *kein pl* (*Sicherheit*) protection (**vor** from); **~ suchen** to seek refuge; **im ~[e] der Dunkelheit** under cover of darkness; **zu jds ~** for sb's own protection; **~ bieten** to offer protection; **jdn [vor etw** *dat*] **in ~ nehmen** to protect sb [from sth]; **unter jds** *dat* **~ stehen** to be under the protection of sb ❷ TECH protector
Schutz·an·zug *m* protective clothes *npl* **schutz·be·dürf·tig** *adj* in need of protection *pred* **Schutz·be·haup·tung** *f* self-serving declaration **Schutz·blech** *nt*

mudguard **Schutz·brief** *m* [international] travel insurance **Schutz·bril·le** *f* protective goggles *npl*

Schüt·ze, **Schüt·zin** <-n, -n> ['ʃʏtsə, 'ʃʏtsɪn] *m*, *f* ❶ SPORT marksman/markswoman; (*beim Fußball*) scorer ❷ JAGD hunter ❸ MIL private, rifleman ❹ *kein pl* ASTROL Sagittarius

schüt·zen ['ʃʏtsn̩] **I.** *vt* ❶ (*beschirmen*) to protect (**vor** against/from); **Gott schütze dich!** may the Lord protect you! ❷ (*geschützt aufbewahren*) **jdn** [**vor etw** *dat*] ~ to keep sth away from sth ❸ (*unter Naturschutz stellen*) ■ **etw** ~ to place a protection order on sth; **geschützte Pflanzen** ❹ (*patentieren*) to patent; **gesetzlich geschützt** registered [as a trade mark]; **urheberrechtlich geschützt** protected by copyright **II.** *vi* ■ [**vor etw** *dat*] ~ to give protection [from sth]

schüt·zend *adj* protective

Schüt·zen·fest *nt* rifle club['s] festival

Schutz·en·gel *m* REL guardian angel

Schüt·zen·gra·ben *m* trench **Schüt·zen·haus** *nt* rifle club clubhouse **Schüt·zen·pan·zer** *m* armoured personnel carrier **Schüt·zen·ver·ein** *m* rifle club

Schutz·fak·tor *m* safety factor; **Sonnenmilch protection factor** **Schutz·ge·biet** *nt* ❶ POL protectorate ❷ (*Natur~*) [nature] reserve **Schutz·ge·bühr** *f* token charge **Schutz·geld** *nt* protection money *no pl* **Schutz·haft** *f* ❶ POL preventive detention ❷ JUR protective custody **Schutz·helm** *m* protective helmet, hard hat **Schutz·hül·le** *f* *s.* Schutzumschlag **Schutz·imp·fung** *f* vaccination, inoculation

Schüt·zin <-, -nen> *f fem form von* Schütze **Schütz·ling** <-s, -e> ['ʃʏtslɪŋ] *m* ❶ (*Protegé*) protégé ❷ (*Schutzbefohlene*) charge

schutz·los **I.** *adj* defenceless **II.** *adv* **jdm ~ ausgeliefert sein** to be at the mercy of sb **Schutz·mar·ke** *f* trademark **Schutz·mas·ke** *f* protective mask **Schutz·maß·nah·me** *f* precautionary measure, precaution (**vor/gegen** against) **Schutz·pa·tron(in)** <-s, -e> *m(f)* REL patron saint **Schutz·raum** *m* [fallout] shelter **Schutz·schicht** *f* protective layer **Schutz·um·schlag** *m* dust jacket, dust cover **Schutz·ver·ei·ni·gung** *f* ÖKON [campaigning] organization **Schutz·vor·rich·tung** *f* safety device **Schutz·wes·te** *f* bulletproof vest

schwab·be·lig ['ʃvabəlɪç] *adj* (*fam*) flabby, wobbly

Schwa·be, **Schwä·bin** <-n, -n> ['ʃvaːbə, 'ʃvɛːbɪn] *m*, *f* Swabian

Schwa·ben <-s> ['ʃvaːbn̩] *nt* Swabia

Schwä·bin <-, -nen> *f fem form von* Schwabe

schwä·bisch ['ʃvɛːbɪʃ] *adj* Swabian

schwach <schwächer, schwächste> [ʃvax] **I.** *adj* ❶ (*nicht stark*) weak ❷ (*wenig leistend*) weak; *Sportler, Schüler* poor; *Batterie* low ❸ (*gering*) weak; *Anzeichen* faint, slight; *Beteiligung* poor; **ein ~es Interesse** [very] little interest ❹ (*leicht*) *Atmung* faint; *Bewegung* slight; *Druck, Wind, Strömung* light; ■ **schwächer werden** to become fainter ❺ (*dünn*) thin ❻ (*dürftig*) weak, poor; **ein ~er Trost** little comfort **II.** *adv* ❶ (*leicht*) faintly ❷ (*spärlich*) sparsely; **die Ausstellung war nur ~ besucht** the exhibition was poorly attended ❸ (*dürftig*) feebly; **die Mannschaft spielte ~** the team put up a feeble performance; **eine ~e Erinnerung an etw** *akk* **haben** to vaguely remember sth

Schwä·che <-, -n> ['ʃvɛçə] *f* ❶ *kein pl* (*geringe Stärke*) weakness; **jds ~ ausnutzen** to exploit sb's vulnerability ❷ *kein pl* (*Unwohlsein*) [feeling of] faintness ❸ (*Vorliebe*) ■ **eine ~ für etw** *akk* **haben** a weakness for sth

Schwä·che·an·fall *m* sudden feeling of faintness

schwä·chen ['ʃvɛçn̩] **I.** *vt* to weaken; ■ **geschwächt** weakened **II.** *vi* to have a weakening effect

Schwach·kopf *m* (*fam*) idiot, blockhead

schwäch·lich ['ʃvɛçlɪç] *adj* weakly, feeble

Schwäch·ling <-s, -e> ['ʃvɛçlɪŋ] *m* weakling

Schwach·punkt *m* weak spot; **jds ~ treffen** to hit upon sb's weak spot **Schwach·sinn** *m kein pl* ❶ MED mental deficiency ❷ (*fam: Quatsch*) rubbish *no art* BRIT, garbage AM; **so ein ~!** what a load of rubbish! **schwach·sin·nig** *adj* ❶ MED mentally deficient ❷ (*fam: blödsinnig*) idiotic, daft **Schwach·stel·le** *f* ❶ (*Problemstelle*) weak spot ❷ (*undichte Stelle*) leak **Schwach·strom** *m* weak current

Schwä·chung <-, -en> *f* weakening

schwach|wer·den *vi* ▶ [**bei jdm/etw**] ~ (*fam*) to be unable to refuse [sb/sth]; **nur nicht ~!** I don't give in!

Schwa·den <-s, -> ['ʃvaːdn̩] *m meist pl* cloud

schwa·feln ['ʃvaːfl̩n] *vi* (*pej fam: faseln*) to talk drivel

Schwa·ger, **Schwä·ge·rin** <-s, Schwäger> ['ʃvaːɡɐ, 'ʃvɛːɡərɪn, *pl* 'ʃvɛːɡə] *m*, *f* brother-in-law *masc*, sister-in-law *fem*

Schwal·be <-, -n> ['ʃvalbə] *f* ORN swallow ▶ **eine ~ macht noch keinen Sommer** (*prov*) one swallow doesn't make a summer

Schwal·ben·nest *nt* ORN swallow's nest

Schwall <-[e]s, -e> [ʃval] *m* ❶ (*Guss*)

stream, gush ❷ (*Flut*) torrent *fig*
schwamm [ʃvam] *imp von* **schwimmen**
Schwamm <-[e]s, Schwämme> [ʃvam, *pl* 'ʃvɛmə] *m* ❶ (*zur Reinigung*) sponge ❷ (*Hausschwamm*) dry rot *no indef art, no pl* ❸ SÜDD, ÖSTERR, SCHWEIZ (*essbarer Pilz*) mushroom ▶ **~ drüber!** let's forget it!
schwam·mig ['ʃvamɪç] **I.** *adj* ❶ (*weich und porös*) spongy ❷ (*aufgedunsen*) puffy, bloated ❸ (*vage*) vague, woolly **II.** *adv* vaguely
Schwan <-[e]s, Schwäne> [ʃvaːn, *pl* 'ʃvɛːnə] *m* swan
schwand [ʃvant] *imp von* **schwinden**
schwang [ʃvaŋ] *imp von* **schwingen**
schwan·ger ['ʃvaŋɐ] *adj* pregnant (**von** by); **sie ist im sechsten Monat ~** she's six months pregnant
Schwan·ge·re *f dekl wie adj* pregnant woman
schwän·gern ['ʃvɛŋɐn] *vt* ■ **jdn ~** to get sb pregnant
Schwan·ger·schaft <-, -en> *f* pregnancy
Schwan·ger·schafts·ab·bruch *m* abortion **Schwan·ger·schafts·früh·test** *m* early pregnancy test **Schwan·ger·schafts·test** *m* pregnancy test **Schwan·ger·schafts·ver·hü·tung** *f* contraception *no indef art, no pl*
Schwank <-[e]s, Schwänke> [ʃvaŋk, *pl* 'ʃvɛŋkə] *m* ❶ THEAT farce ❷ (*Erzählung*) comical tale ❸ (*Begebenheit*) amusing story
schwan·ken ['ʃvaŋkn̩] *vi* ❶ *haben* (*schwingen*) to sway; **ins S~ geraten** to begin to sway ❷ *sein* (*wanken*) to stagger ❸ *haben* (*nicht stabil sein*) to fluctuate; **seine Stimme schwankte** his voice wavered ❹ *haben* (*unentschlossen sein*) to be undecided; ■ **zwischen zwei Dingen ~** to be torn between two things
schwan·kend *adj* ❶ *Baum* swaying ❷ *Boot* rocking; (*heftiger*) rolling ❸ *Boden* shaking ❹ *Charakter* wavering; (*zögernd*) hesitant ❺ *Schritte* unsteady; *Gang* rolling ❻ *Kurs*, *Preis* fluctuating; *Gesundheit* unstable
Schwan·kung <-, -en> *f* ❶ (*Schwingung*) swaying *no pl*; **etw in ~en versetzen** to make sth sway ❷ (*ständige Veränderung*) fluctuation, variation
Schwanz <-es, Schwänze> [ʃvants, *pl* 'ʃvɛntsə] *m* ❶ ZOOL tail ❷ ORN train, trail ❸ (*sl: Penis*) cock, dick, prick ▶ **den ~ einziehen** (*fam*) to climb down
schwän·zeln ['ʃvɛntsl̩n] *vi* to wag one's tail
schwän·zen ['ʃvɛntsn̩] *vt, vi* SCH (*fam*) to skive off BRIT, to play hooky AM
Schwanz·flos·se *f* tail fin
schwap·pen ['ʃvapn̩] *vi* ❶ *sein* (*sich im Schwall ergießen*) to splash; **das Wasser schwappte über den Rand** the water splashed over the edge ❷ *haben* (*sich hin und her bewegen*) to slosh around
Schwarm[1] ['ʃvarm] <-[e]s, Schwärme> [ʃvarm, *pl* 'ʃvɛrmə] *m* swarm; *Fische* shoal
Schwarm[2] <-[e]s> [ʃvarm] *m* (*fam: verehrter Mensch*) heart-throb
schwär·men[1] ['ʃvɛrmən] *vi sein* to swarm
schwär·men[2] ['ʃvɛrmən] *vi* ❶ *haben* (*begeistert reden*) to go into raptures (**von** about) ❷ (*begeistert verehren*) ■ **für jdn ~** to be mad about sb ❸ (*sich begeistern*) ■ **für etw** *akk* **~** to have a passion for sth
Schwär·mer <-s, -> *m* ❶ (*Schmetterling*) hawkmoth ❷ (*Feuerwerkskörper*) ≈ serpent, ≈ jumping jack
Schwär·mer(in) <-s, -, -nen> *m(f)* ❶ (*sentimentaler Mensch*) sentimentalist ❷ (*Begeisterter*) enthusiast ❸ (*Fantast*) dreamer
Schwär·me·rei <-, -en> [ʃvɛrmə'raɪ] *f* ❶ (*Wunschtraum*) [pipe] dream ❷ (*Passion*) passion ❸ (*Begeisterungsreden*) **sich in ~en ergehen** to go into raptures
Schwär·me·rin <-, -nen> *f fem form von* **Schwärmer**
schwär·me·risch *adj* impassioned; *Leidenschaft* enraptured
Schwar·te <-, -n> ['ʃvartə, 'ʃvaːɐ̯tə] *f* ❶ KOCHK rind ❷ (*pej fam*) thick old book
schwarz <schwärzer, schwärzeste> [ʃvarts] *adj* ❶ (*Farbe*) black ❷ *attr* (*fam: illegal*) illicit; *Geld* untaxed ❸ (*negrid*) black ▶ **~ auf weiß** in black and white
Schwarz <-[es]> [ʃvarts] *nt kein pl* black
Schwarz·afri·ka *nt* Black Africa **Schwarz·afri·ka·ner(in)** *m(f)* Black African **schwarz·afri·ka·nisch** *adj* Black African **Schwarz·ar·beit** *f kein pl* illicit work **schwarz|ar·bei·ten** *vi* to do illicit work, to work cash in hand **Schwarz·ar·bei·ter(in)** *m(f)* person doing illicit work **schwarz|är·gern** *vr* (*fam*) ▶ **sich ~** (*fam*) to be hopping mad **Schwarz·brot** *nt* brown bread
Schwar·ze(r) *f(m) dekl wie adj* ❶ (*Mensch*) black ❷ (*pej fam: Christdemokrat*) [German] Christian Democrat
Schwär·ze <-, -n> ['ʃvɛrtsə] *f kein pl* ❶ (*Dunkelheit*) darkness ❷ (*Farbe*) black
schwär·zen ['ʃvɛrtsn̩] *vt* ❶ (*schwarz machen*) to blacken ❷ SÜDD, ÖSTERR (*fam*) to smuggle
schwarz|fah·ren *vi irreg sein* to dodge paying one's fare **Schwarz·fah·rer(in)** *m(f)* fare-dodger **schwarz·haa·rig** *adj* black-haired; ■ **~ sein** to have black hair **Schwarz·han·del** *m kein pl* black market (**mit** for) **schwarz|hö·ren** *vi* RADIO to use a radio without a licence **Schwarz·markt** *m*

black market **schwarz|se·hen** vi ❶ *(ohne Gebühren)* to watch television without a licence ❷ *(pessimistisch)* to be pessimistic (für about) **Schwarz·tee** m black tea

Schwär·zung <-, -en> f blackening *no pl*

Schwarz·wald ['ʃvartsvalt] m ▶ **der ~** the Black Forest

schwarz-weiß^RR, **schwarz·weiß** ['ʃvarts'vais] adj, adv black-and-white *attr*, black and white *pred* **Schwarz-weiß·fern·se·her** m black-and-white television [set] **Schwarz-weiß·fo·to** nt black-and-white photograph

Schwarz·wur·zel f black salsify

Schwatz <-es, -e> [ʃvats] m *(fam)* chat; **ei·nen ~ mit jdm halten** to have a chat with sb

schwat·zen ['ʃvatsn̩], **schwät·zen** ['ʃvɛtsn̩] vi SÜDD, ÖSTERR ❶ *(sich unterhalten)* to chat ❷ *(etw ausplaudern)* to blab *fam* ❸ *(im Unterricht reden)* to talk [out of turn] in class

Schwät·zer(in) <-s, -> m(f) *(pej)* ❶ *(Schwafler)* windbag *fam* ❷ *(Angeber)* boaster ❸ *(Klatschmaul)* gossip, waffler BRIT

schwatz·haft adj *(pej)* talkative, garrulous

Schwatz·haf·tig·keit <-> f kein pl talkativeness, garrulousness

Schwe·be <-> ['ʃveːbə] f kein pl ▶ **in der ~ sein** to be in the balance; **etw in der ~ las·sen** to leave sth undecided

Schwe·be·bahn f ❶ *(an Schienen)* overhead railway ❷ s. **Seilbahn Schwe·be·bal·ken** m SPORT [balance] beam

schwe·ben ['ʃveːbn̩] vi sein u haben to float; *Vogel* to hover; **in Lebensgefahr ~** to be in danger of one's life; *(Patient)* to be in a critical condition

Schwe·de, Schwe·din <-n, -n> ['ʃveːdə, 'ʃveːdɪn] m, f Swede; s. a. **Deutsche(r)**

Schwe·den <-s> ['ʃveːdn̩] nt Sweden; s. a. **Deutschland**

Schwe·din <-, -nen> f fem form von **Schwe·de**

schwe·disch ['ʃveːdɪʃ] adj Swedish; s. a. **deutsch** ▶ **hinter ~en Gardinen sitzen** *(fam)* to be behind bars

Schwe·fel <-s> ['ʃveːfl̩] m kein pl sulphur ▶ **wie Pech und ~ sein** to be inseparable

Schwe·fel·di·o·xid nt sulphur dioxide

schwe·fel·hal·tig adj sulphur[e]ous

Schwe·fel·säu·re f sulphuric acid

Schweif <-[e]s, -e> [ʃvaɪ̯f] m tail

schwei·fen ['ʃvaɪ̯fn̩] vi sein *(geh)* to roam, to wander; **seine Blicke ~ lassen** to let one's gaze wander

Schwei·ge·geld nt hush money **Schwei·ge·marsch** m silent [protest] march **Schwei·ge·mi·nu·te** f minute's silence; **ei·ne ~ einlegen** to hold a minute's silence

schwei·gen <schwieg, geschwiegen> ['ʃvaɪ̯gn̩] vi to remain silent [*or* keep quiet] ▶ **ganz zu ~ von etw** *dat* quite apart from sth

Schwei·gen <-s> ['ʃvaɪ̯gn̩] nt kein pl silence; **das ~ brechen** to break the silence; **jdn zum ~ bringen** to silence sb

Schwei·ge·pflicht f obligation to [preserve] secrecy; **der ~ unterliegen** to be bound to maintain confidentiality

schweig·sam ['ʃvaɪ̯kzaːm] adj ❶ *(wortkarg)* taciturn ❷ *(wenig gesprächig)* ■ **~ sein** to be quiet

Schweig·sam·keit <-> f kein pl quietness, reticence

Schwein <-s, -e> [ʃvaɪ̯n] nt ❶ ZOOL pig ❷ kein pl *(Schweinefleisch)* pork *no indef art, no pl* ❸ *(pej fam: gemeiner Kerl)* bastard ❹ *(fam: unsauberer Mensch)* pig ❺ *(fam: obszöner Mensch)* lewd person, dirty bugger BRIT ❻ *(fam: ausgelieferter Mensch)* [**ein**] **ar·mes ~** [a] poor devil ▶ [**großes**] **~ haben** *(fam)* to be lucky; **kein ~** *(fam)* nobody

Schwei·ne·bra·ten m joint of pork **Schwei·ne·fleisch** nt pork *no indef art, no pl* **Schwei·ne·hund** m *(sl)* bastard ▶ **seinen inneren ~ überwinden** *(fam)* to overcome one's weaker self **Schwei·ne·ko·te·lett** nt pork chop **Schwei·ne·pest** f swine fever

Schwei·ne·rei <-, -en> [ʃvaɪ̯nə'raɪ̯] f *(fam)* ❶ *(Unordnung)* mess ❷ *(Gemeinheit)* mean trick; **~!** what a bummer! ❸ *(Skandal)* scandal ❹ *(Obszönität)* smut

Schwei·ne·stall m [pig]sty, pigpen

schwei·nisch I. adj *(fam)* smutty, dirty **II.** adv *(fam)* **sich ~ aufführen** to behave like a pig

Schwein·kram m *(fam)* smut *no indef art, no pl*

Schweins·hach·se, Schweins·ha·xe f SÜDD knuckle of pork

Schweiß <-es> [ʃvaɪ̯s] m kein pl sweat; **jdm bricht der ~ aus** sb breaks out in a sweat; **in ~ gebadet sein** to be bathed in sweat ▶ **im ~e seines Angesichts** *(geh)* in the sweat of one's brow

Schweiß·aus·bruch m [profuse] sweating *no indef art, no pl*

Schweiß·bren·ner m welding torch

Schweiß·drü·se f sweat gland

schwei·ßen ['ʃvaɪ̯sn̩] vt, vi to weld

Schwei·ßen <-s> ['ʃvaɪ̯sn̩] nt kein pl welding *no indef art, no pl*

Schweiß·fuß m *meist pl* sweaty foot **schweiß·ge·ba·det** adj bathed in sweat *pred*

Schweiß·naht f TECH weld [seam]

schweiß·nass^RR adj dripping with sweat

pred **schweiß·trei·bend** *adj* MED sudorific; (*fig*, *hum*) arduous **Schweiß·trop·fen** *m* bead of sweat

Schweiz <-> [ʃvaɪts] *f* Switzerland; **die französische/italienische ~** French-speaking/Italian-speaking Switzerland; *s. a.* **Deutschland**

Schwei·zer [ˈʃvaɪtsɐ] *adj attr* Swiss

Schwei·zer(in) <-s, -> [ˈʃvaɪtsə] *m(f)* Swiss; *s. a.* **Deutsche(r)**

schwei·zer·deutsch [ˈʃvaɪtsɐdɔʏtʃ] *adj* LING Swiss-German; *s. a.* **deutsch Schwei·zer·deutsch** <-[s]> [ˈʃvaɪtsɐdɔʏtʃ] *nt dekl wie adj* LING Swiss German; *s. a.* **Deutsch**

Schwei·ze·rin <-, -nen> *f fem form von* **Schweizer**

schwei·ze·risch [ˈʃvaɪtsərɪʃ] *adj s.* **Schweizer**

schwel·gen [ˈʃvɛlɡn̩] *vi* (*geh*) ① (*sich gütlich tun*) to indulge oneself ② (*übermäßig verwenden*) ■ **in etw** *dat* ~ to over-indulge in sth; **in Erinnerungen ~** to wallow in memories

schwel·ge·risch *adj* (*geh*) sumptuous

Schwel·le <-, -n> [ˈʃvɛlə] *f* ① (*Tür-*) threshold ② (*Bahn-*) sleeper ▶ **auf der ~ zu etw** *dat* **stehen** to be on the verge of sth

schwel·len <schwoll, geschwollen> [ˈʃvɛlən] **I.** *vi sein* ① MED to swell [up] ② (*sich verstärken*) to grow **II.** *vt* (*geh*) to swell out; **mit geschwellter Brust** [with] one's breast swelled with pride

Schwel·len·angst *f* PSYCH fear of entering a place **Schwel·len·land** *nt* threshold country

Schwell·kör·per *m* ANAT corpus cavernosum **Schwel·lung** <-, -en> *f* swelling

Schwem·me <-, -n> [ˈʃvɛmə] *f* (*Überangebot*) glut

schwem·men [ˈʃvɛmən] *vt* **an Land ~** to wash ashore

Schwen·gel <-s, -> [ˈʃvɛŋl̩] *m* ① (*an Pumpe*) handle ② (*Klöppel*) clapper

Schwenk <-[e]s, -s> [ʃvɛŋk] *m* ① TV (*Schwenkbewegung*) pan, panning movement ② (*Richtungsänderung*) wheeling about *no indef art*, *no pl* ③ (*Änderung der Politik*) about-face, U-turn

schwenk·bar *adj* swivelling; *Kamera* swivel-mounted

schwen·ken [ˈʃvɛŋkn̩] **I.** *vt haben* ① (*wedeln*) to wave ② (*die Richtung verändern*) to swivel; *Kamera* to pan ③ (*spülen*) to rinse sth ④ KOCHK to toss **II.** *vi sein* (*zur Seite bewegen*) to wheel [about] ② *haben* (*sich richten*) to pan

schwer <schwerer, schwerste> [ʃveːɐ̯] **I.** *adj* ① (*nicht leicht*) heavy; ■ **20/30 kg ~ sein** to weigh 20/30 kg; **~ wie Blei** as heavy as lead ② (*beträchtlich*) serious; *Verlust* bitter; **~e Mängel aufweisen** to be badly defective; **~e Verwüstung[en] anrichten** to cause utter devastation ③ (*hart*) hard; *Schicksal* cruel; *Strafe* harsh ④ (*körperlich belastend*) serious, grave; *Operation* difficult ⑤ (*schwierig*) hard, difficult; *Lektüre* heavy ⑥ *attr* (*fam: heftig*) heavy ⑦ (*intensiv*) strong; *Duft*, *Parfüm* pungent **II.** *adv* ① (*hart*) hard; **~ arbeiten** to work hard; **es ~ haben** to have it hard; **jdm ~ zu schaffen machen** to give sb a hard time ② (*mit schweren Lasten*) heavily; **~ bepackt sein** to be heavily laden ③ (*fam: sehr*) deeply; **~ beleidigt sein** to be deeply offended; **~ betrunken** dead drunk ④ (*mit Mühe*) with [great] difficulty; **~ erarbeitet** hard-earned; **~ erziehbar** maladjusted; **ein ~ erziehbares Kind** a problem child; **~ verdaulich** indigestible ⑤ (*ernstlich*) seriously; **~ behindert** severely disabled; **sich ~ erkälten** to catch a bad cold; **~ verunglückt sein** to have had a bad accident; **~ wiegend** serious; **eine ~ wiegende Entscheidung** a momentous decision; **ein ~ wiegender Grund** a sound reason ⑥ (*schwierig*) difficult, not easy; **~ verständlich** (*kaum nachvollziehbar*) scarcely comprehensible; (*kaum zu verstehen*) hard to understand *pred*; **es [jdm] ~ machen, etw zu tun** to make it difficult [for sb] to do sth; **jdm das Leben ~ machen** to make life difficult for sb ⑦ (*hart*) severely

Schwer·ar·beit *f kein pl* heavy work **Schwer·be·hin·der·te(r)** *f(m) dekl wie adj* severely disabled [*or dated* handicapped] person **Schwer·be·schä·dig·te(r)** <-n, -n> *f(m) dekl wie adj* MED, ADMIN (*veraltet*) seriously disabled [*or dated* handicapped]

Schwe·re <-> [ˈʃveːrə] *f kein pl* ① (*Härte*) seriousness, gravity ② MED (*ernste Art*) seriousness, severity ③ (*Schwierigkeit*) difficulty; *einer Aufgabe a.* complexity ④ (*Gewicht*) heaviness, weight ⑤ *eines Parfüms* pungency

schwe·re·los *adj* weightless

Schwe·re·lo·sig·keit <-> *f kein pl* weightlessness

Schwe·re·nö·ter <-s, -> [ˈʃveːrənøːtɐ] *m* (*veraltend*) ladykiller

schwer|fal·len *vt irreg* ■ **etw fällt jdm schwer** sth is difficult for sb [to do] **schwer·fäl·lig** <-er, -ste> **I.** *adj* ① (*ungeschickt*) awkward, clumsy ② (*umständlich*) pedestrian, ponderous **II.** *adv* awkwardly, clumsily

Schwer·fäl·lig·keit <-> *f kein pl* ① (*körperlich*) heaviness ② (*geistig*) dullness ③ (*Ungeschicktheit*) clumsiness **Schwer·ge·wicht** *nt* ① (*Gewichtsklasse*) heavyweight ❷ (*Schwerpunkt*) emphasis **schwer·ge·wich·tig** *adj* heavy **schwer·hö·rig** *adj* hard of hearing *pred* **Schwer·hö·rig·keit** *f kein pl* hardness of hearing **Schwer·in·dus·trie** *f* heavy industry **Schwer·kraft** *f kein pl* gravity

schwer·lich *adv* hardly, scarcely

Schwer·me·tall *nt* heavy metal **Schwer·mut** <-> *f kein pl* melancholy **schwer·mü·tig** <-er, -ste> ['ʃveːɐmyːtɪç] *adj* melancholy

schwer|neh·men *vt irreg* etw ~ to take sth hard

Schwer·punkt *m* ❶ (*Hauptgewicht*) main emphasis; **auf etw** *akk* **den ~ legen** to put the main emphasis on sth; **~e setzen** to establish priorities ❷ PHYS centre of gravity

schwer·punkt·mä·ßig I. *adj attr* **ein ~er Streik** a pinpoint strike **II.** *adv* selectively

schwer·reich *adj attr* (*fam*) stinking [*or* AM filthy] rich

Schwert <-[e]s, -er> [ʃveːɐt] *nt* ❶ (*Waffe*) sword ❷ NAUT centreboard

Schwert·fisch *m* swordfish **Schwert·li·lie** *f* iris

Schwert·trans·port *m* HANDEL carriage of heavy goods

schwer|tun *vr irreg* ■ sich mit etw *dat* ~ to have trouble with sth

Schwert·wal *m* killer whale

Schwer·ver·bre·cher(in) *m(f)* serious offender **Schwer·ver·letz·te(r)** *f(m) dekl wie adj* seriously injured person

Schwes·ter <-, -n> [ʃvɛstɐ] *f* ❶ (*weibliches Geschwisterteil*) sister ❷ (*Krankenschwester*) nurse ❸ (*Nonne*) nun

Schwes·ter·ge·sell·schaft *f* sister company

schwes·ter·lich *adj* sisterly

Schwes·tern·hel·fe·rin *f* nursing auxiliary BRIT

schwieg [ʃviːk] *imp von* **schweigen**

Schwie·ger·el·tern ['ʃviːɡɐ-] *pl* parents-in-law *pl* **Schwie·ger·mut·ter** *f* mother-in-law **Schwie·ger·sohn** *m* son-in-law **Schwie·ger·toch·ter** *f* daughter-in-law **Schwie·ger·va·ter** *m* father-in-law

Schwie·le <-, -n> ['ʃviːlə] *f* callus

schwie·lig ['ʃviːlɪç] *adj* callous

schwie·me·lig ['ʃviːməltç] *adj* (*fam*) nasty

schwie·rig ['ʃviːrɪç] **I.** *adj* ❶ (*nicht einfach*) difficult, hard ❷ (*verwickelt*) complicated; *Situation* tricky ❸ (*problematisch*) complex **II.** *adv* with difficulty

Schwie·rig·keit <-, -en> *f* ❶ *kein pl* (*Problematik*) difficulty; **eines Falles** problematical nature; **einer Lage, eines Problems** complexity; **einer Situation** trickiness ❷ *pl* (*Probleme*) problems *pl*; **finanzielle ~en** financial difficulties *pl*; **jdn in ~en bringen** to get sb into trouble; **in ~en geraten** to get into trouble; **[jdm] ~en machen** to give sb trouble; **ohne ~en** without any difficulty

Schwie·rig·keits·grad *m* degree of difficulty; SCH level of difficulty

Schwimm·bad *nt* swimming-pool **Schwimm·be·cken** *nt* [swimming-]pool

schwim·men <schwamm, geschwommen> ['ʃvɪmən] *vi* ❶ *sein* (*sich im Wasser fortbewegen*) to swim; **~ gehen** to go swimming ❷ *haben* (*fam: sich in Flüssigkeit bewegen*) to float (**auf** on, **in** in) ❸ *haben* (*unsicher sein*) to be at sea ▶ **mit/gegen den Strom ~** to swim with/against the current

Schwim·mer(in) <-s, -> ['ʃvɪmɐ] *m(f)* ❶ (*schwimmender Mensch*) swimmer ❷ TECH float

Schwimm·flos·se *f* flipper **Schwimm·flü·gel** *m* water wing **Schwimm·hal·le** *f* indoor [swimming-]pool **Schwimm·leh·rer(in)** *m(f)* swimming instructor **Schwimm·sport** *m* swimming *no indef art* **Schwimm·wes·te** *f* life jacket

Schwin·del <-s> ['ʃvɪndl̩] *m kein pl* ❶ (*Betrug*) swindle, fraud ❷ MED dizziness, vertigo; **~ erregend** (*fig*) astronomical

Schwin·del·an·fall *m* MED attack of dizziness

Schwin·de·lei <-, -en> [ʃvɪndəˈlaɪ] *f* (*fam*) ❶ (*Lüge*) lying *no indef art, no pl* ❷ (*Betrügerei*) fiddle

schwin·del·frei *adj* ■ **~ sein** to have a [good] head for heights

schwin·de·lig ['ʃvɪndəlɪç] *adj präd* dizzy, giddy

schwin·deln ['ʃvɪndl̩n] **I.** *vi* ❶ (*lügen*) to lie ❷ (*schwindlig sein*) to be dizzy; **in ~er Höhe** at a dizzy height **II.** *vi impers* ■ **jdm schwindelt [es]** sb feels dizzy

schwin·den <schwand, geschwunden> ['ʃvɪndn̩] *vi sein* ❶ (*geh: abnehmen*) to run out, to dwindle ❷ (*vergehen*) ■ **etw schwindet** sth is fading away; *Wirkung* to be wearing off; *Interesse* to be flagging; *Zuversicht* to be failing

Schwind·ler(in) <-s, -> ['ʃvɪndlɐ] *m(f)* ❶ (*Betrüger*) swindler ❷ (*Lügner*) liar

schwind·lig ['ʃvɪndlɪç] *adj s.* **schwindelig**

Schwind·sucht *f* MED (*veraltend*) consumption

schwind·süch·tig *adj* MED (*veraltend*) consumptive

Schwin·ge <-, -n> ['ʃvɪŋə] *f* ❶ (*geh*) wing ❷ TECH (*im Getriebe*) tumbler lever; (*in der Mechanik*) crank

schwin·gen <schwang, geschwungen> ['ʃvɪŋən] **I.** *vt haben* ❶ (*mit etw wedeln*)

■ **etw schwingen** to wave sth ❷ (*mit etw ausholen*) to brandish; **er schwang die Axt** he brandished the axe ❸ (*hin und her bewegen*) to swing; *Fahne* to wave; **das Tanzbein ~** to shake a leg **II.** *vi sein o haben* ❶ (*vibrieren*) to vibrate; *Brücke* to sway; **etw zum S~ bringen** to make sth vibrate ❷ (*pendeln*) to swing (**an** on) ❸ PHYS *Wellen* to oscillate ❹ SCHWEIZ (*ringen*) wrestle **III.** *vr haben* ❶ (*sich schwungvoll bewegen*) ■ **sich auf/in etw** *akk* **~** to jump onto/into sth; **sich aufs Fahrrad ~** to hop on one's bike ❷ (*schwungvoll überspringen*) ■ **sich über etw** *akk* **~** to jump over sth; *Turner* to vault [sth]

Schwin·gung <-, -en> *f* oscillation; [etw] **in ~ versetzen** to set [sth] swinging

Schwips <-es, -e> [ʃvɪps] *m* (*fam*) tipsiness *no indef art, no pl*; **einen ~ haben** to be tipsy

schwir·ren ['ʃvɪrən] *vi sein Mücken* to buzz; *Vogel* to whir[r]

Schwitz·bad *nt* sweating bath

schwit·zen ['ʃvɪtsn̩] **I.** *vi* ❶ (*Schweiß absondern*) to sweat ❷ (*Kondenswasser absondern*) to steam up ▶ **Blut und Wasser ~** to sweat blood **II.** *vr sich nass ~* to get soaked with sweat

Schwitz·kas·ten *m* (*Griff*) headlock ▶ **jdn in den ~ nehmen** to get sb in a headlock

schwo·fen ['ʃvoːfn̩] *vi* (*fam*) to dance

schwoll [ʃvɔl] *imp von* **schwellen**

schwö·ren <schwor, geschworen> ['ʃvøːrən] **I.** *vi* to swear; **auf die Verfassung ~** to swear on the constitution; **er schwört auf Vitamin C** he swears by vitamin C **II.** *vt* ■ **jdm etw ~** to swear sth to sb

schwuch·te·lig ['ʃvʊxtəlɪç] *adj* (*hum o pej*) camp

schwul [ʃvuːl] *adj* (*fam*) gay, queer *pej*

schwül [ʃvyːl] *adj* METEO sultry, muggy *fam*

Schwu·le(r) *m dekl wie adj* (*fam*) gay, queer *pej*, shirtlifter BRIT *pej*, faggot AM

Schwü·le <-> ['ʃvyːlə] *f kein pl* METEO sultriness, closeness, mugginess *fam*

schwuls·tig ['ʃvʊlstɪç] *adj* ❶ (*geschwollen*) swollen, puffed up ❷ ÖSTERR (*schwülstig*) [over-]ornate, florid

schwüls·tig ['ʃvʏlstɪç] **I.** *adj* (*pej*) [over-]ornate, florid; *Stil* bombastic **II.** *adv* (*pej*) bombastically, pompously

Schwund <-[e]s> [ʃvʊnt] *m kein pl* ❶ (*Rückgang*) decline, decrease; *Vorräte* dwindling ❷ (*Gewichtsverringerung*) weight loss; (*Schrumpfung*) shrinkage

Schwung <-[e]s, Schwünge> [ʃvʊŋ, 'ʃvʏŋə] *m* ❶ (*schwingende Bewegung*) swing[ing movement]; **~ holen** to build up momentum ❷ *kein pl* (*Antriebskraft*) drive, verve; **in ~ kommen** (*fam*) to get going; [**richtig**] **in ~ sein** (*fam*) to be in full swing ❸ (*Linienführung*) sweep

Schwung·fe·der *f* ORN wing feather

schwung·haft I. *adj* flourishing **II.** *adv* **sich ~ entwickeln** to be booming

schwung·voll I. *adj* ❶ (*weit ausholend*) sweeping ❷ (*mitreißend*) lively; *Rede* passionate **II.** *adv* lively

Schwur <-[e]s, Schwüre> [ʃvuːɐ̯] *m* ❶ (*Versprechen*) vow; **einen ~ leisten** to take a vow ❷ (*Eid*) oath

Schwur·ge·richt *nt* court with a jury

Sci·ence-fic·tion[RR], **Sci·ence-Fic·ti·on**[RR], **Sci·ence-fic·tion**[ALT] <-, -s> ['saɪəns'fɪkʃn̩] *f* LIT science fiction, sci-fi *fam*

Scratch·ing <-s, -s> ['skrɛtʃɪŋ] *nt* graffiti caused by scratching windows on public transport with sharp implements

sec *f Abk von* **Sekunde** sec

sechs [zɛks] *adj* six; *s. a.* **acht**[1]

Sechs <-, -en> [zɛks] *f* ❶ (*Zahl*) six ❷ KARTEN six; *s. a.* **Acht**[1] ❸ SCH (*schlechteste Zensur*) bottom mark [*or* AM grade] ❹ SCHWEIZ (*beste Zensur*) top mark [*or* AM grade]

Sechs·eck *nt* hexagon **sechs·eckig** *adj* hexagonal

sech·ser·lei ['zɛksɐ'laɪ] *adj* six [different]; *s. a.* **achterlei**

Sech·ser·pack *m* pack of six, six-pack AM

sechs·fach, 6·fach [zɛksfax] **I.** *adj* sixfold; **die ~e Menge** six times the amount; *s. a.* **achtfach II.** *adv* sixfold, six times over; *s. a.* **achtfach**

sechs·hun·dert ['zɛks'hʊndɐt] *adj* six hundred

sechs·mal, 6·mal[RR] *adv* six times

Sechs·ta·ge·ren·nen [zɛks'taːgərɛnən] *nt* six-day [cycling] race

sechs·tau·send ['zɛks'tauznt] *adj* six thousand

sechs·te(r, s) ['zɛkstə, 'zɛkstɐ, 'zɛkstəs] *adj* ❶ (*nach dem fünften kommend*) sixth; *s. a.* **achte(r, s) 1** ❷ (*Datum*) sixth, 6th; *s. a.* **achte(r, s) 2**

sechs·tel ['zɛkstl̩] *adj* sixth

Sechs·tel <-s, -> ['zɛkstl̩] *nt* sixth

sechs·tens ['zɛkstn̩s] *adv* sixthly, in sixth place

sech·zehn ['zɛçtseːn] *adj* sixteen; *s. a.* **acht**[1]

sech·zehn·te(r, s) *adj* sixteenth; *s. a.* **achte(r, s)**

sech·zig ['zɛçtsɪç] *adj* sixty

Sech·zi·ger·jah·re *pl* ■ **die ~** the sixties [*or* 60s] *npl*

sech·zigs·te(r, s) *adj* sixtieth; *s. a.* **achte(r, s)**

Se·cond·hand·la·den [zɛkn̩t'hɛnt-] *m* second-hand shop

SED <-> [ɛsʔeː'deː] *f* HIST *Abk von* **Sozialistische Einheitspartei Deutschlands** *state party of the former GDR*

se·die·ren* [zeˈdiːrən] *vt* MED, PHARM ■ **jdn ~** to sedate sb

Se·di·ment·ge·stein *nt* GEOL sedimentary rock

See[1] <-s, -n> [zeː] *m* lake

See[2] <-, -n> [zeː] *f* ❶ (*Meer*) sea; **an der ~** by the sea; **auf ~** at sea; **auf hoher ~** on the high seas; **in ~ stechen** to put to sea ❷ (*Seegang*) heavy sea, swell

See·ad·ler *m* ORN sea eagle **See·bad** *nt* seaside resort **See·bär** *m* ❶ (*hum fam: erfahrener Seemann*) sea dog, old salt ❷ ZOOL fur seal **See·ele·fant**[RR] *m*, **See·E·le·fant** *m* ZOOL sea elephant **See·fah·rer** *m* seafarer **See·fahrt** *f kein pl* sea travel, seafaring *no art* **See·fisch** *m* saltwater fish, sea fish **See·frau** *f fem form von* Seemann **See·gang** *m kein pl* swell; **schwerer ~** heavy seas **See·gras** *nt* BOT seagrass **See·ha·fen** *m* seaport **See·hecht** *m* hake **See·hund** *m* common seal **See·igel** *m* sea urchin **See·kar·te** *f* sea chart **See·kli·ma** *nt* maritime climate **see·krank** *adj* seasick **See·krank·heit** *f kein pl* seasickness **See·lachs** *m* coalfish

See·le <-, -n> ['zeːlə] *f* ❶ REL soul ❷ PSYCH (*Psyche*) mind; **mit Leib und ~** wholeheartedly; **aus tiefster ~** from the bottom of one's heart; **jdm tut etw in der ~ weh** sth breaks sb's heart ❸ (*Mensch*) soul; **eine treue ~** a faithful soul ▶ **ein Herz und eine ~ sein** to be inseparable; **eine ~ von Mensch sein** to be a good[-hearted] soul; **sich** *dat* **etw von der ~ reden** to get sth off one's chest; **jdm aus der ~ sprechen** (*fam*) to say exactly what sb is thinking

See·len·frie·de(n) *m* peace of mind **See·len·heil** *nt* ■ **jds ~** the salvation of sb's soul **See·len·le·ben** *nt kein pl* inner life **See·len·ru·he** *f* **in aller ~** as cool as you please **see·len·ru·hig** ['zeːlənˈruːɪç] *adv* calmly **see·len·ver·wandt** *adj* kindred; ■ **~ sein** to be kindred spirits **See·len·wan·de·rung** *f* REL transmigration of souls

See·leu·te *pl von* Seemann

see·lisch ['zeːlɪʃ] **I.** *adj* psychological, emotional; **~es Gleichgewicht** mental balance **II.** *adv* **~ bedingt sein** to have psychological causes

See·lö·we, -lö·win <-n, -n> *m*, *f* sea lion **Seel·sor·ge** *f kein pl* spiritual welfare **Seel·sor·ger(in)** <-s, -> ['zeːlzɔrɡɐ] *m(f)* pastor **See·luft** *f kein pl* sea air **See·macht** *f* naval power

See·mann <-leute> ['zeːman, *pl* -lɔytə] *m* sailor, seaman **See·manns·lied** *nt* [sea] shanty

See·mei·le *f* nautical [*or* sea] mile **See·not** *f kein pl* distress [at sea] *no pl*; **in ~ geraten** to get into difficulties **See·pferd**(·**chen**) *nt* sea horse **See·räu·ber(in)** *m(f)* pirate **See·rei·se** *f* voyage; (*Kreuzfahrt*) cruise **See·ro·se** *f* ❶ BOT water lily ❷ ZOOL sea anemone **See·schiff·fahrt**[RR] *f kein pl* maritime shipping **See·schlacht** *f* sea battle **See·schlan·ge** *f* sea snake **See·stern** *m* starfish **See·tang** *m* seaweed **See·teu·fel** *m* monkfish **see·tüch·tig** *adj* seaworthy **See·ufer** *nt* lakeside, shore of a lake **See·vo·gel** *m* seabird **See·weg** *m* sea route; **auf dem ~** by sea **See·zun·ge** *f* sole

Se·gel <-s, -> ['zeːɡl̩] *nt* sail; **die ~ hissen** to hoist the sails; **[die] ~ setzen** to set sail

Se·gel·boot *nt* sailing boat, sailboat AM **Se·gel·flie·ger(in)** *m(f)* glider pilot **Se·gel·flug** *m* glider flight **Se·gel·flug·zeug** *nt* glider **Se·gel·jacht** *f* [sailing] yacht **Se·gel·klub** *m* sailing club

se·geln ['zeːɡl̩n] *vi sein* to sail; **durch die Luft ~** to sail through the air

Se·geln <-s> ['zeːɡl̩n] *nt kein pl* sailing

Se·gel·oh·ren *pl* (*pej fam*) mug ears **Se·gel·schiff** *nt* sailing ship **Se·gel·törn** *m* yacht cruise **Se·gel·tour** *f* sailing cruise **Se·gel·tuch** *nt* sailcloth, canvas

Se·gen <-s, -> ['zeːɡn̩] *m no pl* blessing; **den ~ sprechen** to say the benediction; **seinen ~ [zu etw** *dat*] **geben** to give one's blessing [to sth]; **ein ~ für die Menschheit** a benefit for mankind; **ein wahrer ~ sein** to be a real godsend

se·gens·reich *adj* (*geh*) beneficial; *Erfindung* heaven-sent, blessed; *Tätigkeit* worthwhile

Seg·ler(in) <-s, -> ['zeːɡlɐ] *m(f)* yachtsman/yachtswoman

Seg·ment <-[e]s, -e> [zɛɡ'mɛnt] *nt* segment

seg·nen ['zeːɡnən] *vt* to bless (**mit** with)

Seg·nung <-, -en> *f* ❶ REL (*das Segnen*) blessing ❷ *meist pl* (*Vorzüge*) benefits, advantages

seh·be·hin·dert *adj* visually impaired **Seh·be·hin·der·te(r)** *f(m) dekl wie adj* partially sighted person

se·hen <sah, gesehen> ['zeːən] **I.** *vt* ❶ (*erblicken, bemerken*) to see; **etw nicht gerne ~** to not like sth; **gut/schlecht zu ~ sein** to be well/badly visible; **etw kommen ~** to see sth coming; **ich kann kein Blut ~** I can't stand the sight of blood; **sich ~ lassen können** to be something to be proud of; **sich [bei**

jdm] ~ lassen (*fam*) to show one's face [at sb's house]; **das muss man ge~ haben** one has to see it to believe it; **das wollen wir [doch] erst mal ~!** (*fam*) [well,] we'll see about that!; **so ge~** from that point of view ❷ (*ansehen, zusehen*) to watch ❸ (*treffen*) ■ **jdn ~** to see sb ❹ (*einschätzen*) ■ **etw [irgendwie] ~** to see sth [somehow]; **ich sehe das so:** ... the way I see it, ... **II.** *vi* ❶ (*ansehen*) to look; **lass mal ~** let me see ❷ (*Sehvermögen haben*) **gut/schlecht ~** to have good/bad eyesight; **mit der neuen Brille sehe ich viel besser** I can see much better with my new glasses ❸ (*blicken*) to look; **aus dem Fenster ~** to look out of the window; **auf das Meer ~** to look at the sea; **auf die Uhr ~** to look at one's watch ❹ (*[be]merken*) **~ Sie [wohl]!, siehste!** (*fam*) you see! ❺ (*sich kümmern um*) ■ **nach jdm ~** to go and see sb; ■ **nach etw** *dat* **~** to check on sth; **ich werde ~, was ich für Sie tun kann** I'll see what I can do for you; (*abwarten*) to wait and see; **wir müssen ~, was die Zukunft bringt** we'll have to wait and see what the future holds **III.** *vr* (*beurteilen*) **sich betrogen/enttäuscht ~** to feel cheated/disappointed; **sich gezwungen ~, etw zu tun** to feel compelled to do sth

se·hens·wert *adj* worth seeing **Se·hens·wür·dig·keit** <-, -en> *f* sight; **~en besichtigen** to do the sights

Se·her(in) <-s, -> *m(f)* (*veraltend*) seer

se·he·risch *adj attr* prophetic

Seh·feh·ler *m* visual defect **Seh·kraft** *f kein pl* [eye]sight

Seh·ne <-, -n> ['ze:nə] *f* ❶ ANAT tendon, sinew ❷ (*Bogensehne*) string

seh·nen ['ze:nən] *vr* ■ **sich nach jdm/etw ~** to long for sb/sth

Seh·nen <-s> ['ze:nən] *nt kein pl* (*geh*) longing, yearning

Seh·nen·schei·den·ent·zün·dung *f* inflammation of a/the tendon's sheath

Seh·nerv *m* optic nerve

seh·nig ['ze:nɪç] *adj* sinewy, stringy

sehn·lich ['ze:nlɪç] *adj* ardent, eager; **etw ~ wünschen** to long for sth

Sehn·sucht <-, -süchte> ['ze:nzʊxt, *pl* -zʏçtə] *f* longing, yearning (**nach** for); **vor ~** with longing

sehn·süch·tig ['ze:nzʏçtɪç] *adj attr* longing, yearning; *Blick* wistful; *Erwartung* eager; *Verlangen, Wunsch* ardent

sehn·suchts·voll *adj* (*geh*) *s.* **sehnsüchtig**

sehr <[noch] mehr, am meisten> ['ze:ɐ] *adv* ❶ *vor vb* (*in hohem Maße*) very much, a lot; **danke ~!** thanks a lot; **bitte ~, bedienen Sie sich** go ahead and help yourself; **das will ich doch ~ hoffen** I very much hope so; **das freut mich ~** I'm very pleased about that ❷ *vor adj, adv* (*besonders*) very; **jdm ~ dankbar sein** to be very grateful to sb; **das ist aber ~ schade** that's a real shame

Seh·schär·fe *f* visual acuity **Seh·stö·rung** *f* visual defect **Seh·test** *m* eye test **Seh·ver·mö·gen** *nt kein pl* sight **Seh·wei·se** *f* way of seeing things

seicht [zaɪçt] *adj* shallow

seid [zaɪt] *2. pers pl pres* **sein**

Sei·de <-, -n> ['zaɪdə] *f* silk

sei·den ['zaɪdn̩] *adj attr* silk

Sei·den·ma·le·rei *f* silk painting **Sei·den·pa·pier** *nt* tissue paper **Sei·den·rau·pe** *f* silkworm **Sei·den·strumpf** *m* silk stocking

sei·dig ['zaɪdɪç] *adj* silky

Sei·fe <-, -n> ['zaɪfə] *f* soap

Sei·fen·bla·se *f* soap bubble **Sei·fen·oper** *f* TV (*sl*) soap opera **Sei·fen·scha·le** *f* soap dish **Sei·fen·spen·der** *m* soap dispenser

sei·fig ['zaɪfɪç] *adj* soapy

Seil <-[e]s, -e> [zaɪl] *nt* ❶ (*dünnes Tau*) rope; **in den ~en hängen** (*a. fig*) to be on the ropes, to be shattered *fig* ❷ (*Drahtseil*) cable; **auf dem ~ tanzen** to dance on the high wire

Seil·bahn *f* ❶ TRANSP cable railway, funicular ❷ (*Drahtseilbahn*) cable car **seil|hüp·fen** *vi nur infin und pp sein s.* **seilspringen**

Seil·schaft <-, -en> *f* ❶ (*Bergsteiger*) roped party ❷ (*in der Politik*) working party

seil|sprin·gen *vi irreg, nur infin und pp sein* to skip [rope] **Seil·tän·zer(in)** *m(f)* tightrope acrobat

sein[1] <bin, bist, ist, sind, seid, war, gewesen> [zaɪn] **I.** *vi sein* ❶ (*existieren*) to be; **es ist schon immer so gewesen** it's always been this way; **was nicht ist, kann noch werden** there's still hope ❷ (*sich befinden*) ■ **[irgendwo] ~** to be [somewhere]; **ich bin wieder da** I'm back again; **ist da jemand?** is somebody there? ❸ (*stimmen, zutreffen*) **dem ist so** that's right; **dem ist nicht so** that's not the case ❹ (*sich [so] verhalten, Eigenschaft haben*) **böse/klug etc. ~** to be angry/clever etc.; **freundlich/gemein zu jdm ~** to be friendly/mean to sb; **jdm zu dumm/primitiv ~** to be too stupid/primitive for sb [to bear]; **er war so freundlich und hat das überprüft** he was kind enough to check it out; **sei so lieb und störe mich bitte nicht** I would be grateful if you didn't disturb me ❺ (*in eine Klassifizierung eingeordnet*) ■ **jd ~** to be sb; **sie ist Geschäftsführerin** she is a company director; **Deutscher/Däne ~** to be German/Danish ❻ (*gehören*) **das Buch ist meins** the book is mine; **er ist mein Cousin** he is my cousin

❼ *(zum Resultat haben)* **zwei mal zwei ist vier** two times two is four ❽ *(sich ereignen)* to be, to take place; **was ist |denn schon wieder|?** I don't feel like it right now; **war was?** *(fam)* did anything happen? ❾ *(hergestellt ~)* ■ **aus etw** *dat* ~ to be [made of] sth ❿ + *comp (gefallen)* **etw wäre jdm lieber |gewesen|** sb would prefer sth ⓫ *(sich fühlen)* **jdm ist heiß/kalt** sb is hot/cold; **jdm ist übel** sb feels sick ⓬ *(Lust haben auf)* **mir ist jetzt nicht danach** I don't feel like it right now ⓭ *mit Modalverb (passieren)* **etw kann/darf/muss ~** sth can/might/must be; **sei's drum** *(fam)* so be it; **das darf doch nicht wahr ~!** that can't be true!; **etw ~ lassen** *(fam)* to stop [doing sth]; **muss das ~?** do you have to?; **es hat nicht ~ sollen** it wasn't [meant] to be; **was ~ muss, muss ~** *(fam)* what will be will be ⓮ *mit infin + zu (werden können)* to be; **sie ist nicht zu sehen** she cannot be seen; **etw ist zu schaffen** sth can be done ⓯ *mit infin + zu (werden müssen)* **etw ist zu erledigen** sth must be done **II.** *vi impers* ❶ *(bei Zeitangaben)* **es ist Januar/hell/Nacht** it is January/daylight/ night; **es ist jetzt 9 Uhr** it is now 9 o'clock ❷ *(sich ereignen)* **mit etw** *dat* **ist es nichts** *(fam)* sth comes to nothing ❸ *(das Klima betreffend)* **jdm ist es zu kalt** sb is too cold ❹ *(mit Adjektiv)* **jdm ist es peinlich** sb is embarrassed; **jdm ist es übel** sb feels sick ❺ *(der Fall ~)* **es sei denn, dass …** unless …; **wie wäre es mit jdm/etw?** how about sb/sth?; **es war einmal …** once upon a time …; **wie dem auch sei** be that as it may, in any case; **es ist so, |dass|** … it's just that … **III.** *vb aux* ❶ + *pp* ■ **etw gewesen/geworden ~** to have been/become sth; **sie ist lange krank gewesen** she has been ill for a long time ❷ + *pp, passiv* **jd ist gebissen/ verurteilt worden** sb has been bitten/convicted ❸ *bei Bewegungsverben zur Bildung des Perfekts* **jd ist gefahren/gegangen/gehüpft** sb drove/left/hopped

sein² [zajn] *pron poss adjektivisch* ❶ *(einem Mann gehörend)* his; *(zu einem Gegenstand gehörend)* its; *(einem Mädchen gehörend)* her; *(zu einer Stadt, einem Land gehörend)* its; *auf man bezüglich* one's; *auf jeden bezüglich* his, their *fam;* **jeder bekam ~ eigenes Zimmer** everyone got his own room

Sein <-s> [zajn] *nt kein pl* existence

sei·ne(r, s) ['zajnə, -nə, -nəs] *pron poss, substantivisch (geh)* ❶ *ohne Substantiv (jdm gehörender Gegenstand)* his; ■ **der/die/das ~** his; **ist das dein Schal oder der ~?** is that your scarf or his? ❷ *(jds Besitztum)* ■ **das S~** his [own]; **das S~ tun** *(geh)* to do one's bit; jedem das S~ each to his own ❸ *(Angehörige)* ■ **die S~n** his family

sei·ner *pron pers (veraltend) gen von* **er, es** him; **wir wollen ~ gedenken** we will remember him

sei·ner·seits ['zajnɐ'zajts] *adv* on his part

sei·ner·zeit ['zajnɐtsajt] *adv* in those days, back then

sei·nes·glei·chen ['zajnəs'glajçn] *pron* ❶ *(Leute seines Standes)* people of his [own] kind ❷ *(jd wie er)* someone like him ❸ *(etw wie dies)* **~ suchen** to have no equal

sei·net·hal·ben ['zajnət'halbn] *adv (veraltend geh)*, **sei·net·we·gen** ['zajnət've:gn] *adv* because of him **sei·net·wil·len** ['zajnət-'vɪlən] *adv* **um ~** for his sake

sei·ni·ge ['zajnɪgə] *pron poss (veraltend geh) s.* **seine(r, s)**

seins *pron poss s.* **seine(r, s)**

Seis·mo·graf[RR] <-en, -en> [zajsmo'gra:f] *m* GEOL seismograph

Seis·mo·graph <-en, -en> [zajsmo'gra:f] *m* seismograph

seis·mo·gisch [zajsmo'lo:gɪʃ] *adj* seismological

seit [zajt] **I.** *präp + dat (Anfangspunkt)* since; *(Zeitspanne)* for; **diese Regelung ist erst ~ kurzem in Kraft** this regulation has only been effective [for] a short while; **~ einiger Zeit** for a while; **~ damals** since then; **~ neuestem** recently; **~ wann?** since when? **II.** *konj (seitdem)* since

seit·dem [zajt'de:m] **I.** *adv* since then; **~ hat sie kein Wort mehr mit ihr gesprochen** she hasn't spoken a word to her since [then] **II.** *konj* since

Sei·te <-, -n> ['zajtə] *f* ❶ *(Fläche eines Körpers)* side; **die vordere/hintere/untere/ obere ~** the front/back/bottom/top; **alles hat [seine] zwei ~n** there's two sides to everything ❷ *(rechts oder links der Mitte)* **zur ~ gehen** to step aside; **[etw/jdn] auf die ~ legen** to lie sth/sb] on its side; **jdn zur ~ nehmen** to take sb aside; **zur ~** beside ❸ *(sparen)* **etw auf die ~ legen** to put sth aside ❹ *(Papierblatt)* page; **gelbe ~n** Yellow Pages; **eine ~ aufschlagen** to open at a page; *(Seite eines Blattes)* side ❺ *(Beistand)* **jdm zur ~ stehen** to stand by sb; **~ an ~** side by side ❻ *(Aspekt)* **sich von seiner besten ~ zeigen** to show oneself at one's best; **von dritter ~** from a third party; **auf der einen ~ …, auf der anderen [~] …** on the one hand, …, on the other [hand], …; **etw von der heiteren ~ sehen** to look on the bright side [of sth]; **von jds ~ aus** as far as sb is concerned; **das ist ja eine ganz neue ~ an dir** that's a whole new side to you; **jds starke ~**

sein (*fam*) to be sb's forte ❷ (*Partei, Gruppe*) side; **jdn auf seine ~ bringen** to get sb on one's side; **auf jds ~ stehen** to be on sb's side; **die ~n wechseln** SPORT to change ends; (*zu jdm übergehen*) to change sides; **von allen ~n** from all sides ❸ (*Richtung*) side; **nach allen ~n** in all directions ❹ (*genealogische Linie*) **von mütterlicher ~ her** from the maternal side

Sei·ten·an·ga·be *f* page reference **Sei·ten·an·sicht** *f* side view **Sei·ten·auf·bau** *m* INET page construction; **die Seite hat einen extrem langsamen ~** the page is extremely slow to load **Sei·ten·auf·prall·schutz** *m kein pl* AUTO side-impact protection **Sei·ten·aus·gang** *m* side exit **Sei·ten·blick** *m* sidelong glance; **jdm einen ~ zuwerfen** to glance at sb from the side **Sei·ten·ein·gang** *m* side entrance **Sei·ten·flü·gel** *m* ARCHIT side wing **Sei·ten·gang** *m* ❶ ARCHIT corridor ❷ NAUT lateral drift ❸ (*beim Reiten*) sidestep **Sei·ten·hieb** *m* sideswipe; **jdm einen ~ versetzen** to sideswipe sb **Sei·ten·la·ge** *f* side position; **in der ~** on one's side; **stabile ~** stable side position **sei·ten·lang** **I.** *adj* several pages long **II.** *adv* in several pages **Sei·ten·li·nie** *f* ❶ ZOOL lateral line ❷ FBALL touchline ❸ TENNIS sideline ❹ BAHN branch line

sei·tens ['zaɪtn̩s] *präp +gen* on the part of **Sei·ten·schei·tel** *m* side parting **Sei·ten·schiff** *nt* side aisle **Sei·ten·sprung** *m* (*fam*) bit on the side **Sei·ten·ste·chen** *nt kein pl* stitch; **~ haben** to have a stitch **Sei·ten·stra·ße** *f* side street **Sei·ten·strei·fen** *m* hard shoulder **sei·ten·ver·kehrt** *adj* back to front, the wrong way around **Sei·ten·wind** *m* crosswind **Sei·ten·zahl** *f* ❶ (*Anzahl der Seiten*) number of pages ❷ (*Ziffer*) page number

seit·her [zaɪt'heːɐ̯] *adv* since then

seit·lich ['zaɪtlɪç] **I.** *adj* side *attr* **II.** *adv* at the side; **~ stehen** to stand sideways; **~ gegen etw** *akk* **prallen** to crash sideways into sth **III.** *präp +gen* **~ einer S.** at the side of sth

seit·wärts ['zaɪtvɛrts] **I.** *adv* ❶ (*zur Seite*) sideways ❷ (*auf der Seite*) on one's side **II.** *präp +gen* (*geh*) beside; **~ des Weges** on the side of the path

sek. *f*, **Sek.** *f Abk von* **Sekunde** sec.

Se·kan·te <-, -n> [ze'kantə] *f* secant

Se·kret <-[e]s, -e> [ze'kreːt] *nt* secretion

Se·kre·tär(in) <-s, -e> [zekre'tɛːɐ̯] *m(f)* secretary

Se·kre·ta·ri·at <-[e]s, -e> [zekreta'rjaːt] *nt* secretary's office

Se·kre·tä·rin <-, -nen> *f fem form von* **Sekretär**

Sekt <-[e]s, -e> [zɛkt] *m* sparkling wine

Sek·te <-, -n> ['zɛktə] *f* sect

Sekt·glas *nt* champagne flute

Sek·tor <-s, -toren> ['zɛktoːɐ̯, *pl* zɛk'toːrən] *m* sector

se·kun·där [zekʊn'dɛːɐ̯] *adj* secondary

Se·kun·där·li·te·ra·tur *f* secondary literature

Se·kun·dar·schu·le *f* SCHWEIZ secondary school **Se·kun·dar·stu·fe** *f* secondary school level; **~ I** *classes with students aged 10 to 15;* **~ II** *fifth and sixth form classes*

Se·kun·de <-, -n> [ze'kʊndə] *f* second; **auf die ~ genau** to the second

Se·kun·den·kle·ber *m* instant adhesive **Se·kun·den·zei·ger** *m* second hand

sel·be(r, s) ['zɛlbə, 'zɛlbəs] *pron* ■ **der/die/das ~ ...** the same ...; **im ~n Haus** in the same house; **an der ~n Stelle** on the [very] same spot; **zur ~n Zeit** at the same time

sel·ber ['zɛlbɐ] *pron dem* (*fam*) myself/yourself/himself etc.; **ich geh lieber ~** I'd better go myself

selbst [zɛlpst] **I.** *pron dem* ❶ (*persönlich*) myself/yourself/himself etc.; **mit jdm ~ sprechen** to speak to sb oneself; **das möchte ich ihm lieber ~ sagen** I'd like to tell him that myself ❷ (*ohne Hilfe, alleine*) by oneself; **etw ~ machen** to do sth by oneself; **von ~** automatically; **etw versteht sich von ~** it goes without saying ❸ (*verkörpern*) ■ **etw ~ sein** to be sth in person; **er ist die Ruhe ~** he is calmness itself **II.** *adv* ❶ (*eigen*) self; **~ ernannt** self-appointed; **~ gemacht** home-made; **~ gestrickt** hand-knitted ❷ (*sogar*) even; **~ der Direktor war anwesend** even the director was present; **~ wenn** even if

Selbst·ach·tung *f* self-respect

selb·stän·dig ['zɛlpʃtɛndɪç] *adj* s. **selbstständig**

Selb·stän·dig·keit <-> *f kein pl* s. **Selbstständigkeit**

Selbst·auf·ga·be *f kein pl* PSYCH mental collapse **Selbst·aus·lö·ser** *m* delayed-action shutter release

Selbst·be·die·nung *f* self-service **Selbst·be·die·nungs·la·den** *m* self-service shop

Selbst·be·frie·di·gung *f* masturbation **Selbst·be·herr·schung** *f* self-control **selbst·be·sof·fen** *adj* (*sl*) swollen-headed, extremely conceited **Selbst·be·stä·ti·gung** *f* self-affirmation

Selbst·be·stim·mung *f kein pl* self-determination **Selbst·be·stim·mungs·recht** *nt kein pl* right to self-determination

Selbst·be·trug *m kein pl* self-deception

selbst·be·wusst^{RR} *adj* self-confident **Selbst·be·wusst·sein**^{RR} *nt* self-confidence **Selbst·be·zo·gen·heit** <-> ['zɛlpstbətso:gn̩haɪt] *f kein pl* PSYCH solipsism **Selbst·bräu·nungs·creme** *f* self-tanning cream **Selbst·dar·stel·ler(in)** *m(f)* showman

Selbst·er·fah·rung *f kein pl* self-awareness **Selbst·er·fah·rungs·grup·pe** *f* self-awareness group

Selbst·er·hal·tungs·trieb *m* survival instinct **Selbst·er·kennt·nis** *f kein pl* self-knowledge ▶ ~ **ist der erste Schritt zur Besserung** (*prov*) self-knowledge is the first step to self-improvement **selbst·ge·fäl·lig** *adj* self-satisfied **selbst·ge·recht** *adj* (*pej*) self-righteous **Selbst·ge·spräch** *nt* monologue; **Selbstgespräche führen** to talk to oneself **selbst·herr·lich** *adj* (*pej*) highhanded

Selbst·hil·fe *f kein pl* self-help; **Hilfe zur ~ leisten** to help sb to help himself/herself **Selbst·hil·fe·grup·pe** *f* self-help group

Selbst·jus·tiz *f* vigilantism **selbst·kle·bend** *adj* self-adhesive **Selbst·kos·ten·preis** *m* cost price BRIT, cost AM; **zum ~** at cost price **Selbst·kri·tik** *f kein pl* self-criticism; **~ üben** to criticize oneself **selbst·kri·tisch** *adj* self-critical **Selbst·laut** *m* vowel **Selbst·lie·be** *f* love for oneself **selbst·los** *adj* selfless, unselfish **Selbst·mit·leid** *nt* self-pity **Selbst·mord** *m* suicide; **~ begehen** to commit suicide **Selbst·mör·der(in)** *m(f)* suicidal person **selbst·mör·de·risch** *adj* suicidal

Selbst·mord·kan·di·dat(in) *m(f)* potential suicide **Selbst·mord·ver·such** *m* suicide attempt

Selbst·schutz *m* self-protection; **zum ~ für self-protection** **selbst·si·cher** *adj* self-confident **Selbst·si·cher·heit** *f kein pl* self-confidence

selbst·stän·dig^{RR} ['zɛlpstʃtɛndɪç] *adj* ① (*eigenständig*) independent ② (*beruflich unabhängig*) self-employed; **sich ~ machen** to start up one's own business ▶ **etw macht sich ~** (*hum fam*) sth grows legs

Selbst·stän·di·ge(r)^{RR} *f(m) dekl wie adj* self-employed person

Selbst·stän·dig·keit^{RR} <-> *f kein pl* ① (*Eigenständigkeit*) independence ② (*selbstständige Stellung*) self-employment

selbst·süch·tig <-er, -ste> *adj* selfish **selbst·tä·tig** **I.** *adj* automatic **II.** *adv* automatically **Selbst·täu·schung** *f* self-delusion **Selbst·über·schät·zung** *f* over-estimation of one's abilities **Selbst·über·win·dung** *f* self-discipline **Selbst·ver·leug·**

nung *f kein pl* self-denial **selbst·ver·schul·det** *adj* due to one's [own] fault **Selbst·ver·sor·ger(in)** *m(f)* self-sufficient person **selbst·ver·ständ·lich I.** *adj* natural; **das ist doch ~** don't mention it; **etw für ~ halten** to take sth for granted **II.** *adv* naturally, of course; **wie ~** as if it were the most natural thing in the world; **|aber| ~ !** [but] of course! **Selbst·ver·ständ·lich·keit** <-, -en> *f* naturalness; **etw als ~ ansehen** to regard sth as a matter of course BRIT; **etw mit der größten ~ tun** to do sth as if it were the most natural thing in the world; **eine ~ sein** to be the least that could be done **Selbst·ver·tei·di·gung** *f* self-defence **Selbst·ver·trau·en** *nt* self-confidence **Selbst·ver·wal·tung** *f* self-government **Selbst·ver·wirk·li·chung** *f* self-realization **Selbst·wahr·neh·mung** *f* introspection **Selbst·wert·ge·fühl** *nt* self-esteem **selbst·zer·stö·re·risch** *adj* self-destructive **Selbst·zweck** *m kein pl* end in itself

se·lek·tie·ren* [zɛlɛk'tiːrən] *vt* to select **Se·lek·ti·on** <-, -en> [zɛlɛk'tsjoːn] *f* selection

Se·len <-s> [ze'leːn] *nt* selenium

se·lig ['zeːlɪç] *adj* ① (*überglücklich*) overjoyed ② REL **jdn ~ sprechen** to beatify sb; **Gott habe ihn ~** God rest his soul ▶ **wer's glaubt, wird ~** (*iron fam*) that's a likely story

Se·lig·keit <-> *f kein pl* ① REL salvation ② (*Glücksgefühl*) bliss

Sel·le·rie <-s, -[s]> ['zɛləri] *m* (*Knollen~*) celeriac; (*Stangen~*) celery

sel·ten ['zɛltn̩] *adj* ① (*nicht häufig*) rare ② (*besonders*) exceptional; **ein ~ schönes Exemplar** an exceptionally beautiful specimen

Sel·ten·heit <-, -en> *f* ① *kein pl* (*seltenes Vorkommen*) rare occurrence ② (*seltene Sache*) rarity

Sel·ten·heits·wert *m kein pl* rarity value; **~ haben** to possess a rarity value

Sel·ters <-, -> ['zɛltɐs] *nt* (*fam*), **Sel·ters·was·ser** *nt* DIAL soda [water]

selt·sam ['zɛltzaːm] *adj* strange; **Mensch a.** odd; **Geschichte, Umstände a.** peculiar; **ein ~es Gefühl haben** to have an odd feeling; **sich ~ benehmen** to behave in an odd way

selt·sa·mer·wei·se *adv* strangely enough

Selt·sam·keit <-, -en> *f* ① *kein pl* (*seltsame Art*) strangeness, peculiarity ② (*seltsame Erscheinung*) oddity

Se·mes·ter <-s, -> [ze'mɛstɐ] *nt* semester, term (*lasting half of the academic year*)

Se·mes·ter·fe·ri·en *pl* [university] vacation

Se·mi·fi·na·le ['zeːmifinaːlə] *nt* semi-final

Se·mi·ko·lon <-s, -s *o* -kola> [zemi'koːlɔn,

pl -ko:la] *nt* semicolon

Se·mi·nar <-s, -e *o* ÖSTERR -ien> [zemi'naːɐ̯, *pl* -riən] *nt* ❶ (*Lehrveranstaltung*) seminar ❷ (*Universitätsinstitut*) department; **das Historische** ~ the History Department

Se·mi·nar·ar·beit *f* seminar paper

Se·mit(in) <-en, -en> [ze'miːt] *m(f)* Semite

se·mi·tisch [ze'miːtɪʃ] *adj* Semitic

Sem·mel <-, -n> [zɛml] *f* DIAL [bread] roll ▶ **weggehen wie <u>warme</u> ~n** (*fam*) to go like hot cakes

sen. *adj Abk von* senior

Se·nat <-[e]s, -e> [ze'naːt] *m* ❶ POL senate ❷ JUR Supreme Court

Se·na·tor, Se·na·to·rin <-s, -toren> [ze'naːtoːɐ̯, zena'toːrɪn, *pl* -'toːrən] *m, f* senator

Sen·de·an·stalt *f* broadcasting institution

Sen·de·ge·biet *nt* transmission area

sen·den¹ ['zɛndn̩] **I.** *vt* to broadcast; *Botschaft* to transmit **II.** *vi* to be on the air

sen·den² <sandte *o* sendete, gesandt *o* gesendet> ['zɛndn̩] *vt* to send; *Truppen* to despatch; ■ **jdm etw ~** to send sth to sb

Sen·de·pau·se *f* interval; **~ haben** (*fig fam*) to keep silent **Sen·de·platz** *m* TV, RADIO slot

Sen·der <-s, -> ['zɛndɐ] *m* ❶ (*Sendeanstalt*) channel; *Radio* station ❷ (*Sendegerät*) transmitter

Sen·de·raum *m* studio **Sen·de·rei·he** *f* series + *sing vb* **Sen·de·schluss**ᴿᴿ *m* close down **Sen·de·zeit** *f* broadcasting time; **zur besten ~** at prime time

Sen·dung¹ <-, -en> *f* TV, RADIO ❶ (*Ausstrahlung*) broadcasting; *Signal* transmission; **auf ~ gehen/sein** to go/be on the air ❷ (*Rundfunk-, Fernsehsendung*) programme

Sen·dung² <-, -en> *f* ❶ (*Briefsendung*) letter; (*Paketsendung*) parcel; (*Warensendung*) consignment ❷ (*das Senden*) sending *no pl*

Se·ne·gal <-s> ['zeːnegal] *nt kein pl* ❶ (*Fluss*) Senegal [River] ❷ (*Republik Senegal*) Senegal; *s. a.* **Deutschland**

Se·ne·ga·le·se, Se·ne·ga·le·sin <-n, -n> [zenega'leːzə, zenega'leːzɪn] *m, f* Senegalese; *s. a.* **Deutsche(r)**

se·ne·ga·le·sisch [zenega'leːzɪʃ] *adj* Senegalese; *s. a.* **deutsch**

Senf <-[e]s, -e> [zɛnf] *m* mustard ▶ **seinen ~ [zu etw** *dat*] <u>dazugeben</u> (*fam*) to get one's three ha'p'orth in [sth] BRIT, to add one's 2 cents [to sth] AM

Senf·gur·ke *f* gherkin (*pickled with mustard seeds*)

sen·gen ['zɛŋən] **I.** *vt* **etw ~** to singe sth **II.** *vi* to scorch

se·nil [ze'niːl] *adj* senile

se·ni·or ['zeːnio̯ɐ̯] *adj* senior

Se·ni·or <-s, Senioren> ['zeːnio̯ɐ̯, ze'nio̯ːrən] *m meist pl* (*ältere Personen*) senior citizen, OAP BRIT

Se·ni·or·chef(in) [-ʃɛf] *m(f)* senior boss

Se·ni·o·ren·heim *nt* home for the elderly

Sen·ke <-, -n> ['zɛŋkə] *f* depression

sen·ken ['zɛŋkn̩] **I.** *vt* ❶ (*niedriger machen*) to lower; *Fieber* to reduce ❷ (*abwärtsbewegen*) **den Kopf ~** to bow one's head; **die Stimme ~** (*fig*) to lower one's voice **II.** *vr* ❶ (*niedriger werden*) to sink; ■ **sich ~** to drop (**um** by) ❷ (*sich niedersenken*) ■ **sich ~** to lower itself/oneself (**auf** onto)

Senk·fuß *m* MED flat feet *pl* **Senk·gru·be** *f* cesspit

senk·recht ['zɛŋkrɛçt] *adj* vertical

Senk·rech·te <-n, -n> *f dekl wie adj* ❶ MATH perpendicular ❷ (*senkrechte Linie*) vertical line

Senk·recht·star·ter *m* LUFT vertical take-off aircraft

Senk·recht·star·ter(in) *m(f)* (*fig fam*) whizz kid

Sen·kung <-, -en> *f* ❶ *kein pl Preise* reductions; *Löhne* cut; *Steuern* decrease ❷ (*das Senken*) drop, subsidence; *Fieber* subsidence; *Stimme* lowering ❸ GEOL subsidence

Sen·sa·ti·on <-, -en> [zɛnza'tsio̯ːn] *f* sensation

sen·sa·ti·o·nell [zɛnzatsi̯o'nɛl] *adj* sensational

Sen·sa·ti·ons·blatt *nt* (*pej*) sensationalist newspaper **Sen·sa·ti·ons·gier** *f kein pl* sensationalism **Sen·sa·ti·ons·lust** *f* desire for sensation **Sen·sa·ti·ons·ma·che** *f* (*pej*) sensationalism

Sen·se <-, -n> ['zɛnzə] *f* scythe

Sen·sen·mann <-männer> *m* ■ **der ~** the [Grim] Reaper *liter*

sen·si·bel [zɛn'ziːbl̩] *adj* sensitive

Sen·si·bel·chen <-s, -> [zɛn'ziːbl̩çən] *nt* (*fam*) softy

sen·si·bi·li·sie·ren* [zɛnzibili'ziːrən] *vt* (*geh*) ■ **jdn [für etw** *akk*] ~ to make sb aware [of sth]

Sen·si·bi·li·tät <-, -en> [zɛnzibili'tɛːt] *f* sensitivity

Sen·sor <-s, -soren> ['zɛnzoːɐ̯, *pl* -'zoːrən] *m* sensor

sen·ti·men·tal [zɛntimɛn'taːl] *adj* sentimental

Sen·ti·men·ta·li·tät <-, -en> [zɛntimɛntali'tɛːt] *f* sentimentality

se·pa·rat [zepa'raːt] *adj* separate

Se·pa·ra·tis·mus <-> [zepara'tɪsmʊs] *m kein pl* separatism

Se·pa·ra·tist(in) <-en, -en> [zepara'tɪst] *m(f)* separatist

se·pa·ra·tis·tisch adj separatist
Sé·pa·rée <-s, -s> nt, **Sep·a·ree** <-s, -s> [zepaˈreː] nt private room
Sep·tem·ber <-[s], -> [zɛpˈtɛmbɐ] m September; s. a. **Februar**
se·quen·ti·ell [zekvɛnˈtsi̯ɛl] adj s. **sequenziell**
Se·quenz <-, -en> [zeˈkvɛnts] f sequence
se·quen·zi·ell^{RR} [zekvɛnˈtsi̯ɛl] adj INFORM sequential
Se·ra [ˈzeːra] pl von **Serum**
Ser·be, Ser·bin <-n, -n> [ˈzɛrbə, ˈzɛrbɪn] m, f Serb, Serbian; s. a. **Deutsche(r)**
Ser·bi·en <-s> [ˈzɛrbi̯ən] nt Serbia; s. a. **Deutschland**
Ser·bi·en und Mon·te·ne·gro [-mɔntəˈneːgro] nt Union of Serbia and Montenegro
Ser·bin <-, -nen> f fem form von **Serbe**
ser·bisch [ˈzɛrbɪʃ] adj Serbian; s. a. **deutsch**
Ser·bo·kro·a·tisch [zɛrbokroˈaːtɪʃ] nt dekl wie adj Serbo-Croat; s. a. **Deutsche**
Se·ren [ˈzeːrən] pl von **Serum**
Se·re·na·de <-, -n> [zereˈnaːdə] f serenade
Se·rie [ˈzeːri̯ə] f ❶ (Reihe) series + sing vb; **eine ~ von Anschlägen** a series of attacks ❷ ÖKON line; **in ~ gehen** to go into production ❸ MEDIA, TV series + sing vb
se·ri·ell [zeˈri̯ɛl] adj ❶ (als Reihe) series ❷ INFORM serial
Se·ri·en·aus·stat·tung f standard fittings pl
se·ri·en·mä·ßig [ˈzeːri̯ən-] adj ❶ (in Serienfertigung) mass-produced ❷ (bereits eingebaut sein) standard; ■ ~ **sein** to be a standard feature
Se·ri·en·mord [ˈzeːri̯ən-] m meist pl JUR serial killing usu pl **Se·ri·en·num·mer** f serial number **Se·ri·en·pro·duk·ti·on** f mass production **Se·ri·en·schal·tung** f ELEK series connection **Se·ri·en·tä·ter(in)** m(f) repeat offender
se·ri·en·wei·se [ˈzeːri̯ən-] adv in series; ■ **etw ~ herstellen** to mass-produce sth
se·ri·ös [zeˈri̯øːs] I. adj ❶ (gediegen) respectable; (ernst zu nehmen) serious; Absichten honourable ❷ ÖKON (vertrauenswürdig) respectable; Unternehmen reputable II. adv respectably
Ser·pen·ti·ne <-, -n> [zɛrpɛnˈtiːnə] f ❶ (Straße) winding road ❷ (Windung) sharp bend; **in ~n** in winds
Se·rum <-s, Seren o Sera> [ˈzeːrʊm, pl ˈzeːrən, pl ˈzeːra] nt serum
Ser·ver <-s, -> [ˈsœːrvɐ] m INFORM server
Ser·vice¹ <-, -s> [ˈzœrvɪs] m ❶ kein pl (Bedienung) service ❷ TENNIS serve
Ser·vice² <-[s], -> [zɛrˈviːs] nt dinner/coffee service
ser·vie·ren* [zɛrˈviːrən] vt to serve; **was darf ich Ihnen ~?** what can I offer you?
Ser·vier·vor·schlag m KOCHK serving suggestion
Ser·vi·et·te <-, -n> [zɛrˈvi̯ɛtə] f napkin
Ser·vi·et·ten·ring m napkin ring
Ser·vo·brem·se [ˈzɛrvo-] f power-assisted brake **Ser·vo·len·kung** f power steering
ser·vus [ˈzɛrvʊs] interj ÖSTERR, SÜDD (hallo) hi; (tschüs) [good]bye
Se·sam <-s, -s> [ˈzeːzam] m BOT sesame ■ **~ öffne dich** (hum fam) open sesame
Ses·sel <-s, -> [ˈzɛsl̩] m armchair
Ses·sel·lift m chairlift
sess·haft^{RR} adj, **seß·haft**^{ALT} [ˈzɛshaft] adj ❶ (bodenständig) settled ❷ (ansässig) ■ ~ **sein** to be resident; ■ ~ **werden** to settle down
Set <-s, -s> [zɛt] m o nt set
Set·up [ˈsɛtʌp] nt INFORM setup
set·zen [ˈzɛtsn̩] I. vt haben ❶ (platzieren) to put, to place ❷ (festlegen) to set; **eine Frist ~** to set a deadline; **ein Ziel ~** to set a goal ❸ (bringen) **etw in Betrieb ~** to set sth in motion; **jdn auf Diät ~** to put sb on a diet ❹ (pflanzen) to plant ❺ (errichten) [jdm] **ein Denkmal ~** to set up a monument [to sb] ❻ (wetten) **seine Hoffnung in jdn ~** to put one's hopes on sb; **auf ein Pferd ~** to place a bet on a horse; **Geld auf jdn/etw ~** to stake money on sb/sth ❼ TYPO to set ▸ **es setzt was** (fam) there'll be trouble II. vr haben ■ **sich ~** ❶ (sich niederlassen) to sit [down]; **sich ins Auto ~** to get into the car; **bitte – Sie sich doch!** please sit down!; ■ **sich zu jdm ~** to sit next to sb; **wollen Sie sich nicht zu uns ~?** won't you join us? ❷ (sich senken) to settle III. vi ❶ haben (wetten) ■ **auf jdn/etw ~** to bet on sb/sth ❷ sein o haben ■ **über etw** akk **~** (springen) to jump over sth; (überschiffen) to cross sth
Set·zer(in) <-s, -> m(f) typesetter
Set·ze·rei <-, -en> [zɛtsəˈrai] f composing room
Set·ze·rin <-, -nen> f fem form von **Setzer**
Setz·kas·ten m ❶ HORT seed box ❷ TYPO case
Setz·ling <-s, -e> [ˈzɛtslɪŋ] m HORT seedling
Seu·che <-, -n> [ˈzɔyçə] f epidemic
Seu·chen·be·kämp·fung f epidemic control **Seu·chen·ge·biet** nt epidemic zone **Seu·chen·herd** m centre of an epidemic
seuf·zen [ˈzɔyftsn̩] vi to sigh
Seuf·zer <-s, -> m sigh; **einen ~ ausstoßen** to heave a sigh
Sex <-[es]> [zɛks] m kein pl ❶ (Sexualität) sex ❷ (sexuelle Anziehungskraft) sex appeal ❸ (Geschlechtsverkehr) sex
Sex·film m sex film
Se·xis·mus <-> [zɛˈksɪsmʊs] m kein pl sex-

ism *no pl*
se·xis·tisch *adj, adv* sexist
Sex·muf·fel <-s, -> ['zɛks-] *m* (*hum sl*) grump [who is] uninterested in sex **Sex·shop** <-s, -s> [-ʃɔp] *m* sex shop **Sex·sym·bol** *nt* sex symbol
Sex·tant <-en, -en> [zɛks'tant] *m* sextant
Se·zes·si·o·nis·mus <-> [zetsɛsi̯o'nɪsmʊs] *m kein pl* POL secessionism
Se·zier·tisch [ze'tsi:r-] *m* MED autopsy table
Share·ware <-, -s> ['ʃɛːɐ̯vɛːɐ̯] *f* INFORM shareware
Shoo·ting·star <-s, -s> ['ʃuːtɪŋstaːɐ̯] *m* (*fam*) overnight success, whizz-kid
Show·ge·schäft *nt kein pl* show business **Show·mas·ter** <-s, -> [-maːstɐ] *m* compère BRIT
si·a·me·sisch [zi̯a'meːzɪʃ] *adj* Siamese
Si·am·kat·ze *f* Siamese cat
Si·bi·ri·er(in) <-s, -> [zi'biːrɐ] *m(f)* Siberian
Si·bi·ri·en <-s> [zi'biːri̯ən] *nt* Siberia
si·bi·risch [zi'biːrɪʃ] *adj* Siberian
sich [zɪç] *pron refl* ❶ *im akk* oneself; ▪ **er/sie/es ...** ~ he/she/it ... himself/herself/itself; ▪ **Sie ...** ~ you ... yourself/yourselves; ▪ **sie ...** ~ they ... themselves; **er sollte** ~ **da heraushalten** he should keep out of it; **man fragt** ~, **was das soll** one asks oneself what it's all about; ~ **freuen** to be pleased; ~ **gedulden** to be patient; ~ **schämen** to be ashamed of oneself; ~ **wundern** to be surprised ❷ *im dat* one's; ~ **etw einbilden** to imagine sth; ~ **etw kaufen** to buy sth for oneself; **die Katze leckte** ~ **die Pfote** the cat licked its paw ❸ *pl* (*einander*) each other, one another; ~ **lieben** to love each other ❹ *unpersönlich* **hier arbeitet es** ~ **gut** it's good to work here; **das Auto fährt** ~ **prima** the car drives well ❺ *mit prep* **die Schuld bei** ~ **suchen** to blame oneself; **wieder zu** ~ **kommen** (*fam*) to come round; **etw von** ~ **aus tun** to do sth of one's own accord; **er denkt immer nur an** ~ he only ever thinks of himself
Si·chel <-, -n> ['zɪçl̩] *f* ❶ (*Werkzeug*) sickle ❷ (*Gebilde*) crescent
si·cher ['zɪçɐ] **I.** *adj* ❶ (*gewiss*) certain, sure; *Zusage* definite; ▪ ~ **sein** to be certain, to be for sure; ▪ **sich** *dat* ~ **sein, dass ...** to be sure that ...; ▪ **sich** *dat* **einer S.** *gen* ~ **sein** to be sure of sth; **so viel ist** ~ that much is certain ❷ (*ungefährdet*) safe (**vor** from); *Anlage* secure; *Arbeitsplatz* steady; ▪ ~ **ist** ~ you can't be too careful ❸ (*zuverlässig*) reliable; *Methode* foolproof ❹ (*geübt*) competent ❺ (*selbstsicher*) self-assured **II.** *adv* surely; **du hast** ~ **Recht** you are certainly right; **es ist** ~ **nicht das letzte Mal** this is surely not the last time; [**aber**] ~! (*fam*) sure!

si·cher·ge·hen *vi irreg sein* to make sure
Si·cher·heit <-, -en> *f* ❶ *kein pl* (*gesicherter Zustand*) safety; **die öffentliche** ~ public safety; **soziale** ~ social security; **etw in** ~ **bringen** to get sth to safety; **in** ~ **sein** to be safe; **der** ~ **halber** to be on the safe side ❷ *kein pl* (*Gewissheit*) certainty; **mit** ~ for certain ❸ *kein pl* (*Gewandtheit*) competence ❹ (*Kaution*) surety
Si·cher·heits·ab·stand *m* safe distance **Si·cher·heits·be·am·te(r)**, **-be·am·tin** *m, f* security officer **Si·cher·heits·bin·dung** *f* safety binding **Si·cher·heits·gurt** *m* seat belt ▪ **si·cher·heits·hal·ber** *adv* to be on the safe side **Si·cher·heits·ko·pie** *f* INFORM back-up **Si·cher·heits·na·del** *f* safety pin **Si·cher·heits·rat** *m kein pl* security council **Si·cher·heits·schloss**^RR *nt* safety lock **Si·cher·heits·stan·dard** *m* safety standard **Si·cher·heits·sys·tem** *nt* security system, system of security **Si·cher·heits·vor·keh·rung** *f* security precaution
si·cher·lich *adv* surely
si·chern ['zɪçɐn] *vt* ❶ (*schützen*) to safeguard (**gegen** from) ❷ *Schusswaffe* to put on a safety catch; *Tür* to secure ❸ (*absichern*) to protect (**gegen** against); *Bergsteiger, Tatort* to secure; ▪ **gesichert sein** to be protected ❹ (*sicherstellen*) to secure ❺ INFORM to save
si·cher|stel·len *vt* ❶ (*in Gewahrsam nehmen*) to confiscate ❷ (*garantieren*) to guarantee
Si·cher·stel·lung *f* ❶ (*das Sicherstellen*) confiscation ❷ (*das Garantieren*) guarantee
Si·che·rung <-, -en> *f* ❶ (*das Sichern*) securing, safeguarding ❷ ELEK fuse; **die** ~ **ist durchgebrannt** the fuse has blown ❸ (*Schutzvorrichtung*) safety catch ❹ INFORM back-up ▶ **jdm brennt die** ~ **durch** (*fam*) sb blows a fuse
Si·che·rungs·kas·ten *m* fuse box **Si·che·rungs·ko·pie** *f* INFORM back-up [*or* AM dump] copy
Sicht <-, *selten* -en> [zɪçt] *f* ❶ (*Aussicht*) view; **eine gute/schlechte** ~ **haben** to have a good/poor view; **du nimmst mir die** ~ you're blocking my view; **die** ~ **beträgt heute nur 20 Meter** visibility is down to 20 metres today; **auf kurze/mittlere/lange** ~ (*fig*) in the short term /midterm / long term; **in** ~ **sein** to be in sight; **Land in** ~! land ahoy!; **etw ist in** ~ (*fig*) sth is on the horizon ❷ (*Meinung*) [point of] view; **aus jds** ~ from sb's point of view
sicht·bar *adj* (*wahrnehmbar*) visible; (*offensichtlich*) apparent
sich·ten ['zɪçtn̩] *vt* ❶ (*ausmachen*) ▪ **etw** ~ to sight sth; ▪ **jdn** ~ to spot sb *fam* ❷ (*durch-*

sehen) die Akten ~ to look through the files
Sicht·ge·rät nt monitor **Sicht·gren·ze** f limit of visibility **Sicht·hül·le** f clear plastic pocket
sicht·lich adv **~ beeindruckt sein** to be visibly impressed
Sich·tung <-, -en> f ❶ kein pl (das Sichten) sighting ❷ (Durchsicht) sifting
Sicht·ver·hält·nis·se pl visibility no pl; **gute /schlechte ~** good/poor visibility **Sicht·ver·merk** m visa [stamp]; Wechsel endorsement **Sicht·wei·te** f visibility; **außer/in ~ sein** to be out of/in sight; **die ~ beträgt 100 Meter** visibility is 100 metres
si·ckern ['zɪkɐn] vi sein to seep (**aus** from, **durch** through)
Side·board <-s, -s> ['zaɪtbo:ɐt] nt sideboard
sie [zi:] pron pers, 3. pers ❶ <gen ihrer, dat ihr, akk sie> sing she; **~ ist es!** it's her!; (weibliche Sache bezeichnend) it; (Tier bezeichnend) it; (bei weiblichen Haustieren) she ❷ <gen ihrer, dat ihnen, akk sie> pl they
Sie[1] <gen Ihrer, dat Ihnen, akk Sie> [zi:] pron pers, 2. pers sing o pl (förmliche Anrede) you; **könnten ~ mir bitte die Milch reichen?** could you pass me the milk, please?
Sie[2] <-s> [zi:] nt kein pl **jdn mit ~ anreden** to address sb in the "Sie" form
Sie[3] [zi:] f kein pl (fam) ■ **eine ~** a female; **der Hund ist eine ~** the dog is female
Sieb <-[e]s, -e> [zi:p, pl 'zi:bə] nt ❶ (Küchensieb) sieve; (größer) colander; (Kaffeesieb, Teesieb) strainer ❷ (Filtersieb) filter
Sieb·druck m ❶ kein pl (Druckverfahren) [silk-]screen printing ❷ (Druckerzeugnis) [silk-]screen print
sie·ben[1] ['zi:bn̩] adj seven; s. a. **acht**[1]
sie·ben[2] ['zi:bn̩] vt ❶ (durchsieben) to sieve ❷ (fam: aussortieren) to pick and choose
Sie·ben <-, - o -en> ['zi:bn̩] f seven
sie·be·ner·lei ['zi:bənɐ'laɪ] adj attr seven [different]; s. a. **achterlei**
sie·ben·fach, 7·fach[RR] ['zi:bn̩fax] **I.** adj sevenfold; **die ~e Menge** seven times the amount; s. a. **achtfach II.** adv sevenfold, seven times over; s. a. **achtfach**
Sie·ben·ge·bir·ge <-s> ['zi:bn̩ɡəbɪrɡə] nt Siebengebirge (range of hills on the Rhine, near Bonn)
sie·ben·hun·dert ['zi:bn̩'hʊndɐt] adj seven hundred
sie·ben·mal ['zi:bn̩ma:l] adv seven times
Sie·ben·sa·chen ['zi:bn̩zaxn̩] pl (fam) things, stuff **Sie·ben·schlä·fer** m ZOOL fat dormouse
sie·ben·tä·gig, 7-tä·gig[RR] adj seven-day attr
sie·ben·tau·send ['zi:bn̩'taʊznt] adj seven thousand
sieb·te(r, s) ['zi:ptə, 'zi:ptɐ, 'zi:ptəs] adj ❶ (nach dem sechsten kommend) seventh; s. a. **achte(r, s) 1** ❷ (Datum) seventh, 7th; s. a. **achte(r, s) 2**
Sieb·tel <-s, -> ['zi:ptl̩] nt seventh
sieb·tens ['zi:ptn̩s] adv seventhly
sieb·zehn ['zi:ptse:n] adj seventeen; s. a. **acht**[1]
sieb·zehn·te(r, s) adj seventeenth; s. a. **achte(r, s)**
sieb·zig ['zi:ptsɪç] adj seventy; s. a. **achtzig 1, 2**
Sieb·zi·ger·jah·re pl **in den ~n** in the seventies
sieb·zig·jäh·rig, 70-jäh·rig[RR] adj attr ❶ (Alter) seventy-year-old attr; seventy [years old] pred ❷ (Zeitspanne) seventy-year
sieb·zigs·te(r, s) adj seventieth; s. a. **achte(r, s)**
sie·deln ['zi:dl̩n] vi to settle
sie·den <siedete o sott, gesiedet o gesotten> ['zi:dn̩] vi to boil ▶ **~d heiß** (fam) boiling hot
Sie·de·punkt m boiling point
Sied·ler(in) <-s, -> ['zi:dlɐ] m(f) settler
Sied·lung <-, -en> ['zi:dlʊŋ] f ❶ (Wohnhausgruppe) housing estate ❷ (Ansiedlung) settlement
Sieg <-[e]s, -e> [zi:k, pl 'zi:ɡə] m victory (**über** over); **jdn den ~ kosten** to cost sb his/her victory; **um den ~ kämpfen** to fight for victory
Sie·gel <-s, -> ['zi:ɡl̩] nt seal; (privates a.) signet ▶ **unter dem ~ der Verschwiegenheit** under pledge of secrecy
Sie·gel·lack m sealing wax
sie·geln ['zi:ɡl̩n] vt **etw ~** to affix a seal to sth
Sie·gel·ring m signet ring
sie·gen ['zi:ɡn̩] vi to win [sth]; **haushoch ~** to win hands down; **nur knapp ~** to scrape a win
Sie·ger(in) <-s, -> m(f) ❶ MIL victor ❷ SPORT winner; **der zweite ~** the runner-up
Sie·ger·eh·rung f SPORT presentation ceremony
Sie·ge·rin <-, -nen> f fem form von **Sieger**
Sie·ger·po·dest nt winners' rostrum **Sie·ger·po·se** f victory pose **Sie·ger·typ** m [natural] winner, one of life's winners **Sie·ger·ur·kun·de** f SPORT winner's certificate
sie·ges·be·wusst[RR] adj s. **siegessicher**
sie·ges·si·cher adj certain of victory pred; **ein ~es Lächeln** a confident smile **Sie·ges·zug** m MIL triumphal march; (fig: gewaltiger

sieg·reich I. *adj* ❶ MIL victorious ❷ SPORT winning *attr*, successful II. *adv* in triumph

sieh [ziː], **sie·he** ['ziːə] (*geh*) *imp sing von* **sehen**

sie·zen ['ziːtsn̩] *vt* ■ **jdn/sich ~** to address sb/each other in the "Sie" form

Sight·see·ing <-s> ['zajtziːɪŋ] *nt* sightseeing *no art*

Si·gnal <-s, -e> [zɪ'gnaːl] *nt* ❶ (*Zeichen*) signal; **~e aussenden** to transmit signals ❷ BAHN signal; **ein ~ überfahren** to overrun a signal ❸ *pl* (*geh: Ansätze*) signs; **~e setzen** to blaze a trail

si·gna·li·sie·ren* [zɪgnali'ziːrən] *vt* ❶ (*durch Signale übermitteln*) to signal ❷ (*zu verstehen geben*) to give to understand

Si·gnal·lam·pe *f* ❶ (*Taschenlampe*) signalling lamp ❷ BAHN signal lamp **Si·gnal·wir·kung** *f* signal

Si·gna·tur <-, -en> [zɪgna'tuːɐ̯] *f* ❶ (*in der Bibliothek*) shelf mark ❷ (*Kartenzeichen*) symbol ❸ (*Unterschrift*) signature

si·gnie·ren* [zɪ'gniːrən] *vt* to sign; (*bei einer Autogrammstunde*) to autograph; ■ **signiert** signed, autographed

Sil·be <-, -n> ['zɪlbə] *f* syllable; **etw mit keiner ~ erwähnen** not to mention sth at all

Sil·ben·rät·sel *nt* word game in which words are made up from a given list of syllables **Sil·ben·tren·nung** *f* LING syllabification; TYPO hyphenation

Sil·ber <-s> ['zɪlbɐ] *nt kein pl* silver *no pl*

Sil·ber·be·steck *nt* silver cutlery **Sil·ber·blick** *m* (*hum fam*) **einen ~ haben** to have a cast **sil·ber·far·ben**, **sil·ber·far·big** *adj* silver[-coloured] **Sil·ber·ge·halt** *m* silver content **Sil·ber·hoch·zeit** *f* silver wedding **Sil·ber·me·dail·le** *f* silver medal; **die ~ holen** to win a silver [medal]

sil·bern ['zɪlbɐn] *adj* ❶ (*aus Silber bestehend*) silver ❷ (*Farbe*) silver[y]

Sil·ber·streif, **Sil·ber·strei·fen** *m* **ein ~ am Horizont** (*geh*) a ray of hope

silb·rig ['zɪlbrɪç] I. *adj* silver[y] II. *adv* **~ glänzen** to have a silvery lustre

Sil·hou·et·te <-, -n> [zi'lu̯ɛtə] *f* silhouette; *Stadt* skyline

Si·li·kon <-s, -e> [zili'koːn] *nt* silicone

Si·li·zi·um <-s> [zi'liːtsi̯ʊm] *nt kein pl* silicon *no pl*

Si·lo <-s, -s> ['ziːlo] *m* silo

Sil·ves·ter <-s, -> [zɪl'vɛstɐ] *m o nt* New Year's Eve

Sil·ves·ter·fei·er *f* New Year['s Eve] party **Sil·ves·ter·par·ty** *f* New Year's Eve party

Sim·bab·we <-s> [zɪm'bapvə] *nt* Zimbabwe; *s. a.* **Deutschland**

sim·mern ['zɪmɐn] *vi* KOCHK to simmer

sim·pel ['zɪmpl̩] I. *adj* simple II. *adv* simply

Sims <-es, -e> [zɪms] *m o nt* (*Fenster~: innen*) [window]sill; (*Fenster~: außen*) [window] ledge; (*Kamin~*) mantelpiece

sim·sen ['zɪmzən] *vt, vi* TELEK (*fam*) to text, AM *usu* to send a text message

Si·mu·lant(in) <-en, -en> [zimu'lant] *m(f)* malingerer

Si·mu·la·ti·on <-, -en> [zimula'tsi̯oːn] *f* simulation

Si·mu·la·tor <-s, -toren> [zimu'laːtoɐ̯, *pl* -'toːrən] *m* simulator

si·mu·lie·ren* [zimu'liːrən] I. *vi* to malinger II. *vt* ❶ (*vortäuschen*) **eine Krankheit ~** to pretend to be ill ❷ SCI to [computer-]simulate

si·mul·tan [zimʊl'taːn] I. *adj* simultaneous II. *adv* simultaneously, at the same time; **~ dolmetschen** to interpret simultaneously

Si·mul·tan·dol·met·scher(in) *m(f)* simultaneous interpreter

sind [zɪnt] *1. und 3. pers pl von* **sein**

Sin·fo·nie <-, -n> [zɪnfo'niː, *pl* -fo'niːən] *f* symphony

Sin·fo·nie·kon·zert *nt* symphony concert **Sin·fo·nie·or·ches·ter** *nt* symphony orchestra

Sin·ga·pur <-s> ['zɪŋgapuːɐ̯] *nt* Singapore

sin·gen <sang, gesungen> ['zɪŋən] *vi, vt* to sing

Sin·gha·le·se, **Sin·gha·le·sin** <-n, -n> [zɪŋga'leːzə, zɪŋga'leːzɪn] *m, f* Sin[g]halese

Sin·gle¹ <-, -[s]> ['zɪŋl̩] *f* (*Schallplatte*) single

Sin·gle² <-s, -s> ['zɪŋl̩] *m* (*Ledige[r]*) single person

Sin·gle·par·ty *f* singles party

Sing·sang <-s, -s> ['zɪŋzaŋ] *m* [monotonous] singing

Sing·spiel *nt* Singspiel

Sin·gu·lar <-s, -e> ['zɪŋgulaːɐ̯] *m* LING singular

Sing·vo·gel *m* songbird

sin·ken <sank, gesunken> ['zɪŋkn̩] *vi sein* ❶ (*versinken*) to sink; *Schiff* to go down ❷ (*herabsinken*) to descend ❸ (*niedersinken*) to drop, to fall; **ins Bett ~** to fall into bed; **die Hände ~ lassen** to let one's hands fall ❹ (*abnehmen*) to go down, to abate; *Fieber, Preis* to fall ❺ (*schwinden*) to diminish, to decline; *Hoffnung* to sink; **den Mut ~ lassen** to lose courage

Sinn <-[e]s, -e> [zɪn] *m* ❶ *meist pl* (*Organ der Wahrnehmung*) sense; **der sechste ~** the sixth sense; **bist du noch bei ~en?** (*geh*) have you taken leave of your senses?; **von ~en sein** to be out of one's mind ❷ *kein*

pl (*Bedeutung*) meaning; **im wahrsten ~e des Wortes** in the truest sense of the word; **im eigentlichen ~e** literally; **im übertragenen ~e** in the figurative sense; **~ machen** to make sense; **in diesem ~e** in that respect ❸ (*Zweck*) point; **der ~ des Lebens** the meaning of life; **einen bestimmten ~ haben** to have a particular purpose; **es hat keinen ~[, etw zu tun]** there's no point [in doing sth] ❹ *kein pl* (*Verständnis*) **~ für etw** *akk* **haben** to appreciate sth ❺ (*Intention, Gedanke*) inclination; **in jds** *dat* **~ handeln** to act according to sb's wishes; **etw [mit jdm/etw] im ~ haben** to have sth in mind [with sb/sth]; **sich** *dat* **etw aus dem ~ schlagen** (*fam*) to put sth out of one's mind; **jdm in den ~ kommen** to come to sb
Sinn·bild *nt* symbol **sinn·bild·lich** **I.** *adj* symbolic **II.** *adv* symbolically
sin·nen ⟨sann, gesonnen⟩ ['zɪnən] *vi* ■ **auf etw** *akk* **~** think of sth; **auf Rache ~** to plot revenge
sinn·ent·stel·lend *adj* distorting [the meaning *pred*]
Sin·nes·ein·druck *m* sensory impression **Sin·nes·or·gan** *nt* sense organ **Sin·nes·täu·schung** *f* (*Illusion*) illusion; (*Halluzination*) hallucination **Sin·nes·wahr·neh·mung** *f* sensory perception *no pl* **Sin·nes·wan·del** *m* change of heart
sinn·fäl·lig *adj* (*geh: einleuchtend*) meaningful
sinn·ge·mäß **I.** *adj* **eine ~e Wiedergabe einer Rede** an account giving the gist of a speech **II.** *adv* in the general sense; **etw ~ wiedergeben** to give the gist of sth
sin·nie·ren* [zɪ'niːrən] *vi* to brood (**über** over)
sin·nig ['zɪnɪç] *adj* appropriate
sinn·lich **I.** *adj* ❶ (*sexuell*) sexual, carnal form ❷ (*sexuell verlangend*) sensual; (*stärker*) voluptuous ❸ (*gern genießend*) sensuous, sensual ❹ (*die Sinne ansprechend*) sensory, sensorial **II.** *adv* ❶ (*sexuell*) sexually ❷ (*mit den Sinnen*) sensuously
Sinn·lich·keit ⟨-⟩ *f kein pl* sensuality *no pl, no art*
sinn·los *adj* ❶ (*unsinnig*) senseless; Bemühungen futile; Geschwätz meaningless; **das ist doch ~!** that's futile! ❷ (*pej: maßlos*) frenzied; Hass, Wut blind
Sinn·lo·sig·keit ⟨-, -en⟩ *f* senselessness *no pl*, meaninglessness *no pl*, futility *no pl*
sinn·reich ⟨-er, -ste⟩ *adj* ❶ (*zweckmäßig*) useful ❷ (*tiefsinnig*) profound **sinn·ver·wandt** *adj* synonymous **sinn·voll** **I.** *adj* ❶ (*zweckmäßig*) practical, appropriate ❷ (*Erfüllung bietend*) meaningful ❸ (*eine Bedeutung habend*) meaningful, coherent **II.** *adv* sensibly **sinn·wid·rig** *adj* nonsensical
Sint·flut ['zɪntfluːt] *f* ■ **die ~** the Flood ▶ **nach mir die ~** (*fam*) who cares when I'm gone?
Sin·ti ['zɪnti] *pl* Manush, Sinti
Sip·pe ⟨-, -n⟩ ['zɪpə] *f* ❶ SOZIOL [extended] family ❷ (*hum fam: Verwandtschaft*) relations *pl*, clan
Sipp·schaft ⟨-, -en⟩ *f* (*pej fam*) clan, relatives *pl*
Si·re·ne ⟨-, -n⟩ [zi'reːnə] *f* siren
Si·re·nen·ge·heul *nt* wail of a siren
sir·ren ['zɪrən] *vi* to buzz
Si·rup ⟨-s, -e⟩ ['ziːrʊp] *m* syrup, treacle, molasses + *sing vb* AM
Sit·te ⟨-, -n⟩ ['zɪtə] *f* ❶ (*Gepflogenheit*) custom; **es ist bei uns ~, ...** it is our custom ...; **nach alter ~** traditionally ❷ *meist pl* (*Manieren*) manners *npl*; (*moralische Normen*) moral standards *pl* ▶ **andere Länder, andere ~n** other countries, other customs
Sit·ten·leh·re *f* ethics + *sing vb* **sit·ten·los** ⟨-er, -este⟩ *adj* immoral **Sit·ten·strolch** *m* (*pej veraltend*) sex fiend **Sit·ten·ver·fall** *m kein pl* decline in moral standards **Sit·ten·wäch·ter(in)** *m(f)* (*pej*) [self-appointed] guardian of public morals **sit·ten·wid·rig** *adj* immoral
sitt·lich *adj* moral
Sitt·lich·keit ⟨-⟩ *f kein pl* (*veraltend*) morality
Sitt·lich·keits·ver·bre·chen *nt* sex crime
Si·tu·a·ti·on ⟨-, -en⟩ [zitua'tsi̯oːn] *f* situation; (*persönlich a.*) position
si·tu·ie·ren* [zitu'iːrən] **I.** *vt bes* SCHWEIZ (*platzieren*) to situate **II.** *vr* ■ **sich situieren** to orientate oneself
Sitz ⟨-es, -e⟩ [zɪts] *m* ❶ (*~ gelegenheit*) seat ❷ (*Amts~*) seat; Verwaltung headquarters + *sing/pl vb*; Unternehmen head office; Universität seat; (*Hauptniederlassung*) principal establishment
Sitz·bad *nt* hipbath **Sitz·bank** *f* bench **Sitz·blo·cka·de** *f* sit-in **Sitz·ecke** *f* seating corner
sit·zen ⟨saß, gesessen⟩ ['zɪtsn̩] *vi* haben *o* SÜDD, ÖSTERR, SCHWEIZ *sein* ❶ (*sich gesetzt haben*) to sit; **gut ~** to be comfortable; ■ **das S~** sitting; **im S~** when seated, sitting down; **[bitte] bleib/bleiben Sie ~!** [please] don't get up ❷ (*beschäftigt sein*) ■ **an etw** *dat* **~** to sit over sth; **er sitzt im Vorstand** he has a seat on the management board ❸ (*fam: inhaftiert sein*) to do time ❹ (*seinen Sitz haben*) to have its headquarters ❺ (*befestigt sein*) to be [installed]; **locker/schief ~** to be loose/lopsided ❻ (*Passform haben*) to sit ❼ (*tref-*

fen) to hit home ❸ SCH ~ **bleiben** (*fam*) to repeat a year ❹ (*nicht absetzen können*) **auf etw** *dat* ~ **bleiben** to be left with sth ▸ **einen ~ haben** (*fam*) to have had one too many; **jdn ~ lassen** (*fam: im Stich lassen*) to leave sb in the lurch; (*versetzen*) to stand sb up; (*nicht heiraten*) to jilt sb; **etw nicht auf sich** *dat* **~ lassen** not to take sth

Sitz·ge·le·gen·heit *f* seats *pl*, seating [accommodation] **Sitz·ord·nung** *f* seating plan **Sitz·platz** *m* seat **Sitz·rei·he** *f* row [of seats]; (*in Theater*) tier **Sitz·streik** *m* sit-in

Sit·zung <-, -en> *f* ❶ (*Konferenz*) meeting; (*im Parlament*) [parliamentary] session ❷ (*Behandlung*) visit

Sit·zungs·saal *m* conference hall

Sitz·ver·tei·lung *f* POL distribution of seats **Sitz·wür·fel** *m* cube footstool, AM *a.* ottoman

Six·pack <-s, -s> ['zɪkspɛk] *m* six-pack

Si·zi·li·a·ner(in) <-s, -> [zitsi'liaːnɐ] *m(f)* Sicilian; *s. a.* **Deutsche(r)**

Si·zi·li·en <-s> [zi'tsiːliən] *nt* Sicily; *s. a.* **Deutschland**

Ska·la <-, Skalen *o* -s> ['skaːla, *pl* 'skaːlən] *f* ❶ (*Maßeinteilung*) scale ❷ (*Palette*) range

Skalp <-s, -e> [skalp] *m* scalp

Skal·pell <-s, -e> [skal'pɛl] *nt* scalpel

skal·pie·ren* [skal'piːrən] *vt* to scalp

Skan·dal <-s, -e> [skan'daːl] *m* scandal; **einen ~ machen** (*fam*) to kick up a fuss

skan·da·lös [skanda'løːs] **I.** *adj* scandalous, outrageous **II.** *adv* outrageously, shockingly

skan·dal·um·wit·tert *adj* surrounded by scandal

Skan·di·na·vi·en <-s> [skandi'naːviən] *nt* Scandinavia

Skan·di·na·vi·er(in) <-s, -> [skandi'naːviɐ] *m(f)* Scandinavian

skan·di·na·visch [skandi'naːvɪʃ] *adj* Scandinavian

Skat <-[e]s, -e> [skaːt] *m* KARTEN skat

Skate·board <-s, -s> ['skeːtbɔːɐ̯t] *nt* skateboard; **~ fahren** to skateboard

ska·ten ['skeːtn̩] *vi* (*fam*) to blade

Skat·spiel *nt* pack of skat cards

Ske·lett <-[e]s, -e> [skeˈlɛt] *nt* skeleton

Skep·sis <-> ['skɛpsɪs] *f kein pl* scepticism; **etw** *dat* **mit ~ begegnen** to be very sceptical about sth

skep·tisch ['skɛptɪʃ] **I.** *adj* sceptical **II.** *adv* sceptically

Skep·ti·zis·mus <-> [skɛpti'tsɪsmʊs] *m kein pl* scepticism *no pl*

Sketch <-[e]s, -e[s]> [skɛtʃ], **Sketsch**[RR] <-[es], -e[s]> [skɛtʃ] *m* sketch

Ski <-s, - *o* -er> [ʃiː, 'ʃiːɐ] *m* ski; **~ laufen** to ski

Ski·an·zug *m* ski suit

Ski·er ['ʃiːɐ] *pl von* **Ski**

Ski·fah·rer(in) *m(f)* skier **Ski·ho·se** *f* ski pants *pl* **Ski·läu·fer(in)** *m(f)* skier **Ski·leh·rer(in)** *m(f)* ski instructor **Ski·lift** *m* ski lift

Skin·head <-s, -s> ['skɪnhɛt] *m* skinhead

Ski·pis·te *f* ski run **Ski·sprin·gen** *nt kein pl* ski jumping *no pl, no art* **Ski·sprin·ger(in)** *m(f)* ski jumper **Ski·stie·fel** *m* ski boot **Ski·stock** *m* ski stick

Skiz·ze <-, -n> ['skɪtsə] *f* sketch

skiz·zen·haft I. *adj* ❶ (*einer Skizze ähnelnd*) roughly sketched ❷ (*in Form einer Skizze*) rough **II.** *adv* **~ beschreiben/zeichnen** to give a rough description of sth/ to sketch sth roughly

skiz·zie·ren* [skɪ'tsiːrən] *vt* ❶ (*umreißen*) to outline; **etw knapp ~** to give the bare bones of sth ❷ (*als Skizze darstellen*) to sketch

Skla·ve, Skla·vin <-n, -n> ['sklaːvə, 'sklaːvɪn] *m, f* slave

Skla·ven·hal·ter(in) *m(f)* slave keeper **Skla·ven·han·del** *m kein pl* slave trade *no pl*

Skla·ve·rei <-, -en> [sklaːvəˈraɪ̯] *f* slavery *no art*

skla·vin <-, -nen> *f fem form von* **Sklave**

skla·visch ['sklaːvɪʃ] (*pej*) **I.** *adj* slavish, servile **II.** *adv* slavishly, with servility

Skle·ro·se <-, -n> [skleˈroːzə] *f* sclerosis; **multiple ~** multiple sclerosis

Skon·to <-s, -s *o* Skonti> ['skɔnto, *pl* 'skɔnti] *nt o m* [cash] discount

Skor·pi·on <-s, -e> [skɔrˈpi̯oːn] *m* ❶ ZOOL scorpion ❷ ASTROL Scorpio

Skript <-[e]s, -en> [skrɪpt] *nt* ❶ SCH lecture notes *pl* ❷ (*schriftliche Vorlage*) transcript ❸ FILM [film] script

Skru·pel <-s, -> ['skruːpl̩] *m meist pl* scruple, qualms *pl;* **[keine] ~ haben, etw zu tun** to have [no] qualms about doing sth

skru·pel·los (*pej*) **I.** *adj* unscrupulous **II.** *adv* without scruple

Skru·pel·lo·sig·keit <-> *f kein pl* (*pej*) unscrupulousness

Skulp·tur <-, -en> [skʊlp'tuːɐ̯] *f* sculpture

skur·ril [skʊˈriːl] *adj* bizarre

Sky·sur·fing[RR], **Sky Sur·fing** ['skaɪ̯zœːɐ̯fɪŋ] *nt* sky surfing

Sla·lom <-s, -s> ['slaːlɔm] *m* slalom; **~ fahren** to career [from side to side]

Slang <-s> [slɛŋ] *m kein pl* ❶ (*Umgangssprache*) slang *no art* ❷ (*Fachjargon*) jargon

Sla·we, Sla·win <-n, -n> ['slaːvə, 'slaːvɪn] *m, f* Slav; *s. a.* **Deutsche(r)**

sla·wisch ['slaːvɪʃ] *adj* Slav[on]ic; *s. a.* **deutsch**

Sla·wis·tik <-> [sla'vɪstɪk] *f kein pl* Slavonic

Slip <-s, -s> [slɪp] *m* panties *pl*
Slip·ein·la·ge *f* panty liner
Slo·gan <-s, -s> ['slo:gn̩] *m* slogan
Slo·wa·ke, Slo·wa·kin <-n, -n> [slo'va:kə, slo'va:kɪn] *m, f* Slovak; *s. a.* **Deutsche(r)**
Slo·wa·kei <-> [slova'kaɪ] *f* ■ **die ~** Slovakia; *s. a.* **Deutschland**
Slo·wa·kin <-, -nen> *f fem form von* **Slowake**
slo·wa·kisch [slo'va:kɪʃ] *adj* Slovak[ian]; *s. a.* **deutsch**
Slo·we·ne, Slo·we·nin <-n, -n> [slo've:nə, slo've:nɪn] *m, f* Slovene; *s. a.* **Deutsche(r)**
Slo·we·ni·en <-s> [slo've:niən] *nt* Slovenia; *s. a.* **Deutschland**
Slo·we·nin <-, -nen> *f fem form von* **Slowene**
slo·we·nisch [slo've:nɪʃ] *adj* Slovenian, Slovene; *s. a.* **deutsch**
Slum <-s, -s> [slam] *m* slum
Small·talkʀʀ, **Small Talk**ʀʀ, **Small tal·k**ᴬᴸᵀ <-> ['smɔ:lto:k] *m* kein *pl (geh)* small talk *no pl*
Sma·ragd <-[e]s, -e> [sma'rakt] *m* emerald
sma·ragd·grün I. *adj* emerald [green]
II. *adv* like emerald
Smi·ley <-s, -s> ['smaɪli] *m* smiley
Smog <-[s], -s> [smɔk] *m* smog
Smog·alarm *m* smog alert
Smo·king <-s, -s> ['smo:kɪŋ] *m* dinner jacket, tuxedo ᴀᴍ
SMS <-, -> [ɛsʔɛm'ɛs] *f* ᴍᴇᴅɪᴀ, ᴛᴇʟᴇᴋ *Abk von* **Short Message Service** text [message]
Snob <-s, -s> [snɔp] *m* snob
sno·bis·tisch [sno'bɪstɪʃ] *adj* snobby, snobbish
Snow·board <-s, -s> ['snoʊ:bo:ɐ̯t] *nt* snowboard
so [zo:] **I.** *adv* ❶ *mit adj und adv (derart)* so; **~ viel** as much; **~ viel wie** as much as; **~ viel wie etw sein** to amount to sth; **das ist ~ weit richtig, aber ...** on the whole that is right, but ...; **~ weit sein** *(fam)* to be ready; **~ weit das Auge reicht** as far as the eye can see; **~ wenig wie möglich** as little as possible; **es ist ~, wie du sagst** it is [just] as you say ❷ *mit vb (derart)* **sie hat sich darauf so gefreut** she was so looking forward to it; **ich habe mich ~ über ihn geärgert!** I was so angry with him; **~ sehr, dass ...** to such a degree that ... ❸ *(auf diese Weise)* [just] like this/that, this/that way, thus *form;* **musst du es machen** this is how you must do it; **es ist besser ~** it's better that way; **~ ist das nun mal** that's the way things are; **~ ist es** that's right; **~, als ob ...** as if ...; **~ oder ~** either way, in the end; **und ~ wei·ter [und ~ fort]** et cetera[, et cetera]; **~ ge·nannt** so-called ❹ *(solch)* ■ **~ ein(e) ...** such a/an ...; **~ etwas** such a thing; **~ etwas sagt man nicht** you shouldn't say such things ❺ *(fam: etwa)* **wir treffen uns ~ gegen 7 Uhr** we'll meet at about 7 o'clock ❻ *(fam)* **und/oder ~** or so; **ich fahre um 5 oder ~** I'm away at 5 or so ❼ *(fam: umsonst)* for nothing **II.** *konj* ❶ *(konsekutiv)* ■ **~ dass**, ■ **sodass** ÖSTERR so that ❷ *(obwohl)* **~ leid es mir auch tut** as sorry as I am **III.** *interj* ❶ *(also)* so, right; **~, jetzt gehen wir ...** right, let's go and ... ❷ *(ätsch)* so there! ❸ *(ach)* **~, ~! ** *(fam)* [what] you don't say! *a. iron*
s.o. *Abk von* **siehe oben** see above
so·bald [zo'balt] *konj* as soon as
So·cke <-, -n> ['zɔkə] *f* sock ▶ **sich auf die ~n machen** *(fam)* to get a move on; **von den ~n sein** *(fam)* to be flabbergasted
So·ckel <-s, -> ['zɔkl̩] *m* ❶ *(Pedestal)* plinth, pedestal ❷ *(von Gebäude)* plinth, base course ᴀᴍ ❸ *(Schraubteil)* holder
So·da <-s> ['zo:da] *nt kein pl* ❶ ᴄʜᴇᴍ soda ❷ *(Sodawasser)* soda [water]
so·dassʀʀ [zo'das] *konj* ÖSTERR *(so)* so that
So·da·was·ser *nt* soda [water]
Sod·bren·nen [zo:t-] *nt* heartburn
So·do·mie <-> [zodo'mi:] *f kein pl* sodomy *no pl, no art*
so·e·ben [zo'ʔe:bn̩] *adv (geh)* **er hat ~ das Haus verlassen** he has just left the building
So·fa <-s, -s> ['zo:fa] *nt* sofa
So·fa·kis·sen *nt* sofa cushion
so·fern [zo'fɛrn] *konj* if, provided that
soff [zɔf] *imp von* **saufen**
so·fort [zo'fɔrt] *adv* immediately, at once, [right] now, this instant
So·fort·bild·ka·me·ra *f* instant camera
so·for·tig [zo'fɔrtɪç] *adj* immediate; **mit ~er Wirkung** immediately effective
So·fort·maß·nah·me *f* immediate measure; **~n ergreifen** to take immediate action
Soft·drink <-s, -s> ['zɔft-] *m* soft drink
Sof·tie <-s, -s> ['zɔfti] *m* softie
Soft·por·no ['zɔft-] *m* soft[-core] porn [film]
Soft·ware <-, -s> ['zɔftvɛːɐ̯] *f* software
Soft·ware·ent·wick·ler, -ent·wick·le·rin ['zɔftvɛːɐ̯-] *m, f* ɪɴꜰᴏʀᴍ software developer
Soft·ware·pa·ket ['zɔftvɛːɐ̯-] *nt* software package
sog [zo:k] *imp von* **saugen**
sog. *adj Abk von* **so genannt** so-called
Sog <-[e]s, -e> [zo:k] *m* suction
so·gar [zo'ga:ɐ̯] *adv* even; **~ mein Bruder kam** even my brother came
so·gleich [zo'glaɪç] *adv (geh) s.* **sofort**
Soh·le <-, -n> ['zo:lə] *f* sole ▶ **auf leisen ~n** noiselessly

Sohn <-[e]s, Söhne> [zo:n, *pl* 'zø:nə] *m* son
So·ja <-s, -jen> ['zo:ja, *pl* 'zo:jən] *meist sing* f soy *no pl*
So·ja·boh·ne *f* soybean **So·ja·öl** *nt* soy oil **So·ja·so·ße** *f* soy sauce **So·ja·spross**^RR *m* [soya] bean sprout
so·lang [zo'laŋ] *konj,* **so·lan·ge** [zo'laŋ(ə)] *konj* as long as
so·lar [zo'la:ɐ̯] *adj* solar
So·lar·ener·gie *f* solar energy
So·la·ri·um <-s, -ien> [zo'la:riʊm, *pl* -'la:riən] *nt* solarium
So·lar·kraft·werk *nt* solar power station
So·lar·tech·nik *f* solar [cell] technology
So·lar·zel·le *f* solar cell
solch [zɔlç] *adj* such; ~ **ein Mann** such a man
sọl·che(r, s) *adj* ❶ *attr* such; ~ **Frauen** such women, women like that; **sie hatte ~ Angst ...** she was so afraid ... ❷ *substantivisch* (~ *Menschen*) such people, people like that; *(ein ~ r Mensch)* such a person, a person like this/that; ~ **wie wir** people like us; **als ~(r, s)** as such, in itself; **der Mensch als ~ r** man as such; **es gibt ~ und ~ Kunden** there are customers and customers
sol·cher·lei ['zɔlçɐ'laɪ] *adj attr* such; ~ **Dinge** such things, things like that
Sold <-[e]s> [zɔlt] *m kein pl* MIL pay
Sol·dat(in) <-en, -en> [zɔl'da:t] *m(f)* soldier
Söld·ner(in) <-s, -> ['zœldnɐ] *m(f)* mercenary
So·li ['zo:li] *pl von* **Solo**
so·lid [zo'li:t] I. *adj* ❶ *(haltbar, fest)* solid; *Kleidung* durable ❷ *(fundiert)* sound, thorough ❸ *(untadelig)* respectable, steady-going ❹ *(finanzkräftig)* solid, sound, well-established *attr;* (*zuverlässig, seriös*) sound II. *adv* ❶ *(haltbar, fest)* solidly ❷ *(untadelig)* respectably
So·li·dar·bei·trag [zoli'da:ɐ̯-] *m* contribution to social security
so·li·da·risch [zoli'da:rɪʃ] I. *adj* **eine ~ Haltung** an attitude of solidarity; **sich [mit jdm/etw] ~ erklären** to declare one's solidarity [with sb/sth] II. *adv* in solidarity; **sich ~ verhalten** to show one's solidarity
so·li·da·ri·sie·ren* [zolidari'zi:rən] *vr* ■**sich ~** to show [one's] solidarity (**mit** with)
So·li·da·ri·tät <-> [zolidari'tɛ:t] *f kein pl* solidarity; **aus ~** out of solidarity
So·li·da·ri·täts·zu·schlag *m* POL surcharge on income tax to finance the economic rehabilitation of former East Germany
so·li·de [zo'li:də] *adj, adv s.* **solid**
So·list(in) <-en, -en> [zo'lɪst] *m(f)* MUS soloist
Soll <-[s], -[s]> [zɔl] *nt* ❶ (~ *seite*) debit side;

~ **und Haben** debit and credit ❷ *(Produktionsnorm)* target; **sein ~ erfüllen** to reach one's target
sol·len ['zɔlən] I. *vb aux* <sollte, sollen> ❶ *(etw zu tun haben)* **du sollst herkommen, habe ich gesagt!** I said [you should] come here!; **man hat mir gesagt, ich soll Sie fragen** I was told to ask you; **du sollst morgen anrufen** you're to give her/him a ring tomorrow; **was ~ wir machen?** what shall we do? ❷ *konditional (falls)* **sollte das passieren, ...** should that happen ... ❸ *konjunktivisch (eigentlich müssen)* **du sollst dich schämen!** you should be ashamed [of yourself]; **was hätte ich tun ~?** what should I have done?; **das solltest du unbedingt sehen** you have to see this; **so soll es sein** that's how it ought to be ❹ *(angeblich sein)* ■ *etw sein/tun* ~ to be supposed to be/do sth; **er soll sehr reich sein** he is said to be very rich; **was soll das heißen?** what's that supposed to mean? ❺ *(dürfen)* **du hättest das nicht tun ~** you should not have done that ❻ *in der Vergangenheit* **es sollte ganz anders kommen** things were to turn out quite differently; **es hat nicht sein ~** it wasn't to be II. *vi* <sollte, gesollt> ❶ *(eine Anweisung befolgen)* **soll er reinkommen? — ja, er soll** should he come in? — yes, he should ❷ *(müssen)* **du sollst sofort nach Hause** you should go home at once ❸ *(bedeuten)* **was soll der Blödsinn?** *(fam)* what's all this nonsense about?; **was soll das?** *(fam)* what's that supposed to mean?; **was soll's?** *(fam)* who cares?
Sọll·sei·te *f* ÖKON debit side
So·lo <-s, Soli> ['zo:lo, *pl* 'zo:li] *nt* MUS solo
So·ma·lia <-> [zo'ma:lia] *nt* Somalia; *s. a.* **Deutschland**
So·ma·li·er(in) <-s, -> *m(f)* Somali; *s. a.* **Deutsche(r)**
so·ma·lisch *adj* Somali; *s. a.* **deutsch**
so·mit [zo'mɪt] *adv* therefore, hence *form*
Som·mer <-s, -> ['zɔmɐ] *m* summer; **im nächsten ~** next summer
Som·mer·fe·ri·en *pl* summer holidays *pl* [*or* AM vacation] **Som·mer·klei·dung** *f* summer clothing
sọm·mer·lich I. *adj* summer *attr;* **~ es Wetter** summer[-like] weather II. *adv* like in summer; **sich ~ kleiden** to wear summer clothes
Som·mer·loch *nt* POL *(sl)* silly season BRIT
Sọm·mer·pau·se *f* POL summer recess
Sọm·mer·rei·fen *m* normal tyre **Sọm·mer·schluss·ver·kauf**^RR *m* summer sale[s *pl*] **Sọm·mer·se·mes·ter** *nt* summer semester, ≈ summer term BRIT **Sọmm-**

er·spros·se f meist pl freckle **Som·mer·ur·laub** <-(e)s, -e> m summer holiday **Som·mer·zeit** f summertime

So·na·te <-, -n> [zoˈnaːtə] f sonata

Son·de <-, -n> [ˈzɔndə] f ① MED (Schlauch~) tube; (Operations~) probe ② (Raum~) probe

Son·der·an·ge·bot nt special offer; **etw im ~ haben** to have sth on special offer **Son·der·aus·ga·be** f ① MEDIA special edition ② kein pl ÖKON additional expenses pl

son·der·bar [ˈzɔndɐbaːɐ̯] I. adj peculiar, strange, odd II. adv strangely

Son·der·er·mitt·ler m special envoy **Son·der·fall** m special case **Son·der·ge·neh·mi·gung** f special authorization no art; **eine ~ haben** to have special authorization

son·der·glei·chen [ˈzɔndɐˈglaɪçn̩] adj **eine Frechheit ~** the height of cheek BRIT

son·der·lich [ˈzɔndɐlɪç] I. adj ① attr (besonders) particular ② (seltsam) strange, peculiar, odd II. adv particularly; **nicht ~ begeistert** not particularly enthusiastic

Son·der·ling <-s, -e> [ˈzɔndɐlɪŋ] m queer bird BRIT, oddball

Son·der·mar·ke f special stamp **Son·der·müll** m hazardous waste

son·dern [ˈzɔndɐn] konj but; **nicht sie war es, ~ er** it wasn't her, but him

Son·der·preis m special [reduced] price **Son·der·recht** nt [special] privilege **Son·der·re·ge·lung** f special provision

Son·der·schu·le f special school; (für geistig Behinderte a.) school for the mentally disabled **Son·der·schul·leh·rer(in)** m(f) teacher at a special school/a school for the mentally handicapped

Son·der·stel·lung f special position **Son·der·zug** m special train

son·die·ren* [zɔnˈdiːrən] vt (erkunden) to sound out sep; MED to probe

So·nett <-[e]s, -e> [zoˈnɛt] nt sonnet

Song <-s, -s> [zɔŋ] m song

Sonn·abend [ˈzɔnʔaːbn̩t] m DIAL (Samstag) Saturday

sonn·abends adv DIAL (samstags) on Saturday[s]

Son·ne <-, -n> [ˈzɔnə] f ① kein pl sun; **die ~ geht auf/unter** the sun rises/sets ② (Stern) star; (mit Planeten a.) sun

son·nen [ˈzɔnən] vr ① (sonnenbaden) ■ sich akk ~ to sun oneself, to sunbathe ② (genießen) ■ sich in etw dat ~ to bask in sth

Son·nen·auf·gang m sunrise, sunup AM **Son·nen·bad** nt sunbathing no art, no pl; **ein ~ nehmen** to sunbathe **Son·nen·blu·me** f sunflower **Son·nen·brand** m sunburn no art; **einen ~ bekommen** to get sunburnt **Son·nen·bril·le** f sunglasses npl, shades npl **Sonn·en·creme** f suncream **Son·nen·dach** nt ① (Sonnenschutz) awning ② AUTO (veraltend) sunroof **Son·nen·ein·strah·lung** f insolation **Son·nen·ener·gie** f solar energy **Son·nen·fins·ter·nis** f solar eclipse **son·nen·klar** [ˈzɔnənˈklaːɐ̯] adj (fam) crystal-clear, clear as daylight pred **Son·nen·kol·lek·tor** m solar panel **Son·nen·kraft·werk** nt solar power station **Son·nen·licht** nt kein pl sunlight no pl **Son·nen·milch** f suntan lotion **Son·nen·öl** nt suntan oil **Son·nen·schein** m sunshine; **bei strahlendem ~** in brilliant sunshine **Son·nen·schirm** m sunshade; (tragbar) parasol **Son·nen·sei·te** f side facing the sun, sunny side **Son·nen·stich** m sunstroke no art; **einen ~ haben** to have sunstroke **Son·nen·strahl** m sunbeam **Son·nen·sys·tem** nt solar system **Son·nen·uhr** f sundial **Son·nen·un·ter·gang** m sunset, sundown AM **Son·nen·wen·de** f solstice

son·nig [ˈzɔnɪç] adj sunny

Sonn·tag [ˈzɔntaːk] m Sunday; s. a. **Dienstag**

sonn·täg·lich adj [regular] Sunday attr

Sonn·tag·nach·mit·tagʀʀ m Sunday afternoon; s. a. **Dienstag**

sonn·tags adv on Sundays, on a Sunday **Sonn·tags·ar·beit** f Sunday working **Sonn·tags·dienst** m (von Polizist) Sunday duty; (von Apotheker) opening on Sundays no art **Sonn·tags·red·ner(in)** m(f) SOZIOL, POL (pej) speechifier hum

sonst [zɔnst] adv ① (andernfalls) or [else], otherwise ② (gewöhnlich) usually; **du hast doch ~ keine Bedenken** you don't usually have any doubts; **kälter als ~** colder than usual ③ (früher) before; **fuhr er ~ nicht immer einen anderen Wagen?** didn't he always drive a different car before? ④ (außerdem) **wer war ~ anwesend?** who else was present?; **~ noch Fragen?** any more questions?; ■ **~ noch etwas** something else; ■ **~ keine(r/s)** nothing/nobody else; **~ nichts** nothing else; **~ was** whatever

sons·tig [ˈzɔnstɪç] adj attr ① (weitere[s]) [all/any] other; **„S~es"** "other" ② (anderweitig) **und wie sind ihre ~en Leistungen?** and how is her performance otherwise?

so·oft [zoˈʔɔft] konj whenever

So·pran <-s, -e> [zoˈpraːn] m kein pl soprano

Sor·bet <-s, -s> [ˈzɔrbɛt, zɔrˈbeː] m o nt, **Sorbett** <-[e]s, -e> [zɔrˈbɛt] m o nt sherbe[r]t

Sor·ge <-, -n> [ˈzɔrgə] f worry (um for); **das**

sorgen–Sozialarbeiter

ist meine geringste ~ that's the least of my worries; **eine große** ~ a serious worry; **~n haben** to have problems; **jdm ~n machen** to cause sb a lot of worry; **es macht jdm ~n, dass ...** it worries sb that ...; **wir haben uns solche ~n gemacht!** we were so worried; **machen Sie sich deswegen keine ~n!** don't worry about that; **mit ~** with concern; **lassen Sie das meine ~ sein!** let me worry about that; **keine ~!** (fam) don't [you] worry; **eine ~ weniger** one less thing to worry about

sor·gen ['zɔrgn̩] I. vi ① (sich kümmern) ■ **für jdn** ~ to provide for sb, to look after sb ② (besorgen) **für etw** akk ~ to get sth; **für gute Stimmung/die Musik** ~ to create a good atmosphere/attend to the music; ■ **dafür** ~, **dass ...** to see to it that; **dafür ist gesorgt** that's taken care of ③ (bewirken) **für Aufsehen** ~ to cause a sensation II. vr ■ **sich um jdn/etw** ~ to be worried about sb/sth

sor·gen·frei I. adj carefree, free of care pred II. adv free of care **Sor·gen·kind** nt problem child **sor·gen·voll** I. adj ① (besorgt) worried ② (viele Probleme bietend) full of worries pred II. adv worriedly, anxiously

Sor·ge·recht nt kein pl custody

Sorg·falt <-> ['zɔrkfalt] f kein pl care

sorg·fäl·tig I. adj careful II. adv carefully, with care

sorg·los ['zɔrklo:s] I. adj ① (achtlos) careless ② s. **sorgenfrei** II. adv ① (achtlos) carelessly ② (sorgenfrei) free of care

Sorg·lo·sig·keit <-> f kein pl carelessness; (ohne Sorge) carefreeness

sorg·sam ['zɔrkza:m] adj s. **sorgfältig**

Sor·te <-, -n> ['zɔrtə] f ① (Art) kind, variety ② (Marke) brand

sor·tie·ren [zɔr'ti:rən] vt ① (ordnen) **etw** [nach Farbe] ~ to sort sth [according to colour]; **etw** [alphabetisch] ~ to arrange sth in alphabetical order ② (einordnen) **Dias in einen Kasten** ~ to sort slides and place them in a box

Sor·ti·ment <-[e]s, -e> [zɔrti'mɛnt] nt range [of goods]

SOS <-, -> [ɛsʔo:'ʔɛs] nt Abk von **save our souls** SOS; ~ **funken** to put out an SOS

so·sehr [zo'ze:ɐ] konj ■ ~ **... [... auch]** however much ..., no matter how much ...

So·ße <-, -n> ['zo:sə] f sauce; (Braten~) gravy

So·ßen·löf·fel m sauce spoon

sott [zɔt] (veraltend) imp von **sieden**

Souf·flé, **Souf·flee**^{RR} <-s, -s> [zu'fle:] nt KOCHK soufflé

Souf·leur <-s, -e> [zu'flø:ɐ] m, **Souf·leu·se** <-, -n> [zu'flø:zə] f THEAT prompter

souf·flie·ren* [zu'fli:rən] vi THEAT to prompt

Sound <-s, -s> [zaʊnt] m MUS sound

Sound·kar·te ['zaʊnt-] f INFORM sound board

so·und·so ['zo:ʔʊntso:] I. adv (fam) such and such; ~ **breit/groß** of such and such a width/size; ~ **viele** so and so many II. adj so-and-so; **auf Seite** ~ on page so-and-so

so·und·so·viel·te(r, s) ['zo:ʔʊntso'fi:ltə, -'fi:ltɐ, -'fi:ltəs] adj (fam) such and such; **am ~n August** on such and such a date in August

Sou·ter·rain <-s, -s> [sutɛ'rɛ̃:, 'zu:terɛ̃] nt basement

Sou·ve·nir <-s, -s> [zuvə'ni:ɐ] nt souvenir

Sou·ve·nir·la·den m souvenir shop

sou·ve·rän [zuvə'rɛ:n] I. adj ① (unabhängig) sovereign attr ② (überlegen) superior II. adv with superior ease; **etw** ~ **machen** to do sth with consummate ease

Sou·ve·rä·ni·tät <-> [zuvərɛni'tɛːt] f kein pl sovereignty no pl; (Überlegenheit) superior ease

so·viel [zo'fi:l] konj as far as; ~ **ich weiß** as far as I know; ~ **ich auch trinke ...** no matter how much I drink ...

so·weit [zo'vaɪt] konj as far as; ~ **ich weiß** as far as I know

so·we·nig [zo've:nɪç] konj ■ ~ **... auch** however little ...

so·wie [zo'vi:] konj ① (sobald) as soon as, the moment [that] ② (und auch) as well as

so·wie·so [zovi'zo:] adv anyway, anyhow

So·wjet <-s, -s> [zɔ'vjɛt, 'zɔvjɛt] m soviet

So·wjet·bür·ger(in) m(f) (hist) Soviet citizen

so·wje·tisch [zɔ'vjɛtɪʃ, zɔ'vjeːtɪʃ], **so·wje·tisch** [zɔ'vjɛtɪʃ] adj Soviet

So·wjet·uni·on [zɔ'vjɛtʔunjo:n] f (hist) ■ **die** ~ the Soviet Union

so·wohl [zo'vo:l] konj ■ ~ **... als auch ...**, ~ **... wie auch ...** both ... and ..., ... as well as ...

So·zi <-s, -s> ['zo:tsi] m (fam) s. **Sozialdemokrat** Socialist, pinko pej

So·zia <-, -s> ['zo:tsja] f fem form von **Sozius**

so·zi·al [zo'tsja:l] I. adj ① (gesellschaftlich) social ② (für Hilfsbedürftige gedacht) social security attr, by social security pred; ~ **e Leistungen** social security payments ③ (gesellschaftlich verantwortlich) public-spirited; **eine ~e Ader** a streak of [the] public spirit II. adv ~ **schwach** socially deprived; ~ **denken** to be social-minded

So·zi·al·ab·bau m kein pl cuts in social services **So·zi·al·ab·ga·ben** pl social security contributions **So·zi·al·amt** nt social security office BRIT, welfare department AM **So·zi·al·ar·bei·ter(in)** m(f) social worker **So·zi·**

al·bei·trä·ge pl social contributions **So·zi·al·be·trü·ger(in)** m(f) JUR (pej fam) person committing benefit fraud **So·zi·al·de·mo·krat(in)** [zo'tsi̯a:ldemokra:t] m(f) social democrat **So·zi·al·de·mo·kra·tie** [zo'tsi̯a:ldemokrati:] f kein pl social democracy no pl, no art **So·zi·al·de·mo·kra·tin** f fem form von Sozialdemokrat **so·zi·al·de·mo·kra·tisch** adj social-democratic **So·zi·al·fall** m hardship case **So·zi·al·ge·fü·ge** nt SOZIOL social welfare net

So·zi·al·hil·fe f kein pl income support, [social] welfare AM **So·zi·al·hil·fe·emp·fän·ger(in)** m(f) person receiving income support

so·zi·a·li·sie·ren* [zotsi̯ali'zi:rən] vt ❶ POL (verstaatlichen) to nationalize ❷ SOZIOL, PSYCH to socialize

So·zi·a·lis·mus <-> [zotsi̯a'lɪsmʊs] m kein pl socialism

So·zi·a·list(in) <-en, -en> [zotsi̯a'lɪst] m(f) socialist

so·zi·a·lis·tisch [zotsi̯a'lɪstɪʃ] adj ❶ (Sozialismus betreffend) socialist ❷ ÖSTERR (sozialdemokratisch) social-democratic **So·zi·al·kom·pe·tenz** f PSYCH, SOZIOL (fachspr) social competence **So·zi·al·leis·tun·gen** pl social security benefit **So·zi·al·pä·da·go·gik** f social education **So·zi·al·plan** m redundancy payments scheme BRIT, severance scheme AM **So·zi·al·po·li·tik** f kein pl social policy **So·zi·al·pro·dukt** nt ÖKON [gross] national product **So·zi·al·staat** m welfare state

So·zi·al·ver·si·che·rung f National Insurance BRIT, Social Security AM **So·zi·al·ver·si·che·rungs·aus·weis** m National Insurance card BRIT

So·zi·al·wis·sen·schaf·ten pl social sciences **So·zi·al·woh·nung** f council house BRIT, [housing] project AM

So·zi·o·lo·ge, -lo·gin <-n, -n> [zotsi̯o'lo:gə, -'lo:gɪn] m, f sociologist

So·zi·o·lo·gie <-> [zotsi̯olo'gi:] f kein pl sociology **So·zi·o·lo·gin** <-, -nen> f fem form von Soziologe

so·zi·o·lo·gisch [zotsi̯o'lo:gɪʃ] adj sociological

So·zi·us, So·zia¹ <-, Sozii> ['zo:tsi̯ʊs, 'zo:tsi̯a, pl 'zo:tsii] m, f (Teilhaber) partner

So·zi·us, So·zia² <-, -se> ['zo:tsi̯ʊs, 'zo:tsi̯a, pl 'zo:tsi̯ʊsə] m, f (Beifahrer) pillion rider; **als ~ mitfahren** to ride pillion

so·zu·sa·gen [zo:tsu'za:gn̩] adv as it were, so to speak

Spach·tel <-s, -> ['ʃpaxtl̩] m spatula

spach·teln ['ʃpaxtl̩n] vi ❶ (mit Spachtel arbeiten) to do some filling ❷ DIAL (fam: reichlich essen) to tuck in

Spa·gat <-[e]s, -e> [ʃpa'ga:t] m o nt the splits npl; **[einen] ~ machen** to do the splits

Spa·get·ti[RR] [ʃpa'gɛti] pl, **Spa·ghet·ti** [ʃpa'gɛti] pl spaghetti + sing vb

spä·hen ['ʃpɛ:ən] vi ❶ (suchend blicken) **aus dem Fenster ~** to peer out of the window; ■ **durch etw** akk **~** to peep through sth ❷ (Ausschau halten) to look out (**nach** for)

Spä·her(in) <-s, -> ['ʃpɛ:ɐ] m(f) MIL scout

Späh·trupp ['ʃpɛ:-] m MIL reconnaissance party

Spa·lier <-s, -e> [ʃpa'li:ɐ̯] nt ❶ (Gittergestell) trellis ❷ (Gasse aus Menschen) row, line; **~ stehen** to form a line; (Ehrenformation) to form a guard of honour

Spalt <-[e]s, -e> [ʃpalt] m gap; (Riss) crack; (Fels~) crevice; **die Tür einen ~ öffnen/offen lassen** to open the door slightly/leave the door ajar

spalt·bar adj NUKL fissionable

Spal·te <-, -n> ['ʃpaltə] f ❶ (Öffnung) fissure; (Fels~ a.) crevice; (Gletscher~) crevasse ❷ TYPO, MEDIA column

spal·ten ['ʃpaltn̩] I. vt <pp gespalten o gespaltet> ❶ (zerteilen) to split; Holz to chop ❷ (trennen) to rend, to divide II. vr <pp gespalten> ■ **sich ~** ❶ (der Länge nach reißen) to split ❷ (sich teilen) to divide

Spal·tung <-, -en> f ❶ NUKL splitting, fission ❷ (Aufspaltung in Fraktionen) division; (von Partei a.) split

Spam·mail <-, -s> ['spɛmmeːl] f INET (pej) spam [mail]

Span <-[e]s, Späne> [ʃpa:n, pl 'ʃpɛ:nə] m (Holz~) shaving, [wood]chip; (Bohr~) boring ▶ **wo gehobelt wird, [da] fallen Späne** (prov) you can't make an omelette without breaking eggs prov

Span·fer·kel ['ʃpa:nfɛrkl̩] nt sucking pig

Span·ge <-, -n> ['ʃpaŋə] f ❶ (Haar~) hairslide BRIT, barrette AM ❷ (Zahn~) [dental] brace

Spa·ni·en <-s> ['ʃpa:ni̯ən] nt Spain; s. a. **Deutschland**

Spa·ni·er(in) <-s, -> ['ʃpa:ni̯ɐ] m(f) Spaniard; ■ **die ~** the Spanish; s. a. **Deutsche(r)**

spa·nisch ['ʃpa:nɪʃ] adj Spanish; **das kommt mir ~ vor** (fig fam) I don't like the look of it/this; s. a. **deutsch**

Spa·nisch ['ʃpa:nɪʃ] nt dekl wie adj Spanish; **auf S~** in Spanish; s. a. **Deutsch**

spann [ʃpan] imp von **spinnen**

Spann <-[e]s, -e> [ʃpan] m ANAT instep

Spann·bett·tuch[RR] nt fitted sheet **Spann·brei·te** f kein pl spectrum

Span·ne <-, -n> ['ʃpanə] f ❶ (Handels~) [trade] margin; (Gewinn~) [profit] margin

② (*Zeit-*) span **span·nen** ['ʃpanən] **I.** *vt* **①** (*straffen*) to tighten **②** (*auf-*) to put up; **ein Seil zwischen etw** *akk* ~ to stretch a rope between sth **③** (*an-*) **ein Tier vor etw** *akk* ~ to harness an animal to sth **④** (*straff befestigen*) to clamp a workpiece in/between sth **II.** *vr* ■ **sich** ~ **①** *Seil* to become taut **②** (*geh: sich wölben*) to stretch (**über** across) **III.** *vi* **①** (*zu eng sitzen*) to be [too] tight **②** (*zu straff sein*) to be taut

span·nend I. *adj* exciting; (*stärker*) thrilling; **mach's nicht so ~!** don't keep us/me in suspense **II.** *adv* **etw ~ darstellen**, to bring across sth as exciting; **~ schreiben** to write in an exciting manner

Span·ner <-s, -> *m* (*Schuhspanner*) shoe tree

Span·ner(in) <-s, -> *m(f)* (*sl: Voyeur*) peeping Tom

Spann·kraft *f kein pl* buoyancy; (*von Haar*) elasticity; PHYS tension force

Span·nung <-, -en> *f* **①** *kein pl* (*fesselnde Art*) tension, suspense **②** *kein pl* (*gespannte Erwartung*) suspense; **etw** *akk* **mit ~ erwarten** to await sth full of suspense **③** *meist pl* (*Anspannung*) tension **④** *kein pl* (*straffe Beschaffenheit*) tension, tautness; TECH stress **⑤** ELEK voltage; **unter ~ stehen** to be live

Span·nungs·ge·biet *nt* area of tension

Spann·wei·te *f* **①** ORN, ZOOL wingspan **②** BAU span

Spar·buch *nt* savings book **Spar·büch·se** *f* piggy bank

spa·ren ['ʃpa:rən] **I.** *vt* **①** (*einsparen*) to save **②** (*ersparen*) ■ **jdm/sich etw ~** to spare sb/oneself sth; **den Weg hätten wir uns ~ können** we could have saved ourselves that journey **③** (*verzichten*) ■ **sich** *dat* **etw ~** to keep sth to oneself; **deine Ratschläge kannst du dir ~** you can keep your advice to yourself **II.** *vi* **①** FIN (*Geld zurücklegen*) to save; ■ **für etw** *akk* ~ to save up for sth **②** (*sparsam sein*) to economize (**an** on)

Spa·rer(in) <-s, -> *m(f)* saver

Spar·flam·me *f* ▶ **auf ~** just ticking over BRIT

Spar·gel <-s, -> ['ʃpargl] *m* asparagus *no pl*

Spar·gut·ha·ben *nt* savings *npl* **Spar·kas·se** *f* bank (*supported publicly by the commune or district*) **Spar·kon·to** *nt* savings account

spär·lich ['ʃpɛːɐ̯lɪç] **I.** *adj* (*Haarwuchs, Vegetation*) sparse; (*Ausbeute, Reste*) meagre **II.** *adv* sparsely; ■ **bekleidet** scantily clad; **~ besucht** poorly attended

Spar·maß·nah·me *f* cost-cutting measure **Spar·pa·ckung** *f* economy pack **Spar·preis** *m* budget price

spar·sam ['ʃpaːɐ̯zaːm] **I.** *adj* **①** (*wenig verbrauchend*) thrifty **②** (*ökonomisch*) economical **II.** *adv* **①** (*wenig verbrauchend*) thriftily; **damit sollte man ~ umgehen** this should be used sparingly **②** (*ökonomisch*) sparingly

Spar·sam·keit <-> *f kein pl* thriftiness *no pl*

Spar·schwein *nt* piggy bank **Spar·ta·rif** *m* TELEK, INET, TRANSP budget tariff BRIT, budget rate AM

Spar·te <-, -n> ['ʃpartə] *f* **①** (*Branche*) line of business **②** (*Spezialbereich*) area, branch **③** (*Rubrik*) section, column

Spar·ver·trag *m* savings agreement **Spar·wut** *f kein pl* (*pej fam*) obsessive thrift

Spaß <-es, Späße> [ʃpaːs, *pl* 'ʃpɛːsə] *m* **①** *kein pl* (*Vergnügen*) fun *no pl*; **~ haben** to have fun; **an etw** *dat* **~ haben** to enjoy sth; [**nur**] ~ **machen** to be [just] kidding; **es macht jdm ~, etw zu tun** sb enjoys doing sth; **sich** *dat* **einen ~ daraus machen, etw zu tun** to get pleasure out of doing sth; **jdm den ~ verderben** to spoil sb's fun; **"viel ~!"** "have fun!", "enjoy yourself/yourselves!" **②** (*Scherz*) joke; **irgendwo hört der ~ auf** that's going beyond a joke; **~ muss sein** (*fam*) there's no harm in a joke; **keinen ~ verstehen** to not stand for any nonsense; **~ beiseite** joking apart ▶ **ein teurer ~ sein** to be an expensive business

Spaß·bad *nt* waterpark

spa·ßen ['ʃpaːsn] *vi* to joke; **mit etw** *dat* **nicht zu ~** sth is no joking matter

Spa·ßes·hal·ber *adv* for the fun of it

Spaß·ge·sell·schaft *f* SOZIOL (*pej*) hedonistic society

spaß·haft I. *adj* joking **II.** *adv* jokingly

spa·ßig ['ʃpaːsɪç] *adj* funny

Spaß·ver·der·ber(in) <-s, -> *m(f)* spoilsport **Spaß·vo·gel** *m* joker

Spas·ti·ker(in) <-s, -> ['ʃpastikɐ] *m(f)* spastic

spas·tisch ['ʃpastɪʃ] *adj* spastic

spät [ʃpɛːt] **I.** *adj* late; **am ~en Abend** in the late evening; **~ sein/werden** to be/be getting late **II.** *adv* late; **du kommst zu ~** you're too late; **~ dran sein** to be late; **zu ~** too late ▶ **wie ~** ~ what time; **wie ~ kommst du heute nach Hause?** what time are you coming home today?

Spät·aus·sied·ler(in) *m(f)* German emigrant who returned to Germany long after the end of World War II **Spät·bu·cher(in)** *m(f)* holidaymaker who books late **Spät·dienst** <-(e)s, -> *m kein pl* late shift

Spa·ten <-s, -> ['ʃpaːtn] *m* spade

spä·ter ['ʃpɛːtɐ] **I.** *adj* later **II.** *adv* **①** (*zeitlich* *danach*) later [on]; **bis ~!** see you later!; **nicht ~ als** not later than ❷ (*die Zukunft*) the future; **jeder Mensch sollte für ~ vorsorgen** every person should make provisions for the future; **jdn auf ~ vertrösten** to put sb off; **~ [ein]mal** at a later date

spä·tes·tens ['ʃpɛːtəstn̩s] *adv* at the latest
Spät·fol·ge <-, -n> *f meist pl* delayed effect
Spät·go·tik <-> *f* ARCHIT late Gothic
Spät·le·se *f* AGR late vintage
Spät·schicht *f* late shift
Spät·som·mer *m* late summer *no pl*
Spät·vor·stel·lung *f* late show[ing]
Spatz <-en *o* -es, -en> [ʃpats] *m* ORN sparrow ▸ **das pfeifen die ~en von den Dächern** (*fam*) everybody knows that; **besser ein ~ in der Hand als eine Taube auf dem Dach** (*prov*) a bird in the hand is worth two in the bush *prov*
Spätz·le ['ʃpɛtslə] *pl* SÜDD spaetzle + *sing/pl vb*, small dough dumplings
Spät·zün·dung *f* retarded ignition *no pl*
spa·zie·ren* [ʃpa'tsiːrən] *vi sein* to stroll [*or* walk]; **den Hund ~ führen** to take the dog for a walk; **~ fahren** to go for a drive; **~ gehen** to go for a walk
Spa·zier·fahrt *f* drive; **eine ~ machen** to go for a drive
Spa·zier·gang <-[e]s, -gänge> *m* walk, stroll; **einen ~ machen** to go for a walk ▸ **kein ~ sein** to be no child's play
Spa·zier·gän·ger(in) <-s, -> *m(f)* stroller
Spa·zier·stock *m* walking stick
SPD <-> [ɛspeːˈdeː] *f kein pl* POL *Abk von* Sozialdemokratische Partei Deutschlands *the largest popular party in Germany*
Specht <-[e]s, -e> [ʃpɛçt] *m* woodpecker
Speck <-[e]s, -e> [ʃpɛk] *m* bacon *no pl*
spe·ckig ['ʃpɛkɪç] *adj* greasy
Speck·rol·le *f* (*hum fam*) roll of fat, BRIT *a*. spare tyre
Speck·schwar·te *f* bacon rind *no pl*
Spe·di·teur(in) <-s, -e> [ʃpediˈtøːɐ̯] *m(f)* (*Transportunternehmer*) haulage [*or* AM shipping] contractor; (*Umzugsunternehmen*) removal firm BRIT, moving company AM
Spe·di·ti·on <-, -en> [ʃpediˈtsi̯oːn] *f* (*Transportunternehmen*) haulage company; (*Umzugsunternehmen*) removal firm
Speed <-s, -s> [spiːt] *nt* speed
Speer <-[e]s, -e> [ʃpeːɐ̯] *m* ❶ SPORT javelin ❷ (*Waffe*) spear
Speer·wer·fen *nt kein pl* SPORT the javelin *no pl*
Speer·wer·fer(in) *m(f)* ❶ SPORT javelin thrower ❷ HIST spear carrier
Spei·che <-, -n> ['ʃpaɪ̯çə] *f* ❶ TECH spoke ❷ ANAT radius
Spei·chel <-s> ['ʃpaɪ̯çl̩] *m kein pl* saliva *no pl*
Spei·chel·drü·se *f* salivary gland
Spei·chel·pro·be *f* MED, JUR saliva sample
Spei·chel·test *m* JUR, MED saliva test
Spei·cher <-s, -> ['ʃpaɪ̯çɐ] *m* ❶ (*Dachboden*) attic, loft; **auf dem ~** in the attic ❷ (*Lagerhaus*) storehouse ❸ INFORM memory
Spei·cher·funk·ti·on *f* INFORM memory function
Spei·cher·ka·pa·zi·tät *f* ❶ INFORM memory capacity ❷ (*Lagermöglichkeit*) storage capacity
spei·chern ['ʃpaɪ̯çɐn] *vt, vi* ❶ INFORM to save (**auf** on[to]); **etw ~ unter ...** to save sth as ... ❷ (*aufbewahren*) to store
Spei·cher·platz *m* INFORM memory space; (*auf Festplatte*) disk space
Spei·cher·schutz *m* INFORM memory protection
Spei·che·rung <-, -en> *f* INFORM storage *no pl*
spei·en <spie, gespie[e]n> ['ʃpaɪ̯ən] *vt* ❶ (*ausspeien*) to spew ❷ (*spucken*) to spit
Spei·se <-, -n> ['ʃpaɪ̯zə] *f meist pl* meal
Spei·se·kam·mer *f* larder, pantry
Spei·se·kar·te *f* menu
spei·sen ['ʃpaɪ̯zn̩] *vi* to dine, to eat
Spei·se·öl *nt* culinary oil
Spei·se·röh·re *f* gullet
Spei·se·saal *m* dining room
Spei·se·wa·gen *m* restaurant car
Spek·ta·kel¹ <-s, -> [ʃpɛkˈtaːkl̩] *m* (*fam*) ❶ (*Lärm*) racket *no pl* ❷ (*Ärger*) palaver *no pl*
Spek·ta·kel² <-s, -> [ʃpɛkˈtaːkl̩] *nt* spectacle
spek·ta·ku·lär [ʃpɛktakuˈlɛːɐ̯] *adj* spectacular
Spek·tra *pl von* Spektrum
Spek·tral·far·be *f* colour of the spectrum
Spek·trum <-s, Spektren *o* Spektra> ['ʃpɛktrʊm, *pl* 'ʃpɛktrən, 'ʃpɛktra] *nt* spectrum
Spe·ku·lant(in) <-en, -en> [ʃpekuˈlant] *m(f)* speculator
Spe·ku·la·ti·on <-, -en> [ʃpekulaˈtsi̯oːn] *f* speculation; [**über etw** *akk*] **~ en anstellen** to speculate [about sth]
Spe·ku·la·ti·ons·bla·se *f* BÖRSE speculative bubble
spe·ku·lie·ren* [ʃpekuˈliːrən] *vi* to speculate (**mit** in, **auf** on sth)
Spe·lun·ke <-, -n> [ʃpeˈlʊŋkə] *f* (*pej*) dive
spen·da·bel [ʃpɛnˈdaːbl̩] *adj* generous
Spen·de <-, -n> ['ʃpɛndə] *f* donation
spen·den ['ʃpɛndn̩] *vt, vi* to donate (**für** to); *Blut* to give
Spen·den·af·fä·re *f* scandal involving undeclared donations
Spen·den·kon·to *nt* donations account
Spen·der <-s, -> ['ʃpɛndɐ] *m* (*Dosierer*) dispenser
Spen·der(in) <-s, -> ['ʃpɛndɐ] *m(f)* ❶ (*jd, der spendet*) donator ❷ MED donor
Spen·der·aus·weis *m* donor card

spen·die·ren* [ʃpɛnˈdiːrən] vt (fam) ■ **jdm etw ~** to buy [sb] sth; **das Essen spendiere ich** the dinner's on me

Sper·ber <-s, -> [ˈʃpɛrbɐ] m sparrowhawk

Sper·ling <-s, -e> [ˈʃpɛrlɪŋ] m sparrow

Sper·ma <-s, Spermen o -ta> [ˈʃpɛrma, ˈʃpɛrma, pl -mata] nt sperm

sperr·an·gel·weit [ʃpɛrˈʔaŋlˈvaɪt] adv **~ offen stehen** to be wide open

Sperr·be·zirk m area of town where prostitution is prohibited

Sper·re <-, -n> [ˈʃpɛrə] f ❶ (Barrikade) barricade ❷ (Sperrvorrichtung) barrier ❸ (Spielverbot) ban

sper·ren [ˈʃpɛrən] I. vt ❶ SÜDD, ÖSTERR (schließen) to close off (**für** to) ❷ (blockieren) to block; **Konto** to freeze; **Scheck** to stop ❸ (einschließen) ■ **jdn in etw** akk **~** to lock sb up in sth ❹ (ein Spielverbot verhängen) to ban ❺ (verbieten) ■ **jdm den Ausgang ~** to confine sb II. vr ■ **sich ~** to back away (**gegen** from)

Sperr·ge·biet nt prohibited area **Sperr·holz** nt plywood no pl

sper·rig [ˈʃpɛrɪç] adj unwieldy, bulky

Sperr·müll m skip refuse no pl **Sperr·sitz** m kein pl THEAT back seats pl **Sperr·stun·de** f closing time

Sper·rung <-, -en> f ❶ (Schließung) closing off no pl ❷ (Blockierung) blocking no pl

Sperr·ver·merk m restriction notice

Spe·sen [ˈʃpeːzn̩] pl expenses npl; **auf ~** on expenses

Spe·zi¹ <-s, -s> [ˈʃpeːtsi] m SÜDD (fam: Kumpel) mate BRIT

Spe·zi² <-s, -s> [ˈʃpeːtsi] nt (Mixlimonade) cola and orangeade

Spe·zi·al·ef·fekt m special effect **Spe·zi·al·ge·biet** nt special area

spe·zi·a·li·sie·ren* [ʃpetsi̯aliˈziːrən] vr ■ **sich ~** to specialize (**auf** in)

Spe·zi·a·li·sie·rung <-, -en> f specialization

Spe·zi·a·list(in) <-en, -en> [ʃpetsi̯aˈlɪst] m(f) specialist

Spe·zi·a·li·tät <-, -en> [ʃpetsi̯aliˈtɛːt] f speciality

spe·zi·ell [ʃpeˈtsi̯ɛl] I. adj special II. adv especially, specially

Spe·zi·es <-, -> [ˈʃpeːtsi̯ɛs, ˈsp-] f species + sing vb

spe·zi·fisch [ʃpeˈtsiːfɪʃ] I. adj specific II. adv typically

spe·zi·fi·zie·ren* [ʃpetsifiˈtsiːrən] vt to specify

Sphä·re <-, -n> [ˈsfɛːrə] f sphere ▶ **in höheren ~n schweben** to have one's head in the clouds

sphä·risch [ˈsfɛːrɪʃ] adj spherical

Sphinx <-, -e o Sphingen> [sfɪŋks, pl ˈsfɪŋən] f sphinx

spi·cken [ˈʃpɪkn̩] vt ❶ (fam: durchsetzen) ■ **etw mit etw** dat **~** to lard sth with sth; ■ **gespickt** larded ❷ (fam: abschreiben) to crib

Spick·zet·tel m crib

spie [ʃpiː] imp von **speien**

Spie·gel <-s, -> [ˈʃpiːɡl̩] m mirror ▶ **jdn den ~ vorhalten** to hold up a mirror to sb

Spie·gel·bild nt mirror image **Spie·gel·blank** adj shining **Spie·gel·ei** nt fried egg **Spie·gel·glatt** [ˈʃpiːɡl̩ˈɡlat] adj smooth as glass

spie·geln [ˈʃpiːɡl̩n] I. vi ❶ (spiegelblank sein) to gleam ❷ (reflektieren) to reflect II. vr ■ **sich in etw** dat **~** to be reflected in sth

Spie·gel·re·flex·ka·me·ra f reflex camera **Spie·gel·schrift** f mirror writing

Spie·ge·lung <-, -en> [ˈʃpiːɡəlʊŋ] f ❶ MED endoscopy ❷ (Luftspiegelung) mirage

spie·gel·ver·kehrt adj mirror-image

Spiel <-[e]s, -e> [ʃpiːl] nt ❶ (Gesellschafts-, Kinder-, Glücksspiel) game ❷ (Kartenspiel) game of cards ❸ SPORT match; **die Olympischen ~e** the Olympic Games ▶ **ein abgekartetes ~** (fam) a set-up; **leichtes ~ haben** to have an easy job of it; **etw [mit] ins ~ bringen** to bring sth up; **das ~ ist aus** the game is up; **[bei etw] im ~ sein** to be involved [in sth]; **jdn/etw aus dem ~ lassen** to keep sb/sth out of it; **etw aufs ~ setzen** to put sth on the line; **auf dem ~ stehen** to be at stake; **jdm das ~ verderben** (fam) to ruin sb's plans

Spiel·au·to·mat m gambling machine, fruit machine BRIT **Spiel·ball** m TENNIS game point ▶ **ein ~ einer S. sein** (geh) to be at the mercy of sth **Spiel·bank** f casino **Spiel·brett** nt game board **Spiel·com·pu·ter** [-kɔmpjuːtɐ] m PlayStation® (computer designed primarily for playing computer games)

spie·len [ˈʃpiːlən] I. vt to play; **Lotto ~** to play the lottery ▶ **was wird hier gespielt?** what's going on here? II. vi ❶ (ein Spiel machen) to play ❷ (auftreten) ■ **in etw** dat **~** to star in sth; **gut/schlecht ~** to play well/badly ❸ (als Szenario haben) ■ **irgendwann/irgendwo ~** to be set in some time/place ❹ SPORT to play ❺ (Glücksspiel betreiben) to gamble

spie·lend adv easily

Spie·ler(in) <-s, -> [ˈʃpiːlɐ] m(f) ❶ (Mitspieler) player ❷ (Glücksspieler) gambler

Spie·le·rei <-, -en> [ʃpiːləˈraɪ] f ❶ kein pl (leichte Beschäftigung) doddle no pl BRIT

❷ *meist pl* (*Kinkerlitzchen*) knick-knacks *pl*
Spie·le·rin <-, -nen> *f fem form von* **Spieler**
spie·le·risch I. *adj* playful **II.** *adv* playfully; ~ war unsere Mannschaft den Gegnern weit überlegen our team outshone the opponents in terms of playing skill
Spiel·feld [ˈʃpiːlfɛlt] *nt* playing field; FBALL *a.* pitch **Spiel·film** *m* film **Spiel·hal·le** *f* amusement arcade **Spiel·höl·le** *f* (*fam*) gambling den **Spiel·ka·me·rad(in)** *m(f)* playmate **Spiel·kar·te** *f* playing card **Spiel·ka·si·no** *nt* casino
Spie·lo·thek [ʃpiloˈteːk] *f* (*Spielhalle*) amusement arcade
Spiel·plan *m* THEAT, FILM programme **Spiel·platz** *m* playground **Spiel·raum** *m* scope *no pl* **Spiel·re·gel** *f meist pl* rules *pl* **Spiel·sa·chen** *pl* toys *pl* **Spiel·sucht** *f* compulsive gambling *no pl* **Spiel·süch·ti·ge(r)** *dekl wie adj f(m)* compulsive gambler **Spiel·uhr** *f* musical box **Spiel·ver·der·ber(in)** <-s, -> *m(f)* spoilsport
Spiel·wa·ren *pl* toys *pl* **Spiel·wa·ren·ge·schäft** *nt* toy shop
Spiel·zeit *f* ❶ FILM run ❷ THEAT season ❸ SPORT playing time **Spiel·zeug** *nt* toy
Spieß <-es, -e> [ʃpiːs] *m* ❶ (*Bratspieß*) spit; (*kleiner*) skewer ❷ MIL (*sl*) sarge ❸ (*Stoßwaffe*) spike ▶ wie am ~ **brüllen** to squeal like a stuck pig; **den ~ umdrehen** to turn the tables
Spieß·bür·ger(in) *m(f) s.* **Spießer spieß·bür·ger·lich** *adj s.* **spießig**
spie·ßen [ˈʃpiːsn̩] *vt* ■ etw auf etw *akk* ~ to skewer sth on sth; (*auf einer Nadel*) to pin sth on sth
Spie·ßer(in) <-s, -> [ˈʃpiːsɐ] *m(f)* pedant
spie·ßig [ˈʃpiːsɪç] *adj* (*fam*) pedantic
Spie·ßig·keit <-> *f kein pl* (*pej fam*) narrow-mindedness
Spieß·ru·te *f* ▶ ~n **laufen** to run the gauntlet
Spikes [ʃpaɪks, sp-] *pl* (*an Schuhen*) spikes *pl*; (*an Reifen*) studs *pl*
Spi·nat <-[e]s> [ʃpiˈnaːt] *m kein pl* spinach *no pl*
Spind <-[e]s, -e> [ʃpɪnt, *pl* ˈʃpɪndə] *m* locker
Spin·del <-, -n> [ˈʃpɪndl̩] *f* spindle
spin·del·dürr [ˈʃpɪndl̩ˈdʏr] *adj* (*fam*) thin as a rake
Spi·nett <-s, -e> [ʃpiˈnɛt] *nt* MUS spinet
Spin·ne <-, -n> [ˈʃpɪnə] *f* spider
spin·nen <spann, gesponnen> [ˈʃpɪnən] **I.** *vt* ❶ *Wolle* to spin ❷ *Geschichte* to invent **II.** *vi* ❶ (*am Spinnrad*) to spin ❷ (*fam: nicht bei Trost sein*) to be mad; **sag mal, spinnt der?** is he off his head?; **du spinnst wohl!** you must be mad!

Spin·nen·netz *nt* spider's web
Spin·ner(in) <-s, -> [ˈʃpɪnɐ] *m(f)* (*fam*) nutcase
Spin·ne·rei <-, -en> [ʃpɪnəˈraɪ] *f* ❶ MODE spinning ❷ *kein pl* (*fam: Blödsinn*) nonsense *no pl*
Spin·ne·rin <-, -nen> *f fem form von* **Spinner**
Spinn·rad *nt* spinning wheel **Spinn·we·be** <-, -n> *f* cobweb
Spi·on(in) <-s, -e> [ʃpiˈoːn] *m(f)* spy
Spi·o·na·ge <-> [ʃpioˈnaːʒə] *f kein pl* espionage *no pl*
Spi·o·na·ge·ab·wehr *f* counter-intelligence service
spi·o·nie·ren* [ʃpioˈniːrən] *vi* to spy
Spi·o·nin <-, -nen> *f fem form von* **Spion**
Spi·ral·block *m* spiral-bound notebook
Spi·ra·le <-, -n> [ʃpiˈraːlə] *f* ❶ (*gewundene Linie*) spiral ❷ MED coil
Spi·ri·tis·mus <-> [ʃpiriˈtɪsmʊs, sp-] *m kein pl* spiritualism *no pl*
spi·ri·tis·tisch *adj* spiritualistic
spi·ri·tu·ell [ʃpiriˈtuɛl, sp-] *adj* spiritual
Spi·ri·tu·o·sen [ʃpiriˈtu̯oːzn̩, sp-] *pl* spirits *pl*
Spi·ri·tus <-> [ˈʃpiːritʊs] *m kein pl* spirit *no pl*
Spi·ri·tus·ko·cher *m* spirit stove
Spi·tal <-s, Spitäler> [ʃpiˈtaːl, *pl* -ˈtɛːlə] *nt* ÖSTERR, SCHWEIZ hospital
spitz [ʃpɪts] **I.** *adj* ❶ (*mit einer Spitze*) pointed, sharp ❷ (~ *zulaufend*) tapered; *Nase, Kinn* pointy ❸ *Bemerkung* sharp **II.** *adv* ❶ (*V-förmig*) tapered ❷ (*spitzzüngig*) sharply
Spitz <-[e]s, -e> [ʃpɪts] *m* ❶ (*Hund*) Pomeranian ❷ DIAL (*leichter Rausch*) slight inebriation
Spitz·bart *m* goatee **Spitz·bo·gen** *m* ARCHIT pointed arch **Spitz·bu·be** *m* scallywag
spitz·bü·bisch I. *adj* cheeky **II.** *adv* cheekily
Spit·ze <-, -n> [ˈʃpɪtsə] *f* ❶ (*spitzes Ende*) point; *Schuh* pointed toe ❷ (*vorderster Teil*) front ❸ (*erster Platz*) top ❹ (*Höchstwert*) peak ❺ *pl* (*führende Leute*) *Gesellschaft* the top; *Unternehmen* the heads ❻ MODE lace *no pl* ▶ **nur die ~ des Eisbergs sein** to be only the tip of the iceberg; **~ sein** (*fam*) to be great; **etw auf die ~ treiben** to take sth to extremes
Spit·zel <-s, -> [ˈʃpɪtsl̩] *m* informer
spit·zeln [ˈʃpɪtsl̩n] *vi* to spy
spit·zen [ˈʃpɪtsn̩] *vt* to sharpen
Spit·zen·ge·schwin·dig·keit *f* top speed
Spit·zen·klas·se *f* top-class **Spit·zen·leis·tung** *f* top performance **spit·zen·mä·**

Big I. adj (sl) brilliant **II.** adv (sl) brilliantly **Spit·zen·rei·ter** m top seller **Spit·zen·sport·ler(in)** m(f) top sportsperson **Spit·zen·tech·no·lo·gie** f state-of-the-art technology

Spit·zer <-s, -> ['ʃpɪtsɐ] m sharpener

spitz·fin·dig adj hair-splitting

Spitz·fin·dig·keit <-, -en> f ❶ (spitzfindige Art) hair-splitting nature ❷ (spitzfindige Äußerung) hair-splitting no pl

spitz|krie·gen vt (fam) to cotton [or AM catch] on to **Spitz·maus** f shrew **Spitz·na·me** m nickname; **sie gaben ihm den ~n ...** they nicknamed him ... **spitz·win·ke·lig, spitz·wink·lig I.** adj Dreieck acute-angled; Ecke sharp[-cornered] **II.** adv sharply

spitz·zün·gig [ʃpɪts'tsʏnɪç] adj sharp-tongued

Splat·ter·film ['splɛtɐfɪlm] m FILM gory film

Spleen <-s, -s> [ʃpliːn, sp-] m (fam) eccentricity

Split·ter <-s, -> ['ʃplɪtɐ] m splinter

split·ter(·fa·ser)·nackt ['ʃplɪtɐ('fa:zɐ)'nakt] adj stark naked

split·tern vi sein o haben to splinter

Split·ter·par·tei f splinter group

Split·ting <-s, -s> ['ʃplɪtɪŋ, 'sp-] nt ❶ FIN, ADMIN separate taxing of husband and wife ❷ POL splitting no pl

SPÖ <-> [ɛspeː'ʔøː] f kein pl POL Abk von **Sozialdemokratische Partei Österreichs**; ■**die ~** the Austrian Socialist Party

Spoi·ler <-s, -> ['ʃpɔylɐ, 'sp-] m spoiler

spon·sern ['ʃpɔnzɐn, 'sp-] vt to sponsor

Spon·sor, Spon·so·rin <-s, -soren> ['ʃpɔnzɐ, 'ʃp-, -'zoːrɪn, pl -'zoːrən] m, f sponsor

Spon·so·ring <-s> ['ʃpɔnzɔrɪŋ, 'sp-] nt kein pl sponsoring no pl

spon·tan [ʃpɔn'taːn, sp-] adj spontaneous

Spon·ta·nei·tät <-> [ʃpɔntaneiˈtɛːt, sp-] f kein pl spontaneity no pl

spo·ra·disch [ʃpoˈraːdɪʃ, sp-] adj sporadic

Sport <-[e]s, selten -e> [ʃpɔrt] m ❶ SPORT sport no pl; **~ treiben** to do sport ❷ SCH games pl ❸ MEDIA sports news; **~ sehen** to watch [the] sport

Sport·ab·zei·chen nt sports certificate **Sport·an·zug** m tracksuit **Sport·art** f discipline, kind of sport **Sport·be·richt** m sports report **Sport·ge·schäft** nt sports shop **Sport·hal·le** f sports hall **Sport·leh·rer(in)** m(f) PE teacher

Sport·ler(in) <-s, -> ['ʃpɔrtlɐ] m(f) sportsman masc, sportswoman fem

sport·lich ['ʃpɔrtlɪç] **I.** adj ❶ (den Sport betreffend) sporting ❷ (trainiert) athletic ❸ (fair) sportsmanlike ❹ MODE casual ❺ AUTO sporty **II.** adv ❶ SPORT (in einer Sportart) in sports; **sich ~ betätigen** to do sport ❷ (flott) casually ❸ AUTO sportily

Sport·platz m sports field **Sport·re·por·ter(in)** m(f) MEDIA, SPORT sports journalist **Sport·un·fall** m sporting accident **Sport·ver·an·stal·tung** f sports event **Sport·ver·ein** m sports club **Sport·wa·gen** m AUTO sports car

Spot <-s, -s> [spɔt, ʃp-] m ❶ MEDIA commercial, ad fam ❷ ELEK spot

Spott <-[e]s> [ʃpɔt] m kein pl mockery no pl

spott·bil·lig ['ʃpɔtˈbɪlɪç] adj dirt cheap

Spöt·te·lei <-, -en> [ʃpœtəˈlaj] f teasing no pl

spöt·teln ['ʃpœtl̩n] vi to make fun (**über** of)

spot·ten ['ʃpɔtn̩] vi to mock; ■(**über jdn/etw**) ~ to make fun [of sb/sth]

Spöt·ter(in) <-s, -> ['ʃpœtɐ] m(f) mocker

spöt·tisch ['ʃpœtɪʃ] adj mocking

Spott·preis m snip BRIT

sprach [ʃpraːx] imp von **sprechen**

sprach·be·gabt adj linguistically talented; ■**~ sein** to be good at languages **Sprach·com·pu·ter** m voice computer

Spra·che <-, -n> ['ʃpraːxə] f ❶ (Kommunikationssystem) language ❷ kein pl (Sprechweise) way of speaking ❸ kein pl (das Sprechen) speech no pl; **etw zur ~ bringen** to bring sth up; **zur ~ kommen** to come up ▶ **eine deutliche ~ sprechen** to speak for itself; **die ~ wiederfinden** to find one's tongue again; **mit der ~ herausrücken** (fam) to come out with it; **jdm die ~ verschlagen** to leave sb speechless; **heraus mit der ~!** (fam) out with it!

Sprach·er·ken·nung f INFORM voice recognition no pl **Sprach·feh·ler** m speech impediment **Sprach·füh·rer** m phrase book **Sprach·ge·brauch** m language usage no pl **Sprach·ge·fühl** nt kein pl feel for language no pl **Sprach·kennt·nis·se** pl language skills pl **Sprach·kurs** m language course **Sprach·la·bor** nt language laboratory **Sprach·leh·re** f grammar **Sprach·leh·rer(in)** <-s, -> m(f) language teacher

sprach·lich I. adj linguistic **II.** adv ❶ LING grammatically ❷ (stilistisch) stylistically

sprach·los adj speechless **Sprach·raum** m LING language area **Sprach·rohr** nt megaphone **Sprach·schu·le** f language school **Sprach·stö·rung** f speech disorder **Sprach·stu·di·um** nt course of study in languages **Sprach·the·ra·peut(in)** m(f) speech therapist **Sprach·the·ra·pie** f speech therapy **Sprach·ur·laub** m language-learning holiday **Sprach·wis·sen·schaft** f linguistics + sing vb **Sprach·wis·**

sen·schaft·ler(in) *m(f)* linguist **Sprach·witz** *m kein pl* way with words **Sprach·zentrum** *nt* ❶ MED, PSYCH speech centre ❷ (*Sprachschule*) language centre

sprang [ʃpraŋ] *imp von* **springen**

Spray <-s, -s> [ʃpreː, spreː] *m o nt* spray

Spray·do·se [ˈʃpreː-, ˈspreː-] *f* aerosol, spray

spray·en [ˈʃpreːən, ˈsp-] *vi, vt* to spray

Sprech·an·la·ge *f* intercom

spre·chen <spricht, sprach, gesprochen> [ˈʃprɛçn̩] **I.** *vi* ❶ (*reden*) to speak (**mit** with), to talk (**mit** to); **ich konnte vor Aufregung kaum ~** I could hardly speak for excitement; **sprich nicht so laut** don't talk so loud; **sprich nicht in diesem Ton mit mir!** don't speak to me like that!; **wovon ~ Sie eigentlich?** what are you talking about?; **für sich** [**selbst**] **~** to speak for itself; **über etw** *akk* **spricht man nicht** sth is not talked about; **mit sich selbst ~** to talk to oneself; „**hallo, wer spricht denn da?**" "hello, who's speaking?" ❷ (*empfehlen*) ■ **für etw** *akk* **~** to be in favour of sth; ■ **gegen etw** *akk* **~** to speak against sth **II.** *vt* ❶ (*können*) ■ **etw ~** to speak sth; **~ Sie Chinesisch?** can you speak Chinese? ❷ (*aussprechen*) ■ **etw ~** to say sth; **sie konnte keinen vernünftigen Satz ~** she couldn't say a single coherent sentence; **wie spricht man dieses Wort?** how do you pronounce this word? ❸ (*sich unterreden*) ■ **jdn ~** to speak to sb ▶ **nicht gut auf jdn zu ~ sein** to be on bad terms with sb; **für jdn/niemanden zu ~ sein** to be available for sb/not be available for anyone; **wir ~ uns noch!** you haven't heard the last of this!

Spre·cher(in) <-s, -> *m(f)* ❶ (*Wortführer*) spokesperson ❷ (*Beauftragter*) speaker ❸ RADIO, TV announcer; (*Nachrichten~*) newsreader

Sprech·stun·de *f* surgery; **~ halten** to hold surgery **Sprech·stun·den·hil·fe** *f* receptionist

Sprech·übung *f* elocution exercise **Sprech·wei·se** *f* way of speaking **Sprech·zim·mer** *nt* consultation room

sprei·zen [ˈʃpraɪtsn̩] *vt* to spread

Spreiz·fuß *m* spread-foot

Spreng·bom·be *f* high-explosive bomb

spren·gen¹ [ˈʃprɛŋən] **I.** *vt* ❶ (*zur Explosion bringen*) to blow up ❷ (*bersten lassen*) to burst ❸ (*gewaltsam auflösen*) to break up **II.** *vi* to blast

spren·gen² [ˈʃprɛŋən] *vt Rasen* to water

Spreng·kopf *m* warhead **Spreng·kör·per** *m* explosive device **Spreng·kraft** *f kein pl* explosive force *no pl* **Spreng·la·dung** *f* explosive charge **Spreng·satz** *m* explosive device

Spreng·stoff *m* explosive **Spreng·stoff·an·schlag** *m* bomb attack **Spreng·stoff·gür·tel** *m* explosive belt

Spren·gung <-, -en> *f* blasting

Spreu <-> [ʃprɔy] *f kein pl* AGR chaff *no pl* ▶ **die ~ vom Weizen trennen** to separate the wheat from the chaff

Sprich·wort <-wörter> [ˈʃprɪçvɔrt, *pl* -vœrtɐ] *nt* proverb **sprich·wört·lich** *adj* proverbial

sprie·ßen <spross *o* sprießte, gesprossen> [ˈʃpriːsn̩] *vi sein* BOT to sprout; *Haare* to grow

Spring·brun·nen *m* fountain

sprin·gen¹ <sprang, gesprungen> [ˈʃprɪŋən] *vi sein* to shatter; (*einen Sprung bekommen*) to crack

sprin·gen² <sprang, gesprungen> [ˈʃprɪŋən] *vi sein* to jump [*or* leap]; **er sprang hin und her** he leapt about; **jeder hat zu ~, wenn der Chef es verlangt** everyone has to jump at the boss's request; **der Knopf sprang ihm von der Hose** the button flew off his trousers ▶ **etw ~ lassen** (*fam*) to fork out sth

Sprin·ger <-s, -> [ˈʃprɪŋɐ] *m* SCHACH knight

Sprin·ger(in) <-s, -> [ˈʃprɪŋɐ] *m(f)* SPORT, SKI jumper

Spring·flut *f* spring tide **Spring·rei·ten** *nt* show jumping *no pl*

Sprit <-[e]s> [ʃprɪt] *m kein pl* ❶ (*Benzin*) petrol *no pl* ❷ (*Schnaps*) booze

Sprit·ze <-, -n> [ˈʃprɪtsə] *f* ❶ (*Injektionsspritze*) syringe ❷ (*Injektion*) injection, jab *fam*; **eine ~ bekommen** to have an injection [*or fam* a jab]

sprit·zen [ˈʃprɪtsn̩] **I.** *vi* ❶ *haben* (*in Tropfen*) to spray; *Fett* to spit ❷ *sein* (*im Strahl*) to spurt **II.** *vt haben* ❶ (*im Strahl verteilen*) to squirt ❷ (*bewässern*) to sprinkle ❸ (*injizieren*) to inject ❹ (*mit Bekämpfungsmittel besprühen*) to spray (**gegen** against)

Sprit·zer <-s, -> *m* splash

sprit·zig [ˈʃprɪtsɪç] *adj* ❶ (*prickelnd*) tangy ❷ (*flott*) sparkling

Spritz·ku·chen *m* KOCHK doughnut **Spritz·pis·to·le** *f* spray gun **Spritz·tour** *f* spin

sprö·de [ˈʃprøːdə] *adj* ❶ (*unelastisch*) brittle ❷ (*rau*) rough; *Haar* brittle; *Lippen* chapped ❸ (*abweisend*) aloof

spross[RR], **sproß**[ALT] [ʃprɔs] *imp von* **sprießen**

Spross[RR] <-es, -e> *m*, **Sproß**[ALT] <-sses, -sse> [ʃprɔs] *m* ❶ (*Schössling*) shoot ❷ (*Nachkomme*) scion

Spros·se <-, -n> [ˈʃprɔsə] *f* step

Spros·sen·wand *f* SPORT wall bars *pl*

Spröss·ling^{RR} <-s, -e> *m*, **Spröß·ling** ALT <-s, -e> ['ʃprœslɪŋ] *m* offspring

Spruch <-[e]s, Sprüche> [ʃprʊx, *pl* 'ʃprʏçə] *m* ❶ (*Ausspruch*) saying, slogan ❷ (*einstudierter Text*) quotation ❸ (*Schiedsspruch*) award, verdict ▶ **Sprüche klopfen** (*fam*) to drivel

Spruch·band <-bänder> *nt* banner

spruch·reif *adj* (*fam*) ■ ~/**noch nicht ~ sein** to be/not be definite

Spru·del <-s, -> ['ʃpruːdl̩] *m* ❶ (*Mineralwasser*) sparkling mineral water ❷ ÖSTERR (*Erfrischungsgetränk*) fizzy drink

spru·deln ['ʃpruːdl̩n] *vi* ❶ *haben* (*aufschäumen*) to fizz ❷ *sein* (*heraussprudeln*) to bubble

Sprüh·do·se *f* aerosol

sprü·hen ['ʃpryːən] **I.** *vt* to spray **II.** *vi* ❶ (*spritzen*) to spray ❷ (*lebhaft sein*) to sparkle; **vor Begeisterung ~** to bubble with excitement

sprü·hend *adj* sparkling

Sprüh·re·gen *m* drizzle *no pl*

Sprung <-[e]s, Sprünge> [ʃprʊŋ, *pl* 'ʃprʏŋə] *m* ❶ (*Riss*) crack ❷ (*Satz*) leap, jump; **einen ~ machen** to leap [*or* jump]; **zum ~ ansetzen** to get ready to jump ▶ **einen ~ in der Schüssel haben** to not be quite right in the head; **ein großer ~ nach vorn** a giant leap forwards; [**mit etw** *dat*] **keine großen Sprünge machen können** (*fam*) to not be able to live it up [with sth]; **jdm auf die Sprünge helfen** to give sb a helping hand; **auf dem ~ sein** to be about to leave; **auf einen ~ [bei jdm] vorbeikommen** (*fam*) to pop in to see sb

Sprung·brett *nt* ❶ (*ins Wasser*) diving board ❷ (*Turngerät*) springboard **Sprung·fe·der** *f* spring

sprung·haft **I.** *adj* ❶ (*in Schüben erfolgend*) rapid ❷ (*unstet*) volatile, fickle **II.** *adv* in leaps and bounds

Sprung·schan·ze *f* ski jump **Sprung·tuch** *nt* jumping blanket

Spu·cke <-> ['ʃpʊkə] *f kein pl* (*fam*) spit *no pl* ▶ **jdm bleibt die ~ weg** sb is flabbergasted

spu·cken ['ʃpʊkn̩] **I.** *vi* ❶ (*ausspucken*) to spit ❷ DIAL (*sich übergeben*) to throw up **II.** *vt* **etw ~** to spit sth out

Spuck·napf *m* spittoon

Spuk <-[e]s, -e> [ʃpuːk] *m* spook

spu·ken ['ʃpuːkn̩] *vi impers* to haunt; ■ **irgendwo spukt es** somewhere is haunted

Spuk·ge·schich·te *f* ghost story

Spül·be·cken *nt* sink

Spu·le <-, -n> ['ʃpuːlə] *f* ❶ (*Garnrolle*) bobbin ❷ FILM spool ❸ ELEK coil

Spü·le <-, -n> ['ʃpyːlə] *f* [kitchen] sink

spu·len ['ʃpuːlən] *vt*, *vi* to wind [on]

spü·len ['ʃpyːlən] **I.** *vi* ❶ (*Geschirr abwaschen*) to wash up ❷ (*die Toilette abziehen*) to flush **II.** *vt* ❶ (*abspülen*) to wash up *sep* ❷ (*schwemmen*) to wash

Spül·ma·schi·ne *f* dishwasher **spül·ma·schi·nen·fest** *adj* dishwasher-safe

Spül·mit·tel *nt* washing-up liquid, dish soap AM **Spül·stein** *m* sink **Spül·trog** <-(e)s, -tröge> *m* SCHWEIZ sink [unit]

Spü·lung <-, -en> *f* ❶ (*gegen Mundgeruch*) rinsing *no art* ❷ (*Wasserspülung*) flush ❸ (*Haarspülung*) conditioner

Spul·wurm *m* roundworm

Spur <-, -en> [ʃpuːɐ̯] *f* ❶ (*Anzeichen*) trace; **~en der Verwüstung** signs of devastation; **~en hinterlassen** to leave traces; *Schicksal a.* to leave its mark; *Verbrecher a.* to leave clues; **jdm auf die ~ kommen** to get onto sb's trail; **auf der falschen/richtigen ~ sein** to be on the wrong/right track; **eine heiße ~** a firm lead; **jdm auf die Sprünge helfen** to give sb a helping hand; ❷ (*Fuß-en*) track[s *pl*], trail *no pl* ❸ (*kleine Menge*) trace; *Knoblauch, etc.* touch ❹ (*Fünkchen*) scrap ❺ (*Fahrstreifen*) lane; **aus der ~ geraten** to move out of lane; **~ halten** to keep in lane

spür·bar *adj* perceptible, noticeable

spü·ren ['ʃpyːrən] **I.** *vt* ❶ (*körperlich wahrnehmen*) to feel ❷ (*merken*) to sense; ■ **jdn seine Verärgerung ~ lassen** to let sb feel one's annoyance; **etw zu ~ bekommen** to feel the force of sth **II.** *vi* ■ **~, dass ...** to sense that ...; ■ **jdn [deutlich] ~ lassen, dass ...** to leave sb in no doubt that ...

Spu·ren·ele·ment *nt* trace element **Spu·ren·si·che·rung** *f* securing of evidence *no pl, no indef art*

Spür·hund *m* tracker dog

spur·los **I.** *adj* without [a] trace *pred* **II.** *adv* without [leaving a] trace; **an jdm ~ vorübergehen** to not leave its mark on sb

Spür·na·se *f* flair *no pl*, intuition *no pl*

Spür·pan·zer *m* MIL nuclear, biological, chemical [*or* NBC] reconnaissance vehicle

Spür·sinn *m kein pl* nose; **einen ~ für etw** *akk* **haben** to have a nose for sth

Spurt <-s, -s *o* -e> [ʃpʊrt] *m* spurt; **zum ~ ansetzen** to make a final spurt

spur·ten ['ʃpʊrtn̩] *vi sein* to spurt

Spur·wei·te <-, -n> *f* ❶ AUTO track ❷ BAHN gauge

Squash <-> [skvɔʃ] *nt* squash

Sri Lan·ka <-s> ['sriː 'laŋka] *nt* Sri Lanka

Sri-Lan·ker(in) <-s, -> [sri'laŋkɐ] *m(f)* Sri Lankan; *s. a.* **Deutsche(r)**

sri-lan·kisch [sri'laŋkɪʃ] *adj* Sri Lankan; *s. a.*

SSV <-[s], -s> *m Abk von* **Sommerschlussverkauf** summer sales

St. ❶ *Abk von* **Stück** pce[.], pcs[.] ❷ *Abk von* **Sankt** St, SS *pl*

Staat <-[e]s, -en> [ʃtaːt] *m* ❶ (*Land*) country ❷ (*staatliche Institutionen*) state ❸ *pl* (*Staatshaushalt*) ■ **die ~en** the States; **die Vereinigten ~en [von Amerika]** the United States [of America] ▸ **damit ist kein ~ zu machen** that's nothing to write home about *fam*; **von ~s wegen** on the part of the [state] authorities **Staa·ten·bund** <-[e]s, ·bünde> *m* confederation [of states] **staa·ten·los** *adj* stateless **Staa·ten·lo·se(r)** *f(m) dekl wie adj* stateless person

staat·lich I. *adj* ❶ (*staatseigen*) state-owned; (*~ geführt*) state-run; **~e Einrichtungen** state facilities ❷ (*den Staat betreffend*) state *attr*, national ❸ (*aus dem Staatshaushalt stammend*) government *attr*, state *attr* **II.** *adv* **~ anerkannt** state-approved; **~ gefördert** government-sponsored; **~ geprüft** [state-]certified; **~ subventioniert** state-subsidized, subsidized by the state *pred*

Staats·akt *m* ❶ (*Festakt*) state ceremony ❷ (*Rechtsvorgang*) act of state **Staats·an·ge·hö·ri·ge(r)** *f(m) dekl wie adj* citizen **Staats·an·ge·hö·rig·keit** *f* nationality **Staats·an·walt, -an·wäl·tin** *m, f* public prosecutor BRIT, District Attorney AM **Staats·an·walt·schaft** <-, -en> *f* public prosecutor's office, prosecuting attorney's office AM **Staats·aus·ga·be** *f meist pl* public expenditure **Staats·be·am·te(r), -be·am·tin** *m, f* civil servant **Staats·be·gräb·nis** *nt* state [*or* AM national] funeral **Staats·be·such** *m* state visit **Staats·bür·ger(in)** *m(f)* citizen **staats·bür·ger·lich** *adj attr* civic; **~e Rechte** civil rights **Staats·bür·ger·schaft** *f* nationality; **doppelte ~** dual nationality **Staats·chef(in)** [-ʃɛf] *m(f)* head of state **Staats·dienst** *m* civil service **Staats·ei·gen·tum** *nt* state ownership **Staats·ex·a·men** *nt* state exam[ination]; (*zur Übernahme in den Staatsdienst*) civil service examination **Staats·feind(in)** *m(f)* enemy of the state **Staats·fi·nan·zen** *pl* public finances *pl* **Staats·flag·ge** *f* national flag **Staats·form** *f* form of government **Staats·ge·biet** *nt* national territory **Staats·ge·heim·nis** *nt* state secret **Staats·ge·walt** *f kein pl* state authority **staats·gläu·big** *adj* SOZIOL (*meist pej*) blindly trusting in the state *pred*, unconditionally loyal to the state *pred* **Staats·gren·ze** *f* [national] border **Staats·haus·halt** *m* national budget **Staats·kos·ten** *pl* public expenses **Staats·mann** *m* statesman **staats·män·nisch** *adj* statesmanlike **Staats·mi·nis·ter(in)** <-s, -> *m(f)* secretary of state **Staats·ober·haupt** *nt* head of state **Staats·prä·si·dent(in)** *m(f)* president [of a/the state] **staats·recht·lich** *adj attr* constitutional **Staats·re·li·gi·on** *f* POL, REL state religion **Staats·sä·ckel** <-s, -> *m* POL, FIN (*hum fam*) state coffer *usu pl* **Staats·se·kre·tär(in)** *m(f)* state secretary BRIT, undersecretary AM **Staats·streich** *m* coup [d'état] **Staats·the·a·ter** *nt* national theatre **Staats·ver·schul·dung** *f* national debt *no pl, no indef art*

Stab <-[e]s, Stäbe> [ʃtaːp, *pl* 'ʃtɛːbə] *m* ❶ (*runde Holzlatte*) rod ❷ (*Stabhochsprung·*) pole; (*Staffel·*) baton ❸ (*beigeordnete Gruppe*) staff; *Experten* panel

Stäb·chen <-s, -> ['ʃtɛːpçən] *nt* (*Ess·*) chopstick

Stab·hoch·sprung *m* pole vault

sta·bil [ʃtaˈbiːl, st-] *adj* ❶ (*strapazierfähig*) sturdy ❷ (*beständig*) stable ❸ (*nicht labil*) steady; *Gesundheit* sound

sta·bi·li·sie·ren [ʃtabiliˈziːrən] *vt* to stabilize

Sta·bi·li·sie·rung <-, -en> *f* stabilization

Sta·bi·li·tät <-> [ʃtabiliˈtɛːt, st-] *f kein pl* stability, solidity

Sta·bi·li·täts·pakt *m* ÖKON stability pact **Stab·mi·xer** *m* hand-held blender **Stab·reim** *m* alliteration

Stabs·chef, -che·fin [-ʃɛf, -ʃɛfɪn] *m, f* chief of staff

stach [ʃtaːx] *imp von* **stechen**

Sta·chel <-s, -n> ['ʃtaxl] *m* ❶ (*von Rose*) thorn; (*von Kakteen*) spine ❷ (*von Igel*) spine ❸ (*Giftapparat*) sting ❹ (*spitzes Metallstück*) spike; **Stacheldraht** barb

Sta·chel·bee·re *f* gooseberry

Sta·chel·draht *m* barbed wire **Sta·chel·draht·zaun** *m* barbed wire fence

sta·che·lig ['ʃtaxəlɪç] *adj Rosen* thorny; *Kakteen, Tier* spiny; (*mit kleineren Stacheln*) prickly

Sta·chel·schwein *nt* porcupine

stach·lig ['ʃtaxlɪç] *adj s.* **stachelig**

Sta·di·on <-s, Stadien> ['ʃtaːdjɔn, *pl* 'ʃtaːdjən] *nt* stadium, AM *a.* bowl

Sta·di·um <-s, Stadien> ['ʃtaːdjʊm, *pl* 'ʃtaːdjən] *nt* stage; **im letzten ~** MED at a terminal stage

Stadt <-, Städte> [ʃtat, *pl* 'ʃtɛː(ː)tə] *f* ❶ (*Ort*) town; (*Groß·*) city; **am Rande der ~** on the edge of [the] town ❷ (*·verwaltung*) [city/town] council

stadt·be·kannt *adj* well-known, known all over town *pred* **Stadt·be·zirk** *m* municipal district **Stadt·bi·bli·o·thek** *f* town/city library

Städt·chen <-s, -> ['ʃtɛ(:)tçən] *nt dim von* Stadt small town

Städt·te·bau *m kein pl* urban development *no pl* **städ·te·bau·lich I.** *adj* in/of urban development *pred* **II.** *adv* in terms of urban development **Städ·te·part·ner·schaft** *f* town twinning BRIT

Städ·ter(in) <-s, -> ['ʃtɛ(:)tɐ] *m(f)* city/town dweller

Stadt·ge·biet *nt* municipal area **Stadt·hal·le** *f* city hall

städ·tisch ['ʃtɛ(:)tɪʃ] *adj* ❶ (*kommunal*) municipal, city/town *attr* ❷ (*urban*) urban

Stadt·kern *m* city/town centre **Stadt·mau·er** *f* city/town wall **Stadt·mit·te** *f* city/town centre **Stadt·plan** *m* [street] map **Stadt·rand** *m* edge of [the] town, outskirts *npl* of the city **Stadt·rat** *m* [city/town [*or* municipal]] council **Stadt·rund·fahrt** *f* sightseeing tour **Stadt·staat** *m* city state **Stadt·strei·cher(in)** *m(f)* city/town tramp [*or esp* AM vagrant] **Stadt·teil** *m* district **Stadt·vä·ter** *pl* city fathers *pl* **Stadt·ver·wal·tung** *f* [city/town] council **Stadt·vier·tel** *nt* district **Stadt·wer·ke** *pl* municipal services *pl* **Stadt·zen·trum** *nt* city/town centre; ▪ **im ~** in the city/town centre, downtown AM

Staf·fel <-, -n> ['ʃtafl̩] *f* ❶ (*Luftwaffeneinheit*) squadron; (*Formation*) echelon ❷ SPORT relay team ❸ TV season

Staf·fe·lei <-, -en> [ʃtafəˈlaɪ] *f* easel

Staf·fel·lauf *m* relay [race]

staf·feln ['ʃtafl̩n] *vt* ❶ (*einteilen*) to grade ❷ (*formieren*) to stack [up *sep*]

Staf·fe·lung, Staff·lung <-, -en> [ʃtafəˈluŋ] *f* ❶ (*Einteilung*) graduation ❷ (*Formierung*) stacking [in the shape of a pyramid] ❸ SPORT *Startzeiten* staggering *no pl, no indef art*

Stag·na·ti·on <-, -en> [ʃtagnaˈtsjoːn, st-] *f* stagnation, stagnancy

stag·nie·ren* [ʃtaˈgniːrən, st-] *vi* to stagnate

stahl [ʃtaːl] *imp von* **stehlen**

Stahl <-[e]s, -e *o* Stähle> [ʃtaːl, *pl* ˈʃtɛːlə] *m* steel; **rostfreier ~** stainless steel

Stahl·be·ton *m* reinforced concrete **Stahl·blech** *nt* steel sheet

stäh·lern ['ʃtɛːlɐn] *adj* ❶ (*aus Stahl hergestellt*) steel, of steel *pred* ❷ (*fig*) iron *attr*, of iron *pred*

Stahl·fe·der *f* ❶ (*Schreibfeder*) steel nib ❷ (*Sprungfeder*) steel spring **Stahl·ge·rüst** *nt* [tubular] steel scaffolding *no pl, no indef art* **Stahl·helm** *m* steel helmet **Stahl·in·dus·trie** *f kein pl* steel industry **Stahl·trä·ger** *m* steel girder **Stahl·werk** *nt* steel mill

stak [ʃtaːk] *imp von* **stecken**

Sta·lag·mit <-en *o* -s, -en> [ʃtalaˈgmiːt, st-] *m* stalagmite

Sta·li·nis·mus <-> [ʃtaliˈnɪsmʊs, st-] *m kein pl* Stalinism *no art*

sta·li·nis·tisch *adj* Stalinist

Stal·ker <-s, -> ['stɔːkɐ] *m* stalker

Stal·king <-[s]> ['stɔːkɪŋ] *nt kein pl* stalking

Stall <-[e]s, Ställe> [ʃtal, *pl* ˈʃtɛlə] *m* (*Hühner~*) coop; (*Kaninchen~*) hutch; (*Kuh~*) cowshed, [cow] barn AM; (*Pferde~*) stable; (*Schweine~*) [pig]sty, [pig]pen AM

Stall·bur·sche *m* groom

Stal·lung <-, -en> *f meist pl* stables *pl*

Stamm <-[e]s, Stämme> [ʃtam, *pl* ˈʃtɛmə] *m* ❶ (*Baumstamm*) [tree] trunk ❷ LING stem ❸ (*Volksstamm*) tribe

Stamm·ak·tie *f* ordinary share, common stock AM **Stamm·baum** *m* family tree **Stamm·buch** *nt* family register

stam·meln ['ʃtaml̩n] *vi, vt* to stammer; ▪ **das S~** stammering

stam·men ['ʃtamən] *vi* ❶ (*gebürtig sein*) **aus Berlin ~** to come from Berlin; **woher ~ Sie?** where are you from [originally]? ❷ (*herrühren*) **aus dem 16. Jahrhundert ~** to date from the 16th century; **diese Unterschrift stammt nicht von mir** this signature isn't mine

Stamm·form *f* LING base form **Stamm·gast** *m* regular [guest] **Stamm·hal·ter** *m* son and heir **Stamm·haus** *nt* ÖKON parent company

stäm·mig ['ʃtɛmɪç] *adj* sturdy

Stamm·knei·pe *f* local pub [*or* AM bar] **Stamm·kun·de, -kun·din** *m, f* regular [customer] **Stamm·lo·kal** *nt* local café/restaurant/bar **Stamm·platz** *m* regular seat **Stamm·tisch** *m* table reserved for the regulars **Stamm·wäh·ler(in)** *m(f)* loyal voter

stamp·fen ['ʃtampfn̩] **I.** *vi* ❶ *haben* (*auf~*) to stamp [one's foot] ❷ *sein* **irgendwohin ~** to stamp off somewhere **II.** *vt haben* ❶ (*fest~*) to tamp [down *sep*] ❷ (*zer~*) to mash

stand [ʃtant] *imp von* **stehen**

Stand <-[e]s, Stände> [ʃtant, *pl* ˈʃtɛndə] *m* ❶ (*das Stehen*) standing [position]; **einen sicheren ~ haben** to have a safe foothold; **aus dem ~** from a standing position ❷ (*Verkaufsstand*) stand; (*Messe~ a.*) booth; (*Markt~ a.*) stall BRIT ❸ (*Anzeige*) reading; **laut ~ des Barometers** according to the barometer [reading] ❹ *kein pl* (*Zustand*) state; **der ~ der Forschung** the level of research; **der neueste ~ der Technik** state of the art; **der ~ der Dinge** the [present] state of affairs; **sich auf dem neuesten ~ befinden** to be up-to-date ❺ (*Spielstand*) score ❻ SCHWEIZ (*Kanton*) canton ▶ **[bei jdm] einen schwe-**

ren ~ haben to have a hard time of it [with sb]; **aus dem ~ [heraus]** off the cuff

Stan·dard <-s, -s> ['ʃtandart, 'st-] m standard

Stan·dard·aus·füh·rung f standard design

stan·dar·di·sie·ren* [ʃtandardi'ziːrən, st-] vt to standardize

Stan·dar·di·sie·rung <-, -en> f standardization

Stand·bild nt statue

Länd·chen <-s, -> ['ʃtɛntçən] nt serenade; **jdm ein ~ bringen** to serenade sb

Stän·der <-s, -> ['ʃtɛndɐ] m ① (Gestell) stand ② (sl: erigierter Penis) hard-on

Stän·de·rat m SCHWEIZ upper chamber (of the Swiss parliament)

Stan·des·amt nt registry office esp BRIT

stan·des·amt·lich I. adj **eine ~e Bescheinigung** a certificate from the registry office; **eine ~e Heirat** a registry office wedding **II.** adv **sich ~ trauen lassen** to get married in a registry office, to be married by the Justice of the Peace AM **Stan·des·be·am·te(r), ·be·am·tin** m, f registrar **stan·des·ge·mäß I.** adj befitting one's social status pred **II.** adv **~ heiraten** to marry within one's social class

stand·fest adj steady **Stand·fes·tig·keit** f kein pl ① (Stabilität) stability no pl ② s. **Standhaftigkeit**

stand·haft I. adj steadfast **II.** adv steadfastly **Stand·haf·tig·keit** <-> f kein pl steadfastness

stand|hal·ten ['ʃtanthaltn] vi irreg ■ einer S. dat] ~ ① (widerstehen) to hold out against sth; **der Belastung von etw** dat ~ to put up with the strain of sth ② (aushalten) to endure sth **Stand·hei·zung** f parking heater

stän·dig ['ʃtɛndɪç] **I.** adj constant, permanent **II.** adv constantly, all the time

Stand·licht nt kein pl sidelights pl BRIT, parking lights pl AM

Stand·ort <-[e]s, -e> m ① (Unternehmenssitz) location ② (Standpunkt) position ③ MIL garrison **Stand·ort·fak·tor** m locational factor **Stand·ort·si·che·rung** f kein pl eines Betriebs protection of a location

Stand·pau·ke f (fam) telling-off; **jdm eine ~ halten** to give sb a telling-off **Stand·punkt** m ① (Meinung) [point of] view, standpoint; **etw von einem anderen ~ aus betrachten** to see sth from a different point of view; **[in etw** dat] **einen anderen ~ vertreten** to take a different [point of] view [of sth]; **den ~ vertreten, dass ...** to take the view that ... ② (Beobachtungsplatz) vantage point, viewpoint **Stand·recht** <-[e]s> nt kein pl MIL martial law **stand·recht·lich** adv summarily **Stand·spur** f hard shoulder BRIT, shoulder AM **Stand·uhr** f grandfather clock

Stan·ge <-, -n> ['ʃtaŋə] f ① (Stab) pole; (kürzer) rod ② (Metall~) bar ③ Zigaretten carton ▸ **eine [schöne] ~ Geld** (fam) a pretty penny; **bei der ~ bleiben** (fam) to stick at it; **jdn bei der ~ halten** (fam) to keep sb at it; **von der ~** (fam) off the peg [or AM rack]

Stän·gel^{RR} <-s, -> ['ʃtɛŋl] m stalk, stem

Stan·gen·brot nt French loaf

Stan·gen·wa·re f kein pl off-the-peg clothing

stank [ʃtaŋk] imp von **stinken**

stän·kern ['ʃtɛŋkɐn] vi to stir things up

Stan·ni·ol <-s, -e> [ʃtaˈnioːl, st-] nt silver foil

Stan·ni·ol·pa·pier nt silver paper

stan·zen ['ʃtantsn] vt ① (aus~) to press ② (ein~) **Löcher in etw** akk ~ to punch holes in sth

Sta·pel <-s, -> ['ʃtaːpl] m ① (geschichteter Haufen) stack; (unordentlicher Haufen) pile; Wäsche mound ② NAUT **vom ~ laufen** to be launched ▸ **etw vom ~ lassen** (fam) to come out with sth

Sta·pel·lauf m NAUT launch[ing]

sta·peln ['ʃtaːpln] **I.** vt to stack **II.** vr ■ **sich ~** to pile up

stap·fen ['ʃtapfn] vi sein ■ **durch etw** akk ~ to tramp through sth

Star¹ <-[e]s, -e> [ʃtaːɐ̯, st-] m ① (Vogel) starling ② MED cataract; **grauer ~** grey cataract; **grüner ~** glaucoma

Star² <-s, -s> [ʃtaːɐ̯] m (berühmte Person) star

starb [ʃtarp] imp von **sterben**

stark <stärker, stärkste> [ʃtark] **I.** adj ① (kräftig) strong ② (mächtig) powerful, strong ③ (dick) thick ④ Hitze, Kälte severe; Regen heavy; Strömung strong; Sturm violent ⑤ Erkältung bad ⑥ Schlag hard; Druck high ⑦ Gefühle, Schmerzen intense; Bedenken considerable; Liebe deep ⑧ (leistungsfähig) powerful ⑨ Medikamente, Schnaps strong ⑩ (zahlenstark) **120 Mann ~** 120 strong; **ein 500 Seiten ~es Buch** a book of 500 pages ⑪ (fam: hervorragend) great **II.** adv ① (heftig) a lot; **~ regnen** to rain heavily ② (erheblich) **~ beschädigt** badly damaged; **~ bluten** to bleed profusely; **~ erkältet sein** to have a bad cold; **~ gewürzt** highly spiced ③ (in höherem Maße) greatly, a lot; **~ übertreiben** to greatly exaggerate; **~ vertreten** strongly represented

Stär·ke <-, -n> ['ʃtɛrkə] f ① (Kraft) strength ② (Macht) power ③ (Dicke) thickness ④ (zahlenmäßiges Ausmaß) size; Armee strength; Partei numbers pl ⑤ (Fähigkeit) **jds ~ sein** to be sb's strong point ⑥ CHEM starch

stär·ken ['ʃtɛrkn̩] I. *vt* to strengthen II. *vi* ■~d fortifying III. *vr* ■sich ~ to take some refreshment

stark|ma·chen *vr* ► sich für jdn/etw ~ *(fam)* to stand up for sb/sth

Stark·strom *m* heavy current **Stark·strom·ka·bel** *nt* power cable **Stark·strom·lei·tung** *f* power line

Stär·kung <-, -en> *f* ① *kein pl (das Stärken)* strengthening *no pl* ② *(Kräftigung)* refreshment

Stär·kungs·mit·tel *nt* tonic

starr [ʃtar] I. *adj* ① *(steif)* rigid ② *(erstarrt)* stiff; ■~ vor etw *dat* paralyzed with sth; ~ vor Kälte numb with cold; ~er Blick [fixed] stare ③ *(rigide)* inflexible; Haltung unbending II. *adv* ① *(bewegungslos)* etw ~ an·sehen to stare at sth ② *(rigide)* ~ an etw *dat* festhalten to hold rigidly to sth

Star·re <-> ['ʃtarə] *f kein pl* immovability *no pl; Leiche* stiffness *no pl*

star·ren ['ʃtarən] *vi* ① *(starr blicken)* to stare ② *(bedeckt sein)* vor Dreck ~ to be thick with dirt

Starr·heit <-> *f kein pl* intransigence *no pl*

Starr·sinn *m* stubbornness *no pl* **starr·sin·nig** *adj* stubborn

Start <-s, -s> [ʃtart, start] *m* ① LUFT take-off; RAUM lift-off, launch ② SPORT start; am ~ sein *(von Läufern)* to be on the starting line; *(von Rennwagen)* to be on the starting grid ③ *(Beginn)* start; *Projekt* launch[ing]

Start·bahn *f* LUFT [take-off] runway **start·be·reit** *adj* ① LUFT ready for take-off *pred* ② SPORT ready to go *pred*

star·ten ['ʃtartn̩, 'st-] I. *vi sein* ① LUFT to take off; RAUM to lift off ② SPORT to start; die Läufer sind gestartet! the runners are off!; ■~ für jdn/etw ~ to participate for sb/sth ③ *(beginnen)* to start; *Projekt* to be launched II. *vt haben* ① *Auto* to start; *Computer* to initialize, to boot *sep*; INFORM *Programm* to run ② *(abschießen)* to launch ③ *(beginnen lassen)* to launch, to start

Start·er·laub·nis *f* clearance for take-off; jdm ~ geben to clear sb for take-off **Start·hil·fe** *f* ① *(Zuschuss)* initial aid ② AUTO jdm ~ geben to give sb a jump start **Start·ka·pi·tal** *nt* starting capital **start·klar** *adj s.* **startbereit Start·li·nie** *f* starting line **Start·num·mer** *f* [starting] number **Start·pha·se** *f* start-up phase **Start·schuss**^{RR} *m* starting signal ► den ~ [für etw] geben to give [sth] the green light

Sta·si <-> ['ʃta:zi] *f kein pl kurz für* Staatssicherheit(sdienst) state security service of the former GDR

Sta·tik <-> ['ʃta:tɪk, 'st-] *f* ① *kein pl (Stabili-*tät*)* stability *no pl* ② *kein pl* PHYS statics + *sing vb*

Sta·ti·on <-, -en> [ʃtaˈtsi̯oːn] *f* ① *(Haltestelle)* stop ② *(Aufenthalt)* stopover; ~ machen to have a rest ③ *(Klinikabteilung)* ward ④ *(Sender)* station ⑤ METEO, SCI station

sta·ti·o·när [ʃtatsi̯oˈnɛːɐ̯] *adj* ① MED inpatient *attr*; ein ~er Aufenthalt a stay in [AM the] hospital ② *(örtlich gebunden)* stationary II. *adv* MED in [AM the] hospital; jdn ~ behandeln to treat sb in hospital

sta·ti·o·nie·ren* [ʃtatsi̯oˈniːrən] *vt* ① *(installieren)* to station ② *(aufstellen)* to deploy

Sta·ti·o·nie·rung <-, -en> *f* ① *(das Installieren)* stationing, posting ② *(Aufstellung)* deployment

Sta·ti·ons·arzt, -ärz·tin *m, f* ward doctor **Sta·ti·ons·schwes·ter** *f* ward sister BRIT, senior nurse AM

sta·tisch ['ʃta:tɪʃ, 'st-] *adj* ① BAU, ELEK static ② *(keine Entwicklung aufweisend)* in abeyance *pred*

Sta·tist(in) <-en, -en> [ʃtaˈtɪst] *m(f)* FILM extra; THEAT supernumerary

Sta·tis·tik <-, -en> [ʃtaˈtɪstɪk] *f* statistics + *sing vb*

Sta·tis·ti·ker(in) <-s, -> [ʃtaˈtɪstɪkɐ] *m(f)* statistician

Sta·tis·tin <-, -nen> *f fem form von* Statist

sta·tis·tisch [ʃtaˈtɪstɪʃ] I. *adj* statistical; ~e Zahlen statistics II. *adv* statistically; etw ~ erfassen to make a statistical survey of sth

Sta·tiv <-s, -e> [ʃtaˈtiːf, st] *nt* tripod

statt [ʃtat] I. *präp* +*gen* ■~ jds/einer S. instead of sb/sth II. *konj (anstatt)* ■~ etw zu tun instead of doing sth

Statt <-> [ʃtat] *f kein pl* ■an jds ~ in sb's place

statt·des·sen^{RR} *adv* instead

Stät·te <-, -n> ['ʃtɛtə] *f* place

statt|fin·den ['ʃtatfɪndn̩] *vi irreg* ① *(abgehalten werden)* to take place; *Veranstaltung a.* to be held ② *(sich ereignen)* to take place, to happen **statt|ge·ben** *vi irreg (geh)* einem Antrag/Einspruch ~/nicht ~ to sustain/overrule a motion/an objection **Statt·hal·ter(in)** ['ʃtathaltɐ] *m(f)* HIST governor

statt·lich ['ʃtatlɪç] *adj* ① *(imposant)* imposing ② *(beträchtlich)* considerable

Sta·tue <-, -n> ['ʃta:tu̯ə, 'st-] *f* statue

Sta·tur <-, -en> [ʃtaˈtuːɐ̯] *f* build; von kräftiger ~ sein to be of powerful stature

Sta·tus <-, -> ['ʃta:tʊs, 'st-] *m* status, position

Sta·tus·sym·bol *nt* status symbol **Sta·tus·zei·le** *f* INFORM status line

Sta·tut <-[e]s, -en> [ʃtaˈtuːt] *nt meist pl* statute; *Verein a.* standing rules *pl*

Stau <-[e]s, -e *o* -s> [ʃtau̯] *m* ① *(Verkehrs-*

Staub <-[e]s, -e *o* Stäube> [ʃtaup, *pl* 'ʃtɔybə] *m kein pl* dust *no pl, no indef art*; ~ **saugen** to vacuum, to hoover BRIT; ~ **wischen** to dust; **zu ~ werden** to turn to dust ▶ ~ **aufwirbeln** (*fam*) to kick up a lot of dust; **sich aus dem ~[e] machen** (*fam*) to clear off

Stau·be·cken *nt* [catchment] reservoir [*or* AM basin]

stau·ben ['ʃtaubn̩] *vi impers* **bei etw** *dat* **staubt es sehr** sth makes a lot of dust

Staub·fän·ger <-s, -> *m* dust collector
Staub·ge·fäß *nt* BOT stamen

stau·big ['ʃtaubɪç] *adj* dusty

Staub·korn <-körner> *nt* speck of dust
Staub·par·ti·kel *f meist pl* dust particle **staub·sau·gen** <*pp* staubgesaugt>, **Staub sau·gen** <*pp* Staub gesaugt> *vi, vt* to vacuum, to hoover BRIT **Staub·sau·ger** *m* vacuum [cleaner], hoover BRIT **Staub·tuch** *nt* duster **Staub·wol·ke** *f* cloud of dust

Stau·damm *m* dam
Stau·de <-, -n> ['ʃtaudə] *f* HORT perennial [plant]
Stau·den·sel·le·rie *m kein pl* celery *no pl, no indef art*

stau·en ['ʃtauən] I. *vt* to dam [up *sep*] II. *vr* ■ **sich** ‒ ❶ (*sich anstauen*) to collect; (*von Wasser a.*) to rise ❷ (*Schlange bilden*) to pile up

Stau·mel·dung *f* traffic news + *sing vb*, traffic jam information [*or* report]

stau·nen ['ʃtaunən] *vi* to be astonished (**über** at); **da staunst du, was?** you weren't expecting that, were you?

Stau·nen <-s> ['ʃtaunən] *nt kein pl* astonishment *no pl*, amazement *no pl*

Stau·raum *m* cargo space, storage capacity
Stau·see *m* reservoir

Stau·ung <-, -en> *f* ❶ (*Verkehrsstau*) traffic jam ❷ *kein pl* (*das Anstauen*) build-up

Steak <-s, -s> [steːk, ʃteːk] *nt* steak

ste·chen [*sticht, stach, gestochen*] ['ʃtɛçn̩] I. *vi* ❶ (*pieksen*) to prick; **Werkzeug** to be sharp ❷ (*von Insekten*) to sting; **Mücken** to bite ❸ (*mit spitzem Gegenstand eindringen*) to stab ❹ KARTEN to take the trick II. *vt* ■ **jdn** ~ to stab sb III. *vr* ■ **sich** ~ to prick oneself (**an** on)

ste·chend *adj* ❶ (*scharf*) sharp ❷ (*durchdringend*) piercing ❸ (*beißend*) acrid

Stech·kar·te *f* time [*or* BRIT clocking] card
Stech·mü·cke *f* gnat, midge; ([*sub*]*tropisch*) mosquito **Stech·pal·me** *f* holly
Stech·uhr *f* time clock, telltale BRIT

Steck·brief *m* "wanted" poster **Steck·do·se** *f* [wall] socket, electrical outlet AM

ste·cken ['ʃtɛkn̩] I. *vi* <steckte *o geh* stak, gesteckt> ❶ (*festsitzen*) to be [sticking] in sth; ■ **zwischen/in etw** *dat* ~ to be stuck between/in sth; ~ **bleiben** to get stuck ❷ (*eingesteckt sein*) ■ **hinter/in/zwischen etw** *dat* ~ to be behind/in/among sth; **den Schlüssel** ~ **lassen** to leave the key in the lock ❸ (*verborgen sein*) **wo hast du denn gesteckt?** (*fam*) where have you been [hiding]?; **wo steckt er denn bloß wieder?** (*fam*) where has he got to again? ❹ (*verwickelt sein in*) **[tief] in der Arbeit** ~ to be bogged down in [one's] work; **in einer Krise** ~ to be in the throes of a crisis; **in Schwierigkeiten** ~ to be in difficulties ❺ (*stocken*) ~ **bleiben** to falter II. *vt* <steckte, gesteckt> ❶ (*schieben*) ■ **etw hinter/in/unter etw** *akk* ~ to put sth behind/in[to]/under sth; **sich** *dat* **einen Ring an den Finger** ~ to slip a ring on one's finger ❷ (*fam: befördern*) **jdn ins Bett** ~ to put sb to bed; **jdn ins Gefängnis** ~ to stick sb in prison ❸ (*fam: investieren*) ■ **etw in etw** *akk* ~ to put sth into sth; **viel Zeit in etw** *akk* ~ to devote a lot of time to sth ❹ (*sl: verraten*) ■ **jdm etw** ~ to tell sb sth

Ste·cken·pferd *nt* (*fig a.*) hobby horse
Ste·cker <-s, -> *m* plug
Steck·ling <-s, -e> ['ʃtɛklɪŋ] *m* HORT cutting
Steck·na·del *f* pin ▶ **eine ~ im Heuhaufen suchen** to look for a needle in a haystack
Steck·rü·be *f* swede, rutabaga AM

Steg <-[e]s, -e> [ʃteːk] *m* ❶ (*schmale Holzbrücke*) footbridge ❷ (*Boots~*) landing stage, jetty

Steg·reif ['ʃteːkraɪf] *m* ■ **etw aus dem** ~ **tun** to do sth off the cuff

Steh·auf·männ·chen ['ʃteː ʔaʊfmɛnçən] *nt* tumbler

Steh·ca·fé *nt* stand-up cafe

ste·hen <stand, gestanden> ['ʃteːən] I. *vi haben* SÜDD, ÖSTERR, SCHWEIZ *sein* ❶ (*in aufrechter Stellung sein*) to stand ❷ (*hingestellt sein*) to be; ~ **bleiben** to be left [behind]; ~ **lassen** to leave; (*nicht anfassen*) to leave sth where it is; (*vergessen*) to leave sth behind; **alles ~ und liegen lassen** to drop everything ❸ (*gedruckt sein*) ■ **auf/in etw** *dat* ~ to be [on/in sth]; **wo steht das?** where does it say that?; **was steht in seinem Brief?** what does his letter say? ❹ (*nicht mehr in Betrieb sein*) to have stopped; (*von Maschine a.*) to be at a standstill; **zum S~ kommen** to come to a stop ❺ (*anhalten*) ■ **auf/in etw** *dat* ~ to be parked on/in sth; ~ **bleiben** to stop ❻ (*nicht*

stehend–Steinfrucht 1554

verzehren⟩ **~ bleiben** to be left untouched; **etw ~ lassen** to leave sth untouched ❼⟨*von etw betroffen sein*⟩ **unter Drogen ~** to be under the influence of drugs; **unter Schock ~** to be in a state of shock ❽⟨*passen zu*⟩ **jdm [gut/nicht] ~** to suit sb [well]/to not suit sb ❾⟨*einen bestimmten Spielstand haben*⟩ **wie steht das Spiel?** what's the score? ❿⟨*allein lassen*⟩ **jdn einfach ~ lassen** to walk out on sb ⓫⟨*fam: fest sein*⟩ to be finally settled; ⟨*fertig sein*⟩ to be ready ⓬⟨*an etw festhalten*⟩ **zu etw** *dat* **~** to stand by sth ⓭⟨*zu jdm halten*⟩ **zu jdm ~** to stand by sb ⓮⟨*stellvertretend eingesetzt sein*⟩ **für etw** *akk* **~** to stand for sth ⓯⟨*eingestellt sein*⟩ **wie ~ Sie dazu?** what are your views on it? ⓰⟨*unterstützen*⟩ **hinter jdm/etw ~** to be behind sb/sth ⓱⟨*anzeigen*⟩ **auf etw** *dat* **~** to be set to sth; **die Ampel steht auf Rot** the traffic light is red ⓲⟨*sl: gut finden*⟩ **auf jdn ~** to be mad about sb; **stehst du auf Techno?** are you into techno? ▶ **mit jdm/etw ~ und fallen** to depend on sb/sth; **jdm steht etw bis hier** ⟨*fam*⟩ sb is fed up with sth **II.** *vi impers* ❶⟨*sich darstellen*⟩ **es steht gut/schlecht** it's looking good/bad; **wie steht es bei euch?** how are things with you? ❷⟨*bestellt sein*⟩ **es steht gut/schlecht um jdn/etw** things look good/bad for sb/sth; ⟨*gesundheitlich*⟩ sb is doing well/badly

ste·hend *adj attr* stagnant

Steh·kra·gen *m* stand-up collar **Steh·lampe** *f* floor lamp

steh·len <stahl, gestohlen> ['ʃteːlən] **I.** *vt, vi* to steal; **es wird dort viel gestohlen** there's a lot of stealing there; ■ **das S~** stealing ▶ **jdm die Zeit ~** to take up sb's time; **das kann mir gestohlen bleiben!** ⟨*fam*⟩ to hell with it! **II.** *vr* to sneak; ■ **sich von etw** *dat* **~** to steal away from sth

Steh·ver·mö·gen *nt kein pl* staying power *no pl, no indef art*

Stei·er·mark <-> ['ʃtaɪ̯ɐmark] *f* ■ **die ~** Styria

steif [ʃtaɪ̯f] *adj* ❶⟨*starr*⟩ stiff; *Begrüßung* formal ❷⟨*erigiert*⟩ erect ▶ **~ und fest** obstinately

steif|hal·ten *vt* ▶ **die Ohren ~** to keep one's chin up

Steif·heit <-, -> *f kein pl* ❶⟨*Festigkeit, Unbeweglichkeit*⟩ stiffness *no pl* ❷⟨*fig: Förmlichkeit*⟩ formality

Steig·bü·gel ['ʃtaɪ̯k-] *m* stirrup

Stei·ge <-, -n> ['ʃtaɪ̯gə] *f* DIAL ❶⟨*steile Straße*⟩ steep track ❷ *s.* **Stiege**

stei·gen <stieg, gestiegen> ['ʃtaɪ̯ɡŋ̍] **I.** *vi sein* ❶⟨*klettern*⟩ to climb; **durchs Fenster ~** to climb through the window; **auf etw** *akk*

~ to climb [up] sth ❷⟨*be~*⟩ **auf etw** *akk* **~** to get on[to] sth ❸⟨*ein~*⟩ ■ **in etw** *akk* **~** to get into sth; **in einen Zug ~** to get on a train ❹⟨*aus~*⟩ ■ **aus etw** *dat* **~** to get out of sth; **aus einem Bus ~** to get off a bus ❺⟨*ab~*⟩ ■ **von etw** *dat* **~** to get off sth ❻⟨*sich aufwärtsbewegen*⟩ to rise [up]; **das Blut stieg ihm ins Gesicht** the blood rushed to his face; **der Sekt ist mir zu Kopf gestiegen** the sparkling wine has gone to my head; ■ **etw ~ lassen** to let fly ❼ *Achtung* to rise; *Flut* to swell; *Preis, Wert* to increase; *Temperatur* to climb ❽⟨*sich intensivieren*⟩ to increase; ⟨*von Spannung, Ungeduld, a.*⟩ to mount **II.** *vt sein* ■ **Treppen ~** to climb [up] stairs

stei·gend *adj* ❶⟨*sich erhöhend*⟩ *Preise, Löhne* rising ❷⟨*sich intensivierend*⟩ *Spannung, Ungeduld* mounting ❸ *Flugzeug, Straße* climbing

stei·gern ['ʃtaɪ̯ɡɐn] **I.** *vt* ❶⟨*erhöhen*⟩ to increase (**auf** to, **um** by) ❷⟨*verbessern*⟩ to improve **II.** *vr* ❶⟨*sich intensivieren*⟩ ■ **sich ~** to increase; *Spannung a.* to mount ❷⟨*seine Leistung verbessern*⟩ ■ **sich ~** to improve ❸⟨*sich hineinsteigern*⟩ ■ **sich in etw** *akk* **~** to work oneself [up] into sth

Stei·ge·rung <-, -en> *f* ❶⟨*Erhöhung*⟩ increase (+*gen* in), rise (+*gen* in) ❷⟨*Verbesserung*⟩ improvement (+*gen* to)

Stei·gung <-, -en> *f* ❶⟨*ansteigende Strecke*⟩ ascent ❷⟨*Anstieg*⟩ slope; **eine ~ von 10 %** a gradient of 10%

steil [ʃtaɪ̯l] **I.** *adj* ❶⟨*stark abfallend/ansteigend*⟩ steep ❷⟨*sehr rasch*⟩ rapid; **ein ~er Aufstieg** a rapid rise **II.** *adv* steeply

Steil·hang *m* steep slope **Steil·küs·te** *f* steep coast

Stein <-[e]s, -e> [ʃtaɪ̯n] *m* ❶⟨*Gesteinsstück*⟩ stone, rock AM ❷⟨*Obstkern*⟩ stone ❸⟨*Spiel~*⟩ piece ▶ **bei jdm einen ~ im Brett haben** ⟨*fam*⟩ to be well in with sb; **mir fällt ein ~ vom Herzen!** that's [taken] a load off my mind!; **den ~ ins Rollen bringen** ⟨*fam*⟩ to start the ball rolling; **jdm ~e in den Weg legen** to put a spoke in sb's wheel BRIT; **keinen ~ auf dem anderen lassen** to leave no stone standing

Stein·ad·ler *m* golden eagle **stein·alt** ['ʃtaɪ̯nʔalt] *adj* ancient; ■ **~ sein** to be as old as Methuselah **Stein·bock** *m* ❶ ZOOL ibex ❷ ASTROL Capricorn **Stein·bruch** *m* quarry **Stein·butt** *m* turbot **Stein·ei·che** *f* holm oak

stei·nern ['ʃtaɪ̯nɐn] *adj* stone *attr*, [made] of stone *pred*

Stein·e·wer·fer(in) *m(f)* JUR ⟨*fam*⟩ stone-thrower

Stein·frucht *f* stone fruit **Stein·fuß·bo-**

den *m* stone floor **Stein·gut** *nt kein pl* earthenware *no pl, no indef art* **stein·hart** ['ʃtaɪnhart] *adj* rock-hard, [as] hard as [a] rock *pred*

stei·nig ['ʃtaɪnɪç] *adj* stony

stei·ni·gen ['ʃtaɪnɪɡn̩] *vt* to stone

Stein·koh·le *f kein pl* hard coal **Stein·koh·len·berg·werk** *nt* coal mine

Stein·mar·der *m* ZOOL stone marten

Stein·metz(in) <-en, -en> ['ʃtaɪnmɛts] *m(f)* stonemason

Stein·obst *nt* stone fruit[s *pl*] **Stein·pilz** *m* cep **stein·reich** ['ʃtaɪnˌraɪç] *adj* stinking rich **Stein·schlag** *m* rockfall[s *pl*] **Stein·zeit** *f kein pl* ■ **die** ~ the Stone Age; **der Mensch der** ~ Stone Age man

Steiß <-es, -e> [ʃtaɪs] *m* ANAT coccyx

Steiß·bein *nt* ANAT coccyx

Stell·dich·ein <-[s], -[s]> ['ʃtɛldɪçˌʔaɪn] *nt* **sich** *dat* **ein ~ geben** to come together

Stel·le <-, -n> ['ʃtɛlə] *f* ❶ (*Platz*) place; (*genauer*) spot; **an dieser ~** in this place; (*genauer*) on this spot; (*fig*) at this point; **eine ~ im Wald** a place in the woods; **auf der ~ laufen** to run on the spot; **sich nicht von der ~ rühren** to not move; **schwache ~** (*fig*) weak point; **eine undichte ~** (*fig fam*) a leak; **an anderer ~** elsewhere; **an erster/ zweiter ~** in the first/second place ❷ (*umrissener Bereich*) spot; **fettige/rostige ~** grease/rust spot ❸ (*im Buch*) place; (*Verweis*) reference; (*Abschnitt*) passage ❹ MATH digit; **eine Zahl mit sieben ~n** a seven-digit number; **etw auf 5 ~n hinter dem Komma berechnen** to calculate sth to 5 decimal places ❺ (*Posten*) place; **an jds ~ treten** to take sb's place; (*eines Spielers*) to sub sb; **ich gehe an Ihrer ~** I'll go in your place; **an ~ von etw** *dat* instead of sth; (*Lage*) position; **an deiner ~ würde ich ...** in your position I would ... ❻ (*Arbeitsplatz*) job; **eine freie ~** a vacancy; **offene ~n** (*in der Zeitung*) situations vacant ▸ **zur ~ sein** to be on the spot; **auf der ~ treten** to not make any progress; **auf der ~** at once; **er war auf der ~ tot** he died immediately

stel·len ['ʃtɛlən] **I.** *vt* ❶ (*hin-, ab-*) to put; **das Auto in die Garage ~** to put the car in the garage; **den Wein kalt ~** to chill the wine ❷ (*aufrecht hin-*) to stand [up] ❸ (*ein-*) **die Heizung höher/kleiner ~** to turn up/down *sep* the heating [*or* AM heater]; **den Fernseher lauter/leiser ~** to turn up/down the television *sep*; **etw auf volle Lautstärke ~** to turn sth up [at] full blast; **den Wecker auf 7 Uhr ~** to set the alarm for 7 o'clock ❹ (*zur Aufgabe zwingen*) ■ **jdn ~** to hunt down *sep* sb ❺ (*vorgeben*) Aufgabe to set; Bedingun-gen to make; [**jdm**] **eine Frage ~** to ask [sb] a question ❻ (*richten*) **einen Antrag ~** to put forward a motion; **Forderungen ~** to make demands ❼ (*konfrontieren*) ■ **jdn vor etw** *akk* ~ to confront sb with sth; **jdn vor ein Rätsel ~** to baffle sb ❽ (*arrangieren*) to set up *sep*; **dieses Foto wirkt gestellt** this photo looks posed ❾ (*zur Verfügung ~*) ■ [**jdm**] **etw ~** to provide [sb with] sth ▸ **auf sich** *akk* **selbst gestellt sein** to have to fend for oneself **II.** *vr* ❶ (*sich hin-*) ■ **sich ~** to take up position ❷ (*entgegentreten*) ■ **sich jdm/einer S. ~** to face sb/sth ❹ (*Position ergreifen*) ■ **sich gegen etw** *akk* **~** to oppose sth; **sich hinter jdn ~** to support sb; ■ **sich vor jdn ~** to stand up for sb ❹ (*sich melden*) ■ **sich [jdm] ~** to turn oneself in [to sb] ❻ (*etw vorgeben*) **sich ahnungslos ~** to play the innocent; **sich dumm ~** to act stupid [*or* AM dumb]; **sich tot ~** to pretend to be dead

Stel·len·an·ge·bot *nt* job offer; „**~e**" "situations vacant"; **jdm ein ~ machen** to offer sb a job **Stel·len·an·zei·ge** *f* job advertisement [*or fam* ad] **Stel·len·aus·schrei·bung** *f* job advertisement **Stel·len·be·schrei·bung** *f* ÖKON job description **Stel·len·ge·such** *nt* "employment wanted" advertisement **Stel·len·ver·mitt·lung** *f* ❶ (*das Vermitteln einer Arbeitsstelle*) finding of jobs ❷ (*Einrichtung zur Vermittlung von Arbeitsstellen*) employment agency **stel·len·wei·se** *adv* in [some] places **Stel·len·wert** *m* status *no art, no pl*; [**für jdn**] **einen bestimmten ~ haben** to be of particular importance to sb

Stell·platz *m* parking space

Stel·lung <-, -en> *f* ❶ (*Arbeitsplatz*) job ❷ (*Rang*) position ❸ (*Körperhaltung*) position ❹ (*Position*) position; **in ~ gehen** to take up position; **die ~ halten** to hold the fort ❺ (*Standpunkt*) **~ zu etw** *dat* **beziehen** to take a stand on sth; **~ zu etw** *dat* **nehmen** to express an opinion on sth

Stel·lung·nah·me <-, -n> *f* statement; **eine ~ [zu etw** *dat*] **abgeben** to make a statement [about sth]

stell·ver·tre·tend I. *adj attr* (*vorübergehend*) acting *attr*; (*zweiter*) deputy *attr* **II.** *adv* ■ ~ **für jdn** on sb's behalf; ■ ~ **für etw** *akk* **sein** to stand for sth **Stell·ver·tre·ter(in)** *m(f)* deputy **Stell·ver·tre·tung** *f* (*Stellvertreter*) deputy; **die ~ von jdm übernehmen** to deputize for sb; **in jds ~** *dat* on sb's behalf **Stell·werk** *nt* BAHN signal box [*or* AM tower]

Stel·ze <-, -n> ['ʃtɛltsə] *f* ❶ (*hölzerne ~*) stilt ❷ ORN wagtail

stel·zen ['ʃtɛltsn̩] *vi sein* (*auf Stelzen gehen*)

to walk on stilts; (*staksen*) to stalk
Stelz·vo·gel *m* ORN wader
Stemm·ei·sen *nt* chisel
stem·men ['ʃtɛmən] **I.** *vt* ❶ (*hochdrücken*) to lift ❷ (*stützen*) **die Arme in die Seiten ~** to put one's hands on one's hips; **die Füße gegen etw** *akk* **~** to brace one's feet against sth **II.** *vr* ■ **sich gegen etw** *akk* **~** to brace oneself against sth
Stem·pel <-s, -> ['ʃtɛmpl̩] *m* ❶ (*Gummi~*) [rubber~] stamp; (*~ abdruck*) stamp; **der Brief trägt den ~ vom 23.5.** the letter is stamped 23/5 ❸ (*Punzierung*) hallmark ▶ **etw** *dat* **seinen ~ aufdrücken** to leave one's mark on sth
Stem·pel·far·be *f* [stamp-pad] ink **Stem·pel·kis·sen** *nt* stamp pad
stem·peln ['ʃtɛmpl̩n] *vt*, *vi* to stamp ▶ **~ gehen** (*veraltend fam*) to be on the dole BRIT
Stem·pel·uhr *f* time clock
Sten·gel^{ALT} <-s, -> ['ʃtɛŋl̩] *m* s. **Stängel**
Ste·no <-> ['ʃteːno] *f kein pl* (*fam*) Abk von **Stenografie**
Ste·no·graf(in) <-en, -en> [ʃteno'graːf] *m(f)* shorthand typist BRIT, stenographer AM
Ste·no·gra·fie <-, -n> [ʃtenogra'fiː] *f* shorthand *no art, no pl*, stenography *no art, no pl* AM
ste·no·gra·fie·ren* [ʃtenogra'fiːrən] **I.** *vt* to take down sth *sep* in shorthand **II.** *vi* to do shorthand
Ste·no·gra·fin <-, -nen> *f fem form von* Stenograf
Ste·no·gramm <-gramme> [ʃteno'gram] *nt* text in shorthand
Ste·no·graph(in) <-en, -en> [ʃteno'graːf] *m(f)* s. Stenograf
Ste·no·gra·phie <-, -n> [ʃtenogra'fiː] *f* s. Stenografie
ste·no·gra·phie·ren* [ʃtenogra'fiːrən] *vt*, *vi* s. stenografieren
Ste·no·gra·phin <-, -nen> *f fem form von* Stenograph
Ste·no·ty·pist(in) <-en, -en> [ʃtenoty'pɪst] *m(f)* shorthand typist BRIT, stenographer AM
Stepp^{RR} <-s, -s> [ʃtɛp, stɛp] *m* tap [dance]
Stepp·de·cke *f esp* BRIT duvet, comforter AM
Step·pe <-, -n> ['ʃtɛpə] *f* steppe
step·pen¹ ['ʃtɛpn̩, 'st-] *vt* (*nähen*) to backstitch
step·pen² ['ʃtɛpn̩, 'st-] *vi* to tap-dance
Stepp·tanz^{RR} ['ʃt-, 'st-] *m*, **Step·tanz**^{ALT} ['ʃt-, 'st-] *m* tap dance
Ster·be·be·glei·ter(in) <-s, -> *m(f)* carer for the terminally ill
Ster·be·be·glei·tung *f kein pl* care [*or* support] for the terminally ill, hospice care **Ster·be·bett** *nt* deathbed **Ster·be·fall** *m* fatality
Ster·be·hil·fe *f kein pl* euthanasia *no art, no pl*
ster·ben <starb, gestorben> ['ʃtɛrbn̩] *vi sein* ❶ (*aufhören zu leben*) to die (**an** of); **mein Großonkel ist gestorben** my great uncle died; **daran wirst du [schon] nicht ~!** (*hum fam*) it won't kill you! ❷ (*vergehen*) ■ **vor etw** *dat* **~** to be dying of sth ▶ **gestorben sein** (*aufgegeben worden sein*) to be shelved; **für jdn ist jd/etw gestorben** sb is finished with sb/sth
Ster·bens·wort ['ʃtɛrbns'vɔrt] *nt*, **Ster·bens·wört·chen** ['ʃtɛrbns'vœrtçən] *nt* ■ **kein ~** not a [single] word
Ster·be·ra·te *f* death rate **Ster·be·ur·kun·de** *f* death certificate
sterb·lich ['ʃtɛrplɪç] *adj* (*geh*) mortal
Sterb·lich·keit <-> *f kein pl* mortality
Sterb·lich·keits·zif·fer *f* mortality rate
Ste·reo <-> ['ʃteːreo, 'st-] *nt kein pl* stereo *art, no pl*
Ste·reo·an·la·ge *f* stereo [system]
Ste·reo·skop <-s, -e> [ʃtereoskoːp, st-] *nt* stereoscope
ste·reo·typ [ʃtereo'tyːp, st-] **I.** *adj* stereotype *attr*, stereotypical **II.** *adv* stereotypically
Ste·reo·typ <-s, -e> [ʃtereo'tyːp, st-] *nt* stereotype
ste·ril [ʃteˈriːl, st-] *adj* ❶ (*keimfrei*) sterile ❷ (*unfruchtbar*) infertile
Ste·ri·li·sa·ti·on <-, -en> [ʃteriliza'tsi̯oːn, st-] *f* sterilization
ste·ri·li·sie·ren* [ʃterili'ziːrən] *vt* to sterilize; ■ **sich ~ lassen** to get sterilized
Ste·ri·li·tät <-> [ʃterili'tɛːt, st-] *f kein pl* ❶ (*Keimfreiheit*) sterility *no art, no pl* ❷ (*Unfruchtbarkeit*) infertility *no art, no pl*
Stern <-[e]s, -e> [ʃtɛrn] *m* star ▶ **jdm die ~ e vom Himmel holen** to go to the ends of the earth and back again for sb; **nach den ~ en greifen** to reach for the stars; **~e sehen** (*fam*) to see stars; **in den ~ en stehen** to be written in the stars
Stern·bild *nt* constellation
Ster·nen·him·mel *m* starry sky **ster·nen·klar** *adj* starry *attr*, starlit
Stern·frucht *f* star-fruit
Stern·gu·cker(in) *m(f)* (*hum fam*) star-gazer
stern·ha·gel·blau, **stern·ha·gel·voll** ['ʃtɛrn'haːgl̩'fɔl] *adj* (*sl*) plastered *fam*, pissed BRIT
stern·klar ['ʃtɛrnklaːɐ̯] *adj* starlit, starry
Stern·schnup·pe <-, -n> *f* shooting star
Stern·sin·ger(in) *m(f)* carol singer **Stern·stun·de** *f* ■ **jds ~** sb's great moment **Stern·war·te** *f* observatory **Stern·zei·chen** *nt* [star] sign

stet [steːt] *adj attr s.* **stetig**

Ste·tho·skop <-s, -e> [ʃteto'skoːp] *nt* stethoscope

ste·tig ['ʃteːtɪç] *adj* steady

Ste·tig·keit <-> *f kein pl* ❶ (*Beständigkeit*) steadiness *no pl* ❷ MATH continuousness *no pl*

stets [ʃteːts] *adv* at all times

Steu·er[1] <-s, -> ['ʃtɔyɐ] *nt* ❶ AUTO [steering] wheel; **hinterm ~ sitzen** (*fam*) to be behind the wheel ❷ NAUT helm; **am ~ stehen** to be at the helm

Steu·er[2] <-, -n> ['ʃtɔyɐ] *f* ÖKON tax; **etw von der ~ absetzen** to set off *sth sep* against tax

steu·er·be·güns·tigt *adj* with tax privileges *pred* **Steu·er·be·las·tung** *meist sing f* tax burden **Steu·er·be·ra·ter(in)** *m(f)* tax consultant **Steu·er·be·scheid** *m* tax assessment **Steu·er·be·trug** *m kein pl* tax evasion

steu·er·bord ['ʃtɔyɐbɔrt] *adv* starboard

Steu·er·bord ['ʃtɔyɐbɔrt] *nt kein pl* starboard *no art, no pl*

Steu·er·er·hö·hung *f* tax increase **Steu·er·er·klä·rung** *f* tax return **Steu·er·er·lass**[RR] *m* FIN remission of tax **Steu·er·er·mä·ßi·gung** *f* FIN tax reduction **Steu·er·flücht·ling** *m sb who avoids tax by transferring assets abroad* **steu·er·frei** **I.** *adj* tax-exempt *attr*, exempt from tax *pred* **II.** *adv* without paying tax **Steu·er·frei·heit** *f* tax exemption **Steu·er·gel·der** *pl* taxes *pl*, tax revenue[s *pl*] **Steu·er·hin·ter·zie·hung** *f* tax evasion *no art, no pl* **Steu·er·kar·te** *f* tax card **Steu·er·klas·se** *f* tax category

Steu·er·knüp·pel *m* joystick

steu·er·lich **I.** *adj attr* **II.** *adv* **~ absetzbar** tax-deductible; **etw ~ berücksichtigen** to provide tax allowance on sth; **~ vorteilhaft** tax-incentive *attr*, carrying tax benefits *pred*

Steu·er·mann <-männer *o* -leute> ['ʃtɔyɐman, *pl* -mɛnɐ, -lɔytə] *m* NAUT helmsman

Steu·er·mar·ke *f* stamp BRIT, [revenue] stamp AM

steu·ern ['ʃtɔyɐn] **I.** *vt* ❶ (*lenken*) to steer ❷ LUFT to fly ❸ (*regulieren*) to control **II.** *vi* AUTO to drive

steu·er·pflich·tig *adj* ❶ (*zu versteuern*) taxable ❷ (*zur Steuerzahlung verpflichtet*) liable to [pay] tax *pred* **Steu·er·prü·fer(in)** *m(f)* tax inspector [*or* AM auditor] **Steu·er·prü·fung** *f* tax inspection [*or* AM audit]

Steu·er·rad *nt* wheel, helm

Steu·er·re·form *f* tax reform

Steu·er·ru·der *nt* rudder

Steu·er·satz *m* tax rate **Steu·er·schuld** *f* tax[es *pl*] owing *no indef art*, AM *a.* tax delinquency *no art, no pl* **Steu·er·sen·kung** *f* tax cut **Steu·er·sün·der, -sün·de·rin** *m, f* tax evader **Steu·er·sys·tem** *nt* tax[ation] system **Steu·er·topf** *m* POL, FIN (*fam*) tax [*or* revenue] coffers *pl*

Steu·e·rung[1] <-> *f kein pl* (*Regulierung*) control

Steu·e·rung[2] <-, -en> *f* ❶ **die ~** [**einer S.** *gen*] ❶ LUFT piloting [sth] *no art, no pl*; **die ~ übernehmen** to take over control ❷ NAUT steering [sth] *no art, no pl*

Steu·er·ver·güns·ti·gung *f* tax concession **Steu·er·zah·ler(in)** *m(f)* taxpayer **Steu·er·zei·chen** *nt* ❶ INFORM control character ❷ (*form: Banderole*) revenue stamp

Ste·ward <-s, -s> ['stjuːɐt] *m* steward

Ste·war·dess[RR] <-, -en> *f*, **Ste·war·deß**[ALT] <-, -ssen> ['stjuːɐdɛs] *f fem form von* **Steward** stewardess

StGB <-[s]> [ɛsteːgeːˈbeː] *nt Abk von* **Strafgesetzbuch**

sti·bit·zen* [ʃtiˈbɪtsn̩] *vt* to nick [*or* pinch]

Stich <-[e]s, -e> [ʃtɪç] *m* ❶ (*Messer~*) stab; (*~wunde*) stab wound; **ein ~ durch/in etw** *akk* a stab through/in sth ❷ (*Insekten~*) sting; (*Mücken~*) bite ❸ (*stechender Schmerz*) stabbing pain ❹ (*Nadel~*) stitch ❺ KUNST engraving ❻ (*Farbschattierung*) **ein ~ ins Rote** a tinge of red ❼ KARTEN trick; **einen ~ machen** to get a trick ▸ **einen ~ haben** (*fam: verdorben sein*) to have gone off; (*übergeschnappt sein*) to be nuts; **jdn im ~ lassen** to let down sb

Sti·che·lei <-, -en> [ʃtɪçəˈlaɪ] *f* ❶ (*das Sticheln*) needling *no art, no pl* ❷ (*Bemerkung*) jibe

sti·cheln ['ʃtɪçl̩n] *vi* to make nasty remarks

Stich·flam·me *f* jet of flame

stich·hal·tig *adj*, **stich·häl·tig** *adj* ÖSTERR *Alibi* unassailable; *Argumentation* sound; *Beweis* conclusive; ■ **[nicht] ~ sein** to [not] hold water

Stich·ling <-s, -e> ['ʃtɪçlɪŋ] *m* ZOOL stickleback

Stich·pro·be *f* spot check; **~n machen** to carry out a spot check **Stich·punkt** *m* note **Stich·tag** *m* (*maßgeblicher Termin*) fixed date; (*letzte Möglichkeit*) deadline **Stich·waf·fe** *f* stabbing weapon **Stich·wahl** *f* final ballot, run-off AM

Stich·wort ['ʃtɪçvɔrt] *nt* ❶ (*Haupteintrag*) reference ❷ *meist pl* (*Wort als Gedächtnisstütze*) cue; (*Schlüsselwort*) keyword; **jdm das ~ geben** to give sb the lead-in; THEAT to cue in sb *sep* **stich·wort·ar·tig** *adv* briefly **Stich·wort·ka·ta·log** *m* classified catalogue

Stich·wun·de *f* stab wound

sti·cken ['ʃtɪkn̩] *vt, vi* to embroider

Sti·cke·rei <-, -en> [ʃtɪkəˈraɪ] *f* embroidery *no art, no pl*

sti·ckig [ˈʃtɪkɪç] *adj* stuffy; *Luft* stale

Stick·na·del *f* embroidery needle

Stick·stoff [ˈʃtɪkʃtɔf] *m kein pl* nitrogen *no art, no pl*

stie·ben <stob *o* stiebte, gestoben *o* gestiebt> [ˈʃtiːbn̩] *vi* **nach allen Seiten ~** to scatter in all directions

Stief·bru·der [ˈʃtiːf-] *m* stepbrother

Stie·fel <-s, -> [ˈʃtiːfl̩] *m* boot; **ein Paar ~** a pair of boots

Stie·fe·let·te <-, -n> [ʃtiːfəˈlɛtə] *f* ankle boot

Stief·el·tern *pl* step-parents *pl* **Stief·kind** *nt* stepchild **Stief·mut·ter** *f* stepmother **Stief·müt·ter·chen** *nt* BOT pansy **stief·müt·ter·lich** I. *adj* poor, shabby II. *adv* **etw ~ behandeln** to pay little attention to sth **Stief·schwes·ter** *f* stepsister **Stief·sohn** *m* stepson **Stief·toch·ter** *f* stepdaughter **Stief·va·ter** *m* stepfather

stieg [ʃtiːk] *imp von* **steigen**

Stie·ge <-, -n> [ˈʃtiːɡə] *f* narrow staircase

Stieg·litz <-es, -e> [ˈʃtiːɡlɪts] *m* ORN goldfinch

Stiel <-[e]s, -e> [ʃtiːl] *m* ① (*Handgriff*) handle; (*Besen-*) broomstick ② (*Blumen-*) stem, stalk

Stiel·au·gen *pl* ▸ **~ machen** to look goggle-eyed

stier [ʃtiːɐ̯] I. *adj* (*starr*) vacant II. *adv* vacantly

Stier <-[e]s, -e> [ʃtiːɐ̯] *m* ① (*Bulle*) bull ② ASTROL Taurus ▸ **den ~ bei den Hörnern packen** to get the bull by the horns

stie·ren [ˈʃtiːrən] *vi* to stare vacantly (**auf** at)

Stier·kampf *m* bullfight **Stier·kampf·are·na** *f* bullring **Stier·kämp·fer(in)** *m(f)* bullfighter

stieß [ʃtiːs] *imp von* **stoßen**

Stift[1] <-[e]s, -e> [ʃtɪft] *m* ① (*Stahl-*) tack, pin ② (*zum Schreiben*) pen, pencil ③ (*Lehrling*) apprentice

Stift[2] <-[e]s, -e> [ʃtɪft] *nt* ① (*Heim*) home ② (*christliches Internat*) church boarding school ③ (*Männerkloster*) monastery; (*Frauenkloster*) convent

stif·ten [ˈʃtɪftn̩] *vt* ① (*spenden*) ■ **[jdm] etw ~** to donate sth [to sb] ② (*verursachen*) to cause; **Unruhe ~** to create unrest ③ (*fam: abhauen*) **~ gehen** to scram

Stif·ter(in) <-s, -> [ˈʃtɪftɐ] *m(f)* ① (*Spender*) donor; ② (*Gründer*) founder

Stifts·kir·che *f* collegiate church

Stif·tung <-, -en> [ˈʃtɪftʊŋ] *f* ① (*Organisation*) foundation ② (*Schenkung*) donation

Stift·zahn *m* post crown

stig·ma·ti·sie·ren [ʃtɪɡmatiˈziːrən] *vt* SOZIOL (*geh*) to stigmatize

Stig·ma·ti·sie·rung [ʃtɪɡmatiˈziːrʊŋ] *f* SOZIOL (*geh*) stigmatization

Stil <-[e]s, -e> [ʃtiːl, st-] *m* ① (*Ausdrucksform*) style ② (*Verhaltensweise*) ■ **jds ~** sb's conduct; **das ist nicht unser ~** that's not the way we do things [here] ▸ **im großen ~** on a grand scale

stil·bil·dend *adj* SOZIOL, KUNST trendsetting **Stil·bruch** *m* inconsistency in style; KUNST, LING stylistic incongruity **stil·echt** I. *adj* period *usu attr* II. *adv* in period style

sti·li·sie·ren*** [ʃtiliˈziːrən, st-] *vt* to stylize

Sti·lis·tik <-, -en> [ʃtiˈlɪstɪk] *f kein pl* (*Stilkunde*) stylistics + *sing vb, no art*

sti·lis·tisch I. *adj* stylistic II. *adv* stylistically

still [ʃtɪl] *adj* ① (*ruhig*) quiet, peaceful; **etw ~ halten** to keep sth still; **sei ~!** be quiet! ② (*beschaulich*) quiet; **eine ~e Stunde** a quiet time ③ (*verschwiegen*) quiet ④ (*heimlich*) **im S~en** in secret; **im S~en hoffen** to secretly hope ▸ **es ist um jdn ~ geworden** you don't hear much about sb anymore

Stil·le <-> [ˈʃtɪlə] *f kein pl* ① (*Ruhe*) quiet *no art, no pl*; (*ohne Geräusch*) silence *no art, no pl*; **es herrschte ~** there was silence; **in aller ~** quietly ② (*Abgeschiedenheit*) peace *no art, no pl*

Stil|le·benᴬᴸᵀ *nt s.* **Stillleben stille·gen**ᴬᴸᵀ <stillgelegt> *vt s.* **stilllegen**

Stille·gungᴬᴸᵀ <-, -en> *f s.* **Stilllegung**

stil·len [ˈʃtɪlən] *vt* ① (*säugen*) to breastfeed ② (*befriedigen*) to satisfy; **den Durst ~** to quench sb's thirst ③ (*aufhören lassen*) to stop; *Blutverlust* to staunch

still|hal·ten *vi irreg* to keep still

still|lie·genᴬᴸᵀ <stillgelegen> *vi s.* **stillliegen**

Still·le·benᴿᴿ <ˈʃtɪlleːbn̩] *nt* still life **still|le·gen**ᴿᴿ <stillgelegt> *vt* to close [down] *sep*; ■ **stillgelegt** closed [down]

Still·le·gungᴿᴿ <-, -en> *f* closure

still|lie·genᴿᴿ <stillgelegen> *vi* sein *o* haben to be closed [down]

stil·los *adj* lacking any definite style *pred*

Still·schwei·gen *nt* silence *no art, no pl*; **über etw** *akk* **~ bewahren** to keep quiet about sth **still·schwei·gend** [ˈʃtɪlʃvaɪgn̩t] I. *adj* tacit II. *adv* tacitly; **etw ~ billigen** to give sth one's tacit approval **still|sit·zen** *vi irreg sein o haben* to sit still **Still·stand** *m kein pl* standstill *no art, no pl*; **zum ~ kommen** (*zum Erliegen*) to come to a standstill; (*aufhören*) to stop **still|ste·hen** *vi irreg sein o haben* ① (*außer Betrieb sein*) to stand idle ② MIL ■ **stillgestanden!** attention!

Stil·mö·bel *nt meist pl* period furniture *no art, no pl*

stil·voll *adj* stylish

Stimm·ab·ga·be *f* POL vote, voting *no art,*

Stimm·band <-, no pl> nt meist pl vocal c[h]ord
stimm·be·rech·tigt adj entitled to vote pred **Stimm·be·rech·tig·te(r)** f(m) dekl wie adj person entitled to vote; ■ **die ~ in** the voters pl **Stimm·bruch** m er war mit 12 im ~ his voice broke when he was 12
Stim·me <-, -n> ['ʃtɪmə] f ① (Art des Sprechens) voice; **mit leiser ~ sprechen** to speak in a quiet voice ② POL vote; **sich der ~ enthalten** to abstain ③ (Meinungsäußerung) voice; **es werden ~ n laut, die sich gegen das Projekt aussprechen** voices are being raised against the project
stim·men¹ ['ʃtɪmən] vi ① (zutreffen) to be right; **es stimmt, dass ...** it is true that ...; **stimmt!** right! ② (korrekt sein) to be correct; **diese Rechnung stimmt nicht!** there's something wrong with this bill!; **da stimmt was nicht!** there's something wrong here!; **stimmt so!** keep the change!
stim·men² ['ʃtɪmən] vt MUS to tune
Stim·men·aus·zäh·lung f vote count **Stim·men·ge·wirr** nt babble of voices **Stim·men·gleich·heit** f tie **Stim·men·mehr·heit** f majority of votes; **jdn durch ~ besiegen** to outvote sb
Stimm·ent·hal·tung f abstention **Stimm·ga·bel** f tuning fork
stimm·haft adj LING voiced
stim·mig ['ʃtɪmɪç] adj ■ [in sich dat] ~ sein to be consistent
Stimm·la·ge f voice **stimm·los** adj LING voiceless **Stimm·recht** nt right to vote
Stim·mung <-, -en> f ① (Gemütslage) mood; ■ **in der ~ sein** to be in the mood (zu for); **in ~ kommen** to get in the [right] mood ② (Atmosphäre) atmosphere; **eine geladene ~** a tense atmosphere ③ (öffentliche Einstellung) public opinion no art, no pl; **~ für/gegen etw** akk **machen** to stir up [public] opinion for/against sth
Stim·mungs·la·ge f mood, atmosphere **Stim·mungs·tief** <-s, -s> nt PSYCH, POL (fam) low [period] **Stim·mungs·um·schwung** m change of mood [or atmosphere] **stim·mungs·voll** adj sentimental usu pej
Stimm·zet·tel m voting slip
Sti·mu·la·ti·on <-, -en> f [ʃtimulaˈtsjoːn] f stimulation
sti·mu·lie·ren* [ʃtimuˈliːrən] vt to stimulate; ■ **jdn [zu etw** dat**] ~** to encourage sb [to do sth]
Stink·bom·be f stink bomb
Stin·ke·fin·ger m (fam) **jdm den ~ zeigen** to tell sb to fuck off, to flip sb the bird AM
stin·ken <stank, gestunken> ['ʃtɪŋkn] vi ① (unangenehm riechen) to stink (**nach** of) ② (verdächtig sein) **die Sache stinkt** the whole business stinks ③ (sl: zuwider sein) ■ **jdm stinkt etw** sb is fed up with sth; **mir stinkt's!** I'm fed up [to the back teeth] with it!
stink·faul ['ʃtɪŋkˈfaʊl] adj bone idle **stink·lang·wei·lig** adj dead boring **stink·sau·er** ['ʃtɪŋkˈzaʊɐ] adj **~ auf jdn sein** to be pissed off with sb **Stink·tier** nt skunk **Stink·wut** ['ʃtɪŋkˈvuːt] f towering rage no pl; ■ **eine ~ haben** to seethe with rage; ■ **eine ~ auf jdn haben** to be livid with sb
Sti·pen·di·at(in) <-en, -en> [ʃtipɛnˈdi̯aːt] m(f) person receiving a scholarship
Sti·pen·di·um <-s, -dien> [ʃtiˈpɛndiʊm, pl -di̯ən] nt scholarship
Stipp·vi·si·te ['ʃtɪpviziːtə] f (fam) quick [or BRIT flying] visit; **bei jdm eine ~ machen** to pay sb a flying visit
Stirn <-, -en> [ʃtɪrn] f forehead; **die ~ runzeln** to frown ▶ **jdm die ~ bieten** to face up to sb; **jdm auf der ~ geschrieben stehen** to be written on sb's face
Stirn·band <-bänder> nt headband
Stirn·höh·le f sinus
Stirn·höh·len·ent·zün·dung f sinusitis no art, no pl
Stirn·run·zeln <-s> nt kein pl frown **Stirn·sei·te** f [narrow] side; eines Hauses end wall
stob [ʃtoːp] imp von **stieben**
stö·bern ['ʃtøːbɐn] vi ■ **in etw** dat **~** to rummage in sth
sto·chern ['ʃtɔxɐn] vi ■ **in etw** dat **~** to poke [around in] sth
Stock¹ <-[e]s, Stöcke> [ʃtɔk, pl ˈʃtœkə] m ① (Holzstange) stick ② (Topfpflanze) plant ▶ **über ~ und Stein** across country
Stock² <-[e]s, -> [ʃtɔk] m floor, storey; **der 1. ~** the ground [or AM first] floor
stock·be·sof·fen ['ʃtɔkbəˈzɔfn] adj (fam) stinking drunk **stock·dun·kel** ['ʃtɔkˈdʊŋkl] adj pitch-black
Stö·ckel·ab·satz m high heel **Stö·ckel·schuh** m high heel
sto·cken ['ʃtɔkn] vi ① (innehalten) to falter ② (zeitweilig stillstehen) to come to a halt
sto·ckend adj ① Unterhaltung flagging ② Verkehr stop-start ③ ÖKON stagnant
stock·fins·ter adj s. stockdunkel **Stock·fisch** m dried cod
Stock·holm <-s> ['ʃtɔkhɔlm] nt Stockholm no art, no pl
stock·kon·ser·va·tiv ['ʃtɔkkɔnzɛrvaˈtiːf] adj (fam) diehard **stock·sau·er** ['ʃtɔkˈzaʊɐ] adj (fam) pissed off pred; ■ **~ sein** to be pissed off **stock·steif** ['ʃtɔkˈʃtaɪf] adj, adv [as] stiff as a poker pred
Sto·ckung <-, -en> f hold-up (+gen in)

Stock·werk *nt s.* Stock²

Stoff <-[e]s, -e> [ʃtɔf] *m* ❶ (*Textil*) material, cloth ❷ (*Material*) material ❸ CHEM substance ❹ (*thematisches Material*) material *no indef art, no pl* ❺ (*Lehr~*) subject material *no indef art, no pl* ❻ *kein pl* (*sl: Rauschgift*) dope *no art, no pl*

Stoffetzen^{ALT}, **Stoff·fet·zen**^{RR} *m* scrap of material **stoff·ge·bun·den** *adj* MED, PSYCH (*fachspr*) substance-related; **~e Süchte** substance addictions **Stoff·tier** *nt* soft [*or* BRIT *a.* cuddly] toy

Stoff·wech·sel *m* metabolism *no art, no pl*

stöh·nen [ˈʃtøːnən] *vi* to moan; (*vor Schmerz*) to groan

sto·isch [ˈʃtoːɪʃ, ˈst-] *adj* stoic[al]

Sto·la <-, Stolen> [ˈʃtoːla, ˈst-] *f* ❶ MODE shawl; (*aus Pelz*) stole ❷ REL stole

Stol·len <-s, -> [ˈʃtɔlən] *m* ❶ BERGB tunnel; **senkrechter/waagrechter ~** shaft/gallery ❷ KOCHK stollen AM (*sweet bread made with dried fruit often with marzipan in the centre, eaten at Christmas*)

stol·pern [ˈʃtɔlpɛn] *vi sein* ❶ (*zu fallen drohen*) to trip, to stumble (**über** over) ❷ (*als auffallend bemerken*) ▪ **über etw** *akk* **~** to be puzzled by sth

Stol·per·stein *m* stumbling block

stolz [ʃtɔlts] *adj* proud; ▪ **~ auf jdn/etw sein** to be proud of sb/sth; **eine ~e Summe** a tidy sum

Stolz <-es> [ʃtɔlts] *m kein pl* pride *no art, no pl*; (*ganzer* ~) to be sb's pride and joy

stol·zie·ren* [ʃtɔlˈtsiːrən] *vi sein* to strut

stop [ʃtɔp] *interj s.* stopp

Stop^{ALT} <-s, -s> [ʃtɔp] *m s.* Stopp

Stop-and-go(-Ver·kehr) <-s> [ˈstɔpʔəndˈgoː] *nt kein pl* stop-and-go traffic *no art, no pl*

stop·fen [ˈʃtɔpfn̩] I. *vt* ❶ (*hineinzwängen*) to stuff ❷ (*mit Nadel und Faden*) to darn II. *vi* ❶ (*sättigen*) to be filling ❷ (*die Verdauung hemmen*) to cause constipation

Stopf·na·del *f* darning needle

stopp [ʃtɔp] *interj* stop

Stopp^{RR} <-s, -s> [ʃtɔp] *m* stop; **ohne ~** without stopping

Stop·pel¹ <-, -n> [ˈʃtɔpl̩] *f meist pl* stubble *no art, no pl*

Stop·pel² <-s, -> [ˈʃtɔpl̩] *m* ÖSTERR (*Stöpsel*) plug

Stop·pel·bart *m* stubbly beard **Stop·pel·feld** *nt* stubble field

stop·pe·lig [ˈʃtɔpəlɪç] *adj* stubbly

stop·pen [ˈʃtɔpn̩] *vt, vi* ❶ (*anhalten*) to stop ❷ (*Zeit nehmen*) to time

stopp·lig [ˈʃtɔplɪç] *adj s.* stoppelig

Stopp·schild <-schilder> *nt* stop [*or* BRIT *a.* halt] sign **Stopp·uhr** *f* stopwatch

Stöp·sel <-s, -> [ˈʃtœpsl̩] *m* stopper; (*für Badewanne*) plug; (*Fass~*) bung

Stör <-[e]s, -e> [ʃtøːɐ̯] *m* ZOOL sturgeon

Storch <-[e]s, Störche> [ʃtɔrç, *pl* ˈʃtœrçə] *m* stork

Stor·chen·nest *nt* stork's nest

Stör·chin [ˈʃtœrçɪn] *f fem form von* Storch

stö·ren [ˈʃtøːrən] I. *vt* ❶ (*unterbrechen*) ▪ **jdn ~** to disturb sb; **jdn bei der Arbeit ~** to disturb sb at his/her work; **entschuldigen Sie, wenn ich Sie störe** I'm sorry to bother you ❷ (*beeinträchtigen*) **jds Pläne ~** to interfere with sb's plans; **jds Schlaf ~** to disturb sb's sleep ❸ (*unangenehm berühren*) **stört es Sie, wenn ich ...?** do you mind if I ...?; **das stört mich nicht** that doesn't bother me; **das stört mich!** that's annoying me! II. *vi* ❶ (*bei etw unterbrechen*) to disturb; **ich will nicht ~, aber ...** I hate to disturb you, but ... ❷ (*lästig sein*) to be irritating; **etw als ~d empfinden** to find sth irritating III. *vr* ▪ **sich an etw** *dat* **~** to let sth bother one

Stö·ren·fried <-[e]s, -e> *m* troublemaker

Stör·fall *m* (*technischer Defekt*) fault; (*Fehlfunktion*) malfunction; **im ~** in case of malfunction **Stör·ge·räusch** *nt* interference *no art, no pl*

Stor·ni *pl s.* Storno

stor·nie·ren* [ʃtɔrˈniːrən] *vt* to cancel

Stor·nie·rung <-, -en> *f* ❶ HANDEL *eines Auftrags* cancellation ❷ FIN *einer Buchung* reversal, correcting entry

Stor·no <-s, Storni> [ˈʃtɔrno, *pl* ˈʃtɔrni] *m o nt* reversal

stör·risch [ˈʃtœrɪʃ] I. *adj* obstinate, stubborn II. *adv* obstinately, stubbornly

Stö·rung <-, -en> *f* ❶ (*Unterbrechung*) interruption, disruption, disturbance ❷ (*Störsignale*) interference *no art, no pl* ❸ (*technischer Defekt*) fault; (*Fehlfunktion*) malfunction

Stö·rungs·dienst *m* TELEK faults service BRIT, repair service AM **Stö·rungs·stel·le** *f* TELEK customer hotline

Sto·ry <-, -s> [ˈstoːri, ˈstɔri] *f* story

Stoß <-es, Stöße> [ʃtoːs, *pl* ˈʃtøːsə] *m* ❶ (*Schubs*) push; (*mit dem Ellbogen*) dig; (*mit der Faust*) punch; (*mit dem Fuß*) kick; **jdm einen ~ versetzen** to give sb a push etc. ❷ *einer Waffe* thrust ❸ (*Erschütterung*) bump ❹ (*Stapel*) pile, stack ▶ **sich** *dat* **einen ~ geben** to pull oneself together

Stoß·dämp·fer *m* shock absorber

Stö·Bel <-s, -> [ˈʃtøːsl̩] *m* pestle

sto·ßen <stößt, stieß, gestoßen> [ˈʃtoːsn̩] I. *vt* ❶ (*schubsen*) to push, to shove (**aus** out of, **von** off) ❷ (*aufmerksam machen*) ▪ **jdn**

auf etw *akk* ~ to point out sth *sep* to sb **II.** *vr* ■ **sich** [an etw *dat*] ~ to hurt oneself [on sth]; [sich *dat*] **den Kopf** ~ to bang one's head **III.** *vi* ❶ *sein* (*aufschlagen*) ■ **an etw** *akk* ~ to knock against sth; **mit dem Kopf an etw** *akk* ~ to bang one's head on sth; ■ **gegen etw** *akk* ~ to knock into sth ❷ *sein* (*grenzen*) ■ **an etw** *akk* ~ to be bordered by sth ❸ *sein* (*treffen*) ■ **zu jdm** ~ to join sb ❹ *sein* (*finden*) ■ **auf etw** *akk* ~ to find sth; **auf Erdöl** ~ to strike oil ❺ *sein* (*konfrontiert werden*) **auf Ablehnung/Zustimmung** ~ to meet with disapproval/approval ❻ SCHWEIZ (*schieben*) to push, to shove

Stoß·ge·bet *nt* [quick] prayer; **ein ~ zum Himmel schicken** to send up a [quick] prayer **Stoß·seuf·zer** *m* deep sigh **Stoß·stan·ge** *f* bumper **Stoß·ver·kehr** *m* rush hour [traffic] *no art, no pl*

stoß·wei·se *adv* ❶ (*ruckartig*) in fits and starts ❷ (*in Stapeln*) in piles

Stoß·zahn *m* tusk **Stoß·zeit** *f* ❶ (*Hauptverkehrszeit*) rush hour *no art, no pl* ❷ (*Hauptgeschäftszeit*) peak time

Stot·te·rer, Stot·te·rin <-s, -> *m, f* stutterer

stot·tern ['ʃtɔtən] **I.** *vi* ❶ (*stockend sprechen*) to stutter ❷ *Motor* to splutter **II.** *vt* ■ **etw** ~ to stammer [out *sep*] sth

Stöv·chen <-s, -> ['ʃtø:fçən] *nt* [teapot/coffee pot] warmer

Str. *Abk von* **Straße** St

stracks [ʃtraks] *adv* straight; **jetzt aber ~ nach Hause!** home with you, straight away!

Straf·an·stalt *f* penal institution **Straf·antrag** *m* petition (*for a particular penalty or sentence*) **Straf·an·zei·ge** *f* [criminal] charge; **~ [gegen jdn] erstatten** to bring a criminal charge against sb **Straf·ar·beit** *f* SCH lines *pl* BRIT, extra work AM; **jdm eine ~ aufgeben** to punish sb/to give sb lines **Straf·bank** *f* SPORT penalty bench; **die ~ drücken** (*fam o fig*) to be in the sin bin

straf·bar *adj* punishable [by law]; **sich [mit etw** *dat*] **~ machen** to make oneself liable to prosecution

Straf·be·fehl *m* order of summary punishment (*on the application of the public prosecutor's office*)

Stra·fe <-, -n> ['ʃtraːfə] *f* ❶ (*Bestrafung*) punishment *no pl*; **das ist die ~ [dafür]!** that's what you get [for doing it]!; **~ muss sein!** discipline is necessary!; **zur ~** as a punishment ❷ (*Geld·~*) fine; **~ zahlen** to pay a fine; (*Haft·~*) sentence; **seine ~ absitzen** to serve [out] one's sentence ► **die ~ folgt auf dem Fuße** [the] punishment follows swiftly

stra·fen ['ʃtraːfn̩] *vt* ❶ (*be·~*) ■ **jdn** ~ to punish sb (**für** for); **mit etw** *dat* **gestraft sein** to be stuck with sth *fam* ❷ (*behandeln*) **jdn mit Verachtung ~** to treat sb with contempt

Straf·er·lass^RR *m* remission [of a/the sentence]; **ein vollständiger ~** a pardon

straff [ʃtraf] **I.** *adj* ❶ (*fest gespannt*) taut, tight ❷ (*nicht schlaff*) firm **II.** *adv* tightly

straf·fäl·lig *adj* JUR punishable, criminal *attr*; **ein ~er Jugendlicher** a young offender; **~ werden** to become a criminal

Straf·fäl·lig·keit *f kein pl* JUR (*fachspr*) delinquency, criminal activity

straf·fen ['ʃtrafn̩] *vt* ❶ (*straff anziehen*) to tighten ❷ (*kürzen*) to shorten; (*präziser machen*) to tighten up *sep*

Straff·heit <-> *f kein pl* ❶ *der Haut* firmness; *eines Seils* tautness ❷ (*fig*) *einer Ordnung* strictness

straf·frei *adj* unpunished; **~ bleiben** to go unpunished **Straf·frei·heit** *f kein pl* immunity from criminal prosecution **Straf·ge·fan·ge·ne(r)** *f(m) dekl wie adj* prisoner **Straf·ge·richt** *nt* punishment; **ein ~ abhalten** to hold a trial **Straf·ge·setz** *nt* criminal law **Straf·ge·setz·buch** *nt* penal code **Straf·jus·tiz** *f kein pl* criminal justice *no pl, no art*

sträf·lich ['ʃtrɛːflɪç] *adj* criminal *attr*

Sträf·ling <-s, -e> ['ʃtrɛːflɪŋ] *m* prisoner

straf·los *adj* unpunished **Straf·maß** *nt* sentence **straf·mil·dernd** *adj* mitigating **straf·mün·dig** *adj* of the age of criminal responsibility **Straf·por·to** *nt* excess postage **Straf·pre·digt** *f* sermon; **jdm eine ~ halten** to lecture sb

Straf·pro·zess^RR *m* trial **Straf·pro·zess·ord·nung**^RR *f* code of criminal procedure **Straf·punkt** *m* SPORT penalty spot **Straf·raum** *m* FBALL penalty area **Straf·recht** *nt* criminal law *no art, no pl* **straf·recht·lich** *adj* criminal *attr*; **eine ~e Frage** a question concerning criminal law **Straf·re·gis·ter** *nt* criminal records *pl* **Straf·stoß** *m* SPORT penalty [kick] **Straf·tat** *f* [criminal] offence **Straf·tä·ter(in)** *m(f)* criminal, offender **Straf·ver·fah·ren** *nt* criminal proceedings *pl* **Straf·ver·fol·ger(in)** *m(f)* public prosecutor BRIT, district attorney AM **Straf·ver·set·zung** *f* disciplinary transfer **Straf·ver·tei·di·ger(in)** *m(f)* counsel for the defence BRIT, defending counsel AM

Straf·voll·zug *m* penal system **Straf·voll·zugs·an·stalt** *f* penal institution

Straf·zet·tel *m* ticket

Strahl <-[e]s, -en> [ʃtraːl] *m* ❶ (*Licht·~*) ray [of light]; (*Sonnen·~*) sunbeam BRIT, sunray AM; (*konzentriertes Licht*) beam ❷ (*Wasser·~*) jet

strah·len ['ʃtraːlən] vi ❶ (*leuchten*) to shine (**auf** on) ❷ (*Radioaktivität abgeben*) to be radioactive ❸ (*ein freudiges Gesicht machen*) to beam (**vor** with); **über das ganze Gesicht ~** to beam all over one's face ❹ (*glänzen*) to shine (**vor** with)

Strah·len·be·hand·lung f radiotherapy *no art, no pl* **Strah·len·be·las·tung** f radiation *no art, no pl*, radioactive contamination *no pl* **Strah·len·do·sis** f MED dose of radiation **strah·len·ge·schä·digt** adj suffering from radiation sickness, damaged by radiation **Strah·len·schutz** m *kein pl* radiation protection *no art, no pl* **Strah·len·the·ra·pie** f s. Strahlenbehandlung **strah·len·ver·seucht** adj contaminated with radioactivity *pred*

Strahl·er <-s, -> m (*Leuchte*) spotlight, spot *fam*

Strah·lung <-, -en> f PHYS radiation *no art, no pl*; **radioaktive ~** radioactivity

Sträh·nchen <-s, -> nt *meist pl* streak, streaks *pl*; **~ machen lassen** to have highlights put in

Sträh·ne <-, -n> ['ʃtrɛːnə] f strand; **eine weiße ~** a white streak

sträh·nig ['ʃtrɛːnɪç] adj straggly

stramm [ʃtram] I. adj ❶ (*straff*) tight; **etw ~ ziehen** to tighten sth ❷ (*kräftig*) strong, brawny, strapping *hum fam* ❸ (*drall*) taut; *Beine* sturdy ❹ *Marsch* brisk ❺ KOCHK **S~er Max** ham and fried eggs on toast II. adv ❶ (*eng anliegend*) tightly ❷ (*fam: intensiv*) intensively; **~ marschieren** to march briskly

strammlste·hen vi *irreg* to stand to attention

Stram·pel·an·zug m romper suit **Stram·pel·hös·chen** [-høːsçən] nt romper suit, Babygro® BRIT

stram·peln ['ʃtrampl̩n] vi ❶ haben (*heftig treten*) to kick about ❷ haben (*fam: sich abmühen*) to struggle

Strand <-[e]s, Strände> [ʃtrant, pl 'ʃtrɛndə] m beach; **am ~** on the beach; *eines Sees* shore

Strand·bad nt bathing beach

stran·den ['ʃtrandn̩] vi sein (*auf Grund laufen*) to run aground ▶ **irgendwo gestrandet sein** to be stranded somewhere

Strand·gut nt *kein pl* flotsam and jetsam + *sing vb* **Strand·korb** m beach chair **Strand·pro·me·na·de** f promenade

Strang <-[e]s, Stränge> [ʃtraŋ, pl 'ʃtrɛŋə] m ❶ (*dicker Strick*) rope ❷ (*Bündel von Fäden*) hank ▶ **am gleichen ~ ziehen** to [all] pull together; **über die Stränge schlagen** (*fam*) to run riot

stran·gu·lie·ren* [ʃtraŋgu'liːrən] vt to strangle

Stra·pa·ze <-, -n> [ʃtra'paːtsə] f stress *no art, no pl*, strain *no art, no pl*

stra·pa·zie·ren* [ʃtrapa'tsiːrən] I. vt ❶ (*stark beanspruchen*) to wear; (*abnutzen*) to wear out *sep*; **man darf diese Seidenhemden nicht zu sehr ~** you can't put too much wear [and tear] on these silk shirts ❷ (*überbeanspruchen*) *jds Geduld ~* to tax sb's patience; **jds Nerven ~** to get on sb's nerves ❸ (*fam: zu häufig verwenden*) to flog to death II. *vr* ■ **sich** [*bei etw dat*] **~** to overdo it [when doing sth]

stra·pa·zier·fä·hig adj hard-wearing

stra·pa·zi·ös [ʃtrapa'tsjøːs] adj strenuous

Straps <-es, -e> [ʃtraps] m *meist pl* suspender[s *pl*] BRIT, garter AM

Straß·burg ['ʃtraːsbʊrk] nt Strasbourg

Stra·ße <-, -n> ['ʃtraːsə] f (*Verkehrsweg*) road; (*bewohnte ~*) street; (*enge ~ auf dem Land*) lane; **auf die ~ gehen** to demonstrate; **auf der ~ sitzen** (*fam*) to be [out] on the streets ▶ **auf offener ~** in broad daylight; **jdn auf die ~ setzen** (*fam*) to throw out sb

Stra·ßen·ar·bei·ter(in) m(f) [road] construction worker

Stra·ßen·bahn f tram[car] BRIT, streetcar AM; **mit der ~ fahren** to go by tram **Stra·ßen·bahn·hal·te·stel·le** f tram stop **Stra·ßen·bahn·li·nie** f tram route BRIT, streetcar line AM

Stra·ßen·bau m *kein pl* road construction *no art* **Stra·ßen·be·lag** m road surface **Stra·ßen·block** <-s, -s o -blöcke> m block **Stra·ßen·fe·ger(in)** <-s, -> m(f) road sweeper, street cleaner AM **Stra·ßen·fest** nt street party **Stra·ßen·füh·rung** f route **Stra·ßen·gra·ben** m [roadside] ditch **Stra·ßen·jun·ge** m (*pej*) street urchin **Stra·ßen·kar·te** f road map **Stra·ßen·keh·rer(in)** <-s, -> m(f) road sweeper **Stra·ßen·kreu·zer** <-s, -> m (*fam*) limousine **Stra·ßen·kreu·zung** f crossroads + *sing vb*, intersection AM **Stra·ßen·la·ter·ne** f street lamp, street light **Stra·ßen·lo·kal** nt pavement [*or* AM sidewalk] café, roadside pub **Stra·ßen·mu·si·kant(in)** m(f) street musician, busker BRIT **Stra·ßen·rand** m roadside **Stra·ßen·schild** nt street sign **Stra·ßen·schlucht** f street (*between high-rise buildings*) **Stra·ßen·sei·te** f (*Straße*) roadside; (*Gebäude*) side next to the road/street **Stra·ßen·sper·re** f roadblock **Stra·ßen·strich** m (*fam*) red-light district **Stra·ßen·über·füh·rung** f für Fußgänger footbridge; für Fahrzeuge flyover BRIT, overpass AM **Stra·ßen·un·ter·füh·rung** f für Fahrzeuge underpass; für Fußgänger [pedestrian] subway, underpass *esp* AM **Stra·ßen·ver·hält-**

nis·se *pl* road conditions *pl*
Stra·ßen·ver·kehr *m* [road] traffic **Stra·ßen·ver·kehrs·ord·nung** *f* road traffic act
Stra·te·ge <-n, -n> [ʃtraˈteːgə, st-, ˈʃtraːtəˌgɪn] *m, f* strategist
Stra·te·gie <-, -en> [ʃtrateˈgiː, st-, *pl* -ˈgiːən] *f* strategy
Stra·te·gin <-, -nen> *f fem form von* **Stratege**
stra·te·gisch [ʃtraˈteːgɪʃ, st-] *adj* strategic
Stra·to·sphä·re [ʃtratoˈsfɛːrə, st-] *f kein pl* stratosphere
sträu·ben [ˈʃtrɔybn̩] *vr* ❶ (*sich widersetzen*) ■ **sich [gegen etw** *akk*] ~ to resist [sth] ❷ (*sich aufrichten*) ■ **sich ~ Fell, Haar** to stand on end
Strauch <-[e]s, Sträucher> [ʃtraux, *pl* ˈʃtrɔyçə] *m* shrub, bush
strau·cheln [ˈʃtrauxln̩] *vi sein* (*geh*) ❶ (*stolpern*) to stumble (**über** over) ❷ (*straffällig werden*) to go astray
Strauß¹ <-es, Sträuße> [ʃtraus, *pl* ˈʃtrɔysə] *m* bunch [of flowers]
Strauß² <-es, -e> [ʃtraus] *m* ostrich
Stre·be <-, -n> [ˈʃtreːbə] *f* brace, strut
stre·ben [ˈʃtreːbn̩] *vi* ❶ *haben* (*sich bemühen*) to strive (**nach** for) ❷ *sein* (*geh: sich hinbewegen*) **zum Ausgang ~** to make for the exit
Stre·ben <-s> [ˈʃtreːbn̩] *nt kein pl* striving (**nach** for)
Stre·be·pfei·ler *m* ARCHIT buttress
Stre·ber(in) <-s, -> [ˈʃtreːbɐ] *m(f)* (*pej fam*) swot BRIT, grind AM
streb·sam [ˈʃtreːpzaːm] *adj* assiduous
Streb·sam·keit <-> *f kein pl* assiduousness
Stre·cke <-, -n> [ˈʃtrɛkə] *f* ❶ (*Weg~*) distance; **eine ~ von zehn Kilometern zurücklegen** to cover a distance of ten kilometres; **ich habe auf der ganzen ~ geschlafen** I slept the whole way; **auf halber ~** halfway; **über weite ~n** for long stretches ❷ BAHN [section of] line; **auf freier ~** on the open line ▸ **auf der ~ bleiben** *dat* (*fam*) to fall by the wayside; **jdn zur ~ bringen** to hunt sb down
stre·cken [ˈʃtrɛkn̩] **I.** *vt* ❶ (*recken*) to stretch; **den Arm/die Beine ~** to stretch one's arm/legs; **den Finger ~** to raise one's finger ❷ (*ergiebiger machen*) to stretch; *Drogen etc.* to thin down **II.** *vr* ■ **sich ~** to [have a] stretch
Stre·cken·ab·schnitt *m* BAHN section of the line **Stre·cken·netz** *nt* BAHN rail network
stre·cken·wei·se *adv* in parts
Street·wor·ker(in) <-s, -> [ˈstriːtvœːɐkɐ] *m(f)* street worker
Streich <-[e]s, -e> [ʃtraiç] *m* ❶ (*Schabernack*) prank; **ein böser ~** a nasty trick; **jdm einen ~ spielen** to play a trick on sb ❷ (*geh: Schlag*) blow
Strei·chel·ein·hei·ten *pl* (*Zärtlichkeit*) tender loving care, TLC *fam*; **ein paar ~** a bit of tender loving care; (*Lob*) praise and appreciation
strei·cheln [ˈʃtraiçln̩] *vt* to stroke, to caress
strei·chen <strich, gestrichen> [ˈʃtraiçn̩] **I.** *vt haben* ❶ (*anmalen*) to paint ❷ (*schmieren*) ■ **etw ~** to spread sth (**auf** on) ❸ (*ausstreichen*) to delete ❹ (*zurückziehen*) to cancel, to withdraw **II.** *vi* ❶ *haben* (*darüberfahren*) ■ **über etw** *akk* **~** to stroke sth ❷ *sein* (*streifen*) to prowl
Strei·cher(in) <-s, -> [ˈʃtraiçɐ] *m(f)* MUS string player
Streich·holz *nt* match **Streich·holz·schach·tel** *f* matchbox
Streich·in·stru·ment *nt* string[ed] instrument **Streich·kä·se** *m* cheese spread
Streich·mu·sik *f* string music **Streich·or·ches·ter** *nt* string orchestra
Strei·chung <-, -en> *f* ❶ (*das Streichen*) deletion ❷ (*das Zurückziehen*) *Auftrag, Projekt* cancellation; *Zuschüsse* withdrawal ❸ (*gestrichene Textstelle*) deletion
Streich·wurst *f* sausage for spreading
Strei·fe <-, -n> [ˈʃtraifə] *f* patrol; **auf ~ sein** to be on patrol
strei·fen [ˈʃtraifn̩] **I.** *vt haben* ❶ (*flüchtig berühren*) to touch; **der Schuss streifte ihn nur** the shot just grazed him ❷ (*flüchtig erwähnen*) ■ **etw [nur] ~** to [just] touch [up]on sth ❸ (*überziehen*) ■ **etw auf/über etw** *akk* **~** to slip sth on/over sth ❹ (*abstreifen*) ■ **etw von etw** *dat* **~** to slip sth off sth **II.** *vi sein* (*geh*) to roam
Strei·fen <-s, -> [ˈʃtraifn̩] *m* ❶ (*schmaler Abschnitt*) stripe ❷ (*schmales Stück*) strip
Strei·fen·po·li·zist(in) *m(f)* policeman/policewoman on patrol **Strei·fen·wa·gen** *m* patrol car
Streif·schussᴿᴿ *m* graze **Streif·zug** *m* ❶ (*Bummel*) expedition; **einen ~ durch etw** *akk* **machen** to take a wander through sth ❷ (*Raubzug*) raid ❸ (*Exkurs*) digression
Streik <-[e]s, -s *o selten* -e> [ʃtraik] *m* strike; **mit ~ drohen** to threaten strike action; **in den ~ treten** to come out on strike
Streik·bre·cher(in) *m(f)* strike-breaker
strei·ken [ˈʃtraikn̩] *vi* ❶ (*die Arbeit niederlegen*) to come out on strike ❷ (*nicht arbeiten*) to be on strike, to strike (**für** for) ❸ (*hum fam: nicht funktionieren*) to pack up ❹ (*fam: sich weigern*) to go on strike
Strei·ken·de(r) *f(m) dekl wie adj* striker
Streik·pos·ten *m* picket; **~ aufstellen** to

mount a picket **Streik·recht** *nt kein pl* right to strike

Streit <-[e]s, -e> [ʃtraɪt] *m* argument, dispute, quarrel, row BRIT; **[mit jdm]** ~ **[wegen etw** *dat*] **bekommen** to get into an argument [with sb] [about sth]; ~ **haben** to have an argument; ~ **suchen** to be looking for an argument; **im** ~ during an argument

strei·ten <stritt, gestritten> ['ʃtraɪtn̩] *vi, vr* to argue, to quarrel (**über** about); ■**sich um etw** *akk* ~ to argue [*or* fight] over sth

Strei·te·rei <-, -en> [ʃtraɪtə'raɪ] *f* (*fam*) arguing *no indef art, no pl*

Streit·fall *m* dispute, conflict; **im** ~ in case of dispute **Streit·ge·spräch** *nt* debate

strei·tig ['ʃtraɪtɪç] *adj* disputed; JUR contentious; **jdm etw** ~ **machen** to challenge sb's sth

Strei·tig·keit *f meist pl* dispute, quarrel

Streit·kräf·te *pl* [armed] forces *pl* **streit·lus·tig** *adj* pugnacious **Streit·punkt** *m* POL contentious issue **streit·süch·tig** *adj* quarrelsome

streng [ʃtrɛŋ] **I.** *adj* ❶ (*auf Disziplin achtend*) strict ❷ (*unnachsichtig*) severe; *Kontrolle* strict ❸ *Geruch* pungent ❹ *Winter* severe ❺ (*konsequent*) strict; **ich bin** ~ **er Vegetarier/Moslem** I am a strict vegetarian/Muslim ❻ SCHWEIZ (*anstrengend*) strenuous **II.** *adv* ❶ (*unnachsichtig*) strictly; **wir wurden sehr** ~ **erzogen** we were brought up very strictly; ~ **durchgreifen** to take rigorous action ❷ (*durchdringend*) pungently; **was riecht hier so** ~? what's that strong smell?

Stren·ge <-> ['ʃtrɛŋə] *f kein pl* ❶ (*Unnachsichtigkeit*) strictness *no pl* ❷ (*Härte*) severity ❸ *Geschmack* sharpness; *Geruch* pungency

streng·gläu·big *adj* strict; ■ ~ **sein** to be strictly religious

Stress^RR <-es, -e> [ʃtrɛs, st-] *m*, **Streß**^ALT <-sses, -sse> [ʃtrɛs, st-] *m* stress; ~ **haben** to experience stress; **im** ~ **sein/unter** ~ **stehen** to be under stress; **ich bin voll im** ~ I am completely stressed out

stres·sen ['ʃtrɛsn̩] *vt* to put under stress
stress·frei^RR *adj* stress-free
stres·sig ['ʃtrɛsɪç] *adj* stressful
Stres·sor <-s, -en> ['ʃtrɛsoːɐ̯] *m* PSYCH stressor

Stress·si·tu·a·ti·on^RR *f* stress situation
Stret·ching <-, -> ['ʃtrɛtʃɪŋ] *nt* stretching
Streu <-> [ʃtrɔʏ] *f kein pl* litter
Streu·bom·be ['ʃtrɔʏbɔmbə] *f* MIL cluster bomb

streu·en ['ʃtrɔʏən] **I.** *vt* ❶ (*hinstreuen*) to scatter, to spread ❷ (*verbreiten*) to spread **II.** *vi* (*Streumittel anwenden*) to grit BRIT, to put down salt ❷ PHYS to scatter

Streu·fahr·zeug *nt* gritter BRIT **Streu·gut** *nt* grit BRIT

streu·nen *vi* ❶ *sein o haben* (*umherstreifen*) to roam about; ~ **de Hunde/Katzen** stray dogs/cats ❷ *sein* (*ziellos umherziehen*) to wander around; **durch die Straßen** ~ to roam the streets

Streu·sel <-s, -> ['ʃtrɔʏzl̩] *nt* streusel *esp* AM, crumble [topping]

Streu·sel·ku·chen *m* streusel [cake] *esp* AM, crumble

Streu·ung <-, -en> *f* ❶ MIL (*Abweichung*) dispersion ❷ MEDIA (*Verbreitung*) distribution ❸ (*Verteilung*) spread[ing]

strich [ʃtrɪç] *imp von* streichen

Strich <-[e]s, -e> [ʃtrɪç] *m* ❶ (*gezogene Linie*) line; **einen** ~ **[unter etw** *akk*] **ziehen** to draw a line [under sth] ❷ (*fam: Gegend mit Prostitution*) red-light district; **auf den** ~ **gehen** to go on the game BRIT, to become a streetwalker AM ▶ **nach** ~ **und Faden** (*fam*) good and proper; **ein** ~ **in der Landschaft sein** (*hum fam*) to be as thin as a rake; **jd/etw macht jdm einen** ~ **durch die Rechnung** sb/sth messes up sb's plans; **jdm gegen den** ~ **gehen** (*fam*) to go against the grain; **einen** ~ **unter etw** *akk* **ziehen** to put sth behind one; **unterm** ~ (*fam*) at the end of the day

Strich·code [-koːt] *m* bar code
stri·cheln ['ʃtrɪçl̩n] *vt* to sketch in; ■**gestrichelte Linie** dotted line; *Straße* broken line
Stri·cher <-s, -> *m* (*sl*) rent boy BRIT, young male prostitute AM
Strich·kode [-koːt] *f s.* Strichcode **Strich·lis·te** *f* list **Strich·mäd·chen** *nt* (*fam*) streetwalker, hooker AM **Strich·männ·chen** <-s, -> *nt* matchstick man **Strich·punkt** *m* semicolon

Strick <-[e]s, -e> [ʃtrɪk] *m* rope ▶ **jdm aus etw** *dat* **einen** ~ **drehen** (*fam*) to use sth against sb; **wenn alle** ~ **e reißen** (*fam*) if all else fails

stri·cken ['ʃtrɪkn̩] *vi, vt* to knit
Strick·garn *nt* knitting wool **Strick·ja·cke** *f* cardigan **Strick·lei·ter** *f* rope ladder **Strick·na·del** *f* knitting needle **Strick·wa·ren** *pl* knitwear *no pl* **Strick·wes·te** *f* cardigan **Strick·zeug** *nt* knitting

strie·geln ['ʃtriːgl̩n] *vt* to groom
Strie·men <-s, -> ['ʃtriːmən] *m* weal
strikt [ʃtrɪkt, st-] **I.** *adj* strict; *Weigerung* point-blank **II.** *adv* strictly; ~ **gegen etw** *akk* **sein** to be totally against sth

Strip <-s, -s> [ʃtrɪp, st-] *m* (*sl*) strip[tease]
Strip·lo·kal ['strɪploka:l] *nt* (*fam*) strip joint

Strip·pe <-, -n> [ˈʃtrɪpə] f (fam) ① (Schnur) string ② (Leitung) cable ▸ **jdn an der ~ haben** to have sb on the line

strip·pen [ˈʃtrɪpn̩, ˈst-] vi to strip

Strip·tease <-> [ˈʃtrɪptiːs, ˈst-] m o nt kein pl striptease

stritt [ʃtrɪt] imp von **streiten**

strit·tig [ˈʃtrɪtɪç] adj contentious; Fall controversial; Grenze disputed; **der ~e Punkt** the point at issue; ■ **~ sein** to be in dispute

Stroh <-[e]s> [ʃtroː] nt kein pl straw ▸ [nur] **~ im Kopf haben** (fam) to be dead from the neck up; **wie ~ brennen** to go up like dry tinder

stroh·blond adj Mensch flaxen-haired; Haare straw-coloured **Stroh·blu·me** f strawflower **stroh·dumm** adj (fam) (kleiner) brainless, thick **Stroh·feu·er** nt ▸ **nur ein ~ sein** to be a flash in the pan **Stroh·frau** f fem form von Strohmann **Stroh·halm** m straw **Stroh·hut** m straw hat **Stroh·mann, -frau** m, f front man masc, front woman fem **Stroh·wit·wer, -wit·we** m, f (hum fam) grass widower masc, grass widow fem

Strolch <-[e]s, -e> [ʃtrɔlç] m rascal

Strom <-[e]s, Ströme> [ʃtroːm, pl ˈʃtrøːmə] m ① ELEK electricity no indef art, no pl; **elektrischer ~** electric current; **unter ~ stehen** (elektrisch geladen sein) to be live; (überaus aktiv sein) to be a live wire fig ② (großer Fluss) [large] river ③ (Schwarm) stream; **Ströme von Besuchern** streams of visitors ▸ **in Strömen gießen** ⊕ MUS to pour [down] [with rain]; **mit dem/gegen den ~ schwimmen** to swim with/against the current

strom·ab·wärts [ʃtroːmˈʔapvɛrts] adv downstream **strom·auf·wärts** [ʃtroːmˈʔaufvɛrts] adv upstream

Strom·aus·fall m power cut [or AM outage]

strö·men [ˈʃtrøːmən] vi ① (in Mengen fließen) to pour (**aus** out of) ② (in Scharen eilen) to stream (**aus** out of); **die Touristen strömten zum Palast** the tourists flocked to the palace

Strom·er·zeu·gung f generation of electricity **Strom·ka·bel** nt electric[ity] [or power] cable **Strom·kreis** m electric[al] circuit **Strom·lei·tung** f electric cable

strom·li·ni·en·för·mig [-ˈliːniən-] adj streamlined

Strom·mast m pylon **Strom·netz** nt electricity supply system **Strom·rech·nung** f electricity [or AM electric] bill

Strom·schnel·le f meist pl rapids npl

Strom·stär·ke f current [strength] **Strom·stoß** m electric shock

Strö·mung <-, -en> f ① (fließendes Wasser) current ② (Tendenz) trend

Strom·ver·brauch m electricity consumption **Strom·ver·sor·gung** f electricity supply **Strom·zäh·ler** m electricity meter

Stro·phe <-, -n> [ˈʃtroːfə] f ① (Lieder~) verse ② (Gedicht~) stanza

strot·zen [ˈʃtrɔtsn̩] vi ▸ **vor etw** dat **~** to be full of sth

strub·be·lig [ˈʃtrʊbəlɪç] adj, **strubb·lig** [ˈʃtrʊblɪç] adj (fam) tousled; Fell tangled

Stru·del <-s, -> [ˈʃtruːdl̩] m ① (Wasserwirbel) whirlpool; (kleiner) eddy ② (rascher Lauf) **der ~ der Ereignisse** the whirl of events ③ (Gebäck) strudel

Struk·tur [ʃtrʊkˈtuːɐ̯, ʃtru-] f ① (Aufbau) structure ② (von Stoff usw.) texture

struk·tu·rell [ʃtrʊktuˈrɛl] adj structural

struk·tu·rie·ren* [ʃtrʊktuˈriːrən, ʃtru-] vt to structure

Struk·tu·rie·rung <-, -en> f ① kein pl (das Strukturieren) structuring ② (Struktur) structure; (von Stoff usw.) texture

struk·tur·schwach adj economically underdeveloped **Struk·tur·wan·del** m structural change

Strumpf <-[e]s, Strümpfe> [ʃtrʊmpf, pl ˈʃtrʏmpfə] m ① (Knie~) knee-high; (Socke) sock ② (Damen~) stocking

Strumpf·band <-bänder> nt, **Strumpf·hal·ter** <-s, -> m suspender, garter AM **Strumpf·ho·se** f tights npl, pantyhose AM; ■ **eine ~** a pair of tights

strunz·doof, strun·zen·doof adj (pej sl) dense

strup·pig [ˈʃtrʊpɪç] adj Haare tousled; Fell shaggy

Stu·be <-, -n> [ˈʃtuːbə] f DIAL (Wohnzimmer) living room; **die gute ~** the front room

Stu·ben·ar·rest m **~ haben** (fam) to be confined to one's room **Stu·ben·flie·ge** f housefly **Stu·ben·ho·cker(in)** <-s, -> m(f) (pej fam) house mouse **stu·ben·rein** adj house-trained, housebroken AM

Stuck <-[e]s> [ʃtʊk] m kein pl stucco, cornices pl

Stück <-[e]s, -e o nach Zahlenangaben -> [ʃtʏk] nt ① (einzelnes Teil) piece; **ein ~ Kuchen** a piece of cake; **etw in ~e reißen** to tear sth to pieces; **aus einem ~** from one piece; **~ für ~** bit by bit; **am ~** in one piece; **geschnitten oder am ~?** sliced or unsliced?; **das** [o **pro**] **~** each ② (besonderer Gegenstand) piece, item ③ (Abschnitt) piece; **ich begleite dich noch ein ~ [Wegs]** I'll come part of the way with you; **ein ~ Acker/Land** part of a field/a plot of land ④ THEAT play ⑤ MUS piece ▸ **ein ~ Arbeit** (fam) a job; **ein ziemliches/hartes ~ Arbeit** quite a job/a tough job; **ein schönes ~**

Stuckateur – Stunde

Geld (*fam*) a pretty penny; **jds bestes ~** (*hum fam*) sb's pride and joy; **aus freien ~en** of one's own free will; **große ~e auf jdn halten** (*fam*) to think highly of sb

Stu·cka·teur(in)ᴿᴿ <-s, -e> [ʃtʊkaˈtøːɐ̯] *m(f)* stucco plasterer

stü·ckeln [ˈʃtʏkl̩n] *vt* FIN to split into denominations

Stück·gut *nt* single item **Stück·preis** *m* unit price

stück·wei·se *adv* individually, separately

Stück·zahl *f* number of units

Stu·dent(in) <-en, -en> [ʃtuˈdɛnt] *m(f)* student

Stu·den·ten·aus·weis *m* student card **Stu·den·ten·ver·bin·dung** *f* students' society; *für Männer* fraternity AM; *für Frauen* sorority AM **Stu·den·ten·werk** *nt* student union **Stu·den·ten·wohn·heim** *nt* hall of residence, student hostel BRIT, residence hall AM

Stu·den·tin <-, -nen> *f fem form von* **Student**

stu·den·tisch *adj attr* student *attr*

Stu·die <-, -n> [ˈʃtuːdiə] *f* study

Stu·di·en [ˈʃtuːdiən] *pl von* **Studium**

Stu·di·en·ab·bre·cher(in) <-s, -> *m(f)* dropout fam (*student who fails to complete his/her course of study*) **Stu·di·en·ab·schluss**ᴿᴿ *m* degree **Stu·di·en·be·ra·tung** *f* course guidance and counselling service **Stu·di·en·fach** *nt* subject **Stu·di·en·gang** *m* course [of study] **Stu·di·en·ge·büh·ren** *pl* tuition fees **Stu·di·en·pla·nung** *f* planning one's time at university **Stu·di·en·platz** *m* university/college place **Stu·di·en·rat, -rä·tin** *m, f* secondary-school teacher (*with the status of a civil servant*) **Stu·di·en·rei·se** *f* educational trip

stu·die·ren* [ʃtuˈdiːrən] *vi, vt* to study; **sie studiert noch** she is still a student; **~ wollen** to want to go to [AM a] university/college; **ich studiere derzeit im fünften/sechsten Semester** I'm in my third year [at university/college]

stu·diert *adj* (*fam*) educated

Stu·dio <-s, -s> [ˈʃtuːdio] *nt* studio

Stu·di·um <-, Studien> [ˈʃtuːdiʊm, *pl* ˈʃtuːdiən] *nt* ❶ SCH studies *pl*; **ein ~ aufnehmen** to begin one's studies ❷ (*eingehende Beschäftigung*) study ❸ *kein pl* (*genaues Durchlesen*) study; **das ~ der Akten ist noch nicht abgeschlossen** the files are still being studied

Stu·fe <-, -n> [ˈʃtuːfə] *f* ❶ (*Treppenabschnitt*) step; **~ um ~** step by step ❷ (*geh: Niveau*) level; **auf der gleichen ~ stehen** to be on the same level ❸ (*Abschnitt*) stage, phase

Stu·fen·bar·ren *m* asymmetric bars *pl* **stu·fen·för·mig** *adj* ❶ (*stufig*) terraced ❷ (*fig: schrittweise*) gradual **stu·fen·los** I. *adj* continuously variable II. *adv* smoothly **Stu·fen·schnitt** *m* (*Frisur*) layered cut

stu·fen·wei·se I. *adj* phased II. *adv* step by step

stu·fig [ˈʃtuːfɪç] I. *adj Haarschnitt* layered II. *adv* in layers; **~ schneiden** to layer

Stuhl <-[e]s, Stühle> [ʃtuːl, *pl* ˈʃtyːlə] *m* chair ▸ **jdn vom ~ hauen** (*sl*) to knock sb sideways; **sich zwischen zwei Stühle setzen** to fall between two stools; **jdm den ~ vor die Tür setzen** to kick sb out *fam*

Stuhl·bein *nt* chair leg

Stuhl·gang *m kein pl* MED (*geh*) bowel movement[s]

Stuhl·leh·ne *f* chair back

Stuk·ka·teur (in)ᴬᴸᵀ <-s, -e> [ʃtʊkaˈtøːɐ̯] *m(f)* stucco plasterer

Stul·le <-, -n> [ˈʃtʊlə] *f* NORDD piece of bread and butter; (*belegt*) sandwich

stül·pen [ˈʃtʏlpn̩] *vt* ❶ (*überziehen*) to put (**auf** on, **über** over) ❷ (*wenden*) to turn [inside] out

stumm [ʃtʊm] I. *adj* ❶ (*nicht sprechen könnend*) dumb ❷ (*schweigend*) silent; **~ werden** to go silent ❸ LING mute, silent II. *adv* silently

Stum·mel <-s, -> [ˈʃtʊml̩] *m Glied* stump; *Bleistift, Kerze* stub

Stumm·film *m* silent film [*or* movie]

Stüm·per(in) <-s, -> [ˈʃtʏmpɐ] *m(f)* (*pej*) bungler

stüm·per·haft I. *adj* (*pej*) amateurish; **eine ~e Arbeit/Leistung** a botched job/botch-up II. *adv* incompetently

Stüm·pe·rin <-, -nen> *f fem form von* **Stümper**

stumpf [ʃtʊmpf] *adj* ❶ (*nicht scharf*) blunt; **~ werden** to go blunt ❷ MATH **ein ~er Winkel** an obtuse angle ❸ (*glanzlos*) dull ❹ (*abgestumpft*) apathetic

Stumpf <-[e]s, Stümpfe> [ʃtʊmpf, *pl* ˈʃtʏmpfə] *m* stump ▸ **mit ~ und Stiel** root and branch BRIT

Stumpf·heit *f kein pl* ❶ (*Nichtscharfsein*) bluntness ❷ (*Abgestumpftheit*) apathy, impassiveness

Stumpf·sinn *m kein pl* ❶ (*geistige Trägheit*) apathy ❷ (*Stupidität*) mindlessness, tedium **stumpf·sin·nig** *adj* ❶ (*geistig träge*) apathetic ❷ (*stupide*) mindless, tedious

Stun·de <-, -n> [ˈʃtʊndə] *f* ❶ (*60 Minuten*) hour; **nur noch eine knappe ~** just under an hour to go; **die ~ der Wahrheit** the moment of truth; **jds große ~** sb's big moment; **jds letzte ~ hat geschlagen** sb's hour has come; **zu später ~** at a late hour; **in einer stillen ~** in a quiet moment; **eine Viertel~** a quarter of an hour; **eine halbe ~** half an hour; **eine Dreiviertel~** three-quarters of an hour; **anderthalb ~n** an hour and a half; **volle ~** on the hour; **der Zug fährt jede volle ~** the train departs every hour on the hour; **zu dieser ~** (*geh*) at the present time; **zu jeder ~** [at] any time; **alle [halbe] ~** every [half an] hour ➋ *kein pl* (*festgesetzter Zeitpunkt*) time, hour *form*; **bis zur ~** up to the present moment, as yet ➌ (*Unterrichts~*) lesson, period ➍ *meist pl* (*Zeitraum von kurzer Dauer*) times *pl*; **sich nur an die angenehmen ~n erinnern** to remember only the pleasant times ▶ **die ~ Null** zero hour, the new beginning; **ein Mann/eine Frau der ersten ~** a prime mover

stun·den ['ʃtʊndn̩] *vt* **jdm etw ~** to give sb time to pay sth

Stun·den·ge·schwin·dig·keit *f* speed per hour; **bei einer ~ von 80 km** at a speed of 80 kph **Stun·den·ho·tel** *nt* sleazy hotel (*where rooms are rented by the hour*) **Stun·den·ki·lo·me·ter** *pl* kilometres *pl* per hour **stun·den·lang** I. *adj* lasting several hours *pred*; **~e Telefonate** hour-long phone calls II. *adv* for hours **Stun·den·lohn** *m* hourly wage **Stun·den·plan** *m* timetable, schedule AM **Stun·den·takt** *m* ■ **im ~** at hourly intervals

stun·den·wei·se I. *adv* for an hour or two [at a time] II. *adj* for a few hours *pred*

stünd·lich ['ʃtʏntlɪç] I. *adj* hourly II. *adv* hourly, every hour

Stunk <-s> [ʃtʊŋk] *m kein pl* (*fam*) trouble; **~ machen** to make a stink *fam*

Stunt·man, **-wo·man** <-s, -men> ['stantmən, 'stantvʊmən] *m*, *f* stuntman *masc*, stuntwoman *fem*

stu·pend [ʃtu'pɛnt, st-] *adj* (*geh*) amazing **stu·pid** [ʃtu'piːt, st-] *adj*, **stu·pi·de** [ʃtu'piːdə, st-] *adj* (*pej geh*) mindless

Stups <-es, -e> [ʃtʊps] *m* (*fam*) nudge **stup·sen** ['ʃtʊpsn̩] *vt* to nudge **Stups·na·se** *f* snub nose

stur [ʃtuːɐ̯] I. *adj* stubborn, obstinate II. *adv* ➊ (*ohne abzuweichen*) doggedly; **~ nach Vorschrift arbeiten** to work strictly to [the] regulations ➋ (*uneinsichtig*) obstinately; **sich ~ stellen** (*fam*) to dig one's heels in

Stur·heit <-> *f kein pl* stubbornness, obstinacy

Sturm <-[e]s, Stürme> [ʃtʊrm, *pl* 'ʃtʏrmə] *m* ➊ (*starker Wind*) storm ➋ FBALL forward line; **im ~ spielen** to play in attack ➌ (*heftiger Andrang*) ■ **ein ~ auf etw** *akk* a rush for sth ▶ **die Herzen im ~ erobern** to capture people's hearts; **gegen etw** *akk* **~ laufen** to be up in arms against sth; **~ läuten** to lean on the [door]bell

Sturm·bö *f* squall

stür·men ['ʃtʏrmən] I. *vi impers haben* ■ **es stürmt** a gale is blowing II. *vi* ➊ *haben* SPORT to attack ➋ *sein* (*rennen*) to storm; **aus dem Haus ~** to storm out of the house III. *vt haben* ➊ MIL ■ **etw ~** to storm sth ➋ (*fam: auf etw eindringen*) ■ **etw ~** to storm sth; **die Bühne ~** to storm the stage

Stür·mer(in) <-s, -> ['ʃtʏrmɐ] *m(f)* forward; FBALL striker

Sturm·flut *f* storm tide

stür·misch ['ʃtʏrmɪʃ] I. *adj* ➊ METEO blustery; (*mit Regen*) stormy; **~e See** rough sea ➋ (*vehement*) tumultuous; *Mensch* impetuous; **nicht so ~!** take it easy! ➌ (*leidenschaftlich*) passionate II. *adv* tumultuously

Sturm·tief *nt* storm front **Sturm·war·nung** *f* gale warning

Sturz¹ <-es, Stürze> [ʃtʊrts, *pl* 'ʃtʏrtsə] *m* fall; ■ **ein ~ aus/von etw** *dat* a fall out of/ from [*or* off] sth; **ein ~ der Temperatur** a drop in temperature

Sturz² <-es, Stürze> [ʃtʊrts, *pl* 'ʃtʏrtsə] *m* ➊ BAU lintel ➋ AUTO (*Achs~*) camber ➌ ÖSTERR, SCHWEIZ, SÜDD (*Käseglocke*) cheese cover

sturz·be·sof·fen *adj*, **sturz·be·trun·ken** *adj* (*fam*) completely hammered, drunk as a skunk

stür·zen ['ʃtʏrtsn̩] I. *vi sein* ➊ (*fallen*) to fall; **schwer ~** to fall heavily; **vom Dach/Fahrrad ~** to fall off the roof/bicycle ➋ (*rennen*) to rush; **ins Zimmer ~** to burst into the room II. *vt haben* ➊ (*werfen*) ■ **jdn/sich ~** to throw sb/oneself (**aus** out of, **vor** in front of) ➋ POL (*absetzen*) ■ **jdn/etw ~** to bring sb/ sth down; *Minister* to make sb resign; *Diktator* to overthrow sb; *Regierung* to topple sb/ sth ➌ KOCHK (*aus der Form kippen*) to turn upside down III. *vr* ➊ (*sich werfen*) ■ **sich auf jdn ~** to pounce [on sb]; **die Gäste stürzten sich aufs kalte Büfett** the guests fell on the cold buffet ➋ (*sich mit etw belasten*) ■ **sich in etw** *akk* **~** to plunge into sth; **sich in solche Unkosten ~** to go to such expense

Sturz·flug *m* LUFT nosedive; ORN steep dive **Sturz·helm** *m* crash helmet

Stussʳʳ <-es> [ʃtʊs] *m kein pl*, **Stuß**ᴬᴸᵀ <-sses> [ʃtʊs] *m kein pl* (*fam*) rubbish, garbage AM

Stu·te <-, -n> ['ʃtuːtə] *f* mare

Stüt·ze <-, -n> ['ʃtʏtsə] *f* ➊ (*Stützpfeiler*) support [pillar] ➋ (*Halt*) support, prop ➌ (*Unterstützung*) support ➍ (*sl: finanzielle Hilfe vom Staat*) dole BRIT, welfare *esp* AM

stut·zen¹ ['ʃtʊtsn̩] *vi* to hesitate, to stop short

stut·zen² ['ʃtʊtsn̩] *vt* ❶ HORT to prune ❷ ZOOL to clip; **gestutzte Flügel** clipped wings ❸ (*kürzen*) to trim

stüt·zen ['ʃtʏtsn̩] **I.** *vt* ❶ (*Halt geben*) to support ❷ (*aufstützen*) ■ **etw auf etw** *akk* ~ to rest sth on sth; **die Ellbogen auf den Tisch** ~ to rest one's elbows on the table; **den Kopf auf die Hände gestützt** head in hands ❸ (*gründen*) ■ **etw auf etw** *akk* ~ to base sth on sth ❹ (*untermauern*) to back up; *Theorie* to support ❺ (*verstärken*) to increase; *Vertrauen* to reinforce **II.** *vr* ■ **sich** ~ ❶ (*sich aufstützen*) **sich auf jdn/etw** ~ to lean on sb/sth ❷ (*basieren*) **sich auf etw** *akk* ~ to be based on sth

stut·zig ['ʃtʊtsɪç] *adj* **jdn** ~ **machen** to make sb suspicious; ~ **werden** to get suspicious

Stütz·pfei·ler *m* supporting pillar; (*einer Brücke*) pier **Stütz·punkt** *m* MIL base

sty·len ['staɪlən] *vt* to design; *Haar* to style

Sty·ling <-s> ['staɪlɪŋ] *nt kein pl* styling

Sty·ro·por® <-s> [ʃtyro'poːɐ̯] *nt kein pl* polystyrene

s.u. *Abk von* **siehe unten** see below

Sub·jekt <-[e]s, -e> [zʊp'jɛkt] *nt* ❶ LING subject ❷ (*pej: übler Mensch*) creature

sub·jek·tiv [zʊpjɛk'tiːf, 'zʊp-] *adj* subjective

Sub·jek·ti·vi·tät <-> [zʊpjɛktivi'tɛːt] *f kein pl* subjectivity *no pl*

Sub·kul·tur ['zʊpkʊltuːɐ̯] *f* subculture

Sub·stan·tiv <-s, -e *o selten* -a> ['zʊpstantiːf] *nt noun*

Sub·stanz <-, -en> [zʊp'stants] *f* ❶ (*Material*) substance ❷ *kein pl* (*geh: Essenz*) essence; [jdm] **an die** ~ **gehen** (*fam*) to take it out of sb

sub·sti·tu·ie·ren* [zʊpstitu'iːrən] *vt* ■ **etw** ~ to substitute sth (**durch** for)

Sub·sti·tut <-en, -en> [zʊpsti'tuːt] *m(f)* SCHWEIZ assistant manager

sub·til [zʊp'tiːl] *adj* subtle

sub·tra·hie·ren* [zʊptra'hiːrən] *vt, vi* to subtract (**von** from)

Sub·trak·ti·on <-, -en> [zʊptrak'tsi̯oːn] *f* subtraction

Sub·tro·pen ['zʊptroːpn̩] *pl* ■ **die** ~ the subtropics *pl*

sub·tro·pisch ['zʊptroːpɪʃ] *adj* subtropical

Sub·un·ter·neh·mer(in) <-s, -> ['zʊpʔʊntɐneːmɐ] *m(f)* subcontractor

Sub·ven·ti·on <-, -en> [zʊpvɛn'tsi̯oːn] *f* subsidy

sub·ven·ti·o·nie·ren* [zʊpvɛntsi̯o'niːrən] *vt* to subsidize

sub·ver·siv [zʊpvɛr'ziːf] **I.** *adj* subversive **II.** *adv* subversively

Such·ak·ti·on *f* organized search **Such·be·griff** *m* target word; INFORM search key

Such·dienst *m* missing persons tracing service

Su·che <-, -n> ['zuːxə] *f* search (**nach** for); **sich auf die** ~ [**nach jdm/etw**] **machen** to go in search [of sb/sth]; **auf der** ~ [**nach jdm/etw**] **sein** to be looking [for sb/sth]

su·chen ['zuːxn̩] *vt* ❶ (*zu finden versuchen*) ■ **etw** ~ to look for sth; (*intensiver*) to search for sth; **du hast hier nichts zu** ~! you have no right to be here! ❷ (*nach etw trachten*) to seek; **den Nervenkitzel** ~ to be looking for thrills **II.** *vi* to search [*or* be looking] (**nach** for); **such!** find!

Su·cher <-s, -> *m* viewfinder

Such·funk·ti·on *f* INFORM search function

Such·lauf *m* search process **Such·mann·schaft** *f* search party **Such·ma·schi·ne** *f* search engine

Sucht <-, Süchte> [zʊxt, *pl* 'zʏçtə] *f* ❶ (*Abhängigkeit*) addiction; ~ **erzeugend** addictive ❷ (*Verlangen*) obsession; ■ **jds** ~ **nach etw** *dat* sb's craving for sth

Sucht·ge·fahr *f* danger of addiction

süch·tig ['zʏçtɪç] *adj* ❶ (*abhängig*) addicted *pred*; ~ **machen** to be addictive ❷ (*begierig*) ■ ~ **sein** to be hooked (**nach** on)

Süch·ti·ge(r) *f(m) dekl wie adj* addict

Sucht·kran·ke(r) <-n, -n> *f(m) dekl wie adj* addict **Sucht·mit·tel** *nt* PSYCH addictive substance

Süd <-[e]s, -e> [zyːt] *m kein pl, kein art* south; *s. a.* **Nord** ❶

Süd·afri·ka ['zyːt'ʔaːfrika] *nt* South Africa; *s. a.* **Deutschland Süd·afri·ka·ner(in)** *m(f)* South African; *s. a.* **Deutsche(r) süd·afri·ka·nisch** ['zyːt'ʔafriːkaːnɪʃ] *adj* South African; *s. a.* **deutsch Süd·ame·ri·ka** ['zyːt'ʔaˈmeːrika] *nt* South America; *s. a.* **Deutschland Süd·ame·ri·ka·ner(in)** *m(f)* South American; *s. a.* **Deutsche(r) süd·ame·ri·ka·nisch** *adj* South American; *s. a.* **deutsch**

Su·dan <-> [zuˈdaːn] *m* [the] Sudan; *s. a.* **Deutschland**

Su·da·ner(in) <-s, -> [zuˈdaːnɐ] *m(f)*, **Su·da·ne·se**, **Su·da·ne·sin** <-n, -n> [zudaˈneːzə, zudaˈneːzɪn] *m*, *f* Sudanese; *s. a.* **Deutsche(r)**

su·da·ne·sisch [zudaˈneːzɪʃ] *adj* Sudanese; *s. a.* **deutsch**

süd·deutsch ['zyːtˈdɔʏtʃ] *adj* South German; *s. a.* **deutsch Süd·deut·sche(r)** *f(m) dekl wie adj* South German; *s. a.* **Deutsche(r) Süd·deutsch·land** ['zyːtˈdɔʏtʃlant] *nt* South[ern] Germany; *s. a.* **Deutschland**

Su·de·lei <-, -en> [zuːdəˈlaɪ] *f* (*fam*) ❶ (*Schmiererei*) making a mess ❷ (*Schlam-*

perei} botch[-up]
- **su·deln** ['zuːdln̩] *vi* ❶ (*schmieren*) ■ **mit etw** *dat*] ~ to make a mess; **mit Farbe** ~ to daub with paint ❷ (*nachlässig schreiben*) to scribble
- **Sü·den** <-s> ['zyːdn̩] *m kein pl, kein indef art* ❶ (*Himmelsrichtung*) south; *s. a.* **Norden 1** ❷ (*südliche Gegend*) south; **gen** ~ **ziehen** to fly south; *s. a.* **Norden 2**
- **Süd·eu·ro·pa** [zyːt·ʔɔyˈroːpa] *nt* southern Europe **Süd·frank·reich** *nt* southern France, the south of France **Süd·frucht** *f* [sub]tropical fruit **Süd·halb·ku·gel** *f* southern hemisphere **Süd·ko·rea** ['zyːtkoˈreːa] *nt* South Korea; *s. a.* **Deutschland Süd·küs·te** *f* south[ern] coast
- **Süd·län·der(in)** <-s, -> ['zyːtlɛndɐ] *m(f)* Southern European; **sie bevorzugt** ~ she prefers Mediterranean types
- **süd·län·disch** *adj* Southern European
- **süd·lich** ['zyːtlɪç] **I.** *adj* ❶ (*in* ~ *er Himmelsrichtung befindlich*) southern; *s. a.* **nördlich I 1** ❷ (*im Süden liegend*) southern; *s. a.* **nördlich I 2** ❸ (*von/nach Süden*) southwards, southerly; *s. a.* **nördlich I 3 II.** *adv* ■ ~ **von etw** *dat* [to the] south of sth **III.** *präp* +*gen* [to the] south of sth
- **Süd·ost·asi·en** [zyːtˈʔɔstˈʔaːzjən] *nt* South-East Asia **Süd·os·ten** [zyːtˈʔɔstn̩] *m kein pl, kein indef art* south east **süd·öst·lich** [zyːtˈʔœstlɪç] **I.** *adj* ❶ (*im Südosten gelegen*) south-eastern ❷ (*von/nach Südosten*) south-eastwards, south-easterly **II.** *adv* southeast (**von** of) **III.** *präp* +*gen* [to the] southeast of sth **Süd·pol** ['zyːtpoːl] *m* ■ **der** ~ the South Pole **Süd·see** ['zyːtzeː] *f kein pl* ■ **die** ~ the South Seas *pl*, the South Pacific **Süd·spa·ni·en** <-s, -> *nt* southern Spain **Süd·staa·ten** ['zyːtʃtaːtn̩] *pl* (*in den USA*) ■ **die** ~ Southern States **Süd·staat·ler(in)** <-s, -> *m(f)* (*in USA*) Southerner **Süd·wes·ten** [zyːtˈvɛstn̩] *m kein pl, kein indef art* south west **süd·west·lich** [zyːtˈvɛstlɪç] **I.** *adj* ❶ (*im Südwesten liegend*) south-western ❷ (*von/nach Südwesten*) south-westwards **II.** *adv* [to the] south-west; ■ ~ **von etw** *dat* [to the] south-west of sth **III.** *präp* +*gen* ■ ~ **einer S.** south-west of sth **Süd·wind** *m* south wind
- **Su·es·ka·nal**, **Su·ez·ka·nal** ['zuːɛskanaːl] *m* ■ **der** ~ the Suez Canal
- **Suff** <-[e]s> [zʊf] *m kein pl* (*fam*) boozing *no pl, no indef art*; **im** ~ while under the influence
- **süf·feln** ['zʏfl̩n] *vt* (*fam*) ■ **etw** ~ to sip on sth
- **süf·fig** ['zʏfɪç] *adj* very drinkable
- **Suf·fix** <-es, -e> [zʊˈfɪks, 'zuː-] *nt* suffix
- **sug·ge·rie·ren*** [zʊgeˈriːrən] *vt* to suggest
- **Sug·ges·ti·on** <-, -en> [zʊgɛsˈtjoːn] *f kein pl* suggestion
- **sug·ges·tiv** [zʊgɛsˈtiːf] *adj* suggestive
- **suh·len** ['zuːlən] *vr* ■ **sich** ~ to wallow (**in** in)
- **Süh·ne** <-, -n> ['zyːnə] *f* atonement
- **süh·nen** ['zyːnən] *vt* ■ **etw** ~ to atone for sth
- **Sui·te** <-, -n> ['sviːtə, zuˈiːtə] *f* suite
- **su·i·zid·ge·fähr·det** *adj* PSYCH suicidal, at risk of [committing] suicide *pred*; ~ **e Menschen** people at risk of [committing] suicide
- **Su·jet** <-s, -s> [zyˈʒeː] *nt* subject
- **suk·zes·siv** [zʊktsɛˈsiːf] *adj* (*geh*) gradual
- **Sul·fat** <-[e]s, -e> [zʊlˈfaːt] *nt* sulphate
- **Sul·tan**, **Sul·ta·nin** <-s, -e> ['zʊltaːn, zʊlˈtaːnɪn] *m, f* sultan *masc*, sultana *fem*
- **Sül·ze** <-, -n> ['zʏltsə] *f* ❶ (*Fleisch*) brawn ❷ (*Aspik*) aspic
- **sül·zen** ['zʏltsn̩] **I.** *vi* (*fam*) to rabbit [*or* AM ramble] on [about sth] **II.** *vt* (*fam*) ■ **etw** ~ to spout sth *fam*; **was sülzt der da?** what's he spouting on about?
- **sum·ma cum lau·de** ['zʊma kʊm ˈlaʊdə] *adv* summa cum laude (*with the utmost distinction*)
- **sum·ma·risch** [zʊˈmaːrɪʃ] **I.** *adj* summary **II.** *adv* summarily
- **Sum·me** <-, -n> ['zʊmə] *f* ❶ (*Additionsergebnis*) sum, total ❷ (*Betrag*) sum, amount ❸ (*geh: Gesamtheit*) sum total
- **sum·men** ['zʊmən] *vi, vt* to hum; *Biene* to buzz
- **sum·mie·ren*** [zʊˈmiːrən] **I.** *vt* ❶ (*zusammenfassen*) to summarize, to sum up *sep* ❷ (*addieren*) to add up **II.** *vr* ■ **sich** [**auf etw** *akk*] ~ to amount to sth
- **Sumpf** <-[e]s, Sümpfe> [zʊmpf, ˈzʏmpfə] *m* marsh, bog; (*in den Tropen*) swamp
- **Sumpf·fie·ber** *nt* malaria **Sumpf·ge·biet** *nt* marsh[land]; *in den Tropen* swamp[land]
- **sump·fig** ['zʊmpfɪç] *adj* marshy, boggy; (*in den Tropen*) swampy
- **Sün·de** <-, -n> ['zʏndə] *f* sin; **eine** ~ **begehen** to commit a sin
- **Sün·den·bock** *m* scapegoat **Sün·den·fall** *m kein pl* ■ **der** ~ the Fall [of Man]
- **Sün·der(in)** <-s, -> *m(f)* sinner
- **sünd·haft** ['zʏnthaft] *adj* ❶ (*exorbitant hoch*) outrageous ❷ REL sinful
- **sün·dig** ['zʏndɪç] *adj* ❶ REL sinful ❷ (*lasterhaft*) dissolute, wanton
- **sün·di·gen** ['zʏndɪgn̩] *vi* to sin
- **su·per** ['zuːpɐ] **I.** *adj* super **II.** *adv* great; **sie kann** ~ **singen** she's a great singer
- **Su·per** <-s> ['zuːpɐ] *nt kein pl* AUTO four-star BRIT, premium AM
- **Su·per-8-Film** [zuːpɐˈʔaxt-] *m* super-8-film
- **Su·per·ben·zin** *nt* super, AM *a.* premium

Superchip–Synthetik

Su·per·chip *m* superchip **Su·per-GAU** *m kein pl* (*fam*) ultimate MCA

Su·per·la·tiv <-[e]s, -e> ['zu:pɐlati:f] *m* superlative

Su·per·macht *f* superpower **Su·per·mann** *m kein pl* (*Comicfigur*) Superman *no pl*

Su·per·markt ['zu:pɐmarkt] *m* supermarket **Su·per·markt·ket·te** *f* ÖKON supermarket chain

su·per·reich ['zu:pɐ-] *adj* SOZIOL (*pej*) super-rich **Su·per·star** *m* superstar

Sup·pe <-, -n> ['zʊpə] *f* soup; **klare ~** consommé ▸ **die ~ auslöffeln müssen** (*fam*) to have to face the music

Sup·pen·ge·mü·se *nt* vegetables for making soup **Sup·pen·grün** *nt* herbs and vegetables for making soup **Sup·pen·huhn** *nt* boiling chicken **Sup·pen·löf·fel** *m* soup spoon **Sup·pen·schüs·sel** *f* soup tureen **Sup·pen·tel·ler** *m* soup plate **Sup·pen·wür·fel** *m* stock cube

Surf·brett ['zœːɐ̯f-] *nt* ❶ (*zum Windsurfen*) windsurfer ❷ (*zum Wellensurfen*) surfboard

Sur·fen <-s> ['zœːɐ̯fn] *nt kein pl* surfing *no pl, no indef art*

sur·fen ['zœːɐ̯fn] *vi* to surf; **im Internet ~** to surf the Internet

Sur·fer(in) <-s, -> ['søɐ̯fɐ] *m(f)* surfer

Sur·re·a·lis·mus <-> [zʊrea'lɪsmʊs, zʏr-] *m kein pl* surrealism

sur·re·a·lis·tisch [zʊrea'lɪstɪʃ, zʏr-] *adj Autor, Maler* surrealist; *Film, Buch* surrealistic

sur·ren ['zʊrən] *vi Insekt* to buzz; *Motor* to hum; *Kamera* to whirr

su·spekt [zʊs'pɛkt] *adj* (*geh*) suspicious; ▪ **jdm ~ sein** to look suspicious to sb

sus·pen·die·ren* [zʊspɛn'di:rən] *vt* to suspend (**von** from)

süß [zy:s] **I.** *adj* sweet **II.** *adv* ❶ (*mit Zucker zubereitet*) with sugar; **ich trinke meinen Kaffee nie ~** I never take sugar in coffee ❷ (*lieblich*) sweetly

sü·ßen ['zy:sn] *vt* to sweeten

Süß·holz *nt kein pl* liquorice [root] ▸ **~ raspeln** to be full of sweet talk

Sü·ßig·keit <-, -en> ['zy:sɪçkaɪt] *f meist pl* sweet, candy AM

süß·lich *adj* sickly sweet; *Parfüm* cloying

süß·sau·er ['zy:s'zaʊɐ] **I.** *adj* sweet-and-sour **II.** *adv* in a sweet-and-sour sauce **Süß·spei·se** *f* sweet, dessert **Süß·stoff** *m* sweetener **Süß·wa·ren** *pl* confectionery *no pl* **Süß·wa·ren·ge·schäft** *nt* confectionery shop

Süß·was·ser *nt* fresh water

SW [ɛsˈveː] *Abk von* Südwesten

Sweat·shirt <-s, -s> ['svɛtʃœrt] *nt* sweatshirt **Sweat·shop** <-s, -s> ['svɛtʃɔp] *m* ÖKON, SOZIOL sweatshop

Swim·ming·pool ['svɪmɪŋpuːl] *m* swimming pool

Sym·bi·o·se <-, -n> [zʏm'bi̯oːzə] *f* symbiosis; **eine ~ eingehen** to form a symbiotic relationship

Sym·bol <-s, -e> [zʏmboːl] *nt* symbol

Sym·bol·fi·gur *f* symbol[ic figure]

sym·bo·lisch [zʏmˈboːlɪʃ] *adj* symbolic

sym·bo·li·sie·ren* [zʏmboliˈziːrən] *vt* to symbolize

Sym·bol·leis·te *f* INFORM toolbar

Sym·me·trie <-, -n> [zʏmeˈtriː, *pl* -ˈtriːən] *f* symmetry

sym·me·trisch [zʏˈmeːtrɪʃ] *adj* symmetrical

Sym·pa·thie <-, -en> [zʏmpaˈtiː, *pl* -ˈtiːən] *f* sympathy

Sym·pa·thi·sant(in) <-en, -en> [zʏmpatiˈzant] *m(f)* sympathizer

sym·pa·thisch [zʏmˈpaːtɪʃ] *adj* nice, likeable; ▪ **jdm ~ sein** to appeal to sb; **sie war mir gleich ~** I liked her at once; ▪ **er war ihr nicht ~** she did not like him

sym·pa·thi·sie·ren* [zʏmpatiˈziːrən] *vi* to sympathize (**mit** with)

Sym·pho·nie <-, -en> [zʏmfoˈniː, *pl* -ˈniːən] *f* symphony

Sym·po·si·um <-s, -ien> [zʏmˈpoːzi̯ʊm, *pl* -i̯ən] *nt* symposium

Symp·tom <-s, -e> [zʏmpˈtoːm] *nt* symptom (**für** of)

symp·to·ma·tisch [zʏmptoˈmaːtɪʃ] *adj* symptomatic (**für** of)

Sy·na·go·ge <-, -n> [zynaˈgoːgə] *f* synagogue

syn·chron [zʏnˈkroːn] **I.** *adj* synchronous **II.** *adv* synchronously

Syn·chro·ni·sa·ti·on <-, -en> [zʏnkroniza'tsi̯oːn] *f* ❶ FILM, TV dubbing ❷ (*Abstimmung*) synchronization

syn·chro·ni·sie·ren* [zʏnkroniˈziːrən] *vt* ❶ FILM, TV to dub ❷ (*zeitlich abstimmen*) to synchronize

Syn·di·kat <-[e]s, -e> [zʏndiˈkaːt] *nt* syndicate

Syn·drom <-s, -e> [zʏnˈdroːm] *nt* syndrome

Sy·no·de <-, -n> [zyˈnoːdə] *f* REL synod

sy·no·nym [zynoˈnyːm] *adj* synonym

Sy·no·nym <-s, -e> [zynoˈnyːm] *nt* synonym

syn·tak·tisch [zʏnˈtaktɪʃ] *adj* syntactic

Syn·tax <-, -en> [ˈzʏntaks] *f* syntax

Syn·the·se <-, -n> [zʏnˈteːzə] *f* synthesis

Syn·the·si·zer <-s, -> [ˈzʏntəsaɪzɐ] *m* synthesizer

Syn·the·tik <-> [zʏnˈteːtɪk] *nt kein pl* synthetic fibre; **das Hemd ist aus ~** the shirt is made of artificial fibres

syn·the·tisch [zyn'te:tɪʃ] *adj* synthetic; **eine ~e Faser** a man-made fibre

syn·the·ti·sie·ren* [zynteti'zi:rən] *vt* CHEM to synthesize

Sy·phi·lis <-> ['zy:filɪs] *f kein pl* syphilis *no pl*

Sy·rer(in) <-s, -> [y:re] *m(f)* Syrian; *s. a.* **Deutsche(r)**

Sy·ri·en <-s> ['zy:riən] *nt* Syria; *s. a.* **Deutschland**

Sy·ri·er(in) <-s, -> ['zy:riɐ] *m(f)* Syrian; *s. a.* **Deutsche(r)**

sy·risch ['zy:rɪʃ] *adj* Syrian; *s. a.* **deutsch**

Sys·tem <-s, -e> [zʏs'te:m] *nt* system; **~ in etw** *akk* **bringen** to bring some order into sth; **mit ~** systematically; **duales ~** refuse recycling system implemented in Germany

Sys·te·ma·tik <-, -en> [zʏste'ma:tɪk] *f* ❶ (*Ordnungsprinzip*) system ❷ *kein pl* BIOL systematology

sys·te·ma·tisch [zʏste'ma:tɪʃ] *adj* systematic

sys·te·ma·ti·sie·ren* [zʏstemati'zi:rən] *vt* to systemize

Sys·tem·feh·ler *m* system error **Sys·tem·kri·ti·ker(in)** *m(f)* critic of the system

Sze·na·ri·um <-s, -ien> [stse'na:riʊm, *pl* -riən] *nt* (*a. fig*) scenario

Sze·ne <-, -n> ['stse:nə] *f* ❶ THEAT, FILM scene; [etw] **in ~ setzen** (*a. fig*) to stage sth; **sich in ~ setzen** (*fig*) to play to the gallery ❷ (*Krach*) scene; [jdm] **eine ~ machen** to make a scene [in front of sb] ❸ *kein pl* (*Milieu*) scene; ▪ **die ~** the scene; **sich in der ~ auskennen** to know one's way around the scene

Sze·ne·la·den *m* (*fam: Kneipe*) trendy bar; (*Disco oder Club*) trendy club **Sze·nen·wech·sel** *m* change of scene

Sze·ne·rie <-, -n> [stsenə'ri:, *pl* -'ri:ən] *f* ❶ (*Umgebung*) scenery ❷ FILM, LIT setting

T t

T, t <-, - *o fam* -s, -s> [te:] *nt* T, t; *s. a.* **A 1**

t *Abk von* **Tonne**

Ta·bak <-s, -e> ['tabak, 'ta:bak, ÖSTERR ta'bak] *m* tobacco

Ta·bak·in·dus·trie *f*, **Ta·bak·in·dus·trie** *f* ÖSTERR tobacco industry **Ta·bak·la·den** *m* tobacconist's **Ta·baks·do·se** *f* tobacco tin **Ta·bak·steu·er** *f* duty on tobacco **Ta·bak·wa·ren** *pl* tobacco products *pl*

ta·bel·la·risch [tabɛ'la:rɪʃ] **I.** *adj* tabular **II.** *adv* in tabular form

Ta·bel·le <-, -n> [ta'bɛlə] *f* table; FBALL *a.* league [table]

Ta·bel·len·füh·rer(in) *m(f)* SPORT top of the league **Ta·bel·len·kal·ku·la·tion** *f* spreadsheet

Ta·blett <-[e]s, -s *o* -e> [ta'blɛt] *nt* tray

Ta·blet·te <-, -n> [ta'blɛtə] *f* pill

Ta·blet·ten·sucht *f kein pl* addiction to pills **ta·blet·ten·süch·tig** *adj* addicted to pills

ta·bu [ta'bu:] *adj* taboo

Ta·bu <-s, -s> *nt* taboo [subject]

Ta·bu·bruch [ta'bu:-] *m* breaking of a taboo

ta·bu·i·sie·ren* [tabui'zi:rən] *vt* ▪ **etw ~** to make sth a taboo subject

Ta·bu·la ra·sa ['ta:bula 'ra:za] *f kein pl* ▸ **~ machen** to make a clean sweep of sth

Ta·bu·la·tor <-s, -toren> [tabu'la:to:ɐ̯, *pl* -'to:rən] *m* tabulator

Tach(e)·les ['taxələs] ▸ [**mit jdm**] **~ reden** to do some straight talking [to sb]

Ta·cho <-s, -s> ['taxo] *m* (*fam*) *kurz für* **Tachometer** speedometer

Ta·cho·me·ter *m o nt* speedometer

Ta·del <-s, -> ['ta:dl] *m* ❶ (*Verweis*) reprimand; **jdm einen ~ erteilen** to reproach sb (**wegen** for) ❷ (*Makel*) **ohne ~** faultless

ta·del·los I. *adj* perfect **II.** *adv* perfectly

ta·deln *vt* ❶ (*zurechtweisen*) to reprimand ❷ (*missbilligen*) to express one's disapproval

ta·delns·wert *adj* reprehensible

Ta·dschi·ki·stan <-s> [ta'dʒi:kista:n] *nt* Tajikistan; *s. a.* **Deutschland**

Ta·fel <-, -n> ['ta:fl̩] *f* ❶ (*Platte*) board; **eine ~ Schokolade** a bar of chocolate; (*Anzeige~*) board; (*Gedenk~*) plaque; SCH [black]board ❷ (*Bild~*) plate ❸ (*geh: festlicher Esstisch*) table

Ta·fel·berg *m kein pl* table mountain

ta·feln ['ta:fl̩n] *vi* (*geh*) to feast

tä·feln ['tɛ:fl̩n] *vt* to panel

Tä·fe·lung <-, -en> *f* panelling

Ta·fel·was·ser *nt* (*geh*) table water **Ta·fel·wein** *m* (*geh*) table wine

Taft <-[e]s, -e> [taft] *m* taffeta

Tag <-[e]s, -e> [ta:k, *pl* ta:gə] *m* ❶ (*Abschnitt von 24 Stunden*) day; **ein freier ~** a day off; **den ganzen ~** [**lang**] the whole day; **guten ~!** hello!, good afternoon/morning!; **~ für ~** every day; **von einem ~ auf den anderen** overnight; **von ~ zu ~** from day to day; **eines** [**schönen**] **~es** one day; **der Brief muss jeden ~ kommen** the letter should arrive any day now ❷ (*Datum*) day; **~ der offenen Tür** open day; **der ~ X** D-day; **bis zum heutigen ~** up to the present day;

tagaus–Tamburin

auf den ~ |genau| [exactly] to the day ❸ (*Tageslicht*) light; **es ist noch nicht ~** it's not light yet; **am ~** during the day; **bei ~[e]** while it's light ❹ *pl* (*fam: Menstruation*) period ▸ **es ist noch nicht aller ~e Abend** it's not all over yet; **man soll den ~ nicht vor dem Abend loben** (*prov*) one shouldn't count one's chickens before they're hatched; **etw** <u>**kommt**</u> **an den ~** sth comes to light; **in den ~ hinein** <u>**leben**</u> to live from day to day; **über/unter ~e** above/below ground

tag·aus [taːkˈʔaʊ̯s] *adv* **~, tagein** day in, day out

Ta·ge·bau *m kein pl* open-cast mining **Ta·ge·buch** *nt* ❶ (*tägliche Aufzeichnungen*) diary; **ein ~ führen** to keep a diary ❷ (*Terminkalender*) appointments diary **Ta·ge·dieb(in)** *m(f)* (*pej veraltet*) idler **Ta·ge·geld** *nt* ❶ (*tägliches Krankengeld*) daily invalidity pay ❷ (*tägliche Spesenpauschale*) daily allowance

tag·ein [taːkˈʔaɪ̯n] *adv s.* tagaus

ta·ge·lang *I. adj* lasting for days; **nach ~em Warten** after days of waiting *II. adv* for days **Ta·ge·löh·ner(in)** <-s, -> [ˈtaːɡəløːnɐ] *m(f)* (*veraltend*) day labourer

ta·gen[1] [ˈtaːɡn̩] *vi impers* (*geh*) **es tagt!** day is breaking!

ta·gen[2] [ˈtaːɡn̩] *vi* to meet

Ta·ges·ab·lauf *m* daily routine **Ta·ges·an·bruch** *m* daybreak (**bei** at, **nach** after, **vor** before) **Ta·ges·cre·me** *f* day cream **Ta·ges·ein·nah·men** *pl* day's takings *npl* **Ta·ges·fahrt** *f* day-trip **Ta·ges·ge·richt** *nt* κοcнк dish of the day **Ta·ges·ge·schäft** *nt* daily business *no pl*; BÖRSE day order **Ta·ges·ge·sche·hen** *nt* daily events *pl* **Ta·ges·ge·spräch** *nt* talking point of the day **Ta·ges·kar·te** *f* ❶ (*Speisekarte*) menu of the day ❷ (*einen Tag gültige Eintrittskarte*) day ticket

Ta·ges·licht *nt kein pl* daylight *no pl* (**bei** by/in) ▸ **etw ans ~** <u>**bringen**</u> to bring sth to light **Ta·ges·licht·pro·jek·tor** *m* overhead projector

Ta·ges·mut·ter *f* childminder **Ta·ges·ord·nung** *f* agenda; **etw auf die ~ setzen** to put sth on the agenda; **auf der ~ stehen** to be on the agenda ▸ **[wieder] zur ~** <u>**übergehen**</u> to carry on as usual **Ta·ges·um·satz** *m* daily sales returns *pl* **Ta·ges·zeit** *f* time [of day] **Ta·ges·zei·tung** *f* daily [paper]

ta·ge·wei·se *adv* on a daily basis

tag·hell [ˈtaːkˈhɛl] *adj* as bright as day

täg·lich [ˈtɛːklɪç] *adj, adv* daily

Tag·schicht *f* ❶ (*Arbeitszeitraum*) day shift ❷ (*personelle Besetzung*) day shift workers *pl*

tags·über [ˈtaːksʔyːbɐ] *adv* during the day

tag·täg·lich [ˈtaːkˈtɛːklɪç] *I. adj* daily *II. adv* on a daily basis

Ta·gung <-, -en> *f* ❶ (*Fach~*) conference ❷ (*Sitzung*) meeting

Ta·gungs·teil·neh·mer(in) *m(f)* participant in a conference

Tai·fun <-s, -e> [taɪ̯ˈfuːn] *m* typhoon

Tai·ga <-> [ˈtaɪ̯ɡa] *f kein pl* ▪ **die ~** the taiga

Tail·le <-, -n> [ˈtaljə] *f* waist

tail·liert [ta(l)ˈjiːɐ̯t] *adj* fitted at the waist

Tai·wan <-s> [taɪ̯ˈvaːn] *nt* Taiwan; *s. a.* **Deutschland**

Tai·wa·ner(in) <-s, -> [taɪ̯ˈvaːnɐ] *m(f)* Taiwanese; *s. a.* **Deutsche(r)**

tai·wa·nisch [taɪ̯ˈvaːnɪʃ] *adj* Taiwanese; *s. a.* **deutsch**

Takt <-[e]s, -e> [takt] *m* ❶ MUS bar ❷ *kein pl* (*Rhythmus*) rhythm; **den ~ angeben** to beat time; **jdn aus dem ~ bringen** to make sb lose their rhythm; **im ~** in time (**zu/mit** to) ❸ *kein pl* (*~gefühl*) tact

Takt·ge·fühl *nt* ❶ (*Feingefühl*) sense of tact ❷ MUS sense of rhythm

tak·tie·ren* [takˈtiːrən] *vi* to use tactics

Tak·tik <-, -en> [ˈtaktɪk] *f* tactics *pl*

Tak·ti·ker(in) <-s, -> [ˈtaktɪkɐ] *m(f)* tactician

tak·tisch [ˈtaktɪʃ] *I. adj* tactical *II. adv* tactically

takt·los *adj* tactless

Takt·lo·sig·keit <-, -en> *f* ❶ *kein pl* (*taktlose Art*) tactlessness ❷ (*taktlose Aktion*) piece of tactlessness

Takt·stock *m* baton

takt·voll *adj* tactful

Tal <-[e]s, Täler> [taːl, *pl* tɛːlɐ] *nt* valley

Ta·lar <-s, -e> [taˈlaːɐ̯] *m* JUR robe; REL cassock; SCH gown

Ta·lent <-[e]s, -e> [taˈlɛnt] *nt* talent

ta·len·tiert [talɛnˈtiːɐ̯t] *I. adj* talented *II. adv* in a talented way

Ta·ler <-s, -> [ˈtaːlɐ] *m* thaler

Talg <-[e]s, -e> [talk, *pl* ˈtalɡə] *m* ❶ (*festes Fett*) suet ❷ (*Absonderung der Talgdrüsen*) sebum

Talg·drü·se *f* sebaceous gland

Ta·lis·man <-s, -e> [ˈtaːlɪsman] *m* lucky charm

Tal·kes·sel *m* basin

Talk·mas·ter(in) <-s, -> [ˈtɔːkmastɐ] *m(f)* chat show host BRIT, talk show host AM **Talkshow**[RR], **Talk show**[ALT] <-, -s> [ˈtɔːkʃoː] *f* talk show, chat show BRIT

Tal·sper·re *f* TECH *s.* **Staudamm Tal·sta·ti·on** *f* valley station

Tam·bur·in <-s, -e> [tabuˈrɛː] *nt* tambou-

rine
Tam·pon <-s, -s> ['tampɔn, tam'poːn, tãˈpõː] *m* tampon
Tan·dem <-s, -s> ['tandɛm] *nt* tandem; ~ **fahren** to ride a tandem
Tang <-[e]s, -e> [taŋ] *m* seaweed
Tan·ga <-s, -s> ['taŋga] *m* tanga
Tan·gens <-, -> ['taŋgɛns] *m* tangent
Tan·gen·te <-, -n> [taŋ'gɛntə] *f* MATH tangent
tan·gie·ren* [taŋ'giːrən] *vt* ❶ (*geh: streifen*) to touch upon ❷ (*geh: betreffen*) to affect; **jdn nicht ~** (*fam*) not to bother sb ❸ MATH ■ **etw ~** to be tangent to
Tan·go <-s, -s> ['taŋgo] *m* tango
Tank <-s, -s> [taŋk] *m* tank
tan·ken [taŋkn̩] **I.** *vi* (*Auto*) to fill up with petrol [*or* AM gas]; (*Flugzeug*) to refuel **II.** *vt* ❶ (*als Tankfüllung*) ■ **etw ~** to fill up with sth ❷ (*fam: in sich aufnehmen*) **frische Luft/Sonne ~** to get some fresh air/sun ▶ [**ganz schön**] **getankt haben** (*fam*) to have downed a fair amount
Tan·ker <-s, -> ['taŋkɐ] *m* tanker
Tank·fül·lung *f* a tankful **Tank·last·zug** *m* tanker **Tank·stel·le** *f* petrol [*or* AM gas] pump **Tank·stel·le** *f* garage, filling [*or* AM gas] station **Tank·wart(in)** *m(f)* petrol pump attendant BRIT, gas station attendant AM
Tan·ne <-, -n> ['tanə] *f* fir
Tan·nen·baum *m* ❶ (*Weihnachtsbaum*) Christmas tree ❷ (*fam: Tanne*) fir-tree **Tan·nen·na·del** *f* fir needle **Tan·nen·wald** *m* pine forest **Tan·nen·zap·fen** *m* fir cone
Tan·te <-, -n> ['tantə] *f* aunt
Tan·te-Em·ma-La·den *m* (*fam*) corner shop
Tan·ti·e·me <-, -n> [tã'tieːmə, tãˈtiɛːmə] *f* ❶ (*Absatzhonorar*) royalty ❷ *meist pl* (*Gewinnbeteiligung*) percentage of the profits
Tanz <-es, Tänze> [tants, *pl* 'tɛntsə] *m* dance; **jdn zum ~ auffordern** to ask sb to dance
Tanz·bein *nt* **das ~ schwingen** (*hum fam*) to take to the floor
tän·zeln ['tɛntsl̩n] *vi* ❶ *haben* (*auf und ab federn*) *Boxer* to dance; *Pferd* to prance ❷ *sein* (*sich leichtfüßig fortbewegen*) to skip
tan·zen ['tantsn̩] **I.** *vi* ❶ *haben* (*einen Tanz ausführen*) to dance ❷ *sein* (*sich tanzend fortbewegen*) to dance ❸ *haben* (*hüpfen*) *Gläser, Würfel* to jump in the air; **das kleine Boot tanzte auf den Wellen** the little boat bobbed up and down on the waves; **ihm tanzte alles vor den Augen** the room was spinning before his eyes **II.** *vt haben* to dance
Tän·zer(in) <-s, -> ['tɛntsɐ] *m(f)* dancer
tän·ze·risch I. *adj* dancing **II.** *adv* in terms of dancing
Tanz·flä·che *f* dance floor **Tanz·kurs** *m* dance class **Tanz·leh·rer(in)** *m(f)* dance teacher **Tanz·lo·kal** *nt* café with a dance floor **Tanz·mu·sik** *f* dance music **Tanz·part·ner(in)** *m(f)* dancing partner **Tanz·schu·le** *f* dancing school **Tanz·stun·de** *f* ❶ *kein pl* (*Kurs*) dancing class ❷ (*Unterrichtsstunde*) dancing lesson; **~n nehmen** to have dancing lessons **Tanz·tur·nier** *nt* dance tournament
Ta·pe·te <-, -n> [ta'peːtə] *f* wallpaper *no pl*
Ta·pe·ten·wech·sel *m* (*fam*) change of scene
ta·pe·zie·ren* [tape'tsiːrən] *vt* to wallpaper
Ta·pe·zie·rer(in) <-s, -> *m(f)* decorator
Ta·pe·zier·tisch *m* wallpapering-table
tap·fer ['tapfɐ] *adj* brave
Tap·fer·keit <-> *f kein pl* courage
Ta·pir <-s, -e> ['taːpiɐ̯] *m* tapir
tap·pen ['tapn̩] *vi* ❶ *sein* (*schwerfällig gehen*) **schlaftrunken tappte er zum Telefon** he shuffled drowsily to the phone ❷ *haben* (*tasten*) to grope (**nach** for)
tap·sen ['tapsn̩] *vi sein Kleinkind* to toddle; *Bär* to lumber
Ta·ran·tel <-, -n> [ta'rantl̩] *f* tarantula
Ta·rif <-[e]s, -e> [ta'riːf] *m* ❶ (*gewerkschaftliche Gehaltsvereinbarung*) pay scale ❷ (*festgesetzter Einheitspreis*) charge **Ta·rif·ab·schluss**[RR] *m* wage agreement **Ta·rif·grup·pe** *f* wage group **Ta·rif·kampf** [ta'riːf-] *m* [tense] wage negotiations *pl*
ta·rif·lich I. *adj* negotiated **II.** *adv* by negotiation
Ta·rif·lohn *m* standard wage **Ta·rif·part·ner(in)** *m(f)* party to a wage agreement **Ta·rif·run·de** *f* pay round **Ta·rif·ver·hand·lung** *f meist pl* collective wage negotiations *pl* **Ta·rif·ver·trag** *m* collective wage agreement
tar·nen ['tarnən] *vt* ❶ MIL to camouflage (**gegen** against) ❷ (*Identität wechseln*) to disguise
Tarn·far·be *f* camouflage paint **Tarn·na·me** *m* cover name
Tar·nung <-, -en> *f* ❶ *kein pl* (*das Tarnen*) *a.* MIL camouflage ❷ (*tarnende Identität*) cover
Ta·sche <-, -n> ['taʃə] *f* ❶ (*Hand~*) [hand]bag; (*Einkaufs~*) [shopping] bag; (*Akten~*) briefcase ❷ (*in Kleidungsstücken*) pocket ▶ **tief in die ~ greifen müssen** to have to dig deep into one's pocket; [**etw**] **aus der eigenen ~ bezahlen** to pay for sth out of one's own pocket; **jdm auf der ~ liegen** to live off sb; **jdn in die ~ stecken** to be head and shoulders above sb; **in die eigene**

~ **wirtschaften** to line one's own pocket[s] **Ta·schen·aus·ga·be** f pocket edition **Ta·schen·buch** nt paperback **Ta·schen·buch·aus·ga·be** f paperback edition **Ta·schen·com·pu·ter** m hand-held computer **Ta·schen·dieb(in)** m(f) pickpocket **Ta·schen·geld** nt pocket money **Ta·schen·krebs** m (common) crab **Ta·schen·lam·pe** f torch **Ta·schen·mes·ser** nt penknife **Ta·schen·rech·ner** m pocket calculator **Ta·schen·tuch** nt handkerchief **Ta·schen·uhr** f pocket watch **Ta·schen·wör·ter·buch** nt pocket dictionary

Tas·se <-, -n> ['tasə] f (*Trinkgefäß*) cup; **eine ~ Tee** a cup of tea ▶ **nicht alle ~n im <u>Schrank</u> haben** not to be right in the head

Tas·ta·tur <-, -en> [tasta'tuːɐ̯] f keyboard

Tas·te <-, -n> ['tastə] f key; (*Telefon*) button

tas·ten ['tastn̩] **I.** vi (*fühlend suchen*) to feel (**nach** for) **II.** vr (*sich vortasten*) ■**sich irgendwohin ~** to grope one's way to somewhere **III.** vt to feel

Tas·ten·in·stru·ment nt keyboard instrument

Tast·sinn m kein pl sense of touch

tat [taːt] imp von **tun**

Tat <-, -en> [taːt] f ❶ (*Handlung*) act; **eine gute ~** a good deed; **zur ~ schreiten** (geh) to proceed to action; **etw in die ~ umsetzen** to put sth into effect ❷ (*Straf-*) crime; **jdn auf frischer ~ ertappen** to catch sb redhanded fig ▶ **in der ~** indeed

Tat·be·stand m ❶ (*Sachlage*) facts [of the matter] ❷ JUR elements of an offence **Tat·be·tei·lig·te(r)** f(m) JUR accomplice

Ta·ten·drang m kein pl (geh) thirst for action **ta·ten·durs·tig** [taːtn̩'dʊrstɪç] adj (geh) eager for action pred **ta·ten·los** adj idle; **~ zusehen** to stand idly by

Tä·ter(in) <-s, -> ['tɛːtɐ] m(f) perpetrator

tä·tig ['tɛːtɪç] adj ❶ (*beschäftigt*) employed; **sie ist in der pharmazeutischen Industrie ~** she works in the pharmaceutical industry ❷ attr (*tatkräftig*) active ❸ (*aktiv*) active; **unentwegt ~ sein** to be always on the go fam

tä·ti·gen ['tɛːtɪɡn̩] vt (geh) to effect; *Abschluss* to conclude

Tä·tig·keit <-, -en> f ❶ (*Beschäftigung*) occupation ❷ kein pl (*Aktivität*) activity; **in ~ sein** to be operating; **in ~ treten** to intervene

Tä·tig·keits·be·reich m field of activity

Tat·kraft f kein pl drive no pl **tat·kräf·tig** adj active

tät·lich ['tɛːtlɪç] adj violent (**gegen** towards)

Tat·mo·tiv nt motive

Tat·ort m scene of the crime **Tat·ort·spur** f sample taken from a crime scene

tä·to·wie·ren* [tɛto'viːrən] vt to tattoo

Tä·to·wie·rung <-, -en> f ❶ (*eingeritztes Motiv*) tattoo ❷ kein pl (*das Tätowieren*) tattooing

Tat·sa·che ['taːtzaxə] f fact; **~ ist [aber], dass ...** the fact of the matter is [however] that ... ▶ **den ~n ins <u>Auge</u> sehen** to face the facts

tat·säch·lich ['taːtzɛçlɪç, taːt'zɛçlɪç] **I.** adj attr (*wirklich*) actual attr, real **II.** adv ❶ (*in Wirklichkeit*) actually ❷ (*in der Tat*) really

tät·scheln ['tɛːtʃl̩n] vt to pat

tat·te·rig adj, **tatt·rig** ['tatrɪç] adj (fam) doddery BRIT, shaky AM

Tat·ver·dacht m suspicion **tat·ver·däch·tig** adj under suspicion **Tat·ver·däch·ti·ge(r)** f(m) suspect **Tat·waf·fe** f murder weapon

Tat·ze <-, -n> ['tatsə] f paw

Tat·zeit f time of the crime **Tat·zeu·ge, -zeu·gin** m, f incident-witness

Tau¹ <-[e]s> [tau̯] m kein pl (~ *tropfen*) dew

Tau² <-[e]s, -e> [tau̯] nt (*Seil*) rope

taub [tau̯p] adj ❶ (*gehörlos*) deaf; **sich ~ stellen** to turn a deaf ear ❷ (*gefühllos*) numb ❸ *Nuss* empty; *Boden* barren; *Metall* dull

Tau·be <-, -n> ['tau̯bə] f pigeon

Tau·ben·schlag m pigeon loft

Tau·be·rich ['tau̯bərɪç], **Täu·be·rich** <-s, -e> ['tɔʏbərɪç] m male dove

Taub·heit <-> f kein pl ❶ (*Gehörlosigkeit*) deafness no pl ❷ (*Gefühllosigkeit*) numbness no pl

taub·stumm adj deaf and dumb **Taub·stum·me(r)** f(m) deaf mute **Taub·stum·men·spra·che** f language for deaf-mutes

tau·chen [tau̯xn̩] **I.** vi ❶ sein o haben (*unter-*) to dive (**nach** for) ❷ sein (*auf-*) to emerge, to surface **II.** vt haben ❶ (*ein-*) to dip; **in [gleißendes] Licht getaucht** bathed in [glistening] light ❷ (*unter-*) to duck

Tau·chen <-s> [tau̯xn̩] nt kein pl diving

Tau·cher(in) <-s, -> [tau̯xɐ] m(f) diver

Tau·cher·an·zug m diving suit **Tau·cher·aus·rüs·tung** f diving equipment **Tau·cher·bril·le** f diving goggles npl

Tau·che·rin <-, -nen> f fem form von **Taucher Tau·cher·mas·ke** f diving mask

Tauch·sie·der <-s, -> m immersion heater **Tauch·sta·ti·on** f **auf ~ gehen** (fam) to make oneself scarce

tau·en [tau̯ən] **I.** vi ❶ haben (*Tauwetter setzt ein*) ■**es taut** it is thawing ❷ sein ([*ab*]*schmelzen*) to melt (**von** on) **II.** vt to melt

Tauf·be·cken nt font

Tau·fe <-, -n> ['tau̯fə] f baptism ▶ **etw aus**

der ~ heben (*hum fam*) to launch sth

tau·fen ['taufn̩] *vt* ❶ (*die Taufe vollziehen*) to baptize ❷ (*in der Taufe benennen*) to christen ❸ (*fam: benennen*) to christen

Täuf·ling <-s, -e> *m* person to be baptized

Tauf·name *m* Christian name **Tauf·pa·te, -pa·tin** *m, f* godfather *masc*, godmother *fem*

tau·frisch *adj* dewy; *Blumen* fresh

tau·gen ['taugn̩] *vi* ❶ (*wert sein*) ■ **etwas/viel/nichts ~** to be useful/very useful/useless ❷ (*geeignet sein*) to be suitable (**als** for)

Tau·ge·nichts <-[es], -e> ['taugənɪçts] *m* (*veraltend*) good-for-nothing

taug·lich ['tauklɪç] *adj* ❶ (*geeignet*) suitable ❷ MIL fit [for military service]

Taug·lich·keit <-> *f kein pl* ❶ (*Eignung*) suitability ❷ MIL fitness [for military service]

Tau·mel <-s> ['taumi̩] *m kein pl* (*geh*) ❶ (*Schwindelgefühl*) dizziness ❷ (*geh: Überschwang*) frenzy

tau·meln ['taumi̩n] *vi sein* to stagger

Tausch <-[e]s, -e> [tauʃ] *m* swap; **im ~ gegen** [etw *akk*] in exchange for [sth]

tau·schen ['tauʃn̩] ❶ *vt* ❶ (*gegeneinander einwechseln*) to swap (**gegen** for) ❷ (*geh: austauschen*) to exchange ❷ *vi* to swap ▶ **mit niemandem ~ wollen** not to wish to change places with anybody

täu·schen ['tɔyʃn̩] ❶ *vt* (*irreführen*) to deceive; **wenn mich nicht alles täuscht** if I'm not completely mistaken; **wenn mich mein Gedächtnis nicht täuscht** unless my memory deceives me ❷ *vr* (*sich irren*) ■ **sich ~** to be mistaken (**in** about); **darin täuschst du dich** you're wrong about that ❸ *vi* (*irreführen*) to be deceptive.

täu·schend ❶ *adj* deceptive; *Ähnlichkeit* striking ❷ *adv* deceptively; **sie sieht ihrer Mutter ~ ähnlich** she bears a striking resemblance to her mother

Tausch·ge·schäft *nt* exchange **Tausch·ob·jekt** *nt* **ein begehrtes ~** a sought after object for bartering

Täu·schung <-, -en> ['tɔyʃʊŋ] *f* ❶ (*Betrug*) deception ❷ (*Irrtum*) error; **optische ~** optical illusion

Täu·schungs·ma·nö·ver *nt* ploy

Tausch·wert *m* exchange value

tau·send ['tauzn̩t] *adj* ❶ (*Zahl*) a [*or* one] thousand; **einige ~ Euro** several thousand euros ❷ (*fam: sehr viele*) thousands of ...

Tau·send[1] <-s, -e> ['tauzn̩t, *pl* -ndə] *f* ❶ (*Einheit von 1000 Dingen*) a thousand; [**zehn/zwanzig etc**] **von ~** [ten/twenty etc] out of every thousand ❷ *pl, auch kleingeschrieben* (*viele tausend*) thousands *pl* (**von** of); **einige ~e** ... several thousand ...; **einer von ~** one in a thousand; **in die ~e gehen** *Kosten, Schaden* to run into the thousands; **zu ~en** by the thousands

Tau·send[2] <-, -en> ['tauzn̩t, *pl* -ndn̩] *f* thousand

Tau·sen·der <-s, -> ['tauzn̩dɐ] *m* ❶ (*fam: Geldschein*) thousand-dollar/euro etc. note ❷ (*1000 als Bestandteil einer Zahl*) thousands

tau·send·fach, 1000·fach ['tauzn̩tfax] ❶ *adj* thousandfold; **die ~e Menge** a thousand times the amount; *s. a.* **achtfach** ❷ *adv* thousand fold, a thousand times over; *s. a.* **achtfach**

Tau·send·füß·ler <-s, -> ['tauzn̩tfy:slɐ] *m* centipede **tau·send·jäh·rig, 1000·jäh·rig**^{RR} ['tauzn̩tjɛːrɪç] *adj* ❶ (*Alter*) thousand-year-old *attr*, one thousand years old *pred*; *s. a.* **achtjährig 1** ❷ (*Zeitspanne*) thousand year *attr*; *s. a.* **achtjährig 2**

tau·send·mal, 1000·mal^{RR} ['tauzn̩tmaːl] *adv* a thousand times; **bitte ~ um Entschuldigung!** (*fam*) a thousand apologies!

Tau·sends·tel ['tauzn̩tstl̩] *nt o* SCHWEIZ *m* thousandth

Tau·trop·fen *m* dewdrop **Tau·was·ser** <-s, -wasser> *nt* melt water **Tau·wet·ter** <-s> *nt* thaw

Tau·zie·hen *nt kein pl* (*a. fig*) tug-of-war

Ta·xa·me·ter <-s, -> [taksa'meːtɐ] *m* taximeter, clock *fam*

Ta·xe <-, -n> ['taksə] *f* ❶ (*Kur~*) charge ❷ (*Schätzwert*) estimate ❸ DIAL (*Taxi*) taxi

Ta·xi <-s, -s> ['taksi] *nt* cab, taxi

Ta·xi·fah·rer(in) <-s, -> *m(f)* taxi [*or* cab] driver **Ta·xi·fahrt** *f* taxi [*or* cab] journey **Ta·xi·stand** *m* taxi [*or* cab] rank

Tb <-, -s> [teːˈbeː], **Tbc** <-, -s> [teːbeːˈtseː] *f Abk von* **Tuberkulose** TB

Team <-s, -s> [tiːm] *nt* team

Team·ar·beit <-, -> [ˈtiːm-] *f* teamwork **team·fä·hig** *adj* able to work in a team **Team·geist** *m kein pl* team spirit **Team·work** <-s> *nt kein pl s.* **Teamarbeit**

Tech·nik <-, -en> ['tɛçnɪk] *f* ❶ *kein pl* (*Technologie*) technology ❷ *kein pl* (*technische Ausstattung*) technical equipment ❸ *kein pl* (*technische Konstruktion*) technology ❹ (*besondere Methode*) technique ❺ ÖSTERR (*technische Hochschule*) college of technology

Tech·ni·ker(in) <-s, -> ['tɛçnɪkɐ] *m(f)* (*Fachmann der Technik 1*) engineer; (*der Technik 2,3*) technician

Tech·nik·freak <-s, -s> ['tɛçnɪkfriːk] *m* (*fam*) technogeek *pej sl*

Tech·ni·kum <-s, Technika> ['tɛçnɪkʊm, *pl* -ka] *nt* college of technology

tech·nisch ['tɛçnɪʃ] ❶ *adj* ❶ *attr* (*technologisch*) technical ❷ (*~ es Wissen vermittelnd*) technical; **~e Hochschule** college of technology ③ *Können, Probleme* technical **II.** *adv* technically

tech·ni·sie·ren* [tɛçni'ziːrən] *vt* to mechanize

Tech·ni·sie·rung <-, -en> *f* mechanization

Tech·no <-[s]> ['tɛçno] *m o nt kein pl* techno

Tech·no·lo·gie <-, -n> [tɛçnolo'giː] *f* technology

Tech·no·lo·gie·park *m* technology park **Tech·no·lo·gie·zen·trum** *nt* technology centre

tech·no·lo·gisch [tɛçno'loːgɪʃ] *adj* technological

Tech·tel·mech·tel <-s, -> [tɛçtl'mɛçtl] *nt* (*fam*) affair

Ted·dy·bär *m* teddy [bear]

Tee <-s, -s> [teː] *m* tea; (*aus Heilkräutern*) herbal tea; **eine Tasse ~** a cup of tea; **schwarzer/grüner ~** black/green tea; **~ kochen** to make some tea ▶ **abwarten und ~ trinken** (*fam*) to wait and see

Tee·beu·tel *m* tea bag **Tee·ei**^{RR}, **Tee-Ei** *nt* tea infuser **Tee·fil·ter** *m* tea-strainer **Tee·kan·ne** *f* teapot **Tee·licht** *nt* tea warmer candle **Tee·löf·fel** *m* ① (*Löffel*) teaspoon ② (*Menge*) teaspoon[ful]

Teen <-s, -s> [tiːn] *m*, **Teen·ager** <-s, -> ['tiːneːdʒɐ] *m* teenager

Tee·nie <-s, -s> ['tiːni], **Tee·ny** <-s, -s> *m* (*fam*) young teenager

Teer <-[e]s, -e> [teːɐ̯] *m* tar

tee·ren ['teːrən] *vt* to tar

Tee·ser·vice [-zɛrviːs] *nt* tea service **Tee·stu·be** *f* tea-room **Tee·wurst** *f* smoked sausage spread

Tef·lon® <-s> ['tɛflon] *nt kein pl* teflon®

Teich <-[e]s, -e> [taɪç] *m* pond

Teig <-[e]s, -e> [taɪk] *m* (*Hefe-, Rühr-, Nudelteig*) dough; (*Mürbe-, Blätterteig*) pastry; (*flüssig*) batter; (*in Rezepten*) mixture

tei·gig [taɪgɪç] *adj* ① (*nicht ausgebacken*) doughy ② (*mit Teig bedeckt*) covered in dough ③ *Teint* pasty

Teig·wa·ren *pl* (*geh*) pasta + *sing vb*

Teil¹ <-[e]s, -e> [taɪl] *m* ① (*Bruch~*) part; **in zwei ~e zerbrechen** to break in two; **sie waren zum größten ~ einverstanden** for the most part they were in agreement; **zum ~** partly; (*gelegentlich*) on occasion ② (*Anteil*) share; **zu gleichen ~en** equally ③ (*Bereich*) *einer Stadt* district; (*einer Strecke*) stretch; (*eines Gebäudes, einer Zeitung, eines Buches*) section ▶ **sich** *dat* **seinen ~ denken** to draw one's own conclusions; **ich für meinen ~** I, for my part

Teil² <-[e]s, -e> [taɪl] *nt* ① (*Einzel~*) component ② (*sl: Ding*) thing

Teil·an·sicht *f* partial view

teil·bar *adj* ■ **~ sein** ① (*aufzuteilen*) which can be divided (**in** into) ② MATH to be divisible (**durch** by)

Teil·be·reich *m* section **Teil·be·trag** *m* instalment

Teil·chen <-s, -> *nt dim von* **Teil**¹ 1 ① (*Partikel*) particle ② NUKL nuclear particle ③ KOCHK DIAL pastries *pl*

tei·len ['taɪlən] **I.** *vt* ① (*auf-*) to share (**in** into) ② MATH to divide (**durch** by) ③ (*trennen*) to separate **II.** *vr* **~ sich** ① (*sich auf-*) to split up (**in** into) ② (*sich gabeln*) to fork; **da vorne teilt sich die Straße** the road forks up ahead ③ (*unter sich auf-*) to share; **sie teilten sich die Kosten** they split the costs between them ④ (*gemeinsam benutzen*) to share **III.** *vi* (*abgeben*) to share

teil·ha·ben *vi irreg* (*geh*) to participate (**an** in)

Teil·ha·ber(in) <-s, -> *m(f)* partner

Teil·kas·ko·ver·si·che·rung *f* partially comprehensive insurance

Teil·nah·me <-, -en> ['taɪlnaːmə] *f* ① (*Beteiligung*) participation (**an** in) ② (*geh: Mitgefühl*) sympathy ③ (*geh: Interesse*) interest

teil·nahms·los *adj* apathetic

Teil·nahms·lo·sig·keit <-> *f kein pl* apathy

teil|neh·men *vi irreg* ① (*anwesend sein*) ■ **an etw** *dat* **~** to attend [sth] ② (*sich beteiligen*) to participate (**an** in); *Wettbewerb* to take part **Teil·neh·mer(in)** <-s, -> *m(f)* ① (*Anwesender*) person present ② (*Beteiligter*) participant (**an** in); **an einem Kurs** student ③ (*Telefoninhaber*) subscriber **Teil·neh·mer·ge·bühr** *f* attendance fee **Teil·neh·mer·wäh·rung** *f* FIN participating currency

teils [taɪls] *adv* partly; **~, ~** (*fam*) yes and no

Teil·stück *nt* part

Tei·lung <-, -en> *f* division

teil·wei·se ['taɪlvaɪzə] **I.** *adv* partly **II.** *adj attr* partial

Teil·zah·lung *f* instalment

Teil·zeit·ar·beit *f* part-time work **Teil·zeit·be·schäf·tig·te(r)** *f(m) dekl wie adj* part-time worker **Teil·zeit·be·schäf·ti·gung** *f* part-time employment

Teint <-s, -s> [tɛ̃ː] *m* complexion

Tel·co <-, -s> *f* TELEK (*Telefongesellschaft*) phone company

Te·le·ar·beit *f kein pl* telework **Te·le·ar·bei·ter(in)** ['teːlə-] *m(f)* telecommuter **Te·le·bank·ing** *nt* home banking **Te·le·brief** *m* telemessage **Te·le·fax** ['teːləfaks] *nt* fax **te·le·fa·xen** ['teːləfaksn̩] *vt*, *vi* (*geh*) *s.* **faxen**

Te·le·fon <-s, -e> ['teːlefoːn, teleˈfoːn] *nt* telephone, phone *fam*

Te·le·fon·an·ruf *m* telephone call **Te·le·fon·an·schluss**^RR *m* telephone connection

Te·le·fo·nat <-[e]s, -e> [te:lefo'na:t] *nt (geh)* telephone call

Te·le·fon·aus·kunft *f* directory enquiries *pl* **Te·le·fon·buch** *nt* telephone book **Te·le·fon·buch·se** [tele'fo:n-] *f* telephone point [*or* AM jack] **Te·le·fon·ge·bühr** *f meist pl* telephone charge[s *pl*]

Te·le·fon·ge·sell·schaft *f* [tele]phone company **Te·le·fon·ge·spräch** *nt* telephone call; **ein ~ führen** to make a telephone call **Te·le·fon·hö·rer** *m* telephone receiver

te·le·fo·nie·ren* [telefo'ni:rən] *vi* to make a [tele]phone call; ■ **[mit jdm] ~** to telephone [sb]

te·le·fo·nisch **I.** *adj* telephone **II.** *adv* by telephone

Te·le·fon·kar·te *f* phonecard **Te·le·fon·ket·te** *f* telephone chain **Te·le·fon·lei·tung** *f* telephone line **Te·le·fon·mar·ke·ting** *nt* telephone marketing **Te·le·fon·netz** *nt* telephone network **Te·le·fon·num·mer** *f* telephone number **Te·le·fon·rech·nung** *f* [tele]phone bill **Te·le·fon·seel·sor·ge** *f* Samaritans *pl* **Te·le·fon·sex** *m* telephone sex **Te·le·fon·ter·ror** *m kein pl* telephone harassment **Te·le·fon·ver·bin·dung** *f* telephone connection **Te·le·fon·zel·le** *f* pay phone **Te·le·fon·zen·tra·le** *f* switchboard

Te·le·graf <-en, -en> [tele'gra:f] *m* telegraph

Te·le·gra·fen·amt *nt* telegraph office **Te·le·gra·fen·mast** *m* telegraph pole

te·le·gra·fie·ren* [telegra'fi:rən] *vi, vt* to telegraph

te·le·gra·fisch *adj* telegraphic

Te·le·gramm <-gramme> [tele'gram] *nt* telegram **Te·le·gramm·stil** *m kein pl* abrupt style

Te·le·heim·ar·beit *f* teleworking [from home] **Te·le·kol·leg** ['te:ləkɔlɛk] *nt* Open University BRIT

Te·le·kom <-> ['te:ləkɔm] *f kein pl kurz für* Deutsche Telekom AG: ■ **die ~** German Telecommunications company

Te·le·kom·mu·ni·ka·ti·on *f* telecommunication **Te·le·mar·ke·ting** ['te:ləmarkətɪŋ] *nt* telesales *pl* **Te·le·no·ve·la** <-, -s> *f* TV long-running drama series, similar in format to a soap opera, but with a set number of episodes **Te·le·ob·jek·tiv** *nt* telephoto lens

Te·le·pa·thie <-> [telepa'ti:] *f kein pl* telepathy

Te·le·promp·ter <-s, -> *m* autocue, teleprompter AM **Te·le·shop·ping** <-s> ['te:ləʃɔpɪŋ] *nt kein pl* teleshopping

Te·le·skop <-s, -e> [tele'sko:p] *nt* telescope

Te·le·spiel *nt (veraltend)* video game

Te·le·tex <-> ['teletɛks] *nt kein pl* teletex *no pl*

Te·lex <-, -e> ['te:lɛks] *nt* telex

te·le·xen ['te:lɛksn̩] *vt* to telex

Tel·ler <-s, -> ['tɛlɐ] *m* ① *(Geschirrteil)* plate; **flacher ~** dinner plate; **tiefer ~** soup plate ② *(Menge)* plateful; **ein ~ Spaghetti** a plateful of spaghetti

Tel·ler·ge·richt *nt* KOCHK one-course meal **Tel·ler·rand** *m* ▶ **über den ~ hinausschauen** to not be restricted in one's thinking; **über den ~ nicht hinausschauen** to not see further than [the end of] one's nose **Tel·ler·wä·scher(in)** *m(f)* dishwasher

Tem·pel <-s, -> ['tɛmpl̩] *m* temple

Tem·pe·ra·far·be *f* tempera colour

Tem·pe·ra·ment <-[e]s, -e> [tɛmpəra'mɛnt] *nt* ① *(Wesensart)* temperament ② *kein pl (Lebhaftigkeit)* vivacity; **~ haben** to be very lively

tem·pe·ra·ment·voll **I.** *adj* lively, vivacious **II.** *adv* vivaciously

Tem·pe·ra·tur <-, -en> [tɛmpəra'tu:ɐ̯] *f* ① *(Wärmegrad)* temperature ② *(Körper~)* temperature; **[seine/die] ~ messen** to take one's temperature; **[erhöhte] ~ haben** to have a temperature

Tem·pe·ra·tur·an·stieg *m* rise in temperature **Tem·pe·ra·tur·rück·gang** *m* drop in temperature **Tem·pe·ra·tur·schwan·kung** *f* fluctuation in temperature **Tem·pe·ra·tur·sturz** *m* sudden drop in temperature

Tem·po¹ <-s, -s *o fachspr* Tempi> ['tɛmpo, *pl* 'tɛmpi] *nt* ① *(Geschwindigkeit)* speed; **mit hohem ~** at high speed ② *(musikalisches Zeitmaß)* tempo; **das ~ angeben** to set the tempo

Tem·po®² <-s, -s> *nt (fam: Papiertaschentuch)* [paper] tissue

Tem·po·li·mit *nt* speed limit

Ten·denz <-, -en> [tɛn'dɛnts] *f* ① *(Trend)* trend ② *(Neigung)* tendency (**zu** to); **die ~ haben, etw zu tun** to have a tendency [to do sth]

ten·den·zi·ell [tɛndɛn'tsi̯ɛl] *adj* **es zeichnet sich eine ~e Entwicklung zum Besseren ab** trends indicate a change for the better

ten·den·zi·ös <-er, -este> [tɛndɛn'tsi̯øːs] *adj (pej)* tendentious

ten·die·ren* [tɛn'di:rən] *vi* ① *(hinneigen)* to tend (**zu** towards); ■ **dazu ~, etw zu tun** to tend to do sth ② *(sich entwickeln)* **die Aktien tendierten schwächer** shares are tending to become weaker

Te·ne·rif·fa [tene'rɪfa] *nt* Tenerife

Ten·nis <-> ['tɛnɪs] *nt kein pl* tennis

Ten·nis·ball *m* tennis ball **Ten·nis·klub** *m* tennis club **Ten·nis·platz** *m* ❶ (*Spielfeld*) tennis court ❷ (*Anlage*) outdoor tennis complex **Ten·nis·schlä·ger** *m* tennis racket **Ten·nis·spiel** *nt* ❶ (*Sportart*) tennis ❷ (*Einzelspiel*) game of tennis **Ten·nis·spie·ler(in)** *m(f)* tennis player **Ten·nis·tur·nier** *nt* tennis tournament

Te·nor <-s, Tenöre> [te'noːɐ̯, *pl* te'nøːrə] *m* ❶ MUS tenor ❷ *kein pl* LING, JUR tenor

Ten·ta·kel <-s, -> [tɛn'taːkl] *m o nt* tentacle

Tep·pich <-s, -e> ['tɛpɪç] *m* carpet; (*Wand~*) tapestry ▶ etw unter den ~ <u>kehren</u> (*fam*) to sweep sth under the carpet

Tep·pich·bo·den *m* fitted carpet **Tep·pich·klop·fer** <-s, -> *m* carpet-beater **Tep·pich·rei·ni·ger** *m* carpet cleaner

Ter·min <-s, -e> [tɛr'miːn] *m* ❶ (*verabredeter Zeitpunkt*) appointment; **sich** *dat* **einen ~ [für etw** *akk*] **geben lassen** to make an appointment [for sth]; **einen ~ vereinbaren** to arrange an appointment; **einen ~ verpassen** to miss an appointment ❷ (*festgelegter Zeitpunkt*) deadline

Ter·mi·nal[1] <-s-, -s> ['tɶːɡmɪnl] *nt* INFORM terminal

Ter·mi·nal[2] <-s, -s> ['tɶːɡmɪnl] *nt o m* LUFT, TRANSP terminal

Ter·min·druck *m kein pl* time pressure **ter·min·ge·recht I.** *adj* according to schedule **II.** *adv* on time

Ter·mi·ni *pl von* **Terminus**

Ter·min·ka·len·der *m* [appointments] diary [*or* AM calendar]

Ter·mi·no·lo·gie <-, -n> [tɛrminoloˈɡiː, *pl* -ˈɡiːən] *f* terminology

Ter·min·pla·ner <-s, -> *m* ❶ (*Kalender*) schedule, diary BRIT ❷ TECH, INFORM electronic diary [*or* AM organizer]

Ter·mi·nus <-, Termini> ['tɛrminʊs, *pl* -ni] *m* term

Ter·mi·te <-, -n> [tɛr'miːtə] *f* termite

Ter·pen·tin <-s, -e> [tɛrpɛn'tiːn] *nt o* ÖSTERR *m* ❶ (*flüssiges Harz*) turpentine ❷ (*Terpentinöl*) oil of turpentine

Ter·rain <-s, -s> [tɛ'rɛ̃ː] *nt* ❶ (*Gelände*) terrain ❷ (*Bau]grundstück*) site

Ter·ra·ri·um <-s, -rien> [tɛ'raːri̯ʊm, *pl* -ri̯ən] *nt* terrarium

Ter·ras·se <-, -n> [tɛ'rasə] *f* ❶ (*Freisitz*) terrace; (*Balkon*) [large] balcony ❷ (*Geländestufe*) terrace

ter·ras·sen·för·mig *adj* terraced

Ter·ri·er <-s, -> ['tɛri̯ɐ] *m* terrier

Ter·ri·ne <-, -n> [tɛˈriːnə] *f* tureen

ter·ri·to·ri·al [tɛrito'ri̯aːl] *adj* territorial

Ter·ri·to·ri·um <-s, -rien> [tɛriˈtoːri̯ʊm, *pl* -ri̯ən] *nt* territory

Ter·ror <-s> ['tɛroːɐ̯] *m kein pl* ❶ (*terroristische Aktivitäten*) terrorism ❷ (*Furcht und Schrecken*) terror ❸ (*fam: Stunk*) huge fuss

Ter·ror·ab·wehr *f kein pl* counterterrorism **Ter·ror·akt** *m* act of terrorism **Ter·ror·an·schlag** *m* terror[ist] attack

ter·ro·ri·sie·ren* [tɛroriˈziːrən] *vt* ❶ (*fam: schikanieren*) to intimidate ❷ (*in Angst und Schrecken versetzen*) to terrorize

Ter·ro·ris·mus <-> [tɛroˈrɪsmʊs] *m kein pl* terrorism

Ter·ro·ris·mus·be·kämp·fung *f* counterterrorism

Ter·ro·rist(in) <-en, -en> [tɛroˈrɪst] *m(f)* terrorist

ter·ro·ris·tisch *adj* terrorist *attr*

Ter·ror·op·fer *nt* victim of terror[ism] **Ter·ror·pa·te** *m* terror chief **Ter·ror·schutz** *m* POL protection against terrorism **Ter·ror·zel·le** *f* terrorist cell

Terz <-, -en> [tɛrts] *f* MUS third

Ter·zett <-[e]s, -e> [tɛrˈtsɛt] *nt* MUS trio

Te·sa·film® ['teːzafɪlm] *m* Sellotape® BRIT, Scotch tape® AM

Tes·sin <-s> [tɛˈsiːn] *nt* ■ **das ~** Ticino

Test <-[e]s, -s *o* -e> [tɛst] *m* test

Tes·ta·ment <-[e]s, -e> [tɛstaˈmɛnt] *nt* ❶ JUR will ❷ REL **Altes/Neues ~** Old/New Testament

tes·ta·men·ta·risch I. *adj* testamentary **II.** *adv* in the will

Tes·ta·ments·er·öff·nung *f* reading of the will **Tes·ta·ments·voll·stre·cker(in)** *m(f)* executor

Test·bild *nt* TV test card BRIT, test pattern AM

tes·ten ['tɛstn] *vt* to test (**auf** for)

Test·er·geb·nis *nt* test result **Test·per·son** *f* subject **Test·rei·he** *f* series of tests

Te·ta·nus <-> ['teːtanʊs] *m kein pl* tetanus *no pl*

Te·ta·nus·schutz·imp·fung *f* tetanus vaccination

Tete-a-tete[RR] <-, -s> [tɛtaˈtɛːt] *nt*, **Tête-à-tête** <-, -s> [tɛtaˈtɛːt] *nt* tête-à-tête

Te·tra·eder <-s, -> [tetraˈʔeːdɐ] *nt* MATH tetrahedron

teu·er ['tɔyɐ] **I.** *adj* ❶ (*viel kostend*) expensive ❷ (*geh: geschätzt*) dear **II.** *adv* expensively; **das hast du aber zu ~ eingekauft** you paid too much for that; **sich** *dat* **etw ~ bezahlen lassen** to demand a high price for sth ▶ **etw ~ <u>bezahlen</u> müssen** to pay a high price for sth; **~ <u>erkauft</u>** dearly bought; **jdn ~ zu <u>stehen</u> kommen** to cost sb dear

Teu·e·rungs·ra·te *f* rate of price increase

Teu·fel <-s, -> [tɔyfl] *m* ❶ *kein pl* (*Satan*) ■ **der ~** the Devil ❷ (*teuflischer Mensch*) devil ▶ **in ~s Küche kommen** to get into a hell of a mess; **den ~ an die Wand malen** to imagine the worst; **geh zum ~!** (fam) go to hell!; **soll jdn [doch] der ~ holen** (fam) to hell with sb; **irgendwo ist der ~ los** (fam) all hell is breaking loose somewhere; **weiß der ~** (fam) who the hell knows

Teu·fels·kreis m vicious circle **Teu·fels·zeug** nt (fam: Substanz) evil [or nasty] stuff; (Sache) devilish thing

teuf·lisch ['tɔyflɪʃ] **I.** adj diabolical **II.** adv ① (diabolisch) diabolically ② (fam: höllisch) like hell

Teu·ro <-s, -[s]> ['tɔyro] m meist sing (pej) expensive euro (amalgamation of teuer and Euro; used pejoratively in reference to the Euro)

Text <-[e]s, -e> [tɛkst] m ① (schriftliche Darstellung) text ② (Lied~) lyrics ③ (Wortlaut) text; einer Rede script ▶ **jdn aus dem ~ bringen** (fam) to confuse sb

Text·auf·ga·be f problem **Text·bau·stein** m text block **Text·buch** nt libretto

tex·ten ['tɛkstn] **I.** vt to write **II.** vi to write songs; (in der Werbung) to write copy

Tex·ter(in) <-s, -> m(f) songwriter; (in der Werbung) copywriter

Tex·til·fa·brik f textile factory
Tex·ti·li·en [tɛks'tiːliən] pl fabrics pl
Tex·til·in·dus·trie f textile industry
Text·stel·le f passage
Text·ver·ar·bei·tung f word processing **Text·ver·ar·bei·tungs·pro·gramm** nt word processing programme **Text·ver·ar·bei·tungs·sys·tem** nt word processing system

TH <-, -s> [teː'haː] f Abk von Technische Hochschule training college providing degree courses in technical and scientific subjects

Thai [taj] nt Thai; s. a. Deutsch
Thai·land ['tajlant] nt Thailand; s. a. Deutschland
Thai·län·der(in) <-s, -> ['tajlɛndɐ] m(f) Thai; s. a. Deutsche(r)
thai·län·disch ['tajlɛndɪʃ] adj Thai; s. a. deutsch

The·a·ter <-s, -> [te'aːtɐ] nt ① (Gebäude) theatre ② (Schauspielkunst) theatre; **zum ~ gehen** to go on the stage; **~ spielen** to act; **nur ~ sein** (fam) to be only an act ③ (fam: Umstände) fuss; **[ein] ~ machen** to make a fuss

The·a·ter·auf·füh·rung f theatre performance **The·a·ter·be·such** m theatre visit **The·a·ter·be·su·cher(in)** <-s, -> m(f) theatregoer **The·a·ter·kar·te** f theatre ticket **The·a·ter·kas·se** f theatre box office **The·a·ter·stück** nt play **The·a·ter·vor·stel·lung** f theatre performance

the·a·tra·lisch [tea'traːlɪʃ] adj theatrical

The·ke <-, -n> ['teːkə] f counter; (in einem Lokal) bar

The·ma <-s, Themen o -ta> ['teːma, pl -mən, -ta] nt ① (Gesprächs~) topic; **ein ~ ist [für jdn] erledigt** (fam) a matter is closed as far as sb is concerned; **beim ~ bleiben** to stick to the subject; **jdn vom ~ abbringen** to get sb off the subject ② (schriftliches ~) subject ③ (Bereich) subject area ④ MUS theme ▶ **ein/kein ~ sein** to be/not to be an issue

The·ma·tik <-> [te'maːtɪk] f kein pl topic
the·ma·ti·sie·ren* [temati'ziːrən] vt to discuss

The·men ['teːmən] pl von Thema
The·men·park ['teːmən-] m TOURIST theme [or amusement] park

The·o·lo·ge, The·o·lo·gin <-n, -n> [teo'loːɡə, teo'loːɡɪn] m, f theologian
The·o·lo·gie <-, -n> [teolo'ɡiː, pl -ɡiːən] f theology
The·o·lo·gin <-,-nen> f fem form von Theologe
the·o·lo·gisch [teo'loːɡɪʃ] **I.** adj theological **II.** adv ① (in der Theologie) in theological matters ② (für die Theologie) theologically

The·o·re·ti·ker(in) <-s, -> [teo're:tikɐ] m(f) theorist
the·o·re·tisch [teo're:tɪʃ] **I.** adj theoretical **II.** adv theoretically
the·o·re·ti·sie·ren* [teoreti'ziːrən] vi to theorize
The·o·rie <-, -n> [teo'riː, pl -riːən] f theory

The·ra·peut(in) <-en, -en> [tera'pɔyt] m(f) therapist
the·ra·peu·tisch [tera'pɔytɪʃ] **I.** adj therapeutic **II.** adv as therapy
The·ra·pie <-, -n> [tera'piː, pl iːən] f therapy
the·ra·pie·ren [tera'piːrən] vt to treat

Ther·mal·bad [tɛr'maːl-] nt ① (Hallenbad) thermal baths pl ② (Heilbad) hot springs npl ③ (Kurort) spa resort **Ther·mal·quel·le** f thermal spring

Ther·mo·me·ter <-s, -> [tɛrmo'meːtɐ] nt thermometer
Ther·mo·me·ter·stand m temperature
Ther·mos·fla·sche® ['tɛrmosflaʃə] f Thermos® [flask] **Ther·mos·kan·ne** f Thermos® flask
Ther·mo·stat <-[e]s, -e o -en, -en> [tɛrmo'staːt] m thermostat

The·se <-, -n> ['teːzə] f thesis
The·sen·pa·pier nt theory paper
Think·tank <-s, -s> ['θɪŋktæŋk] m POL, ÖKON (sl) think tank

Thril·ler <-s, -> [θrɪlɐ] m thriller

Throm·bo·se <-, -n> [trɔmˈboːzə] *f* thrombosis

Thron <-[e]s, -e> [troːn] *m* throne

thro·nen [ˈtroːnən] *vi* to sit enthroned

Thron·fol·ge *f* line of succession **Thron·fol·ger(in)** <-s, -> *m(f)* heir to the throne

Thun·fisch [ˈtuːnfɪʃ] *m* tuna [fish]

Thü·rin·gen <-s> [ˈtyːrɪŋən] *nt* Thuringia

Thü·rin·ger(in) <-s, -> [ˈtyːrɪŋɐ] *m(f)* Thuringian

thü·rin·gisch [ˈtyːrɪŋɪʃ] *adj* Thuringian

THW <-[s], -s> [teːhaːˈveː] *nt Abk von* **Technisches Hilfswerk** technical support/breakdown service

Thymian <-s, -e> [ˈtyːmi̯aːn] *m* thyme

Ti·bet <-s> [ˈtiːbɛt] *nt* Tibet; *s. a.* **Deutschland**

Tick <-[e]s, -s> [tɪk] *m (fam)* ❶ *(Marotte)* quirk ❷ *(geringe Menge)* tad

ti·cken [ˈtɪkn̩] *vi* to tick ▸ **nicht richtig ~** to be out of one's mind

Tie·break^{RR} <-s, -s> *m o nt,* **Tie-Break** <-s, -s> [ˈtajbreːk] *m o nt* tie-break

tief [tiːf] **I.** *adj* ❶ *(eine große Tiefe/Dicke aufweisend)* deep; ■ **ein Meter ~** two metres deep ❷ *(niedrig)* low ❸ MUS *(tief klingend)* low; **Stimme** deep ❹ *(intensiv empfunden)* intense ❺ *(tiefgründig)* profound ❻ *(mitten in etw liegend)* deep; **im ~sten Winter** in the depths of winter ❼ *(weit hineinreichend)* deep; **Ausschnitt** low **II.** *adv* ❶ *(weit eindringend)* deep; **~ greifend** far-reaching ❷ *(vertikal hinunter)* deep; **er stürzte 350 Meter ~** he fell 350 metres [deep] ❸ *(dumpf tönend)* low; **zu ~ singen** to sing flat; **~ sprechen** to talk in a deep voice ❹ *(zutiefst)* deeply; **etw ~ bedauern** to regret sth profoundly; **jdn ~ erschrecken** to frighten sb terribly ❺ *(intensiv)* deeply; **~ schlafen** to sleep soundly ❻ *(niedrig)* low; **~ liegend** low-lying; **~ stehend** *(fig)* low-level

Tief <-[e]s, -e> [tiːf] *nt* ❶ METEO low ❷ *(depressive Phase)* low [point]

Tief·bau *m kein pl* civil engineering *no pl*

Tief·druck¹ *m kein pl* TYPO gravure *no pl*

Tief·druck² *m kein pl* METEO low pressure *no pl* **Tief·druck·ge·biet** *nt* low pressure area

Tie·fe <-, -n> [ˈtiːfə] *f* ❶ *(vertikale/horizontale Ausdehnung)* depth; **der Schacht führt hinab bis in 1200 Meter ~** the shaft goes 1200 metres deep ❷ *kein pl (Intensität)* intensity; **einer Farbe** depth ❸ *(Tiefgründigkeit)* depth ❹ *(dunkler Klang)* deepness

Tief·ebe·ne *f* lowland plain

Tie·fen·psy·cho·lo·gie *f* psychoanalysis **Tie·fen·schär·fe** *f kein pl* depth of field *no pl* **Tie·fen·wir·kung** *f* eines Kosmetikums deep action; ■ **mit ~** deep-acting

Tief·flie·ger *m* low-flying aircraft **Tief·gang** *m* NAUT draught ▸ **~ haben** to have depth

Tief·ga·ra·ge *f* underground car park BRIT, underground parking lot AM **tief·ge·fro·ren, tief·ge·kühlt** *adj* frozen **tief·fend**^{ALT} *adj* far-reaching

tief·grün·dig [ˈtiːfɡrʏndɪç] **I.** *adj* ❶ *Gedanken* profound ❷ *Boden* deep **II.** *adv* diskutieren, untersuchen in depth

Tief·kühl·kost *f* frozen foods *pl* **Tief·kühl·schrank** *m* freezer **Tief·kühl·tru·he** *f* freezer chest

Tief·land [ˈtiːflant] *nt* lowlands *pl* **Tief·punkt** *m* low point **Tief·schlaf** *m kein pl* deep sleep *no pl* **Tief·schlag** *m* ❶ SPORT hit below the belt ❷ *(schwerer Schicksalsschlag)* body blow **tief·schwarz** *adj* Haar jet black; **Nacht** pitch-black **Tief·see** *f* deep sea **Tief·sinn** <-[e]s> *m kein pl* profundity; **in ~ verfallen** to become depressed **tief·sin·nig** *adj* profound **Tief·stand** *m* low **tief|sta·peln** *vi* to be modest

Tiefst·tem·pe·ra·tur *f* lowest temperature

Tie·gel <-s, -> [ˈtiːɡl̩] *m* ❶ *(flacher Kochtopf)* [sauce] pan ❷ *(Cremebehälter)* jar ❸ *(Schmelz~)* pot

Tier <-[e]s, -e> [tiːɐ̯] *nt* animal

Tier·art *f* animal species + *sing vb* **Tier·arzt, -ärz·tin** *m, f* vet

Tier·chen <-s, -> *nt dim von* **Tier** little creature

Tier·fa·brik *f* AGR *(pej fam)* factory farm **Tier·gar·ten** *m* zoo **Tier·hand·lung** *f* pet shop **Tier·heim** *nt* animal home

tie·risch [ˈtiːrɪʃ] **I.** *adj* ❶ *(bei Tieren anzutreffend)* animal *attr* ❷ *(sl: gewaltig)* **einen ~en Durst/Hunger haben** to be thirsty/hungry as hell ❸ *(grässlich)* bestial **II.** *adv (sl)* **~ schuften/schwitzen** to work/sweat like hell; **~ wehtun** to hurt like hell

Tier·kli·nik *f* animal hospital **Tier·kreis·zei·chen** *nt* sign of the zodiac **tier·lieb** *adj* animal-loving *attr;* ■ **~ sein** to be fond of animals **Tier·mehl** *nt* meat and bone meal *spec,* animal feed **Tier·pfle·ger(in)** *m(f)* zoo-keeper **Tier·quä·ler(in)** <-s, -> *m(f)* person who is cruel to animals **Tier·quä·le·rei** [ˈtiːɐ̯kvɛləraj] *f* cruelty to animals **Tier·reich** *nt kein pl* animal kingdom **Tier·schutz** *m* protection of animals **Tier·schüt·zer(in)** *m(f)* animal welfare activist **Tier·schutz·ver·ein** *m* society for the prevention of cruelty to animals **Tier·ver·such** *m* animal experiment

Ti·ger <-s, -> [ˈtiːɡɐ] *m* tiger

ti·gern [ˈtiːɡɐn] *vi* sein *(fam)* to mooch [about] BRIT, to loiter AM

Ti·ger·staat *m* ÖKON, POL tiger economy

Til·de <-, -n> ['tɪldə] f tilde

til·gen ['tɪlgn̩] vt (geh) ❶ FIN (abtragen) to pay off ❷ (beseitigen) to wipe out sep; ▪ etw von etw dat ~ to erase sth from sth

Til·gung <-, -en> f (geh) ❶ FIN (das Tilgen) repayment ❷ (Beseitigung) deletion

timen ['taɪmən] vt to time

Time·sha·ring^RR <-s> nt kein pl, **Time·sha·ring**^ALT <-s> ['taɪmʃɛːrɪŋ] nt kein pl ❶ INFORM (gemeinsame Benutzung eines Großrechners) time-sharing ❷ (gemeinsamer Besitz von Ferienwohnungen) time share

Ti·ming <-s> ['taɪmɪŋ] nt timing

Tink·tur <-, -en> [tɪŋk'tuːɐ] f tincture

Tin·te <-, -n> ['tɪntə] f ink ▶ **in der ~ sitzen** (fam) to be in a scrape

Tin·ten·fass^RR nt inkpot **Tin·ten·fisch** m squid **Tin·ten·fleck** m ink blot; (auf Kleidung) ink stain **Tin·ten·strahl·dru·cker** m ink-jet printer

Tip^ALT <-s, -s> [tɪp] m s. Tipp

Tipp^RR <-s, -s> [tɪp] m ❶ (Hinweis) tip, hint ❷ SPORT tip

tip·pen¹ [tɪpn̩] I. vi ❶ (Wettscheine ausfüllen) to fill in one's coupon; **im Lotto/Toto ~** to play the lottery/pools ❷ (etw vorhersagen) to guess; ▪ **auf jdn/etw ~** to put one's money on sb/sth; ▪ **darauf ~, dass etw geschieht** to bet that sth happens II. vt eine Zahl ~ to play a number

tip·pen² [tɪpn̩] I. vi ❶ (fam: Schreibmaschine schreiben) to type ❷ (kurz anstoßen) to tap (an/auf on) II. vt (fam) to type

Tipp-Ex® <-> ['tɪpɛks] nt kein pl Tipp-Ex® BRIT, Liquid Paper® AM

Tipp·feh·ler m typing mistake

Tipp·schein m lottery coupon

Tipp·se <-, -n> ['tɪpsə] f (pej fam) typist

tipp·topp ['tɪp'tɔp] (fam) I. adj tip-top II. adv immaculately

Ti·rol <-s> [tiˈroːl] nt Tyrol

Ti·ro·ler(in) <-s, -> [tiˈroːlɐ] m(f) Tyrolean

Tisch <-[e]s, -e> [tɪʃ] m ❶ table; **am ~ sitzen** to sit at the table ▶ **reinen ~ machen** to sort things out; **unter den ~ fallen** (fam) to go by the board; **jdn unter den ~ trinken** to drink sb under the table; **vom ~ sein** to be cleared up; **sich [mit jdm] an einen ~ setzen** to get round the table [with sb]; **jdn über den ~ ziehen** (fam) to lead sb up the garden path

Tisch·bein ['tɪʃbaɪn] nt table-leg **Tisch·de·cke** f tablecloth **Tisch·fuß·ball** nt table football **Tisch·ge·sell·schaft** f dinner party **Tisch·ge·spräch** nt table talk **Tisch·kan·te** f table-edge **Tisch·lam·pe** f table lamp

Tisch·ler(in) <-s -> ['tɪʃlɐ] m(f) carpenter

Tisch·le·rei <-, -en> [tɪʃləˈraɪ] f carpenter's workshop

Tisch·le·rin <-, -nen> f fem form von Tischler

tisch·lern ['tɪʃlɐn] I. vi (fam) to do woodwork II. vt ▪ **etw ~** to make sth from wood

Tisch·ma·nie·ren [ˈtɪʃmaniːrən] pl table manners pl **Tisch·nach·bar(in)** <-n, -n> m(f) immediate neighbour when sat at a [dinner] table **Tisch·re·de** f after-dinner speech

Tisch·ten·nis nt table tennis **Tisch·ten·nis·ball** m table-tennis ball **Tisch·ten·nis·plat·te** f table-tennis table **Tisch·ten·nis·schlä·ger** m table-tennis bat

Ti·tel <-s, -> [ˈtiːtl̩] m ❶ (Überschrift) heading ❷ (Namenszusatz) [academic] title ❸ (Adels~) title ❹ MEDIA, SPORT title

Ti·tel·an·wär·ter(in) <-s, -> m(f) contender for the title

Ti·tel·bild nt cover [picture] **Ti·tel·blatt** nt ❶ (Buchseite mit dem Titel) title page ❷ einer Zeitung front page; einer Zeitschrift cover **Ti·tel·mäd·chen** nt cover girl

ti·teln ['tiːtl̩n] vt to headline

Ti·tel·rol·le f title role **Ti·tel·ver·tei·di·ger(in)** m(f) title holder

Tit·te <-, -n> ['tɪtə] f (derb) tit

ti·tu·lie·ren* [titu'liːrən] vt (geh) ▪ **jdn irgendwie ~** to address (als as), to call sb sth

tja [tja] interj well

TNT <-[s]> ['teː'ʔɛn'teː] nt kein pl Abk von Trinitrotoluol TNT

Toast¹ <-[e]s, -e> [toːst] m ❶ kein pl (~ brot) toast ❷ (Scheibe ~ brot) ▪ **ein ~ auf jdn/etw ausbringen** to propose a toast to sb/sth

Toast·brot nt toasting bread

toas·ten¹ [toːstn̩] vt ▪ **etw ~** to toast sth

toas·ten² [toːstn̩] vi (geh) ▪ **[auf jdn/etw] ~** to toast [to sb/sth]

Toas·ter <-s, -> m toaster

to·ben ['toːbn̩] vi ❶ haben (wüten) to be raging [or go wild] (vor with) ❷ haben (ausgelassen spielen) to romp [around] ❸ sein (fam: sich ausgelassen fortbewegen) to charge

Tob·sucht f kein pl rage **tob·süch·tig** adj raving mad

Tob·suchts·an·fall m (fam) fit of rage

Toch·ter <-, Töchter> ['tɔxtɐ, pl 'tœçtə] f ❶ (weibliches Kind) daughter ❷ (~ firma) subsidiary

Toch·ter·fir·ma f s. Tochtergesellschaft

Toch·ter·ge·sell·schaft f subsidiary [firm]

Tod <-[e]s, -e> [to:t] *m* death; ~ **durch Ertrinken** death by drowning; **eines friedlichen ~es sterben** to die a peaceful death; **etw mit dem ~e bezahlen** (*geh*) to pay for sth with one's life ▶ **jdn/etw auf den ~ nicht** <u>ausstehen</u> **können** to be unable to stand sb/sth; **sich** *dat* **den ~ holen** to catch one's death [of cold]; **sich zu ~e** <u>langweilen</u> to be bored to death; **sich zu ~e** <u>schämen</u> to be utterly ashamed; **zu ~e** <u>betrübt</u> **sein** to be deeply despaired

tod·ernst ['to:t?ɛrnst] **I.** *adj* deadly serious **II.** *adv* in a deadly serious manner

To··des··angst *f* ❶ (*fam: entsetzliche Angst*) mortal fear; **Todesängste ausstehen** (*fam*) to be scared to death ❷ (*Angst vor dem Sterben*) fear of death **To·des·an·zei·ge** *f* obituary **To·des·fall** *m* death **To·des·fol·ge** *f kein pl* JUR **Körperverletzung mit ~** physical injury resulting in death **To·des·ge·fahr** *f* mortal danger **To·des·kampf** *m* death throes **To·des·kan·di·dat(in)** *m(f)* goner *sl* **to·des·mu·tig I.** *adj* [completely] fearless **II.** *adv* fearlessly **To·des·op·fer** *nt* casualty **To·des·schuss**^{RR} *m* gezielter ~ JUR shot to kill **To·des·schüt·ze, -schüt·zin** *m, f* assassin **To·des·sprit·ze** *f* lethal injection **To·des·stoß** *m* deathblow; **einer** *S. dat* **den ~ versetzen** (*fig*) to deal the deathblow to sth **To·des·stra·fe** *f* death penalty; **auf etw** *akk* **steht die ~** sth is punishable by death **To·des·tag** *m* anniversary of sb's death **To·des·ur·sa·che** *f* cause of death **To·des·ur·teil** *nt* death sentence **To·des·zel·le** *f* death cell

Tod·feind(in) ['to:tfaɪnt] *m(f)* mortal enemy **tod·krank** ['to:tkraŋk] *adj* terminally ill **tod·lang·wei·lig** ['to:tlaŋvaɪlɪç] *adj* deadly boring

töd·lich ['tø:tlɪç] **I.** *adj* deadly; **das ist mein ~er Ernst** I'm deadly serious **II.** *adv* ❶ (*mit dem Tod als Folge*) ~ **verunglücken** to be killed in an accident ❷ (*fam: entsetzlich*) **sich ~ langweilen** to be bored to death

tod·mü·de ['to:tmy:də] *adj* (*fam*) dead tired **tod·schick** *adj* (*fam*) dead smart BRIT, snazzy **tod·si·cher I.** *adj* dead certain; **Methode** sure-fire **II.** *adv* for sure **Tod·sün·de** *f* deadly sin **tod·un·glück·lich** ['to:t?ʊnglʏklɪç] *adj* (*fam*) deeply unhappy

To·hu·wa·bo·hu <-[s], -s> [to:huva'bo:hu] *nt* chaos

toi, toi, toi ['tɔy 'tɔy 'tɔy] *interj* (*fam*) ❶ (*ich drücke die Daumen*) good luck ❷ (*hoffentlich auch weiterhin*) touch [*or* AM knock on] wood

To·i·let·te <-, -n> [twa'lɛtə] *f* toilet; **ich muss mal auf die ~** I need to go to the toilet; **öffentliche ~** public toilet

To·i·let·ten·ar·ti·kel *pl* toiletries *pl* **Toi·let·ten·frau** [tɔa'lɛtən-] *f* toilet attendant **To·i·let·ten·pa·pier** *nt* toilet paper

To·kio <-s> ['to:kjo] *nt* Tokyo

to·le·rant [tole'rant] *adj* tolerant (**gegenüber** towards)

To·le·ranz <-, en> [tole'rants] *f kein pl* tolerance (**gegenüber** towards)

To·le·ranz·be·reich *m* range of tolerance **to·le·rie·ren*** [tole'ri:rən] *vt* to tolerate

toll [tɔl] **I.** *adj* great **II.** *adv* ❶ (*wild*) wild; **ihr treibt es manchmal wirklich zu ~!** you really go too far sometimes! ❷ (*fam: sehr gut*) very well

Tol·le <-, -n> ['tɔlə] *f* quiff

tol·len ['tɔlən] *vi* ❶ *haben* (*umhertoben*) to romp around ❷ *sein* (*ausgelassen laufen*) to charge about

Toll·kir·sche *f* deadly nightshade **toll·kühn** ['tɔlky:n] *adj* daring **Toll·kühn·heit** *f kein pl* daring *no pl*

Toll·patsch^{RR} <-es, -e> ['tɔlpatʃ] *m* (*fam*) clumsy fool

toll·pat·schig^{RR} ['tɔlpatʃɪç] **I.** *adj* clumsy **II.** *adv* **sich ~ anstellen** to act clumsily

Toll·wut *f* rabies **toll·wü·tig** *adj* ▪ ~ **sein** ❶ ZOOL to have rabies ❷ (*rasend*) to be raving mad

Tol·patsch^{ALT} <-es, -e> *m s.* **Tollpatsch**

tol·pat·schig^{ALT} *adj, adv s.* **tollpatschig**

Töl·pel <-s, -> ['tœlpl] *m* (*fam*) fool

To·ma·te <-, -n> [to'ma:tə] *f* tomato ▶ ~**n auf den** <u>Augen</u> **haben** to be blind; **du** <u>treulose</u> **~!** you're a fine friend! *iron*

To·ma·ten·ket·schup^{RR} *nt*, **To·ma·ten·ketchup** *nt* [tomato] ketchup [*or* AM *a.* catsup] **To·ma·ten·mark** *nt* tomato puree **To·ma·ten·sau·ce, To·ma·ten·so·ße** *f* tomato sauce **To·ma·ten·sup·pe** *f* tomato soup

Tom·bo·la <-, -s *o* Tombolen> ['tɔmbola, *pl* -bolən] *f* raffle

To·mo·gra·phie <-, -n> *f*, **To·mo·gra·fie**^{RR} <-, -n> [tomogra'fi:] *f* tomography

Ton¹ <-[e]s, -e> [to:n] *m* clay

Ton² <-[e]s, Töne> [to:n, *pl* tø:nə] *m* ❶ (*hörbare Schwingung*) sound; **halber/ganzer ~** MUS semitone/tone ❷ FILM, RADIO, TV sound ❸ (*fam: Wort*) sound; **ich will keinen ~ mehr hören!** not another sound!; **große Töne spucken** (*sl*) to brag about *fam*; **keinen ~ herausbringen** to not be able to utter a word ❹ (*Tonfall*) tone; **einen ~ am Leibe haben** (*fam*) to be [very] rude; **einen anderen ~ anschlagen** to change one's tune; **ich verbitte mir diesen ~!** I will not be spoken to like that! ❺ (*Farb-*) tone ▶ **der ~ macht die** <u>Musik</u> (*prov*) it's not what you

ton·an·ge·bend adj setting the tone pred; ■ ~ **sein** to set the tone **Ton·arm** m pick-up arm **Ton·art** f ❶ MUS key ❷ (Typ von Ton¹) type of clay **Ton·auf·nah·me** f sound recording

Ton·band <-bänder> nt tape; etw auf ~ aufnehmen to tape sth **Ton·band·auf·nah·me** f tape recording **Ton·band·ge·rät** nt tape recorder

tö·nen¹ ['tøːnən] vi ❶ (klingen) to sound ❷ (großspurig reden) to boast

tö·nen² ['tøːnən] vt to tint; Haare to colour

Ton·er·de f kein pl alumina

tö·nern ['tøːnɐn] adj attr clay

Ton·fall m tone of voice **Ton·film** m sound film

Ton·ge·fäß <-es, -e> nt earthenware vessel

Ton·hö·he f pitch

To·nic <-[s], -s> ['tɔnɪk] nt tonic

Ton·in·ge·ni·eur, -in·ge·ni·eu·rin [-ɪnʒeni̯øːɐ̯] m, f sound engineer **Ton·kopf** m recording head

Ton·krug m earthenware jug

Ton·la·ge f pitch **Ton·lei·ter** f scale **ton·los** adj flat

Ton·na·ge <-, -n> [tɔˈnaːʒə] f tonnage

Ton·ne <-, -n> ['tɔnə] f ❶ (zylindrischer Behälter) barrel ❷ (Müll-) bin BRIT, can AM; grüne ~ recycling bin for paper ❸ (Gewichtseinheit) ton ❹ NAUT (Bruttoregister-) [register] ton ❺ (fam: fetter Mensch) fatty

Ton·nen·ge·wöl·be nt ARCHIT barrel vaulting

ton·nen·wei·se adv by the tonne [or ton]

Ton·spur f s. Tonstreifen **Ton·stö·rung** f sound interference **Ton·strei·fen** m soundtrack

Ton·tau·be f clay pigeon **Ton·tau·ben·schie·ßen** nt clay pigeon shooting

Ton·tech·ni·ker(in) m(f) sound technician **Ton·trä·ger** m sound carrier

Tö·nung <-, -en> f ❶ (das Tönen) tinting ❷ (Produkt für Haare) hair colour ❸ (Farbton) shade

Tool <-s, -s> [tuːl] nt INFORM tool

Tool·box <-en> ['tuːlbɔks] f INFORM toolbox

Top <-s, -s> [tɔp] nt top

Top·act <-s, -s> ['tɔpɛkt] m MUS headline act

To·pas <-es, -e> [toˈpaːs] m topaz

Topf <-[e]s, Töpfe> [tɔpf, pl ˈtœpfə] m ❶ (Koch-) pot, sauce pan ❷ (Nacht-) bedpan ❸ (~ für Kleinkinder) potty fam ■ **alles in einen ~ werfen** to lump everything together

Töp·fer(in) <-s, -> ['tœpfɐ] m(f) potter

Töp·fe·rei <-, -en> [tœpfəˈraɪ] f pottery

Töp·fe·rin <-, -nen> f fem form von Töpfer

töp·fern ['tœpfɐn] I. vi to do pottery II. vt ■ etw ~ to make sth from clay

Töp·fer·schei·be f potter's wheel **Töp·fer·wa·ren** pl pottery

top·fit ['tɔpˈfɪt] adj (fam) ■ ~ **sein** to be as fit as a fiddle

Topf·lap·pen m oven cloth BRIT, pot holder AM **Topf·pflan·ze** f potted plant

Top·mo·del ['tɔpmɔdl] nt supermodel

To·po·gra·phie <-, -n> f, **To·po·gra·fie**ᴿᴿ <-, -n> [topograˈfiː, pl -iən] f topography

to·po·gra·phisch adj, **to·po·gra·fisch**ᴿᴿ adj topographic[al]

Tor <-[e]s, -e> [toːɐ̯] nt ❶ (breite Tür) gate; Garage door ❷ (~ bau) gateway ❸ SPORT goal; ein ~ schießen to score a goal; im ~ stehen to be goalkeeper

Tor·bo·gen m archway

To·re·ro <-[s], -s> [toˈreːro] m torero

Torf <-[e]s, -e> [tɔrf] m peat

Tor·heit <-, -en> f (geh) ❶ kein pl (Unvernunft) foolishness ❷ (unvernünftige Handlung) foolish action

Tor·hü·ter(in) m(f) s. Torwart

tö·richt ['tøːrɪçt] I. adj foolish II. adv foolishly

tor·keln ['tɔrkln] vi sein ❶ (taumeln) to reel ❷ (irgendwohin taumeln) to stagger

Tor·li·nie f goal-line

Törn <-s, -s> [tœrn] m NAUT cruise

Tor·na·do <-s, -s> [tɔrˈnaːdo] m tornado, AM a. twister

Tor·nis·ter <-s, -> [tɔrˈnɪstɐ] m ❶ MIL knapsack ❷ DIAL (Schulranzen) satchel

tor·pe·die·ren* [tɔrpeˈdiːrən] vt ❶ NAUT to torpedo ❷ (geh: zu Fall bringen) to sabotage

Tor·pe·do <-s, -s> [tɔrˈpeːdo] m torpedo

Tor·pfos·ten m goalpost

Tor·schluss·pa·nikᴿᴿ f (fam) ~ haben to be afraid of missing the boat

Tor·schüt·ze, -schüt·zin m, f scorer **Tor·schüt·zen·kö·nig, -kö·ni·gin** m, f top [goal] scorer

Tor·so <-s, -s o Torsi> ['tɔrzo, pl -zi] m KUNST torso

Tor·te <-, -n> [ˈtɔrtə] f gateau; (Obstkuchen) flan

Tor·ten·bo·den m flan case **Tor·ten·he·ber** <-s, -> m cake slice

Tor·tur <-, -en> [tɔrˈtuːɐ̯] f (geh) torture

Tor·wart(in) m(f) goalkeeper

to·sen ['toːzn̩] vi sein o haben to roar; Wasserfall to foam; Sturm to rage

Tos·ka·na <-> [tɔsˈkaːna] f Tuscany

tot [toːt] adj ❶ (gestorben) dead; sich ~ stel-

to·tal – Tragbahre 1584

len to play dead; ~ **umfallen** to drop dead ② (*nicht mehr genutzt*) disused

to·tal [to'taːl] *adj* total

To·tal·aus·ver·kauf *m* clearance sale

to·ta·li·tär [totali'tɛːɐ̯] **I.** *adj* totalitarian **II.** *adv* in a totalitarian manner

To·ta·li·tät <-, -en> [totali'tɛːt] *f* totality

To·tal·scha·den *m* write-off

tot|ar·bei·ten *vr* (*fam*) ▪ **sich ~** to work oneself to death **tot|är·gern** *vr* (*fam*) ▪ **sich ~** to be hopping mad (**über** with)

To·te(r) [ˈtoːtə] *f(m)* (*toter Mensch*) dead person; (*Todesopfer*) fatality

tö·ten ['tøːtn̩] *vt* to kill

To·ten·bett *nt s.* Sterbebett **to·ten·blass**[RR] ['toːtn̩'blas] *adj s.* leichenblass **To·ten·glo·cke** *f* knell **To·ten·grä·ber(in)** <-s, -> *m/f* gravedigger **To·ten·kopf** *m* ① ANAT skull ② (*Zeichen*) skull and crossbones **To·ten·mas·ke** *f* death mask **To·ten·mes·se** *f* requiem mass **To·ten·schä·del** *m s.* Totenkopf 1 **To·ten·schein** *m* death certificate **To·ten·sonn·tag** *m* protestant church holiday on the last Sunday of the church year commemorating the dead **To·ten·star·re** *f* rigor mortis **to·ten·still** ['toːtn̩'ʃtɪl] *adj* ▪ **es ~** it is deadly silent **To·ten·stil·le** ['toːtn̩'ʃtɪlə] *f* dead[ly] silence **To·ten·tanz** *m* dance of death **To·ten·wa·che** *f* **die ~ halten** to hold the wake

tot|fah·ren *irreg vt* (*fam*) ▪ **jdn/etw ~** to run over and kill sb/sth **Tot·ge·burt** *f* stillbirth **tot|krie·gen** *vt* (*fam*) **jd ist nicht totzukriegen** you can't get the better of sb; (*äußerst strapazierfähig*) sb can go on for ever **tot|la·chen** *vr* (*fam*) ▪ **sich ~** to kill oneself laughing (**über** about)

To·to <-s, -s> ['toːto] *nt o m* pools *npl* BRIT, pool AM

To·to·schein *m* pool[BRIT -s] ticket

tot|sa·gen *vt* ▪ **jdn/etw ~** to declare sb/sth as dead **tot|schie·ßen** *vt irreg* (*fam*) ▪ **jdn/etw ~** to shoot sb/sth dead

Tot·schlag *m kein pl* manslaughter *no pl* **Tot·schlag·ar·gu·ment** *nt* (*pej fam*) dead-end argument

tot|schla·gen *vt irreg* ▪ **jdn/etw ~** to beat sb/sth to death **Tot·schlä·ger** *m* cosh BRIT, blackjack AM **tot|schwei·gen** *vt irreg* ① (*über etw nicht sprechen*) to hush up ② (*über jdn nicht sprechen*) ▪ **jdn ~** to keep quiet about sb

Tö·tung <-, *selten* -en> *f* killing; **fahrlässige ~** culpable manslaughter

Tö·tungs·ver·such *m* attempted murder

Touch·screen[RR] <-s, -s> ['tatʃskriːn] *m* touch screen

Tou·pet <-s, -s> [tu'peː] *nt* toupee

tou·pie·ren* [tuˈpiːrən] *vt* ▪ **jdm/sich die Haare ~** to backcomb sb's/one's hair

Tour <-, -en> [tuːɐ̯] *f* ① (*Geschäftsfahrt*) trip ② (*Ausflugsfahrt*) tour; **eine ~ machen** to go on a tour ③ (*fam: Vorhaben*) wheeling and dealing; **jdm auf die dumme ~ kommen** to try to cheat sb ▪ **in ~ en kommen** to get into top gear; (*wütend werden*) to get worked up; **in einer ~** non-stop

tou·ren [ˈtuːrən] *vi* to [be on] tour

Tou·ren·zahl *f* number of revolutions

Tou·ri <-s, -s> ['tuːri] *m* (*fam o pej*) [mass] tourist

Tou·ris·mus <-> [tuˈrɪsmʊs] *m kein pl* tourism *no pl*

Tou·rist(in) <-en, -en> [tuˈrɪst] *m(f)* tourist

Tou·ris·ten·klas·se *f* tourist class **Tou·ris·ten·nep·per, -nep·pe·rin** <-s, -> *m f* rip-off merchant who preys on tourists **Tou·ris·ten·zen·trum** *nt* tourist centre

Tou·ris·tik <-> [tuˈrɪstɪk] *f kein pl* tourism *no pl*

Tou·ris·tin <-, -nen> *f fem form von* **Tourist**

tou·ris·tisch *adj* touristic *attr*

Tour·nee <-, -n *o* -s> [tʊrˈneː, *pl* -ˈneːən] *f* tour; **auf ~ gehen/sein** to go/be on tour

Tow·er <-s, -> ['taʊə] *m* control tower

to·xisch ['tɔksɪʃ] *adj* toxic

Trab <-[e]s> [traːp] *m kein pl* trot; **im ~** at a trot ▪ **jdn auf ~ bringen** to make sb get a move on; **jdn in ~ halten** to keep sb on the go

Tra·bant <-en, -en> [traˈbant] *m* satellite

Tra·ban·ten·stadt *f* satellite town

tra·ben ['traːbn̩] *vi sein o haben* to trot

Trab·renn·bahn *f* trotting course

Tracht <-, -en> [traxt] *f* ① (*Volks~*) [national] costume ② (*Berufskleidung*) uniform ▪ **eine ~ Prügel** a good hiding

trach·ten ['traxtn̩] *vi* (*geh*) to strive (**nach** for); ▪ **danach ~, etw zu tun** to strive to do sth

trächtig ['trɛçtɪç] *adj* pregnant

Track <-s, -s> [træk] *m* MUS (*sl: Song*) track

Tra·di·ti·on <-, -en> [tradiˈtsi̯oːn] *f* tradition; **aus ~** traditionally

Tra·di·ti·o·na·list(in) <-en, -en> [traditsi̯onaˈlɪst] *m(f)* traditionalist

traditionell [traditsi̯oˈnɛl] *adj meist attr* traditional

tra·di·ti·ons·be·wusst[RR] *adj* traditional

traf [traːf] *imp von* **treffen**

Tra·fo <-[s], -s> ['traːfo] *m kurz für* **Transformator** transformer

Tra·fo·sta·ti·on ['traːfoʃtatsi̯oːn] *f* substation

Trag·bah·re *f* stretcher

trag·bar *adj* ❶ (*portabel*) portable ❷ (*akzeptabel*) acceptable

trä·ge ['trɛːɡə] **I.** *adj* ❶ (*schwerfällig*) lethargic ❷ PHYS, CHEM inert **II.** *adv* lethargically

tra·gen <trägt, trug, getragen> ['traːɡn̩] **I.** *vt* ❶ (*schleppen*) to carry ❷ (*mit sich führen*) ▪ **etw bei sich ~** to have sth on one ❸ (*anhaben*) to wear ❹ (*in bestimmter Weise frisiert sein*) **einen Bart ~** to have a beard; **das Haar lang/kurz ~** to have long/short hair ❺ (*stützen*) to support ❻ AGR, HORT to produce ❼ (*ertragen*) to bear ❽ (*für etw aufkommen*) to bear **II.** *vi* ❶ AGR, HORT to crop ❷ (*trächtig sein*) to be pregnant ❸ (*das Begehen aushalten*) to withstand weight ❹ MODE to wear; **sie trägt lieber kurz** she likes to wear short clothes ▶ **an etw** *dat* **schwer zu ~ haben** to have a heavy cross to bear with sth; **zum T~ kommen** to come into effect **III.** *vr* ❶ (*sich schleppen lassen*) **sich leicht/schwer ~** to be light/heavy to carry ❷ MODE **die Hose trägt sich bequem** the pants are comfortable ❸ (*geh: in Erwägung ziehen*) **sich mit etw** *dat* **~** to contemplate sth ❹ FIN ▪ **sich ~** to pay for itself

Trä·ger <-s, -> *m meist pl* MODE strap; *Hose* braces *npl* BRIT, suspenders *npl* AM ❷ BAU girder

Trä·ger(in) <-s, -> *m(f)* ❶ (*Lasten~*) porter ❷ (*Inhaber*) bearer ❸ ADMIN (*verantwortliche Körperschaft*) responsible body; JUR agency; **~ öffentlicher Gewalt** agencies in whom state power is vested

Trä·ger·kleid *nt* pinafore dress **Trä·ger·ra·ke·te** *f* booster

Tra·ge·ta·sche *f* [carrier] bag

trag·fä·hig *adj* ▶ **~ sein** to be able to take weight **Trag·flä·che** *f* wing

Träg·heit <-, *selten* -en> *f* ❶ (*Schwerfälligkeit*) sluggishness; (*Faulheit*) laziness ❷ PHYS inertia

Tra·gik <-> ['traːɡɪk] *f kein pl* tragedy

tra·gi·ko·misch [traːɡiˈkoːmɪʃ] *adj* tragicomic **Tra·gi·ko·mö·die** [traːɡikoˈmøːdi̯ə] *f* tragicomedy

tra·gisch ['traːɡɪʃ] **I.** *adj* tragic; **es ist nicht [so] ~** (*fam*) it's not the end of the world **II.** *adv* tragically; **nimm's nicht so ~!** (*fam*) don't take it to heart!

Trag·kraft *f kein pl* weight-bearing capacity **Trag·last** *f* load

Tra·gö·die <-, -n> [traˈɡøːdi̯ə] *f a.* LIT, THEAT tragedy

Trag·wei·te *f* scale; (*einer Entscheidung, Handlung*) consequence

Trai·ler <-s, -> ['treːlɐ] *m* FILM trailer

Trai·ner <-s, -> ['trɛːnɐ] *m* SCHWEIZ tracksuit

Trai·ner(in) <-s, -> ['trɛːnɐ] *m(f)* trainer

trai·nie·ren* [trɛˈniːrən] **I.** *vt* ❶ (*durch Training üben*) to practice ❷ (*auf Wettkämpfe vorbereiten*) ▪ **jdn ~** to coach sb **II.** *vi* ❶ (*üben*) to practice ❷ (*sich auf Wettkämpfe vorbereiten*) to train

Trai·ning <-s, -s> ['trɛːnɪŋ] *nt* training

Trai·nings·an·zug *m* tracksuit **Trai·nings·ho·se** *f* track-suit trousers *npl*, track pants *npl* AM

Trakt <-[e]s, -e> [trakt] *m* ARCHIT wing

Trak·tor <-s, -toren> ['traktoːɐ̯, *pl* -ˈtoːrən] *m* tractor

träl·lern ['trɛlɐn] *vi, vt* to warble

Tram <-s, -s> [tram] *f o nt* SCHWEIZ tramway **Tram·bahn** *f* SÜDD tram BRIT, streetcar AM

Tram·pel <-s, -> ['trampl̩] *m o nt* (*fam*) clumsy oaf

tram·peln ['trampl̩n] *vi* ❶ *haben* (*stampfen*) **mit den Füßen ~** to stamp one's feet ❷ *sein* (*sich ~ d bewegen*) to stomp along; **sie trampelten die Treppe hinunter** they stomped down the stairs

Tram·pel·pfad *m* track **Tram·pel·tier** *nt* ❶ ZOOL camel ❷ (*fam: unbeholfener Mensch*) clumsy oaf

tram·pen [trɛmpn̩] *vi sein* to hitch-hike **Tram·per(in)** <-s, -> ['trɛmpɐ] *m(f)* hitch-hiker

Tram·po·lin <-s, -e> [trampoˈliːn] *nt* trampoline

Tram·way <-, -s> ['tramvaɪ̯] *f* ÖSTERR (*Straßenbahn*) tram[way]

Tran <-[e]s, -e> [traːn] *m* (*vom Wal*) train oil; (*von Fischen*) fish oil ▶ **wie im ~** (*fam*) in a daze

Tran·ce <-, -n> ['trãːs(ə)] *f* trance

tran·chie·ren* [trãˈʃiːrən] *vt* to carve

Tran·chier·mes·ser *nt* carving-knife

Trä·ne <-, -n> ['trɛːnə] *f* tear; **in ~n aufgelöst** in tears; **den ~n nahe sein** to be close to tears; **jdm kommen die ~n** sb is starting to cry; **~n lachen** to laugh until one cries

trä·nen ['trɛːnən] *vi* to water

Trä·nen·drü·se *f meist pl* lachrymal gland **Trä·nen·gas** *nt* tear gas **Trä·nen·sack** *m* lachrymal sac

trank [traŋk] *imp von* **trinken**

Trän·ke <-, -n> ['trɛŋkə] *f* watering place

trän·ken ['trɛŋkn̩] *vt* ❶ (*durchnässen*) to soak ❷ *Tier* to water

Trans·ak·ti·on [transʔakˈt͡si̯oːn] *f* transaction **Trans·ak·ti·ons·kos·ten** *pl* transaction costs *pl*

tran·schie·ren* [tranˈʃiːrən] *vt* ÖSTERR *s.* **tranchieren**

Tran·schier·mes·ser [tranˈʃiːr-] *nt* ÖSTERR *s.* **Tranchiermesser**

Trans·fer <-s, -s> [transˈfɛɐ̯] *m* transfer

Trans·for·ma·tor <-s, -toren> [transfɔr'maːtoːɐ̯, pl -'toːrən] m transformer
Trans·fu·si·on <-, -en> [transfu'zi̯oːn] f transfusion
Tran·sis·tor <-s, -toren> [tran'zɪstoːɐ̯, pl -'toːrən] m transistor
Tran·sis·tor·ra·dio nt transistor radio
Tran·sit <-s, -e> [tran'ziːt] m transit
tran·si·tiv ['tranzitiːf] adj LING transitive
Tran·sit·rei·sen·de(r) f(m) dekl wie adj transit passenger **Tran·sit·ver·kehr** m transit traffic
trans·kri·bie·ren* [transkri'biːrən] vt ❶ (in andere Schrift umschreiben) to transcribe ❷ MUS to arrange
Tran·skrip·ti·on <-, -en> [transkrɪp'tsi̯oːn] f LING, MUS transcription
trans·pa·rent [transpa'rɛnt] adj transparent
Trans·pa·rent <-[e]s, -e> [transpa'rɛnt] nt banner
Trans·pa·renz <-> [transpa'rɛnts] f kein Pl transparency no pl
trans·pi·rie·ren* [transpi'riːrən] vi (geh) to perspire
Trans·plan·ta·ti·on <-, -en> [transplanta'tsi̯oːn] f transplant; (Haut) graft
trans·plan·tie·ren* [transplan'tiːrən] vt to transplant
Trans·port <-[e]s, -e> [trans'pɔrt] m transport
Trans·port·band nt conveyer belt
Trans·por·ter <-s, -> [trans'pɔrtɐ] m ❶ (Lieferwagen) van ❷ LUFT transport plane
trans·port·fä·hig adj transportable **Trans·port·flug·zeug** nt transport plane
trans·por·tie·ren* [transpɔr'tiːrən] vt ❶ (befördern) to transport; (Person) to move ❷ FOTO to wind
Trans·port·mit·tel nt means of transport[ation] **Trans·port·un·ter·neh·men** nt haulage contractor
trans·se·xu·ell [transzɛ'ksu̯ɛl] adj transsexual
Trans·se·xu·el·le(r) f(m) transsexual
Trans·ves·tit <-en, -en> [transvɛs'tiːt] m transvestite
trans·zen·den·tal [transtsɛndɛn'taːl] adj transcendental
Tra·pez <-es, -e> [tra'peːts] nt ❶ MATH trapezium BRIT, trapezoid AM ❷ (Artistenschaukel) trapeze
Tras·se <-, -n> ['trasə] f ❶ (abgesteckter Verkehrsweg) marked route ❷ (Bahn~) railway line
trat [traːt] imp von **treten**
Tratsch <-[e]s> [traːtʃ] m kein Pl (fam) gossip no pl
trat·schen ['traːtʃn̩] vi (fam) to gossip (**über** about)

Trau·al·tar m altar; **vor den ~ treten** (geh) to walk down the aisle
Trau·be <-, -n> ['traubə] f ❶ meist pl (Wein~) grape usu pl ❷ (Ansammlung) cluster
Trau·ben·saft m grape juice **Trau·ben·zu·cker** m glucose
trau·en¹ ['trau̯ən] vt ▪ **jdn ~** to join sb in marriage; ▪ **sich ~ lassen** to marry
trau·en² ['trau̯ən] **I.** vi (ver~) to trust **II.** vr ▪ **sich ~, etw zu tun** to dare to do sth
Trau·er <-> ['trau̯ɐ] f kein Pl grief no pl
Trau·er·fall m bereavement **Trau·er·fei·er** f funeral service **Trau·er·got·tes·dienst** m funeral service **Trau·er·klei·dung** f mourning **Trau·er·kloß** m (fam) wet blanket **Trau·er·mie·ne** f (fam) long face
trau·ern ['trau̯ɐn] vi to mourn (**um** for)
Trau·er·spiel nt fiasco **Trau·er·wei·de** f weeping willow
Trau·fe <-, -n> ['trau̯fə] f eaves npl
träu·feln ['trɔyfl̩n] **I.** vt haben ▪ **etw ~** to drip sth **II.** vi sein o haben (geh) to trickle
Traum <-[e]s, Träume> [traum, pl 'trɔymə] m dream; **es war immer mein ~, mal so eine Luxuslimousine zu fahren** I've always dreamed of being able to drive a limousine like that ▶ **jdm fällt im ~ nicht ein, etw zu tun** sb wouldn't dream of doing sth; **aus der ~!** so much for that!
Trau·ma <-s, Traumen o -ta> ['trauma, pl -mən, -mata] nt trauma
tra·uma·tisch [trau̯'maːtɪʃ] adj traumatic
tra·uma·ti·sie·ren [trauma·ti'siːrən] vt to traumatize
Traum·be·ruf m dream job
Trau·men pl von **Trauma**
träu·men ['trɔymən] **I.** vi ❶ (Träume haben) to dream; **schlecht ~** to have bad dreams ❷ (Wünsche haben) ▪ **von jdm/etw ~** to dream about sb/sth; **sie hat immer davon geträumt, Ärztin zu werden** she had always dreamt of becoming a doctor ❸ (abwesend sein) to daydream **II.** vt to dream
Träu·mer(in) <-s, -> ['trɔymɐ] m(f) [day]dreamer
Träu·me·rei <-, -en> [trɔymə'rai̯] f meist pl dream usu pl; **das sind alles ~en** that's building castles in the air
Träu·me·rin <-, -nen> f fem form von **Träumer**
träu·me·risch adj dreamy
traum·haft adj (fam) dreamlike
Traum·paar nt perfect couple **Traum·prinz** m (iron fam) handsome prince **Traum·tän·zer(in)** m(f) (pej) person living in a dream world

Traurigkeit/Enttäuschung/Bestürzung ausdrücken

Traurigkeit ausdrücken | expressing sadness

Es macht/stimmt mich traurig, dass wir uns nicht verstehen.	It makes me sad that we don't get on.
Es ist so schade, dass er sich so gehen lässt.	It's such a shame that he lets himself go like that.
Diese Ereignisse **deprimieren mich**.	I **find** these events **very depressing**.

Enttäuschung ausdrücken | expressing disappointment

Ich bin über seine Reaktion (sehr) enttäuscht.	I am (very) disappointed by his reaction.
Du hast mich (schwer) enttäuscht.	You have (deeply) disappointed me.
Das hätte ich nicht von ihr erwartet.	I wouldn't have expected that of her.
Ich hätte mir etwas anderes gewünscht.	I would have wished for something different.

Bestürzung ausdrücken | expressing dismay

Das ist (ja) nicht zu fassen!	That's unbelievable!
Das ist (ja) ungeheuerlich!	That's outrageous!
Das ist ja (wohl) die Höhe!	That's the limit!
Das kann doch nicht dein Ernst sein!	You cannot be serious!
Ich fass es nicht!	I don't believe it!
Das bestürzt mich.	I find that very disturbing.
Das kann/darf (doch wohl) nicht wahr sein!	That can't be true!

trau·rig ['traʊrɪç] **I.** *adj* **①** (*betrübt*) sad **②** (*betrüblich*) sorry; **die ~e Tatsache ist, dass ...** it's a sad fact that ...; **in ~en Verhältnissen leben** to live in a sorry state **③** (*sehr bedauerlich*) ▪ [es ist] **~, dass ...** it's unfortunate that ... **II.** *adv* (*betrübt*) sadly ▶ **mit etw** *dat* **sieht es ~ aus** sth doesn't look too good

Trau·rig·keit <-> *f kein pl* sadness *no pl*

Trau·ring *m* wedding ring [*or* AM *a.* band]

Trau·schein *m* marriage certificate

Trau·ung <-, -en> ['traʊʊŋ] *f* marriage ceremony

Trau·zeu·ge, -zeu·gin *m, f* best man, [marriage] witness

Tre·cking <-s, -s> ['trɛkɪŋ] *nt s.* **Trekking**

Treff <-s, -s> [trɛf] *m* (*fam*) **①** (*Treffen*) get-together **②** (~ *punkt*) meeting point

tref·fen <trifft, traf, getroffen> [trɛfn̩] **I.** *vt haben* **①** (*mit jdm zusammenkommen*) to meet **②** (*antreffen*) to find; **ich habe ihn zufällig in der Stadt getroffen** I bumped into him in town **③** (*mit einem Wurf, Schlag etc. erreichen*) to hit **④** (*innerlich bewegen*) ▪ **jdn mit etw** *dat* **~** to hit a sore spot with sth; ▪ **jdn ~** to affect sb; **sich durch etw** *akk* **getroffen fühlen** to take sth personally **⑤** *Maßnahmen, Vorkehrungen* to take **⑥** *Entscheidung* to make; **eine Abmachung ~** to have an agreement **⑦** (*wählen*) **den richtigen Ton ~** to strike the right note; **damit hast du genau meinen Geschmack getroffen** that's exactly my taste; **auf dem Foto bis du wirklich gut getroffen** that's a good photo of you; **mit seinem Chef hat er es wirklich gut getroffen** he's really fortunate to have a boss like that; **du hättest es auch schlechter ~ können** you could have been worse off **II.** *vi* **①** *sein* (*antreffen*) ▪ **auf jdn ~** to meet sb **②** *haben* (*sein Ziel errei-*

chen) to hit ③ *haben* (*verletzen*) to hurt **III.** *vr haben* ■ **sich [mit jdm] ~** to meet [sb]; **das trifft sich [gut]** that's [very] convenient

Tref·fen <-s, -> [ˈtrɛfn̩] *nt* meeting

tref·fend *adj* appropriate

Tref·fer <-s, -> *m* ① (*ins Ziel gegangener Schuss*) hit ② (*Tor*) goal ③ (*Gewinnlos*) winner

Tref·fer·quo·te *f* hit rate

treff·lich <-er, -ste> **I.** *adj attr* (*veraltend*) splendid **II.** *adv* (*veraltend*) splendidly

Treff·punkt *m* meeting point **treff·si·cher** *adj* accurate; *Bemerkung* apt

Treib·eis *nt* drift ice

trei·ben <trieb, getrieben> [ˈtraɪbn̩] **I.** *vt haben* ① (*drängen*) to drive; **jdn zur Eile ~** to rush sb ② (*fortbewegen*) **der Wind treibt mir den Schnee ins Gesicht** the wind is blowing snow in my face ③ (*bringen*) ■ **jdn zu etw** *dat* ~ to drive sb to sth; **jdn in den Wahnsinn ~** to drive sb mad ④ *Nagel in etw* (**in** into) ⑤ TECH to propel ⑥ (*fam: anstellen*) ■ **etw ~** to be up to sth; **dass ihr mir bloß keinen Blödsinn treibt!** don't you get up to any nonsense! ⑦ *Tiere* to drive ⑧ BOT to sprout ⑨ (*betreiben*) *Gewerbe* to carry out; *Handel* ~ to trade; **es zu bunt/wild ~** to go too far ⑩ (*sl: Sex haben*) **es [mit jdm] ~** to do it [with sb] **II.** *vi* ① *sein* (*sich fortbewegen*) to drift; (*im Wasser*) to float; **sich von einer Stimmung ~ lassen** to let oneself be carried along by a mood ② *haben* BOT to sprout ③ *haben* KOCHK to rise ▶ **sich ~ lassen** to drift

Trei·ben <-s> [ˈtraɪbn̩] *nt kein pl* ① (*pej: üble Aktivität*) dirty tricks ② (*geschäftige Aktivität*) hustle and bustle

Treib·gas *nt* propellant

Treib·haus *nt* greenhouse **Treib·haus·ef·fekt** *m kein pl* ▶ **der ~** the greenhouse effect **Treib·haus·kli·ma** *nt* global warming

Treib·holz *nt kein pl* driftwood *no pl* **Treib·jagd** *f* battue **Treib·netz** *nt* drift-net **Treib·stoff** *m* fuel

Trek·king <-s, -s> [ˈtrɛkɪŋ] *nt* trekking

Trench·coat <-[s], -s> [ˈtrɛntʃkoːt] *m* trench coat

Trend <-s, -s> [trɛnt] *m* trend; **das Buch liegt voll im ~** the book is very of the moment

Trend·for·scher(in) *m(f)* trend analyst **Trend·scout** <-s, -s> [ˈtrɛntskaʊt] *m* trendspotter **Trend·set·ter(in)** <-s, -> *m(f)* trendsetter **Trend·sport** [ˈtrɛnt-] *m* trendy sport **Trend·wen·de** *f* (*of direction*)

tren·dy [ˈtrɛndi] *adj* (*fam*) trendy

trenn·bar *adj* ① LING separable ② (*voneinander zu trennen*) ■ **[voneinander] ~ sein** to be detachable [from each other]

tren·nen [ˈtrɛnən] **I.** *vt* ① (*ab~*) ■ **etw von etw** *dat* ~ to cut sth off sth; (*bei einem Unfall*) to sever sth from sth ② (*ablösen*) **die Knöpfe von etw** *dat* ~ to remove the buttons from sth ③ (*auseinanderbringen*) to separate (**von** from) ④ (*teilen*) to separate (**von** from) ⑤ LING to divide **II.** *vr* ① (*getrennt weitergehen*) ■ **sich ~** to part company; **hier ~ wir uns** this is where we part company ② (*die Beziehung lösen*) ■ **sich von jdm ~** to split up with sb ③ (*von etw lassen*) ■ **sich von etw** *dat* ~ to part with sth **III.** *vi* to differentiate (**zwischen** between)

Trenn·li·nie *f* dividing line

Tren·nung <-, -en> *f* ① (*Scheidung*) separation; **in ~ leben** to be separated ② (*Unterscheidung*) distinction ③ LING division

Tren·nungs·strich *m* hyphen

Trenn·wand *f* partition [wall]

tr epp·ab [trɛpˈʔap] *adv* downstairs; **trepp·auf, ~** up and down the stairs

trepp·auf [trɛpˈʔaʊf] *adv* upstairs; **~, trepp·ab** up and down stairs

Trep·pe <-, -n> [ˈtrɛpə] *f* stairs *pl*

Trep·pen·ab·satz *m* landing **Trep·pen·ge·län·der** *nt* ban[n]ister[s] *pl* **Trep·pen·haus** *nt* stairwell **Trep·pen·stu·fe** *f* step

Tre·sen <-s, -> [ˈtreːzn̩] *m* ① (*Theke*) bar ② (*Ladentisch*) counter

Tre·sor <-s, -e> [treˈzoːɐ̯] *m* ① (*Safe*) safe ② (*Tresorraum*) strongroom

Tret·boot *nt* pedal-boat

tre·ten <tritt, trat, getreten> [ˈtreːtn̩] **I.** *vt haben* ① (*mit dem Fuß stoßen*) to kick ② (*mit dem Fuß betätigen*) to step on; **die Bremse ~** to brake **II.** *vi* ① *haben* (*mit dem Fuß stoßen*) to kick; ■ **nach jdm ~** to kick out at sb; **sie trat ihn in den Bauch** she kicked him in the stomach ② *sein* (*einen Schritt machen*) to step; **~ Sie bitte zur Seite** please step aside; **pass auf, wohin du trittst** watch where you step ③ *sein o haben* (*den Fuß setzen*) to tread (**auf** on) ④ *sein o haben* (*betätigen*) to step (**auf** on); **auf die Bremse ~** to brake ⑤ *sein* (*hervorkommen*) ■ **aus etw** *dat* ~ to come out of sth; **aus der undichten Stelle im Rohr trat Gas** gas was escaping from the leak in the pipe; **der Fluss trat über seine Ufer** the river broke its banks; **Schweiß trat ihm auf die Stirn** sweat appeared on his forehead **III.** *vr* **sie trat sich einen Nagel in den Fuß** she ran a nail into her foot

Tret·mi·ne *f* anti-personnel mine **Tret·müh·le** *f* (*fam*) treadmill

treu [trɔy] **I.** *adj* ① (*loyal*) loyal; **sich** *dat* **selbst ~ bleiben** to remain true to oneself

❷ *(keinen Seitensprung machend)* faithful ❸ *(fig)* **der Erfolg blieb ihm ~** his success continued **II.** *adv* ❶ *(loyal)* loyally ❷ *(treuherzig)* trustingly

Treue <-> ['trɔyə] *f kein pl* ❶ *(Loyalität)* loyalty ❷ *(Verlässlichkeit)* loyalty ❸ *(monogames Verhalten)* fidelity *no pl*; **jdm die ~ halten** to be faithful to sb

Treue·prä·mie *f* loyalty bonus **Treue·schwur** *m* ❶ *(Schwur, jdm treu zu sein)* vow to be faithful ❷ HIST *(Eid)* oath of allegiance

Treu·hän·der(in) <-s, -> ['trɔyhɛndɐ] *m(f)* trustee

Treu·hand·ge·sell·schaft *f* trust company
treu·her·zig I. *adj* trustful **II.** *adv* trustingly
Treu·her·zig·keit <-> *f kein pl* **sie ist von großer ~** she's very trusting

treu·los I. *adj* ❶ *Ehemann* unfaithful ❷ *(ungetreu)* disloyal **II.** *adv* disloyally
Treu·lo·sig·keit <-> *f kein pl* disloyalty, unfaithfulness *no pl*

Tri·an·gel <-s, -> ['tri:aŋl] *m* o ÖSTERR *nt* MUS triangle
Tri·ath·lon <-n, -s> ['tri:atlɔn] *m* triathlon
Tri·bu·nal <-s, -e> [tribu'na:l] *nt* tribunal
Tri·bü·ne <-, -n> [tri'by:nə] *f* stand
Tri·but <-[e]s, -e> [tri'bu:t] *m* HIST tribute; **einer S.** *dat* **~ zollen** *(fig)* to pay tribute to a thing
tri·but·pflich·tig *adj* obliged to pay tribute
Trich·ter <-s, -> ['trɪçtɐ] *m* ❶ *(Einfüll~)* funnel ❷ *(Explosionskrater)* crater
trich·ter·för·mig *adj* funnel-shaped
Trick <-s, -s o selten -e> [trɪk] *m* ❶ *(Täuschungsmanöver)* trick; **keine faulen ~s!** *(fam)* no funny business! ❷ *(Kunstgriff)* trick; **den ~ raushaben[, wie etw gemacht wird]** *(fam)* to have [got] the knack [of doing sth]
Trick·auf·nah·me *f* FILM special effect **Trick·be·trug** *m* confidence trick **Trick·be·trü·ger(in)** *m(f)* confidence trickster **Trick·film** *m* cartoon [film] **trick·reich** *adj (fam)* cunning
trick·sen ['trɪksn̩] **I.** *vi* to do a bit of wangling **II.** *vt* to wangle
trieb [tri:p] *imp von* **treiben**
Trieb[1] <-[e]s, -e> [tri:p, *pl* 'tri:bə] *m* BOT shoot
Trieb[2] <-[e]s, -e> [tri:p, *pl* 'tri:bə] *m* ❶ *(innerer Antrieb)* drive ❷ *(Sexual~)* sex[ual] drive **trieb·ge·steu·ert** [tri:pgə'ʃtɔyɐt] *adj (pej)* PSYCH driven by desire *pred*
trieb·haft *adj* driven by physical urges *pred*
Trieb·kraft *f* ❶ *(fig)* driving force ❷ BOT germinating power **Trieb·tä·ter(in)** *m(f)* sex[ual] offender **Trieb·ver·bre·chen** *nt* sex[ual] crime **Trieb·wa·gen** *m* railcar **Trieb·werk** *nt* engine

trie·fen <triefte o geh troff, getrieft o selten getroffen> ['tri:fn̩] *vi* ❶ *(rinnen)* to run; *(Auge)* to water; ■ **aus etw** *dat* **~** to pour from sth ❷ *(tropfen)* **vor Nässe ~** to be dripping wet ❸ *(geh: strotzen)* ■ **vor etw** *dat* **~** to be dripping with sth *fig*

trie·zen ['tri:tsn̩] *vt (fam)* ■ **jdn ~** to crack the whip over sb

trifft [trɪft] *3. pers sing von* **treffen**
trif·tig ['trɪftɪç] **I.** *adj* good; *Argument, Grund* convincing **II.** *adv* convincingly; **[jdm etw] ~ begründen** to make a valid case for sth [to sb]

Tri·go·no·me·trie <-> [trigonome'tri:] *f kein pl* trigonometry *no indef art*
Tri·kot[1] <-s> [tri'ko:, 'triko] *m o nt kein pl (dehnbares Gewebe)* tricot
Tri·kot[2] <-s, -s> [tri'ko:, 'triko] *nt* MODE, SPORT jersey
tril·lern ['trɪlɐn] *vi a.* ORN to trill
Tril·ler·pfei·fe *f* [shrill-sounding] whistle
Tri·lo·gie <-, -n> [trilo'gi:, *pl* -'gi:ən] *f* trilogy
Trimm-dich-Pfad *m* keep-fit trail
trim·men ['trɪmən] **I.** *vt* ❶ *(trainieren)* to train (auf for); **sie hatten ihre Kinder auf gute Manieren getrimmt** they had taught their children good manners ❷ *(scheren)* to clip **II.** *vr* ■ **sich ~** to keep fit

trink·bar *adj* drinkable
trin·ken <trank, getrunken> ['trɪŋkn̩] **I.** *vt* o *vi* to drink; **möchten Sie lieber Kaffee oder Tee ~?** would you prefer coffee or tea [to drink]?; **ich trinke gerne Orangensaft** I like drinking orange juice; ■ **etw zu ~** sth to drink; **[mit jdm] einen ~ gehen** *(fam)* to go for a drink [with sb]; ■ **auf jdn/etw ~** to drink to sb/sth **II.** *vi* to drink
Trin·ker(in) <-s, -> *m(f)* drunkard; *(Alkoholiker)* alcoholic
Trink·heil·an·stalt *f (veraltet)* detoxification centre
trink·fest *adj* ■ **~ sein** to be able to hold one's drink **Trink·fla·sche** *f* sports bottle **Trink·ge·fäß** *nt* drinking-vessel **Trink·geld** *nt* tip; **~ geben** to give a tip **Trink·glas** *nt* [drinking-]glass **Trink·halm** *m* [drinking-]straw **Trink·spruch** *m* toast; **einen ~ auf jdn/etw ausbringen** to propose a toast to sb/sth
Trink·was·ser *nt* drinking water
Trink·was·ser·auf·be·rei·tung *f* drinking water purification **Trink·was·ser·auf·be·rei·tungs·an·la·ge** *f* drinking water treatment plant
Trio <-s, -s> ['tri:o] *nt* trio

Trip <-s, -s> [trɪp] m ❶ (*Ausflug*) trip ❷ (*sl: Drogenrausch*) trip; **auf einem ~ sein** to be tripping

trip·peln ['trɪpl̩n] *vi sein* to patter

Trip·per <-s, -> ['trɪpɐ] *m* MED gonorrhoea *no art*

Tris·tesse <-, *selten* -n> [trɪs'tɛs, *pl* -sn] *f* (*geh*) dreariness

tritt [trɪt] *3. pers sing von* **treten**

Tritt <-[e]s, -e> [trɪt] *m* ❶ (*Fuß~*) kick; **jdm/etw einen ~ geben** to kick sb/sth ❷ *kein pl* (*Gang*) step ❸ (*Stufe*) step

Tritt·brett *nt* step **Tritt·brett·fah·rer(in)** *m(f)* (*fam*) fare-dodger BRIT, freerider AM; (*fig: Nachahmer*) copycat

Tri·umph <-[e]s, -e> [tri'ʊmf] *m* triumph

Tri·umph·bo·gen *m* triumphal arch

tri·um·phie·ren* [triʊm'fiːrən] *vi* ❶ (*frohlocken*) to rejoice; **höhnisch ~** to gloat ❷ (*erfolgreich sein*) to triumph (**über** over)

tri·um·phie·rend I. *adj* triumphant **II.** *adv* triumphantly

Tri·umph·zug *m* triumphal procession

tri·vi·al [triˈvi̯aːl] *adj* banal

Tri·vi·al·li·te·ra·tur *f kein pl* light fiction

tro·cken ['trɔkn̩] **I.** *adj* dry; **im T~en** in the dry ▶ **auf dem ~en sitzen** (*fam*) to be broke **II.** *adv* ▶ **aufbewahren** to keep in a dry place; **sich ~ rasieren** to use an electric razor

Tro·cken·eis *nt* dry ice **Tro·cken·hau·be** *f* [salon] hair-dryer

Tro·cken·heit <-, *selten* -en> *f* ❶ (*Dürreperiode*) drought ❷ (*trockene Beschaffenheit*) dryness *no pl*

tro·cken|le·gen *vt* ❶ (*windeln*) **ein Baby ~** to change a baby's nappy [*or* AM diaper] ❷ (*entwässern*) to drain **Tro·cken·milch** *f* dried milk **Tro·cken·obst** *nt kein pl* dried fruit **Tro·cken·pe·ri·o·de** ['trɔknpeˌrioːdə] *f* METEO dry spell **Tro·cken·ra·sur** *f* dry shave **tro·cken|rei·ben** *vt irreg* ■ **jdn/etw ~** to rub sb/sth dry **Tro·cken·zeit** *f* dry season

trock·nen ['trɔknən] **I.** *vi sein* to dry **II.** *vt haben* ❶ (*trocken machen*) a. KOCHK to dry ❷ (*abtupfen*) **sie trocknete ihm den Schweiß von der Stirn** she dabbed up the sweat from his brow; **komm, ich trockne dir die Tränen** come and let me dry your tears

Trock·ner <-s, -> *m* drier

Trö·del <-s> ['trøːdl̩] *m kein pl* junk *no indef art, no pl*

Trö·de·lei <-, -en> [trøːdəˈlaɪ̯] *f* (*fam*) dawdling *no pl, no indef art*

Trö·del·markt *m s.* **Flohmarkt**

trö·deln ['trøːdl̩n] *vi* ❶ *haben* (*langsam sein*) to dawdle ❷ *sein* (*langsam schlendern*) to [take a] stroll

Tröd·ler(in) <-s, -> ['trøːdlɐ] *m(f)* ❶ (*Altwarenhändler*) second-hand dealer ❷ (*fam: trödelnder Mensch*) dawdler

troff [trɔf] *imp von* **triefen**

trog *imp von* **trügen**

Trog <-[e]s, Tröge> [troːk, *pl* ˈtrøːɡə] *m* trough

Tro·ja·ner [troˈjaːnɐ] *m* INFORM Trojan [horse]

Troll <-s, -e> [trɔl] *m* troll

Trol·ley·bus ['trɔlibʊs] *m bes* SCHWEIZ trolley bus

Trom·mel <-, -n> ['trɔml̩] *f* MUS, TECH drum **Trom·mel·fell** *nt* ear-drum

trom·meln ['trɔml̩n] **I.** *vi* to drum **II.** *vt* MUS to beat out *sep*

Trom·mel·wir·bel *m* MUS drum-roll

Tromm·ler(in) <-s, -> *m(f)* drummer

Trom·pe·te <-, -n> [trɔm'peːtə] *f* trumpet

trom·pe·ten* [trɔm'peːtn̩] **I.** *vi* ❶ MUS (*Trompete spielen*) to play the trumpet ❷ (*trompetenähnliche Laute hervorbringen*) to trumpet **II.** *vt* (*fam*) ■ **etw ~** to shout sth from the roof-tops

Trom·pe·ter(in) <-s, -> *m(f)* trumpeter

Tro·pen ['troːpn̩] *pl* ■ **die ~** the tropics *pl*

Tro·pen·helm *m* sun-helmet **Tro·pen·holz** *nt* wood from tropical trees *pl* **Tro·pen·krank·heit** *f* tropical disease **Tro·pen·wald** *m* tropical rain forest

Tropf¹ <-[e]s, -e> [trɔpf] *m* MED drip

Tropf² <-[e]s, Tröpfe> [trɔpf, *pl* ˈtrœpfə] *m* ▶ **armer ~** (*fam*) poor devil

tröp·feln ['trœpfl̩n] **I.** *vi* ❶ *haben* (*ständig tropfen*) to drip ❷ *sein* (*rinnen*) to drip (**aus** from) **II.** *vi impers* to spit [with rain] **III.** *vt* ■ **etw auf/in etw** *akk* **~** to put sth onto/into sth

tropf·en ['trɔpfn̩] *vi* ❶ *haben* (*Tropfen fallen lassen*) to drip; (*Nase*) to run ❷ *sein* (*tropfenweise gelangen*) ■ **aus etw** *dat* **~** to drip from sth

Trop·fen <-s, -> ['trɔpfn̩] *m* ❶ (*kleine Menge Flüssigkeit*) drop; **bis auf den letzten ~** [down] to the last drop ❷ *pl* PHARM, MED drops *pl* ▶ **ein ~ auf den heißen Stein** a [mere] drop in the ocean; **ein guter ~** a good drop [of wine]

trop·fen·wei·se *adv* in drops

tropf·nassᴿᴿ *adj* dripping wet

Tropf·stein *m* ❶ (*Stalaktit*) stalactite ❷ (*Stalagmit*) stalagmite **Tropf·stein·höh·le** *f* stalactite cave

Tro·phäe <-, -n> [troˈfɛːə] *f* trophy

tro·pisch ['troːpɪʃ] *adj* tropical

Trost <-[e]s> [troːst] *m kein pl* ❶ (*Linderung*) consolation; **ein schwacher ~ sein** to be of little consolation; **das ist ein schöner ~** (*iron*) some comfort that is; **als ~** as a consolation ❷ (*Zuspruch*) words of comfort; **jdm ~ spenden** to comfort sb ▸ **nicht [ganz] bei ~ sein** (*fam*) to have taken leave of one's senses

trös·ten ['trø:stn̩] **I.** *vt* to comfort; **sie war von nichts und niemandem zu ~** she was utterly inconsolable; ■*etw tröstet jdn* sth is of consolation to sb **II.** *vr* **sich ~** to console oneself

tröst·lich *adj* comforting

trost·los *adj* ❶ (*deprimierend*) miserable ❷ (*öde und hässlich*) desolate; *Landschaft* bleak

Trost·lo·sig·keit <-> *f kein pl* ❶ (*deprimierende Art*) miserableness *no pl* ❷ (*triste Beschaffenheit*) desolateness *no pl*

Trost·pflas·ter *nt* **als ~** as a consolation **Trost·preis** *m* consolation prize

Trott <-s> [trɔt] *m kein pl* routine

Trot·tel <-s, -> [ˈtrɔtl̩] *m* (*fam*) bonehead *sl*

trot·te·lig [ˈtrɔtəlɪç] (*fam*) **I.** *adj* stupid **II.** *adv* **sich ~ anstellen** to act stupidly

trot·ten [ˈtrɔtn̩] *vi sein* to trudge [along]

trotz [trɔts] *präp +gen* despite

Trotz <-es> [trɔts] *m kein pl* defiance; **aus ~** out of spite (**gegen** for); **jdm/einer S.** *dat* **zum ~** in defiance of sb/a thing

Trotz·al·ter *nt* difficult age

trotz·dem ['trɔtsdeːm] *adv* nevertheless; (*aber*) still

trot·zen [ˈtrɔtsn̩] *vi* ■*jdm/einer S. dat ~* (*die Stirn bieten*) to resist sb/brave a thing; (*sich widersetzen*) to defy sb/a thing; **einer Herausforderung ~** to meet a challenge

trot·zig [ˈtrɔtsɪç] *adj* awkward

Trotz·kopf *m* awkward little so-and-so ▸ **seinen ~ durchsetzen** to have one's way **Trotz·re·ak·ti·on** *f* act of defiance

trü·be ['tryːbə] *adj* ❶ (*unklar*) murky; *Saft* cloudy; *Glas* dull ❷ (*matt*) dim ❸ *Himmel* dull ❹ (*deprimierend*) bleak; *Stimmung* gloomy ■*[mit] etw dat sieht [es] ~ aus* the prospects are [looking] bleak [for sth]

Tru·bel <-s> [ˈtruːbl̩] *m kein pl* hustle and bustle

trü·ben [ˈtryːbn̩] **I.** *vt* ❶*etw ~* (*unklar machen*) to make sth murky ❷ (*beeinträchtigen*) to cast a cloud over sth; *Beziehung* to strain **II.** *vr* **sich ~** to go murky; **sein Gedächtnis trübte sich im Alter** his memory deteriorated in his old age

Trüb·sal [ˈtryːpzaːl] *f kein pl* ❶ (*Betrübtheit*) grief ❷ (*Leid*) suffering ▸ **blasen** to mope **trüb·se·lig** *adj* ❶ (*betrübt*) miserable; *Miene* gloomy ❷ (*trostlos*) bleak

Trüb·sinn *m kein pl* gloom[iness *no pl*] **trüb·sin·nig** *adj* miserable; *Miene* gloomy

Trü·bung <-, -en> *f* ❶ (*Veränderung zum Unklaren*) clouding ❷ (*Beeinträchtigung*) straining

tru·deln [ˈtruːdl̩n] *vi sein o haben* to spin

Trüf·fel¹ <-, -n> [ˈtrʏfl̩] *f* (*Pilz*) truffle

Trüf·fel² <-s, -> [ˈtrʏfl̩] *m* (*Praline*) truffle

trug [truːk] *imp von* **tragen**

Trug <-[e]s> [truːk] *m kein pl* (*Betrug*) delusion; **Lug und ~** lies and deception

Trugbild *nt* (*veraltend geh*) illusion

trü·gen <trog, getrogen> [ˈtryːgn̩] **I.** *vt* **wenn mich nicht alles trügt** unless I'm very much mistaken **II.** *vi* to be deceptive

trü·ge·risch [ˈtryːgərɪʃ] *adj* deceptive

Trug·schlussᴿᴿ *m* fallacy

Tru·he <-, -n> [ˈtruːə] *f* chest

Trüm·mer [ˈtrʏmɐ] *pl* rubble; *eines Flugzeugs* wreckage; **in ~n liegen** to lie in ruins *pl*

Trüm·mer·feld *nt* expanse of rubble **Trüm·mer·frau** *f* HIST *woman who helped clear debris after WWII* **Trüm·mer·hau·fen** *m* pile of rubble

Trumpf <-[e]s, Trümpfe> [trʊmpf, *pl* ˈtrʏmpfə] *m* ❶ KARTEN trump [card]; **~ sein** to be trumps ❷ (*fig: entscheidender Vorteil*) trump card; **noch einen ~ in der Hand haben** to have another ace up one's sleeve; **seinen letzten ~ ausspielen** to play one's last trump card

Trunk <-[e]s, Trünke> [trʊŋk, *pl* ˈtrʏŋkə] *m* (*geh*) beverage

trun·ken [ˈtrʊŋkn̩] *adj* (*geh*) ■*~ vor etw dat sein* to be intoxicated with sth

Trun·ken·bold <-[e]s, -e> *m* (*pej*) drunkard

Trun·ken·heit <-> *f kein pl* drunkenness *no pl*; **~ am Steuer** drunken driving

Trunk·sucht <-> *f kein pl* (*geh*) alcoholism *no indef art* **trunk·süch·tig** *adj* (*geh*) ■*~ sein* to be an alcoholic

Trup·pe <-, -n> [ˈtrʊpə] *f* ❶ *kein pl* MIL (*Soldaten an der Front*) combat unit ❷ MIL (*Soldatenverband mit bestimmter Aufgabe*) squad ❸ (*gemeinsam auftretende Gruppe*) company

Trup·pen·ab·bau *m* reduction of troops **Trup·pen·ab·zug** *m* withdrawal of troops **Trup·pen·trans·por·ter** *m* MIL troop carrier **Trup·pen·übung** *f* military exercise **Trup·pen·übungs·platz** *m* military training area **Trup·pen·ver·la·ge·rung** *f* MIL transfer [*or* relocation] of troops

Trut·hahn [ˈtruːthaːn] *m* turkey

Tschad <-s> [tʃat] *nt* Chad; *s. a.* **Deutschland**

Tsche·che, Tsche·chin <-n, -n> [ˈtʃɛçə, ˈtʃɛçɪn] *m, f* Czech; *s. a.* **Deutsche(r)**

Tsche·chi·en <-s> ['tʃɛçiən] nt Czech Republic; s. a. **Deutschland**

Tsche·chin <-, -nen> f fem form von **Tscheche**

tsche·chisch ['tʃɛçɪʃ] adj Czech; s. a. **deutsch**

Tschechi·sche Re·pu·blik f Czech Republic; s. a. **Deutschland**

Tsche·cho·slo·wa·ke, Tsche·cho·slo·wa·kin <-n, -n> [tʃɛçoslo'vaːkə, tʃɛçoslo'vaːkɪn] m, f (hist) Czechoslovak(ian)

Tsche·cho·slo·wa·kei [tʃɛçoslova'kaɪ] f (hist) ■ **die** ~ Czechoslovakia

tsche·cho·slo·wa·kisch [tʃɛçoslo'vaːkɪʃ] adj (hist) Czechoslovak(ian)

tschüs interj, **tschüss**^{RR} [tʃyːs] interj (fam) bye; **jdm ~ sagen** to say bye to sb

T-Shirt <-s, -s> ['tiːʃœːɐ̯t] nt T-shirt

Tsu·na·mi <-, -s> [tsu'naːmi] m tsunami

TU <-, -s> [teː'ʔuː] f Abk von **technische Universität** technical university

Tu·ba <-, Tuben> ['tuːba, pl 'tuːbn̩] f tuba

Tu·be <-, -n> ['tuːbə] f tube ► **auf die ~ drücken** (fam) to step on it

Tu·ber·ku·lo·se <-, -n> [tubɛʁku'loːzə] f tuberculosis no indef art, no pl

Tuch¹ <-[e]s, Tücher> [tuːx, pl 'tyːçɐ] nt ① (Kopf-) [head]scarf; (Hals-) scarf ② (dünne Decke) cloth

Tuch² <-[e]s, -e> [tuːx,] nt (textiles Gewebe) cloth

Tuch·füh·lung f ► **mit jdm auf ~ sein** (fam) to sit close to sb

tüch·tig ['tʏçtɪç] **I.** adj ① (fähig) capable ② (fam: groß) big; **eine ~e Tracht Prügel** a good hiding **II.** adv (fam) ① (viel) ~ **anpacken** to muck in BRIT; ② (stark) to eat heartily ③ (stark) ~ **regnen/schneien** to rain/snow hard

Tüch·tig·keit <-> f kein pl efficiency

Tücke <-, -n> ['tʏkə] f ① kein pl (Heim-) malice; (einer Tat) maliciousness ② kein pl (Gefährlichkeit) dangerousness; (von Krankheiten) perniciousness ③ (Unwägbarkeiten) ■ ~**n** pl vagaries pl; **seine ~n haben** to be temperamental ► **das ist die ~ des Objekts** these things have a will of their own!

tu·ckern ['tʊkɐn] vi sein o haben to chug

tü·ckisch ['tʏkɪʃ] adj ① (hinterhältig) malicious ② (heim~) pernicious ③ (gefährlich) treacherous

tüf·teln ['tʏftl̩n] vi (fam) to fiddle about (an with)

Tu·gend <-, -en> ['tuːɡn̩t] f virtue

tu·gend·haft adj virtuous

Tüll <-s, -e> [tyl] m tulle

Tul·pe <-, -n> ['tʊlpə] f tulip

tum·meln ['tʊml̩n] vr ■ **sich** ~ ① (froh umherbewegen) to romp [about] ② (sich beeilen) to hurry [up]

Tu·mor <-s, Tumoren> ['tuːmoːɐ̯, tu'moːɐ̯, pl tu'moːrən] m tumour

Tüm·pel <-s, -> ['tʏmpl̩] m [small] pond

Tu·mult <-[e]s, -e> [tu'mʊlt] m ① kein pl (lärmendes Durcheinander) commotion ② meist pl (Aufruhr) disturbance

tun <tat, getan> [tuːn] **I.** vt ① mit unbestimmtem Objekt (machen) to do; **was sollen wir bloß ~?** whatever shall we do?; **was tust du da?** what are you doing [there]?; **was tut er nur den ganzen Tag?** what does he do all day?; **noch viel ~ müssen** to have still got a lot to do; **etw aus Liebe ~** to do sth out of love; **er tut nichts, als sich zu beklagen** he does nothing but complain; ~ **und lassen können, was man will** to do as one pleases; ~, **was man nicht lassen kann** (fam) to do sth if one must; **so etwas tut man nicht!** you just don't do things like that! ② (unternehmen) ■ **etwas/nichts/einiges für jdn ~** to do something/nothing/quite a lot for sb; **was tut man nicht alles für seine Nichten und Neffen!** the things we do for our nephews and nieces!; **etw gegen etw akk ~** to do sth about sth; **etwas für jdn ~ können** to be able to do something for sb; **ich will versuchen, was sich da ~ lässt** I'll see what I can do [about it] ③ (an~) **keine Angst, der Hund tut Ihnen nichts** don't worry, the dog won't hurt you ④ (fam: legen o stecken) ■ **etw irgendwohin ~** to put sth somewhere ⑤ (fam: funktionieren) **tut es dein altes Tonbandgerät eigentlich noch?** is your old tape recorder still working? ⑥ (fam: ausmachen) **das tut nichts** it doesn't matter ⑦ (fam: ausreichen) **für heute tut's das** that'll do for today ► **was kann ich für Sie ~?** can I help you?; **man tut, was man kann** one does what one can; **es [mit jdm] ~** (sl) to do it [with sb] **II.** vr impers ■ **es tut sich etwas/nichts/einiges** something/nothing/quite a lot is happening **III.** vi ① (sich benehmen) to act; **albern/dumm ~** to play dumb; **informiert/kompetent ~** to pretend to be well-informed/competent; **so ~, als ob ...** to pretend that ...; **er ist doch gar nicht wütend, er tut nur so** he's not angry at all, he's [just] pretending [to be] ② (Dinge erledigen) ■ **zu ~ haben** to be busy ► **es mit jdm zu ~ bekommen** (fam) to get into trouble with sb; **es mit jdm zu ~ haben** to be dealing with sb; **etwas/nichts mit jdm/etw zu ~ haben** to have something/nothing to do with sb/sth; **mit jdm/etw nichts zu ~ haben wollen** to want to have nothing to do with sb/sth **IV.** vb aux ① mit vorgestelltem *infin* **singen tut sie ja gut** she's a good singer ❷ *mit nachgestelltem infin* DIAL **ich tu nur schnell den Braten anbraten** I'll just brown the joint [off]; **tust du die Kinder ins Bett bringen?** will you put the children to bed?; **er tut sich schrecklich ärgern** he's really getting worked up ❸ *konjunktivisch mit vorgestelltem infin* DIAL **deine Gründe täten mich schon interessieren** I would be interested to hear your reasons; **er täte zu gerne wissen, warum ich ich es nicht gemacht habe** he would love to know why I didn't do it

Tun <-s> [tuːn] *nt kein pl* action; **ihr ganzes ~ und Trachten** everything she does

Tün·che <-, -n> ['tʏnçə] *f* whitewash *no pl*

tün·chen ['tʏnçn̩] *vt* to whitewash

Tun·dra <-, Tundren> ['tʊndra] *f* tundra *no pl*

tu·nen ['tjuːnən] *vt* to tune

Tu·ner <-s, -> ['tjuːnɐ] *m* tuner

Tu·ne·si·en <-s> [tu'neːziən] *nt* Tunisia; *s. a.* **Deutschland**

Tu·ne·si·er(in) <-s, -> [tu'neːziɐ] *m(f)* Tunisian; *s. a.* **Deutsche(r)**

tu·ne·sisch [tu'neːzɪʃ] *adj* Tunisian; *s. a.* **deutsch**

Tun·fisch^RR [ˈtuːnfɪʃ] *m s.* **Thunfisch**

Tun·ke <-, -n> ['tʊŋkə] *f* KOCHK sauce; (*Braten~*) gravy

tun·ken ['tʊŋkn̩] *vt* to dip (**in** into)

tun·lichst *adv* if possible

Tun·nel <-s, - *o* -s> ['tʊnl̩] *m* tunnel; (*für Fußgänger*) subway

Tun·te <-, -n> ['tʊntə] *f* (*fam*) queen

tun·tig ['tʊntɪç] *adj* (*pej fam*) sissy

Tüp·fel·chen <-s, -> ['tʏpfl̩çən] *nt dot* ▸ **das ~ auf dem i** the final touch

tup·fen ['tʊpfn̩] *vt* ■ **etw von etw** *dat* ~ to dab sth from sth; ■ **sich** *dat* **etw** ~ to dab one's sth

Tup·fen <-s, -> ['tʊpfn̩] *m* dot

Tup·fer <-s, -> *m* MED swab

Tür <-, -en> [tyːɐ̯] *f* door; **an die ~ gehen** to go to the door ▸ **zwischen ~ und Angel** (*fam*) in passing; **mit der ~ ins Haus fallen** (*fam*) to blurt it [straight] out; **jdm die ~ vor der Nase zuschlagen** (*fam*) to slam the door in sb's face; **[bei jdm] [mit etw** *dat*] **offene ~en einrennen** to be preaching to the converted [with sth]; **jdm [fast] die ~ einrennen** (*fam*) to pester sb constantly; **vor der ~ sein** to be just [a]round the corner; **jdn vor die ~ setzen** (*fam*) to kick sb out

Tur·ban <-s, -e> ['tʊrbaːn] *m* turban

Tur·bi·ne <-, -n> [tʊrˈbiːnə] *f* turbine

Tur·bo <-s, -s> ['tʊrbo] *m* AUTO ❶ (*Turbolader*) turbocharger ❷ (*Auto mit Turbomotor*) car with a turbocharged engine

Tur·bo·abi·tur *nt* (*fam*) school-leaving exam that is taken after 12 years rather than 13

Tur·bo·die·sel *m* car with a turbocharged diesel engine, turbodiesel car **Tur·bo·ka·pi·ta·lis·mus** *m kein pl* (*pej fam*) unbridled capitalism

tur·bu·lent [tʊrbuˈlɛnt] **I.** *adj* turbulent; *Wochenende* tumultuous; **die Wochen vor Weihnachten waren reichlich ~** the weeks leading up to Christmas were really chaotic **II.** *adv* turbulently; **~ verlaufen** to be turbulent

Tur·bu·lenz <-, -en> [tʊrbuˈlɛnts] *f a.* METEO turbulence *no pl*

Tür·flü·gel *m* one of the doors in a double door **Tür·griff** *m* door-handle

Tür·ke, Tür·kin <-n, -n, -nen> ['tʏrkə, 'tʏrkɪn] *m, f* Turk; *s. a.* **Deutsche(r)**

Tür·kei <-> [tʏrˈkai̯] *f* ■ **die ~** Turkey; *s. a.* **Deutschland**

tür·ken ['tʏrkn̩] *vt* (*sl*) to fabricate

Tür·kin <-, -nen> [tʏrˈkiːs] *f fem form von* **Türke**

tür·kis [tʏrˈkiːs] *adj* turquoise

Tür·kis[1] <-es, -e> [tʏrˈkiːs] *m* GEOL turquoise

Tür·kis[2] <-> [tʏrˈkiːs] *nt kein pl* (*Farbe*) turquoise

tür·kisch ['tʏrkɪʃ] *adj* Turkish; *s. a.* **deutsch**

Tür·kisch ['tʏrkɪʃ] *nt dekl wie adj* Turkish; *s. a.* **Deutsch**

tür·kis·far·ben *adj* turquoise

Tür·klin·ke *f* door-handle **Tür·knauf** *m* doorknob

Turm <-[e]s, Türme> [tʊrm, *pl* 'tʏrmə] *m* ❶ ARCHIT tower; (*spitzer Kirchturm*) spire ❷ SPORT (*Sprung~*) diving-platform ❸ SCHACH castle

tür·men[1] ['tʏrmən] **I.** *vt haben* ■ **etw ~** to pile up sth *sep* (**auf** on) **II.** *vr* ■ **sich ~** to pile up (**auf** on)

tür·men[2] ['tʏrmən] *vi sein* (*fam*) to clear off; **aus dem Knast ~** to break out of jail

Turm·sprin·gen *nt kein pl* high diving *no indef art, no pl* **Turm·sprin·ger(in)** *m(f)* SPORT BASE jumper (*Building, Antenna, Span, Earth*) **Turm·uhr** *f* (tower) clock

Turn·an·zug *m* leotard

tur·nen ['tʊrnən] **I.** *vi haben* ❶ SPORT to do gymnastics; **am Pferd/Boden/Balken ~** to do exercises on the horse/floor/beam ❷ *sein* (*fam: sich flink bewegen*) to dash **II.** *vt haben* SPORT ■ **etw ~** to do sth; **für diese fehlerfrei geturnte Übung erhielt er 9,9 Punkte** he received 9.9 points for this flawlessly performed exercise

Tur·nen <-s> ['tʊrnən] *nt kein pl* ❶ SPORT gymnastics + *sing vb* ❷ SCH physical education *no pl, no art*

Tur·ner(in) <-s, -> ['tʊrnɐ] *m(f)* gymnast

Turn·ge·rät *nt* gymnastic apparatus **Turn·hal·le** *f* gymnasium **Turn·hose** *f* gym shorts

Tur·nier <-s, -e> [tʊr'niːɐ̯] *nt* ❶ SPORT (*längerer Wettbewerb*) tournament; *der Springreiter* show-jumping competition ❷ HIST tournament

Turn·schuh *m* trainer **Turn·übung** *f* gymnastic exercise **Turn·un·ter·richt** *m kein pl* SCH gymnastics + *sing verb*

Tur·nus <-, -se> ['tʊrnʊs] *m* (*regelmäßige Abfolge*) regular cycle; **für die Kontrollgänge gibt es einen festgesetzten ~** there is a set rota for the tours of inspection; **im [regelmäßigen] ~ [von etw** *dat*] at regular intervals [of sth]

Turn·ver·ein *m* gymnastics club

Tür·öff·ner *m* automatic door-opener **Tür·pfos·ten** *m* doorpost **Tür·rah·men** *m* door-frame **Tür·schild** *nt* name-plate **Tür·schloss**ᴿᴿ *nt* door-lock **Tür·schwel·le** *f* threshold **Tür·spalt** *m* space between door frame and door **Tür·ste·her** *m* doorman

tur·teln ['tʊrt|n] *vi* ■miteinander] ~ to whisper sweet nothings [to one another]

Tusch <-es, -e> [tʊʃ] *m* flourish

Tu·sche <-, -n> ['tʊʃə] *f* Indian ink

tu·scheln ['tʊʃ|n] *vi* to gossip secretly (**über** about)

Tusch·zeich·nung *f* pen-and-ink drawing

Tus·si <-, -s> ['tʊsi] *f* (*pej sl*) chick; (*Freundin*) bird

Tü·te <-, -n> ['tyːtə] *f* bag; **ich esse heute eine Suppe aus der ~** I'm going to eat a packet soup today; **eine ~ Popcorn** a bag of popcorn ▸ **[das] kommt nicht in die ~!** no way!

tu·ten ['tuːtn] *vi* to hoot; **es hat getutet, das Taxi ist da** I heard a hoot, the taxi is here; *Schiff* to sound its fog-horn ▸ **von T~ und Blasen keine Ahnung haben** not to have a clue

Tu·tor, Tu·to·rin <-s, Tutoren> ['tuːtoːɐ̯, tuː'toːrɪn, *pl* tuˈtoːrən] *m, f* ❶ SCH ❸ (*Leiter eines Universitätstutoriums*) *seminar conducted by a post-graduate student* ❷ (*Mentor*) tutor

TÜV <-s, -s> [tʏf] *m Akr von* **Technischer Überwachungsverein** Technical Inspection Agency (*also performing MOTs on vehicles*); **ich muss in der nächsten Woche [mit dem Wagen] zum ~** I've got to get the car MOT'd next week; **jds/der ~ läuft ab** sb's/the MOT is about to run out; **[noch] eine bestimmte Zeit ~ haben** to have a certain amount of time left on the MOT; **durch den ~ kommen** to get [a vehicle] through its MOT

TV¹ <-[s], -s> [teːˈfaʊ] *m Abk von* **Turnverein** sports club

TV² <-[s], -s> [tiːˈviː, teːˈfaʊ] *nt Abk von* **Television** TV

TV-Mo·de·ra·tor(in) *m(f)* TV presenter

Twist <-s, -s> [tvɪst] *m* (*Tanz*) twist *no pl*

Typ <-s, -en> [tyːp] *m* ❶ (*Ausführung*) model; **dieser ~ Computer** this model of computer; **dieser ~ Sportwagen** this sports car model ❷ (*Art Mensch*) type [of person]; **was ist er für ein ~, dein neuer Chef?** what type of person is your new boss?; **jds ~ sein** (*fam*) to be sb's type; ■ **der ~ ... sein, der ...** to be the type of ... who ...; **dein ~ ist nicht gefragt** (*fam*) we don't want your sort here; **dein ~ wird verlangt** (*fam*) you're wanted ❸ (*sl: Kerl*) guy ❹ (*sl: Freund*) guy

Ty·pe <-, -n> ['tyːpə] *f* ❶ TYPO (*Druck~*) type ❷ (*fam: merkwürdiger Mensch*) character; **was ist denn das für eine ~?** what a weirdo!

Ty·pen ['tyːpn] *pl von* **Typus**

Ty·pen·be·zeich·nung *f* TECH model designation

Ty·phus <-> ['tyːfʊs] *m kein pl* typhoid [fever] *no pl*

ty·pisch ['tyːpɪʃ] **I.** *adj* typical; ■ **~ für jdn sein** to be typical of sb; **[das ist] ~!** (*fam*) [that's] [just] typical! **II.** *adv* ■ **~ jd** [that's] typical of sb; **~ Frau/Mann!** typical woman/man!; **~ britisch/deutsch** typically British/German; **sein unterkühlter Humor ist ~ hamburgisch** his dry humour is typical of a person from Hamburg

Ty·po·gra·fieᴿᴿ <-, -n> [typogra'fiː] *f* typography

ty·po·gra·fischᴿᴿ [typo'graːfɪʃ] *adj* typographic[al]

Ty·po·gra·phie <-, -n> [typogra'fiː] *f s.* **Typografie**

ty·po·gra·phisch [typo'graːfɪʃ] *adj s.* **typografisch**

Ty·po·lo·gie <-, -ien> [typolo'giː] *f* PSYCH typology

ty·po·lo·gisch [typo'loːgɪʃ] *adj* PSYCH typologic[al]

Ty·pus <-, Typen> ['tyːpʊs, *pl* tyːpn] *m* ❶ (*Menschenschlag*) race [of people] [*or* breed] ❷ (*geh: Typ 2*) type

Ty·rann(in) <-en, -en> [tyˈran] *m(f)* tyrant

Ty·ran·nei <-, -en> [tyranˈnaɪ̯] *f* tyranny

Ty·ran·nin <-, -nen> *f fem form von* **Tyrann**

ty·ran·nisch [tyˈranɪʃ] **I.** *adj* tyrannical **II.** *adv* **sich ~ aufführen/herrschen** to behave/rule tyrannically

ty·ran·ni·sie·ren* *vt* **jdn ~** to tyrannize sb; ■ **sich ~ lassen** to [allow oneself to] be tyrannized (**von** by)

U u

U, u <-, - *o fam* -s, -s> [u:] *nt* U, u; *s. a.* **A 1**
u. *konj Abk von* **und**
u.a. ❶ *Abk von* **und andere(s)** and other things ❷ *Abk von* **unter anderem** among other things
U-Bahn [u:-] *f* ❶ (*Untergrundbahn*) underground BRIT *fam*, subway AM; **mit der ~ fahren** to go on the [or by] underground ❷ (*U-Bahn-Zug*) [underground] train
U-Bahn·hof [u:-] *m*, **U-Bahn-Sta·ti·on** *f* underground [*or* AM subway] station
übel ['y:bl] **I.** *adj* ❶ (*schlimm*) bad, nasty; *Affäre* ugly ❷ (*unangenehm*) nasty ❸ (*ungut*) bad ❹ (*verkommen*) low; *Stadtviertel* bad ❺ (*schlecht*) ▪**jdm ist/wird ~** sb feels sick **II.** *adv* ❶ (*geh: unangenehm*) **was riecht hier so ~?** what's that nasty smell [in] here?; **bäh, das Zeug schmeckt aber ~!** ugh, that stuff tastes awful!; **das fette Essen scheint mir ~ zu bekommen** the fatty food seems to have disagreed with me; **nicht ~** not so bad [at all]; **ihr wohnt ja gar nicht mal so ~** you live quite comfortably ❷ (*schlecht*) **sich ~ fühlen** to feel bad; **es geht jdm ~** sb feels bad; **jdm ist es ~ zumute** sb feels bad; **~ dran sein** (*fam*) to be in a bad way ❸ (*gemein*) badly; **jdn ~ behandeln** to treat sb badly; **~ über jdn reden** to speak badly of sb ❹ (*nachteilig*) **jdm etw ~ auslegen** to hold sth against sb
Übel <-s, -> [y:bl] *nt* evil ▪ **das kleinere ~** the lesser evil; **ein notwendiges ~** a necessary evil; **zu allem ~** to cap it all
Übel·keit <-, -en> *f* nausea
Übel·tat *f* (*geh*) wicked deed **Übel·tä·ter(in)** *m(f)* wrongdoer
üben ['y:bn] **I.** *vt a.* SPORT, MUS to practise IT. *vr* ▪**sich in etw** *dat* **~** to practise sth **III.** *vi* ❶ (*sich durch Übung verbessern*) to practise ❷ *s.* **geübt**
über ['y:bɐ] **I.** *präp* ❶ +*dat* (*oberhalb von etw*) above; **~ der Plane sammelt sich Regenwasser an** rain-water collects on top of the tarpaulin ❷ +*akk* (*quer hinüber*) over; **reichst du mir mal den Kaffee ~ den Tisch?** can you pass me the coffee across the table? ❸ +*akk* (*höher als etw*) above, over; **bis ~ die Knöchel im Dreck versinken** to sink ankle-deep in mud ❹ +*akk* (*etw erfassend*) over; **ein Überblick ~ etw** an overview of sth ❺ +*akk* (*quer darüber*) over; **er strich ihr ~ das Haar/die Wange** he stroked her hair/cheek ❻ +*akk* (*jdn/etw betreffend*) about ❼ +*dat* (*zahlenmäßig größer als*) above ❽ +*dat* (*in Beschäftigung mit etw*) in; **irgendwie muss ich ~ diesem Gedanken wohl eingeschlafen sein** I must have somehow fallen asleep [whilst] thinking about it ❾ (*durch jdn/etw*) through ❿ (*via*) via; **seid ihr auf eurer Tour auch ~ München gekommen?** did you go through Munich on your trip?; **~ Satellit empfange ich 63 Programme** I can receive 63 channels via satellite ⓫ (*während*) over; **habt ihr ~ die Feiertage/das Wochenende schon was vor?** have you got anything planned for the holiday/weekend? ▪ **~ alles** more than anything; **Fehler ~ Fehler!** nothing but mistakes!; **es waren Vögel ~ Vögel, die über uns hinweggrauschten!** [what seemed like] an endless stream of birds flew over us! **II.** *adv* ❶ (*älter als*) over ❷ (*mehr als*) more than ▪ **~ und ~** completely; **~ und ~ verdreckt sein** to be absolutely filthy **III.** *adj* (*fam*) ❶ (*übrig*) ▪ **~ sein** to be left; *Essen* to be left [over] ❷ (*überlegen*) **jdm auf einem bestimmten Gebiet ~ sein** to be better than sb in a certain field
über·all [y:bɐˈʔal] *adv* ❶ (*an allen Orten*) everywhere; (*an jeder Stelle*) all over [the place]; **sie hatte ~ am Körper blaue Flecken** she had bruises all over her body; **~ wo** wherever ❷ (*wer weiß wo*) anywhere ❸ (*in allen Dingen*) everything; **er kennt sich ~ aus** he knows a bit about everything ❹ (*bei jedermann*) everyone; **er ist ~ beliebt/verhasst** everyone likes/hates him
Über·al·le·her [y:bɐʔalˈheːɐ] *adv* ▪ **von ~** from all over **über·all·hin** [y:bɐʔalˈhɪn] *adv* all over; **sie kann ~ verschwunden sein** she could have disappeared anywhere
Über·al·te·rung <-> [y:bɐˈʔaltərʊŋ] *f* kein *pl* increase in the percentage of elderly people
Über·an·ge·bot *nt* surplus (**an** of)
über·an·stren·gen* [y:bɐˈʔanʃtrɛŋən] *vt* ▪**sich ~** to over-exert oneself; ▪**etw ~** to put too great a strain on sth **Über·an·stren·gung** *f kein pl* (*das Überbeanspruchen*) overstraining *no pl* ❷ (*zu große Beanspruchung*) overexertion **über·ar·bei·ten*** [y:bɐˈʔarbaitn] **I.** *vt* (*bearbeiten*) to revise **II.** *vr* ▪**sich ~** to overwork oneself
über·aus ['y:bɐʔaus] *adv* extremely
über·ba·cken* [y:bɐˈbakn] *vt irreg* **etw mit Käse ~** to top sth with cheese and brown it
Über·bau <-[e]s, -ten *o* -e> ['y:bɐbau] *m* superstructure **über·be·las·ten*** *vt* to overload **Über·be·le·gung** *f kein pl* overcrowding *no pl* **über·be·lich·ten*** *vt* to overexpose **über·be·to·nen*** *vt* ❶ (*zu große Bedeutung beimessen*) to overemphasize

❷ MODE to overaccentuate **über·be·völ·kert** *adj* overpopulated **Über·be·völ·ke·rung** *f kein pl* overpopulation *no pl* **über·be·wer·ten*** *vt* ❶ (*zu gut bewerten*) to overvalue ❷ (*überbetonen*) to overestimate; **du überbewertest diese Äußerung** you're attaching too much importance to this comment **über·be·zah·len*** *f* to overpay **über·bie·ten*** [y:bɐˈbiːtn̩] *irreg vt* ❶ SPORT to better (**um** by); *Rekord* to break ❷ (*durch höheres Gebot übertreffen*) to outbid (**um** by) **Über·bleib·sel** <-s, -> [ˈyːbɐblaɪ̯psl̩] *nt meist pl* ❶ (*Relikt*) relic ❷ (*Reste*) remnant **Über·blick** [ˈyːbɐblɪk] *m* view (**über** of) ▸ **einen ~** [**über** *etw akk*] **haben** to have an overview [of sth]; **den ~** [**über** *etw akk*] **verlieren** to lose track [of sth]; **sich** *dat* **einen ~** [**über** *etw akk*] **verschaffen** to gain an overview [of sth] **über·bli·cken*** [yːbɐˈblɪkn̩] *vt* ■ **etw ~** ❶ (*überschauen*) to look out over sth ❷ (*in der Gesamtheit einschätzen*) to have an overview of sth **über·brin·gen*** [yːbɐˈbrɪŋən] *vt irreg* ■ **jdm] etw ~** to deliver sth [to sb]

über·brü·cken* [yːbɐˈbrʏkn̩] *vt* ❶ (*notdürftig bewältigen*) to get through; *Krise* to ride out ❷ (*ausgleichen*) ■ **etw ~** to reconcile with **Über·brü·ckung** <-, -en> *f* ❶ (*das Überbrücken*) getting through ❷ (*das Ausgleichen*) reconciliation **über·da·chen*** [yːbɐˈdaʊ̯ən] *vt* to roof over *sep;* ■ **überdacht** covered **über·dau·ern*** *vt* to survive **über|de·cken¹** [ˈyːbɐdɛkn̩] *vt* (*fam: auflegen*) to cover [up *sep*] **über·de·cken*²** [yːbɐˈdɛkn̩] *vt* (*verdecken*) to cover [over] *sep; Gestank, Geschmack* to mask, to cover up *sep* **über·den·ken*** [yːbɐˈdɛŋkn̩] *vt irreg* to think over *sep* **über·dies** [yːbɐˈdiːs] *adv* (*geh*) furthermore **über·di·men·si·o·nal** *adj* colossal **Über·do·sis** *f* overdose (**an** of) **über·dreht** *adj* (*fam*) over-excited **Über·druck** *m* excess pressure *no pl* **Über·druss**^RR <-es> *m kein pl,* **Über·druß**^ALT <-sses> [ˈyːbɐdrʊs] *m kein pl* aversion; **aus ~** [**an** *etw dat*] out of an aversion [to sth]; **ich habe das nun schon bis zum ~ gehört** I've heard that ad nauseam [by now] **über·drüs·sig** [ˈyːbɐdrʏsɪç] *adj* ■ **jds/einer** **S.** *gen* ~ **sein/werden** to be/grow tired of sb/a thing **über·durch·schnitt·lich I.** *adj* above-average *attr,* above average *pred* **II.** *adv* above average **über·eif·rig** *adj* (*pej*) overzealous **über·ei·len*** *vt* to rush **über·eilt I.** *adj* rash **II.** *adv* rashly

über·ei·nan·der [yːbɐʔaɪ̯ˈnandɐ] *adv* ❶ (*eins über dem anderen/das andere*) on top of each other ❷ (*über sich*) about each other **über·ei·nan·der|schla·gen** *vt* **die Arme/Beine ~ schlagen** to fold one's arms/cross one's legs **über·ein|kom·men** [yːbɐˈʔaɪ̯nkɔmən] *vi irreg sein* to agree **Über·ein·kom·men** [yːbɐˈʔaɪ̯nkɔmən] *nt* agreement; **ein ~ erzielen** to reach an agreement (**in** on) **über·ein|stim·men** [yːbɐˈʔaɪ̯nʃtɪmən] *vi* ❶ (*der gleichen Meinung sein*) to agree (**in** on); ■ **mit jdm darin ~, dass ...** to agree with sb that ... ❷ (*sich gleichen*) ■ [**mit** *etw dat*] ~ to match [sth] **über·ein·stim·mend I.** *adj* ❶ (*einhellig*) unanimous ❷ (*sich gleichend*) corresponding; ■ **~ sein** to correspond [to each other] **II.** *adv* ❶ (*einhellig*) unanimously ❷ (*in gleicher Weise*) concurrently **Über·ein·stim·mung** *f* agreement (**in** on) **über·emp·find·lich I.** *adj* ❶ (*allzu empfindlich*) over-sensitive ❷ MED hypersensitive (**gegen** to) **II.** *adv* ❶ (*überempfindlich*) over-sensitively ❷ MED hypersensitively **über|fah·ren** [ˈyːbɐfaːrən] *vt irreg* ❶ (*niederfahren*) to run over *sep* ❷ (*nicht beachten*) **eine rote Ampel ~** to go through a red light ❸ (*fam: übertölpeln*) ■ **jdn ~** to railroad sb [into doing sth] **Über·fahrt** *f* NAUT crossing **Über·fall** <-s, Überfälle> *m* attack; (*Raub~*) robbery; (*Bank~*) raid **über·fal·len*** [yːbɐˈfalən] *vt irreg* ❶ (*unversehens angreifen*) to mug; *Bank* to rob; *Land* to attack; MIL to raid ❷ (*überkommen*) **Heimweh überfiel sie** she was overcome by homesickness ❸ (*hum fam: überraschend besuchen*) ■ **jdn ~** to descend [up]on sb ❹ (*hum: bestürmen*) ■ **jdn ~** to bombard sb (**mit** with) **über·fäl·lig** *adj* ❶ TRANSP delayed; **der Zug ist seit 20 Minuten ~** the train is 20 minutes late ❷ FIN overdue ❸ (*längst zu tätigen*) overdue **Über·fall·kom·man·do, Über·falls·kom·man·do** *nt* ÖSTERR (*fam*) flying squad **über·flie·gen*** [yːbɐˈfliːɡn̩] *vt irreg* ■ **etw ~** ❶ LUFT to fly over sth ❷ (*flüchtig ansehen*) to take a quick look at sth; (*Text a.*) to skim through sth **über|flie·ßen** [ˈyːbɐfliːsn̩] *vi irreg sein* to overflow **Über·flug·recht** *nt* LUFT permission to enter airspace, right of entry into airspace **Über·fluss**^RR *m kein pl,* **Über·fluß**^ALT *m kein pl* abundance; **im ~ vorhanden sein** to be in plentiful supply; **etw im ~ haben** to

Überflussgesellschaft–überholen

have plenty of sth ▶ **zu allem ~** to cap it all

Über·fluss·ge·sell·schaft^RR *f* affluent society

über·flüs·sig *adj* superfluous; *Anschaffungen, Bemerkung* unnecessary

über·flu·ten* [y:bɐˈfluːtn̩] *vt* ■ *etw ~* ① (*überschwemmen*) to flood sth ② (*über etw hinwegströmen*) to come over the top of sth ③ (*fig: in Mengen hereinbrechen*) to flood sth **Über·flu·tung** <-, -en> [y:bɐˈfluːtʊŋ] *f* flooding *no pl* **über·for·dern*** [y:bɐˈfɔrdɐn] *vt* to overtax; ■ **überfordert sein** to be out of one's depth **über·fra·gen*** [y:bɐˈfraːgn̩] *vt* to not know the answer; **da bin ich überfragt** I don't know [the answer to that]

Über·frem·dung <-, -en> *f* (*pej*) domination by foreign influences

über·füh·ren*[1] [ˈyːbɐfyːrən, yːbɐˈfyːrən] *vt* (*woandershin transportieren*) to transfer; *Leiche* to transport

über·füh·ren*[2] [yːbɐˈfyːrən] *vt* JUR ■ **jdn ~** to convict sb; ■ **jdn einer S.** *gen* **~** to convict sb of sth

über·füllt *adj* overcrowded; *Kurs* oversubscribed

Über·funk·ti·on *f* MED hyperactivity **Über·ga·be** *f* ① (*das Übergeben*) handing over *no pl* ② MIL surrender

Über·gang[1] <-gänge> *m* ① (*Grenz~*) border crossing[-point] ② *kein pl* (*das Überqueren*) crossing

Über·gang[2] <-gänge> *m* ① *kein pl* (*Übergangszeit*) interim; **für den ~** in the interim [period] ② (*Wechsel*) transition ③ (*Zwischenlösung*) interim solution **Über·gangs·frist** *f* transition period **Über·gangs·geld** *nt* retirement bonus **über·gangs·los** *adv* seamless **Über·gangs·lö·sung** *f* temporary solution **Über·gangs·pha·se** <-, -n> *f* transitional phase **Über·gangs·sta·di·um** *nt* transitional stage **Über·gangs·zeit** *f* ① (*Zeit zwischen zwei Phasen*) transition ② (*Zeit zwischen Jahreszeiten*) in-between [*or* AM off] season

über·ge·ben*[1] [yːbɐˈgeːbn̩] *vt irreg* ① (*überreichen*) ■ **jdm etw ~** to hand over *sep* sth [to sb] ② (*ausliefern*) ■ **jdn jdm ~** to hand over *sep* sb to sb ③ MIL (*überlassen*) to surrender

über·ge·ben*[2] [yːbɐˈgeːbn̩] *vr irreg* (*sich erbrechen*) ■ **sich ~** to be sick

über·ge·hen*[1] [ˈyːbɐgeːən] *vi irreg sein* ① (*überwechseln*) to move on (**zu** to); ■ **dazu ~, etw zu tun** to go over to doing sth ② (*übertragen werden*) **in anderen Besitz ~** to become sb else's property ③ (*einen anderen Zustand erreichen*) **in Fäulnis/Gä-**

rung/Verwesung ~ to begin to rot/ferment/decay ④ (*verschwimmen*) ■ **ineinander ~** to merge into one another

über·ge·hen*[2] [yːbɐˈgeːən] *vt irreg* ① (*nicht berücksichtigen*) to pass over *sep* (**bei/in** in) ② (*nicht beachten*) to ignore ③ (*auslassen*) to skip [over *sep*] **über·ge·ord·net** *adj* ① (*vorrangig*) paramount ② (*vorgesetzt*) higher **Über·ge·päck** *nt* excess luggage

über·ge·schnappt *adj* (*fam*) crazy **Über·ge·wicht** *nt kein pl* ① (*zu hohes Körpergewicht*) overweight *no pl*; **~ haben** to be overweight ② (*vorrangige Bedeutung*) predominance **über·ge·wich·tig** *adj* overweight **über·glück·lich** *adj* extremely happy, overjoyed *pred* **über|grei·fen** *vi irreg* to spread (**auf** to) **Über·griff** *m* infringement of [one's/sb's] rights **Über·grö·ße** *f* outsize

über·hand|neh·men [ˈyːbɐhant-] *vi* to get out of hand

über|hän·gen[1] [ˈyːbɐhɛŋən] *vi irreg sein o haben* ① (*hinausragen*) to hang over ② (*vorragen*) to project

über|hän·gen[2] [ˈyːbɐhɛŋən] *vt* ■ **jdm/sich etw ~** to put sth round sb's/one's shoulders; **sich** *dat* **ein Gewehr ~** to sling a rifle over one's shoulder; **sich** *dat* **eine Tasche ~** to hang a bag over one's shoulder **über·häu·fen*** [yːbɐˈhɔyfn̩] *vt* ■ **jdn mit etw** *dat* **~** ① (*überreich bedenken*) to heap sth [up]on sb ② (*in sehr großem Maße konfrontieren*) to heap sth [up]on sb['s head]; **jdn mit Beschwerden ~** to inundate sb with complaints

über·haupt [yːbɐˈhaʊpt] **I.** *adv* ① (*zudem*) „**das ist ~ die Höhe!**" "this is insufferable!" ② (*in Verneinungen*) ■ **kein(e, r)** nobody/nothing/none at all; **~ kein Geld haben** to have no money at all; ■ **~ nicht** not at all; ■ **~ nichts** nothing at all; ■ **~ [noch] nie** never [at all]; ■ **und ~, ...?** and anyway, ...?; ■ **wenn ~** if at all; **Sie bekommen nicht mehr als 4.200 Euro, wenn ~** you'll get no more than 4,200 euros, if that **II.** *part* (*eigentlich*) **was soll das ~?** what's that supposed to mean?; **wissen Sie ~, wer ich bin?** do[n't] you know who I am?

über·heb·lich [yːbɐˈheːplɪç] *adj* arrogant **Über·heb·lich·keit** <-, *selten* -en> *f* arrogance *no pl*

über·höht *adj* excessive; **mit ~er Geschwindigkeit fahren** to drive over the speed limit

über|ho·len[1] [ˈyːbɐhoːln̩] **I.** *vt* ① (*schneller vorbeifahren*) to overtake ② (*übertreffen*) to surpass **II.** *vi* to pass

über·ho·len*[2] [yːbɐˈhoːln̩] *vt* (*prüfen und verbessern*) ■ **etw ~** to overhaul sth

Über·hol·spur f fast [or BRIT overtaking] lane
über·holt adj outdated
Über·hol·ver·bot nt restriction on passing [or BRIT overtaking]; (Strecke) no passing [or BRIT overtaking] zone
über·hö·ren* [y:bɐ'hø:rən] vt ■ etw ~ (nicht hören) to not hear sth; (nicht hören wollen) to ignore sth
Über·ich^{RR} nt, **Über-Ich** <-[s], -[s]> ['y:bɐʔɪç] nt PSYCH superego
über·in·ter·pre·tie·ren* vt to overinterpret
über·ir·disch ['y:bɐʔɪrdɪʃ] adj celestial poet; Schönheit divine **über||ko·chen** ['y:bɐkɔxn̩] vi sein to boil over
über·kom·men*¹ [y:bɐ'kɔmən] irreg vt ■ etw überkommt jdn sb is overcome with sth; es überkam mich plötzlich it suddenly overcame me
über·kom·men² [y:bɐ'kɔmən] adj traditional **über·kreu·zen*** [y:bɐ'krɔʏtsn̩] I. vt ❶ (überqueren) einen Platz ~ to cross a square ❷ (verschränken) die Arme~ to fold one's arms II. vr sich ~de Linien intersecting lines
über·la·den*¹ [y:bɐ'la:dn̩] vt irreg to overload
über·la·den² [y:bɐ'la:dn̩] adj ❶ (zu stark beladen) overloaded ❷ (geh: überreich ausgestattet) over-ornate; Stil florid
Über·land·bus ['y:bɐlant-] m country bus
Über·län·ge f extra length; Film exceptional length
über·lap·pen* [y:bɐ'lapn̩] I. vi to overlap; einen Zentimeter ~ to overlap by one centimetre II. vr sich ~ to overlap
über·las·sen* [y:bɐ'lasn̩] vt irreg ❶ (zur Verfügung stellen/verkaufen) ■ jdm etw ~ to let sb have sth ❷ (lassen) ■ jdm etw ~ to leave sth to sb; ich überlasse dir die Wahl it's your choice; jdm ~ sein to be up to sb; das müssen Sie schon mir ~ you must leave that to me ❸ (preisgeben) ■ jdn jdm/etw ~ to leave sb to sb/sth; sich dat selbst ~ sein to be left to one's own devices; jdn sich dat selbst ~ to leave sb to his/her own devices
über·las·ten* [y:bɐ'lastn̩] vt ❶ (zu stark in Anspruch nehmen) ■ jdn ~ to overburden sb; ■ etw ~ to overstrain sth ❷ (zu stark belasten) ■ etw ~ to overload sth
Über·las·tung <-, -en> f ❶ (zu starke Inanspruchnahme) overstrain no pl ❷ (zu starke Belastung) overloading no pl
über·lau·fen*¹ [y:bɐ'laʊfn̩] vt irreg ■ etw überläuft jdn sb is seized with sth; es überlief mich kalt a cold shiver ran down my back
über||lau·fen² ['y:bɐlaʊfn̩] vi irreg sein ❶ (über den Rand fließen) to overflow; Tasse a. to run over a. poet ❷ (überkochen) to boil over ❸ MIL to desert
über·lau·fen³ [y:bɐ'laʊfn̩] adj overrun
Über·läu·fer(in) m(f) MIL deserter **über·le·ben*** [y:bɐ'le:bn̩] I. vt ❶ (lebend überstehen) to survive ❷ (lebend überdauern) ■ etw ~ to last sth ❸ (über jds Tod hinaus leben) ■ jdn ~ to outlive sb II. vi to survive III. vr ■ sich [bald] ~ to [soon] be[come] a thing of the past **Über·le·ben·de(r)** f(m) survivor
Über·le·bens·chan·ce f chance of survival
über·le·bens·groß [y:bɐle:bn̩sɡro:s] I. adj larger-than-life II. adv larger than life
Über·le·bens·künst·ler, -künst·le·rin m, f (euph fam) [born] survivor
über·le·gen*¹ [y:bɐ'le:ɡn̩] I. vi to think [about it]; nach kurzem/langem Ü~ after a short time of thinking/after long deliberation; was gibt es denn da zu ~? what's there to think about?; ■ [sich dat] ~, dass ... to think that ...; ohne zu ~ without thinking; überleg [doch] mal! just [stop and] think about it! II. vt ■ sich dat etw ~ to consider sth; sich etw reiflich ~ to give serious thought to sth; ich will es mir noch einmal ~ I'll think it over again; es sich [anders] ~ to change one's mind; das wäre zu ~ it is worth considering; wenn man es sich recht überlegt on second thoughts; sich etw hin und her ~ (fig) to consider sth from all angles
über·le·gen*² [y:bɐ'le:ɡn̩] vt ■ jdm etw ~ to put sth over sb; sich etw ~ to put sth on sep sth
über·le·gen³ [y:bɐ'le:ɡn̩] I. adj ❶ (jdn weit übertreffend) superior; Sieg convincing; ■ jdm ~ sein to be superior to sb (auf/in in); dem Feind im Verhältnis von 3:1 ~ sein to outnumber the enemy by 3 to 1 ❷ (herablassend) superior II. adv ❶ (mit großem Vorsprung) convincingly ❷ (herablassend) superciliously pej
Über·le·gen·heit <-> f kein pl ❶ (überlegener Status) superiority no pl (über over) ❷ (Herablassung) superiority no pl
über·legt [y:bɐ'le:kt] I. adj [well-]considered II. adv with consideration, in a considered way
Über·le·gung <-, -en> f ❶ kein pl (das Überlegen) consideration no pl, no indef art, thought no pl, no indef art; nach eingehender ~ after close reflection ❷ pl (Erwägungen) considerations pl; (Bemerkungen) observations pl
über||lei·ten vi ■ zu etw dat ~ to lead to sth
Über·lei·tung f transition **über·lie·fern*** [y:bɐ'li:fɐn] vt to hand down sep; ■ überlie-

fert sein to have come down **Über·lie·fe·rung** f kein pl (das Überliefern) **im Laufe der ~** in the course of being passed down from generation to generation; **mündliche ~** oral tradition ❷ (überliefertes Brauchtum) tradition

über·lis·ten* [y:bɐˈlɪstn̩] vt ❶ (durch eine List übervorteilen) to outwit ❷ (gewieft umgehen) to outsmart

überm [ˈyːbɐm] = **über dem** (fam) **~ Berg** over the mountain

Über·macht f kein pl superiority no pl; **in der ~ sein** to have the greater strength **über·mäch·tig** adj ❶ (die Übermacht besitzend) superior ❷ (geh: alles beherrschend) overpowering; *Verlangen* overwhelming

über|ma·len [yːbɐˈmaːlən] vt to paint over

Über·maß nt kein pl ❶ **das ~ einer S.** gen the excess[ive amount] of sth; **unter dem ~ der Verantwortung** under the burden of excessive responsibility; **ein ~ an/von etw** dat an excess[ive amount] of sth; **ein ~ von Freude** excessive joy; **im ~** in excess **über·mä·ßig I.** adj excessive; *Freude, Trauer* intense; *Schmerz* violent **II.** adv ❶ (in zu hohem Maße) excessively; **sich ~ anstrengen** to try too hard ❷ (unmäßig) too much **über·mensch·lich** adj superhuman

über·mit·teln* [yːbɐˈmɪtl̩n] vt (geh) ❶ (überbringen) ▪ **jdm etw ~** to bring sth to sb ❷ (zukommen lassen) ▪ **|jdm| etw ~** to convey sth [to sb] form

über·mor·gen [ˈyːbɐmɔrɡn̩] adv the day after tomorrow, in two days' time; **~ früh** the day after tomorrow in the morning, in the morning in two days' time

über·mü·det [yːbɐˈmyːdət] adj overtired; (erschöpft a.) overfatigued form

Über·mü·dung <-> f kein pl overtiredness no pl; (Erschöpfung a.) overfatigue no pl form

Über·mut m high spirits npl; **aus ~** just for the hell of it

über·mü·tig [ˈyːbɐmyːtɪç] **I.** adj high-spirited; (zu dreist) cocky fam **II.** adv boisterously

übern [ˈyːbɐn] = **über den** (fam) ~ **Fluss/Graben/See** over the river/ditch/lake

über·nächs·te(r, s) [ˈyːbɐnɛːçstɐ, -tə, -təs] adj attr **~s Jahr/~ Woche** the year/week after next, in two years'/weeks' time; **die ~ Tür** the next door but one

über·nach·ten* [yːbɐˈnaxtn̩] vi ▪ **irgendwo/bei jdm ~** to stay the night somewhere/at sb's place

über·näch·tig [yːbɐˈnɛçtɪç(t)] adj ÖSTERR, **über·näch·tigt** [yːbɐˈnɛçtɪçt] adj worn out [from lack of sleep] pred; (a. mit trüben Augen) bleary-eyed

Über·nach·tung <-, -en> f kein pl (das Übernachten) spending the/a night ❷ (verbrachte Nacht) overnight stay; **mit zwei ~en in Bangkok** with two nights in Bangkok; **~ mit Frühstück** bed and breakfast

Über·nah·me <-, -n> [ˈyːbɐnaːmə] f ❶ (Inbesitznahme) taking possession no pl ❷ (das Übernehmen) assumption no pl; **von Verantwortung** a. acceptance no pl ❸ ÖKON takeover

über·na·tür·lich adj ❶ (nicht erklärlich) supernatural ❷ (die natürliche Größe übertreffend) larger than life **über·neh·men*** [yːbɐˈneːmən] irreg **I.** vt ❶ (in Besitz nehmen) to take; (kaufen) to buy; *Geschäft* to take over sep ❷ (auf sich nehmen, annehmen) to accept; **lassen Sie es, das übernehme ich** let me take care of it; *Auftrag, Verantwortung* to take on sep; *Kosten* to pay; *Verpflichtungen* to assume ❸ (fortführen) to take over sep (**von** from) ❹ (verwenden) to take; **eine Sendung in sein Abendprogramm ~** to include a broadcast in one's evening programmes ❺ (weiterbeschäftigen) to take over sep; **jdn ins Angestelltenverhältnis ~** to employ sb on a permanent basis **II.** vr (sich übermäßig belasten) ▪ **sich ~** to take on too much **III.** vi to take over **über|ord·nen** vt ❶ (Vorgesetzter) ▪ **jdn jdm ~** to place sb over sb ❷ (Prioritäten setzen) ▪ **etw einer Sache ~** to give sth precedence over sth **über·par·tei·lich** adj non-partisan **über·prüf·bar** adj verifiable **über·prü·fen*** [yːbɐˈpryːfn̩] vt ❶ (durchchecken) to vet; *Papiere, Rechnung* to check (**auf** for) ❷ (die Funktion von etw nachprüfen) to examine ❸ (erneut bedenken) to examine **Über·prü·fung** f kein pl ❶ (das Durchchecken) vetting no pl; (das Kontrollieren) check ❷ (Funktionsprüfung) check ❸ (erneutes Bedenken) review **über·que·ren*** [yːbɐˈkveːrən] vt ❶ (sich über etw hinweg bewegen) to cross [over] ❷ (über etw hinwegführen) to lead over

über·ra·gen*1 [yːbɐˈraːɡn̩] vt ❶ (größer sein) to tower above (**um** by); (um ein kleineres Maß) to be taller than ❷ (über etw vorstehen) ▪ **etw ~** to jut out over sth ❸ (übertreffen) to outclass

über|ra·gen² [ˈyːbɐraːɡn̩] vi (überstehen) to project **über·ra·gend** adj outstanding; *Bedeutung* paramount; *Qualität* superior

über·ra·schen* [yːbɐˈraʃn̩] vt ❶ (unerwartet erscheinen) to surprise (**mit** with) ❷ (ertappen) ▪ **jdn bei etw** dat **~** to surprise sb doing sth; ▪ **jdn dabei ~, wie jd etw tut** to catch sb doing sth ❸ (überraschend erfreuen) to surprise (**mit** with); **lassen wir uns ~!** (fam) let's wait and see [what happens]

④ (*erstaunen*) to surprise; (*stärker*) to astound ⑤ (*unerwartet überfallen*) ■ jdn ~ to take sb by surprise; **vom Regen überrascht werden** to get caught in the rain

über·ra·schend I. *adj* unexpected **II.** *adv* unexpectedly

über·ra·schen·der·wei·se *adv* surprisingly

Über·ra·schung <-, -en> *f* ① *kein pl* (*Erstaunen*) surprise *no pl;* (*stärker*) astonishment *no pl;* **voller ~** completely surprised ② (*etwas Unerwartetes*) surprise; **eine ~ für jdn kaufen** to buy something as a surprise for sb; ■ **[für jdn] eine ~ sein** to come as a surprise [to sb]

Über·ra·schungs·ef·fekt *m* surprise effect; *von Plan* element of surprise

Über·re·ak·ti·on *f* overreaction *no pl*

über·re·den* [y:bɐˈreːdn̩] *vt* to persuade; ■ **jdn zu etw** *dat* ~ to talk sb into sth

über·re·gi·o·nal *adj* national

über·rei·chen* [y:bɐˈraɪçn̩] *vt* ■ **jdm etw ~** to hand over *sep* sth to sb; (*feierlich*) to present sth to sb

Über·rest *m meist pl* remains *npl;* **jds sterbliche ~e** sb's [mortal] remains

über·rum·peln* [y:bɐˈrʊmpl̩n] *vt* ■ **jdn ~** to take sb by surprise

über·run·den* [y:bɐˈrʊndn̩] *vt* ■ **jdn ~** ① SPORT to lap sb ② (*leistungsmäßig übertreffen*) to outstrip sb; *Schüler* to run rings round sb

übers [ˈyːbɐs] = **über das** (*fam*) *s.* **über**

über·sät [yːbɐˈzɛːt] *adj* covered

über·säu·ern* *vt* to overacidify

Über·schall·flug·zeug *nt* supersonic aircraft

über·schat·ten* [yːbɐˈʃatn̩] *vt* ■ **etw ~** to cast a shadow over sth

über·schät·zen* [yːbɐˈʃɛtsn̩] *vt* to overestimate; ■ **sich ~** to think too highly of oneself

über·schau·bar *adj* ① (*abschätzbar*) *Größe* manageable; *Kosten, Preis* clear; *Risiko* contained ② (*einen begrenzten Rahmen habend*) tightly structured

Über·schau·bar·keit <-> *f kein pl* comprehensibility *no pl*

über·schau·en* [yːbɐˈʃaʊən] *vt* (*geh*) *s.* **überblicken**

über|schäu·men [ˈyːbɐʃɔʏmən] *vi sein* ① (*mit Schaum überlaufen*) to foam over ② (*fig: ganz ausgelassen sein*) ■ **vor etw** *dat* ~ to brim [over] with sth **über·schla·fen*** [yːbɐˈʃlaːfn̩] *vt irreg* ■ **etw ~** *Frage, Problem* to sleep on sth

Über·schlag *m* ① SPORT handspring; **einen ~ machen** to do a handspring ② (*überschlägliche Berechnung*) [rough] estimate

über·schla·gen*[1] [yːbɐˈʃlaːgn̩] *irreg* **I.** *vt* ① (*beim Lesen auslassen*) to skip [over] ② (*überschläglich berechnen*) to [roughly] estimate **II.** *vr* ① (*eine vertikale Drehung ausführen*) ■ **sich ~** *Mensch* to fall head over heels; *Fahrzeug* to overturn ② (*rasend schnell aufeinanderfolgen*) ■ **sich ~** to come thick and fast ③ (*besonders beflissen sein*) **sich [vor Freundlichkeit/Hilfsbereitschaft]** ~ to fall over oneself to be friendly/helpful ④ (*schrill werden*) ■ **sich ~** to crack

über|schla·gen[2] [ˈyːbɐʃlaːgn̩] *irreg* **I.** *vt haben* **die Beine ~** to cross one's legs; **mit ~en Beinen sitzen** to sit cross-legged **II.** *vi sein* ① (*fig*) ■ **in etw** *akk* ~ to turn into sth ② (*brechen*) to overturn; **die Wellen schlugen über** the waves broke ③ (*übergreifen*) to spread (**auf** to)

über|schnap·pen *vi sein* (*fam*) ① (*verrückt werden*) to crack [up] ② (*schrill werden*) to crack

über·schnei·den* [yːbɐˈʃnaɪdn̩] *vr* ① (*sich zeitlich überlappen*) ■ **sich ~** to overlap (**um** by) ② (*sich mehrfach kreuzen*) ■ **sich ~** to intersect

über·schrei·ben* [yːbɐˈʃraɪbn̩] *vt irreg* ① (*betiteln*) to head ② (*darüber schreiben*) to write over; INFORM to overwrite ③ (*übertragen*) ■ **jdm etw ~** to sign over sth to sb

über·schrei·ten* [yːbɐˈʃraɪtn̩] *vt irreg* ① (*geh: zu Fuß überqueren*) to cross [over] ② (*über etw hinausgehen*) to exceed (**um** by) ③ (*sich nicht im Rahmen von etw halten*) to overstep

Über·schrei·tung <-, -en> *f* ① (*Überquerung*) crossing ② (*das Überschreiten*) exceeding

Über·schrift *f* title; *einer Zeitung* headline

Über·schuss[RR] *m*, **Über·schuß**[ALT] *m* ① (*Reingewinn*) profit ② (*überschüssige Menge*) surplus *no pl* (**an** of)

über·schüs·sig [ˈyːbɐʃʏsɪç] *adj* surplus *attr*

über·schüt·ten* [yːbɐˈʃʏtn̩] *vt* ① (*übergießen*) ■ **etw mit etw** *dat* ~ to pour sth over sth ② (*bedecken*) to cover ③ (*überhäufen*) to inundate; **jdn mit Geschenken/Komplimenten ~** to shower sb with presents/compliments; **jdn mit Vorwürfen ~** to heap accusations on sb

über·schwäng·lich[RR] **I.** *adj* effusive **II.** *adv* effusively

über·schwem·men* [yːbɐˈʃvɛmən] *vt* ① (*überfluten*) to flood ② (*in Mengen hineinströmen*) to pour into ③ (*mit großen Mengen eindecken*) to flood (**mit** with)

Über·schwem·mung <-, -en> *f* flood[ing *no pl*]

Über·schwem·mungs·ge·biet *nt* flood area **Über·schwem·mungs·ka·tastro-**

phe *f* flood disaster
über·schweng·lich^{ALT} ['y:bɐʃvɛŋlɪç] *adj, adv s.* **überschwänglich**
Über·see ['y:bezeː] *kein art* ■ **aus** ~ from overseas; ■ **in** ~ overseas; ■ **nach** ~ overseas
über·seh·bar [yːbeˈzeːbaːɐ̯] *adj* ❶ (*abschätzbar*) *Auswirkungen* containable; *Dauer, Kosten, Schäden* assessable; *Konsequenzen* clear; ■ **etw ist** ~/**noch nicht** ~ sth is in sight/sth is still not known ❷ (*mit Blicken erfassen*) visible
über·se·hen*¹ [yːbeˈzeːən] *vt irreg* ❶ (*versehentlich nicht erkennen*) to overlook ❷ (*abschätzen*) to assess ❸ (*mit Blicken erfassen*) to have a view of
über|se·hen² ['y:bezeːən] *vr irreg* ■ **sich an etw** *dat* ~ to get tired of seeing sth
über·set·zen*¹ [yːbeˈzɛtsn̩] **I.** *vt* to translate; **etw [aus dem Polnischen] [ins Französische]** ~ to translate sth [from Polish] [into French] **II.** *vi* **aus dem Deutschen ins Englische** ~ to translate from German to English
über|set·zen² ['y:bezɛtsn̩] **I.** *vt haben* **jdn** ~ to ferry across *sep* **II.** *vi sein* to cross [over]
Über·set·zer(in) *m(f)* translator
Über·set·zung¹ <-, -en> *f* TECH transmission ratio
Über·set·zung² <-, -en> *f* ❶ (*übersetzter Text*) translation ❷ *kein pl* (*das Übersetzen*) translation *no pl*
Über·set·zungs·bü·ro *nt* translation agency
Über·sicht <-, -en> *f* ❶ *kein pl* (*Überblick*) overall view; **die** ~ **verlieren** to lose track of things ❷ (*knappe Darstellung*) outline
über·sicht·lich I. *adj* ❶ (*rasch erfassbar*) clear ❷ (*gut zu überschauen*) open *attr*; ■ ~ **sein** to offer a clear view [on all sides]; ■ (*wenig Deckung bietend*) to be exposed; ■ **nicht** ~ **sein** to impede the/one's view **II.** *adv* ❶ (*rasch erfassbar*) clearly ❷ (*gut überschaubar*) **etw** ~ **anlegen** to give sth an open layout
Über·sicht·lich·keit <-> *f kein pl* ❶ (*rasche Erfassbarkeit*) clarity *no pl* ❷ (*übersichtliche Anlage*) openness *no pl*
über|sie·deln [yːbeˈziːdl̩n] *vi sein* to move (**in/nach** to) **Über·sied·ler(in)** *m(f)* migrant; (*Einwanderer*) immigrants; (*Auswanderer*) emigrants **über·sinn·lich** *adj* paranormal
über·spannt *adj* ❶ (*übertrieben*) extravagant ❷ (*exaltiert*) eccentric ❸ (*überanstrengt*) overwrought
über·spie·len*¹ [yːbeˈʃpiːlən] *vt* (*audiovisuell übertragen*) to record (**auf** on[to]); **etw auf Kassette** ~ to tape sth

über·spie·len*² [yːbeˈʃpiːlən] *vt* (*verdecken*) to cover up *sep* (**durch** with)
über·spitzt I. *adj* exaggerated **II.** *adv* in an exaggerated fashion
über·sprin·gen*¹ [yːbeˈʃprɪŋən] *vt irreg* ❶ (*über etw hinwegspringen*) to jump; *Mauer* to vault ❷ (*auslassen*) to skip [over] ❸ SCH *Klasse* to skip
über|sprin·gen² ['y:beʃprɪŋən] *vi irreg sein* ❶ (*sich übertragen*) a. MED to spread (**auf** to) ❷ (*plötzlich übergreifen*) to spread quickly
über·ste·hen*¹ [yːbeˈʃteːən] *vt* (*durchstehen*) to come through; **die Belastung** ~ to hold out under the stress; *Krankheit, Operation* to get over; **die nächsten Tage** ~ to live through the next few days; **jetzt haben wir es überstanden** (*fam*) thank heavens that's over now
über|ste·hen² ['y:beʃteːən] *vi irreg sein o haben* (*herausragen*) to jut out, to project
über·stei·gen* [yːbeˈʃtaɪgn̩] *vt irreg* ❶ (*über etw klettern*) to climb over; *Mauer* ❶ to scale ❷ (*über etw hinausgehen*) to exceed **über·stim·men*** [yːbeˈʃtɪmən] *vt* ❶ (*mit Stimmenmehrheit besiegen*) to outvote ❷ (*mit Stimmenmehrheit ablehnen*) to defeat
über·stra·pa·zie·ren* [yːbeˈʃtrapatsiːrən] *vt* ❶ (*zu sehr ausnutzen*) to abuse ❷ (*zu oft verwenden*) to wear out *sep* **über|stül·pen** *vt* ■ **jdm/sich etw** ~ to slip sth over sb's/one's head **Über·stun·de** *f* hour of overtime; ■ ~ *n* overtime *no pl*; ~ *n* **machen** to do overtime **über·stür·zen*** [yːbeˈʃtʏrtsn̩] **I.** *vt* **etw** ~ to rush into sth **II.** *vr* **sich** ~ to follow in quick succession; *Nachrichten* a. to come thick and fast **über·ta·rif·lich** *adj, adv* above the agreed rate
über·teu·ert [yːbeˈtɔyɐt] *adj* overexpensive
über·tö·nen* *vt* ■ **jdn** ~ to drown [out *sep*] sb['s words/screams/etc.]; **etw** ~ to drown [out *sep*] sth **Über·topf** *m* flower pot holder
Über·trag <-[e]s, Überträge> ['y:betraːk, *pl* -trɛːgə] *m* FIN carryover
über·trag·bar [yːbeˈtraːkbaːɐ̯] *adj* ❶ (*durch Infektion weiterzugeben*) communicable *form* (**auf** to); (*durch Berührung*) contagious ❷ (*anderweitig anwendbar*) to be applicable (**auf** to) ❸ (*von anderen zu benutzen*) ■ ~ **sein** to be transferable
über·tra·gen*¹ [yːbeˈtraːgn̩] *irreg* **I.** *vt* ❶ (*senden*) to broadcast ❷ (*geh: übersetzen*) to translate ❸ (*infizieren*) to communicate (**auf** to) ❹ (*von etw woanders eintragen*) to transfer (**auf** to, **in** into) ❺ (*übergeben*) *Besitz* to transfer (**auf** to); ■ **jdm die Verantwortung** ~ to entrust sb with the responsibility; ■ **jdm ein Recht** ~ to assign sb a right ❻ (*überspielen*) to record (**auf** on)

❼ (*anwenden*) to apply (**auf** to) **❽** TECH to transmit (**auf** to) **II.** *vr* **❶** MED **sich** [**auf jdn**] **~** to be communicated [to sb] **❷** (*ebenfalls beeinflussen*) ■ **sich auf jdn ~** to spread to sb

über·tra·gen² [y:bɐˈtraːgn̩] **I.** *adj* figurative; (*durch Metapher*) transferred **II.** *adv* figuratively

Über·tra·gung <-, -en> *f* **❶** (*das Senden*) transmission *no pl*; (*übertragene Sendung*) broadcast **❷** (*geh: das Übersetzen*) translation *no pl* **❸** (*das Infizieren*) transmission *no pl* **❹** (*das Eintragen an andere Stelle*) carryover **❺** *von Verantwortung* entrusting *no pl* **❻** JUR transfer; *von Rechten a.* assignment *no pl* **❼** (*das Anwenden*) application *no pl* (**auf** to) **❽** *kein pl* TECH transmission *no pl* (**auf** to)

über·tref·fen* [y:bɐˈtrɛfn̩] *vt irreg* **❶** (*besser/größer sein*) to surpass (**an/in** in) **❷** (*über etw hinausgehen*) to exceed (**um** by)

über·trei·ben* [y:bɐˈtraɪbn̩] *irreg* **I.** *vi* to exaggerate **II.** *vt* to overdo; ■ **ohne zu ~** I'm not joking

Über·trei·bung <-, -en> *f* exaggeration

über|tre·ten¹ [ˈyːbɐtreːtn̩] *vi irreg sein* **❶** (*konvertieren*) to convert (**zu** to) **❷** SPORT to overstep **❸** (*übergehen*) ■ **in etw** *akk* **~** to enter sth

über·tre·ten*² [y:bɐˈtreːtn̩] *vt irreg Gesetz, Vorschrift* to break

Über·tre·tung <-, -en> [y:bɐˈtreːtʊŋ] *f* **❶** (*das Übertreten*) violation *no pl* **❷** (*strafbare Handlung*) misdemeanour

über·trie·ben I. *adj* exaggerated; (*zu stark*) excessive **II.** *adv* excessively

über·trump·fen* [y:bɐˈtrʊmpfn̩] *vt* ■ **jdn/etw ~** to outdo sb/surpass sth

über·tün·chen* [y:bɐˈtʏnçn̩] *vt* ■ **etw ~** (*fig*) to whitewash sth; *Problem* to cover up sth *sep* **über·vor·sich·tig** *adj* over[ly] cautious

über·wa·chen* [y:bɐˈvaːxn̩] *vt* **❶** (*heimlich kontrollieren*) ■ **jdn/etw ~** to keep sb/sth under surveillance **❷** (*durch Kontrollen sicherstellen*) to supervise; *Kamera* to monitor

Über·wa·chung <-, -en> *f* **❶** (*das heimliche Kontrollieren*) surveillance *no pl*; *eines Telefons* bugging *no pl* **❷** (*das Überwachen*) supervision *no pl*; (*durch eine Kamera*) monitoring *no pl*

Über·wa·chungs·ka·me·ra *f* security camera **Über·wa·chungs·staat** *m* police state **Über·wa·chungs·sys·tem** *nt* surveillance system

über·wäl·ti·gen* [y:bɐˈvɛltɪgn̩] *vt* **❶** (*bezwingen*) to overpower **❷** (*geh: übermannen*) ■ **etw überwältigt jdn** sth overwhelms sb

über·wäl·ti·gend *adj* overwhelming; *Schönheit* stunning; *Sieg* crushing

über|wech·seln [ˈyːbɐvɛksl̩n] *vi sein* **❶** (*sich jd anderem anschließen*) to go over (**zu** to); ■ **zu jdm ~** to go over to sb's side **❷** (*ausscheren*) ■ **auf etw** *akk* **~** to move [in]to sth **❸** (*umsatteln*) ■ **von etw** *dat* **zu etw** *dat* **~** to change from sth to sth

über·wei·sen* [y:bɐˈvaɪzn̩] *vt irreg* **❶** (*durch Überweisung gutschreiben lassen*) to transfer **❷** (*durch Überweisung hinschicken*) to refer (**an** to)

Über·wei·sung <-, -en> *f* **❶** (*Anweisung von Geld*) transfer **❷** (*das Überweisen*) referral (**an** to); (*Überweisungsformular*) referral form

Über·wei·sungs·auf·trag *m* banker's order **Über·wei·sungs·for·mu·lar** *nt* transfer form

über·wie·gen* [y:bɐˈviːgn̩] *irreg* **I.** *vi* (*hauptsächlich vorkommen*) to be predominant **II.** *vt* (*vorherrschen*) to prevail; *Vorteile, Nachteile* to outweigh

über·wie·gend [y:bɐˈviːgn̩t] **I.** *adj* predominant; *Mehrheit* vast **II.** *adv* mainly

über·win·den* [y:bɐˈvɪndn̩] *irreg* **I.** *vt* **❶** (*nicht länger an etw festhalten*) to overcome **❷** (*im Kampf besiegen*) to defeat **❸** (*ersteigen*) to surmount **II.** *vr* ■ **sich ~** to overcome one's feelings/inclinations etc.; ■ **sich zu etw** *dat* **~** to force oneself to do sth

Über·win·dung <-> *f kein pl* **❶** (*das Überwinden*) overcoming *no pl*; *Minenfeld* negotiation *no pl* **❷** (*Selbst-*) conscious effort; **jdn ~ kosten**[**, etw zu tun**] to take sb a lot of will power [to do sth]

über·win·tern* [y:bɐˈvɪntɐn] *vi* to [spend the] winter; *Pflanzen* to overwinter; (*Winterschlaf halten*) to hibernate

Über·zahl *f kein pl* the greatest number; ■ **in der ~ sein** to be in the majority; *Feind* to be superior in number

über·zäh·lig *adj* (*überschüssig*) surplus *attr*; (*übrig*) spare

über·zeich·nen* [y:bɐˈtsaɪçnən] *vt* (*geh*) to overdraw

über·zeu·gen* [y:bɐˈtsɔygn̩] **I.** *vt* to convince (**von** of); (*umstimmen a.*) to persuade **II.** *vi* **❶** (*überzeugend sein*) to be convincing **❷** (*eine überzeugende Leistung zeigen*) ■ **bei etw** *dat* **~** to prove oneself in sth **III.** *vr* ■ **sich** [**selbst**] **~** to convince oneself; **~ Sie sich selbst!** [go and] see for yourself

über·zeu·gend I. *adj* convincing; (*umstimmend a.*) persuasive **II.** *adv* convincingly

über·zeugt *adj* convinced (**von** of); [**sehr**] **von sich ~ sein** to be [very] sure of oneself

Über·zeu·gung <-, -en> [y:bɐˈtsɔygʊŋ] *f*

convictions *npl;* **zu der ~ gelangen, dass ...** to become convinced that ...; **der [festen] ~ sein, dass ...** to be [firmly] convinced that ...

Über·zeu·gungs·kraft *f kein pl* persuasiveness *no pl*

über·zie·hen[1] [y:bɐˈtsi:ən] *irreg* **I.** *vt* ❶ (*bedecken*) to cover; *Belag* to coat ❷ *Konto* to overdraw (**um** by) ❸ (*überbeanspruchen*) to overrun (**um** by) ❹ (*zu weit treiben*) ■**etw ~** to carry sth too far; ■**überzogen** exaggerated **II.** *vi Konto* to be overdrawn ❷ *Zeitlimit* to overrun [one's allotted time]

über|zie·hen[2] [ˈy:bɐtsi:ən] *vt irreg* ❶ (*anlegen*) ■**[sich] etw ~** to put on *sep* sth ❷ (*fam: schlagen*) **jdm eins [mit etw** *dat*] **~** to give sb a clout [with sth]

Über·zie·hung <-, -en> *f* overdraft

Über·zie·hungs·kre·dit *m* overdraft provision

über·züch·tet [y:bɐˈtsʏçtət] *adj* overbred; AUTO overdeveloped

Über·zug <-s, Überzüge> *m* ❶ (*überziehende Schicht*) coat[ing]; (*dünner*) film; (*Zuckerguss*) icing, frosting AM ❷ (*Hülle*) cover

üb·lich [ˈy:plɪç] *adj* usual; **es ist bei uns hier [so] ~** that's the custom with us here; **wie ~** as usual

üb·li·cher·wei·se *adv* usually

U-Boot <-[e]s, -e> *nt* submarine

üb·rig [ˈy:brɪç] *adj* (*restlich*) remaining, rest *of attr;* (*andere a.*) other *attr;* ■**die Ü~en** the remaining ones; ■**das Ü~e** the rest; ■**alles Ü~e** all the rest; **[jdm] etw ~ lassen** to leave sth [for sb]; ■**~ sein** to be left [over]

üb·rig|blei·ben *vt irreg sein* **es wird ihm gar nichts anderes ~ bleiben** he won't have any choice

üb·ri·gens [ˈy:brɪɡns] *adv* ❶ (*nebenbei bemerkt*) by the way ❷ (*außerdem*) besides

üb·rig|ha·ben *vt* (*fig*) **für jdn viel ~** to be very fond of sb; **für etw nichts ~** to be not at all interested in sth

Übung[1] <-> [ˈy:bʊŋ] *f kein pl* (*das Üben*) practice *no pl;* **aus der ~ sein** to be out of practice; **das ist alles nur ~** it [all] comes with practice; **zur ~** for practice ▸ **~ macht den Meister** (*prov*) practice makes perfect

Übung[2] <-, -en> [ˈy:bʊŋ] *f* ❶ (*Lehrveranstaltung*) seminar (**zu** on) ❷ (*~sstück*) exercise ❸ SPORT exercise ❹ (*Probeeinsatz*) drill

Übungs·auf·ga·be *f* exercise **Übungs·buch** *nt* book of exercises

UdSSR <-> [u:de:ʔɛsʔɛsˈʔɛr] *f Abk von* **Union der Sozialistischen Sowjetrepubliken** HIST ■**die ~** the USSR

UEFA-Cup <-s, -s> [uˈeːfakap] *m,* **UEFA-Po·kal** [uˈeːfa-] *m* ■**der ~** the UEFA Cup

Ufer <-s, -> [ˈu:fɐ] *nt* (*Fluss~*) bank; (*See~*) shore; **ans ~ schwimmen** to swim ashore/ to the bank; **über die ~ treten** to break its banks; **am ~** on the waterfront

ufer·los *adj* endless; **ins U~e gehen** (*zu keinem Ende führen*) to go on forever; (*jeden Rahmen übersteigen*) to go up and up

Ufer·pro·me·na·de *f* [riverside/seaside] promenade

Ufo, UFO <-[s], -s> [ˈu:fo] *nt Abk von* **Unbekanntes Flugobjekt** UFO

Ugan·da <-> [uˈɡanda] *nt kein pl* Uganda; *s. a.* **Deutschland**

Ugan·der(in) <-s, -> [uˈɡandɐ] *m(f)* Ugandan; *s. a.* **Deutsche(r)**

ugan·disch [uˈɡandɪʃ] *adj* Ugandan; *s. a.* **deutsch**

U-Haft [ˈu:-] *f* (*fam*) *s.* **Untersuchungshaft**

Uhr <-, -en> [uːɐ̯] *f* ❶ (*Instrument zur Zeitanzeige*) clock; (*Armband~*) watch; ■**nach jds ~** by sb's watch; **auf die ~ sehen** to look at the clock/one's watch; **die ~en [auf Sommer-/Winterzeit] umstellen** to set the clock/one's watch [to summer/winter time]; **diese ~ geht nach/vor** this watch is slow/ fast; (*allgemein*) this watch loses/gains time; ■**rund um die ~** round the clock ❷ (*Zeitangabe*) o'clock; **15 ~** 3 o'clock [in the afternoon], 3 pm; **7 ~ 30** half past 7 [in the morning/evening], seven thirty [am/pm]; **8 ~ 23** 23 minutes past 8 [in the morning/evening], eight twenty-three [am/pm]; **10 ~ früh/ abends/nachts** ten [o'clock] in the morning/in the evening/at night; **wie viel ~ ist es?** what time is it?; **um wie viel ~?** [at] what time?; **um 10 ~** at ten [o'clock] [in the morning/evening]

Uhr·ma·cher(in) *m(f)* watchmaker/clockmaker **Uhr·werk** *nt* clockwork mechanism

Uhr·zei·ger *m* hand (of a clock/watch); **der große/kleine ~** the big [*or* minute]/small [*or* hour] hand **Uhr·zei·ger·sinn** *m* ■**im ~** clockwise; ■**entgegen dem ~** anticlockwise, counterclockwise AM

Uhr·zeit *f* time [of day]

Uhu <-s, -s> [ˈu:hu] *m* eagle owl

Ukra·i·ne <-> [ukraˈi:nə] *f* ■**die ~** [the] Ukraine; *s. a.* **Deutschland**

Ukra·i·ner(in) <-s, -> [ukraˈi:nɐ] *m(f)* Ukrainian; *s. a.* **Deutsche(r)**

ukra·i·nisch [ukraˈi:nɪʃ] *adj* Ukrainian; *s. a.* **deutsch**

UKW <-> [uːkaːˈveː] *nt kein pl Abk von* **Ultrakurzwelle** ≈ VHF *no pl* (**auf** on)

Ulk <-[e]s, -e> [ʊlk] *m* (*fam*) joke; **aus ~** for a lark

ul·kig [ˈʊlkɪç] *adj* ❶ (*lustig*) funny ❷ (*seltsam*) odd

Ul·me <-, -n> ['ʊlmə] *f* elm

ul·ti·ma·tiv [ʊltima'tiːf] **I.** *adj* ■ eine ~e Forderung/ein ~es Verlangen an ultimatum **II.** *adv* in the form of an ultimatum; **jdn ~ auffordern, etw zu tun** to give sb an ultimatum to do sth; *Streitmacht* to deliver an ultimatum to sb to do sth

Ul·ti·ma·tum <-s, -s *o* Ultimaten> [ʊlti'maːtʊm, *pl* -maːtən] *nt* ultimatum; **jdm ein ~ stellen** to give sb an ultimatum; *Streitmacht* to deliver an ultimatum to sb

Ul·tra·kurz·wel·le [ʊltra'kʊrtsvɛlə] *f* ① (*elektromagnetische Welle*) ultrashort wave ② (*Empfangsbereich*) ≈ very high frequency

Ul·tra·schall ['ʊltraʃal] *m* ultrasound *no pl*
Ul·tra·schall·bild *nt* ultrasound picture **Ul·tra·schall·ge·rät** *nt* [ultrasound] scanner **Ul·tra·schall·un·ter·su·chung** *f* ultrasound

ul·tra·vi·o·lett [ʊltravi̯o'lɛt] *adj* ultraviolet

um [ʊm] **I.** *präp* +*akk* ① (*etw umgebend*) ■ ~ **etw [herum]** around sth; **ganz um etw [herum]** all around sth ② (*gegen*) ~ **Ostern/den 15./die Mitte des Monats [herum]** around Easter/the 15th/the middle of the month ③ (*über*) ~ **etw streiten** to argue about sth ④ *Unterschiede im Vergleich ausdrückend* ~ **einiges besser** quite a bit better; ~ **einen Kopf größer/kleiner** a head taller/shorter by a head; ~ **10 cm länger/kürzer** 10 cm longer/shorter ⑤ (*für*) ~ **Minute** ~ **Minute** minute by minute ⑥ (*nach allen Richtungen*) ~ **sich schlagen/treten** to hit/kick out in all directions ⑦ (*vorüber*) ■ ~ **sein** to be over; *Zeit* to be up; *Frist* to expire **II.** *konj* ~ **etw zu tun** [in order] to do sth **III.** *adv* ~ **die 80 Meter** about 80 metres

um|än·dern *vt* to alter

um·ar·men* [ʊm'ʔarmən] *vt* to embrace; (*fester*) to hug

Um·ar·mung <-, -en> *f* embrace, hug

Um·bau¹ *m kein pl* rebuilding *no pl*, renovation *no pl*; (*zu etw anderem a.*) conversion *no pl*

Um·bau² <-bauten> *m* renovated/converted building; (*Teil von Gebäude*) renovated/converted section

um|bau·en¹ ['ʊmbau̯ən] **I.** *vt* to convert **II.** *vi* to renovate

um·bau·en*² [ʊm'bau̯ən] *vt* to enclose

um|be·nen·nen* *vt irreg* to rename ■ **etw ~** to rename sth **Um·be·nen·nung** *f* ■ **die ~ von etw** *dat*/**einer** *S. gen* renaming sth **um|be·set·zen*** *vt* ① FILM, THEAT to recast ② POL to reassign **um|be·stel·len*** *vt*, *vi* to change the order **um|bie·gen** *irreg* **I.** *vt haben* ① (*durch Biegen krümmen*) to bend ② (*auf den Rücken biegen*) **jdm den Arm ~** to twist sb's arm [behind sb's back] **II.** *vi sein* ① (*kehrtmachen*) to turn back ② (*abbiegen*) **nach links/rechts ~** to take the left/right road/path/etc.; *Pfad*, *Straße* to bend to the left/right **um|bil·den** *vt* to reshuffle **Um·bil·dung** *f* reshuffle **um|bin·den** ['ʊmbɪndn̩] *vt irreg* ■ **jdm etw ~** to put sth around sb's neck; (*mit Knoten a.*) to tie sth around sb's neck; ■ **sich** *dat* **etw ~** to put on *sep* sth; (*mit Knoten a.*) to tie tie on *sep* sth **um|blät·tern** *vi* to turn over **um|bli·cken** *vr* ① (*nach hinten blicken*) ■ **sich ~** to look back; ■ **sich nach jdm/etw ~** to turn round to look at sb/sth ② (*zur Seite blicken*) **sich nach links/rechts ~** to look to the left/right; (*vor Straßenüberquerung a.*) to look left/right; **sich nach allen Seiten ~** to look in all directions **um|brin·gen** *irreg* **I.** *vt* to kill; (*vorsätzlich a.*) to murder (*durch* with); **jdn mit einem Messer ~** to stab sb to death **II.** *vr* ■ **sich ~** to kill oneself ▶ **sich [fast] vor Freundlichkeit/Höflichkeit ~** to [practically] fall over oneself to be friendly/polite **Um·bruch** ['ʊmbrʊx, *pl* 'ʊmbrʏçə] *m* ① (*grundlegender Wandel*) radical change ② *kein pl* TYPO making up *no pl* **um|bu·chen I.** *vt* ① *Reise* ■ **etw ~** to alter one's booking/reservation for sth (**auf** to); **den Flug auf einen anderen Tag ~** to change one's flight reservation to another day ② *Geld* to transfer (**auf** to) **II.** *vi* to alter one's booking/reservation (**auf** to) **um|de·fi·nie·ren*** [ʊmdefi'niːrən] *vt* to redefine **um|den·ken** *vi irreg* ■ [**in etw** *dat*] ~ to change one's ideas/views [of sth] **um|dis·po·nie·ren*** *vi* to change one's plans **um|dre·hen I.** *vt haben* ① (*auf die andere Seite drehen*) to turn over *sep* ② (*herumdrehen*) to turn **II.** *vr haben* ■ **sich ~** to turn round **III.** *vi sein o haben* to turn back; *Mensch a.* to turn back

Um·dre·hung [ʊm'dreːʊŋ] *f* AUTO revs *pl* **Um·dre·hungs·zahl** *f* number of revolutions per minute/second

um·ei·nan·der [ʊmʔai̯'nandɐ] *adv* about each other; **wir haben uns nie groß ~ gekümmert** we never really had much to do with each other

um|er·zie·hen* ['ʊmʔɛɐ̯tsiːən] *vt irreg* to re-educate

um|fah·ren¹ ['ʊmfaːrən] *irreg vt* (*fam*) ① (*überfahren*) to run over *sep* ② *Baum etc* to hit

um·fah·ren*² [ʊm'faːrən] *vt irreg* (*vor etw ausweichen*) to circumvent *form*; *Auto a.* to drive around

Um·fah·rung <-, -en> [ʊm'faːrʊŋ] *f* ÖSTERR, SCHWEIZ bypass

um|fal·len vi irreg sein ❶ (umkippen) to topple over; *Baum a.* to fall [down] ❷ (zu Boden fallen) to fall over; (schwerfällig) to slump to the floor/ground; *tot ~* to drop [down] dead ❸ (fam: die Aussage widerrufen) to retract one's statement

Um·fang <-[e]s, Umfänge> m ❶ (Perimeter) circumference; *eines Baums a.* girth ❷ (Ausdehnung) area ❸ (Ausmaß) **in großem ~** on a large scale; **in vollem ~** completely

um·fang·reich adj extensive; *Buch* thick

um·fas·sen* [ʊmˈfasn̩] vt ❶ (umschließen) to clasp; (umarmen) to embrace ❷ (aus etw bestehen) to comprise

um·fas·send [ʊmˈfasnt] adj ❶ (weitgehend) extensive ❷ (alles enthaltend) full

Um·feld nt sphere

um|for·men vt to transform

Um·fra·ge f survey; POL [opinion] poll; **eine ~ machen** to hold a survey (zu/über on)

Um·fra·ge·wer·te pl **jds ~** public opinion of sb

um|funk·ti·o·nie·ren* vt to turn (zu into)

Um·gang <-gänge> m ❶ (gesellschaftlicher Verkehr) dealings pl; **kein ~ für jdn sein** to be not fit company for sb ❷ (Beschäftigung) **jds ~ mit etw** dat sb's having to do with sth

um·gäng·lich [ˈʊmgɛŋlɪç] adj friendly; (entgegenkommend) obliging

Um·gangs·for·men pl [social] manners pl

Um·gangs·spra·che f ❶ LING colloquial speech no pl; **die griechische ~** colloquial Greek ❷ (übliche Sprache) **in dieser Schule ist Französisch die ~** the language spoken at this school is French **um·gangs·sprach·lich** adj colloquial **Um·gangs·ton** m tone

um·gar·nen* [ʊmˈgarnən] vt (geh) to ensnare

um·ge·ben* [ʊmˈgeːbn̩] irreg I. vt ❶ (einfassen) to surround ❷ (sich rings erstrecken) **etw um** to lie to three sides of sth II. vr **sich mit jdm/etw ~** to surround oneself with sb/sth

Um·ge·bung <-, -en> [ʊmˈgeːbʊŋ] f (umgebende Landschaft) environment, surroundings pl; *einer Stadt a.* environs npl; (Nachbarschaft) vicinity ❷ (jdn umgebender Kreis) people around one

um|ge·hen¹ [ˈʊmgeːən] vi irreg sein ❶ (behandeln) to treat; **mit jdm nicht ~ können** to not know how to handle sb; **mit etw** dat **gleichgültig/vorsichtig ~** to handle sth indifferently/carefully ❷ *Gerücht* to circulate ❸ (spuken) **im Schloss geht ein Gespenst um** the castle is haunted [by a ghost]

um·ge·hen*² [ʊmˈgeːən] vt irreg ❶ (vermeiden) to avoid ❷ (an etw vorbei handeln) to circumvent *form*

um·ge·hend [ˈʊmgeːənt] I. adj immediate II. adv immediately

Um·ge·hung¹ <-, -en> [ʊmˈgeːʊŋ] f (das Vermeiden) avoidance no pl ❷ (das Umgehen) circumvention no pl *form*

Um·ge·hung² <-, -en> [ʊmˈgeːʊŋ] f, **Um·ge·hungs·stra·ße** f bypass

um·ge·kehrt I. adj reverse attr; **in ~er Reihenfolge** in reverse order; (rückwärts) backwards; *Richtung* opposite; **[es ist] gerade ~!** just the opposite! II. adv the other way round

Um·ge·stal·tung <-, -en> f reorganization no pl; *von Gesetzeswerk, Verfassung* reformation no pl; *eines Parks, Schaufensters* redesign no pl; *Anordnung* rearrangement no pl **um|ge·wöh·nen*** vr **sich ~** to re-adapt

um|gra·ben vt irreg to dig over sep

Um·hang <-[e]s, Umhänge> m cape

um|hän·gen¹ [ˈʊmhɛŋən] vt (umlegen) **sich** dat **etw ~** to put on sep sth; **jdm etw ~** to wrap sth around sb

um|hän·gen² [ˈʊmhɛŋən] vt (woanders hinhängen) **etw ~** to rehang sth, to hang sth somewhere else

Um·hän·ge·ta·sche f shoulder bag

um|hau·en [ˈʊmhaʊən] vt irreg (fam) ❶ (fällen) to chop down sep; *Bäume* to fell ❷ (völlig verblüffen) to stagger ❸ (lähmen) to knock out sep

um·her [ʊmˈheːɐ] adv around; **überall ~** everywhere; **weit ~** all around

um·her|bli·cken [ʊmˈheːɐblɪkn̩] vi to glance around **um·her|ge·hen** vi irreg sein **in etw** dat **~** to walk about sth **um·her|ir·ren** vi sein to wander about **um·her|lau·fen** vi irreg sein **[in etw** dat] **~** to walk around [sth]; (rennen) to run around [sth]

um·hin|kön·nen [ʊmˈhɪnkœnən] vi irreg **jd kann nicht umhin, etw zu tun** sb cannot avoid doing sth

um|hö·ren vr **sich ~** to ask around

um·ju·belt adj extremely popular

um·kämpft [ʊmˈkɛmpft] adj disputed

Um·kehr <-> [ˈʊmkeːɐ] f kein pl turning back

um·kehr·bar adj reversible; **nicht ~** irreversible

um|keh·ren I. vi sein to turn back II. vt haben (geh) to reverse

um|kip·pen I. vi sein ❶ (seitlich umfallen) to tip over; *Stuhl, Fahrrad* to fall over ❷ (fam: bewusstlos zu Boden fallen) to pass out ❸ (sl: die Meinung ändern) to come round ❹ ÖKOL to become polluted ❺ (ins Gegenteil umschlagen) **in etw** akk **~** to turn into sth; **seine Laune kann von einer Minute auf**

die andere ~ his mood can blow hot and cold from one minute to the next **II.** *vt haben* to tip over *sep*

um·klam·mern* [ʊmˈklamɐn] *vt* ❶ (*sich an jdm festhalten*) ■ **jdn ~** to cling [on] to sb ❷ (*fest umfassen*) ■ **etw ~** to hold sth tight

Um·klam·me·rung <-, -en> *f* ❶ *kein pl* (*Umarmung*) embrace ❷ (*umklammernder Griff*) clutch; SPORT clinch

um|klap·pen *vt* to fold down *sep*

Um·klei·de·ka·bi·ne *f* changing cubicle [*or* AM stall]

Um·klei·de·raum *m* changing room

um|kni·cken I. *vi sein* ❶ (*brechen*) *Stab, Zweig* to snap ❷ (*zur Seite knicken*) [**mit dem Fuß**] **~** to twist one's ankle **II.** *vt haben* to snap; *Papier, Pappe* to fold over; (*Pflanze, Trinkhalm*) to bend [over]

um|kom·men *vi irreg sein* ❶ (*sterben*) to be killed (**bei/in** in) ❷ (*fam: verderben*) to go off ❸ (*fam: es nicht mehr aushalten*) to be unable to stand sth [any longer]; **vor Langeweile ~** to be bored to death

Um·kreis *m* vicinity; **im ~ von 100 Metern** within a radius of 100 metres

um·krei·sen* [ʊmˈkraizn̩] *vt* ASTRON, RAUM to orbit

um|krem·peln *vt* ❶ (*aufkrempeln*) ■ **sich** *dat* **etw** *akk* **~** to roll up *sep sb*; (*Hosenbein*) to turn up *sep sb* ❷ (*gründlich durchsuchen*) ■ **etw ~** to turn sth upside down ❸ (*grundlegend umgestalten*) ■ **etw/jdn ~** to give sth/sb a good shake up

um|la·den *vt irreg* to reload

um·la·gern* [ʊmˈlaːɡɐn] *vt* to surround

Um·land *nt kein pl* surrounding area

Um·lauf [ˈʊmlaʊ̯f, *pl* -lɔy̯fə] *m* ❶ ASTRON rotation ❷ (*internes Rundschreiben*) circular ❸ (*Weitergabe von Person zu Person*) ■ **in ~ bringen** to circulate sth; *Gerücht, Lüge* to spread sth; (*etw kursieren lassen*) *Geld* to put into circulation

Um·lauf·bahn *f* orbit

Um·laut *m* umlaut

um|le·gen [ˈʊmleːɡn̩] ❶ *Schalter* to turn ❷ (*um Körperteil legen*) ■ **jdm/sich etw ~** to put sth around sb/oneself ❸ (*flachdrücken*) to flatten ❹ (*fällen*) to bring down *sep* ❺ (*sl: umbringen*) ■ **jdn ~** to do in *sep sb*; (*mit Pistole*) to bump off *sep sb* ❻ ([*auf einen anderen Zeitpunkt*] *verlegen*) to reschedule (**auf** for)

um|lei·ten *vt* to divert

Um·lei·tung <-, -en> *f* diversion

um·lie·gend [ˈʊmliːɡn̩t] *adj* surrounding

um|mel·den *vt* **jdn/sich an einen anderen Wohnort ~** to register sb's/one's change of address

um|mün·zen *vt* (*pej fam*) ■ **etw zu etw** *dat* **~** to convert sth into sth

um·nach·tet [ʊmˈnaxtət] *adj* **geistig ~** [**sein**] (*geh*) [to be] mentally deranged

um|or·ga·ni·sie·ren* *vt* to reorganize

um|pflü·gen [ˈʊmp͡flyːɡn̩] *vt* to plough up

um|pro·gram·mie·ren *vt* INFORM to reprogram

um·rah·men* [ʊmˈraːmən] *vt* ❶ (*einrahmen*) to frame ❷ HORT to border

um·ran·den* [ʊmˈrandn̩] *vt* to circle

um|räu·men I. *vi* to rearrange **II.** *vt* ❶ (*woandershin räumen*) ■ **etw [irgendwohin] ~** to move sth [somewhere] ❷ (*die Möblierung umordnen*) to rearrange

um|rech·nen *vt* to convert (**in** into)

Um·rech·nung <-, -en> *f* conversion

Um·rech·nungs·kurs *m* exchange rate

um·rei·ßen* [ʊmˈraisn̩] *vt irreg* ■ **etw ~** (*Situation, Lage*) to outline sth; (*Ausmaß, Kosten*) to estimate sth

um|ren·nen *vt irreg* ■ **jdn/etw ~** to [run into and] knock sb/sth over

Um·riss^RR *m meist pl*, **Um·riß**^ALT *m meist pl* contour[*s pl*], outline[*s pl*]; **in Umrissen** in outline

um·ris·sen *adj* well defined; **fest ~e Vorstellungen** clear-cut impressions

um|rüh·ren *vi, vt* to stir

ums [ʊms] = **um das** (*fam*) *s.* **um**

um|sat·teln *vi* (*fam*) ■ **auf einen anderen Beruf**[**] ~** to change jobs

Um·satz *m* turnover

Um·satz·stei·ge·rung *f* increase in turnover

Um·satz·steu·er *f* sales tax

um|schal·ten I. *vi* ❶ RADIO, TV to switch over; **auf einen anderen Kanal/Sender ~** change the channel/station ❷ *Ampel* to change; **auf Rot/Orange/Grün ~** to turn red/amber [*or* AM yellow]/green ❸ (*fam: sich einstellen*) to adapt (**auf** to) **II.** *vt* RADIO, TV (*auf anderen Sender wechseln*) ■ **etw auf etw** *akk* **~** to switch sth to sth; **das Fernsehgerät/Radio** [*o* SÜDD, ÖSTERR, SCHWEIZ **den Radio**] **~** to change the television channel/radio station

Um·schau *f* **nach jdm/etw ~ halten** to look out for sb/sth

um|schau·en *vr* (*geh*) *s.* **umsehen**

Um·schlag¹ <-[e]s> *m kein pl* ÖKON transfer

Um·schlag² <-[e]s, -schläge> *m* ❶ (*Kuvert*) envelope ❷ (*Buch-*) jacket ❸ MED compress

um|schla·gen¹ [ˈʊmʃlaːɡn̩] *irreg* **I.** *vt haben* *Kragen* to turn down *sep*; *Ärmel* to turn up *sep* **II.** *vi sein* METEO to change

um|schla·gen² [ˈʊmʃlaːɡn̩] *vt irreg* (*umladen*) to transfer

Um·schlag·platz *m* place of transshipment

um·schlie·ßen* [ʊmˈʃliːsn̩] *vt irreg* ❶ (*umgeben, umzingeln*) to enclose ❷ (*geh: umarmen*) ■ **jdn/etw mit den Armen ~** to take sb/sth in one's arms ❸ (*eng anliegen*) ■ **jdn/etw ~** to fit sb/sth closely ❹ (*einschließen*) to include

um·schlin·gen* [ʊmˈʃlɪŋən] *vt irreg* ❶ (*geh: eng umfassen*) to embrace; **jdn mit den Armen ~** to hold sb tightly in one's

arms ❷ BOT to twine around
um·schlun·gen *adj* eng ~ with one's arms tightly around one another; **jdn [fest] ~ halten** (*geh*) to hold sb [tightly] in one's arms
um|schnal·len *vt* **etw ~** to buckle on *sep* sth
um|schrei·ben¹ ['ʊmʃraɪbn̩] *vt irreg* ❶ (*grundlegend umarbeiten*) to rewrite ❷ (*im Grundbuch übertragen*) to transfer (**auf** to)
um·schrei·ben*² [ʊmˈʃraɪbn̩] *vt irreg* ❶ (*indirekt ausdrücken*) to talk around ❷ (*beschreiben*) to outline; (*in andere Worten fassen*) to paraphrase
um|schu·len *vt* ❶ (*für andere Tätigkeit ausbilden*) to retrain (**zu** as); ▪ **sich ~ lassen** to undergo retraining ❷ (*auf andere Schule schicken*) ▪ **jdn ~** to transfer sb to another school
Um·schu·lung *f* ❶ (*Ausbildung für andere Tätigkeit*) retraining ❷ SCH transfer
um|schüt·ten *vt* ❶ (*verschütten*) to spill ❷ (*umwerfen*) to upset **um·schwär·men*** [ʊmˈʃvɛrmən] *vt* to idolize; (*bedrängen*) to swarm around
Um·schwei·fe ['ʊmʃvaɪfə] *pl* **ohne ~** without mincing one's words; **keine ~!** stop beating about the bush!
Um·schwung *m* ❶ (*plötzliche Veränderung*) drastic change ❷ SCHWEIZ (*umgebendes Gelände*) surrounding property
um|se·geln* [ʊmˈzeːgl̩n] *vt* to sail around
um|se·hen *vr irreg* ❶ (*in Augenschein nehmen*) ▪ **sich irgendwo/bei jdm ~** to have [*or esp* AM take] a look around somewhere/in sb's home ❷ (*nach hinten blicken*) ▪ **sich ~** to look back [*or* BRIT round]; ▪ **sich nach jdm/etw ~** to turn to look at sb/sth ❸ (*suchen*) ▪ **sich nach jdm/etw ~** to look around for sb/sth
um·sei·tig ['ʊmzaɪtɪç] *adj, adv* overleaf
um|set·zen¹ ['ʊmzɛtsn̩] *vt* ❶ (*an anderen Platz setzen*) to move ❷ (*umwandeln*) to convert (**in** to); **etw in die Praxis ~** to put sth to practice
um|set·zen*² ['ʊmzɛtsn̩] *vt* (*verkaufen*) to turn over
Um·sicht *f kein pl* prudence
um·sich·tig I. *adj* prudent **II.** *adv* prudently
um|sie·deln I. *vt haben* to resettle **II.** *vi sein* ▪ **irgendwohin ~** to resettle somewhere
um·sonst [ʊmˈzɔnst] *adv* ❶ (*gratis*) for free, free of charge; (*Werbegeschenk*) to be complimentary ❷ (*vergebens*) in vain; ▪ **~ sein** to be pointless; **nicht ~** not without reason
um·sor·gen* [ʊmˈzɔrgn̩] *vt* ▪ **jdn ~** to look after sb **Um·span·ner** *m* ELEK [voltage] transformer **um|sprin·gen** ['ʊmʃprɪŋən] *vi irreg sein* ❶ (*grob behandeln*) ▪ **mit jdm grob ~** to treat sb roughly; **so lasse ich nicht mit mir ~!** I won't be treated like that! ❷ METEO to veer round ❸ *Ampel* to change (**auf** to)
um|spü·len* [ʊmˈʃpyːlən] *vt* (*geh*) to wash around [*or* BRIT round]
Um·stand <-[e]s, -stände> *m* ❶ (*wichtige Tatsache*) fact; **mildernde Umstände** JUR mitigating circumstances; **den Umständen entsprechend [gut]** [as good] as can be expected under the circumstances; **unter Umständen** possibly; **unter diesen Umständen hätte ich das nie unterschrieben** I would never have signed this under these circumstances; **unter allen Umständen** at all costs ❷ *pl* (*Schwierigkeiten*) trouble; **nicht viele Umstände [mit jdm/etw] machen** to make short work [of sb/sth]; **ohne [große] Umstände** without a great deal of fuss; **bitte keine Umstände!** please don't put yourself out! ❸ *pl* (*Förmlichkeiten*) fuss; **wozu die Umstände?** what's this fuss all about? ▸ **in anderen <u>Umständen</u> sein** to be expecting
um·stän·de·hal·ber *adv* due to circumstances
um·ständ·lich ['ʊmʃtɛntlɪç] **I.** *adj* ❶ (*mit großem Aufwand verbunden*) laborious; (*Anweisung, Beschreibung*) elaborate; (*Aufgabe, Reise*) complicated; (*Erklärung, Anleitung*) long-winded; ▪ **~ sein** to be inconvenient; ▪ **etw ist jdm zu ~** sth's too much [of a] bother for sb ❷ (*unpraktisch veranlagt*) ▪ **~ sein** to be awkward **II.** *adv* ❶ (*weitschweifig*) long-windedly ❷ (*mühselig und aufwändig*) laboriously
Um·stands·kleid *nt* maternity dress **Um·stands·wort** *nt s.* Adverb
um·ste·hend ['ʊmʃteːənt] *adj attr* ❶ (*ringsum stehend*) surrounding ❷ (*geh*) *s.* umseitig **um|stei·gen** *vi irreg sein* ❶ TRANSP to change; **in Mannheim müssen Sie nach Frankfurt ~** in Mannheim you must change for Frankfurt ❷ (*überwechseln*) to switch [over] (**auf** to)
um|stel·len¹ ['ʊmʃtɛlən] **I.** *vt* ❶ (*anders hinstellen*) to move ❷ (*anders anordnen*) to reorder ❸ (*anders einstellen*) to switch over *sep* (**auf** to); **die Uhr ~** to turn the clock back/forward ❹ (*zu etw anderem übergehen*) to convert (**auf** to); **die Ernährung ~** to change one's diet **II.** *vi* (*zu etw anderem übergehen*) ▪ **auf etw** *akk* **~** to change over to sth **III.** *vr* (*sich verändernten Verhältnissen anpassen*) ▪ **sich ~** to adapt (**auf** to)
um|stel·len*² [ʊmˈʃtɛlən] *vt* (*umringen*) ▪ **jdn/etw ~** to surround sb/sth **Um·stel·lung** *f* ❶ (*Übergang*) change (**von** from, **auf** to); (*Beheizung, Ernährung*) conversion

❷ (*Anpassung an veränderte Verhältnisse*) adjustment **um|stim·men** *vt* ■ jdn ~ to change sb's mind; ■ **sich** [**von jdm**] ~ **lassen** to let oneself be persuaded [by sb] **um|sto·ßen** *vt irreg* ❶ (*umkippen*) to knock over *sep* ❷ (*rückgängig machen*) to change; (*Plan*) to upset

um·strit·ten [ʊm'ʃtrɪtn̩] *adj* ❶ (*noch nicht entschieden*) disputed ❷ (*in Frage gestellt*) controversial

um|struk·tu·rie·ren* *vt* to restructure **Um·struk·tu·rie·rung** *f* restructuring **um|stül·pen** ['ʊmʃtʏlpn̩] *vt* ❶ (*das Innere nach außen kehren*) to turn out *sep* ❷ (*auf den Kopf stellen*) to turn upside down *sep* **Um·sturz** *m* coup [d'état] **um|stür·zen I.** *vi sein* to fall **II.** *vt haben* to knock over *sep*; (*politisches Regime etc*) to overthrow **Um·tausch** *m* a. FIN exchange (**gegen** for) **um|tau·schen** *vt* to exchange (**in/gegen** for); ■ jdm etw ~ to exchange sth for sb; (*Währung*) to change (**in** into)

um|top·fen *vt* to repot

Um·wäl·zung <-, -en> *f* ❶ *kein pl* TECH circulation ❷ (*grundlegende Veränderung*) revolution

um|wan·deln ['ʊmvandl̩n] *vt* to convert (**in** into); ■ **wie umgewandelt sein** to be a changed person **Um·weg** *m* detour **Um·wand·lung** *f* conversion

Um·welt ['ʊmvɛlt] *f kein pl* environment **um·welt·be·las·tend** *adj* damaging to the environment *pred*, environmentally harmful **Um·welt·be·las·tung** *f* environmental damage **um·welt·be·wusst**^RR *adj* environmentally aware **Um·welt·be·wusst·sein**^RR *nt kein pl* environmental awareness **Um·welt·ein·fluss**^RR *m* environmental impact **Um·welt·er·zie·hung** *f kein pl* education on environmental issues **Um·welt·fak·tor** *m* environmental factor **um·welt·feind·lich** *adj* harmful to the environment **um·welt·freund·lich** *adj* environmentally friendly **Um·welt·ge·fahr** *f* endangering the environment **Um·welt·ge·fähr·dung** *f* environmental threat **um·welt·ge·recht** *adj* environmentally suitable **Um·welt·gift** *nt* environmental pollution **Um·welt·ka·ta·stro·phe** *f* ecological disaster **Um·welt·kri·mi·na·li·tät** *f* environmental crime **Um·welt·mi·nis·ter(in)** *m(f)* Minister for the Environment BRIT, Environmental Secretary AM **Um·welt·po·li·tik** *f* environmental policy **Um·welt·schä·den** *pl* environmental damage **Um·welt·schutz** *m* conservation **Um·welt·schüt·zer(in)** *m(f)* environmentalist **Um·welt·schutz·pa·pier** *nt* recycled paper **Um·welt·schutz·tech·nik** *f* conservation technology **Um·welt·steu·er** *f* ecology tax **Um·welt·sün·de** *f* (*fam*) crime against the environment, violation of the environment **Um·welt·sün·der(in)** *m(f)* (*fam*) *s.* Umweltverschmutzer 1 **Um·welt·tech·no·lo·gie** *f* ❶ (*zum Schutz der Umwelt*) environmental technology ❷ (*umweltschonend*) green technology **Um·welt·ver·gif·tung** *f* pollution [of the environment] **Um·welt·ver·schmut·zer(in)** <-s, -> *m(f)* ❶ (*die Umwelt verschmutzender Mensch*) ein ~ sein to be environmentally irresponsible ❷ (*Quelle der Umweltverschmutzung*) pollutant **Um·welt·ver·schmut·zung** *f* pollution **um·welt·ver·träg·lich** *adj* environmentally friendly **Um·welt·ver·träg·lich·keit** *f kein pl* environmental tolerance **Um·welt·ver·träg·lich·keits·prü·fung** *f* environmental assessment **Um·welt·vor·schrift** *f* environmental regulation *usu pl* **Um·welt·zer·stö·rung** *f* destruction of the environment

um·wer·ben* [ʊm'vɛrbn̩] *vt irreg* ■ jdn ~ to woo sb

um|wer·fen *vt irreg* ❶ (*zum Umfallen bringen*) to knock over *sep* ❷ (*fam: fassungslos machen*) to bowl over *sep* ❸ (*zunichtemachen*) ■ etw ~ (*Ordnung, Plan*) to upset sth; (*Vorhaben*) to knock sth on the head ❹ (*rasch umlegen*) ■ jdm etw ~ to throw sth on sb; **er warf seinen Mantel um** he threw on his coat

um·wer·fend *adj* incredible

um·wi·ckeln* [ʊm'vɪkl̩n] *vt* ■ etw mit etw *dat* ~ to wrap sth around sth **um·zäu·nen*** *vt* to fence in *sep*

um|zie·hen¹ ['ʊmtsiːən] *vi irreg sein* to move [house]

um|zie·hen² ['ʊmtsiːən] *vt irreg* ■ **sich** ~ to get changed

um·zin·geln* [ʊm'tsɪŋl̩n] *vt* to surround; (*durch die Polizei*) to cordon off *sep*

Um·zug *m* ❶ (*das Umziehen*) move ❷ (*Parade*) parade

Um·zugs·kar·ton *m* removal [*or* AM moving] box

UN <-> [uːˈʔɛn] *pl Abk von* **Vereinte Nationen** UN

un·ab·hän·gig ['ʊnʔapˌhɛŋɪç] *adj* ❶ (*von niemandem abhängig*) independent (**von** of) ❷ (*ungeachtet*) ■ ~ **von etw** *dat* regardless of sth; ~ **davon, ob/wann/was/wie ...** regardless of whether/when/what/how ...; ~ **voneinander** separately

Un·ab·hän·gig·keit *f kein pl a.* POL independence (**von** of)

Un·ab·hän·gig·keits·er·klä·rung *f* declaration of independence

un·ab·kömm·lich [ʊnʔapˈkœmlɪç] *adj* unavailable

un·ab·läs·sig [ʊnʔapˈlɛsɪç] **I.** *adj* unremitting; (*Lärm*) incessant; (*Versuche, Bemühungen*) unceasing **II.** *adv* incessantly

un·ab·seh·bar [ʊnʔapˈzeːbaːɐ̯] *adj* unforeseeable; (*Schäden*) incalculable

un·ab·sicht·lich [ʊnʔapˈzɪçtlɪç] **I.** *adj* unintentional; (*Beschädigung*) accidental **II.** *adv* accidentally

un·acht·sam [ˈʊnʔaxtzaːm] *adj* careless; (*unsorgsam*) thoughtless; (*unaufmerksam*) inattentive

Un·acht·sam·keit *f* carelessness

un·an·fecht·bar [ʊnʔanˈfɛçtbaːɐ̯] *adj* ❶ JUR incontestable ❷ (*unbestreitbar*) irrefutable; (*Tatsache*) indisputable

un·an·ge·bracht [ˈʊnʔangəbraxt] *adj* ❶ (*nicht angebracht*) misplaced ❷ (*unpassend*) inappropriate

un·an·ge·foch·ten [ˈʊnʔangəfɔxtn̩] **I.** *adj* unchallenged **II.** *adv* without challenger; **er liegt ~ an der Spitze** he remains unchallenged at the top

un·an·ge·mel·det [ˈʊnʔangəmɛldət] *adj, adv* unannounced; (*Patient*) without an appointment

un·an·ge·mes·sen [ˈʊnʔangəmɛsn̩] **I.** *adj* ❶ (*überhöht*) unreasonable ❷ (*nicht angemessen*) inappropriate **II.** *adv* unreasonably

un·an·ge·nehm [ˈʊnʔangənɛːm] **I.** *adj* ❶ (*nicht angenehm*) unpleasant ❷ (*peinlich*) ▪ **jdm ist etw ~** sb feels bad about sth ❸ (*unsympathisch*) unpleasant; **sie kann ganz schön ~ werden** she can get quite nasty **II.** *adv* unpleasantly

un·an·ge·tas·tet [ˈʊnʔangətastət] *adj* untouched

Un·an·nehm·lich·keit [ˈʊnʔannɛːmlɪçkai̯t] *f meist pl* trouble *no pl;* **~en bekommen/haben** to get into/be in trouble

un·an·schau·lich [ʊnanˈʃau̯lɪç] *adj* abstract

un·an·sehn·lich [ˈʊnʔanzeːnlɪç] *adj* ❶ (*unscheinbar*) unprepossessing ❷ (*heruntergekommen*) shabby

un·an·stän·dig [ˈʊnʔanʃtɛndɪç] **I.** *adj* ❶ (*obszön*) dirty ❷ (*rüpelhaft*) rude **II.** *adv* rudely

un·an·tast·bar [ʊnʔanˈtastbaːɐ̯] *adj* sacrosanct

un·ap·pe·tit·lich [ˈʊnʔapetiːtlɪç] *adj* ❶ (*nicht appetitlich*) unappetizing ❷ (*ekelhaft*) disgusting

Un·art [ˈʊnʔaːɐ̯t] *f* terrible habit

un·ar·tig [ˈʊnʔaːɐ̯tɪç] *adj* naughty

un·äs·the·tisch [ˈʊnʔɛstɛːtɪʃ] *adj* unappetizing

un·auf·dring·lich [ˈʊnʔau̯fdrɪŋlɪç] *adj* ❶ (*dezent*) unobtrusive ❷ (*nicht aufdringlich*) discrete

un·auf·fäl·lig [ˈʊnʔau̯ffɛlɪç] **I.** *adj* discrete **II.** *adv* discretely

un·auf·find·bar [ʊnʔau̯fˈfɪntbaːɐ̯] *adj* nowhere to be found; (*Person*) untraceable

un·auf·ge·for·dert [ˈʊnʔau̯fgəfɔrdɐt] **I.** *adj* unsolicited; (*Kommentar, Bemerkung*) uncalled-for **II.** *adv* without having been asked; **~ eingesandte Manuskripte** unsolicited manuscripts

un·auf·halt·sam [ʊnʔau̯fˈhaltzaːm] **I.** *adj* unstoppable **II.** *adv* without being able to be stopped

un·auf·hör·lich [ʊnʔau̯fˈhøːɐ̯lɪç] **I.** *adj* constant **II.** *adv* ❶ (*fortwährend*) constantly ❷ (*ununterbrochen*) incessantly

un·auf·lös·lich [ʊnʔau̯fˈløːslɪç] *adj* ❶ CHEM indissoluble ❷ MATH insoluble ❸ *Widerspruch, Bindung* insoluble

un·auf·merk·sam [ˈʊnʔau̯fmɛrkzaːm] *adj* ❶ (*nicht aufmerksam*) inattentive ❷ (*nicht zuvorkommend*) thoughtless

Un·auf·merk·sam·keit *f kein pl* ❶ (*unaufmerksames Verhalten*) inattentiveness ❷ (*unzuvorkommende Art*) thoughtlessness

un·auf·rich·tig [ˈʊnʔau̯frɪçtɪç] *adj* insincere (**gegen**[**über**] towards)

un·auf·schieb·bar [ʊnʔau̯fˈʃiːpbaːɐ̯] *adj* urgent

un·aus·ge·füllt [ˈʊnʔau̯sgəfʏlt] *adj* ❶ (*nicht ausgefüllt*) blank ❷ (*nicht voll beansprucht*) unfulfilled

un·aus·ge·gli·chen [ˈʊnʔau̯sgəglɪçn̩] *adj* unbalanced; (*Mensch*) moody; (*Wesensart*) uneven

Un·aus·ge·gli·chen·heit *f* moodiness

un·aus·ge·schla·fen [ˈʊnʔau̯sgəʃlaːfn̩] **I.** *adj* tired **II.** *adv* not having slept long enough

un·aus·ge·spro·chen *adj* unspoken; **~ bleiben** to be left unsaid

un·aus·ge·wo·gen *adj* unbalanced

un·aus·lösch·lich [ʊnʔau̯sˈlœʃlɪç] *adj* (*geh*) indelible

un·aus·sprech·bar [ʊnʔau̯sˈʃprɛçbaːɐ̯] *adj* unpronounceable

un·aus·sprech·lich [ʊnʔau̯sˈʃprɛçlɪç] *adj* ❶ (*unsagbar*) inexpressible ❷ *s.* **unaussprechbar**

un·aus·steh·lich [ʊnʔau̯sˈʃteːlɪç] *adj* intolerable; *Mensch, Art a.* insufferable

un·aus·weich·lich [ʊnʔau̯sˈvai̯çlɪç] **I.** *adj* inevitable **II.** *adv* inevitably

un·bän·dig [ˈʊnbɛndɪç] **I.** *adj* ❶ (*ungestüm*) boisterous ❷ (*heftig*) enormous; (*Hunger*) huge; (*Wut*) unbridled **II.** *adv* ❶ (*ungestüm*) boisterously ❷ (*überaus*) enormously

un·barm·her·zig [ˈʊnbarmhɛrtsɪç] **I.** *adj*

merciless **II.** *adv* mercilessly

Un·barm·her·zig·keit *f* mercilessness

un·be·ab·sich·tigt I. *adj (versehentlich)* accidental; *(nicht beabsichtigt)* unintentional **II.** *adv* accidentally

un·be·ach·tet ['ʊnbəʔaxtət] **I.** *adj* overlooked *pred*, unnoticed **II.** *adv* without any notice

un·be·auf·sich·tigt *adj* unattended

un·be·darft ['ʊnbədarft] *adj* simple-minded

un·be·denk·lich ['ʊnbədɛŋklɪç] **I.** *adj* harmless; *(Situation, Vorhaben)* acceptable **II.** *adv* quite safely

un·be·deu·tend ['ʊnbədɔytnt] **I.** *adj* ❶ *(nicht bedeutend)* insignificant ❷ *(geringfügig)* minimal; *(Änderung, Modifikation)* minor **II.** *adv* insignificantly

un·be·dingt ['ʊnbədɪŋt] **I.** *adj attr* absolute **II.** *adv (auf jeden Fall)* really; **erinnere mich ~ daran, sie anzurufen** you mustn't forget to remind me to call her; **nicht ~** not necessarily; **~!** absolutely!

un·be·fan·gen ['ʊnbəfaŋən] **I.** *adj* ❶ *(unvoreingenommen)* objective; *(Ansicht)* unbiased ❷ *(nicht gehemmt)* uninhibited **II.** *adv* ❶ *(unvoreingenommen)* objectively; **etw ~ beurteilen** to judge sth impartially ❷ *(nicht gehemmt)* uninhibitedly

Un·be·fan·gen·heit *f kein pl* ❶ *(Unvoreingenommenheit)* objectiveness ❷ *(ungehemmte Art)* uninhibitedness

un·be·frie·di·gend ['ʊnbəfriːdɪgnt] **I.** *adj* unsatisfactory; **■ ~ sein** to be unsatisfactory **II.** *adv* in an unsatisfactory way

un·be·frie·digt ['ʊnbəfriːdɪçt] *adj* unsatisfied **(von** with); *(Gefühl, Mensch)* dissatisfied

un·be·fris·tet ['ʊnbəfrɪstət] **I.** *adj* lasting for an indefinite period; *(Aufenthaltserlaubnis, Visum)* permanent; **~ sein** to be [valid] for an indefinite period **II.** *adv* indefinitely; **~ gelten** to be valid indefinitely

un·be·fugt ['ʊnbəfuːkt] **I.** *adj* unauthorized **II.** *adv* without authorization

Un·be·fug·te(r) *f(m)* unauthorized person

un·be·gabt ['ʊnbəgaːpt] *adj* untalented; **für Mathematik bin ich einfach ~** I'm absolutely useless at maths

un·be·greif·lich ['ʊnbəgraɪflɪç] *adj* incomprehensible; *(Dummheit, Leichtsinn)* inconceivable

un·be·grenzt ['ʊnbəgrɛntst] **I.** *adj* unlimited; *(Vertrauen)* boundless **II.** *adv* indefinitely

un·be·grün·det ['ʊnbəgrʏndət] *adj* ❶ *(grundlos)* unfounded ❷ *(Kritik, Maßnahme)* unwarranted ❷ JUR unfounded

un·be·haart ['ʊnbəhaːɐt] *adj* hairless; *(Kopf)* bald

Un·be·ha·gen ['ʊnbəhaːgn] *nt* apprehension

un·be·hag·lich ['ʊnbəhaːklɪç] **I.** *adj* uneasy **II.** *adv* uneasily

un·be·herrscht ['ʊnbəhɛrʃt] **I.** *adj* uncontrolled; **■ ~ sein** to lack self-control **II.** *adv* ❶ *(ohne Selbstbeherrschung)* without self-control ❷ *(gierig)* greedily

un·be·hol·fen ['ʊnbəhɔlfn] **I.** *adj (schwerfällig)* clumsy; *(wenig gewandt)* awkward **II.** *adv* clumsily

Un·be·hol·fen·heit <-> *f kein pl* clumsiness

un·be·irr·bar [ʊnbəʔɪrbaːɐ̯] **I.** *adj* unwavering **II.** *adv* perseveringly

un·be·irrt [ʊnbəʔɪrt] *adv s.* **unbeirrbar**

un·be·kannt ['ʊnbəkant] *adj* unknown; **■ jdm ~ sein** to be unknown to sb; *(Gesicht, Name, Wort)* to be unfamiliar to sb; **der Name ist mir ~** I have never come across that name before; **~ verzogen** moved — address unknown

Un·be·kann·te(r) *f(m)* stranger

un·be·klei·det ['ʊnbəklaɪdət] **I.** *adj (geh)* unclothed; **■ ~ sein** to have no clothes on **II.** *adv (geh)* without any clothes on

un·be·küm·mert ['ʊnbəkʏmɐt] **I.** *adj* carefree; **sei/seien Sie [ganz] ~** don't upset yourself **II.** *adv* in a carefree manner

un·be·las·tet ['ʊnbəlastət] **I.** *adj* ❶ *(frei)* **■ von etw** *dat* **~ [sein]** [to be] free of sth ❷ FIN unencumbered **II.** *adv* freely; **er fühlt sich wieder frei und ~** he feels free and easy again

un·be·lehr·bar ['ʊnbəleːɐ̯baːɐ̯] *adj* obstinate

un·be·liebt ['ʊnbəliːpt] *adj* unpopular

Un·be·liebt·heit *f kein pl* unpopularity

un·be·mannt ['ʊnbəmant] *adj* RAUM unmanned

un·be·merkt ['ʊnbəmɛrkt] *adj, adv* unnoticed

un·be·nom·men *adj präd (geh)* **es bleibt jdm ~, etw zu tun** sb's free to do sth

un·be·nutzt ['ʊnbənʊtst] **I.** *adj* unused; *(Bett)* not slept in; *(Kleidung)* unworn **II.** *adv* unused, unworn

un·be·ob·ach·tet ['ʊnbəʔoːbaxtət] *adj* unnoticed; *(Gebäude, Platz)* unwatched

un·be·quem ['ʊnbəkveːm] *adj* ❶ *(nicht bequem)* uncomfortable ❷ *(lästig)* awkward

un·be·re·chen·bar [ʊnbəˈrɛçnbaːɐ̯] *adj* ❶ *(nicht einschätzbar: Gegner, Mensch)* unpredictable ❷ *(nicht vorhersehbar)* unforeseeable

Un·be·re·chen·bar·keit *f kein pl* unpredictability

un·be·rech·tigt ['ʊnbərɛçtɪçt] *adj* unfounded; *(Vorwurf)* unwarranted

un·be·rück·sich·tigt ['ʊnbərʏkzɪçtɪçt] *adj* unconsidered

un·be·rührt ['ʊnbəˈryːɐ̯t] *adj* ❶ *(im Naturzustand erhalten)* unspoiled ❷ *(nicht benutzt)* untouched

un·be·scha·det ['ʊnbəʃaːdət] *präp +gen (geh)* disregarding

un·be·schä·digt *adj* undamaged

un·be·schol·ten ['ʊnbəʃɔltn̩] *adj* upstanding

un·be·schrankt ['ʊnbəʃraŋkt] *adj* BAHN without barriers

un·be·schränkt ['ʊnbəʃrɛŋkt] *adj* unrestricted; *(Macht)* limitless; *(Möglichkeiten)* unlimited

un·be·schreib·lich ['ʊnbɛʃrajplɪç] **I.** *adj* ❶ *(maßlos)* tremendous ❷ *(nicht zu beschreiben)* indescribable **II.** *adv* **sich ~ freu·en** to be enormously happy; **sich ~ ärgern** to be terribly angry

un·be·schrie·ben [ʊnbəʃriːbn̩] *adj* blank

un·be·schwert ['ʊnbəʃveːɐ̯t] *adj* carefree

un·be·sieg·bar [ʊnbəˈziːkbaːɐ̯] *adj* ❶ MIL (a. *fig*) invincible ❷ SPORT unbeatable

un·be·son·nen ['ʊnbəzɔnən] *adj (Entschluss)* rash; *(Wesensart)* impulsive

un·be·sorgt ['ʊnbəzɔrkt] **I.** *adj* unconcerned **II.** *adv* without worrying; **die Pilze kannst du ~ essen** you needn't worry about eating the mushrooms

un·be·stän·dig ['ʊnbəʃtɛndɪç] *adj* ❶ METEO unsettled ❷ *(wankelmütig)* fickle

un·be·stech·lich ['ʊnbɛʃtɛçlɪç] *adj* ❶ *(nicht bestechlich)* incorruptible ❷ *(nicht zu täuschen)* unerring

Un·be·stech·lich·keit *f* incorruptibility

un·be·stimmt ['ʊnbəʃtɪmt] *adj* ❶ *(unklar)* vague ❷ *(noch nicht festgelegt)* indefinite; *(Alter)* uncertain; *(Anzahl, Menge)* indeterminate; *(Zeitspanne)* unspecified

un·be·streit·bar ['ʊnbəʃtrajtbaːɐ̯] **I.** *adj* unquestionable **II.** *adv* unquestionably

un·be·strit·ten ['ʊnbəʃtrɪtn̩] **I.** *adj* ❶ *(nicht bestritten)* undisputed; *(Argument)* irrefutable ❷ JUR uncontested **II.** *adv* ❶ *(wie nicht bestritten wird)* unquestionably ❷ *(unstreitig)* unarguably

un·be·tei·ligt ['ʊnbətajlɪçt] *adj* ❶ *(an etw nicht beteiligt)* uninvolved ❷ *(desinteressiert)* indifferent; *(in einem Gespräch)* uninterested

un·be·tont ['ʊnbətoːnt] *adj* unstressed

un·be·trächt·lich ['ʊnbətrɛçtlɪç] *adj* insignificant; *(Problem)* minor; *(Preisänderung)* slight

un·be·waff·net ['ʊnbəvafnət] *adj* unarmed

un·be·weg·lich ['ʊnbəveːklɪç] *adj* ❶ *(starr)* fixed; *(Konstruktion, Teil)* immovable ❷ *(unveränderlich)* inflexible; *(Gesichtsausdruck)* rigid; *(fig)* unmoved

un·be·wohn·bar [ʊnbəˈvoːnbaːɐ̯] *adj* uninhabitable

un·be·wohnt *adj* ❶ *(nicht besiedelt)* uninhabited ❷ *(nicht bewohnt)* unoccupied

un·be·wusst^{RR} ['ʊnbəvʊst] **I.** *adj a.* PSYCH unconscious **II.** *adv* unconsciously

Un·be·wuss·te(s)^{RR} *nt kein pl* **das ~** the unconscious

un·be·zahl·bar [ʊnbəˈtsaːlbaːɐ̯] *adj* ❶ *(nicht aufzubringen)* totally unaffordable ❷ *(äußerst nützlich)* invaluable ❸ *(immens wertvoll)* priceless

un·be·zwing·bar [ʊnbəˈtsvɪŋlɪç] *adj,* **un·be·zwing·lich** [ʊnbəˈtsvɪŋlɪç] *adj (geh)* ❶ *(uneinnehmbar: Festung)* impregnable ❷ *(unbezähmbar)* uncontrollable ❸ *s.* **un·überwindlich**

un·blu·tig ['ʊnbluːtɪç] **I.** *adj* ❶ *(ohne Blutvergießen)* bloodless ❷ MED non-invasive **II.** *adv* ❶ *(ohne Blutvergießen)* without bloodshed ❷ MED non-invasively

un·brauch·bar ['ʊnbrauxbaːɐ̯] *adj* useless

un·bü·ro·kra·tisch ['ʊnbyrokraːtɪʃ] **I.** *adj* unbureaucratic **II.** *adv* unbureaucratically

und [ʊnt] *konj* ❶ *verbindend (dazu)* and ❷ *konsekutiv (mit der Folge)* and ❸ *konzessiv (selbst)* ■ **~ wenn jd etw tut** even if sb does sth; **~ wenn es auch stürmt und schneit, wir müssen weiter** we must continue our journey, come storm or snow ❹ *(dann)* and ❺ *fragend (aber)* and; **~ dann?** then what?; *(nun)* well?; *(herausfordernd: was soll's)* **na ~?** so what?

Un·dank ['ʊndaŋk] *m (geh)* ingratitude

un·dank·bar ['ʊndaŋkbaːɐ̯] *adj* ❶ *(nicht dankbar)* ungrateful ❷ *(nicht lohnend)* thankless

un·da·tiert ['ʊndatiːɐ̯t] *adj* undated

un·de·fi·nier·bar ['ʊndefiniːɐ̯baːɐ̯] *adj* indefinable

un·de·mo·kra·tisch ['ʊndemokraːtɪʃ] *adj* undemocratic

un·denk·bar [ʊn'dɛŋkbaːɐ̯] *adj* unthinkable

un·denk·lich [ʊn'dɛŋklɪç] *adj* **seit ~en Zeiten** since time immemorial

un·deut·lich ['ʊndɔʏtlɪç] **I.** *adj* ❶ *(nicht deutlich vernehmbar)* unclear ❷ *(nicht klar sichtbar)* blurred; *(Schrift)* illegible ❸ *(vage)* vague **II.** *adv* ❶ *(nicht deutlich vernehmbar)* unclearly; **~ sprechen** to mumble ❷ *(nicht klar)* unclearly ❸ *(vage)* vaguely

un·dicht ['ʊndɪçt] *adj (luftdurchlässig)* not airtight; *(wasserdurchlässig)* not watertight

Un·ding ['ʊndɪŋ] *nt kein pl* **ein ~ sein,** [etw zu tun] to be absurd [to do sth]

un·dis·zi·pli·niert ['ʊndɪstsipliniːɐ̯t] **I.** *adj*

un·durch·dacht [ʊnˈdʊrçdaxt] *adj* ill thought out

un·durch·dring·lich [ˈʊndʊrçdrɪŋlɪç] *adj* ❶ (*kein Durchdringen ermöglichend*) impenetrable ❷ (*verschlossen*) inscrutable

un·durch·läs·sig [ˈʊndʊrçlɛsɪç] *adj* impermeable

un·durch·schau·bar [ʊndʊrçˈʃaʊbaːɐ̯] *adj* unfathomable; (*Verbrechen*) baffling; (*Wesensart, Miene*) enigmatic

un·durch·sich·tig [ˈʊndʊrçzɪçtɪç] *adj* ❶ (*nicht transparent*) non-transparent; (*Glas*) opaque ❷ (*fig: Geschäfte*) shadowy ❸ (*fig: zweifelhaft*) obscure

un·eben [ˈʊnʔeːbn̩] *adj* uneven; (*Straße*) bumpy

Un·eben·heit <-, -en> *f* ❶ *kein pl* (*unebene Beschaffenheit*) unevenness ❷ (*unebene Stelle*) bump

un·echt [ˈʊnʔɛçt] *adj* ❶ (*imitiert*) fake *usu pej*; *Haar* artificial; *Zähne* false ❷ (*unaufrichtig*) false

un·ehe·lich [ˈʊnʔeːəlɪç] *adj* illegitimate

un·eh·ren·haft [ˈʊnʔeːrənhaft] **I.** *adj* (*geh: unlauter*) **a.** MIL dishonourable **II.** *adv* ❶ (*unlauter*) dishonourably ❷ MIL dishonourably; **jdn ~ entlassen** to discharge sb for dishonourable conduct

un·ehr·lich [ˈʊnʔeːɐ̯lɪç] **I.** *adj* dishonest **II.** *adv* dishonestly

Un·ehr·lich·keit *f* dishonesty

un·ei·gen·nüt·zig [ˈʊnʔaɪgn̩nʏtsɪç] *adj* selfless

un·ein·ge·schränkt [ˈʊnʔaɪngəʃrɛŋkt] **I.** *adj* absolute; (*Handel*) free; (*Lob*) unreserved **II.** *adv* absolutely, unreservedly

un·ein·heit·lich *adj* varied

un·ei·nig [ˈʊnʔaɪnɪç] *adj* disagreeing; ■~ **sein** to disagree (**in** on); ■[**sich** *dat*] **mit jdm ~ sein** to disagree with sb

Un·ei·nig·keit *f* disagreement; [**über etw** *akk*] **herrscht ~** there are sharp divisions [over sth]

un·eins [ˈʊnʔaɪns] *adj präd s.* **uneinig**

un·ein·sich·tig [ˈʊnʔaɪnzɪçtɪç] *adj* unreasonable

un·emp·fäng·lich [ˈʊnʔɛmpfɛŋlɪç] *adj* impervious (**für** to)

un·emp·find·lich [ˈʊnʔɛmpfɪntlɪç] *adj* insensitive (**gegen** to); (*durch Erfahrung*) inured; (*Pflanze*) hardy; (*Material*) practical

un·end·lich [ʊnˈʔɛntlɪç] **I.** *adj* ❶ (*nicht überschaubar*) infinite ❷ (*unbegrenzt*) endless ❸ (*überaus groß*) infinite; *Strapazen* endless ❹ FOTO **etw auf ~ einstellen** to focus sth at infinity **II.** *adv* (*fam*) endlessly; **~ viele Leute** heaven knows how many people; **sich ~ freuen** to be terribly happy

Un·end·lich·keit *f kein pl* infinity

un·ent·behr·lich [ʊnʔɛntbɛːɐ̯lɪç] *adj* ❶ (*unbedingt erforderlich*) essential; **sich ~ machen** to make oneself indispensable ❷ (*unverzichtbar*) indispensable

un·ent·gelt·lich [ˈʊnʔɛntgɛltlɪç] **I.** *adj* free of charge; **die ~e Benutzung von etw** *dat* free use of sth **II.** *adv* for free

un·ent·schie·den [ˈʊnʔɛntʃiːdn̩] **I.** *adj* ❶ SPORT drawn ❷ (*noch nicht entschieden*) undecided **II.** *adv* SPORT **~ ausgehen** to end in a draw; **~ spielen** to draw

Un·ent·schie·den <-s, -> [ˈʊnʔɛntʃiːdn̩] *nt* SPORT draw

un·ent·schlos·sen [ˈʊnʔɛntʃlɔsn̩] **I.** *adj* indecisive **II.** *adv* indecisively

Un·ent·schlos·sen·heit *f* indecision

un·ent·schul·digt [ˈʊnʔɛntʃʊldɪçt] **I.** *adj* unexcused **II.** *adv* unexcused; **~ fehlen** to play truant, to cut class AM

un·ent·wegt [ʊnʔɛntˈveːkt] **I.** *adj* persevering; *Einsatz, Fleiß* untiring **II.** *adv* incessantly

un·er·bitt·lich [ʊnʔɛɐ̯ˈbɪtlɪç] *adj* ❶ (*nicht umzustimmen*) unrelenting ❷ (*gnadenlos*) pitiless

un·er·fah·ren [ˈʊnʔɛɐ̯faːrən] *adj* inexperienced

Un·er·fah·ren·heit *f* lack of experience

un·er·find·lich [ʊnʔɛɐ̯ˈfɪntlɪç] *adj* (*geh*) incomprehensible

un·er·freu·lich [ˈʊnʔɛɐ̯frɔʏlɪç] **I.** *adj* unpleasant; *Neuigkeiten, Nachrichten* bad; *Zwischenfall* unfortunate **II.** *adv* unpleasantly

un·er·gründ·bar [ʊnʔɛɐ̯ˈgrʏntbaːɐ̯] *adj*, **un·er·gründ·lich** [ʊnʔɛɐ̯ˈgrʏntlɪç] *adj* puzzling; (*Blick, Lächeln*) enigmatic

un·er·heb·lich [ˈʊnʔɛɐ̯hɛːplɪç] **I.** *adj* insignificant; ■~ **sein, ob ...** to be irrelevant whether ... **II.** *adv* insignificantly

un·er·hört [ˈʊnɛɐ̯ˈhøːɐ̯t] **I.** *adj attr* ❶ (*pej: skandalös*) scandalous ❷ (*außerordentlich*) incredible **II.** *adv* ❶ (*skandalös*) outrageously ❷ (*außerordentlich*) incredibly

un·er·kannt [ˈʊnʔɛɐ̯kant] *adv* unrecognized

un·er·klär·bar [ʊnʔɛɐ̯ˈklɛːɐ̯baːɐ̯] *adj*, **un·er·klär·lich** [ʊnʔɛɐ̯ˈklɛːɐ̯lɪç] *adj* inexplicable; ■**jdm ist ~, warum/was/wie ...** sb cannot understand why/what/how ...

un·er·läss·lich[RR] *adj*, **un·er·läß·lich**[ALT] *adj* essential

un·er·laubt [ˈʊnʔɛɐ̯laʊpt] **I.** *adj* ❶ (*nicht gestattet*) unauthorized ❷ JUR illegal **II.** *adv* without permission

un·er·le·digt [ˈʊnʔɛɐ̯leːdɪçt] **I.** *adj* unfinished; (*Antrag*) incomplete; (*Post*) unanswered **II.** *adv* unfinished; **~ liegen bleiben**

un·er·mess·lich[RR], **un·er·meß·lich**[ALT] [ʊnʔɛɐ̯ˈmɛslɪç] **I.** *adj* ❶ (*schier unendlich*) immeasurable ❷ (*gewaltig*) immense; (*Wert, Wichtigkeit*) inestimable; (*Zerstörung*) untold **II.** *adv* (*geh*) immensely

un·er·müd·lich [ʊnʔɛɐ̯ˈmyːtlɪç] **I.** *adj* tireless **II.** *adv* tirelessly

un·er·reich·bar [ʊnʔɛɐ̯ˈraɪ̯çbaːɐ̯] *adj* unattainable; (*telefonisch*) unavailable

un·er·sätt·lich [ʊnʔɛɐ̯ˈzɛtlɪç] *adj* insatiable; (*Wissensdurst*) unquenchable

un·er·schöpf·lich [ʊnʔɛɐ̯ˈʃœpflɪç] *adj* inexhaustible

un·er·schro·cken [ˈʊnʔɛɐ̯ʃrɔkn̩] **I.** *adj* fearless **II.** *adv* fearlessly

un·er·schüt·ter·lich [ʊnʔɛɐ̯ˈʃʏtɐlɪç] **I.** *adj* unshakable **II.** *adv* unshakably

un·er·schwing·lich [ʊnʔɛɐ̯ˈʃvɪŋlɪç] *adj* exorbitant; ■**für jdn ~ sein** to be beyond sb's means

un·er·setz·lich [ʊnʔɛɐ̯ˈzɛtslɪç] *adj* indispensable; (*Wertgegenstand*) irreplaceable; (*Schaden*) irreparable

un·er·träg·lich [ʊnʔɛɐ̯ˈtrɛːklɪç] **I.** *adj* ❶ (*nicht auszuhalten*) unbearable ❷ (*pej: unmöglich*) impossible **II.** *adv* ❶ (*nicht auszuhalten*) unbearably ❷ (*pej: unmöglich*) impossibly

un·er·war·tet [ˈʊnʔɛɐ̯vartət] **I.** *adj* unexpected **II.** *adv* unexpectedly

un·er·wünscht [ˈʊnʔɛɐ̯vʏnʃt] *adj* ❶ (*nicht willkommen*) unwelcome ❷ (*lästig*) undesirable

un·er·zo·gen [ˈʊnʔɛɐ̯tsoːɡn̩] *adj* badly behaved

UNESCO <-> [uˈnɛsko] *f Akr von* **United Nations Educational, Scientific and Cultural Organization** UNESCO; ■**die ~** UNESCO

un·fä·hig [ˈʊnfɛːɪç] *adj* ❶ (*inkompetent*) incompetent ❷ (*nicht imstande*) incapable; **zu etw** *dat* **~ sein** [to be] incapable of sth; ■ **~ sein, etw zu tun** to be incapable of doing sth

Un·fä·hig·keit *f kein pl* incompetence

un·fair [ˈʊnfɛːɐ̯] **I.** *adj* unfair (**gegen**[**über**] to[wards]) **II.** *adv* unfairly

Un·fall [ˈʊnfal] *m* accident

Un·fall·arzt, -ärz·tin *m, f* [medical] specialist for accident injuries **Un·fall·be·tei·lig·te(r)** <-n, -n> *f(m)* person involved in an accident **Un·fall·chir·ur·gie** *f* casualty surgery **Un·fall·flucht** *f* failure to stop after being involved in an accident; (*mit Verletzten*) hit-and-run [driving] **Un·fall·op·fer** *nt* accident victim **Un·fall·ort** *m* scene of an/the accident **Un·fall·quo·te** *f* accident quota **Un·fall·scha·den** *m* accident damage *no pl* **Un·fall·schutz** *m kein pl* accident prevention **Un·fall·sta·ti·on** *f* casualty [ward] Brit, emergency room Am **Un·fall·stel·le** *f* place of the accident **Un·fall·ur·sa·che** *f* cause of an/the accident **Un·fall·ver·si·che·rung** *f* accident insurance **Un·fall·wa·gen** *m* car involved in an accident

un·fass·bar[RR] *adj*, **un·faß·bar**[ALT] [ʊnˈfasbaːɐ̯] *adj*, **un·fass·lich**[RR] *adj*, **un·faß·lich**[ALT] [ʊnˈfaslɪç] *adj* ❶ incomprehensible; (*Phänomen*) incredible; ■**jdm ~ sein, was/wie ...** to be incomprehensible to sb, what/how ... ❷ (*unerhört*) outrageous

un·fehl·bar [ʊnˈfeːlbaːɐ̯] **I.** *adj* infallible; (*Geschmack*) impeccable; (*Gespür, Instinkt*) unerring **II.** *adv* without fail

Un·fehl·bar·keit <-> *f kein pl* infallibility

un·fein [ˈʊnfaɪ̯n] *adj* unrefined

un·för·mig [ˈʊnfœrmɪç] **I.** *adj* shapeless; (*groß*) cumbersome; (*Gesicht*) misshapen; (*Bein*) unshapely **II.** *adv* shapelessly

un·fran·kiert [ˈʊnfraŋkiːɐ̯t] *adj* unstamped **II.** *adv* without a stamp

un·frei·wil·lig [ˈʊnfraɪ̯vɪlɪç] **I.** *adj* ❶ (*gezwungen*) compulsory ❷ (*unbeabsichtigt*) unintentional **II.** *adv* **etw ~ tun** to be forced to do sth

un·freund·lich [ˈʊnfrɔʏ̯ntlɪç] **I.** *adj* ❶ (*nicht liebenswürdig*) unfriendly ❷ (*unangenehm*) unpleasant; (*Klima*) inhospitable; (*Jahreszeit, Tag*) dreary; (*Raum*) cheerless **II.** *adv* **jdn ~ behandeln** to be unfriendly to sb

Un·frie·de(n) [ˈʊnfriːdə] *m kein pl* trouble; **~n stiften** to cause trouble

un·frucht·bar [ˈʊnfrʊxtbaːɐ̯] *adj* infertile

Un·frucht·bar·keit *f kein pl* ❶ MED infertility ❷ AGR barrenness

Un·fug <-s> [ˈʊnfuːk] *m kein pl* nonsense; **mach keinen ~!** stop that nonsense!

Un·gar(in) <-n, -n> [ˈʊŋɡar] *m(f)* Hungarian; *s. a.* **Deutsche(r)**

un·ga·risch [ˈʊŋɡarɪʃ] *adj* Hungarian; *s. a.* **deutsch**

Un·garn <-s> [ˈʊŋɡarn] *nt* Hungary; *s. a.* **Deutschland**

un·ge·ach·tet [ˈʊnɡəʔaxtət] *präp* +*gen* (*geh*) despite sth; ■ **~ dessen, dass ...** in spite of the fact that ...

un·ge·ahnt [ˈʊnɡəʔaːnt] *adj* undreamed of

un·ge·be·ten [ˈʊnɡəbeːtn̩] **I.** *adj* unwelcome **II.** *adv* ❶ (*ohne eingeladen zu sein*) without being invited ❷ (*ohne aufgefordert zu sein*) without an invitation

un·ge·bil·det [ˈʊnɡəbɪldət] *adj* uneducated

un·ge·bo·ren [ˈʊnɡəboːrən] *adj* unborn

un·ge·bräuch·lich [ˈʊnɡəbrɔʏ̯çlɪç] *adj* un-

un·ge·bun·den ['ʊngəbʊndn̩] *adj* unattached

un·ge·deckt ['ʊngədɛkt] *adj* ❶ FIN uncovered ❷ (*noch nicht gedeckt*) unlaid

Un·ge·duld ['ʊngədʊlt] *f* impatience; **vor ~** with impatience; **voller ~** impatiently

un·ge·dul·dig ['ʊngədʊldɪç] **I.** *adj* impatient **II.** *adv* impatiently

un·ge·eig·net ['ʊngəʔaɪɡnət] *adj* unsuitable; ▪ **~ sein** to be unsuited (**für** to)

un·ge·fähr ['ʊngəfɛːɐ̯] **I.** *adv* ❶ (*zirka*) approximately, about *fam*; **um ~ ...** by about ...; (*Zeit*) at about ... ❷ (*etwa*) **~ da** around there, *esp* BRIT thereabouts; **~ hier** around here; **~ so** something like this/that ❸ (*in etwa*) more or less; **das dürfte ~ hinkommen** that's more or less it ▶ **nicht von ~** not for nothing **II.** *adj attr* approximate

un·ge·fähr·lich ['ʊngəfɛːɐ̯lɪç] *adj* harmless; ▪ **~ sein, etw zu tun** to be safe to do sth

un·ge·hal·ten ['ʊngəhaltn̩] **I.** *adj* (*geh*) indignant **II.** *adv* (*geh*) indignantly

un·ge·hemmt ['ʊngəhɛmt] **I.** *adj* uninhibited **II.** *adv* uninhibitedly

un·ge·heu·er ['ʊngəhɔʏɐ] **I.** *adj* ❶ (*ein gewaltiges Ausmaß besitzend*) enormous ❷ (*größte Intensität besitzend*) tremendous; (*Schmerz, Leiden*) dreadful ❸ (*große Bedeutung besitzend*) tremendous **II.** *adv* ❶ (*äußerst*) terribly ❷ (*ganz besonders*) enormously

Un·ge·heu·er <-s, -> ['ʊngəhɔʏɐ] *nt* monster

un·ge·heu·er·lich [ʊngə'hɔʏɐlɪç] *adj* outrageous

un·ge·hin·dert ['ʊngəhɪndɐt] **I.** *adj* unhindered **II.** *adv* without hindrance

Un·ge·hö·rig·keit <-, -en> *f kein pl* impertinence *no pl*

un·ge·hor·sam ['ʊngəhoːɐ̯zaːm] *adj* disobedient (**gegenüber** towards)

Un·ge·hor·sam ['ʊngəhoːɐ̯zaːm] *m* disobedience

un·ge·klärt ['ʊngəklɛːɐ̯t] **I.** *adj* ❶ (*nicht aufgeklärt*) unsolved ❷ ÖKOL (*nicht geklärt*) untreated **II.** *adv* ÖKOL untreated

un·ge·kün·digt ['ʊngəkʏndɪçt] *adj* ▪ **~ sein** to not be under notice of resignation

un·ge·kürzt ['ʊngəkʏrtst] **I.** *adj* MEDIA unabridged; FILM uncut **II.** *adv* in its unabridged version; FILM in its uncut version

un·ge·la·den ['ʊngəlaːdn̩] *adj* ❶ (*nicht geladen*) unloaded ❷ (*nicht eingeladen*) uninvited

un·ge·le·gen ['ʊngəleːɡn̩] *adj* inconvenient; [jdm] **~ kommen** to be inconvenient [for sb]; (*zeitlich*) to be an inconvenient time [for sb]

un·ge·len·kig ['ʊngəlɛŋkɪç] *adj* inflexible

un·ge·lernt ['ʊngəlɛrnt] *adj attr* unskilled

un·ge·löst ['ʊngəløːst] *adj* unsolved; (*Fragen*) unresolved

un·ge·mein ['ʊngəmaɪn] **I.** *adj* immense **II.** *adv* immensely

un·ge·müt·lich ['ʊngəmyːtlɪç] *adj* ❶ (*nicht gemütlich*) uninviting ❷ (*unerfreulich*) uncomfortable ▶ **~ werden** (*fam*) to become nasty

un·ge·nannt ['ʊngənant] *adj* unnamed

un·ge·nau ['ʊngənaʊ] **I.** *adj* ❶ (*nicht exakt*) vague ❷ (*nicht korrekt*) inaccurate **II.** *adv* ❶ (*nicht exakt*) vaguely ❷ (*nicht korrekt*) incorrectly

Un·ge·nau·ig·keit <-, -en> *f* ❶ *kein pl* (*nicht exakte Beschaffenheit*) vagueness ❷ *kein pl* (*mangelnde Korrektheit*) inaccuracy ❸ (*ungenaues Zitat*) inaccuracy

un·ge·niert ['ʊnʒeniːɐ̯t] **I.** *adj* unconcerned **II.** *adv* freely

un·ge·nieß·bar ['ʊngəniːsbaːɐ̯] *adj* ❶ (*nicht zum Genuss geeignet*) inedible; (*Getränke*) undrinkable ❷ (*schlecht schmeckend*) unpalatable ❸ (*fam: ausstehlich*) unbearable

un·ge·nü·gend ['ʊngəny:ɡnt] **I.** *adj* ❶ (*nicht ausreichend*) insufficient; *Information* inadequate ❷ SCH unsatisfactory (*the lowest mark*) **II.** *adv* insufficiently, inadequately

un·ge·nutzt ['ʊngənʊtst] **I.** *adj* unused; (*materielle/personelle Ressourcen*) unexploited; (*Gelegenheit*) missed **II.** *adv* **eine Chance ~ verstreichen lassen** to miss a chance

un·ge·pflegt ['ʊngəpfleːkt] *adj* Haus, Garten neglected; Person unkempt

un·ge·ra·de ['ʊngəraːdə] *adj* odd

un·ge·recht ['ʊngərɛçt] **I.** *adj* unjust; ▪ **~ sein** to be unfair (**gegen** to); **~e Behandlung** unjust treatment; **ein ~er Richter** a partial judge **II.** *adv* unjustly, unfairly

un·ge·rech·ter·wei·se *adv* unfairly

un·ge·recht·fer·tigt ['ʊngərɛçtfɛrtɪçt] *adj* unjustified

Un·ge·rech·tig·keit <-, -en> *f* injustice

un·ge·re·gelt ['ʊngəreːɡlt] *adj* unsettled

un·gern ['ʊngɛrn] *adv* reluctantly

un·ge·rührt ['ʊngəryːɐ̯t] *adj, adv* unmoved

un·ge·sal·zen ['ʊngəzaltsn̩] *adj* unsalted

un·ge·sche·hen ['ʊngəʃeːən] *adj* undone; **etw ~ machen** to undo sth

Un·ge·schick <-[e]s> ['ʊngəʃɪk] *nt kein pl* (*geh*) clumsiness

un·ge·schickt ['ʊngəʃɪkt] *adj* ❶ (*unbeholfen*) clumsy; (*unbedacht*) careless ❷ DIAL, SÜDD (*unhandlich*) unwieldy; (*ungelegen*) awkward; **etw kommt ~** sth happens at an awkward time

un·ge·schlecht·lich *adj* asexual

un·ge·schlif·fen ['ʊngəʃlɪfn̩] *adj* ❶ *(nicht geschliffen)* uncut; *Messer, Klinge* blunt ❷ *(pej: grob, ohne Manieren)* uncouth

un·ge·schminkt ['ʊngəʃmɪŋkt] *adj* ❶ *(nicht geschminkt)* without make-up ❷ *(unbeschönigt)* unvarnished

un·ge·scho·ren ['ʊngəʃoːrən] **I.** *adj* unshorn **II.** *adv* unscathed; **~ davonkommen** to get away with it

un·ge·se·hen ['ʊngəzeːən] **I.** *adj (selten)* unseen **II.** *adv* unseen, without being seen

un·ge·sel·lig ['ʊngəzɛlɪç] *adj* unsociable

un·ge·setz·lich ['ʊngəzɛtslɪç] *adj* unlawful

un·ge·stört ['ʊngəʃtøːɐ̯t] **I.** *adj* undisturbed; **~ sein wollen** to want to be left alone **II.** *adv* without being disturbed

n·ge·straft ['ʊngəʃtraːft] *adv* with impunity; **~ davonkommen** to get away scot-free

un·ge·stüm ['ʊngəʃtyːm] **I.** *adj Art, Temperament* impetuous; *Wind* gusty; *Meer* rough; *Begrüßung* enthusiastic **II.** *adv* enthusiastically

un·ge·sund ['ʊngəzʊnt] **I.** *adj* unhealthy **II.** *adv* unhealthily; **sich ~ ernähren** to not have a healthy diet

un·ge·teilt ['ʊngətaɪlt] *adj* ❶ *(vollständig)* complete ❷ *(ganz)* **mit ~er Freude** with total pleasure

un·ge·trübt ['ʊngətryːpt] *adj Freude, Glück* unclouded; *Tage, Zeit* perfect

Un·ge·tüm <-[e]s, -e> ['ʊngətyːm] *nt* monster

un·ge·übt ['ʊngəʔyːpt] *adj* unpractised; *Lehrlinge* inexperienced; ■**~ sein** to be out of practice **(in** at)

un·ge·wiss^{RR} ['ʊngəvɪs] *adj* ❶ *(nicht feststehend)* uncertain ❷ *(unentschlossen)* uncertain ❸ *(geh: unbestimmbar)* indefinable

Un·ge·wiss·heit^{RR} <-, -en> *f* uncertainty

un·ge·wöhn·lich ['ʊngəvøːnlɪç] **I.** *adj* ❶ *(vom Üblichen abweichend)* unusual ❷ *(außergewöhnlich)* remarkable **II.** *adv* ❶ *(äußerst)* exceptionally ❷ *(in nicht üblicher Weise)* unusually

un·ge·wohnt ['ʊngəvoːnt] *adj* unusual; ■**jdm ~ sein** to be unfamiliar to sb

un·ge·wollt ['ʊngəvɔlt] **I.** *adj* unintentional; *Schwangerschaft* unwanted **II.** *adv* unintentionally; **ich musste ~ grinsen** I couldn't help grinning

Un·ge·zie·fer <-s> ['ʊngətsiːfɐ] *nt kein pl* pests *pl*

un·ge·zo·gen ['ʊngətsoːgn̩] **I.** *adj Kind* naughty; *Bemerkung* impertinent; ■**~ sein** to be ill-mannered **II.** *adv* impertinently; **sich** **~ benehmen** to behave badly

un·ge·zü·gelt ['ʊngətsyːgl̩t] *adj* unbridled

un·ge·zwun·gen ['ʊngətsvʊŋən] *adj* informal

Un·glau·be ['ʊnglaʊbə] *m* ❶ *(Zweifel)* disbelief ❷ *(Gottlosigkeit)* unbelief

un·glaub·haft ['ʊnglaʊphaft] **I.** *adj* unbelievable; **~ wirken** to appear to be implausible **II.** *adv* unbelievably

un·gläu·big ['ʊnglɔybɪç] *adj* ❶ *(etw nicht glauben wollend)* disbelieving; **ein ~es Kopfschütteln** an incredulous shake of the head ❷ *(gottlos)* unbelieving

un·glaub·lich ['ʊnglaʊplɪç] **I.** *adj* ❶ *(nicht glaubhaft)* unbelievable ❷ *(unerhört)* outrageous **II.** *adv (fam: überaus)* incredibly

un·glaub·wür·dig ['ʊnglaʊpvvrdɪç] **I.** *adj* implausible; *Zeuge* unreliable **II.** *adv* implausibly; **seine Aussage klingt ~** his statement sounds dubious

un·gleich ['ʊnglaɪç] **I.** *adj* ❶ *(unterschiedlich) Bezahlung* unequal; *Belastung* uneven; *Paar* odd; *Gegenstände* dissimilar ❷ *(unterschiedliche Voraussetzungen)* unequal **II.** *adv* ❶ *(unterschiedlich)* unequally ❷ *vor comp (weitaus)* far **III.** *präp mit dat (geh)* unlike

Un·gleich·ge·wicht *nt* imbalance

Un·gleich·heit <-, -en> *f* dissimilarity

un·gleich·mä·ßig **I.** *adj* ❶ *(unregelmäßig)* irregular ❷ *(nicht zu gleichen Teilen)* uneven **II.** *adv* ❶ *(unregelmäßig)* irregularly ❷ *(ungleich)* unevenly

Un·glück <-s <-glücke> ['ʊnglʏk] *nt* ❶ *kein pl (Pech)* bad luck; **jdn ins ~ stürzen** *(geh)* to be sb's undoing; **zu allem ~** to make matters worse ❷ *(katastrophales Ereignis)* disaster ❸ *kein pl (Elend)* unhappiness ▸ **ein ~ kommt selten allein** *(prov)* it never rains but it pours

un·glück·lich ['ʊnglʏklɪç] **I.** *adj* ❶ *(betrübt)* unhappy; **sich ~ machen** to bring misfortune on oneself ❷ *(ungünstig)* unfortunate ❸ *(ungeschickt)* unfortunate; **eine ~e Bewegung machen** to move awkwardly **II.** *adv* unfortunately; **~ verliebt sein** to be crossed in love

un·glück·li·cher·wei·se *adv* unfortunately

Un·glücks·fall *m* ❶ *(Unfall)* accident ❷ *(unglückliche Begebenheit)* mishap **Un·glücks·ra·be** *m (fam)* unlucky person

Un·gna·de ['ʊnɡnaːdə] *f* disgrace; **[bei jdm] in ~ fallen** to be out of favour [with sb]

un·gnä·dig ['ʊnɡnɛːdɪç] **I.** *adj* ❶ *(gereizt, unfreundlich)* ungracious ❷ *(geh: verhängnisvoll) Schicksal* cruel **II.** *adv* ungraciously; **jdn ~ ansehen** to look at sb with little enthusiasm

un·gül·tig ['ʊngʏltɪç] *adj* ❶ *(nicht mehr gültig)* invalid; *Tor* disallowed; **ein ~er Sprung** a no-jump ❷ *(nichtig)* void; **eine ~e Stimme** a spoiled ballot-paper; **etw für ~ erklären** to declare sth null and void; **eine Ehe für ~ erklären** to annul a marriage
Un·gül·tig·keit *f* invalidity
Un·gunst *f* ⟨-⟩ *(geh: Unwillen)* disgrace ❷ *(Nachteil)* **zu jds ~en** to sb's disadvantage
un·güns·tig ['ʊngʏnstɪç] *adj Zeit|punkt]* inconvenient; *Wetter* inclement; **in einem ~en Licht erscheinen** *(fig)* to appear in an unfavourable light
un·gut ['ʊngu:t] *adj* bad; *Verhältnis* strained ▶ **nichts für ~!** no offence!
un·halt·bar ['ʊnhaltbaːɐ̯] *adj* ❶ *(haltlos)* untenable ❷ *(unerträglich)* intolerable ❸ SPORT unstoppable
un·hand·lich ['ʊnhantlɪç] *adj* unwieldy
Un·heil ['ʊnhaɪ̯l] *nt* disaster; **~ anrichten** *(fam)* to get up to mischief; **jdm droht ~ sth** spells disaster for sb; **großes/viel ~ anrichten** to wreak havoc
un·heil·bar ['ʊnhaɪ̯lbaːɐ̯] **I.** *adj* incurable **II.** *adv* incurably; **~ krank sein** to be terminally ill
un·heil·voll ['ʊnhaɪ̯lfɔl] *adj* fateful; *Blick* ominous
un·heim·lich ['ʊnhaɪ̯mlɪç] **I.** *adj* ❶ *(Grauen erregend)* eerie ❷ *(fam: unglaublich, sehr)* incredible ❸ *(fam: sehr groß, sehr viel)* terrific; **~en Hunger haben** to die of hunger *fig* **II.** *adv* *(fam)* incredibly
un·höf·lich ['ʊnhøːflɪç] *adj* impolite
un·hy·gi·e·nisch ['ʊnhygi̯eːnɪʃ] *adj* unhygienic
uni ['yni] *adj* plain
Uni ⟨-, -s⟩ ['yni] *f (fam) kurz für* **Universität** uni BRIT
UNICEF ⟨-⟩ ['uːnitsɛf] *f kein pl Akr von* **United Nations International Children's Emergency Fund**; ■ **[die] ~** UNICEF
uni·far·ben ['yni-] *adj* plain
Uni·form ⟨-, -en⟩ [uni'fɔrm, 'ʊnifɔrm] *f* uniform
uni·for·miert [ʊnifɔr'miːɐ̯t] *adj* uniformed; ■ **~ sein** to be in uniform
Uni·kat ⟨-[e]s, -e⟩ [uni'kaːt] *nt* ❶ *(einzigartiges Exemplar)* unique specimen ❷ *(einzigartiges Schriftstück)* unicum
un·in·te·res·sant ['ʊn?ɪntərɛsant] *adj* uninteresting; **ein ~es Angebot** an offer that is of no interest
Uni·on ⟨-, -en⟩ [u'ni̯oːn] *f* ❶ *(Bund)* union ❷ *kein pl* POL *(fam: die CDU/CSU)* ■ **die ~** the CDU and CSU
uni·ver·sal [univɛr'zaːl] **I.** *adj* universal; **ein ~es Werkzeug** an all-purpose tool; **~es Wissen** broad knowledge **II.** *adv* universally; **das Gerät ist ~ verwendbar** the appliance can be used for all purposes
Uni·ver·sal·er·be, -er·bin *m, f* sole heir *masc*, sole heiress *fem*
uni·ver·sell [univɛr'zɛl] *adj s.* **universal**
Uni·ver·si·tät ⟨-, -en⟩ [univɛrzi'tɛːt] *f* university; **die ~ München** the University of Munich; **an der ~ studieren** to study at university; **die ~ besuchen** to attend university; **auf die ~ gehen** to go to university
Uni·ver·si·täts·bib·li·o·thek *f* university library **Uni·ver·si·täts·stadt** *f* university town
Uni·ver·sum ⟨-s, *selten* -sen⟩ [uni'vɛrzʊm] *nt* universe
Un·ke ⟨-, -n⟩ ['ʊŋkə] *f* ❶ *(Kröte)* toad ❷ *(fam: Schwarzseher)* prophet of doom
un·kennt·lich ['ʊnkɛntlɪç] *adj* unrecognizable; *Eintragung* indecipherable; **sich [mit etw** *dat*] **~ machen** to disguise oneself [with sth]
Un·kennt·lich·keit ⟨-⟩ *f* unrecognizable state, indecipherability; **bis zur ~** beyond recognition
Un·kennt·nis ['ʊnkɛntnɪs] *f kein pl* ignorance; **aus ~** out of ignorance; **jdn in ~ über etw** *akk* **lassen** not to keep sb informed about sth
un·klar ['ʊnklaːɐ̯] **I.** *adj* ❶ *(unverständlich)* unclear ❷ *(ungeklärt)* unclear; **[sich** *dat*] **im U~en sein** to be uncertain (**über** about); **jdn im U~en lassen** to leave/keep sb in the dark (**über** about) ❸ *(verschwommen)* indistinct; *Wetter* hazy; *Umrisse* blurred; *Erinnerungen* vague **II.** *adv* ❶ *(verschwommen)* **nur ~ zu erkennen sein** to be difficult to make out ❷ *(unverständlich)* unclearly
Un·klar·heit ⟨-, -en⟩ *f* ❶ *kein pl (Ungewissheit)* uncertainty ❷ *(Undeutlichkeit)* lack of clarity
un·klug ['ʊnkluːk] *adj* unwise
un·komp·li·ziert ['ʊnkɔmplitsiːɐ̯t] *adj* straightforward; *Fall* simple; *Mensch* uncomplicated
un·kon·trol·lier·bar ['ʊnkɔntrɔliːɐ̯baːɐ̯] *adj* uncontrollable
un·kon·ven·ti·o·nell ['ʊnkɔnvɛntsi̯oˈnɛl] *adj (geh)* unconventional
un·kon·zen·triert ['ʊnkɔntsɛntriːɐ̯t] *adj* distracted
Un·kos·ten ['ʊnkɔstn̩] *pl* costs *npl*; **[mit etw** *dat*] **~ haben** to incur expense [with sth]; **sich in ~ stürzen** *(fam)* to go to a lot of expense
Un·kos·ten·bei·trag *m* contribution towards expenses
Un·kraut ['ʊnkraʊ̯t] *nt* weed

Un·kraut·be·kämp·fungs·mit·tel *nt*, **Un·kraut·ver·til·gungs·mit·tel** *nt*, **Un·kraut·ver·nich·ter** <-s, -> *m* herbicide
un·kri·tisch ['ʊnkriːtɪʃ] *adj* uncritical
un·künd·bar ['ʊnkʏntbaːɐ̯] *adj Stellung* not subject to notice; *Vertrag* not subject to termination
un·längst ['ʊnlɛŋst] *adv* (*geh*) recently
un·lau·ter ['ʊnlaʊ̯tɐ] *adj* dishonest
un·le·ser·lich ['ʊnleːzɐlɪç] *adj* illegible
un·lieb·sam ['ʊnliːpzaːm] *adj* unpleasant II. *adv* ~ **auffallen** to make a bad impression
un·lo·gisch *adj* illogical
un·lös·bar [ʊn'løːsbaːɐ̯], **un·lös·lich** [ʊn'løːslɪç] *adj* ① (*nicht zu lösen*) insoluble; *Problem* unsolvable; *Widerspruch* irreconcilable ② CHEM insoluble
Un·lust ['ʊnlʊst] *f kein pl* reluctance
un·mä·ßig ['ʊnmɛːsɪç] I. *adj* excessive II. *adv* excessively
Un·men·ge ['ʊnmɛŋə] *f* enormous amount (**an** of)
Un·mensch ['ʊnmɛnʃ] *m* monster
un·mensch·lich ['ʊnmɛnʃlɪç] *adj* ① (*grausam*) inhuman[e]; *Diktator* brutal ② (*inhuman*) appalling ③ (*fam: mörderisch, unerträglich*) tremendous
Un·mensch·lich·keit *f* ① *kein pl* (*unmenschliche Art*) inhumanity ② (*unmenschliche Tat*) inhuman act
un·merk·lich ['ʊnmɛrklɪç] *adj* imperceptible
un·miss·ver·ständ·lich^RR ['ʊnmɪsfɛɐ̯ʃtɛntlɪç] I. *adj* unequivocal; *Antwort* blunt II. *adv* unequivocally
un·mit·tel·bar ['ʊnmɪtl̩baːɐ̯] I. *adj* ① (*direkt*) direct ② (*räumlich/zeitlich nicht getrennt*) immediate; **ein ~er Nachbar** a next-door neighbour II. *adv* ① (*sofort*) immediately ② (*ohne Umweg*) directly ③ (*direkt*) imminently; **etw ~ erleben** to experience sth at first hand
un·mo·dern ['ʊnmodɛrn] I. *adj* old-fashioned II. *adv* in an old-fashioned way; **sich ~ kleiden** to wear old-fashioned clothes
un·mög·lich ['ʊnmøːklɪç] I. *adj* ① (*nicht machbar*) impossible; *Vorhaben* unfeasible; **jdn/sich [bei jdm/irgendwo] ~ machen** to make a fool of sb/oneself [in front of sb/somewhere]; **das U–e möglich machen** to make the impossible happen ② (*pej fam: nicht tragbar/lächerlich*) impossible II. *adv* (*fam*) not possibly; **das geht ~** that's out of the question
Un·mög·lich·keit *f kein pl* impossibility
un·mo·ra·lisch ['ʊnmoraːlɪʃ] *adj* immoral
un·mo·ti·viert ['ʊnmotiviːɐ̯t] I. *adj* unmotivated; *Wutausbruch* unprovoked II. *adv* without motivation; **~ loslachen** to start laughing for no reason
un·mün·dig ['ʊnmʏndɪç] *adj* ① (*noch nicht volljährig*) underage; **jdn für ~ erklären** to declare sb to be a minor ② (*geistig unselbstständig*) dependent
un·mu·si·ka·lisch ['ʊnmuzikaːlɪʃ] *adj* unmusical
Un·mut ['ʊnmuːt] *m* (*geh*) displeasure
un·nach·ahm·lich ['ʊnnaːʔxaːmlɪç] *adj* inimitable
un·nach·gie·big ['ʊnnaːxgiːbɪç] I. *adj* intransigent II. *adv* in an intransigent way; **sich ~ zeigen** to show oneself to be intransigent
un·nah·bar [ʊn'aːbaːɐ̯] *adj* unapproachable
un·na·tür·lich ['ʊnnaːtyːɐ̯lɪç] *adj* ① (*nicht natürlich*) unnatural; (*abnorm*) abnormal ② (*gekünstelt*) artificial; **ein ~es Lachen** a forced laugh
un·nor·mal ['ʊnnɔrmaːl] *adj* abnormal
un·nö·tig ['ʊnnøːtɪç] *adj* unnecessary
un·nö·ti·ger·wei·se *adv* unnecessarily
un·nütz ['ʊnnʏts] I. *adj* useless II. *adv* needlessly
UNO <-> [ˈuːno] *f kein pl Akr von* **United Nations Organisation**: ▪ **die ~** the UN
UNO-Frie·dens·trup·pen *pl* UN peacekeeping forces *npl*
un·or·dent·lich ['ʊnʔɔrdn̩tlɪç] I. *adj* untidy II. *adv* untidily; **~ arbeiten** to work carelessly; **sich ~ kleiden** to dress carelessly
Un·ord·nung ['ʊnʔɔrdnʊŋ] *f kein pl* mess
un·par·tei·isch ['ʊnpartaɪ̯ɪʃ] *adj* impartial
un·pas·send ['ʊnpasn̩t] *adj* ① (*unangebracht*) inappropriate ② (*ungelegen*) inconvenient; *Augenblick* inopportune
un·pas·sier·bar ['ʊnpasiːɐ̯baːɐ̯] *adj* impassable
un·per·sön·lich ['ʊnpɛrzøːnlɪç] *adj* ① (*distanziert*) *Mensch* distant; *Gespräch, Art* impersonal ② LING impersonal
un·po·li·tisch ['ʊnpoliːtɪʃ] *adj* unpolitical
un·po·pu·lär ['ʊnpopulɛːɐ̯] *adj* unpopular
un·prak·tisch ['ʊnpraktɪʃ] *adj* ① (*nicht handwerklich veranlagt*) unpractical ② (*nicht praxisgerecht*) impractical
un·pro·ble·ma·tisch ['ʊnproblemaːtɪʃ] I. *adj* unproblematic II. *adv* without problem
un·pro·duk·tiv ['ʊnprodʊktiːf] *adj* unproductive
un·pünkt·lich ['ʊnpʏŋktlɪç] I. *adj* (*generell nicht pünktlich*) unpunctual; (*verspätet*) late II. *adv* late
Un·pünkt·lich·keit *f* ① (*unpünktliche Art*) unpunctuality ② (*verspätetes Eintreffen*) late arrival
un·ra·siert ['ʊnraziːɐ̯t] *adj* unshaven

Un·rat <-[e]s> ['ʊnraːt] *m kein pl* (*geh*) refuse

un·re·a·lis·tisch ['ʊnrealɪstɪʃ] **I.** *adj* unrealistic **II.** *adv* unrealistically

un·recht ['ʊnrɛçt] *adj* ① (*geh: nicht rechtmäßig*) wrong ② (*nicht angenehm*) ▪jdm ~ **sein** to disturb sb

Un·recht ['ʊnrɛçt] *nt kein pl* ① (*unrechte Handlung*) wrong; **ein großes ~** a great injustice; **jdm ein ~ antun** to do sb an injustice ② (*dem Recht entgegengesetztes Prinzip*) ~ **haben** to be wrong; **im ~ sein** to be [in the] wrong; **zu ~** wrongly; **jdm ~ geben** to disagree with sb; **nicht zu ~** not without good reason

un·recht·mä·ßig ['ʊnrɛçtmɛːsɪç] *adj* illegal; **der ~e Besitzer** the unlawful owner

un·re·gel·mä·ßig ['ʊnreːɡl̩mɛːsɪç] *adj* irregular

Un·re·gel·mä·ßig·keit <-, -en> *f* irregularity

un·reif ['ʊnraɪ̯f] **I.** *adj* ① AGR, HORT unripe ② (*Person*) immature **II.** *adv* AGR, HORT unripe

un·rein ['ʊnraɪ̯n] *adj* impure; *Haut* bad; *Teint* poor

un·ren·ta·bel ['ʊnrɛnta:bl̩] *adj* unprofitable

un·rich·tig ['ʊnrɪçtɪç] *adj* incorrect

Un·ru·he ['ʊnruːə] *f* ① (*Ruhelosigkeit*) restlessness *no pl*; **in ~ sein** to be anxious (**wegen** about) ② (*ständige Bewegung*) agitation ③ (*erregte Stimmung*) agitation *no pl*; **~ stiften** to cause trouble ④ (*Aufstand*) ▪**~n** *pl* riots *pl*

Un·ru·he·stif·ter(in) <-s, -> *m(f)* (*pej*) troublemaker

un·ru·hig ['ʊnruːɪç] **I.** *adj* ① (*ständig gestört*) restless; *Zeit* troubled; (*ungleichmäßig*) uneven; *Herzschlag* irregular ② (*laut*) noisy ③ (*ruhelos*) agitated; *Leben* eventful; *Geist* restless; *Schlaf* fitful **II.** *adv* ① (*ruhelos*) anxiously ② (*unter ständigen Störungen*) restlessly; **~ schlafen** to sleep fitfully

uns [ʊns] **I.** *pron pers* ① *dat von* **wir** [to/for] us; ▪**bei ~** at our house; **er hat den Tag mit ~ verbracht** he spent the day with us; ▪**von ~** from us ② *akk von* **wir** us **II.** *pron refl* ① *akk o dat von* **wir** ourselves; **wir haben ~ die Entscheidung nicht leicht gemacht** we've made the decision difficult for ourselves ② (*einander*) each other; **wir sollten ~ immer gegenseitig helfen** we always ought to help each other

un·sach·ge·mäß ['ʊnzaxɡəmɛːs] **I.** *adj* improper **II.** *adv* improperly

un·sach·lich ['ʊnzaxlɪç] *adj* unobjective

un·sag·bar [ʊn'zaːkbaːɐ̯] *adj*, **un·säg·lich** [ʊn'zɛːklɪç] *adj* (*geh*) ① (*unbeschreiblich,*

sehr groß/stark) indescribable ② (*übel, albern*) awful

un·sanft ['ʊnzanft] **I.** *adj* rough; *Erwachen* rude **II.** *adv* roughly; **~ geweckt werden** to be rudely awoken

un·sau·ber ['ʊnzaʊ̯bɐ] **I.** *adj* ① (*schmutzig*) dirty ② (*unordentlich, nachlässig*) careless; (*unpräzise*) unclear **II.** *adv* carelessly

un·schäd·lich ['ʊnʃɛːtlɪç] *adj* harmless; **jdn ~ machen** (*euph fam*) to eliminate sb

un·scharf ['ʊnʃarf] **I.** *adj* ① (*ohne klare Konturen*) blurred ② (*nicht scharf*) out of focus ③ (*nicht präzise*) imprecise **II.** *adv* ① (*nicht präzise*) out of focus ② (*nicht exakt*) imprecisely

un·schätz·bar [ʊn'ʃɛtsbaːɐ̯] *adj* inestimable; **etw ist von ~em Wert** sth is priceless

un·schein·bar [ʊn'ʃaɪ̯nbaːɐ̯] *adj* inconspicuous

un·schlag·bar [ʊn'ʃlaːkbaːɐ̯] *adj* unbeatable (**in** at)

un·schlüs·sig ['ʊnʃlʏsɪç] *adj* ① (*unentschlossen*) indecisive; ▪**sich** *dat* **~ sein** to be undecided (**über** about) ② (*selten: nicht schlüssig*) undecided

Un·schuld ['ʊnʃʊlt] *f* ① (*Schuldlosigkeit*) innocence ② (*Reinheit*) purity; (*Naivität*) innocence ③ (*veraltend: Jungfräulichkeit*) virginity

un·schul·dig ['ʊnʃʊldɪç] **I.** *adj* innocent **II.** *adv* ① JUR despite sb's/one's innocence ② (*arglos*) innocently

Un·schulds·mie·ne *f kein pl* innocent expression

un·selb·stän·dig ['ʊnzɛlpʃtɛndɪç] *adj s.* **unselbstständig**

un·selbst·stän·dig^{RR} ['ʊnzɛlp(st)ʃtɛndɪç] *adj* (*von anderen abhängig*) dependent on others; (*angestellt*) employed

un·se·lig [ʊn'zeːlɪç] *adj* (*geh*) ① (*beklagenswert*) **ein ~es Schicksal** a cruel fate ② (*verhängnisvoll*) ill-fated

un·ser [ʃnzɐ] **I.** *pron poss* our; **~er Meinung nach** in our opinion **II.** *pron pers gen von* **wir** (*geh*) of us; **in ~ aller Interesse** in all our interests

un·se·re(r, s) ['ʊnzərə, -zərə, - zərəs] *pron poss, substantivisch* (*geh*) ours; ▪**der/die/das ~** ours; ▪**das U~** what is ours; **wir tun das U~** we're doing our part

un·se·rei·ner ['ʊnzɐʔaɪ̯nɐ] *pron indef*, **un·ser·eins** ['ʊnzɐʔaɪ̯ns] *pron indef* (*fam*) ① (*jemand, wie wir*) the likes of us ② (*ich*) people like me

un·ser·(er·)seits ['ʊnzər(ər)zaɪ̯ts] *adv* (*von uns*) on our part

un·se·res·glei·chen ['ʊnzərəsˈɡlaɪ̯çn̩] *pron indef* people like us

un·se·ret·we·gen ['ʊnzərət'veːgn̩] *adv s.* unsertwegen

un·se·ret·wil·len ['ʊnzərət'vɪlən] *adv s.* unsertwillen

un·se·ri·ge(r, s) ['ʊnzərɪgə, -zərɪgɐ, -zərɪgəs] *pron poss* ❶ (*veraltend*) ▪ **der/die/das ~** ours ❷ (*geh: unsere Familie*) ▪ **die U~n** our family

un·se·ri·ös ['ʊnrerˌiøːs] *adj Firma, Geschäftsmann* untrustworthy; *Angebot* dubious

un·sert·we·gen ['ʊnzɛt'veːgn̩] *adv* ❶ (*wegen uns*) because of us, on our account ❷ (*von uns aus*) as far as we are concerned

un·sert·wil·len ['ʊnzɛt'vɪlən] *adv* **um ~** for our sake

un·si·cher ['ʊnzɪçɐ] **I.** *adj* ❶ (*gefährlich*) unsafe; *Gegend* dangerous ❷ (*gefährdet*) insecure, at risk *pred* ❸ (*nicht selbstsicher*) unsure; *Blick* uncertain; **jdn ~ machen** to make sb uncertain ❹ (*unerfahren, ungeübt*) **sich ~ fühlen** to feel unsure of oneself; **noch ~ sein** to still be uncertain ❺ (*schwankend*) unsteady; *Hand* shaky ❻ (*ungewiss*) uncertain ❼ (*nicht verlässlich*) unreliable; **das ist mir zu ~** that's too dodgy for my liking *fam* **II.** *adv* ❶ (*schwankend*) unsteadily ❷ (*nicht selbstsicher*) **~ fahren** to drive with little confidence

Un·si·cher·heit *f* ❶ *kein pl* (*mangelnde Selbstsicherheit*) insecurity ❷ *kein pl* (*mangelnde Verlässlichkeit*) unreliability ❸ *kein pl* (*Ungewissheit*) uncertainty ❹ (*Gefährlichkeit*) dangers *pl* ❺ *meist pl* (*Unwägbarkeit*) uncertainty

Un·si·cher·heits·fak·tor *m* uncertainty factor

un·sicht·bar ['ʊnzɪçtbaːɐ̯] *adj* invisible

Un·sinn ['ʊnzɪn] *m kein pl* nonsense; **lass den ~!** stop fooling around!; **~ machen** to mess about; **mach kein ~!** don't do anything stupid!; **~ reden** to talk nonsense; **so ein ~!** what nonsense!

un·sin·nig ['ʊnzɪnɪç] **I.** *adj* absurd; *Plan* ridiculous **II.** *adv* (*fam: unerhört*) terribly; **~ hohe Preise** ridiculously high prices

Un·sit·te ['ʊnzɪtə] *f* bad habit

un·sitt·lich ['ʊnzɪtlɪç] **I.** *adj* indecent **II.** *adv* indecently

un·so·li·de ['ʊnzoliːdə] *adj* dissolute; *Arbeit* shoddy; *Bildung* superficial; *Möbel* flimsy

un·so·zi·al ['ʊnzotsi̯aːl] *adj* anti-social; *Arbeitszeit* unsocial

un·sport·lich ['ʊn'ʃpɔrtlɪç] *adj* ❶ (*nicht sportlich*) unathletic ❷ (*nicht fair*) unsporting

uns·re(r, s) ['ʊnz(ə)rə, -z(ə)rɐ, -z(ə)rəs] *pron s.* unsere

uns·rer·seits ['ʊnzrɐ'zaits] *adv s.* unsererseits

uns·res·glei·chen ['ʊnzrəs'glaiçn̩] *pron indef s.* unseresgleichen

un·sterb·lich ['ʊnʃtɛrplɪç] **I.** *adj* ❶ (*ewig lebend*) immortal ❷ (*unvergänglich*) *Liebe* undying **II.** *adv* (*fam: über alle Maßen*) incredibly; **sich ~ blamieren** to make a complete fool of oneself; **sich ~ verlieben** to fall madly in love

Un·sterb·lich·keit *f* immortality

Un·stim·mig·keit <-, -en> ['ʊnʃtɪmɪçkait] *f* ❶ *meist pl* (*Differenz*) differences *pl* ❷ (*Ungenauigkeit*) discrepancy

Un·sum·men ['ʊnzʊmən] *pl* vast sums *pl* [of money]

un·sym·me·trisch ['ʊnzymeːtrɪʃ] *adj* asymmetric

un·sym·pa·thisch ['ʊnzympaːtɪʃ] *adj* unpleasant

un·ta·de·lig ['ʊnta:dəlɪç], **un·tad·lig** ['ʊntaːd(ə)lɪç] **I.** *adj* impeccable **II.** *adv* impeccably

Un·tat ['ʊntaːt] *f* atrocity

un·tä·tig ['ʊntɛːtɪç] **I.** *adj* (*müßig*) idle **II.** *adv* idly; **~ zusehen** to stand idly by

un·taug·lich ['ʊntauklɪç] *adj* ❶ (*ungeeignet*) unsuitable ❷ MIL unfit

Un·taug·lich·keit *f kein pl* unsuitability

un·teil·bar ['ʊn'tailbaːɐ̯] *adj* indivisible

un·ten ['ʊntn̩] *adv* ❶ (*an einer tieferen Stelle*) down; **hier ~** down here; **weiter ~** further down; **nach ~ zu** further down; **von ~** from down below; **von ~ [her]** from the bottom up[wards]; **~ an/in etw** *dat* at/in the bottom of sth; **das Buch steht weiter ~ im Bücherschrank** the book is lower down in the bookcase; **ich habe die Bücher ~ ins Regal gelegt** I've put the books down below on the shelf; **links/rechts** [at the] bottom left/right ❷ (*Unterseite*) bottom ❸ (*in einem tieferen Stockwerk*) downstairs; **nach ~** downstairs; **der Aufzug fährt nach ~** the lift is going down ❹ (*in sozial niedriger Position*) bottom ❺ (*hinten im Text*) bottom; **~ erwähnt** mentioned below *pred*; **siehe ~** see below ❻ (*am hinteren Ende*) at the bottom; **~ an etw** *dat* at the bottom of sth

un·ter ['ʊntɐ] **I.** *präp* ❶ *+dat* (*unterhalb von etw*) under, underneath; **~ freiem Himmel** in the open air ❷ *+akk* (*in den Bereich unterhalb von etw*) under; **sich ~ die Dusche stellen** to have a shower ❸ *+dat* (*zahlenmäßig kleiner als*) below ❹ *+dat* (*inmitten*) among[st]; (*von*) among; **~ uns gesagt** between you and me; **~ anderem** amongst other things; **~ Menschen gehen** to get out [of the house] ❺ *+dat* (*begleitet von, hervorgeru-*

unterbrechen

jemanden unterbrechen

Entschuldigen Sie bitte, dass ich Sie unterbreche, ...

Wenn ich Sie einmal kurz unterbrechen dürfte: ...

interrupting someone

Sorry for interrupting, ...

If I may interrupt you for a moment ...

anzeigen, dass man weitersprechen will

Moment, ich bin noch nicht fertig.

Lässt du mich bitte ausreden?/
Könntest du mich bitte ausreden lassen?

Lassen Sie mich bitte ausreden!

Lassen Sie mich bitte diesen Punkt noch zu Ende führen.

indicating that you wish to continue speaking

Just a moment, I haven't finished.

Will you please let me finish?/
Could you please let me finish?

Please let me finish!

Please let me finish my point.

ums Wort bitten

Darf ich dazu etwas sagen?

Wenn ich dazu noch etwas sagen dürfte: ...

asking to speak

May I comment on that?

If I may add to that ...

---

fen durch) under; **~ Zwang** under duress; **~ Lebensgefahr** at risk to one's life; **~ der Bedingung, dass ...** on condition that ...; **~ Umständen** possibly ❻ +*dat o akk* (*zugeordnet sein*) under; **etw ~ ein Motto stellen** to put sth under a motto; **jdn ~ sich haben** to have sb under one ❼ +*dat* (*in einem Zustand*) under; **~ Druck/Strom stehen** to be under pressure; **~ einer Krankheit leiden** to suffer from an illness ❽ +*dat* SÜDD (*während*) during; **~ der Woche** during the week; **~ Mittag** in the morning **II.** *adv* ❶ (*jünger als*) under ❷ (*weniger als*) less than

Un·ter·arm ['ʊntɐʔarm] *m* forearm **un·ter·be·lich·ten*** *vt* to underexpose **un·ter·be·lich·tet** *adj* (*hum fam*) dim[-witted] **un·ter·be·wer·ten*** *vt* to undervalue **un·ter·be·wusst**ᴿᴿ *adj* subconscious **Un·ter·be·wusst·sein**ᴿᴿ ['ʊntɐbəvʊstzain] *nt* **das/jds ~** the/sb's subconscious; **im ~** subconsciously **un·ter·be·zahlt** *adj* underpaid **un·ter·bie·ten*** [ʊntɐ'biːtn̩] *vt irreg* ❶ (*billiger sein*) to undercut (**um** by) ❷ SPORT **einen Rekord ~** to beat a record

un·ter·bin·den* [ʊntɐ'bɪndn̩] *vt irreg* (*geh*) to stop

un·ter·blei·ben* *vi irreg sein* (*geh*) ❶ (*aufhören*) to stop ❷ (*nicht geschehen*) not to happen

un·ter·bre·chen* [ʊntɐ'brɛçn̩] *vt irreg* ❶ (*vorübergehend beenden*) to interrupt ❷ (*räumlich auflockern*) to break up *sep*

Un·ter·bre·chung <-, -en> *f* interruption; **mit ~en** with breaks

un·ter·brei·ten* [ʊntɐ'braitn̩] *vt* (*geh*) ❶ (*vorlegen*) ▪ **jdm etw ~** to present sth to sb ❷ (*informieren*) ▪ **jdm ~, dass ...** to advise sb that ...

un·ter·brin·gen *vt irreg* ❶ (*Unterkunft verschaffen*) ▪ **jdn ~** to put sb up; **die Kinder sind gut untergebracht** (*fig*) the children are being well looked after ❷ (*abstellen*) ▪ **etw ~** to put sth somewhere ❸ (*fam: eine Anstellung verschaffen*) ▪ **jdn ~** to get sb a job

Un·ter·brin·gung <-, -en> *f* ❶ (*das Unterbringen*) accommodation ❷ (*Unterkunft*) accommodation *no indef art*

un·ter·der·handᴬᴸᵀ *adv s.* Hand 4

un·ter·des·sen [ʊntɐ'dɛsn̩] *adv* (*geh*) meanwhile

Un·ter·druck <-drücke> *m* ❶ PHYS vacuum ❷ *kein pl* (*niedriger Blutdruck*) low blood

pressure
un·ter·drü·cken* [ʊntɐˈdrʏkn̩] vt ① (niederhalten) ▪ jdn ~ to oppress sb; ▪ etw ~ to suppress sth ② (zurückhalten) to suppress
Un·ter·drü·ckung <-, -en> f ① kein pl (das Unterdrücken) Bürger, Einwohner, Volk oppression; Aufstand, Unruhen suppression ② (das Unterdrücktsein) oppression
un·te·re(r, s) <unterste(r, s)> [ˈʊntərə, -tərə, -tərəs] adj attr lower
un·ter·ei·nan·der [ʊntɐʔaiˈnandɐ] adv ① (miteinander) among yourselves/themselves etc; sich ~ helfen to help each other ② (eines unterhalb des anderen) one below the other
un·ter·ent·wi·ckelt adj underdeveloped; geistig ~ mentally retarded **un·ter·er·nährt** adj undernourished **Un·ter·er·näh·rung** f malnutrition **Un·ter·füh·rung** [ʊntɐˈfyːrʊŋ] f underpass; Fußgänger subway **Un·ter·funk·ti·on** f MED hypofunction **Un·ter·gang** <-gänge> m ① Schiff sinking ② Sonne setting ③ (Zerstörung) destruction; der ~ einer Zivilisation the decline of civilization; der ~ des Römischen Reiches the fall of the Roman Empire
Un·ter·ge·be·ne(r) f(m) subordinate
un·ter|ge·hen vi irreg sein ① (versinken) to sink; ihre Worte gingen in dem Lärm unter (fig) her words were drowned in the noise ② Sonne to set ③ (zugrunde gehen) to be destroyed; untergegangene Kulturen lost civilizations **un·ter·ge·ord·net** adj ① (zweitrangig) secondary ② (subaltern) subordinate **Un·ter·ge·schoss**^RR nt basement **Un·ter·ge·wicht** nt underweight; ~ haben to be underweight **un·ter·ge·wich·tig** adj underweight **un·ter·glie·dern*** vt to subdivide (in into)
Un·ter·grund [ˈʊntɐɡrʊnt] m ① GEOL subsoil ② kein pl (politische Illegalität) underground; in den ~ gehen to go underground; im ~ underground ③ KUNST, MODE (tragende Fläche) background; (unterste Farbschicht) undercoat **Un·ter·grund·bahn** f underground **Un·ter·grund·or·ga·ni·sa·ti·on** f POL underground organization
un·ter·halb [ˈʊntɐhalp] I. präp +gen (darunter befindlich) below II. adv (tiefer gelegen) below; Fluss downstream; ▪ ~ von etw dat below sth
Un·ter·halt <-[e]s> [ˈʊntɐhalt] m kein pl ① (Lebens~) keep; (Unterhaltsgeld) maintenance ② (Instandhaltung) upkeep
un·ter·hal·ten¹ [ˈʊntɐhaltn̩] vt irreg ① (für jds Lebensunterhalt sorgen) to support ② (instand halten, pflegen) to maintain ③ (betreiben) to run ④ (innehaben) ein

Konto ~ to have an account
un·ter·hal·ten² [ʊntɐˈhaltn̩] irreg I. vt (die Zeit vertreiben) to entertain II. vr ① (sich vergnügen) ▪ sich ~ to keep oneself amused ② (sprechen) ▪ sich [mit jdm] ~ to talk [to sb] (über about); wir müssen uns mal ~ we must have a talk
un·ter·hal·tend [ʊntɐˈhaltənt] adj, **un·ter·halt·sam** [ʊntɐˈhaltzaːm] adj entertaining
Un·ter·halts·an·spruch m entitlement to maintenance **un·ter·halts·be·rech·tigt** adj entitled to maintenance **Un·ter·halts·be·rech·tig·te(r)** f(m) dekl wie adj JUR person entitled to maintenance payments **Un·ter·halts·kos·ten** pl ① JUR maintenance ② (Instandhaltungskosten) maintenance costs npl ③ (Betriebskosten) running costs pl **Un·ter·halts·pflicht** f obligation to pay maintenance **un·ter·halts·pflich·tig** adj under obligation to provide maintenance **Un·ter·halts·zah·lung** f maintenance payment
Un·ter·hal·tung¹ <-> f kein pl ① (Instandhaltung) maintenance ② (Betrieb) running
Un·ter·hal·tung² <-, -en> f ① (Gespräch) conversation ② kein pl (Zeitvertreib) entertainment; gute ~! enjoy yourselves! **Un·ter·hal·tungs·in·dust·rie** f entertainment industry
Un·ter·händ·ler(in) [ˈʊntɐhɛndlɐ] m(f) negotiator **Un·ter·haus** [ˈʊntɐhaʊs] nt das britische ~ the House of Commons **Un·ter·hemd** [ˈʊntɐhɛmt] nt vest **Un·ter·holz** [ˈʊntɐhɔlts] nt kein pl undergrowth **Un·ter·ho·se** [ˈʊntɐhoːzə] f [under]pants **un·ter·ir·disch** [ˈʊntɐʔɪrdɪʃ] I. adj underground; Fluss subterranean II. adv underground **un·ter|ju·beln** vt (sl) ① (andrehen) ▪ jdm etw ~ to palm sth off on sb ② (anlasten) ▪ jdm etw ~ to pin sth on sb **Un·ter·kie·fer** [ˈʊntɐkiːfɐ] m lower jaw **un·ter|kom·men** vi irreg sein ① (eine Unterkunft finden) ▪ bei jdm/irgendwo ~ to find accommodation at sb's house/somewhere ② (fam: eine Anstellung bekommen) ▪ [als etw] ~ to find a job [as sth] ③ DIAL (begegnen) ▪ jdm ~ to come across sth/sb ④ DIAL (erleben) ▪ jdm ~ to experience; ein so wundersame Gelegenheit kommt einem nicht alle Tage unter you don't get such a wonderful opportunity like that every day **Un·ter·kör·per** m lower part of the body **un·ter|krie·gen** vt (fam) ▪ sich [von jds/etw] ~ lassen to allow sb/sth to get one down; von einem kleinen Rückschlag darf man sich nicht ~ lassen you shouldn't allow a trivial setback to get you down wn **un·ter·küh·len*** [ʊntɐˈkyːlən] I. vt ▪ jdn ~ to reduce sb's body temperature II. vr (fam)

■ **sich ~** to get cold
un·ter·kühlt *adj* ① (*mit niedriger Körpertemperatur*) suffering from hypothermia ② (*betont kühl, distanziert*) cool
Un·ter·küh·lung *f* hypothermia
Un·ter·kunft <-, -künfte> ['ʊntɐkʊnft, *pl* -krʏnftə] *f* accommodation; **eine ~ suchen** to look for accommodation; **~ mit Frühstück** bed and breakfast; **~ und Verpflegung** board and lodging
Un·ter·la·ge ['ʊntɐlaːgə] *f* ① (*etw zum Unterlegen*) mat; **eine Decke diente für den Patienten als ~** a blanket was used for the patient to lie on ② *meist pl* (*Dokument*) document *usu pl*
Un·ter·lass[RR] *m*, **Un·ter·laß**[ALT] ['ʊntɐlas] *m* **ohne ~** (*geh*) incessantly
un·ter·las·sen* [ʊntɐˈlasn̩] *vt irreg* ① (*nicht ausführen*) ■ **etw ~** to omit to do sth; **warum haben Sie es ~, mich zu benachrichtigen?** why did you fail to inform me? ② (*mit etw aufhören*) ■ **etw ~** to refrain from doing sth **un·ter·lau·fen*** [ʊntɐˈlaʊfn̩] *irreg* **I.** *vt haben* to evade **II.** *vi sein* ① (*versehentlich vorkommen*) ■ **jdm unterläuft etw** sth happens to sb; **da muss mir ein Fehler ~ sein** I must have made a mistake ② (*fam: begegnen*) ■ **jdm ~** to happen to sb; **so etwas Lustiges ist mir selten ~** something as funny as that has rarely happened to me
un·ter|le·gen[1] ['ʊntɐleːgn̩] *vt* ① (*darunter platzieren*) ■ **[jdm] etw ~** to put sth under[neath] [sb] ② (*abweichend interpretieren*) ■ **einer S.** *dat* **etw ~** to read another meaning into sth
un·ter·le·gen*[2] [ʊntɐˈleːgn̩] *vt* ① (*mit Untermalung versehen*) **einem Film Musik ~** to put music to a film ② (*mit einer Unterlage versehen*) to underlay
un·ter·le·gen[3] [ʊntɐˈleːgn̩] *adj* ① (*schwächer als andere*) inferior; ■ **jdm ~ sein** to be inferior to sb; **zahlenmäßig ~ sein** to be outnumbered ② SPORT ■ **jdm ~ sein** to be defeated by sb
Un·ter·le·gen·heit <-, *selten* -en> *f* inferiority
Un·ter·leib *m* [lower] abdomen **un·ter·lie·gen*** ['ʊntɐliːgn̩] *vi irreg sein* ① (*besiegt werden*) ■ **jdm ~** to lose [to sb] ② (*unterworfen sein*) **einer Täuschung ~** to be the victim of a deception; **der Schweigepflicht ~** to be bound to maintain confidentiality **Un·ter·lip·pe** *f* bottom lip
un·term ['ʊntɐm] (*fam*) = **unter dem** *s.* **unter**
un·ter·mau·ern* [ʊntɐˈmaʊɐn] *vt* ■ **etw ~** to support sth; BAU to underpin sth **Un·ter·me·nü** *nt* INFORM submenu **Un·ter·mie·te** ['ʊntəmiːtə] *f* ① (*Mieten eines Zimmers*) subtenancy; **zur ~ wohnen** to rent a room from an existing tenant ② (*das Untervermieten*) sublease; **jdn in ~ nehmen** to take in sb as a lodger **Un·ter·mie·ter(in)** *m(f)* subtenant **un·ter|mi·schen** ['ʊntɐmɪʃn̩] *vt* to add
un·tern ['ʊntɐn] (*fam*) = **unter den** *s.* **unter**
un·ter·neh·men* [ʊntɐˈneːmən] *vt irreg* ① (*in die Wege leiten*) ■ **etw/nichts ~** to take action/no action (**gegen** against) ② (*Vergnügliches durchführen*) **wollen wir nicht etwas zusammen ~?** why don't we do something together? ③ (*geh: machen*) **einen Ausflug ~** to go on an outing; **einen Versuch ~** to make an attempt ④ (*geh: auf sich nehmen*) ■ **es ~, etw zu tun** to take it upon oneself to do sth
Un·ter·neh·men <-s, -> [ʊntɐˈneːmən] *nt* ① ÖKON firm ② (*Vorhaben*) venture
Un·ter·neh·mens·be·ra·ter(in) *m(f)* management consultant **Un·ter·neh·mens·spit·ze** *f* top management
Un·ter·neh·mer(in) <-s, -> [ʊntɐˈneːmɐ] *m(f)* entrepreneur
Un·ter·neh·mung <-, -en> [ʊntɐˈneːmʊŋ] *f* (*geh*) *s.* **Unternehmen 2**
Un·ter·neh·mungs·geist *m kein pl* entrepreneurial spirit **un·ter·neh·mungs·lus·tig** *adj* enterprising
Un·ter·of·fi·zier ['ʊntɐʔɔfitsiːɐ̯] *m* non-commissioned officer **un·ter|ord·nen I.** *vt* ① (*vor etw hintanstellen*) ■ **etw einer S.** *dat* **~** to put sth before sth ② (*jdm/einer Institution unterstellen*) ■ **jdm/einer S.** *dat* **untergeordnet sein** to be [made] subordinate to sb/sth **II.** *vr* **sich** [jdm] **~** to take on a subordinate role [to sb] **Un·ter·punkt** *m* sub-point
Un·ter·re·dung <-, -en> *f* discussion
un·ter·re·prä·sen·tiert *adj* under-represented
Un·ter·richt <-[e]s, *selten* -e> ['ʊntɐrɪçt] *m* lesson; **theoretischer/praktischer ~** theoretical/practical classes; **im Sommer beginnt der ~ um zehn vor acht** in summer lessons begin at ten to eight; **bei wem haben wir nächste Stunde ~?** who's our next lesson with?; **im ~ sein** to be in a lesson; **heute fällt der ~ in Mathe aus** there will be no maths lesson today
un·ter·rich·ten* [ʊntɐˈrɪçtn̩] **I.** *vt* ① (*lehren*) to teach; **Chemie ~** to teach Chemistry ② (*informieren*) ■ **jdn ~** to inform sb (**über** about) **II.** *vi* (*als Lehrer tätig sein*) **in einem Fach ~** to teach a subject; **an welcher Schule ~ Sie?** which school do you teach at? **III.** *vr* (*sich informieren*) ■ **sich über etw** *akk* **~**

to obtain information about sth
Un·ter·richts·fach *nt* subject **Un·ter·richts·stun·de** *f* lesson
Un·ter·rock ['ʊntɐrɔk] *m* petticoat
un·ters ['ʊntɐs] (*fam*) = **unter das** *s.* **unter**
un·ter·sa·gen* [ʊntɐ'zaːgn̩] *vt* ■ **jdm etw ~** to forbid sb to do sth; **das Rauchen ist in diesen Räumen untersagt** smoking is prohibited in these rooms **Un·ter·satz** ['ʊntɐzats] *m* mat **un·ter·schät·zen*** [ʊntɐˈʃɛtsn̩] *vt* to underestimate
un·ter·schei·den [ʊntɐˈʃaɪdn̩] *irreg* **I.** *vt* ❶ (*differenzieren*) to distinguish (**zwischen** between); **etw [von etw** *dat*] **~** to tell sth from sth; **was sie von ihrer Schwester unterscheidet, ist ihre musikalische Begabung** what distinguishes her from her sister is her musical talent ❷ (*auseinanderhalten*) **ich kann die beiden nie ~** I can never tell the difference between the two; **Ulmen und Linden kann man leicht ~** you can easily tell elm trees from lime trees; **er kann ein Schneeglöckchen nicht von einer Schlüsselblume ~** he can't tell the difference between a snowdrop and a cowslip **II.** *vi* [zwischen Dingen] **~** to differentiate [between things] **III.** *vr* **sich voneinander/von jdm/etw ~** to differ from sb/sth
Un·ter·schei·dung *f* distinction
Un·ter·schen·kel *m* lower leg; (*vom gebratenen Huhn*) [chicken] drumstick **Un·ter·schicht** *f* lower class
Un·ter·schied <-[e]s, -e> ['ʊntɐʃiːt] *m* difference; **einen/keinen ~** [**zwischen Dingen**] **machen** to draw a/no distinction [between things]; **im ~ zu dir bin ich aber vorsichtiger** unlike you I'm more careful; **ohne ~** indiscriminately
un·ter·schied·lich ['ʊntɐʃiːtlɪç] **I.** *adj* different; **~er Auffassung sein** to have different views **II.** *adv* differently
un·ter·schla·gen* [ʊntɐˈʃlaːgn̩] *vt irreg* ❶ (*unrechtmäßig für sich behalten*) to misappropriate; *Geld* to embezzle; *Brief, Beweise* to withhold; **eine Nachricht ~** to keep quiet about sth ❷ (*vorenthalten*) ■ **jdm etw ~** to withhold sth from sb
Un·ter·schla·gung <-, -en> [ʊntɐˈʃlaːɡʊŋ] *f* embezzlement
Un·ter·schlupf <-[e]s, -e> ['ʊntɐʃlʊpf] *m* hideout; **bei jdm ~ suchen/finden** to look for/find shelter with sb
un·ter·schrei·ben* [ʊntɐˈʃraɪbn̩] *irreg vt, vi* to sign
Un·ter·schrift ['ʊntɐʃrɪft] *f* ❶ (*eigene Signatur*) signature ❷ (*Bildunterschrift*) caption **Un·ter·schrif·ten·lis·te** *f* petition **Un·ter·schrif·ten·samm·lung** *f* collection of signatures
un·ter·schwel·lig ['ʊntɐʃvɛlɪç] *adj* subliminal
Un·ter·see·boot ['ʊntɐzeːboːt] *nt* submarine
Un·ter·sei·te *f* underside **Un·ter·set·zer** <-s, -> ['ʊntɐzɛtsɐ] *m s.* **Untersatz**
un·ter·setzt [ʊntɐˈzɛtst] *adj* stocky
un·ter|sprit·zen* *vt* MED **Falten ~** to treat with anti-wrinkle injections
un·ters·te(r, s) ['ʊntɐstə, -təstə, təstas] *adj superl von* **untere(r, s)**; **das U~ zuoberst kehren** (*fam*) to turn everything upside down
un·ter·ste·hen*¹ [ʊntɐˈʃteːən] *irreg* **I.** *vi* ■ **jdm/einer S.** *dat* **~** to be subordinate to sb/sth; **der Abteilungsleiterin ~ 17 Mitarbeiter** seventeen employees report to the departmental head; **jds Befehl ~** to be under sb's command **II.** *vr* ■ **sich ~, etw zu tun** to have the audacity to do sth; **untersteh dich!** don't you dare!
un·ter·ste·hen*² [ʊntɐˈʃteːən] *vi irreg haben* SÜDD, ÖSTERR, SCHWEIZ (*Schutz suchen*) to take shelter
un·ter·stel·len*¹ [ʊntɐˈʃtɛlən] **I.** *vt* ❶ (*unterordnen*) ■ **jdm jdn/etw ~** to put sb in charge of sb/sth; **Sie sind ab sofort der Redaktion III unterstellt** as from now you report to editorial department III ❷ (*unterschieben*) ■ **jdm etw ~** to imply that sb has said/done sth **II.** *vi* ■ **~, [dass]** ... to suppose [that] ...
un·ter|stel·len² ['ʊntɐʃtɛlən] **I.** *vt* ❶ (*abstellen*) **etw irgendwo/bei jdm ~** to store sth somewhere/at sb's house; **ein Auto bei jdm ~** to leave one's car at sb's house ❷ (*darunter stellen*) **einen Eimer ~** to put a bucket underneath **II.** *vr* **sich ~** to take shelter
Un·ter·stel·lung *f* ❶ (*falsche Behauptung*) insinuation ❷ *kein pl* (*Unterordnung*) subordination
un·ter·strei·chen* [ʊntɐˈʃtraɪçn̩] *vt irreg* ❶ (*markieren*) to underline ❷ (*betonen*) to emphasize **Un·ter·stu·fe** *f* lower school
un·ter·stüt·zen* [ʊntɐˈʃtʏtsn̩] *vt* ❶ (*durch Hilfe fördern*) *a.* INFORM to support (**bei/in** in) ❷ (*sich dafür einsetzen*) to back **Un·ter·stüt·zung** *f* ❶ *kein pl* (*Hilfe*) support; **ich möchte Sie um Ihre ~ bitten** I should like to ask you for your support ❷ (*finanzielle Hilfe*) income support; (*Arbeitslosen-*) benefit
un·ter·su·chen* [ʊntɐˈzuːxn̩] *vt* ❶ (*den Gesundheitszustand überprüfen*) to examine (**auf** for) ❷ (*überprüfen*) to investigate; *Fahrzeug* to check ❸ (*genau betrachten*) to scrutinize ❹ (*durchsuchen*) to search (**auf** for) ❺ (*aufzuklären suchen*) to investigate

Un·ter·su·chung <-, -en> f ❶ (*Überprüfung des Gesundheitszustandes*) examination; **sich einer ~ unterziehen** (*geh*) to undergo a medical examination ❷ (*Durchsuchung*) search ❸ (*Überprüfung*) investigation ❹ (*analysierende Arbeit*) investigation **Un·ter·su·chungs·aus·schuss**ᴿᴿ m committee of inquiry **Un·ter·su·chungs·er·geb·nis** nt ❷ JUR findings pl ❷ MED results pl **Un·ter·su·chungs·haft** f custody; **in ~ sein** to be on remand **Un·ter·su·chungs·rich·ter(in)** m(f) examining magistrate

Un·ter·tan(in) <-en, -en> ['ʊntɐtaːn] m(f) subject

un·ter·tä·nig <-er, -ste> ['ʊntɛtɛːnɪç] adj (*pej*) submissive

Un·ter·tas·se f saucer; **fliegende ~** (*fam*) flying saucer **Un·ter|tau·chen** ['ʊntɐtaʊxn̩] **I.** vt haben ▪ **jdn ~** to duck [*or* AM dunk] sb's head under water **II.** vi sein ❶ (*tauchen*) to dive [*under*]; *U-Boot* to submerge ❷ (*sich verstecken*) to go underground; ▪ **bei jdm ~** to hide out at sb's place; **im Ausland ~** to go underground abroad ❸ (*verschwinden*) ▪ **irgendwo ~** to disappear somewhere **Un·ter·teil** ['ʊntɐtaɪl] nt o m bottom part **un·ter·tei·len*** [ʊntɐ'taɪlən] vt ❶ (*einteilen*) to subdivide (**in** into) ❷ (*aufteilen*) to partition (**in** into) **Un·ter·tei·lung** <-, -en> f subdivision **Un·ter·tel·ler** m SCHWEIZ, SÜDD (*Untertasse*) saucer **Un·ter·ti·tel** ['ʊntɐtiːtl̩] m ❶ (*eingeblendete Übersetzung*) subtitle ❷ (*zusätzlich erläuternder Titel*) subheading **Un·ter·ton** m undertone

un·ter·trei·ben* [ʊntɐ'traɪbn̩] irreg **I.** vt to understate **II.** vi to play sth down

un·ter·ver·mie·ten* vt, vi to sublet **un·ter·ver·sorgt** adj undersupplied **Un·ter·ver·sor·gung** f kein pl shortage

Un·ter·wä·sche <-, -> ['ʊntɐvɛʃə] f kein pl underwear no pl

un·ter·wegs [ʊntɐ'veːks] adv on the way; **Herr Müller ist gerade nach München ~** Mr. Müller is on his way to Munich at the moment; **für ~** for the journey; **wir haben ein paar Blumen von ~ mitgebracht** we've brought a few flowers back from our outing; **er hat mich von ~ angerufen** he phoned me while he was on his way

un·ter·wei·sen* [ʊntɐ'vaɪzn̩] vt irreg (*geh*) to instruct

Un·ter·welt ['ʊntɐvɛlt] f kein pl underworld **un·ter·wer·fen*** [ʊntɐ'vɛrfn̩] irreg **I.** vt ❶ (*unterjochen*) to subjugate ❷ (*unterziehen*) ▪ **jdn einer S.** dat ~ to subject sb to sth **II.** vr ❶ (*sich fügen*) **sich jds Willkür ~** to bow to sb's will; **sich einem Herrscher ~** to obey a ruler ❷ (*sich unterziehen*) ▪ **sich einer S.** dat ~ to submit to sth

Un·ter·wer·fung <-, -en> f subjugation

un·ter·wor·fen adj ▪ **jdm/einer S.** dat ~ **sein** to be subject to sb/sth

un·ter·wür·fig [ʊntɐ'vʏrfɪç] adj (*pej*) servile

un·ter·zeich·nen* [ʊntɐ'tsaɪçnən] vt (*geh*) to sign **Un·ter·zeich·ner(in)** [ʊntɐ'tsaɪçnɐ] m(f) (*geh*) signatory

un·ter·zie·hen*¹ [ʊntɐ'tsiːən] irreg **I.** vt ▪ **jdn/etw einer S.** dat ~ to subject sb/sth to sth; **das Fahrzeug muss noch einer Generalinspektion unterzogen werden** the vehicle still has to undergo a general inspection **II.** vr ▪ **sich einer S.** dat ~ to undergo sth; **sich einer Operation ~** to have an operation

un·ter|zie·hen² ['ʊntɐtsiːən] vt irreg to put on sep underneath; **Sie sollten sich einen Pullover ~** you ought to put a pullover on underneath

Un·tie·fe ['ʊntiːfə] f ❶ (*seichte Stelle*) shallow usu pl ❷ (*geh: große Tiefe*) depth usu pl

Un·tier ['ʊntiːɐ̯] nt monster

un·trag·bar [ʊn'traːkbaːɐ̯] adj ❶ (*unerträglich*) unbearable ❷ (*nicht tolerabel*) intolerable

un·trenn·bar [ʊn'trɛnbaːɐ̯] adj inseparable

un·treu ['ʊntrɔʏ] adj unfaithful; ▪ **jdm ~ sein/werden** to be unfaithful to sb; **sich** dat **~ werden** (*geh*) to be untrue to oneself; **einer S.** dat **~ werden** to be disloyal to sth

Un·treue f ❶ (*untreues Verhalten*) unfaithfulness ❷ JUR embezzlement

un·tröst·lich [ʊn'trøːstlɪç] adj inconsolable

Un·tu·gend ['ʊntuːgn̩t] f bad habit

un·ty·pisch adj untypical

un·über·legt ['ʊnʔyːbɐleːkt] **I.** adj rash **II.** adv rashly

un·über·seh·bar [ʊnʔyːbɐ'zeːbaːɐ̯] adj ❶ (*nicht zu übersehen*) obvious ❷ (*nicht abschätzbar*) incalculable; *Konsequenzen* unforeseeable

un·über·sicht·lich ['ʊnʔyːbɐzɪçtlɪç] adj ❶ (*nicht übersichtlich*) confusing ❷ (*schwer zu überblicken*) unclear; **eine ~e Kurve** a blind bend

un·über·treff·lich [ʊnʔyːbɐ'trɛflɪç] **I.** adj unsurpassable; *Rekord* unbeatable **II.** adv superbly, magnificently

un·über·trof·fen [ʊnʔyːbɐ'trɔfn̩] adj unsurpassed; *Rekord* unbroken

un·über·wind·lich [ʊnʔyːbɐ'vɪntlɪç] adj ❶ (*nicht abzulegen*) deep[-rooted] ❷ (*nicht zu meistern*) insurmountable ❸ (*unbesiegbar*) invincible

un·üb·lich ['ʊnʔyːplɪç] **I.** adj uncustomary; ▪ **~ sein** not to be customary **II.** adv unusually

un·um·gäng·lich [ʊn?ʊmˈgɛŋlɪç] *adj* inevitable

un·um·schränkt [ʊn?ʊmˈʃrɛŋkt] **I.** *adj* absolute **II.** *adv* **~ herrschen** to have absolute rule

un·um·stöß·lich [ʊn?ʊmˈʃtøːslɪç] **I.** *adj* irrefutable; *Entschluss* irrevocable **II.** *adv* irrefutably; **die Entscheidung des Gerichts steht ~ fest** the court's decision is irrevocable

un·um·strit·ten [ʊn?ʊmˈʃtrɪtn̩] **I.** *adj* undisputed **II.** *adv* undisputedly

un·un·ter·bro·chen [ˈʊn?ʊntɛbrɔxn̩] **I.** *adj* ❶ (*unaufhörlich andauernd*) incessant ❷ (*nicht unterbrochen*) uninterrupted **II.** *adv* incessantly

un·ver·än·der·lich [ʊnfɛɐ̯?ˈɛndɐlɪç] *adj* unchanging

un·ver·än·dert [ˈʊnfɛɐ̯?ɛndɐt] **I.** *adj* ❶ (*keine Änderungen aufweisend*) unrevised ❷ (*gleich bleibend*) unchanged; *Einsatz, Fleiß* unchanging **II.** *adv* **trotz dieser Meinungsverschiedenheiten begegnete sie uns ~ freundlich** her greeting was as friendly as ever, despite our [little] difference of opinion; **auch morgen ist es wieder ~ kalt** it will remain [just as] cold tomorrow; **auch für den neuen Auftraggeber arbeitete er ~ zuverlässig** his work was just as reliable for his new client

un·ver·ant·wort·lich [ʊnfɛɐ̯?ˈantvɔrtlɪç] **I.** *adj* irresponsible **II.** *adv* irresponsibly

un·ver·bes·ser·lich [ʊnfɛɐ̯ˈbɛsɐlɪç] *adj* incorrigible; *Optimist* incurable

un·ver·bind·lich [ˈʊnfɛɐ̯bɪntlɪç] **I.** *adj* ❶ (*nicht verpflichtend*) not binding *pred;* **ein ~es Angebot machen** to make a non-binding offer ❷ (*distanziert*) detached **II.** *adv* without obligation

un·ver·bleit [ˈʊnfɛɐ̯blait] *adj* unleaded

un·ver·blümt [ʊnfɛɐ̯ˈblyːmt] **I.** *adj* blunt **II.** *adv* bluntly

un·ver·dau·lich [ˈʊnfɛɐ̯daulɪç] *adj* indigestible

un·ver·dor·ben [ˈʊnfɛɐ̯dɔrbn̩] *adj* unspoilt

un·ver·dros·sen [ˈʊnfɛɐ̯drɔsn̩] *adv* undauntedly

un·ver·dünnt [ˈʊnfɛɐ̯dʏnt] **I.** *adj* undiluted; *Alkohol* neat **II.** *adv* **etw ~ anwenden** to use sth in an undiluted state; **ich trinke meinen Whisky ~** I like [to drink] my whisky neat

un·ver·ein·bar [ʊnfɛɐ̯?ˈainbaːɐ̯] *adj* incompatible; *Gegensätze* irreconcilable

un·ver·fälscht [ˈʊnfɛɐ̯fɛlʃt] *adj* unadulterated

un·ver·fäng·lich [ˈʊnfɛɐ̯fɛŋlɪç] *adj* harmless; **auf die Trickfragen hat er mit ~en Antworten reagiert** he gave non-committal answers to the trick questions

un·ver·fro·ren [ˈʊnfɛɐ̯froːrən] *adj* insolent

un·ver·gäng·lich [ʊnfɛɐ̯ˈgɛŋlɪç] *adj* ❶ (*bleibend*) abiding; *Eindruck* lasting ❷ (*nicht vergänglich*) immortal

un·ver·gess·lich^RR *adj*, **un·ver·geß·lich**^ALT [ʊnfɛɐ̯ˈgɛslɪç] *adj* unforgettable

un·ver·gleich·lich [ʊnfɛɐ̯ˈglaiçlɪç] **I.** *adj* incomparable **II.** *adv* incomparably

un·ver·hält·nis·mä·ßig [ˈʊnfɛɐ̯hɛltnɪsmɛːsɪç] *adv* excessively; **wir alle litten unter dem ~ heißen Wetter** we are all suffering as a result of the unusually hot weather

un·ver·hei·ra·tet [ˈʊnfɛɐ̯hairaːtət] *adj* unmarried

un·ver·hofft [ˈʊnfɛɐ̯hɔft] **I.** *adj* unexpected **II.** *adv* unexpectedly; **sie besuchten uns ~** they paid us an unexpected visit

un·ver·hüllt <-er, -este> [ˈʊnfɛɐ̯hʏlt] *adj* undisguised

un·ver·käuf·lich [ˈʊnfɛɐ̯kɔyflɪç] *adj* not for sale *pred*

un·ver·kenn·bar [ʊnfɛɐ̯ˈkɛnbaːɐ̯] *adj* unmistakable; ■**~ sein/werden, dass ...** to be/become clear that ...

un·ver·letzt [ˈʊnfɛɐ̯lɛtst] *adj* unhurt

un·ver·meid·bar [ʊnfɛɐ̯ˈmaitbaːɐ̯] *adj* s. **unvermeidlich**

un·ver·meid·lich [ʊnfɛɐ̯ˈmaitlɪç] *adj* unavoidable

un·ver·min·dert [ˈʊnfɛɐ̯mɪndɐt] **I.** *adj* undiminished **II.** *adv* unabated

un·ver·mit·telt [ˈʊnfɛɐ̯mɪtl̩t] **I.** *adj* sudden **II.** *adv* suddenly

Un·ver·mö·gen [ˈʊnfɛɐ̯møːgn̩] *nt kein pl* powerlessness; ■**jds ~, etw zu tun** sb's inability to do sth

un·ver·mu·tet [ˈʊnfɛɐ̯muːtət] **I.** *adj* unexpected **II.** *adv* unexpectedly

Un·ver·nunft [ˈʊnfɛɐ̯nʊnft] *f* stupidity

un·ver·nünf·tig [ˈʊnfɛɐ̯nʏnftɪç] *adj* stupid

un·ver·öf·fent·licht [ˈʊnfɛɐ̯?œfn̩tlɪçt] *adj* unpublished

un·ver·rich·tet [ˈʊnfɛɐ̯rɪçtət] *adj* **~er Dinge** without having achieved anything

un·ver·schämt [ˈʊnfɛɐ̯ʃɛːmt] **I.** *adj* ❶ (*dreist*) impudent ❷ (*unerhört*) outrageous **II.** *adv* ❶ (*dreist*) insolently; **~ lügen** to tell barefaced lies ❷ (*fam: unerhört*) outrageously

Un·ver·schämt·heit <-, -en> *f* ❶ (*Dreistigkeit*) insolence ❷ (*unverschämte Bemerkung*) impertinent remark; **[das ist eine] ~!** that's outrageous! ❸ (*unverschämte Handlung*) impertinence *no pl*

un·ver·schul·det [ˈʊnfɛɐ̯ʃʊldət] *adj, adv*

through no fault of one's own
un·ver·se·hens [ˈʊnfɐˈzeːəns] *adv* unexpectedly
un·ver·sehrt [ˈʊnfɐˈzeːɐ̯t] *adj* undamaged; *(Mensch)* unscathed
un·ver·söhn·lich [ˈʊnfɐˈzøːnlɪç] *adj* irreconcilable
un·ver·ständ·lich [ˈʊnfɐˈʃtɛntlɪç] *adj* ❶ *(akustisch nicht zu verstehen)* unintelligible; ■ ~ **sein** to be unintelligible ❷ *(unbegreifbar)* incomprehensible; ■ ~ **sein, warum/wie ...** to be incomprehensible why/how ...
Un·ver·ständ·nis *nt kein pl* lack of understanding
un·ver·sucht [ˈʊnfɐˈzuːxt] *adj* **nichts ~ lassen** to leave no stone unturned
un·ver·träg·lich [ˈʊnfɐˈtrɛːklɪç] *adj* ❶ *(sich mit keinem vertragend)* cantankerous ❷ *(nicht gut bekömmlich)* indigestible
Un·ver·träg·lich·keit <-> *f kein pl* ❶ *(Streitsucht)* cantankerousness ❷ MED intolerance ❸ *(Unvereinbarkeit)* incompatibility
un·ver·wech·sel·bar [ʊnfɐˈvɛkslbaːɐ̯] *adj* unmistakable
un·ver·wund·bar [ʊnfɐˈvʊntbaːɐ̯] *adj* invulnerable
un·ver·wüst·lich [ʊnfɐˈvyːstlɪç] *adj* tough; *Gesundheit* robust
un·ver·zeih·lich [ʊnfɐˈtsailɪç] *adj* inexcusable
un·ver·zollt [ˈʊnfɐˈtsɔlt] *adj* duty-free
un·ver·züg·lich [ʊnfɐˈtsyːklɪç] **I.** *adj* immediate **II.** *adv* immediately; ~ **gegen jdn vorgehen** to take immediate action against sb
un·vol·len·det [ˈʊnfɔlˈʔɛndət] *adj* unfinished
un·voll·kom·men [ˈʊnfɔlkɔmən] *adj* incomplete
Un·voll·kom·men·heit *f* imperfection
un·voll·stän·dig [ˈʊnfɔlʃtɛndɪç] **I.** *adj* incomplete **II.** *adv* incompletely
Un·voll·stän·dig·keit *f* incompleteness
un·vor·be·rei·tet [ˈʊnfoːɐ̯bəraitət] **I.** *adj* unprepared **II.** *adv* ❶ *(ohne sich vorbereitet zu haben)* without any preparation ❷ *(unerwartet)* unexpectedly
un·vor·ein·ge·nom·men [ˈʊnfoːɐ̯ʔaingənɔmən] **I.** *adj* unbiased **II.** *adv* impartially
Un·vor·ein·ge·nom·men·heit *f* impartiality
un·vor·her·ge·se·hen [ˈʊnfoːɐ̯heːɐ̯gəzeːən] **I.** *adj* unforeseen; *Besuch* unexpected **II.** *adv* unexpectedly; **jdn ~ besuchen** to pay sb an unexpected visit
un·vor·sich·tig [ˈʊnfoːɐ̯zɪçtɪç] **I.** *adj* ❶ *(unbedacht)* rash ❷ *(nicht vorsichtig)* careless **II.** *adv* ❶ *(unbedacht)* rashly; **sich ~ äußern** to make a rash comment ❷ *(nicht vorsichtig)* carelessly
un·vor·sich·ti·ger·wei·se *adv* carelessly; **dieses Wort ist mir ~ entschlüpft** this word just [kind of] slipped out
Un·vor·sich·tig·keit <-, -en> *f* ❶ *kein pl (unbedachte Art)* rashness ❷ *(unbedachte Bemerkung)* rash comment ❸ *(unbedachte Handlung)* rash act
un·vor·stell·bar [ʊnfoːɐ̯ˈʃtɛlbaːɐ̯] **I.** *adj* inconceivable **II.** *adv* inconceivably
un·vor·teil·haft [ˈʊnfoːɐ̯tailhaft] **I.** *adj* ❶ *(nicht vorteilhaft aussehend)* unflattering ❷ *(nachteilig)* disadvantageous **II.** *adv* unflatteringly; **sich ~ kleiden** not to dress in a very flattering way
Un·wäg·bar·keit <-, -en> *f* unpredictability
un·wahr [ˈʊnvaːɐ̯] *adj* untrue, false
un·wahr·schein·lich [ˈʊnvaːɐ̯ʃainlɪç] **I.** *adj* ❶ *(kaum denkbar)* unlikely; *Zufall* remarkable ❷ *(fam: unerhört)* incredible; *Mistkerl* absolute **II.** *adv* *(fam)* incredibly; **ich habe mich ~ darüber gefreut** I was really pleased about it; **letzten Winter haben wir ~ gefroren** we were incredibly cold last winter; **du hast ja ~ abgenommen!** you've lost a hell of a lot of weight!
Un·wahr·schein·lich·keit <-, -en> *f* improbability
un·weg·sam [ˈʊnveːkzaːm] *adj* [almost] impassable
un·wei·ger·lich [ˈʊnvaigɐlɪç] **I.** *adj attr* inevitable **II.** *adv* inevitably
un·weit [ˈʊnvait] **I.** *präp* ■ ~ **einer S.** *gen* not far from a thing **II.** *adv* ■ ~ **von etw** *dat* not far from sth
Un·we·sen [ˈʊnveːzn̩] *nt kein pl* dreadful state of affairs; **sein ~ treiben** to ply one's dreadful trade
un·we·sent·lich [ˈʊnveːzn̩tlɪç] **I.** *adj* insignificant **II.** *adv* slightly
Un·wet·ter [ˈʊnvɛtɐ] *nt* violent [thunder]storm
un·wich·tig [ˈʊnvɪçtɪç] *adj* unimportant
un·wi·der·ruf·lich [ʊnviːdɐˈruːflɪç] **I.** *adj* irrevocable **II.** *adv* irrevocably
un·wi·der·steh·lich [ʊnviːdɐˈʃteːlɪç] *adj* irresistible
un·wie·der·bring·lich [ʊnviːdɐˈbrɪŋlɪç] *adj* *(geh)* irretrievable
Un·wil·le [ˈʊnvɪlə] *m* displeasure
un·wil·lig [ˈʊnvɪlɪç] **I.** *adj* ❶ *(verärgert)* angry ❷ *(widerwillig)* reluctant **II.** *adv* reluctantly
un·will·kom·men [ˈʊnvɪlkɔmən] *adj* unwelcome
un·will·kür·lich [ˈʊnvɪlkyːɐ̯lɪç] **I.** *adj* involuntary **II.** *adv* involuntarily

un·wirk·lich ['ʊnvɪrklɪç] *adj* unreal
un·wirk·sam ['ʊnvɪrkzaːm] *adj* ineffective
un·wirsch <-er, -[e]ste> ['ʊnvɪrʃ] *adj* curt, *esp* BRIT brusque
un·wirt·schaft·lich ['ʊnvɪrtʃaftlɪç] *adj* uneconomic[al]
Un·wis·sen *nt s.* **Unwissenheit**
un·wis·send ['ʊnvɪsn̩t] *adj* (*über kein Wissen verfügend*) ignorant; (*ahnungslos*) unsuspecting
Un·wis·sen·heit <-> ['ʊnvɪsn̩haɪt] *f kein pl* ignorance
un·wis·sent·lich ['ʊnvɪsn̩tlɪç] *adv* unwittingly
un·wohl ['ʊnvoːl] *adj* ■ **jdm ist ~** ① (*gesundheitlich nicht gut*) sb feels unwell [*or* AM *usu* sick] ② (*unbehaglich*) sb feels uneasy
Un·wohl·sein ['ʊnvoːlzaɪn] *nt* [slight] nausea
un·wür·dig ['ʊnvʏrdɪç] *adj* ① (*nicht würdig*) unworthy ② (*schändlich*) disgraceful
Un·zahl ['ʊntsaːl] *f* ■ **eine ~** a huge number (**von** of)
un·zäh·lig [ʊn'tsɛːlɪç] *adj* countless; **~ Anhänger** huge numbers of supporters; **~e Mal** time and again
Un·ze <-, -n> ['ʊntsə] *f* ounce
un·zeit·ge·mäß ['ʊntsaɪtɡəmɛːs] *adj* old-fashioned
un·zer·brech·lich [ʊntsɛɐ̯brɛçlɪç] *adj* unbreakable
un·zer·trenn·lich [ʊntsɛɐ̯'trɛnlɪç] *adj* inseparable
Un·zucht ['ʊntsʊxt] *f kein pl* (*veraltend*) illicit sexual relations *pl*
un·züch·tig ['ʊntsʏçtɪç] *adj* ① (*veraltend: unsittlich*) indecent ② JUR (*pornografisch*) obscene
un·zu·frie·den ['ʊntsufriːdn̩] *adj* dissatisfied
Un·zu·frie·den·heit *f* dissatisfaction
un·zu·gäng·lich ['ʊntsuːɡɛŋlɪç] *adj* ① (*schwer erreichbar*) inaccessible ② (*nicht aufgeschlossen*) unapproachable
un·zu·läng·lich ['ʊntsuːlɛŋlɪç] **I.** *adj* inadequate; *Erfahrungen, Kenntnisse* insufficient **II.** *adv* inadequately
un·zu·läs·sig ['ʊntsuːlɛsɪç] *adj* inadmissible
un·zu·mut·bar ['ʊntsuːmuːtbaːɐ̯] *adj* unreasonable
un·zu·rech·nungs·fä·hig ['ʊntsuːrɛçnʊŋsfɛːɪç] *adj* of unsound mind *pred*; **jdn für ~ erklären** to certify sb insane
un·zu·sam·men·hän·gend ['ʊntsuzamənhɛŋənt] *adj* incoherent
un·zu·stell·bar ['ʊntsuːʃtɛlbaːɐ̯] *adj* undeliverable
un·zu·tref·fend ['ʊntsuːtrɛfnt] *adj* incorrect
un·zu·ver·läs·sig ['ʊntsuːfɛɐ̯lɛsɪç] *adj* unreliable
Un·zu·ver·läs·sig·keit *f* unreliability
un·zwei·deu·tig ['ʊntsvaɪdɔʏtɪç] **I.** *adj* unambiguous **II.** *adv* unambiguously
Up·date <-s, -s> ['ʌpdeːt] *m* INFORM update
up·da·ten ['apdeːtən] *vt* INFORM to update
üp·pig ['ʏpɪç] *adj* ① (*schwellend*) voluptuous ② (*reichhaltig*) sumptuous ③ (*geh: in großer Fülle vorhanden*) luxuriant
Ur·ab·stim·mung *f* ballot [vote] **Ur·ahn, -ah·ne** ['uːɐ̯ʔaːn, -ʔaːnə] *m, f* ancestor
Ural <-s> [uˈraːl] *m* ■ **der** ~ ① (*Gebirge*) the Urals *pl* ② (*Fluss*) the [river] Ural
ur·alt ['uːɐ̯ʔalt] *adj* ① (*sehr alt*) very old ② (*schon lange existent*) ancient ③ (*fam: schon lange bekannt*) ancient; *Problem* perennial
Uran <-s> [uˈraːn] *nt kein pl* uranium
Ura·nus <-s> ['uːranʊs] *m kein pl* Uranus *no art*
ur·auf·füh·ren ['uːɐ̯ʔaʊffyːrən] *vt nur infin und pp* to première **Ur·auf·füh·rung** *f* first night; *Film* première **Ur·bild** *nt* ① (*Prototyp*) original transcript ② (*Inbegriff*) **ein ~ an Kraft** an epitome of vigour **ur·ei·gen** ['uːɐ̯ʔaɪɡn̩] *adj* very own; **es ist in Ihrem ~en Interesse** it's in your own best interests
Ur·ein·woh·ner(in) *m(f)* native inhabitant
Ur·en·kel(in) ['uːɐ̯ʔɛŋkl̩] *m(f)* great-grandchild, great-grandson *masc*, great-granddaughter *fem* **Ur·ge·schich·te** ['uːɐ̯ɡəʃɪçtə] *f kein pl* prehistory
Ur·groß·el·tern ['uːɐ̯ɡroːsʔɛltɐn] *pl* great-grandparents *pl* **Ur·groß·mut·ter** ['uːɐ̯ɡroːsmʊtɐ] *f* great-grandmother **Ur·groß·va·ter** *m* great-grandfather
Ur·he·ber(in) <-s, -> ['uːɐ̯heːbɐ] *m(f)* ① (*Autor*) author ② (*Initiator*) originator **Ur·he·ber·recht** *nt* ① (*Recht des Autors*) copyright (**an** on) ② (*urheberrechtliche Bestimmungen*) copyright law **ur·he·ber·recht·lich I.** *adj* copyright *attr* **II.** *adv* **~ geschützt** copyright[ed]
Uri <-s> ['uːri] *nt* Uri
urig ['uːrɪç] *adj* (*fam*) ① (*originell*) eccentric ② (*Lokalkolorit besitzend*) with a local flavour *pred*; **dieses Lokal ist besonders ~** this pub has a real local flavour
Urin <-s, -e> [uˈriːn] *m* urine
uri·nie·ren* [uriˈniːrən] *vi* (*geh*) to urinate
Urin·pro·be *f* urine sample **Urin·test** *m* urine test
Ur·knall *m* big bang **ur·ko·misch** ['uːɐ̯koːmɪʃ] *adj* hilarious
Ur·kun·de <-, -n> ['uːɐ̯kʊndə] *f* document **Ur·kun·den·fäl·schung** *f* forgery of a document
ur·kund·lich ['uːɐ̯kʊntlɪç] **I.** *adj* documen-

tary **II.** *adv* ~ **belegen** to prove by documents

URL <-, -s> [u:ʔɛrʔɛl] *f o m kein pl* INET *Abk von* **Uniform Resource Locator** URL

Ur·laub <-[e]s, -e> ['u:ɐ̯laup] *m* holiday BRIT, vacation AM; **in ~ fahren, ~ machen** to go on holiday [*or* AM vacation]; **~ haben, in ~ sein** to be on holiday [*or* AM vacation]

ur·lau·ben* ['u:ɐ̯laubən] *vi* (*fam*) to [go on] holiday [*or* AM vacation]

Ur·lau·ber(in) <-s, -> *m(f)* holiday-maker BRIT, vacationer AM

Ur·laubs·geld *nt* holiday pay **ur·laubs·reif** *adj* ■ **~ sein** to be ready for a holiday **Ur·laubs·rei·se** *f* holiday [trip]

Ur·ne <-, -n> ['ʊrnə] *f* ❶ (*Grab~*) urn ❷ (*Wahl~*) ballot-box; **zu den ~n gehen** to go to the polls

Ur·nen·gang *m* election

Uro·lo·gie <-> [urolo'gi:] *f kein pl* urology

Ur·oma *f* (*fam*) great-grandma **Ur·opa** *m* (*fam*) great-granddad **ur·plötz·lich I.** *adj attr* (*fam*) very sudden **II.** *adv* very suddenly

Ur·sa·che *f* reason; **ich suche immer noch die ~ für das Flackern der Lampen** I'm still trying to find out why the lights are flickering; **~ und Wirkung** cause and effect; **defekte Bremsen waren die ~ für den Unfall** the accident was caused by faulty brakes
▸ **keine ~!** you're welcome

ur·säch·lich ['u:ɐ̯zɛçlɪç] *adj* causal

Ur·sprung <-s, Ursprünge> ['u:ɐ̯ʃprʊŋ, *pl* -ʃprʏŋə] *m* origin

ur·sprüng·lich ['u:ɐ̯ʃprʏŋlɪç] **I.** *adj* ❶ *attr* (*anfänglich*) original ❷ (*im Urzustand befindlich*) unspoiled ❸ (*urtümlich*) ancient **II.** *adv* originally

Ur·teil <-s, -e> ['ʊrtaɪl] *nt* ❶ JUR judgement, verdict; **ein ~ fällen** to pass a judgement ❷ (*Meinung*) opinion; **sich** *dat* **ein ~ bilden** to form an opinion (**über** about); **ein ~ fällen** to pass judgement (**über** on); **nach jds ~** in sb's opinion

ur·tei·len ['ʊrtaɪlən] *vi* to pass judgement (**über** on); **du neigst aber dazu, voreilig zu ~** you [do] like to make hasty judgements[, don't you?]; **nach seinem Gesichtsausdruck zu ~, ist er unzufrieden mit dem Ergebnis** judging by his expression he is dissatisfied with the result

Ur·teils·be·grün·dung *f* reasons for [a/the] judgement *pl* **Ur·teils·kraft** *f kein pl* faculty of judgement **Ur·teils·spruch** *m* verdict

ur·tüm·lich ['u:ɐ̯ty:mlɪç] *adj* ancient

Uru·gu·ay <-s> [uru'ɡu̯ai] *nt* Uruguay; *s. a.* **Deutschland**

Uru·gu·ay·er(in) <-s, -> [u:ru'ɡu̯aiɐ] *m(f)* Uruguayan; *s. a.* **Deutsche(r)**

uru·gu·ay·isch ['u:rugvaɪrɪʃ] *adj* Uruguayan; *s. a.* **deutsch**

Ur·ur·enkel(in) ['u:ɐ̯ʔu:ɐ̯-] *m(f)* great-great-grandchild, great-great-grandson *masc*, great-great-granddaughter *fem* **Ur·ur·groß·mut·ter** *f* great-great-grandmother **Ur·ur·groß·va·ter** *m* great-great-grandfather

Ur·wald ['u:ɐ̯valt] *m* primeval forest **ur·wüch·sig** *adj* ❶ (*im Urzustand erhalten*) unspoiled ❷ (*unverbildet*) earthy ❸ (*ursprünglich*) original **Ur·zeit** *f kein pl* GEOL ■ **die ~** primeval times *pl*; **seit ~en** (*fam*) for donkey's years; **vor ~en** (*fam*) donkey's years ago **ur·zeit·lich** *adj* primeval **Ur·zu·stand** *m kein pl* original state

USA [u:ʔɛs'ʔa:] *pl Abk von* **United States of America**: ■ **die ~** the USA + *sing vb*, the US + *sing vb*

US-a·me·ri·ka·nisch [u:ʔɛs'ʔamerika:nɪʃ] *adj* American, US

Us·be·ke, Us·be·kin <-n, -n> [ʊs'be:kə, ʊs'be:kɪn] *m, f* Uzbek[istani]; *s. a.* **Deutsche(r)**

us·be·kisch [ʊs'be:kɪʃ] *adj* Uzbek, AM *a.* Uzbekistani; *s. a.* **deutsch**

Us·be·ki·stan <-s> [ʊs'be:kista:n] *nt* Uzbekistan; *s. a.* **Deutschland**

U·ser(in) <-s, -> ['ju:zɐ] *m(f)* INFORM user

usw. *Abk von* **und so weiter** etc.

Uten·sil <-s, -ien> [utɛn'zi:l, *pl* -li̯ən] *nt meist pl* utensil

Ute·rus <-, Uteri> ['u:terʊs, *pl* -ri] *m* uterus

Uto·pie <-, -n> [uto'pi:, *pl* -pi:ən] *f* Utopia

uto·pisch [u'to:pɪʃ] *adj* ❶ (*völlig absurd*) utopian ❷ LIT Utopian

u.U. *Abk von* **unter Umständen** possibly

u.v.a.(m.) *Abk von* **und vieles andere [mehr]** and much [more] besides

UV-Strah·len *pl* UV-rays *pl*

Ü-Wa·gen *m* OB vehicle

V, v <-, - *o fam* -s, -s> [fau] *nt* V, v; *s. a.* **A 1**

V *Abk von* **Volt** V

Va·ga·bund(in) <-en, -en> [vaga'bʊnt, *pl* -bʊndn̩] *m(f)* vagabond

va·ge ['va:gə] **I.** *adj* vague **II.** *adv* vaguely

Va·gi·na <-, Vaginen> [va'gi:na, 'va:gina] *f* vagina

va·gi·nal [vagi'na:l] **I.** *adj* vaginal **II.** *adv* vaginally

Va·ku·um <-s, Vakuen o Vakua> ['va:kuʊm, 'va:kuən, 'va:kua] *nt* vacuum
Va·ku·um·kam·mer ['va:kuʊm-] *f* TECH vacuum chamber **va·ku·um·ver·packt** *adj* vacuum-packed
Va·lu·ta <-, Valuten> [va'lu:ta, *pl* -tən] *f* FIN ① (*ausländische Währung*) foreign currency ② (*Wertstellung*) value date
Vamp <-s, -s> [vɛmp] *m* vamp
Vam·pir <-s, -e> [vam'pi:ɐ̯] *m* vampire
Van·da·le, Van·da·lin <-n, -n> [van'da:lə, van'da:lɪn] *m*, *f* ① (*zerstörungswütiger Mensch*) vandal ② HIST Vandal
Van·da·lis·mus <-> [vanda'lɪsmʊ] *m kein pl* vandalism
Va·nil·le <-, -en> [va'nɪljə, va'nɪlə] *f* vanilla
Va·nil·le·eis [va'nɪljə-, va'nɪlə-] *nt* vanilla ice-cream **Va·nil·le·pud·ding** *m* vanilla pudding **Va·nil·le·zu·cker** *m* vanilla sugar
va·ri·a·bel, Van·da·b|| [va'ri̯a:bl] *adj* variable
Va·ri·a·ble <-n, -n> [va'ri̯a:blə] *dekl wie adj f* variable
Va·ri·an·te <-, -n> [va'ri̯antə] *f* ① (*Abwandlung*) variation ② (*veränderte Ausführung*) variant
Va·ri·a·ti·on <-, -en> [varia'tsi̯o:n] *f* variation
Va·ri·e·té <-s, -s> [vari̯e'te:], **Va·ri·e·tee**ᴿᴿ <-s, -s> [vari̯e'te:] *nt* variety show
va·ri·ie·ren* [vari'i:rən] *vi/vt* to vary
Va·se <-, -n> ['va:zə] *f* vase
Va·ter <-s, Väter> ['fa:tɐ, *pl* 'fɛtɐ] *m* father; **ganz der ~ sein** to be just like one's father
Va·ter·land ['fa:tɐlant] *nt* fatherland, motherland BRIT
vä·ter·lich ['fɛtɐlɪç] **I.** *adj* ① (*dem Vater gehörend*) sb's father's ② (*zum Vater gehörend*) paternal ③ (*fürsorglich*) fatherly **II.** *adv* like a father
vä·ter·li·cher·seits *adv* on sb's father's side
Va·ter·mord *m* patricide
Va·ter·schaft <-, -en> *f* paternity
Va·ter·schafts·kla·ge *f* paternity suit **Va·ter·schafts·test** *m* paternity test
Va·ter·tag *m* Father's Day
Va·ter·un·ser <-s, -> [fa:tɐ'?ʊnzɐ] *nt* REL ■ **das ~** the Lord's Prayer
Va·ti <-s, -s> ['fa:ti] *m* (*fam*) daddy
Va·ti·kan <-s> [vati'ka:n] *m* Vatican
V-Aus·schnitt ['faʊ-] *m* V-neck; **ein Pullover mit ~** a V-neck jumper
v.Chr. *Abk von* **vor Christus** BC
Ve·ga·ner(in) <-s, -> [ve'ga:nɐ] *m(f)* vegan
Ve·ge·ta·ri·er(in) <-s, -> [vege'ta:ri̯ɐ] *m(f)* vegetarian
ve·ge·ta·risch [vege'ta:rɪʃ] **I.** *adj* vegetarian **II.** *adv* **sich ~ ernähren** to be a vegetarian

Ve·ge·ta·ti·on <-, -en> [vegeta'tsi̯o:n] *f* vegetation
ve·ge·ta·tiv [vegeta'ti:f] *adj* vegetative
ve·ge·tie·ren* [vege'ti:rən] *vi* to vegetate
Ve·hi·kel <-s, -> [ve'hi:kl] *nt* (*fam*) vehicle
Veil·chen <-s, -> ['faɪlçən] *nt* ① BOT violet ② (*fam: blaues Auge*) shiner
Vek·tor <-s, -toren> ['vɛkto:ɐ̯, *pl* -'to:rən] *m* MATH vector
Ve·lo <-s, -s> ['ve:lo] *nt* SCHWEIZ (*Fahrrad*) bicycle, bike *fam*
Ve·lours¹ <-, -> [və'lu:ɐ̯] *nt s.* **Veloursleder**
Ve·lours² <-, -> [və'lu:ɐ̯] *m* MODE velour[s]
Ve·lours·le·der [və'lu:ɐ̯-] *nt* suede
Ve·ne <-, -n> ['ve:nə] *f* vein
Ve·ne·dig <-s> [ve'ne:dɪç] *nt kein pl* Venice
Ve·nen·ent·zün·dung ['ve:-] *f* phlebitis *no pl*
ve·ne·zi·a·nisch [vene'tsi̯a:nɪʃ] *adj* Venetian; *s. a.* **Deutsch**
Ve·ne·zo·la·ner(in) <-s, -> [venetso'la:nɐ] *m(f)* Venezuelan; *s. a.* **Deutsche(r)**
ve·ne·zo·la·nisch [venetso'la:nɪʃ] *adj* Venezuelan; *s. a.* **deutsch**
Ve·ne·zu·e·la <-s> [vene'tsu̯e:la] *nt* Venezuela; *s. a.* **Deutschland**
Ven·til <-s, -e> [vɛn'ti:l] *nt* ① (*Absperrhahn*) stopcock ② (*Schlauch~*) valve
Ven·ti·la·tor <-s, -toren> [vɛnti'la:to:ɐ̯, *pl* -'to:rən] *m* ventilator, fan
Ve·nus <-s> ['ve:nʊs] *f kein pl* Venus
ver·ab·re·den* **I.** *vr* ■ **sich [mit jdm] ~** to arrange to meet [sb]; ■ **[mit jdm] verabredet sein** to have arranged to meet [sb] **II.** *vt* ■ **etw [mit jdm] ~** to arrange sth [with sb]; ■ **verabredet** agreed; **wie verabredet** as agreed
Ver·ab·re·dung <-, -en> *f* ① (*Treffen*) date, meeting ② (*Vereinbarung*) arrangement; **eine ~ treffen** to come to an arrangement ③ (*das Verabreden*) arranging; **eine ~ treffen** to arrange a meeting
ver·ab·rei·chen* *vt* ■ **[jdm] etw ~** to administer sth [to sb]
ver·ab·scheu·en* *vt* to detest, to loathe
ver·ab·schie·den* **I.** *vr* ■ **sich ~** to say goodbye (**von** to) **II.** *vt* ① (*offiziell Abschied nehmen*) ■ **jdn ~** to take one's leave of sb ② *Gesetz* to pass
ver·ach·ten* *vt* ① (*verächtlich finden*) to despise ② (*nicht achten*) to scorn; **nicht zu ~ sein** [sth is] not to be sneezed at
ver·ächt·lich [fɛɐ̯'ʔɛçtlɪç] **I.** *adj* ① (*Verachtung zeigend*) contemptuous, scornful ② (*verabscheuungswürdig*) despicable **II.** *adv* contemptuously, scornfully
Ver·ach·tung *f* contempt, scorn; **jdn mit ~ strafen** to treat sb with contempt

sich verabschieden

sich verabschieden	saying goodbye
Auf Wiedersehen!	Goodbye!
Auf ein baldiges Wiedersehen!	Hope to see you again soon!
Tschüss! (*fam*)/Ciao! (*fam*)	Bye! (*fam*)/Cheerio! (*fam*)
Mach's gut! (*fam*)	See you!/Take care!/All the best!/Take it easy! (*fam*)
(Also dann,) bis bald! (*fam*)	(OK then,) see you soon/later!
Bis morgen!/Bis nächste Woche!	See you tomorrow!/See you next week!
Man sieht sich! (*fam*)	See you around! (*fam*)
Komm gut heim! (*fam*)	Safe journey home!
Pass auf dich auf! (*fam*)	Look after yourself!/Take care!
Kommen Sie gut nach Hause!	Safe journey home!
Einen schönen Abend noch!	Have a nice evening!

sich am Telefon verabschieden	saying goodbye on the phone
Auf Wiederhören! (*form*)	Goodbye!
Also dann, bis bald wieder! (*fam*)	OK then, speak to you again soon!
Tschüss! (*fam*)/Ciao! (*fam*)	Bye! (*fam*)/Cheerio! (*fam*)

ver·all·ge·mei·nern* I. *vt* ■ etw ~ to generalize about sth II. *vi* to generalize

Ver·all·ge·mei·ne·rung <-, -en> *f* generalization

ver·al·ten* [fɛɐ̯ˈʔaltn̩] *vi sein* to become obsolete; *Ansichten, Methoden* to become outdated; ■ **veraltet** obsolete

ver·al·tet *pp von* **veralten** II. *adj* old; *Ausdruck* antiquated

Ve·ran·da <-, Veranden> [veˈranda, *pl* -dən] *f* veranda

ver·än·der·lich *adj* ❶ (*variierbar*) variable ❷ METEO changeable

ver·än·dern* I. *vt* to change II. *vr* ■ sich ~ to change

Ver·än·de·rung *f* change; (*leicht*) alteration, modification

ver·ängs·ti·gen* *vt* ■ jdn ~ to frighten sb; ■ **verängstigt** frightened, scared

ver·an·kern* *vt* to anchor (**in** in)

ver·an·lagt [fɛɐ̯ˈʔanlaːkt] *adj* **ein künstlerisch ~er Mensch** a person with an artistic disposition; ■ **[irgendwie] ~ sein** to have a certain bent; **er ist praktisch ~** he is practically minded

Ver·an·la·gung <-, -en> *f* disposition; **eine bestimmte ~ haben** to have a certain bent; **eine ~ [zu etw** *dat*] **haben** to have a tendency towards sth

ver·an·las·sen* I. *vt* ❶ (*in die Wege leiten*) to arrange ❷ (*dazu bringen*) ■ **jdn [zu etw** *dat*] **~** to induce sb to do sth; **sich dazu veranlasst fühlen, etw zu tun** to feel obliged to do sth II. *vi* ■ **~, dass etw geschieht** to see to it that sth happens

Ver·an·las·sung <-, -en> *f* ❶ (*Einleitung*) **auf jds ~** at sb's instigation ❷ (*Anlass*) cause, reason

ver·an·schau·li·chen* [fɛɐ̯ˈʔanʃaʊ̯lɪçn̩] *vt* ■ **etw ~** to illustrate sth

ver·an·schla·gen* *vt* to estimate (**mit** at)

ver·an·stal·ten* [fɛɐ̯ˈʔanʃtaltn̩] *vt* to organize

Ver·an·stal·ter(in) <-s, -> *m(f)* organizer

Ver·an·stal·tung <-, -en> *f* ❶ *kein pl* (*das Durchführen*) organizing ❷ (*Ereignis*) event

Ver·an·stal·tungs·ka·len·der *m* calendar of events **Ver·an·stal·tungs·ort** *m* venue

ver·ant·wor·ten* I. *vt* ■ **etw ~** to take responsibility for sth II. *vr* ■ **sich [vor jdm] ~** to answer [to sb] (**für** for)

ver·ant·wort·lich *adj* responsible

Ver·ant·wort·li·che(r) *f(m) dekl wie adj* person responsible; (*für Negatives a.*) respon-

Ver·ant·wor·tung <-, -en> f responsibility; **jdn [für etw] zur ~ ziehen** to call sb to account [for sth]; **auf deine ~!** on your head be it! BRIT, it'll be on your head! AM; **die ~ [für etw] tragen** to be responsible [for sth]; **die ~ [für etw] übernehmen** to take responsibility [for sth]; **auf eigene ~** on one's own responsibility ▸ **sich aus der ~ stehlen** to dodge responsibility

ver·ant·wor·tungs·be·wusst^{RR} I. *adj* responsible II. *adv* ~ **handeln** to act responsibly **ver·ant·wor·tungs·los** I. *adj* irresponsible II. *adv* ~ **handeln** to act irresponsibly **Ver·ant·wor·tungs·trä·ger(in)** *m(f)* POL, SOZIOL responsible party **ver·ant·wor·tungs·voll** *adj* responsible

ver·ar·bei·ten* *vt* ① ÖKON to use; *Fleisch* to process; ▪ **etw [zu etw** *dat*] ~ to make sth into sth ② PSYCH to assimilate; **eine Enttäuschung ~** to come to terms with a disappointment

Ver·ar·bei·tung <-, -en> f ① (*das Verarbeiten*) processing ② (*Fertigungsqualität*) workmanship *no pl, no indef art*

ver·är·gern* *vt* to annoy

Ver·är·ge·rung <-, -en> f annoyance

ver·ar·men [fɛɐ̯ˈʔarmən] *vi sein* to become poor; ▪ **verarmt** impoverished

Ver·ar·mung <-, -en> f impoverishment *no pl*

ver·ar·schen* [fɛɐ̯ˈʔarʃn̩] *vt* (*derb*) ▪ **jdn ~** to mess around with sb, to take the piss out of sb BRIT *vulg*

ver·arz·ten* [fɛɐ̯ˈʔaːɐ̯tstn̩] *vt* (*fam*) ① (*behandeln*) ▪ **jdn ~** to treat sb ② (*versorgen*) ▪ **etw ~** to fix sth *fam*

Ver·äs·te·lung <-, -en> f branching; (*fig*) ramifications *pl*

ver·aus·ga·ben* *vr* ▪ **sich ~** ① (*körperlich*) to overexert; ② (*finanziell*) to overspend

ver·äu·ßern* *vt* to sell

Verb <-s, -en> [vɛrp] *nt* verb

ver·bal [vɛrˈbaːl] I. *adj* verbal II. *adv* verbally

Ver·band <-[e]s, Verbände> [fɛɐ̯ˈbant, pl -ˈbɛndə] *m* ① (*Bund*) association ② MED bandage, dressing *no pl*

Ver·band(s)·kas·ten *m* first-aid box **Ver·band(s)·zeug** *nt* dressing material

ver·ban·nen* *vt* ① (*ins Exil schicken*) to banish ② (*ausmerzen*) to ban (**aus** from)

Ver·ban·nung <-, -en> f exile, banishment

ver·bar·ri·ka·die·ren* I. *vt* to barricade II. *vr* ▪ **sich ~** to barricade oneself in

ver·bau·en* *vt* ▪ **etw ~** ① (*versperren*) to spoil sth; **jdm die ganze Zukunft ~** to ruin sb's prospects for the future ② (*durch ein Bauwerk nehmen*) to block sth

ver·ber·gen* *vt irreg* to hide, to conceal (**vor** from)

ver·bes·sern* I. *vt* ① (*besser machen*) to improve ② (*korrigieren*) to correct II. *vr* ▪ **sich ~** to improve (**in** in)

Ver·bes·se·rung <-, -en> f ① (*qualitative Anhebung*) improvement ② (*Korrektur*) correction

Ver·bes·se·rungs·vor·schlag *m* suggestion for improvement

ver·beu·gen* *vr* ▪ **sich ~** to bow

Ver·beu·gung f bow; **eine ~ machen** to bow

ver·bie·gen* *irreg* I. *vt* to bend; ▪ **verbogen** bent II. *vr* ▪ **sich ~** to bend

ver·bie·ten (*verbot, verboten*) *vt* ▪ **etw ~** to forbid [*or* ban] sth; (*offiziell*) to outlaw; ▪ **jdm ~, etw zu tun** to forbid sb to do sth; **ist es verboten, hier zu fotografieren?** am I allowed to take photo[graph]s [in] here?

ver·bild·li·chen* [fɛɐ̯ˈbɪltlɪçn̩] *vt* (*geh*) ▪ **etw ~** to illustrate sth

ver·bil·li·gen* *vt* to reduce [in price] (**um** by)

ver·bin·den¹* *vt irreg* (*einen Verband anlegen*) ▪ **jdm ~** to dress sb's wound[s]; ▪ **etw ~** to dress sth

ver·bin·den² *irreg* I. *vt* ① (*zusammenfügen*) ▪ **etw ~** to join sth (**mit** to) ② TELEK ▪ **jdn [mit jdm] ~** to put sb through [*or* AM *usu* connect sb] [to sb]; **falsch verbunden!** [you've got the] wrong number!; **[ich] verbinde!** I'll put you through, AM *usu* I'll connect you ③ TRANSP connection ④ (*verknüpfen*) ▪ **etw ~** to combine sth; **das Nützliche mit dem Angenehmen ~** to combine business with pleasure ⑤ (*assoziieren*) ▪ **etw [mit etw** *dat*] ~ to associate sth with sth II. *vr* CHEM ▪ **sich ~** to combine (**mit** with)

ver·bind·lich [fɛɐ̯ˈbɪntlɪç] I. *adj* ① (*bindend*) binding ② (*entgegenkommend*) friendly II. *adv* ① (*bindend*) ~ **zusagen** to make a binding commitment ② (*entgegenkommend*) in a friendly manner

Ver·bin·dung f ① CHEM compound ② (*direkte Beziehung*) contact; **in ~ bleiben** to keep in touch; ~**en zu jdm/etw haben** to have good connections *pl* with sb/sth; **seine ~en spielen lassen** to [try and] pull a few strings; **sich [mit jdm] in ~ setzen** to contact sb ③ TELEK connection; **eine/keine ~ bekommen** to get through/not to be able to get through ④ TRANSP connection (**nach** to) ⑤ (*Verknüpfung*) combining; **in ~ mit etw** *dat* in conjunction with sth ⑥ (*Zusammenhang*) **jdn [mit etw** *dat*] **in ~ bringen** to connect sb with sth; **in ~ mit** in connection with ⑦ (*Korporation*) [student] society BRIT;

verbieten	
verbieten	**forbidding**
Du darfst heute nicht fernsehen.	You're not allowed to watch TV today.
Das kommt gar nicht in Frage.	That's out of the question.
Finger weg von meinem Computer! (*fam*)	Hands off/Don't touch my computer!
Lass die Finger von meinem Tagebuch! (*fam*)	Keep out of/away from my diary!
Das kann ich nicht zulassen.	I can't allow that.
Ich verbitte Ihnen diesen Ton!	Don't you dare use that tone (of voice) with me!
Bitte unterlassen Sie das Rauchen. (*form*)	Please refrain from smoking. (*form*)

(*für Männer*) fraternity AM; (*für Frauen*) sorority AM
Ver·bin·dungs·mann, -frau *m, f* intermediary **Ver·bin·dungs·stück** *nt* connecting piece **Ver·bin·dungs·tür** *f* connecting door
ver·bis·sen I. *adj* ❶ (*hartnäckig*) dogged ❷ (*verkrampft*) grim **II.** *adv* doggedly
Ver·bis·sen·heit <-> *f kein pl* doggedness
ver·bit·ten* *vr irreg* **sich** *dat* **etw ~** not to tolerate sth; **ich verbitte mir diesen Ton!** I won't be spoken to like that!
ver·bit·tern* [fɛɐ̯ˈbɪtɐn] *vt* to embitter
Ver·bit·te·rung <-, *selten* -en> *f* bitterness
ver·bla·sen *vi sein* ❶ (*blasser werden*) to pale ❷ (*schwächer werden*) to fade
Ver·bleib <-[e]s> [fɛɐ̯ˈblaɪ̯p] *m kein pl* (*geh*) whereabouts *npl*
ver·blei·ben* *vi irreg sein* ❶ (*eine Vereinbarung treffen*) **so ~, dass ...** to agree that ... ❷ (*geh: bleiben*) to remain
ver·blei·chen* *vi irreg sein* to fade
ver·bleit *adj* leaded
ver·blen·den* *vt* to blind; **verblendet sein** to be blinded
Ver·blen·dung *f* blindness
ver·bli·chen [fɛɐ̯ˈblɪçn̩] **I.** *pp von* **verbleichen II.** *adj* Farbe faded
ver·blö·den* [fɛɐ̯ˈbløːdn̩] *vi sein* (*fam*) to turn into a zombie
ver·blüf·fen* [fɛɐ̯ˈblʏfn̩] *vt* **jdn ~** to astonish sb
ver·blü·hen* *vi sein* to wilt
ver·blu·ten* *vi sein* to bleed to death
ver·bohrt *adj* obstinate
Ver·bohrt·heit <-, -en> *f* obstinacy
ver·bor·gen *adj* hidden, concealed; **jdm ~ bleiben** to remain a secret to sb

Ver·bor·gen·heit <-> *f kein pl* seclusion
Ver·bot <-[e]s, -e> [fɛɐ̯ˈboːt] *nt* ban
ver·bo·ten [fɛɐ̯ˈboːtn̩] *adj* prohibited, forbidden; **hier ist das Parken ~!** this is a "no parking" area!; **jdm ist es ~, etw zu tun** sb is prohibited from doing sth
Ver·bots·schild *nt* sign [prohibiting something]
ver·bra·ten* *vt irreg* (*sl: vergeuden*) **etw ~** to blow sth
Ver·brauch *m kein pl* consumption (**an** of); **sparsam im ~ sein** to be economical
ver·brau·chen* *vt* ❶ *Vorräte* to use up *sep* ❷ *Benzin, Öl* to consume
Ver·brau·cher(in) <-s, -> *m(f)* consumer
ver·brau·cher·feind·lich *adj* not in the interests of the consumer *pred* **ver·brau·cher·freund·lich** *adj* consumer-friendly
Ver·brau·che·rin <-, -nen> *f fem form von* **Verbraucher Ver·brau·cher·mi·nis·te·ri·um** [fɛɐ̯ˈbraʊ̯xɐmɪnɪsteˈriːʊm] *nt* POL German ministry of consumer affairs, food and agriculture **Ver·brau·cher·schutz** *m* consumer protection *no pl* **Ver·brau·cher·zen·tra·le** *f* consumer advice centre
ver·braucht *adj* exhausted, burnt-out *fam*
ver·bre·chen <verbrach, verbrochen> *vt* (*fam*) to be up to; **was hast du denn da wieder verbrochen!** what have you been up to now?
Ver·bre·chen <-s, -> *nt* crime
Ver·bre·chens·be·kämp·fung *f* crime fighting *no pl, no indef art*
Ver·bre·cher(in) <-s, -> *m(f)* criminal
ver·bre·che·risch *adj* criminal; **~ sein** to be a criminal act
ver·brei·ten I. *vt* ❶ (*ausstreuen*) to spread; **eine gute Stimmung ~** to radiate a good at-

mosphere ② MEDIA (*vertreiben*) to sell ③ (*sich ausbreiten lassen*) *Virus, Krankheit* to spread **II.** *vr* ■ **sich [in etw** *dat*] ~ to spread [through sth]

ver·brei·tern* [fɛɐ̯'braɪtɐn] *vt* to widen (**um** by, **auf** to)

ver·brei·tet *adj* popular; ■ [**weit**] ~ **sein** to be [very] widespread

Ver·brei·tung <-, -en> *f* ① *kein pl* (*das Verbreiten*) spreading ② MEDIA sale *no pl* ③ MED spread ④ BOT distribution

Ver·brei·tungs·ge·biet *nt* distribution area

ver·bren·nen* *irreg* **I.** *vt haben* ① (*in Flammen aufgehen lassen*) to burn ② (*versengen*) to scorch **II.** *vr haben* ① (*sich verbrühen*) **sich die Zunge** ~ to scald one's tongue ② (*sich ansengen*) **sich die Finger** [**an etw** *dat*] ~ to burn one's fingers [on sth] **III.** *vi sein* to burn; ■ **verbrannt** burnt

Ver·bren·nung <-, -en> *f* ① *kein pl* (*das Verbrennen*) burning ② MED burn ③ AUTO, TECH combustion

Ver·bren·nungs·mo·tor *m* [internal] combustion engine **Ver·bren·nungs·ofen** *m* furnace

ver·brin·gen* *vt irreg* to spend; **ich verbringe den ganzen Tag mit Arbeiten** I spend all day working

ver·bro·chen *pp von* **verbrechen**

ver·brü·dern* [fɛɐ̯'bryːdɐn] *vr* ■ **sich** ~ to fraternize (**mit** with)

Ver·brü·de·rung <-, -en> *f* fraternization

ver·brü·hen* *vt* to scald

ver·bu·chen* *vt* FIN to credit (**auf** to) ② (*verzeichnen*) to mark up *sep* (**als** as); ■ **etw** ~ to notch up sth

ver·bum·meln* *vt* (*fam*) ① (*vertrödeln*) to waste ② (*verlieren*) to mislay

Ver·bund <-bunde> [fɛɐ̯'bʊnt, *pl* -'bʊndə] *m* ÖKON combine

ver·bun·den *adj* (*geh*) ■ **jdm** ~ **sein** to be obliged to sb

ver·bün·den* [fɛɐ̯'bʏndn̩] *vr* ■ **sich** ~ to form an alliance (**mit** with, **gegen** against)

Ver·bun·den·heit <-> *f kein pl* closeness

Ver·bün·de·te(r) *f(m) dekl wie adj* ally

Ver·bund·netz *nt* ① TECH, ELEK grid system ② TRANSP public transport [*or* AM transportation] network **Ver·bund·sys·tem** *nt* TRANSP public transport [*or* AM transportation] system

ver·bür·gen* **I.** *vr* ■ **sich für jdn/etw** ~ to vouch for sb/sth **II.** *vt* ■ **etw** ~ to guarantee

ver·bü·ßen* *vt* JUR to serve

ver·chromt *adj* chrome-plated

Ver·dacht <-[e]s> [fɛɐ̯'daxt] *m kein pl* suspicion; **gibt es schon einen** ~? do you have a suspect yet?; ~ **erregen** to arouse suspicion; **jdn im** ~ **haben** to suspect sb; [**gegen jdn**] ~ **schöpfen** to become suspicious [of sb]; **etw auf** ~ **tun** to do sth on the strength of a hunch

ver·däch·tig [fɛɐ̯'dɛçtɪç] **I.** *adj* suspicious; **jdm** ~ **vorkommen** to seem suspicious to sb; **sich** ~ **machen** to arouse suspicion **II.** *adv* suspiciously

Ver·däch·ti·ge(r) *f(m) dekl wie adj* suspect

ver·däch·ti·gen* [fɛɐ̯'dɛçtɪɡn̩] *vt* ■ **jdn** ~ to suspect sb; ■ **jdn** ~, **etw getan zu haben** to suspect sb of having done sth

Ver·dachts·mo·ment *nt* JUR [piece of] circumstantial evidence

ver·dam·men* [fɛɐ̯'damən] *vt* to condemn; ■ **verdammt sein** to be doomed

ver·dammt *adj* ① (*sl: Ärger ausdrückend*) damned, bloody BRIT; ~! damn!; **du** ~**er Idiot!** you bloody idiot! ② (*sehr groß*) **wir hatten** ~**es Glück!** we were damn lucky!

ver·damp·fen* *vi sein* to evaporate

ver·dan·ken* *vt* ① (*durch etw erhalten*) ■ [**jdm**] **etw** ~ to have sb to thank for sth; ■ **es ist jdm zu** ~, **dass/wenn ...** it is thanks to sb that/if ... ② SCHWEIZ (*Dank aussprechen*) ■ [**jdm**] **etw** ~ to express one's thanks [to sb]

ver·darb [fɛɐ̯'darp] *imp von* **verderben**

ver·dau·en* [fɛɐ̯'daʊən] *vt* ① *Nahrung* to digest ② *Niederlage, etc* to get over

ver·dau·lich *adj* digestible; **gut/schwer** ~ easy/difficult to digest

Ver·dau·ung <-> *f kein pl* digestion

Ver·dau·ungs·ap·pa·rat *m* digestive system **Ver·dau·ungs·mit·tel** *nt* substance to aid digestion **Ver·dau·ungs·stö·rung** *f meist pl* indigestion

Ver·deck <-[e]s, -e> *nt* hood, convertible top

ver·de·cken* *vt* ① (*die Sicht nehmen*) to cover [up *sep*] ② (*maskieren*) to conceal

ver·deckt *adj* ① (*geheim*) undercover ② (*verborgen*) hidden

ver·den·ken* *vt irreg* ■ **es jdm nicht** ~ **können, dass/wenn jd etw tut** not to be able to blame sb for doing/if sb does sth

ver·der·ben <verdarb, verdorben> [fɛɐ̯'dɛrbn̩] **I.** *vt haben* ① (*moralisch korrumpieren*) to corrupt ② (*ruinieren*) to ruin ③ (*zunichtemachen*) to spoil ④ (*verscherzen*) **sie will es mit niemandem** ~ she wants to keep in with [*or* please] everybody **II.** *vi sein* to spoil, to go off *esp* BRIT, to go bad *esp* AM

Ver·der·ben <-s> [fɛɐ̯'dɛrbn̩] *nt kein pl* doom; **jdn ins** ~ **stürzen** to bring ruin upon sb

ver·derb·lich [fɛɐ̯'dɛrplɪç] *adj* ① (*nicht lange haltbar*) perishable ② (*unheilvoll*) corrupting

ver·deut·li·chen* [fɛɐ̯ˈdɔytlɪçn̩] *vt* **etw ~** to explain sth; **die Schautafeln sollen den Sachverhalt ~** the illustrative charts should make the facts clearer

ver·dich·ten* I. *vt* to compress II. *vr* **sich ~** ① METEO to become thicker ② *Eindruck, Gefühl* to intensify; *Verdacht* to grow ③ *Verkehr* to increase

Ver·dich·tung <-, -en> *f* ① (*Zunahme*) ~ **der städtischen Siedlung** urbanization ② INFORM (*Komprimierung*) compression ③ PHYS (*Kondensation*) condensation

Ver·dich·tungs·raum *m* ADMIN densely-populated space

ver·die·nen* I. *vt* ① (*als Verdienst bekommen*) to earn (*Gewinn machen*) to earn ② **to make sth (an on)** ③ (*sich erarbeiten*) ■ [**sich** *dat*] **etw ~** to earn the money for sth; **seinen Lebensunterhalt ~** to earn one's living ④ (*zustehen*) ■ **etw ~** to deserve sth (**für** for); **es nicht besser ~** to not deserve anything better II. *vi* ① (*einen Verdienst bekommen*) to earn [a wage]; **du verdienst viel zu wenig** you earn far too little ② (*Gewinn machen*) to make a profit (**an** on)

Ver·dienst¹ <-[e]s, -e> [fɛɐ̯ˈdiːnst] *m* FIN income, earnings *npl*

Ver·dienst² <-[e]s, -e> [fɛɐ̯ˈdiːnst] *nt* merit; (*anerkennenswerte Tat*) **seine -e um die Heimatstadt** his services to his home town; **es ist sein ~, dass die Termine eingehalten werden konnten** it's thanks to him [*or* to his credit] that the schedules could be adhered to

Ver·dienst·aus·fall *m* loss of earnings *pl*
Ver·dienst·span·ne *f* profit margin **ver·dienst·voll** *adj* ① (*anerkennenswert*) commendable ② *s.* **verdient 2**

ver·dient [fɛɐ̯ˈdiːnt] I. *adj* ① (*zustehend*) well-deserved; *Strafe* rightful ② (*Verdienste aufweisend*) of outstanding merit II. *adv* (*leistungsgemäß*) deservedly; **die Mannschaft hat ~ gewonnen** the team deserved to win

ver·dirbt [fɛɐ̯ˈdɪrpt] *3. pers pres von* **verderben**

ver·don·nern* *vt* (*fam*) ■ **jdn** [**zu etw** *dat*] **~** ① (*verurteilen*) to sentence sb [to sth] ② (*anweisen*) to order sb [to do sth]

ver·dop·peln* I. *vt* ① (*auf das Doppelte erhöhen*) to double (**auf** to) ② (*deutlich verstärken*) to redouble II. *vr* ■ **sich ~** to double (**auf** to)

Ver·dop·pe·lung <-, -en>, **Ver·dopp·lung** <-, -en> *f* ① (*Erhöhung auf das Doppelte*) doubling ② (*deutliche Verstärkung*) redoubling

ver·dor·ben [fɛɐ̯ˈdɔrbn̩] I. *pp von* **verderben** II. *adj* ① (*ungenießbar*) bad, off *pred* BRIT ② (*moralisch korrumpiert*) corrupt ③ MED **einen ~en Magen haben** to have an upset stomach

ver·dor·ren* [fɛɐ̯ˈdɔrən] *vi sein* to wither

ver·drah·ten* *vt* **etw ~** to wire up sth *sep*

ver·drän·gen* *vt* ① (*vertreiben*) ■ **jdn ~** to drive sb out ② (*unterdrücken*) *Erinnerung, Gefühl* to suppress ③ PHYS *Wasser* to displace

Ver·drän·gung <-, -en> *f* ① (*Vertreibung*) driving out ② (*Unterdrückung*) suppression ③ PHYS displacement

ver·dre·cken* *vi sein* (*dreckig werden*) to get filthy; ■ **etw ~ lassen** to let sth get filthy II. *vt haben* (*dreckig machen*) to make filthy

ver·dre·hen* *vt* ① (*wenden*) to twist; *Augen* to roll; *Hals* to crane ② *Tatsachen* to distort ► **jdm den Kopf ~** to turn sb's head

ver·drei·fa·chen* [fɛɐ̯ˈdraɪ̯faxn̩] I. *vt* to treble [*or* triple] (**auf** to) II. *vr* ■ **sich ~** to treble [*or* triple]; **ihr Einkommen hat sich verdreifacht** her income has increased threefold

ver·dre·schen* *vt irreg* (*fam*) ■ **jdn ~** to beat up sb *sep*

ver·drie·ßen <verdross, verdrossen> [fɛɐ̯ˈdriːsn̩] *vt* (*geh*) ■ **jdn ~** to irritate sb

ver·drieß·lich [fɛɐ̯ˈdriːslɪç] *adj* (*geh*) ① *Gesicht* sullen; *Stimmung* morose ② (*misslich*) tiresome

ver·dros·sen [fɛɐ̯ˈdrɔsn̩] I. *pp von* **verdrießen** II. *adj* sullen, morose

Ver·dros·sen·heit <-> *f kein pl* sullenness *no pl*, moroseness *no pl*

ver·drü·cken* I. *vt* (*fam: verzehren*) to polish off *sep* II. *vr* (*fam: verschwinden*) ■ **sich ~** to slip away

ver·druckst [fɛɐ̯ˈdrʊkst] *adj* (*pej fam*) close-minded, hidebound

Ver·drussʳʳ <-es, -e> *m*, **Ver·druß**ᴬᴸᵀ <-sses, -sse> [fɛɐ̯ˈdrʊs] *m meist sing* annoyance; **jdm ~ bereiten** to annoy sb

ver·duf·ten* *vi sein* (*fam*) to clear off

Ver·dum·mung <-> *f kein pl* dulling of sb's mind *no pl*

ver·dun·keln* I. *vt* ① (*abdunkeln*) to black out ② (*verdüstern*) to darken II. *vr* (*dunkler werden*) ■ **sich ~** to darken; **der Himmel verdunkelt sich** the sky is growing darker

Ver·dun·ke·lung <-, -en> *f* black-out

Ver·dun·ke·lungs·ge·fahr *f* JUR danger of suppression of evidence

Ver·dunk·lung <-, -en> *f s.* **Verdunkelung**

Ver·dunk·lungs·ge·fahr *f s.* **Verdunkelungsgefahr**

ver·dün·nen* [fɛɐ̯ˈdʏnən] *vt* to dilute; ■ **verdünnt** diluted

Ver·dün·ner <-s, -> *m* thinner

Ver·dün·nungs·mit·tel *nt* thinning agent
ver·duns·ten* *vi sein* to evaporate
Ver·duns·tung <-> *f kein pl* evaporation *no pl*
ver·durs·ten* *vi sein* to die of thirst
ver·dutzt [fɛɐ̯ˈdʊtst] **I.** *adj* (*fam*) ❶ (*verwirrt*) baffled, confused; **ein ~es Gesicht machen** to appear baffled ❷ (*überrascht*) taken aback *pred* **II.** *adv* in a baffled manner; **sich ~ umdrehen** to turn round in bafflement
ver·e·deln* [fɛɐ̯ˈʔeːdl̩n] *vt* to refine; ▪ **veredelt** refined
Ver·ed(e)·lung <-, -en> *f* refinement
ver·eh·ren* *vt* ❶ (*bewundernd*) to admire ❷ REL to worship
Ver·eh·rer(in) <-s, -> *m(f)* ❶ (*Bewunderer*) admirer ❷ REL worshipper
Ver·eh·rung *f kein pl* ❶ (*Bewunderung*) admiration *no pl* ❷ REL worship *no pl*
ver·ei·di·gen* [fɛɐ̯ˈʔaɪ̯dɪɡn̩] *vt* to swear in *sb sep*
ver·ei·digt [fɛɐ̯ˈʔaɪ̯dɪçt] *adj* sworn; **gerichtlich ~** certified before the court
Ver·ei·di·gung <-, -en> *f* swearing in
Ver·ein <-[e]s, -e> [fɛɐ̯ˈʔaɪ̯n] *m* club, association; **aus einem ~ austreten** to resign from a club; **in einen ~ eintreten** to join a club; **eingetragener ~** registered society; **gemeinnütziger ~** charitable organization
ver·ein·bar *adj* compatible (**mit** with)
ver·ein·ba·ren* [fɛɐ̯ˈʔaɪ̯nbaːrən] *vt* ❶ (*absprechen*) ▪ **etw** [**mit jdm**] **~** to agree sth [with sb]; **wir hatten 20 Uhr vereinbart** we had agreed eight o'clock ❷ (*in Einklang bringen*) to reconcile; ▪ **sich ~ lassen** to be compatible
Ver·ein·ba·rung <-, -en> *f* ❶ *kein pl* (*das Vereinbaren*) arranging *no pl* ❷ (*Abmachung*) agreement; **laut ~** as agreed; **nach ~** by arrangement
ver·ei·nen* *vt* to unite
ver·ein·fa·chen* [fɛɐ̯ˈʔaɪ̯nfaxn̩] *vt* to simplify
Ver·ein·fa·chung <-, -en> *f* simplification
ver·ein·heit·li·chen* [fɛɐ̯ˈʔaɪ̯nhaɪ̯tlɪçn̩] *vt* to standardize
ver·ei·ni·gen* **I.** *vt* to unite; *Firmen/Organisationen* to merge **II.** *vr* ▪ **sich ~** to merge; **die beiden Flüsse ~ sich zur Weser** the two rivers meet to form the Weser
ver·ei·nigt *adj* united
Ver·ei·ni·gung <-, -en> *f* ❶ (*Organisation*) organization ❷ *kein pl* (*Zusammenschluss*) amalgamation
ver·ein·nah·men* [fɛɐ̯ˈʔaɪ̯nnaːmən] *vt* ▪ **jdn ~** to take up sb's time, to monopolize sb
ver·ein·sa·men* [fɛɐ̯ˈʔaɪ̯nzaːmən] *vi sein* to become lonely
ver·ein·samt *adj* ❶ (*einsam*) lonely ❷ (*abgeschieden*) isolated
Ver·ein·sa·mung <-> *f kein pl* loneliness *no pl*
Ver·eins·lo·kal *nt* pub [*or* AM bar] belonging to a club or society
ver·ein·zelt [fɛɐ̯ˈʔaɪ̯ntslt] *adj* occasional; **~e Regenschauer** *pl* isolated showers
ver·ei·sen* **I.** *vi sein* to ice up; **eine vereiste Fahrbahn** an icy road; **die Straße ist vereist** there's ice on the road **II.** *vt haben* (*lokal anästhesieren*) to freeze
ver·ei·teln* [fɛɐ̯ˈʔaɪ̯tl̩n] *vt* to thwart
ver·ei·tern* *vi sein* to go septic; ▪ **vereitert sein** to be septic
ver·en·den* *vi sein* to perish
ver·en·gen* [fɛɐ̯ˈʔɛŋən] **I.** *vr* ANAT ▪ **sich ~ Pupillen** to contract; *Gefäße* to become constricted ❷ TRANSP **die Autobahn verengt sich auf zwei Fahrspuren** the motorway narrows to two lanes **II.** *vt* ANAT **Nikotin verengt die Gefäße** nicotine constricts the blood vessels
ver·er·ben* **I.** *vt* ▪ **jdm** **etw ~** ❶ (*hinterlassen*) to leave [sb] sth ❷ (*durch Vererbung weitergeben*) to pass on sth *sep* [to sb]; (*schenken*) to hand on sth *sep* [to sb] **II.** *vr* ▪ **sich ~** to be hereditary
ver·erb·lich *adj* hereditary
Ver·er·bung <-, *selten* -en> *f* BIOL heredity *no pl, no art*
ver·e·wi·gen* [fɛɐ̯ˈʔeːvɪɡn̩] **I.** *vr* ▪ **sich ~** to leave one's mark for posterity **II.** *vt* ▪ **etw ~** ❶ (*perpetuieren*) to perpetuate sth ❷ (*unsterblich machen*) to immortalize sth
ver·fah·ren*[1] [fɛɐ̯ˈfaːrən] *vi irreg sein* ❶ (*vorgehen*) to proceed ❷ (*umgehen*) ▪ **mit jdm ~** to deal with sb
ver·fah·ren*[2] [fɛɐ̯ˈfaːrən] *irreg* **I.** *vt* Benzin to use up *sep* **II.** *vr* ▪ **sich ~** to lose one's way
ver·fah·ren[3] [fɛɐ̯ˈfaːrən] *adj* muddled; **die Situation ist völlig ~** the situation is a total mess
Ver·fah·ren <-s, -> [fɛɐ̯ˈfaːrən] *nt* ❶ (*Methode*) process ❷ (*Gerichts~*) proceedings *npl*; **gegen jdn läuft ein ~** proceedings are being brought against sb
Ver·fah·rens·tech·nik *f* TECH process engineering
Ver·fall [fɛɐ̯ˈfal] *m kein pl* ❶ (*das Verfallen*) dilapidation *no pl, no indef art* ❷ (*das Ungültigwerden*) expiry *no pl, no indef art* ❸ (*geh*) decline *no pl*; **der ~ der Moral** the decline in morals *npl*
Ver·fall·da·tum *nt s.* **Verfallsdatum**
ver·fal·len*[1] *vi irreg sein* ❶ (*zerfallen*) to decay ❷ (*immer schwächer werden*) to deterio-

rate ③ (*ungültig werden*) Ticket, Gutschein to expire; Anspruch, Recht to lapse ④ (*erliegen*) ■ [jdm] ~ to be captivated [by sb]; ■ [einer S. *dat*] ~ to become enslaved [by a thing]
ver·fal·len² *adj* ① (*völlig baufällig*) dilapidated ② (*abgelaufen*) expired
Ver·falls·da·tum *nt* ÖKON ① (*der Haltbarkeit*) use-by date ② (*der Gültigkeit*) expiry date
ver·fäl·schen* *vt* ① (*falsch darstellen*) to distort ② (*in der Qualität mindern*) to adulterate (**durch** with)
Ver·fäl·schung *f* ① (*das Verfälschen*) distortion ② (*Qualitätsminderung*) adulteration
ver·fan·gen* *irreg vr* ■ **sich ~** ① (*hängen bleiben*) to get caught ② (*sich verstricken*) to become entangled
ver·fäng·lich [fɛɐ̯ˈfɛŋlɪç] *adj* embarrassing
ver·fär·ben* **I.** *vr* to change colour; **im Herbst ~ sich die Blätter** the leaves change colour in autumn; Wäsche to discolour **II.** ■ **etw ~** to discolour sth
Ver·fär·bung *f* ① *kein pl* (*Wechsel der Farbe*) change of colour ② (*abweichende Färbung*) discolouration *no pl, no indef art*
ver·fas·sen* *vt* to write; Gesetz, Urkunde to draw up
Ver·fas·ser(in) <-s, -> [fɛɐ̯ˈfasɐ] *m(f)* author
Ver·fas·sung *f* ① *kein pl* (*Zustand*) condition *no pl;* (*körperlich*) state [of health]; (*seelisch*) state [of mind]; **in einer bestimmten ~ sein** to be in a certain state; **in guter ~** in good form ② POL constitution
ver·fas·sung·ge·bend *adj attr* **die ~e Versammlung** the constituent assembly
Ver·fas·sungs·be·schwer·de *f* complaint about constitutional infringements *pl* **Ver·fas·sungs·ge·richt** *nt* constitutional court **Ver·fas·sungs·kla·ge** *f* formal complaint about unconstitutional decision made by the courts **Ver·fas·sungs·schutz** *m* ① (*Schutz*) protection of the constitution ② (*fam: Amt*) Office for the Protection of the Constitution **ver·fas·sungs·wid·rig** *adj* unconstitutional
ver·fau·len* *vi sein* to rot; **verfault** rotten
ver·fech·ten* *vt irreg* to champion
Ver·fech·ter(in) *m(f)* advocate, champion
ver·feh·len* *vt* ① (*nicht treffen, verpassen*) to miss; ■ **nicht zu ~ sein** to be impossible to miss ② (*nicht erreichen*) not to achieve; **das Thema ~** to go completely off the subject; **seinen Beruf ~** to miss one's vocation
ver·fehlt *adj* ① (*misslungen*) unsuccessful ② (*unangebracht*) inappropriate
ver·fein·den* [fɛɐ̯ˈfaɪ̯ndn̩] *vr* ■ **sich ~** to fall out (**mit** with); ■ **verfeindet sein** to be enemies; **verfeindete Staaten** enemy states

ver·fei·nern* [fɛɐ̯ˈfaɪ̯nɐn] *vt* ① KOCHK to improve (**mit** with) ② (*raffinierter gestalten*) to refine
Ver·fei·ne·rung <-, -en> *f* ① KOCHK improvement ② (*raffiniertere Gestaltung*) refinement
ver·fil·men* *vt* to film, to make a film of
Ver·fil·mung <-, -en> *f* ① *kein pl* (*das Verfilmen*) filming *no pl, no indef art* ② (*Film*) film
ver·fil·zen* *vi sein* Kleidungsstück to become felted; Kopfhaar to become matted; ■ **verfilzt** felted, matted
ver·fins·tern* [fɛɐ̯ˈfɪnstɐn] **I.** *vt* to darken; **die Sonne** to eclipse **II.** *vr* ■ **sich ~** to darken
Ver·flech·tung <-, -en> *f* interconnection
ver·flie·gen* *irreg* **I.** *vi sein* ① Zorn to pass; Kummer to vanish ② Geruch to evaporate **II.** *vr haben* ■ **sich ~** Pilot to lose one's bearings *pl;* Flugzeug to stray off course
ver·flixt [fɛɐ̯ˈflɪkst] **I.** *adj* (*fam*) ① (*verdammt*) blasted ② (*ärgerlich*) unpleasant **II.** *adv* (*fam: ziemlich*) damn[ed]; **diese Aufgabe ist ~ schwer** this exercise is damned difficult **III.** *interj* (*fam: verdammt*) blast [it]!
ver·flu·chen* *vt* to curse
ver·flucht I. *adj* (*fam: verdammt*) damn[ed], bloody Brit **II.** *adv* (*fam: äußerst*) **gestern war es ~ kalt** it was damned cold yesterday **III.** *interj* (*fam: verdammt*) damn!
ver·flüch·ti·gen* [fɛɐ̯ˈflʏçtɪɡn̩] *vr* ■ **sich ~** to evaporate ▶ **sich verflüchtigt haben** (*hum fam*) to have disappeared
ver·flüs·si·gen* [fɛɐ̯ˈflʏsɪɡn̩] **I.** *vt* ① (*flüssig machen*) to liquefy ② (*hydrieren*) to hydrogenate **II.** *vr* ■ **sich ~** to liquefy
ver·fol·gen* *vt* ① (*nachgehen*) to follow; (*politisch*) to persecute ② (*zu erreichen suchen*) ■ **etw ~** to pursue sth; **eine Absicht ~** to have sth in mind ③ (*belasten*) ■ **jdn ~** to dog sb; **vom Pech verfolgt sein** to be dogged by bad luck
Ver·fol·ger(in) <-s, -> *m(f)* pursuer
Ver·folg·te(r) [fɛɐ̯ˈfɔlktə, -tə] *f(m) dekl wie adj* victim of persecution
Ver·fol·gung <-, -en> *f* ① (*das Verfolgen*) pursuit *no pl, no indef art;* **die ~** [**von jdm**] **aufnehmen** to start in pursuit [of sb]; (*politisch*) persecution *no pl, no indef art* ② *kein pl* (*Bezweckung*) pursuance *no pl, no indef art* ③ (*das Vorgehen gegen etw*) prosecution
Ver·fol·gungs·jagd *f* pursuit, chase **Ver·fol·gungs·wahn** *m* persecution mania
ver·for·men* **I.** *vt* to distort **II.** *vr* ■ **sich ~** to become distorted, to go out of shape
ver·frach·ten* *vt* ① (*fam: bringen*) ■ **jdn ~** to bundle sb off; ■ **etw irgendwohin ~** to put sth somewhere ② ÖKON to ship, to transport

ver·frem·den vt to make [appear] unfamiliar
Ver·frem·dung <-, -en> f LIT, THEAT alienation

ver·fres·sen* adj (pej sl) [piggishly] greedy
ver·frü·hen* [fɛɐ̯'fryːən] vr ■ **sich ~** to arrive too early
ver·früht adj premature; **etw für ~ halten** to consider sth to be premature
ver·füg·bar adj available
ver·fü·gen* I. vi ■ **über etw** akk ~ to have sth at one's disposal; **wir ~ nicht über die nötigen Mittel** we don't have the necessary resources at our disposal; **~ Sie über mich!** I am at your disposal! II. vt (anordnen) to order
Ver·fü·gung <-, -en> f ❶ (Anordnung) order; **einstweilige ~** JUR temporary injunction ❷ (Disposition) ■ **etw zur ~ haben** to have sth at one's disposal; **halten Sie sich bitte weiterhin zur ~ haben** please continue to be available; ■ **jdm zur ~ stehen** to be available to sb; ■ **[jdm] etw zur ~ stellen** to make sth available [to sb]

ver·füh·ren* vt ❶ (verleiten) ■ **jdn ~** to entice sb; (sexuell) to seduce sb ❷ (hum: verlocken) to tempt (**zu** to)
Ver·füh·rer(in) m(f) seducer masc, seductress fem
ver·füh·re·risch [fɛɐ̯'fyːrərɪʃ] adj ❶ (verlockend) tempting ❷ (aufreizend) seductive
Ver·füh·rung f ❶ (Verleitung) seduction; **~ Minderjähriger** pl JUR seduction of minors pl ❷ (Verlockung) temptation
ver·füt·tern* vt ■ **etw [an Tiere] ~** to feed sth to animals
Ver·füt·te·rung [fɛɐ̯'fʏtərʊŋ] f AGR feeding
Ver·ga·be [fɛɐ̯'ɡaːbə] f von Arbeit, Studienplätze allocation; eines Auftrags, Preises award
ver·gam·meln* vi sein Wurst, Essen to go bad; Brot, Käse to go stale
ver·gam·melt <-er, -este> adj (fam) scruffy, tatty; (Auto) decrepit
ver·gan·gen adj past, former
Ver·gan·gen·heit <-, selten -en> [fɛɐ̯'ɡaŋənhait] f ❶ kein pl (Vergangenes) past; **die jüngste ~** the recent past; **der ~ angehören** to belong to the past; **eine bewegte ~ haben** to have an eventful past ❷ LING past [tense]
Ver·gan·gen·heits·be·wäl·ti·gung f coming to terms with the past
ver·gäng·lich [fɛɐ̯'ɡɛŋlɪç] adj transient
Ver·gäng·lich·keit <-> f kein pl transience no pl
ver·ga·sen* vt to gas
Ver·ga·ser <-s, -> m AUTO carburettor
ver·gaß [fɛɐ̯'ɡaːs] imp von **vergessen**

ver·ge·ben* irreg I. vi to forgive II. vt ❶ (verzeihen) ■ **[jdm] etw ~** to forgive [sb] sth ❷ (zuteilen) ■ **etw [an jdn] ~** to allocate sth [to sb]; Preis, Auftrag to award ▶ **bereits ~ sein** (liiert) to be already spoken for
ver·ge·bens [fɛɐ̯ɡə'bɛns] I. adj präd in vain pred II. adv s. **vergeblich**
ver·geb·lich [fɛɐ̯'ɡeːplɪç] I. adj (erfolglos bleibend) futile; **ein ~er Versuch** a futile attempt II. adv (umsonst) in vain
Ver·ge·bung <-, -en> f forgiveness no pl, no indef art; **[jdn] um ~ bitten** to ask for [sb's] forgiveness
ver·ge·gen·wär·ti·gen* [fɛɐ̯ɡeːɡn̩'vɛrtɪɡn̩] vt ■ **sich** dat **etw ~** to realize sth
ver·ge·hen* [fɛɐ̯'ɡeːən] irreg I. vi sein ❶ (verstreichen) to go by, to pass ❷ (schwinden) to wear off; **igitt! da vergeht einem ja der Appetit** yuk! it's enough to make you lose your appetite ❸ (sich zermürben) to die (**vor** of); **vor Sehnsucht ~** to pine away II. vr haben ■ **sich [an jdm] ~** to indecently assault sb
Ver·ge·hen <-s, -> [fɛɐ̯'ɡeːən] nt offence
ver·gel·ten vt irreg ■ **[jdm] etw ~** to repay sb for sth
Ver·gel·tung <-, -en> f revenge; **~ üben** to take revenge
Ver·gel·tungs·maß·nah·me f reprisal **Ver·gel·tungs·schlag** m retaliatory strike
ver·ges·sen <vergisst, vergaß, vergessen> [fɛɐ̯'ɡɛsn̩] I. vt ❶ (nicht mehr daran denken) to forget; **das werde ich dir nie ~** I won't forget what you did; **nicht zu ~ ...** not forgetting; **schon vergessen!** never mind! ❷ (liegen lassen) to leave behind II. vr (die Beherrschung verlieren) ■ **sich ~** to forget oneself
Ver·ges·sen·heit <-> f kein pl oblivion no pl, no art; **in ~ geraten** to fall into oblivion
ver·gess·lichᴿᴿ adj, **ver·geß·lich**ᴬᴸᵀ [fɛɐ̯'ɡɛslɪç] adj forgetful
Ver·gess·lich·keitᴿᴿ <-> f kein pl forgetfulness no pl
ver·geu·den* [fɛɐ̯'ɡɔydn̩] vt to waste
ver·ge·wal·ti·gen* [fɛɐ̯ɡə'valtɪɡn̩] vt to rape
Ver·ge·wal·ti·gung <-, -en> f rape
ver·ge·wis·sern* [fɛɐ̯ɡə'vɪsɐn] vr ■ **sich ~, dass ...** to make sure that ...
ver·gie·ßen* vt irreg ❶ (danebengießen) to spill ❷ Tränen to shed
ver·gif·ten* I. vt to poison II. vr ■ **sich ~** to be poisoned (**an** by)
Ver·gif·tung <-, -en> f ❶ kein pl (das Vergiften) poisoning no pl, no indef art ❷ MED intoxication no pl, no indef art
ver·gilbt adj Foto, Papier yellowed

sich vergewissern/versichern

sich vergewissern | making sure

sich vergewissern	making sure
Alles in Ordnung?	Everything OK?
Habe ich das so **richtig** gemacht?	Have I done that **right**?
Hat es Ihnen geschmeckt?	Did you like it?
Ist das der Bus nach Frankfurt?	Is that/this the **bus to Frankfurt**?
(am Telefon): **Bin ich hier richtig beim Arbeitsamt?**	(on the phone): **Is that the** Jobcentre?
Ist das der Film, von dem du so geschwärmt hast?	**Is that** the film you were raving about? (fam)
Bist du dir sicher, dass die Hausnummer stimmt?	**Are you sure** you've got the right door number?

jemanden versichern, beteuern | assuring someone of something

jemanden versichern, beteuern	assuring someone of something
Der Zug hatte **wirklich** Verspätung gehabt.	The train **really** was late.
Wirklich! Ich habe nichts davon gewusst.	**Honestly!** I didn't know anything about it.
Ob du es nun glaubst oder nicht; sie haben sich **tatsächlich** getrennt.	**Believe it or not**; they **really** have split up.
Ich kann Ihnen versichern, dass das Auto noch einige Jahre fahren wird.	**I assure you (that)** the car will go on running for several more years.
Glaub mir, das Konzert wird ein Riesenerfolg.	**Believe/Trust me**, the concert is going to be a huge success.
Du kannst ganz sicher sein, er hat nichts gemerkt.	**You can be sure/certain** he didn't notice a thing.
Ich garantiere Ihnen, dass die Mehrheit dagegen stimmen wird.	**I guarantee (you) (that)** the majority will vote against (it).
Die Einnahmen sind ordnungsgemäß versteuert, **dafür lege ich meine Hand ins Feuer.**	The takings have been properly declared, **I'd swear to it/vouch for it.**

Ver·giss·mein·nicht^{RR} <-[e]s, -[e]> nt, **Ver·giß·mein·nicht**^{ALT} <-[e]s, -[e]> [fɛɐ̯ˈgɪsmaɪ̯nnɪçt] nt forget-me-not

ver·gisst^{RR}, **ver·gißt**^{ALT} [fɛɐ̯ˈgɪst] 3. pers pres von **vergessen**

ver·gla·sen* vt to glaze; ■**verglast** glazed

Ver·gleich <-[e]s, -e> [fɛɐ̯ˈglaɪ̯ç] m comparison; **im ~ [zu jdm/etw]** in comparison [with sb/sth]; **in keinem ~ [zu etw** dat] **stehen** to be out of all proportion [to sth] ▶ **der ~ hinkt** that's a poor [or weak] comparison

ver·gleich·bar adj comparable (**mit** to); ■**etwas V~es** something comparable

ver·glei·chen* irreg vt to compare (**mit** with/to); **ich vergleiche die Preise immer genau** I always compare prices very carefully

Ver·gleichs·grup·pe f control group

ver·gleichs·wei·se adv comparatively; **das ist ~ wenig/viel** that is a little/a lot in comparison

ver·glü·hen* vi sein ① (verglimmen) to die away ② (glühend zerfallen) to burn up

ver·gnü·gen* [fɛɐ̯ˈgnyːgn̩] vr **sich ~** to amuse [or enjoy] oneself

Ver·gnü·gen <-s, -> [fɛɐ̯ˈgnyːgn̩] nt (Freude) enjoyment no pl; (Genuss) pleasure no pl; **ein teures ~ sein** to be an expensive way of enjoying oneself; **~ [an etw** dat] **finden** to find pleasure in sth; **es ist mir ein ~** it is a pleasure; **kein ~ sein, etw zu tun** to not be exactly a pleasure doing sth; **[jdm] ~ bereiten** to give sb pleasure; **mit größtem ~** with the greatest of pleasure ▶ **mit wem habe ich das ~?** (geh) with whom do I have the pleasure of speaking?; **sich ins ~ stürzen** to join the fun; **viel ~!** have a good time!

vergnügt – Verhandlungspartner

ver·gnügt [fɛɐ̯ˈɡnyːkt] **I.** *adj* happy, cheerful **II.** *adv* happily, cheerfully

Ver·gnü·gung <-, -en> *f* pleasure

Ver·gnü·gungs·park *m* amusement park

Ver·gnü·gungs·vier·tel *nt* entertainment quarter

ver·gol·den* [fɛɐ̯ˈɡɔldn̩] *vt Schmuckstück* to gold-plate; **Bilderrahmen** to gild

ver·göt·tern* [fɛɐ̯ˈɡœtɐn] *vt* to idolize

ver·gra·ben* *irreg* **I.** *vt* ❶ to bury **II.** *vr* ❶ (*sich zurückziehen*) ▪ sich ~ to hide oneself away ❷ (*sich mit etw beschäftigen*) ▪ sich in Arbeit ~ to bury oneself in work

ver·grämt *adj* troubled

ver·grät·zen* [fɛɐ̯ˈɡrɛtsn̩] *vt* (*fam*) to vex

ver·grau·len* *vt* (*fam*) to scare away

ver·grei·fen* *vr irreg* ❶ (*stehlen*) ▪ sich [an etw *dat*] ~ to steal sth ❷ (*Gewalt antun*) ▪ sich [an jdm] ~ to assault sb ❸ (*sich unpassend ausdrücken*) ▪ sich im Ton ~ to adopt the wrong tone

ver·grei·sen [fɛɐ̯ˈɡraɪ̯zn̩] *vi sein* ❶ (*senil werden*) to become senile ❷ *Bevölkerung* to age

ver·grif·fen *adj Buch* out of print [OP] *pred*; *Ware* unavailable

ver·grippt *adj* MED (*fam*) full of 'flu *pred fam*

ver·grö·ßern [fɛɐ̯ˈɡrøːsɐn] **I.** *vt* ❶ *Fläche, Umfang* to extend, to enlarge (**um** by, **auf** to) ❷ *Distanz* to increase ❸ *Firma* to expand ❹ (*größer erscheinen lassen*) to magnify ❺ FOTO to enlarge [*or sep* blow up] (**auf** to) **II.** *vr* ▪ sich ~ (*anschwellen*) to become enlarged

Ver·grö·ße·rung <-, -en> *f* ❶ (*das Vergrößern*) enlargement, increase, expansion, magnification ❷ (*vergrößertes Foto*) enlargement, blow-up; **in 20.000-facher ~** enlarged by a factor of twenty thousand ❸ (*Anschwellung*) enlargement

Ver·grö·ße·rungs·glas *m* magnifying glass

ver·gu·cken* *vr* (*fam*) ❶ (*nicht richtig sehen*) to see wrong ❷ (*verlieben*) ▪ sich in jdm ~ to fall for sb

ver·güns·tigt [fɛɐ̯ˈɡʏnstɪçt] *adj* cheaper

Ver·güns·ti·gung <-, -en> *f* ❶ (*finanzieller Vorteil*) perk ❷ (*Ermäßigung*) reduction, concession

ver·gü·ten* [fɛɐ̯ˈɡyːtn̩] *vt* ▪ [jdm] etw ~ ❶ (*ersetzen*) to reimburse sb for sth ❷ (*bezahlen*) to pay sb for sth

Ver·gü·tung <-, -en> *f* ❶ (*das Ersetzen*) refunding *no pl*, reimbursement *no pl* ❷ (*geh: das Bezahlen*) payment *no pl* ❸ (*Geldsumme*) payment, remuneration; (*Honorar*) fee

ver·haf·ten* *vt* to arrest; **Sie sind verhaftet!** you are under arrest!

Ver·haf·te·te(r) *f(m) dekl wie adj* person under arrest

Ver·haf·tung <-, -en> *f* arrest

ver·hal·len *vi sein* to die away

ver·hal·ten*¹ [fɛɐ̯ˈhaltn̩] *vr irreg* ▪ sich [irgendwie] ~ ❶ (*sich benehmen*) to behave [in a certain manner] ❷ (*beschaffen sein*) to be [a certain way]; **die Sache verhält sich anders, als du denkst** the matter is not as you think ❸ CHEM (*als Eigenschaft zeigen*) to react [in a certain way]

ver·hal·ten² [fɛɐ̯ˈhaltn̩] **I.** *adj* ❶ (*zurückhaltend*) restrained ❷ (*unterdrückt*) suppressed **II.** *adv* in a restrained manner

Ver·hal·ten <-s> [fɛɐ̯ˈhaltn̩] *nt kein pl* behaviour *no pl*

ver·hal·tens·auf·fäl·lig *adj* PSYCH displaying behavioural problems **Ver·hal·tens·auf·fäl·lig·keit** *f* PSYCH display[s] of behavioural problems **Ver·hal·tens·for·schung** *f kein pl* behavioural research *no pl* **ver·hal·tens·ge·stört** *adj* disturbed **Ver·hal·tens·ko·dex** *m* SOZIOL (*geh*) code of behaviour **Ver·hal·tens·stö·rung** *f meist pl* behavioural disturbance **Ver·hal·tens·wei·se** *f* behaviour

Ver·hält·nis <-ses, -se> [fɛɐ̯ˈhɛltnɪs] *nt* ❶ (*Relation*) ratio; **in keinem ~** [zu etw *dat*] **stehen** to bear no relation to sth; **im ~** in a ratio (**von** of, **zu** to); **im ~** [zu jdm] in comparison [with sb] ❷ (*persönliche Beziehung*) relationship (**zu** with); (*Liebes-*) affair ❸ *pl* (*Bedingungen*) conditions *pl;* **räumliche ~se** physical conditions ❹ *pl* (*Lebensumstände*) circumstances *pl;* **über seine ~se leben** to live beyond one's means *pl;* **in bescheidenen ~sen leben** to live in modest circumstances; **klare ~se schaffen** to get things straightened out; **unter anderen ~sen** under different circumstances

ver·hält·nis·mä·ßig *adv* relatively

Ver·hält·nis·wort *nt* LING preposition

ver·han·deln* **I.** *vi* to negotiate (**mit** with, **über** about) **II.** *vt* ▪ etw ~ ❶ (*aushandeln*) to negotiate sth ❷ JUR to hear sth; **das Gericht wird diesen Fall nicht ~** the court won't hear this case

Ver·hand·lung *f* ❶ *meist pl* (*das Verhandeln*) negotiation; **~en** *pl* **aufnehmen** to enter into negotiations *pl;* **in ~en** *pl* **stehen** to be engaged in negotiations *pl* ❷ JUR trial, hearing

Ver·hand·lungs·ba·sis *f* basis for negotiation[s]; *Preis* or near offer, o.n.o. BRIT, or best offer AM, o.b.o. AM **Ver·hand·lungs·fä·hig** *adj* JUR able to stand trial *pred* **Ver·hand·lungs·ma·ra·thon** [fɛɐ̯ˈhandlʊŋsmaraˌtɔn] *m* POL marathon negotiations *pl* **Ver·hand·lungs·part·ner(in)** *m(f)* negotiating party **Ver·hand·lungs·sa·che** f matter of negotiation **Ver·hand·lungs·tisch** m negotiating table

ver·han·gen adj overcast

ver·hän·gen vt ❶ (zuhängen) to cover ❷ (aussprechen) to award; **der Schiedsrichter verhängte einen Elfmeter** the referee awarded a penalty ❸ (verfügen) ■ **etw ~** to impose sth (**über** on); *Ausnahmezustand* to declare; *Ausgangssperre* to impose

Ver·häng·nis <-, -se> [fɛɐ̯ˈhɛŋnɪs] nt disaster; **jdm] zum ~ werden** to be sb's undoing

ver·häng·nis·voll adj disastrous, fatal

ver·harm·lo·sen* [fɛɐ̯ˈharmloːzn̩] vt to play down sep

Ver·harm·lo·sung <-, -en> f playing down

ver·har·ren* vi sein o haben (geh) ❶ (stehen bleiben) to pause ❷ (hartnäckig bleiben) to persist (**bei** in)

ver·här·ten* I. vt to harden II. vr ■ **sich ~** to become hardened

Ver·här·tung f ❶ kein pl (Erstarrung) hardening no pl ❷ (verhärtete Stelle) induration

ver·has·peln* vr ■ **sich ~** to get into a muddle

ver·hasst^{RR} adj, **ver·haßt**^{ALT} [fɛɐ̯ˈhast] adj hated (**wegen** for); ■ **~ sein** to be hated; **dieser Beruf wurde mir immer ~er** I hated this profession more and more

ver·hät·scheln vt to spoil, to pamper

Ver·hau <-[e]s, -e> [fɛɐ̯ˈhaʊ̯] m MIL entanglement

ver·hau·en* <verhaute, verhauen> I. vt (fam) ❶ (verprügeln) to beat up sep; ■ **sich ~** to have a fight ❷ SCH **ich habe den Aufsatz [gründlich] ~!** I've made a [complete] mess of the essay! II. vr (fam: sich verkalkulieren) ■ **sich ~** to slip up

ver·hed·dern* [fɛɐ̯ˈhɛdɐn] vr ■ **sich ~** ❶ (sich verfangen) to get tangled up ❷ (sich versprechen) to get into a muddle ❸ (sich verschlingen) to get into a tangle

ver·hee·rend I. adj devastating II. adv devastatingly; **sich ~ auswirken** to have a devastating effect; **~ aussehen** (fam) to look dreadful

ver·heh·len* vt (geh) ■ **etw [jdm gegenüber] ~** to conceal sth [from sb]; **nicht ~, dass ...** to not hide the fact that ...

ver·hei·len* vi sein to heal [up]

ver·heim·li·chen* [fɛɐ̯ˈhaɪ̯mlɪçn̩] vt (geheim halten) ■ **jdm] etw ~** to conceal sth [from sb], to keep sth secret [from sb]; ■ **jdm ~, dass ...** to conceal from sb the fact that ...; **etw [o nichts] zu ~ haben** to have sth [or nothing] to hide

ver·hei·ra·ten* vr ■ **sich [mit jdm] ~** to marry [sb]; ■ **verheiratet** married

ver·hei·ßen* vt irreg ■ **etw ~** to promise sth

Ver·hei·ßung <-, -en> f promise

ver·hei·ßungs·voll I. adj promising; **wenig ~** unpromising II. adv full of promise; **Ihr Vorschlag hört sich ~ an** your suggestion sounds promising

ver·hel·fen* vi irreg ■ **jdm] zu etw** dat **~** to help sb to achieve sth; **dieser Erfolg verhalf ihm endlich zum Durchbruch** this success finally helped him achieve a breakthrough

ver·herr·li·chen* [fɛɐ̯ˈhɛrlɪçn̩] vt to glorify

Ver·herr·li·chung <-, -en> f glorification no pl

ver·heult adj puffy from crying

ver·he·xen* vt to bewitch; **wie verhext sein** to be jinxed

ver·hin·dern* vt to prevent; ■ **~, dass jd etw tut** to prevent sb from doing sth

ver·hin·dert adj ❶ (nicht anwesend) ■ **~ sein** to be unable to come ❷ (fam: mit einer verborgenen Begabung) ■ **ein ~er** [o **eine ~e**] **... sein** to be a would-be ...

ver·höh·nen* vt to mock

ver·hö·kern* vt (fam) to flog [off] (**an** to)

Ver·hör <-[e]s, -e> [fɛɐ̯ˈhøːɐ̯] nt questioning no pl, no art, interrogation; **jdn einem ~ unterziehen** to subject sb to questioning

ver·hö·ren* I. vt (offiziell befragen) ■ **jdn ~** to question, to interrogate II. vr ■ **sich ~** to mishear

ver·hül·len* vt to cover (**mit** with)

ver·hun·gern* vi sein to starve [to death]; **am V~ sein** to be starving

ver·hü·ten* vt to prevent; **eine Empfängnis verhüten** to prevent conception

Ver·hü·tung <-, -en> f ❶ (das Verhindern) prevention no pl, no indef art ❷ (Empfängnis-) contraception no pl, no art

Ver·hü·tungs·mit·tel nt contraceptive

ve·ri·fi·zie·ren* [verifiˈtsiːrən] vt to verify

ver·in·ner·li·chen* [fɛɐ̯ˈʔɪnɐlɪçn̩] vt to internalize

ver·ir·ren* vr ■ **sich ~** to get lost

ver·ja·gen* vt to chase away sep

ver·jäh·ren* vi sein to become statute-barred; ■ **verjährt** statute-barred

Ver·jäh·rung <-, -en> f limitation

Ver·jäh·rungs·frist f [statutory] period of limitation

ver·ju·beln* vt to blow

ver·jün·gen* [fɛɐ̯ˈjʏŋən] I. vi (vitalisieren) to make one feel younger II. vt ❶ (vitalisieren) **jdn ~** to rejuvenate sb ❷ ÖKON **wir sollten das Management der Firma ~** we should bring some young blood into the management of the company III. vr ■ **sich ~** ❶ (schmaler werden) to narrow ❷ (ein jüngeres Aussehen bekommen) to look younger

Ver·jün·gung <-, -en> f ❶ (*das Verjüngen*) rejuvenation; *Personal* recruitment of younger blood ❷ (*Verengung*) narrowing *no pl*

ver·ka·beln* *vt* to connect to the cable network

Ver·ka·be·lung <-, -en> f connecting *no pl* to the cable network

ver·kal·ken* *vi sein* ❶ (*Kalk einlagern*) to fur [*or* Am clog] up; ■ **verkalkt** furred up ❷ *Arterien* to become hardened; *Gewebe* to calcify ❸ MED (*fam*) ■ **jd verkalkt** sb suffers from hardening of the arteries *pl*; (*senil werden*) sb's going senile

ver·kal·ku·lie·ren* *vr* ■ **sich ~** ❶ (*sich verrechnen*) to miscalculate ❷ (*sich irren*) to be mistaken

Ver·kal·kung <-, -en> f ❶ (*das Verkalken*) furring *no pl* BRIT, clogging AM ❷ *Arterien* hardening *no pl*; *Gewebe* calcification *no pl* ❸ MED (*fam: Arteriosklerose*) hardening of the arteries *pl*; (*Senilität*) senility *no pl*

ver·kannt *adj* unrecognized

ver·kappt *adj attr* disguised; **ein ~er Kommunist** a communist in disguise

ver·ka·tert [fɛɐ̯ˈkaːtɐt] *adj* (*fam*) hung-over *pred*

Ver·kauf <-s, Verkäufe> [fɛɐ̯ˈkauf, *pl* fɛɐ̯ˈkɔyfə] *m* ❶ (*das Verkaufen*) sale, selling *no pl*; **etw zum ~ anbieten** to offer sth for sale; **zum ~ stehen** to be up for sale ❷ *kein pl* (*Verkaufsabteilung*) sales *no art, + sing/pl vb*

ver·kau·fen* **I.** *vt* to sell (**für** for, **an** to); **zu ~ sein** to be for sale; **„zu ~"** "for sale" **II.** *vr* ■ **sich ~** ❶ (*verkauft werden*) to sell; **das Buch verkauft sich gut** the book is selling well ❷ (*sich selbst darstellen*) to sell oneself

Ver·käu·fer(in) [fɛɐ̯ˈkɔyfɐ] *m(f)* ❶ (*verkaufender Angestellter*) sales [*or* shop] assistant ❷ (*verkaufender Eigentümer*) seller; JUR vendor

ver·käuf·lich *adj* ❶ (*zu verkaufen*) for sale *pred* ❷ ÖKON saleable

Ver·kaufs·of·fen *adj* open for business **Ver·kaufs·preis** *m* retail price **Ver·kaufs·schla·ger** *m* best-seller **ver·kaufs·träch·tig** *adj* ÖKON *Ware* marketable **Ver·kaufs·zah·len** *pl* sales figures *pl*

Ver·kehr <-[e]s> [fɛɐ̯ˈkeːɐ̯] *m kein pl* ❶ (*Straßen~*) traffic *no pl, no indef art* ❷ (*Transport*) transport *no pl, no indef art* ❸ (*Umgang*) contact, dealings *pl*; **jdn aus dem ~ ziehen** (*fam*) to take sb out of circulation ❹ (*Handel*) **etw in den ~ bringen** to put sth into circulation; **etw aus dem ~ ziehen** to withdraw sth from circulation ❺ (*Geschlechts~*) intercourse

ver·keh·ren* **I.** *vi* ❶ *sein o haben* (*fahren*) to run; **der Zug verkehrt nur zweimal am Tag** the train only runs twice a day ❷ *haben* (*häufiger Gast sein*) to visit regularly ❸ *haben* (*Umgang pflegen*) ■ **mit jdm**] ~ to associate [with sb] **II.** *vr haben* (*sich umkehren*) ■ **sich** [**in etw** *akk*] ~ to turn into sth

Ver·kehrs·am·pel *f* traffic lights *pl* **Ver·kehrs·amt** *nt* tourist information office **Ver·kehrs·an·bin·dung** *f* transport link BRIT *usu pl*, transportation connection AM *usu pl* **Ver·kehrs·auf·kom·men** *nt* volume of traffic **ver·kehrs·be·ru·higt** *adj* traffic-calmed **Ver·kehrs·cha·os** *nt* road chaos **Ver·kehrs·dich·te** *f kein pl* traffic density **Ver·kehrs·durch·sa·ge** *f* traffic announcement **Ver·kehrs·er·zie·hung** *f* road safety training **Ver·kehrs·flug·zeug** *nt* commercial aircraft **Ver·kehrs·funk** *m* radio traffic service **ver·kehrs·güns·tig** *adj* close to public transport **Ver·kehrs·hin·der·nis** *nt* obstruction to traffic **Ver·kehrs·hin·weis** *m* traffic announcement **Ver·kehrs·in·sel** *f* traffic island **Ver·kehrs·kno·ten·punkt** *m* traffic junction **Ver·kehrs·kon·trol·le** *f* spot check on the traffic **Ver·kehrs·la·ge** *f* traffic [conditions *pl*] **Ver·kehrs·mit·tel** *nt* means *+ sing/pl vb* of transport; **öffentliches/privates ~** public/private transport **Ver·kehrs·netz** *nt* transport system **Ver·kehrs·ord·nung** *f kein pl* Road Traffic Act **Ver·kehrs·pla·nung** *f* traffic planning **Ver·kehrs·po·li·zei** *f* traffic police **Ver·kehrs·re·gel** *f* traffic regulation **Ver·kehrs·re·ge·lung** *f* traffic control **Ver·kehrs·row·dy** *m* road hog *fam* **Ver·kehrs·schild** *nt* road sign **ver·kehrs·si·cher** *adj Fahrzeug* safe; (*bes. Auto*) roadworthy **Ver·kehrs·si·cher·heit** *f kein pl* road safety **Ver·kehrs·stra·ße** *f* road open to traffic **Ver·kehrs·sün·der(in)** *m(f)* (*fam*) traffic offender **Ver·kehrs·teil·neh·mer(in)** *m(f)* road-user **Ver·kehrs·to·te(r)** *f(m) dekl wie adj* road fatality **Ver·kehrs·un·fall** *m* road accident **Ver·kehrs·ver·bund** *m* association of transport companies *pl* **Ver·kehrs·ver·ein** *m* tourist promotion agency **Ver·kehrs·weg** *m* [traffic] route, communication

Ver·kehrs·we·sen <-s> *nt kein pl* communications *pl* [system]

ver·kehrs·wid·rig *adj* contrary to road traffic regulations *pl* **Ver·kehrs·zei·chen** *nt s.* **Verkehrsschild**

ver·kehrt **I.** *adj* (*falsch*) wrong; **die ~e Richtung** the wrong direction; ■ **der V~e** the wrong person; ■ **etwas V~es** the wrong thing ▶ **mit dem ~en Bein aufgestanden sein** to have got out of bed on the wrong side

II. *adv* wrongly; **du machst ja doch wieder alles ~!** you're doing everything wrong again!; **~ herum** the wrong way round

ver·kei·len* *vt* ① (*befestigen*) to wedge tight ② DIAL **jdn ~** to thrash sb

ver·keilt *adj* gridlocked

ver·ken·nen* *vt irreg* (*falsch einschätzen*) to misjudge; ■ **~, dass ...** to fail to recognize that ...; **es ist nicht zu ~, dass ...** it cannot be denied that ...

ver·ket·ten* *vt* ① (*verbinden*) to chain (**mit** to) ② (*verschließen*) to put a chain on **II.** *vr* **sich ~** *Ereignisse* to follow close on one another

ver·kla·gen* *vt* **jdn ~** to take proceedings against sb; **jdn auf Schadenersatz ~** to sue sb for damages

ver·klap·pen* *vt* to dump [in the sea]

ver·klärt <-er, -este> *adj* transfigured

ver·klei·den* **I.** *vt* ① (*kostümieren*) to dress up *sep* (**als** as) ② (*ausschlagen*) to line ③ BAU (*überdecken*) to cover **II.** *vr* **sich ~** to dress up

Ver·klei·dung *f* ① (*Kostüm*) disguise, fancy dress ② BAU lining

ver·klei·nern* [fɛɐ̯ˈklaɪnɐn] **I.** *vt* ① (*verringern*) to reduce ② (*schrumpfen lassen*) to shrink ③ FOTO to reduce; INFORM to scale down **II.** *vr* ① (*sich verringern*) to be reduced in size (**um** by) ② (*schrumpfen*) to shrink

ver·klei·nert I. *pp von* **verkleinern II.** *adj* reduced

Ver·klei·ne·rung <-, -en> *f* reduction *no pl*

Ver·klei·ne·rungs·form *f* LING diminutive [form]

ver·klem·men* *vr* **sich ~** to jam, to get stuck

ver·klemmt *adj* uptight [about sex *pred*]

Ver·klemmt·heit [fɛɐ̯ˈklɛmthaɪt] *f* PSYCH (*fam*) uptightness

ver·klin·gen* *vi irreg sein* to fade away

ver·kna·cken* *vt* (*fam*) ■ **jdn ~** to put sb away; **jdn zu einer Geldstrafe ~** to fine sb; ■ [**für etw** *akk*] **verknackt werden** to get done [for sth]

ver·knack·sen* *vt* **sich den Fuß verknacksen** to sprain one's ankle

ver·knal·len* *vr* (*fam*) ■ **sich ~** to fall head over heels in love (**in** with); ■ **verknallt sein** to be head over heels in love

Ver·knap·pung *f* shortage

ver·knei·fen* *vt irreg* (*fam*) ■ **sich** *dat* **etw ~** ① (*nicht offen zeigen*) to repress sth; **ich konnte mir ein Grinsen nicht ~** I couldn't help grinning ② (*sich versagen*) to do without sth

ver·knif·fen *adj Miene* a pinched; **etw ~ sehen** to take a narrow view of sth

ver·knit·tern* *vt* to crumple

ver·kno·ten* **I.** *vt* ① to knot; ■ **etw miteinander ~** to knot together sth *sep* **II.** *vr* **sich ~** to get knotted

ver·knüp·fen* *vt* ① (*verknoten*) to tie [together *sep*] ② (*verbinden*) to combine (**mit** with) ③ (*in Zusammenhang bringen*) to link (**mit** to)

Ver·knüp·fung <-, -en> *f* ① (*Verbindung*) combination ② (*Zusammenhang*) link, connection

ver·ko·chen* *vi sein* ① (*verdampfen*) to boil away ② (*zerfallen*) to fall apart; (*zu einer breiigen Masse*) to go mushy *fam*

ver·koh·len*¹ *vi sein* to turn to charcoal

ver·koh·len² *vt* (*fam: veräppeln*) ■ **jdn ~** to pull sb's leg

ver·kokst [fɛɐ̯ˈkoːkst] *adj* (*pej sl*) coked-up

ver·kom·men*¹ *vi irreg sein* ① (*verwahrlosen*) to decay; *Mensch* to go to rack [*or esp* AM wrack] and ruin; *Gebäude* to decay ② (*herunterkommen*) to go to the dogs; ■ **zu etw** *dat* **~** to degenerate into sth ③ (*verderben*) to spoil

ver·kom·men² *adj* ① (*verwahrlost*) degenerate ② (*im Verfall begriffen*) decayed, dilapidated

ver·kork·sen* [fɛɐ̯ˈkɔrksn̩] *vt* (*fam*) ■ **etw ~** to screw up sth

ver·korkst <-er, -este> *adj* screwed-up; *Magen* upset

ver·kör·pern* [fɛɐ̯ˈkœrpɐn] *vt* ① FILM, THEAT to play [the part of] ② (*personifizieren*) to personify

Ver·kör·pe·rung <-, -en> *f* ① *kein pl* FILM, THEAT portrayal ② (*Inbegriff*) personification ③ (*Abbild*) embodiment

ver·kös·ti·gen* [fɛɐ̯ˈkœstɪɡŋ̩] *vt bes* ÖSTERR ■ **jdn ~** to cater for sb

ver·kra·chen* *vr* (*fam*) ■ **sich ~** to fall out (**mit** with)

ver·kracht *adj* (*fam*) failed

ver·kraf·ten* [fɛɐ̯ˈkraftn̩] *vt* to cope with; **ich könnte ein Bier ~** (*hum*) I could do with a beer

ver·kramp·fen* *vr* **sich ~** ① (*zusammenkrümmen*) to be/get cramped ② (*sich anspannen*) to tense [up]

ver·krampft I. *adj* tense **II.** *adv* tensely; **~ wirken** to seem unnatural

ver·krie·chen* *vr irreg* ■ **sich ~** to creep away

ver·krüm·men* *vt* to bend

ver·krüp·peln* **I.** *vt* to cripple **II.** *vi sein* to be/grow stunted

ver·krüp·pelt <-er, -este> *adj* ① (*missgestaltet gewachsen*) stunted ② (*missgestaltet*

zugerichtet) crippled
ver·krụs·tet adj time-honoured, set attr
ver·küh·len* vr DIAL, BES ÖSTERR (fam) ■ **sich ~** to catch a cold; **sich die Blase ~** to get a chill on the bladder
ver·kụ̈m·mern vi sein ① MED to degenerate ②(eingehen) to [shrivel and] die ③(verloren gehen) to wither away ④(die Lebenslust verlieren) to waste away
ver·kụ̈n·den* vt to announce; ■**~, dass ...** to announce that ...; **ein Urteil ~** to pronounce sentence; **Gutes/Unheil ~** to augur/to not augur well form
ver·kụ̈n·di·gen* vt (geh) to proclaim sth
Ver·kụ̈n·di·gung f (geh) ①(das Verkündigen) announcement; Evangelium preaching no art, no pl ②(Proklamation) proclamation
Ver·kụ̈n·dung <-, -en> f announcement; Urteil pronouncement
ver·kụp·peln* vt ■**jdn ~** to pair off sb sep
ver·kụ̈r·zen* I. vt ①(kürzer machen) to shorten (auf to, um by) ②(zeitlich vermindern) to reduce (auf to, um by); **die Arbeitszeit ~** to reduce working hours; Urlaub to cut short sep ③(weniger lang erscheinen lassen) ■ **etw ~** to make sth pass more quickly II. vr ■ **sich ~** to become shorter
Ver·kụ̈r·zung f ①(das Verkürzen) shortening, cutting short ②(zeitliche Verminderung) reduction
ver·lạ·den* vt irreg ①(aufladen) to load (auf on, in in) ②(hintergehen) ■ **jdn ~** to take sb for a ride
Ver·lạ·de·ram·pe f loading ramp; (für Autos) loading bay
Ver·lạ·dung f loading no art, no pl
Ver·lạg <-[e]s, -e> [fɛɐ̯ˈlaːk, pl -ˈlaːɡə] m publisher's, publishing house form
ver·lạ·gern* vt to move; **den Schwerpunkt ~** to shift the emphasis
Ver·lạ·ge·rung f die ~ der Kunstgegenstände diente dem Schutz vor Bombenangriffen the works of art were moved to protect them from bombs
Ver·lags·buch·hand·lung f publishing house purveying its own booksellers **Ver·lags·haus** nt publishing house **Ver·lags·kauf·mann, -kauf·frau** m, f publishing manager **Ver·lags·re·dak·teur(in)** m(f) [publishing] editor **Ver·lags·we·sen** nt publishing
ver·lạn·gen* I. vt ①(fordern) ■ **etw ~** to demand (von of); **einen Preis ~** to ask a price ②(erfordern) to require ③(erwarten) to expect; **das ist ein bisschen viel verlangt** that's a bit much; **das ist nicht zu viel verlangt** that is not too much to expect II. vi ①(erfordern) ■ **nach etw** dat **~** to demand

sth ②(jd zu sehen wünschen) ■ **nach jdm ~** to ask for sb ③(um etw bitten) ■ **nach etw** dat **~** to ask for sth
Ver·lạn·gen <-s, -> nt ①(dringender Wunsch) desire (nach for) ②(Forderung) demand; **auf ~** on demand; **auf jds** akk **~** at sb's request
ver·lạ̈n·gern* [fɛɐ̯ˈlɛŋɐn] I. vt ①(länger machen) to lengthen, to extend (um by) ②(länger dauern lassen) to extend; Leben to prolong; Vertrag to renew II. vr ■ **sich ~** to be longer (um by); Leben, Leid to be prolonged [by sth]
Ver·lạ̈n·ge·rung <-, -en> f ① kein pl (räumlich) lengthening sth; (durch ein Zusatzteil) extension ② kein pl (zeitliche) extension ③ SPORT extra time no art, no pl
Ver·lạ̈n·ge·rungs·ka·bel nt, **Ver·lạ̈n·ge·rungs·schnur** f extension [cable]
ver·lạng·sa·men* [fɛɐ̯ˈlaŋzaːmən] I. vt ①(langsamer werden lassen) to reduce; **das Tempo ~** to reduce [one's] speed ②(aufhalten) to slow down sep sth; Verhandlungen to hold up sep II. vr ■ **sich ~** to slow [down]
Ver·lạssRR <-es> m, **Ver·lạß**ALT <-sses> [fɛɐ̯ˈlas] m kein pl ■ **auf jdn ist/ist kein ~** you can/cannot rely on sb; ■ **es ist ~ darauf, dass jd etw tut** you can depend on sb doing sth
ver·lạs·sen*[1] irreg I. vt ①(im Stich lassen) to abandon ②(hinausgehen, fortgehen) to leave ③(verloren gehen) ■ **jdn ~** to desert sb; **der Mut verließ ihn** he lost courage II. vr ■ **sich auf jdn/etw ~** to rely [up]on sb/sth; **worauf du dich ~ kannst!** you bet!
ver·lạs·sen[2] adj deserted; (verwahrlost) desolate
ver·lạ̈ss·lichRR adj, **ver·lạ̈ß·lich**ALT [fɛɐ̯ˈlɛslɪç] adj reliable
Ver·lạ̈ss·lich·keitRR <-> f kein pl reliability no art, no pl
Ver·laub [fɛɐ̯ˈlaʊ̯p] m **mit ~** with respect
Ver·lauf [fɛɐ̯ˈlaʊ̯f] m course; **im ~ einer S.** gen in the course of; **im ~ der nächsten Monate** in the course of the next few months; **einen bestimmten ~ nehmen** to take a particular course
ver·lau·fen* irreg I. vi sein ①(ablaufen) **das Gespräch verlief nicht wie erhofft** the discussion didn't go as hoped ②(sich erstrecken) to run II. vr ①(sich verirren) ■ **sich ~** to get lost ②(auseinandergehen) ■ **sich ~** to disperse; (panisch) to scatter
Ver·laufs·form f LING continuous form
ver·laut·ba·ren* [fɛɐ̯ˈlaʊ̯baːrən] vt (geh) ■ **etw ~ lassen** to let sth be announced
ver·lau·ten* vt sein ■ **etw ~ lassen** to say sth

ver·le·ben* vt to spend; **eine schöne Zeit ~** to have a nice time; **seine Kindheit in der Großstadt ~** to spend one's childhood in the city

ver·lebt adj ruined, raddled; *Aussehen* disreputable

ver·le·gen*¹ [fɛɐˈleːɡn̩] vt ① *Schlüssel, etc* to mislay ② *Termin* to postpone (**auf** until) ③ *Gleise, Teppich* to lay; **etw ~ lassen** to have sth laid ④ *Buch* to publish ⑤ *Patient, Abteilung* to transfer

ver·le·gen² [fɛɐˈleːɡn̩] **I.** adj embarrassed; **er ist nie um eine Entschuldigung ~** he's never lost for an excuse **II.** adv in embarrassment

Ver·le·gen·heit <-, -en> f kein pl embarrassment no pl; **jdn in ~ bringen** to put sb in an embarrassing situation

Ver·le·ger(in) <-s, -> m(f) publisher

Ver·le·gung <-, -en> f ① *(Verschiebung)* rescheduling no art, no pl; *(auf einen späteren Zeitpunkt)* postponement ② TECH installation, laying no art, no pl ③ *(das Publizieren)* publication ④ *(Ortswechsel)* transfer

Ver·leih <-[e]s, -e> [fɛɐˈlaɪ] m ① *(Unternehmen)* rental [*or* BRIT hire] company ② kein pl *(das Verleihen)* renting [*or* BRIT hiring] out no art, no pl

ver·lei·hen* vt irreg ① *(verborgen)* ■ **etw ~** to lend sth (**an** to); *(gegen Geld)* to rent [*or* BRIT hire] out sth sep ② *(jdn mit etw auszeichnen)* ■ **[jdm] etw ~** to award sth [to sb] ③ *(geben)* to give; **die Wut verlieh ihm neue Kräfte** anger gave him new strength

Ver·lei·hung <-, -en> f ① *(das Verleihen)* lending no art, no pl; *(für Geld)* renting [*or* BRIT hiring] out no art, no pl ② *(Zuerkennung)* award

ver·lei·ten* vt ■ **jdn [zu etw] ~** ① *(dazu bringen)* to persuade sb [to do sth] ② *(verführen)* to entice sb [to do sth]

ver·ler·nen* vt to forget; **das Tanzen ~** to forget how to dance

ver·le·sen*¹ irreg **I.** vt *(vorlesen)* to read [aloud sep] **II.** vr ■ **sich ~** to read sth wrongly

ver·le·sen² vt irreg *(aussortieren)* to sort

ver·letz·bar adj s. verletzlich

ver·let·zen* [fɛɐˈlɛtsn̩] vt ① *(verwunden)* to injure, to hurt; ■ **sich ~** to injure [*or* hurt] oneself ② *(kränken)* to offend; **jdn in seinem Stolz ~** to hurt sb's pride ③ *(missachten)* to wound; **jds Gefühle ~** to hurt sb['s feelings] ④ *(übertreten)* to violate

ver·let·zend adj hurtful

ver·letz·lich adj vulnerable

Ver·letz·te(r) f(m) dekl wie adj injured person; *(Opfer)* casualty; ■ **die ~n** the injured + pl vb

Ver·let·zung <-, -en> f ① MED injury ② kein pl *(Übertretung)* violation

Ver·let·zungs·ri·si·ko nt risk of injury

ver·leug·nen* vt ■ **jdn ~** to deny sb

ver·leum·den* [fɛɐˈlɔymdn̩] vt ■ **jdn ~** to slander sb; *(schriftlich)* to libel sb

Ver·leum·dung <-, -en> f slander no art, no pl, libel no art, no pl

Ver·leum·dungs·kam·pa·gne f smear campaign

ver·lie·ben* vr ■ **sich ~** to fall in love (**in** with); *(für jdn schwärmen)* to have a crush on sb

ver·liebt adj ① *(durch Liebe bestimmt)* loving; **~e Worte** words of love ② *(von Liebe ergriffen)* enamoured, charmed; *(stärker)* infatuated; ■ **~ sein** to be in love (**in** with)

ver·lie·ren <verlor, verloren> [fɛɐˈliːrən] **I.** vt to lose; *Flüssigkeit, Gas* to leak ▶ **irgendwo nichts verloren haben** to have no business [being] somewhere **II.** vr ■ **sich ~** akk ① *(verschwinden)* to disappear ② *(sich verirren)* to get lost; **sich in Gedanken ~** to be lost in thought

Ver·lie·rer(in) <-s, -> m(f) loser

Ver·lies <-es, -e> [fɛɐˈliːs, pl ˈliːzə] nt dungeon

ver·lin·ken [fɛɐˈlɪŋkən] vt ■ **etw mit etw** dat ~ INET to link sth to sth

ver·lo·ben* vr ■ **sich ~** to get engaged (**mit** to)

Ver·lob·te(r) f(m) dekl wie adj fiancé masc, fiancée fem

Ver·lo·bung <-, -en> f engagement

ver·lo·cken vi to tempt

ver·lo·ckend adj tempting

Ver·lo·ckung <-, -en> f temptation

ver·lo·gen [fɛɐˈloːɡn̩] adj ① *(lügnerisch)* lying attr; **durch und durch ~ sein** *Behauptung* to be a blatant lie; *Mensch* to be a rotten liar ② *(heuchlerisch)* insincere, phoney

ver·lor [fɛɐˈloːɐ̯] imp von verlieren

ver·lo·ren [fɛɐˈloːrən] **I.** pp von verlieren **II.** adj ■ **~ sein** to be finished; **sich ~ fühlen** to feel lost; **jdn/etw ~ geben** to give up sep sb/sth for lost; **~ gehen** to get lost ▶ **an jdm ist eine <u>Künstler</u> etc. ~ gegangen** somebody would have made a good artist etc.

ver·lo·sen* vt to raffle

Ver·lo·sung f raffle, draw

ver·lu·dern *(fam)* **I.** vt *Geld* to squander **II.** vi to go to the bad

Ver·lust <-[e]s, -e> [fɛɐˈlʊst] m loss; **der ~ von etw** dat the loss of sth; **~ bringend** loss-making; **~ e machen** to make losses

Ver·lust·mel·dung f ① *(Anzeige)* report of the loss ② MIL casualty report

ver·lust·reich adj ① FIN loss-making ② MIL *Schlacht* involving heavy losses

ver·ma·chen* vt ■ etw ~ to bequeath sth
Ver·mächt·nis <-ses, -se> [fɛɐ̯ˈmɛçtnɪs] nt legacy
ver·mäh·len* [fɛɐ̯ˈmɛːlən] vr ■ sich [mit jdm] ~ to marry [sb]; **frisch vermählt** newly married attr; **die frisch Vermählten** the newly-weds
Ver·mäh·lung <-, -en> f (geh) marriage, wedding
ver·mark·ten* vt to market
Ver·mark·tung <-, -en> f marketing
ver·mas·seln* [fɛɐ̯ˈmasl̩n] vt ■ etw ~ to mess up sth sep
ver·meh·ren* vr ■ sich ~ ① (sich fortpflanzen) to reproduce; (stärker) to multiply ② (zunehmen) to increase (**um** by, **auf** to)
Ver·meh·rung <-, -en> f ① (Fortpflanzung) reproduction no art, no pl; (stärker) multiplying no art, no pl ② HORT propagation ③ (das Anwachsen) increase
ver·meid·bar adj avoidable
ver·mei·den vt irreg to avoid; **sich nicht ~ lassen** to be inevitable
ver·meint·lich [fɛɐ̯ˈmaɪntlɪç] I. adj attr supposed attr II. adv supposedly
ver·mel·den* vt etw zu ~ haben to have sth to announce
Ver·merk <-[e]s, -e> [fɛɐ̯ˈmɛrk] m note
ver·mer·ken* vt to note [down sep]
ver·mes·sen*¹ [fɛɐ̯ˈmɛsn̩] irreg I. vt to measure; **Grundstück, Gebäude** to survey II. vr ■ sich ~ to measure [sth] wrongly
ver·mes·sen² [fɛɐ̯ˈmɛsn̩] adj presumptuous
Ver·mes·sen·heit <-, -en> f presumption no art, no pl
Ver·mes·sung f measurement; (bei einem Katasteramt) survey
Ver·mes·sungs·in·ge·ni·eur(in) m(f) [land] surveyor
ver·mie·sen* [fɛɐ̯ˈmiːzn̩] vt (fam) ■ [jdm] etw ~ to spoil sth [for sb]
ver·mie·ten* vt ① to lease out sep; (für kurze Zeit a.) to rent [or BRIT hire] out sep; **ein Haus ~** to let a house; **„Zimmer zu ~"** "rooms to let" II. vi ■ [an jdn] ~ to let [to sb]
Ver·mie·ter(in) m(f) landlord masc, landlady fem
ver·min·dern* I. vt to reduce II. vr ■ sich ~ to decrease, to diminish
Ver·min·de·rung f reduction, decrease
ver·mi·schen* I. vt to mix; (um eine bestimmte Qualität zu erreichen) to blend II. vr ■ sich [miteinander] ~ to mix
Ver·mi·schung f mixing no art, no pl
ver·mis·sen* vt ① (das Fehlen bemerken) ■ etw ~ to have lost sth ② (jds Abwesenheit bedauern) ■ jdn ~ to miss sb ③ (jds Abwe-senheit feststellen) **wir ~ unsere Tochter** our daughter is missing ④ (das Fehlen von etw bedauern) **was ich an den jungen Menschen vermisse, ist Höflichkeit** what I think young people lack is politeness; ■ etw ~ **lassen** to lack sth
Ver·miss·ten·an·zei·ge^RR f **eine ~ aufgeben** to report sb as missing
Ver·miss·ten·mel·dung f missing persons report
Ver·miss·te(r)^RR f(m), **Ver·miß·te(r)^ALT** f(m) dekl wie adj missing person
ver·mit·tel·bar adj employable; **ältere Arbeiter sind kaum mehr ~** it is almost impossible to find jobs for older people
ver·mit·teln* I. vt ① (beschaffen) **jdm eine Stellung ~** to find sb a job; **jdn an eine Firma ~** to place sb with a firm ② (weitergeben) ■ etw ~ to pass on sep sth; **jdm ein schönes Gefühl ~** to give sb a good feeling ③ (arrangieren) **einen Kontakt ~** to arrange for a contact II. vi to mediate (**in** in)
Ver·mitt·ler(in) <-s, -> m(f) ① (Schlichter) mediator ② ÖKON agent
Ver·mitt·lung <-, -en> f ① ÖKON Geschäft negotiating no art, no pl; **Stelle, Wohnung** finding no art, no pl ② (Schlichtung) mediation ③ (Telefonzentrale) operator ④ (das Weitergeben) imparting no art, no pl
ver·mö·beln* [fɛɐ̯ˈmøːbl̩n] vt (fam) ■ **jdn ~** to beat up sb sep
ver·mo·dern* vi sein to rot, to decay
ver·mö·gen* [fɛɐ̯ˈmøːgn̩] vt irreg ■ ~, **etw zu tun** to be capable of doing sth
Ver·mö·gen <-s, -> [fɛɐ̯ˈmøːgn̩] nt ① FIN assets pl; (Geld) capital no art, no pl; (Eigentum) property no art, no pl; (Reichtum) fortune, wealth ② kein pl (geh) ■ **jds ~** sb's ability
ver·mö·gend [fɛɐ̯ˈmøːgn̩t] adj wealthy
Ver·mö·gens·steu·er f net worth tax **ver·mö·gens·wirk·sam** adj asset-creating attr; **~ e Leistungen** wealth creation benefits
ver·mül·len* [fɛɐ̯ˈmʏlən] vt ■ etw ~ to trash sth
ver·mum·men* [fɛɐ̯ˈmʊmən] I. vt to wrap up sep II. vr ■ sich ~ to wear a mask
ver·mummt adj masked
Ver·mum·mungs·ver·bot nt law which forbids demonstrators to wear masks at a demonstration
ver·mu·ten* vt to suspect; ■ **jdn irgendwo ~** to think that sb is somewhere
ver·mut·lich I. adj attr probable, likely II. adv probably
Ver·mu·tung <-, -en> f assumption
ver·nach·läs·si·gen* [fɛɐ̯ˈnaxlɛsɪgn̩] vt ① (sich nicht genügend kümmern) to ne-

Ver·nach·läs·si·gung <-, -en> f ❶ kein pl (*das Vernachlässigen*) neglect *no art, no pl* ❷ (*die Nichtberücksichtigung*) disregard *no pl*

ver·na·geln vt to nail up *sep*; (*Fenster, Tür*) to board up *sep*

ver·nagelt adj (*fam*) **wie ~ sein** to not get through to sb

ver·nä·hen* vt to sew together *sep*

ver·nar·ben* vi sein to form a scar; ■ **vernarbt** scarred

ver·nar·ren* vr (*fam*) ■ **in jdn/etw vernarrt sein** to be besotted by sb/sth

ver·na·schen* vt ❶ (*fam*) ■ **etw ~** to like to eat sth ❷ (*sl: mit jdm Sex haben*) ■ **jdn ~** to lay sb

ver·neh·men* vt irreg ❶ JUR to question (**zu** about) ❷ (*geh: hören*) to hear

Ver·neh·men nt **dem ~ nach** from what one hears

ver·nehm·lich [fɛɐ̯'neːmlɪç] (*geh*) **I.** adj [clearly] audible **II.** adv audibly; **laut und ~** loud and clear

Ver·neh·mung <-, -en> f questioning

ver·neh·mungs·fäh·ig adj in a fit state to be questioned

ver·nei·gen* vr ■ **sich ~** to bow

Ver·nei·gung f bow; **eine ~ [vor jdm] machen** to bow [to sb]

ver·nei·nen* [fɛɐ̯'naɪnən] vt ❶ (*negieren*) to say no to; **eine Frage ~** to answer a question in the negative ❷ (*leugnen*) to deny

Ver·nei·nung <-, -en> f ❶ (*das Verneinen*) **die ~ einer Frage** a negative answer to a question ❷ (*Leugnung*) denial ❸ LING negative

ver·net·zen* vt ❶ INFORM to network, to link up *sep* ❷ (*fig: verknüpfen*) ■ **mit etw dat vernetzt sein** to be linked [up] [to sth]

ver·netzt adj networked

Ver·net·zung <-, -en> f ❶ INFORM networking *no art, no pl* ❷ (*Verflechtung*) network

ver·nich·ten* [fɛɐ̯'nɪçtn̩] vt ❶ (*zerstören*) to destroy ❷ (*ausrotten*) to exterminate

ver·nich·tend **I.** adj devastating; *Niederlage* crushing **II.** adv **jdn ~ schlagen** to inflict a crushing defeat on sb

Ver·nich·tung <-, -en> f ❶ (*Zerstörung*) destruction ❷ (*Ausrottung*) extermination

Ver·nich·tungs·la·ger nt extermination camp

ver·nied·li·chen* [fɛɐ̯'niːtlɪçn̩] vt to play down *sep*

ver·nie·ten* vt to rivet

Ver·nis·sa·ge <-, -n> [vɛrnɪ'saːʒə] f vernissage

Ver·nunft <-> [fɛɐ̯'nʊnft] f kein pl reason *no art, no pl*, common sense *no art, no pl*; **~ beweisen** to show sense; **jdn zur ~ bringen** to make sb see sense; **zur ~ kommen** to see sense

ver·nünf·tig [fɛɐ̯'nʏnftɪç] **I.** adj ❶ (*klug*) reasonable, sensible ❷ (*fam*) proper, decent; **~e Preise** decent prices **II.** adv (*fam*) properly, decently

ver·öf·fent·li·chen* [fɛɐ̯'ʔœfn̩tlɪçn̩] vt to publish

Ver·öf·fent·li·chung <-, -en> f publication

ver·ord·nen* vt ❶ (*verschreiben*) to prescribe; ■ **sich dat etw ~ lassen** to get a prescription for sth ❷ (*geh*) to decree

Ver·ord·nung <-, -en> f ❶ (*Verschreibung*) prescribing *no art, no pl* ❷ (*geh*) order, enforcement

ver·pach·ten* vt to lease (**an** to)

Ver·pach·tung <-, -en> f leasing

ver·pa·cken* vt to pack [up *sep*]; (*als Geschenk*) to wrap [up *sep*]; **etw diplomatisch ~** to couch sth in diplomatic terms

Ver·pa·ckung <-, -en> f ❶ kein pl (*das Verpacken*) packing *no art, no pl* ❷ (*Hülle*) packaging *no art, no pl*

Ver·pa·ckungs·ma·te·ri·al nt packaging *no art, no pl* [material] **Ver·pa·ckungs·müll** m waste packaging

ver·pas·sen* vt ❶ (*versäumen*) to miss ❷ (*fam: aufzwingen*) ■ **jdm etw ~** to give sb sth

ver·pat·zen* vt ■ **etw ~** to make a mess of sth

ver·pen·nen* (*fam*) **I.** vt ■ **jdn ~** to miss sth **II.** vi to oversleep

ver·pes·ten* [fɛɐ̯'pɛstn̩] vt to pollute; **die Luft im Büro ~** to stink out *sep* the office

ver·pet·zen* vt (*fam*) ■ **jdn ~** to tell on sb

ver·pfän·den* vt to pawn; *Grundstück, Haus* to mortgage

ver·pfei·fen* vt irreg ■ **jdn ~** to inform on sb

ver·pflan·zen* vt ❶ (*umpflanzen*) to replant ❷ MED ■ **jdm ein Organ ~** to give sb an organ transplant; **jdm ein Stück Haut ~** to give sb a skin graft

ver·pfle·gen* vt to cater for

Ver·pfle·gung <-, selten -en> f ❶ kein pl (*das Verpflegen*) catering *no art, no pl*; **mit voller ~** with full board ❷ (*Nahrung*) food *no art, no pl*

ver·pflich·ten* [fɛɐ̯'pflɪçtn̩] **I.** vt ❶ (*eine Pflicht auferlegen*) ■ **jdn [zu etw dat] ~** to oblige sb to do sth ❷ (*einstellen*) ■ **jdn [für etw akk] ~** to engage sb [for sth] **II.** vr ❶ (*sich bereit erklären*) ■ **sich zu etw dat ~** to commit oneself to doing sth ❷ MIL ■ **sich für etw**

Ver·pflich·tung <-, -en> f ❶ meist pl (*Pflichten*) duty usu pl; **seinen ~en nachkommen** to do one's duties; **finanzielle ~en** financial commitments ❷ kein pl (*das Engagieren*) engagement no pl; *Fußballspieler* signing [up sep]

ver·pfu·schen* vt to make a mess of

ver·pis·sen vr (vulg) ■ **sich ~** to piss off

ver·pla·nen* vt ❶ (*falsch planen*) to plan badly; (*falsch berechnen*) to miscalculate ❷ (*für etw vorsehen*) ■ **etw [für etw** akk] **~** to mark off sep sth [for sth] ❸ (fam) ■ **verplant sein** to be booked up

ver·plap·pern* vr ■ **sich ~** to blab

ver·plem·pern* vt (fam) ■ **etw ~** to waste sth

ver·pönt [fɛɐˈpøːnt] adj deprecated

ver·pras·sen* vt to squander (**für** on)

ver·prü·geln* vt ■ **jdn ~** to beat up sep sb; (*als Strafe*) to thrash sb

ver·puf·fen* vi sein ❶ (*plötzlich abbrennen*) to go phut [or AM pop] ❷ (*ohne Wirkung bleiben*) to fizzle out

Ver·putz m plaster no pl; (*Rauputz*) roughcast no pl

ver·put·zen* vt ❶ (*mit Putz versehen*) to plaster ❷ (*fam: aufessen*) to polish off sep

ver·quat·schen* vr (fam) ❶ (*lange plaudern*) to chat away ❷ (*Geheimnis verraten*) to blab

ver·quol·len adj swollen

ver·ram·schen* vt to sell dirt cheap

Ver·rat <-[e]s> [fɛɐˈraːt] m ❶ kein pl betrayal no art, no pl; **~ an jdm üben** to betray sb ❷ JUR treason no art, no pl

ver·ra·ten <verriet, verraten> **I.** vt ❶ (*ausplaudern*) to give away sep; **nichts ~!** keep it to yourself! ❷ (*Verrat üben*) ■ **jdn ~** to betray sb ❸ (*preisgeben*) to betray ❹ (*erkennen lassen*) to show ▶ **~ und verkauft sein** (fam) to be sunk **II.** vr ■ **sich ~** to give oneself away

Ver·rä·ter(in) <-s, -> [fɛɐˈrɛːtɐ] m(f) traitor

ver·rä·te·risch I. adj ❶ (*auf Verrat zielend*) treacherous ❷ (*etw andeutend*) meaningful, tell-tale attr **II.** adv meaningfully

ver·rech·nen* I. vr ■ **sich ~** to miscalculate **II.** vt ■ **etw mit etw** dat **~** to set off sth sep against etw

Ver·rech·nung f ❶ (*rechnerische Gegenüberstellung*) settlement ❷ (*Gutschrift*) credit (*on an account*)

Ver·rech·nungs·scheck m crossed cheque BRIT, voucher check AM

ver·re·cken* vi sein (sl) ❶ (*krepieren*) to die a miserable death ❷ (*kaputtgehen*) to break ▶ **nicht ums V~!** not on your life!

ver·reg·net <-er, -este> adj spoiled by rain; *Tag* rainy

ver·rei·ben* vt irreg to rub in sep

ver·rei·sen* vi sein to go away; **geschäftlich verreist sein** to be away on business

ver·rei·ßen* vt irreg to tear apart

ver·ren·ken* vt to twist; **sich** dat **ein Gelenk ~** to dislocate a joint

Ver·ren·kung <-, -en> f distortion; *Gelenk* dislocation

ver·ren·nen* vr irreg ■ **sich ~** to get on the wrong track; ■ **sich in eine Idee ~** to be obsessed with an idea

ver·rich·ten* vt to perform

ver·rie·geln* vt to bolt

ver·rin·gern* [fɛɐˈrɪŋɐn] **I.** vt to reduce (**um** by) **II.** vr ■ **sich ~** to decrease

Ver·rin·ge·rung <-> f kein pl reduction

Ver·riss^{RR} m, **Ver·riß**^{ALT} m damning criticism no art, no pl

ver·ros·ten* vi sein to rust; ■ **verrostet** rusty

ver·rot·ten* [fɛɐˈrɔtn̩] vi sein ❶ (*faulen*) to rot ❷ (*verwahrlosen*) to decay

ver·rucht [fɛɐˈruːxt] adj ❶ (*anstößig*) despicable, wicked ❷ (*lasterhaft*) depraved; *Lokal, Viertel* a disreputable

ver·rü·cken* vt to move

ver·rückt [fɛɐˈrʏkt] adj ❶ (*geisteskrank*) nuts, mad; **~ sein/werden** to be/go nuts; **bist du ~?** are you out of your mind?; **jdn ~ machen** to drive sb crazy ❷ (*in starkem Maße*) **wie ~** like crazy ❸ (*ausgefallen*) crazy, wild ❹ (*versessen*) ■ **~ nach etw/jdm sein** to be crazy about sth/sb ▶ **ich werd' ~!** (fam) well, I'll be damned

Ver·rück·te(r) f(m) dekl wie adj lunatic

Ver·ruf m kein pl **in ~ kommen** to fall into disrepute

ver·ru·fen adj disreputable

ver·rüh·ren* vt to stir

ver·rut·schen* vi sein to slip

Vers <-es, -e> [fɛrs, pl ˈfɛrzə] m verse, lines pl

ver·sach·li·chen* [fɛɐˈzaxlɪçn̩] vt to objectify

ver·sa·gen* I. vi to fail **II.** vt ■ **jdm etw ~** to refuse sb sth **III.** vr ■ **sich** dat **etw ~** to deny oneself sth

Ver·sa·gen <-s> nt kein pl failure no art, no pl; **menschliches ~** human error

Ver·sa·ger(in) <-s, -> m(f) failure

ver·sal·zen* vt irreg to put too much salt in/on

ver·sam·meln* I. vr ■ **sich ~** to gather, to assemble **II.** vt (*zusammenkommen lassen*) to call together; *Truppen* to rally

Ver·samm·lung f ❶ (*Zusammenkunft*)

meeting ❷ *(versammelte Menschen)* assembly

Ver·sand <-[e]s> [fɛɐ̯ˈzant] *m kein pl* ❶ *(das Versenden)* despatch; **im ~ beschädigt werden** to be damaged in the post ❷ *(~ abteilung)* despatch, distribution

Ver·sạnd·han·del *m* mail-order selling *no art*

Ver·sạnd·haus *nt* mail-order company **Ver·sạnd·haus·ka·ta·log** *m* mail-order catalogue

Ver·sạnd·kos·ten *pl* shipping charges *pl*
Ver·sạnd·ta·sche *f* large envelope

ver·sau·en *vt (sl)* ❶ *(verdrecken)* to make filthy ❷ *(verderben)* ▪ **jdm etw ~** to ruin sb's sth

ver·säu·men *vt* to miss

Ver·säum·nis <-ses, -se> [fɛɐ̯ˈzɔymnɪs] *nt* omission

ver·schạ·chern *vt (fam)* to sell off **(an** *to)*

ver·schạf·fen* *vt* ❶ *(beschaffen)* ▪ **jdm/sich etw ~** to get [hold of] sth for sb/oneself ❷ *(vermitteln)* to earn; **was verschafft mir die Ehre?** to what do I owe the honour?; **jdm Respekt ~** to earn sb respect; **jdm eine Stellung ~** to get sb a job; **sich** *dat* **Gewissheit ~** to make certain

ver·schämt [fɛɐ̯ˈʃɛːmt] *adj* shy, bashful

ver·schạn·deln* [fɛɐ̯ˈʃandl̩n] *vt* ❶ *(ruinieren)* to ruin sth; **die Landschaft ~** to ruin the landscape; *Gebäude* to be a blot on the landscape ❷ *(verunstalten)* to disfigure

Ver·schạn·de·lung, Ver·schạnd·lung <-, -en> *f* disfigurement *no art, no pl; Landschaft* ruination *no art, no pl*

ver·schạn·zen* I. *vt* MIL to fortify II. *vr* ▪ **sich ~** ❶ MIL to take up a fortified position ❷ *(verstecken)* to take refuge

ver·schạ̈r·fen* I. *vt* ▪ **sich ~** to get worse; *Krise* to intensify II. *vt* ❶ *(rigoroser machen)* to make more rigorous; *Strafe* to make more severe ❷ *(zuspitzen)* to aggravate

Ver·schạ̈r·fung <-, -en> *f* ❶ *(Zuspitzung)* intensification, worsening *no art, no pl* ❷ *(das Verschärfen)* tightening up *no art, no pl*

ver·schạ̈t·zen* *vr* ▪ **sich ~** to misjudge sth

ver·schau·keln* *vt* ▪ **jdn ~** to fool sb

ver·schẹn·ken* *vt* ❶ *(schenken)* to give **(an** *to)* ❷ *(ungenutzt lassen)* to waste

ver·schẹr·beln* *vt* to sell [off *sep*]

ver·schẹr·zen* *vr* ▪ **sich** *dat* **etw ~** to lose sth; ▪ **es sich** *dat* **mit jdm ~** to fall out with sb

ver·scheu·chen* *vt* to chase away *sep*

ver·schị·cken* *vt* to send **(an** *to)*

ver·schie·ben* *irreg* I. *vt* ❶ *Gegenstand* to move **(um** *by)* ❷ *Termin* to postpone **(auf** *un-* til, **um** by) II. *vr* ▪ **sich ~** ❶ *(später stattfinden)* to be postponed ❷ *(verrutschen)* to slip

Ver·schie·bung *f* postponement

ver·schie·den [fɛɐ̯ˈʃiːdn̩] I. *adj* ❶ *(unterschiedlich)* different; *(mehrere)* various ❷ *attr (einige)* several *attr;* a few *attr;* ▪ **V~es** various things *pl* ▪ **das ist ~** *(das kommt darauf an)* it depends II. *adv* differently; **~ lang** of different lengths

ver·schie·den·ar·tig *adj* different kinds of *attr,* diverse

Ver·schie·den·heit <-, -en> *f (Unterschiedlichkeit)* difference; *(Unähnlichkeit)* dissimilarity

ver·schie·dent·lich [fɛɐ̯ˈʃiːdn̩tlɪç] *adv* ❶ *(mehrmals)* several times, on several occasions ❷ *(vereinzelt)* occasionally

ver·schịf·fen* *vt* to ship

ver·schịm·meln* *vi sein* to go mouldy; ▪ **verschimmelt** mouldy

ver·schịs·sen *adj (sl)* ▪ **bei jdm ~ haben** to be finished with sb; **du hast bei mir ~!** I'm finished with you

ver·schlạ·fen*¹ *irreg* I. *vi* to oversleep II. *vt* ▪ **etw ~** ❶ *(fam)* to miss sth ❷ *(schlafend verbringen)* to sleep through sth

ver·schlạ·fen² *adj* sleepy

Ver·schlạg <-[e]s, -schläge> *m* shed

ver·schlạ·gen*¹ *vt irreg* ❶ *(nehmen)* **jdm die Sprache ~** to leave sb speechless ❷ *(geraten)* ▪ **irgendwohin ~ werden** to end up somewhere

ver·schlạ·gen² I. *adj* devious, sly *pej;* **ein ~er Blick** a furtive look II. *adv* slyly; *(verdächtigt)* shiftily

ver·schlạm·pen* *vt* ▪ **etw ~** to manage to lose sth

ver·schlẹch·tern* [fɛɐ̯ˈʃlɛçtɐn] I. *vt* to make worse II. *vr* ▪ **sich ~** to get worse, to worsen

Ver·schlẹch·te·rung <-, -en> *f* worsening *no art, no pl (+gen of)*

ver·schlei·ern* [fɛɐ̯ˈʃlaɪ̯ɐn] *vt* ❶ *(mit einem Schleier bedecken)* to cover with a veil ❷ *(verdecken)* to cover up *sep;* **die Tatsachen ~** to disguise the facts

ver·schlei·ert *adj Blick* blurred; *Himmel* misty; *Gesicht* veiled

Ver·schleiß <-es, -e> [fɛɐ̯ˈʃlaɪ̯s] *m* wear [and tear] *no art, no pl*

ver·schlei·ßen <verschliss, verschlissen> *vi, vt sein* to wear out

Ver·schleiß·er·schei·nung *f* sign of wear [and tear] **Ver·schleiß·teil** *nt* working part

ver·schlẹp·pen* *vt* ❶ *(deportieren)* to take away *sep* ❷ *(hinauszögern)* to prolong ❸ MED to delay treatment [of]

Ver·schlẹp·pung <-, -en> *f* ❶ *(Deportati-*

ver·schleu·dern* vt to sell [off sep] cheaply, to flog [off sep] BRIT

ver·schlie·ßen* irreg **I.** vt ① (zumachen) to close; (mit einem Schlüssel) to lock [up sep] ② (wegschließen) to lock away sep (**vor** from) ③ (versagt bleiben) ▪ **jdm verschlossen bleiben** to be closed off to sb **II.** vr ▪ **sich einer S.** dat ~ to ignore sth

ver·schlim·mern* **I.** vt to make worse **II.** vr ▪ **sich** ~ to get worse; Zustand, Lage a. to deteriorate

Ver·schlim·me·rung <-, -en> f worsening no art, no pl (+gen of); Zustand, Lage a. deterioration no pl (+gen in)

ver·schlin·gen¹* vt irreg ① Nahrung, Buch to devour ② Treibstoff to consume

ver·schlin·gen²* vr irreg ▪ **sich** [ineinander] ~ to intertwine; (zu einem Knoten) to become entangled

ver·schliss^RR, **ver·schliß**^ALT imp von **verschleißen**

ver·schlis·sen I. pp von **verschleißen** **II.** adj worn-out

ver·schlos·sen [fɛɐ̯ˈʃlɔsn̩] adj ① (zugemacht) closed; (mit einem Schlüssel) locked ② (zurückhaltend) reserved; (schweigsam) taciturn ▸ **jdm** ~ **bleiben** to be a mystery to sb

ver·schlu·cken* **I.** vt ① (hinunterschlucken) to swallow ② (unhörbar machen) to absorb ③ (undeutlich aussprechen) to slur; (nicht aussprechen) to bite back on **II.** vr ▪ **sich** ~ to choke (**an** on)

ver·schlun·gen I. pp von **verschlingen** **II.** adj entwined

Ver·schluss^RR m, **Ver·schluß**^ALT m ① (Schließvorrichtung) clasp; Deckel fastening; Gürtel buckle; Klappe, Tür catch; Benzintank cap; **etw unter** ~ **halten** to keep sth under lock and key ② (Deckel) lid; Flasche top

ver·schlüs·seln* [fɛɐ̯ˈʃlʏsl̩n] vt to [en]code

Ver·schlüs·se·lungs·tech·nik f INFORM encryption technology

Ver·schluss·kap·pe^RR f sealable cap

ver·schmä·hen* vt to reject; (stärker) to scorn; **das Essen** ~ to turn up one's nose at the food

ver·schmel·zen* irreg **I.** vi sein to melt together **II.** vt (löten) to solder; (verschweißen) to weld

Ver·schmel·zung <-, -en> f ① (das Verschmelzen) fusing no art, no pl ② ÖKON merger

ver·schmer·zen* vt to get over

ver·schmie·ren* **I.** vt ① (verstreichen) to apply; (auf einer Scheibe Brot) to spread ② (verwischen) to smear ③ (zuschmieren) to fill [in sep] ④ (beschmieren) to make dirty **II.** vi to smear, to get smeared

ver·schmo·ren* vi sein (fam) to burn

ver·schmut·zen* **I.** vt ① (schmutzig machen) to make dirty ② ÖKOL to pollute **II.** vi sein ① (schmutzig werden) to get dirty ② ÖKOL to get polluted

Ver·schmut·zung <-, -en> f ① kein pl soiling no art, no pl ② ÖKOL pollution no art, no pl

ver·schnarcht [fɛɐ̯ˈʃnarçt] adj (pej sl) stuffy, uptight

ver·schnau·fen* vi, vr to have a breather

Ver·schnauf·pau·se f breather; **eine** ~ **einlegen** to have a breather

ver·schneit adj snow-covered attr; ▪ ~ **sein** to be covered in snow

ver·schnör·kelt adj adorned with flourishes

ver·schnupft [fɛɐ̯ˈʃnʊpft] adj (fam) ① (erkältet) with a cold pred; ▪ ~ **sein** to have a cold ② (indigniert) ▪ ~ **sein** to be in a huff

ver·schnü·ren* vt to tie up sep [with a string]

ver·schol·len [fɛɐ̯ˈʃɔlən] adj missing; ▪ ~ **sein** to have gone missing [or AM usu have disappeared]

ver·scho·nen* vt to spare; **verschone mich mit den Einzelheiten!** spare me the details!; **von etw** dat **verschont bleiben** to escape sth

ver·schö·nern* [fɛɐ̯ˈʃøːnɐn] vt to brighten up sep

Ver·schö·ne·rung <-, -en> f ① kein pl (das Verschönern) brightening up ② (verschönernder Faktor) improvement

ver·schrän·ken* vt **die Arme/Beine/Hände** ~ to fold one's arms/cross one's legs/clasp one's hands

ver·schrei·ben* irreg **I.** vt ▪ **jdm etw** ~ to prescribe sb sth (**gegen** for) **II.** vr ① (falsch schreiben) ▪ **sich** ~ to make a mistake ② (sich widmen) ▪ **sich einer S.** dat ~ to devote oneself to sth

ver·schrei·bungs·pflich·tig adj available only on prescription pred

ver·schrien [fɛɐ̯ˈʃriː(ə)n] adj notorious

ver·schrot·ten* vt to scrap

Ver·schrot·tung <-, -en> f scrapping

ver·schrum·pelt <-er, -este> adj shrivelled

ver·schüch·tert adj intimidated

ver·schul·den* **I.** vt ▪ **etw** ~ to be to blame for sth **II.** vi sein ▪ **verschuldet sein** to be in debt **III.** vr ▪ **sich** ~ to get into debt

Ver·schul·den <-s> nt kein pl fault no indef art, no pl; **ohne jds** ~ through no fault of sb's [own]

Ver·schul·dung <-, -en> f ❶ (verschuldet sein) indebtedness no art, no pl ❷ (Schulden) debts pl

ver·schüt·ten* [fɛɐ̯'ʃʏtən] vt ❶ (danebenschütten) to spill ❷ (unter etw begraben) to bury

ver·schwä·gert [fɛɐ̯'ʃvɛːɡɐt] adj related by marriage pred

ver·schwei·gen* vt irreg to hide (vor from); Informationen to withhold; ▪ jdm ~, dass ... to keep from sb the fact that ...

ver·schwen·den* vt to waste (für on)

Ver·schwen·der(in) <-s, -> m(f) wasteful person; Geld a. spendthrift

ver·schwen·de·risch I. adj ❶ (sinnlos ausgebend) wasteful ❷ (sehr üppig) extravagant, sumptuous **II.** adv wastefully; ~ leben to live extravagantly

Ver·schwen·dung <-, -en> f wasting no art, no pl; so eine ~! what a waste!

ver·schwie·gen [fɛɐ̯'ʃviːɡn̩] adj discreet

ver·schwim·men* vi irreg sein to become blurred

ver·schwin·den* vi irreg sein ❶ (nicht mehr da sein) to disappear; am Horizont ~ to disappear over the horizon; ▪ verschwunden [sein] [to be] missing; etw in etw dat ~ lassen to slip sth into sth ❷ (sich auflösen) to vanish ❸ (fam: sich davonmachen) to disappear; nach draußen ~ to pop outside; verschwinde! clear off!

Ver·schwin·den <-s> nt kein pl disappearance (+gen of)

ver·schwit·zen* vt ❶ (mit Schweiß durchtränken) to make sweaty; ▪ ganz verschwitzt sein to be all sweaty ❷ (fam: vergessen) etw völlig ~ to forget all about sth

ver·schwitzt <-er, -este> adj ❶ (mit Schweiß durchsetzt) sweaty ❷ (fam: vergessen) forgotten

ver·schwom·men adj ❶ (undeutlich) blurred; Umrisse vague ❷ (unklar) hazy, vague

ver·schwo·ren adj attr sworn attr; (verschwörerisch) conspiratorial; (heimlich tuend) secretive

ver·schwö·ren* vr irreg ▪ sich ~ to conspire [or plot] (gegen against); sich zu etw dat ~ to conspire to do sth

Ver·schwö·rer(in) <-s, -> m(f) conspirator

Ver·schwö·rung <-, -en> f conspiracy, plot

Ver·schwö·rungs·the·o·rie f conspiracy theory

ver·se·hen* [fɛɐ̯'zeːən] irreg vt to provide (mit with); etw mit einem Vermerk ~ to add a note to sth ▶ ehe man sich's versieht before you know where you are

Ver·se·hen <-s, -> [fɛɐ̯'zeːən] nt (Irrtum) mistake; (Unachtsamkeit) oversight; aus ~ inadvertently; (aufgrund einer Verwechslung a.) by mistake

ver·se·hent·lich [fɛɐ̯'zeːəntlɪç] **I.** adj attr inadvertent **II.** adv inadvertently; (aufgrund einer Verwechslung a.) by mistake

ver·selbst·stän·di·gen* [fɛɐ̯'zɛlpʃtɛndɪɡn̩] vr,
ver·selbst·stän·di·gen^RR*
[fɛɐ̯'zɛlp(st)ʃtɛndɪɡn̩] vr ▪ sich ~ ❶ (sich selbstständig machen) to become self-employed ❷ (hum fam: verschwinden) to go AWOL

ver·sen·den* vt irreg o reg to send (an to)

ver·sen·gen* vt to singe

ver·sen·ken* vt ❶ (sinken lassen) to sink ❷ (einklappen, hinunterlassen) to lower (in in)

Ver·sen·kung f ❶ (das Versenken) sinking, lowering ❷ THEAT trap[door] ▶ aus der ~ auftauchen (fam) to re[-]emerge on the scene; in der ~ verschwinden to vanish from the scene

ver·ses·sen [fɛɐ̯'zɛsn̩] adj ▪ auf etw akk ~ sein to be crazy about sth; auf[s] Geld ~ sein to be obsessed with money; ▪ ~ darauf sein, etw zu tun to be dying to do sth

ver·set·zen* I. vt ❶ (woandershin beordern) to move ❷ ▪ einen Schüler [in die nächste Klasse] ~ to move up sep a pupil [to the next class], to promote a student to the next class [or grade] AM ❸ (bringen) jdn in Begeisterung ~ to fill sb with enthusiasm; eine Maschine in Bewegung ~ to set a machine in motion; jdn in Panik/Wut ~ to send sb into a panic/a rage ❹ (verrücken) to move ❺ (verpfänden) to pawn ❻ (warten lassen) ▪ jdn ~ to stand up sb sep ❼ (mischen) ▪ etw mit etw dat ~ to mix sth with sth **II.** vr (sich hineindenken) ▪ sich in jdn ~ to put oneself in sb's place

Ver·set·zung <-, -en> f ❶ ADMIN transfer ❷ SCH moving up no art, no pl, AM a. promotion no art, no pl

Ver·set·zungs·zeug·nis nt SCH end-of-year report, report card AM

ver·seu·chen* [fɛɐ̯'zɔyçn̩] vt to contaminate; Umwelt to pollute

Ver·seu·chung <-, -en> f contamination, pollution no art, no pl

ver·si·chern*¹ vt to insure (gegen against)

ver·si·chern*² I. vt ▪ jdm ~, [dass] ... to assure sb [that] ... **II.** vr ▪ sich einer S. gen ~ to make sure of sth

Ver·si·cher·te(r) f(m) dekl wie adj insured

Ver·si·cher·ten·kar·te f medical insurance card

Ver·si·che·rung¹ f ❶ (~ svertrag) insurance no pl; Lebens~ a. assurance no pl BRIT ❷ (~ sgesellschaft) insurance company

Ver·si·che·rung² f (Beteuerung) assurance
Ver·si·che·rungs·an·spruch m insurance claim **Ver·si·che·rungs·be·trug** m insurance fraud **Ver·si·che·rungs·fall** m insurance job **Ver·si·che·rungs·ge·sell·schaft** f insurance company **Ver·si·che·rungs·kauf·mann, -kauf·frau** m, f insurance salesman masc [or fem saleswoman]
ver·si·che·rungs·pflich·tig adj **eine ~e Person** a person liable to pay compulsory insurance **Ver·si·che·rungs·schutz** m kein pl insurance cover **Ver·si·che·rungs·ver·tre·ter(in)** m(f) insurance agent
ver·si·ckern* vi sein to seep away
ver·sie·geln* vt to seal [up sep]
ver·sie·gen* vi sein to dry up
ver·siert [vɛrˈziːɐ̯t] adj experienced (**in** in)
ver·sil·bern* [fɛɐ̯ˈzɪlbɐn] vt to silver-plate
ver·sin·ken vi irreg sein to sink; ■ **versunken** sunken attr
ver·sinn·bild·li·chen* [fɛɐ̯ˈzɪnbɪltlɪçn] vt to symbolize
Ver·si·on <-, -en> [vɛrˈzi̯oːn] f version
Ver·skla·vung <-, -en> [-vʊŋ] f enslavement no art, no pl
Vers·maß nt metre
ver·söh·nen* [fɛɐ̯ˈzøːnən] I. vr ■ **sich mit jdm ~** to make it up with sb II. vt ❶ (aussöhnen) to reconcile ❷ (besänftigen) to mollify
ver·söhn·lich [fɛɐ̯ˈzøːnlɪç] adj conciliatory; **jdn ~ stimmen** to appease sb
Ver·söh·nung <-, -en> f reconciliation no art, no pl; **zur ~** in reconciliation
ver·sor·gen* vt ❶ (betreuen) to take care of, to look after ❷ (versehen) to supply; ■ **sich mit etw** dat **~** to provide oneself with sth; **sich selbst ~** to look after oneself; ■ [mit etw dat] **versorgt sein** to be supplied [with sth] ❸ (medizinisch behandeln) to treat
Ver·sor·gung <-, -en> f kein pl ❶ (das Versorgen) care no art, no pl ❷ (das Ausstatten) supply no pl; **medizinische ~** provision of medical care
ver·sor·gungs·be·rech·tigt adj entitled to benefit **Ver·sor·gungs·lü·cke** f gap in supplies
ver·spä·ten* [fɛɐ̯ˈʃpɛːtn] vr ■ **sich ~** to be late
ver·spä·tet I. adj ❶ (zu spät eintreffend) delayed ❷ (zu spät erfolgend) late II. adv late; (nachträglich) belatedly
Ver·spä·tung <-, -en> f delay; **entschuldigen Sie bitte meine ~** I'm sorry I'm late; **~ haben** to be late; **mit einer Stunde ~ ankommen** to arrive an hour late
ver·spei·sen* vt to consume
ver·sper·ren* vt ■ **etw ~** to block sth; **jdm den Weg ~** to bar sb's way

ver·spie·len* I. vt ❶ (beim Glücksspiel verlieren) to gamble away sep ❷ (sich um etw bringen) to squander II. vi ▸ **verspielt haben** to have had it III. vr ■ **sich ~** to play a bum note
ver·spielt adj ❶ (gerne spielend) playful ❷ MODE fanciful
ver·spot·ten* vt to mock
ver·spre·chen* irreg I. vt ■ **jdm etw ~** to promise [sb] sth; **das Wetter verspricht schön zu werden** the weather looks promising II. vr ❶ (sich erhoffen) ■ **sich dat etw von jdm/etw ~** to hope for sth from sb/sth ❷ (falsch sprechen) to make a slip of the tongue; **sich ständig versprechen** to keep getting the words mixed up
Ver·spre·chen <-s, -> nt promise
Ver·spre·cher <-s, -> m slip of the tongue; **ein freudscher ~** a Freudian slip
Ver·spre·chung <-, -en> f meist pl promise
ver|sprengt adj isolated
ver·sprit·zen* vt to spray; Weihwasser to sprinkle
ver·sprü·hen* vt to spray; Funken to cut; Optimismus to dispense
ver·spü·ren* vt to feel; **keinerlei Reue ~** to feel no remorse at all
ver·staat·li·chen* [fɛɐ̯ˈʃtaːtlɪçn] vt to nationalize; ■ **verstaatlicht** nationalized
Ver·staat·li·chung <-, -en> f nationalization no art, no pl
ver·stand [fɛɐ̯ˈʃtant] imp von **verstehen**
Ver·stand <-[e]s -> m kein pl reason no art, no pl; **bei klarem ~ sein** to be in full possession of one's faculties; **seinen ~ anstrengen** to think hard; **jdn um den ~ bringen** to drive sb out of his/her mind; **nicht bei ~ sein** to not be in one's right mind; **den ~ verlieren** to lose one's mind
ver·stan·den pp von **verstehen**
ver·stän·dig [fɛɐ̯ˈʃtɛndɪç] adj (vernünftig) sensible; (einsichtig) cooperative; (sach~) informed; **sich ~ zeigen** to show cooperation
ver·stän·di·gen* [fɛɐ̯ˈʃtɛndɪɡn] I. vt ■ **jdn ~** to notify sb (**von** of) II. vr ■ **sich ~** ❶ (sich verständlich machen) to communicate ❷ (sich einigen) to reach an agreement
Ver·stän·di·gung <-, selten -en> f ❶ (Benachrichtigung) notification no art, no pl ❷ (Kommunikation) communication no art, no pl ❸ (Einigung) agreement no pl, understanding no pl
Ver·stän·di·gungs·schwie·rig·kei·ten pl communication difficulties pl
ver·ständ·lich [fɛɐ̯ˈʃtɛntlɪç] I. adj ❶ (begreiflich) understandable; **jdm etw ~ machen** to make sb understand sth; **sich ~ machen** to make oneself understood ❷ (gut zu hören)

clear, intelligible ❶ (*leicht zu verstehen*) clear, comprehensible **II.** *adv* ❶ (*vernehmbar*) clearly ❷ (*verstehbar*) comprehensibly
ver·ständ·li·cher·wei·se *adv* understandably
Ver·ständ·lich·keit <-> *f kein pl* ❶ (*Begrifflichkeit*) understandability *no art, no pl* ❷ (*Hörbarkeit*) audibility *no art, no pl* ❸ (*Klarheit*) clarity *no art, no pl*, comprehensibility *no art, no pl*
Ver·ständ·nis <-ses, *selten* -se> [fɛɐ̯ˈʃtɛntnɪs] *nt* ❶ (*Einfühlungsvermögen*) understanding *no art, no pl*; **für etw** *akk* ~ **haben** to have sympathy for sth ❷ (*das Verstehen*) comprehension *no art, no pl*, understanding *no art, no pl*
ver·ständ·nis·los *I. adj* uncomprehending; **ein ~er Blick** a blank look **II.** *adv* uncomprehendingly, blankly **ver·ständ·nis·voll** *adj* understanding, sympathetic
ver·stär·ken* *I. vt* ❶ (*stärker machen*) to strengthen; (*durch stärkeres Material a.*) to reinforce ❷ (*intensivieren*) to intensify ❸ (*erhöhen*) to increase **II.** *vr* ▪ **sich ~** to increase; **der Eindruck verstärkte sich** the impression was reinforced
Ver·stär·ker <-s, -> *m* TECH amplifier, amp *fam*
Ver·stär·kung *f* ❶ (*das Verstärken*) strengthening *no art, no pl*; *Signale* amplification ❷ (*Vergrößerung*) reinforcement *no art, no pl* ❸ (*Intensivierung*) intensification *no art, no pl* ❹ (*Erhöhung*) increase ❺ BIOL, PSYCH reinforcement
ver·stau·ben* *vi sein* (*staubig werden*) to get dusty; (*unberührt liegen*) to gather dust; ▪ **verstaubt** dusty
ver·staubt *adj* dusty; (*fig*) outmoded
ver·stau·chen* *vt* ▪ **sich** *dat* **etw ~** to sprain one's sth
Ver·stau·chung <-, -en> *f* sprain
ver·stau·en* *vt* to pack [away *sep*]
Ver·steck <-[e]s, -e> [fɛɐ̯ˈʃtɛk] *nt* hiding place
ver·ste·cken* *vt* to hide; ▪ **sich vor jdm ~** to hide from sb
Ver·steck·spiel *nt* [game of] hide-and-seek
ver·steckt *I. adj* ❶ (*verborgen*) hidden; (*vorsätzlich a.*) concealed ❷ (*abgelegen*) secluded ❸ (*unausgesprochen*) veiled **II.** *adv* ▪ ~ **liegen** to be secluded
ver·ste·hen <*verstand verstanden*> *I. vt* ❶ (*hören*) to hear; ~ **Sie mich gut?** can you hear me properly? ❷ (*begreifen*) to understand; **haben Sie das jetzt verstanden?** have you got it now?; **jdm etw zu ~ geben** to make sb understand sth ❸ (*können*) to understand; **ich verstehe kein Französisch** I don't know any French; ▪ **es ~, etw zu tun** to know how to do sth; ▪ **nichts von etw** *dat* ~ to know nothing about sth ❹ (*auslegen*) ▪ **etw unter etw** *dat* ~ to understand sth by sth; **wie darf ich das ~?** how am I to interpret that?; **dieser Brief ist als Drohung zu ~** this letter is to be taken as a threat **II.** *vr* ❶ (*auskommen*) ▪ **sich mit jdm ~** to get on [*or* AM along] with sb; **wir ~ uns** we understand one another ❷ (*beherrschen*) ▪ **sich auf etw** *akk* ~ to know all about sth ❸ (*sich einschätzen*) ▪ **sich als etw ~** to see oneself as sth ❹ (*zu verstehen sein*) **etw versteht sich von selbst** sth goes without saying **III.** *vi* **wenn ich recht verstehe** if I understand correctly; **verstehst du?** [do you] understand?, you know?, [you] see?
ver·stei·fen* *I. vr* ❶ (*sich verhärten*) ▪ **sich ~** to harden ❷ (*auf etw beharren*) ▪ **sich auf etw** *akk* ~ to insist on sth ❸ MED ▪ **sich ~** to stiffen [up] **II.** *vt* ▪ **etw ~** to strengthen sth
ver·stei·gern* *vt* to auction [off]
Ver·stei·ge·rung *f* ❶ (*das Versteigern*) auctioning *no art, no pl* ❷ (*Auktion*) auction
Ver·stei·ne·rung <-, -en> *f* fossil
ver·stell·bar *adj* adjustable; **in der Höhe ~ sein** to be adjustable for height
ver·stel·len* *I. vt* ❶ (*anders einstellen*) to adjust; **etw in der Höhe ~** to adjust sth for height ❷ (*woandershin stellen*) to move ❸ (*unzugänglich machen*) to block ❹ (*verändern*) to disguise **II.** *vr* ▪ **sich ~** to put on an act
Ver·stel·lung *f* ❶ (*das Verstellen*) adjustment ❷ *kein pl* (*Heuchelei*) pretence *no pl*
ver·steu·ern* *vt* to pay tax on; ▪ **zu ~d** taxable
Ver·steu·e·rung *f* payment of tax
ver·stim·men* *vt* ❶ MUS to put out of tune ❷ (*verärgern*) to put out
ver·stimmt *I. adj* ❶ MUS out of tune ❷ (*verärgert*) ▪ ~ **sein** to be put out **II.** *adv* ill-temperedly
ver·stockt *adj* obstinate
ver·stoh·len [fɛɐ̯ˈʃtoːlən] *I. adj* furtive **II.** *adv* furtively; **jdn ~ ansehen** to give sb a furtive look
ver·stop·fen* *vt* to block up *sep* **II.** *vi sein* to get blocked [up]; ▪ **verstopft** blocked [up]
ver·stopft *adj* blocked, congested
Ver·stop·fung <-, -en> *f* ❶ MED constipation *no art, no pl*; ~ **haben** to be constipated ❷ (*Blockierung*) blockage
ver·stor·ben [fɛɐ̯ˈʃtɔrbn̩] *adj* deceased, late *attr*
Ver·stor·be·ne(r) *f(m) dekl wie adj* deceased
ver·stört [fɛɐ̯ˈʃtøːɐ̯t] *I. adj* distraught **II.** *adv*

verstehen

Verstehen signalisieren / signalling understanding

(Ja, ich) verstehe!	(Yes,) I understand!
Genau!	Exactly!
Ja, das kann ich nachvollziehen.	Yes, I appreciate that.

Nichtverstehen signalisieren / signalling non-comprehension

Was meinen Sie damit?	What do you mean by that?
Wie bitte? – Das habe ich eben akustisch nicht verstanden.	Excuse me?/Pardon? – I didn't quite catch that.
Könnten Sie das bitte noch einmal wiederholen?	Could you repeat that please?
Versteh ich nicht!/Kapier ich nicht! (*fam*)	I don't understand!/I don't get it!
Das verstehe ich nicht (ganz).	I don't (quite) understand that.
(Entschuldigen Sie bitte, aber) das hab ich eben nicht verstanden.	(I'm sorry, but) I didn't understand that.
Ich kann Ihnen nicht ganz folgen.	I don't quite follow you.

kontrollieren, ob man akustisch verstanden wird / ascertaining whether one can be understood

(an ein Publikum): Verstehen Sie mich alle?	*(to an audience):* Can everyone hear me?
(am Telefon): Können Sie mich hören?	*(on the phone):* Can you hear me?
(am Telefon): Verstehen Sie, was ich sage?	*(on the phone):* Can you hear what I'm saying?

---

in distress
Ver·stoß [fɛɐ̯ˈʃtoːs] *m* violation (**gegen** of); JUR offence
ver·sto·ßen* *irreg* **I.** *vi* ■ **gegen etw** *akk* ~ to violate sth; **gegen das Gesetz** ~ to contravene the law **II.** *vt* ■ **jdn** ~ to expel sb
ver·strah·len *vt* to contaminate with radiation
ver·strahlt <-er, -este> *adj* contaminated [by radiation]
ver·strei·chen* *irreg* **I.** *vt Farbe* to apply (**auf** to); *Butter* to spread **II.** *vi sein Zeit* to pass [by]; *Zeitspanne a.* to elapse; ■ **eine Frist ~ lassen** to let a deadline pass
ver·streut *adj* (*einzeln liegend*) isolated; (*verteilt*) scattered
ver·stri·cken* **I.** *vt* ■ **jdn in etw** *akk* ~ to involve sb in sth **II.** *vr* ■ **sich in etw** *akk* ~ to get entangled in sth
ver·stüm·meln [fɛɐ̯ˈʃtʏmln̩] *vt* ❶ (*entstellen*) to mutilate; (*verkrüppeln*) to maim ❷ (*durch Lücken entstellen*) to disfigure ❸ (*unverständlich machen*) to garble
Ver·stüm·me·lung <-, -en> *f* mutilation
ver·stum·men* [fɛɐ̯ˈʃtʊmən] *vi sein* to fall silent; ■ **jdn ~ lassen** to silence sb
Ver·such <-[e]s, -e> [fɛɐ̯ˈzuːx] *m* ❶ (*Bemühen*) attempt; **einen ~ machen** to make an attempt; **einen ~ starten** to have a go; **es auf einen ~ ankommen lassen** to give it a try ❷ (*Experiment*) experiment; **einen ~ machen** to carry out an experiment
ver·su·chen* **I.** *vt* ❶ (*probieren*) to try; ■ **es mit jdm/etw** ~ to give sb/sth a try ❷ (*in Versuchung führen*) to tempt; ■ **versucht sein, etw zu tun** to be tempted to do sth **II.** *vi* ■ ~, **etw zu tun** to try doing/to do sth **III.** *vr* ■ **sich an/auf/in etw** *dat* ~ to try one's hand at sth
Ver·suchs·an·la·ge *f* ❶ (*Prüffeld*) testing plant ❷ (*Erprobungsanlage*) experimental plant **Ver·suchs·ka·nin·chen** *nt* guinea pig **Ver·suchs·per·son** *f* test subject **Ver·suchs·rei·he** *f* series of experiments **Ver·**

Ver·suchs·tier *nt* laboratory animal
ver·suchs·wei·se *adv* on a trial basis
Ver·suchs·zweck *m* **zu ~en** for experimental purposes
Ver·su·chung <-, -en> *f* temptation *no art, no pl*; **der ~ erliegen** to succumb to temptation; **jdn in ~ führen** to lead sb into temptation; **in ~ geraten** to be tempted
ver·sun·ken [fɛɐ̯ˈzʊŋkn̩] *adj* ① (*untergegangen*) sunken *attr*; *Kultur* submerged ② (*vertieft*) ■ **in etw** *akk* **~ sein** to be absorbed in sth; **in Gedanken ~ sein** to be lost in thought
ver·sü·ßen* *vt* to sweeten
Ver·tä·fe·lung <-, -en> *f* panelling
ver·ta·gen* I. *vt* to adjourn (**auf** until); *Entscheidung* to postpone II. *vr* ■ **sich ~** to be adjourned
Ver·ta·gung *f* adjournment
ver·tau·schen* *vt* to switch, to mix up *sep*; ■ **etw mit etw** *dat* **~** to exchange sth for sth
ver·tei·di·gen* [fɛɐ̯ˈtaɪ̯dɪɡn̩] *vt, vi* to defend (**gegen** against)
Ver·tei·di·ger(in) <-s, -> *m(f)* ① JUR defence counsel ② SPORT defender
Ver·tei·di·gung <-, -en> *f* defence (**gegen** against)
Ver·tei·di·gungs·mi·nis·te·ri·um *nt* Ministry of Defence BRIT, Department of Defense AM **Ver·tei·di·gungs·zweck** *m* **zu ~en** for purposes of defence
ver·tei·len* I. *vt* ① (*austeilen*) to distribute (**an** to) ② (*platzieren*) to place ③ (*ausstreuen, verstreichen*) to spread (**auf on**) II. *vr* ① (*sich verbreiten*) ■ **sich ~** to spread out; **sich unter den Gästen ~** to mingle with the guests ② (*umgelegt werden*) ■ **sich auf jdn ~** to be distributed to sb
Ver·tei·ler *m* AUTO distributor
Ver·tei·ler·kas·ten *m* ELEK distribution box
Ver·tei·lung *f* distribution *no pl* (**von** of)
Ver·tei·lungs·kampf *m* **einen ~ um etw** *akk* **führen** to battle for a share of sth
ver·teu·ern* [fɛɐ̯ˈtɔʏ̯ɐn] I. *vt* to increase the price (**um** by) II. *vr* ■ **sich ~** to become more expensive
Ver·teu·e·rung *f* increase in price
ver·teu·feln* [fɛɐ̯ˈtɔʏ̯fl̩n] *vt* to demonize, to condemn
ver·tie·fen* [fɛɐ̯ˈtiːfn̩] I. *vt* ① (*tiefer machen*) to deepen (**um** by, **auf** to) ② (*verschlimmern*) to deepen ③ (*festigen*) to reinforce II. *vr* ■ **sich in etw** *akk* **~** to become absorbed in sth; **sich in ein Buch ~** to bury oneself in a book; **in Gedanken vertieft sein** to be deep in thought
Ver·tie·fung <-, -en> *f* ① (*vertiefte Stelle*) depression; (*Boden a.*) hollow ② *kein pl* (*das Vertiefen*) deepening ③ (*Festigung*) consolidation *no art, no pl*
ver·ti·kal [vɛrtiˈkaːl] I. *adj* vertical II. *adv* vertically
Ver·ti·ka·le <-, -n> [vɛrti-] *f* vertical [line]; ■ **in der ~n** vertically
ver·til·gen* *vt* ■ **etw ~** ① (*aufessen*) to demolish ② (*ausrotten*) to eradicate
Ver·til·gungs·mit·tel *nt gegen Unkraut* weed-killer; *gegen Ungeziefer* pesticide
ver·tip·pen* *vr* (*fam*) ■ **sich ~** to make a typing [*or fam* typo] error
ver·to·nen* *vt* to set to music
ver·trackt [fɛɐ̯ˈtrakt] *adj* tricky
Ver·trag <-[e]s, Verträge> [fɛɐ̯ˈtraːk, *pl* -ˈtrɛːɡə] *m* contract; (*international*) treaty; **der Versailler ~** the Treaty of Versailles; **jdn unter ~ nehmen** to contract sb
ver·tra·gen* *irreg* I. *vt* ① (*aushalten*) to bear, to stand ② (*gegen etw widerstandsfähig sein*) to tolerate ③ (*fam: zu sich nehmen können*) **nervöse Menschen ~ starken Kaffee nicht gut** nervous people cannot cope with strong coffee ④ (*fam: benötigen*) **das Haus könnte einen neuen Anstrich ~** the house could do with a new coat of paint ⑤ SCHWEIZ (*austragen*) to deliver II. *vr* ① (*auskommen*) ■ **sich mit jdm ~** to get on with sb ② (*zusammenpassen*) ■ **sich mit etw** *dat* **~** to go with sth
ver·trag·lich [fɛɐ̯ˈtraːklɪç] I. *adj* contractual II. *adv* contractually, by contract; **~ festgelegt werden** to be laid down in a contract
ver·träg·lich [fɛɐ̯ˈtrɛːklɪç] *adj* ① (*umgänglich*) good-natured; ■ **~ sein** to be easy to get on with ② (*bekömmlich*) digestible; **gut/schwer ~** easily digestible/indigestible
Ver·träg·lich·keit <-> *f kein pl* ① (*Umgänglichkeit*) good nature *no art, no pl* ② (*Bekömmlichkeit*) digestibility *no art, no pl*
Ver·trags·ab·schluss^RR *m* completion of [a/the] contract **Ver·trags·bruch** *m* breach of contract **ver·trags·brü·chig** *adj* in breach of contract *pred*
ver·trag·schlie·ßend *adj attr* **die ~en Parteien** the contracted parties
Ver·trags·part·ner(in) *m(f)* party to a/the contract **Ver·trags·ver·ein·ba·rung** *f meist pl* JUR contractual term **Ver·trags·werk·statt** *f* authorized garage **ver·trags·wid·rig** I. *adj* contrary to the contract *pred* II. *adv* in breach of contract
ver·trau·en* *vi* ■ **jdm ~** to trust sb; ■ **auf jdn ~** to trust in sb; **auf sein Glück ~** to trust to luck; **auf Gott ~** to put one's trust in God; ■ **darauf ~, dass ...** to be confident that ...
Ver·trau·en <-s> *nt kein pl* trust *no art, no pl*, confidence *no art, no pl*; **einen ~ erwe-**

ckenden Eindruck auf jdn machen to make a trustworthy impression on sb; ~ **erweckend sein** to inspire confidence; ~ **[zu jdm] haben** to have confidence [in sb]; **jdn ins ~ ziehen** to take sb into one's confidence; **im ~ [gesagt]** [strictly] in confidence; **im ~ auf etw** *akk* trusting to sth

ver·trau·en·er·we·ckend^ALT *adj s.* Vertrauen

Ver·trau·ens·arzt, -ärz·tin *m, f* independent examining doctor **Ver·trau·ens·ba·sis** *f kein pl* basis of trust **Ver·trau·ens·bruch** *m* breach of confidence **Ver·trau·ens·fra·ge** *f* **es ist eine ~, ob ...** it is a question of trust whether ...; **die ~ stellen** POL to ask for a vote of confidence **Ver·trau·ens·kri·se** *f* lack of [mutual] trust **Ver·trau·ens·sa·che** *f* ① (*vertrauliche Angelegenheit*) confidential matter ② *s.* **Vertrauensfrage ver·trau·ens·se·lig** *adj* [too] trusting; (*leichtgläubig*) credulous **Ver·trau·ens·ver·hält·nis** *nt* trusting relationship **ver·trau·ens·voll I.** *adj* trusting, trustful, based on trust *pred* **II.** *adv* trustingly; **sich ~ an jdn wenden** to turn to sb with complete confidence **Ver·trau·ens·vo·tum** *nt* POL vote of confidence **ver·trau·ens·wür·dig** *adj* trustworthy

ver·trau·lich I. *adj* ① (*diskret*) confidential; **streng ~** strictly confidential ② (*freundschaftlich*) familiar, chummy *fam* **II.** *adv* confidentially

Ver·trau·lich·keit <-, -en> *f* ① *kein pl* (*das Vertraulichsein*) confidentiality *no art, no pl* ② *pl* (*Zudringlichkeit*) familiarity *no art, no pl*

ver·träumt *adj* ① (*idyllisch*) sleepy ② (*realitätsfern*) dreamy

ver·traut *adj* ① (*wohlbekannt*) familiar; **sich mit etw** *dat* ~ **machen** to familiarize oneself with sth; ■ **mit etw** *dat* ~ **sein** to be familiar with sth; **sich mit dem Gedanken ~ machen, dass ...** to get used to the idea that ... ② (*eng verbunden*) close, intimate

Ver·trau·te(r) *f(m) dekl wie adj* confidant *masc*, confidante *fem*

Ver·traut·heit <-, -en> *f* ① *kein pl* (*gute Kenntnis*) familiarity (**mit** with) ② (*Verbundenheit*) closeness *no art, no pl*, intimacy *no art, no pl*

ver·trei·ben*¹ *vt irreg* (*verjagen*) to drive away [*or* out] *sep*

ver·trei·ben*² *vt irreg* (*verkaufen*) to sell

Ver·trei·bung <-, -en> *f* driving out [*or* away] *no art, no pl*; **die ~ aus dem Paradies** the expulsion from Paradise

ver·tret·bar *adj* ① (*zu vertreten*) tenable; ■ **nicht ~** untenable ② (*akzeptabel*) justifiable; ■ **nicht ~** unjustifiable

ver·tre·ten*¹ *vt irreg* ① (*jdn vorübergehend ersetzen*) ■ **jdn ~** to stand in for sb; **durch jdn ~ werden** to be replaced by sb ② (*repräsentieren*) to represent ③ (*verfechten*) to support; *Ansicht* to take; *Meinung* to hold; *Theorie* to advocate ④ (*verantwortlich sein*) ■ **etw zu ~ haben** to be responsible for sth

ver·tre·ten² *vr irreg* (*verstauchen*) **sich** *dat* **den Fuß ~** to twist one's ankle ► **sich** *dat* **die Beine ~** to stretch one's legs

Ver·tre·ter(in) <-s, -> *m(f)* ① (*Stell-*) deputy, stand-in ② (*Handels-*) sales representative ③ (*Repräsentant*) representative

Ver·tre·tung <-, -en> *f* ① (*das Vertreten*) deputizing *no art, no pl*; **in [jds] ~** in sb's place, on behalf of sb ② (*Stellvertreter*) deputy, stand-in; **eine diplomatische ~** a diplomatic mission ③ (*Handels-*) agency, branch

Ver·trieb <-[e]s, -e> *m* ① *kein pl* (*das Vertreiben*) sale[s *pl*] ② (*~sabteilung*) sales *pl* [department]

Ver·trie·be·ne(r) *f(m) dekl wie adj* deportee, displaced person

Ver·triebs·ge·sell·schaft *f* sales company
Ver·triebs·lei·ter(in) *m(f)* sales manager
ver·trock·nen* *vi sein Vegetation* to dry out; *Lebensmittel* to dry up

ver·trock·net *adj* dried; *Mensch* scrawny; *Blätter* dried

ver·trö·deln* *vt* to idle away *sep*

ver·trös·ten* *vt* to put off *sep* (**auf** until)

ver·tun* *irreg vr* ■ **sich ~** to make a mistake

ver·tu·schen* *vt* to hush up *sep*

ver·ü·beln* [fɛɐ̯ˈʔyːbl̩n] *vt* ■ **jdm etw ~** to hold sth against sb

ver·ü·ben* *vt* to commit; **einen Anschlag auf jdn ~** to make an attempt on sb's life; **ein Attentat [auf jdn] ~** to assassinate sb

ver·un·glimp·fen* [fɛɐ̯ˈʔʊnɡlɪmpfn̩] *vt* to denigrate

ver·un·glü·cken* [fɛɐ̯ˈʔʊnɡlʏkn̩] *vi sein* ① (*einen Unfall haben*) to have an accident; **mit dem Flugzeug ~** to be in a plane crash; **tödlich ~** to be killed in an accident ② (*fam: misslingen*) to go wrong

ver·un·rei·ni·gen* *vt* to dirty; (*Umwelt*) to pollute

ver·un·si·chern* [fɛɐ̯ˈʔʊnzɪçɐn] *vt* ■ **jdn ~** to make sb [feel] unsure; (*verstören*) to unsettle sb

ver·un·si·chert <-er, -este> *adj* uncertain

Ver·un·si·che·rung <-, -en> *f* ① (*das Verunsichern*) unsettling *no art, no pl* ② (*verunsicherte Stimmung*) [feeling of] uncertainty

ver·un·stal·ten* [fɛɐ̯ˈʔʊnʃtaltn̩] *vt* to disfigure

Ver·un·stal·tung <-, -en> *f* disfigurement

ver·un·treu·en* [fɛɐ̯ˈʔʊntrɔyən] *vt* to embezzle

Ver·un·treu·ung <-, -en> f embezzlement no art, no pl

ver·ur·sa·chen [fɛɐ̯ʔuːɐ̯zaxn̩] vt to cause; **[jdm] Schwierigkeiten ~** to create difficulties [for sb]

Ver·ur·sa·cher(in) <-s, -> m(f) causal agent

ver·ur·tei·len vt ① (für schuldig befinden) to convict; ■ **jdn zu etw** dat **~** to sentence sb to sth ② (verdammen) to condemn ③ (bestimmt sein) ■ **zu etw** dat **verurteilt sein** to be condemned to sth; **zum Scheitern verurteilt sein** to be bound to fail

Ver·ur·teil·te(r) f(m) dekl wie adj convicted man masc [or fem woman]

Ver·ur·tei·lung <-, -en> f conviction no art, no pl, sentencing no art, no pl

ver·viel·fa·chen* [fɛɐ̯ˈfiːlfaxn̩] I. vt to increase greatly II. vr ■ **sich ~** to multiply

ver·viel·fäl·ti·gen* [fɛɐ̯ˈfiːlfɛltɪɡn̩] vt to duplicate; (fotokopieren) to photocopy

Ver·viel·fäl·ti·gung <-, -en> f duplication

ver·vier·fa·chen* [fɛɐ̯ˈfiːɐ̯faxn̩] vt, vr to quadruple

ver·voll·komm·nen* [fɛɐ̯ˈfɔlkɔmnən] I. vt to perfect II. vr ■ **sich ~** to reach perfection

ver·voll·stän·di·gen* [fɛɐ̯ˈfɔlʃtɛndɪɡn̩] vt to complete

ver·wäh·len* vr TELEK ■ **sich ~** to dial the wrong number

ver·wah·ren* [fɛɐ̯ˈvaːrən] I. vt to keep safe; ■ **etw in etw** dat **~** to keep sth in sth II. vr ■ **sich gegen etw** akk **~** to protest against sth

ver·wahr·lo·sen* [fɛɐ̯ˈvaːɐ̯loːzn̩] vi sein to get into a bad state; Gebäude to fall into disrepair; Mensch to go to pot; **völlig ~** to go to rack [or esp AM wrack] and ruin; ■ **etw ~ lassen** to let sth fall into disrepair

ver·wahr·lost <-er, -este> adj neglected

Ver·wah·rung <-> f kein pl ① (das Verwahren) [safe]keeping no art, no pl ② (zwangsweise Unterbringung) detention no art, no pl; **jdn in ~ akk nehmen** to take sb into custody

ver·wai·sen* [fɛɐ̯ˈvaizn̩] vi sein ① (zur Waise werden) to become an orphan; ■ **verwaist werden** to be orphaned ② (verlassen werden) to become deserted; ■ **verwaist** deserted

ver·wal·ten* [fɛɐ̯ˈvaltn̩] vt ① FIN, ADMIN to administer; Besitz to manage ② INFORM to manage

Ver·wal·ter(in) <-s, -> [fɛɐ̯ˈvaltɐ] m(f) administrator; Gut manager; Nachlass trustee

Ver·wal·tung <-, -en> [fɛɐ̯ˈvaltʊŋ] f ① kein pl (das Verwalten) administration no art, no pl, management no art, no pl ② (Verwaltungsabteilung) administration no pl, admin no pl fam; **städtische ~** municipal authority ③ INFORM management no art, no pl

Ver·wal·tungs·ap·pa·rat m administrative machine[ry] no pl **Ver·wal·tungs·be·am·te(r)** f(m) admin[istration] official **Ver·wal·tungs·be·zirk** m administrative district, precinct AM **Ver·wal·tungs·ge·richt** nt administrative court

ver·wan·deln* I. vt ① (umwandeln) ■ **jdn in etw** akk **~** to turn sb into sth; ■ **jd ist wie verwandelt** sb is a changed person ② TECH to convert (**in** into) ③ (anders erscheinen lassen) to transform II. vr ■ **sich in etw** akk **~** to turn into sth

Ver·wand·lung f ① (Umformung) transformation ② TECH conversion

ver·wandt¹ [fɛɐ̯ˈvant] adj related (**mit** to); Methoden: Sprachen, Wörter cognate

ver·wandt² [fɛɐ̯ˈvant] pp von **verwenden**

ver·wand·te imp von **verwenden**

Ver·wand·te(r) f(m) dekl wie adj relation, relative; **ein entfernter ~r von mir** a distant relation of mine

Ver·wandt·schaft <-, -en> f ① (die Verwandten) relations pl, relatives pl; **die nähere ~** close relatives pl ② (gemeinsamer Ursprung) affinity (**mit** with)

ver·wandt·schaft·lich adj family attr

ver·war·nen* vt to warn

Ver·war·nung f warning, caution

Ver·war·nungs·geld nt exemplary fine

ver·wa·schen* adj faded

ver·wech·seln* [-ˈvɛksl̩n] vt ■ **etw ~** to get sth mixed up; **jdn [mit jdm] ~** to confuse sb with sb; **jdm zum V~ ähnlich sehen** to be the spitting image of sb

Ver·wechs·lung <-, -en> [-ˈvɛkslʊŋ] f ① (das Verwechseln) mixing up no art, no pl, confusing no art, no pl ② (Vertauschung) confusion no art, no pl; **das muss eine ~ sein** there must be some mistake

ver·we·gen* [fɛɐ̯ˈveːɡn̩] adj daring, bold; (Kleidung) rakish

ver·we·hen* vt ① (auseinandertreiben) to scatter ② (verwischen) to cover [over sep]

ver·weh·ren* vt ■ **jdm etw ~** to refuse sb sth

Ver·we·hung <-, -en> f ① kein pl (das Verwehen) covering over no art, no pl ② (Schnee~) [snow]drift; (Sand~) [sand]drift

Ver·wei·ge·rer, Ver·wei·ge·rin <-s, -> m, f ① (allgemein) objector ② (Kriegsdienst~) conscientious objector

ver·wei·gern* vt, vi to refuse; **jede Auskunft ~** to refuse to give any information; **einen Befehl ~** to refuse to obey an order; **den Kriegsdienst ~** to refuse to do military service

Ver·wei·ge·rung f refusal; **die ~ des Wehr-**

ver·wei·len* vi (geh) ① (sich aufhalten) to stay; **kurz ~** to stay for a short time; **vor einem Gemälde ~** to linger in front of a painting ② (sich mit etw beschäftigen) ■ **bei etw** dat ~ to dwell on sth

ver·weint adj Augen red from crying; Gesicht tear-stained

Ver·weis <-es, -e> [fɛɐ̯ˈvaɪ̯s] m ① (Tadel) reprimand; **jdm einen ~ erteilen** to reprimand sb ② (Hinweis) reference (**auf** to); (Quer-) cross-reference

ver·wei·sen* irreg vt, vi to refer (**an/auf** to)

ver·wel·ken* vi sein to wilt

ver·welt·licht [fɛɐ̯ˈvɛltlɪçt] adj REL, SOZIOL secularized

ver·wend·bar adj usable

ver·wen·den <verwendete o verwandte, verwendet o verwandt> vt to use (**für** for)

Ver·wen·dung <-, -en> f use; **~/keine ~ für etw** akk **haben** to have a/no use for sth

Ver·wen·dungs·mög·lich·keit f [possible] use **Ver·wen·dungs·zweck** m purpose

ver·wer·fen* irreg vt Plan, Vorschlag to reject; Gedanken to dismiss

ver·werf·lich adj reprehensible

ver·wert·bar adj ① (brauchbar) usable ② (auszuwerten) utilizable

ver·wer·ten* vt ① (ausnutzen, heranziehen) to use ② (nutzbringend anwenden) to exploit

Ver·wer·tung <-, -en> f ① (Ausnutzung) utilization no art, no pl ② (Heranziehung) use ③ (nutzbringende Anwendung) exploitation no art, no pl

Ver·wer·tungs·ge·sell·schaft f exploitation company

ver·we·sen* [fɛɐ̯ˈveːzn̩] vi sein to rot, to decompose; ■ **verwest** decomposed

Ver·west·li·chung <-> [fɛɐ̯ˈvɛstlɪçʊn] f SOZIOL Westernization

Ver·we·sung <-> f kein pl decomposition no art, no pl

ver·wet·ten* vt to gamble away sep

ver·wi·ckeln* I. vt ■ **jdn in etw** akk ~ to involve sb in sth; **jdn in ein Gespräch ~** to engage sb in conversation; ■ **in etw** akk **verwickelt sein** to be involved in sth II. vr ■ **sich ~** to get tangled up

ver·wi·ckelt adj complicated, intricate

Ver·wi·cke·lung <-, -en>, **Ver·wick·lung** <-, -en> f ① (Verstrickung) entanglement ② pl (Komplikationen) complications pl

ver·wil·dern* vi sein ① Garten to become overgrown ② Tier to go wild; ■ **verwildert** feral ③ Mensch to run wild

ver·wil·dert adj ① Garten overgrown ② Tier feral; Haustier neglected ③ (fig) Aussehen unkempt

ver·win·kelt [fɛɐ̯ˈvɪŋkl̩t] adj twisting, winding; Gebäude full of nooks and crannies

ver·wirk·li·chen* [fɛɐ̯ˈvɪrklɪçn̩] I. vt to realize; Idee, Plan to put into practice; Projekt to carry out sep II. vr ■ **sich ~** to fulfil oneself; **sich in etw** dat ~ to find fulfilment in sth

Ver·wirk·li·chung <-, -en> f realization

ver·wir·ren* vt to confuse

ver·wir·rend <-er, -este> adj confusing

ver·wirrt <-er, -este> adj confused

Ver·wir·rung <-, -en> f ① (Verstörtheit) confusion no art, no pl ② (Chaos) chaos no art, no pl

ver·wi·schen* I. vt ① (verschmieren) to smudge; Farbe to smear ② (unkenntlich machen) to cover [up sep]; **seine Spur ~** to cover one's tracks II. vr ■ **sich ~** to become blurred; (Erinnerung) to fade

ver·wit·tern* vi sein to weather

ver·wit·tert I. pp von **verwittern** II. adj weathered

ver·wit·wet [fɛɐ̯ˈvɪtvət] adj widowed

ver·wöh·nen* [fɛɐ̯ˈvøːnən] vt to spoil; **jdn zu sehr ~** to pamper sb

ver·wöhnt adj ① (Exquisites gewöhnt) gourmet attr ② (anspruchsvoll) discriminating

ver·wor·fen I. adj degenerate; (stärker) depraved II. adv degenerately

ver·wor·ren [fɛɐ̯ˈvɔrən] adj confused, muddled

ver·wund·bar adj vulnerable

ver·wun·den* [fɛɐ̯ˈvʊndn̩] vt to wound; **schwer verwundet** seriously wounded

ver·wun·der·lich adj odd, strange; ■ **nicht ~ sein** to be not surprising

ver·wun·dern* vt to surprise; ■ **es verwundert jdn, dass ...** sb is surprised that ...

ver·wun·dert I. adj astonished, surprised (**über** at) II. adv in amazement

Ver·wun·de·rung <-> f kein pl amazement no art, no pl

ver·wun·det adj (fig a.) wounded, hurt

Ver·wun·de·te(r) f(m) dekl wie adj casualty, wounded person

Ver·wun·dung <-, -en> f wound

ver·wun·schen [fɛɐ̯ˈvʊnʃn̩] adj enchanted

ver·wün·schen* vt ① (verfluchen) to curse ② (verzaubern) to cast a spell on

Ver·wün·schung <-, -en> f curse

ver·wur·zelt adj rooted

ver·wüs·ten* vt to devastate; Wohnung to wreck; Land to ravage

Ver·wüs·tung <-, -en> f meist pl devastation no art, no pl; **die ~en des Krieges** the ravages of war

ver·zäh·len* vr ■ **sich ~** to miscount

ver·zah·nen* vt ① TECH to dovetail ② (fig:

eng verbinden) ■ **etw mit etw** *dat* ~ to link sth to sth

ver·zahnt *adj* **ineinander ~ sein** to mesh [together]

Ver·zah·nung <-, -en> *f* ❶ *von Balken* dovetailing ❷ *von Rädern* gearing

ver·zau·bern* *vt* ❶ (*verhexen*) to put a spell on sb; ■ **jdn in jdn/etw** ~ to turn sb into sb/sth ❷ (*betören*) to enchant

Ver·zau·be·rung <-, -en> *f* enchantment

ver·zehn·fa·chen* [fɛɐ̯ˈtseːnfaxn̩] *vt, vr* to increase tenfold

Ver·zehr <-[e]s> [fɛɐ̯ˈtseːɐ̯] *m kein pl* consumption

ver·zeh·ren* **I.** *vt* ❶ (*essen*) to consume ❷ (*verbrauchen*) to use up **II.** *vr* ■ **sich nach jdm** ~ to pine for sb

ver·zeich·nen* *vt* to list; **etw ~ können** (*fig*) to be able to record sth; **einen Erfolg ~** to score a success

Ver·zeich·nis <-ses, -se> *nt* list; (*Tabelle*) table; (*Computer*) directory

ver·zei·hen (*verzieh, verziehen*) **I.** *vt* to excuse; *Unrecht, Sünde* to forgive; ■ **jdm etw ~** to forgive sb sth **II.** *vi* to forgive; ■ **Sie!** I beg your pardon!, AM *usu* excuse me!; **~ Sie, dass ich störe** excuse me for interrupting

ver·zeih·lich *adj* excusable, forgivable

Ver·zei·hung <-> *f kein pl* forgiveness; [**jdn**] **um ~ bitten** to apologize [to sb] (**für** for); **~!** sorry!; **~, darf ich mal hier vorbei?** excuse me, may I get past?

ver·zer·ren* **I.** *vt* ❶ (*verziehen, entstellen*) to distort ❷ *Muskel* to pull; *Sehne* to strain **II.** *vr* (*sich verziehen*) ■ **sich ~** to become contorted; **ihre Züge verzerrten sich zu einer grässlichen Fratze** her features became contorted in a hideous grin

Ver·zer·rung *f* distortion

ver·zet·teln* **I.** *vt* to waste; *Geld* to fritter away; *Energie* to dissipate **II.** *vr* ■ **sich ~** to take on too much at once

Ver·zicht <-[e]s, -e> [fɛɐ̯ˈtsɪçt] *m* renunciation (**auf** of); *eines Amtes, auf Eigentum* relinquishment

ver·zich·ten* [fɛɐ̯ˈtsɪçtn̩] *vi* to go without, to relinquish; **zu jds Gunsten ~** to do without in favour of sb; ■ **auf etw** *akk* ~ to do without sth; **auf sein Recht ~** to renounce one's right; **ich möchte im Urlaub auf nichts ~** on holiday I don't want to miss out on anything

ver·zieh *imp von* **verzeihen**

ver·zie·hen*¹ [fɛɐ̯ˈtsiːən] *irreg* **I.** *vi sein* (*umziehen*) to move; **unbekannt verzogen** moved — address unknown **II.** *vr haben* (*verschwinden*) ■ **sich ~** to disappear; **verzieh dich!** clear off!; **das Gewitter verzieht sich** the storm is passing

ver·zie·hen*² *irreg* **I.** *vt* ❶ (*verzerren*) to twist, to screw up *sep*; **das Gesicht** [**vor Schmerz**] **~** to pull a face [with pain] ❷ *Kind* to bring up badly; **ein verzogener Bengel** a spoilt brat **II.** *vr* ■ **sich ~** ❶ (*verzerren*) to contort, to twist ❷ (*verformen*) to go out of shape

ver·zie·hen³ *pp von* **verzeihen**

ver·zie·ren* *vt* to decorate

Ver·zie·rung <-, -en> *f* decoration; (*an Gebäuden*) ornamentation

ver·zin·sen* **I.** *vt* (*für etw Zinsen zahlen*) to pay interest on; **die Bank verzinst dein Erspartes mit 3 Prozent** the bank pays three percent on your savings **II.** *vr* (*Zinsen erwirtschaften*) ■ **sich mit etw** *dat* ~ to bear a certain rate of interest

ver·zo·cken* *vt* to gamble away *sep*

ver·zo·gen* [fɛɐ̯ˈtsoːɡn̩] *adj* badly brought up; **die Kinder sind völlig ~** the children are completely spoilt

ver·zö·gern* **I.** *vt* ❶ (*später erfolgen lassen*) to delay (**um** by) ❷ (*verlangsamen*) to slow down **II.** *vr* (*später erfolgen*) ■ **sich ~** to be delayed (**um** by)

Ver·zö·ge·rung <-, -en> *f* delay, hold-up *fam*; (*Verlangsamung*) slowing down

Ver·zö·ge·rungs·tak·tik *f* delaying tactics *pl*

ver·zol·len* *vt* to pay duty on; **haben Sie etwas zu ~?** have you anything to declare?

Ver·zug <-[e]s> *m kein pl* delay; [**mit etw** *dat*] **in ~ geraten** to fall behind [with sth]

ver·zwei·feln* *vi sein* to despair (**an** of); **es ist zum V~ mit dir!** you drive me to despair

ver·zwei·felt **I.** *adj* ❶ (*völlig verzagt*) despairing; **ein ~es Gesicht machen** to look despairingly; **ich bin völlig ~** I'm at my wits' end ❷ (*hoffnungslos*) desperate ❸ (*mit aller Kraft*) **ein ~er Kampf ums Überleben** a desperate struggle for survival **II.** *adv* (*völlig verzagt*) despairingly; **sie rief ~ nach ihrer Mutter** she called out desperately for her mother

Ver·zweif·lung <-> *f kein pl* (*Gemütszustand*) despair; (*Ratlosigkeit*) desperation; **jdn zur ~ bringen** to drive sb to despair; **etw aus ~ tun** to do sth out of desperation

Ver·zweif·lungs·tat *f* act of desperation

ver·zwei·gen* *vr* ■ **sich ~** to branch out; *Straße* to branch off

Ver·zwei·gung <-, -en> *f* ❶ (*verzweigtes Astwerk*) branches *pl*; (*verzweigter Teil*) fork ❷ (*weite Ausbreitung*) intricate network ❸ SCHWEIZ (*Kreuzung*) crossroads *sing o pl*, intersection AM

ver·zwickt [fɛɐ̯'tsvɪkt] *adj* tricky
Ves·per¹ <-, -n> ['fɛspɐ] *f* REL vespers *npl*
Ves·per² <-s, -> ['fɛspɐ] *f o nt* DIAL snack
Ves·per·brot *nt* SÜDD (*Pausenbrot*) sandwich
Ve·suv <-[s]> [ve'zuːf] *m* Vesuvius
Ve·te·ran <-en, -en> [vete'raːn] *m* veteran
Ve·te·ri·när(in) <-s, -e> [veteri'nɛːɐ̯] *m(f)* vet *fam*, veterinary surgeon BRIT, veterinarian AM
Ve·to <-s, -s> ['veːto] *nt* veto; **sein ~ einlegen** to exercise one's veto
Ve·to·recht *nt* right of veto
Vet·ter <-s, -n> ['fɛtɐ] *m* cousin
Vet·tern·wirt·schaft *f kein pl* nepotism *no pl*
V-Frau ['faṷ-] *f fem form von* **Verbindungsmann**
vgl. *interj Abk von* **vergleiche** cf.
VHS <-> [faṷha:'ʔɛs] *f Abk von* **Volkshochschule**
via ['viːa] *präp +akk* ① (*über*) via ② (*durch*) by
Vi·a·dukt <-[e]s, -e> [via'dʊkt] *m o nt* viaduct
Vi·bra·ti·on <-, -en> [vibra'tsi̯oːn] *f* vibration
Vi·bra·tor <-s, -toren> [vi'braːtoːɐ̯, *pl* -'toːrən] *m* vibrator
vi·brie·ren* [vi'briːrən] *vi* to vibrate
Vi·deo <-s, -s> ['viːdeo] *nt* video; **etw auf ~ aufnehmen** to video sth
Vi·deo·auf·zeich·nung *f* video recording
Vi·deo·clip <-s, -s> *m* video clip **Vi·deo·film** *m* video film **Vi·deo·ka·me·ra** *f* video camera
Vi·deo·kas·set·te *f* video cassette **Vi·deo·kas·set·ten·re·cor·der** [-rekɔrdɐ] *m* video recorder
Vi·deo·kon·fe·renz *f* video conference **Vi·deo·re·cor·der** <-s, -> *m*, **Vi·deo·re·kor·der** <-s, -> *m* video [recorder], AM *usu* VCR
Vi·deo·schal·tung ['viːdeo-] *f* TELEK video link **Vi·deo·spiel** *nt* video game **Vi·deo·text** *m kein pl* teletext *no pl*
Vi·deo·thek <-, -en> [video'teːk] *f* video shop [*or* AM *usu* store]; (*Sammlung*) video library
Vi·deo·ü·ber·wa·chung *f* monitoring by closed circuit TV **Vi·deo·ver·leih** *m* video library
Viech <-[e]s, -er> [fiːç] *nt* (*fam*) creature
Vieh <-[e]s, -> [fiː] *nt kein pl* ① AGR livestock; (*Rinder*) cattle; **jdn wie ein Stück ~ behandeln** to treat sb like dirt ② (*fam: Tier*) animal, beast
Vieh·be·stand *m* livestock **Vieh·hal·ter(in)** <-s, -> *m(f)* cattle farmer **Vieh·hal·tung** <-> *f kein pl* animal husbandry **Vieh·her·de** *f* livestock herd **Vieh·markt** *m* cattle market **Vieh·zucht** *f* cattle [*or* livestock] breeding **Vieh·züch·ter(in)** *m(f)* cattle [*or* livestock] breeder

viel [fiːl] I. *adj* <mehr, meiste> ① *sing, adjektivisch* a lot of; **er braucht ~ Geld** he needs a lot of money; **~ Erfolg!** good luck!; **~ Spaß!** enjoy yourself/yourselves! ② *sing, mit art, poss* **das ~e Essen ist mir nicht bekommen** all that food hasn't done me any good ③ *substantivisch* a lot, much; **ich habe zu ~ zu tun** I have too much to do; **obwohl er ~ weiß, prahlt er nicht damit** although he knows a lot, he doesn't brag about it ④ *pl, adjektivisch* ■ **~e** a lot of, a great number of, many; **und ~e andere** and many others; **~e deiner Bücher kenne ich schon** I know many of your books already; **wir haben gleich ~e Dienstjahre** we've been working here for the same number of years ⑤ *+ pl, substantivisch* (*eine große Anzahl von Menschen*) ■ **~e** a lot, many; **diese Ansicht wird von ~en vertreten** this view is held by many people; (*eine große Anzahl von Dingen*) a lot; **es gibt noch einige Fehler, aber ~e haben wir bereits verbessert** there are still some errors, but we've already corrected a lot II. *adv* <mehr, am meisten> ① (*häufig*) a lot; **sie hat ihre Mutter immer ~ besucht** she used to visit her mother a lot; **~ diskutiert** much discussed; **eine ~ befahrene Straße** a [very] busy street ② (*wesentlich*) a lot; **die Mütze ist ~ zu groß** the cap is far too big

viel·deu·tig *adj* ambiguous
Viel·eck ['fiːlʔɛk] *nt* polygon
vie·ler·lei *adj* all kinds of, many different
vie·ler·orts ['fiːlɐʔɔrts] *adv* in many places
viel·fach ['fiːlfax] I. *adj* ① (*mehrere Male so groß*) many times; **die ~e Menge** [von etw dat] many times that amount [of sth] ② (*mehrfach*) multiple II. *adv* ① (*häufig*) frequently, in many cases; (*mehrfach*) many times
Viel·fa·che(s) *nt dekl wie adj* Mathematik multiple; **ein ~r Millionär** a multimillionaire; **um ein ~s** many times over
Viel·falt <-> ['fiːlfalt] *f* diversity, [great] variety (**an** of)
viel·fäl·tig ['fiːlfɛltɪç] *adj* diverse, varied
Viel·fraß <-es, -e> ['fiːlfraːs] *m* glutton; **du ~!** you greedy guts!
viel·leicht ['fiˈlaɪ̯çt] I. *adv* ① (*eventuell*) perhaps, maybe ② (*ungefähr*) about; **er ist ~ 30 Jahre alt** he is about 30 years old II. *part* ① (*bitte* [*mahnend*]) please; **würdest du mich ~ einmal ausreden lassen?** would you please let me finish for once? ② (*etwa*)

viel·mals ['fi:lma:ls] *adv* ① (*sehr*) danke ~! thank you very much; **entschuldigen Sie ~ die Störung** I do apologize for disturbing you ② (*oft*) many times

viel·mehr ['fi:lme:ɐ̯] *adv* rather; **ich bin ~ der Meinung, dass du richtig gehandelt hast** I rather think that you did the right thing

viel·sei·tig ['fi:lzaitɪç] **I.** *adj Mensch, Maschine* versatile; *Angebot* varied **II.** *adv* ① (*in vieler Hinsicht*) widely ② (*in verschiedener Weise*) having a variety of...; **eine ~ Küchenmaschine ist ~ anwendbar** a food processor has a variety of applications

viel·spra·chig *adj* multilingual **Viel·zahl** *f kein pl* ■ **eine ~ von etw** *dat* a large number of sth

vier [fi:ɐ̯] *adj* four; *s. a.* **acht**[1] ▶ **ein Gespräch unter ~ Augen führen** to have a private conversation; **in den eigenen ~ Wänden wohnen** to live within one's own four walls

Vier <-, -en> [fi:ɐ̯] *f* ① (*Zahl*) four; **eine ~ würfeln** to roll a four ② (*Zeugnisnote*) **er hat in Deutsch eine ~** he got a D in German ▶ **alle ~e von sich strecken** to stretch out; **auf allen ~en** on all fours

vier·bän·dig *adj* four-volume *attr* **Vier·bei·ner** <-s, -> *m* four-legged friend *hum* **vier·blät·te·rig** *adj*, **vier·blätt·rig** *adj* four-leaf *attr*, four-leaved **Vier·eck** ['fi:ɐ̯ʔɛk] *nt* four-sided figure; MATH quadrilateral **vier·eckig** ['fi:ɐ̯ʔɛkɪç] *adj* rectangular

vier·ein·halb ['fi:ɐ̯ʔain'halp] *adj* four and a half

Vie·rer·bob *m* four-man bob

vie·rer·lei ['fi:rɐ'lai] *adj attr* four [different]; *s. a.* **achterlei**

vier·fach, 4fach I. *adj* fourfold; **die ~e Menge** four times the amount; *s. a.* **achtfach II.** *adv* fourfold, four times over; *s. a.* **achtfach**

vier·hän·dig ['fi:ɐ̯hɛndɪç] **I.** *adj* four-handed **II.** *adv* as a duet

vier·hun·dert ['fi:ɐ̯hʊndɐt] *adj* four hundred

vier·jäh·rig, 4-jäh·rig[RR] *adj* ① (*Alter*) four-year-old *attr*, four years old *pred*; *s. a.* **achtjährig 1** ② (*Zeitspanne*) four-year *attr*; *s. a.* **achtjährig 2**

vier·kan·tig *adj* square **Vier·kant·schlüs·sel** *m* square spanner **vier·köp·fig** *adj* four-person *attr*

Vier·ling <-s, -e> ['fi:ɐ̯lɪŋ] *m* quadruplet

vier·mal, 4-mal[RR] ['fi:ɐ̯ma:l] *adv* four times

vier·mo·to·rig *adj* four-engined

Vier·rad·an·trieb *m* four-wheel drive

vier·spu·rig I. *adj* four-lane *attr* **II.** *adv* to four lanes; **die Umgehungsstraße wird ~ ausgebaut** the by-pass will be widened to four lanes

vier·stel·lig *adj* four-figure *attr*; **eine ~e Zahl** a four-figure number; ■ **~ sein** to be four figures

vier·stö·ckig *adj* four-storey *attr*

viert ['fi:ɐ̯t] *adv* **zu ~ sein** to be a party of four; **wir waren zu ~** there were four of us

Vier·takt·mo·tor *m* four-stroke engine

vier·tau·send ['fi:ɐ̯tauznt] *adj* four thousand

vier·te(r, s) ['fi:ɐ̯tə, -tɐ, -təs] *adj* ① (*nach dem dritten kommend*) fourth; *s. a.* **achte(r, s) 1** ② (*Datum*) 4th; *s. a.* **achte(r, s) 2**

vier·tei·len *vt* HIST to quarter

vier·tei·lig, 4-tei·lig[RR] *adj Film* four-part; *Besteck* four-piece

vier·tel [fɪrtl] *adj* quarter; **drei ~** three-quarters

Vier·tel[1] <-s, -> [fɪrtl] *nt* district, quarter

Vier·tel[2] <-s, -> [fɪrtl] *nt* ① (*der vierte Teil*) quarter ② (*15 Minuten*) ▶ **vor/nach drei** [a] quarter to/past [*or* AM *a.* after] three

Vier·tel·fi·na·le *nt* quarter-final **Vier·tel·jahr** [fɪrtl'jaːɐ̯] *nt* quarter of the year; **es dauerte ein ~** it lasted three months **vier·tel·jäh·rig** [fɪrtljaːgjɛːrɪç] *adj attr* three-month **vier·tel·jähr·lich** [fɪrtljɛːrlɪç] *adj*, *adv* quarterly **Vier·tel·li·ter** *m o nt* quarter of a litre

vier·teln [fɪrtln] *vt* to divide into quarters

Vier·tel·no·te *f* MUS crotchet **Vier·tel·stun·de** [fɪrtl'ʃtʊndə] *f* quarter of an hour **vier·tel·stün·dig** [fɪrtlʃtʏndɪç] *adj attr* lasting [*or of*] a quarter of an hour; **eine ~e Verspätung** a delay of a quarter of an hour **vier·tel·stünd·lich** [fɪrtlʃtʏndlɪç] **I.** *adj attr* quarter-hour, of a quarter of an hour **II.** *adv* every quarter of an hour, quarter-hourly

vier·tens ['fi:ɐ̯tns] *adv* fourth[ly], in the fourth place

Vier·tü·rer <-s, -> *m* four-door model

Vier·vier·tel·takt [-'fɪrtl-] *m* four-four time

vier·zehn ['fɪrtseːn] *adj* fourteen; **~ Tage** a fortnight *esp* BRIT; *s. a.* **acht**[1]

vier·zehn·tä·gig *adj* two-week *attr*; **eine ~e Reise** a two-week journey **vier·zehn·täg·lich** *adj*, *adv* every two weeks

vier·zehn·te(r, s) *adj* fourteenth; *s. a.* **achte(r, s)**

vier·zig ['fɪrtsɪç] *adj* forty; *s. a.* **achtzig**

vier·zi·ger *adj*, **40er** ['fɪrtsɪgɐ] *adj attr* the forties, the 40s
vier·zig·ste(r, s) *adj* fortieth; *s. a.* **achte(r, s)**
Vier·zig·stun·den·wo·che *f* 40-hour week
Vier·zim·mer·woh·nung *f* four-room flat [*or* AM apartment]
Viet·nam <-s> [vi̯ɛt'na(:)m] *nt* Vietnam; *s. a.* **Deutschland**
Viet·na·me·se, Viet·na·me·sin <-n, -n> [vi̯ɛtna'me:zə, vi̯ɛtna'me:zɪn] *m, f* Vietnamese; *s. a.* **Deutsche(r)**
viet·na·me·sisch [vi̯ɛtna'me:zɪʃ] *adj* Vietnamese; *s. a.* **deutsch**
Vi·gnet·te <-, -n> [vɪn'jɛtə] *f* (*Gebührenmarke*) sticker showing fees paid
Vi·kar(in) <-s, -e> [vi'kaːɐ̯] *m(f)* curate
Vil·la <-, Villen> ['vɪla, *pl* 'vɪlən] *f* villa
Vil·len·vier·tel ['vɪlənfɪrtl] *nt* exclusive residential area with many mansions
vi·o·lett [vi̯o'lɛt] *adj* violet, purple
Vi·o·li·ne <-, -n> [vi̯o'li:nə] *f* violin
Vi·o·li·nist(in) <-en, -en> [vi̯oli'nɪst] *m(f)* violinist
Vi·o·lin·schlüs·sel *m* treble clef
Vi·o·lon·cel·lo <-s, -celli> *nt* violoncello
VIP <-, -s> [vɪp] *m Abk von* **very important person** VIP
Vi·per <-, -n> ['vi:pɐ] *f* viper
Vi·ren ['vi:rən] *pl von* **Virus**
Vi·ren·such·pro·gramm *nt* INFORM antivirus software **Vi·ren·war·nung** *f* INET, INFORM virus warning
vir·tu·ell [vɪr'tu̯ɛl] *adj* virtual
vir·tu·os [vɪr'tu̯o:s] **I.** *adj* virtuoso **II.** *adv* in a virtuoso manner; **ein Instrument ~ beherrschen** to be a virtuoso on an instrument
Vi·rus <-, Viren> ['vi:rʊs, *pl* 'vi:rən] *nt o m* virus
Vi·rus·grip·pe *f* virus of influenza **Vi·rus·hül·le** *f* BIOL virus envelope **Vi·rus·in·fek·ti·on** *f* viral infection **Vi·rus·krank·heit** *f* viral disease
Vi·sa ['vi:za] *pl von* **Visum**
Vi·sa·gist(in) <-en, -en> [viza'ʒɪst] *m(f)* make-up artist
vis-à-vis, vis-a-vis [viza'vi:] *adv* opposite
Vi·sen ['vi:zən] *pl von* **Visum**
Vi·sier <-s, -e> [vi'zi:ɐ̯] *nt* ① (*Zielvorrichtung*) sight ② (*Klappe am Helm*) visor ▶ **etw ins ~ nehmen** to train one's sights on sth; **jdn/etw im ~ haben** to keep tabs on sb/sth; **jdn ins ~ nehmen** (*jdn beobachten*) to target sb, to keep an eye on sb; (*jdn kritisieren*) to pick on sb
Vi·si·on <-, -en> [vi'zi̯o:n] *f* ① (*übernatürliche Erscheinung*) apparition; (*Halluzination*) vision; **~ en haben** to see things ② (*Zukunftsvorstellungen*) vision

Vi·si·te <-, -n> [vi'zi:tə] *f* (*Arztbesuch*) round; **~ machen** to do one's round
Vi·si·ten·kar·te *f* business card
Vis·ko·se <-> [vɪs'ko:zə] *f kein pl* viscose *no pl*
vi·su·ell [vi'zu̯ɛl] *adj* visual
Vi·sum <-s, Visa *o* Visen> ['vi:zʊm, *pl* 'vi:za, 'vi:zən] *nt* visa
vi·tal [vi'ta:l] *adj* (*geh*) ① (*Lebenskraft besitzend*) lively, vigorous ② (*lebenswichtig*) vital
Vi·ta·li·tät <-> [vitali'tɛt] *f kein pl* vitality, vigour
Vi·ta·min <-s, -e> [vita'mi:n] *nt* vitamin ▶ **~ B** (*hum fam*) good contacts *pl*
Vi·ta·min·man·gel *m* vitamin deficiency **Vi·ta·min·prä·pa·rat** *nt* vitamin supplement **Vi·ta·min·ta·blet·te** *f* vitamin tablet [*or* AM *usu* pill]
Vi·tri·ne <-, -n> [vi'tri:nə] *f* (*Schaukasten*) display case; (*Glas~*) glass cabinet
Vi·ze·kanz·ler(in) *m(f)* vice-chancellor **Vi·ze·prä·si·dent(in)** *m(f)* vice president
Vlies <-es, -e> [fli:s, *pl* 'fli:zə] *nt* fleece
V-Mann <-leute> ['fau̯-] *m s.* **Verbindungsmann** intermediary
Vo·gel <-s, Vögel> ['fo:gl, *pl* 'fø:gl] *m* ① ORN bird ② (*fam: auffallender Mensch*) **ein lustiger ~** a bit of a joker; **ein seltsamer ~** a queer [*or* AM strange] bird ▶ **einen ~ haben** to have a screw loose; **jdm den ~ zeigen** to indicate to sb that they're crazy by tapping one's forehead
Vo·gel·beer·baum *m* rowan [tree]
Vo·gel·bee·re *f* rowan berry
Vo·gel·fut·ter *nt* bird food **Vogel·grip·pe** *f* MED bird flu *fam*, avian influenza *spec* **Vo·gel·haus** *nt* birdhouse **Vo·gel·kä·fig** *m* birdcage **Vo·gel·kir·sche** *f* gean
vö·geln ['fø:gln] *vi* (*derb*) to screw
Vo·gel·nest *nt* bird's nest **Vo·gel·per·spek·ti·ve** *f* bird's eye view **Vo·gel·scheu·che** <-, -n> *f* scarecrow **Vo·gel·schutz·ge·biet** *nt* bird sanctuary [*or* AM reserve] **Vo·gel-Strauß-Po·li·tik** [fo:gl-'ʃtrau̯spoliti:k] *f kein pl* (*fam*) head-in-the-sand policy
Vo·ge·sen <-> [vo'ge:zn] *pl* Vosges *pl*
Vo·ka·bel <-, -n> [vo'ka:bl] *f* word; **~ n lernen** to learn vocabulary *sing*
Vo·ka·bu·lar <-s, -e> [vokabu'la:ɐ̯] *nt* vocabulary
Vo·kal <-s, -e> [vo'ka:l] *m* vowel
Volk <-[e]s, Völker> [fɔlk, *pl* 'fœlkə] *nt* ① (*Nation*) nation, people ② *kein pl* (*fam: die Masse Mensch*) masses *pl*; **das ~ aufwiegeln** to incite the masses; **sich unters ~ mischen** to mingle with the people ③ *kein pl* (*untere Bevölkerungsschicht*) people *npl*;

Völkerball–voller   **1662**

ein Mann aus dem ~ a man of the people ❹ (*Insektengemeinschaft*) colony

Völ·ker·ball *m kein pl* SPORT *game played by two teams who try to eliminate the members of the opposing team by hitting them with a ball* **Völ·ker·bund** *m kein pl* HIST League of Nations **Völ·ker·ge·mein·schaft** *f* international community

Völ·ker·kun·de <-> *f kein pl* ethnology **Völ·ker·kun·de·mu·se·um** *nt* museum of ethnology

Völ·ker·mord *m* genocide **Völ·ker·recht** *nt kein pl* international law **völ·ker·recht·lich I.** *adj* of international law **II.** *adv* under international law **Völ·ker·ver·stän·di·gung** *f kein pl* international understanding **Völ·ker·wan·de·rung** *f* ❶ HIST migration of peoples ❷ (*fam*) mass exodus

Volks·ab·stim·mung *f* referendum **Volks·bank** *f* people's bank **Volks·be·fra·gung** *f* referendum **Volks·be·geh·ren** *nt* petition for a referendum **volks·ei·gen** *adj* ❶ (*in Namen*) People's Own ❷ HIST (*in der ehemaligen DDR*) nationally-owned **Volks·ent·scheid** *m* referendum **Volks·fest** *nt* fair **Volks·front** *f* POL popular front **Volks·held(in)** *m(f)* national hero **Volks·hoch·schu·le** *f* adult education centre **Volks·in·it·ia·ti·ve** *f* SCHWEIZ (*Volksbegehren*) petition for a referendum **Volks·krank·heit** *f* common illness **volks·kund·lich** ['fɔlkskʊntlɪç] *adj* folkloric **Volks·lied** *nt* folk song **Volks·mär·chen** *nt* folktale **Volks·mund** *m kein pl* vernacular; **im ~** in the vernacular **Volks·mu·sik** *f* folk music **Volks·nähe** *f* approachability **Volks·re·pu·blik** *f* People's Republic **Volks·schau·spie·ler(in)** *m(f)* FILM, THEAT crowd-pleasing actor **Volks·schu·le** *f* ÖSTERR (*Grundschule*) primary school **Volks·sport** *m* national sport **Volks·stamm** *m* tribe **Volks·tanz** *m* folk dance

volks·tüm·lich ['fɔlksty:mlɪç] *adj* traditional **Volks·ver·dum·mung** <-> *f kein pl* stupefaction of the people **Volks·ver·het·zung** *f* incitement of the people **Volks·ver·tre·ter(in)** *m(f)* representative [*or* delegate] of the people **Volks·wirt(in)** *m(f)* economist **Volks·wirt·schaft** *f* national economy **Volks·wirt·schafts·leh·re** *f* economics *nsing* **Volks·zäh·lung** *f* [national] census **Volks·zorn** *m kein pl* SOZIOL public anger

voll [fɔl] **I.** *adj* ❶ (*gefüllt*) full (**mit** of); **das Glas ist ~ Wasser** the glass is full of water; **eine Hand ~ Reis** a handful of rice; **~ sein** (*fam: satt*) to be full up; **~ gestopft** *Koffer* stuffed full ❷ (*vollständig*) full, whole; **den ~en Preis bezahlen** to pay the full price; **etw in ~en Zügen genießen** to enjoy sth to the full; **ein ~er Erfolg** a total success; **ich musste ein ~es Jahr warten** I had to wait a whole year; **jede ~e Stunde** every hour on the hour; **in ~er Größe** full-size ❸ (*kräftig*) *Stimme* rich; *Haar* thick ❹ (*sl: betrunken*) ■ **~ sein** to be plastered ▶ **jdn nicht für ~ nehmen** not to take sb seriously; **aus dem V~en schöpfen** to draw on plentiful resources **II.** *adv* ❶ (*vollkommen*) completely; **ihr Sehvermögen wurde wieder ~ hergestellt** her sight was completely restored ❷ (*uneingeschränkt*) fully; **~ und ganz** totally; **wir standen ~ hinter dieser Entscheidung** we were fully behind this decision; **etw ~ ausnutzen** to take full advantage of sth; **nicht ~ da sein** to not be quite with it; (*total*) really; **die Band finde ich ~ gut** I think the band is brilliant ❸ (*mit aller Wucht*) right, smack; **der Wagen war ~ gegen den Pfeiler geprallt** the car ran smack into the pillar

voll·auf ['fɔl?aʊ̯f] *adv* fully, completely; **~ zufrieden sein** to be absolutely satisfied

voll·au·to·ma·tisch I. *adj* fully automatic **II.** *adv* fully automatically **Voll·bad** *nt* bath **Voll·bart** *m* full beard **Voll·be·schäf·ti·gung** *f kein pl* full employment **Voll·be·sitz** *m* **im ~ seiner Kräfte sein** to be in full possession of one's strength *sing* **Voll·blut** *nt* ❶ (*reinrassiges Pferd*) thoroughbred ❷ *kein pl* MED whole blood

Voll·blü·ter <-s, -> *m s.* Vollblut 1

Voll·brem·sung *f* emergency stop **voll·brin·gen*** *vt irreg* to accomplish; *Wunder* to perform **voll·bu·sig** *adj* buxom, busty; ■ **~ sein** to have large breasts **Voll·dampf** *m* ▶ **mit ~** flat out; **~ voraus** full steam ahead

Völ·le·ge·fühl <-[e]s -> *nt kein pl* unpleasant feeling of fullness

voll·en·den* [fɔl'?ɛndn̩] *vt* to complete; **jdn vor ~e Tatsachen stellen** to present sb with a fait accompli

voll·en·det *adj Redner* accomplished; *Schönheit* perfect

voll·ends ['fɔlɛnts] *adv* (*völlig*) completely, totally

Voll·en·dung <-, -en> [fɔl'?ɛndʊŋ] *f* ❶ (*das Vollenden*) completion; **mit ~ des 50. Lebensjahres** on completion of his/her fiftieth year ❷ *kein pl* (*Perfektion*) perfection

vol·ler *adj* ❶ (*voll bedeckt*) **ein Gesicht ~ Falten** a very wrinkled face; **ein Hemd ~ Flecken** a shirt covered in stains ❷ (*erfüllt*) full of; **ein Leben ~ Schmerzen** a life full of pain

Völ·le·rei <-, -en> [fœləˈraɪ̯] f gluttony
Vol·ley·ball [ˈvɔli-] m volleyball
voll·füh·ren* [fɔlˈfyːrən] vt to perform **Voll·gas** nt kein pl full speed; **~ geben** to put one's foot down; **mit ~** at full throttle; (mit größter Intensität) flat out **Voll·idi·ot(in)** m(f) complete idiot
völ·lig [ˈfœlɪç] **I.** adj complete **II.** adv completely; **Sie haben ~ recht** you're absolutely right
voll·jäh·rig [ˈfɔljɛːrɪç] adj of age; **■ ~ werden** to come of age
Voll·jäh·rig·keit <-> f kein pl majority
Voll·ju·rist(in) m(f) fully qualified lawyer **voll·kas·ko·ver·si·chert** adj comprehensively insured; **ist Ihr Auto ~?** is your car fully comp? fam **Voll·kas·ko·ver·si·che·rung** f fully comprehensive insurance **voll·kli·ma·ti·siert** adj fully air-conditioned
voll·kom·men [fɔlˈkɔmən] **I.** adj ① (perfekt) perfect ② (völlig) complete **II.** adv completely; **~ unmöglich sein** to be absolutely impossible; **er blieb ~ ruhig** he remained completely calm
Voll·korn·brot nt wholemeal [or AM wholegrain] bread
Voll·macht <-, -en> [ˈfɔlmaxt] f ① (Ermächtigung) authorization; **jdm [die] ~ für etw akk geben** to authorize sb to do sth ② (Schriftstück) power of attorney; **eine ~ haben** to have power of attorney
Voll·milch f full-cream milk BRIT, whole milk AM **Voll·milch·scho·ko·la·de** f full-cream [or AM whole] milk chocolate
Voll·mit·glied nt full member **Voll·mit·glied·schaft** f full membership **Voll·mond** m kein pl full moon; **bei ~** when the moon is full **Voll·nar·ko·se** f general anaesthetic **Voll·pen·si·on** f kein pl full board; **mit ~** for full board **Voll·play·back** <-s, -s> [ˈpleːbɛk] nt MUS, MEDIA full playback **Voll·rausch** m drunken stupor; **einen ~ haben** to be in a drunken stupor **voll·schlank** adj plump
voll·stän·dig [ˈfɔlʃtɛndɪç] **I.** adj complete, entire; **nicht ~** incomplete **II.** adv completely **Voll·stän·dig·keit** <-> f kein pl completeness no pl; **der ~ halber** for the sake of completeness
voll·stre·cken* [fɔlˈʃtrɛkn̩] vt to carry out; Testament to execute
Voll·stre·ckung <-, -en> f execution
Voll·stre·ckungs·be·fehl m enforcement order
Voll·treff·er m ① (direkter Treffer) direct hit, bull's eye fig fam; **einen ~ landen** to land a good punch ② (fam: voller Erfolg) complete success **Voll·ver·samm·lung** f general

meeting **Voll·wai·se** f orphan **Voll·wasch·mit·tel** nt laundry detergent that can be used for all temperatures **voll·wer·tig** adj ① Lebensmittel nutritious ② Ersatz fully adequate; **jdn als ~ behandeln** to treat sb as an equal
Voll·wert·kost f kein pl wholefoods pl
voll·zäh·lig [ˈfɔltsɛːlɪç] **I.** adj (komplett) complete, whole; **■ ~ sein** to be all present **II.** adv at full strength; **nun, da wir ~ versammelt sind, können wir ja anfangen** well, now everyone's here, we can begin
voll·zie·hen* [fɔlˈtsiːən] irreg **I.** vt to carry out sep; Urteil to execute **II.** vr **■ sich ~** to take place
Voll·zug [fɔlˈtsuːk] m kein pl ① (das Vollziehen) execution ② (Straf-) imprisonment **Voll·zugs·an·stalt** f penal institution **Voll·zugs·be·am·te(r)** f(m) dekl wie adj [prison] warden
Vo·lon·tär(in) <-s, -e> [vɔlɔnˈtɛːɐ̯] m(f) trainee, intern AM
Vo·lon·ta·ri·at <-[e]s, -e> [vɔlɔntaˈrja:t] nt ① (Ausbildungszeit) period of training, internship AM ② (Stelle) trainee position, internship AM
Volt <-[e]s, -> [vɔlt] nt volt
Vo·lu·men <-s, - o Volumina> [voˈluːmən, pl -mina] nt volume
vo·lu·mi·nös [volumiˈnøːs] adj voluminous
vom [fɔm] = **von dem** from
von [fɔn] präp +dat ① räumlich (ab, herkommend) from; **woher...?** where ...from?, from where...?; **~ diesem Fenster kann man alles sehen** you can see everything from this window; **diese Eier sind ~ unserem eigenen Hof** these eggs are from our own farm; (aus ... herab/heraus) off; **er fiel ~ der Leiter** he fell off the ladder ② räumlich (etw entfernend) from, off; **die Wäsche ~ der Leine nehmen** to take the washing off the line; **Schweiß ~ der Stirn wischen** to wipe sweat from one's brow ③ zeitlich (stammend) from; **die Zeitung ~ gestern** yesterday's paper; **ich kenne sie ~ früher** I knew her a long time ago; **~ jetzt an** from now on; **~ wann ist der Brief?** when is the letter from? ④ (Urheber, Ursache) **~ jdm gelobt werden** to be praised by sb; **müde ~ der Arbeit** tired of work; **~ wem ist dieses Geschenk?** who is this present from?; **~ wem weißt du das?** who told you that?; **~ wem ist dieser Roman?** who is this novel by?; **das war nicht nett ~ dir!** that was not nice of you! ⑤ statt gen (Zugehörigkeit) of; **die Königin ~ England** the Queen of England; **die Musik ~ Beethoven** Beethoven's music ⑥ (Gruppenangabe) of; **einer ~ vielen** one

of many; **keiner ~ uns wusste Bescheid** none of us knew about it ❼ *(Eigenschaft)* of; **ein Mann ~ Charakter** a real character; **eine Angelegenheit ~ größter Wichtigkeit** an extremely important matter ❽ *(bei Maßangaben)* of; **eine Pause ~ zehn Minuten** a ten minute break; **einen Abstand ~ zwei Metern** a distance of two metres ▶ **~ wegen!** no way!

von·ein·an·der [fɔnʔaiˈnandɐ] *adv* from each other, from one another; **wir könnten viel ~ lernen** we could learn a lot from each other; **die beiden Städte sind 20 Kilometer ~ entfernt** the two towns are twenty kilometres apart

von·stat·ten·ge·hen [fɔnˈʃtatn̩-] *vi* to take place

vor [foːɐ̯] **I.** *präp* ❶ *(davor befindlich)* in front of; **sie ließ ihn ~ sich her gehen** she let him go in front of her; **~ sich hin summen** *(fam)* to hum to oneself; **der Unfall geschah 2 km ~ der Stadt** the accident happened 2 km outside the town; **~ etw** *dat* **davonlaufen** *(fig)* to run away from sth; **sich ~ jdm schämen** to feel ashamed in front of sb ❷ *(in Bezug auf)* regarding, with regards to; **jdn ~ jdm warnen** to warn sb about sb ❸ *(eher)* before; **vor kurzem/hundert Jahren** a short time/hundred years ago; **es ist zehn ~ zwölf** it is ten to twelve; **~ jdm am Ziel sein** to get somewhere before sb else; **ich war ~ dir dran** I was before you ❹ *(bedingt durch)* with; **starr ~ Schreck** rigid with horror; **~ Kälte zittern** to shake with cold **II.** *adv* forward; **~ und zurück** backwards and forwards; **Freiwillige ~!** volunteers one step forward!

vor·ab [foːɐ̯ˈʔap] *adv* first, to begin with; **~ einige Informationen** let me first give you some information

Vor·abend <-s,-e> [ˈfoːɐ̯ʔaːbn̩t] *m* **am ~** [*einer S. gen*] on the evening before [sth], on the eve [of sth] **Vor·ah·nung** *f* premonition; **~en haben** to have a premonition

vo·ran [foˈran] *adv* ❶ *(vorn befindlich)* first; **der Lehrer geht ~** the teacher goes first ❷ *(vorwärts)* forwards

vo·ran|brin·gen [foˈranbrɪŋən] *vt irreg* ▪ **etw ~** to advance sth; ▪ **jdn ~** to allow sb to advance **vo·ran|ge·hen** *vi irreg sein* ❶ *(an der Spitze gehen)* to go ahead [of sb]; **geht ihr mal voran, ihr kennt den Weg** you go ahead, you know the way ❷ *a. impers (Fortschritte machen)* to make progress; **die Arbeiten gehen zügig voran** rapid progress is being made with the work ❸ *(einer Sache vorausgehen)* to precede; **dem Projekt gingen lange Planungsphasen voran** the proj‑ ect was preceded by long phases of planning **vo·ran|kom·men** *vi irreg sein* ❶ *(vorwärtskommen)* to make headway ❷ *(Fortschritte machen)* to make progress (**mit** with); **wie kommt ihr voran mit der Arbeit?** how are you getting along with the work?

Vor·an·kün·di·gung *f* advance notice **Vor·an·mel·dung** [ˈfoːɐ̯ʔanmɛldʊŋ] *f* appointment, booking **Vor·an·schlag** *m* estimate **vo·ran|trei·ben** *vt irreg* to push ahead; *(Projekt)* to make progress

Vor·ar·bei·ter(in) *m(f)* foreman *masc*, forewoman *fem*

Vor·arl·berg [ˈfoːɐ̯ʔarlbɛrk] Vorarlberg *(federal state of Austria)*

vo·raus [foˈraus] *adv* in front, ahead; **jdm ~ sein** to be ahead of sb; **im V~** in advance **vo·raus|fah·ren** *vi irreg sein* to drive on ahead **vo·raus|ge·hen** [foˈrausgeːən] *vi irreg sein* to go on ahead; **einem Unwetter geht meistens ein Sturm voraus** bad weather is usually preceded by a storm

vo·raus·ge·setzt *adj* **~**, [**dass**] ... provided [that]

vo·raus·ha·ben *vt irreg* ▪ **jdm] etw ~** to have the advantage of sth [over sb]

Vo·raus·sa·ge <-, -en> *f* prediction **vo·raus|sa·gen** *vt* to predict

Vo·raus·schau *f* foresight; *(finanziell)* projection; **in kluger/weiser ~** with sensible/wise foresight

vo·raus·schau·en *vi* to look ahead **vo·raus·schau·end I.** *adj* foresightful **II.** *adv* foresightedly; **bei langfristigen Projekten muss ~ geplant werden** with long-term projects planning must be conducted with an eye to the future **vo·raus|schi·cken** *vt* ❶ *(vor jdm losschicken)* to send on ahead ❷ *(vorher sagen)* to say in advance **vo·raus|se·hen** *vt irreg* to foresee; **das war vorauszusehen!** that was to be expected! **vo·raus|set·zen** *vt* ❶ *(als selbstverständlich erachten)* to assume; **gewisse Fakten muss ich als bekannt ~** I have to assume that certain facts are known ❷ *(erfordern)* to require; **diese Position setzt besondere Kenntnisse voraus** this position requires special knowledge

Vo·raus·set·zung <-, -en> *f* ❶ *(Vorbedingung)* precondition; **unter der ~, dass** ... on condition that ...; **unter bestimmten ~en** under certain conditions; **er hat für diesen Job nicht die richtigen ~en** he hasn't got the right qualifications for this job ❷ *(Annahme)* assumption, premise

Vo·raus·sicht *f kein pl* foresight; **in weiser ~** *(hum)* with great foresight; **aller ~ nach** in all probability **vo·raus·sicht·lich** [foˈraus‑

zıçtlıç] **I.** *adj* (*erwartet*) expected **II.** *adv* (*wahrscheinlich*) probably **vo·raus|zah·len** *vt* to pay in advance **Vo·raus·zah·lung** *f* advance payment

Vor·bau <-[e]s, -bauten> ['fo:ɐ̯baʊ̯, *pl* -baʊ̯tən] *m* porch

Vor·be·dacht ['fo:ɐ̯bədaxt] *m* **mit ~** intentionally; **ohne ~** unintentionally

Vor·be·halt <-[e]s, -e> ['foɐ̯bəhalt] *m* reservation; **~e gegen etw** *akk* **haben** to have reservations about sth; **ohne ~** without reservation; **unter ~** with reservations *pl*

vor|be·hal·ten* *vt irreg* **sich** *dat* [etw] **~** to reserve [sth] for oneself; **Änderungen ~** subject to alterations; **alle Rechte ~** all rights reserved; **die Entscheidung bleibt natürlich Ihnen ~** the decision will be left to you of course

vor·be·halt·lich I. *präp* ■ **~ einer S.** *gen* subject to sth **II.** *adj* **eine ~e Genehmigung** conditional approval

vor·be·halt·los I. *adj* unreserved **II.** *adv* unreservedly, without reservation

vor·bei [foːɐ̯ˈbaɪ̯] *adv* ❶ (*vorüber*) ■ **an etw** *dat* **~** past sth; **wir sind schon an München ~** we have already passed Munich; **schon wieder ~,** ich treffe nie wieder again, I never score ❷ (*vergangen*) ■ **~ sein** to be over; **es ist drei Uhr ~** it's gone three o'clock; **aus ~** over and finished

vor·bei|brin·gen *vt irreg* ■ **etw ~** to drop sth off; **wir bringen Ihnen Ihre Pizza zu Hause vorbei** we'll deliver your pizza to your doorstep **vor·bei|fah·ren** *irreg* **I.** *vt haben* (*fam: hinbringen*) ■ **jdn ~** to drop sb off **II.** *vi sein* (*vorüberfahren*) to drive past; **ich habe im V~ nicht sehen können, was auf dem Schild stand** I couldn't see in passing what was on the sign ❷ (*kurz aufsuchen*) **ich fahre noch beim Supermarkt vorbei** I'm going to call in at the supermarket **vor·bei|füh·ren** *vi* ■ **an etw** *dat* **~** to lead past sth **vor·bei|ge·hen** [foːɐ̯ˈbaɪ̯ɡəːən] *vi irreg sein* ❶ (*vorübergehen*) to go past; ■ **im V~** in passing; (*überholen*) to overtake; (*danebengehen*) to miss [sb/sth]; **sie ging dicht an uns vorbei, erkannte uns aber nicht** she walked right past us, but didn't recognize us ❷ (*aufsuchen*) to call in; **gehe doch bitte auf dem Rückweg bei der Apotheke vorbei** please could you drop in at the chemist's on the way back ❸ (*vergehen*) **etw geht vorbei** sth passes **vor·bei|kom·men** *vi irreg sein* ❶ (*passieren*) to pass; **sag Bescheid, wenn wir an einer Telefonzelle ~** let me know when we pass a telephone box ❷ (*besuchen*) to drop in (**bei** at) ❸ (*vorbeigehen können*) to get past; **an dieser Tatsa**che kommen wir nicht vorbei (*fig*) we can't escape this fact **vor·bei|las·sen** *vt irreg* ❶ (*vorbeigehen lassen*) to let past; **lassen Sie uns bitte vorbei!** let us through please! ❷ (*verstreichen lassen*) to let go by; **eine Gelegenheit ungenutzt ~** to let an opportunity slip **vor·bei|re·den** *vi* **am Thema ~** to miss the point; **aneinander ~** to be talking at cross purposes *pl*

vor·be·las·tet *adj* at a disadvantage; **erblich ~ sein** to have an inherited defect **Vor·be·mer·kung** *f* preface, foreword

vor|be·rei·ten* I. *vt* to prepare (**für/auf** for) **II.** *vr* ■ **sich ~** to prepare oneself (**für/auf** for); **wir bereiten uns auf Ihre Ankunft vor** we're preparing for her arrival

Vor·be·rei·tung <-, -en> *f* preparation; **~en [für etw** *akk*] **treffen** to make preparations [for sth]

Vor·be·sit·zer(in) <-s, -> *m(f)* previous owner **vor|be·stel·len*** *vt* to order in advance; **ich möchte bitte zwei Karten ~** I'd like to book two tickets please **Vor·be·stel·lung** *f* advance booking **Vor·be·stim·mung** <-, -en> *f* fate **vor·be·straft** *adj* (*fam*) previously convicted (**wegen** for); **mehrfach ~ sein** to have several previous convictions; **nicht ~ sein** to not have a criminal record **Vor·be·straf·te(r)** *f(m) dekl wie adj* person with a previous conviction

vor|beu·gen I. *vt* (*nach vorne beugen*) to bend forward **II.** *vi* (*Prophylaxe betreiben*) **einer Krankheit/Gefahr ~** to prevent an illness/danger **III.** *vr* ■ **sich ~** to lean forward

vor·beu·gend I. *adj* preventive; **eine ~e Maßnahme** a preventive measure **II.** *adv* as a precautionary measure; **sich ~ impfen lassen** to be vaccinated as a precaution

Vor·beu·gung <-, -en> *f* prevention; **zur ~ [gegen etw** *akk*] as a prevention [against sth]

Vor·bild <-[e]s, -er> ['foːɐ̯bɪlt] *nt* example; **nach dem ~ von ...** following the example set by ...; **ein leuchtendes/schlechtes ~** a shining/poor example; **[jdm] als ~ dienen** to serve as an example [for sb]

vor·bild·lich I. *adj* exemplary **II.** *adv* in an exemplary manner

Vor·bil·dung *f kein pl* educational background **Vor·bo·te** *m* harbinger, herald **vor|brin·gen** *vt irreg* ■ **etw ~** to have sth to say (**gegen** about); **Argument** to put forward; **Bedenken** to express; **Einwand** to raise **vor·christ·lich** *adj attr* **in ~er Zeit** in pre-Christian times **Vor·dach** *nt* canopy **vor|da·tie·ren*** [foːɐ̯daˈtiːrən] *vt* to post-date **Vor·den·ker(in)** *m(f)* progressive thinker

Vor·der·ach·se *f* front axle **Vor·der·a·si·en** <-s> *nt* Near East

vor·der·e(r, s) ['fɔrdərə, -rɛ, -rəs] *adj* front; **die Explosion zerstörte den ~n Bereich des Domes** the explosion destroyed the front [section] of the cathedral

Vor·der·grund *m a.* KUNST, FOTO foreground; **etw in den ~ stellen** to give priority to sth; **im ~ stehen** to be the centre of attention; **in den ~ treten** to come to the fore **vor·der·grün·dig I.** *adj* superficial **II.** *adv* at first glance **Vor·der·mann** *m* ■jds ~ person in front of sb ▶ **etw auf ~ bringen** (*fam*) to lick sth into shape

Vor·der·rad *nt* front wheel **Vor·der·rad·an·trieb** *m* front-wheel drive

Vor·der·schin·ken *m* shoulder ham *no indef art, no pl* **Vor·der·sei·te** *f* front [side] **Vor·der·sitz** *m* front seat

vor·der·ste(r, s) ['fɔrdɛstə, -stɛ, -stəs] *adj* superl von vordere(r, s) foremost; **die ~n Plätze** the seats at the very front

Vor·der·teil ['fɔrdɛtaɪl] *m o nt* front [part]

Vor·di·plom *nt* intermediate diploma (*first part of the final exams towards a diploma*) **vor|drän·geln** *vr*, **vor|drän·gen** *vr* ■**sich ~** to push to the front

vor|drin·gen *vi irreg sein* to reach, to get as far as

Vor·druck <-drucke> *m form* **vor·ehe·lich** *adj attr* pre-marital **vor·ei·lig** ['foːʔaɪlɪç] **I.** *adj* rash, over-hasty **II.** *adv* rashly, hastily; **~ schließen, dass ...** to jump to the conclusion that ...

vor·ein·an·der [foːʔaɪ'nandɛ] *adv* in front of each other; **Angst ~ haben** to be afraid of each other; **Geheimnisse ~ haben** to have secrets from each other

vor·ein·ge·nom·men ['foːʔaɪngənɔmən] *adj* prejudiced (**gegenüber** against) **Vor·ein·stel·lung** *f* INFORM previously installed setting

vor|ent·hal·ten* ['foːʔɛnthaltn̩] *vt irreg* ■**jdm|** etw ~ to withhold sth [from sb]

Vor·ent·schei·dung *f* preliminary decision

vor·erst ['foːʔeːɛst] *adv* for the time being, for the present

Vor·fahr(in) <-en, -en> ['foːɐfaːɐ] *m(f)* forefather, ancestor

vor|fah·ren *irreg* **I.** *vi sein* ❶ (*vor ein Gebäude fahren*) to drive up ❷ (*ein Stück weiterfahren*) to move up ❸ (*früher fahren*) to drive on ahead **II.** *vt haben* (*vor ein Gebäude fahren*) ■**etw ~** to bring sth around; ■**etw ~ lassen** to have sth brought around

Vor·fahrt ['foːɐfaːɐt] *f kein pl* right of way; **~ haben** to have [the] right of way; **jdm die ~ nehmen** to fail to give way to sb **Vor·fahrts·schild** *nt* right of way sign **Vor·fahrts·stra·ße** *f* main road

Vor·fall *m* incident, occurrence

vor|fal·len *vi irreg sein* to happen, to occur *form*

Vor·feld *nt* ▶ **im ~ von etw** *dat* in the run-up to sth **vor|fin·den** *vt irreg* to find **Vor·freu·de** *f* [excited] anticipation (**auf** of) **vor|füh·len** *vi* to put out a few feelers; ■**bei jdm ~** to sound out *sep* sb

vor|füh·ren *vt* ❶ MODE (*präsentieren*) to model ❷ (*darbieten*) to perform ❸ JUR **jdn dem Richter ~** to bring sb before the judge ❹ (*bloßstellen*) ■**jdm ~** to show sb up

Vor·füh·rung *f* ❶ FILM showing ❷ MODE modelling

Vor·ga·be *f* ❶ *meist pl* (*Richtwert*) guideline ❷ SPORT [head] start

Vor·gang <-gänge> *m* ❶ (*Geschehnis*) event ❷ (*Prozess*) process

Vor·gän·ger(in) <-s, -> *m(f)* predecessor

Vor·gän·ger·re·gie·rung *f* previous government

Vor·gar·ten *m* front garden

vor|gau·keln *vt* ■**jdm etw ~** to lead sb to believe in sth

vor|ge·ben *irreg* **I.** *vt* ❶ (*vorschützen*) to use as an excuse ❷ (*nach vorn geben*) to pass forward ❸ (*festlegen*) to set in advance **II.** *vi* ■**~ |, dass ...|** to pretend [that ...]

Vor·ge·bir·ge *nt* foothills *pl*

vor·ge·fasst^{RR} *adj*, **vor·ge·faßt**^{ALT} *adj* preconceived

vor·ge·fer·tigt *adj* prefabricated

vor|ge·hen *vi irreg sein* ❶ (*vorausgehen*) to go on ahead ❷ (*zu schnell gehen*) to be fast; **meine Uhr geht fünf Minuten vor** my watch is five minutes fast ❸ (*Priorität haben*) to have priority, to come first ❹ (*Schritte ergreifen*) to take action (**gegen** against) ❺ (*sich abspielen*) ■**irgendwo** ~ to go on [somewhere]; ■**in jdm** ~ to go on [inside sb] ❻ (*verfahren*) to proceed (**bei** in)

Vor·ge·hens·wei·se *f* procedure

vor·ge·la·gert *adj* GEOG offshore **Vor·ge·plän·kel** *nt* preliminary skirmish **Vor·ge·schmack** *m kein pl* foretaste; **jdm einen ~ [von etw** *dat*] **geben** to give sb a foretaste [of sth]

Vor·ge·setz·te(r) *f(m) dekl wie adj* superior **Vor·ge·spräch** *nt* first interview **vor·ges·tern** ['foːɐgɛstɐn] *adv* the day before yesterday; **~ Abend/Mittag** the evening before last/the day before yesterday at midday; **~ Morgen/Nacht** the morning/night before last **vor|grei·fen** *vi irreg* to anticipate; **aber fahren Sie doch fort, ich will Ihnen nicht ~** do continue, I didn't mean to jump in ahead of you

vor|ha·ben ['foːɐhaːbn̩] *vt irreg* ■**etw ~** to

Vor·ha·ben <-s, -> ['foːɐ̯haːbn̩] *nt* plan, project

Vor·hal·le *f* entrance hall; (*eines Hotels/Theaters*) foyer

vor|hal·ten *irreg* **I.** *vt* ▪ **jdm etw ~** ❶ (*vorwerfen*) to reproach sb for sth ❷ (*davorhalten*) to hold sth [in front of sb] **II.** *vi* to last

Vor·hal·tung *f meist pl* reproach; **jdm ~en machen** *gen* to reproach sb (**wegen** for)

Vor·hand <-> ['foːɐ̯hant] *f kein pl* forehand

vor·han·den ['foːɐ̯'handn̩] *adj* ❶ (*verfügbar*) available; ▪ **~ sein** to be left ❷ (*existierend*) which exist *pred*, existing

Vor·han·den·sein <-s> *nt kein pl* availability

Vor·hang <-s, Vorhänge> ['foːɐ̯haŋ, *pl* 'foːɐ̯hɛŋə] *m* curtain

Vor·hän·ge·schloss[RR] *nt* padlock

Vor·haut *f* ANAT foreskin

vor·her [foːɐ̯'heːɐ̯] *adv* beforehand; **wir fahren bald los, ~ sollten wir aber noch etwas essen** we're leaving soon, but we should have something to eat before we go; **die Besprechung dauert bis 15 Uhr, ~ darf ich nicht gestört werden** the meeting is due to last until 3 o'clock, I mustn't be disturbed until then

vor·her|be·stim·men* *vt* to predetermine; ▪ **vorherbestimmt sein** to be predestined

vor·her·ge·hend *adj* previous *attr*, preceding

vor·he·rig [foːɐ̯'heːrɪç] *adj attr* prior; (*Abmachung, Vereinbarung*) previous

Vor·herr·schaft *f* POL hegemony, [pre]dominance **vor|herr·schen** *vi* to predominate

Vor·her·sa·ge [foːɐ̯'heːɐ̯zaːɡə] *f* ❶ METEO forecast ❷ (*Voraussage*) prediction **vor·her|sa·gen** *vt* to predict **vor·her·seh·bar** *adj* foreseeable **vor·her|se·hen** *vt irreg* to foresee

vor·hin [foːɐ̯'hɪn] *adv* a moment ago, just [now]

Vor·hof *m* ARCHIT forecourt

Vor·hut <-, -en> *f* MIL vanguard

vo·rig ['foːrɪç] *adj attr* last, previous; **diese Konferenz war genauso langweilig wie die ~e** this conference was just as boring as the previous one

Vor·jahr *nt* last year; **im Vergleich zum ~** compared to last year

vor|jam·mern *vt* ▪ **jdm etw ~** to moan to sb

Vor·käm·pfer(in) *m(f)* pioneer **Vor·kaufs·recht** *nt* right of first refusal

Vor·keh·rung <-, -en> *f* precaution; **~en treffen** to take precautions

Vor·kennt·nis *f meist pl* previous experience *no pl, no indef art*

vor|knöp·fen *vt* ▪ **sich** *dat* **jdn ~** to give sb a good talking-to, to take sb to task

vor|ko·chen *vt* KOCHK to partially cook

vor|kom·men *vi irreg sein* ❶ (*passieren*) to happen; ▪ **es kommt vor, dass ...** it can happen that ...; **das kann [schon mal] ~** these things [can] happen; **das soll nicht wieder ~** it won't happen again ❷ (*vorhanden sein*) to be found, to occur ❸ (*erscheinen*) to seem; **du kommst dir wohl sehr schlau vor?** you think you're very clever, don't you?; **das Lied kommt mir bekannt vor** this song sounds familiar to me ❹ (*nach vorn kommen*) to come to the front ❺ (*zum Vorschein kommen*) to come out; **hinter etw** *dat* **~** to come out from behind sth

Vorkommen <-s, -> *nt* ❶ *kein pl* MED incidence ❷ *meist pl* BERGB deposit

Vor·komm·nis <-ses, -se> ['foːɐ̯kɔmnɪs] *nt* incident, occurrence; **besondere/keine besonderen ~se** particular incidents /nothing out of the ordinary

Vor·kriegs·zeit *f* pre-war period

vor|la·den *vt irreg* JUR to summon; (*unter Strafandrohung*) to subpoena

Vor·la·dung *f* JUR ❶ (*das Vorladen*) summoning ❷ (*Schreiben*) summons; (*unter Strafandrohung*) subpoena

Vor·la·ge *f* ❶ *kein pl* (*das Vorlegen*) presentation; **ohne ~ von Beweisen können wir der Sache nicht nachgehen** if you can't produce any evidence we can't look into the matter ❷ KUNST pattern ❸ SCHWEIZ (*Vorleger*) mat

vor|las·sen *vt irreg* ❶ (*den Vortritt lassen*) to let go first ❷ (*nach vorn durchlassen*) to let past

Vor·läu·fer(in) *m(f)* precursor

vor·läu·fig ['foːɐ̯lɔyfɪç] **I.** *adj* temporary; (*Ergebnis*) provisional; (*Regelung*) interim **II.** *adv* for the time being; **jdn ~ festnehmen** to take sb into temporary custody

vor·laut ['foːɐ̯laʊ̯t] *adj* cheeky, impertinent

Vor·le·ben *nt kein pl* ▪ **jds ~** sb's past [life]

vor|le·gen *vt* (*einreichen*) ▪ **jdm etw ~** to present sth [to sb]; **[jdm] Beweise ~** to produce evidence [for sb] **vor|leh·nen** *vr* ▪ **sich ~** to lean forward **vor|le·sen** *irreg* **I.** *vt* ▪ **etw ~** to read out *sep* sth; **soll ich dir den Artikel aus der Zeitung ~?** shall I read you the article from the newspaper? **II.** *vi* to read aloud (**aus** from); **liest du den Kindern bitte vor?** will you read to the children, please?

Vor·le·sung *f* lecture; **eine ~ [über etw**

akk **halten** to give a lecture [on sth] **Vor·le·sungs·ver·zeich·nis** *nt* lecture timetable
vor·letz·te(r, s) ['foːɐ̯lɛtstə, -stɐ, -stəs] *adj* ❶ (*vor dem Letzten liegend*) before last *pred;* **das ~ Treffen** the meeting before last ❷ (*in einer Aufstellung*) penultimate, last but one BRIT, next to last AM; **sie ging als ~ durchs Ziel** she was the second last to finish
Vor·lie·be [ˈfoːɐ̯liːbə] *f* preference (**für** for); **eine ~ [für jdn/etw] haben** to have a particular liking [of sb/sth]
vor·lieb·neh·men [foːɐ̯ˈliːp-] *vt* ■ [**mit jdm/etw**] **~** to make do [with sb/sth]
vor|lie·gen *vi irreg* ❶ (*eingereicht sein*) to have come in; **mein Antrag liegt Ihnen seit vier Monaten vor!** my application's been with you for four months! ❷ (*bestehen*) to be; **hier muss ein Irrtum ~** there must be some mistake here ❸ JUR **ich habe ein Recht zu erfahren, was gegen mich vorliegt** I have a right to know what I've been charged with **vor|lü·gen** *vt irreg* **[jdm] etw ~** to lie to sb **vor|ma·chen** *vt* ❶ (*täuschen*) ■ **jdm etw ~** to fool sb; ■ **sich** *dat* **etw ~** to fool oneself; **machen wir uns doch nichts vor** let's not kid ourselves ❷ (*demonstrieren*) ■ **jdm etw ~** to show sb [how to do] sth **Vor·macht·stel·lung** *f kein pl* POL hegemony, supremacy; **eine ~ [gegenüber jdm] [inne]haben** to have supremacy [over sb]
vor·ma·lig [ˈfoːɐ̯maːlɪç] *adj attr* former
Vor·marsch *m a.* MIL advance; **auf dem ~ sein** to be advancing; (*fig*) to be gaining ground
vor|mer·ken *vt* ❶ (*im Voraus eintragen*) **lassen Sie bitte zwei Doppelzimmer ~** please book two double rooms for me; **ich habe mir den Termin vorgemerkt** I've made a note of the appointment ❷ (*reservieren*) to reserve; ■ **vorgemerkt** reserved
Vor·mit·tag [ˈfoːɐ̯mɪtaːk] *m* morning; **am [frühen/späten] ~** [early/late] in the morning **vor·mit·tags** [ˈfoːɐ̯mɪtaːks] *adv* in the morning
Vor·mund <-[e]s, -e *o* Vormünder> [ˈfoːɐ̯mʊnt, *pl* -mʏndɐ] *m* guardian
Vor·mund·schaft <-, -en> [ˈfoːɐ̯mʊntʃaft] *f* guardianship
vorn [fɔrn] *adv* at the front; ■ **~ in etw** *dat* at the front of sth; **nach ~** to the front; **nach ~ fallen** to fall forward; **von ~** (*von der Vorderseite her*) from the front; (*von Anfang an*) from the beginning; **von ~ bis hinten** (*fam*) from beginning to end; **jetzt kann ich wieder von ~ anfangen** now I'll have to start again from scratch
Vorname *m* first [*or* Christian] name
vor·ne *adv s.* **vorn**

vor·nehm [ˈfoːɐ̯neːm] *adj* ❶ (*adelig*) aristocratic, noble ❷ (*elegant*) elegant, distinguished ❸ (*luxuriös*) exclusive, posh ▸ **~ tun** (*pej fam*) to put on airs [and graces]
vor|neh·men *vt irreg* ❶ (*einplanen*) ■ **sich** *dat* **etw ~** to plan sth; **für morgen haben wir uns viel vorgenommen** we've got a lot planned for tomorrow ❷ (*sich eingehend beschäftigen*) ■ **sich** *dat* **etw ~** to get to work on sth, to have a stab at sth *fam* ❸ (*fam: sich vorknöpfen*) ■ **sich** *dat* **jdn ~** to give sb a good talking-to, to take sb to task ❹ (*ausführen*) to carry out *sep;* **Änderungen ~** to make changes; **eine Untersuchung ~** to do an examination
vor·nehm·lich *adv* primarily
vor|nei·gen I. *vt* ■ **etw ~** to bend sth forward **II.** *vr* ■ **sich ~** to lean forward
vorn·he·rein [ˈfɔrnheraɪn] *adv* ■ **von ~** from the start
vorn·über [fɔrnˈʔyːbɐ] *adv* forwards
Vor·ort [ˈfoːɐ̯ʔɔrt] *m* suburb **Vor·platz** *m* forecourt **vor·pro·gram·miert** *adj* pre-programmed; *Weg* predetermined
Vor·rang *m kein pl* ❶ (*Priorität*) priority (**vor** over); **mit ~** as a matter of priority ❷ ÖSTERR (*Vorfahrt*) right of way
vor·ran·gig I. *adj* priority *attr,* of prime importance *pred;* ■ **~ sein** to have priority **II.** *adv* as a matter of priority
Vor·rang·stel·lung *f* pre-eminence *no pl, no indef art*
Vor·rat <-[e]s, Vorräte> [ˈfoːɐ̯raːt, *pl* ˈfoːɐ̯rɛːtə] *m* stocks *pl,* supplies *npl;* **unser ~ an Heizöl ist erschöpft** our stock of heating oil has run out; **etw auf ~ haben** to have sth in stock; **etw auf ~ kaufen** to stock up on sth; **Vorräte anlegen** to lay in stock[s *pl*]; **so lange der ~ reicht** while stocks last
vor·rä·tig [ˈfoːɐ̯rɛːtɪç] *adj* in stock *pred;* ■ **~ haben** to have sth in stock
Vor·rats·kam·mer *f* store cupboard; (*kleiner Vorratsraum*) larder, pantry **Vor·rats·raum** *m* store room
Vor·raum *m* anteroom **vor|rech·nen** *vt* ■ **etw ~** to calculate sth **Vor·recht** *nt* privilege **Vor·rei·ter(in)** *m(f)* pioneer
Vor·rich·tung <-, -en> *f* device, gadget
vor|rü·cken I. *vi sein* ❶ MIL to advance (**gegen** on) ❷ (*nach vorn rücken*) to move forward **II.** *vt haben* ■ **etw ~** to move sth forward **Vor·ru·he·stand** *m* early retirement
Vor·run·de *f* SPORT preliminary round
vor|sa·gen *vt* ■ **etw ~** to whisper sth **Vor·sai·son** *f* low season
Vor·satz <-[e]s, Vorsätze> [ˈfoːɐ̯zats, *pl* ˈfoːɐ̯zɛtsə] *m* resolution; **den ~ fassen, etw zu tun** to resolve to do sth

vorschlagen	
vorschlagen	**suggesting**
Wie wär's, wenn wir heute mal ins Kino gehen würden?	How about going to the cinema today?
Wie wär's mit einer Tasse Tee?	How about a cup of tea?
Was hältst du davon, wenn wir mal eine Pause machen würden?	What do you think about having a break now?
Hättest du Lust, spazieren zu gehen?	Would you like to go for a walk?
Ich schlage vor, wir vertagen die Sitzung.	I suggest we postpone the meeting.

vor·sätz·lich ['foːɐ̯zɛtslɪç] **I.** *adj* deliberate, intentional **II.** *adv* deliberately, intentionally
Vor·schau <-, -en> *f* FILM, TV trailer (**auf** for)
Vor·schein *m* etw **zum ~ bringen** *(finden)* to find sth; *(zeigen)* to produce sth; **zum ~ kommen** *(sich bei Suche zeigen)* to turn up; *(offenbar werden)* to come to light
vor|schie·ben *vt irreg* ❶ *(vorschützen)* to use as an excuse ❷ *(für sich agieren lassen)* ■ **jdn ~** to use sb as a front man/woman ❸ *(nach vorn schieben)* to push forward ❹ *(vor etw schieben)* to push across
vor|schie·ßen *vt irreg* ■ **etw ~** to advance sth
Vor·schlag *m* proposal, suggestion; **[jdm] einen ~ machen** to make a suggestion [to sb]; **auf jds ~ [hin]** on sb's recommendation
vor|schla·gen *vt irreg* ❶ *(als Vorschlag unterbreiten)* ■ **etw ~** to suggest sth; ■ **jdm ~, etw zu tun** to suggest that sb do sth ❷ *(empfehlen)* to recommend
Vor·schlag·ham·mer *m* sledgehammer
vor·schnell *adj s.* voreilig
vor|schrei·ben *vt irreg* ■ **jdm etw ~** to stipulate sth to sb; ■ **jdm ~, wann/was/wie ...** to tell sb when/what/how ...
Vor·schrift *f* ADMIN regulation, rule; *(Anweisung)* instructions *pl*; *(polizeilich)* orders *pl*; **~ sein** to be the regulation[s]; **jdm ~en machen** to tell sb what to do; **sich** *dat* **von jdm ~en/keine ~en machen lassen** to be/not be told what to do by sb; **nach ~** to rule
vor·schrifts·mä·ßig *adj, adv* according to the regulations **vor·schrifts·wid·rig** *adj, adv* against the regulations *pred*
Vor·schub *m* **einer S.** *dat* **~ leisten** to encourage sth
Vor·schul·al·ter *nt kein pl* pre-school age; **im ~ sein** to be of pre-school age
Vor·schu·le *f* pre-school
Vor·schussᴿᴿ <-es, Vorschüsse> *m*, **Vor·schuß**ᴬᴸᵀ <-sses, Vorschüsse> ['foːɐ̯ʃʊs] *m* advance (**auf** on)
vor|schüt·zen *vt* to use as an excuse; ■ **~, [dass ...]** to pretend [that ...]
vor|schwe·ben *vi* to have in mind; **was schwebt dir da genau vor?** what exactly is it that you have in mind?
vor|se·hen *irreg* **I.** *vr* ❶ *(sich in Acht nehmen)* ■ **sich [vor jdm] ~** to watch out [for sb] ❷ *(aufpassen)* ■ **sich ~, dass/was ...** to take care that/what ...; **sieh dich vor!** watch it! **II.** *vt* ❶ *(eingeplant haben)* ■ **etw ~** to intend to use sth; ■ **jdn ~** to designate sb; **Sie hatte ich für eine andere Aufgabe ~** I had you in mind for a different task ❷ *(bestimmen)* to call for; *(in Gesetz, Vertrag)* to provide for **III.** *vi* *(bestimmen)* ■ **~, dass ...** to provide for the fact that ...; **es ist vorgesehen, [dass ...]** it is planned [that ...]
Vor·se·hung <-> ['foːɐ̯zeːʊŋ] *f kein pl* providence
vor|set·zen *vt* *(auftischen)* ■ **etw ~** to serve up *sep* sth
Vor·sicht <-> ['foːɐ̯zɪçt] *f kein pl* care; **etw ist mit ~ zu genießen** *(fam)* sth should be taken with a pinch of salt; **mit ~** carefully; **zur ~** as a precaution; **~!** watch out! ▶ **~ ist besser als** Nachsicht *(prov)* better [to be] safe than sorry
vor·sich·tig I. *adj* ❶ *(umsichtig)* careful ❷ *(zurückhaltend)* cautious **II.** *adv* ❶ *(umsichtig)* carefully ❷ *(zurückhaltend)* cautiously
vor·sichts·hal·ber *adv* as a precaution, just to be on the safe side **Vor·sichts·maß·nah·me** *f* precaution; **~n treffen** to take precautions
Vor·sil·be *f* prefix **vor|sin·gen** *irreg vt* ■ **etw ~** to sing sth; **sing uns doch was vor!** sing us something!
vor·sint·flut·lich ['foːɐ̯zɪntfluːtlɪç] *adj*

(*fam*) ancient

Vor·sitz ['foːɐ̯zɪts] *m* chairmanship; **den ~ haben** to be chairman/-woman/-person; **den ~ bei etw** *dat* **haben** to chair sth; **unter dem ~ von jdm** under the chairmanship of sb **Vor·sit·zen·de(r)** *f/m* *dekl wie adj* chairman/-woman/-person

Vor·sor·ge *f* provisions *pl*; **~ für etw** *akk* **treffen** to make provisions for sth

vor|sor·gen *vi* to provide (**für** for)

Vor·sor·ge·un·ter·su·chung *f* medical check-up

vor·sorg·lich I. *adj* precautionary **II.** *adv* as a precaution

Vor·spann <-[e]s, -e> ['foːɐ̯ʃpan] *m* FILM, TV opening credits *npl*

Vor·spei·se *f* starter **Vor·spie·ge·lung** *f* feigning; *einer Notlage* pretence; **unter ~ von etw** *dat* under the pretence of sth **Vor·spiel** *nt* ❶ MUS audition ❷ (*vor dem Liebesakt*) foreplay *no pl, no indef art* **vor|spie·len I.** *vt* ▪ **etw ~** ❶ MUS to play sth ❷ (*vorheucheln*) to put on sth **II.** *vi* MUS to play

vor|spre·chen *irreg* **I.** *vt* ▪ **jdm etw ~** to say sth for sb first **II.** *vi* ❶ (*offiziell aufsuchen*) ▪ **bei jdm/etw ~** to call on sb/at sth ❷ THEAT, TV to recite; **dann sprechen Sie mal vor!** let's hear your recital! **vor|sprin·gen** *vi irreg sein* *Fels* to project; *Nase* to be prominent

Vor·sprung *m* ❶ (*Distanz*) lead; **sie haben mittlerweile einen beträchtlichen ~** they will have got a considerable start by now ❷ ARCHIT projection

Vor·sta·di·um *nt* early stage **Vor·stadt** *f* suburb

Vor·stand *m* ❶ (*Geschäftsführung*) board [of management]; (*einer Partei*) executive; (*eines Vereins*) [executive] committee ❷ (*Vorstandsmitglied*) director, board member; (*einer Partei*) executive; (*eines Vereins*) [member of the] executive [committee]

vor|ste·hen *vi irreg sein o haben* ❶ (*hervorragen*) to be prominent [*or* protrude] ❷ (*Vorsteher sein*) ▪ **einer S.** *dat* **~** to be the head of sth

Vor·ste·her(in) <-s, -> ['foːɐ̯ʃteːɐ] *m(f)* head; (*einer Schule*) headteacher BRIT, principal

vor·stell·bar *adj* conceivable, imaginable; **kaum ~** almost inconceivable

vor|stel·len *vt* ❶ (*gedanklich sehen*) ▪ **sich** *dat* **etw ~** to imagine sth; **das muss man sich mal ~!** just imagine [it]! ❷ (*als angemessen betrachten*) ▪ **sich** *dat* **etw ~** to have sth in mind ❸ (*mit etw verbinden*) **unter dem Namen Schlüter kann ich mir nichts ~** the name Schlüter doesn't mean anything to me ❹ (*bekannt machen*) ▪ **jdm jdn ~** to introduce sb to sb ❺ (*präsentieren*) ▪ **jdm etw ~** to present sth to sb ❻ (*vorrücken*) to move forward **II.** *vr* ▪ **sich ~** ❶ (*bekannt machen*) to introduce oneself ❷ (*vorstellig werden*) to go for an interview

Vor·stel·lung *f* ❶ (*gedankliches Bild*) idea; **in jds ~** in sb's mind; **jds ~ entsprechen** to meet sb's requirements; **das Gehalt entspricht nicht ganz meinen ~en** the salary doesn't quite match [up to] my expectations; **bestimmte ~en haben** to have certain ideas; **falsche ~en haben** to have false hopes; **sich jdr keine ~ machen, was/wie ...** to have no idea what/how ... ❷ THEAT performance; FILM showing ❸ (*Präsentation*) presentation

Vor·stel·lungs·ge·spräch *nt* interview **Vor·stel·lungs·kraft** *f kein pl*, **Vor·stel·lungs·ver·mö·gen** *nt kein pl* [powers *npl* of] imagination

vor|sto·ßen *irreg* **I.** *vi sein* to venture; *Truppen* to advance **II.** *vt haben* ▪ **jdn ~** to push sb forward

Vor·stra·fe *f* previous conviction **Vor·stra·fen·re·gis·ter** *nt* criminal record

vor|stre·cken *vt* ❶ (*leihen*) ▪ **jdm etw ~** to advance sb sth ❷ (*nach vorn strecken*) to stretch forward; **den Arm/die Hand ~** to stretch out one's arm/hand **Vor·stu·fe** *f* preliminary stage **Vor·tag** *m* **am ~** the day before; **vom ~** from yesterday **vor|täuschen** *vt Unfall* to fake; *Interesse* to feign **Vor·täu·schung** *f* pretence, faking; **unter ~ falscher Tatsachen** under false pretences

Vor·teil <-s, -e> ['foːɐ̯tail] *m* advantage; **er ist nur auf seinen ~ bedacht** he only ever thinks of his own interests; **[jdm gegenüber] im ~ sein** to have an advantage [over sb]; **[für jdn] von ~ sein** to be advantageous [to sb]; **sich zu seinem ~ verändern** to change for the better

vor·teil·haft I. *adj* ❶ FIN favourable (**für** for); (*Geschäft*) lucrative, profitable ❷ MODE flattering **II.** *adv* **du solltest dich etwas ~er kleiden** you should wear clothes which are a bit more flattering

Vor·trag <-[e]s, Vorträge> ['foːɐ̯traːk, *pl* 'foːɐ̯trɛːgə] *m* lecture; **einen ~ [über etw** *akk*] **halten** to give a lecture [on sth]

vor|tra·gen *vt irreg* ❶ (*berichten*) ▪ **etw ~** to present sth; *Beschluss* to convey sth; *Wunsch* to express sth ❷ (*rezitieren*) to recite; *Lied* to sing a song; *Musikstück* to play

Vor·trags·rei·he *f* course of lectures *npl*

vor·treff·lich [foːɐ̯'trɛflɪç] **I.** *adj* excellent; (*Gedanke, Idee a.*) splendid **II.** *adv* excellently

vor|tre·ten vi irreg sein ❶ (nach vorn treten) to step forward ❷ (vorstehen) to jut out

Vor·tritt[1] m precedence, priority; ▪ jdm den ~ lassen to let sb go first

Vor·tritt[2] m kein pl SCHWEIZ (Vorfahrt) right of way

vo·rü·ber [foˈryːbɐ] adv ▪ ~ sein ❶ räumlich to have gone past; **wir sind an dem Geschäft sicher schon ~** we must have already passed the shop ❷ zeitlich to be over; (Schmerz) to be gone

vo·rü·ber|ge·hen [foˈryːbɐˌgeːən] vi irreg sein ❶ (entlanggehen) ▪ an jdm/etw ~ to go [or walk] past sb/sth; **im V~** in passing ❷ (vorbeigehen) to pass; Schmerz to go **vo·rü·ber·ge·hend I.** adj temporary **II.** adv for a short time; **das Geschäft bleibt ~ geschlossen** the business will be temporarily closed

Vor- und Zu·na·me m Christian [or first] name and surname

Vor·un·ter·su·chung f JUR preliminary investigation

Vor·ur·teil [ˈfoːɐ̯ʔʊrtai̯l] nt prejudice; **~e** [gegenüber jdm] haben to be prejudiced [against sb]; **das ist ein ~** that's prejudiced **vor·ur·teils·los I.** adj unprejudiced **II.** adv without prejudice

vor·ver·gan·gen adj (vorletzt) last but one; **in der ~en Woche** [in] the week before last **Vor·ver·gan·gen·heit** f LING pluperfect

Vor·ver·kauf m advance sale no pl **Vor·ver·kaufs·stel·le** f advance ticket office

vor|ver·le·gen* vt ❶ (zeitlich) to bring forward (auf to) ❷ (räumlich) to move forward **Vor·ver·ur·tei·lung** f SOZIOL, JUR rush to judgement; **~ durch die Medien** trial by media **vor·vor·ges·tern** [ˈfoːɐ̯foˈɡɛstɐn] adv three days ago **vor·vor·letz·te(r, s)** adj third last, third to last AM **Vor·wahl** f ❶ (vorherige Auswahl) pre-selection [process] ❷ POL preliminary election, primary AM ❸ TELEK area code **vor|wäh·len** vt TELEK ▪ etw ~ to dial sth first

Vor·wand <-[e]s, Vorwände> [ˈfoːɐ̯vant, pl -vɛndə] m pretext, excuse; **unter einem ~** on a pretext

vor|war·nen vt to warn [in advance] **Vor·war·nung** f [advance] warning; **ohne ~** without warning

vor·wärts [ˈfoːɐ̯vɛrts] adv forward; **~!** onwards! [or esp AM onward!], move!; **wie geht's mit deiner Doktorarbeit ~?** how's your thesis coming along?

vor·wärts|brin·gen vt irreg ▪ jdn ~ to help sb to make progress **Vor·wärts·gang** <-gänge> m forward gear **vor·wärts|kom·men** vi irreg sein to get on

Vor·wä·sche <-, -n> f pre-wash **vor|wa·schen** vt irreg to pre-wash

vor·weg [foˈɐ̯ˈvɛk] adv ❶ (zuvor) beforehand ❷ (an der Spitze) in front

Vor·weg·nah·me <-, -n> [foˈɐ̯ˈvɛknaːmə] f indication **vor·weg|neh·men** [foˈɐ̯ˈvɛkneːmən] vt irreg to anticipate

vor·weih·nacht·lich adj Zeit, Stimmung pre-Christmas; **die ~e Zeit** the holiday season

vor|wei·sen vt irreg ❶ (nachweisen) ▪ etw ~ können to have sth; **er kann einen mehrjährigen Auslandsaufenthalt ~** he has [the experience of having] spent a number of years abroad ❷ (vorzeigen) to show

vor|wer·fen vt irreg ❶ (als Vorwurf vorhalten) ▪ jdm etw ~ to reproach sb for sth; **sich dat nichts vorzuwerfen haben** to have a clear conscience ❷ (als Futter hinwerfen) ▪ einem Tier etw ~ to throw sth to an animal

vor·wie·gend adv predominantly, mainly **vor·wit·zig** adj cheeky

Vor·wort <-worte> nt foreword, preface

Vor·wurf <-[e]s, Vorwürfe> m reproach; ▪ jdm Vorwürfe machen to reproach sb (wegen for)

vor·wurfs·voll I. adj reproachful **II.** adv reproachfully

Vor·zei·chen nt ❶ (Omen) omen ❷ (Anzeichen) sign ❸ MUS accidental

vor·zeig·bar adj presentable

Vor·zei·ge·frau f shining example of a woman

vor|zei·gen vt ▪ etw ~ to show sth **Vor·zei·ge·ob·jekt** nt showpiece

Vor·zeit [ˈfoːɐ̯tsai̯t] f prehistoric times ▸ **in grauer ~** in the dim and distant past **vor·zei·tig** [ˈfoːɐ̯tsai̯tɪç] adj early; Geburt premature; Tod untimely **vor·zeit·lich** [ˈfoːɐ̯tsai̯tlɪç] adj prehistoric

vor|zie·hen vt irreg ❶ (bevorzugen) to prefer; ▪ etw ~ to prefer sth; **ich ziehe es vor spazieren zu gehen** I'd rather go for a walk ❷ (zuerst erfolgen lassen) to bring forward ❸ (nach vorn ziehen) to pull forward

Vor·zim·mer nt ❶ (Sekretariat) secretariat, secretary's office ❷ ÖSTERR (Diele) hall **Vor·zim·mer·da·me** f (fam) secretary

Vor·zug <-[e]s, Vorzüge> [ˈfoːɐ̯tsuːk, pl ˈfoːɐ̯tsyːgə] m ❶ (gute Eigenschaft) asset, merit; **seine Vorzüge haben** to have one's assets ❷ (Vorteil) advantage ❸ (Bevorzugung) ▪ einer S. den ~ geben to prefer sth

vor·züg·lich [foːɐ̯ˈtsyːglɪç] **I.** adj excellent, first-rate **II.** adv excellently; **~ speisen** to have a sumptuous meal

Vor·zugs·preis m concessionary [or AM dis-

vor·zugs·wei·se *adv* primarily

Vo·tum <-s, Voten *o* Vota> ['voːtʊm, *pl* 'voːtən, 'voːta] *nt* ❶ (*Entscheidung*) decision ❷ POL vote

Vo·yeur <-s, -e> [vɔaˈjøːɐ̯] *m* voyeur

Vo·yeu·ris·mus <-> [vɔaˈjøːɐ̯ɪsmʊs] *m kein pl* voyeurism

vo·yeu·ris·tisch *adj* voyeuristic

vul·gär [vʊlˈgɛːɐ̯] **I.** *adj* vulgar **II.** *adv* — **aussehen** to look vulgar; **sich ~ ausdrücken** to use vulgar language

Vul·kan <-[e]s, -e> [vʊlˈkaːn] *m* volcano

Vul·kan·aus·bruch [vʊ-] *m* volcanic eruption

vul·ka·nisch [vʊlˈkaːnɪʃ] *adj* volcanic

W w

W, w <-, - *o fam* -s, -s> [veː] *nt* W, w; *s. a.* A 1

W *Abk von* **Westen** W

Waadt <-s> [vaːt] *nt* Vaud

Waa·ge <-, -n> [ˈvaːgə] *f* ❶ TECH scales *npl* ❷ *kein pl* ASTROL Libra

waa·ge·recht [ˈvaːgərɛçt] **I.** *adj* horizontal **II.** *adv* horizontally

Waa·ge·rech·te <-n, -n> *f* horizontal [line]; **in der ~n** level

waag·recht [ˈvaːkrɛçt] *s.* **waagerecht**

Waag·scha·le *f* [scale-]pan

wab·be·lig [ˈvabəlɪç] *adj*, **wabb·lig** [ˈvablɪç] *adj* wobbly

Wa·be <-, -n> [ˈvaːbə] *f* honeycomb

wach [vax] *adj* awake; ■ **~ werden** to wake up

Wa·che <-, -n> [ˈvaxə] *f* ❶ *kein pl* (*Wachdienst*) guard duty; **~ stehen** to be on guard duty ❷ (*Wachposten*) guard ❸ (*Polizeiwache*) police station

wa·chen [ˈvaxn̩] *vi* ❶ (*Wache halten*) to keep watch ❷ (*auf etw achten*) ■ **über etw** *akk* **~** to ensure that sth is done

Wach·hund *m* watchdog **wach·küs·sen** *vt* to wake sep with a kiss; (*fig*) ■ **jdn/etw ~** to breathe new life into sb/sth **Wach·mann** <-leute *o* -männer> *m* ❶ (*Wächter*) [night-]watchman ❷ ÖSTERR (*Polizist*) policeman

Wa·chol·der <-s, -> [vaˈxɔldɐ] *m* juniper

Wa·chol·der·bee·re *f* juniper berry

Wach·pos·ten *m s.* **Wachtposten**

wach|ru·fen *vt irreg* Erinnerungen to evoke

Wachs <-es, -e> [vaks] *nt* wax

wach·sam [ˈvaxzaːm] **I.** *adj* vigilant, watchful **II.** *adv* vigilantly, watchfully

Wach·sam·keit <-> *f kein pl* vigilance *no indef art, no pl*

wach·sen¹ <wuchs, gewachsen> [ˈvaksn̩] *vi sein* to grow (**um** by); **in die Breite/Höhe ~** to grow broader/taller; ■ **sich** *dat etw akk* **~ lassen** to grow sth ▶ **gut gewachsen** evenly-shaped

wach·sen² [ˈvaksn̩] *vt* (*mit Wachs einreiben*) to wax

wäch·sern [ˈvɛksɐn] *adj* waxen

Wachs·fi·gur *f* wax figure **Wachs·fi·gu·ren·ka·bi·nett** *nt* waxworks *npl* [museum *nsing*]

Wachs·mal·krei·de *f*, **Wachs·mal·stift** *m* wax crayon **Wachs·tuch** *nt* oilcloth

Wachs·tum <-[e]s> [ˈvakstuːm] *nt kein pl* growth

Wachs·tums·chan·ce *f* prospects *pl* for growth [*or* expansion] **wachs·tums·för·dernd** *adj* ❶ BIOL growth-promoting ❷ ÖKON boosting economic growth **wachs·tums·hem·mend** *adj* growth-inhibiting **Wachs·tums·hor·mon** *nt* growth hormone **Wachs·tums·markt** *m* growth market **Wachs·tums·ra·te** *f* growth rate

Wach·tel <-, -n> [ˈvaxtl̩] *f* quail

Wäch·ter(in) <-s, -> [ˈvɛçtɐ] *m(f)* ❶ (*einer Anstalt*) guard; (*Wachmann*) [night-]watchman ❷ ([*moralischer*] *Hüter*) guardian

Wacht·meis·ter(in) *m(f)* [police] constable BRIT, police officer AM **Wacht·pos·ten** *m* guard **Wach(t)·turm** *m* watchtower

Wach- und Schließ·ge·sell·schaft *f kein pl* ■ **die ~** the security corps BRIT **Wach·zu·stand** *m* ■ **im ~** awake

wa·cke·lig [ˈvakəlɪç] *adj Konstruktion* rickety; *Säule* shaky; *Stuhl* unsteady

Wa·ckel·kon·takt *m* loose connection

wa·ckeln [ˈvakl̩n] *vi* ❶ (*wackelig sein*) to wobble; *Konstruktion* to shake ❷ (*hin und her bewegen*) ■ **mit etw** *dat* **~** to rock on [one's] sth; **mit dem Kopf ~** to shake one's head; **mit den Ohren ~** to wiggle one's ears

Wa·ckel·pud·ding *m* jelly BRIT, jello AM

wack·lig [ˈvaklɪç] *adj s.* **wackelig**

Wa·de <-, -n> [ˈvaːdə] *f* calf

Wa·den·bein *nt* fibula

Waf·fe <-, -n> [ˈvafə] *f* weapon, arm; **zu den ~n greifen** to take up arms ▶ **jdn mit seinen eigenen ~n schlagen** to beat sb at his own game

Waf·fel <-, -n> [ˈvafl̩] *f* waffle

Waf·fel·ei·sen *nt* waffle iron

Waf·fen·be·sitz *m* possession of firearms

Waf·fen·brü·der·schaft f MIL (geh) band of brothers **Waf·fen·em·bar·go** nt arms embargo **Waf·fen·gang** m MIL (geh) military action **Waf·fen·han·del** m arms trade **Waf·fen·händ·ler** m arms dealer **Waf·fen·hil·fe** f MIL, POL arms shipments **Waf·fen·in·spek·tor**, **-in·spek·to·rin** m, f weapons inspector **Waf·fen·la·ger** nt arsenal **Waf·fen·lie·fe·rung** f arms supply **Waf·fen·ru·he** f ceasefire **Waf·fen·schein** m firearms licence **waf·fen·star·rend** ['vafn̩ʃtarənd] adj (geh) heavily armed **Waf·fen·still·stand** m armistice

Wa·ge·mut m daring no indef art, no pl **wa·ge·mu·tig** adj daring

wa·gen ['va:gn̩] I. vt ❶ (riskieren) to risk ❷ (sich getrauen) ■ es -, etw zu tun to dare [to] do sth ▶ **wer nicht wagt, der nicht gewinnt** (prov) nothing ventured, nothing gained II. vr ❶ (sich zutrauen) ■ **sich an etw** akk ~ to venture to tackle sth ❷ (sich trauen) ■ **sich irgendwohin ~** to venture [out] to somewhere

Wa·gen <-, Wagen o SÜDD, ÖSTERR Wägen> ['va:gn̩, pl 'vɛ:gn̩] m ❶ (Pkw) car ❷ (Waggon) carriage, coach ❸ (Fahrzeug mit Deichsel) cart

wä·gen <wog o wägte, gewogen o gewägt> ['vɛ:gn̩] vt (geh) to weigh

Wa·gen·füh·rer(in) m(f) [tram] driver **Wa·gen·he·ber** <-s, -> m jack **Wa·gen·ren·nen** nt chariot race

Wag·gon <-s, -s> [va'gɔŋ] m [goods] wag[g]on

wag·hal·sig ['va:khalzɪç] adj daring

Wag·nis <-ses, -se> ['va:knɪs] nt ❶ (riskantes Vorhaben) risky venture ❷ (Risiko) risk

Wag·nis·ka·pi·tal nt FIN, ÖKON venture capital

Wa·gon <-s, -s> [va'gõ, va'gɔŋ] m s. **Waggon**

Wahl <-, -en> [va:l] f ❶ POL election; **zur ~ gehen** to vote ❷ kein pl (Auswahl) choice; **eine ~ treffen** to make a choice; **jdm die ~ lassen** to let sb choose; **jdm keine ~ lassen** to leave sb [with] no alternative ❸ (Klasse) **erste/zweite ~** top quality/second-class quality ▶ **wer die ~ hat, hat die Qual** (prov) to be spoilt for choice

Wähl·au·to·ma·tik f TELEK automatic dialling

wähl·bar adj POL eligible

Wahl·be·nach·rich·ti·gung f polling card

wahl·be·rech·tigt adj entitled to vote pred

Wahl·be·rech·tig·te(r) <-n, -n> f(m) dekl wie adj person entitled to vote **Wahl·be·tei·li·gung** f turnout **Wahl·be·zirk** m ward

wäh·len ['vɛ:lən] I. vt ■ a. POL **jdn/etw ~** to vote for sb/sth; ■ **jdn zu etw** dat ~ to elect sb as sth ❷ TELEK to dial II. vi ❶ POL to vote ❷ (auswählen) to choose (**unter** from) ❸ TELEK to dial

Wäh·ler(in) <-s, -> m(f) voter

Wahl·er·geb·nis nt election result

Wäh·le·rin <-, -nen> f fem form von **Wähler**

wäh·le·risch ['vɛ:lərɪʃ] adj particular, choos[e]y fam; (Kunde) discerning

Wäh·ler·schaft <-, -en> f electorate no indef art, no pl **Wäh·ler·stim·me** f vote

Wahl·fach nt SCH option[al subject] **wahl·frei** adj kein pl SCH optional **Wahl·gang** m ballot **Wahl·ge·heim·nis** nt kein pl secrecy of the ballot **Wahl·ka·bi·ne** f polling booth **Wahl·kampf** m election campaign **Wahl·kom·mis·si·on** f Electoral Commission BRIT, Federal Election Commission AM **Wahl·kreis** m constituency **Wahl·lo·kal** nt polling station [or AM place] **wahl·los** ['va:llo:s] I. adj indiscriminate II. adv indiscriminately **Wahl·mög·lich·keit** f choice, option, possibility **Wahl·nie·der·la·ge** f electoral defeat **Wahl·pa·ro·le** f election slogan **Wahl·pla·kat** nt election poster **Wahl·recht** nt kein pl [right to] vote; **das allgemeine ~** universal suffrage

Wähl·schei·be f TELEK dial

Wahl·schein m postal vote form BRIT, absentee ballot AM **Wahl·sieg** m election victory **Wahl·spruch** m motto, slogan **Wahl·sys·tem** nt electoral system

Wähl·ton m TELEK dialling [or AM dial] tone **Wahl·ur·ne** f ballot box **Wahl·ver·lie·rer(in)** m(f) POL election loser **Wahl·volk** nt POL (fam) voting masses

wahl·wei·se adv as desired

Wahl·wie·der·ho·lung f TELEK automatic redial **Wahl·zet·tel** m ballot paper

Wahn <-[e]s> [va:n] m kein pl ❶ (irrige Vorstellung) delusion; **in einem ~ leben** to labour under a delusion ❷ (Manie) mania

Wahn·sinn m kein pl ❶ (Unsinn) madness ❷ MED insanity; **heller ~ sein** (fam) to be sheer madness; **jdn zum ~ treiben** to drive sb mad; **~!** wild!

wahn·sin·nig I. adj ❶ MED insane, mad ❷ attr (fig: gewaltig) terrible, dreadful ❸ (wahnwitzig) crazy ❹ (kirre) **jdn ~ machen** to drive sb mad II. adv terribly, dreadfully; **~ viel** a heck of a lot

Wahn·sin·ni·ge(r) f(m) dekl wie adj madman masc, madwoman fem

Wahn·vor·stel·lung f delusion

wahr [va:ɐ̯] adj ❶ (zutreffend) true ❷ attr (wirklich) real; **~ werden** to become a reality ▶ **das einzig W~e** just the thing; **das darf doch nicht ~ sein!** (verärgert) I don't believe this!; (entsetzt) it can't be true!; **da ist**

wahren – walzenförmig

etwas W~es dran there's some truth in it; (als Antwort) you're not wrong there; **etw ist** [auch] **nicht das W~e** sth is not quite the thing; **etw ~ machen** to carry out sth
wah·ren ['va:rən] *vt* ① (*schützen*) to protect; **jds Interessen ~** to look after sb's interests ② (*erhalten*) to maintain
wäh·rend ['vɛ:rənt] **I.** *präp* +gen during **II.** *konj* ① (*zur selben Zeit*) while ② (*wohingegen*) whereas
wäh·rend·des·sen ['vɛ:rənt'dɛsn̩] *adv* meanwhile, in the meantime
wahr·ha·ben *vt irreg* ■ **etw nicht ~ wollen** not to want to admit sth
wahr·haft ['va:ɐ̯haft] *adj attr* real, true
wahr·haf·tig ['va:ɐ̯'haftɪç] **I.** *adj* real, true **II.** *adv* really
Wahr·heit <-, -en> ['va:ɐ̯hajt] *f* truth *no pl*; **es mit der ~ nicht so genau nehmen** to stretch the truth; **die ~ sagen** to tell the truth
Wahr·heits·ge·halt *m* truth; *einer Behauptung* validity **wahr·heits·ge·treu I.** *adj* truthful; *Darstellung* accurate **II.** *adv berichten* truthfully; *darstellen* accurately
wahr·lich ['va:ɐ̯lɪç] *adv* really
wahr·nehm·bar *adj* audible; *Geruch* perceptible
wahr|neh·men ['va:ɐ̯ne:mən] *vt irreg* ① (*merken*) to perceive; *Geräusch* to hear ② *Termin* to keep; *Rechte* to exercise; *Gelegenheit* to take advantage of; *Interessen* to look after
Wahr·neh·mung <-, -en> *f Geräusch* detection *no pl*; *Geruch* perception *no pl*
wahr|sa·gen ['va:ɐ̯za:gn̩] *vi* to tell fortunes
Wahr·sa·ger(in) <-s, -> ['va:ɐ̯za:gɐ] *m(f)* fortune teller
Wahr·sa·gung <-, -en> *f* prediction
wahr·schein·lich [va:ɐ̯'ʃajnlɪç] **I.** *adj* probable, likely **II.** *adv* probably
Wahr·schein·lich·keit <-, -en> *f* probability; **aller ~ nach** in all probability
Wah·rung <-> ['va:rʊŋ] *f kein pl* protection *no pl*
Wäh·rung <-, -en> ['vɛ:rʊŋ] *f* currency
Wäh·rungs·buch·hal·tung *f* currency accounting **Wäh·rungs·ein·heit** *f* currency unit **Wäh·rungs·fonds** *m* monetary fund **Wäh·rungs·po·li·tik** *f* monetary policy **Wäh·rungs·re·form** *f* currency reform **Wäh·rungs·sys·tem** *nt* monetary system **Wäh·rungs·uni·on** *f* monetary union
Wahr·zei·chen ['va:ɐ̯tsajçn̩] *nt* landmark
Wai·se <-, -n> ['vajzə] *f* orphan
Wai·sen·haus *nt* orphanage **Wai·sen·kind** *nt* orphan **Wai·sen·ren·te** *f* orphan's allowance

Wal <-[e]s, -e> [va:l] *m* whale
Wald <-[e]s, Wälder> [valt, *pl* 'vɛldɐ] *m* wood, forest
Wald·brand *m* forest fire **Wald·lauf** *m* cross-country run **Wald·meis·ter** *m* woodruff
Wal·dorf·schule ['valdɔrf-] *f* Rudolf Steiner School
Wald·rand *m* edge of the forest **Wald·scha·den** *m* damage to forests **Wald·ster·ben** *nt* death of the forest[s] as a result of pollution
Wald·weg *m* forest path
Wales <-> [weɪls] *nt* Wales *no pl*
Wal·fang ['va:lfaŋ] *m kein pl* whaling **Wal·fän·ger(in)** <-s, -> *m(f)* whaler
Wa·li·ser(in) <-s, -> [va'li:zɐ] *m(f)* Welshman *masc*, Welsh woman *fem*; *s. a.* **Deutsche(r)**
wa·li·sisch [va'li:zɪʃ] *adj* Welsh; *s. a.* **deutsch**
Wal·kie-Tal·kie^RR <-[s], -s> ['vɔ:ki'tɔ:ki] *nt*, **Wal·kie-tal·kie**^ALT <-[s], -s> *nt* walkie-talkie
Walk·man <-s, -men> ['vɔ:kmɛn] *m* walkman®
Wall <-[e]s, Wälle> [val, *pl* 'vɛlə] *m* embankment; *Burg* rampart
Wal·lach <-[e]s, -e> ['valax] *m* gelding
wal·len ['valən] *vi Wasser* to bubble
Wall·fah·rer(in) *m(f)* pilgrim
Wall·fahrt ['valfa:ɐ̯t] *f* pilgrimage **Wall·fahrts·ort** *m* place of pilgrimage
Wal·lis <-> ['valɪs] *nt* Valais (*Swiss Canton*)
Wal·li·ser(in) <-s, -> ['valizɐ] *m(f)* inhabitant of Valais (*in Switzerland*)
Wal·lung <-, -en> *f* (*Hitze~*) [hot] flush *usu pl* ▸ **jdn in ~ bringen** to make sb's blood surge
Wal·lungs·wert *m* (*oft iron geh*) emotional punch
Wal·nuss^RR ['valnʊs] *f* walnut **Wal·nuss·baum**^RR *m* walnut [tree] **Wal·nuss·holz**^RR *nt* walnut
Wal·pur·gis·nacht [val'pʊrgɪs-] *f* Walpurgis night
Wal·ross^RR *nt*, **Wal·roß**^ALT ['valrɔs] *nt* walrus

wal·ten ['valtn̩] *vi* (*geh*) ① (*herrschen*) to reign ② (*üben*) **Nachsicht ~ lassen** to show leniency
Wal·ze <-, -n> ['valtsə] *f* roller
wal·zen ['valtsn̩] *vt* to roll
wäl·zen ['vɛltsn̩] **I.** *vt* ① (*rollen*) to roll ② *Probleme* to turn over in one's mind ③ *Bücher* to pore over **II.** *vr* to roll (**in** in); **sie wälzte sich im Bett hin und her** she tossed and turned in bed
wal·zen·för·mig *adj* cylindrical

Wal·zer <-s, -> ['valtsɐ] m waltz; **Wiener ~** Viennese waltz

Wam·pe <-, -n> ['vampə] f (fam) paunch

wand imp von **winden**[1]

Wand <-, Wände> [vant, pl 'vɛndə] f ❶ (Mauer) wall ❷ (Wandung) side ▶ **spanische ~** folding screen; **in jds vier Wänden** within sb's own four walls; **die ~ hoch gehen können** to drive sb up the wall; **jdn an die ~ spielen** SPORT to thrash sb; MUS, THEAT to outshine sb

Wan·da·lis·mus [vanda'lɪsmʊs] m s. **Vandalismus**

Wan·del <-s> ['vandl] m kein pl change; **einem ~ unterliegen** to be subject to change

wan·deln[1] ['vandln] **I.** vt (ändern) to change **II.** vr ■ **sich ~** to change

wan·deln[2] ['vandln] vi sein (geh) to stroll

Wan·der·aus·stel·lung f travelling exhibition **Wan·der·büh·ne** f THEAT touring company

Wan·de·rer, Wan·de·rin <-s, -> [vandərɐ, 'vandərɪn] m, f hiker

Wan·der·kar·te f map of walks

wan·dern ['vandɐn] vi sein ❶ (eine Wanderung machen) to hike ❷ GEOG to shift ❸ ZOOL to migrate

Wan·der·po·kal m challenge cup

Wan·der·schaft <-> f kein pl travels npl; **auf ~ sein** to be on one's travels

Wan·de·rung <-, -en> ['vandərʊŋ] f hike; **eine ~ machen** to go on a hike

Wan·der·vo·gel m ❶ (Zugvogel) migratory bird ❷ (hum) keen hiker **Wan·der·weg** m walk, trail **Wan·der·zir·kus** m travelling circus

Wand·ge·mäl·de nt mural, wall painting

Wand·lung <-, -en> ['vandlʊŋ] f change

wand·lungs·fä·hig adj adaptable; Schauspieler versatile

Wand·schrank m built-in cupboard

wand·te ['vantə] imp von **wenden**

Wand·tep·pich m tapestry **Wand·uhr** f wall clock

Wan·ge <-, -n> ['vaŋə] f cheek

wan·kel·mü·tig ['vaŋkl̩myːtɪç] adj inconsistent

wan·ken ['vaŋkn̩] vi ❶ haben (schwanken) to sway ❷ sein (sich wankend bewegen) to stagger ▶ **ins W~ geraten** to begin to sway

wann [van] adv interrog when; **bis ~** until when; **seit ~** since when; **~ [auch] immer** whenever

Wan·ne <-, -n> ['vanə] f tub

Wanst <-[e]s, Wänste> [vanst, pl 'vɛnstə] m paunch

Wan·ze <-, -n> ['vantsə] f bug

WAP-Han·dy nt WAP phone

Wap·pen <-s, -> ['vapn̩] nt coat of arms

Wap·pen·schild m o nt shield

wapp·nen ['vapnən] vr ■ **sich ~** to prepare oneself (**gegen** for)

war [vaːɐ̯] imp von **sein**[1]

warb [varp] imp von **werben**

Wa·re <-, -n> ['vaːrə] f article, product ▶ **heiße ~** hot goods

Wa·ren·an·ge·bot nt range of goods on offer **Wa·ren·au·to·mat** m vending machine **Wa·ren·be·stand** m stock no pl **Wa·ren·bör·se** f commodity exchange **Wa·ren·haus** nt (veraltend) department store **Wa·ren·la·ger** nt goods depot **Wa·ren·ver·kehr** m kein pl movement of goods **Wa·ren·zei·chen** nt trade mark

warf [varf] imp von **werfen**

War·lord <-s, -s> ['wɔːlɔːd] m MIL (sl) warlord

warm <wärmer, wärmste> [varm] **I.** adj warm; **etw ~ halten** to keep sth warm; **etw ~ machen** to heat sth up; **es ~ haben** to be warm; **mir ist zu ~** I'm too hot ▶ **sich ~ laufen** to warm up **II.** adv (im Warmen) warmly; (gewärmt) warm; **den Motor ~ laufen lassen** to let the engine warm up ▶ **etw wärmstens empfehlen** to recommend sth most warmly

Warm·blü·ter <-s, -> m warm-blooded animal **Warm·du·scher** <-s, -> m (pej sl) prude

Wär·me <-> ['vɛrmə] f kein pl warmth no pl **Wär·me·aus·tausch** m kein pl heat exchange **Wär·me·be·las·tung** f kein pl ❶ ÖKOL thermal pollution ❷ TECH thermal stress **wär·me·be·stän·dig** adj heat-resistant **Wär·me·däm·mung** f heat insulation **Wär·me·ener·gie** f thermal energy **Wär·me·haus·halt** m heat regulation **Wär·me·iso·lie·rung** f thermal insulation **Wär·me·kraft·werk** nt thermal power station **Wär·me·leh·re** f kein pl heat technology

wär·men ['vɛrmən] **I.** vt to warm up; ■ **sich [gegenseitig] ~** to keep each other warm **II.** vi to be warm

Wär·me·reg·ler m thermostat **Wär·me·spei·cher** m thermal store **Wär·me·strah·lung** f thermal radiation no pl **Wär·me·tech·nik** f kein pl heat technology

Wärm·fla·sche f hot-water bottle

Warm·front f METEO warm front **Warm·hal·te·kan·ne** f thermos **warm|hal·ten** vt irreg ▶ **sich** dat **jdn ~ halten** to keep sb warm [or BRIT in with sb] **Warm·hal·te·plat·te** f hotplate **warm·her·zig** adj warm-hearted **Warm·luft** f warm air no pl **Warm·mie·te** f rent including heating [or AM heat] **Warm·start** m INFORM soft reset

Warm·was·ser·be·rei·ter <-s, -> [varm'vasərəˌraɪtɐ] m water heater **Warm·was·ser·spei·cher** m hot-water tank **Warm·was·ser·ver·sor·gung** f hot-water supply
warm|wer·den vi irreg sein ● mit jdm ~ werden to warm to sb
Warn·blink·an·la·ge f hazard warning lights pl **Warn·drei·eck** nt hazard warning triangle
war·nen ['varnən] vt to warn (vor about)
Warn·kreuz nt BAHN warning cross **Warn·licht** nt AUTO hazard warning light **Warn·schild** nt warning sign **Warn·schuss**^{RR} m, **Warn·schuß**^{ALT} m warning shot **Warn·sig·nal** nt warning signal **Warn·streik** m token strike
War·nung <-, -en> f warning (vor about)
Warn·zei·chen nt warning sign
War·schau <-s> ['varʃaʊ] nt Warsaw
War·te·hal·le f waiting room **War·te·lis·te** f waiting list
war·ten[1] ['vartn̩] vi to wait (auf for); auf sich ~ lassen to be a long time [in] coming; warte mal! hold on!; na warte! just you wait!; worauf wartest du noch? what are you waiting for?
war·ten[2] ['vartn̩] vt to service
Wär·ter(in) <-s, -> ['vɛrtɐ] m(f) ● (Gefängnis~) prison officer [or AM guard], warder BRIT ● (Tierpfleger) keeper
War·te·raum m waiting room
Wär·te·rin <-, -nen> f fem form von Wärter
War·te·saal m waiting room **War·te·schlan·ge** f queue, line AM **War·te·zeit** f wait no pl **War·te·zim·mer** nt waiting room
War·tung <-, -en> f service, maintenance no pl
wa·rum [va'rʊm] adv interrog why; ~ nicht? why not?; ~ nicht gleich so! (fam) why couldn't you do that before!
War·ze <-, -n> ['vartsə] f wart
was [vas] I. pron interrog ● (welches Ding) what; ~ ist? what's the matter? ● (fam: warum?) why? ● (fam: nicht wahr?) isn't it/doesn't it/aren't you? II. pron rel what; ■das, ~ ... that which ... form, what ... III. pron indef (fam: etwas) something, anything; kann ich ~ helfen? is there anything I can do to help?; iss nur, es ist ~ ganz Leckeres! just eat it, it's something really tasty!
Wasch·an·la·ge f car wash **Wasch·an·lei·tung** f washing instructions pl
wasch·bar adj washable
Wasch·bär m racoon **Wasch·be·cken** nt washbasin
Wä·sche <-, -en> f ● kein pl (Schmutz~) washing no pl; etw in die ~ tun to put sth in

the wash; (das Waschen) washing no pl ● kein pl (Unter~) underwear no pl ● kein pl (Haushalts~) linen no pl
wasch·echt adj ● (typisch) genuine, real ● (nicht verbleichend) colourfast
Wä·sche·klam·mer f [clothes]peg **Wä·sche·korb** m laundry basket **Wä·sche·lei·ne** f [clothes]line
wa·schen <wusch, gewaschen> ['vaʃn̩] vt to wash
Wä·sche·rei <-, -en> [vɛʃəˈraɪ] f laundry
Wä·sche·schleu·der f spin dryer **Wä·sche·schrank** m linen cupboard **Wä·sche·stän·der** m clothes horse **Wä·sche·trock·ner** <-s, -> m drier
Wasch·gang <-gänge> m wash (stage of a washing programme) **Wasch·kü·che** f wash house **Wasch·lap·pen** m ● (Lappen) flannel ● (fam: Feigling) sissy **Wasch·ma·schi·ne** f washing machine **Wasch·mit·tel** nt detergent **Wasch·pul·ver** nt washing powder **Wasch·raum** m washroom **Wasch·sa·lon** m launderette BRIT, laundromat AM **Wasch·schüs·sel** f washtub **Wasch·stra·ße** f car wash
Wa·schung <-, -en> f ● MED washing no pl ● REL ablution no pl
Wasch·weib nt (fam) gossip **Wasch·zeug** nt washing things pl
Was·ser <-s, -o Wässer> ['vasɐ, pl 'vɛsɐ] nt water no pl; ~ abweisend water-repellent; ~ durchlässig porous ▸ das ~ bis zum Hals stehen haben to be up to one's ears in debt; jdm läuft das ~ im Mund[e] zusammen sb's mouth is watering; fließend ~ running water; stille ~ sind tief still waters run deep prov; ins ~ fallen to fall through; mit allen ~n gewaschen sein to know every trick in the book; sich über ~ halten to keep oneself above water; jdm das ~ reichen können to be a match for sb; ~ lassen MED to pass water; etw zu ~ lassen NAUT to launch sth; etw unter ~ setzen to flood sth; unter ~ stehen to be flooded; zu ~ by sea
Was·ser·ader f subterranean watercourse **Was·ser·an·schluss**^{RR} m mains hose BRIT, water main connection AM
Was·ser·auf·be·rei·tung f water treatment **Was·ser·auf·be·rei·tungs·an·la·ge** f water treatment plant
Was·ser·bad nt ● KOCHK bain-marie ● FOTO water bath **Was·ser·ball** m ● kein pl SPORT water polo no pl ● (Spielball) beach ball **Was·ser·be·häl·ter** m water container **Was·ser·bett** nt waterbed **Was·ser·dampf** m steam no pl **was·ser·dicht** adj watertight; Uhr water-resistant **Was·ser·fall** m waterfall **Was·ser·far·be** f waterco-

lour **Was·ser·fest** adj waterproof, water-resistant **Was·ser·floh** m water flea **Was·ser·flug·zeug** nt seaplane **Was·ser·glas** nt glass, tumbler **Was·ser·gra·ben** m ① (Graben) ditch ② SPORT water jump ③ (Burggraben) moat **Was·ser·hahn** m [water] tap [or AM faucet] **Was·ser·här·te** f hardness of the water **Was·ser·haus·halt** <-[e]s> m kein pl ① MED, BIOL water balance ② ÖKOL hydrologic balance

wäs·se·rig ['vɛsərɪç] adj s. wässrig

Was·ser·kes·sel m KOCHK kettle; TECH boiler

Was·ser·kraft f kein pl water power no pl **Was·ser·kraft·werk** nt hydroelectric power station

Was·ser·lauf m watercourse **Was·ser·lei·che** f corpse found in water **Was·ser·lei·tung** f water pipe **Was·ser·li·lie** f water lily **was·ser·lös·lich** adj soluble in water **Was·ser·man·gel** m water shortage **Was·ser·mann** ['vasɐman] m ① ASTROL Aquarius no pl, no def art ② (Nöck) water sprite **Was·ser·me·lo·ne** f watermelon **Was·ser·müh·le** f watermill

wäs·sern ['vɛsɐn] vt to water

Was·ser·pfei·fe f hookah **Was·ser·pflan·ze** f aquatic plant **Was·ser·pis·to·le** f water pistol **Was·ser·rad** nt water wheel **Was·ser·rat·te** f ① (Schermaus) water rat ② (gerne badender Mensch) keen swimmer **Was·ser·rohr** nt water pipe **Was·ser·scha·den** m water damage no pl **was·ser·scheu** adj scared of water

Was·ser·schutz·ge·biet nt water protection area **Was·ser·schutz·po·li·zei** f river police

Was·ser·ski m ① kein pl (Sportart) waterskiing no pl ② (Sportgerät) waterski **Was·ser·spei·er** <-s, -> m gargoyle **Was·ser·spie·gel** m water level **Was·ser·sport** m water sports pl **Was·ser·sport·ler, -sport·le·rin** m, f water sports enthusiast **Was·ser·spü·lung** f flush **Was·ser·stand** m water level

Was·ser·stoff m hydrogen no pl

Was·ser·stoff·blon·di·ne f (hum fam) peroxide blonde **Was·ser·stoff·bom·be** f hydrogen bomb **Was·ser·stoff·per·o·xyd** nt hydrogen peroxide **Was·ser·stoff·ver·bren·nungs·mo·tor** m AUTO hydrogen[-fuelled] internal combustion engine

Was·ser·strahl m jet of water **Was·ser·stra·ße** f waterway **Was·ser·tem·pe·ra·tur** f water temperature **Was·ser·trop·fen** m water drop **Was·ser·ver·brauch** m water consumption **Was·ser·ver·schmut·zung** f water pollution **Was·ser·ver·sor·gung** f water supply **Was·ser·vo·gel** m aquatic bird **Was·ser·waa·ge** f spirit level

Was·ser·weg m waterway; **auf dem ~** by water **Was·ser·wel·le** f MODE shampoo and set **Was·ser·wer·fer** m water cannon **Was·ser·werk** nt waterworks + sing/pl vb **Was·ser·zäh·ler** m water meter **Was·ser·zei·chen** nt watermark

wäss·rig^{RR} adj, **wäß·rig**^{ALT} ['vɛsrɪç] adj ① Suppe watery ② Lösung aqueous

wa·ten ['va:tn̩] vi sein to wade

Wat·sche <-, -> ['va:tʃə], **Wat·schen** ['va:tʃn̩] f ÖSTERR, SÜDD (fam) clip round the ear

wat·scheln ['va:tʃln̩] vi sein to waddle

Watt¹ <-s, -> [vat] nt PHYS watt

Watt² <-[e]s, -en> [vat] nt mudflats pl

Wat·te <-, -> ['vatə] f cotton wool no pl

Wat·te·bausch m wad of cotton wool

Wat·ten·meer nt kein pl mudflats pl

Wat·te·stäb·chen nt cotton bud

wat·tie·ren* [va'ti:rən] vt to pad

wau wau [vau̯ vau̯] interj woof-woof

WC <-s, -s> [ve:'tse:] nt WC BRIT, bathroom AM

Web <-[s]> [wɛb] nt kein pl INET web, Web

Web·cam <-, -s> ['wɛbkɛm] f webcam

we·ben <webte o gew, gewebt o geh gewoben> ['ve:bn̩] vt, vi to weave

We·ber(in) <-s, -> ['ve:bɐ] m(f) weaver

We·be·rei <-, -en> [ve:bəˈraɪ̯] f weaving mill

We·be·rin <-, -nen> f fem form von Weber

We·ber·knecht m ZOOL daddy-long-legs

Web·log <-s, -s> ['wɛblɔg] m INET blog **Web·sei·te** f web page **Web·ser·ver** m web server **Web·site** <-, -s> ['wɛb̩saɪ̯t] f web site **Web-Soap** <-, -s> [wɛb'soup] f TV, INET websoap

Web·stuhl m loom

Wech·sel¹ <-s, -> ['vɛksl̩] m ① kein pl (das Wechseln) change; **in stündlichem ~** in hourly rotation ② SPORT (Übergabe) changeover

Wech·sel² <-s, -> ['vɛksl̩] m FIN (Schuldurkunde) bill [of exchange]; (fam: Monats~) allowance

Wech·sel·bad nt alternating hot and cold water baths pl; **das ~ der Gefühle** emotional roller coaster **Wech·sel·be·zie·hung** f correlation, interrelation **Wech·sel·fäl·le** pl vicissitudes pl, ups and downs fam **Wech·sel·geld** nt change no pl, no indef art

wech·sel·haft [vɛksl̩-] **I.** adj changeable **II.** adv in a changeable way

Wech·sel·jah·re pl menopause no pl; **in die ~ kommen** to reach the menopause

Wech·sel·kurs m exchange rate **Wech·sel·kurs·me·cha·nis·mus** m exchange rate mechanism **Wech·sel·kurs·ri·si·ko** nt exchange rate risk **Wech·sel·kurs·**

schwan·kung f fluctuation in the exchange rate **Wech·sel·kurs·sys·tem** nt exchange rate system
wech·seln ['vɛksln] vt, vi to change
wech·selnd adj ❶ (*immer andere*) changing ❷ (*veränderlich*) changeable ❸ (*unterschiedlich*) mit ~ **em Erfolg** with varying [degrees of] success
wech·sel·sei·tig adj mutual
Wech·sel·spiel nt interplay **Wech·sel·strom** m alternating current **Wech·sel·stu·be** f exchange booth **Wech·sel·wäh·ler(in)** m(f) floating [or AM undecided] voter
wech·sel·wei·se adv alternately
Wech·sel·wir·kung f interaction
we·cken ['vɛkn] vt ❶ (*auf-*) to wake [up] ❷ (*hervorrufen*) to bring back sep; *Assoziationen* to create; *Interesse, Verdacht* to arouse
We·cken <-s, -> ['vɛkn] m ÖSTERR, SÜDD (*Brötchen*) long roll
We·cker <-s, -> ['vɛkɐ] m alarm clock
we·deln ['ve:dln] vi ❶ (*fuchteln*) **mit etw** *dat* ~ to wave sth; *Schwanz* to wag ❷ SKI to wedel
we·der ['ve:dɐ] konj ~ ... **noch** ... neither ... nor; ~ **du noch er** neither you nor him; ~ **noch** neither
weg [vɛk] adv ❶ (*fort*) ■ ~ **sein** to have gone; ~ **mit dir** away with you!; **von etw** *dat* ~ from sth; **nichts wie ~ hier!** let's get out of here!; ~ **da!** [get] out of the way! ❷ (*fam: hinweggekommen*) ■ **über etw** *akk* ~ **sein** to have got over sth
Weg <-[e]s, -e> [ve:k, *pl* 've:gə] m ❶ (*Pfad*) path ❷ (*unbefestigte Straße*) track ❸ (*Strecke*) way ❹ (*Methode*) way ▶ **auf dem ~e der Besserung sein** to be on the road to recovery; **auf dem besten ~e sein, etw zu tun** to be well on the way to doing sth; **auf friedlichem ~e** by peaceful means; **jdm auf halbem ~e entgegenkommen** to meet sb halfway; **vom rechten ~ abkommen** to wander from the straight and narrow; **geh mir aus dem ~!** get out of my way!; **jdm/einer Sache** *dat* **aus dem ~ gehen** to avoid sb/sth; **auf dem ~ sein** to be on one's way; **jdm über den ~ laufen** to run into sb; **etw in die ~e leiten** to arrange sth; **auf jds ~ liegen** to be on sb's way; **sich auf den ~ machen** to set off; **etw aus dem ~ räumen** to remove sth; **sich jdm in den ~ stellen** to bar sb's way; **jdm nicht über den ~ trauen** to not trust sb an inch; **hier trennen sich unsere ~e** this is where we part company; **aus dem ~!** stand aside!, make way!
weg|be·kom·men* vt irreg (fam) ❶ (*entfernen können*) to remove ❷ (*fortbewegen können*) to move away
Weg·be·rei·ter(in) <-s, -> m(f) forerunner, precursor
weg|blei·ben vi irreg sein to stay away; **bleib nicht so lange weg!** don't stay out too long, **weg|brin·gen** vt irreg to take away **weg|den·ken** vt irreg ■ **sich** *dat* **etw** ~ to imagine sth without sth **weg|dre·hen** vt ❶ to turn away sep **weg|drü·cken** vt ❶ (*move aside*) to push away ❷ (fam) *Angst, Gefühl* to repress **weg|dür·fen** vi irreg (fam) to be allowed to go out
we·gen ['ve:gn] präp +gen ❶ (*aus Gründen*) because of, due to ❷ (*bedingt durch*) ■ ~ **jdm** on account of sb ❸ (*bezüglich*) ■ ~ **einer S.** gen regarding a thing
weg|fah·ren irreg I. vi sein to leave II. vt haben ❶ (*wegbringen*) to take away ❷ (*woandershin fahren*) to move **weg|fal·len** vi irreg sein to cease to apply **weg|flie·gen** vi irreg sein ❶ (*fortfliegen*) to fly away ❷ (*weggeblasen werden*) to blow away **weg|füh·ren** vt, vi to lead away **weg|ge·ben** vt irreg to give away sep
Weg·ge·fähr·te, -ge·fähr·tin m, f fellow traveller
weg|ge·hen vi irreg sein ❶ (*fortgehen*) to go away ❷ (fam: *sich entfernen lassen*) to remove; **der Fleck geht nicht weg** the stain won't come out **weg|gie·ßen** vt irreg to pour away sep **weg|gu·cken** vi (fam) s. **wegsehen weg|ho·len I.** vt to take away sep **II.** vr (fam) **sich** *dat* **eine Grippe** ~ to catch flu **weg|hö·ren** vi to stop listening **weg|ja·gen** vt to drive away sep **weg|kom·men** vi irreg sein (fam) ❶ (*weggehen können*) to get away; **mach, dass du wegkommst!** clear off! ❷ (*abhandenkommen*) to disappear ❸ (*abschneiden*) to fare somehow
Weg·kreu·zung f crossroads
weg|krie·gen vt s. **wegbekommen 1 weg|las·sen** vt irreg ❶ (*auslassen*) to leave out sep ❷ (*weggehen lassen*) to let go ❸ (*darauf verzichten*) ■ **etw** ~ to give sth a miss BRIT fam **weg|lau·fen** vi irreg sein to run away (**vor** from) **weg|le·gen** vt ❶ (*beiseitelegen*) to put down sep ❷ (*aufbewahren*) to put aside sep **weg|ma·chen** vt to get rid of **weg|mob·ben** vt ■ **jdn** ~ to hound someone out of his/her job **weg|müs·sen** vi irreg to have to go **weg|neh·men** vt irreg ■ **etw** ~ to take sth away sep (**von** from); ■ **jdm etw** ~ to take away sth sep from sb
Weg·rand m side of the road
weg|ra·tio·na·li·sie·ren* vt ■ **jdn/etw** ~ to get rid of sb/sth as part of a rationalization

programme **weg|räu·men** *vt* to clear away *sep* **weg|ren·nen** *vi irreg sein* (*fam*) *s.* weglaufen **weg|rut·schen** *vi sein* to slip away **weg|schaf·fen** *vt* to remove **weg|schau·en** *vi* (*geh*) *s.* wegsehen **weg|schi·cken** *vt* ❶ (*abschicken*) to send off *sep* ❷ (*fortgehen heißen*) to send away **weg|schie·ben** *vt irreg* to push away *sep* **weg|schlep·pen** *vt* to drag away *sep* **weg|schlie·ßen** *vt irreg* to lock away *sep* (vor from) **weg|schmei·ßen** *vt irreg* (*fam*) *s.* wegwerfen **weg|schnap·pen** *vt* ▪ jdm etw ~ to take sth from sb **weg|schüt·ten** *vt s.* weggießen **weg|se·hen** *vi irreg* to look away **weg|set·zen** *vt* to move away *sep* **weg|ste·cken** *vt* ❶ (*einstecken*) to put away *sep* ❷ (*verkraften*) to get over **weg|steh·len** *vr irreg* (*verschwinden*) to steal away **weg|stel·len** *vt* to move out of the way **weg|sto·ßen** *vt irreg* to push away *sep*; (*mit Fuß*) to kick away *sep*

Weg·stre·cke *f* stretch of road **weg|tra·gen** *vt irreg* to carry away *sep* **weg|tre·ten** *vi irreg sein* MIL to fall out; ▪ jdn ~ lassen to dismiss sb ▶ **weggetreten sein** to be miles away **weg|tun** *vt irreg* ❶ (*wegwerfen*) to throw away *sep* ❷ (*weglegen*) to put down *sep*

weg·wei·send *adj* Taten pioneering; *Erfindung* revolutionary

Weg·wei·ser <-s, -> *m* signpost **weg|wer·fen** *vt irreg* to throw away *sep* **Weg·werf·ge·sell·schaft** *f* throwaway society **Weg·werf·pa·ckung** *f* disposable packaging

weg|wi·schen *vt* to wipe away *sep* **weg|zie·hen** *vi irreg sein* to move away **Weg·zoll** *m* TRANSP, ADMIN [highway] toll **weh** [veː] *adj* sore

we·he ['veːə] *interj* [don't] you dare! **We·he** <-, -n> ['veːə] *f* ❶ (*Schnee~, Sand~*) drift ❷ *meist pl* (*Geburts~ n*) labour pains; in den ~n liegen to be in labour

we·hen ['veːən] *vi* ❶ *haben* (*blasen*) to blow ❷ *haben* Haare to blow about; *Fahne* to flutter ❸ *sein* Duft to waft; *Klang* to drift

We·hen·mit·tel *nt* MED ecbolic **weh·kla·gen** ['veːklaːɡn̩] *vi* to lament **weh·lei·dig** *adj* oversensitive

Weh·mut <-> ['veːmuːt] *f kein pl* wistfulness *no pl*; voller ~ melancholy

weh·mü·tig ['veːmyːtɪç] *adj* (*geh*) melancholy; *Erinnerung* nostalgic

Wehr[1] [veːɐ̯] *f* sich zur ~ setzen to defend oneself

Wehr[2] <-[e]s, -e> [veːɐ̯] *nt* BAU weir **Wehr·be·auf·trag·te(r)** *f(m) dekl wie adj* parliamentary commissioner for the armed forces

Wehr·dienst *m kein pl* military service *no pl*; den ~ verweigern to refuse to do military service **wehr·dienst·taug·lich** *adj* fit for military service **Wehr·dienst·ver·wei·ge·rer** *m* conscientious objector **Wehr·dienst·ver·wei·ge·rung** *f* refusal to do military service

weh·ren ['veːrən] *vr* ❶ (*sich widersetzen*) ▪ sich gegen etw *akk* ~ to fight against sth ❷ (*sich sträuben*) ▪ sich dagegen ~, etw zu tun to resist doing sth

Wehr·er·satz·dienst *m* alternative to national service **wehr·los I.** *adj* defenceless (gegen against) **II.** *adv* in a defenceless state; etw ~ gegenüberstehen to be defenceless against sth **Wehr·macht** *f* armed forces; HIST die ~ the Wehrmacht **Wehr·pflicht** *f kein pl* compulsory military service *no pl* **wehr·pflich·tig** *adj* liable for military service **Wehr·pflich·ti·ge(r)** *f(m) dekl wie adj* person liable for military service **Wehr·sport·übung** *f* POL militia training **wehr·taug·lich** *adj* fit for military service

weh|tun *vt* to hurt

Weib <-[e]s, -er> [vaɪ̯p, *pl* 'vaɪ̯bɐ] *nt* (*pej*) woman; ein furchtbares ~ a terrible woman **Weib·chen** <-s, -> ['vaɪ̯pçən] *nt* female **Wei·ber·held** *m* (*pej*) ladykiller

wei·bisch ['vaɪ̯bɪʃ] *adj* effeminate **weib·lich** ['vaɪ̯plɪç] *adj* ❶ (*fraulich*) feminine ❷ ANAT female ❸ LING feminine

Weib·lich·keit <-> *f kein pl* femininity *no pl* **weich** [vaɪ̯ç] **I.** *adj* soft **II.** *adv* softly; ~ ab·bremsen to brake gently

Wei·che <-, -n> ['vaɪ̯çə] *f* BAHN points *pl* ▶ die ~n [für etw *akk*] stellen to determine the course [for sth]

wei·chen <wich, gewichen> ['vaɪ̯çn̩] *vi sein* ❶ (*nachgeben*) ▪ etw ~ to give way to sth ❷ (*schwinden*) to subside ❸ (*verschwinden*) to go; er wich nicht von der Stelle he didn't budge from the spot

Weich·heit <-, *selten* -en> *f* softness *no pl* **weich·her·zig** *adj* soft-hearted **Weich·kä·se** *m* soft cheese

weich·lich *adj* weak

Weich·ling <-s, -e> ['vaɪ̯çlɪŋ] *m* (*pej*) weakling

Weich·spü·ler <-s, -> *m* fabric softener **Weich·tei·le** *pl* ❶ (*Eingeweide*) soft parts *pl* ❷ (*Geschlechtsteile*) private parts *pl* **Weich·tier** *nt* mollusc **weich|wer·den** *vi irreg sein* (*fig*) to weaken

Wei·de <-, -n> ['vaɪ̯də] *f* ❶ BOT willow ❷ AGR meadow

Wei·de·land *nt* pastureland *no pl* **wei·den** ['vaɪ̯dn̩] **I.** *vi* (*grasen*) to graze **II.** *vr*

■ **sich an etw** *dat* **~** ❶ *(sich ergötzen)* to feast one's eyes on sth ❷ *(genießen)* to revel in sth
Wei·den·kätz·chen *nt* willow catkin **Wei·den·ru·te** *f* willow rod
wei·gern ['vaɪgɐn] *vr* ■ **sich ~** to refuse
Wei·ge·rung <-, -en> *f* refusal
Weih·bi·schof [vaɪ-] *m* suffragan bishop
Weihe <-, -n> ['vaɪə] *f* REL consecration *no pl;* **die ~ n empfangen** to take orders
wei·hen ['vaɪən] *vt* ❶ REL to consecrate ❷ *(widmen)* ■ **jdm geweiht sein** to be dedicated to sb
Wei·her <-s, -> ['vaɪɐ] *m* pond
Weih·nach·ten <-, -> ['vaɪnaxtn̩] *nt* Christmas, Xmas *fam;* **fröhliche ~!** merry Christmas!
weih·nacht·lich I. *adj* Christmassy, festive **II.** *adv* festively
Weih·nachts·abend *m* Christmas Eve **Weih·nachts·baum** *m* Christmas tree **Weih·nachts·fei·er** *f* Christmas celebrations *pl* **Weih·nachts·fest** *nt* Christmas **Weih·nachts·geld** *nt* Christmas bonus **Weih·nachts·ge·schenk** *nt* Christmas present **Weih·nachts·lied** *nt* [Christmas] carol **Weih·nachts·mann** *m* Father Christmas, Santa Claus **Weih·nachts·markt** *m* Christmas fair
Weih·rauch ['vaɪraʊx] *m* incense **Weih·was·ser** *nt* holy water
weil [vaɪl] *konj* because, as, cos *sl*
Weil·chen <-s> *nt kein pl* ■ **ein ~** a little while
Wei·le <-> ['vaɪlə] *f kein pl* while *no pl;* **eine ganze ~** quite a while
Wei·ler <-s, -> ['vaɪlɐ] *m* hamlet
Wein <-[e]s, -e> [vaɪn] *m* ❶ *(Getränk)* wine ❷ *kein pl (~ rebe)* vines *pl* ▶ **jdm reinen ~ einschenken** to tell sb the truth
Wein·bau *m kein pl* wine-growing *no pl* **Wein·bau·er(in)** *m(f) s.* **Winzer Wein·bau·ge·biet** *nt* wine-growing area **Wein·bee·re** *f* ❶ *(Traube)* grape ❷ SÜDD, ÖSTERR, SCHWEIZ *(Rosine)* raisin
Wein·berg *m* vineyard **Wein·berg·schne·cke** *f* edible snail
Wein·brand *m* brandy
wei·nen ['vaɪnən] *vi* to cry (**um** for); **vor Freude ~** to cry with joy
wei·ner·lich I. *adj* tearful **II.** *adv* tearfully
Wein·ern·te *f* grape harvest **Wein·es·sig** *m* wine vinegar **Wein·fass**ᴿᴿ *nt* wine cask **Wein·fla·sche** *f* wine bottle **Wein·geist** *m kein pl* ethyl alcohol *no pl* **Wein·glas** *nt* wine glass **Wein·gut** *nt* wine-growing estate **Wein·jahr** *nt* vintage **Wein·kar·te** *f* wine list **Wein·kel·ler** *m* wine cellar

Wein·krampf *m* crying fit
Wein·le·se *f* grape harvest **Wein·pro·be** *f* wine-tasting **Wein·re·be** *f* grape[vine] **wein·rot** *adj* claret **Wein·sor·te** *f* type of wine **Wein·stu·be** *f* wine bar **Wein·trau·be** *f* grape
wei·se ['vaɪzə] **I.** *adj* wise **II.** *adv* wisely
Wei·se <-, -n> ['vaɪzə] *f* ❶ *(Methode)* way; **auf bestimmte ~** in a certain way; **auf diese ~** in this way; **in gewisser ~** in certain respects; **auf jds ~** in sb's own way ❷ *(geh: Melodie)* tune
Wei·se(r) ['vaɪzə, -zɐ] *f(m) dekl wie adj* wise man ▶ **die [drei] ~ n aus dem Morgenland** the three Wise Men from the East
wei·sen <wies, gewiesen> ['vaɪzn̩] **I.** *vt* ■ **jdn aus etw** *dat* **~** to expel sb from sth ▶ **etw von sich** *dat* **~** to reject sth **II.** *vi (geh)* ■ **irgendwohin ~** to point somewhere
Weis·heit <-, -en> ['vaɪshaɪt] *f kein pl (kluge Einsicht)* wisdom; **eine alte ~ sein** to be a wise old saying ❷ *meist pl (weiser Rat)* word *usu of* wisdom ▶ **mit seiner ~ am Ende sein** to be at one's wits' end
Weis·heits·zahn *m* wisdom tooth
weis|ma·chen ['vaɪs-] *vt* ■ **jdm etw ~** to have sb believe sth; ■ **jdm ~, dass ...** to lead sb to believe, that ...
weiß [vaɪs] *adj, adv* white
Weiß <-[es]> [vaɪs] *nt* white; [**ganz**] **in ~** dressed [all] in white
weis·sa·gen I. *vi* ■ **jdm ~** to tell sb's fortune **II.** *vt* ■ **etw ~** to prophesy sth
Weis·sa·gung <-, -en> *f* prophecy
Weiß·bier *nt* weissbier *(light, top-fermented beer)* **Weiß·blech** *nt* tin plate **Weiß·brot** *nt* white bread **Weiß·dorn** *m* hawthorn
Wei·ße(r) *f(m) dekl wie adj* white, white man/woman; **die ~ n** white people
wei·ßeln ['vaɪsln̩] *vt* SÜDD, **wei·ßen** ['vaɪsn̩] *vt* to whitewash
weiß·glü·hend *adj* white-hot **Weiß·glut** *f kein pl* white heat ▶ **jdn zur ~ bringen** to make sb livid with rage **Weiß·gold** *nt* white gold **weiß·haa·rig** *adj* white-haired **Weiß·kohl** *m,* **Weiß·kraut** *nt* SÜDD, ÖSTERR white cabbage **Weiß·russ·land**ᴿᴿ *nt* White Russia **Weiß·wein** *m* white wine **Weiß·wurst** *f* Bavarian veal sausage *(cooked in hot water and served mid-morning with sweet mustard)*
Wei·sung <-, -en> *f* instruction, direction; **auf ~ [von jdm]** on [sb's] instructions
wei·sungs·be·rech·tigt *adj* JUR authorized to give instructions
weit [vaɪt] **I.** *adj* ❶ *(räumlich/zeitlich ausgedehnt)* long; **bis dahin ist es noch ~** it will be a long time yet before we get there

weit·ab ['vaɪt'?ap] *adv* far away; ■ ~ **von etw** *dat* far from sth

weit-aus ['vaɪt'?aʊs] *adv* ❶ *vor comp (in hohem Maße)* far, much; ~ **schlechter sein als etw** to be far [*or* much] worse than sth ❷ *vor superl (bei weitem)* [by] far

Weit·blick *m kein pl* ❶ *(Voraussicht)* farsightedness, vision ❷ *s.* **Fernblick weit·bli·ckend**^{ALT} *adj* visionary

Wei·te¹ <-, -n> ['vaɪtə] *f* ❶ *(weite Ausdehnung)* expanse, vastness ❷ *(Länge)* length ❸ *(Breite)* width

Wei·te² <-n> ['vaɪtə] *nt (Entfernung)* distance ▶ **das** ~ **suchen** to take to one's heels

wei·ten ['vaɪtn] **I.** *vt* MODE to widen **II.** *vr* ■ **sich** ~ to widen; *(Pupille)* to dilate

wei·ter ['vaɪtɐ] *adv (sonst)* further; **wenn es** ~ **nichts ist, ...** well, if that's all ...; ~ **bestehen** to continue to exist; **nicht** ~ **wissen** not to know what [else] to do; **und so** ~ [und so **fort**] and so on [and so forth]; ~! keep going!

wei·ter|ar·bei·ten ['vaɪtɐ?arbaɪtn̩] *vi* to carry on working (**an** on) **wei·ter|bil·den** *vr* ■ **sich in etw** *dat* ~ to develop one's knowledge of sth **Wei·ter·bil·dung** *f* further education **wei·ter|brin·gen** *vt irreg* to help along

wei·te·re(r, s) *adj (zusätzlich)* further, additional; **alles W~** everything else ▶ **bis auf** ~ **s** until further notice, for the time being; **ohne** ~ **s** easily, just like that

wei·ter|emp·feh·len* *vt irreg* ■ **etw** ~ to recommend sth **wei·ter|ent·wi·ckeln*** *vt, vr* to develop further **Wei·ter·ent·wick·lung** *f* further development **wei·ter|er·zäh·len*** *vt* ■ **etw** ~ to pass on sth *sep* **wei·ter|fah·ren** *irreg vi sein* to continue driving; ■ **[irgendwohin]** ~ to drive on [to somewhere] **Wei·ter·fahrt** *f kein pl* continuation of the journey **wei·ter|füh·ren** *vt* ❶ *(fortsetzen)* to continue ❷ *(weiterbringen)* **jdn** ~ to be a help to sb **Wei·ter·ga·be** *f* transmission **wei·ter|ge·ben** *vt irreg* to pass on (**an** to) **wei·ter|ge·hen** *vi irreg sein* ❶ *(seinen Weg fortsetzen)* to walk on ❷ *(seinen Fortgang nehmen)* to go on; **so kann es nicht** ~ things can't go on like this **wei·ter|hel·fen** *vi irreg* to help further; *(auf die Sprünge helfen)* to help along

wei·ter·hin ['vaɪtɐ'hɪn] *adv* ❶ *(fortgesetzt)* still ❷ *(außerdem)* furthermore, in addition **wei·ter|kom·men** *vi irreg sein* to get further (**mit** with) **wei·ter|le·ben** *vi* to live on **wei·ter|lei·ten** *vt* to pass on *sep* (**an** to) **wei·ter|ma·chen** *vi* to carry on, to continue **wei·ter|sa·gen** *vt* ■ **etw** ~ to repeat sth; **nicht** ~! don't tell anyone! **wei·ter|ver·ar·bei·ten*** *vt* to process (**zu** into)

weit·test·ge·hend I. *adj superl von* **weitgehend** most extensive **II.** *adv* to the greatest possible extent

weit·ge·hend^{ALT} <weitgehender *o* ÖSTERR weitergehend, weitestgehend *o* weitgehendste(r, s)> **I.** *adj (umfassend)* extensive **II.** *adv* extensively, to a large extent

weit·her·zig ['vaɪthɛrtsɪç] *adj* generous

weit·läu·fig ['vaɪtlɔʏftɪç] **I.** *adj* ❶ *(ausgedehnt)* extensive ❷ *(entfernt)* distant **II.** *adv* extensively, distantly

weit·räu·mig *I. adj* spacious **II.** *adv* spaciously; **den Verkehr** ~ **umleiten** to divert the traffic around a wide area

weit·rei·chend^{ALT} *adj* extensive

weit·schwei·fig ['vaɪt∫vaɪfɪç] **I.** *adj* long-winded **II.** *adv* long-windedly, at great length

Weit·sicht ['vaɪtzɪçt] *f s.* **Weitblick**

weit·sich·tig ['vaɪtzɪçtɪç] *adj* ❶ MED long-sighted BRIT, farsighted AM ❷ *s.* **weitblickend**

Weit·sich·tig·keit <-> *f kein pl* MED long-sightedness BRIT, far-sight AM **Weit·sprin·ger(in)** *m(f)* long-jumper **Weit·sprung** *m kein pl* long-jump **Weit·win·kel·ob·jek·tiv** *nt* wide-angle lens

Wei·zen <-s, -> ['vaɪtsn̩] *m* wheat

Wei·zen·bier *nt* weissbier *(light, top fermented beer)* **Wei·zen·keim·öl** *nt* wheatgerm oil **Wei·zen·mehl** *nt* wheat flour

welch [vɛlç] *pron* ■ ~ **[ein]** ... what [a] ...

wel·che(r, s) I. *pron interrog* which **II.** *pron*

rel (*der, die, das: Mensch*) who; (*Sache*) which **III.** *pron indef* ❶ (*etwas*) some; **wenn du Geld brauchst, kann ich dir ~s leihen** if you need money, I can lend you some ❷ *pl* (*einige*) some; ■ **~, die ...** some [people], who

welk [vɛlk] *adj* ❶ (*verwelkt*) wilted ❷ (*schlaff*) worn-out

wel·ken ['vɛlkn] *vi sein* to wilt

Well·blech *nt* corrugated iron

Wel·le <-, -n> ['vɛlə] *f* wave

wel·len ['vɛlən] *vr* **sich ~** to be/become wavy; (*Papier*) to crinkle

Wel·len·bad *nt* wave pool **Wel·len·brecher** <-s, -> *m* breakwater, groyne **Wel·len·gang** <-[e]s> *m kein pl* waves *pl*; **starker ~** heavy seas *pl* **Wel·len·län·ge** *f* PHYS wavelength ▸ **auf der gleiche ~ haben** to be on the same wavelength **Wel·len·li·nie** *f* wavy line **Wel·len·rei·ten** *nt* surfing **Wel·len·sit·tich** *m* budgerigar, budgie *fam*

wel·lig ['vɛlɪç] *adj* ❶ (*gewellt*) wavy ❷ (*wellenförmig*) uneven

Well·pap·pe *f* corrugated cardboard

Wel·pe <-n, -n> ['vɛlpə] *m* pup, whelp

Wels <-es, -e> [vɛls] *m* catfish

Welt <-, -en> [vɛlt] *f* world; **auf der ~** in the world; **in aller ~** all over the world; **die ~ des Films** the world of film ▸ **die dritte/vierte ~** the Third/Fourth World; **in seiner eigenen ~ leben** to live in a world of one's own; **eine ~ bricht für jdn zusammen** sb's whole world collapses about sb; **jdn zur ~ bringen** to bring sb into the world; **davon geht die ~ nicht unter** it's not the end of the world; **auf die ~ kommen** to be born; **in einer anderen ~ leben** to live on another planet; **etw in die ~ setzen** *Gerücht* to spread sth; **sie trennen ~en** they are worlds apart; **um nichts in der ~** not for the world; **alle ~** the whole world

welt·ab·ge·wandt *adj* SOZIOL insular, inward-looking **Welt·all** *nt kein pl* universe **Welt·an·schau·ung** *f* philosophy of life; (*philosophisch und politisch*) ideology **Welt·aus·stel·lung** *f* world exhibition **welt·be·rühmt** *adj* world-famous **Welt·be·völ·ke·rung** *f kein pl* world population **welt·be·we·gend** *adj* earth-shaking **Welt·bild** *nt* world view **Welt·bür·ger(in)** *m(f)* citizen of the world **Welt·cup** <-s, -s> [-kap] *m* World Cup

Wel·ten·bumm·ler(in) *m(f)* globetrotter

Welt·er·folg *m* world[-wide] success **Welt·flucht** *f kein pl* SOZIOL escape from reality **welt·fremd** *adj* unworldly **Welt·ge·schich·te** *f kein pl* world history ▸ **in der ~** all over the place **welt·ge·schicht·lich** *adj* **von ~ er Bedeutung sein** to be of great significance in world history **Welt·han·del** *m* world trade **Welt·kar·te** *f* world map **Welt·kli·ma** *nt kein pl* METEO global climate **Welt·krieg** *m* world war; **der Erste/Zweite ~** World War One/Two **Welt·ku·gel** *f* globe **Welt·la·ge** *f kein pl* world situation **Welt·läu·fig·keit** ['vɛltlɔyfɪçkaɪt] *f kein pl* SOZIOL global adaptability

welt·lich ['vɛltlɪç] *adj* (*geh*) ❶ (*irdisch*) worldly ❷ (*profan*) mundane

Welt·macht *f* world power **welt·män·nisch** *adj* sophisticated

Welt·markt *m* world market **Welt·markt·preis** *m* world market price

Welt·meer *nt* ocean **Welt·meis·ter(in)** *m(f)* world champion (**in at**) **Welt·meis·ter·schaft** *f* world championship **Welt·mu·sik** *f* world music *no indef art, no pl* **welt·of·fen** *adj* cosmopolitan **Welt·of·fen·heit** *f kein pl* cultural openness **Welt·ord·nung** *f* world order **Welt·pre·mi·ere** *f* world premiere **Welt·rang·lis·te** *f* world rankings *pl*

Welt·raum *m kein pl* [outer] space **Welt·raum·be·hör·de** *f* space agency **Welt·raum·fäh·re** *f* space shuttle **Welt·raum·for·schung** *f kein pl* space research **Welt·raum·müll** *m* cosmic debris **Welt·raum·spa·zier·gang** *m* space walk **Welt·raum·sta·ti·on** *f* space station

Welt·reich *nt* empire **Welt·rei·se** *f* world trip; **eine ~ machen** to go on a journey around the world **Welt·re·kord** *m* world record **Welt·re·li·gi·on** *f* world religion **Welt·ruhm** *m* world[wide] fame **Welt·schmerz** *m kein pl* world-weariness **Welt·si·cher·heits·rat** *m* [United Nations] Security Council **Welt·spra·che** *f* world language **Welt·stadt** *f* international city **Welt·star** *m* international star

Welt·un·ter·gang *m* end of the world **Welt·un·ter·gangs·stim·mung** *f* apocalyptic mood

Welt·ver·bes·se·rer, -bes·se·rin *m, f* (*pej*) sb who thinks they can cure the world's ills **welt·weit** **I.** *adj* global, world-wide **II.** *adv* globally

Welt·wirt·schaft *f* world economy **Welt·wirt·schafts·fo·rum** *nt* world economic forum **Welt·wirt·schafts·gip·fel** *m* World Economic Summit **Welt·wirt·schafts·kri·se** *f* world economic crisis

Welt·wun·der *nt* **die sieben ~** the Seven Wonders of the World

wem [veːm] **I.** *pron interrog dat von* **wer** (*welcher Person?*) who ... to, to whom *form*; **~ gehört dieser Schlüssel?** who does this

wen [veːn] **I.** *pron interrog akk von* **wer** (*welche Person?*) who, whom; **an ~** to whom *form*, who ... to; **für ~** for whom *form*, who ... for **II.** *pron rel akk von* **wer** (*derjenige, den*) ■ **~ ...**, **[der]** ... the person who [*or* whom] ...; **an ~** to whom *form*, who ... to; **für ~** for whom *form*, who ... for **III.** *pron indef akk von* **wer** (*fam*) somebody

Wen·de <-, -n> ['vɛndə] *f* ① (*Veränderung*) change, turn ② SPORT face vault

Wen·de·kreis *m* ① AUTO turning circle ② GEOG, ASTRON tropic

Wen·del·trep·pe *f* spiral staircase

wen·den ['vɛndn̩] **I.** *vr* <wendete *o* geh wandte, gewendet *o* geh gewandt> ① (*sich drehen*) ■ **sich irgendwohin ~** to turn to somewhere ② (*kontaktieren*) ■ **sich an jdn ~** to turn to sb ③ (*zielen*) ■ **sich an jdn ~** to be directed at sb ④ (*entgegentreten*) ■ **sich gegen jdn ~** to turn against sb; ■ **sich gegen etw** *akk* **~** to oppose sth ⑤ (*sich verkehren*) **sich zum Besseren ~** to take a turn for the better **II.** *vt* <wendete, gewendet> (*umdrehen*) to turn over *sep;* **bitte ~!** please turn over **III.** *vi* <wendete, gewendet> AUTO to turn

Wen·de·platz *m* turning area **Wen·de·punkt** *m* turning point

wen·dig ['vɛndɪç] *adj* manoeuvrable

Wen·dung <-, -en> *f* ① (*Veränderung*) turn; **eine bestimmte ~ nehmen** to take a certain turn ② (*Rede~*) expression

we·nig ['veːnɪç] **I.** *pron indef* ① *sing* (*nicht viel*) ■ **~ sein** to be not [very] much ② *pl*, *substantivisch* (*ein paar*) ■ **~ e** a few **II.** *adv* little; **ein ~** a little; **nicht ~** more than a little; **zu ~** too little; **zu ~ schlafen** to not get enough sleep; ■ **~ e ...** few

we·ni·ger ['veːnɪɡɐ] **I.** *pron indef comp von* **wenig** less; **du solltest ~ essen** you should eat less **II.** *adj comp von* **wenig** less, fewer ▶ **~ ist mehr** it's quality not quantity that counts **III.** *adv comp von* **wenig** ■ **~ ... als ...** less ... than ▶ **je mehr ... desto ~ ...** the more ... the less ...

we·nigs·te(r, s) I. *pron* ■ **die ~n** very few; ■ **das ~, was ...** the least that ... **II.** *adv* **am ~n** least of all

we·nigs·tens ['veːnɪçstn̩s] *adv* at least

wenn [vɛn] *konj* ① *konditional* (*falls*) if; **~ das so ist** if that's the way it is ② *temporal* (*sobald*) as soon as

wenn·gleich [vɛnˈɡlaɪç] *konj* s. **obgleich**

wenn·schon [vɛnˈʃoːn] *adv* ▶ **~, dennschon!** I/you etc. may as well go the whole hog [*or* AM the whole nine yards]; **[na,] ~!** so what?

wer [veːɐ̯] **I.** *pron interrog* who; ■ **~ von ...** which of ... **II.** *pron rel* ■ **~ ...**, **[der]** ... the person who ..., whoever ... **III.** *pron indef* (*fam*) somebody; ■ **~ von ...** which of ... ▶ **~ sein** to be somebody

Wer·be·ab·tei·lung *f* advertising department **Wer·be·agen·tur** *f* advertising agency **Wer·be·an·zei·ge** *f* advertisement **Wer·be·ban·ner** *nt* INFORM banner ad **Wer·be·block** *nt* advertising block **Wer·be·bran·che** *f* advertising **Wer·be·bro·schü·re** *f* brochure **Wer·be·fach·mann, -fachfrau** *m, f* publicity expert, adman *fam* **Wer·be·fern·se·hen** *nt* commercials *pl* **Wer·be·film** *m* promotional film **Wer·be·fritz** <-en, -en> ['vɛrbəfrɪts] *m* (*pej sl*) adman *fam* **Wer·be·ge·schenk** *nt* promotional gift **Wer·be·kam·pa·gne** *f* advertising campaign

wer·ben <wirbt, warb, geworben> ['vɛrbn̩] **I.** *vt* **jdn ~** to recruit sb (**für** for) **II.** *vi* ① (*Reklame machen*) ■ **für etw** *akk* **~** to advertise sth ② (*zu erhalten suchen*) **um eine Frau ~** to woo a woman; **um neue Wähler ~** to try to attract new voters

Wer·be·pros·pekt *m* promotional brochure **Wer·be·rum·mel** *m* (*oft pej fam*) advertising blitz **Wer·be·sei·te** *f* full-page ad[vertisement] **Wer·be·slo·gan** *m* advertising slogan **Wer·be·spot** *m* commercial **Wer·be·text** *m* publicity copy *no pl, no indef art* **Wer·be·trä·ger** *m* advertising medium **Wer·be·trom·mel** *f* ▶ **die ~ für jdn/etw rühren** to beat the drum for sb/sth **Wer·be·un·ter·bre·chung** *f* (*für Werbespots*) commercial break **wer·be·wirk·sam** *adj* promotionally effective

Wer·bung <-> *f kein pl* ÖKON ① (*Branche*) advertising ② (*Reklame*) advertisement; **~ für etw** *akk* **machen** to advertise sth ③ (*Werbespot*) commercial; (*Werbeprospekte*) advertising literature ④ (*das Werben*) recruitment; *von Kunden* attracting

Wer·de·gang <*selten* -gänge> *m* career

wer·den ['veːɐ̯dn̩] **I.** *vi* <wurde *o liter* ward, geworden> *sein* ① (*in einen anderen Zustand übergehen*) to become, to get; **alt/älter ~** to get old/older; **verrückt ~** to go mad; **kalt ~** to get cold; **es wird dunkel** it is getting dark; **es wird besser** it is going to get better; **es wird Sommer** summer is coming; **sie ist gerade 98 geworden** she has just turned 98 ② (*als Empfindung auftreten*) **jdm wird heiß/übel** sb feels hot/sick ③ (*eine*

Ausbildung zu etw machen) ■ **etw ~** to become sth; **was möchtest du einmal ~?** what do you want to be? ❹ (*eine Entwicklung durchmachen*) **Wirklichkeit/Mode ~** to become reality/fashionable; ■ **aus jdm wird etw** sb will turn out to be sth; ■ **aus etw** *dat* **wird etw** sth turns into sth; ■ **zu etw** *dat* ~ to turn into sth ❺ (*sich gut entwickeln*) **aus etw** *dat* **wird etwas/nichts** sth will turn into sth/nothing is going to come of sth; **es wird schon [wieder]** ~ it'll turn out okay in the end **II.** *vb aux* <wurde, worden> ❶ *zur Bildung des Futurs* ■ **etw tun ~** to be going to do sth; ■ **es wird etw geschehen** sth is going to happen; **jd wird etw getan haben** sb will have done sth ❷ *zur Bildung des Konjunktivs* ■ **jd würde etw tun** sb would do sth ❸ *mutmaßend* (*dürfte*) **es wird gegen 20 Uhr sein** it's probably getting on for 8 o'clock ❹ *in Bitten* ■ **würde jd etw tun?** would [*or* could] sb please do sth? **III.** *vb aux* <wurde *o liter* ward, worden> *zur Bildung des Passivs* ■ **... ~** to be ...; **sie wurde entlassen** she was dismissed; ■ **etw wird ...** sth is ...; **das wird bei uns häufig gemacht** that is often done in our house

Wer·den <-s> ['ve:ɐdn̩] *nt kein pl* (*geh*) development; **im ~ sein** to be in the making

wer·fen <wirft, warf, geworfen> ['vɛrfn̩] **I.** *vt* to throw (**nach** *at*) **II.** *vi* ❶ (*Werfer sein*) to throw ❷ (*Junge gebären*) to throw *spec,* to give birth

Werft <-, -en> [vɛrft] *f* shipyard

Werft·ar·bei·ter(in) *m(f)* shipyard worker

Werk <-[e]s, -e> [vɛrk] *nt* ❶ (*gesamtes Schaffen*) works *pl* ❷ KUNST, LIT work ❸ *kein pl* (*Arbeit*) **ans ~ gehen** to go to work; **am ~ sein** to be at work ❹ (*Fabrik*) factory; **ab ~** ex works ▸ **ein gutes ~ tun** to do a good deed; **das ist jds ~** that's sb's doing

Werk·bank <-bänke> *f* workbench **werk·ge·treu** *adj* **eine ~e Wiedergabe** a faithful reproduction **Werk·hal·le** *f* factory building **Werk·meis·ter(in)** *m(f)* foreman **Werk(s)·an·ge·hö·ri·ge(r)** *f(m) dekl wie adj* factory employee **Werk·schutz** *m* ❶ (*Schutzmaßnahmen*) factory security ❷ (*Personal*) factory security service

Werks·ge·län·de *nt* works premises *npl*

Werk·statt *f* ❶ (*Arbeitsraum*) workshop ❷ AUTO garage **Werk·stoff** *m* material **Werk·stück** *nt* workpiece **Werk·tag** *m* workday, working day *esp* BRIT **werk·tags** *adv* on workdays [*or esp* BRIT working days] **werk·tä·tig** ['vɛrktɛːtɪç] *adj* **die ~e Bevölkerung** the working population **Werk·tä·ti·ge(r)** *f(m) dekl wie adj* working person **Werk·treue** *f kein pl* FILM, THEAT, MUS faithfulness to the original [version] **Werk·un·ter·richt** *m* woodwork/metalwork class **Werk·ver·trag** *m* service contract

Werk·zeug <-[e]s, -e> *nt* tool *usu pl* **Werk·zeug·kas·ten** *m* toolbox **Werk·zeug·schrank** *m* tool cabinet

Wer·mut <-[e]s> ['vɛːɐmuːt] *m kein pl* ❶ BOT wormwood ❷ (*aromatisierter Wein*) vermouth

Wer·muts·trop·fen *m* a bitter pill

wert [veːɐt] *adj* ■ **etw ~ sein** to be worth sth; **Paris ist immer eine Reise ~** Paris is always worth a visit

Wert <-[e]s, -e> [veːɐt] *m* ❶ (*Preis*) value; **im ~ steigen** to increase in value; **an ~ verlieren** to decrease in value; **im ~e von etw** *dat* worth sth ❷ *pl* (*Daten*) results *pl* ❸ (*Wichtigkeit*) ■ **auf etw** *akk* **legen** to attach value to sth; **~ darauf legen, etw zu tun** to find it important to do sth ▸ **das hat keinen ~** it's useless

Wert·ar·beit *f* first-class workmanship **wert·be·stän·dig** *adj* stable in value *pred* **Wert·brief** *m* registered letter (*with valuable content*)

Wer·te·ge·mein·schaft *f* SOZIOL, POL community of [shared] values **Wer·te·ka·non** ['veːɐtəkaːnɔn] *m* SOZIOL (*geh*) core values **wer·ten** *vt* to rate

Wer·te·sys·tem *nt* system of values **Wer·te·wan·del** *m* change in values

wert·frei *adj* impartial **Wert·ge·gen·stand** *m* valuable object; ■ **Wertgegenstände** valuables

Wer·tig·keit <-, -en> [veːɐtɪç-] *f* valency

wert·los *adj* worthless **Wert·maß·stab** *m* standard

Wert·pa·pier *nt* bond **Wert·pa·pier·markt** *m* stock market

Wert·sa·che *f meist pl* valuable object; ■ **~en** valuables **Wert·schät·zung** *f* esteem

Wert·stoff *m* recyclable material **Wert·stoff·con·tai·ner** *m* recycling container

Wer·tung <-, -en> *f* ❶ SPORT rating, score ❷ (*das Werten*) grading ❸ (*Be~*) evaluation, assessment

Wert·ver·lust *m* depreciation **wert·voll** *adj* valuable **Wert·vor·stel·lung** *f meist pl* moral concept *usu pl* **Wert·zei·chen** *nt* (*form*) stamp

Wer·wolf ['veːɐvɔlf] *m* werewolf

We·sen <-s, -> ['veːzn̩] *nt* ❶ (*Geschöpf*) being; (*tierisch*) creature ❷ *kein pl* (*kennzeichnende Grundzüge*) nature

We·sens·art *f* nature **We·sens·zug** *m* characteristic

we·sent·lich ['veːzn̩tlɪç] **I.** *adj* ❶ (*erheblich*)

considerable ❷ (*gewichtig*) essential; ▪ **das W~e** the essential part; **im W~en** essentially **II.** *adv* considerably

We·ser <-> ['veːzɐ] *f* Weser (*river in northwest Germany*)

wes·halb [vɛsˈhalp] **I.** *adv interrog* why **II.** *adv rel* why

Wes·pe <-, -n> ['vɛspə] *f* wasp

Wes·pen·nest *nt* wasp's nest **Wes·pen·stich** *m* wasp sting

wes·sen ['vɛsn̩] **I.** *pron gen von* **wer** ❶ *interrog* whose ❷ *rel, indef* whose; ▪ **~ ... auch** [immer] ... no matter whose ... **II.** *pron interrog* (*geh*) *gen von* **was** of what

Wes·si <-s, -s> ['vɛsi] *m*, **Wes·si** <-, -s> ['vɛsi] *f* (*fam*) West German

West <-[e]s, -e> [vɛst] *m* *kein art, kein pl* west; *s. a.* **Nord 1**

west·deutsch ['vɛstdɔytʃ] *adj* West German, in West Germany **West·deutsch·land** ['vɛstdɔytʃlant] *nt* West Germany

Wes·te <-, -n> ['vɛstə] *f* waistcoat

Wes·ten <-s> ['vɛstn̩] *m* *kein indef art, kein pl* ❶ (*Himmelsrichtung*) west; *s. a.* **Norden 1** ❷ (*westliche Gegend*) west; **der Wilde ~** the Wild West; *s. a.* **Norden 2** ❸ POL **der ~** the West

Wes·ten·ta·sche *f* waistcoat pocket ▸ *etw* **wie seine ~ kennen** to know sth like the back of one's hand

Wes·tern <-[s], -> ['vɛstɐn] *m* western

West·eu·ro·pa ['vɛstʔɔyˈroːpa] *nt* Western Europe **west·eu·ro·pä·isch** ['vɛstʔɔyroˈpɛːɪʃ] *adj* West European

West·fa·le, West·fä·lin <-n, -n> [vɛstˈfaːlə, vɛstˈfɛːlɪn] *m*, *f* Westphalian

West·fa·len <-s> [vɛstˈfaːlən] *nt* Westphalia

West·fä·lin <-, -nen> [vɛstˈfɛːlɪn] *f fem form von* **Westfale**

west·fä·lisch [vɛstˈfɛːlɪʃ] *adj* Westphalian

West·küs·te *f* west coast

west·lich ['vɛstlɪç] **I.** *adj* ❶ (*im Westen liegend*) western ❷ (*von/nach Westen*) westwards, westerly; *s. a.* **nördlich I II.** *adv* ▪ **~ von etw** *dat* to the west of sth; *s. a.* **nördlich II III.** *präp* +*gen* ▪ **~ einer S.** [to the] west of sth; *s. a.* **nördlich III**

West·mäch·te *pl* western powers **West·ta·rif** *m* selten pl a pay scale applicable in the Länder which formerly belonged to the German Federal Republic **West·wind** *m* west wind

wes·we·gen [vɛsˈveːgn̩] *adv s.* **weshalb**

Wett·be·werb <-[e]s, -e> ['vɛtbəvɛrp] *m* competition

Wett·be·wer·ber(in) *m(f)* competitor

wett·be·werbs·fä·hig *adj* competitive

wett·be·werbs·feind·lich *adj* anticompetitive **Wett·be·werbs·hü·ter(in)** *m(f)* ADMIN competition [enforcement] official

Wett·bü·ro *nt* bookmaker's

Wet·te <-, -n> ['vɛtə] *f* bet; ▪ **jede ~ einge·hen, dass ...** to bet anything that ...; **die ~ gilt!** you're on!; **um die ~ essen** to race each other eating; **um die ~ laufen** to race each other; **eine ~ machen** to make a bet

Wett·ei·fer <-s> ['vɛtʔaɪ̯fɐ] *m* *kein pl* competitiveness **wett·ei·fern** *vi* ▪ **miteinander ~** to contend with each other

wet·ten ['vɛtn̩] **I.** *vi* to bet (**auf** on); ▪ **um etw** *akk* **~** to bet sth; **um was wollen wir ~?** what shall we bet?; [**wollen wir**] **~?** [do you] want to bet? ▸ **so haben wir nicht ge·wettet!** that's not on! BRIT, that wasn't the deal! AM **II.** *vt* ▪ **etw ~** to bet sth

Wet·ter <-s, -> ['vɛtɐ] *nt* *kein pl* weather; **bei jedem ~** in all kinds of weather

Wet·ter·amt *nt* met[eorological] office **Wet·ter·aus·sich·ten** *pl* weather outlook **Wet·ter·be·richt** *m* weather report **Wet·ter·dienst** *m* weather service **Wet·ter·fah·ne** *f* weather vane **wet·ter·fest** *adj* weather-proof **Wet·ter·frosch** *m* ❶ (*Frosch*) tree frog ❷ (*hum fam: Meteorologe*) weatherman **wet·ter·füh·lig** *adj* sensitive to weather changes *pred* **Wet·ter·hahn** *m* weathercock **Wet·ter·kar·te** *f* weather chart **Wet·ter·la·ge** *f* weather situation **Wet·ter·leuch·ten** ['vɛtɐlɔyçtn̩] *nt* *kein pl* sheet lightning

wet·tern ['vɛtɐn] *vi* to curse

Wet·ter·prog·no·se *f* weather forecast **Wet·ter·sa·tel·lit** *m* weather satellite **Wet·ter·sta·ti·on** *f* weather station **Wet·ter·um·schwung** *m* sudden change in the weather **Wet·ter·vor·aus·sa·ge** *f*, **Wet·ter·vor·her·sa·ge** *f* weather forecast

Wett·kampf *m* competition **Wett·kämp·fer(in)** *m(f)* competitor, contestant **Wett·lauf** *m* race ▸ **ein ~ gegen die Zeit** a race against time **Wett·läu·fer(in)** *m(f)* runner [in a/the] race

wett|ma·chen ['vɛtmaxn̩] *vt* ❶ (*aufholen*) to make up ❷ (*gutmachen*) to make up for

Wett·ren·nen *nt s.* **Wettlauf Wett·rüs·ten** <-s> *nt* *kein pl* arms race; **das atomare ~** the nuclear arms race **Wett·streit** ['vɛtʃtraɪ̯t] *m* competition

wet·zen ['vɛtsn̩] **I.** *vt haben* ❶ (*schleifen*) to whet ❷ (*reiben*) to rub (**an** on) **II.** *vi sein* (*fam*) ▪ **irgendwohin ~** to scoot [off] [somewhere]

Wetz·stein ['vɛtsʃtaɪ̯n] *m* whetstone

WG <-, -s> [veːˈgeː] *f* *Abk von* **Wohngemeinschaft**

Whirl·pool <-s, -s> ['vøːɐ̯lpuːl] *m* whirlpool

Whis·ky <-s, -s> ['vɪski] *m* whisky; **irischer Whiskey** [Irish] whiskey; **schottischer ~** Scotch

wich [vɪç] *imp von* **weichen**

Wich·se <-, -n> ['vɪksə] *f* (*veraltend*) ① (*Schuhcreme*) shoe polish ② *kein pl* (*fam*) **~ beziehen** ▶ to get a good hiding

wich·sen ['vɪksn̩] I. *vi* (*vulg*) to jack [*or esp* AM jerk] off, to wank BRIT II. *vt* **Schuhe** to polish

Wich·ser <-s, -> *m* (*vulg*) wanker BRIT, jack-off AM

Wicht <-[e]s, -e> [vɪçt] *m* ① (*schmächtiger Kerl*) wimp *fam* ② (*Kobold*) goblin; (*Zwerg*) dwarf

Wich·tel <-s, -> ['vɪçtl̩] *m* goblin

Wich·tel·männ·chen <-s, -> ['vɪçtl̩mɛnçən] *nt* (*Zwerg*) gnome; (*Kobold*) goblin

wich·tig ['vɪçtɪç] *adj* important; **W~eres zu tun haben** to have more important things to do; **das W~ste** the most important thing; **sich** *dat* **~ vorkommen** to be full of oneself

Wich·tig·keit <-> *f kein pl* importance, significance

wich·tig|ma·chen *vr* ■ **sich ~** to be full of one's own importance **Wich·tig·ma·cher(in)** *m(f)* ÖSTERR, **Wich·tig·tu·er(in)** <-s, -> [-tuːɐ] *m(f)* stuffed shirt **wich·tig|tun** *vr irreg* to act important

Wi·ckel <-s, -> ['vɪkl̩] *m* (*Umschlag*) compress ▶ **jdn beim ~ packen** to grab sb by the scruff of the neck

Wi·ckel·kom·mo·de *f* [baby] changing table

wi·ckeln ['vɪkl̩n] *vt* ① (*binden*) to wrap (**um** round, **in** in); **etw auf eine Spule ~** to coil sth on a spool; ■ **etw von etw** *dat* **~** to unwrap sth from sth ② **Baby** to change

Wid·der <-s, -> ['vɪdɐ] *m* ① ZOOL ram ② *kein pl* ASTROL Aries

wi·der ['viːdɐ] *präp +akk* (*geh*) against

wi·der·bors·tig ['viːdɐbɔrstɪç] *adj* contrary; (*Haare, Fragen*) unruly

wi·der·fah·ren* [viːdɐˈfaːrən] *vi irreg sein* to happen, to befall

Wi·der·ha·ken *m* barb **Wi·der·hall** <-s, -e> ['viːdɐhal] *m* echo ▶ **keinen ~ finden** to meet with no response **wi·der·le·gen*** [viːdɐˈleːgn̩] *vt* to refute

wi·der·lich ['viːdɐlɪç] *adj* ① (*ekelhaft*) disgusting, revolting ② (*unsympathisch*) repulsive ③ (*unangenehm*) nasty, horrible

wi·der·na·tür·lich ['viːdɐnaˈtyːɐlɪç] *adj* perverted, unnatural **Wi·der·part** <-[e]s, -e> *m* (*geh*) opponent, foe *liter* **wi·der·recht·lich** I. *adj* unlawful II. *adv* unlawfully **Wi·der·re·de** ['viːdɐreːdə] *f* ohne **~** without protest; **keine ~!** don't argue! **Wi·der·ruf** ['viːdɐruːf] *m* revocation **wi·der·ru·fen*** [viːdɐˈruːfn̩] *irreg* I. *vt* ① (*für ungültig erklären*) to revoke ② (*zurücknehmen*) to retract II. *vi* to recant

Wi·der·sa·cher(in) <-s, -> ['viːdɐzaxɐ] *m(f)* antagonist

wi·der·set·zen* [viːdɐˈzɛtsn̩] *vr* ■ **sich jdm ~** to resist sb; ■ **sich einer S.** *dat* **~** to refuse to comply with a thing

wi·der·spens·tig ['viːdɐʃpɛnstɪç] *adj* ① (*störrisch*) stubborn ② (*schwer zu handhaben*) unmanageable

wi·der|spie·geln ['viːdɐʃpiːgl̩n] I. *vt* to mirror, to reflect II. *vr* **sich ~** to be reflected **wi·der·spre·chen*** [viːdɐˈʃprɛçn̩] *irreg* I. *vi* ■ **jdm ~** to contradict sb II. *vr* **sich** *dat* **~** to be contradictory

Wi·der·spruch ['viːdɐʃprʊx] *m* ① *kein pl* (*das Widersprechen*) contradiction; **in ~ zu etw** *dat* contrary to sth ② (*Unvereinbarkeit*) inconsistency; **in ~ zu etw** *dat* **stehen** to conflict with sth ③ JUR objection (**gegen** to); **~ einlegen** to file an objection

wi·der·sprüch·lich ['viːdɐʃprʏçlɪç] I. *adj* inconsistent; ■ **~ sein** to be contradictory II. *adv* contradictory

wi·der·spruchs·los I. *adj* unopposed II. *adv* without protest

Wi·der·stand <-[e]s, -stände> ['viːdɐʃtant, *pl* -ʃtɛndə] *m* ① *kein pl* (*Gegenwehr*) opposition, resistance; **~ leisten** to put up resistance ② *kein pl* PHYS resistance ③ ELEK (*Schaltelement*) resistor

wi·der·stän·dig *adj* SOZIOL, POL opposing

Wi·der·ständ·ler(in) ['viːdɐʃtɛndlɐ] *m(f)* SOZIOL, POL opposer

Wi·der·stands·be·we·gung *f* resistance movement; (*bewaffnet*) partisan movement **wi·der·stands·fä·hig** *adj* resistant (**gegen** to) **Wi·der·stands·fä·hig·keit** *f kein pl* robustness; **~ jds gegen etw** *akk* sb's resistance to sth **Wi·der·stands·kämp·fer(in)** *m(f)* partisan **Wi·der·stands·kraft** *f s.* **Widerstandsfähigkeit wi·der·stands·los** *adj, adv* without resistance

wi·der·ste·hen* [viːdɐˈʃteːən] *vi irreg* ① (*standhalten*) to withstand ② (*nicht nachgeben*) to resist **wi·der·stre·ben*** [viːdɐˈʃtreːbn̩] *vi* ■ **jdm widerstrebt es, etw zu tun** sb is reluctant to do sth **Wi·der·stre·ben** <-s> [viːdɐˈʃtreːbn̩] *nt kein pl* reluctance

wi·der·wär·tig ['viːdɐvɛrtɪç] I. *adj* disgusting; (*Kerl*) nasty II. *adv* disgustingly

Wi·der·wil·le ['viːdɐvɪlə] *m* distaste (**gegen** for) **wi·der·wil·lig** I. *adj* reluctant II. *adv* reluctantly

wid·men ['vɪtmən] I. *vt* to dedicate to II. *vr* ① (*sich kümmern*) ■ **sich jdm ~** to attend to

widersprechen, einwenden

widersprechen | contradicting

widersprechen	contradicting
Das stimmt (doch) gar nicht. (fam)	That's not right at all.
Ach was!/Unsinn!/Blödsinn!/Quatsch! (fam)	Nonsense!/Rubbish!
Das sehe ich anders.	I see it differently.
Nein, das finde ich nicht.	No, I don't think so.
Da muss ich Ihnen widersprechen.	I have to contradict you there.
Das entspricht nicht den Tatsachen.	That doesn't fit the facts.
So kann man das nicht sehen.	You can't see it like that.
Davon kann gar nicht die Rede sein.	There can be no question of that.

einwenden | objecting

einwenden	objecting
Ja, aber …	Yes, but …
Du hast vergessen, dass …	You have forgotten that …
Das siehst du aber völlig falsch.	You're completely wrong about that.
Sie haben schon Recht, aber bedenken Sie doch auch …	You may well be right, but don't forget …
Das ist ja alles schön und gut, aber …	That's all well and good but …
Ich habe dagegen einiges einzuwenden.	I've got several objections to that.
Das ist aber weit hergeholt.	That's rather far-fetched.

---

sb ❷ (*sich beschäftigen*) ■ **sich einer S.** *dat* ~ to devote oneself to sth
Wid·mung <-, -en> ['vɪtmʊŋ] *f* dedication
wid·rig ['viːdrɪç] *adj* adverse; (*Umstände, Verhältnisse*) unfavourable
wie [viː] **I.** *adv interrog* how?; ■ ~ … **auch [immer]** whatever, however; **wie heißt er?** what's his name?; ~ **bitte?** pardon?, sorry?; ~ **geht es Ihnen?** how do you do?; ~ **geht es dir?** how are you?; ~ **wär's mit …?** how about …?; ~ **viel** how much; ~ **viele …?** how many …?; ~ **sehr** [*o* ÖSTERR **wiesehr**] … how much … **II.** *konj* ❶ (*vergleichend*) ■ … ~ … as … as; **so alt** ~ **sie** as old as her; **er ist genau** ~ **du** he's just like you ❷ (*beispielsweise*) like; **K** ~ **Konrad** K for kilo ❸ (*und*) and … [alike], as well as ❹ (*die Art und Weise, in der*) how; **er sah,** ~ **sie aus dem Bus ausstieg** he saw her get off the bus ❺ (*als ob*) ■ …, ~ **wenn** as if
Wie·de·hopf <-[e]s, -e> ['viːdəhɔpf] *m* ORN hoopoe
wie·der ['viːdɐ] *adv* again, once more; **Verhandlungen** ~ **aufnehmen** to resume negotiations; **Kontakte** ~ **aufnehmen** to re-establish contacts; **etw** ~ **einführen** to reintroduce sth; **tu das nie** ~! I don't ever do it again; ~ **mal** again
Wie·der·auf·bau <-bauten> [viːdɐˈʔaʊfbaʊ] *m* reconstruction **Wie·der·auf·be·rei·tung** <-, -en> *f* recycling; (*von Atommüll*) reprocessing **Wie·der·auf·nah·me** [viːdɐˈʔaʊfnaːmə] *f von Verhandlungen* resumption; *von Kontakten* re-establishment
wie·der|be·kom·men* *vt irreg* to get back **wie·der|be·le·ben*** *vt* to revive
Wie·der·be·le·bung *f* MED resuscitation **Wie·der·be·le·bungs·ver·such** *m meist pl* MED attempt at resuscitation
Wie·der·be·schaf·fung *f* (*Wiederauffindung*) recovery; (*Ersetzung*) replacement **wie·der·be·schreib·bar** *adj* CD rewritable **wie·der|brin·gen** ['viːdɐbrɪŋən] *vt irreg* to bring back *sep* **wie·der|ent·de·cken*** *vt* to rediscover **wie·der|er·ken·nen*** *vt irreg* to recognize; **nicht wiederzuerkennen sein** to be unrecognizable **Wie·der·er·ken·nungs·wert** *m kein pl* ÖKON Q

rating, recognition factor
Wie·der·er·öff·nung f reopening
wie·der|er·stat·ten* ['vi:dɐʔɛɐ̯ʃtatn̩] vt to refund; **jdm etw ~** to reimburse sb for sth
wie·der|fin·den irreg **I.** vt ① (auffinden) to find again ② Fassung to regain **II.** vr **sich ~** to turn up again; **der Schlüssel findet sich bestimmt wieder** the key is sure to turn up again **Wie·der·ga·be** ['vi:dɐga:bə] f ① (Schilderung) account, report ② FOTO, TYPO reproduction **wie·der|ge·ben** ['vi:dɐge:bn̩] vt irreg ① (zurückgeben) ▪ **jdm etw ~** to give sth back to sb ② (zitieren) to quote **Wie·der·ge·burt** ['vi:dɐgəbuːɐ̯t] f reincarnation **wie·der|ge·win·nen*** ['vi:dɐgəvɪnən] vt irreg ① (zurückgewinnen) to reclaim ② (wiedererlangen) to regain **Wie·der·ge·win·nung** f retrieval **wie·der|gut|ma·chen** ['vi:dɐgu:tmaxn̩] vt **etw ~** to make up for sth
Wie·der·gut·ma·chung <-, -en> f compensation
wie·der·her|stel·len [vi:dɐ'he:ɐ̯ʃtɛlən] vt ① (restaurieren) to restore ② (gesundheitlich) ▪ **jdn ~** to restore sb back to health ③ Ordnung to re-establish **Wie·der·her·stel·lung** f ① (Restaurierung) restoration ② (das Wiederherstellen) re-establishment
wie·der·ho·len*¹ [vi:dɐ'ho:lən] **I.** vt ① (abermals durchführen) to repeat ② (repetieren) to revise **II.** vr **sich ~** ① (sich wiederum ereignen) to recur ② (noch einmal sagen) to repeat oneself
wie·der|ho·len² ['vi:dɐho:lən] vt to get back
wie·der·holt I. adj repeated **II.** adv repeatedly
Wie·der·ho·lung <-, -en> [vi:dɐ'ho:lʊŋ] f ① (erneute Durchführung) repeat ② (erneutes Zeigen) repeat ③ (Repetition) revision ④ (erneutes Vorbringen) repetition
Wie·der·ho·lungs·tä·ter(in) m(f) persistent offender
Wie·der·hö·ren ['vi:dɐhø:rən] nt |auf| ~! goodbye!
wie·der|keh·ren ['vi:dɐke:rən] vi sein ① Mensch to return ② Problem s. **wiederkommen 3**
wie·der|kom·men ['vi:dɐkɔmən] vi irreg sein ① (zurückkommen) to come back ② (erneut kommen) to come again ③ (sich noch einmal bieten) to reoccur **wie·der|se·hen** ['vi:dɐze:ən] vt irreg ▪ **jdm ~** to see sb again; ▪ **sich ~** to meet again **Wie·der·se·hen** <-s, -> ['vi:dɐze:ən] nt [another] meeting; (nach längerer Zeit) reunion; |auf| ~ **sagen** to say goodbye; |auf| ~ goodbye
wie·de·rum ['vi:dərʊm] adv ① (abermals) again ② (andererseits) on the other hand, though ③ (für jds Teil) in turn

wie·der|ver·ei·ni·gen* vt POL to reunify **Wie·der·ver·ei·ni·gung** ['vi:dɐfɛɐ̯ʔajnɪgʊŋ] f POL reunification **wie·der·ver·wend·bar** adj reusable **Wie·der·ver·wen·dung** f reuse **Wie·der·ver·wer·tung** f recycling **Wie·der·wahl** ['vi:dɐva:l] f re-election
Wie·ge <-, -n> ['vi:gə] f cradle
Wie·ge·mes·ser nt chopping knife
wie·gen¹ <wog, gewogen> ['vi:gn̩] vt, vi to weigh
wie·gen² ['vi:gn̩] vt (hin und her bewegen) to rock; Hüften to sway
Wie·gen·lied nt lullaby
wie·hern [vi:ɐn] vi to neigh
Wien <-s> [vi:n] nt Vienna
Wie·ner ['vi:nɐ] adj attr (aus Wien stammend) Viennese
Wie·ner(in) <-s, -> ['vi:nɐ] m(f) Viennese
wie·nern ['vi:nɐn] vt to polish
wies [vi:s] imp von **weisen**
Wie·se <-, -n> ['vi:zə] f meadow
Wie·sel <-s, -> ['vi:zl̩] nt weasel ▶ **flink wie ein ~ sein** to be as quick as a flash
wie·so [vi'zo:] adv ① interrog why, how come ② rel why
wie·viel·mal [vi'fi:lma:l] adv interrog how many times
wie·viel·te(r, s) [vi'fi:ltə -tɐ, -təs] adj interrog ▪ **der/die/das ~ ...?** how many ...?; **den W~n haben wir heute?** what's the date today?
Wi·kin·ger(in) <-s, -> ['vi:kɪŋɐ] m(f) Viking
wild [vɪlt] **I.** adj ① BOT, ZOOL wild ② (illegal) illegal ③ (maßlos) ▪ ~**e Fantasie** a wild imagination ④ Fahrt, Leidenschaft reckless; Kampf frenzied ⑤ (fam: versessen) ▪ ~ **auf jdn/etw sein** to be crazy about sb/sth ⑥ (zum Äußersten gereizt) furious; **jdn ~ machen** to drive sb wild; ~ **werden** to go wild; **wie** ~ wildly ▶ **halb so ~ sein** to not be important **II.** adv ① (ungeordnet) strewn around ② (hemmungslos) wildly, furiously ③ (in freier Natur) wild pred; ~ **wachsen** to grow wild
Wild <-[e]s> [vɪlt] nt kein pl ① KOCHK game; **von Rotwild** venison ② ZOOL wild animals
Wild·bahn f **in freier ~ leben** to live in the wild
Wil·de(r) ['vɪldə -dɐ] f(m) dekl wie adj savage
Wil·de·rer(in) <-s, -> [vɪldə'raj] m(f) poacher
wil·dern ['vɪldɐn] vi to poach
wild·fremd ['vɪlt'frɛmt] adj completely strange
Wild·heit <-, -en> f kein pl savagery
Wild·hü·ter(in) <-s, -> m(f) gamekeeper
Wild·kat·ze f wildcat **Wild·le·der** nt

suede
Wild·nis <-, -se> ['vɪltnɪs] f wilderness
Wild·park m game park **Wild·sau** f wild sow **Wild·schwein** nt wild boar
Wild·west·film [vɪlt'vɛst-] m western
Wild·wuchs m rank growth
Wil·le <-ns> ['vɪlə] m *kein pl* will *no pl*; **seinen eigenen ~n haben** to have a mind of one's own; **der gute ~** good will; **jds letzter ~** sb's last will and testament; **seinen ~n durchsetzen** to get one's own way ▸ **wo ein ~ ist, ist auch ein Weg** (*prov*) where there is a will there is a way
wil·len ['vɪlən] *präp* **um jds/einer S.** *gen* ~ for the sake of sb/a thing
wil·len·los *adj* spineless
wil·lens ['vɪləns] *adj* ▪ **~ sein, etw zu tun** to be willing to do sth
Wil·lens·kraft f *kein pl* willpower **wil·lens·stark** *adj* strong-willed
wil·lent·lich ['vɪləntlɪç] *adj s.* **absichtlich**
wil·lig ['vɪlɪç] *adj* willing
will·kom·men ['vɪl'kɔmən] *adj* welcome; ▪ **~ sein** to be welcome; **jdn ~ heißen** to welcome sb; **seid/seien Sie [herzlich] ~!** welcome!
Will·kom·men <-s, -> [vɪl'kɔmən] nt welcome; **ein herzliches ~** a warm welcome
Will·kür <-> ['vɪlky:ɐ̯] f *kein pl* arbitrariness; (*politisch*) despotism
will·kür·lich ['vɪlky:ɐ̯lɪç] **I.** *adj* arbitrary **II.** *adv* arbitrarily
wim·meln ['vɪmln̩] *vi impers* ▪ **es wimmelt von etw** *dat* it is teeming with sth; *Menschen* to swarm with
wim·mern ['vɪmɐn] *vi* to whimper
Wim·pel <-s, -> ['vɪmpl̩] m pennant
Wim·per <-, -n> ['vɪmpɐ] f [eye]lash ▸ **ohne mit der ~ zu zucken** without batting an eyelid
Wim·pern·tu·sche f mascara
Wind <-[e]s, -e> [vɪnt, *pl* 'vɪndə] m wind ▸ **bei ~ und Wetter** in all weathers; **~ von etw** *dat* **bekommen** to get wind of sth; **viel ~ um etw** *akk* **machen** to make a fuss about sth; **in alle [vier] ~e zerstreut werden** to be scattered to the four winds
Wind·beu·tel m KOCHK cream puff **Wind·böe** f gust of wind
Win·de <-, -n> ['vɪndə] f TECH winch
Win·del <-, -n> ['vɪndl̩] f napkin BRIT, diaper AM
Win·del·hös·chen nt, **Win·del·ho·se** f nappy [*or* AM diaper] pants *pl* **win·del·weich** *adv* **jdn ~ schlagen** to beat sb black and blue
win·den[1] <wand, gewunden> ['vɪndn̩] **I.** *vr* ▪ **sich ~** ⓵ (*nach Ausflüchten suchen*) to at-

tempt to wriggle out of sth ⓶ (*sich krümmen*) to writhe (**vor** in) ⓷ *Weg* to wind its way; *Bach* to meander ⓸ BOT to wind [itself] (**um** around) **II.** *vt* ▪ **etw um etw** *akk* **~** to wind sth around sth
win·den[2] ['vɪndn̩] *vi impers* to blow
Wind·ener·gie f wind energy **Wind·ener·gie·an·la·ge** f wind energy plant
wind·ge·schützt I. *adj* sheltered [from the wind] **II.** *adv* in a sheltered place **Wind·ge·schwin·dig·keit** f wind speed **Wind·hauch** m breath of wind **Wind·ho·se** f vortex **Wind·hund** m greyhound
win·dig ['vɪndɪç] *adj* windy
Wind·ja·cke f windcheater BRIT, windbreaker AM **Wind·kraft·an·la·ge** f, **Wind·kraft·werk** nt wind[-driven] power station **Wind·müh·le** f windmill **Wind·park** m wind park [*or* farm] **Wind·po·cken** *pl* chickenpox *sing* **Wind·rad** nt wind turbine **Wind·rich·tung** f wind direction **Wind·ro·se** f wind rose **Wind·schat·ten** m slipstream **wind·schief** *adj* crooked **Wind·schutz·schei·be** f windscreen BRIT, windshield AM **Wind·sei·te** f windward side **Wind·stär·ke** f wind force **wind·still** *adj* windless; ▪ **~sein** to be calm **Wind·stil·le** f calm **Wind·stoß** m gust of wind **wind·sur·fen** ['vɪntzœ:ɐ̯fn̩] *vi nur infin* to windsurf **Wind·sur·fer(in)** *m(f)* windsurfer **Wind·sur·fing** ['vɪntzœ:ɐ̯fɪŋ] nt windsurfing
Win·dung <-, -en> f ⓵ (*Mäander*) meander ⓶ (*Serpentine*) bend, curve
Wink <-[e]s, -e> [vɪŋk] m ⓵ (*Hinweis*) hint; **einen ~ bekommen** to receive a tip-off ⓶ (*Handbewegung*) signal ▸ **ein ~ mit dem Zaunpfahl** a broad hint
Win·kel <-s, -> ['vɪŋkl̩] m ⓵ MATH angle; **rechter/spitzer/stumpfer ~** a right/an acute/obtuse angle ⓶ (*Ecke*) corner ⓷ (*Bereich*) place, spot; **toter ~** a blind spot
Win·kel·ad·vo·kat(in) *m(f)* (*pej*) incompetent lawyer
win·ke·lig ['vɪŋkəlɪç] *adj s.* **winklig**
Win·kel·mes·ser m protractor
win·ken <gewinkt *o* DIAL gewunken> ['vɪŋkn̩] **I.** *vi* to wave; ▪ **mit etw** *dat* **~** to wave sth; **einem Taxi ~** to hail a taxi **II.** *vt* ▪ **jdn zu sich** *dat* **~** to beckon sb over to one
wink·lig ['vɪŋklɪç] *adj* full of nooks and crannies; *Gasse* twisty
win·seln ['vɪnzln̩] *vi* to whimper; ▪ **um etw** *akk* **~** to plead for sth
Win·ter <-s, -> ['vɪntɐ] m winter
Win·ter·an·fang m beginning of winter **Win·ter·ein·bruch** m onset of winter **Win·ter·fell** nt winter coat **Win·ter·fe·ri·en** *pl* winter holidays *pl* **win·ter·fest** *adj* suitable

for winter; **ein Auto ~ machen** to get a car ready for winter **Win·ter·gar·ten** *m* conservatory **Win·ter·klei·dung** *f* winter clothing **Win·ter·land·schaft** *f* winter landscape

win·ter·lich ['vɪntəlɪç] **I.** *adj* wintry; **~e Temperaturen** winter temperatures **II.** *adv* **~ gekleidet** dressed for winter

Win·ter·man·tel *m* winter coat **Win·ter·rei·fen** *m* winter tyre **Win·ter·sai·son** *f* winter season **Win·ter·schlaf** *m* hibernation; **~ halten** to hibernate **Win·ter·schluss·ver·kauf**^{RR} *m*, **Win·ter·schluß·ver·kauf**^{ALT} *m* winter sale **Win·ter·se·mes·ter** *nt* winter semester **Win·ter·speck** *m kein pl* (*hum geh*) winter fat **Win·ter·sport** *m* winter sport **Win·ter·s(on·nen)·zeit** *f kein pl* wintertime *no pl, no indef art* **Win·ter·ur·laub** *m* winter holiday **Win·ter·zeit** *f* wintertime *no pl, no indef art*

Win·zer(in) <-s, -> ['vɪntsɐ] *m(f)* wine-grower

win·zig ['vɪntsɪç] *adj* tiny; **~ klein** minute

Winz·ling <-s, -e> ['vɪntslɪŋ] *m* tiny thing

Wip·fel <-s, -> ['vɪpfl̩] *m* treetop

Wip·pe <-, -n> ['vɪpə] *f* seesaw

wip·pen ['vɪpn̩] *vi* to bob up and down (**auf** on); (*auf einer Wippe*) to seesaw

wir <*gen* unser, *dat* uns, *akk* uns> [viːɐ̯] *pers pron* **we**; **~ nicht** not us

Wir·bel <-s, -> ['vɪrbl̩] *m* ❶ ANAT vertebra ❷ (*fam: Trubel*) turmoil ❸ (*kleiner Strudel*) whirlpool

wir·beln ['vɪrbl̩n] *vi, vt* ❶ *sein* (*sich drehend wehen*) to swirl ❷ *sein* (*sich drehend bewegen*) to whirl

Wir·bel·säu·le *f* spinal column

Wir·bel·sturm *m* whirlwind

Wir·bel·tier *nt* vertebrate

Wir·bel·wind *m* whirlwind

wir·ken ['vɪrkn̩] *vi* ❶ (*Wirkung haben*) to have an effect; (*beabsichtigten Effekt haben*) to work; **dieses Medikament wirkt sofort** this medicine takes effect immediately; **etw auf sich ~ lassen** to take sth in ❷ (*etwas ausrichten*) to be effective ❸ (*einen bestimmten Eindruck machen*) to seem, to appear ❹ (*tätig sein*) ■**irgendwo ~** to work somewhere

wirk·lich ['vɪrklɪç] **I.** *adj* real **II.** *adv* really

Wirk·lich·keit <-, -en> *f* reality; **~ werden** to come true

wirk·lich·keits·ge·treu I. *adj* realistic **II.** *adv* realistically, in a realistic way

wirk·sam ['vɪrkzaːm] **I.** *adj* effective **II.** *adv* effectively

Wirk·sam·keit <-> *f kein pl* effectiveness

Wirk·stoff *m* active substance

Wir·kung <-, -en> ['vɪrkʊŋ] *f* effect

Wir·kungs·grad *m* [degree of] effectiveness

Wir·kungs·kreis *m* sphere of activity **wir·kungs·los** *adj* ineffective **wir·kungs·voll** *adj s.* **wirksam**

wirr [vɪr] *adj* ❶ (*unordentlich*) tangled ❷ (*verworren*) weird ❸ (*durcheinander*) confused, muddled

Wir·ren ['vɪrən] *pl* confusion *sing*

Wirr·kopf *m* (*pej*) scatterbrain

Wirr·warr <-s> ['vɪrvar] *m kein pl* ❶ (*Durcheinander*) confusion ❷ (*Unordnung*) tangle

Wir·sing <-s> ['vɪrzɪŋ] *m kein pl*, **Wir·sing·kohl** ['vɪrzɪŋ-] *m* savoy cabbage

Wirt(in) <-[e]s, -e> [vɪrt] *m(f)* (*Gast~*) landlord *masc*, landlady *fem*

Wirt·schaft <-, -en> ['vɪrtʃaft] *f* ❶ ÖKON economy; (*Industrie und Handel*) industry [and commerce]; **er ist in der ~ tätig** he works in industry ❷ (*Gast~*) pub BRIT, bar AM

wirt·schaf·ten ['vɪrtʃaftn̩] *vi* to keep house; **sparsam ~** to economize

Wirt·schaf·ter(in) <-s, -> *m(f)* housekeeper

wirt·schaft·lich ['vɪrtʃaftlɪç] **I.** *adj* ❶ ÖKON economic ❷ (*sparsam*) economical **II.** *adv* economically

Wirt·schaft·lich·keit <-> *f kein pl* economy

Wirt·schafts·ab·kom·men *nt* economic agreement **Wirt·schafts·auf·schwung** *m* economic upturn **Wirt·schafts·de·likt** *nt* economic crime **Wirt·schafts·em·bar·go** *nt* economic embargo **Wirt·schafts·ex·per·te, -ex·per·tin** *m, f* economic expert **Wirt·schafts·fak·tor** *m* economic factor **Wirt·schafts·flücht·ling** *m* economic refugee **Wirt·schafts·geld** *nt* housekeeping money *no pl, no indef art* **Wirt·schafts·hil·fe** *f* economic aid *no pl, no indef art* **Wirt·schafts·kri·mi·na·li·tät** *f* white-collar crime **wirt·schafts·kri·mi·nell** *adj* economic criminal *attr* **Wirt·schafts·kri·se** *f* economic crisis **Wirt·schafts·la·ge** *f* economic situation **Wirt·schafts·macht** *f* economic power **Wirt·schafts·mi·nis·ter(in)** *m(f)* Minister for Economic Affairs BRIT, Secretary of Commerce AM **Wirt·schafts·mi·nis·te·ri·um** *nt* Ministry of Economic Affairs [*or* of Trade and Commerce] BRIT, Department of Trade and Industry [*or* AM of Commerce] **Wirt·schafts·po·li·tik** *f* economic policy **Wirt·schafts·prü·fer(in)** *m(f)* accountant **Wirt·schafts·sank·ti·o·nen** *pl* economic sanctions *pl* **Wirt·schafts- und Wäh·rungs·uni·on** *f* economic and monetary union **Wirt·schafts·wachs·tum** *nt kein pl* economic growth **Wirt·schafts·wis·sen·schaft** *f meist pl* economics *sing* **Wirt·schafts·wis·sen·**

nicht wissen

Nichtwissen ausdrücken	expressing ignorance
Das weiß ich (auch) nicht./Weiß nicht. (*fam*)	I don't know (either)./Don't know./Dunno.
Keine Ahnung. (*fam*)	No idea.
Hab keinen blassen Schimmer. (*fam*)	Haven't the foggiest/faintest (idea). (*fam*)
Ich kenne mich da leider nicht aus.	I'm afraid I don't know anything about that.
Da bin ich überfragt.	You've got me there.
Darüber weiß ich nicht Bescheid.	That's new to me.
Die genaue Anzahl **entzieht sich meiner Kenntnis**. (*geh*)	I have no knowledge of the exact number. (*form*)
Woher soll ich das wissen?	How should I know?

schaft·ler(in) *m(f)* economist **Wirt·schafts·wun·der** *nt* economic miracle **Wirt·schafts·zweig** *m* branch of industry
Wirts·haus *nt* pub BRIT, bar AM, inn *dated*
Wirts·leu·te *pl* landlord and landlady
Wisch <-[e]s, -e> [vɪʃ] *m* (*pej fam*) piece of bumph
wi·schen ['vɪʃn] **I.** *vt* ❶ (*ab~*) to wipe ❷ SCHWEIZ (*fegen*) to sweep ▶ **einen gewischt** <u>bekommen</u> to get an electric shock; [von jdm] **eine gewischt bekommen** to get a clout [from sb] **II.** *vi* ❶ (*putzen*) to clean ❷ SCHWEIZ (*fegen*) to sweep
Wi·schi·wa·schi <-s> [vɪʃi'vaʃi] *nt kein pl* (*fam*) drivel
Wisch·lap·pen *m* cloth
Wi·sent <-s, -e> ['viːzɛnt] *nt* ZOOL bison
wis·pern ['vɪspɛn] *vt, vi* to whisper
Wiss·be·gier^{RR} <-> *f kein pl*, **Wiß·be·gier**^{ALT} <-> ['vɪsbəɡiːɐ] *f kein pl*, **Wiss·be·gier·de**^{RR} *f kein pl*, **Wiß·be·gier·de**^{ALT} ['vɪsbəɡiːɐdə] *f kein pl* thirst for knowledge
wiss·be·gie·rig^{RR} *adj*, **wiß·be·gie·rig**^{ALT} *adj* eager to learn
wis·sen <wusste, gewusst> ['vɪsn] **I.** *vt* ❶ (*kennen*) to know; **jdn etw ~ lassen** to let sb know sth; **woher soll ich das ~?** how should I know that?; **dass du es [nur] [gleich] weißt** just so you know; **davon weiß ich nichts** I don't know anything about it; **ich wüsste nicht, dass/was ...** I would not know that/what ...; **wenn ich nur wüsste, ...** if only I knew ... ❷ (*als Kenntnisse besitzen*) **von nichts ~** to have no idea [about sth]; **weißt du noch?/~ Sie noch?** do you remember?; **soviel** [*o* **soweit**]

jd weiß as far as sb knows ❸ (*können*) **etw zu schätzen ~** to appreciate sth; **sich zu helfen ~** to be resourceful ▶ **von jdm/etw nichts [mehr] ~ wollen** (*fam*) to not want to have anything more to do with sb/sth; **oder was weiß ich** (*fam*) ... or sth **II.** *vi* ■ **von etw** *dat* **~** to know sth; **man kann nie wissen!** you never know!; **wer weiß wo er bleibt** who knows where he's got to ▶ **nicht mehr aus noch ein ~** to be at one's wits' end; **gewusst wie!** sheer brilliance!
Wis·sen <-s> ['vɪsn] *nt kein pl* knowledge *no pl*
Wis·sen·schaft <-, -en> ['vɪsnʃaft] *f* science; **eine ~ für sich sein** to be a science in itself
Wis·sen·schaft·ler(in) <-s, -> *m(f)* scientist
wis·sen·schaft·lich ['vɪsnʃaftlɪç] **I.** *adj* scientific; (*akademisch*) academic **II.** *adv* scientifically; (*akademisch*) academically
Wis·sens·drang *m*, **Wis·sens·durst** *m* thirst for knowledge **Wis·sens·ge·biet** *nt* field of knowledge **Wis·sens·lü·cke** *f* gap in sb's knowledge **wis·sens·wert** *adj* worth knowing
wis·sent·lich ['vɪsntlɪç] **I.** *adj* deliberate **II.** *adv* deliberately, knowingly
wit·tern ['vɪtɐn] **I.** *vt* ❶ (*ahnen*) to suspect ❷ JAGD to smell **II.** *vi* JAGD to sniff the air
Wit·te·rung <-, -en> *f* ❶ METEO weather ❷ JAGD sense of smell; **~ aufnehmen** to find the scent
Wit·te·rungs·ver·hält·nis·se *pl* weather conditions *pl*
Wit·we <-, -n> ['vɪtvə] *f fem form von* **Wit-**

wer widow *fem*

Wit·wer <-s, -> ['vɪtvɐ] *m* widower *masc*

Witz <-es, -e> [vɪts] *m* ❶ (*Scherz*) joke; **ei·nen ~ machen** to make a joke ❷ *kein pl* (*Esprit*) wit

Witz·bold <-[e]s, -e> *m* joker

wit·zeln ['vɪtsln] *vi* to joke (**über** about)

Witz·fi·gur *f* figure of fun

wit·zig ['vɪtsɪç] *adj* funny

witz·los *adj* pointless

WM <-, -s> *f Abk von* **Weltmeisterschaft** world championship; (*im Fußball*) World Cup

wo [voː] **I.** *adv* ❶ *interrog* (*an welcher Stelle*) where ❷ *rel* **pass auf, ~ du hintrittst!** look where you are going! ❸ *rel, zeitlich* when; **zu dem Zeitpunkt, wo ...** when ... **II.** *konj* (*zumal*) when, as; **~ er doch wusste, dass ich keine Zeit hatte** when he knew that I had no time

wo·an·ders [voˈʔandɐs] *adv* somewhere else, elsewhere

wo·an·ders·hin [voˈʔandɐsˈhɪn] *adv* somewhere else

wo·bei [voˈbai̯] *adv* ❶ *interrog* how; **~ ist das passiert?** how did that happen? ❷ *rel* in which; **~ mir gerade einfällt ...** which reminds me ...

Wo·che <-, -n> ['vɔxə] *f* week; **diese/nächste ~** this/next week; **jede ~** every week; **pro ~** a week; **unter der ~** during the week

Wo·chen·bett *nt* ■ **im ~ liegen** to be lying in **Wo·chen·blatt** *nt* weekly

Wo·chen·end·be·zie·hung *f* weekend relationship

Wo·chen·en·de ['vɔxn̩ʔɛndə] *nt* weekend; **schönes ~!** have a nice weekend!; **am ~** at the weekend

Wo·chen·end·haus ['vɔxn̩ʔɛnthau̯s] *nt* weekend home **Wo·chen·end·ti·cket** [-tɪkət] *nt* TRANSP weekend [discount] ticket **Wo·chen·kar·te** *f* TRANSP weekly season ticket **wo·chen·lang** ['vɔxn̩laŋ] *adj, adv* for weeks **Wo·chen·lohn** *m* weekly wage **Wo·chen·markt** *m* weekly market **Wo·chen·tag** *m* weekday; **was ist heute für ein ~?** what day of the week is it today? **wo·chen·tags** ['vɔxn̩taːks] *adv* on weekdays

wö·chent·lich ['vœçntlɪç] *adj, adv* weekly **Wo·chen·zei·tung** *f* weekly [newspaper]

Wöch·ne·rin <-, -nen> ['vœçnərɪn] *f* MED woman who has recently given birth

Wod·ka <-s, -s> ['vɔtka] *m* vodka

wo·durch [voˈdʊrç] *adv* ❶ *interrog* (*durch was*) how? ❷ *rel* (*durch welchen Vorgang*) which

wo·für [voˈfyːɐ̯] *adv* ❶ *interrog* for what, what ... for; **~ hast du denn so viel Geld bezahlt?** what did you pay so much money for? ❷ *rel* (*für welche Tat*) for which

wog [voːk] *imp von* **wägen, wiegen**[1]

Wo·ge <-, -n> ['voːgə] *f* ❶ (*große Welle*) wave ❷ (*fig*) **wenn sich die ~n geglättet haben** when things have calmed down

wo·ge·gen [voˈgeːgn̩] *adv* ❶ *interrog* against what; **~ hilft dieses Mittel?** what is this medicine for? ❷ *rel* against what/which

wo·gen ['voːgn̩] *vi* to surge

wo·her [voˈheːɐ̯] *adv* ❶ *interrog* where ... from?; **~ hast du dieses Buch?** where did you get this book [from]? ❷ *rel* from ..., which, where ... from

wo·hin [voˈhɪn] *adv* ❶ *interrog* where [to]?; **~ damit?** where shall I put it? ❷ *rel* where

wo·hin·ge·gen [vohɪnˈgeːgn̩] *konj* while, whereas

wohl[1] [voːl] *adv* ❶ (*wahrscheinlich*) probably; **~ kaum** hardly ❷ (*durchaus*) well; **das ist ~ wahr** that is perfectly true ❸ (*doch*) after all ❹ (*zirka*) about ▸ **siehst du ~!** I told you!

wohl[2] [voːl] *adv* ❶ (*gut*) well; **sich ~ fühlen** to feel well; **~ bekomm's!** your good health!; **jdm ~ bekannt sein** to be well-known to sb; **~ geformt** well-formed; *Körperteil* shapely; **~ genährt** well-fed; **~ überlegt** well thought out ❷ (*behaglich*) ■ **jdm ist ~ bei etw** *dat* sb is comfortable with sth; ■ **jdm ist nicht ~ bei etw** *dat* sb is uneasy about sth; **sich irgendwo ~ fühlen** to feel at home somewhere ▸ **~ oder übel** whether you like it or not; **leb ~/leben Sie ~** farewell

Wohl <-[e]s> [voːl] *nt kein pl* welfare, well-being; **auf jds ~ trinken** to drink to sb's health; **zum ~!** cheers!

wohl·auf [voːlˈʔau̯f] *adj präd* ■ **~ sein** to be well **Wohl·be·fin·den** <-s> *nt kein pl* well-being **Wohl·be·ha·gen** <-s> *nt kein pl* feeling of well-being **wohl·be·hal·ten** *adv* safe and sound **wohl·er·zo·gen** <besser erzogen, besterzogen> *adj* well-bred

Wohl·fahrt ['voːlfaːɐ̯t] *f kein pl* welfare **Wohl·fahrts·staat** *m* welfare state

Wohl·ge·fal·len [voːlgəfalən] *nt* pleasure, satisfaction ▸ **sich in ~ auflösen** to vanish into thin air

wohl·ge·merkt ['voːlgəmɛrkt] *adv* mind you

wohl·ge·ra·ten *adj* ❶ (*gut gelungen*) successful ❷ (*gut entwickelt*) well turned-out *pred*, well-adjusted *attr*

wohl·ge·sinnt <wohlgesinnter, wohlgesinnteste> *adj* well-meaning; ■ **jdm ~ sein** to be well-disposed towards sb

wohl·ha·bend <wohlhabender, wohlhabendste> *adj* well-to-do

woh·lig ['voːlɪç] **I.** *adj* (*behaglich*) pleasant **II.** *adv* (*genießerisch*) luxuriously
wohl·klin·gend <wohlklingender, wohlklingendste> *adj* melodious **wohl·mei·nend** <wohlmeinender, wohlmeinendste> *adj* well-meaning **wohl·rie·chend** <wohlriechender, wohlriechendste> *adj* fragrant **wohl·schme·ckend** <wohlschmeckender, wohlschmeckendste> *adj* palatable
Wohl·stand *m kein pl* affluence, prosperity **Wohl·stands·ge·sell·schaft** *f* affluent society **Wohl·stands·müll** *m kein pl* refuse of the affluent society
Wohl·tat *f* ❶ *kein pl* (*Erleichterung*) relief; **eine ~ sein** to be a relief ❷ (*wohltätige Unterstützung*) good deed
Wohl·tä·ter(in) *m(f)* benefactor *masc,* benefactress *fem;* **ein ~ der Menschheit** a champion of mankind
wohl·tä·tig *adj* charitable
Wohl·tä·tig·keit *f kein pl* charity **Wohl·tä·tig·keits·ver·an·stal·tung** *f* charity event **Wohl·tä·tig·keits·ver·ein** *m* charity
wohl·tu·end <wohltuender, wohltuendste> *adj* agreeable
wohl·ver·dient *adj* well-earned; **seine ~e Strafe erhalten** to get one's just deserts
wohl·weis·lich ['voːlvaɪslɪç] *adv* very wisely
Wohl·wol·len <-s> ['voːlvɔlən] *nt kein pl* goodwill; **auf jds ~ angewiesen sein** to rely on sb's goodwill
wohl·wol·lend <wohlwollender, wohlwollendste> **I.** *adj* benevolent; ■ **jdm gegenüber ~ sein** to be kindly disposed towards sb **II.** *adv* benevolently
Wohn·an·la·ge *f* housing development **Wohn·be·zirk** *m* residential district **Wohn·block** *m* block of flats BRIT, apartment building AM
woh·nen ['voːnən] *vi* to live; (*im Hotel*) to stay
Wohn·flä·che *f* living space **Wohn·ge·biet** *nt* residential area **Wohn·ge·gend** *f* residential area; **eine gute ~ sein** to be a nice area to live in **Wohn·geld** *nt* housing benefit **Wohn·ge·mein·schaft** *f* communal residence, house- [or flat-] [or AM apartment-]share; **in einer ~ leben** to share a house/flat with sb
wohn·haft ['voːnhaft] *adj* (*geh*) resident; ■ **irgendwo ~ sein** to live somewhere
Wohn·haus *nt* residential building **Wohn·heim** *nt* (*Studenten~*) hall of residence BRIT, residence hall AM, dormitory AM; (*Arbeiter~*) hostel **Wohn·kü·che** *f* kitchen-cum-living room **Wohn·la·ge** *f* residential area
wohn·lich ['voːnlɪç] *adj* cosy

Wohn·mo·bil <-s, -e> *nt* camper **Wohn·ort** *m* place of residence **Wohn·raum** *m kein pl* living space **Wohn·si·lo** *m o nt* (*pej*) concrete monolith **Wohn·sitz** *m* ADMIN domicile; **erster ~** main place of residence; **ohne festen ~** of no fixed abode
Woh·nung <-, -en> *f* flat, apartment
Woh·nungs·bau *m kein pl* house building; **sozialer ~** council houses **Woh·nungs·be·set·zer(in)** <-s, -> *m(f)* squatter **Woh·nungs·ei·gen·tü·mer(in)** *m(f)* property owner **Woh·nungs·ein·rich·tung** *f* furnishings *pl* **Woh·nungs·markt** *m* housing market **Woh·nungs·not** *f kein pl* serious housing shortage **Woh·nungs·schlüs·sel** *m* key to the flat [or AM apartment] **Woh·nungs·su·che** *f* flat- [or apartment-]hunting; **auf ~ sein** to be flat-hunting **Woh·nungs·tür** *f* front door
Wohn·vier·tel *nt* residential area **Wohn·wa·gen** *m* ❶ (*Campinganhänger*) caravan BRIT, trailer AM ❷ (*mobile Wohnung*) mobile home **Wohn·zim·mer** *nt* living room, lounge
Wok <-, -s> [vɔk] *m* wok
wöl·ben ['vœlbn̩] *vr* ❶ (*sich biegen*) to bend ❷ (*in einem Bogen überspannen*) ■ **sich über etw** *akk* **~** to arch over sth
Wöl·bung <-, -en> *f* ❶ BAU dome; (*Bogen*) arch ❷ (*Rundung*) bulge
Wolf <-[e]s, Wölfe> [vɔlf, *pl* 'vœlfə] *m* wolf
Wöl·fin <-, -nen> ['vœlfɪn] *f* she-wolf
Wolfs·hun·ger ['vɔlfshʊŋɐ] *m kein pl* (*fam*) ravenous hunger
Wol·ke <-, -n> ['vɔlkə] *f* cloud ▶ **aus allen ~n fallen** to be flabbergasted
Wol·ken·bruch *m* cloudburst **Wol·ken·de·cke** *f* cloud cover **Wol·ken·krat·zer** *m* skyscraper **Wol·ken·ku·ckucks·heim** *nt* (*iron*) cloud-cuckoo-land BRIT, fantasyland AM
wol·ken·los *adj* cloudless
wol·kig ['vɔlkɪç] *adj* cloudy
Woll·de·cke *f* (*woollen*) blanket
Wol·le <-, -n> ['vɔlə] *f* wool
wol·len[1] ['vɔlən] *adj attr* MODE woollen
wol·len[2] ['vɔlən] **I.** *vb aux* <will, wollte, wollen> ❶ (*vorhaben*) ■ **etw tun ~** to want to do sth; ■ **etw gerade tun ~** to be [just] about to do sth; **wollen wir uns nicht setzen?** why don't we sit down?; **etw haben ~** to want [to have] sth; **etw schon lange tun ~** to have been wanting to do sth for ages ❷ (*behaupten*) ■ **etw getan haben ~** to claim to have done sth; **und so jemand will Arzt sein!** and he calls himself a doctor! ❸ *passivisch* **diese Aktion will gut vorbereitet sein** this operation has to be well prepared **II.** *vi* <will, wollte, gewollt> ❶ (*den*

Willen haben) to want; **ob du willst oder nicht** whether you like it or not; **wenn du willst** if you like; [**ganz**] **wie du willst** just as you like ❷ (*gehen* ~) ■ **irgendwohin** ~ to want to go somewhere; **zu wem** ~ **Sie?** who[m] do you wish to see? ❸ (*anstreben*) **ich wollte, es wäre schon Weihnachten** I wish it were Christmas already; **ich wollte, das würde nie passieren** I would never want that to happen ▶ **wer nicht will, der hat schon** (*prov*) if you don't like it you can lump it!; **dann** ~ **wir mal** let's get started; **wenn man so will** as it were **III.** *vt* <will, wollte, gewollt> ❶ (*haben* ~) ■ **etw** ~ to want sth; **willst du lieber Tee oder Kaffee?** would you prefer tea or coffee?; **was willst du mehr!** what more you want!; **ich will, dass du jetzt sofort gehst!** I want you to go immediately ❷ (*bezwecken*) ■ **etw mit etw** *dat* ~ to want sth with [*or* for] sth; **ohne es zu** ~ without wanting to ▶ **da ist nichts mehr zu** ~ there is nothing else we/you can do; **was du nicht willst, dass man dir tu',** **das füg auch keinem andern zu** (*prov*) do unto others as you would others unto you

Woll·ja·cke *f* woollen cardigan **Woll·knäu·el** *nt* ball of wool **Woll·sie·gel** *nt* Woolmark®

Wol·lust <-, lüste> ['vɔlʊst, *pl* 'vɔlystə] *f* lust
wol·lüs·tig [vɔˈlʏstɪç] *adj* lascivious

wo·mit [voˈmɪt] *adv* ❶ *interrog* with what, what ... with; ~ **reinigt man Seidenhemden?** what do you use to clean silk shirts with?; ~ **habe ich das verdient?** what did I do to deserve this? ❷ *rel* with which

wo·mög·lich [voˈmøːklɪç] *adv* possibly

wo·nach [voˈnaːx] *adv* ❶ *interrog* what ... for, what ... of; ~ **suchst du?** what are you looking for?; ~ **riecht das hier?** what's that smell in here? ❷ *rel* which [*or* what] ... for, of which; **das ist der Schatz,** ~ **gesucht wird** that is the treasure that has been hunted for; (*demzufolge*) according to which

Won·ne <-, -n> ['vɔnə] *f* joy, delight

wo·ran [voˈran] *adv* ❶ *interrog* (*an welchem/welchen Gegenstand*) what ... on, on what; ~ **soll ich das befestigen?** what should I fasten this to?; (*an welchem/welchen Umstand*) what ... of, of what; **woran haben Sie ihn erkannt?** how did you recognize him?; ~ **können Sie sich erinnern?** what can you remember?; ~ **denkst du?** what are you thinking of?; ~ **ist sie gestorben?** what did she die of? ❷ *rel* (*an welchem/welchen Gegenstand*) on which; **das Seil,** ~ **der Kübel befestigt war, riss** the rope on which the pail was fastened broke; (*an welchem/*

welchen Umstand) by which; **das ist das einzige,** ~ **ich mich noch erinnere** that's the only thing I can remember; **es gibt einige Punkte,** ~ **man echte Banknoten von Blüten unterscheiden kann** there are a few points by which you can distinguish real bank notes from counterfeits

wo·rauf [voˈrauf] *adv* ❶ *interrog* on what ..., what ... on; ~ **wartest du noch?** what are you waiting for?; ~ **stützen sich deine Behauptungen?** what are your claims based on?; ~ **darf ich mich setzen?** what can I sit on? ❷ *rel* (*auf welcher/welche Sache*) on which; **das Bett,** ~ **wir liegen, gehörte meinen Großeltern** the bed we're lying on belonged to my grandparents; **der Grund,** ~ **das Haus steht, ist sehr hart** the ground on which the house is built is very hard; (*woraufhin*) whereupon

wo·rauf·hin *adv* ❶ *interrog* for what reason ❷ *rel* (*wonach*) whereupon, after which

wo·raus [voˈraus] *adv* ❶ *interrog* what ... out of, out of what; ~ **bestehen Rubine?** what are rubies made out of?; **und** ~ **schließen Sie das?** and from what do you deduce that? ❷ *rel* (*aus welcher Sache/welchem Material*) from which, what ... out of, out of which; **das Material,** ~ **die Socken bestehen, kratzt** the material the socks are made of is itchy; (*aus welchem Umstand*) from which; **es gab Anzeichen,** ~ **das geschlossen werden konnte** there were signs from which this could be deduced

wor·den *pp von* werden

wo·rin [voˈrɪn] *adv* ❶ *interrog* in what, what ... in; ~ **besteht der Unterschied?** where is the difference? ❷ *rel* in which; **es gibt etwas,** ~ **sich Original und Fälschung unterscheiden** there is one point in which the original and the copy differ

Work·a·ho·lic <-s, -s> [vøːˈgkəˈhɔːk] *m* workaholic

Work·shop <-s, -s> ['vøːɐkʃɔp] *m* workshop

World Wide Web <-> ['vøːɐltˈvaitˈvɛp, ˈvœrlt-] *nt kein pl* World Wide Web

Wort <-[e]s, Wörter *o* -e> [vɔrt, *pl* 'vœrtɐ, 'vɔrtə] *nt* ❶ LING word; **im wahrsten Sinne des** ~**es** in the true sense of the word ❷ *meist pl* (*Äußerung*) word *usu pl*; **das letzte** ~ **ist noch nicht gesprochen** that's not the end of it; **mit anderen** ~**en** in other words; [**bei jdm**] **ein gutes** ~ **für jdn einlegen** to put in a good word for sb [with sb]; **etw in** ~**e fassen** to put sth into words; **jdm fehlen die** ~**e** sb is speechless; **jdm kein** ~ **glauben** to not believe a word sb says; **kein** ~ **herausbringen** to not get a word out; **ein ernstes** ~ **mit jdm reden** to have a serious talk with sb; **kein ~ verstehen** to not understand a word; *(hören)* to be unable to hear a word; **~e des Dankes** words of thanks; **kein ~ mehr!** not another word! ❸ *kein pl (Ehren~)* **das ist ein ~!** [that's a] deal!; **sein ~ brechen/halten** to break/keep one's word; **das glaube ich dir aufs ~** I can well believe it; **jdm beim ~ nehmen** to take sb's word for it ❹ *kein pl (Rede[erlaubnis])* **jdm das ~ abschneiden** to cut sb short; **das ~ ergreifen** to begin to speak; *Diskussionsteilnehmer* to take the floor; **jdm das ~ erteilen** to allow sb to speak; **jdm ins ~ fallen** to interrupt sb; **als Nächstes haben Sie das ~** it's your turn to speak next; **zu ~ kommen** to get a chance to speak; **sich zu ~ melden** to ask to speak; **das ~ an jdn richten** to address sb ▶ **jdm das ~ im Munde herumdrehen** to twist sb's words; **aufs ~ gehorchen** to obey sb's every word

Wort·art *f* part of speech **wort·brü·chig** *adj* treacherous

Wört·chen <-s, -> ['vœrtçən] *nt dim von* Wort *(fam)* word; **mit jdm noch ein ~ zu reden haben** *(fig)* to have a bone to pick with sb; **da habe ich [noch] ein ~ mitzureden** *(fig)* I think I have something to say about that

Wör·ter·buch *nt* dictionary **Wör·ter·buch·com·pu·ter** *m* dictionary computer

Wort·er·ken·nung *f* INFORM word recognition

Wör·ter·ver·zeich·nis *nt* ❶ *(Vokabular)* glossary ❷ *(Wortindex)* index

Wort·fet·zen *pl* scraps of conversation *pl* **Wort·füh·rer(in)** *m(f)* spokesperson, spokesman *masc*, spokeswoman *fem* **Wort·ge·fecht** *nt* battle of words **Wort·ge·klin·gel** <-s> *nt kein pl (pej fam)* empty rhetoric **wort·ge·treu I.** *adj* verbatim *form; Übersetzung* faithful **II.** *adv* verbatim; *etw ~ wiedergeben* to repeat sth word for word **wort·ge·wandt** *adj* eloquent **Wort·hül·se** *f (pej)* empty word **wort·karg** *adj* taciturn **Wort·klau·be·rei** <-, -en> [vɔrtklaʊbəˈraɪ] *f (pej)* hair-splitting *no pl* **Wort·laut** *m kein pl* wording; **folgenden ~ haben** to read as follows

wört·lich ['vœrtlɪç] **I.** *adj* ❶ *Wiedergabe* word-for-word, verbatim ❷ *Übersetzung* literal **II.** *adv* ❶ *(genauso)* word for word ❷ *(dem originalen Wortlaut gemäß)* literally; *etw ~ nehmen* to take sth literally

wort·los I. *adj* silent **II.** *adv* silently, without saying a word **Wort·mel·dung** *f* request to speak **Wort·schatz** *m* vocabulary **Wort·schwall** <-[e]s> *m kein pl* torrent of words **Wort·spiel** *nt* pun **Wort·stamm** *m* LING stem [of a/the word] **Wort·stel·lung** *f* word order **Wort·wech·sel** *m* verbal exchange **Wort·witz** *m* pun, wordplay **wort·wört·lich** ['vɔrt'vœrtlɪç] *adj, adv* word-for-word

wo·rü·ber [voˈryːbɐ] *adv* ❶ *interrog (über welches Thema)* what ... about, about what; **~ habt ihr euch so lange unterhalten?** what was it you talked about for so long?; *(über welchem/welchen Gegenstand)* above which ❷ *rel (über welche Sache)* about which, what ... about, for which; **es geht Sie gar nichts an, ~ wir uns unterhalten!** it's none of your business what we are talking about!; *(über welchen/welchem Gegenstand)* over which

wo·rum [voˈrʊm] *adv* ❶ *interrog (um welche Sache)* what ... about; **~ handelt es sich?** what is this about?; *(um welchen Gegenstand)* what ... around; **~ hatte sich der Schal gewickelt?** what had the scarf wrapped itself around? ❷ *rel (um welche Sache)* what ... about; **alles, ~ du mich bittest, sei dir gewährt** *(geh)* all that you ask of me will be granted; *(um welchen Gegenstand)* around; **das Bein, ~ der Verband gewickelt ist, ist viel dünner** the leg the bandage is around is much thinner

wo·run·ter [voˈrʊntɐ] *adv* ❶ *interrog (unter welcher Sache)* what ... from; **~ leidet Ihre Frau?** what is your wife suffering from?; *(unter welchem/welchen Gegenstand)* under what, what ... under; **~ hattest du das versteckt?** what did you hide under? ❷ *rel (unter welcher Sache)* under which, which ... under; **Freiheit ist ein Begriff, ~ vieles verstanden werden kann** freedom is a term that can mean many different things; *(unter welchem/welchen Gegenstand)* under which; **das ist der Baum, ~ wir uns küssten** that's the tree under which we kissed; *(inmitten deren)* amongst which

wo·von [voˈfɔn] *adv* ❶ *interrog (von welcher Sache)* what ... about; **~ bist du denn so müde?** what has made you so tired?; *(von welchem Gegenstand)* from what, what ... from; **~ mag dieser Knopf wohl stammen?** where could this button be from? ❷ *rel (von welchem Gegenstand)* from which; **der Baum, ~ das Holz stammt, ist sehr selten** the tree from which the wood originates is very rare; *(von welcher Sache)* about which, which ... about; **das ist eine Sache, ~ du nichts verstehst** it's something you don't know anything about; *(durch welchen Umstand)* as a result of which; **er hatte einen Unfall, ~ er sich nur langsam erholte** he had an accident from which he only recov-

ered slowly
wo·vor [vo'foːɐ̯] *adv* **①** *interrog* (*vor welcher Sache*) what ... of; **~ fürchtest du dich denn?** what are you afraid of?; (*vor welchem/welchen Gegenstand*) in front of what, what ... in front of **②** *rel* (*vor welcher Sache*) what ... of, of which; **ich habe keine Ahnung, ~ er solche Angst hat** I have no idea what he's so frightened of; (*vor welchem/welchen Gegenstand*) in front of which
wo·zu [vo'tsuː] *adv* **①** *interrog* (*zu welchem Zweck*) why, how come, what ... for; **~ soll das gut sein?** what's the purpose of that?; **~ hast du das gemacht?** what did you do that for?; (*zu welcher Sache*) for what, what ... for; **~ bist du interviewt worden?** what were you interviewed for? **②** *rel* (*zu welchem Zweck*) for which reason; (*zu welcher Sache*) to what; **ich weiß, ~ du mich überreden willst!** I know what you want to talk me into!; (*zusätzlich zu dem*) to which
Wrack <-[e]s, -s> [vrak] *nt* **①** (*Schiffs~*) wreck; (*Flugzeug~, Auto~*) wreckage **②** (*verbrauchter Mensch*) wreck
wrin·gen <wrang, gewrungen> ['vrɪŋən] *vt* to wring
Wu·cher <-s> ['vuːxɐ] *m kein pl* extortion *no pl*; (*Zinsen*) usury; **das ist ~!** that's daylight [*or* AM highway] robbery!
Wu·che·rer, Wu·che·rin <-s, -> ['vuːxərɐ, 'vuːxərɪn] *m, f* (*pej*) profiteer, usurer
wu·che·risch ['vuːxərɪʃ] *adj* extortionate
wu·chern ['vuːxɐn] *vi* **①** *sein o haben* HORT to grow rampant **②** *sein* MED to proliferate **③** *haben* (*Wucher treiben*) to practise usury
Wu·cher·preis *m* (*pej*) extortionate price
Wu·che·rung <-, -en> *f* **①** (*Gewebevermehrung*) proliferation **②** (*Geschwulst*) growth
wuchs [vuːks] *imp von* **wachsen**[1]
Wuchs <-es> [vuːks] *m kein pl* **①** (*Wachstum*) growth **②** (*Form, Gestalt*) stature, build **③** (*Pflanzenbestand*) cluster
Wucht <-> [vʊxt] *f kein pl* force; (*Schläge, Hiebe*) brunt; **mit voller ~** with full force; **eine ~ sein** (*fam*) to be smashing
wuch·tig ['vʊxtɪç] *adj* **①** (*mit großer Wucht*) forceful; *Schlag* powerful **②** (*massig*) massive
wüh·len ['vyːlən] I. *vi* **①** **in etw** *dat* **~ ①** (*kramen*) to rummage through sth (**nach** for) **②** (*graben, aufwühlen*) to root through sth (**nach** for); **in jds Haaren ~** to tousle sb's hair II. *vr* **sich durch etw** *akk* **~** to burrow one's way through sth; (*sich durcharbeiten*) to slog through sth
Wühl·maus *f* vole **Wühl·tisch** *m* bargain counter
Wulst <-[e]s, Wülste> [vʊlst, *pl* 'vʏlstə] *m o f* bulge
wuls·tig ['vʊlstɪç] *adj* bulging; (*Lippen*) thick
wum·mern ['vʊmɐn] *vi* to boom
wund [vʊnt] I. *adj* sore II. *adv* **~ gelegen** having bedsores *pl*; **sich** *dat* **die Finger ~ schreiben** (*fig*) to wear one's fingers to the bone writing
Wund·brand *m kein pl* gangrene *no pl*
Wun·de <-, -n> ['vʊndə] *f* wound
Wun·der <-s, -> ['vʊndɐ] *nt* miracle; **~ tun** to work a miracle; **ein/kein ~ sein, dass ...** to be a/no wonder, that ...; **wie durch ein ~** miraculously; **die ~ der Natur** the wonders of nature; **ein ~ an Präzision** a miracle of precision ▶ **sein blaues ~ erleben** to be in for a nasty surprise
wun·der·bar ['vʊndɐbaːɐ̯] I. *adj* **①** (*herrlich*) wonderful, marvellous **②** (*wie ein Wunder*) miraculous II. *adv* (*fam*) wonderfully
Wun·der·hei·ler(in) <-s, -> *m(f)* miracle healer **Wun·der·ker·ze** *f* sparkler **Wun·der·kind** *nt* child prodigy
wun·der·lich ['vʊndɐlɪç] *adj* odd, strange
Wun·der·mit·tel *nt* miracle cure; (*Zaubertrank*) magic potion
wun·dern ['vʊndɐn] I. *vt* **jdn ~** to surprise sb; **das wundert mich [nicht]** I'm [not] surprised at that; **es wundert mich, dass ...** I am surprised that ... II. *vr* **sich ~** to be surprised (**über** at); **du wirst dich ~!** you're in for a surprise
wun·der·schön ['vʊndɐˈʃøːn] *adj* wonderful **wun·der·voll** *adj s.* **wunderbar**
Wund·sal·be *f* ointment **Wund·starr·krampf** *m kein pl* tetanus *no pl*
Wunsch <-[e]s, Wünsche> [vʊnʃ, *pl* 'vʏnʃə] *m* **①** (*Verlangen*) wish; (*stärker*) desire; (*Bitte*) request; **jdm jeden ~ erfüllen** to grant sb's every wish; **ihr sehnlichster ~ ging in Erfüllung** her most ardent desire was fulfilled; **haben Sie sonst noch einen ~?** would you like anything else?; **Ihr ~ ist mir Befehl** your wish is my command; **auf jds [hin]** at/on sb's request **②** *meist pl* (*Glück~*) wish; **mit besten Wünschen** best wishes
Wunsch·bild *nt* ideal **Wunsch·den·ken** *nt kein pl* wishful thinking *no pl*
Wün·schel·ru·te ['vʏnʃlruːtə] *f* divining rod
wün·schen ['vʏnʃn] I. *vt* **①** (*als Geschenk erbitten*) **sich** *dat* **etw ~** to ask for sth; **was wünschst du dir?** what would you like?; **nun darfst du dir etwas ~** now you can say what you'd like for a present; (*im Märchen*) now you may make a wish **②** (*erhoffen*) **etw ~** to wish; **ich wünschte, der Regen würde aufhören** I wish the rain would stop; **jdm etw ~** to wish sb sth; **jdm zum Geburtstag alles Gute ~** to wish sb a happy

birthday; **jdm eine gute Nacht ~** to wish sb good night; **ich will dir ja nichts Böses ~** I don't mean to wish you any harm; ■ **~, dass ...** *(haben wollen)* ■ **sich** *dat* **etw ~** to want sth; **man hätte sich kein besseres Wetter ~ können** one couldn't have wished for better weather; **ich wünsche sofort eine Erklärung!** I demand an explanation immediately!; **jemand wünscht Sie zu sprechen** somebody would like to speak with you; **was ~ Sie?** how may I help you? **II.** *vi (geh: wollen)* to want; **wenn Sie ~, kann ich ein Treffen arrangieren** if you want I can arrange a meeting; **Sie ~?** may I help you?; *(Bestellung)* what would you like?; **[ganz] wie Sie ~** just as you wish; **nichts/viel zu ~ übrig lassen** to leave nothing/much to be desired

wün·schens·wert *adj* desirable

Wunsch·kind *nt* planned child **Wunsch·kon·zert** *nt* RADIO musical request programme **wunsch·los** *adj* **~ glücklich sein** to be perfectly happy **Wunsch·traum** *m* dream **Wunsch·zet·tel** *m* wish list

wur·de ['vʊrdə] *imp von* werden

Wür·de <-, -n> ['vʏrdə] *f kein pl* dignity; **es ist für unseren Chef unter seiner ~, das zu tun** our boss finds it beneath him to do that

wür·de·los I. *adj* undignified **II.** *adv* without dignity

Wür·den·träg·er(in) *m(f)* dignitary

wür·de·voll *adj* dignified

wür·dig ['vʏrdɪç] **I.** *adj* ❶ *(ehrbar)* dignified ❷ *(wert, angemessen)* worthy; **ein ~ er Vertreter** a worthy replacement; **einer Sache [nicht] ~ sein** to be [not] worthy of sb/sth; **sich einer S.** *gen* **~ erweisen** to prove oneself to be worthy of sth **II.** *adv (mit Würde)* with dignity; *(gebührend)* worthy

wür·di·gen ['vʏrdɪɡn̩] *vt* ❶ *(anerkennend erwähnen)* to acknowledge ❷ *(schätzen)* **etw zu ~ wissen** to appreciate sth

Wür·di·gung <-, -en> *f* appreciation, acknowledgement

Wurf <-[e]s, Würfe> [vʊrf, *pl* 'vʏrfə] *m* ❶ *(das Werfen)* throw; *(gezielter ~)* shot; *(Baseball)* pitch; *(Kegeln)* bowl; *(Würfel)* throw; **zum ~ ausholen** to get ready to throw ❷ *(Tierjunge)* litter

Wür·fel <-s, -> ['vʏrfl̩] *m* ❶ *(Spiel~)* dice, die ❷ *(Kubus)* cube; **etw in ~ schneiden** to dice sth ▸ **die ~ sind gefallen** the dice is cast

Wür·fel·be·cher *m* shaker

wür·feln ['vʏrfl̩n] **I.** *vi* to play dice; ■ **um etw** *akk* **~** to throw dice for sth **II.** *vt* ❶ *(Würfel werfen)* **eine sechs ~** to throw a six ❷ *(in Würfel schneiden)* to dice

Wür·fel·spiel *nt* game of dice **Wür·fel·zu·cker** *m kein pl* sugar cube[s]

Wurf·ge·schoss[RR] *nt* missile **Wurf·sen·dung** *f* direct mail item **Wurf·spieß** *m* spear

wür·gen ['vʏrɡn̩] **I.** *vt* **jdn ~** to throttle sb ▸ **mit Hängen und W~** by the skin of one's teeth **II.** *vi* ❶ *(kaum schlucken können)* ■ **an etw** *dat* **~** to choke on sth ❷ *(hoch~)* to retch

Wurm <-[e]s, Würmer> [vʊrm, *pl* 'vʏrmɐ] *m* worm ▸ **da ist der ~ drin** there's something fishy about it

wur·men ['vʊrmən] *vt (fam)* to bug; **es wurmt mich sehr, dass ich verloren habe** it really bugs me that I lost

Wurm·fort·satz *m* appendix

wurm·sti·chig ['vʊrmʃtɪçɪç] *adj* ❶ *Apfel* maggoty ❷ *Holz* full of woodworm

Wurst <-, Würste> [vʊrst, *pl* 'vʏrstə] *f* sausage; *(Brotaufflage)* sliced, cold cuts BRIT, cold cuts *pl* AM ▸ **jetzt geht es um die ~** the moment of truth has come; **jdm ~ sein** to be all the same to sb

Wurst·brot *nt* open sandwich with slices of sausage

Würst·chen <-s, -> ['vʏrstçən] *nt dim von* Wurst little sausage; **Frankfurter/Wiener ~** frankfurter/wiener sausages BRIT, hot dog AM

Würst·chen·bu·de *f*, **Würst·chen·stand** *m* hot dog stand

Wurst·sa·lat *m* sausage salad **Wurst·wa·ren** *pl* sausages and cold meats *pl*, cold cuts AM

Würz·burg <-s> ['vʏrtsbʊrk] *nt* Würzburg

Wür·ze <-, -n> ['vʏrtsə] *f* seasoning

Wur·zel <-, -n> ['vʊrtsl̩] *f* ❶ *(Pflanzen~, Zahn~)* root; **~n schlagen** *(a fig)* to put down roots ❷ MATH root; **die ~ aus etw** *dat* **ziehen** to find the root of sth ❸ *(geh: Ursprung)* root; **die ~ allen Übels** the root of all evil; **etw mit der ~ ausrotten** to eradicate sth

Wur·zel·be·hand·lung *f* root treatment **Wur·zel·ge·mü·se** *nt* root vegetables *pl*

wur·zeln ['vʊrtsl̩n] *vi* ■ **in etw** *dat* **~** to be rooted in sth

Wur·zel·zei·chen *nt* MATH radical sign

wür·zen ['vʏrtsn̩] *vt* to season

wür·zig ['vʏrtsɪç] **I.** *adj* tasty **II.** *adv* tastily

Würz·stoff *m* flavouring

wusch [vuːʃ] *imp von* waschen

wu·sche·lig ['vʊʃəlɪç] *adj* woolly, fuzzy; *Tier* shaggy

Wu·schel·kopf *m* mop of curls, fuzz

wusch·lig ['vʊʃ(ə)lɪç] *adj s.* wuschelig

wu·seln ['vuːzl̩n] *vi* to bustle about

wuss·te[RR], **wuß·te**[ALT] *imp von* wissen

Wust <-[e]s> [vuːst] *m kein pl (fam)* pile; **ein**

~ **von Papieren** a pile of papers; **ein ~ von Problemen** (*fig*) a load of problems

wüst [vy:st] **I.** *adj* ❶ (*öde*) waste, desolate ❷ (*fig: wild, derb*) vile, rude ❸ (*fam: unordentlich*) hopeless, terrible **II.** *adv* vilely, terribly; **jdn ~ beschimpfen** to use vile language to sb

Wüs·te <-, -n> ['vy:stə] *f* desert, wasteland *fig;* **die ~ Gobi** the Gobi Desert

Wüs·ten·kli·ma *nt kein pl* desert climate

Wüst·ling <-s, -e> ['vy:stlɪŋ] *m* (*pej*) lecher

Wut <-> [vu:t] *f kein pl* fury, rage; **seine ~ an jdm/etw auslassen** to take one's anger out on sb/sth; **eine ~ bekommen** to get into a rage; **eine ~ [auf jdn] haben** to be furious [with sb]; **vor ~ kochen** to seethe with rage

Wut·an·fall *m* fit of rage; (*Kind*) tantrum; **einen ~ bekommen** to throw a tantrum **Wut·aus·bruch** *m* tantrum

wü·ten ['vy:tn̩] *vi* to rage; *Sturm* to cause havoc

wü·tend I. *adj* furious, enraged; **~ auf jdn sein** to be furious with sb **II.** *adv* furiously, in a rage

wut·ent·brannt *adv* in a fury **wut·schnau·bend I.** *adj* snorting with rage **II.** *adv* in a mad fury

WWF <-> [ve:ve:'ɛf] *m Abk von* **World Wide Fund for Nature** WWF

WWU <-> [ve:ve:'ʔu:] *f kein pl Abk von* Wirtschafts- und Währungsunion EMU

WWW <-[s]> [ve:ve:'ve:] *nt Abk von* **World Wide Web** WWW

WWW-Cli·ent <-, -s> [ve:ve:'ve:klaɪənt] *m* WWW client **WWW-Ser·ver** <-s, -> [ve:ve:'ve:sɐ:vɐ] *m* WWW server

Wz *nt Abk von* **Warenzeichen** TM

X x

X, x <-, -> [ɪks] *nt* ❶ (*Buchstabe*) X, x; *s. a.* **A 1** ❷ (*unbekannter Namen*) x; **Herr/Frau ~** Mr/Mrs X; **der Tag X** the day X ❸ (*eine unbestimmte Zahl*) x **Bücher** x number of books; **~ mal** x times; **ich habe sie schon ~-mal gefragt, aber sie antwortet nie** I have already asked her umpteen times, but she never answers ❹ MATH (*unbekannter Wert*) x; **eine Gleichung nach ~ auflösen** to solve an equation for x

x-Ach·se *f* x-axis

Xan·thip·pe <-, -n> [ksan'tɪpə] *f* (*pej fam*) shrew *dated*

X-Bei·ne ['ɪksbaɪnə] *pl* knock-knees *pl;* **~ haben** to be knock-kneed **x-bei·nig** *adj* knock-kneed **x-be·lie·big** [ɪksbə'li:bɪç] **I.** *adj* (*fam*) any old; **es kann nicht jeder X~e hier Mitglied werden** we/they don't let just anybody become a member here **II.** *adv* (*fam*) as often as one likes

xe·no·phob [kseno'fo:p] *adj* (*geh*) xenophobic

Xe·no·pho·bie [ksenofo'bi:] *f kein pl* (*geh*) xenophobia

x-fach ['ɪksfax] **I.** *adj* (*fam*) umpteen; **die ~e Menge** MATH n times the amount **II.** *adv* (*fam*) umpteen times **x-för·mig**^{RR} *adj* X-shaped *pred* **x-mal** ['ɪksma:l] *adv* (*fam*) umpteen times

x-te(r, s) ['ɪkstə, 'ɪkstɐ, 'ɪkstəs] *adj* (*fam*) ■**der/die/das ~** the umpteenth; **beim ~n Mal** after the umpteenth time; **zum ~n Mal** for the umpteenth time

Xy·lo·fon^{RR} <-s, -e>, **Xy·lo·phon** <-s, -e> [ksylo'fo:n] *nt* xylophone

Y y

Y, y <-, - *o fam* -s, -s> ['ʏpsilɔn] *nt* Y, y; *s. a.* **A 1**

y-Ach·se ['ʏpsilɔn?aksə] *f* y-axis

Yacht <-, -en> [jaxt] *f* yacht

Yak <-s, -s> [jak] *nt* yak

Yan·kee <-s, -s> ['jɛŋki] *m* Yankee

Yen <-[s], -[s]> [jɛn] *m* yen

Ye·ti <-s, -s> ['je:ti] *m* yeti

Yo·ga <-[s]> ['jo:ga] *m o nt* yoga

Yo·ga·sitz *m* lotus position

Yo·ghurt <-s, -s> ['jo:gʊrt] *m o nt s.* **Joghurt**

Yo-Yo <-s, -s> [jo'jo:] *nt* yo-yo

Yp·si·lon <-[s], -s> ['ʏpsilɔn] *nt* ❶ (*Buchstabe*) upsilon ❷ *s.* **Y**

Yuc·ca <-, -s> ['jʊka] *f* yucca

Yup·pie <-s, -s> ['jʊpi] *m* yuppie

Zz

Z, z <-, -> [tsɛt] *nt* Z, z; *s. a.* **A 1**

zack [tsak] *interj* (*fam*) zap; ~, ~! chop-chop!

Za·cke <-, -n> ['tsakə] *f* point; (*vom Kamm, Sägeblatt*) tooth; *Berg* peak; *Gabel* prong

Za·cken <-s, -> ['tsakn̩] *m* DIAL *s*. **Zacke** ▶ **sich** *dat* **keinen ~ aus der Krone brechen** (*fam*) to not lose face by doing sth

za·ckig ['tsakɪç] *adj* ❶ (*gezackt*) jagged; *Stern* pointed ❷ (*schnell*) *Bewegungen* brisk; *Musik* upbeat

zag·haft ['tsa:khaft] *adj* timid

Zag·haf·tig·keit *f* timidity

zäh [tsɛ:] **I.** *adj* ❶ (*eine feste Konsistenz aufweisend*) tough ❷ (*zähflüssig*) glutinous ❸ (*hartnäckig*) tenacious; *Gespräch* dragging; *Verhandlungen* tough **II.** *adv* tenaciously

zäh·flüs·sig *adj* thick; (*fig*) *Verkehr* slow-moving

Zä·hig·keit <-> ['tsɛ:ɪçkaɪt] *f kein pl* tenacity *no pl*

Zahl <-, -en> [tsa:l] *f* ❶ MATH number, figure; **ganze/gerade/ungerade ~** whole/even/odd number; **eine vierstellige ~** a four figure number ❷ *pl* (*Zahlenangaben*) numbers; (*Verkaufszahlen*) figures; **arabische/römische ~en** Arabic/Roman numerals; **in die roten/schwarzen ~en geraten** to get into the red/black ❸ *kein pl* (*Anzahl*) number

zahl·bar *adj* (*geh*) payable

zähl·bar *adj* countable

zah·len ['tsa:lən] *vt, vi* to pay; [bitte] ~! [can I/we have] the bill please!

zäh·len ['tsɛ:lən] **I.** *vt* ❶ (*addieren*) to count ❷ (*geh: Anzahl aufweisen*) to number ❸ (*geh: dazurechnen*) ▪ **jdn/sich zu etw** *dat* ~ to regard sb/oneself as belonging to sth **II.** *vi* ❶ (*Zahlen aufsagen*) **bis zehn ~** to count to ten ❷ (*addieren*) to count; **falsch ~** to miscount ❸ (*gehören*) to belong (**zu** to) ❹ (*sich verlassen*) to count (**auf** on) ❺ (*wert sein*) to count; **der Sprung zählte nicht** that jump didn't count

Zah·len·fol·ge *f* numerical sequence **Zah·len·kom·bi·na·ti·on** *f* combination of numbers

zah·len·mä·ßig I. *adj* numerical **II.** *adv* (*an Anzahl*) in number

Zah·len·schloss^RR *nt* combination lock

Zah·ler(in) <-s, -> *m(f)* payer

Zäh·ler <-s, -> *m* ❶ MATH numerator ❷ TECH meter, counter

Zäh·ler·stand *m* meter reading

Zahl·kar·te *f* giro transfer form **zahl·los** *adj* countless **zahl·reich I.** *adj* ❶ (*sehr viele*) numerous ❷ (*eine große Anzahl*) large **II.** *adv* (*in großer Anzahl*) ~ **erscheinen/kommen** to appear/come in large numbers

Zahl·tag *m* payday

Zah·lung <-, -en> *f* payment

Zäh·lung <-, -en> *f* count; (*Volks~*) census

Zah·lungs·an·wei·sung *f* giro transfer order **Zah·lungs·auf·for·de·rung** *f* request for payment **Zah·lungs·be·fehl** *m* JUR (*veraltet*) order to pay **zah·lungs·fä·hig** *adj* solvent **zah·lungs·kräf·tig** *adj* wealthy **Zah·lungs·mit·tel** *nt* means of payment + *sing vb* **Zah·lungs·mo·ral** *f kein pl* paying habits *pl* **zah·lungs·un·fä·hig** *adj* insolvent **Zah·lungs·ver·kehr** *m* payment transactions *pl* **Zahl·wort** <-wörter> *nt*, **Zahl·zei·chen** *nt* numeral

zahm [tsa:m] *adj* tame

zäh·men ['tsɛ:mən] *vt* to tame

Zäh·mung <-, -en> *f* taming

Zahn <-[e]s, Zähne> [tsa:n, *pl* tsɛ:nə] *m* ❶ (*Teil des Gebisses*) tooth; **fauler ~** rotten tooth; **die zweiten Zähne** one's second set of teeth; **Zähne bekommen** to be teething; **jd klappert mit den Zähnen** sb's teeth chatter; **mit den Zähnen knirschen** to grind one's teeth; **sich** *dat* **die Zähne putzen** to brush one's teeth; **sich** *dat* **einen ~ ziehen lassen** to have a tooth pulled; (*fam*) **einen ~ ziehen** to pull sb's tooth ❷ (*fam: hohe Geschwindigkeit*) **einen ~ draufhaben** to drive at a breakneck speed; **einen ~ zulegen** to step on it ▶ **sich** *dat* **an jdm/etw die Zähne ausbeißen** to have a tough time of it with sb/sth; **jdm auf den ~ fühlen** (*fam*) to grill sb

Zahn·arzt, -ärz·tin *m, f* dentist

Zahn·arzt·be·such *m* dentist appointment **zahn·ärzt·lich I.** *adj* dental *attr* **II.** *adv* ~ **behandelt werden** to have dental treatment **Zahn·be·hand·lung** *f* dental treatment **Zahn·be·lag** *m kein pl* plaque *no pl* **Zahn·bürs·te** *f* toothbrush **Zahn·creme** *f* toothpaste

Zäh·ne·knir·schen *nt kein pl* grinding of one's teeth **zäh·ne·knir·schend** *adv* gnashing one's teeth

zah·nen ['tsa:nən] *vi* to teethe

Zahn·er·satz *m* dentures *pl* **Zahn·fäu·le** *f kein pl* tooth decay *no pl*

Zahn·fleisch *nt* gum[s *pl*] **Zahn·fleisch·blu·ten** *nt kein pl* bleeding of the gums

Zahn·fül·lung *f* filling **Zahn·gold** *nt* dental gold **Zahn·kli·nik** *f* dental clinic **Zahn·lü·cke** *f* gap between the teeth **Zahn·pas·ta** *f*

toothpaste **Zahn·pfle·ge** f kein pl dental hygiene **Zahn·pro·the·se** f dentures pl **Zahn·putz·glas** nt toothbrush glass

Zahn·rad nt AUTO gearwheel; TECH cogwheel **Zahn·rad·bahn** f rack railway

Zahn·schmelz m [tooth] enamel **Zahn·schmer·zen** pl toothache no pl **Zahn·sei·de** f dental floss **Zahn·span·ge** f braces pl **Zahn·stein** m kein pl tartar no pl **Zahn·sto·cher** <-s, -> m toothpick **Zahn·tech·ni·ker(in)** m(f) dental technician **Zahn·weh** nt (fam) s. Zahnschmerzen

Za·i·re <-s> [za'i:ɐ] nt Zaire; s. a. Deutschland

Zan·der <-s, -> ['tsandɐ] m pikeperch

Zan·ge <-, -n> ['tsaŋə] f pliers npl, pair of pliers; Hummer, Krebs pincer; MED forceps npl; (für Zucker) tongs npl ▸ **jdn in die nehmen** to give sb the third degree

Zan·gen·ge·burt f MED forceps delivery spec

Zank <-[e]s> [tsaŋk] m kein pl quarrel

zan·ken ['tsaŋkn̩] I. vi ❶ (streiten) to quarrel ❷ DIAL (schimpfen) to scold II. vr **sich ~** to quarrel (**um** over)

zän·kisch ['tsɛŋkɪʃ] adj quarrelsome

Zäpf·chen <-s, -> ['tsɛpfçən] nt ❶ dim von Zapfen small plug ❷ ANAT uvula ❸ MED suppository

zap·fen ['tsapfn̩] vt to draw; **gezapftes Bier** draught beer

Zap·fen <-s, -> ['tsapfn̩] m ❶ BOT, ANAT cone ❷ (Eis-) icicle ❸ (länglicher Holzstöpsel) spigot

Zap·fen·streich m (Signal) last post BRIT, taps AM

Zapf·hahn m tap **Zapf·säu·le** f petrol [or AM gas] pump

zap·pe·lig ['tsapəlɪç] adj ❶ (sich unruhig bewegend) fidgety ❷ (voller Unruhe) ■ **[ganz] ~ sein** to be [all] restless

zap·peln ['tsapl̩n] vi to fidget; **an der Angel ~** to wriggle on the fishing rod ▸ **jdn ~ lassen** (fam) to keep sb in suspense

Zap·pel·phi·lipp <-s, -e o -s> ['tsapl̩filɪp] m (fig fam) fidget

zap·pen ['tsapn̩] vi TV (sl) to channel-hop, AM a. to zap

Zap·ping <-s> ['tsapɪŋ, 'zɛpɪŋ] nt kein pl TV (sl) channel-hopping no pl, AM a. zapping no pl

zapp·lig ['tsaplɪç] adj s. zappelig

Zar(in) <-en, -en> ['tsaːɐ̯] m(f) tsar masc, tsarina fem

zart [tsaːɐ̯t] adj ❶ (mürbe) tender; Gebäck delicate ❷ (weich und empfindlich) delicate; **im ~en Alter von zehn Jahren** at the tender age of ten; Haut soft ❸ (mild, dezent) mild; Berührung, Andeutung gentle; Farbe, Duft delicate

zart·bit·ter adj (Schokolade) dark **Zart·ge·fühl** <-[e]s> nt kein pl (geh) ❶ (Taktgefühl) delicacy ❷ (selten: Empfindlichkeit) sensitivity **zart·glie·de·rig** ['tsaːɐ̯tgliːdərɪç], **zart·glied·rig** adj (fein) dainty; (zerbrechlich) delicate

zärt·lich ['tsɛːɐ̯tlɪç] I. adj ❶ (liebevoll) tender, affectionate ❷ (geh: fürsorglich) solicitous II. adv tenderly, affectionately

Zärt·lich·keit <-, -en> f ❶ kein pl (zärtliches Wesen) tenderness no pl ❷ pl (Liebkosung) caresses pl; (zärtliche Worte) tender words pl ❸ kein pl (geh: Fürsorglichkeit) solicitousness

Zas·ter <-s> ['tsastɐ] m kein pl (sl) dough

Zä·sur <-, -en> [tsɛˈzuːɐ̯] f (geh: Einschnitt) break [with tradition]; LIT, MUS caesura

Zau·ber <-s, -> ['tsaʊbɐ] m ❶ (magische Handlung) magic; **einen ~ anwenden/aufheben** to cast/break a spell; (magische Wirkung) spell ❷ kein pl (Faszination, Reiz) charm; **etw übt einen ~ auf jdn aus** sth holds a great fascination for sb ❸ kein pl (fam: Aufhebens) palaver; (Kram) stuff

Zau·be·rei <-, -en> [tsaʊbaˈraɪ] f ❶ kein pl (Magie) magic ❷ s. Zauberkunststück

Zau·be·rer, **Zau·be·rin** <-s, -> ['tsaʊbərə, 'tsaʊbərɪn] m, f (Magier) sorcerer masc, sorceress fem, wizard ❷ (Zauberkünstler) magician

Zau·ber·for·mel f magic formula

zau·ber·haft adj enchanting; Kleid gorgeous; Abend, Urlaub splendid

Zau·be·rin <-, -nen> f fem form von Zauberer

Zau·ber·künst·ler(in) m(f) magician **Zau·ber·kunst·stück** nt magic trick

zau·bern ['tsaʊbɐn] I. vt ❶ (erscheinen lassen) to conjure (**aus** from); **einen Hasen aus einem Hut ~** to pull a rabbit out of a hat ❷ (a. fam: schaffen) ■ **etw ~** to conjure up sth II. vi (Magie anwenden) to perform magic; (Zauberkunststücke vorführen) to do magic tricks

Zau·ber·spruch m magic spell **Zau·ber·stab** m magic wand **Zau·ber·trank** m magic potion **Zau·ber·trick** m s. Zauberkunststück **Zau·ber·wort** nt magic word

zau·dern ['tsaʊdən] vi to hesitate

Zaum <-[e]s, Zäume> [tsaʊm, pl 'tsɔʏmə] m bridle; **etw/jdn/sich in ~ halten** (fig) to keep sth/sb/oneself in check

zäu·men ['tsɔʏmən] vt ■ **ein Tier ~** to bridle an animal

Zaun <-[e]s, Zäune> [tsaʊn, pl 'tsɔʏnə] m fence ▸ **etw vom ~ brechen** to provoke sth

Zaun·gast <-gäste> *m uninvited spectator* **Zaun·kö·nig** *m wren* **Zaun·pfahl** *m* [fence] post

zau·sen ['tsauzn̩] **I.** *vt* to tousle **II.** *vi* ■ **in/an etw** *dat* ~ to play with sth

z.B. *Abk von* **zum Beispiel** e.g.

Ze·bra <-s, -s> ['tseːbra] *nt* zebra

Ze·bra·strei·fen *m* zebra [*or* AM *a.* pedestrian] crossing

Ze·che[1] <-, -n> ['tsɛçə] *f* BERGB coal mine

Ze·che[2] <-, -n> ['tsɛçə] *f* (*Rechnung für Verzehr*) bill

ze·chen ['tsɛçn̩] *vi* to booze

Zech·kum·pan(in) *m(f)* (*fam*) drinking-mate BRIT, drinking-buddy AM **Zech·prel·ler(in)** <-s, -> *m(f)* walk-out (*person who leaves without paying the bill*) **Zech·tour** [-tuːɐ̯] *f* pub crawl BRIT *fam*, bar hopping AM

Zeck <-[e]s, -en> [tsɛk] *m* ÖSTERR (*fam*), **Ze·cke** <-, -n> ['tsɛkə] *f* tick

Ze·cken·biss[RR] *m* tick bite

Ze·dern·holz *nt* cedar wood

Zeh <-s, -en> [tseː] *m*, **Ze·he** <-, -n> ['tseːə] *f* ① ANAT toe; **großer/kleiner ~** big/little toe; **sich auf die ~en stellen** to stand on tiptoes ② (*Knoblauch~*) clove

Ze·hen·na·gel *m* toenail **Ze·hen·spit·ze** *f* tip of the toe; **auf** [den] **~n gehen** to tiptoe; **sich auf die ~n stellen** to stand on tiptoe

zehn [tseːn] *adj* ten; *s. a.* **acht**[1]

Zehn <-, -en> [tseːn] *f* ① (*Zahl*) ten ② KARTEN ten; *s. a.* **Acht**[1] ③ (*Verkehrslinie*) **die ~** the [number] ten

Zeh·ner <-s, -> ['tseːne] *m* (*Zahl zwischen 10 und 90*) ten

Zeh·ner·kar·te *f* TRANSP ten-journey ticket; TOURIST ten-visit ticket

zeh·ner·lei ['tseːnɐ'lai] *adj attr* ten [different]; *s. a.* **achterlei**

zehn·fach, 10-fach ['tseːnfax] **I.** *adj* tenfold; **die ~e Menge** ten times the amount; *s. a.* **achtfach II.** *adv* tenfold, ten times over; *s. a.* **achtfach**

Zehn·kampf ['tseːnkampf] *m* decathlon **Zehn·kämp·fer(in)** *m(f)* decathlete

zehn·mal, 10-mal[RR] ['tseːnmaːl] *adv* ten times

zehnt [tseːnt] *adv* ■ **zu ~ sein** to be a party of ten

zehn·tau·send ['tseːn'tauznt] *adj* ① (*Zahl*) ten thousand ② (*sehr viele*) ■ **Z~e von ...** tens of thousands of ...

zehn·te(r, s) ['tseːntə, 'tseːntɐ, 'tseːntəs] *adj* ① (*nach dem neunten kommend*) tenth; **die ~ Klasse** fourth year (*secondary school*); *s. a.* **achte(r, s)** 1 ② (*Datum*) tenth, 10th; *s. a.* **achte(r, s)** 2

zehn·tel ['tseːntl̩] *adj* tenth

Zehn·tel <-s, -> ['tseːntl̩] *nt* ■ **ein ~** a tenth

zehn·tens ['tseːntn̩s] *adv* in [the] tenth place

zeh·ren ['tseːrən] *vi* ① (*erschöpfen, schwächen*) ■ **an jdm/etw ~** to wear sb/sth out; **an jds Nerven/Gesundheit ~** to ruin sb's nerves/health ② (*sich ernähren*) ■ **von etw** *dat* ~ to live on sth

Zei·chen <-s, -> ['tsaiçn̩] *nt* ① (*Symbol*) symbol; (*Schrift~*) character; (*Satz~*) punctuation mark ② (*Markierung*) sign; **ein ~ auf etw** *akk* **machen** to make a mark on sth ③ (*Hinweis*) sign; (*Symptom*) symptom ④ (*Signal*) signal; **jdm ein ~ geben** to give sb a signal; **sich durch ~ verständigen** to communicate using signs; **das ~ zu etw** *dat* **geben** to give the signal to do sth; **ein ~ setzen** to set an example; **zum ~, dass ...** to show that ... ⑤ ASTROL sign; **im ~ einer S.** *gen* **geboren sein** to be born under the sign of sth

Zei·chen·block <-blöcke *o* -blocks> *m* sketch pad **Zei·chen·brett** *nt* drawing board **Zei·chen·er·klä·rung** *f* key; (*Landkarte*) legend **Zei·chen·kunst** *f* [art of] drawing **Zei·chen·set·zung** <-> *f kein pl* punctuation **Zei·chen·spra·che** *f* sign language **Zei·chen·stun·de** *f* drawing lesson **Zei·chen·trick·film** *m* cartoon

zeich·nen ['tsaiçnən] **I.** *vt* ① KUNST, ARCHIT to draw ② (*schriftlich anerkennen*) **Aktien ~** to subscribe for shares; **einen Scheck ~** to validate a cheque ③ (*mit Zeichen versehen*) to mark **II.** *vi* ① KUNST ■ **an etw** *dat* **~** to draw sth ② (*geh: verantwortlich sein*) **für etw** *akk* [**verantwortlich**] **~** to be responsible for sth

Zeich·ner(in) <-s, -> *m(f)* ① KUNST draughtsman *masc*, draughtswoman *fem* ② FIN subscriber

zeich·ne·risch I. *adj* graphic; **~e Begabung** talent for drawing **II.** *adv* graphically

Zeich·nung <-, -en> *f* ① KUNST drawing ② BOT, ZOOL markings *pl* ③ FIN subscription

Zei·ge·fin·ger *m* index finger

zei·gen ['tsaign̩] **I.** *vt* ① (*deutlich machen*) to show ② (*vorführen*) to show; **sich** *dat* **von jdm ~ lassen, wie etw gemacht wird** to get sb to show one how to do sth; **zeig mal, was du kannst!** (*fam*) let's see what you can do!; **es jdm ~** (*fam*) to show sb ③ (*geh: erkennen lassen*) to show **II.** *vi* ① (*deuten/hinweisen*) to point (**auf** at); **nach rechts/oben/hinten ~** to point right/upwards/to the back ② (*erkennen lassen*) ■ **~, dass ...** to show that ... **III.** *vr* ① (*sich sehen lassen*) ■ **sich** [jdm] **~** to show oneself [to sb]; **komm, zeig dich mal!** let me see what you look like; **sich von seiner besten Seite ~ to show oneself at one's best** ❷ *(erkennbar werden)* ■ **sich ~** to appear

Zei·ger <-s, -> ['tsaɪɡɐ] *m* ❶ *(Uhr~)* hand; *(Messnadel)* needle

Zei·ge·stock *m* pointer

Zei·le <-, -n> ['tsaɪlə] *f* ❶ *(geschriebene Reihe)* line; **jdm ein paar ~n schrieben** *(fam)* to drop sb a line; **zwischen den ~n lesen** to read between the lines ❷ *(Reihe)* row

Zei·len·ab·stand *m* line spacing

Zei·sig <-s, -e> ['tsaɪzɪç] *m* siskin

zeit [tsaɪt] *präp +gen* **~ meines Lebens** all my life, as long as I live

Zeit <-, -en> [tsaɪt] *f* ❶ *(verstrichener zeitlicher Ablauf)* time; **mit der ~ in time; ~ raubend** time-consuming; **~ sparend** time-saving ❷ *(Zeitraum)* time; ■ **eine ~ lang** for a while; **Vertrag auf ~** fixed-term contract; **die ganze ~** [über] the whole time; **in letzter ~** lately; **in nächster ~** in the near future; **auf unabsehbare ~** for an unforeseeable period; **auf unbestimmte ~** for an indefinite period; **eine ganze/einige/längere ~ dauern** to take quite some/some/a long time; **~ gewinnen** to gain time; **zehn Minuten/zwei Tage ~ haben** [, **etw zu tun**] to have ten minutes/two days [to do sth]; **haben Sie einen Augenblick ~?** have you got a moment to spare?; **das hat noch ~** that can wait; **sich** [**mit etw** *dat*] **~ lassen** to take one's time [with sth]; **sich** *dat* **~ für jdn/etw nehmen** to devote time to sb/sth; **~ schinden** to play for time; **jdm die ~ stehlen** to waste sb's time; **jdn auf ~ beschäftigen** to employ sb on a temporary basis ❸ *(Zeitpunkt)* time; **zu gegebener ~** in due course; **es ist höchste Zeit, dass wir die Tickets kaufen** it's high time we bought the tickets; **seit dieser ~** since then; **von ~ zu ~** from time to time; **zur ~** at the moment; **zu jeder ~** at any time ❹ *(Epoche, Lebensabschnitt)* time, age; **mit der ~ gehen** to move with the times; **die ~ der Aufklärung** the age of enlightenment; **seit uralten ~en** since/from time immemorial; **für alle ~en** for ever; **etw war vor jds ~** sth was before sb's time; **zu jener ~** at that time ❺ LING tense ❻ SPORT time; **eine gute ~ laufen** to run a good time ▸ **~ ist Geld** time is money; **die ~ heilt alle Wunden** *(prov)* time heals all wounds; **ach du liebe ~!** *(fam)* goodness me!

Zeit·ab·schnitt *m* period [of time] **Zeit·al·ter** *nt* age; **in unserem ~** nowadays **Zeit·an·ga·be** *f* ❶ *(Angabe der Uhrzeit)* time; *(Angabe des Zeitpunktes)* date ❷ LING temporal adverb **Zeit·an·sa·ge** *f* TELEK speaking clock; RADIO time check

Zeit·ar·beit *f kein pl* temporary work *no pl* **Zeit·ar·beits·fir·ma** *f* temporary employment agency

Zeit·auf·wand *m* expenditure of time; **mit großem ~ verbunden sein** to be extremely time-consuming **zeit·auf·wän·dig**[RR] *adj* time-consuming **Zeit·bom·be** *f* time bomb **Zeit·druck** *m kein pl* time pressure **Zeit·ein·tei·lung** *f* time management **Zeit·fen·ster** *nt* time window, window of time **Zeit·fra·ge** *f* ❶ *kein pl* *(Frage der Zeit)* question of time ❷ *(Problem der Zeit)* contemporary concern **Zeit·ge·fühl** *nt kein pl* sense of time **Zeit·geist** *m kein pl* Zeitgeist

zeit·ge·mäß *adj, adv* up-to-date, modern **Zeit·ge·nos·se, -ge·nos·sin** ['tsaɪtɡənɔsə, -ɡənɔsɪn] *m, f* contemporary

zeit·ge·nös·sisch ['tsaɪtɡənœsɪʃ] *adj* contemporary

Zeit·ge·sche·hen *nt kein pl* events of the day **Zeit·ge·schich·te** *f kein pl* contemporary history *no pl* **Zeit·ge·schmack** *m kein pl* prevailing taste **Zeit·ge·winn** *m* time-saving **zeit·gleich I.** *adj* contemporaneous **II.** *adv* at the same time

zei·tig ['tsaɪtɪç] *adj, adv* early

Zeit·kar·te *f* TRANSP monthly/weekly/weekend etc. ticket **zeit·le·bens** [tsaɪt'le:bn̩s] *adv* all one's life

zeit·lich I. *adj* chronological **II.** *adv* ❶ *(terminlich)* timewise *fam*; **~ zusammenfallen** to coincide; **etw ~ abstimmen** to synchronize sth ❷ *(vom Zeitraum her)* **~ begrenzt** for a limited time

zeit·los *adj* timeless; *Kleidung* classic; **~er Stil** style that doesn't date

Zeit·lu·pe *f kein pl* slow motion *no art* **Zeit·lu·pen·tem·po** *nt* **im ~** in slow motion; **sich im ~ bewegen** *(hum)* to move at a snail's pace **Zeit·lu·pen·wie·der·ho·lung** *f* slow-motion replay

Zeit·man·gel *m kein pl* lack of time **Zeit·not** *f kein pl* shortage of time; **in ~ sein** to be short of time **Zeit·plan** *m* schedule **Zeit·punkt** *m* time; **zum jetzigen ~** at this moment in time **Zeit·raf·fer** <-s> *m kein pl* time-lapse photography **Zeit·raum** *m* period of time **Zeit·rech·nung** *f* ❶ *(Kalendersystem)* calendar ❷ *(Berechnung der Zeit)* calculation of time **Zeit·rei·se** *f* travel through time **Zeit·schrift** ['tsaɪtʃrɪft] *f* magazine; *(wissenschaftlich)* journal **Zeit·span·ne** *f* period of time **Zeit·ta·fel** *f* chronological table **Zeit·takt** *m* unit length; **in einem ~ von drei Minuten** every three minutes **Zeit·um·stel·lung** *f* changing the clocks

Zei·tung <-, -en> ['tsaɪtʊŋ] *f* newspaper

Zei·tungs·abon·ne·ment *nt* newspaper

subscription **Zei·tungs·an·non·ce** f newspaper advertisement; (Geburt, Tod, Ehe) announcement **Zei·tungs·an·zei·ge** f newspaper advertisement **Zei·tungs·ar·ti·kel** m newspaper article **Zei·tungs·aus·schnitt** m newspaper cutting **Zei·tungs·aus·trä·ger(in)** m(f) paper boy masc, paper girl fem **Zei·tungs·be·richt** m newspaper article **Zei·tungs·mel·dung** f newspaper report **Zei·tungs·pa·pier** nt newspaper **Zei·tungs·ver·käu·fer(in)** m(f) person selling newspapers

Zeit·ver·lust m loss of time; **ohne ~** without losing any time **Zeit·ver·schie·bung** f time difference **Zeit·ver·schwen·dung** f kein pl waste of time **Zeit·ver·trag** m temporary contract

Zeit·ver·treib m <-[e]s, -e> pastime; **zum ~** to pass the time

Zeit·ver·zö·ge·rung f delay

zeit·wei·lig ['tsaitvailɪç] **I.** adj ❶ (gelegentlich) occasional ❷ (vorübergehend) temporary **II.** adv s. zeitweise

zeit·wei·se adv ❶ (gelegentlich) occasionally ❷ (vorübergehend) temporarily

Zeit·wort nt verb **Zeit·zeu·ge, -zeu·gin** m, f contemporary witness **Zeit·zo·ne** f time zone **Zeit·zün·der** m time fuse

ze·le·brie·ren* [tsele'bri:rən] vt to celebrate

Zel·le f <-, -n> ['tsɛlə] cell

Zell·ge·we·be nt cell tissue **Zell·kern** m nucleus [of a/the cell] **Zell·kul·tur** f cell culture

Zel·lo·phan <-s> [tsɛlo'fa:n] nt kein pl s. Cellophan

Zell·stoff ['tsɛlʃtɔf] m s. Zellulose **Zell·tei·lung** f cell division

Zel·lu·li·tis <-, Zellulitiden> [tsɛlu'li:tɪs, pl -li'ti:dn̩] f meist sing MED cellulitis

Zel·lu·lo·id <-[e]s> [tsɛlu'lɔyt] nt kein pl celluloid no pl

Zel·lu·lo·se <-, -n> [tsɛlu'lo:zə] f cellulose

Zell·wu·che·rung f rampant cell growth

Zelt <-[e]s, -e> [tsɛlt] nt tent; (Fest~) marquee; (Zirkus~) big top; **ein ~ aufschlagen** to pitch a tent ▸ **seine ~e abbrechen** (hum fam) to up sticks BRIT, to pack one's bags AM; **seine ~e aufschlagen** (hum fam) to settle down somewhere

zel·ten ['tsɛltn̩] vi to camp [somewhere]

Zel·ten <-s> ['tsɛltn̩] nt camping

Zelt·la·ger nt camp **Zelt·pflock** m tent peg **Zelt·pla·ne** f tarpaulin **Zelt·platz** m campsite **Zelt·stan·ge** f tent pole

Ze·ment <-[e]s, -e> [tse'mɛnt] m cement

ze·men·tie·ren* [tsemɛn'ti:rən] vt (a. fig) to cement

Ze·nit <-[e]s> [tse'ni:t] m kein pl zenith

zen·sie·ren* [tsɛn'zi:rən] vt ❶ (der Zensur unterwerfen) to censor ❷ SCH to mark [or AM usu grade]

Zen·sor, Zen·so·rin <-s, -soren> ['tsɛnzoːɐ̯, tsɛn'zoːrɪn, pl -'zoːrən] m, f censor

Zen·sur <-, -en> [tsɛn'zuːɐ̯] f ❶ SCH mark ❷ kein pl (prüfende Kontrolle) censorship

zen·su·rie·ren* [tsɛnzu'ri:rən] vt ÖSTERR, SCHWEIZ s. zensieren

Zen·ti·li·ter [tsɛnti'li:tɐ] m o nt centilitre

Zen·ti·me·ter [tsɛnti'me:tɐ] m o nt centimetre **Zen·ti·me·ter·maß** nt [metric] tape measure

Zent·ner <-s, -> ['tsɛntnɐ] m [metric] hundredweight; ÖSTERR, SCHWEIZ 100kg

zen·tral [tsɛn'tra:l] **I.** adj central **II.** adv centrally

Zen·tral·af·ri·ka nt Central Africa **Zen·tral·ame·ri·ka** <-s> nt Central America

Zen·tral·bank·sta·tut nt central bank statute

Zen·tra·le <-, -n> [tsɛn'tra:lə] f ❶ (Hauptgeschäftsstelle: Bank, Firma) head office; (Militär, Polizei, Taxiunternehmen) headquarters + sing/pl vb; (Busse) depot; (Schalt~) central control [office] ❷ TELEK exchange; Firma switchboard

Zen·tral·hei·zung f central heating

zen·tra·li·sie·ren* [tsɛntrali'zi:rən] vt to centralize

Zen·tra·lis·mus <-> [tsɛntra'lɪsmʊs] m kein pl centralism

Zen·tral·ko·mi·tee nt central committee **Zen·tral·ner·ven·sys·tem** nt central nervous system **Zen·tral·rat** m central committee **Zen·tral·rech·ner** m mainframe **Zen·tral·stel·le** f central point **Zen·tral·ver·rie·ge·lung** <-, -en> f central [door] locking

Zen·tren pl von Zentrum

zen·trie·ren* [tsɛn'tri:rən] vt to centre

Zen·tri·fu·gal·kraft f centrifugal force

Zen·tri·fu·ge <-, -n> [tsɛntri'fuːgə] f centrifuge

Zen·tri·pe·tal·kraft f kein pl centripetal force

zen·trisch ['tsɛntrɪʃ] adj ❶ (einen Mittelpunkt besitzend) centric ❷ (im/durch den Mittelpunkt) central

Zen·trum <-s, Zentren> ['tsɛntrʊm, pl 'tsɛntrən] nt centre

Zep·pe·lin <-s, -e> ['tsɛpəliːn] m zeppelin

Zep·ter <-s, -> ['tsɛptɐ] nt sceptre

zer·bei·ßen* [tsɛɐ̯'baisn̩] vt irreg ❶ (kaputtbeißen) to chew; Bonbon to crunch; Hundeleine to chew through sep ❷ (überall stechen) to bite

zer·beu·len* vt to dent

zer·bom·ben* vt ▪ etw ~ to bomb sth to smithereens

zer·bre·chen* *irreg* **I.** *vt haben* ① (*in Stücke ~*) ■ **etw ~** to break sth into pieces; *Glas, Teller* to smash; *Kette* to break ② (*zunichtemachen*) to break down; *Freundschaft, Lebenswille* to destroy **II.** *vi sein* ① (*entzweibrechen*) to break into pieces ② (*in die Brüche gehen*) to be destroyed; *Partnerschaft* to break up ③ (*seelisch zugrunde gehen*) ■ **an etw** *dat* **~** to be destroyed by sth

zer·brech·lich *adj* ① (*leicht zerbrechend*) fragile ② (*geh: zart*) frail

zer·brö·ckeln* I. *vt haben* to crumble **II.** *vi sein* to crumble

zer·drü·cken* *vt* ① (*zu einer Masse pressen*) to crush; *Kartoffeln* to mash ② *Zigarette* to stub out *sep* ③ (*fig*) *Stoff* to crease

Ze·re·mo·nie <-, -n> [tseremo'niː, -'moːnjə, *pl* -moːniːən, -'moːnjən] *f* ceremony

ze·re·mo·ni·ell [tseremo'niɛl] **I.** *adj* (*geh*) ceremonial **II.** *adv* (*geh*) ceremonially

Ze·re·mo·ni·ell <-s, -e> [tseremo'niɛl] *nt* (*geh*) ceremonial

Zer·fall *m kein pl* (*das Auflösen*) disintegration *no pl*; *Fassade, Gebäude* decay; *nuklear* decay; *Leiche, Holz* decomposition ② *Land, Kultur* decline

zer·fal·len* *vi irreg sein* ① (*sich zersetzen*) *Fassade, Gebäude* to disintegrate; *Körper, Materie* to decompose; *Atom* to decay; *Gesundheit* to decline ② (*auseinanderbrechen*) *Reich, Sitte* to decline ③ (*sich gliedern*) ■ **in etw** *akk* **~** to fall into sth

Zer·falls·pro·zess[RR] *m kein pl* decomposition

zer·fet·zen* *vt* ① (*klein reißen*) to tear sth up [into tiny pieces]; ■ **etw ~** to tear sth up [into tiny pieces]; **einen Körper ~** to tear a body to pieces ② (*zerreißen*) ■ **jdn/etw ~** to tear sb/sth to pieces

zer·fled·dern* [tsɛɐ̯'flɛdɐn], **zer·fle·dern*** [tsɛɐ̯'fleːdɐn] *vt* (*fam*) ■ **etw ~** to get sth tatty

zer·flei·schen* [tsɛɐ̯'flaɪ̯ʃn] **I.** *vt* ■ **jdn/ein Tier ~** to tear sb/an animal to pieces **II.** *vr* ■ **sich ~** to torture oneself

zer·flie·ßen* *vi irreg sein* ① (*sich verflüssigen*) *Butter, Make-up, Salbe* to run; *Eis* to melt ② (*fig*) **vor Mitleid ~** to be overcome with compassion

zer·franst *adj* frayed

zer·fres·sen* *vt irreg* ① (*korrodieren*) to corrode ② (*durch Fraß zerstören*) to eat ③ MED (*durch Wuchern zerstören*) to eat

zer·ge·hen* *vi irreg sein* to saw melt (**auf** on)

zer·glie·dern* *vt* ① (*auseinandernehmen*) to dismember; BIOL to dissect ② LING *Satz* to parse

zer·kau·en* *vt* ① (*durch Kauen zerkleinern*) to chew ② (*durch Kauen beschädigen*) to chew up *sep*

zer·klei·nern* [tsɛɐ̯'klaɪ̯nɐn] *vt* to cut up *sep*; *Holz* to chop; *Pfefferkörner* to crush

zer·knirscht [tsɛɐ̯'knɪrʃt] *adj* remorseful

zer·knit·tern* *vt* to crease

zer·knül·len* *vt* to crumple up *sep*

zer·ko·chen* *vi sein* to overcook

zer·krat·zen* *vt* to scratch

zer·krü·meln* *vt* to crumble; *Erde* to loosen

zer·las·sen* *vt irreg* KOCHK to melt

zer·lau·fen* *vi irreg sein s.* **zerfließen** 1

zer·leg·bar *adj* able to be dismantled

zer·le·gen* *vt* ① KOCHK to cut [up *sep*]; *Braten* to carve ② BIOL to dissect ③ (*auseinandernehmen*) to take apart *sep*; *Maschine* to dismantle; *Getriebe, Motor* to strip down *sep* ④ (*analysieren*) *Theorie* to break down *sep*; *Satz* to analyze; MATH to reduce [to]

Zer·le·gung <-, -en> *f* ① KOCHK carving ② (*das Zerlegen*) dismantling

zer·lumpt *adj* tattered

zer·mal·men* *vt* to crush

zer·mür·ben* [tsɛɐ̯'mʏrbn̩] *vt* to wear down *sep*

zer·quet·schen* *vt* ① (*zermalmen*) to squash ② (*zerdrücken*) to mash

Zerr·bild *nt* distorted picture

zer·re·den* *vt* ■ **etw ~** to flog sth to death *fig fam*

zer·rei·ben* *vt irreg* to crush

zer·rei·ßen* *irreg* **I.** *vt haben* ① (*in Stücke reißen*) ■ **etw ~** to tear sth to pieces ② (*durchreißen*) to tear; *Brief, Scheck* to tear up *sep* ③ (*mit den Zähnen in Stücke reißen*) to tear apart *sep* **II.** *vi sein* to tear; *Seil, Faden* to break **III.** *vr haben* (*fam*) (*sich überschlagen*) ■ **sich vor etw** *dat* **~** to go to no end of trouble to do sth ▶ **ich kann mich doch nicht ~!** I can't be in two places at once!; **ich könnte mich vor Wut ~!** I'm hopping mad!

Zer·reiß·pro·be *f* real test

zer·ren ['tsɛrən] **I.** *vt* to drag **II.** *vi* to tug (**an** at); **an den Nerven ~** to be nerve-racking **III.** *vr* MED ■ **sich** *dat* **etw ~** to pull sth

zer·rin·nen* *vi irreg sein* (*geh*) ① (*zunichtewerden*) to melt away ② (*ausgegeben werden*) to disappear

zer·ris·sen *adj Mensch* [inwardly] torn; *Partei, Volk* disunited

Zer·rung <-, -en> *f* MED pulled muscle

zer·rüt·ten* [tsɛɐ̯'rʏtn̩] *vt* to destroy; *Ehe* to ruin; *Nerven* to shatter

zer·sä·gen* *vt* to saw up *sep*

zer·schel·len* *vi sein* to be smashed to pieces

zer·schla·gen*¹ *irreg* **I.** *vt* ① (*durch Schläge zerbrechen*) ■ **etw ~** to smash sth to pieces

zer·schla·gen ② (*zerstören*) to break up *sep*; *Angriff, Opposition* to crush; *Plan* to shatter **II.** *vr* (*nicht zustande kommen*) ■ sich ~ to fall through

zer·schla·gen² *adj präd* shattered

zer·schlis·sen *adj s.* **verschlissen**

zer·schmet·tern* *vt* to shatter

zer·schnei·den* *vt irreg* ① (*in Stücke schneiden*) to cut up *sep* ② (*durchschneiden*) ■ etw ~ to cut sth in two

zer·set·zen* **I.** *vt* ① *Säure* to corrode ② (*untergraben*) to undermine **II.** *vr* (*sich auflösen*) ■ sich ~ to decompose

zer·spal·ten* *vt* to split

zer·split·tern* **I.** *vt haben* to shatter; *Gruppe, Partei* to fragment **II.** *vi sein* to shatter; *Holz, Knochen* to splinter

zer·sprin·gen* *vi irreg sein* ① (*zerbrechen*) to shatter ② (*einen Sprung bekommen*) to crack ③ (*zerspringen*) *Saite* to break

zer·stamp·fen* *vt* ① (*zerkleinern*) to crush; *Kartoffeln* to mash ② (*zertreten*) to stamp on *sep*

zer·stäu·ben* *vt* to spray

Zer·stäu·ber <-s, -> *m* spray; (*Parfüm*) atomizer

zer·ste·chen* *vt irreg* ① (*durch Stiche beschädigen*) ■ etw ~ to lay into sth with a knife; sich den Finger ~ to prick one's finger [several times] ② (*durch Bisse verletzen*) ■ jdn/etw ~ *Mücken, Moskitos* to bite sb/sth [all over]; *Bienen, Wespen* to sting sb/sth [all over]

zer·stö·ren* *vt* ① (*kaputtmachen*) to destroy ② (*zugrunde richten*) to ruin ▶ am Boden zerstört sein to be devastated

zer·stö·re·risch I. *adj* destructive **II.** *adv* destructively

Zer·stö·rung <-, -en> *f* ① *kein pl* (*das Zerstören*) destruction *no pl* ② (*Verwüstung*) wrecking; *Katastrophe, Krieg* devastation *no pl*

Zer·stö·rungs·wut *f kein pl* destructive frenzy

zer·streu·en* **I.** *vt* ① (*auseinandertreiben*) to disperse ② (*unterhalten*) ■ jdn ~ to take sb's mind off sth ③ *Ängste, Sorgen* to dispel ④ (*verteilen*) to scatter; *Licht* to diffuse **II.** *vr* ■ sich ~ ① (*auseinandergehen*) to scatter; *Menge* to disperse ② (*sich auflösen*) to be dispelled ③ (*sich amüsieren*) to amuse oneself

zer·streut *adj* ① (*gedankenlos*) absent-minded ② (*weit verteilt*) scattered

Zer·streut·heit <-> *f kein pl* absent-mindedness *no pl*

Zer·streu·ung <-, -en> *f* ① (*unterhaltender Zeitvertreib*) diversion ② (*Verteilung*) scattering ③ *s.* **Zerstreutheit**

zer·stü·ckeln* *vt* to cut up *sep*; *Leiche* to dismember; *Land* to carve up *sep*

Zer·stü·cke·lung <-, -en> *f* dismemberment

zer·tei·len* **I.** *vt* to cut up *sep* (in into) **II.** *vr* ■ sich ~ *Wolkendecke* to part

Zer·ti·fi·kat <-[e]s, -e> [tsɛrtifi'kaːt] *nt* certificate

zer·tre·ten* *vt irreg* to crush; *Rasen* to ruin

zer·trüm·mern* [tsɛɡ'trʏmɐn] *vt* to smash; *Gebäude, Ordnung* to wreck

zer·wüh·len* *vt* to tousle; *Bett* to rumple; *Acker, Erde* to churn up *sep*

zer·zau·sen* *vt* to ruffle

ze·tern ['tseːtɐn] *vi* (*pej*) to nag

Zet·tel <-s, -> ['tsɛtl] *m* piece of paper

Zet·tel·kas·ten *m* (*Kasten für Zettel*) file-card box; (*Zettelkartei*) card index

Zeug <-[e]s> [tsɔyk] *nt kein pl* (*fam*) ① (*Krempel*) stuff *no pl, no indef art*; altes ~ junk ② (*Quatsch*) crap; dummes ~ reden to talk a load of nonsense; dummes ~ treiben to mess around ③ (*persönliche Sachen*) stuff; (*Ausrüstung*) gear ④ (*undefinierbare Masse*) was trinkst du denn da für ein ~? what's that stuff you're drinking? ▶ das ~ zu etw *dat* haben to have [got] what it takes [to be/do sth]; was das ~ hält for all one is worth; lügen, was das ~ hält to lie one's head off; sich ins ~ legen to work flat out; sich für jdn ins ~ legen to stand up for sb

Zeu·ge, Zeu·gin <-n, -n> ['tsɔygə, 'tsɔygɪn] *m, f* witness

zeu·gen¹ ['tsɔygn] *vt* ■ jdn ~ to father sb

zeu·gen² ['tsɔygn] *vi* ① (*auf etw schließen lassen*) ■ von etw *dat* ~ to show sth ② JUR to testify

Zeu·gen·aus·sa·ge *f* testimony **Zeu·gen·stand** *m* witness box [*or* AM stand] **Zeu·gen·ver·neh·mung** *f* examination of the witness[es]

Zeu·gin <-, -nen> *f fem form von* **Zeuge**

Zeug·nis <-ses, -se> ['tsɔyknɪs] *nt* ① SCH report ② (*Empfehlung*) certificate; (*Arbeits~*) reference ③ (*Zeugenaussage*) evidence

Zeu·gung <-, -en> *f* fathering

zeu·gungs·fä·hig *adj* fertile **zeu·gungs·un·fä·hig** *adj* (*geh*) sterile

z.H.(d) *Abk von* zu Händen attn.

Zi·cke <-, -n> ['tsɪkə] *f* ① (*weibliche Ziege*) nanny goat ② (*pej fam: launische Frau*) bitch

zi·cken ['tsɪkən] *vi* (*sl*) to kick up a fuss

zi·ckig ['tsɪkɪç] *adj* uptight

Zick·zack ['tsɪktsak] *m* zigzag; im ~ gehen/fahren to zigzag

Zie·ge <-, -n> ['tsiːɡə] *f* ① (*Tier*) goat ② (*pej fam: blöde Frau*) bitch

Zie·gel <-s, -> ['tsiːɡl] *m* ① (*~stein*) brick

② (Dach~) tile
Zie·gel·dach nt tiled roof
Zie·ge·lei <-, -en> [tsi:gə'laj] f brickworks + sing/pl vb; (für Dachziegel) tile-making works + sing/pl vb
Zie·gel·stein m brick
Zie·gen·bart m goat's beard; (hum fam: Spitzbart) goatee **Zie·gen·bock** m billy goat **Zie·gen·kä·se** m goat's cheese **Zie·gen·le·der** nt kidskin **Zie·gen·milch** f goat's milk **Zie·gen·pe·ter** <-s, -> ['tsi:gnpe:tɐ] m (fam: Mumps) mumps + sing/pl vb

zie·hen <zog, gezogen> ['tsi:ən] **I.** vt haben ① (hinter sich schleppen) to pull ② (bewegen) Choke, Starter to pull out sep; Handbremse to put on sep; **sie zog das Kind an sich** she pulled the child to[wards] her; **die Knie in die Höhe ~** to raise one's knees; **die Stirn in Falten ziehen** to knit one's brow; **ich kann den Faden nie durchs Öhr ~** I can never thread a needle ③ (zerren) **das Kind zog mich an der Hand zum Karussell** the child dragged me by the hand to the carousel; **warum ziehst du mich denn am Ärmel?** why are you tugging at my sleeve?; **der Reifrock hat mich an den Haaren gezogen** Felix pulled my hair ④ (hervorholen) **sie zog ein Feuerzeug aus der Tasche** she took a lighter out of her pocket/bag ⑤ (heraus~) Fäden, Zahn to take out sep; Los, Revolver, Spielkarte, Vergleich to draw ⑥ (auf~) **neue Saiten auf die Gitarre ~** to restring a guitar; **Perlen auf eine Schnur ~** to thread pearls; **ein Bild auf Karton ~** to mount a picture onto cardboard ⑦ (rücken) **er zog sich den Hut tief ins Gesicht** he pulled his hat down over his eyes; **zieh bitte die Vorhänge vor die Fenster** please draw the curtains; **die Rollläden nach oben ~** to pull up the blinds; **zieh doch eine Bluse unter den Pulli** put on a blouse underneath the jumper; **er zog sich die Schutzbrille über die Augen** he put on protective glasses ⑧ (züchten) Pflanzen to grow; Tiere to breed ⑨ Kreis, Linie to draw ⑩ (an~) **die Luft auf sich akk ~** to attract sb; **jdn ins Gespräch ~** to draw sb into the conversation ⑪ (zur Folge haben) ■ **etw nach sich** dat **~** to have consequences **II.** vi ① haben (zerren) to pull (an on) ② sein (um~) **nach München ~** to move to Munich; **sie zog zu ihrem Freund** she moved in with her boyfriend ③ sein (einen bestimmten Weg einschlagen) Armee, Truppen, Volksmasse to march; Schafe, Wanderer to wander; Rauch, Wolke to drift; Gewitter to move; Vogel to fly; **durch die Stadt ~** to wander through the town/city; **in den Krieg/die Schlacht ~** to go to war/into battle ④ haben (saugen) **an einer Zigarette ~** to pull on sep a cigarette ⑤ sein (eindringen) to penetrate ⑥ haben KOCHK Tee to brew ⑦ haben (fam) **hör auf, das zieht bei mir nicht!** stop it, I don't like that sort of thing!; **diese Masche zieht immer** this one always does the trick; **die Ausrede zieht bei mir nicht** that excuse won't work with me ⑧ KARTEN to play ⑨ SCHACH to move ⑩ (Waffe) to draw **III.** vi impers haben **es zieht** there is a draught **IV.** vt impers haben **es zog ihn in die weite Welt** the big wide world lured him away; **was zieht dich hierhin/nach Hause?** what brings you here/home?; **mich zieht es stark zu ihm** I feel very attracted to him **V.** vr haben ① (sich hin~) Gespräch, Verhandlungen to drag on ② (sich erstrecken) ■ **sich an etw** dat **entlang ~** to stretch along sth ③ (sich hoch~) ■ **sich aus etw** dat **~** to pull oneself out of sth ④ (sich dehnen) ■ **sich ~** Holz, Rahmen to warp; Klebstoff to become tacky; Metall to bend

Zie·hen <-s> ['tsi:ən] nt kein pl ache
Zieh·har·mo·ni·ka f concertina
Zie·hung <-, -en> f draw
Ziel <-[e]s, -e> [tsi:l] nt ① (angestrebtes Ergebnis) goal, aim; Hoffnung, Spott object; **am ~ sein** to be at one's destination, to have achieved one's goal fig; **sich** dat **ein ~ setzen** to set oneself a goal ② SPORT, MIL target; **ins ~ treffen** to hit the target ③ SPORT (Rennen) finish; **durchs ~ gehen** to cross the finishing line ④ TOURIST (Reise~) destination; Expedition goal ► **über das ~ hinausschießen** to overshoot the mark

Ziel·bahn·hof m destination **ziel·be·wusst**RR, **ziel·be·wußt**ALT **I.** adj purposeful **II.** adv purposefully
zie·len ['tsi:lən] vi ① (anvisieren) to aim (auf at) ② (a. fig: gerichtet sein) ■ **auf jdn/etw ~** to be aimed at sb/sth
Ziel·fern·rohr nt scope **Ziel·ge·ra·de** f finishing [or AM finish] straight **Ziel·grup·pe** f target group **Ziel·li·nie** f finishing [or AM finish] line **ziel·los I.** adj aimless **II.** adv aimlessly **Ziel·ort** m destination **Ziel·per·son** f target **Ziel·schei·be** f ① (runde Scheibe) target ② (Opfer) butt
Ziel·set·zung <-, -en> f target
ziel·si·cher adj unerring **Ziel·spra·che** f target language
ziel·stre·big ['tsi:lʃtreːbɪç] **I.** adj single-minded **II.** adv single-mindedly
Ziel·stre·big·keit <-> f kein pl single-mindedness
ziem·lich ['tsi:mlɪç] **I.** adj ① attr (beträchtlich) considerable; Vermögen siz[e]able ② (einigermaßen zutreffend) reasonable **II.** adv

❶ (*weitgehend*) quite ❷ (*beträchtlich*) quite ❸ (*beinahe*) almost; **so ~** more or less; **so ~ alles** just about everything; **so ~ dasselbe** pretty much the same

Zier·de <-, -n> ['tsiːɐ̯də] *f* decoration; **zur ~** for decoration

zie·ren ['tsiːrən] **I.** *vr* ■ **sich ~** to make a fuss; *Mädchen* to act coyly; **ohne sich zu ~** without having to be pressed **II.** *vt* (*schmücken*) to adorn

Zier·fisch *m* ornamental fish **Zier·gar·ten** *m* ornamental garden **Zier·leis·te** *f* border; AUTO trim; *Wand* edging; *Wand* moulding

zier·lich ['tsiːɐ̯lɪç] *adj* dainty; *Frau* petite; *Porzellan* delicate

Zier·naht *f* decorative stitching *no pl, no indef art* **Zier·pflan·ze** *f* ornamental plant **Zier·vo·gel** *m* caged bird

Zif·fer <-, -n> ['tsɪfɐ] *f* ❶ (*Zahlzeichen*) digit; (*Zahl*) figure; **römische/arabische ~n** roman/arabic numerals ❷ (*nummerierter Abschnitt*) clause

Zif·fer·blatt *nt* [clock]/[watch] face; *Sonnenuhr* dial

zig [tsɪç] *adj* (*fam*) umpteen; **~mal** umpteen times

Zi·ga·ret·te <-, -n> [tsiga'rɛtə] *f* cigarette

Zi·ga·ret·ten·au·to·mat *m* cigarette machine **Zi·ga·ret·ten·etui** *nt* cigarette case **Zi·ga·ret·ten·pa·ckung** *f* cigarette packet [*or* AM pack] **Zi·ga·ret·ten·pa·pier** *nt* cigarette paper **Zi·ga·ret·ten·pau·se** *f* fag break **Zi·ga·ret·ten·schach·tel** *f* cigarette packet [*or* AM pack] **Zi·ga·ret·ten·spit·ze** *f* cigarette holder **Zi·ga·ret·ten·stum·mel** *m* cigarette butt

Zi·ga·ril·lo <-s, -s> [tsiga'rɪlo] *m o nt* cigarillo

Zi·gar·re <-, -n> [tsi'garə] *f* cigar

Zi·geu·ner(in) <-s, -> [tsi'gɔynɐ] *m(f)* Gypsy

Zi·geu·ner·mu·sik *f kein pl* gypsy music **Zi·geu·ner·schnit·zel** *nt* pork escalope served in spicy sauce with red and green peppers **zig·mal** ['tsɪçmaːl] *adv* (*fam*) umpteen times

zig·ste(r, s) ['tsɪçstə] *adj* (*fam*) **zum ~n Mal!** for the umpteenth time!

Zi·ka·de <-, -n> [tsi'kaːdə] *f* cicada

Zim·bab·we <-s> [tsɪm'bapvə] *nt* SCHWEIZ s. Simbabwe

Zim·mer <-s, -> ['tsɪmɐ] *nt* room; **~ frei haben** to have vacancies

Zim·mer·an·ten·ne *f* indoor aerial [*or* AM a. antenna] **Zim·mer·de·cke** *f* ceiling **Zim·mer·kell·ner(in)** *m(f)* room service waiter [*or fem* waitress] **Zim·mer·laut·stär·ke** *f* low volume; **etw auf ~ stellen** to turn sth down **Zim·mer·mäd·chen** *nt* chambermaid

Zim·mer·mann <-leute> *m* carpenter

zim·mern ['tsɪmɐn] **I.** *vt* ❶ (*aus Holz herstellen*) ■ **etw ~** to make sth from wood ❷ (*fig*) *Alibi* to construct; *Ausrede* to make up *sep* **II.** *vi* to do carpentry; ■ **an etw** *dat* **~** to make sth from wood

Zim·mer·pflan·ze *f* house plant **Zim·mer·ser·vice** *m* room service **Zim·mer·tem·pe·ra·tur** *f* room temperature **Zim·mer·ver·mitt·lung** *f* accommodation [*or* AM accomodations] service

zim·per·lich ['tsɪmpɐlɪç] *adj* prim, squeamish; (*empfindlich*) [hyper]sensitive; **sei nicht so ~** don't be such a sissy

Zimt <-[e]s, -e> [tsɪmt] *m* cinnamon

Zimt·stan·ge *f* stick of cinnamon

Zink <-[e]s> [tsɪŋk] *nt kein pl* ❶ CHEM zinc ❷ MUS cornet

Zin·ke <-, -n> ['tsɪŋkə] *f* ❶ (*spitz hervorstehendes Teil*) *Kamm, Rechen* tooth; *Gabel* prong ❷ (*Holzzapfen*) tenon

zin·ken ['tsɪŋkən] *vt* KARTEN to mark

Zinn <-[e]s> [tsɪn] *nt kein pl* ❶ CHEM tin *no pl* ❷ (*Gegenstände aus ~*) pewter *no pl*

zin·nern ['tsɪnɐn] *adj attr* pewter

Zin·no·ber¹ <-s> [tsɪ'noːbɐ] *nt kein pl* ÖSTERR (*gelblichrote Farbe*) vermilion *no pl*

Zin·no·ber² <-s> [tsɪ'noːbɐ] *nt kein pl* ÖSTERR mineral

zin·no·ber·rot *adj* vermilion

Zinn·sol·dat *m* tin soldier

Zins¹ <-es, -en> [tsɪns] *m* FIN interest *no pl*; **[jdm] etw mit ~ und ~eszins zurückzahlen** to pay sb back for sth with interest *fig*; **~en bringen** to earn interest; **zu hohen/niedrigen ~en** at a high/low rate of interest

Zins² <-es, -e> [tsɪns] *m* ❶ (*hist*) tax ❷ SÜDD, ÖSTERR, SCHWEIZ (*Miete*) rent

Zins·ab·schlag·steu·er *f* tax paid on interest earned **Zins·er·hö·hung** *f* rise in interest rates **Zins·er·trag** *m* interest yield

Zins·es·zins *m* compound interest

zins·los *adj* interest free **Zins·satz** *m* rate of interest; (*Darlehen*) lending rate

Zip·fel <-s, -> ['tsɪpfl̩] *m* corner; *Hemd, Jacke* tail; *Saum* dip; *Wurst* end

Zip·fel·müt·ze *f* pointed cap

zir·ka ['tsɪrka] *adv* about

Zir·kel <-s, -> ['tsɪrkl̩] *m* ❶ (*Gerät*) pair of compasses ❷ (*Gruppe*) group; **nur der engste ~ seiner Freunde wurde eingeladen** he only invited his closest [circle of] friends

Zir·ku·la·ti·on <-, -en> [tsɪrkulaˈtsi̯oːn] *f* circulation

zir·ku·lie·ren* [tsɪrkuˈliːrən] *vi* to circulate

Zir·kus <-, -se> ['tsɪrkʊs] *m* ❶ (*Unterhal-*

zögern

zögern	hesitating
Ich weiß nicht so recht.	I'm not sure.
Ich kann Ihnen noch nicht sagen, ob ich Ihr Angebot annehmen werde.	I'm still unable to say whether or not I can accept your offer.
Ich muss darüber noch nachdenken.	I still have to think about it.
Ich kann Ihnen noch nicht zusagen.	I can't accept yet.

tung) circus ❷ (*fam: großes Aufheben*) fuss
Zir·kus·zelt *nt* big top
zir·pen ['tsɪrpn] *vi* ZOOL to chirp
zisch [tsɪʃ] *interj* hiss
zi·schen ['tsɪʃn] **I.** *vi* ❶ haben (*ein Zischen von sich geben*) to hiss; *Fett* to sizzle ❷ *sein* (*sich mit einem Zischen bewegen*) to swoosh **II.** *vt* (*mit einem Z~ sagen*) to hiss ► **einen ~** (*sl*) to have a quick one
Zi·schen <-s> ['tsɪʃn] *nt kein pl* hiss
Zisch·laut *m* sibilant
Zis·ter·ne <-, -n> [tsɪs'tɛrnə] *f* cistern
Zi·ta·del·le <-, -n> [tsita'dɛlə] *f* citadel
Zi·tat <-[e]s, -e> [tsi'ta:t] *nt* quotation
Zi·ther <-, -n> ['tsɪtɐ] *f* zither
zi·tie·ren* [tsi'ti:rən] *vt* ❶ (*wörtlich anführen*) to quote ❷ (*vorladen*) to summon
Zi·tro·ne <-, -n> [tsi'tro:nə] *f* lemon ► **jdn ausquetschen wie eine ~** to squeeze sb dry
Zi·tro·nen·baum *m* lemon tree **Zi·tro·nen·fal·ter** *m* brimstone butterfly **zi·tro·nen·gelb** *adj* lemon yellow **Zi·tro·nen·li·mo·na·de** *f* lemonade **Zi·tro·nen·saft** *m* citrus fruit
Zi·tro·nen·säu·re *f kein pl* citric acid **Zi·tro·nen·scha·le** *f* lemon peel
Zi·trus·frucht ['tsi:trʊs-] *f* citrus fruit
Zit·ter·aal ['tsɪtɐ-] *m* electric eel
zit·te·rig ['tsɪtərɪç] *adj* shaky
zit·tern ['tsɪtɐn] *vi* to shake (**vor** with); **vor Angst ~** to quake with fear; *Stimme* to quaver; *Blätter, Gräser, Lippen* to tremble; *Pfeil* to quiver; ■ **[vor jdm/etw] ~** to be terrified [of sb/sth]
Zit·tern <-s> ['tsɪtɐn] *nt kein pl* shaking, trembling
Zit·ter·pap·pel *f* aspen
zitt·rig ['tsɪtrɪç] *adj s.* zitterig
Zit·ze <-, -n> ['tsɪtsə] *f* teat
Zi·vi <-s, -s> ['tsi:vi] *m* (*fam*) *kurz für* Zivildienstleistender
zi·vil [tsi'vi:l] *adj* ❶ (*nicht militärisch*) civilian ❷ (*fam: akzeptabel*) reasonable ❸ (*höflich*) polite

Zi·vil <-s> [tsi'vi:l] *nt kein pl* civilian clothes *npl*
Zi·vil·be·völ·ke·rung *f* civilian population
Zi·vil·cou·ra·ge *f* courage [of one's convictions]
Zi·vil·dienst *m kein pl* community service as alternative to military service **Zi·vil·dienst·leis·ten·der** *m* young man doing community service as alternative to military service
Zi·vil·fahn·der(in) *m(f)* plain-clothes policeman **Zi·vil·ge·richt** *nt* civil court **Zi·vil·ge·sell·schaft** *f* civil society **Zi·vil·ge·setz·buch** *nt* SCHWEIZ (*Bürgerliches Gesetzbuch*) code of civil law
Zi·vi·li·sa·ti·on <-, -en> [tsiviliza'tsi̯o:n] *f* civilization
Zi·vi·li·sa·ti·ons·krank·heit *f illness caused by civilization* **zi·vi·li·sa·ti·ons·mü·de** *adj* tired of modern-day society
zi·vi·li·sa·to·risch [tsiviliza'to:rɪʃ] *adj* with regard to civilization
zi·vi·li·sie·ren* [tsivili'zi:rən] *vt* to civilize
zi·vi·li·siert I. *adj* civilized **II.** *adv* civilly
Zi·vi·list(in) <-en, -en> [tsivi'lɪst] *m(f)* civilian
Zi·vil·klei·dung *f s.* Zivil **Zi·vil·per·son** *f* (*geh*) *s.* Zivilist **Zi·vil·pro·zess**[RR] *m* civil action **Zi·vil·recht** *nt* civil law **Zi·vil·schutz** *m* civil defence
Zo·bel <-s, -> ['tso:bl] *m* sable
zo·cken ['tsɔkn] *vi* (*sl*) to gamble
Zo·fe <-, -n> ['tso:fə] *f* lady-in-waiting
Zoff <-s> [tsɔf] *m kein pl* (*sl*) trouble
zog [tso:k] *imp von* ziehen
zö·ger·lich ['tsø:gɐlɪç] **I.** *adj* hesitant **II.** *adv* hesitantly
zö·gern ['tsø:gɐn] *vi* to hesitate; ■ **~, etw zu tun** to hesitate before doing sth; **ohne zu ~** without [a moment's] hesitation
Zö·gern <-s> ['tsø:gɐn] *nt kein pl* hesitation *no pl*
Zög·ling <-s, -e> ['tsø:klɪŋ] *m* (*veraltend*) pupil
Zö·li·bat <-[e]s, -e> [tsøli'ba:t] *nt o m* celiba-

Zoll¹ <-[e]s, -> [tsɔl] *m* (*Maß*) inch
Zoll² <-[e]s, Zölle> [tsɔl, *pl* 'tsœlə] *m* ❶ ÖKON customs duty; ■ **für etw** *akk* ~ **bezahlen** to pay [customs] duty on sth; **durch den ~ kommen** to come through customs ❷ *kein pl* (*fam: Zollverwaltung*) customs *npl*
Zoll·ab·fer·ti·gung *f* ❶ (*Gebäude*) customs post ❷ (*Vorgang*) customs clearance **Zoll·amt** *nt* customs office **Zoll·be·am·te(r)**, **-be·am·tin** *m, f* customs officer
zol·len ['tsɔlən] *vt* (*geh*) to give; **jdm Achtung/Anerkennung/Bewunderung ~** to respect/appreciate/admire sb
Zoll·fahn·der(in) <-s, -> *m(f)* customs investigator **Zoll·fahn·dung** *f* customs investigation department **zoll·frei** *adj, adv* duty-free **Zoll·ge·büh·ren** *pl* customs duty **Zoll·gren·ze** *f* customs [area] border **Zoll·kon·trol·le** *f* customs check
Zöll·ner <-s, -> ['tsœlnɐ] *m* ❶ (*Zollbeamter*) customs officer ❷ (*in der Bibel*) tax collector
zoll·pflich·tig *adj* dutiable **Zoll·schran·ke** *f* customs barrier
Zoll·stock *m* ruler
Zom·bie <-[s], -s> ['tsɔmbi] *m* zombie
Zo·ne <-, -n> ['tso:nə] *f* zone
Zo·nen·gren·ze *f* (*hist*) **die ~** the East German border
Zoo <-s, -s> [tso:] *m* zoo
Zo·o·lo·gie <-> [tsoolo'gi:] *f kein pl* zoology
zo·o·lo·gisch [tsoo'lo:gɪʃ] **I.** *adj* zoological **II.** *adv* zoologically
Zoom <-s, -s> [zu:m, tso:m] *nt* (*~ objektiv*) zoom lens
zoo·men ['zu:mən, 'tso:mən] *vt* ■ **jdn/etw ~** to zoom in on sb/sth
Zoom·ob·jek·tiv *nt* FOTO zoom lens
Zopf <-[e]s, Zöpfe> [tsɔpf, *pl* tsœpfə] *m* ❶ (*geflochtene Haarsträhnen*) plait, AM *usu* braid ❷ KOCHK plait
Zorn <-[e]s> [tsɔrn] *m kein pl* anger; **in ~ geraten** to fly into a rage; **einen ~ auf jdn haben** to be furious with sb; **im ~** in anger
zor·nig ['tsɔrnɪç] *adj* angry; ■ **~ auf jdn sein** to be angry with sb; **leicht ~ werden** to lose one's temper easily
Zo·te <-, -n> ['tso:tə] *f* dirty joke
zot·te·lig ['tsɔt(ə)lɪç] *adj* (*fam*) shaggy
zot·teln ['tsɔtl̩n] *vi sein* (*fam*) to amble
zot·tig ['tsɔtɪç] *adj s.* zottelig
z.T. *Abk von* **zum Teil** partly
zu [tsu:] **I.** *präp +dat* ❶ (*wohin*) to; **ich muss gleich ~m Arzt** I must go to the doctor's; **wie weit ist es von hier ~m Bahnhof?** how far is it from here to the train station?; **~m Militär gehen** to join the army; **~m Schwimmbad geht es da lang!** the swimming pool is that way!; **~ Fuß/Pferd** on foot/horseback ❷ (*örtlich: Richtung*) **~m Fenster herein/hinaus** in/out of the window; **~r Tür herein/hinaus** in/out the door; **~m Himmel weisen** to point heavenwards; **~r Decke sehen** to look [up] at the ceiling; **~m Meer/zur Stadtmitte hin** towards the sea/city centre ❸ (*neben, mit*) ■ **~ jdm/etw** next to sb/sth; **setz dich ~ uns** [come and] sit with us; **etw ~ etw** *dat* **tragen** to wear sth with sth ❹ *zeitlich* at; **~ Ostern/Weihnachten** at Easter/Christmas; **[bis] ~m 31. Dezember/Montag/Abend** until 31st December/Monday/[this] evening; **~m Wochenende fahren wir weg** we are going away at [*or* AM on] the weekend; **~m 1. Januar fällig** due on January 1st; **~m Monatsende kündigen** to give in one's notice for the end of the month ❺ (*anlässlich einer S.*) **etw ~m Geburtstag/~ Weihnachten bekommen** to get sth for one's birthday/for Christmas; ■ **jdm ~ etw gratulieren** to congratulate sb on sth; **jdn ~m Essen einladen** to invite sb for a meal; **~ dieser Frage möchte ich Folgendes sagen** to this question I should like to say the following; **eine Rede ~m Thema Umwelt** a speech on the subject of the environment ❻ (*für etw bestimmt*) **Papier ~m Schreiben** writing paper; **Wasser ~m Trinken** drinking water; **das Zeichen ~m Aufbruch** the signal to leave; **etw ~r Antwort geben** to say sth in reply; **~ nichts taugen** to be no use at all; **mögen Sie Zucker ~m Kaffee?** do you take your coffee with sugar?; **~m Frühstück trinkt sie immer Tee** she always has tea at breakfast ❼ (*um etw herbeizuführen*) **~r Einführung ...** by way of an introduction ...; **~r Entschuldigung/Erklärung** in apology/explanation; **sie sagte das nur ~ seiner Beruhigung** she said that just to set his mind at rest; **~ was soll das gut sein?** what is that for? ❽ *mit infin* **bei dem Regenwetter habe ich keine Lust ~m Wandern** I don't fancy walking if it is raining; **wir haben nichts ~m Essen** we have nothing to eat; **gib dem Kind doch etwas ~m Spielen** give the child something to play with; **das ist ja ~m Lachen** that's ridiculous; **das ist ~m Weinen** it's enough to make you want to cry ❾ (*Veränderung*) **~ etw werden** to turn into sth; ■ **jdn/etw ~ etw machen** to make sb/sth into sth; **~m Kapitän befördert werden** to be promoted to captain; **~m Vorsitzenden gewählt werden** to be elected to the post of chairman; **etw ~ Pulver zermahlen** to grind sth [in]to powder ❿ (*Beziehung*) **Liebe ~ jdm** love for sb; **aus Freundschaft**

~ **jdm** because of one's friendship with sb; **das Vertrauen ~ jdm/etw** trust in sb/sth; **meine Beziehung ~ ihr** my relationship with her ⑪ *(im Verhältnis zu)* in relation to; **im Vergleich ~** in comparison with; **im Verhältnis 1 ~ 4** MATH in the ratio of one to four; **unsere Chancen stehen 50 ~ 50** our chances are fifty-fifty; SPORT **Bayern München gewann mit 5 ~ 1** Bayern Munich won five-one ⑫ *(einer Sache zugehörig)* ~ **den Lehrbüchern gehören auch Kassetten** there are cassettes to go with the text books; **wo ist der Korken ~ der Flasche?** where is the cork for this bottle?; **mir fehlt der Schlüssel ~ dieser Tür** I'm missing the key to this door ⑬ *bei Mengenangaben* ~ **drei Prozent** at three percent; **sechs [Stück] ~** fünfzig Cent six for fifty cents; ~**m halben Preis** at half price; **wir sind ~ fünft in den Urlaub gefahren** five of us went on holiday together; **sie kommen immer ~ zweit** those two always come as a pair; **der Pulli ist nur ~r Hälfte fertig** the jumper is only half finished; ~**m ersten Mal** for the first time ⑭ *(örtlich: Lage)* in; ~ **Hause** at home; ~ **seiner Rechten/Linken...** on his right/left [hand side]... ⑮ *(als)* **jdn ~ etw ernennen** to nominate sb for sth; ■**jdn/etw ~ m Vorbild nehmen** to take sb/sth as one's example ⑯ *(in Wendungen)* ~**m Beispiel** for example; ~**r Belohnung** as a reward; ~**r Beurteilung** for inspection; ~**m Gedächtnis von jdm** in memory of sb; ~**m Glück** luckily; **jdm ~ Hilfe kommen** to come to sb's aid; ~**r Probe** a trial; ~**r Strafe** as a punishment; ~**r Warnung** as a warning; SCHWEIZ ~**r Hauptsache** mainly; ~**m voraus** in front of; ~**m vorn[e]herein** from in front; ~**m Rechten schauen** to look to the right **II.** *adv* ❶ *(all-)* too; ~ **sehr** too much; **ich wäre ~ gern mitgefahren** I would have loved to have gone along ❷ *(geschlossen)* shut, closed; **dreh den Wasserhahn ~!** turn the tap off!; **Tür ~, es zieht!** shut the door, there's a draught!; **mach die Augen ~, ich hab da was für dich** close your eyes, I've got sth for you; **die Geschäfte haben sonntags ~** stores are closed on Sundays ❸ *(örtlich)* towards ❹ *(fam: betrunken sein)* ■~ **sein** to be pissed ❺ *(in Wendungen)* **immer/nur ~!** go ahead; **mach ~** hurry up **III.** *konj* ❶ *mit infin* to; ■**etw ~ essen** sth to eat; **ich habe heute einiges ~ erledigen** I have got a few things to do today; **sie hat ~ gehorchen** she has to obey; **die Rechnung ist bis Freitag ~ bezahlen** the bill has to be paid by Friday; **ohne es ~ wissen** without knowing it ❷ *mit Partizip* ~ **bezahlende Rechnungen** outstanding bills; **der ~ Prüfende** the candidate to be examined; **nicht ~ unterschätzende Probleme** problems [that are] not to be underestimated

zu·al·ler·erst [tsu'ʔalɐ'ʔe:ɐ̯st] *adv* first of all
zu·al·ler·letzt [tsu'ʔalɐlɛtst] *adv* last of all
zu|bau·en *vt* to fill in *sep*
Zu·be·hör <-[e]s, *selten* -e> ['tsu:bəhø:ɐ̯] *nt o m* equipment *no pl*; *(zusätzliche Accessoires)* accessories *pl*; *(Ausstattung)* attachments *pl*
Zu·be·hör·teil *nt* accessory
zu|bei·ßen *vi irreg* to bite
zu|be·rei·ten* *vt* ■**etw ~** to prepare sth
Zu·be·rei·tung <-, -en> *f* ❶ *(das Zubereiten)* preparation ❷ *(von Arzneimitteln)* making up
zu|bil·li·gen *vt* ■**jdm etw ~** to grant sb sth
zu|bin·den *vt irreg* to tie; **sich die Schuhe ~** to lace up shoes
zu|blin·zeln *vi* ■**jdm ~** to wink at sb
zu|brin·gen *vt irreg* ❶ *(verbringen)* to spend ❷ *(herbeiführen)* to bring to ❸ DIAL *(zukriegen)* to get shut *sep*
Zu·brin·ger <-s, -> *m* TRANSP ❶ *(~straße)* feeder road ❷ *(Flughafenbus)* shuttle [bus]
Zu·brin·ger·dienst *m* shuttle service
Zucht <-, -en> [tsʊxt] *f* ❶ *kein pl* HORT cultivation *no art, no pl* ❷ *kein pl* ZOOL breeding *no art, no pl* ❸ *(gezüchtete Pflanze)* variety; *(gezüchtetes Tier)* breed; *von Bakterien* culture *spec* ❹ *kein pl (Disziplin)* discipline *no art, no pl*
Zucht·bul·le *m* breeding bull
züch·ten ['tsʏçtn̩] *vt* ❶ HORT to grow ❷ ZOOL to breed; *Bienen* to keep
Züch·ter(in) <-s, -> *m(f) von Rassetieren* breeder; *von Blumen* grower; *von Bienen* keeper
Zucht·haus *nt* HIST ❶ *(Strafe)* prison sentence; ~ **bekommen** to be given a prison sentence ❷ *(Strafanstalt)* prison
Zucht·hengst *m* stud horse
züch·ti·gen ['tsʏçtɪgn̩] *vt (geh)* to beat
Züch·ti·gung <-, -en> *f* beating **Zucht·per·le** *f* cultured pearl **Zucht·tier** *nt* breeding animal
Züch·tung <-, -en> *f* ❶ *kein pl* HORT cultivation *no art, no pl* ❷ *kein pl* ZOOL breeding *no art, no pl* ❸ *(gezüchtete Pflanze)* variety; *(gezüchtetes Tier)* breed
zu·cken ['tsʊkn̩] *vi* ❶ *haben (ruckartig bewegen)* *Augenlid* to flutter; *Mundwinkel* to twitch; **mit den Achseln ~** to shrug one's shoulders; **ohne mit der Wimper zu ~** without batting an eyelid ❷ *haben (aufleuchten) Blitz* to flash; *Flamme* to flare up
zü·cken ['tsʏkn̩] *vt* ❶ *Schwert* to draw

②(*fam: rasch hervorziehen*) to pull out *sep*
Zu·cker¹ <-s, -> ['tsʊkɐ] *m* sugar *no art, no pl*
Zu·cker² <-s> ['tsʊkɐ] *m kein pl* MED diabetes *no art, no pl*
Zu·cker·brot *nt* (*veraltet: Süßigkeit*) sweetmeat *dated* ▸ **mit ~ und** <u>Peitsche</u> (*prov*) with the carrot and the stick **Zu·cker·do·se** *f* sugar bowl **Zu·cker·guss**^{RR} *m* icing *no art, no pl*, AM *esp* frosting *no art, no pl*
zu·cker·hal·tig <-er, -[e]ste> *adj* containing sugar
Zu·cker·hut ['tsʊkɐhuːt] *m* ❶ GEOL sugarloaf ❷ KOCHK winter chicory
zu·cke·rig ['tsʊkərɪç] *adj* sugary
zu·cker·krank *adj* diabetic **Zu·cker·kran·ke(r)** *f(m)* diabetic **Zu·cker·krank·heit** *f* diabetes *no art, no pl*
Zu·cker·le·cken *nt* ▸ **kein ~ sein** to be no picnic
zu·ckern ['tsʊkɐn] *vt* to sugar **Zu·cker·rohr** *nt* sugar cane *no art, no pl* **Zu·cker·rü·be** *f* sugar beet *no art, no pl* **Zu·cker·streu·er** *m* sugar sprinkler **zu·cker·süß** ['tsʊkɐ'zyːs] *adj* ❶ (*sehr süß*) as sweet as sugar *pred* ❷ (*übertrieben freundlich*) sugar-sweet *a. pej*
Zu·cker·wat·te *f* candy floss BRIT, cotton candy AM

zuck·rig ['tsʊkrɪç] *adj s.* **zuckerig**
Zu·ckung <-, -en> *f meist pl von Augenlid, Lippe, Mundwinkel* twitch; *eines Epileptikers* convulsion

Zu·de·cke *f* DIAL cover
zu|de·cken *vt* to cover [up *sep*]
zu·dem [tsu'deːm] *adv* (*geh*) furthermore
zu|dre·hen I. *vt* ❶ (*verschließen*) to screw on *sep* ❷ (*abstellen*) to turn off *sep* ❸ (*festdrehen*) to tighten ❹ (*zuwenden*) **jdm den Kopf ~** to turn [one's face] towards sb; **jdm den Rücken ~** to turn one's back on sb **II.** *vr* ▪ **sich jdm/etw ~** to turn to[wards] sb/sth
zu·dring·lich ['tsuːdrɪŋlɪç] *adj* pushy *pej*; ▪ **~ werden** (*sexuell belästigen*) to act improperly [towards sb]
Zu·dring·lich·keit <-, -en> *f* ❶ *kein pl* (*zudringliche Art*) pushiness *no art, no pl* ❷ *meist pl* (*zudringliche Handlung*) advances *pl*
zu|dröh·nen *vr* (*sl*) ▪ **sich ~** to be/become intoxicated; **sich mit Rauschgift ~** to get high [on drugs]
zu|drü·cken *vt* ❶ (*durch Drücken schließen*) to press shut *sep* ❷ (*fest drücken*) **jdm/einem Tier die Kehle ~** to throttle sb/an animal
zu·ein·an·der [tsu'ʔaiˈnandɐ] *adv* to each other; **~ passen** *Menschen* to suit each other; *Farben, Kleidungsstücke* to go well together

zu|er·ken·nen* *vt irreg* (*geh*) ▪ **jdm etw ~** to award sth to sb; **das Kind wurde dem Vater zuerkannt** the father was given custody of the child
zu·erst [tsuˈʔeːɐ̯st] *adv* ❶ (*als erster*) the first; (*als erstes*) first ❷ (*anfangs*) at first ❸ (*zum ersten Mal*) for the first time
zu|fä·cheln *vt* ▪ **jdm/sich Luft ~** to fan sb/oneself
Zu·fahrt ['tsuːfaːɐ̯t] *f* ❶ (*Einfahrt*) entrance ❷ *kein pl* (*das Zufahren*) access *no art, no pl* (**auf** to)
Zu·fahrts·stra·ße *f* access road; (*zur Autobahn*) approach road
Zu·fall *m* coincidence; (*Schicksal*) chance; **das ist ~** that's a coincidence; **etw dem ~ überlassen** to leave sth to chance; **es dem ~ verdanken, dass ...** to owe it to chance that ...; **der ~ wollte es, dass ...** chance would have it that ...; **etw durch ~ erfahren** to happen to learn of sth; **welch ein ~!** what a coincidence!
zu|fal·len *vi irreg sein* ❶ (*sich schließen*) to close ❷ (*zuteilwerden*) ▪ **jdm ~** to go to sb ❸ (*zugewiesen werden*) ▪ **jdm ~** to fall to sb; *Rolle* to be assigned to sb ❹ (*zukommen*) **diesem Treffen fällt große Bedeutung zu** great importance is attached to this meeting ❺ (*leicht erwerben*) ▪ **jdm ~** to come naturally to sb
zu·fäl·lig I. *adj* chance *attr* **II.** *adv* ❶ (*durch einen Zufall*) by chance; **rein ~** by pure chance; **jdn ~ treffen** to happen to meet sb ❷ (*vielleicht*) **wissen Sie ~, ob/wie/wann/wo ...?** do you happen to know whether/how/when/where ...?
zu·fäl·li·ger·wei·se *adv s.* **zufällig** II
Zu·fäl·lig·keit <-, -en> *f* coincidence
Zu·falls·tref·fer *m* fluke *fam*
Zu·flucht <-, -en> ['tsuːflʊxt] *f* refuge ▸ **jds letzte ~ sein** to be sb's last resort
Zu·fluchts·ort *m* place of refuge
Zu·fluss^{RR} *m*, **Zu·fluß**^{ALT} *m* ❶ *kein pl* (*das Zufließen*) inflow ❷ (*Nebenfluss*) tributary
zu|flüs·tern *vt* ▪ **jdm etw ~** to whisper sth to sb
zu·fol·ge [tsuˈfɔlɡə] *präp* (*geh*) ▪ **einer S.** *dat* **~** according to sth
zu·frie·den [tsuˈfriːdn̩] **I.** *adj* (*befriedigt*) satisfied (**mit** with); **danke, ich bin sehr ~** thanks, everything's fine; (*glücklich*) contented (**mit** with), content *pred* **II.** *adv* with satisfaction; (*glücklich*) contentedly; **~ lächeln** to smile with satisfaction; **~ stellend** satisfactory
zu·frie·den|ge·ben *vr irreg* ▪ **sich** [**mit etw** *dat*] **~** to be satisfied/content[ed] [with sth]

Zu·frie·den·heit <-> *f kein pl* satisfaction *no art, no pl*; (*Glücklichsein*) contentment *no art, no pl* **zu·frie·den|las·sen** *vt irreg* ▪ **jdn ~** to leave sb alone; ▪ **jdn mit etw** *dat* **~** to stop bothering sb with sth

zu·frie·ren *vi irreg sein* to freeze [over]

zu·fü·gen *vt* ❶ (*erleiden lassen*) to cause; **jdm Schaden/eine Verletzung ~** to harm/injure sb; **jdm Unrecht ~** to do sb an injustice ❷ (*hin-*) ▪ **einer S.** *dat* **etw ~** to add sth [to sth]

Zu·fuhr <-, -en> ['tsu:fu:ɐ̯] *f* supply

Zug¹ <-[e]s, Züge> [tsu:k, *pl* 'tsy:gə] *m* ❶ (*Bahn*) train ▸ **der ~ ist abgefahren** (*fam*) you've missed the boat

Zug² <-[e]s, Züge> [tsu:k, *pl* 'tsy:gə] *m* ❶ (*inhalierte Menge*) puff (**an** on/at), drag *fam* (**an** of/on); **einen ~ machen** to have a puff, to take a drag *fam* ❷ (*Schluck*) gulp ❸ *kein pl* (*Luft~*) draught ❹ *kein pl* PHYS (*~kraft*) tension *no art, no pl* ❺ (*Spiel~*) move; **am ~ sein** to be sb's move ❻ (*Streif~*) tour; **einen ~ durch etw** *akk* **machen** to go on a tour of sth ❼ (*lange Kolonne*) procession ❽ (*Gesichts~*) feature; **sie hat einen bitteren ~ um den Mund** she has a bitter expression about her mouth ❾ (*Charakter~*) characteristic ❿ (*Schritt*) ▪ **~ um ~** systematically; (*schrittweise*) step by step; **in einem ~** in one stroke; **im ~e einer S.** in the course of sth ⓫ (*Umriss*) **in großen Zügen** in broad terms ▸ **in den letzten Zügen liegen** to be on one's last legs; **etw in vollen Zügen genießen** to enjoy sth to the full

Zu·ga·be ['tsu:ga:bə] *f* ❶ (*Werbegeschenk*) free gift ❷ MUS encore ❸ *kein pl* (*das Hinzugeben*) addition

Zug·ab·teil *nt* train compartment

Zu·gang <-[e]s, -gänge> ['tsu:gaŋ, *pl* 'tsu:gɛŋə] *m* ❶ (*Eingang*) entrance ❷ *kein pl* (*Zutritt, Zugriff*) access *no art, no pl* (**zu** to)

zu·gan·ge [tsu'gaŋə] *adj* NORDD **irgendwo ~ sein** to be busy somewhere (**mit** with)

zu·gäng·lich ['tsu:gɛŋlɪç] *adj* ❶ (*erreichbar*) accessible; ▪ **nicht ~** inaccessible ❷ (*verfügbar*) available (+*dat* to) ❸ (*aufgeschlossen*) approachable; ▪ **für etw** *akk* **~ sein** to be receptive to sth

Zug·be·glei·ter(in) *m(f)* BAHN guard *Brit*, conductor *Am*

Zug·brü·cke *f* drawbridge

zu|ge·ben *vt irreg* ❶ (*eingestehen*) to admit ❷ (*zugestehen*) ▪ **jdm ~, dass ...** to grant sb that ... ❸ (*erlauben*) to allow

zu·ge·gen [tsu'ge:gn] *adj* (*geh*) ▪ **bei etw** *dat* **~ sein** to be present at sth

zu|ge·hen *irreg* **I.** *vi sein* ❶ (*sich schließen lassen*) to shut ❷ (*in eine bestimmte Richtung gehen*) ▪ **auf jdn/etw ~** to approach sb/sth ❸ (*sich versöhnen*) ▪ **aufeinander ~** to become reconciled ❹ (*übermittelt werden*) ▪ **jdm ~** to reach sb ❺ (*fam: sich beeilen*) **geh zu!** get a move on! **II.** *vi impers sein* **auf ihren Partys geht es immer sehr lustig zu** her parties are always great fun; **musste es bei deinem Geburtstag so laut ~?** did you have to make such a noise on your birthday?

zu|ge·hö·ren* *vi* (*geh*) ▪ **jdm/etw ~** to belong to sb/sth

zu·ge·hö·rig ['tsu:gəhø:rɪç] *adj attr* (*geh*) accompanying *attr*

Zu·ge·hö·rig·keit <-> *f kein pl* (*Verbundenheit*) affiliation *no art, no pl* (**zu** to); **ein Gefühl der ~** a sense of belonging

zu·ge·kifft ['tsu:gəkɪft] *adj* (*sl*) high [on hash or marijuana]

zu·ge·knöpft *adj* ❶ (*mit Knöpfen geschlossen*) buttoned-up ❷ (*fam: verschlossen*) reserved

Zü·gel <-s, -> ['tsy:gl] *m* reins *npl*; **die ~ anziehen** to draw in the reins; (*fig*) to keep a tighter rein on things ▸ **die ~ [fest] in der Hand [be]halten** to keep a firm grip on things

zü·gel·los *adj* unrestrained

zü·geln ['tsy:gln] **I.** *vt* ❶ (*im Zaum halten*) to rein in *sep* ❷ (*beherrschen*) to curb ❸ (*zurückhalten*) ▪ **jdn/sich ~** to restrain sb/oneself **II.** *vi sein* SCHWEIZ (*umziehen*) ▪ **irgendwohin| ~** to move [somewhere]

Zu·ge·ständ·nis ['tsu:gəʃtɛntnɪs] *nt* concession

zu|ge·ste·hen* *vt irreg* to grant

zu·ge·tan ['tsu:gəta:n] *adj* (*geh*) ▪ **jdm/etw ~ sein** to be taken with sb/sth

Zug·fahrt *f* train journey **Zug·füh·rer(in)** *m(f)* BAHN guard *Brit*, conductor *Am*

zu·gig ['tsu:gɪç] *adj* draughty

zü·gig ['tsy:gɪç] **I.** *adj* ❶ (*rasch erfolgend*) speedy ❷ SCHWEIZ (*eingängig*) catchy **II.** *adv* rapidly

Zug·kraft *f* ❶ PHYS tensile force *spec* ❷ *kein pl* (*Anziehungskraft*) appeal *no art, no pl*

zug·kräf·tig *adj* appealing; (*eingängig a.*) catchy

zu·gleich [tsu'glaɪç] *adv* ❶ (*ebenso*) both ❷ (*gleichzeitig*) at the same time

Zug·luft *f kein pl* draught **Zug·ma·schi·ne** *f* AUTO traction engine

Zug·per·so·nal *nt* train staff

Zug·pferd *nt* ❶ (*Tier*) draught horse ❷ (*besondere Attraktion*) crowd-puller

zu|grei·fen *vi irreg* ❶ (*sich bedienen*) to help oneself ❷ INFORM ▪ **auf etw** *akk* **~** to access sth

Zug·res·tau·rant *nt* dining car
Zu·griff *m* ① (*das Zugreifen*) grab ② INFORM access *no art, no pl* (**auf** to) ③ (*Einschreiten*) **sich dem ~ der Justiz entziehen** to evade justice
Zu·griffs·be·rech·ti·gung *f* INFORM access authorization **Zu·griffs·ge·schwin·dig·keit** *f*, **Zu·griffs·zeit** *f* INFORM access speed **Zu·griffs·recht** *nt* INFORM access rights *pl* **Zu·griffs·zeit** *f s.* Zugriffsgeschwindigkeit
zu·grun·de, zu Grun·de[RR] [tsuˈɡrʊndə] *adv* [an etw *dat*] ~ **gehen** to be destroyed [by sth]; **etw einer S.** *dat* ~ **legen** to base sth on sth; **einer S.** *dat* ~ **liegen** to form the basis of sth; **jdn/etw** ~ **richten** (*ausbeuten*) to exploit sb/sth; (*zerstören*) to destroy sb/sth
Zug·schaff·ner(in) *m(f)* train conductor
Zug·tier *nt* draught animal
zu|gu·cken *vi (fam) s.* zusehen
Zug·un·glück *nt* railway accident; (*Zusammenstoß a.*) train crash
zu·guns·ten, zu Guns·ten[RR] [tsuˈɡʊnstn̩] *präp* +*gen* for the benefit of; (*zum Vorteil von*) in favour of
zu·gu·te|hal·ten [tsuˈɡuːtə-] *vt irreg* ▪ **jdm etw** ~ to make allowances for sb's sth
zu·gu·te|kom·men [tsuˈɡuːtə-] *vt irreg* ▪ **jdm/etw** ~ to be for the benefit of sb/sth
Zug·ver·bin·dung *f* train connection **Zug·ver·kehr** *m* train services *pl*
Zug·vo·gel *m* migratory bird **Zug·zwang** *m* pressure to act
zu|ha·ben *irreg (fam)* **I.** *vi* to be closed **II.** *vt* ▪ **etw** ~ to have got sth shut
zu|hal·ten *irreg* **I.** *vt* ① (*geschlossen halten*) ▪ **etw** ~ to hold sth closed ② (*mit der Hand bedecken*) ▪ **jdm/sich etw** ~ to hold one's hand over sb's/one's sth; **sich** *dat* **die Nase** ~ to hold one's nose **II.** *vi* ▪ **auf jdn/etw** ~ to head for sb/sth
Zu·häl·ter(in) <-s, -> [ˈtsuːhɛltɐ] *m(f)* pimp *masc*, procurer *form*
Zu·häl·te·rei <-> [tsuːhɛltəˈraɪ] *f kein pl* pimping *no art, no pl*
Zu·hau·se <-s> [tsuˈhaʊzə] *nt kein pl* home *no art, no pl*
Zu·hil·fe·nah·me <-> [tsuˈhɪlfənaːmə] *f* ▪ **unter ~ einer S.** *gen* with the aid of sth
zu|hö·ren *vi* to listen; ▪ **jdm/etw** ~ to listen to sb/sth
Zu·hö·rer(in) *m(f)* listener; ▪ **die** ~ (*Publikum*) the audience + *sing/pl vb*; (*Radio~ a.*) the listeners
Zu·hö·rer·schaft *f kein pl* audience
zu|ju·beln *vi* to cheer
zu|keh·ren *vt* **jdm den Rücken** ~ to turn one's back on sb

zu|klap·pen *vt, vi* to snap shut
zu|kle·ben *vt* to stick down *sep*
zu|knal·len *vt, vi (fam)* to slam shut
zu|knei·fen *vt irreg* ▪ **etw** ~ to shut sth tight[ly]; **die Augen** ~ to screw up one's eyes
zu|knöp·fen *vt* ▪ **etw** ~ to button up *sep* sth
zu|kom·men *vi irreg sein* ① (*sich nähern*) ▪ **auf jdn/etw** ~ to come towards sb/sth ② (*bevorstehen*) ▪ **auf jdn** ~ to be in store for sb; **alles auf sich ~ lassen** to take things as they come ③ (*gebühren*) **mir kommt heute die Ehre zu, Ihnen zu gratulieren** I have the honour today of congratulating you; **jdm etw ~ lassen** (*geh*) to send sb sth; (*jdm etw gewähren*) to give sb sth ④ (*angemessen sein*) **dieser Entdeckung kommt große Bedeutung zu** great significance must be attached to this discovery
Zu·kunft <-> [ˈtsuːkʊnft] *f kein pl* ① (*das Bevorstehende*) future *no pl*; **in ferner/naher** ~ in the distant/near future; **in die ~ schauen** to look into the future ② LING future [tense]
zu·künf·tig [ˈtsuːkʏnftɪç] **I.** *adj* ① (*in der Zukunft bevorstehend*) future *attr* ② *Nachfolger* prospective **II.** *adv* in future
Zu·kunfts·aus·sich·ten *pl* future prospects *pl* **Zu·kunfts·bran·che** *f* new industry **Zu·kunfts·fä·hig·keit** *f* forward compatibility **Zu·kunfts·for·schung** *f kein pl* futurology *no art, no pl* **Zu·kunfts·mu·sik** *f* ▶ [**noch**] ~ **sein** (*fam*) to be [still] a long way off **Zu·kunfts·per·spek·ti·ve** *f meist pl* future prospects *pl* **Zu·kunfts·plä·ne** *pl* plans *pl* for the future **zu·kunfts·si·cher** *adj* with a guaranteed future *pred* **Zu·kunfts·tech·no·lo·gie** *f* new technology **zu·kunfts·träch·tig** *adj* with a promising future *pred*; ▪ ~ **sein** to have a promising future **zu·kunft(s)·wei·send** *adj* forward-looking
zu|lä·cheln *vi* ▪ **jdm** ~ to smile at sb
Zu·la·ge <-, -n> [ˈtsuːlaːɡə] *f* bonus [payment]
zu|lan·gen *vi (fam)* ① (*zugreifen*) to help oneself ② (*zuschlagen*) to land a punch ③ (*hohe Preise fordern*) to ask a fortune
zu|las·sen *vt irreg* ① (*dulden*) to allow ② (*fam: geschlossen lassen*) to keep shut *sep* ③ (*die Genehmigung erteilen*) ▪ **jdn** ~ to admit sb (**zu** to); ▪ **jdn als etw** ~ to register sb as sth ④ (*anmelden*) ▪ **etw** ~ to register sth ⑤ (*erlauben*) **diese Umstände lassen nur einen Schluss zu** these facts leave only one conclusion
zu·läs·sig [ˈtsuːlɛsɪç] *adj* permissible; JUR admissible; ▪ **nicht ~** JUR inadmissible
Zu·las·sung <-, -en> *f* ① *kein pl* (*Genehmi-*

gung) authorization *no pl*; (*Lizenz*) licence; **die ~ entziehen** to revoke sb's licence ❷ (*Anmeldung*) registration ❸ (*Fahrzeugschein*) vehicle registration document

Zu·las·sungs·be·schrän·kung *f* restriction on admission[s] **Zu·las·sungs·pa·pier** *nt meist pl* vehicle registration document **zu·las·sungs·pflich·tig** *adj* (*geh*) requiring licensing **Zu·las·sungs·prü·fung** *f* ADMIN, SCH entrance exam

Zu·lauf ['tsu:lauf] *m* inlet

zu|lau·fen *vi irreg sein* ❶ (*Bewegung zu jdn/etw*) ■ **auf jdn/etw ~** to run towards sb/sth; (*direkt*) to run up to sb/sth ❷ (*hinführen*) to lead to ❸ (*schnell weiterlaufen*) to hurry [up] ❹ (*spitz auslaufen*) to taper [to a point] ❺ (*zu jdm laufen und bleiben*) ■ **jdm** ~ to stray into sb's home; **ein zugelaufener Hund/eine zugelaufene Katze** a stray [dog/cat]

zu|le·gen I. *vt* ❶ (*fam: zunehmen*) to put on *sep* ❷ (*dazutun*) to add ▶ **einen Zahn ~** to step on it **II.** *vi* ❶ (*fam: zunehmen*) to put on weight ❷ (*fam: das Tempo steigern*) to get a move on; *Läufer:* to increase the pace **III.** *vr* (*fam*) ■ **sich** *dat* **jdn/etw ~** to get oneself sb/sth

zu·lei·de, zu Lei·de^{RR} [tsu·'laidǝ] *adv* **jdm etwas/nichts ~ tun** (*veraltend*) to harm/to not harm sb

zu·letzt [tsu'lɛtst] *adv* ❶ (*als Letzte[r]*) ▶ **eingetroffen** to be the last to arrive; **~ durchs Ziel gehen** to finish last ❷ (*endlich*) in the end ❸ (*zum letzten Mal*) last ❹ (*zum Schluss*) **bis ~** until the end; **ganz ~** right at the end ❺ (*[besonders] auch*) **nicht ~** not least [of all]

zu·lie·be [tsu'li:bǝ] *adv* ■ **jdm/etw ~** for sb['s sake]/for the sake of sth

Zu·lie·fer·be·trieb *m*, **Zu·lie·fe·rer(in)** <-s, -> *m(f)* supplier

zu|lie·fern *vi* to supply

zum [tsʊm] = **zu dem** *s.* **zu**

zu|ma·chen I. *vt* ❶ (*[ver]schließen*) to close; **eine Flasche/ein Glas ~** to put the top on a bottle/jar ❷ (*zukleben*) *Brief* to seal ❸ (*zuknöpfen*) ■ **etw ~** to button [up *sep*] ❹ (*den Betrieb einstellen*) to close [down *sep*]; **den Laden ~** to shut up shop **II.** *vi* ❶ (*den Laden schließen*) to close ❷ (*fam: sich beeilen*) to get a move on

zu·mal [tsu'ma:l] **I.** *konj* particularly as **II.** *adv* particularly

zu|mau·ern *vt* to brick up *sep*

zu·meist [tsu'maist] *adv* (*geh*) mostly

zu·min·dest [tsu'mɪndəst] *adv* at least

zu·mut·bar *adj* reasonable

zu·mu·te, zu Mu·te^{RR} [tsu'mu:tǝ] *adv* **mir ist so merkwürdig ~** I feel so strange; **mir ist nicht zum Scherzen ~** I'm not in a joking mood

zu|mu·ten ['tsu:mu:tn̩] *vt* ■ **jdm etw ~** to expect sth of sb; **jdm zu viel ~** to expect too much of sb; ■ **sich** *dat* **etw ~** to undertake sth; **sich zu viel ~** to overtax oneself

Zu·mu·tung *f* unreasonable demand; **das ist eine ~!** it's just too much!

zu·nächst [tsu'nɛçst] *adv* ❶ (*anfangs*) initially ❷ (*vorerst*) for the moment

zu|na·geln *vt* to nail up *sep*; **einen Sarg ~** to nail down *sep* a coffin

zu|nä·hen *vt* to sew up *sep*; *Wunde* to stitch

Zu·nah·me <-, -n> ['tsu:na:mǝ] *f* increase

Zu·na·me ['tsu:na:mǝ] *m* (*geh*) surname

zün·deln ['tsʏndl̩n] *vi* to play [around] with fire

zün·den ['tsʏndn̩] **I.** *vi* ❶ TECH to fire *spec* ❷ (*zu brennen anfangen*) to catch fire; *Streichholz* to light; *Pulver* to ignite *form* **II.** *vt* ❶ TECH to fire *spec* ❷ (*wirken*) to kindle enthusiasm ▶ **hat es bei dir endlich gezündet?** have you cottoned on?

zün·dend *adj* stirring; *Idee* great

Zun·der ['tsʊndɐ] *m* tinder *no art, no pl*

Zün·der <-s, -> ['tsʏndɐ] *m* detonator; *Airbag* igniter *spec*

Zünd·flam·me *f* pilot light

Zünd·holz <-es, -hölzer> *nt bes* SÜDD, ÖSTERR match **Zünd·holz·schach·tel** *f* matchbox **Zünd·ka·bel** *nt* [spark] plug lead **Zünd·ker·ze** *f* spark plug **Zünd·schloss^{RR}** *nt* ignition lock **Zünd·schlüs·sel** *m* ignition key **Zünd·schnur** *f* fuse **Zünd·stoff** *m kein pl* inflammatory stuff *no art, no pl*

Zün·dung <-, -en> *f* ❶ AUTO ignition *no pl* ❷ TECH firing *no art, no pl*

Zünd·vor·rich·tung *f* detonator

zu|neh·men *irreg vi* ❶ (*schwerer werden*) to gain weight ❷ (*anwachsen*) to increase (**an** in) ❸ (*sich verstärken*) to intensify; *Schmerzen* = to intensify

zu·neh·mend I. *adj* increasing *attr*; *Verbesserung* growing *attr* **II.** *adv* increasingly

zu|nei·gen I. *vi* ■ **einer S.** *dat* **~** to be inclined towards sth; **der Ansicht ~, dass ...** to be inclined to think that ... **II.** *vr* **sich dem Ende ~** to draw to a close

Zu·nei·gung *f* affection *no pl*

Zunft <-, Zünfte> [tsʊnft, *pl* 'tsʏnftǝ] *f* HIST guild

zünf·tig ['tsʏnftɪç] *adj* (*veraltend fam*) proper

Zun·ge <-, -n> ['tsʊŋǝ] *f* tongue; **die ~ herausstrecken** to stick out one's tongue; **auf der ~ zergehen** to melt in one's mouth ▶ **seine ~ im Zaum halten** (*geh*) to mind one's tongue, AM *usu* to watch one's language; **eine böse/lose ~ haben** to have a

zurechtweisen	
zurechtweisen	**rebuking**
Ihr Verhalten lässt einiges zu wünschen übrig.	Your behaviour leaves quite a lot to be desired.
Ich verbitte mir diesen Ton!	I will not be spoken to in that tone (of voice)!
Das brauche ich mir von Ihnen nicht gefallen zu lassen!	I don't have to put up with that from you!
Unterstehen Sie sich!	Don't you dare!
Was erlauben Sie sich!	How dare you!
Was fällt Ihnen ein!	What do you think you're doing!

malicious/loose tongue; **es lag mir auf der ~ zu sagen, dass ...** I was on the point of saying that ...; **etw liegt jdm auf der ~** sth is on the tip of sb's tongue

zün·geln ['tsʏŋln] *vi* ❶ *Schlange* to dart its tongue in and out ❷ *(hin und her bewegen)* to dart

Zun·gen·bre·cher <-s, -> *m (fam)* tongue twister **Zun·gen·kuss**^RR *m* French kiss **Zun·gen·spit·ze** *f* tip of the tongue

Züng·lein ['tsʏŋlaɪn] *nt* pointer ▶ **das ~ an der Waage sein** to tip the scales; POL to hold the balance of power

zu·nich·te·ma·chen [tsu'nɪçtə-] *vt* to wreck; **jds Hoffnungen ~** to dash sb's hopes

zu·ni·cken *vi* ▪ **jdm ~** to nod to sb

zu·nut·ze, zu Nut·ze^RR [tsu'nʊtsə] *adv* **sich** *dat* **etw ~ machen** to make use of sth

zu·ord·nen [tsu'ʔɔrdnən] *vt* ▪ **etw einer S.** *dat* **~** to assign sth to sth; ▪ **jdn einer S.** *dat* **~** to classify sb as belonging to sth

Zu·ord·nung *f* assignment

zu·pa·cken *vi* ❶ *(zufassen)* to grip; *(schneller)* to make a grab ❷ *(kräftig mithelfen)* ▪ **[mit] ~** to lend a [helping] hand ❸ *(mit Gegenständen füllen)* to fill up

zup·fen ['tsʊpfn] *vt* ❶ *(ziehen)* ▪ **jdn an etw** *dat* **~** to pluck at sb's sth; *(stärker)* to tug at sb's sth ❷ *(herausziehen)* ▪ **etw aus/von etw** *dat* **~** to pull sth out of/off sth; **sich die Augenbrauen ~** to pluck one's eyebrows

Zupf·in·stru·ment *nt* plucked string instrument

zu·pros·ten *vi* ▪ **jdm ~** to drink [to] sb's health

zur [tsu:ɐ̯, tsʊr] = **zu der** *s.* **zu**

Zür·cher ['tsyrçɐ] *adj* Zurich *attr*

Zür·cher(in) <-s, -> ['tsyrçɐ] *m(f)* native of Zurich

zu·rech·nungs·fä·hig *adj* JUR responsible for one's actions *pred* ▶ **bist du noch ~?** *(fam)* are you all there?

zu·recht|bie·gen *vt irreg* ❶ *(in Form biegen)* to bend into shape ❷ *(fam)* ▪ **jdn ~** to lick sb into shape; **etw wieder ~** to get sth straightened out **zu·recht|fin·den** [tsu'rɛçtfɪndn̩] *vr irreg* ▪ **sich irgendwo ~** to get used to somewhere; **sich in einer Großstadt ~** to find one's way around a city **zu·recht|kom·men** *vi irreg sein* ❶ *(auskommen)* to get on ❷ *(klarkommen)* to cope ❸ *(rechtzeitig kommen)* to come in time; **gerade noch ~** to come just in time **zu·recht|le·gen I.** *vt* ▪ **jdm etw ~** to lay out *sep* sth [for sb] **II.** *vr* ▪ **sich** *dat* **etw ~** ❶ *(sich etw griffbereit hinlegen)* to get sth ready ❷ *(sich im Voraus überlegen)* to work out *sep* sth **zu·recht|ma·chen** *vt (fam)* ❶ *(vorbereiten)* ▪ **etw ~** to get sth ready ❷ *(zubereiten)* ▪ **etw ~** to prepare sth ❸ *(schminken)* ▪ **jdn ~** to make up *sep* sb; ▪ **sich ~** to put on *sep* one's make-up ❹ *(schick machen)* ▪ **sich ~** to get ready; ▪ **jdn ~** to dress up *sep* sb **zu·recht|wei·sen** *vt irreg (geh)* to reprimand **(wegen** for)

zu·re·den ['tsu:re:dn̩] *vi* ▪ **jdm [gut] ~** to encourage sb

zu·rei·ten *irreg* **I.** *vt* ▪ **ein Tier ~** to break in *sep* an animal **II.** *vi sein* ▪ **auf jdn/etw ~** to ride towards sb/sth; *(direkt)* to ride up to sb/sth

Zü·rich <-s> ['tsy:rɪç] *nt* Zurich *no art, no pl*

zu·rich·ten ['tsu:rɪçtn̩] *vt* ❶ *(verletzen)* to injure; **jdn ~** to beat up *sep* sb ❷ *(beschädigen)* **etw ziemlich ~** to make a quite a mess of sth ❸ *(vorbereiten)* to finish

Zur·schau·stel·lung *f (meist pej)* flaunting **zu·rück** [tsu'rʏk] *adv* ❶ *(wieder da)* back;

zurückbekommen–zurücknehmen 1716

■ ~ **sein** to be back (**von** from) ❷ (*mit Rückfahrt, Rückflug*) return; **hin und ~ oder einfach?** single or return? ❸ (*einen Rückstand haben*) behind ❹ (*verzögert*) late ▶ **~!** go back! **zu·rück|be·kom·men*** *vt irreg* to get back *sep* **zu·rück|beu·gen I.** *vt* to lean back *sep* **II.** *vr* **sich ~** to lean back **zu·rück|be·zah·len*** *vt* to pay back *sep* **zu·rück|bil·den** *vr* ■ **sich ~** to recede **zu·rück|blei·ben** *vi irreg sein* ❶ (*nicht mitkommen*) to stay behind ❷ (*zurückgelassen werden*) to be left [behind] ❸ (*nicht mithalten können*) to fall behind ❹ (*als Folge bleiben*) to remain (**von** from) **zu·rück|bli·cken** [tsuˈrʏkblɪkn̩] *vi s.* **zurückschauen zu·rück|brin·gen** *vt irreg* to bring back *sep* **zu·rück|da·tie·ren*** *vt* to backdate **zu·rück|den·ken** *vi irreg* to think back (**an** to) **zu·rück|drän·gen** *vt* to force back *sep* **zu·rück|er·hal·ten*** *vt irreg (geh)* s. **zurückbekommen zu·rück|er·o·bern*** *vt* ❶ MIL to recapture ❷ POL (*erneut gewinnen*) to win back *sep* **zu·rück|er·stat·ten*** *vt s.* **rückerstatten zu·rück|fah·ren** *irreg* **I.** *vi sein* ❶ (*zum Ausgangspunkt fahren*) to go/come back ❷ (*geh: zurückweichen*) to recoil (**vor** from) **II.** *vt* ❶ (*etw rückwärtsfahren*) to reverse ❷ (*mit dem Auto zurückbringen*) to drive back *sep* ❸ (*reduzieren*) to cut back *sep* **zu·rück|fal·len** *vi irreg sein* ❶ SPORT to fall behind ❷ (*in früheren Zustand verfallen*) ■ **in etw** *akk* **~** to lapse back into sth ❸ (*darunter bleiben*) ■ **hinter etw** *akk* **~** to fall short of sth ❹ (*jds Eigentum werden*) ■ **an jdn ~** to revert to sb *spec* ❺ (*angelastet werden*) ■ **auf jdn ~** to reflect on sb ❻ (*sinken*) ■ **sich auf etw** *akk* **~ lassen** to fall back on[to] sth **zu·rück|fin·den** *vi irreg* ❶ (*Weg zum Ausgangspunkt finden*) to find one's way back ❷ (*zurückkehren*) ■ **zu jdm ~** to go/come back to sb **zu·rück|for·dern** *vt* ■ **etw ~** to demand sth back (**von** from) **zu·rück|füh·ren I.** *vt* ❶ (*Ursache bestimmen*) ■ **etw auf etw** *akk* **~** to attribute sth to sth; (*etw aus etw ableiten*) to put sth down to sth; **etw auf seinen Ursprung ~** to put sth down to its cause; **das ist darauf zurückzuführen, dass ...** that is attributable to the fact that ... ❷ (*zum Ausgangsort zurückbringen*) ■ **jdn irgendwohin ~** to lead sb back somewhere **II.** *vi* to lead back **zu·rück|ge·ben** *vt irreg* ❶ (*wiedergeben*) to return ❷ (*erwidern*) **ein Kompliment ~** to return a compliment; **„das ist nicht wahr!" gab er zurück** "that isn't true!" he retorted *form* **zu·rück|ge·blie·ben** *adj* slow **zu·rück|ge·hen** *vi irreg sein* ❶ (*wieder zum Ausgangsort gehen*) to return ❷ (*abnehmen*) to go down ❸ MED (*sich zurückbilden*)

to go down; *Bluterguss* to disappear; *Geschwulst* to be in recession ❹ (*stammen*) **die Sache geht auf seine Initiative zurück** the matter was born of his initiative ❺ (*verfolgen*) **weit in die Geschichte ~** to go back far in history **zu·rück|ge·win·nen*** *vt irreg* to win back; *Rohstoffe* to recover **zu·rück|ge·zo·gen** *adj, adv* secluded **zu·rück|grei·fen** *vi irreg* ■ **auf etw** *akk* **~** to fall back [up]on sth **zu·rück|hal·ten** *irreg* **I.** *vr* ■ **sich ~** (*sich beherrschen*) to restrain oneself; **sich mit seiner Meinung ~** to be careful about voicing one's opinion ❷ (*reserviert sein*) to be reserved **II.** *vt* ❶ (*aufhalten*) to hold up *sep* ❷ (*nicht herausgeben*) to withhold ❸ (*abhalten*) ■ **jdn** [**von etw** *dat*] **~** to keep sb from doing sth **III.** *vi* ■ **mit etw** *dat* **~** to hold sth back

zu·rück·hal·tend I. *adj* ❶ (*reserviert*) reserved ❷ (*vorsichtig*) cautious **II.** *adv* cautiously

Zu·rück·hal·tung *f kein pl* reserve *no art, no pl*

zu·rück|ho·len *vt* ❶ (*wieder zum Ausgangspunkt holen*) to fetch back *sep* ❷ (*in seinen Besitz zurückbringen*) to get back *sep* **zu·rück|keh·ren** *vi sein* to return (**zu** to); **nach Hause ~** to return home **zu·rück|kom·men** *vi irreg sein* ❶ (*erneut zum Ausgangsort kommen*) to return; **aus dem Ausland ~** to return from abroad; **nach Hause ~** to return home ❷ (*erneut aufgreifen*) ■ **auf etw** *akk* **~** to come back to sth; ■ **auf jdn ~** to get back to sb **zu·rück|krie·gen** *vt* (*fam*) *s.* **zu·rückbekommen zu·rück|las·sen** *vt irreg* ❶ (*nicht mitnehmen*) to leave behind *sep* ❷ (*fam: zurückkehren lassen*) ■ **jdn** [**nach Hause**] **~** to allow sb to return [home] **zu·rück|le·gen** *vt* ❶ (*wieder hinlegen*) to put back *sep* ❷ (*reservieren*) ■ **jdm etw ~** to put sth aside for sb ❸ (*hinter sich bringen*) **35 Kilometer kann man pro Tag leicht zu Fuß ~** you can easily do 35 kilometres a day on foot ❹ (*sparen*) to put away *sep* **zu·rück|leh·nen** *vr* ■ **sich ~** to lean back **zu·rück|lie·gen** *vi irreg sein* **Examen liegt vier Jahre zurück** it's four years since his exam; **wie lange mag die Operation ~?** how long ago was the operation ~? **zu·rück|mel·den** *vr* ■ **sich ~** to be back

Zu·rück·nah·me <-, -n> [tsuˈrʏkna:mə] *f* withdrawal; *eines Angebotes* revocation; *einer Beschuldigung* retraction

zu·rück|neh·men *vt irreg* ❶ (*als Retour annehmen*) to take back *sep* ❷ (*widerrufen*) to withdraw; **ich nehme alles zurück** I take it all back; **sein Versprechen ~** to break one's

zu·rück|pral·len *vi sein* ❶ (*zurückspringen*) ■ **von etw** *dat* ~ to bounce off sth; *Geschoss* to ricochet off sth ❷ (*zurückschrecken*) to recoil (**vor** from) **zu·rück|rei·chen I.** *vi* ■ **irgendwohin** ~ to go back to sth; **ins 16. Jahrhundert** ~ to go back to the 16th century **II.** *vt* (*geh*) ■ **jdm etw** ~ to hand back sep sth to sb **zu·rück|rei·sen** *vi sein* to travel back **zu·rück|ru·fen** *irreg* **I.** *vt* ❶ (*zurück telefonieren*) to call back sep ❷ (*zurückbeordern*) to recall ❸ (*fig*) **sich** *dat* **etw in die Erinnerung** ~ to recall sth **II.** *vi* to call back **zu·rück|schal·ten** *vi* AUTO **in den 1./einen niedrigeren Gang** ~ to change down into 1st/a lower gear **zu·rück|schau·en** *vi* to look back (**auf** on) **zu·rück|schi·cken** *vt* to send back sep **zu·rück|schla·gen** *irreg* **I.** *vt* ❶ SPORT to return ❷ (*umschlagen*) to turn back sep; **ein Verdeck** ~ to fold back a top **II.** *vi* ❶ (*einen Schlag erwidern*) to return ❷ (*sich auswirken*) ■ **auf jdn/etw** *akk* ~ to have an effect on sb/sth **zu·rück|schrau·ben** *vt* (*fam*) to lower (**auf** to); **seine Ansprüche** ~ to lower one's sights **zu·rück|schre·cken** *vi irreg sein* ❶ (*Bedenken vor etw haben*) to shrink (**vor** from); **vor nichts** ~ (*völlig skrupellos sein*) to stop at nothing; (*keine Angst haben*) to not flinch from anything ❷ (*erschreckt zurückweichen*) to start back **zu·rück|schrei·ben** *vt* to write back **zu·rück|seh·nen** *vr* **sich nach Hause/auf die Insel** ~ to long to return home/to the island **zu·rück|set·zen I.** *vt* ❶ (*zurückstellen*) to put back ❷ AUTO to reverse ❸ (*herabsetzen*) to reduce ❹ (*benachteiligen*) to neglect; [**gegenüber jdm**] **zurückgesetzt fühlen** to feel neglected [next to sb] **II.** *vr* **sich** ~ ❶ (*sich zurücklehnen*) to sit back ❷ (*den Platz wechseln*) **setzen wir uns einige Reihen zurück** let's sit a few rows back **III.** *vi* ■ [**mit etw** *dat*] ~ to reverse [sth] **zu·rück|spu·len** *vt* to rewind **zu·rück|ste·cken I.** *vt* to put back sep **II.** *vi* to back down; ~ **müssen** to have to back down **zu·rück|ste·hen** *vi irreg* ❶ (*weiter entfernt stehen*) to stand back ❷ (*hintangesetzt werden*) ■ [**hinter jdm**] ~ to take second place [to sb]; (*an Leistung*) to be behind [sb] ❸ (*sich weniger einsetzen*) ■ [**hinter jdm**] ~ to show less commitment [than sb else] **zu·rück|stel·len** *vt* ❶ (*wieder hinstellen*) to put back sep ❷ (*nach hinten stellen*) to move back sep ❸ (*kleiner stellen*) *Heizung, Ofen* to turn down sep ❹ (*aufschieben*) to put back sep; (*verschieben*) to postpone; **die Uhr** ~ to turn [*or* AM *a.* set] back sep the clock ❺ (*vorerst nicht geltend machen*) **seine Bedenken/Wünsche** ~ to put aside one's doubts/wishes ❻ ÖSTERR (*zurückgeben*) to return **zu·rück|sto·ßen** *vt irreg* to push away sep **zu·rück|stu·fen** *vt* to downgrade **zu·rück|tre·ten** *vi irreg sein* ❶ (*nach hinten treten*) to step back (**von** from) ❷ (*seinen Rücktritt erklären*) to resign ❸ JUR **von einem Anspruch/einem Recht** ~ to renounce a claim/right *form* **zu·rück|ver·fol·gen*** *vt* to trace back sep **zu·rück|ver·set·zen* I.** *vt* ■ **jdn** ~ to transfer sb back **II.** *vr* ■ **sich** ~ to be transported back **zu·rück|wei·chen** *vi irreg sein* to draw back [*or* recoil] (**vor** from); **vor einem Anblick** ~ to shrink back from a sight **zu·rück|wei·sen** *vt irreg* ❶ (*abweisen*) ■ **jdn** ~ to turn away sb sep; **etw** ~ to reject sth ❷ (*sich gegen etw verwahren*) ■ **etw** ~ to repudiate sth *form*

Zu·rück·wei·sung *f* ❶ (*das Abweisen*) rejection *no art, no pl* ❷ (*das Zurückweisen*) repudiation *no art, no pl*

zu·rück|wer·fen *vt irreg* ❶ (*jdm etw wieder zuwerfen*) ■ **etw** ~ to throw back sep sth ❷ (*Position verschlechtern*) **das wirft uns um Jahre zurück** that will set us back years **zu·rück|wir·ken** *vi* ■ **auf jdn/etw** ~ to react [up|on sb/sth **zu·rück|wol·len I.** *vi* (*fam*) to want to return; **nach Hause** ~ to want to return home **II.** *vi* ■ **etw** ~ to want sth back **zu·rück|zah·len** *vt* ■ **etw** ~ to repay sth **zu·rück|zie·hen** *irreg* **I.** *vt* ❶ (*nach hinten ziehen*) to pull back sep; *Vorhang* to draw back sep ❷ (*widerrufen*) to withdraw **II.** *vr* ■ **sich** ~ to withdraw (**aus** from) **III.** *vi sein* **nach Hamburg** ~ to move back to Hamburg; **nach Hause** ~ to move back home

Zu·ruf ['tsuːruːf] *m* call; (*nach Hilfe*) cry **zu|ru·fen I.** *vt irreg* ■ **jdm etw** ~ to shout sth to sb **II.** *vi* ■ **jdm** ~, **dass er/sie etw tun soll** to call out to sb to do sth

zur·zeit [tsʊrˈtsaɪt] *adv* at present

Zu·sa·ge ['tsuːzaːɡə] *f* assurance

zu|sa·gen I. *vt* ■ [**jdm**] ~ to promise **II.** *vi* ■ [**jdm**] ~ ❶ (*die Teilnahme versichern*) to accept sb ❷ (*gefallen*) to appeal to sb

zu·sam·men [tsuˈzamən] *adv* ❶ (*gemeinsam*) together (**mit** with); ■ ~ **sein** (*beieinander sein*) to be together; **mit jdm** ~ **sein** to be with sb ❷ (*ein Paar sein*) ■ ~ **sein** to be going out [with each other] ❸ (*insgesamt*) altogether

Zu·sam·men·ar·beit *f kein pl* cooperation *no art, no pl* **zu·sam·men|ar·bei·ten** *vi* ■ **mit jdm** ~ to work [together] with sb; (*kooperieren*) to cooperate with sb **zu·sam·men|bau·en** *vt* to assemble **zu·sam·men|bei·ßen** *vt* **die Zähne** ~ to grit one's teeth **zu·sam·men|bin·den** *vt irreg* to tie

zu·sam·men|blei·ben *vi irreg sein* to stay together; ■ **mit jdm ~** to stay with sb **zu·sam·men|bre·chen** *vi irreg sein* to collapse; *Kommunikation* to break down **zu·sam·men|brin·gen** *vt irreg* ❶ *Geld* to raise ❷ *(in Kontakt bringen)* ■ **jdn [mit jdm] ~** to introduce sb [to sb]; **ihr Beruf bringt sie mit vielen Menschen zusammen** in her job she gets to know a lot of people ❸ *(fam: aus dem Gedächtnis abrufen)* to remember ❹ *(anhäufen)* to amass **Zu·sam·men·bruch** *m* collapse **zu·sam·men|drän·gen I.** *vr* ■ **sich ~** to crowd [together]; *(vor Kälte a.)* to huddle together **II.** *vt* to concentrate; **die Menschenmenge wurde von den Polizeikräften zusammengedrängt** the crowd was herded together by the police **zu·sam·men|drü·cken** *vt* to press together; *(zerdrücken)* to crush **zu·sam·men|fah·ren** *vi irreg sein* to start; *(vor Schmerzen)* to flinch; *(vor Ekel a.)* to recoil **zu·sam·men|fal·len** *vi irreg sein* ❶ *(einstürzen)* to collapse; *Gebäude a.* to cave in; *Hoffnungen, Pläne* to be shattered; *Lügen* to fall apart; ■ **in sich ~** to collapse ❷ *(sich gleichzeitig ereignen)* to coincide ❸ *(körperlich schwächer werden)* to weaken **zu·sam·men|fal·ten** *vt* to fold [up *sep*] **zu·sam·men|fas·sen I.** *vt* ❶ *(als Resümee formulieren)* to summarize; **etw in wenigen Worten ~** to put sth in a nutshell ❷ *(zu etw vereinigen)* **die Bewerber in Gruppen ~** to divide the applicants into groups; ■ **jdn/etw in etw** *dat* **~** to unite sb/sth into sth; ■ **etw unter etw** *dat* **~** to class[ify] sth under sth; **etw unter einem Oberbegriff ~** to subsume sth under a generic term **II.** *vi* to summarize; **..., wenn ich kurz ~ darf** just to sum up, ... **Zu·sam·men·fas·sung** *f* ❶ *(Resümee)* summary ❷ *(resümierende Darstellung)* abstract; *Buch a.* synopsis **zu·sam·men|flie·ßen** *vi irreg sein* to flow together **zu·sam·men|fü·gen I.** *vt (geh)* to assemble; **die Teile eines Puzzles ~** to piece together a jigsaw puzzle **II.** *vr* **die Teile fügen sich nahtlos zusammen** the parts fit together seamlessly **zu·sam·men|füh·ren** *vt* to bring together *sep;* **eine Familie ~** to reunite a family

zu·sam·men|ge·hö·ren* *vi* ❶ *(zueinander gehören)* to belong together ❷ *(ein Ganzes bilden)* to go together; *Karten* to form a deck; *Socken* to form a pair **zu·sam·men·ge·hö·rig** *adj präd* ❶ *(eng verbunden)* close ❷ *(zusammengehörend)* matching **Zu·sam·men·ge·hö·rig·keit** <-> *f kein pl* unity

Zu·sam·men·ge·hö·rig·keits·ge·fühl *nt kein pl* sense of togetherness **zu·sam·men·ge·setzt** *adj* compound *attr spec* **zu·sam·men·ge·stöp·selt** [tsu'zamənɡəʃtœpsl̩t] *adj (pej fam)* [hastily] thrown together **zu·sam·men·ge·wür·felt** *adj* mismatched **Zu·sam·men·halt** *m kein pl* ❶ *(Solidarität)* solidarity; *Mannschaft* team spirit (+*gen* [with]in) ❷ TECH cohesion **zu·sam·men|hal·ten** *irreg* **I.** *vi* to stick together **II.** *vt* ❶ *(beisammenhalten)* **seine Gedanken ~** to keep one's thoughts together; **sein Geld ~ müssen** to have to be careful with one's money ❷ *(verbinden)* **die Schnur hält das Paket zusammen** the packet is held together by a string ❸ *(nebeneinanderhalten)* **zwei Sachen ~** to hold up two things side by side **Zu·sam·men·hang** <-[e]s, -hänge> *m* connection; *(Verbindung)* link **(zwischen** between**); keinen ~ sehen** to see no connection; **jdn/etw mit etw** *dat* **in ~ bringen** to connect sb/sth with sth; **etw aus dem ~ reißen** to take sth out of [its] context; **im ~ mit etw** *dat* **in** connection with sth; **im ~ mit etw** *dat* **stehen** to be connected with sth; **nicht im ~ mit etw** *dat* **stehen** to have no connection with sth **zu·sam·men|hän·gen I.** *vt irreg Kleider/Bilder* **~** to hang [up] clothes/pictures together **II.** *vi irreg* ❶ *(in Zusammenhang stehen)* ■ **mit etw** *dat* **~** to be connected with sth ❷ *(lose verbunden sein)* to be joined [together] **zu·sam·men·hän·gend I.** *adj* ❶ *(kohärent)* coherent ❷ *(betreffend)* ■ **mit etw** *dat* **~** connected with sth **II.** *adv* coherently; **etw ~ berichten** to give a coherent account of sth **zu·sam·men·hang(s)·los I.** *adj* incoherent; *(weitschweifig a.)* rambling **II.** *adv* incoherently; **etw ~ darstellen** to give an incoherent account of sth

zu·sam·men|hef·ten *vt* to clip together *sep;* *(mit einem Hefter)* to staple together *sep; Stoffteile* to tack together *sep* **zu·sam·men|klap·pen I.** *vt haben* to fold up *sep* **II.** *vi sein (a. fig fam)* to collapse **zu·sam·men|kno·ten** *vt* to tie together *sep* **zu·sam·men|kom·men** *vi irreg sein* ❶ *(sich treffen)* to come together; ■ **mit jdm ~** to meet sb; **zu einer Besprechung ~** to get together for a discussion ❷ *(sich akkumulieren)* to combine; **heute kommt wieder alles zusammen!** it's another of those days! ❸ *(sich summieren) Schulden* to mount up; *Spenden* to be collected **zu·sam·men|kra·**

chen *vi sein* (*fam*) ❶ (*einstürzen*) Brücke to crash down; Brett to give way; Bett, Stuhl to collapse with a crash; Börse, Wirtschaft to crash ❷ (*zusammenstoßen*) to smash together; Auto a. to crash [into each other] **zu·sam·men·krat·zen** *vt* (*fam*) to scrape together *sep*

Zu·sam·men·kunft <-, -künfte> [tsu'zamənkʊnft, pl -kynftə] *f* meeting; **eine gesellige ~** a social gathering

zu·sam·men·läp·pern *vr* (*fam*) ■ **sich ~** to add up

zu·sam·men·lau·fen *vi irreg sein* ❶ (*aufeinandertreffen*) to meet (**in** at), to converge (**in** at); Flüsse to flow together ❷ (*zusammenströmen*) to gather **zu·sam·men·le·ben** **I.** *vi* to live [together] **II.** *vr* ■ **sich ~** to get used to one another **Zu·sam·men·le·ben** *nt kein pl* living together *no art* **zu·sam·men·le·gen I.** *vt* ❶ (*zusammenfalten*) to fold [up *sep*] ❷ (*vereinigen*) to combine (**mit** into); (*zentralisieren*) to centralize; Klassen, Grundstücke to join (**in einen Raum legen**) ■ **jdn** [**mit jdm**] **~** Gäste to put sb [together] with sb **II.** *vi* to club together, to pool resources

zu·sam·men·neh·men *irreg* **I.** *vt* to summon [up *sep*]; **seinen ganzen Mut ~** to summon up all one's courage; **den Verstand ~** to get one's thoughts together; ■ **alles zusammengenommen** all in all **II.** *vr* ■ **sich ~** to control oneself

zu·sam·men·pas·sen *vi* Menschen to suit each other; **gut/schlecht ~** to be well-suited/ill-suited; Farben to go together; Kleidungsstücke to match **zu·sam·men·pfer·chen** *vt* to herd together *sep*

Zu·sam·men·prall *m* collision

zu·sam·men·pral·len *vi sein* to collide **zu·sam·men·pres·sen** *vt* to press together *sep*; **die Faust ~** to clench one's fist; **zusammengepresste Fäuste/Lippen** clenched fists/pinched lips **zu·sam·men·rau·fen** (*fam*) ■ **sich ~** to get it together **zu·sam·men·rech·nen** *vt* to add up *sep*; **alles zusammengerechnet** all in all **zu·sam·men·rei·men** *vr* ■ **sich** *dat* **etw ~** to put two and two together to get sth; **ich kann es mir einfach nicht ~** I can't make head or tail of it

zu·sam·men·rei·ßen *irreg vr* ■ **sich ~** to pull oneself together

zu·sam·men·rü·cken I. *vi sein* to move up closer; (*enger zusammenhalten*) to join in common cause **II.** *vt haben* ■ **etw ~** to move sth closer together **zu·sam·men·ru·fen** *vt irreg* to call together *sep*; **die Mitglieder ~** to convene [a meeting of] the members *form*

zu·sam·men·sa·cken *vi sein* to collapse **zu·sam·men·schei·ßen** *vt irreg* (*derb*) ■ **jdn ~** to give sb a bollocking **zu·sam·men·schla·gen** *irreg* **I.** *vt irreg haben* ❶ (*verprügeln*) to beat up *sep* ❷ (*zertrümmern*) to smash [up *sep*] **II.** *vi sein* ■ **über jdm/etw ~** to close over sb/sth; (*heftiger*) to engulf sb/sth

zu·sam·men·schlie·ßen *irreg* **I.** *vt* to lock together *sep* **II.** *vr* ■ **sich ~** (*sich vereinigen*) to join together; **Firmen schließen sich zusammen** companies merge ❷ (*sich verbinden*) to join forces

Zu·sam·men·schluss^{RR} *m*, **Zu·sam·men·schluß**^{ALT} *m* union; Firmen merger **zu·sam·men·schrau·ben** *vt* to screw together **zu·sam·men·schrei·ben** *vt irreg* ❶ (*als ein Wort schreiben*) ■ **etw ~** to write sth as one word ❷ (*fam*) **was für einen Unsinn er zusammenschreibt!** what rubbish he writes!; **sie hat sich mit ihren Romanen ein Vermögen zusammengeschrieben** she has earned a fortune with her novels **zu·sam·men·schus·tern** *vt* (*pej fam*) to cobble together *sep*

Zu·sam·men·sein <-s> *nt kein pl* meeting; (*zwanglos*) get-together; Verliebte rendezvous; **ein geselliges ~** a social [gathering]

zu·sam·men·set·zen I. *vt* ❶ (*aus Teilen herstellen*) to assemble; **die Archäologen setzten die einzelnen Stücke der Vasen wieder zusammen** the archaeologists pieced together the vases ❷ (*nebeneinandersetzen*) Schüler/Tischgäste ~ to put pupils/guests beside each other **II.** *vr* (*bestehen*) ■ **sich aus etw** *dat* **~** to be composed of sth ❷ (*sich zueinander setzen*) ■ **sich ~** to sit together; (*um etw zu besprechen*) to get together; **sich ~ mit jdm** to join sb

Zu·sam·men·set·zung <-, -en> *f* ❶ (*Struktur*) composition; Ausschuss a. constitution form; Mannschaft line-up; Wählerschaft profile *spec* ❷ (*Kombination der Bestandteile*) ingredients *pl*; Rezeptur, Präparat composition); Teile assembly ❸ LING (*Kompositum*) compound

Zu·sam·men·spiel *nt kein pl* ❶ SPORT teamwork ❷ MUS ensemble playing ❸ (*fig*) interplay

zu·sam·men·stau·chen *vt* (*fam*) ❶ (*maßregeln*) ■ **jdn ~** to give sb a dressing-down ❷ (*zusammendrücken*) ■ **etw ist zusammengestaucht** sth is crushed **zu·sam·men·ste·cken I.** *vt* to pin together *sep* **II.** *vi* (*fam*) **die beiden stecken aber auch immer zusammen!** the two of them are quite inseparable!

zu·sam·men·stel·len *vt* ❶ (*auf einen Fleck*

Zusammenstellung–zuschreiben 1720

stellen) die Betten ~ to place the beds side by side ❷ (*aufstellen*) to compile; *Delegation* to assemble; *Menü* to draw up; *Programm* to arrange

Zu·sam·men·stel·lung *f* ❶ (*Aufstellung*) compilation; (*Liste*) list; *Programm* arrangement ❷ *kein pl* (*Herausgabe*) compilation

Zu·sam·men·stoß *m* collision; (*Auseinandersetzung*) clash **zu·sam·men|sto·ßen** *vi irreg sein* ❶ (*kollidieren*) to collide; ■ mit jdm ~ to bump into sb ❷ (*aneinandergrenzen*) to adjoin **zu·sam·men|strö·men** *vi sein* to flock together **zu·sam·men|stür·zen** *vi sein* to collapse **zu·sam·men|tra·gen** *vt irreg* ❶ (*auf einen Haufen tragen*) to collect; *Holz* to gather ❷ (*sammeln*) to collect **zu·sam·men|tref·fen** *vi irreg sein* ❶ (*sich treffen*) to meet; ■ mit jdm ~ to meet sb; (*unverhofft*) to encounter ❷ (*gleichzeitig auftreten*) to coincide **Zu·sam·men·tref·fen** *nt* ❶ (*Treffen*) meeting ❷ (*gleichzeitiges Auftreten*) coincidence **zu·sam·men|trei·ben** *vt* Menschen/Tiere ~ to drive people/animals together **zu·sam·men|trom·meln** *vt* (*fam*) Anhänger/Mitglieder ~ to rally supporters/members **zu·sam·men|tun** *irreg* **I.** *vt* (*ra* to put together; Tomaten und Kartoffeln darf man nicht in einem Behälter ~ you can't keep tomatoes and potatoes together in one container **II.** *vr* (*fam*) ■ sich ~ to get together; die Betroffenen haben sich zu einer Bürgerinitiative zusammengetan those concerned have formed a citizens' action group **zu·sam·men|wach·sen** *vi irreg sein* ❶ (*zusammenheilen*) to knit [together]; *Wunde* to heal [up] ❷ (*sich verbinden*) to grow together **zu·sam·men|wir·ken** *vi* (*geh*) ❶ (*gemeinsam tätig sein*) to work together ❷ (*vereint wirken*) to combine **Zu·sam·men·wir·ken** *nt kein pl* interaction **zu·sam·men|zäh·len** *vt* to add up *sep*; alles zusammengezählt all in all **zu·sam·men|zie·hen** *irreg* **I.** *vi sein* to move in together **II.** *vr* ■ sich ~ ❶ (*sich verengen*) to contract; *Schlinge* to tighten; *Pupillen, Haut* to contract; *Wunde* to close [up] ❷ (*sich ballen*) to be brewing; *Gewitter a.* to be gathering; *Wolken* to gather; *Unheil* to be brewing **III.** *vt* ❶ *Truppen, Polizei* to assemble ❷ (*zueinanderziehen*) die Augenbrauen ~ to knit one's brows **zu·sam·men|zu·cken** *vi sein* to start; (*vor Schmerz*) to flinch

Zu·satz ['tsu:zats] *m* ❶ (*zugefügter Teil*) appendix; (*Verb~*) separable element ❷ (*Abänderung*) amendment ❷ (*Nahrungs~*) additive; ohne ~ von Farbstoffen without the addition of artificial colouring

Zu·satz·ge·rät *nt* attachment; INFORM peripheral [device]

zu·sätz·lich ['tsu:zɛtslɪç] **I.** *adj* ❶ (*weitere*) further *attr*; *Kosten* additional ❷ (*darüber hinaus möglich*) additional; (*als Option a.*) optional **II.** *adv* in addition; ich will sie nicht noch ~ belasten I don't want to put any extra pressure on her

Zu·satz·stoff *m* additive

zu|schau·en *vi s.* zusehen

Zu·schau·er(in) <-s, -> *m(f)* ❶ SPORT spectator ❷ FILM, THEAT member of the audience; TV viewer ❸ (*Augenzeuge*) witness

Zu·schau·er·raum *m* auditorium **Zu·schau·er·tri·bü·ne** *f* stands *pl* **Zu·schau·er·zahl** *f* THEAT, SPORT attendance figures *pl*; TV viewing figures *pl*

zu|schi·cken *vt* to send; ■ sich *dat* etw ~ lassen to send for sth; [von] jdm] etw zugeschickt bekommen to receive sth [from sb]

Zu·schlag <-[e]s, Zuschläge> *m* ❶ (*Preisaufschlag*) supplementary charge ❷ (*zusätzliche Fahrkarte*) supplement; (*zusätzlicher Fahrpreis*) extra fare ❸ (*zusätzliches Entgelt*) bonus ❹ (*bei Versteigerung*) acceptance of a bid ❺ (*Auftragserteilung*) acceptance of a tender; jdm den ~ erteilen (*geh*) to award sb the contract

zu|schla·gen *irreg* **I.** *vt haben* ❶ (*schließen*) to bang shut *sep*; ein Buch ~ to close a book ❷ (*offiziell zusprechen*) ■ jdm etw ~ (*bei Versteigerung*) to knock sth down to sb; der Auftrag wurde der Firma zugeschlagen the company was awarded the contract ❸ (*zuspielen*) jdm den Ball ~ to kick the ball to sb **II.** *vi* ❶ *haben* (*einen Hieb versetzen*) to strike; das Schicksal hat erbarmungslos zugeschlagen fate has dealt a terrible blow ❷ *sein* Tür to slam shut ❸ *haben* (*fam: zugreifen*) to get in fast; (*viel essen*) to pig out; schlag zu! dig in! ❹ (*fam: aktiv werden*) to strike

zu|schlie·ßen *irreg vt* to lock

zu|schnap·pen *vi* ❶ *haben* to snap ❷ *sein* to snap shut

zu|schnei·den *vt irreg* ❶ MODE ■ etw ~ to cut sth to size; Stoff ~ to cut out *sep* material ❷ (*fig*) ■ auf jdn zugeschnitten sein to be cut out for sb; das Produkt ist auf den Geschmack der Massen zugeschnitten the product is designed to suit the taste of the masses

zu|schnü·ren *vt* ❶ (*durch Schnüren verschließen*) to lace up *sep* ❷ (*abschnüren*) die Angst/Sorge schnürte ihr die Kehle zu she was choked with fear/worry

zu|schrau·ben *vt* to screw on *sep*

zu|schrei·ben *vt irreg* ❶ (*beimessen*) ■ jdm

etw ~ to ascribe sth to sb; **jdm übernatürliche Kräfte ~** to attribute supernatural powers to sb ❷ (*zur Last legen*) **jdm/etw die Schuld an etw** *dat* ~ to blame sb/sth for sth
Zu·schrift *f* (*geh*) reply
zu·schul·den, zu Schul·den[RR] [tsuˈʃʊldn̩] *adv* **sich** *dat* **etwas/nichts ~ kommen lassen** to do something/nothing wrong
Zu·schuss[RR] <-es, -schüsse> *m*, **Zu·schuß**[ALT] <-sses, -schüsse> [ˈtsuːʃʊs, *pl* ˈtsuːʃʏsə] *m* subsidy; (*regelmäßig von den Eltern*) allowance
zu|schüt·ten I. *vt* to fill in *sep* **II.** *vr* (*fam*) ■**sich ~** to get pissed [*or* Am drunk]
zu|se·hen *vi irreg* ❶ (*mit Blicken verfolgen*) to watch; *unbeteiligter Zuschauer a.* to look on ❷ (*etw geschehen lassen*) ■**einer S.** *dat* ~ to sit back and watch sth; **tatenlos musste er ~, wie ...** he could only stand and watch, while ...; **da sehe ich nicht mehr lange zu!** I'm not going to put up with this spectacle for much longer! ❸ (*dafür sorgen*) ■**~, dass ...** to see [to it] that ...; **sieh mal zu, was du machen kannst!** (*fam*) see what you can do!
zu·se·hends [ˈtsuːzeːənts] *adv* noticeably
zu|sen·den *vt irreg s.* zuschicken
zu|set·zen I. *vt* ■**einer S.** *dat*] **etw ~** to add sth [to sth] **II.** *vi* ❶ (*bedrängen*) to badger sb ❷ (*überbelasten*) to take a lot out of sb
zu|si·chern *vt* ■**jdm etw ~** to assure sb of sth; **jdm seine Hilfe ~** to promise sb one's help
zu|sper·ren *vt* to lock
Zu·spiel *nt kein pl* SPORT passing
zu|spie·len *vt* ❶ SPORT ■**jdm den Ball ~** to pass the ball to sb ❷ (*heimlich zukommen lassen*) **etw der Presse ~** to leak sth [to the press]
zu|spit·zen I. *vr* ■**sich ~** to come to a head **II.** *vt* to sharpen
zu|spre·chen *irreg* **I.** *vt* ❶ (*offiziell zugestehen*) ■**jdm etw ~** to award sth to sb; **jdm ein Kind ~** to award sb custody [of a child] ❷ (*geh*) **jdm Mut/Trost ~** to encourage/ comfort sb ❸ (*zuerkennen*) ■**jdm/einer S.** *dat* **etw ~** to attribute sth to sb/sth **II.** *vi* (*geh*) ❶ (*zu sich nehmen*) ■**einer S.** *dat* ~ to do justice to sth ❷ (*zureden*) **jdm beruhigend ~** to calm sb; **jdm ermutigend ~** to encourage sb
Zu·spruch *m kein pl* (*geh*) ❶ (*Popularität, Anklang*) **sich großen ~s erfreuen** to be very popular; **wir rechnen mit starkem ~** (*viele Besucher*) we're expecting a lot of visitors; (*starkem Anklang*) we're expecting this to be very popular ❷ (*Worte*) **ermutigender/tröstender ~** words of encouragement/ comfort
Zu·stand <-[e]s, -stände> [ˈtsuːʃtant, *pl* ˈtsuːʃtɛndə] *m* ❶ (*Verfassung*) state, condition; **im wachen ~** while awake ❷ *pl* (*Verhältnisse*) conditions; **in den besetzten Gebieten herrschen katastrophale Zustände** conditions are catastrophic in the occupied zones; **das ist doch kein ~!** it's a disgrace! ▸ **Zustände <u>bekommen</u>** (*fam*) to have a fit
zu·stan·de, zu Stan·de[RR] [tsuˈʃtandə] *adv* **etw ~ bringen** to manage sth; **die Arbeit ~ bringen** to get the work done; **eine Einigung ~ bringen** to reach an agreement; **es ~ bringen, dass jd etw tut** to [manage to] get sb to do sth; **~ kommen** to materialize; (*stattfinden*) to take place; (*besonders Schwieriges*) to come off; **nicht ~ kommen** to fail
Zu·stan·de·kom·men <-s> *nt kein pl* realization
zu·stän·dig [ˈtsuːʃtɛndɪç] *adj* ❶ (*verantwortlich*) responsible; **der ~e Beamte** the official in charge; **dafür ist er ~** that's his responsibility ❷ (*Kompetenz besitzend*) competent *form*
Zu·stän·dig·keit <-, -en> *f* ❶ (*betriebliche Kompetenz*) competence ❷ (*Jurisdiktion*) jurisdiction *no indef art*
Zu·stän·dig·keits·be·reich *m* area of responsibility
zu|ste·cken *vt* ❶ (*schenken*) ■**jdm etw ~** to slip sb sth ❷ (*heften*) to pin up *sep*
zu|ste·hen *vi irreg* ❶ (*von Rechts wegen gehören*) ■**etw steht jdm zu** sb is entitled to sth; **etw steht jdm von Rechts wegen zu** sb is lawfully entitled to sth ❷ (*zukommen*) **es steht dir nicht zu, so über ihn zu reden** it's not for you to speak of him like that
zu|stei·gen *vi irreg sein* to get on; **noch jemand zugestiegen?** (*im Bus*) any more fares, please?; (*im Zug*) tickets please!
Zu·stell·be·zirk *m* postal district **Zu·stell·dienst** *m* delivery service
zu|stel·len *vt* ■**etw ~** ❶ (*überbringen*) to deliver sth ❷ (*durch Gegenstände verstellen*) to block sth
Zu·stel·ler(in) <-s, -> *m(f)* postman *masc*, postwoman *fem*, Am *usu* mailman [*or fem* -woman]
Zu·stel·lung <-, -en> *f* delivery
zu|stim·men *vi* ■**jdm ~** to agree [with sb]; ■**einer S.** *dat*] ~ (*mit etw einverstanden sein*) to agree [to sth]; (*einwilligen*) to consent [to sth]
zu·stim·mend I. *adj* affirmative; **ein ~es Nicken** a nod of assent **II.** *adv* in agreement

Zuständigkeit ausdrücken

nach Zuständigkeit fragen

Sind Sie die behandelnde Ärztin?

Sind Sie dafür zuständig?

asking about responsibility

Are you the doctor in attendance?

Is it your responsibility?/
Are you in charge?

Zuständigkeit ausdrücken

Ja, bei mir sind Sie richtig.

Ich bin für die Organisation des Festes verantwortlich/zuständig.

expressing responsibility

Yes, you've come to the right person.

I am responsible for organizing the party.

Nichtzuständigkeit ausdrücken

Da sind Sie bei mir an der falschen Adresse. *(fam)*

Dafür bin ich (leider) nicht zuständig.

Dazu bin ich (leider) nicht berechtigt/befugt.

Das fällt nicht in unseren Zuständigkeitsbereich. *(form)*

expressing non-responsibility

You've come to the wrong person.

I'm not responsible for that (I'm afraid).

(I'm sorry,) I'm not entitled/authorized to do that.

That isn't our responsibility.

Zu·stim·mung *f* agreement; *(Einwilligung)* consent; *(Billigung)* approval

zu|stim·mungs·pflich·tig *adj (geh)* Gesetzesantrag, Reform requiring approval (**in** from)

zu|sto·ßen *irreg* **I.** *vi* ❶ *haben (in eine Richtung stoßen)* to stab; Schlange to strike ❷ *sein (passieren)* ■ jdm ~ to happen to sb; **hoffentlich ist ihr kein Unglück zugestoßen!** I hope she hasn't had an accident! **II.** *vt* **die Tür mit dem Fuß ~** to push the door shut with one's foot

Zu·strom *m kein pl* ❶ METEO inflow ❷ *(massenweise Zuwanderung)* influx ❸ *(Andrang)* **auf der Messe herrschte reger ~ von Besuchern** crowds of visitors thronged to the fair

zu·ta·ge, zu Ta·ge^{RR} [tsu'ta:tə] *adv* etw ~ **bringen** to bring sth to light; **~ treten** to come to light *fig*

Zu·tat <-, -en> ['tsu:ta:t] *f meist pl* ❶ *(Bestandteil)* ingredients *pl* ❷ *(benötigte Dinge)* necessaries *pl* ❸ *(Hinzufügung)* addition

zu|tei·len *vt* ❶ *(austeilen)* **im Krieg wurden die Lebensmittel zugeteilt** food was rationed during the war ❷ *(zuweisen)* to allocate; **jdm eine Aufgabe/Rolle ~** to assign a task/role to sb

Zu·tei·lung *f* ❶ *(Rationierung)* **auf ~** *(rationiert)* on rations ❷ *(Zuweisung)* allocation; **einer Aufgabe, Rolle** a. allotment; *von Mitarbeitern* assignment

zu·teil|wer·den [tsu'tajl-] *vt irreg sein (geh)* ■ **jdm etw ~ lassen** to grant sb sth; ■ **jdm wird etw zuteil** sb is given sth

zu·tiefst [tsu'ti:fst] *adv* deeply; **~ verärgert** furious

zu|tra·gen *irreg* **I.** *vt (geh)* ■ **jdm etw ~** ❶ *(übermitteln)* to report sth to sb ❷ *(hintragen)* to carry sth to sb **II.** *vr (geh)* ■ **sich ~** to happen

zu|trau·en *vt* **jdm viel Mut ~** to believe sb has great courage; **sich** *dat* **nichts ~** to have no self-confidence; **sich** *dat* **zu viel ~** to take on too much; **das hätte ich dir nie zugetraut!** I would never have expected that from you!; *(bewundernd)* I never thought you had it in you!; **dem traue ich alles zu!** I wouldn't put anything past him!

Zu·trau·en <-s> *nt kein pl* confidence (**zu** in)

zu·trau·lich ['tsu:traʊlɪç] *adj* trusting; *Hund* friendly

zu|tref·fen *vi irreg* ❶ *(richtig sein)* to be correct; *(sich bewahrheiten)* to prove right; *(gelten)* to apply; *(wahr sein)* to be true; ■ **es trifft zu, dass ...** it is true that ... ❷ *(anwend-*

zustimmen

zustimmen, beipflichten	agreeing
Ja, das denke ich auch.	Yes, I think so too.
Da bin ich ganz deiner Meinung.	I completely agree with you there.
Dem schließe ich mich an. (form)	I endorse that. (form)
Ich stimme Ihnen voll und ganz zu.	I absolutely agree with you.
Ja, das sehe ich (ganz) genauso.	Yes, that's exactly what I think.
Ich sehe es nicht anders.	That's exactly how I see it.
Ich gebe Ihnen da vollkommen Recht.	You're absolutely right there.
Da kann ich Ihnen nur Recht geben.	I can only agree with you there.
(Das) habe ich ja (auch) gesagt.	That's (just) what I said.
Finde ich auch. (fam)	I think so too.
Genau!/Stimmt! (fam)	Exactly!/(That's) right!

bar sein) ■ **auf jdn** [**nicht**] ~ to [not] apply to sb; **genau auf jdn** ~ *Beschreibung* to fit sb['s description] perfectly

zu·tref·fend I. *adj* ❶ *(richtig)* correct; **Z~es bitte ankreuzen** tick [*or* Am mark] where applicable ❷ *(anwendbar)* **eine auf jdn ~e Beschreibung** a description fitting that of sb **II.** *adv* correctly; **wie meine Vorrednerin schon ganz ~ sagte, ...** as the previous speaker quite rightly said ...

Zu·tritt *m kein pl* admission (**zu** to); *(Zugang)* access; [**keinen**] ~ **zu etw** *dat* **haben** to [not] be admitted to sth; **~ verboten!** [*o* **kein ~!**] no admittance; *(als Schild a.)* private

Zu·tun *nt* **ohne jds** ~ *(ohne jds Hilfe)* without sb's help; *(ohne jds Schuld)* through no fault of sb's own

zu|tun *irreg* **I.** *vt* ❶ *(schließen)* to close ❷ *(fam: hinzufügen)* to add **II.** *vr (zugehen)* **die Tür tat sich hinter ihm zu** the door closed behind him

zu·un·guns·ten [tsuˈʔʊŋɡʊnstn̩] **I.** *präp* +*gen* to the disadvantage of **II.** *adv* **~ einer S.** *gen*/**von jdm** to the disadvantage of sth/sb

zu·un·terst [tsuˈʔʊntɐst] *adv* right at the bottom; **ganz ~** at the very bottom

zu·ver·läs·sig [ˈtsuːfɛɐ̯lɛsɪç] *adj* reliable

Zu·ver·läs·sig·keit <-> *f kein pl* reliability

Zu·ver·sicht <-> [ˈtsuːfɛɐ̯zɪçt] *f kein pl* confidence; **voller ~** full of confidence

zu·ver·sicht·lich *adj* confident

zu·vor [tsuˈfoːɐ̯] *adv* before; *(zunächst)* beforehand; **im Monat/Jahr ~** the month/year before; **noch nie ~** never before

zu·vor|kom·men *vi irreg sein* ❶ *(schneller handeln)* ■ **jdm ~** to beat sb to it *fam*, to get in ahead of sb ❷ *(verhindern)* ■ **einer S. ~** *Vorwürfen, Unheil* to forestall

zu·vor·kom·mend I. *adj (gefällig)* accommodating; *(höflich)* courteous **II.** *adv (gefällig)* obligingly; *(höflich)* courteously

Zu·vor·kom·men·heit <-> *f kein pl (gefällige Art)* obligingness; *(höfliche Art)* courtesy

Zu·wachs <-es, Zuwächse> [ˈtsuːvaks, *pl* ˈtsuːvɛksə] *m* increase

zu|wach·sen *vi irreg sein* ❶ *(überwuchert werden)* to become overgrown ❷ *Wunde* to heal [over [*or* up]] ❸ *(geh: zuteilwerden)* ■ **jdm wächst etw zu** sb gains in sth; **jdm wachsen immer mehr Aufgaben zu** sb is faced with ever more responsibilities

Zu·wachs·ra·te *f* growth rate

Zu·wan·de·rer, Zu·wan·de·rin *m, f* immigrant

zu|wan·dern *vi sein* to immigrate

Zu·wan·de·rung *f* immigration

zu·we·ge, zu We·ge [tsuˈveːɡə] *adv* **gut**/**schlecht ~ sein** to be in good/poor health; **etw ~ bringen** to achieve sth; **es ~ bringen, dass jd etw tut** to [manage to] get sb to do sth

zu·wei·len [tsuˈvaɪlən] *adv (geh)* occasionally; *(öfter)* sometimes

zu|wei·sen *vt irreg* ■ **jdm**/**einer S. etw ~** to allocate sth to sb/sth; ■ **jdm etw ~** *Aufgaben* to assign sth to sb

Zu·wei·sung <-, -en> *f* allocation

zu|wen·den *irreg* **I.** *vt* ① (*hinwenden*) **jdm das Gesicht/den Kopf ~** to turn one's face towards sb; **jdm den Rücken ~** to turn one's back on sb; **einer** *S. dat* **seine Aufmerksamkeit ~** to turn one's attention to sth ② (*zukommen lassen*) ▪ **jdm etw ~** to give sb sth **II.** *vr* ▪ **sich jdm/einer S.** *dat* **~** to devote oneself to sb/sth; **wollen wir uns dem nächsten Thema ~?** shall we go on to the next topic?

Zu·wen·dung *f* ⓪ *kein pl* (*intensive Hinwendung*) love and care ② (*zugewendeter Betrag*) sum [of money]; (*Beitrag*) [financial] contribution; (*regelmäßig*) allowance

zu·wi·der¹ [tsu'viːdɐ] *adv* ▪ **jdm ist jd/etw ~** sb finds sb/sth unpleasant; (*stärker*) sb loathes sb/sth; (*widerlich*) sb finds sb/sth revolting

zu·wi·der² [tsu'viːdɐ] *präp* ▪ **einer** *S. dat* **~** contrary to sth; **allen Verboten ~** in defiance of all bans

zu·wi·der|han·deln [tsu'viːdɐhandəln] *vi* (*geh*) ▪ **einer** *S. dat* **~** to act against sth

zu|win·ken *vi* ▪ **jdm ~** to wave to sb

zu|zie·hen *irreg* **I.** *vt haben* ① (*fest zusammenziehen*) to tighten ▪ *Gardinen* to draw; *Tür* to pull ② (*hinzuziehen*) to consult **II.** *vr haben* ① (*erleiden*) **sich** *dat* **eine Krankheit ~** to catch an illness; **sich** *dat* **eine Verletzung ~** to sustain an injury *form* ② (*einhandeln*) **sich** *dat* **jds Zorn ~** to incur sb's wrath *form* ③ (*sich eng zusammenziehen*) ▪ **sich ~** to tighten **III.** *vi sein* to move into the area

zu·züg·lich [tsuːˈtsyːglɪç] *präp* ▪ **einer** *S. gen* plus sth; (*geschrieben a.*) incl[.] sth

zu|zwin·kern *vi* ▪ **jdm ~** to wink at sb; (*als Zeichen a.*) to give sb a wink

zwang [tsvaŋ] *imp von* **zwingen**

Zwang <-[e]s, Zwänge> [tsvaŋ, *pl* tsvɛŋə] *m* ① (*Gewalt*) force; (*Druck*) pressure; **gesellschaftliche Zwänge** social constraints; **~ auf jdn ausüben** to exert pressure on sb; **unter ~** under duress ② (*Notwendigkeit*) compulsion; **aus ~** out of necessity ③ (*Einfluss*) influence ▶ **tu dir keinen ~ an** feel free [to do sth]

zwän·gen ['tsvɛŋən] *vt* ▪ **etw in/zwischen etw** *akk* **~** to force sth into/between sth; **Sachen in einen Koffer ~** to cram things into a case; ▪ **sich durch/in etw** *akk* **~** to squeeze through/into sth; **sich durch die Menge ~** to force one's way through the crowd

zwang·haft *adj* compulsive; (*besessen*) obsessive

zwang·los **I.** *adj* ① (*ungezwungen*) casual; (*ohne Förmlichkeit*) informal ② (*unregelmäßig*) irregular **II.** *adv* (*ungezwungen*) casually; (*ohne Förmlichkeit*) informally

Zwangs·ar·beit *f kein pl* hard labour **Zwangs·ein·wei·sung** *f* compulsory hospitalization **Zwangs·er·näh·rung** *f* force-feeding *no indef art* **Zwangs·hand·lung** *f* compulsive act **Zwangs·ja·cke** *f* strai[gh]tjacket **Zwangs·la·ge** *f* predicament; **in eine ~ geraten** to get into a predicament

zwangs·läu·fig **I.** *adj* inevitable **II.** *adv* inevitably; **dazu musste es ja ~ kommen** it had to happen

Zwangs·maß·nah·me *f* compulsory measure **Zwangs·räu·mung** *f* eviction **zwangs·ver·ord·net** [tsvaŋsfɛɐ̯ˈɔrdnət] *adj* decreed by law **Zwangs·ver·stei·ge·rung** *f* compulsory sale **Zwangs·vor·stel·lung** *f* obsession

zwangs·wei·se **I.** *adj* compulsory **II.** *adv* compulsorily

zwan·zig ['tsvantsɪç] *adj* twenty; *s. a.* **achtzig**

Zwan·zi·ger¹ <-s, -> ['tsvantsɪɡɐ] *m* ① (*twenty-euro note*) ② SCHWEIZ twenty-rappen coin

Zwan·zi·ger² ['tsvantsɪɡɐ] *pl* ▪ **die ~** the twenties; (*geschrieben a.*) the 20[']s; **in den ~n sein** to be in one's twenties

Zwan·zi·ger·jah·re *pl* ▪ **die ~** the twenties; (*geschrieben a.*) the 20[']s

zwan·zig·ste(r, s) ['tsvantsɪçstə, -stə, -stəs] *adj attr* ① (*nach dem 19. kommend*) twentieth; *s. a.* **achte(r, s)** 1 ② (*Datum*) twentieth; *s. a.* **achte(r, s)** 2

zwar [tsvaːɐ̯] *adv* (*einschränkend*) **sie ist ~ 47, sieht aber wie 30 aus** although she's 47, she looks like 30; **das mag ~ stimmen, aber ...** that may be true, but ...; **und ~** (*erklärend*) namely

Zweck <-[e]s, -e> [tsvɛk] *m* ① (*Verwendungs~*) purpose; **ein guter ~** a good cause; **seinen ~ erfüllen** to serve its/one's purpose ② (*Absicht*) aim; **seinen ~ verfehlen** to fail to achieve its/one's object; **einem bestimmten ~ dienen** to serve a particular aim; **zu welchem ~?** for what purpose? ③ (*Sinn*) point; **der ~ soll sein, dass ...** the point of it is that ...; **das hat doch alles keinen ~!** there's no point in any of that ▶ **der ~ heiligt die Mittel** (*prov*) the end justifies the means

zweck·dien·lich *adj* (*nützlich*) useful; (*angebracht*) appropriate

Zwe·cke <-, -n> ['tsvɛkə] *f* DIAL (*Nagel*) nail; (*Reiß~*) drawing pin BRIT, thumbtack AM

zweck·ent·frem·den* *vt* to use for another purpose; ▪ **etw [als etw** *akk***] ~** to use sth as sth **Zweck·ge·mein·schaft** *f* partnership of convenience **zweck·los** *adj* futile; (*sinn-*

zweifeln

Zweifel ausdrücken	expressing doubt
Ich bin mir da nicht so sicher.	I'm not so sure about that.
Es fällt mir schwer, das zu glauben.	I find that hard to believe.
Das kaufe ich ihm nicht ganz ab. (*fam*)	I don't quite buy his story. (*fam*)
So ganz kann ich da nicht dran glauben.	I cannot really believe that.
Ich weiß nicht so recht.	I don't really know.
Ob die Kampagne die gewünschten Ziele erreichen wird, **ist (mehr als) zweifelhaft**.	**It is (more than) doubtful** whether the campaign will achieve the desired aims.
Ich hab da so meine Zweifel, ob er es wirklich ernst gemeint hat.	**I have my doubts as to whether** he really was serious about it/that.
Ich glaube kaum, dass wir noch diese Woche damit fertig werden.	**I very much doubt (that)** we will finish this week.

los a.) pointless **Zweck·lo·sig·keit** <-> *f kein pl* futility; (*Sinnlosigkeit* a.) pointlessness

zweck·mä·ßig *adj* ❶ (*für den Zweck geeignet*) suitable ❷ (*sinnvoll*) appropriate; (*ratsam*) advisable

Zweck·mä·ßig·keit <-, -en> *f* usefulness

zwecks [tsvɛks] *präp* (*geh*) ▪ ~ **einer S.** *gen* for [the purpose of *form*] sth

zweck·wid·rig *adj* inappropriate

zwei [tsvaɪ] *adj* two; **für ~ arbeiten/essen** to work/eat for two; *s. a.* **acht**¹

Zwei <-, -en> [tsvaɪ] *f* two **zwei·bän·dig** *adj* two-volume *attr*; in two volumes *pred*

Zwei·bett·zim·mer *nt* double room

zwei·deu·tig ['tsvaɪdɔʏtɪç] **I.** *adj* ambiguous; (*anrüchig*) suggestive **II.** *adv* ambiguously; (*anrüchig*) suggestively

Zwei·deu·tig·keit <-, -en> *f* ambiguity

zwei·di·men·si·o·nal I. *adj* two-dimensional **II.** *adv* in two dimensions

Zwei·drit·tel·mehr·heit *f* two-thirds majority; **mit ~** with a two-thirds majority

zwei·ein·halb ['tsvaɪʔaɪn'halp] *adj* two-a-half

Zwei·er·be·zie·hung *f* relationship **Zwei·er·bob** *m* two-man bob

zwei·er·lei ['tsvaɪɐ'laɪ] *adj attr* two [different]; **mit ~ Maß messen** to apply double standards; *s. a.* **achterlei**

Zwei·eu·ro·stück, 2-Eu·ro-Stück *nt* two-euro piece [*or* coin]

zwei·fach, 2·fach ['tsvaɪfax] **I.** *adj* ❶ (*doppelt*) **die ~e Dicke** twice [*or* double] the thickness; **die ~e Menge** twice as much ❷ (*zweimal erstellt*) **eine ~e Kopie** a dupli-

cate; **in ~er Ausfertigung** in duplicate **II.** *adv* **etw ~ ausfertigen** to issue sth in duplicate

Zwei·fa·mi·li·en·haus [tsvaɪfa'mi:liən-haʊs] *nt* two-family house

Zwei·fel <-s, -> ['tsvaɪfl̩] *m* doubt; (*Bedenken* a.) reservation; **darüber besteht kein ~** there can be no doubt about that; **da habe ich meine ~!** I'm not sure about that!; **sich** *dat* [noch] **im ~ sein** to be [still] in two minds; **jdm kommen ~** sb begins to doubt; **außer ~ stehen, dass ...** to be beyond [all] doubt that ...

zwei·fel·haft *adj* ❶ (*anzuzweifeln*) doubtful ❷ (*pej: dubios*) dubious

zwei·fel·los ['tsvaɪfl̩loːs] *adv* undoubtedly

zwei·feln ['tsvaɪfl̩n] *vi* ▪ **an jdm/etw ~** to doubt sb/sth; (*skeptisch sein* a.) to be sceptical about sb/sth; ▪ [**daran**] **~, ob ...** to doubt whether ...; **ich habe keine Minute gezweifelt, dass ...** I did not doubt for a minute that ...

Zwei·fels·fall *m* ▪ **im ~** if in doubt **zwei·fels·frei** *adj* without doubt *pred*, unambiguous **zwei·fels·oh·ne** ['tsvaɪfl̩s'ʔo:nə] *adv* (*geh*) *s.* **zweifellos**

Zweig <-[e]s, -e> [tsvaɪk] *m* ❶ (*Ast*) branch; (*dünner, kleiner*) twig; (*mit Blättern/Blüten* a.) sprig ❷ (*Sparte*) branch ❸ (*Fachrichtung*) branch ▶ **auf keinen grünen ~ kommen** (*fam*) to get nowhere

zwei·glei·sig ['tsvaɪɡlaɪzɪç] **I.** *adj* ❶ (*liter*) double tracked, double-track *attr* ❷ (*fig*) **~e Verhandlungen führen** to transact negotiations along two [different] lines **II.** *adv* **etw ~ verhandeln** to negotiate sth along two [dif-

ferent| lines
Zweig·nie·der·las·sung f subsidiary
Zweig·stel·le f branch office
zwei·hän·dig ['tsvaɪhɛndɪç] adj two-handed
zwei·hun·dert ['tsvaɪˈhʊndɐt] adj two hundred
zwei·jäh·rig, **2-jäh·rig**^{RR} adj ❶ (*Alter*) two-year-old attr, two years old pred; s. a. **acht·jährig 1** ❷ (*Zeitspanne*) two-year attr, two years pred; s. a. **achtjährig 2** ❸ BOT biennial
Zwei·kam·mer·sys·tem [tsvaɪˈkamɐzʏste:m] nt JUR two-chamber system **Zwei·kampf** m duel **Zwei·klas·sen·ge·sell·schaft** f SOZIOL, POL divided society
zwei·mal, **2-mal**^{RR} ['tsvaɪmaːl] adv twice, two times; **sich** dat **etw nicht ~ sagen lassen** to not need telling twice; **sich** dat **etw ~ überlegen** to think over sep sth carefully; (*zweifeln*) to think twice about sth
zwei·mo·to·rig adj twin-engined; **~ sein** to have twin engines
Zwei·par·tei·en·sys·tem nt two-party system
zwei·po·lig adj bipolar
Zwei·rad nt (*allgemein*) two-wheeled vehicle form; (*Motorfahrrad*) motorcycle; (*Fahrrad*) [bi]cycle; (*für Kinder a.*) two-wheeler
zwei·rei·hig ['tsvaɪraɪɪç] **I.** adj double-row attr, in two rows pred; **Anzug** double-breasted **II.** adv in two rows
Zwei·sam·keit <-, -en> ['tsvaɪzaːm-] f (*geh*) togetherness
zwei·schnei·dig ['tsvaɪʃnaɪdɪç] adj two-edged ▶ **ein ~es Schwert** a double-edged sword
zwei·sei·tig adj ❶ (*zwei Seiten umfassend*) two-page attr, of two pages pred; **~ sein** to be two pages ❷ (*von zwei Parteien unterzeichnet*) bilateral
zwei·spal·tig adj double-column[ed] attr, in two columns pred
zwei·spra·chig ['tsvaɪʃpraːxɪç] **I.** adj ❶ (*in zwei Sprachen gedruckt*) in two languages pred; **Wörterbuch** bilingual ❷ (*zwei Sprachen anwendend*) bilingual **II.** adv **~ erzogen sein** to be brought up speaking two languages
Zwei·spra·chig·keit <-> f kein pl bilingualism form
zwei·spu·rig adj two-lane attr; ■ **~ sein** to have two lanes
zwei·stel·lig adj two-digit attr, with two digits pred
zwei·stim·mig I. adj two-part attr, for two voices pred **II.** adv **etw ~ singen** to sing sth in two parts
Zwei·strom·land nt kein pl ■ **das ~** Mesopotamia

zwei·stün·dig, **2-stün·dig**^{RR} ['tsvaɪʃtʏndɪç] adj two-hour attr, lasting two hours pred
zweit [tsvaɪt] adv **wir sind zu ~** there are two of us
zwei·tä·gig, **2-tä·gig**^{RR} adj two-day attr
Zwei·takt·mo·tor m two-stroke engine
zweit·äl·tes·te(r, s) adj attr second oldest [or eldest]
zwei·tau·send ['tsvaɪˈtaʊznt] adj two thousand
Zwei·tau·sen·der m mountain over 2,000 metres
Zweit·aus·fer·ti·gung <-, -en> f ❶ kein pl (*das Ausfertigen*) duplication ❷ (*Ausgefertigtes*) duplicate **zweit·bes·te(r, s)** ['tsvaɪtˈbɛsta, -ˈbɛstə, -ˈbɛstəs] adj second best; ■ **Z~[r] werden** to come second best
zwei·te(r, s) ['tsvaɪtɐ, 'tsvaɪtə, 'tsvaɪtəs] adj ❶ (*nach dem ersten kommend*) second; **die ~ Klasse** second form BRIT, second grade AM; s. a. **achte(r, s) 1** ❷ (*Datum*) second [or 2nd]; s. a. **achte(r, s) 2**
Zwei·tei·ler <-s, -> m ❶ MODE two-piece; (*Badeanzug a.*) bikini ❷ TV, RADIO two-parter
zwei·tei·lig ['tsvaɪtaɪlɪç] adj in two parts
zwei·tens ['tsvaɪtn̩s] adv secondly; (*bei Aufzählung a.*) second
zweit·größ·te(r, s) adj attr second-biggest; **Mensch** a. second-tallest
zweit·klas·sig adj (pej) second-rate
zweit·letz·te(r, s) ['tsvaɪtlɛtstə] adj penultimate
zweit·ran·gig adj s. zweitklassig
Zweit·schlüs·sel m duplicate key **Zweit·stim·me** f second vote
Zwei·tü·rer m two-door car
Zweit·wa·gen m second car **Zweit·woh·nung** f second home
zwei·wö·chig adj two-week attr, of two weeks pred; **von ~er Dauer sein** to last/take two weeks
Zwei·zei·ler m ❶ (*Gedicht*) couplet ❷ (*Text aus zwei Zeilen*) two-line text
zwei·zei·lig adj ❶ (*aus zwei Zeilen bestehend*) two-line attr, of two lines pred; ■ **~ sein** to have two lines ❷ TYPO **mit ~em Abstand** double-spaced
Zwei·zim·mer·woh·nung f apartment with two rooms excluding kitchen and bathroom
Zwerch·fell ['tsvɛrçfɛl] nt diaphragm
Zwerg(in) <-[e]s, -e> [tsvɛrk, -ˈtsvɛrgə] m(f) ❶ (*im Märchen*) dwarf; **Schneewittchen und die sieben ~e** Snow White and the Seven Dwarfs ❷ (*zwergwüchsiger Mensch*) dwarf
zwer·gen·haft adj dwarfish; (*auffallend klein*) tiny
Zwerg·huhn nt bantam

Zwer·gin <-, -nen> ['tsvɛrgɪn] *f fem form von* Zwerg **Zwerg·wuchs** *m* dwarfism
Zwetsch·ge <-, -n> ['tsvɛtʃgə] *f* damson; (~*nbaum*) damson tree
Zwetsch·gen·mus *nt* plum jam **Zwetsch·gen·was·ser** *nt* plum brandy
Zwi·ckel <-s, -> ['tsvɪkl] *m* ❶ MODE gusset ❷ ARCHIT spandrel
zwi·cken ['tsvɪkn] *vi, vt* to pinch
Zwi·cker <-s, -> ['tsvɪkɐ] *m* ÖSTERR, SÜDD (*Kneifer*) pince-nez
Zwịck·müh·le *f* ▶ **in der ~ sein** (*fam*) to be in a dilemma
Zwie·back <-[e]s, -e *o* -bäcke> ['tsvi:bak, *pl* -bɛkə] *m* rusk
Zwie·bel <-, -n> ['tsvi:bl] *f* ❶ KOCHK onion ❷ (*Blumen~*) bulb
zwie·bel·för·mig *adj* onion-shaped
Zwie·bel·ge·wächs *nt* bulbiferous plant **Zwie·bel·ku·chen** *m* onion tart **Zwie·bel·ring** *m* onion ring **Zwie·bel·sup·pe** *f* onion soup **Zwie·bel·turm** *m* cupola
Zwie·ge·spräch *nt* (*geh*) tête-à-tête **Zwie·licht** ['tsvi:lɪçt] *nt kein pl* twilight; (*morgens a.*) half-light; (*abends a.*) dusk **zwie·lich·tig** *adj* (*pej*) dubious **Zwie·spalt** ['tsvi:ʃpalt] *m kein pl* conflict **zwie·späl·tig** ['tsvi:ʃpɛltɪç] *adj* conflicting; *Charakter* ambivalent; *Gefühle* mixed **Zwie·tracht** <-> ['tsvi:traxt] *f kein pl* (*geh*) discord
Zwil·ling <-s, -e> ['tsvɪlɪŋ] *m* ❶ (*meist pl*) twin; **eineiige ~e** identical twins; **siamesische ~e** Siamese twins; **zweieiige ~e** fraternal twins ❷ *pl* ASTROL ■ **die ~e** Gemini; **im Zeichen der ~e geboren** born under the sign of Gemini; **[ein] ~ sein** to be [a] Gemini
Zwil·lings·bru·der *m* twin brother **Zwil·lings·paar** *nt* twins *pl* **Zwil·lings·schwes·ter** *f* twin sister
Zwin·ge <-, -n> ['tsvɪŋə] *f* TECH [screw] clamp; (*kleiner*) thumbscrew *spec*
zwin·gen <zwang, gezwungen> ['tsvɪŋən] **I.** *vt* ❶ (*mit Druck veranlassen*) to force [*or* compel]; **ich lasse mich nicht [dazu] ~** I won't be forced [into it]; (*allgemein*) I won't give in to force ❷ (*geh*) **jdn zu Boden ~** to wrestle sb to the ground ❸ (*notwendig veranlassen*) to force; **gezwungen sein, etw zu tun** to be forced into [doing] sth **II.** *vr* ■ **sich zu etw** *dat* **~** to force oneself to do sth **III.** *vi* **zum Handeln/Umdenken ~** to force sb to act/rethink
zwin·gend I. *adj* urgent; *Gründe* compelling **II.** *adv* **sich ~ ergeben** to follow conclusively
Zwin·ger <-s, -> ['tsvɪŋɐ] *m* cage
zwin·kern ['tsvɪŋkɐn] *vi* to blink; [**mit einem Auge**] **~** to wink; **mit dem rechten Auge ~** to wink one's right eye; **freundlich ~** to give [sb] a friendly wink
zwir·beln ['tsvɪrbl̩n] *vt* ■ **etw ~** to twirl sth [between one's finger and thumb]
Zwirn <-s, -e> [tsvɪrn] *m* [strong] thread
zwi·schen ['tsvɪʃn] *präp* ❶ (*sich dazwischen befindend:* ~ **2 Personen, Dingen**) between; **das Kind saß ~ seinem Vater und seiner Mutter** the child sat between its father and mother; **sein Gewicht schwankt ~ 70 und 80 kilos**; his weight fluctuates between 70 and 80 kilos; (~ *mehreren: unter*) among[st]; **es kam zu einem Streit ~ den Angestellten** it came to a quarrel between the employees ❷ (*zeitlich dazwischenliegend*) between; **~ Weihnachten und Neujahr** between Christmas and New Year ❸ (*als wechselseitige Beziehung*) **~ dir und mir** between you and me
Zwi·schen·auf·ent·halt *m* stopover **Zwi·schen·be·mer·kung** *f* interjection **Zwi·schen·be·richt** *m* interim report **Zwi·schen·bi·lanz** *f* FIN interim balance **Zwi·schen·deck** *nt* 'tween decks *pl* **Zwi·schen·ding** *nt s.* Mittelding
zwi·schen·drin [tsvɪʃn'drɪn] *adv* ❶ (*räumlich*) amongst ❷ (*fam: zeitlich*) in between [times]
zwi·schen·durch [tsvɪʃn'dʊrç] *adv* ❶ *zeitlich* in between times; (*inzwischen*) [in the] meantime; (*nebenbei*) on the side ❷ *örtlich* in between [them]
Zwi·schen·fall *m* ❶ (*unerwartetes Ereignis*) incident ❷ *pl* (*Ausschreitungen*) serious incidents; (*schwerwiegend*) clashes **Zwi·schen·fra·ge** *f* question [thrown in] **Zwi·schen·grö·ße** *f* in-between size **Zwi·schen·händ·ler(in)** *m(f)* middleman **Zwi·schen·la·ger** *nt* temporary store; (*für Produkte*) intermediate store **zwi·schen·la·gern** *vt* to store [temporarily] **Zwi·schen·lan·den** *vi sein* to stop over **Zwi·schen·lan·dung** *f* stopover **zwi·schen·mensch·lich** *adj* interpersonal **Zwi·schen·prü·fung** *f* intermediate exam[ination form] (*on completion of an obligatory set of studies*) **Zwi·schen·raum** *m* ❶ (*Lücke*) gap ❷ (*zeitlicher Intervall*) interval **Zwi·schen·ruf** *m* interruption; ■ **~e** heckling **Zwi·schen·run·de** *f* SPORT intermediate round **zwi·schen·spei·chern** *vt* INFORM to buffer **Zwi·schen·spiel** *nt* ❶ MUS (*Interludium*) interlude ❷ MUS (*instrumentale Überleitung zwischen Strophen*) intermezzo ❸ LIT (*Episode*) interlude **zwi·schen·staat·lich** *adj attr* international; (*bundesstaatlich*) interstate **Zwi·schen·sta·di·um** *nt* intermedi-

ate stage; (*bei einer Planung a.*) intermediate phase **Zwi·schen·sta·ti·on** *f* [intermediate] stop; **in einer Stadt ~ machen** to stop off in a town **Zwi·schen·ste·cker** *m* ELEK adapter [plug] **Zwi·schen·stopp**^RR <-s, -s> *m* AUTO stop-off **Zwi·schen·stück** *nt* TECH connecting piece **Zwi·schen·sum·me** *f* subtotal **Zwi·schen·wand** *f* dividing wall; (*Stellwand*) partition **Zwi·schen·zeit** *f* ■ **in der ~** [in the] meantime **zwi·schen·zeit·lich** *adv* meanwhile **Zwi·schen·zeug·nis** *nt* ❶ (*vorläufiges Arbeitszeugnis*) interim reference ❷ (*vorläufiges Schulzeugnis*) end of term report

Zwist <-es, -e> [tsvɪst] *m* (*geh*) discord; (*stärker*) strife *no indef art;* (*Streit*) dispute

zwit·schern ['tsvɪtʃən] **I.** *vi* to twitter, to chir[ru]p **II.** *vt* ▸ **einen ~** (*fam*) to have a drink

Zwit·ter <-s, -> ['tsvɪtɐ] *m* hermaphrodite

zwit·ter·haft *adj* hermaphroditic

zwo [tsvoː] *adj* (*fam*) two

zwölf [tsvœlf] *adj* twelve; *s. a.* **acht**¹

Zwölf·fin·ger·darm [tsvœlf'fɪŋɐdarm] *m* duodenum

zwölf·te(r, s) ['tsvœlftɐ, 'tsvœlftə, 'tsvœlftəs] *adj attr* ❶ (*nach dem elften kommend*) twelfth; **die ~ Klasse** sixth form BRIT, twelfth grade AM; *s. a.* **achte(r, s) 1** ❷ (*Datum*) twelfth, 12th; *s. a.* **achte(r, s) 2**

Zwölf·ton·mu·sik ['tsvœlftoːnmuziːk] *f* twelve-tone music

Zy·a·nid <-s, -e> [tsÿaˈniːt] *nt* cyanide

Zy·an·ka·li <-s> [tsÿaˈnkaːli] *nt kein pl* potassium cyanide

zy·klisch ['tsyːklɪʃ] *adj* cyclical

Zy·klon <-s, -e> [tsyˈkloːn] *m* cyclone

Zy·klop <-en, -en> [tsyˈkloːp] *m* Cyclops

Zy·klus <-, Zyklen> ['tsyːklʊs, *pl* 'tsyːklən] *m* cycle; **ein ~ von Vorträgen** a series of lectures

Zy·lin·der <-s, -> [tsiˈlɪndɐ] *m* ❶ MATH, TECH cylinder ❷ (*Hut*) top hat

zy·lin·der·för·mig *adj s.* **zylindrisch**

Zy·lin·der·kopf *m* cylinder head **Zy·lin·der·kopf·dich·tung** *f* [cylinder] head gasket

zy·lind·risch [tsiˈlɪndrɪʃ] *adj* cylindrical

Zy·ni·ker(in) <-s, -> ['tsyːnikɐ] *m(f)* cynic

zy·nisch ['tsyːnɪʃ] **I.** *adj* cynical **II.** *adv* cynically; **~ grinsen** to give a cynical grin

Zy·nis·mus <-, -ismen> [tsyˈnɪsmʊs, *pl* -ˈnɪsmən] *m* ❶ *kein pl* (*zynische Art*) cynicism ❷ (*zynische Bemerkung*) cynical remark

Zy·pern ['tsyːpɐn] *nt* Cyprus; *s. a.* **Deutschland**

Zy·prer(in) <-s, -> ['tsyːprɐ] *m(f)* Cypriot; *s. a.* **Deutsche(r)**

Zy·pres·se <-, -n> ['tsyˈprɛsə] *f* cypress

Zy·pri·er(in) <-s, -> ['tsyːpriɐ] *m(f) s.* **Zyprer**

zy·prisch ['tsyːprɪʃ] *adj* Cypriot; *s. a.* **deutsch**

Zys·te <-, -n> ['tsʏstə] *f* cyst

z.Z(t). *Abk von* **zur Zeit** at the moment

ENGLISCHE UNREGELMÄSSIGE VERBEN
IRREGULAR ENGLISH VERBS

Infinitiv / Infinitive	Präteritum / Preterite	Partizip Perfekt / Past Participle
arise	arose	arisen
awake	awoke	awaked, awoken
be	was *sing*, were *pl*	been
bear	bore	borne
beat	beat	beaten
become	became	become
begin	began	begun
bend	bent	bent
beseech	besought	besought
bet	bet, betted	bet, betted
bid	bid	bid
bind	bound	bound
bite	bit	bitten
bleed	bled	bled
blow	blew	blown
break	broke	broken
breed	bred	bred
bring	brought	brought
build	built	built
burst	burst	burst
buy	bought	bought
can	could	–
cast	cast	cast
catch	caught	caught
choose	chose	chosen
cling	clung	clung
come	came	come
cost	cost	cost
creep	crept	crept
cut	cut	cut
deal	dealt	dealt
dig	dug	dug
do	did	done
draw	drew	drawn
dream	dreamed, dreamt	dreamed, dreamt
drink	drank	drunk
drive	drove	driven
dwell	dwelt	dwelt
eat	ate	eaten
fall	fell	fallen
feed	fed	fed
feel	felt	felt
fight	fought	fought

Infinitiv Infinitive	Präteritum Preterite	Partizip Perfekt Past Participle
find	found	found
flee	fled	fled
fling	flung	flung
fly	flew	flown
forbid	forbad(e)	forbidden
forget	forgot	forgotten
forsake	forsook	forsaken
freeze	froze	frozen
get	got	got, AM gotten
give	gave	given
go	went	gone
grind	ground	ground
grow	grew	grown
hang	hung, *jur* hanged	hung, *jur* hanged
have	had	had
hear	heard	heard
heave	heaved, hove	heaved, hove
hide	hid	hidden
hit	hit	hit
hold	held	held
hurt	hurt	hurt
keep	kept	kept
kneel	knelt	knelt
know	knew	known
lay	laid	laid
lead	led	led
lean	leaned, leant	leaned, leant
leap	leaped, leapt	leaped, leapt
learn	learned, learnt	learned, learnt
leave	left	left
lend	lent	lent
let	let	let
lie	lay	lain
light	lit, lighted	lit, lighted
lose	lost	lost
make	made	made
may	might	–
mean	meant	meant
meet	met	met
mistake	mistook	mistaken
mow	mowed	mown, mowed
pay	paid	paid
put	put	put
quit	quit, quitted	quit, quitted
read	read	read
rend	rent	rent
rid	rid	rid

Infinitiv Infinitive	Präteritum Preterite	Partizip Perfekt Past Participle
ride	rode	ridden
ring	rang	rung
rise	rose	risen
run	ran	run
saw	sawed	sawed, sawn
say	said	said
see	saw	seen
seek	sought	sought
sell	sold	sold
send	sent	sent
set	set	set
sew	sewed	sewed, sewn
shake	shook	shaken
shave	shaved	shaved, shaven
shear	sheared	sheared, shorn
shed	shed	shed
shine	shone	shone
shit *vulg*	shit, shat *vulg*	shit, shat *vulg*
shoot	shot	shot
show	showed	shown
shrink	shrank	shrunk
shut	shut	shut
sing	sang	sung
sink	sank	sunk
sit	sat	sat
sleep	slept	slept
slide	slid	slid
sling	slung	slung
slink	slunk	slunk
slit	slit	slit
smell	smelled, smelt	smelled, smelt
sow	sowed	sowed, sown
speak	spoke	spoken
speed	speeded, sped	speeded, sped
spell	spelled, spelt	spelled, spelt
spend	spent	spent
stand	stood	stood
steal	stole	stolen
swell	swelled	swollen
swim	swam	swum
swing	swung	swung
take	took	taken
teach	taught	taught
tear	tore	torn
tell	told	told
think	thought	thought
thrive	throve, thrived	thriven, thrived

Infinitiv Infinitive	Präteritum Preterite	Partizip Perfekt Past Participle
throw	threw	thrown
thrust	thrust	thrust
tread	trod	trodden
wake	woke, waked	woken, waked
wear	wore	worn
weave	wove	woven
weep	wept	wept
win	won	won
wind	wound	wound
wring	wrung	wrung
write	wrote	written

DEUTSCHE UNREGELMÄßIGE VERBEN
IRREGULAR GERMAN VERBS

Ableitungen und Zusammensetzungen sind unter dem Grundverb nachzuschlagen; **ab|brechen** unter **brechen**.

The preterite forms and past participles of compound verbs and derivations can be found by referring to the simple verb. In the case of **ab|brechen** for instance, see **brechen**.

Infinitiv infinitive	Präteritum preterite	Partizip Perfekt past participle
backen	backte *o alt* buk	gebacken
befehlen	befahl	befohlen
beginnen	begann	begonnen
beißen	biss	gebissen
bergen	barg	geborgen
bersten	barst	geborsten
bewegen	bewog	bewogen
biegen	bog	gebogen
bieten	bot	geboten
binden	band	gebunden
bitten	bat	gebeten
blasen	blies	geblasen
bleiben	blieb	geblieben
bleichen	bleichte *o alt* blich	gebleicht *o alt* geblichen
braten	briet	gebraten
brechen	brach	gebrochen
brennen	brannte	gebrannt
bringen	brachte	gebracht
denken	dachte	gedacht
dreschen	drosch	gedroschen
dringen	drang	gedrungen
dürfen	durfte	dürfen, gedurft
empfangen	empfing	empfangen
empfehlen	empfahl	empfohlen
empfinden	empfand	empfunden
essen	aß	gegessen
fahren	fuhr	gefahren
fallen	fiel	gefallen
fangen	fing	gefangen
fechten	focht	gefochten
finden	fand	gefunden
flechten	flocht	geflochten
fliegen	flog	geflogen
fliehen	floh	geflohen
fließen	floss	geflossen
fressen	fraß	gefressen
frieren	fror	gefroren
gären	gärte *o* gor	gegärt *o* gegoren

Infinitiv infinitive	Präteritum preterite	Partizip Perfekt past participle
gebären	gebar	geboren
geben	gab	gegeben
gedeihen	gedieh	gediehen
gefallen	gefiel	gefallen
gehen	ging	gegangen
gelingen	gelang	gelungen
gelten	galt	gegolten
genesen	genas	genesen
genießen	genoss	genossen
geraten	geriet	geraten
geschehen	geschah	geschehen
gestehen	gestand	gestanden
gewinnen	gewann	gewonnen
gießen	goss	gegossen
gleichen	glich	geglichen
gleiten	glitt	geglitten
glimmen	glimmte *o selten* glomm	geglimmt *o selten* geglommen
graben	grub	gegraben
greifen	griff	gegriffen
haben	hatte	gehabt
halten	hielt	gehalten
hangen	hing	gehangen
hängen	hing (hängte)	gehangen, (gehängt)
heben	hob	gehoben
heißen	hieß	geheißen
helfen	half	geholfen
kennen	kannte	gekannt
klimmen	klimmte *o* klomm	geklommen *o* geklimmt
klingen	klang	geklungen
kneifen	kniff	gekniffen
kommen	kam	gekommen
können	konnte	können, gekonnt
kriechen	kroch	gekrochen
laden	lud	geladen
lassen	ließ	gelassen *nach Infinitiv* lassen
laufen	lief	gelaufen
leiden	litt	gelitten
leihen	lieh	geliehen
lesen	las	gelesen
liegen	lag	gelegen
lügen	log	gelogen
mahlen	mahlte	gemahlen
meiden	mied	gemieden
melken	melkte *o veraltend* molk	gemolken
messen	maß	gemessen
misslingen	misslang	misslungen

Infinitiv infinitive	Präteritum preterite	Partizip Perfekt past participle
mögen	mochte	mögen, gemocht
nehmen	nahm	genommen
nennen	nannte	genannt
pfeifen	pfiff	gepfiffen
preisen	pries	gepriesen
quellen	quoll	gequollen
raten	riet	geraten
reiben	rieb	gerieben
reißen	riss	gerissen
reiten	ritt	geritten
rennen	rannte	gerannt
riechen	roch	gerochen
ringen	rang	gerungen
rinnen	rann	geronnen
rufen	rief	gerufen
salzen	salzte	gesalzen *o selten* gesalzt
saufen	soff	gesoffen
saugen	sog *o* saugte	gesogen *o* gesaugt
schaffen	schuf	geschaffen
schallen	schallte *o* scholl	geschallt
scheiden	schied	geschieden
scheinen	schien	geschienen
scheißen	schiss	geschissen
schelten	schalt	gescholten
scheren	schor	geschoren
schieben	schob	geschoben
schießen	schoss	geschossen
schinden	schindete	geschunden
schlafen	schlief	geschlafen
schlagen	schlug	geschlagen
schleichen	schlich	geschlichen
schleifen	schliff	geschliffen
schließen	schloss	geschlossen
schlingen	schlang	geschlungen
schmeißen	schmiss	geschmissen
schmelzen	schmolz	geschmolzen
schnauben	schnaubte *o veraltet* schnob	geschnaubt *o veraltet* geschnoben
schneiden	schnitt	geschnitten
schrecken *vt*	schreckte	geschreckt
vi	schrak	geschrocken
schreiben	schrieb	geschrieben
schreien	schrie	geschrie[e]n
schreiten	schritt	geschritten
schweigen	schwieg	geschwiegen
schwellen	schwoll	geschwollen
schwimmen	schwamm	geschwommen

Infinitiv / infinitive	Präteritum / preterite	Partizip Perfekt / past participle
schwinden	schwand	geschwunden
schwingen	schwang	geschwungen
schwören	schwor	geschworen
sehen	sah	gesehen
senden	sandte *o* sendete	gesandt *o* gesendet
sieden	siedete *o* sott	gesiedet *o* gesotten
singen	sang	gesungen
sinken	sank	gesunken
sinnen	sann	gesonnen
sitzen	saß	gesessen
sollen	sollte	sollen, gesollt
spalten	spaltete	gespalten *o* gespaltet
speien	spie	gespie[e]n
spinnen	spann	gesponnen
sprechen	sprach	gesprochen
sprießen	spross *o* sprießte	gesprossen
springen	sprang	gesprungen
stechen	stach	gestochen
stecken	steckte *o geh* stak	gesteckt
stehen	stand	gestanden
stehlen	stahl	gestohlen
steigen	stieg	gestiegen
sterben	starb	gestorben
stieben	stob *o* stiebte	gestoben *o* gestiebt
stinken	stank	gestunken
stoßen	stieß	gestoßen
streichen	strich	gestrichen
streiten	stritt	gestritten
tragen	trug	getragen
treffen	traf	getroffen
treiben	trieb	getrieben
treten	trat	getreten
triefen	triefte *o geh* troff	getrieft *o geh* getroffen
trinken	trank	getrunken
trügen	trog	getrogen
tun	tat	getan
verbieten	verbot	verboten
verbrechen	verbrach	verbrochen
verderben	verdarb	verdorben
vergessen	vergaß	vergessen
verlieren	verlor	verloren
verraten	verriet	verraten
verstehen	verstand	verstanden
verwenden	verwendete *o* verwandte	verwendet *o* verwandt
verzeihen	verzieh	verziehen
wachsen	wuchs	gewachsen
waschen	wusch	gewaschen

Infinitiv / infinitive	Präteritum / preterite	Partizip Perfekt / past participle
weben	webte *o geh* wob	gewebt *o geh* gewoben
weichen	wich	gewichen
weisen	wies	gewiesen
wenden	wendete *o geh* gewandt	gewendet *o geh* gewandt
werben	warb	geworben
werden	wurde	worden, geworden
werfen	warf	geworfen
wiegen	wog	gewogen
winden	wand	gewunden
winken	winkte	gewinkt *o dial* gewunken
wissen	wusste	gewusst
wollen	wollte	wollen, gewollt
wringen	wrang	gewrungen
ziehen	zog	gezogen
zwingen	zwang	gezwungen

Notizen

Notizen

Notizen

Notizen

Notizen

Notizen

Notizen

- Spelling variants
- Phonetics given in the International Phonetic Alphabet
- Syllabification breaks shown for all headwords
- A superscript star indicates that the perfect participle is formed without *ge-*
- Words with the same spelling but different meanings are marked with superscript numbers
- New German spellings marked
- Old spellings marked and cross-referred to new spellings
- Stressed long vowels and diphtongs in German words are underlined
- Stressed short vowels in German words are marked with a dot
- The vertical line shows where a separable verb can be separated
- Irregular inflection of nouns, verbs and adjectives are given in angle brackets
- Grammatical structuring of entries with Roman numerals
- Arabic numerals indicate the different meanings of the headword
- Indication of auxiliary verb used for forming compound tenses
- A swung dash substitutes headwords in examples
- Grammatical constructions are marked with a box
- Separate phrase section for idioms. Guide words are underlined for ease of consultation